八閩文庫

專題彙編 第二種

福建民間契約文書

厦門大學民間歷史文獻研究中心 編
鄭振滿 主編

19

海峽出版發行集團
福建人民出版社

本册目録

第五卷　永泰縣蓋洋鄉蓋峰村鄭氏契約文書（一）

本卷主編　高晨焜

本卷簡介

蓋洋鄉地處永泰縣西北部，爲戴雲山北麓的山間盆地，平均海拔高度約八百九十米。當地人認爲，「蓋洋」之名取意「高山之洋」，是指高山環繞的平地。在地方文獻中，當地又有「蓋峰」的雅稱，泛指筆架山、五龍山等處，即今蓋洋、奮鬥、碓頭等行政村所轄之地。蓋洋村爲鄉政府所在地，轄區面積十五點八三平方公里，現有耕地二千一百九十三畝、林地二万一千五百六十二畝、果園一千五百畝，主要種植毛竹、油茶、李果等經濟林。

明清時期，蓋洋地區屬永福縣和平鄉英達里三十六都，民國初期劃歸永泰縣南區，現屬蓋洋鄉管轄。蓋洋村現存三座清道光年間建造的大厝，即「祥園厝」、「隆園厝」、「慶園厝」，民間俗稱「三對厝」。這些大厝是蓋峰鄭氏三兄弟建造的，規模宏大，裝飾精美，名聞遐邇，現已列爲國家級文物保護單位。

蓋峰鄭氏家族是蓋洋歷史上的世家大族，主要聚居於蓋洋村的「三對厝」、奮鬥村的龜脰等自然村。據族譜記載，蓋峰鄭氏的開基祖鄭亮，原住永福縣龜嶺，於北宋熙寧四年（一〇七一）遷居蓋洋，在當地開枝散葉。至元末，第十七世祖福歸生七子，傳四子，其派下子孫於十九世分爲五房，即進洋房、扛界房、龜脰房、梗頭房、南鐘房。這些房派實際上是以族人的主要聚集地命名的，「三對厝」即爲扛界房的下屬支派。其歷代傳承譜系如文末圖所示。

據實地調查，目前蓋洋村的鄭姓族人大多屬於扛界房，少數屬於南鐘房，而奮鬥村的鄭姓族人大多屬於龜脰房。扛界房的第二十九世族人鄭德旺，生子啓聰、啓晃、啓清，派分爲子護、子聽、子登三房。其三子啓清，字子登，於清乾隆五十八年建造「興原厝」。子登之子汝訓、汝器、汝祥，長期同居共財，後來共同建造了「三對厝」，形成了扛界房中的主要支派。目前，蓋洋村鄭姓族人主要出自汝訓房、汝器房和汝祥房，當地俗稱長房、二房和三房。其傳承譜系如文末圖所示。

南鐘房是蓋峰鄭氏五大房之一，其支祖爲第十九世伯亨。據族譜記載，伯亨生子光祖，其長子繼四代單傳，至第二十五世元易開創湖後房，至三十三世又分爲一、二、三、五支房。光祖次子綺傳至二十五世，開創了南鐘房蓋洋支房。其傳承譜系如文末圖所示。

大約在清中期，南鐘房蓋洋支房第三十世分爲仲軒、仲積、仲鼎、仲玨、仲山、仲貴、仲宇、仲楷、仲登等房派，至三十二世形成新建厝房，至三十三世又形成志雅支房。上述十一個支房與湖後房下的四個支房的後人，構成了如今生活在蓋洋村的南鐘房鄭氏族人的主體。其傳承譜系如文末圖所示。

蓋峰鄭氏龜脰房的支祖爲第十九世伯載，其後人主要聚居於奮鬥村。據族譜記載，伯載生二子宗敬（恭祖）、宗仲（居祖），恭祖生子彦剛（勝保），「由東湖卜建東後，俗呼龜脰厝」，爲奮鬥村鄭氏開基祖。勝保的五世孫全生二子，長子應啟傳至其六世孫，即龜脰支房三十三世族人宗迎（字賢來），於清道光年間「卜建中湖居」，生七子，分爲唐、詩、漢、字、晉、文、章七房；次子尚文傳至五世孫與生（葉观）、良生（葉恭）亦再次分支，其後代自龜脰支房第三十三世起分稱「葉觀厝房」與「葉恭厝房」。如今聚居於奮鬥村（俗稱龜脰村）的鄭姓族人，絶大多數出自上述九個房支。龜脰支房族人的傳承譜系如文末圖所示。

二〇一九年以來，我們在蓋洋村共收集民間歷史文獻一千九百餘件，其中絶大多數爲各類契約，另有不少鬮書、賬簿、税單、族譜等文獻資料。這些契約文書主要來自蓋峰鄭氏扛界房和南鐘房的七户人家，本卷依據「歸户」原則各編爲一帙，共七帙。此外，周寧縣博物館鄭勇館長提供了他收藏的蓋洋鄭氏契約文書，我們將其獨立編爲第八帙；永泰文史工作者池芝瑞先生提供了他收集的蓋洋鄭氏龜瓲房契約文書，我們將其單獨整理成第九帙。

第一帙爲鄭步清户契約文書，包括各類契約三百八十餘件，另有鬮書一册、賬簿二册、土地管業執照二十件。鄭步清爲蓋峰鄭氏第三十六世族人，屬於扛界房子登派下的汝器支房（二房），所藏契約文書傳承自其父鄭裕田。該帙收録的《山業得業簿》，由裕田之父湧昌（又名致泉）所立，而民國十七年（一九二八）的鬮書，則是裕田與長兄裕桂分家時所立。該户契約文書的保存狀態良好，絶大多數契約都是分類包裹，共有四十餘包。另有少數包外散件，我們已按照年代順序重新編排。從現存契約文書看，其形成年代集中於清嘉慶、道光、咸豐年間，反映了清中後期汝器長子諸中派下子孫的經濟活動。

第二帙爲鄭步順户契約文書，包括各類契約三百五十餘件，另有租簿、賬簿、置産簿等各類簿册。鄭步順爲蓋峰鄭氏第三十六世族人，屬於扛界房子登派下的汝祥支房（三房），其所藏契約文書大多來自祖父鄭行昌（又作恒昌）和父親鄭維鑾，有些簿册則來自其叔父維波、堂弟步滚等。本户契約文書原本分别保存於七個抽屜中，每個抽屜各有若干包契約。我們在整理過程中發現，原來的包契紙和包中契約大多難以對應，而且每個抽屜中都有一些散件。因此，我們對原來的各包契約重新歸類和編排，共分爲六十四包。至於原來不在包中的散件，則按照年代順序編排。該户契約主要形成於清道光、咸豐年間，而簿册則分别形成於清道光、咸豐、同治年間和民國時期。其中清後期的簿册大多是以汝祥房的名義記録，内容涉及收租、交租、置産、借貸等經濟活動。

第三帙爲鄭步廣户契約文書，包括各類契約、清單三百三十餘件，主要涉及清後期的田産交易。鄭步廣與鄭步順同屬扛界房子登派下的汝祥支房，所收藏契約文書來自其祖父鄭墀昌。該户契約原來分別保存於兩個箱子，分爲二十餘包，大部分契約與包契紙能够對應，但有少量涉及相同産業的契約歸入不同的小包。此外，該户收藏了一百五十餘件收字和憑票，其中九十餘件已按年代歸類，置於同一包中，另有六十五件則爲散件。在整理過程中，我們按照這些收字、憑票的原有保存狀態，分別歸類編排。

第四帙爲鄭爾堂户契約文書，包括各類契約三百四十餘件，另有鬮書四册、訴狀一册、祭簿一册，以及各類賬簿、得業簿共六册。鄭爾堂爲蓋峰鄭氏第三十七世族人，與鄭步清同屬扛界房子登派下的汝器支房，所藏契約文書原來由其父鄭傳釵保管。據族譜記載，傳釵原爲汝器四子秀中之孫維櫃的長子，後爲汝器次子起中之孫裕文的嗣子，因此同時繼承了汝器派下這兩房的契約文書。該户契約文書原來保存於兩個不同的箱子中，其一爲木箱，主要收藏各類鬮書、簿册，箱内另有兩個小箱子，收藏十餘包契約；其二爲鐵箱，主要收藏各類契約，共有十餘包，另有大量散件。此外，該户還有十四包契約和一些散件，用細繩包紮爲一捆。從保存狀態看，該户契約文書的系統性較强，大多數包内的上下手契保存完好。我們依照包契紙的記載尋找相關契約，重新歸類和編排，共分爲五十包，散件和簿册則按類型和年代編排。

第五帙爲鄭立國户契約文書，包括各類契約七十餘件，主要涉及山場、林木和房屋交易。鄭立國爲蓋峰鄭氏第三十七世族人，屬扛界房子登派下的汝訓支房（長房），所收藏契約來自父親鄭傳來。這些契約原來分爲十餘個小包，包紮爲一捆，大多數契約可以與包契紙一一對應，系統性較强。從契約内容看，主要是清道光年間「三對厝」鄭氏與周邊家族的林木買賣和山場承包、轉讓契約，反映了清後期蓋洋地區的山林産權秩序和山場經營方式。

第六帙爲鄭忠户契約文書，包括各類契約五十餘件，絶大多數是清光緒至民國時期的田契，另有少數涉及山場、林木、房屋、會社股份交易的契約。鄭忠本名鄭晉長，屬於蓋峰鄭氏南鐘房仲鍇支派，所收藏契約主要來自祖父鄭德根和高祖鄭國書。這些契約原來分爲十三包，裝在兩個布包中，但大多數包契紙僅用圓珠筆註明「田契」或「某某契」，應是經過今人分類和整理的。我們在整理過程中，對大多數契約進行重新分包，並對散件進行分類整理，共編爲十個文書群。

第七帙爲鄭梅英户契約文書，包括各類契約五件、單據六十餘件，另有鬮書、流年簿和人情簿各一册。鄭梅英爲蓋峰鄭氏第三十六世族人，屬於扛界房子登派下的汝器支房，所收藏契約文書傳承自鄭汝器的長子諸中、祖父裕桂及父親步新。這些契約文書大多爲散件，其中數量較多的是民國時期的各類單據，原來被分爲兩包保存。據實地調查，鄭裕桂爲鄭步清祖父裕田的長兄，該帙與第一帙鄭步清户契約文書多有關聯。從現存契約文書看，民國十七年裕桂、裕田兄弟分家後，其相關契約文書隨之各自保管。通過綜合比對這兩户的現存契約文書，可以深入考察分家析産對家庭經濟結構的影響。此外，該户還保存了民國時期的各種税收單據，包括田産和房鋪宅地執照、徵收田賦通知單、納税收據、各類雜捐收據等，反映了民國時期永泰地區的地籍整理和税收制度。

第八帙爲鄭勇所藏蓋洋鄭氏文書，包括各類契約八十餘件、税收單據四十餘件、賬簿一册。這些契約文書的原有保管者不詳，但絶大多數是出自蓋洋鄉奮鬥村的鄭氏族人，即蓋峰鄭氏龜瓸房族人，故將這些契約文書收入本卷，並獨立編爲一帙。該帙契約文書原來分爲三包，其包契紙、契約和單據皆爲散件，系統性較差。在整理過程中，我們依據「歸户」和「歸物」的原則，對各種契約和單據重新分類，共編成二十四個文書群。

第九帙爲龜瓸葉观厝房契約文書，包括契約二十八件，官府訴訟示諭一件。該帙契約文書原爲散件，系統性較差。我們依據「歸戶」及「歸物」原則，將這些契約分成八個文書群，其中第七個文書群爲契約散件，第八個文書群爲官府訴訟示諭。

總體而言，蓋峰鄭氏契約文書保存完好，系統性較强，不同家户與不同類别的文獻之間可以相互對應，集中反映了清中葉以後當地的山林經濟、社會組織與産權秩序，具有較高的史料價值。在田野調查中，我們還收集了不少當地的族譜、唱本、儀式文獻、日用類書和一九四九年以後的契約、産權證等文獻資料，但由於體例的限制，未能收入本卷。謹此説明，敬請讀者留意。

①

福歸

均　伯合 進洋支祖
淑　伯榮 扛界支祖　理　箕祖　録　完　脩　思向　希瑞　昱　大惠　德旺　啟聰
玄　大進　啟晃
啟清 子登
平　伯載 龜脰支祖
細　伯忠 梗頭支祖
伯亨 南鐘支祖

②

伯亨　光祖

繼　逌　聖保　泳　元易 湖後房
璉　瑞亮　元旻
元暹　文保　一蘭　玉興　九恕　世禧 仲軒
士桂　添祚　長俊　弘功 仲積
添佑　長仁　弘政 新建厝房
元華　文京　弘奇 仲鼎
綺　回　蓋洋房
士栢　添睿　長日　弘銓 仲玨
瑞忠　弘鑒 仲山
文宗　士奇　添禎　長盛　弘珍 仲貴
珞　長義　弘棟 仲宇
元德　士旻　添祥　弘模 仲楷
元獻　長春
瑞檜　元郎　文成　弘標 仲登
士升　添胤　長秀　弘統　志雅支房
弘紀

③

伯載

恭祖　勝保　琬　勉　文織　清　全
居祖 三傳止

應啟　雲居　一文 尚魁　有富　鳳生 葉岐　士璇 啟機　宗迎 賢來　唐詩漢字晋文章七房
宗雲
有景　良生 葉恭　士通 啟亨　宗霧
宗旭
宗天
士楊 啟升　宗芳
尚文　雲長　一良　宗英
宗明
有慶　興生 葉觀　士拔 啟豪　宗文
宗良
士標 啟明　宗景
宗昌
士揖 啟後　宗根

本卷簡介

① 蓋洋鄭氏十七至三十世
② 南鐘支房十九至三十世
③ 龜脰支房十九至三十四世

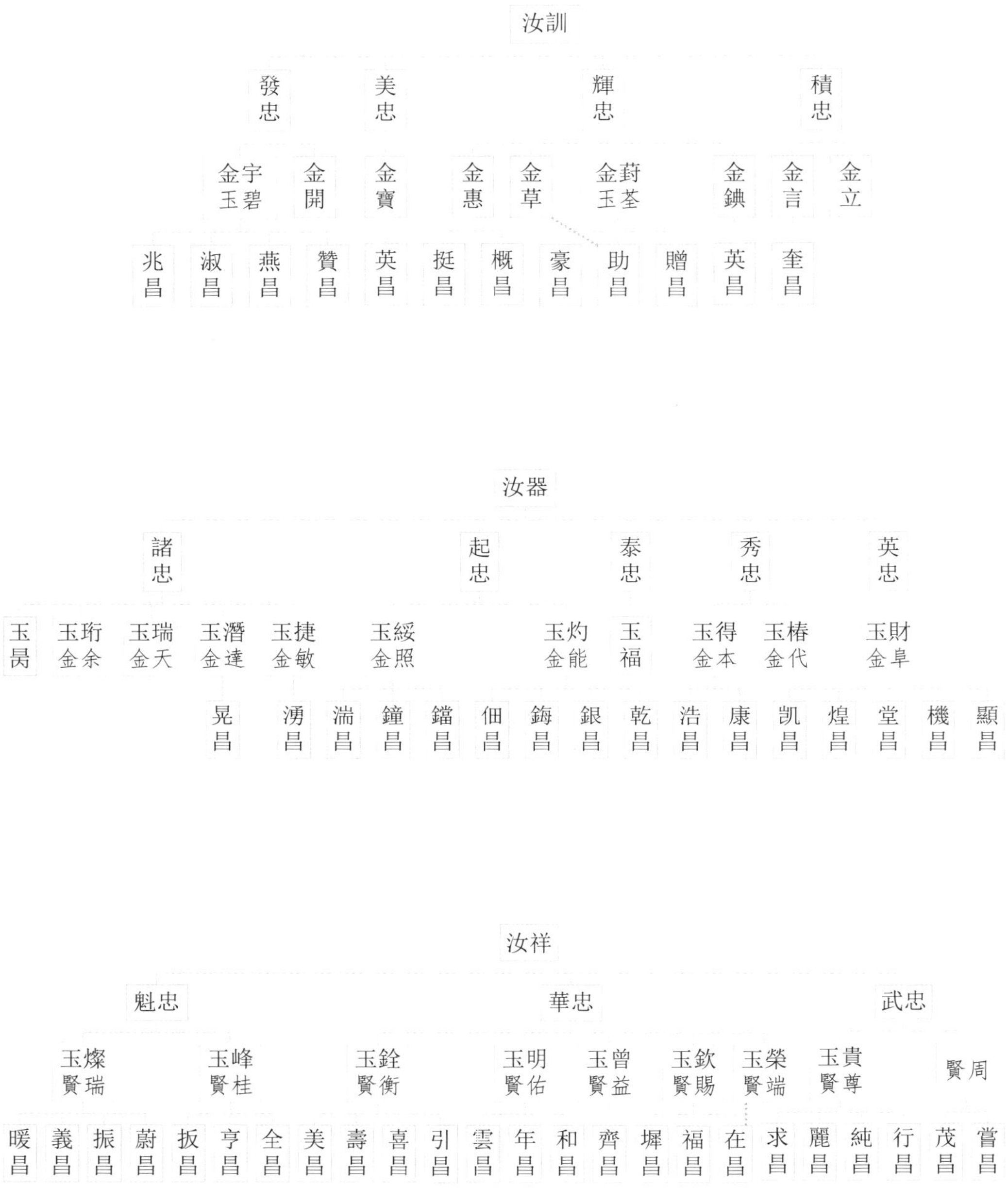

扛界支房三十一至三十四世
鄭子登派下三對厝世系

第一帙 鄭步清户

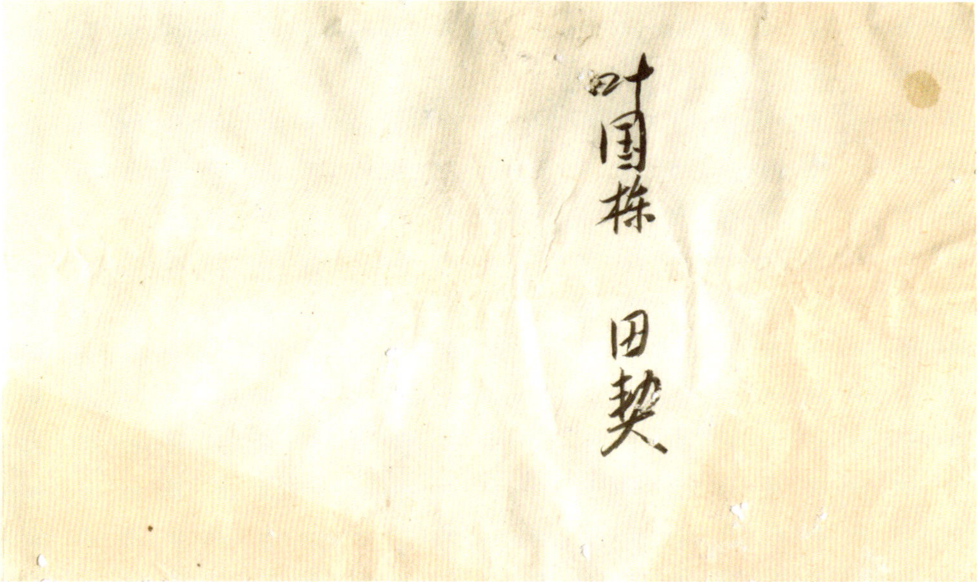

5-1-1-1　包契紙

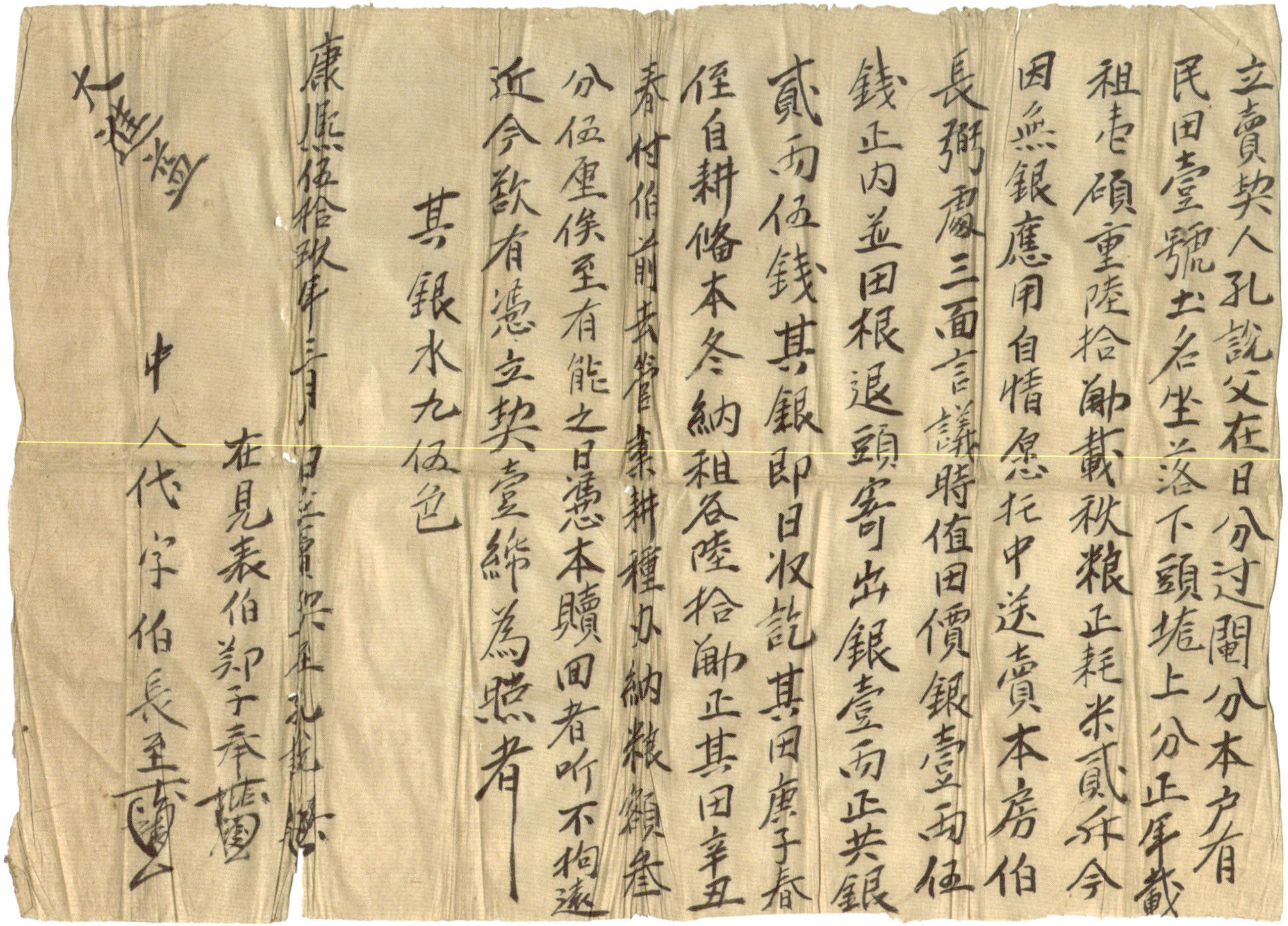
立賣契人孔說父在日分過鬮分本户有
民田壹號土名坐落下頭垱上分正年載
租壱碩重陸拾斤載秋粮正耗米貳升今
因無銀應用自情愿托中送賣本房伯
長弼處三面言議時值田價銀壹两伍
錢正內並田根退頭寄出銀壹两正共銀
貳两伍錢其銀即日收訖其田庚子春
任自耕修本冬納租各陸拾斤正其田辛丑
春付伯前去管業耕種办納粮額叁
分伍厘俟至有能之日憑本贖回者听不拘遠
近今欲有憑立契壹紙為照者
其銀水九伍色
康熙伍拾玖年三月　日立賣契人孔說（押）
在見表伯鄭子奉（押）
中人代字伯長至（押）
大進谷

5-1-1-2　清康熙五十九年三月葉孔說立賣民田契

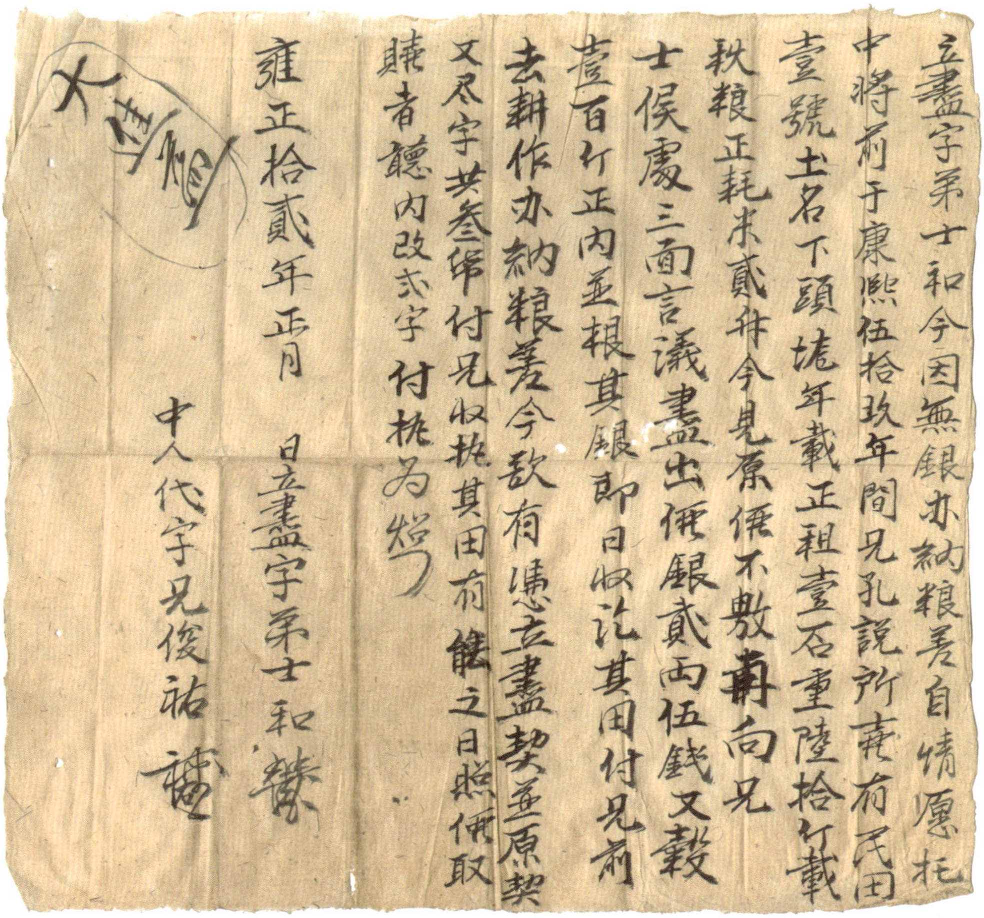
立盡字弟士和今因無銀亦納粮差自情愿托
中將前于康熙伍拾玖年間兄孔說所買前民田
壹號土名下頭垅年載正租壹石重陸拾斤載
秋粮正耗米貳升今見原價不敷再向兄
士侯處三面言議盡出價銀貳兩伍錢又穀
壹百斤正內並根其銀即日收訖其田付兄前
去耕作亦納粮差今欲有憑立盡契並原契
又尽字共叁帋付兄收執其田前能立日照價取
贖者聽內改式字付批為炤
雍正拾貳年正月　日立盡字弟士和（押）
中人代字兄俊祐（押）

5-1-1-3　清雍正十二年正月葉士和立盡民田字

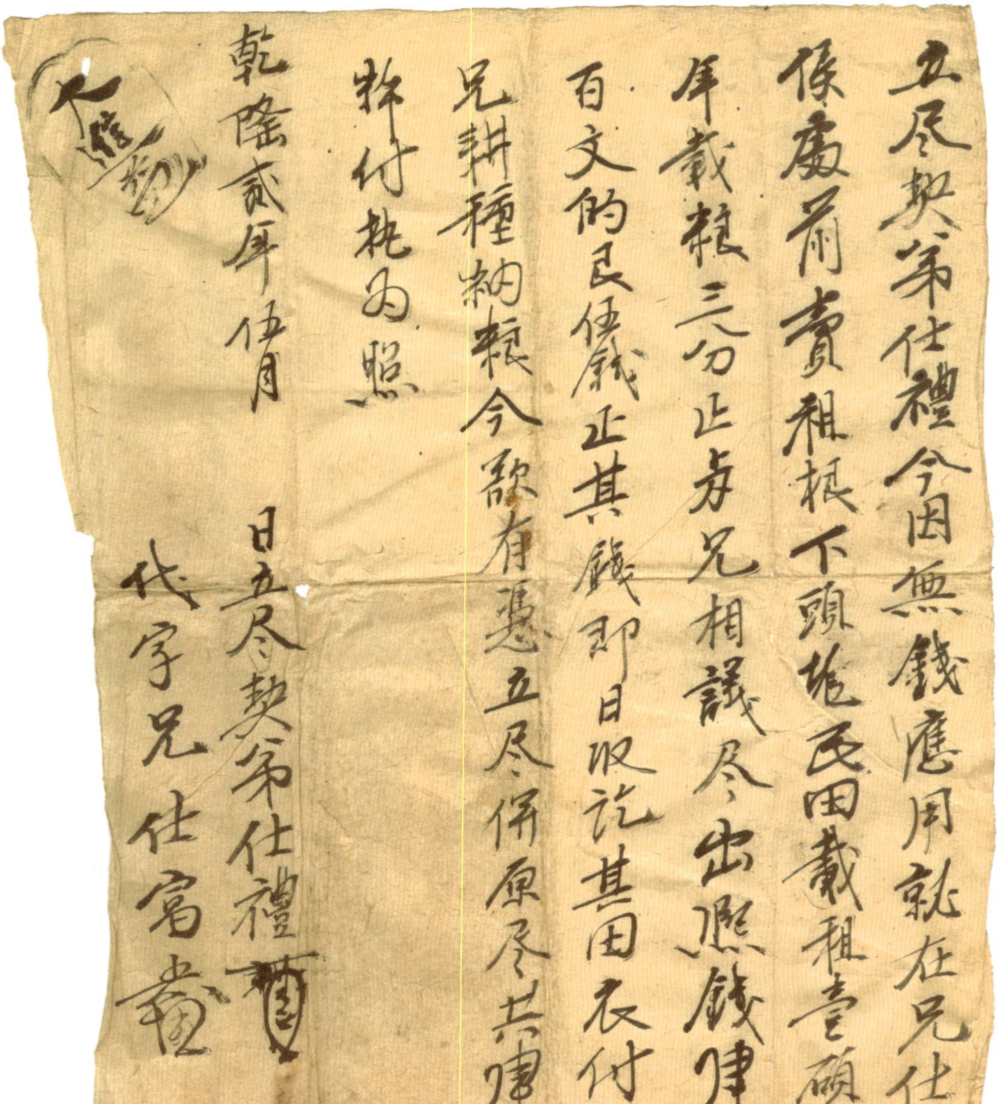
立尽契弟仕禮今因無錢應用就在兄仕
係處前賣祖根下頭垅民田載租壹碩
年載粮三分正与兄相議尽出價錢肆
百文的艮伍錢正其錢即日收訖其田付
兄耕種納粮今欲有憑立尽係原尽共肆
紙付執為照
乾隆貳年伍月　日立尽契弟仕禮（押）
代字兄仕富（押）

5-1-1-4　清乾隆二年五月葉仕禮立盡民田契

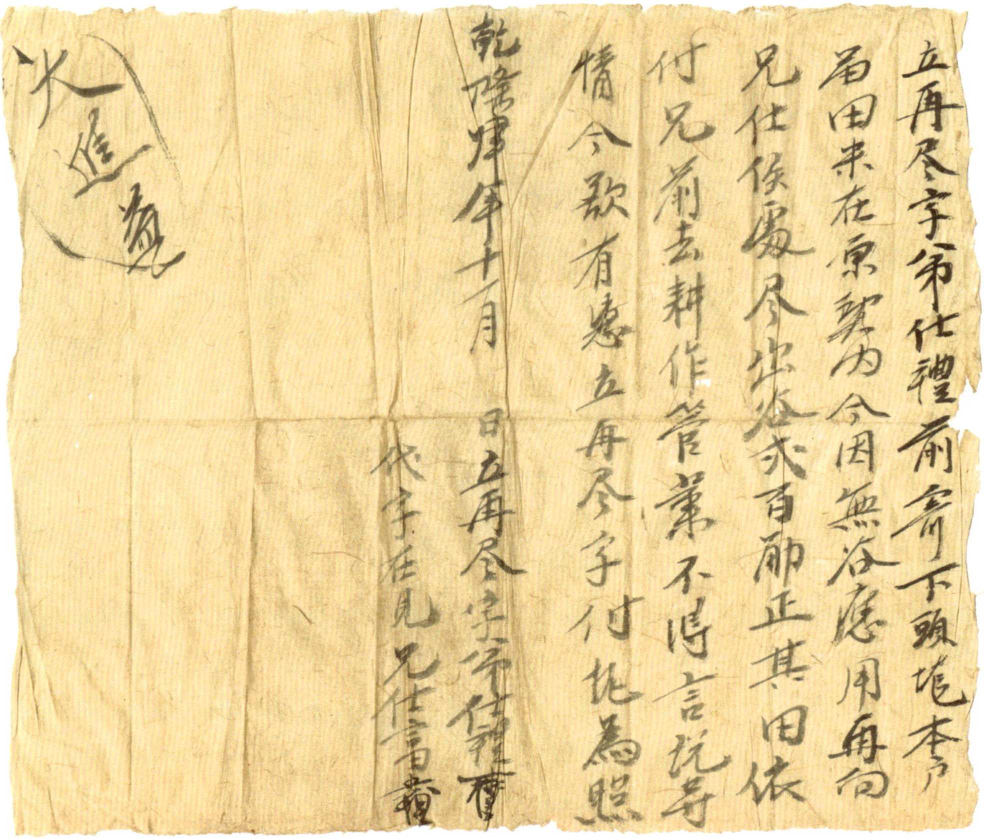
立再尽字弟仕禮前寄下頭垅李户
苗田米在京契内今因無谷應用再向
兄仕侯處尽出銭弍百郁正其田依
付兄前去耕作管業不得言说异
情今欲有憑立再尽字付執為照
乾隆肆年十一月　日立再尽字弟仕禮
代字在見兄仕言

5-1-1-5　清乾隆四年十一月葉仕禮立再盡苗田字

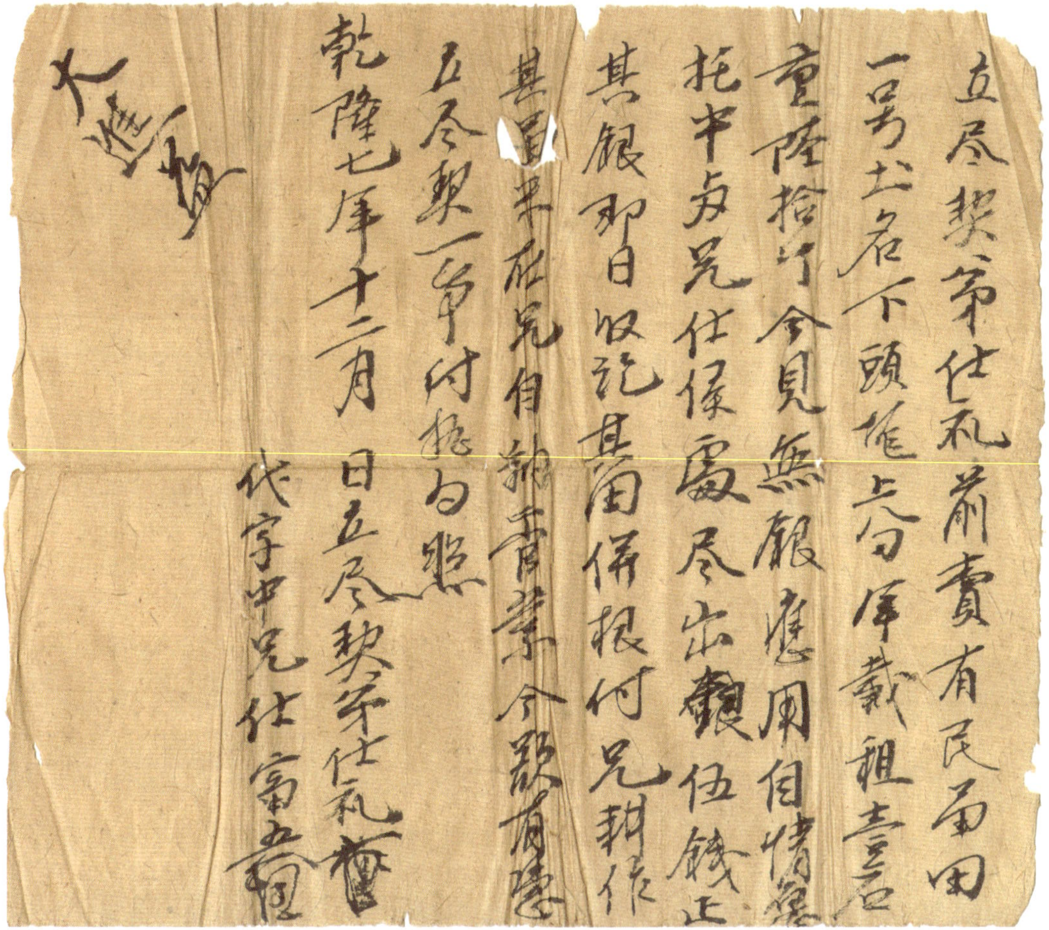

5-1-1-6　清乾隆七年十二月葉仕礼立盡民苗田字

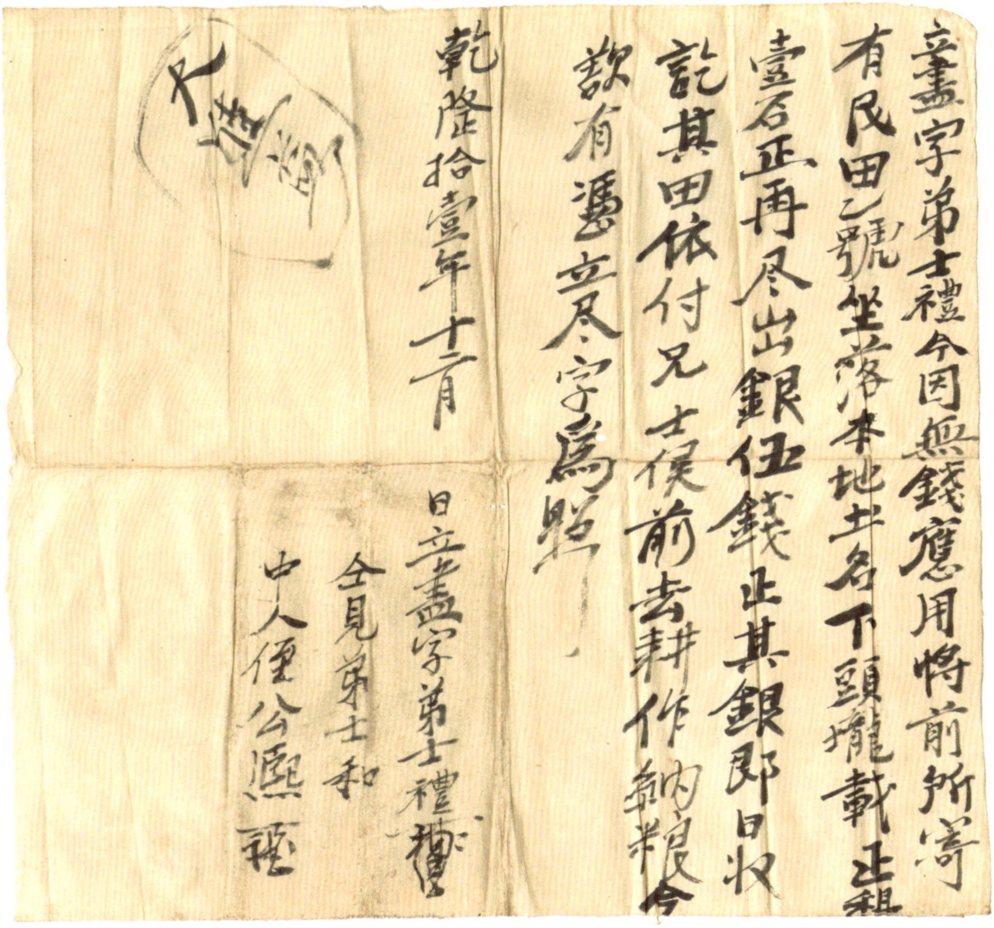

立盡字弟士禮今因無錢應用將前所寄
有民田乙號坐落本地土名下頭壠載正租
壹石正再盡出銀伍錢正其銀即日收
訖其田依付兄士侯前去耕作納粮今
欲有憑立盡字爲照
乾隆拾壹年十二月
日立盡字弟士禮
仝見弟士和
中人伍公照

5-1-1-7　清乾隆十一年十二月葉士禮立盡民田字

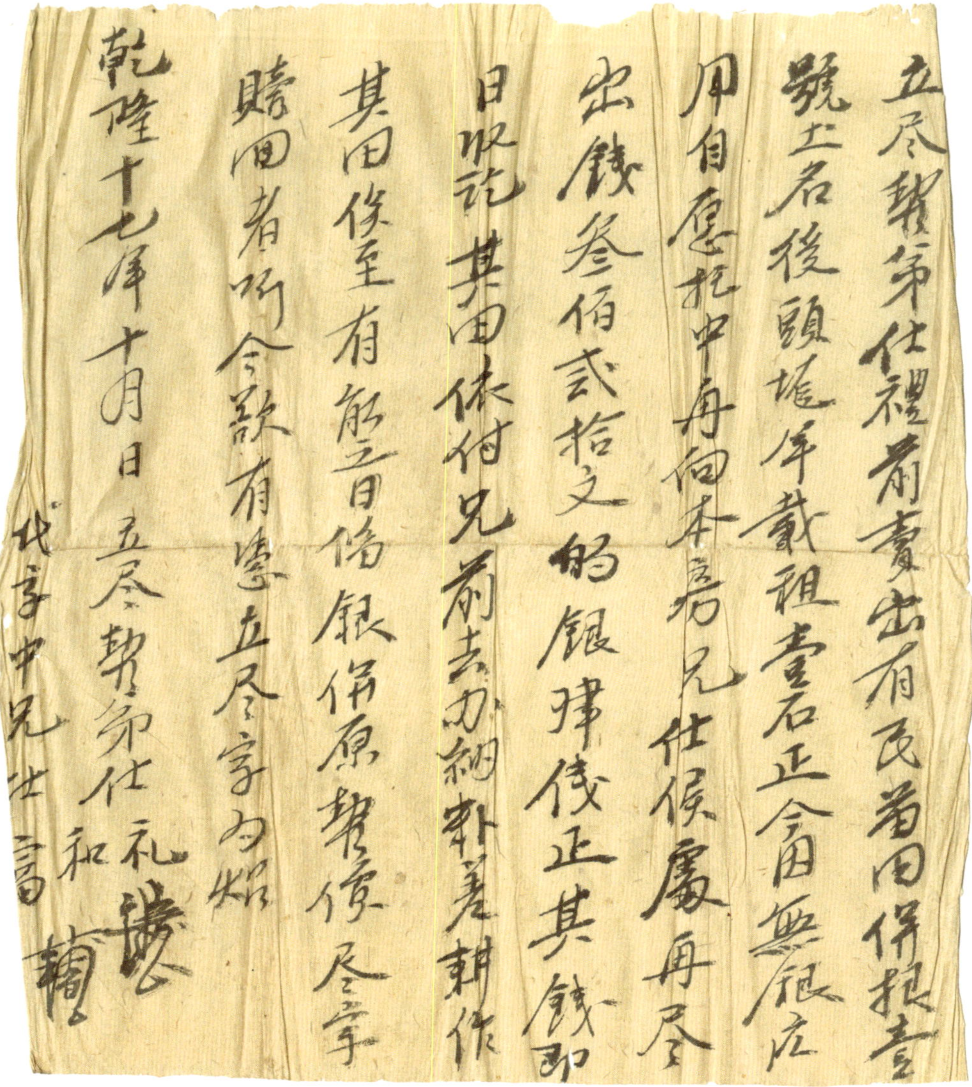

立盡契弟仕禮前賣出有民苗田併根壹
號土名後頭坵年載租壹石正今因無銀應
用自愿托中再向本房兄仕候處再盡
出錢叁佰貳拾文的銀肆錢正其錢即
日收訖其田依付兄前去办納耕作
其田候至有能吉日備銀併原契價盡字
贖回者所今欲有憑立盡字為照
乾隆十七年十月日　立盡契弟仕禮
和
代字中兄仕富

5-1-1-8　清乾隆十七年十月葉仕禮立盡民苗田併根契

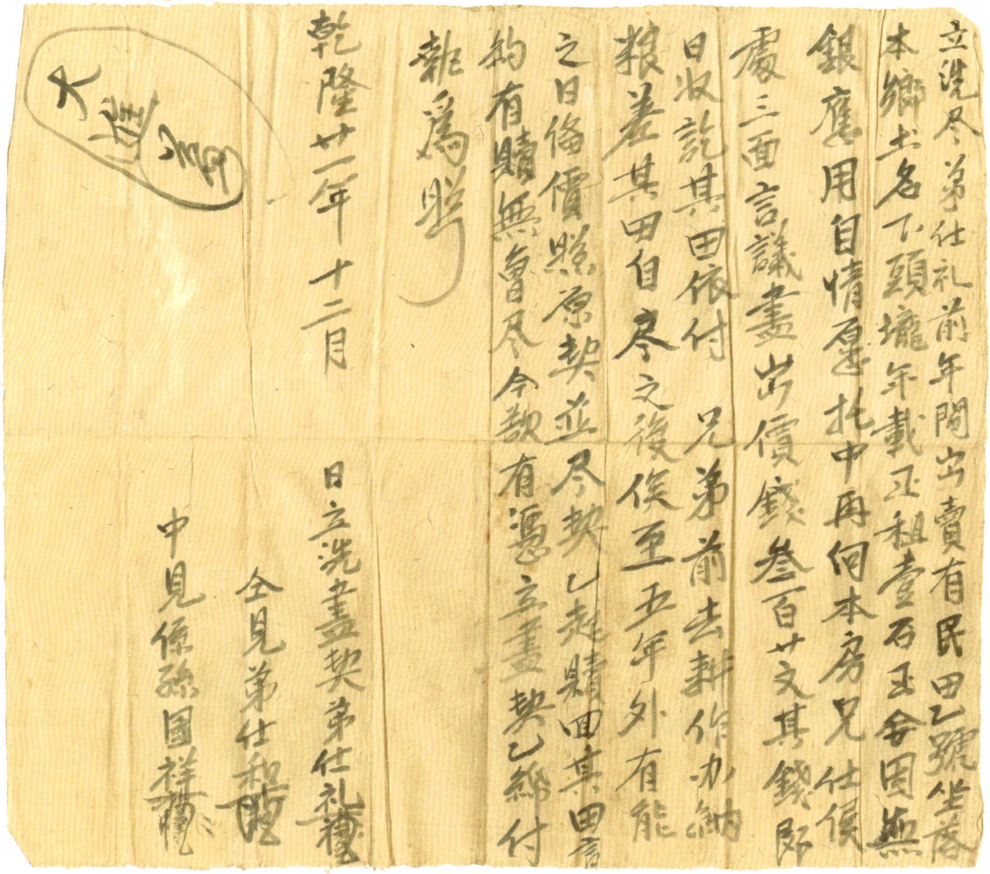

立洗盡弟仕礼前年間出賣有民田乙號坐落
本鄉土名下頭壠年載正租壹石正合因無
銀應用自情愿托中再向本房兄仕侯
處三面言議盡出價錢叁百廿文其錢即
日收訖其田依付　兄弟前去耕作办納
粮差其田自盡之後侯至五年外有能
之日備價照原契並盡契乙起贖田其田言
約有贖無會盡今欲有憑立盡契乙紙付
執為照

乾隆廿一年十二月　日立洗盡契弟仕礼（押）
仝見弟仕和（押）
中見係孫國祥（押）

5-1-1-9　清乾隆二十一年十二月葉仕礼立洗盡民田字

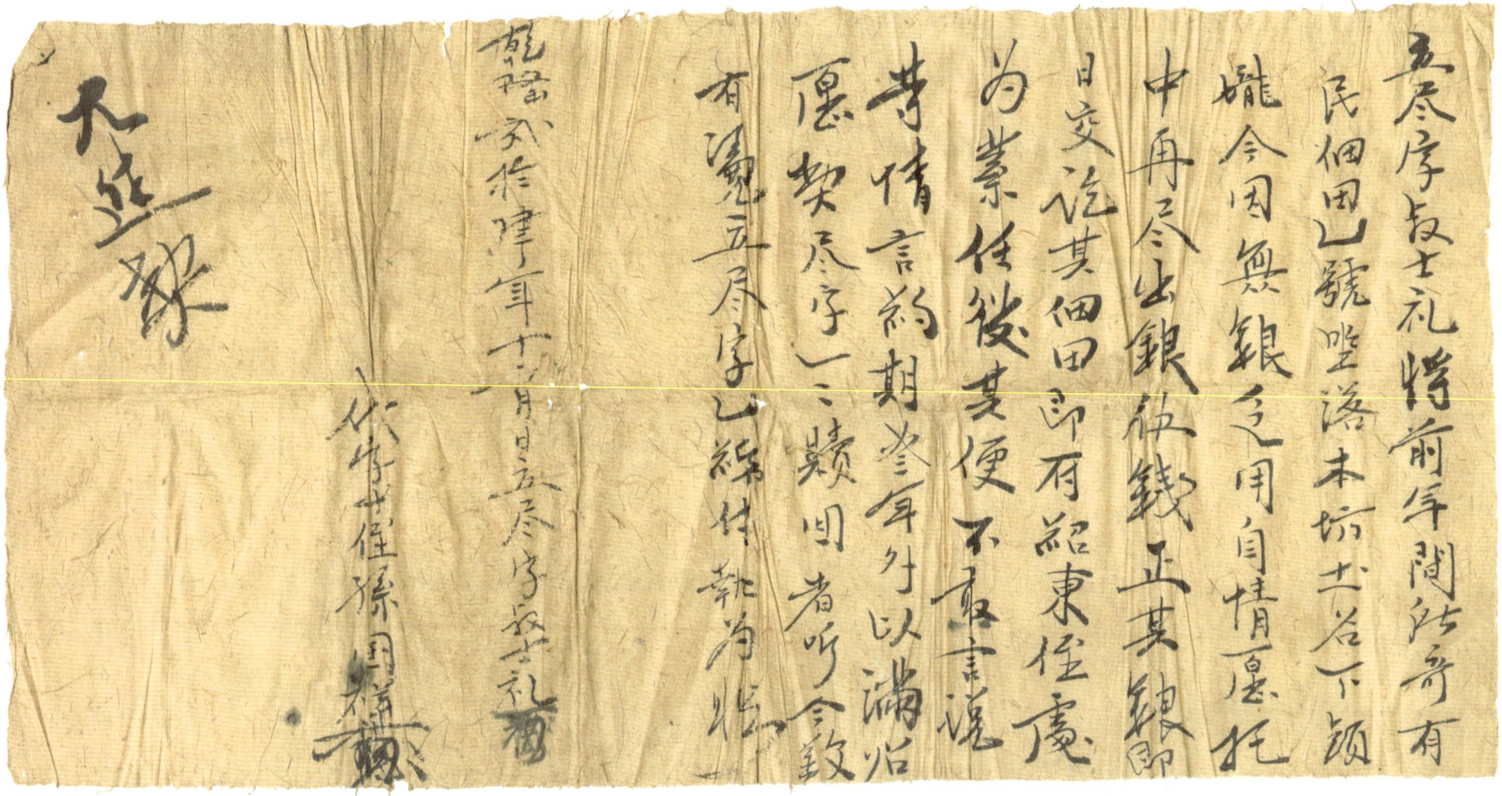
立盡字葉士礼將前年間所有
民佃田乙號坐落本坊土名下頭
壠今因無銀乏用自情愿托
中再盡出銀伍錢正其銀即
日交訖其佃田即有紹東任處
為業任從其便不敢言說
等情言約期叁年外以滿始
愿契盡字一紙贖回者聽今欲
有憑立盡字一紙付執為照
乾隆貳拾肆年十二月日立盡字葉士礼
代字侄孫

5-1-1-10　清乾隆二十四年十二月葉士礼立盡民佃田字

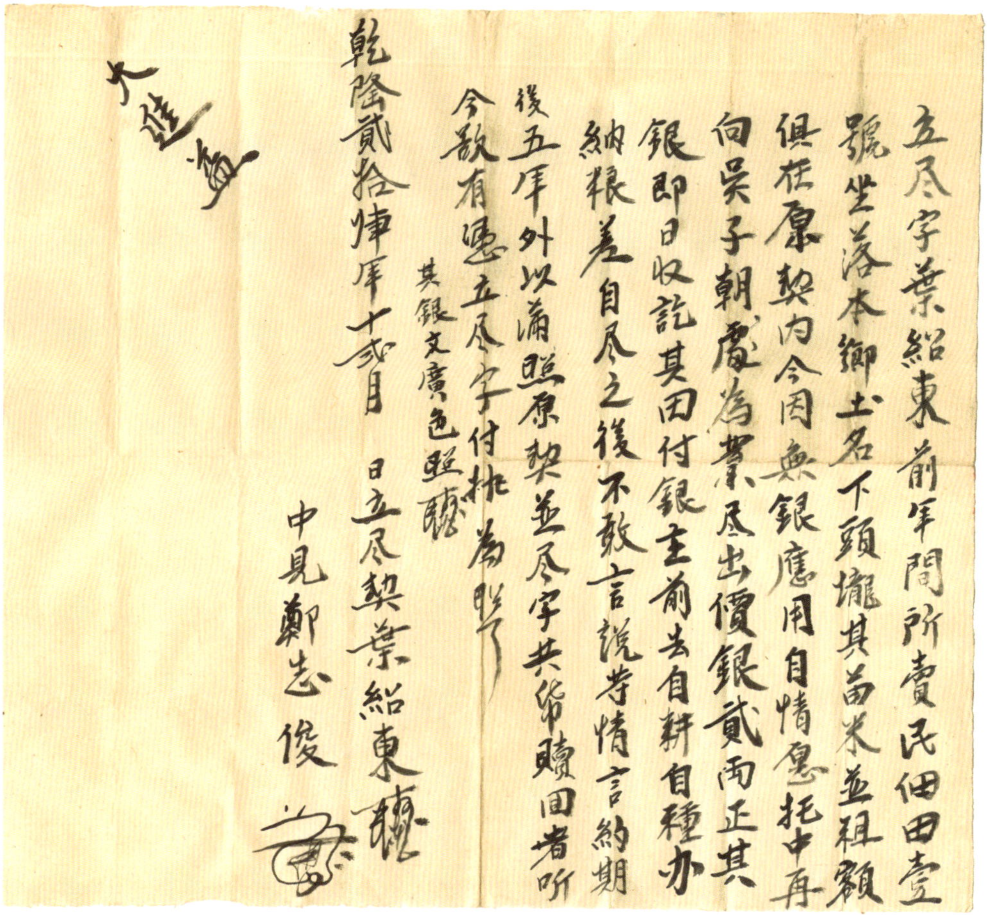

立盡字葉紹東前年間所賣民佃田壹
號坐落本鄉土名下頭壠其苗米並租額
俱在原契内今因無銀應用自情愿托中再
向吳子朝處爲業盡出價銀貳兩正其
銀即日收訖其田付銀主前去自耕自種办
納粮差自盡之後不敢言說勞情言約期
後五年外以滿照原契並盡字共倂贖回者听
今欲有憑立盡字付執爲照
其銀文廣色照騐
乾隆貳拾肆年十弍月　日立盡契葉紹東
中見鄭志俊
大吉

5-1-1-11　清乾隆二十四年十二月葉紹東立盡民佃田字

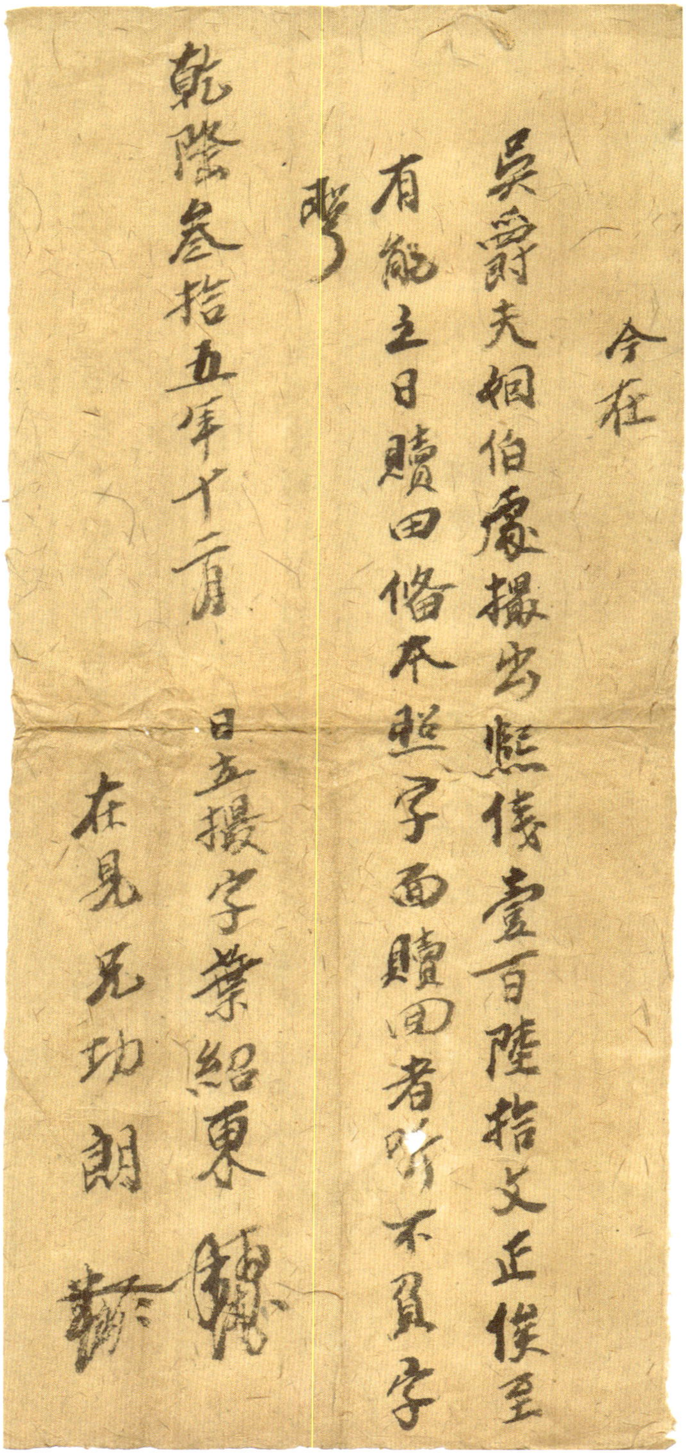

今在

吳爵夫姻伯處撮出艮錢壹百陸拾文正，俟至

有能之日贖回，倘不照字面贖回者，聽不買字

照。

乾隆叁拾五年十二月　　日立撮字葉紹東

在見兄功朗

5-1-1-12　清乾隆三十五年十二月葉紹東立撮字

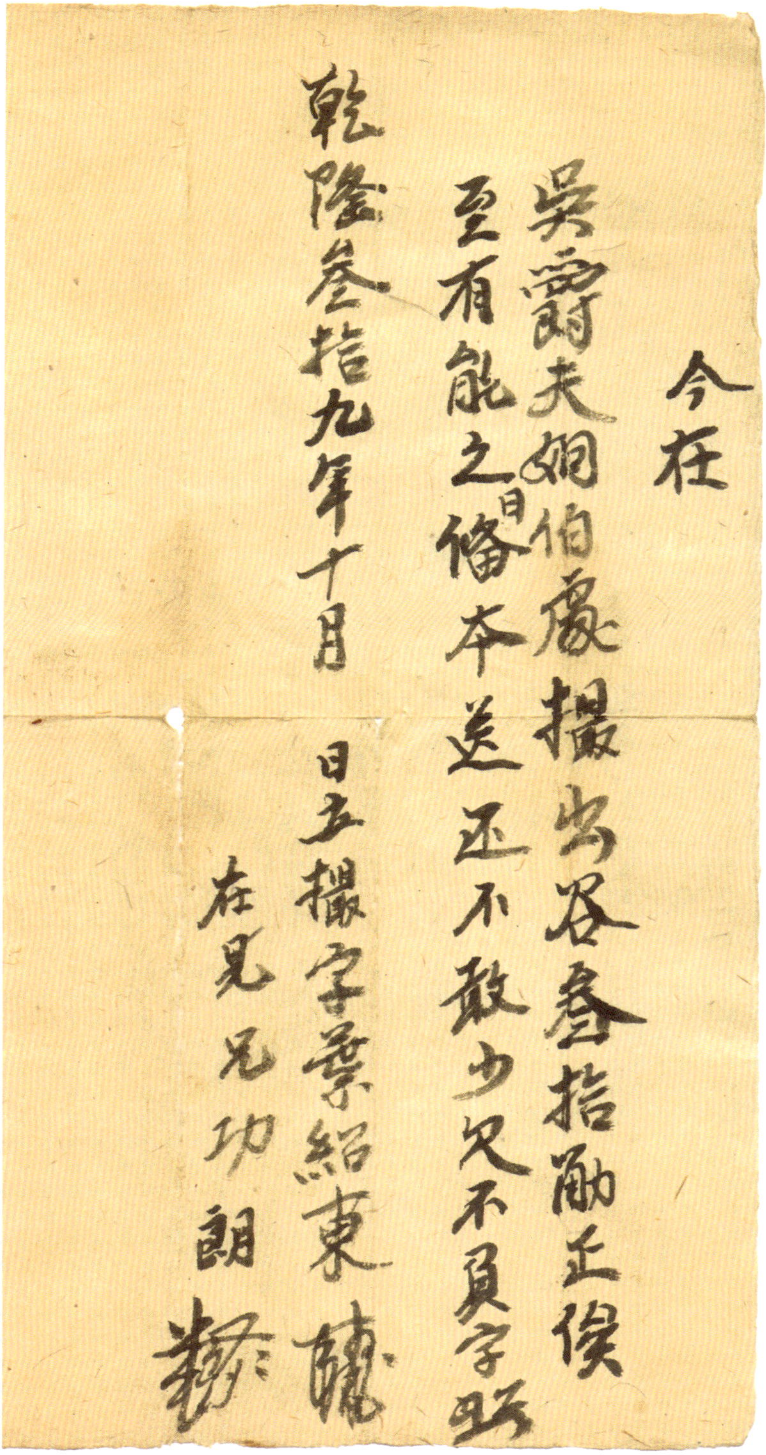

今在
吳爵夫姻伯處撮出谷叁指斛正俟
至有能之日備本送还不敢少欠不負字照
乾隆叁指九年十月　日立撮字葉紹東（押）
在見兄功朗（押）

5-1-1-13　清乾隆三十九年十月葉紹東立撮字

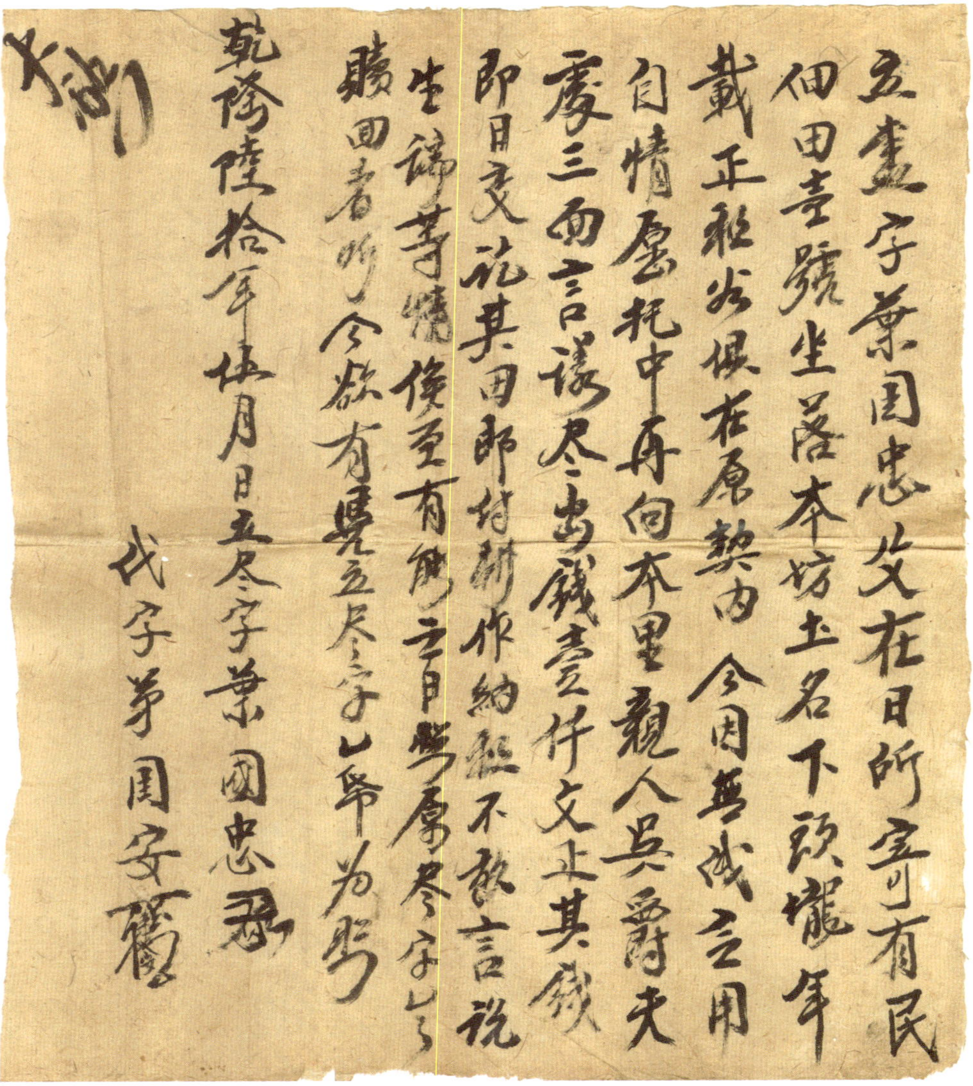
立盡字葉國忠父在日所置有民佃田壹號坐落本坊土名下頭壠年載正租谷俱在原契內今因無錢應用自情愿托中再向本里親人吳爵夫處三面言議盡出錢壹仟文正其錢即日交訖其田即付耕作納租不敢言說生端等情倘至有能之日照原盡字乙贖回者所今欲有憑立盡字乙紙為照

乾隆陸拾年伍月　日立盡字葉國忠（押）

代字弟周安（押）

5-1-1-14　清乾隆六十年五月葉國忠立盡民佃田字

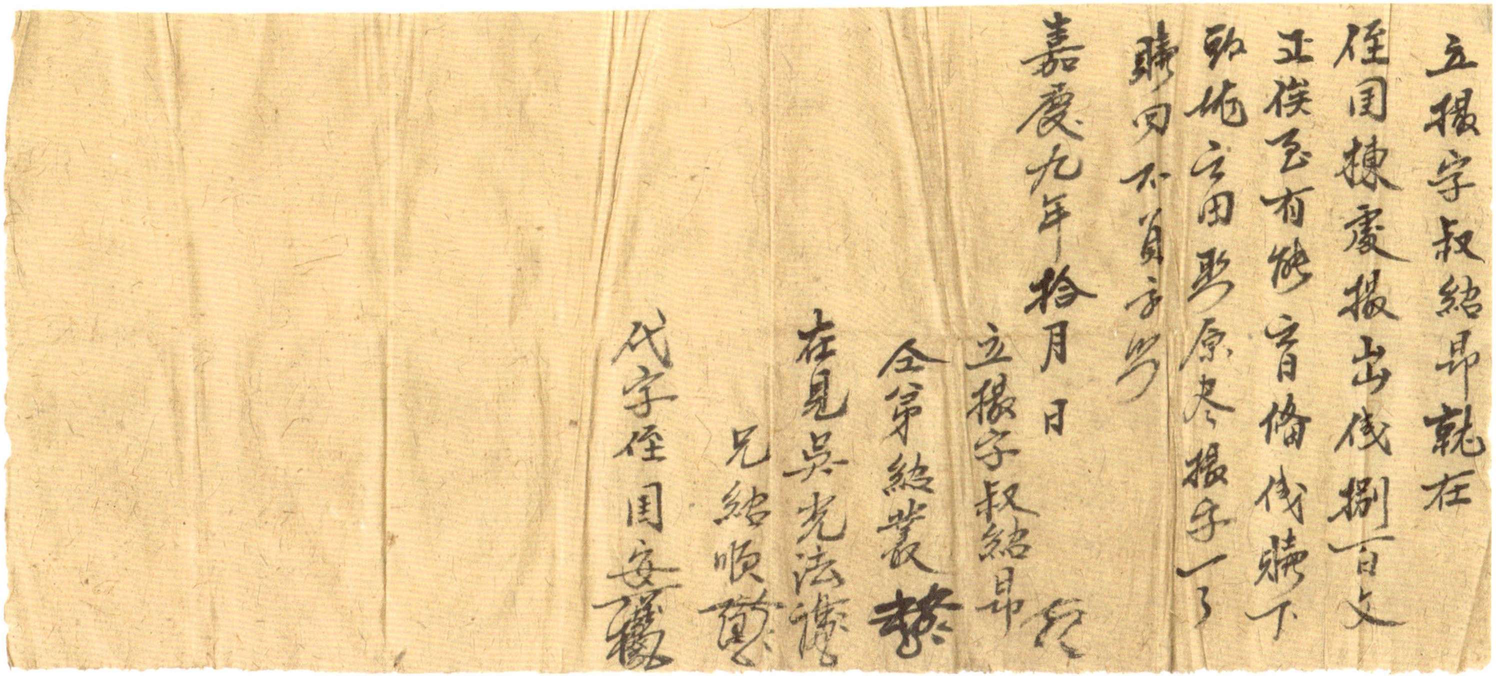

立撮字叔紹昂就在
侄国棟處撮出錢捌百文
正，候至有錢自備錢贖下
弟佑之田契原本撮字一紙
贖回不得多言
嘉慶九年拾月 日 立撮字叔紹昂（押）
仝弟紹叢（押）
在見吳光法（押）
兄紹順（押）
代字侄国安（押）

5-1-1-15 清嘉慶九年十月葉紹昂等立撮字

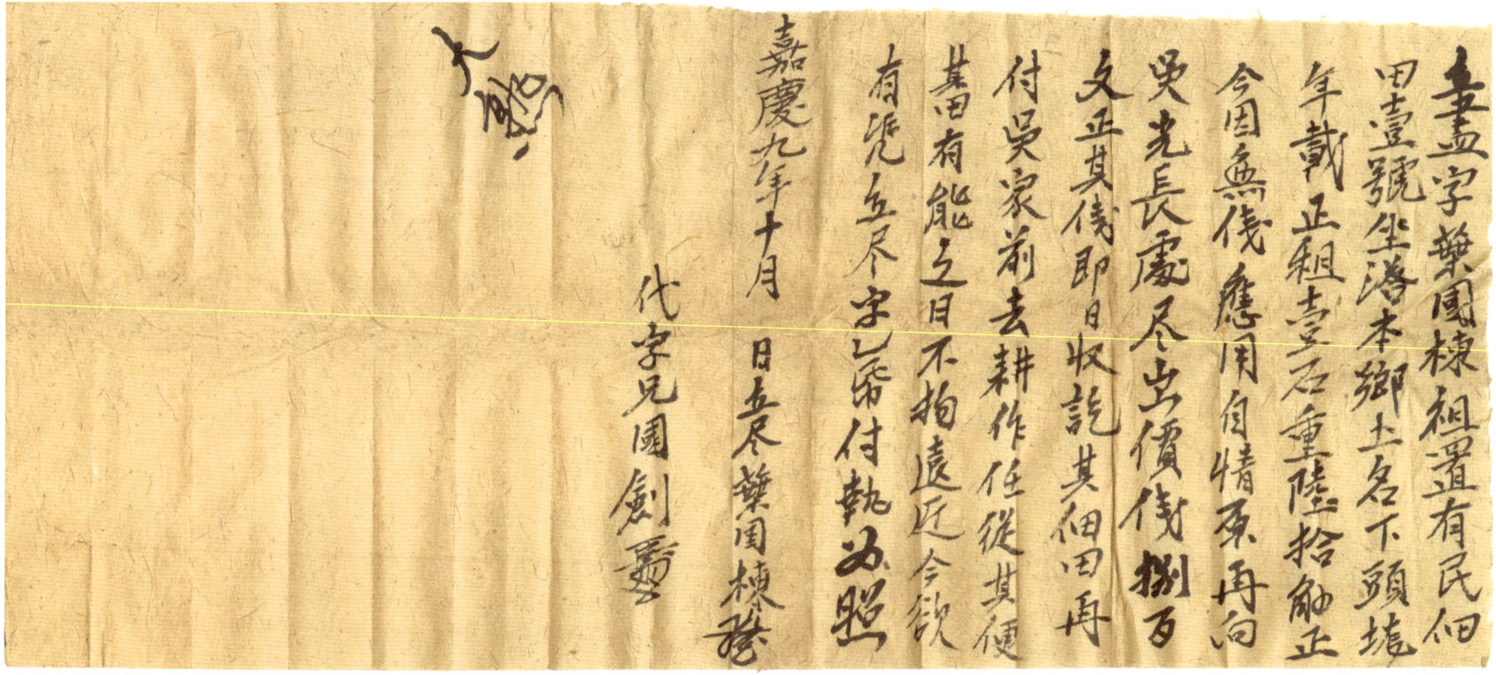
立盡字葉國棟祖置有民佃
田壹號坐落本鄉土名下頭墘
年載正租壹石重陸拾觔正
今因無錢應用自情原再向
吳光長處盡出價錢捌百
文正其錢即日收訖其佃田再
付吳家前去耕作任從其便
其田有能立日不拘遠近今欲
有憑立盡字一紙付執爲照
嘉慶九年十月　日立盡葉國棟
代字兄國創

5-1-1-16　清嘉慶九年十月葉國棟立盡民佃田字

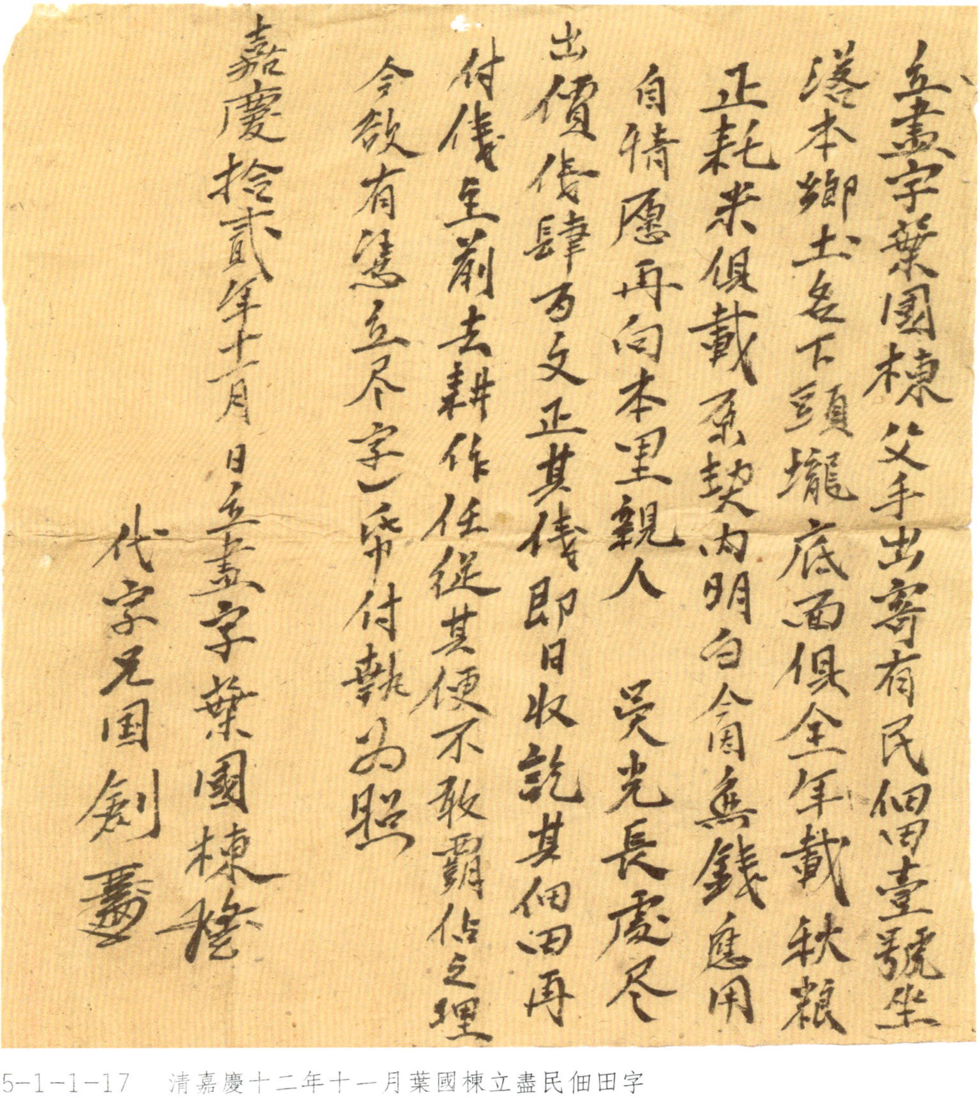
立盡字葉國棟父手出寄有民佃田壹號坐
落本鄉土名下頭壠底面俱全年載秋粮
正耗米俱載原契內明白今因無錢應用
自情愿再向本里親人 吴光長處盡
出價錢肆両文正其錢即日收訖其佃田再
付錢主前去耕作任從其便不敢霸佔之理
今欲有憑立盡字一帋付執為照
嘉慶拾貳年十一月 日立盡字葉國棟
代字兄国劍

5-1-1-17 清嘉慶十二年十一月葉國棟立盡民佃田字

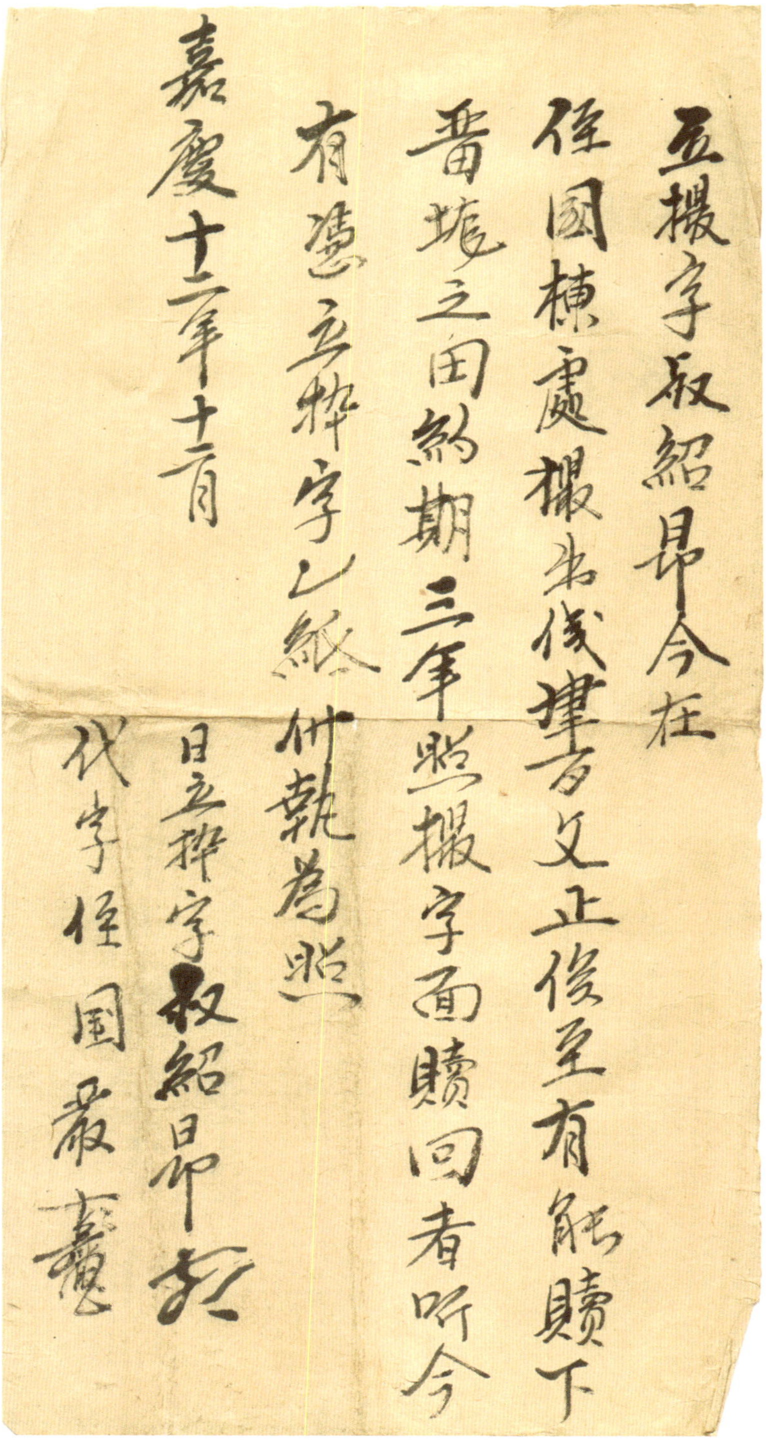

立撥字叔紹昂今在
侄國棟處撥出錢肆百文正，俟至有能贖下
番墘之田，約期三年，照撥字面贖回者，聽今
有憑，立撥字乙紙付執為照。
嘉慶十二年十二月　日立撥字叔紹昂（押）
代字侄國嚴書

5-1-1-18　清嘉慶十二年十二月葉紹昂立撥字

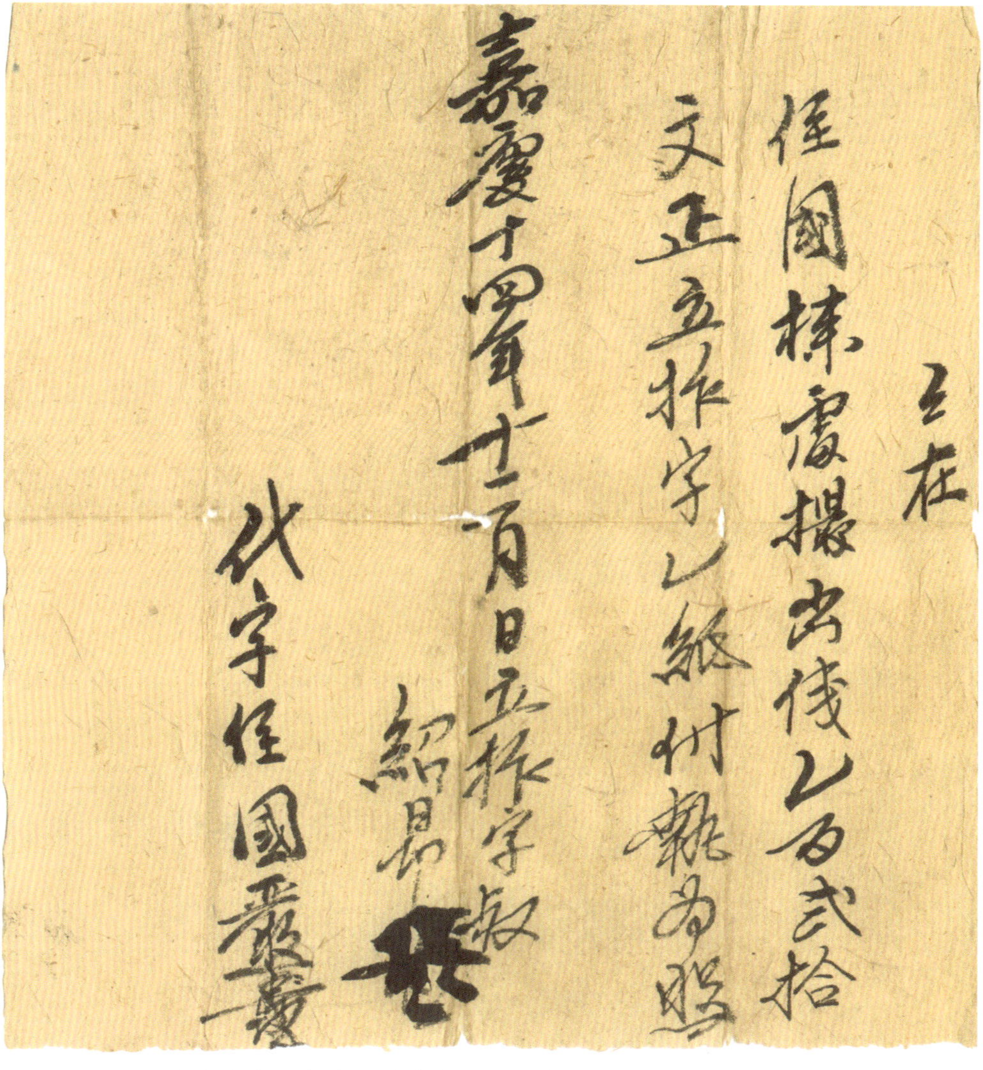

立在侄國棟處撮出錢乙百貳拾文正，立撮字乙紙付執為照。
嘉慶十四年十二月　日立撮字叔紹昂（押）
代字侄國[illegible]

5-1-1-19　清嘉慶十四年十二月葉紹昂立撮字

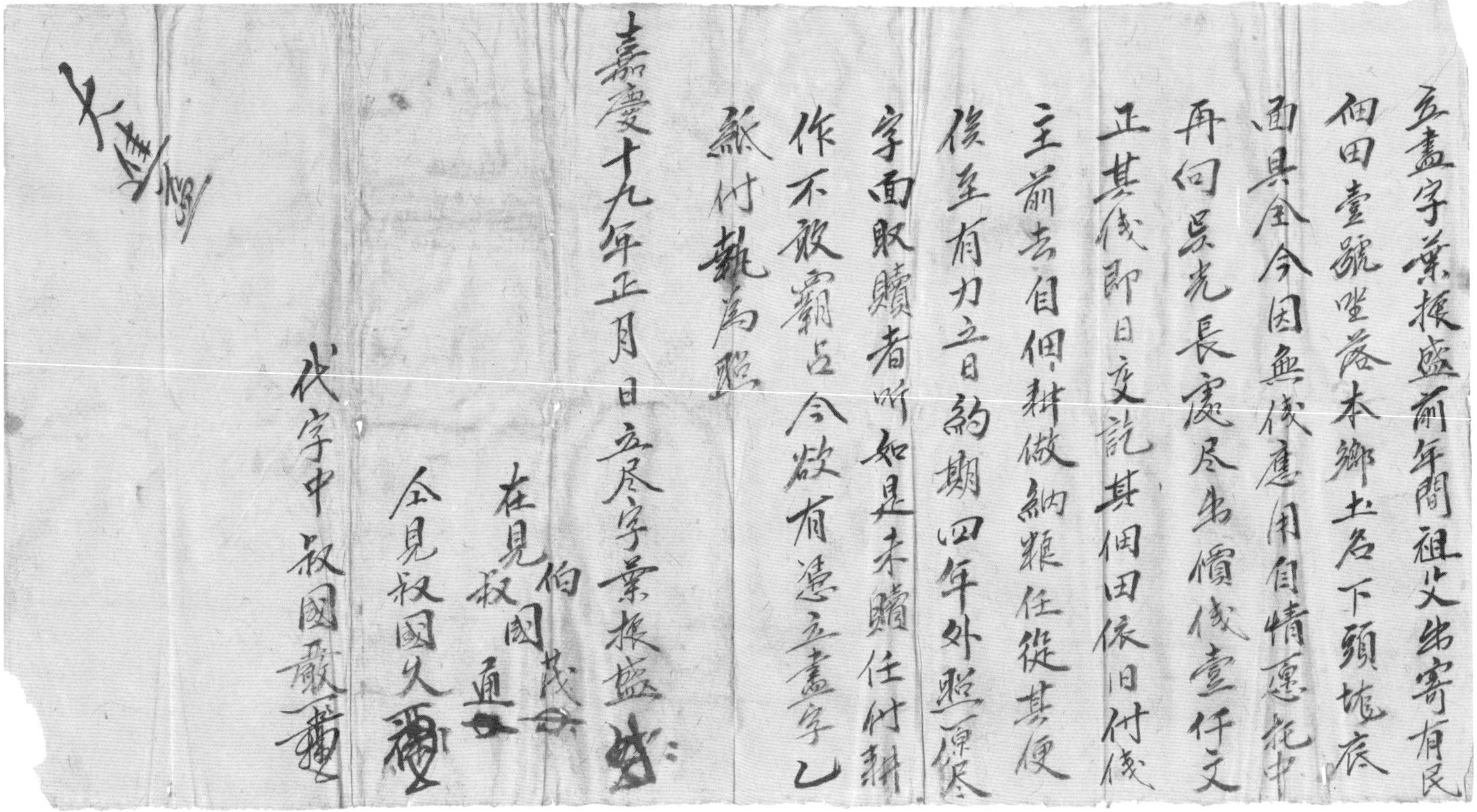

立盡字葉振盛前年間祖父出寄有民
佃田壹號坐落本鄉土名下頸墘底
面具全今因無錢應用自情愿托中
再向吳光長處盡出價錢壹仟文
正其錢即日交訖其佃田依舊付錢
主前去自佃耕做納粮任從其便
後至有力之日約期四年外照原價
字面取贖者所如是未贖任付耕
作不敢霸占今欲有憑立盡字乙
紙付執爲照

嘉慶十九年正月　日立盡字葉振盛（押）
　　　　　　　伯　茂（押）
　　　　在見叔國
　　　　　　　　通（押）
　　　　仝見叔國火（押）
　　　代字中叔國嚴（押）

大達

5-1-1-20　清嘉慶十九年正月葉振盛立盡民佃田字

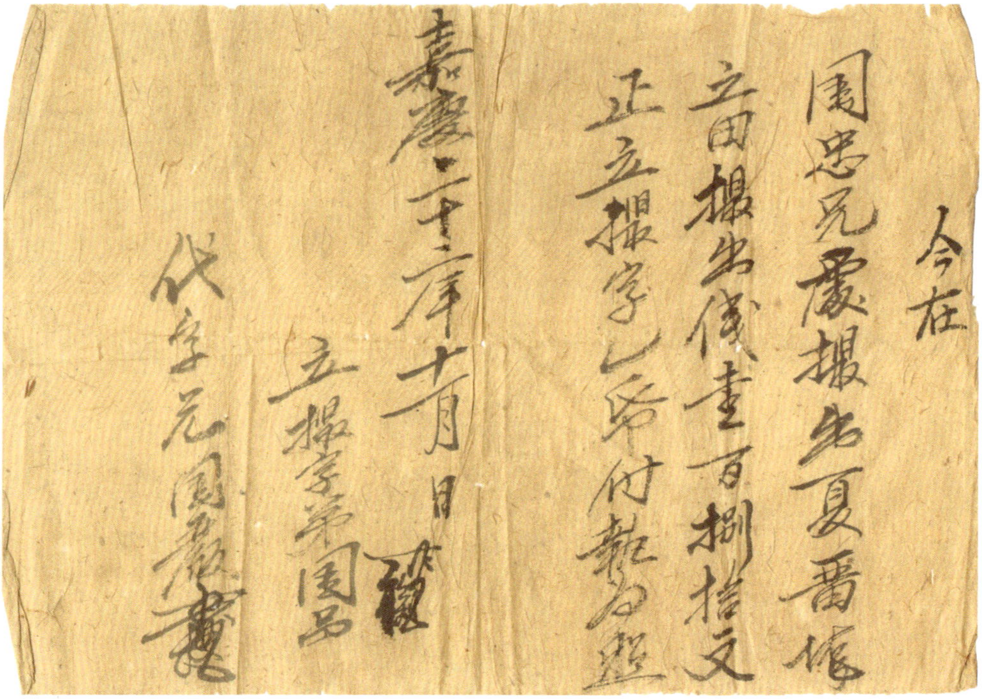

今在
国忠兄處撮出夏番儀
立田撮出錢壹百捌拾文
正立撮字乙紙付執為照
嘉慶二十二年十一月 日
立撮字弟国品
代字兄国嚴書

5-1-1-21　清嘉慶二十二年十一月葉国品立撮字

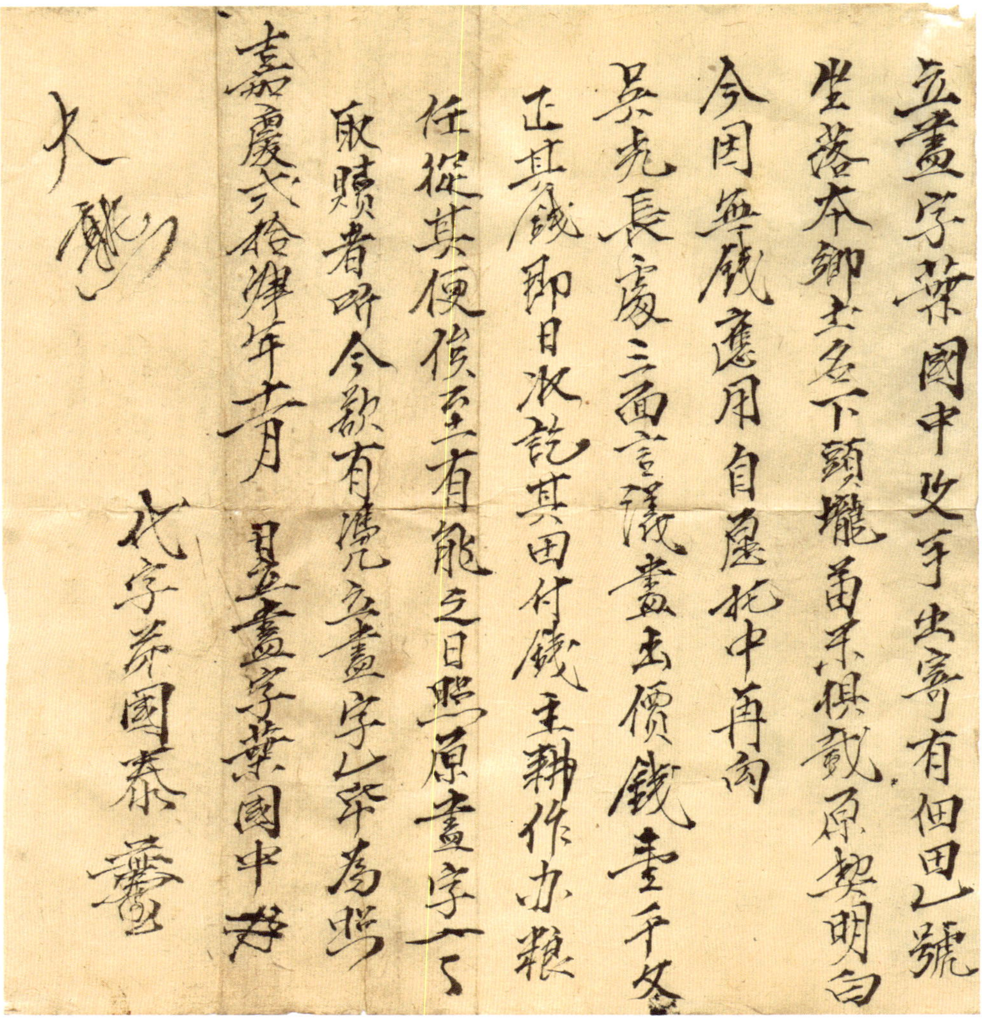

立盡字葉國中此手出寄有佃田乙號
坐落本鄉土名下頭壠苗米俱載原契明白
今因無錢應用自愿托中再向
吳光長處三面言議盡去價錢壹千文
正其錢即日收訖其田付錢主耕作办粮
任從其便後至有能之日照原盡字一[illegible]
取贖者听今欲有憑立盡字乙紙為照
嘉慶貳拾肆年十一月　日立盡字葉國中押
代字葉國泰　書
大號

5-1-1-22　清嘉慶二十四年十一月葉國中立盡佃田字

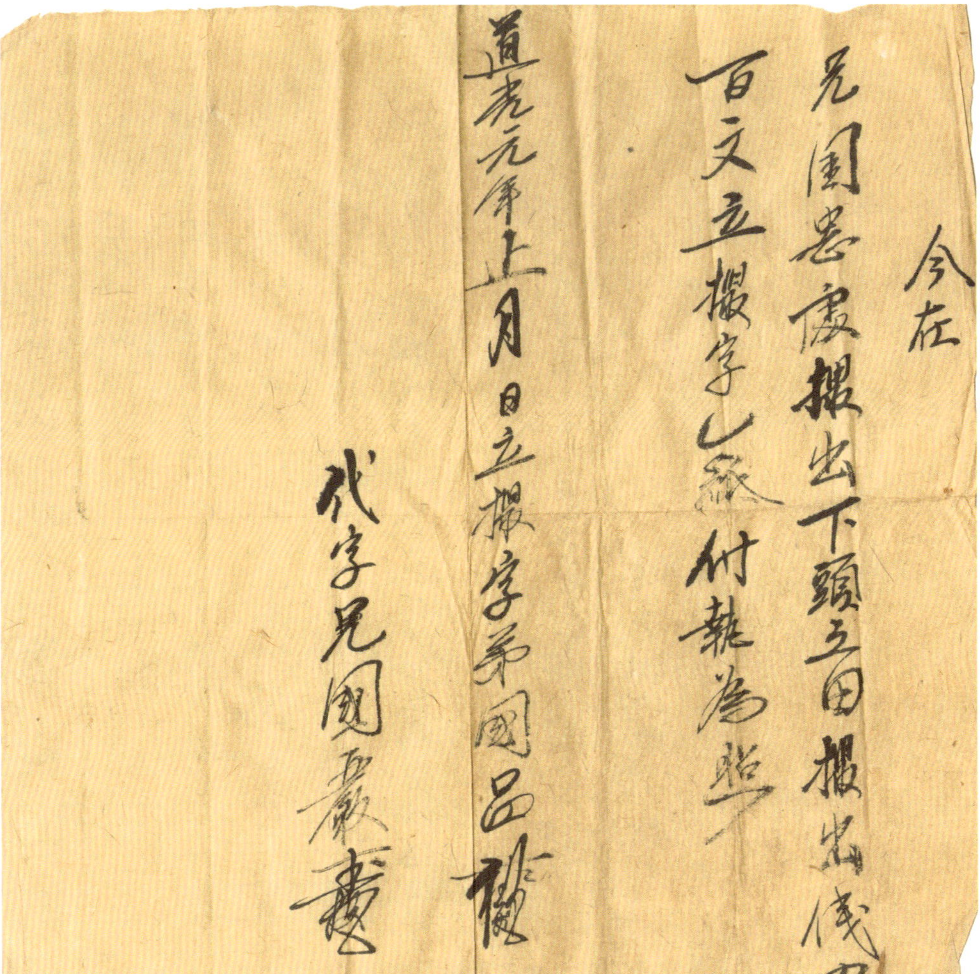
今在
兄國忠處撮出下頭立田撮出錢九
百文立撮字乙紙付執為照
道光元年正月日立撮字弟國品（押）
代字兄國嚴書

5-1-1-23　清道光元年正月葉國品立撮字

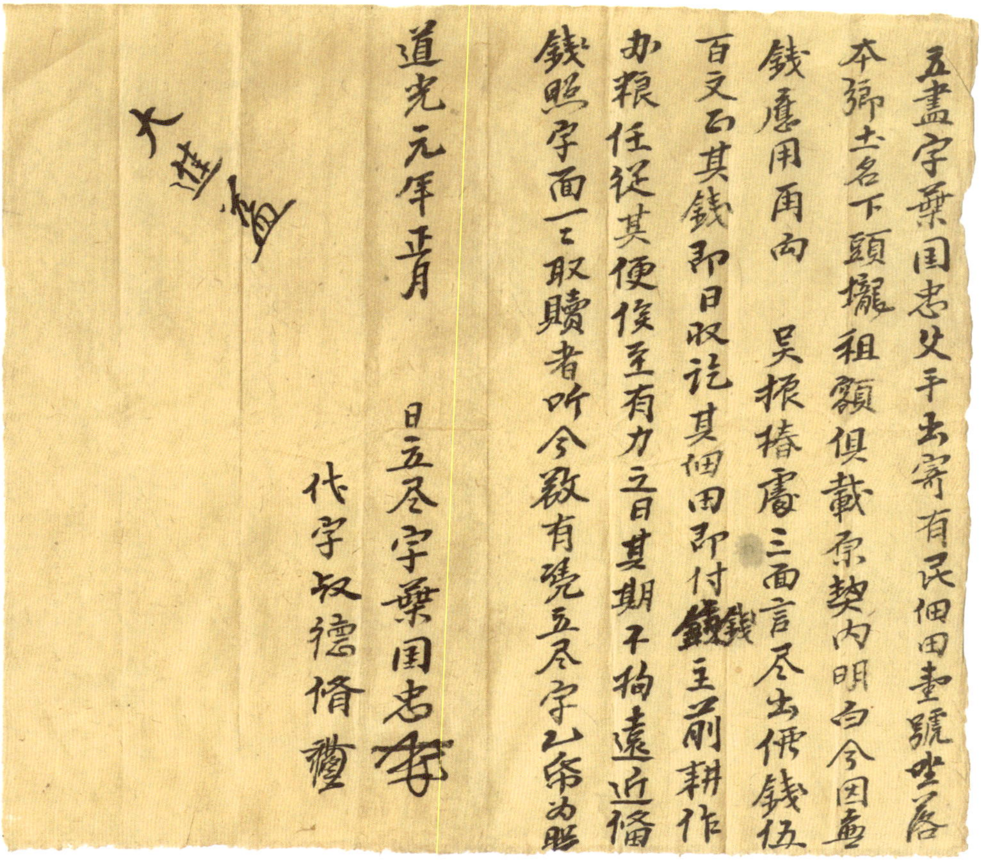

立盡字葉国忠父手出寄有民佃田壹號坐落
本鄉土名下頭墈祖額俱載原契內明白今因無
錢應用再向　吳根椿處三面言尽出価錢伍
百文正其錢即日收訖其佃田即付錢主前耕作
办粮任從其便候至有力之日其期不拘遠近備
錢照字面一一取贖者听今欲有憑立尽字一帋為照

大進壹

道光元年正月　　日立尽字葉国忠（押）
　　　　　　　代字叔德脩禮

5-1-1-24　清道光元年正月葉国忠立盡民佃田字

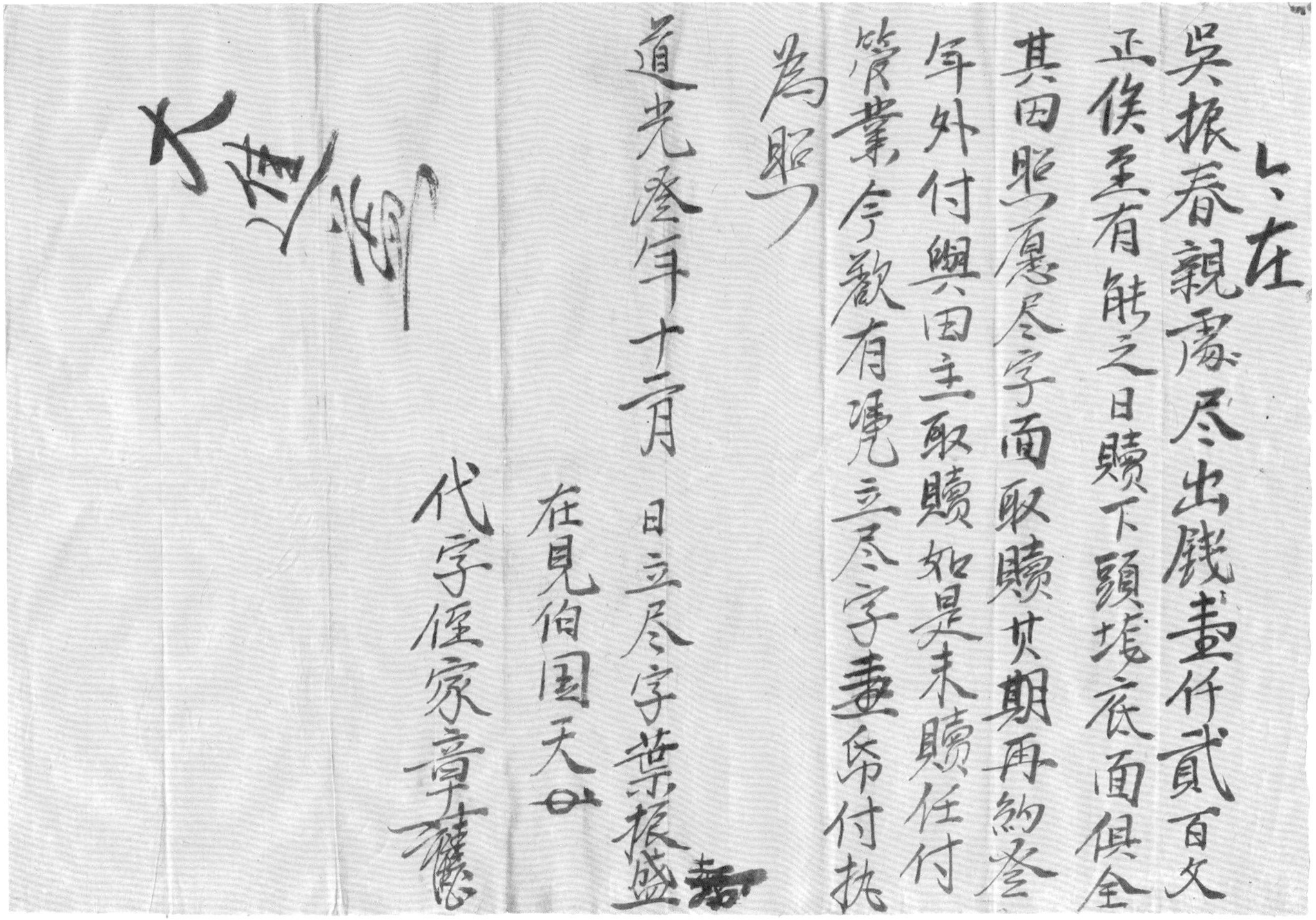
ヽヽ在
吳振春親處盡出錢壹仟貳百文
正，俟至有能之日贖下頭墘底面俱全，
其田照還盡字面取贖，其期再約叁
年外付與田主取贖。如是未贖，任付
管業。今欲有憑，立盡字壹帋付執
為照。
道光叁年十二月　日立盡字葉振盛（押）
在見伯国天（押）
代字侄家章（押）
大吉利

5-1-1-25　清道光三年十二月葉振盛立盡民田字

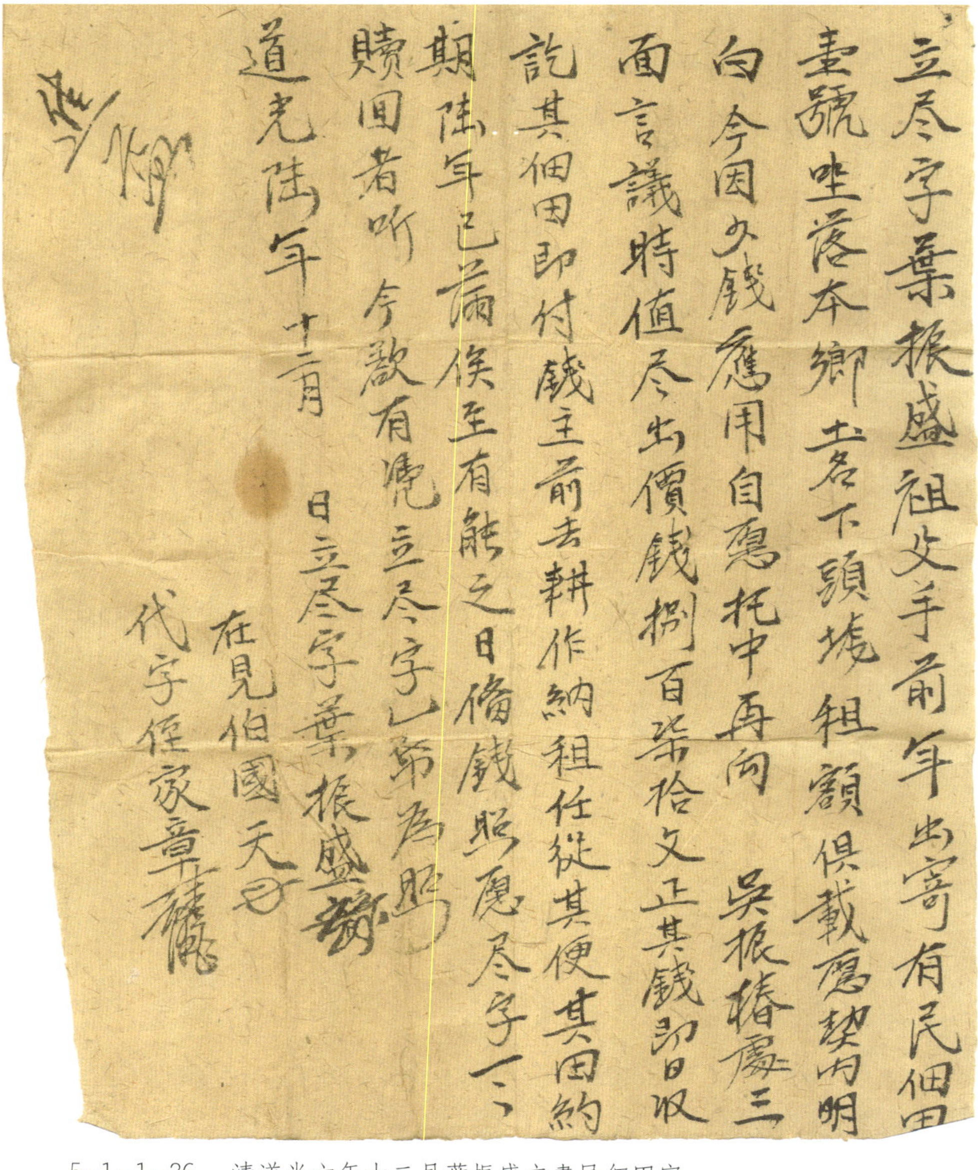

立尽字葉振盛祖父手前年出寄有民佃田壹號坐落本鄉土名下頭垅租額俱載原契内明白今因乏錢應用自愿托中再向吳振椿處三面言議時值尽出價錢捌百柒拾文正其錢即日收訖其佃田即付錢主前去耕作納租任從其便其田約期陸年已滿候至有能之日備錢照原尽字一一贖回者听 今欲有憑立尽字一紙為照

道光陸年十二月 日立尽字葉振盛

在見伯國天

代字侄家章

5-1-1-26　清道光六年十二月葉振盛立盡民佃田字

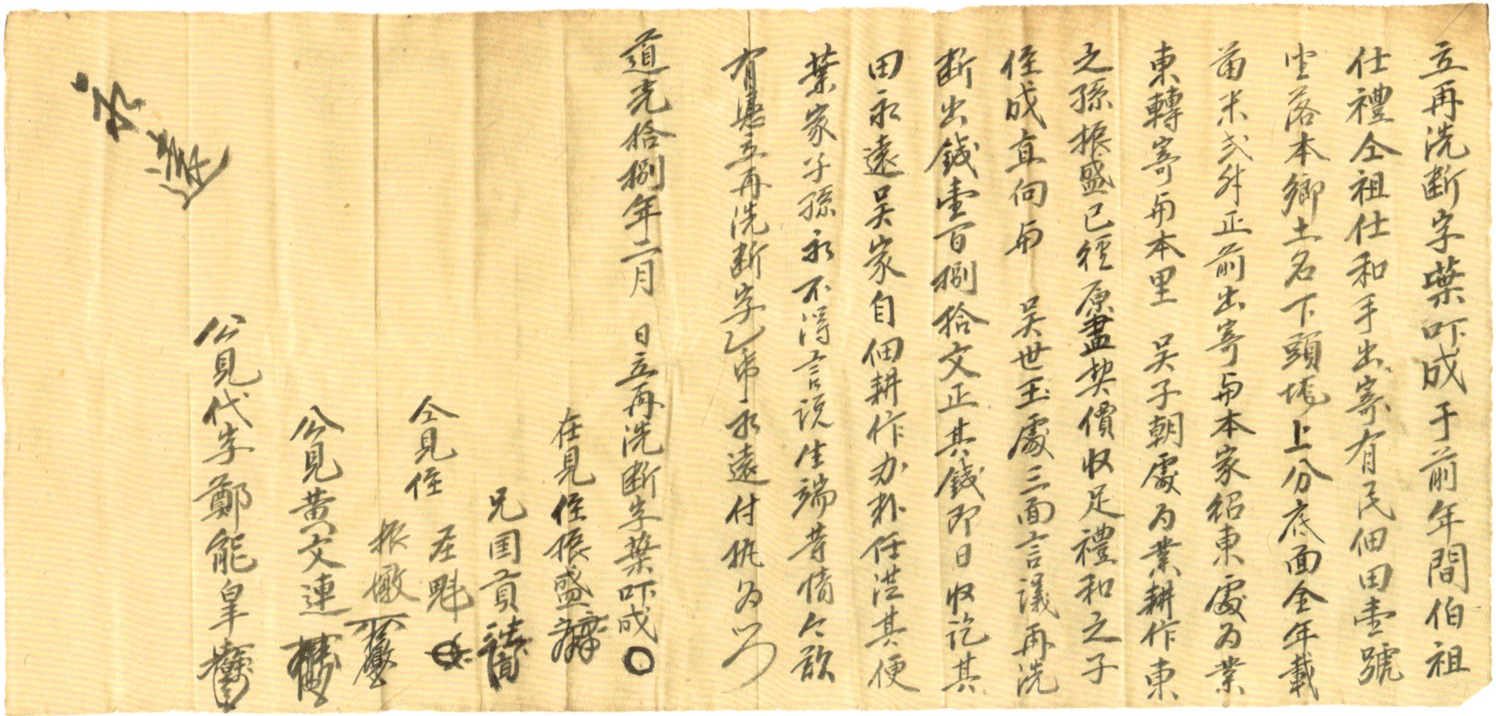

立再洗斷字葉吓成，于前年間伯祖
仕禮仝祖仕和手出寄有民佃田壹號，
坐落本鄉土名下頭墘，上分底面全年載
苗米弍斗正，前出寄与本家紹東處為業。
東轉寄与本里吳子朝處為業耕作。東
之孫振盛已經原盡契價收足。禮和之子
侄成直向与吳世玉處三面言議，再洗
斷出錢壹百捌拾文正，其錢即日收訖。其
田永遠吳家自佃耕作，办納任從其便，
葉家子孫永不得言說生端，昔情之欲，
有憑立再洗斷字乙帋，永遠付執為照。
道光拾捌年二月　日立再洗斷字葉吓成○
在見侄振盛
兄国貢
仝見侄　丕魁
振墩
公見黃文連
公見代字鄭能阜

5-1-1-27　清道光十八年二月葉吓成立再洗斷民佃田字

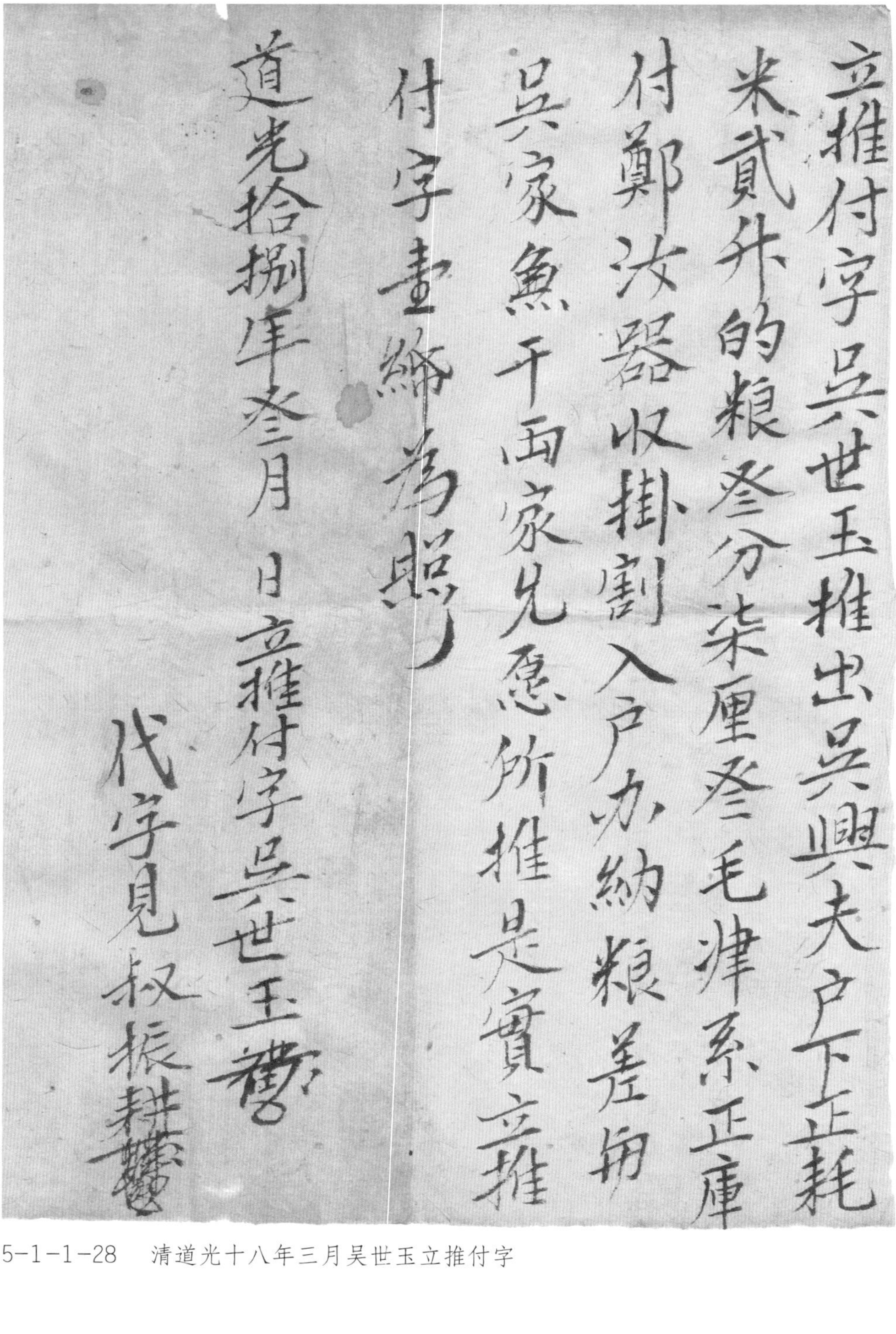
立推付字吳世玉推出吳興夫户下正耗
米貳升的粮叁分柒厘叁毛津系正庫
付鄭汝器收掛劃入户办納粮差甬
吳家魚干两家先悉所推是實立推
付字壹紙為照
道光拾捌年叁月　日立推付字吳世玉
代字見叔振耕

5-1-1-28　清道光十八年三月吴世玉立推付字

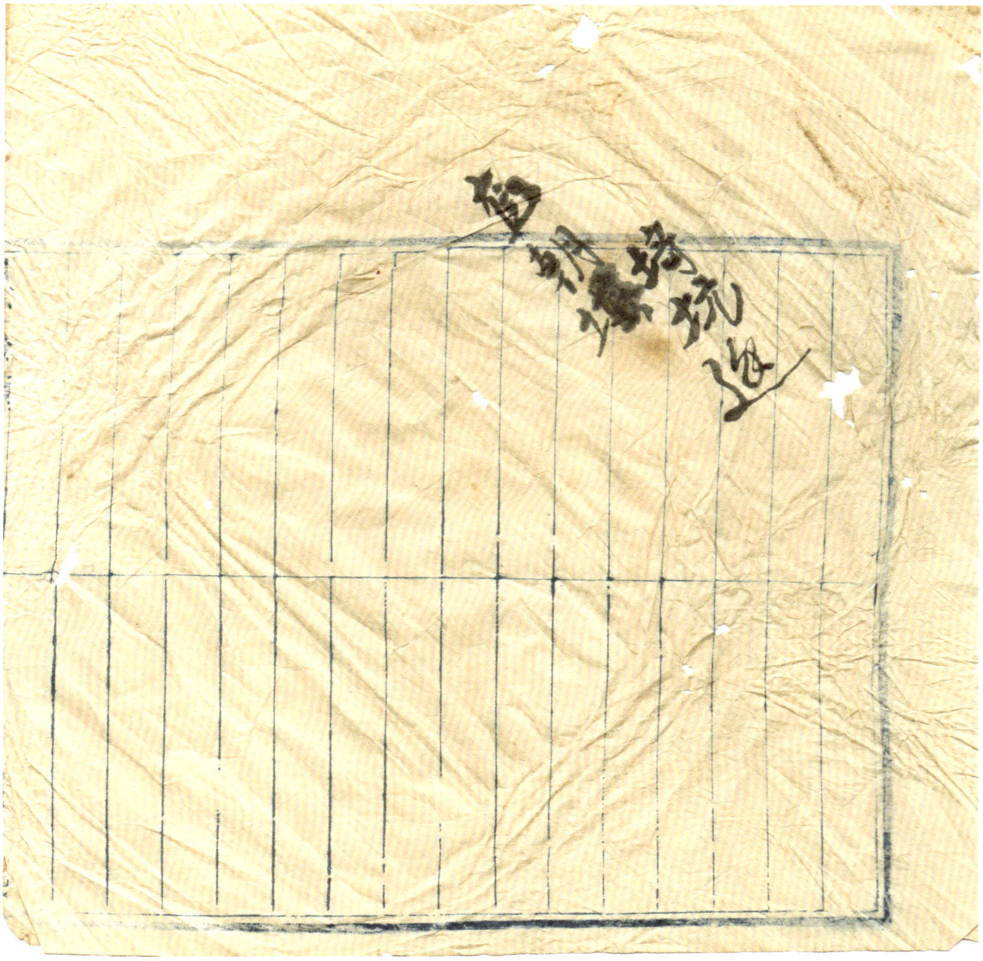

5-1-2-1　包契紙

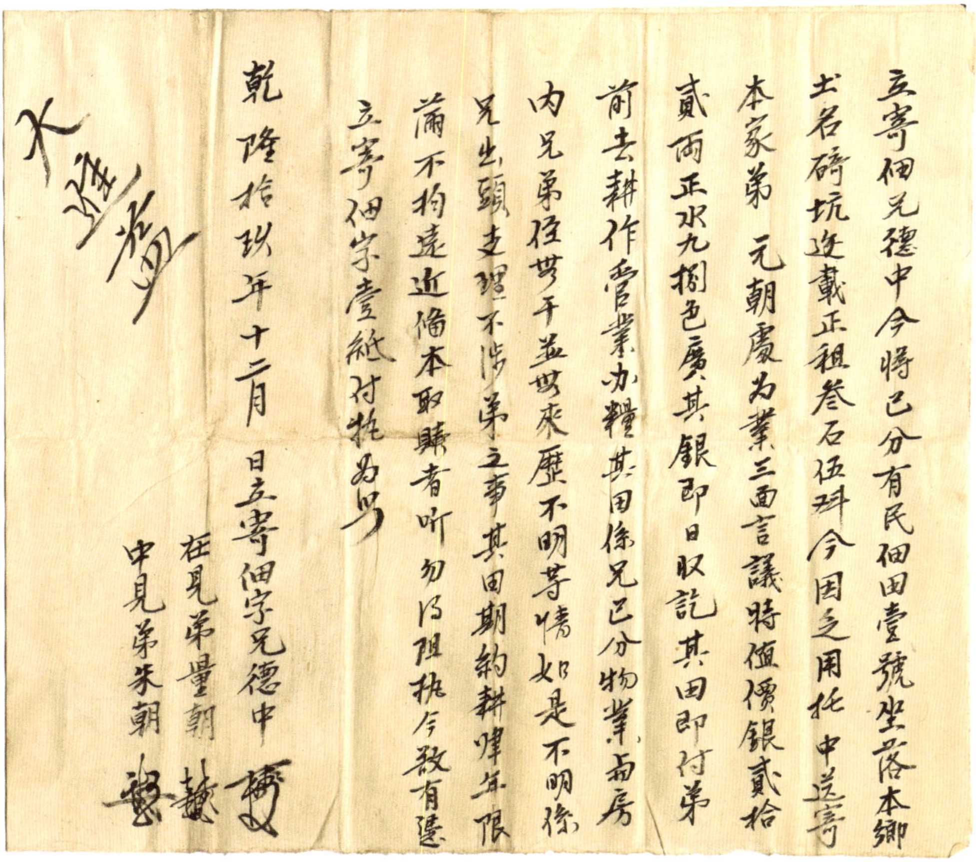

立寄佃兄德中今將已分有民佃田壹號坐落本鄉
土名碕坑逆載正租叁石伍斗今因乏用托中送寄
本家弟　元朝處為業三面言議時值價銀貳拾
貳兩正水九捌色廣其銀即日收訖其田即付弟
前去耕作管業办糧其田係兄已分物業與房
內兄弟侄無干並無來歷不明等情如是不明係
兄出頭支理不涉弟之事其田期約耕肆年限
滿不拘遠近備本取贖者听勿得阻執今欲有憑
立寄佃字壹紙付執為照
乾隆拾玖年十二月　日立寄佃字兄德中（押）
在見弟量朝（押）
中見弟朱朝（押）
大進益

5-1-2-2　清乾隆十九年十二月鄭德中立寄民佃田字

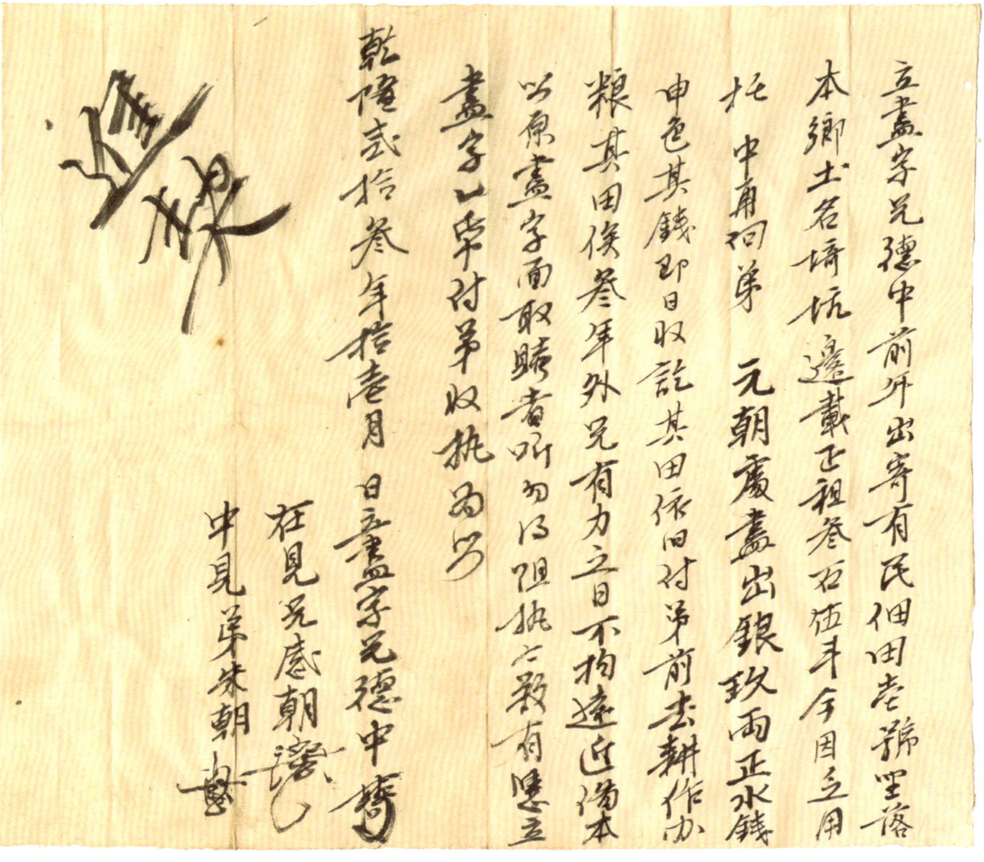
立盡字兄德中前年出寄有民佃田壹號坐落
本鄉土名塆坑邊載正租叁石伍斗今因乏用
托中甬向弟 元朝處盡出銀玖兩正水錢
申色其錢即日收訖其田依旧付弟前去耕作办
粮其田俟叁年外兄有力之日不拘遠近備本
以原盡字面取贖者听勿得阻執亦殺有憑立
盡字一紙付弟收執爲照
乾隆貳拾叁年拾壹月 日立盡字兄德中
在見兄處朝鑾
中見弟朱朝書

5-1-2-3　清乾隆二十三年十一月鄭德中立盡民佃田字

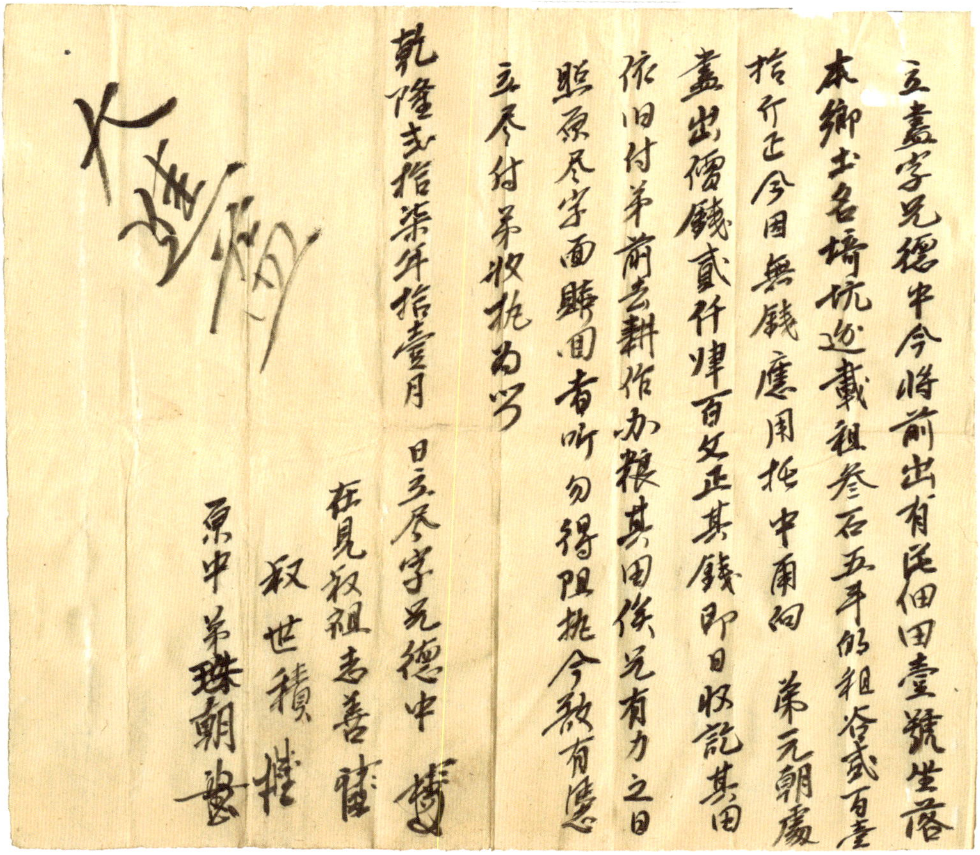

立盡字兄德中今將前出有民佃田壹號坐落
本鄉土名塆坑迳載租叁石五斗仍租谷貳百壹
拾斤正今因無錢應用托中前向 弟元朝處
盡出價錢貳仟肆百文正其錢即日收訖其田
依旧付弟前去耕作办粮其田係兄有力之日
照原盡字面贖回者听毋得阻挑今欲有憑
立盡付弟收执為照
乾隆貳拾柒年拾壹月 日立盡字兄德中（押）
在見叔祖志善（押）
叔世積（押）
原中 弟珠朝（押）

5-1-2-4　清乾隆二十七年十一月鄭德中立盡民佃田字

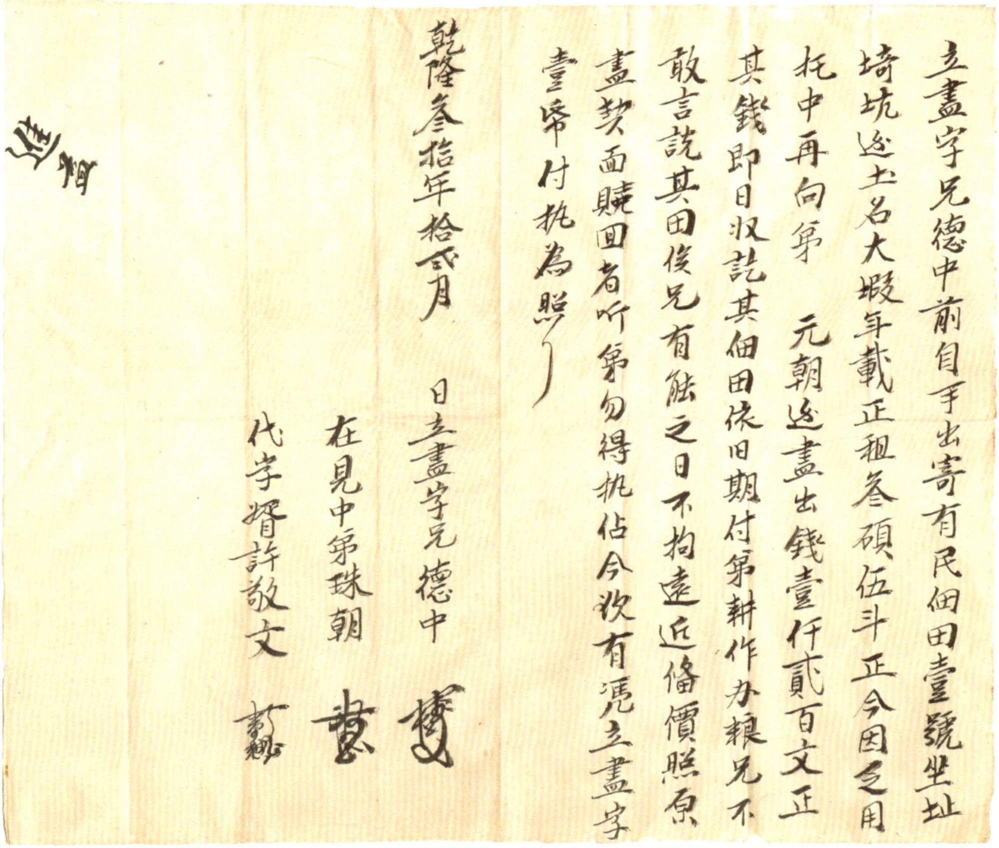

立盡字兄德中前自手出寄有民佃田壹號坐址
埼坑邊土名大墩年載正租叁碩伍斗正今因乏用
托中再向弟　元朝邊盡出錢壹仟貳百文正
其錢即日收訖其佃田依旧期付弟耕作办粮兄不
敢言説其田俟兄有能之日不拘遠近備價照原
盡契面贖回者听弟勿得执佔今欲有憑立盡字
壹帋付执為照

乾隆叁拾年拾貳月　日立盡字兄德中（押）
在見中弟珠朝（押）
代字婿許敬文（押）

5-1-2-5　清乾隆三十年十二月鄭德中立盡民佃田字

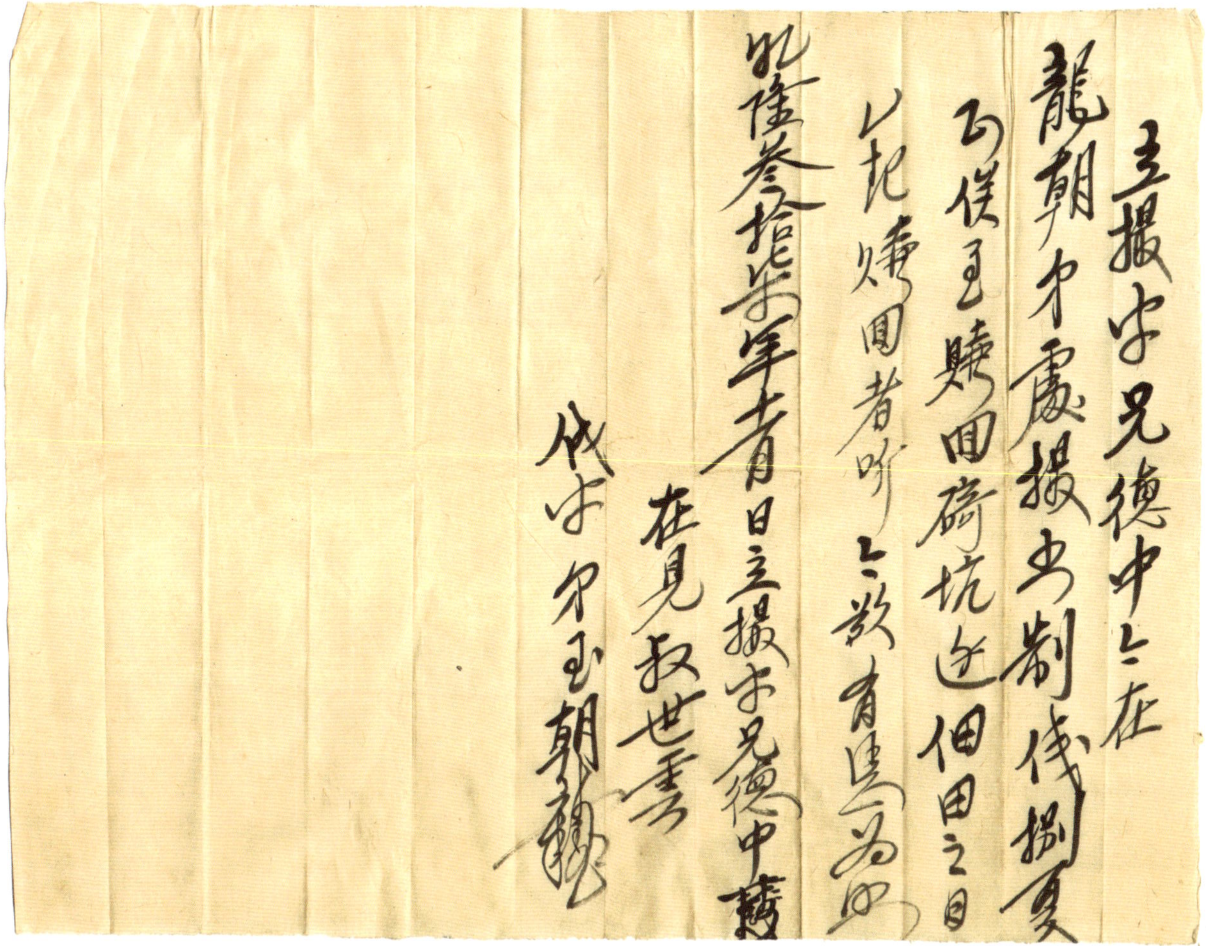

立撮字兄德中〻在
龍朝弟處撮出制錢捌[illegible]
[illegible]係至贖回碕坑仝佃田之日
[illegible]把贖回者，所〻數有憑為照
乾隆叁拾柒年十一月日立撮字兄德中
在見叔世雲
代字弟玉朝

5-1-2-6　清乾隆三十七年十一月鄭德中立撮字

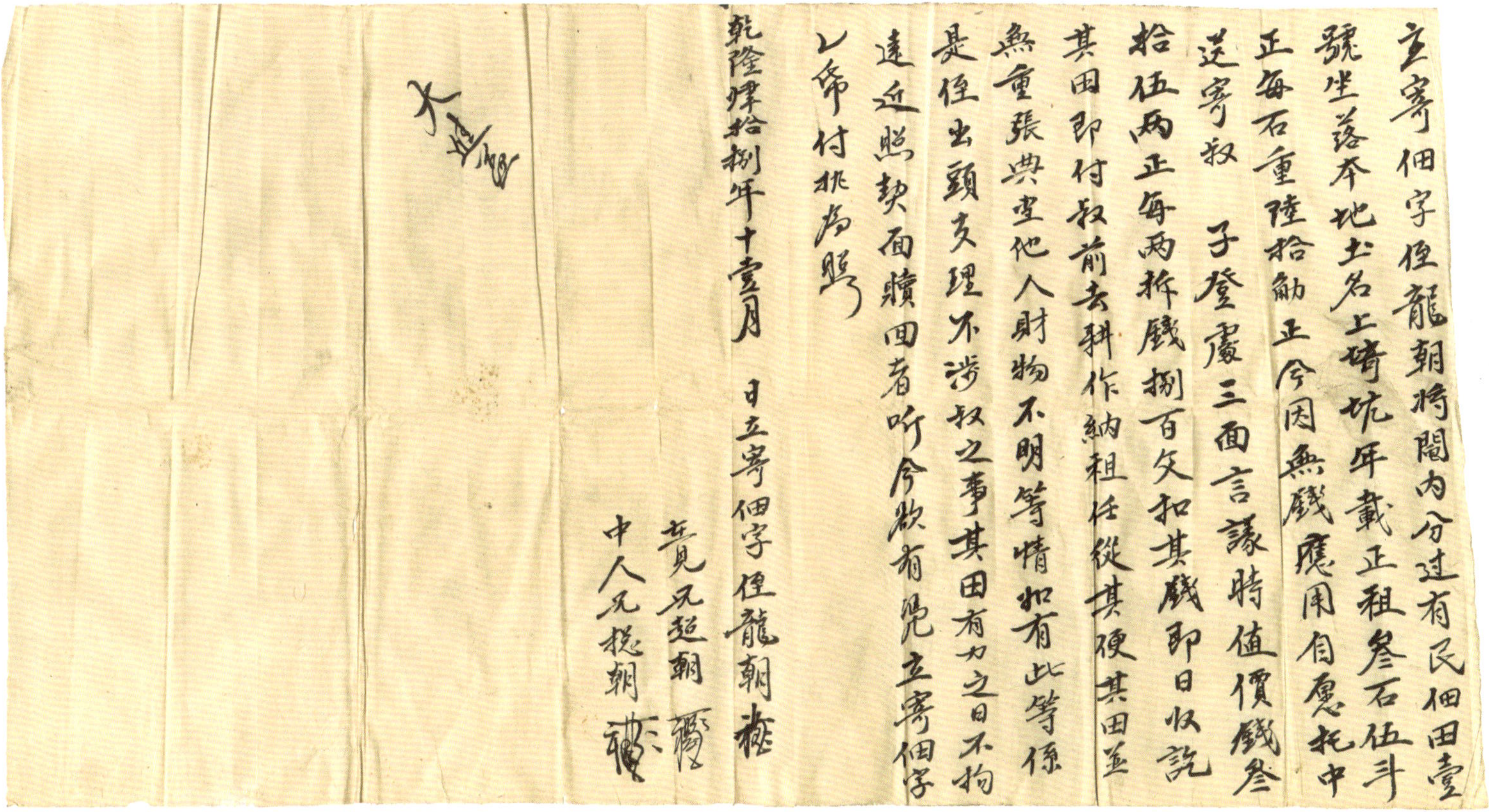

立寄佃字侄龍朝將閩内分过有民佃田壹
號坐落本地土名上埼坑年載正租叁石伍斗
正每石重陸拾觔正今因無錢應用自愿托中
送寄叔　子登處三面言議時值價錢叁
拾伍兩正每兩拆錢捌百文扣其錢即日收訖
其田即付叔前去耕作納租任從其便其田並
無重張典查他人財物不明等情如有此等係
是侄出頭支理不涉叔之事其田有力之日不拘
遠近照契面贖回者听今欲有憑立寄佃字
一帋付执為照

乾隆肆拾捌年十壹月　日立寄佃字侄龍朝（押）
在見兄超朝（押）
中人兄捷朝（押）

5-1-2-7　清乾隆四十八年十一月鄭龍朝立寄民佃田字

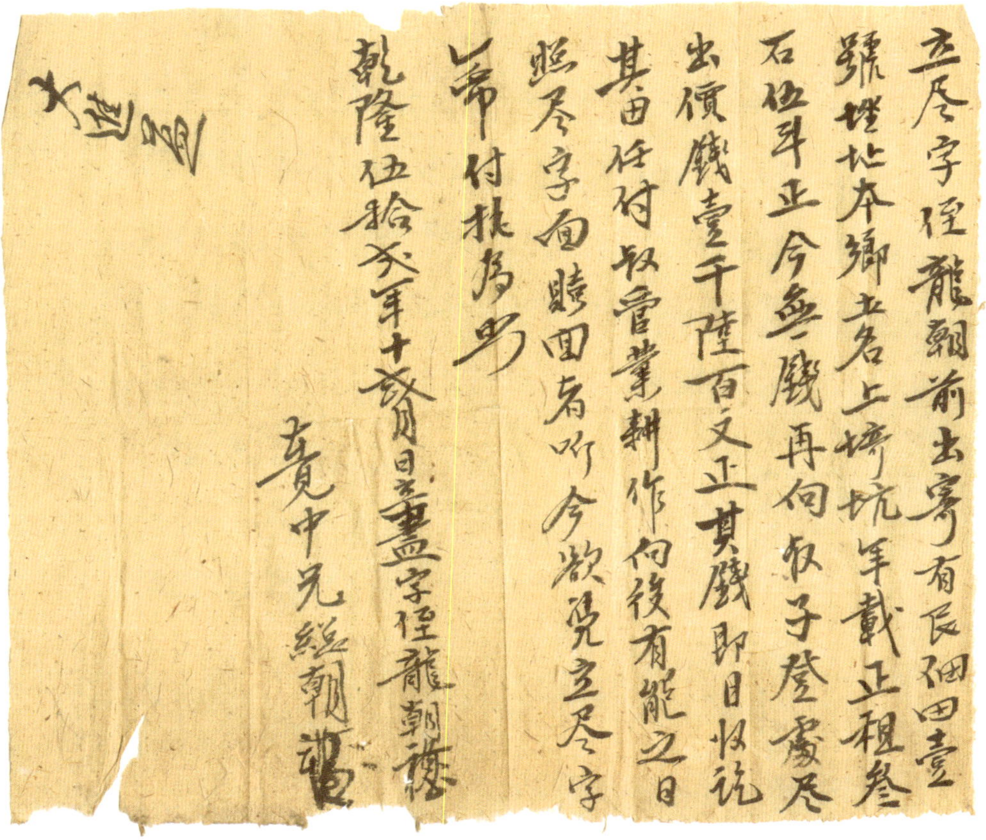

立盡字侄龍朝前出寄有民佃田壹號坐址本鄉土名上墻坑年載正租叁石伍斗正今無錢再向叔子登處盡出價錢壹千陸百文正其錢即日收訖其田任付叔會業耕作向後有能之日照盡字面贖田者聽今欲有憑立盡字爲付執爲照

乾隆伍拾貳年十貳月　日立盡字侄龍朝（押）

見中兄繼朝（押）

5-1-2-8　清乾隆五十二年十二月鄭龍朝立盡民佃田字

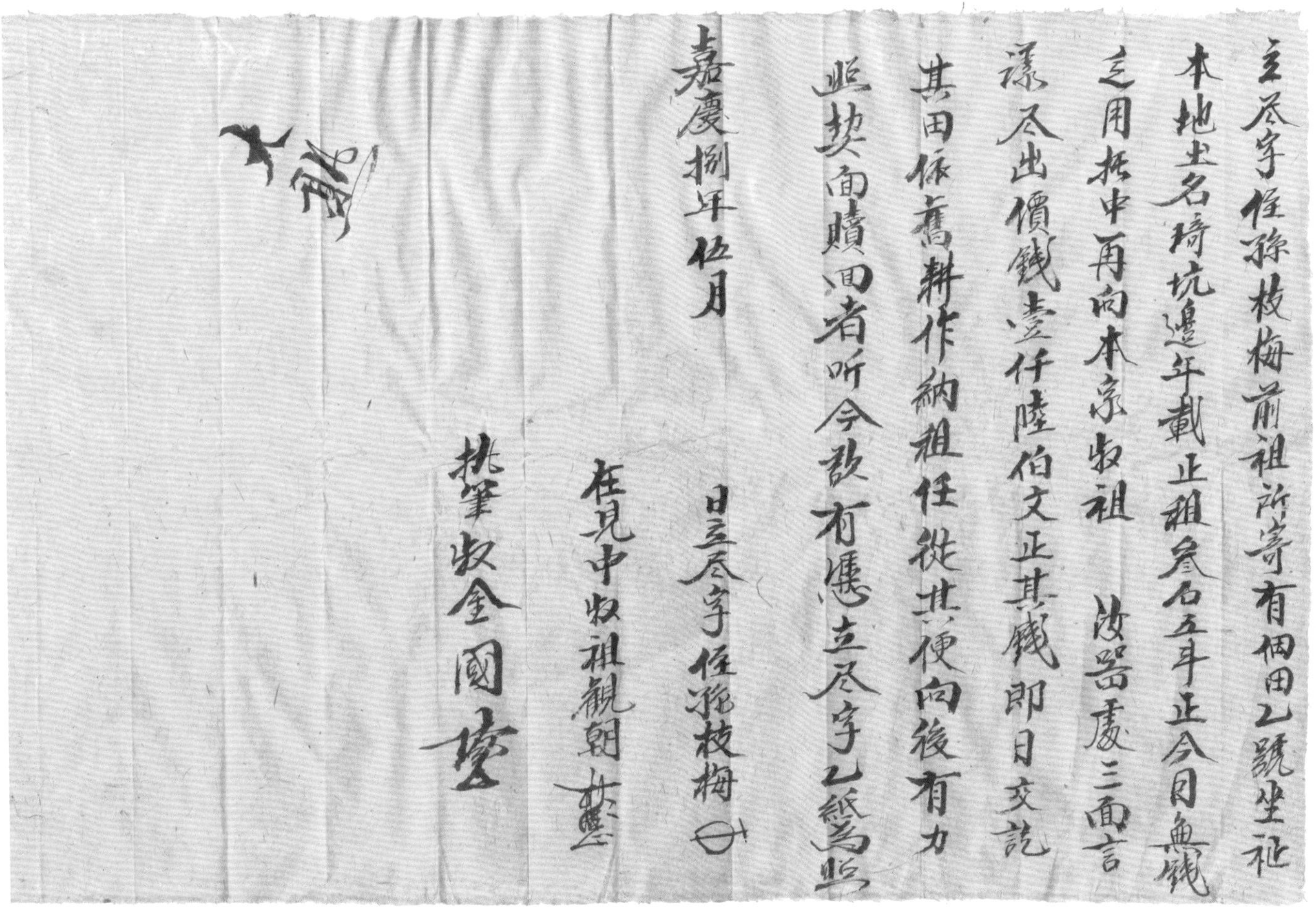
立盡字侄孫枝梅前祖所寄有佃田乙號坐址
本地土名埼坑邊年載正租叁石五斗正今因無錢
乏用托中再向本家收祖　汝嵒處三面言
議盡出價錢壹仟陸伯文正其錢即日交訖
其田係舊耕作納租任從其便向後有力
照契面贖回者所今欲有憑立盡字乙紙爲照
嘉慶捌年伍月　日立盡字侄孫枝梅（押）
在見中收祖觀朝（押）
執筆收金國燮
大准

5-1-2-9　清嘉慶八年五月鄭枝梅立盡佃田字

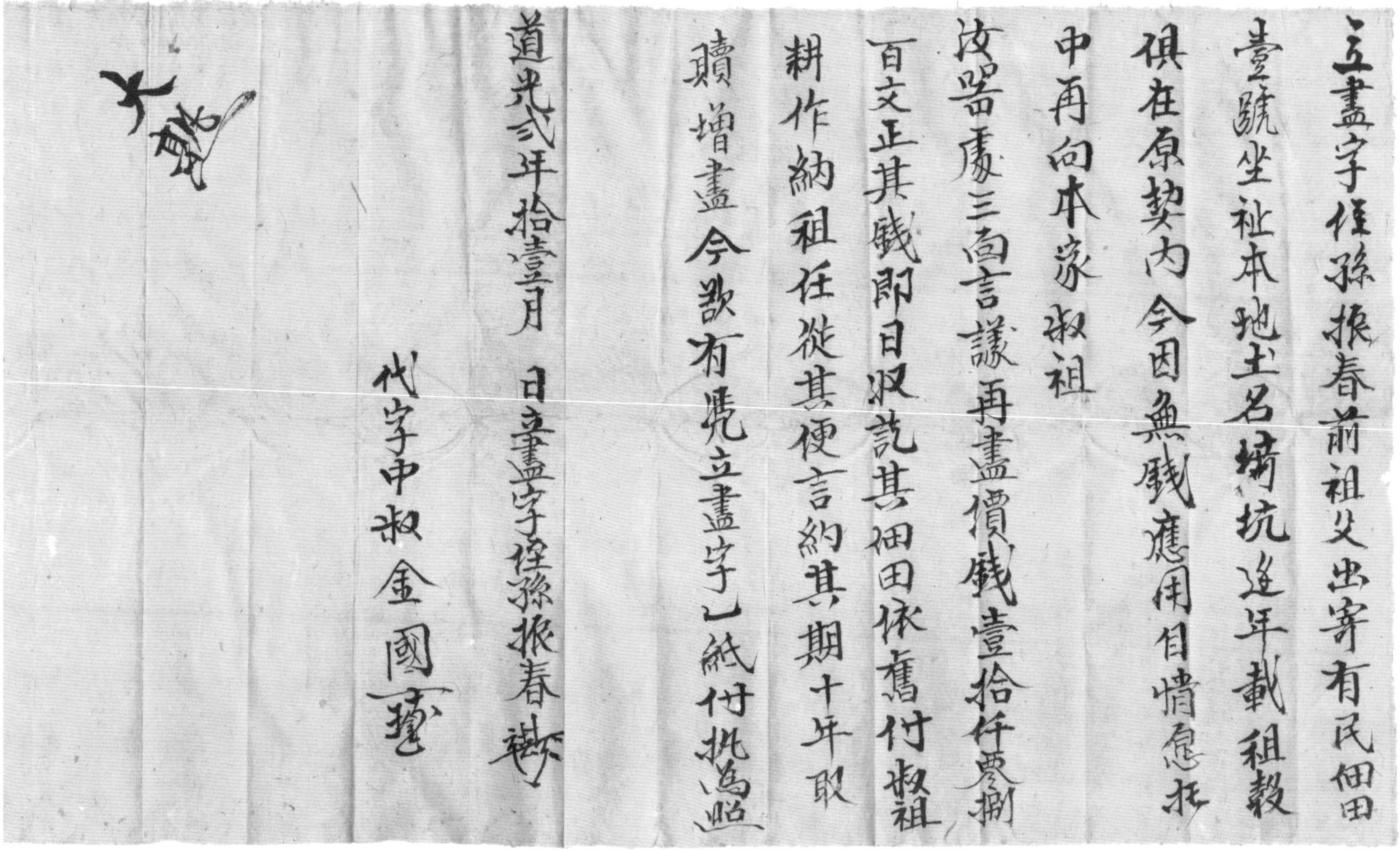
立盡字侄孫振春前祖父出寄有民佃田
壹號坐址本地土名埼坑逐年載租穀
俱在原契內今因無錢應用自情愿托
中再向本家叔祖
汝器處三面言議再盡價錢壹拾仟捌
百文正其錢即日收訖其佃田依舊付叔祖
耕作納租任從其便言約其期十年取
贖增盡今欲有憑立盡字一紙付執為照
道光弍年拾壹月　日立盡字侄孫振春（押）
代字中叔金國璽
大[illegible]

5-1-2-10　清道光二年十一月鄭振春立盡民佃田字

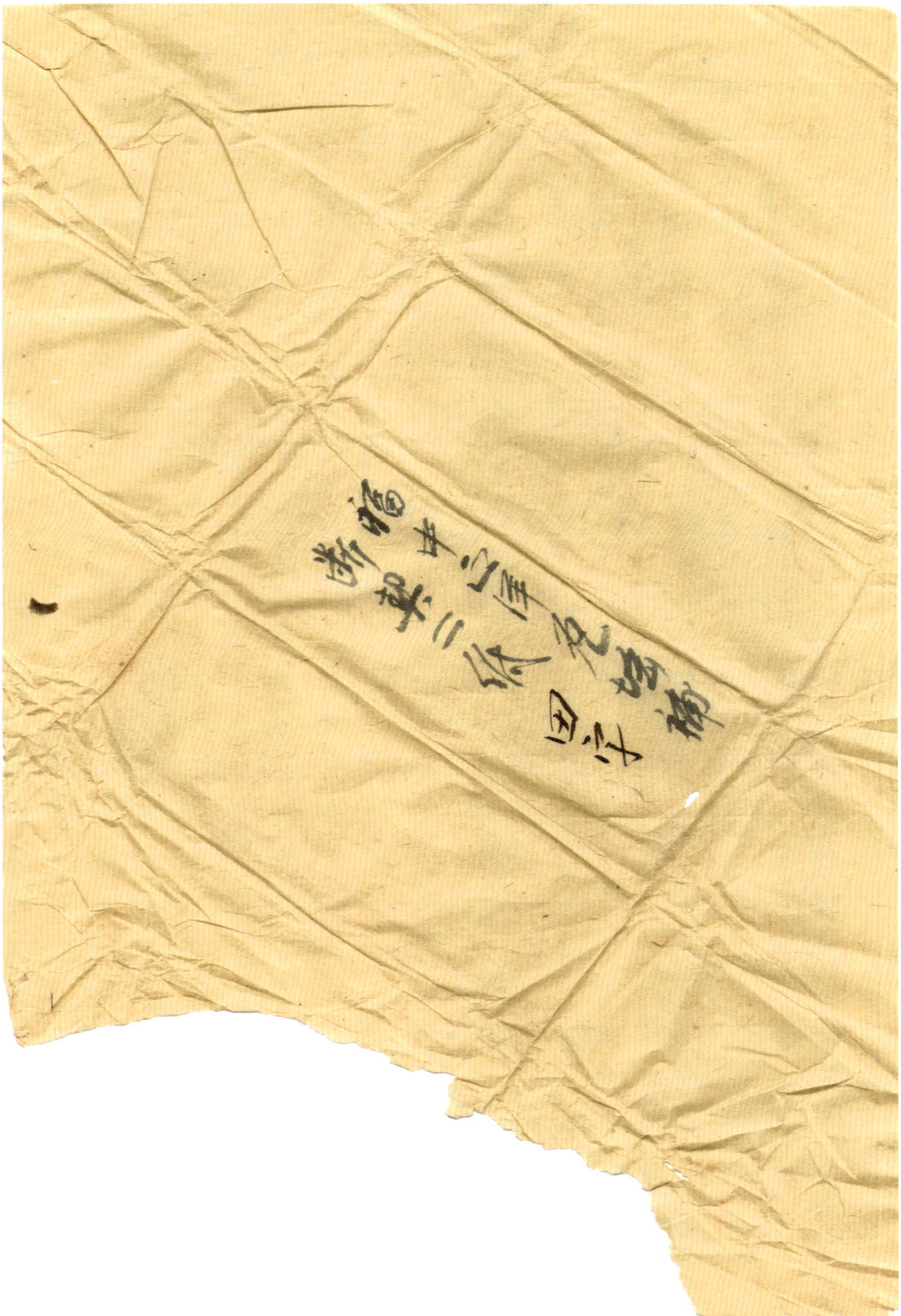

5-1-3-1　包契紙

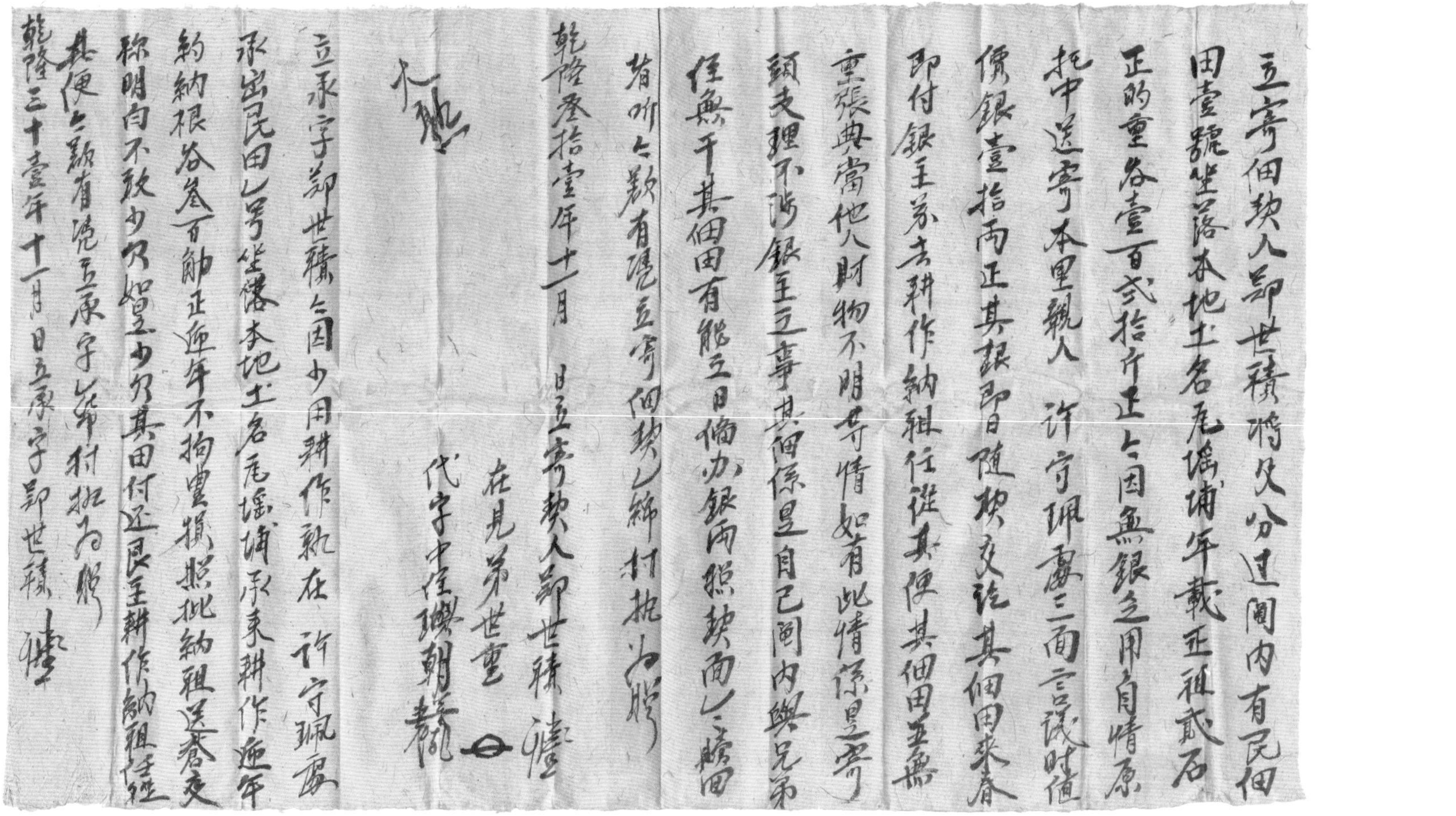
立寄佃契人鄭世積將父分過鬮內有民佃田壹號，坐落本地土名尾墘埔，年載正租貳石正，的重谷壹百弍拾斤正。今因無銀應用，自情愿托中送寄本里親人許守珮處，三面言議時值價銀壹拾兩正，其銀即日隨契交訖。其佃田來春即付銀主前去耕作納租，任從其便。其佃田並無重張典當他人財物不明等情，如有此情，係是寄頭支理，不涉銀主之事。其田係是自己鬮內，與兄弟侄無干。其佃田有能之日，備办銀兩照契兩人贖回，皆所，今欲有憑，立寄佃契一紙付執為照。

乾隆叁拾壹年十一月　日立寄契人鄭世積（押）

在見弟世重（押）

代字中侄鄭朝翥（押）

仝號

立承字鄭世積，今因少田耕作，就在許守珮處承出民田一號，坐落本地土名尾墘埔，承來耕作，逐年約納根谷叁百觔正，逐年不拘豐損，照批納租送倉交稱明白，不致少欠。倘若少欠，其田付還銀主耕作納租，任從其便。今欲有憑，立承字一紙付執為照。

乾隆三十壹年十一月　日立承字鄭世積（押）

5-1-3-2　清乾隆三十一年十一月鄭世積立寄民佃田契

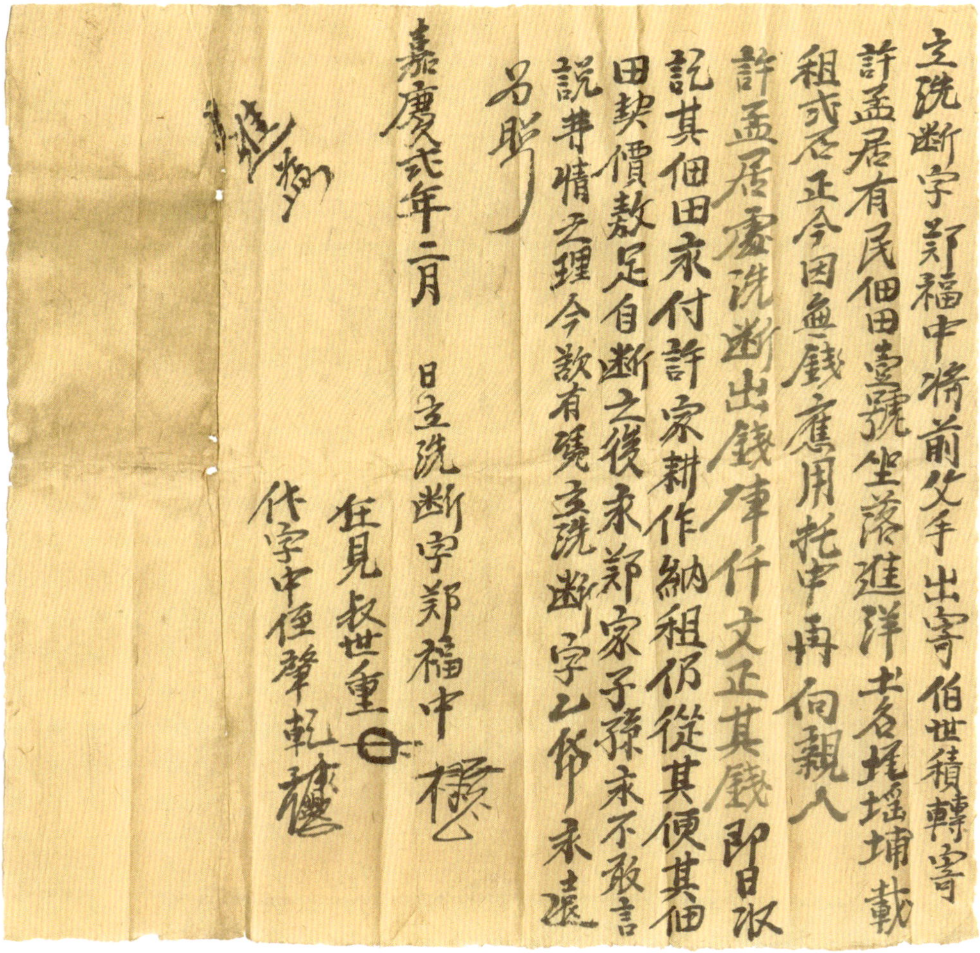

立洗斷字鄭福中將前父手出寄伯世積轉寄
許孟居有民佃田壹號坐落進洋土名垅塭埔載
租弍石正今因無錢應用托中再向親人
許孟居處洗斷出錢庫什文正其錢即日收
訖其佃田永付許家耕作納租仍從其便其佃
田契價數足自斷之後永鄭家子孫永不敢言
說并情之理今欲有憑立洗斷字一紙付永遠
為照

嘉慶弍年二月　日立洗斷字鄭福中（押）
在見叔世重（押）
代字中侄肇乾（押）

[illegible]

5-1-3-3　清嘉慶二年二月鄭福中立洗斷民佃田字

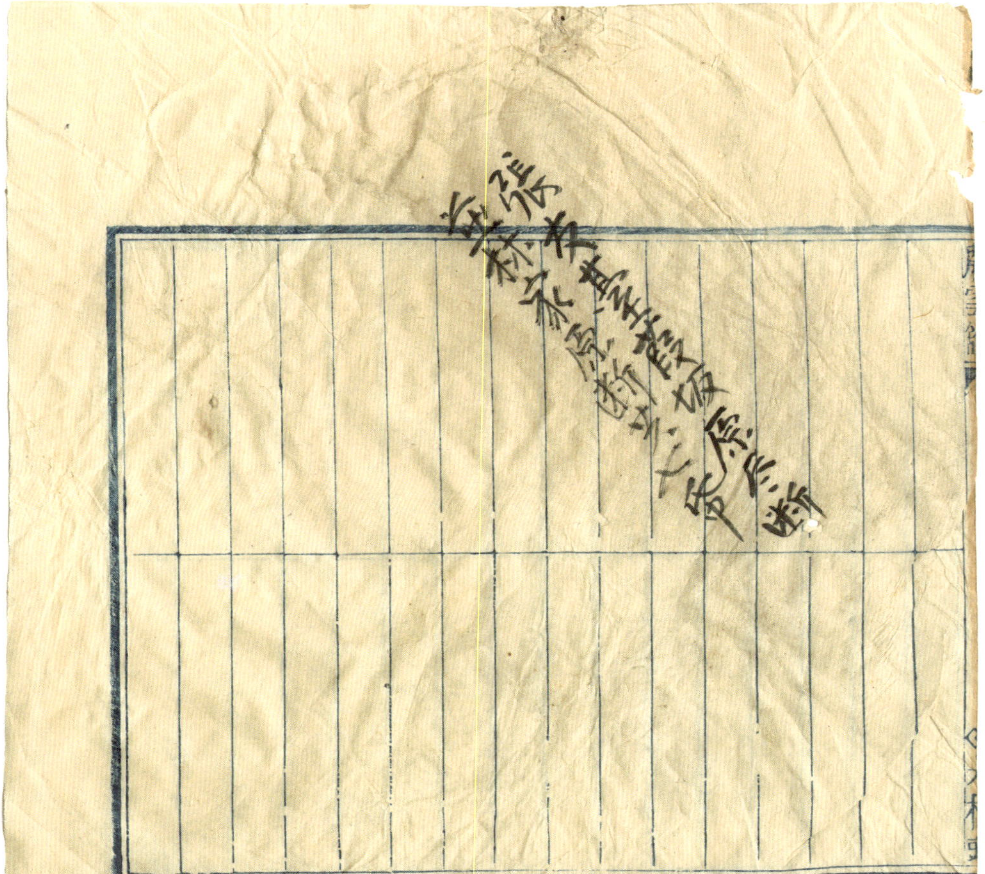

5-1-4-1　包契紙

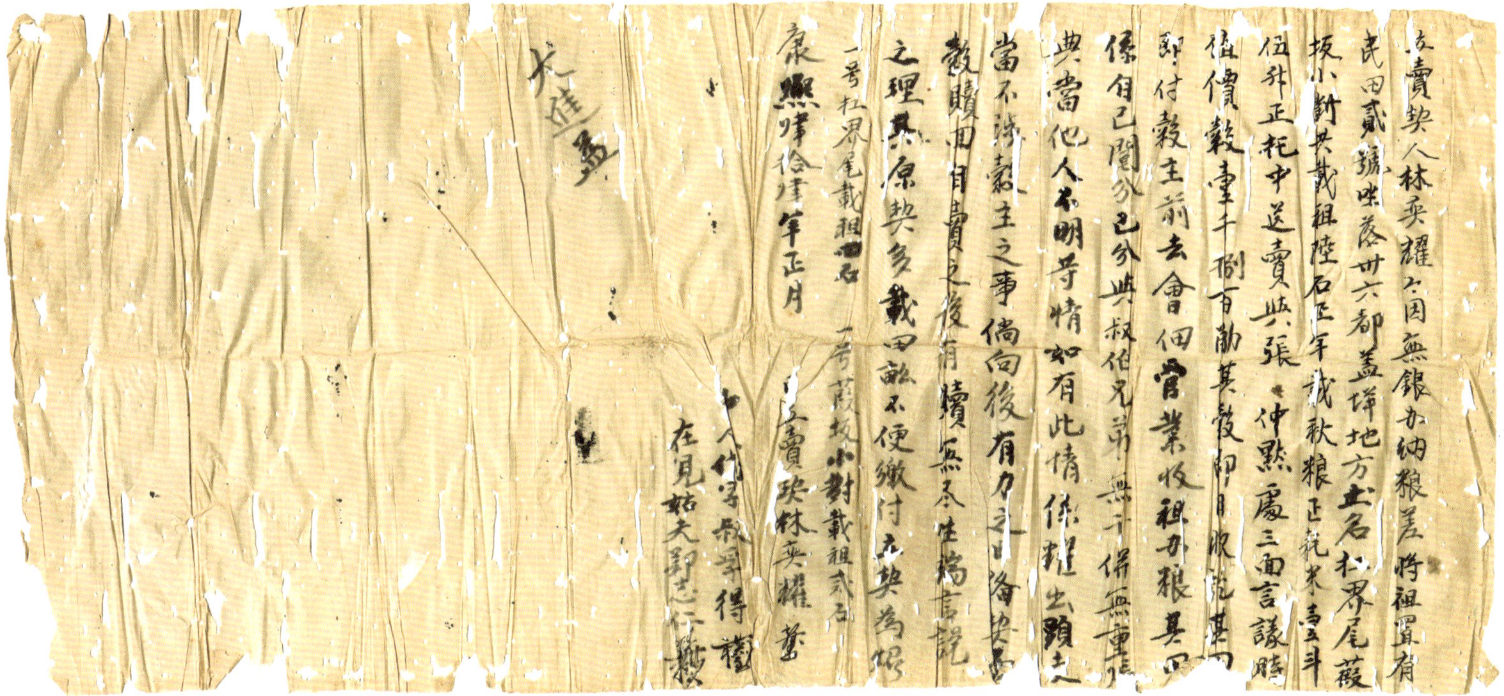
立賣契人林奕耀今因無銀办納粮差將祖置有
民田貳號坐落廿六都蓋洋地方土名杜界尾蕨
坂小對共載租陸石正年載秋粮正耗米壹斗
伍升正托中送賣與張　仲默處三面言議時
值價穀壹千捌百斤其穀即日收訖其田
即付穀主前去會佃管業收租办粮其田
係自己鬮分已分與叔伯兄弟無干係無重張
典當他人不明等情如有此情係耀出頭支
當不涉穀主之事倘向後有力之日备契
穀贖田自賣之後有贖無不生端言說
之理其原契多載田畝不便繳付立契為照
一號杜界尾載租四石　一號蕨坂小對載租貳石
康熙肆拾肆年正月　日立賣契林奕耀
中人代字叔學得
在見姑夫鄭志仁

5-1-4-2　清康熙四十四年正月林奕耀立賣民田契

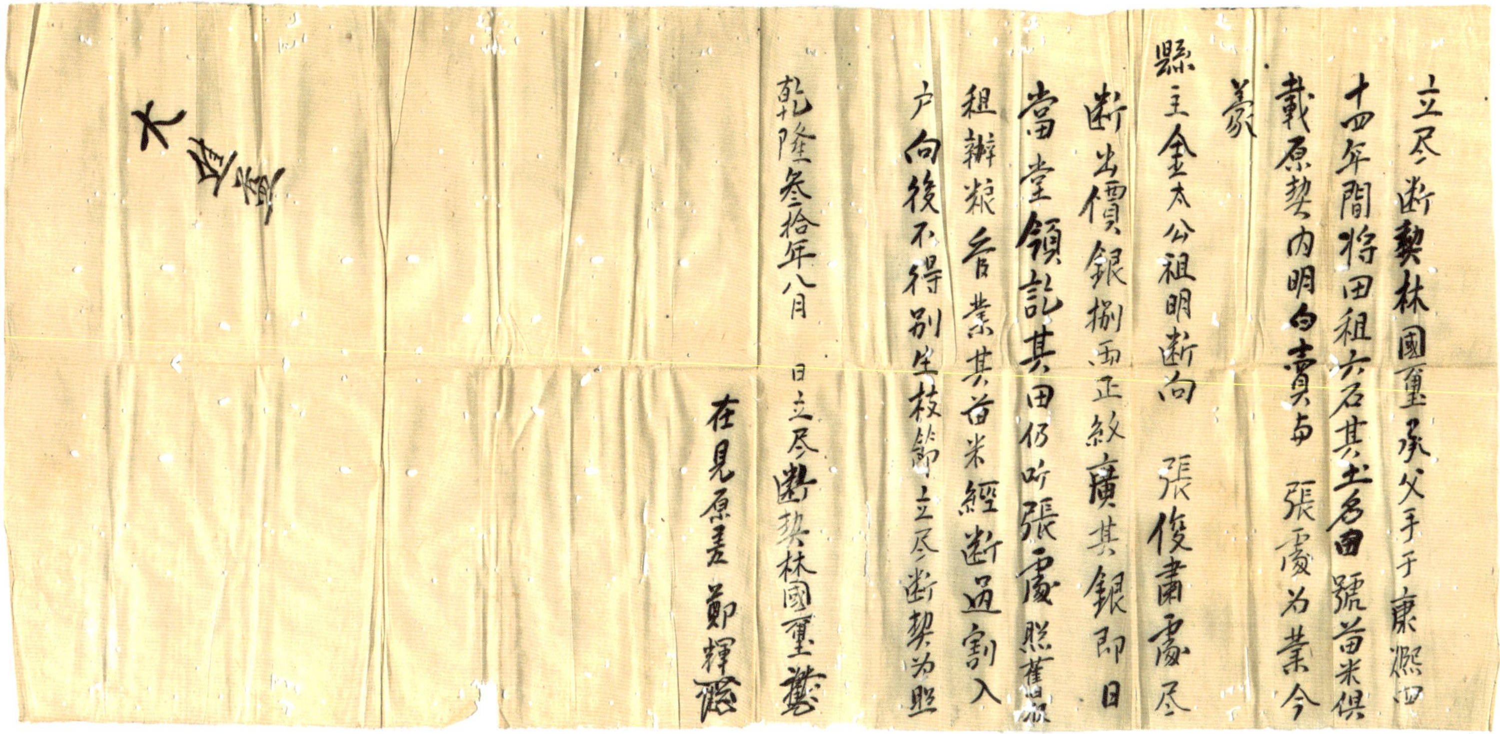

立尽断契林國璽承父手于康熙四
十四年間将田租六石其土名田 號苗米俱
載原契内明白賣与 張處為業今
蒙
縣主金太公祖明断向 張俊肅處尽
断出價銀捌两正紋廣其銀即日
當堂領訖其田仍听張處照舊收
租辦粮香業其苗米經断過割入
户向後不得別生枝節立尽断契為照
乾隆叁拾年八月 日立尽断契林國璽
在見原差 鄭輝

5-1-4-3 清乾隆三十年八月林國璽立盡斷田租字

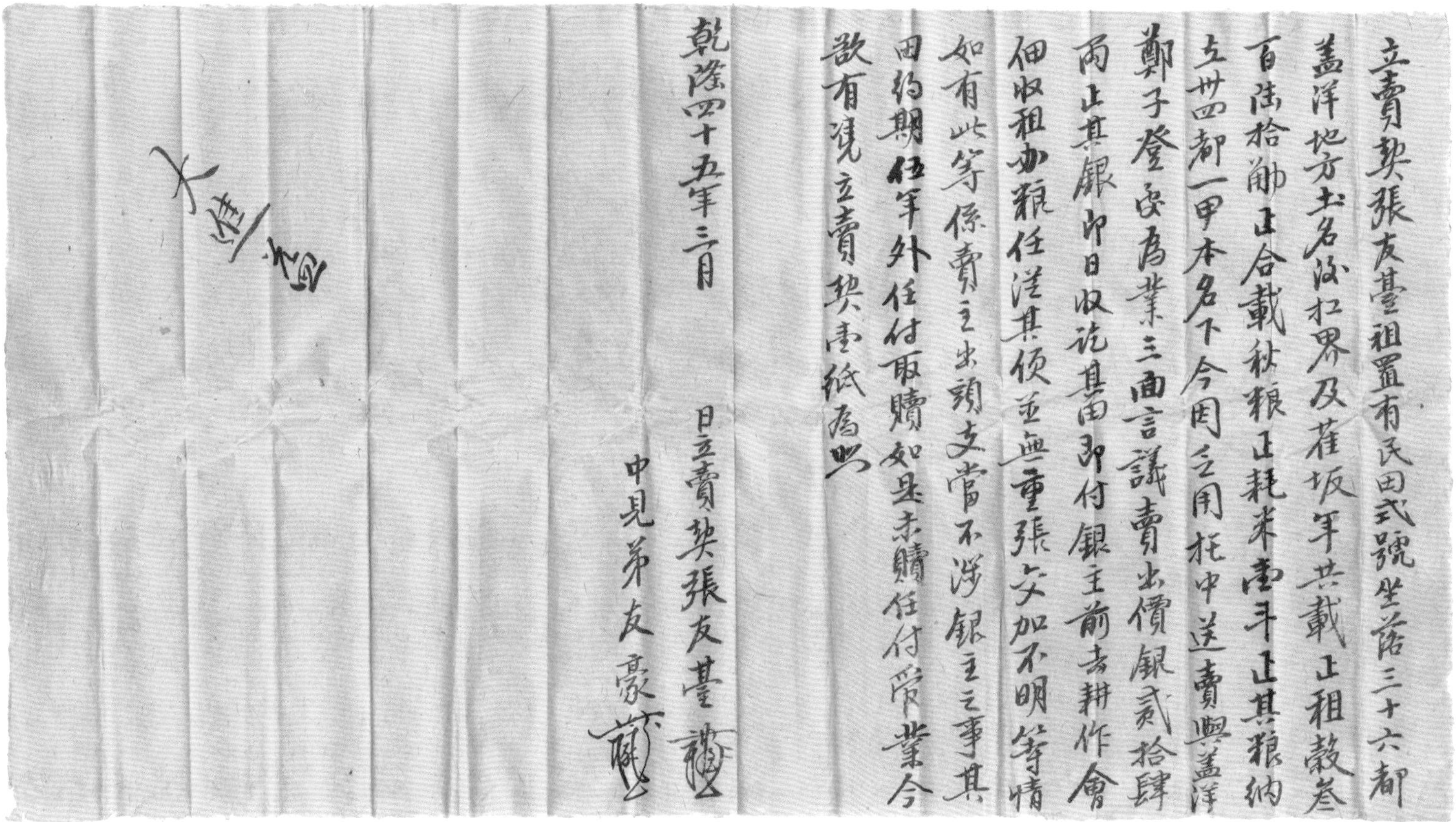
立賣契張友臺祖置有民田弍號坐落三十六都
蓋洋地方土名㘭杠界及崔坂年共載上租穀叁
百陸拾觔上合載秋粮上耗米壹斗上其粮納
在卅四都一甲本名下今因乏用托中送賣與蓋洋
鄭子登處為業三面言議賣出價銀貳拾肆
兩正其銀即日收訖其田即付銀主前去耕作會
佃收租田粮任從其便並無重張交加不明等情
如有此等係賣主出頭支當不涉銀主之事其
田約期伍年外任付取贖如是未贖任付管業今
欲有憑立賣契壹紙為照

乾隆四十五年三月　日立賣契張友臺（押）
中見弟友豪（押）

大吉

5-1-4-4　清乾隆四十五年三月張友臺立賣民田契

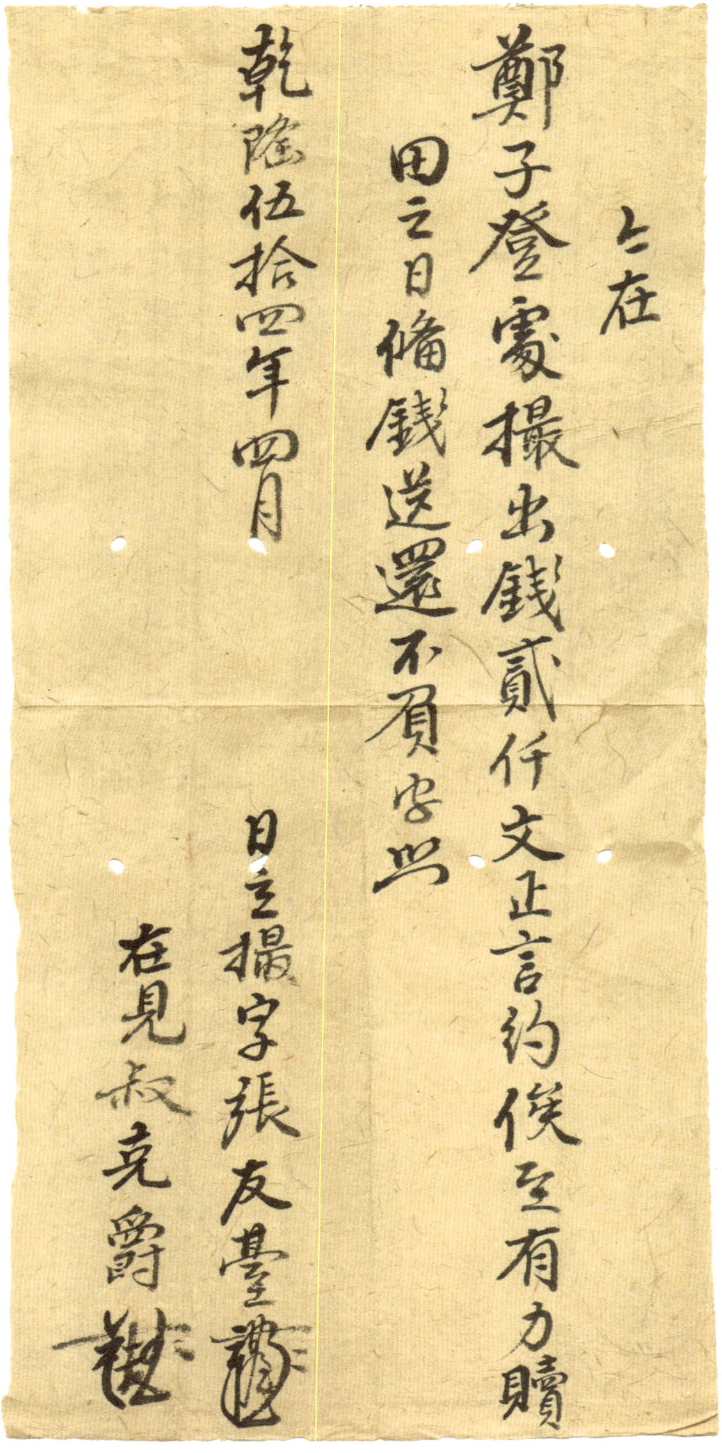

仝在

鄭子登處撮出錢貳仟文正言約俟至有力贖

田之日備錢送還不爽字照

乾隆伍拾四年四月　　日立撮字張友臺（押）

在見叔克爵（押）

5-1-4-5　清乾隆五十四年四月張友臺立撮字

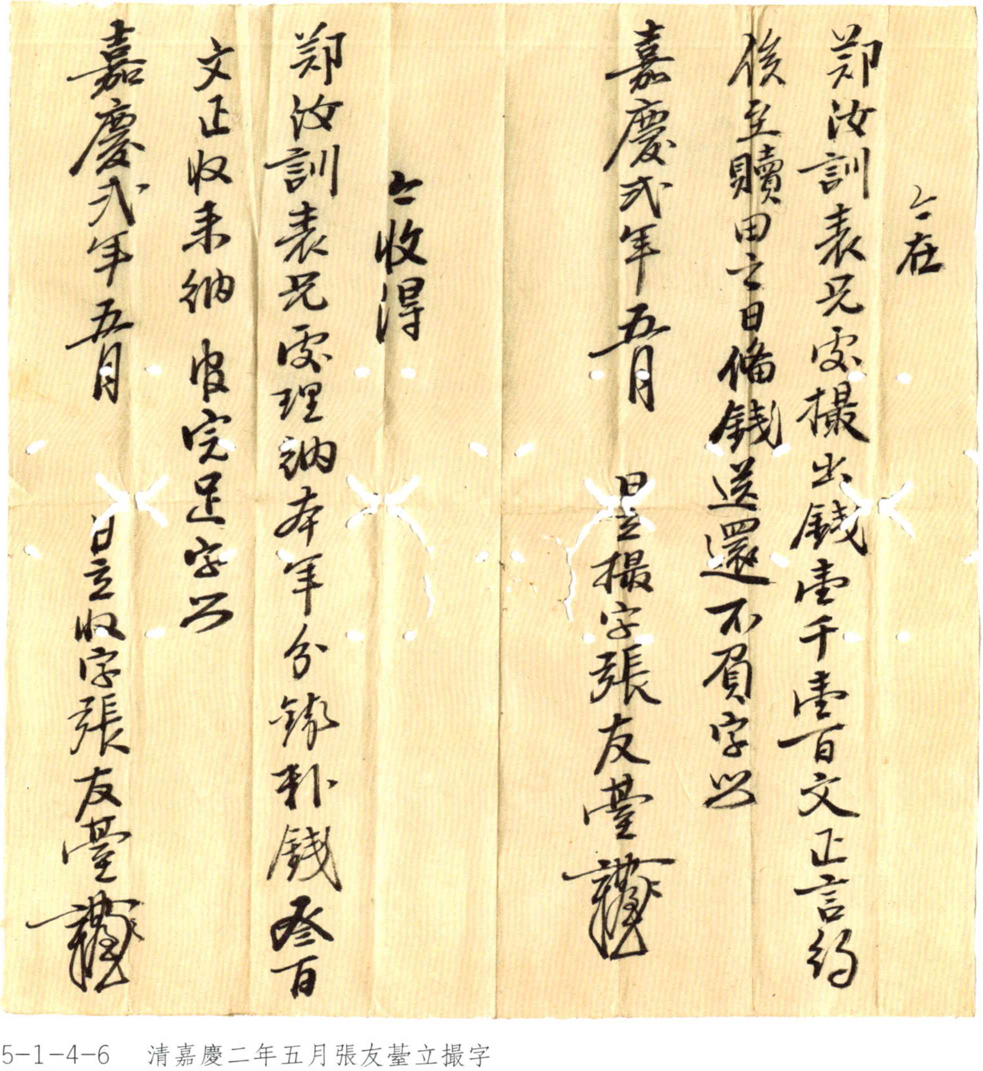

立在
鄭汝訓表兄處撮出錢壹千壹百文正言約
後至贖田之日備錢送還不負字照
嘉慶弍年五月　日立撮字張友臺（押）

立收得
鄭汝訓表兄處理納本年分錄朴錢叁百
文正收来納　收完足字照
嘉慶弍年五月　日立收字張友臺（押）

5-1-4-6　清嘉慶二年五月張友臺立撮字

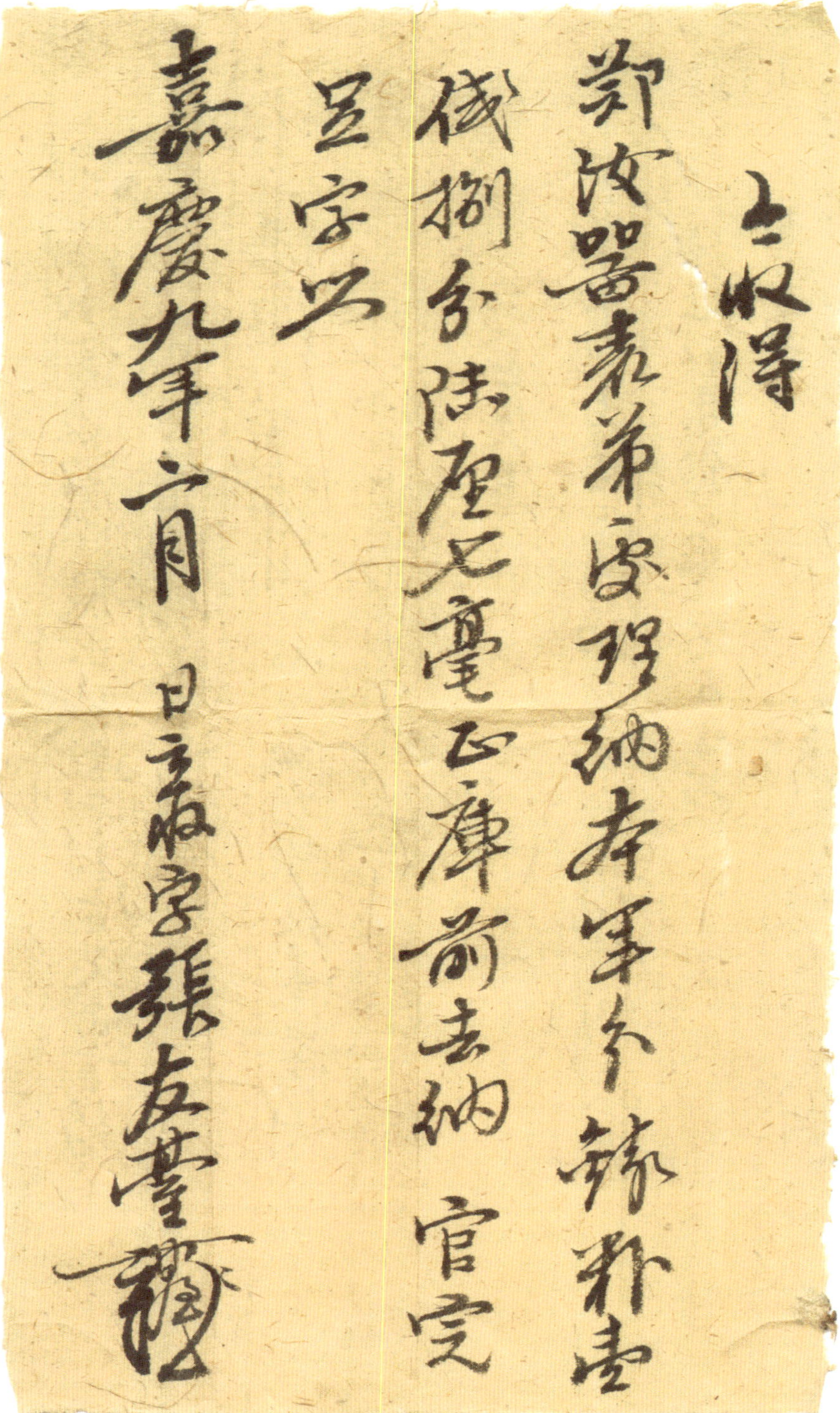

立收得
鄭汝器表弟邊(?)理納本年分錢粮壹
錢捌分陸厘五(?)毫正庫前去納官完
足字照
嘉慶九年二月　日立收字張友臺（押）

5-1-4-7　清嘉慶九年二月張友臺立收錢糧字

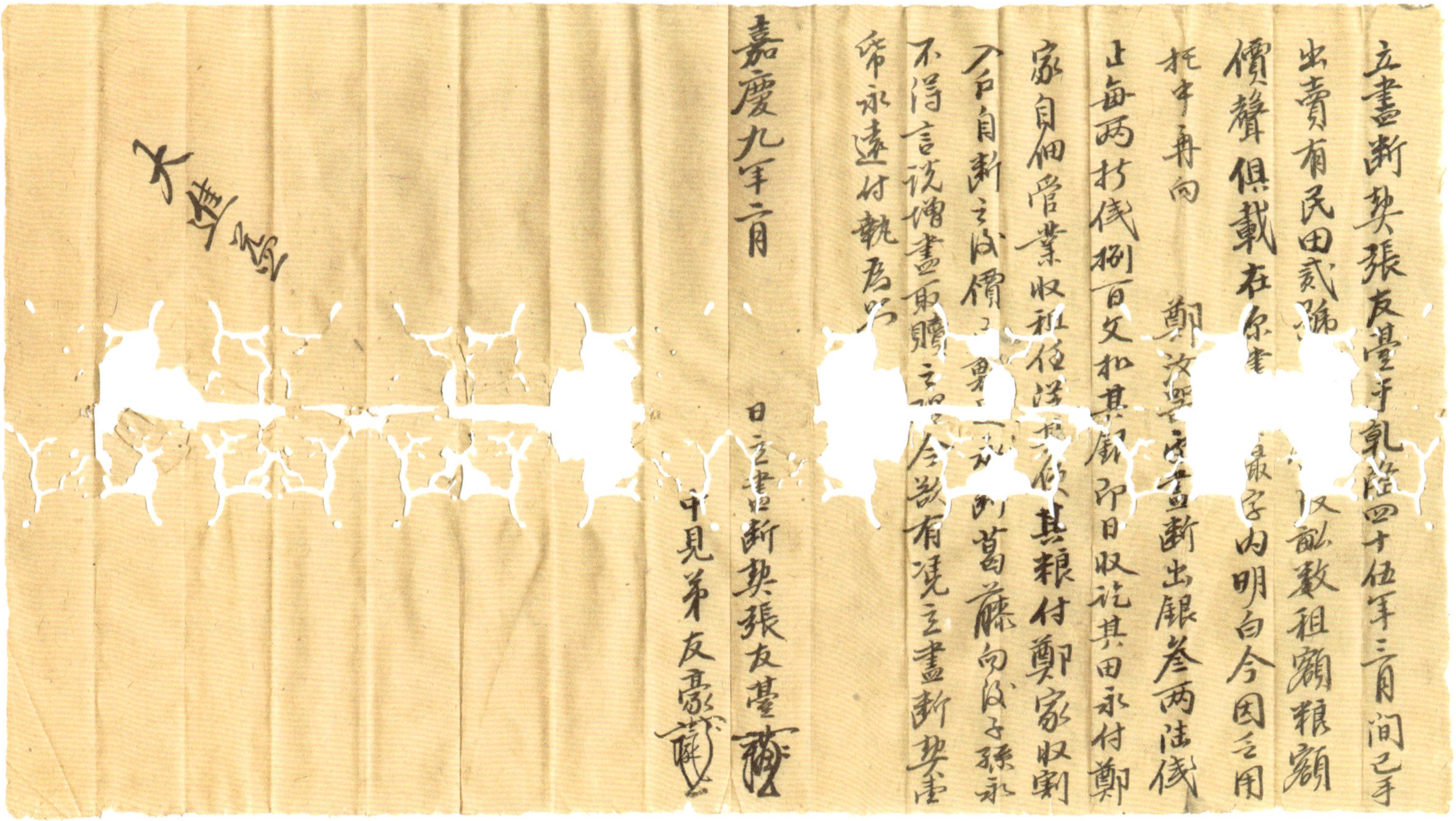
立盡斷契張友臺，于乾隆四十伍年三月間，己手
出賣有民田貳號，□□□以畝數租額粮額
價聲俱載在原□契字內，明白。今因乏用，
托中再向鄭汝□□盡斷出銀叁兩陸錢
正，每兩扣錢捌百文，扣其錢即日收訖。其田永付鄭
家自佃管業收租，任從□□其粮付鄭家收割
入戶。自斷之後，價□□□斷，葛藤向後子孫永
不得言說增盡取贖之理。今欲有憑，立盡斷契壹
紙，永遠付執為照。

嘉慶九年二月　日立盡斷契張友臺（押）
中見弟友豪（押）

大吉□

5-1-4-8　清嘉慶九年二月張友臺立盡斷民田字

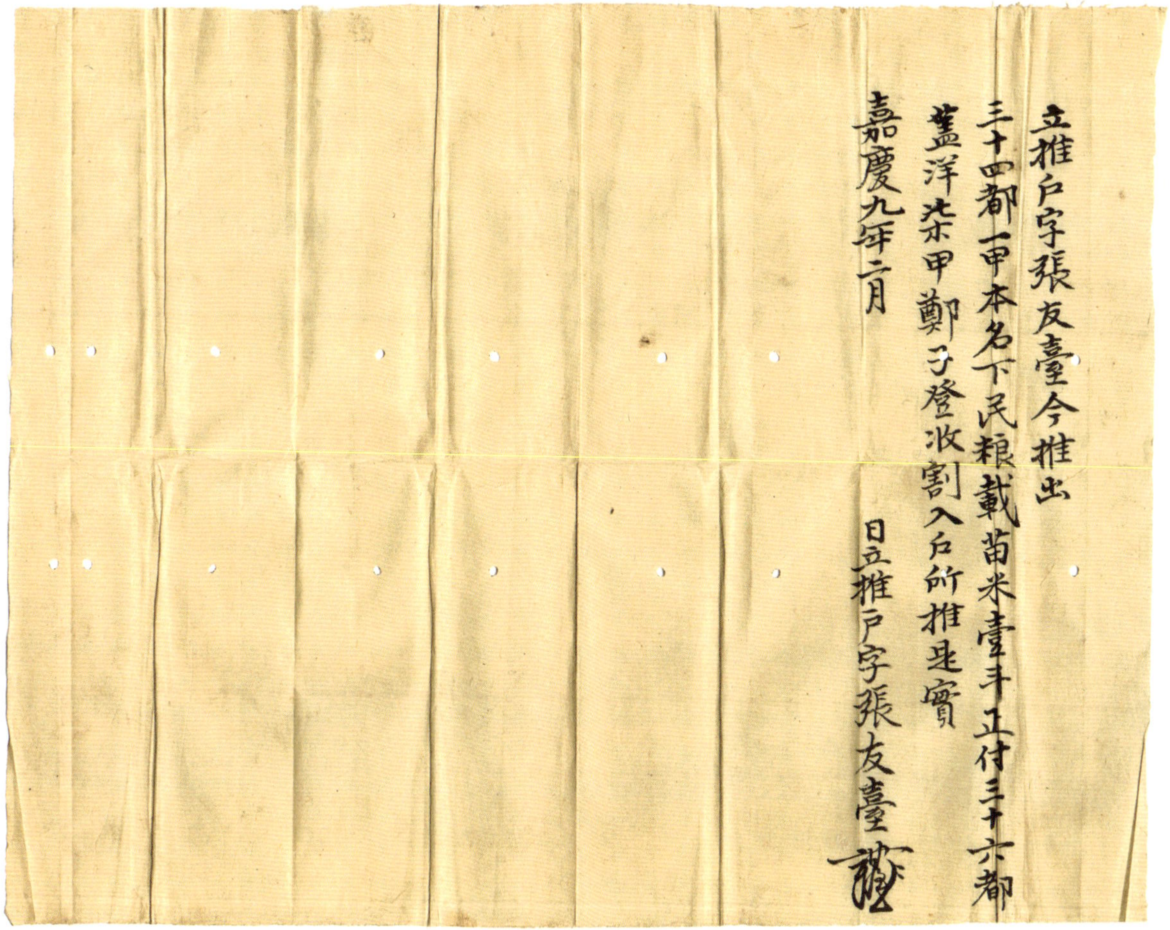

立推户字張友臺今推出
三十四都一甲本名下民粮載苗米壹斗正付三十六都
盖洋柰甲鄭子登收割入户所推是實
嘉慶九年二月　日立推户字張友臺

5-1-4-9　清嘉慶九年二月張友臺立推户字

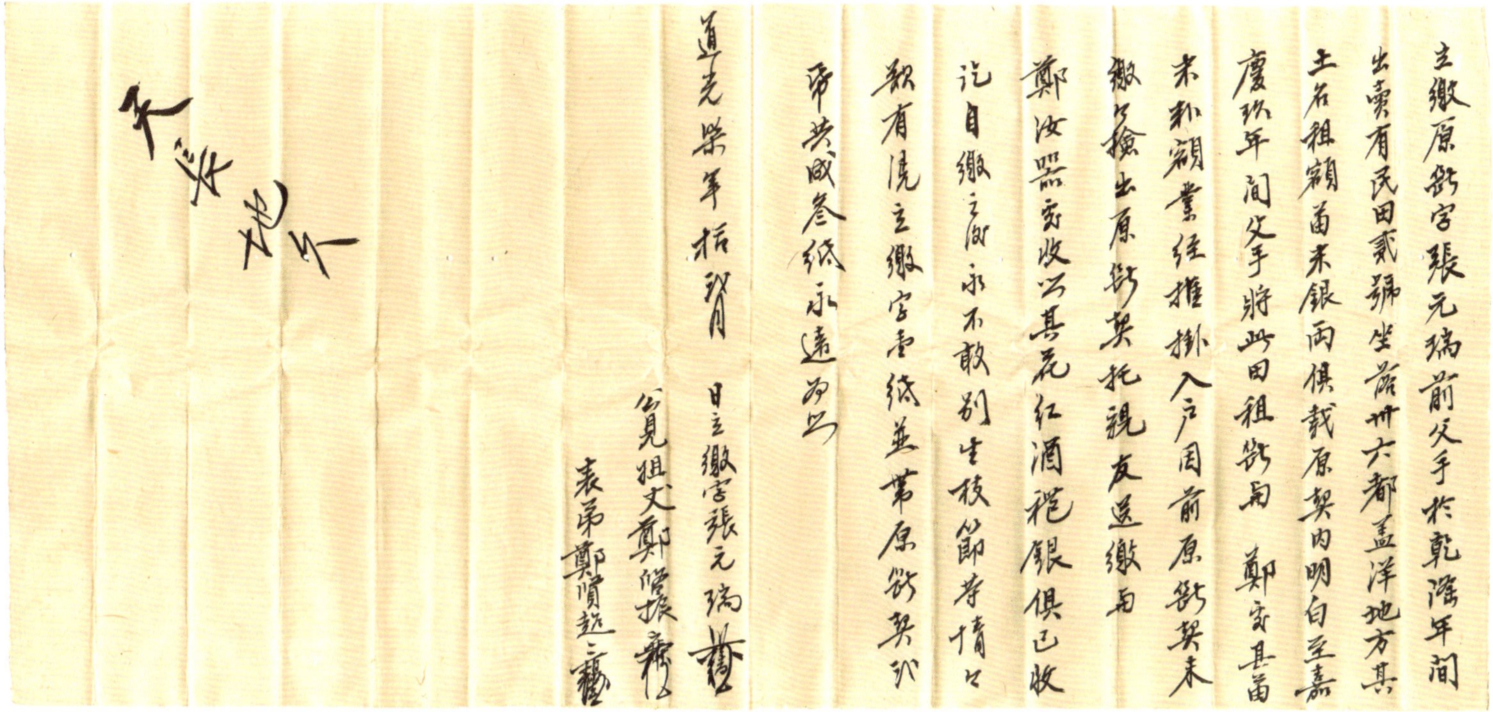

立繳原契字張元瑞，前父手於乾隆年間
出賣有民田貳號，坐落卅六都蓋洋地方，其
土名、租額、苗米、銀兩俱載原契內明白。至嘉
慶玖年間，父手將此田祖契向鄭家，其苗
米私額業經推掛入户，因前原契未
繳，今撿出原契托親友送繳與
鄭汝器家收，得其花紅酒禮銀俱已收
訖。自繳之後，永不敢別生枝節等情。今
欲有憑，立繳字壹紙並第原契貳
帋，共成叁紙，永遠為照。

道光柒年拾貳月　日立繳字張元瑞（押）
公見姐丈鄭灣振（押）
表弟鄭賢趂（押）

大吉利

5-1-4-10　清道光七年十二月張元瑞立繳民田字

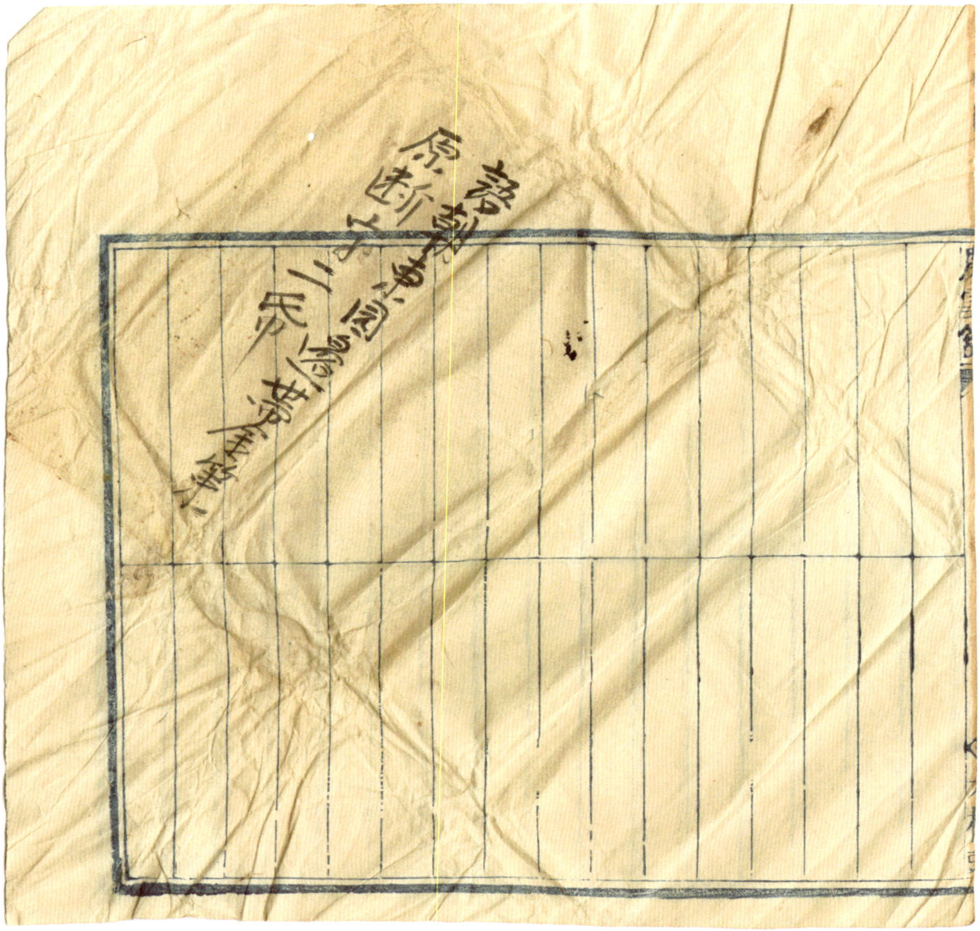

5-1-5-1　包契紙

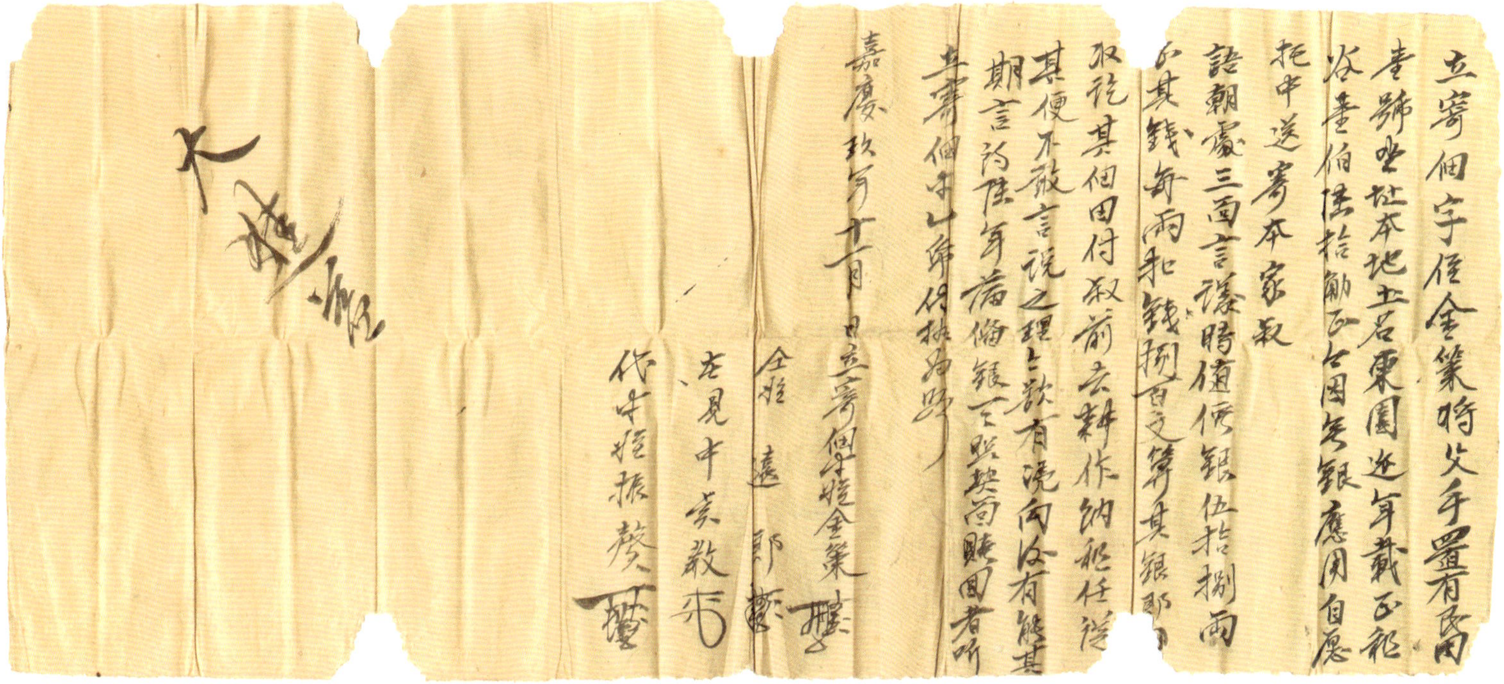
立寄佃字侄金策將父手置有民田
壹號坐址本地土名東園逆牟載正租
谷壹佰捌拾觔正，今因乏銀應用，自愿
托中送寄本家叔
語朝處，三面言議時值價銀伍拾捌兩
正，其錢每兩扣錢捌百文算，其銀即日
收訖。其佃田付叔前去耕作納租，任從
其便，不敢言說之理。上歉有澆，向后有能，其
期言約陸年，備銀一足，照契面贖回者，听。
立寄佃字山帋付执為照。
嘉慶玖年十一月 日立寄佃字侄金策（押）
全姪 遠郎（押）
在見中 亥敬（押）
代字姪 振燮（押）

5-1-5-2　清嘉慶九年十一月鄭金策等立寄佃民田字

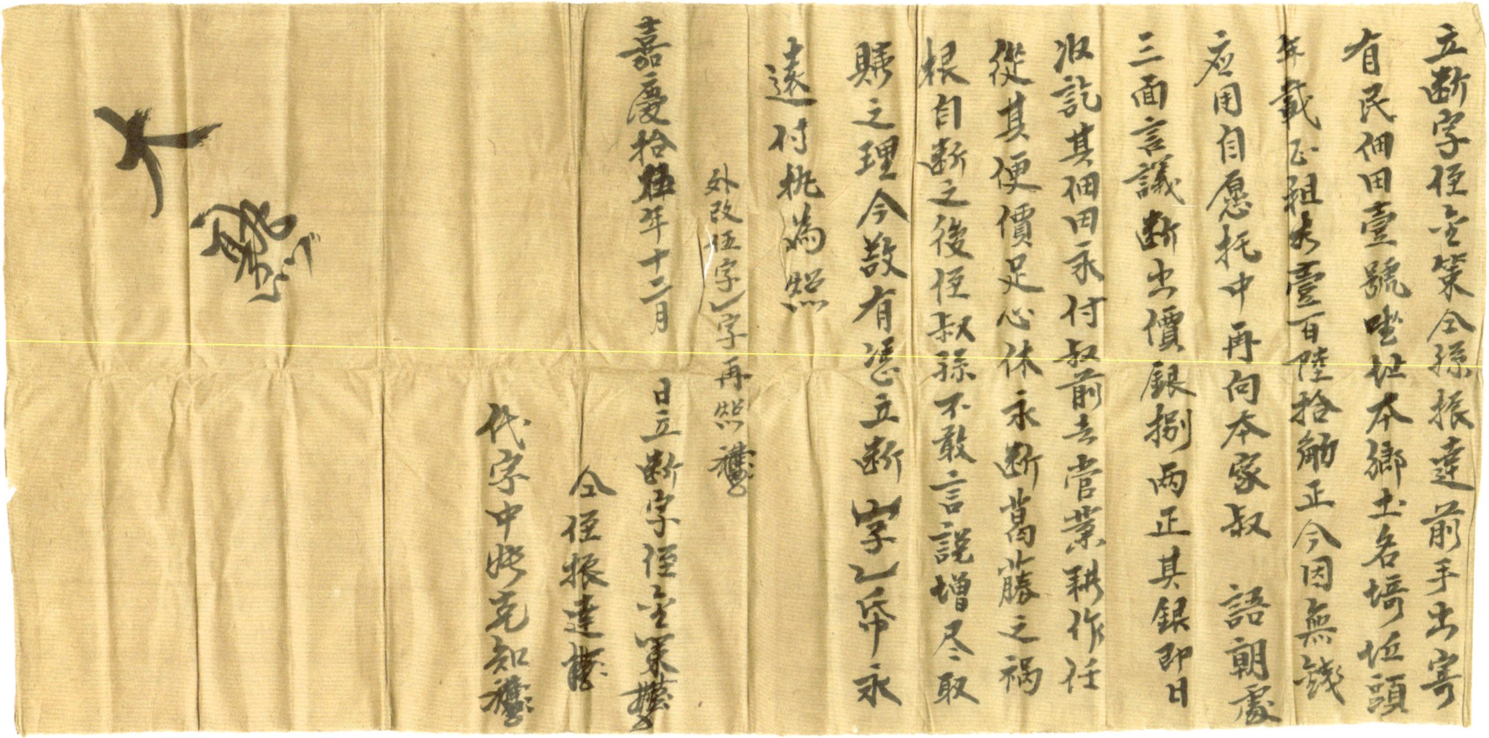
立斷字侄宗策仝孫振達前手出寄
有民佃田壹號坐址本鄉土名墇坵頭
年載谷租大壹百陸拾觔正今因無錢
應用自愿托中再向本家叔　語朝處
三面言議斷出價銀捌兩正其銀即日
收訖其佃田承付叔前去管業耕作任
從其便價足心休永斷葛藤之禍
根自斷之後侄叔孫不敢言説增添取
贖之理今欲有憑立斷字乙紙永
遠付執爲照
外改伍字乙字再照
嘉慶拾伍年十二月　日立斷字侄宗策押
仝侄振達押
代字中邱克知押

5-1-5-3　清嘉慶十五年十二月鄭金策等立斷民佃田字

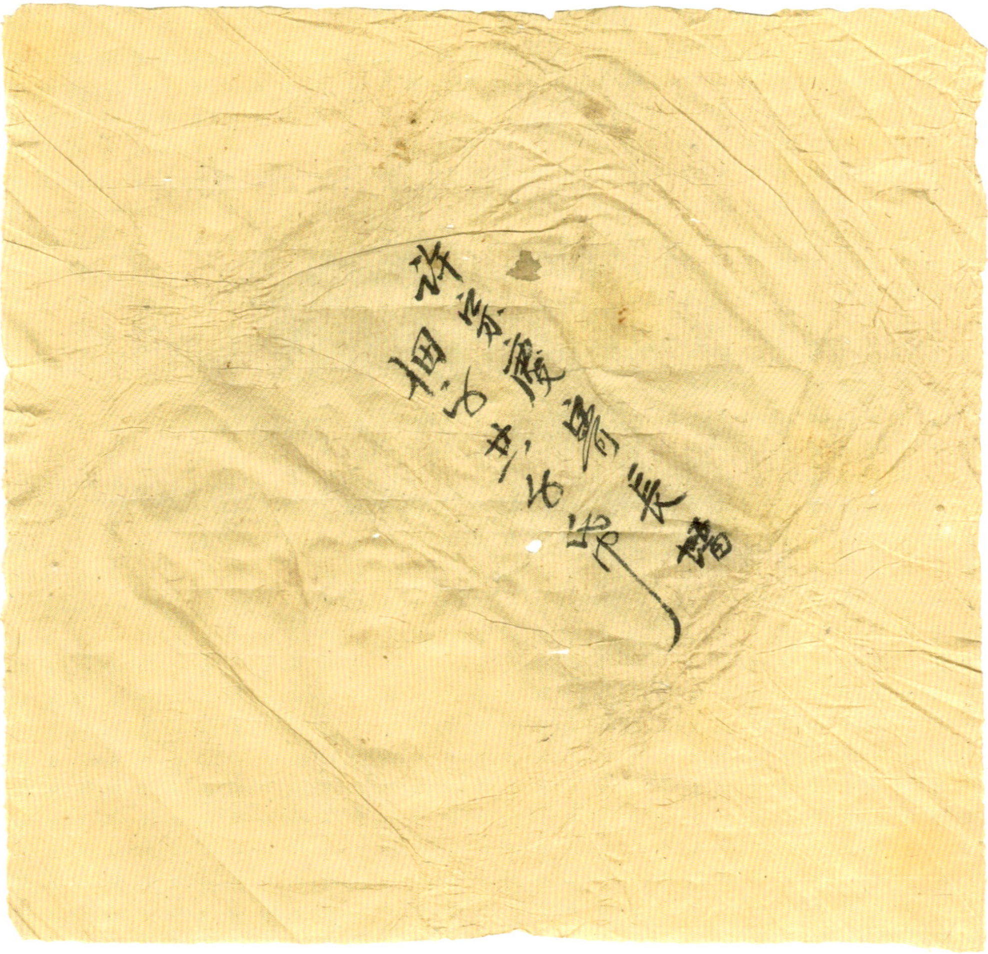

5-1-6-1　包契紙

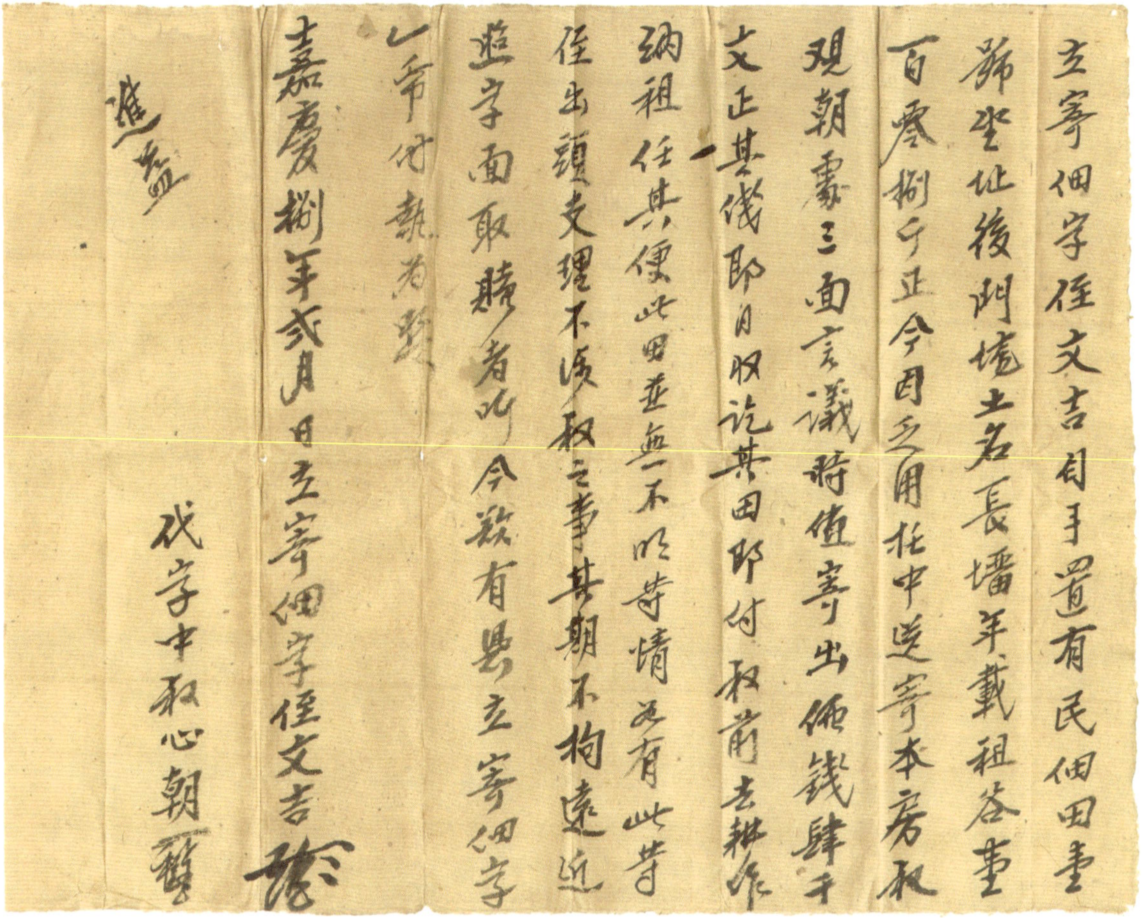
立寄佃字侄文吉自手置有民佃田壹
號坐址後門墘土名長墻年載租谷壹
百零捌斤正今因乏用托中送寄本房叔
現朝處三面言議時值寄出佃錢肆千
文正其錢即日收訖其田即付叔前去耕作
納租任其便此田並無不明等情及有此等
侄出頭支理不涉叔之事其期不拘遠近
遂字面取贖者此今欲有憑立寄佃字
乙帋付執為照
嘉慶捌年貳月　日立寄佃字侄文吉
代字中叔心朝
進益

5-1-6-2　清嘉慶八年二月鄭文吉立寄民佃田字

立限字鄭文吉于乾隆肆拾柒年起至嘉慶
七年止耕許宗慶大壚墘田租除交外更欠
租谷本壹千陸百廿斤正今平公相勸面議過
折錢伍千正言約本年十月中旬備錢
貳仟伍百文送还又約来年十月中旬
備錢又貳仟伍百文正一一送还不敢少欠
如是少欠其田付还田主另召別耕限
主不敢言說之理外新租一百零八斤正一
一送还今欲有憑立限字爲付執爲照

嘉慶八年三月　日立限鄭文吉（押）
保限叔觀朝（押）
公見代字叔婿朝（押）

5-1-6-3　清嘉慶八年三月鄭文吉立限字

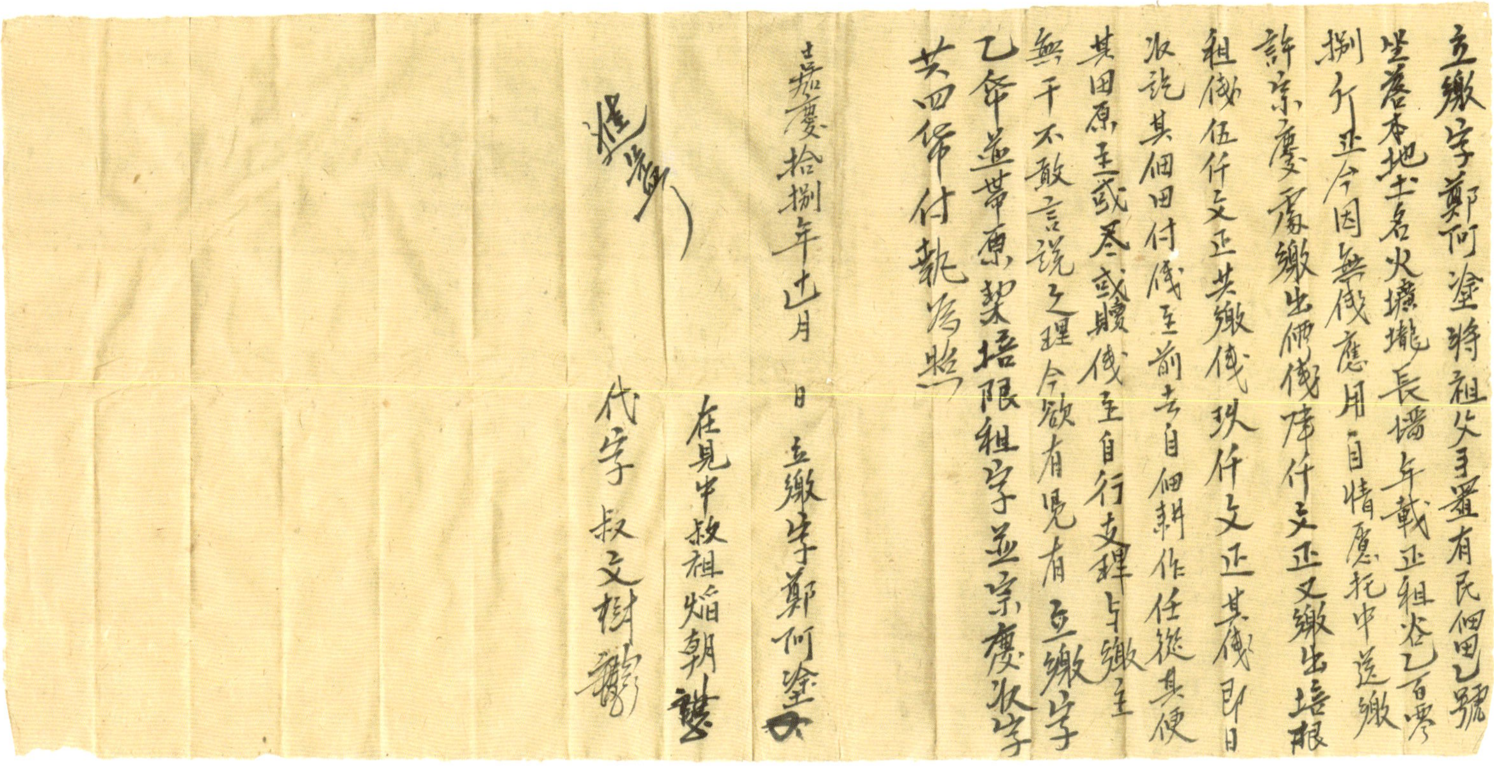

立繳字鄭阿塗將祖父手置有民佃田乙號
坐落本地土名火壙墘長墻年載正租谷乙百零
捌斤正今因無錢應用自情愿托中送繳
許宗慶處繳出佃價庫什文正又繳出培根
租錢伍什文正共繳錢玖什文正其錢即日
收訖其佃田付錢主前去自佃耕作任從其便
其田原主或丞或贖錢主自行支理与繳主
無干不敢言說之理今欲有憑立繳字
乙帋並帶原契培限租字並宗慶收字
共四帋付執爲照

嘉慶拾捌年十一月　日　立繳字鄭阿塗（押）
在見中叔祖焰朝（押）
代字　叔文樹（押）

5-1-6-4　清嘉慶十八年十一月鄭阿塗立繳民佃田字

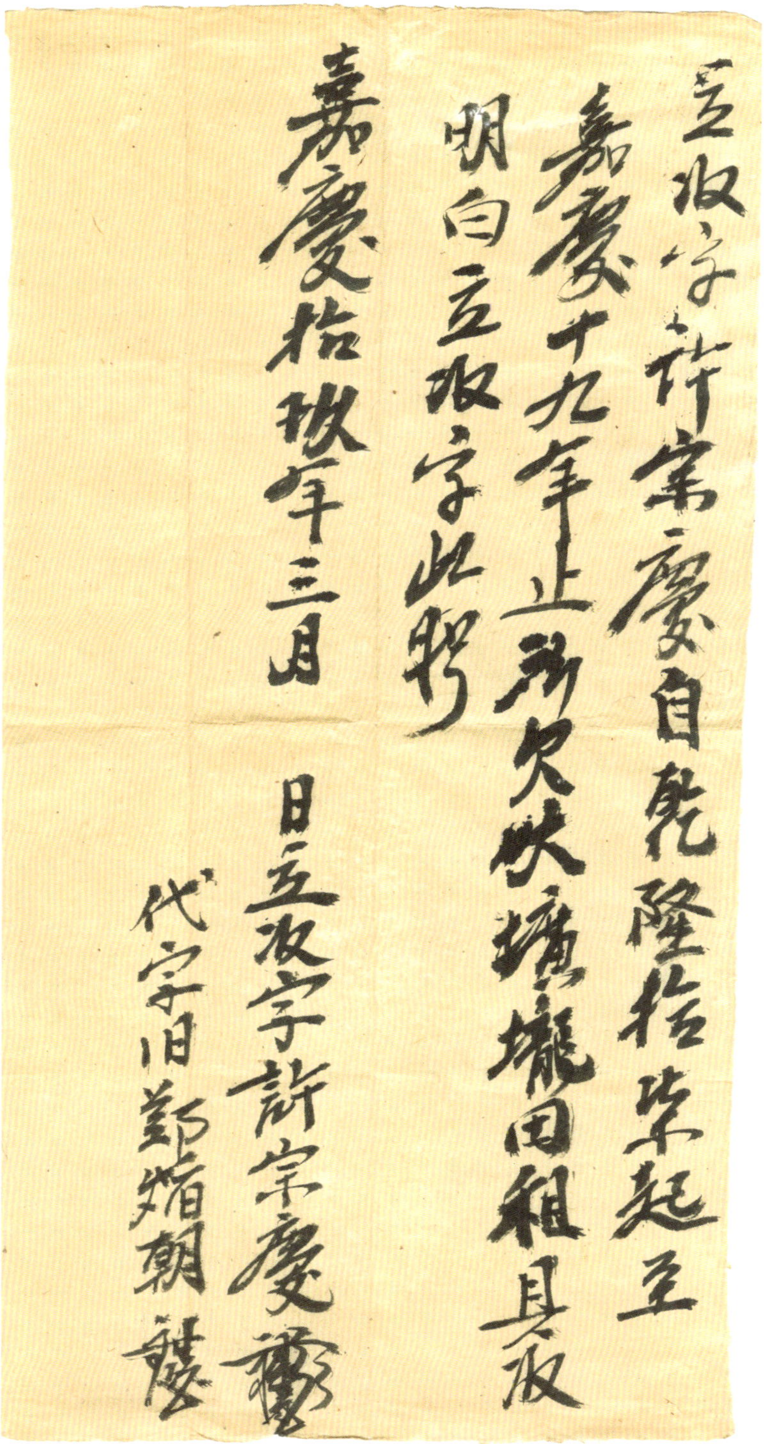

立收字許宗慶自乾隆拾柒起至
嘉慶十九年止所欠收墳壠田租具收
明白立收字此照
嘉慶拾玖年三月　　日立收字許宗慶（押）
代字旧鄭焴朝（押）

5-1-6-5　清嘉慶十九年三月許宗慶立收田租字

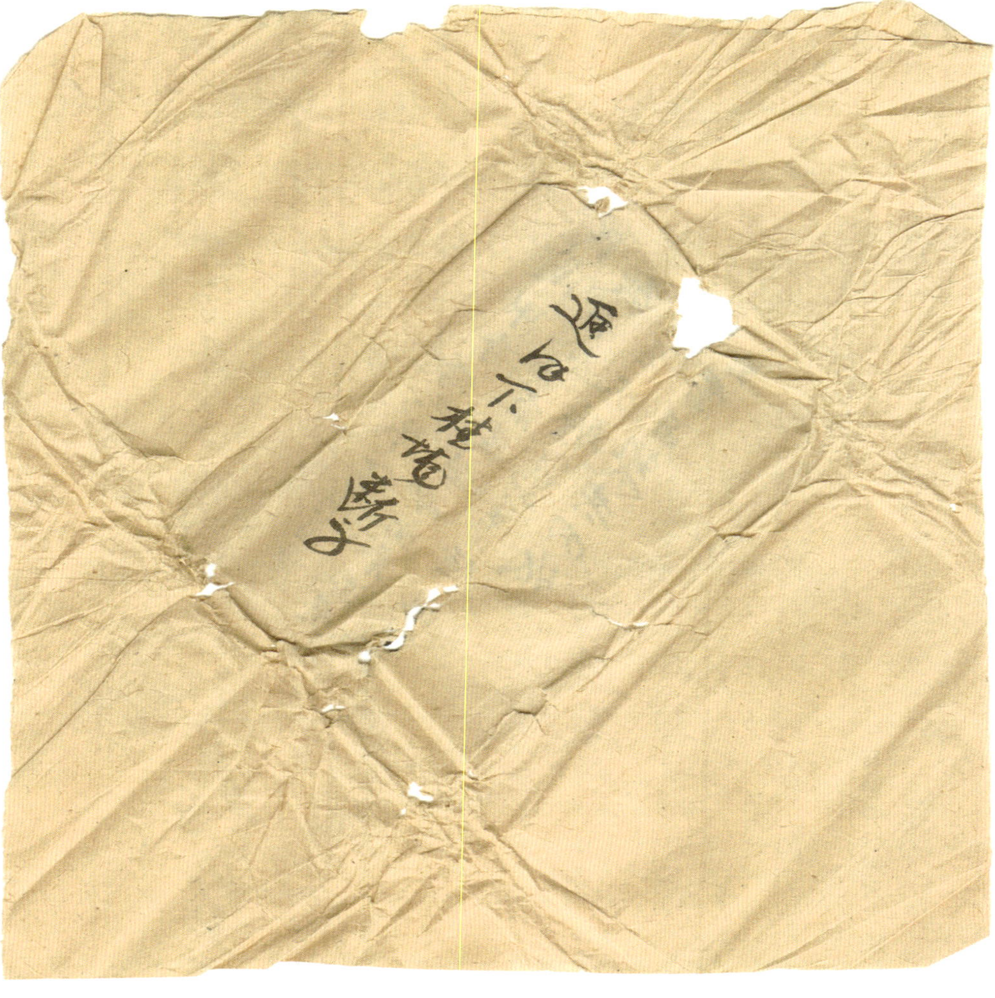

5-1-7-1　包契紙

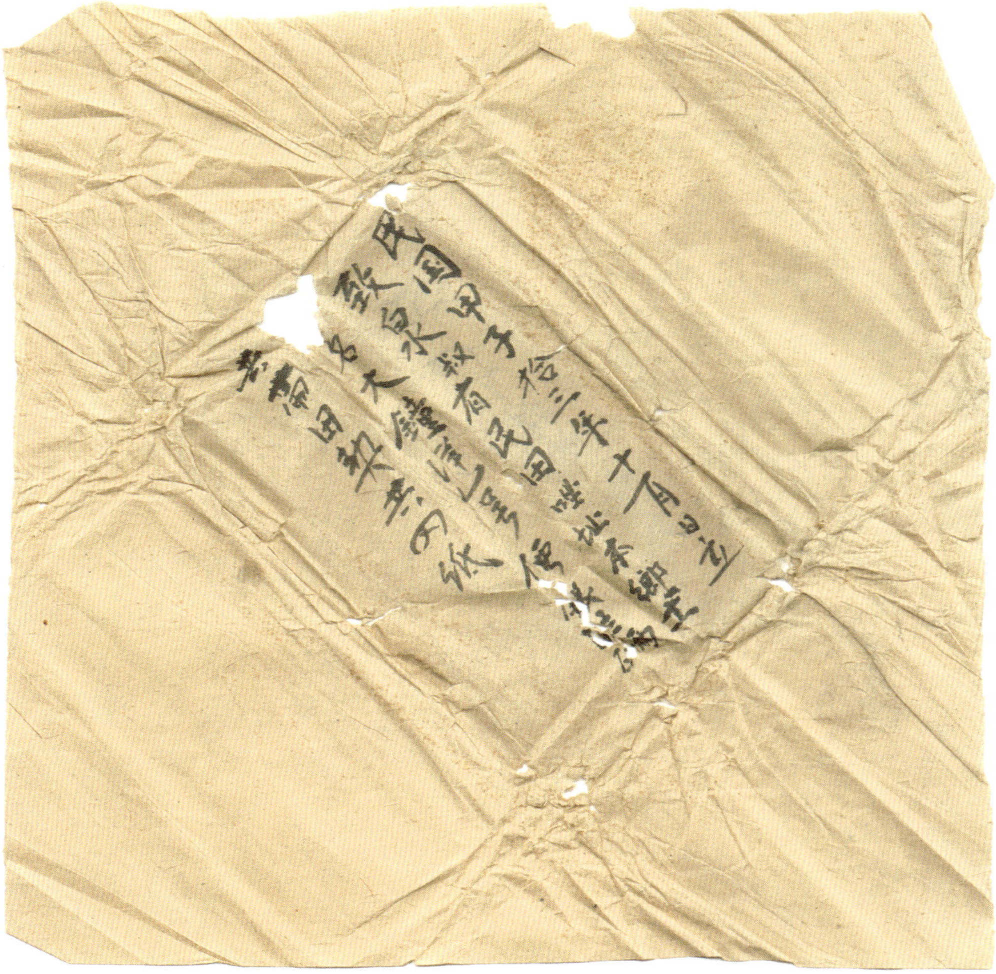

5-1-7-2　包契紙

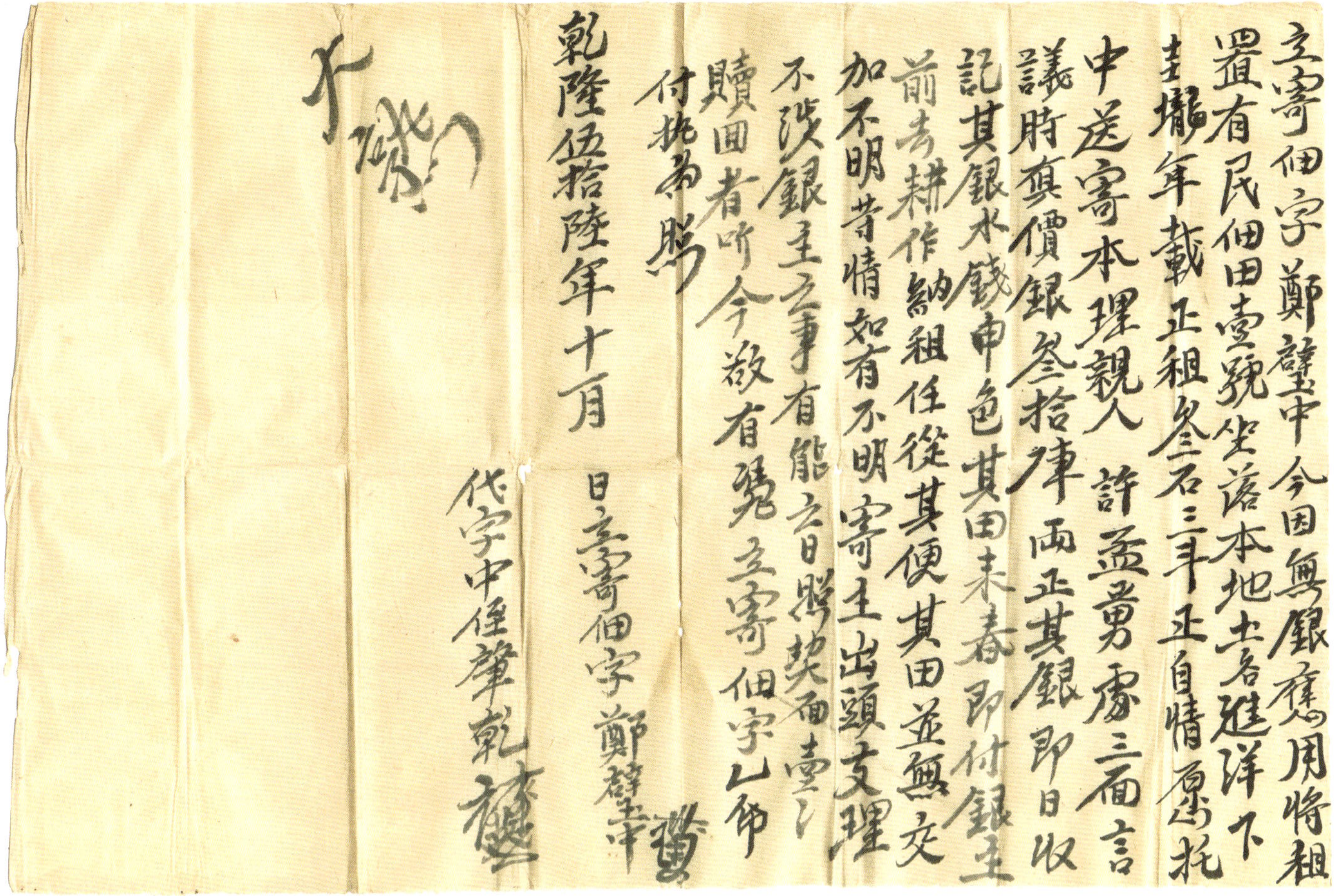
立寄佃字鄭璧中今因無銀應用將祖
置有民佃田壹號坐落本地土名廷洋下
圭墘年載正租叁石三斗正自情愿托
中送寄本理親人 許孟勇處三面言
議時值價銀叁拾陸兩正其銀即日收
訖其銀水錢申色其田未春即付銀主
前去耕作納租任從其便其田並無交
加不明等情如有不明寄主出頭支理
不涉銀主之事有能之日將契面壹足
贖回者聽今欲有憑立寄佃字乙帋
付執為照

乾隆伍拾陸年十月 日立寄佃字鄭璧中
代字中侄肇乾

5-1-7-3 清乾隆五十六年十一月鄭璧中立寄民佃田字

立盡字鄭璧中將前手出賣
有民佃田一号，坐落蓋洋，土名
下圭壠，其租額俱載原契內。
今因無錢應用，托中再向本
理親人　許孟勇處盡出價
錢叁仟文正，其錢即日收訖。
其佃田依旧付錢主前去耕
作納租，仍從其便。向後有力之
日照原盡字一、贖佃者听。今
欲有憑，立盡字一紙付執為照。

乾隆六十年十二月　日　立盡字鄭璧中（押）
代字中　侄聲乾（押）

大發

5-1-7-4　清乾隆六十年十二月鄭璧中立盡民佃田字

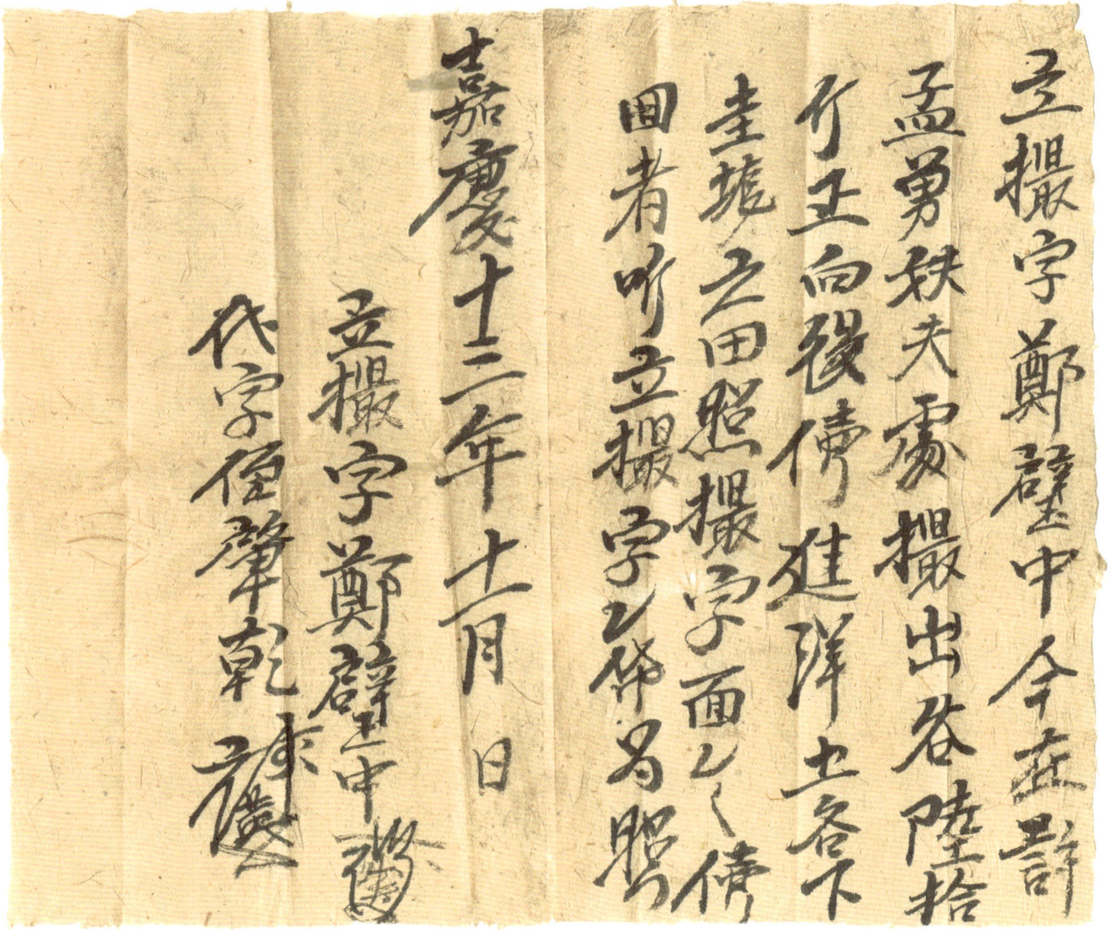
立撥字鄭璧中今在許
孟勇秩夫處撥出谷陸拾
斤正向後僔進降土名下
圭墟之田照撥字面之僔
回者此立撥字之存為照
嘉慶十三年十一月　日
立撥字鄭璧中（押）
代字侄肇乾（押）

5-1-7-5　清嘉慶十三年十一月鄭璧中立撥字

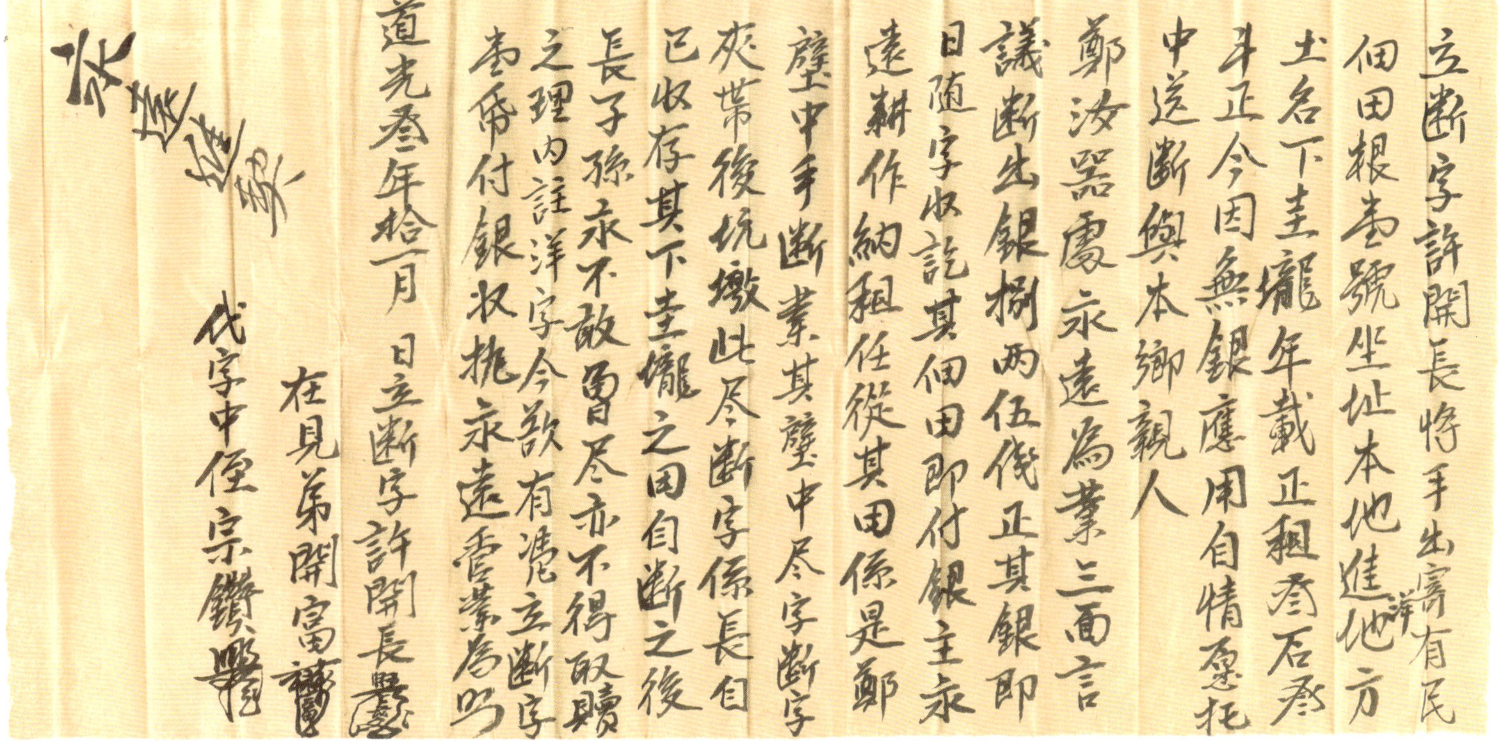

立斷字許開長將手出賣有民
佃田根壹號坐址本地進洋他方
土名下圭壠年載正租叁石叁
斗正今因無銀應用自情愿托
中送斷與本鄉親人
鄭汝器處永遠為業三面言
議斷出銀捌兩伍錢正其銀即
日隨字收訖其佃田即付銀主永
遠耕作納租任從其田係是鄭
壂中手斷業其壂中盡字斷字
夾帶後坑墩此盡斷字係長自
已收存其下圭壠之田自斷之後
長子孫永不敢留盡亦不得取贖
之理內註洋字今欲有憑立斷字
壹帋付銀收執永遠管業為照
道光叁年拾一月　日立斷字許開長（押）
在見弟許開富（押）
代字中侄宗鑽（押）
永遠管業

5-1-7-6　清道光三年十一月許開長立斷民佃田根字

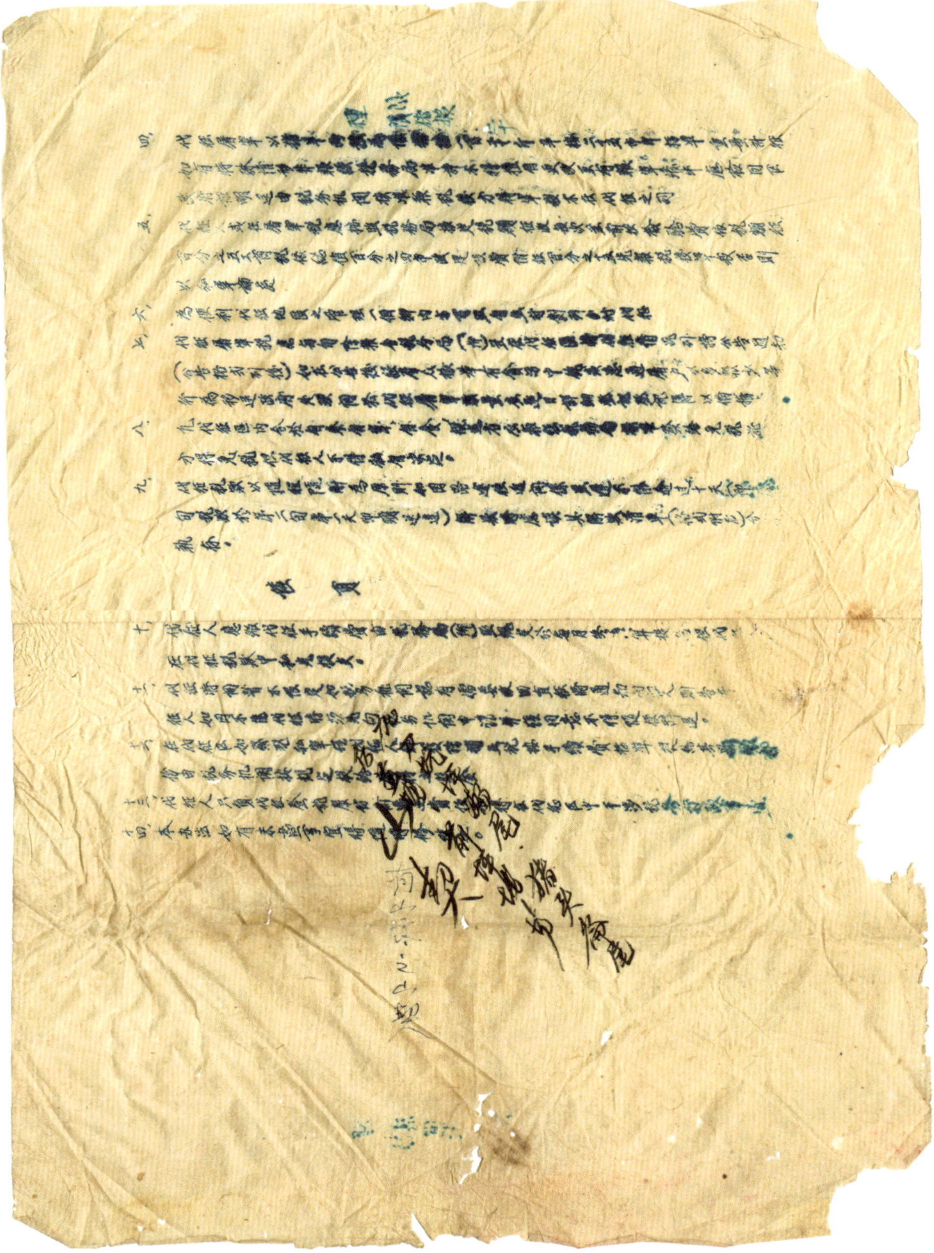

5-1-8-1　包契紙

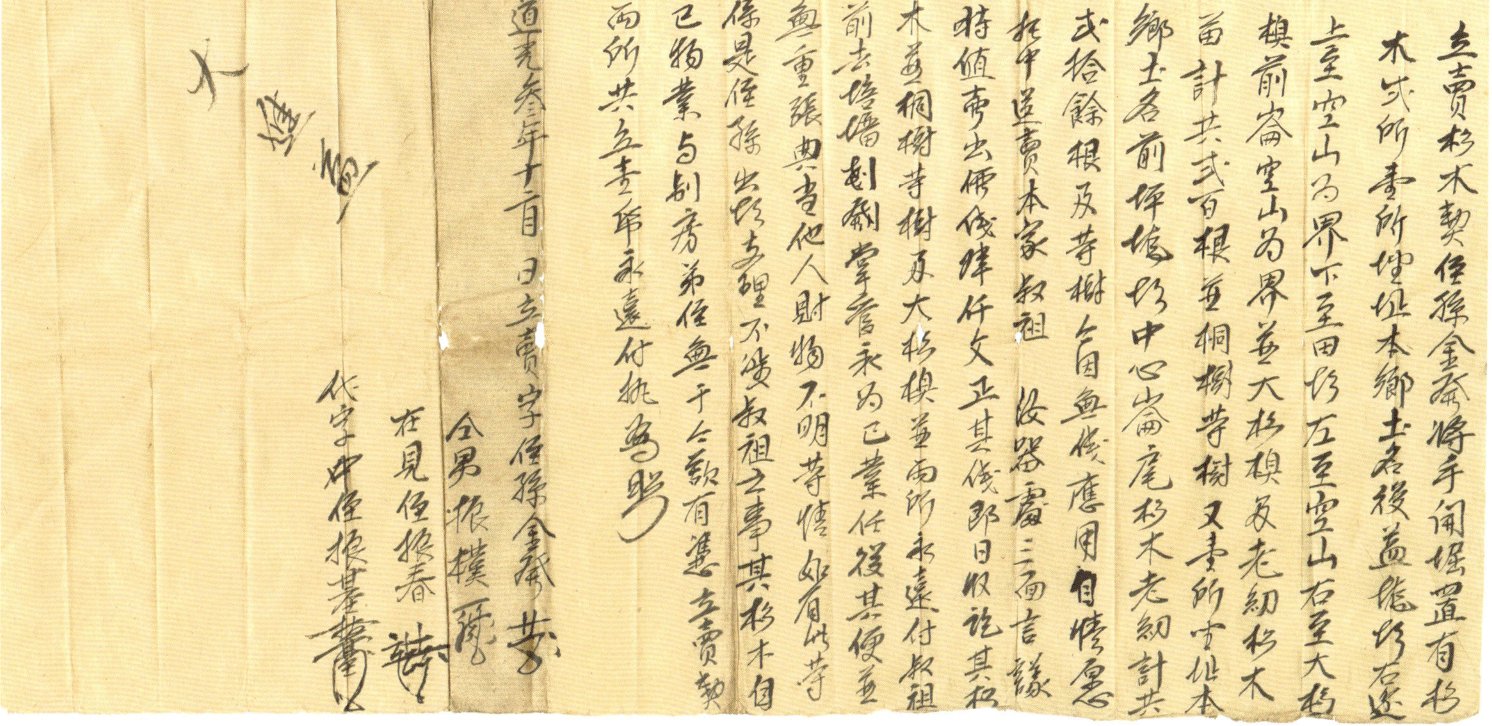

立賣杉木契侄孫金發將手闻置有杉
木弍所，壹所坐址本鄉土名後蓋態，右至
坔空山為界，下至田，左至空山，右至大杉
模前崙空山為界，並大杉模及老幼杉木
苗計共弍百根，並桐樹茶樹。又壹所坐址本
鄉土名前坪塘，坐中心崙尾杉木老幼計共
弍拾餘根及茶樹，今因無錢應用，自情愿
托中送賣本家叔祖淡器處，三面言議
時值市出價錢肆仟文正，其錢即日收訖，其杉
木並桐樹茶樹及大杉模並兩所永遠付叔祖
前去培植劃剩掌管，永為己業，任從其便，並
無重張典當他人財物不明等情，如有此等
係是侄孫出頭支理，不涉叔祖之事。其杉木自
己物業，與別房弟侄無干。今欲有憑，立賣契
兩所共立壹紙，永遠付執為照。

道光叁年十二月　日立賣字侄孫金發（押）
仝男振模（押）
在見侄振春（押）
代字中侄振基（押）

5-1-8-2　清道光三年十二月鄭金發等立賣杉木契

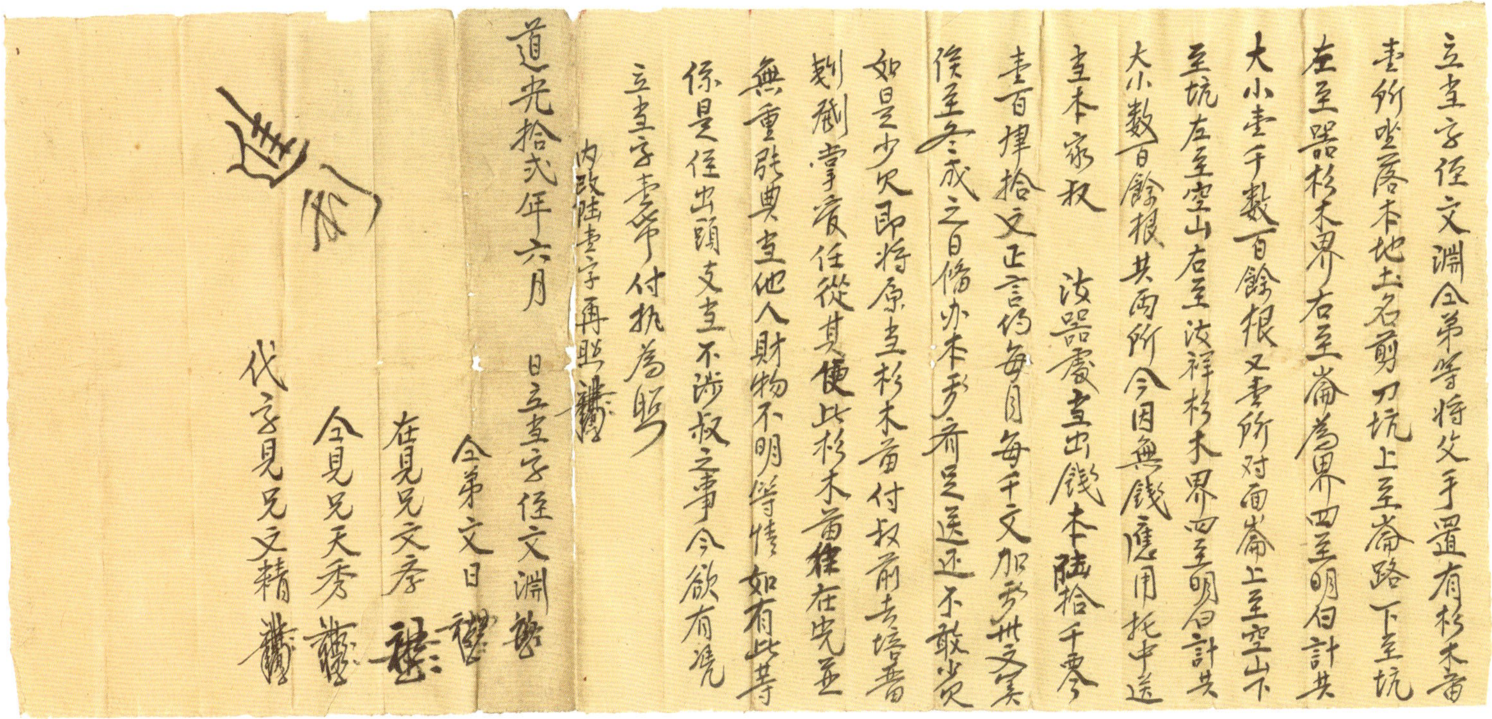
立当字侄文渊仝弟等将父手置有杉木苗
壹所坐落本地土名剪刀坑上至崙路下至坑
左至器杉木界右至崙為界四至明白計共
大小壹千數百餘根又壹所対面崙上至空山下
至坑左至空山右至汝祥杉木界四至明白計共
大小數百餘根共两所今因無錢應用托中送
至本家叔　汝器處当出錢本陸拾千零
壹百肆拾文正言約每月每千文加利卅文算
後至冬成之日備办本利前足送还不敢少欠
如是少欠即将原当杉木苗付叔前去培蓄
刜劌掌管任從其便此杉木苗确在兄並
無重張典当他人財物不明等情如有此等
係是侄出頭支当不涉叔之事今欲有凭
立当字壹帋付执為照
内改陆壹字再照
道光拾弍年六月　日立当字侄文渊
仝弟文日
在見兄文孝
仝見兄天秀
代字見兄文精

5-1-8-3　清道光十二年六月鄭文淵等立當杉木苗字

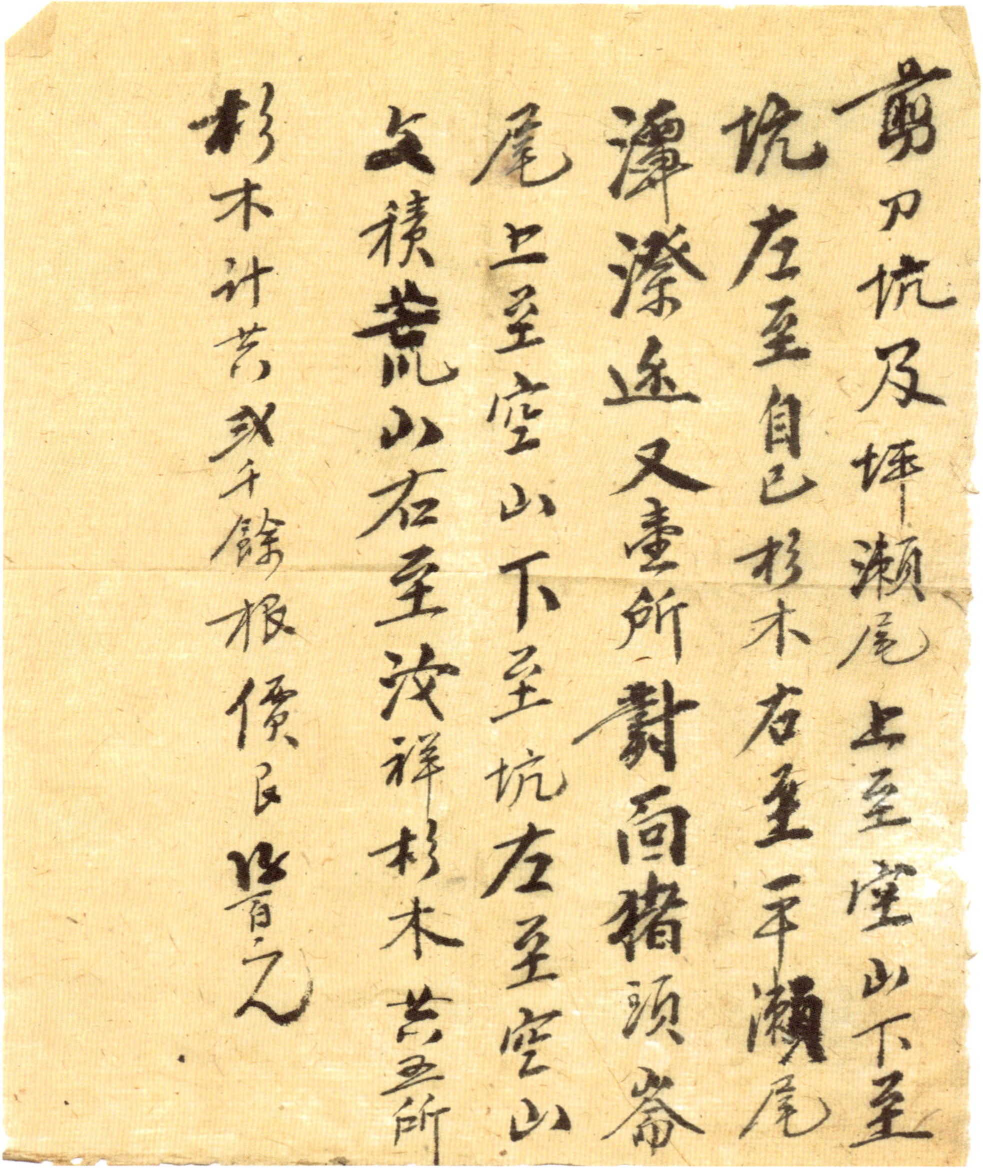
剪刀坑及埰瀨尾上至崖山下至
坑左至自已杉木右至坪瀨尾
潭漈途又壹所對面猪頭崙
尾上至空山下至坑左至空山
乂積荒山右至汝祥杉木共五所
杉木計共貳千餘根價艮收訖之

5-1-8-4　清山場界址清單

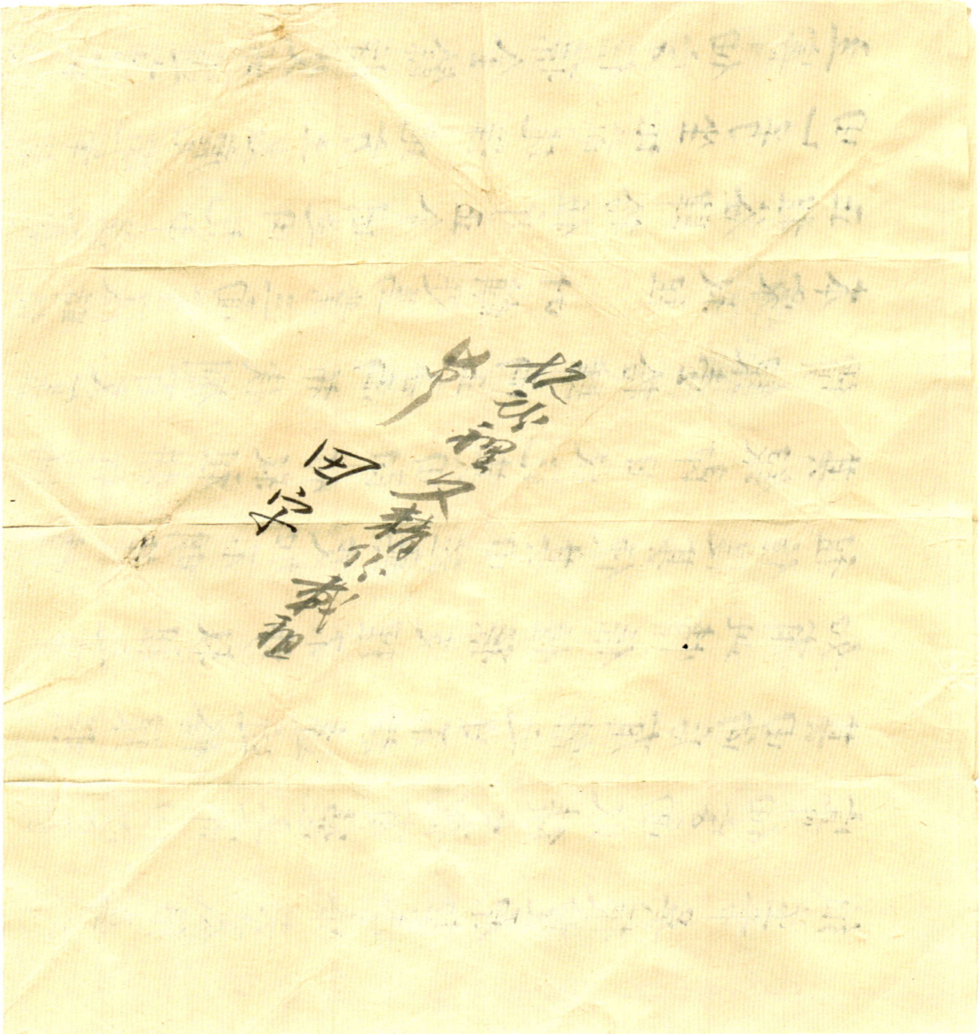

5-1-9-1　包契紙

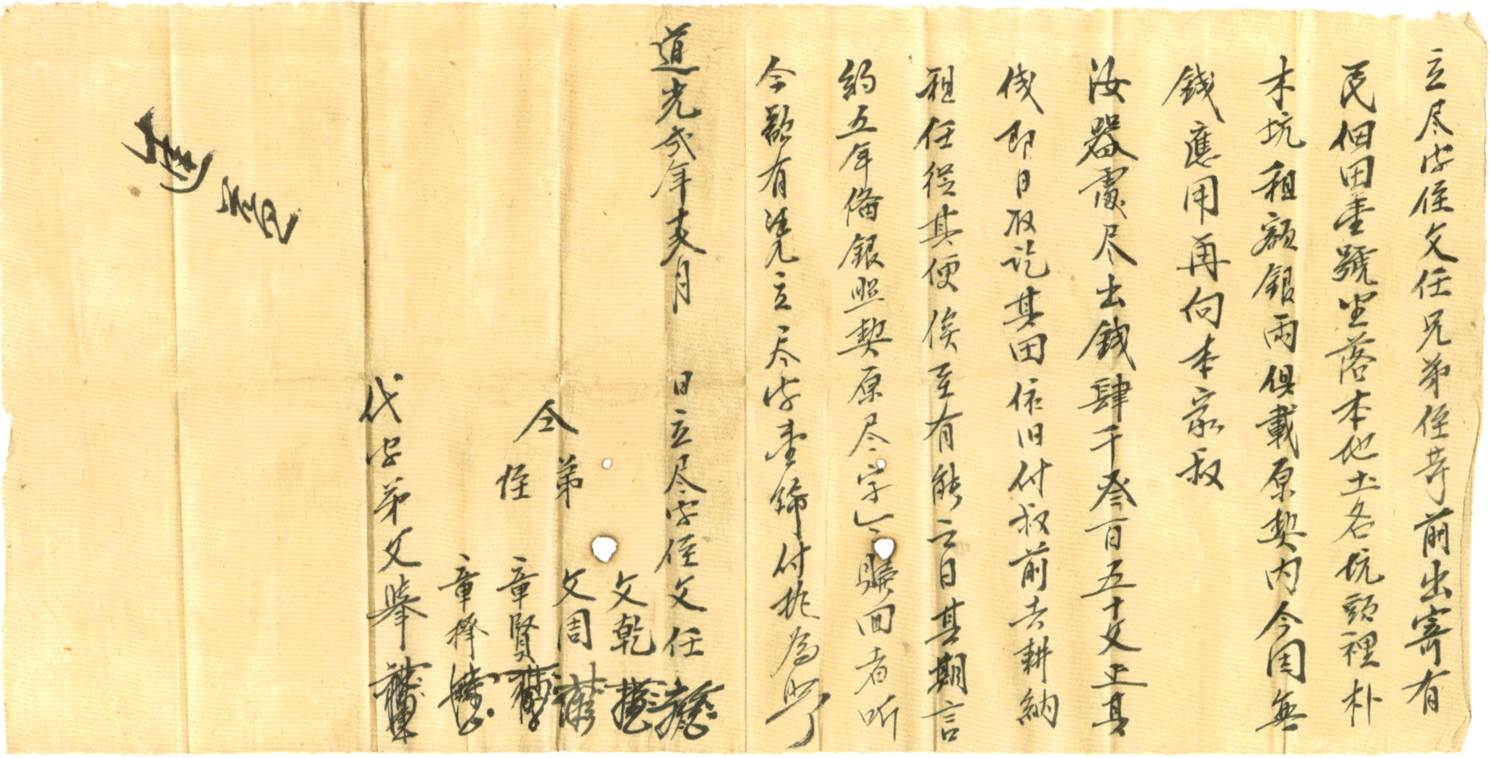

立尽民佃文任兄弟侄等前出寄有
民佃田壹號坐落本处土名坑頭裡朴
木坑租額銀兩俱載原契內今因無
錢應用再向本家叔
汝器處尽出錢肆千叁百五十文正其
錢即日收訖其田依旧付叔前去耕納
租任從其便候至有能之日其期言
約五年備銀照契原尽字一概回者听
今欲有憑立尽民佃字付執爲炤
道光弍年十二月　日立尽民佃侄文任
全弟　文乾
　　　文同
　侄　章賢
　　　章積
代字弟文峰

5-1-9-2　清道光二年十二月鄭文任等立盡民佃田字

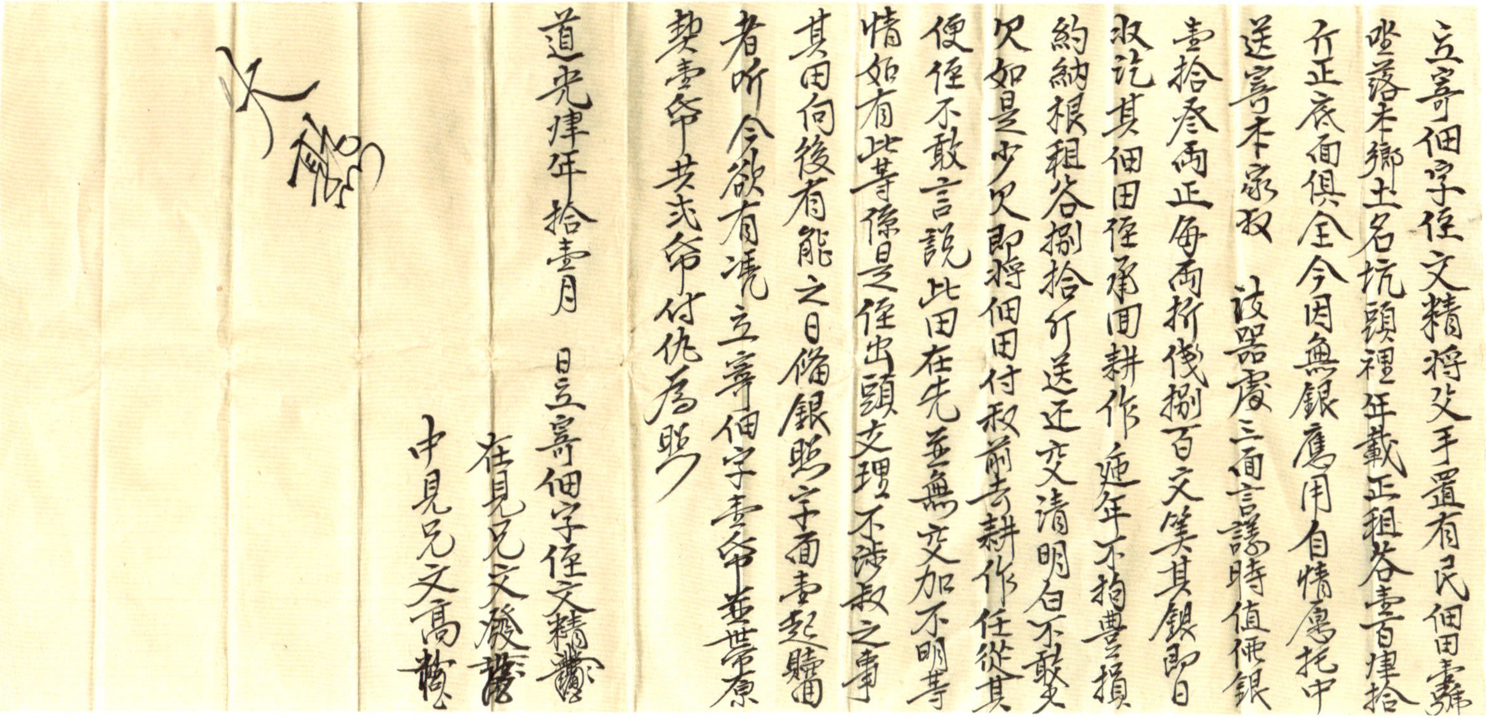
立寄佃字侄文精將父手置有民佃田壹號
坐落本鄉土名坑頭裡，年載正租谷壹百肆拾
斤正，底面俱全。今因無銀應用，自情愿托中
送寄本家叔　汝器處，三面言議時值價銀
壹拾叁兩正，每兩折錢捌百文，其銀即日
收訖。其佃田侄承回耕作，逐年不拘豐損
約納根租谷捌拾斤，送還交清明白，不敢欠
欠。如是少欠，即將佃田付叔前去耕作，任從其
便，侄不敢言說。此田在先並無交加不明等
情，如有此等，係是侄出頭支理，不涉叔之事。
其田向後有能之日，備銀照字面壹起贖回，
者听。今欲有凴，立寄佃字壹紙，並帶原
契壹紙，共弍紙，付仇為照。

道光肆年拾壹月　日立寄佃字侄文精（押）
在見兄文發（押）
中見兄文高（押）

大[illegible]

5-1-9-3　清道光四年十一月鄭文精立寄民佃田字

杉木契

5-1-10-1　包契紙

5-1-10-2　包契紙

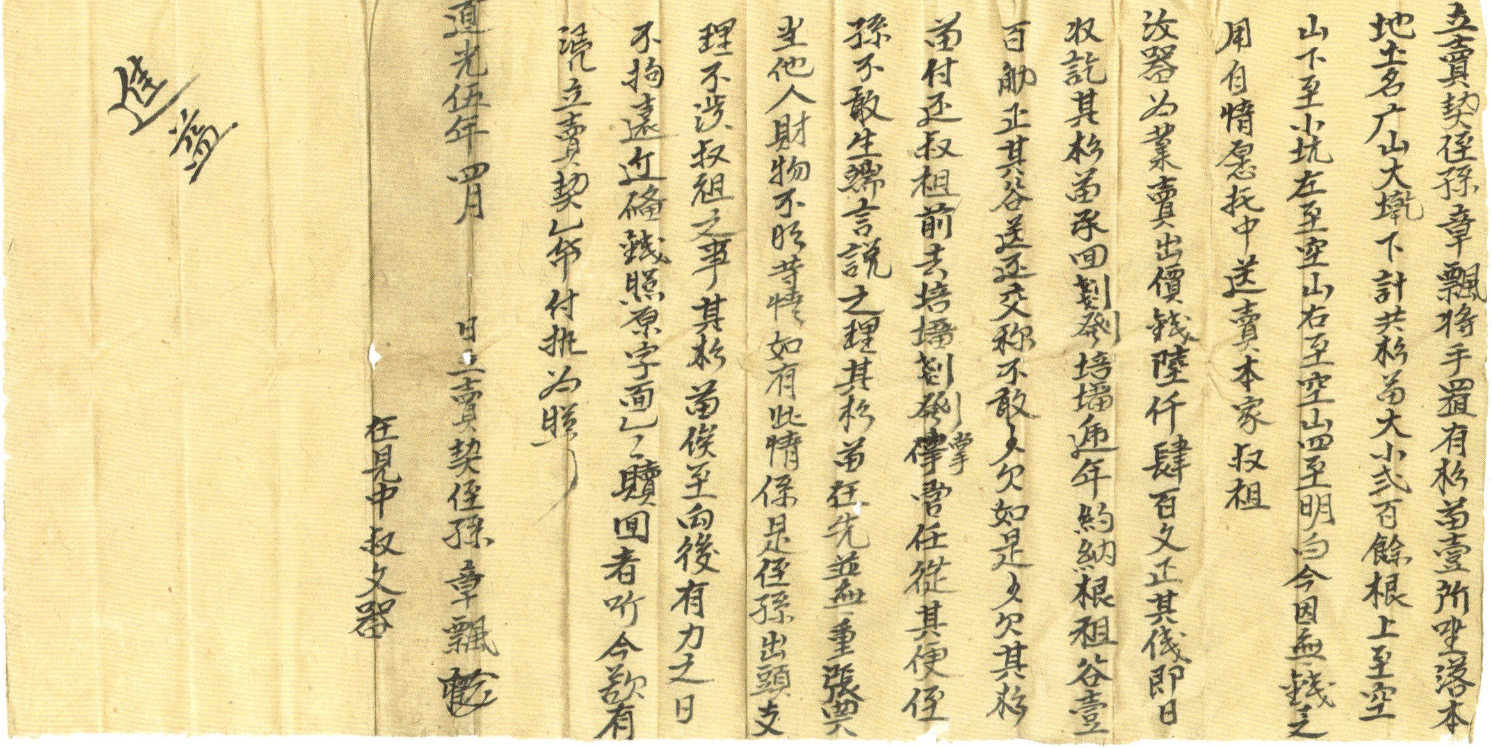

立賣契侄孫章飄將手置有杉苗壹所坐落本
地土名广山大墘下計共杉苗大小弍百餘根上至空
山下至小坑左至空山右至空山四至明白今因無錢乏
用自情愿托中送賣本家叔祖
汝器為業賣出價錢陸仟肆百文正其錢即日
收訖其杉苗承回劄劄培壖逓年納根租谷壹
百觔正其谷送还交稱不敢少欠如是少欠其杉
苗付还叔祖前去培壖劄劄掌管任從其便侄
孫不敢生端言說之理其杉苗在先並無重張典
坐他人財物不明等情如有此情係是侄孫出頭支
理不涉叔祖之事其杉苗俟至向後有力之日
不拘遠近備錢照原字面乙乙贖回者听今欲有
憑立賣契乙紙付批為照

道光伍年四月　日立賣契侄孫章飄（押）
在見中叔文器

侄萱

5-1-10-3　清道光五年四月鄭章飄立賣杉苗契

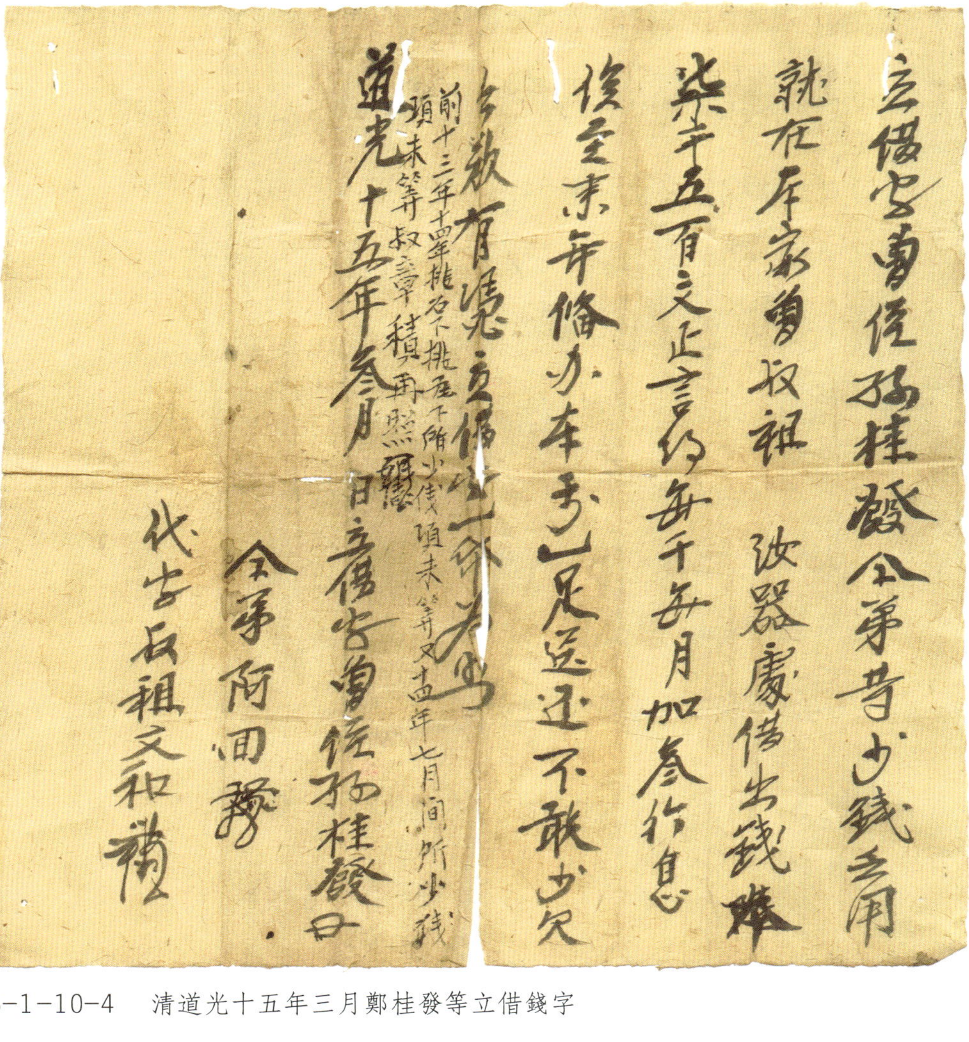
立借字曾侄孫桂發仝弟等少錢之用，就在本家曾叔祖汝器處借出錢陸柒千五百文正，言約每千每月加叁行息，俟至來年備办本利足還，不敢少欠。今欲有憑，立借字一紙為照。

前十三年十四年挑石不挑在下脩少借項未算，又十四年七月間所少錢項未算，叔爺積再照額。

道光十五年叁月　日立借字曾侄孫桂發（押）

仝弟阿回（押）

代字叔祖文和筆

5-1-10-4　清道光十五年三月鄭桂發等立借錢字

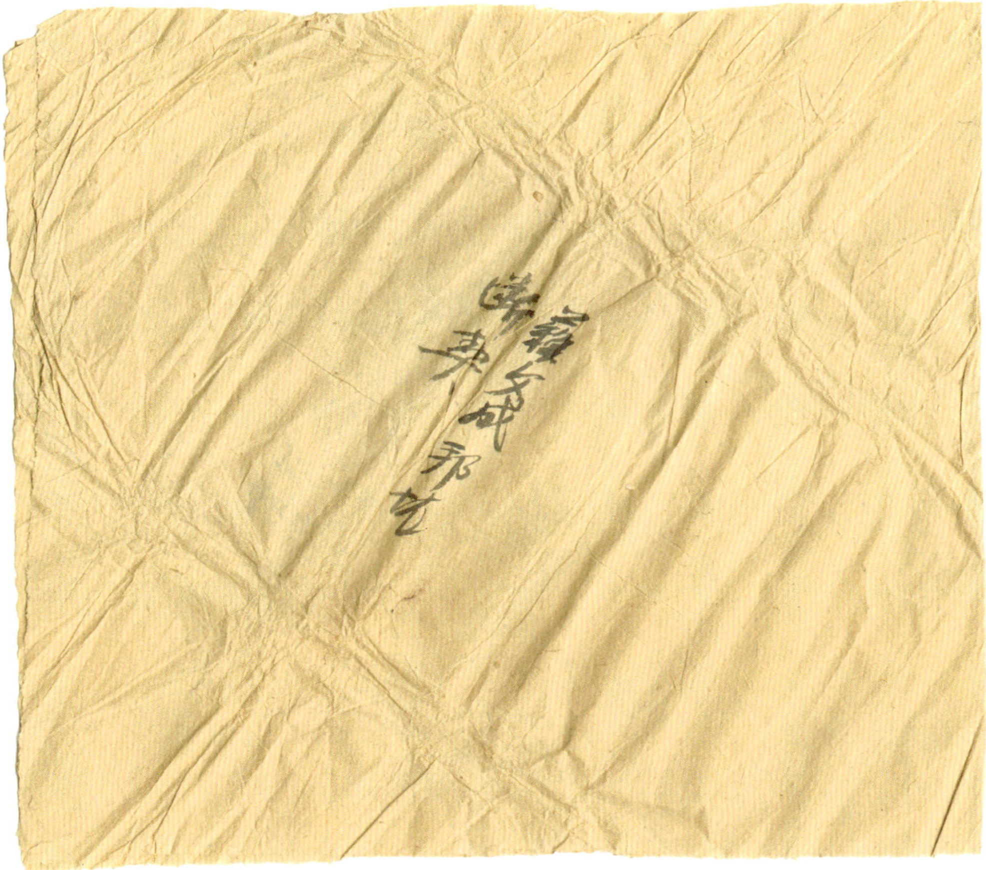

5-1-11-1　包契紙

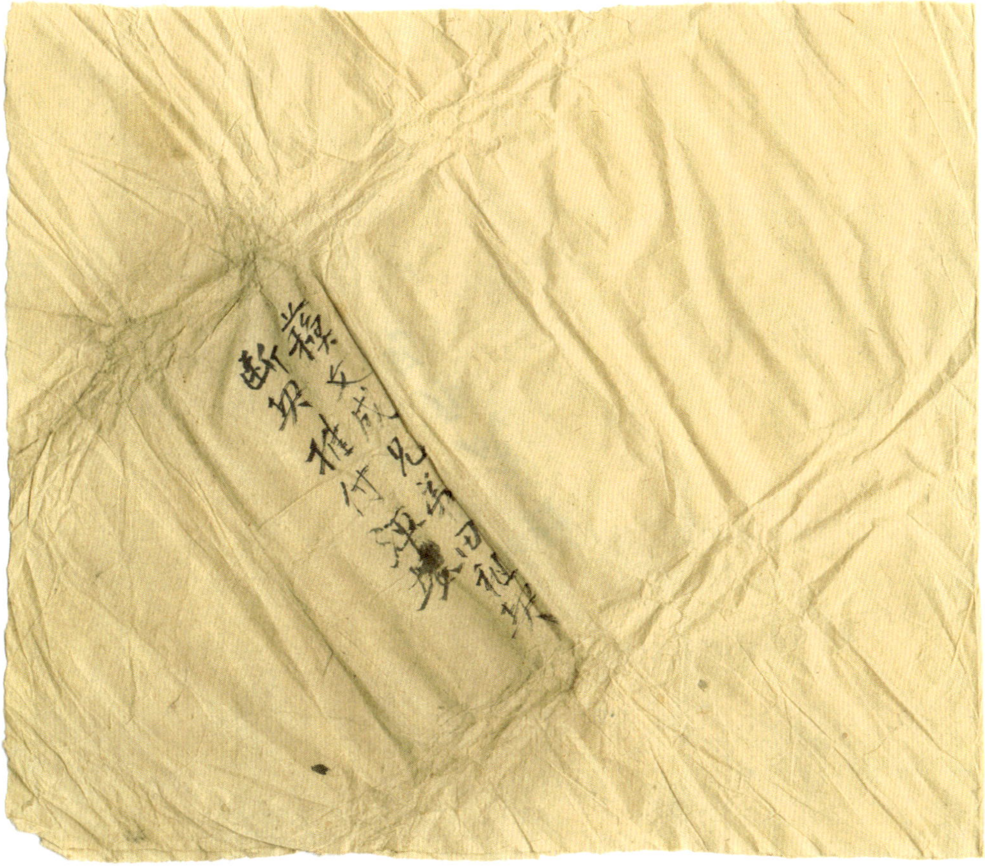

5-1-11-2　包契紙

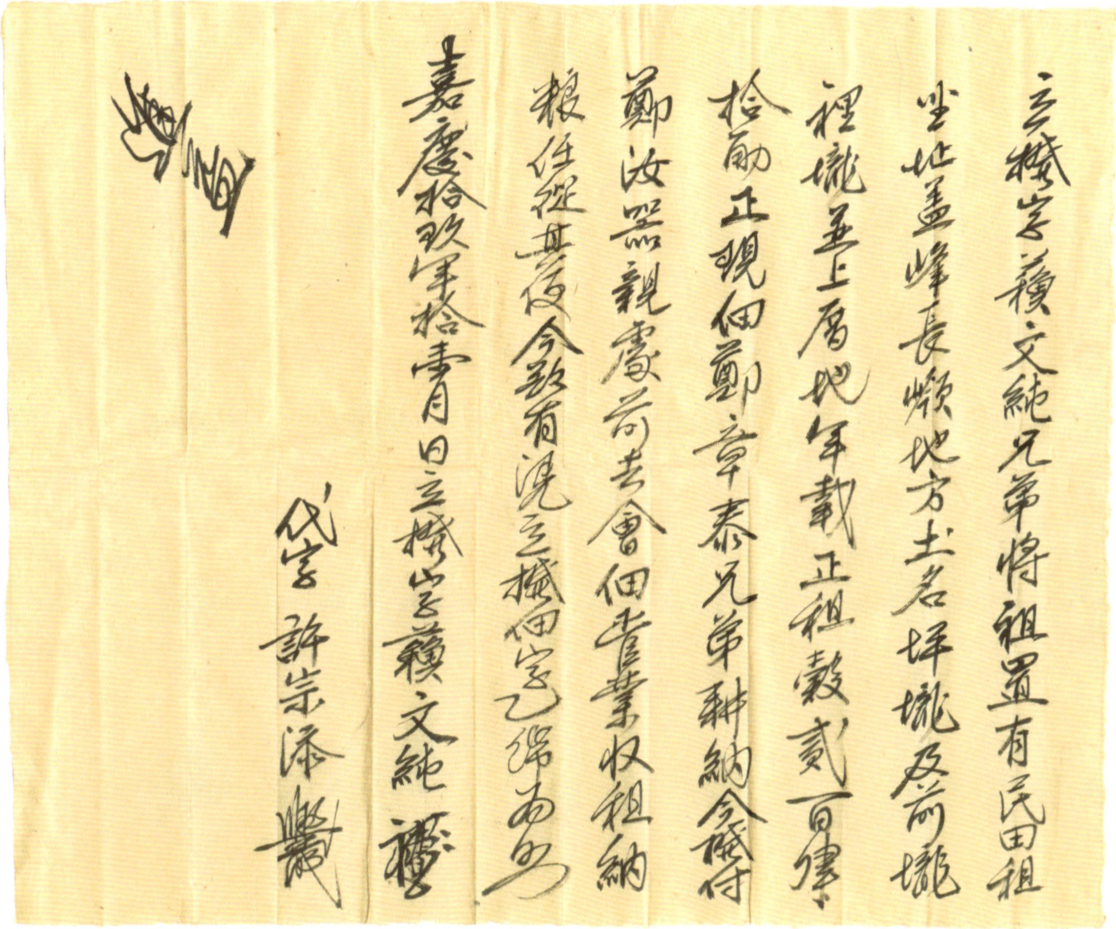

立撥字蘇文純兄弟將祖置有民田租
坐址蓋峰長嶺地方土名坪墘及前墘
裡墘並上厝地年載正租穀貳百肆
拾觔正，現佃鄭章泰兄弟耕納，今撥付
鄭汝器親處前去會佃管業收租納
粮，任從其便。今欲有憑，立撥佃字乙紙為照。
嘉慶拾玖年拾壹月　日立撥字蘇文純（押）
代字　許宗添（押）

5-1-11-3　清嘉慶十九年十一月蘇文純等立撥民田租字

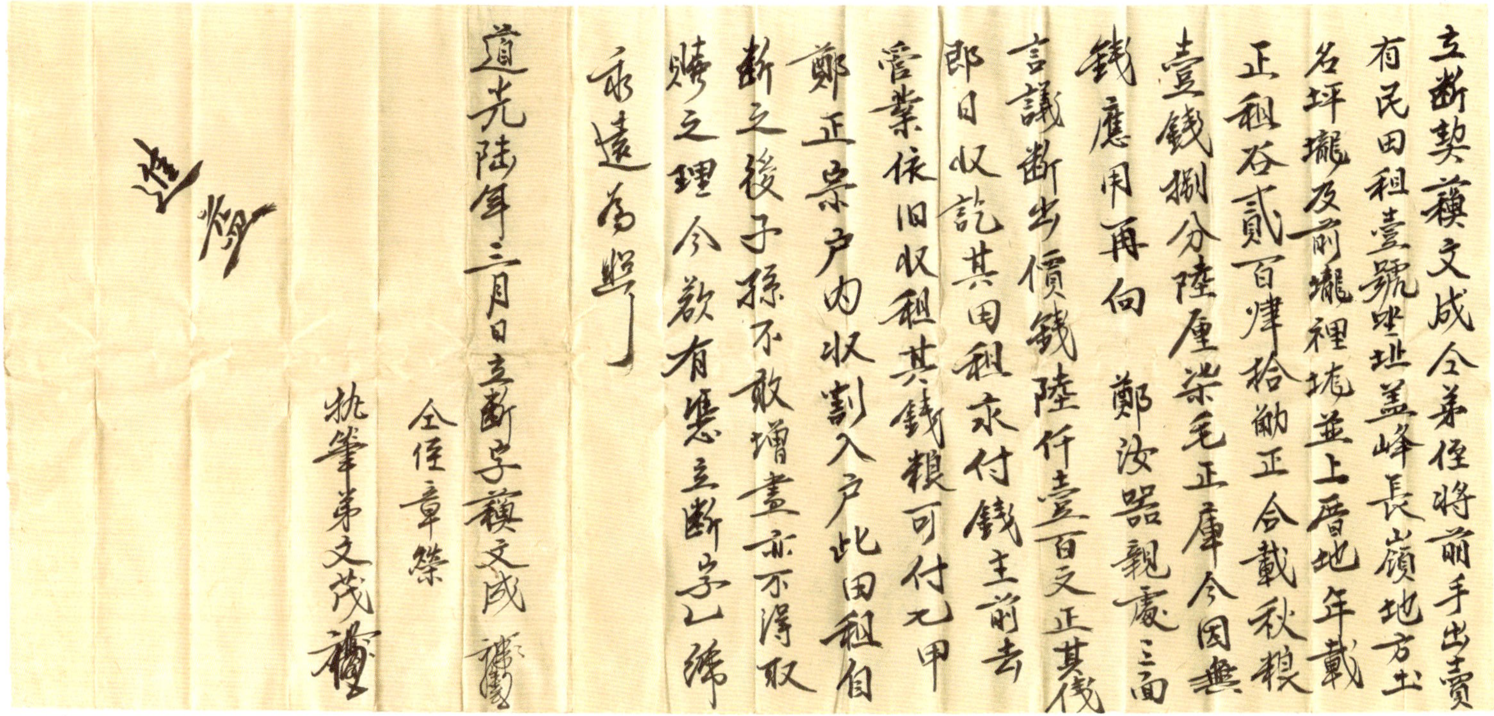

立斷契蘇文成仝弟侄將前手出賣有民田租壹號坐址蓋峰長嶺地方土名坪壠及前壠裡垅並上厝地年載正租谷貳百肆拾觔正仝載秋粮壹錢捌分陸厘柒毛正庫今因無錢應用再向　鄭汝器親處三面言議斷出價錢陸仟壹百文正其價郎日收訖其田租永付錢主前去管業依旧收租其錢粮可付乙甲鄭正宗户内收割入户此田租自斷之後子孫不敢增畫亦不得取贖之理今欲有憑立斷字乙紙永遠為照。

道光陸年三月日立斷字蘇文成（押）

仝侄章傑

執筆弟文茂（押）

5-1-11-4　清道光六年三月蘇文成等立斷民田租契

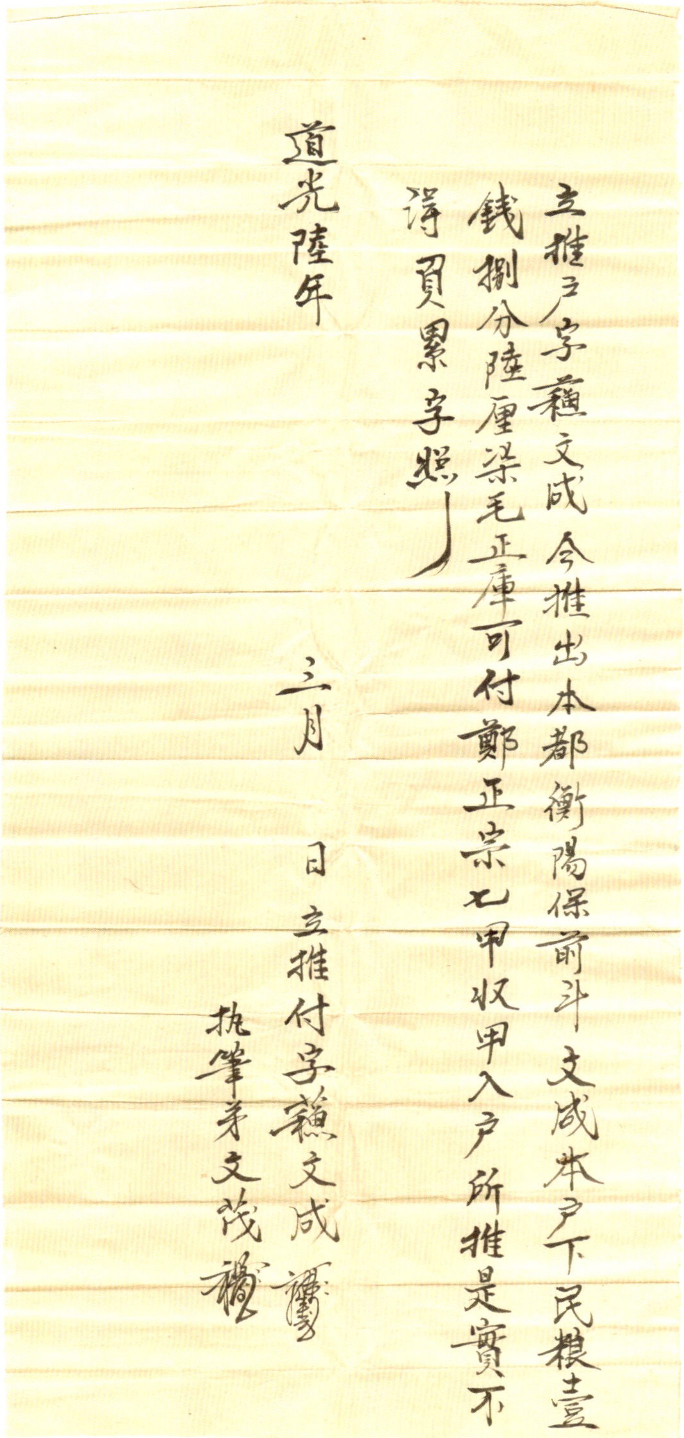

立推户字蘇文成，今推出本都衡陽保前斗文成本户下民粮壹錢捌分陸厘柒毛正庫，可付鄭正宗七甲收甲入户。所推是實，不得買累，字照。

道光陸年 三月 日 立推付字蘇文成（押）

執筆弟文茂（押）

5-1-11-5 清道光六年三月蘇文成立推户字

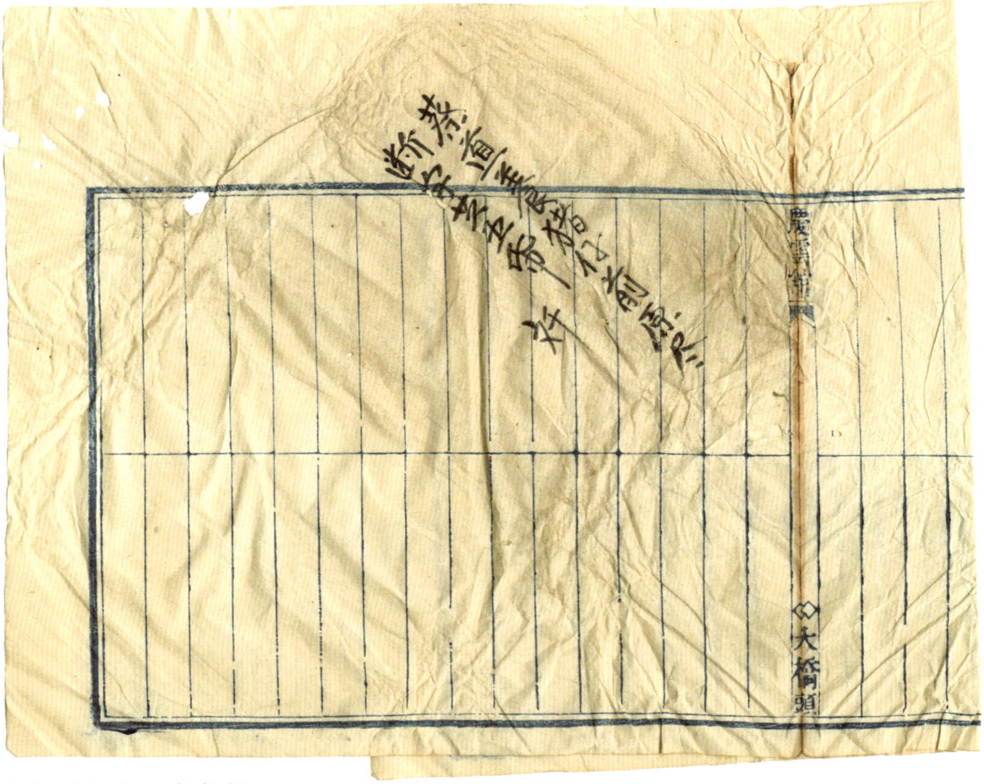

5-1-12-1　包契紙

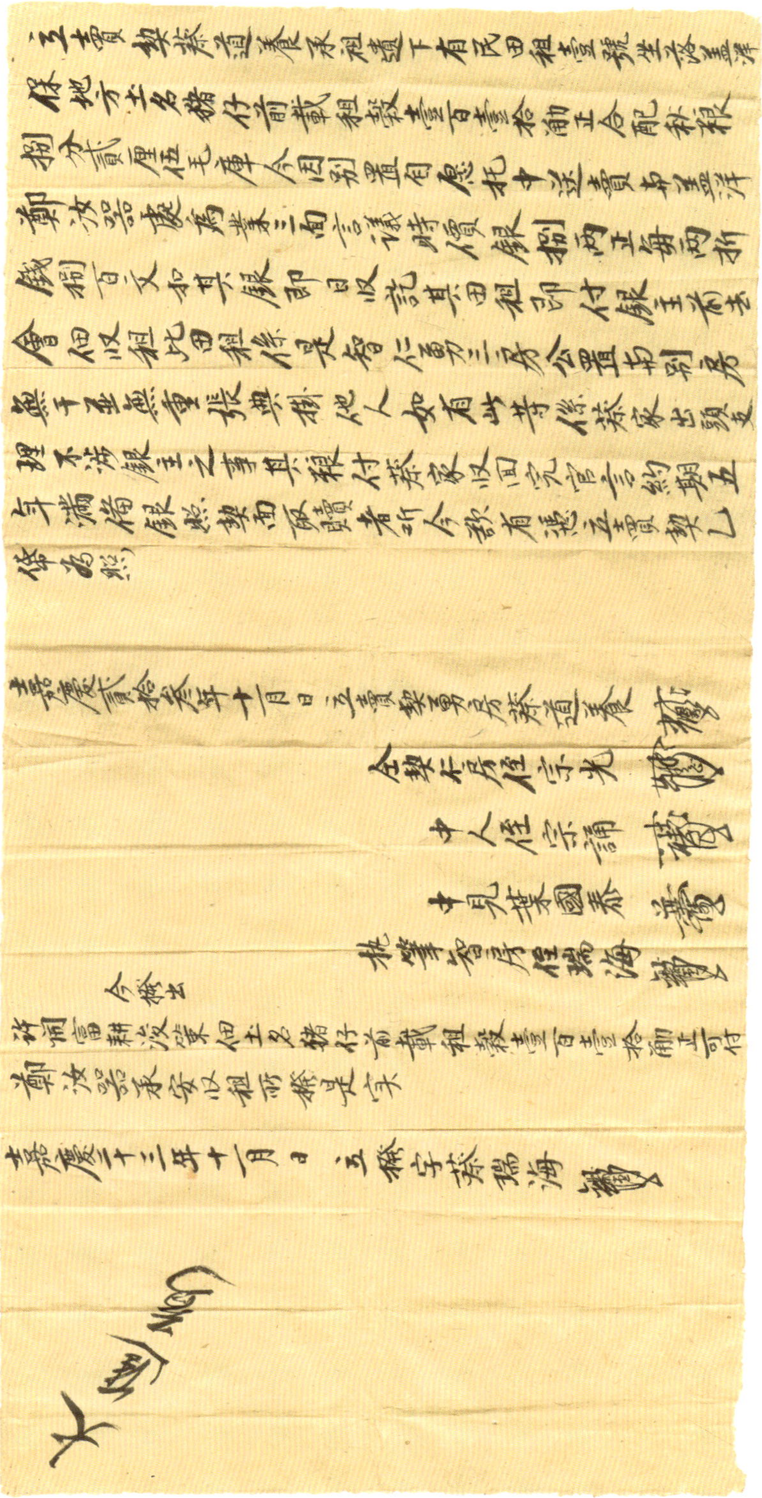
立賣契蔡道養承祖遺下有民田租壹號坐落蓋洋
保地方土名楮仔前載租穀壹百壹拾捌斤正合配秋根
捌分貳厘伍毛正今因別置自愿托中送賣與蓋洋
鄭汝器處爲業三面言議時價錢捌兩正每兩折
錢捌百文加其錢即日收訖其田租即付錢主前去
會佃收租完糧此田租係是養仁兩房三房公置與別房支
兄弟叔侄無干並無重張典掛他人如有此等係蔡家出頭支
理不涉錢主之事其稅付蔡家收回完官言約聽五
年滿備價取贖再不敢取贖者听今欲有憑立賣契乙
紙爲照。

嘉慶貳拾叁年十一月　日立賣契男房蔡道養（押）
仝契弟房侄宗光（押）
中人侄宗誦（押）
中見堂國泰（押）
代筆男房侄瑞海（押）

今撥出
許開當耕汝業佃土名楮仔前載租穀壹百壹拾捌斤正付
鄭汝器承安收租所撥是實

嘉慶二十三年十一月　日　立撥字蔡瑞海（押）

大吉

5-1-12-2　清嘉慶二十三年十一月蔡道養等立賣民田租契

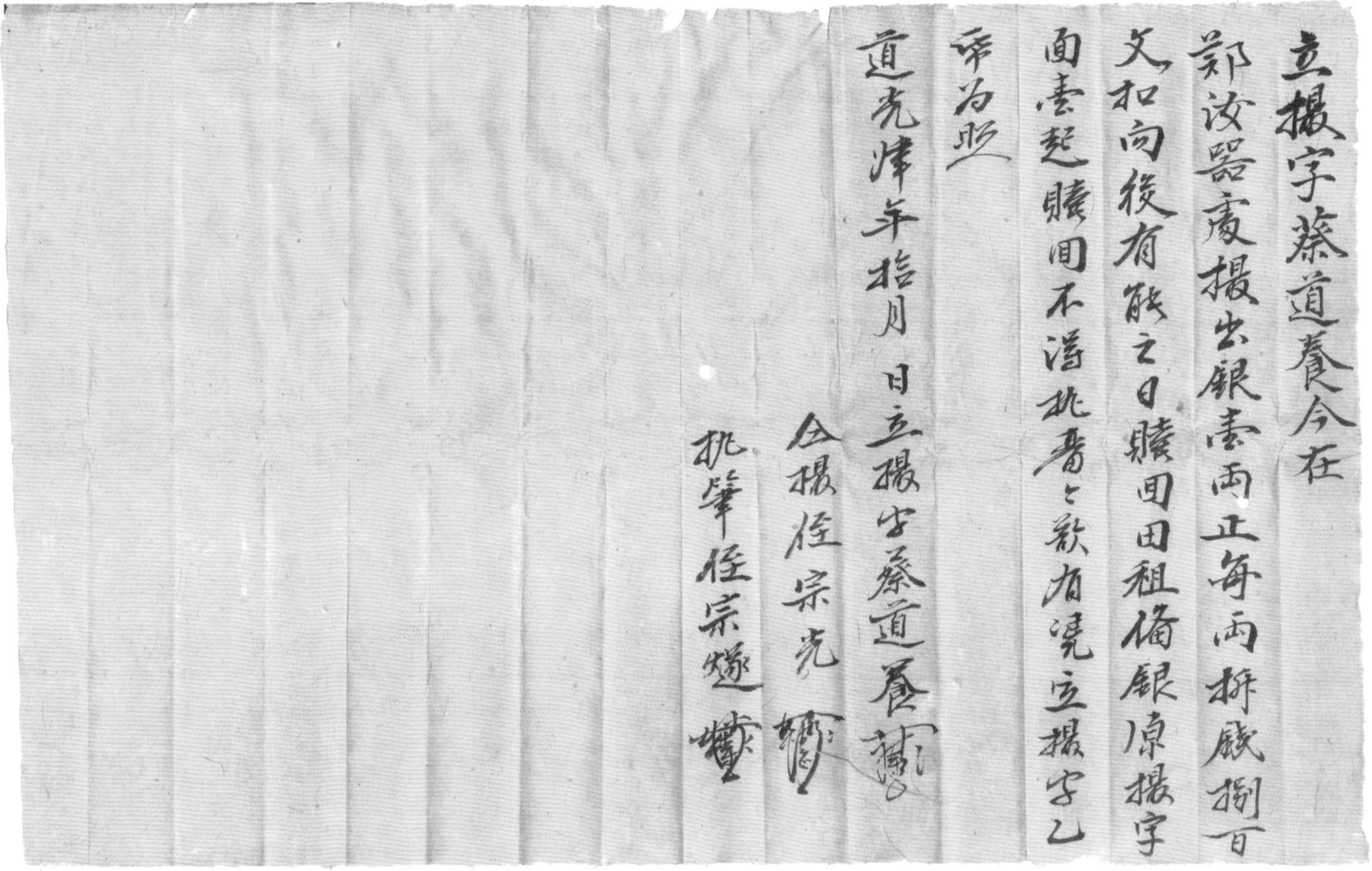
立撮字蔡道養今在
鄭汝器處撮出銀壹兩正每兩拼戲捌百
文扣向後有錢之日贖回田租備銀原撮字
面壹起贖回不得執番番款有憑立撮字乙
帋為照
道光肆年拾月　日立撮字蔡道養（押）
仝撮侄宗光（押）
執筆侄宗燧（押）

5-1-12-3　清道光四年十月蔡道養等立撮字

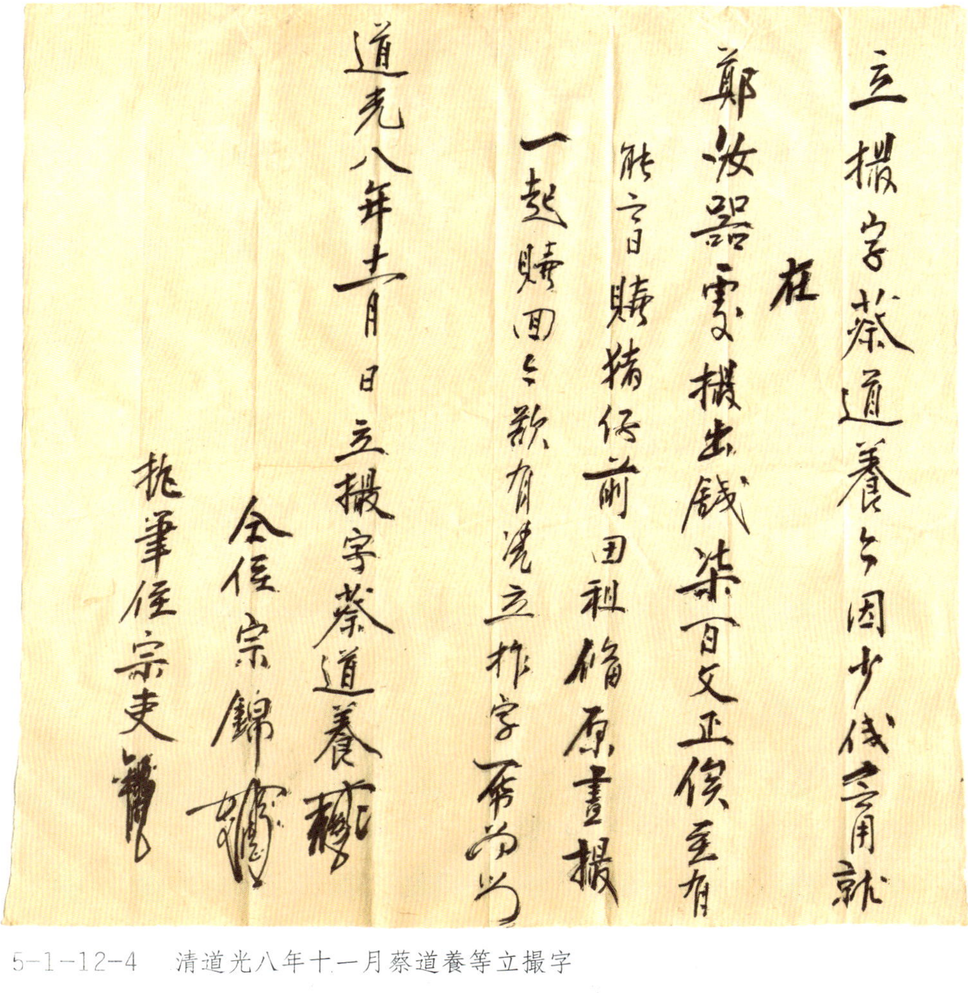

立撥字蔡道養仝因少錢應用就
在
鄭汝器處撥出錢柒百文正候至有
能之日贖猪仔前田租備原畫撥
一起贖回之欵有憑立撥字爲照
道光八年十一月 日 立撥字蔡道養（押）
仝侄宗錦（押）
執筆侄宗吏（押）

5-1-12-4 清道光八年十一月蔡道養等立撮字

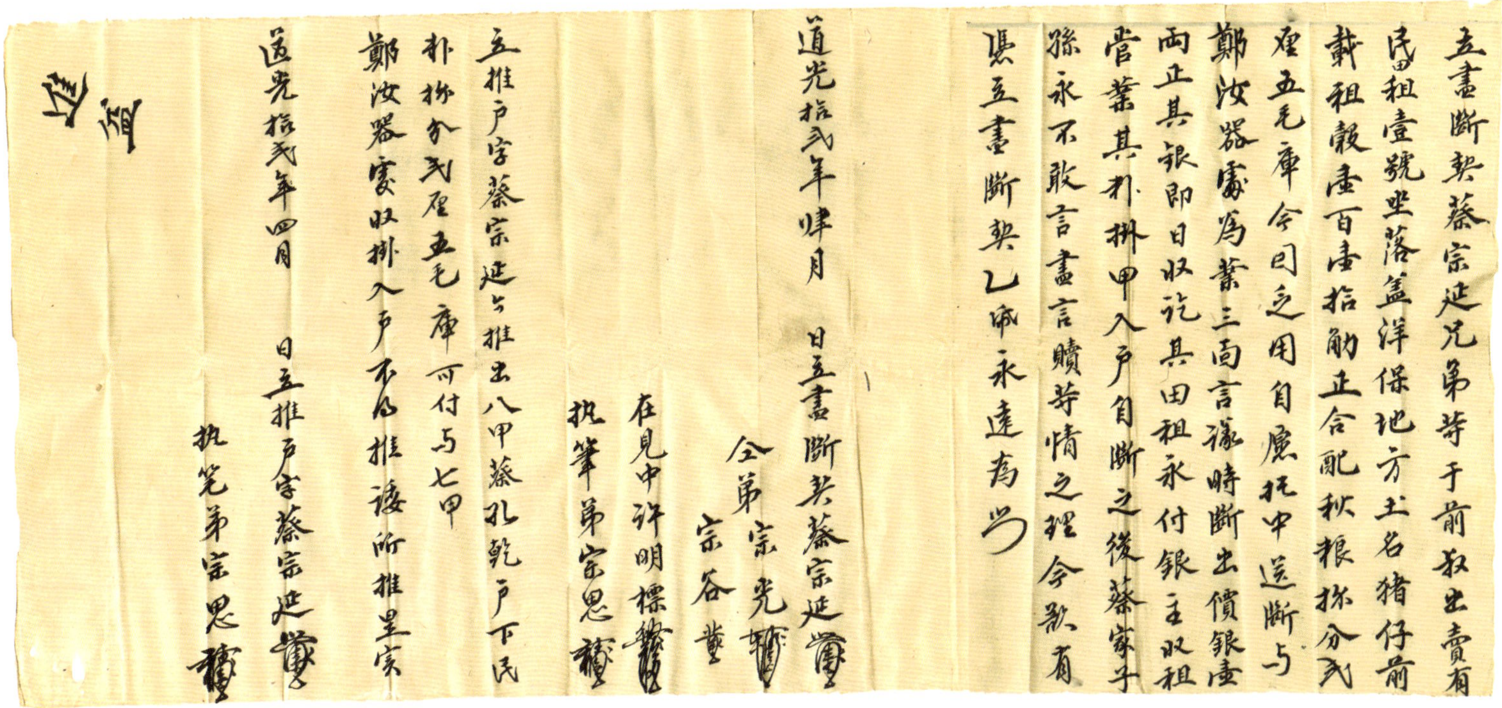
立盡斷契蔡宗延兄弟等于前叔出賣有
民田租壹號坐落蓋洋保地方土名猪仔前
載租穀壹百壹拾觔正合配秋粮米捌分弍
厘五毛庫今因乏用自愿托中送斷与
鄭汝器處爲業三面言議時斷出價銀壹
兩正其銀即日收訖其田租永付銀主收租
管業其米撥甲入戶自斷之後蔡家子
孫永不敢言盡言贖等情之理今欲有
憑立盡斷契乙紙永遠爲照

道光拾弍年肆月　　日立盡斷契蔡宗延（押）
仝弟宗光（押）
宗谷（押）
在見中許明標（押）
執筆弟宗恩（押）

立推戶字蔡宗延之推出八甲蔡孔乾戶下民
米捌分弍厘五毛庫可付与七甲
鄭汝器處收撥入戶不得推諉所推是实
道光拾弍年四月　　日立推戶字蔡宗延（押）
執笔弟宗恩（押）

5-1-12-5　清道光十二年四月蔡宗延等立盡斷民田租字

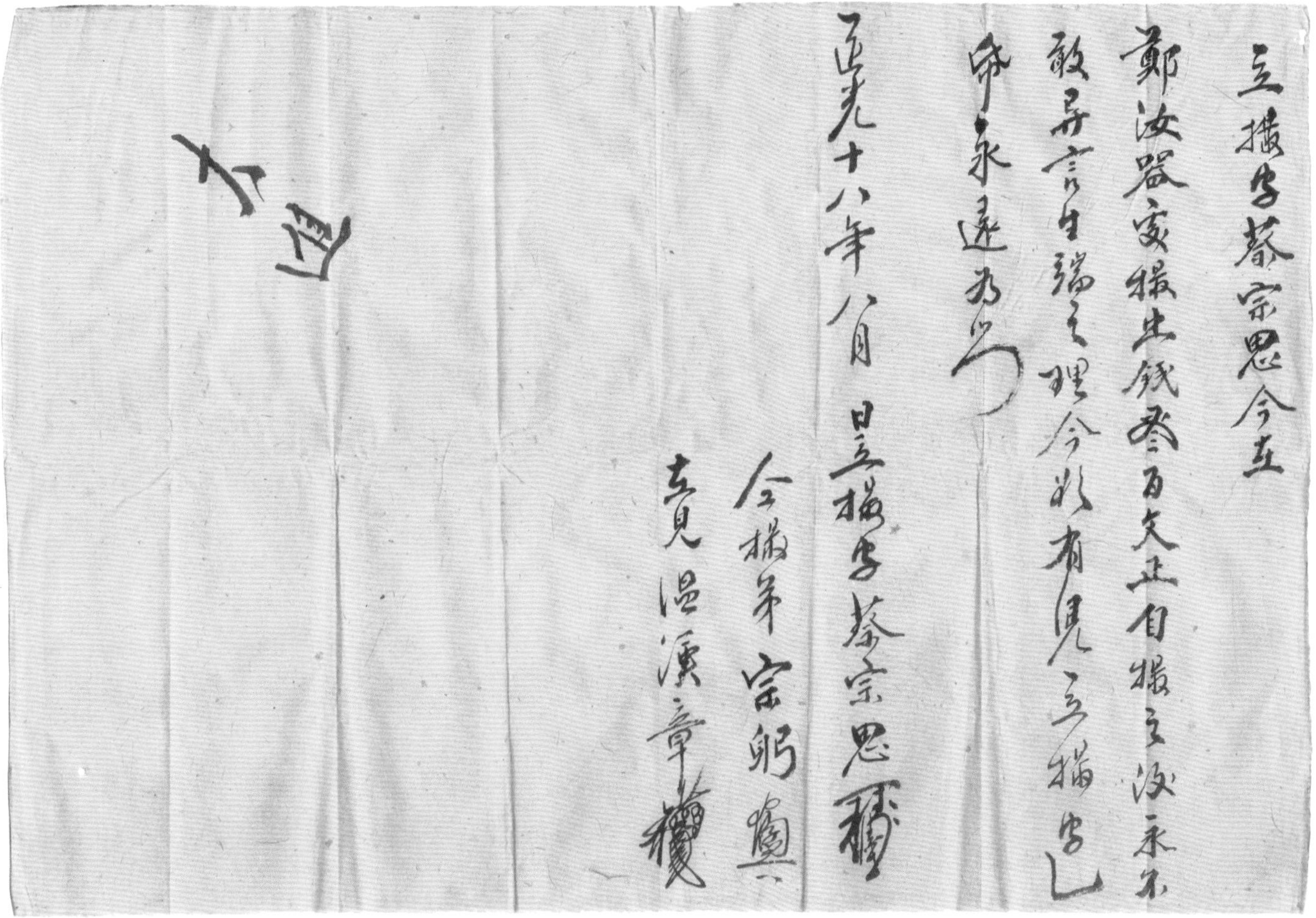

立撮字蔡宗思仝立
鄭汝器處撮出錢叁百文正，自撮之後永不
敢再言生端之理。今欲有憑，立撮字
為永遠為照。
道光十八年八月　日立撮字蔡宗思（押）
仝撮弟　宗躬（押）
在見　温濱章（押）
大吉

5-1-12-6　清道光十八年八月蔡宗思等立撮字

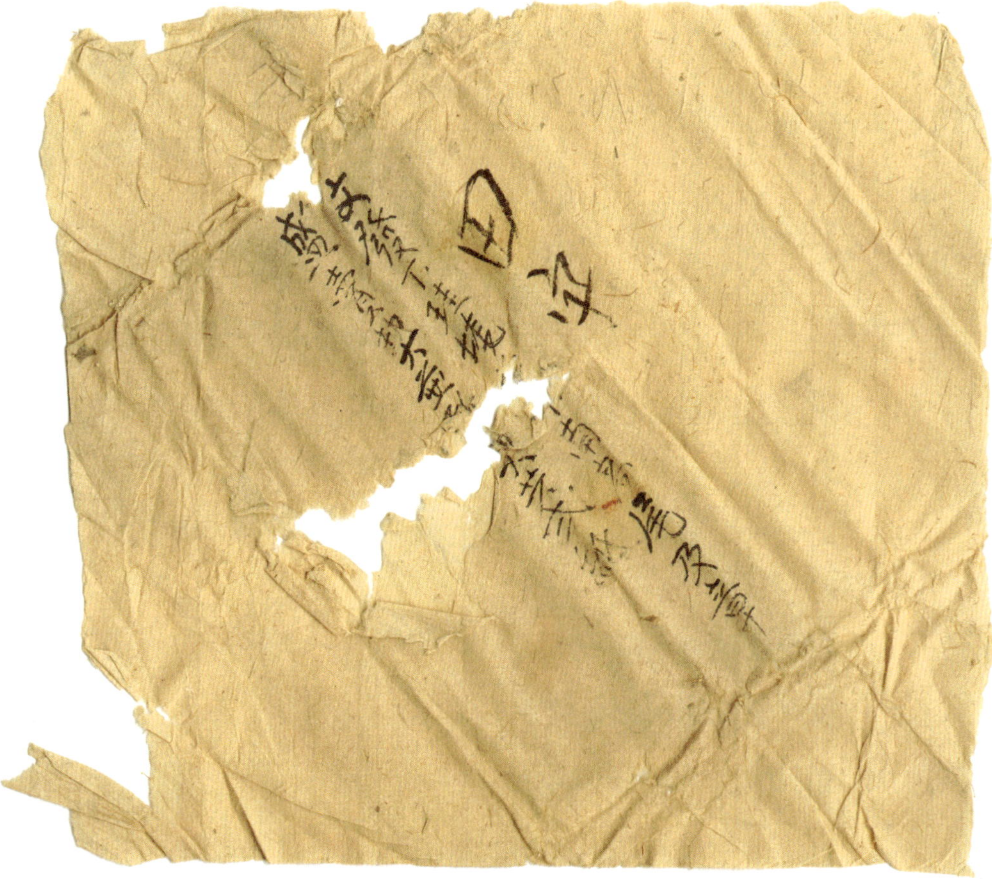

5-1-13-1　包契紙

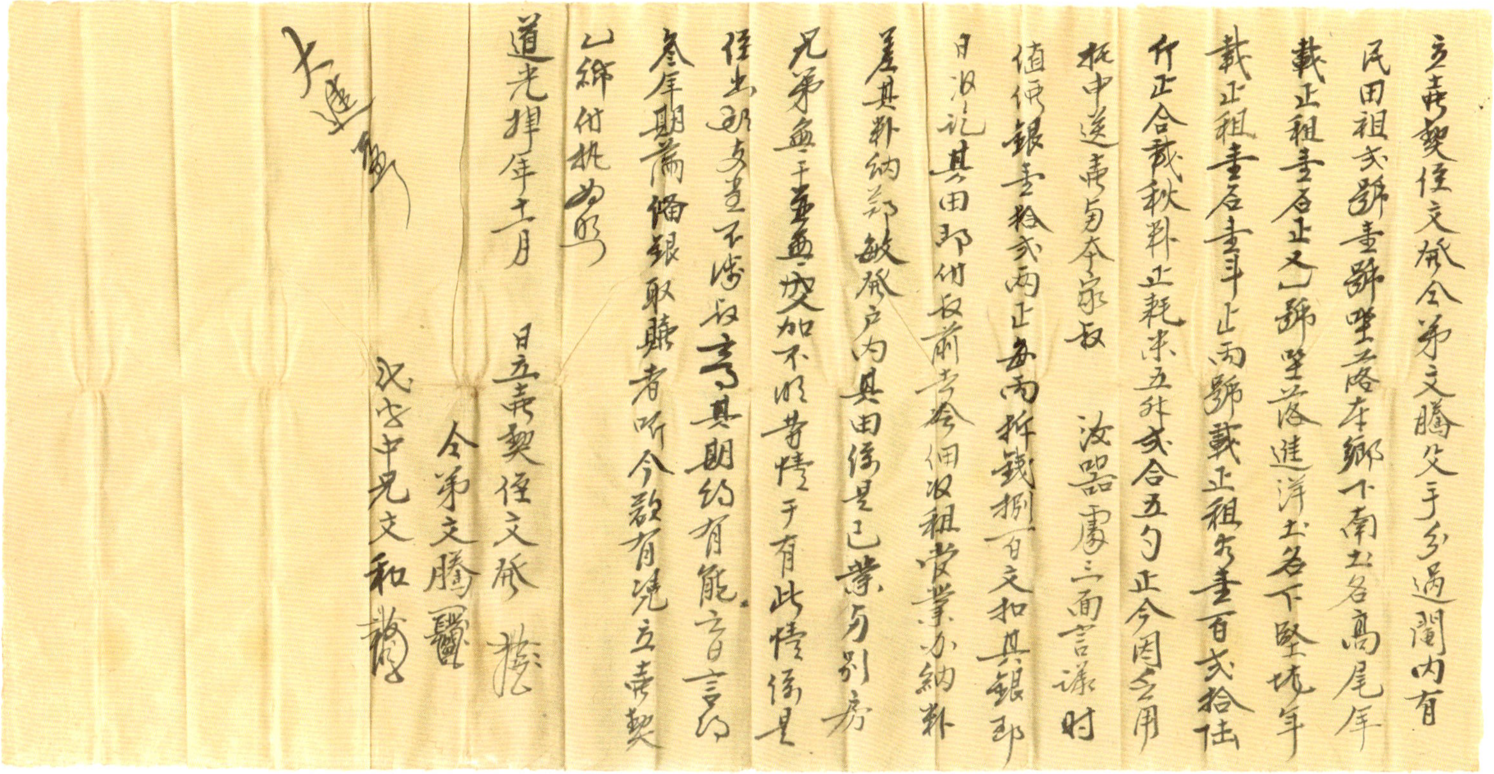

5-1-13-2　清道光四年十一月鄭文發等立賣民田租契

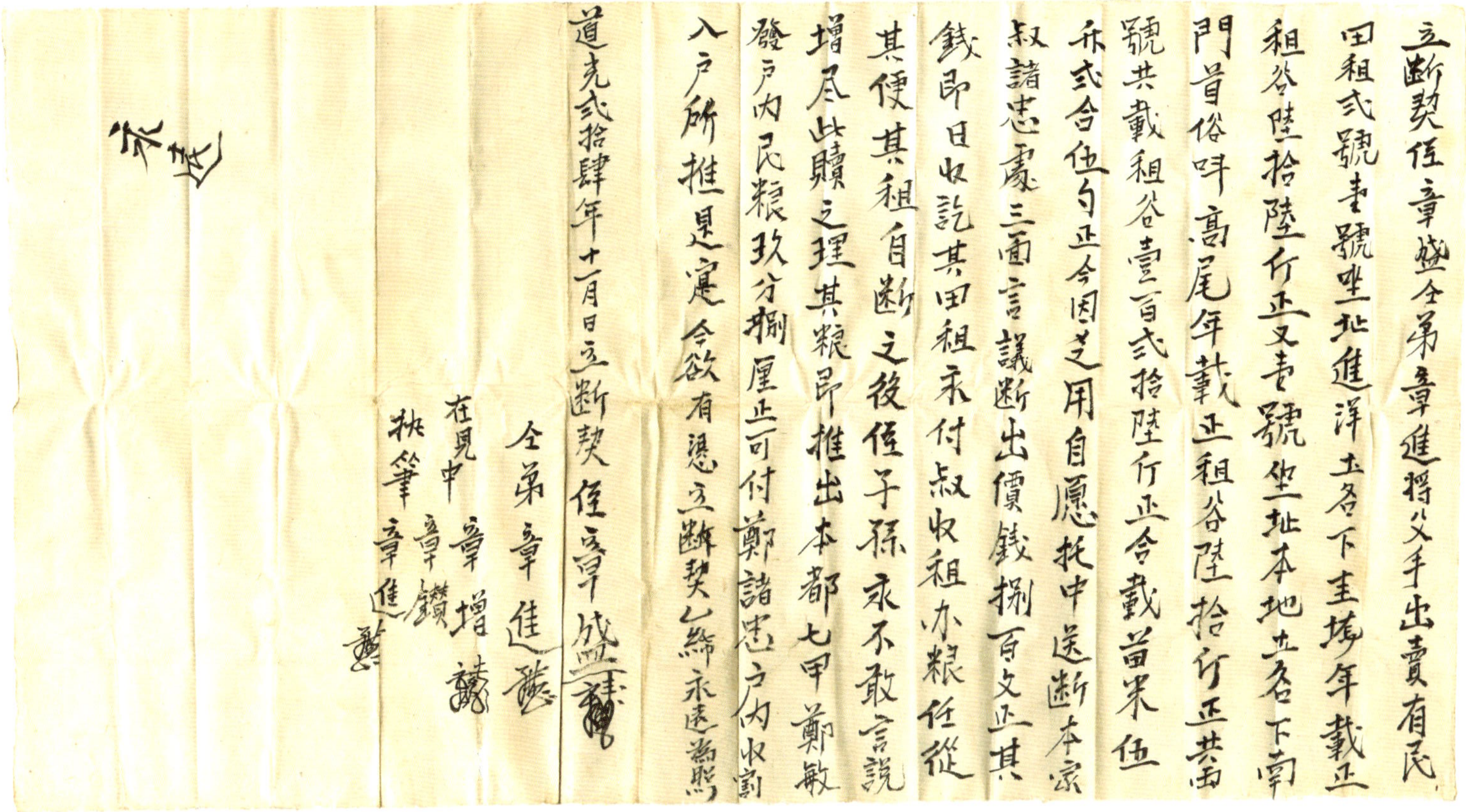
立斷契侄章盛仝弟章進將父手出賣有民
田租弍號，壹號坐址進洋土名下圭塝，年載正
租谷陸拾陸斤正，又壹號坐址本地土名下南
門首俗呌高尾，年載正租谷陸拾斤正，共田
號共載租谷壹百弍拾陸斤正，合載苗米伍
升弍合伍勺正。今因乏用，自愿托中送斷本宗
叔諸忠處，三面言議斷出價錢捌百文正，其
錢即日收訖，其田租永付叔收租，亦粮任從
其便，其租自斷之後，侄子孫永不敢言說
增盡找贖之理，其粮即推出本都七甲鄭敏
發戶內民粮玖分捌厘正，可付鄭諸忠戶內收割
入戶所推是實。今欲有憑，立斷契一紙，永遠為照。
道光弍拾肆年十一月　日立斷契侄章盛（押）
仝弟章進（押）
在見中章增（押）
章鐄（押）
代筆章進（押）
永收

5-1-13-3　清道光二十四年十一月鄭章盛等立斷民田租字

5-1-14-1　包契紙

憑票支錢貳百柒拾陸文正期約来年正月
廿日期到交清如是过期照例行息此票
是实為照
道光叁年十二月廿日立票　許宗觀

5-1-14-2　清道光三年十二月許宗觀立支錢憑票

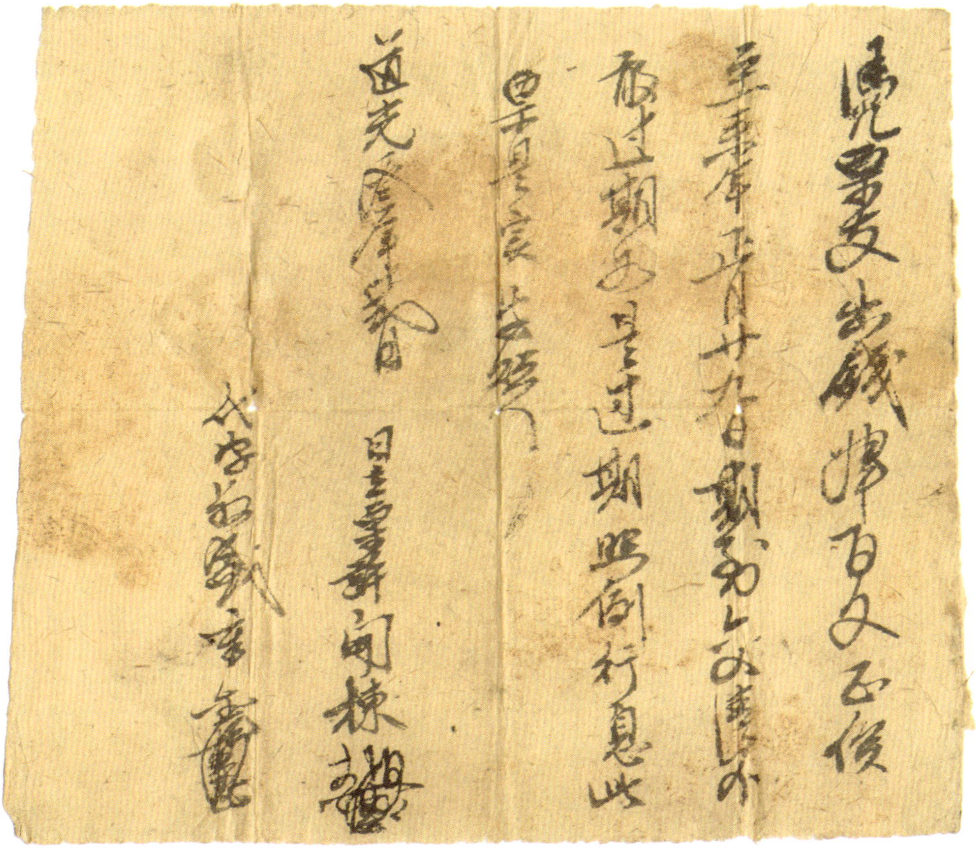

5-1-14-3　清道光三年十二月許開棟立支錢憑票

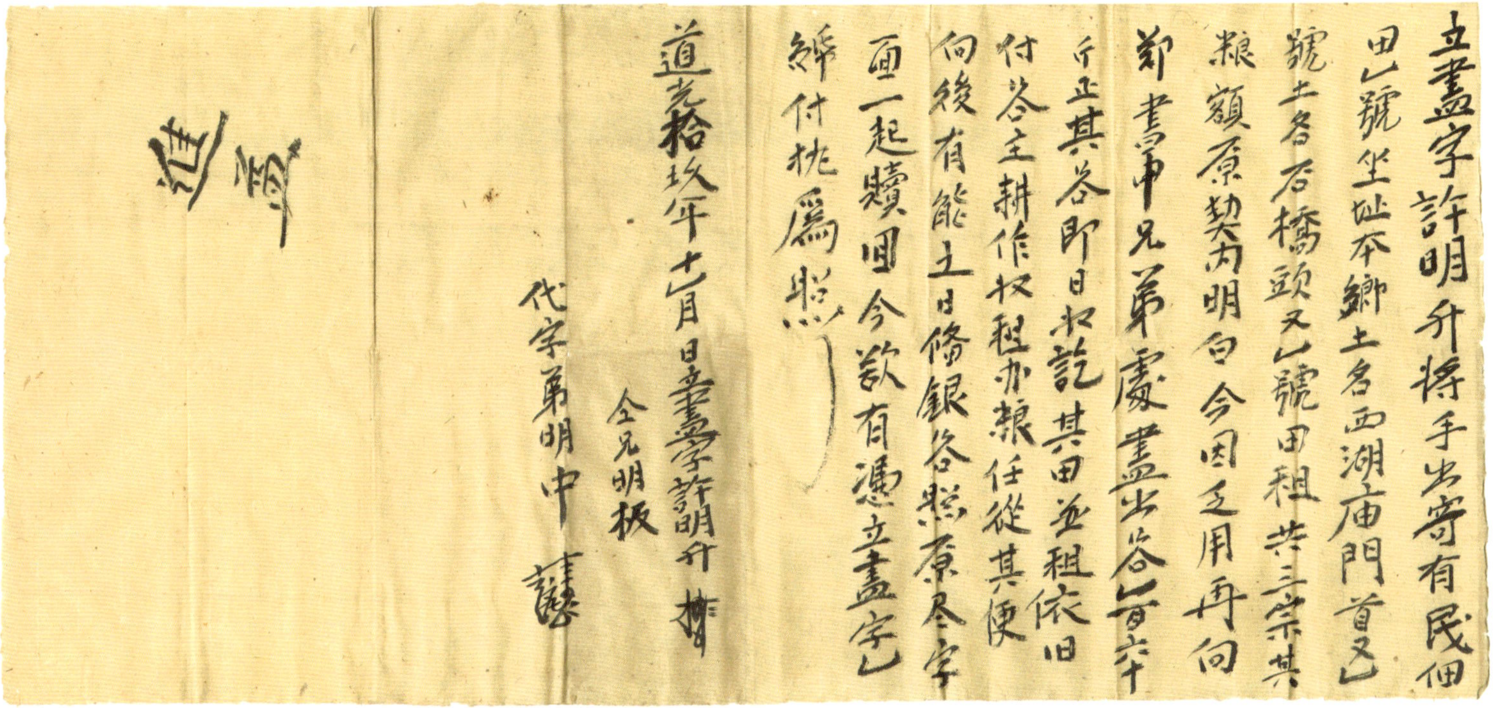
立盡字許明升將手出寄有民佃
田山號坐址本鄉土名西湖廟門首乙
號土名石橋頭又乙號田租共三宗其
粮額原契內明白今因乏用再向
鄭書中兄弟處盡出谷壹斗
斤正其谷即日收訖其田並租依舊
付谷主耕作收租办粮任從其便
向後有能土日備銀谷照原盡字
面一起贖回今欲有憑立盡字乙
紙付執爲照
道光拾玖年十一月日立盡字許明升（押）
仝兄明板
代字弟明中（押）

5-1-14-4　清道光十九年十一月許明升等立盡民佃田等字

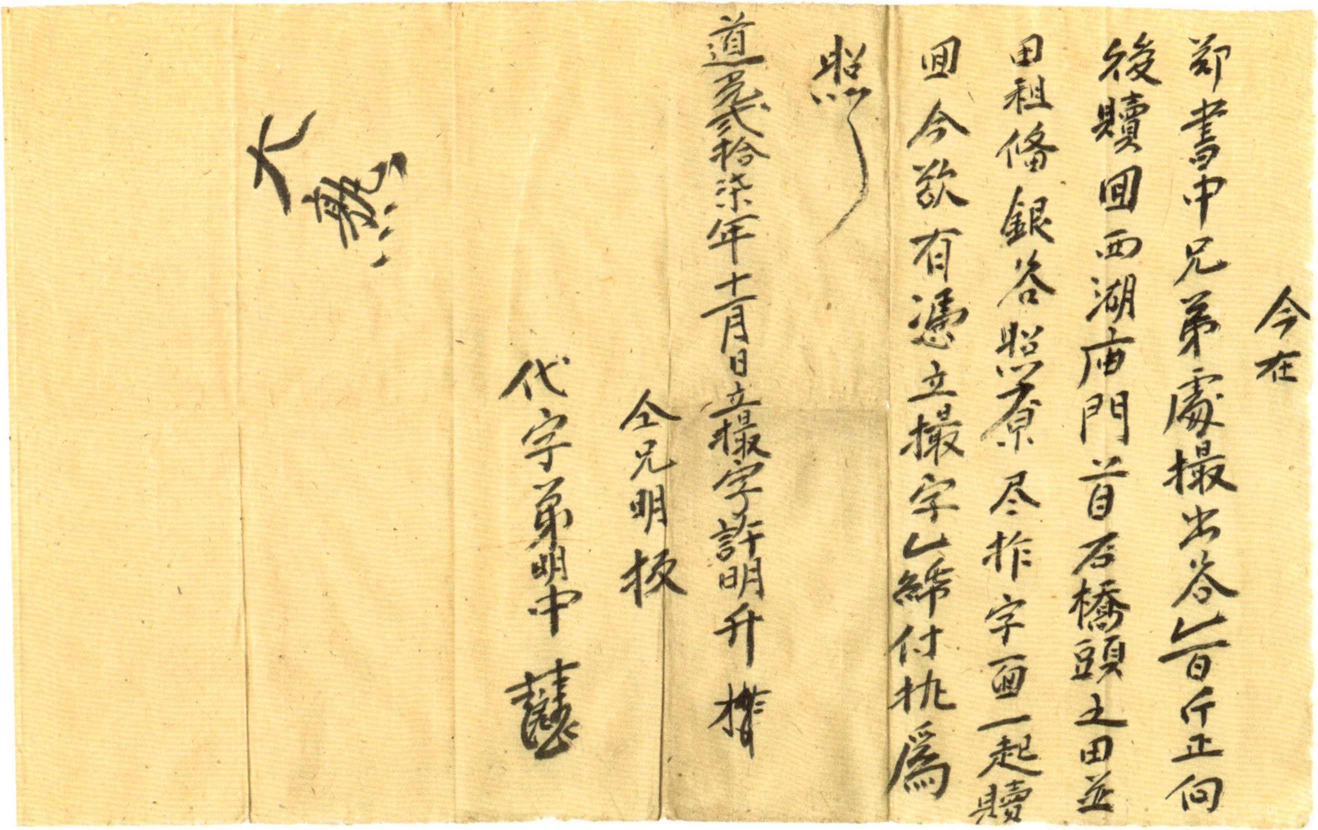

今在鄭書中兄弟處撮出谷旨仟正向後贖回西湖廟門首石橋頭土田並田租條銀各照原尽作字面一起贖回今欲有憑立撮字一紙付執爲照

道光貳拾柒年十一月日立撮字許明升(押)

仝兄明枝

代字弟明中(押)

大發

5-1-14-5　清道光二十七年十一月許明升等立撮字

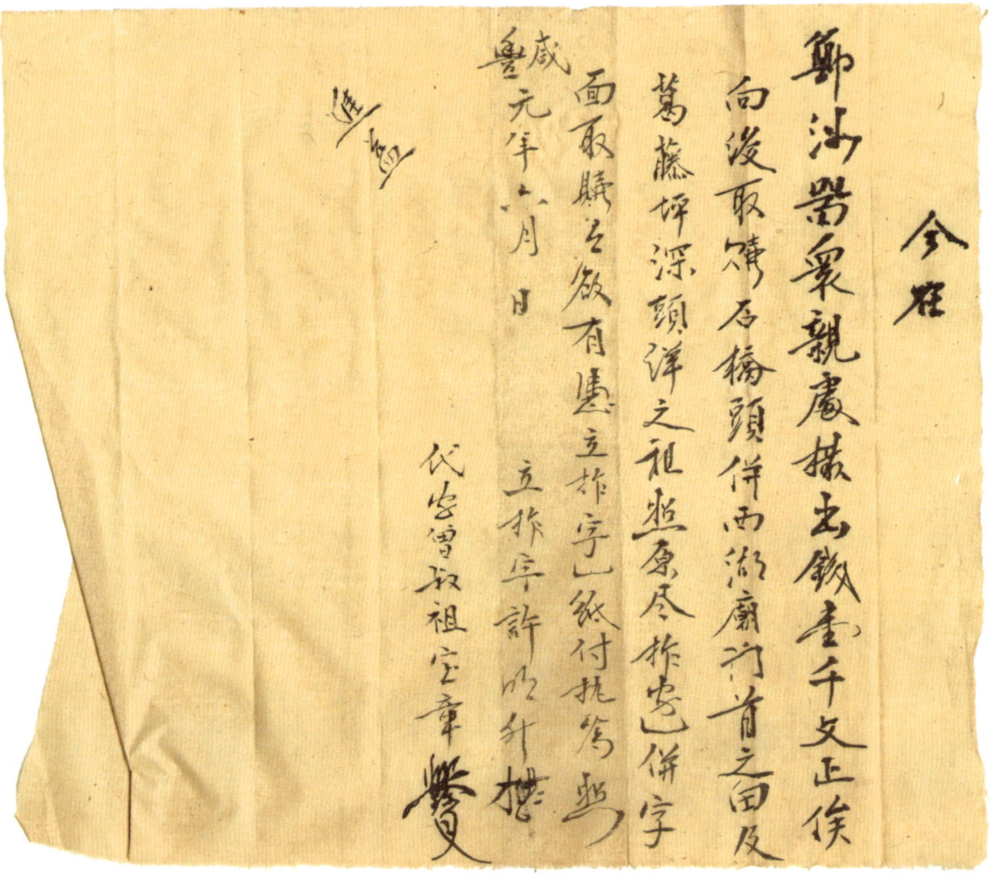

今在
鄭洲尚眾親處撮出錢壹千文正，係
向後取贖石橋頭併西洲廟前首之田及
葛藤坪深頭洋之祖塋原各撮字併字
面取贖之叙有憑，立撮字一紙付執為照。
咸豐元年六月　日　立撮字許明升（押）
代字曾叔祖宗章（押）
進益

5-1-14-6　清咸豐元年六月許明升立撮字

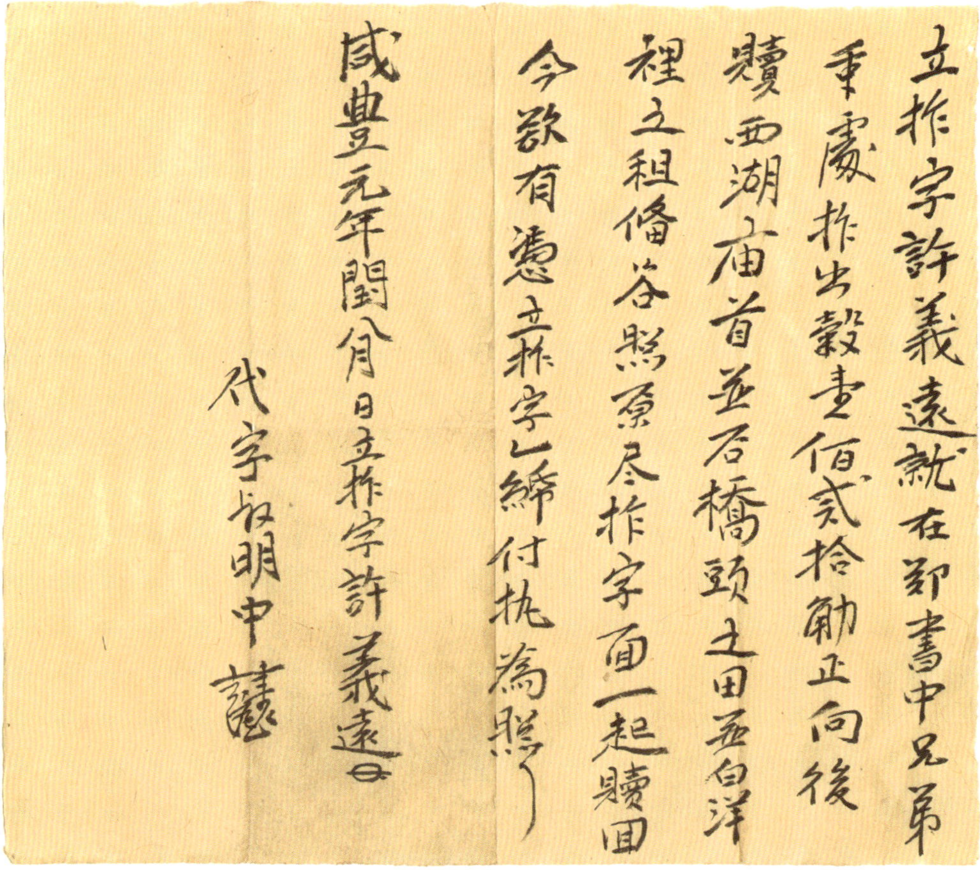

立撮字許義遠就在鄭書中兄弟
手處撮出穀壹佰弍拾觔正向後
贖西湖廟首并石橋頭土田并白洋
裡立租備谷照原盡撮字面一起贖田
今欲有憑立撮字乙紙付執為照」
咸豐元年閏八月　日立撮字許義遠（押）
代字叔明中[illegible]

5-1-14-7　清咸豐元年閏八月許義遠立撮字

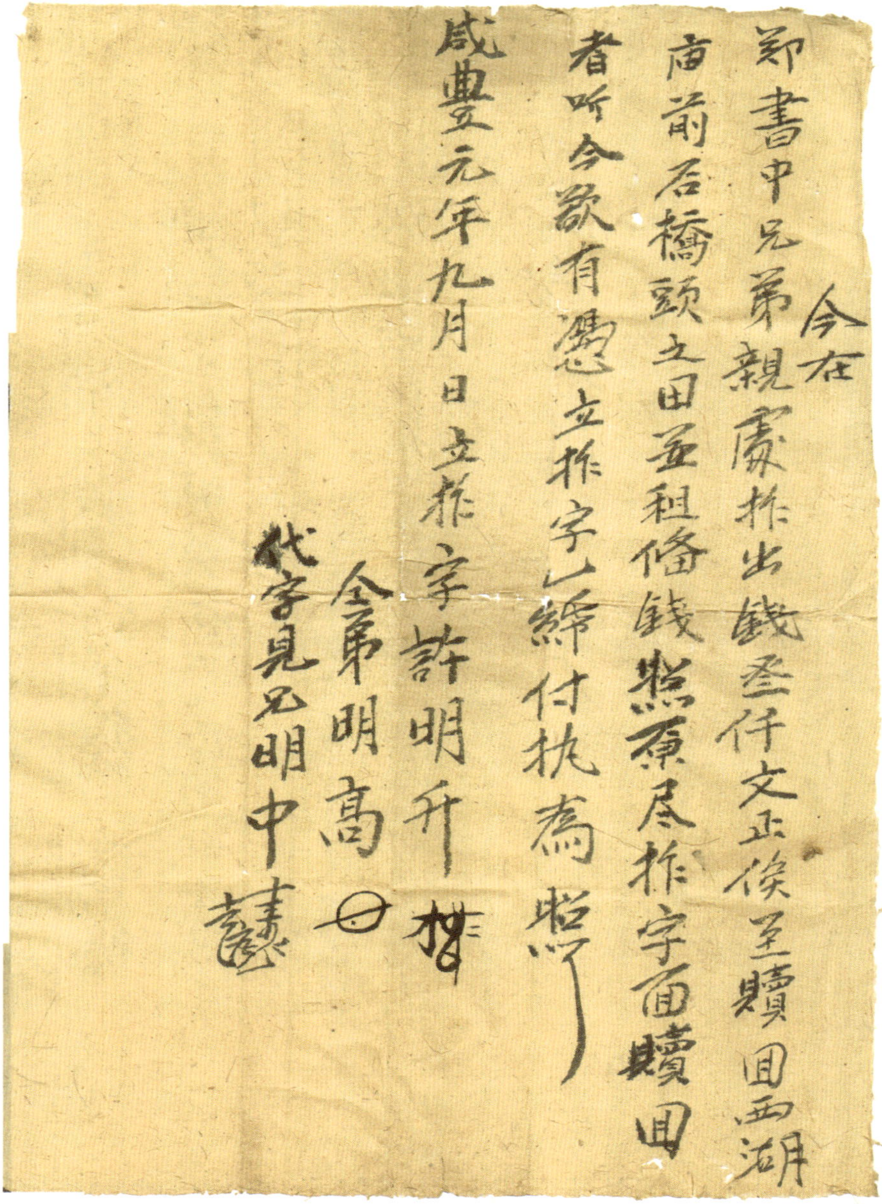

今在
鄭書中兄弟親處撮出錢叁仟文正候至贖回西湖
庙前石橋頭之田并租倫錢照原盡撮字面贖回
者所今欲有憑立撮字乙紙付執為照
咸豐元年九月　日立撮字許明升　押
仝弟明高　⊖
代字見兄明中　書

5-1-14-8　清咸豐元年九月許明升等立撮字

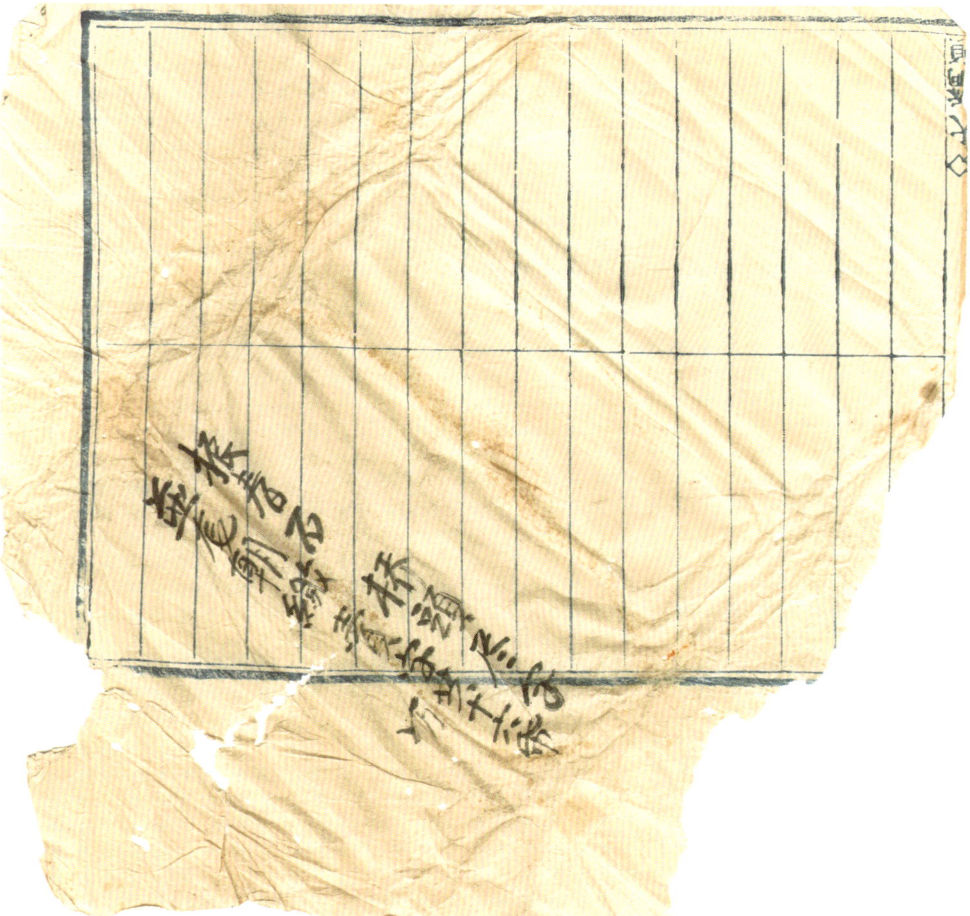

5-1-15-1　包契紙

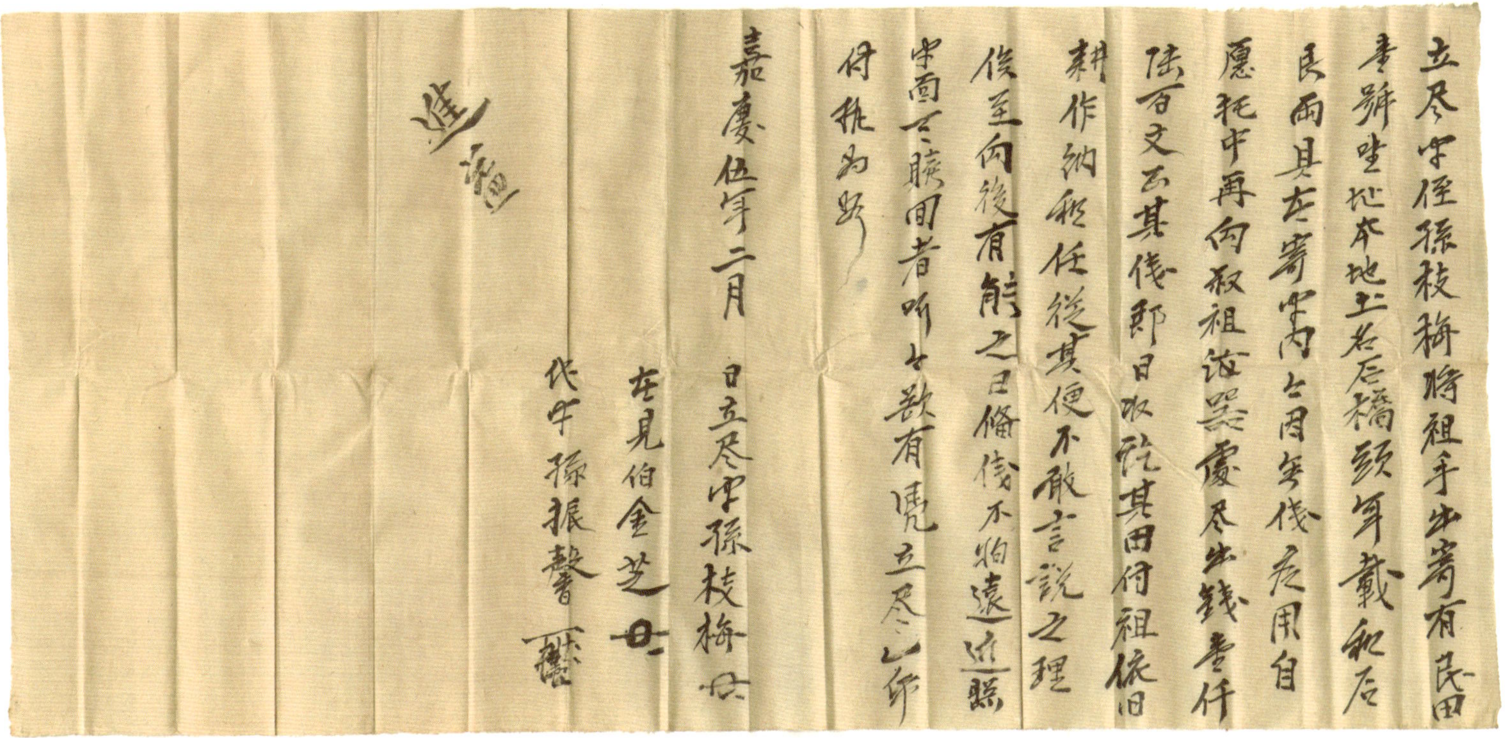
立尽字侄孫枝梅將祖手出寄有民田
壹號坐址本地土名石橋頭年載租和石
民兩具在寄字內今因乏錢應用自
愿托中再向叔祖詒器處尽出錢壹仟
陸百文正其錢即日收訖其田付祖依旧
耕作納租任從其便不敢言說之理
後至向後有能之日備價不拘遠近照
中面贖回者听之欲有憑立尽字一帋
付執為照
嘉慶伍年二月　日立尽字孫枝梅（押）
在見伯金芝（押）
代字孫振馨（押）
進祖

5-1-15-2　清嘉慶五年二月鄭枝梅立盡民田字

立尽字侄孫振春将祖出寄有民佃田壹
號坐落本地土名石橋頭其租額俱載原
契內ㄙ因少錢乏用自情愿托中再向叔祖
汝器處尽出錢式仟文正其錢即日交訖
其田依旧耕作納租任從其便其田向後
有力之日備錢照原尽字ㄙㄙ贖回者听
其年期不拘遠近ㄙ款有憑立尽字ㄙ
爭付执為照

嘉慶拾陸年十二月日立尽字侄孫振春（押）

代字中兄振基（押）

佳會

5-1-15-3　清嘉慶十六年十二月鄭振春立盡民佃田字

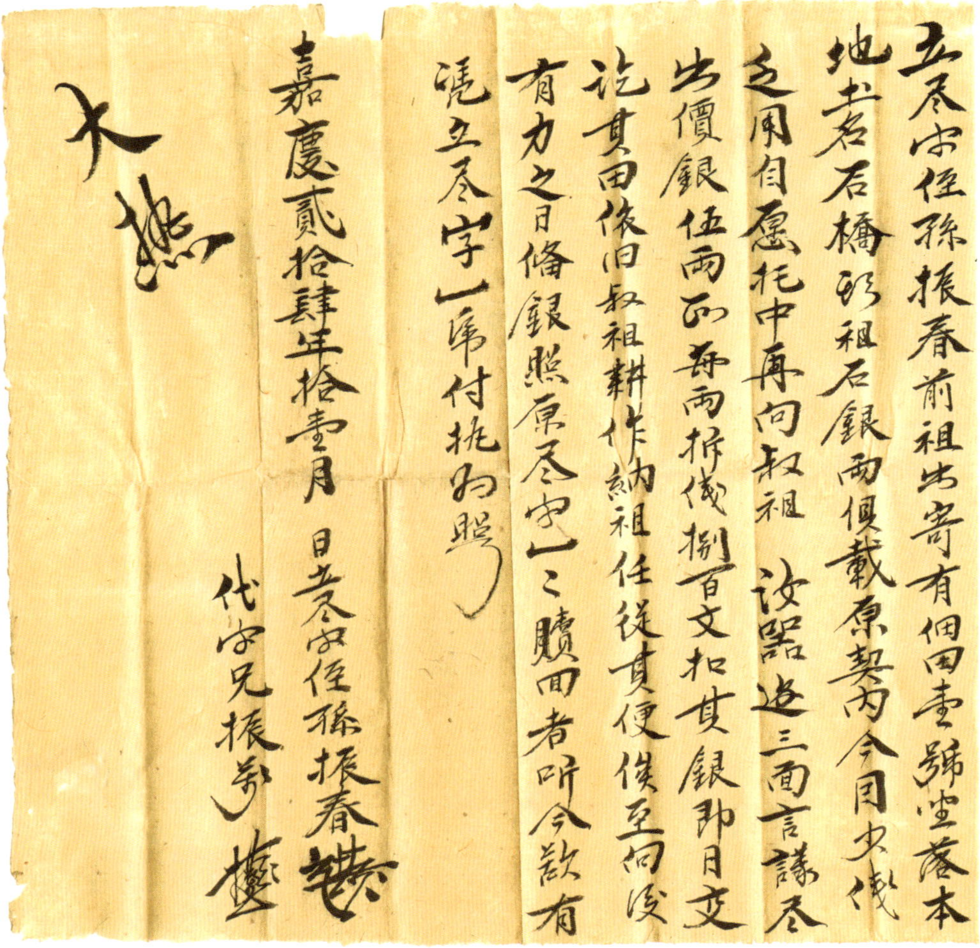

立盡字侄孫振春前祖出寄有佃田壹號坐落本
地土名石橋頭祖石銀兩俱載原契內今因欠錢
乏用自愿托中再向叔祖 汝器邊三面言議盡
出價銀伍兩正并兩拆錢捌百文扣其銀即日交
訖其田依旧叔祖耕作納租任從其便倘至何後
有力之日備銀照原盡字一一贖回者听合款有
憑立盡字一紙付執為照
嘉慶貳拾肆年拾壹月 日立盡字侄孫振春[illegible]
代字兄振[illegible] [illegible]
大[illegible]

5-1-15-4　清嘉慶二十四年十一月鄭振春立盡佃田字

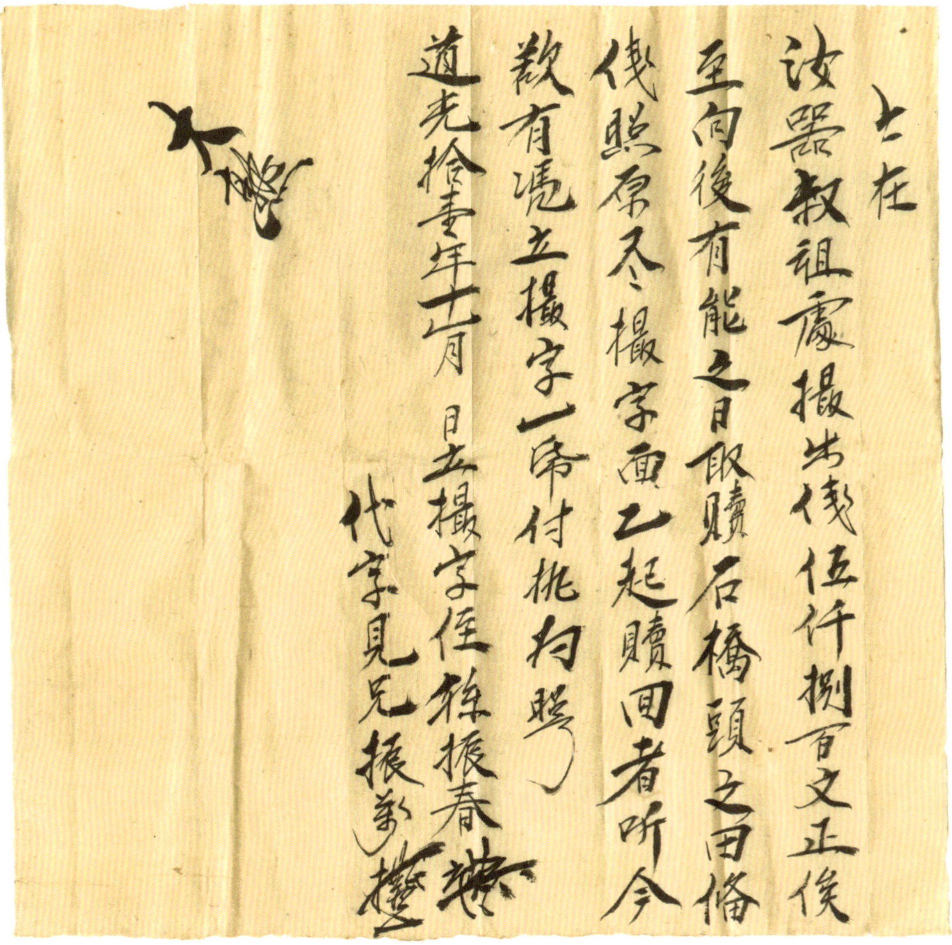
立在
汝器叔祖處撮出錢伍仟捌百文正係
至向後有能之日取贖石橋頭之田俻
錢照原本撮字面乙起贖回者听今
欲有憑立撮字一紙付執约照
道光拾壹年十一月　日立撮字侄孫振春（押）
代字見兄振彩（押）
大吉

5-1-15-5　清道光十一年十一月鄭振春立撮字

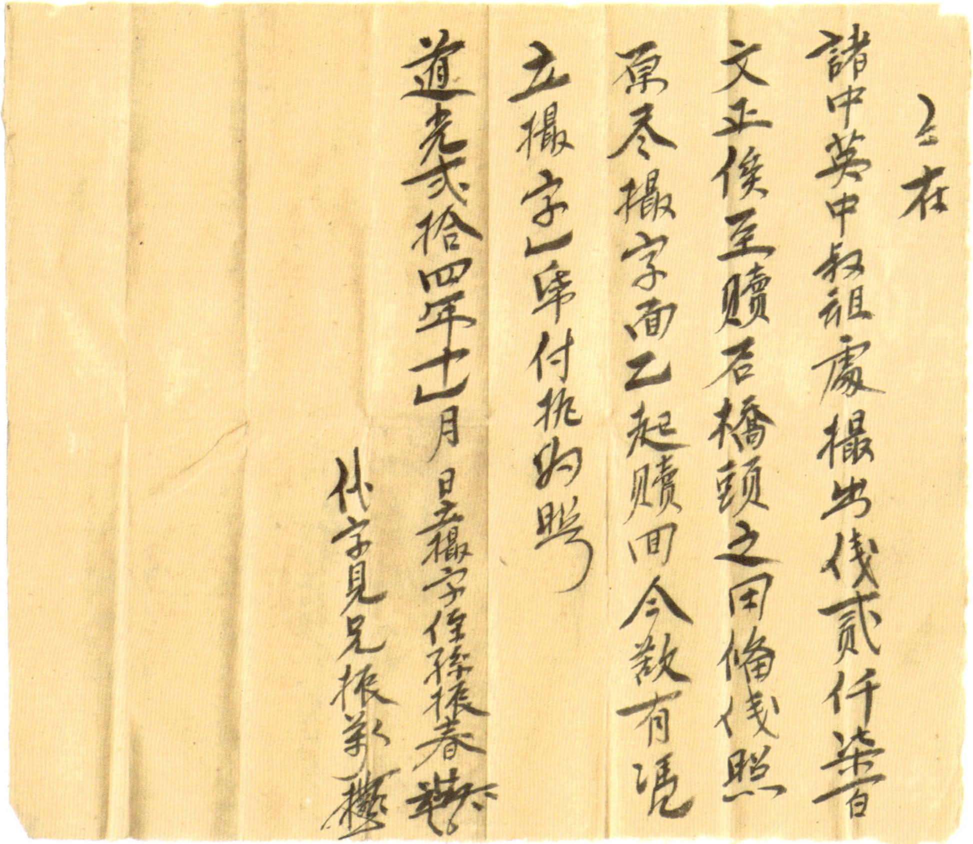
立在
諸中英中叔祖處撮出錢貳仟叁百
文正係至贖石橋頭之田備錢照
原冬撮字面乙起贖回今欲有憑
立撮字一帋付執為照
道光貳拾四年十一月　日立撮字侄孫振春（押）
代字見兄振彩（押）

5-1-15-6　清道光二十四年十一月鄭振春立撮字

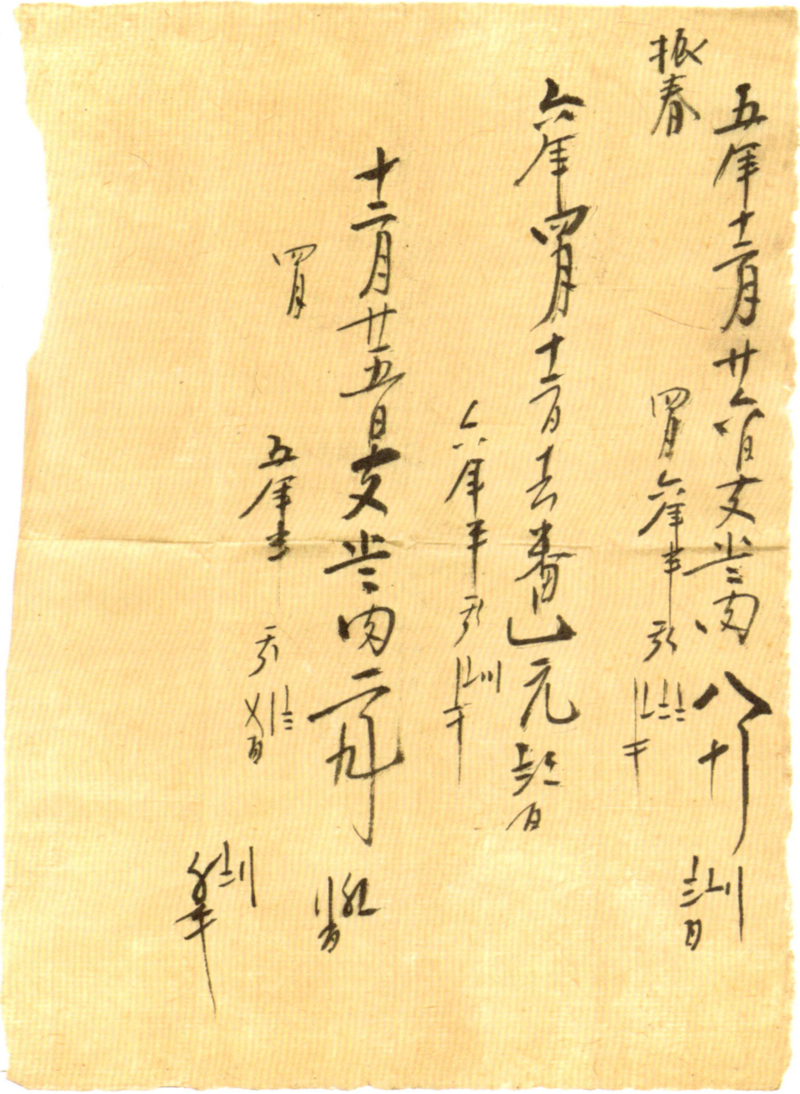

5-1-15-7　清道光年間鄭振春往來清單

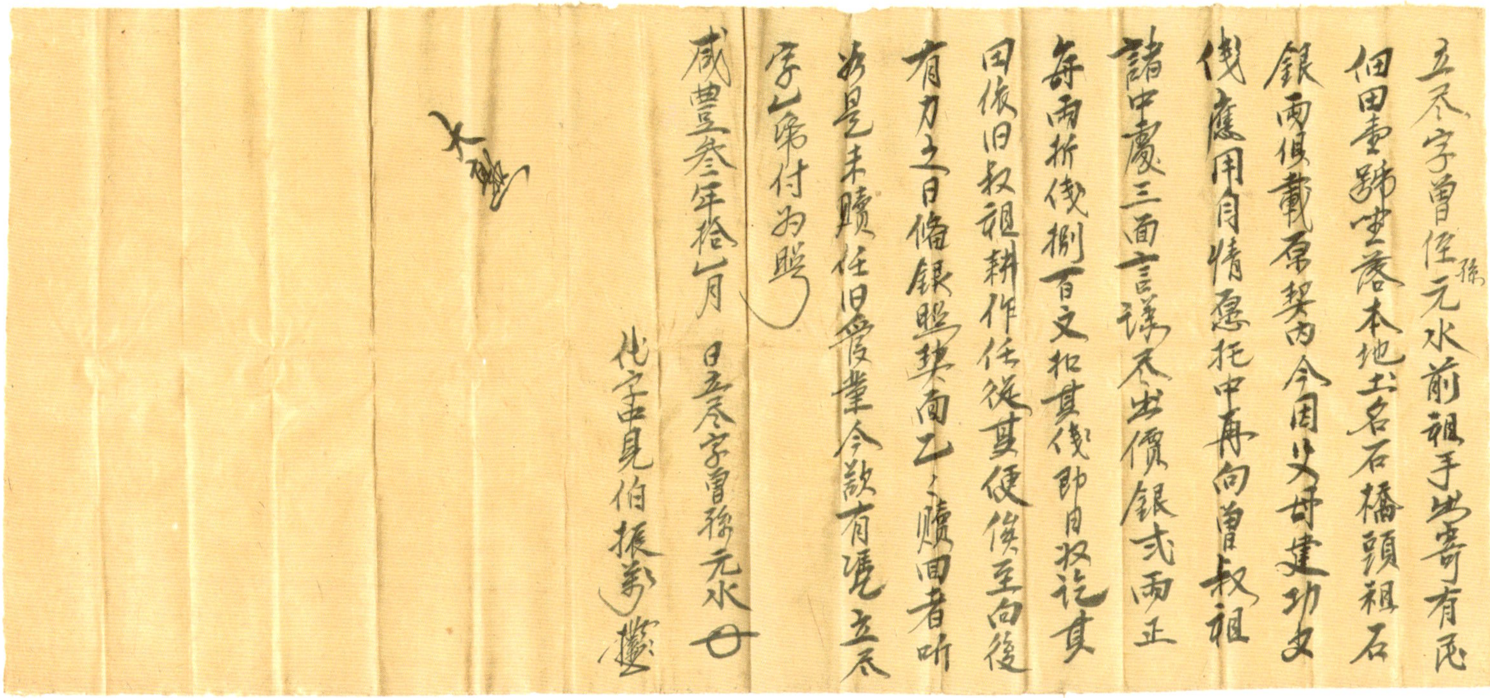

立盡字曾侄孫元水前祖手出壽有民
佃田壹號坐落本地土名石橋頭祖石
銀兩俱載原契內今因父母建功丈
錢應用自情愿托中再向曾叔祖
諸中處三面言議盡出價銀弍兩正
每兩折錢捌百文扣其錢即日收訖其
田依旧叔祖耕作任從其便侯至向後
有力之日備銀照契面乙乙贖回者听
如是未贖任旧管業今欲有憑立盡
字一帋付為照
咸豐叁年拾一月　日立盡字曾孫元水（押）
代字中見伯振彩（押）

5-1-15-8　清咸豐三年十一月鄭元水立盡民佃田字

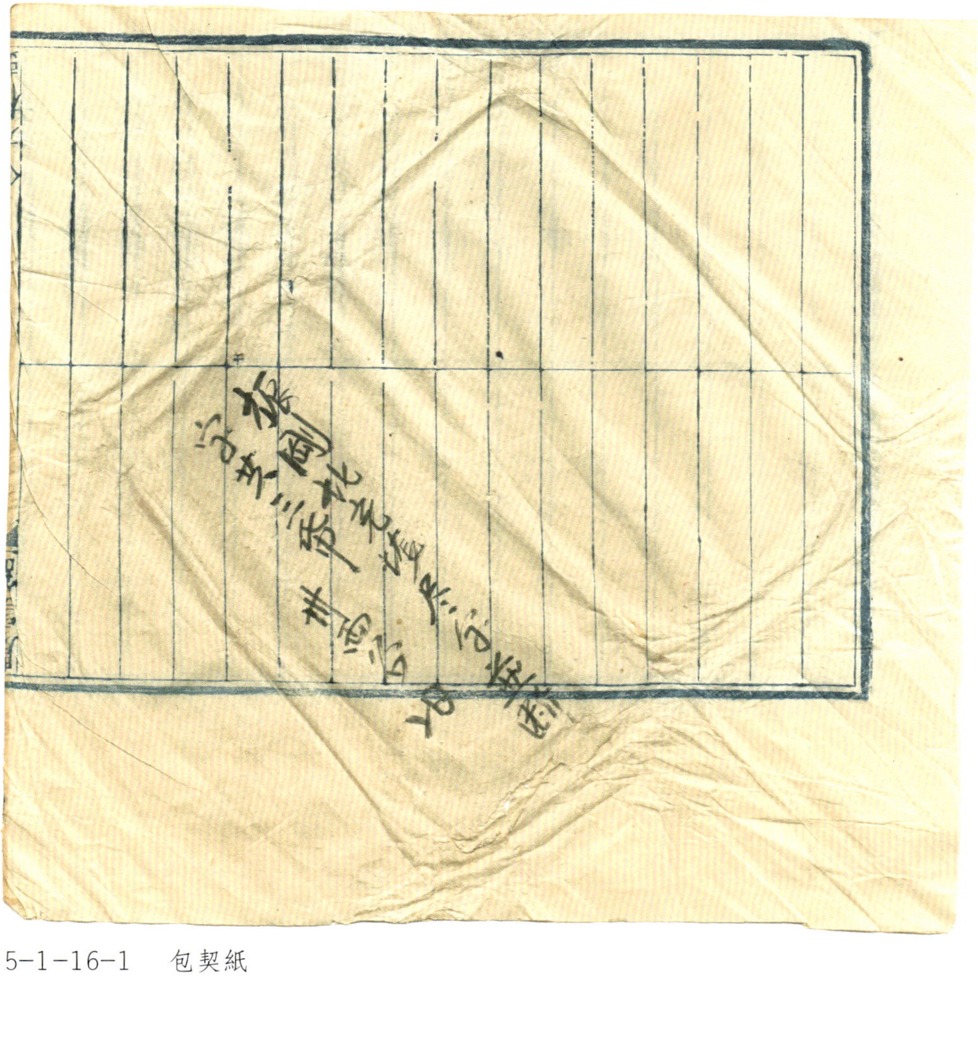

5-1-16-1　包契紙

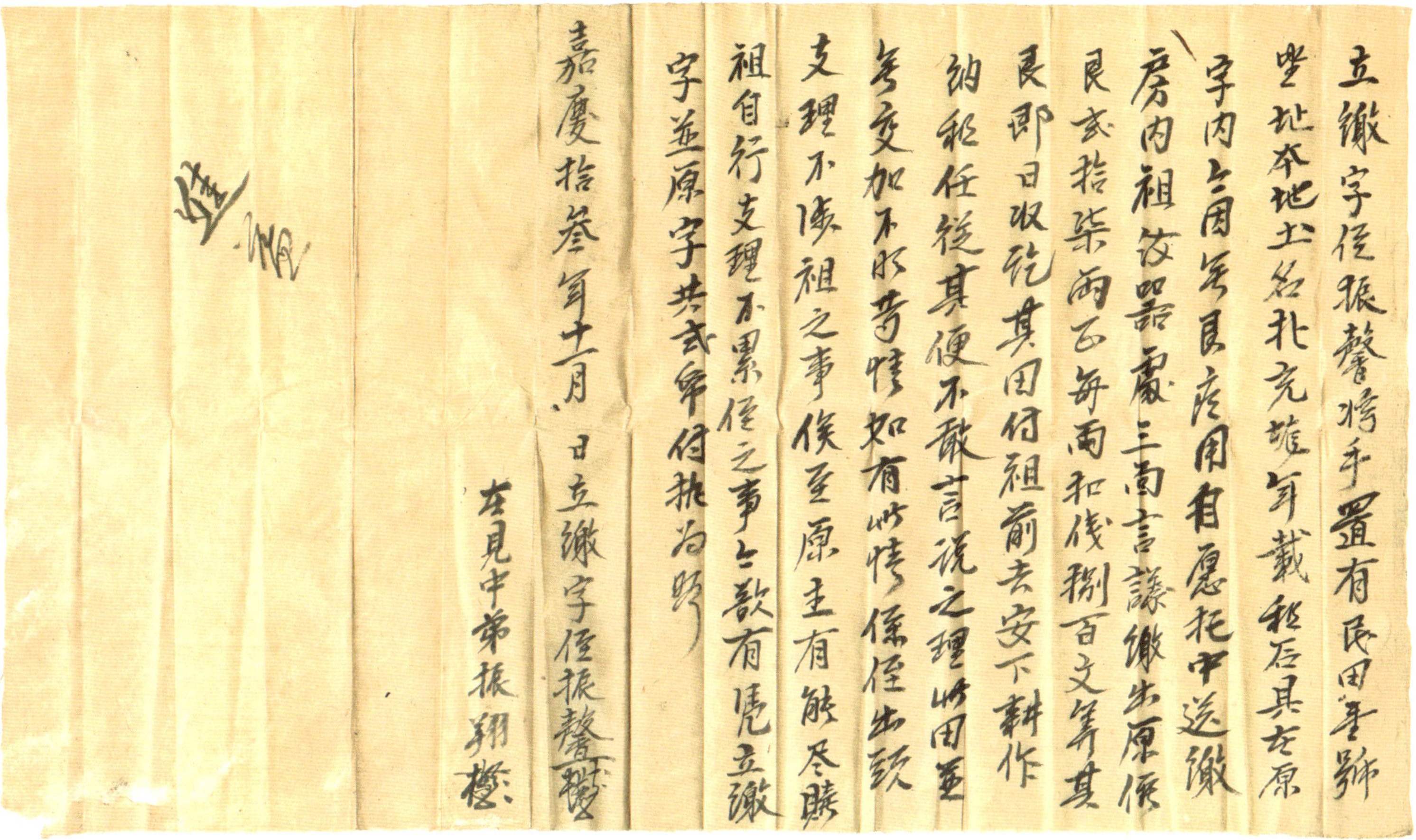

5-1-16-2　清嘉慶十三年十一月鄭振馨立繳民田字

立盡字侄孫振剛前父手出有佃田壹號
坐落本地土名北充墘祖石銀兩俱在原字內
〻〻因無錢應用自愿托中再向本家叔祖
汝器處盡出穀陸伯觔正又盡出錢捌伯
文正其穀錢即日交訖其田依叔祖耕作納
祖仍從其便俟至向後有能之日備錢照
原盡字山〻贖回者吓出歉有憑立盡字
乚帋付執為照

嘉慶拾柒年二月　日立盡字侄孫振剛（押）
在見弟振嚴（押）
代字中弟振彭（押）

大發

5-1-16-3　清嘉慶十七年二月鄭振剛立盡佃田字

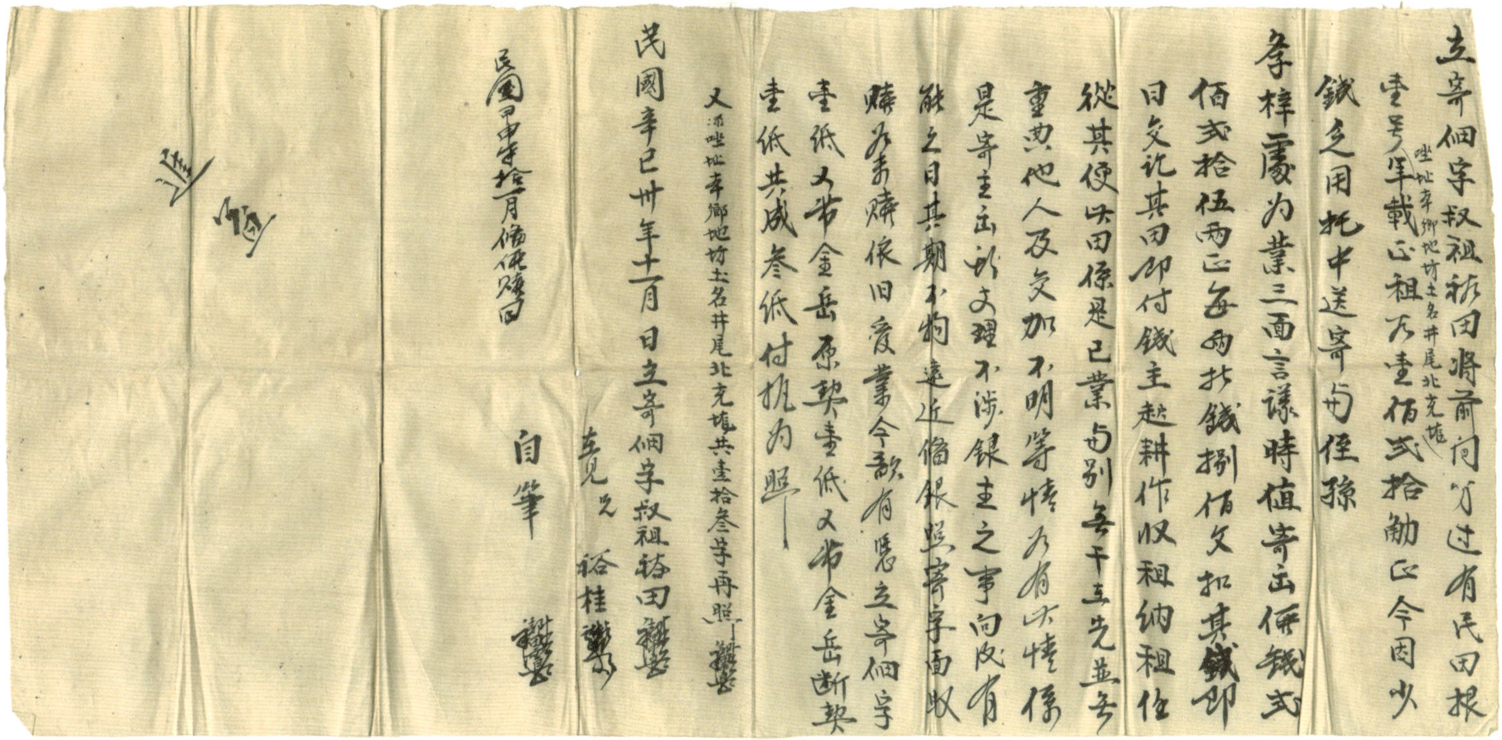
立寄佃字叔祖裕田將前向買过有民田根
壹号（坐址本鄉地坊土名井尾北充墘）年載正租谷壹佰弍拾觔正，今因少
錢乏用，托中送寄与侄孫
等梓處為業，三面言議時值寄出佃錢弍
佰弍拾伍兩正，每兩扑錢捌佰文扣，其錢即
日交訖，其田即付錢主起耕作收租納租，任
從其便。此田係是已業，与别房兄弟叔侄无干，並無
重典他人及交加不明等情，如有此情，係
是寄主出頭支理，不涉銀主之事。向後有
銀之日，其期不拘遠近，備銀照寄字面收
贖，如未贖，依旧管業。今欲有憑，立寄佃字
壹紙，又帶金岳原契壹紙，又帶金岳斷契
壹紙，共成叁紙，付執為照。
又添坐址本鄉地坊土名井尾北充墘共壹拾叁号再照。
民國辛巳卅年十一月　日立寄佃字叔祖裕田
在見兄　裕桂
自筆
民國甲申年拾一月備價贖回

5-1-16-4　民國三十年十一月鄭裕田立寄佃民田根字

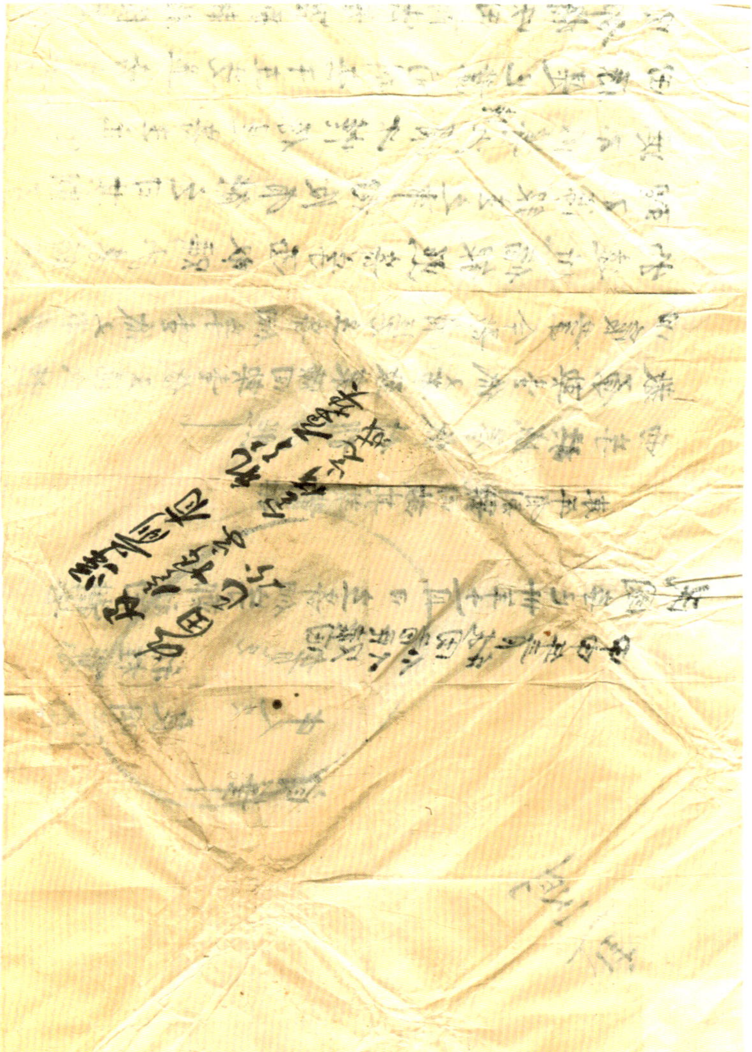

5-1-17-1　包契紙

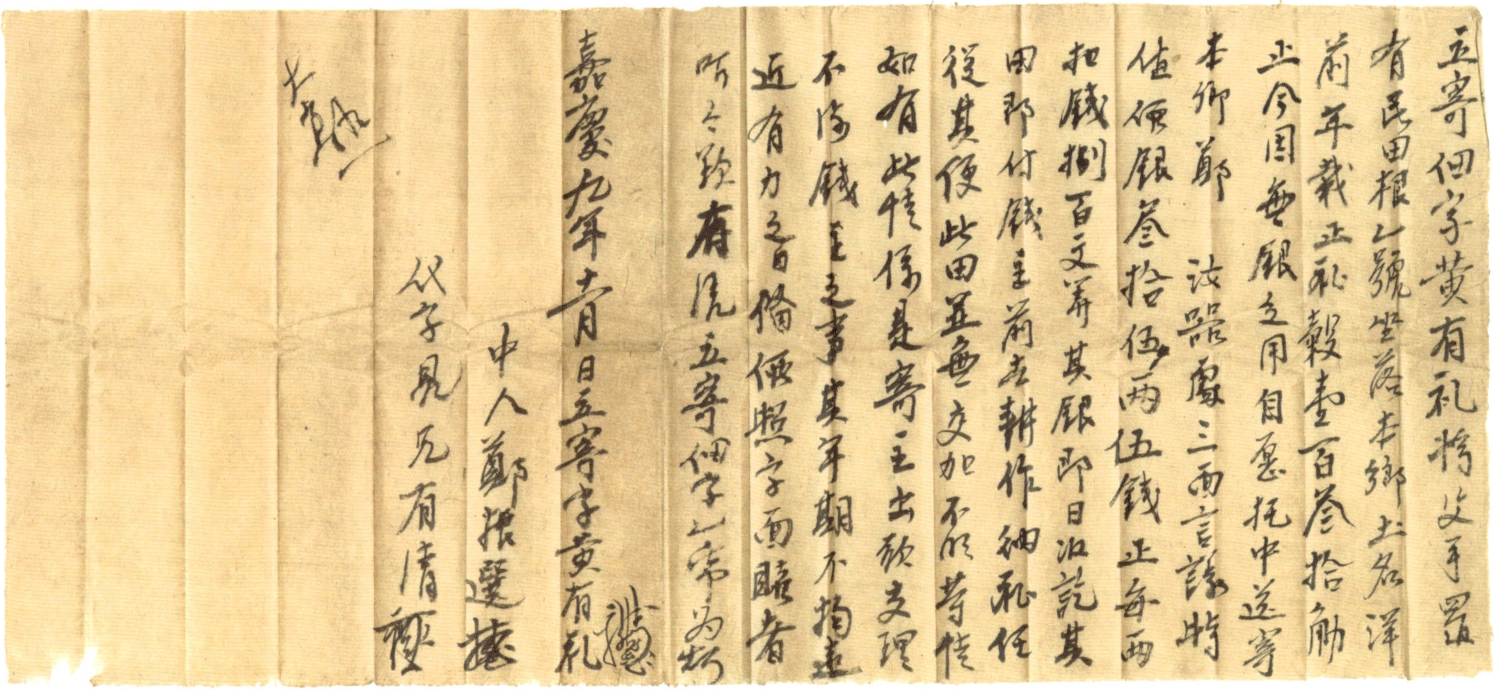
立寄佃字黃有礼，將父手置
有民田根一號，坐落本鄉土名洋
前，年載正租穀壹百叁拾觔
正。今因無銀应用，自愿托中送寄
本鄉鄭　誌器處，三面言議，時
值價銀叁拾伍兩伍錢正，每兩
扣錢捌百文算，其銀即日收訖，其
田即付錢主前去耕作，細租任
從其便。此田並無交加不明等情，
如有此情，係是寄主出頭支理，
不涉錢主之事。其年期不拘遠
近，有力之日備價照字面贖，者
听之。欲有憑，立寄佃字一紙為照。
嘉慶九年十一月　日立寄字黃有礼（押）
中人鄭張選（押）
代字見兄有清（押）
大吉

5-1-17-2　清嘉慶九年十一月黃有礼立寄佃民田根字

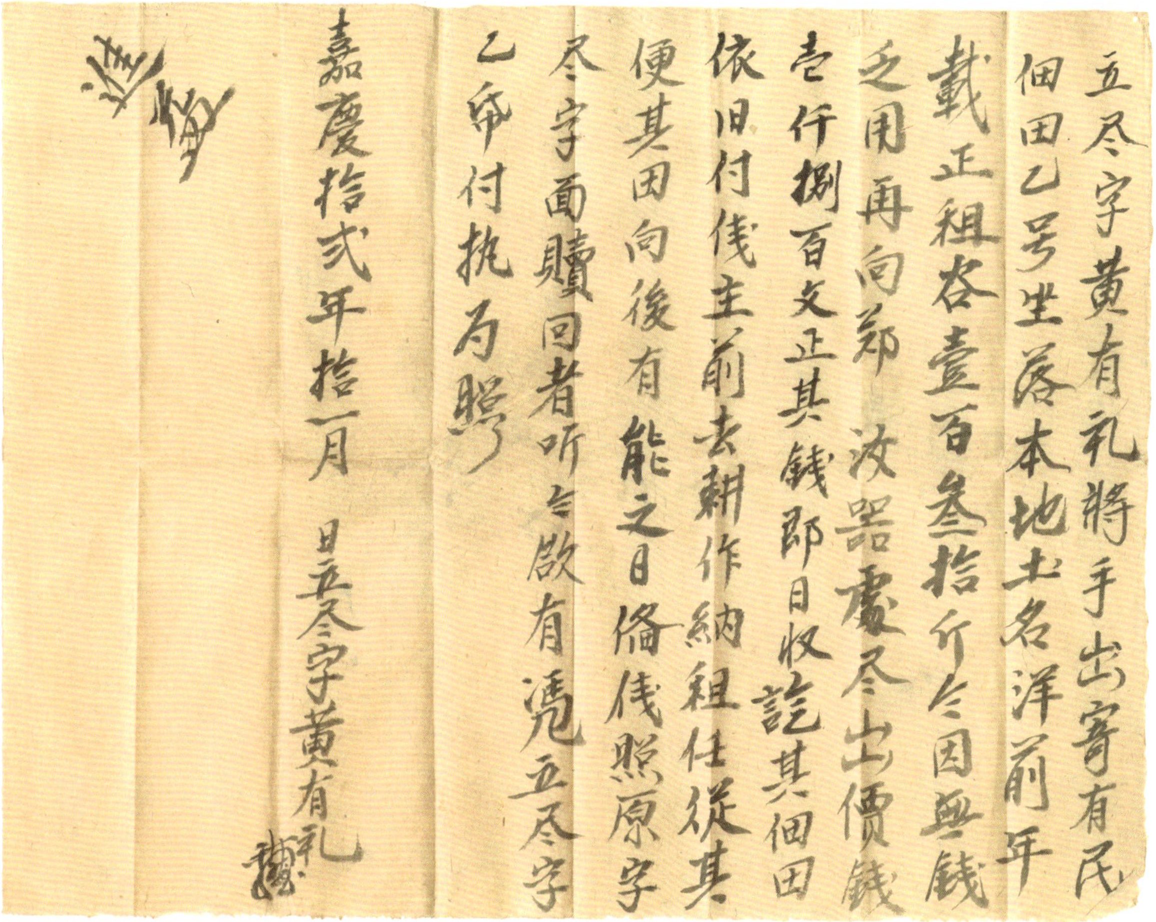

立尽字黃有礼將手出寄有民
佃田乙号坐落本地土名洋前年
載正租谷壹百叁拾斤今因無錢
乏用再向鄭　汝器處尽出價錢
壹仟捌百文正其錢即日收訖其佃田
依旧付钱主前去耕作納租任從其
便其田向後有能之日備钱照原字
尽字面贖回者听々歇有憑立尽字
乙帋付执為照

嘉慶拾弍年拾一月　日立尽字黃有礼（押）

5-1-17-3　清嘉慶十二年十一月黃有礼立盡民佃田字

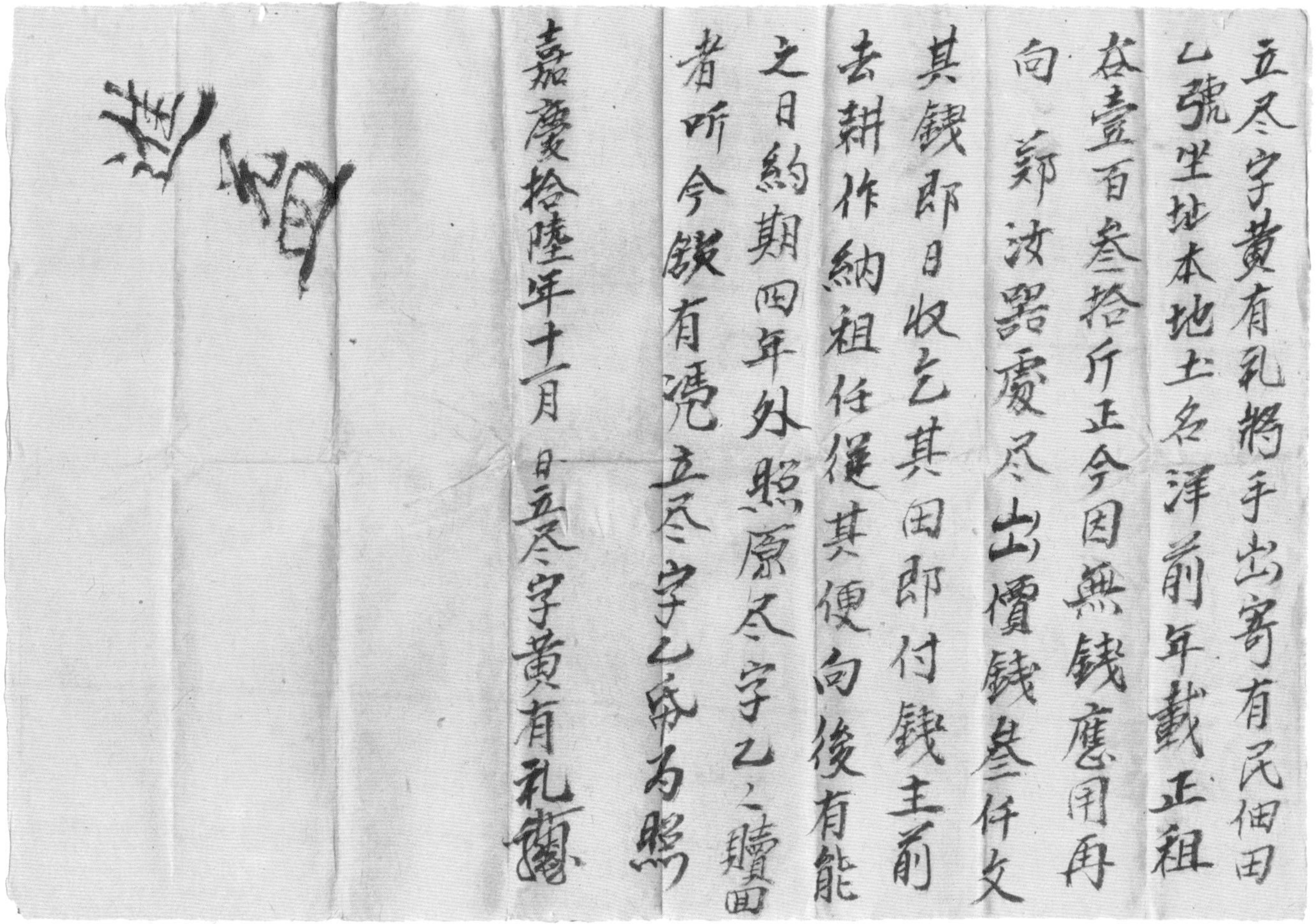

立尽字黄有礼將手出寄有民佃田
山號坐址本地土名洋前年載正租
谷壹百叁拾斤正今因無錢應用再
向 鄭汝器處尽出價錢叁仟文
其錢即日收乞其田即付錢主前
去耕作納租任從其便向後有能
之日約期四年外照原尽字乙之贖回
者听今欲有凭立尽字乙帋為照

嘉慶拾陸年十一月 日立尽字黄有礼（押）

5-1-17-4 清嘉慶十六年十一月黄有礼立盡民佃田字

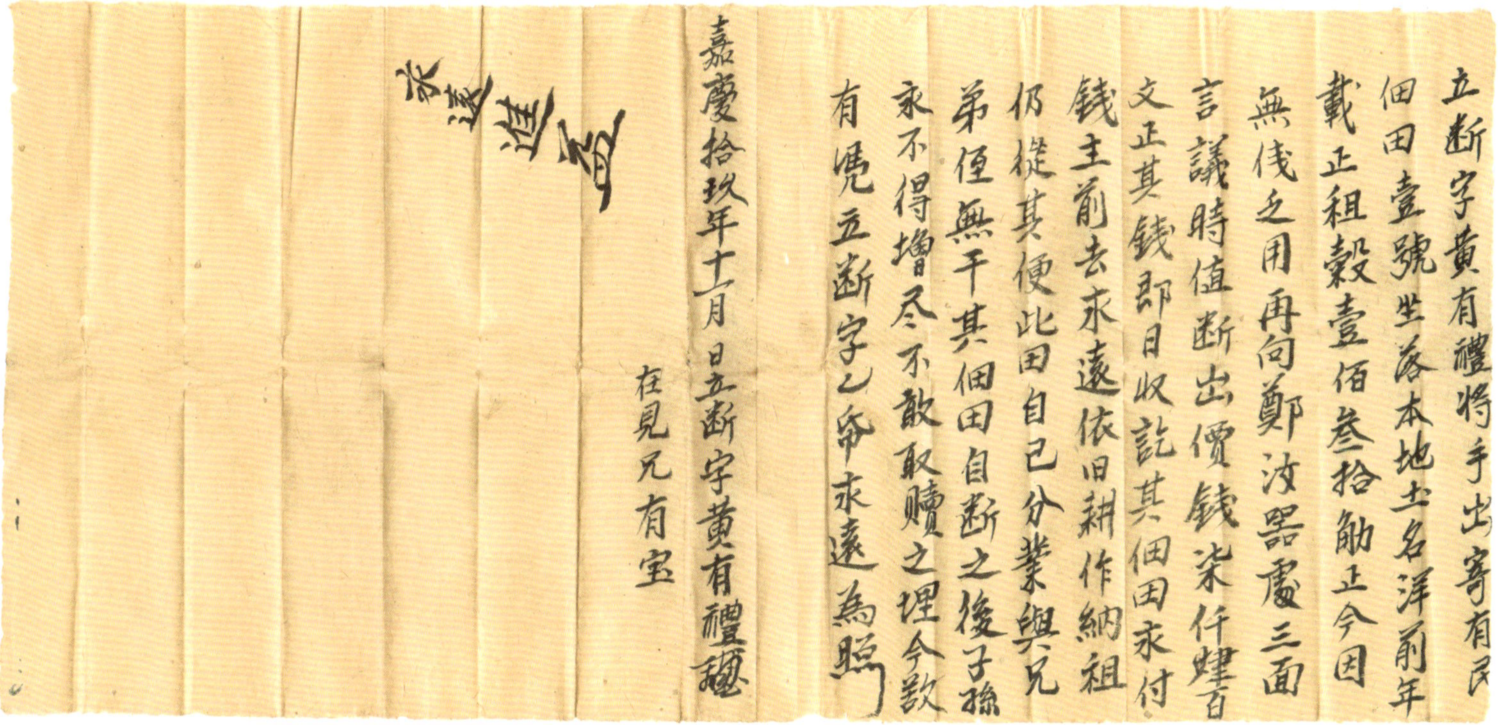

立斷字黃有禮將手出寄有民
佃田壹號坐落本地土名洋莿年
載正租穀壹佰叁拾觔正今因
無錢乏用再向鄭汝器處三面
言議時值斷出價錢柒仟肆百
文正其錢即日收訖其佃田永付
錢主前去永遠依舊耕作納租
仍從其便此田自己分業與兄
弟侄無干其佃田自斷之後子孫
永不得增尽不敢取贖之理今欲
有憑立斷字乙帋永遠為照

嘉慶拾玖年十一月　日立斷字黃有禮（押）

在見兄有宝

永遠進益

5-1-17-5　清嘉慶十九年十一月黃有禮立斷民佃田字

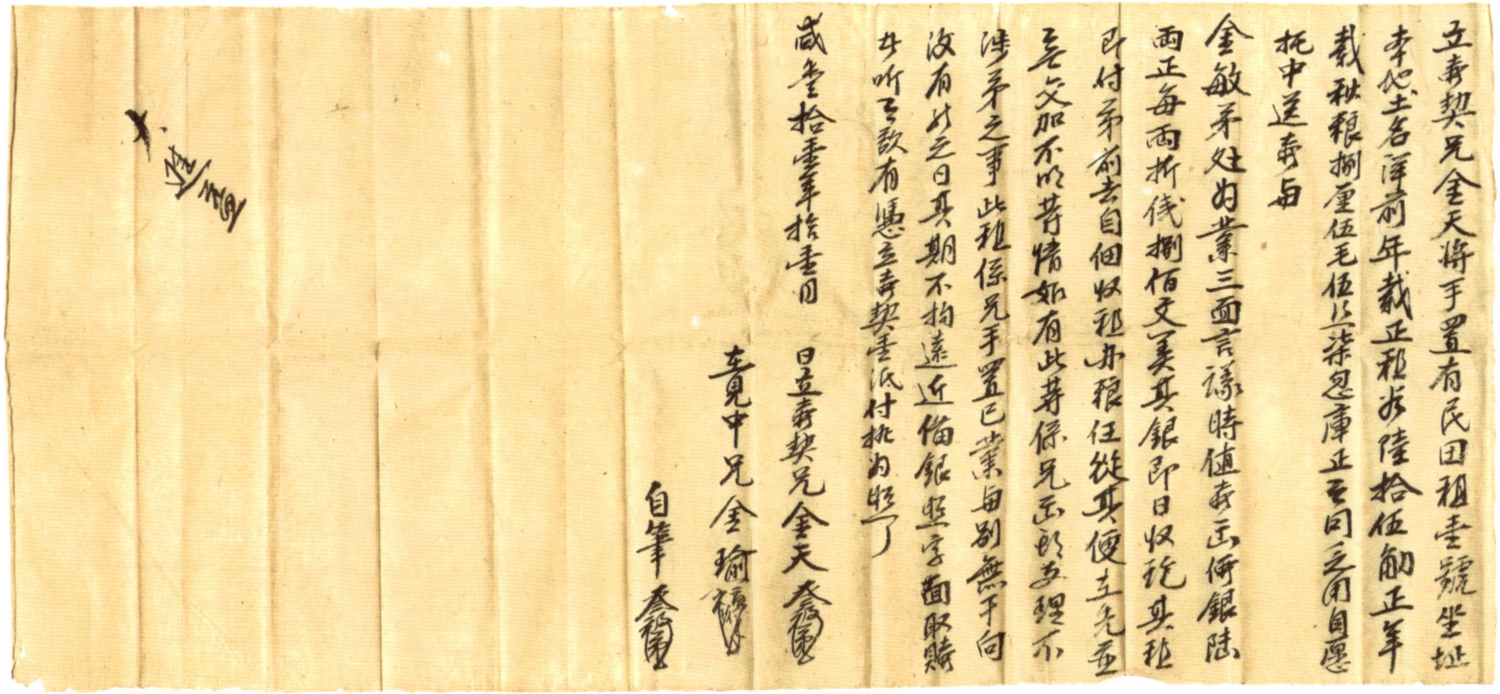

5-1-17-6　清咸豐十一年十一月鄭金天立賣民田租字

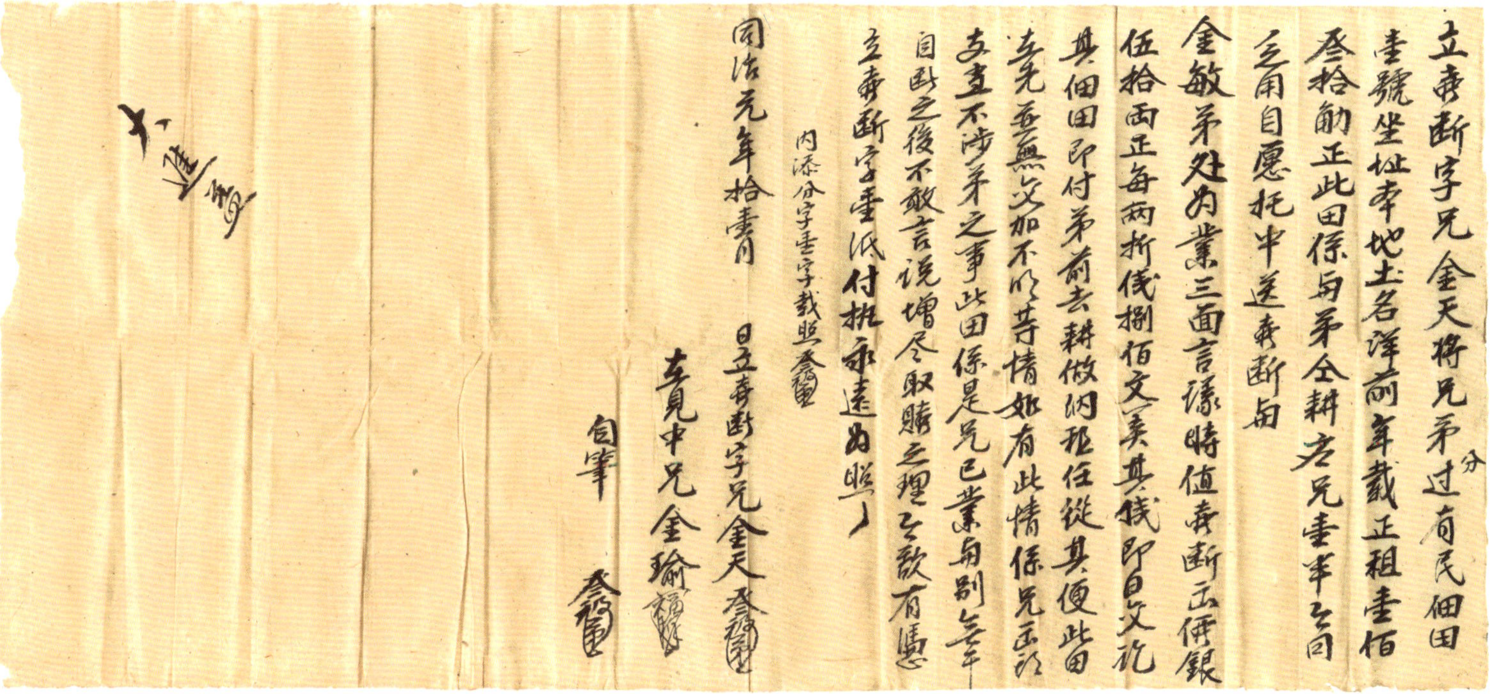
立賣斷字兄金天將兄弟过分有民佃田
壹號坐址本地土名洋前年載正租壹佰
叁拾觔正此田係与弟全耕存兄壹半今因
乏用自愿托中送賣斷与
金敏弟处为業三面言議時值賣斷正價銀
伍拾両正每両折伐捌佰文足其錢即日交訖
其佃田即付弟前去耕做納租任從其便此田
未賣之先並無文加不明等情如有此情係兄出頭
支当不涉弟之事此田係是兄已業與別房無干
自斷之後不敢言說增尽取贖之理今欲有憑
立賣斷字壹紙付執永遠為照
內添全字壹字載照
同治元年拾壹月　日立賣斷字兄金天
在見中兄金瑜
代筆
大吉利

5-1-17-7　清同治元年十一月鄭金天立賣斷民佃田字

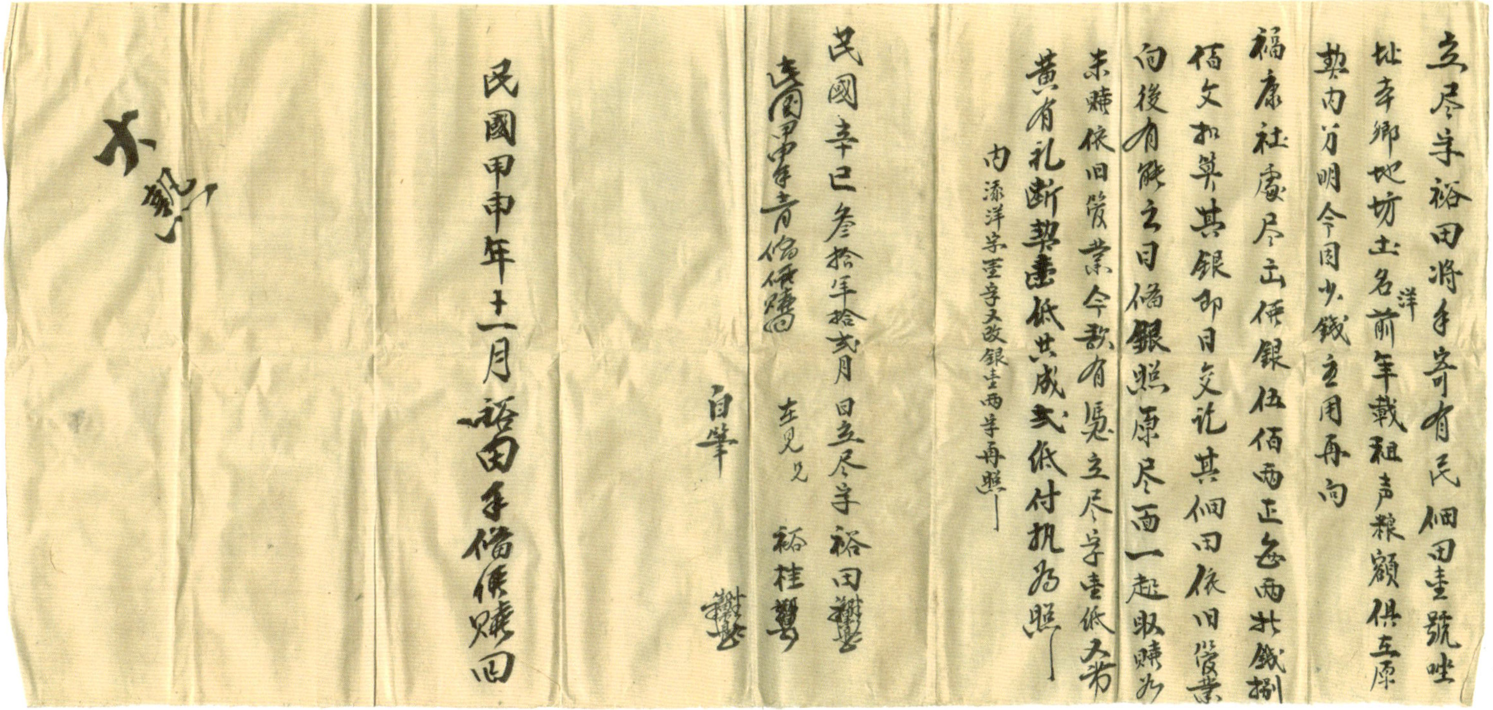
立盡字裕田將手寄有民佃田壹號坐
址本鄉地坊土名洋前年載租声粮額併立原
契內言明今因乏錢应用再向
福康社處盡出佃銀伍佰兩正每兩廿錢捌
佰文扣算其銀即日交訖其佃田依旧發業
向後有錢之日備銀照原盡面一起收贖为
未贖依旧發業今欲有憑立盡字壹紙又弟
黄有礼断契盡紙共成弍紙付执為照—
內添洋字壹字又改銀壹兩字再照—

民國辛巳叁拾年拾弍月　日立盡字裕田
逢甲申年青備便贖回
在見兄　裕桂
自筆

民國甲申年十一月裕田手備價贖回

不執

5-1-17-8　民國三十年十二月鄭裕田立盡民佃田字

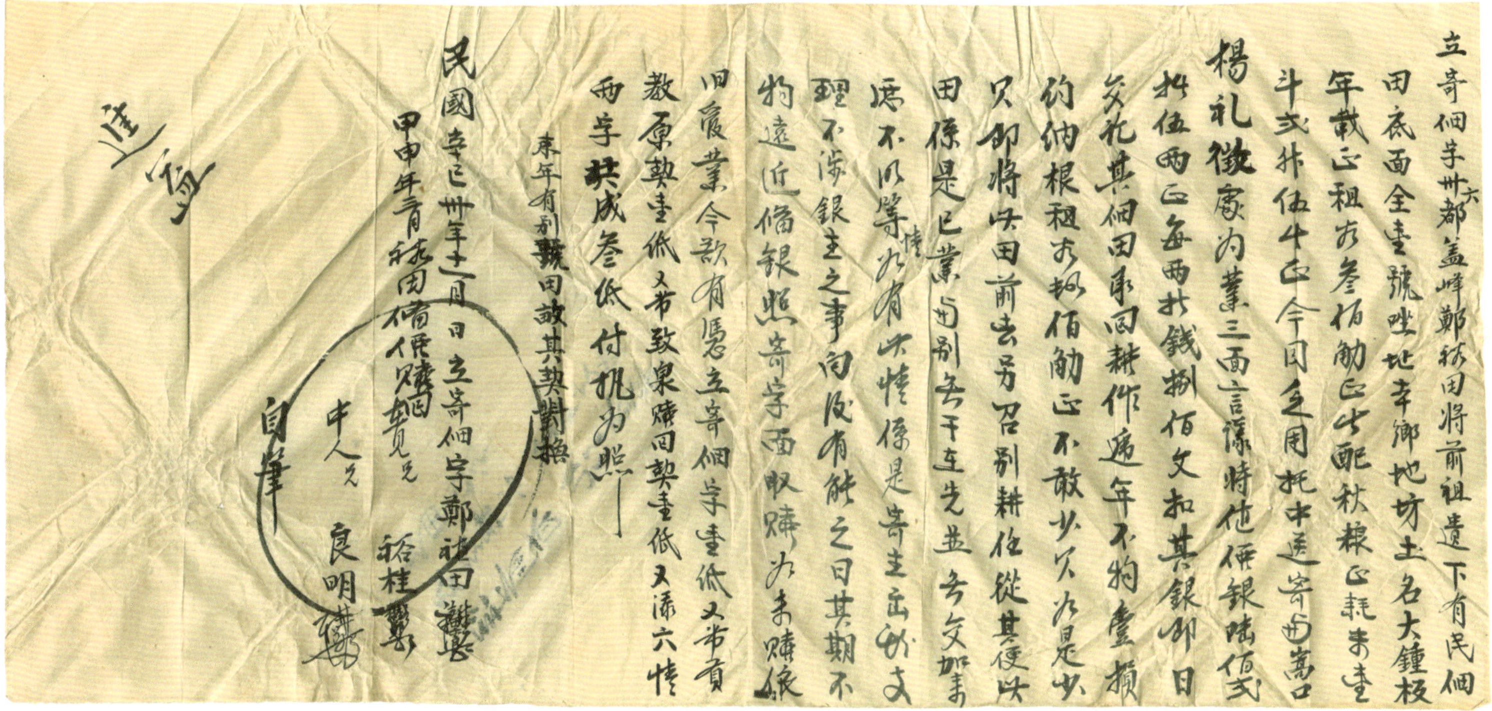

5-1-17-9　民國三十年十一月鄭裕田立寄民佃田字（廢契）

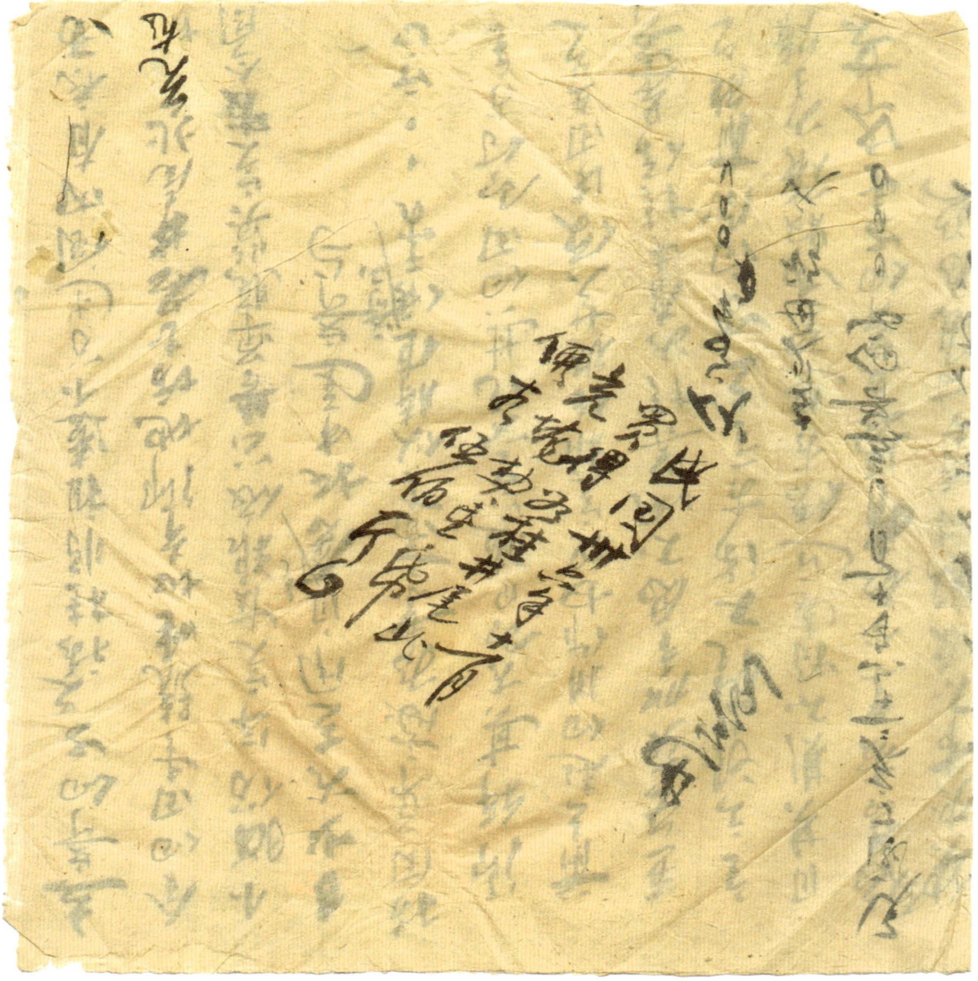

5-1-18-1　包契紙

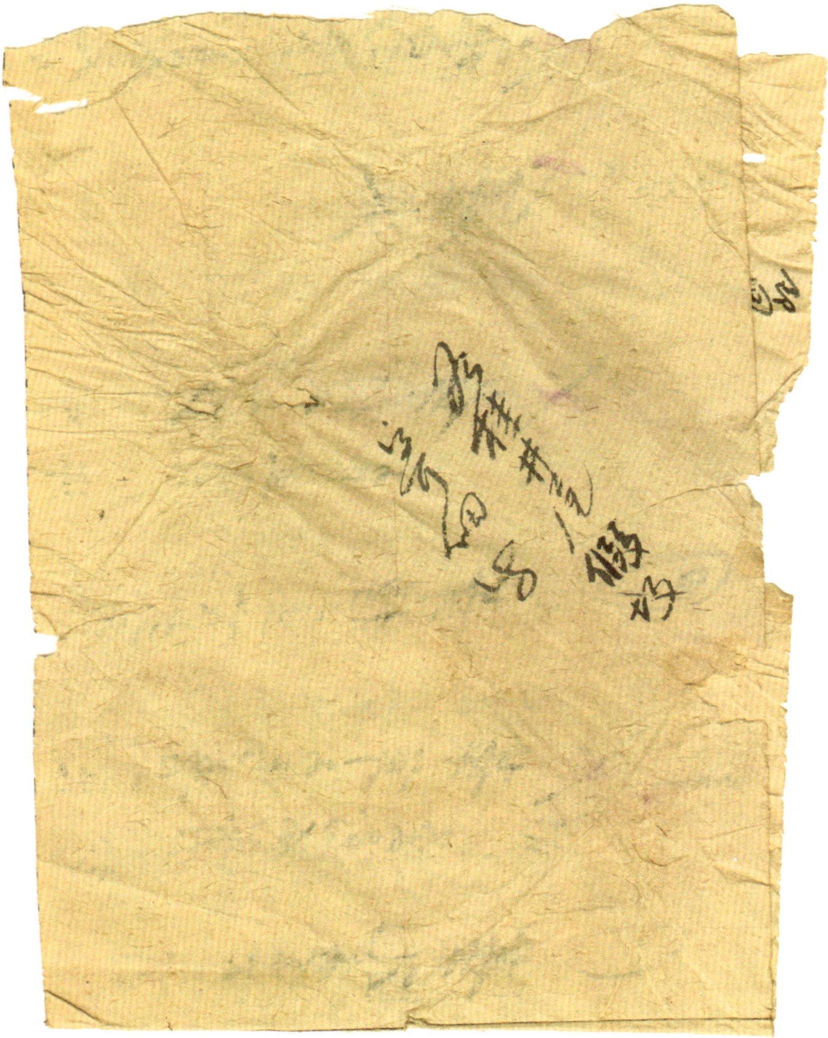

5-1-18-2　包契紙

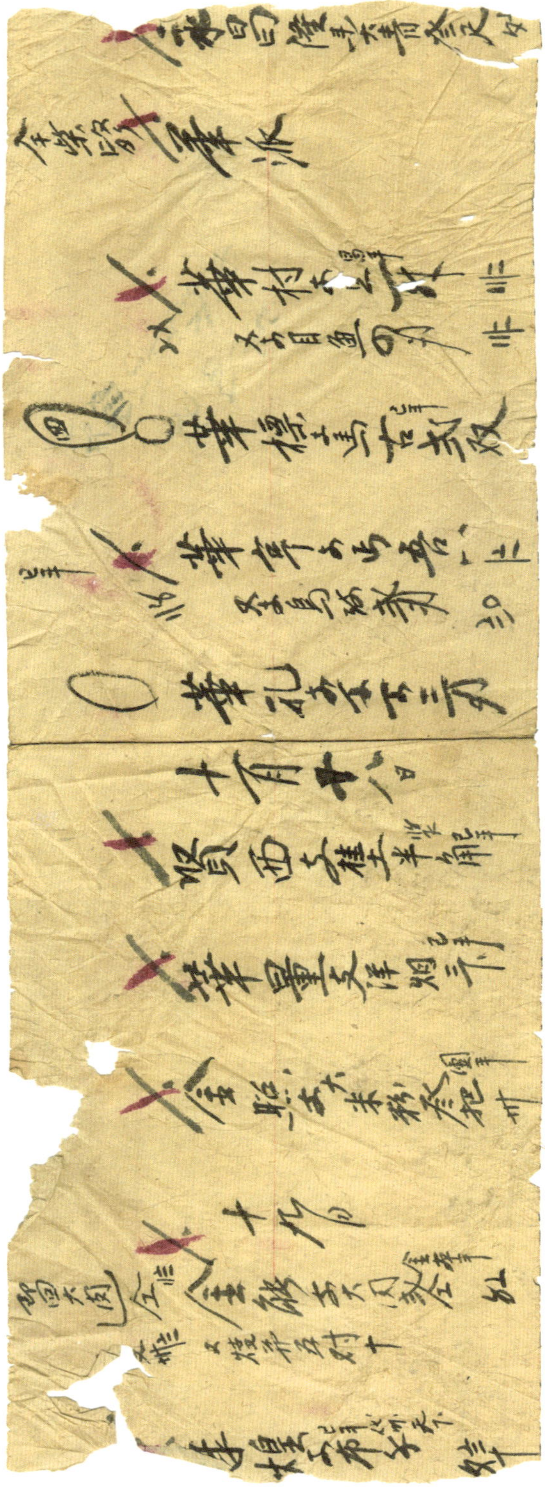

5-1-18-3　包契紙

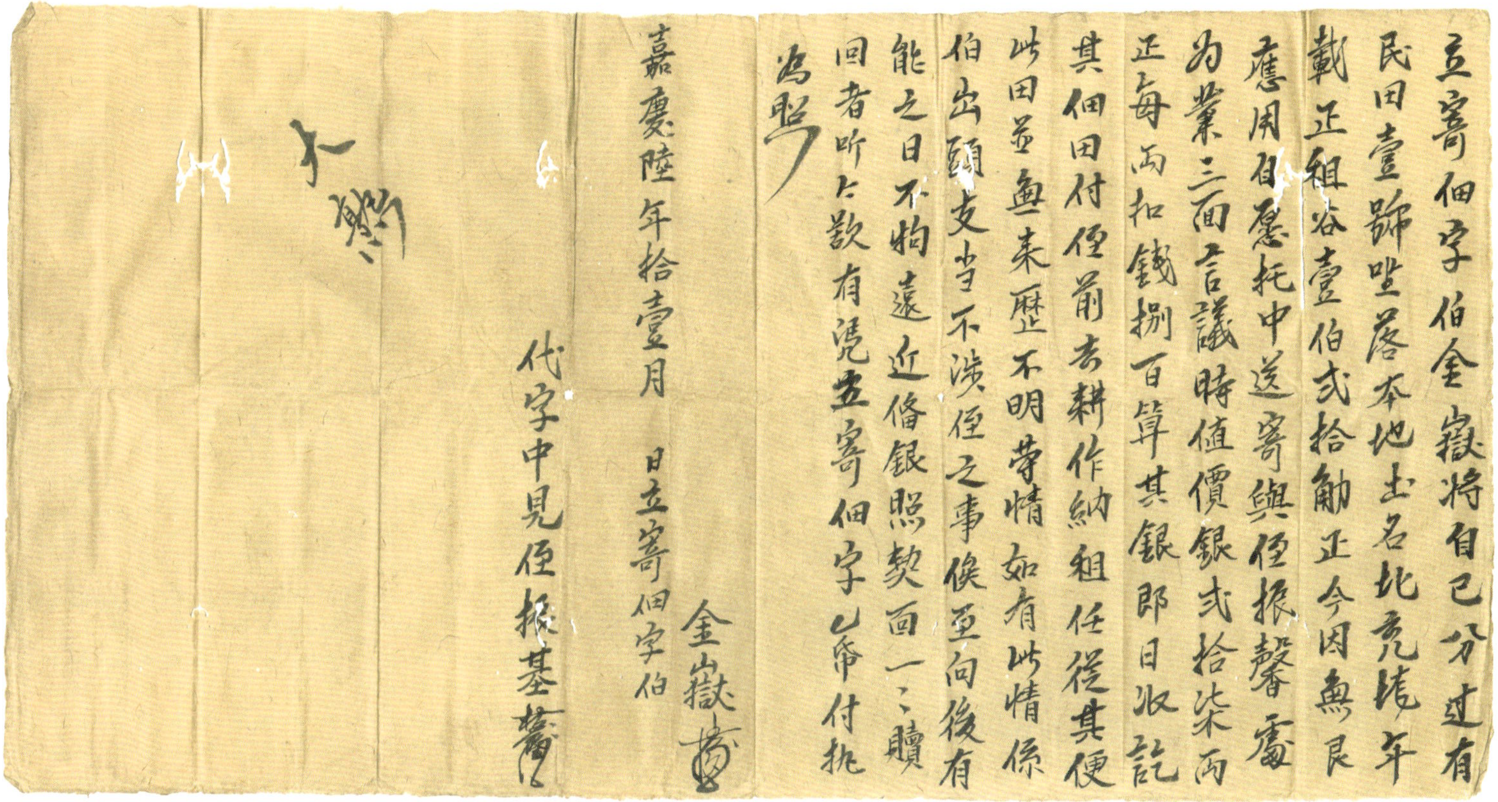

立寄佃字伯金嶽將自己分過有
民田壹號坐落本地土名北亮垅年
載正租谷壹伯式拾觔正今因無艮
應用自愿托中送寄與侄振馨處
為業三面言議時值價銀式拾柒両
正每両扣錢捌百算其銀即日收訖
其佃田付侄前去耕作納租任從其便
此田並無來歷不明等情如有此情係
伯出頭支当不涉侄之事倘至向後有
能之日不拘遠近備銀照契面一二贖
回者听卜歘有憑立寄佃字一帋付執
為照

嘉慶陸年拾壹月　日立寄佃字伯　金嶽（押）

代字中見侄　振基（押）

5-1-18-4　清嘉慶六年十一月鄭金嶽立寄佃民田字

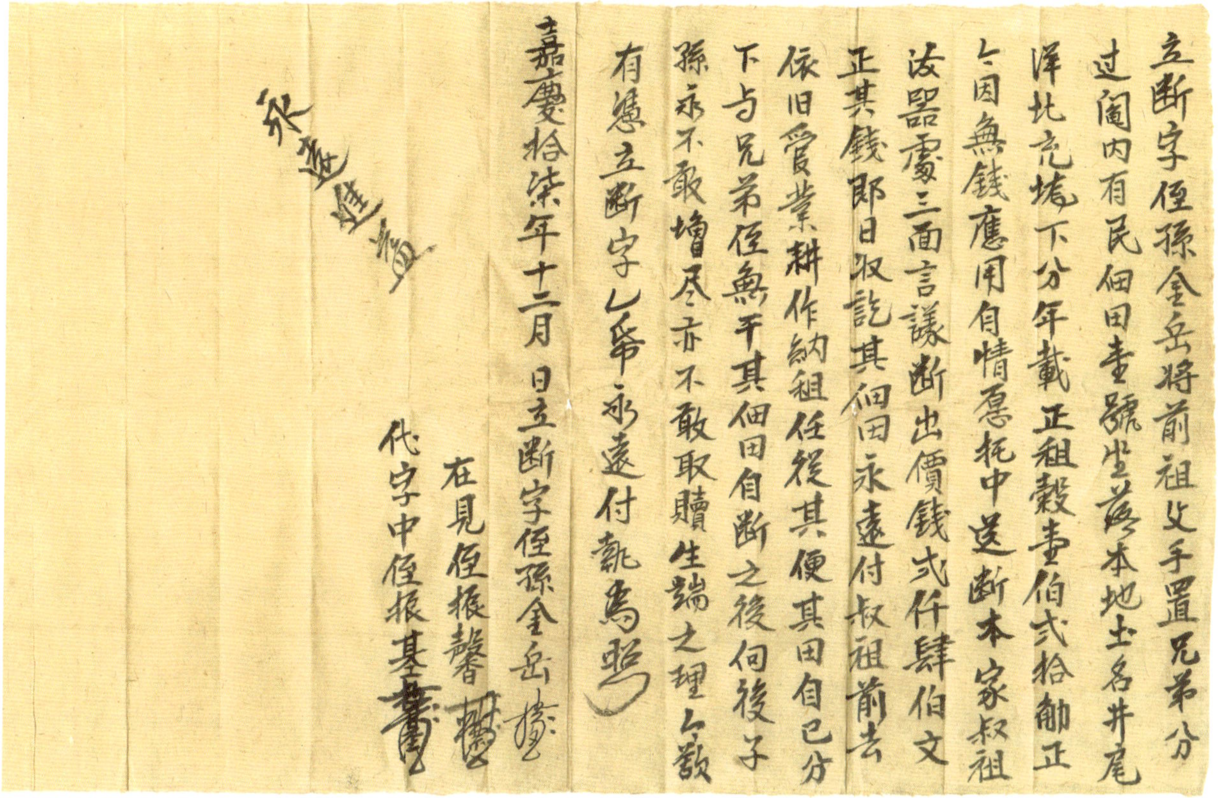
立斷字侄孫金岳將前祖父手置兄弟分
过闽内有民佃田壹號坐落本地土名井尾
洋圳元坵下分年載正租穀壹伯弍拾觔正
今因無錢應用自情愿托中送斷本家叔祖
汝器處三面言議斷出價錢弍仟肆伯文
正其錢即日收訖其佃田永遠付叔祖前去
依旧管業耕作納租任從其便其田自己分
下与兄弟侄無干其佃田自斷之後伺後子
孫永不敢增尽亦不敢取贖生端之理今欲
有憑立斷字乙帋永遠付執為照
嘉慶拾柒年十二月　日立斷字侄孫金岳（押）
在見侄振馨（押）
代字中侄振基（押）
永遠管業

5-1-18-5　清嘉慶十七年十二月鄭金岳立斷民佃田字

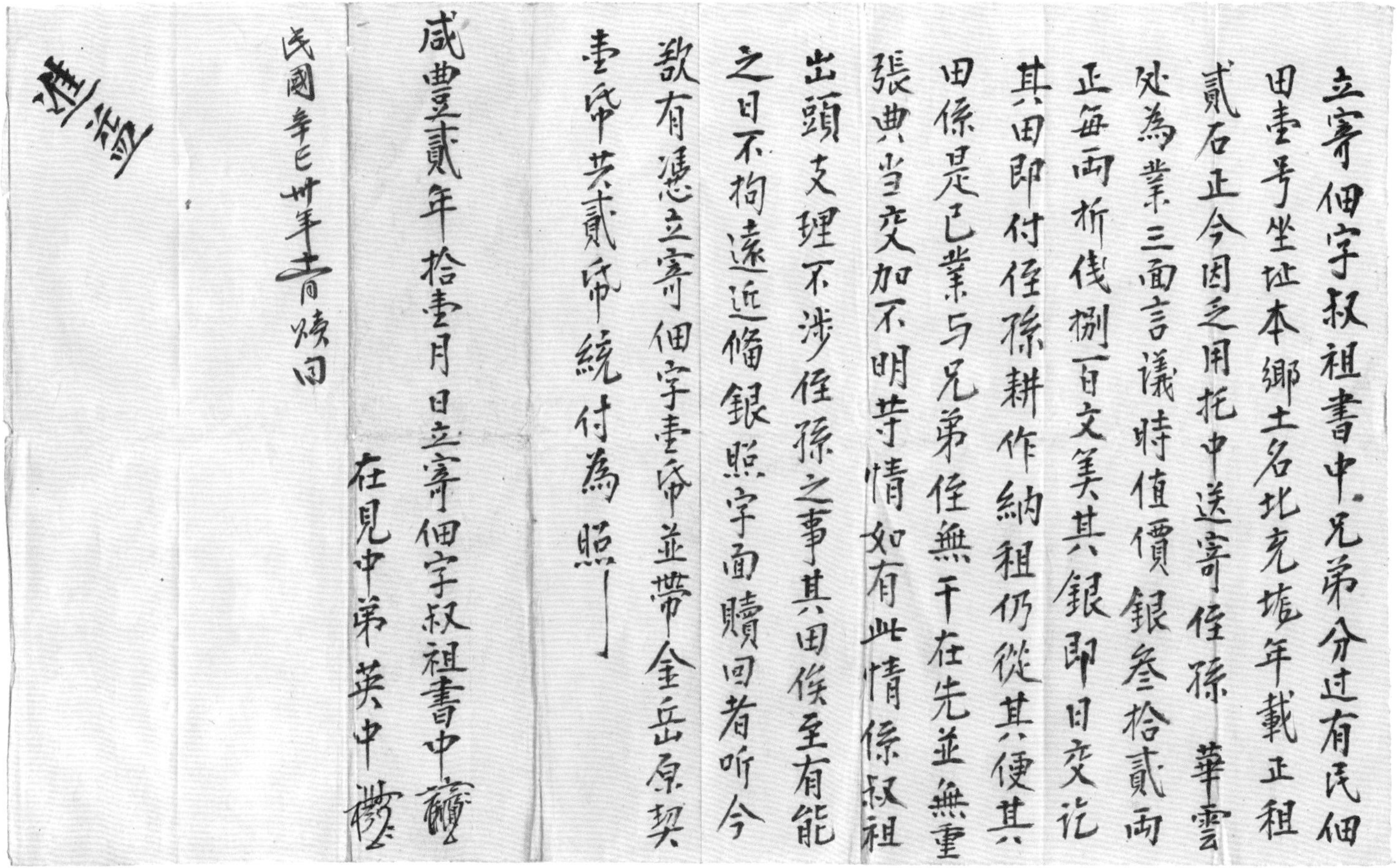

立寄佃字叔祖書中，兄弟分过有民佃
田壹号坐址本鄉土名北充墘年載正租
貳石正今因乏用托中送寄侄孫　華雲
处為業三面言議時值價銀叁拾貳兩
正每兩折伐捌百文美其銀即日交訖
其田即付侄孫耕作納租仍從其便其
田係是己業与兄弟侄無干在先並無重
張典当交加不明等情如有此情係叔祖
出頭支理不涉侄孫之事其田係至有能
之日不拘遠近備銀照字面贖回者听今
欲有憑立寄佃字壹帋並帶全岳原契
壹帋共貳帋繞付為照｜

咸豐貳年拾壹月　日立寄佃字叔祖書中（押）
在見中弟英中（押）

民國辛巳卅年十二月贖回

進[illegible]

5-1-18-6　清咸豐二年十一月鄭書中立寄民佃田字

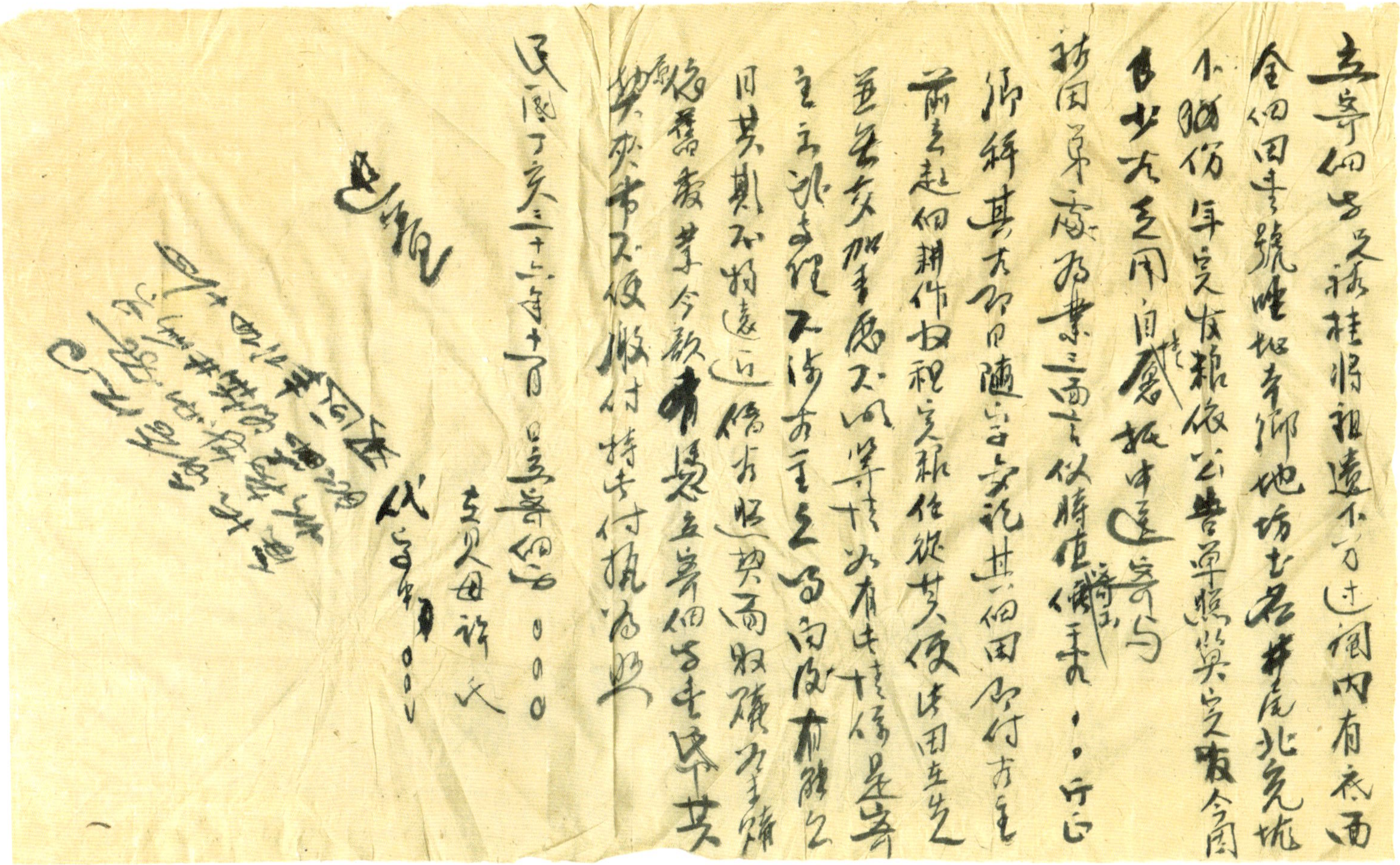
立寄佃字人鄭裕桂將祖遺下分過鬮内有承面
全佃田壹號，坐址本鄉地坊土名井尾北充坑
小墩仔，年完大粮依公豊草照契完收。今因
乏少衣食，自愿托中送寄與
[illegible]承前業，三面言議時值價[illegible]正。
即日其銀隨字交訖，其佃田仍付本主
前去起佃耕作，收租完粮，任從其便。此田在先之
並無交加重疊、不明等情，如有此情，係是寄
主之抵當，不涉承主之事。而後有願之
日，其契不拘遠近，備出照契面收贖，承主隨
即應聲。今欲有憑，立寄佃字壹紙，并[illegible]
契[illegible]不便繳付，特付執為照。

民國丁亥三十六年十一月　日立寄佃字人　鄭裕桂
在見人母　許氏
代字　[illegible]

5-1-18-7　民國三十六年十一月鄭裕桂立寄底面全佃田字（草契）

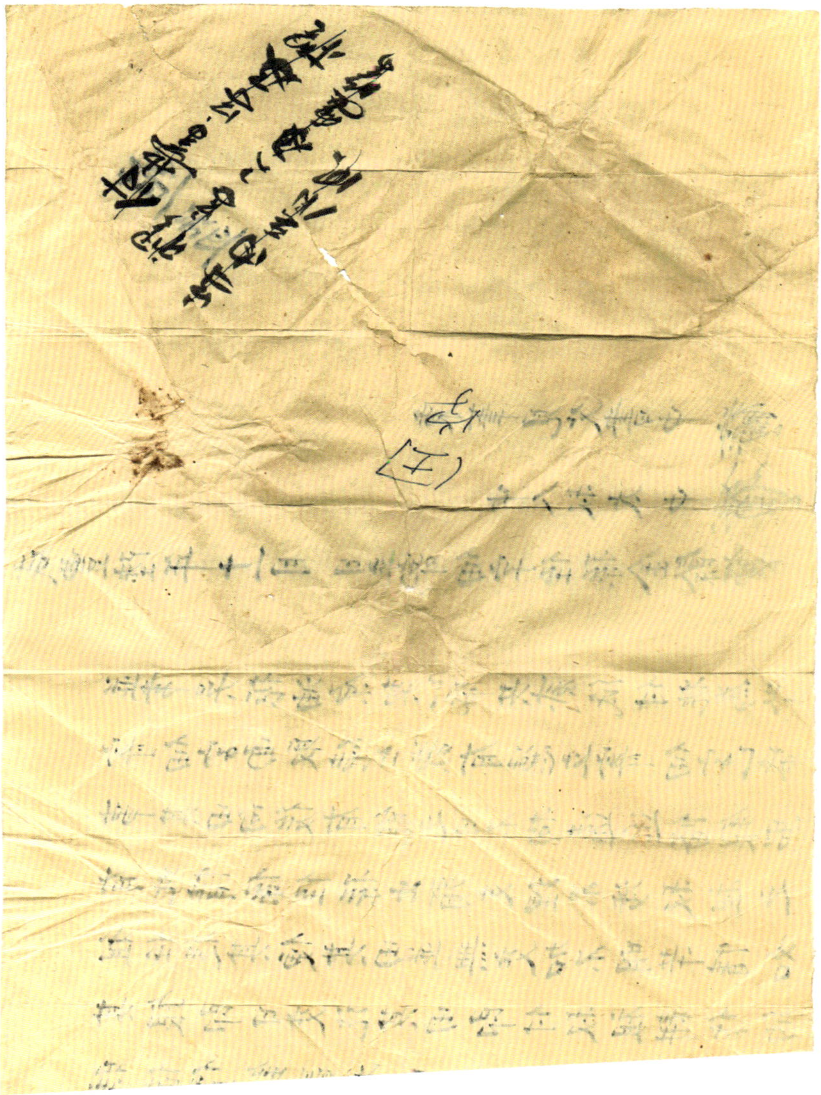

5-1-19-1　包契紙

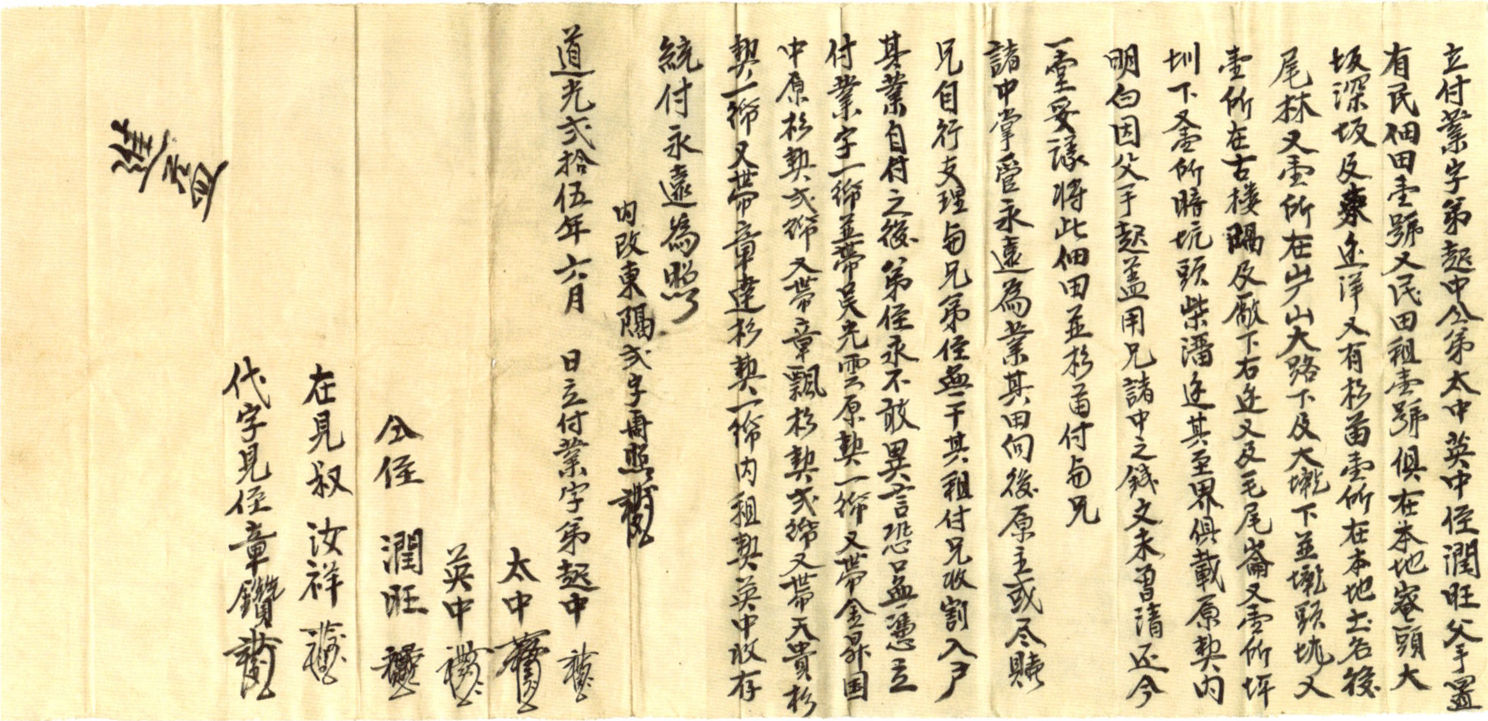
立付業字弟起中仝弟太中英中侄潤旺父子置
有民田田壹號又民田租壹號俱在本地窖頭大
坂深坂及棗丘洋又有杉苗壹所在本地土名缘
尾林又壹所在山大路下及大墈下並墈頭坑又
壹所在古楼隔及廠下右丘又及毛尾崙又壹所坪
圳下又壹所時坑頭紫潭丘其至界俱載原契内
明白因父子起蓋用兄諸中之錢文未曾清还今
壹家議將此佃田並杉苗付與兄
諸中掌管永遠爲業其田向後原主或孫贖
兄自行支理與兄弟侄無干其租付兄收割入户
其業自付之後弟侄永不敢異言恐口無憑立
付業字一紙並帶吴光元原契一紙又帶金昂國
中原杉契弍紙又帶章飄杉契弍紙又帶天貴杉
契一紙又帶章建杉契一紙内租契英中收存
統付永遠爲照
内改東隔弍字再照
道光弍拾伍年六月　日立付業字弟起中
太中
英中
仝侄　潤旺
在見叔　汝祥
代字見侄　章鑽

5-1-19-2　清道光二十五年六月鄭起中等立付業字

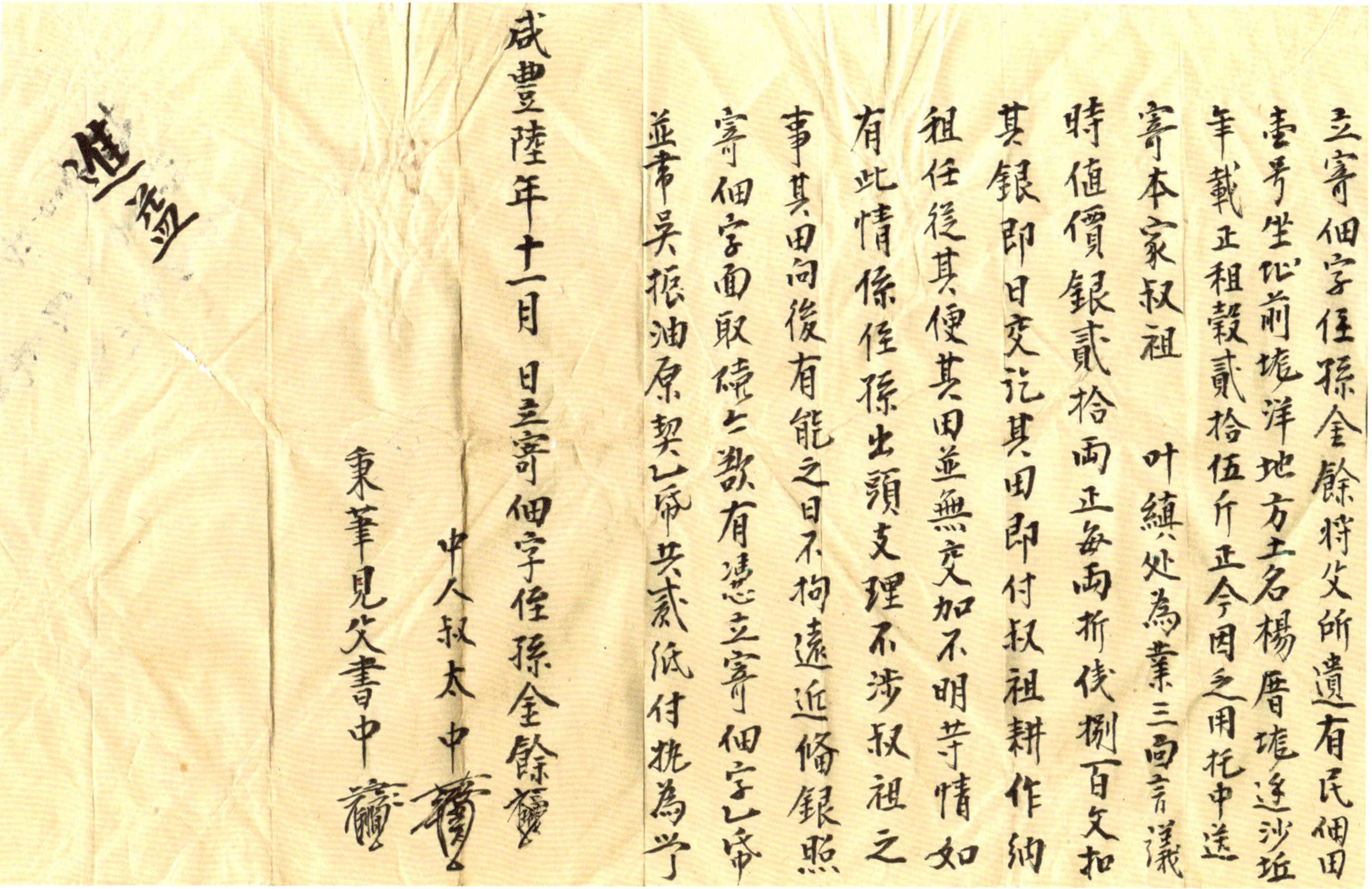

立寄佃字侄孫金餘將父所遺有民佃田
壹號坐址前墘洋地方土名楊厝墘逆沙垅
年載正租穀貳拾伍斤正今因乏用托中送
寄本家叔祖　叶縝处為業三面言議
時值價銀貳拾兩正每兩折伐捌百文扣
其銀即日交訖其田即付叔祖耕作納
祖任從其便其田並無交加不明等情如
有此情係侄孫出頭支理不涉叔祖之
事其田向後有能之日不拘遠近備銀照
寄佃字面取贖亡款有憑立寄佃字乙帋
並帯吴振油原契乙帋共貳紙付執為照

咸豐陸年十一月　日立寄佃字侄孫金餘（押）
中人叔太中（押）
秉筆見父書中（押）

進益

5-1-19-3　清咸豐六年十一月鄭金餘立寄民佃田字

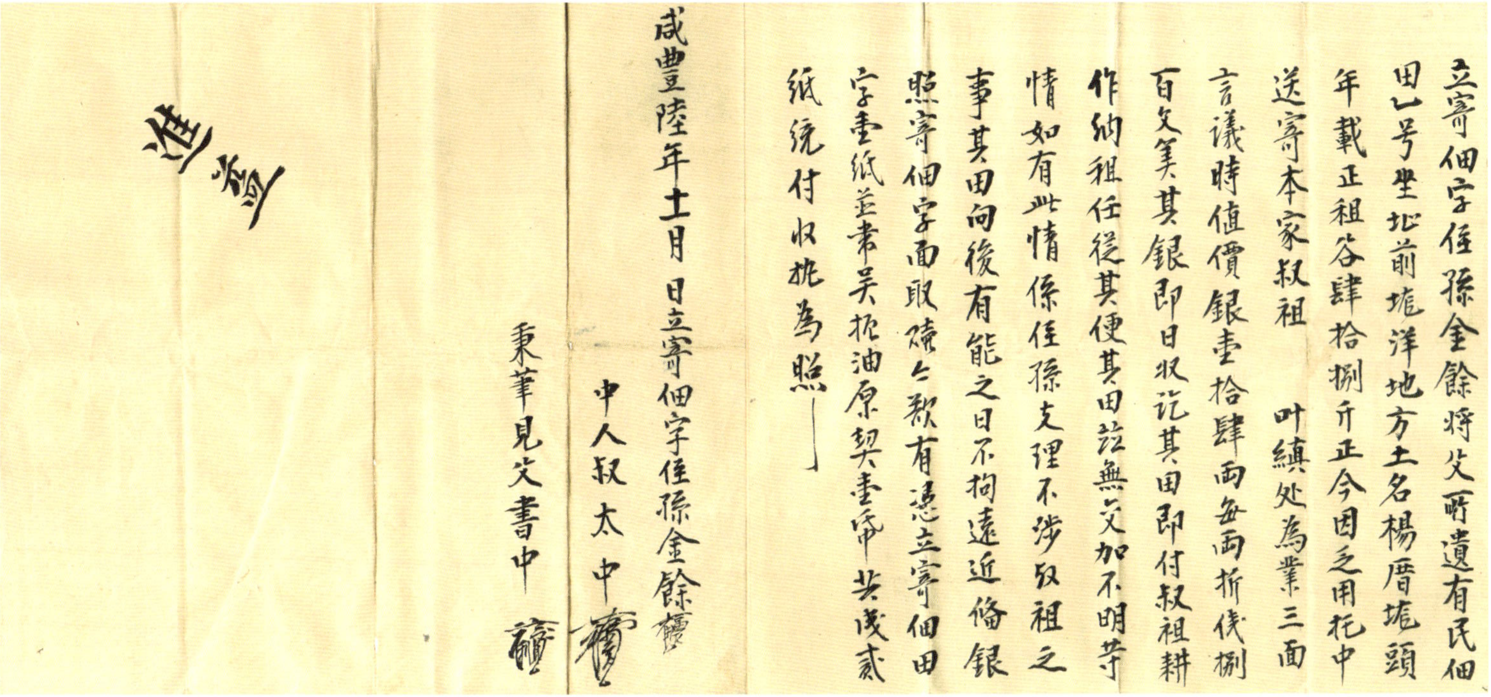
立寄佃字侄孫金餘將父所遺有民佃
田一号坐址前垅洋地方土名楊厝垅頭
年載正租谷肆拾捌斤正今因乏用托中
送寄本家叔祖　叶縝处為業三面
言議時值價銀壹拾肆兩每兩折伐捌
百文美其銀即日收訖其田即付叔祖耕
作納租任從其便其田茲無〻文加不明等
情如有此情係侄孫支理不涉叔祖之
事其田向後有能之日不拘遠近備銀
照寄佃字面取贖〻欵有憑立寄佃田
字壹紙並帯吳㧞油原契壹帋共成貳
紙統付收执為照——

咸豐陸年十一月　日立寄佃字侄孫金餘（押）
中人叔太中（押）
秉筆見父書中（押）

進益

5-1-19-4　清咸豐六年十一月鄭金餘立寄民佃田字

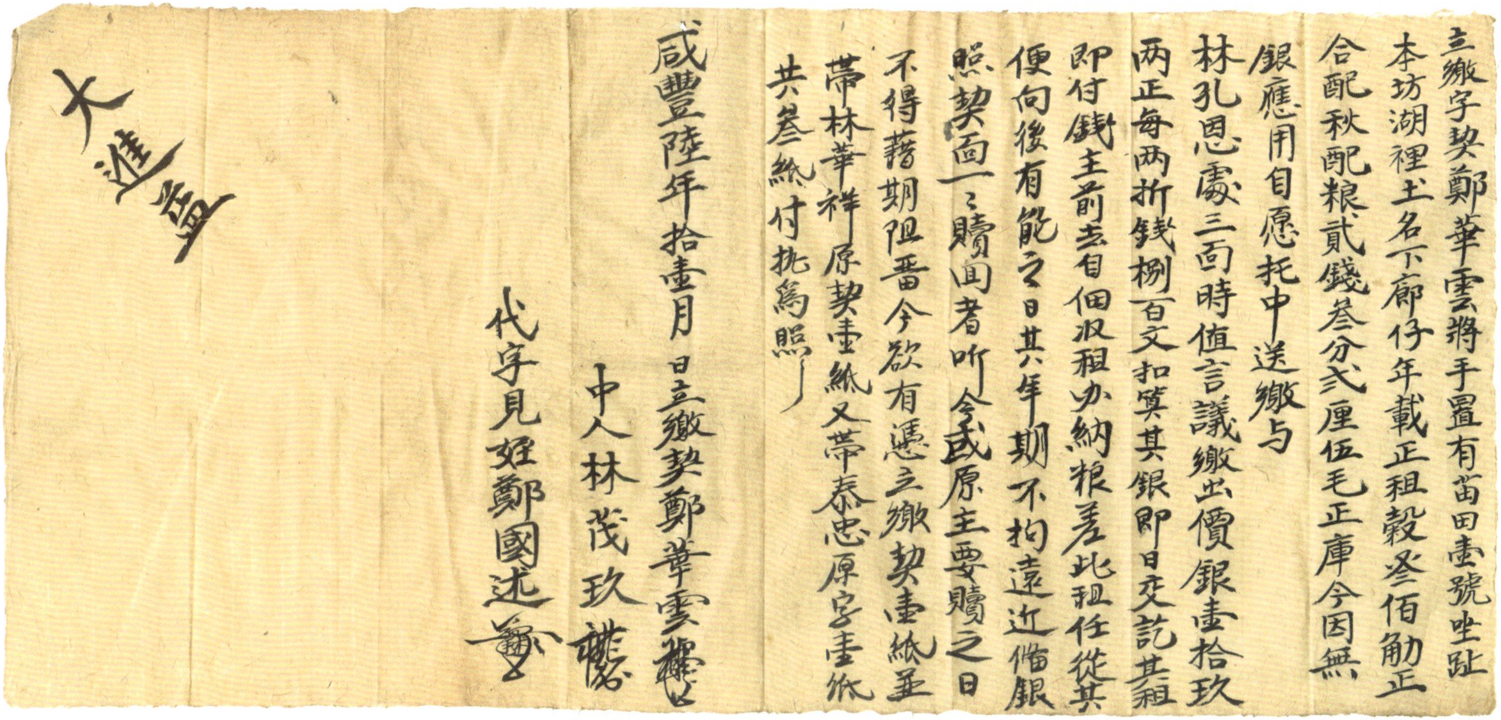

立缴字契鄭華雲將手置有苗田壹號坐趾
本坊湖裡土名下廍仔年載正租穀叁佰觔正
合配秋配粮貳錢叁分弍厘伍毛正庫今因無
銀應用自愿托中送缴与
林孔思處三面時值言議缴出價銀壹拾玖
兩正每兩折錢捌百文扣算其銀即日交訖其租
即付錢主前去自佃収租办納粮差此租任從其
便向後有能之日其六年期不拘遠近備銀
照契面一一贖回者听今武原主要贖之日
不得藉期阻晋今欲有憑立缴契壹紙並
帶林華祥原契壹紙又帶泰忠原字壹紙
共叁紙付执爲照。

咸豐陸年拾壹月　日立缴契鄭華雲（押）
中人林茂玖（押）
代字見姪鄭國述（押）

大進壹

5-1-19-5　清咸豐六年十一月鄭華雲立缴苗田字

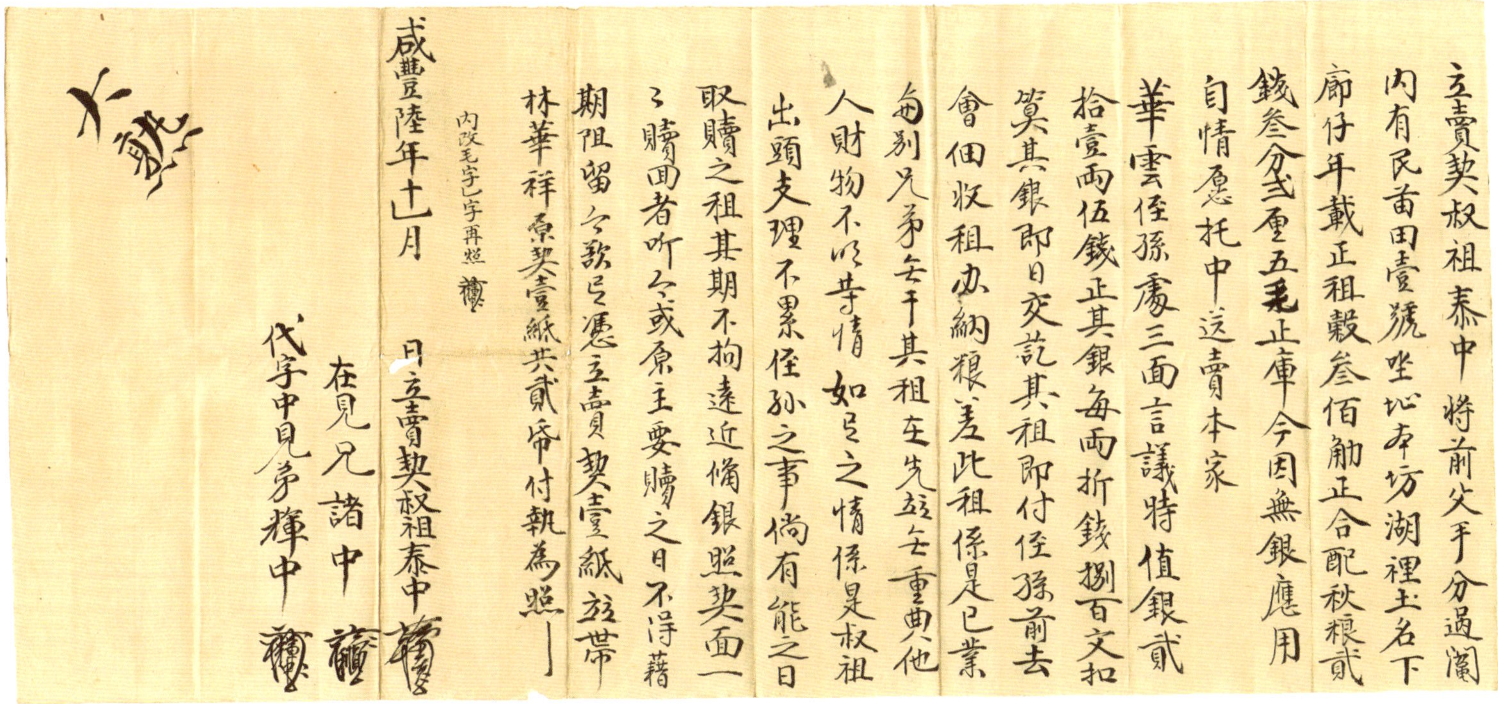

立賣契叔祖泰中，將前父手分過鬮
内有民苗田壹號，坐址本坊湖裡土名下
廓仔，年載正租穀叁佰觔正，合配秋粮貳
錢叁分弍厘五毛正庫。今因無銀應用，
自情愿托中送賣本家
華雲侄孫處，三面言議，特值銀貳
拾壹兩伍錢正，其銀每兩折錢捌百文扣
算，其銀即日交訖，其祖即付侄孫前去
會佃收租，办納粮差。此祖係是已業，
與別兄弟无干，其祖在先並无重典他
人財物不明等情，如是之情，係是叔祖
出頭支理，不累侄孙之事。倘有能之日，
取贖之祖，其期不拘遠近，備銀照契面一
〻贖回，者听〻或原主要贖之日，不得藉
期阻留。今欲有憑，立賣契壹紙，並帶
林華祥原契壹紙，共貳帋，付執為照。

内改毛字乙字再照（押）

咸豐陸年十一月　日立賣契叔祖泰中（押）

在見兄　諸中（押）

代字中見弟　輝中（押）

5-1-19-6　清咸豐六年十一月鄭泰中立賣民苗田契

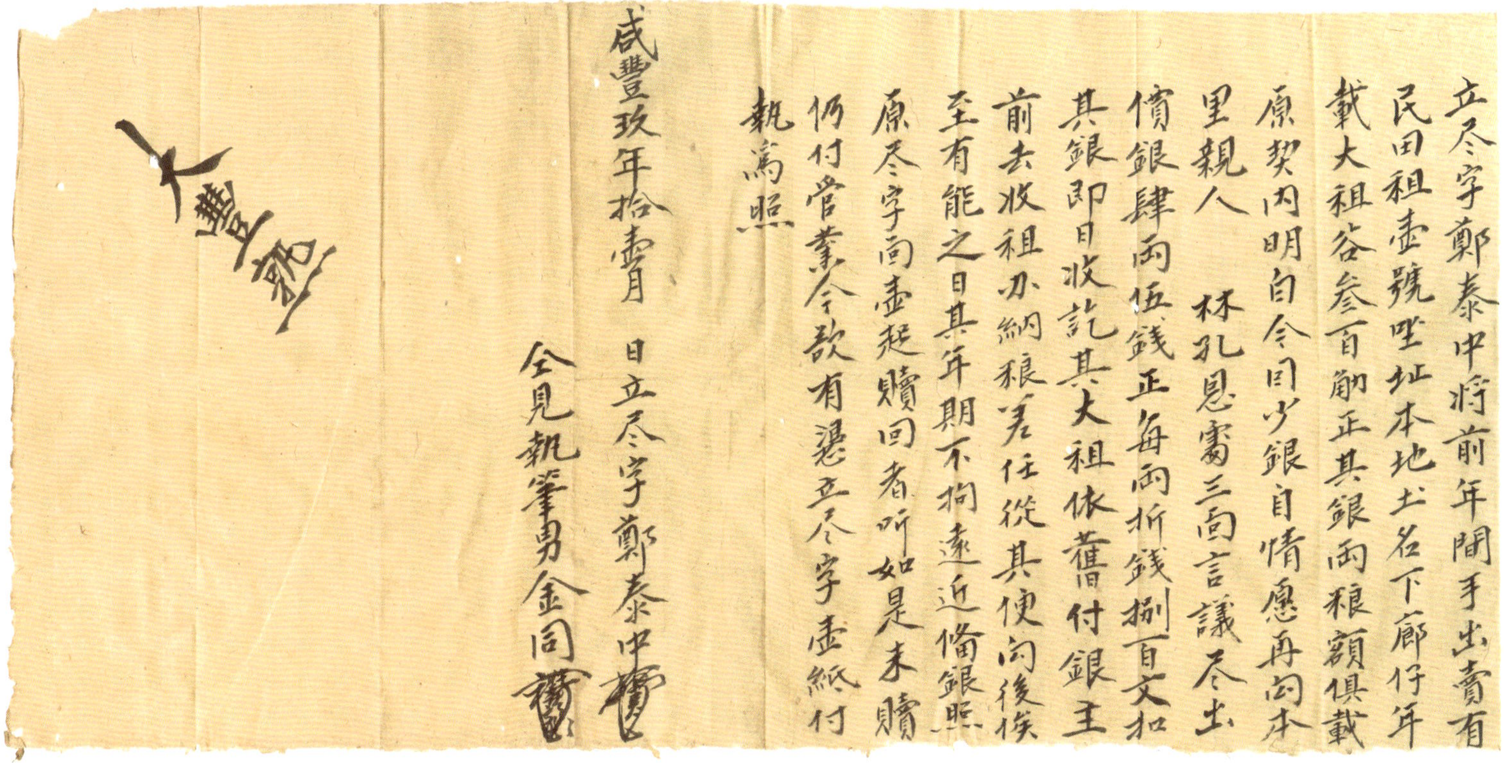

立盡字鄭泰中將前年間手出賣有
民田租壹號坐址本地土名下廊仔年
載大租谷叁百觔正其銀兩粮額俱載
原契內明白今因乏銀自情愿再向本
里親人　林孔恩處三面言議盡出
價銀肆兩伍錢正每兩折錢捌百文扣
其銀即日收訖其大祖依舊付銀主
前去收租办納粮差任從其便向後俟
至有能之日其年期不拘遠近備銀照
原盡字面壹起贖回者所如是未贖
仍付管業今欲有憑立盡字壹紙付
執為照

咸豐玖年拾壹月　日立盡字鄭泰中（押）
仝見執筆男金同（押）

5-1-19-7　清咸豐九年十一月鄭泰中立盡民田租字

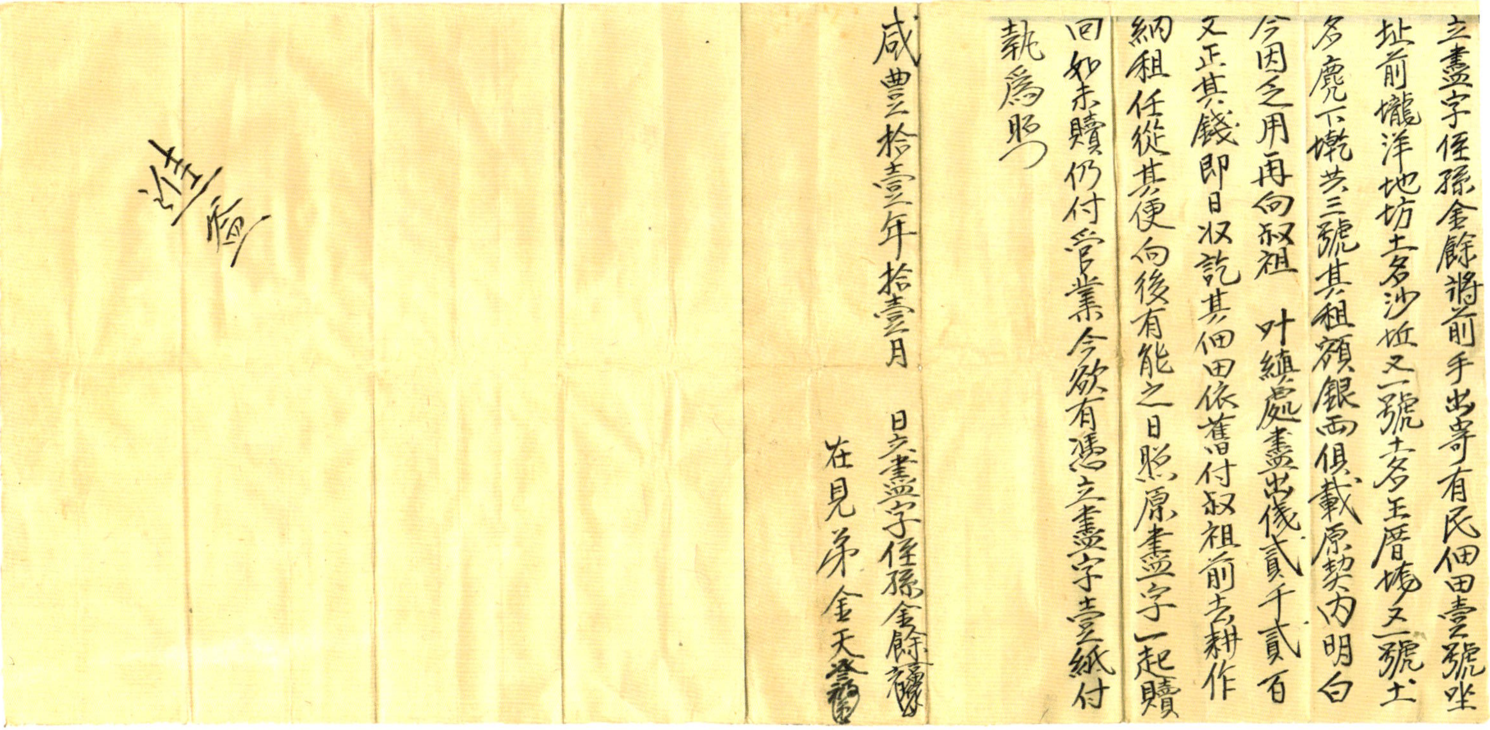
立盡字侄孫金餘將前手出寄有民佃田壹號坐
址前壠洋地坊土名沙岻又一號土名王厝坑又一號土
名鹿下墘共三號其租額銀兩俱載原契內明白
今因乏用再向叔祖　叶纏處盡出錢貳千貳百
文正其錢即日收訖其佃田依舊付叔祖前去耕作
納租任從其便向後有能之日照原盡字一起贖
回如未贖仍付管業今欲有憑立盡字壹紙付
執爲照
咸豐拾壹年拾壹月　日立盡字侄孫金餘（押）
在見弟金天（押）

5-1-19-8　清咸豐十一年十一月鄭金餘立盡民佃田字

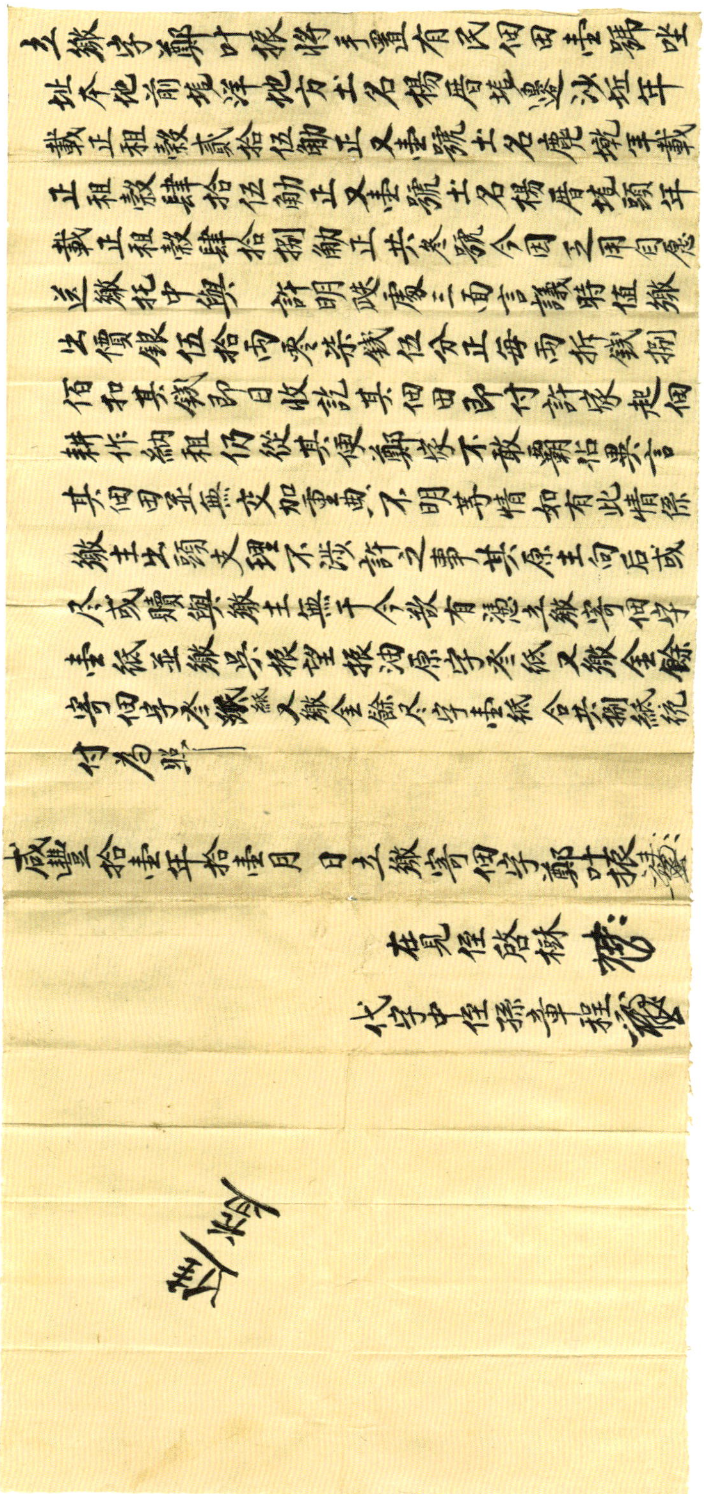

立繳字鄭叶振將手置有民佃田壹號坐
址本地前苑洋地方土名楊厝垅邊洑坵年
載正租穀貳拾伍觔正又壹號土名鹿兒墘年載
正租穀肆拾伍觔正又壹號土名楊厝垅頭年
載正租穀肆拾捌觔正共叁號今因乏用自愿
立繳托中與 許明暖處三面言議時值繳
出價銀伍拾兩叁錢伍分正每兩折錢捌
佰和其錢即日收訖其佃田即付許家起佃
耕作納租仍從其便鄭家不敢翻悔異言
其佃田並無交加重典不明等情如有此情係
繳主出頭支理不涉許之事其原主向后或
欠贖與繳主無干今欲有憑立繳字佃字
壹紙並繳吳根望根油原字叁紙又繳金餘
字佃字叁繳又繳金餘尺字壹紙合共捌紙統
付為照

咸豐拾壹年拾壹月 日立繳字佃字鄭叶振（押）
在見侄啓標（押）
代字中侄孫亨程（押）

5-1-19-9 清咸豐十一年十一月鄭叶振立繳民佃田字

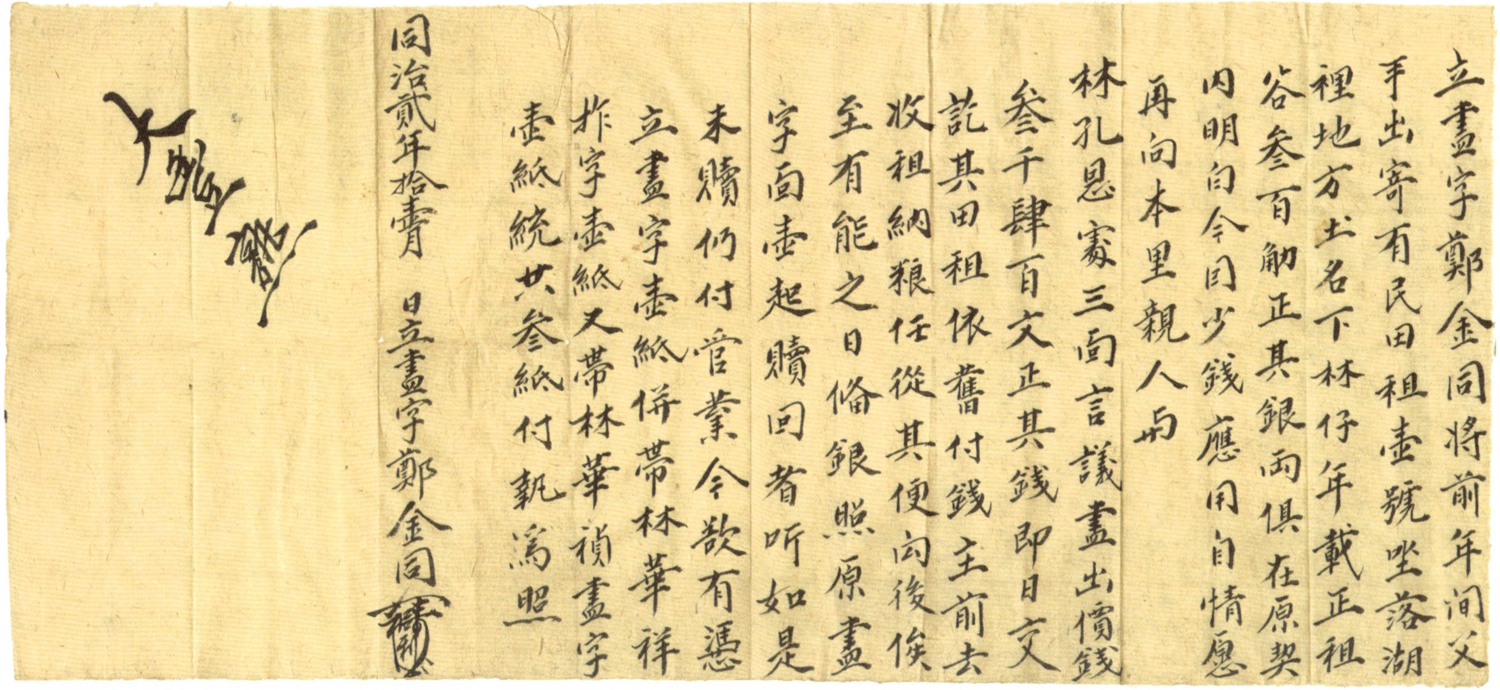
立盡字鄭金同將前年間父
手出寄有民田租壹號坐落湖
裡地方土名下林仔年載正租
谷叄百觔正其銀兩俱在原契
內明白今因少錢應用自情愿
再向本里親人而
林孔恳爰三面言議盡出價錢
叄千肆百文正其錢即日交
訖其田租依舊付錢主前去
收租納粮任從其便向後俟
至有能之日備銀照原盡
字面壹起贖回者听如是
未贖仍付管業今欲有憑
立盡字壹紙併帶林華祥
拃字壹紙又帶林華禎盡字
壹紙統共叄紙付執爲照
同治貳年拾壹月　日立盡字鄭金同（押）

5-1-19-10　清同治二年十一月鄭金同立盡民田租字

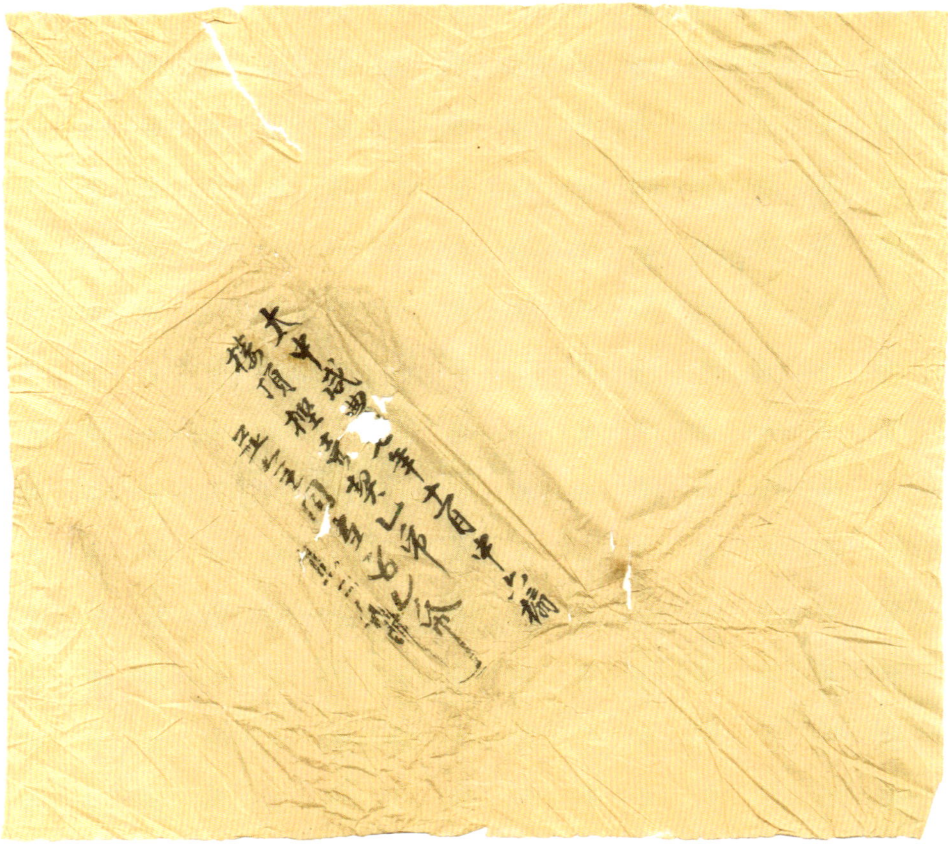

5-1-20-1　包契紙

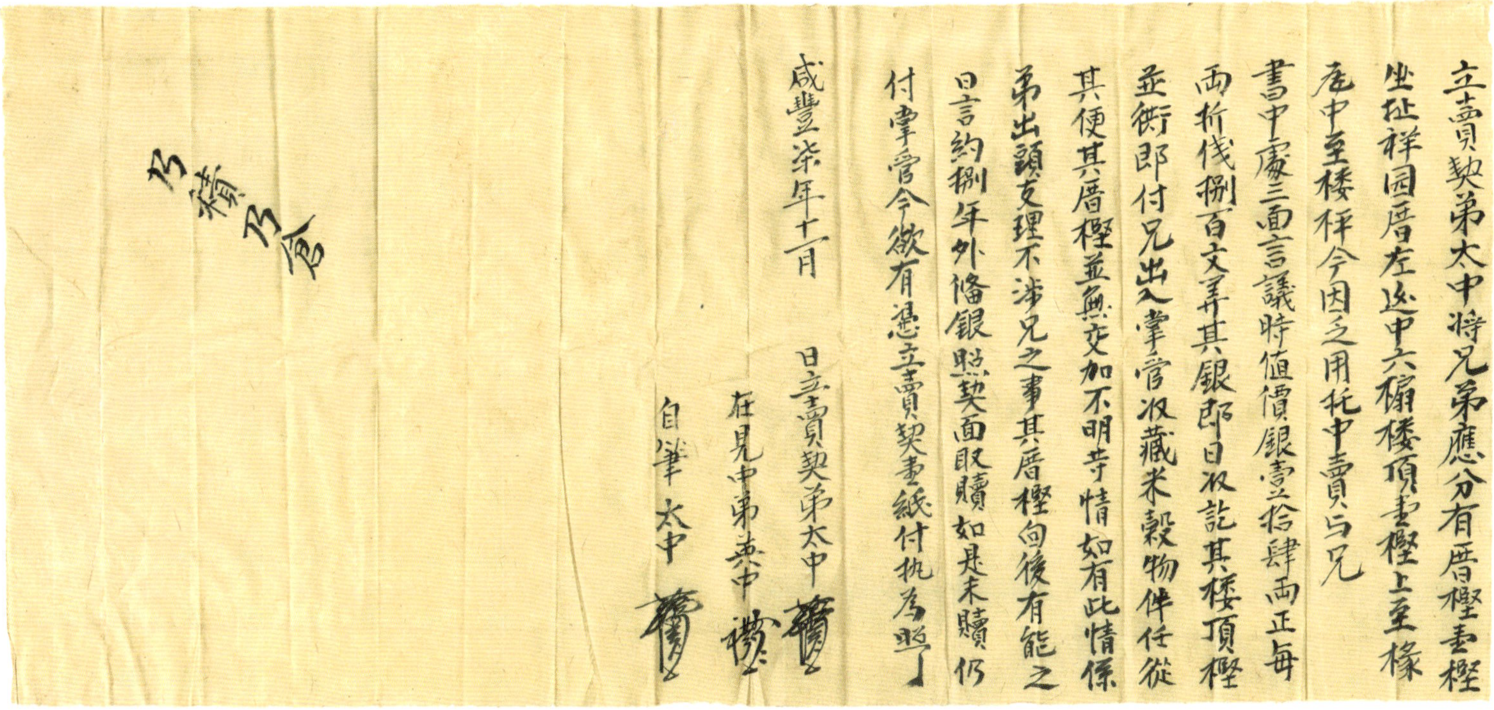
立賣契弟太中將兄弟應分有厝樫壹樫
坐址祥回厝左邊中六榴樓項壹樫上至椽
底中至樓坪今因乏用托中賣与兄
書中處三面言議時值價銀壹拾肆兩正每
兩折伐捌百文弄其銀即日收訖其樓項樫
並街郎付兄出入掌管收藏米穀物件任從
其便其厝樫並無交加不明等情如有此情係
弟出頭支理不涉兄之事其厝樫向後有能之
日言約捌年外備銀照契面取贖如是未贖仍
付掌管今欲有憑立賣契壹紙付執為照

咸豐柒年十一月　日立賣契弟太中（押）
在見中弟燕中（押）
自筆　太中（押）

乃積乃倉

5-1-20-2　清咸豐七年十一月鄭太中立賣厝樫契

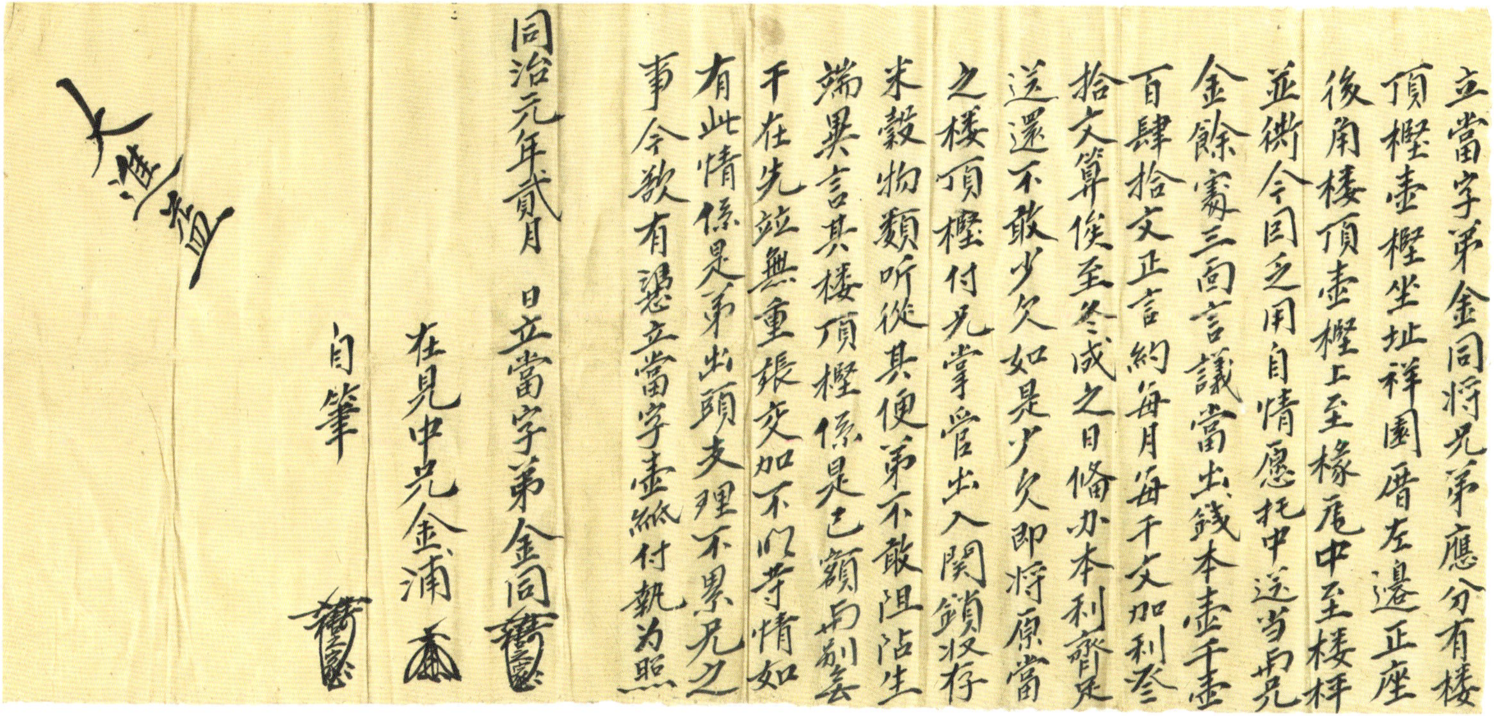

立當字弟金同将兄弟應分有樓
頂樫壹樫坐址祥園厝左邊正座
後角樓頂壹樫上至椽尾中至樓枰
並術今因乏用自情愿托中送当與兄
金餘處三面言議當出錢本壹千壹
百肆拾文正言約每月每千文加利叁
拾文算俟至冬成之日備办本利齊足
送還不敢少欠如是少欠即将原當
之樓頂樫付兄掌管出入關鎖收存
米穀物類听從其便弟不敢阻沾生
端異言其樓頂樫係是已額與別人
干在先並無重張交加不明等情如
有此情係是弟出頭支理不累兄之
事今欲有憑立當字壹紙付執為照

同治元年貳月　日立當字弟金同（押）

在見中兄金浦（押）

自筆（押）

大進益

5-1-20-3　清同治元年二月鄭金同立當樓頂樫字

立寄佃叔可思今因無銀應用自情愿
將己置有民田根壹號土名坐落扛界
尾年載正租肆石正托中送寄與本家
侄璣哥處三面言議時收價銀貳兩
陸錢正又收谷叁百陸拾斤其銀谷
即收訖其田即付侄前去耕種納租
其田並無不明等情如有此等係叔
支當不涉侄之事其田不拘遠近備
本取贖者聽今欲有憑立字為照

其銀水九色再照

康熙四十柒年十一月　日立寄佃叔可思（押）

在見兄志仁（押）

代字中叔祖焰初（押）

大[illegible]

5-1-21-1　清康熙四十七年十一月鄭可思立寄佃民田根字

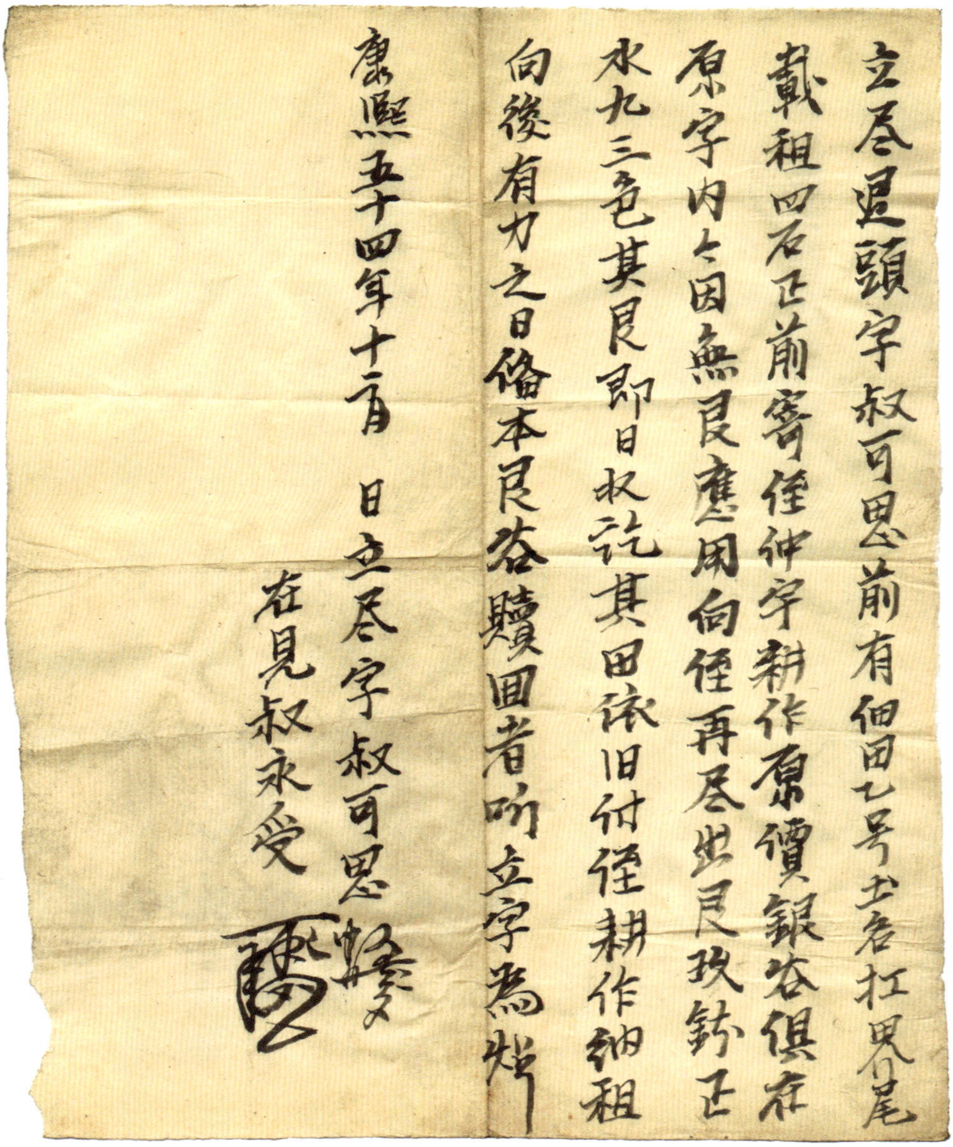

立盡退頭字叔可思前有佃田乙号土名杠界尾
載租四石正前寄侄仲字耕作原價銀谷俱在
原字内今因無艮應用向侄再盡出艮玖錢正
永九三色其艮即日收訖其田依旧付侄耕作納租
向後有力之日備本艮谷贖回者所立字為照
康熙五十四年十二月　日立盡字叔可思（押）
在見叔永受

5-1-21-2　清康熙五十四年十二月鄭可思立盡退頭佃田字

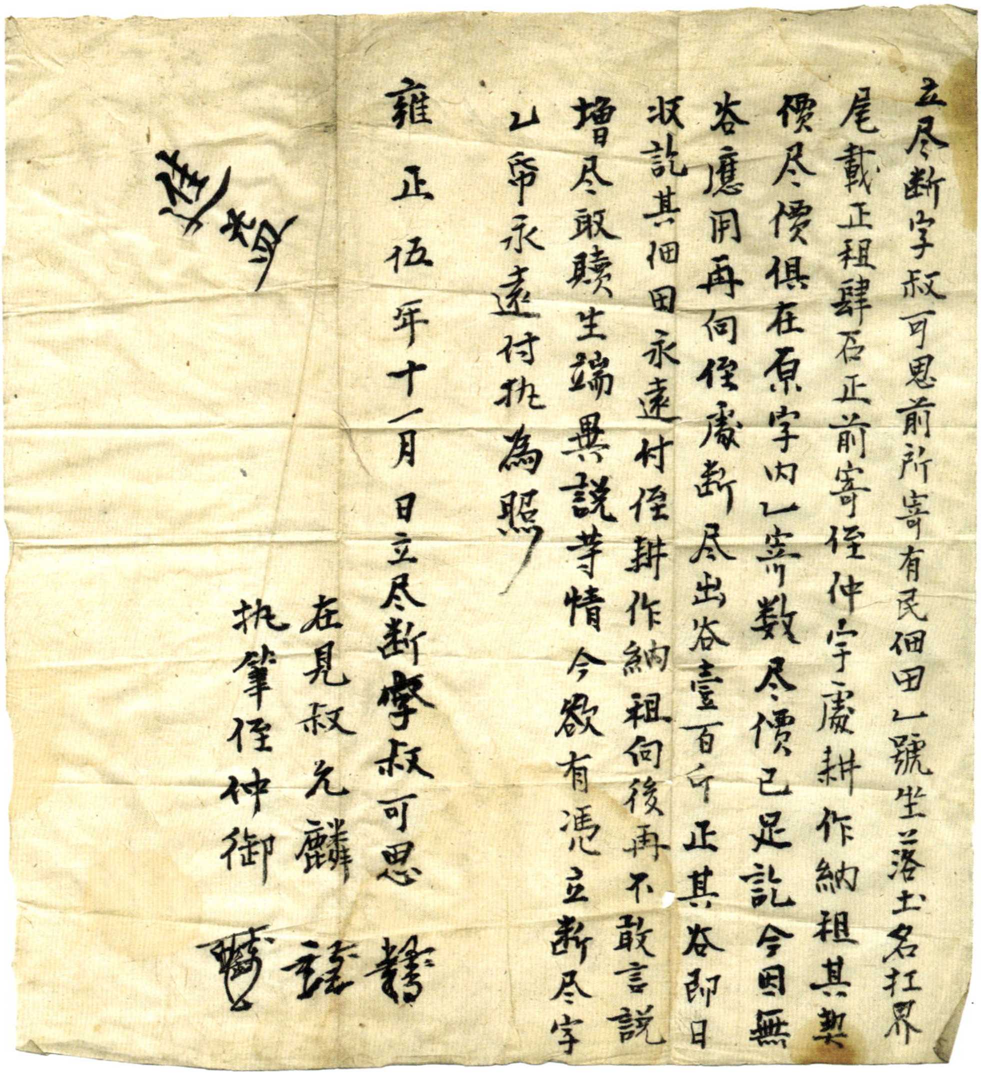
立尽断字叔可思前所寄有民佃田一號坐落土名扛界
尾載正租肆石正前寄侄仲字處耕作納租其契
價尽價俱在原字内一齊數尽價已足訖今因無
銀應用再向侄處斷尽出銀壹百斤正其銀即日
收訖其佃田永遠付侄耕作納租向後再不敢言説
增尽取贖生端異説等情今欲有憑立斷尽字
一帋永遠付執為照
雍正伍年十一月　日立尽斷字叔可思
在見叔允麟
執筆侄仲御

5-1-21-3　清雍正五年十一月鄭可思立盡斷民佃田字

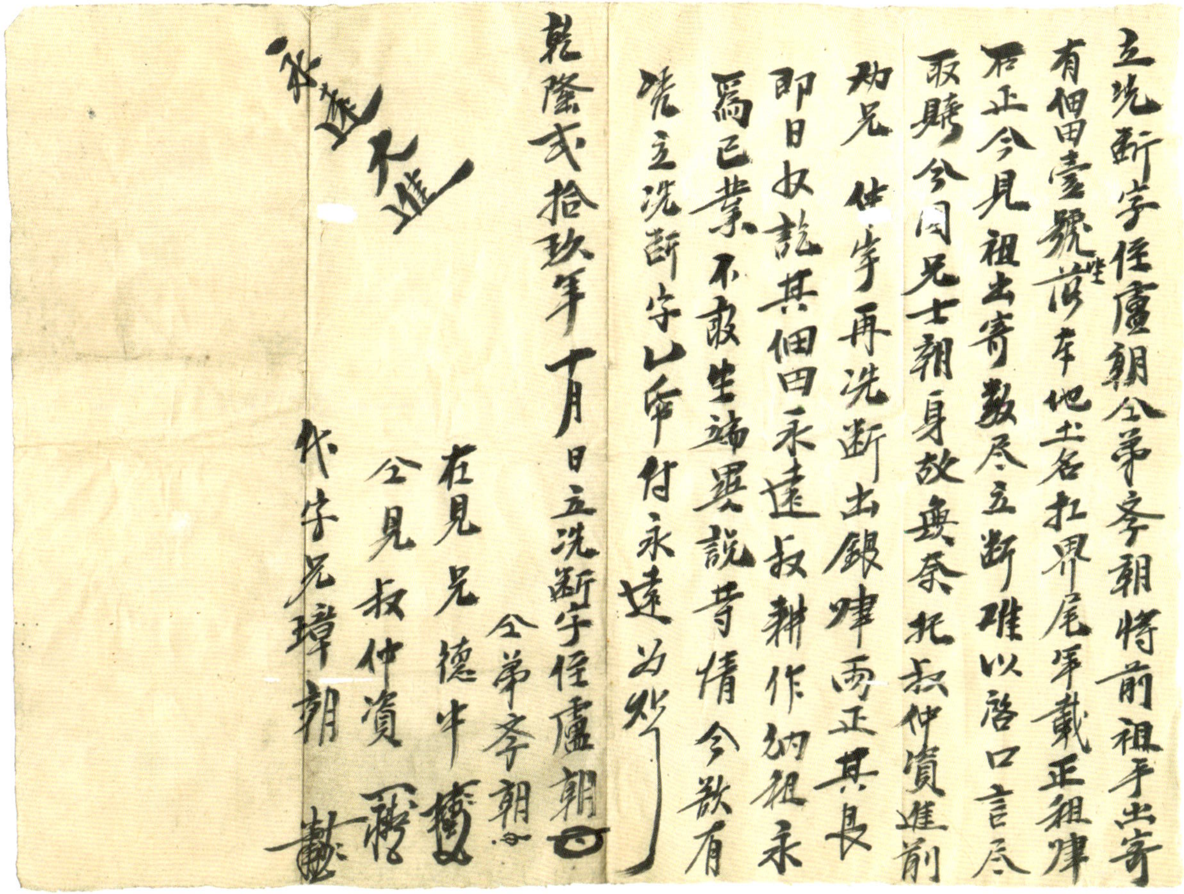

立洗斷字侄盧朝仝弟亭朝，將前祖手出寄
有佃田壹號，坐落本地土名扛界尾，年載正租肆
石正。今見祖出寄數盡，立斷難以啓口言盡
取贖。今因兄士朝身故無奈，托叔仲資進前
劝兄　仕字再洗斷出銀肆兩正，其艮
即日收訖，其佃田永遠叔耕作納租，永
爲己業，不敢生端異說等情。今欲有
憑，立洗斷字一帋付永遠為炤。

乾隆弍拾玖年十月　日立洗斷字侄盧朝

仝弟亭朝

在見兄德中

仝見叔仲資

代字兄璋朝

永遠大進

5-1-21-4　清乾隆二十九年十月鄭盧朝等立洗斷佃田字

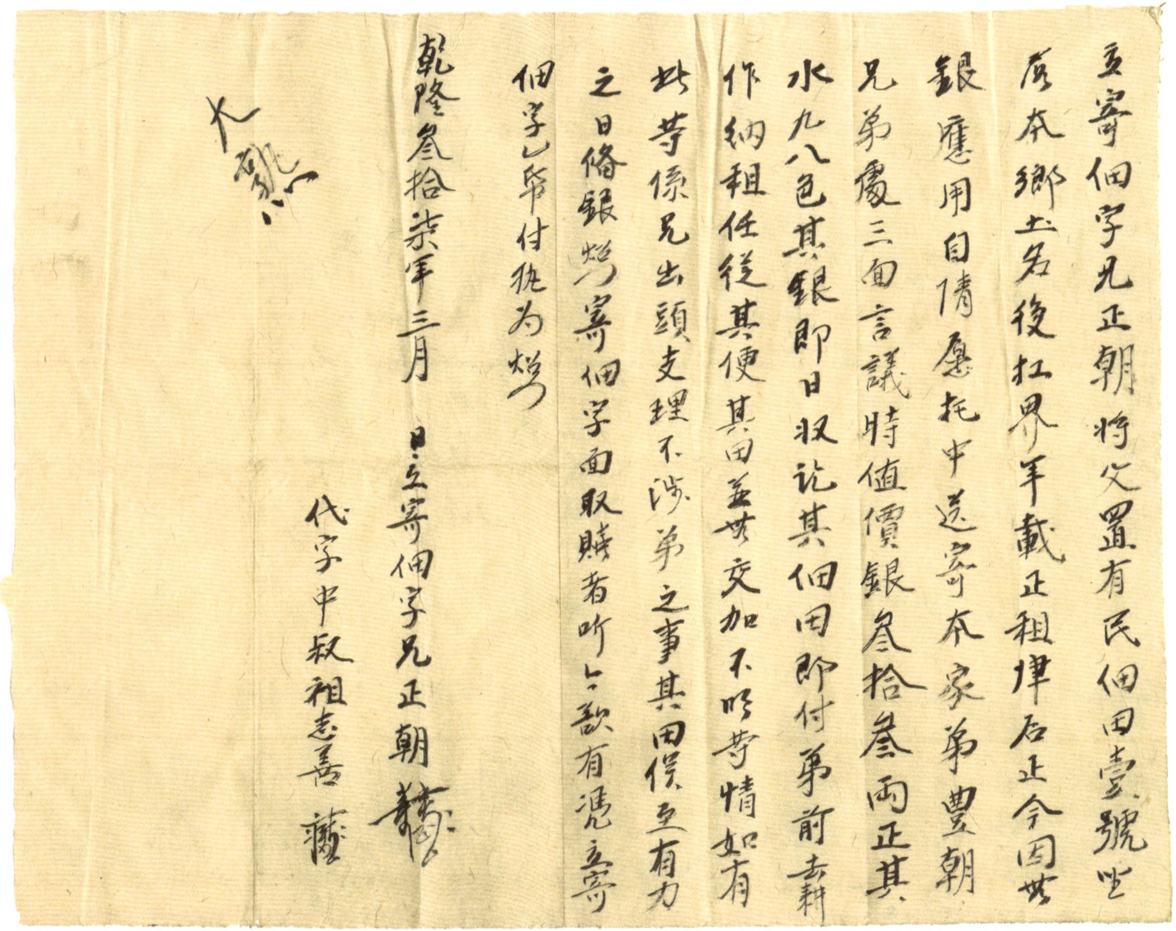
立寄佃字兄正朝將父置有民佃田壹號坐
產本鄉土名後杠界年載正租肆石正今因無
銀應用自情愿托中送寄本家弟豐朝
兄弟處三面言議時值價銀叁拾叁兩正其
水九八色其銀即日收訖其佃田即付弟前去耕
作納租任從其便其田並無交加不明等情如有
此等係兄出頭支理不涉弟之事其田價至有力
之日備銀照寄佃字面取贖者听之欲有憑立寄
佃字壹紙付執為照

乾隆叁拾柒年三月　日立寄佃字兄正朝（押）
代字中叔祖志善（押）

大吉

5-1-21-5　清乾隆三十七年三月鄭正朝立寄民佃田字

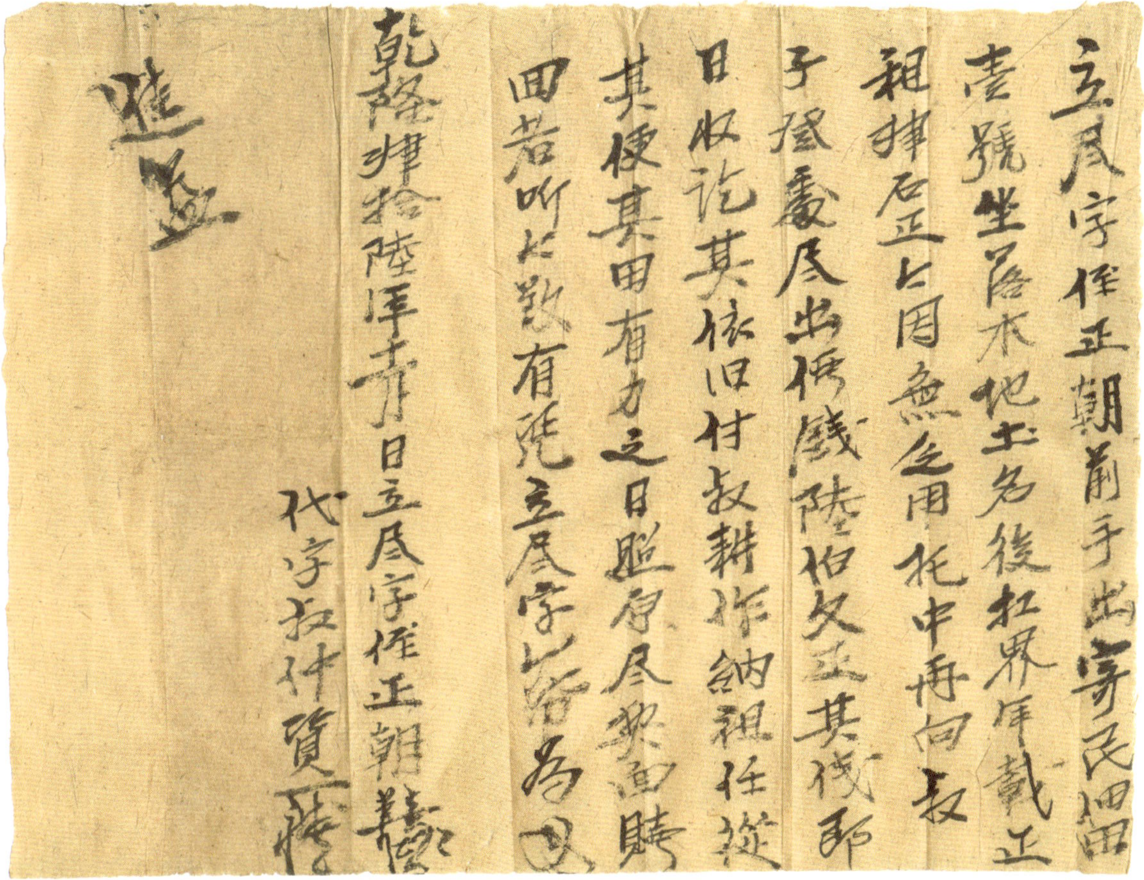
立盡字侄正朝前手出賣民佃田
壹號坐落本地土名後杜界年載正
租肆石正今因無錢用托中再向叔
子援處盡出價錢陸佰文正其錢即
日收訖其依旧付叔耕作納租任從
其便其田有力之日照原盡契面贖
回若[illegible]數有憑立盡字[illegible]為照
乾隆肆拾陸年十一月日立盡字侄正朝
代字叔付賢

5-1-21-6　清乾隆四十六年十一月鄭正朝立盡民佃田字

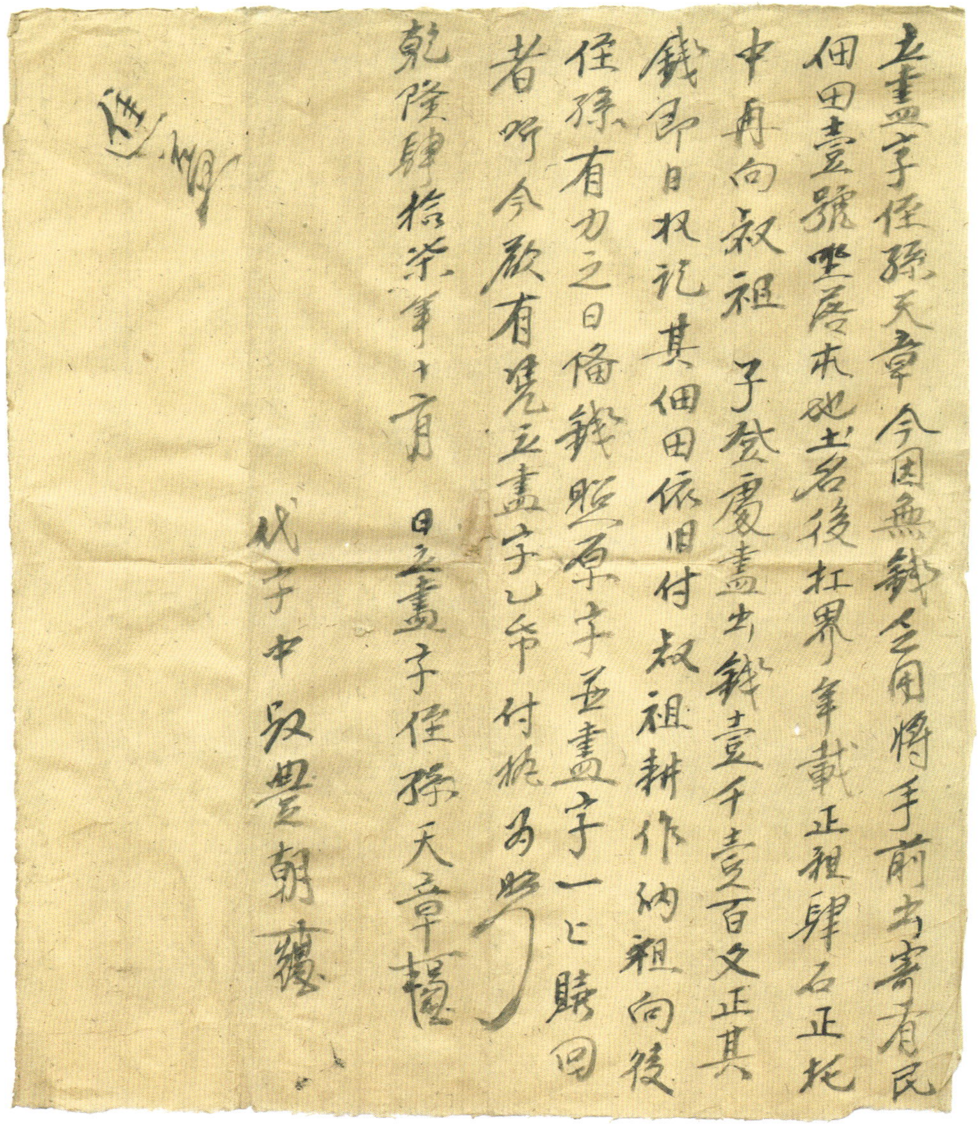

立盡字侄孫天章今因無錢應用將手前出賣有民佃田壹號坐落本地土名後杠界年載正租肆石正托中再向叔祖　子登處盡出錢壹千壹百文正其錢即日收訖其佃田依旧付叔祖耕作納租向後侄孫有力之日備錢照原字並盡字一一贖回者听今欲有憑立盡字乙紙付執為照

乾隆肆拾柒年十二月　　日立盡字侄孫天章(押)

代字中 叔豐朝(押)

5-1-21-7　清乾隆四十七年十二月鄭天章立盡民佃田字

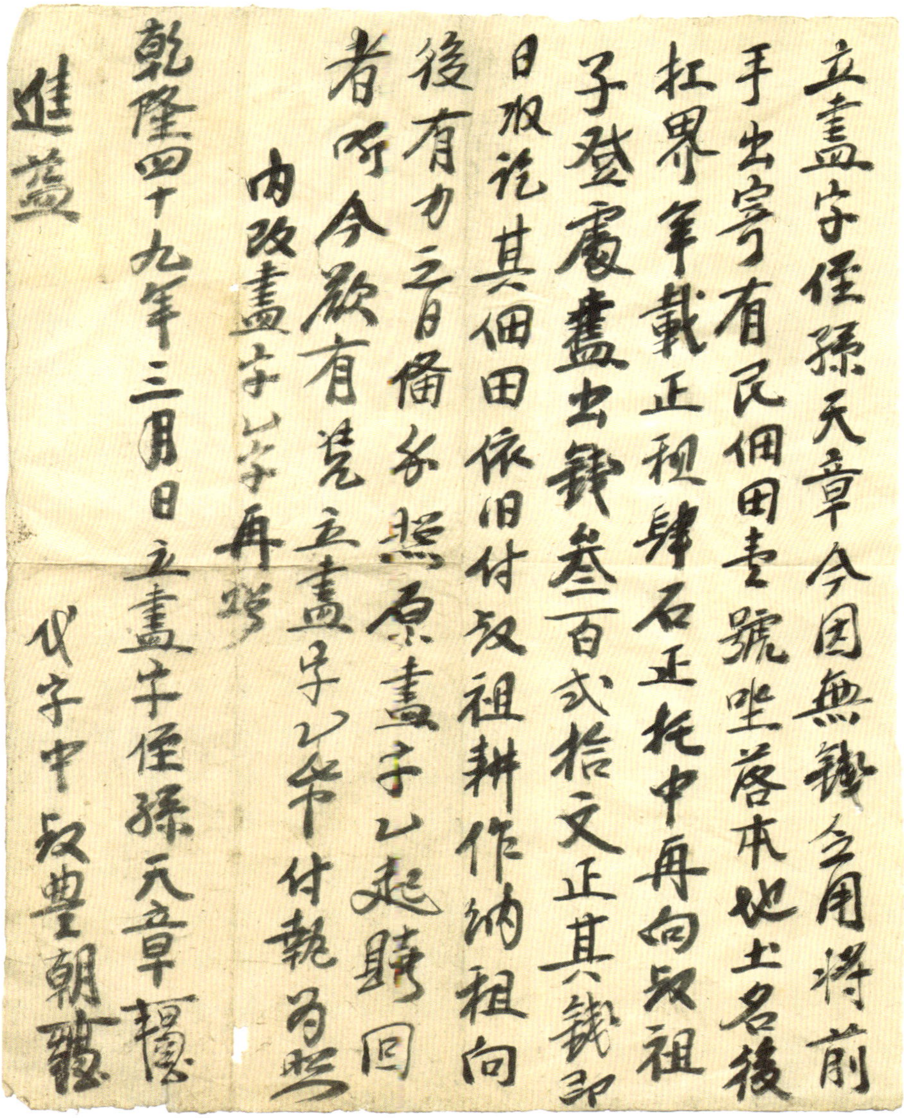
立盡字侄孫天章今因無錢乏用將前
手出寄有民佃田壹號坐落本地土名後
扛界年載正租肆石正托中再向叔祖
子登處盡出錢叁百弍拾文正其錢即
日收訖其佃田依旧付叔祖耕作納租向
後有力之日備錢照原盡字乙起贖回
者所今欲有憑立盡字乙帋付執為照
內改盡字乙字再照
乾隆四十九年三月日立盡字侄孫天章（押）
代字中 叔豊朝（押）
進蓋

5-1-21-8　清乾隆四十九年三月鄭天章立盡民佃田字

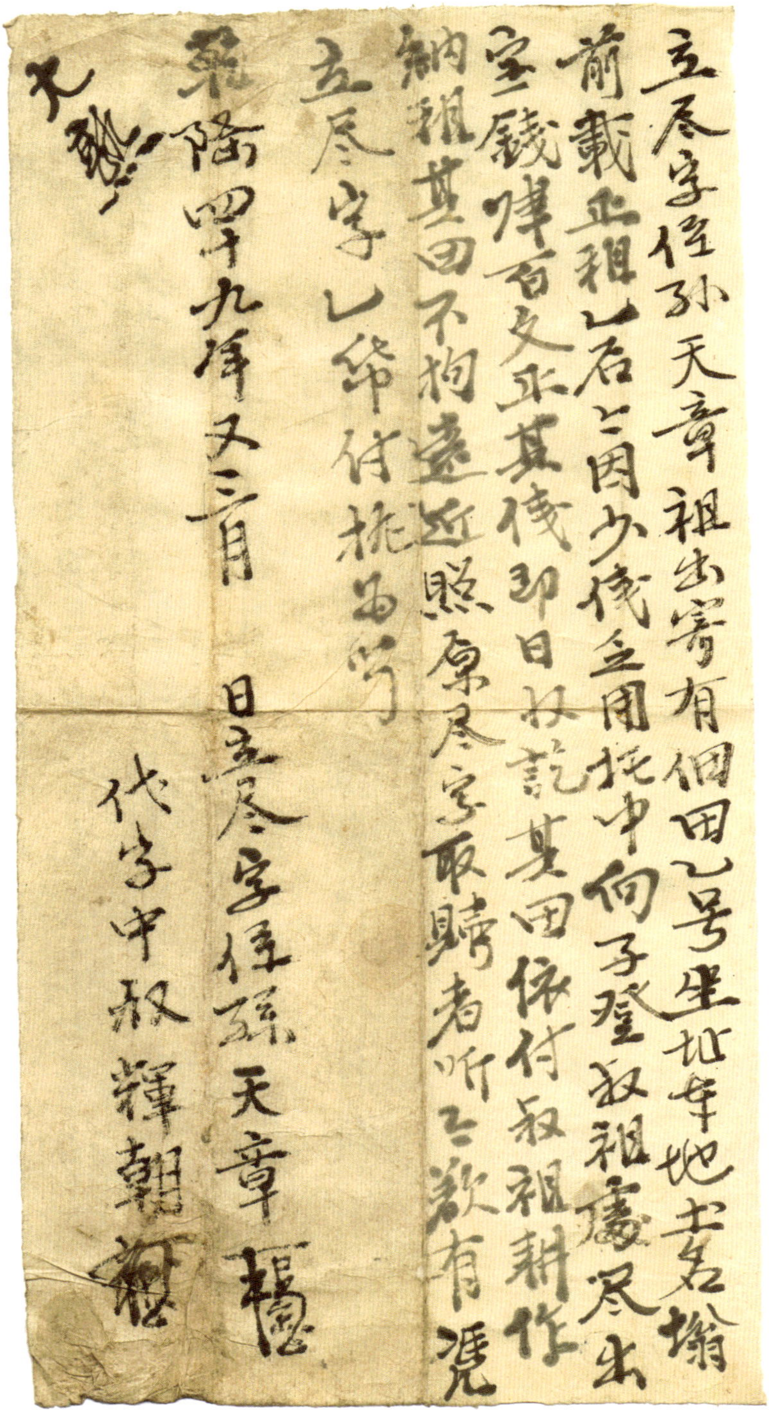
立盡字侄孫天章 祖出寄有佃田乙號坐址本地土名堬
前載正租乙石二因少錢乏用托中向子登叔祖處盡出
全錢肆百文正其錢即日收訖其田係付叔祖耕作
納租其田不拘遠近照原盡字取贖者聽之欲有憑
立盡字乙紙付執為照

乾隆四十九年又三月 日立盡字侄孫天章（押）

代字中叔輝朝（押）

大發

5-1-21-9　清乾隆四十九年閏三月鄭天章立盡佃田字

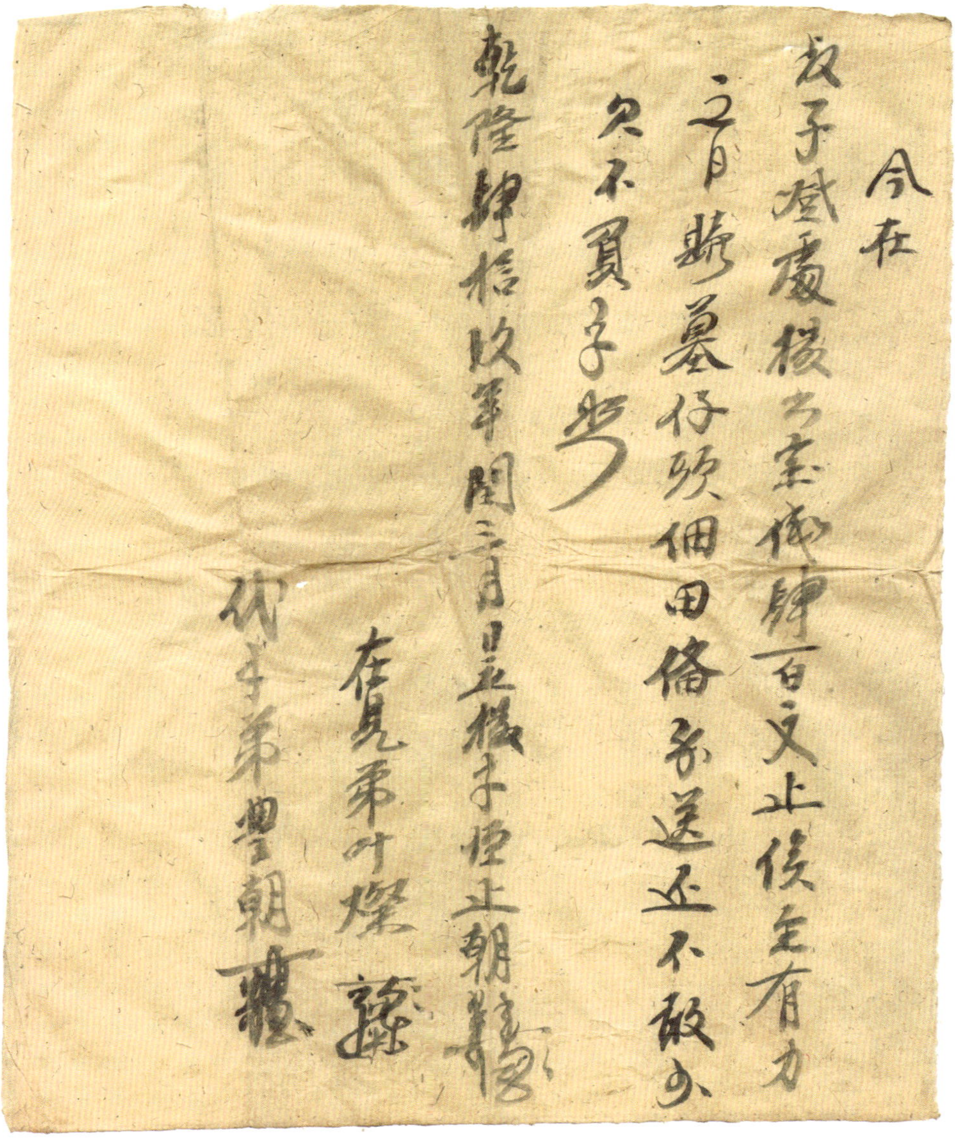

今在

叔子斌處撮出錢肆百文止，俟至有力

之日將墓仔頭佃田備錢送還，不敢少

欠不負字照

乾隆肆拾玖年閏三月　日立撮字正朝

在見弟叶燦

代字弟豐朝

5-1-21-10　清乾隆四十九年閏三月鄭正朝立撮字

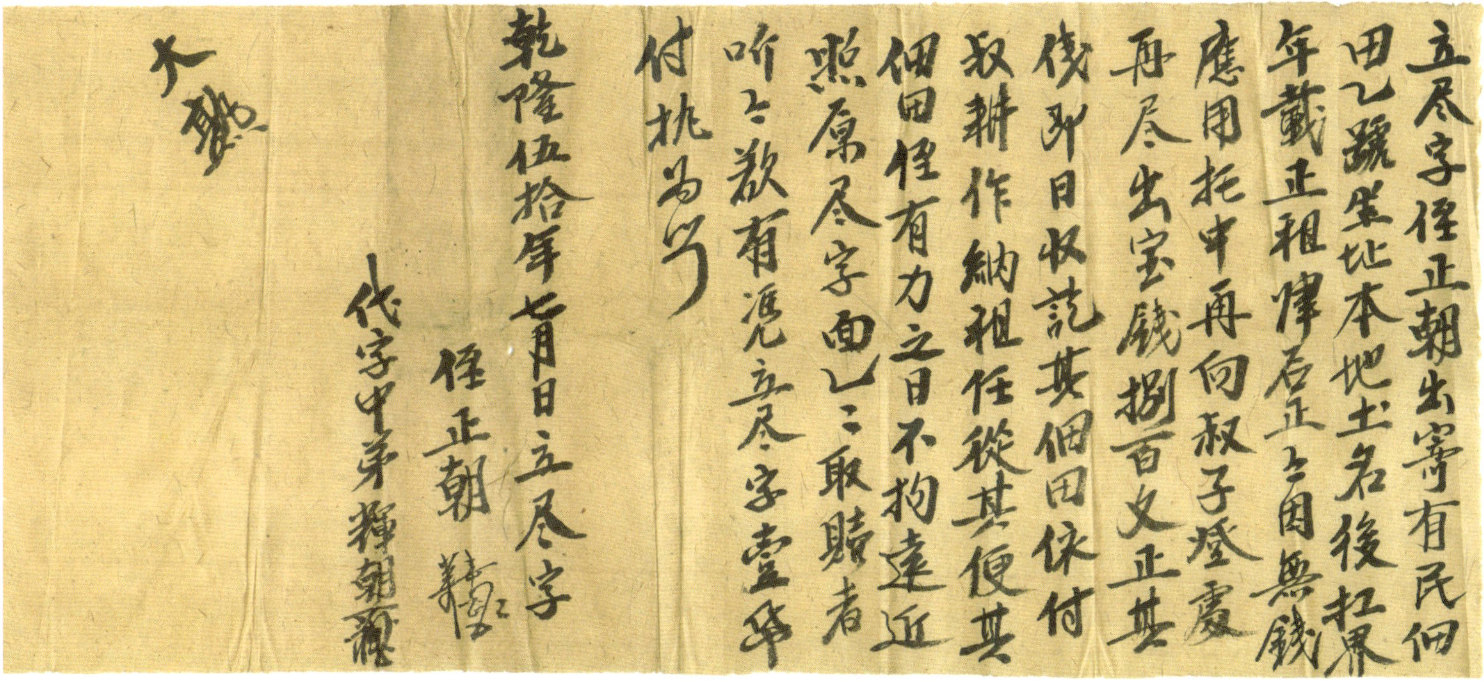

立盡字侄正朝出寄有民佃
田乙號坐址本地土名後杠界
年載正租肆石正，今因無錢
應用，托中再向叔子登處
再盡出宝錢捌百文正，其
錢即日收訖，其佃田依付
叔耕作納租，任從其便，其
佃田侄有力之日不拘遠近
照原盡字面[illegible]二取贖者，
今欲有憑，立盡字壹紙
付執為照。

乾隆伍拾年七月　日立盡字
侄正朝
代字中弟

大發

5-1-21-11　清乾隆五十年七月鄭正朝立盡民佃田字

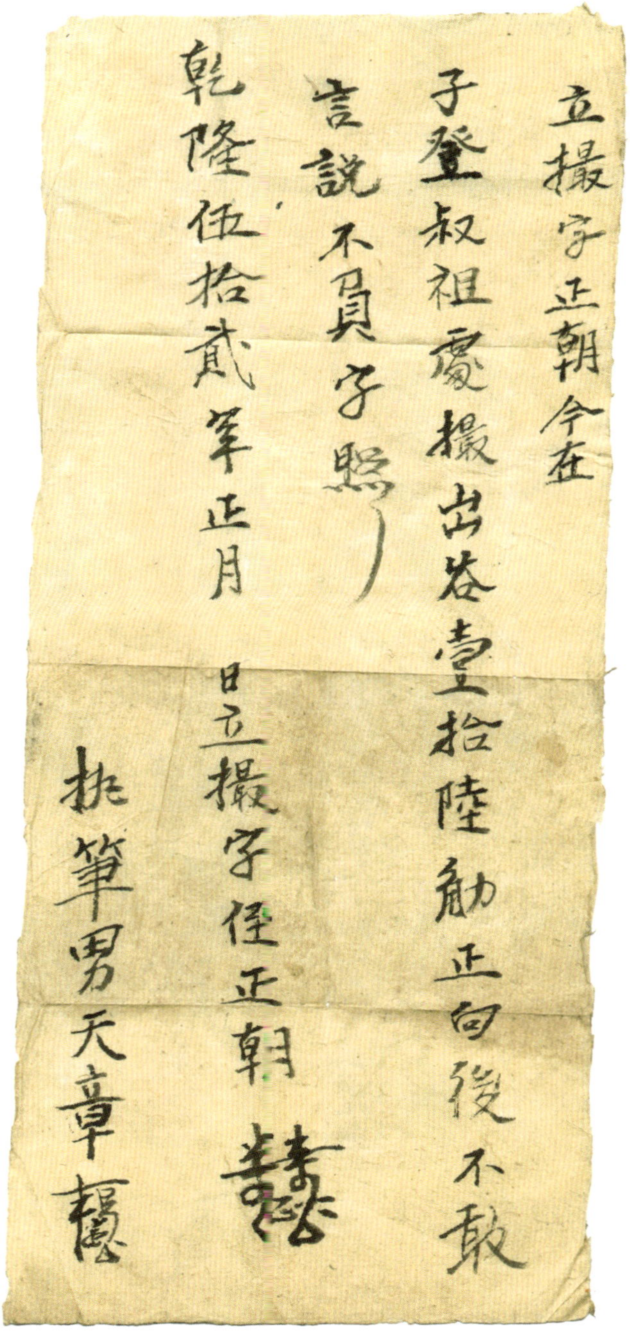
立撮字正朝今在
子登叔祖處撮出荅壹拾陸觔正向後不敢
言說不負字照）
乾隆伍拾貳年正月　日立撮字侄正朝（押）
批筆男天章（押）

5-1-21-12　清乾隆五十二年正月鄭正朝立撮字

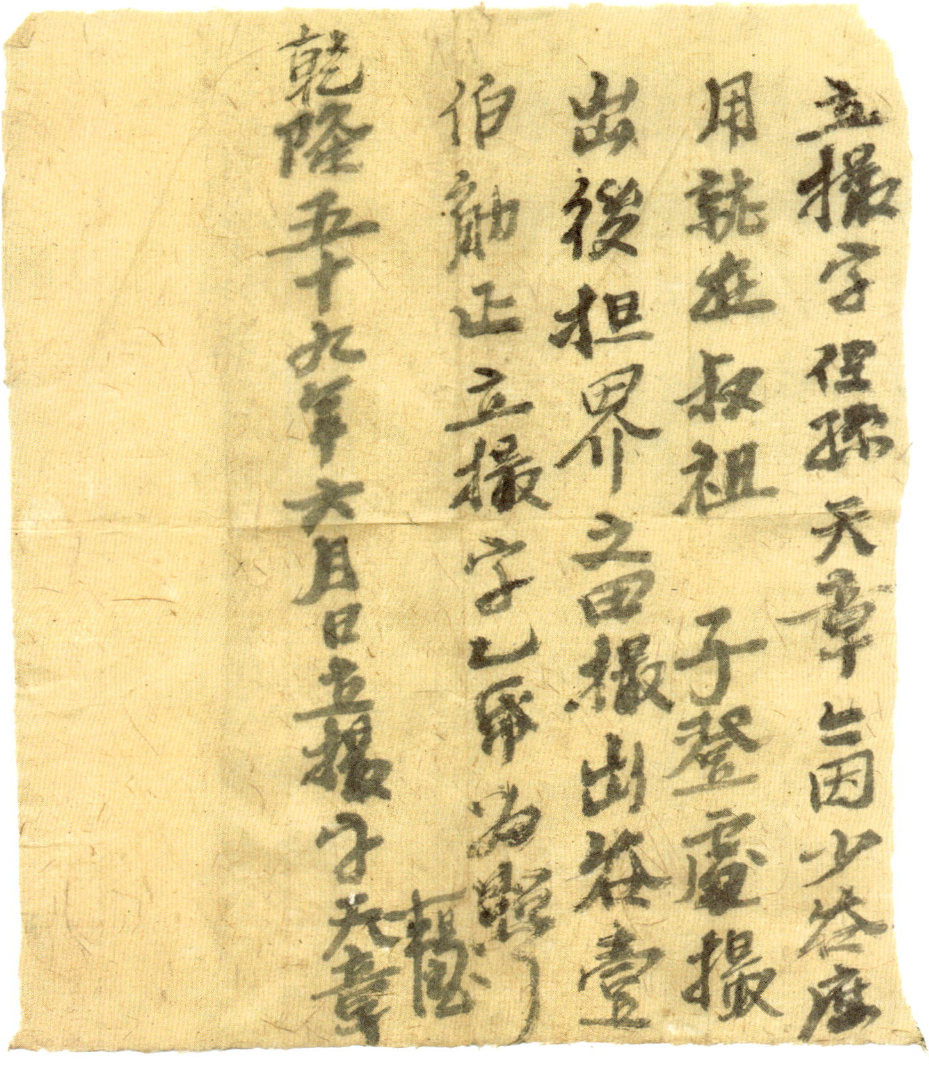
立撮字侄孫天章，今因少谷應用，就在叔祖子登處撮出後担界之田，撮出谷壹伯觔正，立撮字乙紙為照。

乾隆五十九年六月　日立撮字天章

5-1-21-13　清乾隆五十九年六月鄭天章立撮字

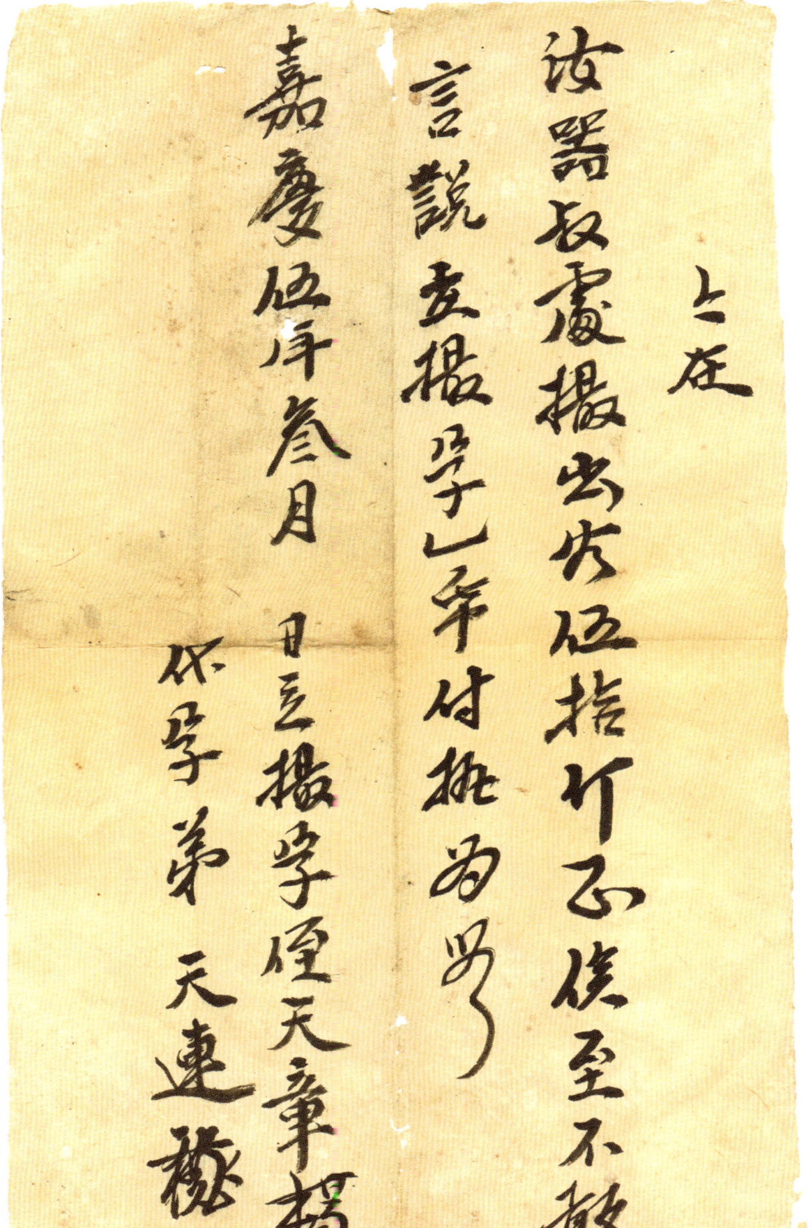

上在

汝器叔處撮出佛伍拾斤正，候至不敢

言說。其撮字一并付批爲照。

嘉慶伍年叁月　日立撮字侄天章（押）

代字弟　天連（押）

5-1-21-14　清嘉慶五年三月鄭天章立撮字

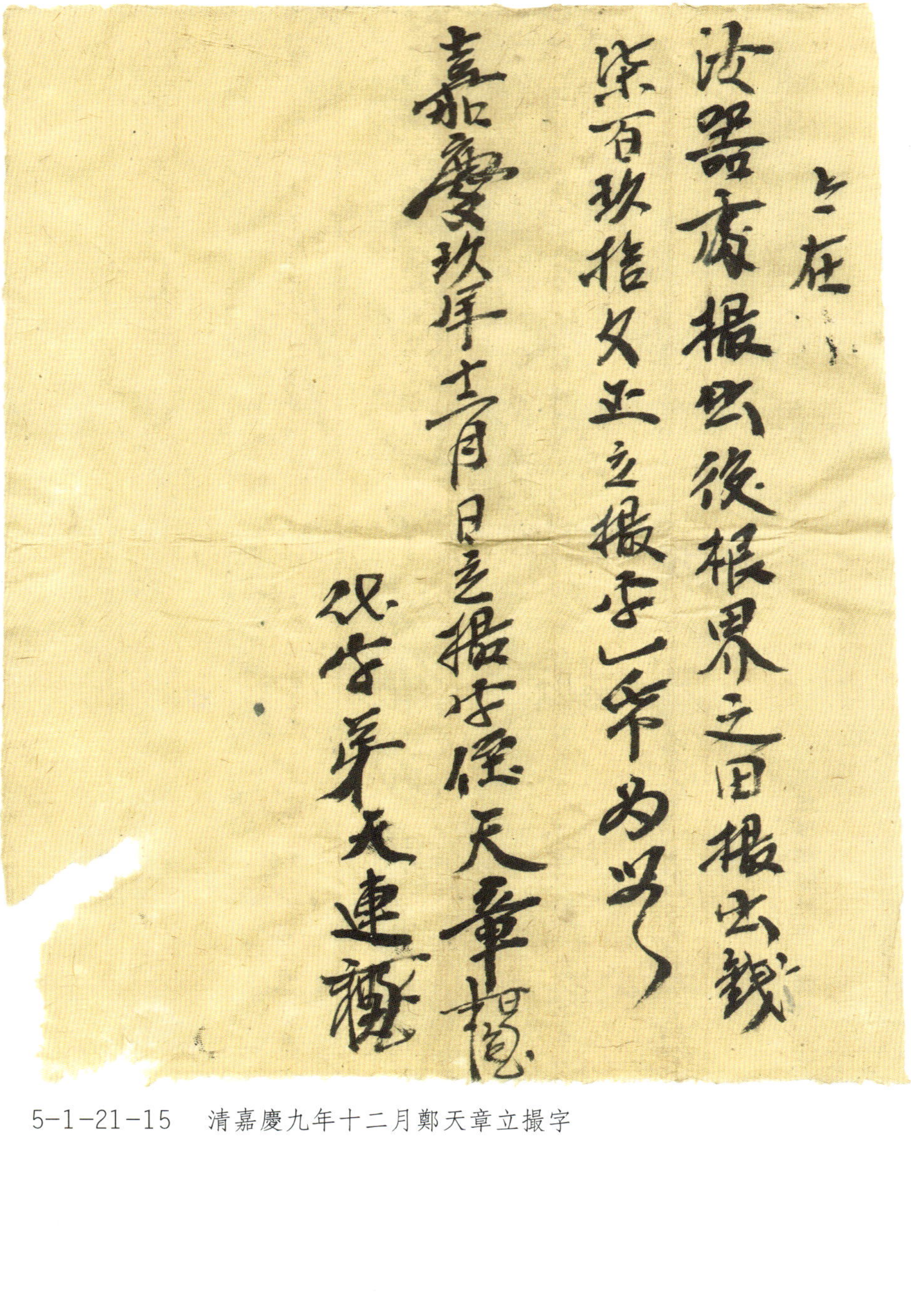

上在淡器處根出後根界之田根出錢柒百玖拾文正立撮字一紙為照

嘉慶玖年十二月　日立撮字鄭天章押

代字吳天連押

5-1-21-15　清嘉慶九年十二月鄭天章立撮字

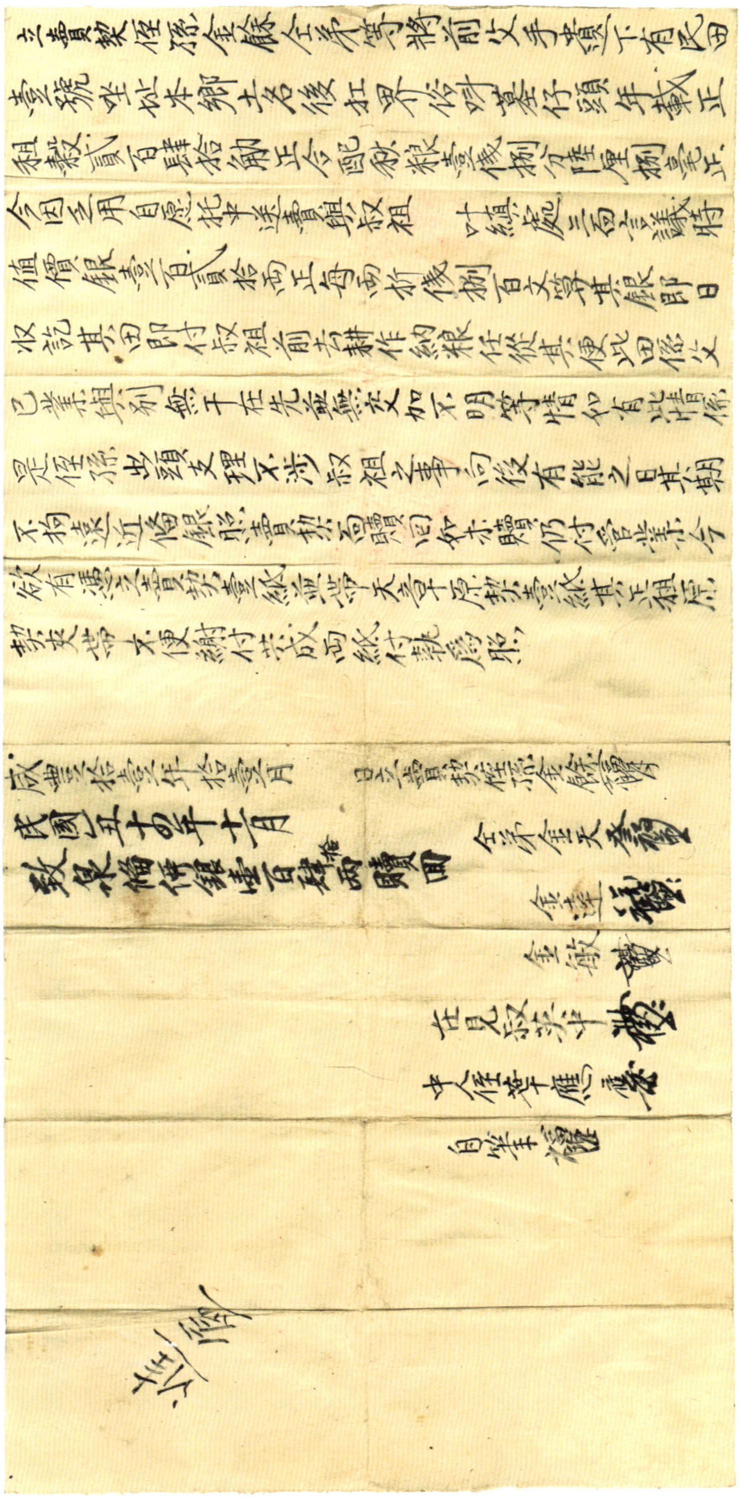
立賣契姪孫金餘仝弟等，將前父手置有民田
壹號，坐址本鄉土名後坵界仔後對墓仔頭，年載正
租穀貳百肆拾觔正，仝配秋粮壹錢捌分陸厘捌毫正。
今因乏用，自愿托中送賣與叔祖　叶緒官處三面言議，時
值價銀壹百貳拾兩正，每兩折錢捌百文，當日其銀即
收訖，其田即付叔祖前去耕作納粮，任從其便。此田係父
已業，並無重張典掛，亦無不明等情。如有此情，係
是姪孫出頭支理，不涉叔祖之事。向後有能之日，其田
不拘遠近，備價取贖，照契面銀兩取贖，仍付管業。今
欲有憑，立賣契壹紙，並[illegible]天字[illegible]契壹紙，其正租原
契[illegible]，不便繳付，[illegible]付執為照。

咸豐拾壹年拾壹月　日立賣契姪孫金餘（押）
仝弟金天喜（押）
金達（押）
金欽（押）
在見叔季平（押）
中人侄連應（押）
[illegible]筆丰（押）

民國五十四年十一月
收[illegible]備價銀叁百肆兩贖田

[illegible]

清咸豐十一年十一月鄭金餘等立賣民田契

5-1-21-16

慶雲號

大橋頭

明叶洋坊園

大信匀

張元信兄相原契壹紙

字生四弟

5-1-22-1　包契紙

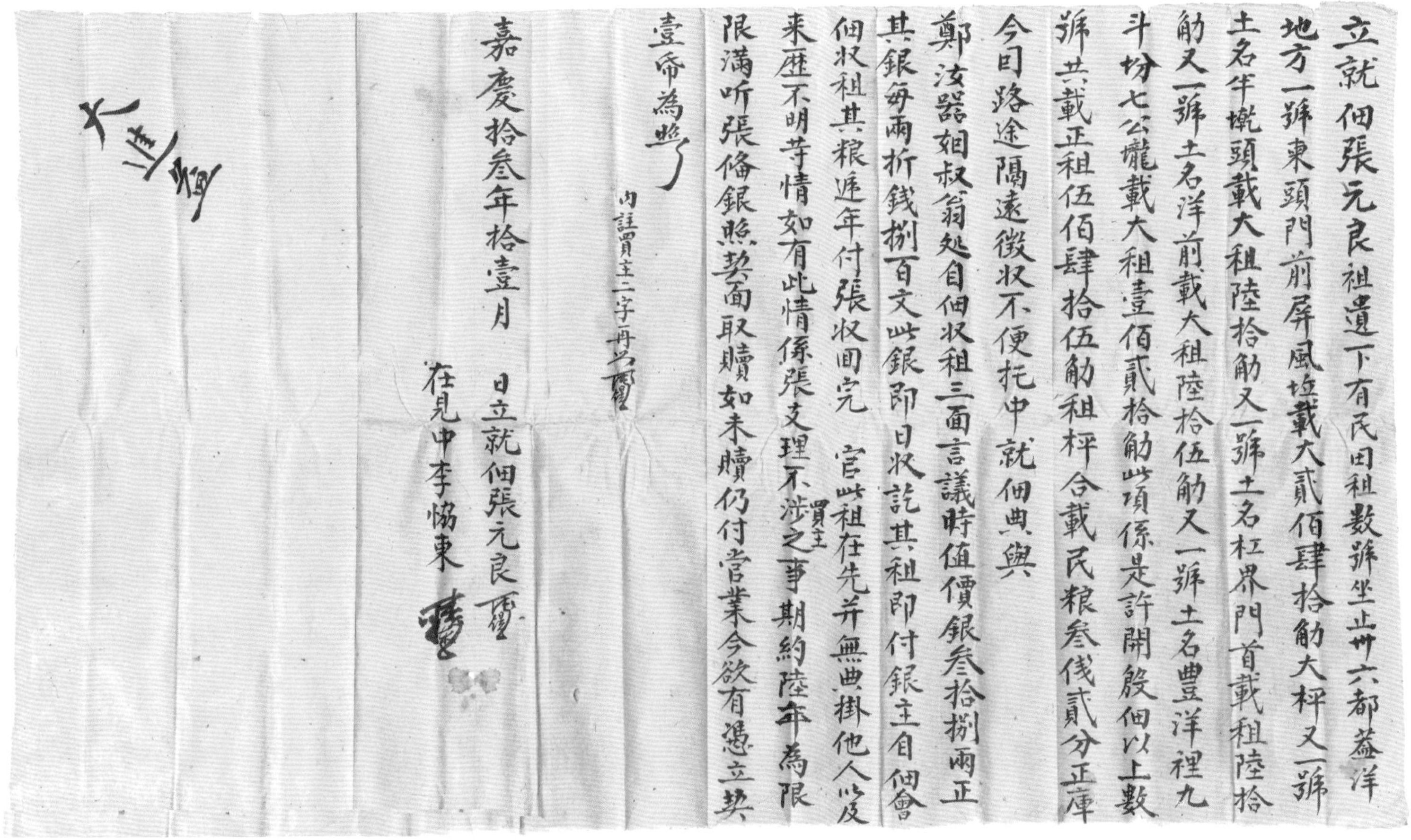

立就佃張元良祖遺下有民田租數號坐止廿六都蓋洋
地方一號東頭門前屏風垴載大貳佰肆拾觔大枰又一號
土名牛墘頭載大租陸拾觔又一號土名杜界門首載租陸拾
觔又一號土名洋前載大租陸拾伍觔又一號土名豐洋裡九
斗坵七公壠載大租壹佰貳拾觔此項係是許開殷佃以上數
號共載正租伍佰肆拾伍觔租枰合載民粮叁钱貳分正庫
今因路途隔遠徵收不便托中就佃典與
鄭汝器姻叔翁処自佃收租三面言議時值價銀叁拾捌兩正
其銀每兩折錢捌百文此銀即日收訖其租即付銀主自佃會
佃收租其粮逐年付張收回完 官此租在先并無典掛他人以及
來歷不明等情如有此情係張支理不涉買主之事期約陸年為限
限滿听張備銀照契面取贖如未贖仍付管業今欲有憑立契
壹帋為照
內註買主二字再照
嘉慶拾叁年拾壹月 日立就佃張元良
在見中李協東

5-1-22-2 清嘉慶十三年十一月張元良立就佃民田租字

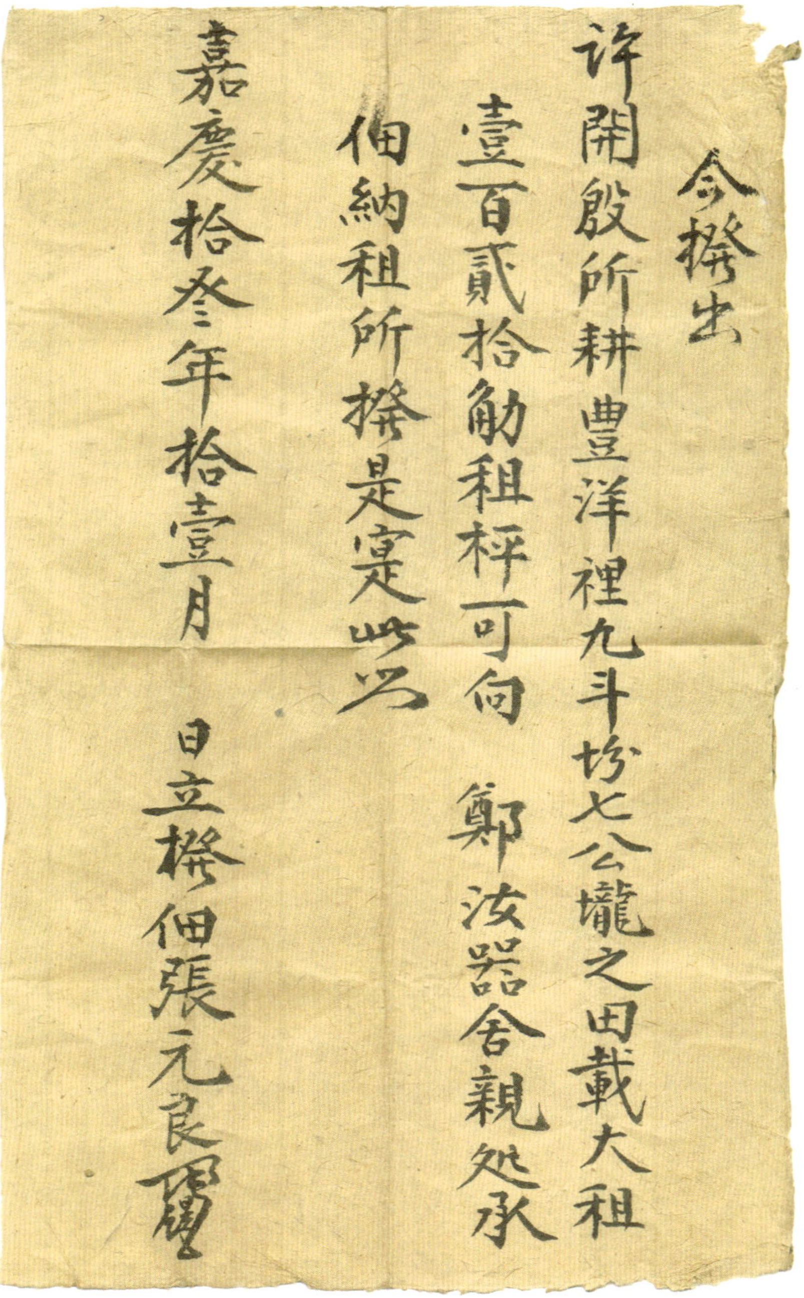

今撥出

許開殷所耕豊洋裡九斗坵七公壠之田載大租

壹百貳拾觔租秤可向　鄭汝器舍親処承

佃納租所撥是寔此照

嘉慶拾叁年拾壹月

日立撥佃張元良（押）

5-1-22-3　清嘉慶十三年十一月張元良立撥佃字

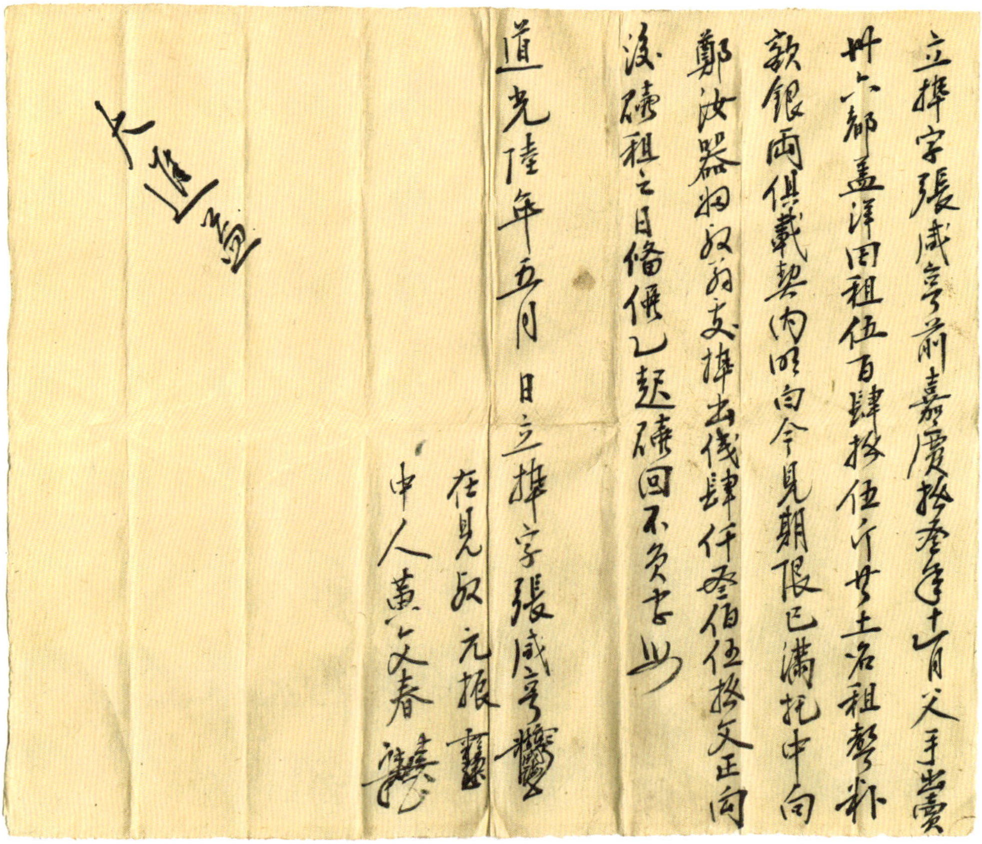
立撮字張咸亨前嘉慶拾叁年十二月父手出賣
卅六都蓋洋田租伍百肆拾伍斤并土名租墪仔
款銀兩俱載契內明白，今見期限已滿，托中向
鄭汝器同叔翁支撮出錢肆仟叁佰伍拾文正，向
後贖租之日，備價乙起贖回，不負字照。
道光陸年五月　日立撮字張咸亨（押）
在見叔元振（押）
中人黃文春（押）
大[illegible]

5-1-22-4　清道光六年五月張咸亨立撮字

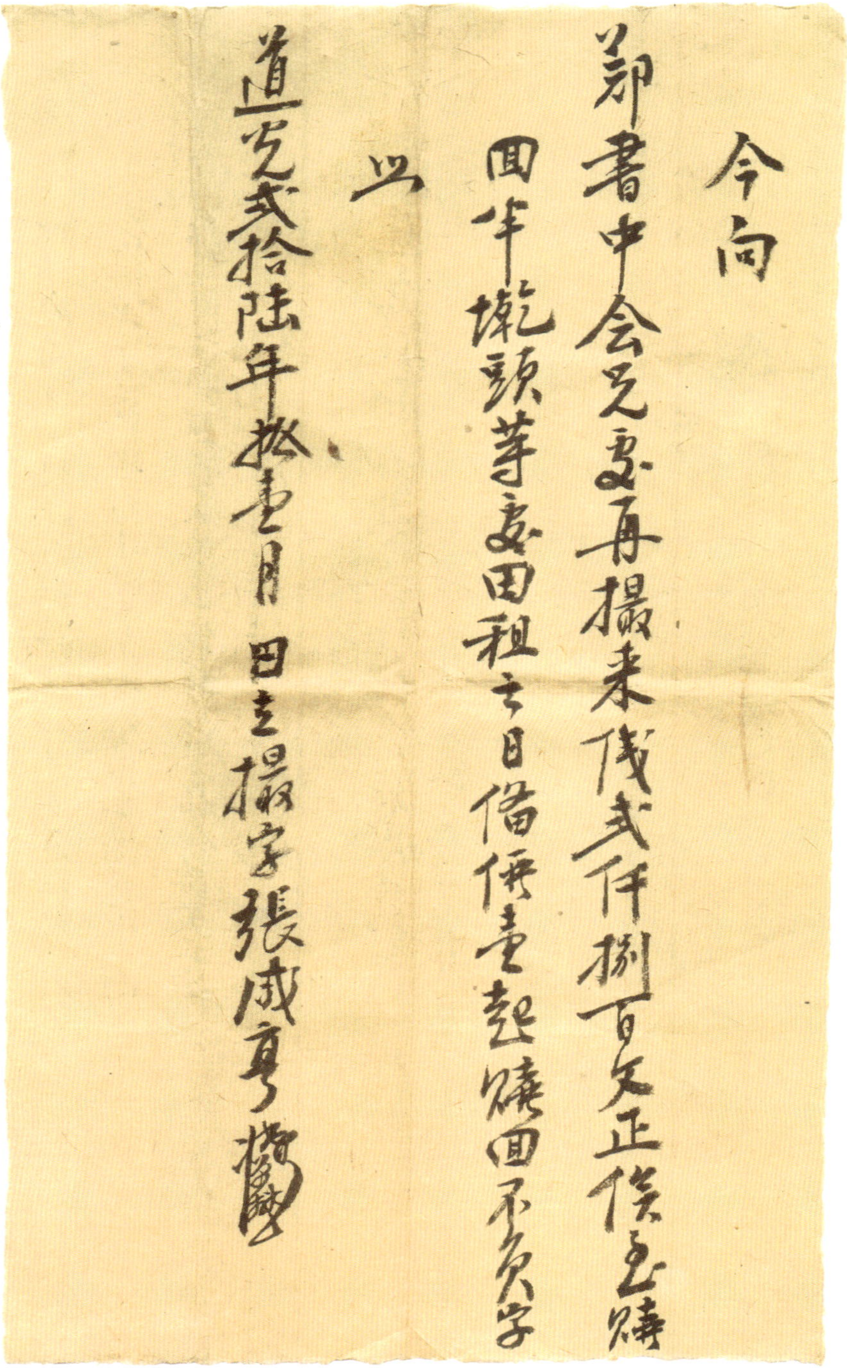
今向

鄭書中会兄處再撮来錢弍仟捌百文正俟至時

田中墘頭等處田租之日備便壹起贖回不失字

以

道光弍拾陸年拾壹月　日立撮字張咸亨（押）

5-1-22-5　清道光二十六年十一月張咸亨立撮字

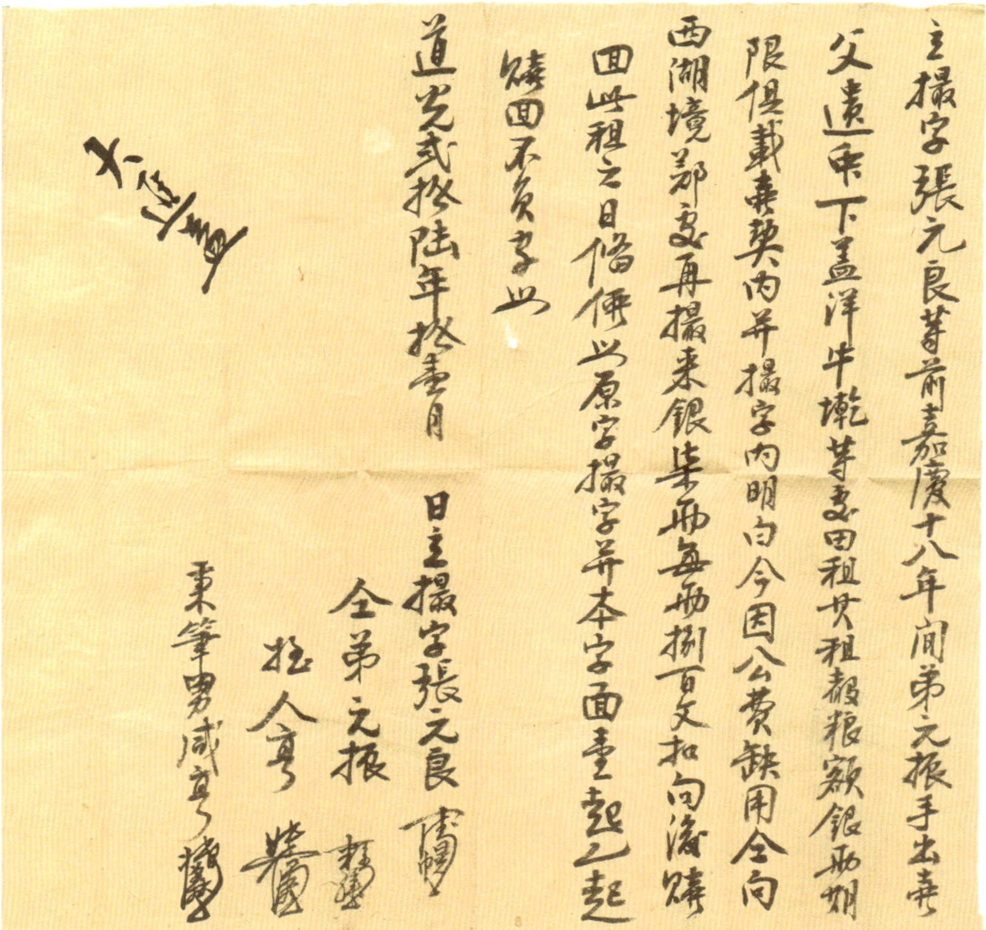

立撮字張元良等前嘉慶十八年間弟元振手出賣
父遺業下蓋洋牛墘等處田租貫租穀粮額銀兩期
限俱載賣契內并撮字內明白今因公費缺用仝向
西湖境鄭處再撮來銀柒兩每兩捌百文扣向後贖
回此租之日備價此原字撮字并本字面壹起一起
贖回不負字此

道光貳拾陸年拾壹月　日立撮字張元良（押）
仝弟元振（押）
在人亨（押）
代筆男咸亨（押）

5-1-22-6　清道光二十六年十一月張元良等立撮字

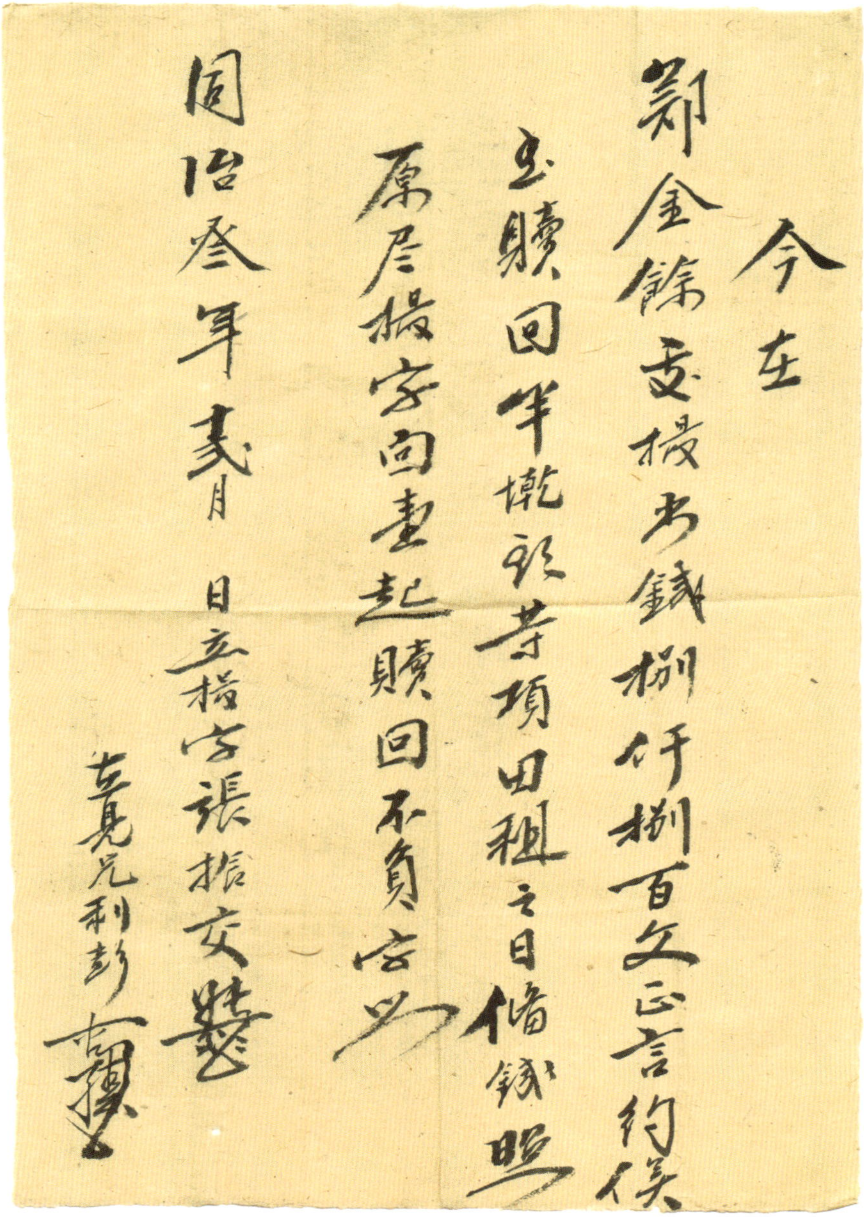
今在
鄭金餘交撥出錢捌仟捌百文正，言約俟
玉贖回半墘銀苐項田租之日備錢照
原存撥字向查起贖回不負字照。
同治叁年十二月　日立撥字張振交
在見兄利彭

5-1-22-7　清同治三年十二月張振交立撥字

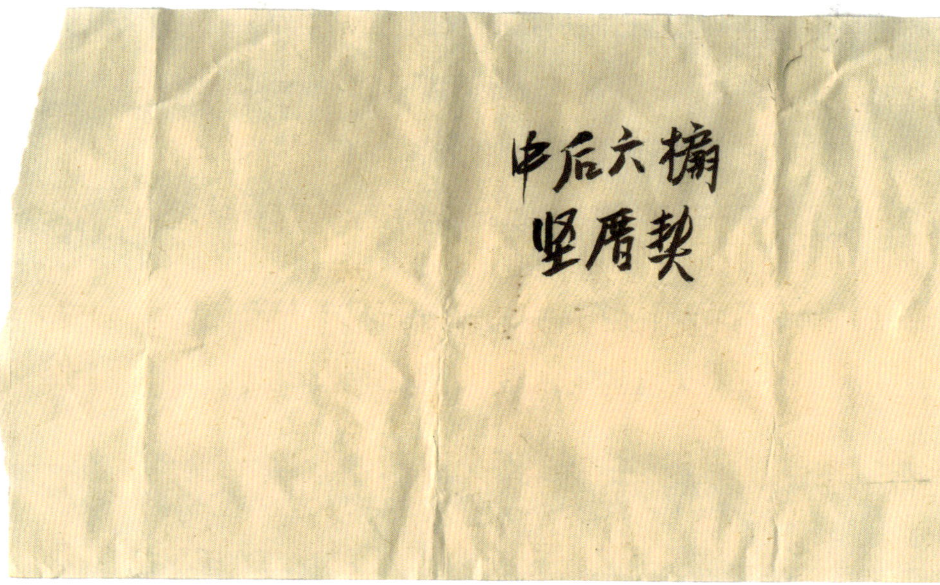

5-1-23-1　包契紙

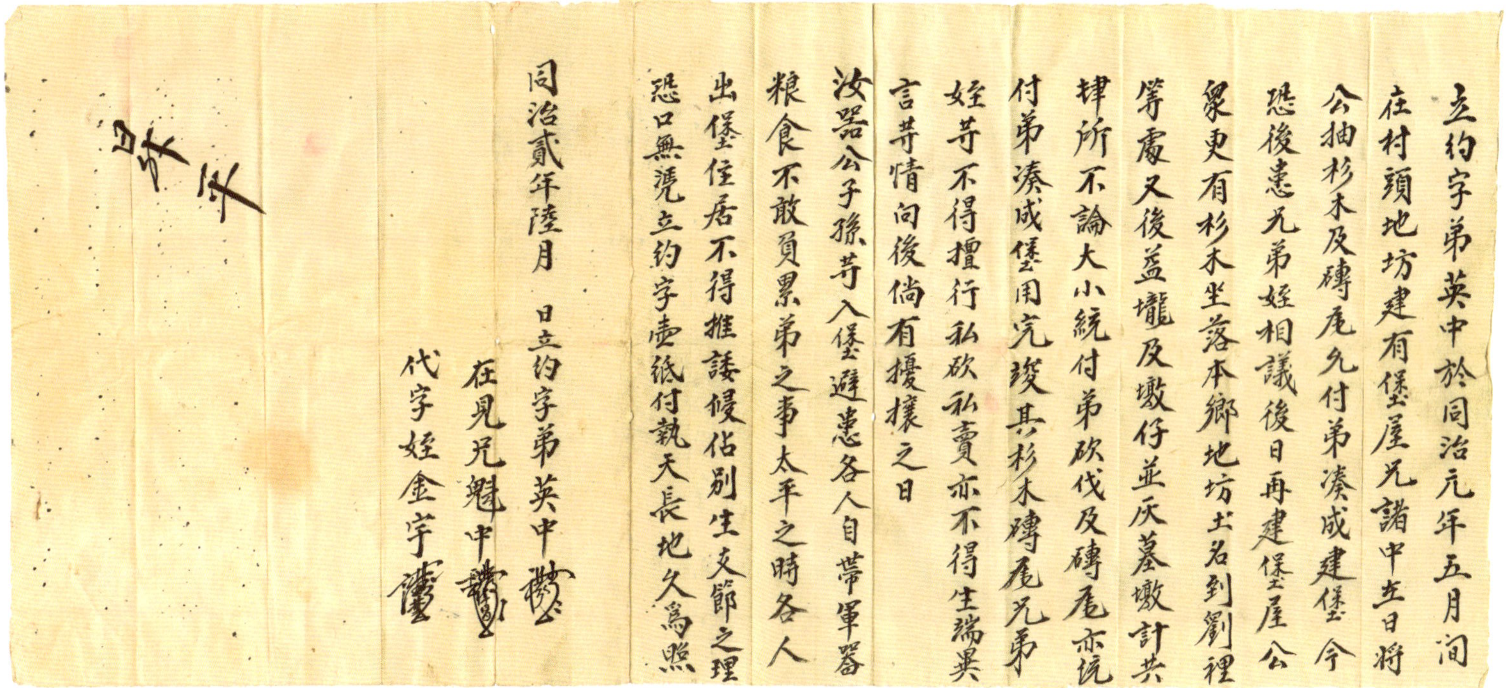
立約字弟英中於同治元年五月间
在村頭地坊建有堡屋兄諸中五日將
公抽杉木及磚瓦允付弟湊成建堡今
恐後憲兄弟姪相議後日再建堡屋公
衆更有杉木坐落本鄉地坊土名劉裡
等處又後蓋壠及墩仔並灰墓墩計共
肆所不論大小統付弟砍伐及磚瓦亦既
付弟湊成堡用完竣其杉木磚瓦兄弟
姪等不得擅行私砍私賣亦不得生端異
言等情向後倘有擾攘之日
汝器公子孫等入堡避患各人自帶軍器
粮食不敢負累弟之事太平之時各人
出堡住居不得推諉僥佔别生支節之理
恐口無憑立約字壹紙付執天長地久爲照
同治貳年陸月　日立約字弟英中（押）
在見兄魁中（押）
代字姪金宇（押）
昇平

5-1-23-2　清同治二年六月鄭英中立約字

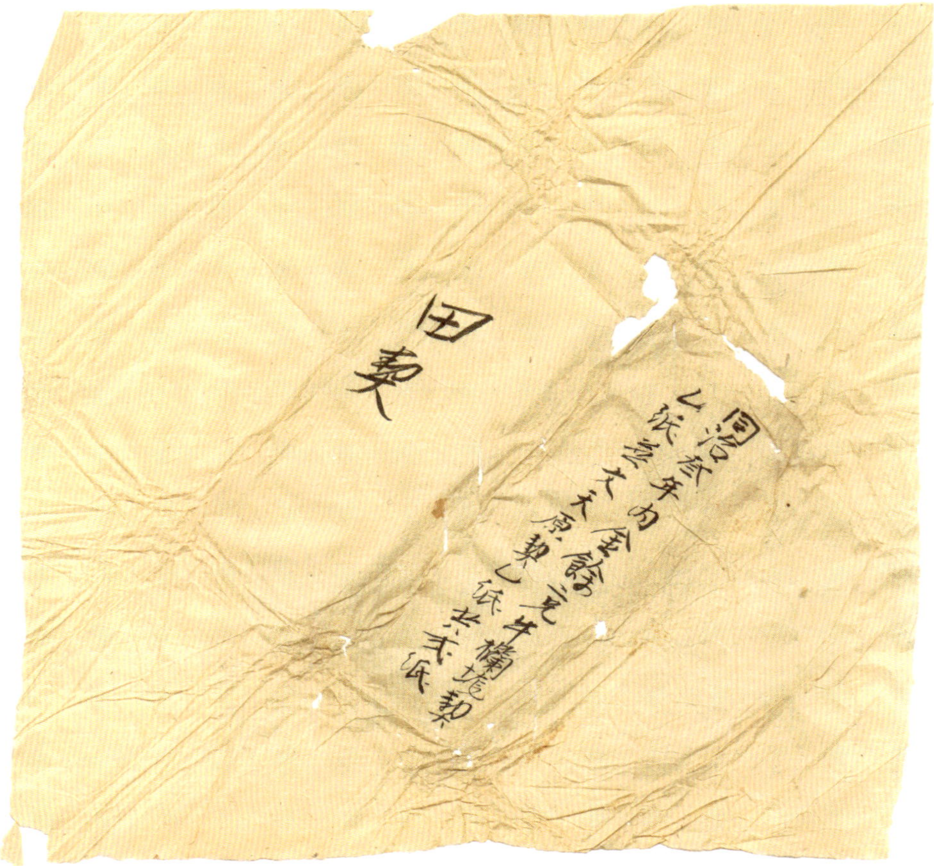

5-1-24-1　包契紙

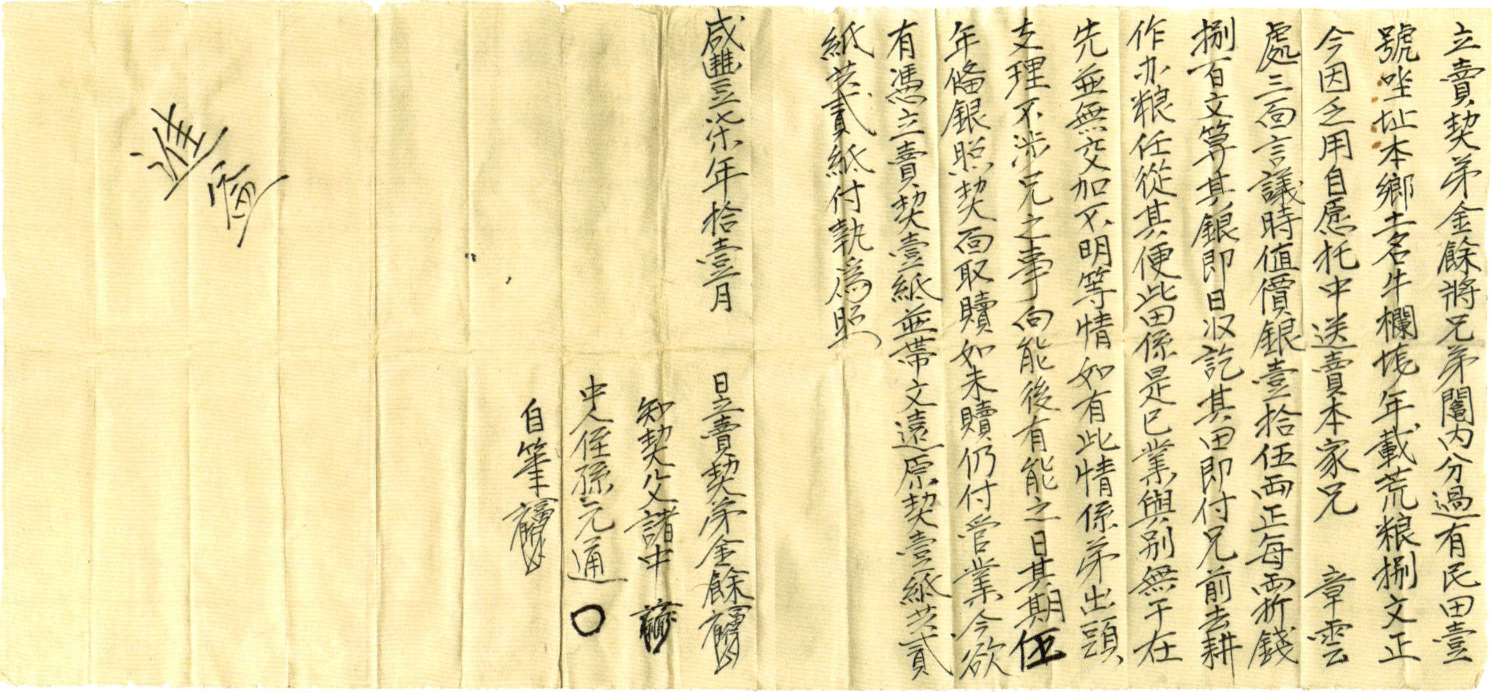
立賣契弟金餘將兄弟鬮內分過有民田壹
號坐址本鄉土名牛欄垰年載荒粮捌文正
今因乏用自愿托中送賣本家兄　章雲
處三面言議時值價銀壹拾伍両正每両折錢
捌百文等其銀即日收訖其田即付兄前去耕
作办粮任從其便此田係是己業與别無干在
先並無交加不明等情如有此情係弟出頭
支理不涉兄之事向能後有能之日其期伍
年備銀照契面取贖如未贖仍付管業今欲
有憑立賣契壹紙並帶文遠原契壹紙共貳
紙共貳紙付執為照

咸豐柒年拾壹月　日立賣契弟金餘（押）
知契父諸中（押）
中人侄孫元通（押）
自筆（押）

進價

5-1-24-2　清咸豐七年十一月鄭金餘立賣民田契

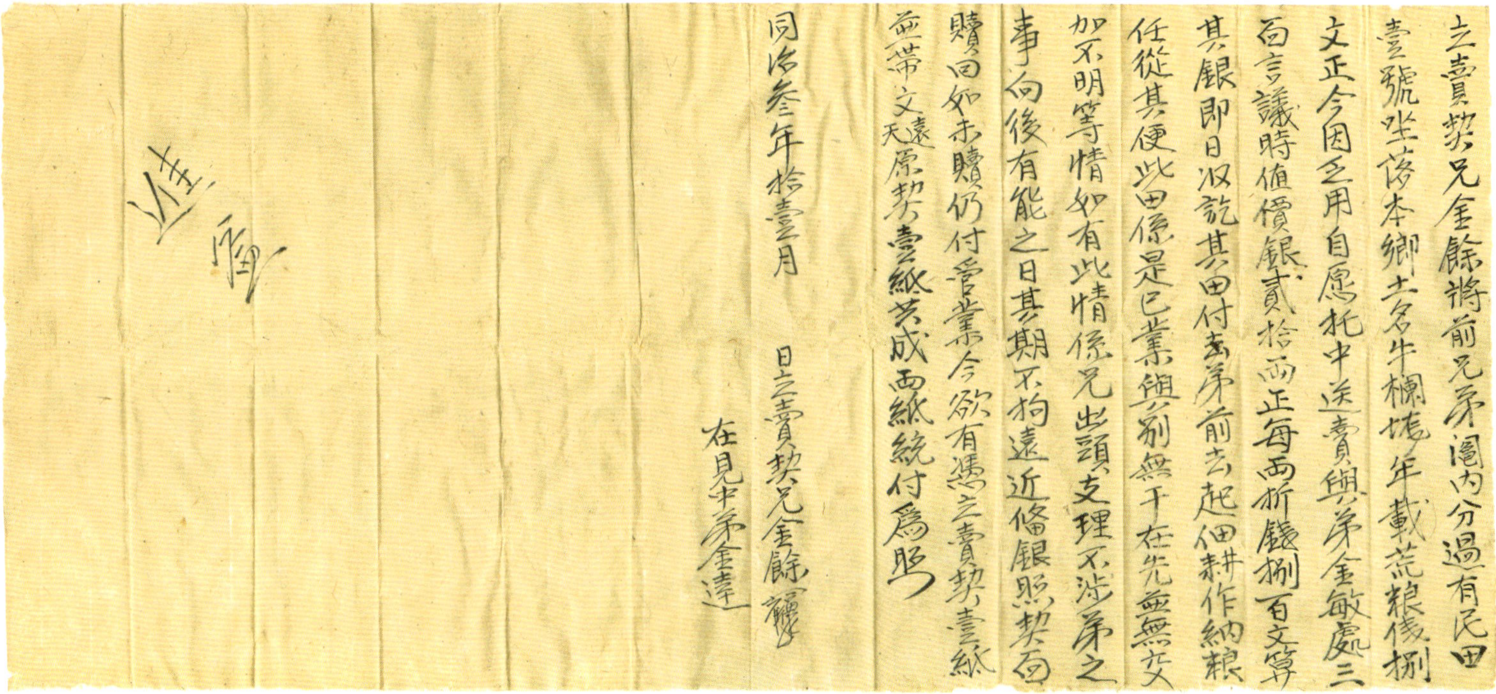
立賣契兄金餘將前兄弟鬮內分過有民田
壹號坐落本鄉土名牛欄坵年載荒粮俵捌
文正今因乏用自愿托中送賣與弟金敏處三
面言議時值價銀貳拾兩正每兩折錢捌百文算
其銀即日收訖其田付與弟前去起佃耕作納粮
任從其便此田係是己業與别無干在先並無交
加不明等情如有此情係兄出頭支理不涉弟之
事向後有能之日其期不拘遠近備銀照契面
贖回如未贖仍付管業今欲有憑立賣契壹紙
並帶文遠原契壹紙共成兩紙統付為照
同治叁年拾壹月 日立賣契兄金餘（押）
在見中弟金達

5-1-24-3 清同治三年十一月鄭金餘立賣民田字

5-1-25-1　包契紙

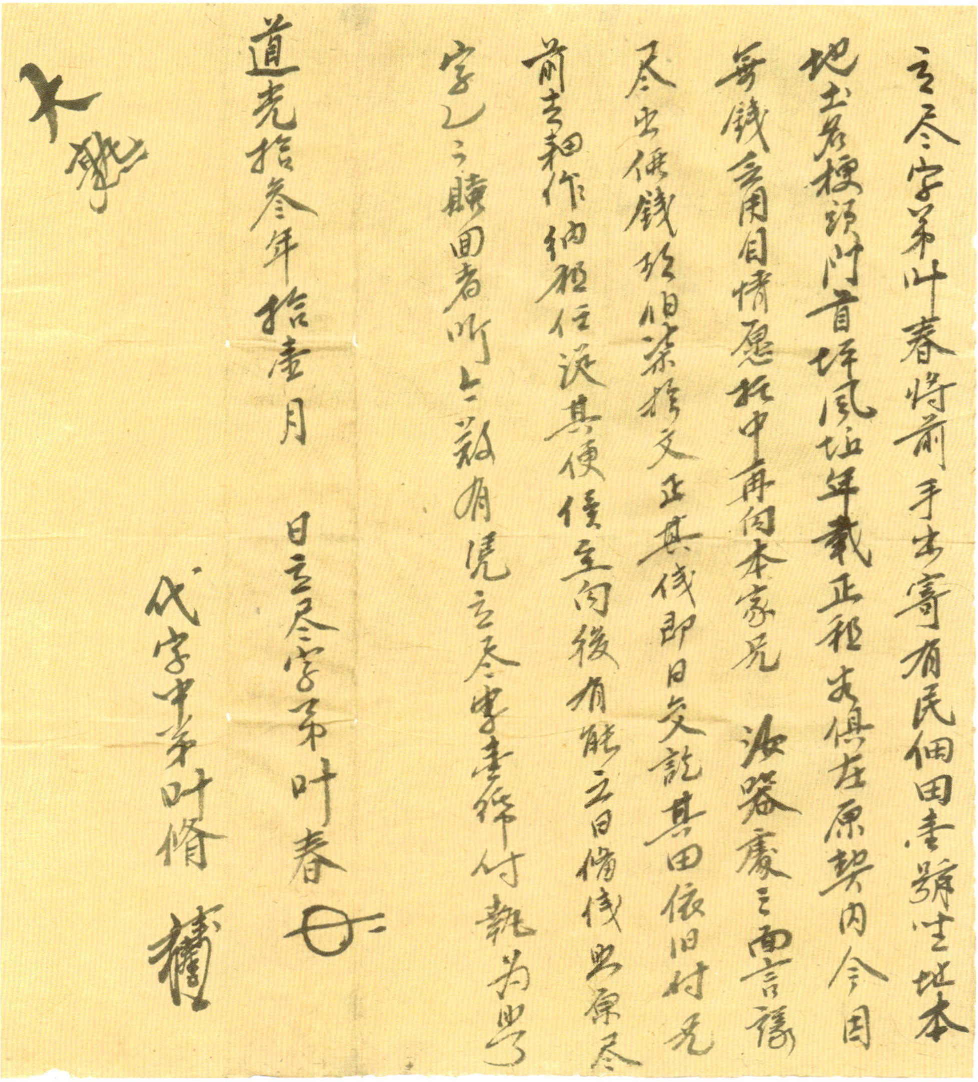
立盡字弟叶春將前手出寄有民佃田壹號土址本
地土名楼頭門首坪風垃年載正租文俱在原契内今因
要錢應用自情愿托中再向本家兄　汝器處三面言議
盡出價錢玖佰柒拾文正其錢即日交訖其田依旧付兄
前去耕作納租任從其便價立之後有能之日備錢照原盡
字一一贖回無阻今欲有憑立盡字壹紙付執為照

道光拾叁年拾壹月　　日立盡字弟叶春（押）

代字中弟叶脩（押）

大發

5-1-25-2　清道光十三年十一月鄭叶春立盡民佃田字

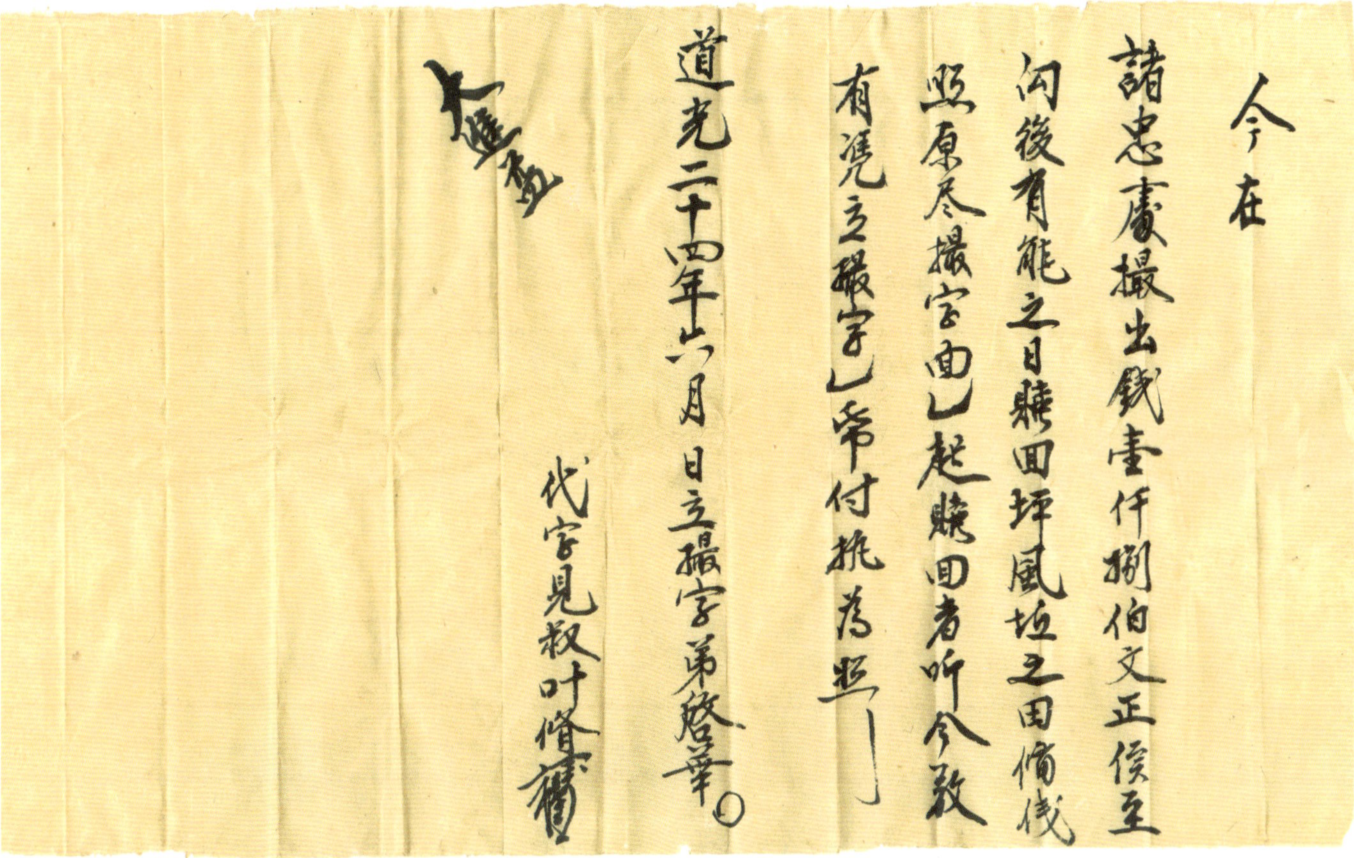

今在
諸忠處撮出錢壹仟捌伯文正侯至
冬後有能之日贖回坪風垣之田備錢
照原本撮字內起贖田者听今欲
有憑立撮字一帋付執為照
道光二十四年六月 日立撮字弟啓華
代字見叔叶修[illegible]
大進吉

5-1-25-3　清道光二十四年六月鄭啓華立撮字

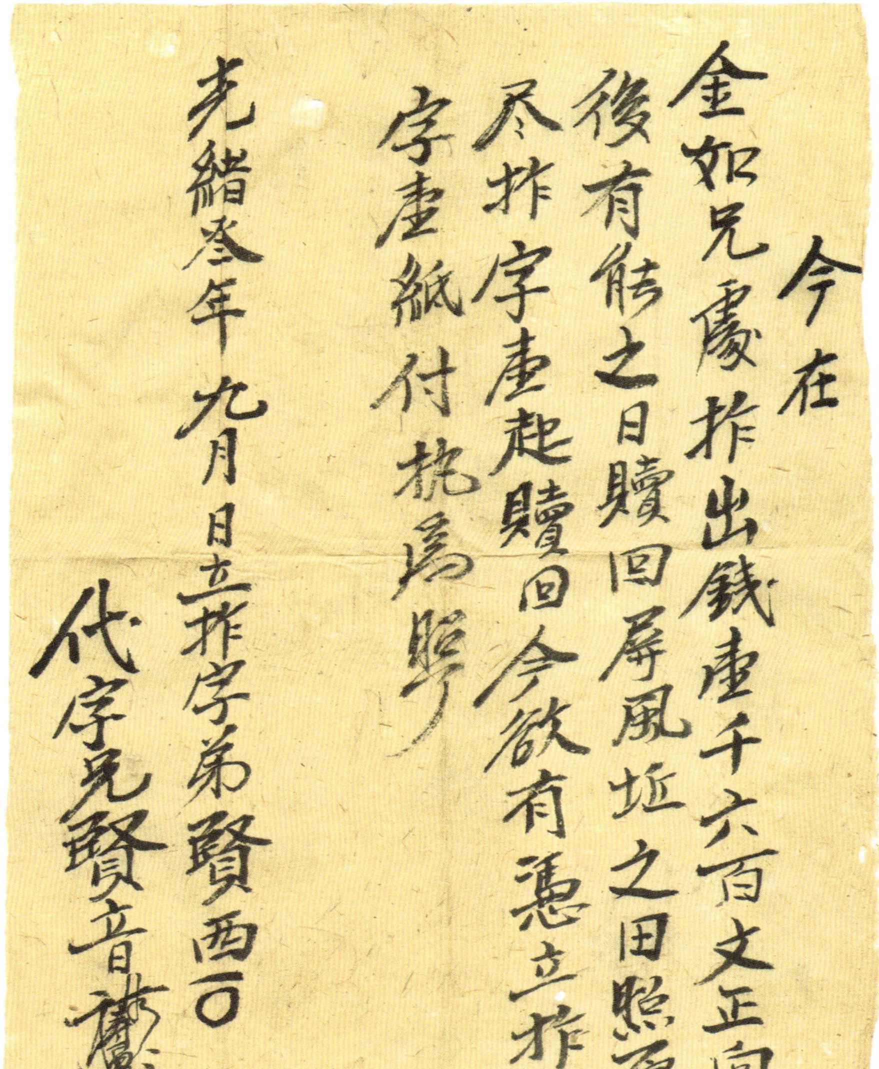

今在

金如兄處撮出錢壹千六百文正向

後有能之日贖回屛風垭之田照原

尽撮字壹起贖回今欲有憑立撮

字壹紙付執爲照

光緒叁年　九月　日立撮字弟賢西（押）

代字兄賢音（押）

5-1-25-4　清光緒三年九月鄭賢西立撮字

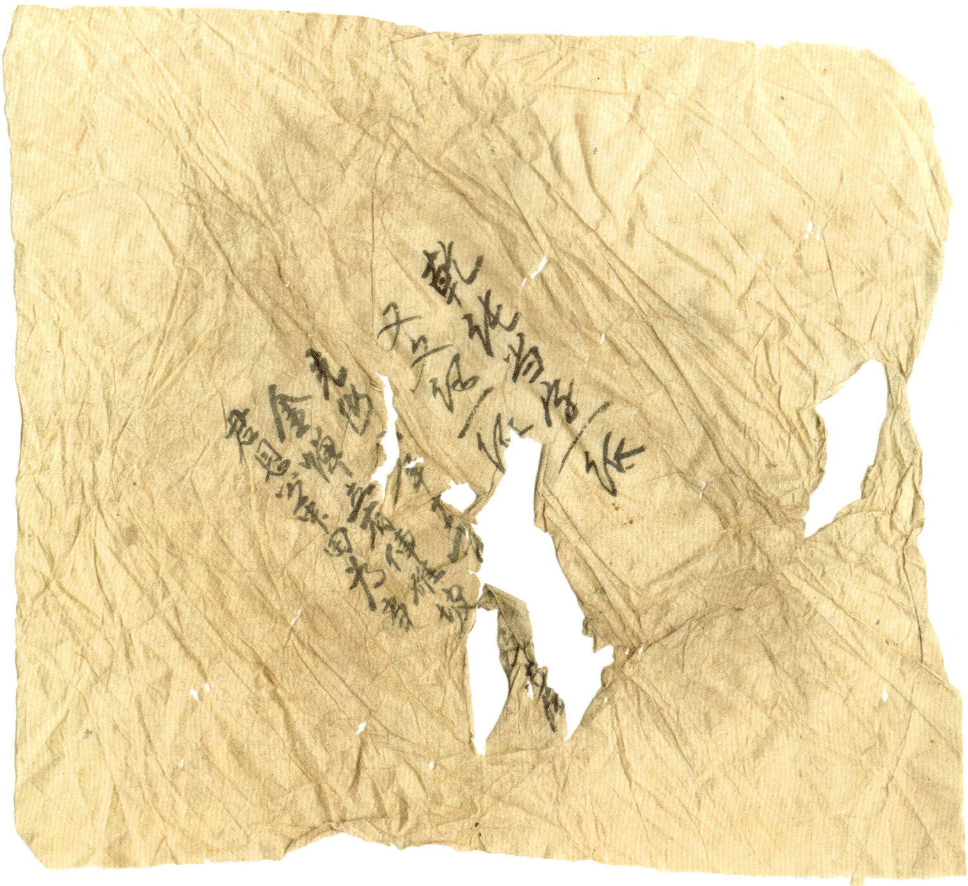

5-1-26-1　包契紙

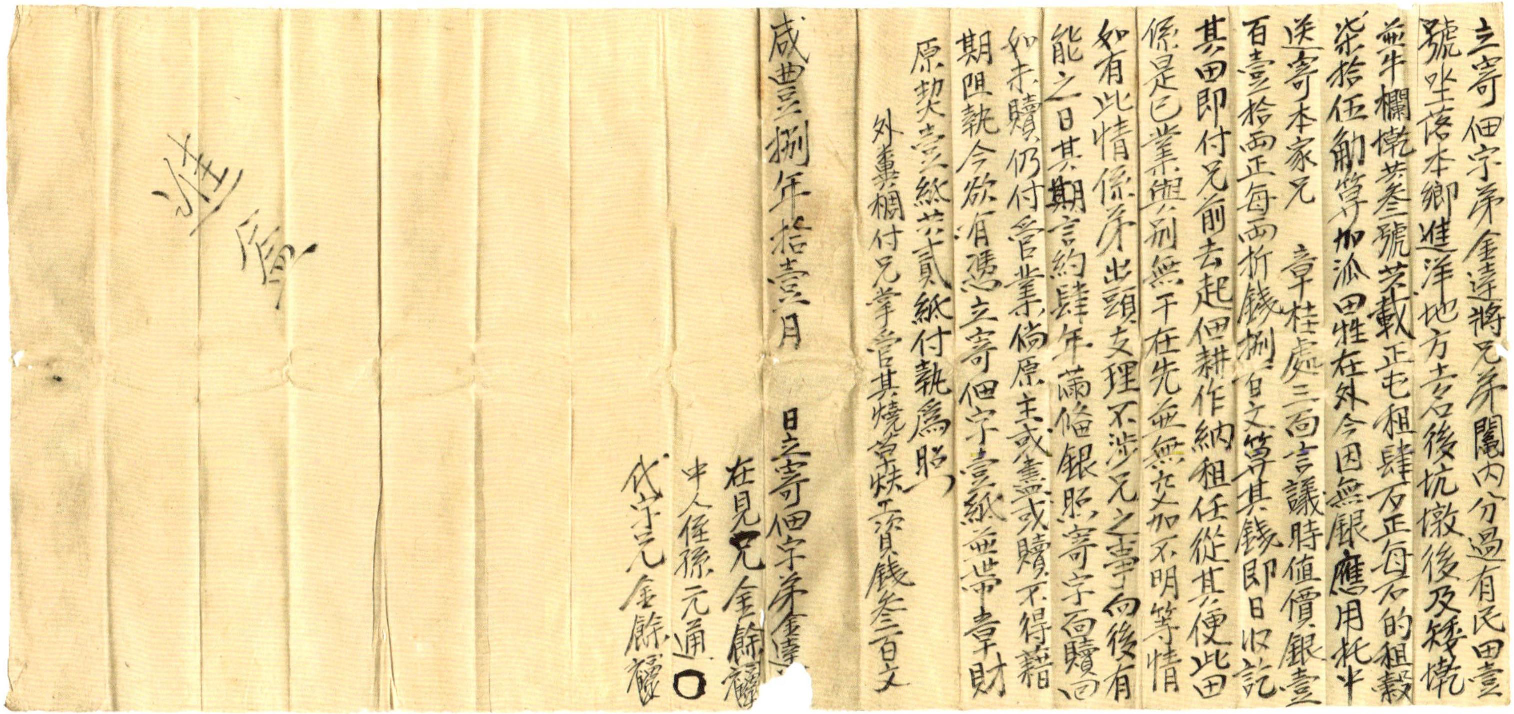
立寄佃字弟金達將兄弟鬮內分過有民田壹
號坐落本鄉進洋地方土名後坑墩後及矮墘
並牛欄墘共叁號共載正乇租肆石正每石的租穀
柒拾伍觔筭加添田粧在外今因無銀應用托中
送寄本家兄　章桂處三面言議時值價銀壹
百壹拾兩正每兩折錢捌百文筭其錢即日收訖
其田即付兄前去起佃耕作納租任從其便此田
係是已業與別無干在先並無文加不明等情
如有此情係弟出頭支理不涉兄之事向後有
能之日其期言約肆年滿備銀照寄字面贖回
如未贖仍付管業倘原主或盡或贖不得藉
期阻執今欲有憑立寄佃字壹紙並帶　章財
原契壹紙共貳紙付執為照
外裏栩付兄掌管其燒草炔工資錢叁百文
咸豐捌年拾壹月　日立寄佃字弟金達
在見兄金餘
中人侄孫元通
代字兄金餘

5-1-26-2　清咸豐八年十一月鄭金達立寄佃民田字

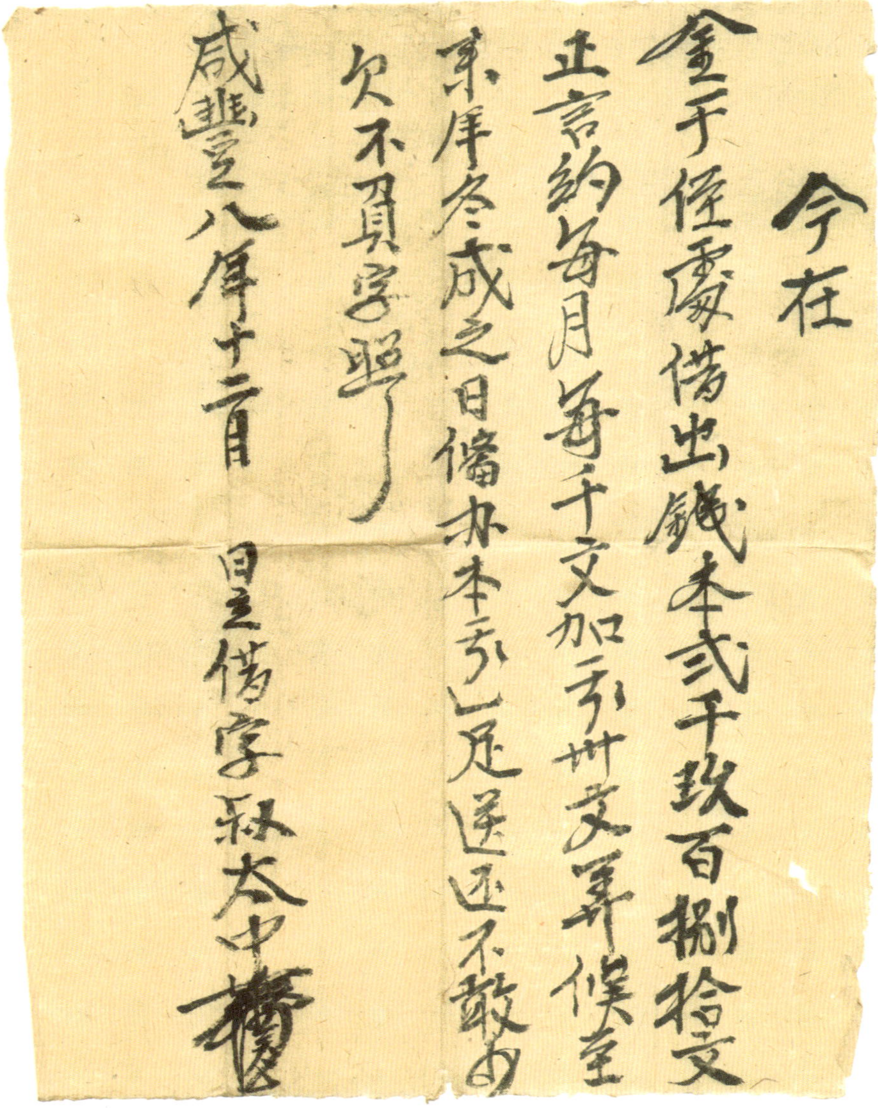
今在
金手侄處借出錢本弎千玖百捌拾文
正言約每月每千文加利卅文算俟至
來年冬成之日備办本利一足送還不敢少
欠不負字照
咸豐八年十二月 日立借字郑太中（押）

5-1-26-3　清咸豐八年十二月鄭太中立借錢字

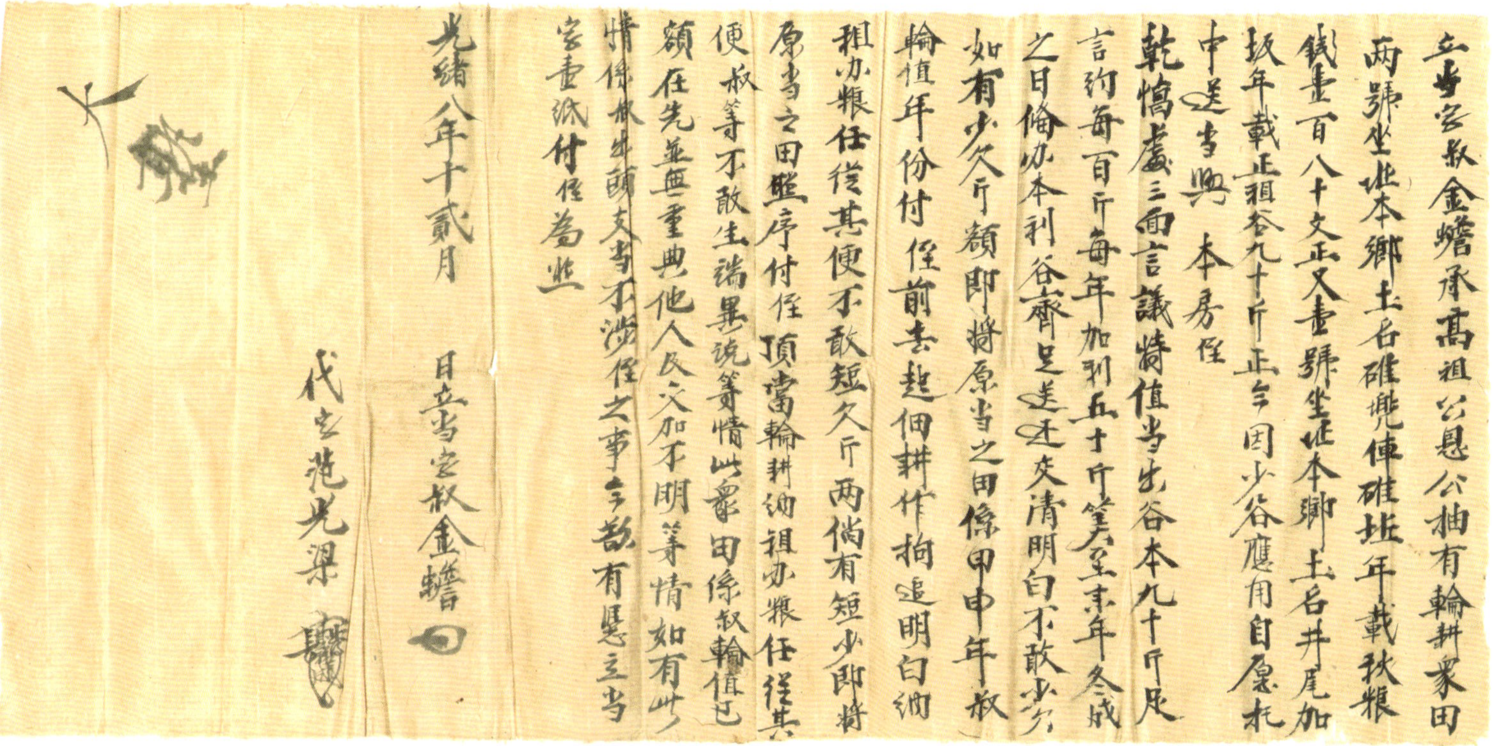
立當字叔金蟾承高祖公恳公抽有輪耕衆田
兩號坐址本鄉土名碓兜俥碓址年載秋粮
錢壹百八十文正又壹號坐址本鄉土名井尾加
坂年載正租谷九十斤正今因少谷應用自愿托
中送與本房侄
乾憶處三面言議將值當出谷本九十斤足
言約每百斤每年加利五十斤算至來年冬成
之日備办本利谷齊足送还交清明白不敢少欠
如有少欠斤額即將原當之田係甲申年叔
輪值年份付侄前去起佃耕作抅追明白納
租办粮任從其便不敢短欠斤兩倘有短少即將
原當之田照序付侄頂當輪耕納祖办粮任從其
便叔等不敢生端異說等情此衆田係叔輪值已
額在先並無重典他人及文加不明等情如有此
情係叔出頭支當不涉侄之事今欲有憑立當
字壹紙付侄為照
光緒八年十貳月
日立當字叔金蟾
代字范光梁

5-1-26-4　清光緒八年十二月鄭金蟾立當輪耕衆田字

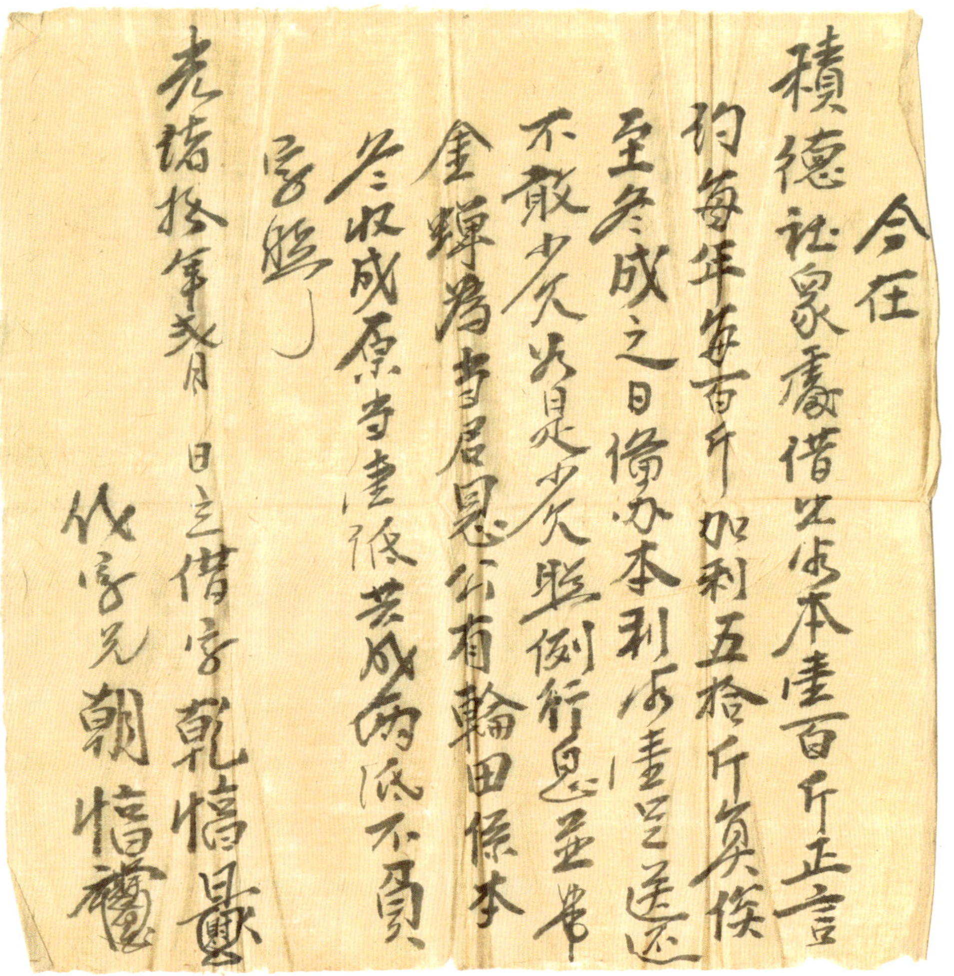

今在
積德社衆處借出谷本壹百斤正言
約每年每百斤加利五拾斤算俟
至冬成之日備办本利谷壹足送还
不敢少欠如是少欠照例行息並帶
金蟬為書居晃公有輪田係本
冬收成原谷壹佰若成為係不負
字照）
光緒拾年貳月　日立借字　乾愔
代字兄　朝愔

5-1-26-5　清光緒十年二月鄭乾愔立借穀字

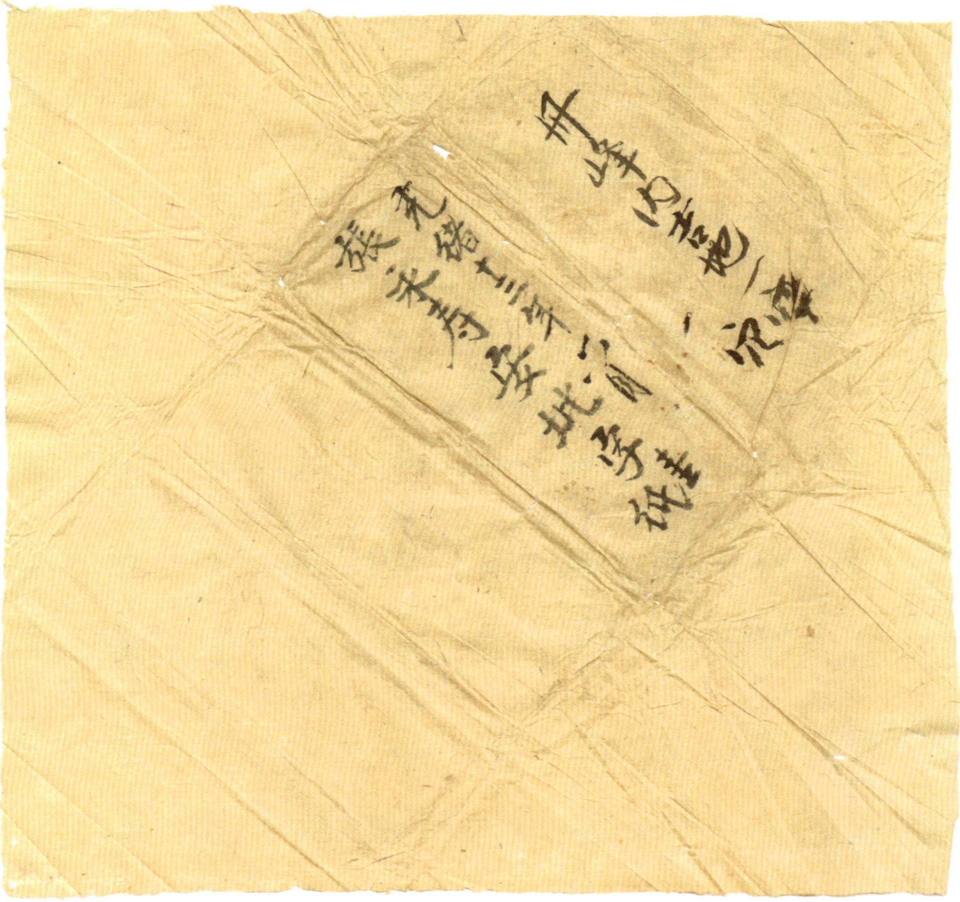

5-1-27-1　包契紙

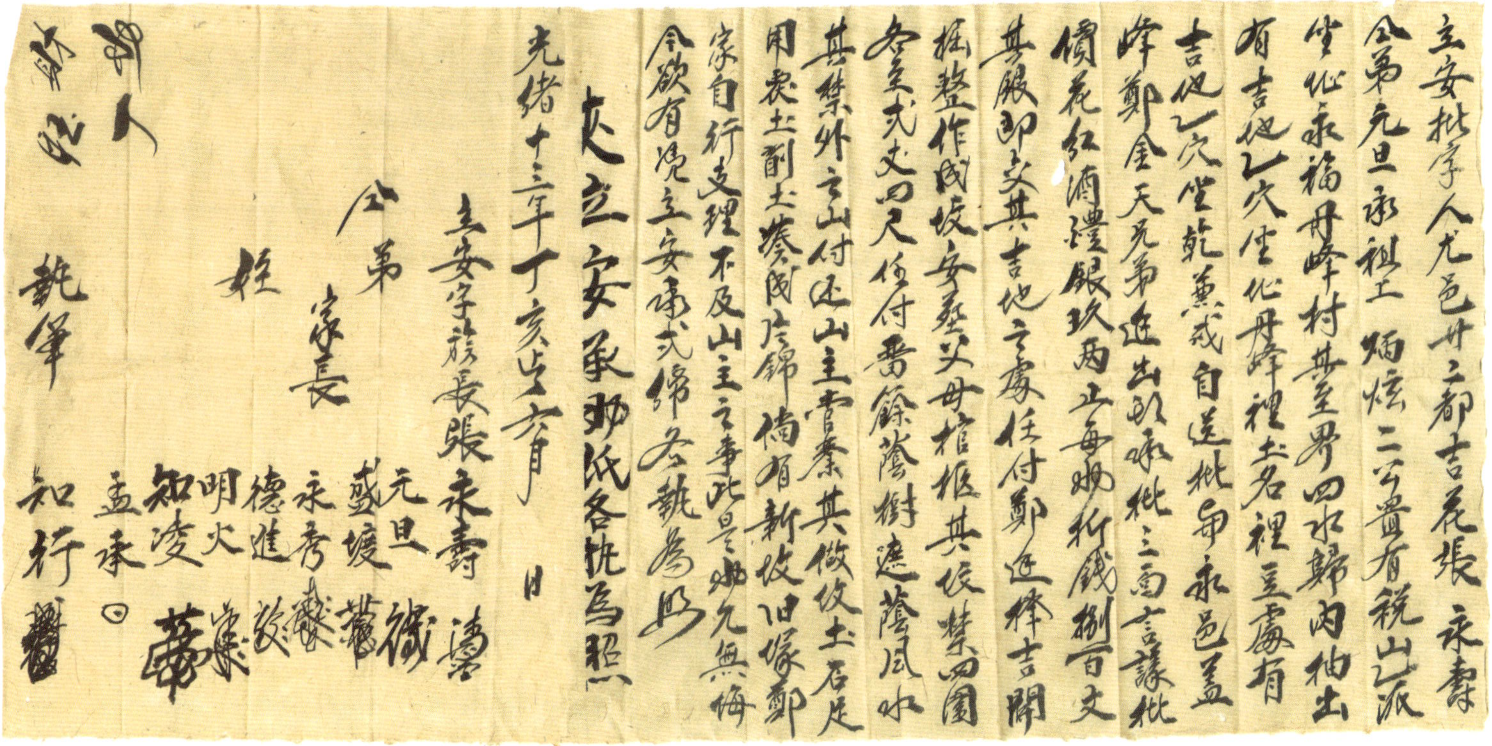

立安批字人尤邑卅二都吉苑張永壽
公第元旦承祖上炳炫二公置有税山乙派
坐化永福丹峰村共呈界四水歸内柚出
有吉地乙穴坐化丹峰裡土名裡豆處有
吉地乙穴坐乾兼戌自送批與永邑蓋
峰鄭金天兄弟近出承批三面言議批
價花紅酒禮銀玖兩正每兩折錢捌百文
其銀即交其吉地之處任付鄭近峰吉開
掘整作成坟安葬父母棺柩其坟禁四圍
各丈式丈四尺任付[illegible]餘蔭樹遮蔭風水
其禁外之山付还山主管業其做坟土石足
用衆土割土葵内[illegible]錦倫有新坟旧塚鄭
家自行支理不及山主之事此是兩允無悔
今欲有憑立安字式綿各執為照
又立安承批紙各執為照一

光緒十三年丁亥歲六月 日

立安字族長張永壽
公第 元旦 盛壤 永秀 德進 明火 知凌 孟球
家長
姪
中人
代筆 知行

5-1-27-2 清光緒十三年六月尤溪張永壽等立安批吉地字

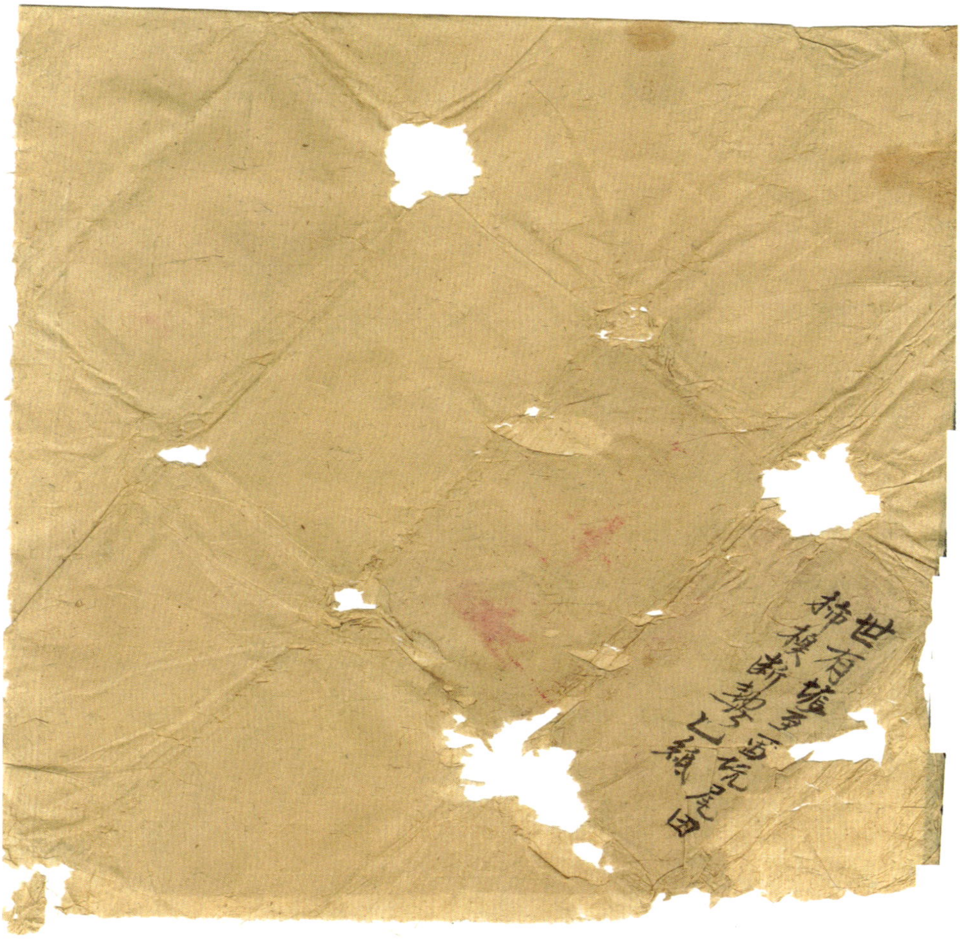

5-1-28-1　包契紙

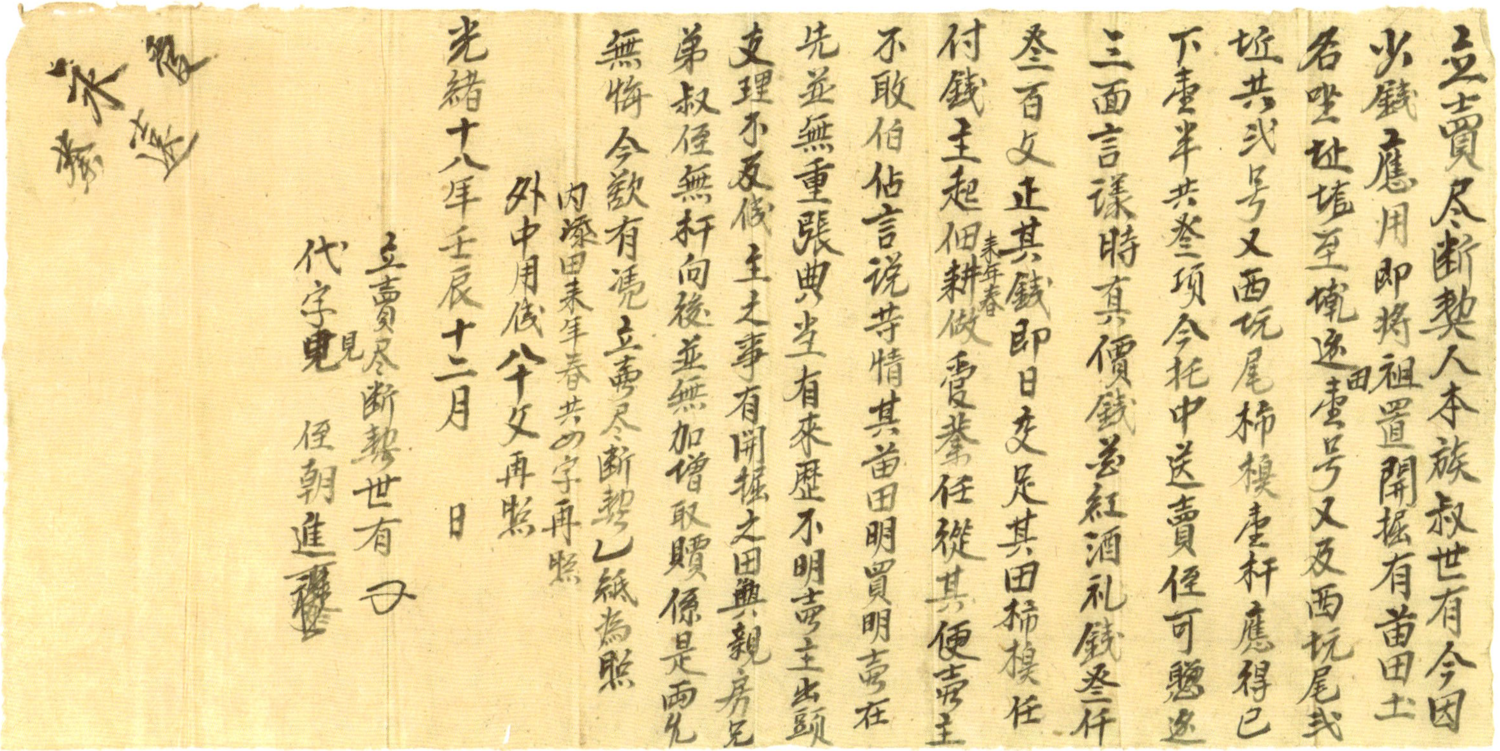

立賣盡斷契人本族叔世有今因
少錢應用，即將祖置開掘有苗田土
名坐址墘至墘迹田壹号又及西坑尾弍
址共弍号又西坑尾柿樸壹圻應得已
下壹半共叁項，今托中送賣侄可戀边
三面言議時值價錢並紅酒礼錢叁仟
叁百文正，其錢即日交足。其田柿樸任
付錢主來年春起佃耕做管業，任從其便，賣主
不敢伯佔言說等情。其苗田明買明賣，在
先並無重張典卦，有來歷不明，賣主出頭
支理，不及錢主之事。有開掘之田，與親房兄
弟叔侄無干。向後並無加價取贖，係是兩允
無悔。今欲有憑，立賣盡斷契乙紙為照。
內添田來年春共四字再照
外中用錢八千文再照
光緒十八年壬辰十二月　日
立賣盡斷契世有（押）
見　侄朝進（押）
代字

5-1-28-2　清光緒十八年十二月鄭世有立賣盡斷苗田等契

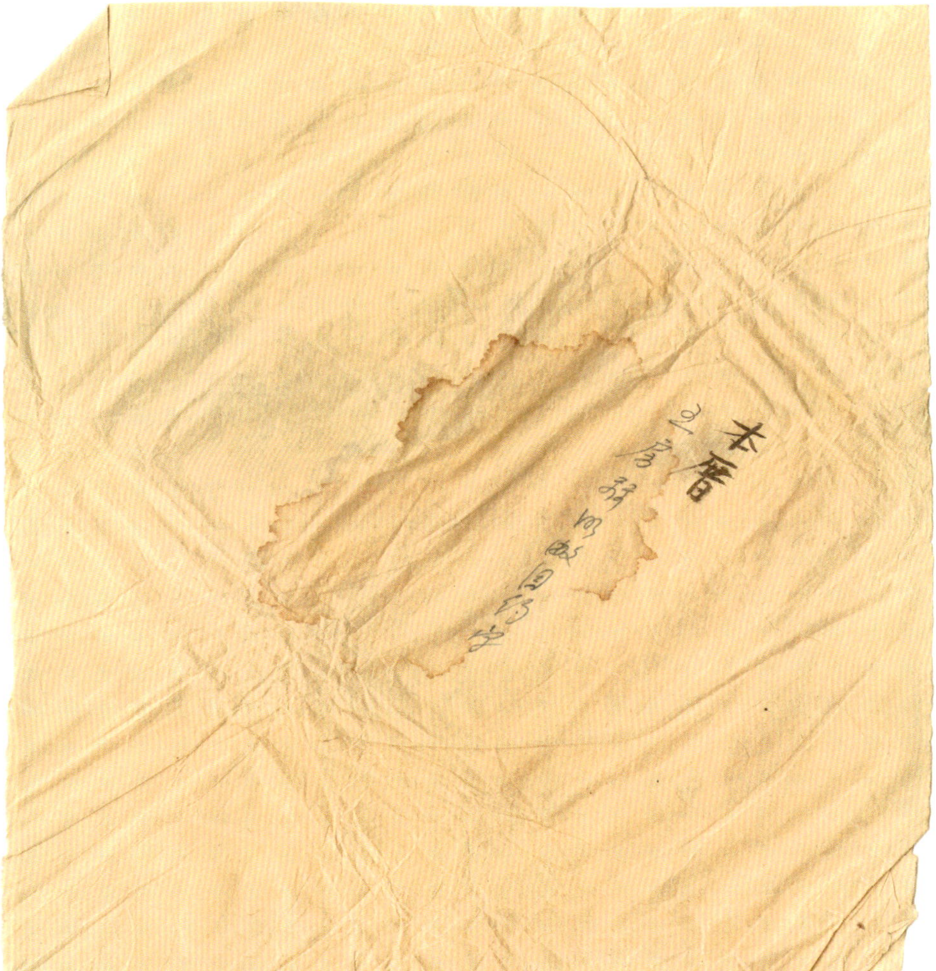

5-1-29-1　包契紙

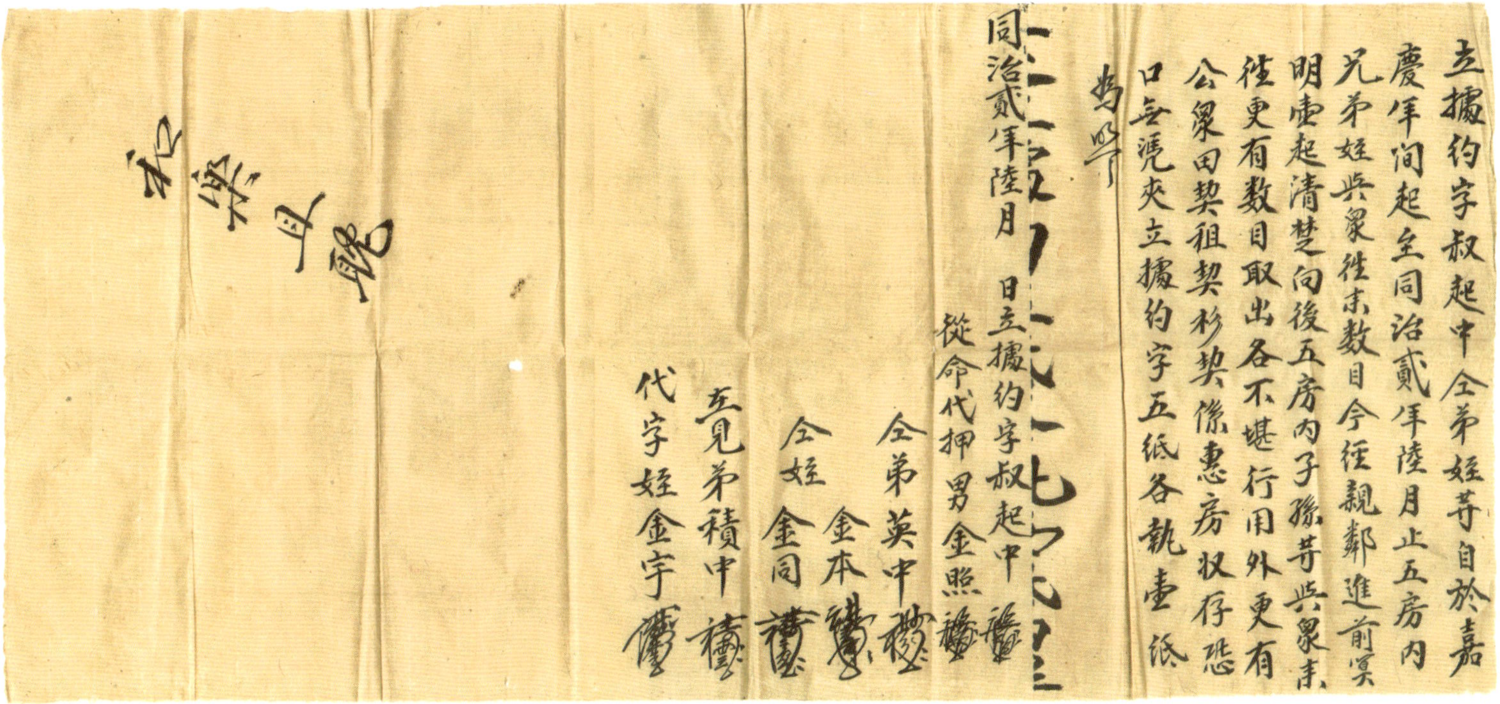

立據約字叔起中仝弟姪等自於嘉慶年間起至同治貳年陸月止五房內兄弟姪與衆往來數目今經親鄰進前算明並起清楚向後五房內子孫等與衆來往更有數目取出各不堪行用外更有公衆田契租契杉契係惠房收存恐口無憑爰立據約字五紙各執壹紙為照

同治貳年陸月　日立據約字叔起中（押）
從命代押男金照（押）
仝弟英中（押）
金本（押）
仝姪　金同（押）
在見弟積中（押）
代字姪金宇（押）

和樂且耽

5-1-29-2　清同治二年六月鄭起中等立據約字

立和據字伯仲叔季の房兄弟
侄等于前祖父並自己手所有
來往数目字紙並尽田等項至
光緒十九年止盡起清算向後取
出不堪行用恐口無憑立據四
の紙各執盡紙為照
光緒二十年正月　日立和據字
伯房侄致岳
仲房侄致水○
叔房叔金達
季房叔金敏
在見弟金蓮
代字侄金鑫昌
一團和氣

5-1-29-3　清光緒二十年正月鄭致岳等四房兄弟立和據字

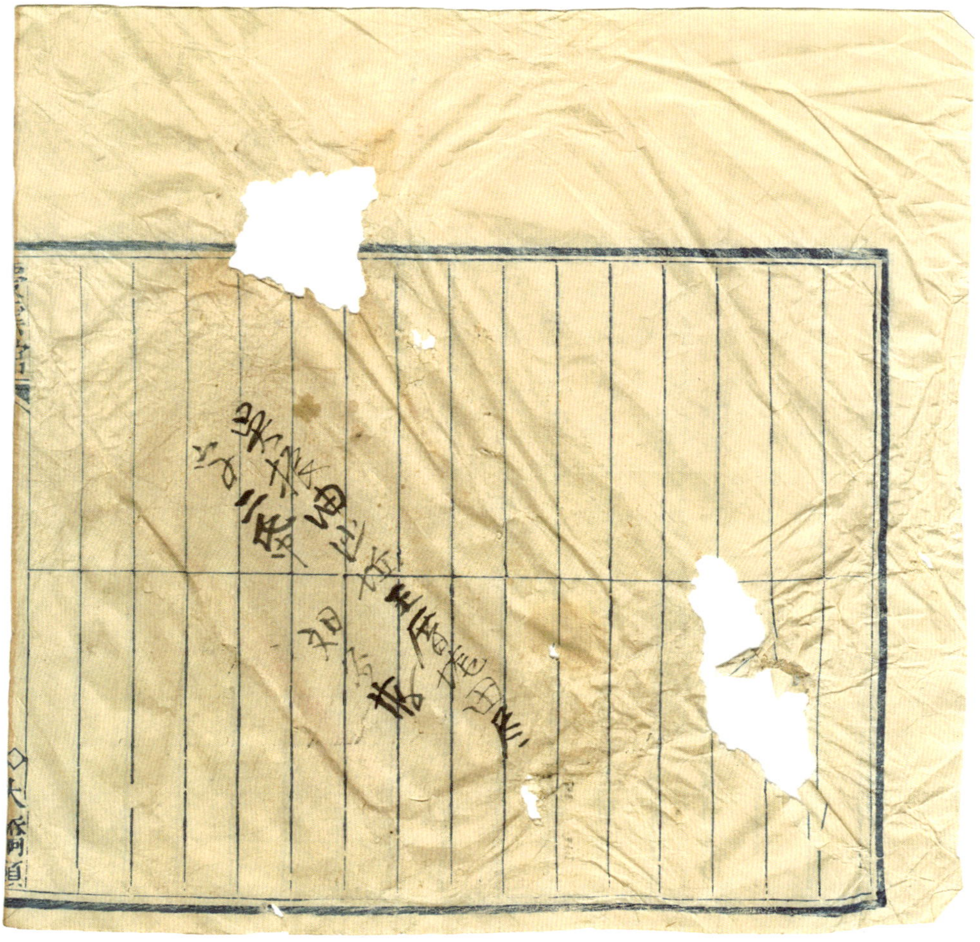

5-1-30-1　包契紙

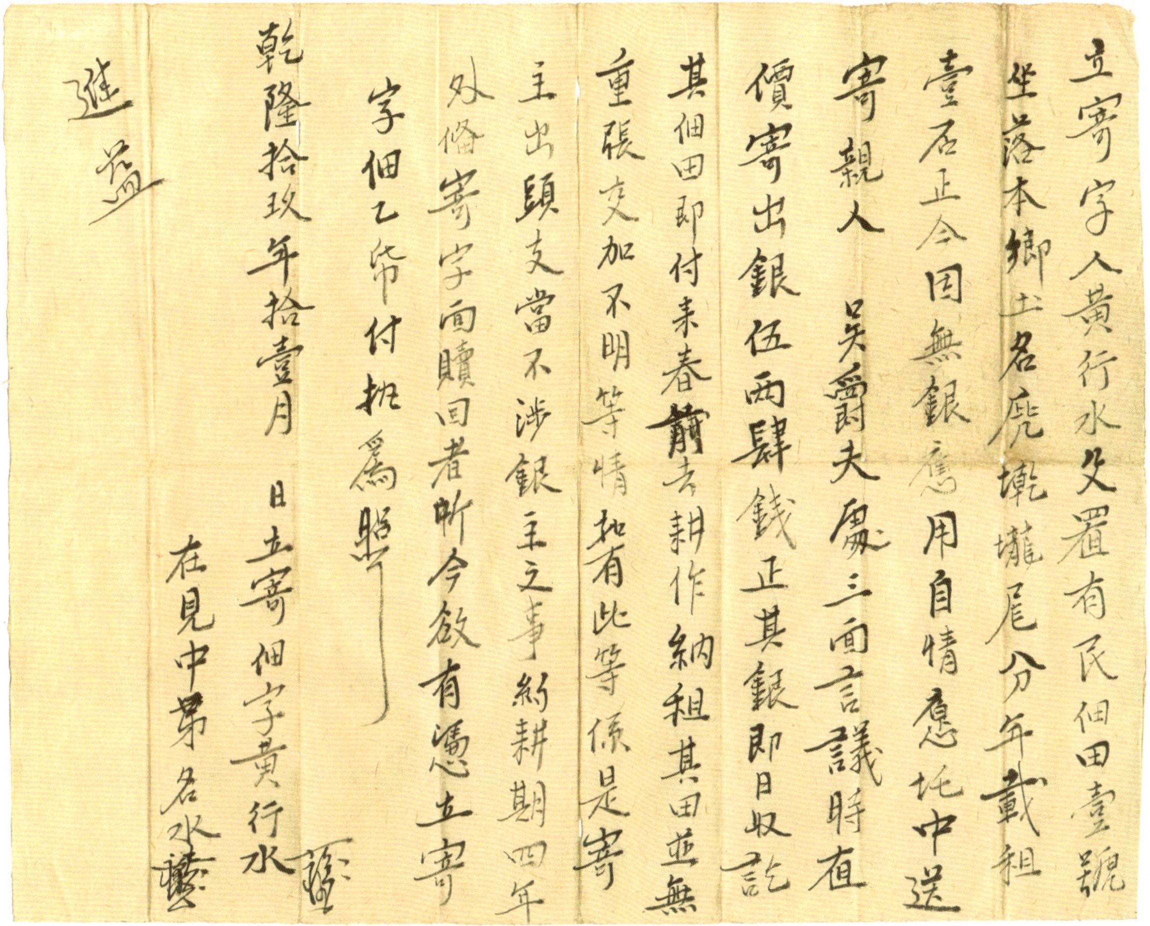
立寄字人黄行水父置有民佃田壹號
坐落本鄉土名庑墘壠尾分年載租
壹石正今因無銀應用自情愿托中送
寄親人　吴爵夫處三面言議時值
價寄出銀伍兩肆錢正其銀即日收訖
其佃田即付未春前去耕作納租其田並無
重張交加不明等情如有此等係是寄
主出頭支當不涉銀主之事約耕期四年
外備寄字兩贖回者听令敘有憑立寄
字佃乙帋付执爲照
乾隆拾玖年拾壹月　日立寄佃字黄行水（押）
在見中弟名水（押）
進益

5-1-30-2　清乾隆十九年十一月黄行水立寄民佃田字

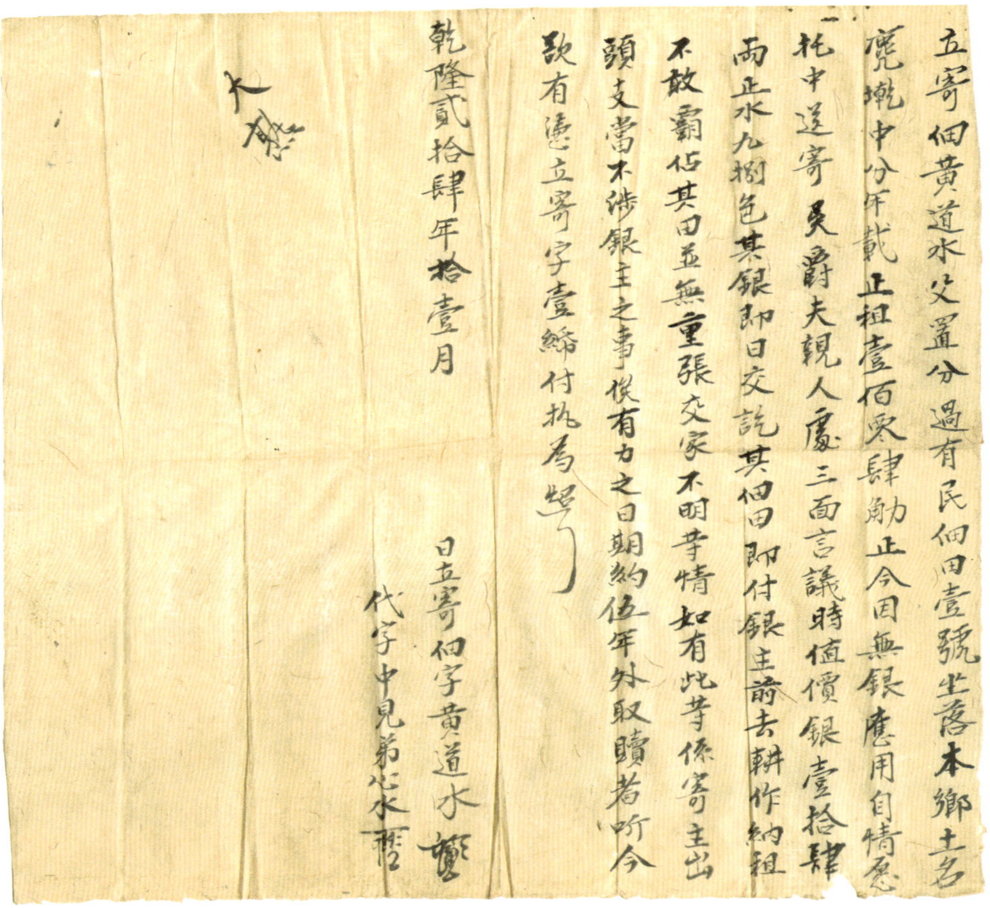

立寄佃黄道水父置分過有民佃田壹號坐落本鄉土名
㽞墘中分坪載正租壹佰零肆觔正今因無銀應用自情愿
托中送寄吳爵夫親人處三面言議時值價銀壹拾肆
兩正水九捌色其銀即日交訖其佃田即付銀主前去耕作納租
不敢霸佔其田並無重張交家不明等情如有此等係寄主出
頭支當不涉銀主之事候有力之日期約伍年外取贖若㕩今
欲有憑立寄字壹紙付執為照

乾隆貳拾肆年拾壹月　日立寄佃字黄道水（押）

代字中見弟心水（押）

5-1-30-3　清乾隆二十四年十一月黄道水立寄民佃田字

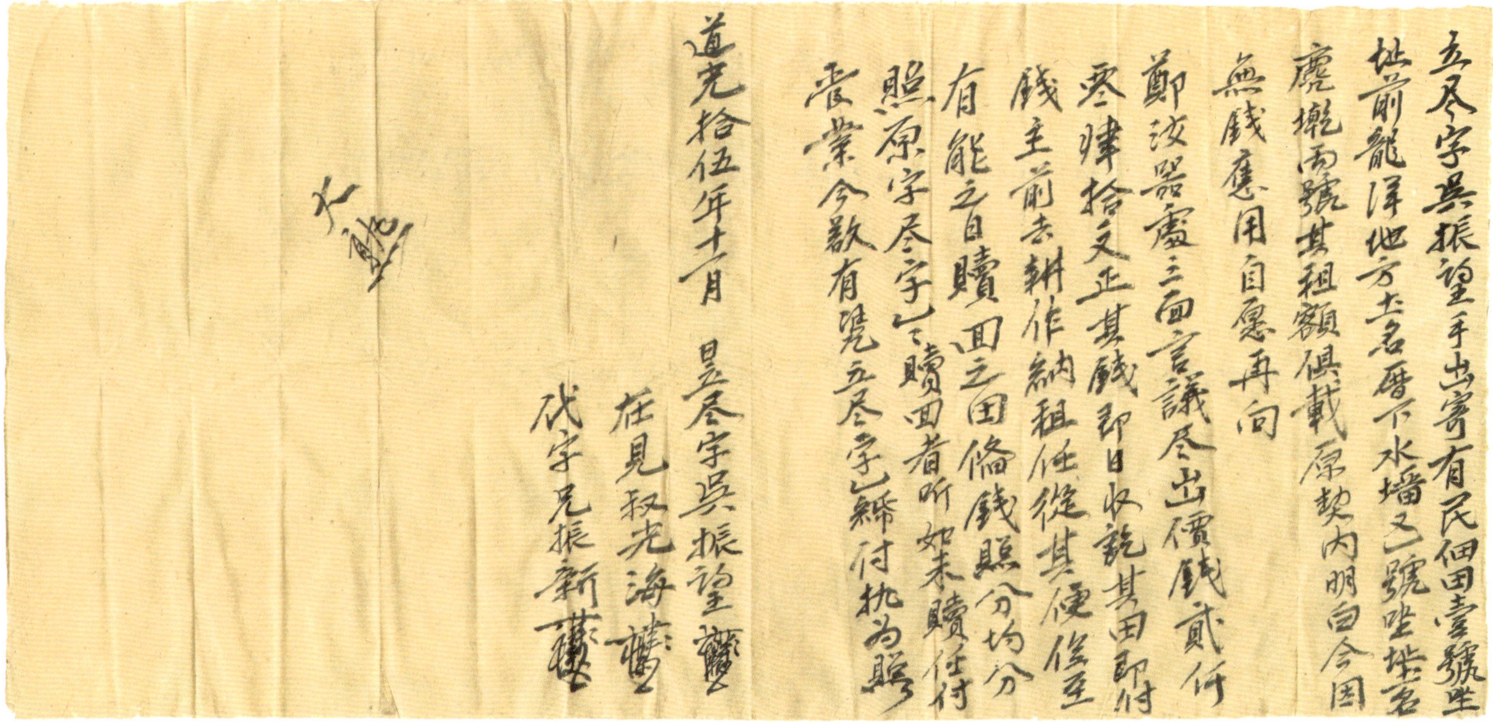
立尽字吴振望，手出寄有民佃田壹號，坐
址前龍洋地方，土名厝下水墻又一號，坐址土名
麂㘵兩號，其租額俱載原契內明白。今因
無錢應用，自愿再向
鄭汝器處三面言議，尽出價錢貳仟
零肆拾文正，其錢即日收訖，其田即付
錢主前去耕作納租，任從其便。係至
有能之日，贖回之田，備錢照分均分，
照原字尽字一並贖回。著听如未贖，任付
管業。今欲有憑，立尽字一紙付執為照。

道光拾伍年十一月　日　立尽字吴振望（押）
在見叔光海（押）
代字兄振新（押）

大吉

5-1-30-4　清道光十五年十一月吴振望立盡民佃田字

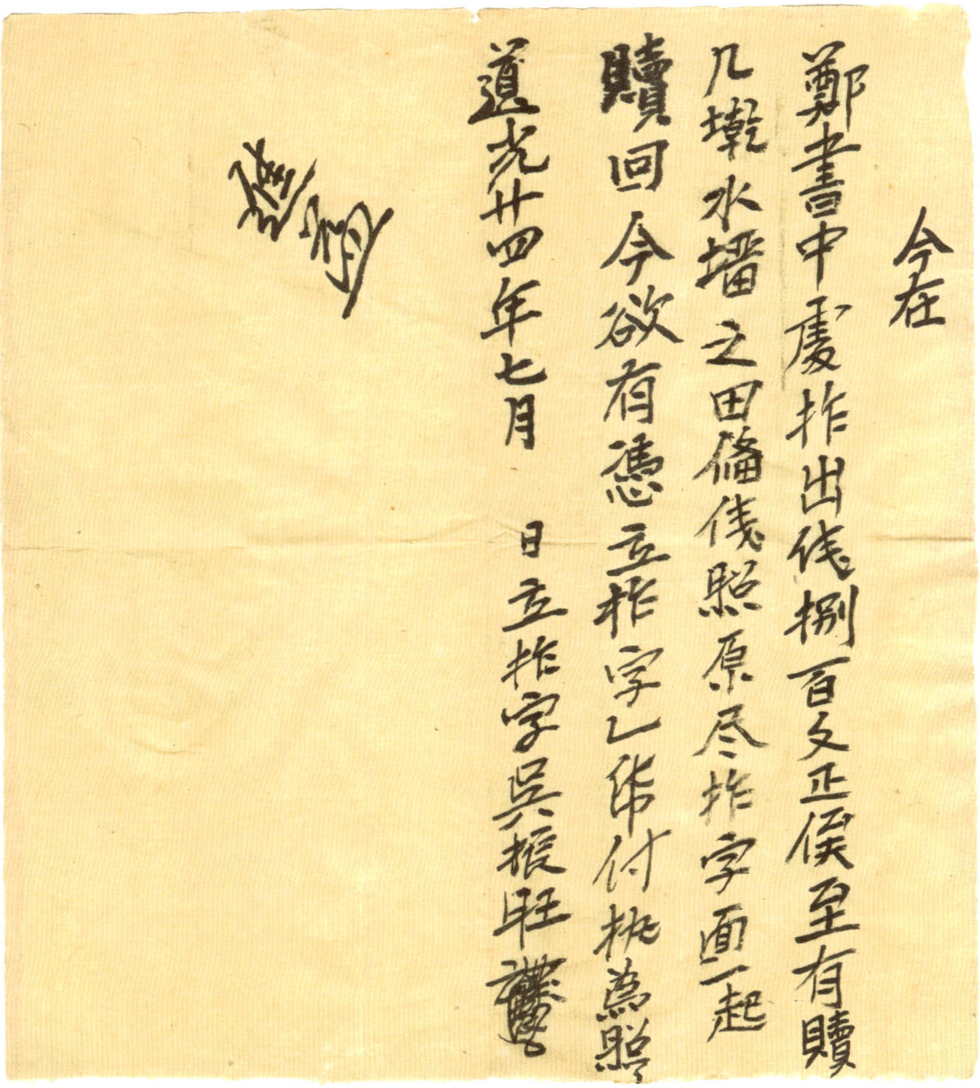
今在
鄭書中處撮出錢捌百文正，候至有贖
几墘水壋之田，備錢照原尽撮字面一起
贖回。今欲有憑，立撮字乙紙付執為照。
道光廿四年七月　日立撮字吳振旺（押）

5-1-30-5　清道光二十四年七月吳振旺立撮字

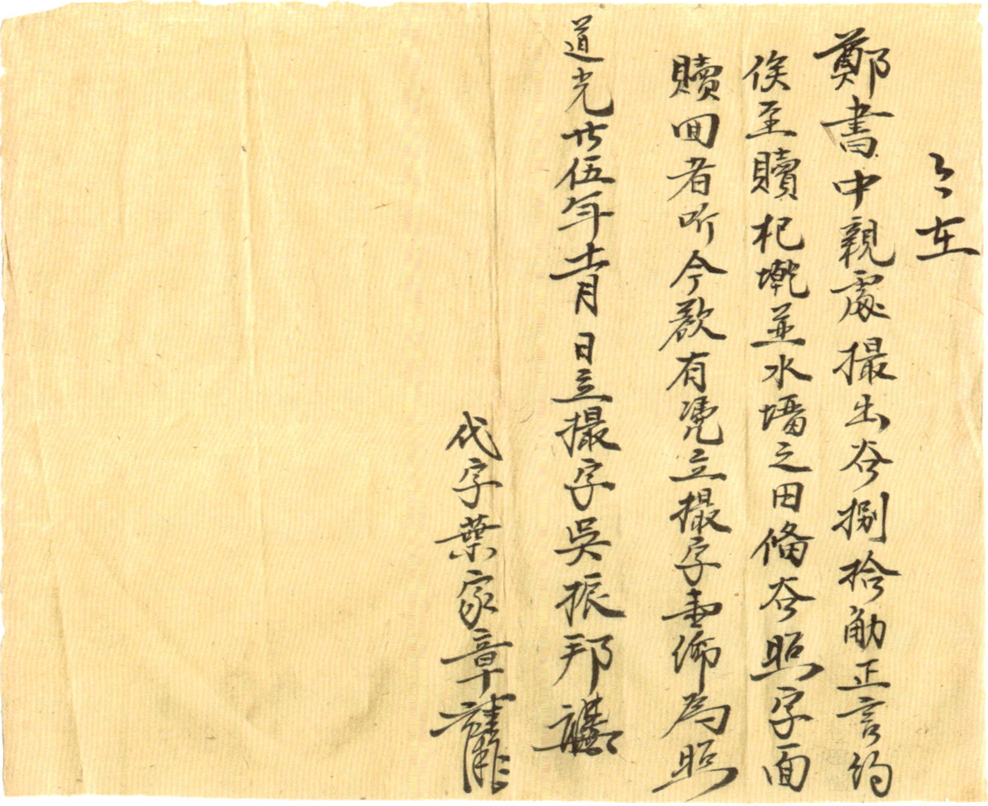
立在
鄭書中親處撮出谷捌拾觔正言約
俟至贖杞墘並水壙之田備谷照字面
贖回者听今欲有憑立撮字壹紙為照
道光廿伍年十一月　日立撮字吳振邦（押）
代字葉家章（押）

5-1-30-6　清道光二十五年十一月吴振邦立撮字

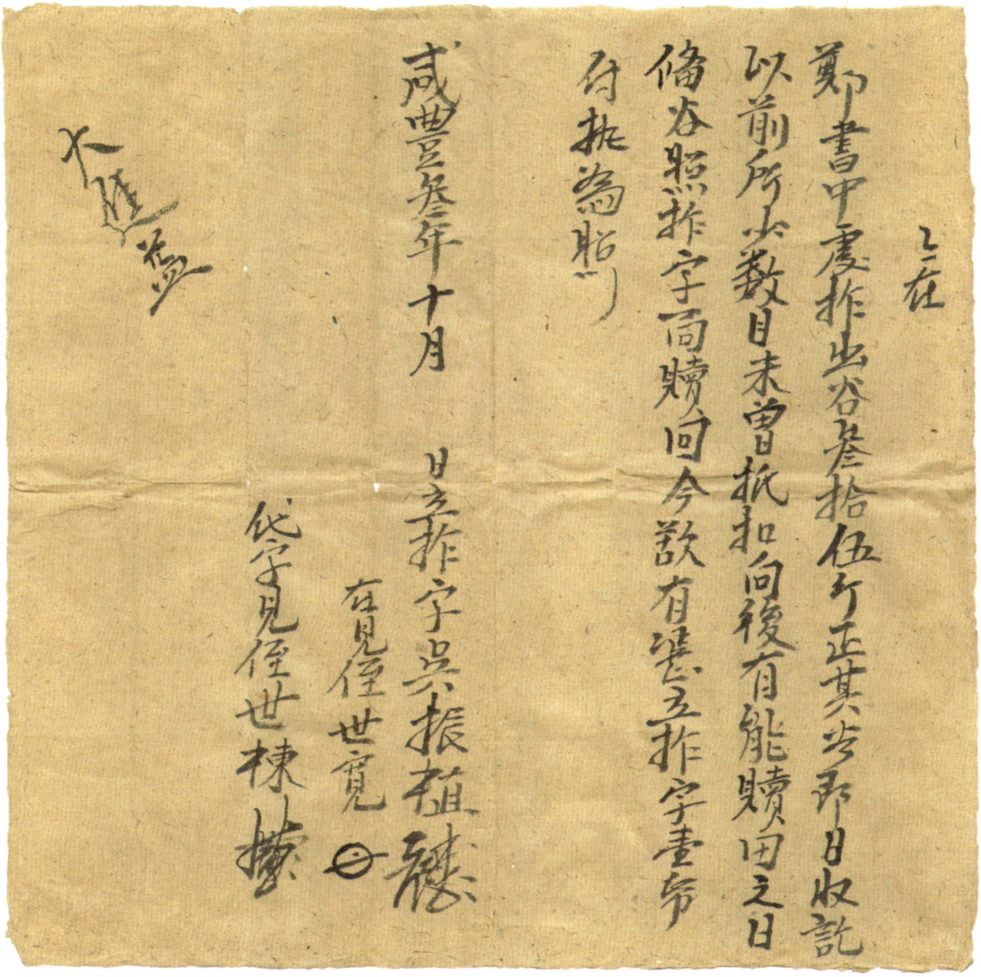
又在
鄭書中處撮出谷叁拾伍斤正其谷即日收訖
以前所出數目未曾抵扣向後有能贖回之日
備本照撮字而贖回今欲有憑立撮字壹紙
付执為照
咸豐叁年十月　日立撮字吳振植
在見侄世寬
代字見侄世棟
不准照

5-1-30-7　清咸豐三年十月吳振植立撮字

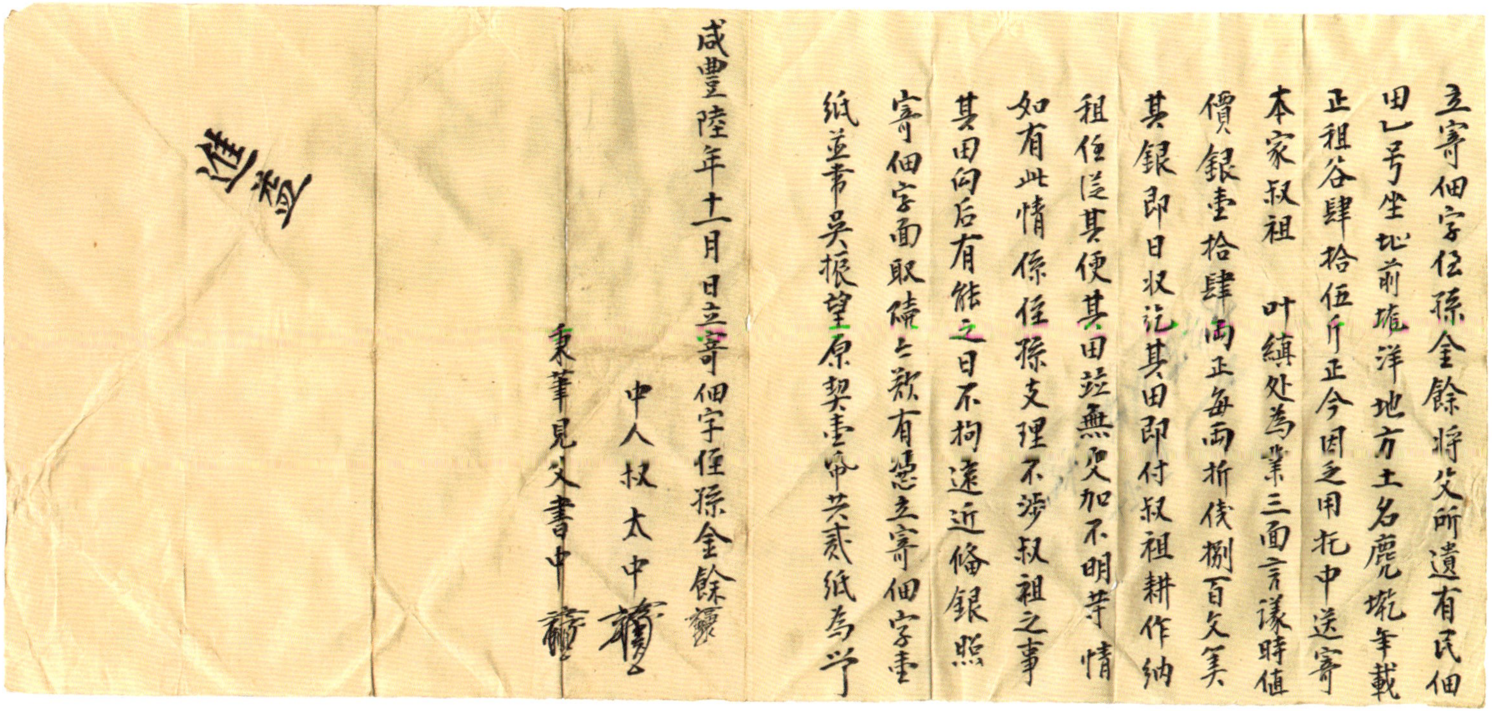
立寄佃字侄孫金餘將父所遺有民佃
田乙号坐址前墘洋地方土名麂坑年載
正租谷肆拾伍斤正今因乏用托中送寄
本家叔祖　叶鎮处為業三面言議時值
價銀壹拾肆两正每两折伐捌百文算
其銀即日收訖其田即付叔祖耕作納
租任從其便其田並無少加不明等情
如有此情係侄孫支理不涉叔祖之事
其田向后有能之日不拘遠近備銀照
寄佃字面取贖之款有憑立寄佃字壹
紙並帯吳振望原契壹帋共貳紙為照

咸豐陸年十一月　日立寄佃字侄孫金餘（押）
中人叔太中（押）
秉筆見父書中（押）

5-1-30-8　清咸豐六年十一月鄭金餘立寄民佃田字

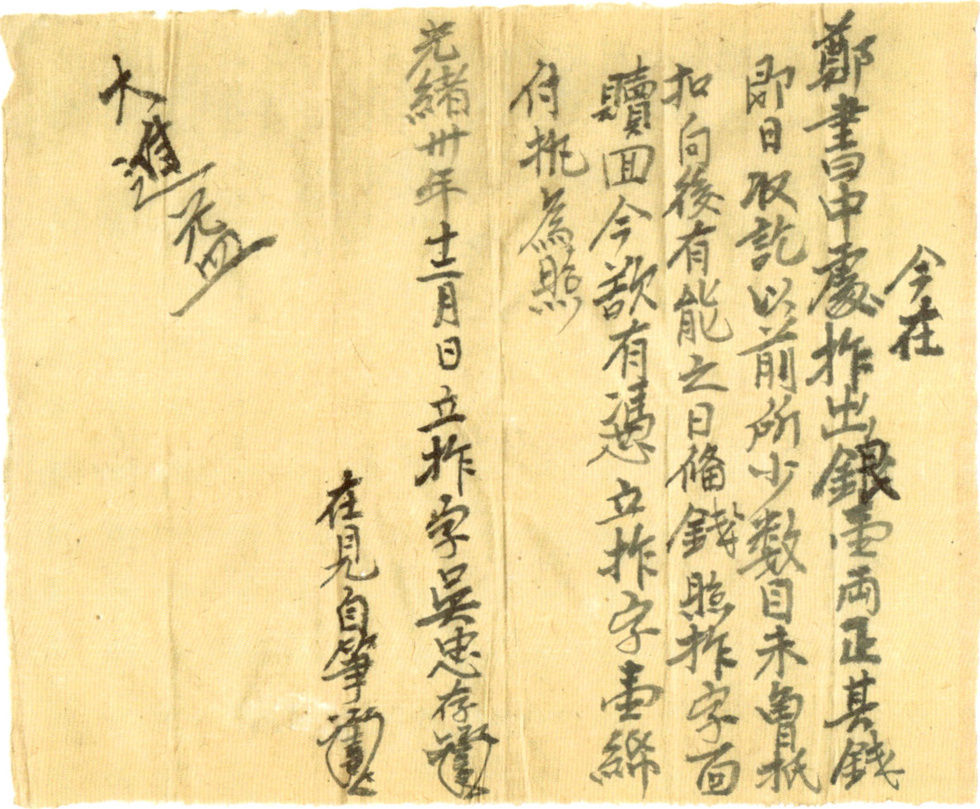

今在
鄭書雲中處撮出銀壹兩正其錢
即日收訖以前所少數目未曾抵
扣向後有能之日備錢照撮字面
贖回今欲有憑立撮字壹紙
付執爲照
光緒卅年十二月日立撮字吳忠存（押）
在見自筆（押）
大清元亞

5-1-30-9　清光緒三十年十二月吳忠存立撮字

5-1-31-1　包契紙

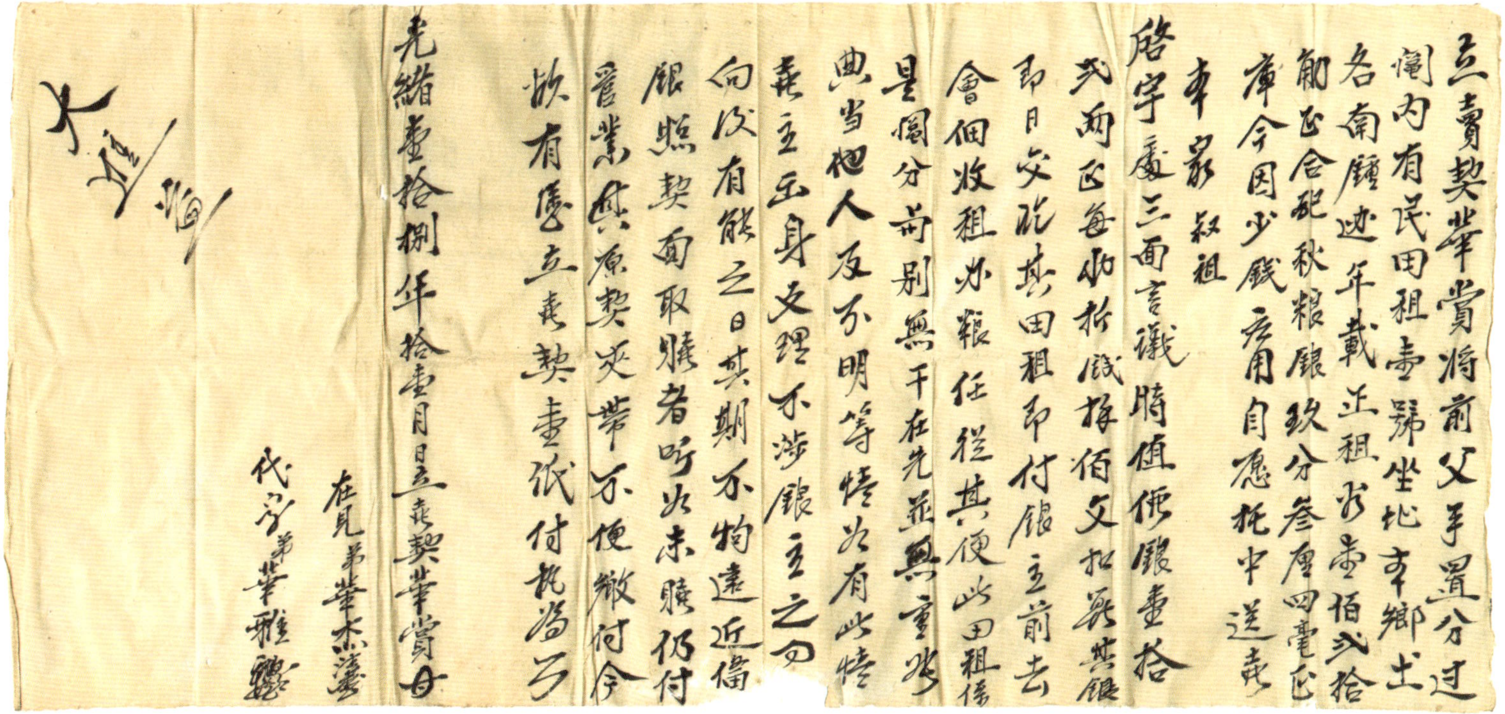

5-1-31-2　清光緒十八年十一月鄭華賞立賣民田租契

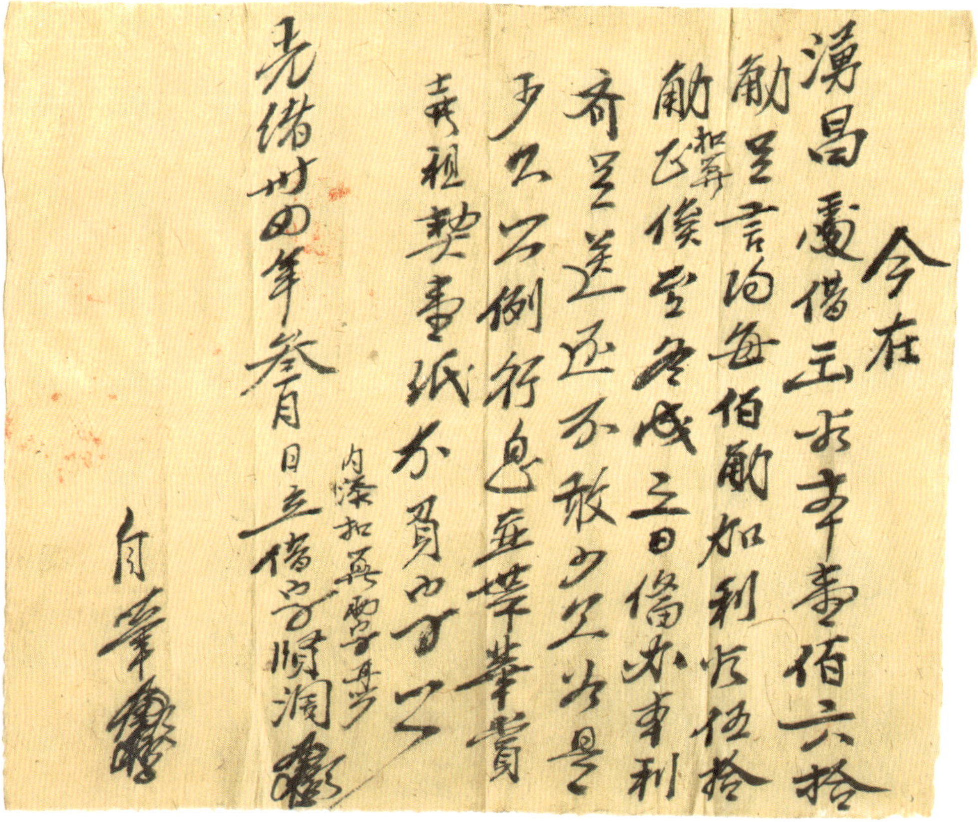

今在
漢昌處借去本年壹佰六拾
觔，足言均每佰觔加利伍拾
觔，正扣算後冬成之日備办本利
齊足送还，不敢少欠。如是
少欠，以例行息，在業華賞
來租契壹紙分買田丁之
光緒卅四年叁月　日立借字　賢潤（押）
內添扣算貳字再照
代筆（押）

5-1-31-3　清光緒三十四年三月鄭賢潤立借穀字

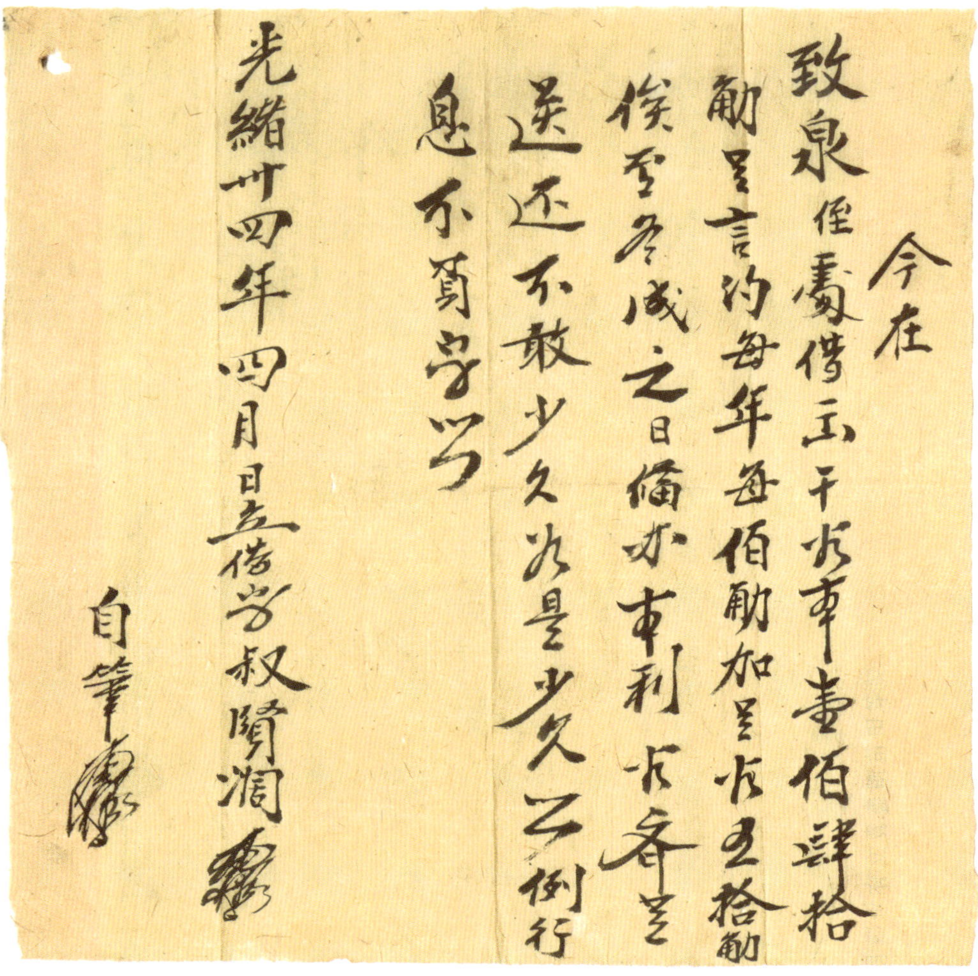
今在
致泉侄處借玉干水車壹佰肆拾觔，足言約每年每佰觔加足水五拾觔，俟至冬成之日備办車利水齊足送還，不敢少欠，如是少欠，工倒行息，不負，字照。

光緒卅四年四月日立借字叔賢潤（押）

自筆（押）

5-1-31-4　清光緒三十四年四月鄭賢潤立借錢字

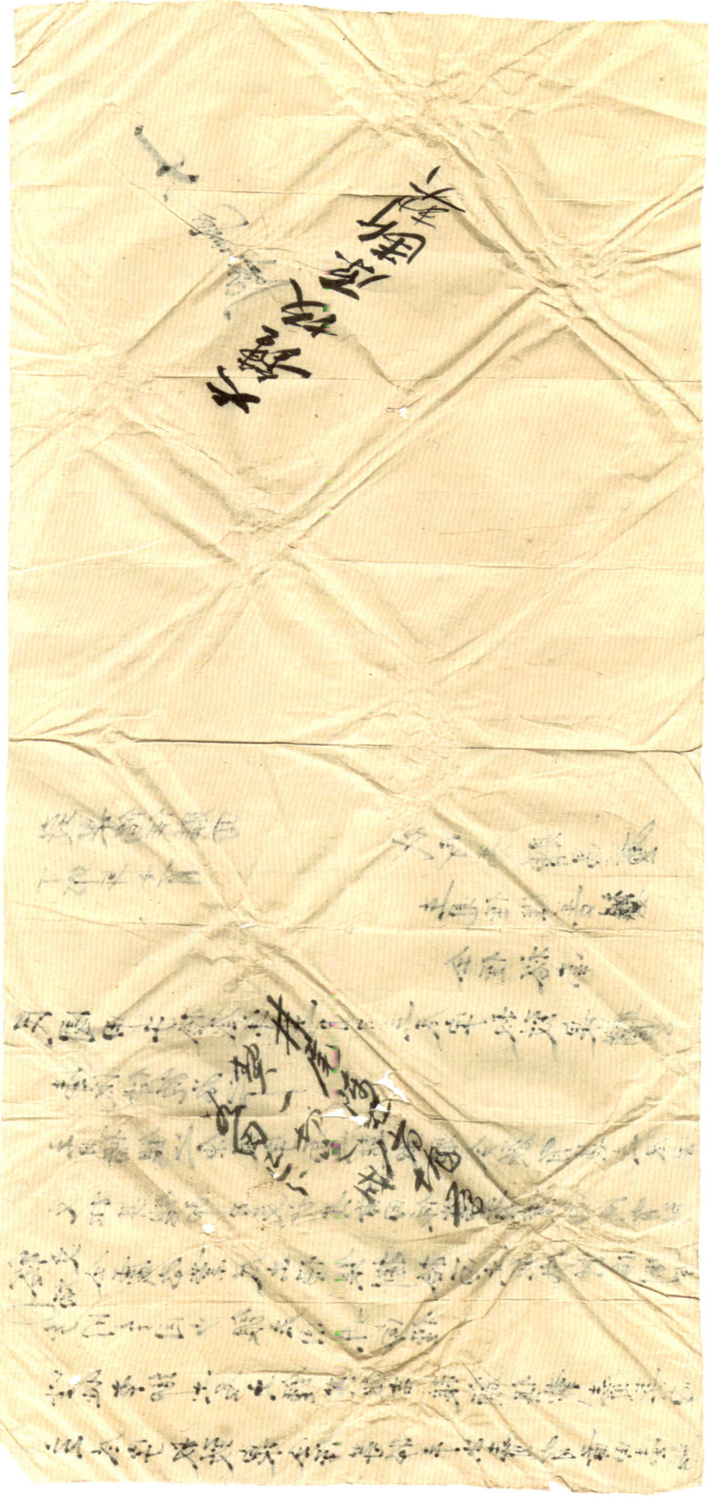

包契紙

5-1-32-1

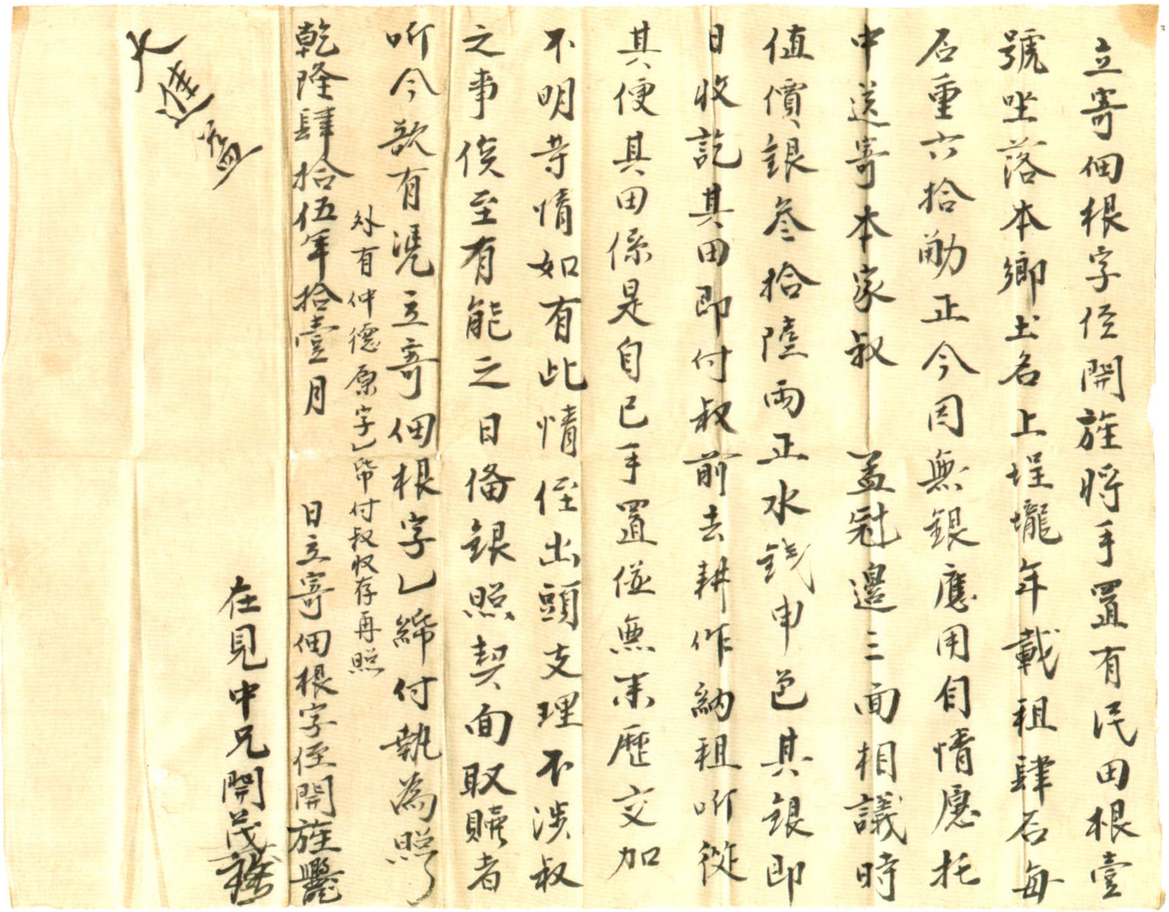
立寄佃根字侄開旌將手置有民田根壹
號坐落本鄉土名上埕壠年載租肆石每
石重六拾觔正今因無銀應用自情愿托
中送寄本家叔　孟冠邊三面相議時
值價銀叁拾陸兩正水錢申色其銀即
日收訖其田即付叔前去耕作納租听從
其便其田係是自己手置並無來歷交加
不明等情如有此情侄出頭支理不涉叔
之事候至有能之日備銀照契面取贖者
听今欲有憑立寄佃根字一紙付執為照
外有仲德原字一帋付叔收存再照
乾隆肆拾伍年拾壹月　日立寄佃根字侄開旌（押）
在見中兄開民（押）
大進壹

5-1-32-2　清乾隆四十五年十一月許開旌立寄佃民田根字

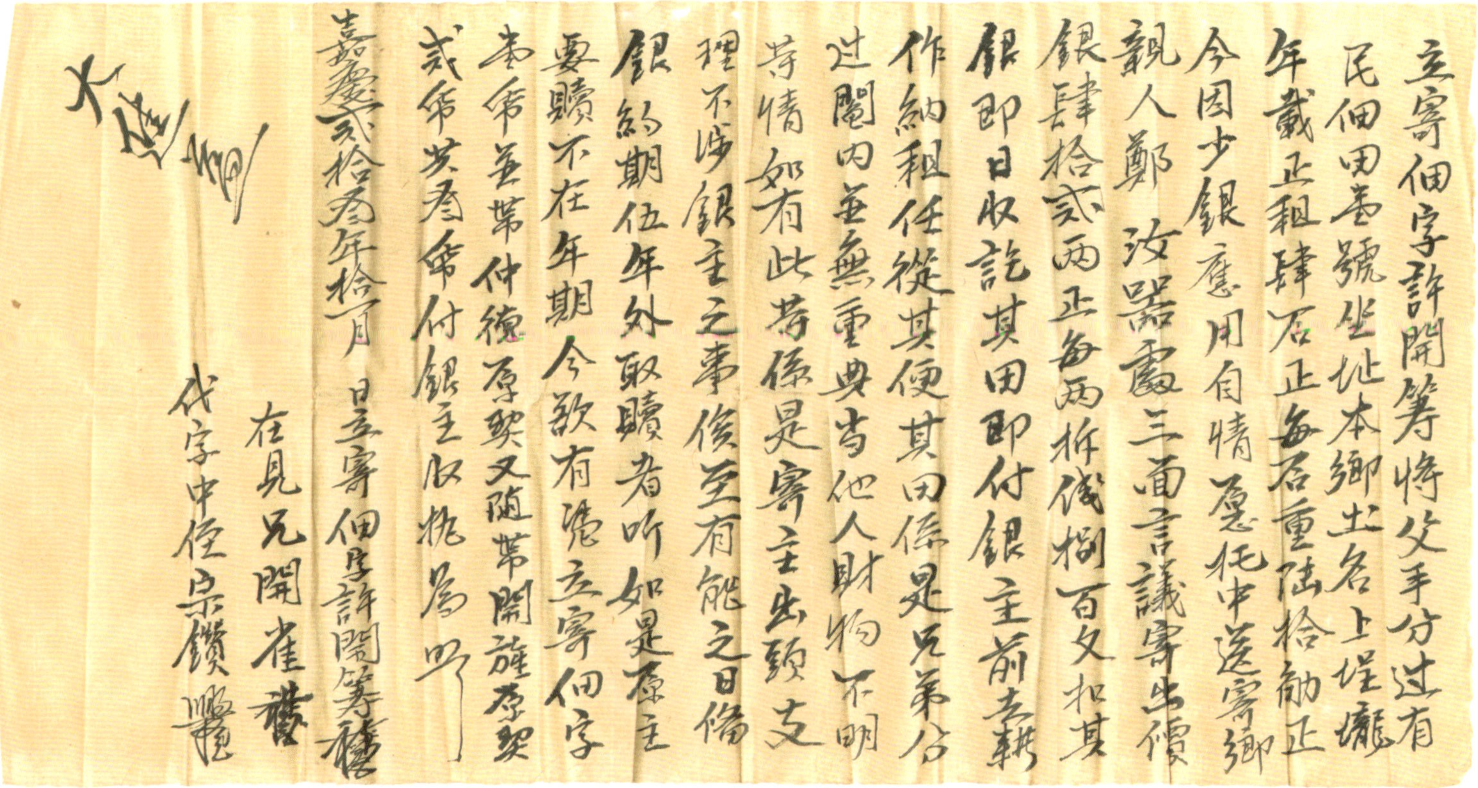

立寄佃字許開籌將父手分过有
民佃田壹號坐址本鄉土名上堡壠
年載正租肆石正每石重陆拾觔正
今因少銀應用自情愿托中送寄鄉
親人鄭汝照處三面言議寄出價
銀肆拾貳両正每両折錢捌百文扣其
銀即日收訖其田即付銀主前去耕
作納租任從其便其田係是兄弟分
过鬮内並無重典当他人財物不明
等情如有此等係是寄主出頭支
理不涉銀主之事俟至有能之日備
銀約期伍年外取贖者听如是原主
要贖不在年期今欲有憑立寄佃字
壹帋并帶仲總原契又随帶鬮旌原契
貳帋共叁帋付銀主收執為照

嘉慶貳拾叁年拾一月　日立寄佃字許開籌（押）
在見兄開崔（押）
代字中侄宗鑽（押）

大進[illegible]

5-1-32-3　清嘉慶二十三年十一月許開籌立寄民佃田字

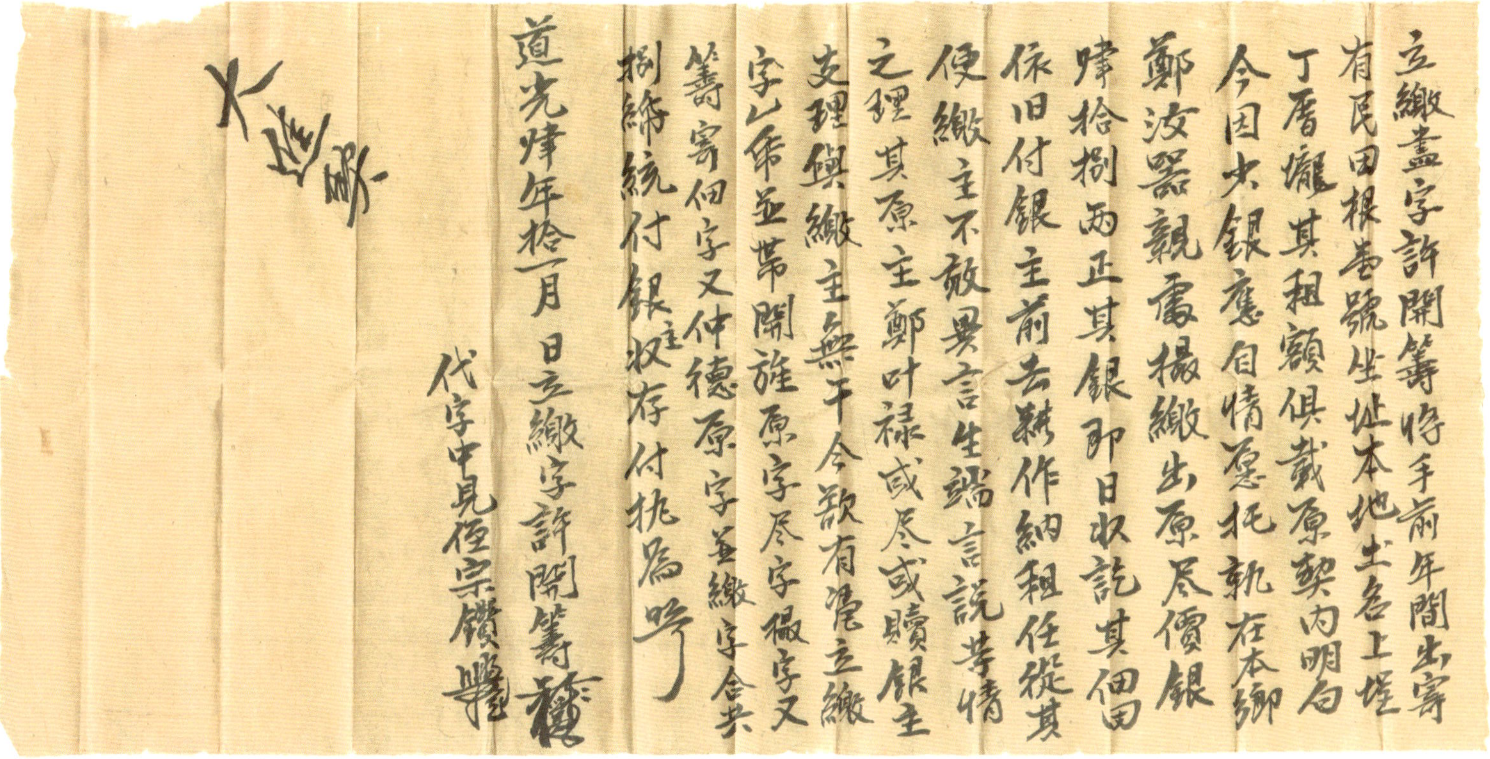

5-1-32-4　清道光四年十一月許開籌立繳盡民田根字

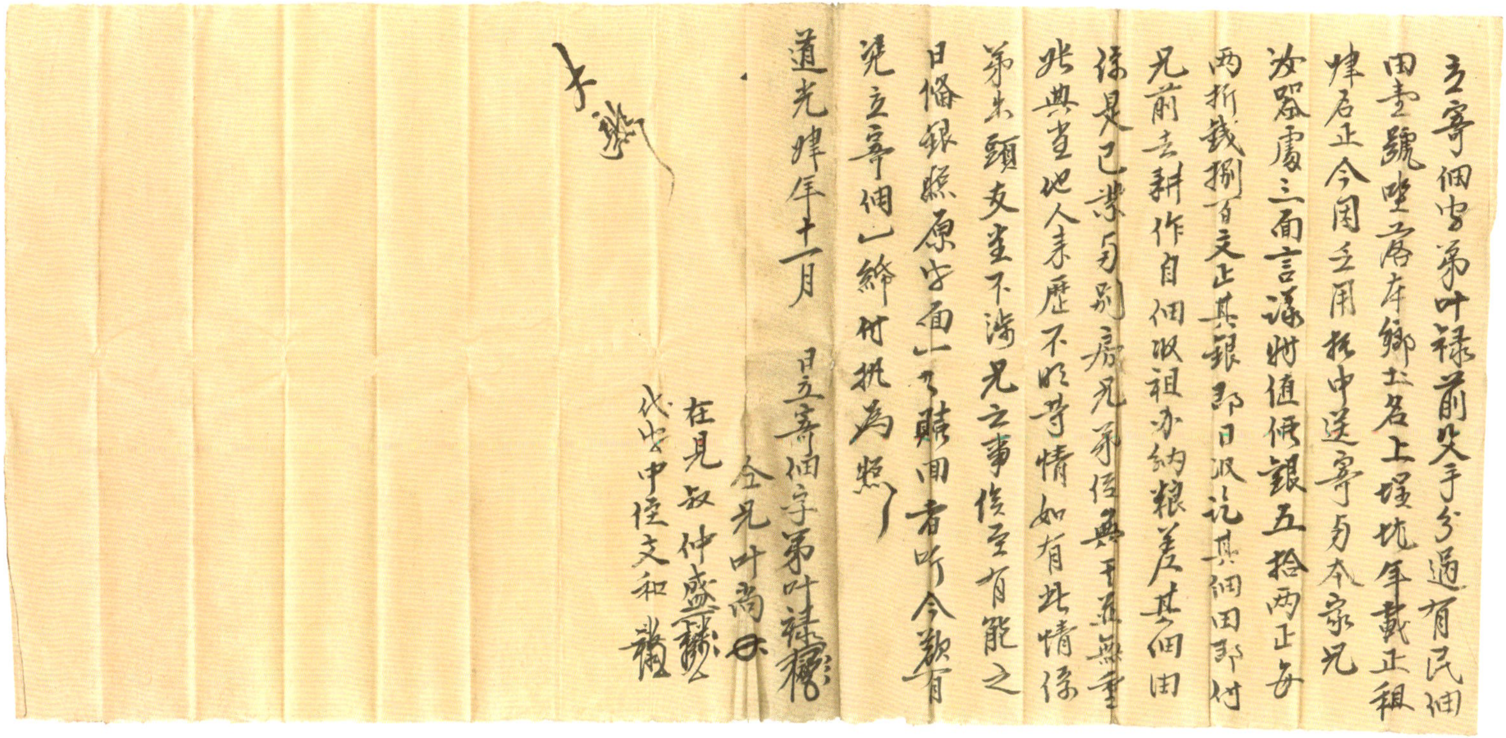
立寄佃字弟叶禄，前父手分過有民佃
田壹號，坐落本鄉土名上堀坑，年載正租
肆石正。今因乏用，托中送寄与本家兄
汝器處，三面言議，時值價銀五拾兩正，每
兩折錢捌百文正。其銀即日收訖，其佃田即付
兄前去耕作，自佃收租办納粮差。其佃田
係是己業，与别房兄弟侄無干，並無重
張典當他人，未歷不明等情。如有此情，係
弟出頭支当，不涉兄之事。後至有能之
日，備銀照原字面一并贖回，者听。今欲有
憑，立寄佃一紙，付执為照。

道光肆年十一月　日立寄佃字弟叶禄（押）
仝見叶尚（押）
在見叔仲盛（押）
代字中侄文和（押）

5-1-32-5　清道光四年十一月鄭叶禄等立寄民佃田字

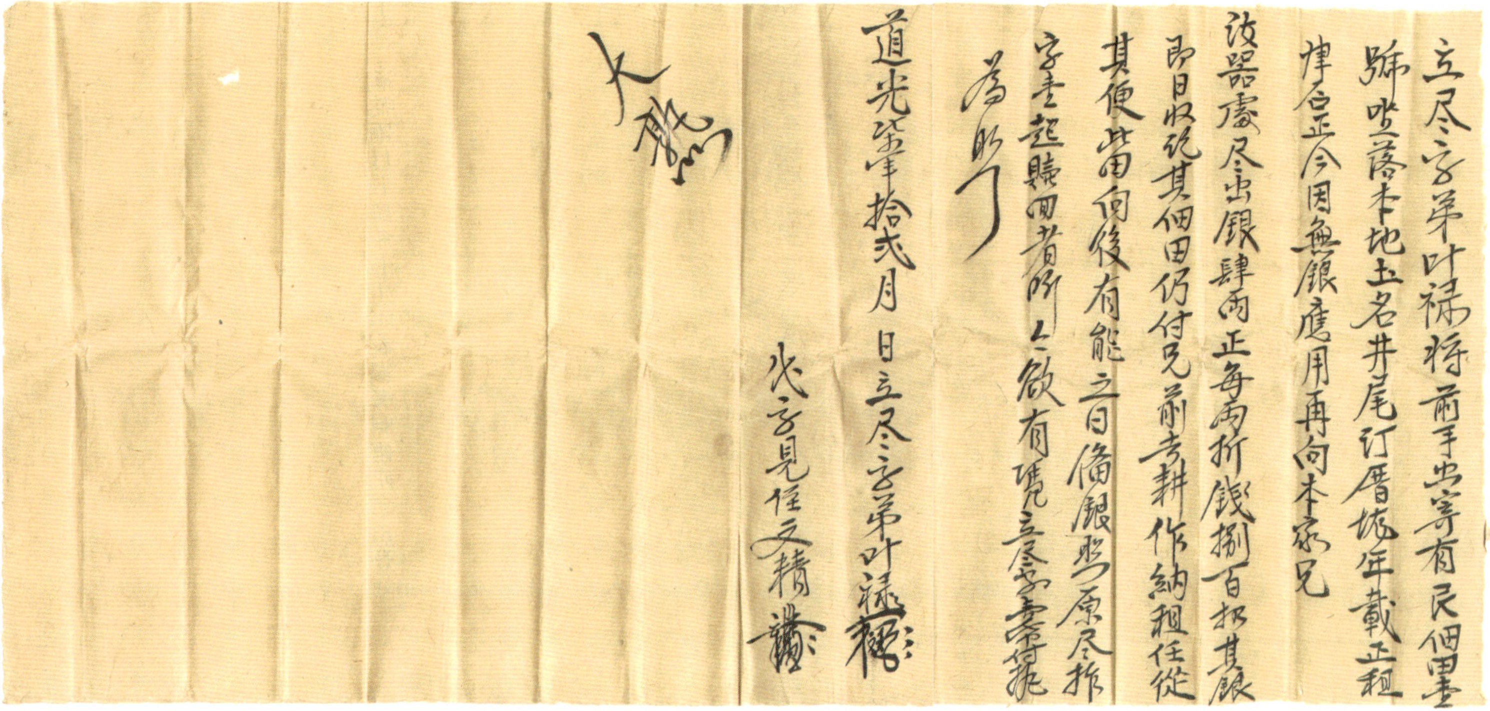

立尽民字弟叶禄将前手出寄有民佃田壹
號坐落本地土名井尾汀厝坑年載正租
肆石正今因無銀應用再向本家兄
發器處尽出銀肆兩正每兩折錢捌百扣其銀
即日收訖其佃田仍付兄前去耕作納租任從
其便此田向後有能之日備銀照原尽佃
字壹起贖回兩肯所欲有憑立尽字壹紙
為照丁
道光柒年拾弍月　日立尽民字弟叶禄
代字見侄文精
大發

5-1-32-6　清道光七年十二月鄭叶禄立盡民佃田字

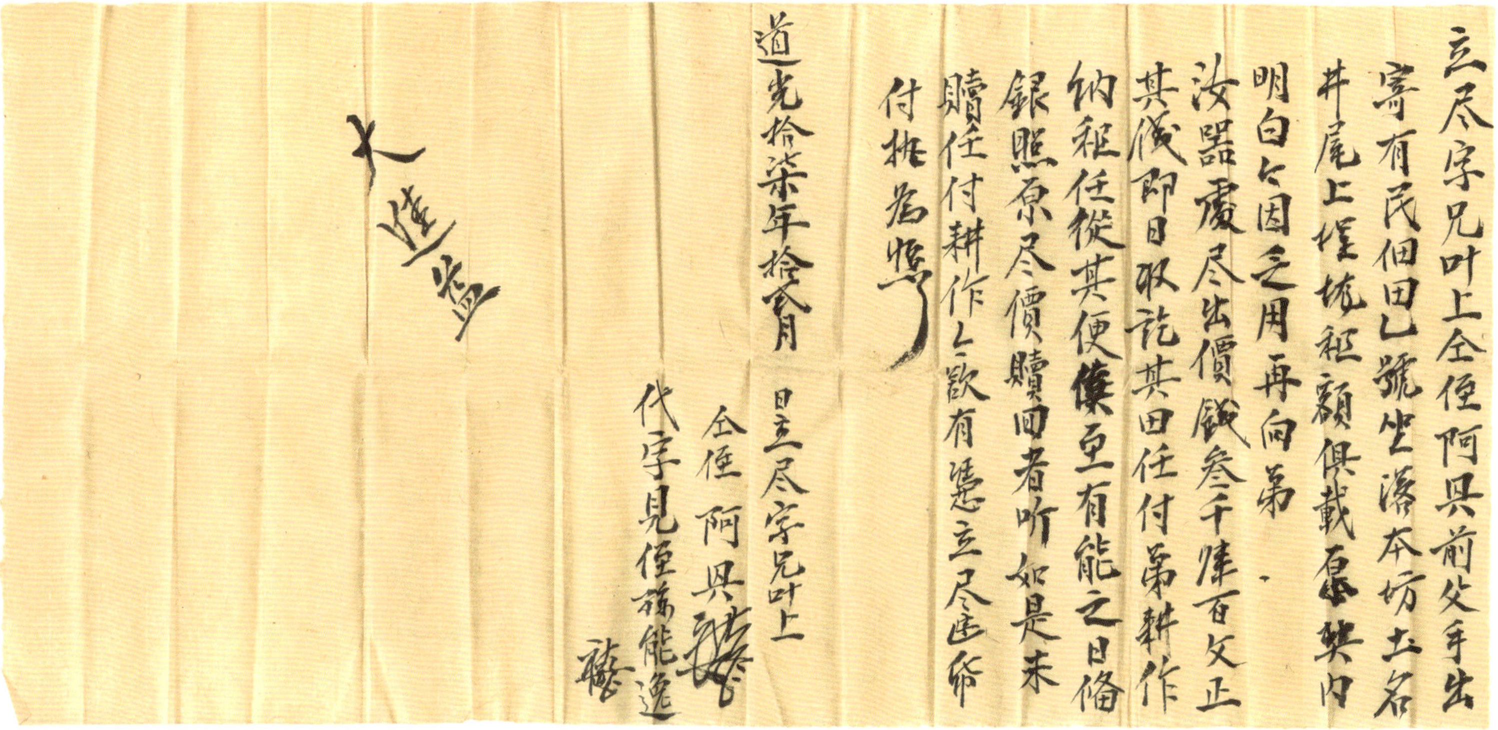
立尽字兄叶上仝侄阿呉前父手出
寄有民佃田乙號坐落本坊土名
井尾上埕垅租額俱載𡊨契内
明白今因乏用再向弟
汝器處尽出價錢叁千肆百文正
其錢即日收訖其田任付弟耕作
納租任從其便倘至有能之日備
銀照原尽價贖回者昕如是未
贖任付耕作今欲有憑立尽字
付批為照
道光拾柒年拾貳月　日立尽字兄叶上
仝侄阿呉
代字見侄福能
大吉

5-1-32-7　清道光十七年十二月鄭叶上等立盡民佃田字

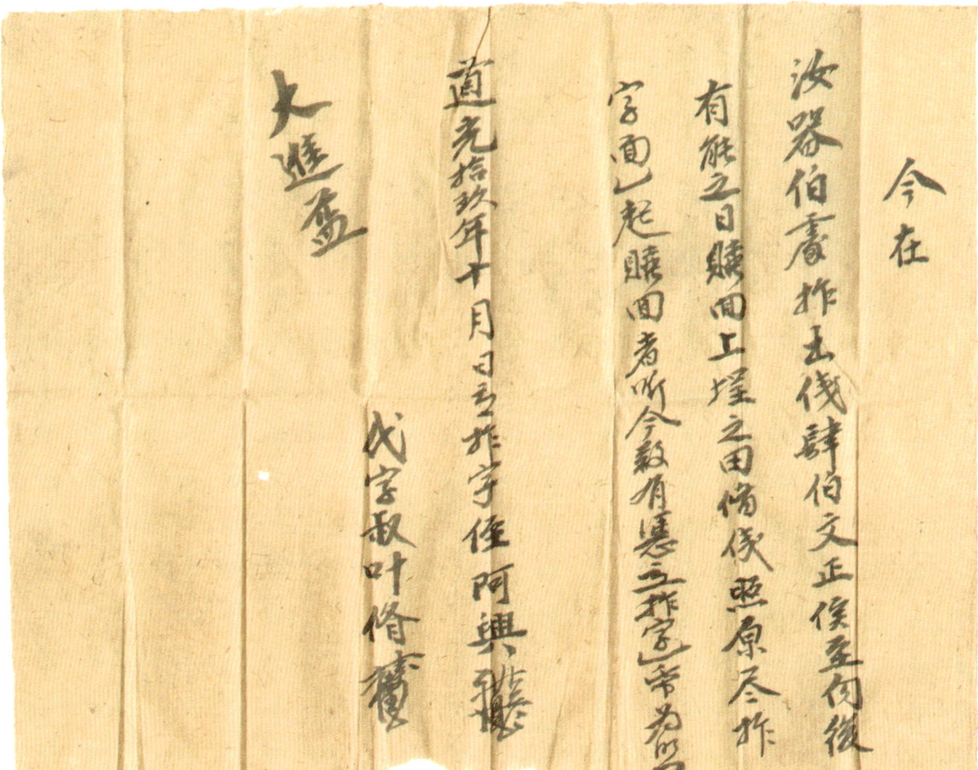
今在
汝器伯處撮去錢肆伯文正係至約後
有錢之日贖回上墘之田備錢照原數撮
字面一起贖回者此今欲有憑立撮字一帋為照
道光拾玖年十月日立撮字侄阿興
代字叔叶脩書
大進壹

5-1-32-8　清道光十九年十月鄭阿興立撮字

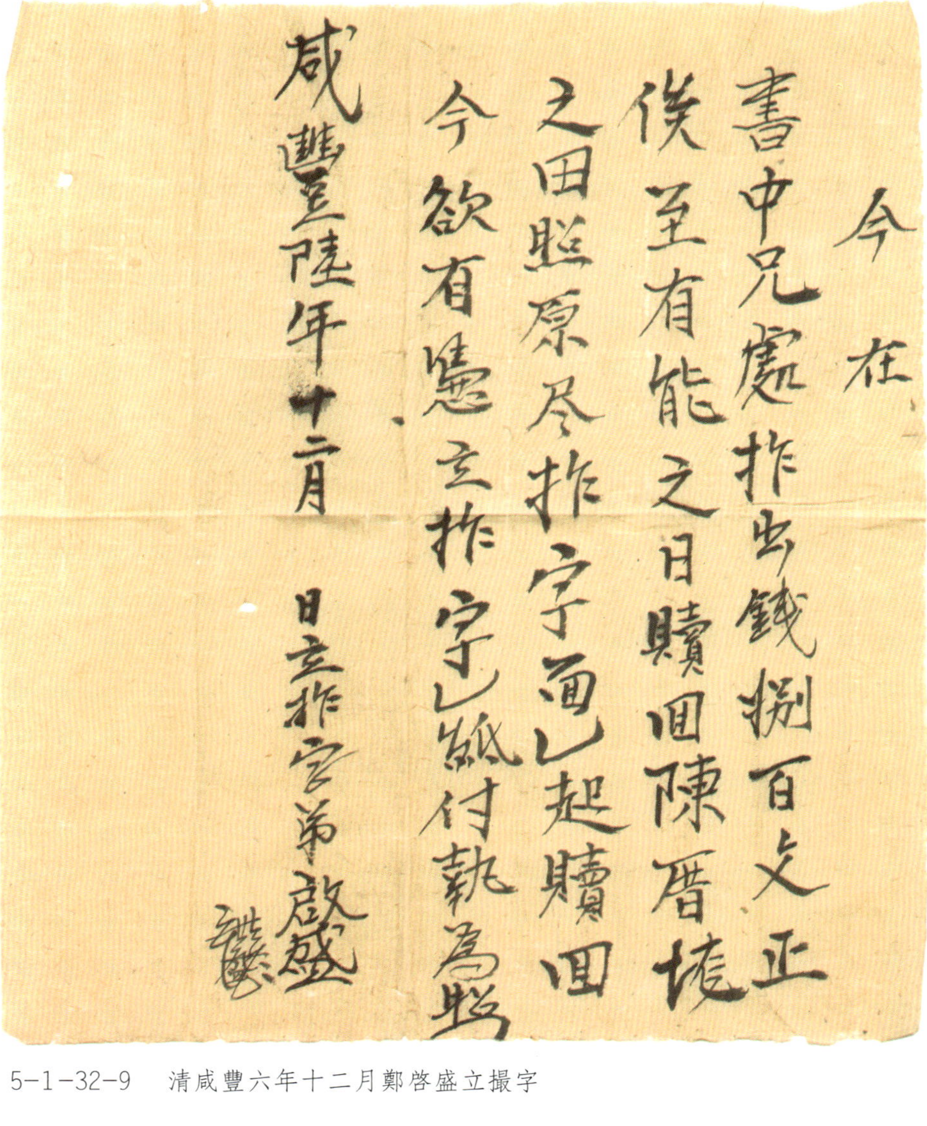

今　在
書中兄處撮出錢捌百文正
俟至有能之日贖回陳厝墘
之田照原盡撮字面乚起贖回
今欲有憑立撮字乚紙付執為照
咸豐陸年十二月　日立撮字弟啓盛

5-1-32-9　清咸豐六年十二月鄭啓盛立撮字

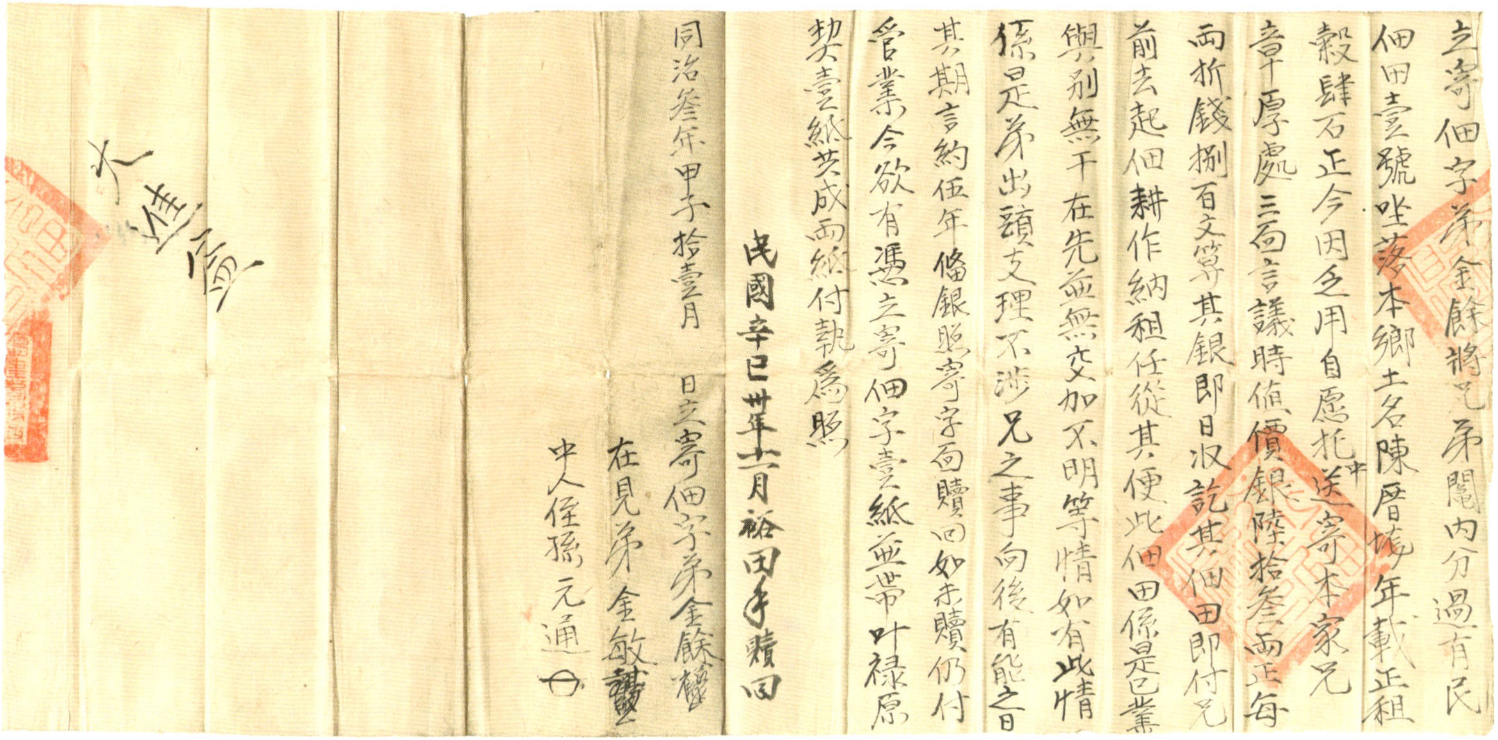
立寄佃字弟金餘將兄弟鬮內分過有民佃田壹號坐落本鄉土名陳厝垱年載正租穀肆石正今因乏用自愿托中送寄本家兄章厚處三面言議時值價銀陸拾叁両正每両折錢捌百文算其銀即日收訖其佃田即付兄前去起佃耕作納租任從其便此佃田係是己業與別無干在先並無交加不明等情如有此情係是弟出頭支理不涉兄之事向後有能之日其期言約伍年備銀照寄字面贖回如未贖仍付管業今欲有憑立寄佃字壹紙並帶叶祿原契壹紙共成両紙付執為照

民國辛巳卅年十一月裕田手續回

同治叁年甲子拾壹月　日立寄佃字弟金餘（押）

在見弟金敏（押）

中人侄孫元通（押）

大進官

5-1-32-10　清同治三年十一月鄭金餘立寄民佃田字（紅契）

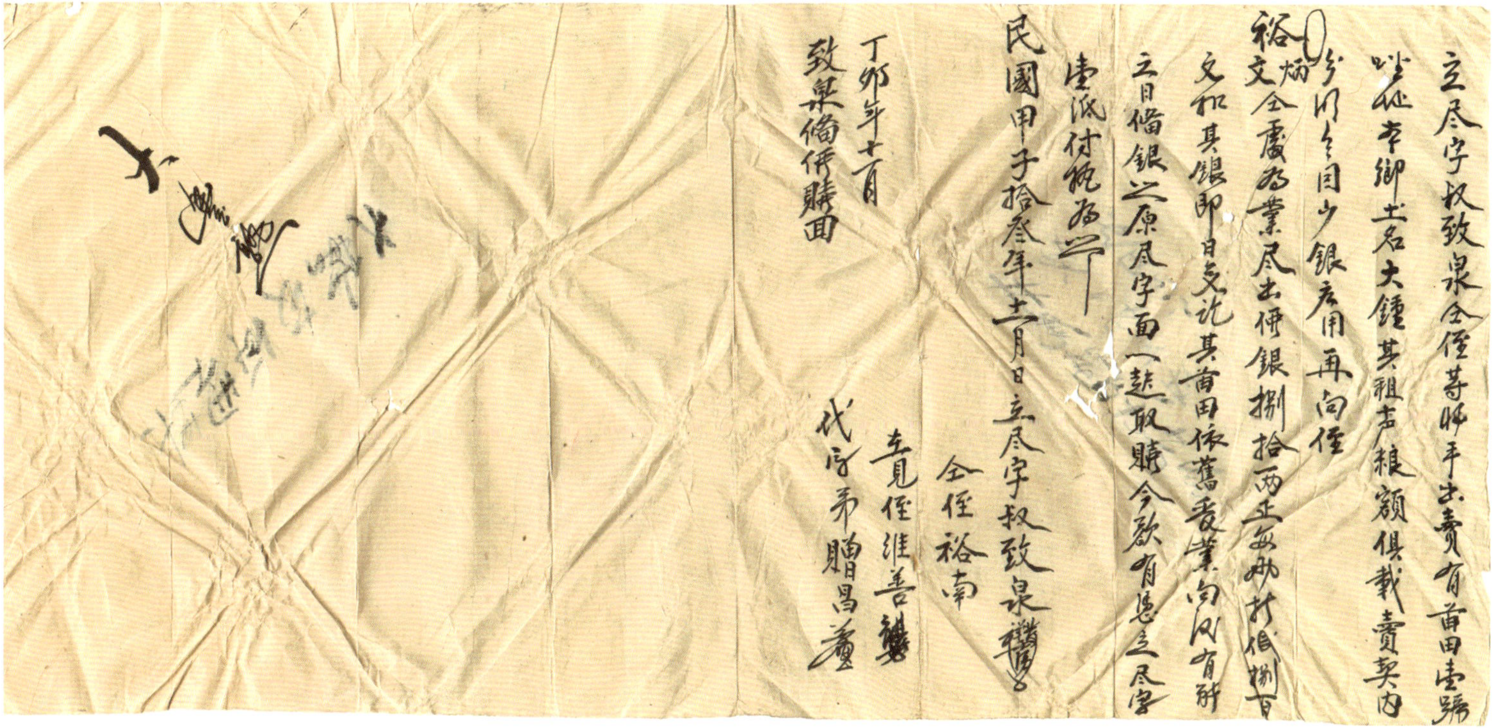
立盡字叔致泉仝侄等昨年出賣有苗田壹號
坐址本鄉土名大鍾其租聲粮額俱載賣契內
今因乏銀應用再向侄
裕炳文仝處為業盡出價銀捌拾兩正外折價捌百
文其銀即日交訖其苗田依舊受業向後有所
之日備銀照原盡字面一起取贖今欲有憑立盡字
壹紙付執為照
民國甲子拾叁年十一月 日 立盡字叔致泉（押）
仝侄裕南
在見侄維善（押）
代字弟贈昌（押）
丁卯年十月
致泉備價贖回

5-1-32-11　民國十三年十一月鄭致泉等立盡苗田字（廢契）

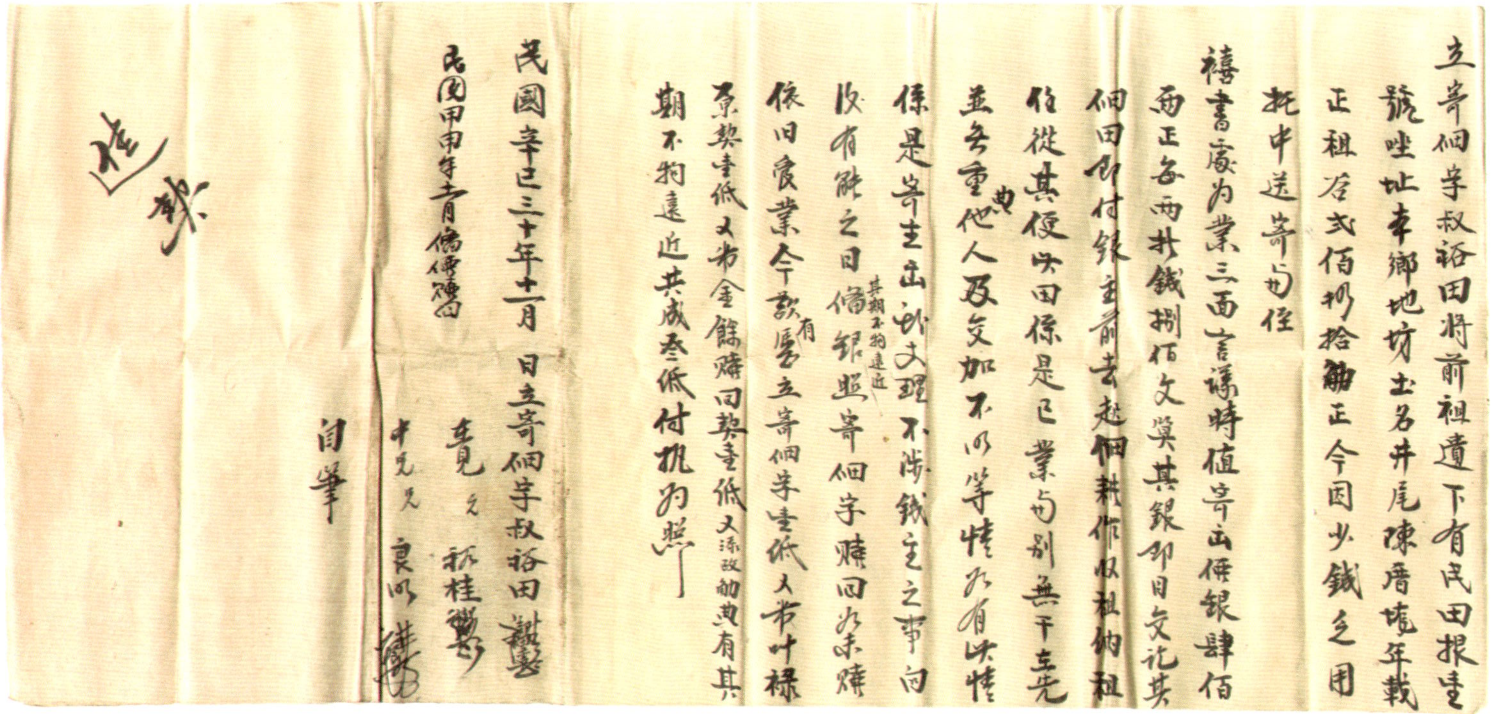
立寄佃字叔裕田將前祖遺下有民田根壹
號坐址本鄉地坊土名井尾陳厝墘年載
正租谷弍佰捌拾觔正今因乏錢乏用
挽中送寄与侄
禧書藏为業三面言議時值寄出價銀肆佰
兩正各兩扑錢捌佰文算其銀即日交訖其
佃田即付銀主前去起佃耕作收租納租
任從其便此田係是已業与別無干立先
並無重典他人及交加不明等情如有此情
係是寄主出頭支理不涉錢主之事向
後有贖之日其期不拘遠近備銀照寄佃字贖回如未贖
依舊管業今欲有憑立寄佃字壹紙又帯叶棣
京契壹紙又帯金饒贖回契壹紙又添改加典有其
期不拘遠近共成叁紙付執为照

民國辛巳三十年十一月　日立寄佃字叔裕田
在見　之　秋桂
中見兄　良明
自筆

民國甲申年十二月備價贖回

5-1-32-12　民國三十年十一月鄭裕田立寄佃民田根字

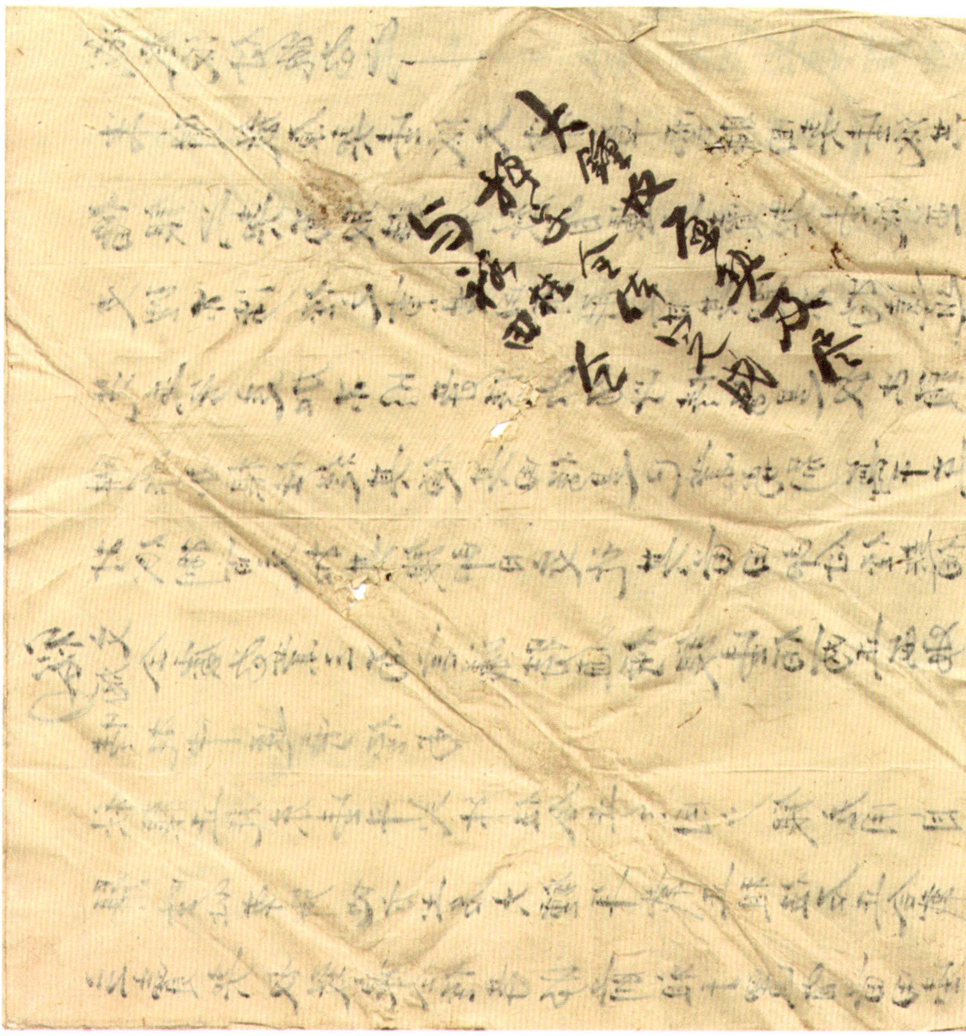

5-1-33-1　包契紙

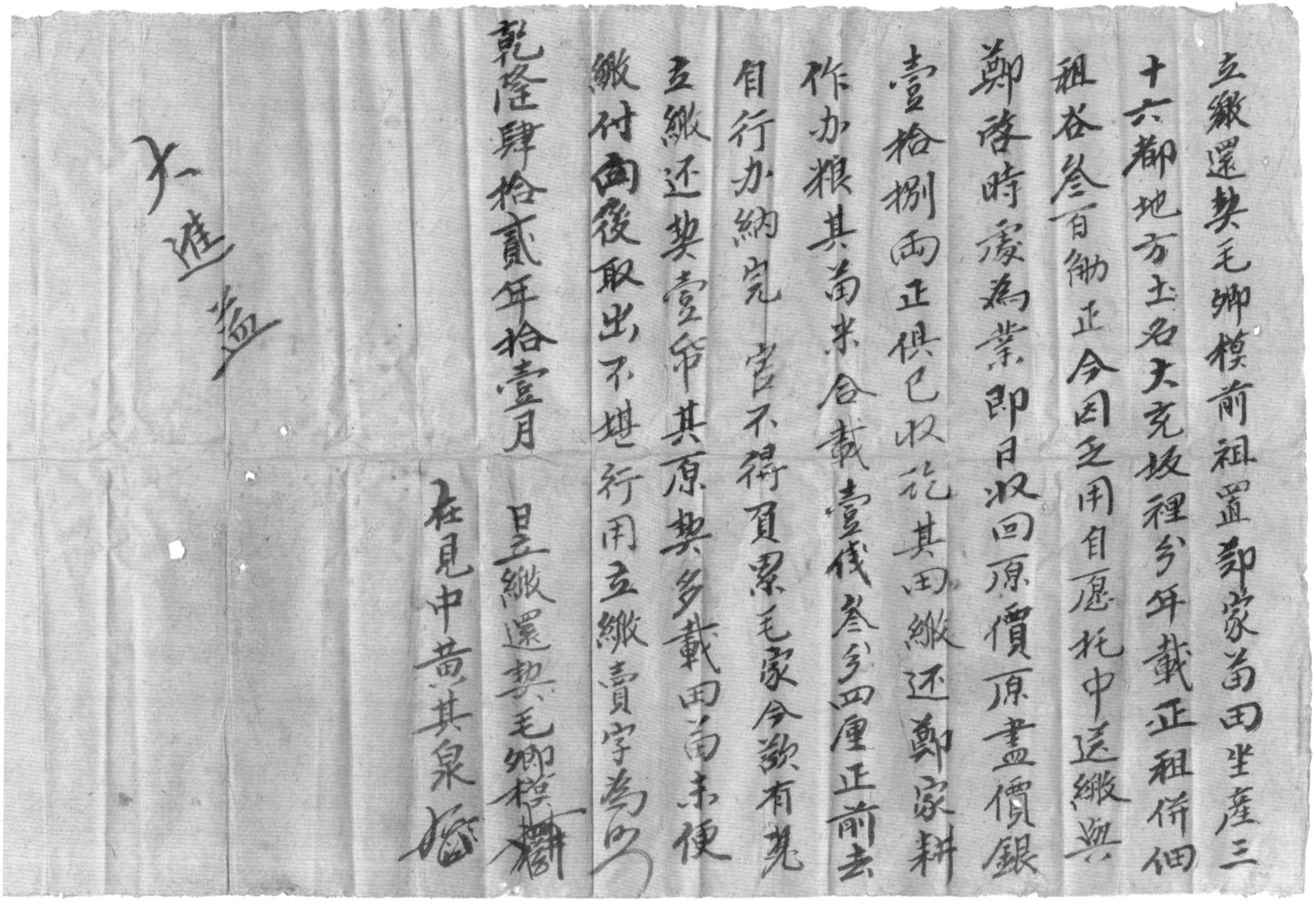
立繳還契毛卿模前祖置鄭家苗田坐產三
十六都地方土名大克坂裡乡年載正租併佃
租谷叁百觔正今因乏用自愿托中送繳與
鄭際時處為業即日收回原價原畫價銀
壹拾捌兩正俱已收訖其田繳还鄭家耕
作办粮其苗米合載壹钱叁分四厘正前去
自行办納完官不得貿累毛家今欲有憑
立繳还契壹帋其原契多載田亩未便
繳付兩後取出不堪行用立繳賣字為照
乾隆肆拾貳年拾壹月　日立繳還契毛卿模（押）
在見中黃其泉（押）
大進益

5-1-33-2　清乾隆四十二年十一月毛卿模立繳還苗田契

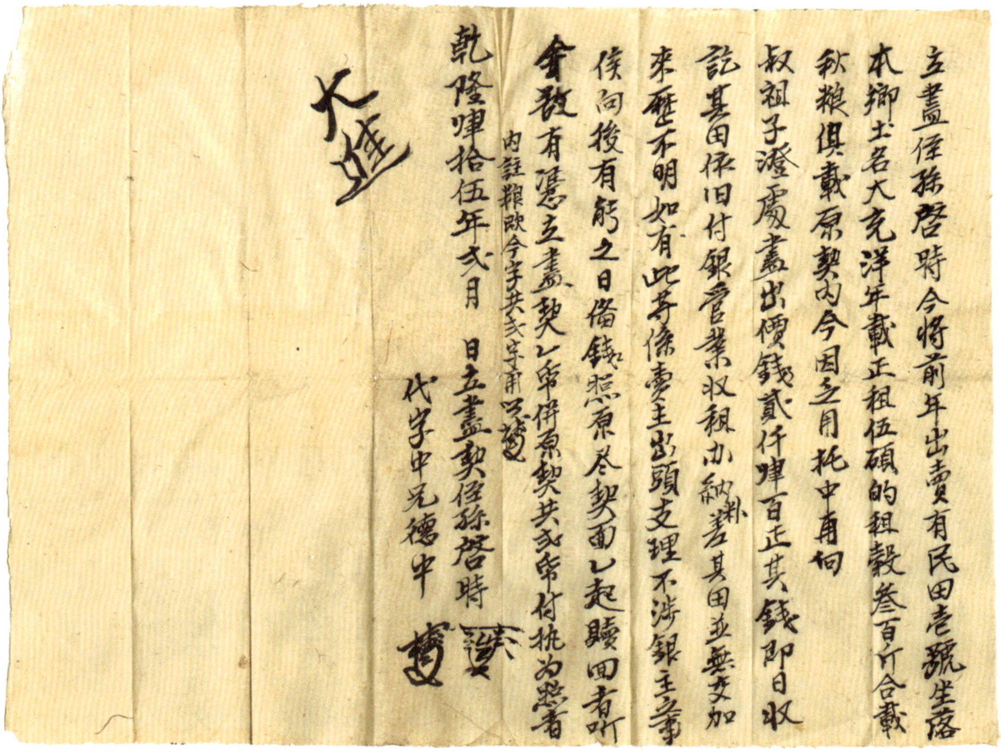
立盡侄孫啓時今將前年出賣有民田壹號坐落
本鄉土名大充洋年載正租伍碩的租穀叁百斤合載
秋粮俱載原契内今因乏用托中甫向
叔祖子瀅處盡出價錢貳仟肆百正其錢即日收
訖其田依旧付銀管業收租办納粮其田並無交加
來歷不明如有此等係盡主出頭支理不涉銀主之事
侯向後有能之日備錢照原叁契面一起贖田者听
合致有憑立盡契一帋併原契共貳帋付執為照者
內註粮欧今字共弍字甫召證
乾隆肆拾伍年弍月　日立盡契侄孫啓時
代字中兄德中
大達

5-1-33-3　清乾隆四十五年二月鄭啓時立盡民田字

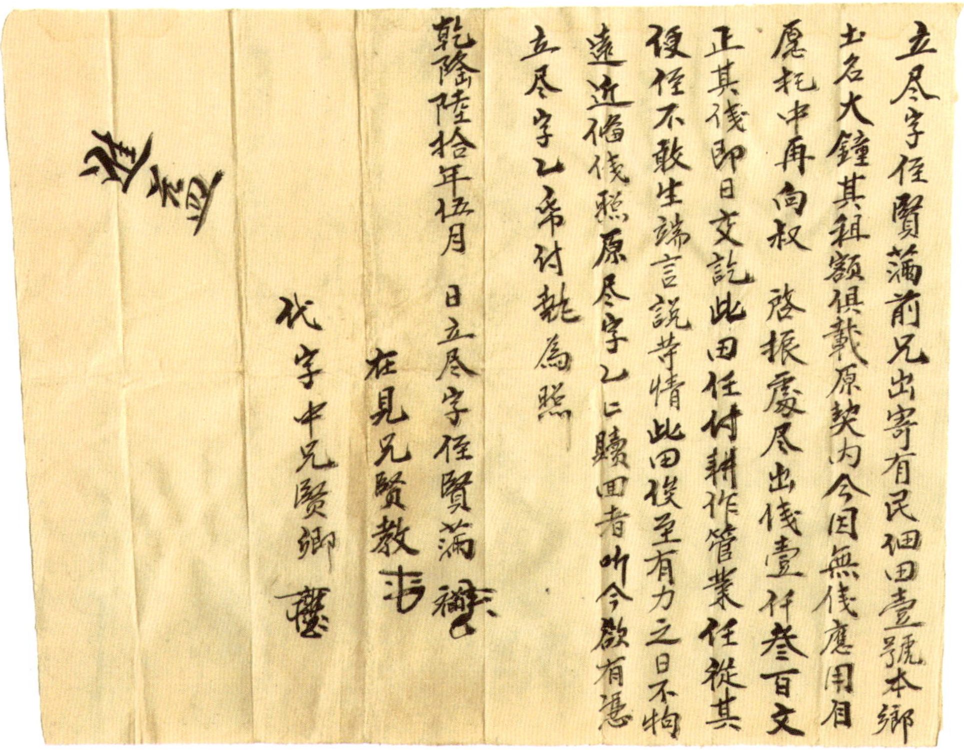

立盡字侄賢滿前兄出寄有民佃田壹號本鄉
土名大鐘其租額俱載原契內今因無錢應用自
愿托中再向叔 啓振處盡出錢壹仟叁百文
正其錢即日交訖此田任付耕作管業任從其
便侄不敢生端言說等情此田從至有力之日不拘
遠近備錢照原盡字之之贖回者所今欲有憑
立盡字一帋付執爲照
盡照
乾隆陸拾年伍月　日立盡字侄賢滿
在見兄賢教
代字中兄賢鄉

5-1-33-4　清乾隆六十年五月鄭賢滿立盡民佃田字

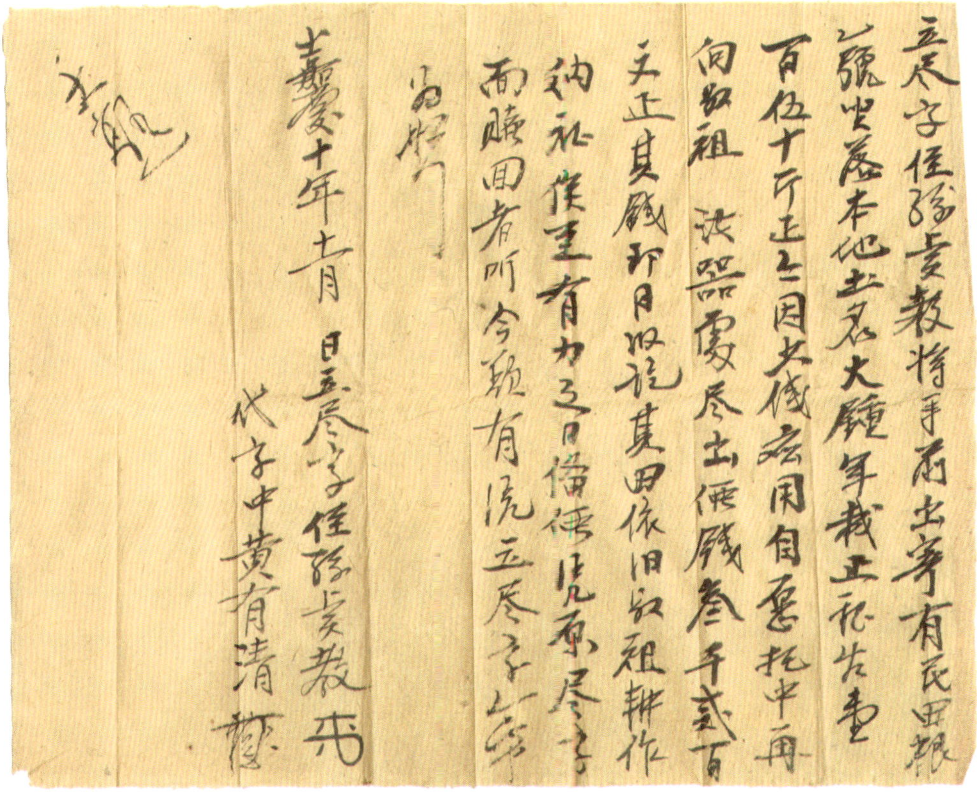
立盡字侄孫矣教將手荷出等有民田根
一號坐落本地土名大壢年載正租谷壹
百伍十斤正今因乏錢應用自愿托中再
向叔祖　誥器處盡出佛錢叁千貳百
文正其錢即日收訖其田依旧叔祖耕作
納租侄孫有力之日備價洗回盡字
而贖回者所今有憑立盡字一紙
為照
嘉慶十年十一月　日立盡字侄孫矣教（押）
代字中黄有清（押）

5-1-33-5　清嘉慶十年十一月鄭矣教立盡民田根字

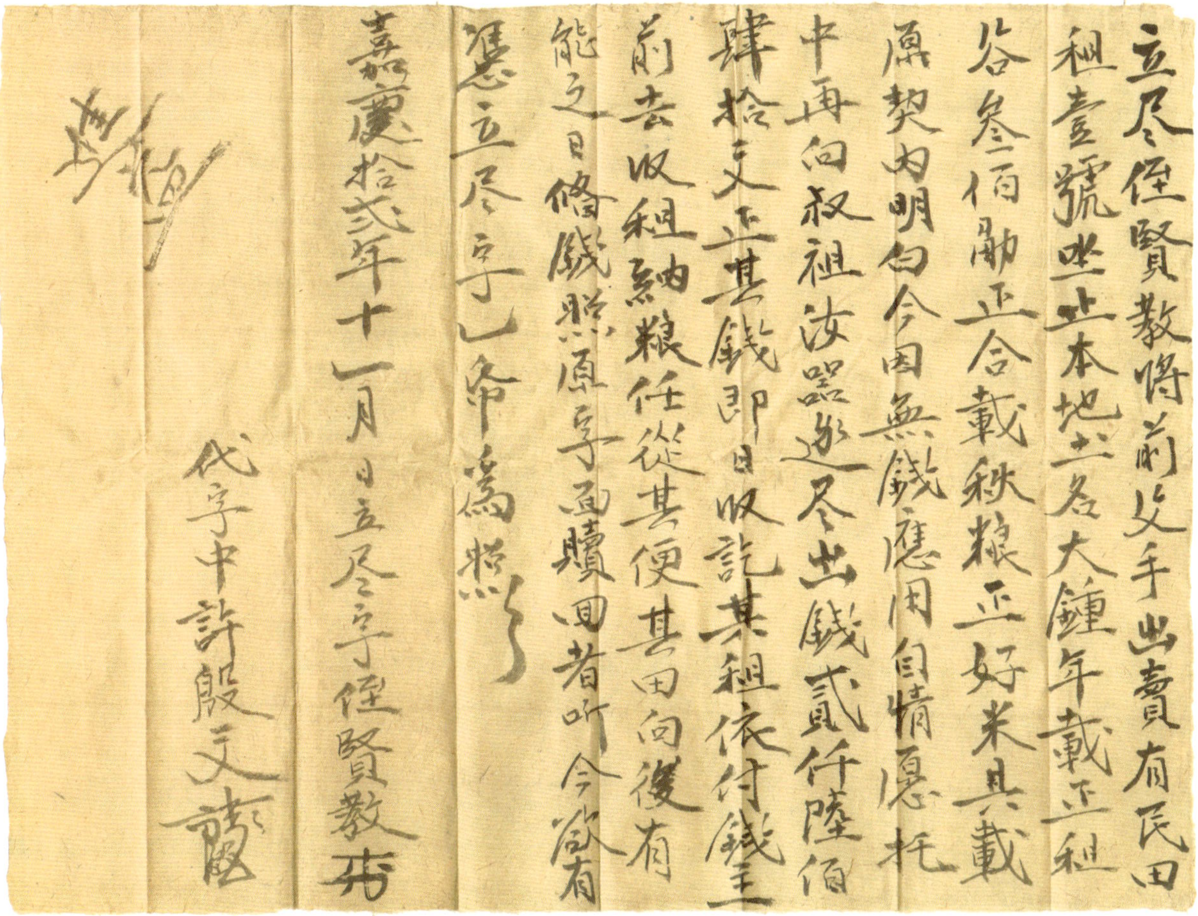
立尽侄賢教將前父手出賣有民田
租壹號坐址本地土名大鍾年載正租
谷叁佰觔正合載秋粮正好米具載
原契內明白今因無錢應用自情愿托
中再向叔祖汝器邊尽出錢貳仟陸佰
肆拾文正其錢即日收訖其租依付錢主
前去收租納粮任從其便其田向後有
能之日備錢照原字面贖回者叶今欲有
憑立尽字一帋為照
嘉慶拾弍年十一月日立尽字侄賢教（押）
代字中許般文（押）

5-1-33-6　清嘉慶十二年十一月鄭賢教立盡民田租字

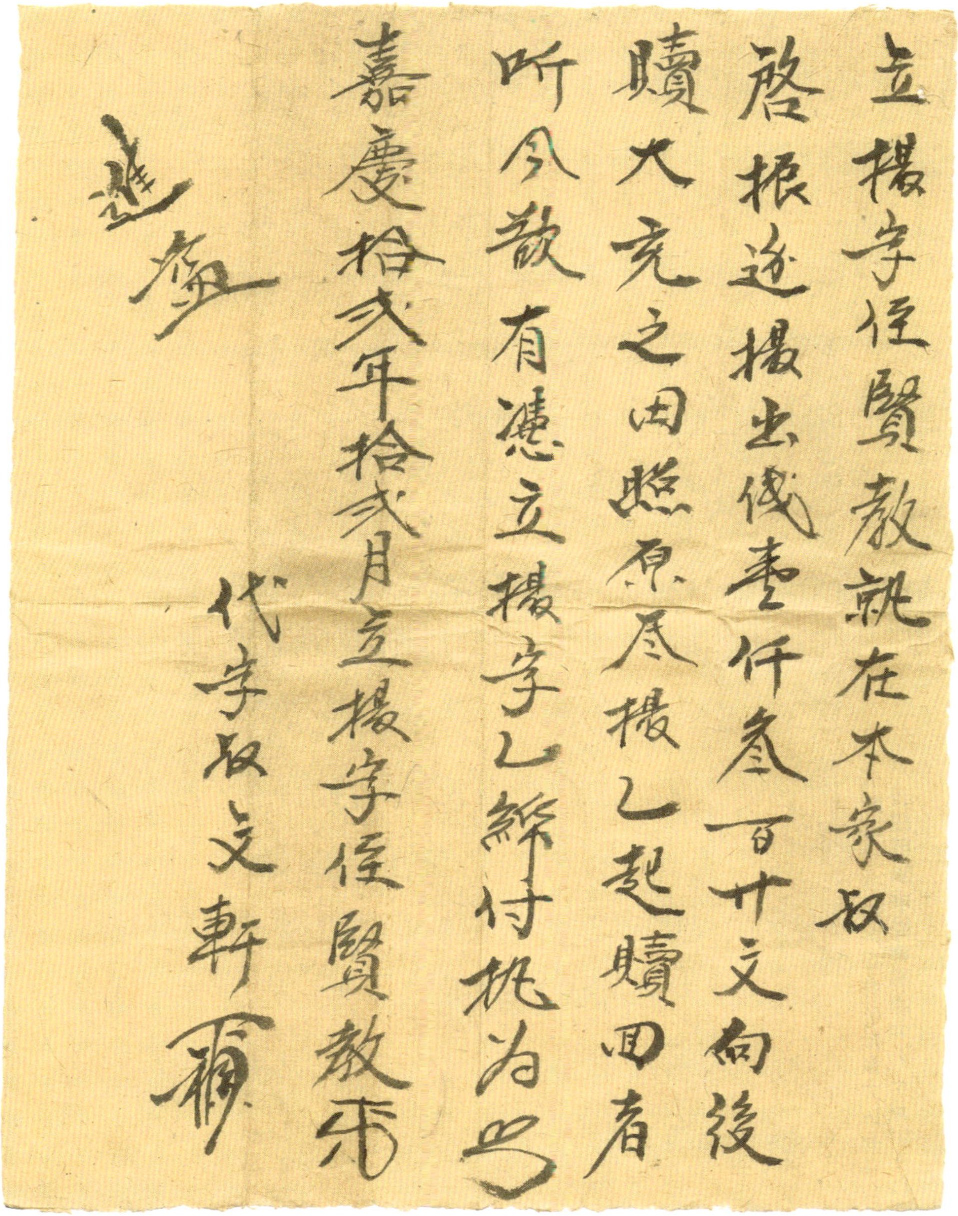

立撮字侄賢教就在本家叔
啓根邊撮出錢壹仟叁百廿文向後
贖大充之田照原尽撮乙起贖田眉
听分散有憑立撮字乙紙付執為照
嘉慶拾弍年拾弍月立撮字侄賢教押
代字叔文軒押
進[illegible]

5-1-33-7　清嘉慶十二年十二月鄭賢教立撮字

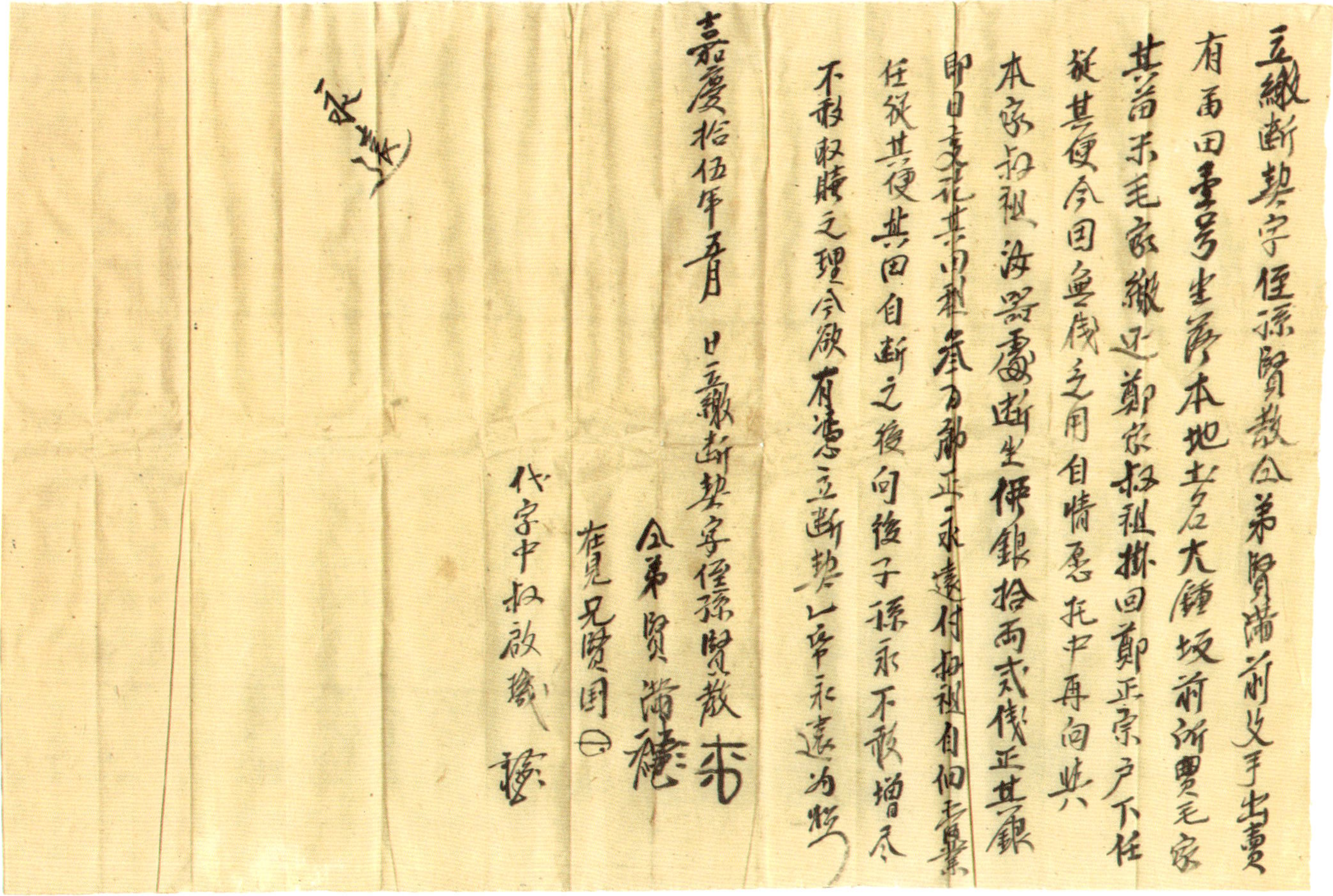

5-1-33-8　清嘉慶十五年五月鄭賢教等立繳斷苗田字

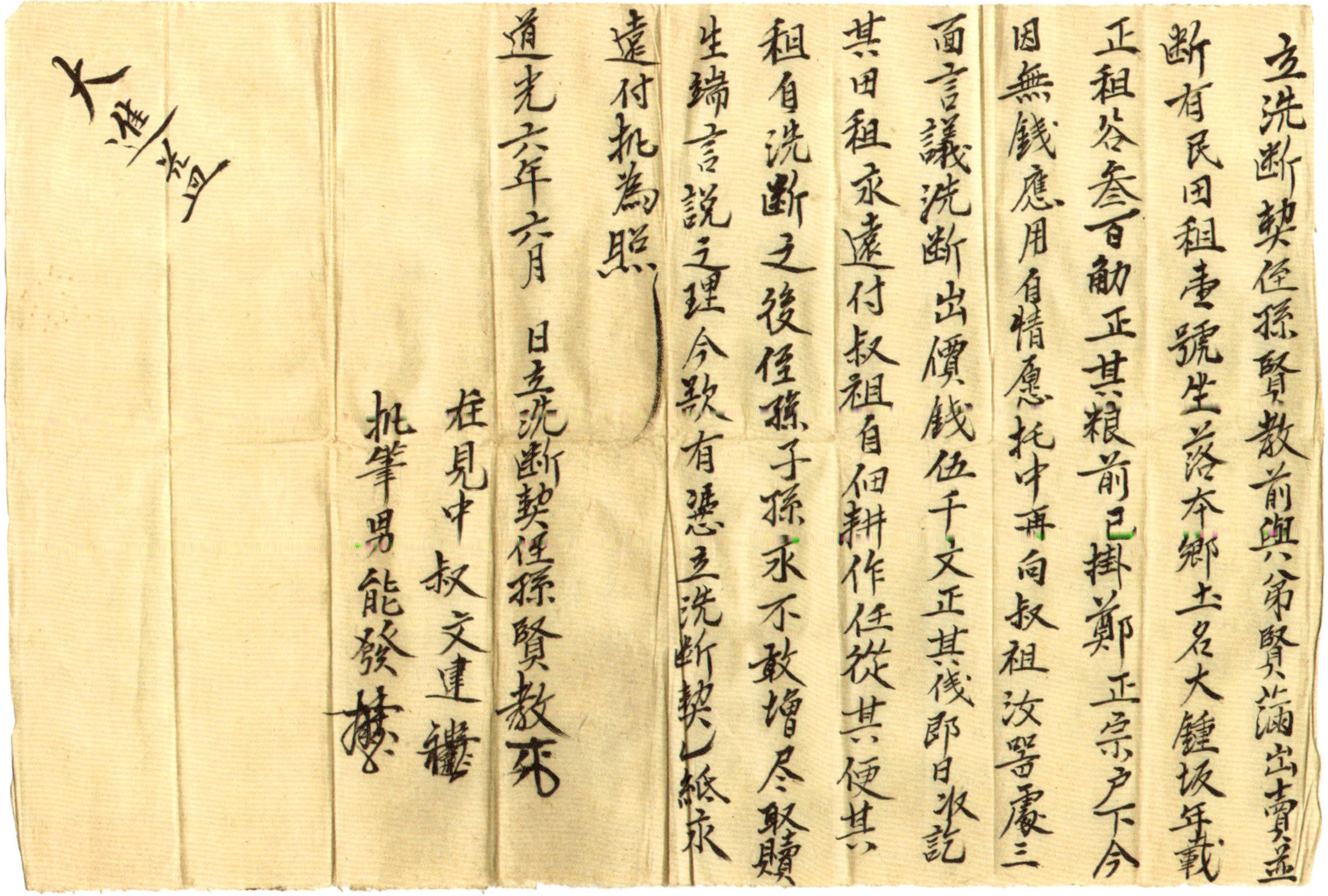

立洗斷契侄孫賢教前與六弟賢涵出賣並
斷有民田租壹號坐落本鄉土名大鐘坂年載
正租谷叁百觔正其粮前已掛鄭正宗户下今
因無錢應用自情愿託中再向叔祖汝器處三
面言議洗斷出價錢伍千文正其錢即日収訖
其田租永遠付叔祖自佃耕作任從其便其
租自洗斷之後侄孫子孫永不敢增尽取贖
生端言說之理今欲有憑立洗斷契乙紙永
遠付執為照。

道光六年六月　日立洗斷契侄孫賢教（押）
在見中　叔文建（押）
執筆男　能發（押）

5-1-33-9　清道光六年六月鄭賢教立洗斷民田租契

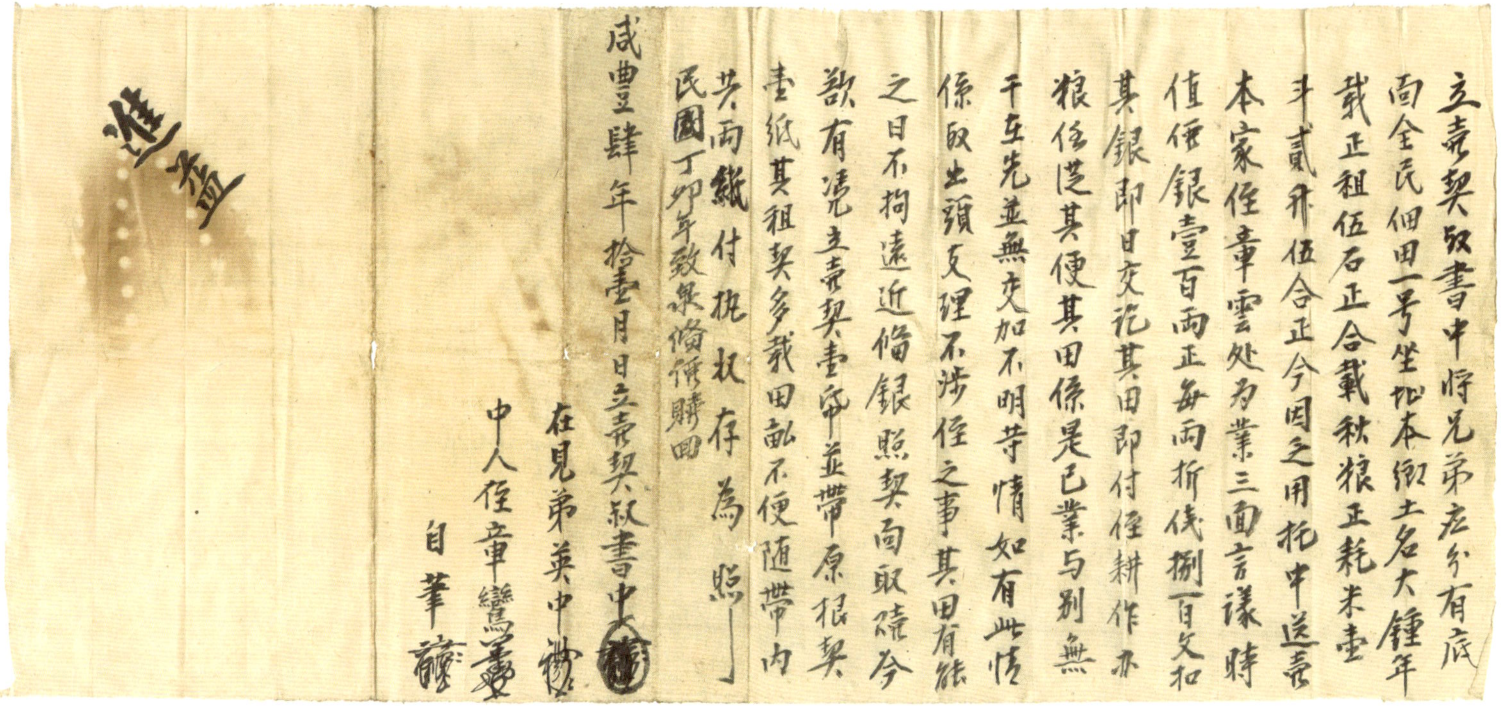
立賣契叔書中将兄弟應分有底
面全民佃田一号坐址本鄉土名大鐘年
載正租伍石正合載秋粮正耗米壹
斗貳升伍合正今因乏用托中送賣
本家侄章雲処为業三面言議時
值價銀壹百兩正每兩折錢捌百文扣
其銀即日交訖其田即付侄耕作亦
粮任從其便其田係是已業与別無
干在先並無交加不明等情如有此情
係叔出頭支理不涉侄之事其田有能
之日不拘遠近備銀照契面取贖今
欲有憑立賣契壹帋並帶原根契
壹紙其租契多載田畝不便隨帶內
共兩紙付執存為照 丨
民國丁卯年致泉備價贖回
咸豐肆年拾壹月 日立賣契叔書中
在見弟英中
中人侄章鑾
自筆

5-1-33-10　清咸豐四年十一月鄭書中立賣底面全民佃田契

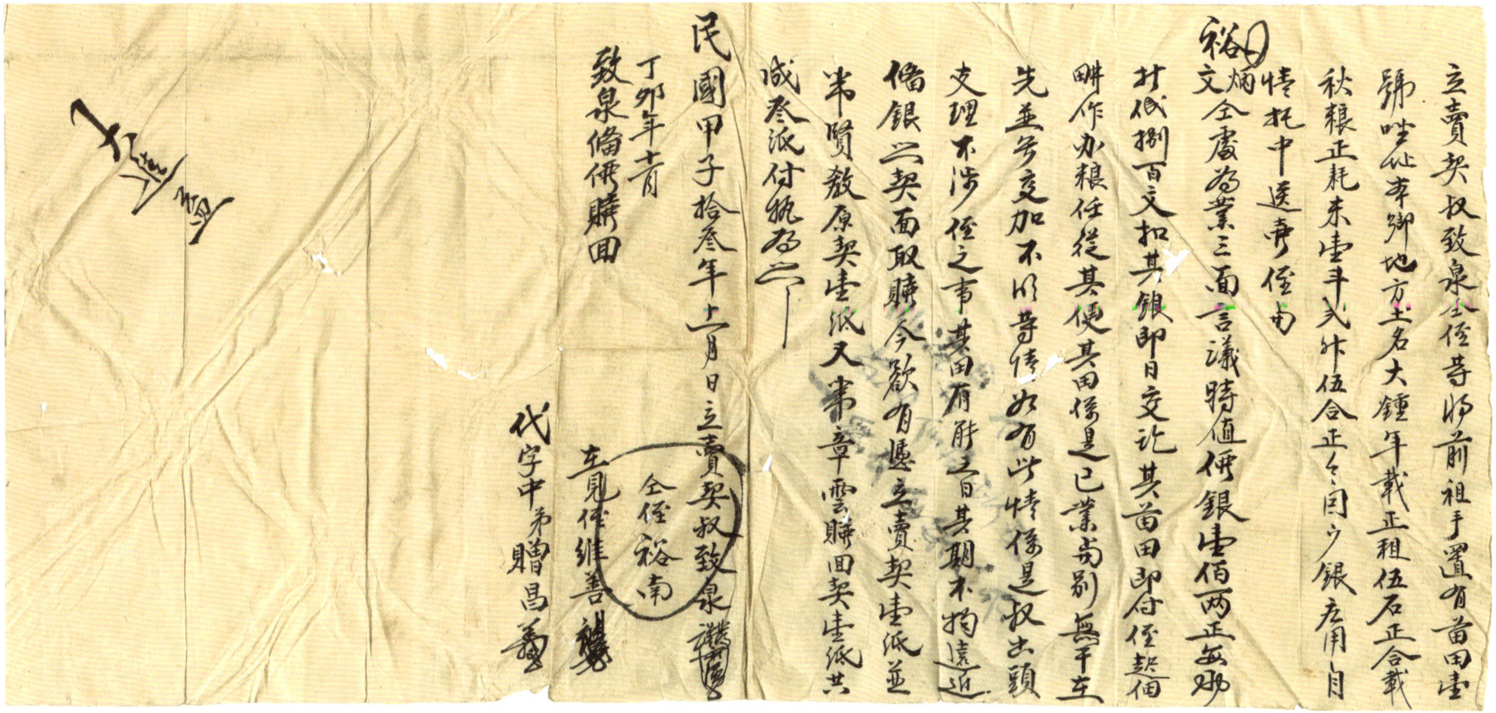
立賣契叔致泉仝侄等，晌前祖手置有苗田壹
號，坐址本鄉地方，土名大鍾坪，年載正租伍石正，合載
秋粮正耗米壹斗弍升伍合正。今因乏銀應用，自
情托中送賣侄南
裕文炳仝處為業，三面言議時值價銀壹佰両正，每兩
計錢捌百文扣，其銀即日交訖，其苗田即付侄起佃
耕作，办粮任從其便。其田係是己業，與別無干，在
先並無交加不明等情，如有此情，係是叔出頭
支理，不涉侄之事。其田有贖之日，其期不拘遠近，
備銀六契面取贖。今欲有憑，立賣契壹紙，並
米賢叔原契壹紙，又常章雲贖田契壹紙，共
成叁紙，付執為照。
民國甲子拾叁年十一月　日立賣契叔致泉（押）
仝侄裕南
在見侄維善（押）
代字中弟贈昌（押）
丁卯年十一月
致泉備價贖田
十□□

5-1-33-11　民國十三年十一月鄭致泉等立盡苗田字（廢契）

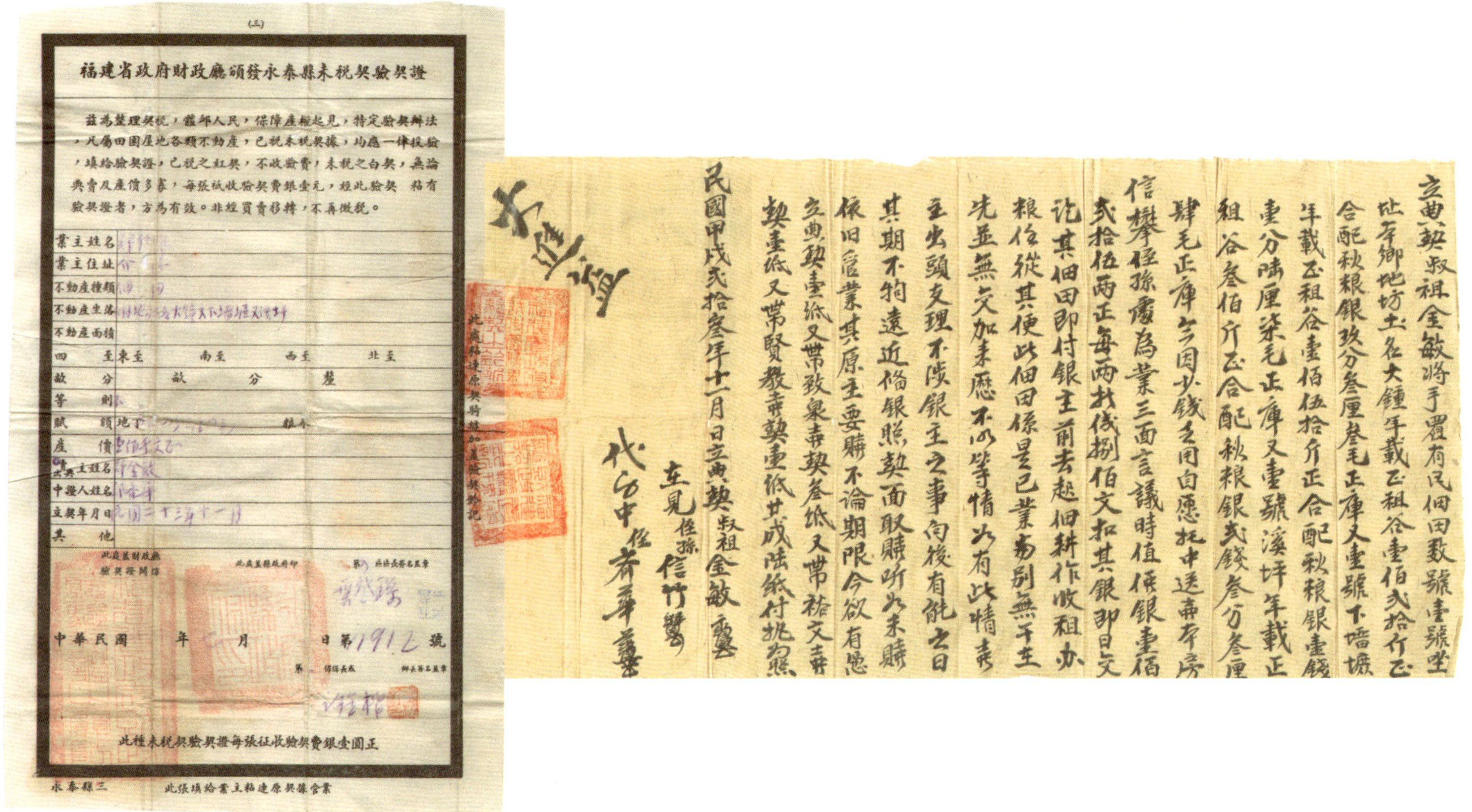

5-1-33-12　民國二十三年十一月鄭金敏立典民佃田契

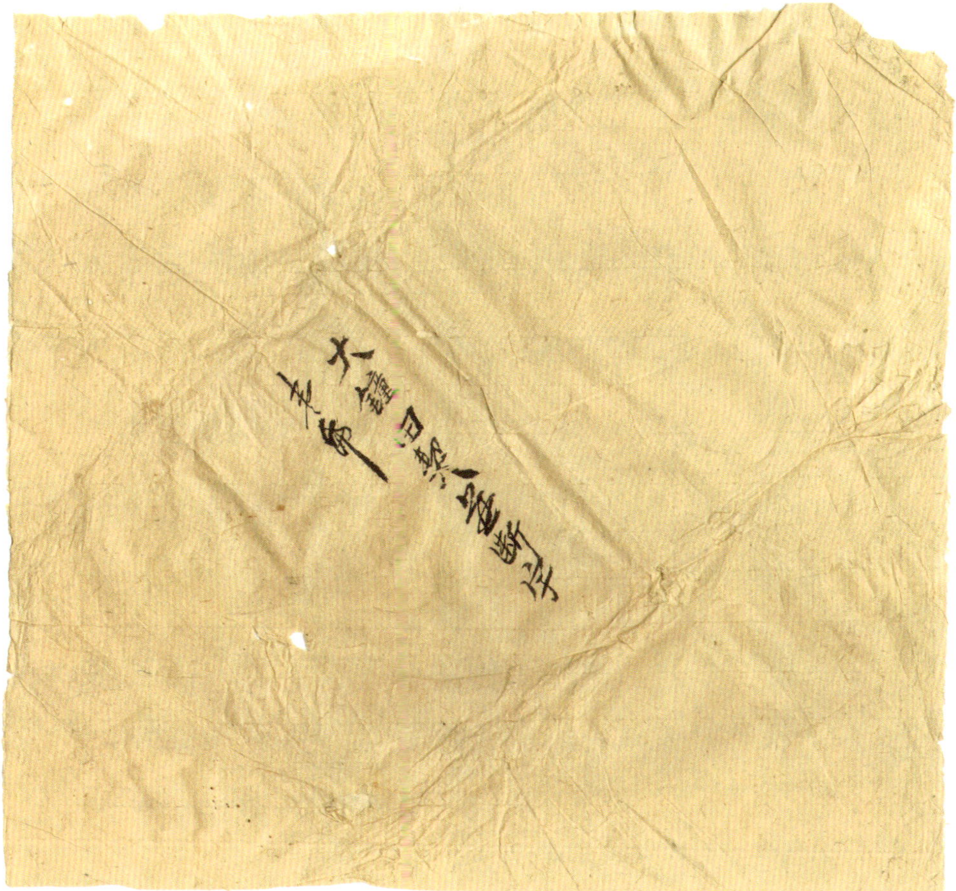

5-1-34-1　包契紙

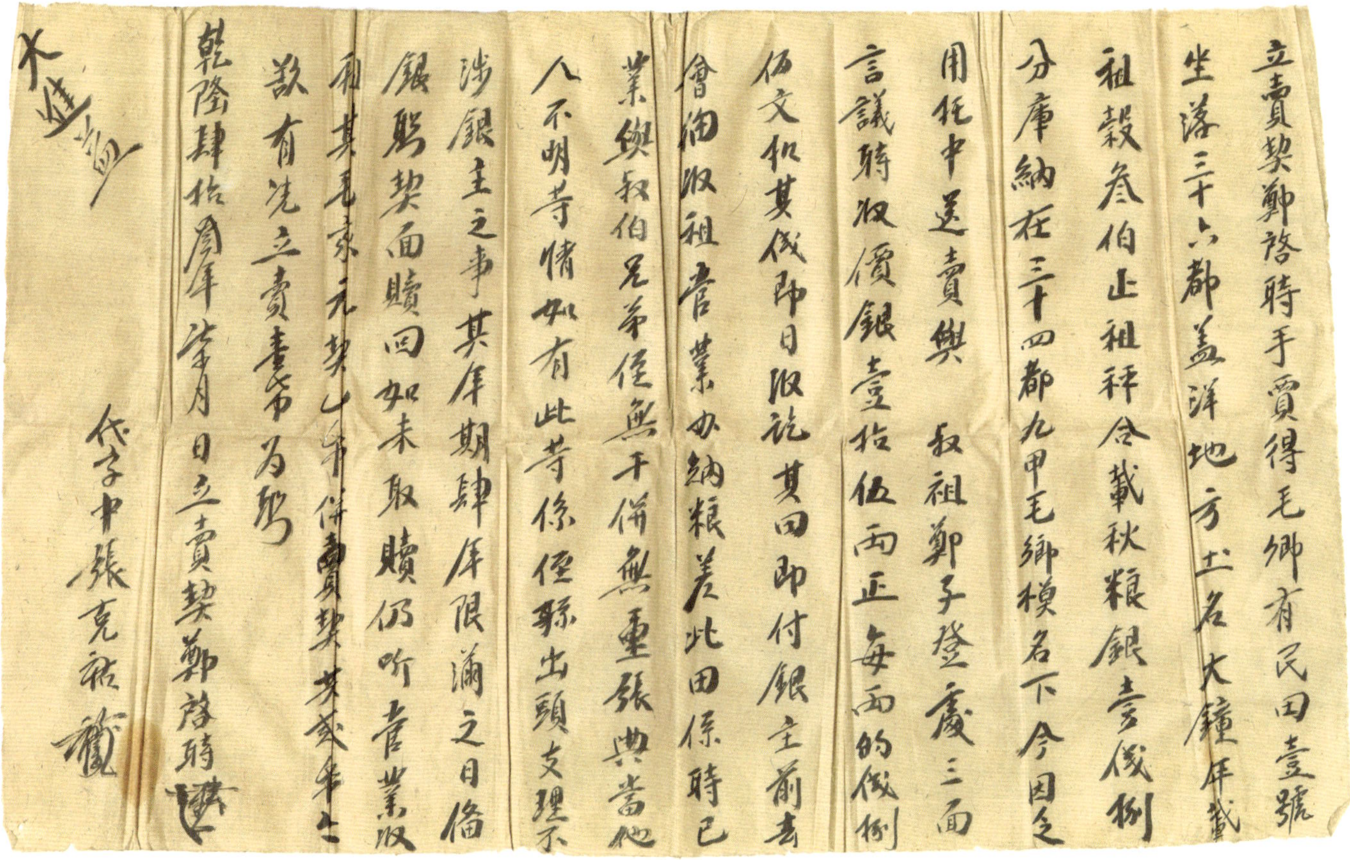

5-1-34-2　清乾隆四十三年七月鄭啓時立賣民田契

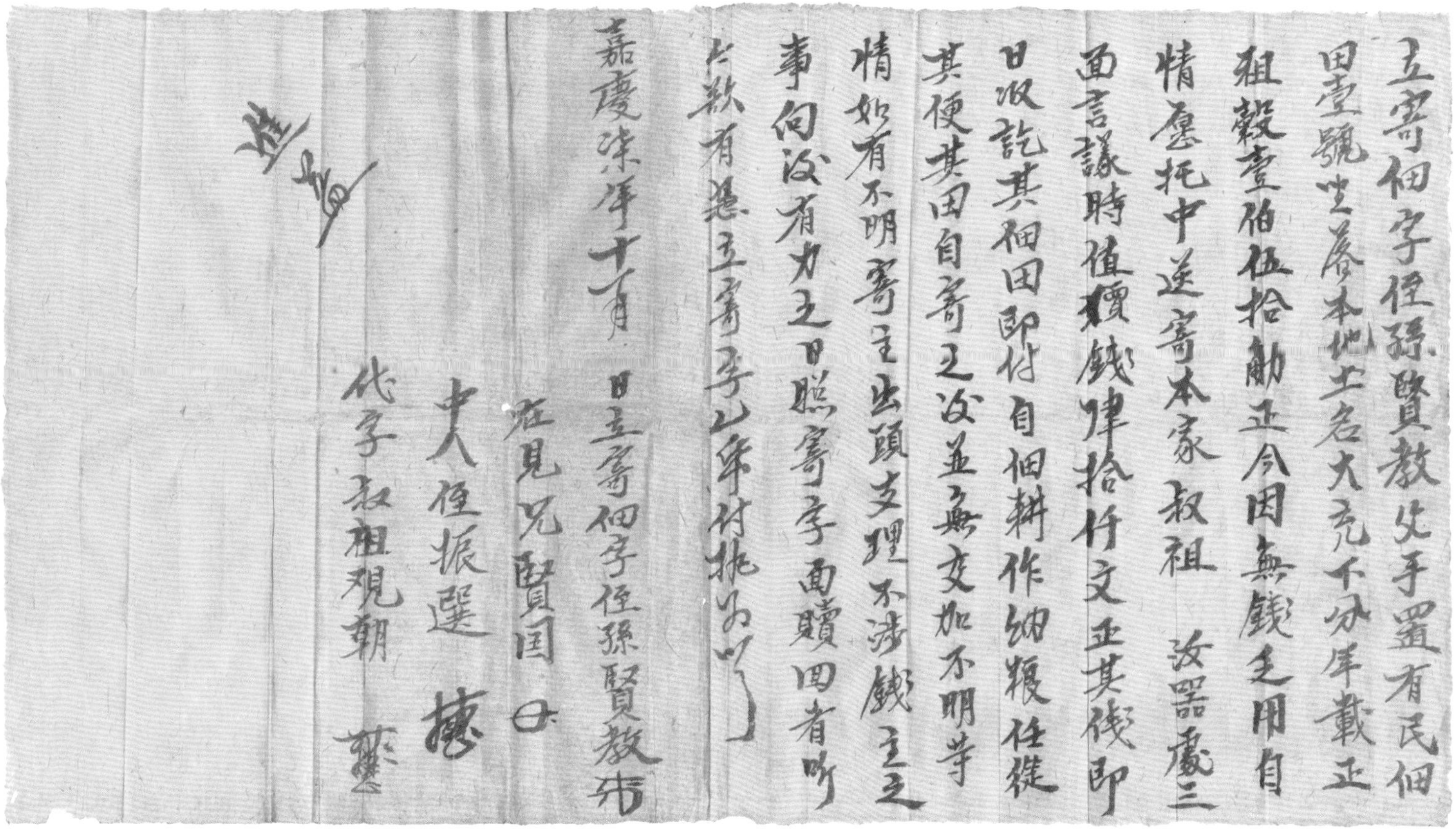
立寄佃字侄孫賢教先手置有民佃
田壹號坐落本地土名大亢下分年載正
租穀壹佰伍拾觔正今因無錢應用自
情愿托中送寄本家叔祖　汝罍處三
面言議時值價錢肆拾仟文正其錢即
日收訖其佃田即付自佃耕作納糧任從
其便其田自寄之後並無交加不明等
情如有不明寄主出頭支理不涉錢主之
事向後有力之日照寄字面贖回有所
今欲有憑立寄字一紙付執為照

嘉慶柒年十一月　日立寄佃字侄孫賢教
在見兄賢国
中人侄振選
代字叔祖觀朝

5-1-34-3　清嘉慶七年十一月鄭賢教立寄民佃田字

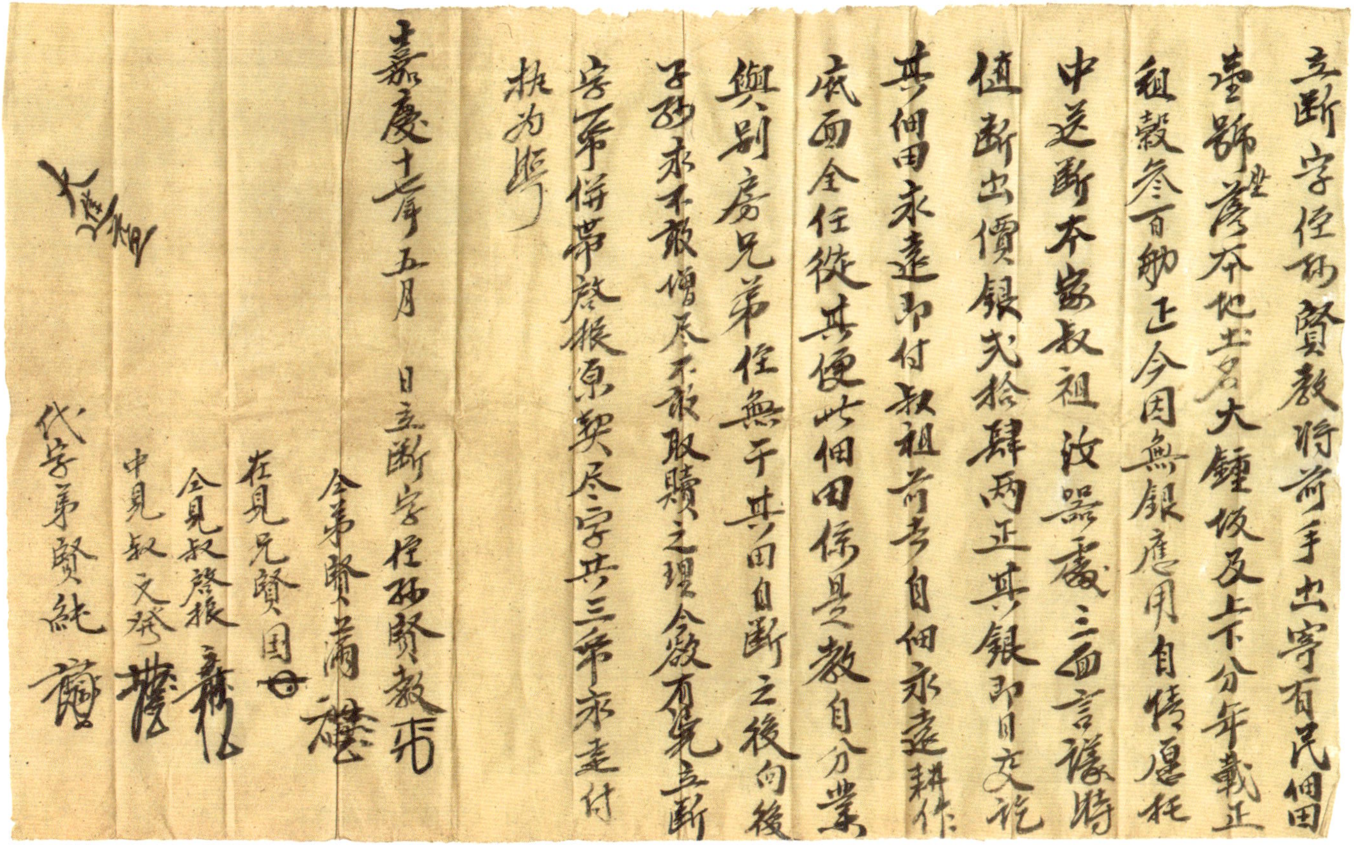

立斷字侄孫賢教將前手出寄有民佃田壹號坐落本地土名大鍾坂及上下分，年載正租穀叁百觔正。今因無銀應用，自情愿托中送斷本家叔祖汝器處，三面言議時值斷出價銀弍拾肆兩正，其銀即日交訖。其佃田永遠即付叔祖前去自佃，永遠耕作，底面全任從其便。此佃田係是教自分業，與別房兄弟侄無干。其田自斷之後，向後子孫永不敢增找，不敢取贖之理。今欲有憑，立斷字并帶啓根原契尽字共三帋，永遠付執為照。

嘉慶十七年五月　日立斷字侄孫賢教（押）
仝弟賢滿（押）
在見兄賢国（押）
仝見叔啓根（押）
中見叔文癸（押）
代字弟賢統（押）

5-1-34-4　清嘉慶十七年五月鄭賢教等立斷民佃田契

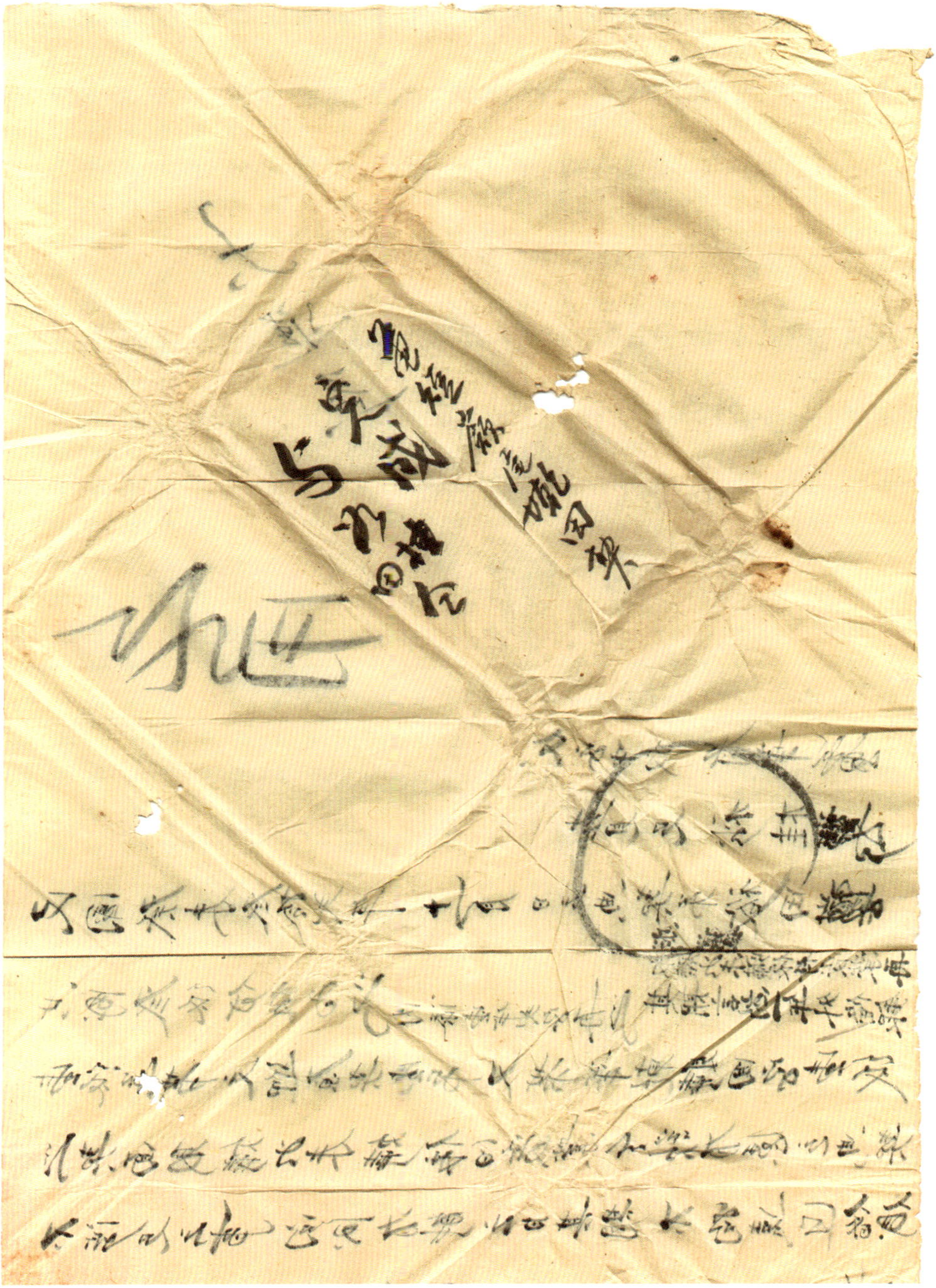

5-1-35-1　包契紙

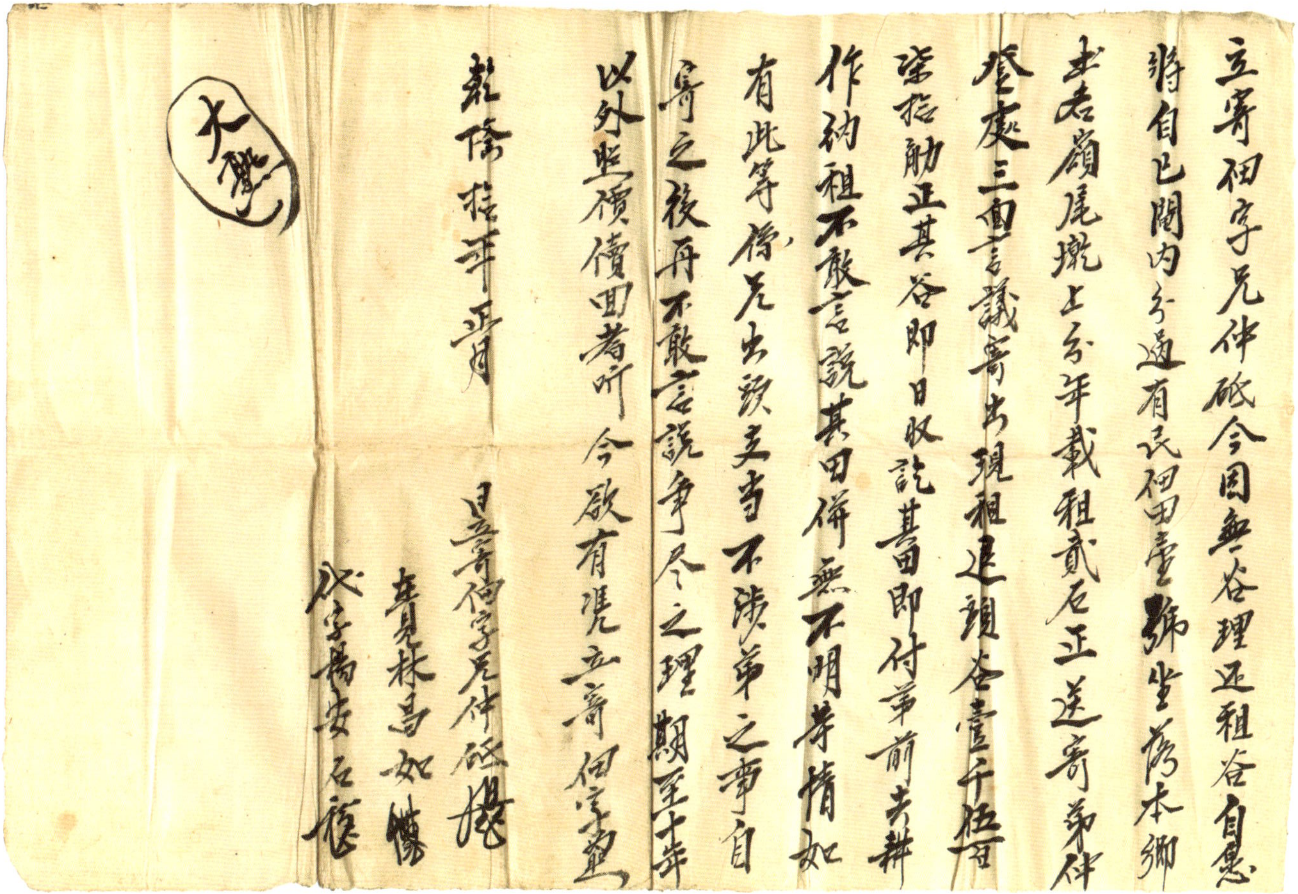

立寄佃字兄仲砥今因無谷理還租谷自愿
將自己閩內分過有民佃田壹號坐落本鄉
土名嶺尾墘上分年載租貳石正送寄弟仲
登處三面言議寄出現租足頭谷壹千伍百
塗搭助正其谷即日收訖其田即付弟前去耕
作納租不敢言說其田併無不明等情如
有此等係兄出頭之當不涉弟之事自
寄之後再不敢言說爭尽之理期至十年
以外照價贖田爲听　今欲有憑立寄佃字爲照

乾隆拾年正月　日立寄佃字兄仲砥（押）
在見林高如（押）
代字楊安石（押）

5-1-35-2　清乾隆十年正月鄭仲砥立寄民佃田字

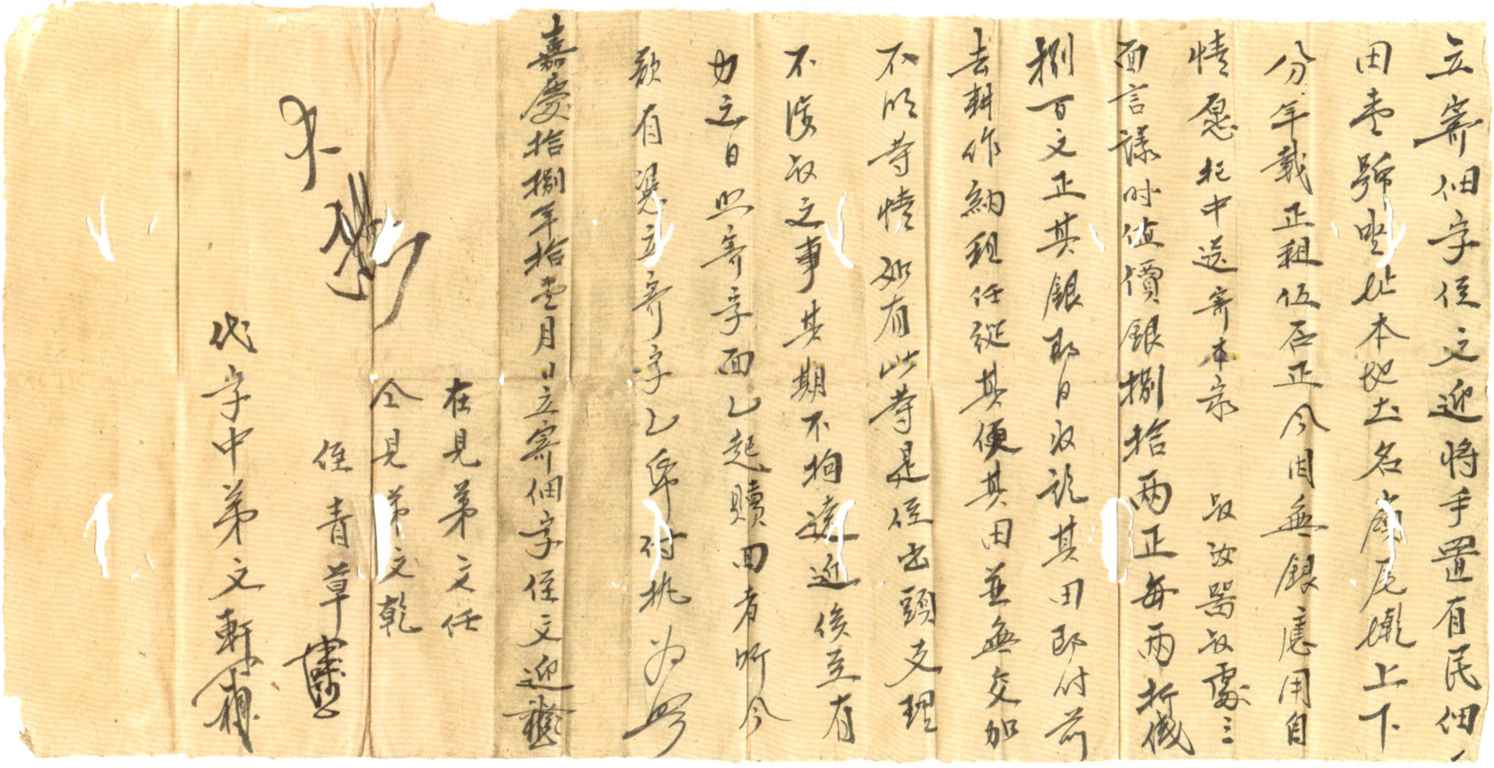
立寄佃字侄文迎，將手置有民佃
田壹號，坐址本地，土名庵尾壠上下
分，年載正租伍石正。今因無銀應用，自
情愿托中送寄本家 叔汝嵩叔處，三
面言議時值價銀捌拾兩正，每兩折錢
捌百文正。其銀即日收訖，其田即付前
去耕作納租，任從其便。其田並無交加
不明等情，如有此等，是侄出頭支理，
不涉叔之事。其期不拘遠近，備足有
力之日，照寄字面照起贖，田者聽令。
欲有憑，立寄字乙紙付執為照。
嘉慶拾捌年拾壹月 日立寄佃字侄文迎（押）
在見弟文任
仝見弟文乾
侄青草（押）
代字中弟文軒（押）

5-1-35-3 清嘉慶十八年十一月鄭文迎立寄民佃田字

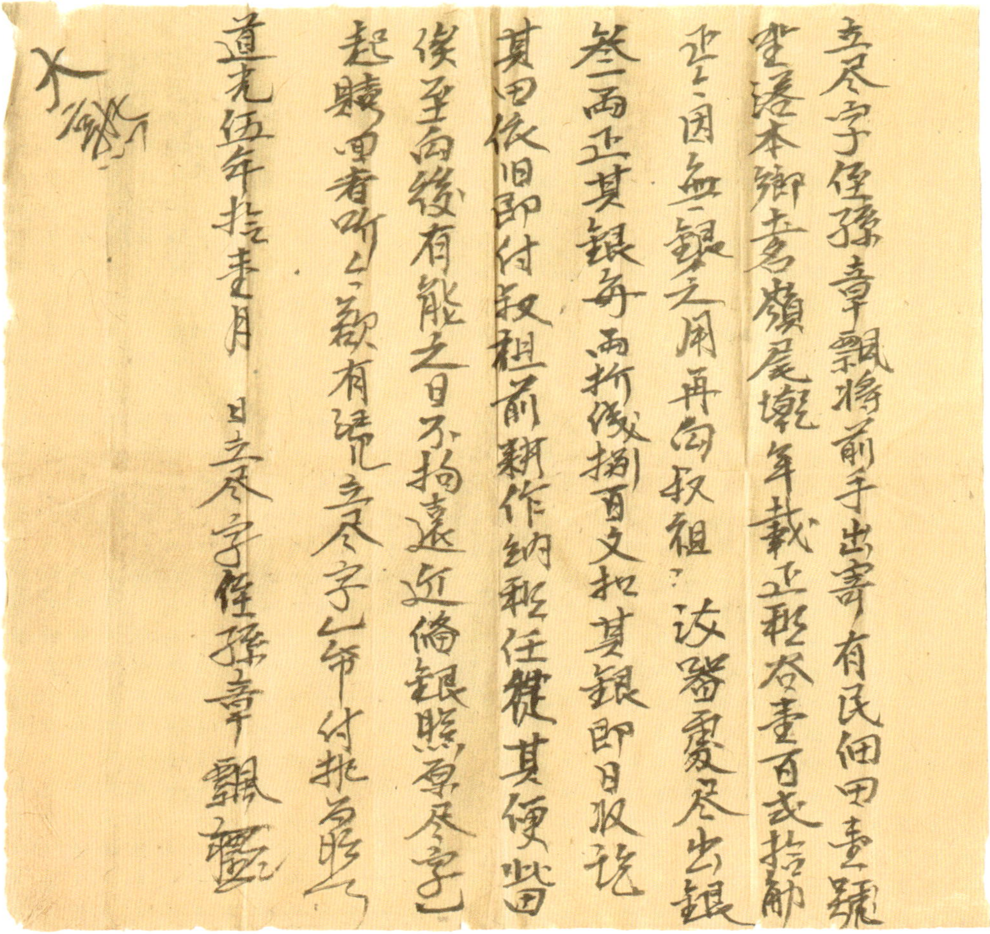
立盡字侄孫章飄將前手出寄有民佃田壹號
坐落本鄉土名嶺尾墘年載正租谷壹百弍拾觔
正〻因無銀之用再向叔祖〻汝聲處盡出銀
叁兩正其銀每兩折錢捌百文和其銀即日收訖
其田依旧即付叔祖前耕作納租任從其便嘗
後至向後有能之日不拘遠近備銀照原盡字
起贖田者听厶〻歡有憑立盡字一帋付執為照
道光伍年拾壹月　日立盡字侄孫章飄（押）

5-1-35-4　清道光五年十一月鄭章飄立盡民佃田字

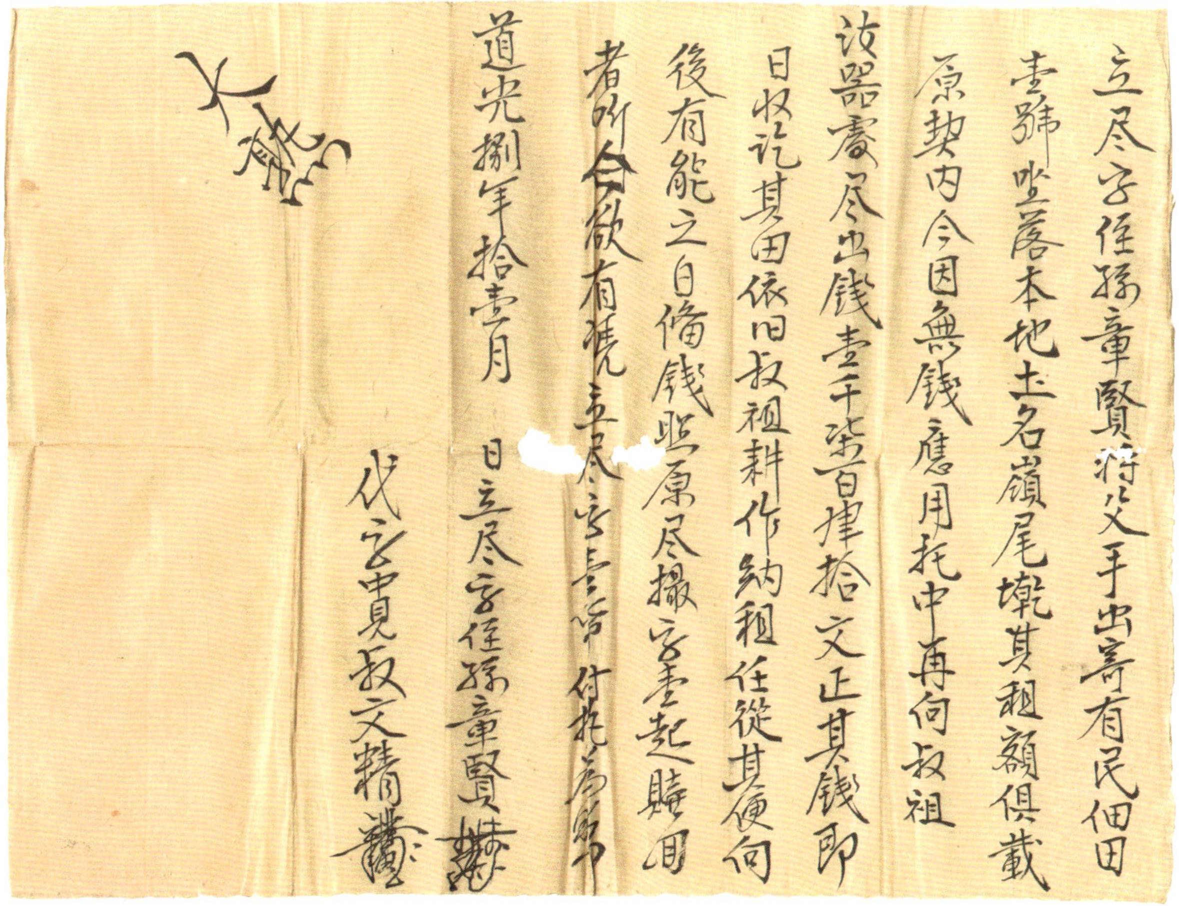

立尽字侄孫章賢将父手出寄有民佃田
壹號坐落本地土名嶺尾墘其租額俱載
原契內今因無錢應用托中再向叔祖
汝器處尽出錢壹千柒百肆拾文正其錢即
日收訖其田依旧叔祖耕作納租任從其便向
後有能之日備錢照原尽撥字壹起贖回
者所欲有憑立尽字壹紙付執為炤
道光捌年拾壹月 日立尽字侄孫章賢
代字胞叔文精

5-1-35-5　清道光八年十一月鄭章賢立盡民佃田字

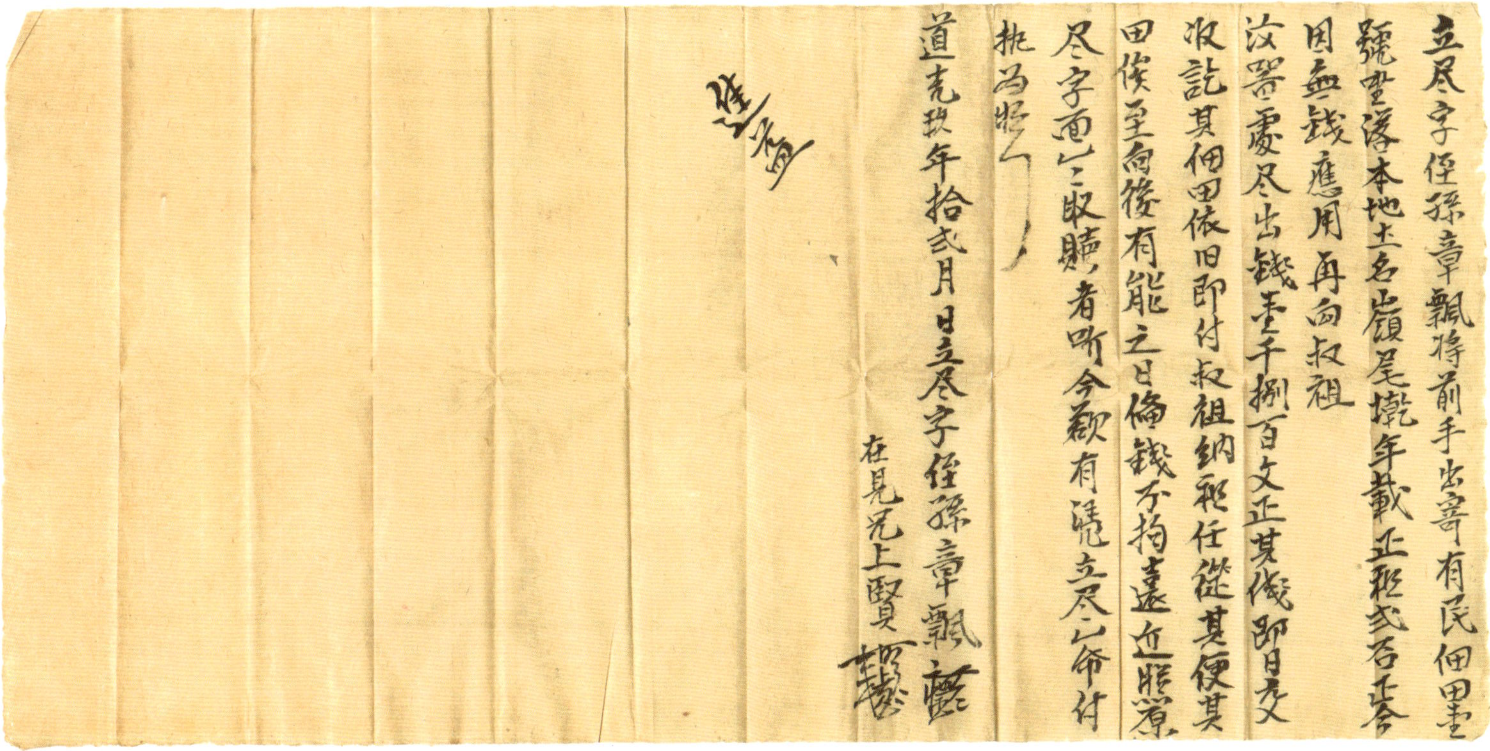
立尽字侄孫章飄將前手出寄有民佃田壹
號坐落本地土名嶺尾墘年載正租弍石壹斗
因無錢應用再向叔祖
汝器處尽出錢壹千捌百文正其錢即日交
收訖其佃田依旧即付叔祖納租任從其便其
田後至向後有能之日備錢不拘遠近照原
尽字面山之收贖，者听今欲有憑立尽山命付
批為照
道光玖年拾弍月　日立尽字侄孫章飄（押）
在見兄上賢（押）
[illegible]

5-1-35-6　清道光九年十二月鄭章飄立盡民佃田字

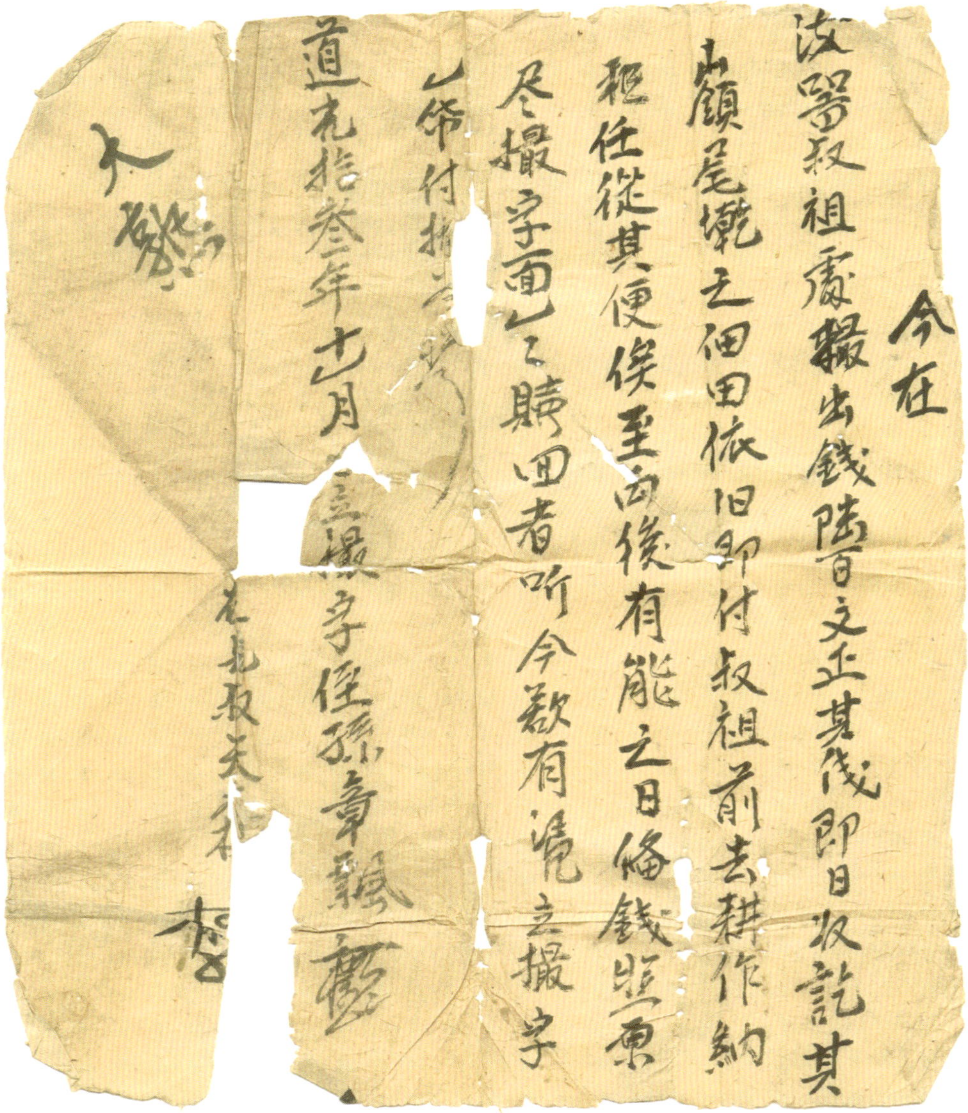
今在
汝留叔祖處撮出錢陸百文正其錢即日收訖其
山嶺尾墩之佃田依旧即付叔祖前去耕作納
租任從其便俟至向後有能之日備錢照票
尽撮字面山之贖回者听今欲有憑立撮字
山佈付撮字為照
道光拾叁年十一月　立撮字侄孫章飄（押）
在見叔天福（押）
大發

5-1-35-7　清道光十三年十一月鄭章飄立撮字

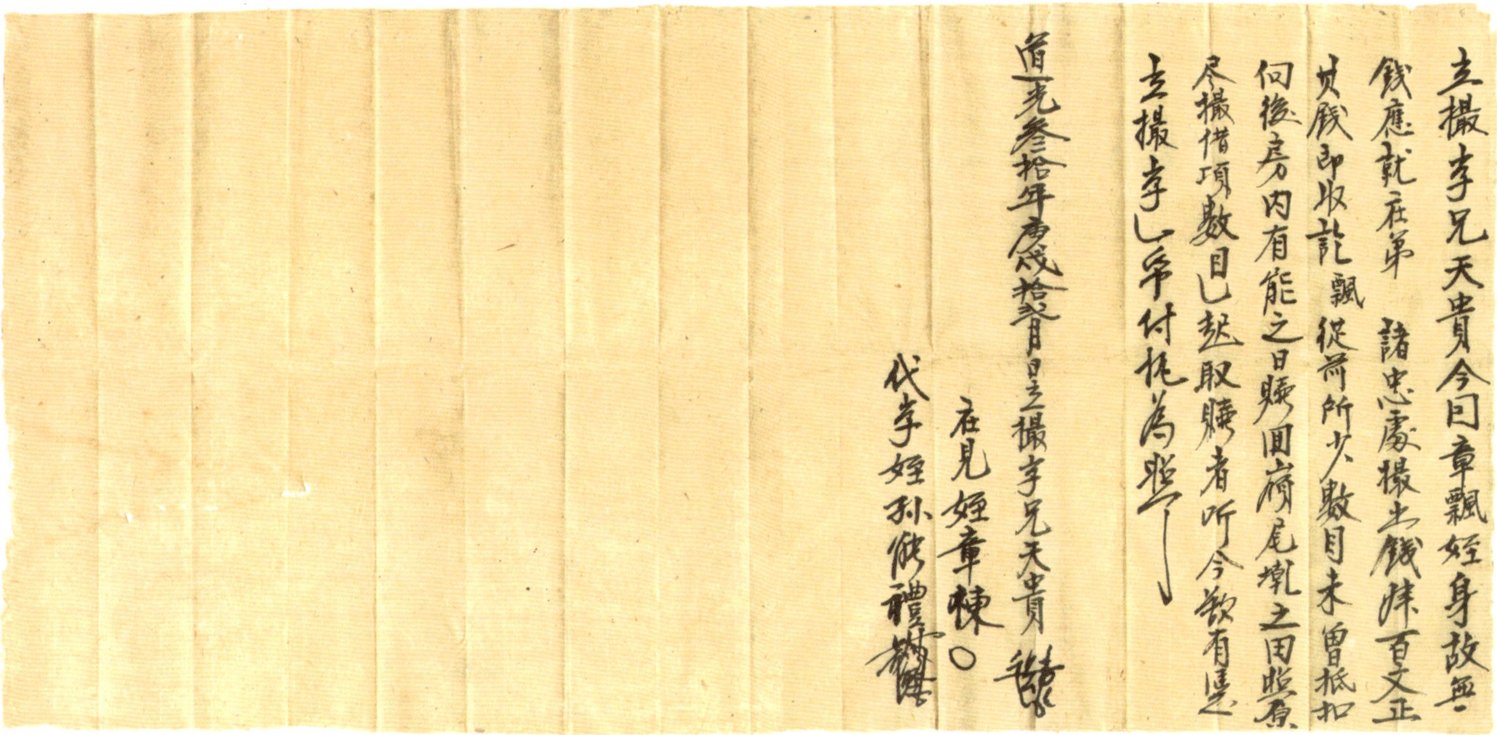
立撮字兄天貴今因章飄姪身故無
錢應就在弟 諸忠處撮出錢柒百文正
其錢即收訖飄 從前所少數目未曾抵扣
何後房內有能之日贖回府尾墘之田照原
本撮借項數目一起取贖者听今欲有憑之
立撮字一紙付執為照
道光叁拾年庚戌拾貳月 日立撮字兄天貴（押）
在見姪章棟〇
代字姪孫俶禮（押）

5-1-35-8　清道光三十年十二月鄭天貴立撮字

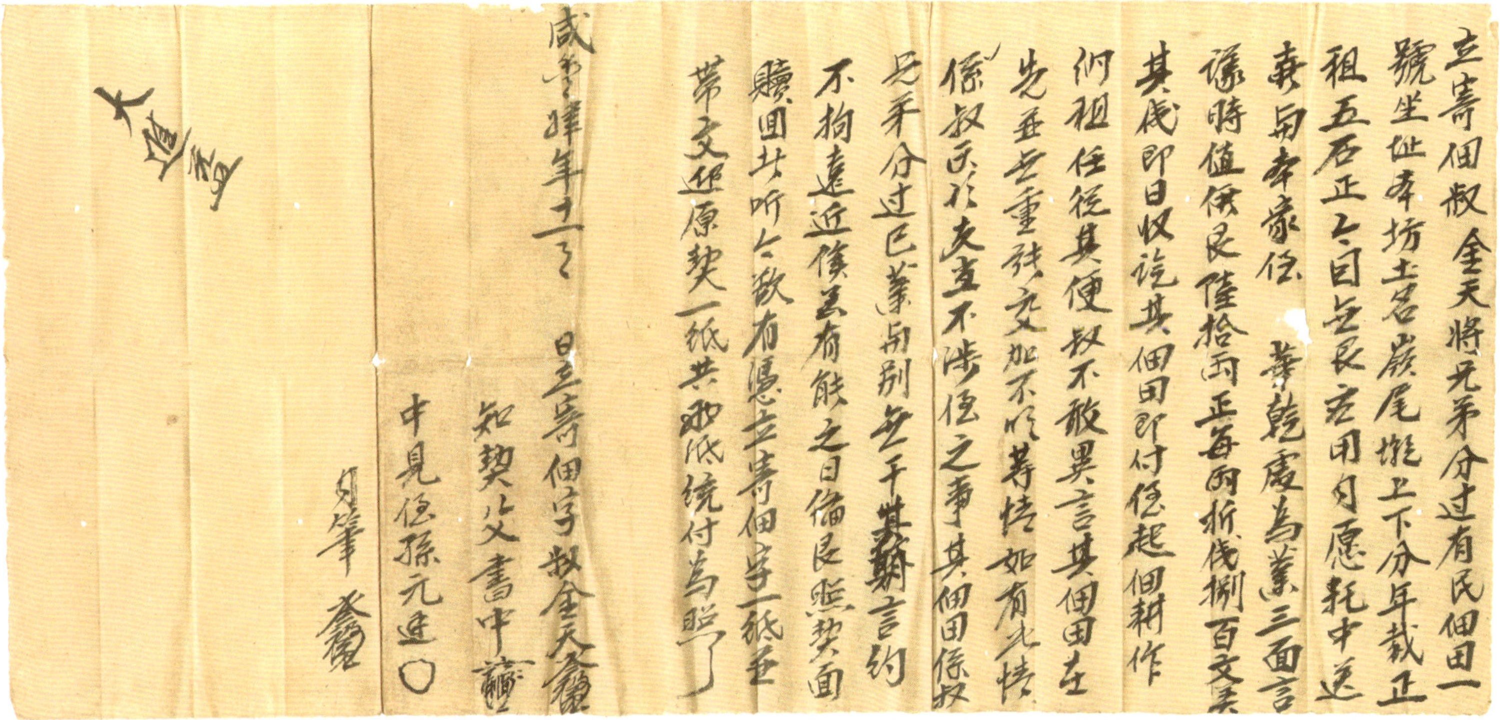

立寄佃叔金天將兄弟分过有民佃田一
號坐址本坊土名崙尾墘上下分年載正
租五石正，今因無銀应用，自愿托中送
就向本家侄　華乾處為業，三面言
議時值價銀陸拾兩正，每兩折价捌百文。
其價即日收訖，其佃田即付侄起佃耕作
仍祖，任從其便，叔不敢異言。其佃田在
先並無重張交加不明等情，如有此情，
係叔自支當，不涉侄之事。其佃田係叔
兄弟分过已業，與别無干。其期言约
不拘遠近，侯其有能之日，備足照契面
贖回，其侄听之。欲有憑，立寄佃字一纸並
帶交原契一纸，共两纸，统付為照。了

咸丰肆年十一月　日立寄佃字叔金天（押）
知契人父書中（押）
中見侄孫元述 〇
代筆 （押）

大吉

5-1-35-9　清咸豐四年十一月鄭金天立寄民佃田字

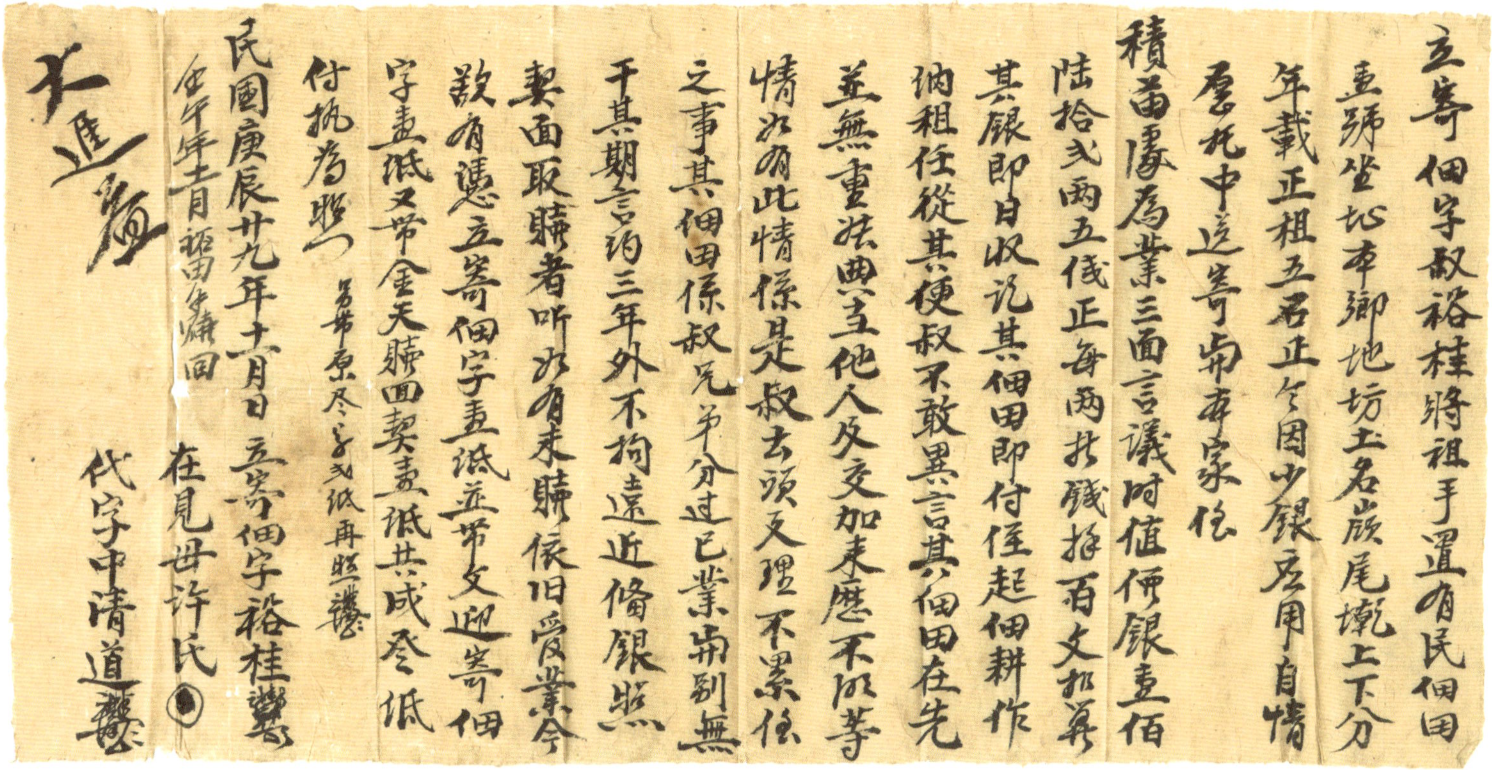
立寄佃字叔裕桂將祖手置有民佃田
壹號坐址本鄉地坊土名岩尾墘上下分
年載正租五石正今因少銀應用自情
愿托中送寄與本家侄
積苗邊爲業三面言議時值價銀壹佰
陸拾弍兩五錢正每兩折錢捌百文扣算
其銀即日收訖其佃田即付侄起佃耕作
納租任從其便叔不敢異言其佃田在先
並無重張典盜他人及交加來歷不明等
情如有此情係是叔去頭支理不累侄
之事其佃田係叔兄弟分過己業與別無
干其期言約三年外不拘遠近備銀照
契面取贖者聽如有未贖依旧管業今
欲有憑立寄佃字壹紙並帶文契寄佃
字壹紙又帶金天贖回契壹紙共成叁紙
付執爲照。 另帶原叁字弍紙再照
民國庚辰廿九年十一月日 立寄佃字裕桂
仝年十一月稻田仝贖回
在見母許氏
代字中清道
大進

5-1-35-10　民國二十九年十一月鄭裕桂立寄民佃田字

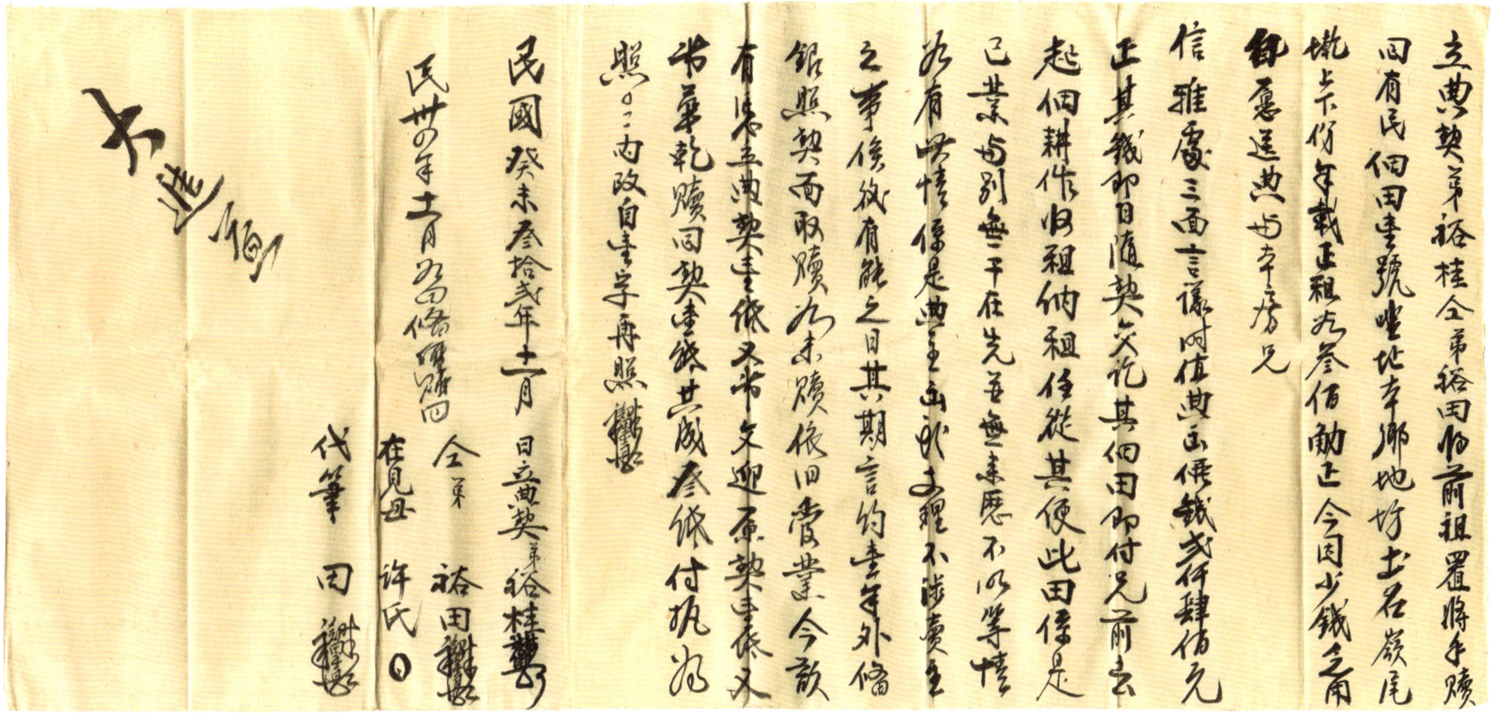

立典契人裕桂仝弟裕田伯前祖置將手贖
回有民佃田壹號，坐址本鄉地坊，土名嶺尾
墘上下份，年載正租谷叁佰觔正。今因少錢乏用，
自愿送典與本房兄
信雅處，三面言議，時值典出價錢弍仟肆佰元
正，其錢即日隨契交訖，其佃田即付兄前去
起佃耕作，收租納租，任從其便。此田係是
己業，與别無干，在先並無來歷不明等情，
如有此情，係是典主出頭抵擋，不涉受主
之事。候敘有能之日，其期言約壹年外備
銀照契面取贖，如未贖，依舊管業。今欲
有憑，立典契壹紙，又米交迎原契壹紙，又
收乾贖回契壹紙，共成叁紙，付執為
照。○○改自壹字再照。

民國癸未叁拾弍年十一月　日立典契弟裕桂（押）
仝弟　裕田（押）
在見母　許氏○
代筆　田（押）

民卅四年十一月為倫贖回

大吉順

5-1-35-11　民國三十二年十一月鄭裕桂等立典民佃田契

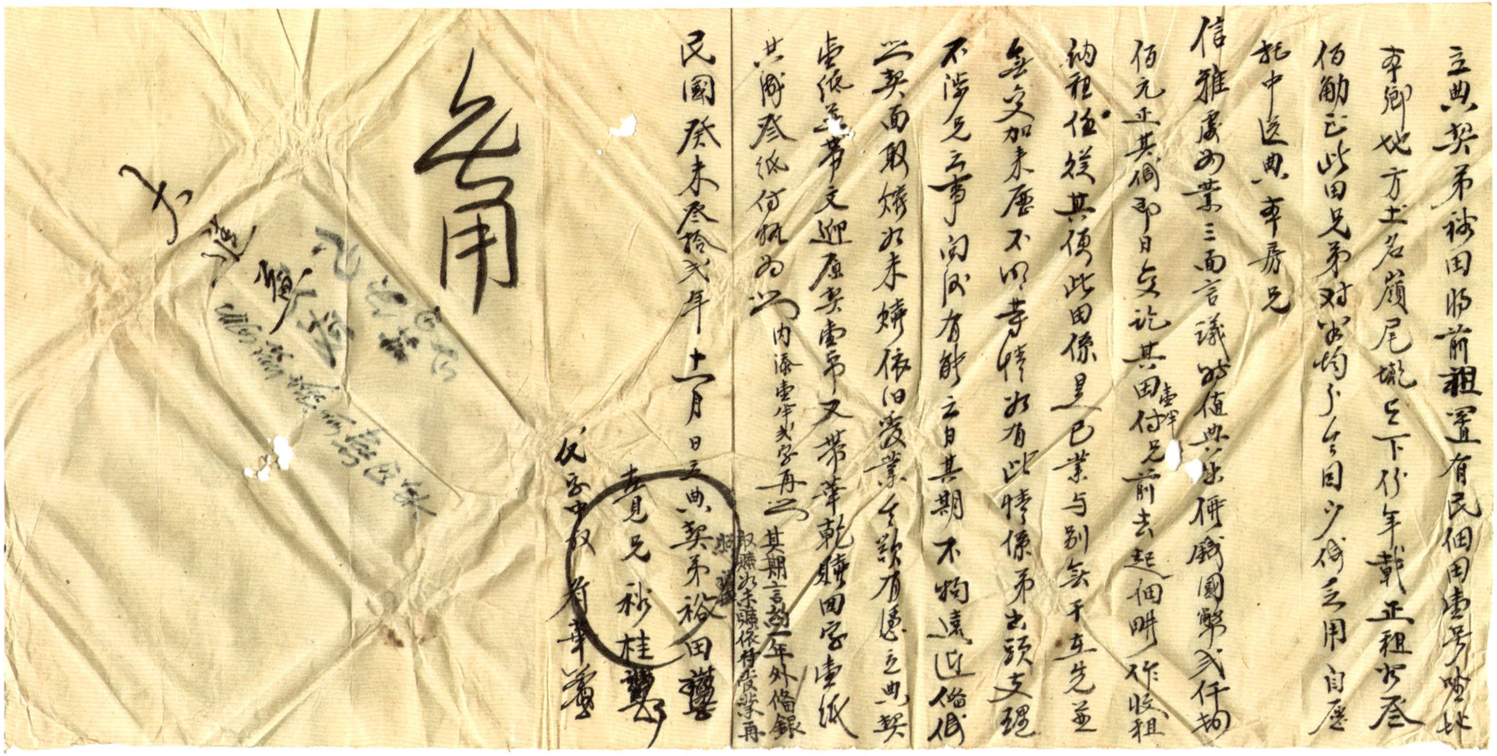

5-1-35-12　民國三十二年十一月鄭裕田立典民佃田契（廢契）

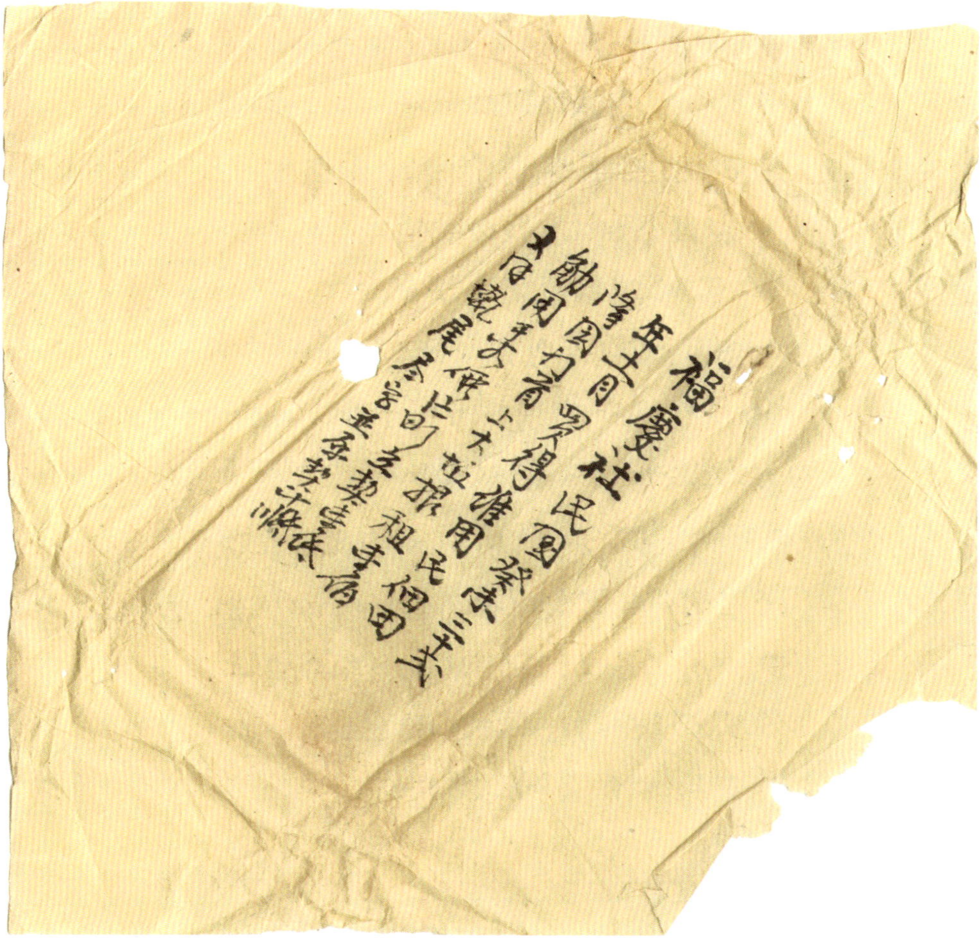

5-1-36-1　包契紙

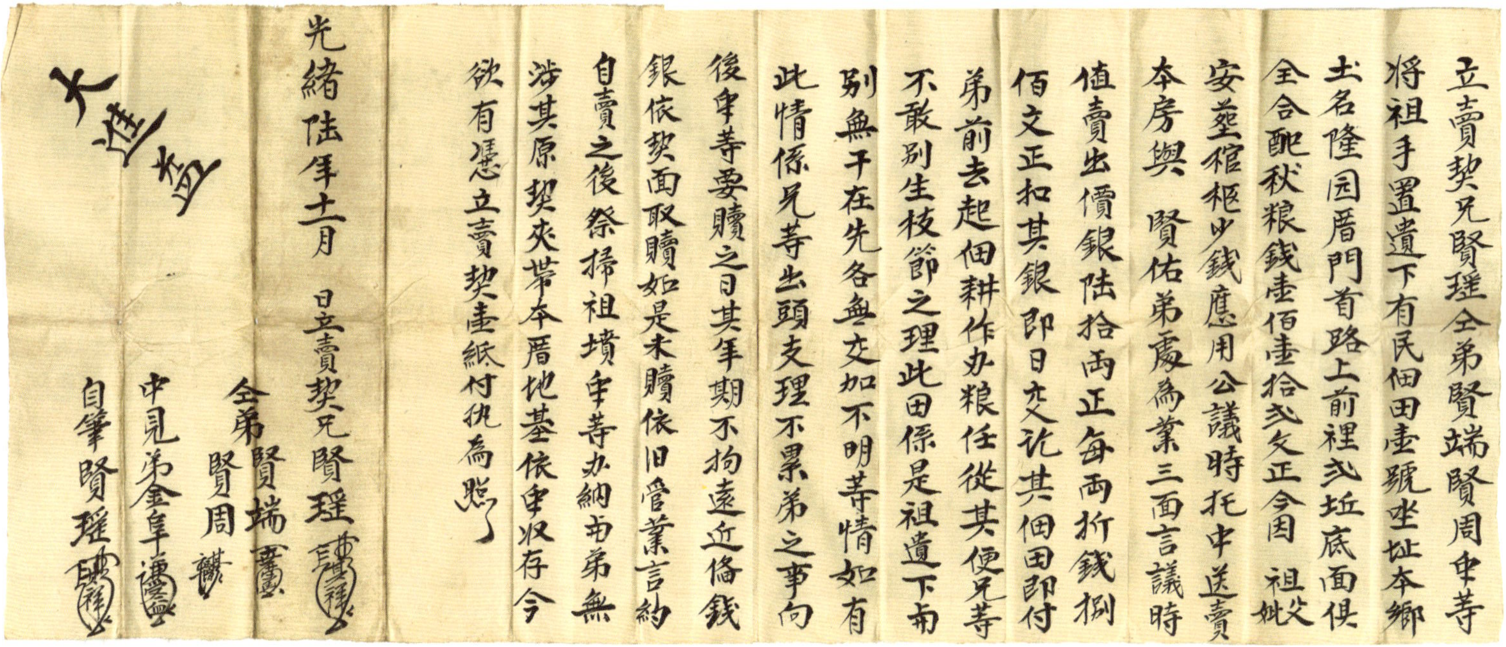
立賣契兄賢瑶仝弟賢端賢周仝等
將祖手置遺下有民佃田壹號坐址本鄉
土名隆園厝門首路上前裡弍坵底面俱
全合配秋粮钱壹佰壹拾弍文正今因 祖父妣
安塟棺柩少錢應用公議時托中送賣
本房與 賢佑弟處爲業三面言議時
值賣出價銀陸拾両正每両折錢捌
佰文正和其銀即日交訖其佃田即付
弟前去起佃耕作办粮任從其便兄等
不敢別生枝節之理此田係是祖遺下甬
別無干在先各無交加不明等情如有
此情係兄等出頭支理不累弟之事向
後伊等要贖之日其年期不拘遠近備錢
銀依契面取贖如是未贖依旧管業言約
自賣之後祭掃祖墳伊等办納甬弟無
涉其原契夾帶本厝地基依伊收存今
欲有憑立賣契壹紙付执爲照」

光緒陸年十一月 日立賣契兄賢瑶（押）
仝弟 賢端（押）
賢周（押）
中見弟金阜（押）
自筆 賢瑶（押）

大進[illegible]

5-1-36-2 清光緒六年十一月鄭賢瑶等立賣民佃田契

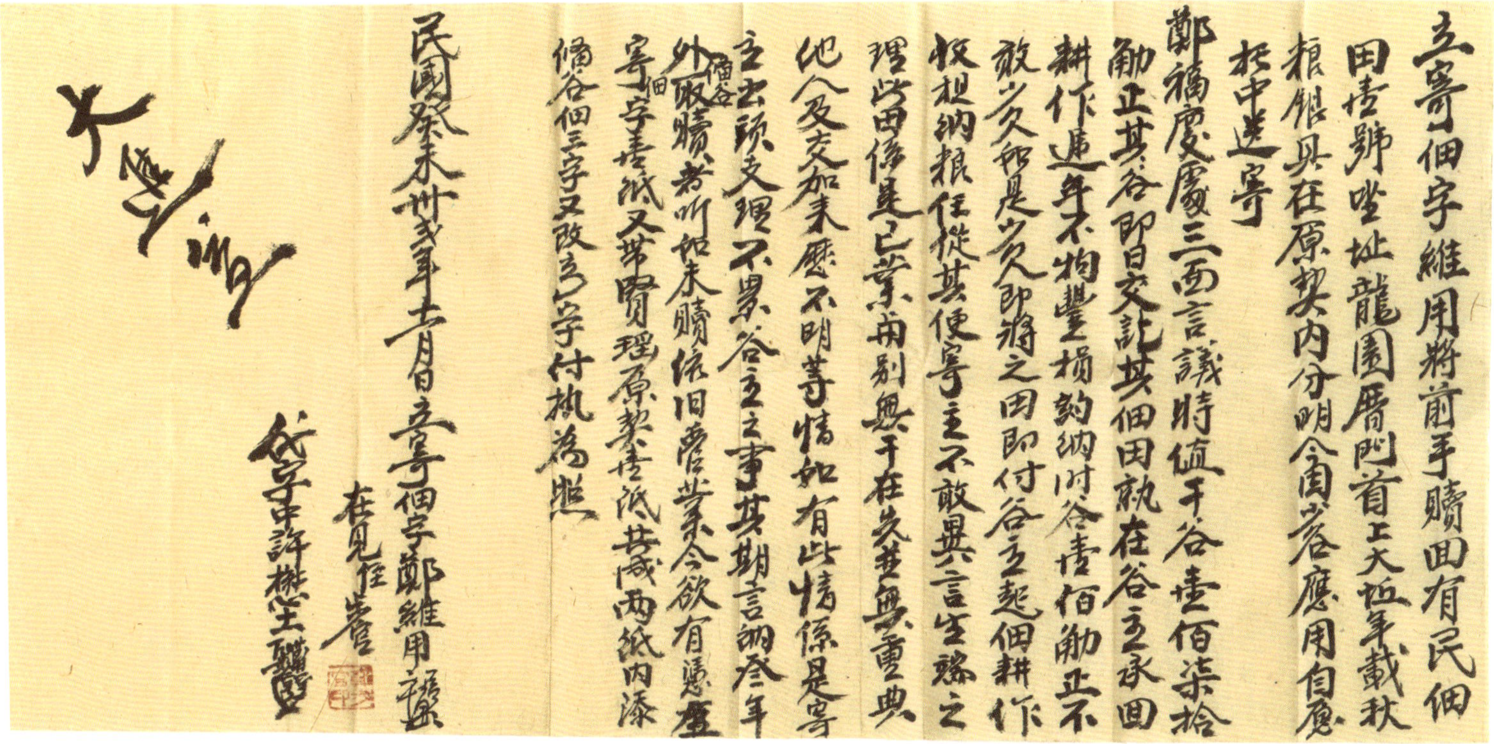
立寄佃字維用將前手贖田有民佃
田壹坵坐址龍園厝門首土大坵年載秋
粮銀具在原契內分明今因若應用自愿
托中送寄
鄭福慶處三面言議時值干谷壹佰柒拾
觔正其谷即日交訖其佃田執在谷主承回
耕作逓年不拘豐損約納冬谷壹佰觔正不
敢少欠如是少欠即將之田即付谷主起佃耕作
收租納粮任從其便寄主不敢異言生端之
理此田係是己業與别無干在先並無重典
他人及交加未歷不明等情如有此情係是寄
主出頭支理不累谷主之事其期言約叁年
外（佃谷）取贖者听限未贖依旧管業今欲有憑立
寄（佃）字壹紙又帶贖理原契壹紙共成兩紙內添
佃谷佃三字又改三字付執為照
民國癸未卅貳年十一月日立寄佃字鄭維用
在見侄 書
代字中許桃生
大吉利

5-1-36-3　民國三十二年十一月鄭維用立寄民佃田字

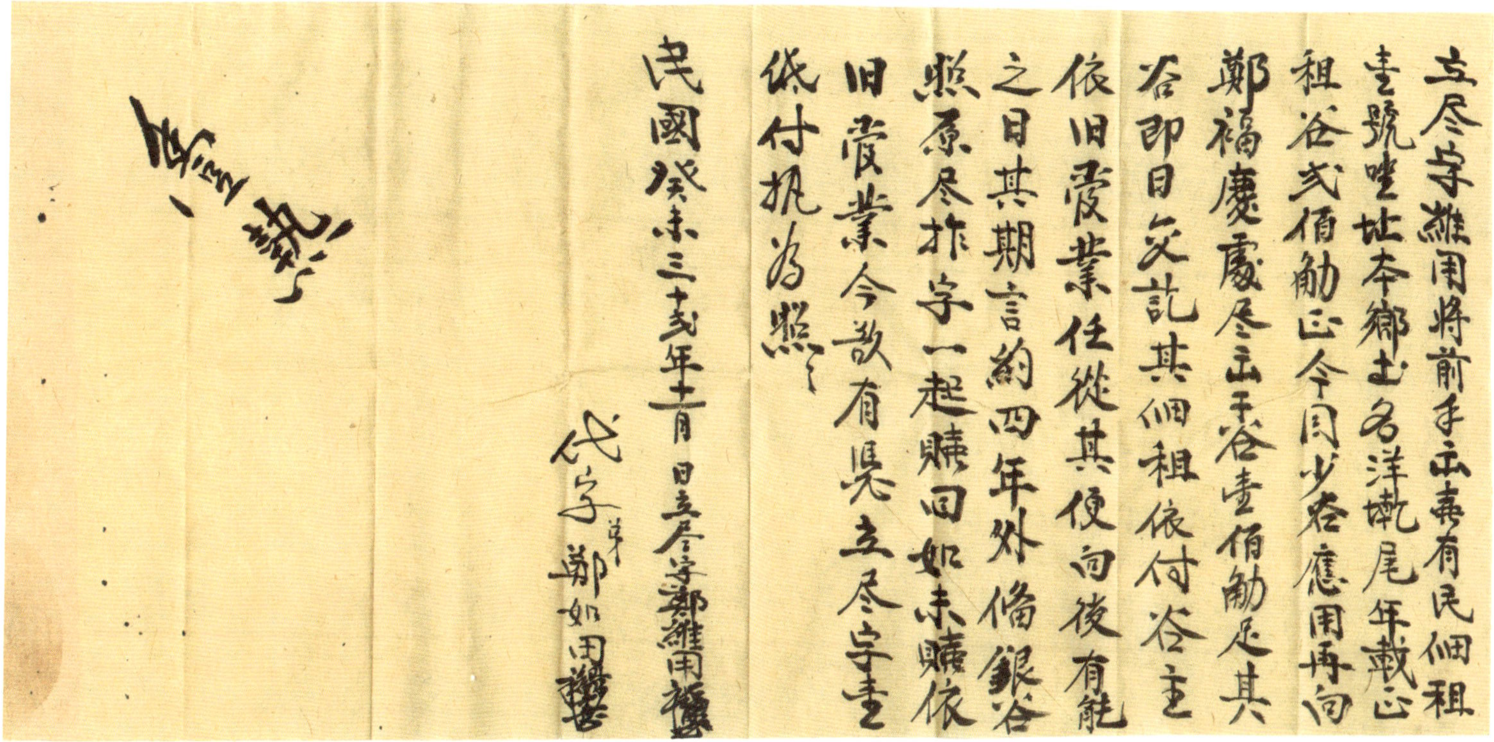
立盡字維用將前手承有民佃租
壹號坐址本鄉土名洋墘尾年載正
租谷弍佰觔正今因少谷應用再向
鄭福慶處盡出干谷壹佰觔足其
谷即日交訖其佃租依付谷主
依旧管業任從其便向後有能
之日其期言約四年外備銀谷
照原盡作字一起贖回如未贖依
旧管業今欲有憑立盡字壹
紙付執為照
民國癸未三十二年十一月 日立盡字鄭維用
代字胞弟鄭如用
[illegible]

5-1-36-4 民國三十二年十一月鄭維用立盡民佃租字

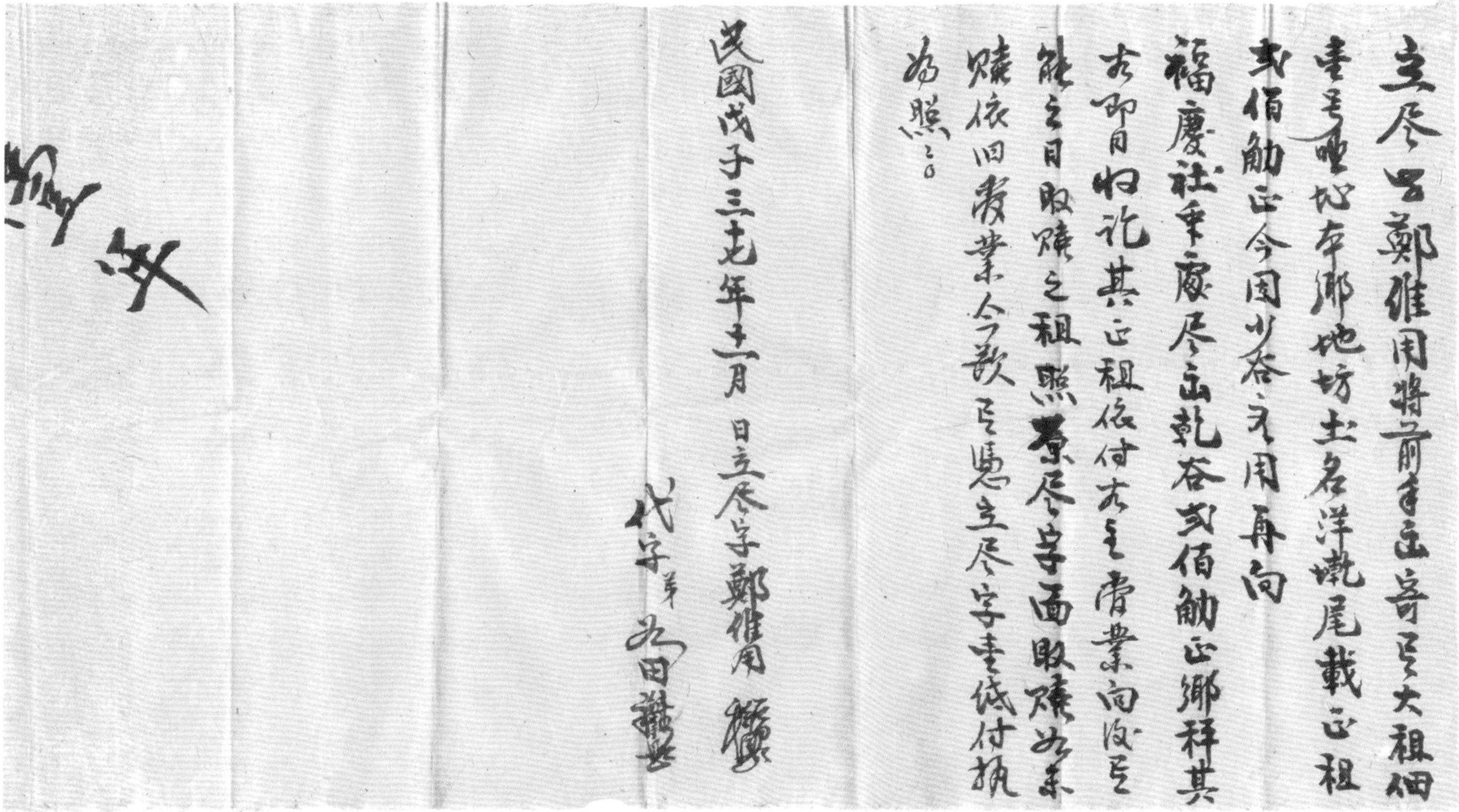
立盡字鄭維用將前手出竒之大租佃
壹號坐址本鄉地坊土名洋墘尾載正租
貳佰觔正今因少谷乏用再向
福慶社手處盡出乾谷貳佰觔正鄉秤其
谷即日收訖其正租依付本主管業向後不
能言及取贖之租照業盡字面取贖此系
贖依舊管業今欲有憑立盡字壹紙付執
為照。

民國戊子三十七年十一月　日立盡字鄭維用（押）
代字弟　九田（押）

5-1-36-5　民國三十七年十一月鄭維用立盡大租佃字

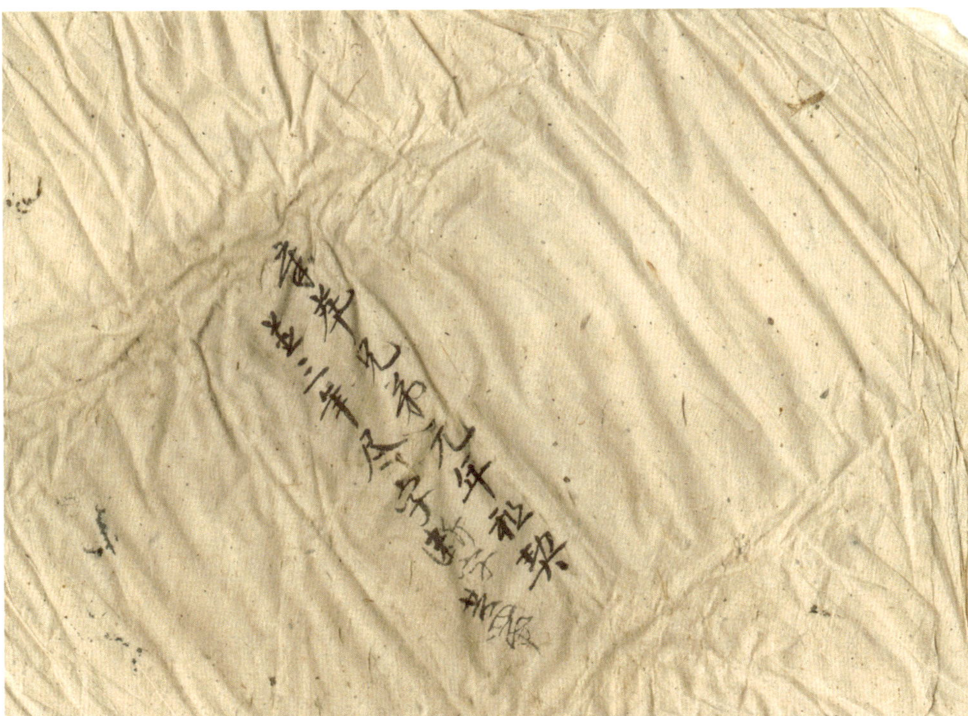

5-1-37-1　包契紙

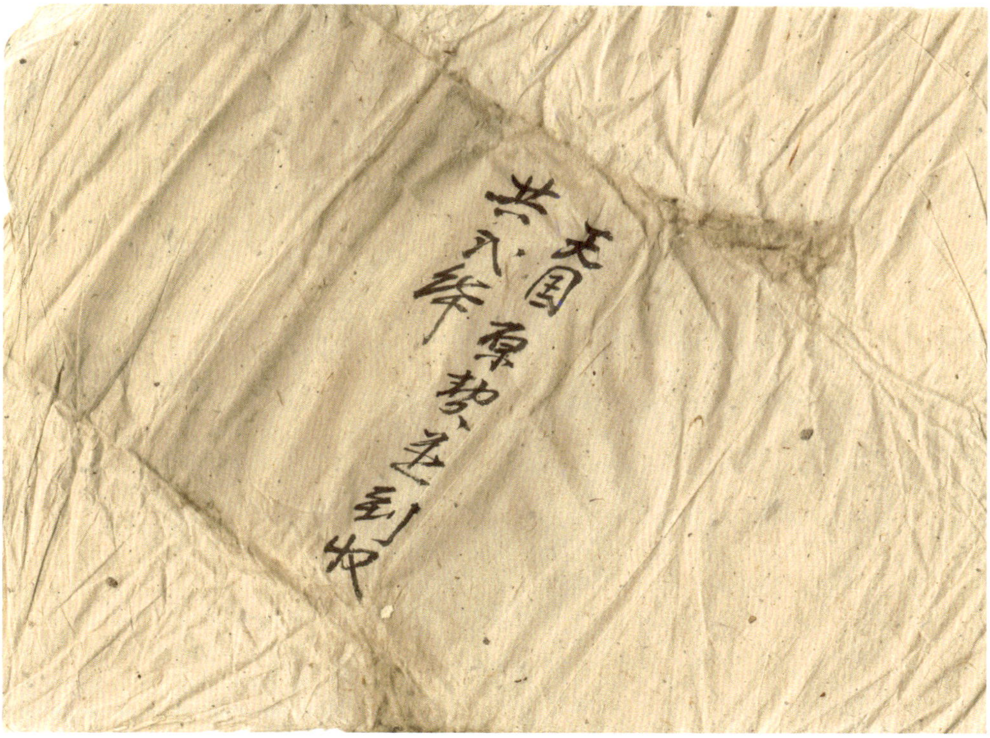

5-1-37-2　包契紙

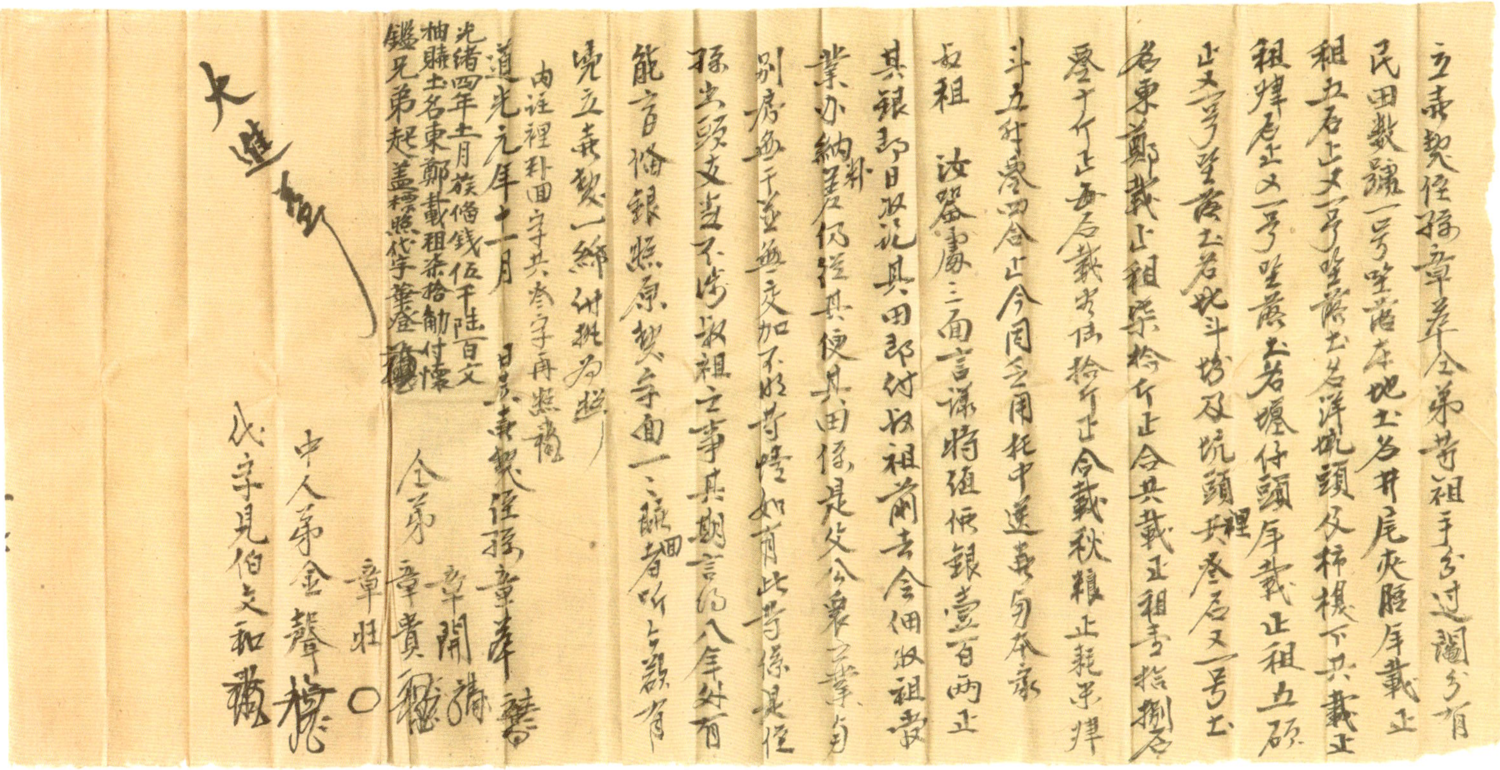

立賣契侄孫章萃仝弟芳、祖手分过闔乡有
民田數號，一号坐落本地土名井尾夾脛，年載正
租五石正；又一号坐落土名洋坑頭及柿棋下，共載正
租肆石正；又一号坐落土名堰仔頭，年載正租五硕
正；又一号坐落土名北斗坊及坑頭裡，共叁石；又一号土
名東鄭，載正租柒拾斤正，合共載正租壹拾捌石
叁十斤正，每石載米肆拾斤正，合載秋粮正耗米肆
斗五升叁四合正，今因乏用，托中送賣與本家
叔祖　汝器處，三面言議，時值價銀壹百兩正。
其銀即日收訖，其田即付叔祖前去召佃收租管
業，办納粮差，仍従其便，其田係是父分衆之業，與
別房無干，並無交加不明等情，如有此等係是侄
孫出頭支當，不涉叔祖之事。其期言約八年外，有
能言備銀照原契字面一一取贖，細者不得欲首。
恐立賣契一紙，付執为照。
內注裡、科、田字共叁字再照。
道光元年十一月　日立賣契侄孫章萃（押）
光緒四年十一月，族侄錢伍千陆百文，抽贖土名東鄭載租柒拾觔，付懷鏗兄弟起蓋，標照，代字筆登（押）
仝弟　章開（押）
章貴（押）
章壯　○
中人　弟金聲（押）
代字　見伯文和（押）
大進益

5-1-37-3　清道光元年十一月鄭章萃等立賣民田契

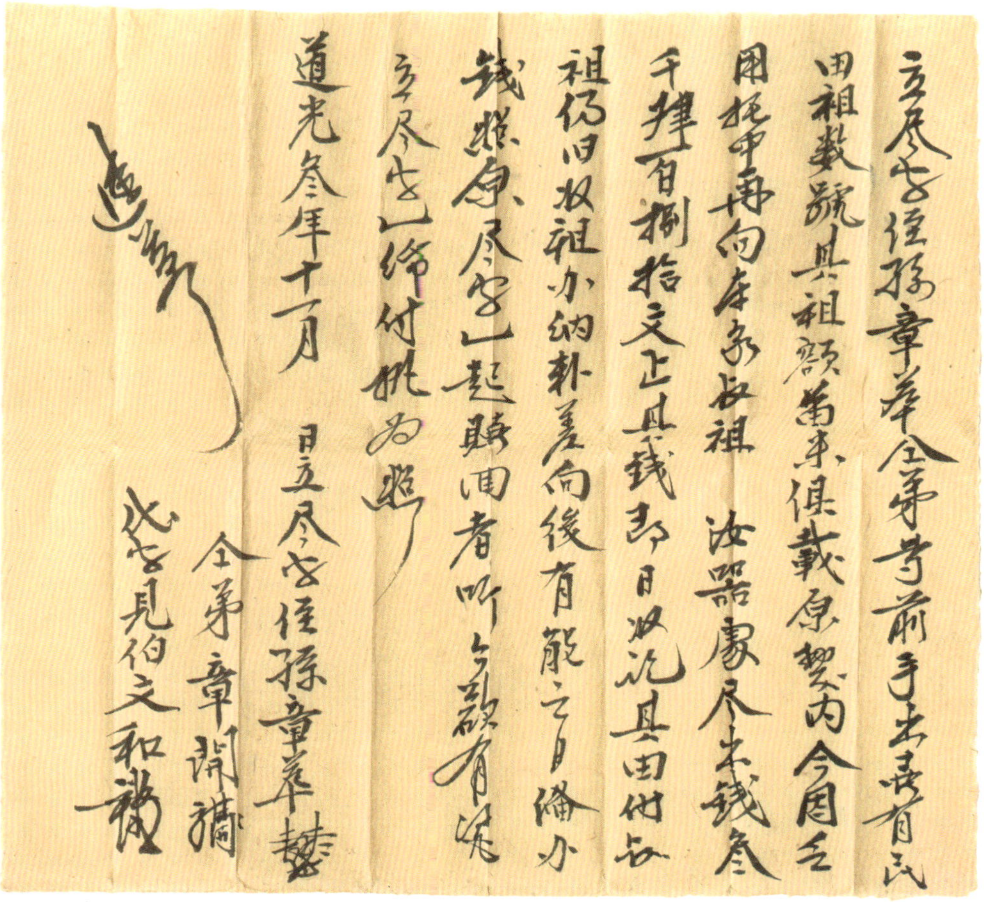

立尽字侄孫章萃仝弟等前手出賣有民
田租數號，其租額苗米俱載原契內。今因乏
用，托中再向本家叔祖 汝器處尽出錢叁
千肆百捌拾文正，其錢即日收訖，其田付叔
祖仍旧收租办纳粮差，向後有能之日備办
錢照原尽字一起贖回者，听。今欲有憑，
立尽字一紙付執為照。
道光叁年十一月 日立尽字侄孫章萃（押）
仝弟 章開（押）
代字見伯 文和（押）

5-1-37-4　清道光三年十一月鄭章萃等立盡民田租字

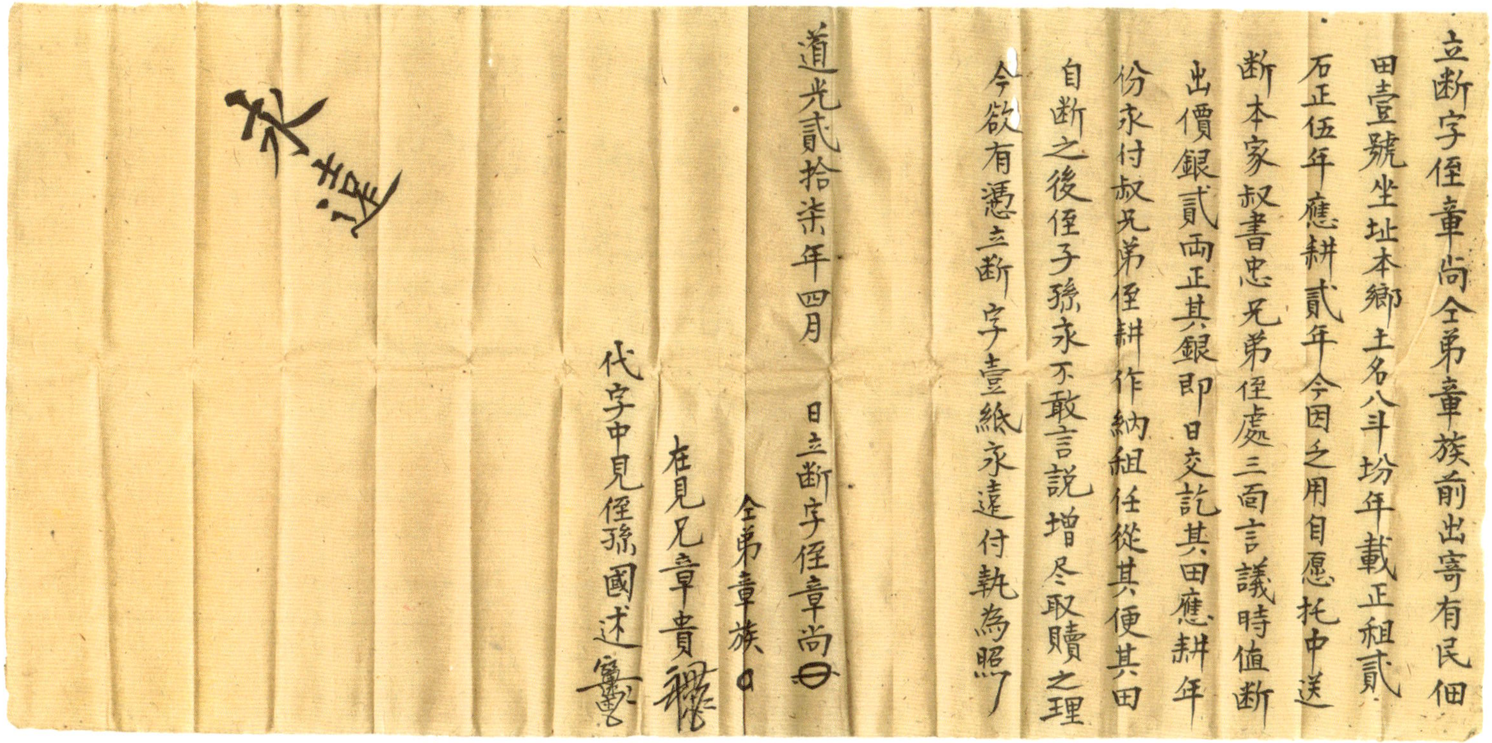

立斷字侄章尚仝弟章族前出寄有民佃田壹號坐址本鄉土名八斗坋年載正租貳石正伍年應耕貳年今因乏用自愿托中送斷本家叔書忠兄弟侄處三面言議時值斷出價銀貳両正其銀即日交訖其田應耕年份永付叔兄弟侄耕作納租任從其便其田自斷之後侄子孫永不敢言說增尽取贖之理今欲有憑立斷字壹紙永遠付執為照。

道光貳拾柒年四月　日立斷字侄章尚（押）

仝弟章族（押）

在見兄章貴（押）

代字中見侄孫國述（押）

永遠

5-1-37-5　清道光二十七年四月鄭章尚等立斷民佃田字

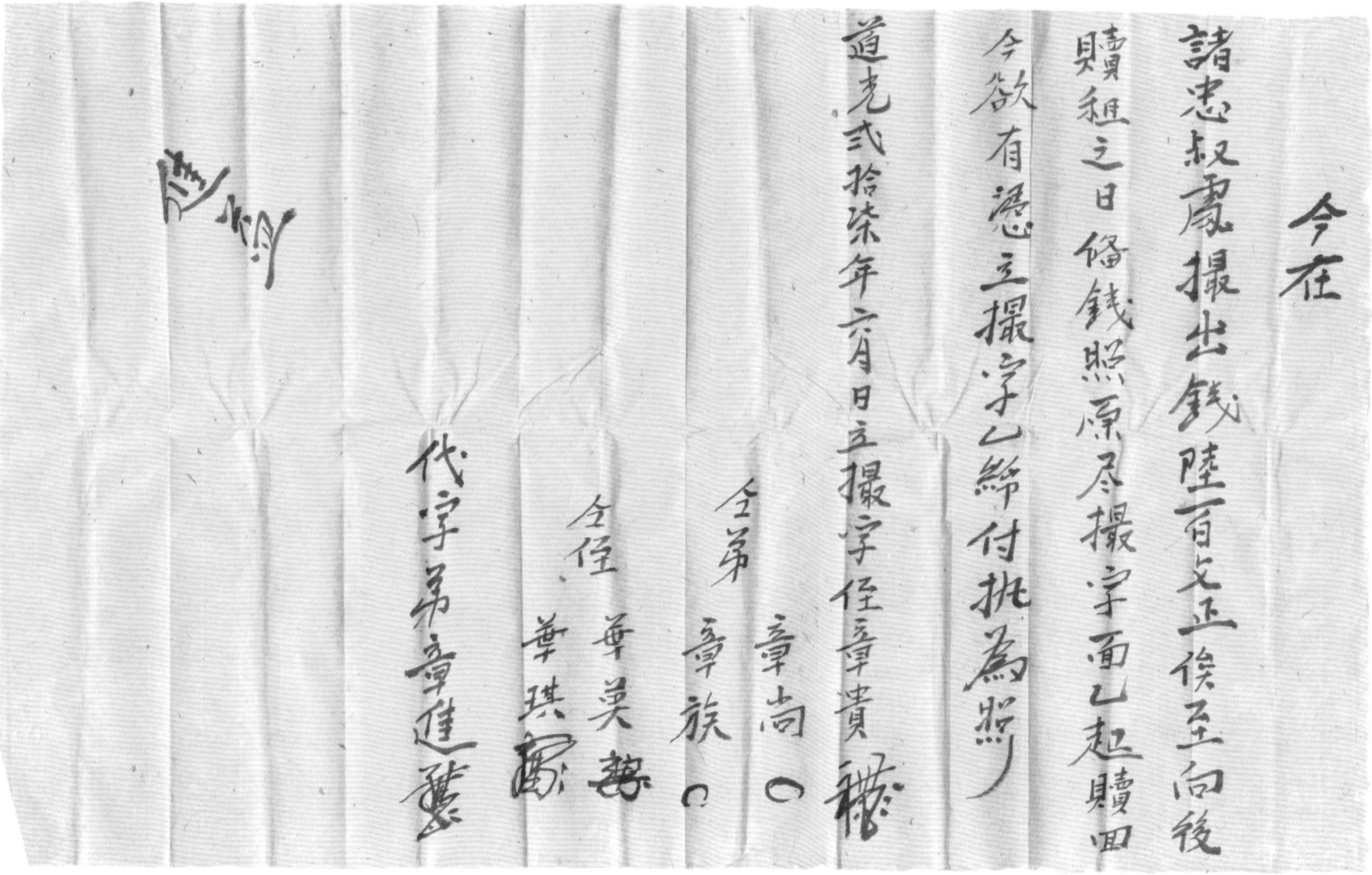

今在
諸忠叔處撮出錢陸百文正候至向後
贖迴之日備錢照原尽撮字面乙起贖回
今欲有憑立撮字乙紙付執為照
道光弍拾柒年六月　日立撮字侄章貴（押）
仝弟　章尚 ○
章族 ○
仝侄　華吳（押）
華琪（押）
代字弟章進（押）
[illegible]

5-1-37-6　清道光二十七年六月鄭章貴等立撮字

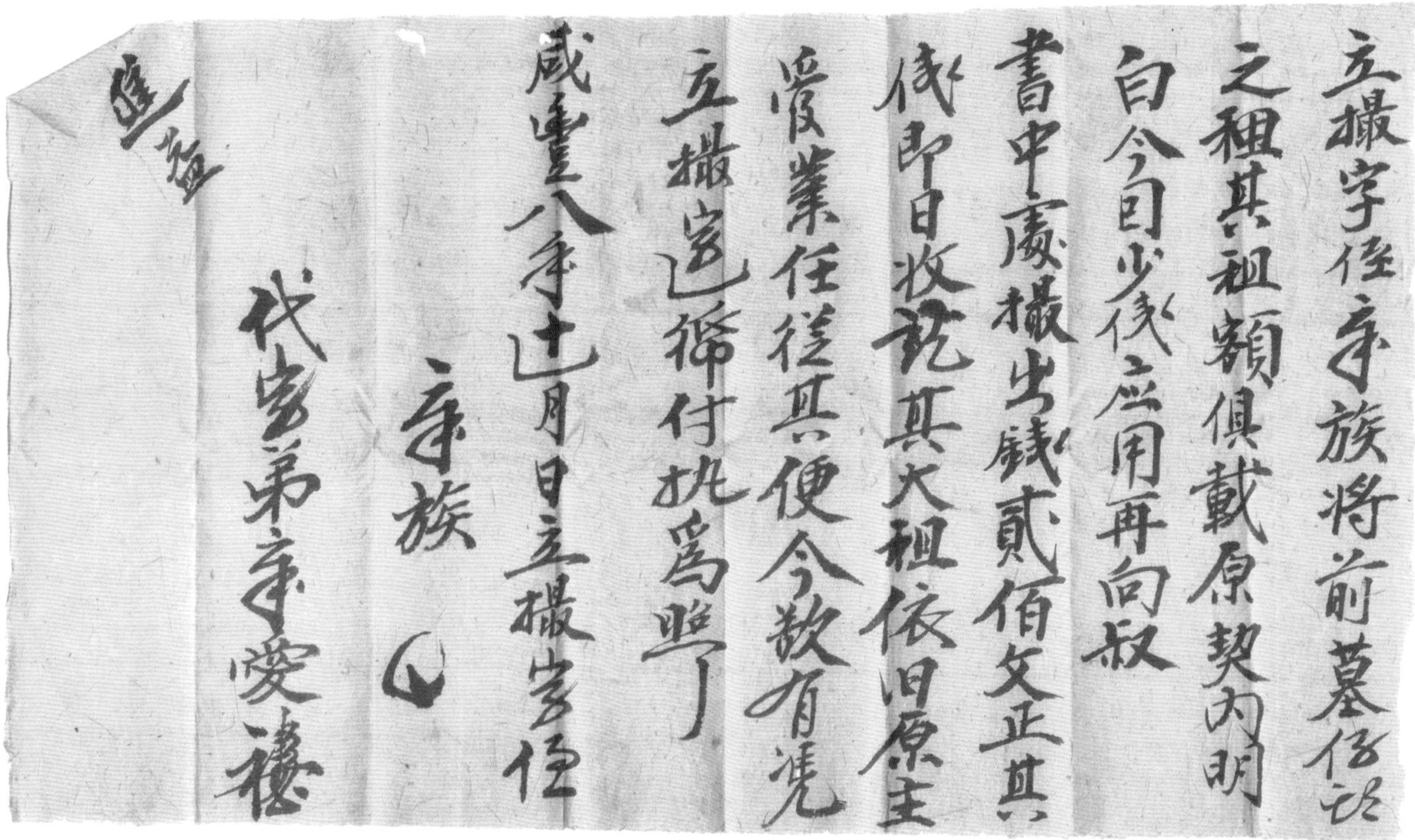

立撮字侄章族將前墓僅認
之租其祖額俱載原契內明
白今因少錢應用再向叔
書中處撮出錢貳佰文正其
錢即日收訖其大租依舊原主
管業任從其便今欲有憑
立撮字送孫付執爲照

咸豐八年十一月　日立撮字侄
章族
代字弟章愛禮

進益

5-1-37-7　清咸豐八年十一月鄭章族立撮字

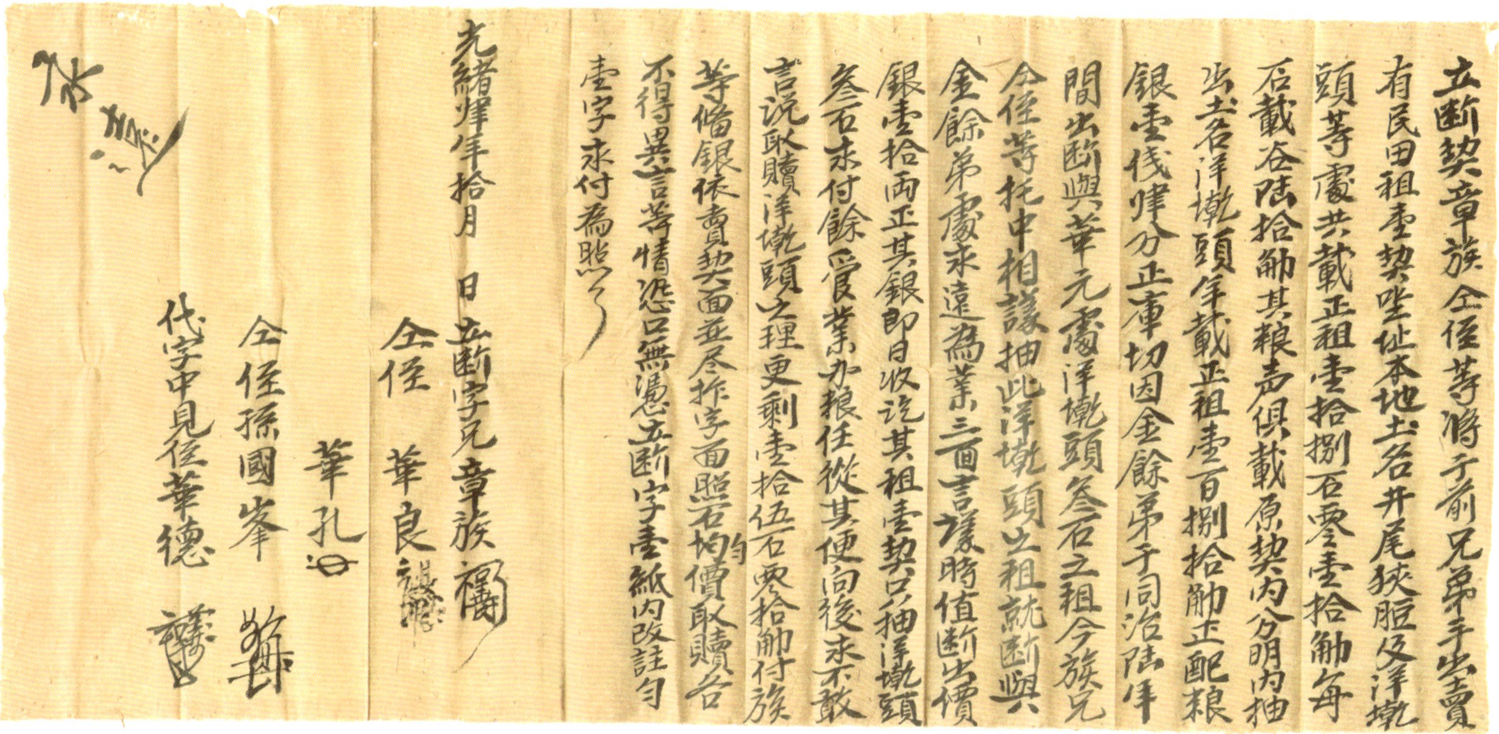

立斷契章族仝侄等將手前兄弟手出賣
有民田租壹契坐址本地土名井尾狹脰及洋墘
頭等處共載正租壹拾捌石零壹拾觔每
石載谷陸拾觔其粮声俱載原契內分明內抽
出土名洋墘頭年載正租壹百捌拾觔正配粮
銀壹錢肆分正東切因金餘弟手同治陆年
間出斷與華元處洋墘頭叁石之租今族兄
仝侄等托中相議抽此洋墘頭之租就斷與
金餘弟處永遠為業三面言議時值斷出價
銀壹拾兩正其銀即日收訖其租壹契只抽洋墘頭
叁石未付餘賣業办粮任從其便向後永不敢
言說取贖洋墘頭之理更剩壹拾伍石零拾觔付族
等備銀依賣契面並尽拆字面照石勻均價取贖合
不得異言等情恐口無憑立斷字壹紙內改註勻
壹字永付為照〻

光緒肆年拾月　日立斷字兄章族（押）
仝侄　華良（押）
華孔（押）
仝侄孫國峯（押）
代字中見侄華德（押）

5-1-37-8　清光緒四年十月鄭章族等立斷民田租契

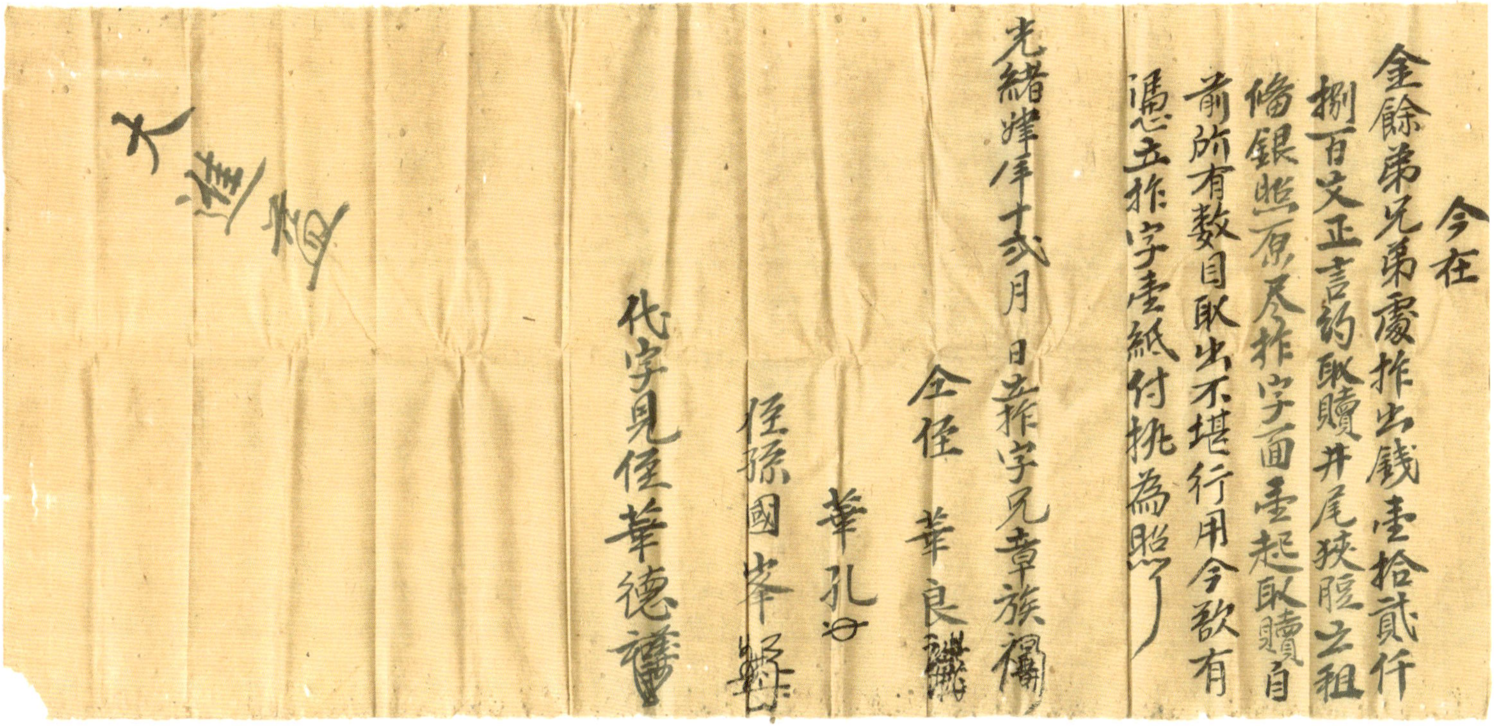
今在
金餘弟兄弟處抨出錢壹拾貳仟
捌百文正言約取贖井尾狭脰之租
倫銀照原尽抨字面壹起取贖自
前所有數目取出不堪行用今欲有
憑立抨字壹紙付执為照。
光緒肆年十貳月　日立抨字兄章族（押）
仝侄　華良（押）
華孔（押）
侄孫國峯（押）
代字見侄華德（押）
大進壹

5-1-37-9　清光緒四年十二月鄭章族等立撮字

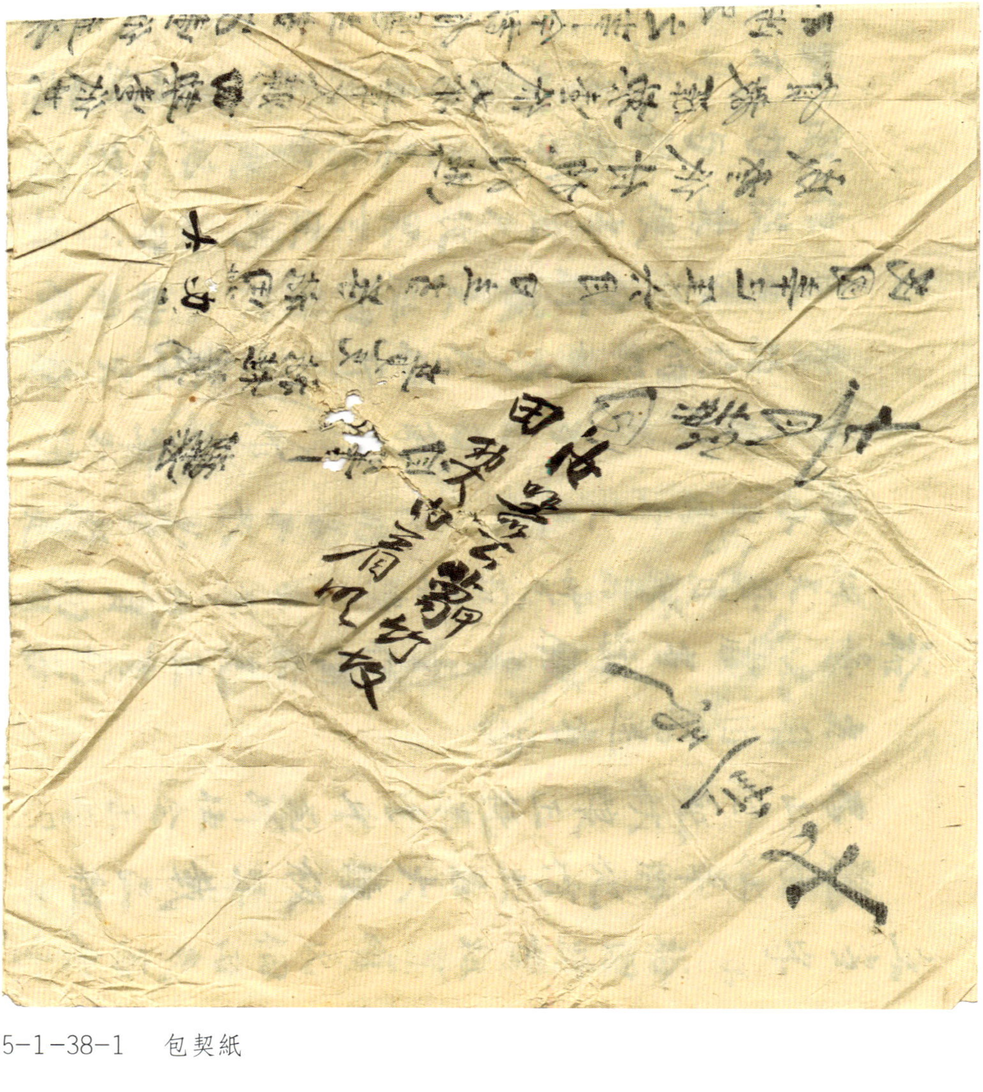

5-1-38-1　包契紙

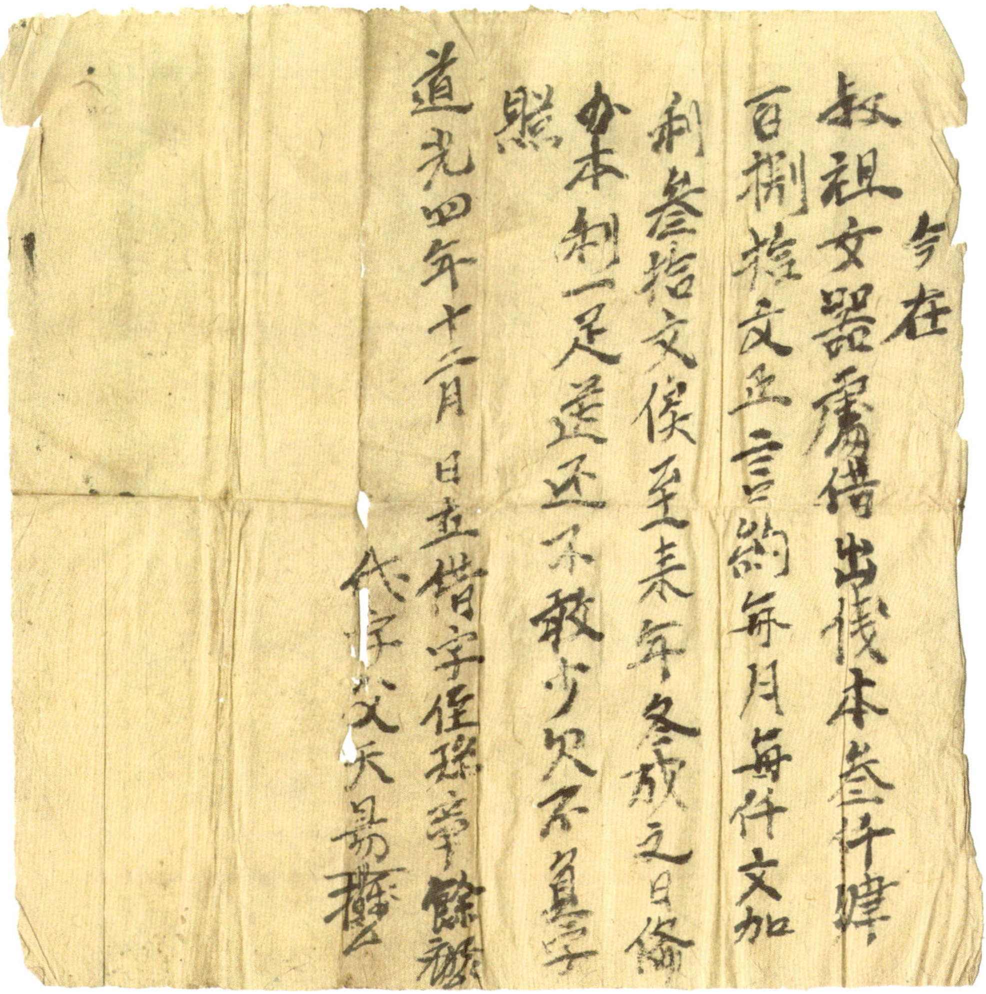
今在
叔祖文器處借出錢本叁仟肆
百捌拾文正，言約每月每仟文加
利叁拾文，俟至來年冬成之日備
办本利一足送还，不敢少欠，不負，字
照。
道光四年十二月　日立借字侄孫章餘（押）
代字父天易（押）

5-1-38-2　清道光四年十二月鄭章餘立借錢字

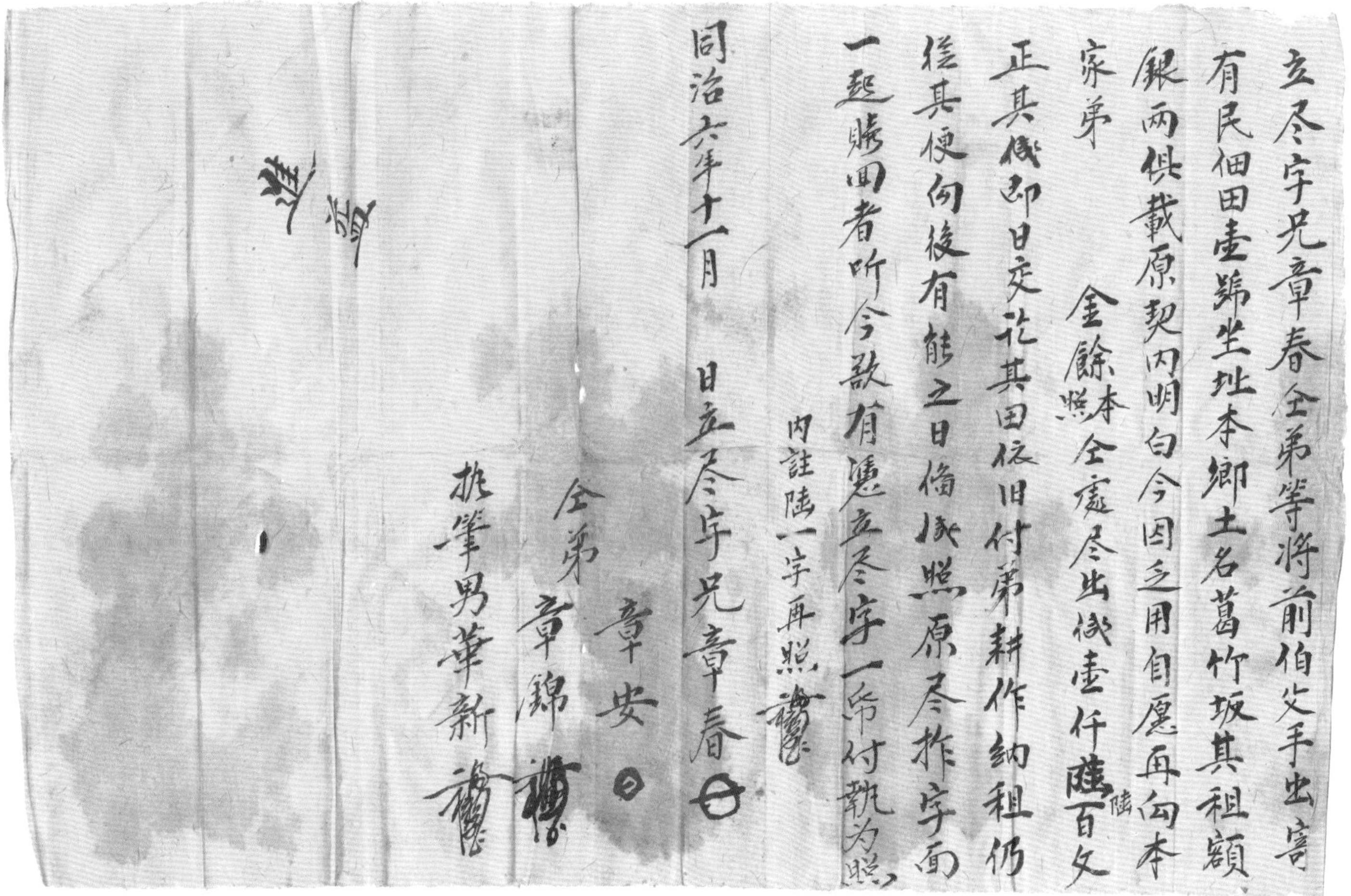

5-1-38-3 清同治六年十一月鄭章春等立盡民佃田字

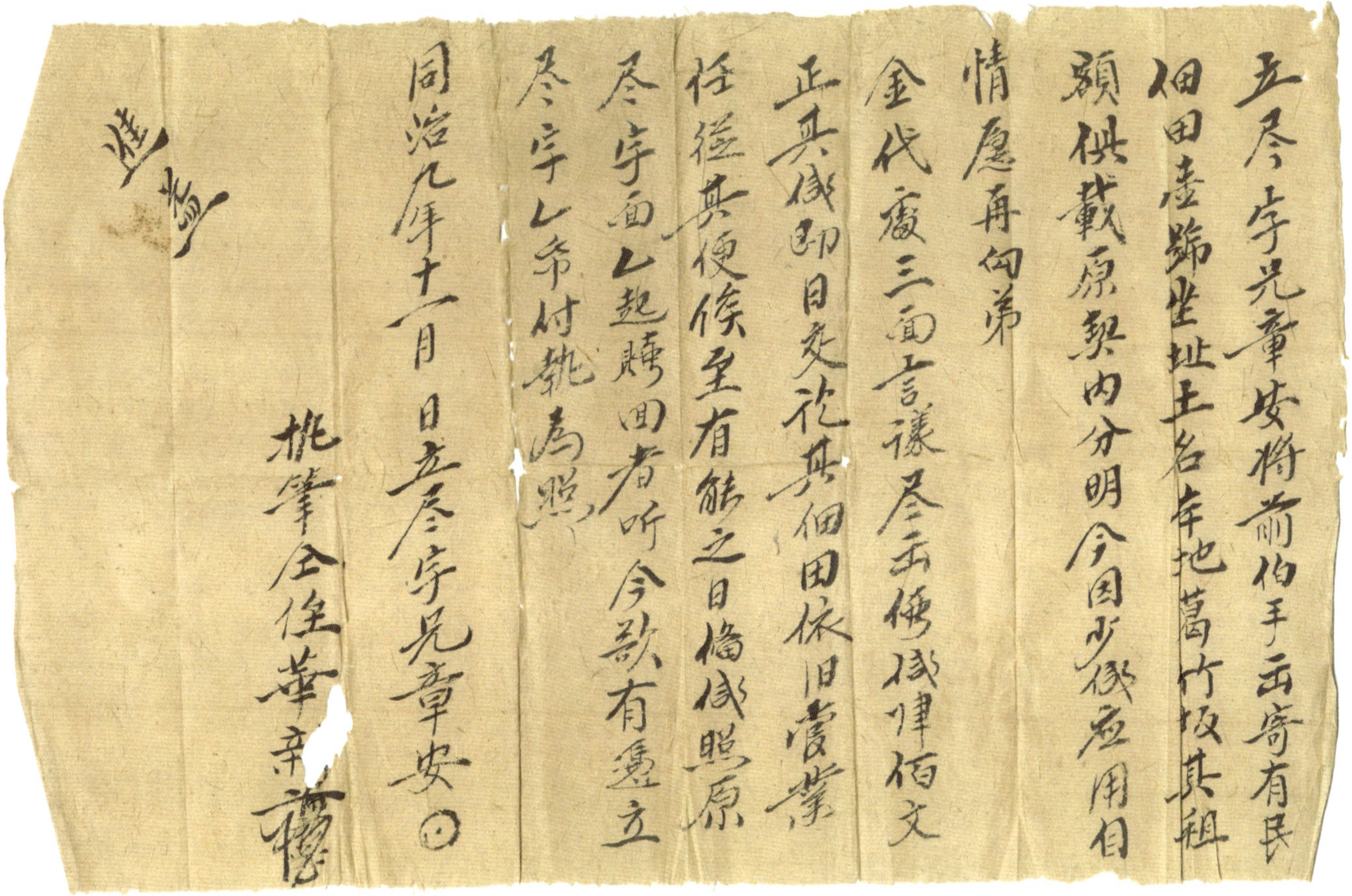
立盡字兄章安將前伯手盡寄有民
佃田壹號坐址土名牛地葛竹坂其租
額俱載原契內分明今因少錢應用自
情愿再向弟
金代處三面言議盡出價錢肆佰文
正其錢即日交訖其佃田依旧管業
任從其便倘至有能之日備錢照原
盡字面上起贖田者听今欲有憑立
盡字乙帋付執為照
同治九年十一月　日立盡字兄章安 ⊙
挑筆全侄華彩
進壹

5-1-38-4　清同治九年十一月鄭章安立盡民佃田字

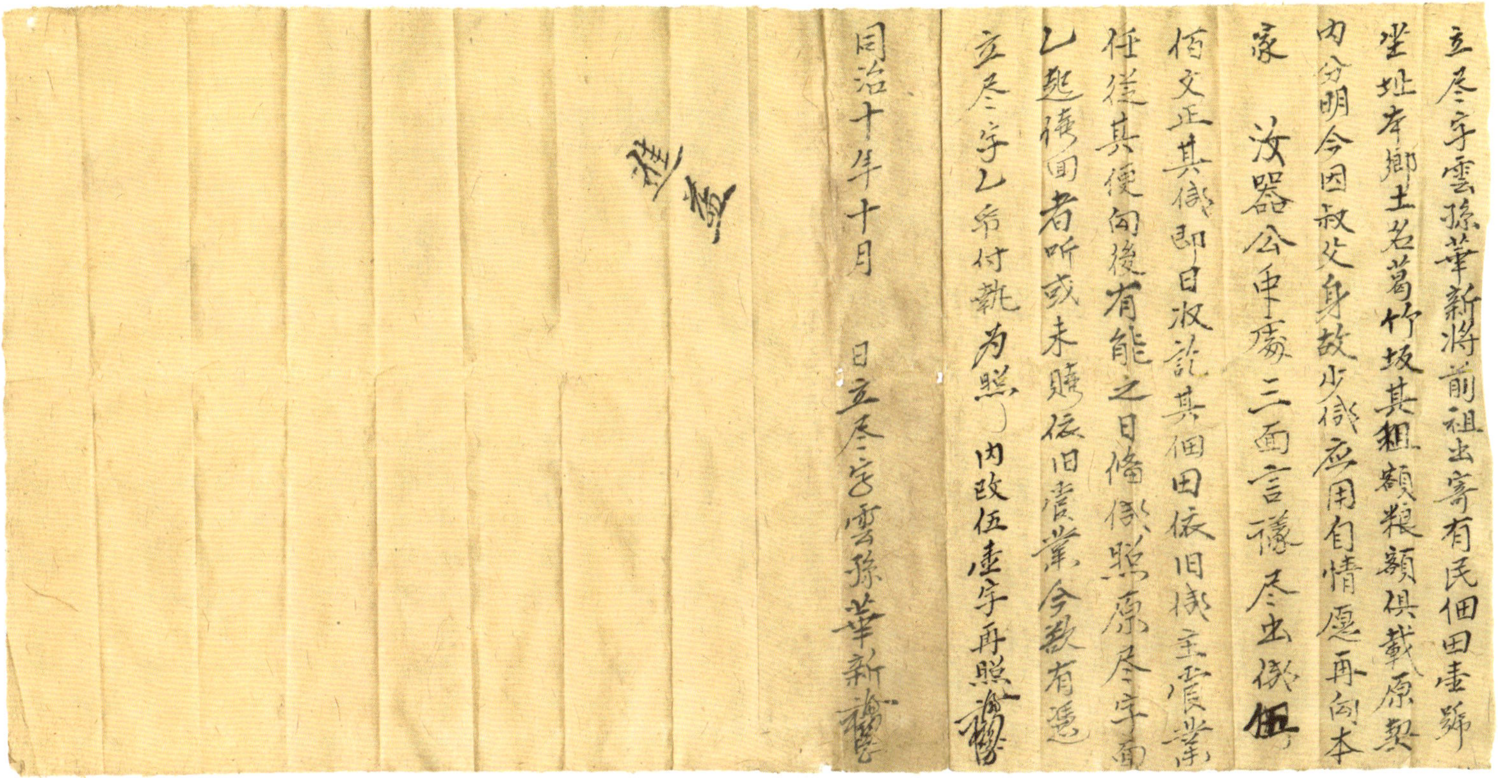

立盡字雲孫華新將前祖出寄有民佃田壹號
坐址本鄉土名葛竹坂，其租額糧額俱載原契
內分明。今因叔父身故，少錢應用，自情愿再向本
家汝器公衆處三面言議，盡出錢伍
佰文正。其錢即日收訖，其佃田依旧歸主管業，
任從其便。向後有能之日，備錢照原盡字面
上起贖回者，听；或未贖，依旧管業。今欲有憑，
立盡字乙帋付執為照。內改伍壹字再照。

同治十年十月　日立盡字雲孫華新（押）

5-1-38-5　清同治十年十月鄭華新立盡民佃田字

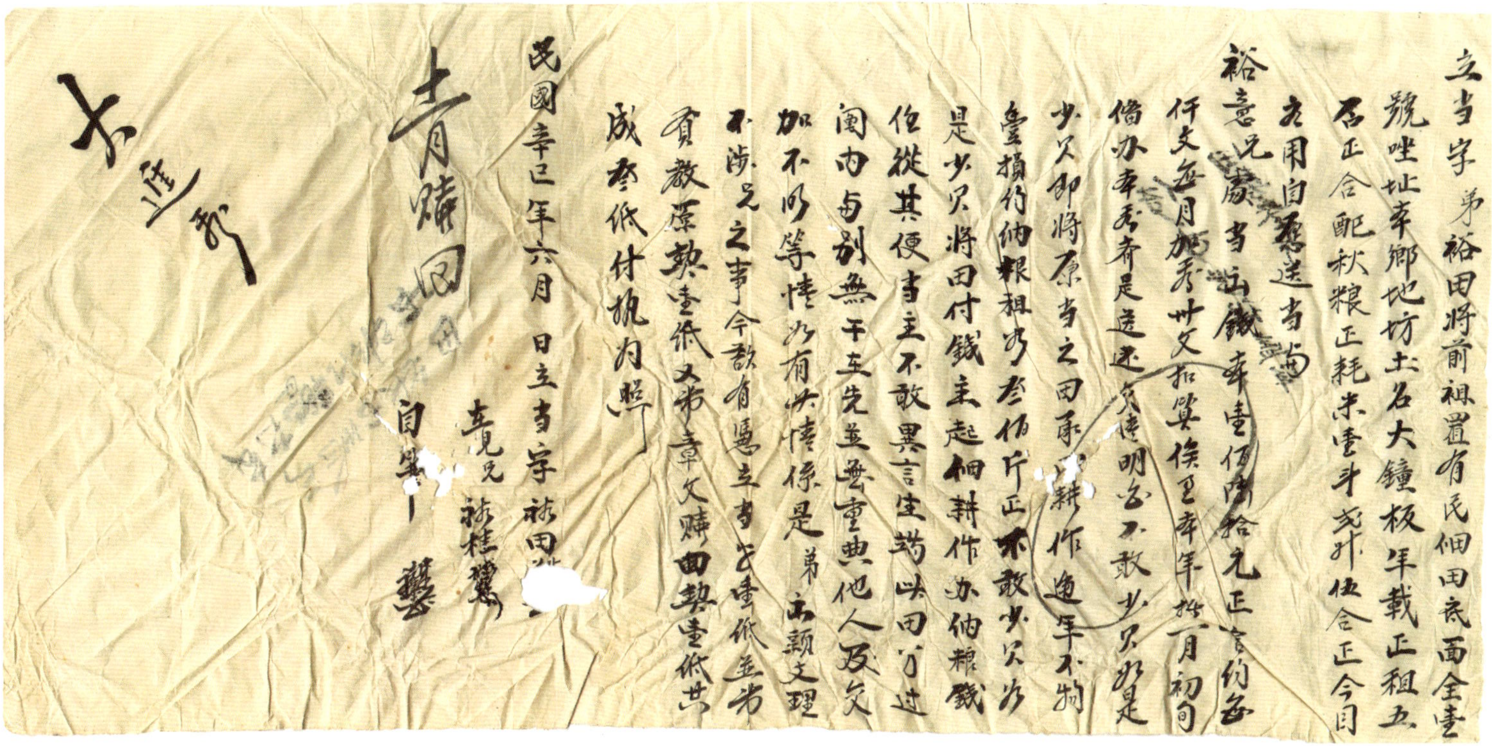

5-1-38-6　民國三十年六月鄭裕田立當底面全民佃田字（廢契）

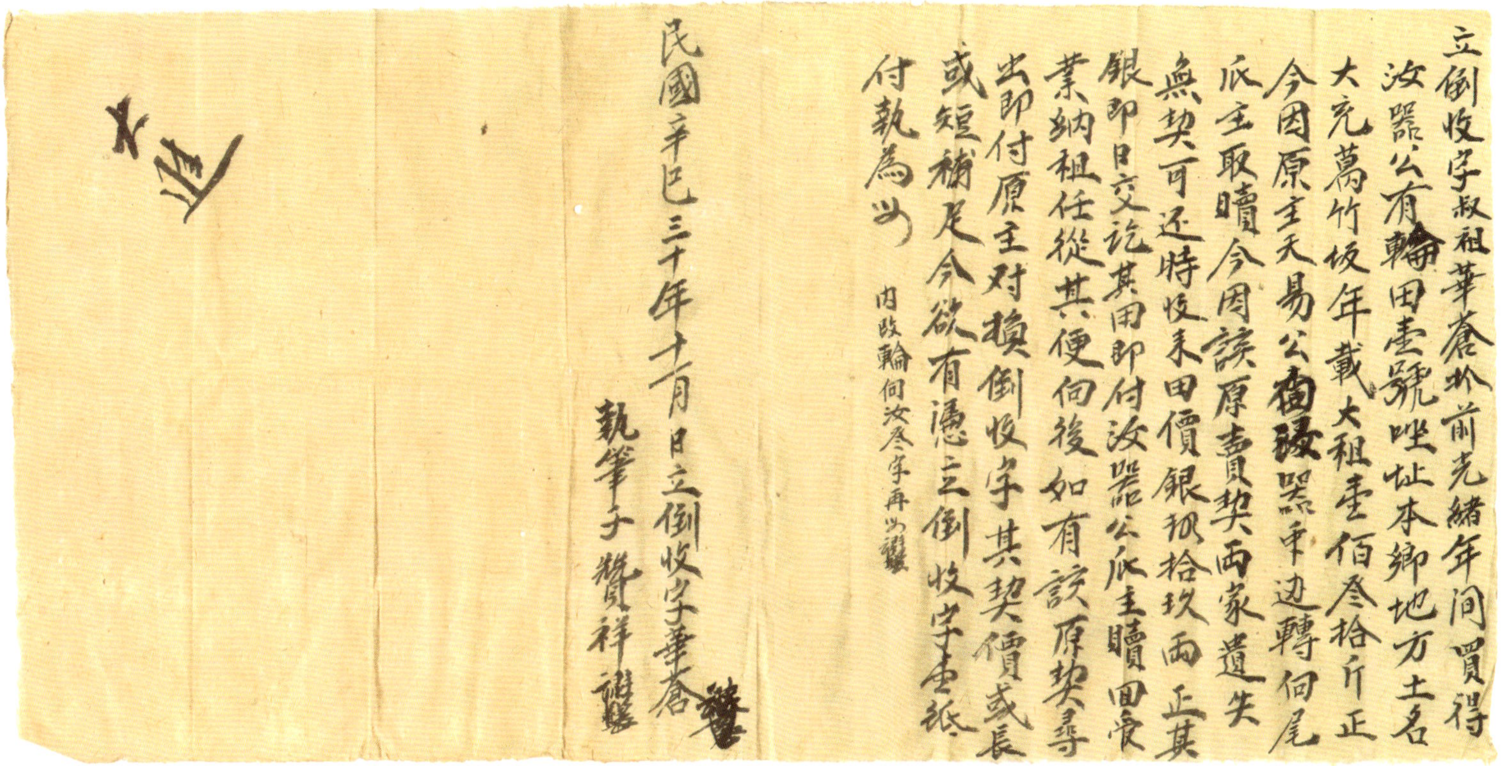

立倒收字叔祖華蒼於前光緒年間買得
汝噐公有輪田壹號坐址本鄉地方土名
大充葛竹坂年載大租壹佰叁拾斤正
今因原主天易公商議噐手边轉向尾
底主取贖今因該原壹契兩家遺失
無契可还時收来田價銀捌拾玖兩正其
銀即日交訖其田即付汝噐公底主贖回管
業納租任從其便向後如有該原契尋
出即付原主対換倒收字其契價或長
或短補足今欲有憑立倒收字壹紙
付執為炤

内改輪何汝叁字再炤

民國辛巳三十年十一月　日立倒收字華蒼

執筆子贊祥

5-1-38-7　民國三十年十一月鄭華蒼立倒收字

5-1-39-1　包契紙

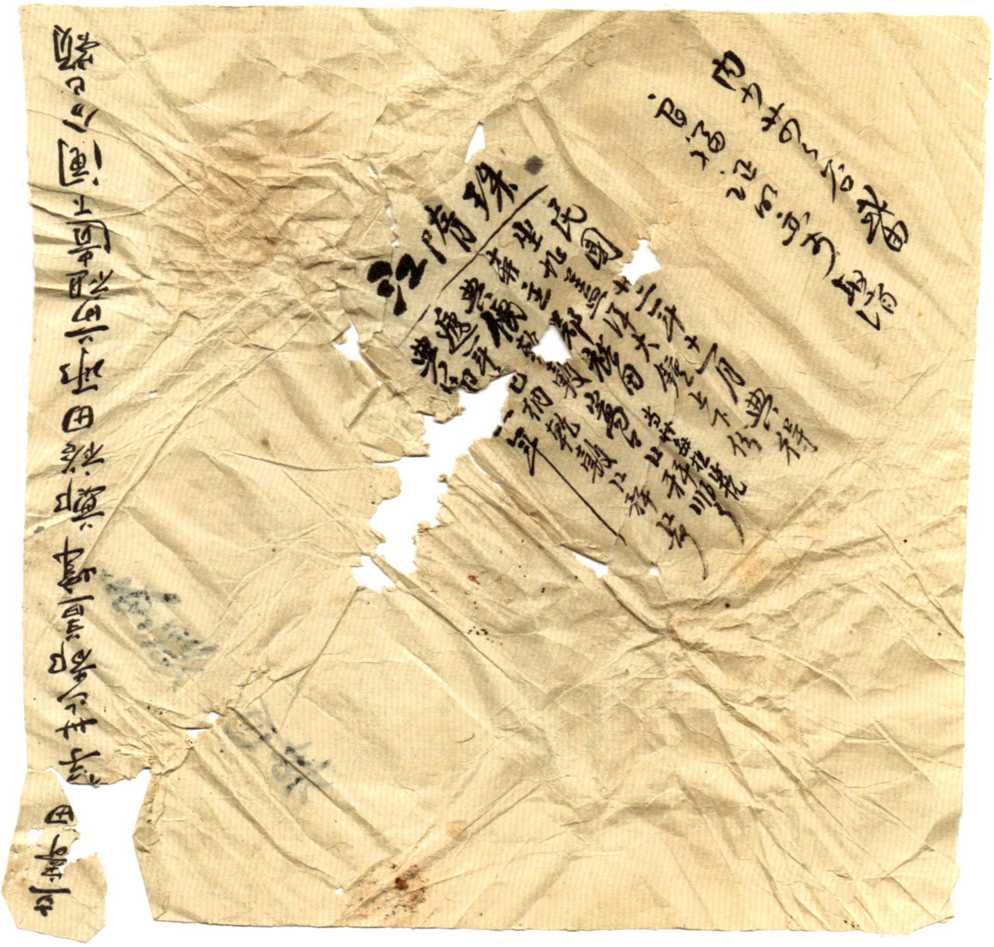

5-1-39-2　包契紙

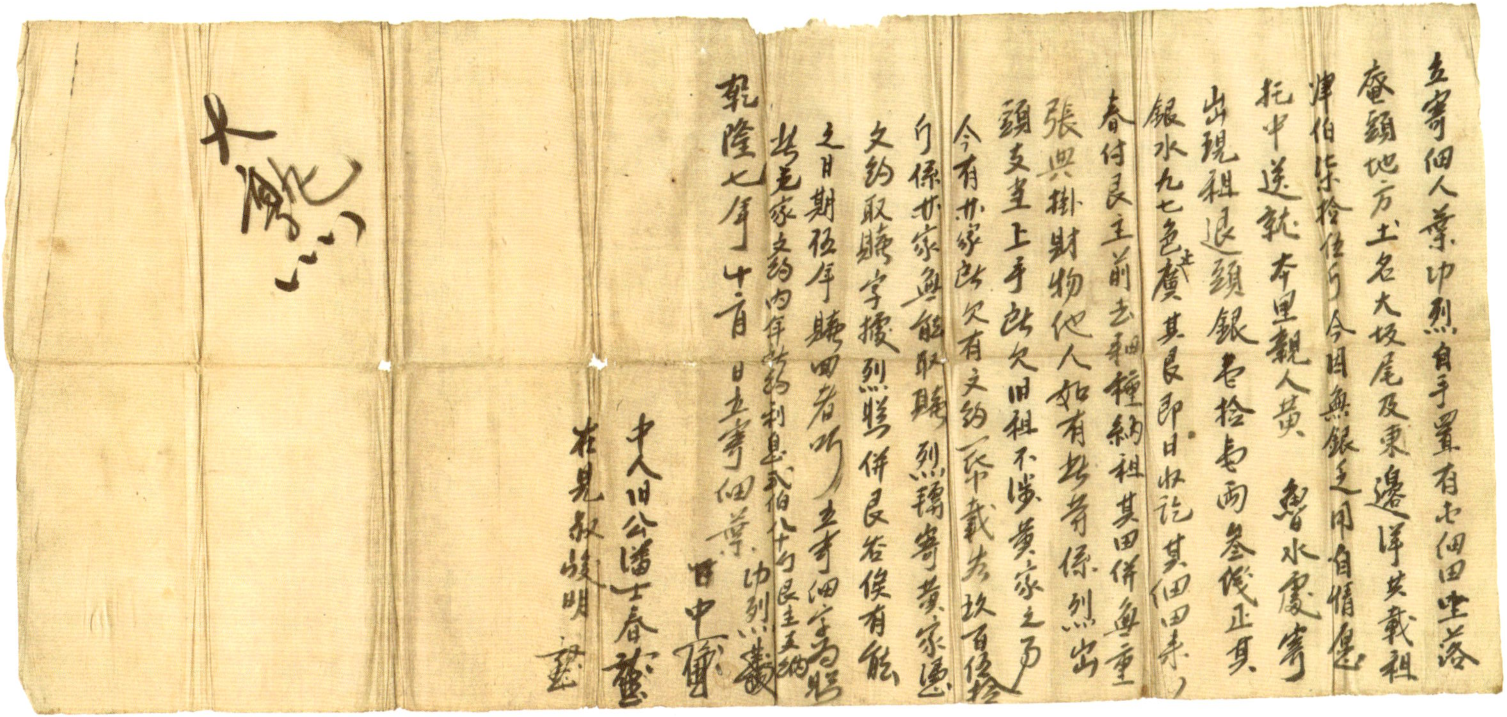

立寄佃人葉功烈，自手置有屯佃田，坐落
奋頭地方，土名大坂尾及東邊洋，共載租
津伯柒拾伍斤。今因無銀乏用，自情愿
托中送就本里親人黃　魯水處，寄
出現租退頭銀壹拾壹兩叁錢正，其
銀水九七色廣，其艮即日收訖，其佃田未
春付艮主前去耕種納租，其田併無重
張典掛財物他人，如有此等，係烈出
頭支當，上手所欠旧租不涉黃家之事。
今有廿家所欠有文約一紙，內載共玖百伍拾
斤，係廿家無能取贖，烈寄黃家追
文約取贖字據，烈照併艮若俟有能
之日，期伍年贖回者，听。立寄佃字為照。
其廿家文約內年年納利息貳伯八十斤，艮主交納。

乾隆七年十二月　日立寄佃葉功烈
中人田公潘士春
日中
在見叔峻明

5-1-39-3　清乾隆七年十二月葉功烈立寄屯佃田字

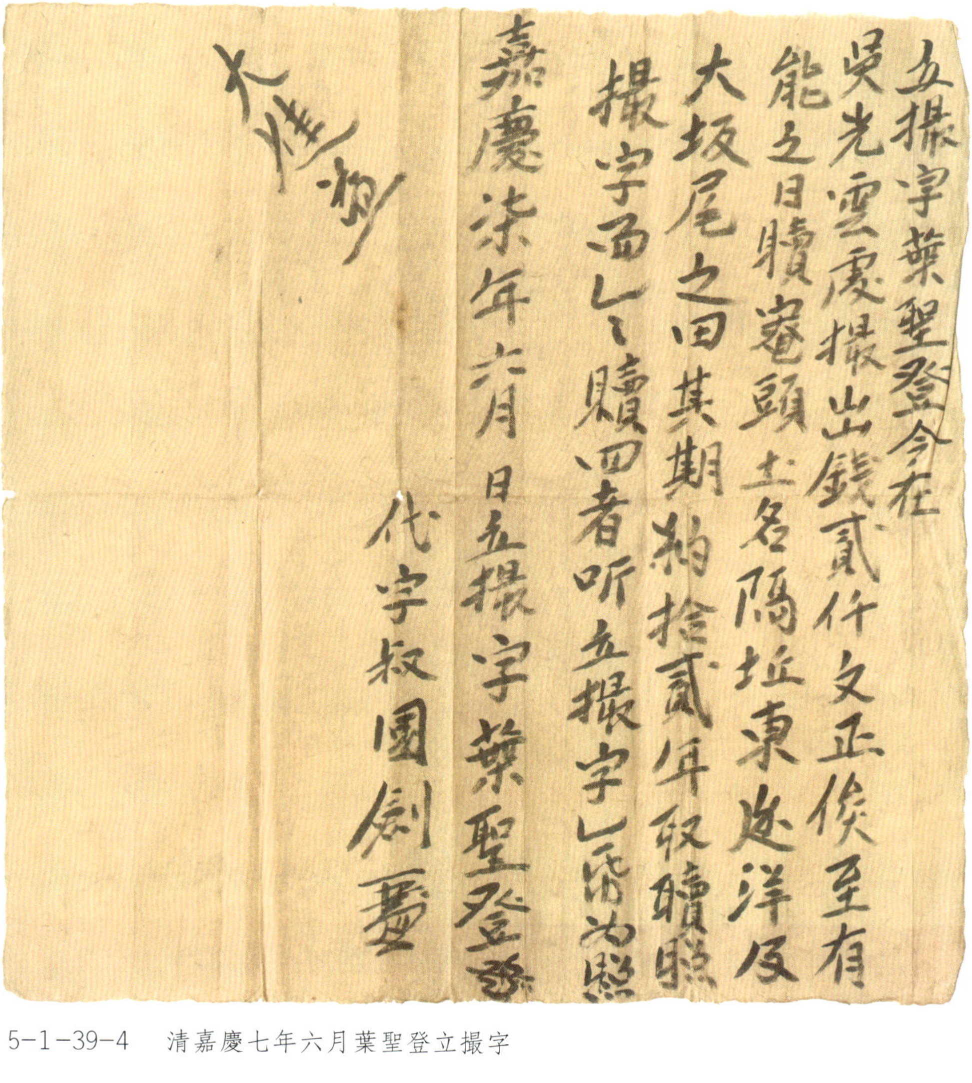
立撮字葉聖登今在
吳光雲處撮出錢貳仟文正係至有
能之日贖竃頭土名隔垟東邊洋反
大坂尾之田其期約拾貳年取贖照
撮字面上〻贖回者听立撮字上繳為照
嘉慶柒年六月　日立撮字葉聖登（押）
代字叔國劍（押）
大進利

5-1-39-4　清嘉慶七年六月葉聖登立撮字

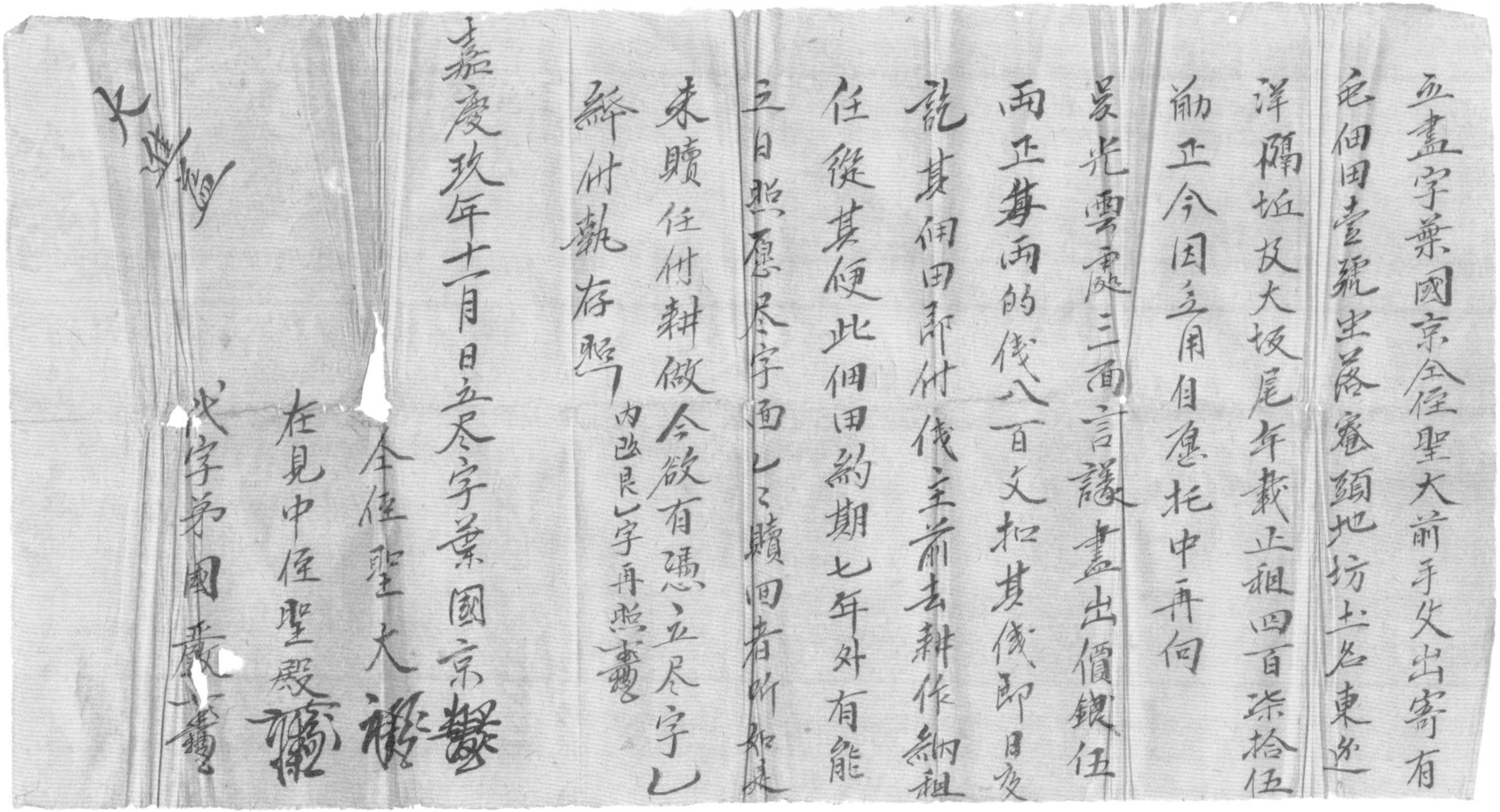
立盡字葉國京仝侄聖大前手父出寄有
屯佃田壹號坐落竈頭地坊土名東边
洋隔垃坂大坂尾年載正租四百柒拾伍
觔正今因乏用自愿托中再向
吳光雲處三面言議盡出價銀伍
兩正每兩的伐八百文扣其伐即日交
訖其佃田聽付伐主前去耕作納租
任從其便此佃田約期七年外有能
之日照原尽字面乙乙贖回者所如是
未贖任付耕做今欲有憑立尽字乙
紙付執存照　内改良乙字再照
嘉慶玖年十一月日立尽字葉國京
仝侄聖大
在見中侄聖殿
代字弟國嚴
大吉

5-1-39-5　清嘉慶九年十一月葉國京等立盡屯佃田字

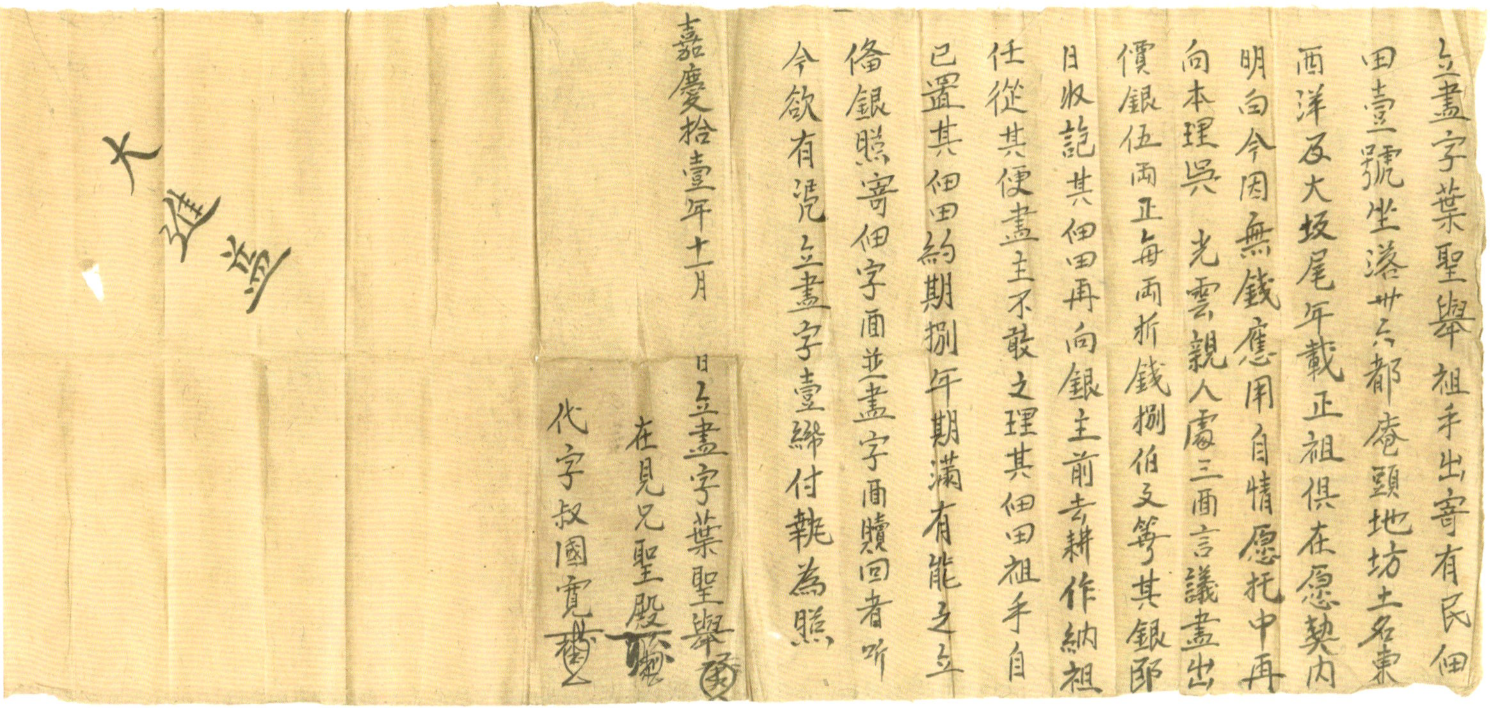

立盡字葉聖舉祖手出寄有民佃
田壹號坐落卅六都庵頭地坊土名東
西洋及大坂尾年載正祖俱在愿契內
明白今因無錢應用自情愿托中再
向本理吳　光雲親人處三面言議盡出
價銀伍兩正每兩折錢捌伯文筭其銀即
日收訖其佃田再向銀主前去耕作納祖
任從其便盡主不敢之理其佃田祖手自
已置其佃田約期捌年期滿有能之立
備銀照寄佃字面並盡字面贖回者听
今欲有憑立盡字壹紙付執為照

嘉慶拾壹年十一月　日立盡字葉聖舉（押）
在見兄聖殷（押）
代字叔國寬（押）

大吉

5-1-39-6　清嘉慶十一年十一月葉聖舉立盡民佃田字

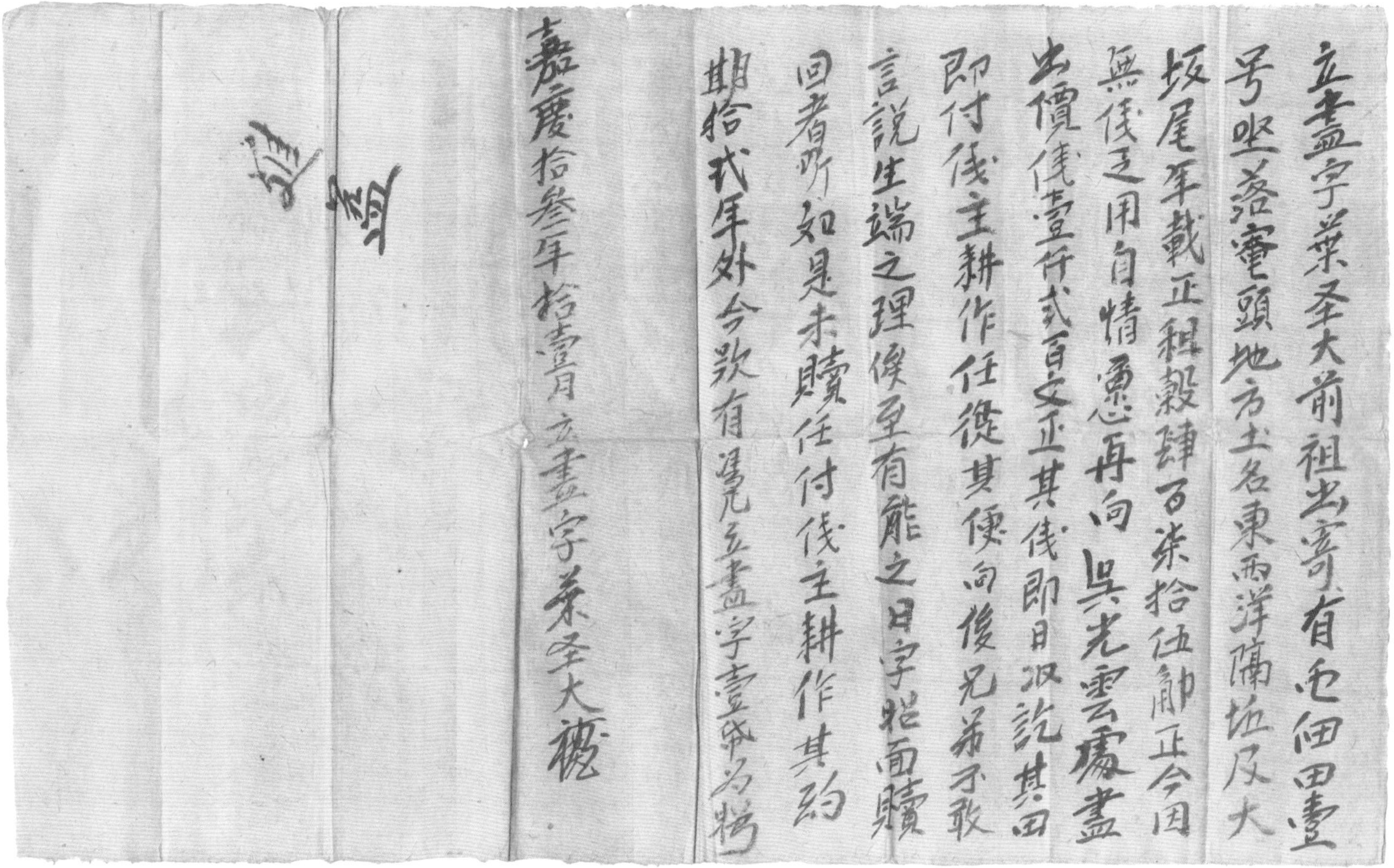
立盡字葉圣大前祖出寄有屯佃田壹
号坐落竈頭地方土名東西洋隔垣及大
坂尾年載正租穀肆百柒拾伍觔正今因
無銭乏用自情愿再向 吳光雲處盡
出價銭壹仟弍百文正其銭即日収訖其田
即付銭主耕作任從其便向後兄弟不敢
言說生端之理倘至有能之日字粘面贖
回者听知是未贖任付銭主耕作其約
期拾弍年外合欵有憑立盡字壹紙爲照
嘉慶拾叁年拾壹月 立盡字葉圣大號
[illegible]

5-1-39-7　清嘉慶十三年十一月葉圣大立盡屯佃田字

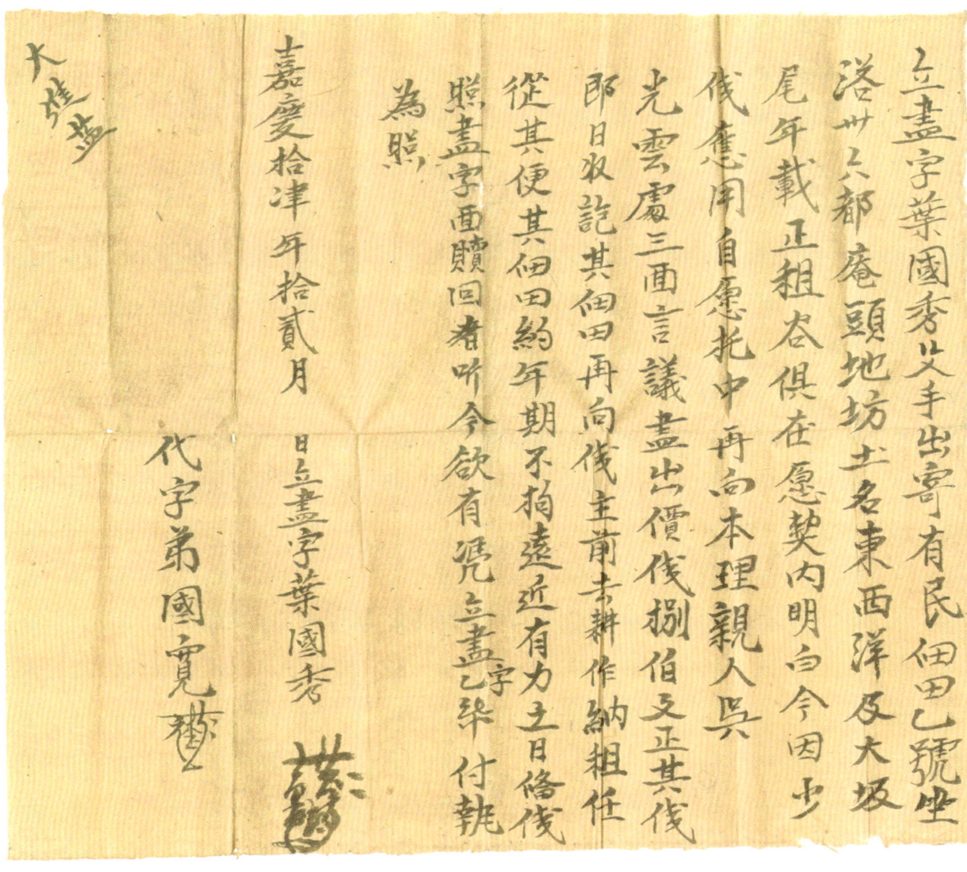
立盡字葉國秀父手出寄有民佃田乙號坐
落卅六都庵頭地坊土名東西洋及大坂
尾年載正租谷俱在愿契内明白今因乏
錢應用自愿托中再向本理親人吳
光雲處三面言議盡出價錢捌佰文正其錢
即日收訖其佃田再向錢主前去耕作納租任
從其便其佃田約年期不拘遠近有力五日備錢
照盡字面贖回者听令欲有憑立盡字乙紙付執
為照。
嘉慶拾肆年拾貳月　日立盡字葉國秀（押）
代字弟國寬（押）
大[illegible]

5-1-39-8　清嘉慶十四年十二月葉國秀立盡民佃田字

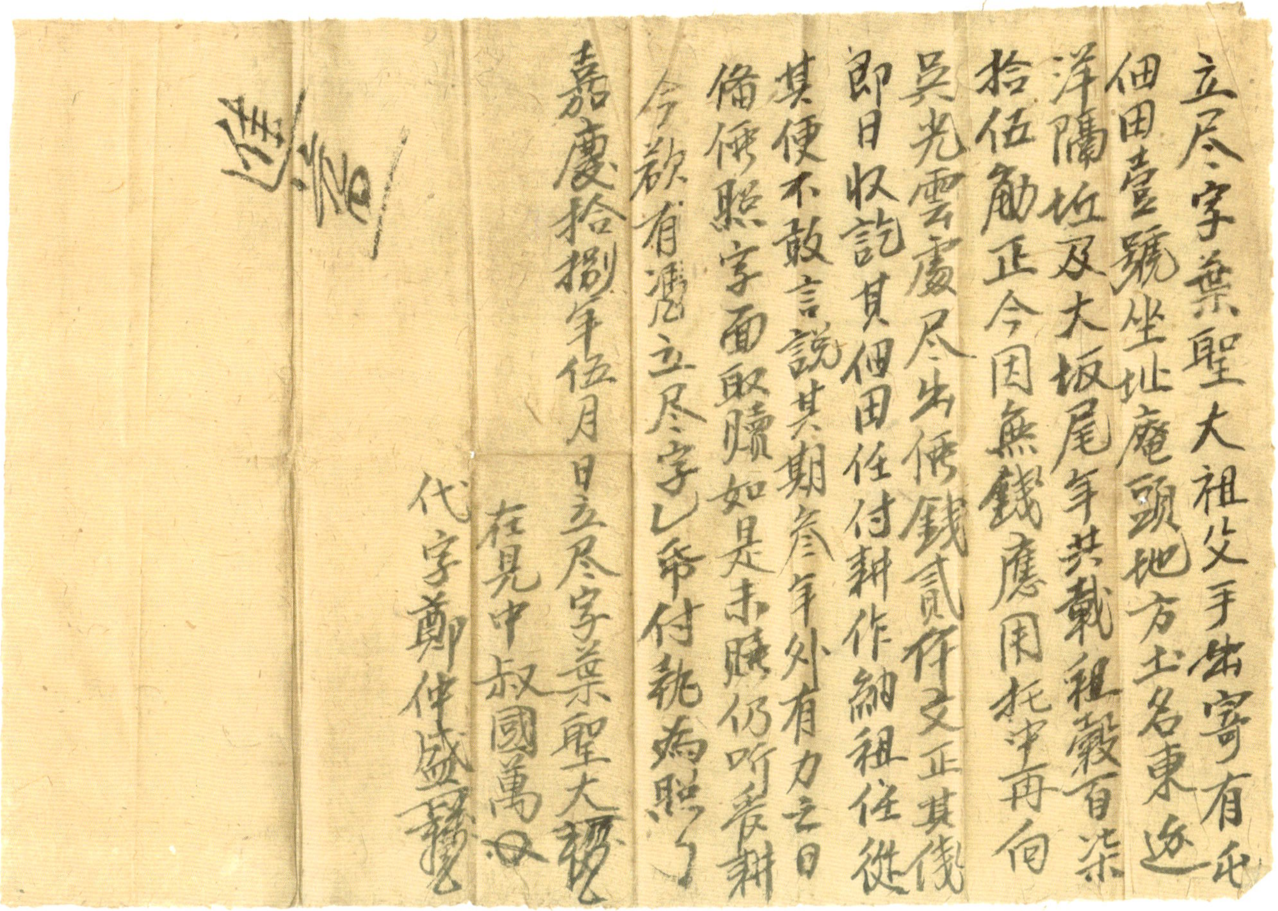

立尽字葉聖大祖父手出寄有乇
佃田壹號坐址庵頭地方土名東邊
洋陽坵及大坂尾等共載租穀百柒
拾伍觔正今因無錢應用托中再向
吳光雲處尽出佛錢貳仟文正其錢
即日收訖其佃田任付耕作納租任從
其便不敢言説其期叁年外有力之日
備價照字面取贖如是未贖仍聽耕
今欲有憑立尽字乙帋付執為照了
嘉慶拾捌年伍月日立尽字葉聖大
在見中叔國萬
代字鄭仲盛

5-1-39-9　清嘉慶十八年五月葉聖大立盡乇佃田字

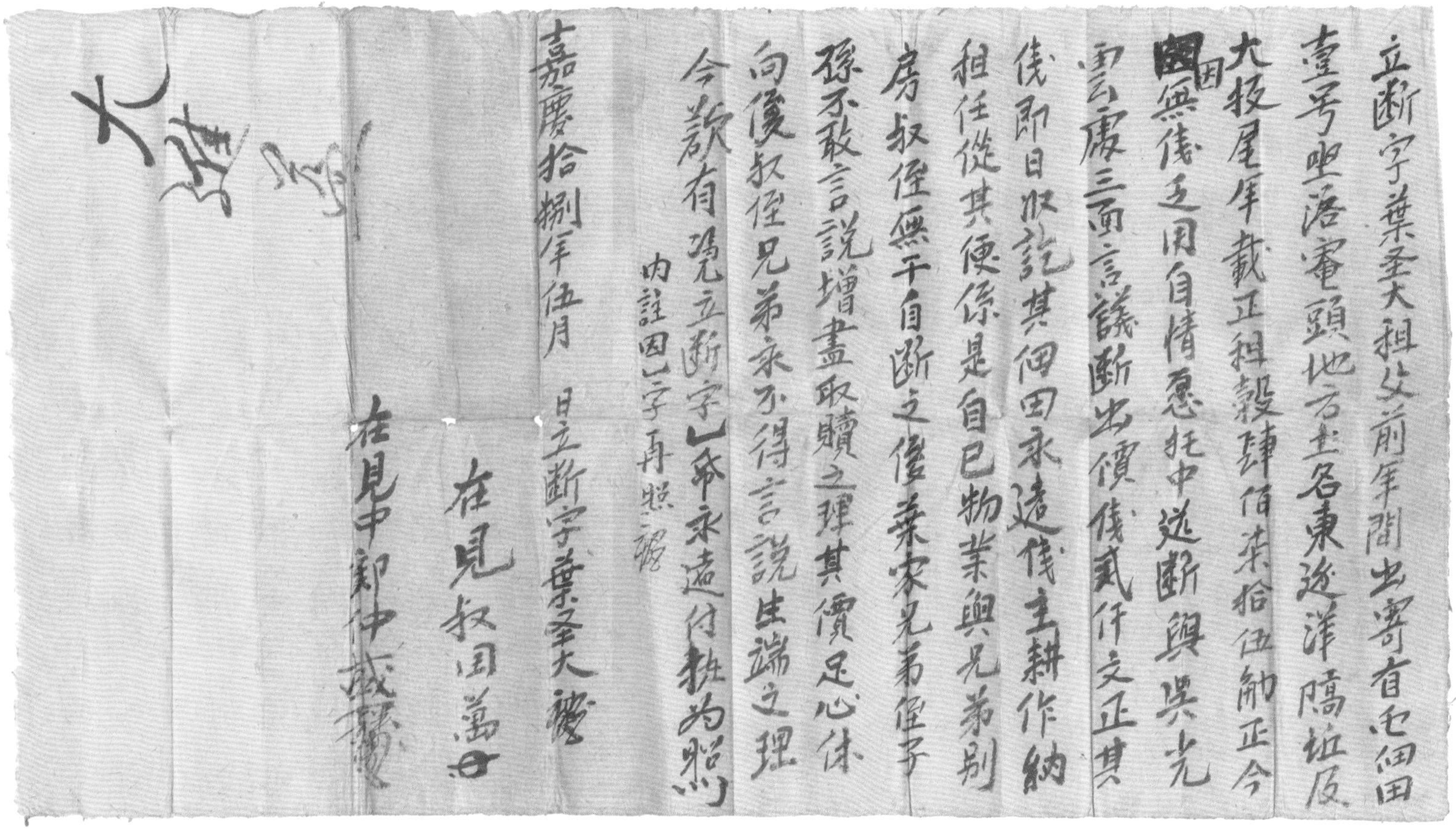

立斷字葉圣大祖父前年間出寄有屯佃田
壹号坐落竈頭地方土名東造洋隔坵后
大校屋年載正租穀肆佰柒拾伍觔正今
因無錢乏用自情愿托中送斷與吳光
雲處三面言議斷出價錢貳仟文正其
錢即日收訖其佃田永遠錢主耕作納
租任從其便係是自已物業與兄弟別
房叔侄無干自斷之後葉家兄弟侄子
孫不敢言說增盡取贖之理其價足心休
向後叔侄兄弟永不得言說生端之理
今欲有憑立斷字一帋永遠付執為照

内註田一字再照

嘉慶拾捌年伍月　日立斷字葉圣大（押）

在見叔　周萬（押）

在見中　鄭仲誠（押）

大吉

5-1-39-10　清嘉慶十八年五月葉圣大立斷屯佃田字

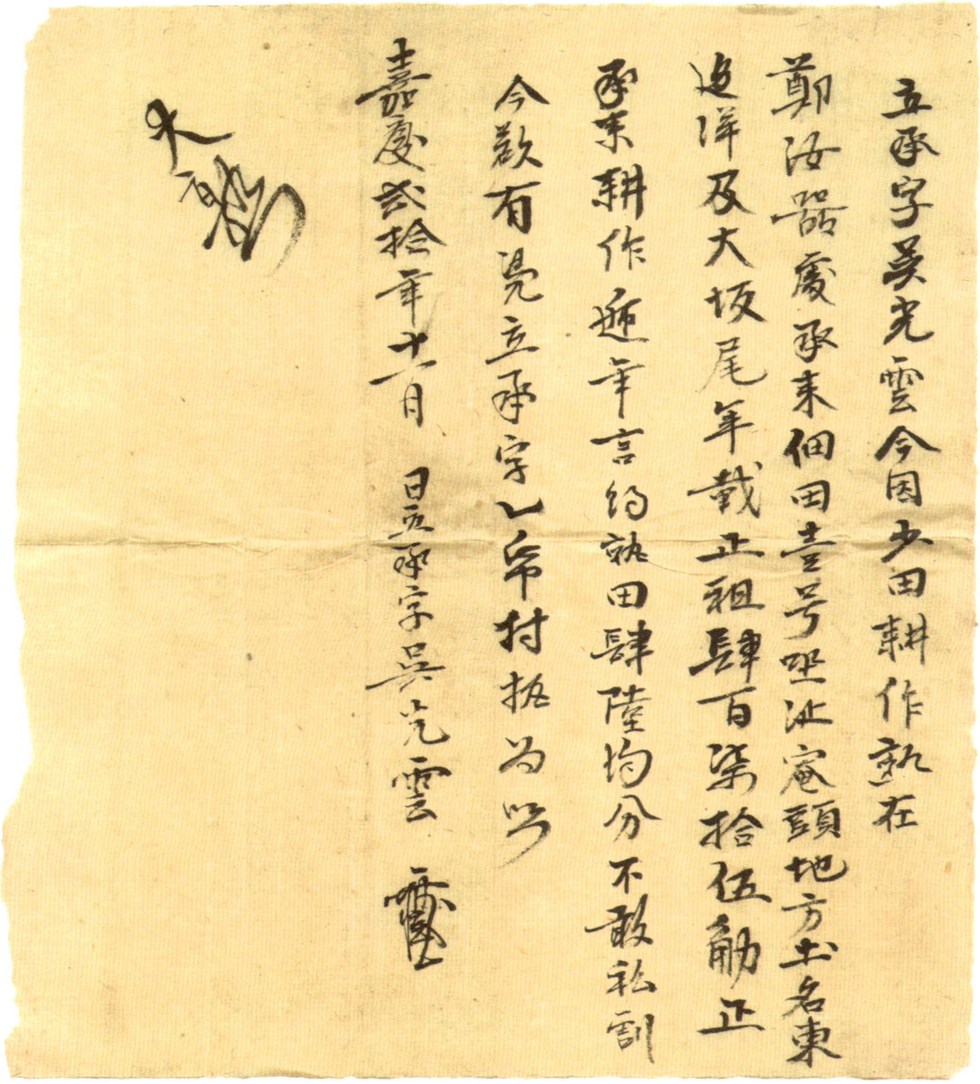

立承字吴光雲今因少田耕作就在
鄭汝器處承來佃田壹号坐址庵頭地方土名東
邊垟及大坂尾年載正租肆百柒拾伍觔正
承來耕作遞年言約執田肆陸均分不敢私割
今欲有憑立承字一帋付執為照
嘉慶貳拾年十一月　日立承字吴光雲（押）
大吉

5-1-39-11　清嘉慶二十年十一月吴光雲立承佃田字

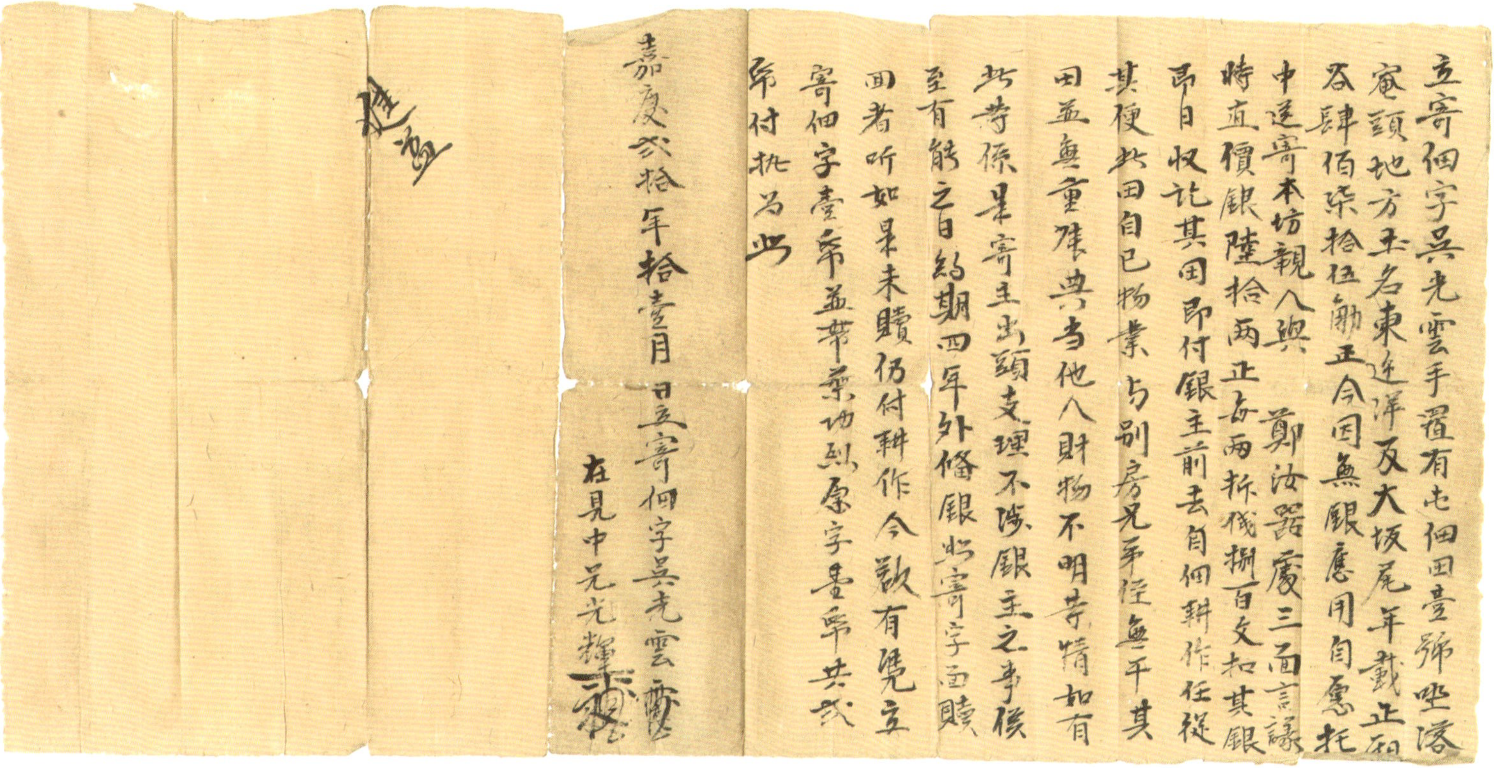

立寄佃字吳光雲手置有屯佃田壹號坐落
𡨋頭地方土名東洋及大坂尾年載正租
谷肆佰柒拾伍觔正今因無銀應用自愿托
中送寄本坊親人與　鄭汝器處三面言議
時值價銀陸拾兩正每兩折錢捌百文扣其銀
即日收訖其田即付銀主前去自佃耕作任從
其便此田自己物業与別房兄弟侄無干其
田並無重張典當他人財物不明等情如有
此等係是寄主出頭支理不涉銀主之事候
至有能之日約期四年外備銀將此寄字回贖
回者听如果未贖仍付耕作今欲有憑立
寄佃字壹紙並帶業功剏原字壹紙共貳
紙付執為照

嘉慶貳拾年拾壹月　日立寄佃字吳光雲
在見中兄光輝

5-1-39-12　清嘉慶二十年十一月吴光雲立寄屯佃田字

立尽字吴光雲手前年出寄有民佃田壹號坐
落庵頭地方土名東邊洋湢坑及大坂尾等處載
正租谷柒百柒拾伍斤正今因無錢應用再
向与鄭汝器處尽出價錢壹拾仟文正其
錢即日其田仍付錢主耕作任從其便不敢
言說之理真朗不拘遠近後至有能者此尽
字面照田者所合款有憑立尽字一帋為照

嘉慶庚辰年十一月日立尽字吴光雲（押）

達筆

5-1-39-13　清嘉慶二十五年十一月吴光雲立盡民佃田字

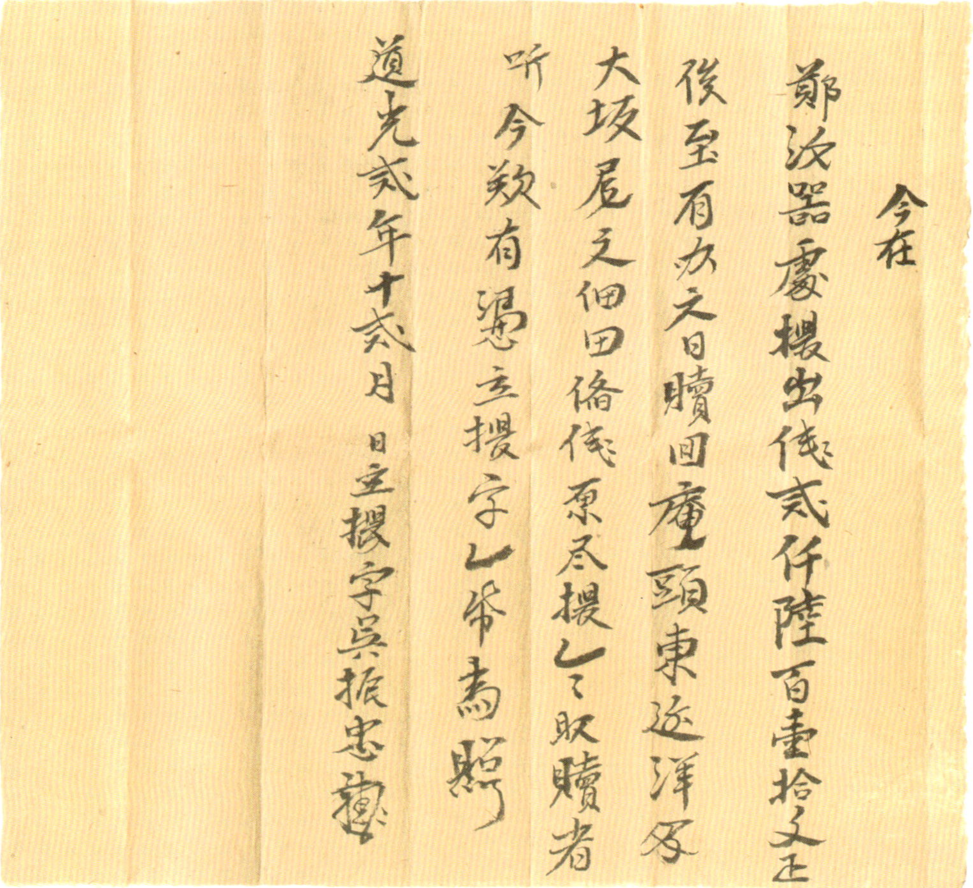

今在
鄭汝器處撮出錢貳仟陸百壹拾文正
後至有办之日贖回庵頭東边洋岑
大坂尾之佃田俻錢原尽撮乙々取贖者
听今欲有憑立撮字乙帋爲照
道光貳年十貳月　日立撮字吳振忠（押）

5-1-39-14　清道光二年十二月吳振忠立撮字

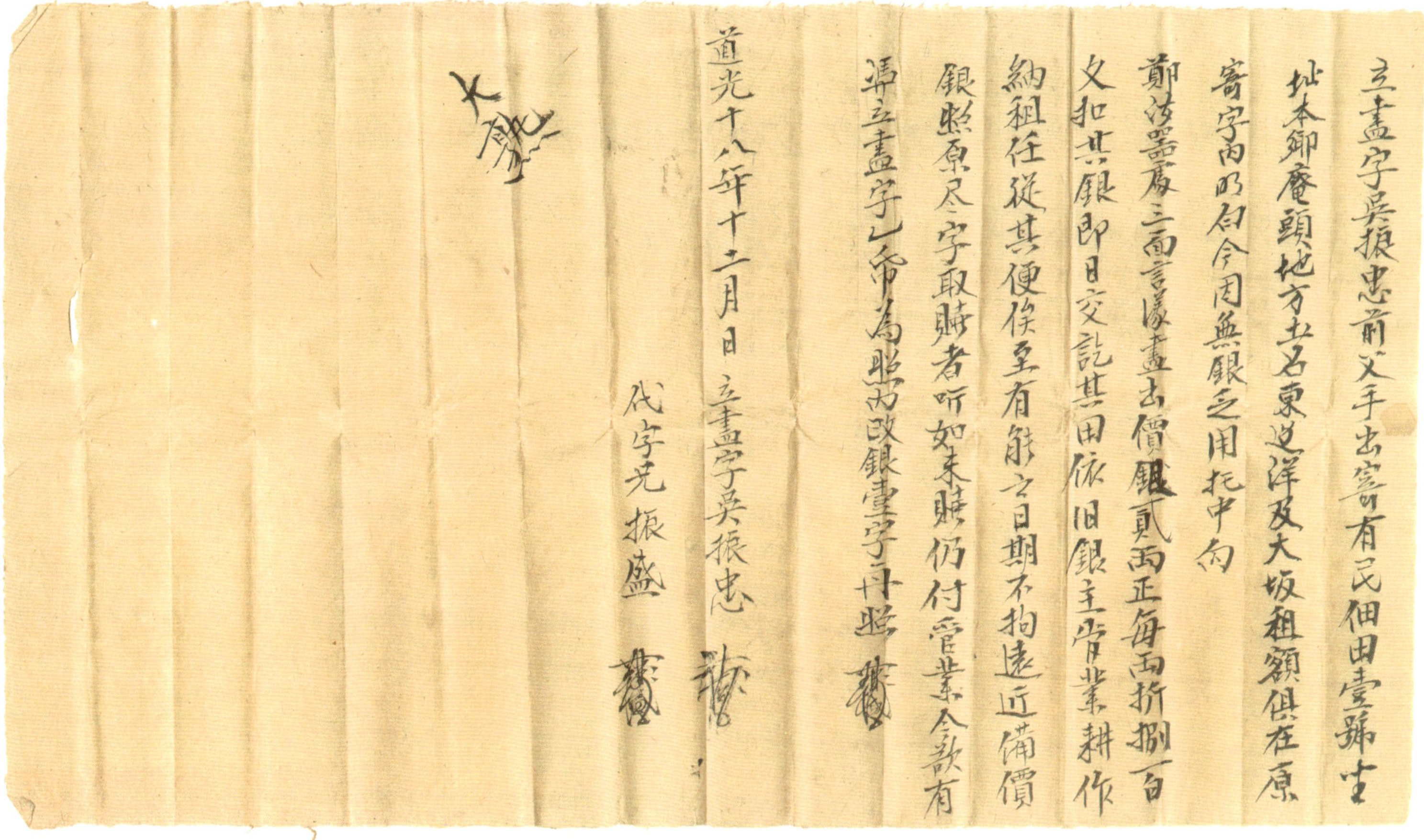

立盡字吳振忠前父手出賣有民佃田壹號坐
址本鄉庵頭地方土名東边洋及大坂租額俱在原
賣字內明白今因無銀之用托中向
鄭汝器處三面言議盡出價銀貳両正每両折捌百
文扣其銀即日交訖其田依旧銀主管業耕作
納租任從其便俟至有銀之日期不拘遠近備價
銀照原尽字取贖者听如未贖仍付管業今欲有
憑立盡字乙帋爲照 內改銀壹字 十照
道光十八年十二月 日 立盡字吳振忠
代字兄振盛
大吉

5-1-39-15　清道光十八年十二月吳振忠立盡民佃田字

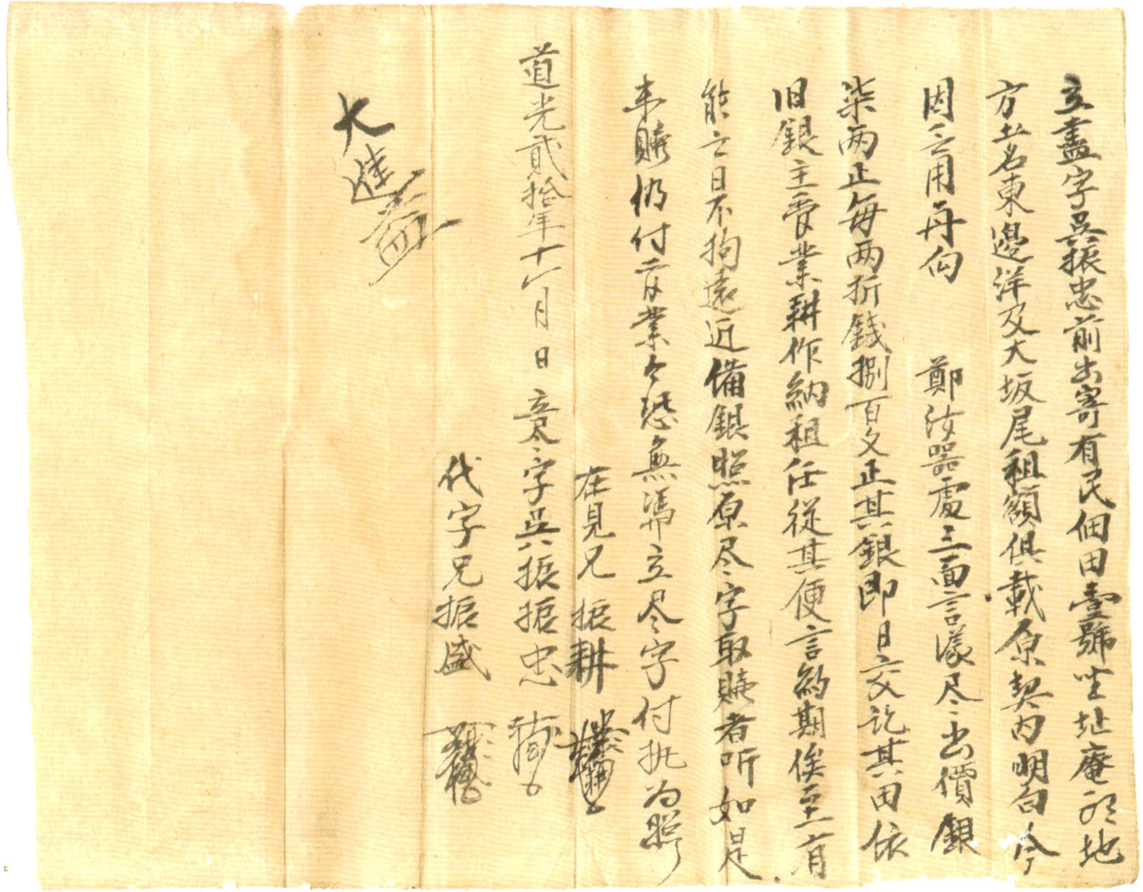
立盡字吴振忠前出寄有民佃田壹號坐址庵𠃍地
方土名東邊洋叉大坂尾租額俱載原契內明白今
因乏用再向　鄭汝器處三面言議盡出價銀
柒兩正每兩折錢捌百文正其銀即日交訖其田依
旧銀主管業耕作納租任從其便言約期限至三年
能之日不拘遠近備銀照原盡字取贖者听如是
未贖仍付主業今恐無憑立盡字付執為照
在見兄振耕（押）
道光貳拾年十一月　日　立盡字吴振振忠（押）
代字兄振盛（押）
大進（押）

5-1-39-16　清道光二十年十一月吴振忠立盡民佃田字

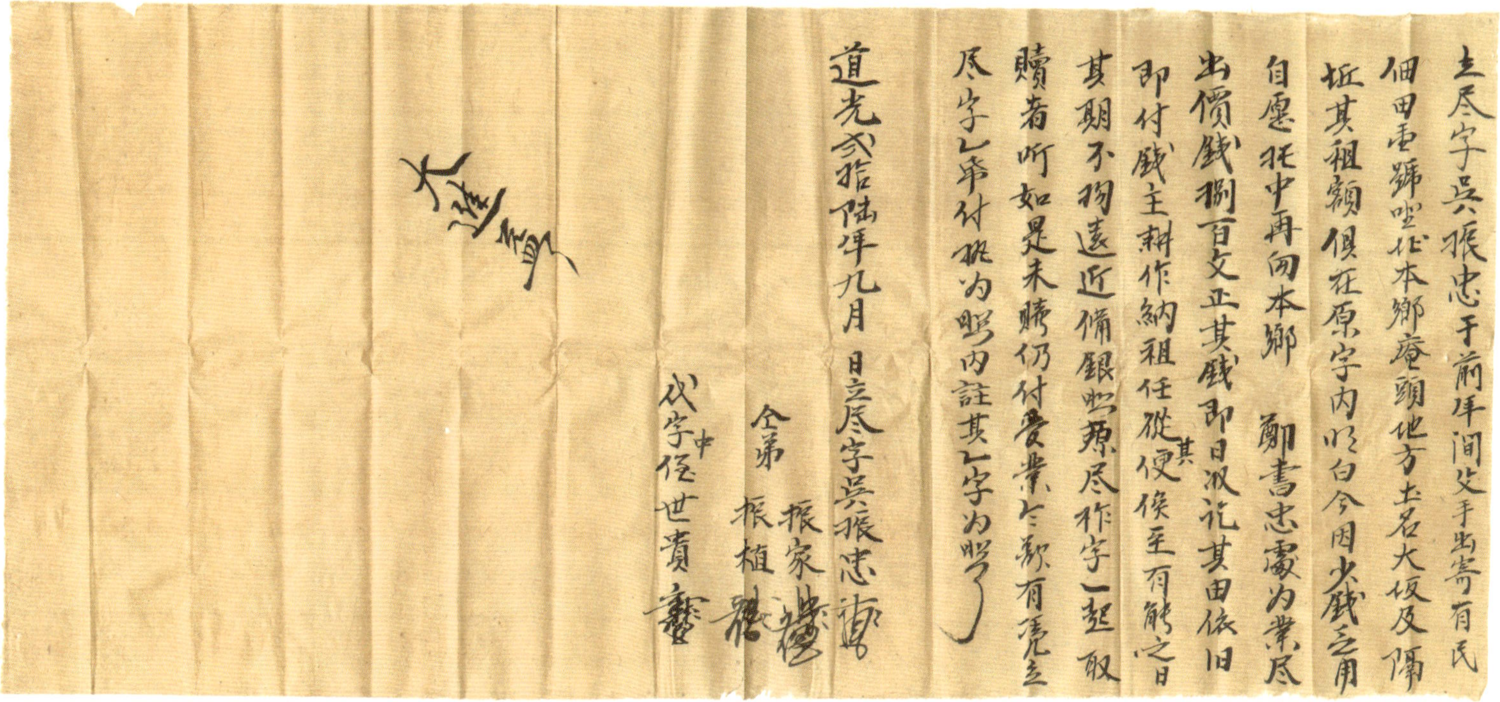
立尽字吴振忠，于前年间已手出寄有民
佃田壹號，坐址本鄉庵頭地方，土名大坂及隔
坵，其租額俱在原字內明白。今因乏錢之用，
自愿托中再向本鄉　鄭書忠處為業，尽
出價錢捌百文正。其錢即日收訖，其田依旧
即付錢主耕作納租，任從其便。候至有能之日，
其期不拘遠近，備銀照原尽作字一起取
贖者听，如是未贖，仍付受業人，欲有凭，立
尽字一帋付執為照。內註其一字為照。

道光贰拾陸年九月　日立尽字吴振忠（押）
仝弟　振家（押）
　　　振植（押）
代字中侄　世賓（押）

5-1-39-17　清道光二十六年九月吴振忠等立盡民佃田字

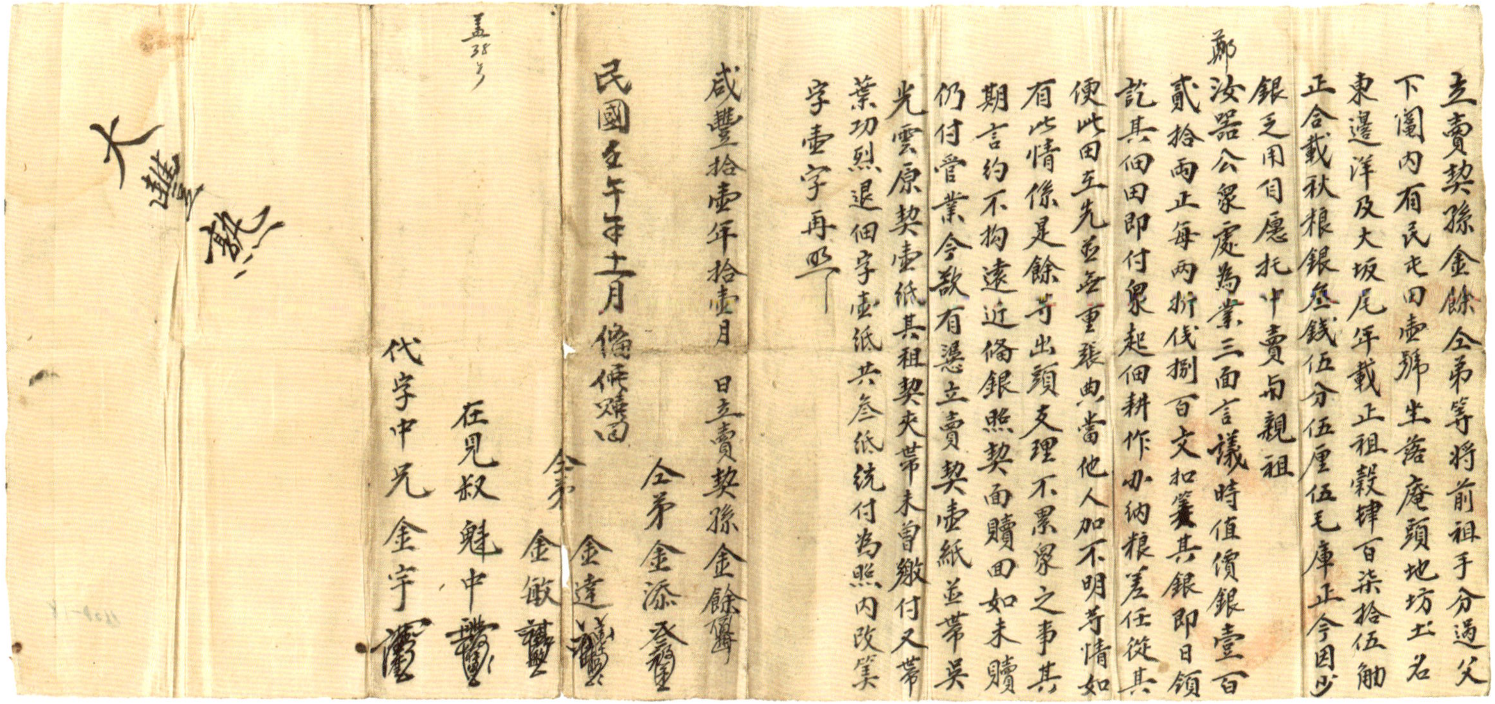
立賣契孫金餘仝弟等將前祖手分過父
下閫內有民屯田壹號坐落庵頭地坊土名
東邊洋及大坂尾年載正租穀肆百柒拾伍觔
正合載秋粮銀叁錢伍分伍厘伍毛庫正今因乏
銀乏用自愿托中賣與親祖
鄭汝器公衆處為業三面言議時值價銀壹百
貳拾兩正每兩折伐捌百文扣筭其銀即日領
訖其佃田即付衆起佃耕作办納粮差任從其
便此田並無重張典當他人加不明等情如
有此情係是餘等出頭支理不累衆之事其
期言約不拘遠近備銀照契面贖田如未贖
仍付管業今欲有憑立賣契壹紙並帶吳
光雲原契壹紙其租契夾帶未曾繳付又帶
業切烈退佃字壹紙共叁紙統付為照內改筭
字壹字再照

咸豐拾壹年拾壹月　日立賣契孫金餘（押）
仝弟金添（押）
仝弟金達（押）
仝弟金欽（押）
在見叔魁中（押）
代字中兄金宇（押）
民國五年十一月備價贖回
大吉

5-1-39-18　清咸豐十一年十一月孫金餘等立賣民屯田契

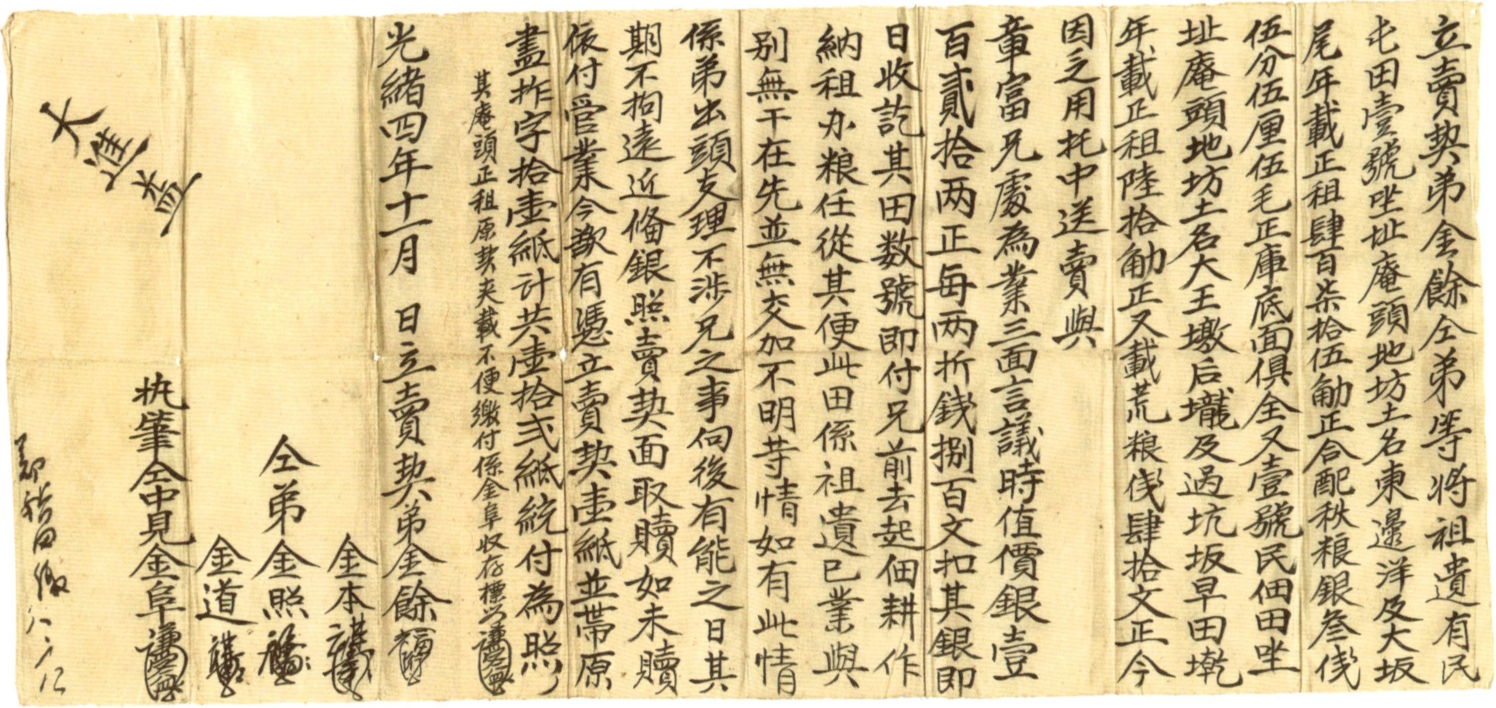
立賣契弟金餘仝弟等將祖遺有民
屯田壹號坐址庵頭地坊土名東邊洋及大坂
尾年載正租肆百柒拾伍觔正合配秋粮銀叁伐
伍分伍厘伍毛正庫底面俱全又壹號民佃田坐
址庵頭地坊土名大王墩后壠及過坑坂旱田墘
年載正租陸拾觔正又載荒粮伐肆拾文正今
因乏用托中送賣與
章富兄處為業三面言議時值價銀壹
百貳拾兩正每兩折錢捌百文扣其銀即
日收訖其田數號即付兄前去起佃耕作
納租办粮任從其便此田係祖遺已業與
別無干在先並無交加不明等情如有此情
係弟出頭支理不涉兄之事向後有能之日其
期不拘遠近備銀照賣契面取贖如未贖
依付管業今欲有憑立賣契壹紙並帶原
盡拃字拾壹紙計共壹拾弍紙統付為照
其庵頭正租原契夾載不便繳付係金阜收存標炤
光緒四年十一月　日立賣契弟金餘(押)
金本(押)
仝弟金照(押)
金道(押)
執筆仝中見金阜(押)
大進堂

5-1-39-19　清光緒四年十一月鄭金餘等立賣民屯田契

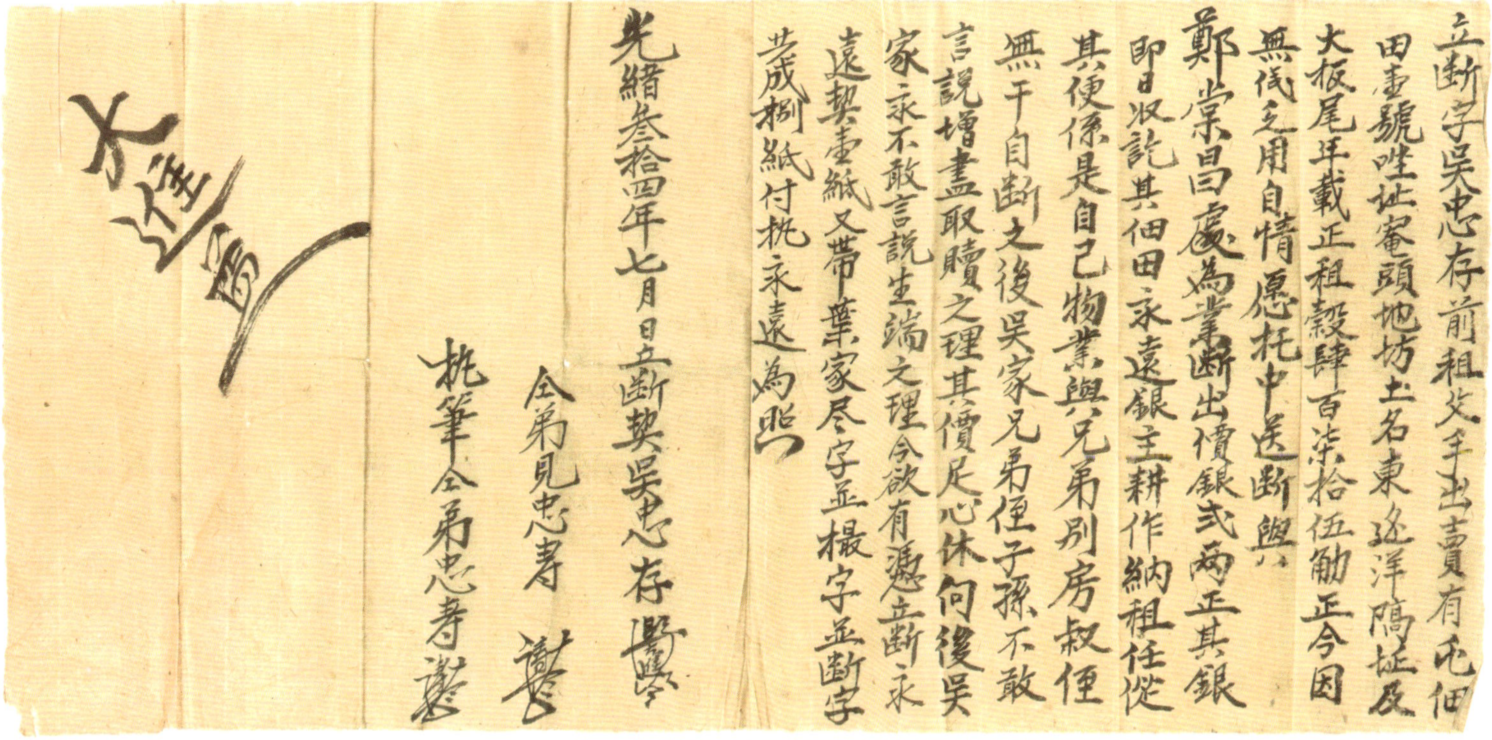

立斷字吳忠存前祖父手出賣有屯佃
田壹號坐址庵頭地坊土名東逕洋鳩坵及
大板尾年載正租穀肆百柒拾伍觔正今因
無錢之用自情愿托中送斷與
鄭棠昌處為業斷出價銀弍兩正其銀
即日收訖其佃田永遠銀主耕作納租任從
其便係是自己物業與兄弟別房叔侄
無干自斷之後吳家兄弟侄子孫不敢
言說增盡取贖之理其價足心休向後吳
家永不敢言說生端之理今欲有憑立斷永
遠契壹紙又帶業家尽字並根字並斷字
共成捌紙付執永遠為照

光緒叁拾四年七月　日立斷契吳忠存（押）
仝弟見忠孝（押）
執筆仝弟忠孝（押）

5-1-39-20　清光緒三十四年七月吳忠存立斷屯佃田字

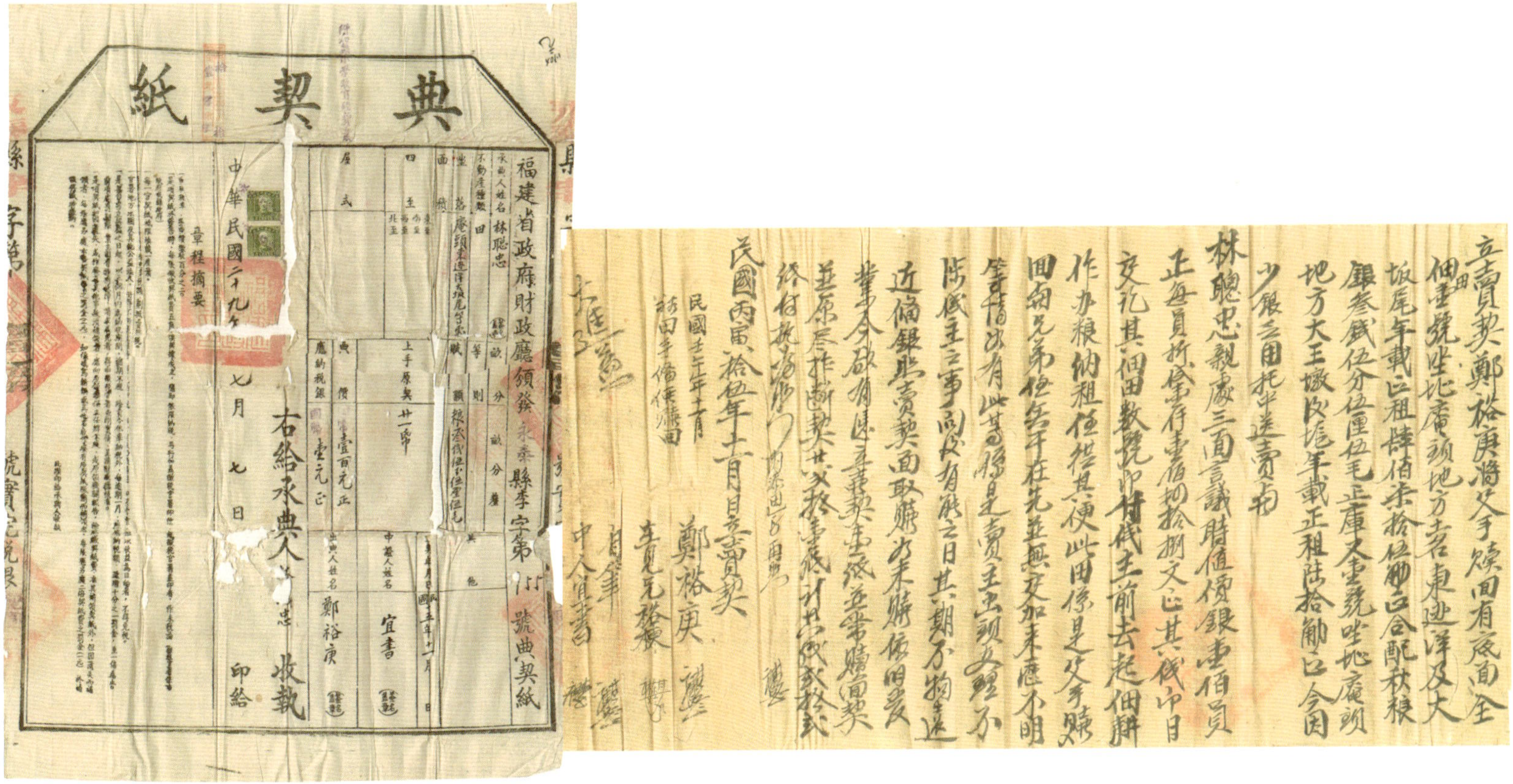

5-1-39-21　民國十五年十一月鄭裕庚立賣底面全佃田契（紅契）

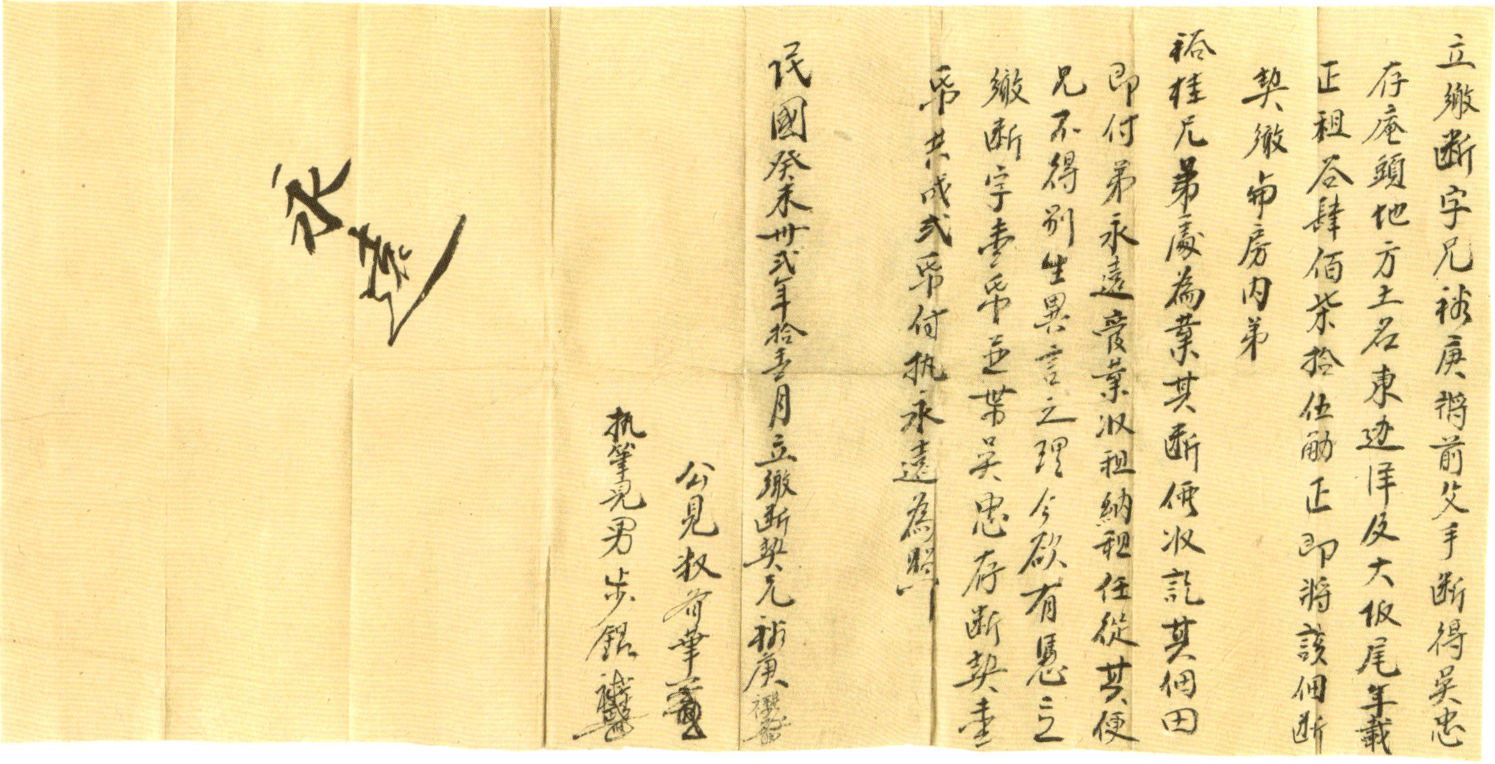
立繳斷字兄裕庚將前父手斷得吳忠
存庵頭地方土名東边垾及大坂尾等載
正租谷肆佰柒拾伍觔正，即將該佃斷
契繳與房內弟
裕桂兄弟處爲業，其斷佃田
即付弟永遠管業收租納租，任從其便，
兄不得別生異言之理。今欲有憑，立
繳斷字壹帋，並帶吳忠存斷契壹
帋，共成弍帋，付執永遠爲照。
民國癸未卅弍年拾壹月　日立繳斷契兄　裕庚
公見　叔　有筆
執筆　兄男　步銀
永遠

5-1-39-22　民國三十二年十一月鄭裕庚立繳斷佃田字

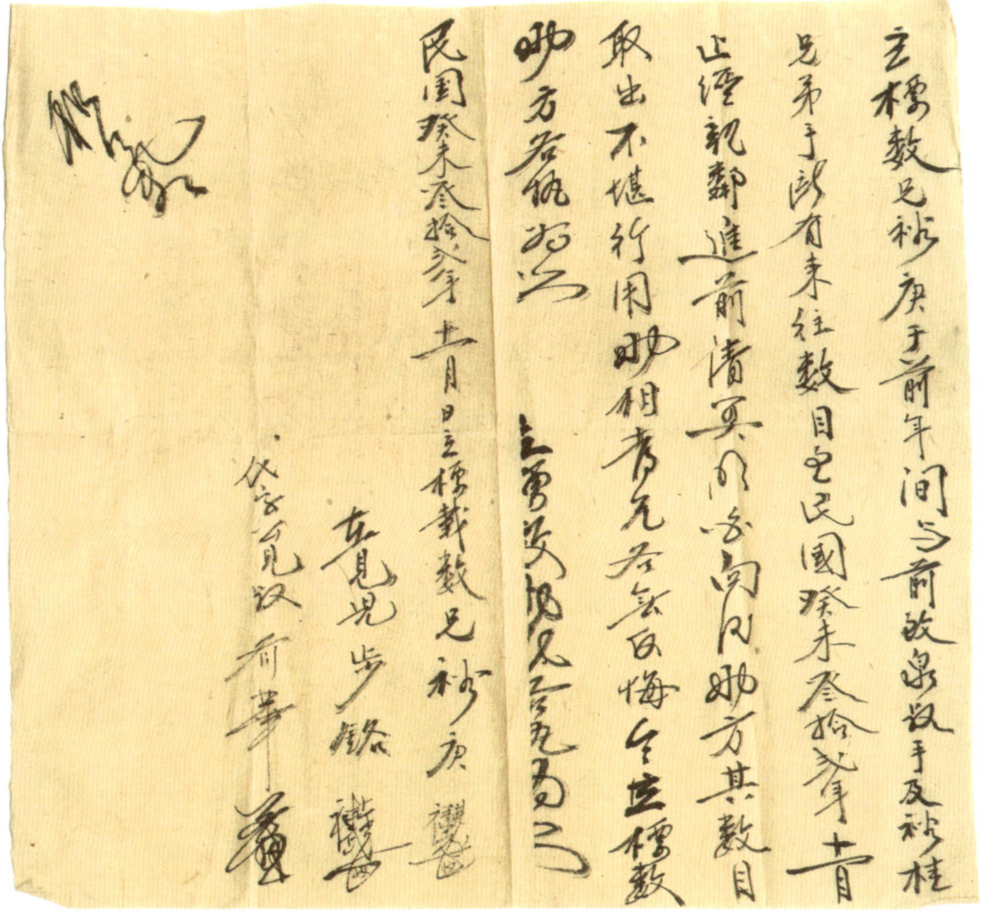
立標數鄭裕庚于前年间與前故[illegible]叔手及裕桂
兄弟手[illegible]有來往數目至民國癸未叁拾貳年十一月
止經親鄰進前清算明白兩方其數目
取出不堪行用兩相甘允各無反悔今立標數
兩方各執存照
[illegible]
民國癸未叁拾貳年十一月　日立標載數鄭裕庚
在見兄步銘
代筆見叔前華

5-1-39-23　民國三十二年十一月鄭裕庚立標載數

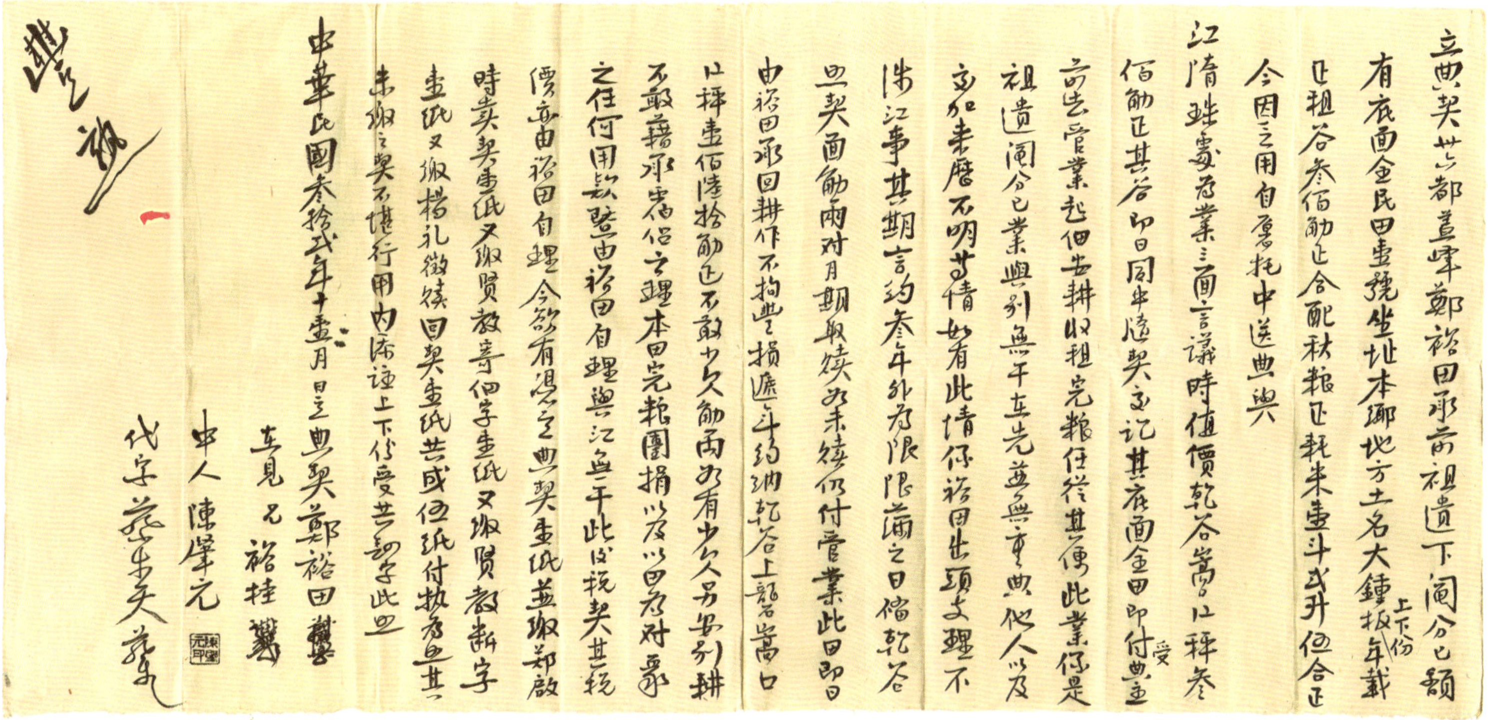

立典契廿六都蓋峰鄭裕田承前祖遺下闔分己額
有底面全民田壹號坐址本鄉地方土名大鍾板上下份年載
正租谷叁佰觔正仝配秋粮正耗米壹斗弍升伍合正
今因乏用自愿托中送典與
江清姓處為業三面言議時值價乾谷當日秤叁
佰觔正其谷即日仝中隨契交訖其底面全田即付典主受
前去管業起佃出耕收租完粮任從其便此業係是
祖遺闔分己業與別無干在先並無重典他人以及
交加來歷不明等情如有此情係裕田出頭支理不
涉江事其期言約叁年外為限限滿之日備乾谷
照契面觔兩對月贖取績契未績仍付管業此田即日
由裕田承回耕作不拘豐歉每年納乾谷上龍當日
以秤壹佰陸拾觔正不敢少欠觔兩如有少欠另召別耕
不敢藉承居佔之理本田完粮圍捐以及以田為對象
之任何用款皆由裕田自理與江無干此係照契其稅
價立由裕田自理今欲有憑立典契壹紙並繳鄭啟
時典契壹紙又繳買教壽佃字壹紙又繳買教斷字
壹紙又繳楷孔徽族回契壹紙共或伍紙付執為照其
未繳之契不堪行用內添注上下份受共三字此照
中華民國叁拾弍年十壹月　日立典契鄭裕田
在見兄　裕桂
中人　陳犖元
代字　蔡步夫

5-1-39-24　民國三十二年十一月鄭裕田立典底面全民田契

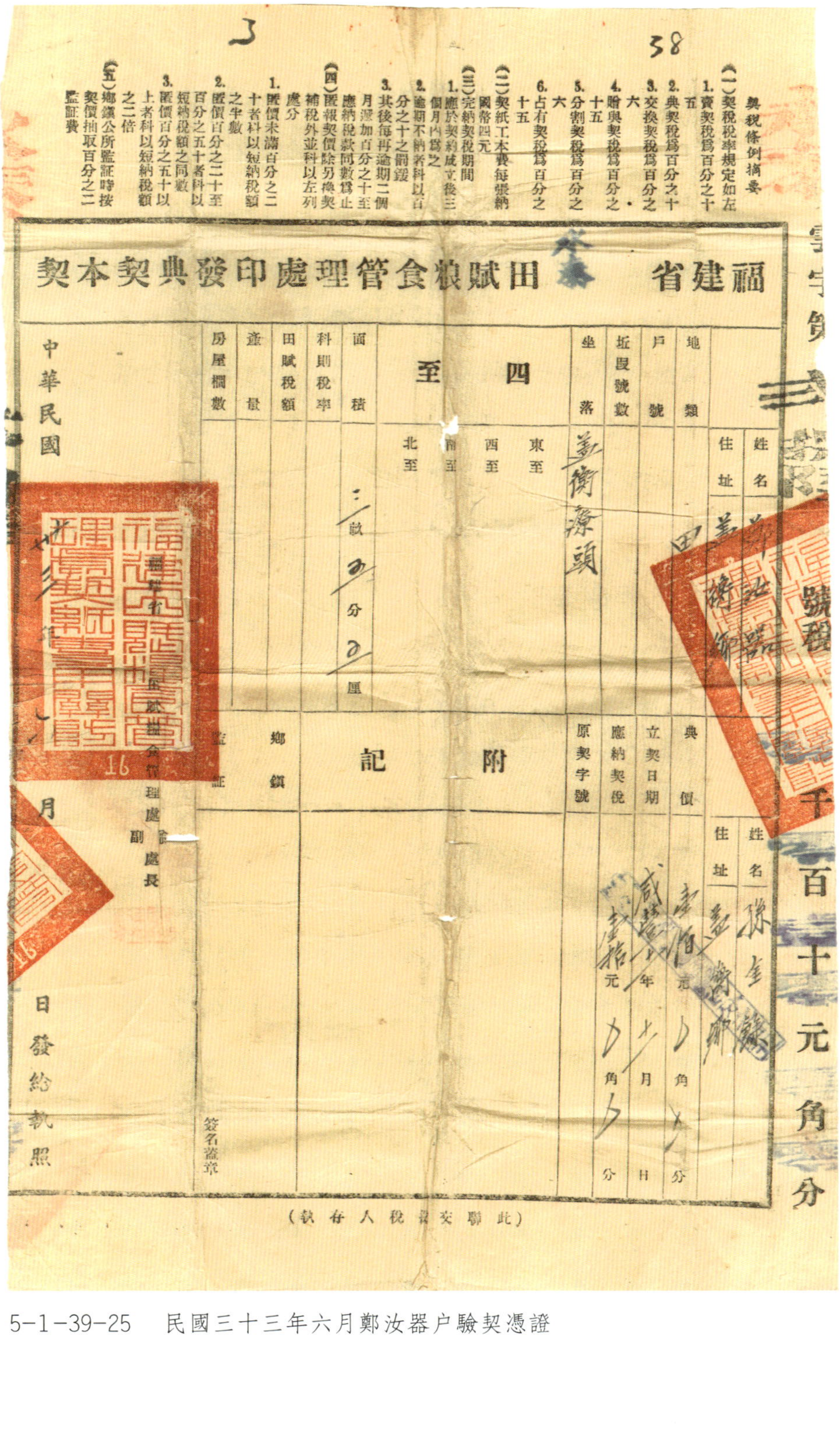

契稅條例摘要

(一)契稅稅率規定如左
1.賣契稅爲百分之十五
2.典契稅爲百分之十
3.交換契稅爲百分之六
4.贈與契稅爲百分之十五
5.分割契稅爲百分之六
6.占有契稅爲百分之十五

(二)契紙工本費每張納國幣四元

(三)完納契稅期間
1.應於契約成立後三個月內爲之
2.逾期不納者科以百分之十之罰鍰
3.其後每再逾期二個月遞加百分之十至應納稅款同數爲止

(四)匿報契價除另換契補稅外並科以左列處分
1.匿價未滿百分之二十者科以短納稅額之半數
2.匿價百分之二十至百分之五十者科以短納稅額之同數
3.匿價百分之五十以上者科以短納稅額之二倍

(五)鄉鎮公所監証時按契價抽取百分之二監証費

福建省田賦糧食管理處印發典契本契

字第 號

姓名	
住址	
地類	
戶號	
坵段號數	
坐落	
四至	東至 西至 南至 北至
面積	畝 分 厘
科則稅率	
田賦稅額	
查量	
房屋間數	

姓名	
住址	
典價	元 角 分
立契日期	年 月 日
應納契稅	元 角 分
原契字號	
附記	
鄉鎮 監証	簽名蓋章

稅 千 百 十 元 角 分

福建省田賦糧食管理處 處長 副處長

中華民國 年 月 日發給執照

(此聯交稅人存執)

5-1-39-25　民國三十三年六月鄭汝器户驗契憑證

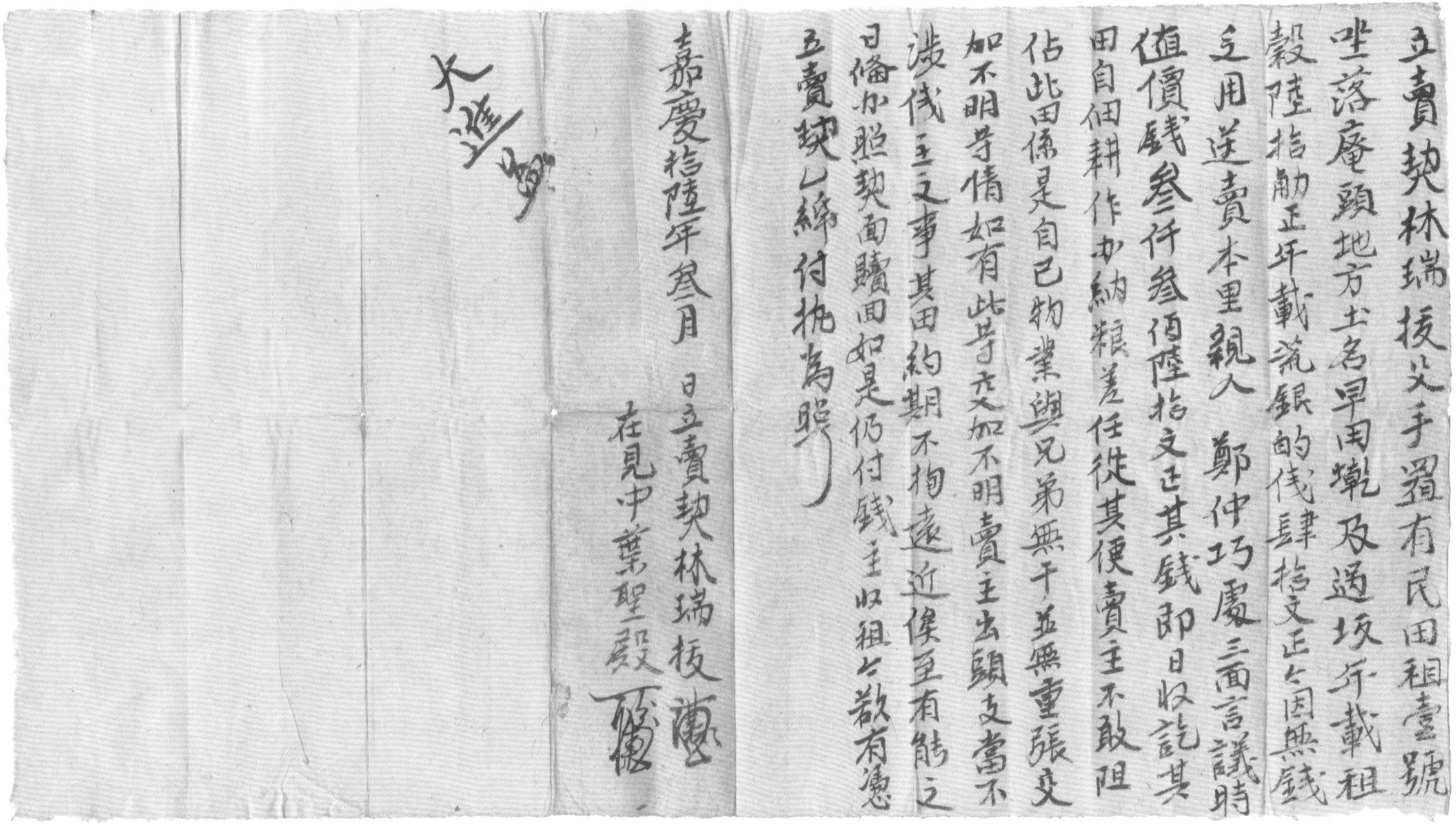
立賣契林瑞拔父手置有民田租壹號
坐落庵頭地方土名早田墘及過坎弍載租
穀陸拾觔正年載流銀的伐肆拾文正今因無錢
乏用送賣本里親人　鄭仲巧處三面言議時
值價錢叁仟叁佰陸拾文正其錢即日收訖其
田自佃耕作办納粮差任從其便賣主不敢阻
佔此田係是自己物業與兄弟無干並無重張交
加不明等情如有此等交加不明賣主出頭支當不
涉錢主之事其田約期不拘遠近係至有能之
日備办照契面贖田如是仍付錢主收租今欲有憑
立賣契乙紙付執為照
嘉慶拾陸年叁月　日立賣契林瑞拔（押）
在見中葉聖殿（押）
大進

5-1-40-1　清嘉慶十六年三月林瑞拔立賣民田租契

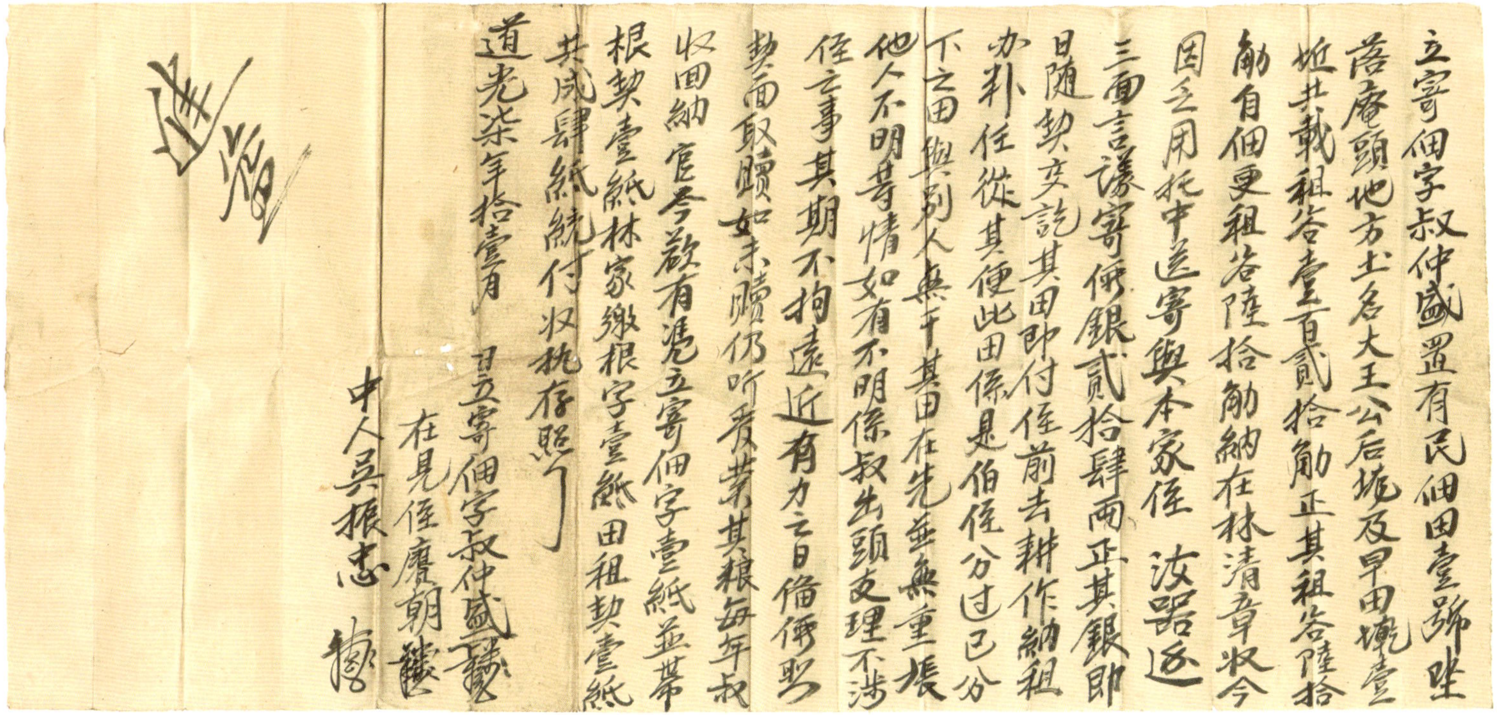
立寄佃字叔仲盛置有民佃田壹號坐
落庵頭地方土名大王公后垅及早田壠壹
垃共載租谷壹百貳拾觔正其租谷陸拾
觔自佃更租谷陸拾觔納在林清章收今
因乏用托中送寄與本家侄　汝器送
三面言議寄價銀貳拾肆兩正其銀即
日隨契交訖其田即付侄前去耕作納租
办扑任從其便此田係是伯侄分过已分
下之田與別人無干其田在先並無重張
他人不明等情如有不明係叔出頭支理不涉
侄之事其期不拘遠近有力之日備價照
契面取贖如未贖仍听管業其粮每年叔
收回納　恐口無憑立寄佃字壹紙並帶
根契壹紙林家缴根字壹紙田租契壹紙
共成肆紙統付收执存照
道光柒年拾壹月　日立寄佃字叔仲盛
在見侄賡朝
中人吳根志

5-1-40-2　清道光七年十一月鄭仲盛立寄民佃田字

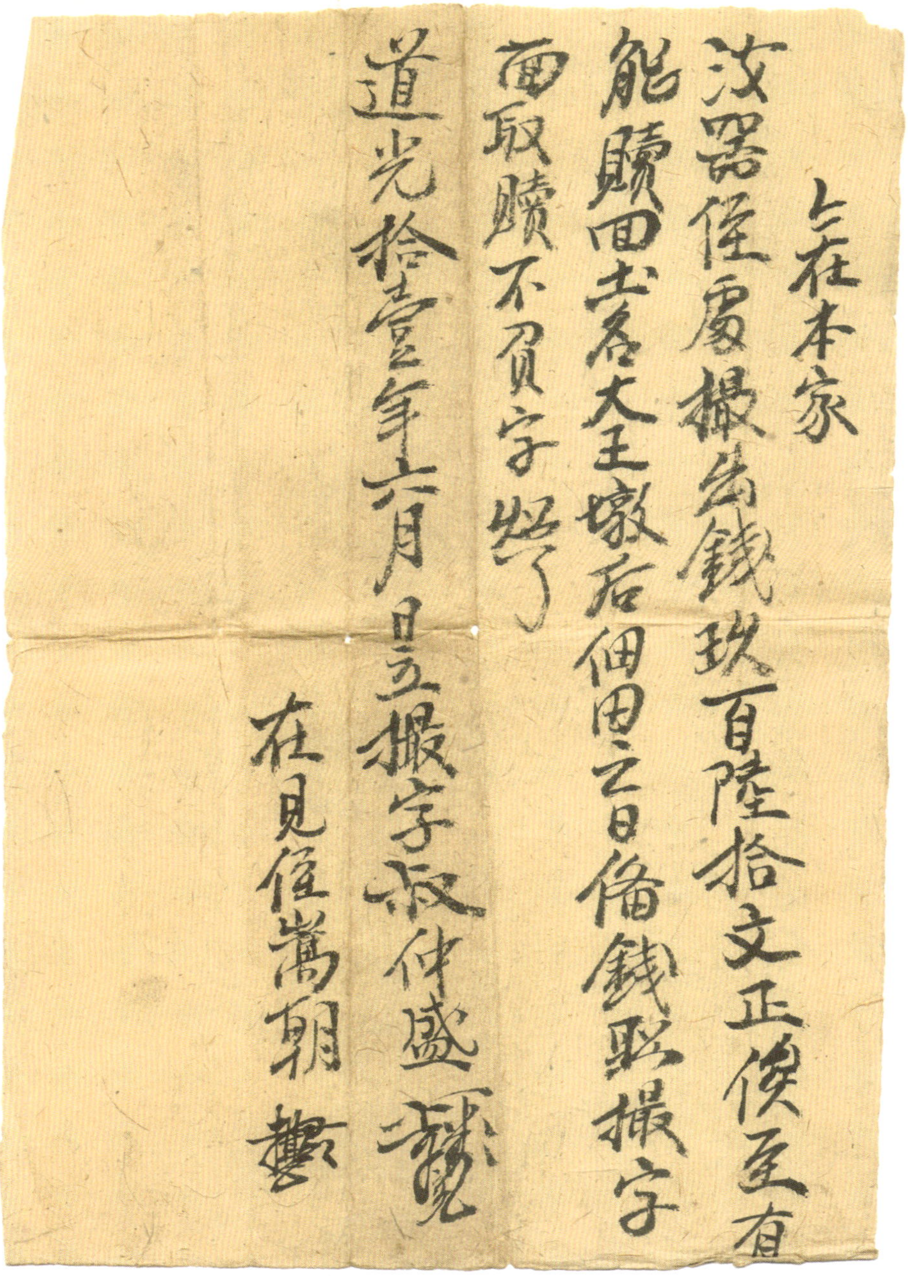

立在本家
汝器侄處撮出錢玖百陸拾文正俟至有
能贖回本名大王墩后佃田之日備錢取撮字
面取贖不留字照
道光拾壹年六月　日立撮字叔仲盛（押）
在見侄萬朝（押）

5-1-40-3　清道光十一年六月鄭仲盛立撮字

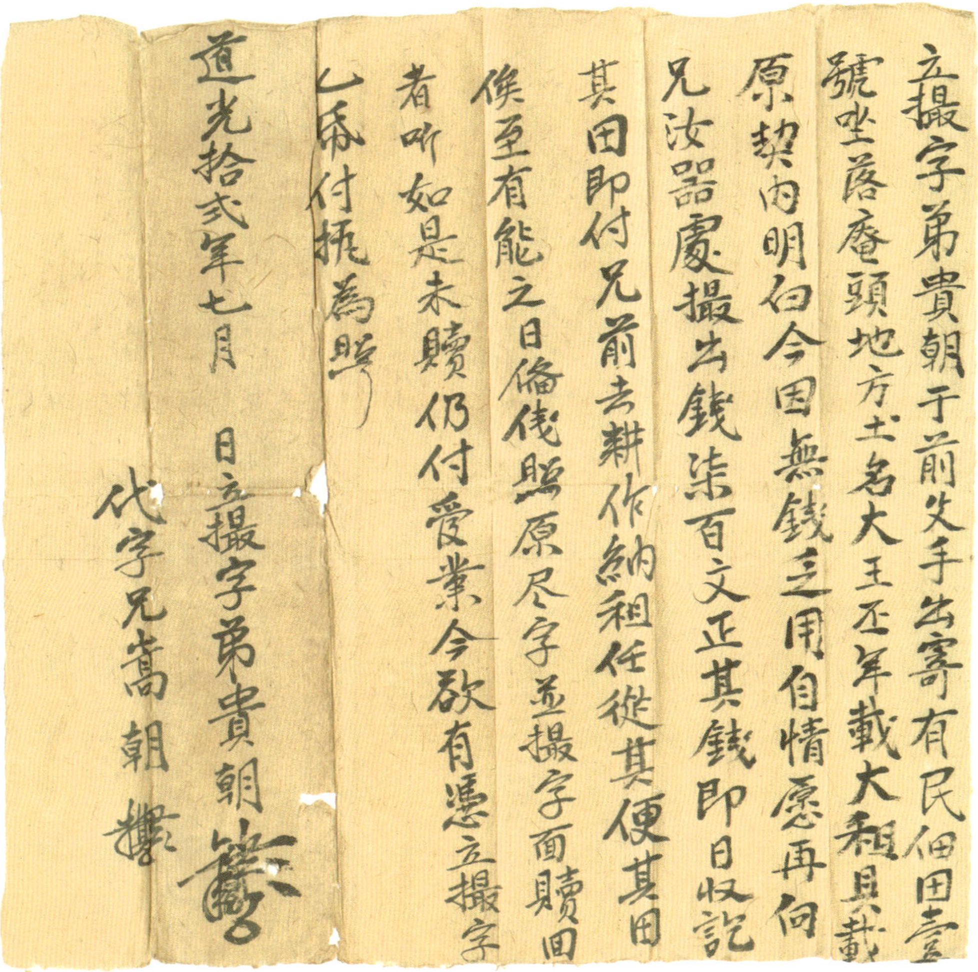
立撮字弟貴朝于前父手出寄有民佃田壹
號坐落庵頭地方土名大王丕年載大租具載
原契內明白今因無錢乏用自情愿再向
兄汝器處撮出錢柒百文正其錢即日收訖
其田即付兄前去耕作納租任從其便其田
俟至有能之日備價照原盡字並撮字面贖回
者听如是未贖仍付受業今欲有憑立撮字
乙紙付執為照
道光拾貳年七月　日立撮字弟貴朝（押）
代字兄高朝（押）

5-1-40-4　清道光十二年七月鄭貴朝立撮字

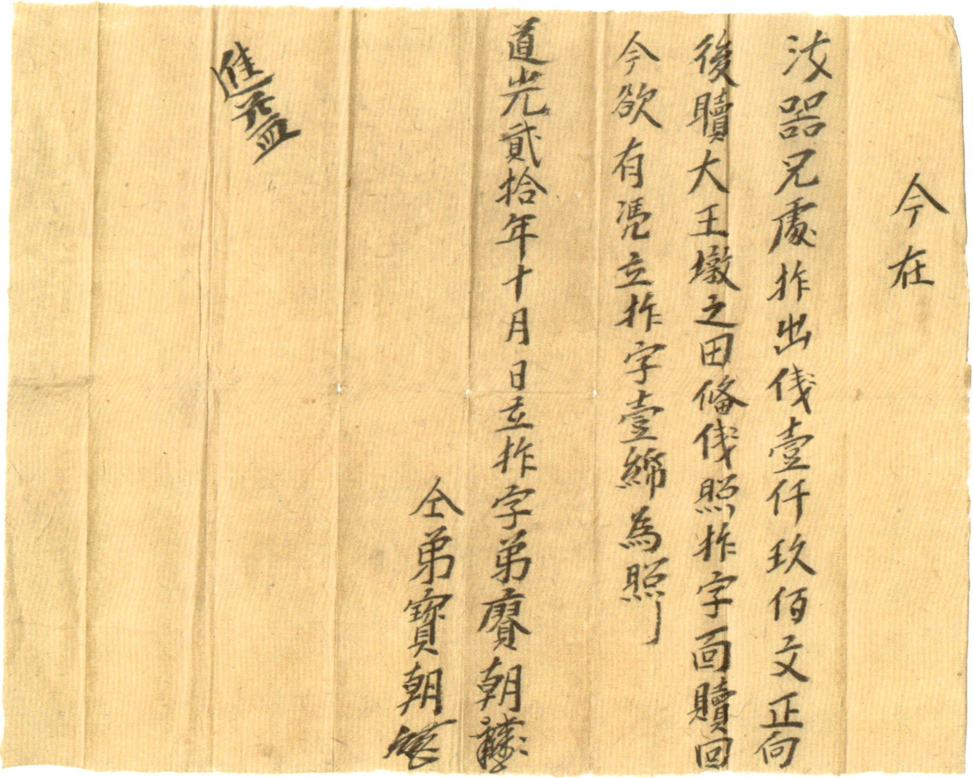

今在
汶器兄處借出錢壹仟玖佰文正，向
後贖大王壩之田，備錢照借字面贖回。
今欲有憑，立借字壹紙為照。
道光貳拾年十月日立借字弟賡朝（押）
仝弟寶朝（押）
進盖

5-1-40-5　清道光二十年十月鄭賡朝等立撮字

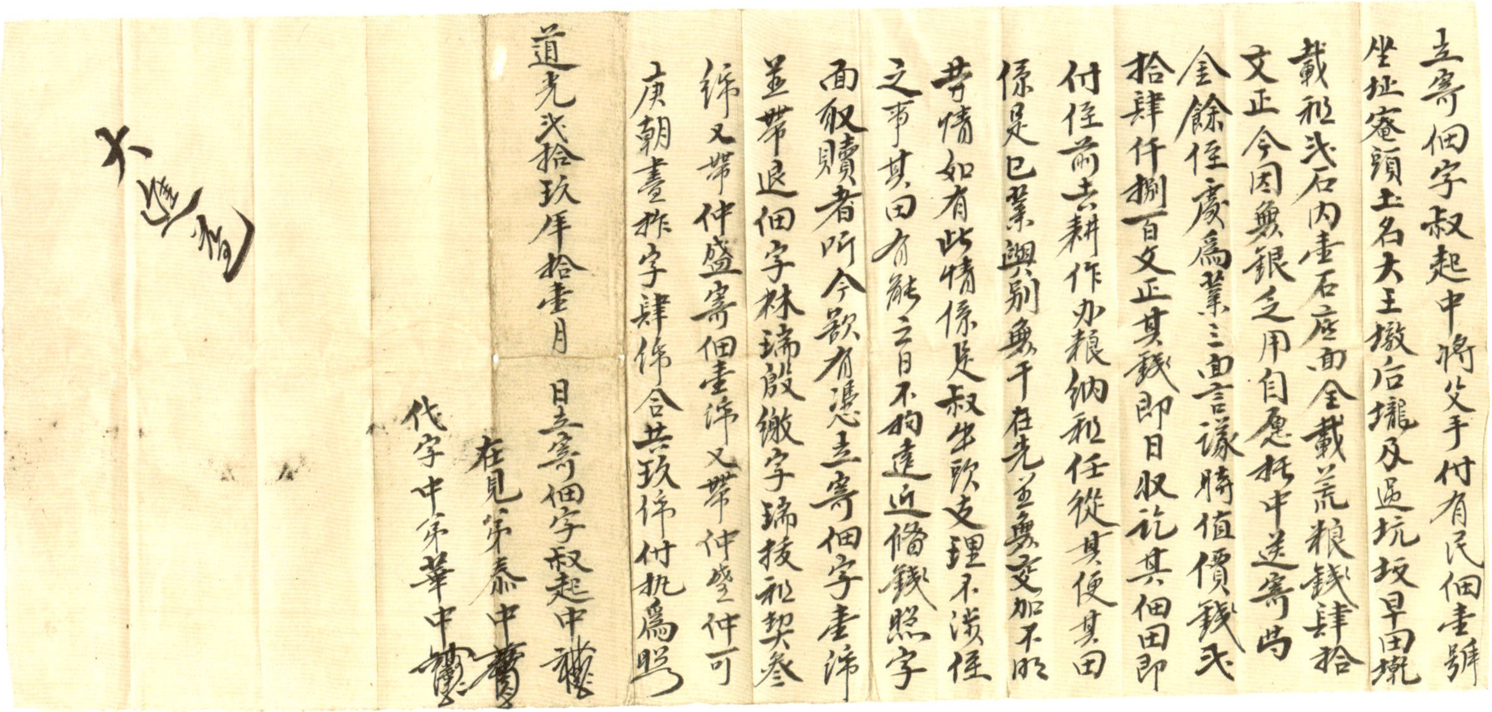

5-1-40-6　清道光二十九年十一月鄭起中立寄民佃字

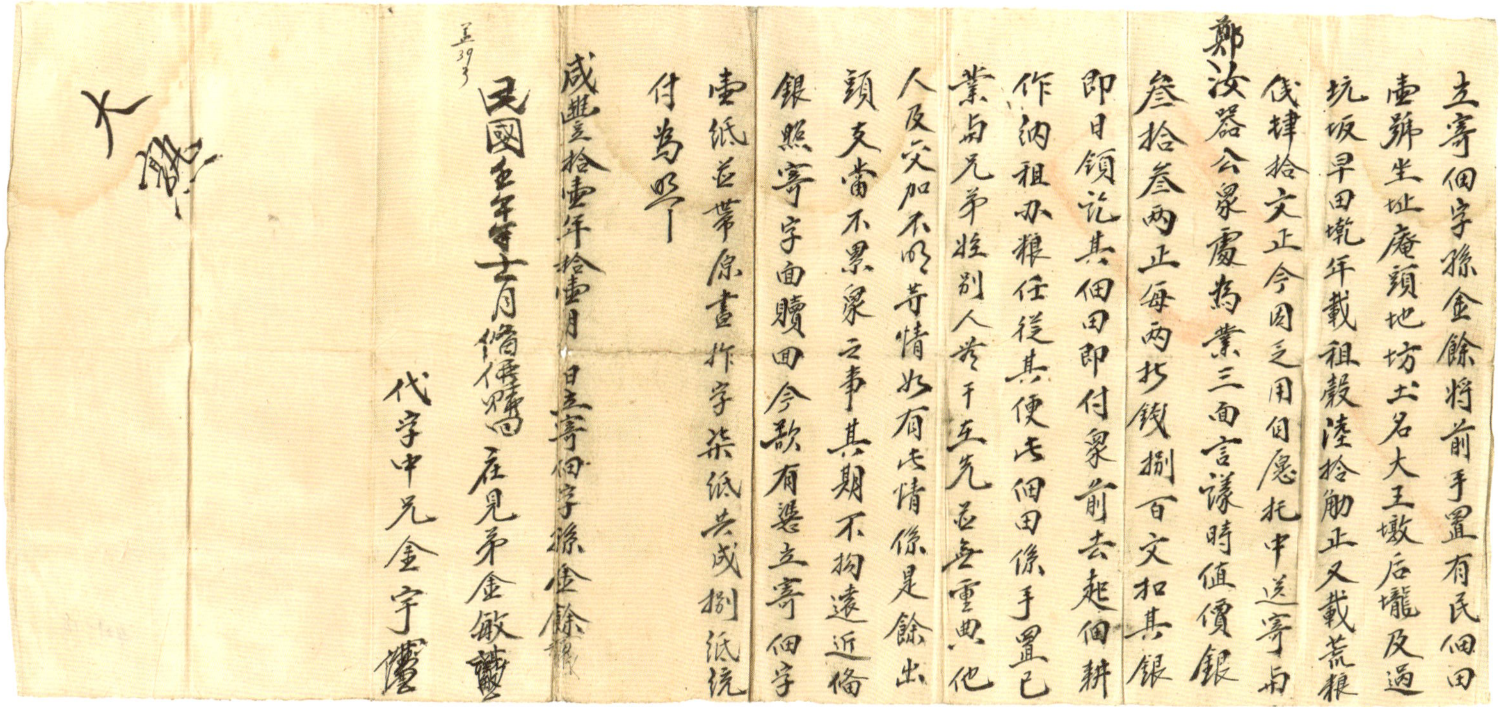
立寄佃字孫金餘將前手置有民佃田
壹號坐址庵頭地坊土名大王墩后壠及過
坑坂旱田墘年載租穀陸拾觔正又載荒粮
伐肆拾文正今因乏用自愿托中送寄與
鄭汝器公衆處爲業三面言議時值價銀
叁拾叁兩正每兩折錢捌百文扣其銀
即日領訖其佃田即付衆前去起佃耕
作納租办粮任從其便其佃田係手置已
業與兄弟姪別人無干亦無重典他
人及交加不明等情如有此情係是餘出
頭支當不累衆之事其期不拘遠近備
銀照寄字面贖回今欲有憑立寄佃字
壹紙并帶原畫作字柒紙共成捌紙繳
付爲照
咸豐拾壹年拾壹月　日立寄佃字孫金餘
民國五年十二月備價贖回　在見弟金敏
代字中兄金宇

5-1-40-7　清咸豐十一年十一月孫金餘立寄民佃田字

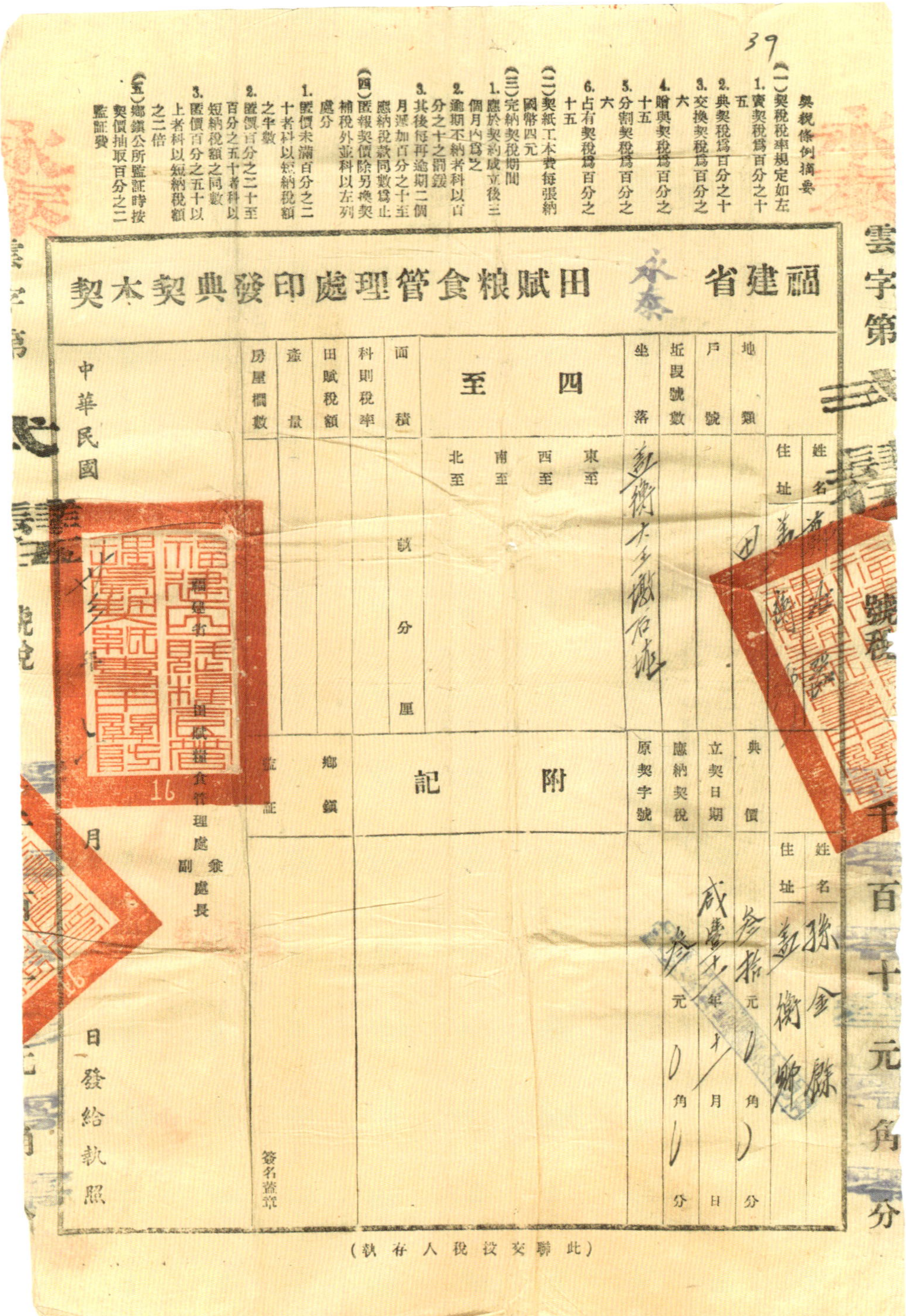

39

契稅條例摘要

(一)契稅稅率規定如左
1. 賣契稅爲百分之十五
2. 典契稅爲百分之十
3. 交換契稅爲百分之六
4. 贈與契稅爲百分之十五
5. 分割契稅爲百分之六
6. 占有契稅爲百分之十五

(二)契紙工本費每張納國幣四元

(三)完納契稅期間
1. 應於契約成立後三個月內爲之
2. 逾期不納者科以百分之十之罰鍰
3. 其後每再逾期二個月遞加百分之十至應納稅款同數爲止

(四)匿報契價除另換契補稅外並科以左列處分
1. 匿價未滿百分之二十者科以短納稅額之半數
2. 匿價百分之二十至百分之五十者科以短納稅額之同數
3. 匿價百分之五十以上者科以短納稅額之二倍

(五)鄉鎮公所監證時按契價抽取百分之二監證費

雲字第　號　千　百　十　元　角　分

福建省田賦糧食管理處印發典契本契

地類	田	
戶號		
坵段號數		
坐落	逕衡大王鐵石坡	
四至	東至　西至　南至　北至	
面積	畝　分　厘	
科則稅率		
田賦稅額		
途量		
房屋間數		
姓名	鄭汝器	
住址	逕衡鄉	
典價	叁拾元〇角〇分	
立契日期	咸豐十年十一月　日	
應納契稅	叁元〇角〇分	
原契字號		
附記		
鄉鎮監證	簽名蓋章	
姓名	孫金麟	
住址	逕衡鄉	

福建省田賦糧食管理處　處長　副處長

中華民國　年　月　日發給執照

(此聯交投稅人存執)

5-1-40-8　民國三十三年八月鄭汝器户驗契憑證

5-1-41-1 包契紙

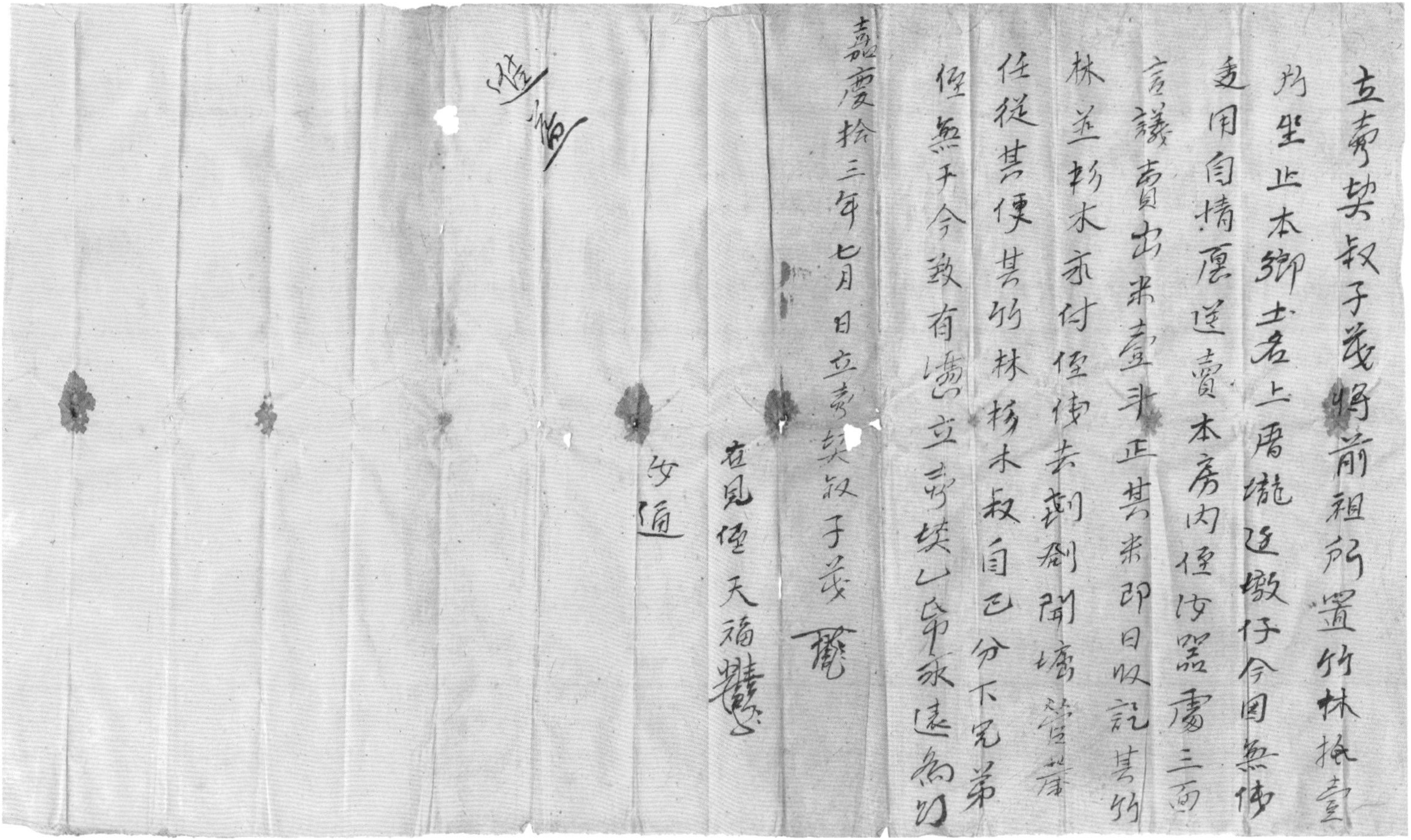
立賣契叔子茂將前祖所置竹林抛壹
所坐址本鄉土名上厝墘近墩仔今因無錢
應用自情愿送賣本房內侄汝器處三面
言議賣出米壹斗正其米即日收訖其竹
林并杉木亦付侄使去砍剗開墾管業
任從其便其竹林杉木叔自己分下兄弟
侄無干今致有憑立賣契一紙永遠為照
嘉慶拾三年七月　日立賣契叔子茂　號
在見侄天福　號
汝通
送訖

5-1-41-2　清嘉慶十三年七月鄭子茂立賣竹林契

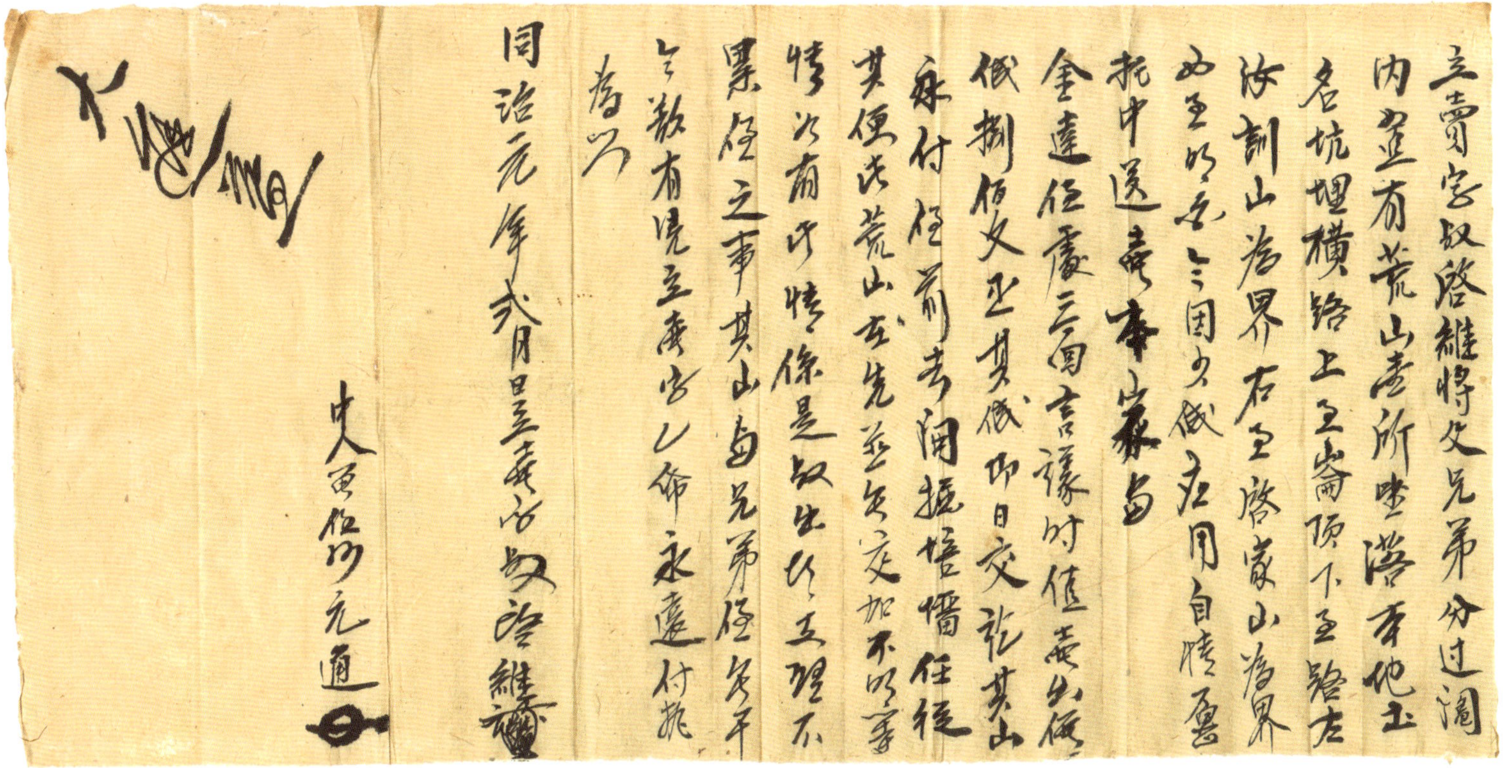
立賣字叔啓維將父兄弟分过阄
内並有荒山壹所坐落本地土
名坑埋横路上至崙頂下至路左
汝剿山為界右至啓家山為界
四至明白今因乏錢應用自情愿
托中送與本家邊
全達侄處三面言議付值壹出佰
錢捌佰文正其錢即日交訖其山
聽付侄前去開掘墳墻任從
其便此荒山在先並無交加不明等
情如有此情係是叔出作主理不
累侄之事其山與兄弟侄無干
今欲有憑立賣字乙紙永遠付執
為照
同治元年弍月　日立賣字叔啓維（押）
中人亞伍仍元通（押）

5-1-41-3　清同治元年二月鄭啓維立賣荒山字

5-1-42-1　包契紙

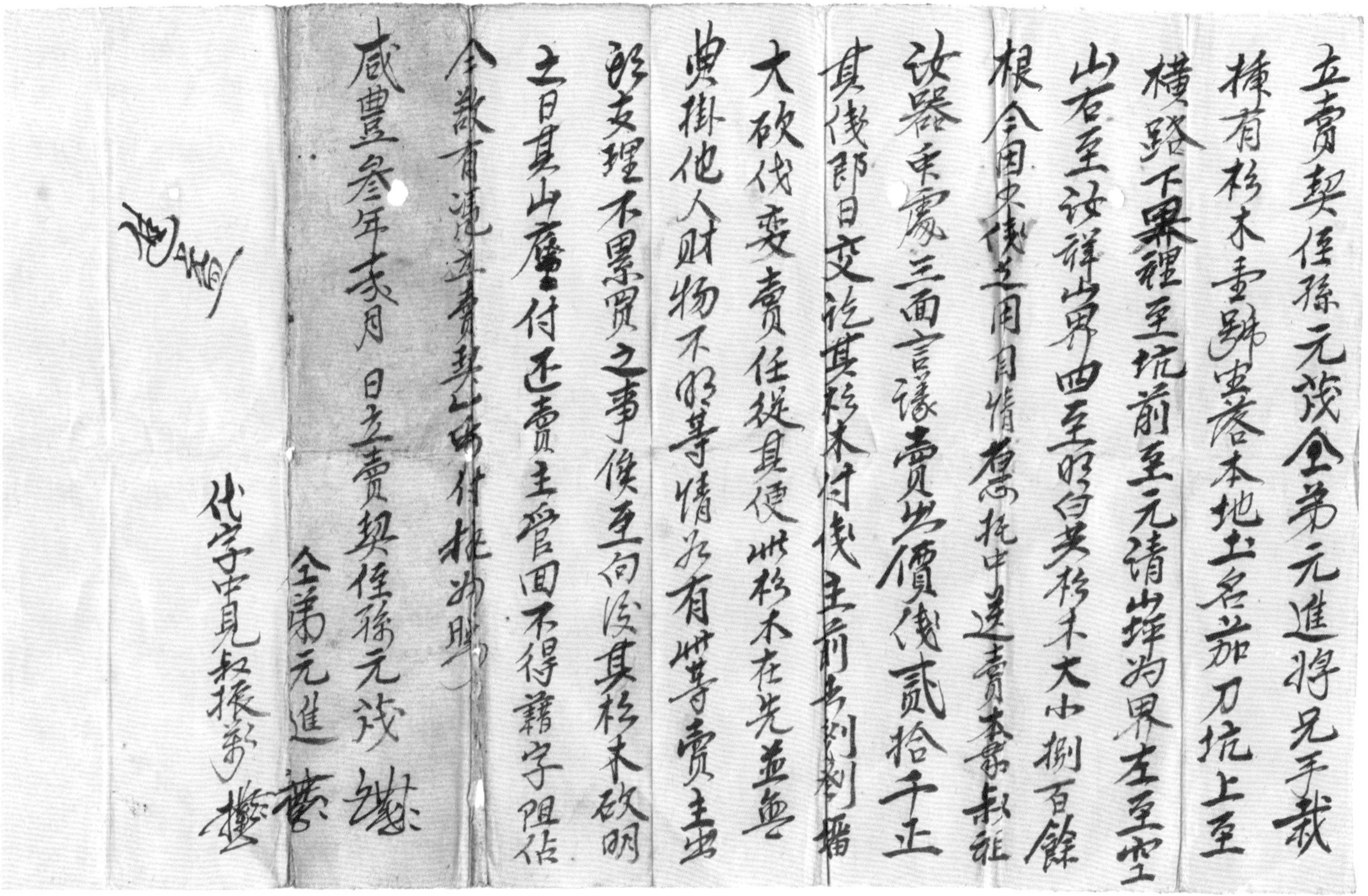
立賣契侄孫元茂仝弟元進將兄手栽
種有杉木壹號坐落本地土名茄刀坑上至
橫路下畧裡至坑前至元清山坪為界左至空
山右至汝祥山界四至明白其杉木大小捌百餘
根今因乏銀應用自情愿托中送賣本家叔祖
汝器承買三面言議賣出價銀貳拾千正
其銀即日交訖其杉木付銀主前去砍刈播
大砍伐變賣任從其便此杉木在先並無
典掛他人財物不明等情如有此等賣主出
頭支理不累買主之事候至向後其杉木砍明
之日其山應付還賣主管回不得籍字阻佔
今欲有憑立賣契山場付執為照
咸豐叁年十二月　日立賣契侄孫元茂
仝弟元進
代字中見叔振彩

5-1-42-2　清咸豐三年十二月鄭元茂等立賣杉木契

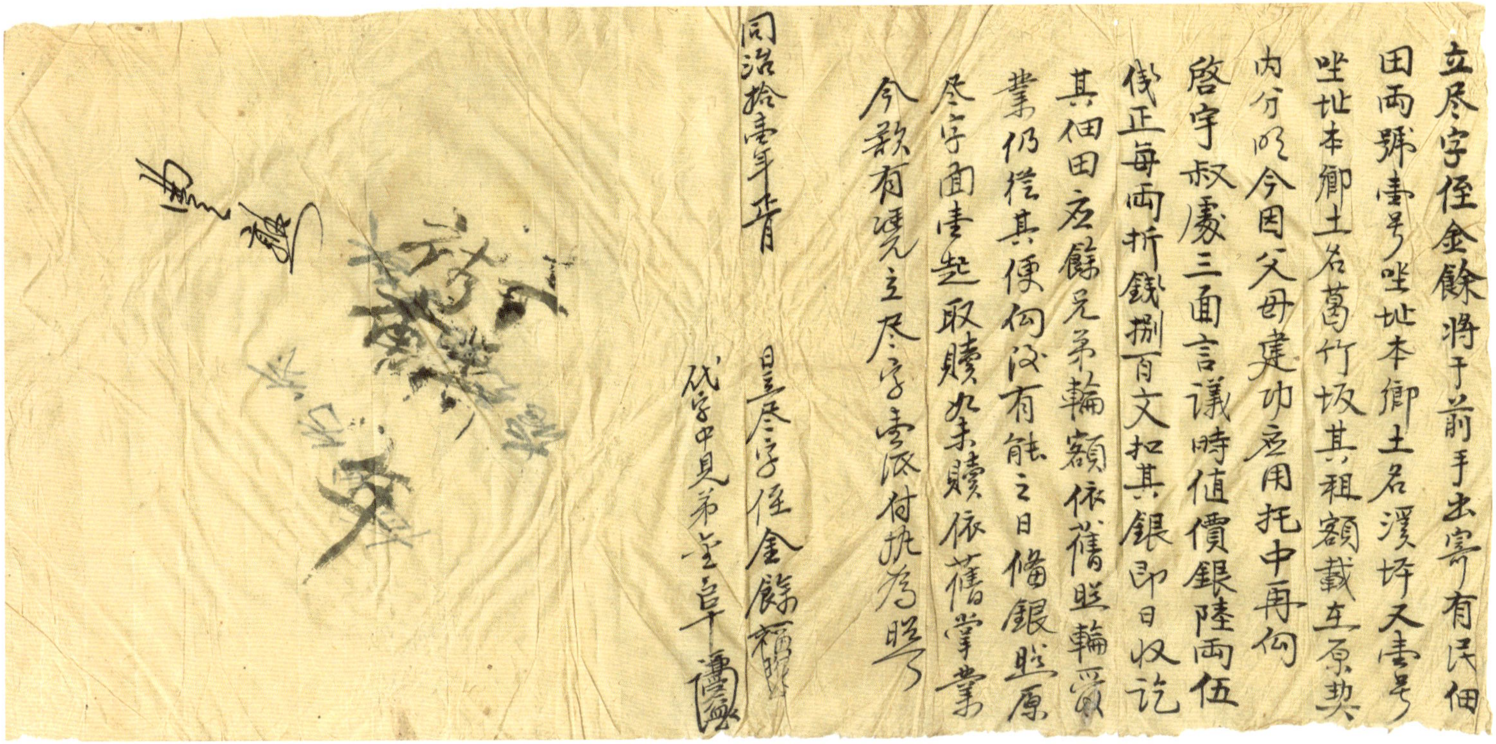
立盡字侄金餘將于前手出賣有民佃
田兩號壹号坐址本鄉土名溪坪大壹号
坐址本鄉土名葛竹坂其租額載在原契
內分明今因父母建功應用托中再向
啓宇叔處三面言議時值價銀陸兩伍
錢正每兩折錢捌百文扣其銀即日收訖
其佃田應餘兄弟輪額依舊照輪買
業仍從其便向後有能之日備銀照原
盡字面壹起取贖如業贖依舊掌業
今欲有憑立盡字壹紙付執爲照

同治拾壹年正月　日立盡字侄金餘（押）
代字中見弟全卓（押）

5-1-42-3　清同治十一年正月鄭金餘立盡民佃田字

5-1-43-1　包契紙

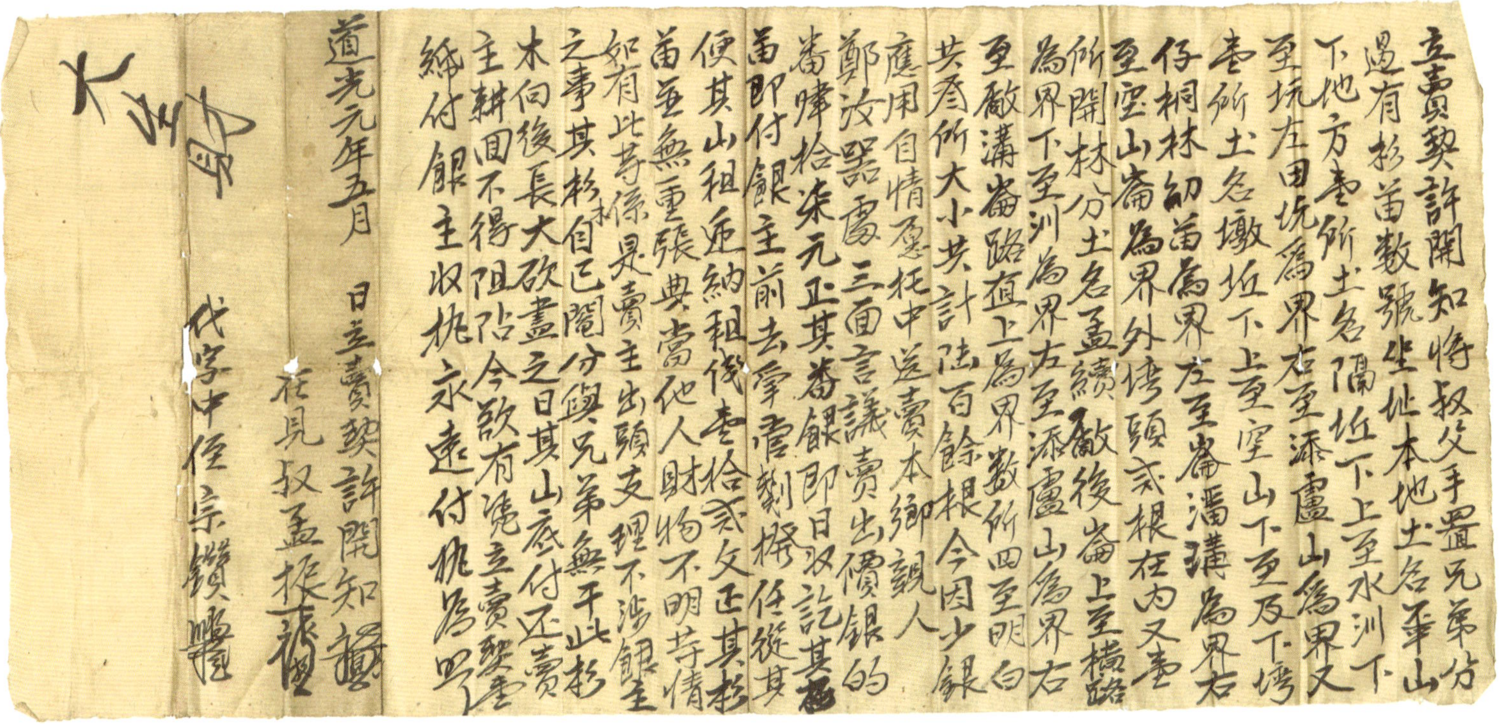

立賣契許開知將叔父手置兄弟分
過有杉苗數號坐址本地土名華山
下地方壹所土名陽坵下上至水圳下
至坑左田坑爲界右至添盧山爲界又
壹所土名壢坵下上至空山下至及下塝
仔桐林幼苗爲界左至崙濫溝爲界右
至空山崙爲界外塝頭貳根在内又壹
所開林分土名孟續敵後崙上至横路
爲界下至圳爲界左至添盧山爲界右
至敵溝崙路直上爲界數所四至明白
共叁所大小共計陸百餘根今因少銀
應用自情愿托中送賣本鄉親人
鄭汝器處三面言議賣出價銀的
番肆拾柒元正其番銀即日收訖其杉
苗即付銀主前去掌管剷撥任從其
便其山租逐納租伐壹拾貳文正其杉
苗並無重張典當他人財物不明等情
如有此等係是賣主出頭支理不涉銀主
之事其杉自己鬮分與兄弟無干此杉
木向後長大砍盡之日其山底付還賣
主耕回不得阻啞今欲有憑立賣契壹
紙付銀主收執永遠付執爲照

道光元年五月　日立賣契許開知（押）
在見叔孟振（押）
代字中侄宗鑽（押）

大吉

5-1-43-2　清道光元年五月許開知立賣杉苗契

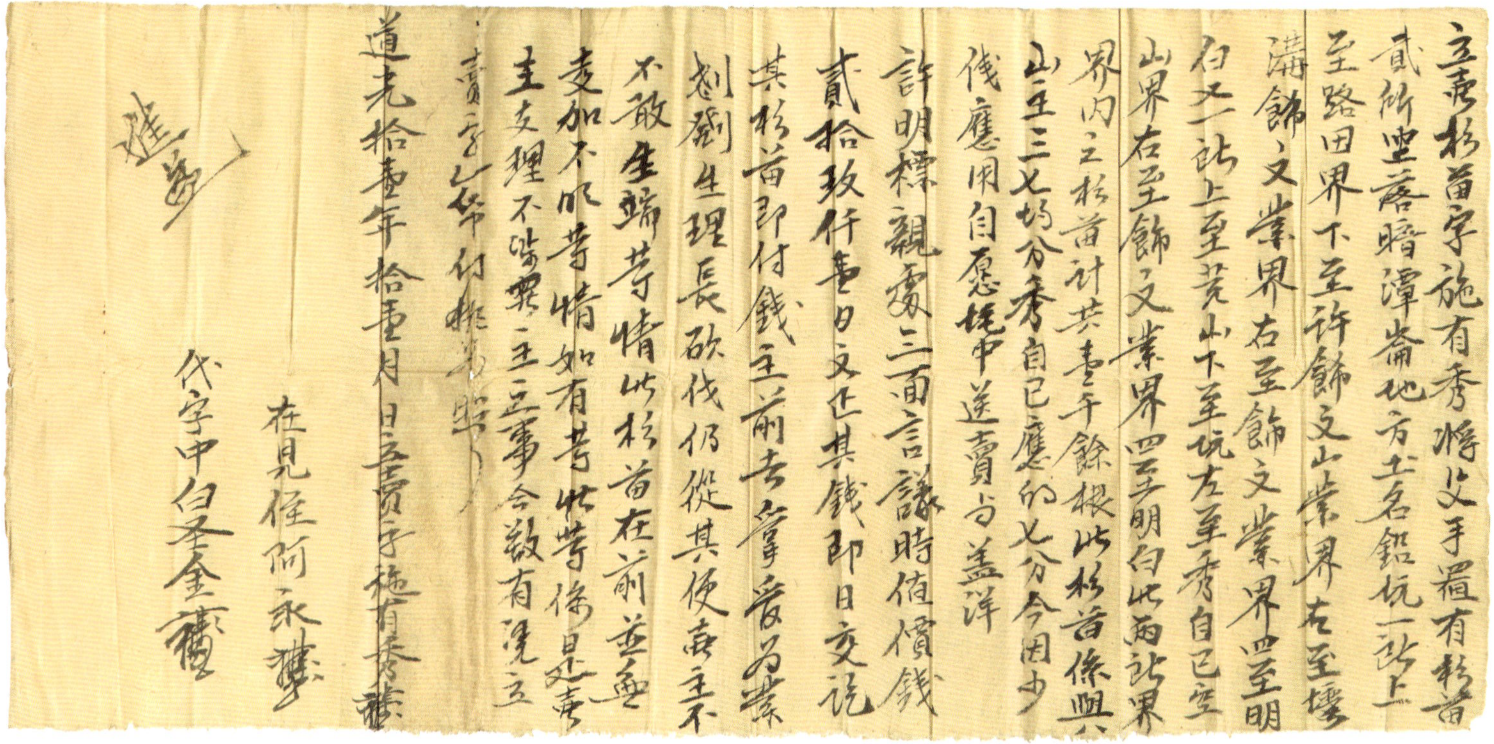

立賣杉苗字施有秀將父手置有杉苗
貳所坐落嶝潭崙地方土名鉛坑一所上
至路田界下至許節文山業界左至壞
滿節文業界右至節文業界四至明
白又一所上至荒山下至坑左至秀自己
山界右至節文業界四至明白此兩所界
界內之杉苗計共壹千餘根此杉苗係與
山主三七均分秀自己應得七分今因乏
錢應用自愿托中送賣與蓋洋
許明標親處三面言議時值價錢
貳拾玖仟壹百文正其錢即日交訖
其杉苗即付錢主前去掌管為業
剗劉生理長砍伐仍從其便賣主不
不敢生端等情此杉苗在前並無
交加不明等情如有此等係是賣
主支理不涉買主之事今欲有憑立
賣字山帋付執為照
道光拾壹年拾壹月 日立賣字施有秀
在見侄阿永
代字中白丞金

5-1-43-3 清道光十一年十一月施有秀立賣杉苗契

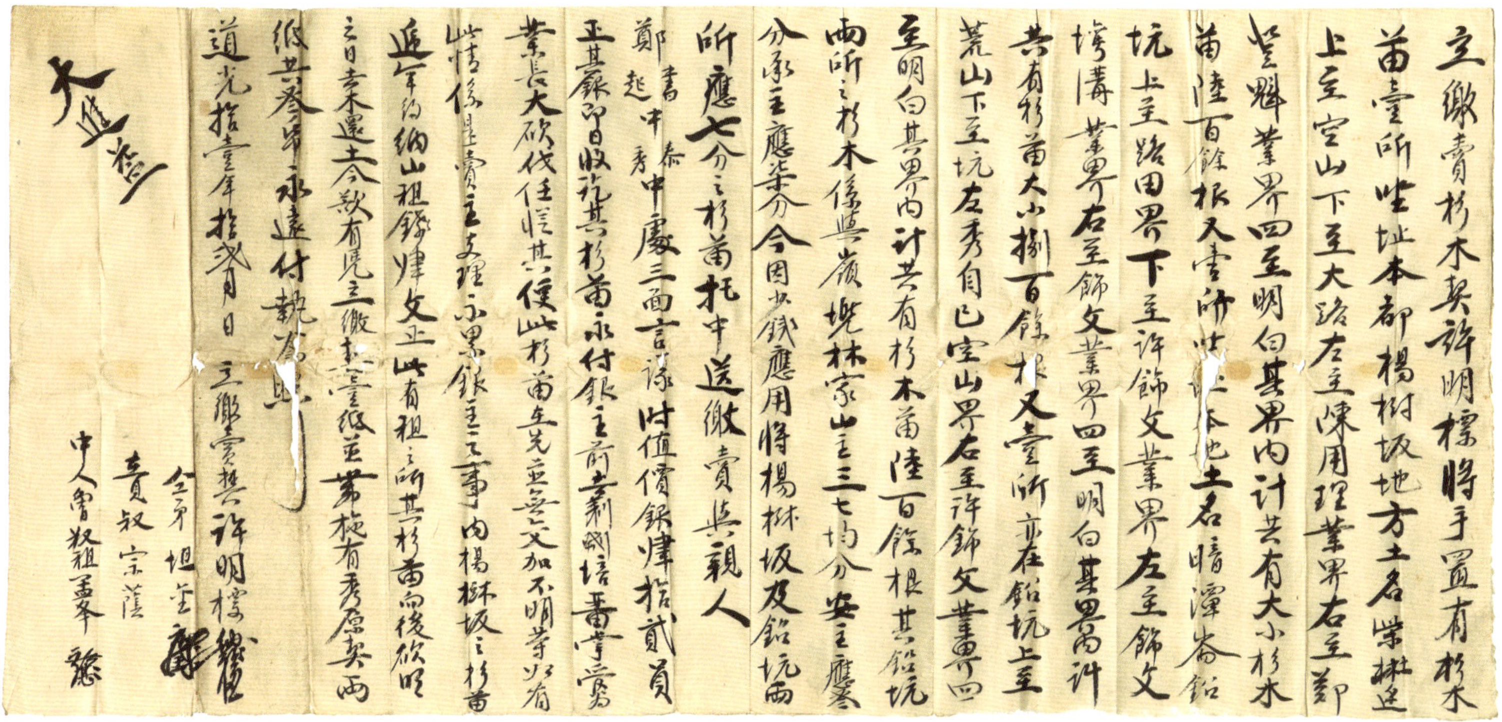

立繳賣杉木契許明標，將手置有杉木
苗壹所，坐址本都楊樹坂地方，土名棠梂迳
上，至空山，下至大路，左至陳周理業界，右至鄭
豈璘業界，四至明白，其界內計共有大小杉木
苗陸百餘根。又壹所，坐址本地，土名晴潭畬鉛
坑，上至路田界，下至許餙文業界，左至餙文
墝溝業界，右至餙文業界，四至明白，其界內計
共有杉苗大小捌百餘根。又壹所，在鉛坑，上至
荒山，下至坑，左秀自己空山界，右至許餙文業界，四
至明白，其界內計共有杉木苗陸百餘根，其鉛坑
兩所之杉木係與嶺兜林家山之三七均分，安之應繳
分家之應柒分。今因乏錢應用，將楊樹坂及鉛坑兩
所應七分之杉苗，托中送繳賣與親人
鄭書、起秀、泰中處，三面言議，時值價錢肆拾貳員
正，其銀即日收訖，其杉苗亦付銀主前去薅刷培蓄管
業，長大砍伐，任從其便。此杉苗在先並無之文加不明等情，如有
此情，係是賣主支理，不累銀主之事。內楊樹坂之杉苗
追年納山租錢肆文正，此有祖之所。其杉苗向後欲以
之日，來還主令款，有見之繳賣壹紙，並萬施有秀愿契兩
紙共叁帋，永遠付執為照。
道光拾壹年拾貳月　日　立繳賣契許明標（押）
全弟　坦室（押）
責叔　宗蓮
中人曾叔祖　丟峯（押）
大進叁

5-1-43-4　清道光十一年十二月許明標立繳賣杉木苗契

立賣杉木契姪孫能發將父手置有杉木苗並桐
樹一所坐落本地土名山蒲殿尾墘墝上至横路下
至田左至崙中右至崙中四至明白又一所坐落猫竹
林尾上至竹林下至坑左至坑右至坑四至明白共兩
所計共大小數百餘根今因無錢應用自情愿托
中送賣叔祖
汝器處三面言議時值賣出價錢四千文正其錢即
日收訖其杉木桐樹永付叔祖前去培墻剗劉掌
管任從其便此杉木係是己業与別人無干在先並
無交加不明等情如有此情係是侄孫出頭支理不
涉叔祖之事其杉木向後長大砍明之日其山尽付还
侄孫耕作今欲有憑立賣契一紙永付為照

道光拾弍年五月 日立賣契侄孫能發（押）

仝弟 能香○
能景○

在見中兄根選（押）

大吉

5-1-43-5 清道光十二年五月鄭能發等立賣杉木苗等契

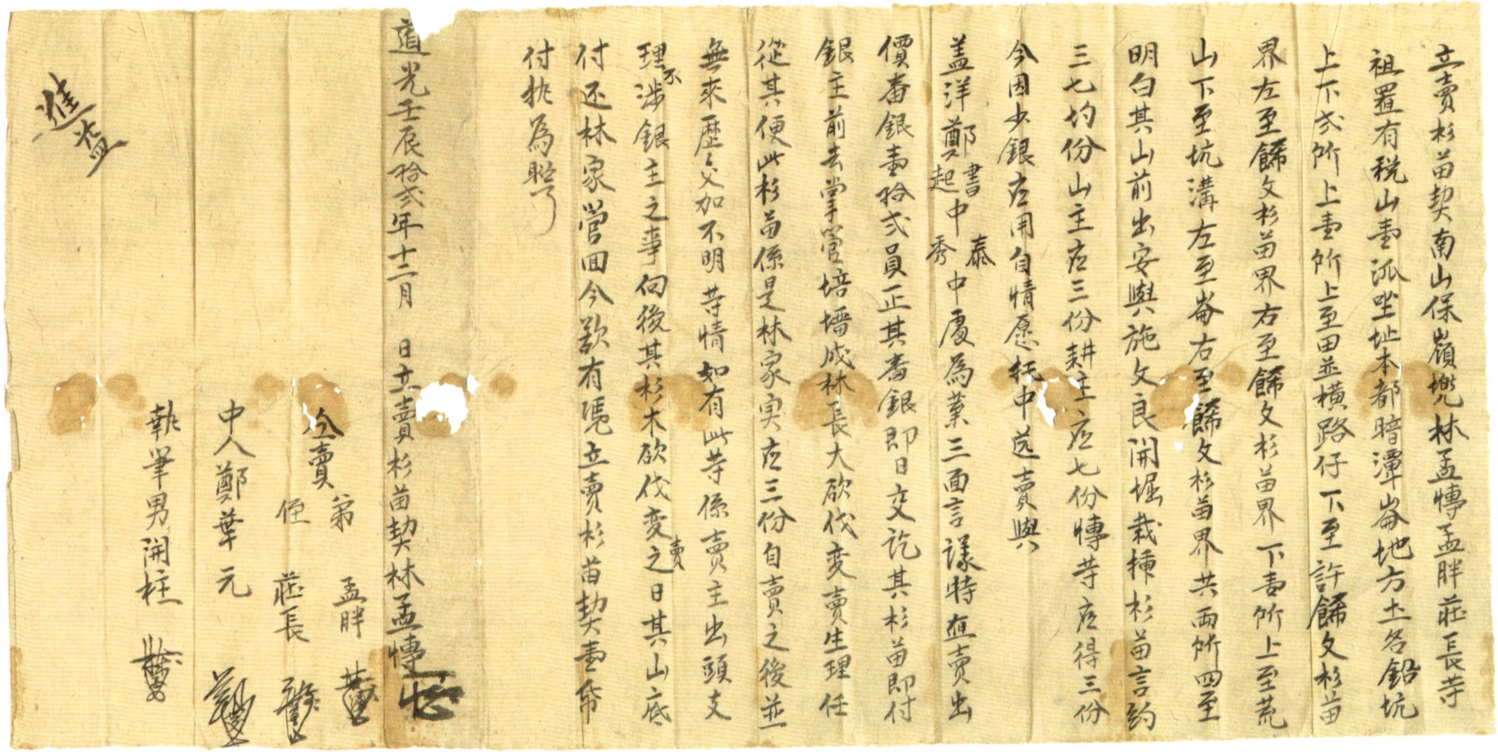
立賣杉苗契南山保嶺墘林孟博孟胖莊長等
祖置有稅山壹派坐址本都暗潭嶺地方土名鉛坑
上下弍所上壹所上至田並橫路仔下至許鍚文杉苗
界左至鍚文杉苗界右至鍚文杉苗界下壹所上至荒
山下至坑溝左至嶺右至鍚文杉苗界共兩所四至
明白其山前出安與施文良開掘栽插杉苗言約
三七均份山主応三份耕主応七份博等応得三份
今因乏銀応用自情愿托中送賣與
蓋洋鄭書起中泰秀中慶爲業三面言議特值賣出
價番銀壹拾弍員正其番銀即日交訖其杉苗即付
銀主前去掌管培壅成林長大砍伐变賣生理任
從其便此杉苗係是林家实応三份自賣之後並
無來歷不明等情如有此等係賣主出頭支
理不涉銀主之事向後其杉木砍伐变賣之日其山底
付还林家管回今欲有憑立賣杉苗契壹紙
付執爲照了
道光壬辰拾弍年十二月 日立賣杉苗契林孟博（押）
仝賣弟 孟胖（押）
侄 莊長（押）
中人鄭華元（押）
執筆男開柱（押）
進益

5-1-43-6　清道光十二年十二月林孟博等立賣杉苗契

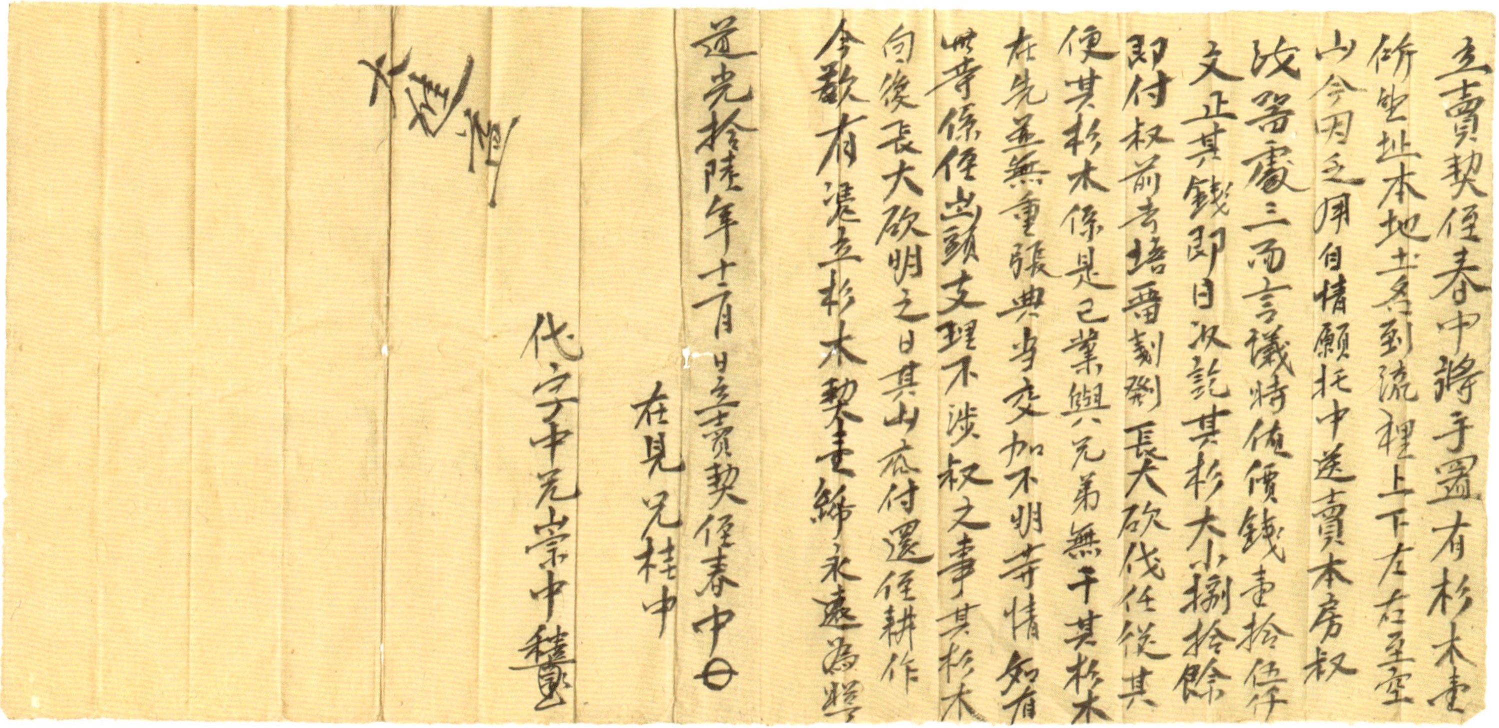

5-1-43-7 清道光十六年十二月鄭春中立賣杉木契

立賣契侄春中將手置有杉木壹
所坐址本地土名劉坑裡上下左右全
山今因乏用自情願托中送賣本房叔
姪賢官邊三面言議時值價錢壹拾伍仟
文正其錢即日收訖其杉木大小樹拾餘
對付叔前去掘界剝裂正大砍伐任從其
便其杉木係是己業與兄弟無干其杉木
在先並無重張典當交加不明等情如有
此等係侄出頭支理不涉叔之事其杉木
向後長大砍明之日其山交付還侄耕作
今欲有憑立賣杉木契壹紙永遠為照

道光拾陸年十二月　日立賣契侄春中
在見兄桂中
代字弟元喜中筆

大吉

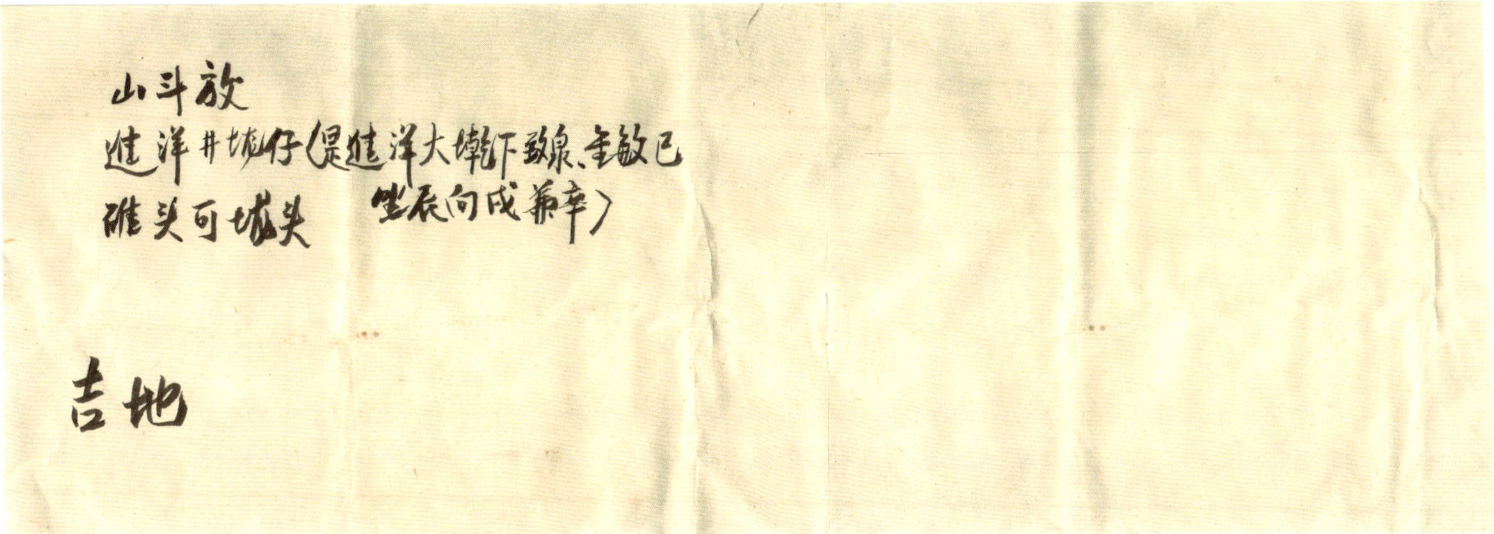
山斗放
進洋井墘仔（是進洋大墩下致泉、金敏已
雖头可墘头　坐辰向戌兼辛）
吉地

5-1-44-1　包契紙

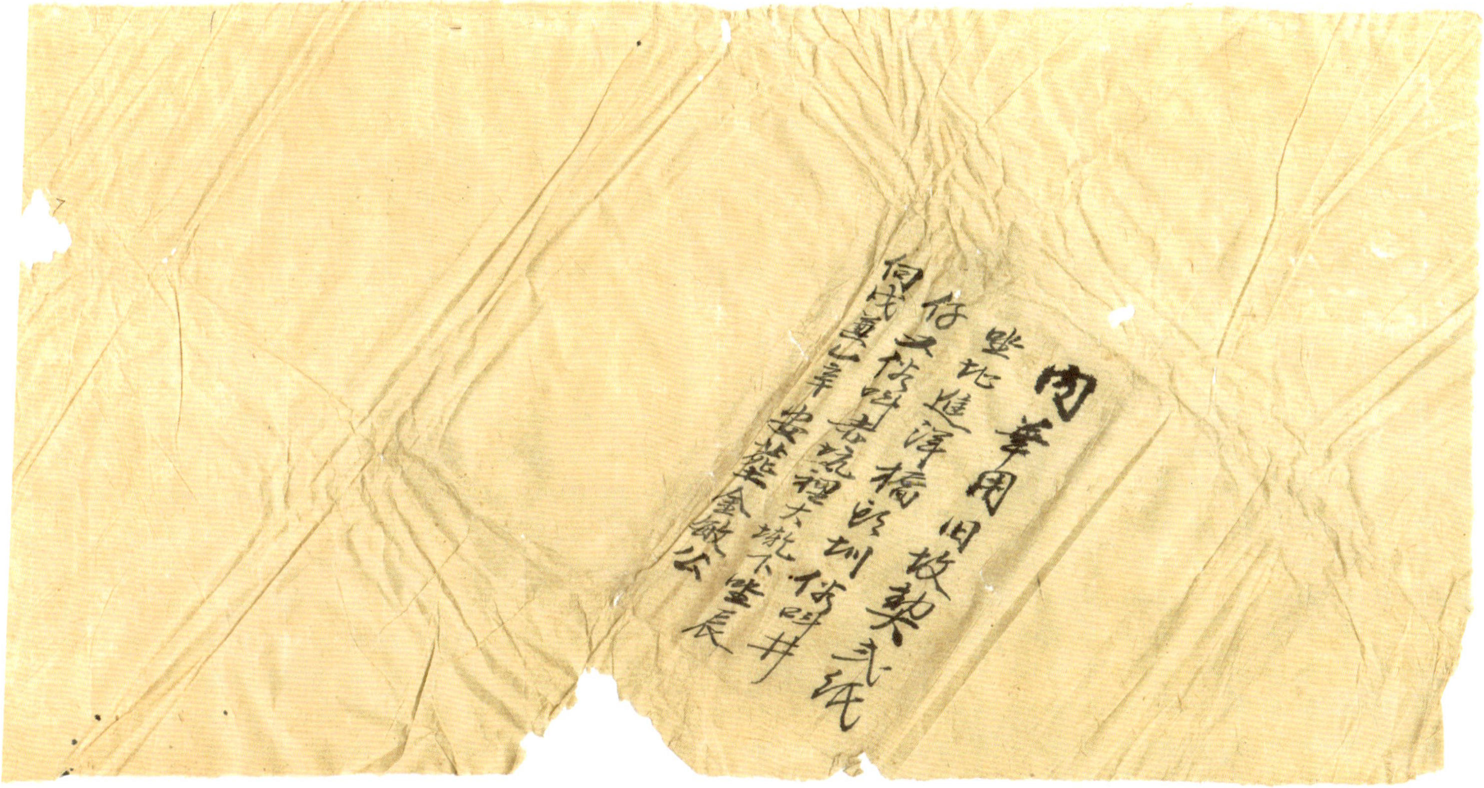
岡華用旧故契弍纸
坐地造洋橋头圳仔吋井
仔又仔吋去坑裡大垅下坐長
向氏真心手安葬金敏公

5-1-44-2　包契紙

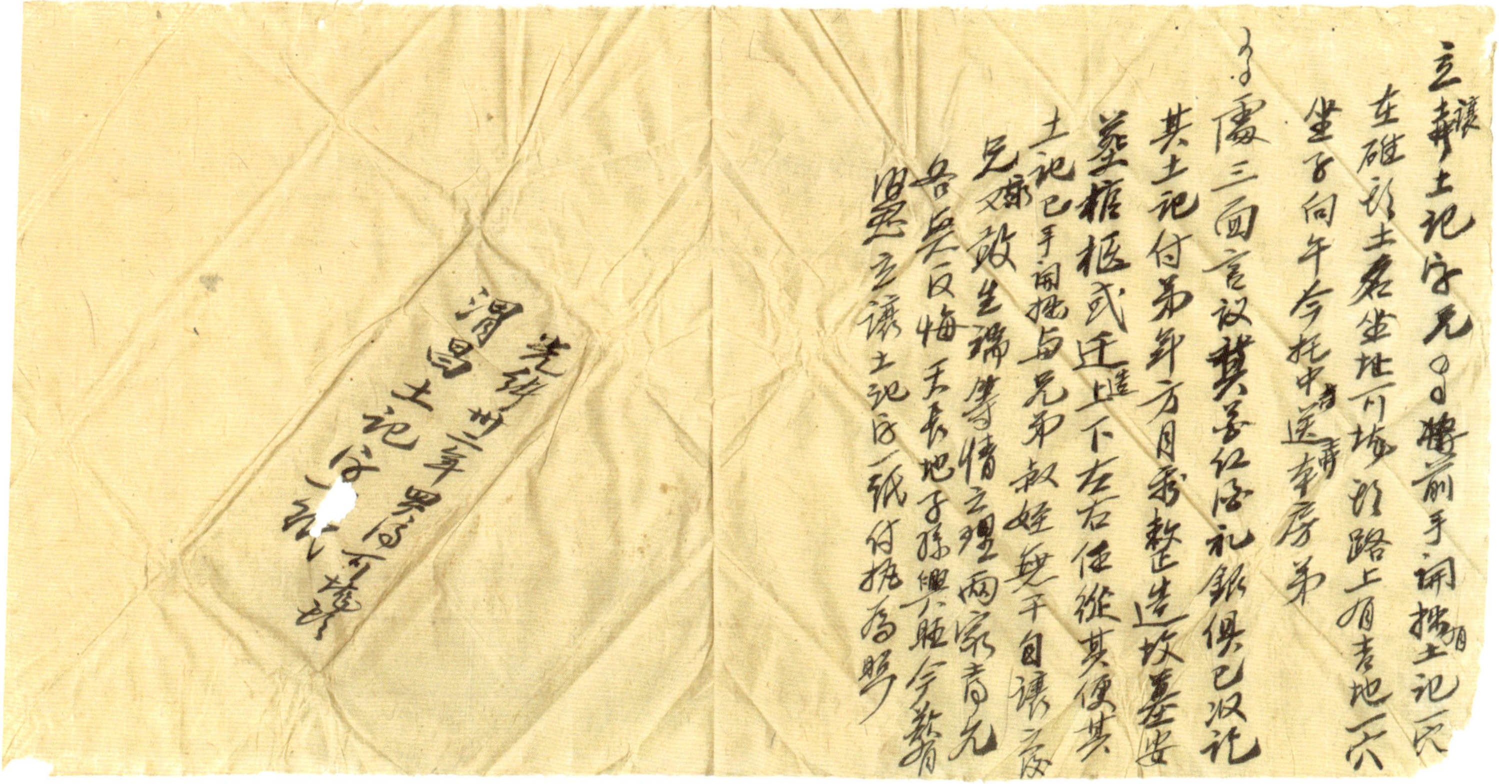

立讓土地字兄[illegible]前手開掘土地一穴
在碓頭土名坐址冂埔頭路上有吉地一穴
坐子向午，今托中送與房弟
[illegible]處，三面言議，其墓紅謝禮銀俱已收訖，
其土地付弟擇方月安整造坟墓安
葬棺柩貳進，上下左右任從其便。其
土地己手開掘，與兄弟叔姪無干，自讓之後
兄弟敢生端滋情，立理兩家情願，允
各無反悔，丟長地子孫[illegible]，今欲有
憑，立讓土地字一紙，付執為照。

光緒卅三年 男[illegible]冂埔
渭昌土地字一紙

5-1-44-3　包契紙

立讓廢塚字叔德安將前祖遺有廢塚
壹穴坐址本地土名進洋橋頭圳仔叶井
壠仔坐東向西，乜因年湮久遠崩壞荒蕪，
莫能修整，無以蔭益，自愿托中送讓本家
華能姪豪三面言議時值花紅酒禮銀伍
兩正，每兩折錢拾百文，算其銀即日隨契俱
已收訖。其廢塚即付姪前去自山自造延師
選穴立向稍土安葬親柩，任從其便，叔不
敢言說生端之理。言約本墳左中右三壙，
付姪安葬棺柩，其左邊附壙付還叔前去附
葬祖骸。自讓之後，兩相喜允，各無反悔。伏望
蔭益兒孫，天長地久，永遠付執為照者。

咸豐捌年拾月　日立讓塚字叔德安（押）

在見親人吳振坦（押）

代字中　叔積中（押）

壽昌衍慶

5-1-44-4　清咸豐八年十月鄭德安立讓廢塚字

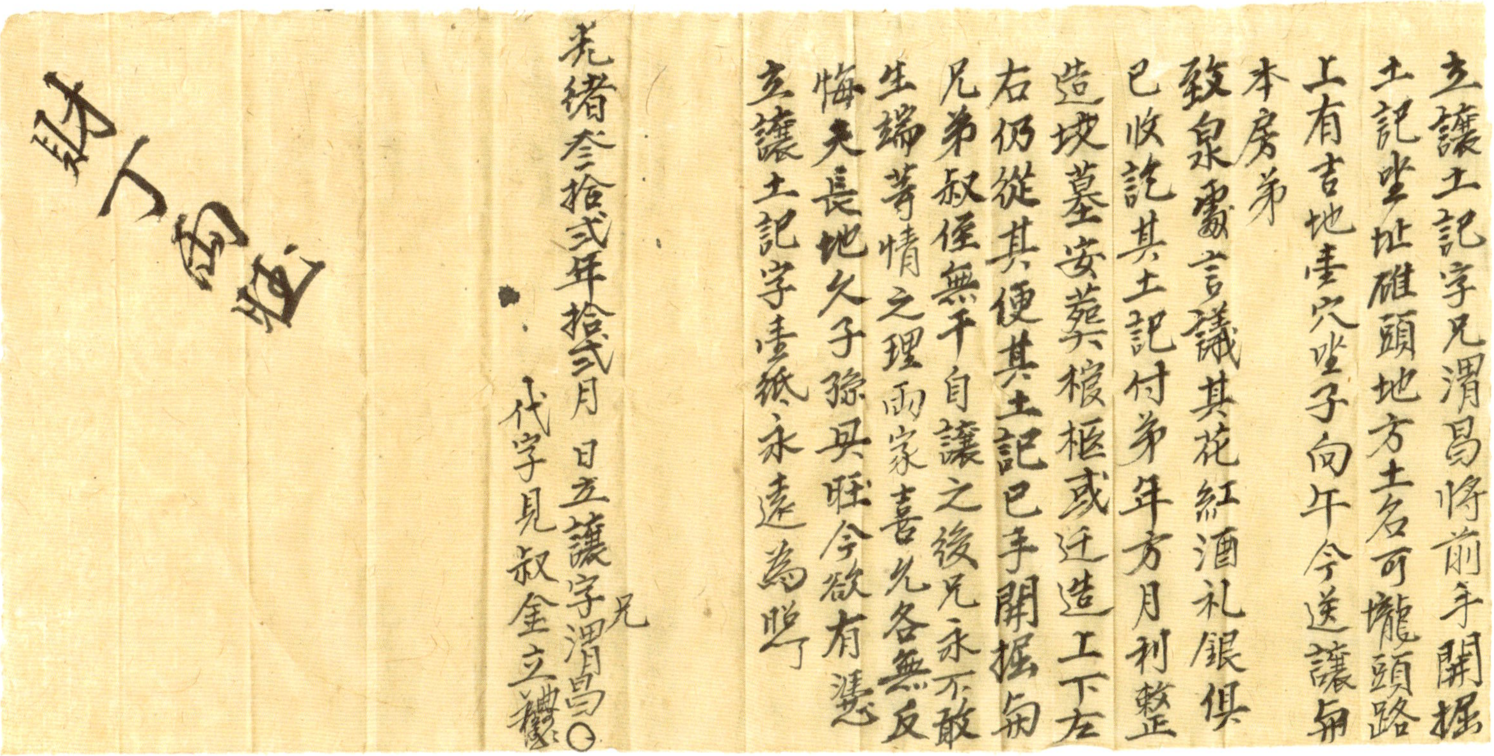
立讓土記字兄渭昌將前手開掘
土記坐址碓頭地方土名可壠頭路
上有吉地壹穴坐子向午今送讓與
本房弟
致泉處言議其花紅酒礼銀俱
已收訖其土記付弟年方月利整正
造坟墓安葬棺柩或迁造工下左
右仍從其便其土記已手開掘與
兄弟叔侄無干自讓之後兄永不敢
生端等情之理兩家喜允各無反
悔天長地久子孫興旺今欲有憑
立讓土記字壹紙永遠為照
光緒叁拾弍年拾弍月　日立讓字兄渭昌〇
代字見叔金立押
財丁兩旺

5-1-44-5　清光緒三十二年十二月鄭渭昌立讓土記字

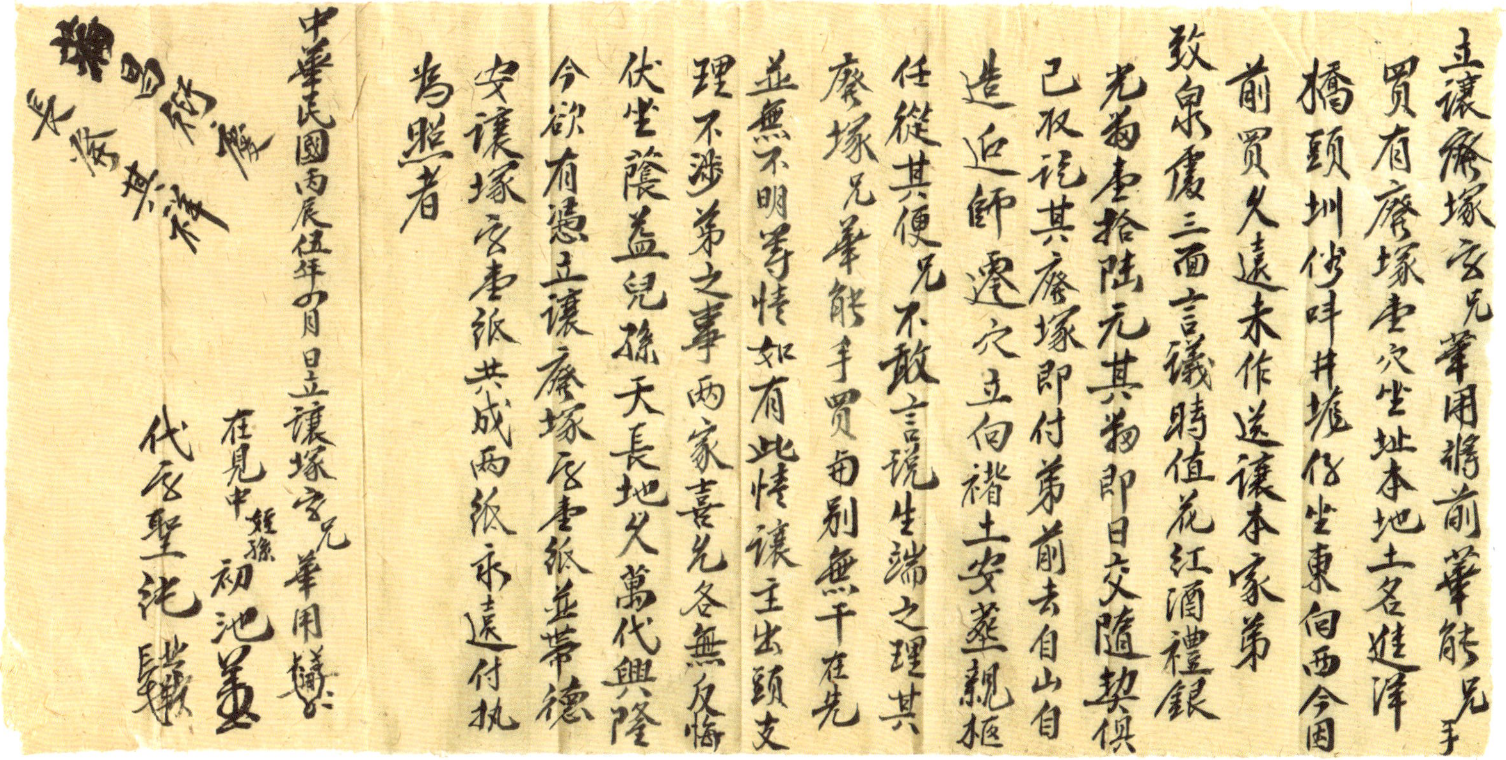
立讓廢塚字兄華用將前華能兄手
買有廢塚壹穴坐址本地土名莛洋
橋頭圳仔吽井墘仔坐東向西今因
前買久遠未作送讓本家弟
致泉處三面言議時值花紅酒禮銀
光洋壹拾陸元其洋即日交隨契俱
已收訖其廢塚即付弟前去自山自
造迫師遷穴立向襟土安葬親柩
任從其便兄不敢言說生端之理其
廢塚兄華能手買田則無干在先
並無不明等情如有此情讓主出頭支
理不涉弟之事兩家喜允各無反悔
伏望蔭益兒孫天長地久萬代興隆
今欲有憑立讓廢塚字壹紙並帶德
安讓塚字壹紙共成兩紙永遠付執
為照者

中華民國丙辰伍年四月 日立讓塚字兄華用（押）
在見中姪孫初池（押）
代字聖洸（押）

螽斯衍慶
長發其祥

5-1-44-6 民國五年四月鄭華用立讓廢塚字

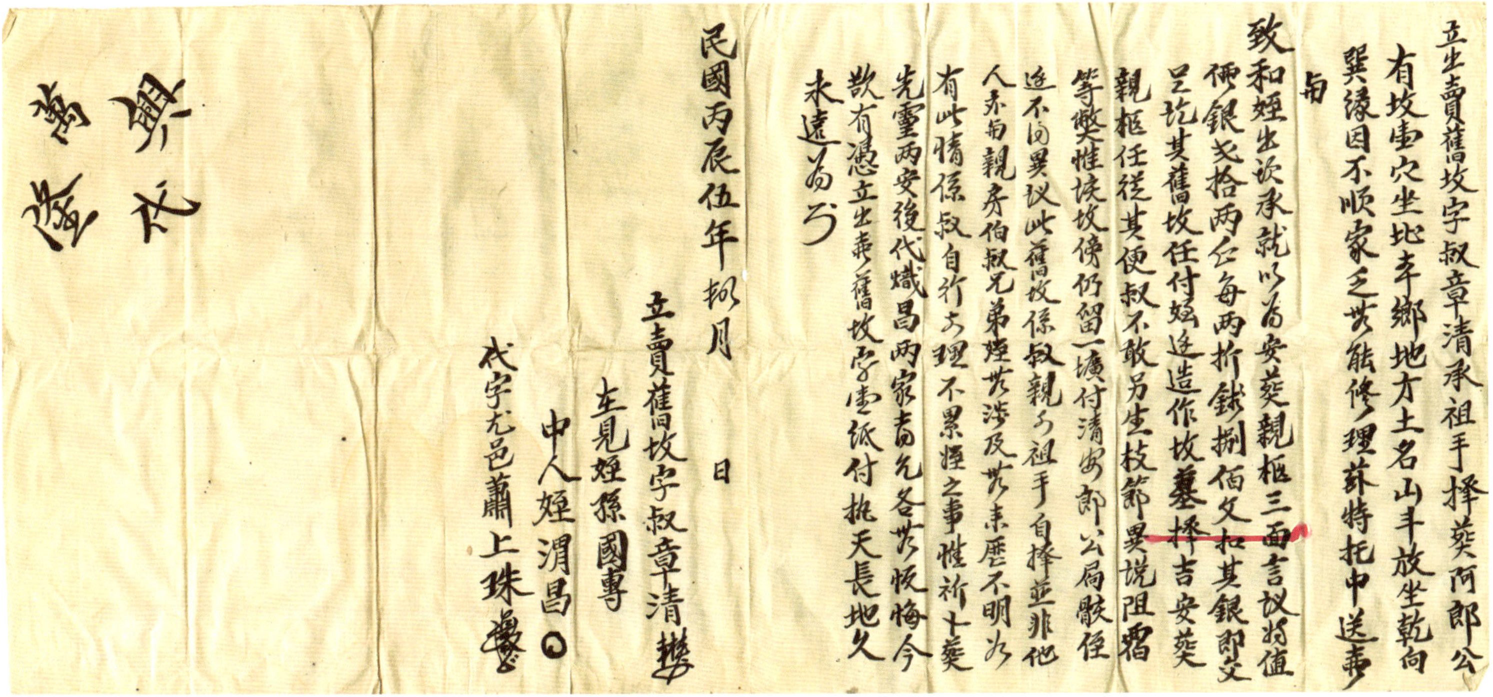
立出賣舊坟字叔章清承祖手擇葬丙郎公
有坟壹穴坐北本鄉地方土名山手放坐乾向
巽缘因不順家乏艺能修理莊特托中送賣
与
致和姪出首承就以為安葬親柩三面言议時值
價銀弍拾兩正每兩折錢捌佰文扣其銀即交
足訖其舊坟任付姪邊造作坟墓擇吉安葬
親柩任從其便叔不敢另生枝節異説阻留
等弊惟該坟傍仍留一壙付清安郎公局骸侄
邊不得異议此舊坟係叔親手祖手自擇並非他
人亦無親房伯叔兄弟姪等涉及等来歷不明如
有此情係叔自行支理不累姪之事惟祈卜葬
先靈兩安後代熾昌兩家甘允各無反悔今
欲有憑立出賣舊坟字壹紙付執天長地久
永遠為照

民國丙辰伍年肆月　　日

立賣舊坟字叔章清
在見姪孫國專
中人姪渭昌
代字允邑蕭上珠

買坟
壹塋

5-1-44-7　民國五年四月鄭章清立賣舊墳字

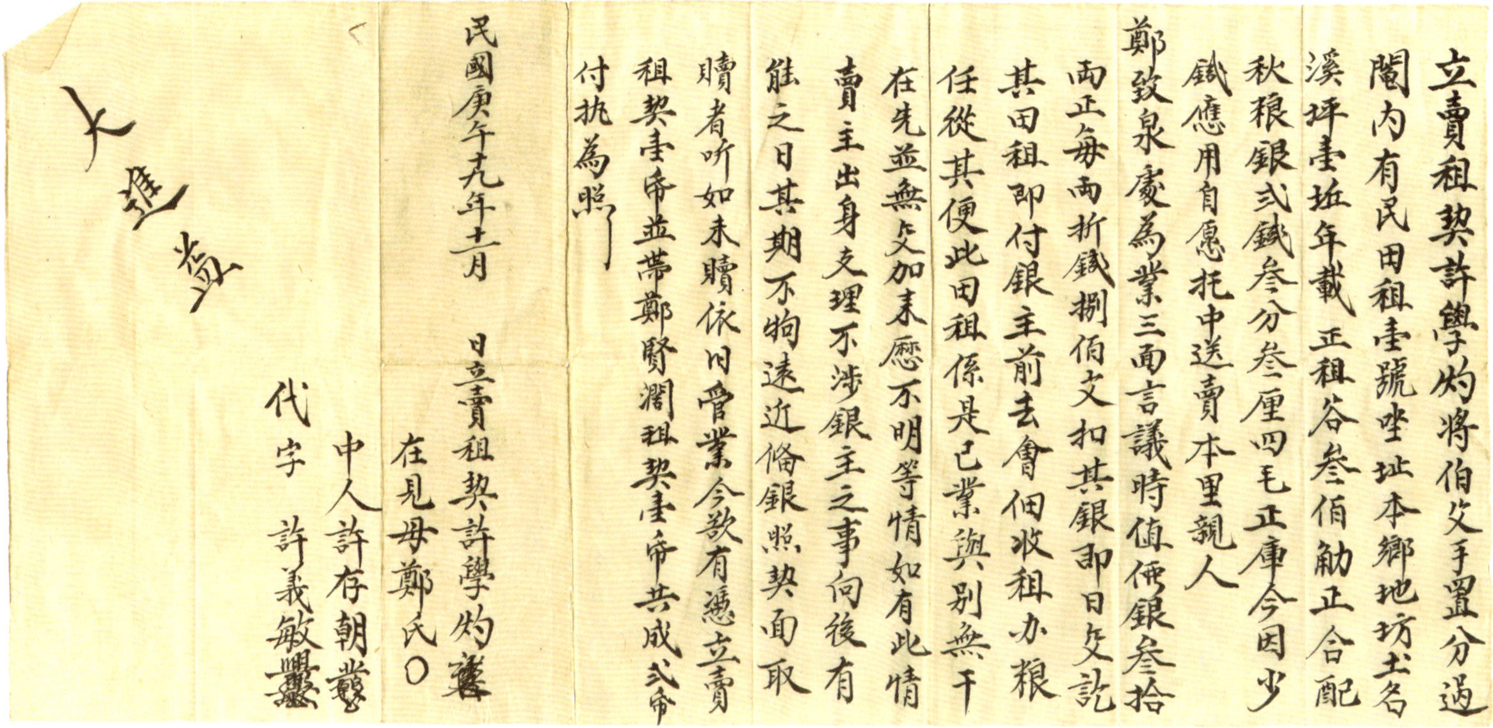

立賣租契許學灼將伯父手置分過
閹內有民田租壹號坐址本鄉地坊土名
溪坪壹坵年載 正租谷叁佰觔正合配
秋粮銀弍錢叁分叁厘四毛正庫今因少
錢應用自愿托中送賣本里親人
鄭致泉處爲業三面言議時值價銀叁拾
兩正每兩折錢捌佰文扣其銀即日交訖
其田租即付銀主前去會佃收租办粮
任從其便此田租係是己業與別無干
在先並無交加來歷不明等情如有此情
賣主出身支理不涉銀主之事向後有
能之日其期不拘遠近備銀照契面取
贖者听如未贖依旧管業今欲有憑立賣
租契壹帋並帶鄭賢澗租契壹帋共成弍帋
付执爲照」

民國庚午年十一月 日立賣租契許學灼（押）
在見母鄭氏〇
中人許存朝（押）
代字 許義敏（押）

大進益

5-1-45-1 民國十九年十一月許學灼立賣民田租契

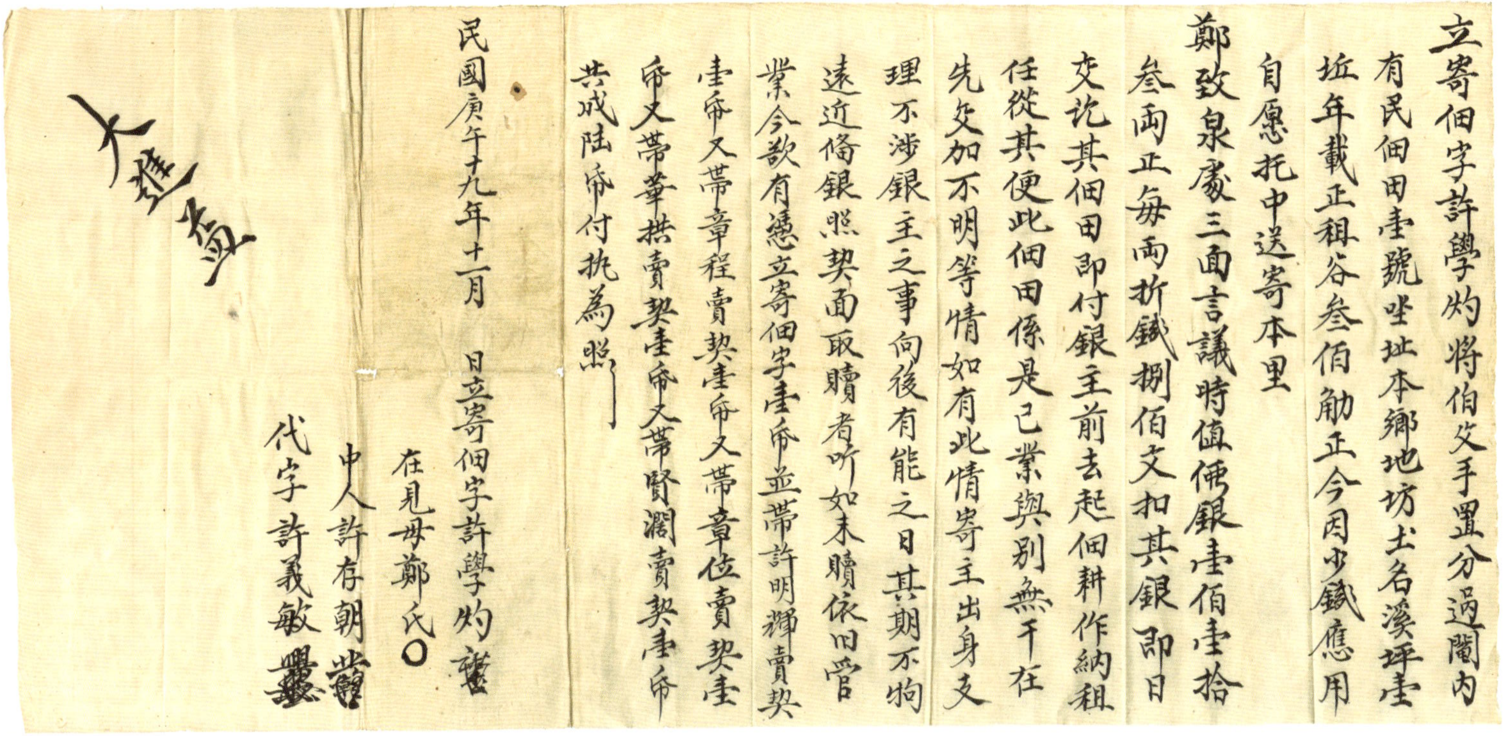
立寄佃字許學灼將伯父手置分過閹內
有民佃田壹號坐址本鄉地坊土名溪坪壹
坵年載正租谷叁佰觔正今因乏錢應用
自愿托中送寄本里
鄭致泉處三面言議時值佛銀壹佰壹拾
叁兩正每兩折錢捌佰文扣其銀即日
交訖其佃田即付銀主前去起佃耕作納租
任從其便此佃田係是已業與別無干在
先交加不明等情如有此情寄主出身支
理不涉銀主之事向後有能之日其期不拘
遠近備銀照契面取贖者听如未贖依旧管
業今欲有憑立寄佃字壹帋並帶許明輝賣契
壹帋又帶章程賣契壹帋又帶章位賣契壹
帋又帶華拱賣契壹帋又帶賢潤賣契壹帋
共成陆帋付执為照——

民國庚午十九年十一月　日立寄佃字許學灼（押）
在見母鄭氏〇
中人許存朝（押）
代字許義敏（押）

大進查

5-1-45-2　民國十九年十一月許學灼立寄民佃田字

5-1-46-1　包契紙

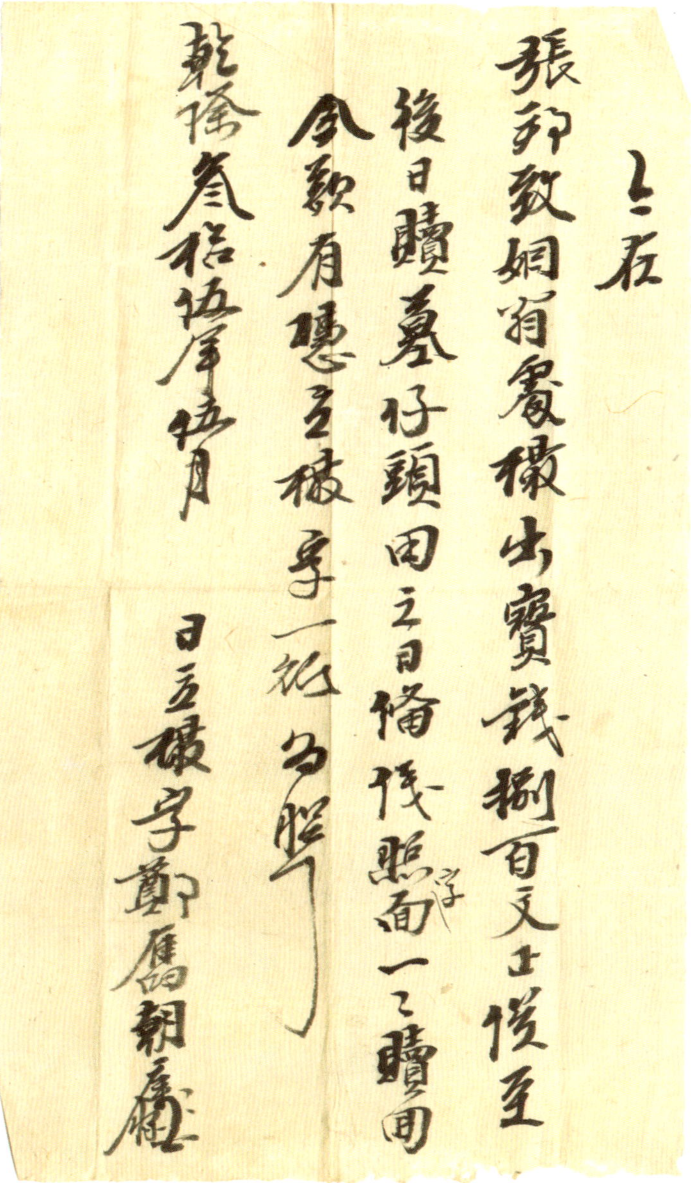

上在
張邦致姻宥處撮出寶錢捌百文正，從至
後日贖墓仔頭田之日備錢照面一足贖回
今欲有憑，立撮字一紙為照
乾隆叁拾伍年伍月　日立撮字鄭奮朝

5-1-46-2　清乾隆三十五年五月鄭奮朝立撮字

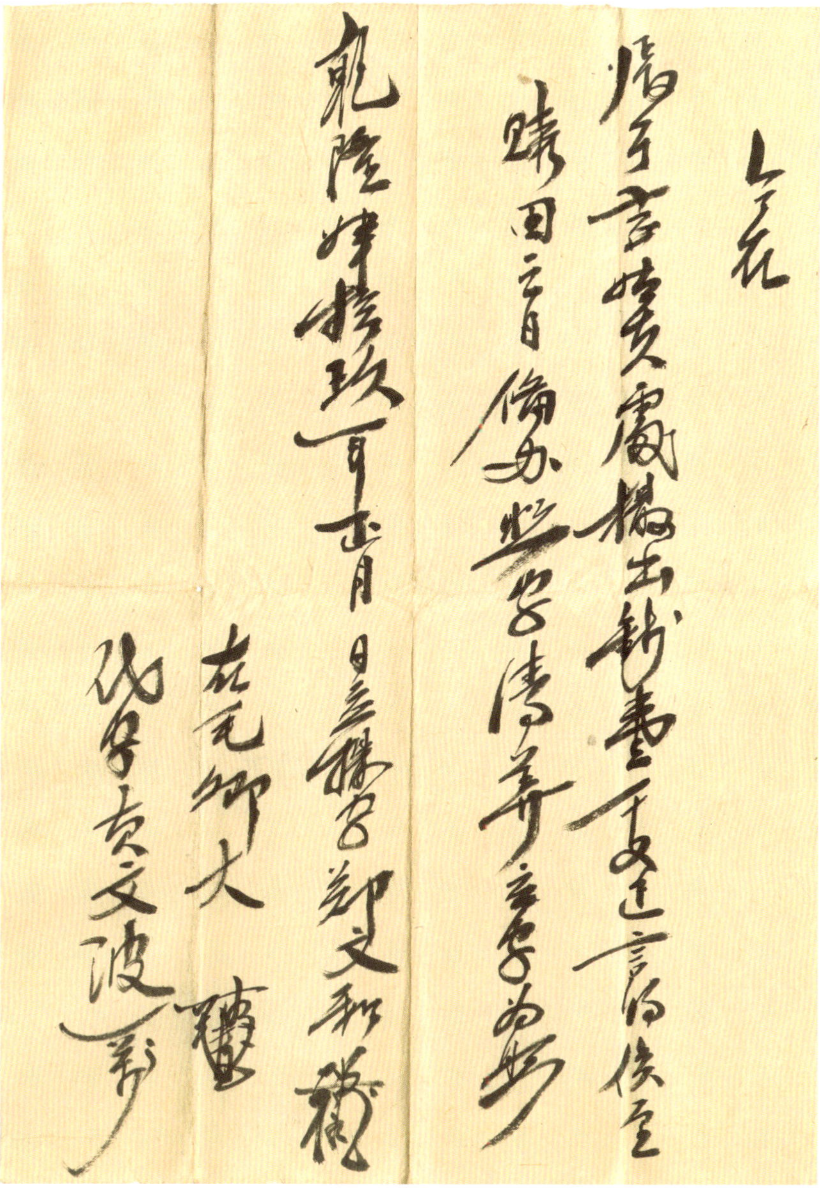

5-1-46-3　清乾隆四十九年正月鄭文和立撮字

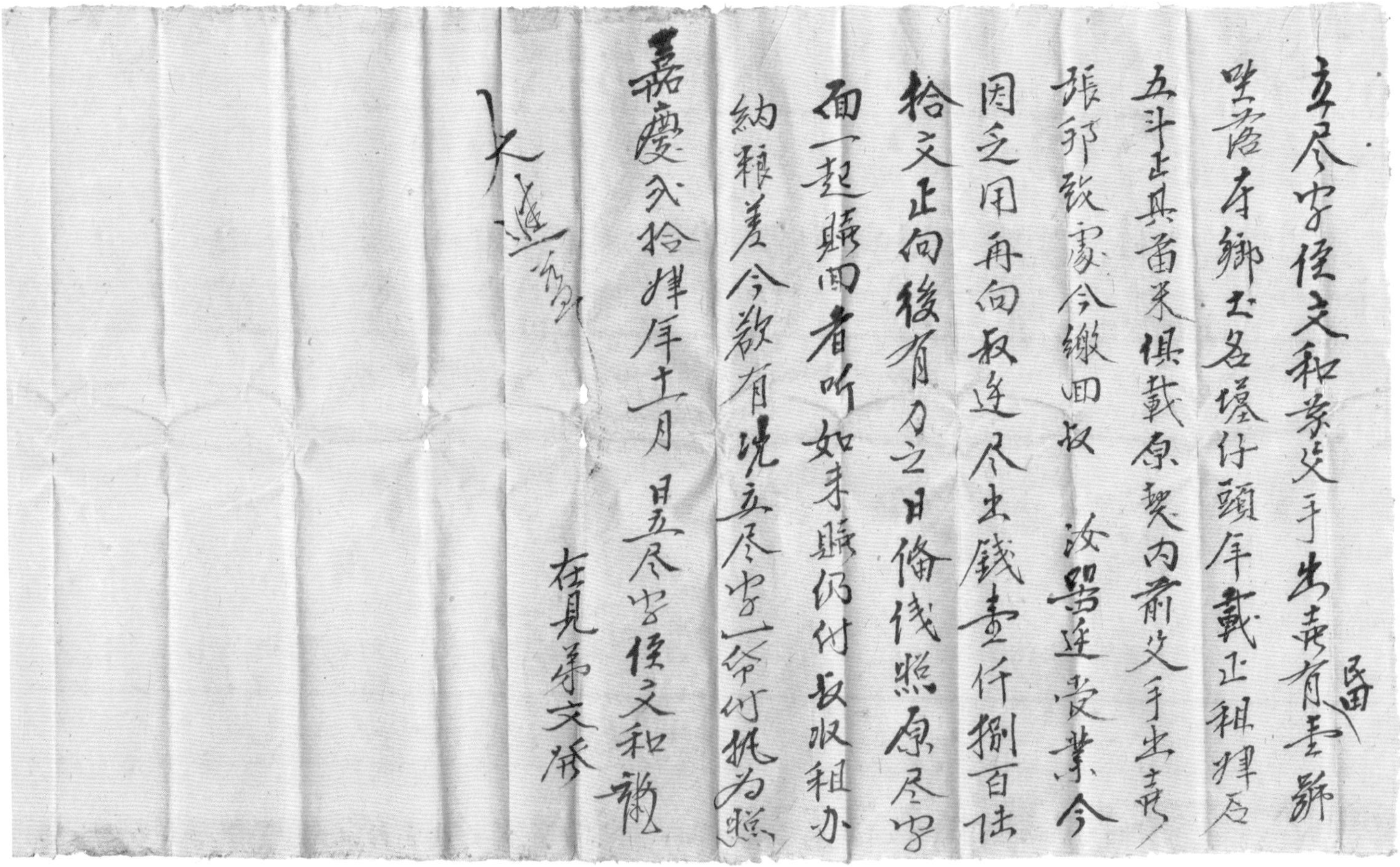
立盡字侄文和，承父手出有壹號民田，
坐落本鄉土名墩仔頭，年載正租肆石
五斗正，其苗米俱載原契內，前父手出賣
張邦欽處，今繳田叔汝器邊管業。今
因乏用，再向叔邊盡出錢壹仟捌百伍
拾文正，向後有力之日備錢照原盡字
面一起贖回者，聽如未贖，仍付叔收租办
納粮差。今欲有憑，立盡字一紙付叔爲照。
嘉慶貳拾肆年十一月　日立盡字侄文和（押）
在見弟文承
大進

5-1-46-4　清嘉慶二十四年十一月鄭文和立盡民田字

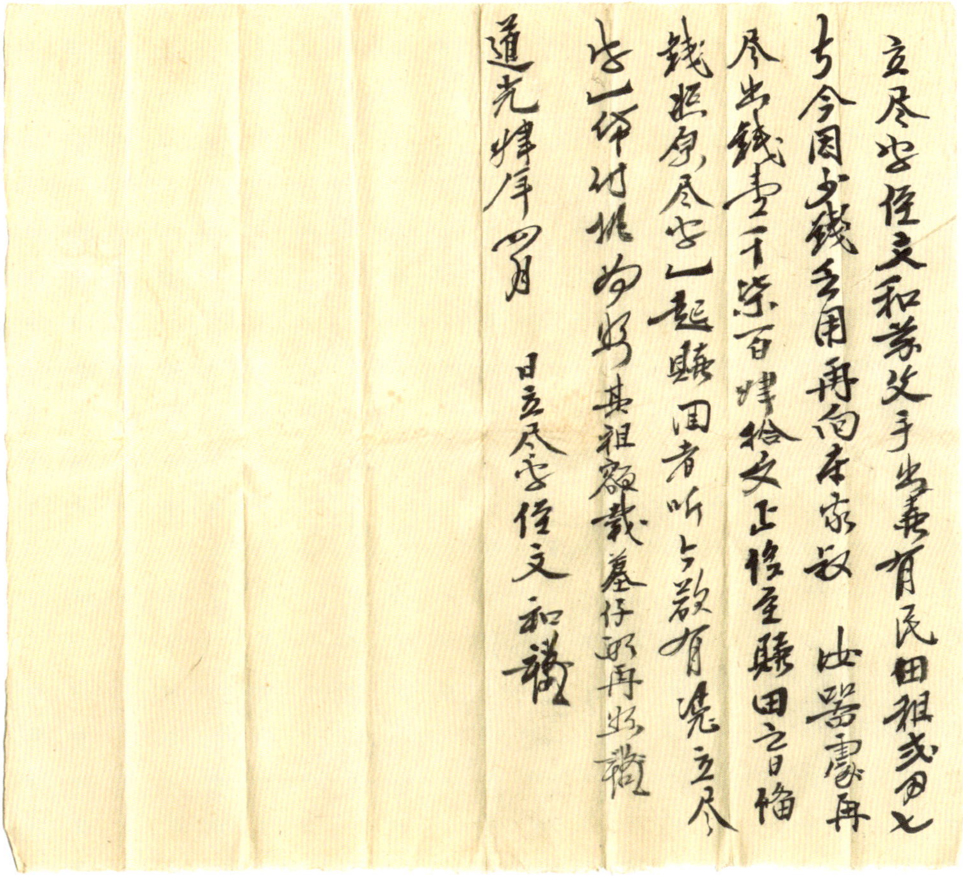
立盡字侄文和承父手出業有民田租弍石七
斗今因乏錢乏用再向本家叔 出器處再
盡出錢壹千柒百肆拾文正係至縣田之日備
錢抵息盡字一起懸田者听其歡有憑立盡
字一紙付執為照其祖額栽基仔邨再照據
道光肆年四月 日立盡字侄文和親

5-1-46-5　清道光四年四月鄭文和立盡民田租字

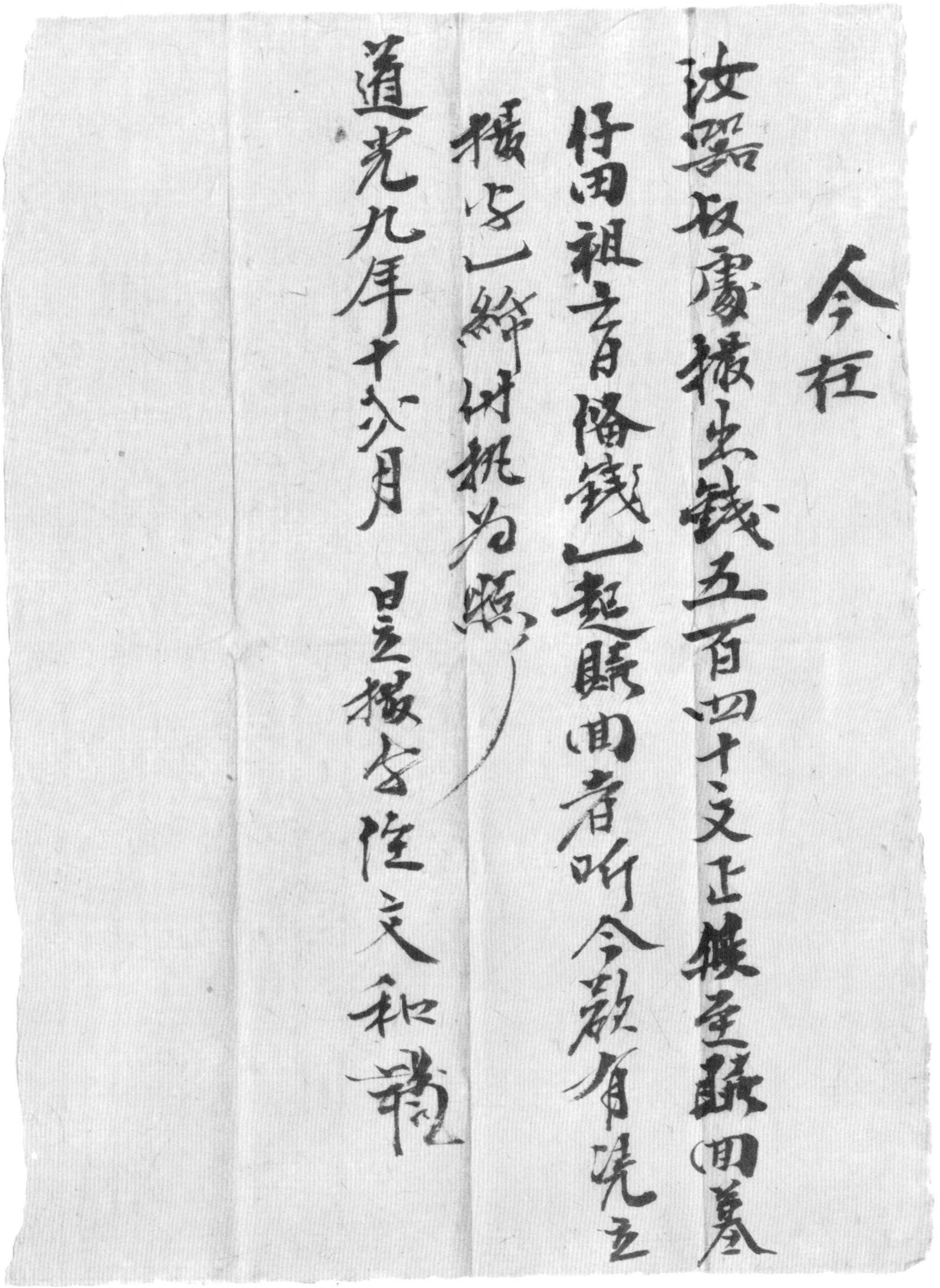
今在
汝器叔處撮出錢五百四十文正携至縣用基
侄留祖音修錢一起縣用存听今欲有凭立
撮字一紙付執為照
道光九年十二月　日立撮字侄文和筆

5-1-46-6　清道光九年十二月鄭文和立撮字

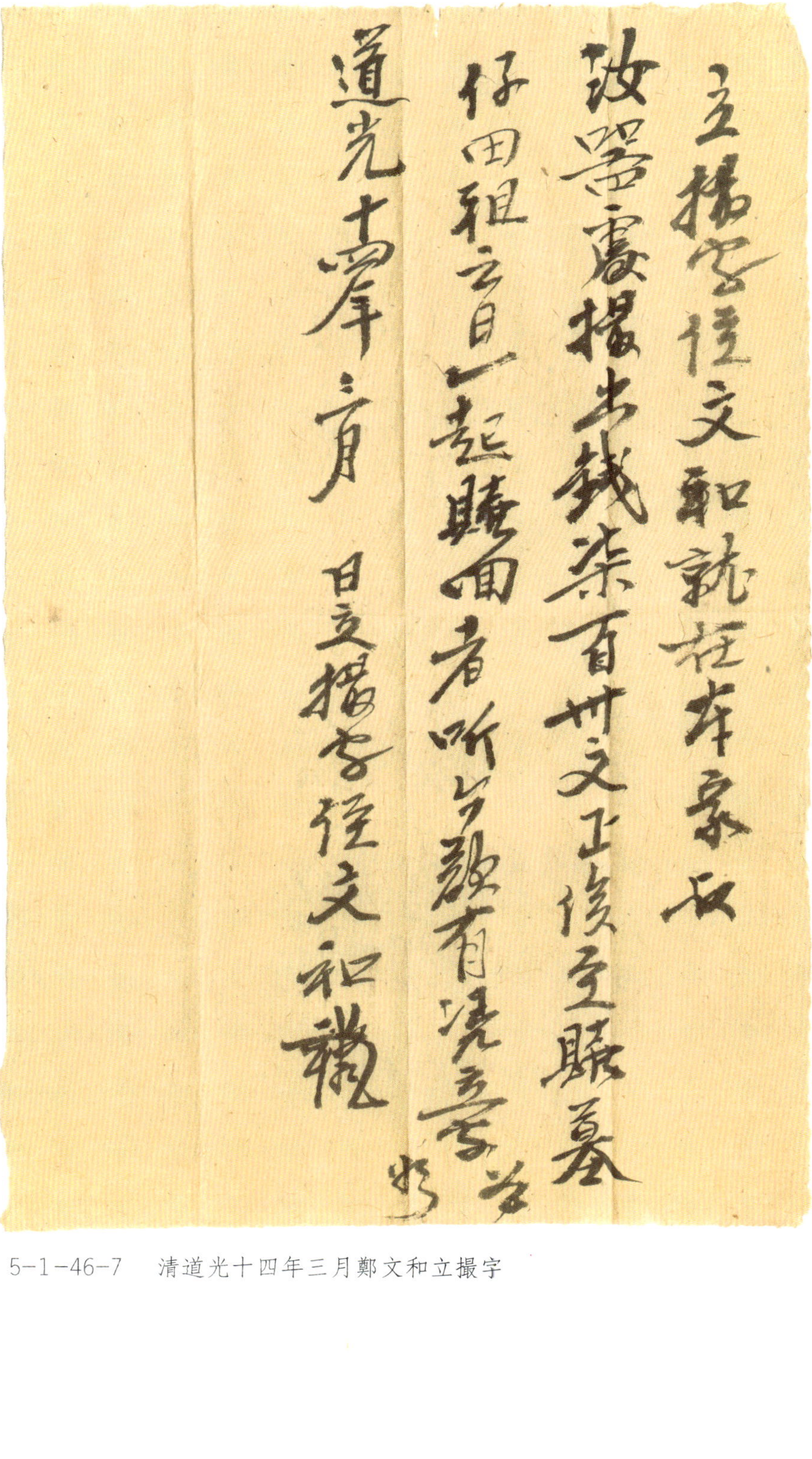
立撮字侄文和，就在本家叔玫器處撮出錢柒百卅文正，後立賠墓仔田租六日一起賠面者，所撮錢有憑，立撮字為照。

道光十四年三月　日立撮字侄文和（押）

5-1-46-7　清道光十四年三月鄭文和立撮字

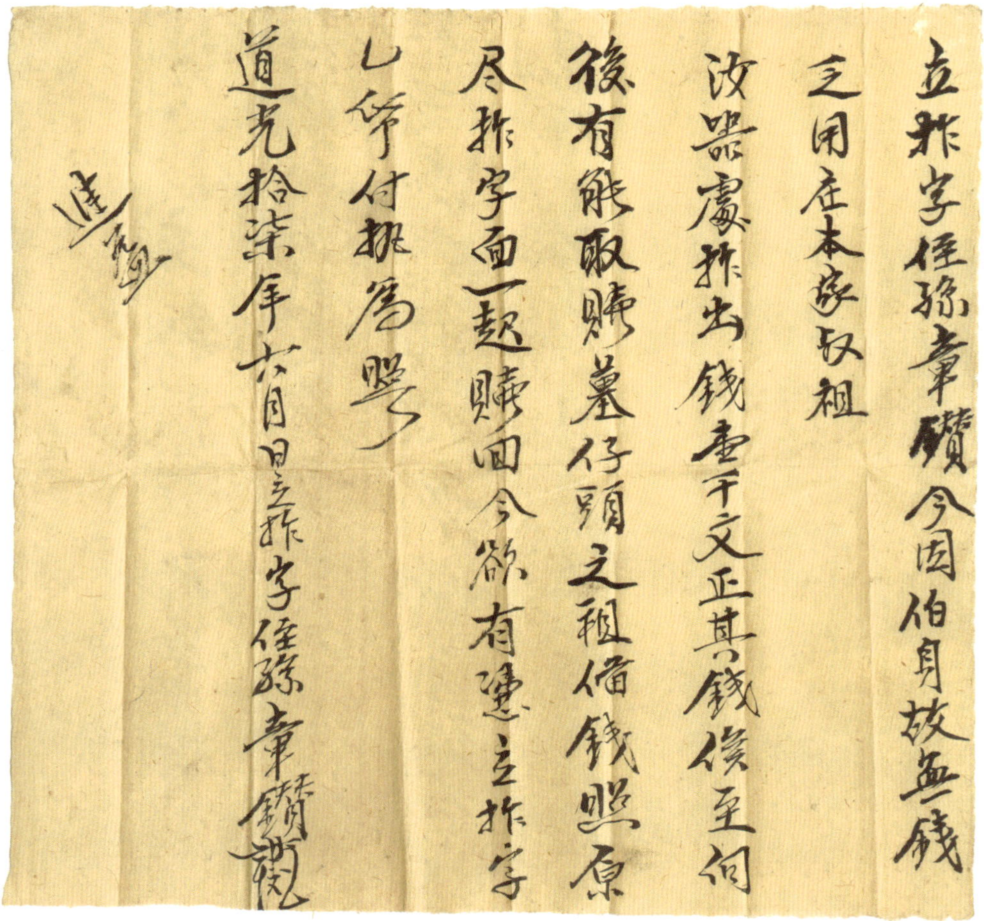

立撮字侄孫章鑽今因伯身故無錢
乏用在本家叔祖
汝器處撮出錢壹千文正其錢償至伺
後有能取贖墓仔頭之租備錢照原
尽撮字面一起贖回今欲有憑立撮字
乙紙付執為照
道光拾柒年六月日立撮字侄孫章鑽（押）
達元

5-1-46-8　清道光十七年六月鄭章鑽立撮字

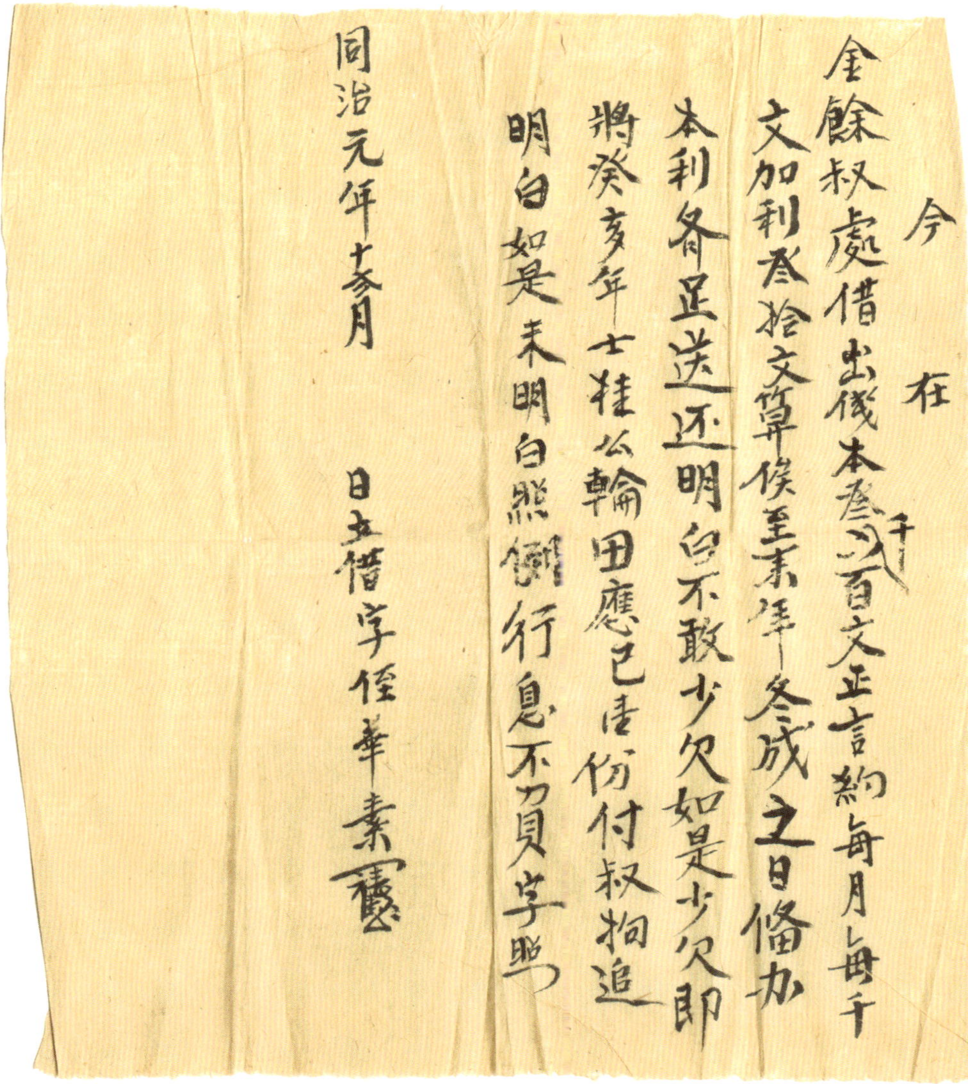

今在
金餘叔處借出錢本叁千貳百文正言約每月每千
文加利叁拾文算候至來年冬成之日備办
本利各足送还明白不敢少欠如是少欠即
將癸亥年士桂公輪田應己名份付叔拘追
明白如是未明白照例行息不負字照
同治元年十貳月　日立借字侄華素（押）

5-1-46-9　清同治元年十二月鄭華素立借錢字

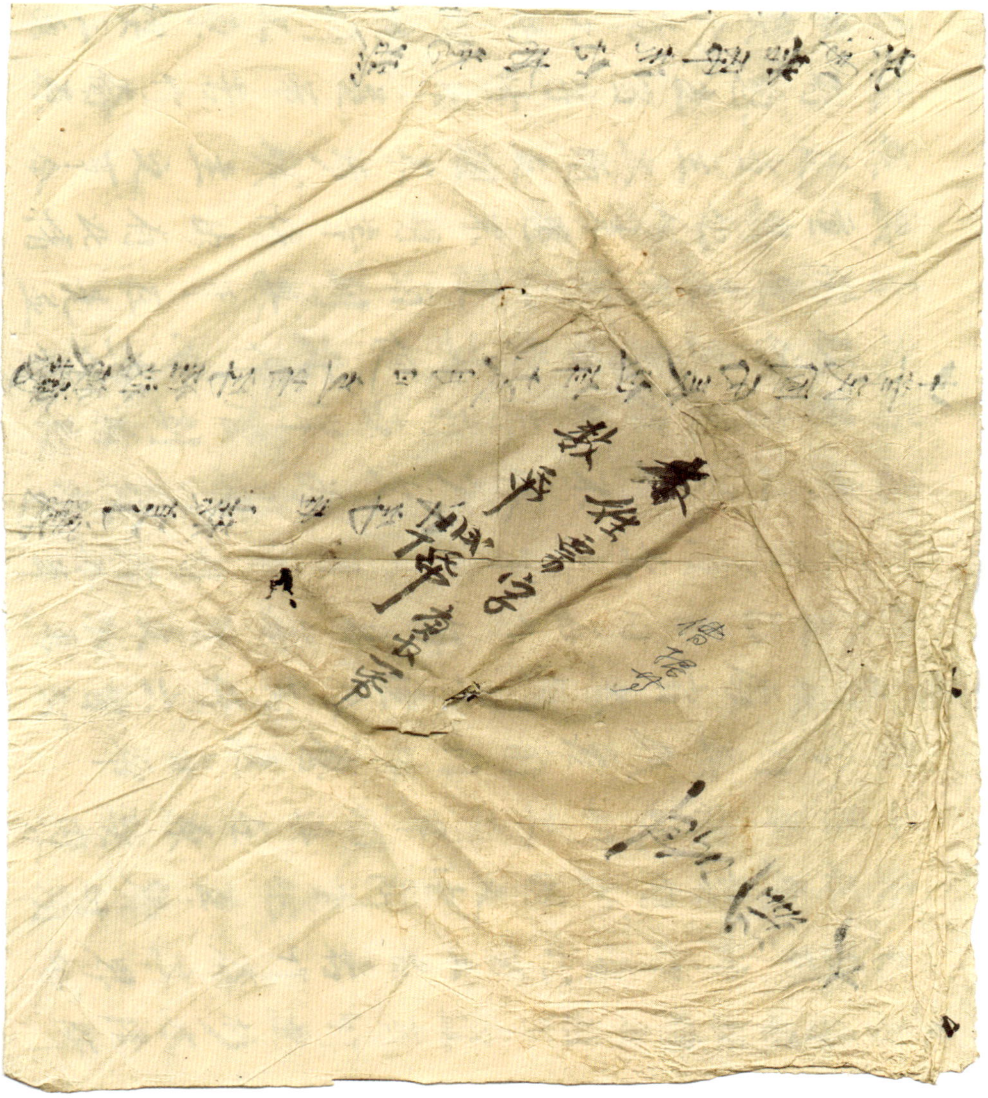

5-1-47-1　包契紙

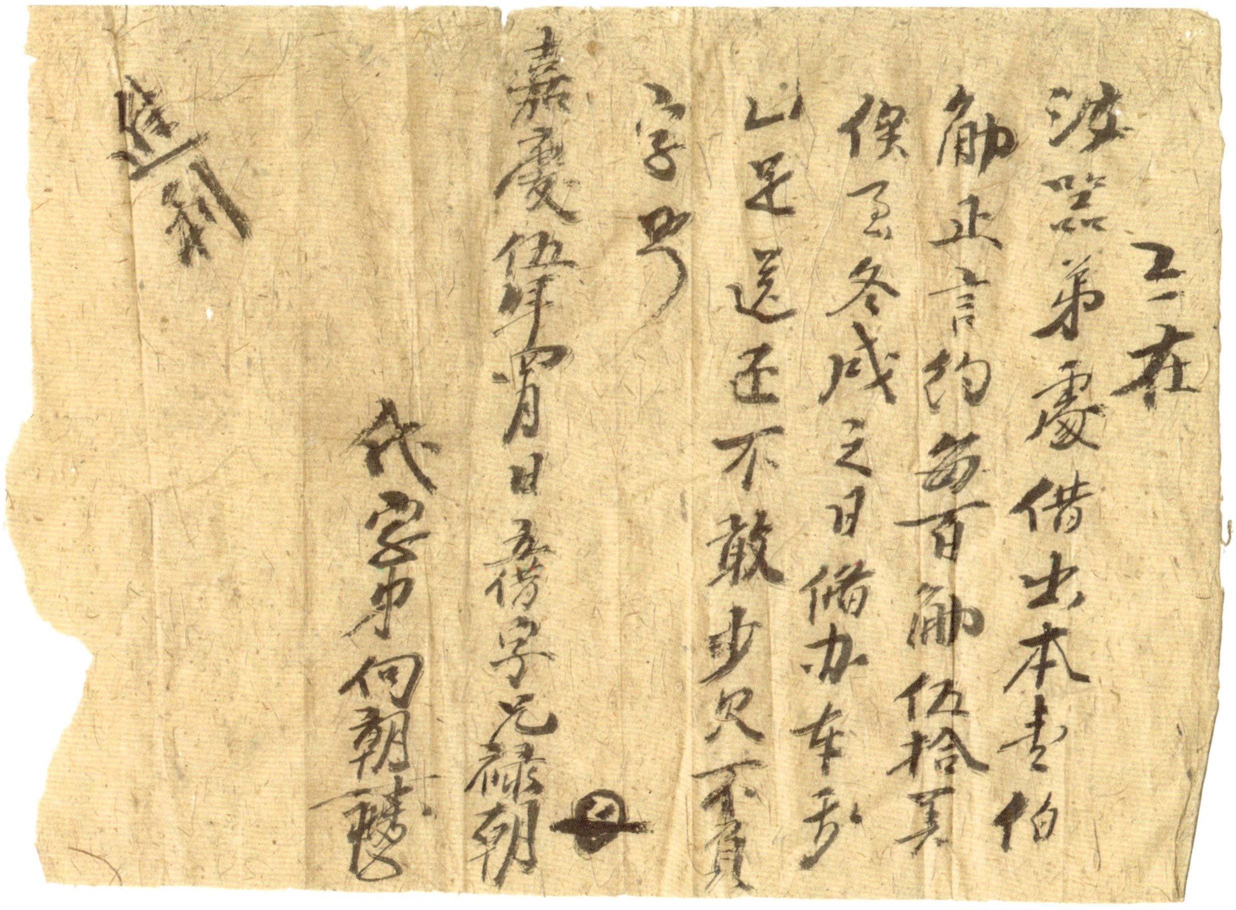
二在
波器弟處借出本壹伯
觔正言約每百觔伍拾觔
保至冬成之日備办本利
一足送还不敢少欠不負
字照
嘉慶伍年肆月日立借字兄禄朝
代字弟何朝

5-1-47-2　清嘉慶五年四月鄭禄朝立借穀字

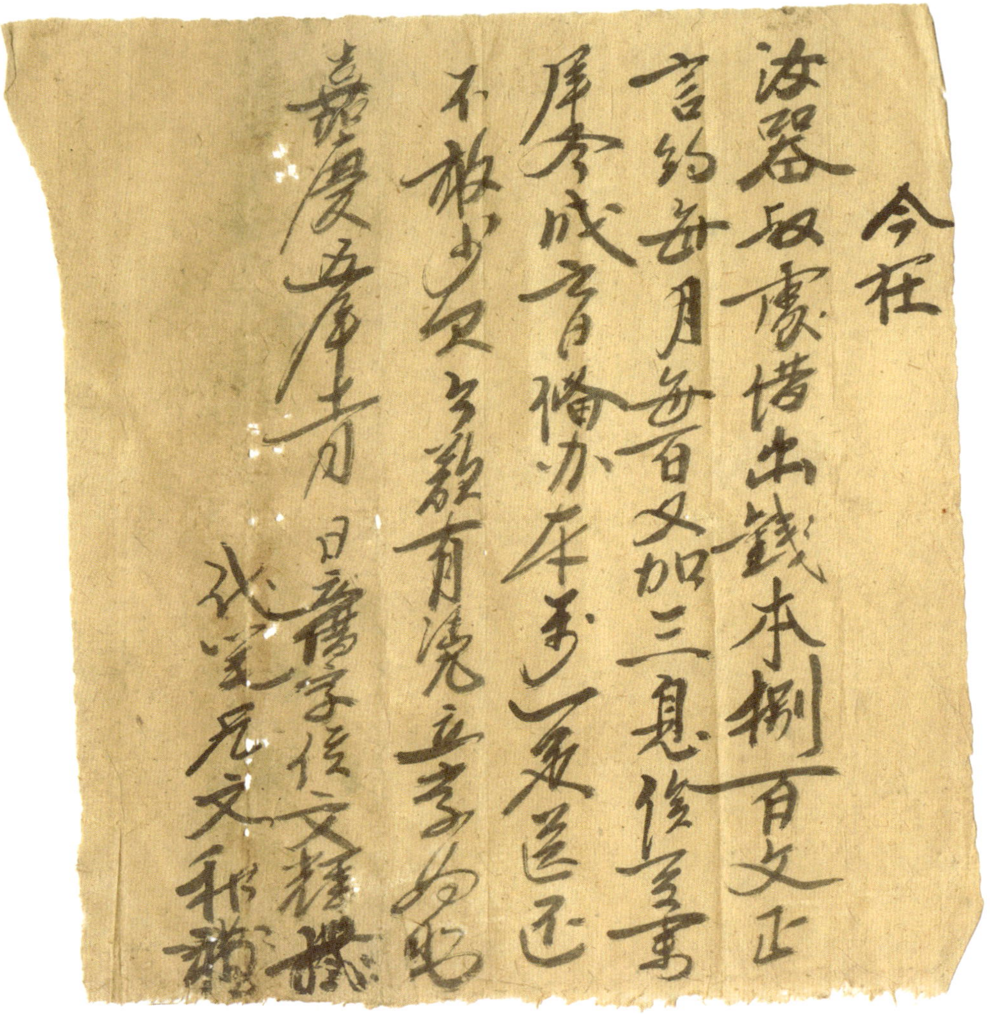

今在
海器叔處借出錢本捌百文正，
言約每月每百文加三息，俟至次
年冬成齊備辦本利一足送還，
不敢少欠分文，有憑立字為照。
嘉慶五年十一月　日立借字侄文輝（押）
代筆兄文和（押）

5-1-47-3　清嘉慶五年十一月鄭文輝立借錢字

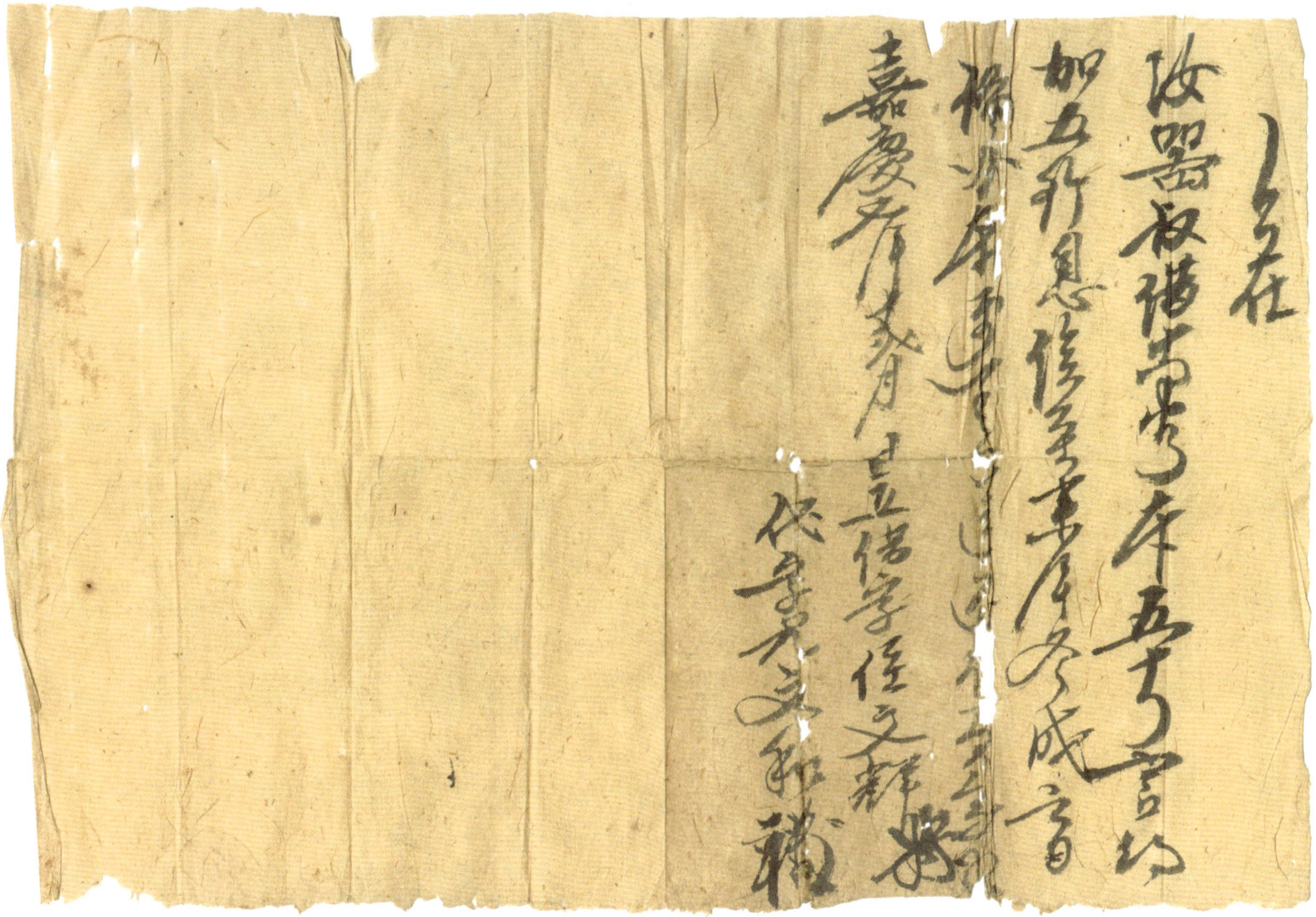

5-1-47-4　清嘉慶七年十二月鄭文輝立借穀字

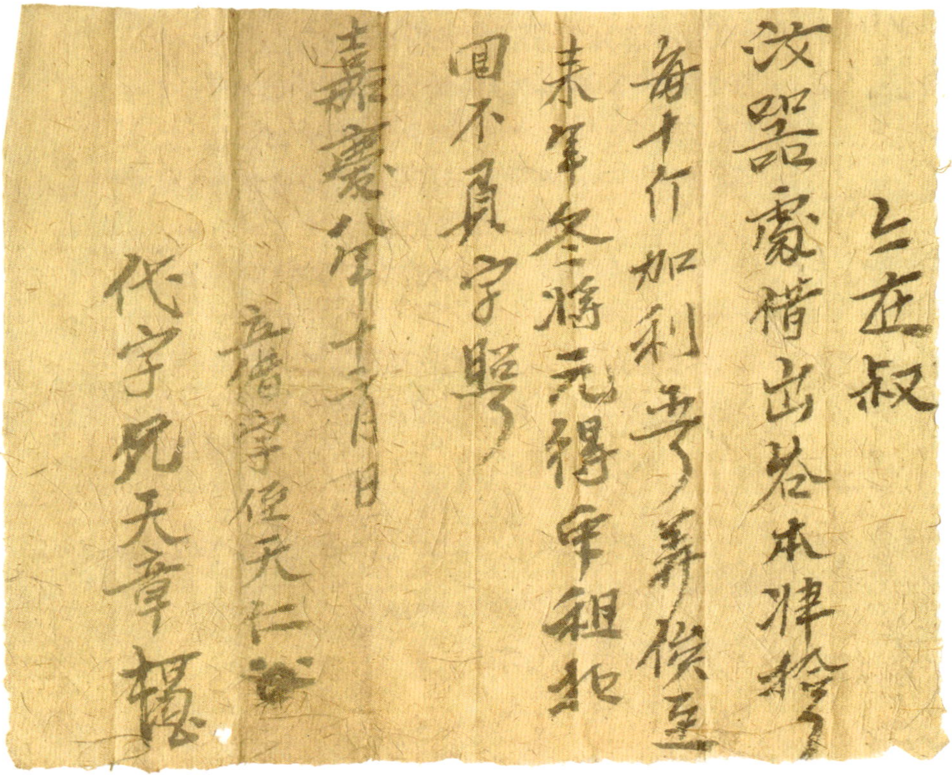
今在叔
汝器處借出谷本肆拾斤，
每十斤加利弍斤算，俟至
來年冬將元得年租挑
回，不負。字照。
立借字侄天仁（押）
嘉慶八年十二月　日
代字兄天章筆

5-1-47-5　清嘉慶八年十二月鄭天仁立借穀字

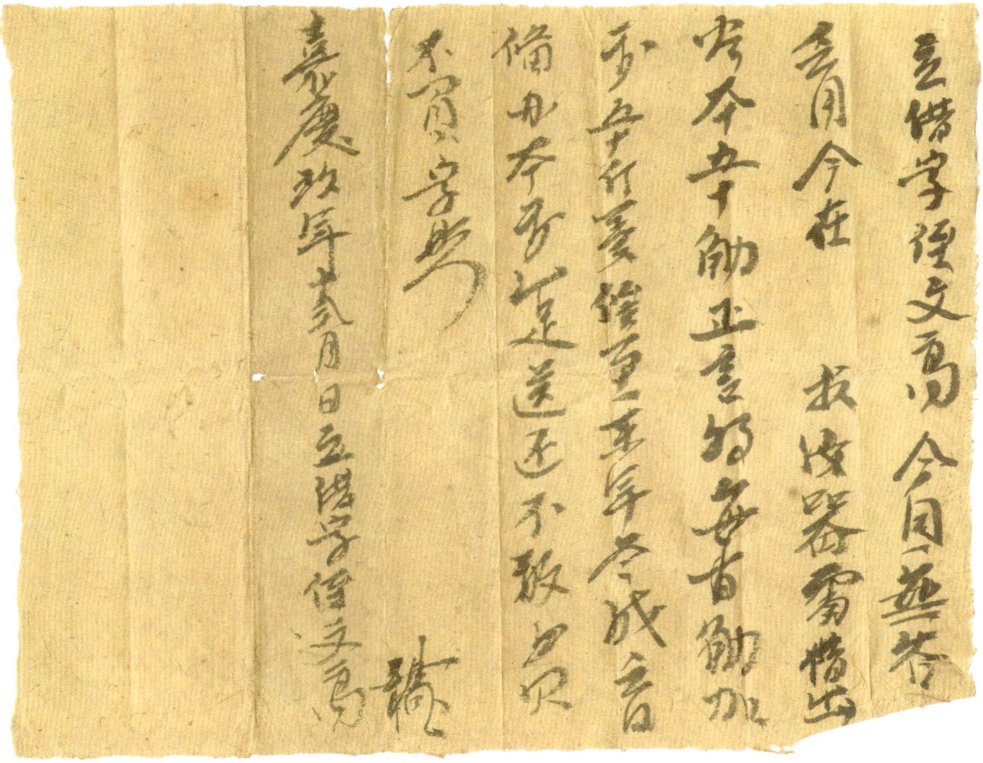
立借字侄文高，今因無谷
應用，今在 叔步清處借出
谷本十觔正，言約每觔加
利弍升行量，至來年冬成谷
備出本利送還，不敢少欠。
恐憑字照。
嘉慶玖年十二月 日立借字侄文高 號

5-1-47-6　清嘉慶九年十二月鄭文高立借穀字

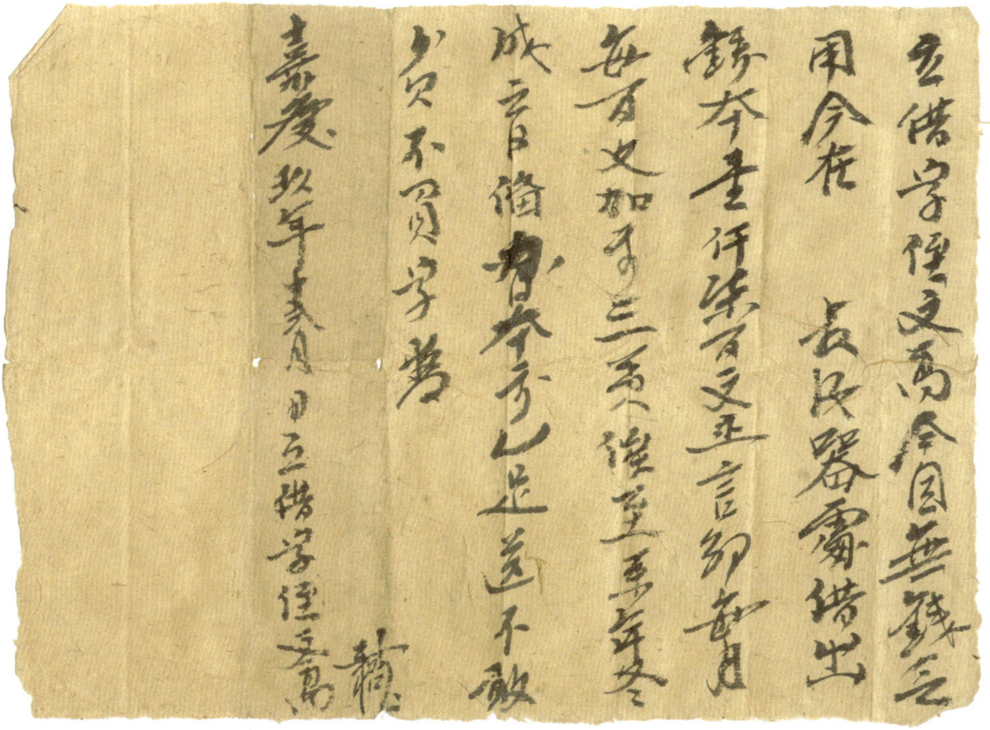

立借字侄文高今因無錢乞
用今在　長兄鄂爾借出
錢本壹仟柒百文正言約每月
每百文加利三分人謹至十二年冬
成言備有本利一足送不敢
少欠不負字為
嘉慶玖年十二月　日立借字侄文高
親

5-1-47-7　清嘉慶九年十二月鄭文高立借錢字

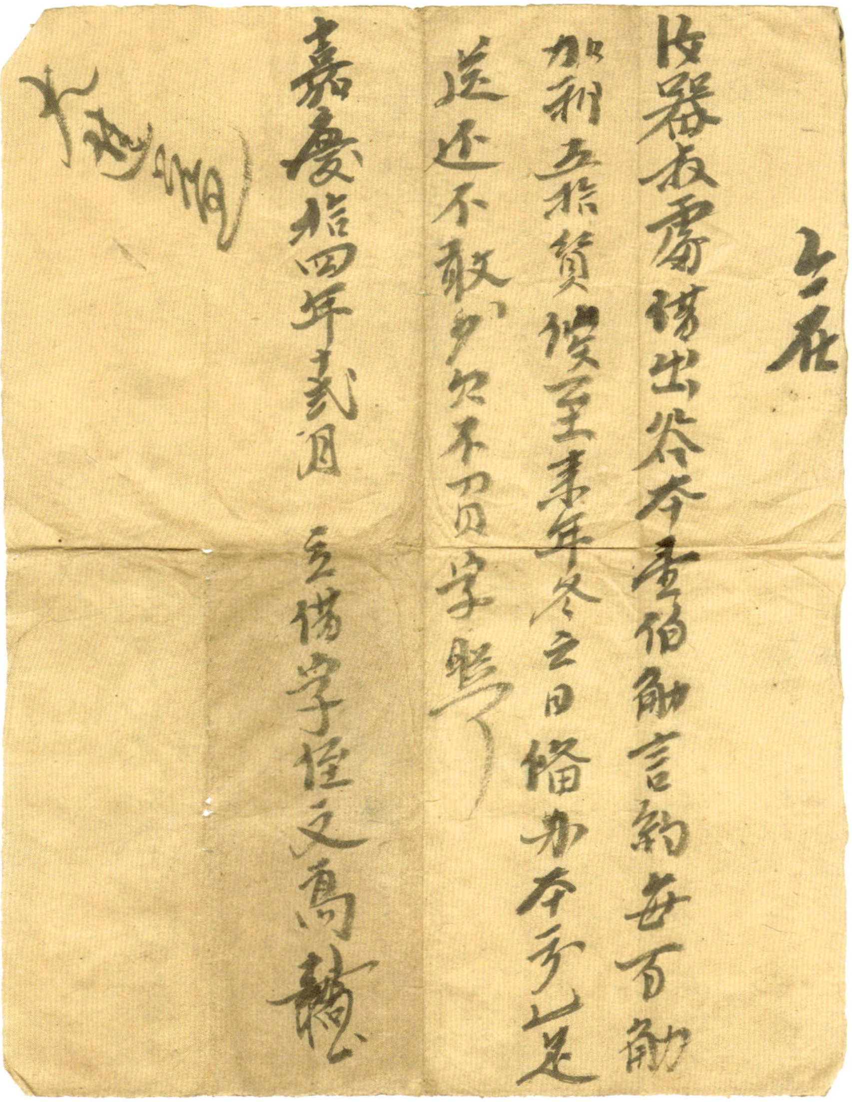

立借
收器衣需借出谷本壹佰觔言約每百觔
加利五拾觔後至來年冬六日備辦本利足
送還不敢少欠不立貫字照
嘉慶拾四年貳月　立借字侄文高（押）

5-1-47-8　清嘉慶十四年十二月鄭文高立借穀字

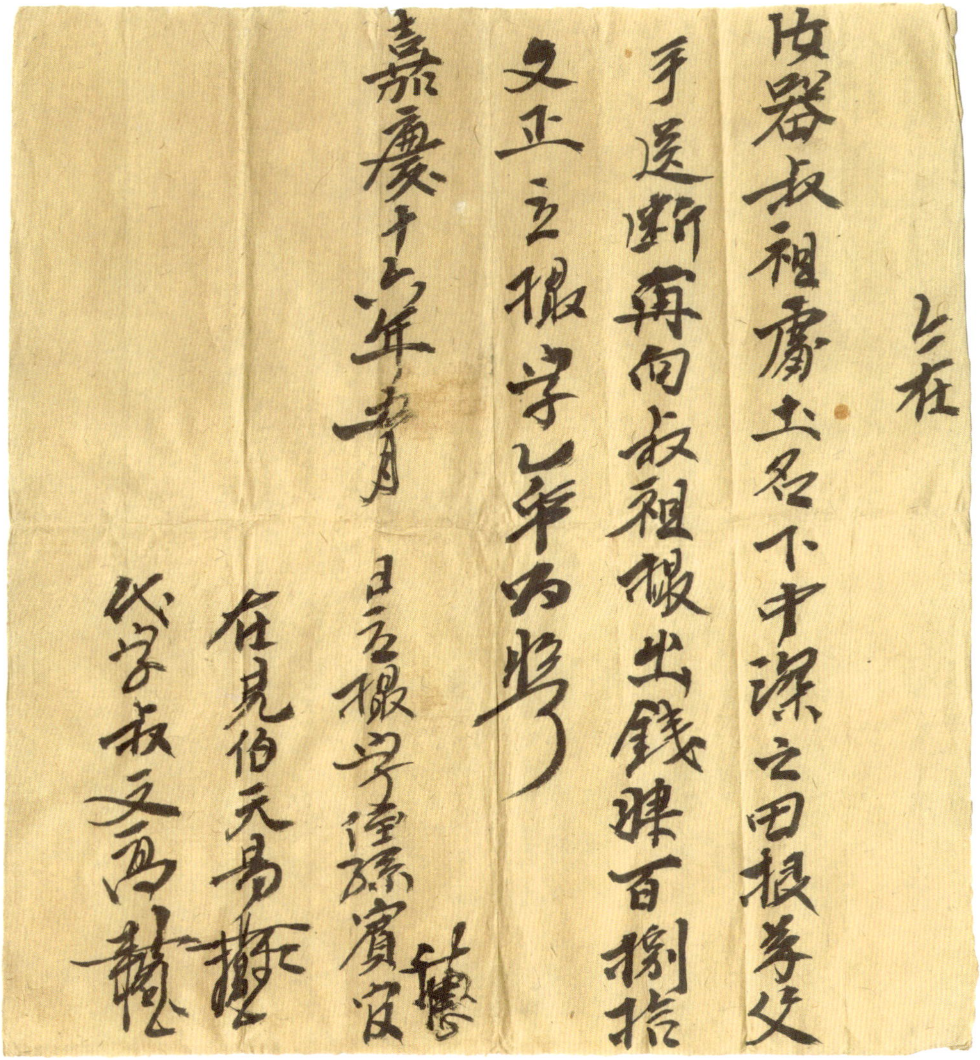

上在
攸器叔祖處土名下中深之田根等父
手送斷再向叔祖撮出錢肆百捌拾
文正立撮字乙紙為照
嘉慶十六年五月　日立撮字侄孫賓官（押）
在見伯天易（押）
代字叔文為（押）

5-1-47-9　清嘉慶十六年五月鄭賓官立撮字

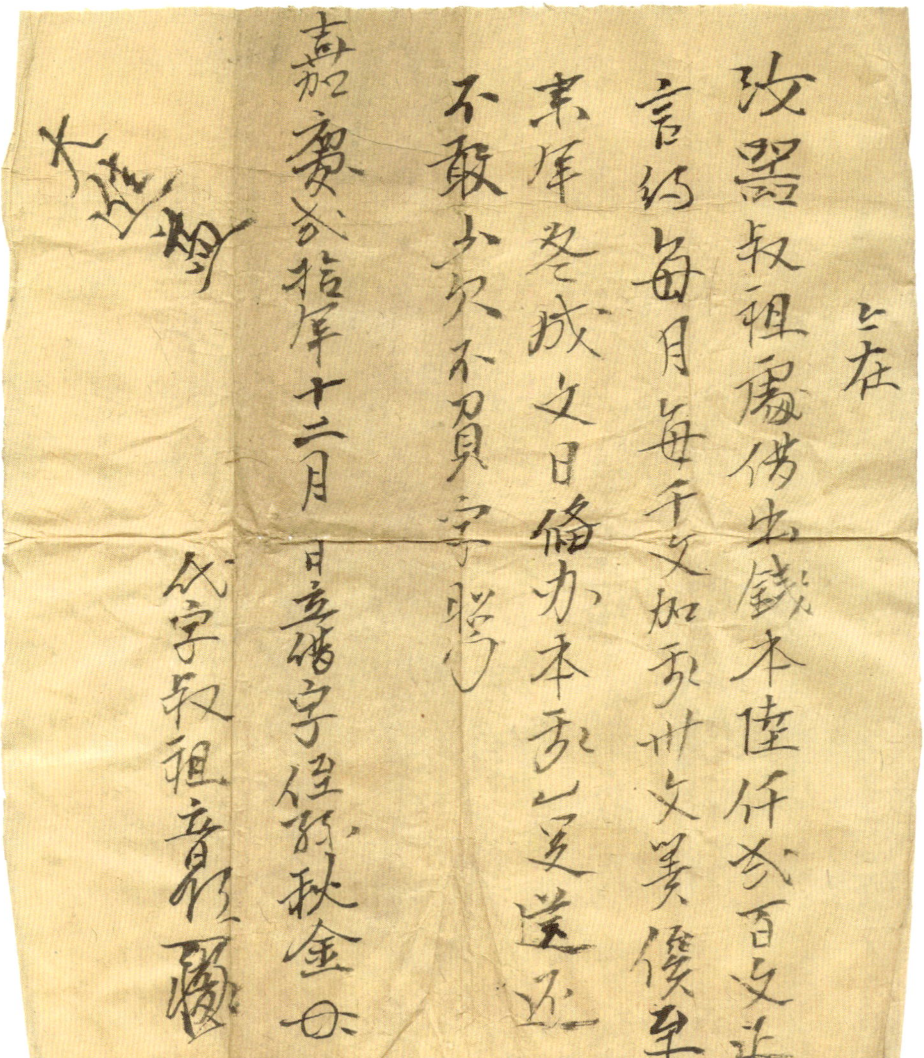

上左

汝器叔祖處借出錢本陸仟叁百文正

言約每月每千文加利卅文算俟至

来年冬成之日備办本利一足送还

不敢少欠不負字照

嘉慶弍拾年十二月　日立借字侄孫秋金(押)

代字叔祖音郎(押)

大進寶

5-1-47-10　清嘉慶二十年十二月鄭秋金立借錢字

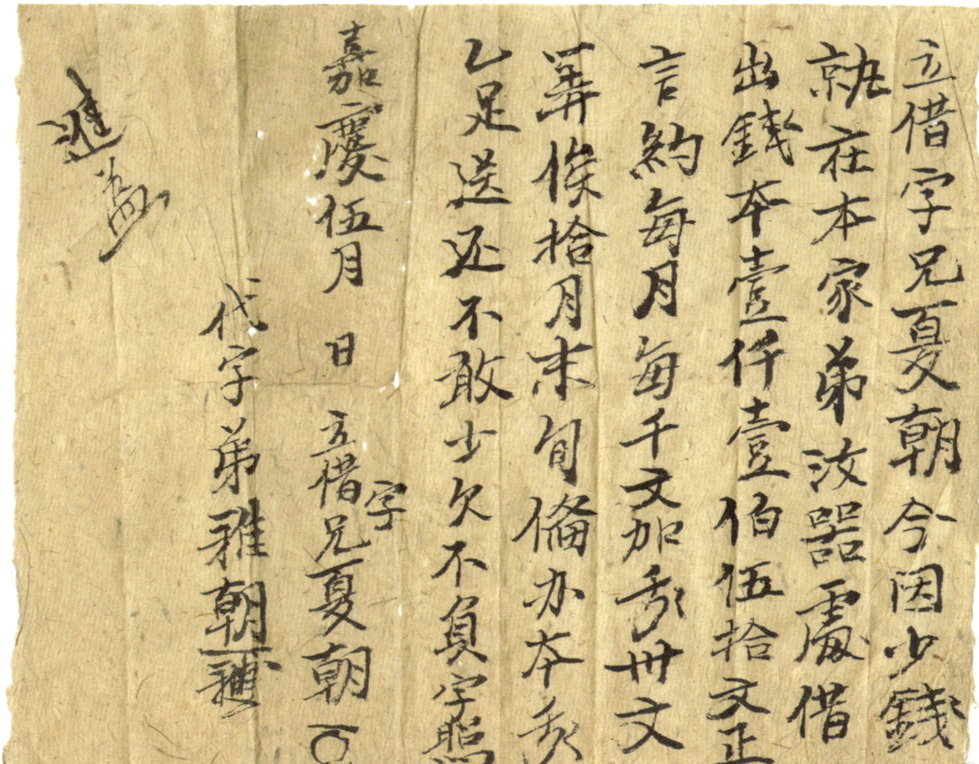

立借字兄夏朝今因少錢
就在本家弟汝器處借
出錢本壹仟壹伯伍拾文正
言約每月每千文加利卅文
算條拾月末旬備办本利
乙足送还不敢少欠不負字照
嘉慶伍月　日　立借字兄夏朝
代字弟雅朝

5-1-47-11　清嘉慶□年五月鄭夏朝立借錢字

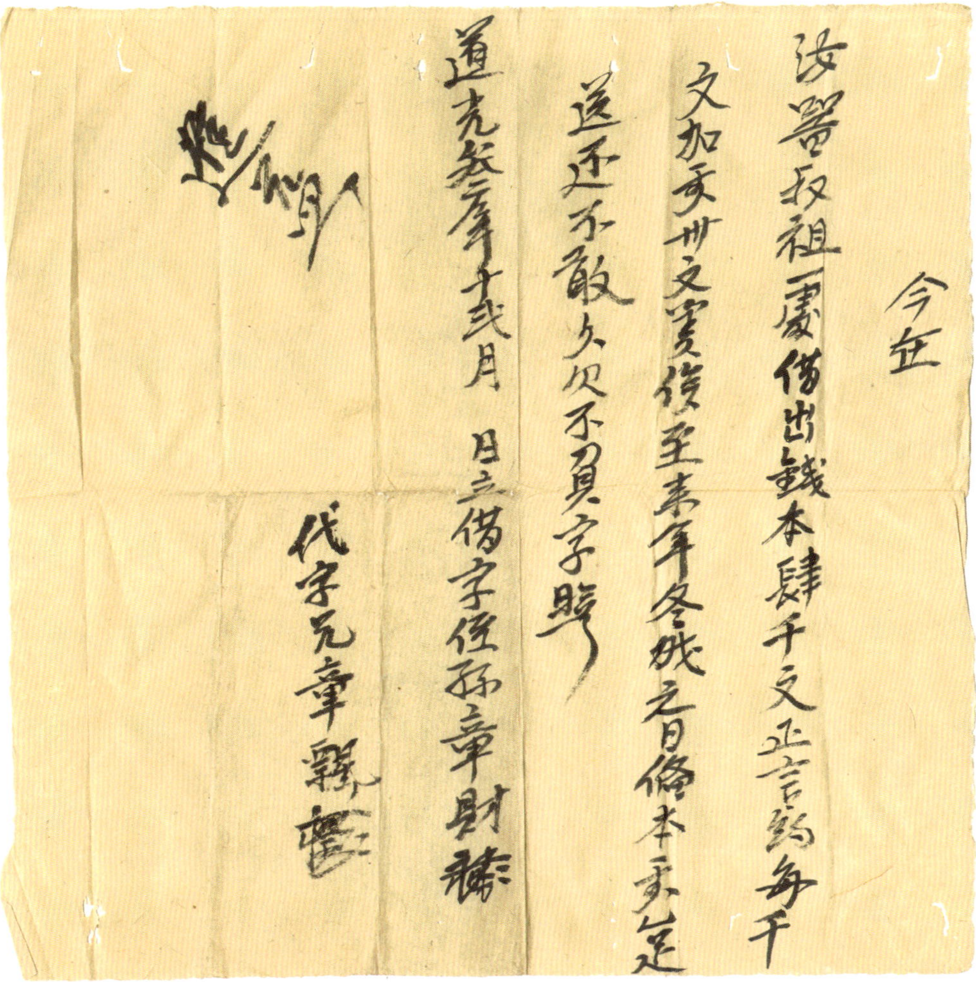

今在
汝器叔祖一處借出錢本肆千文正，言約每千
文加利卅文，實俟至來年冬成之日，備本利足
送還，不敢欠少，不得異字。照。
道光叁年十二月　日立借字侄孫章財（押）
代字兄章彩（押）
[illegible]

5-1-47-12　清道光三年十二月鄭章財立借錢字

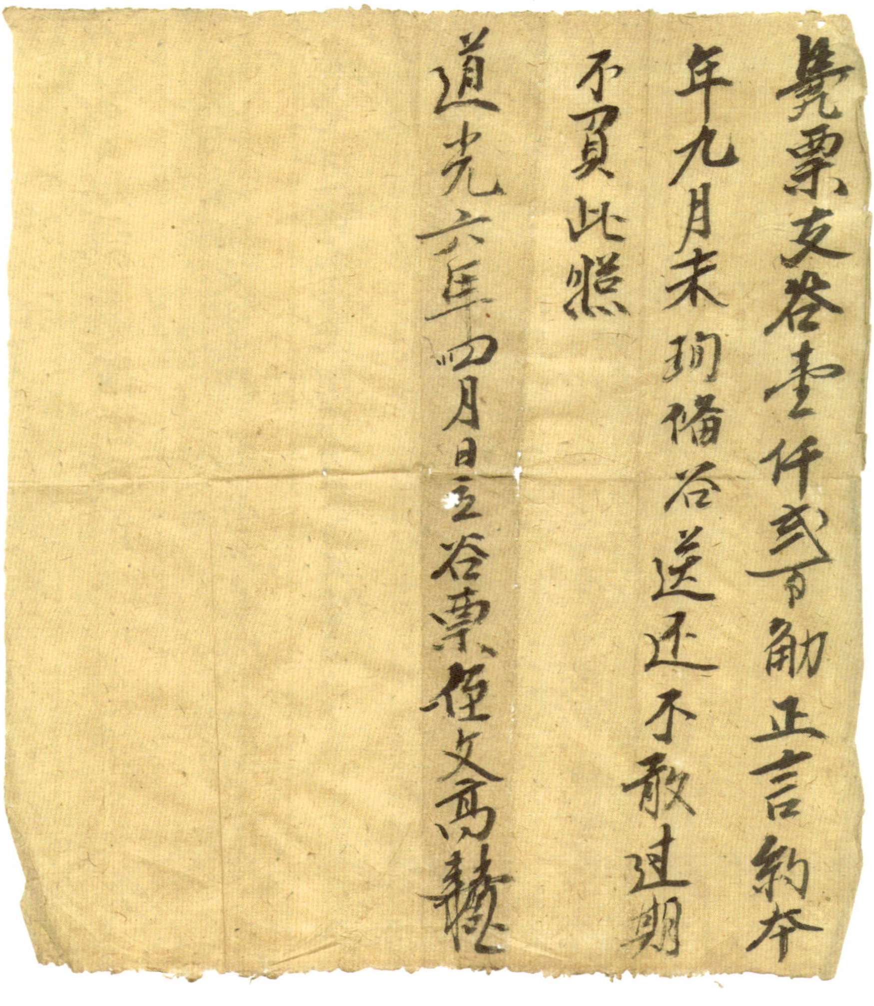
憑票支谷壹仟貳百觔正言約本
年九月末摃擔谷送还不敢過期
不負此照
道光六年四月日立谷票侄文高親筆

5-1-47-13　清道光六年四月鄭文高立支穀憑票

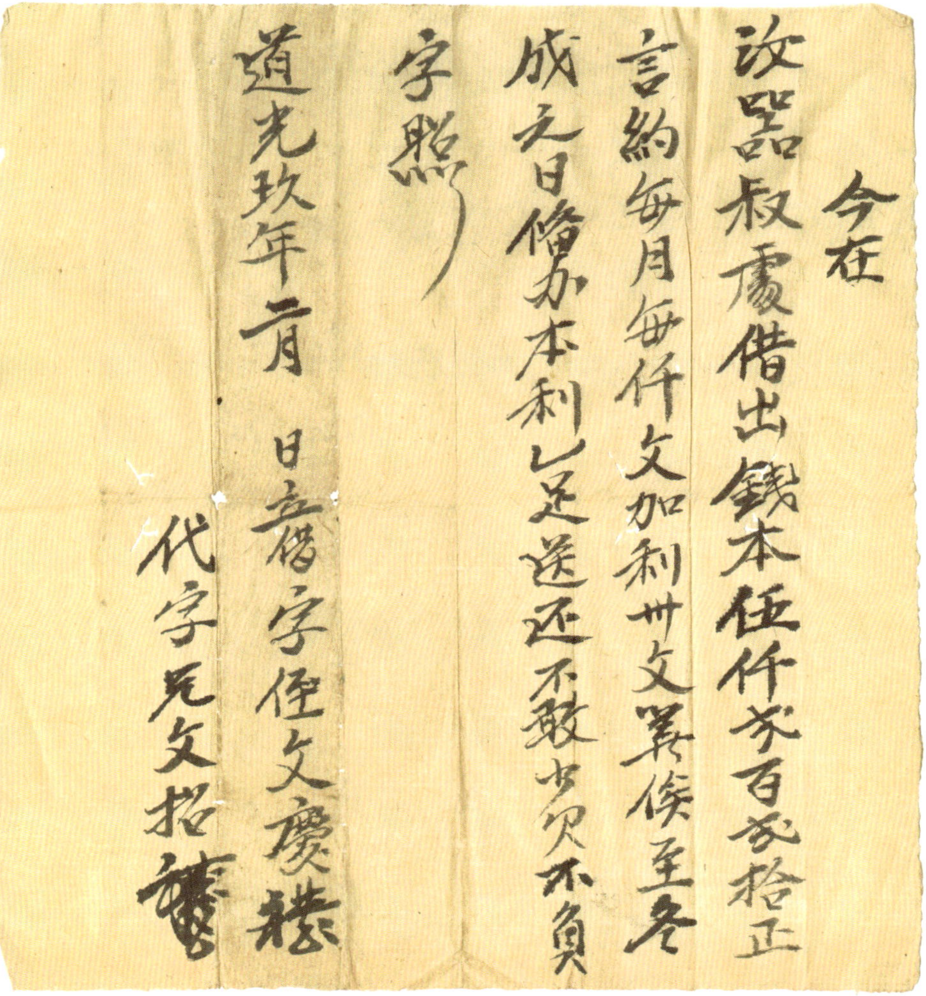

今在
汝器叔處借出錢本伍仟〻百〻拾正
言約每月每仟文加利卅文算俟至冬
成之日備办本利一足送还不敢少欠不負
字照
道光玖年二月　日立借字侄文慶
代字兄文招

5-1-47-14　清道光九年二月鄭文慶立借錢字

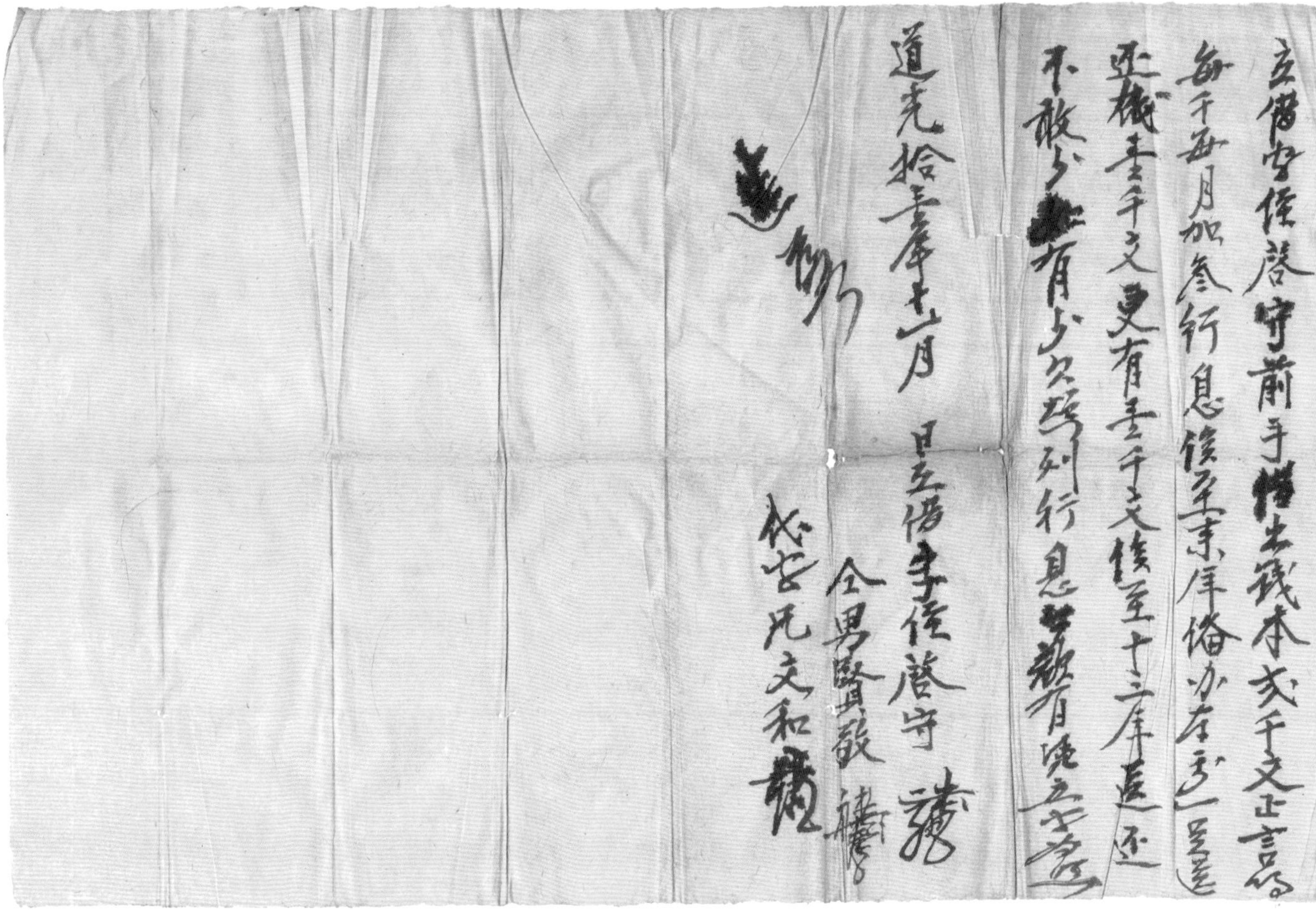

立借字侄啓守前手借出錢本貳千文正言明每千每月加叁行息，侄至來年備办本利一足送還。欠錢壹千文，更有壹千二文，侄至十二年送還，不敢少欠，如有少欠，照例行息。恐口無憑，立字為照。

道光拾壹年十一月　日立借字侄啓守（押）

仝男賢發（押）

代字兄文和（押）

5-1-47-15　清道光十一年十一月鄭啓守等立借錢字

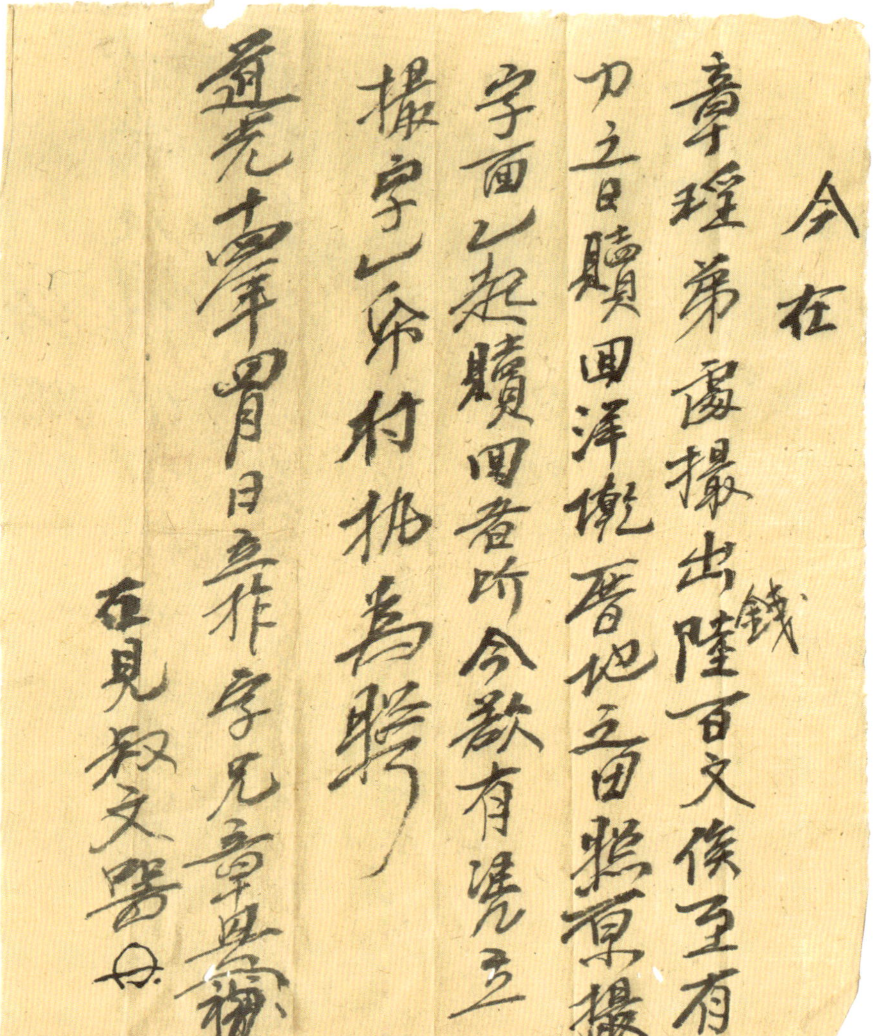

今在
章琨弟處撮出陸百文錢，候至有
力之日贖回洋墘厝地之田點草撮
字面之，起贖回畓所，今欲有憑，立
撮字之紙付執為照。
道光十四年四月　日立作字兄章與
在見叔文番

5-1-47-16　清道光十四年四月鄭章與立撮字

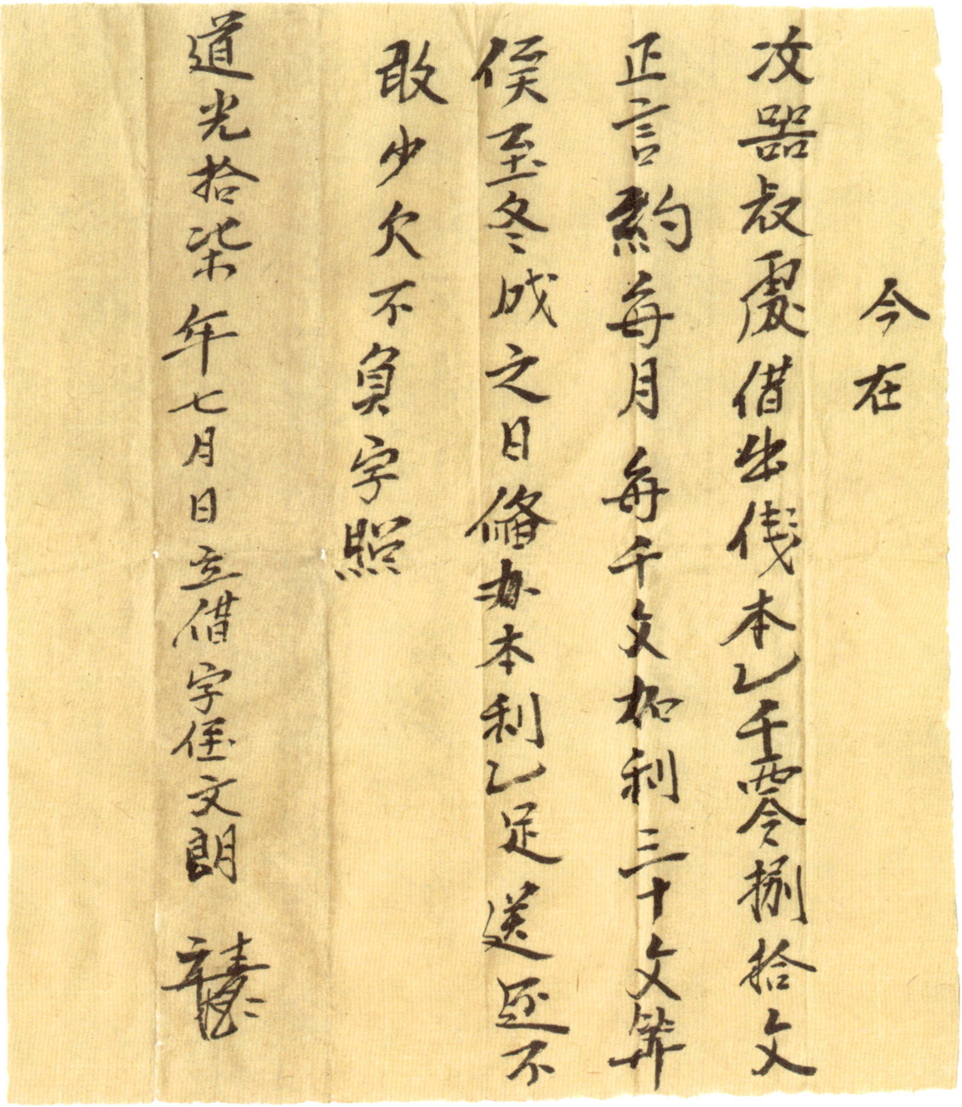
今在
汝器叔處借出錢本乙千零捌拾文
正言約每月每千文加利三十文算
俟至冬成之日備辦本利乙足送還不
敢少欠不負字照
道光拾柒年七月日立借字侄文朗
親筆

5-1-47-17　清道光十七年七月鄭文朗立借錢字

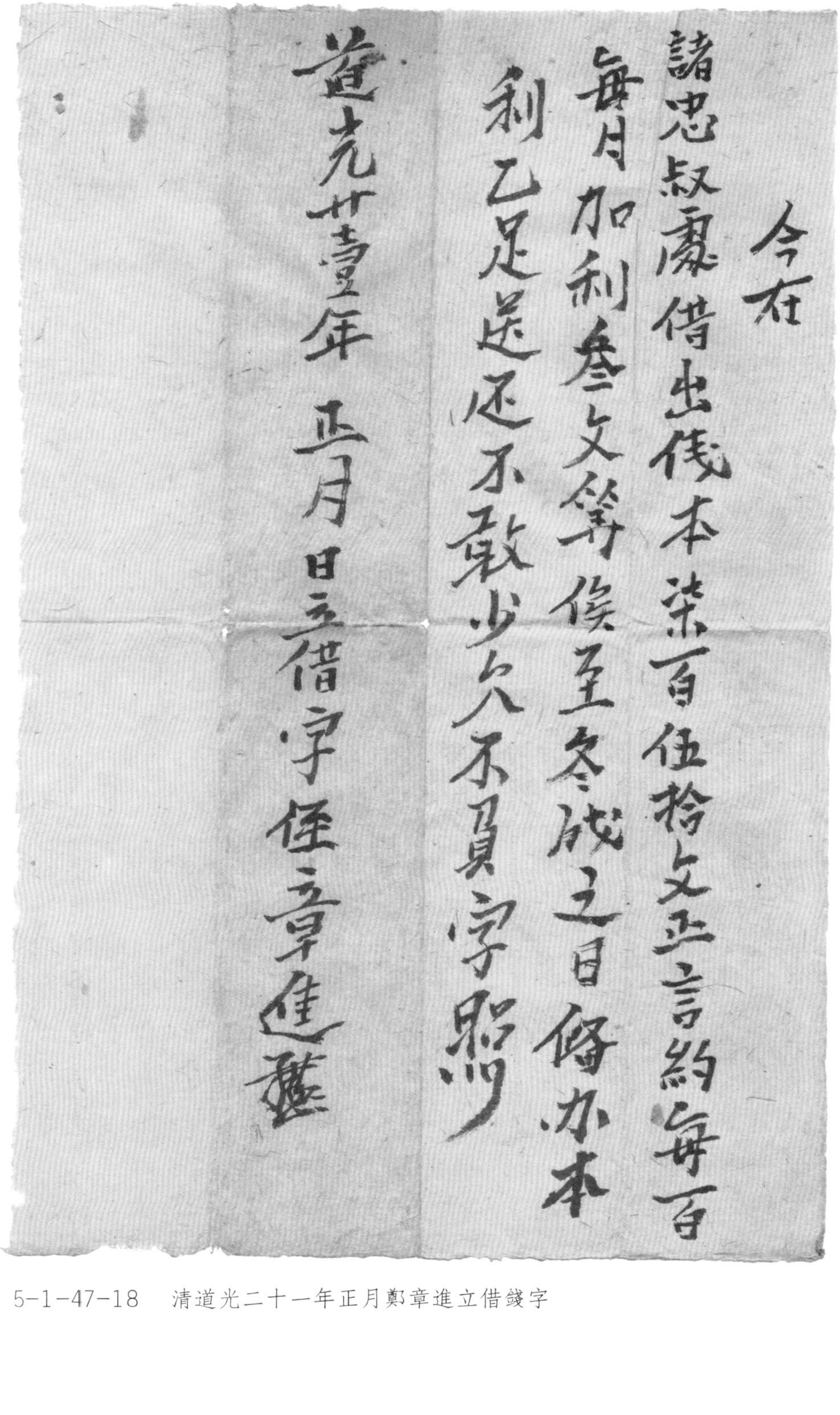
今在
諸忠叔處借出钱本柒百伍拾文正言約每百
每月加利叁文算候至冬成之日將办本
利乙足送还不敢少欠不負字照
道光廿壹年　正月　日立借字侄章進（押）

5-1-47-18　清道光二十一年正月鄭章進立借錢字

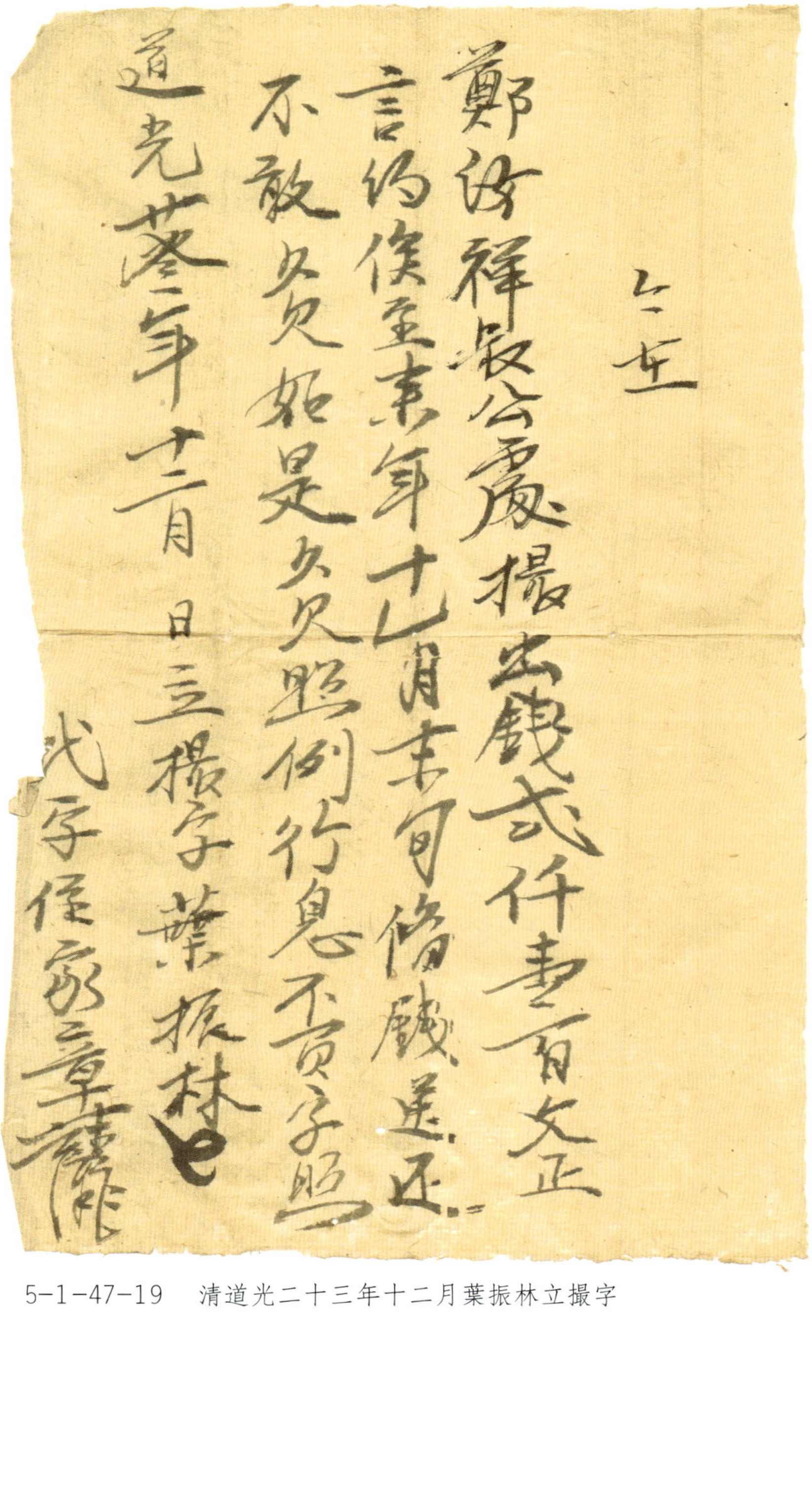

仝立

鄭汝祥叔公處撮出錢弍仟壹百文正，言約俟至來年十二月末日備錢送还，不敢欠負，如是欠負，照例行息，不負字照。

道光廿叁年十二月　日立撮字葉振林

代字侄家章筆

5-1-47-19　清道光二十三年十二月葉振林立撮字

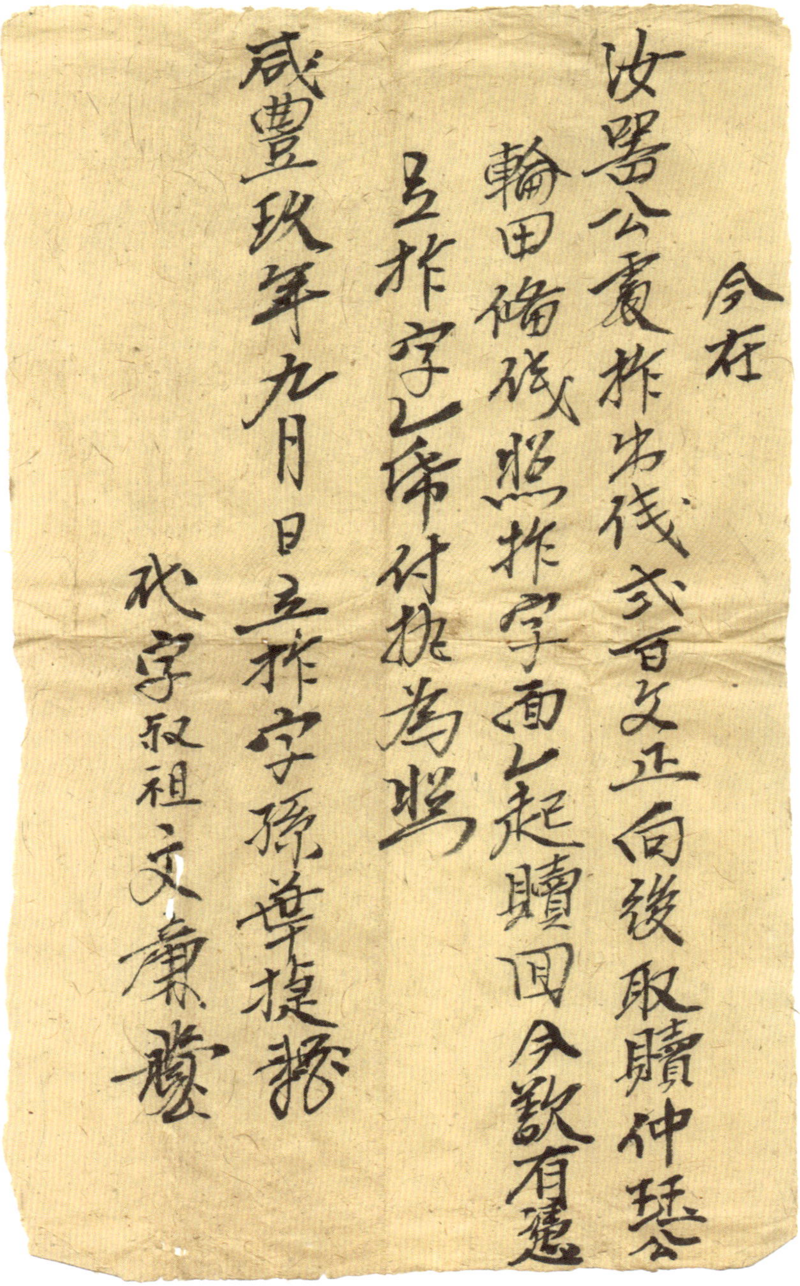
今在
汝器公處撮出錢弍百文正，向後取贖仲琴公
輪田，備錢照撮字面上起贖回。今欲有憑，
立撮字一紙付執為照。
咸豐玖年九月　日立撮字孫華捷
代字叔祖文康

5-1-47-20　清咸豐九年九月鄭華捷立撮字

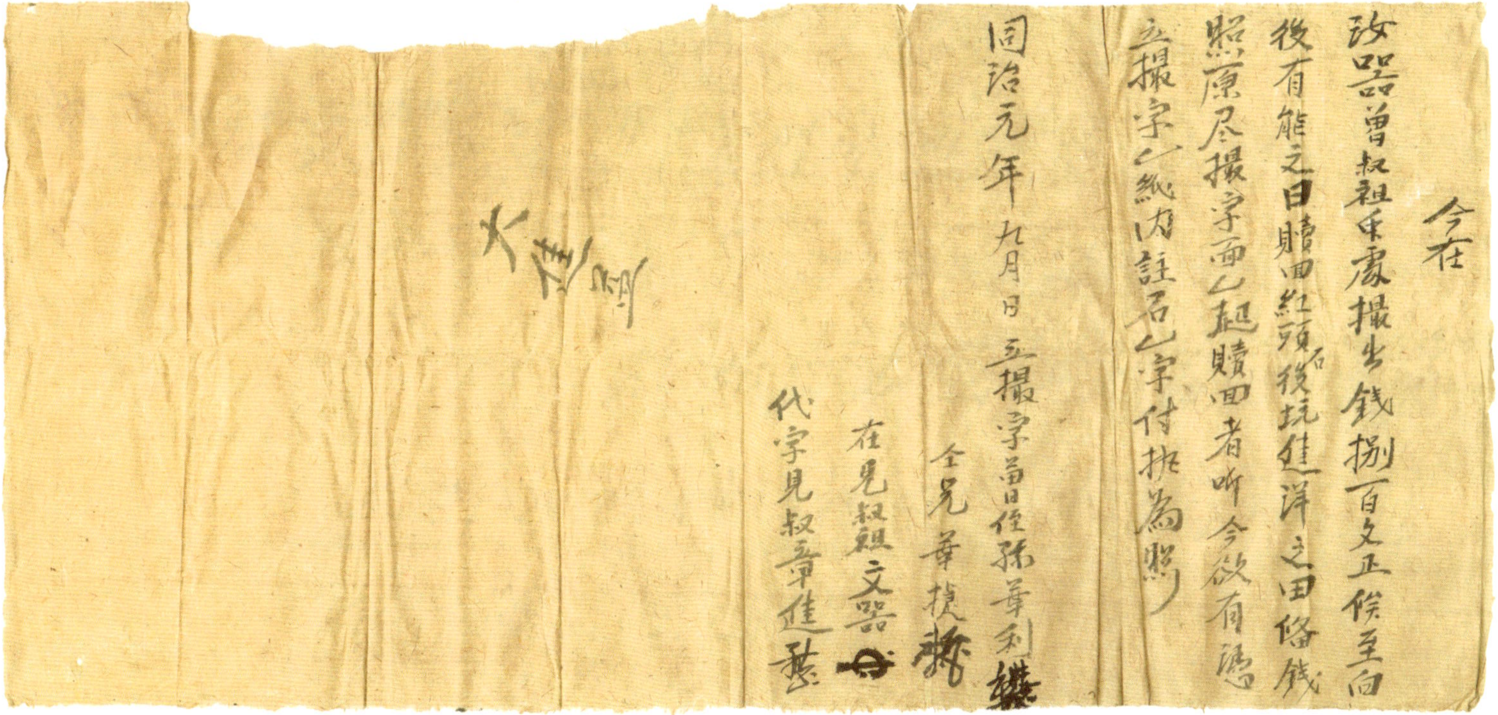

今在
玫器曾叔祖乖處撮出钱捌百文正，併至向
後有能之日贖回紅頭石，後坑建洋之田條錢
照原尽撮字面，起贖回者，听今欲有憑，
立撮字一紙，内註名字付执為照。
同治元年九月日 立撮字曾侄孫華利（押）
仝見華樸（押）
在見叔祖文器（押）
代字見叔華進（押）

5-1-47-21　清同治元年九月鄭華利等立撮字

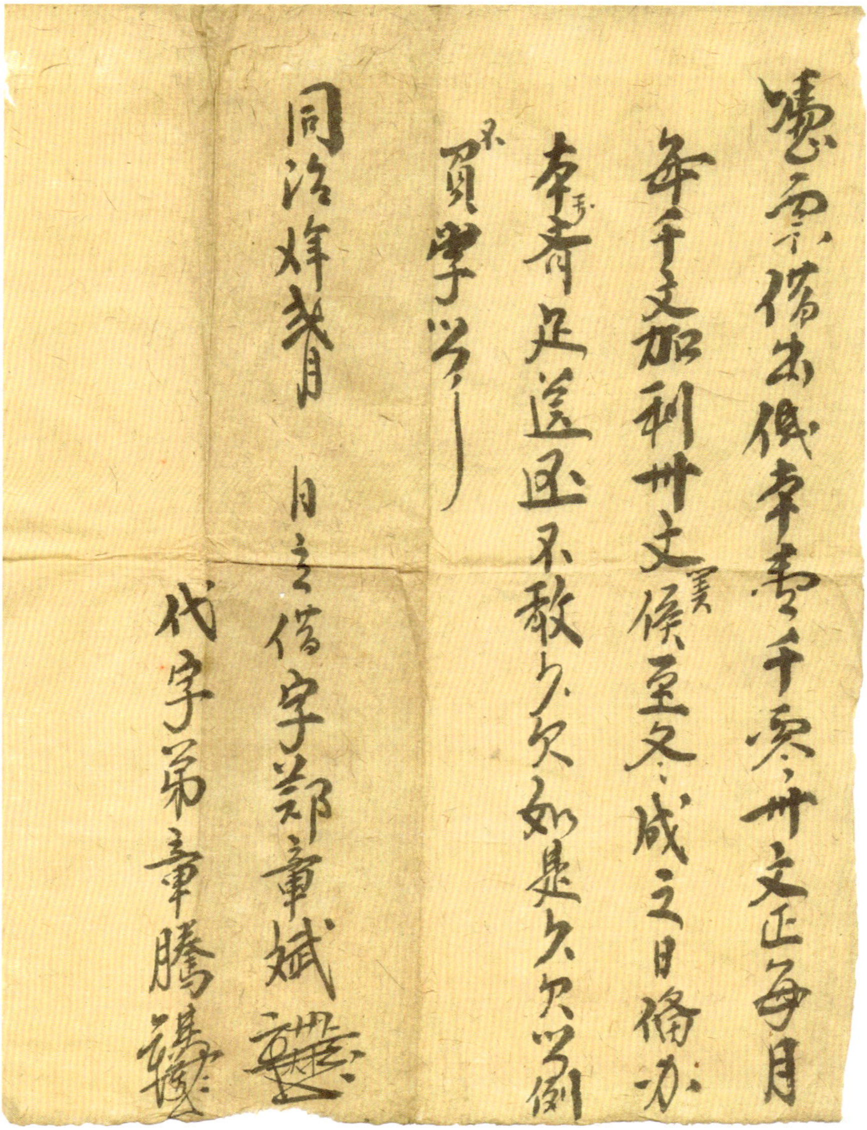
憑衆借出低本壹千零卅文正，每月每千文加利卅文，候至冬成之日備办本利清足送還，不敢少欠。如是欠欠，以例罰，字以照。
同治肆年貳月　日立借字鄭章斌（押）
代字弟章騰（押）

5-1-47-22　清同治四年二月鄭章斌立借錢字

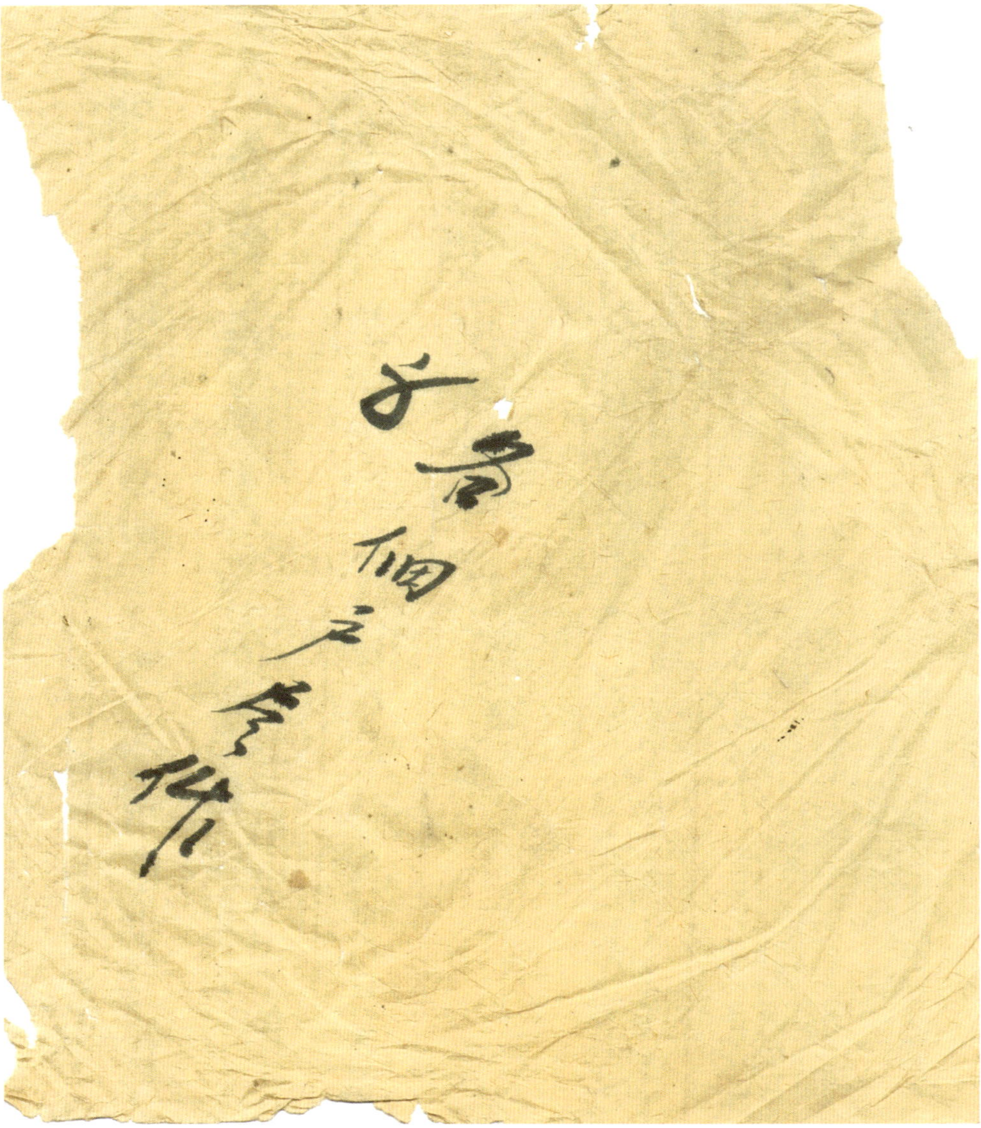

子晋佃户叁件

5-1-48-1　包契紙

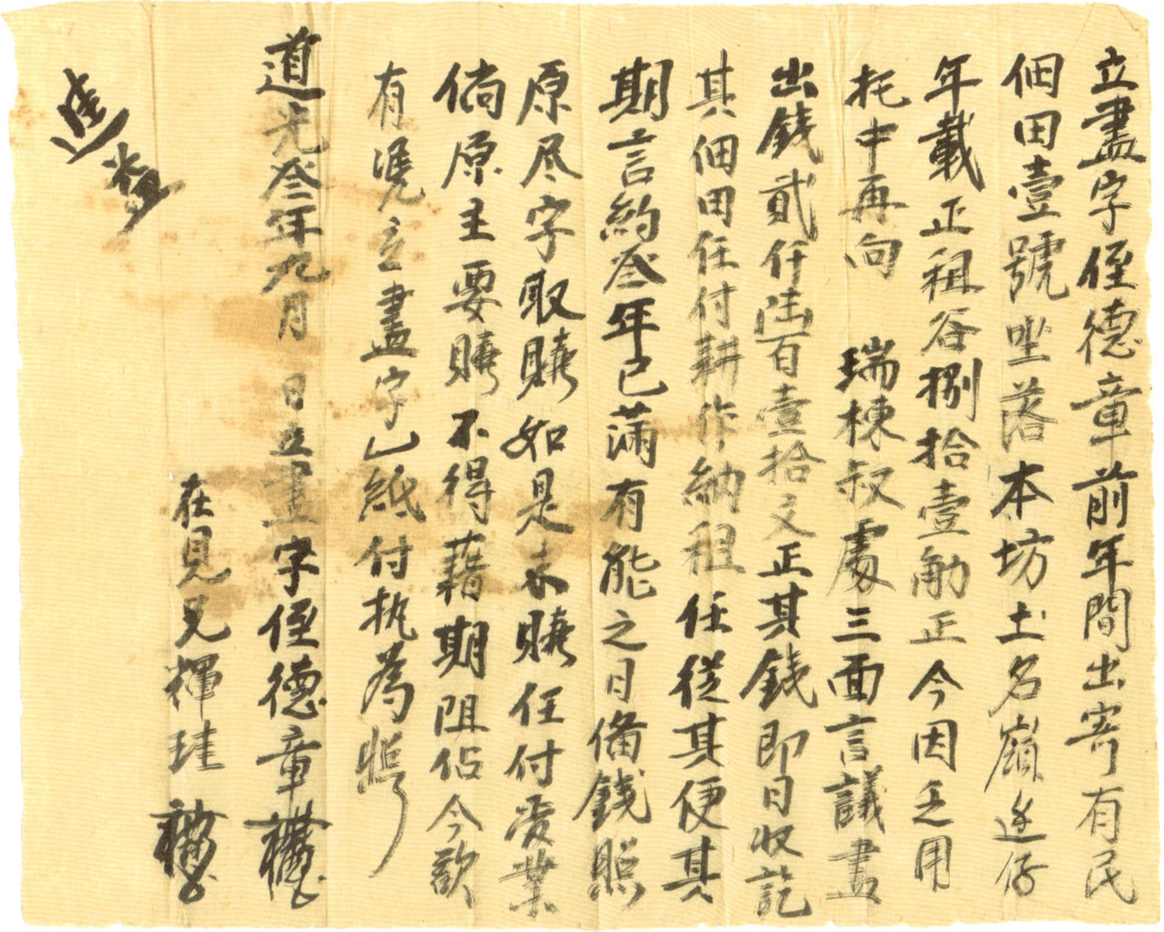
立盡字侄德章前年間出寄有民
佃田壹號坐落本坊土名嶺達係
年載正租谷捌拾壹觔正今因乏用
托中再向　瑞棟叔處三面言議盡
出錢貳仟陆百壹拾文正其錢即日收訖
其佃田任付耕作納租任從其便其
期言約叁年已滿有能之日備錢照
原尽字取贖如是未贖任付管業
倘原主要贖不得藉期阻佔今欲
有憑立盡字山紙付執為照

道光叁年九月　日立盡字侄德章（押）
在見叔輝珪（押）

進盡

5-1-48-2　清道光三年九月林德章立盡民佃田字

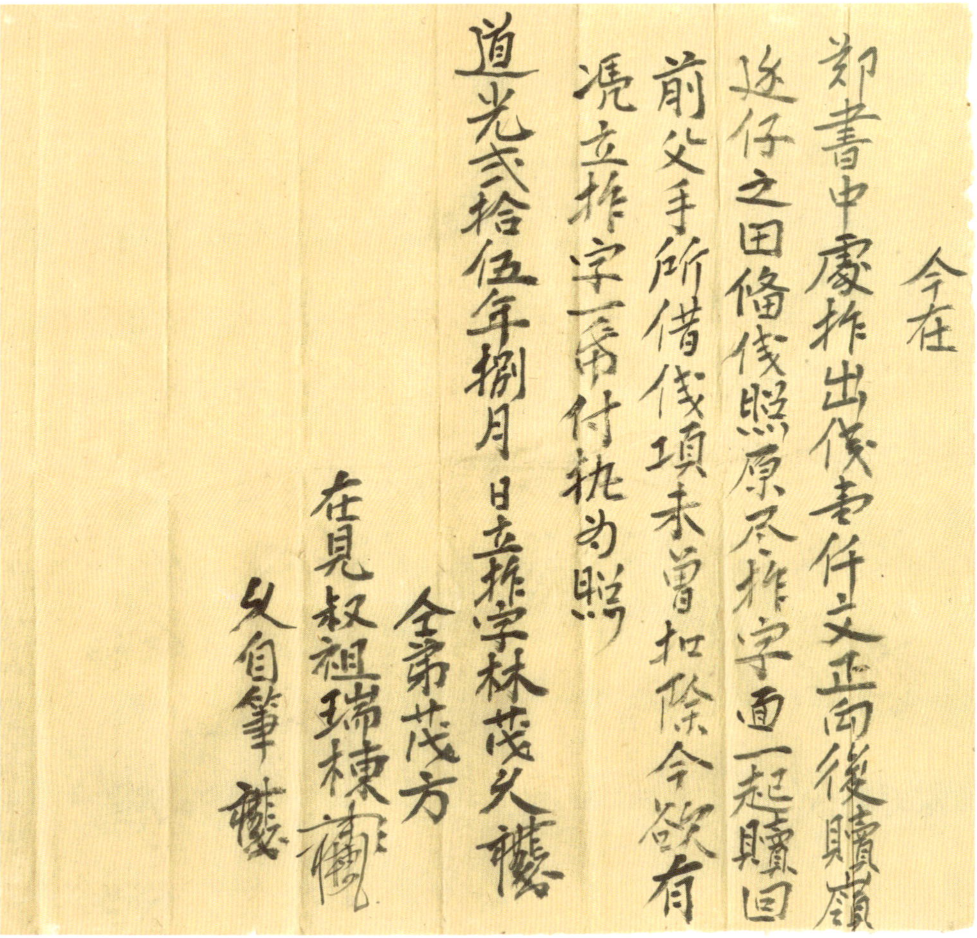

今在
鄭書中處撮出錢壹仟文正向後贖嶺
逐仔之田備錢照原盡撮字面一起贖回
前父手所借錢項未曾扣除今欲有
憑立撮字一紙付執為照
道光貳拾伍年捌月　日立撮字林茂久（押）
仝弟茂方
在見叔祖瑞棟（押）
父自筆（押）

5-1-48-3　清道光二十五年八月林茂久等立撮字

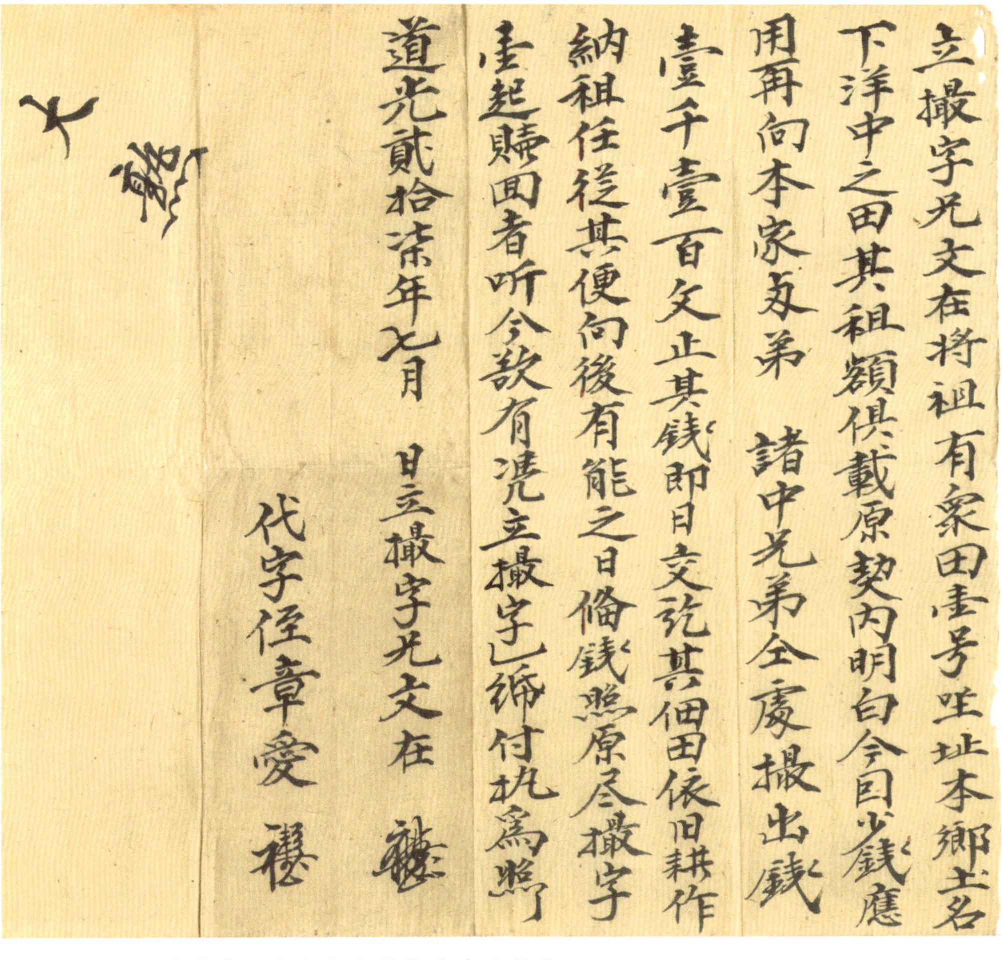
立撮字兄文在将祖有衆田壹号坐址本鄉土名下洋中之田其祖額俱載原契内明白今因乏錢應用再向本家叔弟　諸中兄弟全處撮出錢壹千壹百文正其錢即日交訖其佃田依旧耕作納租任從其便向後有能之日備錢照原尽撮字壹起贖回者听今欲有凴立撮字乙紙付执爲照

道光貳拾柒年七月　日立撮字兄文在（押）

代字侄章愛（押）

大發

5-1-48-4　清道光二十七年七月鄭文在立撮字

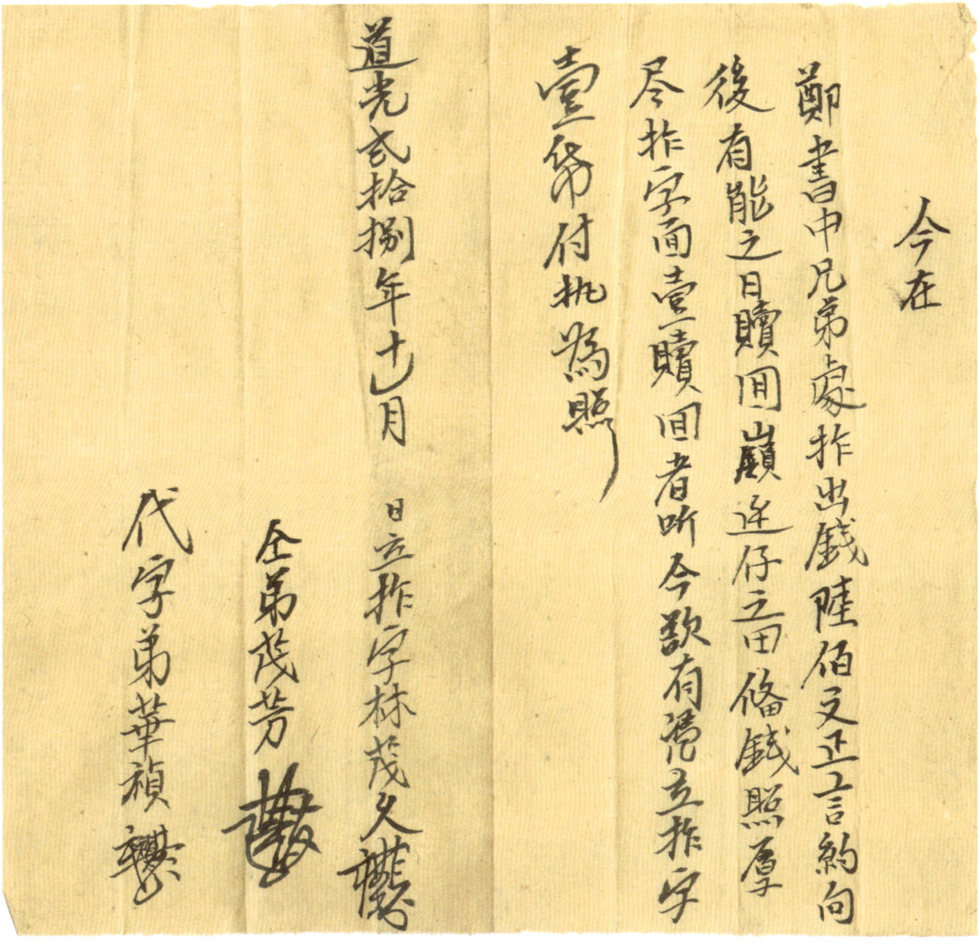

今在
鄭書中兄弟處拃出錢陸佰文正言約向
後有能之日贖回嶺逆仔之田條錢照原
尽拃字面壹贖回者所今欲有憑立拃字
壹紙付執爲照

道光貳拾捌年十一月　日立拃字林茂久（押）
仝弟茂芳（押）
代字弟華禎（押）

5-1-48-5　清道光二十八年十一月林茂久等立撮字

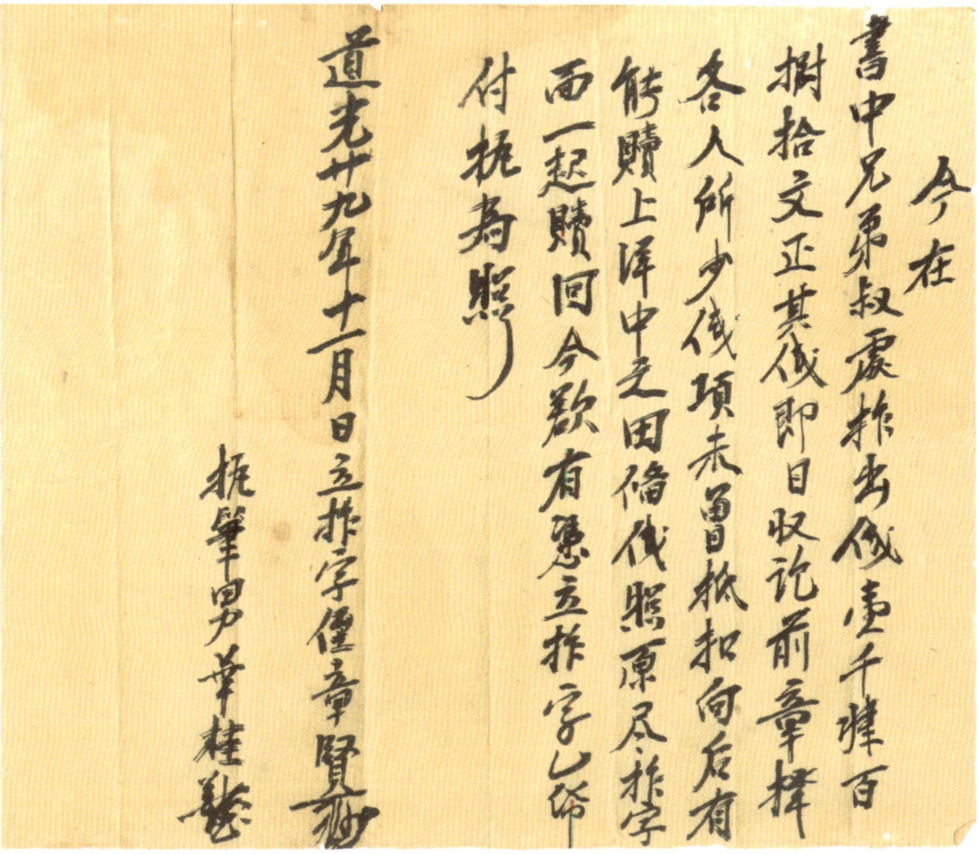

今在
書中兄弟叔震排出錢壹千肆百
捌拾文正其錢即日收訖前章拜
各人所少錢項未曾抵扣向后有
能贖上洋中之田借錢照原尽排字
而一起贖回今欲有憑立排字山
付挑為照
道光廿九年十一月日立排字侄章賢（押）
挑筆四男華桂（押）

5-1-48-6　清道光二十九年十一月鄭章賢立撮字

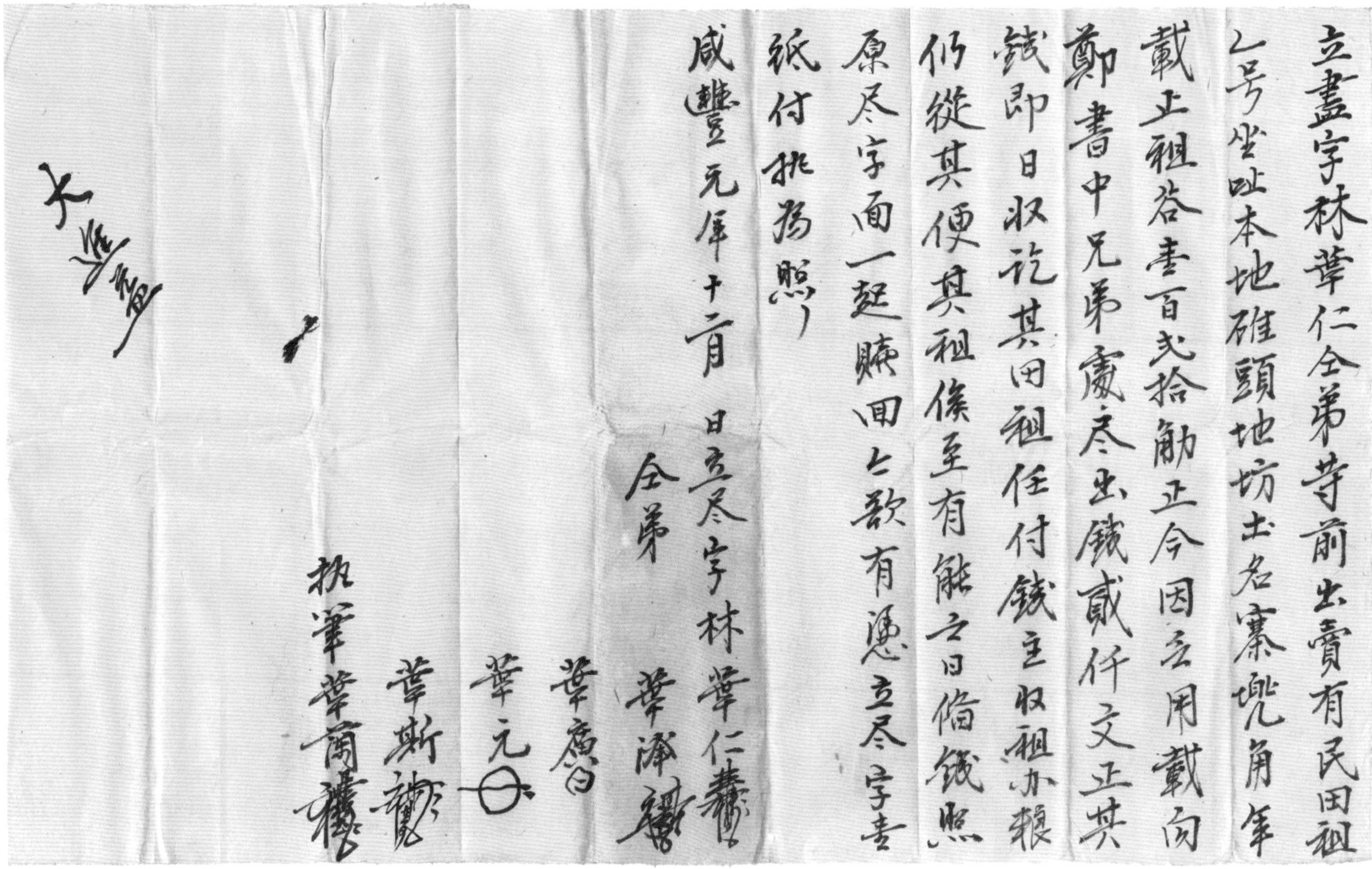
立盡字林華仁仝弟等前出賣有民田租乙号，坐址本地碓頭地坊，土名寨墘角，年載正租谷壹百弍拾觔正。今因乏用，載向鄭書中兄弟處盡出錢貳仟文正，其錢即日収訖，其田租任付錢主収租亦粮，仍從其便。其租係至有能之日，備錢照原盡字面一趕贖回之欵。有憑，立盡字壹紙付執爲照。

咸豐元年十二月　日立盡字林華仁（押）

仝弟　華澤（押）

華廣（押）

華元（押）

華斯（押）

執筆　華商（押）

5-1-48-7　清咸豐元年十二月林華仁等立盡民田租字

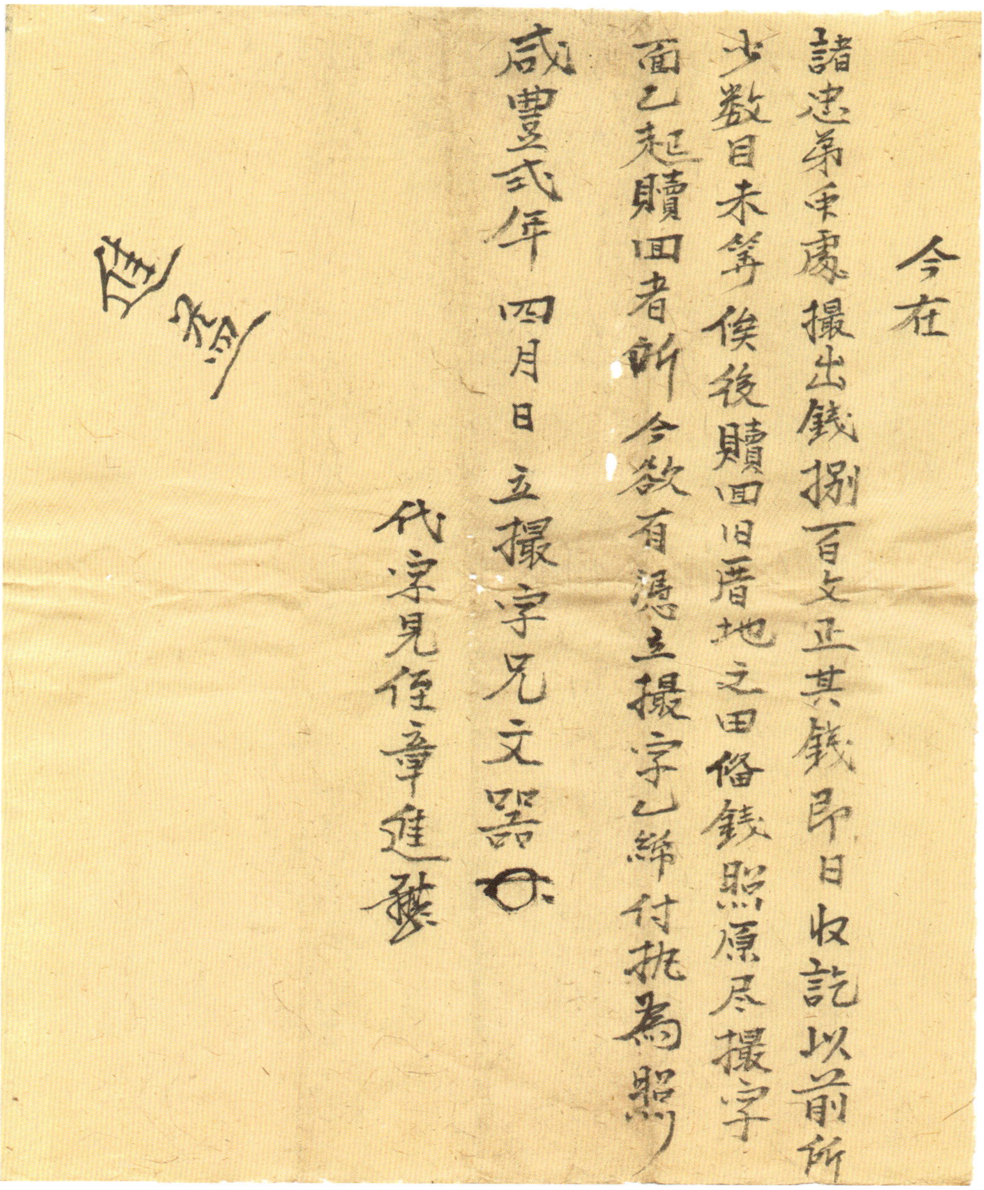
今在
諸迭弟手處撮出錢捌百文正其錢即日收訖以前所
少数目未算俟後贖回旧厝地之田倸錢照原尽撮字
面乙起贖回者所今欲有憑立撮字乙紙付执為照
咸豐贰年四月日　立撮字兄文噐（押）
代字見侄章進（押）

5-1-48-8　清咸豐二年四月鄭文噐立撮字

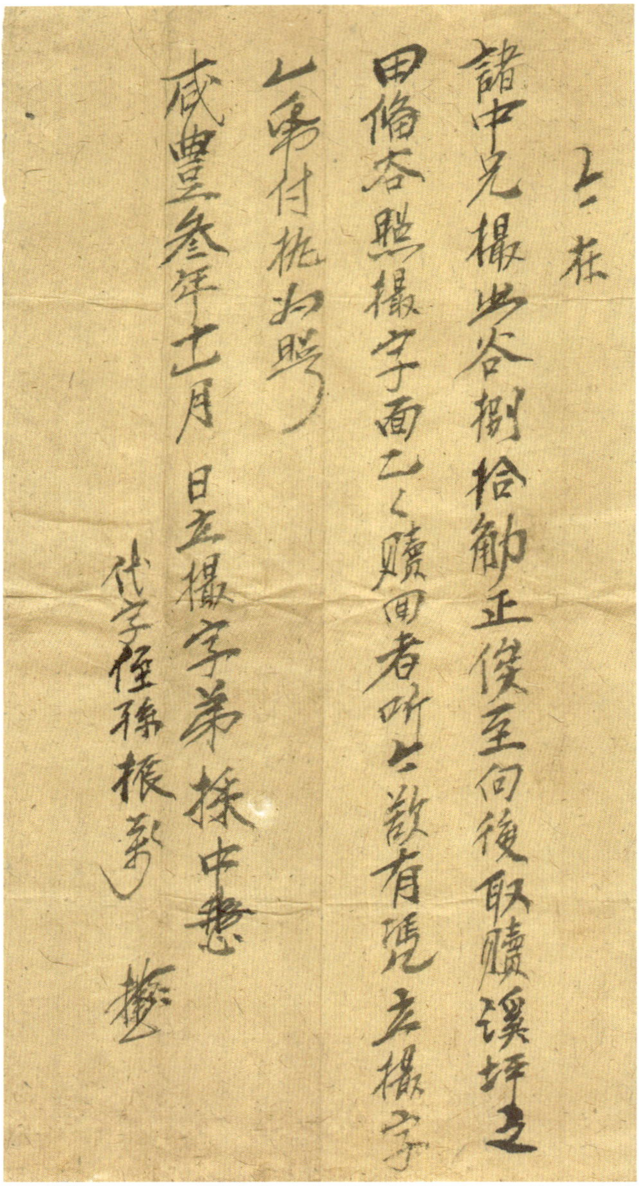
又在
諸中兄撮出谷捌拾觔正從至向後取贖溪坪之
田倫谷照撮字面乙〻贖回者听〻歉有憑立撮字
一紙付桃為照
咸豐叁年十一月　日立撮字弟　採中
代字侄孫根彩

5-1-48-9　清咸豐三年十一月鄭採中立撮字

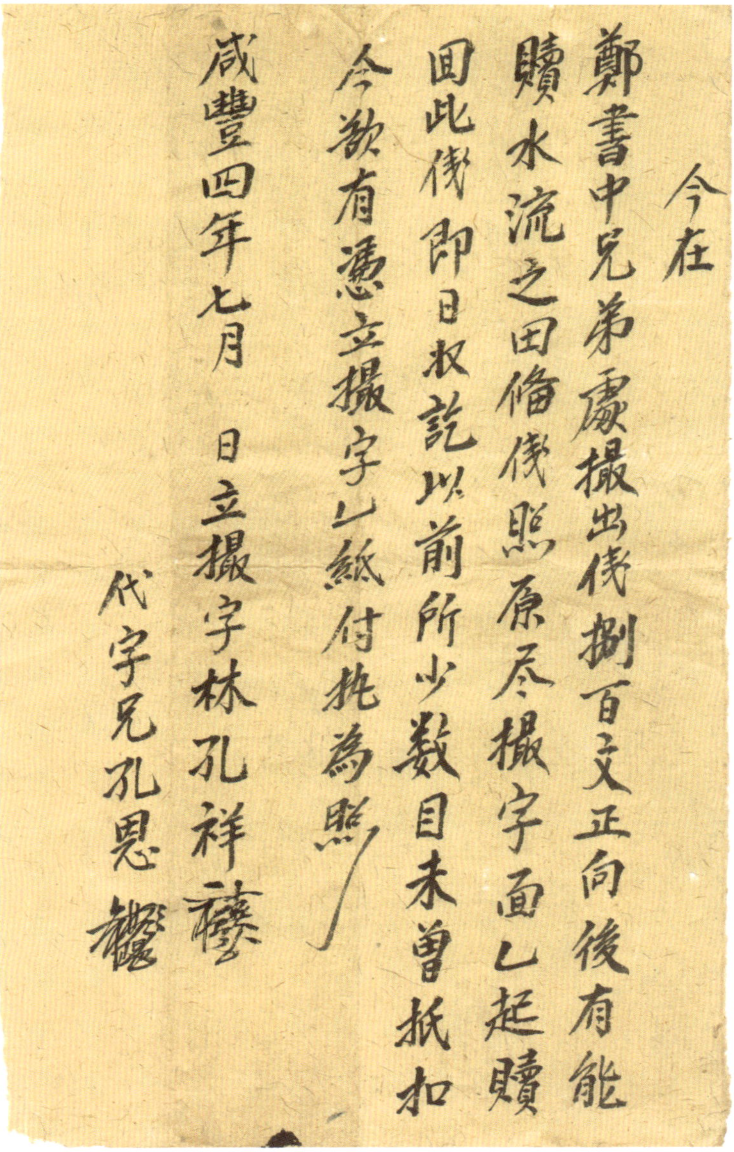

今在
鄭書中兄弟處撮出錢捌百文正向後有能
贖水流之田備錢照原尽撮字面一起贖
回此錢即日收訖以前所少數目未曾抵扣
今欲有憑立撮字一紙付執為照
咸豐四年七月　日立撮字林孔祥（押）
代字兄孔恩（押）

5-1-48-10　清咸豐四年七月林孔祥立撮字

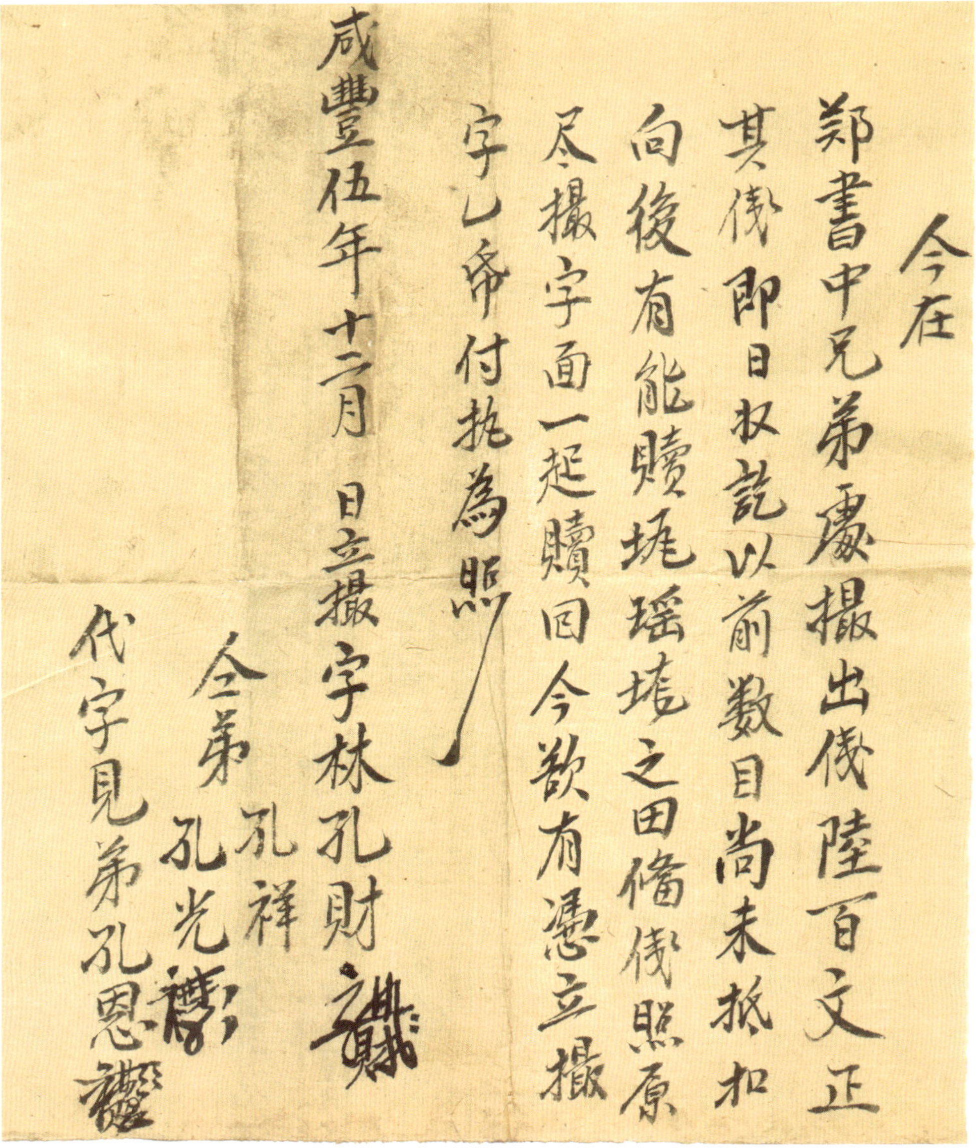
今在
鄭書中兄弟處撮出佛陸百文正，
其佛即日收訖。以前數目尚未抵扣，
向後有能贖堍瑶堍之田，備佛照原
尽撮字面一起贖回。今欲有憑，立撮
字乙帋付執為照。
咸豐伍年十二月　日立撮字林孔財（押）
仝弟　孔祥
　　　孔光（押）
代字見弟孔恩（押）

5-1-48-11　清咸豐五年十二月林孔財等立撮字

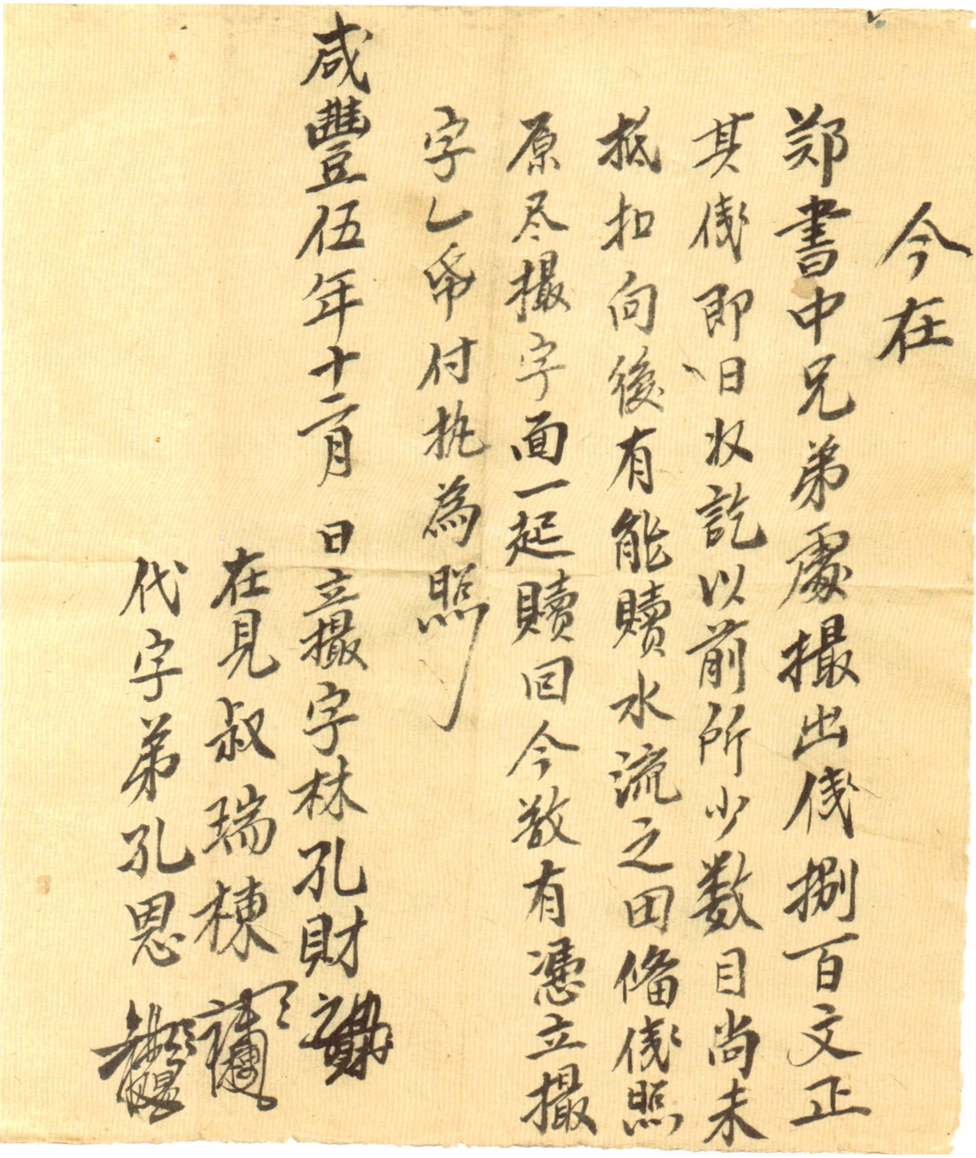

今在
鄭書中兄弟處撮出錢捌百文正
其錢即日收訖以前所少數目尚未
抵扣向後有能贖水流之田備錢照
原尽撮字面一起贖回今欲有憑立撮
字乙帋付執為照
咸豐伍年十二月　日立撮字林孔財（押）
在見叔瑞棟（押）
代字弟孔恩（押）

5-1-48-12　清咸豐五年十二月林孔財立撮字

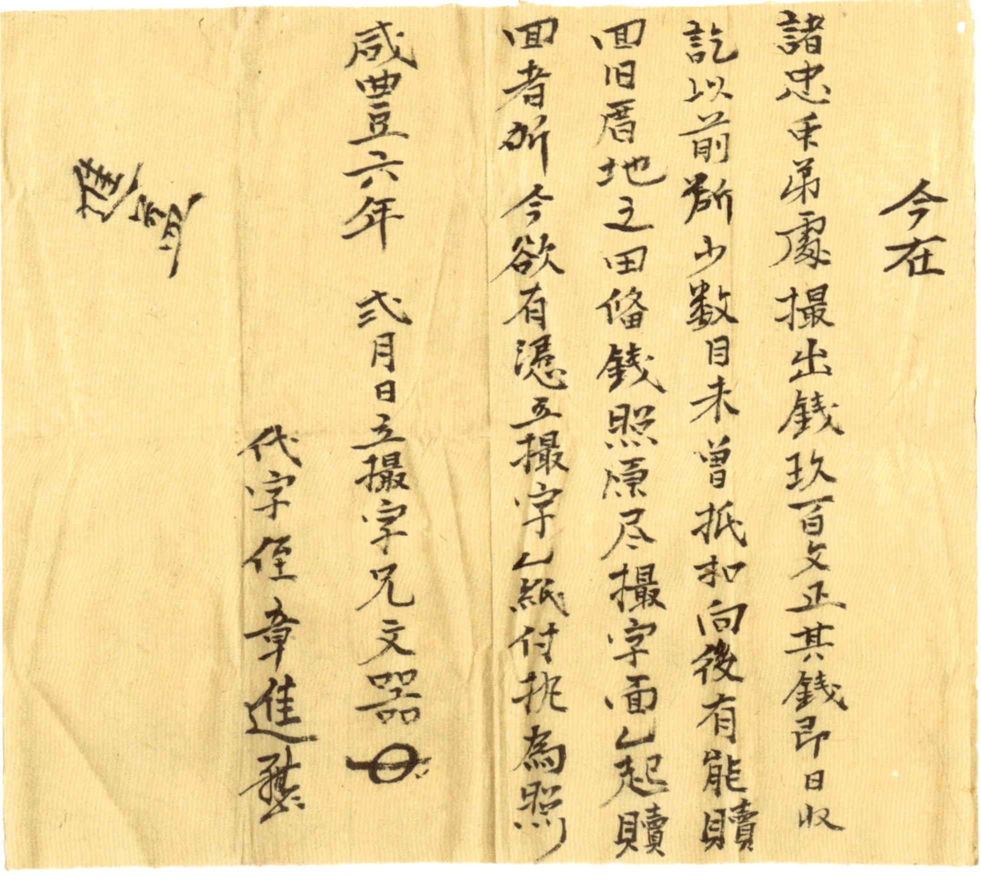
今在
諸忠手弟處撮出錢玖百文正，其錢即日收
訖。以前斷少數目未曾抵扣，向後有能贖
回旧厝地乙田，併錢照原尽撮字面山起贖
回者，所今欲有憑，立撮字山紙付執為照。
咸豐六年弍月日立撮字兄文器（押）
代字侄章進（押）
進字

5-1-48-13　清咸豐六年二月鄭文器立撮字

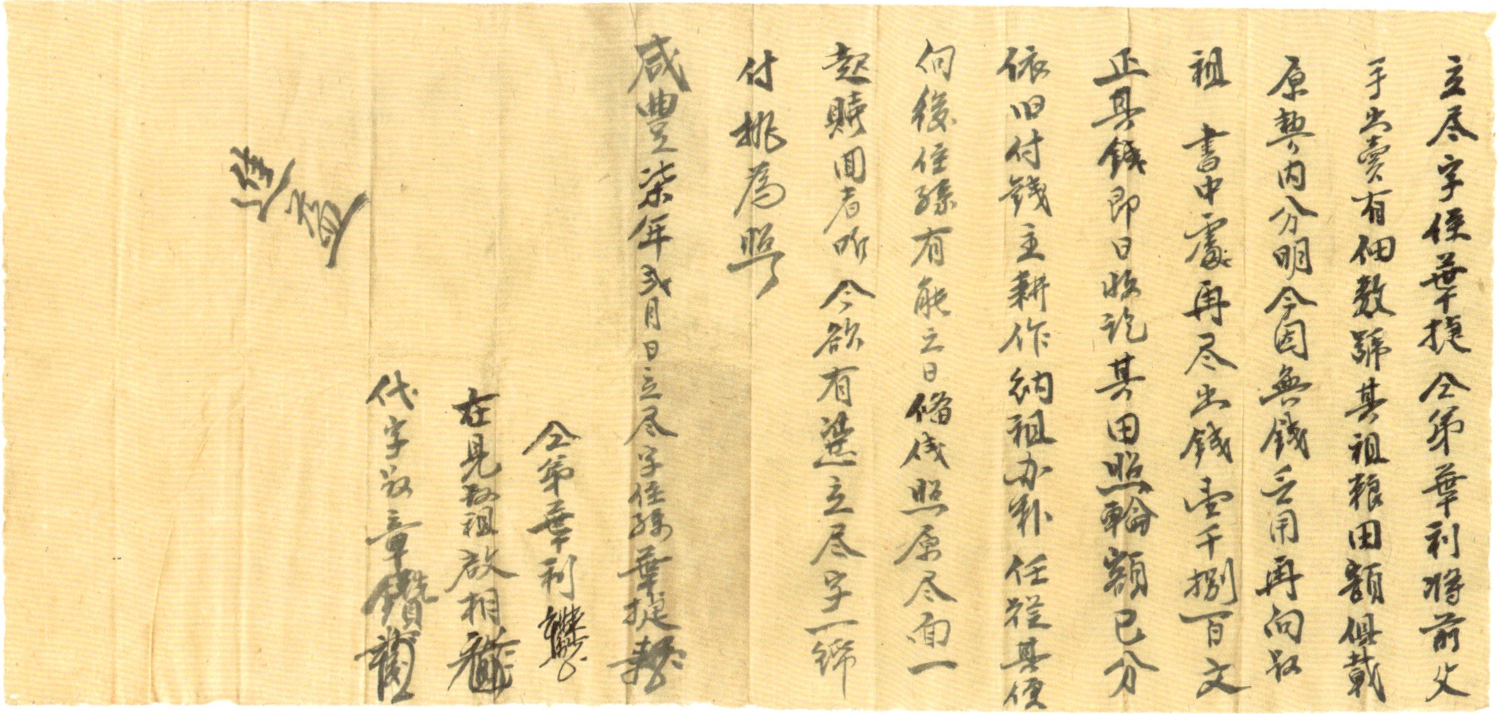
立盡字侄華捷仝弟華利將前父
手出賣有佃數號，其祖粮田額俱載
原契內分明。今因無錢乏用，再向叔
祖　書中處再盡出錢壹千捌百文
正。其錢即日收訖，其田照輪額已分
依田付錢主耕作納租办納，任從其便。
向後侄孫有能之日，備錢照原盡面一
起贖回者，昨今欲有憑，立盡字一紙
付執爲照。
咸豐柒年貳月　日立盡字侄孫華捷（押）
仝弟華利（押）
在見叔祖啟相（押）
代字叔章贊（押）
盡訖

5-1-48-14　清咸豐七年二月鄭華捷等立盡佃田字

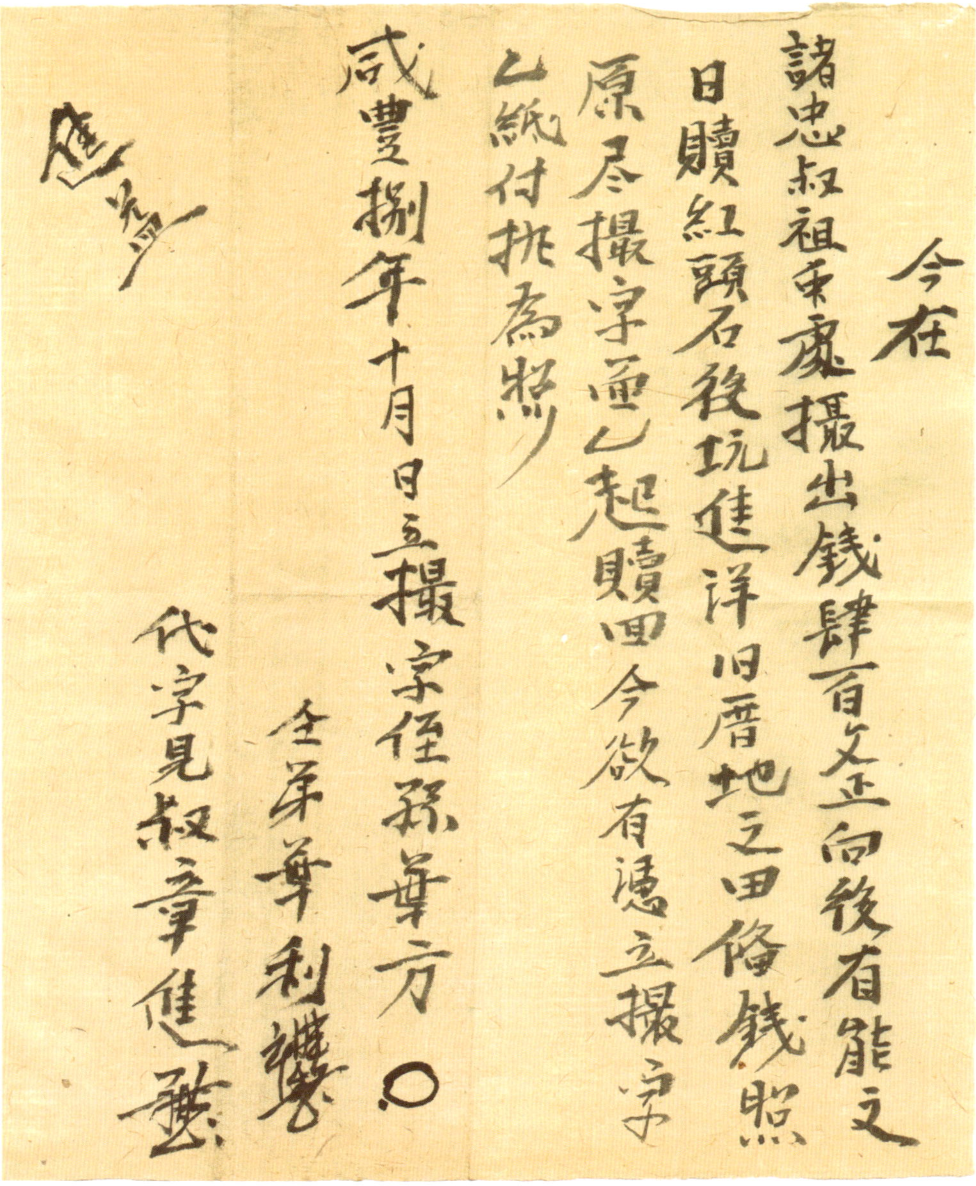
今在
諸忠叔祖來處撮出錢肆百文正向後有能之日贖紅頭石後坑進洋旧厝地之田係錢照原本撮字還乙起贖田今欲有憑立撮字乙紙付批爲照
咸豐捌年十月日立撮字侄孫華方 ○
仝弟華利（押）
代字見叔章進（押）

5-1-48-15　清咸豐八年十月鄭華方等立撮字

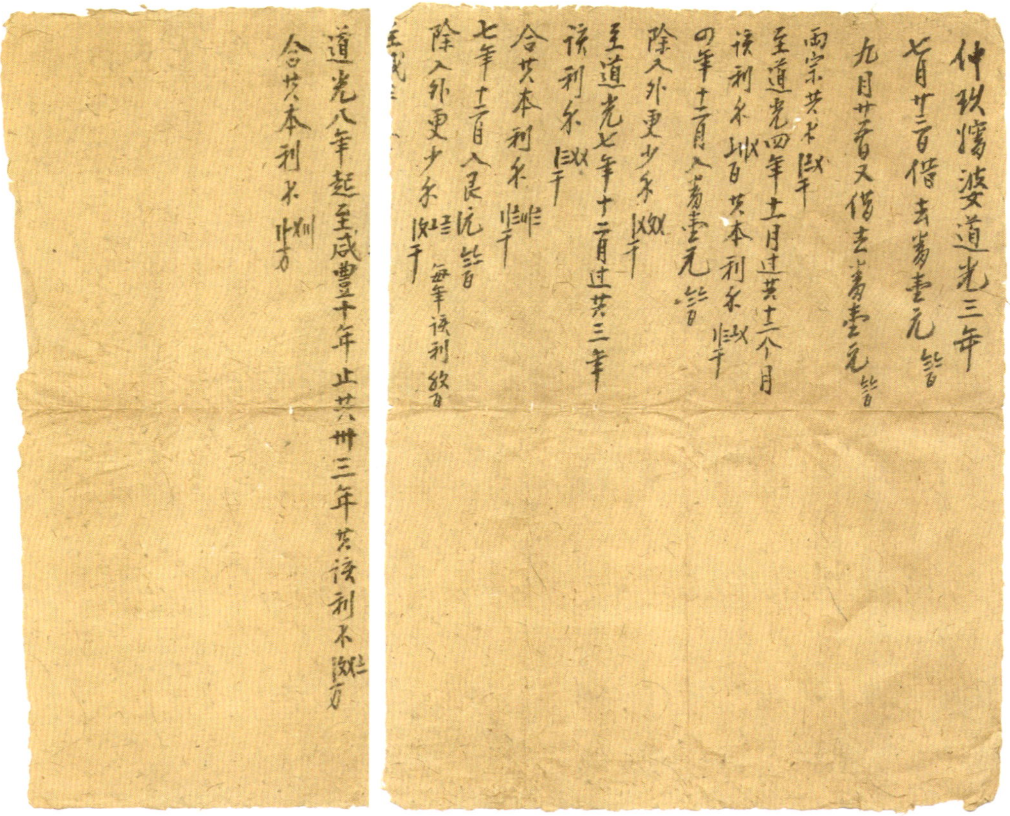
仲玖嬸婆道光三年
七月廿三日借去番壹元　皆
九月廿五日又借去番壹元　皆
两宗共本[illegible]
至道光四年十一月止共十二個月
該利谷[illegible]　共本利谷[illegible]
四年十二月入番壹元　皆
除入外更少谷[illegible]
至道光七年十二月止共三年
該利谷[illegible]
合共本利谷[illegible]
七年十二月入艮洋　皆
除入外更少谷[illegible]　每年該利谷[illegible]
道光八年起至咸豐十年止共卅三年共該利谷[illegible]
合共本利谷[illegible]

5-1-48-16　清道光咸豐年間鄭步清户借貸清單

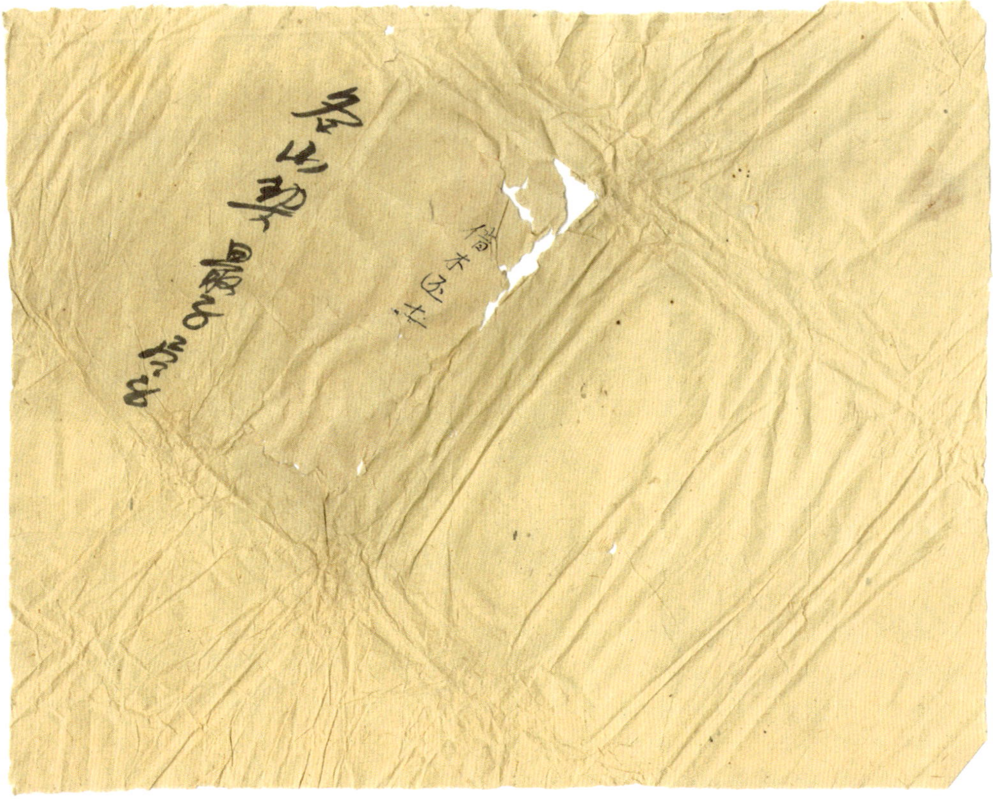

5-1-49-1　包契紙

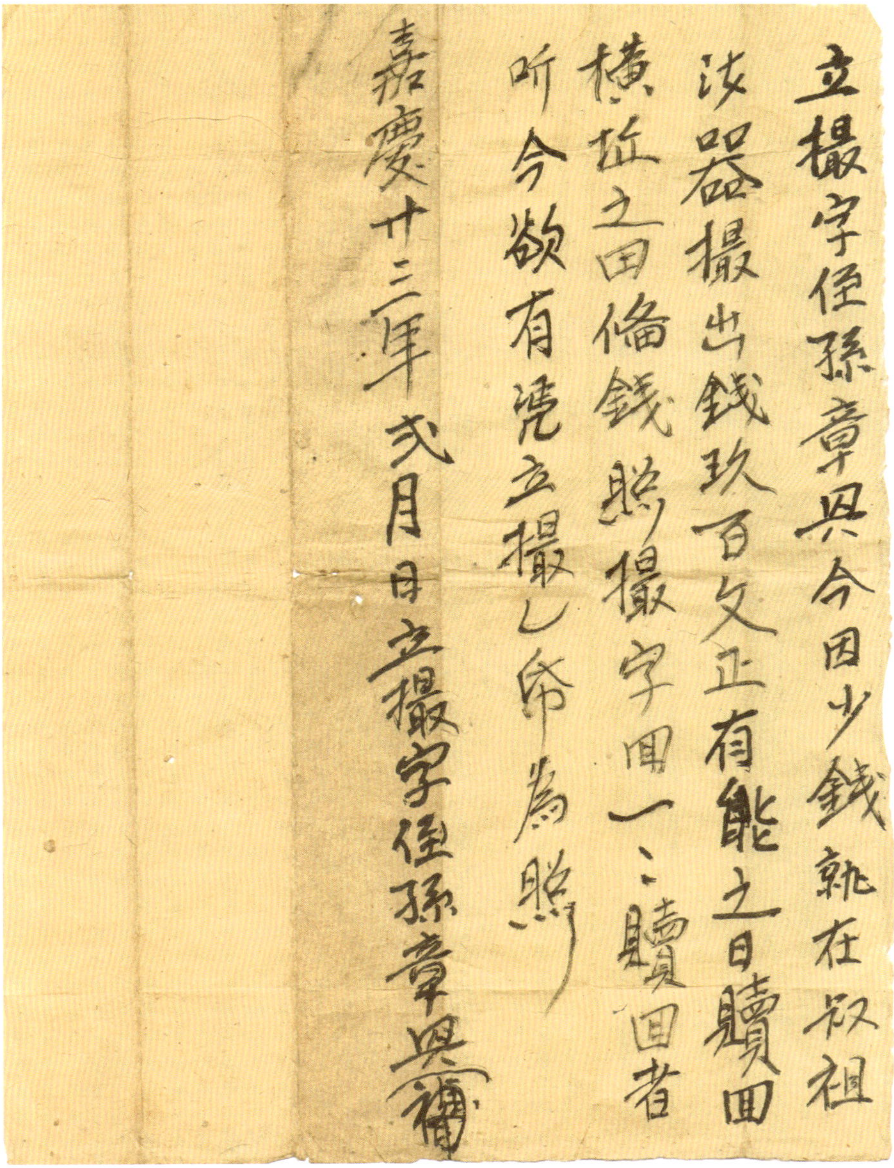
立撮字侄孫章㒶今因少錢就在叔祖
汶器撮出錢玖百文正有能之日贖回
横坵之田倫錢照撮字田一一贖回者
听今欲有凭立撮乙帋為照
嘉慶廿三年弍月 日立撮字侄孫章㒶（押）

5-1-49-2　清嘉慶二十三年二月鄭章㒶立撮字

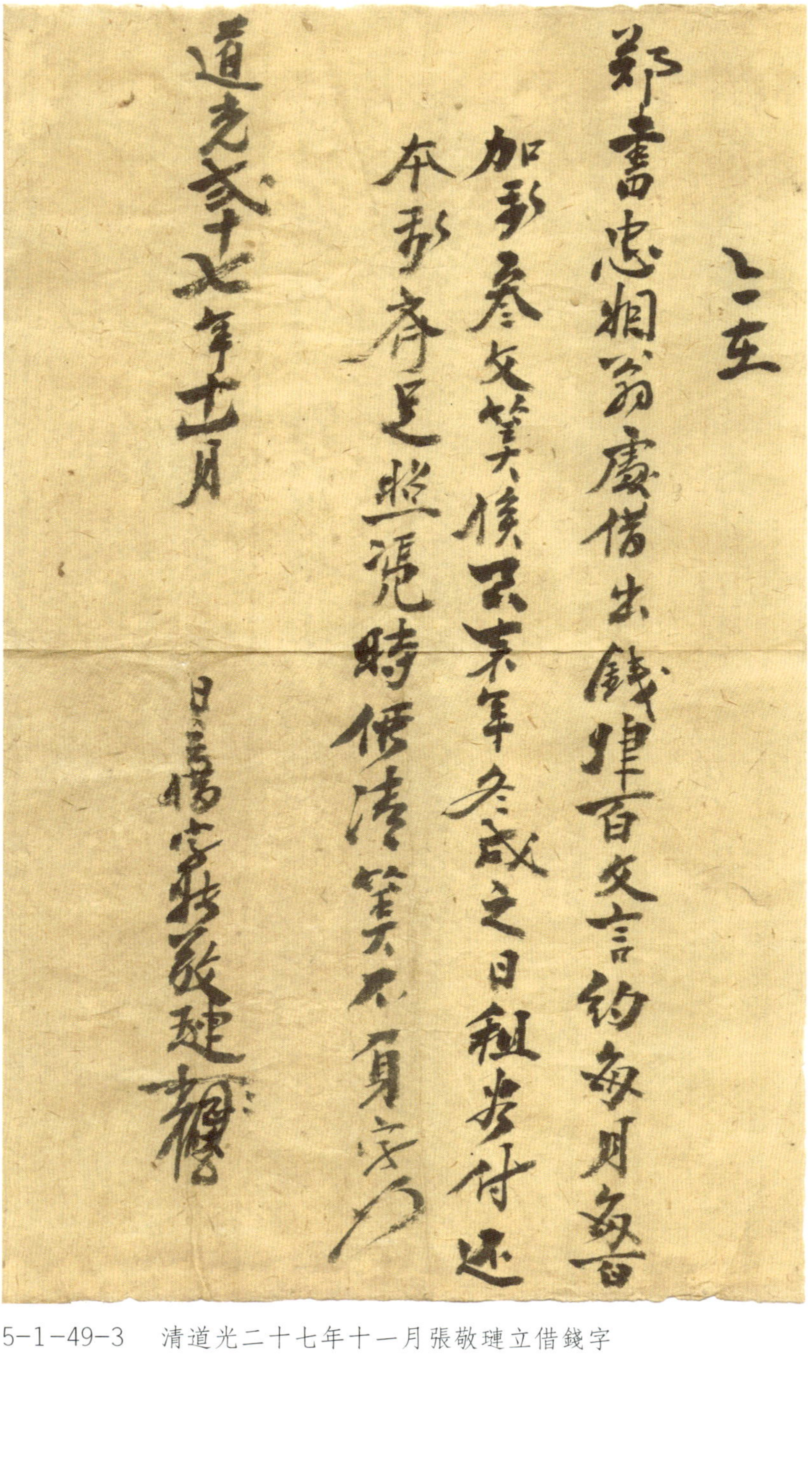

鄭書忠親翁處借出錢肆百文，言約每月每百
加利叁文算，候至來年冬成之日粗米付还
本利齊足，照憑時便清算，不負字。
道光貳十七年十一月　日立借字張敬建（押）

5-1-49-3　清道光二十七年十一月張敬璉立借錢字

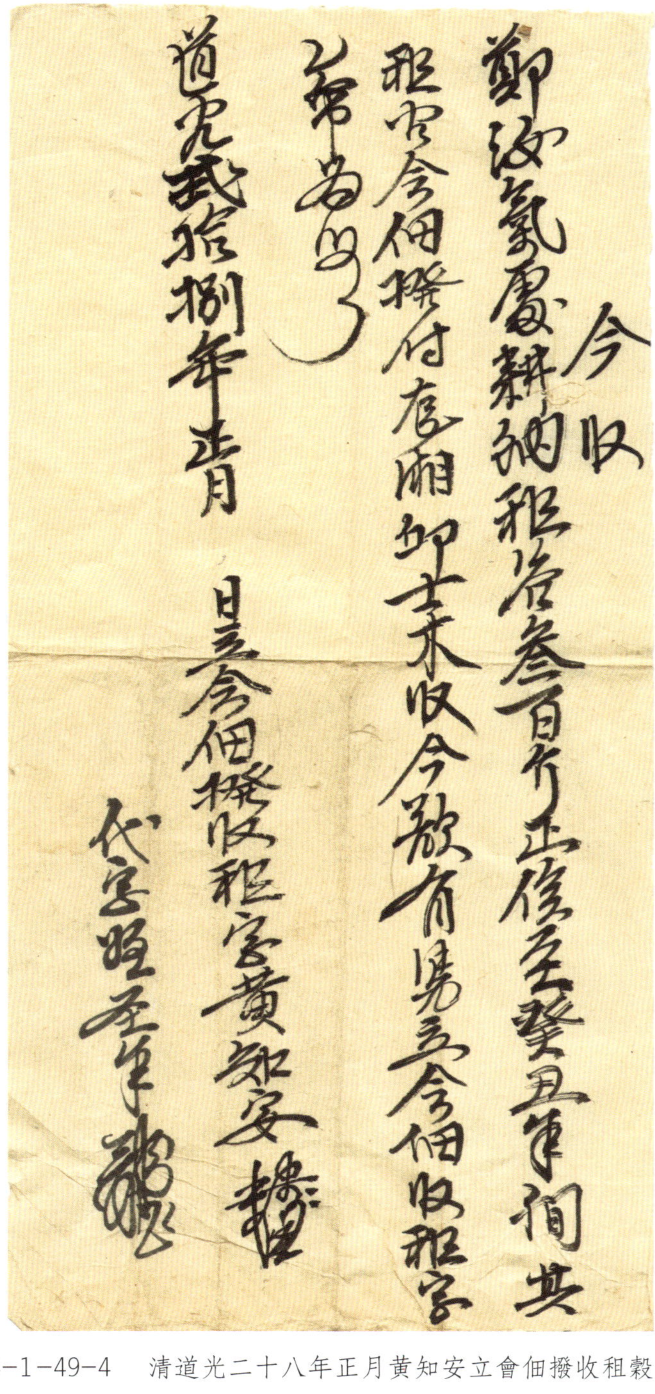
今收
鄭汝氣處耕納租谷叁百斤正，係癸丑年间，其
租穀會佃撥付崔厢邨土木收。今欲有憑，立會佃收租字
乙紙爲照。
道光貳拾捌年正月　日立會佃撥收租字黃知安（押）
代字姪丕年（押）

5-1-49-4　清道光二十八年正月黃知安立會佃撥收租穀字

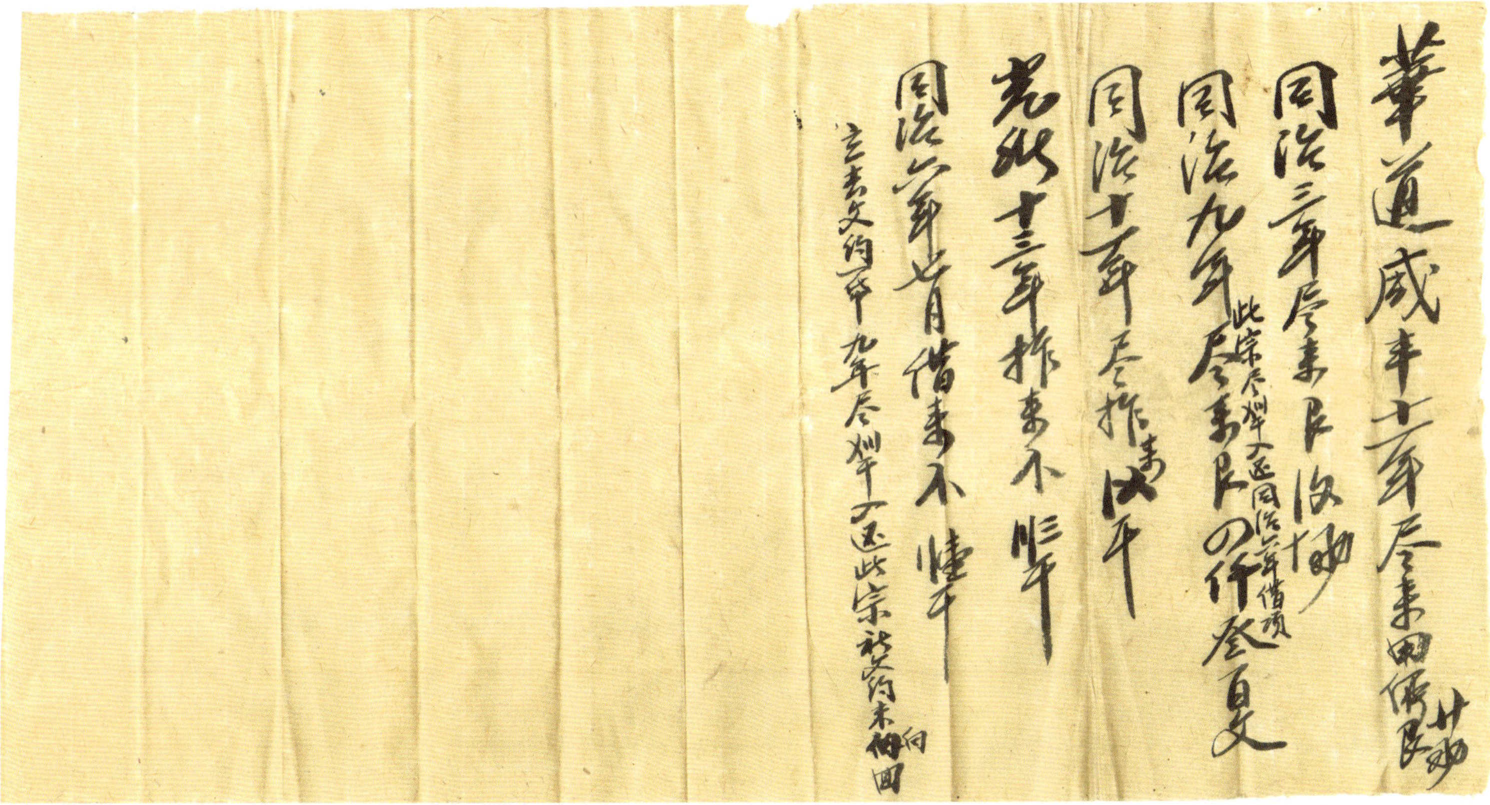
華道咸豐十一年借來田價艮廿兩
同治三年借來艮伍拾兩
同治九年借來艮四仟叁百文　此宗[illegible]同治六年借項
同治十二年[illegible]排來[illegible]千
光緒十三年排來不[illegible]千
同治六年七月借來不[illegible]千
言去文約[illegible]九年[illegible]此宗[illegible]

5-1-49-5　清咸豐至光緒年間鄭華道往來清單

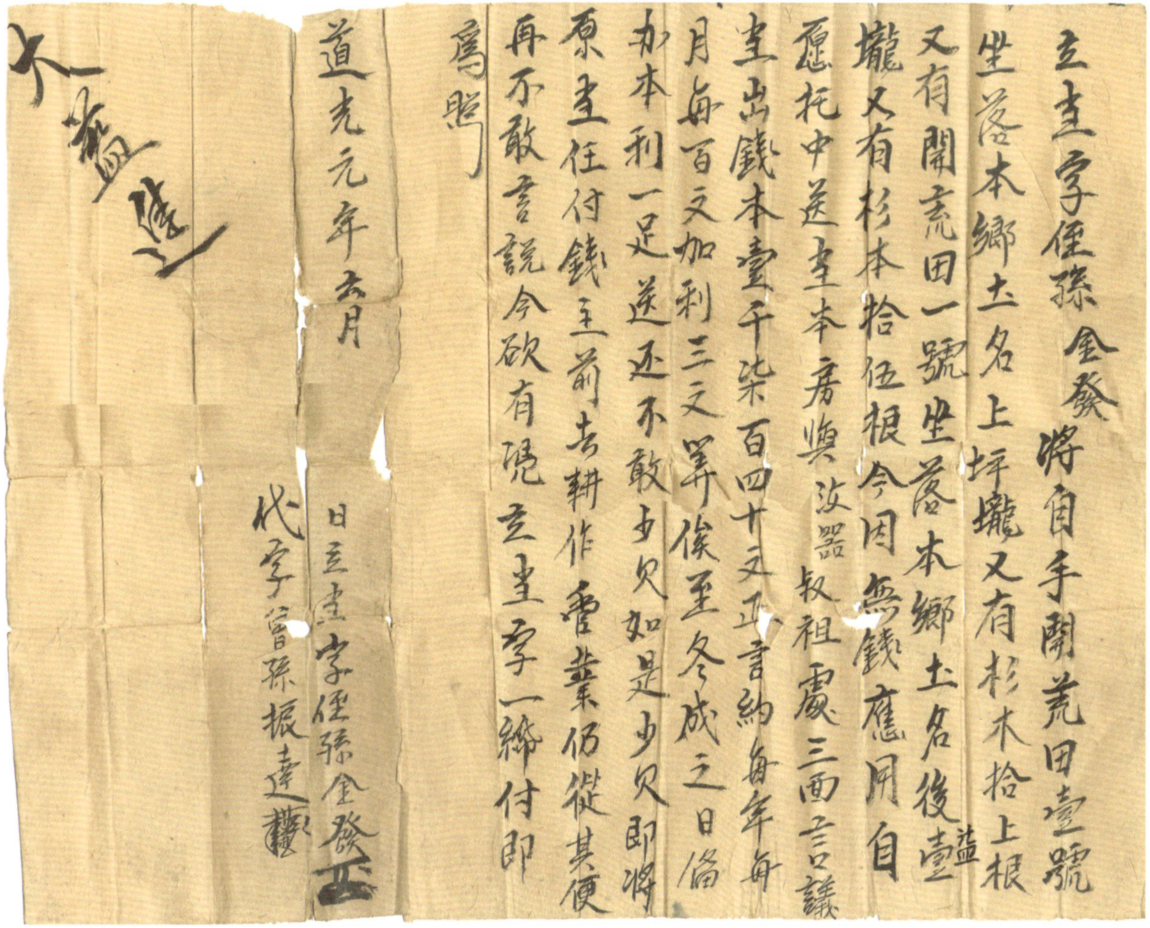
立當字侄孫金發將自手開荒田壹號
坐落本鄉土名上坪壠又有杉木拾上根
又有開荒田一號坐落本鄉土名後壹（益）
壠又有杉木拾伍根今因無錢應用自
愿托中送至本房與汝器叔祖處三面言議
當出錢本壹千柒百四十文正言約每年每
月每百文加利三文筭至冬成之日備
办本利一足送还不敢少欠如是少欠即將
原當任付錢主前去耕作管業仍從其便
再不敢言說今欲有憑立當字一紙付即
爲照
道光元年六月　　日立當字侄孫金發（押）
代字管孫振達（押）
不當進

5-1-50-1　清道光元年六月鄭金發立當荒田等字

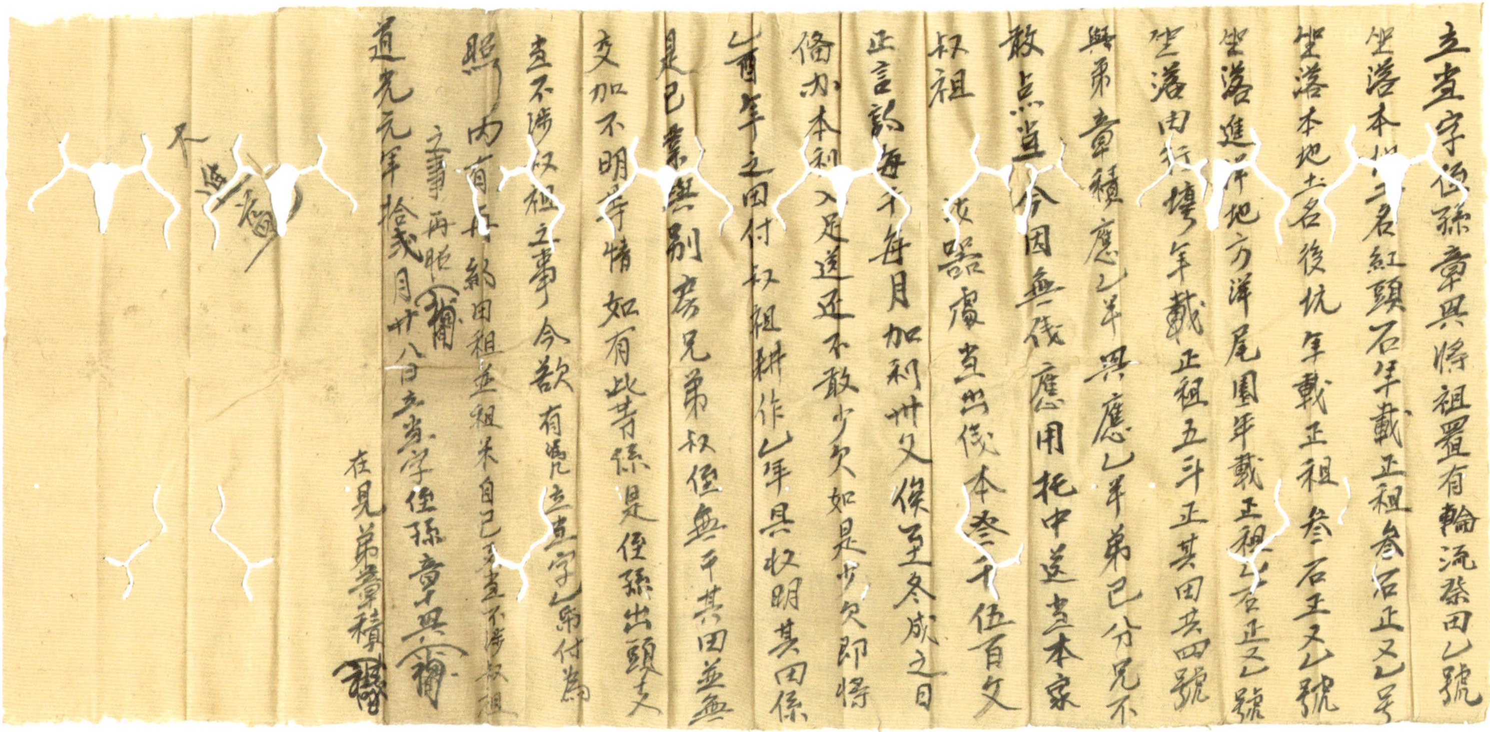
立當字侄孫章興將祖置有輪流祭田乙號
坐落本地土名紅頭石年載正租叁石正又乙號
坐落本地土名後坑年載正租叁石正又乙號
坐落進坪地方洋尾園年載正租乙石正又乙號
坐落内行塘年載正租五斗正共田共四號
與弟章積應乙半興應乙半弟已分見不
敢㸃當今因無錢應用托中送當本家
叔祖處當出錢本叁千伍百文
正言約每千每月加利卅文係至冬成之日
備办本利入足送還不敢少欠如是少欠即將
此年之田付叔祖耕作乙年具叔明其田係
是已業與別房兄弟叔侄無干其田並無
交加不明等情如有此等係是侄孫出頭支
當不涉叔祖之事今欲有憑立當字乙紙付為
照　内有添紛田租並租米自己支當不涉叔祖之事再照
道光元年拾貳月廿八日立當字侄孫章興
在見弟章積

5-1-50-2　清道光元年十二月鄭章興立當輪流祭田字

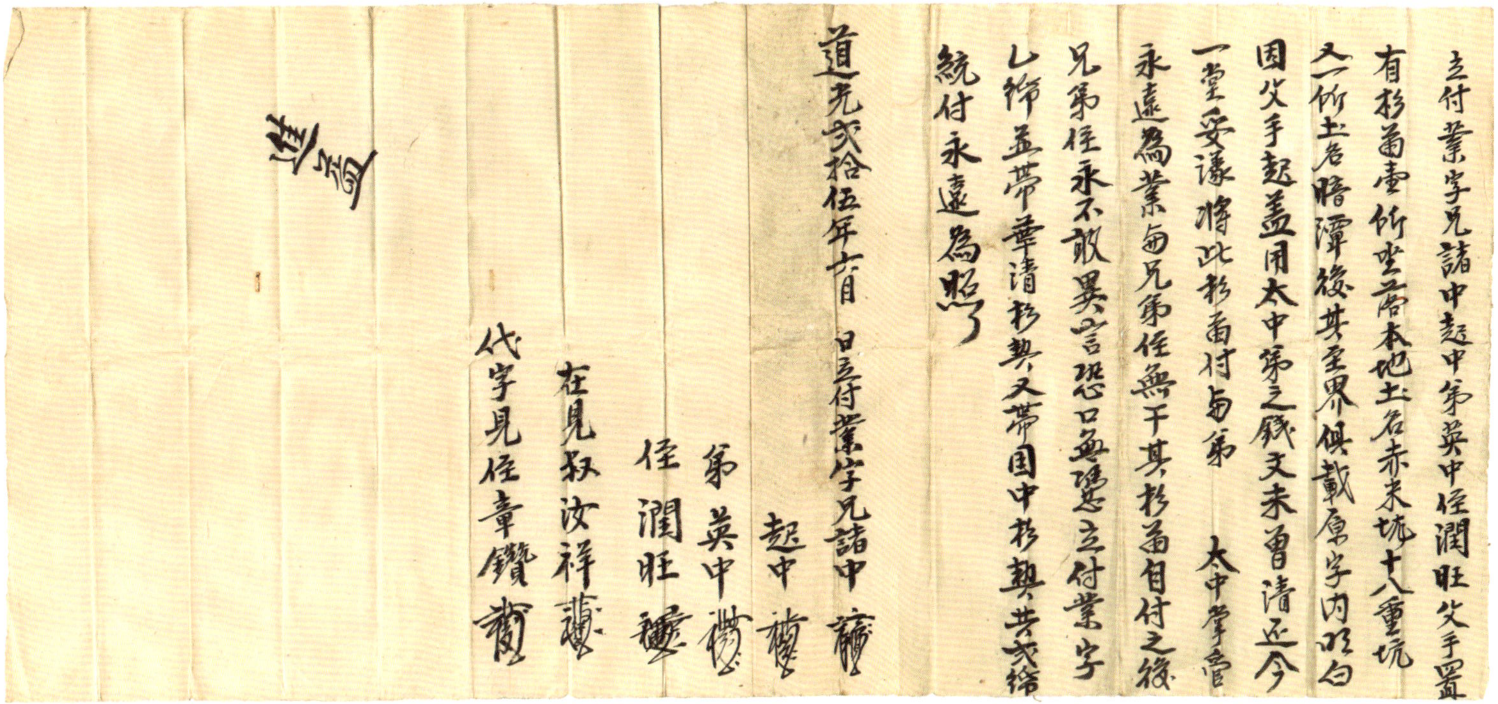

立付業字兄諸中、起中、弟英中、侄潤旺，父手置
有杉苗壹所，坐落本地土名赤朱坑十八重坑，
又一所土名暗潭後，其至界俱載原字內明白。
因父手起蓋用太中弟之錢文未曾清还，今
一堂妥議，將此杉苗付與弟　太中掌管
永遠為業，與兄弟侄無干。其杉苗自付之後，
兄弟侄永不敢異言。恐口無憑，立付業字
一紙，並帶華清杉契一，又帶国中杉契，共貳紙，
統付永遠為照。

道光貳拾伍年六月　日立付業字兄諸中（押）
起中（押）
弟英中（押）
侄潤旺（押）
在見叔汝祥（押）
代字見侄章鑽（押）

5-1-50-3　清道光二十五年六月鄭諸中等立付業字

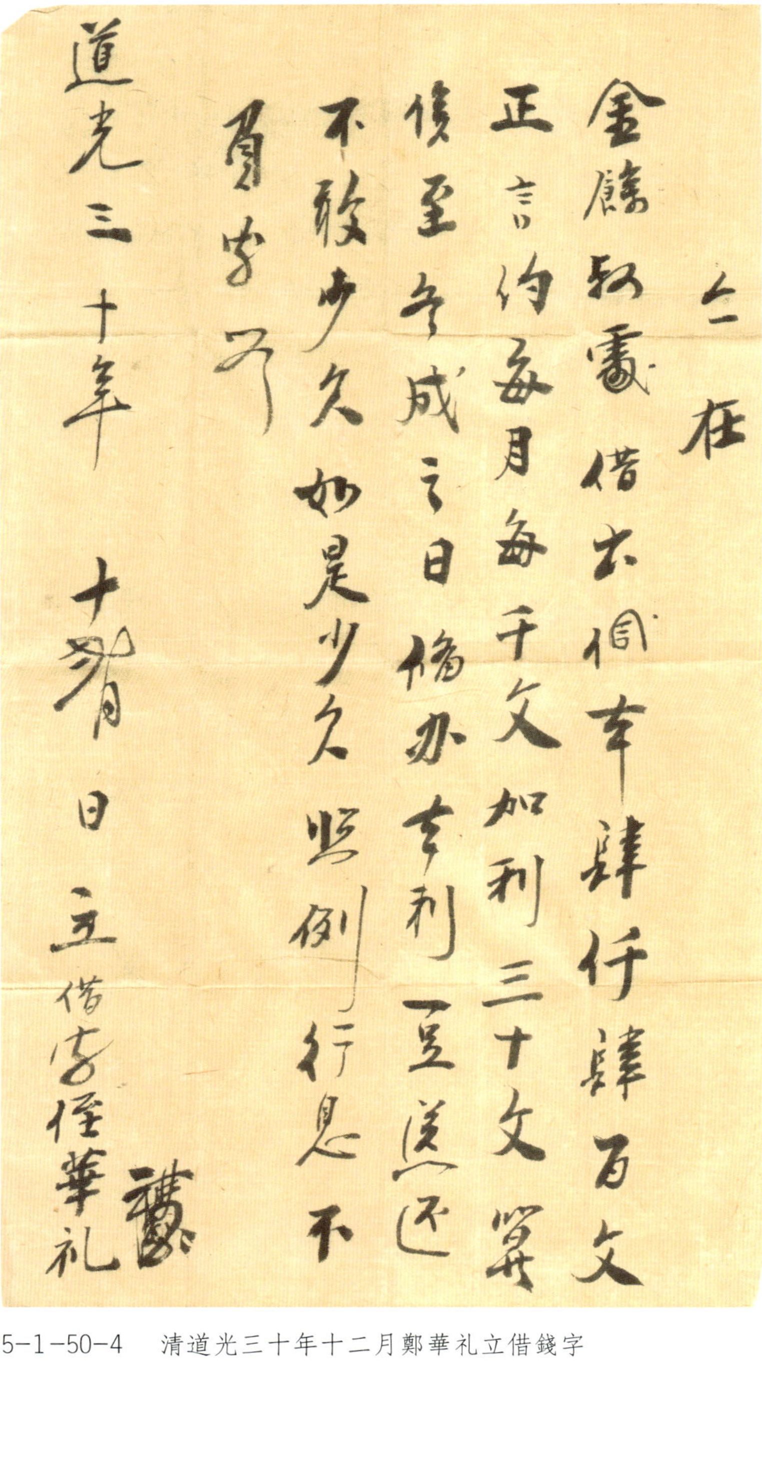
仝在
金饒叔處借出個本肆仟肆百文
正言約每月每千文加利三十文算
俟至冬成之日備办本利一足送還
不致少欠如是少欠照例行息不
負字照
道光三十年十二月日立借字侄華礼

5-1-50-4　清道光三十年十二月鄭華礼立借錢字

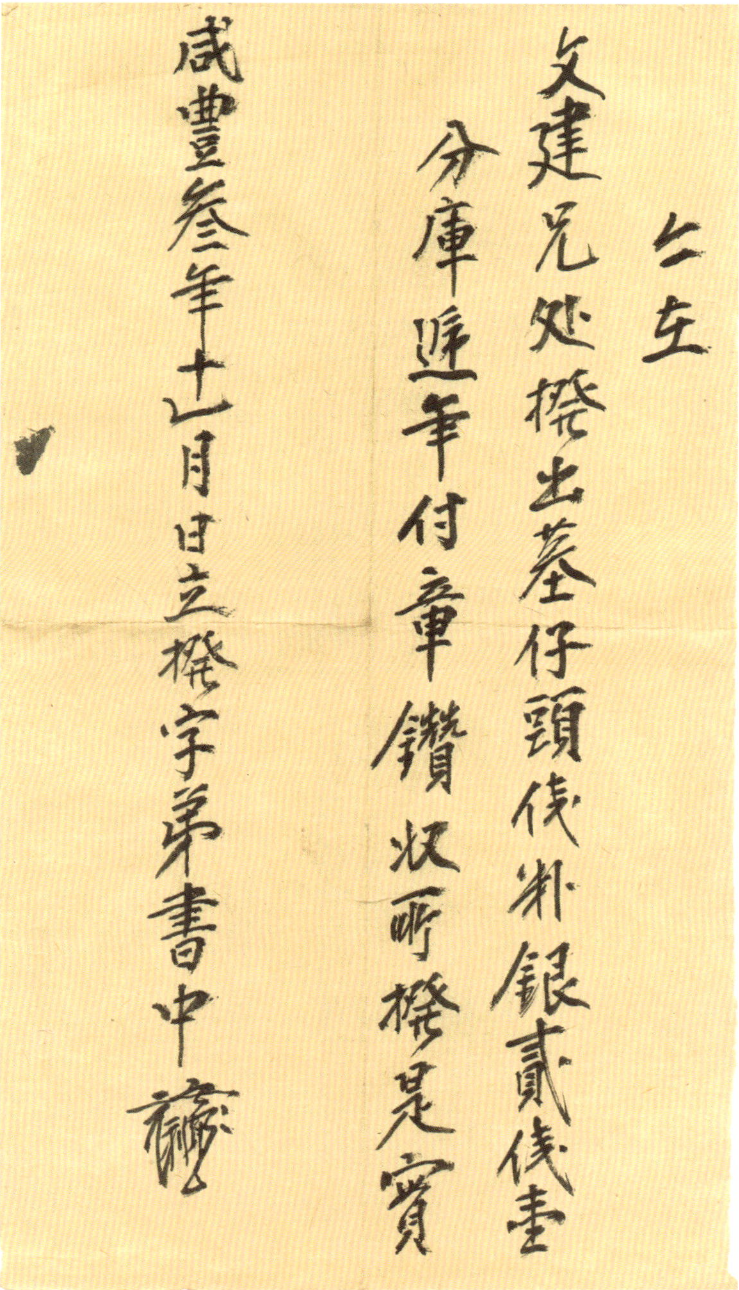
仝左
文建兄处撥出基仔頭伐米銀貳伐圭
分庫逓年付章鑽收所撥是實
咸豐叁年十一月日立撥字弟書中

5-1-50-5　清咸豐三年十一月鄭書中立撥糧錢字

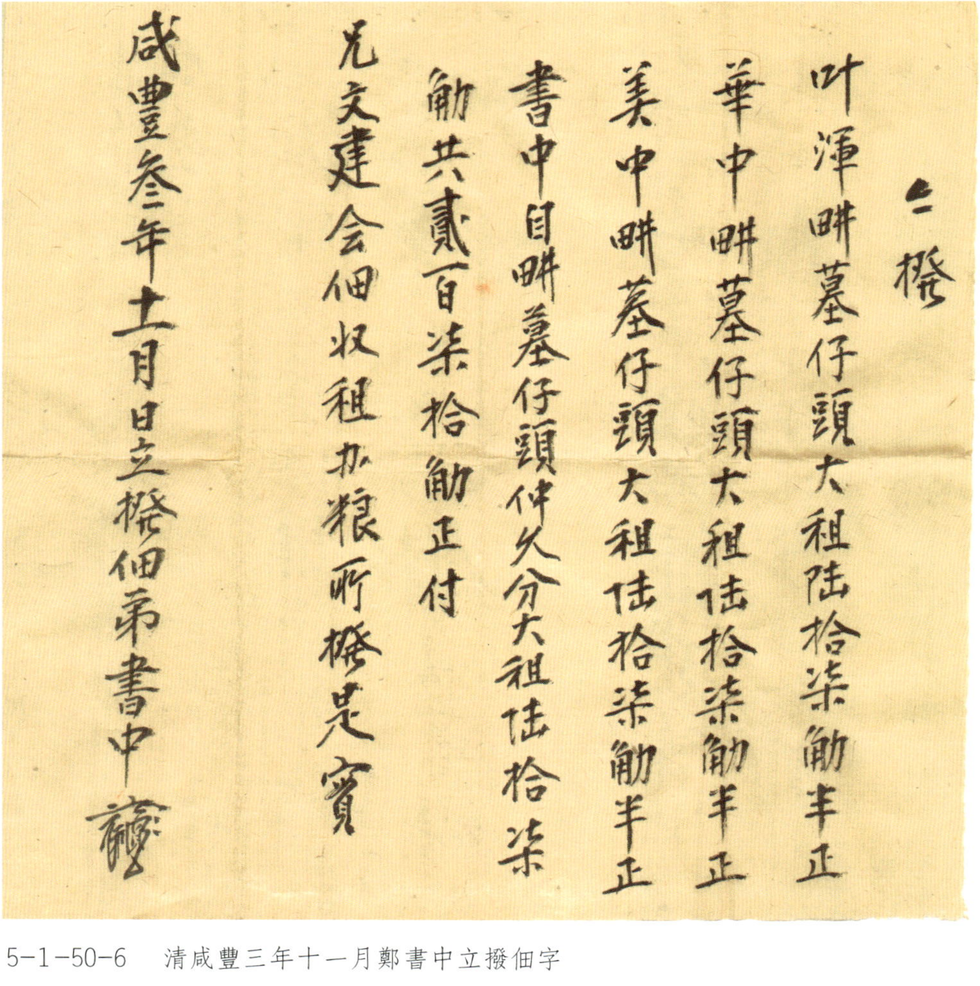

仝撥
叶渾畊墓仔頭大祖陸拾柒觔半正
華中畊墓仔頭大祖伍拾柒觔半正
美中畊墓仔頭大祖伍拾柒觔半正
書中自畊墓仔頭仲久分大祖伍拾柒
觔共貳百柒拾觔正付
兄文建会佃收租办粮所撥是實
咸豐叁年十一月日立撥佃弟書中（押）

5-1-50-6　清咸豐三年十一月鄭書中立撥佃字

立賣字弟金天將承鳩集有文昌会
壹会，即聚奎社，置有大租壹號，年載正
租谷玖拾陆斤，又置有根租壹號，年載
租谷肆拾斤正，係拾弍年輪弟当收，亦
食完料壹年，其料款俱載原字内分
明。今因乏用，自愿托中送賣胞兄
金瑜处为業，三面言議時收價錢壹仟
文正，其錢即日收訖。其会應輪弟年份
付兄前去收租完料，亦食在先，並無文
加不明等情；如有此等，係弟出頭支當，不涉
兄之事。此会係弟己欲，無別至干。向後有
能之日，備錢照字面取贖，分敖有憑。立賣
字壹紙付執为照。

同治拾弍年拾弍月　日立賣字弟金天（押）
在見中弟金逵（押）
自筆（押）

大吉

5-1-50-7　清同治十二年十二月鄭金天立賣文昌會大租字

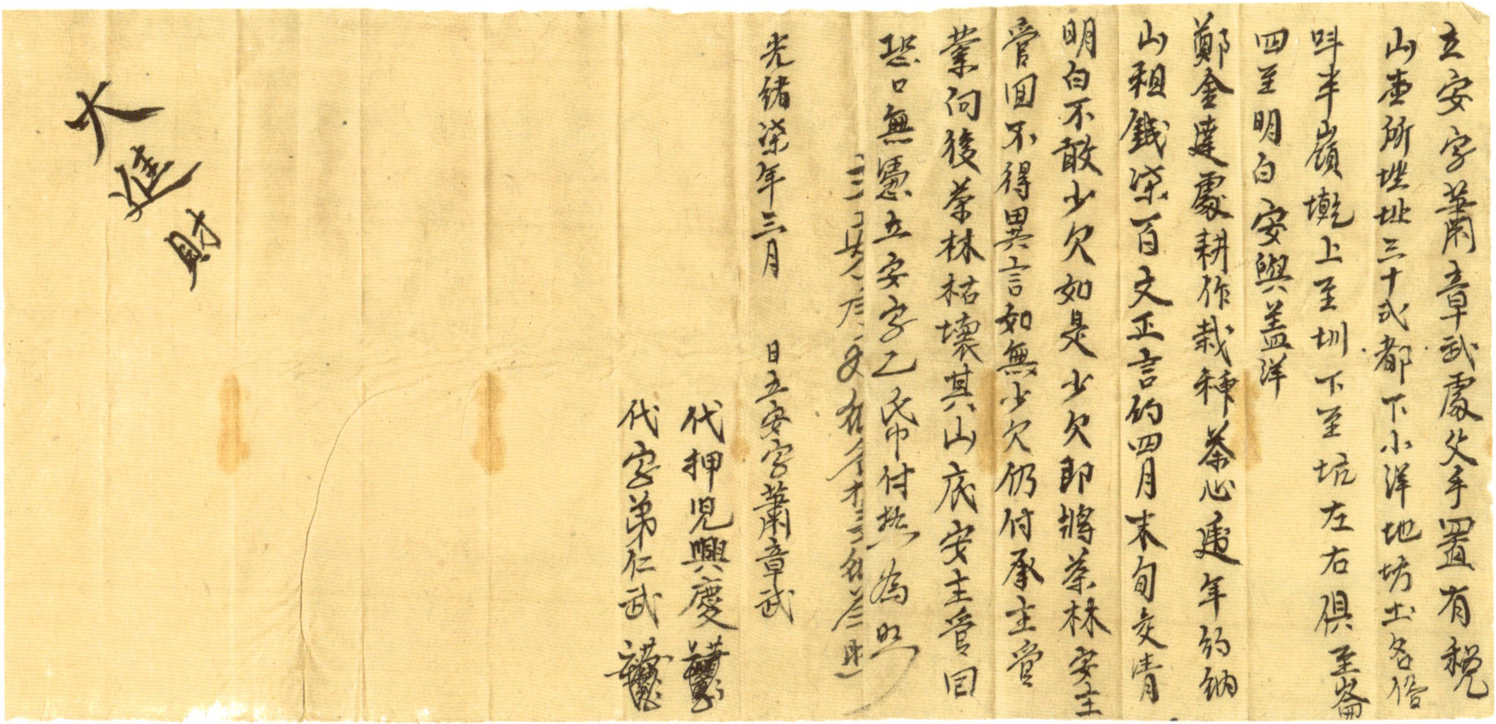

立安字蕭章武承父手置有税
山壹所坐址三十弍都下小洋地坊土名俗
呼半嶺墩上至圳下至坑左右俱至崙
四至明白安與蓋洋
鄭金達承耕作栽種茶心遞年約納
山租錢柒百文正言約四月末旬交清
明白不敢少欠如是少欠即將茶林安主
管回不得異言如無少欠仍付承主管
業向後茶林枯壞其山依安主管回
恐口無憑立安字乙帋付執為照
[illegible]
光緒柒年三月　日立安字蕭章武
代押兒興慶
代字弟仁武
大進財

5-1-50-8　清光緒七年三月蕭章武立安税山字

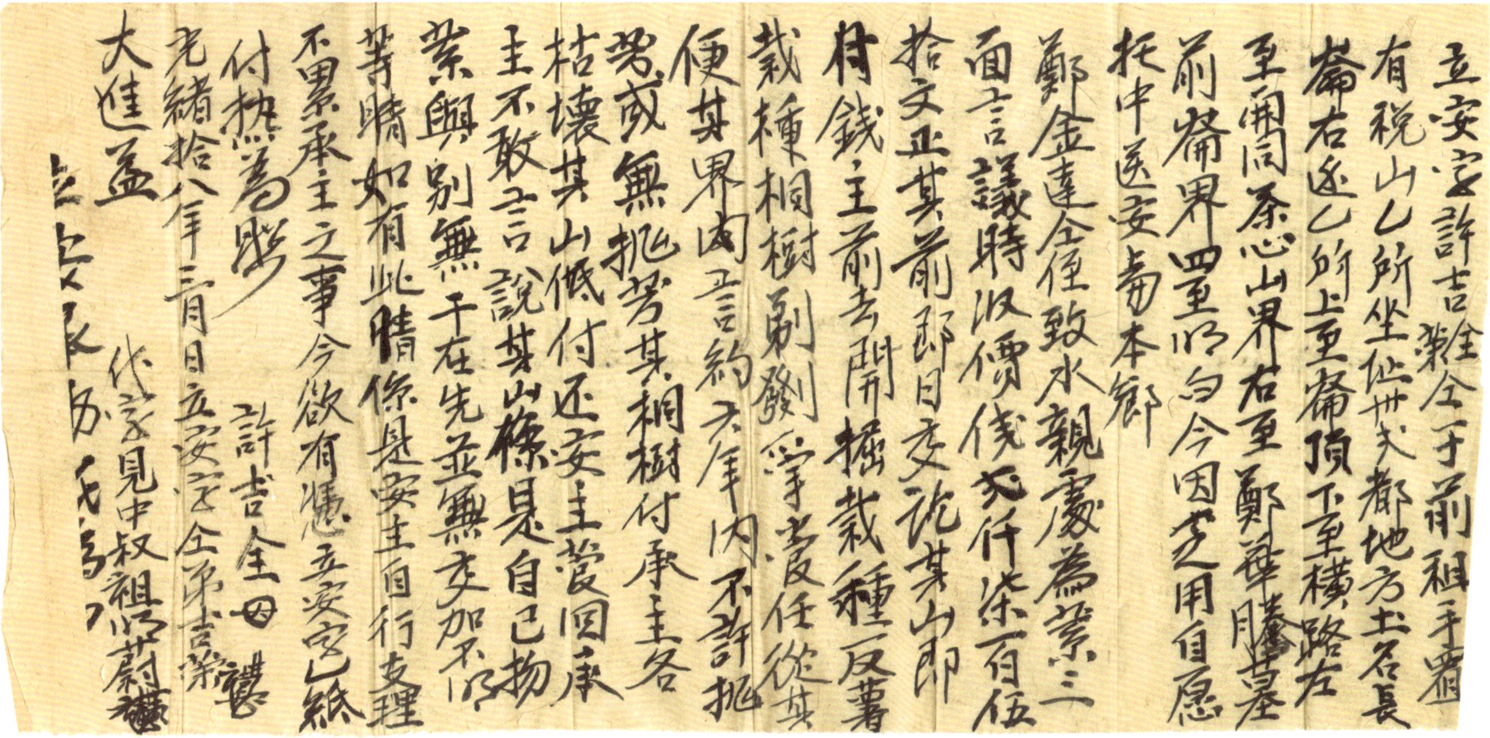

立安字許吉榮全弟仝侄前祖手置
有稅山乙所坐址廿八都地方土名長
崙右邊乙所上至崙頂下至橫路左
至佛同奈心山界右至鄭華膳墓
前崙界四至仍分今因乏用自愿
托中送安與本鄉
鄭金達全侄致水親處為業三
面言議時值價錢大什柒百伍
拾文正其前即日交訖其山即
付錢主前去開掘栽種反薯
栽種桐樹剔劉掌管任從其
便其界內言約六年內不許拋
荒或無拋芳其桐樹付承主各
枯壞其山低付還安主管回承
主不敢言說其山條是自己物
業與別無干在先並無交加不明
等情如有此情係是安主自行支理
不累承主之事今欲有憑立安字山紙
付執為照
許吉全 [illegible]
光緒拾八年三月日立安字仝弟吉榮
代字見中叔祖以蔚
大進益
[illegible]

5-1-50-9　清光緒十八年三月許吉荣等立安税山字

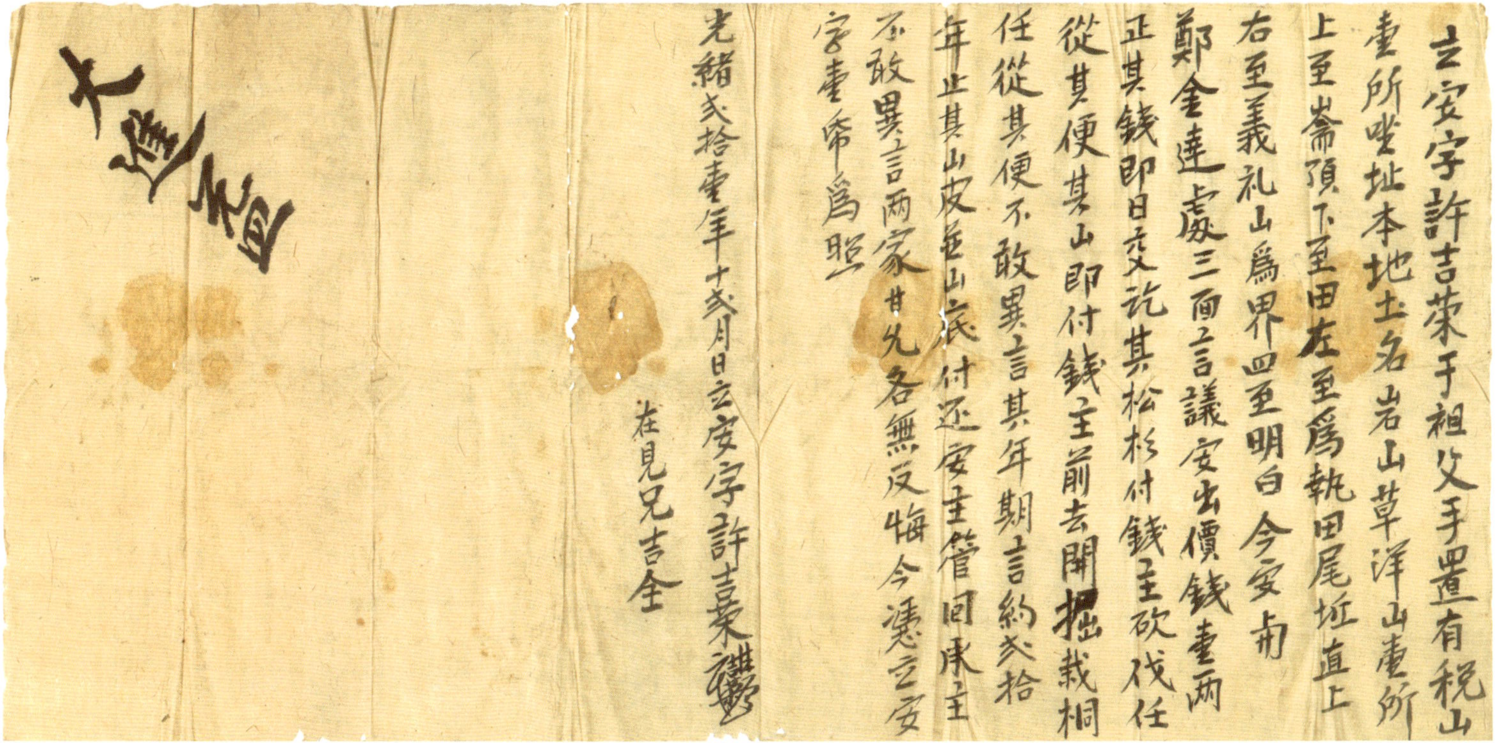
立安字許吉荣手祖父手置有稅山
壹所坐址本地土名岩山草洋山壹所
上至岩崙頂下至田左至爲執田尾坵直上
右至義礼山爲界四至明白今安與
鄭金達處三面言議安出價錢壹兩
正其錢即日交訖其松杉付錢主砍伐任
從其便其山即付錢主前去開掘栽桐
任從其便不敢異言其年期言約叁拾
年止其山皮並山底付还安主管回耕主
不敢異言兩家甘允各無反悔今憑立安
字壹帋爲照
光緒弍拾壹年十弍月日立安字許吉荣
在見兄吉全

5-1-50-10　清光緒二十一年十二月許吉荣立安税山字

立賣斷契人本房叔德涯今因乏錢應用
自愿即將前年手上已置有踏池土名坐址上官
田尾埕中當牛踏池壹口俱做園圍其界左至
德三踏池界右至星崖踏池界後至踏池溝界前至路界四
至分明今托中送賣斷與堂侄步進康出頭承就三
面言議時值契價錢貳阡肆佰文正其錢即
日隨字交足其牛踏池即付錢主任從自去踏
系做派永遠出入管業任從其便此踏池係
是手置已業与別家干在先並未交加不明如
有來歷不明賣主出頭支當不及錢主之事自
賣斷之日向後不敢言增語贖異不得阻佔
言說生端等情係是兩允無悔今欲有
憑立賣斷契乙紙永遠為炤者
內添至乙字再炤

外中用錢壹佰陸拾文正再炤

光緒廿二年丙申歲八月　日

立賣斷字人叔德涯（押）

代字中見侄來發（押）

5-1-50-11　清光緒二十二年八月德涯立賣斷牛踏池契（正面）

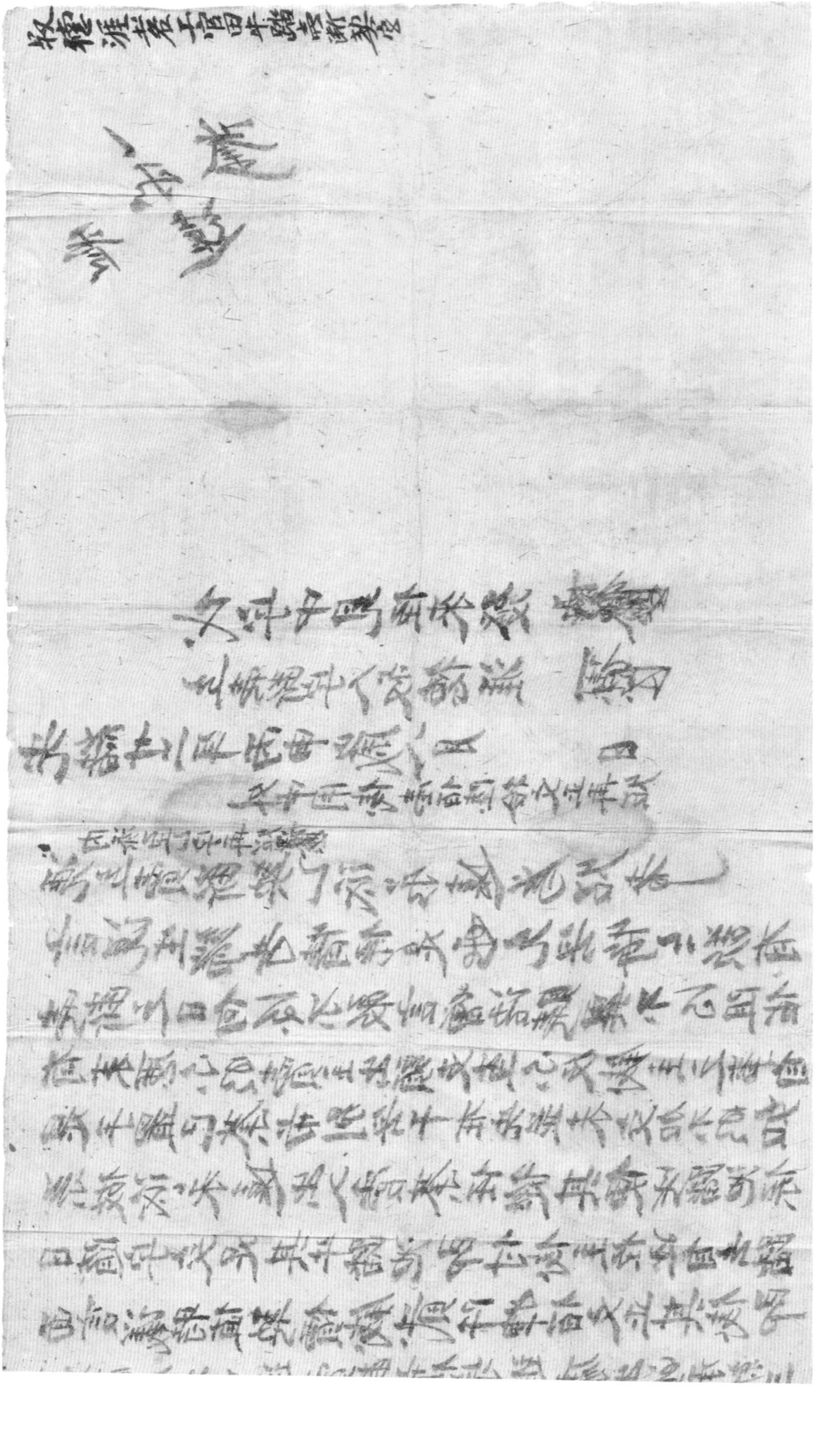

5-1-50-11　清光緒二十二年八月德涯立賣斷牛路池契（背面）

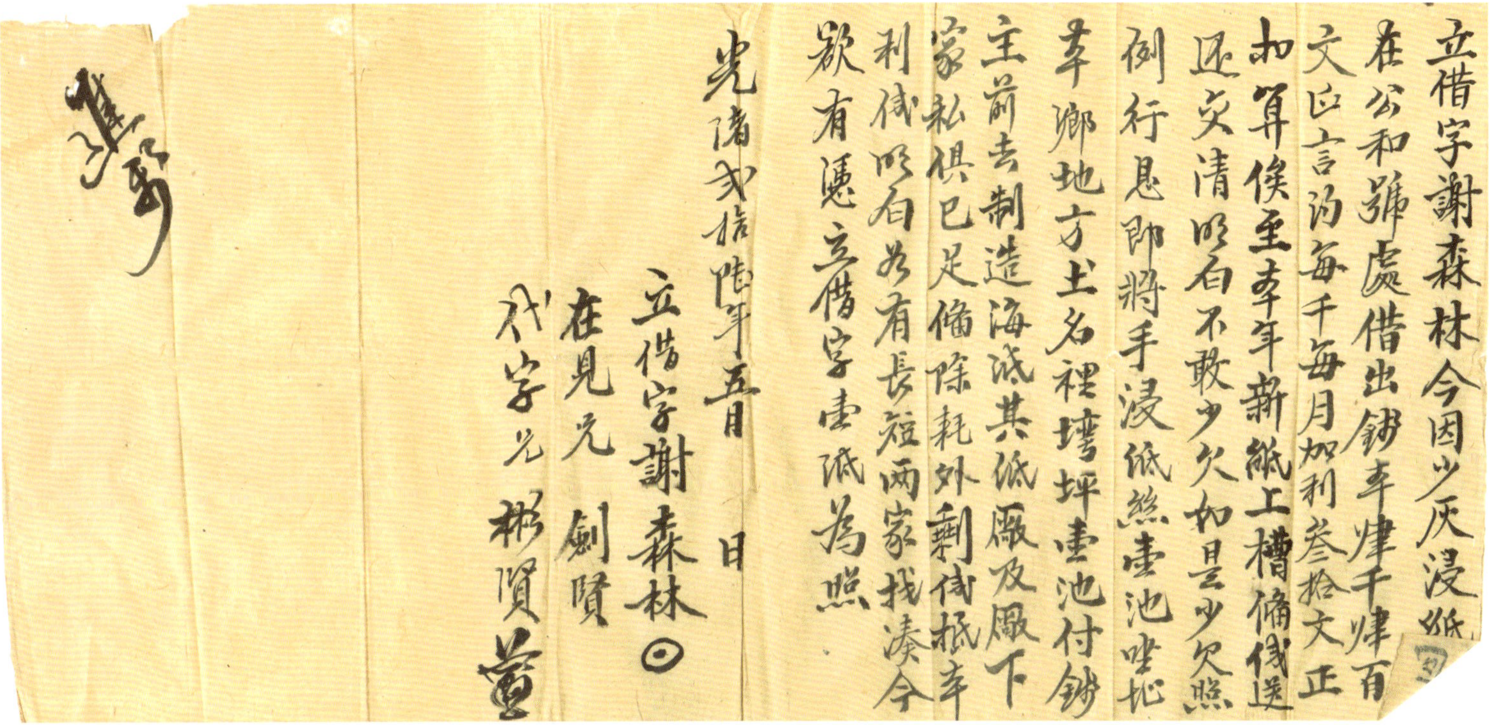
立借字謝森林今因乏灰浸紙
在公和號處借出錢壹仟肆百
文言約每千每月加利叁拾文正
加算候至本年新紙工槽備錢送
還交清明白不敢少欠如是少欠照
例行息即將手浸紙壹池坐址
本鄉地方土名裡壙坪壹池付錢
主前去制造海紙其紙廠及廠下
家私俱已足備除耗外剩錢抵本
利錢明白尚有長短兩家找湊今
欲有憑立借字壹紙為照

光緒貳拾陸年五月　日
立借字謝森林
在見兄　劍賢
代字兄　彬賢

5-1-50-12　清光緒二十六年五月謝森林立借錢字

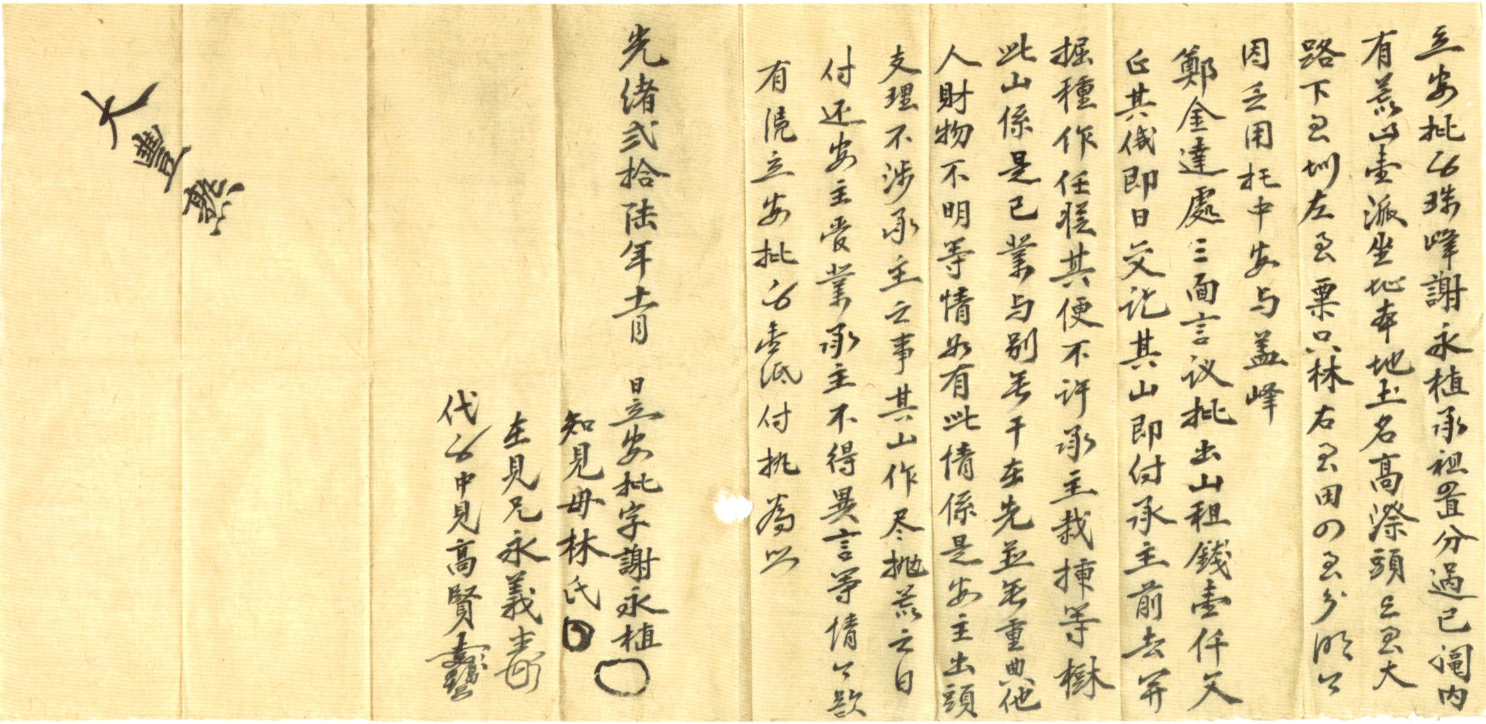

立安批字人珠峰謝永植承祖置分過己阄內有荒山壹派，坐址本地，土名高滁頭，上至大路，下至圳，左至粟只林，右至田，四至分明。今因乏用，托中安与盖峰鄭金達處三面言议，批出山租錢壹仟文正，其錢即日交訖，其山即付承主前去斧掘種作，任從其便，不許承主栽揀等樹。此山係是己業，与别房干涉無先並無重典他人財物不明等情，如有此情，係是安主出頭支理，不涉承主之事。其山作盡拋荒之日，付还安主管業，承主不得異言等情。今欲有凭，立安批字壹纸付執為照。

光緒貳拾陸年十一月　日立安批字謝永植（押）

知見母林氏（押）

在見兄永義（押）

代字中見高賢（押）

大吉

5-1-50-13　清光緒二十六年十一月謝永植立安批荒山字

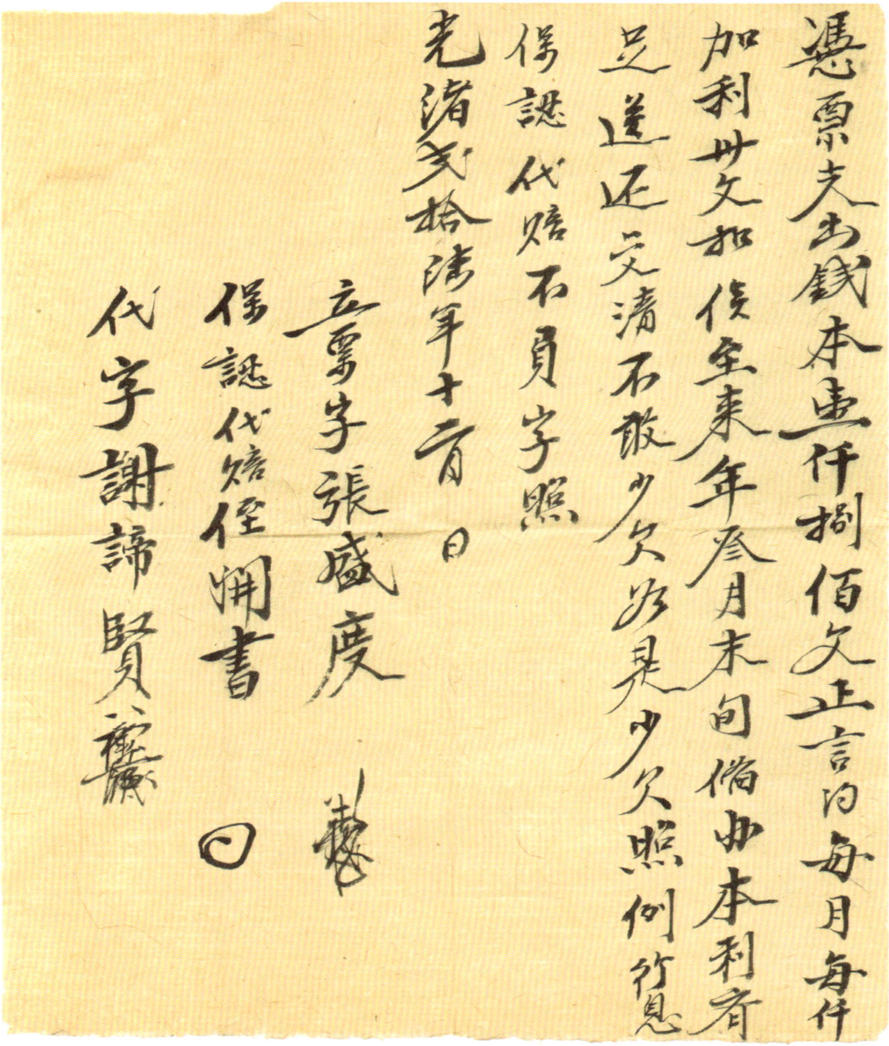
憑票支出錢本壹仟捌佰文正言约每月每仟
加利卅文扣俟至來年叁月末旬備出本利齊
足送还交清不敢少欠如是少欠照例行息
保認代焙不負字照
光緒弍拾陸年十二月　日
立票字張盛度
保認代焙侄淵書
代字謝諦賢

5-1-50-14　清光緒二十六年十二月張盛度立支錢憑票

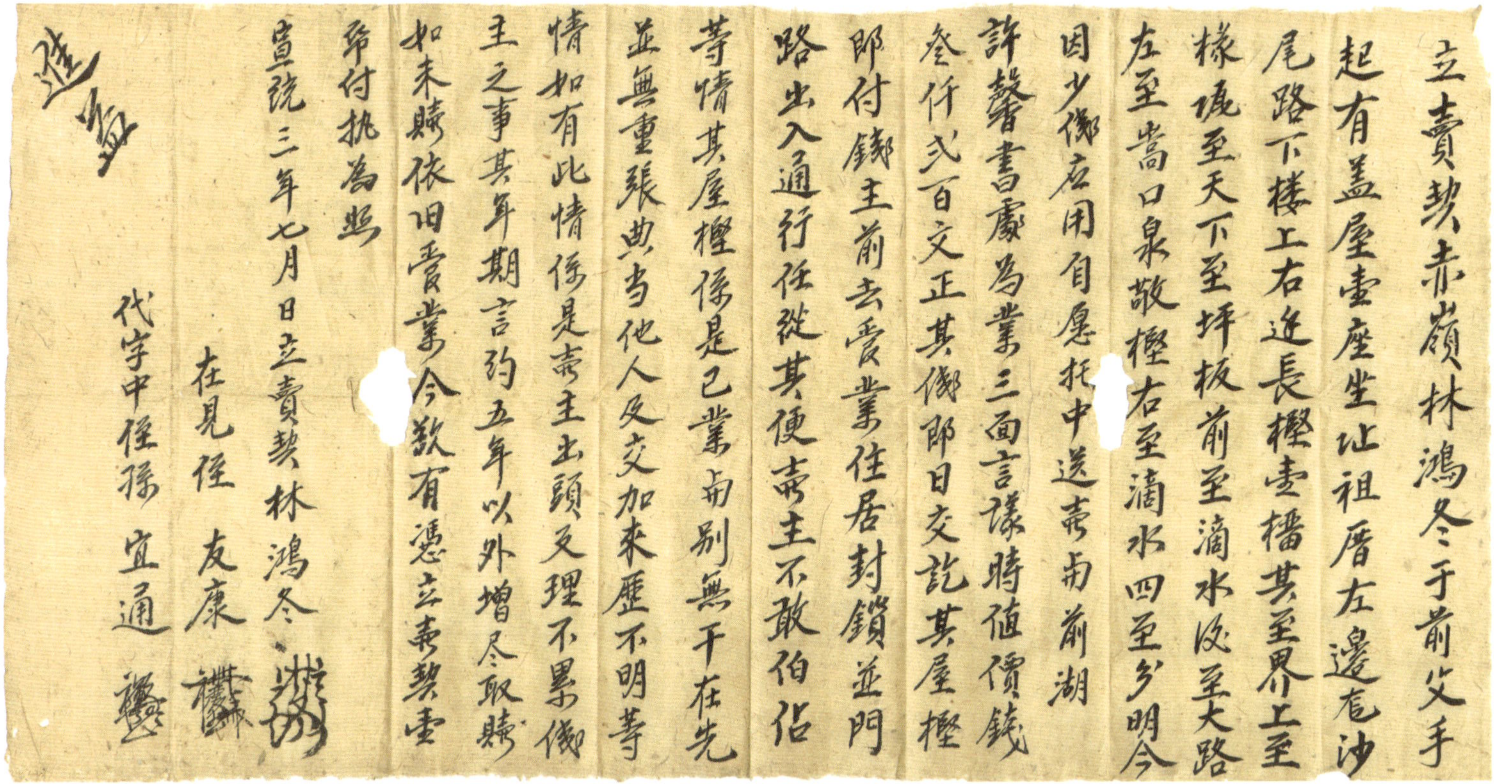
立賣契赤嶺林鴻冬于前父手
起有蓋屋壹座坐址祖厝左邊篭沙
尾路下樓上右進長樫壹播其至界上至
椽境至天下至坪板前至滴水後至大路
左至嵩口泉敬樫右至滴水四至分明今
因乏銀应用自愿托中送壽南前湖
許馨書處爲業三面言議時值價錢
叁仟弍百文正其銀即日交訖其屋樫
即付銀主前去管業住居封鎖並門
路出入通行任從其便壽主不敢伯佔
等情其屋樫係是已業与别無干在先
並無重張典当他人及交加來歷不明等
情如有此情係是壽主出頭支理不累銀
主之事其年期言約五年以外增尽取贖
如未贖依旧管業今欲有憑立壽契壹
帋付執爲照
宣統三年七月日立賣契林鴻冬
在見侄 友康
代字中侄孫 宜通
進宣

5-1-50-15　清宣統三年七月林鴻冬立賣屋樫契

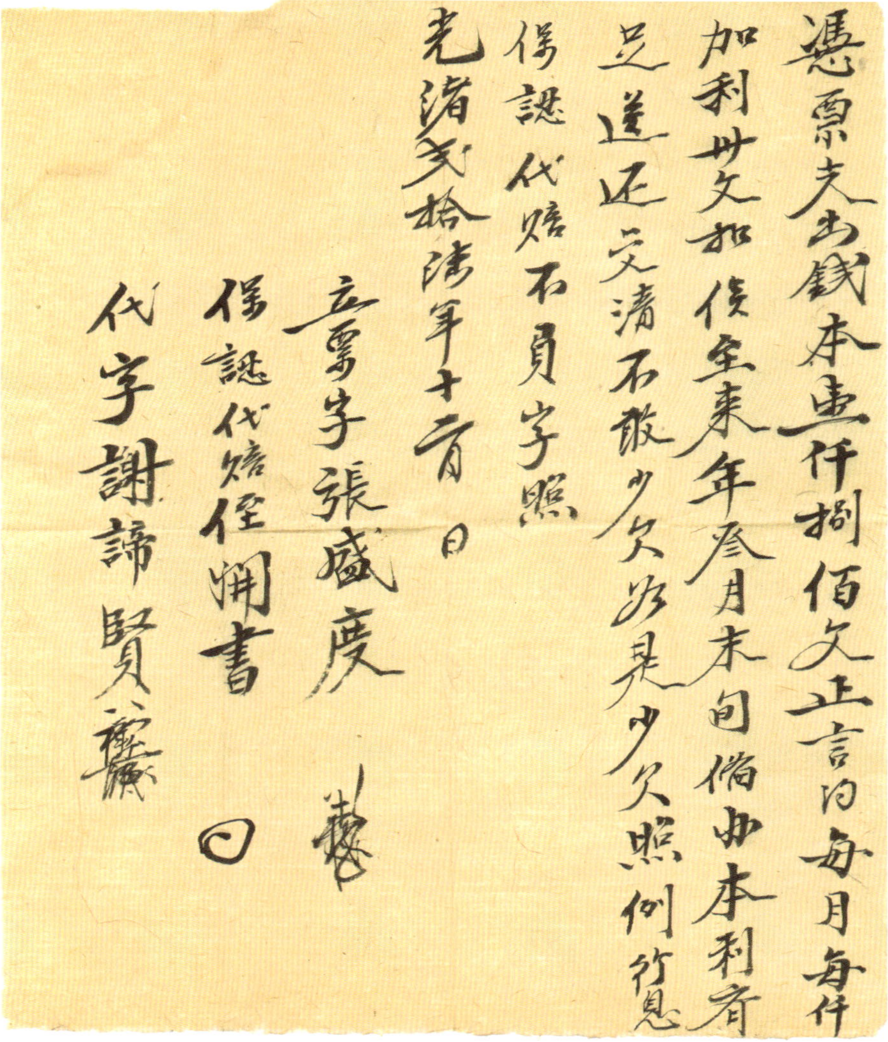

憑票支出錢本壹仟捌佰文正言约每月每仟
加利卅文扣俟至來年叁月末旬備出本利齊
足送还交清不敢少欠如是少欠照例行息
保認代賠不負字照
光緒貳拾陸年十二月　日
立票字張盛度
保認代賠侄湘書　日
代字謝師賢

5-1-50-14　清光緒二十六年十二月張盛度立支錢憑票

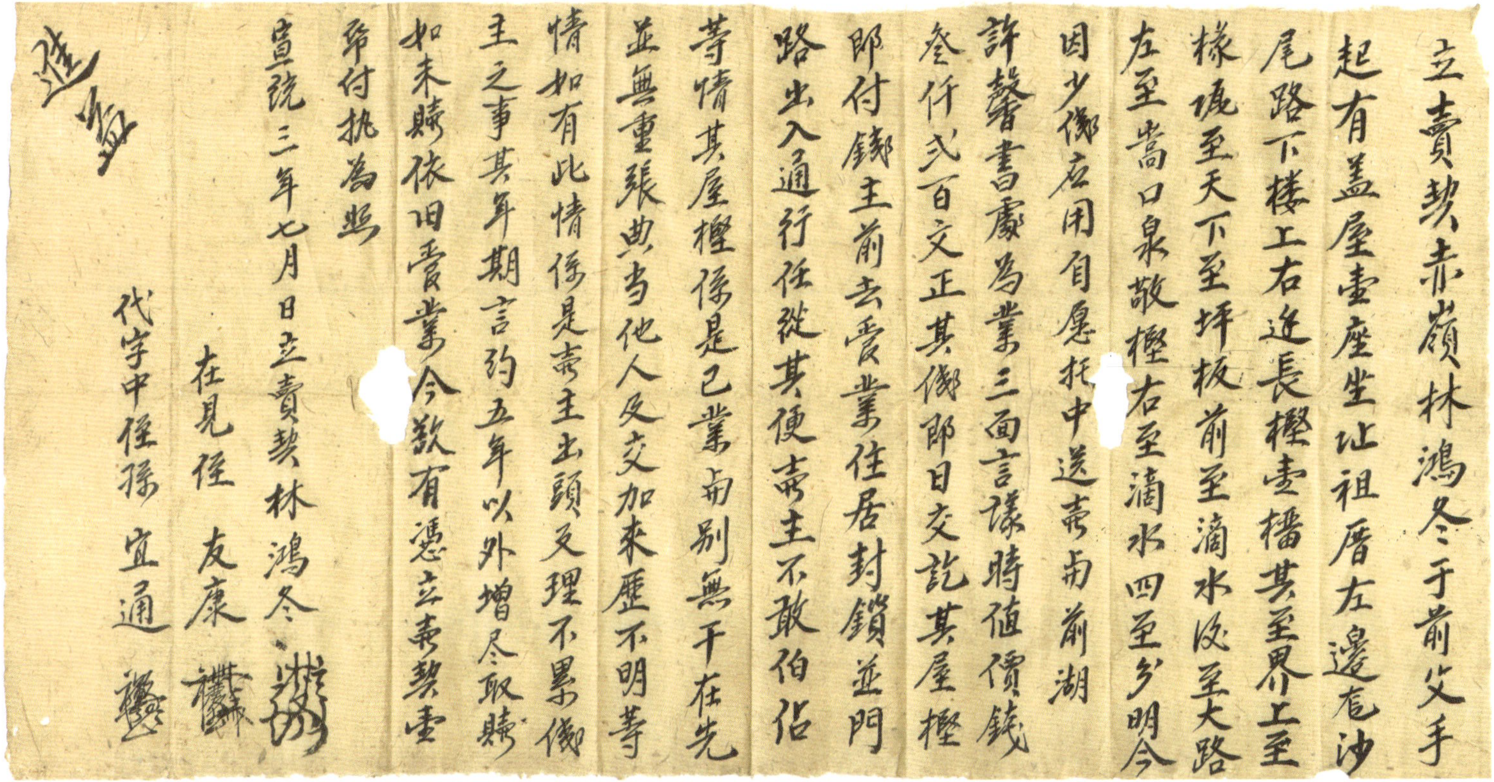
立賣契赤嶺林鴻冬于前父手
起有蓋屋壹座坐址祖厝左邊苍沙
尾路下樓上右邊長樫壹播其至界上至
椽瓦至天下至坪板前至滴水後至大路
左至當口泉敬樫右至滴水四至分明今
因乏銀應用自愿托中送與房前湖
許聲書處為業三面言議時值價錢
叁仟弍百文正其銀即日交訖其屋樫
即付銀主前去管業住居封鎖並門
路出入通行任從其便與主不敢伯佔
等情其屋樫係是己業房別無干在先
並無重張典当他人及交加來歷不明等
情如有此情係是與主出頭支理不累銀
主之事其年期言約五年以外增尽取贖
如未贖依旧管業今欲有憑立賣契壹
帋付执為照
宣統三年七月日立賣契林鴻冬
在見侄　友康
代字中侄孫　宜通
進益

5-1-50-15　清宣統三年七月林鴻冬立賣屋樫契

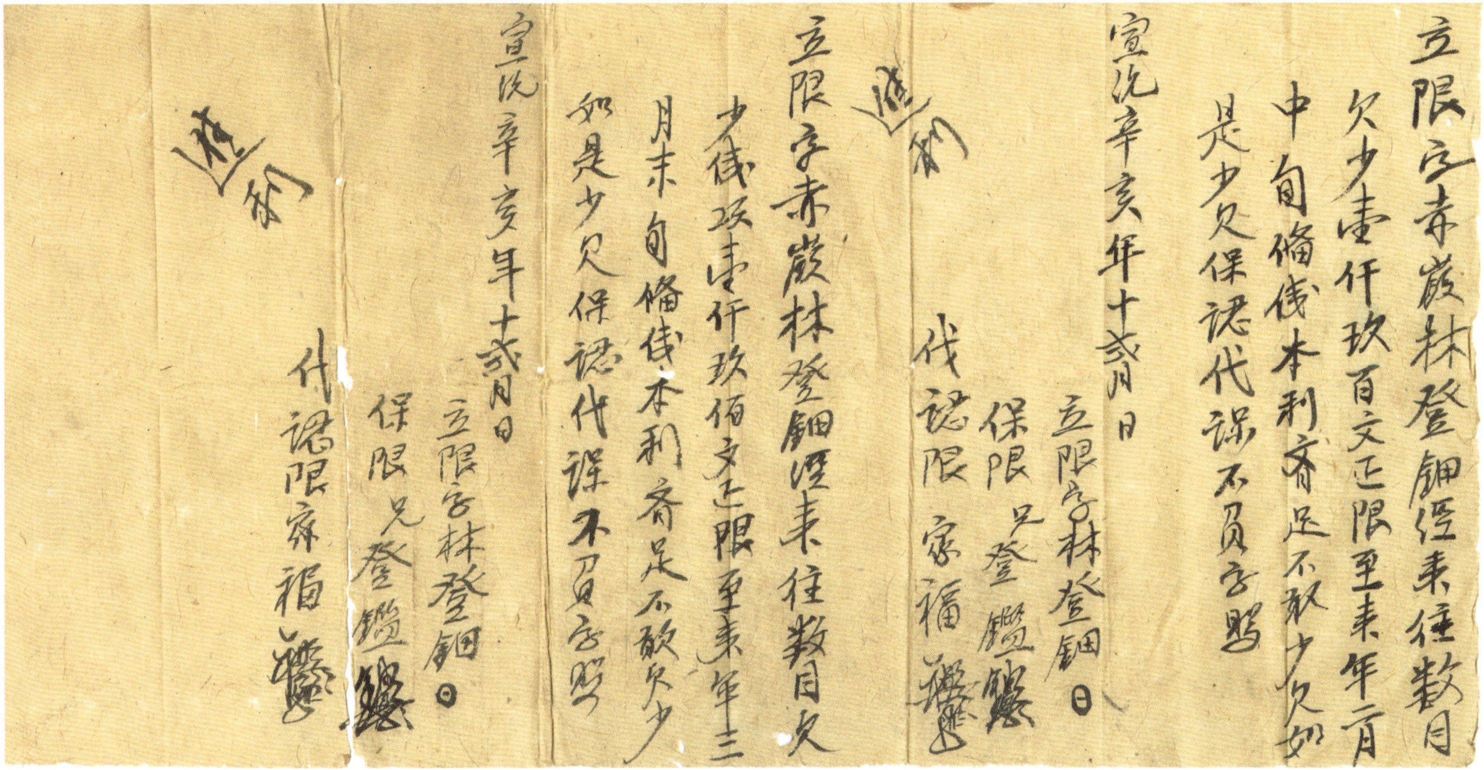

立限字赤岩林登鈿經來往數目
欠少壹仟玖百文正限至來年二月
中旬備錢本利齊足不敢少欠如
是少欠保認代賠不負字照

宣統辛亥年十二月日

立限字林登鈿

保限兄登鑾

代認限家福

還訖

立限字赤岩林登鈿經來往數目欠
少錢玖壹仟玖佰文正限至來年三
月末旬備錢本利齊足不敢欠少
如是少欠保認代賠不負字照

宣統辛亥年十二月日

立限字林登鈿

保限兄登鑾

代認限家福

還訖

5-1-50-16 清宣統三年十二月林登鈿立限字

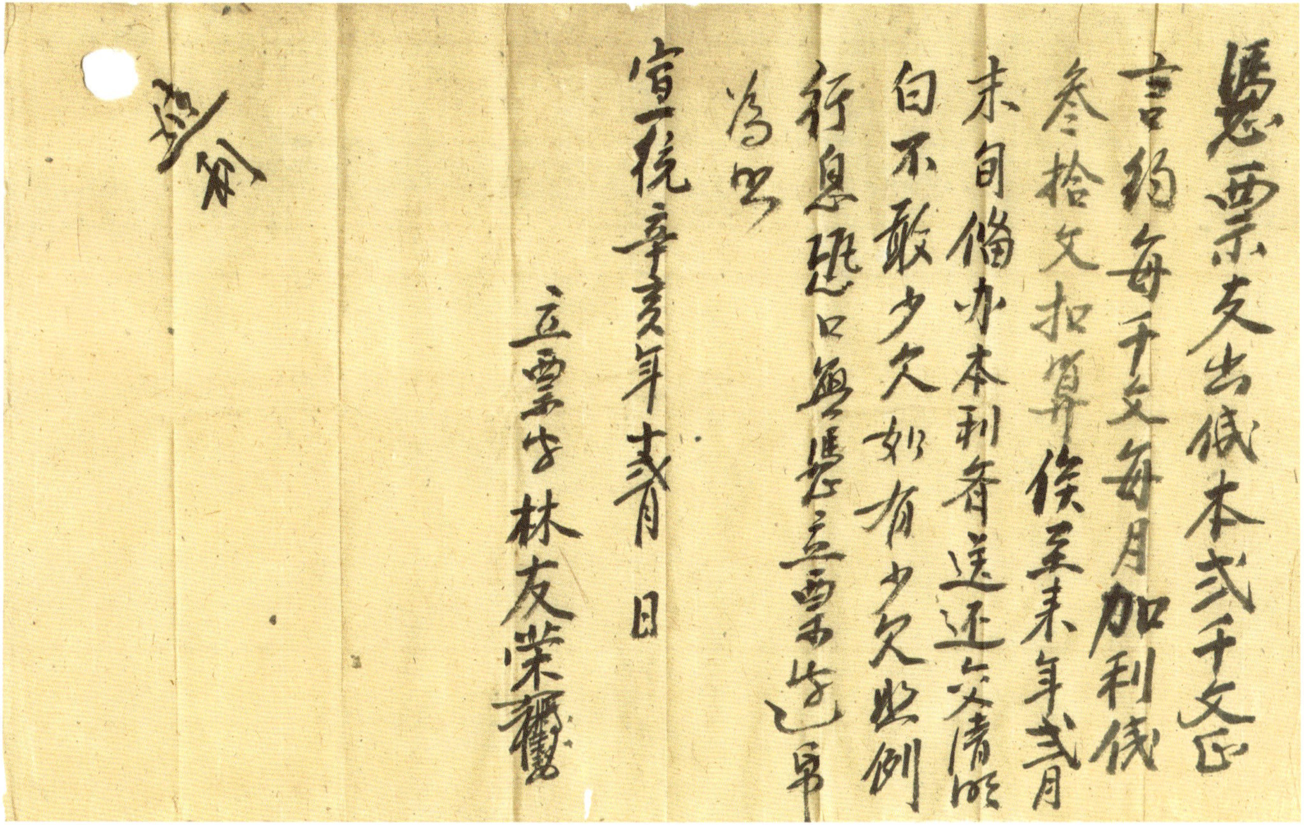
憑票支出錢本弍千文正
言約每千文每月加利錢
叁拾文扣算，俟至来年弍月
末旬備办本利齊送还交清，昭
白不敢少欠，如有少欠，照例
行息。恐口無憑，立票存照
為照。
宣統辛亥年十二月　日
立票字　林友榮

5-1-50-17　清宣統三年十二月林友荣立支錢憑票

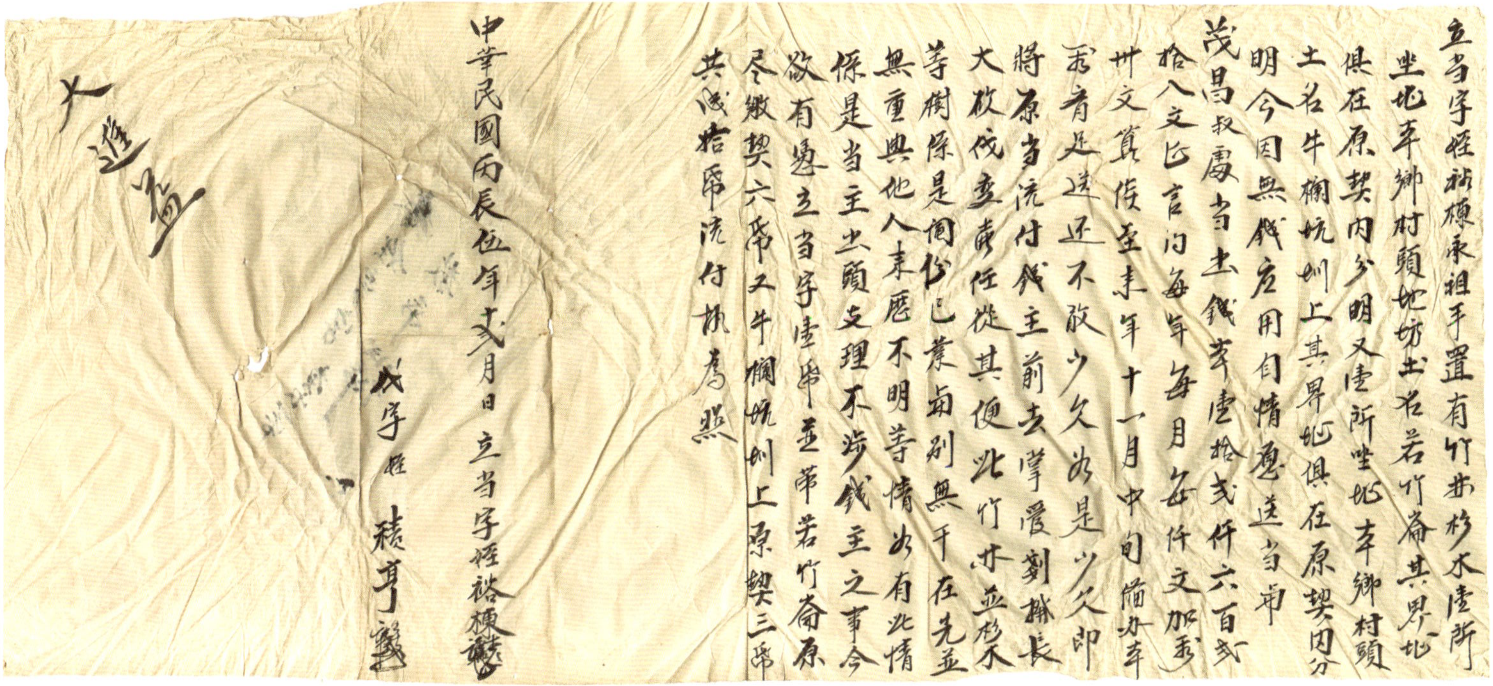
立当字姪裕棟承祖手置有竹林杉木壹所
坐址本鄉村頭地坊土名若竹崙其界址
俱在原契内分明又壹所坐址本鄉村頭
土名牛欄坑圳上其界址俱在原契因分
明今因無錢應用自情愿送当弟
茂昌叔處当出錢英壹拾弍仟六百弍
拾八文正言门每年每月每仟文加利
卅文算俟至来年十一月中旬備办本
利青足送还不敢少欠如是少欠即
將原当流付錢主前去掌管劉掛長
大杉伐賣任從其便此竹林並杉木
等樹係是個己業與別無干在先並
無重典他人來歷不明等情如有此情
係是当主出頭支理不涉錢主之事今
欲有憑立当字壹帋並帶若竹崙原
尽繳契六帋又牛欄坑圳上原契三帋
共成拾帋流付執為照

中華民國丙辰伍年十弍月　日　立当字姪裕棟（押）
代字姪　積亨（押）

大進益

5-1-50-18　民國五年十二月鄭裕棟立當竹林等字

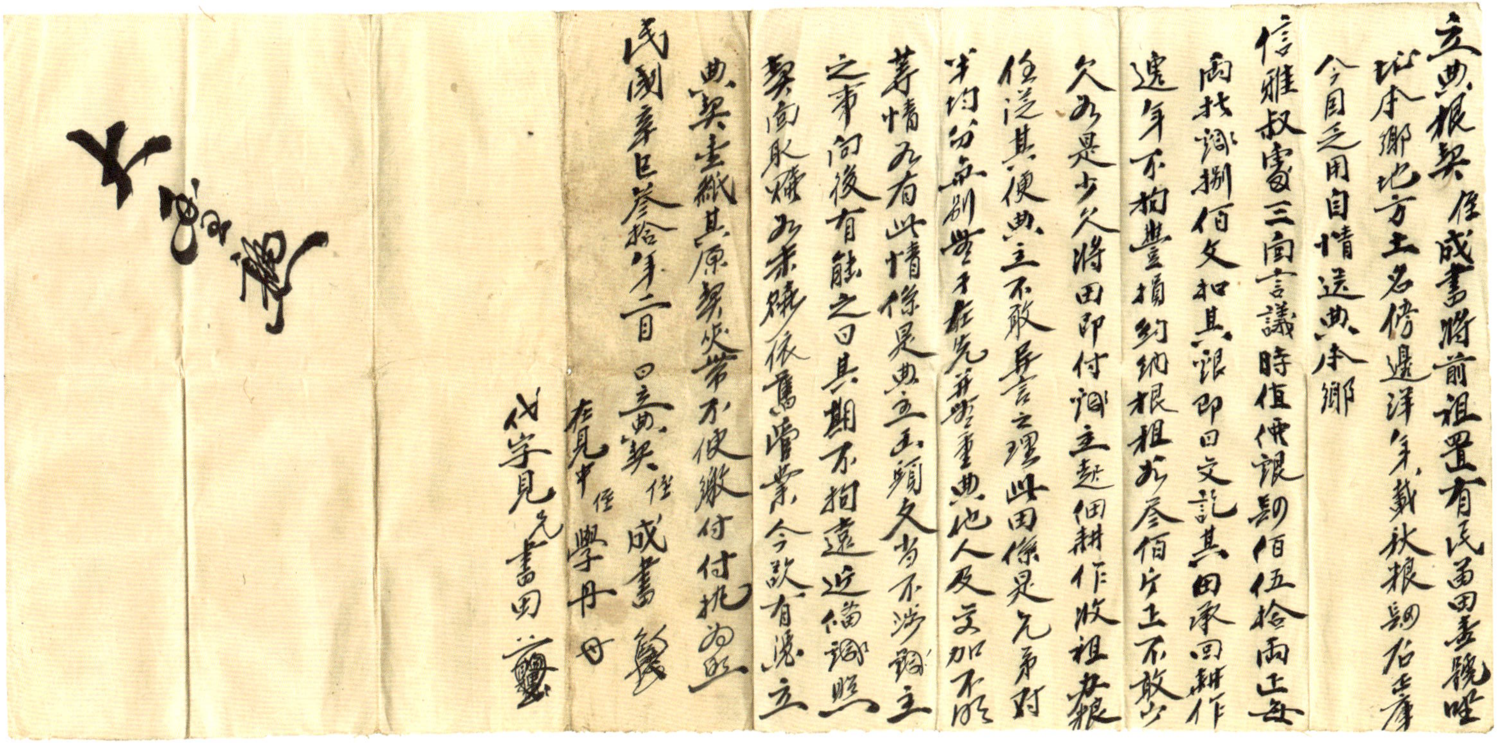
立典根契侄成書將前祖置有民苗田壹號坐
址本鄉地方土名傍邊洋，年載秋根穀石壹庫
今因乏用，自情送典本鄉
信雅叔處，三面言議時值佛銀貳佰伍拾兩正，每
兩扣鄉捌佰文，扣其銀即日交訖。其田承回耕作，
遞年不拘豐歉，約納根租谷叁佰斤正，不敢少
欠。如是少欠，將田即付鄉主起佃耕作，收租抵糧，
任從其便，典主不敢異言之理。此田係是兄弟對
半均分無別，並無在先並無重典他人及無加不明
等情。如有此情，係是典主自頂支當，不涉錢主
之事。向後有能之日，其期不拘遠近，備鄉照
契面取贖，如未贖，依舊管業。今款有憑，立
典契壹紙，其原契收帶，不便繳付，付批為照。
民國辛巳叁拾年二月 日立典契 侄 成書（押）
在見中 侄 學舟（押）
代字見兄 書田（押）
大[illegible]

5-1-50-19　民國三十年二月鄭成書立典民苗田根契

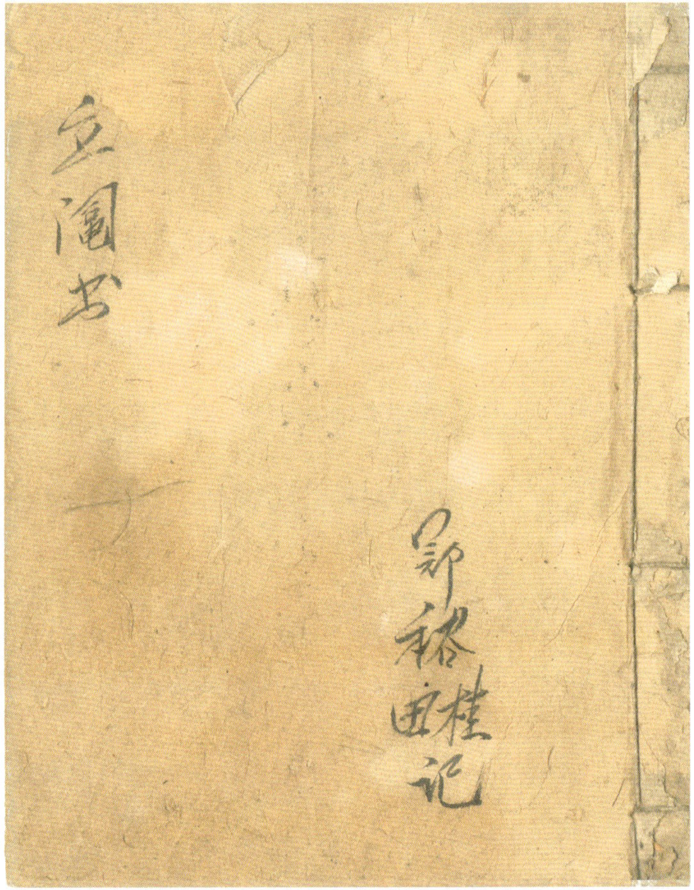

5-1-51-1　民國十七年鄭裕桂等立鬮書（一）

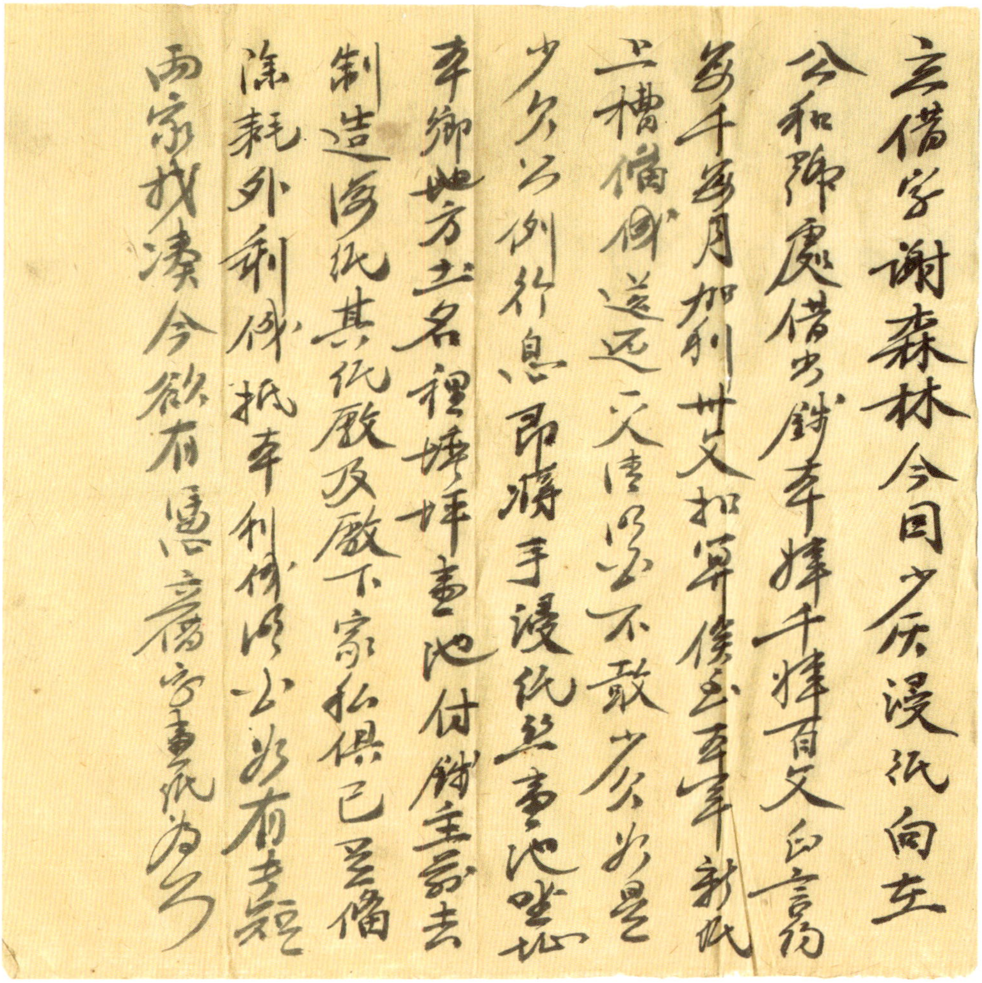
立借字謝森林今因少欠浸紙向左
公和號處借出錢本肆千肆百文正言爲
每千每月加利卅文扣算候至來年新紙
上槽備錢送還，不敢少欠。如是
少欠，公例行息，即將手浸紙並連地址
本鄉地方土名裡埔坪連地付錢主前去
制造。該紙其紙廠及廠下家私俱已在內
除耗外，利錢抵本利錢，如有未足
兩家找湊。今欲有憑，立借字壹紙爲照。

5-1-50-22　清光緒年間謝森林立借錢字

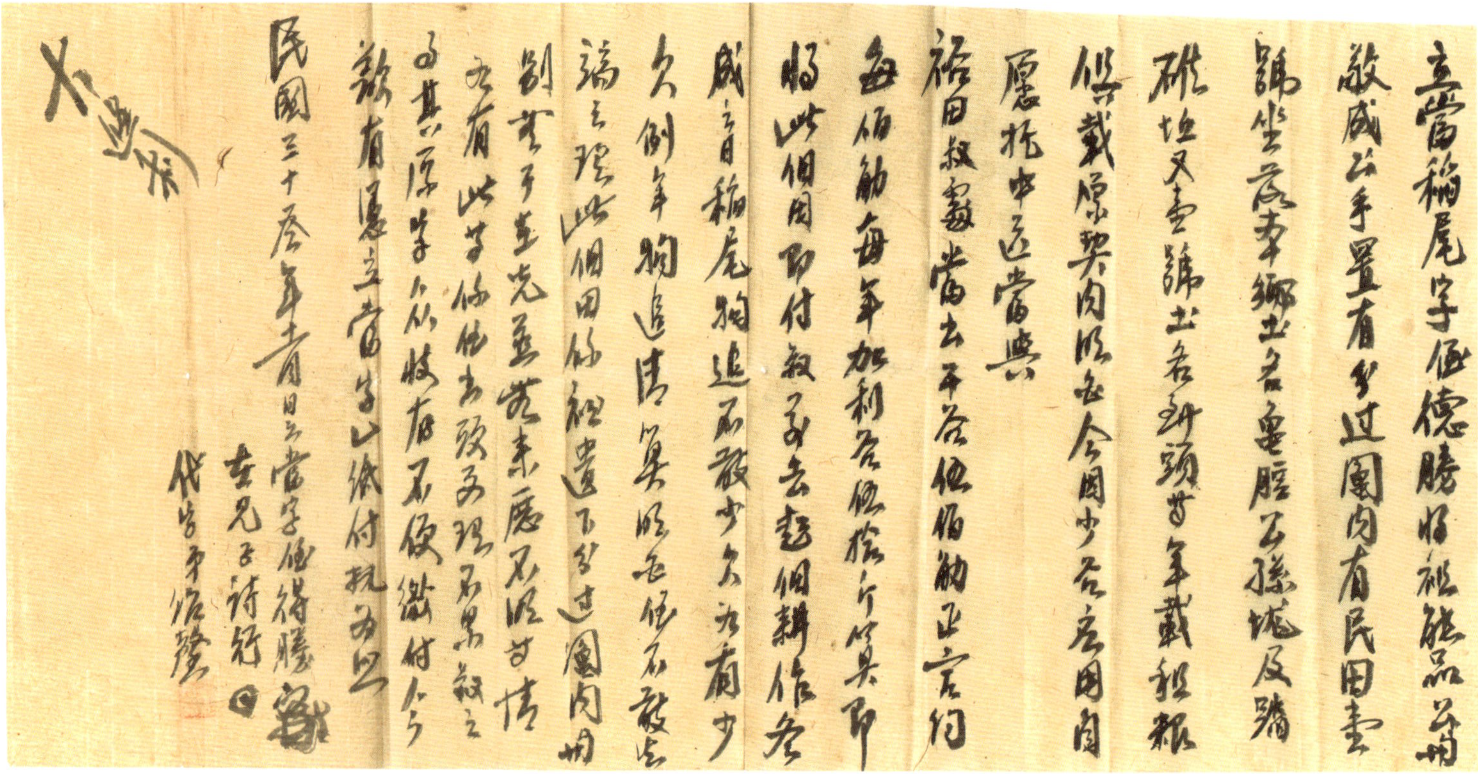

5-1-50-21　民國三十三年十一月鄭得勝立當稻尾字

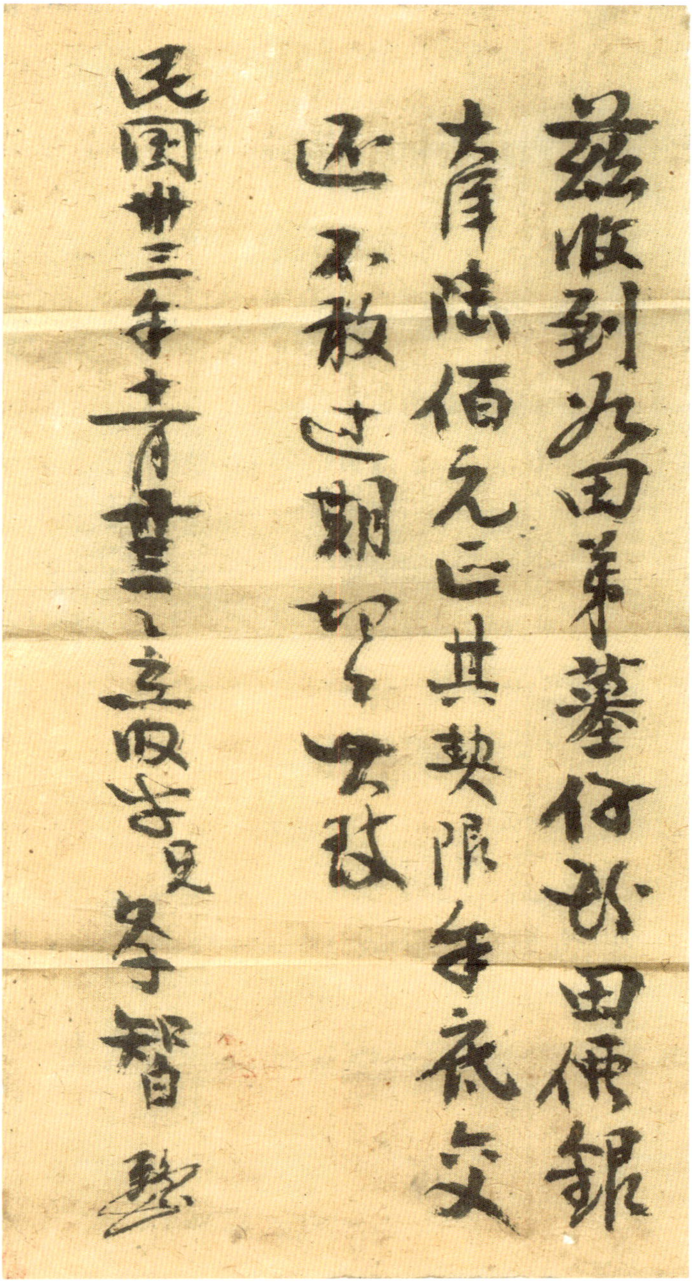

茲收到為田弟墓仔坵田價銀
大洋陆佰元正其契限年底交
还不敢过期切之此致
民國卅三年十一月廿一日立收字兄李智押

5-1-50-20　民國三十三年十一月鄭李智立收價銀字

立
鬮書裕桂兄弟分居八郎
父母命經長者進前相議
由父手所置田山業產器具
物件等項一概三分均匀依鬮
永遠管業長發其祥開列
于左

5-1-51-2　民國十七年鄭裕桂等立鬮書（二）

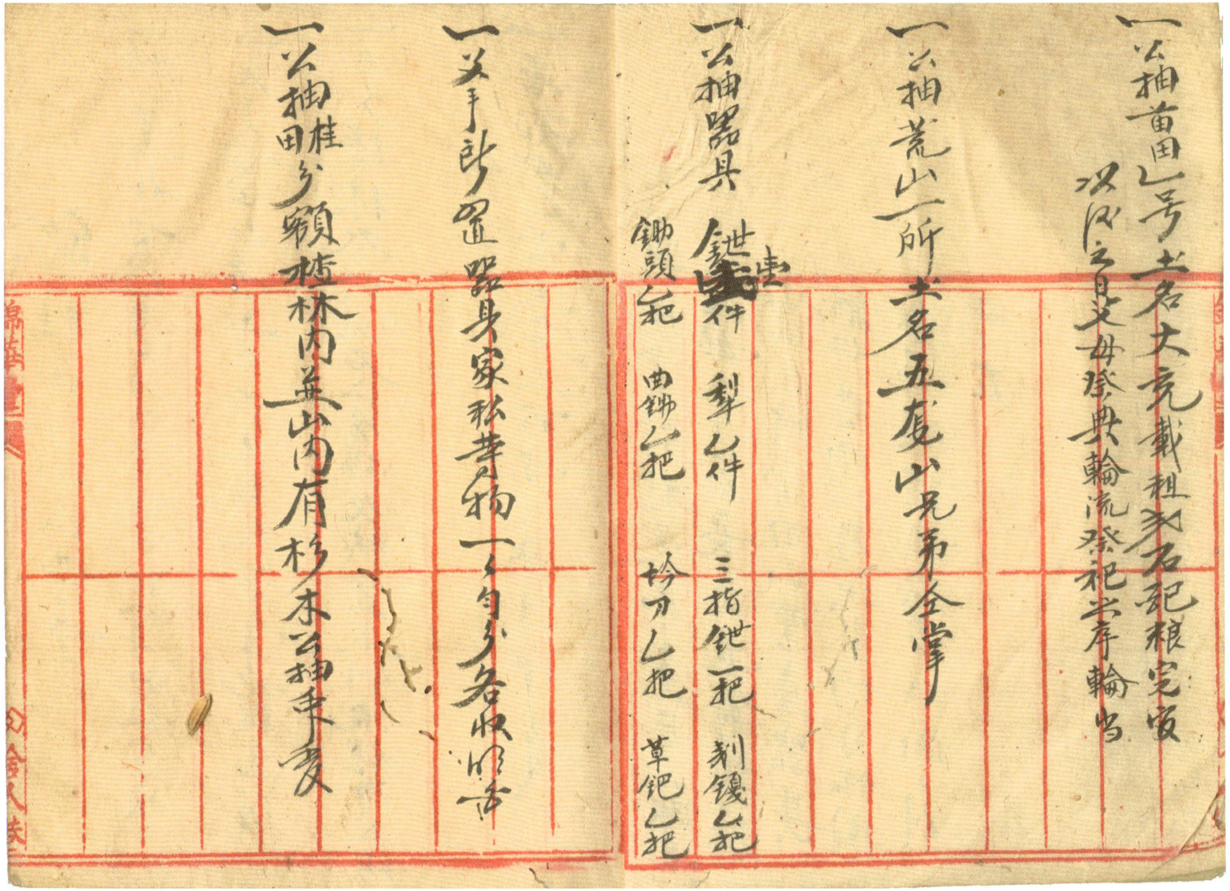
一公抽苗田乙号土名大坑載租叁石記粮完安
以后之日父母葬典輪流祭祀出存輪当
一公抽荒山一所土名五度山兄弟全掌
一公抽器具 鉎鍋壹件 犁乙件 三指鉎一把 剃鑊乙把
鋤頭乙把 曲鋤乙把 柃刀乙把 草鉋乙把
一兰手所置器具家私業物一々均分各收明白
一公抽田桂分額禎林內並山內有杉木公抽手麦

5-1-51-3 民國十七年鄭裕桂等立鬮書（三）

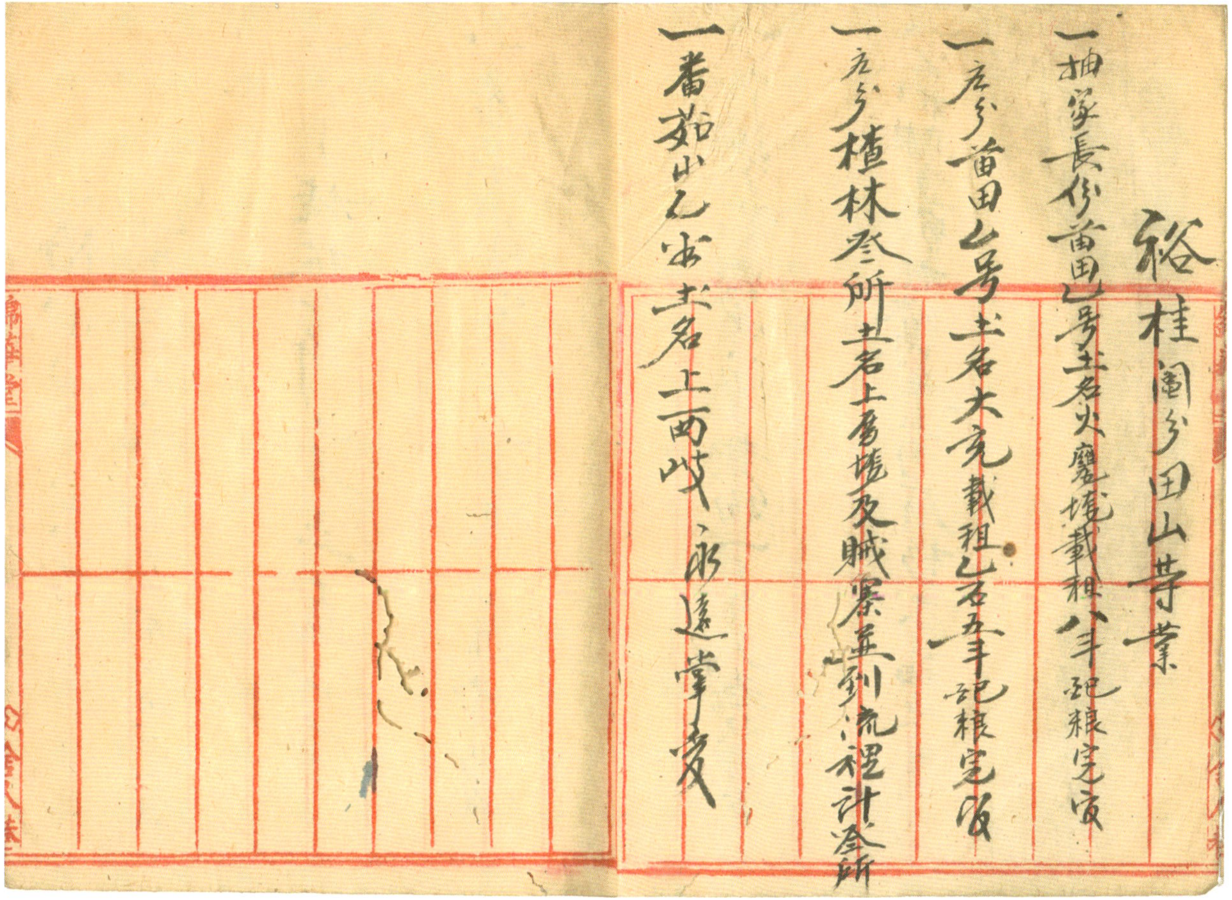

裕桂鬮分田山等業

一抽冢長份苗田乙号土名火爐墘載租八手配粮完官

一房分苗田乙号土名大充載租乙石五手配粮完納

一房分植林叁所土名上高墘及賊寮並劉分、流程計叁所

一番茹山乙所土名上西岐，永遠掌業

5-1-51-4　民國十七年鄭裕桂等立鬮書（四）

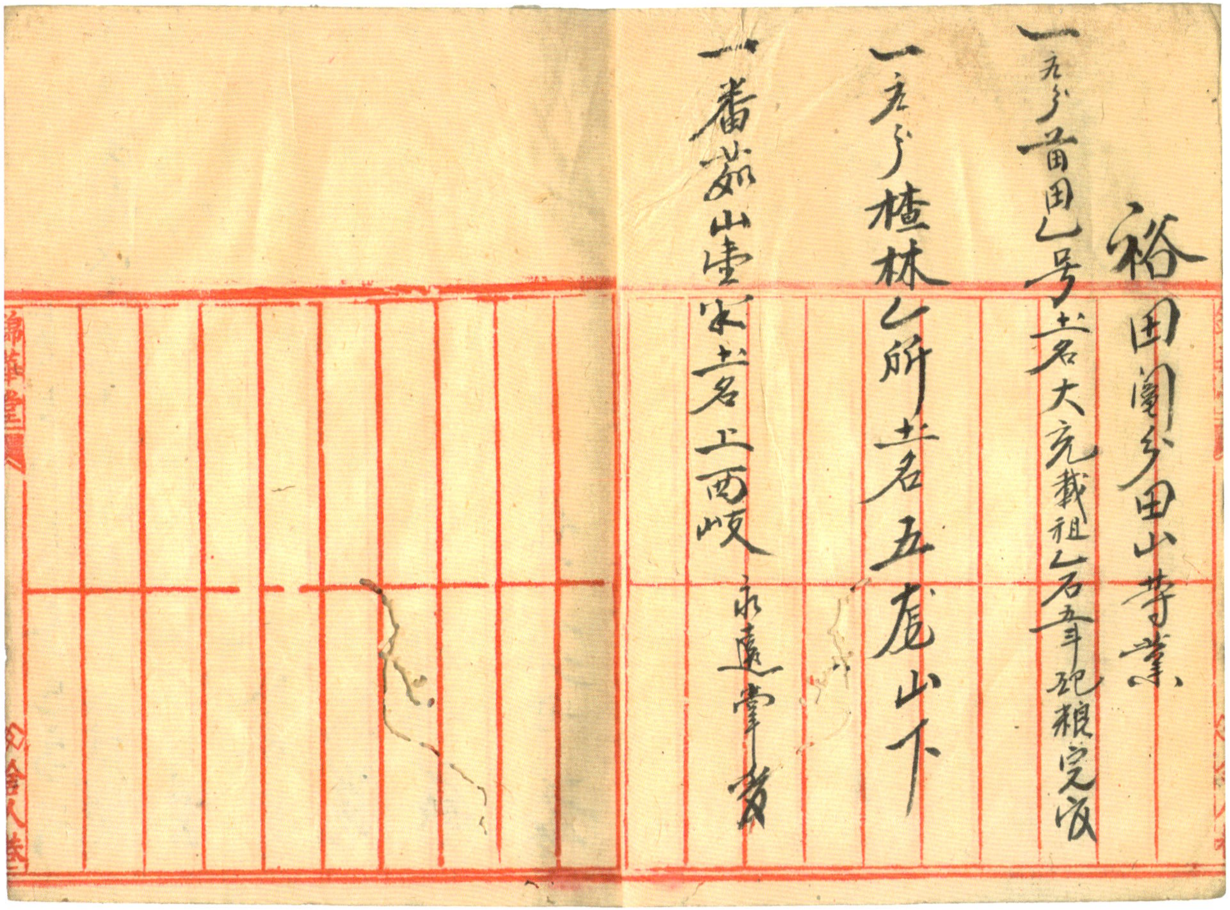

裕田鬮分田山等業

一充子苗田乙号坐落大充載租乙石五斗租根完收

一充子樟林乙所坐落五龍山下

一番薯山壹號坐落上西岐　永遠掌管

5-1-51-5　民國十七年鄭裕桂等立鬮書（五）

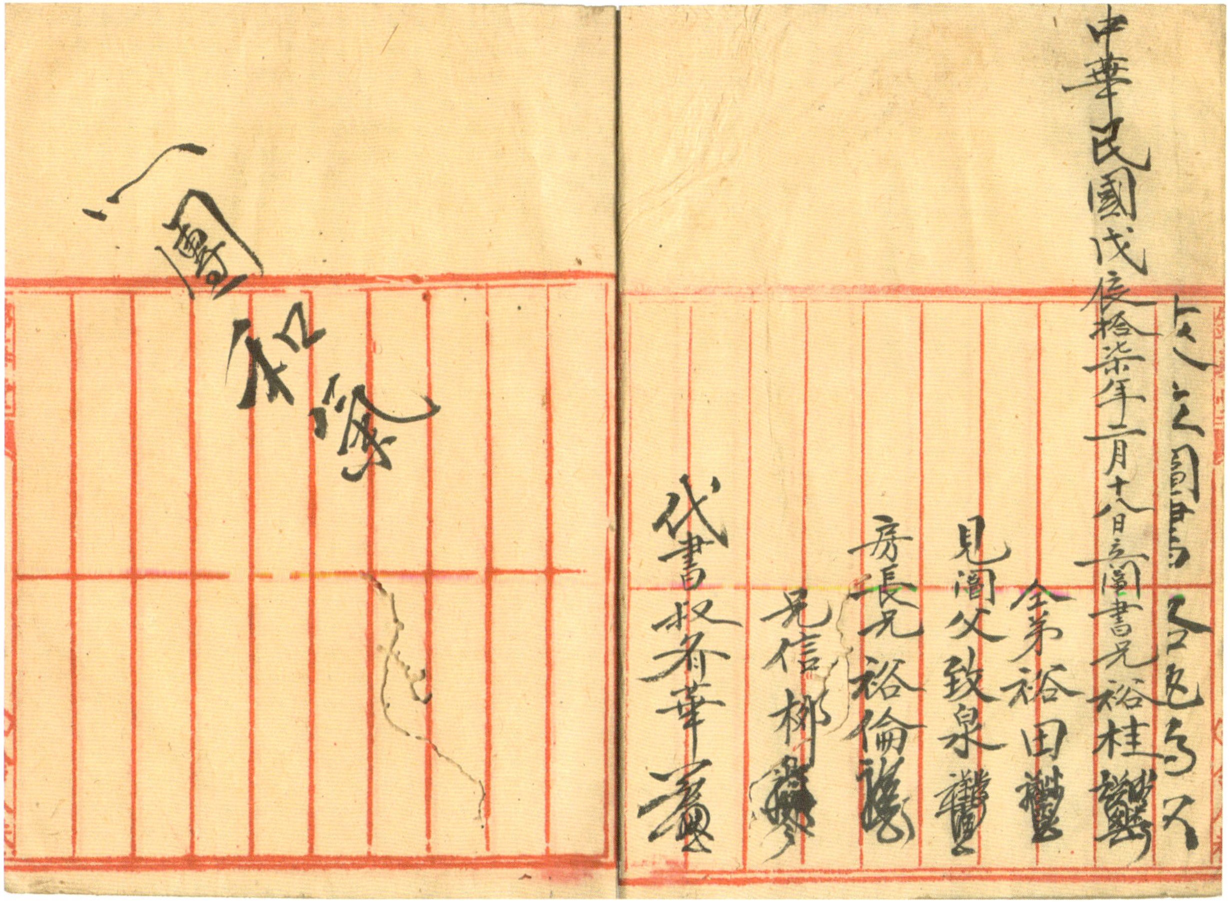

上之鬮書乙紙為照

中華民國戊辰拾柒年十二月十八日立鬮書兄裕桂（押）

仝弟裕田（押）

見鬮父致泉（押）

房長兄裕倫（押）

兄信椰（押）

代書叔肴華（押）

一鬮松房

5-1-51-6　民國十七年鄭裕桂等立鬮書（六）

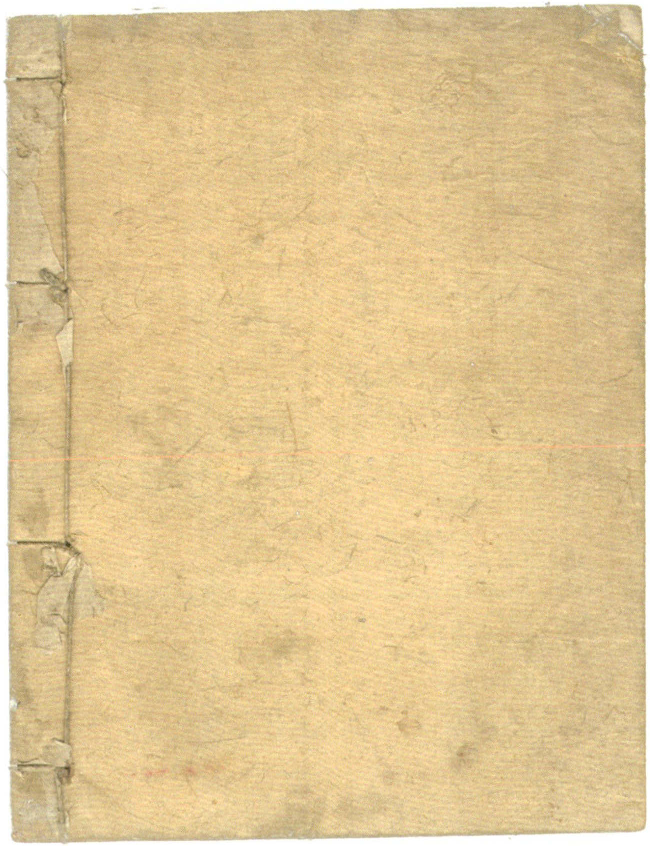

5-1-51-7　民國十七年鄭裕桂等立鬮書（七）

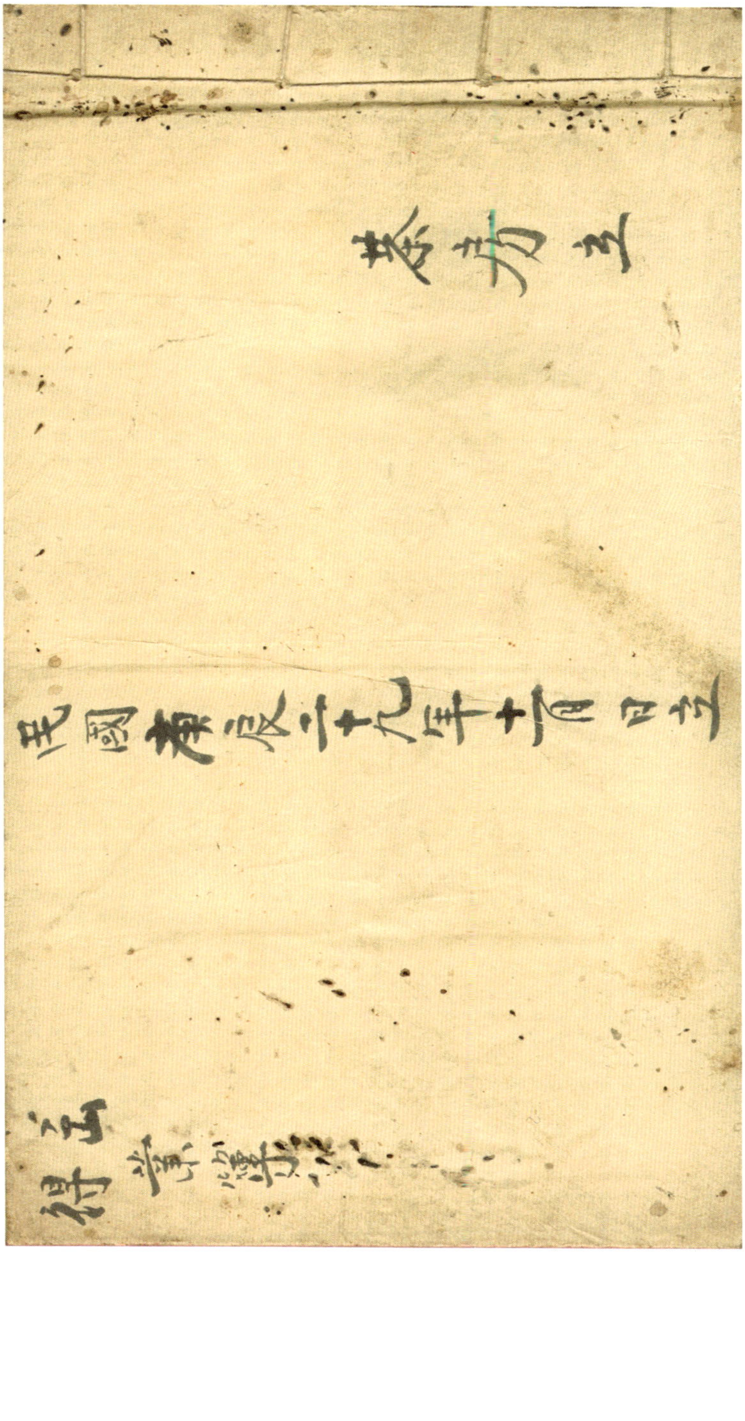
恭房立

民國庚辰二十九年十一月 日立

出得業簿

5-1-52-1 民國二十九年恭房立出業得業簿（一）

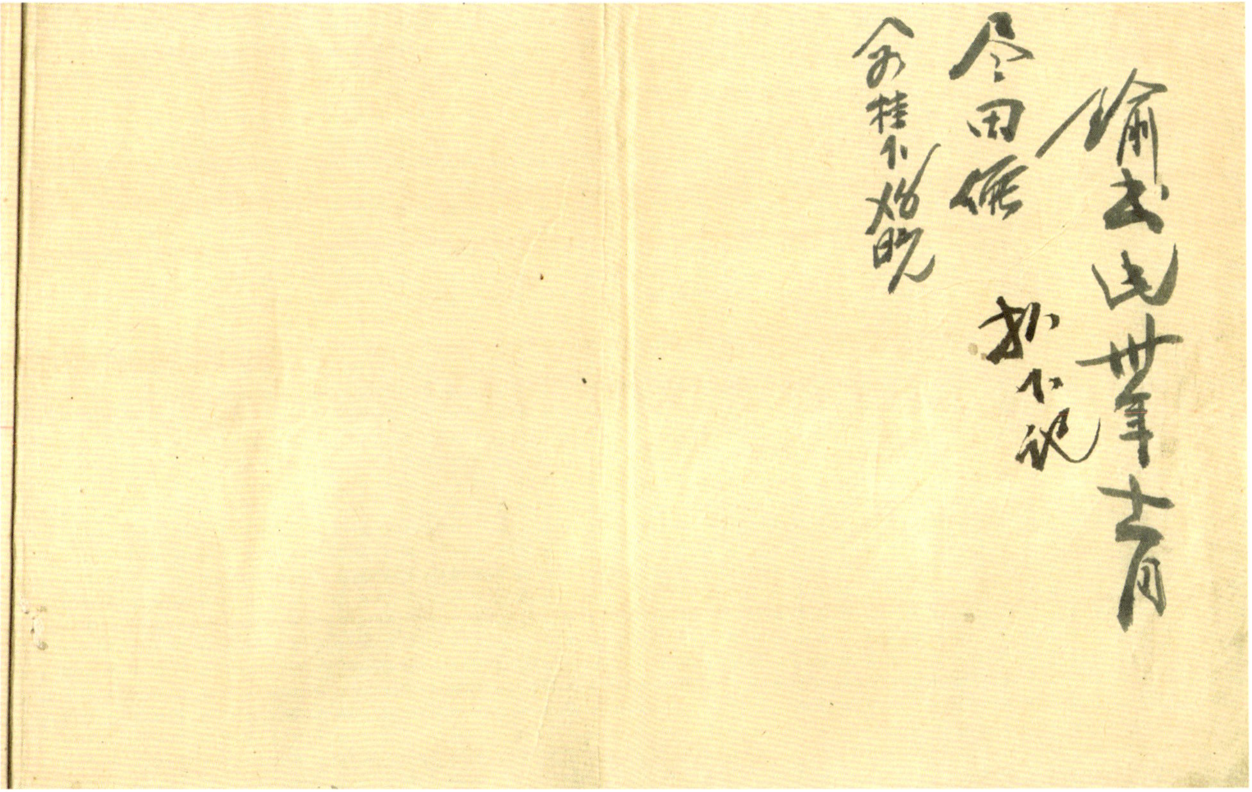

5-1-52-2　民國二十九年恭房立出業得業簿（二）

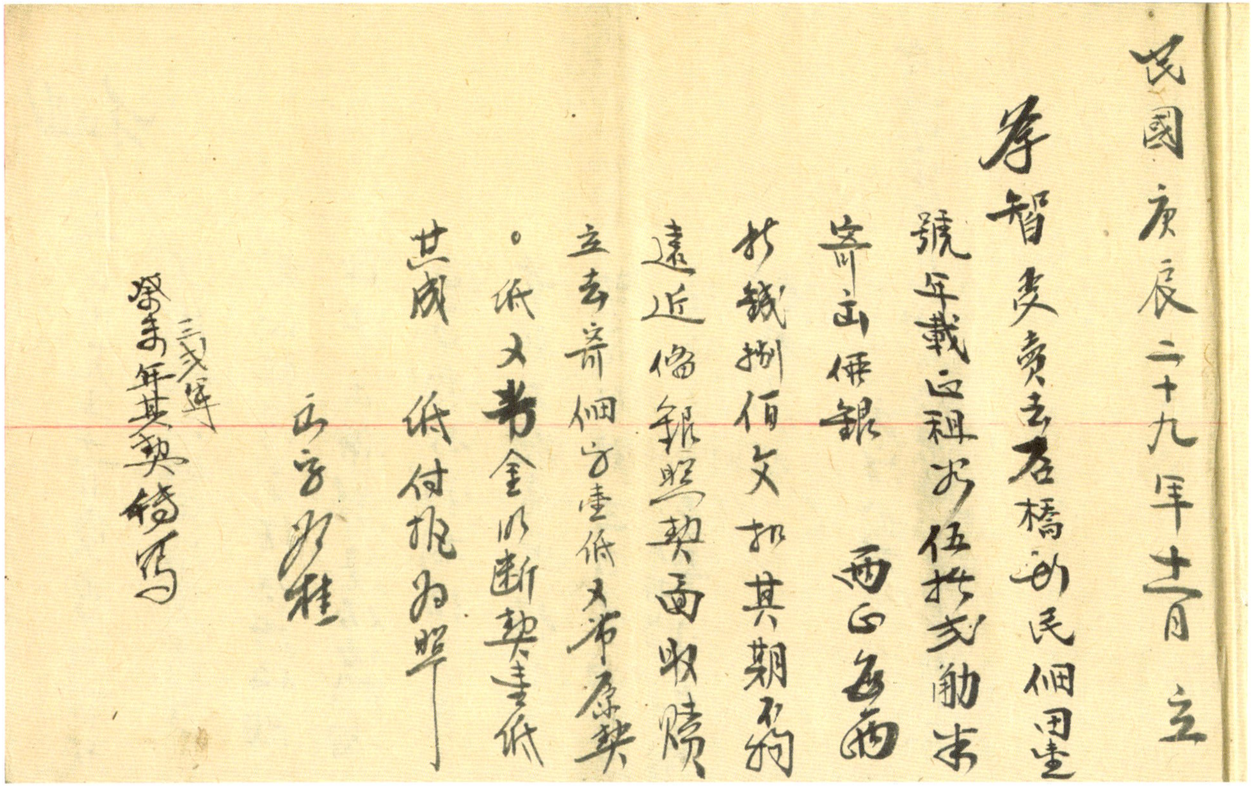
民國庚辰二十九年十二月　立
孝智變賣去石橋頭民佃田壹
號年載正租米伍拾弍觔半
寄山併銀　　西正五两
折錢捌佰文加其期不約
遠近備銀照契面收贖
立去斉佃方壹紙又布原契
。紙又共全以斷契壹紙
卅成　併付批為照
正字　羽桂
登手年其契緒寫

5-1-52-3　民國二十九年恭房立出業得業簿（三）

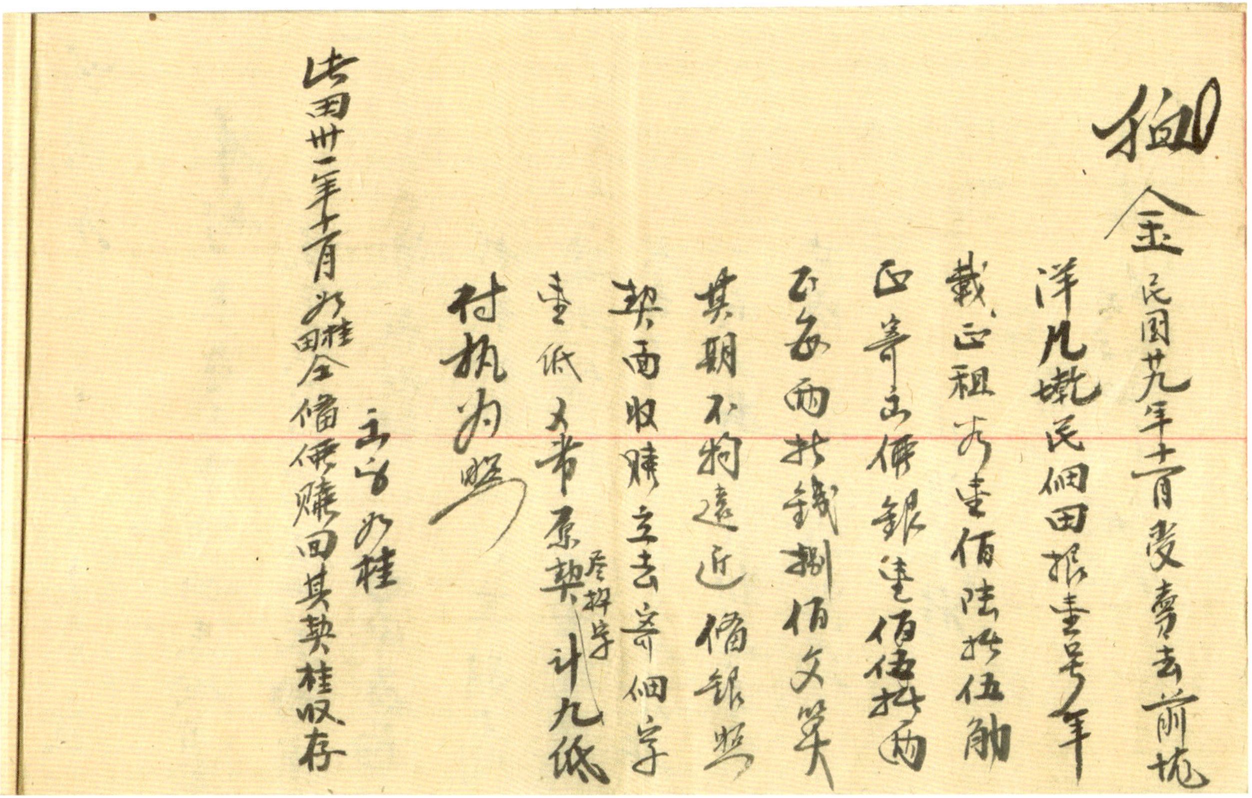

批

全 民國廿九年十二月發賣去前坑

洋九號民佃田根壹号二年

載正租乃壹佰陸拾伍觔

正寄出價銀叁佰伍拾兩

正分兩扣錢捌佰文算

其明不拘遠近備銀照

契面收贖立去寄佃字

壹紙又帶原契（原拼字）計九紙

付執為照

立字 為桂

民國卅一年十二月為桂田全備價贖回其契桂收存

5-1-52-4　民國二十九年恭房立出業得業簿（四）

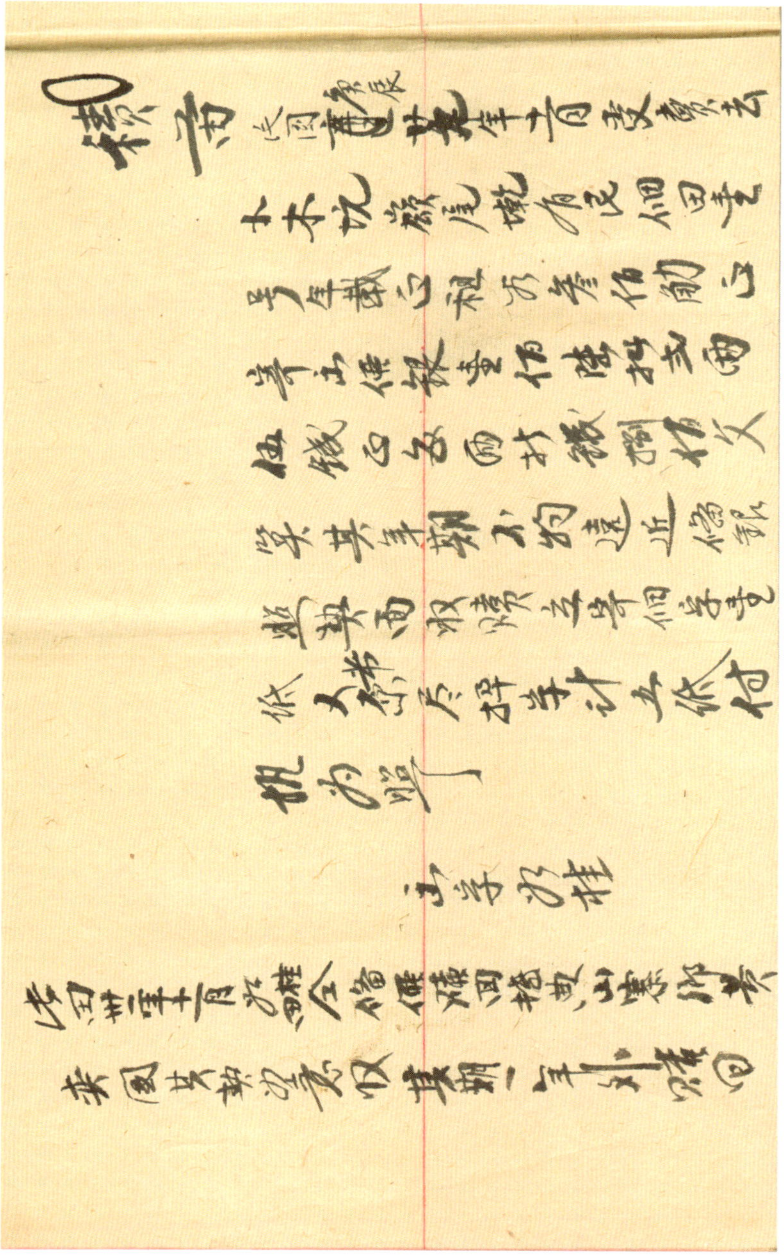

續甫

民國庚辰年十二月賣去

小木坑嶺尾墘有民佃田壹

号年載正租谷叁佰觔正

寄出價銀壹佰陸拾弍兩

伍錢正為兩折錢捌拾文

笑其年期不拘遠近備銀

照契面收贖立寄佃字壹

紙帋文契尽捽并計五紙付

執為照。

立字水桂

民國卅二年十二月水桂仝倫價贖回播曲山寨鄉黃

奕國其契此意收其期一年外贖回

5-1-52-5　民國二十九年恭房立出業得業簿（五）

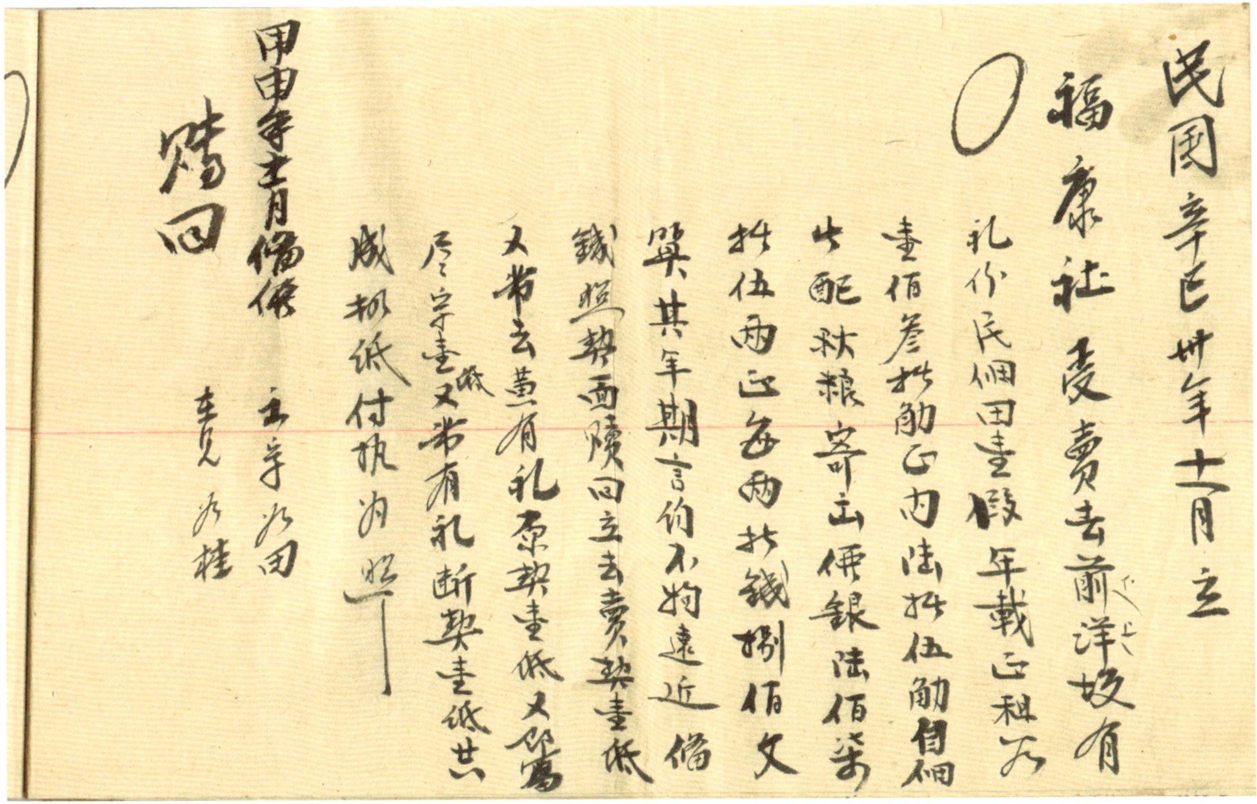

5-1-52-6　民國二十九年恭房立出業得業簿（六）

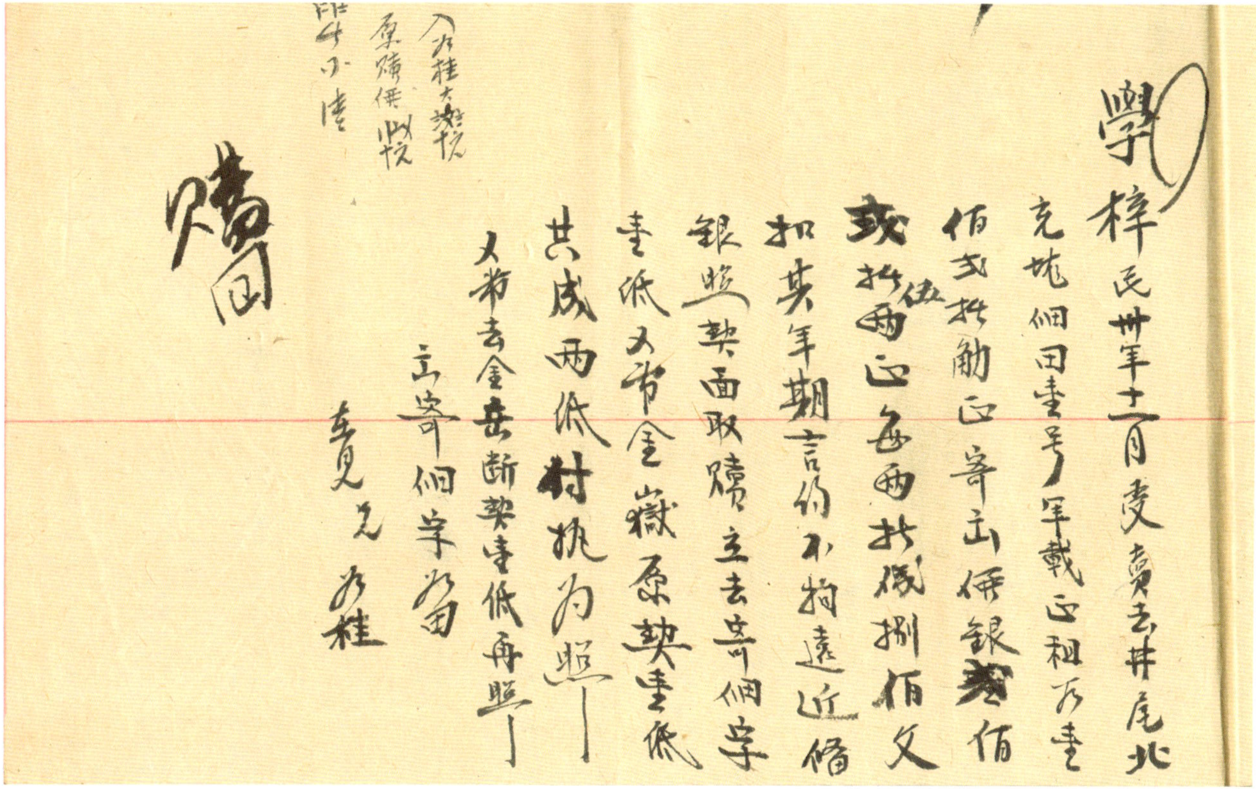
學
梓　民卅年十二月受賣去井尾北
充坑佃田壹号年載正租乃壹
佰式拾觔正寄山価銀叁佰
玖拾伍兩正每兩折價捌佰文
扣其年期言約不拘遠近備
銀照契面取贖立去寄佃字
壹紙又帶金嶽原契壹紙
共成兩紙付執為照
又帶去金盆斷契壹紙再照
立寄佃字為由
見乃桂
贖回

5-1-52-7　民國二十九年恭房立出業得業簿（七）

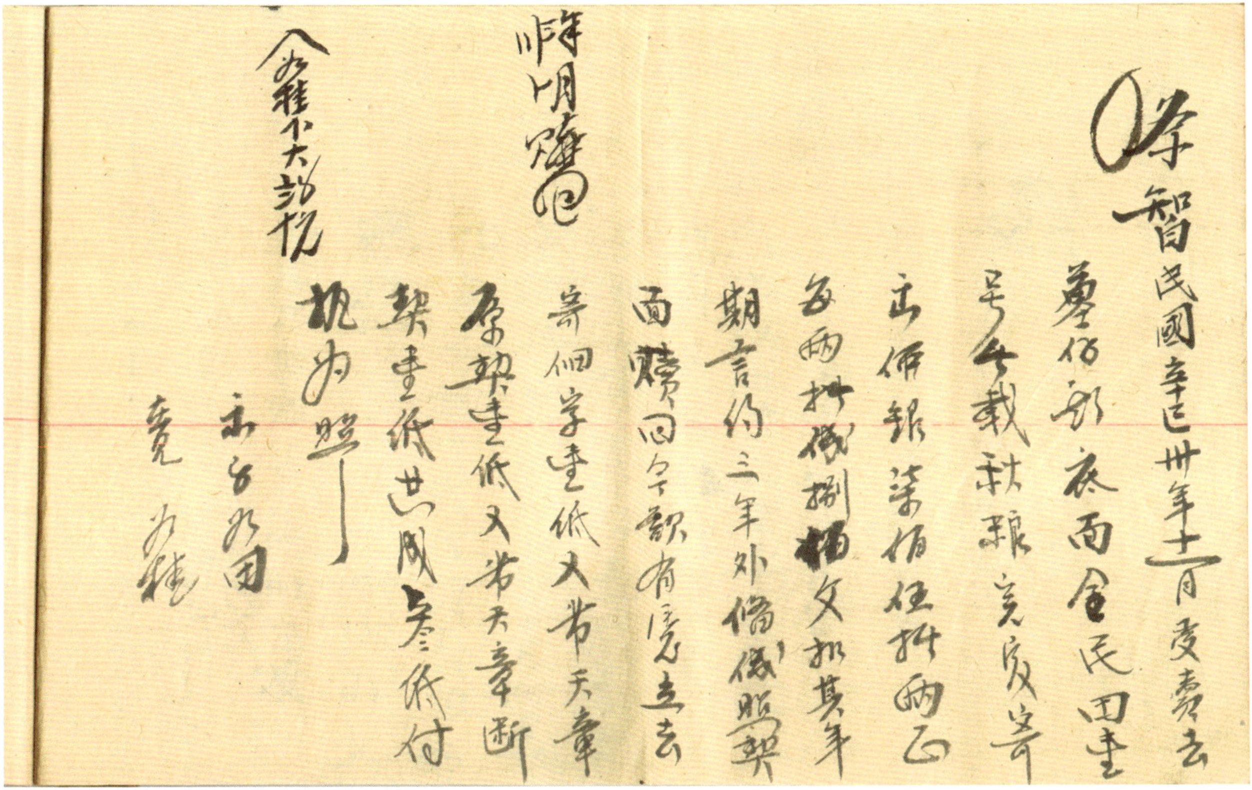

民國辛巳卅年十二月立賣去
墓仔前衣西金氏田壹
號全載秋粮完民岸
土價銀叁佰伍拾兩正
另兩折備攔櫃文批其年
期言約三年外備價照契
面贖回字號有憑立去
寄佃字壹紙又當天章
原契壹紙又當大章斷
契壹紙共成叁紙付
執為照

5-1-52-8　民國二十九年恭房立出業得業簿（八）

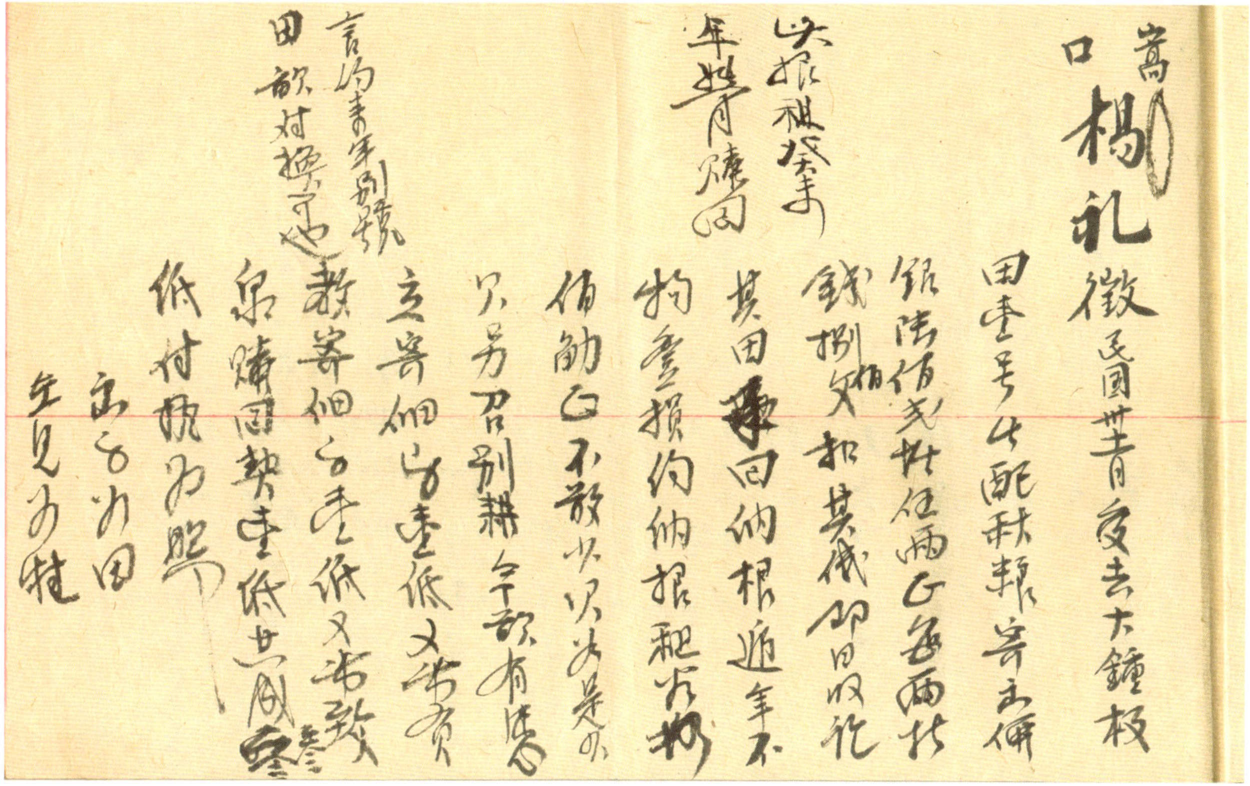

5-1-52-9 民國二十九年恭房立出業得業簿（九）

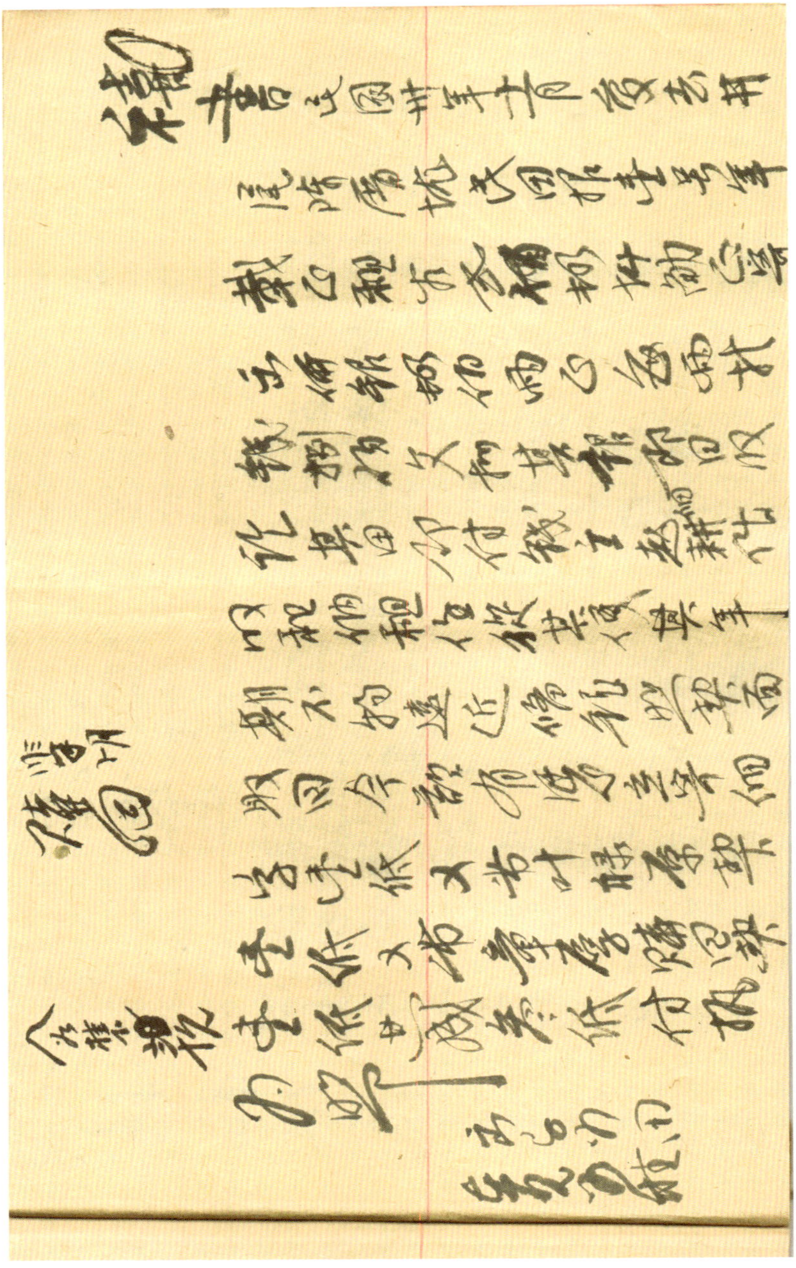

5-1-52-10 民國二十九年恭房立出業得簿（一〇）

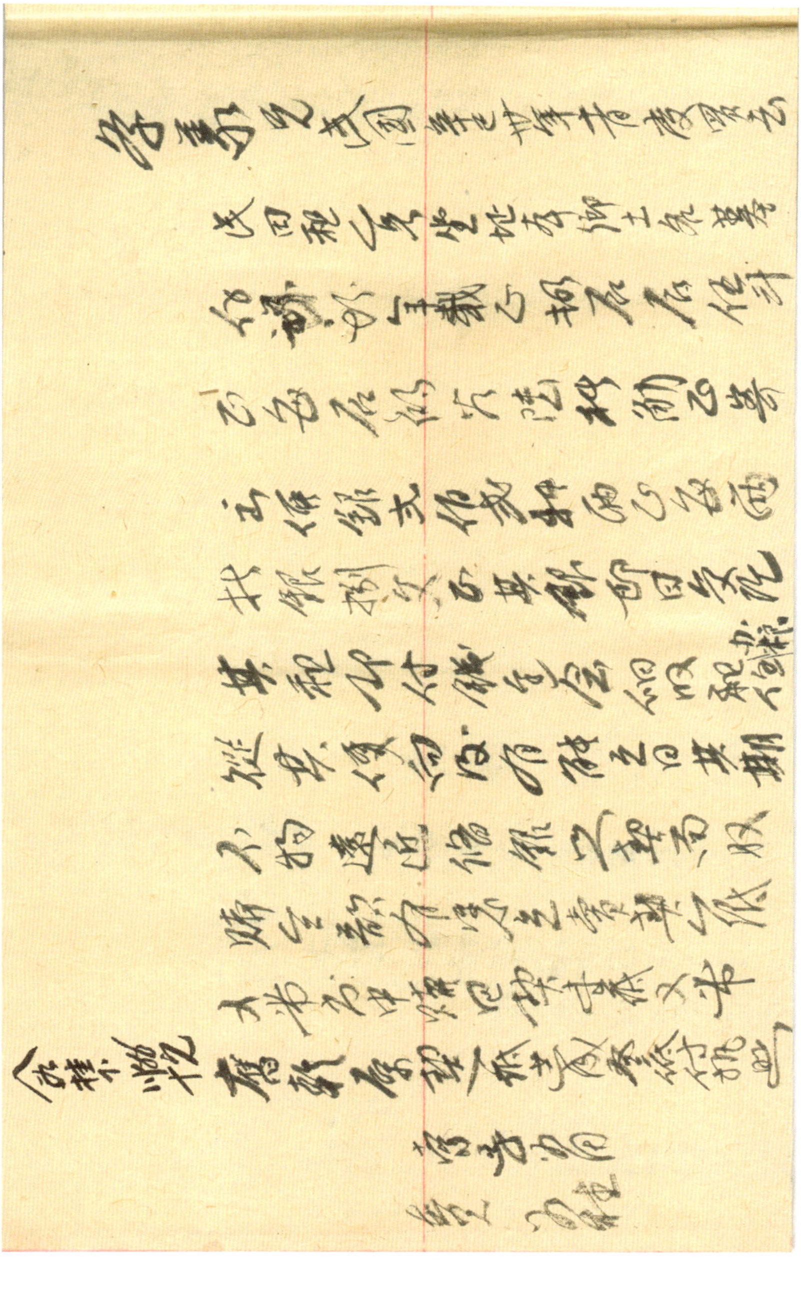

5-1-52-11 民國二十九年恭房立出業得業簿（一一）

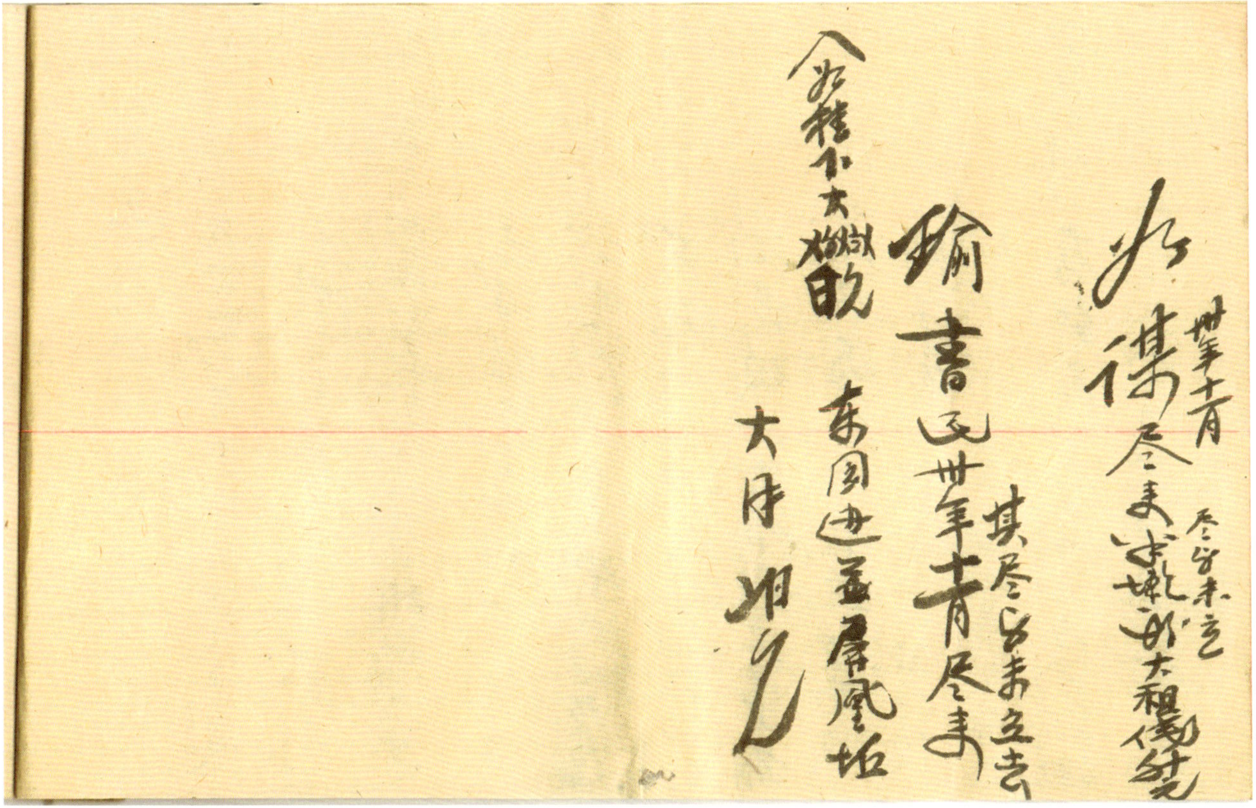

5-1-52-12　民國二十九年恭房立出業得業簿（一二）

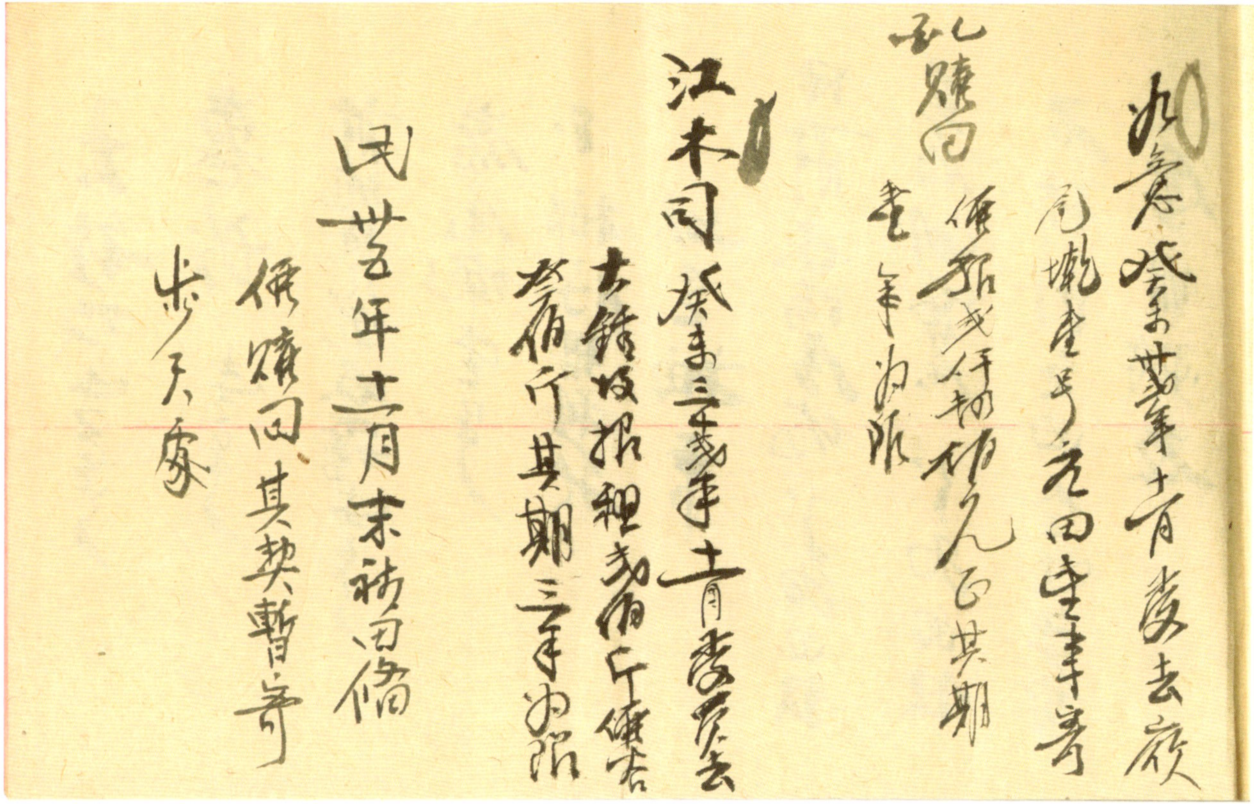

5-1-52-13　民國二十九年恭房立出業得業簿（一三）

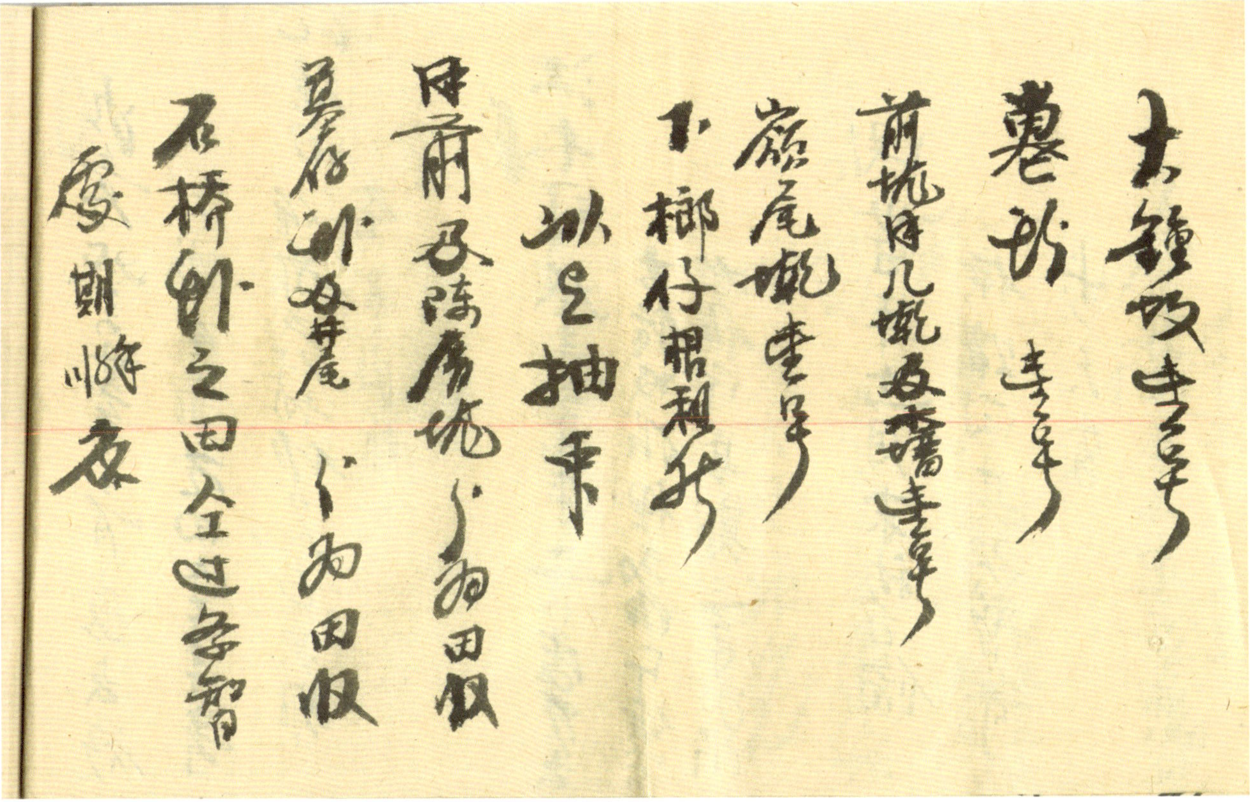

5-1-52-14　民國二十九年恭房立出業得業簿（一四）

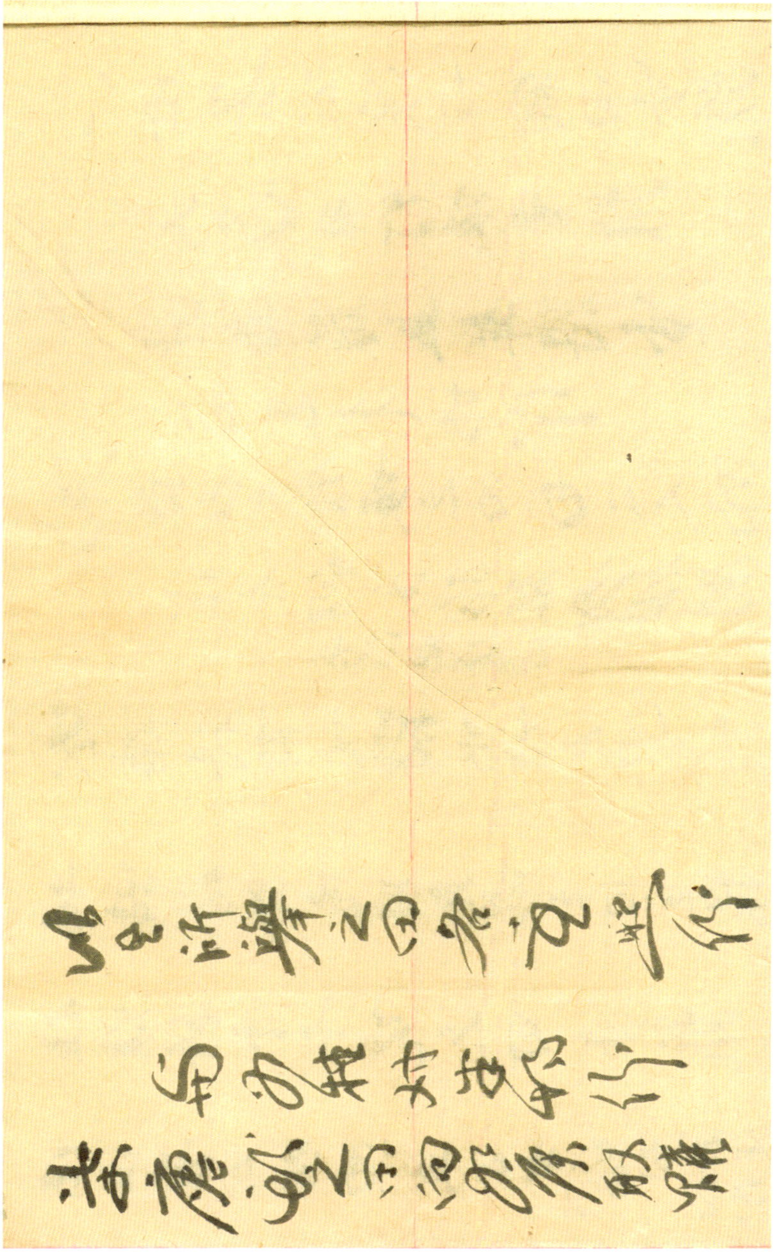

5-1-52-15　民國二十九年恭房立出業得業簿（一五）

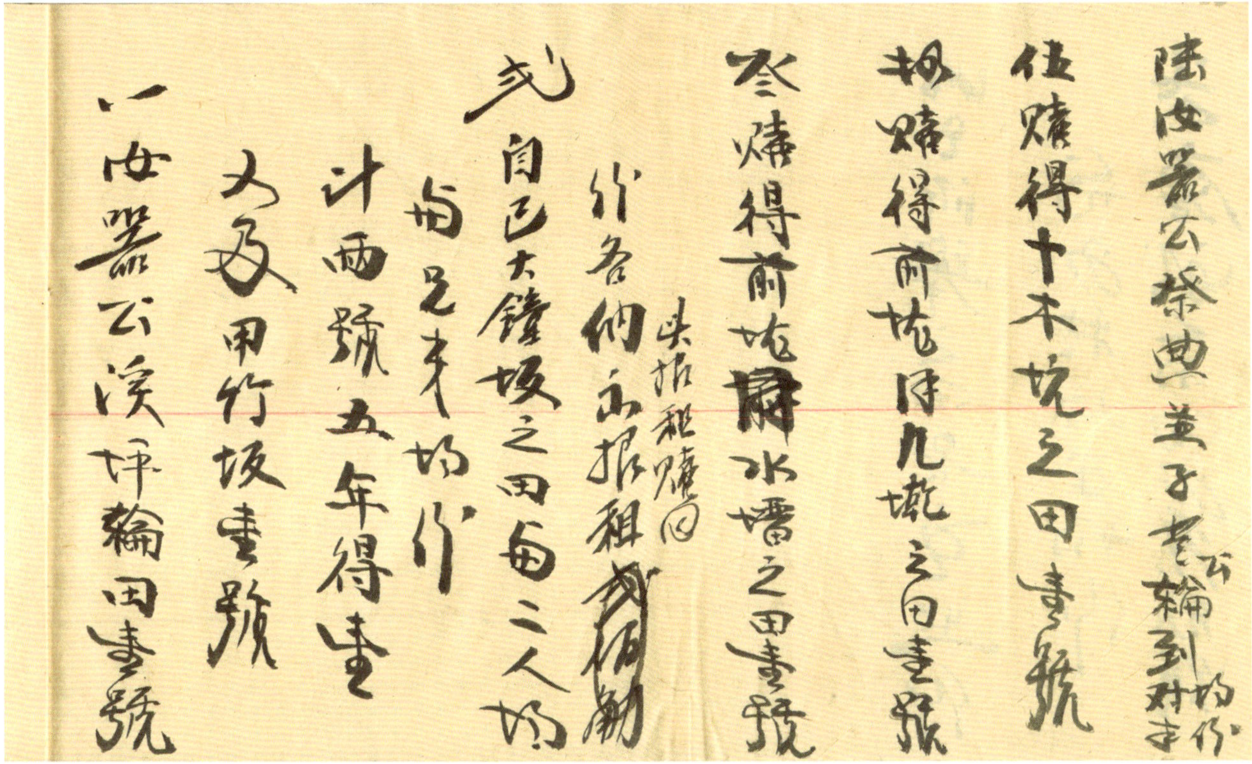
陸安器公祭典並子孝公輪到收對手
伍　贖得十木坑之田壹號
捌　贖得前垄頭九塅之田壹號
叁　贖得前垄頭水壋之田壹號
失租租贖回
付各納租租
貳　自己大鐘坂之田兩人收
尚未收付
計兩號五年得壹
又及用竹坂壹號
一安器公溪坪輪田壹號

5-1-52-16　民國二十九年恭房立出業得業簿（一六）

5-1-52-17　民國二十九年恭房立出業得業簿（一七）

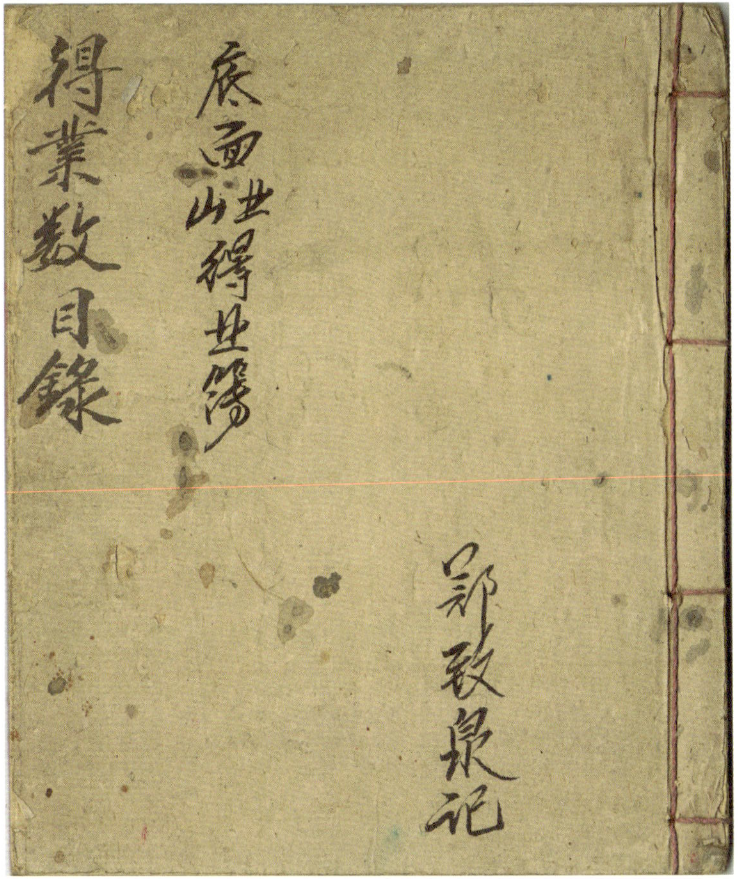

5-1-53-1　晚清民國鄭致泉記山業得業簿（一）

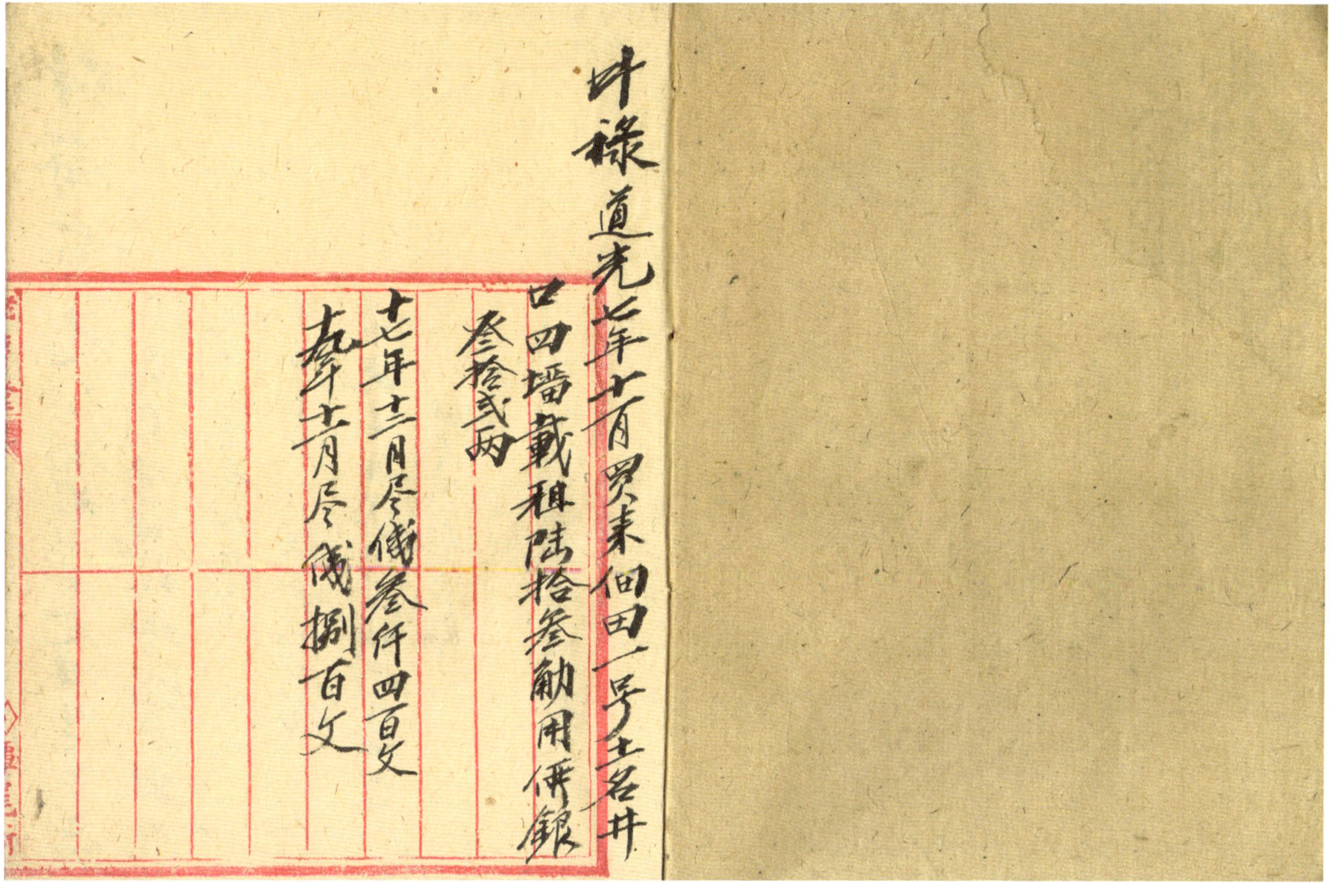
叶禄　道光七年十一月買來佃田一号土名井口四墻載租陆拾叁觔用價銀叁拾贰两
十七年十二月尽價叁仟四百文
廿九年十二月尽價捌百文

5-1-53-2　晚清民國鄭致泉記山業得業簿（二）

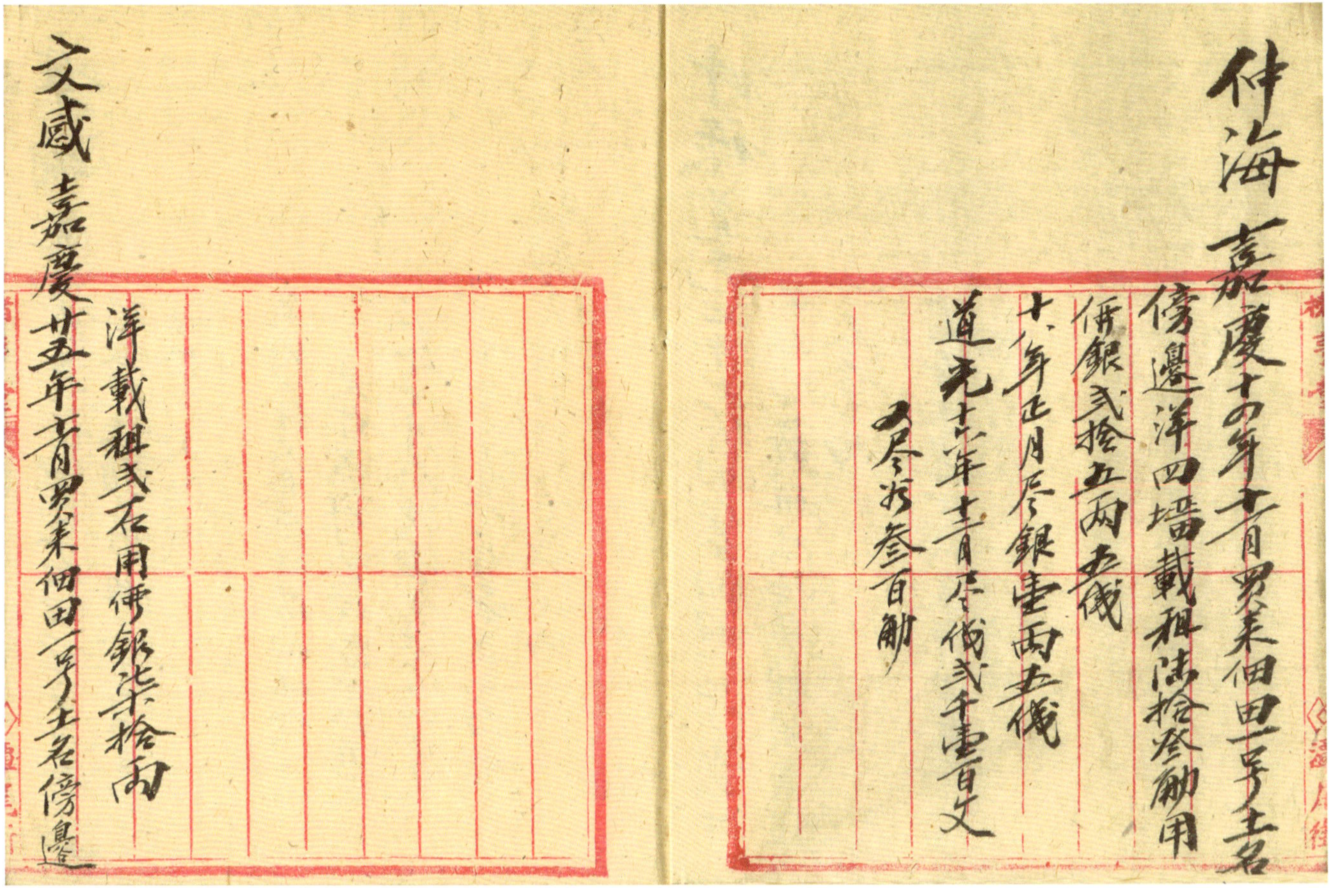

5-1-53-3　晚清民國鄭致泉記山業得業簿（三）

章駒

道光叁年十二月買來佃田一号土名下岐坑及岐坵頭載租叁石用價銀伍拾駒兩陸錢

道光六年十二月尽銀陸兩伍錢

又作溪坪尾錢壹千伍百文

仁年十月尽錢壹千柒百四十文

二十年十二月尽收壹百文拾觔

文勉

道光四年十二月買來佃田一号土名下岐坑載租壹石用價銀貳拾伍兩

文書九年十二月尽錢駒百文

十三年貳月尽錢壹千柒百文

至清八年十二月尽錢貳千八百文

5-1-53-4　晚清民國鄭致泉記山業得業簿（四）

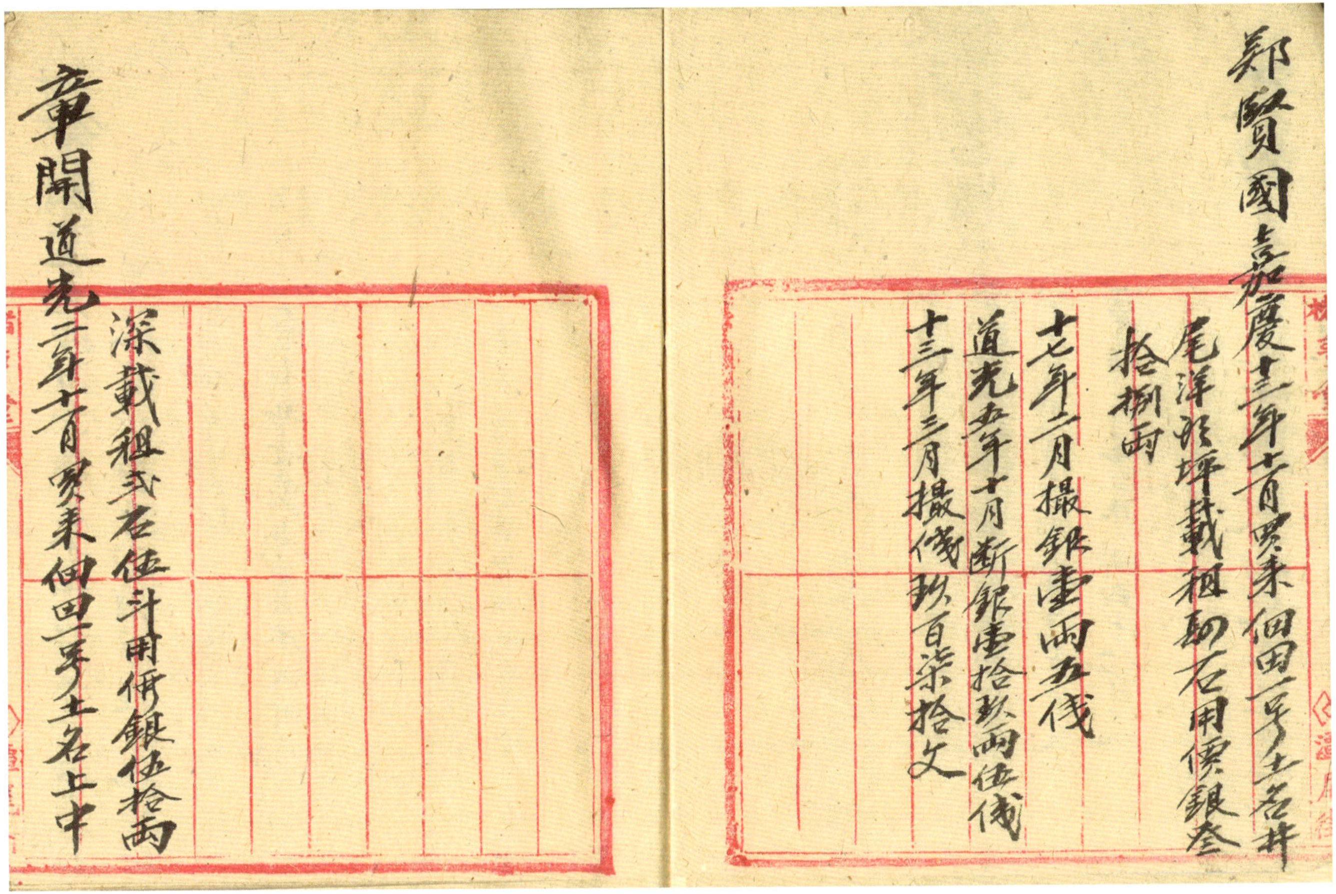

鄭賢國
嘉慶十三年十二月買來佃田一号土名井尾洋路坪載租肆石用價銀叁拾捌兩
十七年二月撮銀壹兩五錢
道光五年十月斷銀壹拾玖兩伍錢
十三年三月撮錢玖百柒拾文

章開
道光二年十二月買來佃田一号土名上中深載租貳石伍斗用價銀伍拾兩

5-1-53-5　晚清民國鄭致泉記山業得業簿（五）

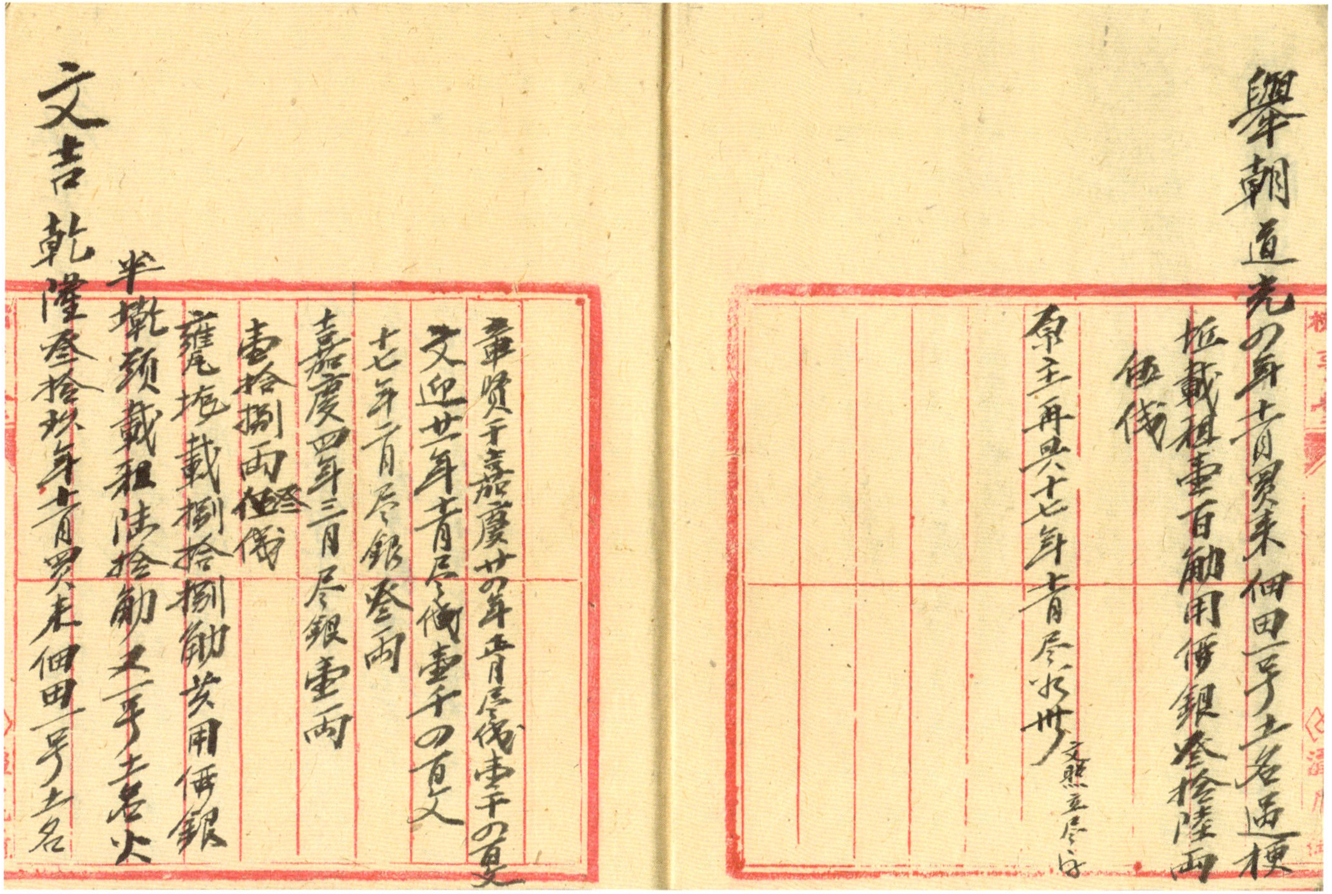

舉朝
道光四年十一月買來佃田一号土名函邊梗
坵載租壹百觔用價銀叁拾陸兩
伍錢
原主再典十七年十二月尽水廿元 文照立尽字

文吉
乾隆叁拾玖年十一月買來佃田一号土名
半墘頭載租陸拾觔又一号土名大
壠尾坵載捌拾捌觔共用價銀
壹拾捌兩伍錢
嘉慶四年三月尽銀壹兩
十七年二月尽銀叁兩
文迎廿年十二月尽價壹千四百文
華賢于嘉慶廿四年二月尽價壹千四百文

5-1-53-6 晚清民國鄭致泉記山業得業簿（六）

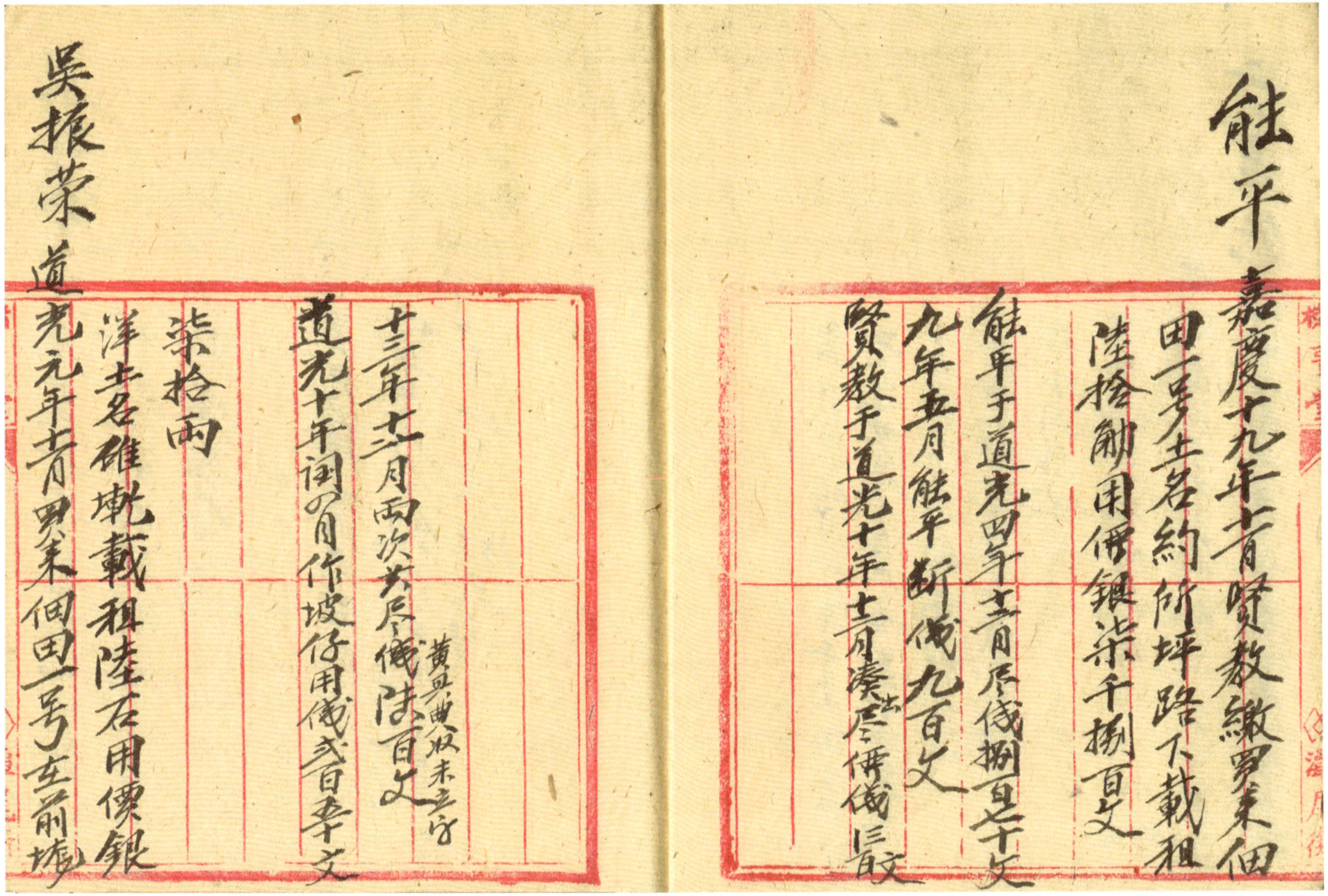
斛平
嘉慶十九年十二月賢教繳罗来佃
田一号土名約所坪路下載租
陸拾觔用價銀柒千捌百文
斛平于道光四年十二月尽價捌百七十文
九年五月斛平断價九百文
賢教于道光十年十二月湊出尽價乙百文

吴振荣
道光元年十二月買来佃田一号土名前墈
洋土名碓墈載租陸石用價銀
柒拾兩
道光十年閏四月作坡仔用價弍百柒文
十三年十二月兩次共尽價陸百文 黄丑曲收未立字

5-1-53-7　晚清民國鄭致泉記山業得業簿（七）

吳振秀

嘉慶廿三年十一月買來佃田一号在前
墘洋土名楊厝墘載租壹石用
價銀叁拾弍兩

道光四年六月尽銀叁兩
五年五月尽銀陸兩（丞業仁新根租價何后贖田之日四号均分）
八年五月尽銀弍兩

吳振秀

嘉慶廿叁年十一月買來佃田一号在前
墘洋土名楊厝墘几墘及墘仔
二坵載租壹石用價銀壹拾柒兩

道光四年六月尽代捌百陸拾文
振鳳于十七年十一月撮谷五十斤

5-1-53-8　晚清民國鄭致泉記山業得業簿（八）

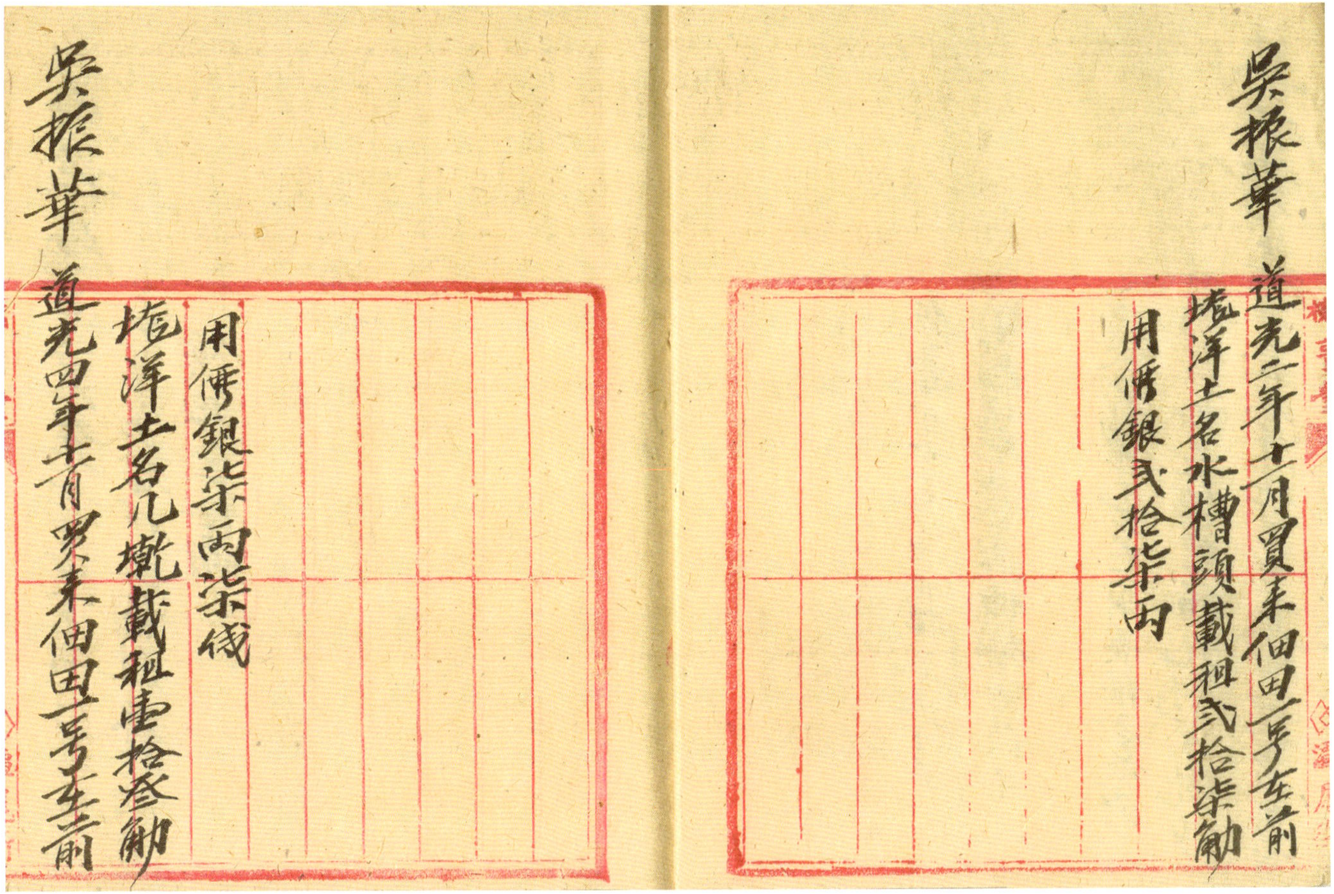

吳振華

道光二年十一月買來佃田一号坐落前

墘洋土名水槽頭載租弍拾柒觔

用價銀弍拾柒兩

吳振華

道光四年十一月買來佃田一号坐落前

墘洋土名几墘載租壹拾叁觔

用價銀柒兩柒錢

5-1-53-9　晚清民國鄭致泉記山業得業簿（九）

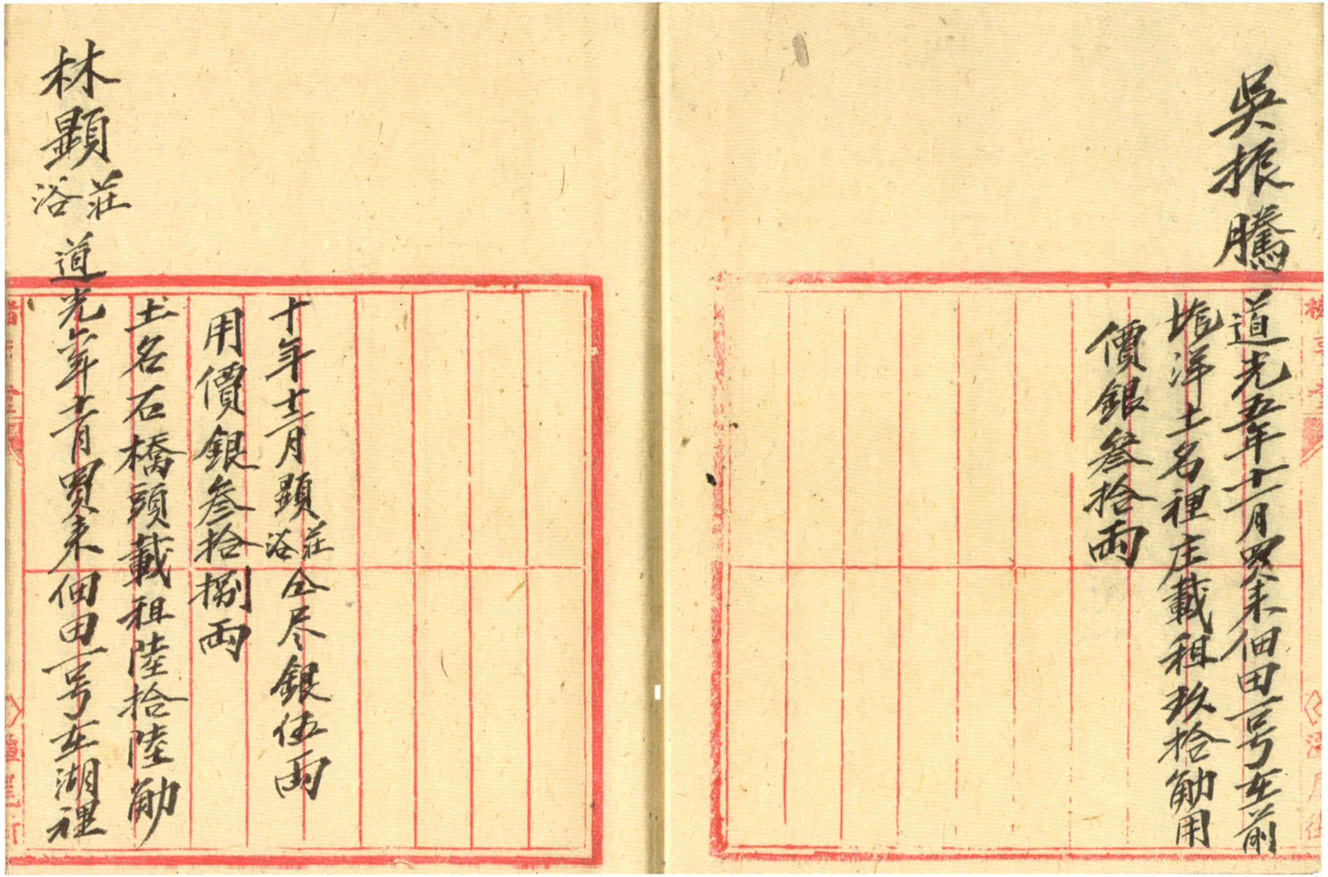

吳振騰
道光五年十一月買來佃田一号在前
墘洋土名裡庄載租玖拾觔用
價銀叁拾兩

林顯莊 浴
道光六年十二月買來佃田一号在湖裡
土名石橋頭載租陸拾陸觔
用價銀叁拾捌兩
十年十二月顯莊浴全尽銀伍兩

5-1-53-10　晚清民國鄭致泉記山業得業簿（一〇）

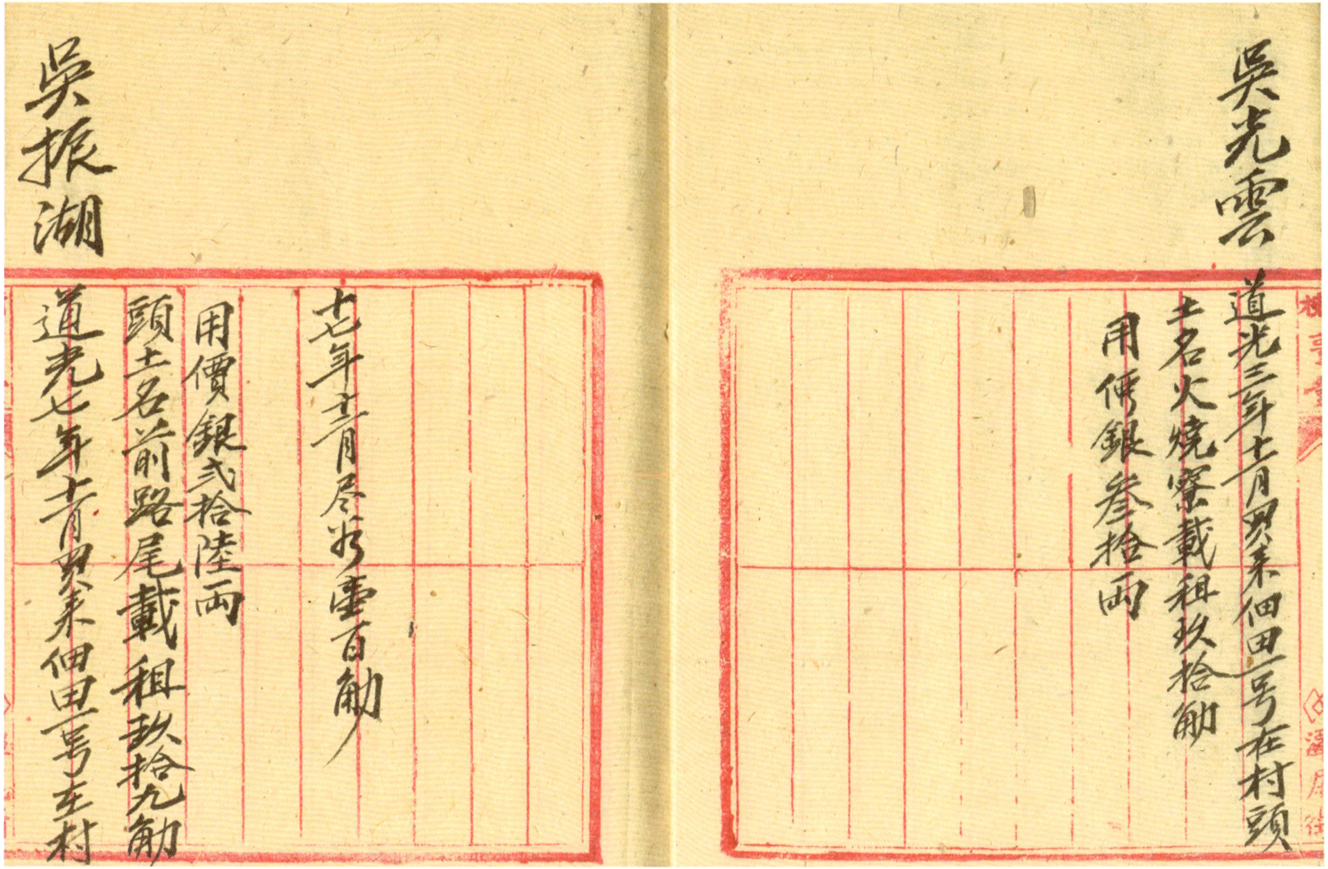

吳光雲

道光三十年十二月買來佃田一號在村頭

土名火燒窯載租玖拾觔

用價銀叁拾兩

吳振湖

道光七年十二月買來佃田一號在村

頭土名前路尾載租玖拾九觔

用價銀弍拾陸兩

十七年十二月尽水壹百觔

5-1-53-11　晚清民國鄭致泉記山業得業簿（一一）

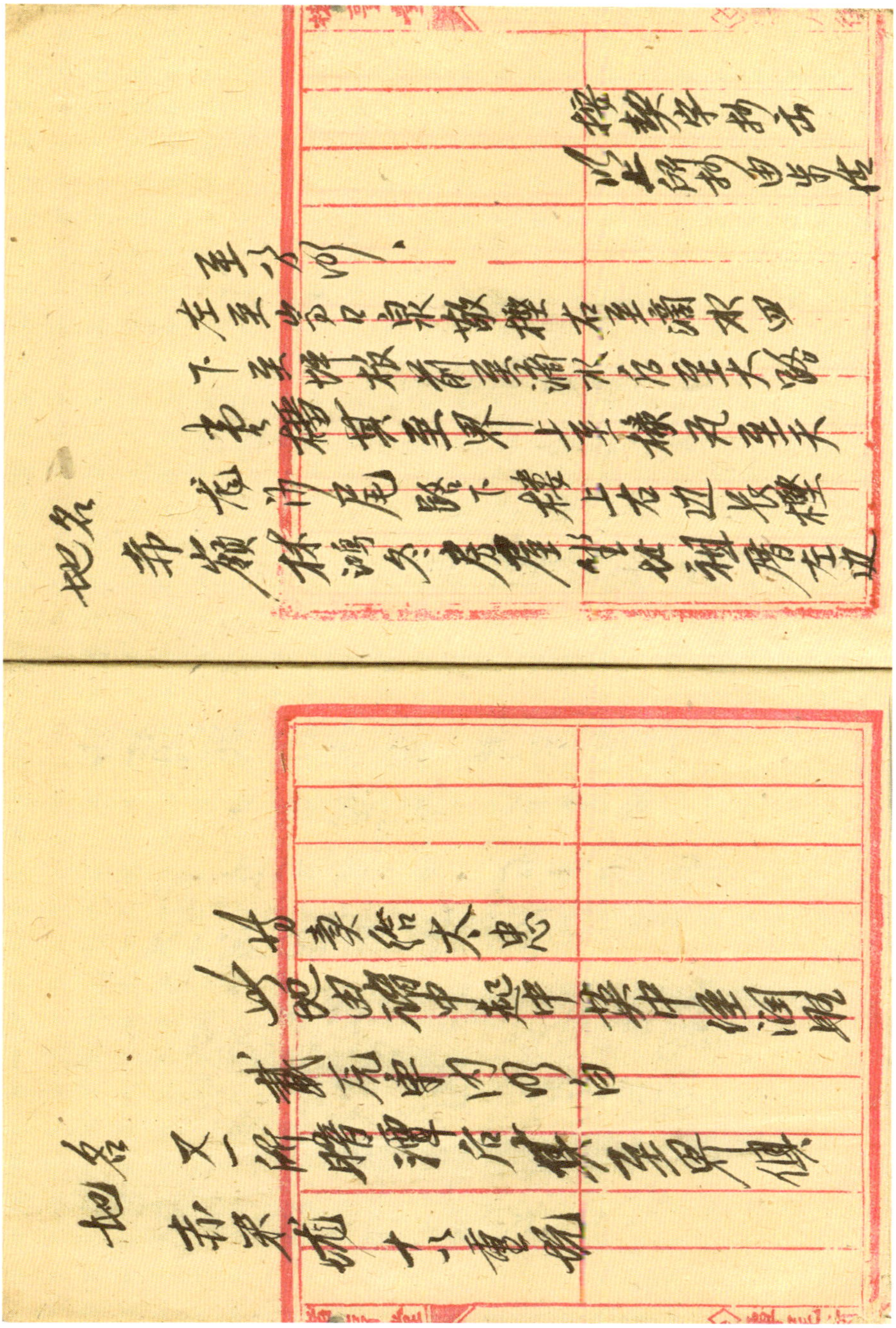

地名
赤岽坑十八重坑
又一所贈潭后其至界俱
載契字内明白
此地因嫡中起中契中注润贴
將賣給太忠

地名
弗嶺林鴻冬房屋坐址祖厝左边
虎爪尾路下樓上右边長樓
青樓其至界上至橡丸至天
下至坪板前至濵水后至大路
左至山兜口泉墩樓右至濵水田
至分明。
以上所抄由步估
照契字抄出

5-1-53-12　晚清民國鄭致泉記山業得業簿（一二）

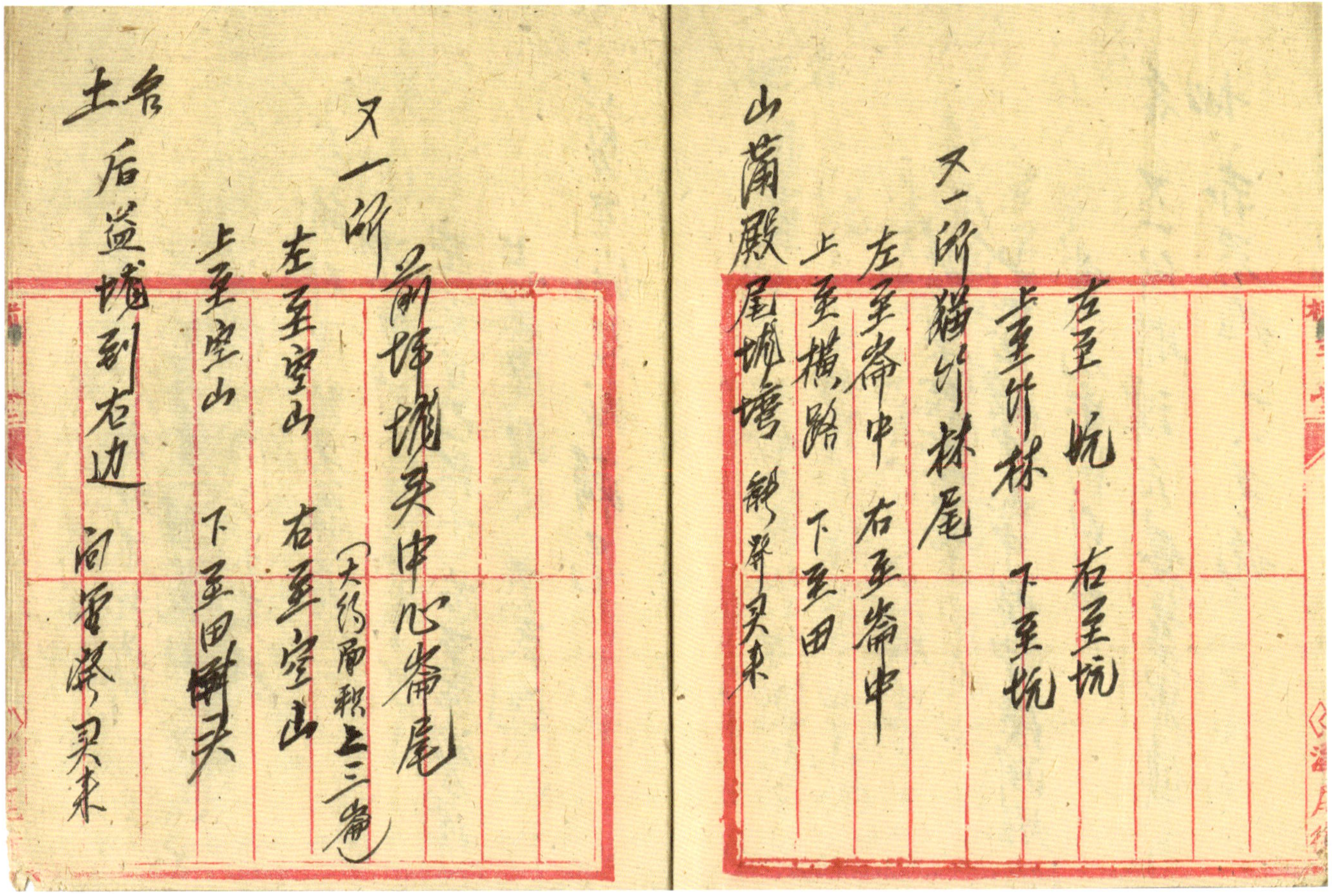

左至坑　右至坑
上至竹林　下至坑
又一所猫竹林尾
左至崙中　右至崙中
上至横路　下至田
山蒲殿尾墈壋　鄭群买来

又一所前坪墈头中心崙尾
（大约面积上三亩）
左至空山　右至空山
上至空山　下至田墈头
土名后溢墈到右边　向曾棨买来

5-1-53-13　晚清民國鄭致泉記山業得業簿（一三）

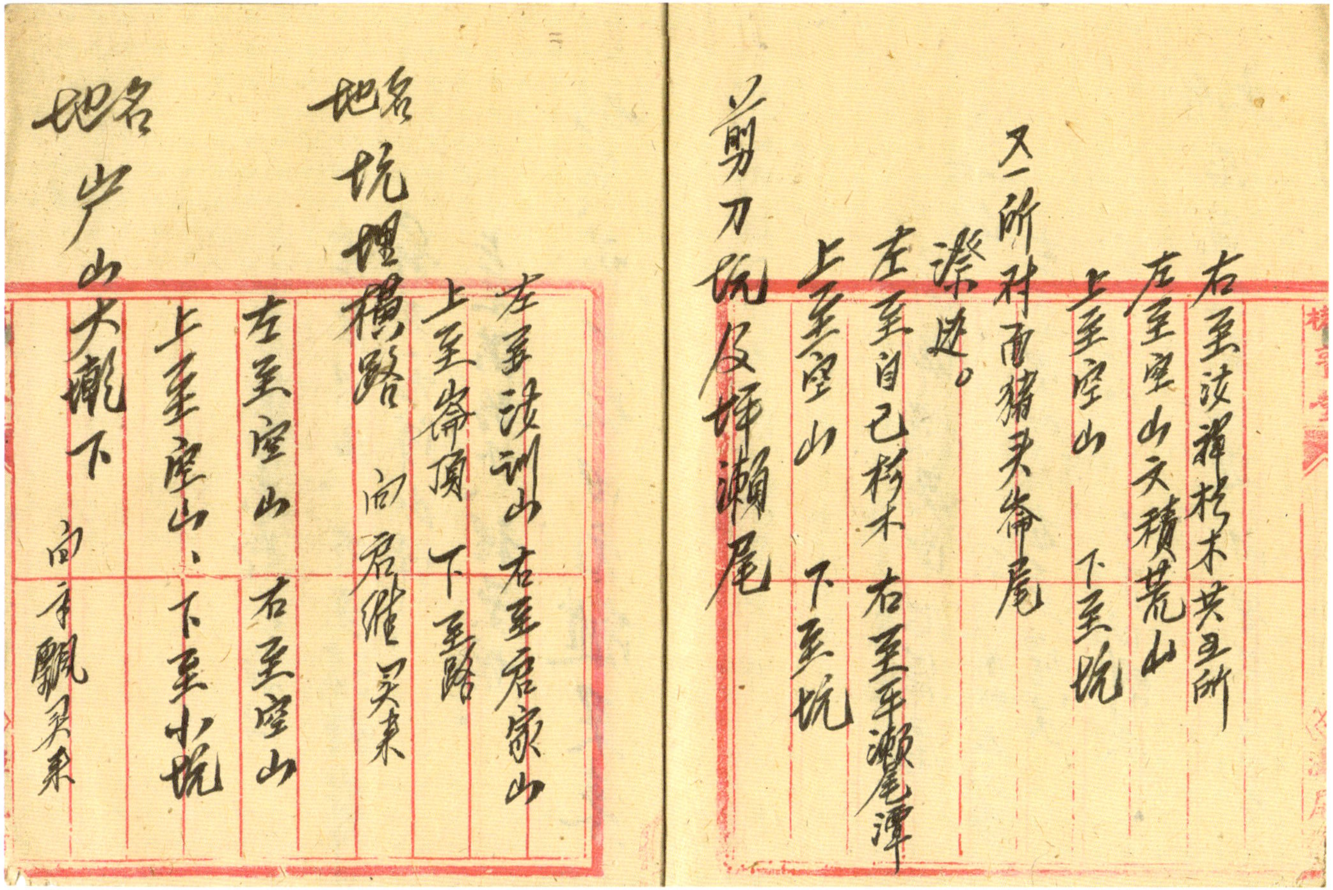
右至汶禪杉木共五所
左至里山文積荒山
上至空山　下至坑
又一所村面猪来崙尾
滲迸。
左至自己杉木　右至平瀨尾潭
上至空山　下至坑
剪刀坑及坪瀨尾
左至汶訓山　右至厝家山
上至崙頂　下至路
名地坑壇橫路　向厝維昊来
左至空山　右至空山
上至空山、下至小坑
名地岸山大瀧下　向手飄昊来

5-1-53-14　晚清民國鄭致泉記山業得業簿（一四）

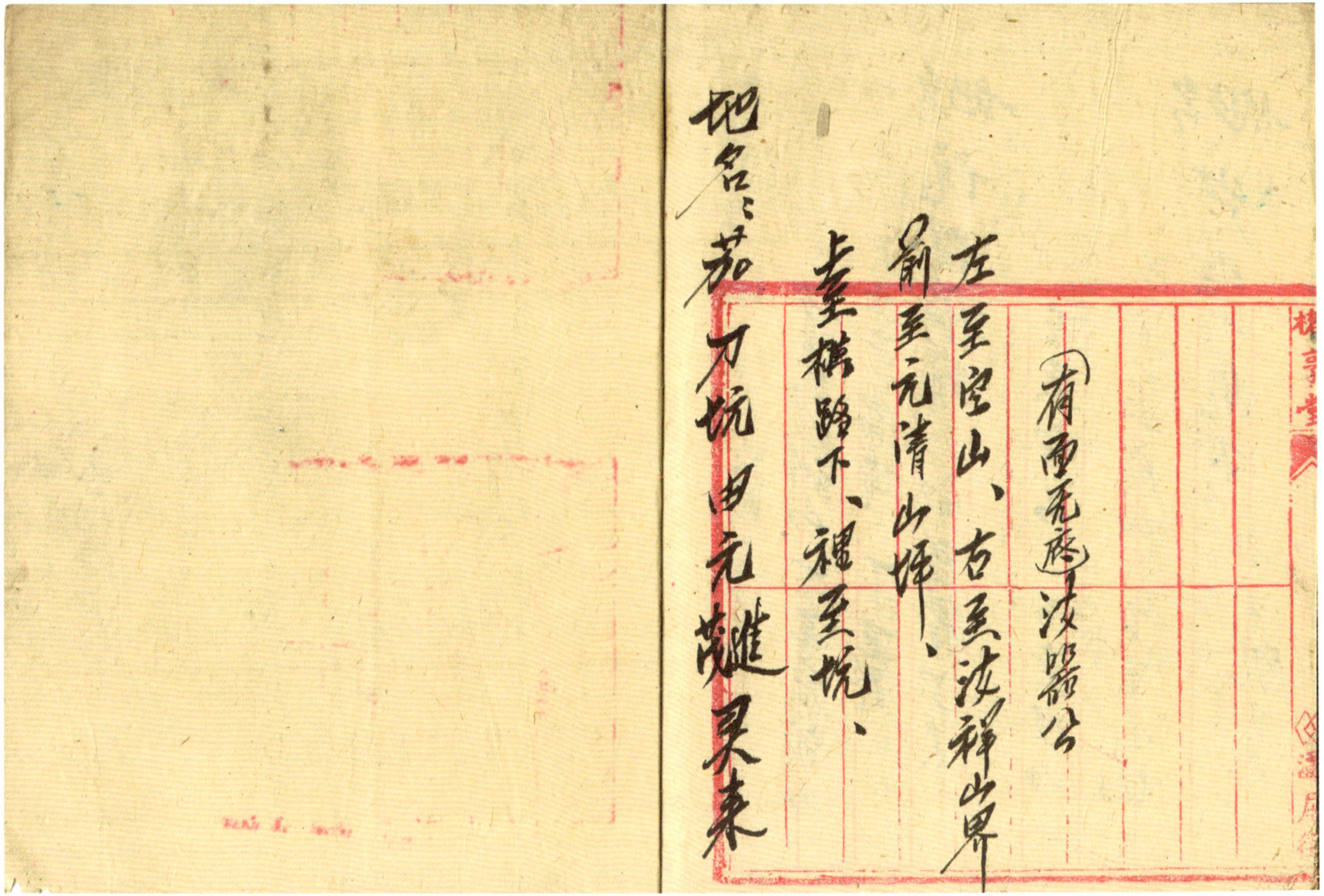

（有面元應）汝器公

左至空山、右至汝祥山界

前至元清山坪、

上至樵路下、裡至坑、

地名〻茄刀坑田元灘界來

5-1-53-15　晚清民國鄭致泉記山業得業簿（一五）

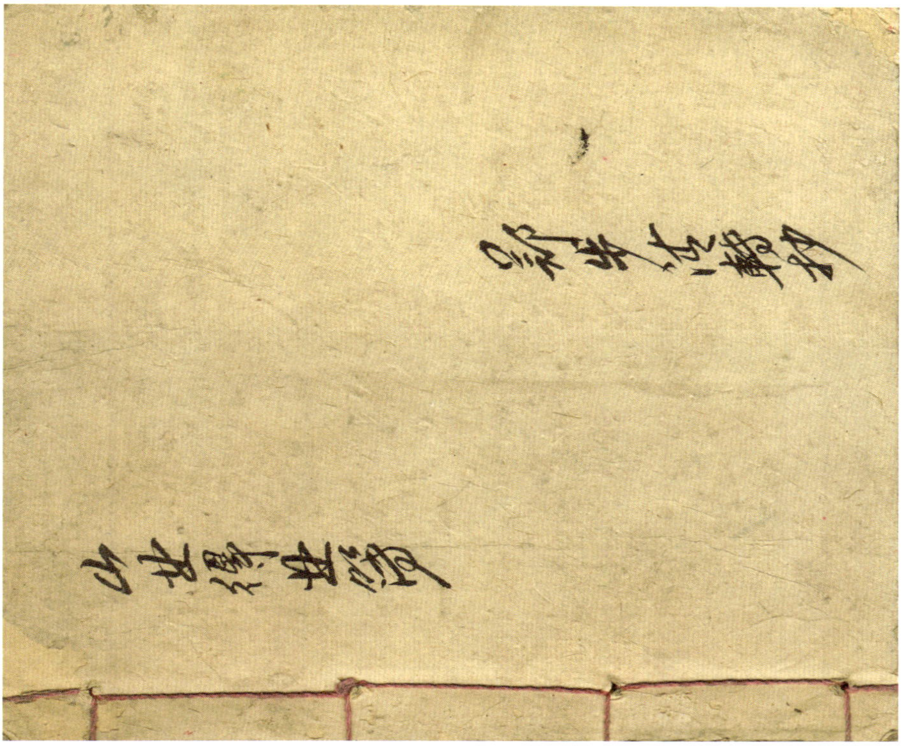

5-1-53-16　晚清民國鄭致泉記山業得業簿（一六）

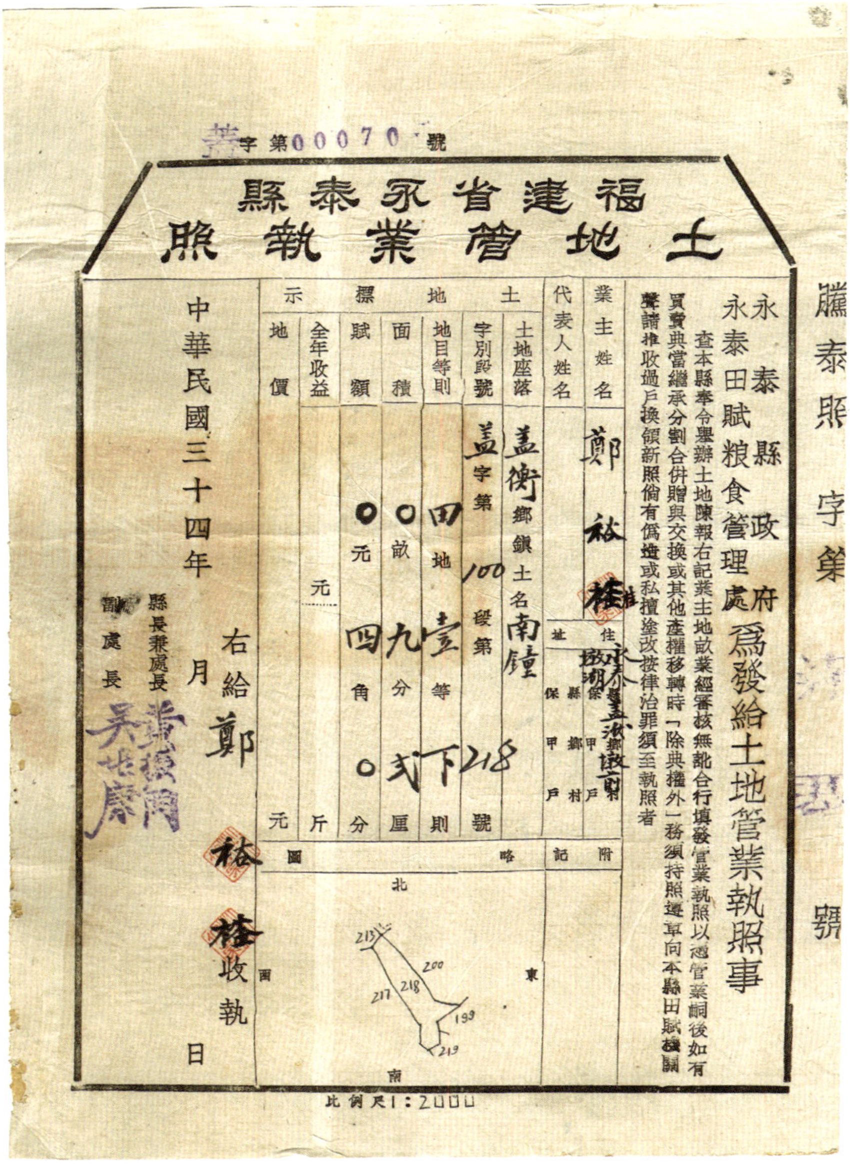

字第00070號

福建省永泰縣
土地管業執照

永泰縣政府
永泰田賦粮食管理處　爲發給土地管業執照事

查本縣奉令舉辦土地陳報右記業主地畝業經審核無訛合行填發管業執照以憑管業嗣後如有買賣典當繼承分割合併贈與交換或其他產權移轉時「除典權外」一務須持照連草向本縣田賦機關聲請推收過戶換領新照倘有僞造或私擅塗改按律治罪須至執照者

業主姓名	鄭裕桂
代表人姓名	
住址	縣　鄉　村　保　甲　戶

土地標示

土地座落	字別段號	地目等則	面積	賦額	全年收益	地價
盖衡鄉鎮土名南鐘	盖字第100段第218號	田地壹等下則	〇畝九分弍厘	〇元四角〇分	元　斤	元

附記

略圖

北　南　東　西

213　200　217　218　199　219

比例尺1:2000

右給鄭裕桂收執

中華民國三十四年　月　日

縣長兼處長

副處長

泰照　字第　號

5-1-54-1　民國三十四年鄭裕桂户土地管業執照（一）

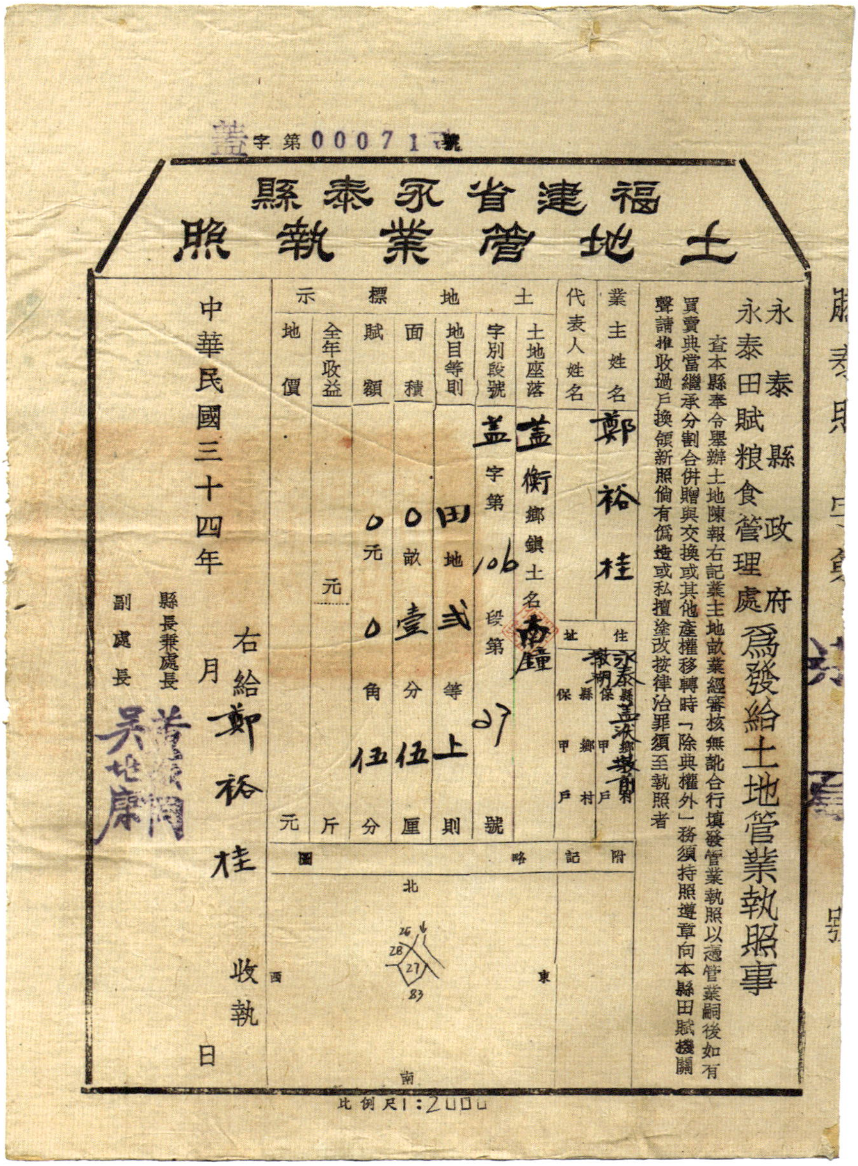

蓋字第00071號

福建省永泰縣
土地管業執照

永泰縣政府
永泰田賦粮食管理處 爲發給土地管業執照事

查本縣奉令舉辦土地陳報右記業主地畝業經審核無訛合行填發管業執照以憑管業嗣後如有買賣典當繼承分割合併贈與交換或其他產權移轉時「除典權外」務須持照遵章向本縣田賦機關聲請推收過戶換領新照倘有僞造或私擅塗改按律治罪須至執照者

業主姓名	鄭裕桂
代表人姓名	
住址	永泰縣蓋洋鄉

土地標示	
土地座落	蓋衕鄉鎮土名南壟
字別段號	蓋字第106段第27號
地目等則	田地貳等上則
面積	0畝壹分伍厘
賦額	0元0角伍分
全年收益	元 斤
地價	元

附記

圖略

比例尺1:2000

右給鄭裕桂收執

縣長兼處長

副處長

中華民國三十四年 月 日

5-1-54-2　民國三十四年鄭裕桂户土地管業執照（二）

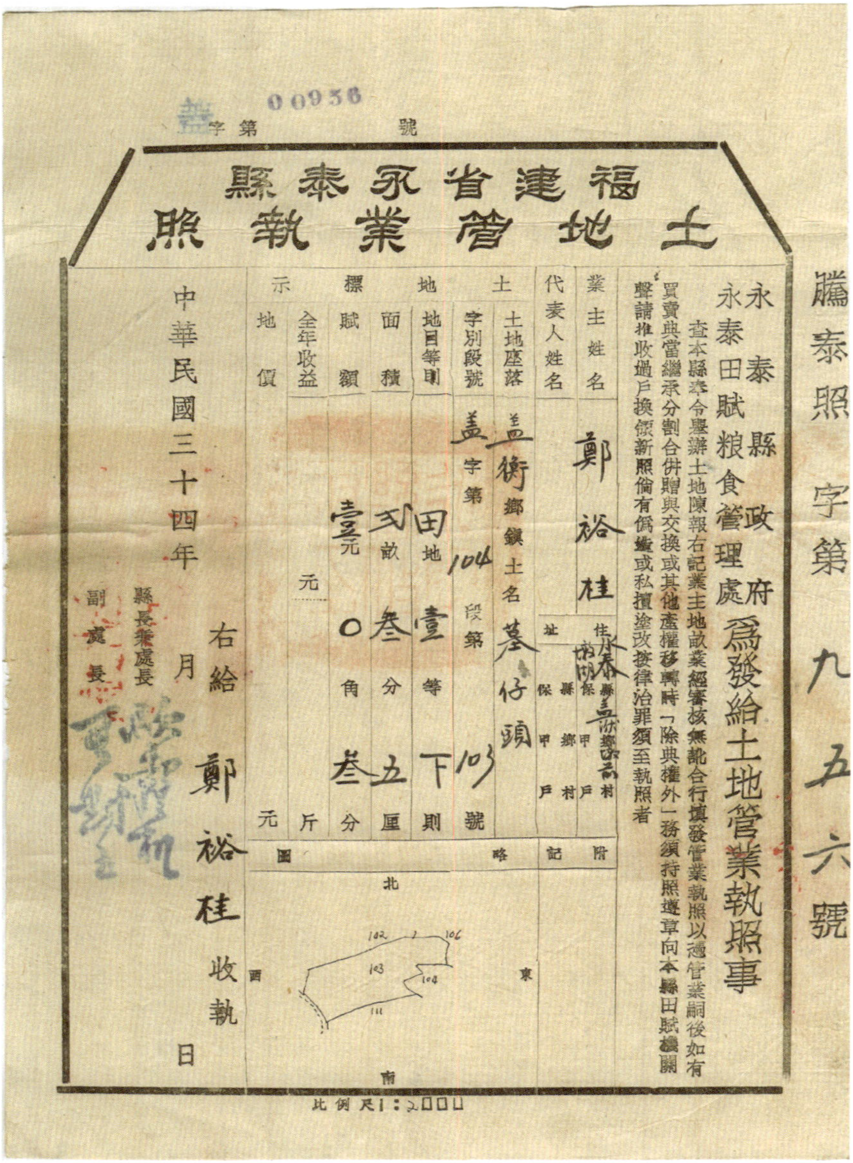

00936

盖字第　號

福建省永泰縣
土地管業執照

永泰縣政府
永泰田賦粮食管理處 爲發給土地管業執照事

查本縣奉令舉辦土地陳報右記業主地畝業經審核無訛合行填發管業執照以憑管業嗣後如有買賣典當繼承分割合併贈與交换或其他產權移轉時「除典權外」務須持照遵章向本縣田賦機關聲請推收過戶换領新照倘有僞造或私擅塗改按律治罪須至執照者

業主姓名	鄭裕桂
代表人姓名	
住址	永泰縣盖洋鄉□□村　保　甲　戶
附記	

土地標示	
土地座落	盖衙鄉鎮土名基仔頭
字別段號	盖字第104段第103號
地目等則	田地壹等下則
面積	弍畝叁分五厘
賦額	壹元〇角叁分
全年收益	元　斤
地價	元

略圖

比例尺1：2000

右給 鄭裕桂 收執

縣長兼處長
副處長

中華民國三十四年　月　日

朧泰照字第九五六號

5-1-54-3　民國三十四年鄭裕桂户土地管業執照（三）

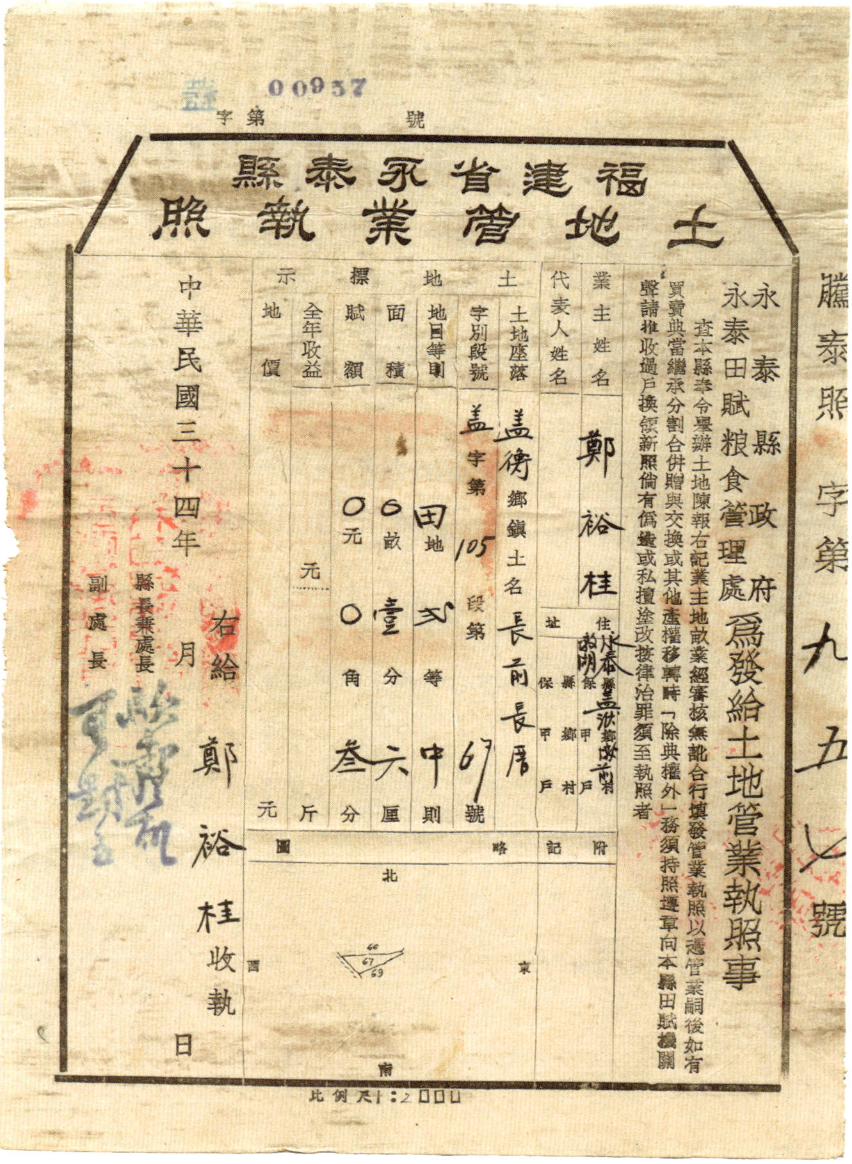

蓋 00957 字第 號

福建省永泰縣
土地管業執照

臘泰照字第九五七號

永泰縣政府
永泰田賦粮食管理處　為發給土地管業執照事

查本縣奉令舉辦土地陳報右記業主地畝業經審核無訛合行填發管業執照以憑管業嗣後如有買賣典當繼承分割合併贈與交換或其他產權移轉時「除典權外」務須持照遵章向本縣田賦機關聲請推收過戶換領新照倘有僞造或私擅塗改按律治罪須至執照者

業主姓名	鄭裕桂
代表人姓名	
住址	永泰縣蓋洋鄉[illegible]前村　保　甲　戶
住址（代表人）	縣　鄉　村　保　甲　戶

土地標示

土地座落	蓋衛鄉鎮土名長前長厝
字別段號	蓋字第105段第67號
地目等則	田地弍等中則
面積	〇畝壹分六厘
賦額	〇元〇角叁分
全年收益	元　斤
地價	元

附記

圖略

北　西　東　南

比例尺1:2000

右給 鄭裕桂收執

縣長兼處長

副處長

中華民國三十四年　月　日

5-1-54-4　民國三十四年鄭裕桂户土地管業執照（四）

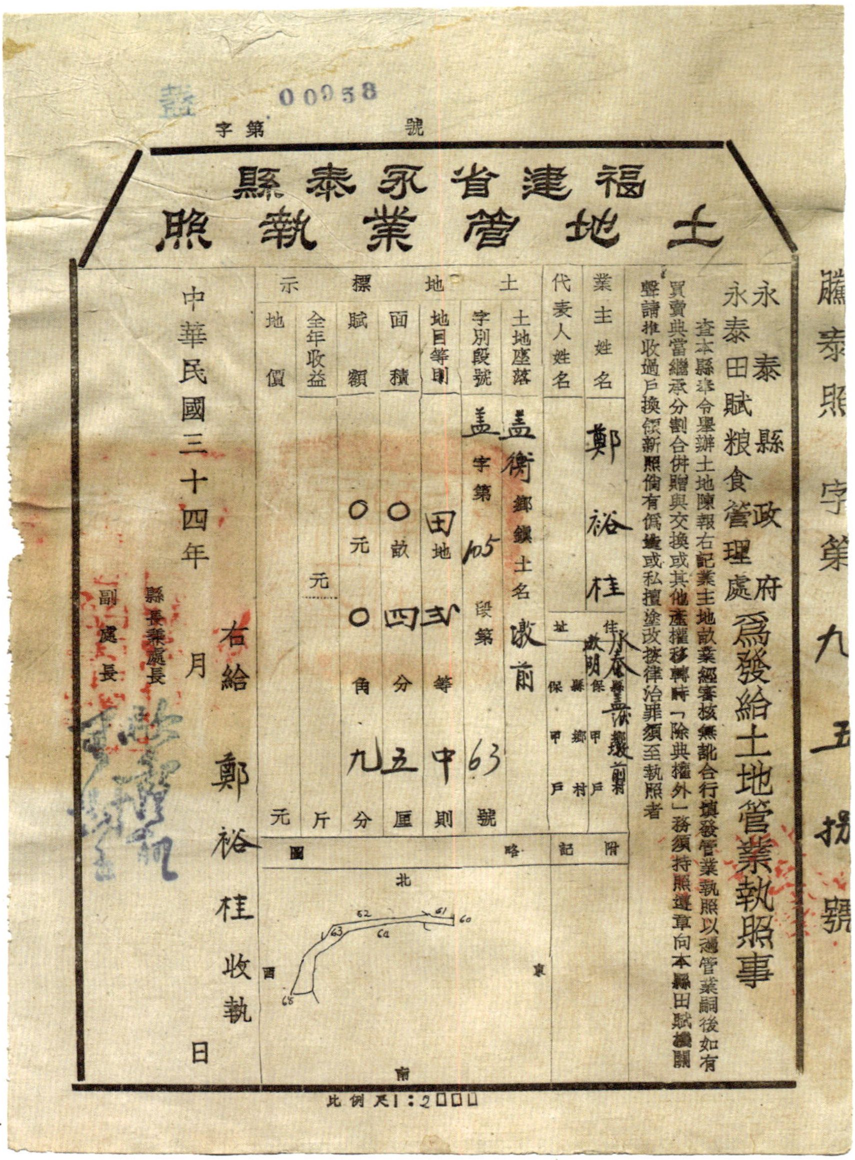

□字第　　號　00958

騰泰照字第九五捌號

福建省永泰縣
土地管業執照

永泰縣政府
永泰田賦粮食管理處　爲發給土地管業執照事

查本縣遵令舉辦土地陳報右記業主地畝業經審核無訛合行填發管業執照以憑管業嗣後如有買賣典當繼承分割合併贈與交換或其他產權移轉時「除典權外」務須持照連章向本縣田賦機關聲請推收過戶換領新照倘有僞造或私擅塗改按律治罪須至執照者

業主姓名	代表人姓名
鄭裕桂	

住址：永泰縣蓋洋鄉激前村　保　甲　戶

土地標示

土地坐落	字別段號	地目等則	面積	賦額	全年收益	地價
蓋衛鄉鎮土名激前	蓋字第105段第63號	田地弍等中則	〇畝四分五厘	〇元〇角九分	元　斤	元

附記

略圖

比例尺1:2000

右給鄭裕桂收執

縣長兼處長

副處長

中華民國三十四年　月　日

5-1-54-5　民國三十四年鄭裕桂户土地管業執照（五）

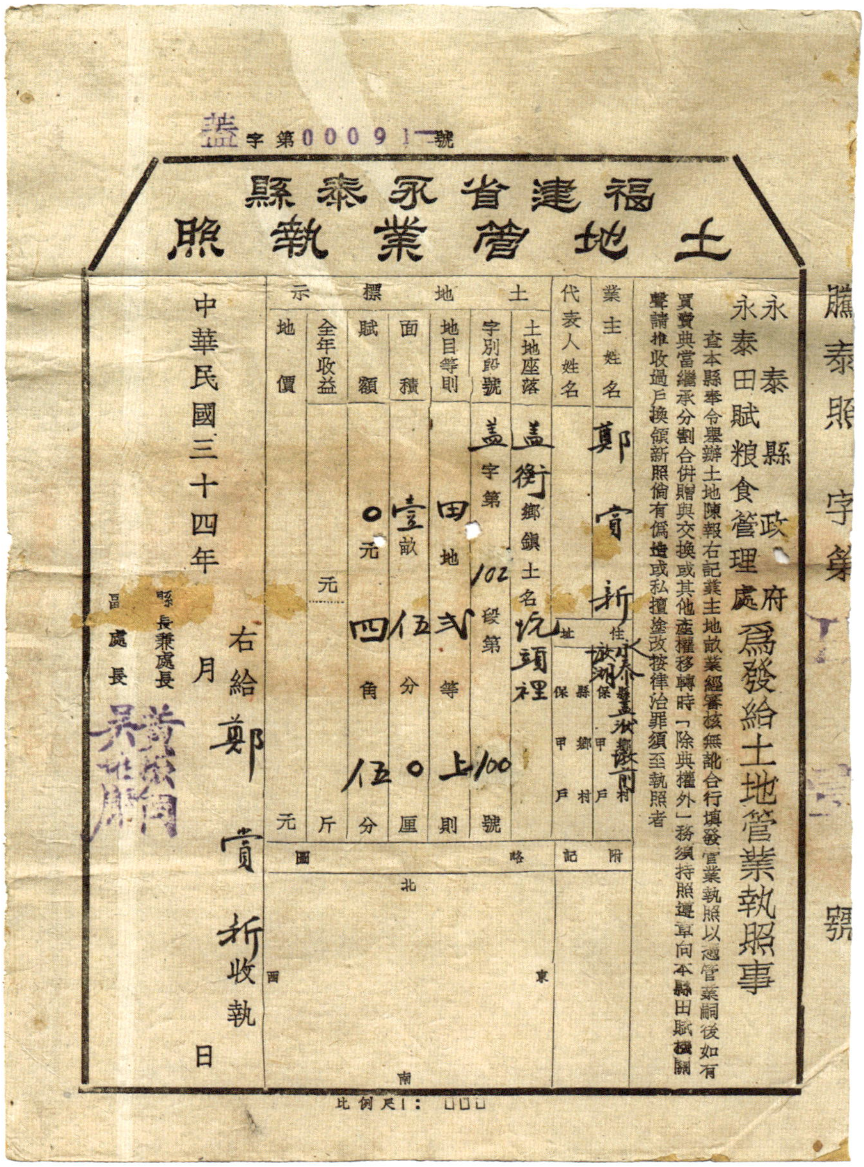
蓋字第000911號

福建省永泰縣

土地管業執照

永泰縣政府
永泰田賦粮食管理處

為發給土地管業執照事

查本縣奉令舉辦土地陳報右記業主地畝業經審核無訛合行填發管業執照以憑管業嗣後如有買賣典當繼承分割合併贈與交換或其他產權移轉時「除典權外」務須持照遵章向本縣田賦機關聲請推收過戶換領新照倘有僞造或私擅塗改按律治罪須至執照者

業主姓名	鄭賞新
代表人姓名	
住址	永泰縣蓋洋鄉蓋峰村

土地標示

土地座落	蓋衡鄉鎮土名坑頭裡
字別段號	蓋字第102段第100號
地目等則	田地弍等上則
面積	壹畝伍分〇厘
賦額	〇元四角伍分
全年收益	元 斤
地價	元

附記

略圖 北 東 南 西

右給鄭賞新收執

縣長兼處長

副處長

中華民國三十四年 月 日

比例尺1：000

永泰照 字第 號

5-1-54-6　民國三十四年鄭賞新户土地管業執照（一）

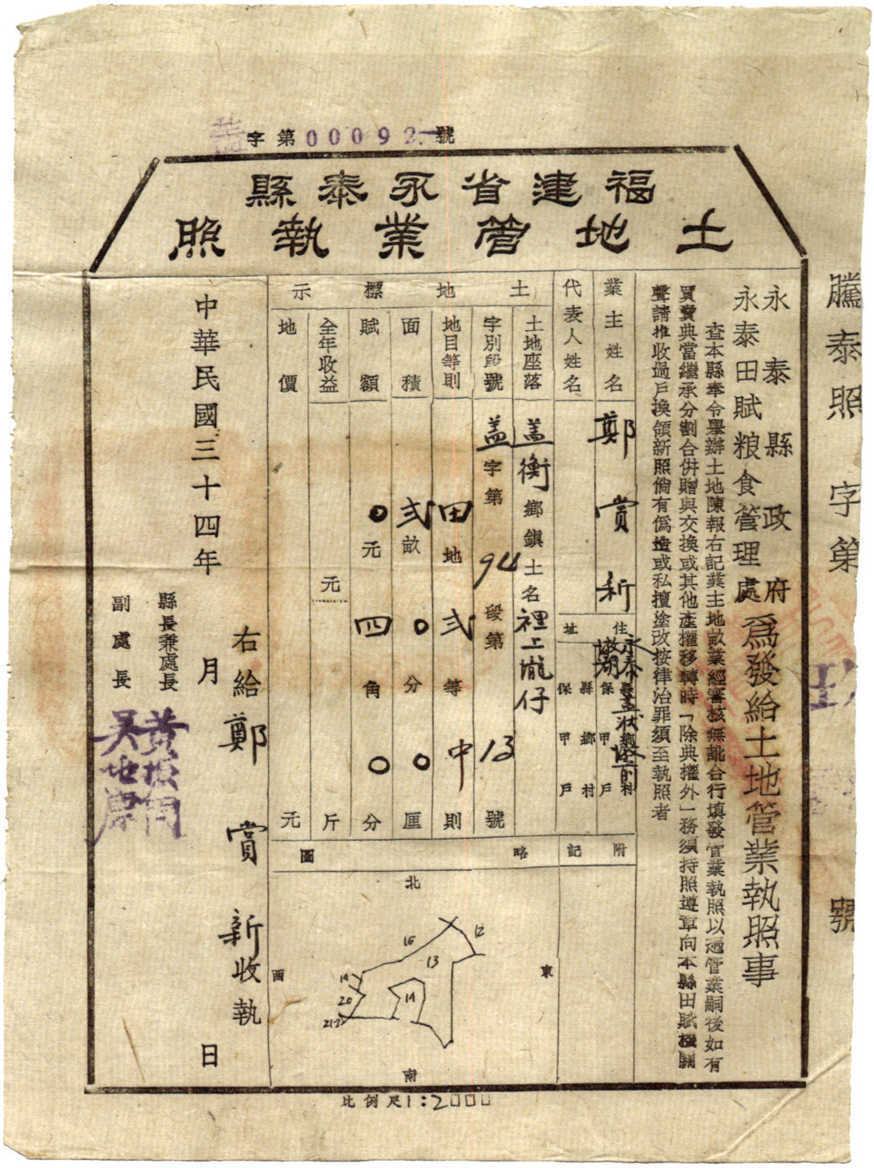
字第00092號

福建省永泰縣
土地管業執照

永泰縣政府
永泰田賦粮食管理處　爲發給土地管業執照事

查本縣奉令舉辦土地陳報右記業主地畝業經審核無訛合行填發管業執照以憑管業嗣後如有買賣典當繼承分割合併贈與交換或其他產權移轉時「除典權外」務須持照遵章向本縣田賦機關聲請推收過戶換領新照倘有僞造或私擅塗改按律治罪須至執照者

業主姓名：鄭賞新

代表人姓名：

住址：永泰縣[illegible]鄉[illegible]村　保　甲　戶

土地標示						
土地座落	字別段號	地目等則	面積	賦額	全年收益	地價
蓋衡鄉鎮土名裡上瓏仔	蓋字第94段第13號	田地弍等中則	弍畝〇分〇厘	〇元四角〇分	元　斤	元

附記：

略圖

比例尺1:2000

右給鄭賞新收執

縣長兼處長　黄振問
副處長　吳地岸

中華民國三十四年　月　日

5-1-54-7　民國三十四年鄭賞新户土地管業執照（二）

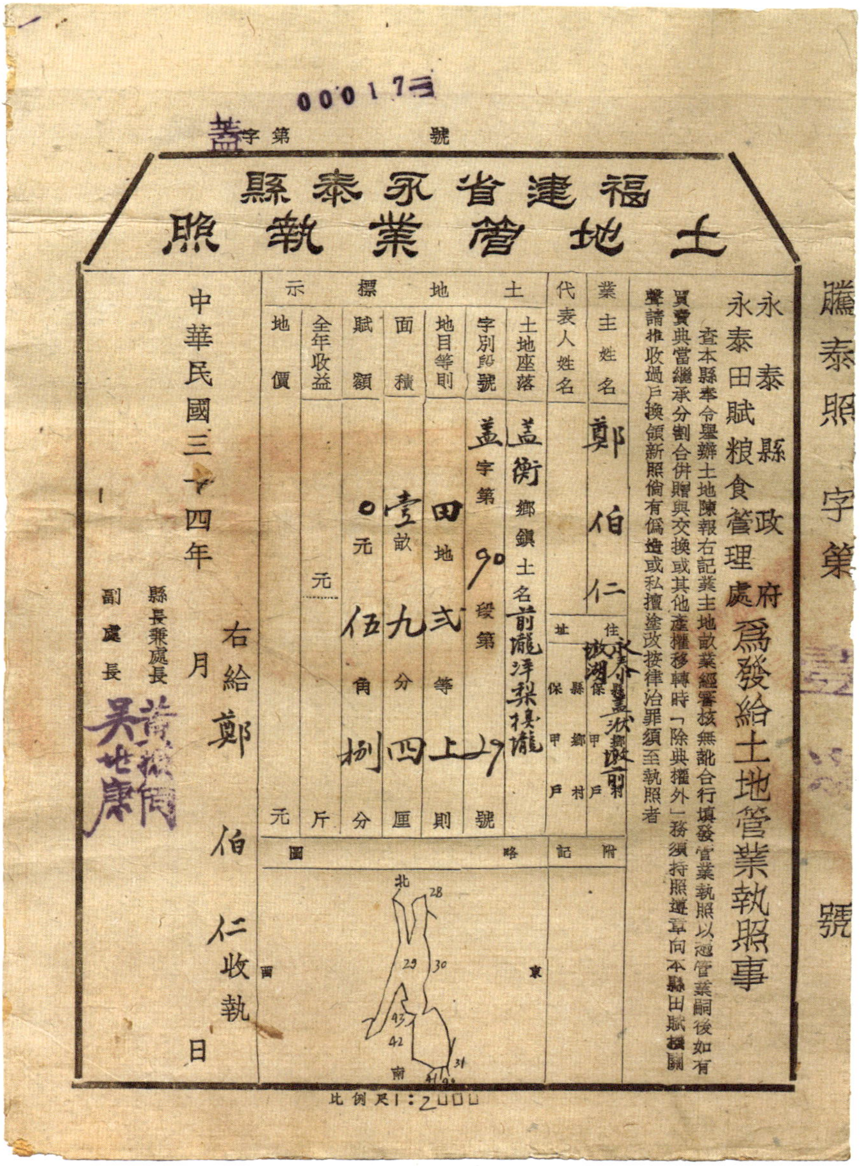
00017三

蓋字第　號

福建省永泰縣

土地管業執照

永泰縣政府
永泰田賦粮食管理處　爲發給土地管業執照事

查本縣奉令舉辦土地陳報右記業主地畝業經審核無訛合行填發管業執照以憑管業嗣後如有買賣典當繼承分割合併贈與交換或其他產權移轉時「除典權外」務須持照遵章向本縣田賦機關聲請推收過戶換領新照倘有僞造或私擅塗改按律治罪須至執照者

業主姓名：鄭伯仁

住址：永泰縣蓋洋鄉墩前村墩湖保　甲　戶

代表人姓名：

土地標示

土地座落	字別段號	地目等則	面積	賦額	全年收益	地價
蓋衛鄉鎮土名前瀧洋梨樓瀧	蓋字第90段第47號	田地弍等上則	壹畝九分四厘	0元伍角捌分	元　斤	元

略圖　附記

比例尺1:2000

右給鄭伯仁收執

中華民國三十四年　月　日

縣長兼處長

副處長　吳世康

騰泰照　字第　號

5-1-54-8　民國三十四年鄭伯仁户土地管業執照（一）

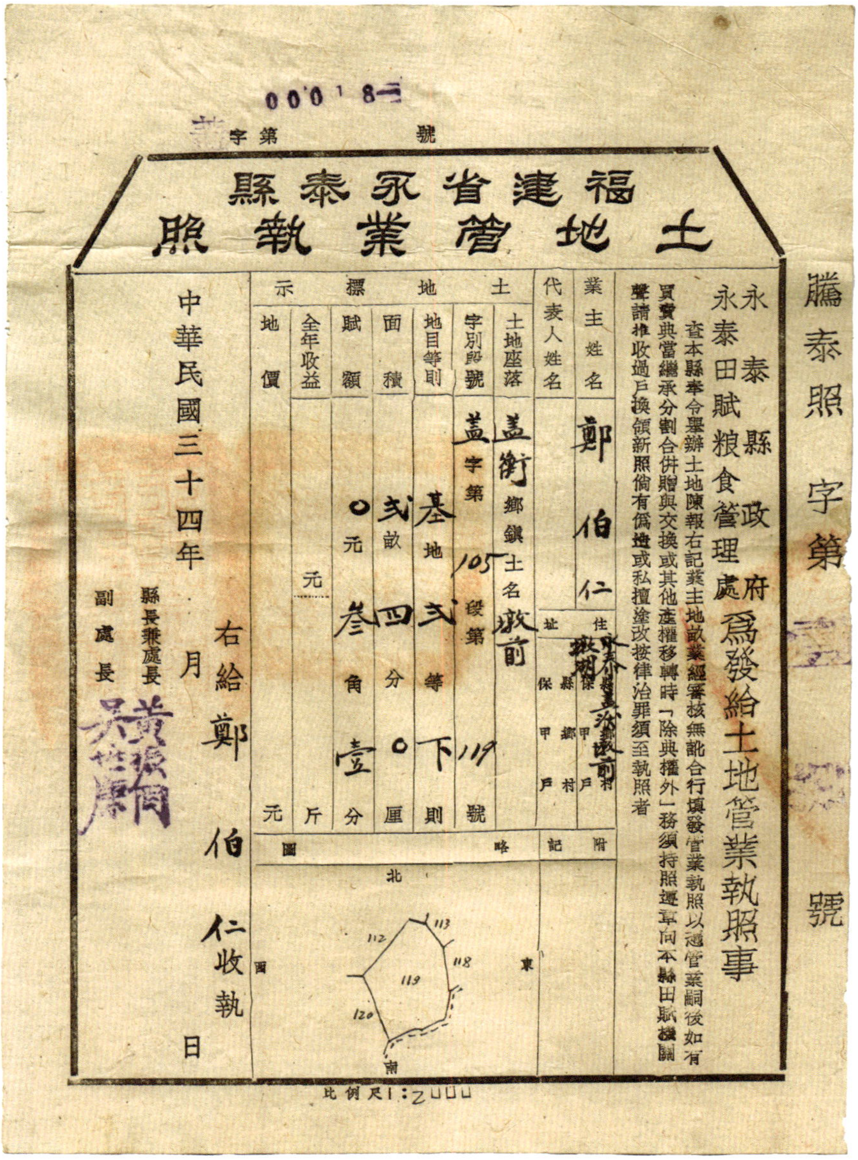
騰泰照字第　號

福建省永泰縣

土地管業執照

永泰縣政府
永泰田賦粮食管理處　爲發給土地管業執照事

查本縣奉令舉辦土地陳報右記業主地畝業經審核無訛合行塡發管業執照以憑管業嗣後如有買賣典當繼承分割合併贈與交換或其他產權移轉時「除典權外」務須持照遵章向本縣田賦機關聲請推收過戶換領新照倘有僞造或私擅塗改按律治罪須至執照者

業主姓名	鄭伯仁
代表人姓名	
住址	

土地標示	
土地座落	盖衛鄉鎮土名墩前
字別段號	盖字第105段第119號
地目等則	基地弍等下則
面積	弍畝四分〇釐
賦額	〇元叁角壹分
全年收益	元　斤
地價	元

附記

略圖

北　東　南　西

比例尺1:2000

右給鄭伯仁收執

縣長兼處長　黄振閎
副處長　吴性唐

中華民國三十四年　月　日

5-1-54-9　民國三十四年鄭伯仁户土地管業執照（二）

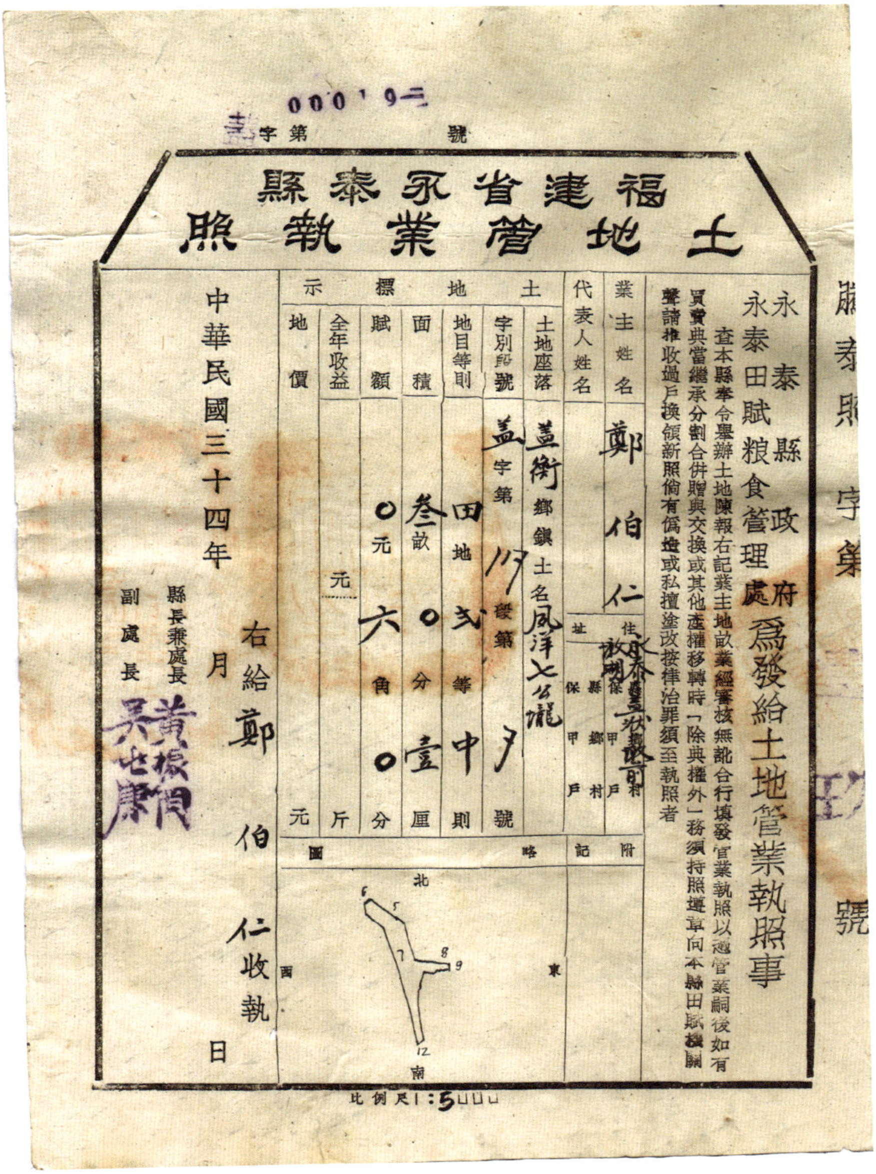

000019二

蓋字第　　號

福建省永泰縣

土地管業執照

永泰縣政府
永泰田賦粮食管理處　爲發給土地管業執照事

查本縣奉令舉辦土地陳報右記業主地畝業經審核無訛合行填發管業執照以憑管業嗣後如有買賣典當繼承分割合併贈與交換或其他產權移轉時「除典權外」務須持照遵章向本縣田賦粮食管理處聲請推收過戶換領新照倘有僞造或私擅塗改按律治罪須至執照者

業主姓名：鄭伯仁

代表人姓名：

住址：永泰縣蓋洋鄉　　保　　甲　　戶

土地標示

土地座落	字別段號	地目等則	面積	賦額	全年收益	地價
蓋衛鄉鎮土名風洋七公瓏	蓋字第117段第　　號	田地弍等中則	叁畝〇分壹厘	〇元六角〇分	元　　斤	元

附記：

略圖

北　南　東　西

比例尺1:5000

右給鄭伯仁收執

中華民國三十四年　　月　　日

縣長兼處長　黄振翔
副處長　吴也康

𦁠泰照　字第　　號

5-1-54-10　民國三十四年鄭伯仁户土地管業執照（三）

第五卷　永泰縣蓋洋鄉蓋峰村鄭氏契約文書　第一帙　鄭步清户

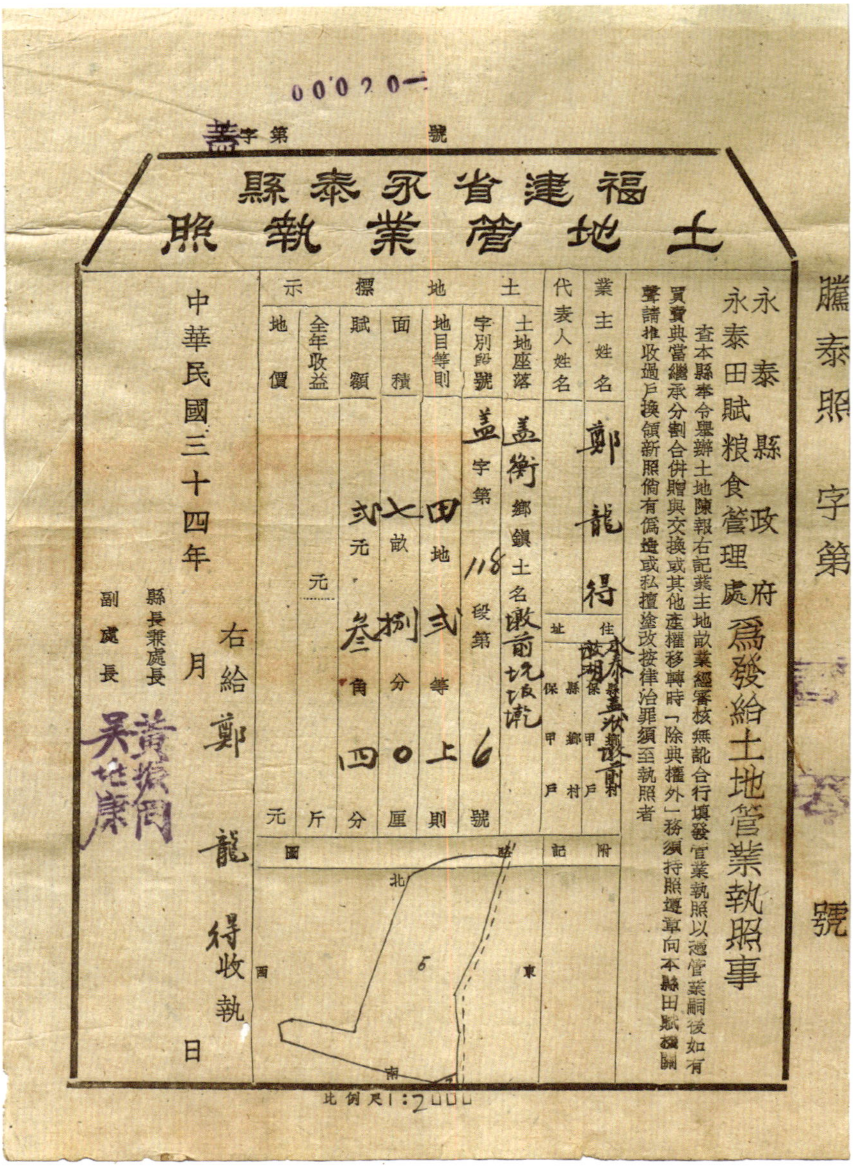

00020一

盖字第　號

福建省永泰縣
土地管業執照

永泰縣政府
永泰田賦粮食管理處為發給土地管業執照事

查本縣奉令舉辦土地陳報右記業主地畝業經審核無訛合行填發管業執照以憑管業嗣後如有買賣典當繼承分割合併贈與交換或其他產權移轉時「除典權外」務須持照遵章向本縣田賦糧食管理處聲請推收過戶換領新照倘有偽造或私擅塗改按律治罪須至執照者

業主姓名	鄭龍得
住址	永泰縣盖衛鄉村墩前保甲戶
代表人姓名	
土地標示	
土地座落	盖衛鄉鎮土名墩前坑坂坵
字別段號	盖字第118段第6號
地目等則	田地弍等上則
面積	七畝捌分〇厘
賦額	弍元叁角四分
全年收益	元　斤
地價	元
附記	
圖	北　東　南　西　6

比例尺1:2000

右給鄭龍得收執

中華民國三十四年　月　日

縣長兼處長　黃振問

副處長　吳世康

騰泰照字第　號

5-1-54-11　民國三十四年鄭龍得户土地管業執照

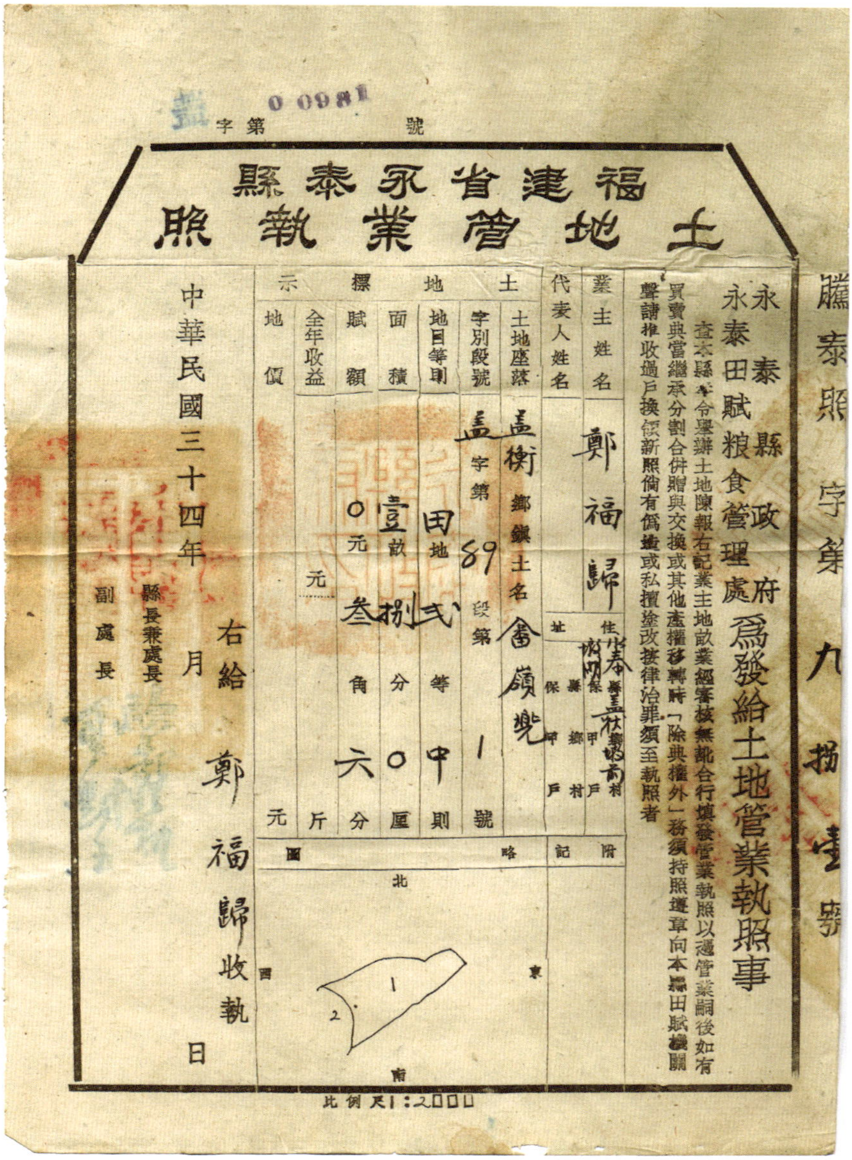
0 0981
字第　　號

福建省永泰縣
土地管業執照

泰照字第八拾壹號

永泰縣政府
永泰田賦粮食管理處　為發給土地管業執照事
查本縣奉令舉辦土地陳報右記業主地畝業經審核無訛合行填發管業執照以憑管業嗣後如有買賣典當繼承分割合併贈與交換或其他產權移轉時「除典權外」務須持照遵章向本縣田賦機關聲請推收過戶換領新照倘有偽造或私擅塗改按律治罪須至執照者

業主姓名：鄭福歸
住址：永泰縣蓋洋鄉蓋峰村　保　甲　戶
代表人姓名：

土地標示
土地座落：蓋衕鄉鎮土名番嶺兜
字別段號：蓋字第89段第1號
地目等則：田地弍等中則
面積：壹畝捌分〇厘
賦額：〇元叁角六分
全年收益：元　斤
地價：元

附記　略圖
北　東　南　西
1　2
比例尺1:2000

右給
鄭福歸收執
中華民國三十四年　月　日
縣長兼處長
副處長

5-1-54-12　民國三十四年鄭福歸户土地管業執照（一）

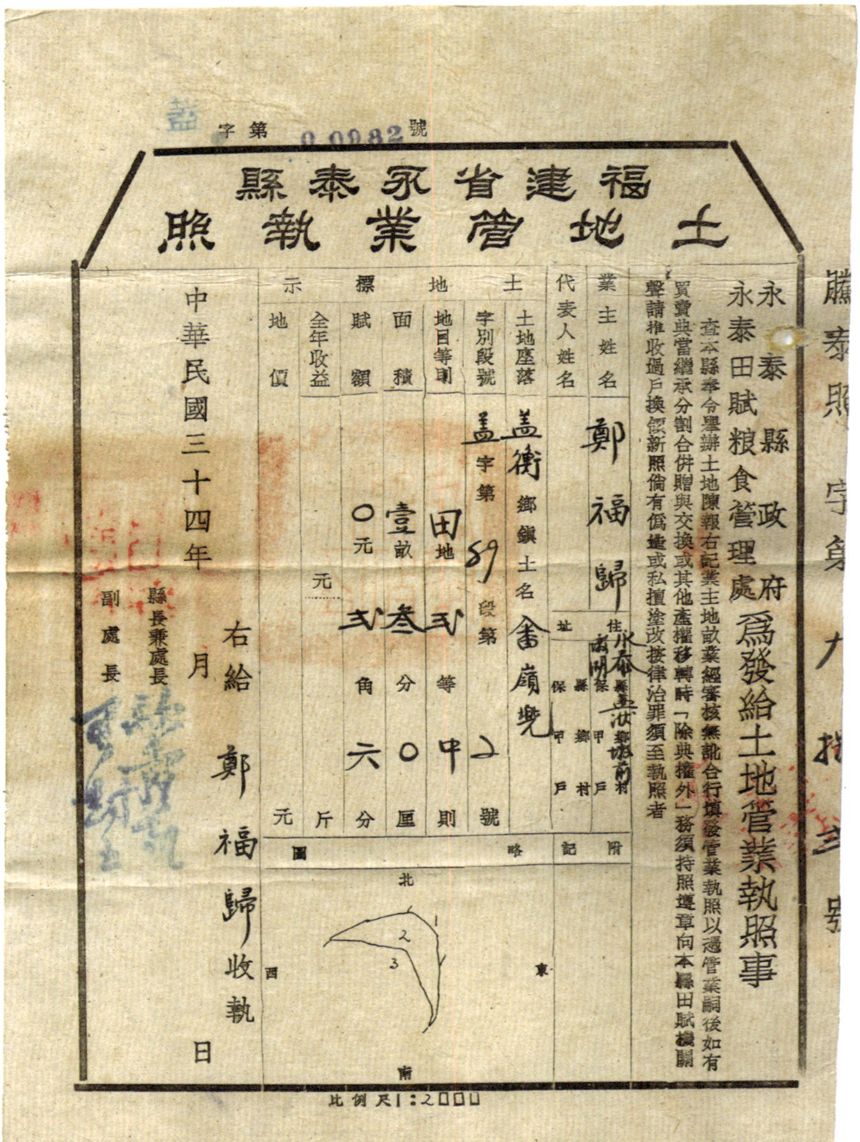

益字第 00982 號

福建省永泰縣

土地管業執照

永泰縣政府
永泰田賦粮食管理處 爲發給土地管業執照事

查本縣奉令舉辦土地陳報右記業主地畝業經審核無訛合行填發管業執照以憑管業嗣後如有買賣典當繼承分割合併贈與交換或其他產權移轉時「除典權外」務須持照遵章向本縣田賦機關聲請推收過戶換領新照倘有僞造或私擅塗改按律治罪須至執照者

業主姓名	鄭福歸
住址	永泰縣 鄉 村 保 甲 戶
代表人姓名	

土地標示	
土地坐落	盖衛 鄉鎮 土名 金嶺兜
字別段號	盖 字第 89 段第 乙 號
地目等則	田 地 弍 等 中 則
面積	壹 畝 叁 分 ○ 釐
賦額	○ 元 弍 角 六 分
全年收益	元 斤
地價	元

附記

略圖

北 南 東 西

比例尺1:2000

右給 鄭福歸 收執

縣長兼處長

副處長

中華民國三十四年 月 日

5-1-54-13 民國三十四年鄭福歸户土地管業執照（二）

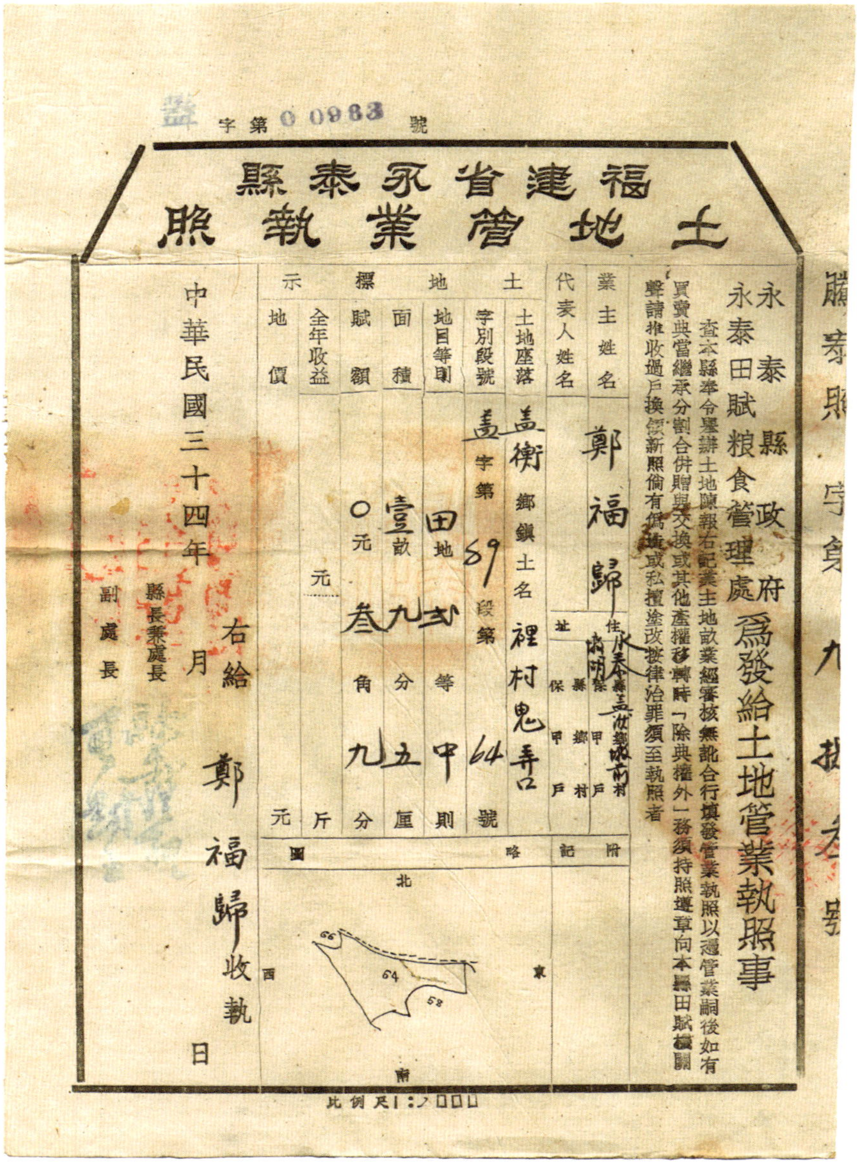

蓋字第00983號

福建省永泰縣

土地管業執照

永泰縣政府
永泰田賦粮食管理處 爲發給土地管業執照事

查本縣奉令舉辦土地陳報右記業主地畝業經審核無訛合行填發管業執照以憑管業嗣後如有買賣典當繼承分割合併贈與交换或其他產權移轉時「除典權外」務須持照遵章向本縣田賦機關聲請推收過户换領新照倘有僞造或私擅塗改按律治罪須至執照者

業主姓名：鄭福歸　住址：永泰縣蓋洋鄉後前村　保　甲　户

代表人姓名：

土地標示	
土地座落	蓋衛鄉鎮土名裡村鬼吾口
字別段號	蓋字第89段第64號
地目等則	田地貳等中則
面積	壹畝九分五厘
賦額	〇元叁角九分
全年收益	元　斤
地價	元

附記

略圖

比例尺1:2000

右給 鄭福歸 收執

中華民國三十四年　月　日

縣長兼處長

副處長

5-1-54-14　民國三十四年鄭福歸户土地管業執照（三）

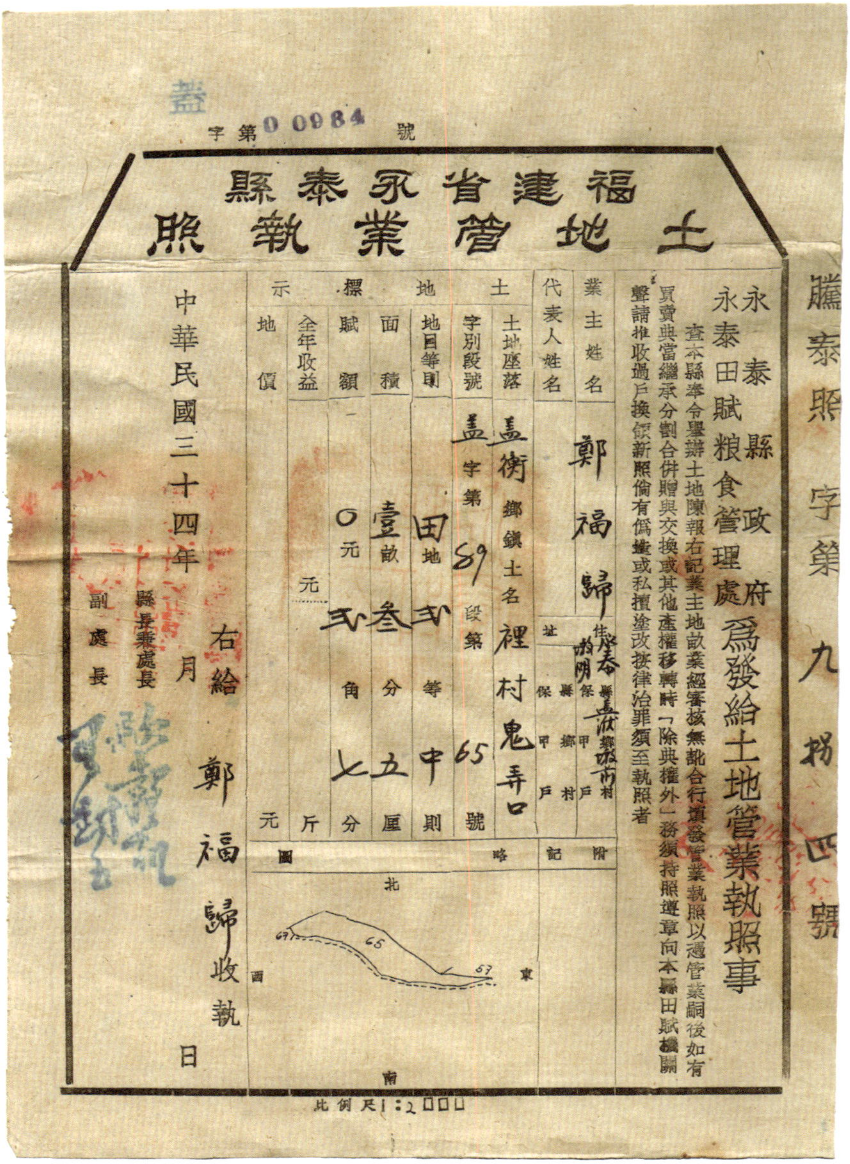

叁

字第0 0984號

福建省永泰縣
土地管業執照

騰泰照字第九拐四號

永泰縣政府
永泰田賦粮食管理處　爲發給土地管業執照事

查本縣奉令舉辦土地陳報右記業主地畝業經審核無訛合行填發管業執照以憑管業嗣後如有買賣典當繼承分割合併贈與交換或其他產權移轉時「除典權外」務須持照遵章向本縣田賦機關聲請推收過戶換領新照倘有僞造或私擅塗改按律治罪須至執照者

項目	內容
業主姓名	鄭福歸
住址	永泰縣盖洋鄉成前村　保　甲　戶
代表人姓名	
住址	縣　鄉　村　保　甲　戶
土地標示：土地坐落	盖衛鄉鎮土名裡村鬼壽口
字別段號	盖字第89段第65號
地目等則	田地貳等中則
面積	壹畝叁分五厘
賦額	0元貳角七分
全年收益	元　斤
地價	元
附記	

圖略

比例尺1:2000

右給
鄭福歸收執

中華民國三十四年　月　日

縣長兼處長
副處長

5-1-54-15　民國三十四年鄭福歸户土地管業執照（四）

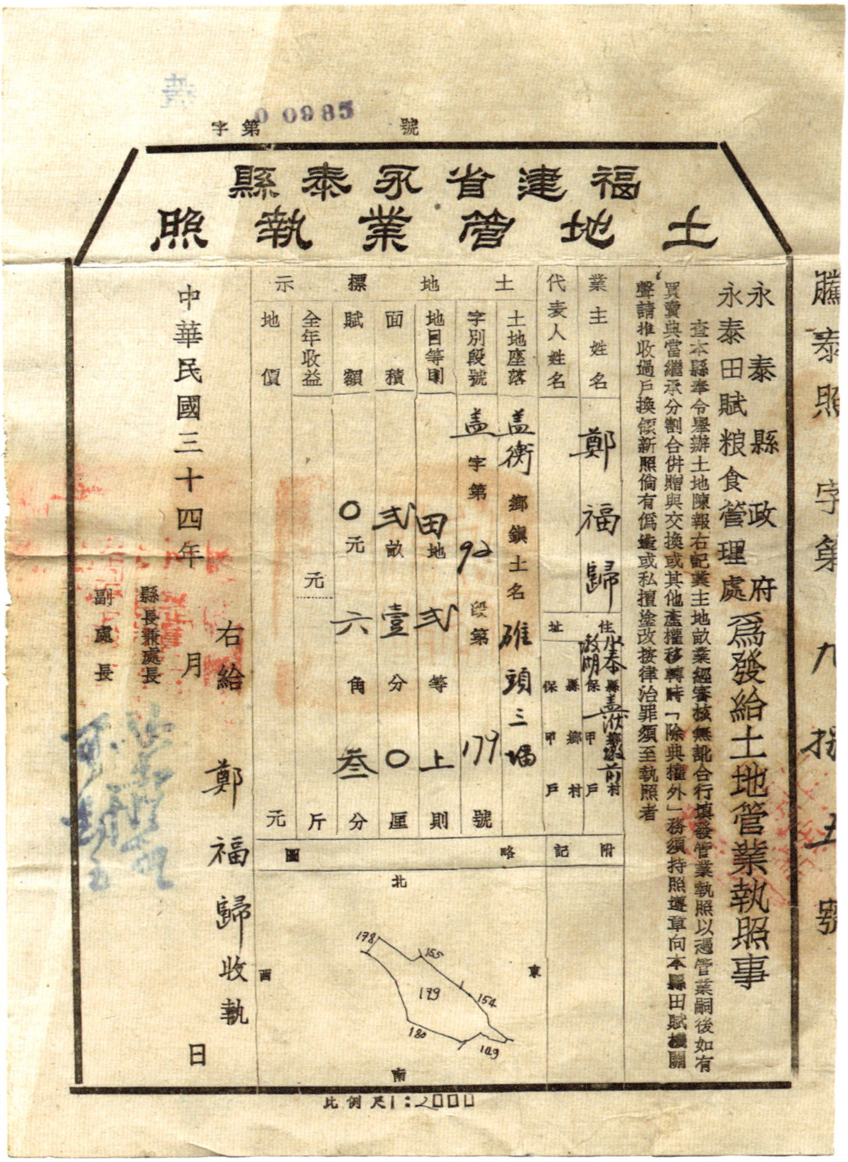

字第 0985 號

福建省永泰縣

土地管業執照

永泰縣政府
永泰田賦粮食管理處　爲發給土地管業執照事

查本縣奉令舉辦土地陳報右記業主地畝業經審核無訛合行塡發管業執照以憑管業嗣後如有買賣與當繼承分割合併贈與交換或其他產權移轉時「除典權外」務須持照遵章向本縣田賦機關聲請推收過戶換領新照倘有僞造或私擅塗改按律治罪須至執照者

業主姓名	鄭福歸
代表人姓名	
住址	永泰縣　鄉　村　保　甲　戶

土地標示		
土地座落	盖衕鄉鎮土名雉頭三墻	
字別段號	盖字第92段第179號	
地目等則	田地式等上則	
面積	式畝壹分〇厘	
賦額	〇元六角叁分	
全年收益	元　斤	
地價	元	

圖略

附記

右給鄭福歸收執

縣長兼處長

副處長

中華民國三十四年　月　日

5-1-54-16　民國三十四年鄭福歸户土地管業執照（五）

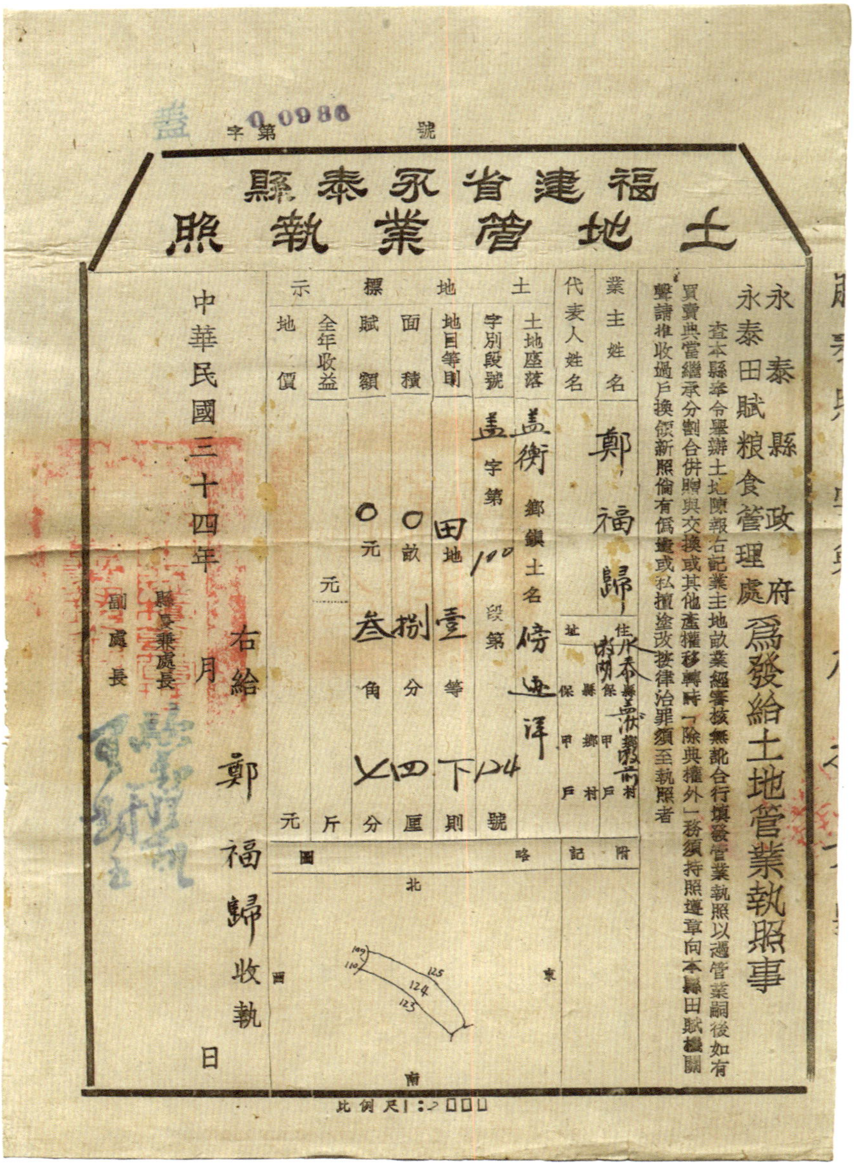

字第 0 0986 號

福建省永泰縣
土地管業執照

永泰縣政府
永泰田賦粮食管理處　爲發給土地管業執照事

查本縣奉令舉辦土地陳報右記業主地畝業經審核無訛合行塡發管業執照以憑管業嗣後如有買賣典當繼承分割合併贈與交換或其他產權移轉時「除典權外」務須持照遵章向本縣田賦機關聲請推收過戶換領新照倘有僞造或私擅塗改按律治罪須至執照者

業主姓名	鄭福歸
代表人姓名	
住址	永泰縣嵩口鄉東[illegible]村　保　甲　戶

土地標示	
土地坐落	嵩衛鄉鎮土名傍洋
字別段號	嵩字第100段第124號
地目等則	田地下等　則
面積	〇畝壹分四厘
賦額	〇元捌角七分
全年收益	元　斤
地價	叁元

附記

略圖

北　東　南　西

比例尺1:2000

右給　鄭福歸　收執

縣長兼處長
副處長

中華民國三十四年　月　日

5-1-54-17　民國三十四年鄭福歸户土地管業執照（六）

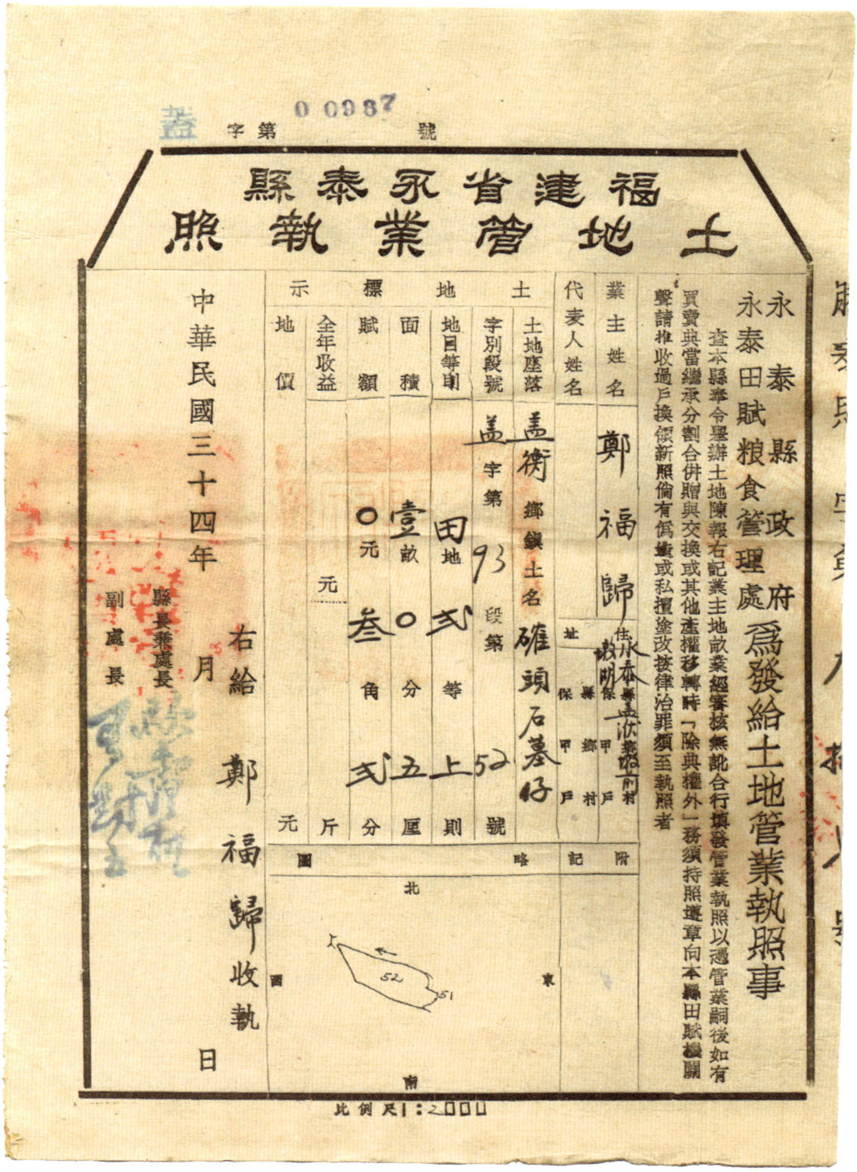
蓋字第 00987 號

福建省永泰縣
土地管業執照

永泰縣政府
永泰田賦粮食管理處 爲發給土地管業執照事

查本縣奉令舉辦土地陳報右記業主地畝業經審核無訛合行填發管業執照以憑管業嗣後如有買賣典當繼承分割合併贈與交換或其他產權移轉時「除典權外」務須持照遵章向本縣田賦機關聲請推收過戶換領新照倘有僞造或私擅塗改按律治罪須至執照者

業主姓名	鄭福歸　住永泰縣蓋洋鄉蓋峰村　保　甲　戶
代表人姓名	
土地座落	蓋洋鄉鎮土名碓頭石墓仔
字別段號	蓋字第93段第52號
地目等則	田地弍等上則
面積	壹畝〇分五厘
賦額	〇元叁角弍分
全年收益	元　斤
地價	元
附記	

略圖

北　南　東　西

比例尺 1:2000

右給 鄭福歸 收執

中華民國三十四年　月　日

縣長兼處長

副處長

5-1-54-18　民國三十四年鄭福歸户土地管業執照（七）

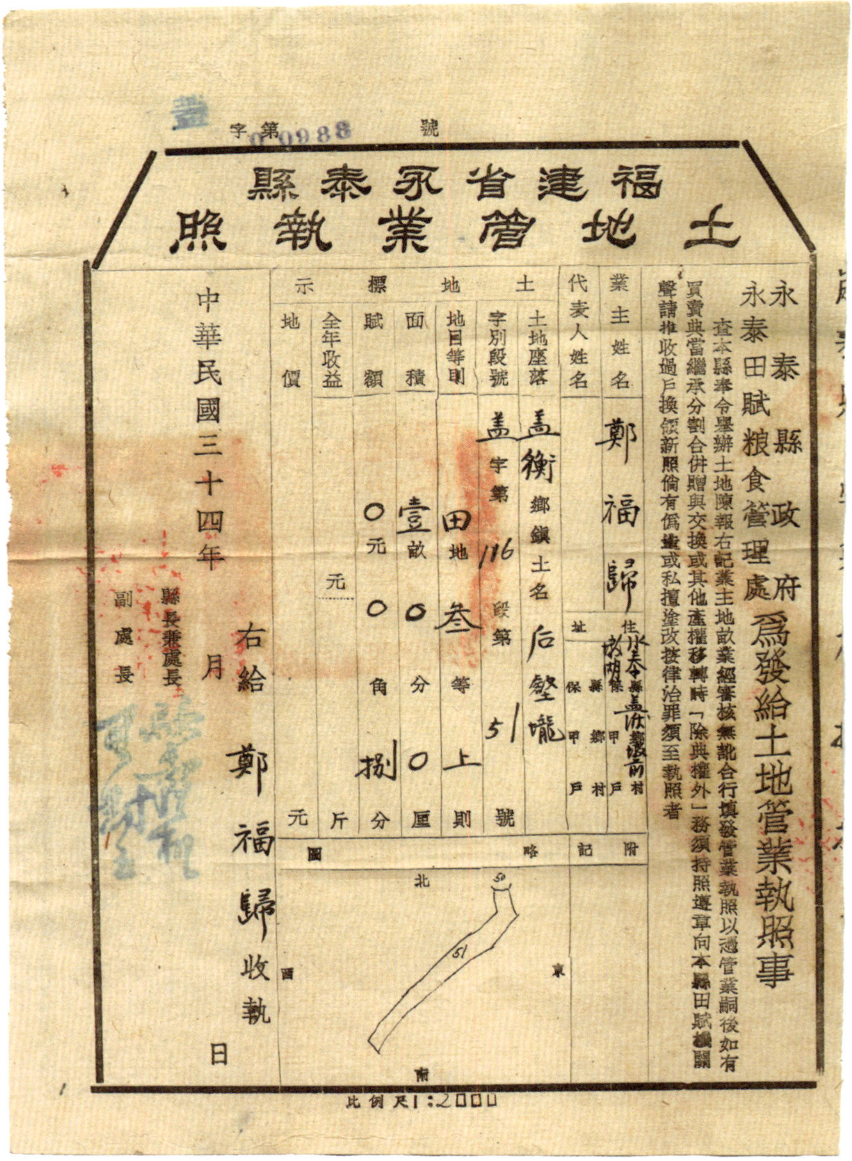

0988 字第 號

福建省永泰縣
土地管業執照

永泰縣政府
永泰田賦粮食管理處 爲發給土地管業執照事

查本縣奉令舉辦土地陳報右記業主地畝業經審核無訛合行填發管業執照以憑管業嗣後如有買賣典當繼承分割合併贈與交換或其他產權移轉時「除典權外」務須持照遵章向本縣田賦機關聲請推收過戶換領新照倘有僞造或私擅塗改按律治罪須至執照者

業主姓名	鄭福歸
代表人姓名	
住址	永泰縣嵩[illegible]鄉[illegible]村 保 甲 戶

土地標示

土地座落	字別段號	地目等則	面積	賦額	全年收益	地價
嵩衡鄉鎮土名后壟嚨	嵩字第116段第51號	田地叁等上則	壹畝〇分〇厘	〇元〇角捌分	元 斤	元

附記

圖略

比例尺1:2000

右給 鄭福歸 收執

縣長兼處長
副處長

中華民國三十四年 月 日

5-1-54-19　民國三十四年鄭福歸户土地管業執照（八）

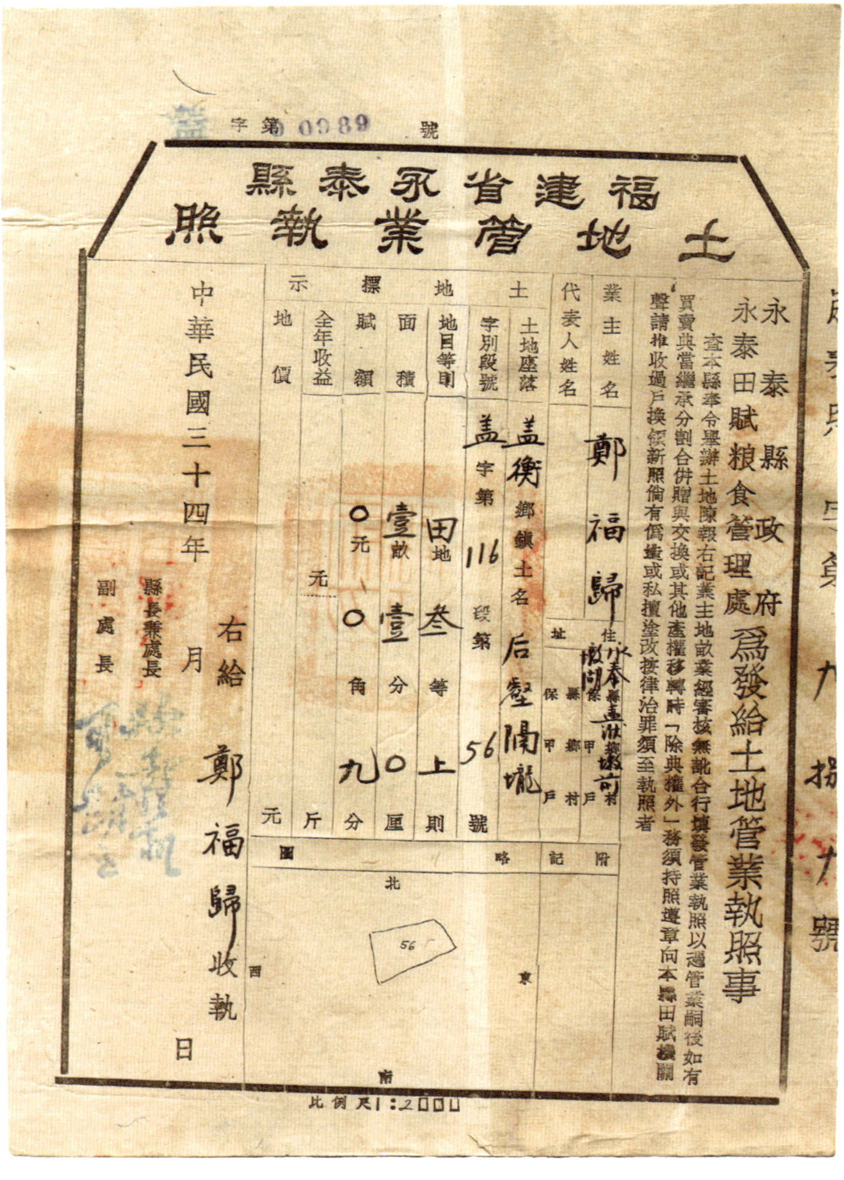
蓋字第0389號

福建省永泰縣
土地管業執照

永泰縣政府
永泰田賦糧食管理處　爲發給土地管業執照事

查本縣奉令舉辦土地陳報右記業主地畝業經審核無訛合行填發管業執照以憑管業嗣後如有買賣典當繼承分割合併贈與交換或其他產權移轉時「除典權外」務須持照遵章向本縣田賦機關聲請推收過戶換領新照倘有僞造或私擅塗改按律治罪須至執照者

業主姓名：鄭福歸　住址：永泰縣蓋洋鄉　村　保　甲　戶

代表人姓名：

土地標示

土地座落：蓋衡鄉鎮土名后壟陽壠

字別段號：蓋字第116段第56號

地目等則：田地叁等上則

面積：壹畝壹分〇厘

賦額：〇元〇角九分

全年收益：元　斤

地價：元

附記

略圖

北

56

西　東

南

比例尺1:2000

右給鄭福歸收執

中華民國三十四年　月　日

縣長兼處長

副處長

5-1-54-20　民國三十四年鄭福歸户土地管業執照（九）

八閩文庫

八閩文庫

專題彙編

第二種

福建民間契約文書

20

廈門大學民間歷史文獻研究中心 編

鄭振滿 主編

海峽出版發行集團
THE STRAITS PUBLISHING & DISTRIBUTING GROUP
福建人民出版社

本册目録

第五卷　永泰縣蓋洋鄉蓋峰村鄭氏契約文書（二）

第二帙　鄭步順户

第五卷　永泰縣蓋洋鄉蓋峰村鄭氏契約文書（二）

本卷主編　高晨焜

第二帙　鄭步順户

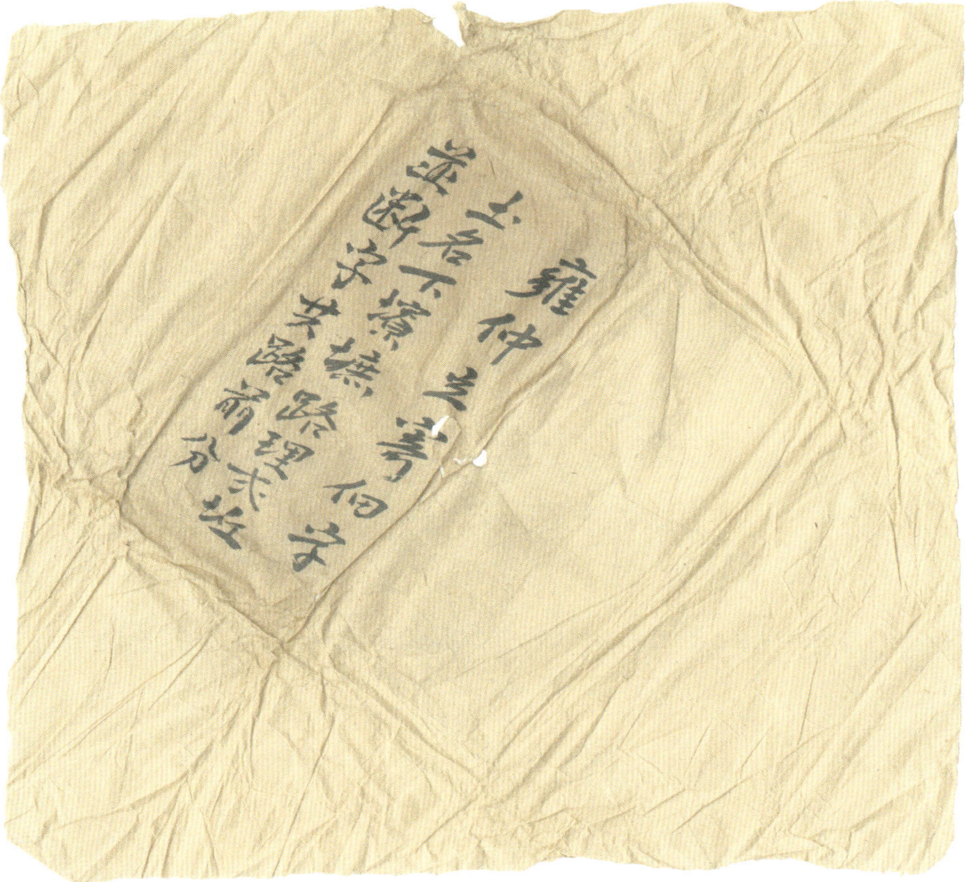
雍仲立壽個字
上名不賓據路理弍坵
並與字共路前分

5-2-1-1　包契紙

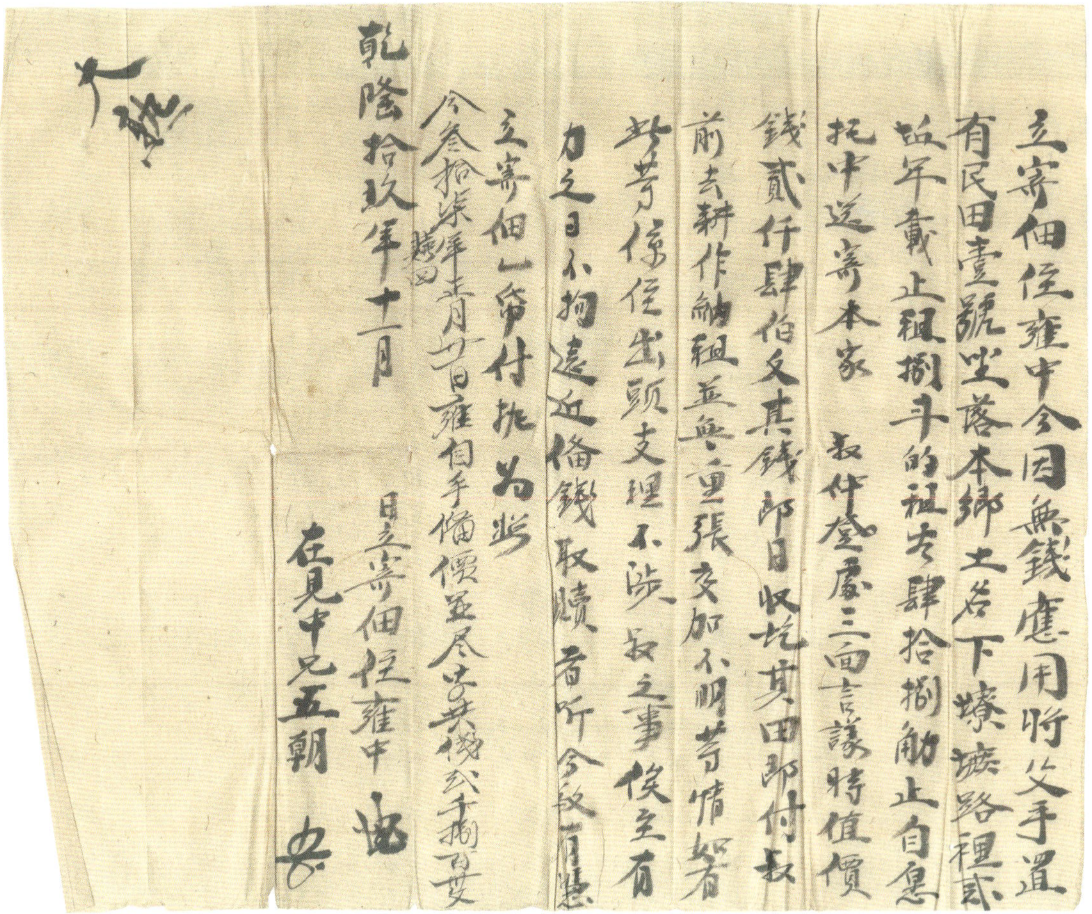

立寄佃侄雍中今因無錢應用將父手置
有民田壹號坐落本鄉土名下墘垅路裡貳
坵年載上租捌斗的租弍肆拾捌觔上自息
托中送寄本家　叔仕奎處三面言議時值價
錢貳仟肆佰文其錢即日收訖其田即付叔
前去耕作納租並無重張交加不明等情如有
此等係侄出頭支理不涉叔之事倘至有
力之日不拘遠近備錢取贖者所今欲有憑
立寄佃一紙付執為照
今叁拾柒年十月廿日雍伯手備價並尽字共錢弍千捌百文　贖回
日立寄佃侄雍中（押）
在見中兄五朝（押）
乾隆拾玖年十一月

5-2-1-2　清乾隆十九年十一月鄭雍中立寄佃民田字

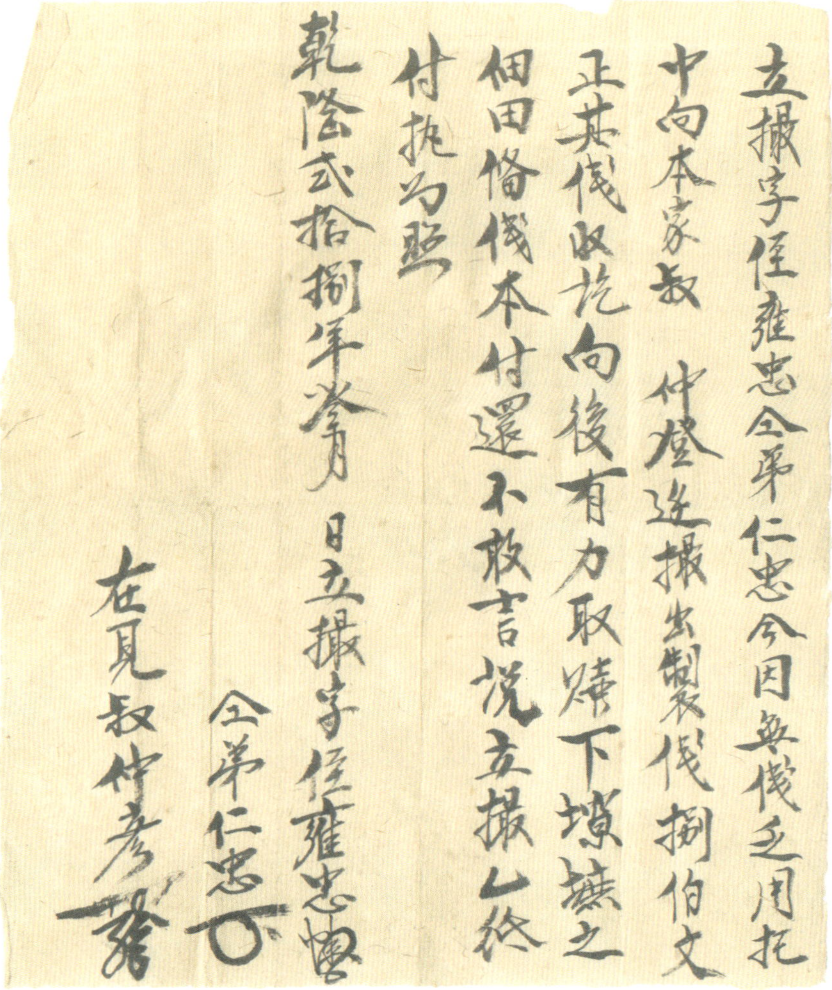
立撮字侄雍忠仝弟仁忠今因無錢乏用托
中向本家叔　仲登送撮出製錢捌伯文
正其錢収訖向後有力取贖下墩壙之
佃田備錢本付還不敢言說立撮山終
付执為照
乾隆贰拾捌年叁月　日立撮字侄雍忠
仝弟仁忠
在見叔仲彥

5-2-1-3　清乾隆二十八年三月鄭雍忠等立撮字

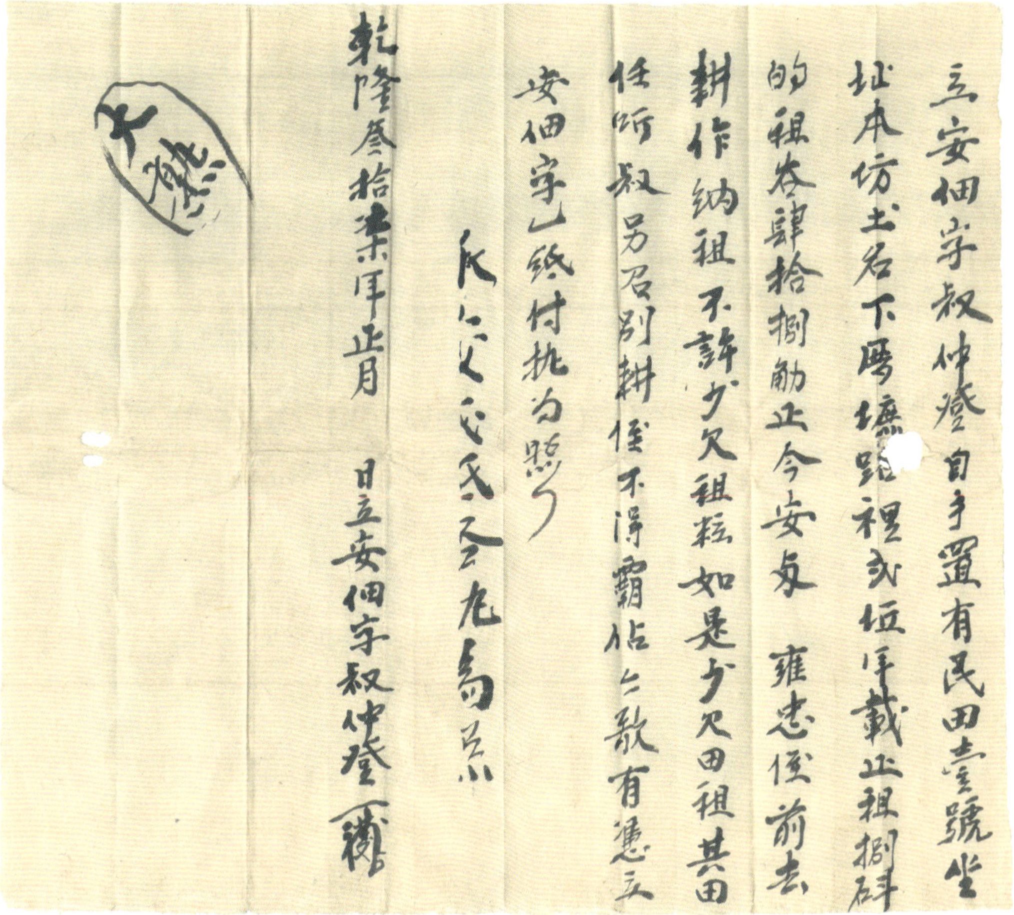
立安佃字叔仲登自手置有民田壹號坐
址本坊土名下厝壙路裡载正租捌斗
的租叁肆拾捌觔正今安与　雍忠侄前去
耕作納租不許少欠租粒如是少欠田租其田
任听叔另召别耕侄不得霸佔之款有憑立
安佃字一紙付执为照
乾隆叁拾柒年正月　日立安佃字叔仲登

5-2-1-4　清乾隆三十七年正月鄭仲登立安佃民田字

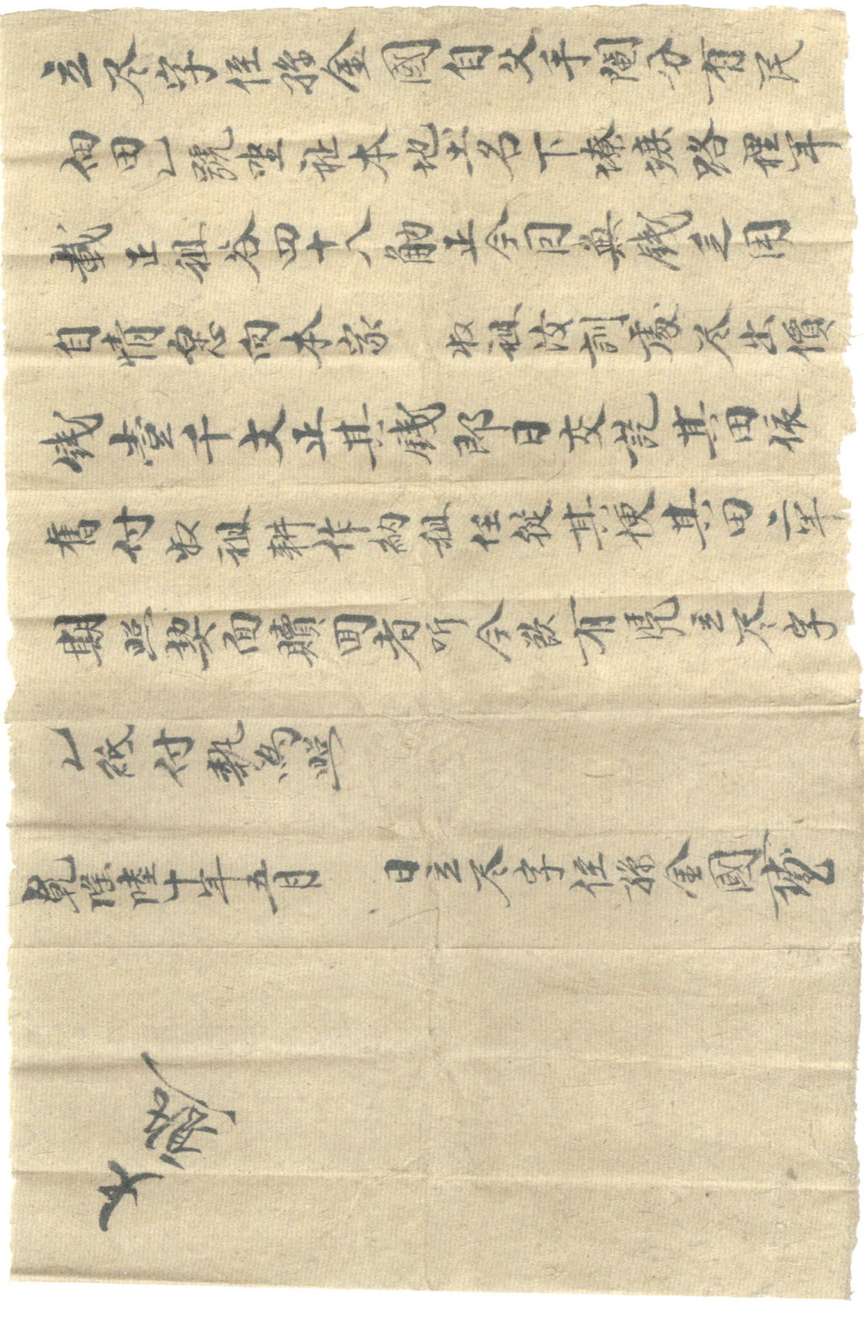
立盡字人侄鄭金團，自父手鬮分有民
佃田一號，坐址本地土名下湊珠路裡洋，
載正租谷四十八觔正。今因無錢乏用，
自情願將佃向本家　叔祖汝訓處盡出價
錢壹千文正，其錢即日交訖，其田係
憑付收租耕作納租，任從其便，其田三年
聽照契面贖回，[illegible]，今欲有憑，立盡字
一紙付執為照。
乾隆陸拾年五月　日立盡字人侄鄭金團（押）
代筆

5-2-1-5 清乾隆六十年五月鄭金團立盡民佃田字

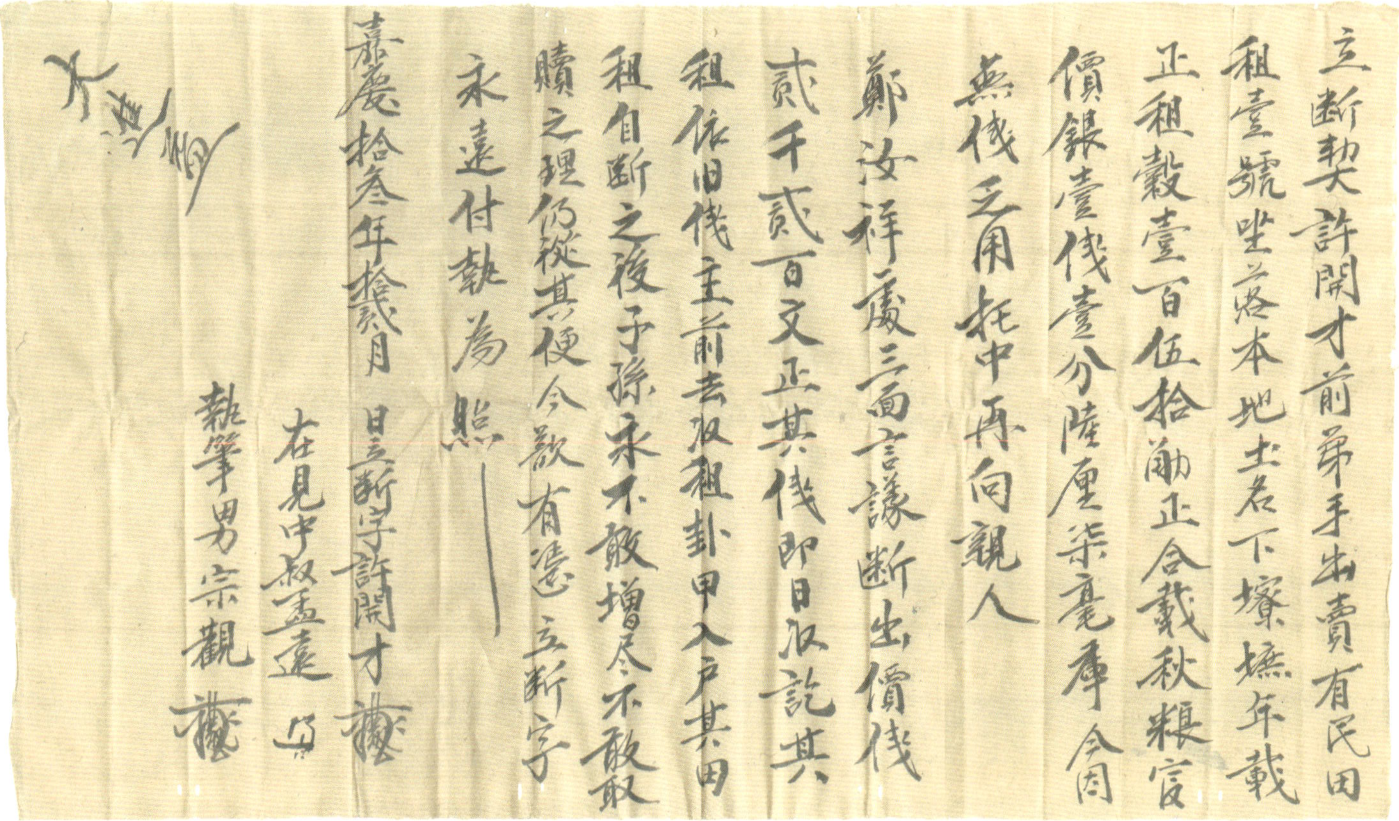
立斷契許開才前第手出賣有民田
租壹號坐落本地土名下壕墟年載
正租穀壹百伍拾觔正合載秋粮官
價銀壹錢壹分陸厘柒毫庫今因
無錢乏用托中再向親人
鄭汝祥處三面言議斷出價錢
貳千貳百文正其錢即日收訖其
租依旧錢主前去收租卦甲入戸其田
租自斷之後子孫永不敢增尽不敢
贖之理仍從其便今欲有憑立斷字
永遠付執爲照
嘉慶拾叁年拾貳月 日立斷字許開才（押）
在見中叔孟遠（押）
執筆男宗觀（押）

5-2-1-6　清嘉慶十三年十二月許開才立斷民田租契

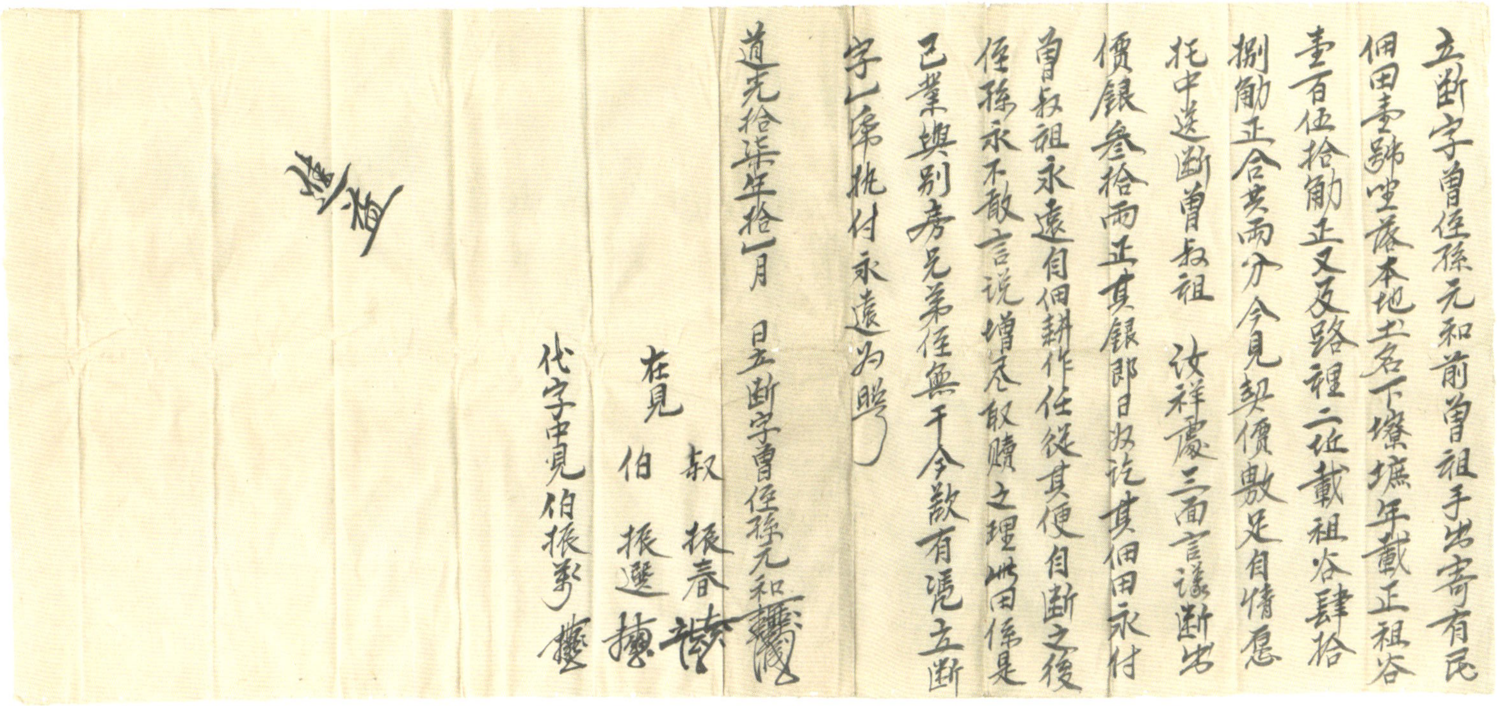

立斷字曾侄孫元和前曾祖手出寄有民
佃田壹號坐落本地土名下墩壚年載正租谷
壹百伍拾觔正又及路裡二征載租谷肆拾
捌觔正合共兩分今見契價數足自情愿
托中送斷曾叔祖　汝祥處三面言議斷出
價銀叁拾兩正其銀即日收訖其佃田永付
曾叔祖永遠自佃耕作任從其便自斷之後
侄孫永不敢言說增找取贖之理此田係是
己業與別房兄弟侄無干今欲有憑立斷
字一紙付永遠為照

道光拾柒年拾一月　日立斷字曾侄孫元和（押）
叔　振春（押）
在見
伯　振遷（押）
代字中見伯振彩（押）

5-2-1-7　清道光十七年十一月鄭元和立斷民佃田字

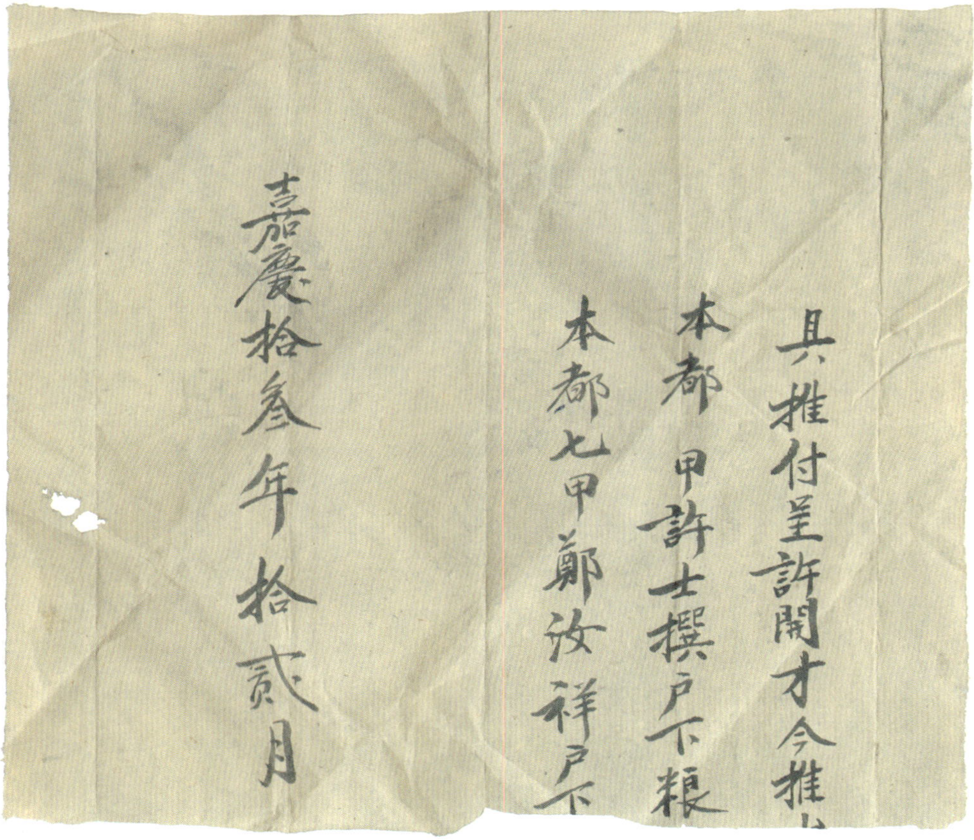
具推付呈許開才今推
本都　甲許士撰户下粮
本都七甲鄭汝祥户下
嘉慶拾叁年拾貳月

5-2-2-1　包契紙

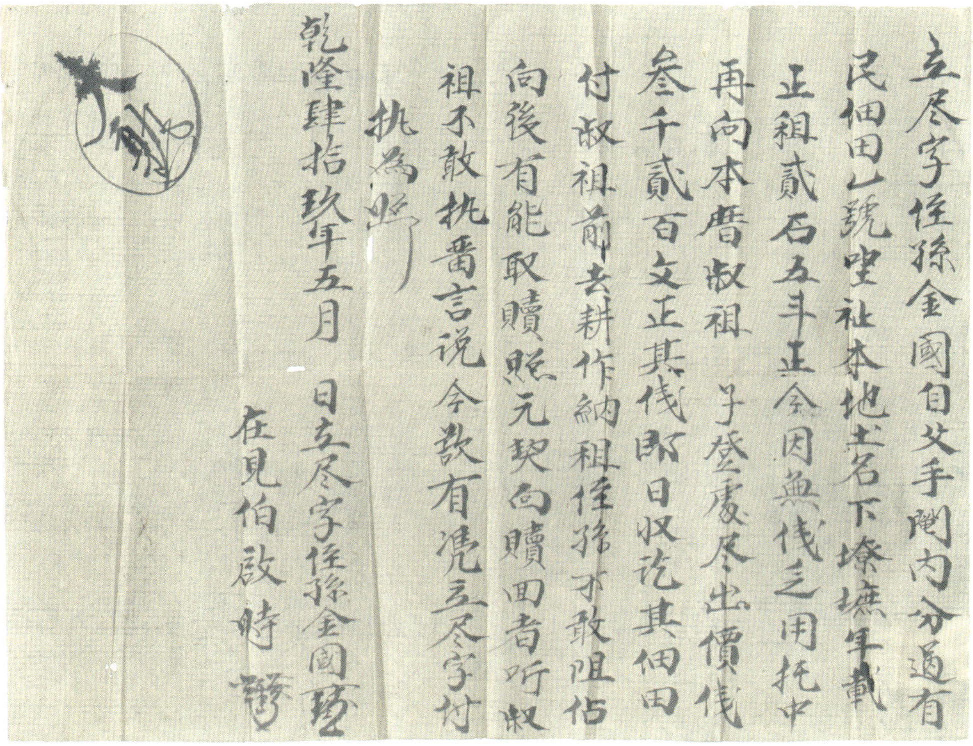

立盡字侄孫金國自父手鬮內分過有
民佃田山號坣社本地土名下塝墘年載
正租貳石五斗正今因無錢乏用托中
再向本厝叔祖　子登處盡出價錢
叁千貳百文正其錢即日收訖其佃田
付叔祖前去耕作納租侄孫不敢阻佔
向後有能取贖照元契向贖田者听叔
祖不敢執番言說今欲有憑立盡字付
執為照
乾隆肆拾玖年五月　　日立盡字侄孫金國（押）
在見伯啟時（押）

5-2-2-2　清乾隆四十九年五月鄭金國立盡民佃田字

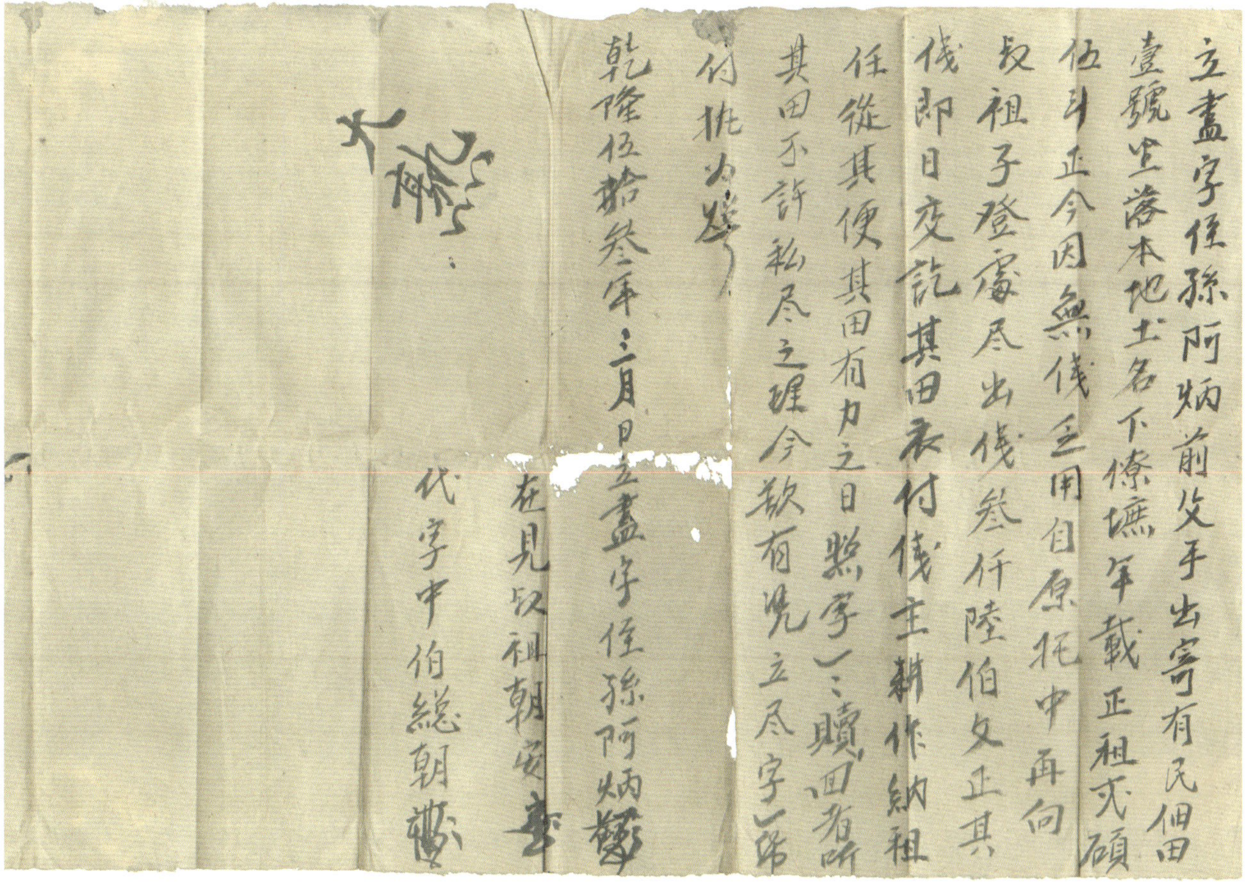

立盡字侄孫阿炳前父手出寄有民佃田
壹號坐落本地土名下僚墟年載正租弍碩
伍斗正今因無錢應用自原托中再向
叔祖子登處盡出錢叁仟陸伯文正其
錢即日交訖其田表付錢主耕作納租
任從其便其田有力之日照字一一贖回，各听
其田不許私盡之理今欲有憑立盡字一帋
付批為照
乾隆伍拾叁年三月　日立盡字侄孫阿炳（押）
在見叔祖朝安（押）
代字中伯總朝（押）

5-2-2-3　清乾隆五十三年三月鄭阿炳立盡民佃田字

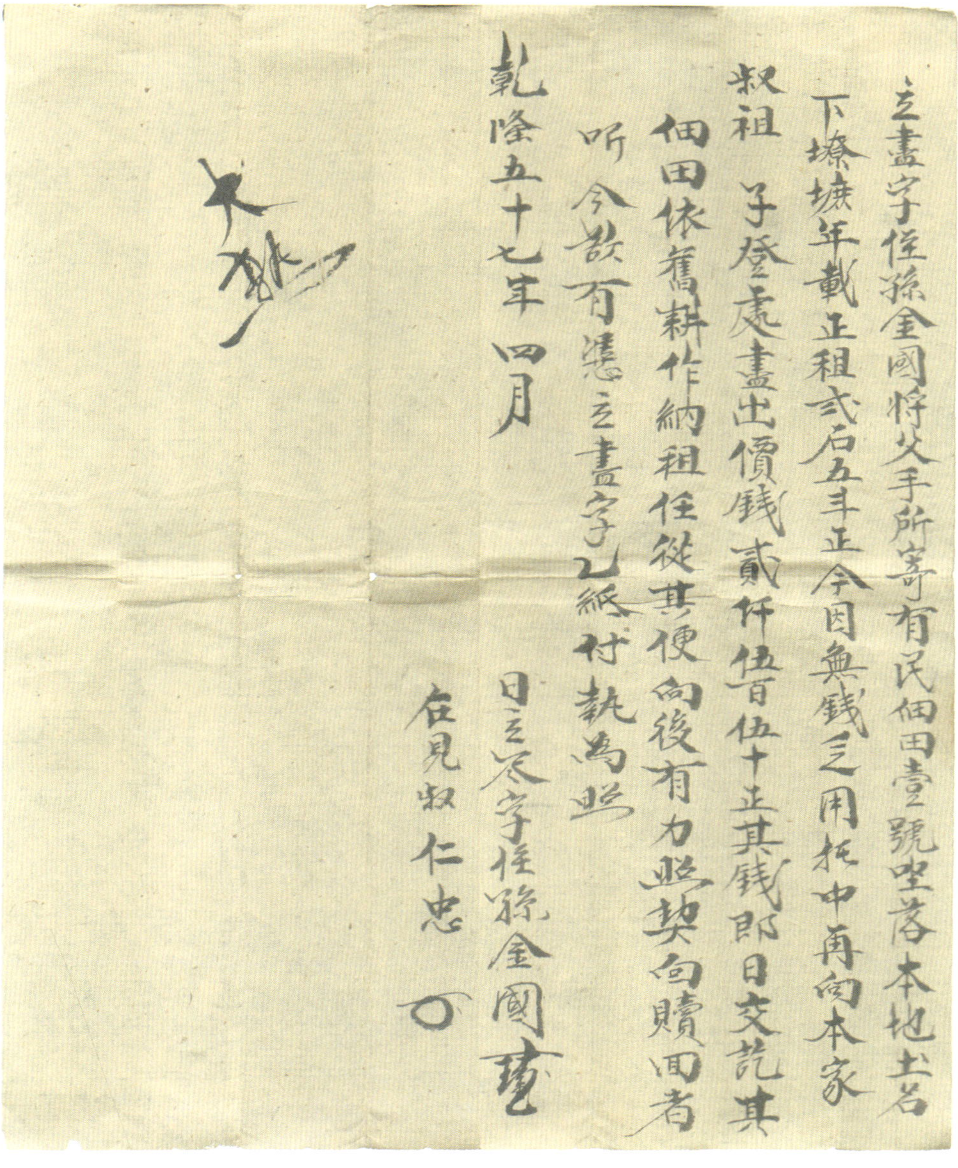
立盡字侄孫金國將父手所寄有民佃田壹號坐落本地土名
下壕墘年載正租弍石五斗正今因無錢乏用托中再向本家
叔祖　子登處盡出價錢貳仟伍百伍十正其錢即日交訖其
佃田依舊耕作納租任從其便向後有力照契向贖佃者
听今欲有憑立盡字乙紙付執為照
乾隆五十七年四月　日立盡字侄孫金國
在見叔仁忠

5-2-2-4　清乾隆五十七年四月鄭金國立盡民佃田字

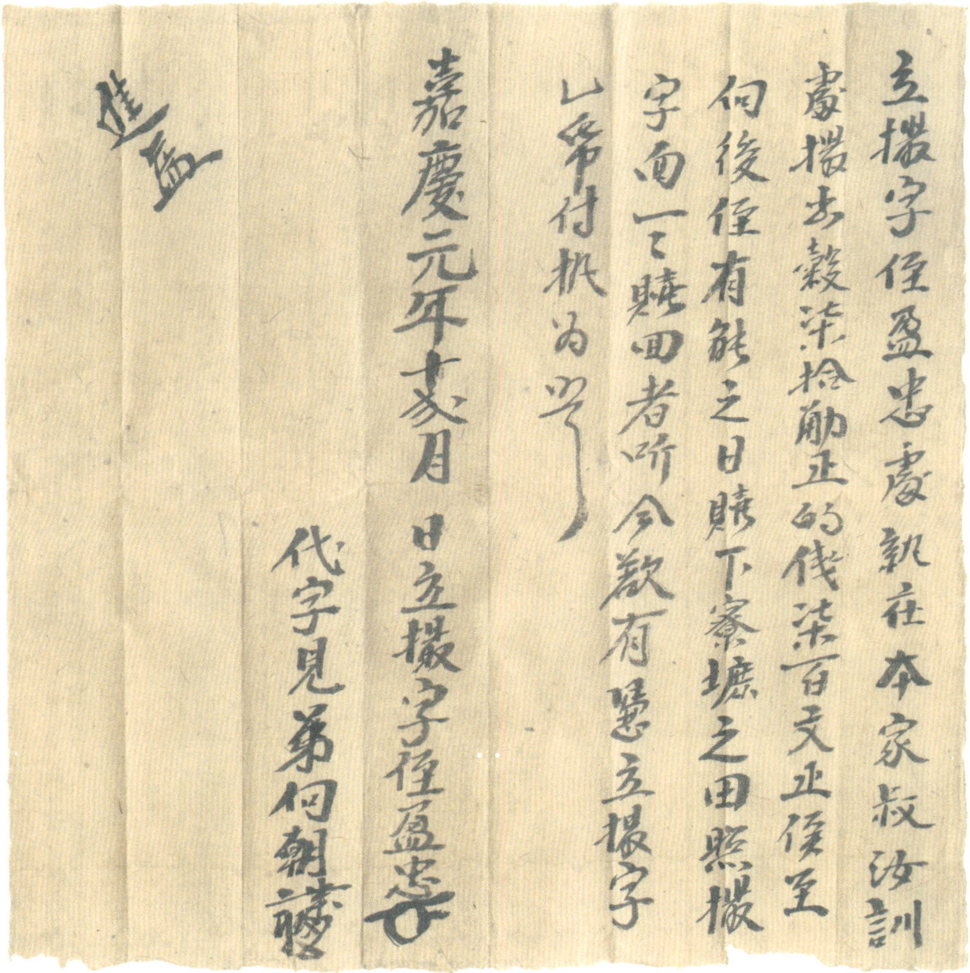

立撥字侄盈忠處 執在本家叔汝訓
處撥出穀柒拾觔正的錢柒百文正從至
向後侄有能之日贖下寮塘之田照撥
字面一𠀌贖田者听今欲有憑立撥字
山系付抵為照
嘉慶元年十弍月 日立撥字侄盈忠（押）
代字見弟何朝讀
侄盈

5-2-2-5　清嘉慶元年十二月鄭盈忠立撥字

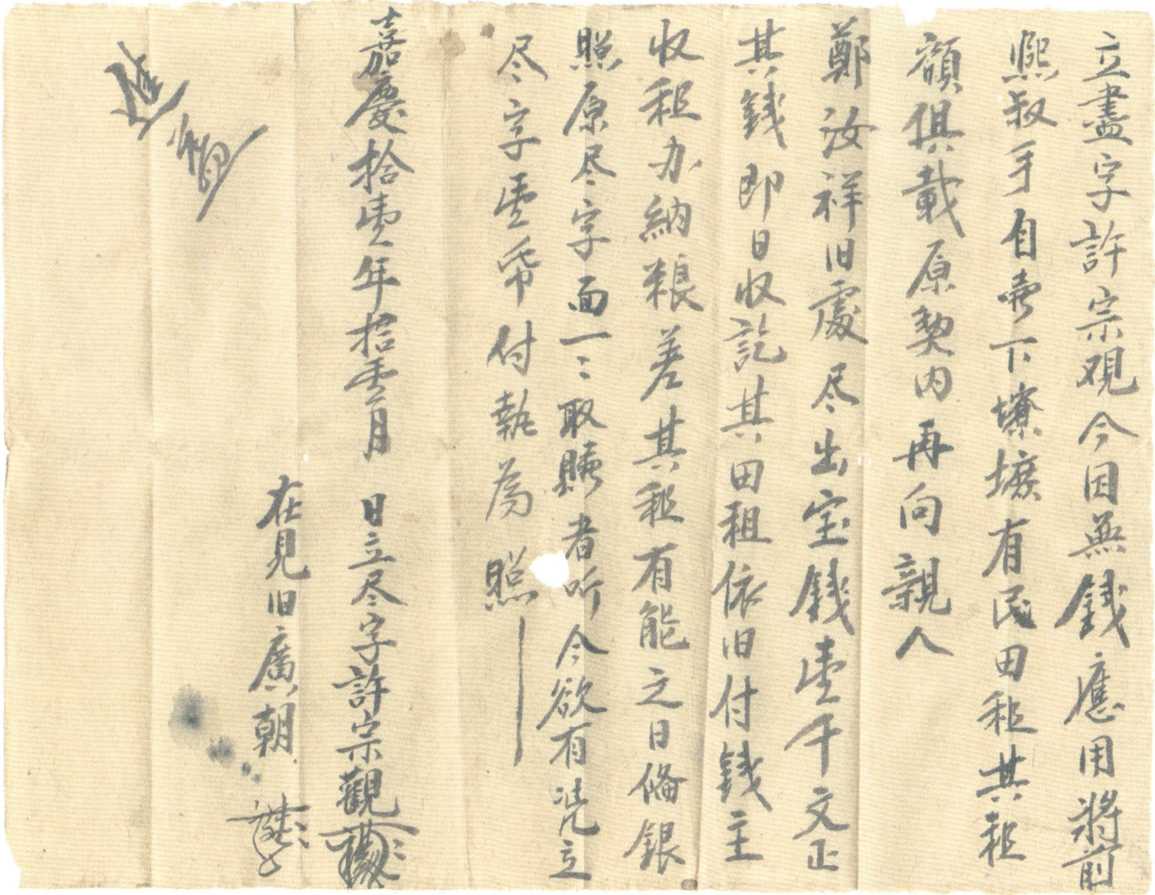
立盡字許宗观今因無錢應用將前
與叔手自置下壙𡒄有民田租其租
額俱載原契內再向親人
鄭汝祥旧處盡出寔錢壹千文正
其錢即日收訖其田租依旧付錢主
收租办納粮差其租有能之日備銀
照原盡字面一二取贖者听今欲有憑立
尽字壹帋付執爲照——
嘉慶拾壹年拾壹月　日立尽字許宗觀
在見旧廣朝

5-2-2-6　清嘉慶十一年十一月許宗觀立盡民田租字

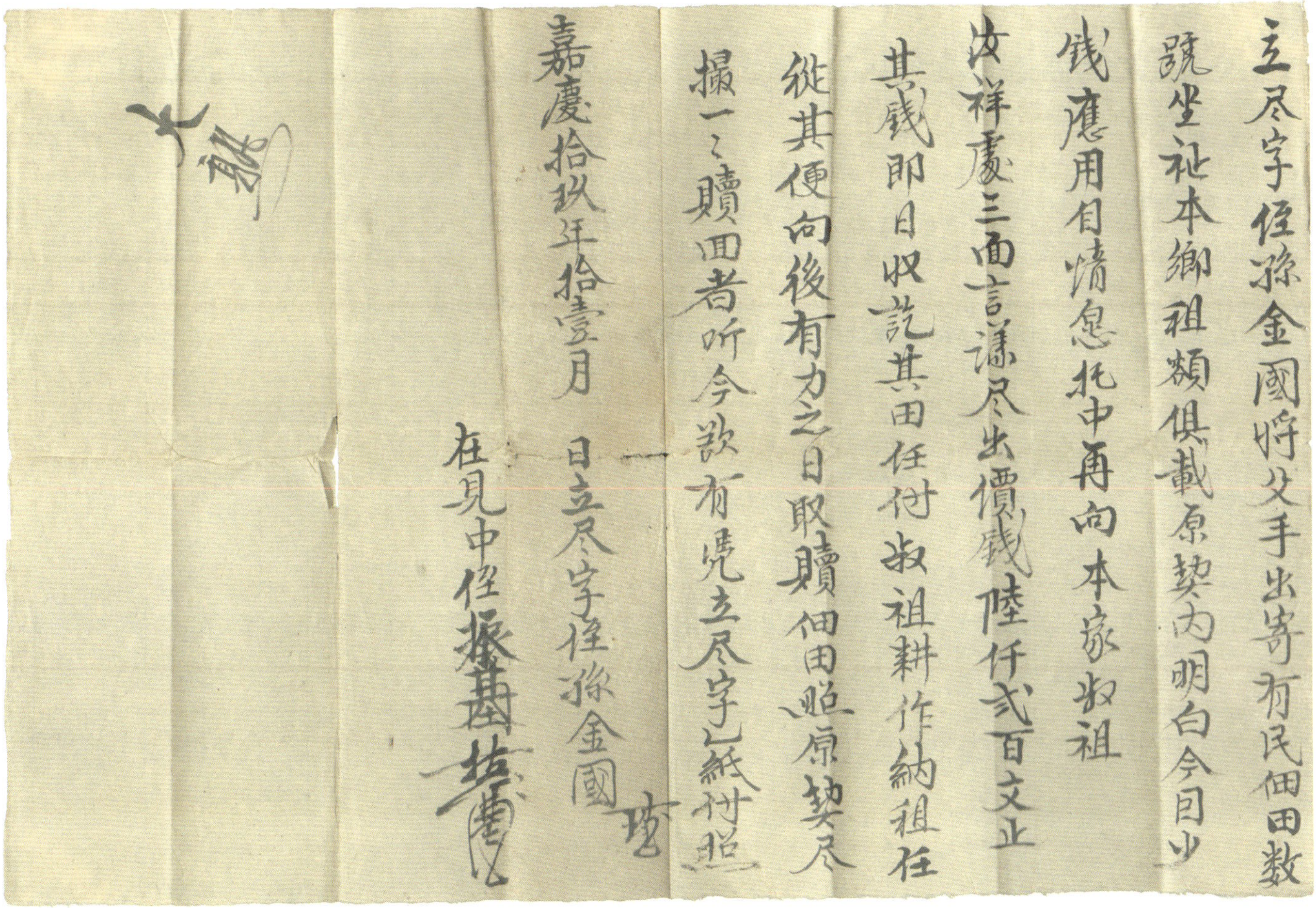
立尽字侄孫金國將父手出寄有民佃田數
號坐址本鄉祖額俱載原契內明白今因乏
錢應用自情愿托中再向本家叔祖
汝祥處三面言議尽出價錢陸仟貳百文正
其錢即日收訖其田任付叔祖耕作納租任
從其便向後有力之日取贖佃田照原契尽
撮一一贖回者听今欲有憑立尽字一紙付照
嘉慶拾玖年拾壹月　日立尽字侄孫金國
在見中侄振基

5-2-2-7　清嘉慶十九年十一月鄭金國立盡民佃田字

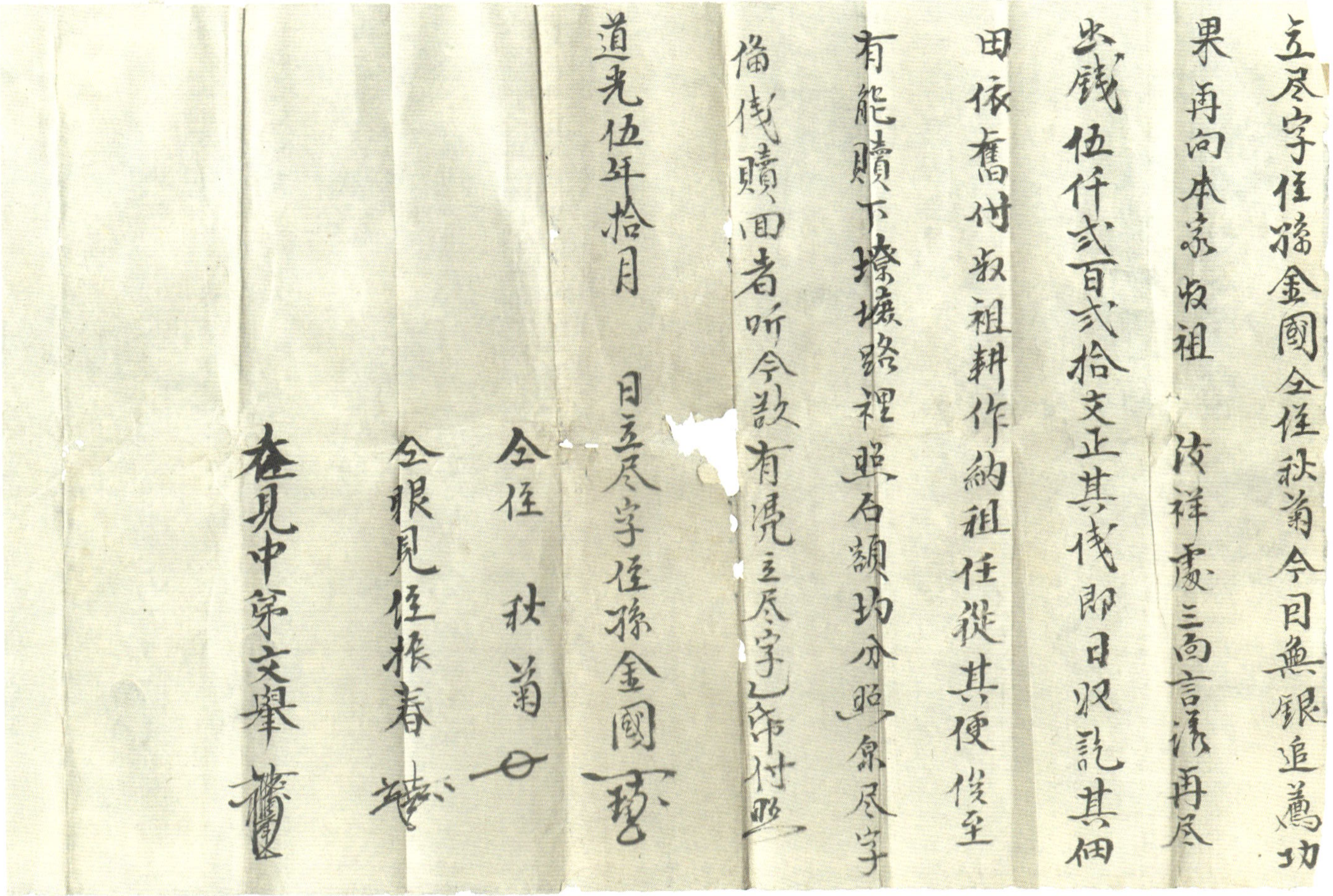

立尽字侄孫金國仝侄秋蔔，今因無銀追薦功
果，再向本家收祖伯祥處三面言議，再尽
出錢伍仟弍百弍拾支正，其錢即日收訖。其佃
田依舊付叔祖耕作納租，任從其便。後至
有能贖下壕墘路裡，照石頭均分，照原尽字
備錢贖回者听。今欲有憑，立尽字乙紙付照。

道光伍年拾月　日立尽字侄孫金國（押）
仝侄　秋蔔（押）
仝跟見侄根春（押）
在見中家文舉（押）

5-2-2-8　清道光五年十月鄭金國立盡佃田字

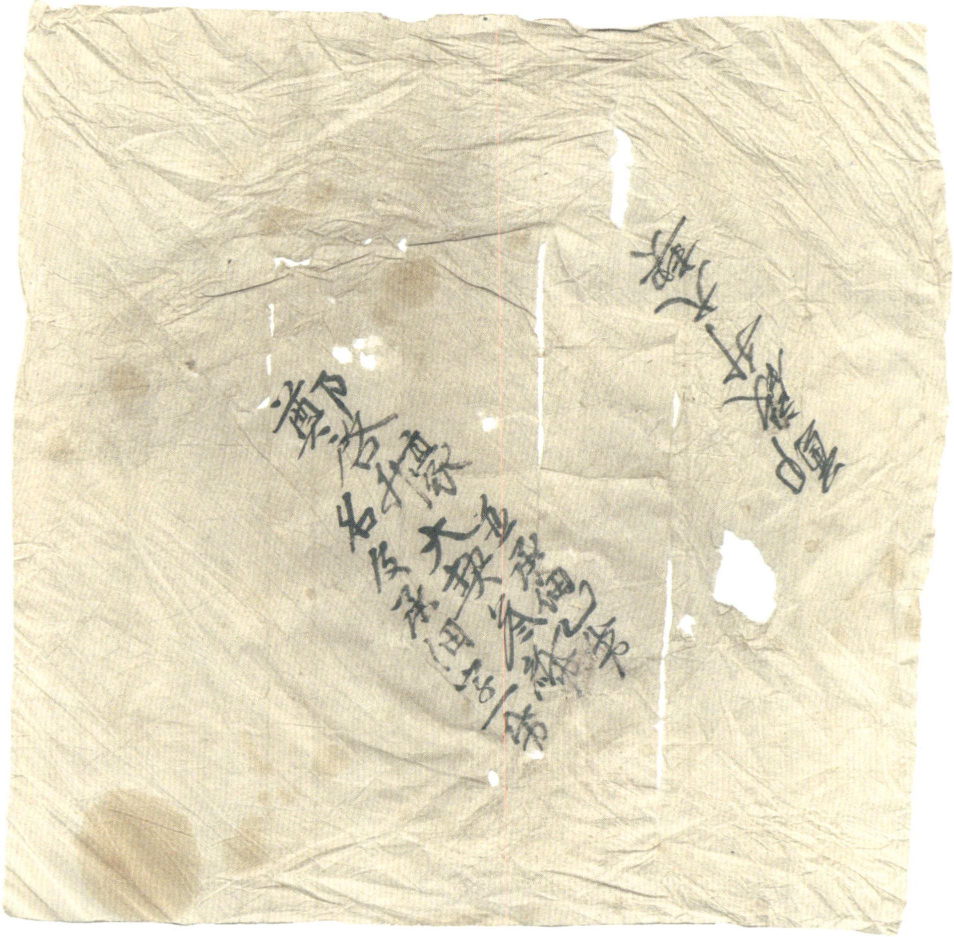

5-2-3-1　包契紙

立賣契鄭啟升將分过閩内有民田
弍號坐址本鄉亀脛地方土名大墓口
裡分載谷貳百壹拾觔正又乚號
厝墘仔仲與厝下年載正租谷叁
拾觔正合載秋粮正耗米壹斗正
共粮納在四甲鄭叶現户下乚因無
銀乏用托中送賣与本鄉親人
林昌歟處三面言議時値价銀壹
拾柒兩伍伐正每兩折七捌百文扣共
銀即日收訖其田即付银主前去会
佃管業收租办納粮差此田並無重
張典当交加不明等情如有此情係
是賣主出頭支理不涉银主之事其田
俟至有能之日不拘遠近備価银照
契面取贖者听乚欲有憑立賣契乚
紙付執为照

乾隆肆拾壹年叁月 日立賣契鄭啟升
在見中弟啟豪
全見弟啟高

大桂恒

5-2-3-2 清乾隆四十一年三月鄭啓升立賣民田契

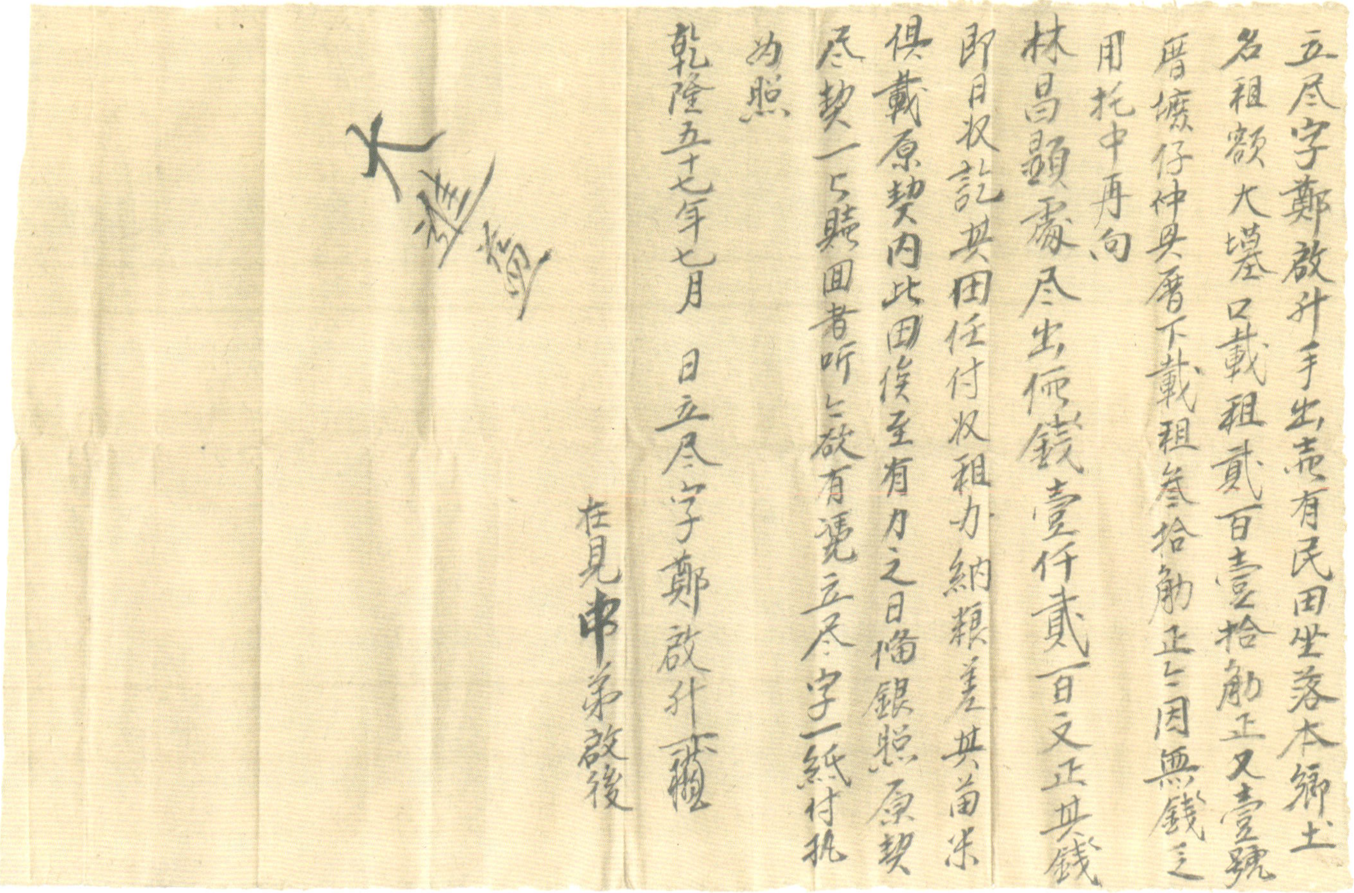

立尽字鄭啟升手出志有民田坐落本鄉土
名租額大墈口載租貳百壹拾觔正又壹號
厝壙仔仲央厝下載租叁拾觔正々因無錢乙
用托中再向
林昌顯處尽出佛錢壹仟貳百文正其錢
即日收訖其田任付收租办納粮差其苗米
俱載原契內此田俟至有力之日備銀照原契
尽契一ら贖回者听ら啟有憑立尽字一紙付執
為照
乾隆五十七年七月　日立尽字鄭啟升（押）
在見中弟啟後
大進查

5-2-3-3　清乾隆五十七年七月鄭啓升立盡民田字

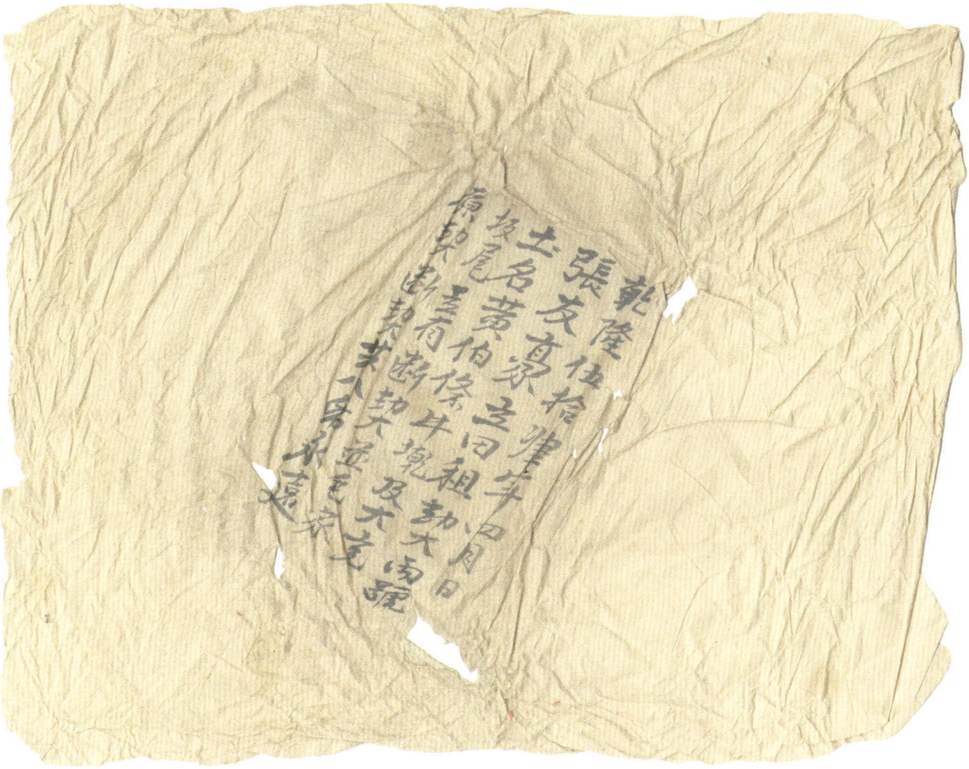

5-2-4-1　包契紙

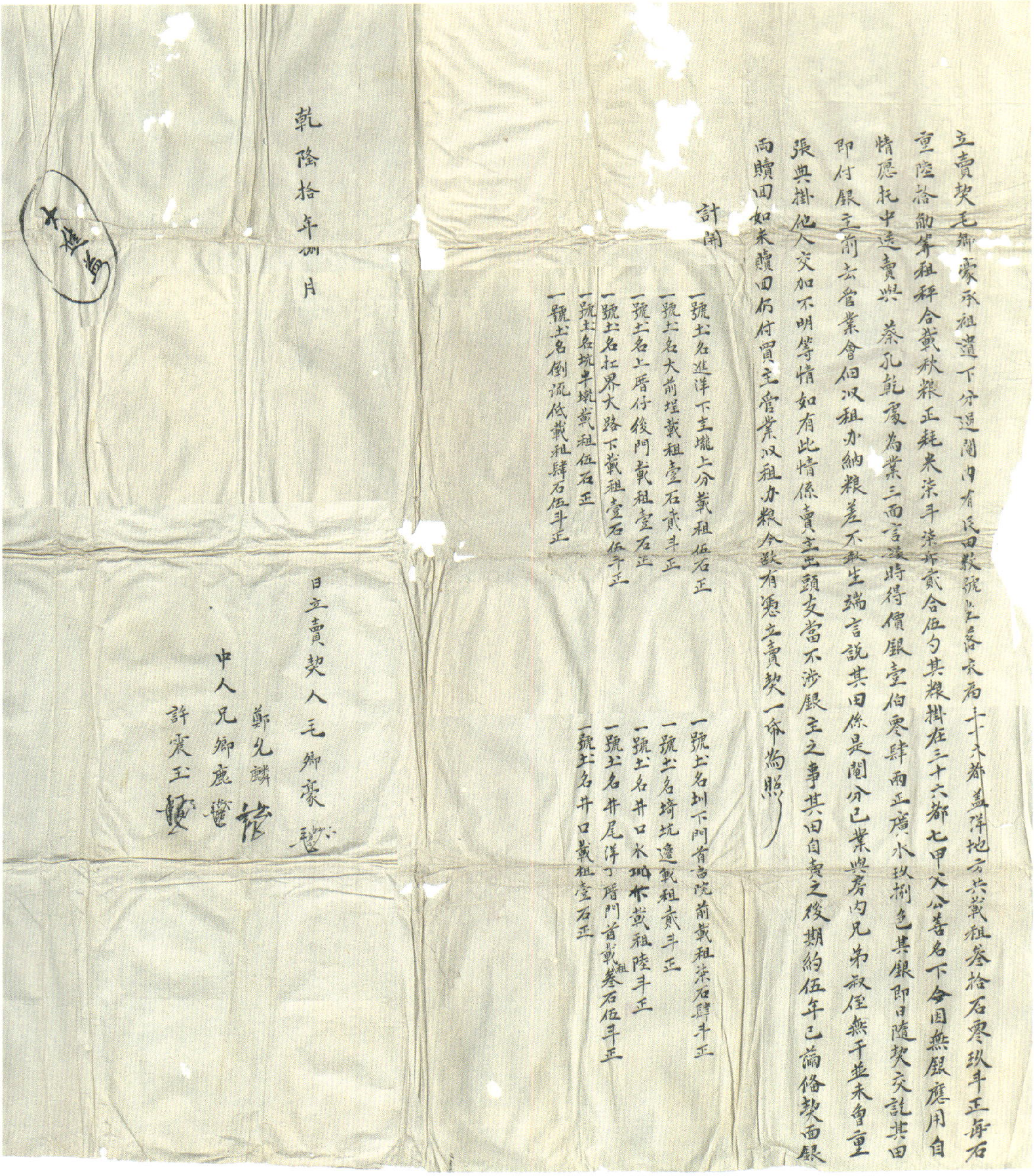

立賣契毛鄉豪承祖遺下分逕閹內有民田數號坐落永福十六都蓋洋地方共載租叁拾石零玖斗正每石
重陸拾觔箕租秤合載秋粮正耗米柒斗柒升貳合伍勺其粮掛在三十六都七甲文公善名下今因無銀應用自
情愿托中送賣與 蔡孔乾處為業三面言議時得價銀壹伯零肆兩正廣水玖捌色其銀即日隨契交訖其田
即付銀主前去管業會佃收租办納粮差不敢生端言說其田係是閹分已業與房內兄弟叔侄無干並未曾重
張典掛他人交加不明等情如有此情係賣主出頭支當不涉銀主之事其田自賣之後期約伍年已滿備契面銀
兩贖回如未贖回仍付買主管業收租办粮今欲有憑立賣契一紙為照

計開

一號土名進洋下圭墘上分載租伍石正
一號土名大前埕載租壹石貳斗正
一號土名上厝仔後門載租壹石正
一號土名杠界大路下載租壹石伍斗正
一號土名坑羊墘載租伍石正
一號土名倒流低載租肆石伍斗正
一號土名圳下門首書院前載租柒石肆斗正
一號土名埼坑邊載租貳斗正
一號土名井口水碓下載租陸斗正
一號土名井尾洋丁厝門首載租叁石伍斗正
一號土名井口載租壹石正

乾隆拾年捌月 日立賣契人毛鄉豪

中人 鄭允麟
兄鄉鹿
許震玉

5-2-4-2 清乾隆十年八月毛鄉豪立賣民田契

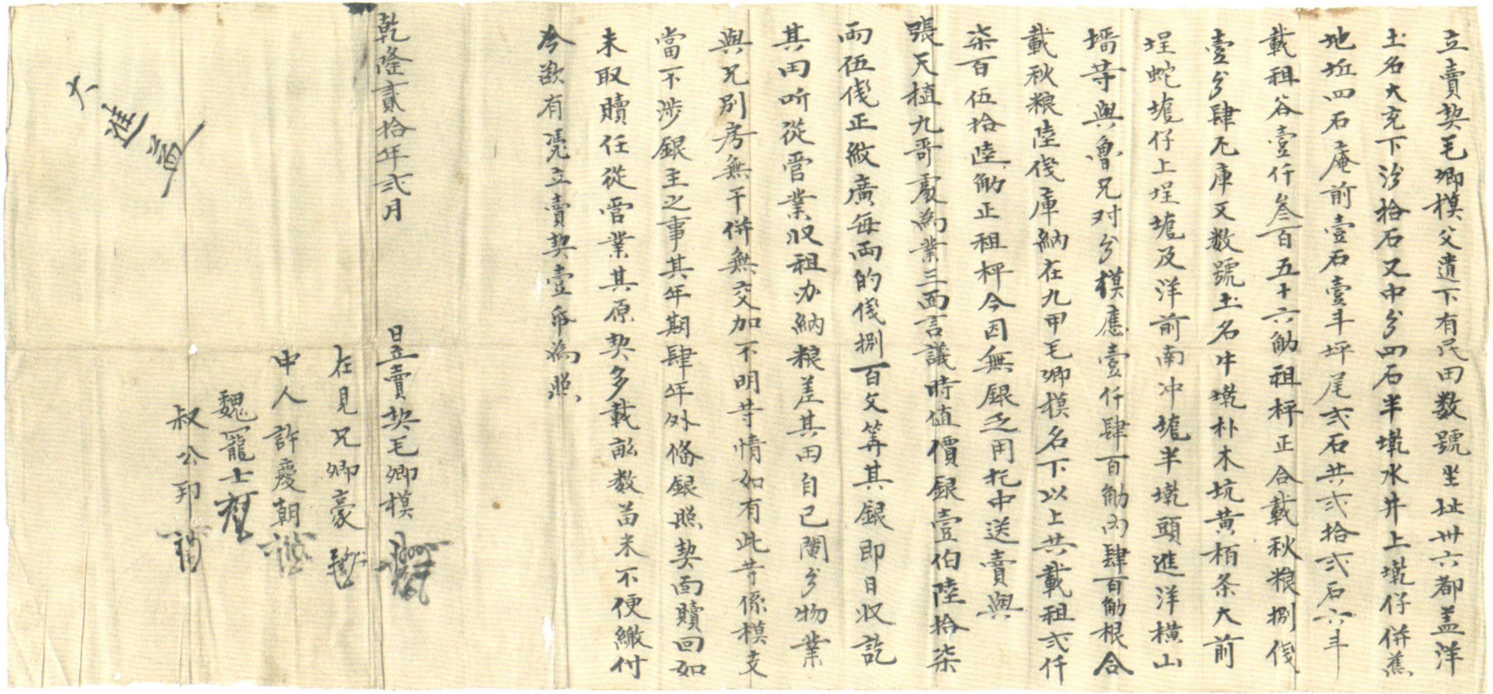
立賣契毛卿樸父遺下有民田數號坐址卅六都蓋洋
土名大充下涉拾石又中多四石半墘水井上墘仔併蕉
地垃四石庵前壹石壹斗坪尾弍石共弍拾弍石六斗
載租谷壹仟叁百五十六觔租秤正合載秋粮捌伐
壹多肆厘又數號土名中墘朴木坑黃栢条大前
埕蛇墘仔上埕墘及洋前南冲墘半墘頭進洋橫山
墻等與魯兄对分樸應壹仟肆百觔內肆百觔根合
載秋粮陸伐庫納在九甲毛卿樸名下以上共載租弍仟
柒百伍拾陸觔正租秤今因無銀乏用托中送賣與
張天植九哥處爲業三面言議時値價銀壹伯陸拾柒
両伍伐正紋廣每両的伐捌百文筭其銀即日收訖
其田听從管業收租办納粮差其田自己鬮分物業
與兄別房無干併無交加不明等情如有此等係樸支
當不涉銀主之事其年期肆年外備銀照契面贖回如
未取贖任從管業其原契多載畝數苗米不便繳付
今欲有憑立賣契壹帋爲照
乾隆貳拾年弍月　日立賣契毛卿樸（押）
在見兄卿豪（押）
中人許慶朝（押）
魏寵士（押）
叔公郑（押）

5-2-4-3　清乾隆二十年二月毛卿樸立賣民田契

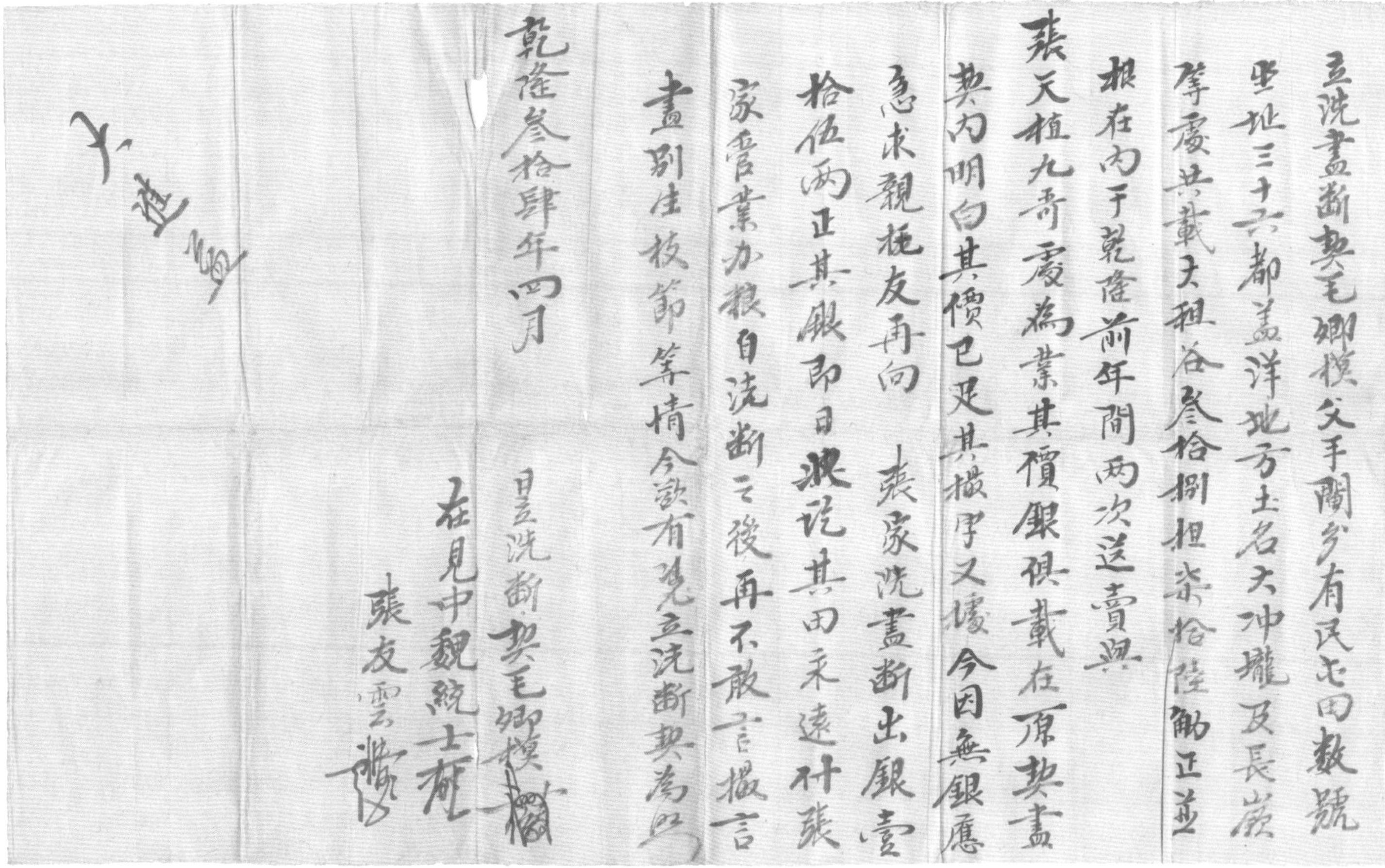
立洗盡斷契毛卿模父手闡分有民屯田數號
坐址三十六都蓋洋地方土名大冲壠及長嶺
等處共載大租谷叁拾捌担柒拾陸觔正並
根在內于乾隆前年間兩次送賣與
張天植九哥處為業其價銀俱載在原契盡
契內明白其價已足其撮字又壞今因無銀應
急求親族友再向　張家洗盡斷出銀壹
拾伍兩正其銀即日收訖其田永遠付張
家管業办粮自洗斷之後再不敢言撮言
盡別生枝節等情今欲有憑立洗斷契為照
乾隆叁拾肆年四月
日立洗斷契毛卿模（押）
在見中親統士有（押）
張友雲（押）

5-2-4-4　清乾隆三十四年四月毛卿模立洗盡斷民屯田契

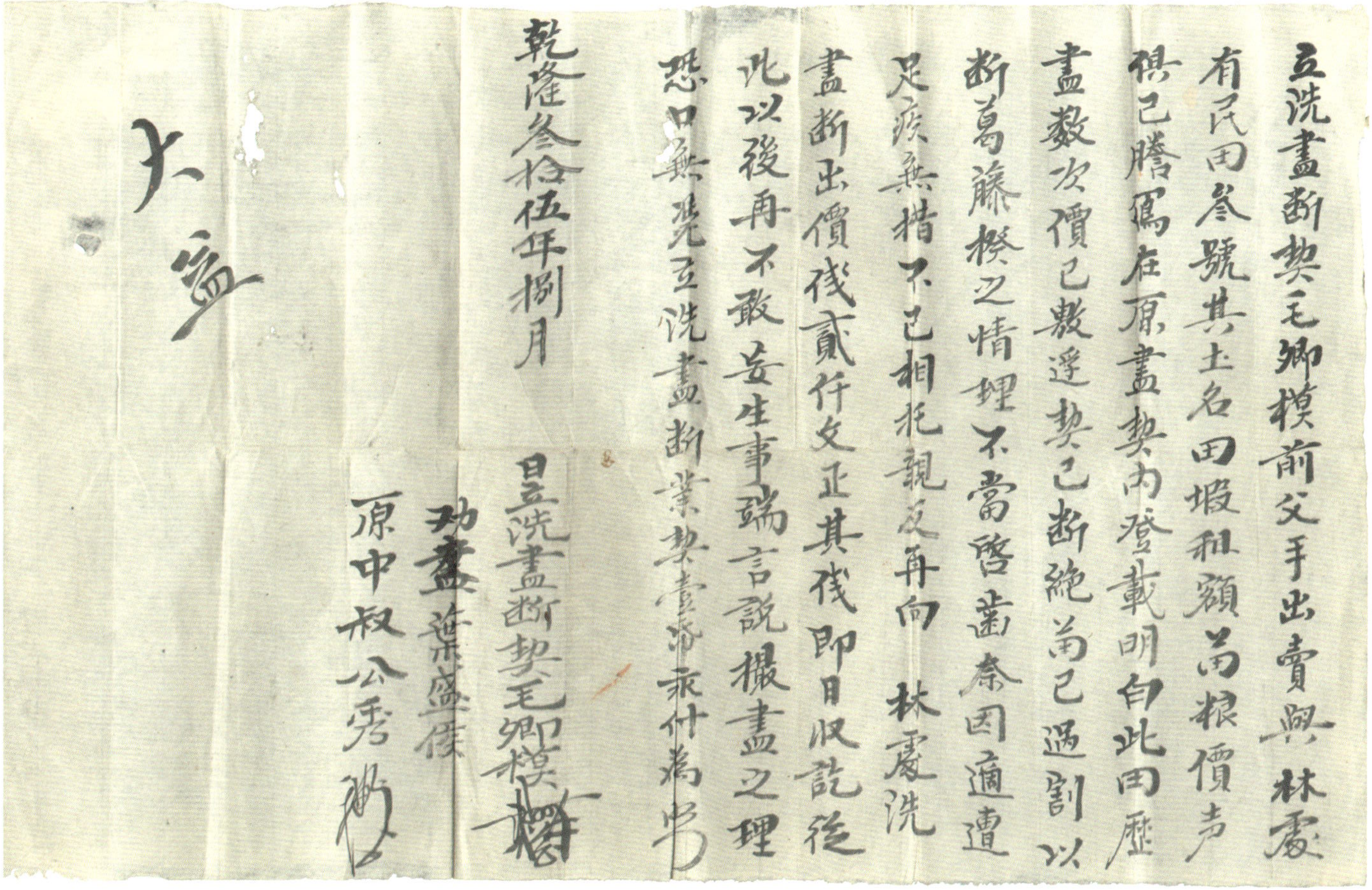

立洗盡斷契毛卿模前父手出賣與林處
有民田叁號其土名田垻租額苗粮價声
俱已謄寫在原盡契內登載明白此田歷
盡數次價已數逕契已斷絕苗已過割以
斷葛藤樸之情理不當啓齒奈因適遭
足疾無措不已相托親友再向林處洗
盡斷出價錢貳仟文正其錢即日收訖從
此以後再不敢妄生事端言說摽盡之理
恐口無憑立洗盡斷業契壹紙永付為照

乾隆叁拾伍年捌月　日立洗盡斷契毛卿模（押）

勸盡　葉盛候

原中　叔公秀（押）

大吉

5-2-4-5　清乾隆三十五年八月毛卿模立洗盡斷民田契

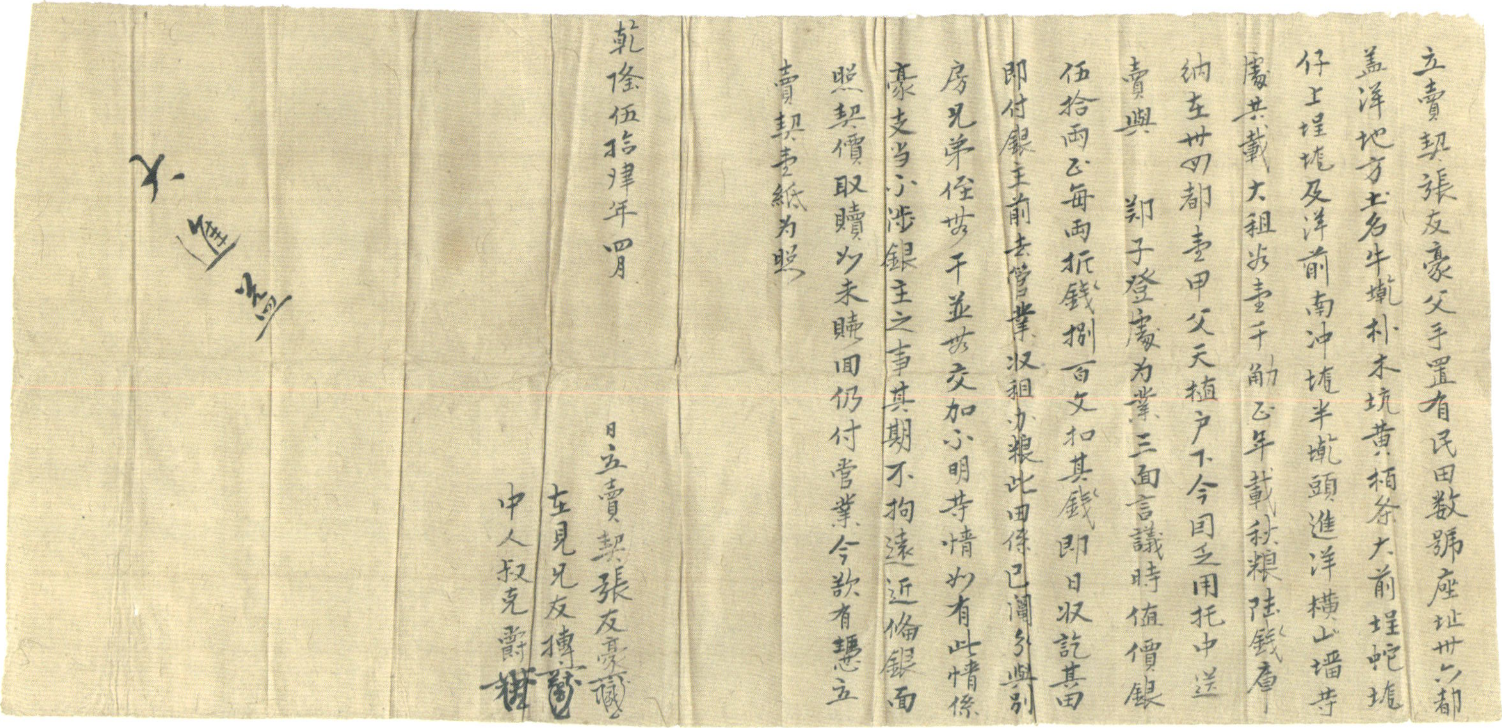

立賣契張友豪父手置有民田數號座址廿六都
蓋洋地方土名牛墘朴木坑黃栢奈大前埕蛇墘
仔上埕墘及洋前南冲墘半墘頭進洋橫山墻寺
處共載大租谷壹千觔乙年載秋粮陸錢產
納左廿四都壹甲父天植户下今因乏用托中送
賣與　鄭子登處為業三面言議時值價銀
伍拾兩乙每兩折錢捌百文扣其錢即日收訖其田
即付銀主前去管業收租办粮此田係已闡分與别
房兄弟侄等干並等交加不明等情如有此情係
豪支当不涉銀主之事其期不拘遠近備銀面
照契價取贖如未贖回仍付管業今欲有憑立
賣契壹紙為照

乾隆伍拾肆年四月
日立賣契張友豪(押)
在見兄友搏(押)
中人叔克爵(押)

5-2-4-6　清乾隆五十四年四月張友豪立賣民田契

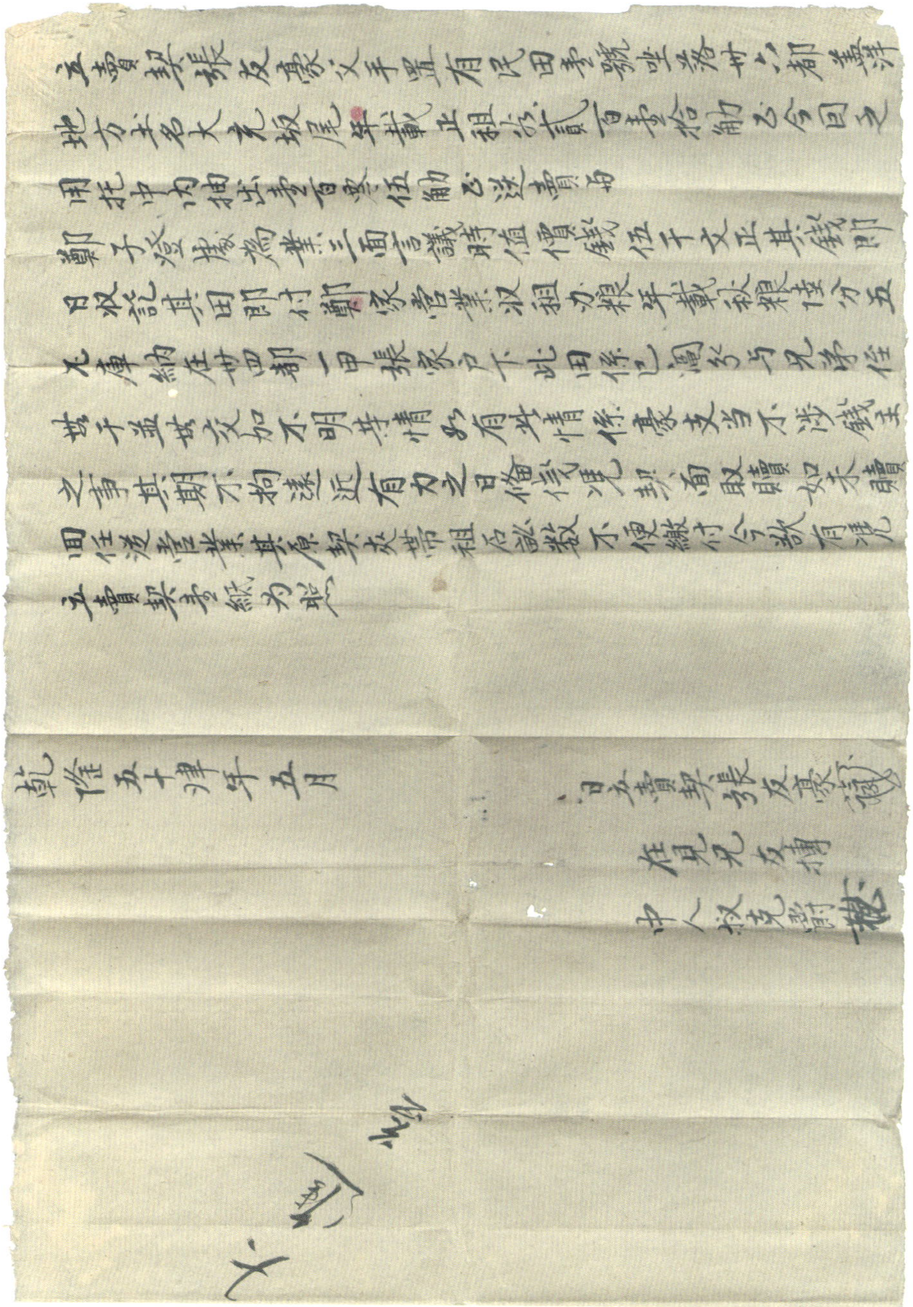

立賣契張友豪，父手置有民田壹號，坐落卅六都蓋洋
地方，土名大元坂尾，年載正租谷貳百壹拾觔乙，今因乏
用，托中向內抽出壹百叁拾伍觔乙，送賣與
鄭子燈邊為業。三面言議，時值價錢伍千文正，其錢即
日收訖，其田即付鄭家管業，收租办粮，年載秋粮壹分五
厘，庫納在卅四都一甲張家户下。此田係已閹分，與兄弟侄
姪無干，並無交加不明等情。如有此情，係豪支当，不涉錢主
之事。其田不拘遠近，有力之日，備出原價取贖，如未贖
田，任從管業。其原契[illegible]帶，租谷諒數，不便繳付，今欲有憑，
立賣契壹紙為照。

乾隆五十肆年五月　日立賣契張友豪（押）
在見兄友溥
中人叔克謝（押）

5-2-4-7　清乾隆五十四年五月張友豪立賣民田契

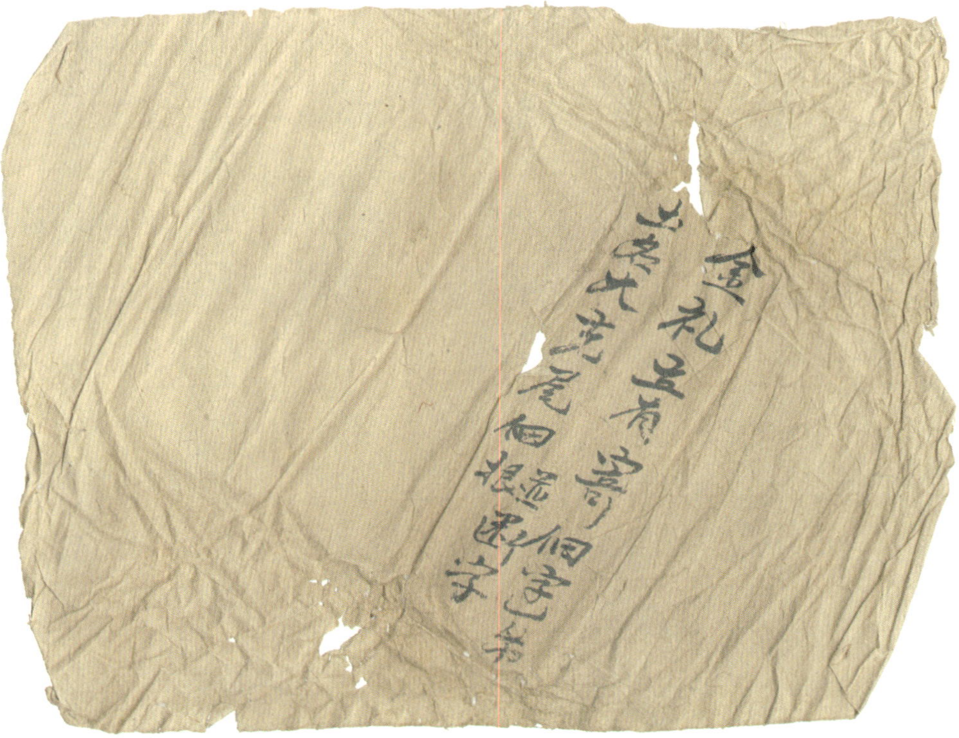

金礼立有寄佃字乙帋
出息大茂尾佃根退断字

5-2-5-1　包契紙

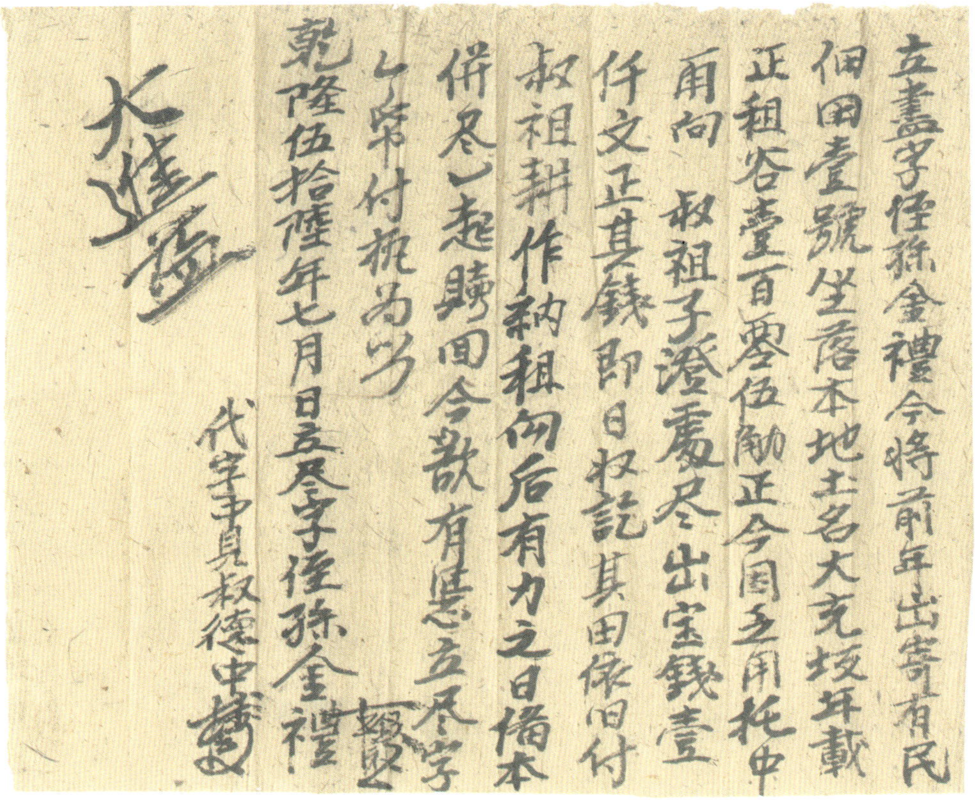
立盡字侄孫金禮今將前年出寄有民
佃田壹號坐落本地土名大充坂年載
正租谷壹百零伍觔正今因乏用托中
甬向　叔祖子澄處盡出宝錢壹
仟文正其錢即日收訖其田依旧付
叔祖耕作納租向后有力之日備本
併盡一起贖回今欲有憑立盡字
一紙付執為照
乾隆伍拾陸年七月　日立盡字侄孫金禮
代字中見叔德中
大進

5-2-5-2　清乾隆五十六年七月鄭金禮立盡民佃田字

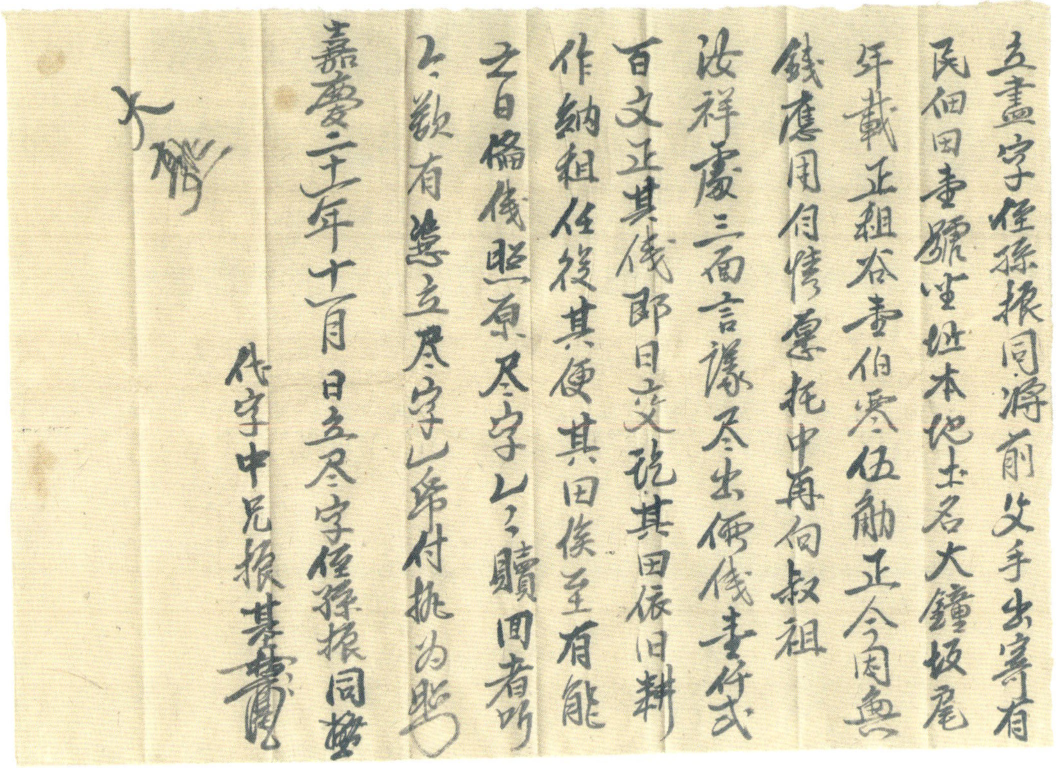
立盡字侄孫振同將前父手出寄有
民佃田壹號坐址本地土名大鐘坂尾
年載正租谷壹伯零伍觔正今因無
錢應用自情愿托中再向叔祖
汝祥處三面言議盡出佃價壹仟弍
百文正其價即日交訖其田依旧耕
作納租任從其便其田俟至有能
之日備價照原盡字山〻贖回者聽
〻〻欲有憑立盡字山帋付執為照
嘉慶二十一年十一月　日立盡字侄孫振同
代字中兄振基
大[illegible]

5-2-5-3　清嘉慶二十一年十一月鄭振同立盡民佃田字

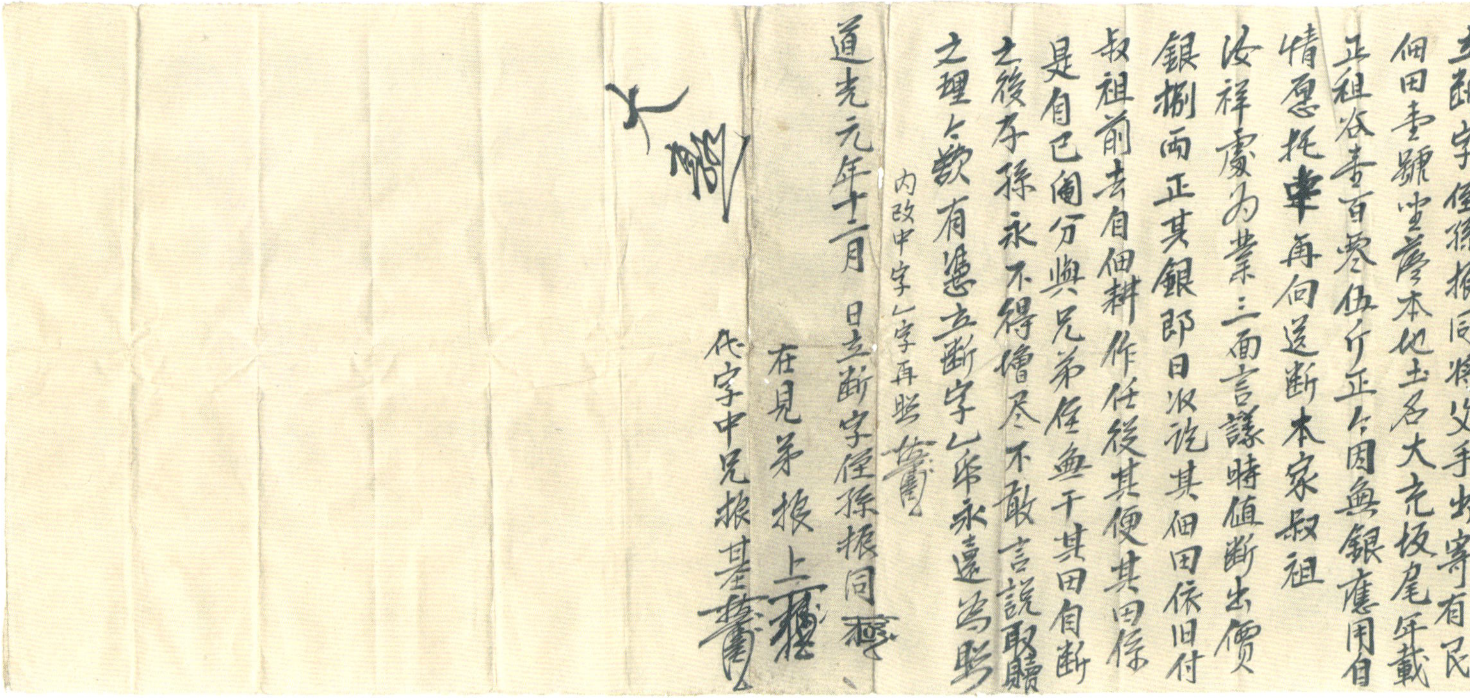
立斷字侄孫振同將父手出寄有民
佃田壹號坐落本處土名大充坂尾年載
正租谷壹百零伍斤正，今因無銀應用，自
情愿托中再向送斷本家叔祖
汝祥處為業，三面言議時值斷出價
銀捌兩正，其銀即日收訖，其佃田依旧付
叔祖前去自佃耕作，任從其便，其田係
是自己鬮分，與兄弟侄無干，其田自斷
之後，子孫永不得增尽，不敢言說取贖
之理。今欲有憑，立斷字一紙，永遠為照。
內改中字一字再照（押）
道光元年十二月　日立斷字侄孫振同（押）
在見弟　振上（押）
代字中兄　振甘（押）
大吉

5-2-5-4　清道光元年十二月鄭振同立斷民佃田字

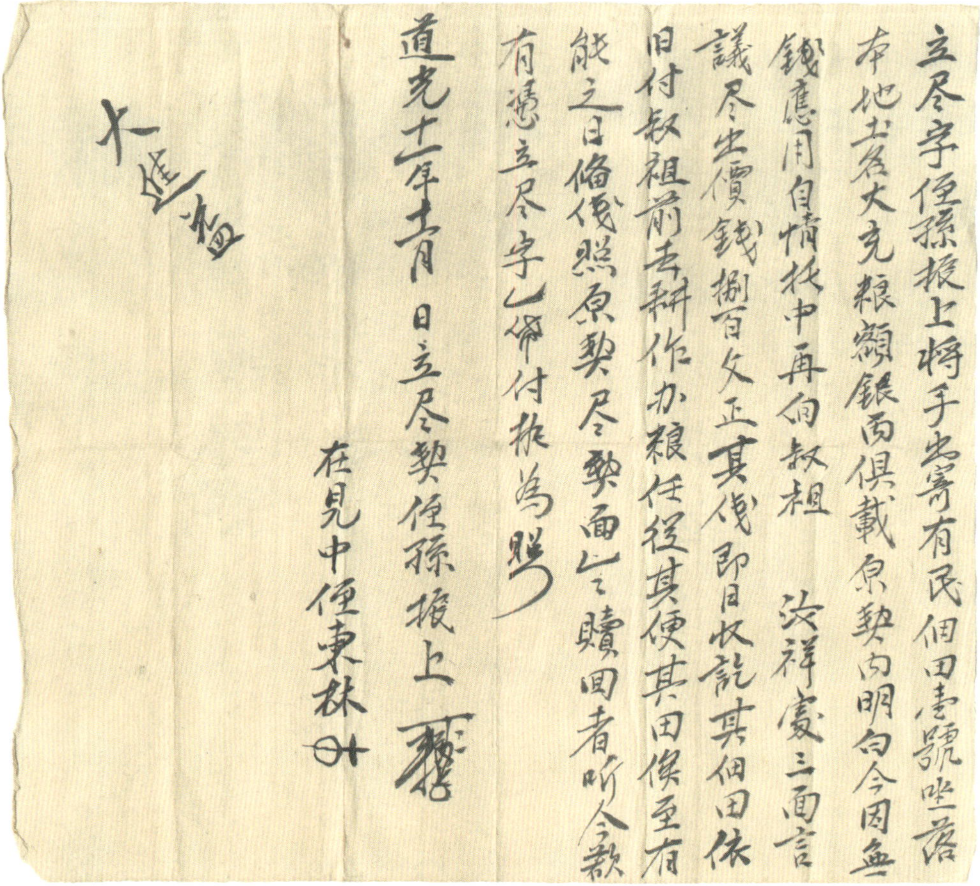

立尽字侄孫振上將手出寄有民佃田壹號坐落
本地土名大充粮額銀両俱載原契內明白今因無
錢應用自情托中再向叔祖　汝祥處三面言
議尽出價錢捌百文正其錢即日收訖其佃田依
旧付叔祖前去耕作办粮任從其便其田俟至有
能之日備錢照原契尽契面〻〻贖回者听今欲
有憑立尽字一帋付振為照

道光十一年十一月　日立尽契侄孫振上（押）

在見中侄東林（押）

大健查

5-2-5-5　清道光十一年十一月鄭振上立盡民佃田字

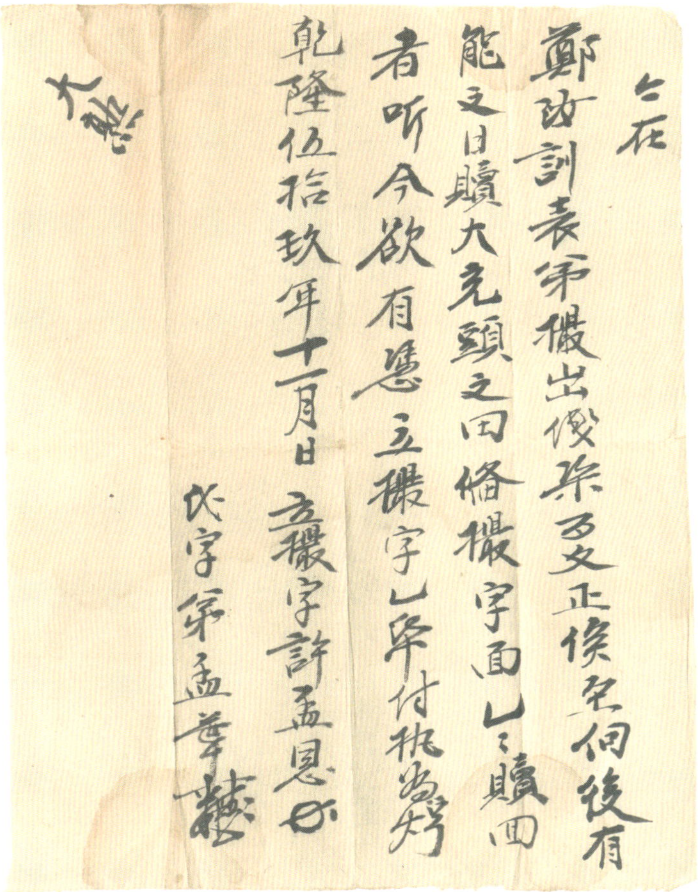

仝在
鄭玫訓表弟撮出錢柒百文正，候至何後有
能之日贖大光頭之田，倘撮字面山〻贖回
者听。今欲有憑，立撮字山紙付執為照。
乾隆伍拾玖年十一月日　立撮字許孟恩（押）
代字弟孟華（押）
大吉

5-2-6-1　清乾隆五十九年十一月許孟恩立撮字

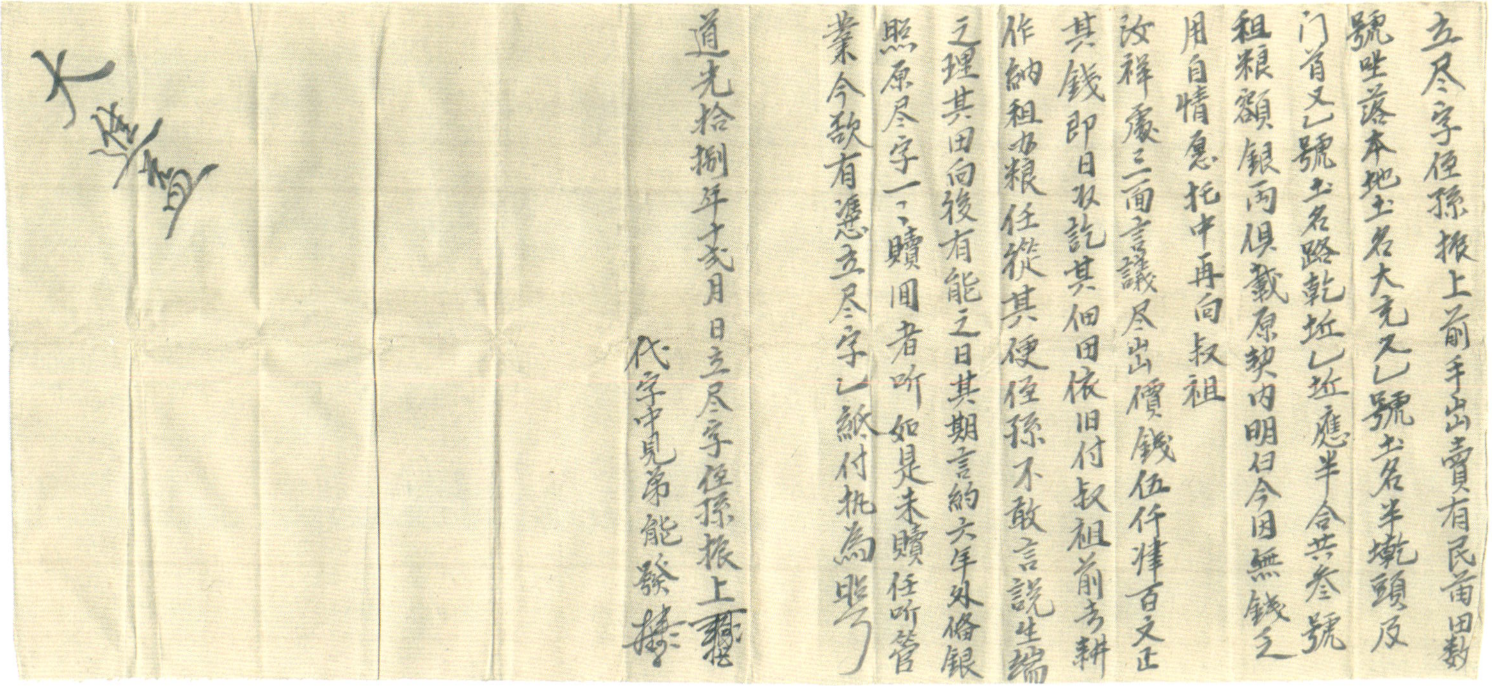
立尽字侄孫振上前手出賣有民畨田数
號坐落本地土名大元又一號土名半墘頭反
门首又一號土名路乾垅一垅應半合共叁號
租粮額銀両俱載原契内明白今因無錢乏
用自情愿托中再向叔祖
汝祥處三面言議尽出價錢伍仟肆百文正
其錢即日收訖其佃田依旧付叔祖前去耕
作納租办粮任從其便侄孫不敢言説生端
之理其田向後有能之日其期言約六年外备銀
照原尽字一一贖回者听如是未贖任听管
業今欲有憑立尽字一紙付執為照
道光拾捌年十弍月 日立尽字侄孫振上
代字中見弟能發

5-2-6-2 清道光十八年十二月鄭振上立盡民苗田字

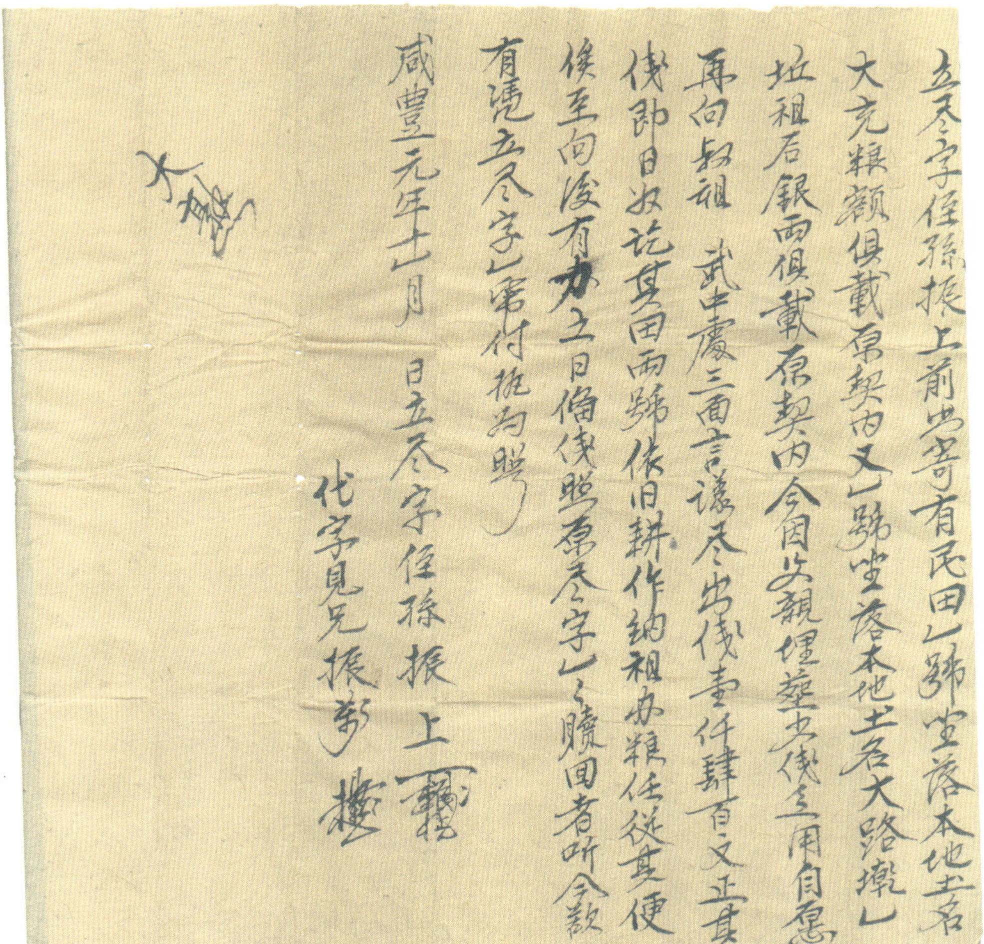

立盡字侄孫振上前出寄有民田山場坐落本地土名
大坑粮額俱載原契內又山場坐落本地土名大路墘山
坵租谷銀兩俱載原契內今因乏銀應用自愿
再向叔祖　武中處三面言議盡出價壹仟肆百文正其
價即日收訖其田兩場依舊耕作納租办粮任從其便
後至向後有力之日備價照原盡字山之贖回者听今欵
有憑立盡字山帯付据為照
咸豐元年十一月　日立盡字侄孫振上（押）
代字見兄振彩（押）
大吉

5-2-6-3　清咸豐元年十一月鄭振上立盡民田字

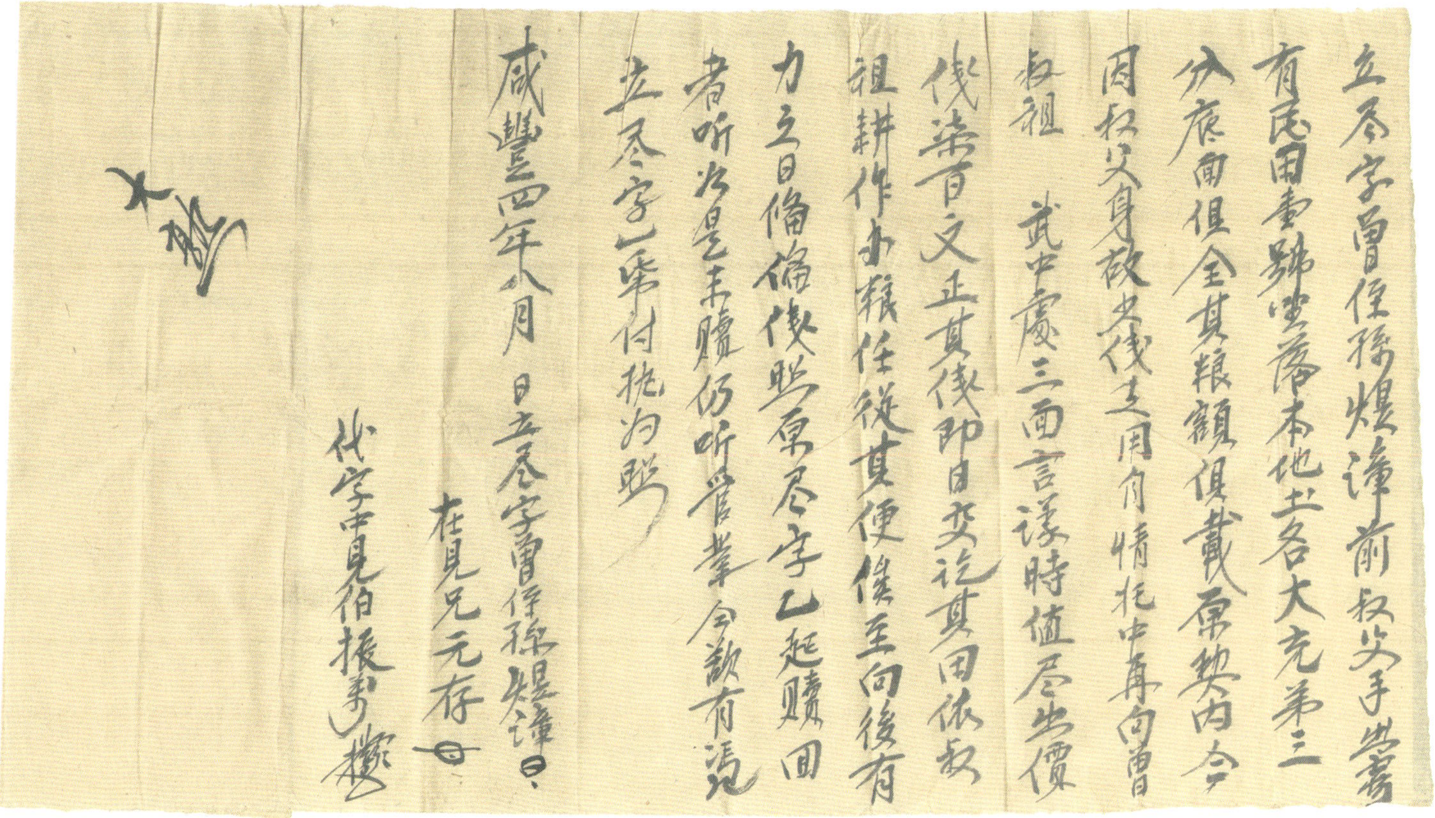
立盡字曾侄孫煜漳前叔父手置
有民田壹號坐落本地土名大充第三
分底面俱全其粮額俱載原契内今
因叔父身故喪費乏用自情托中再向曾
叔祖 武中處三面言議時值盡出價
錢柒百文正其錢即日交訖其田依叔
祖耕作办粮任從其便倘至向後有
力之日備偹價照原盡字乙延贖回
者听次是未贖仍听管業今欲有憑
立盡字乙帋付執為照
咸豐四年八月 日立盡字曾侄孫煜漳（押）
在見兄元存（押）
代字中見伯振考（押）
大發

5-2-6-4 清咸豐四年八月鄭煜漳立盡民田字

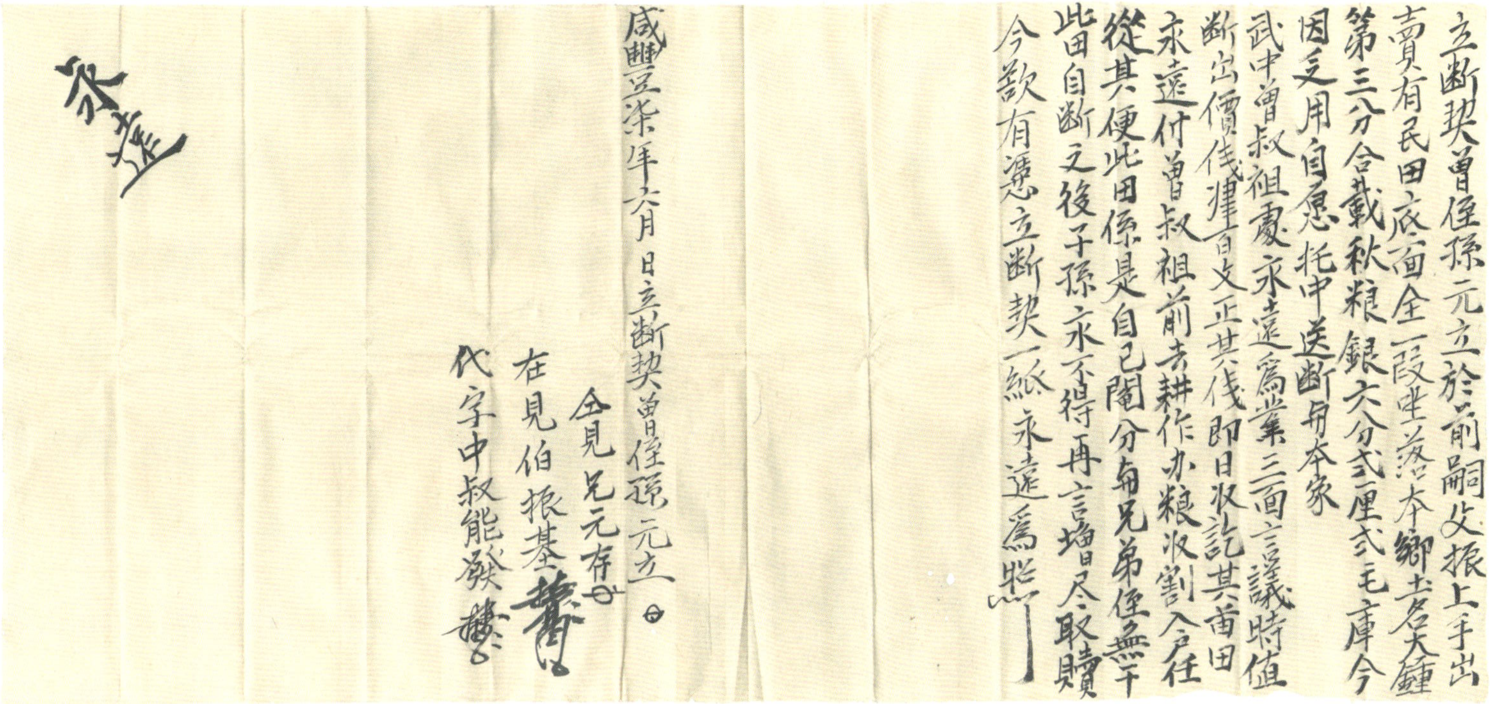
立斷契曾侄孫元立於前嗣父振上手出
賣有民田底面全一段坐落本鄉土名大鍾
第三分合載秋粮銀六分弍厘弍毛庫今
因乏用自愿托中送斷與本家
武中曾叔祖處永遠爲業三面言議時值
斷出價錢肆百文正其錢即日收訖其田
永遠付曾叔祖前去耕作办粮收割入户任
從其便此田係是自己閹分與兄弟侄無干
此田自斷之後子孫永不得再言增找取贖
今欲有憑立斷契一紙永遠爲照

咸豐柒年六月　日立斷契曾侄孫元立（押）
仝見兄元存（押）
在見伯振基（押）
代字中叔能發（押）

永遠

5-2-6-5　清咸豐七年六月鄭元立立斷底面全民田契

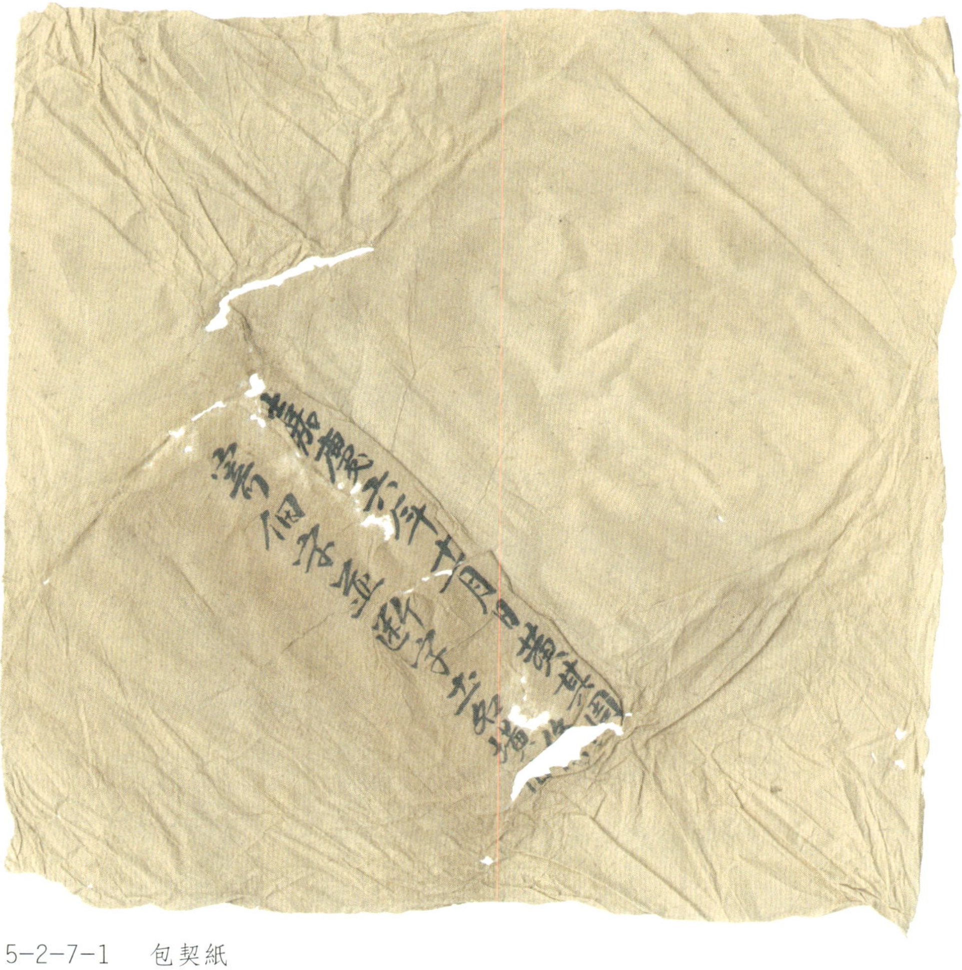

5-2-7-1　包契紙

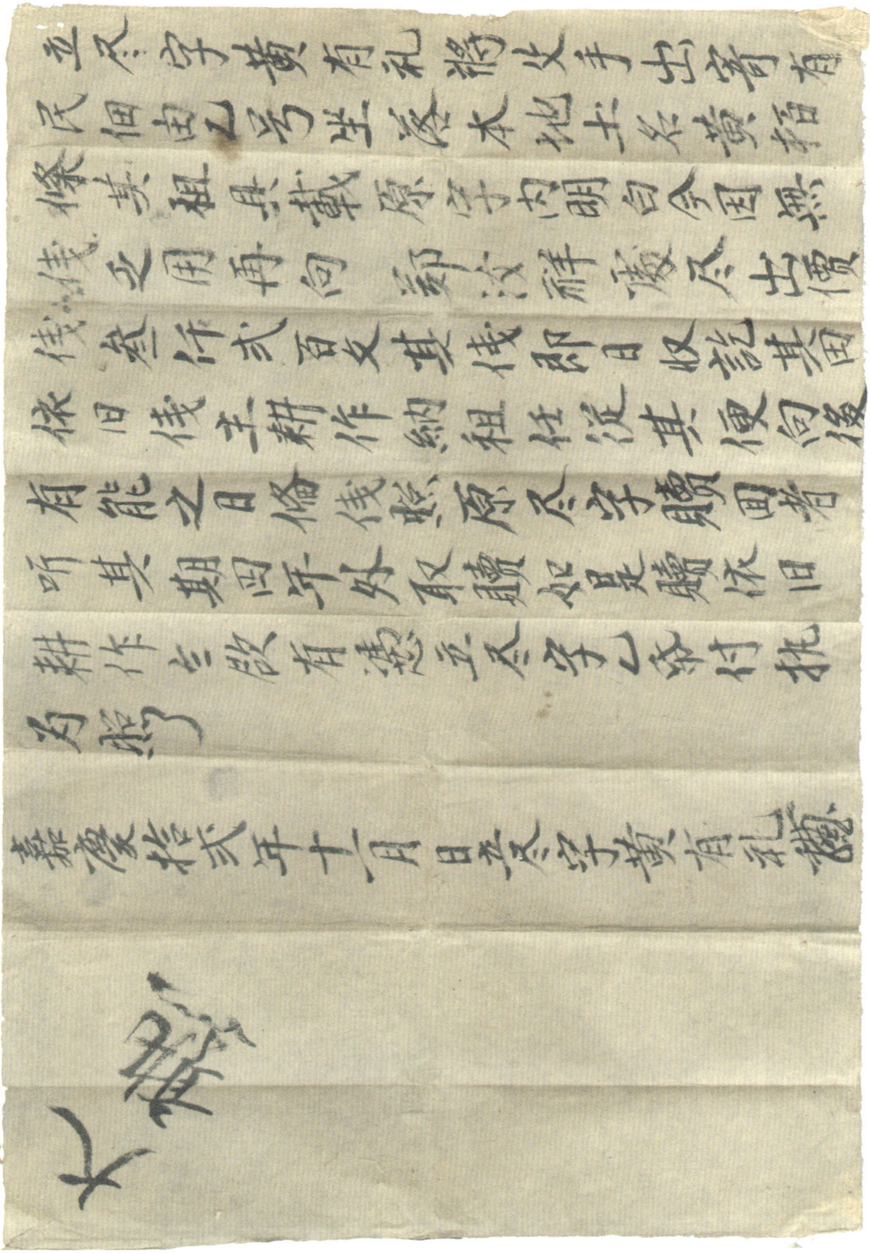
立尽字黄有礼将父手出寄有
民佃一号坐落本地土名黄稻
條其租具载原字内明白今因無
銭之用再向 鄭邊祥處尽出價
銭叁仟贰百文其銭即日收訖其田
依旧銭主耕作納租任從其便向後
有能之日備銭照原尽字贖回若
所其期四年外取贖如是贖依旧
耕作亡段有憑立尽字一紙付执
为照
嘉慶拾贰年十一月　日立尽字黄有礼（押）

5-2-7-2　清嘉慶十二年十一月黄有礼立盡民佃田字

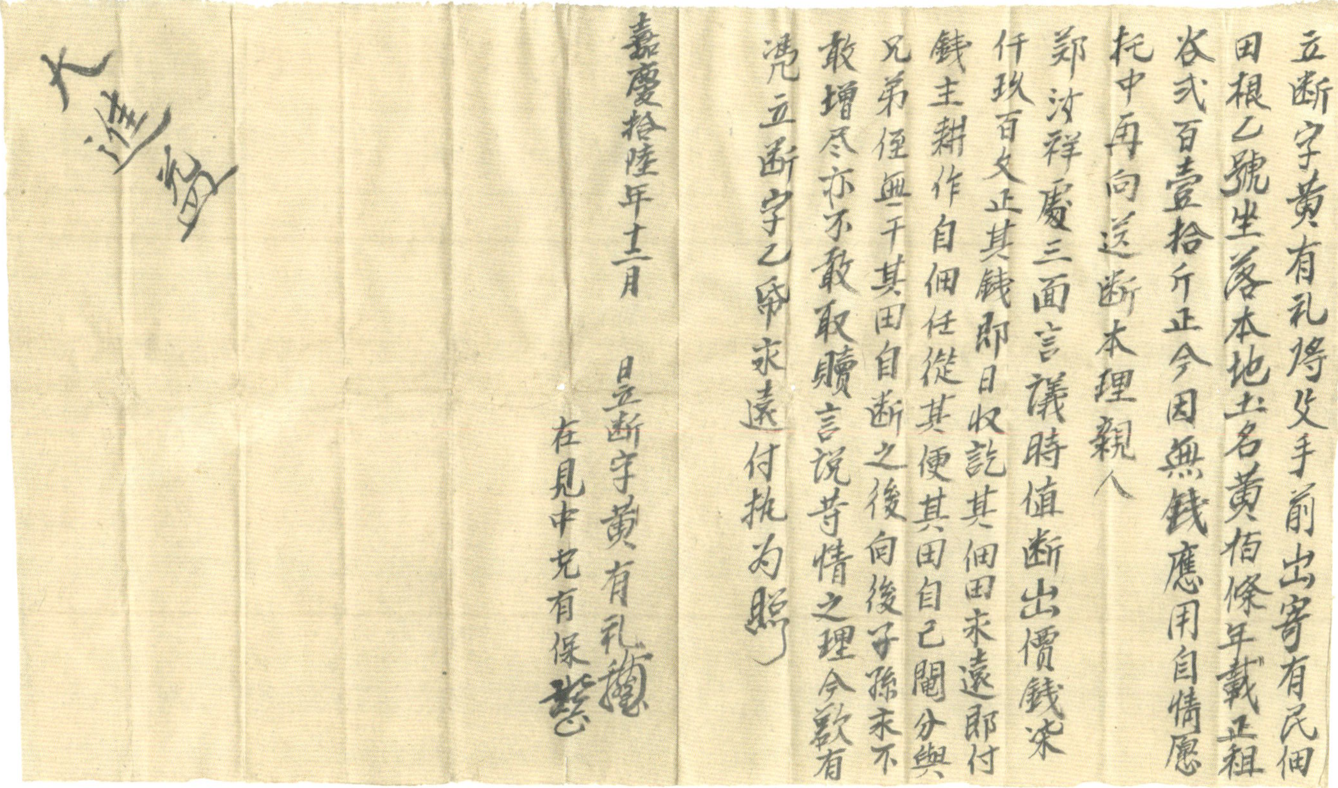
立斷字黄有礼將父手前出寄有民佃
田根乙號坐落本地土名黄佰條年載正租
谷弍百壹拾斤正今因無錢應用自情愿
托中再向送斷本理親人
鄭汝祥處三面言議時值斷出價錢来
什玖百文正其錢即日收訖其佃田来遠即付
錢主耕作自佃任從其便其田自己鬮分與
兄弟侄無干其田自斷之後向後子孫来不
敢增尽亦不敢取贖言說苛情之理今欲有
憑立斷字乙帋永遠付執為照

嘉慶拾陸年十二月　日立斷字黄有礼
在見中兄有保

5-2-7-3　清嘉慶十六年十二月黄有礼立斷民佃田根字

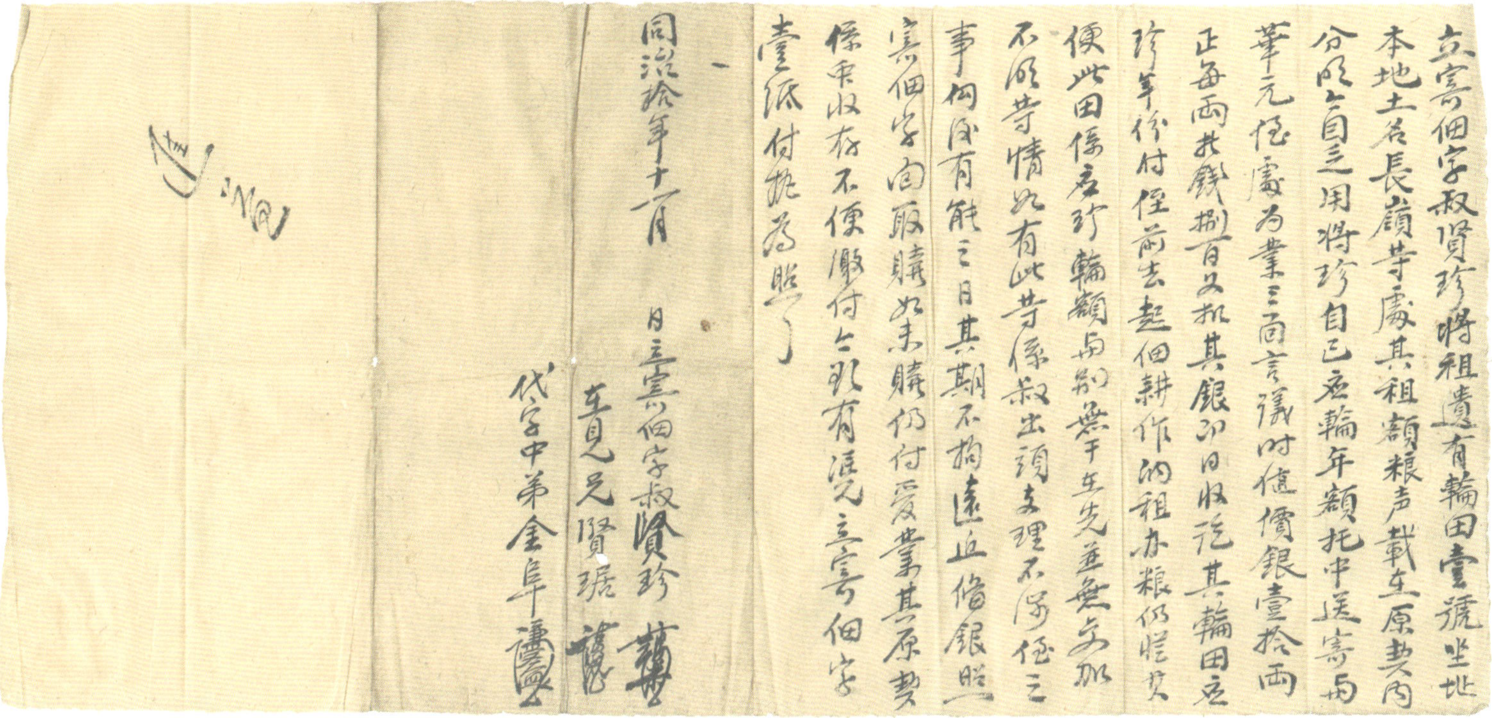

立寄佃字叔賢珍將祖遺有輪田壹號坐址
本地土名長嶺等處其租額粮户載在原契內
合股六自三周將珍自己應輪年額托中送寄與
華元侄處為業三面言議时值價銀壹拾兩
正每兩扣錢捌百文扣其銀即日收訖其輪田應
珍年份付侄前去起佃耕作納租办粮仍借契
便此田係叔珍輪額與别無干在先並無文加
不明等情如有此等係叔出頭支理不涉侄之
事仍限有能之日其期不拘遠近備銀照一
寄佃字回贖如未贖仍付愛業其原契
係未收存不便繳付今欲有憑立寄佃字
壹紙付執為照了

一

同治拾年十一月　日立寄佃字叔賢珍（押）
在見兄賢琚（押）
代字中弟金阜（押）

5-2-7-4　清同治十年十一月鄭賢珍立寄佃輪田字

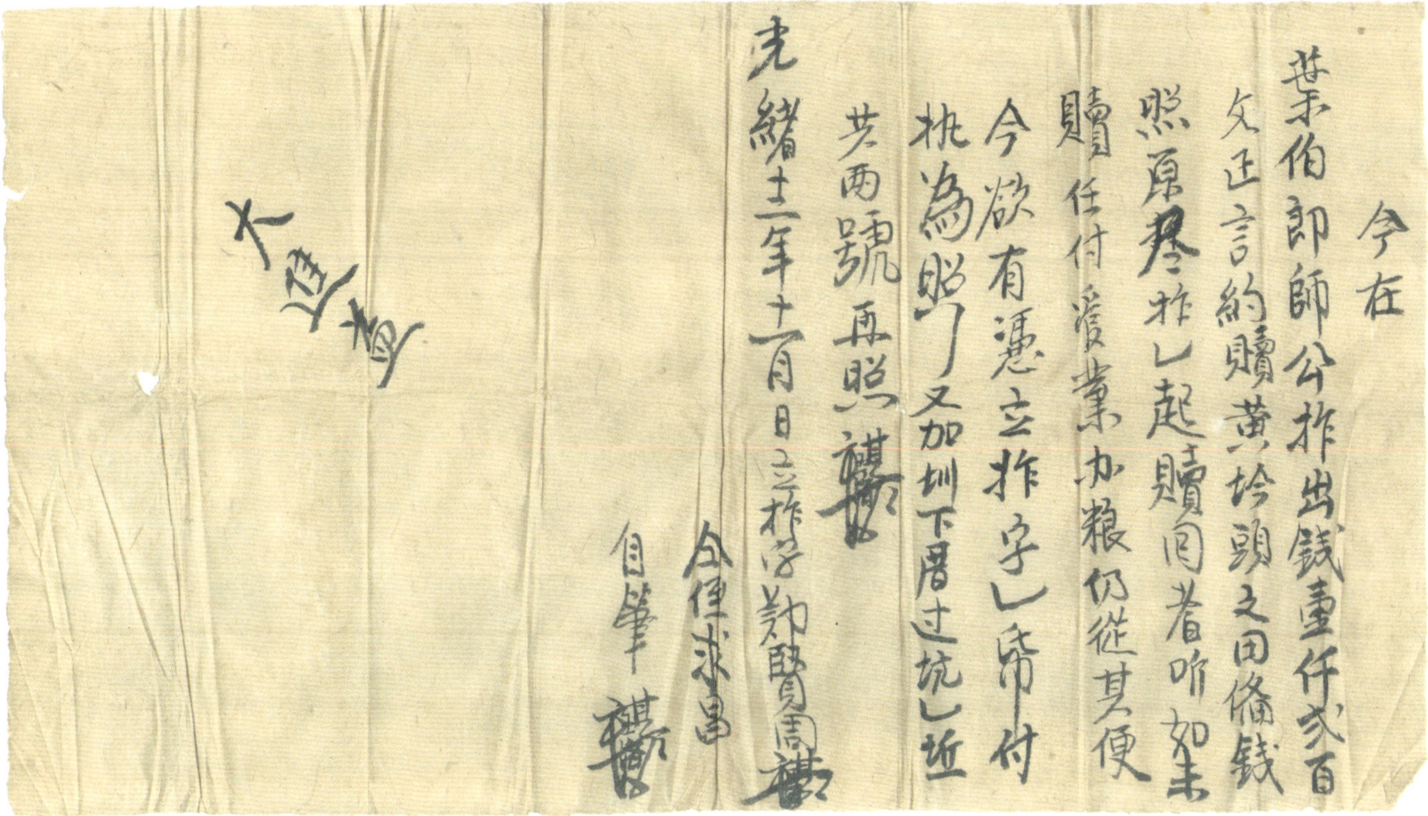

今在
葉伯郎師公作出錢壹仟弍百
文正言約贖黄坽頭之田偹錢
照原本〻〻起贖回着听如業
贖任付管業办粮仍從其便
今欲有憑立作字〻乃付
批為照丁又加圳下厝过坑〻近
共两號再照（押）
光緒十二年十一月日立作字鄭賢周（押）
今任求昌
自筆（押）
大吉

5-2-7-5　清光緒十二年十一月鄭賢周立撮字

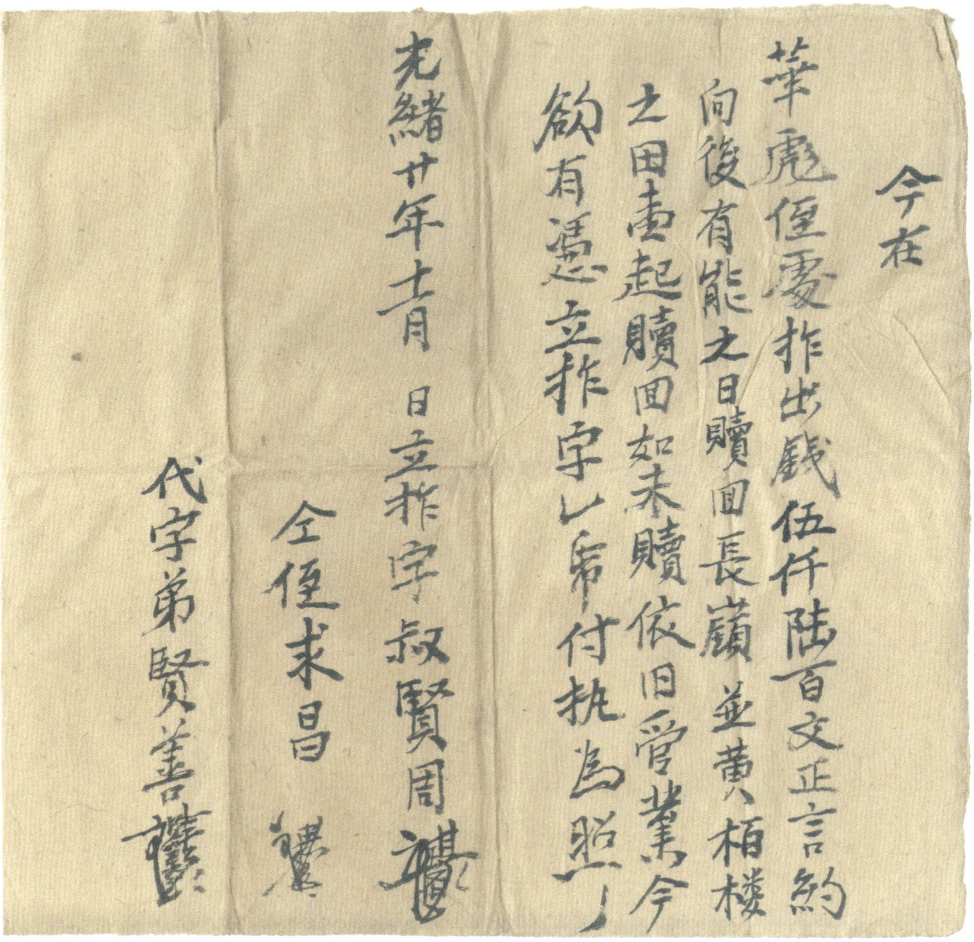

今在
華處侄處作出錢伍仟陸百文正言約
向後有能之日贖回長嶺並黃柏樓
之田再起贖回如未贖依旧管業今
欲有憑立撮字一紙付執為照
光緒廿年十一月　日立撮字叔賢周（押）
仝侄求昌（押）
代字弟賢善（押）

5-2-7-6　清光緒二十年十一月鄭賢周立撮字

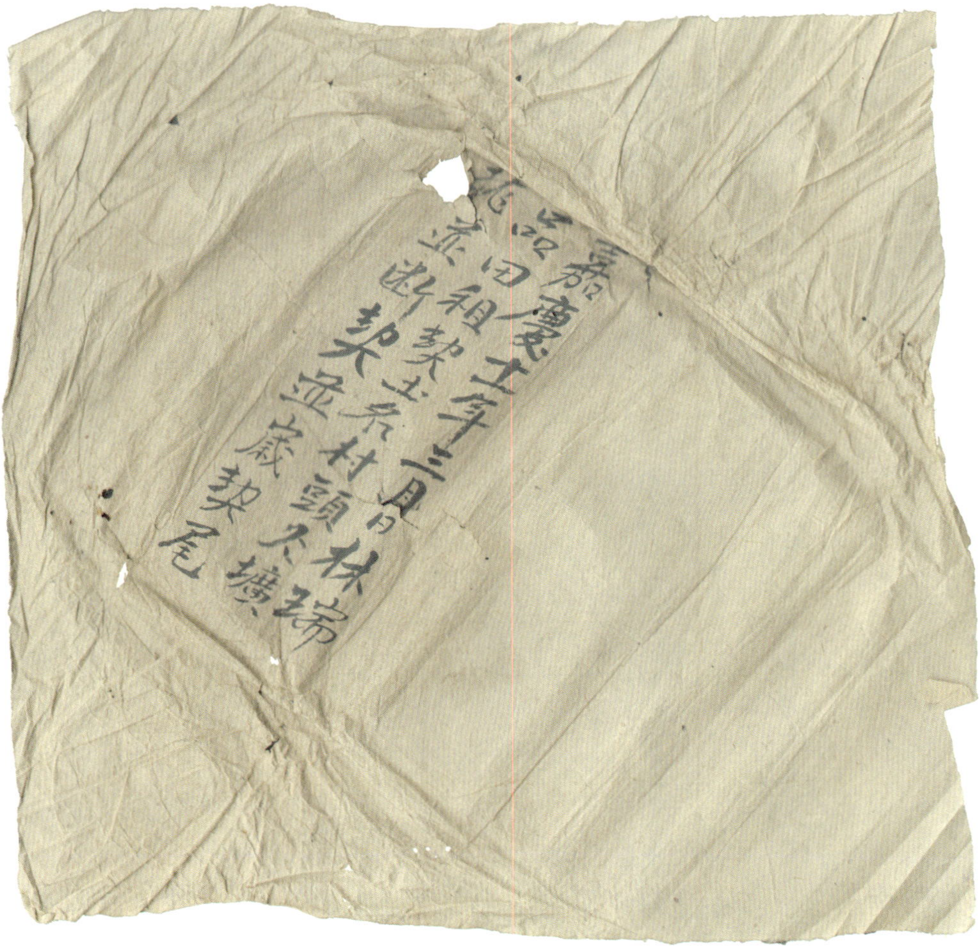

5-2-8-1　包契紙

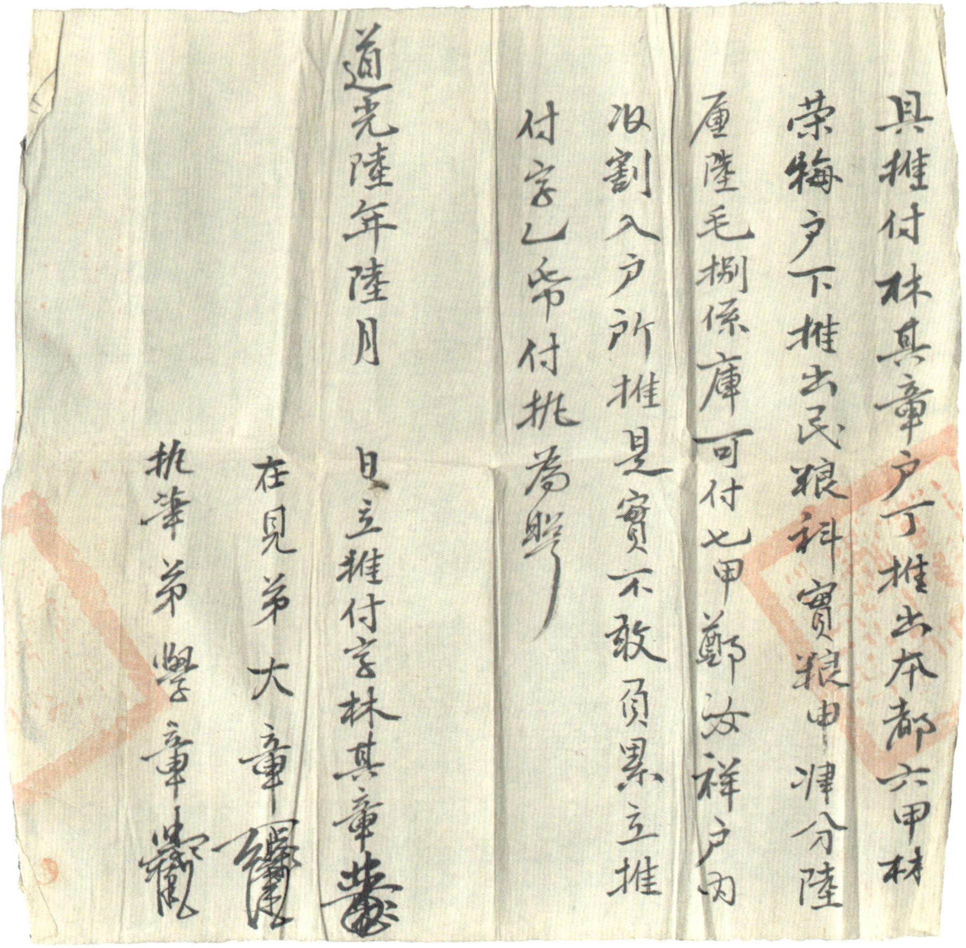
具推付林其章户丁推出本都六甲林
荣梅户下推出民粮科實粮申津分陸
厘陸毛捌係庫可付七甲鄭汝祥户内
收割入户所推是實不敢負累立推
付字乙紙付执為照
道光陸年陸月
日立推付字林其章（押）
在見弟大章（押）
执筆弟學章（押）

5-2-8-2　清道光六年六月林其章立推付字（紅契）

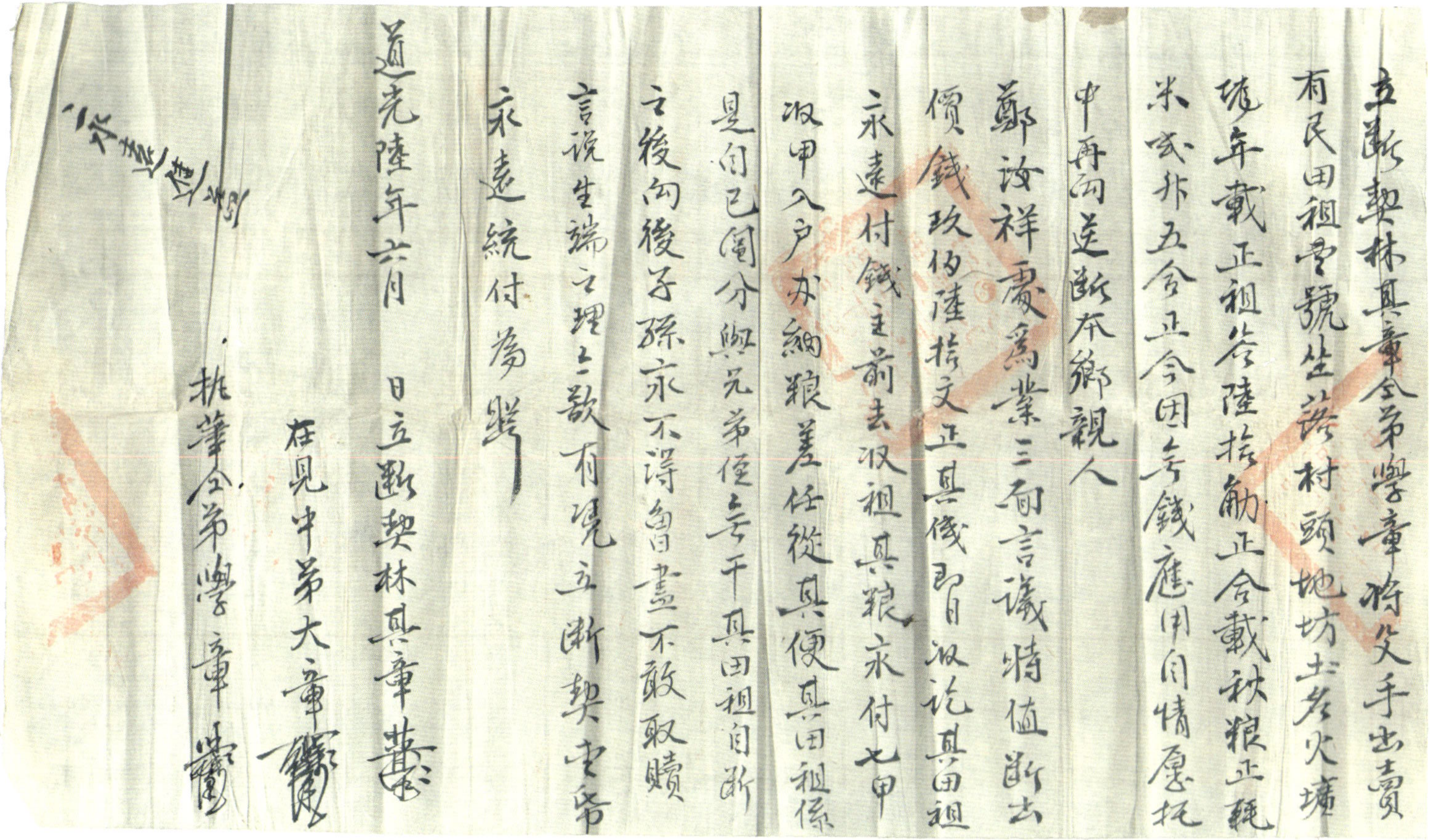
立斷契林其章仝弟學章將父手出賣
有民田租壹號坐落村頭地坊土名火墇
塅年載正租谷陸拾觔正仝載秋粮正耗
米弍升五合正今因無錢應用自情愿托
中再向送斷本鄉親人
鄭汝祥處爲業三面言議時值斷出
價錢玖佰陸拾文正其錢即日收訖其田租
永遠付錢主前去收租其粮永付七甲
收甲入户办納粮差任從其便其田租係
是自己鬮分與兄弟侄無干其田租自斷
之後向後子孫永不得魯盡不敢取贖
言說生端之理二欵有憑立斷契壹帋
永遠統付爲照
道光陸年六月　日立斷契林其章（押）
在見中弟大章（押）
執筆仝弟學章（押）

5-2-8-3　清道光六年六月林其章等立斷民田租契（紅契）

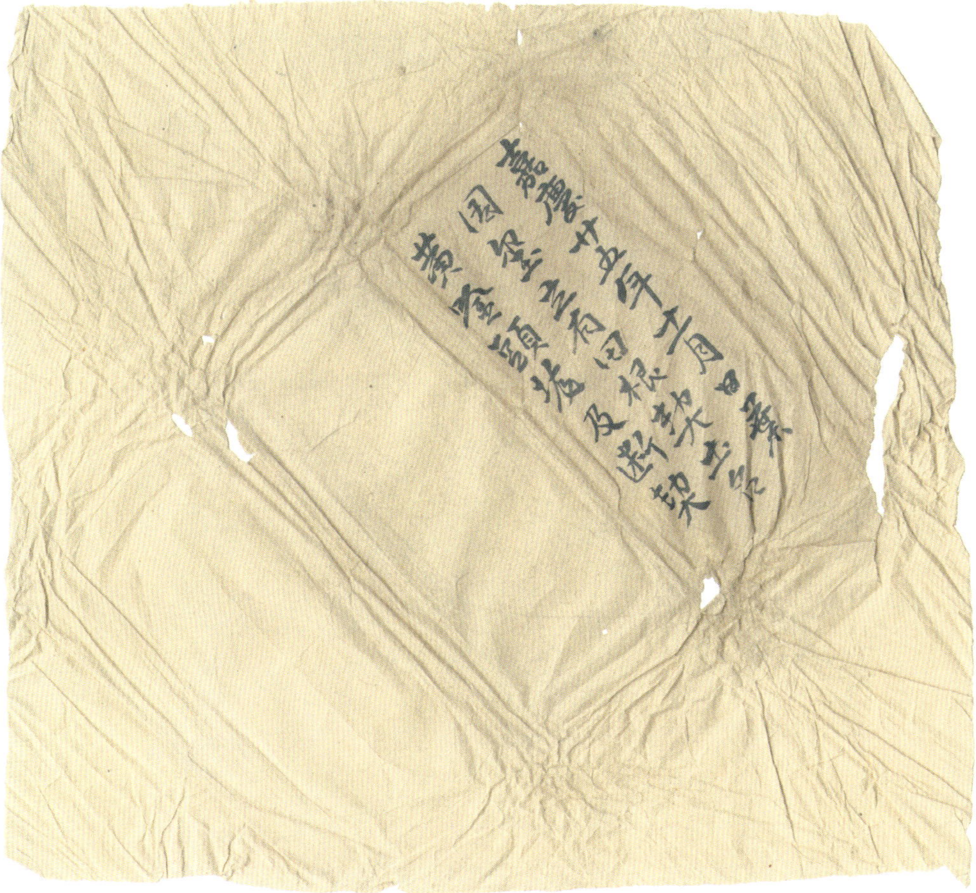

5-2-9-1　包契紙

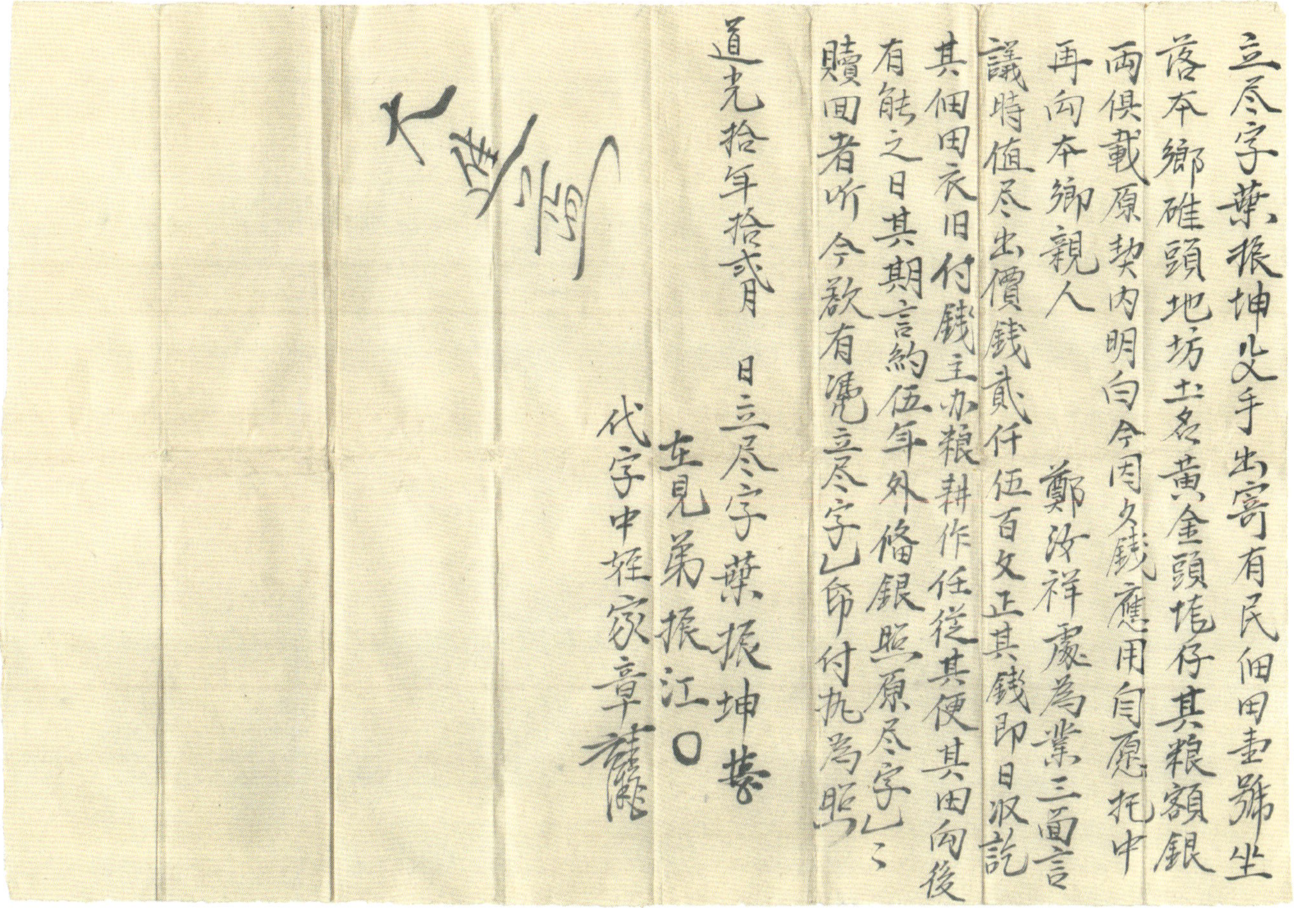
立盡字葉振坤父手出寄有民佃田壹號坐
落本鄉碓頭地坊土名黃金頭垅仔其粮額銀
兩俱載原契內明白今因乏錢應用自愿托中
再向本鄉親人 鄭汝祥處爲業三面言
議時值盡出價錢貳仟伍百文正其錢即日收訖
其佃田衣旧付錢主办粮耕作任從其便其田向後
有能之日其期言約伍年外備銀照原盡字乙〻
贖回者听今欲有凭立盡字乙帋付执爲照
道光拾年拾貳月 日立盡字葉振坤（押）
在見弟振江〇
代字中姪家章（押）

5-2-9-2　清道光十年十二月葉振坤立盡民佃田字

立尽字葉振坤將前叔丈手出賣有民佃壹號坐落本鄉碓頭地坊土名黃金墘頭又壹號土名寨下及墘仔合共叁號荒面全銀兩粮額俱載原契內明白今因無錢應用自愿托中再向本鄉親人鄭汝祥處為業三面言議時值尽出價銀叁兩正每兩折錢捌百文和其銀即日収訖其佃田即付銀主前去依旧耕作办粮任從其便向後有能之日叁號其期不拘遠近備銀照原尽字乙乙取贖者听今欲有憑立尽字乙帋付執為照

道光十二年六月　日立尽字葉振坤（押）

在見叔國居（押）

代字中侄家章（押）

大吉

5-2-9-3　清道光十二年六月葉振坤立盡民佃田字

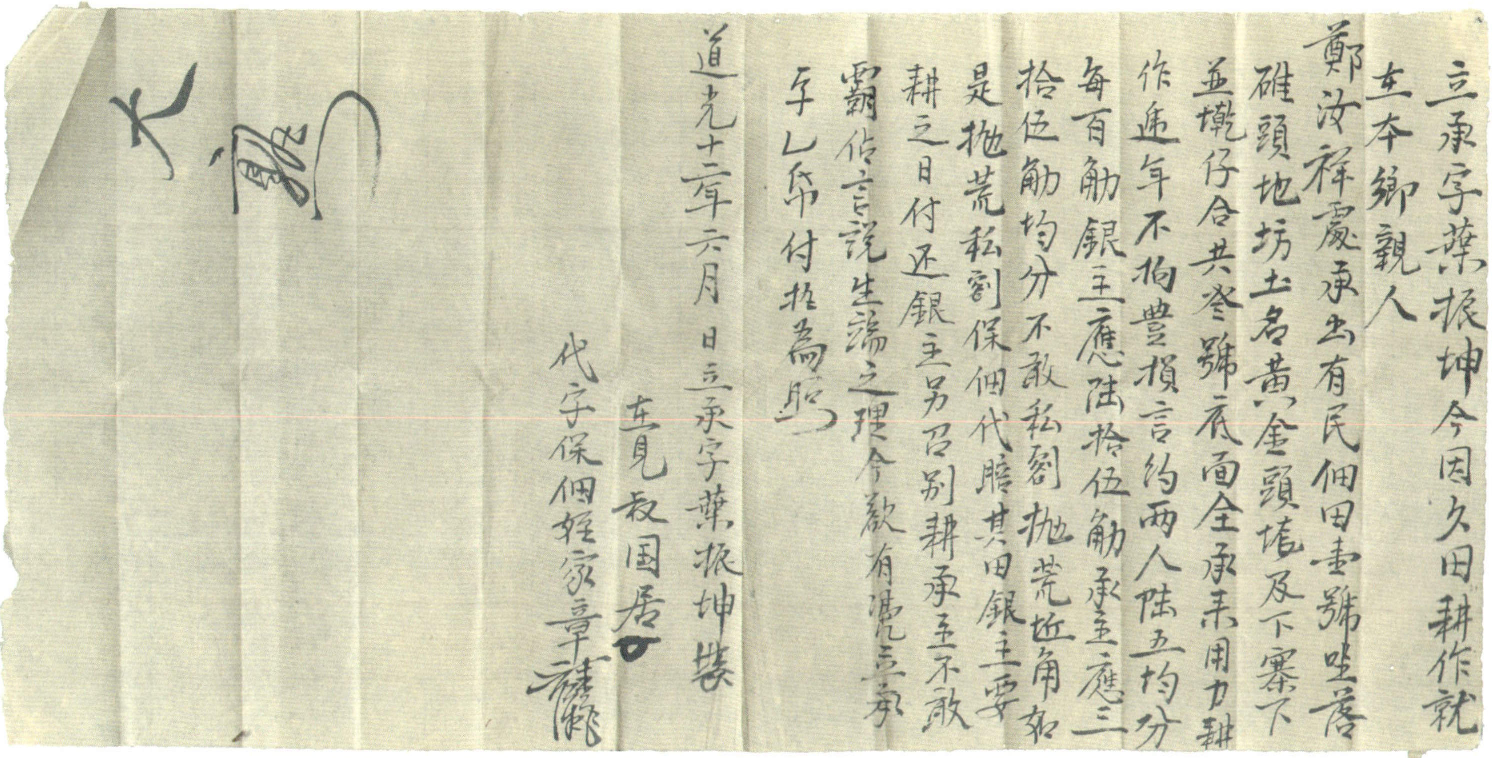

立承字葉振坤今因久田耕作就
立本鄉親人
鄭汝祥處承出有民佃田壹號坐落
碓頭地坊土名黄金頭塘及下寨下
並墘仔合共叁號底面全承耒用力耕
作逓年不拘豐損言約兩人陸五均分
每百觔銀主應陸拾伍觔承主應三
拾伍觔均分不敢私剳拋荒並角私
是拋荒私剳保佃代賠其田銀主要
耕之日付还銀主另召別耕承主不敢
霸佔言說生端之理今欲有憑立承
字乙帋付执為照。

道光十二年六月　日立承字葉振坤（押）
在見叔国居（押）
代字保佃姪家章（押）

5-2-9-4　清道光十二年六月葉振坤立承底面全民佃田字

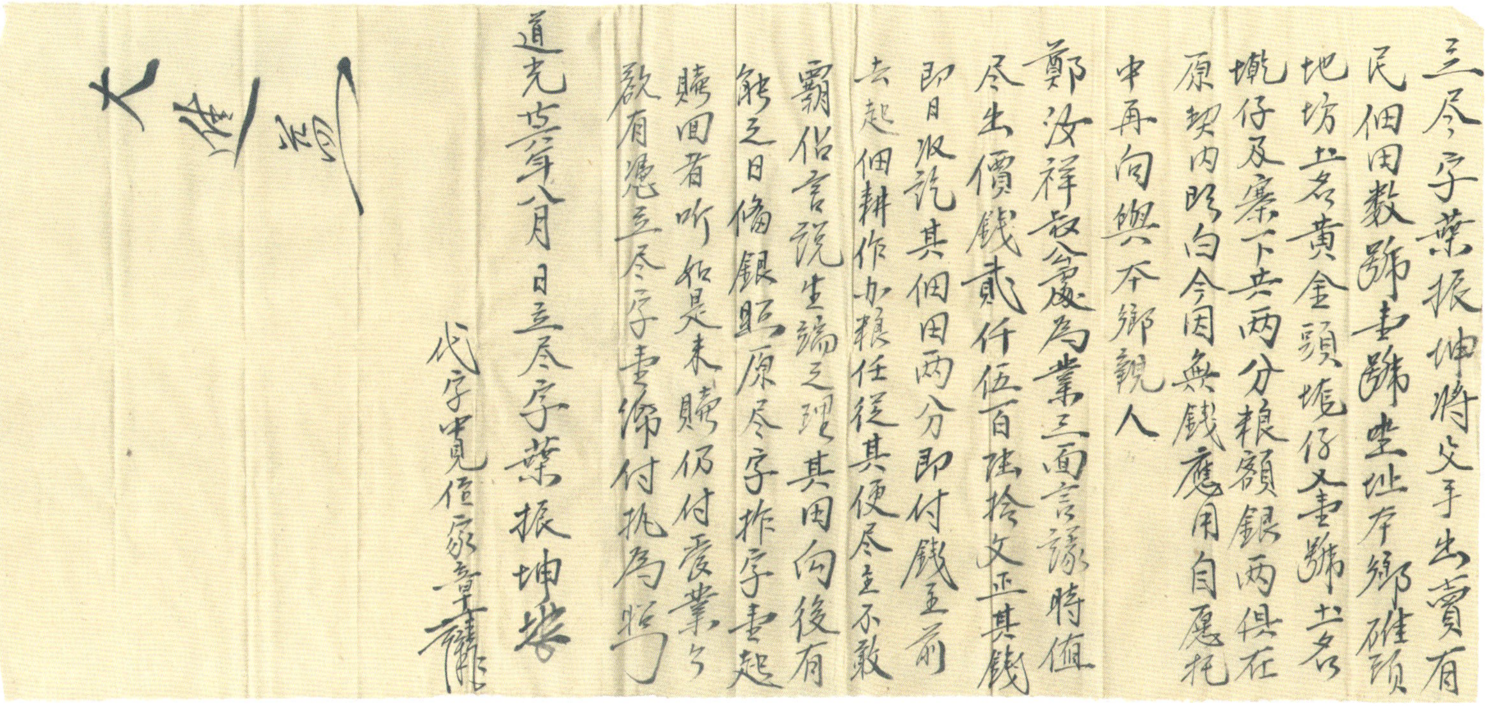

立尽字葉振坤將父手出賣有
民佃田數號，壹號坐址本鄉碓頭
地坊，土名黄金頭墘仔，又壹號土名
墘仔及寨下，共兩分，粮額銀兩俱在
原契內明白。今因無錢應用，自愿托
中再向與本鄉親人
鄭汝祥叔公處爲業。三面言議，時值
尽出價錢貳仟伍百陆拾文正。其錢
即日收訖，其佃田兩分即付錢主前
去起佃耕作，办粮任從其便，尽主不敢
霸佔，言說生端之理。其田向後有
能之日，備銀照原尽字作字壹起
贖回者听，如是未贖，仍付管業々
欲有憑，立尽字壹紙付執爲照。
道光廿六年八月　日立尽字葉振坤（押）
代字中見侄家章（押）

5-2-9-5　清道光二十六年八月葉振坤立盡民佃田字

5-2-10-1　包契紙

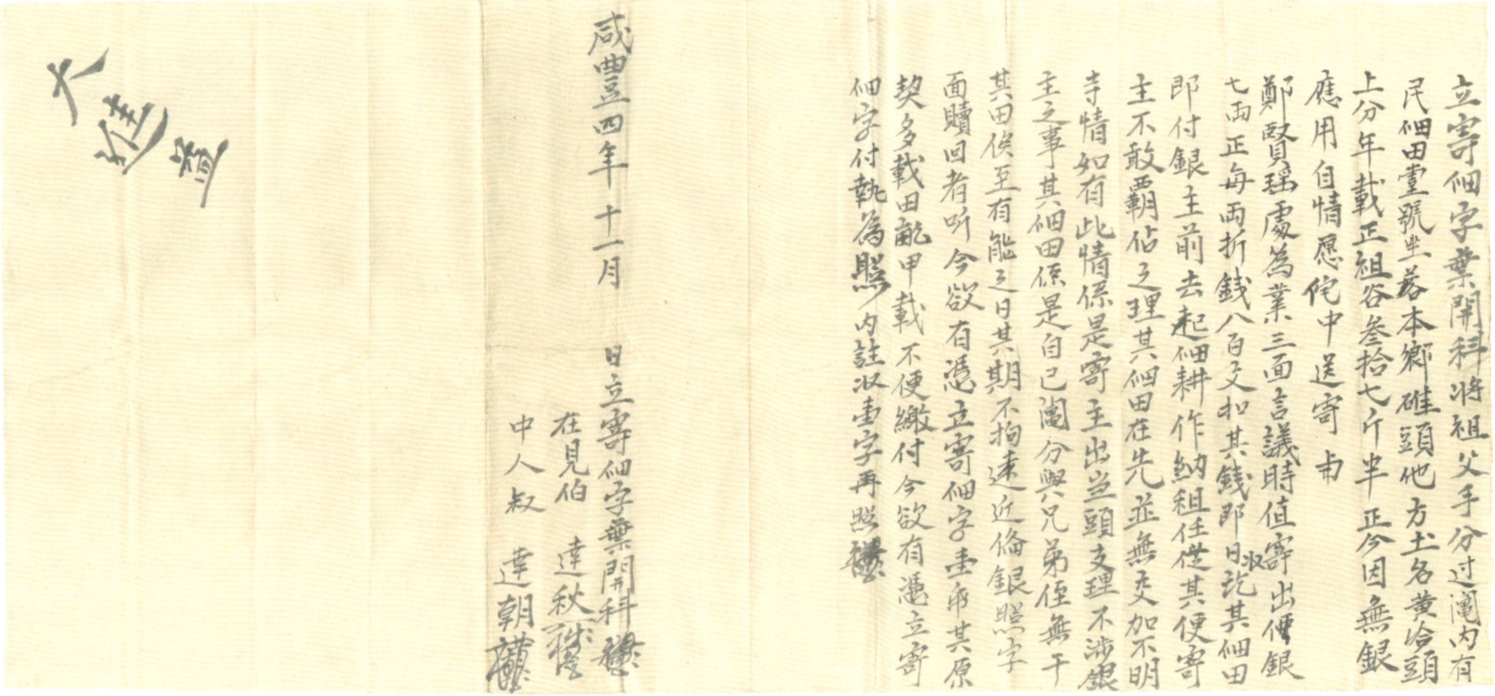

立寄佃字葉開科將祖父手分过阄内有
民佃田壹號坐落本鄉碓頭仔方土名黄冷頭
上分年載正組谷叁拾七斤半正今因無銀
應用自情愿托中送寄与
鄭賢瑶處為業三面言議時值寄出價銀
七兩正每兩折錢八百文扣其錢即日收訖其佃田
即付銀主前去起佃耕作納租任從其便寄
主不敢霸佔之理其佃田在先並無交加不明
等情如有此情係是寄主出頭支理不涉銀
主之事其佃田係是自己阄分與兄弟侄無干
其田俟至有能之日其期不拘遠近倫銀照字
面贖回者听今欲有憑立寄佃字壹帋其原
契多載田畝甲載不便繳付今欲有憑立寄
佃字付執為照　内註收壹字再照

咸豐四年十一月　日立寄佃字葉開科（押）
在見伯　達秋（押）
中人叔　達朝（押）

大吉利

5-2-10-2　清咸豐四年十一月葉開科立寄民佃田字

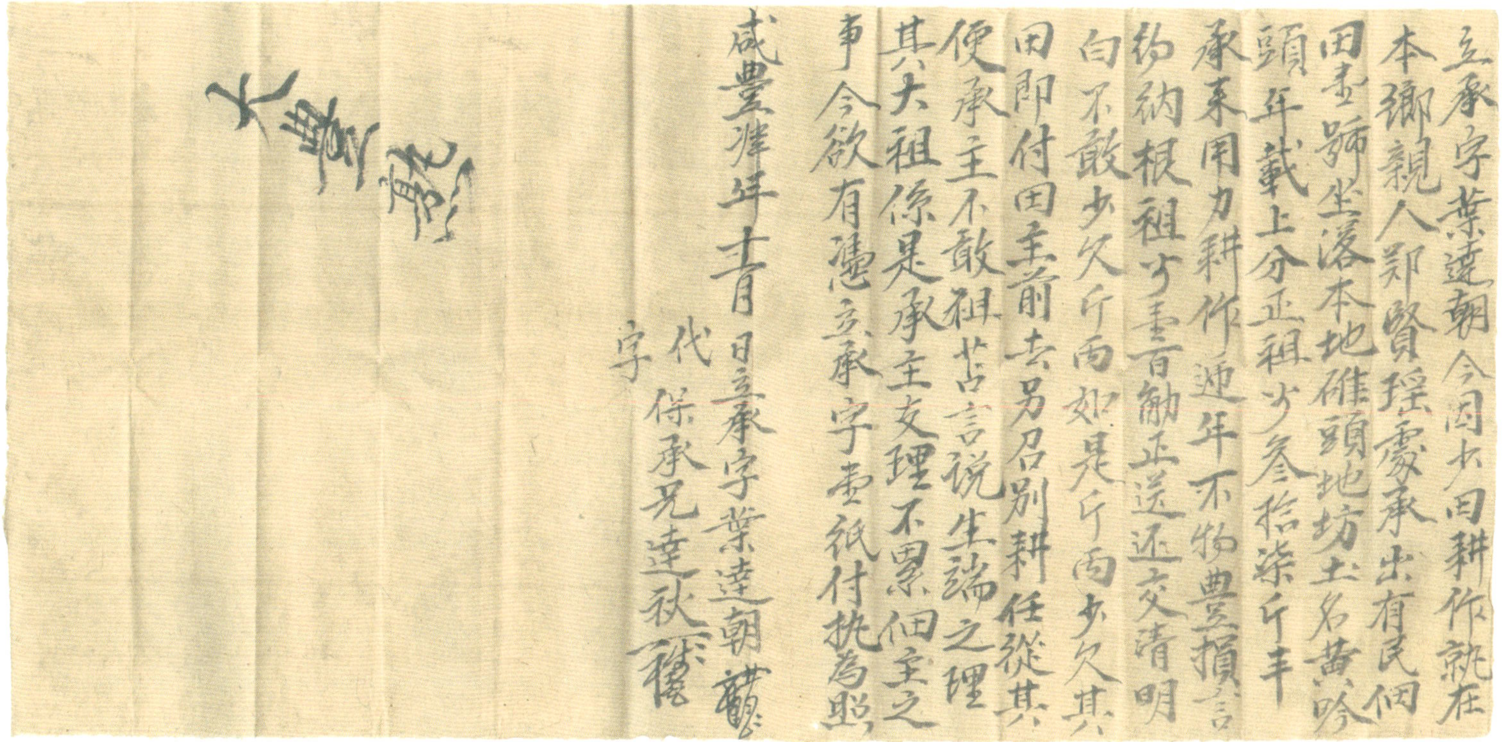

立承字葉達朝，今因少田耕作，就在
本鄉親人鄭賢瑤霞承出有民佃
田壹號，坐落本地碓頭地坊，土名黃吟
頭，年載上分正租谷參拾柒斤半，
承來用力耕作，逐年不拘豐損，言
約納根租谷壹百觔正，送還交清明
白，不敢少欠斤兩。如是斤兩少欠，其
田即付田主前去，另召別耕，任從其
便，承主不敢[illegible]苛言說生端之理。
其大租係是承主支理，不累佃主之
事。今欲有憑，立承字壹紙付執為照。
咸豐肆年十一月　日立承字葉達朝（押）
代　保承兄達秋（押）
字

5-2-10-3　清咸豐四年十一月葉達朝立承民佃田字

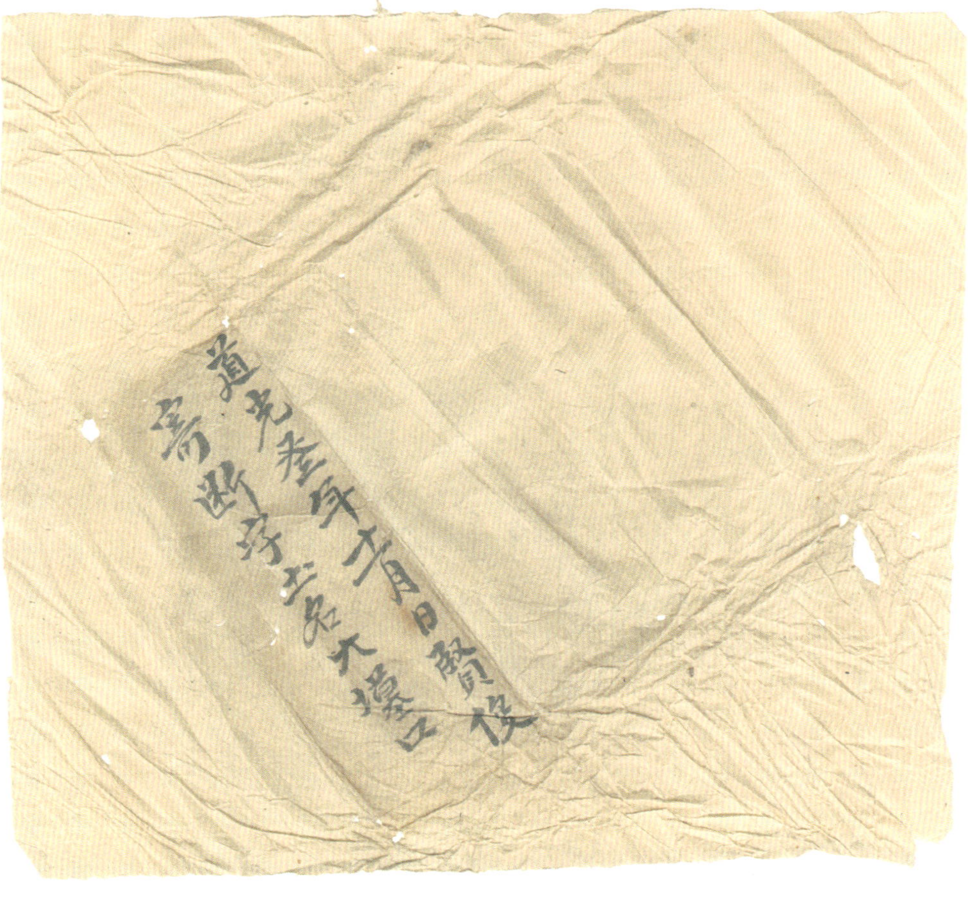
道光叁年十一月日買後
壹帋斷字土名大墘丘

5-2-11-1　包契紙

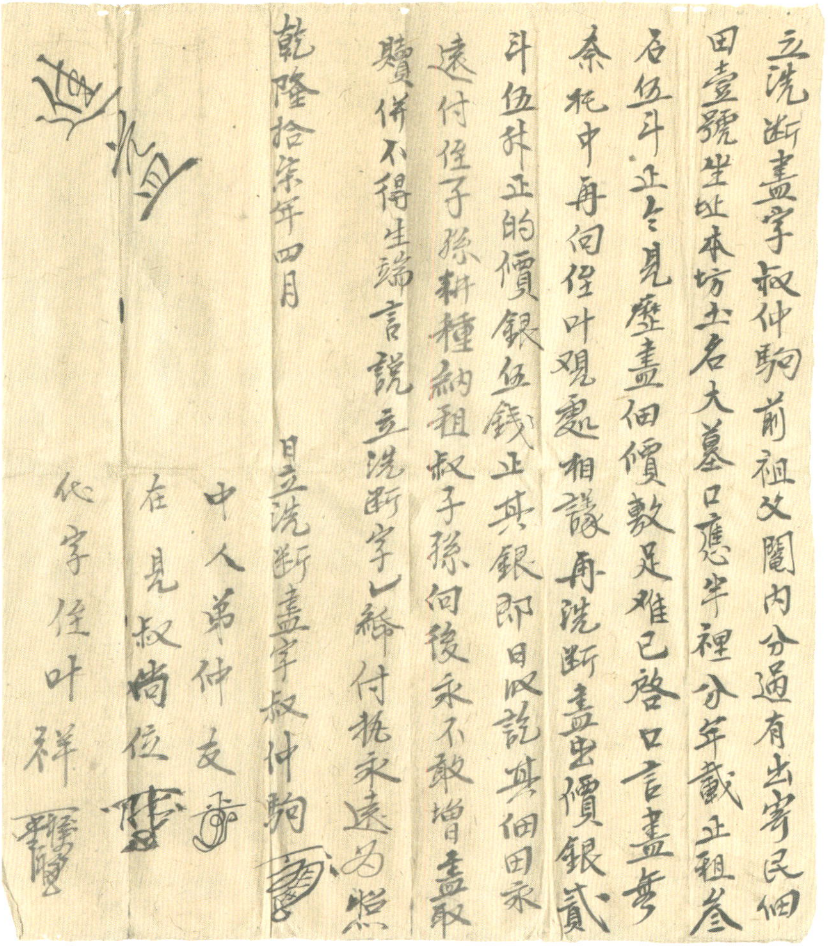

立洗斷盡字叔仲駒前祖父鬮內分過有出寄民佃田壹號坐址本坊土名大墓口應半裡分年載正租叁石伍斗正今見墾盡佃價數足难已啓口言盡無柰托中再向侄叶觀處相議再洗斷盡出價銀貳斗伍升正的價銀伍錢正其銀即日收訖其佃田永遠付侄子孫耕種納租叔子孫向後永不敢增盡取贖併不得生端言說立洗斷字一紙付執永遠為照

乾隆拾柒年四月　日立洗斷盡字叔仲駒（押）

中人弟仲文（押）

在見叔尚位（押）

代字侄叶祥（押）

5-2-11-2　清乾隆十七年四月鄭仲駒立洗斷盡民佃田字

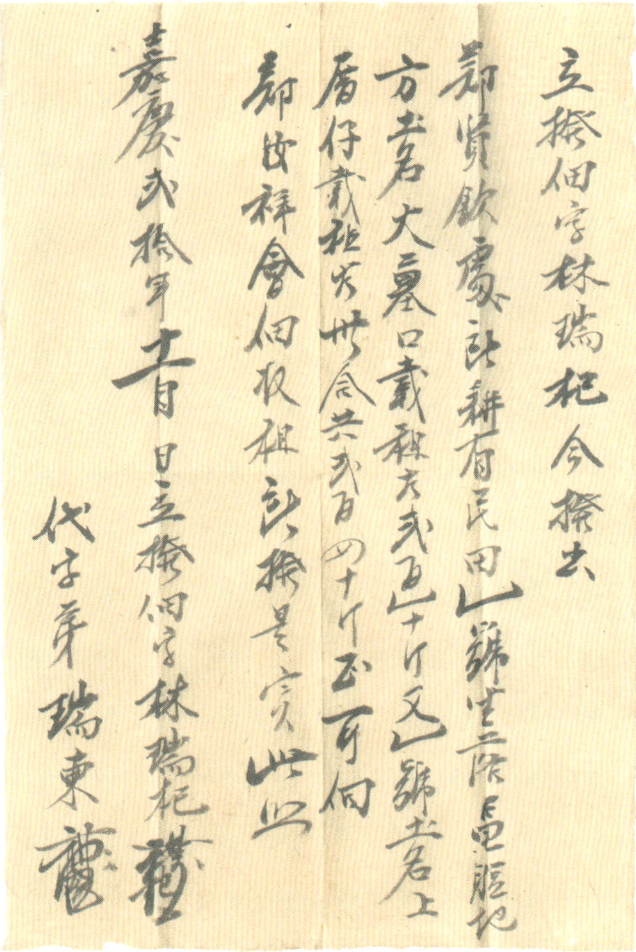
立撥佃字林瑞杞今撥去
鄭贇欽處訖耕有民田乙號坐土名邑后地
方土名大墓口載租老弍石乙十斤又乙號土名上
厝仔載租老卅合共弍石四十斤正可佃
鄭世祥會佃收租訖撥是實此照
嘉慶弍拾年十一月　日立撥佃字林瑞杞（押）
代字弟瑞東（押）

5-2-11-3　清嘉慶二十年十一月林瑞杞立撥佃民田字

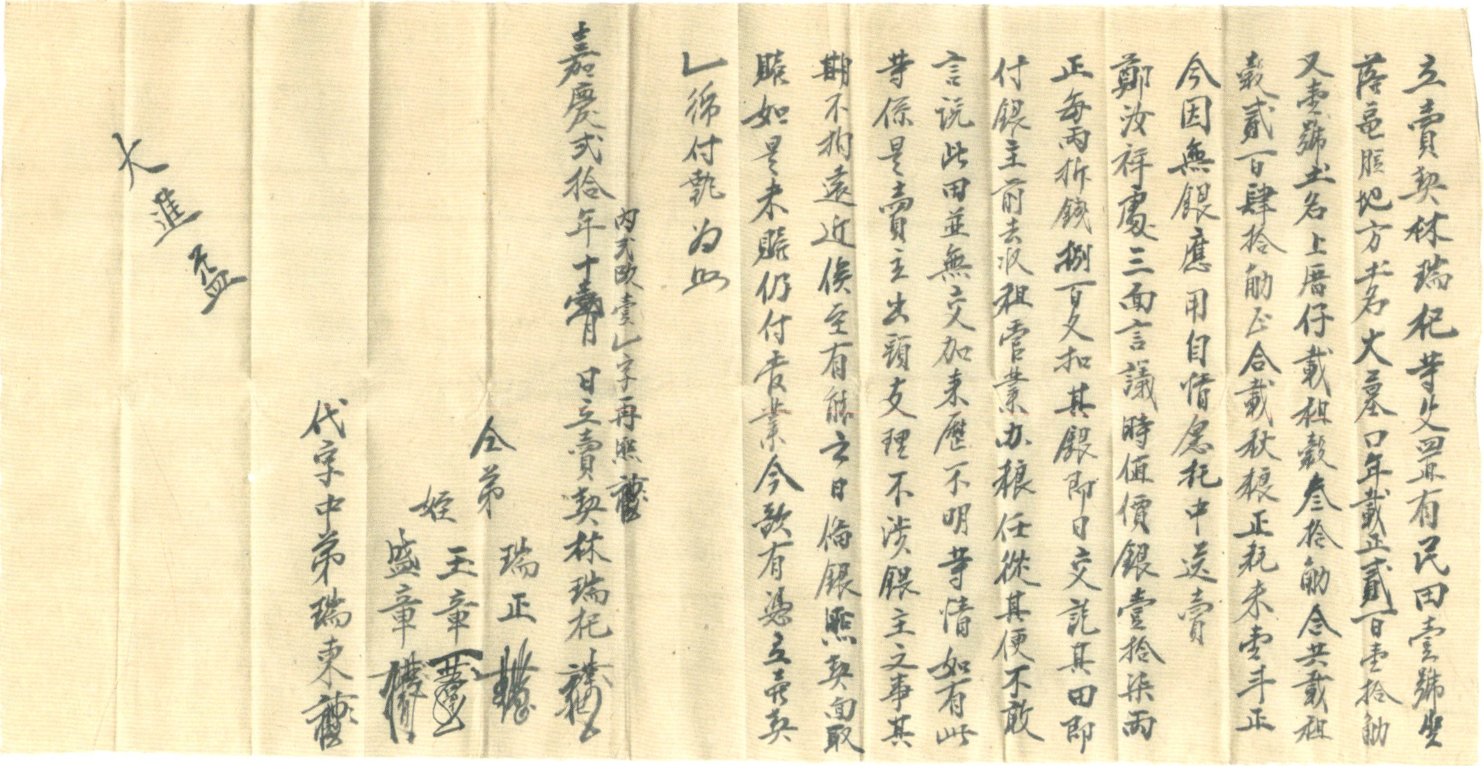

立賣契林瑞杞等父置有民田壹號坐
落竜眼地方土名大墓口年載正貳百壹拾觔
又壹號土名上厝仔載租穀叁拾觔合共載租
穀貳百肆拾觔正合載秋粮正耗米壹斗正
今因無銀應用自情愿托中送賣
鄭汝祥處三面言議時值價銀壹拾柒兩
正每兩折錢捌百文扣其銀即日交訖其田即
付銀主前去收租管業办粮任從其便不敢
言說此田並無交加來歷不明等情如有此
等係是賣主出頭支理不涉銀主之事其
期不拘遠近候至有銀之日備銀照契面取
贖如是未贖仍付管業今欲有憑立賣契
一紙付執為照
內天改壹字再照
嘉慶貳拾年十一月 日立賣契林瑞杞
仝弟 瑞正
姪 王章
盛章
代字中弟瑞東
大進益

5-2-11-4　清嘉慶二十年十一月林瑞杞等立賣民田契

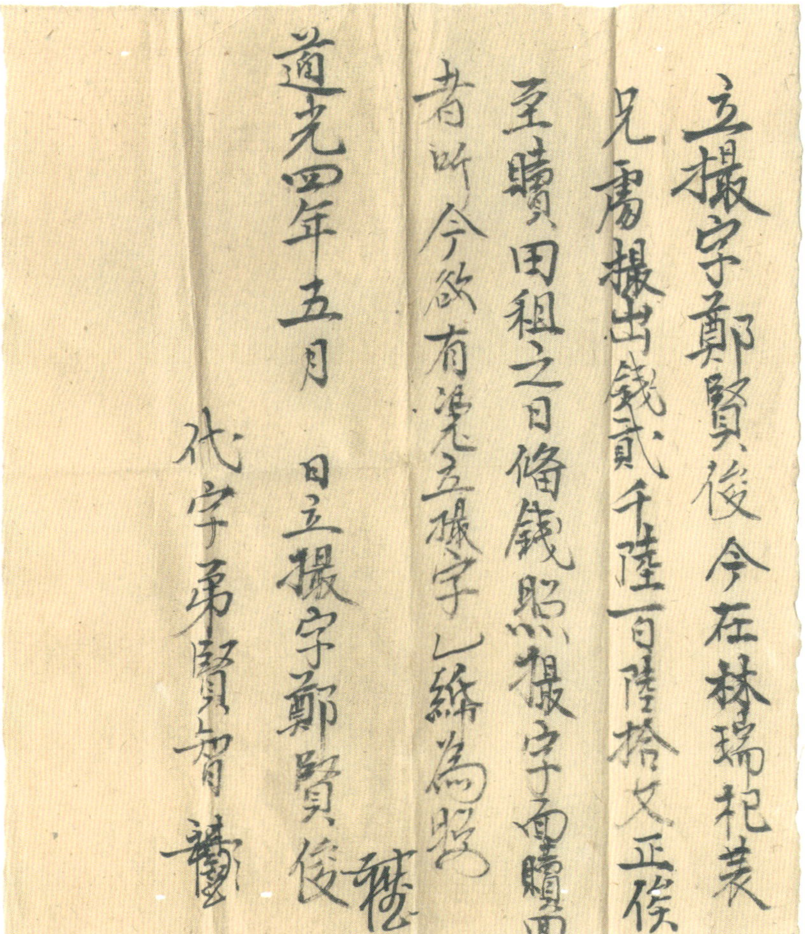
立撮字鄭賢俊今在林瑞杞表
兄處撮出錢貳千陸百陸拾文正俟
至贖田租之日備錢照撮字面贖回
者昕今欲有憑立撮字一紙爲照
道光四年五月　日立撮字鄭賢俊（押）
代字弟賢智（押）

5-2-11-5　清道光四年五月鄭賢俊立撮字

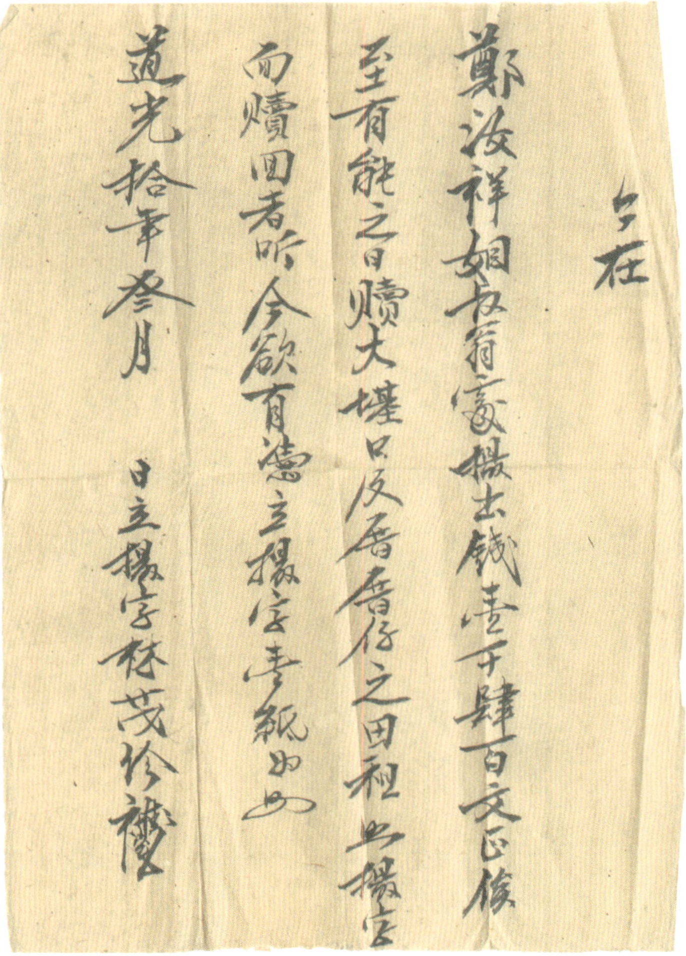

今在
鄭汝祥姆叔翁處撮出錢壹千肆百文正，候
至有能之日贖大墘口反厝厝仔之田租出撮字
而贖回者聽，今欲有憑，立撮字壹紙為照。
道光拾年叁月　　日立撮字林茂珍號

5-2-11-6　清道光十年三月林茂珍立撮字

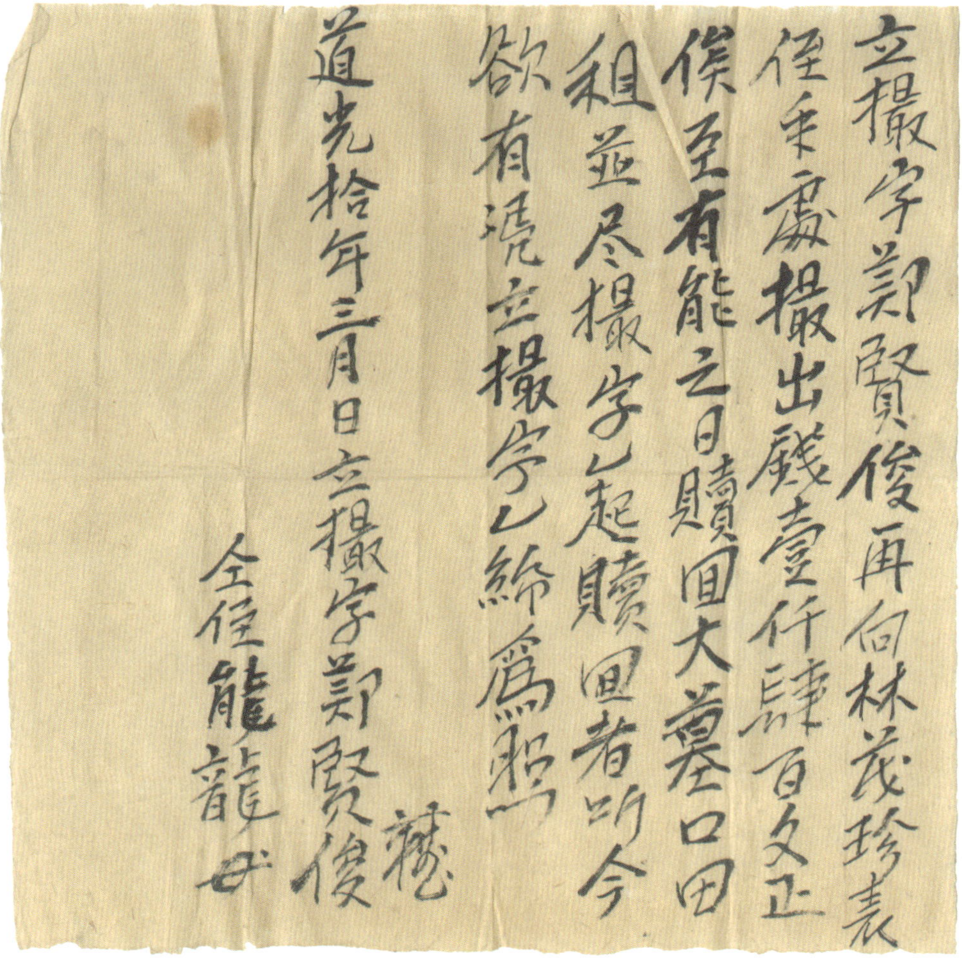
立撮字鄭賢俊再向林茂珍表
侄手處撮出錢壹仟肆百文正
俟至有能之日贖回大墓口田
祖並尽撮字一起贖回者今
欲有憑立撮字一紙為照
道光拾年三月日立撮字鄭賢俊
藏
仝侄龍龍母

5-2-11-7　清道光十年三月鄭賢俊等立撮字

道光四年
買得吳振忠日立
民裕院山契壹紙 村頭

5-2-12-1　包契紙

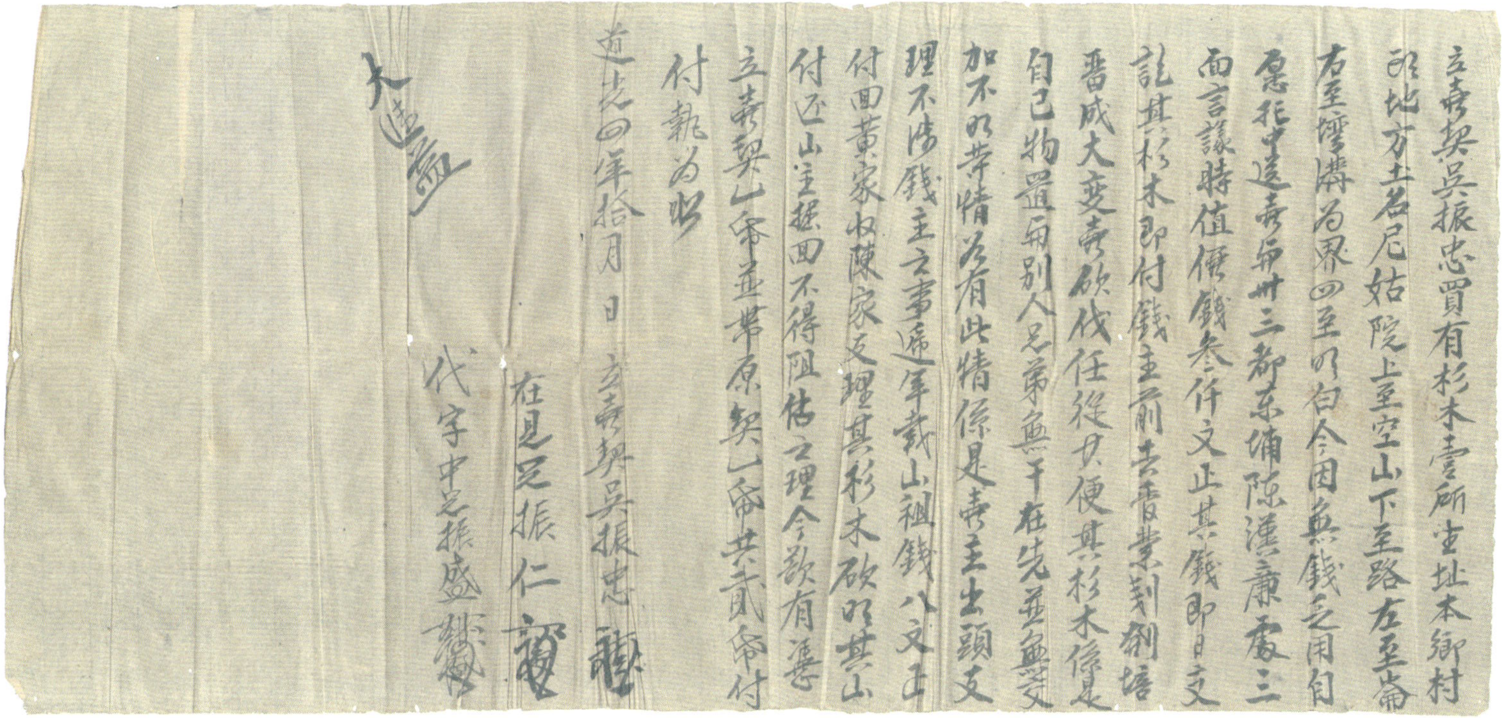

立賣契吳振忠買有杉木壹所坐址本鄉村
頭地方土名尼姑院上至空山下至路左至崙
右至墘溝為界四至明白今因無錢乏用自
愿托中送賣與卅三都朱鋪陳蓮康處三
面言議時值價錢叁仟文正其錢即日交
訖其杉木即付錢主前去管業剝劉培
養成大變賣砍伐任從其便其杉木係是
自己物置與別人兄弟無干在先並無交
加不明等情如有此情係是賣主出頭支
理不涉錢主之事過年載山租錢八文正
付田黃家收陳家支理其杉木砍明其山
付還山主搌田不得阻佔之理今欲有憑
立賣契山帋並帶原契山帋共貳帋付
付執為炤

道光四年拾月　日立賣契吳振忠（押）
在見兄振仁（押）
代字中兄振盛（押）

大吉

5-2-12-2　清道光四年十月吴振忠立賣杉木契

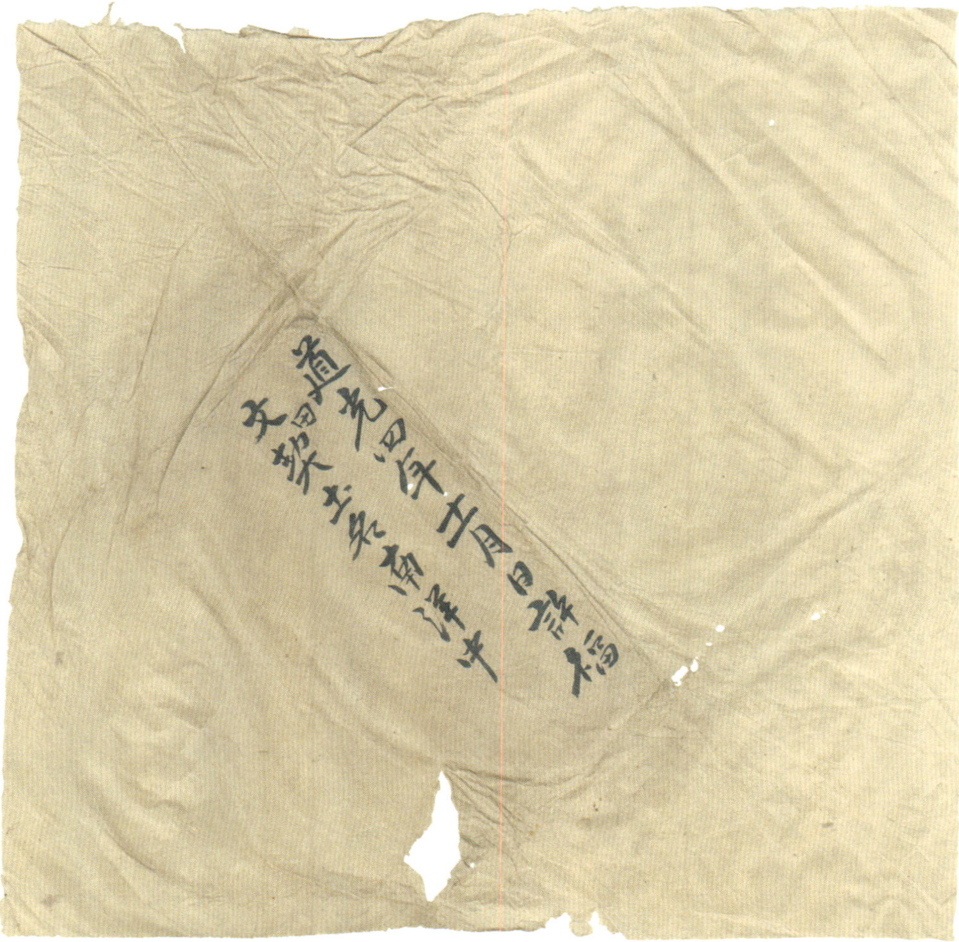
道光四年十二月日許福
文田契土名南洋坪

5-2-13-1　包契紙

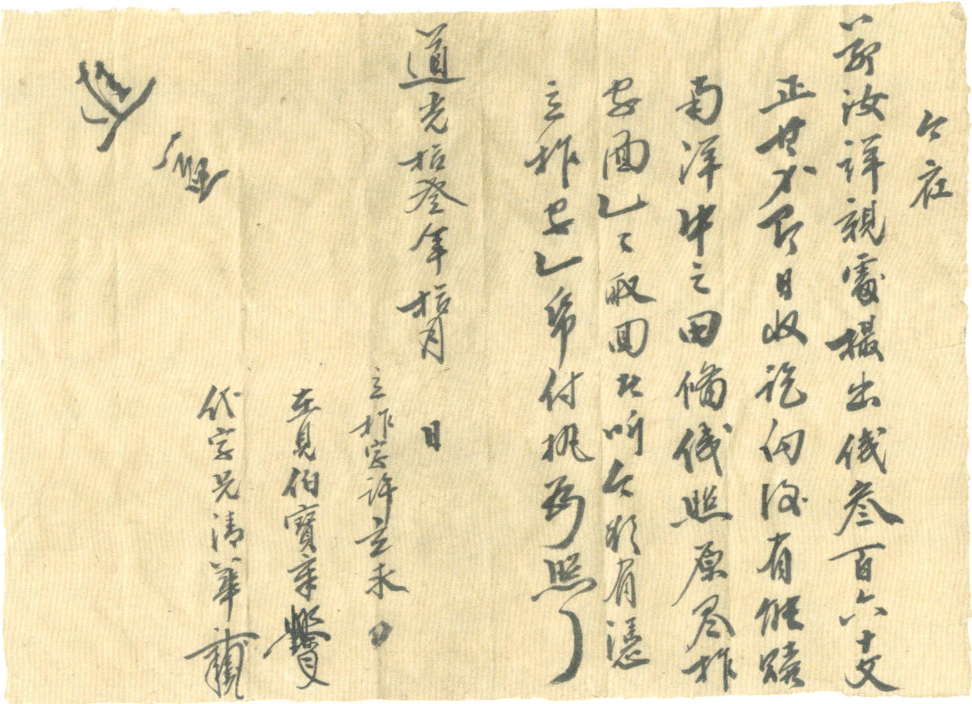
今在
許汝祥親處撮出錢叁百六十文
[illegible]
[illegible]
[illegible]
立撮字乙紙付執爲照
道光拾叁年拾月 日
立撮字許立永
在見伯寶章
代字兄清華

5-2-13-2 清道光十三年十月許立永立撮字

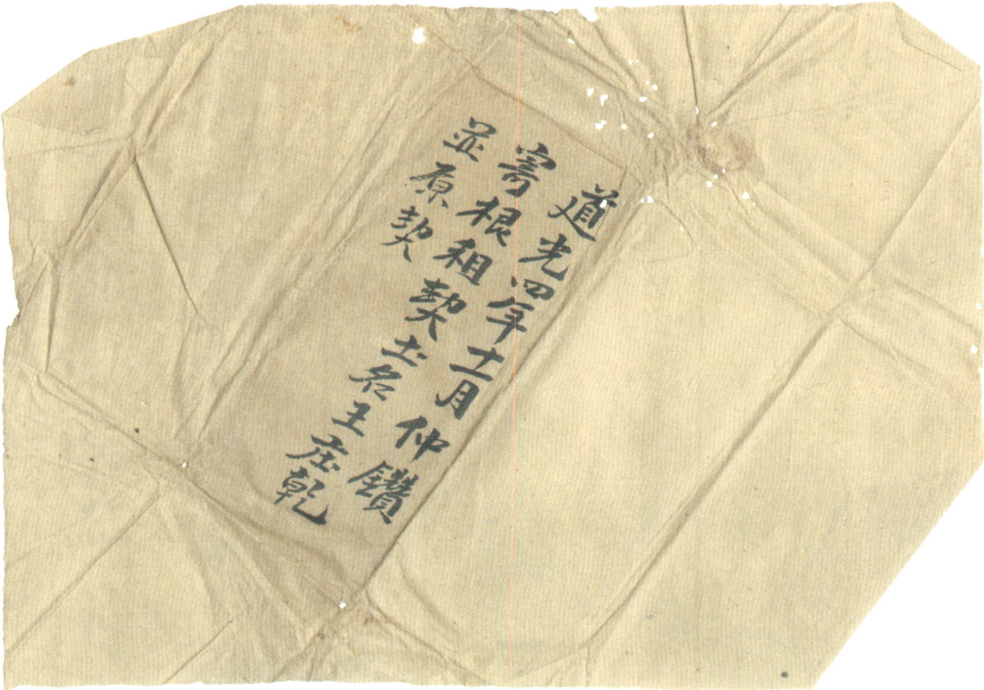

5-2-14-1　包契紙

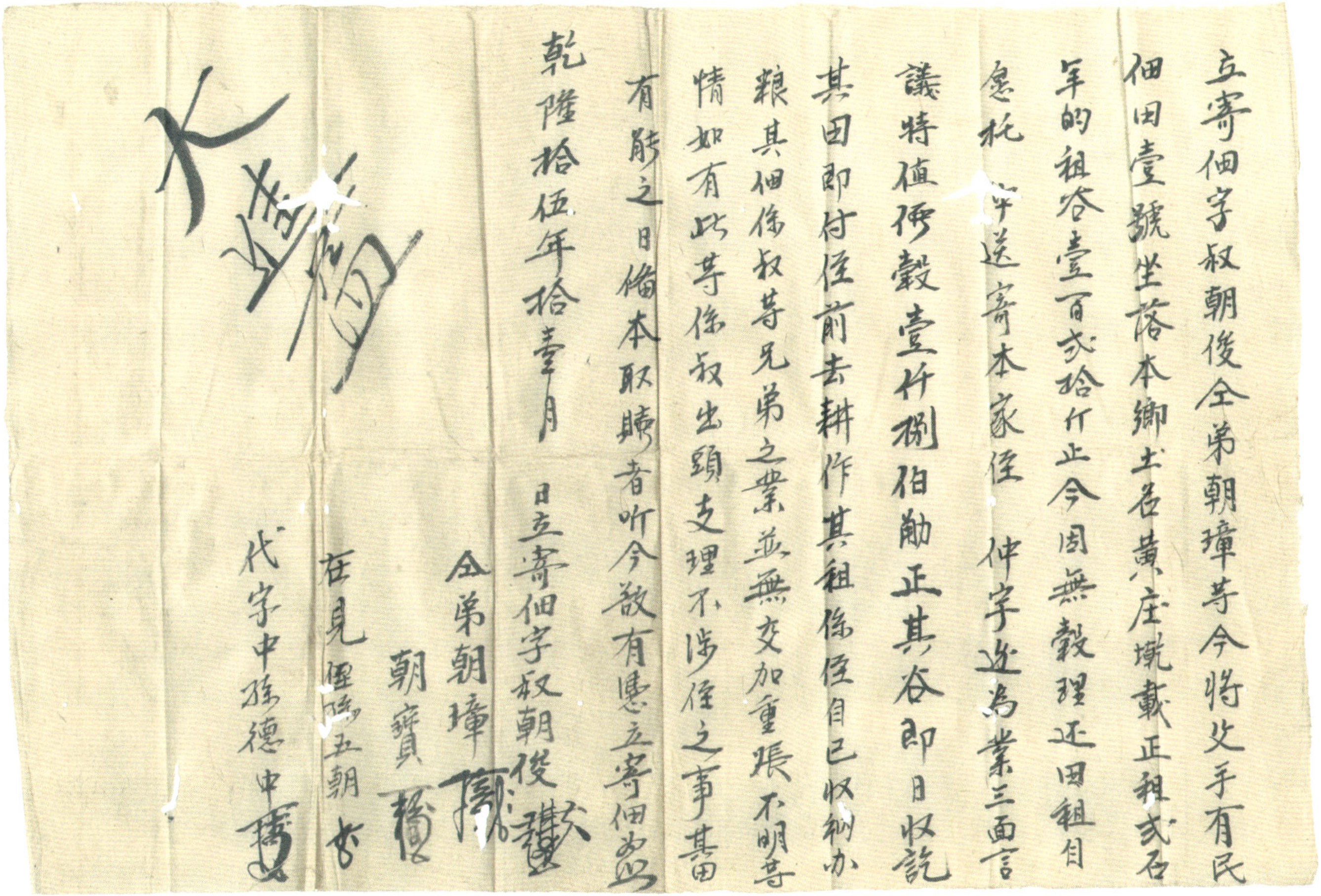
立寄佃字叔朝俊仝弟朝璋等今將父手有民
佃田壹號坐落本鄉土名黄庄墘載正租弍石
年的租谷壹百弍拾斤止今因無穀理还田租自
愿托中送寄本家侄　仲字边為業三面言
議特值佃穀壹什捌伯觔正其谷即日收訖
其田即付侄前去耕作其租係侄自己收納办
粮其佃係叔等兄弟之業並無交加重張不明等
情如有此等係叔出頭支理不涉侄之事其田
有能之日備本取贖者听今欲有憑立寄佃字爲照
乾隆拾伍年拾壹月　日立寄佃字叔朝俊（押）
仝弟朝璋（押）
朝寶（押）
在見侄孫五朝（押）
代字中孫德中（押）

5-2-14-2　清乾隆十五年十一月鄭朝俊等立寄民佃田字

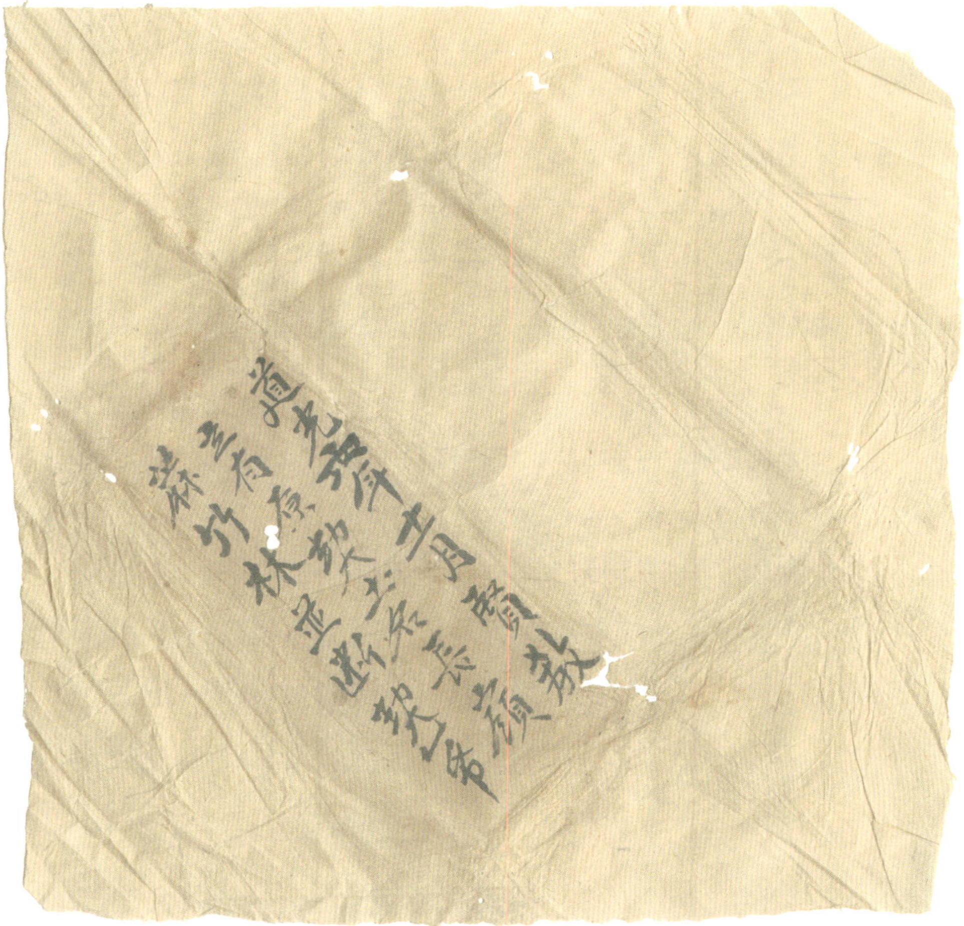

5-2-15-1　包契紙

立盡字侄孫賢教前手出賣有民田壹號坐
落本鄉長嶺地方土名猫竹林夜面但全年載
秋粮並契價俱載原契內明白今因乏錢應用
托中再向叔祖　汝祥處三面言議盡出價錢
壹千陸百文正其錢即日收訖其田仍付叔祖耕作
管業仍從其便其田項缺少叔祖錢本未曾清
算其田有能之日不拘遠近備贖照原盡字乙
起贖回者听合歡有憑立盡字壹紙付執為
照）

道光拾年十二月　日立盡字侄孫賢教（押）
在見中侄振選（押）
執筆男能發（押）

大進益

5-2-15-2　清道光十年十二月鄭賢教立盡民田字

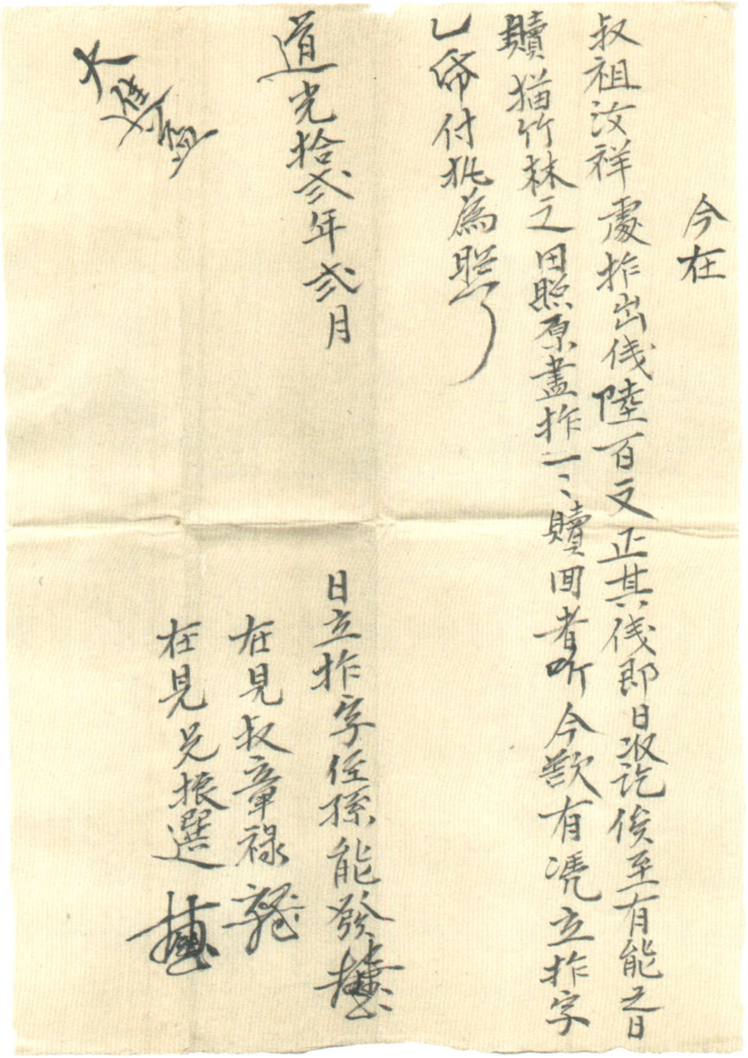

今在
叔祖汝祥處拃出錢陸百文正其錢即日收訖後至有能之日
贖猫竹林之田照原盡拃一一贖回者听今欲有憑立拃字
乙帋付执為照

道光拾叁年叁月　日立拃字侄孫能發（押）
在見叔章禄（押）
在見兄振選（押）

大進登

5-2-15-3　清道光十二年二月鄭能發立撮字

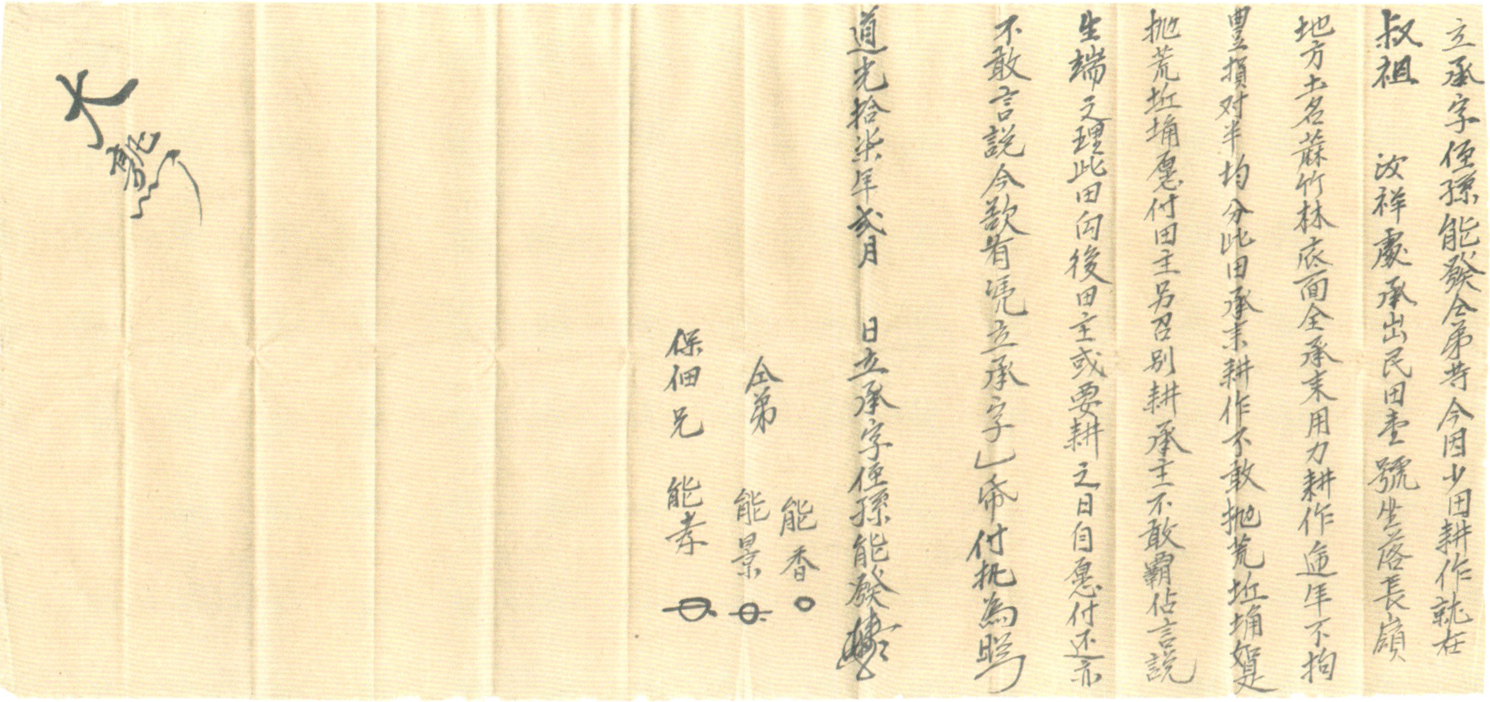
立承字侄孫能發仝弟等今因少田耕作，就在
叔祖　汝祥處承出民田壹號，坐落長嶺
地方，土名蘇竹林，底面全承來用力耕作，逐年不拘
豐歉，對半均分。此田承來耕作，不敢抛荒坵塴埂，
抛荒坵塴，恿付田主另召別耕，承主不敢霸佔言說
生端之理。此田向後田主或要耕之日，自恿付还来，
不敢言說。今欲有憑，立承字一紙付执為照。
道光拾柒年貳月　日立承字侄孫能發（押）
仝弟　能香（押）
能景（押）
保佃兄　能孝（押）
大發

5-2-15-4　清道光十七年二月鄭能發等立承底面全民田字

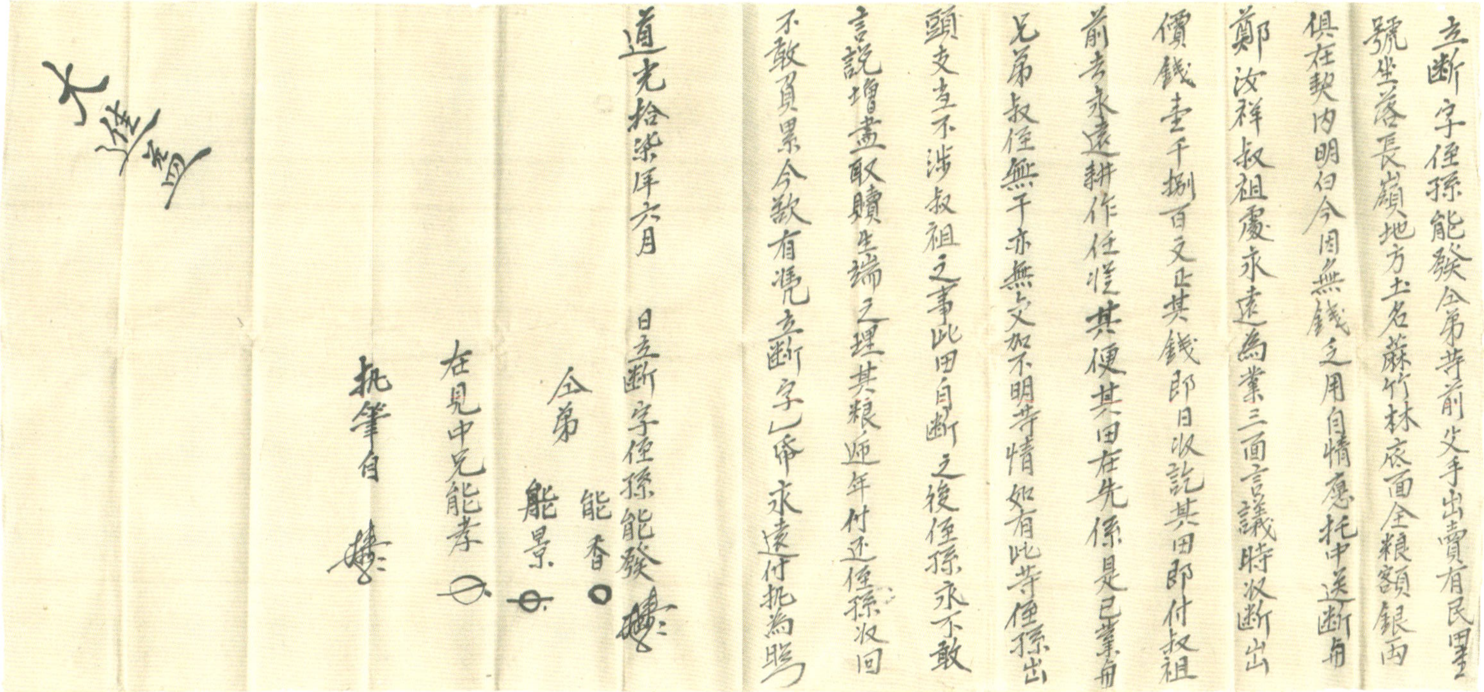

5-2-15-5　清道光十七年六月鄭能發等立斷民田字

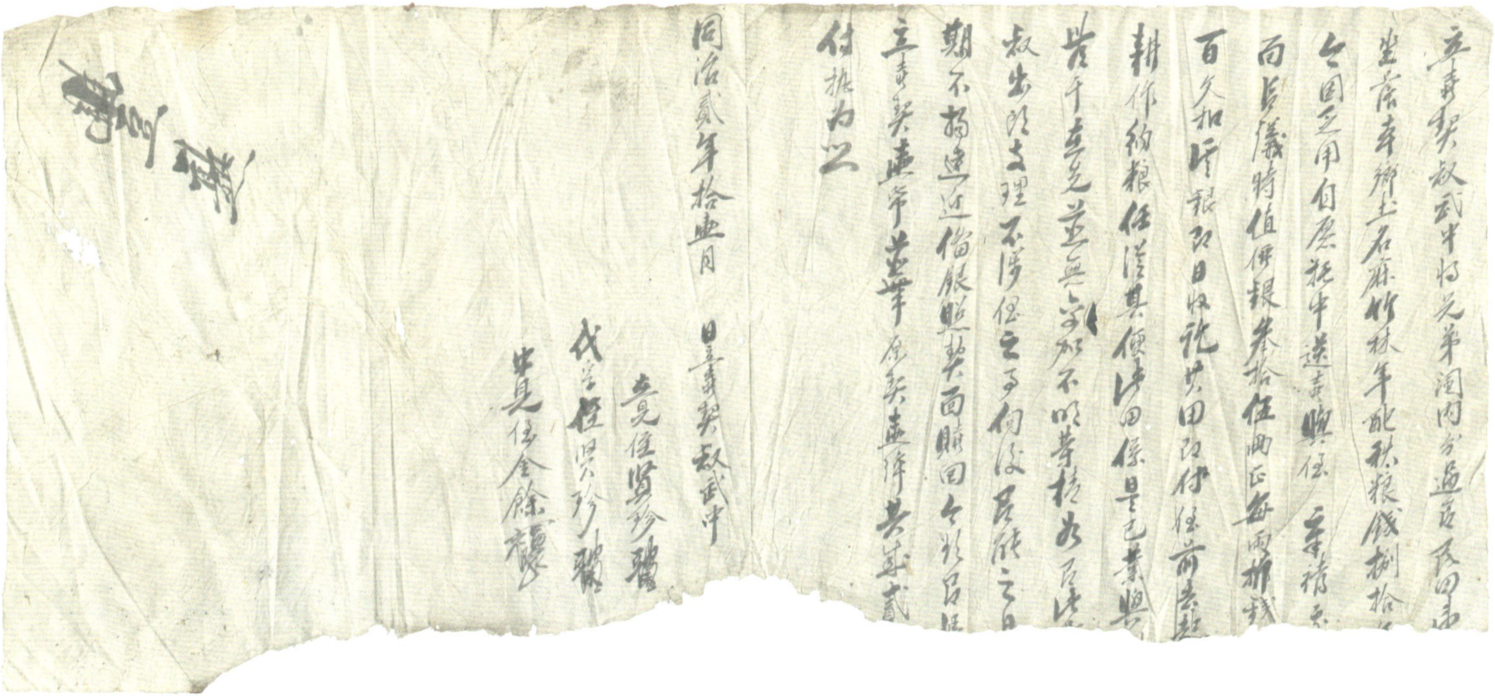
立賣契叔武中，將先年鬮內分過苗民田壹[illegible]
坐落本鄉土名蘇竹林，年配秋粮錢捌拾[illegible]
今因乏用，自愿托中送賣與侄　[illegible]
而三面議時值價銀叁拾伍兩正，每兩[illegible]
百久扣，其銀即日收訖，其田即付侄前去起
耕作納粮，任從其便。此田係是己業，與
[illegible]
叔出頭支理，不涉侄之事。[illegible]
期不拘遠近，備［照］契面贖回[illegible]
立賣契為準，原契並存共[illegible]
付執為照。

同治貳年拾壹月　日立賣契叔武中
見侄賢珍
代字侄賢珍
中見侄金餘

5-2-15-6　清同治二年十一月鄭武中立賣民田契

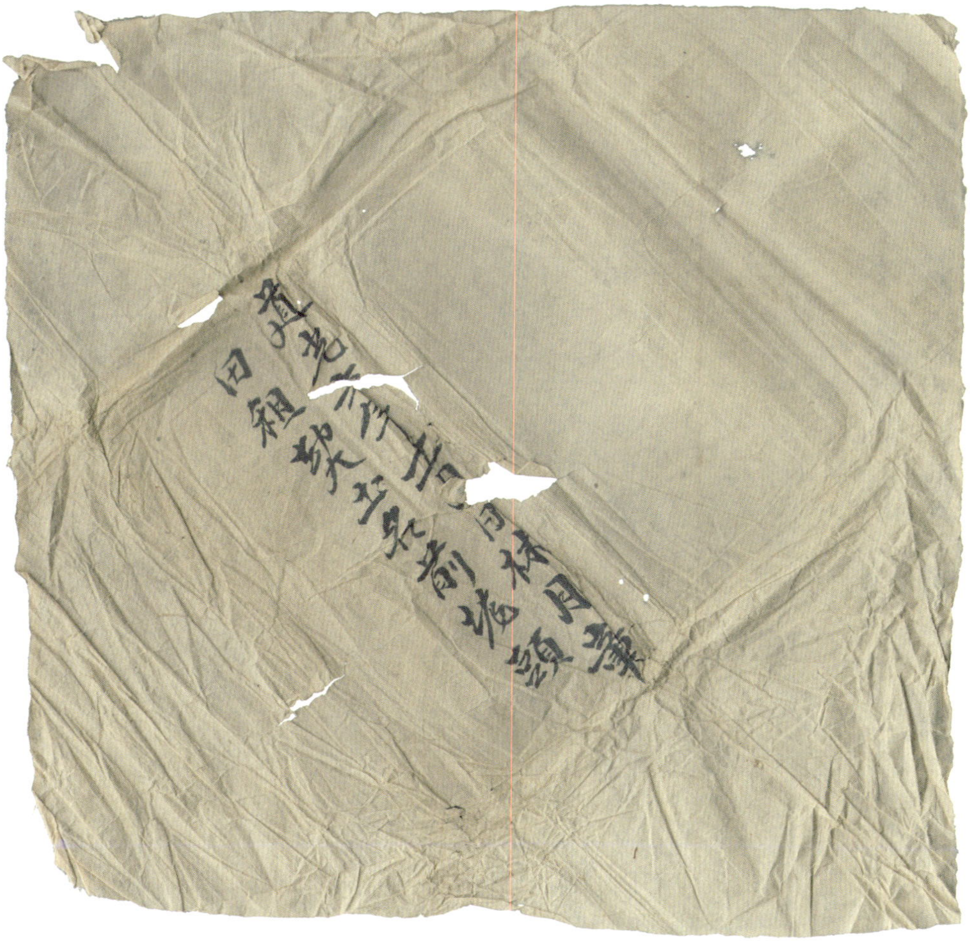

5-2-16-1　包契紙

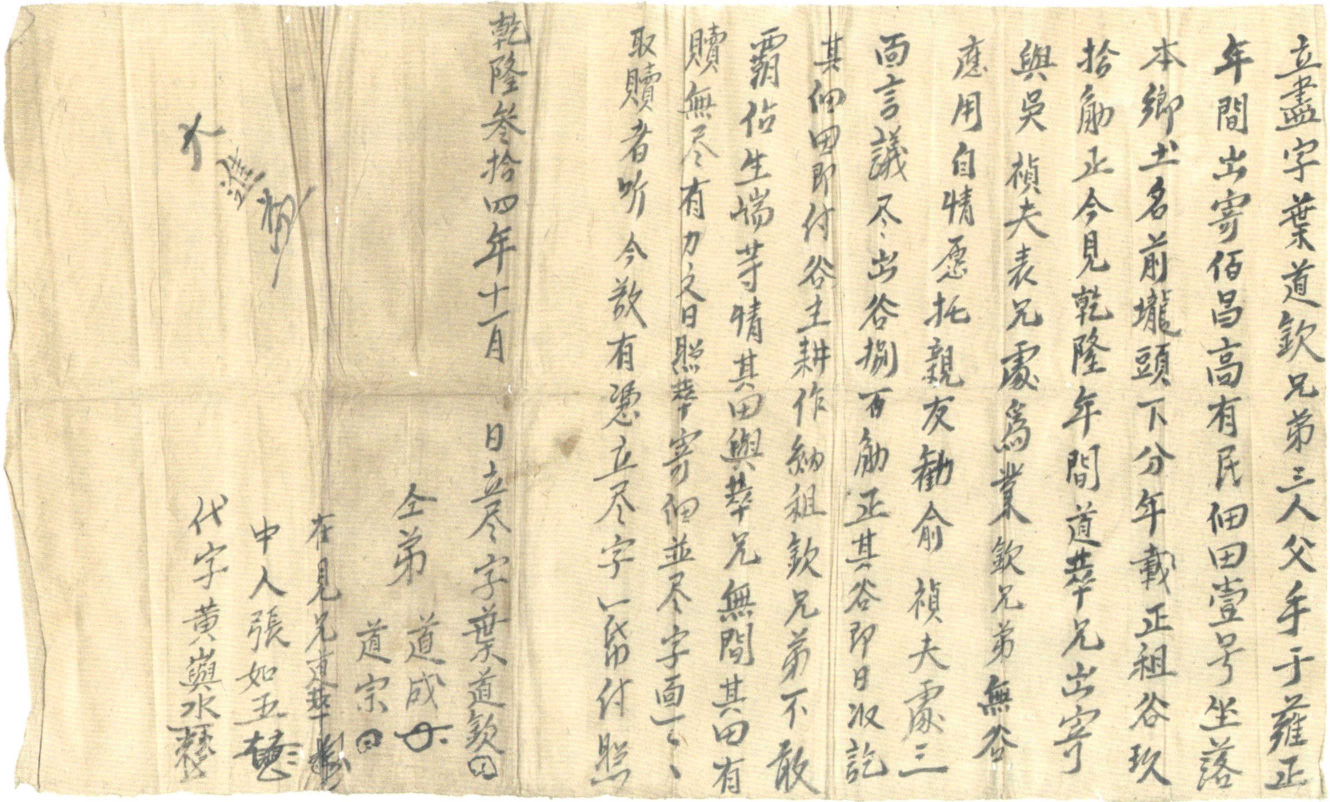

立盡字葉道欽兄弟三人父手于雍正
年間出寄佰昌高有民佃田壹号坐落
本鄉土名前壠頭下分年載正租谷玖
拾觔正今見乾隆年間道華兄出寄
與吳禎夫表兄處爲業欽兄弟無谷
應用自情愿托親友勸俞禎夫處三
面言議尽出谷捌百觔正其谷即日收訖
其佃田即付谷主耕作納租欽兄弟不敢
霸佔生端等情其田與華兄無間其田有
贖無尽有力之日照華寄佃並尽字面一、
取贖者听今欲有憑立尽字一紙付照
乾隆叁拾四年十一月　日立尽字葉道欽
仝弟　道成　道宗
在見兄道華
中人張如玉
代字黄嶺水

5-2-16-2　清乾隆三十四年十一月葉道欽等立盡民佃田字

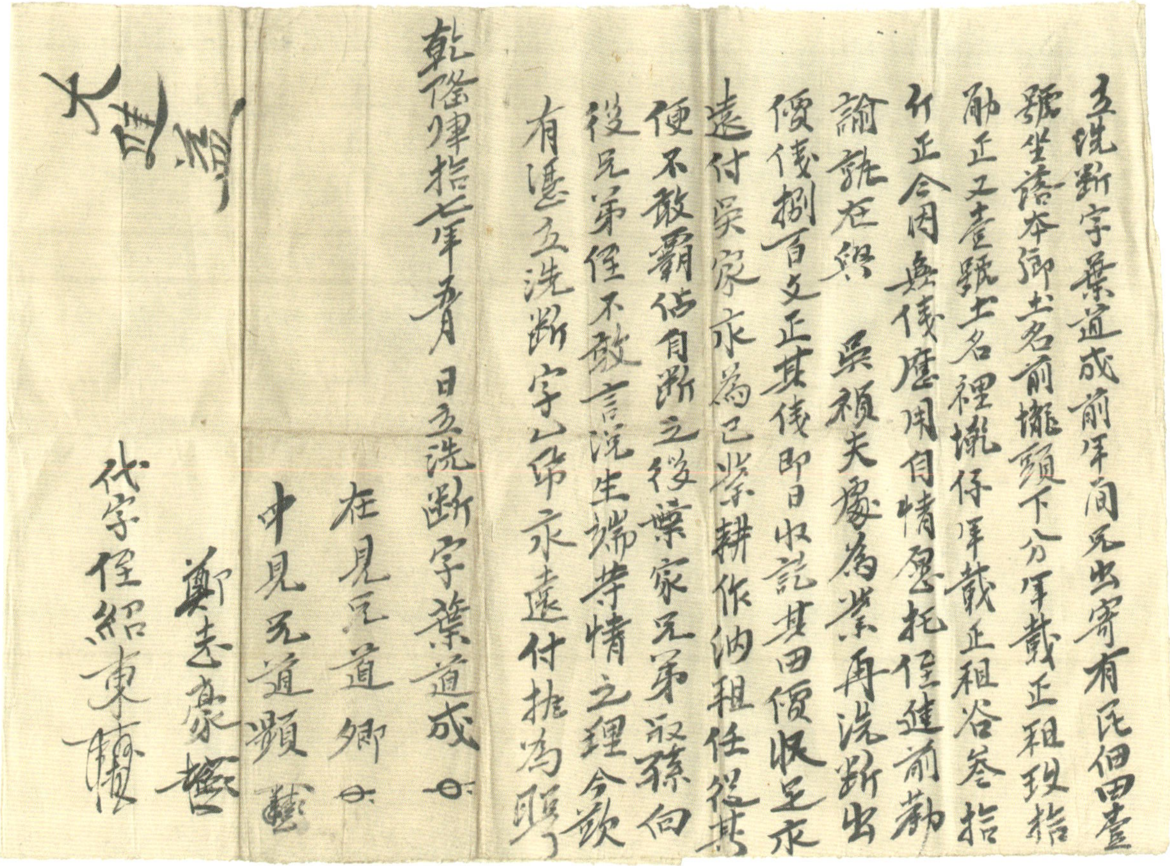
立洗斷字葉道成，前年間兄出寄有民佃田壹
號，坐落本鄉土名前攏頭下，分年載正租玖拾
斤正；又壹號土名裡墘仔，年載正租谷叁拾
斤正。今因無錢應用，自情愿托侄進前勸
諭龍在與吳禎夫處為業，再洗斷出
價錢捌百文正，其錢即日收訖，其田價收足，永
遠付吳家永為己業，耕作納租，任從其
便，不敢霸佔。自斷之後，葉家兄弟子孫向
後兄弟侄不敢言洗生端等情之理。今欲
有憑，立洗斷字乙紙，永遠付據為照。
乾隆肆拾柒年五月　日立洗斷字葉道成（押）
在見兄道卿（押）
中見兄道顯（押）
鄭志豪（押）
代字侄紹東（押）
大吉

5-2-16-3　清乾隆四十七年五月葉道成立洗斷民佃田字

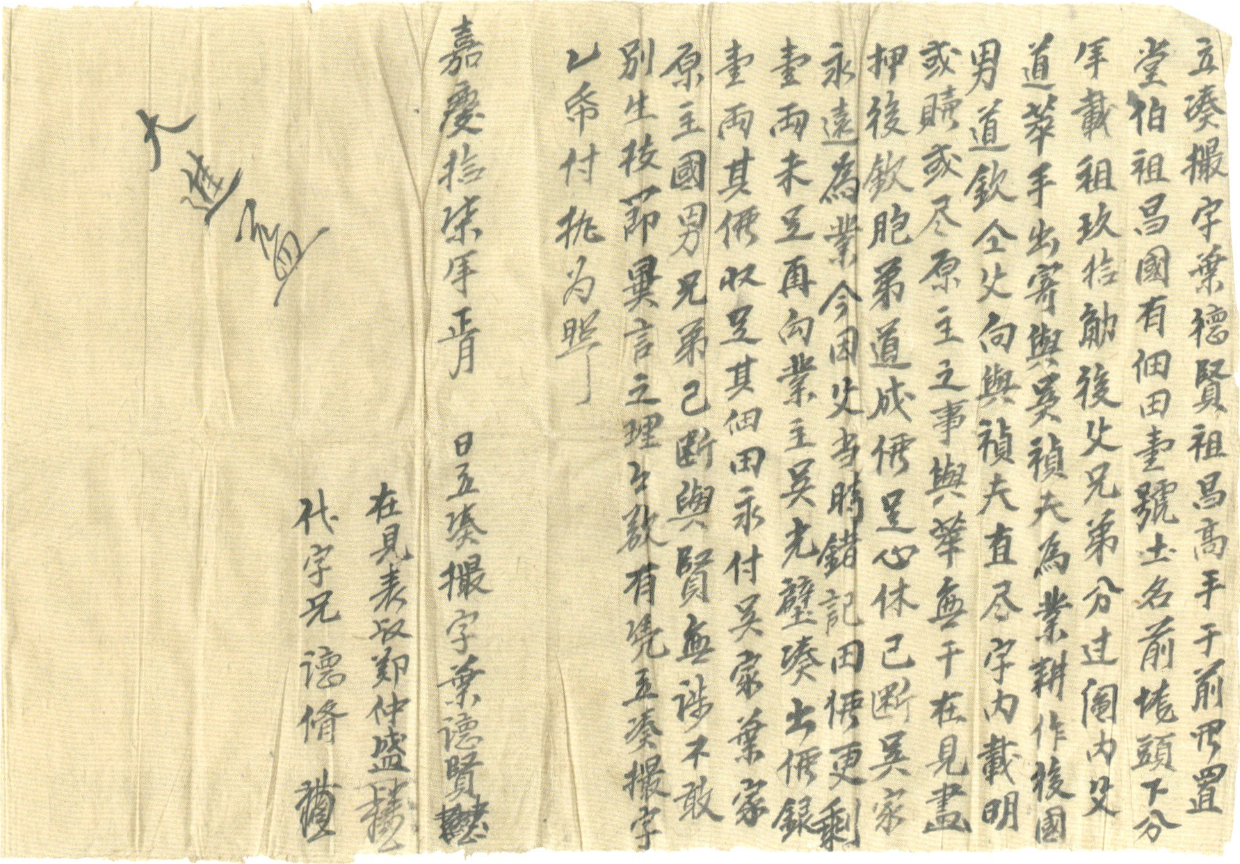
立湊撮字葉德賢祖昌高手于前置
堂伯祖昌國有佃田壹號土名前墘頭下分
年載祖玖指師後父兄弟分过阄内又
道華手出寄與吳禎夫為業耕作後國
男道欽仝父向與禎夫直尽字内載明
或贖或尽原主立事與華無干在見盡
押後欽胞弟道成係足心休已断吳家
永遠為業今因父当時錯記田係更剩
壹両未足再向業主吳光璧湊出係銀
壹両其係收足其佃田永付吳家葉家
原主國男兄弟已断與賢無涉不敢
別生枝節異言之理今欲有凭立湊撮字
一帋付執為照
嘉慶拾柒年正月　　日立湊撮字葉德賢（押）
在見表叔鄭仲盛（押）
代字兄德脩（押）

5-2-16-4　清嘉慶十七年正月葉德賢立湊撮字

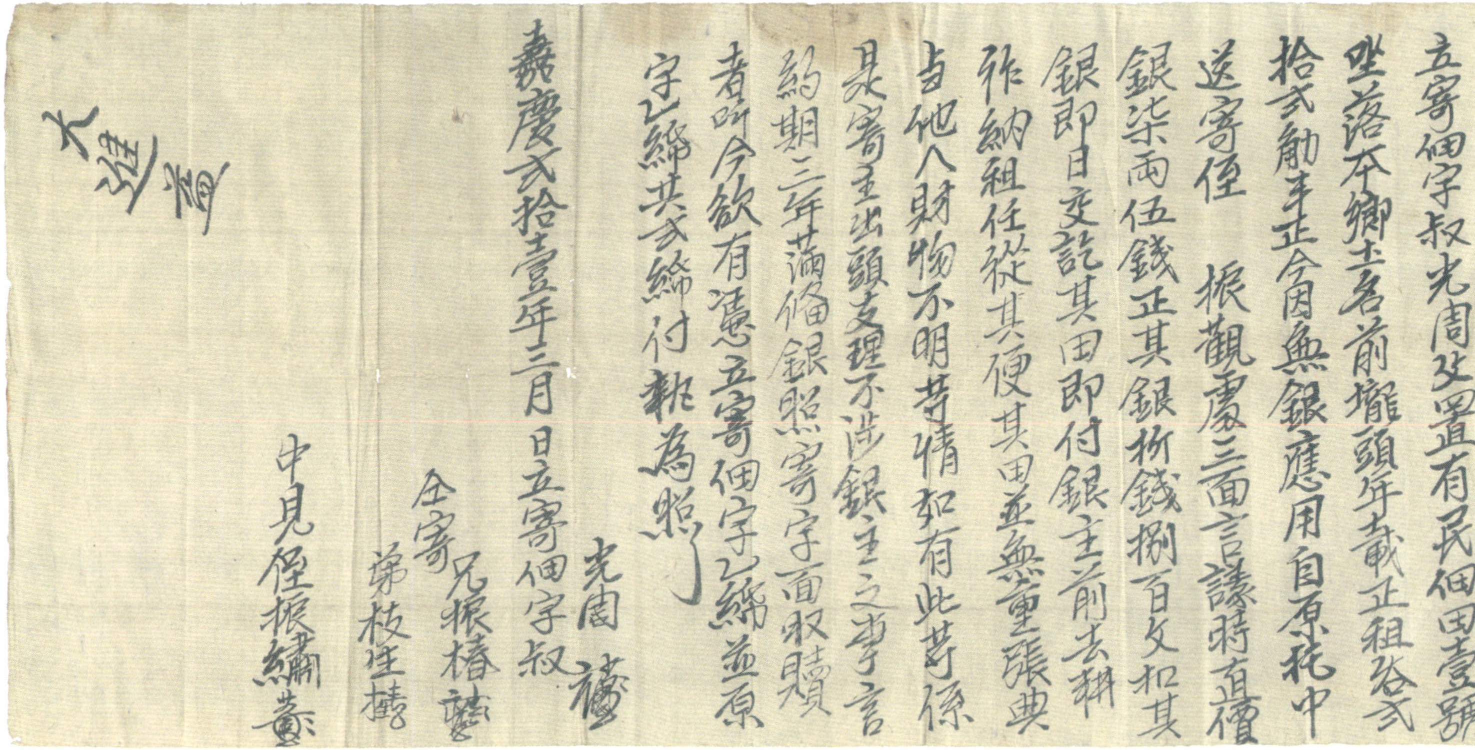

立寄佃字叔光周父置有民佃田壹號
坐落本鄉土名前壠頭年載正租谷式
拾式觔半正今因無銀應用自原託中
送寄侄　振觀處三面言議時值價
銀柒兩伍錢正其銀折錢捌百文扣其
銀即日交訖其田即付銀主前去耕
作納租任從其便其田並無重張典
當他人財物不明等情如有此等係
是寄主出頭支理不涉銀主之事言
約期三年滿備銀照寄字面取贖
者今欲有憑立寄佃字一紙並原
字一紙共式紙付執為照
光周（押）
嘉慶式拾壹年三月　日立寄佃字叔
全寄　兄振椿（押）
弟枝桂（押）
中見侄振繡（押）
大進壹

5-2-16-5　清嘉慶二十一年三月葉光周立寄民佃田字

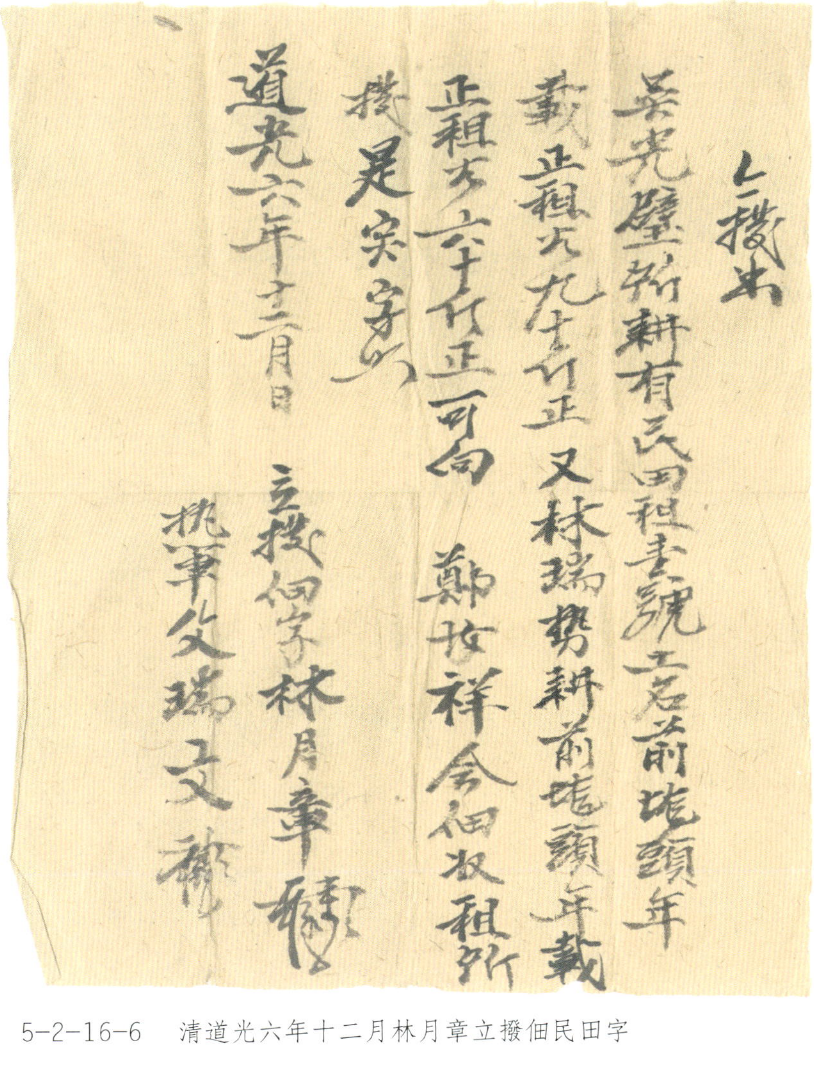

立撥出

吴光璧衍耕有民田租壹號土名前垅頭年

載正租大九十斤正 又林瑞勢耕前垅頭年載

正租大六十斤正可向 鄭按祥仝佃收租所

撥是实字為照

道光六年十二月日

立撥佃字林月章（押）

執筆父瑞文（押）

5-2-16-6　清道光六年十二月林月章立撥佃民田字

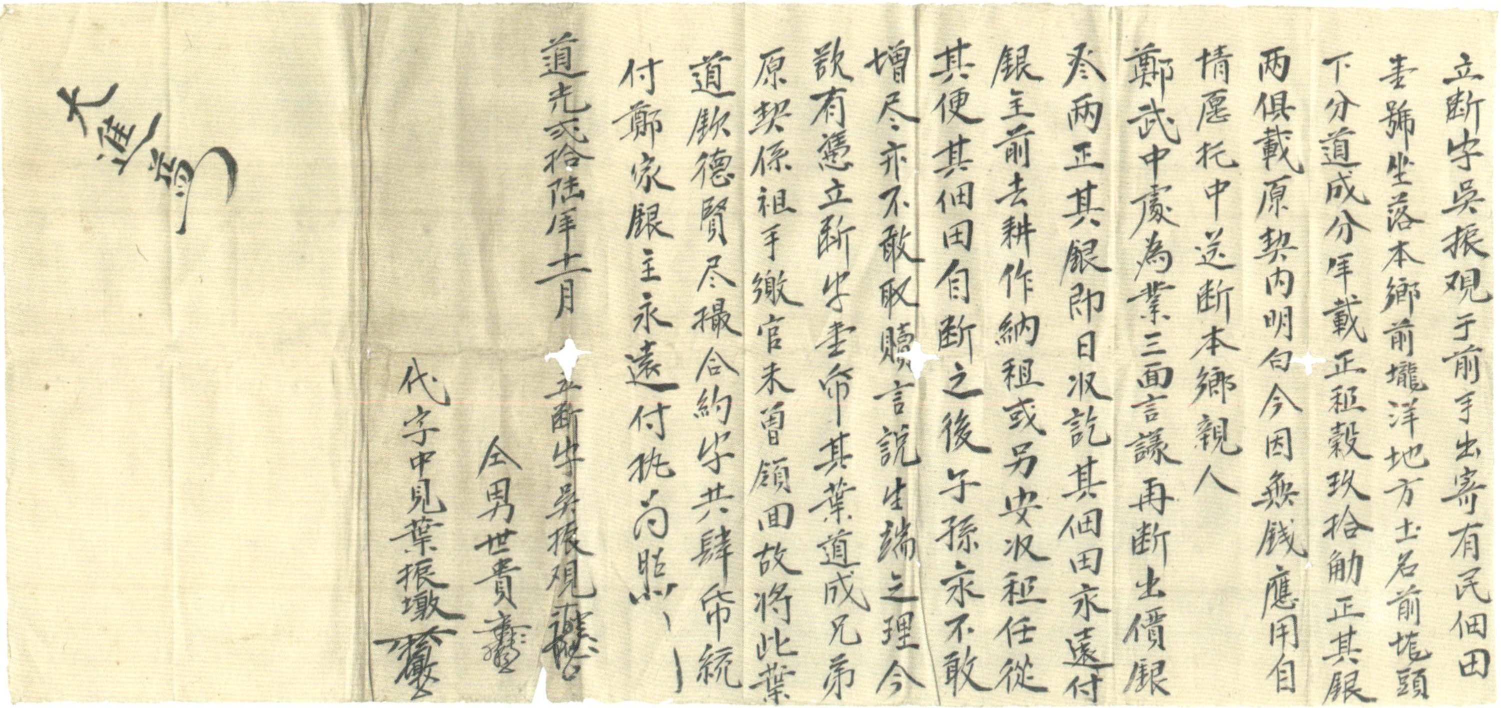
立斷字吴振观于前手出寄有民佃田
壹號坐落本鄉前壠洋地方土名前垅頭
下分道成分年載正租穀玖拾觔正其銀
兩俱載原契内明白今因無錢應用自
情愿托中送斷本鄉親人
鄭武中處為業三面言議再斷出價銀
叁兩正其銀即日収訖其佃田永遠付
銀主前去耕作納租或另安収租任從
其便其佃田自斷之後子孫永不敢
增盡亦不敢取贖言說生端之理今
欲有憑立斷字壹帋一其葉道成兄弟
原契係祖手繳官未曾領回故將此葉
道歆德賢盡撮合約字共肆帋統
付鄭家銀主永遠付執爲照
道光貳拾陸年十一月　立斷字吴振观（押）
仝男世貴（押）
代字中見葉振壎（押）
大進堂

5-2-16-7　清道光二十六年十一月吴振观立斷民佃田字

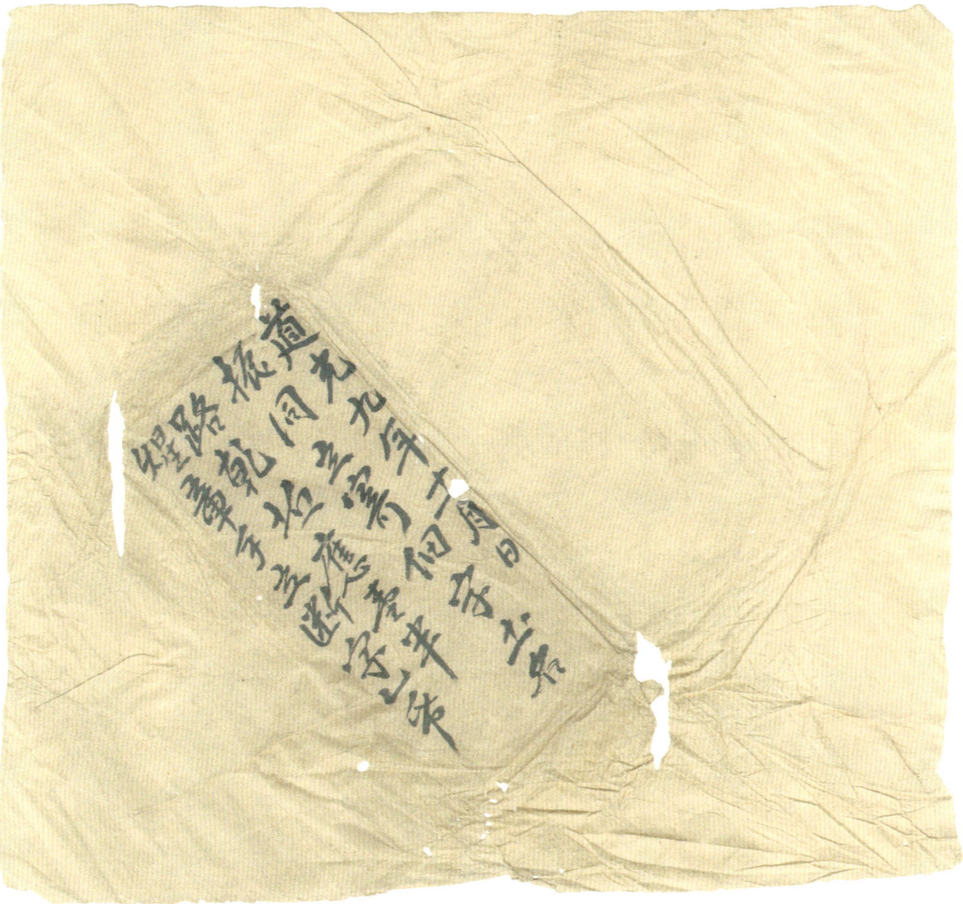

5-2-17-1　包契紙

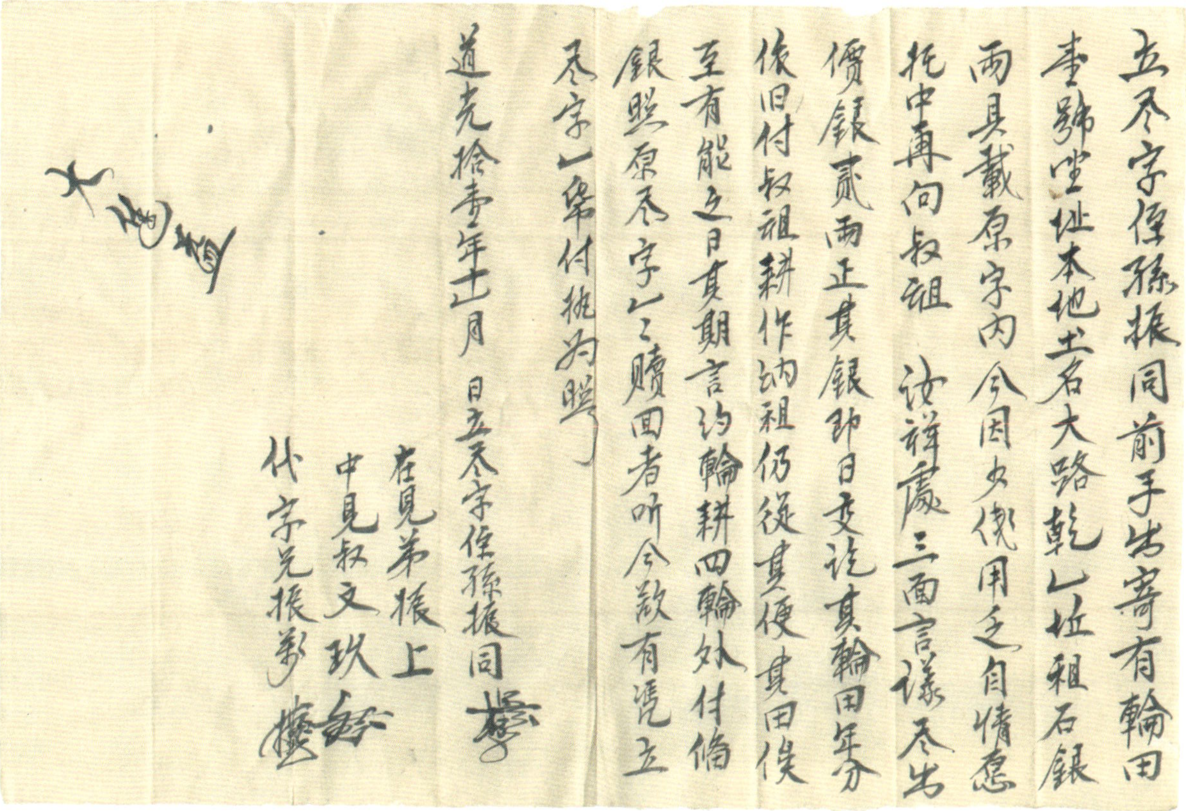

立盡字侄孫振同前手出壽有輪田
壹號坐址本地土名大路乾山坵租石銀
兩具載原字內今因女傢用乏自情愿
托中再向叔祖　汝祥處三面言議盡出
價銀貳兩正其銀即日交訖其輪田年分
依旧付叔祖耕作納祖仍從其便其田候
至有能之日其期言約輪耕四輪外付侖
銀照原盡字之贖回者所今欲有憑立
盡字一帋付執為照

道光拾壹年十一月　日立盡字侄孫振同（押）
在見弟振上（押）
中見叔文玖（押）
代字兄振彩（押）

大吉

5-2-17-2　清道光十一年十一月鄭振同立盡輪田字

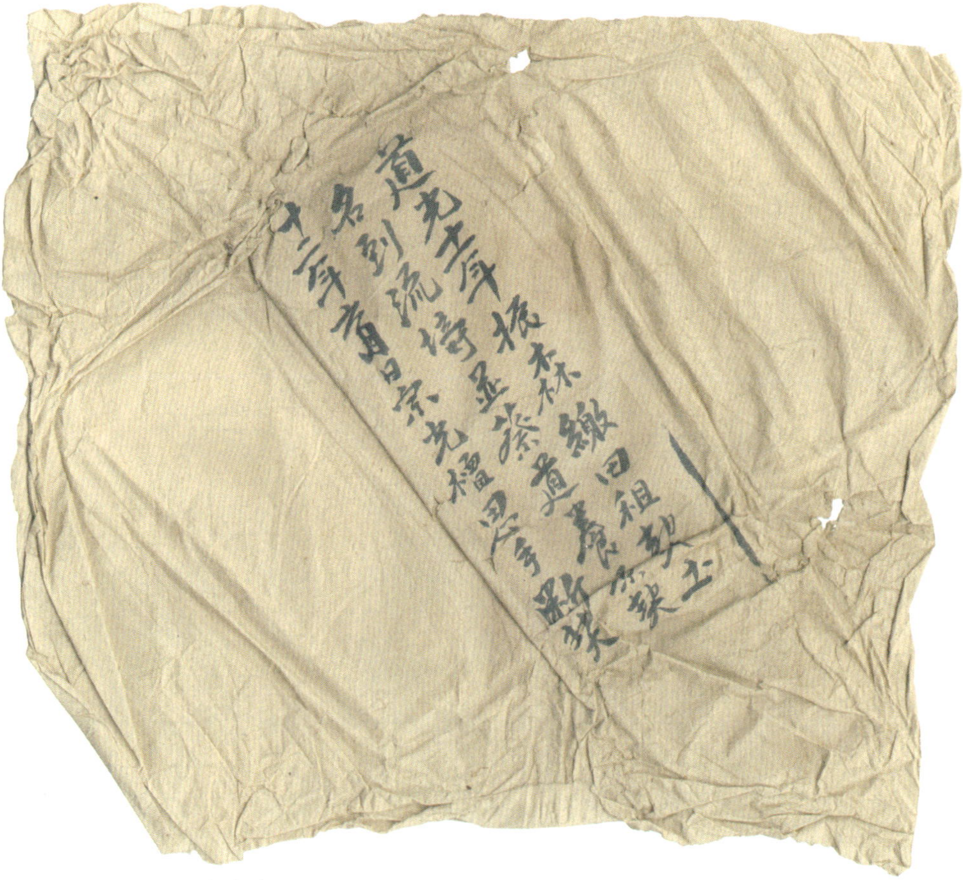

5-2-18-1　包契紙

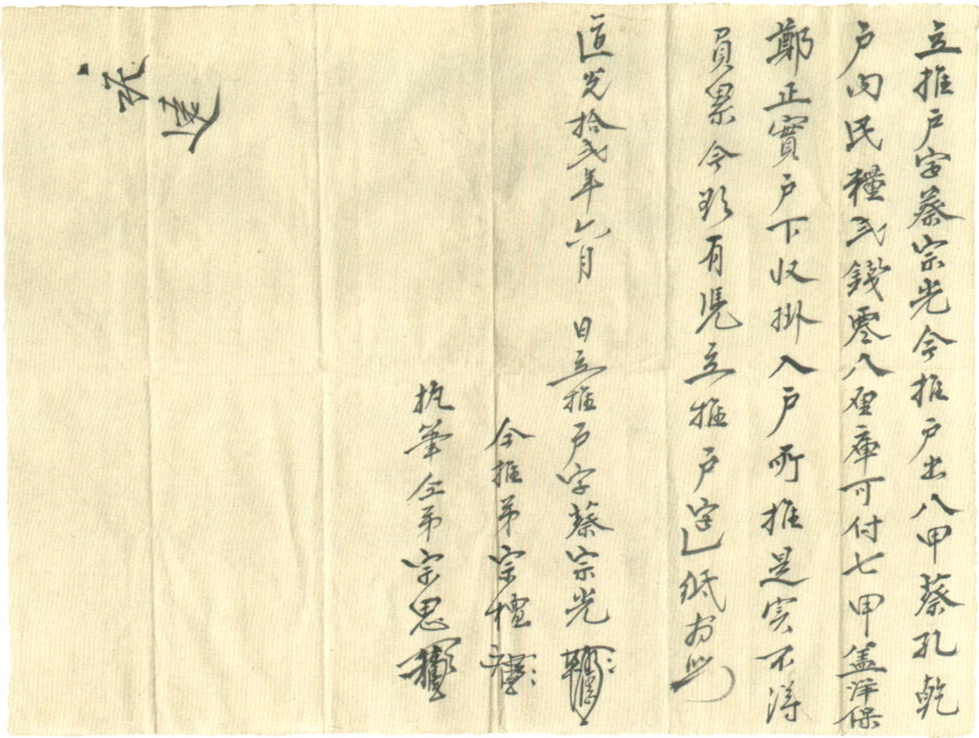

立推戶字蔡宗光今推戶出八甲蔡孔乾
戶內民糧弍錢零八厘庠可付七甲盖洋保
鄭正實戶下收掛入戶所推是實不得
員累今欲有憑立推戶字一紙為照
道光拾弍年六月　日立推戶字蔡宗光（押）
今推弟宗禮（押）
執筆仝弟宗思（押）
永遠

5-2-18-2　清道光十二年六月蔡宗光立推户字

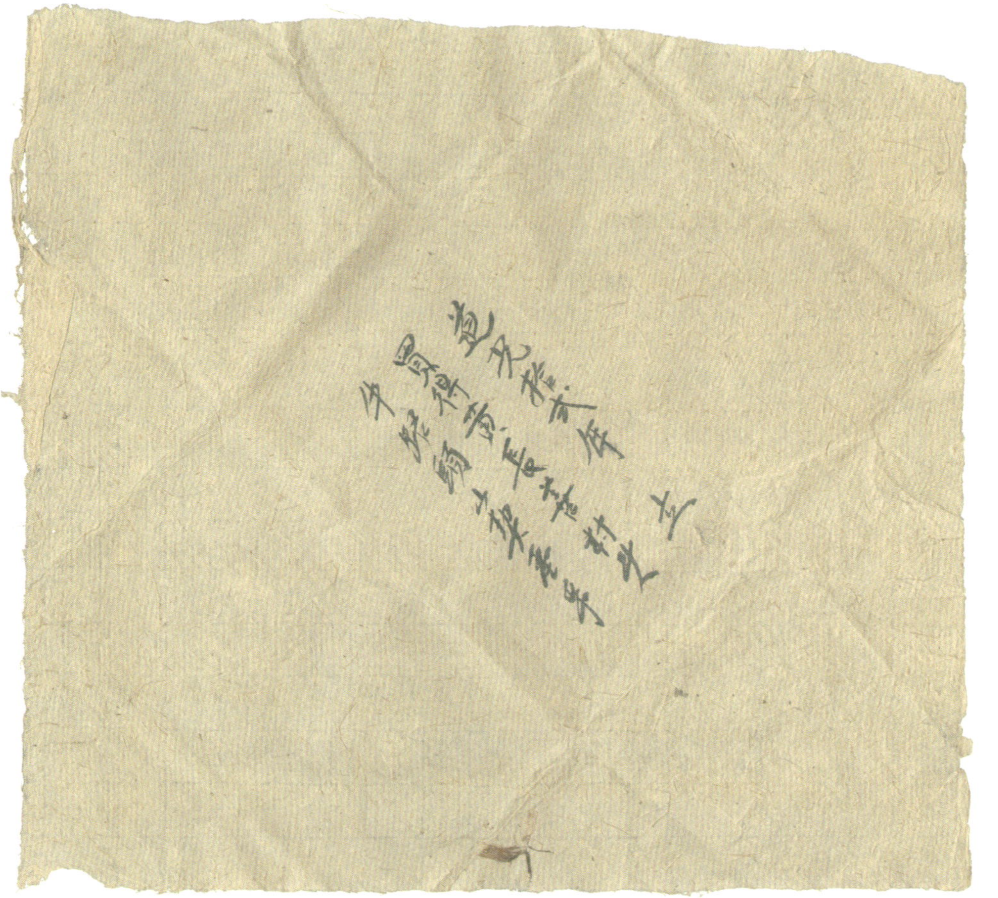

5-2-19-1　包契紙

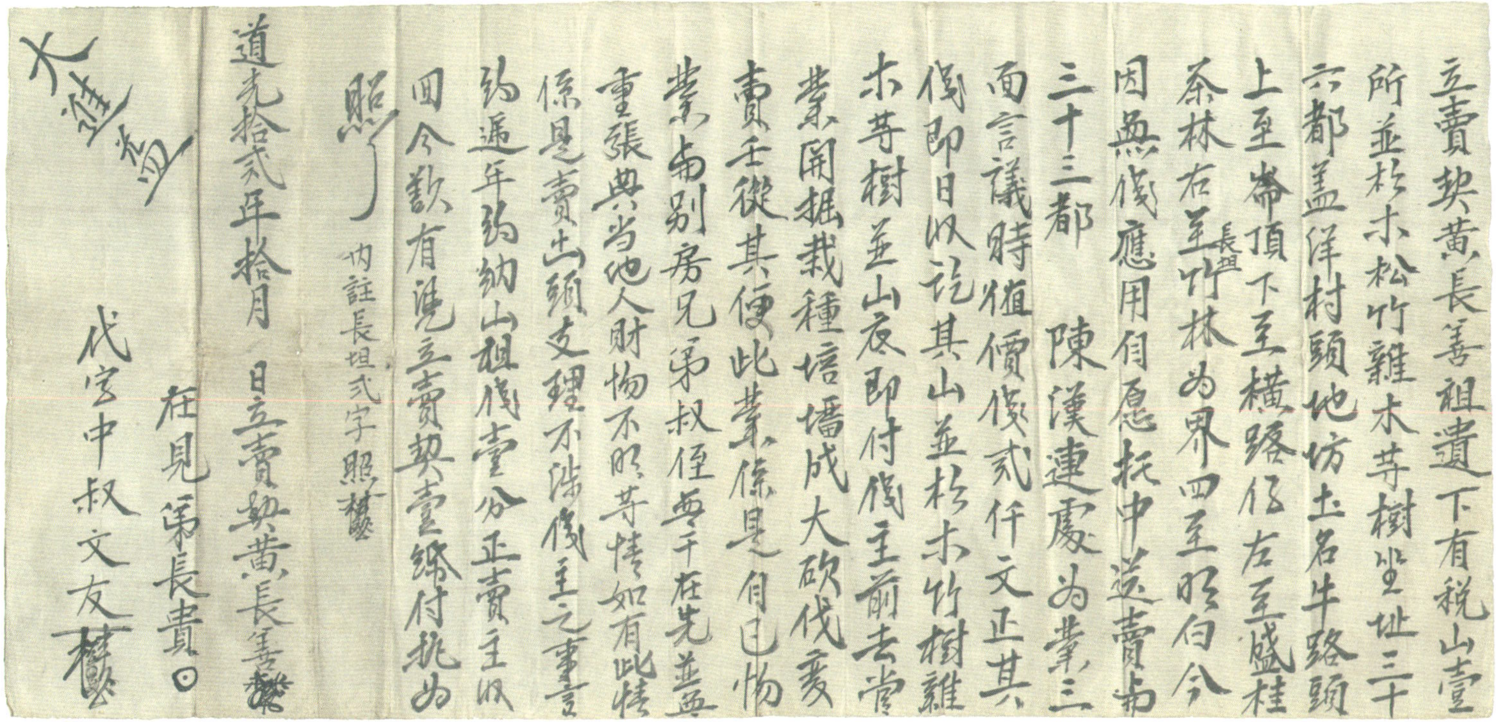
立賣契黃長善祖遺下有稅山壹
所並杉木松竹雜木等樹坐址三十
六都蓋洋村頭地坊土名牛路頭
上至崙頂下至橫路仍左至盛桂
茶林右至長坦竹林為界四至明白今
因無錢應用自愿托中送賣與
三十三都　陳漢連處為業三
面言議時值價錢弍仟文正其
錢即日收訖其山並杉木竹樹雜
木等樹並山底即付錢主前去管
業開掘栽種培墻成大砍伐變
賣壬從其便此業係是自己物
業與別房兄弟叔侄無干在先並無
重張典當他人財物不明等情如有此情
係是賣出頭支理不涉錢主之事言
約遞年貼納山租錢壹分正賣主收
回今歡有憑立賣契壹紙付執為
照　內註長坦弍字照（押）
道光拾弍年拾月　日立賣契黃長善（押）
在見弟長貴（押）
代字中叔文友（押）
大進益

5-2-19-2　清道光十二年十月黃長善立賣稅山等契

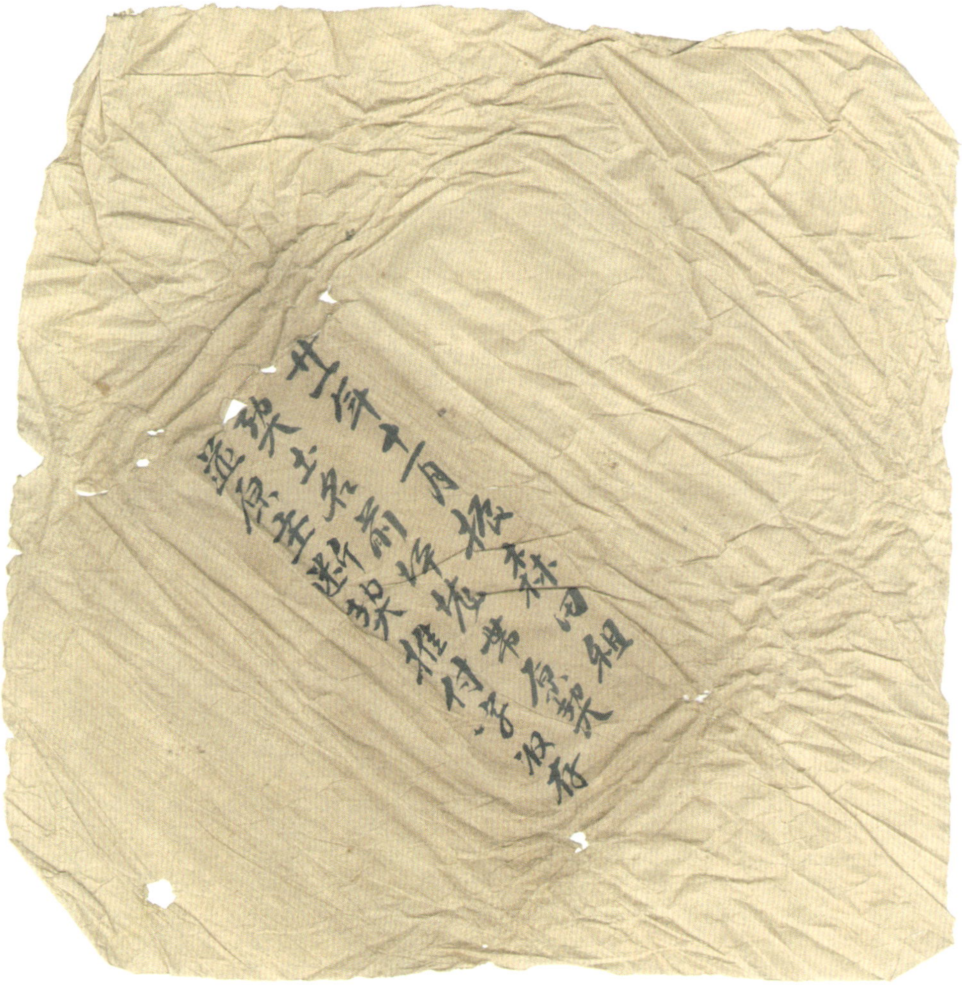

5-2-20-1　包契紙

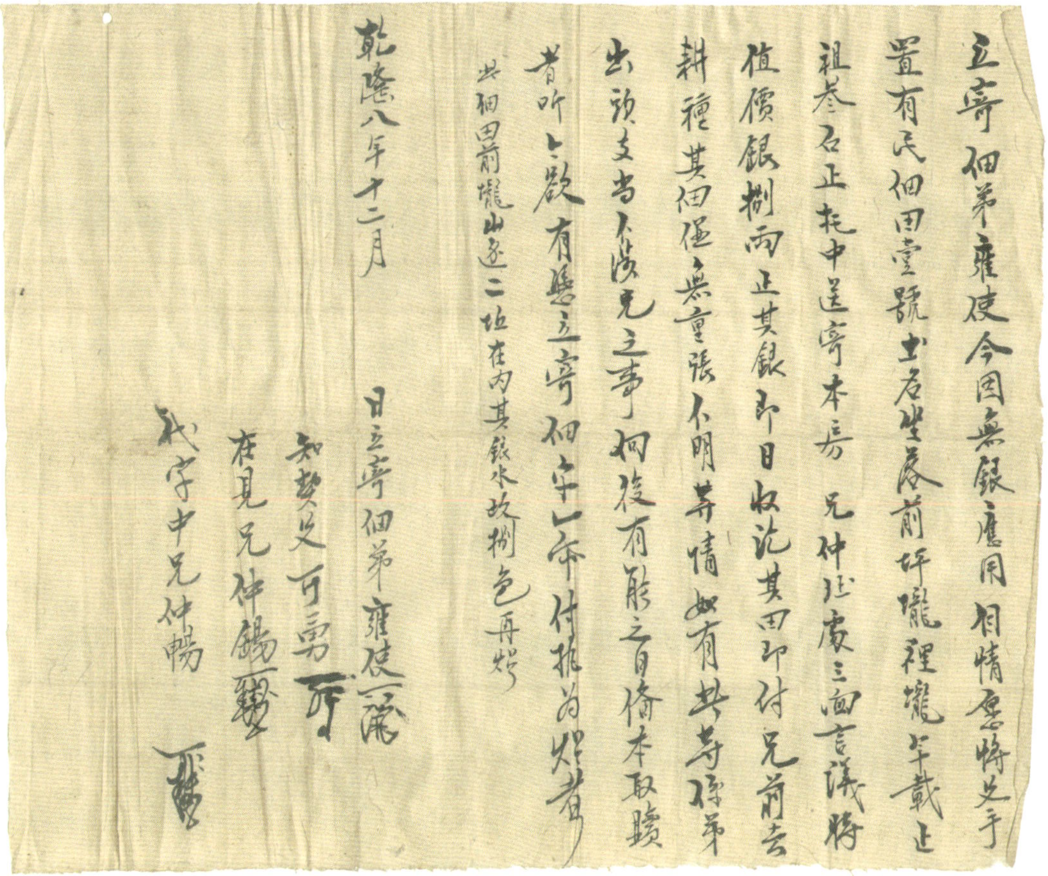

立寄佃弟雍使，今因無銀應用，自情愿將父手
置有民佃田壹號，坐落土名前坪壠裡壠，牛載正
租叁石正，托中送寄本房兄仲廷處，三面言議，將
值價銀捌兩正，其銀即日收訖，其田即付兄前去
耕種。其佃係無重張不明等情，如有此等，係弟
出頭支當，不涉兄之事。倘後有能之日，備本取贖
者聽之。欲有憑，立寄佃字一帋付執為炤者。
此佃田前壠山邊二坵在内，其銀水玖捌色，再炤。

乾隆八年十二月　日立寄佃弟雍使（押）
知契叔可勇（押）
在見兄仲錫（押）
代字中兄仲暢（押）

5-2-20-2　清乾隆八年十二月鄭雍使立寄民佃田字

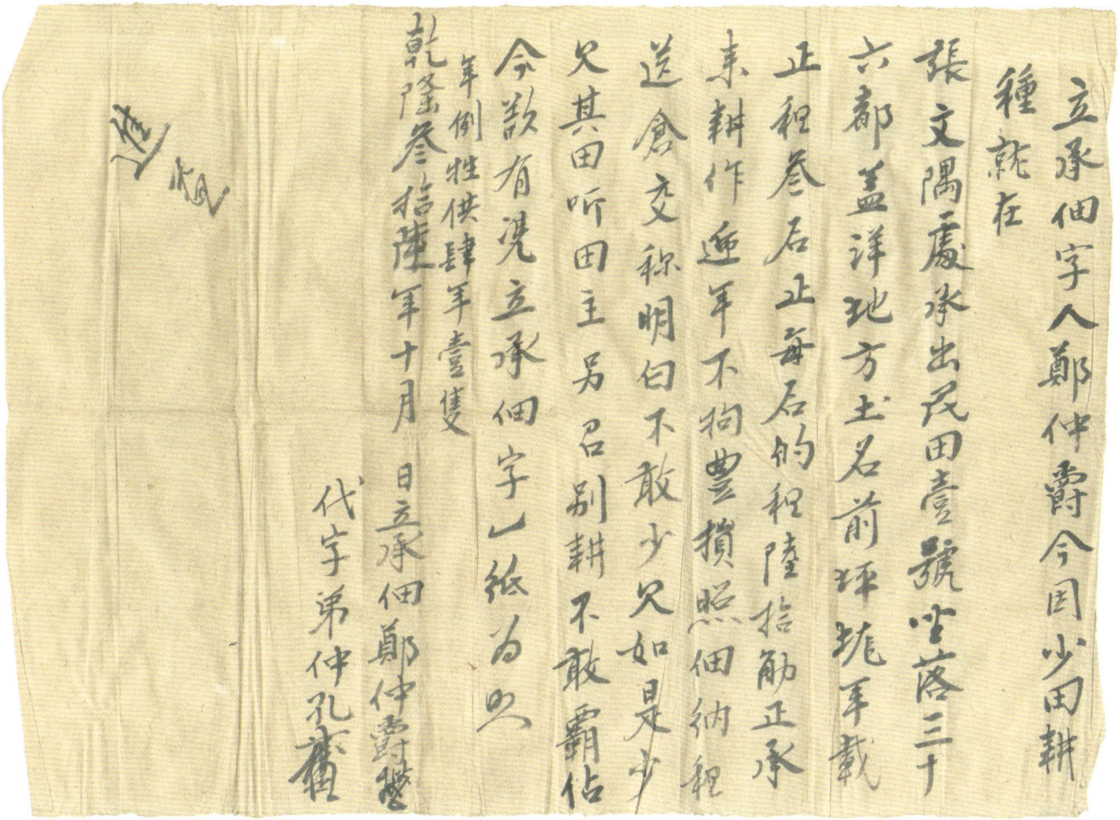

立承佃字人鄭仲爵今因少田耕
種就在
張文隅處承出民田壹號坐落三十
六都蓋洋地方土名前坪垅耳載
正租叁石正每石的租陸指觔正承
來耕作逐年不拘豐損照佃納租
送倉交秤明白不敢少欠如是少
欠其田听田主另召别耕不敢霸佔
今欲有凭立承佃字一紙為照
年例牲供肆年壹隻
乾隆叁拾陸年十月　日立承佃鄭仲爵
代字弟仲孔

5-2-20-3　清乾隆三十六年十月鄭仲爵立承佃民田字

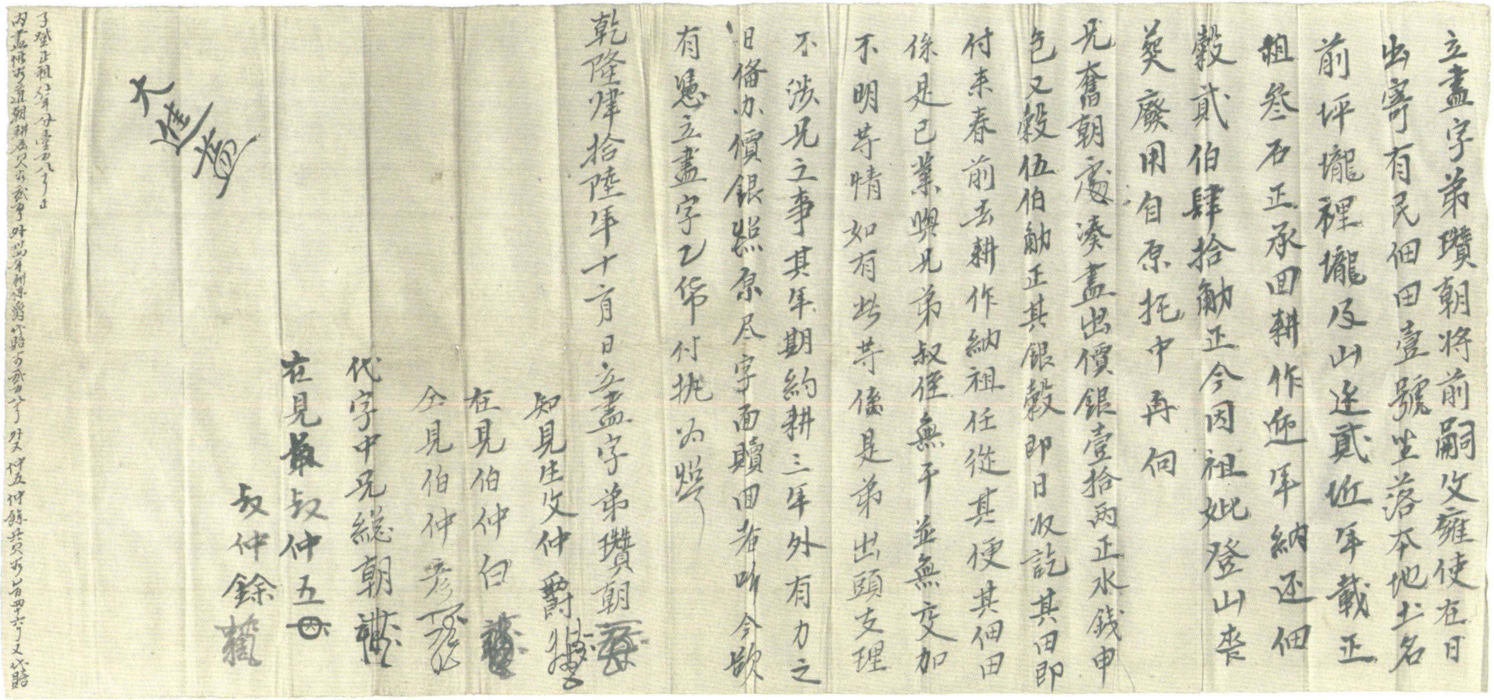
立盡字弟瓚朝將前嗣父雍使在日
出寄有民佃田壹號坐落本地土名
前坪壠裡壠及山迳貳佔年載正
租叁石正承田耕作逐年納还佃
穀貳伯肆拾觔正今因祖妣登山喪
葬廢用自原托中再向
兄奮朝處湊盡出價銀壹拾兩正水錢申
色又穀伍伯觔正其銀穀即日收訖其田即
付来春前去耕作納租任從其便其佃田
係是已業與兄弟叔侄無干並無交加
不明等情如有此等係是弟出頭支理
不涉兄之事其年期約耕三年外有力之
日備办價銀照原字面贖田本此今欲
有憑立盡字乙帋付執為照
乾隆肆拾陸年十二月日立盡字弟瓚朝（押）
知見生父仲爵（押）
在見伯仲白（押）
仝見伯仲秀（押）
代字中兄總朝（押）
在見叔仲五（押）
叔仲餘（押）

5-2-20-4　清乾隆四十六年十二月鄭瓚朝立盡民佃田字

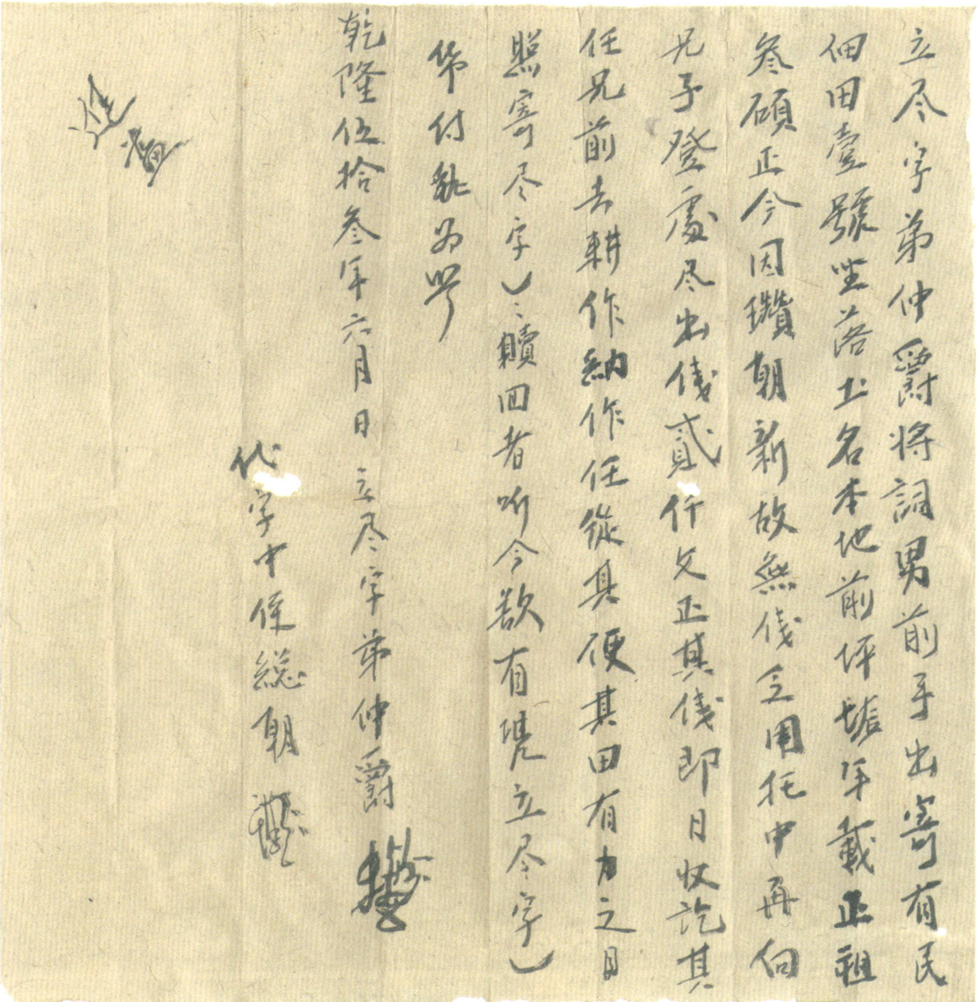
立盡字弟仲爵將詞男前手出寄有民
佃田壹號坐落土名本地前坪墘年載正租
叁碩正今因攢朝新故無錢全用托中再向
兄子登處盡出錢貳仟文正其錢即日收訖其
任兄前去耕作納作任從其便其田有力之日
照寄盡字〻〻贖回者听今欲有憑立盡字〻
爲付執爲照
乾隆伍拾叁年六月日　立盡字弟仲爵
代字中侄總朝
准盡

5-2-20-5　清乾隆五十三年六月鄭仲爵立盡民佃田字

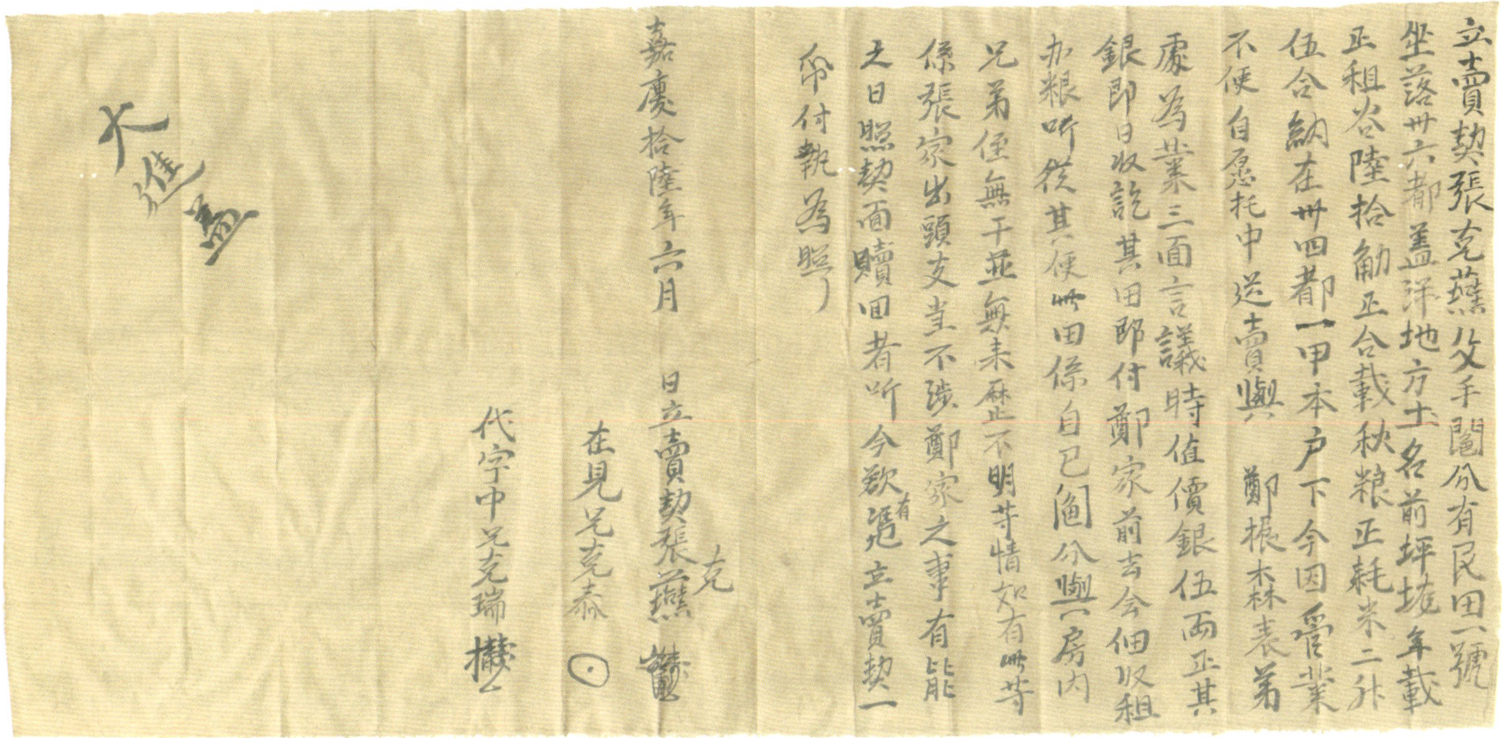
立賣契張克燕，父手鬮分有民田一號
坐落卅六都蓋洋地方，土名前坪墘，年載
正租谷陸拾觔正，合載秋粮正耗米二升
伍合，納在卅四都一甲本戶下。今因需業
不便，自愿托中送賣與　鄭根森表弟
處為業，三面言議，時值價銀伍兩正，其
銀即日收訖，其田即付鄭家前去會佃收租
办粮，听從其便。此田係自己鬮分與房內
兄弟侄無干，並無來歷不明等情，如有此等
係張家出頭支当，不涉鄭家之事。有能
之日照契面贖回者听。今欲有憑，立賣契一
帋付執為照。

嘉慶拾陸年六月　日立賣契張克燕（押）
在見兄克泰 ⊙
代字中兄克瑞（押）

不准贖

5-2-20-6　清嘉慶十六年六月張克燕立賣民田字

立斷字兄昌朝、侄文權仝將祖手出寄有民佃田根
壹號，坐址本地，土名前坪墘並井墘，共弍號，年載
正租谷壹伯捌拾觔正。今因無銀乏用，自情愿
托中再向　弟陞祥處爲業，三面言議斷
出價銀肆兩貳錢正。其銀即日收訖，其田即
付銀主前去永遠耕作納租，任從其便。其田
自斷之後，子孫永不得增盡，不敢取贖之理。
今欲有憑，立斷字一帋，永遠付执爲照。

嘉慶拾陸年十一月　日立斷字兄昌朝（押）
侄文權（押）
在見中叔仲餘（押）

大吉

5-2-20-7　清嘉慶十六年十一月鄭昌朝等立斷民佃田根字

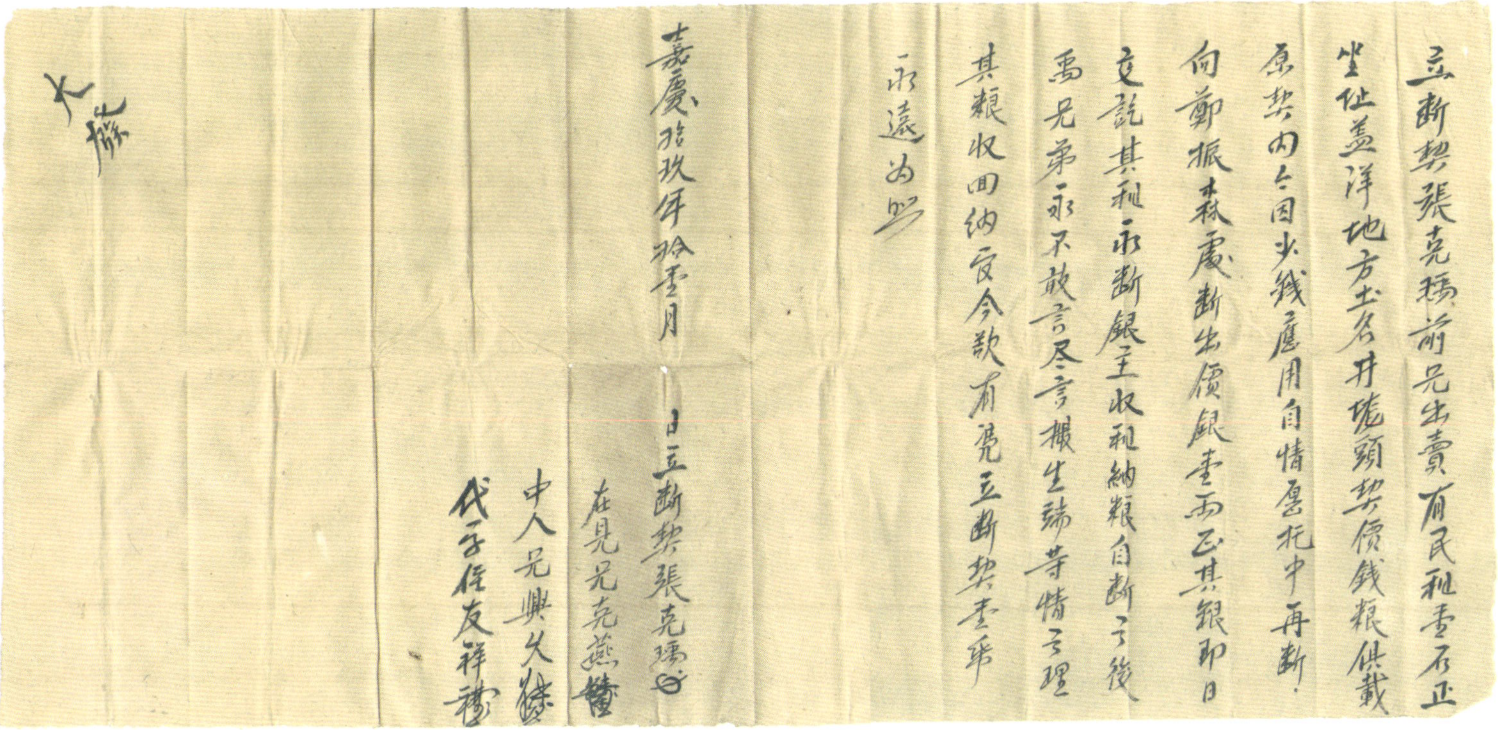
立斷契張克瑪，前兄出賣有民租壹石正，坐址盖洋地方土名井垅頭，契價錢粮俱載原契内。今因少錢應用，自情愿托中再斷向鄭振森處斷出價銀壹兩正，其銀即日交訖，其租永斷歸主收租納粮。自斷之後，禹兄弟永不敢言及言找生端等情之理。其粮收回納官。今欲有憑，立斷契壹紙永遠為照。

嘉慶拾玖年拾壹月　日立斷契張克瑪（押）

在見兄克燕（押）

中人兄興文（押）

代字侄友祥（押）

大吉

5-2-20-8　清嘉慶十九年十一月張克瑪立斷民田租契

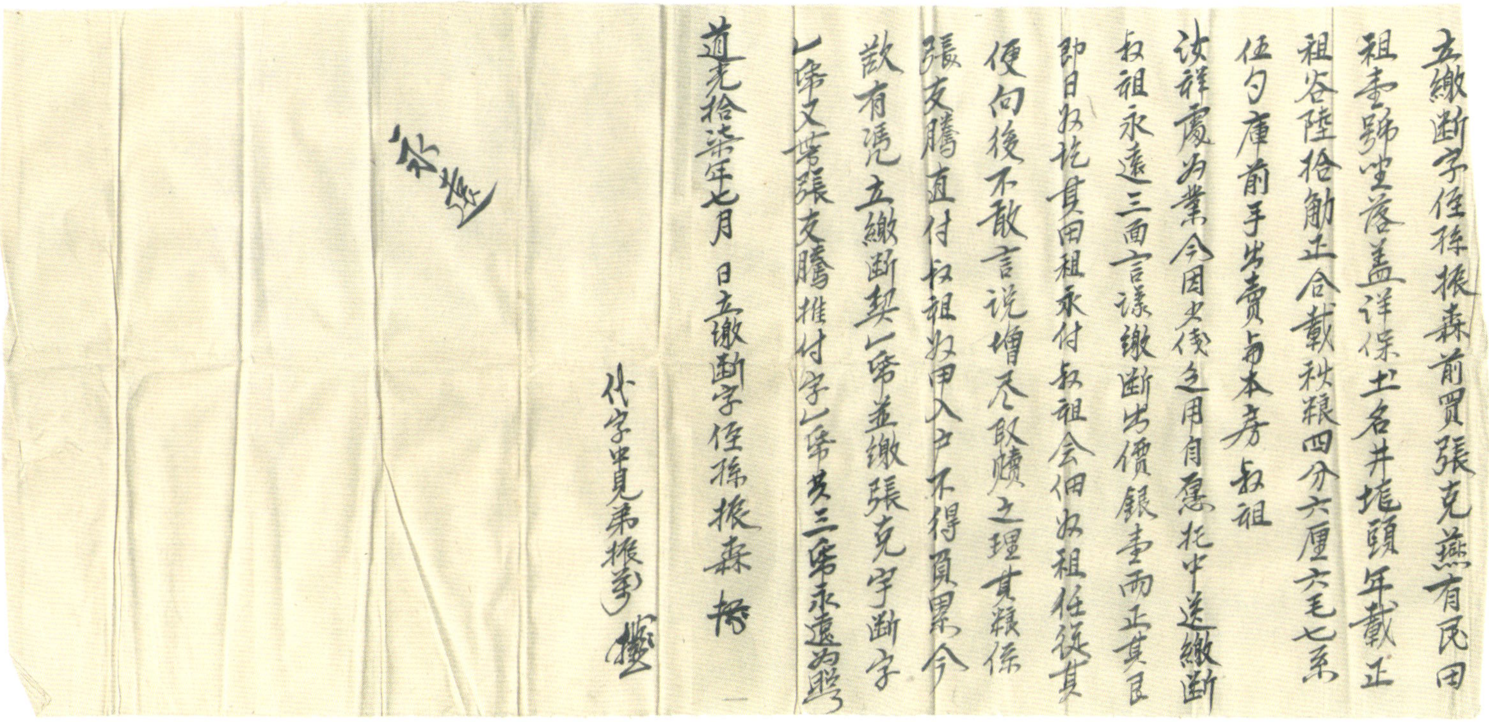

立繳斷字侄孫振森前買張克燕有民田
祖壹號坐落蓋洋保土名井垱頭年載正
祖谷陸拾觔正合載秋粮四分六厘六毛七系
伍勺庫前手出賣與本房叔祖
汝祥處為業今因乏銀應用自愿托中送繳斷
叔祖永遠三面言議繳斷出價銀壹兩正其艮
即日收訖其田租永付叔祖会佃收租任從其
便向後不敢言說增尽取贖之理其粮係
張支騰直付叔祖收甲入户不得賠累今
欲有憑立繳斷契一帋並繳張克字斷字
一帋又帶張支騰推付字一帋共三帋永遠為照
道光拾柒年七月　日立繳斷字侄孫振森押
代字中見弟振鄠押

5-2-20-9　清道光十七年七月鄭振森立繳斷民田租字

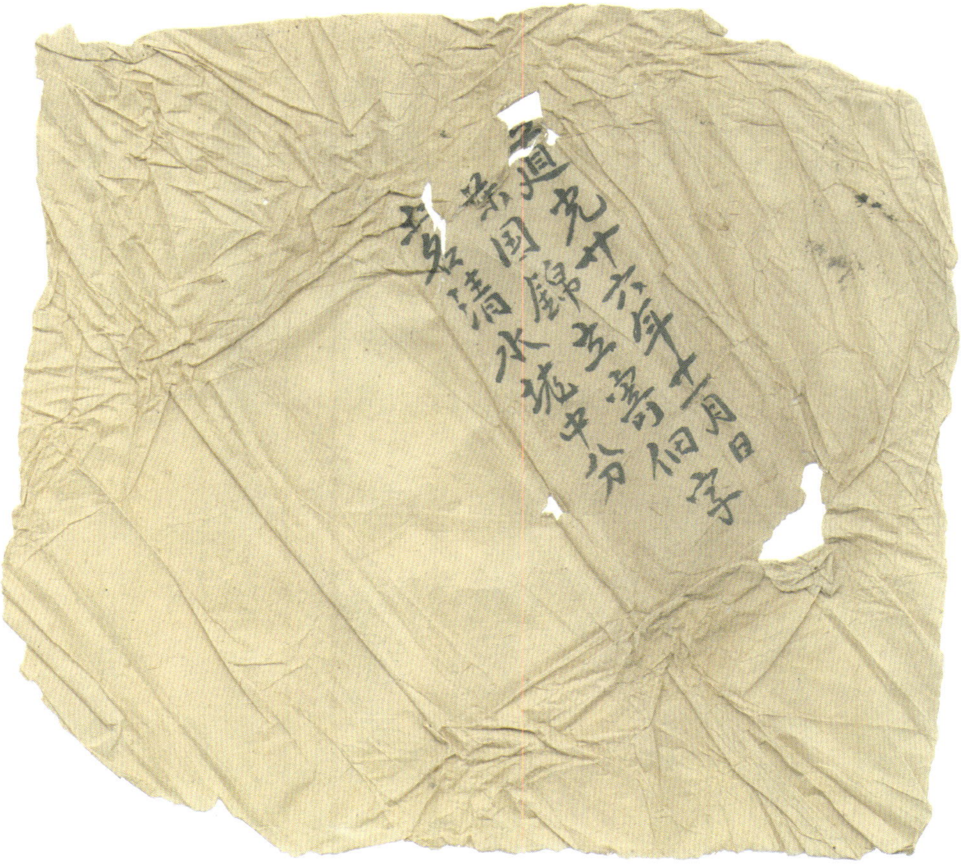

道光廿六年十二月日
業因歸主壽佰字
契清水坑中分

5-2-21-1　包契紙

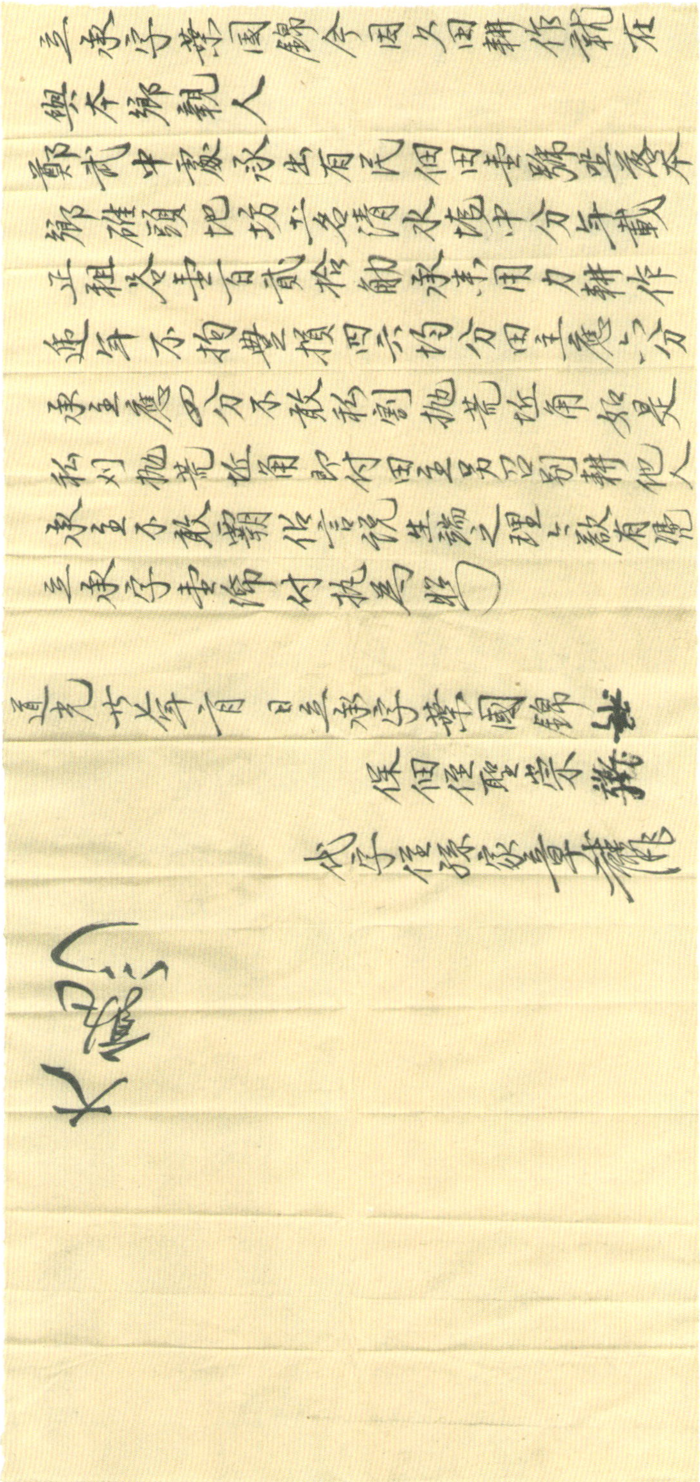
立承字葉國錦今因乏田耕作就在
與本鄉親人
鄭武中處承出有民佃田壹號坐落本
鄉雞頭壢坊土名清水塘中分半載
正租谷壹石貳斗前來耕作
逐年不拘豐歉照田交納分田主無少欠
承主應四分不敢私割抛荒佔角如是
私割抛荒佔角即付田主另召別耕他人
承主不敢霸佔言說生端之理恐口無憑
立承字壹紙付執為照

道光廿七年二月　日立承字葉國錦
保佃侄聖宗
代字侄孫鼎

5-2-21-2　清道光二十七年二月葉國錦立承民佃田字

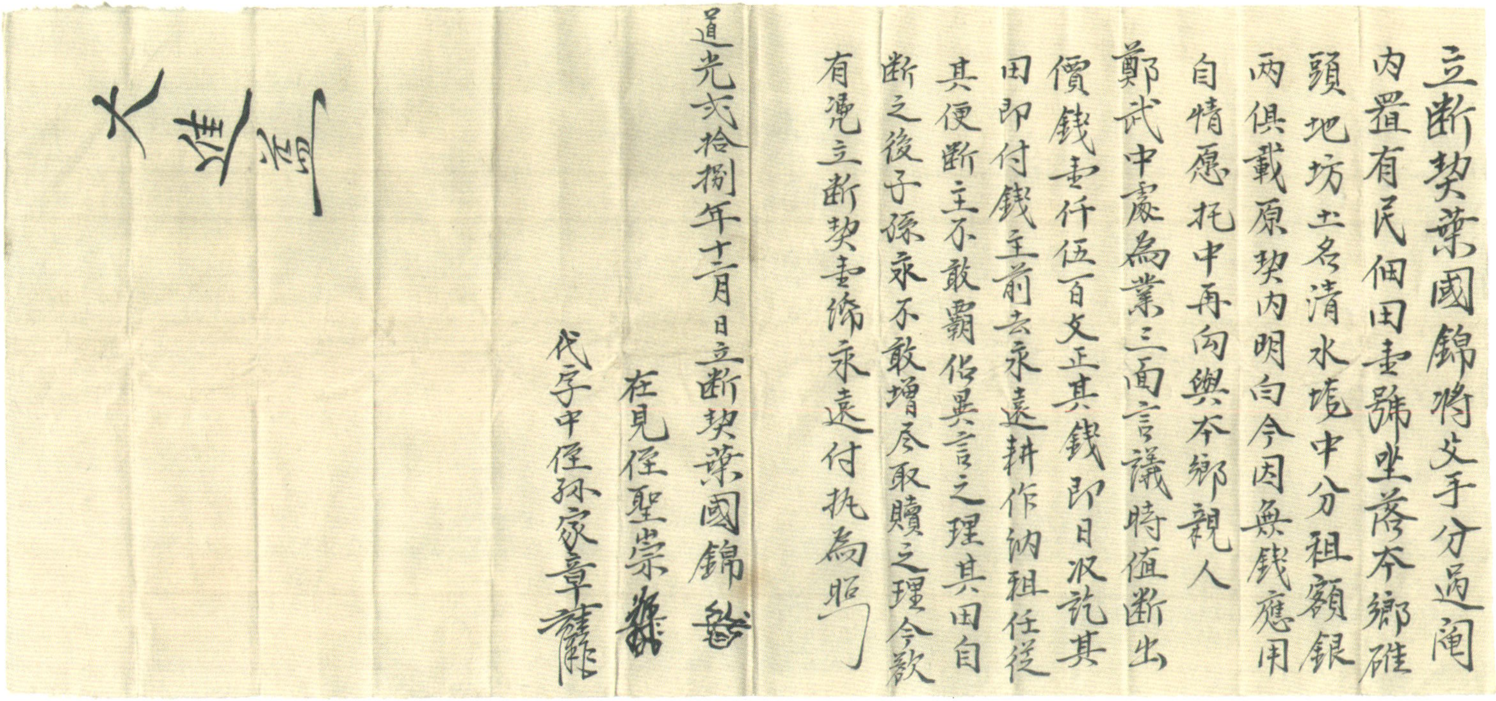

立斷契葉國錦將父手分過閹
內置有民佃田壹號坐落本鄉碓
頭地坊土名清水墘中分租額銀
兩俱載原契內明白今因無錢應用
自情愿托中再向與本鄉親人
鄭武中處為業三面言議時值斷出
價錢壹仟伍百文正其錢即日收訖其
田即付錢主前去永遠耕作納租任從
其便斷主不敢霸佔異言之理其田自
斷之後子孫永不敢增添取贖之理今欲
有憑立斷契壹紙永遠付執為照

道光貳拾捌年十二月 日立斷契葉國錦
在見侄聖崇
代字中侄孫家章

大進壹

5-2-21-3　清道光二十八年十二月葉國錦立斷民佃田契

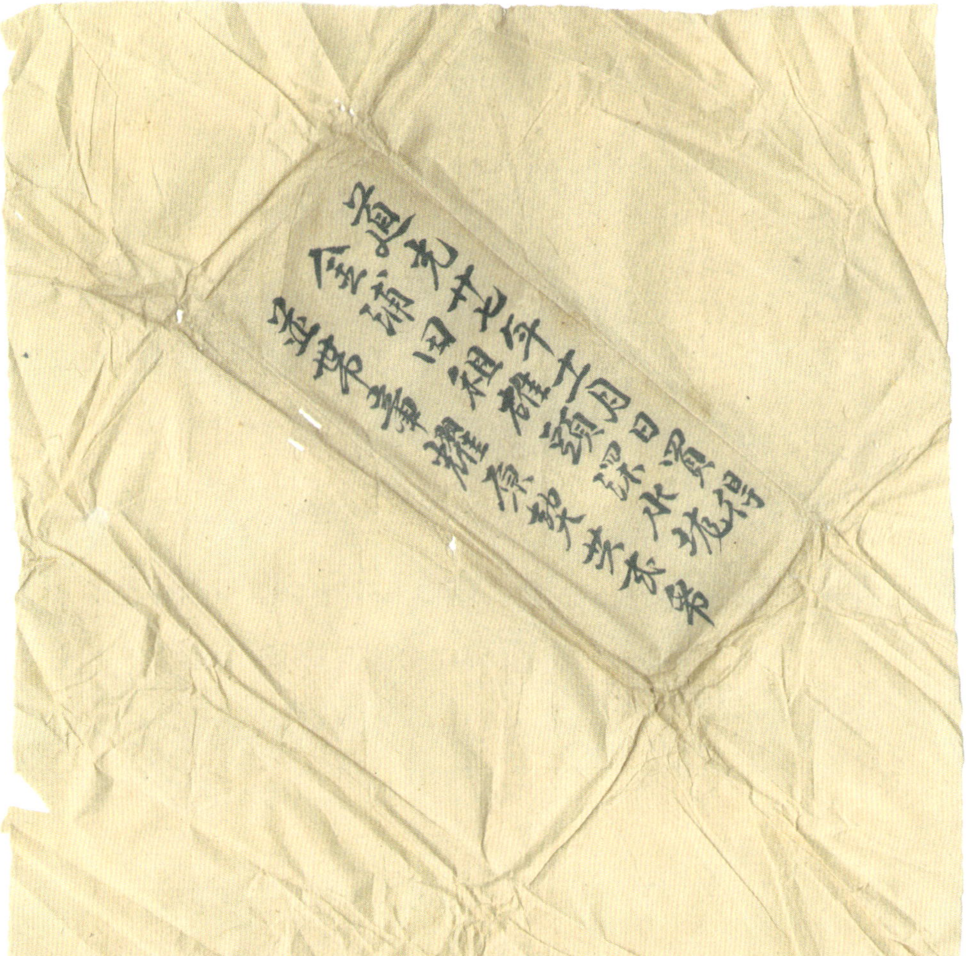
道光廿七年十二月日買得
仝弟回祖權頭課水坑
叔喜兼權原契交承

5-2-22-1　包契紙

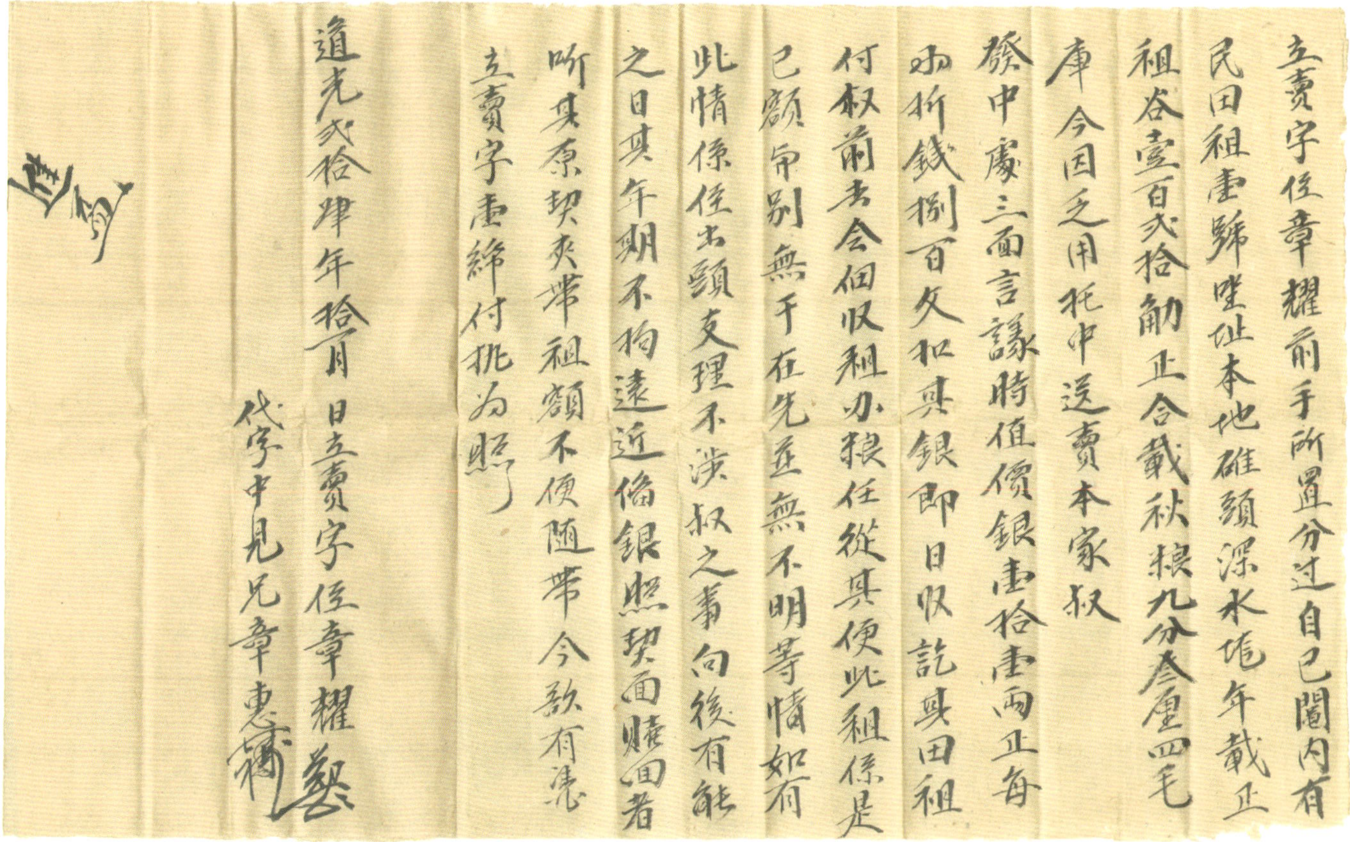
立賣字侄章耀前手所置分过自己閫內有
民田租壹號坐址本地碓頭深水垱年載正
租谷壹百弍拾觔正合載秋粮九分叁厘四毛
庫今因乏用托中送賣本家叔
發中處三面言議時值價銀壹拾壹兩正每
兩折錢捌百文扣其銀即日收訖其田租
付叔前去會佃收租办粮任從其便此租係是
己額帋別無干在先並無不明等情如有
此情係侄出頭支理不涉叔之事向後有能
之日其年期不拘遠近備銀照契面贖回者
听其原契夾帶租額不便隨帯今欵有凴
立賣字壹紙付執為照
道光弍拾肆年拾壹月　日立賣字侄章耀（押）
代字中見兄章惠（押）

5-2-22-2　清道光二十四年十一月鄭章耀立賣民田租契

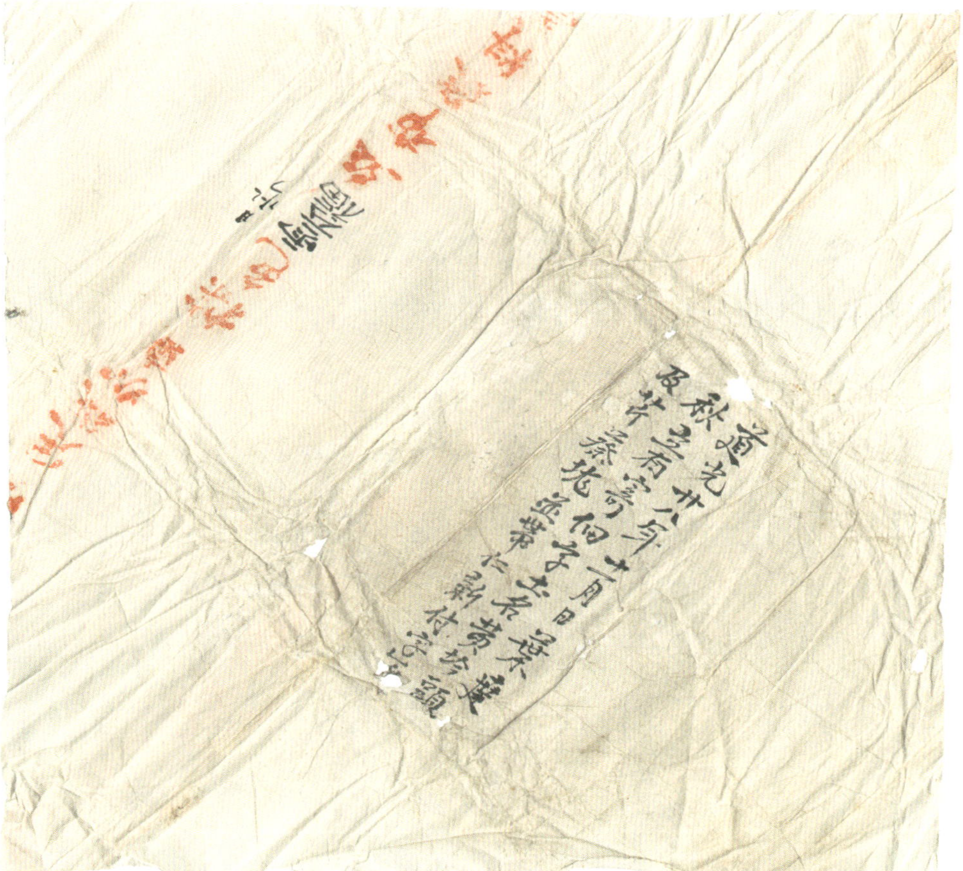

5-2-23-1　包契紙

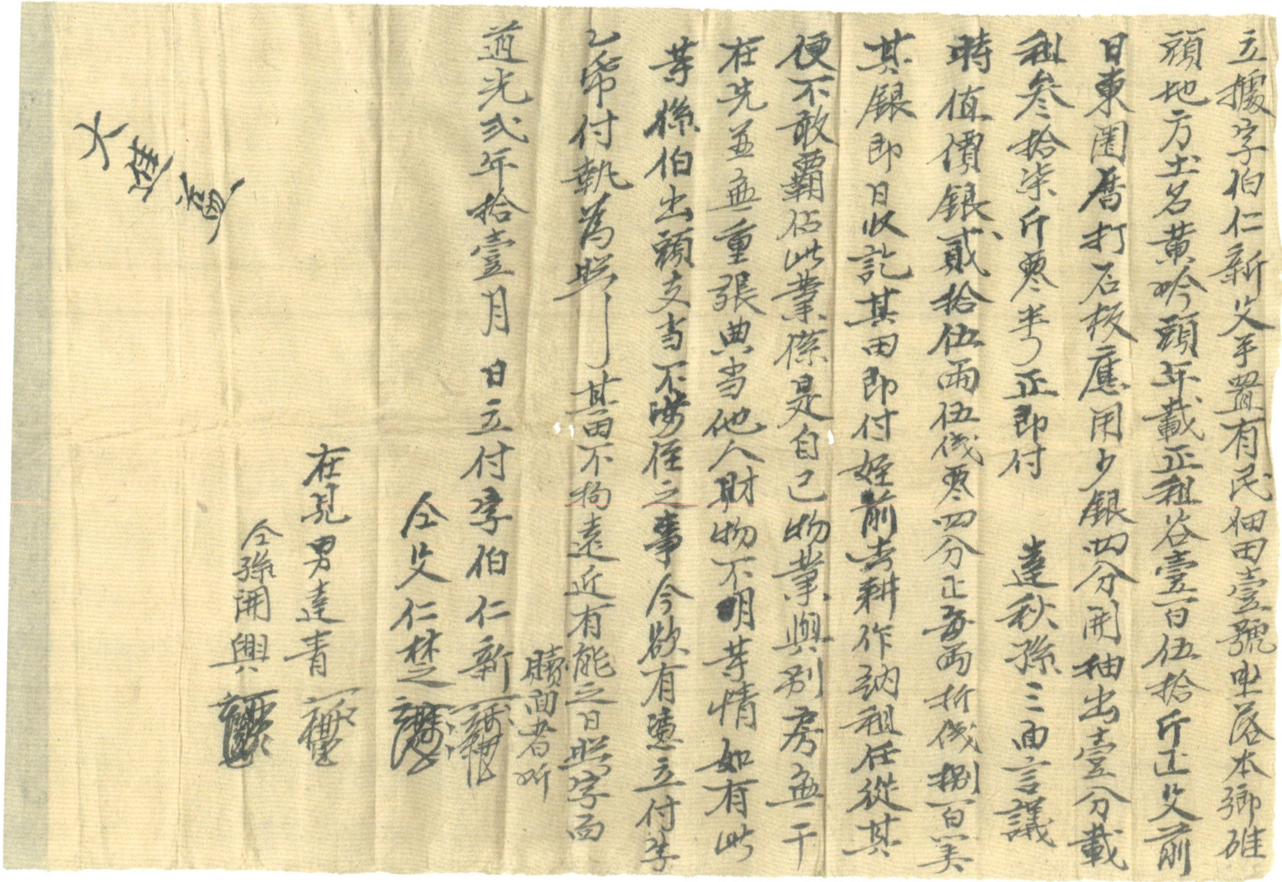
立據字伯仁新父手置有民田壹號坐落本鄉碓
頭地方土名黃吟頭年載正租谷壹百伍拾斤正父前
日東園厝打石秡應用少銀四分用田出壹分載
租叁拾柒斤零半正即付　　達秋孫三面言議
時值價銀貳拾伍兩伍錢零四分正每兩折錢捌百文
其銀即日收訖其田即付姪前去耕作納租任從其
便不敢霸佔此業係是自己物業與別房並干
在先並無重張典當他人財物不明等情如有此
等情伯出頭支當不涉任之事今欲有憑立付字
一紙付執為照　其田不拘遠近有能之日照字面贖回者所
道光貳年拾壹月　日立付字伯仁新
仝父仁楚
在見男達青
仝孫開興

5-2-23-2　清道光二年十一月葉仁新等立據字

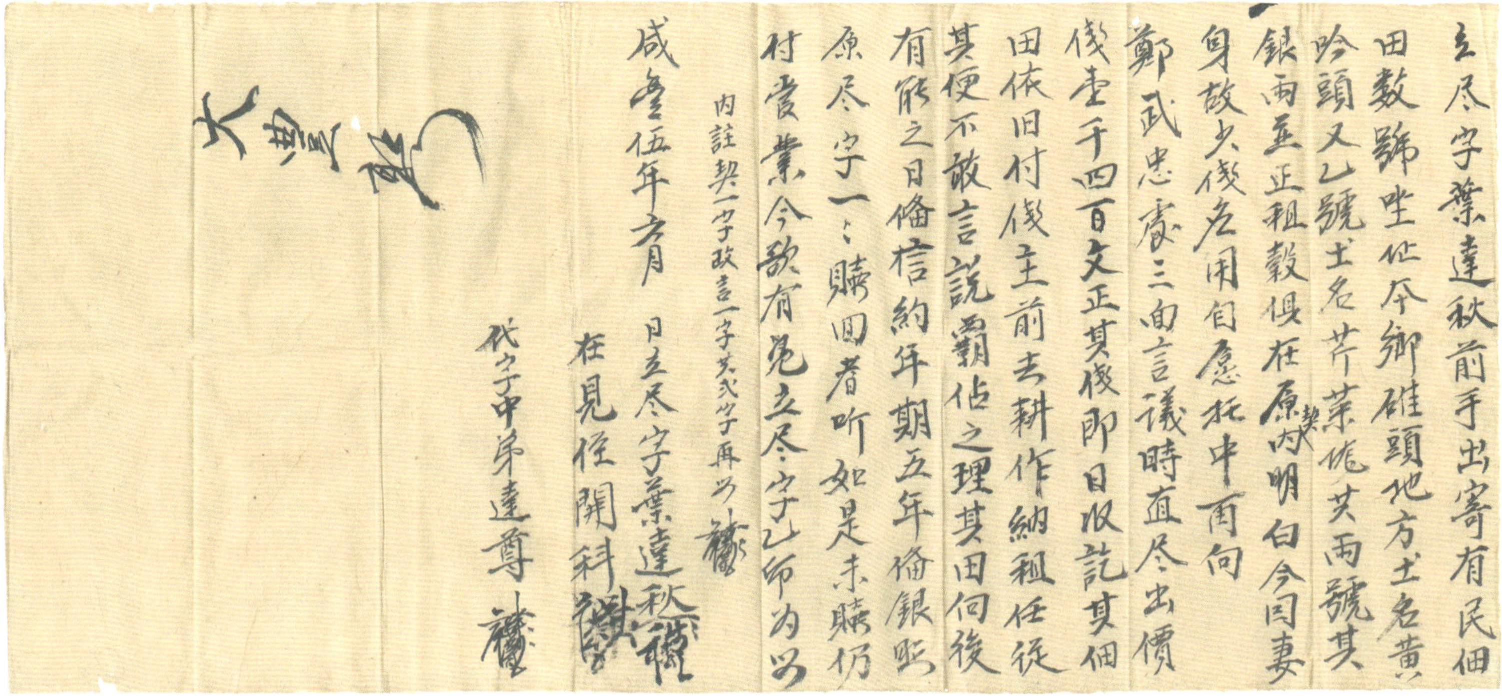

立尽字葉達秋前手出寄有民佃
田數號坐於本鄉碓頭地方土名黄□
吟頭又山號土名芹菜坑共兩號其
銀兩並正租穀俱在原契内明白今因妻
身故乏錢應用自愿托中再向
鄭武忠處三面言議時直尽出價
錢壹千四百文正其錢即日收訖其佃
田依旧付錢主前去耕作納租任從
其便不敢言說霸佔之理其田向後
有銀之日備信約年期五年備銀照
原尽字一一贖回者聽如是未贖仍
付當業今欲有憑立尽字乙紙為照

内註契一字改言一字共弍字再照

咸豐伍年六月　日立尽字葉達秋

在見侄開科

代字中弟達尊

大吉

5-2-23-3　清咸豐五年六月葉達秋立盡民佃田字

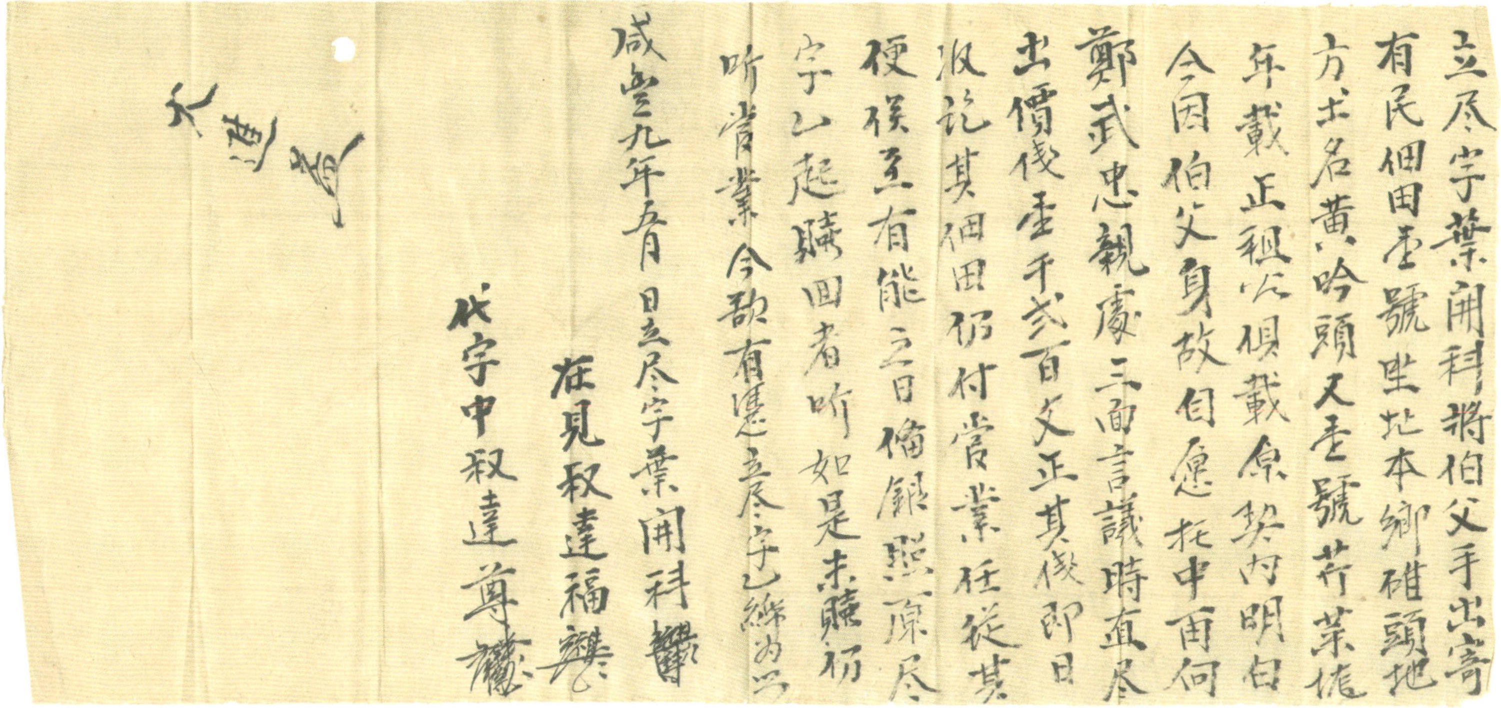
立盡字葉開科，將伯父手出膏有民佃田壹號，坐址本鄉碓頭地方，土名黃吟頭，又壹號，芹菜塆，年載正租谷俱載原契內明白。今因伯父身故，自愿托中面向鄭武忠親處三面言議，時值盡出價錢壹千弍百文正。其錢即日收訖，其佃田仍付管業，任從其便。從茲之後，有能之日備銀照原盡字上起贖回者聽，如是未贖，仍听管業。今欲有憑，立盡字乙紙為照。

咸豐九年五月　日立盡字葉開科（押）

在見叔達福（押）

代字中叔達尊（押）

5-2-23-4　清咸豐九年五月葉開科立盡民佃田字

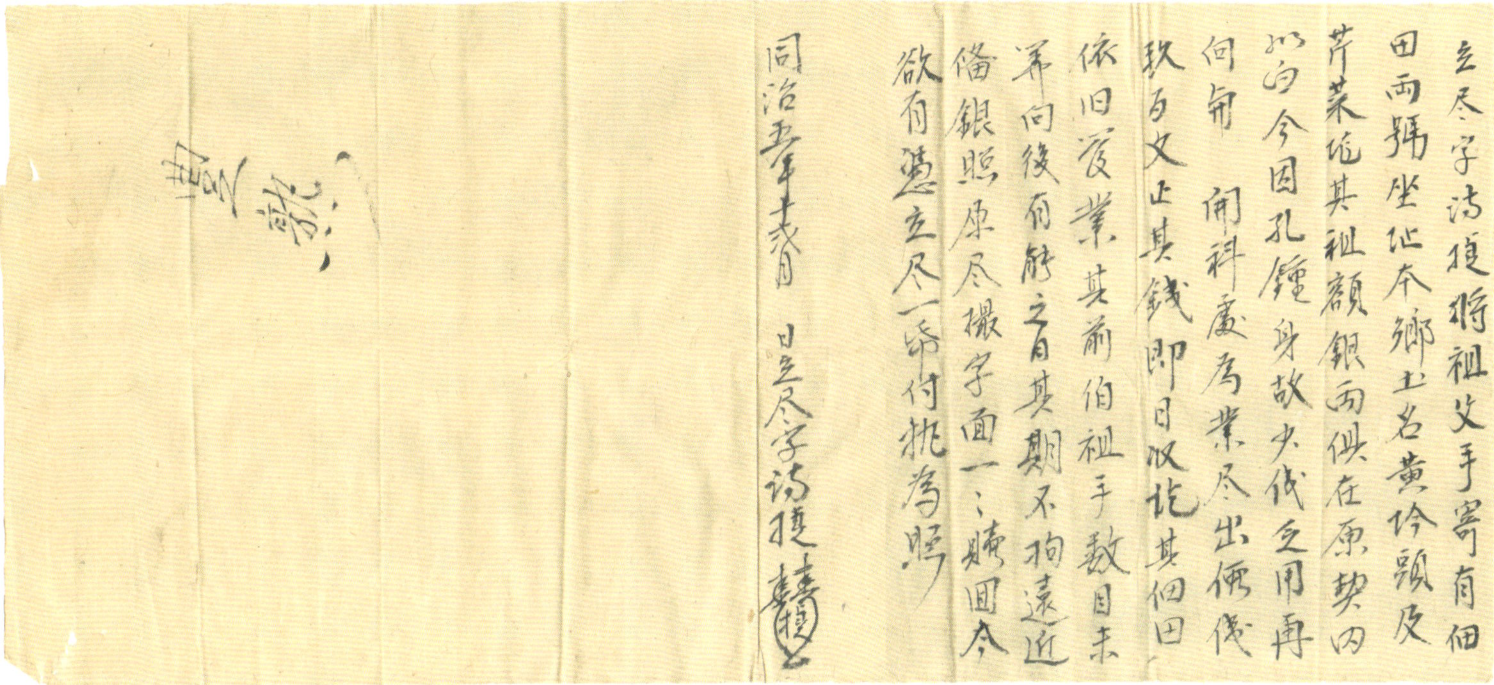
立尽字詩捷將祖父手寄有佃
田而號坐址本鄉土名黄岭頭皮
芹菜坑其祖額銀兩俱在原契内
明白今因孔鐘身故乏代乏用再
向前　閙科處為業尽出佃價
錢百文正其錢即日收訖其佃田
依旧簽業其前伯祖手數目未
清向後有能之日其期不拘遠近
備銀照原尽撮字面一一贖回今
欲有憑立尽一紙付執為照
同治五年十二月　日立尽字詩捷（押）
代筆　[illegible]

5-2-23-5　清同治五年十二月葉詩捷立盡佃田字

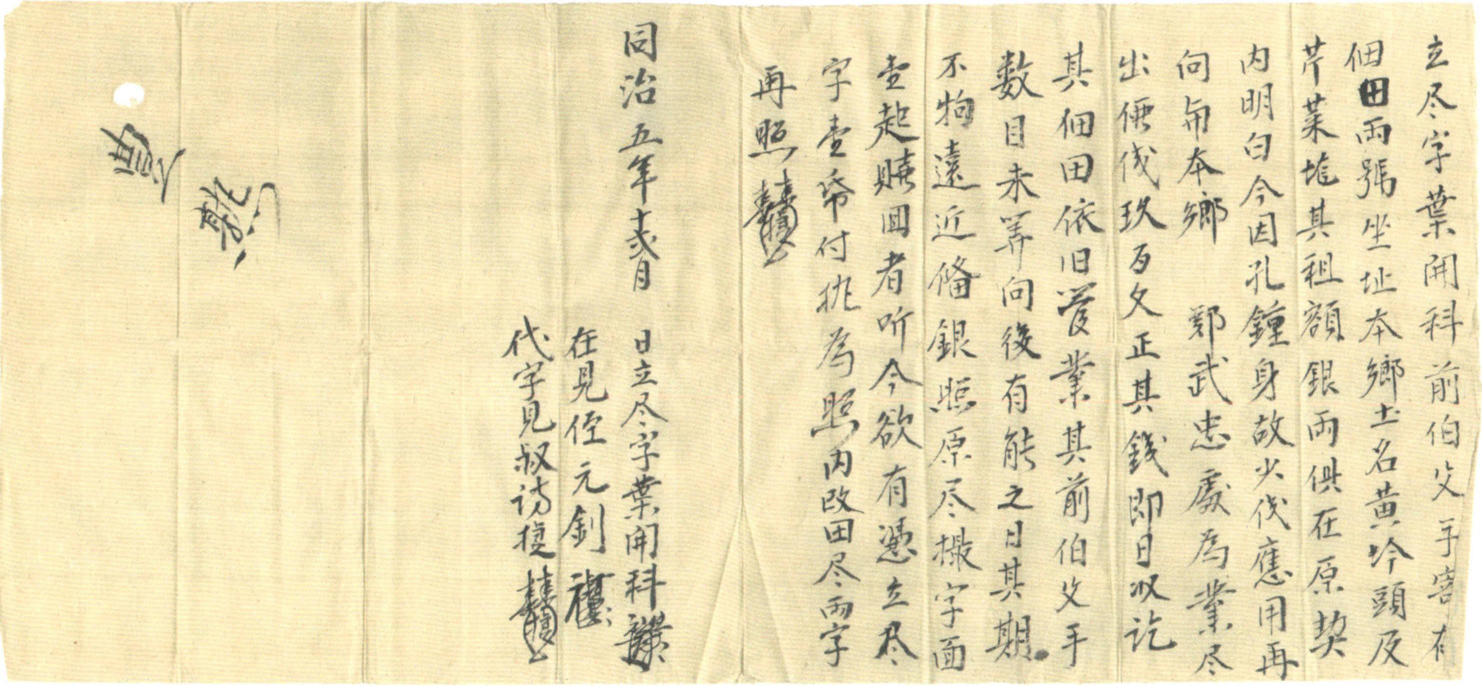
立盡字葉開科前伯父手置有
佃田兩號坐址本鄉土名黃吟頭及
芹菜墘其租額銀兩俱在原契
內明白今因孔鐘身故火化應用再
向本鄉　鄭武忠處爲業盡
出價錢玖百文正其錢即日收訖
其佃田依旧管業其前伯父手
數目未算向後有能之日其期
不拘遠近備銀照原盡撥字面
壹起贖回者听今欲有憑立盡
字壹帋付執爲照內改田盡兩字
再照

同治五年十二月　日立盡字葉開科
在見侄元釗
代字見叔訪提

5-2-23-6　清同治五年十二月葉開科立盡佃田字

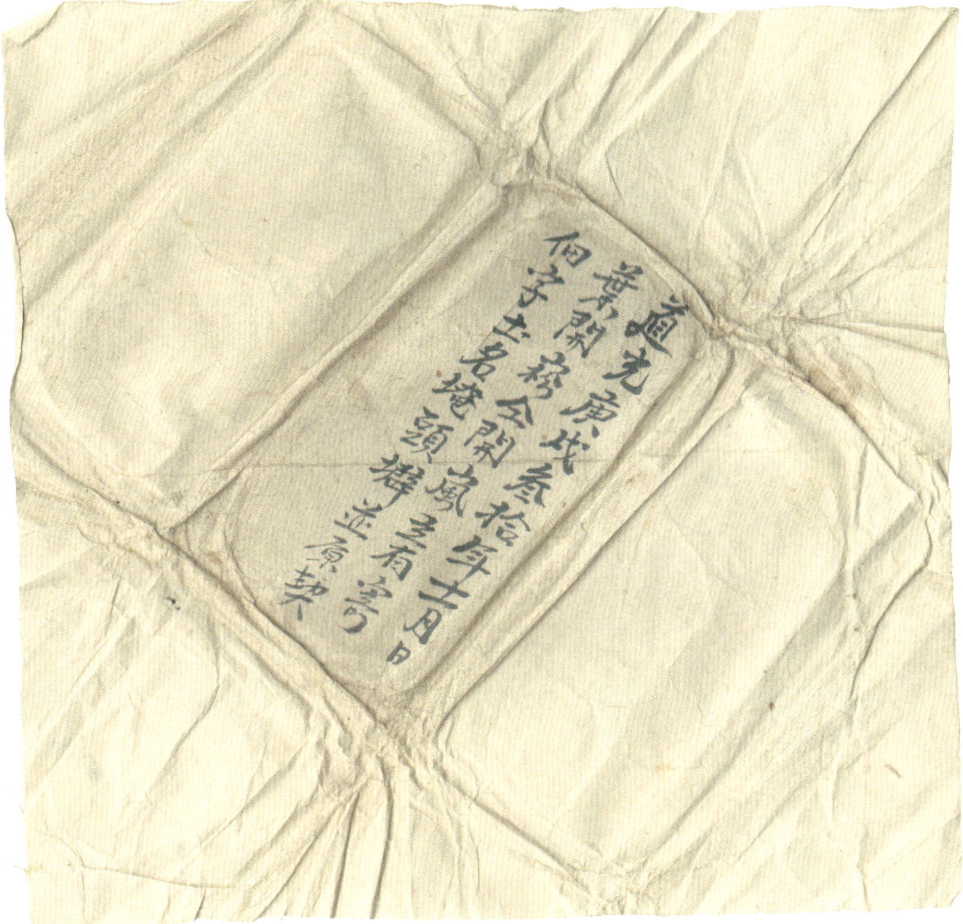

道光庚戌叁拾年十二月　日
黃開務仝開嵐三有宮
伯子去名墘頭擇並原契

5-2-24-1　包契紙

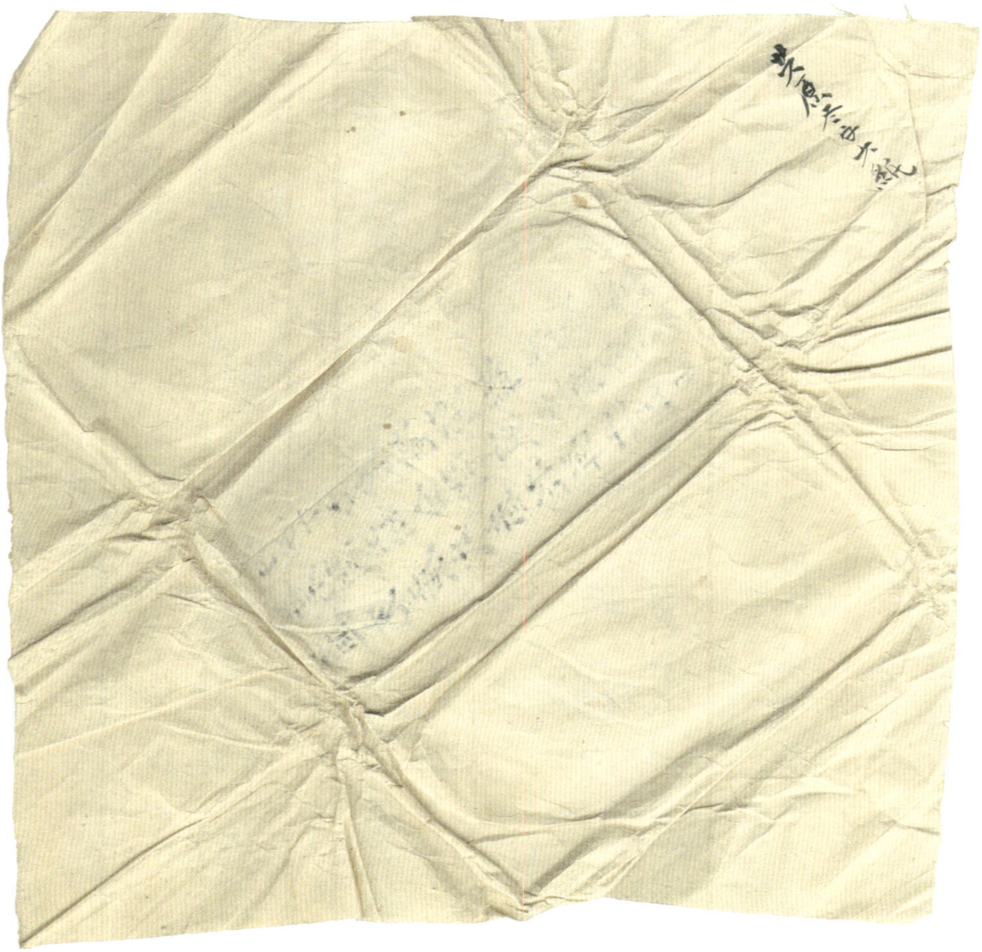

5-2-24-2　包契紙

立寄佃字葉仁新、仁楚仝將父手置有民佃田
壹號，坐落庵頭地方，土名庵頭擗，年載
正租谷壹百捌拾觔正下分，今因無銀應用，自
情愿托中送寄本鄉親人
鄭汝祥處爲業，三面言議時值價銀玖兩
捌錢正，每兩折錢捌百文，其銀即日收訖。
其佃田自己承面耕作，逐年不拘豐歉，言約
納根租谷壹百六十斤正，送至交清，明白不敢少
欠斤兩。如是少欠，即將佃田即付艮主前去另召
別耕，任從其便，寄主不敢言說之理。其大租
係是自己支納，不累艮主之事。其田在先並
無交加不明等情，如有此等，係是寄主出頭
支理，不涉艮主之事。其田有能之日，言約期
五年以滿，備艮照字面取贖者听。今欲有憑，
立寄佃字一紙，並帶原契一紙，共二紙，付爲照。
道光柒年拾壹月　日立寄佃字葉仁新（押）
仝弟　仁楚（押）
在見中姪逢秋（押）

大吉昌

5-2-24-3　清道光七年十一月葉仁新等立寄民佃田字

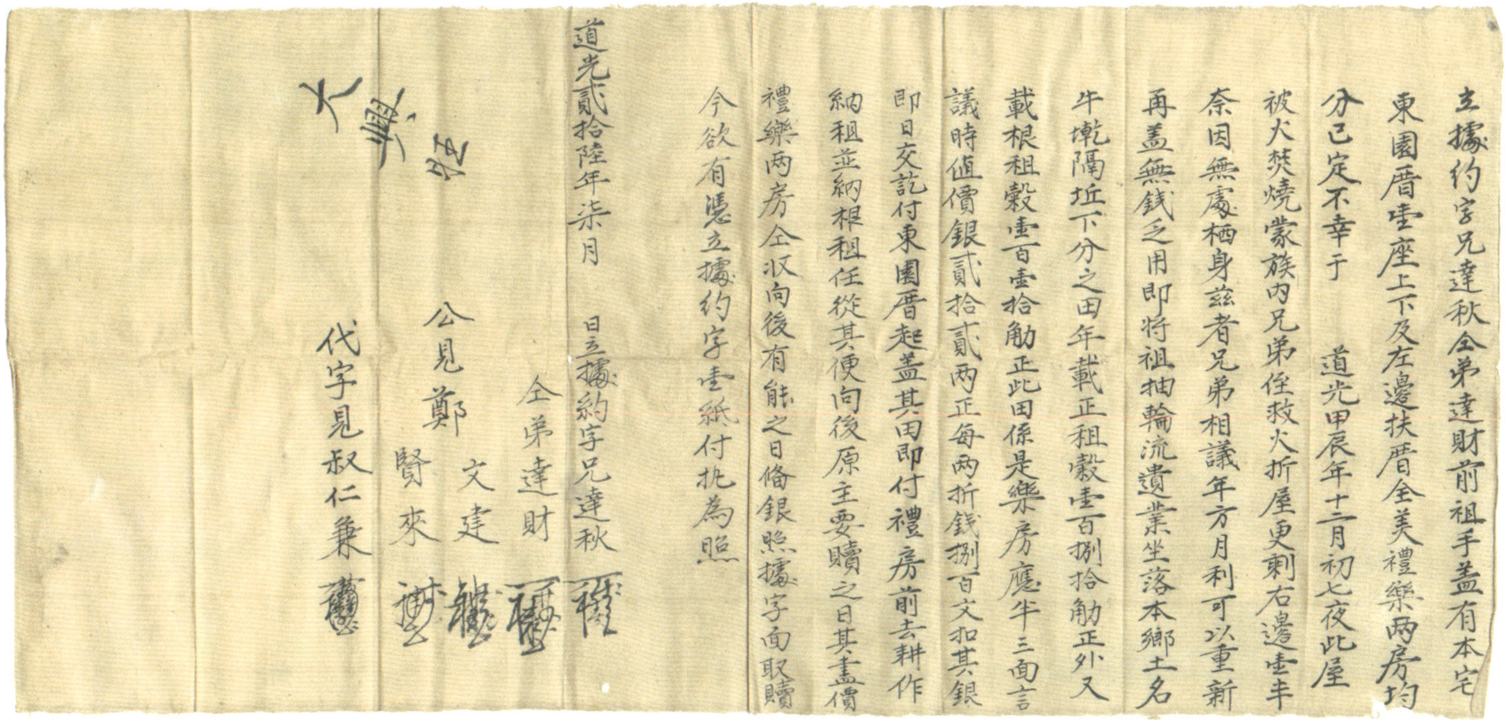

5-2-24-4　清道光二十六年七月葉達秋等立據約字

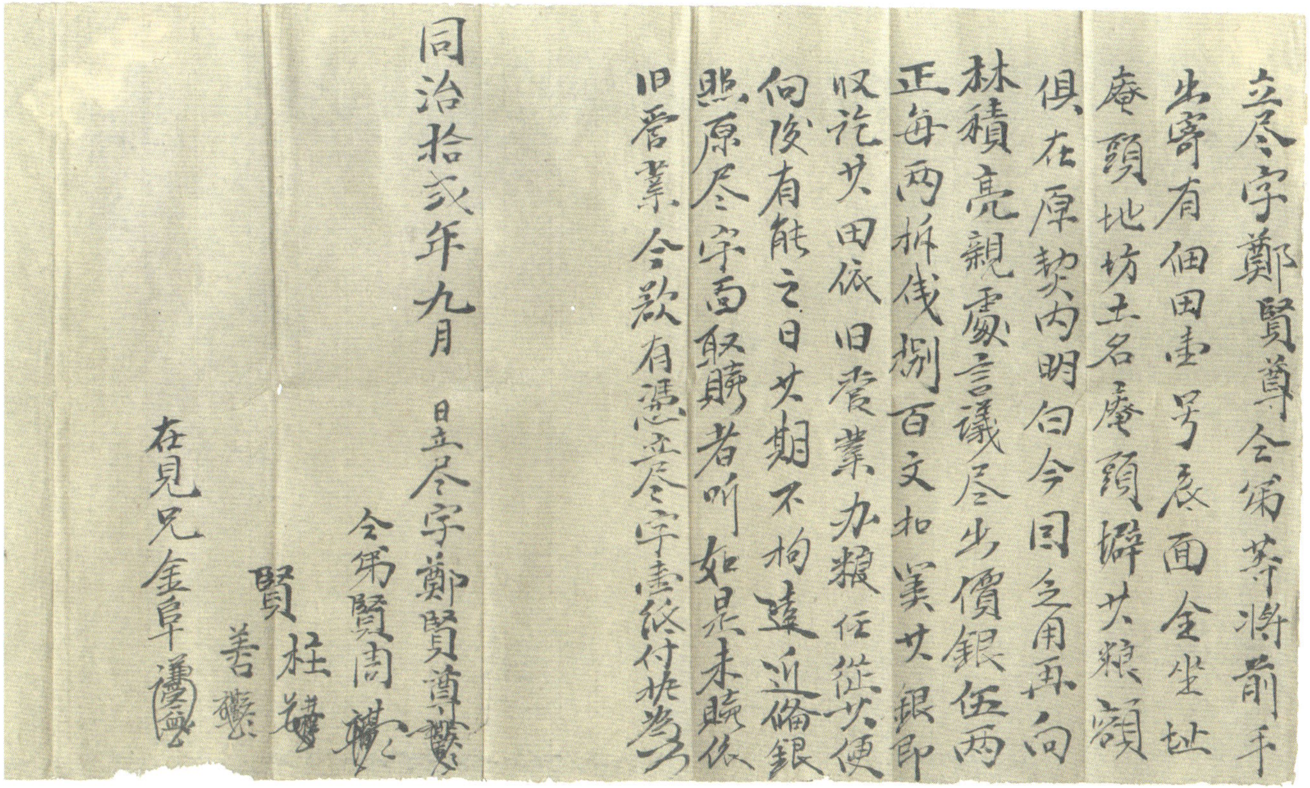

立盡字鄭賢尊仝弟等將前手
出寄有佃田壹号底面全坐址
庵頭地坊土名庵頭壀大粮額
俱在原契內明白今因乏用再向
林積亮親處言議盡出價銀伍兩
正每兩折錢捌百文扣実大銀即
收訖其田依旧管業办粮任從其便
向後有能之日其期不拘遠近備銀
照原盡字面取贖者听如是未贖依
旧管業今欲有憑立盡字壹紙付執為照

同治拾貳年九月　日立盡字鄭賢尊（押）
仝弟賢周（押）
賢柱（押）
賢善（押）
在見兄金阜（押）

5-2-24-5　清同治十二年九月鄭賢尊等立盡佃田字

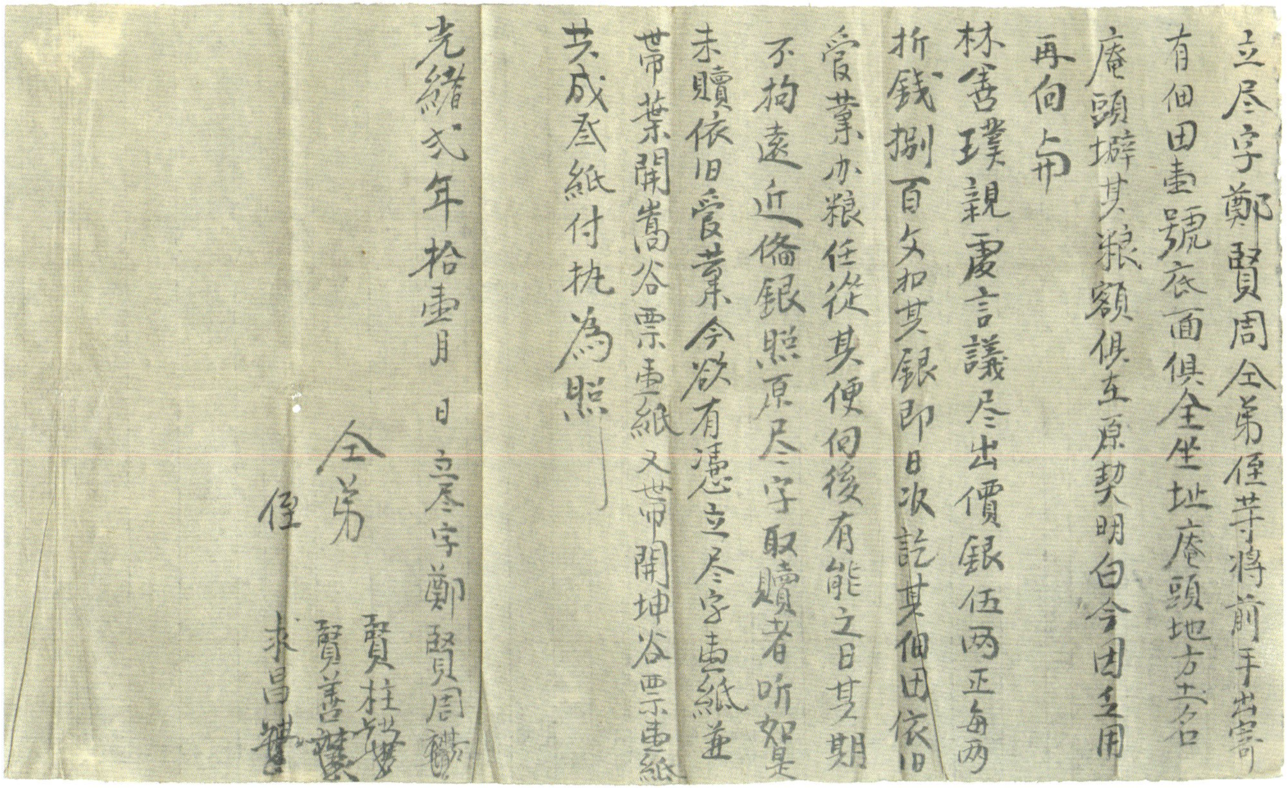

5-2-24-6　清光緒二年十一月鄭賢周等立盡底面全佃田字

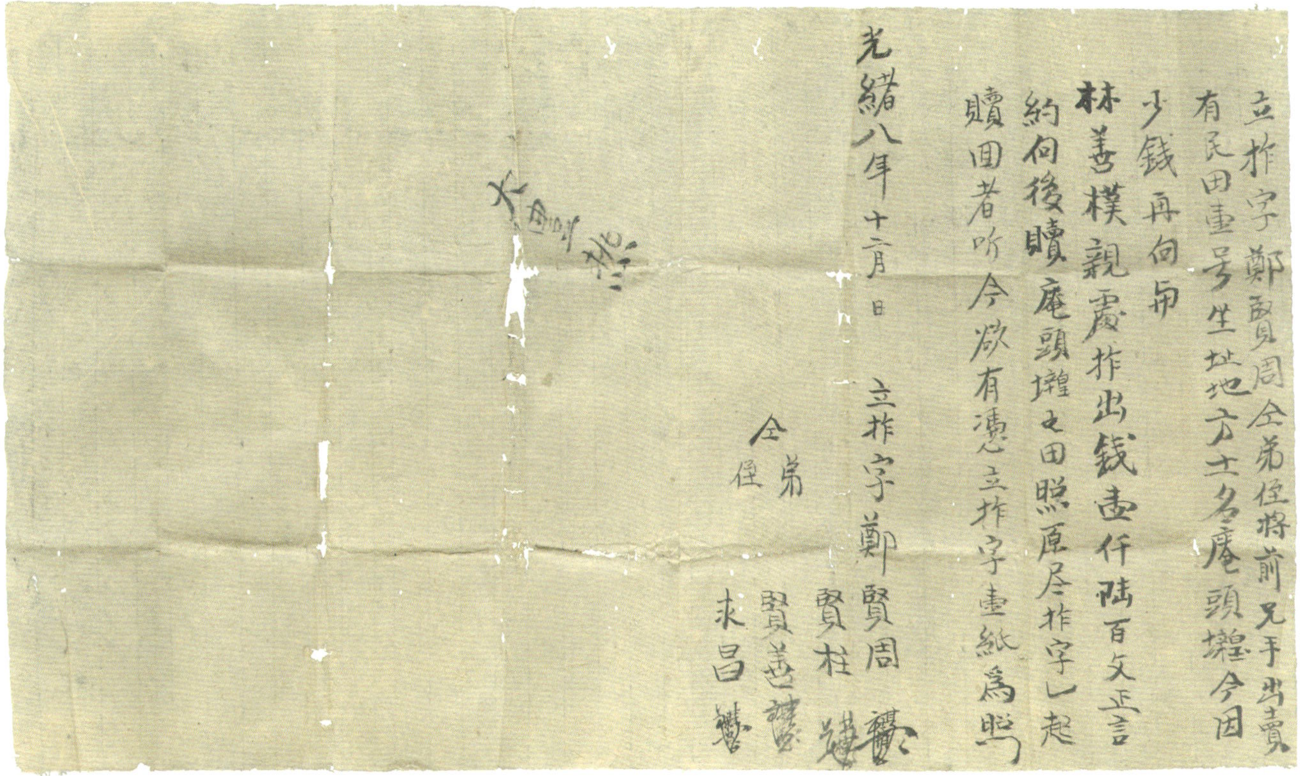
立拃字鄭賢周仝弟侄將前兄手出賣
有民田壹号生𡊨地方土名庵頭壠今因
少錢再向帋
林善樸親處拃出錢壹仟陸百文正言
約向後贖庵頭壠之田照原尽拃字乚起
贖田者听仝欲有憑立拃字壹紙為照

光緒八年十二月　日　立拃字鄭賢周（押）
仝　弟　賢柱（押）
　　侄　賢善（押）
　　　　求昌（押）

5-2-24-7　清光緒八年十二月鄭賢周等立撮字

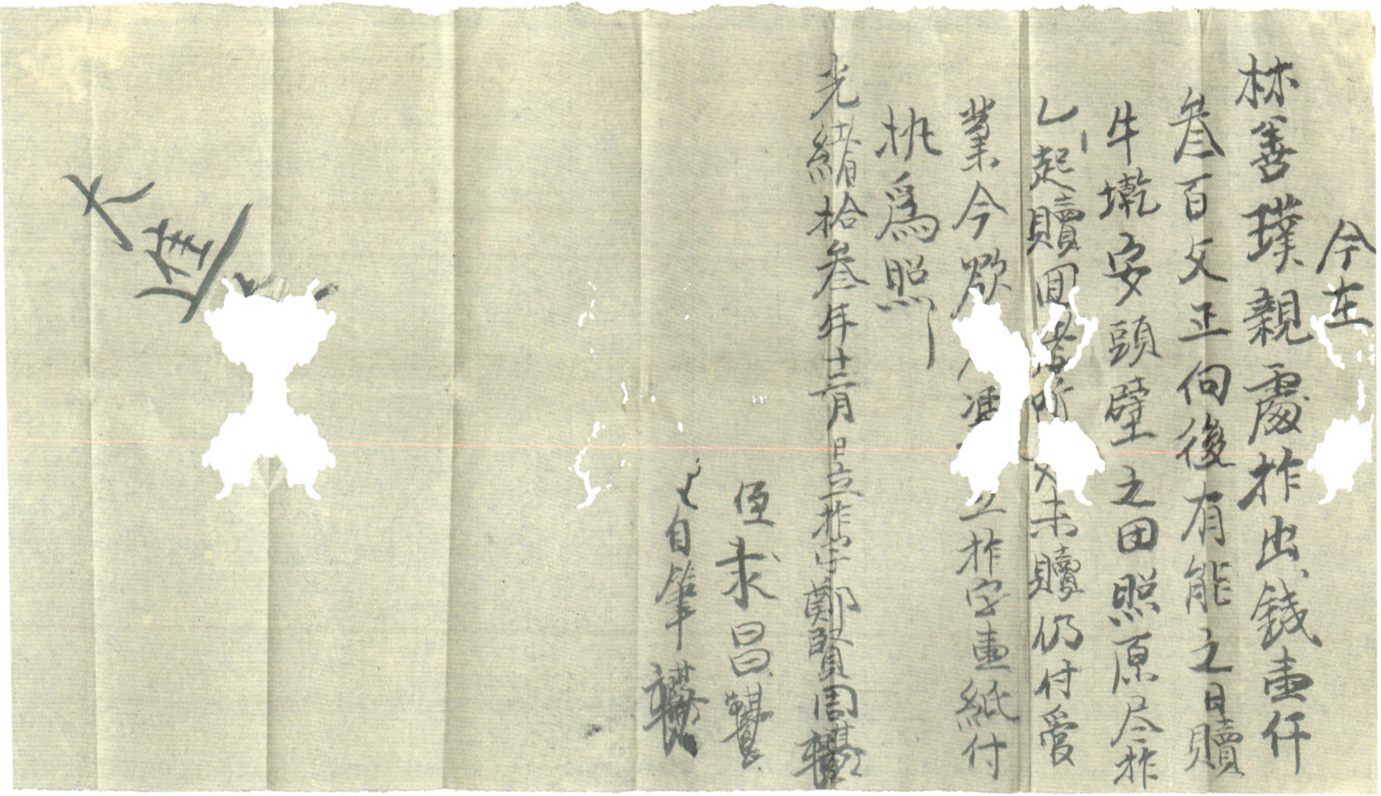
今在
林善璞親處拃出錢壹仟
叁百文正向後有能之日贖
牛壠安頭壁之田照原拃
亡起贖回其所□文未贖仍付管
業今欲□人憑立拃字壹紙付
执為照
光緒拾叁年十二月日立拃字鄭賢周
匡求昌
自筆
大進

5-2-24-8　清光緒十三年十二月鄭賢周立撮字

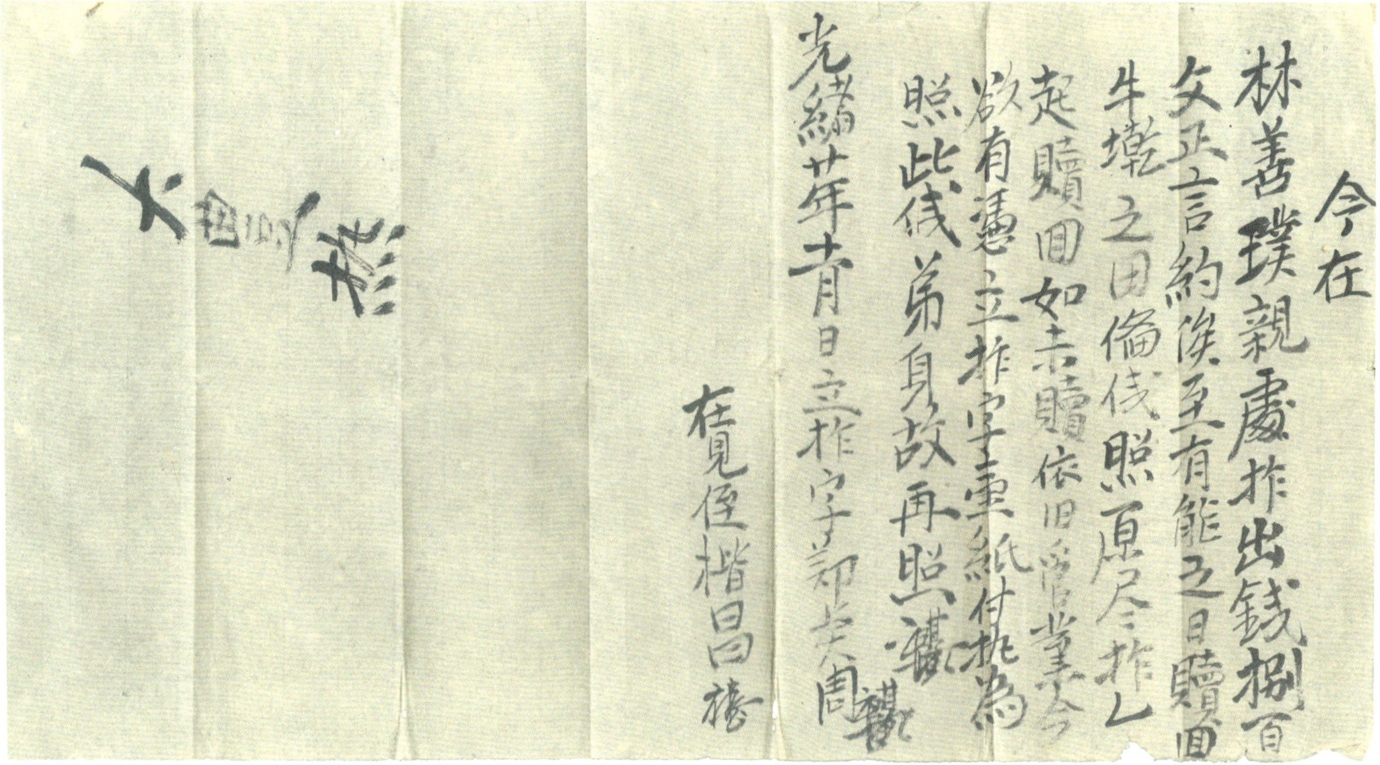
今在
林善璞親處扎出錢捌百
文，其言約後至有能之日贖回
牛壠之田，備錢照原，今扎山
起贖，田如未贖，依旧管業，今
欲有憑，立扎字壹紙付執為
照。此錢弟身故再照[illegible]
光緒廿年十一月日立扎字鄭賢周
在見侄楷昌
大吉利

5-2-24-9　清光緒二十年十一月鄭賢周立撮字

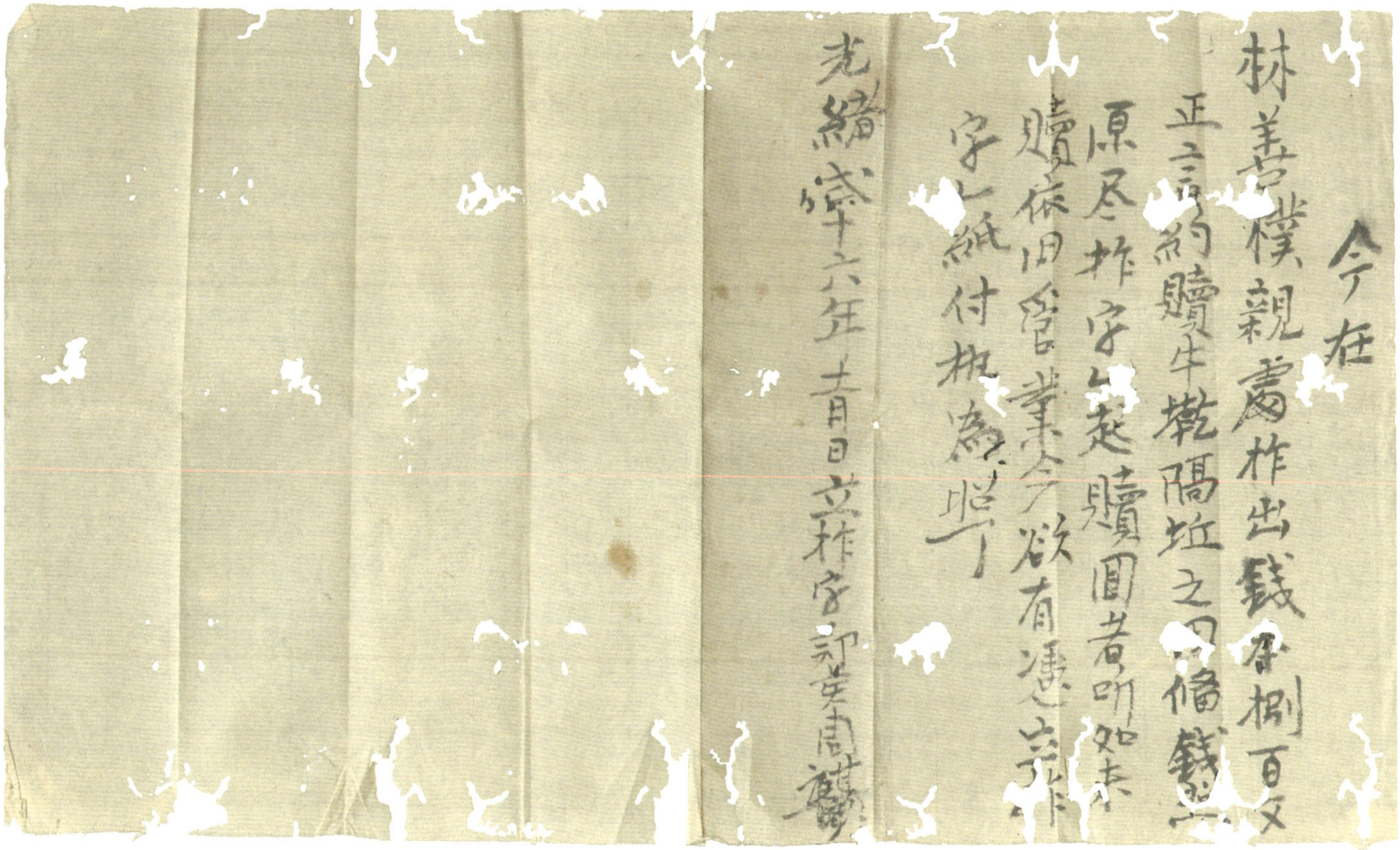

今在
林善樸親處作出錢[illegible]捌百文
正言約贖牛乾隔坵之田倫錢[illegible]
原尽作字起贖固者叩知[illegible]
贖依旧管業今欲有憑立作
字一紙付執為照
光緒廿六年十一月日立作字鄭旻周[illegible]

5-2-24-10　清光緒二十六年十一月鄭旻周立撮字

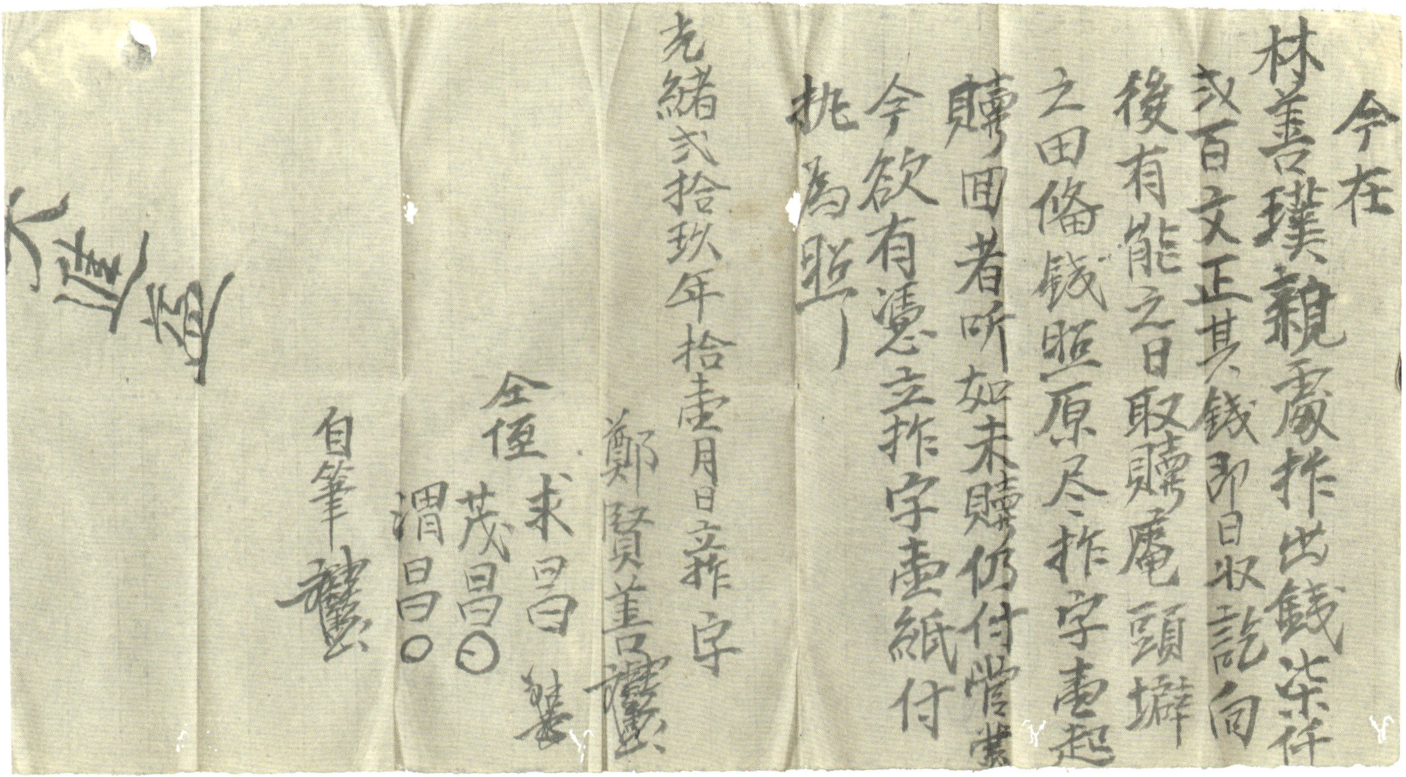
今在
林善璞親處撮出錢柒仟
貳百文正其錢即日收訖向
後有能之日取贖庵頭墘
之田倫錢照原尽撮字壹起
贖回者昕如未贖仍付管業
今欲有憑立撮字壹紙付
批為照
光緒貳拾玖年拾壹月　日立撮字　鄭賢善
全侄　求昌　茂昌　渭昌
自筆

5-2-24-11　清光緒二十九年十一月鄭賢善立撮字

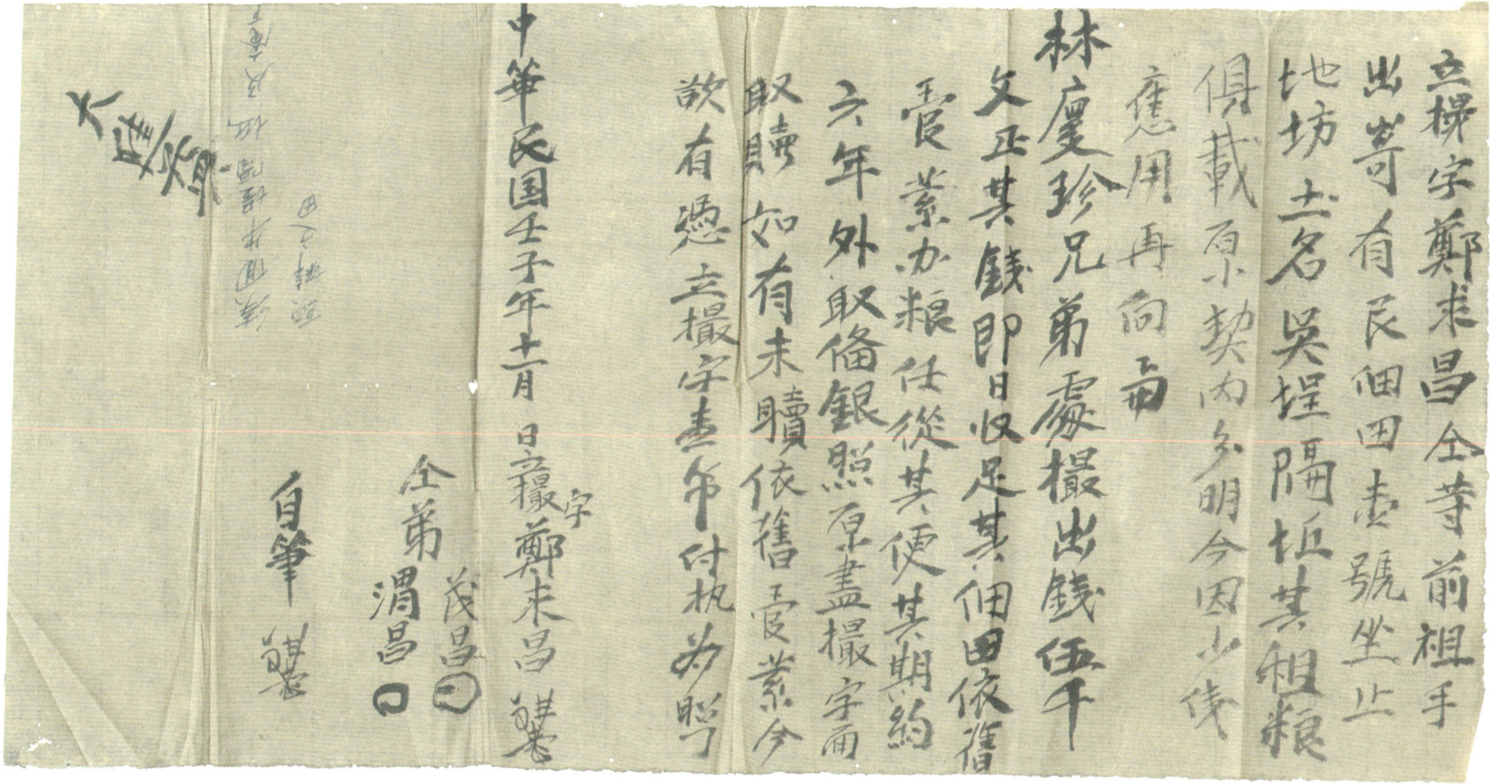

5-2-24-12　民國元年十一月鄭求昌等立撮字

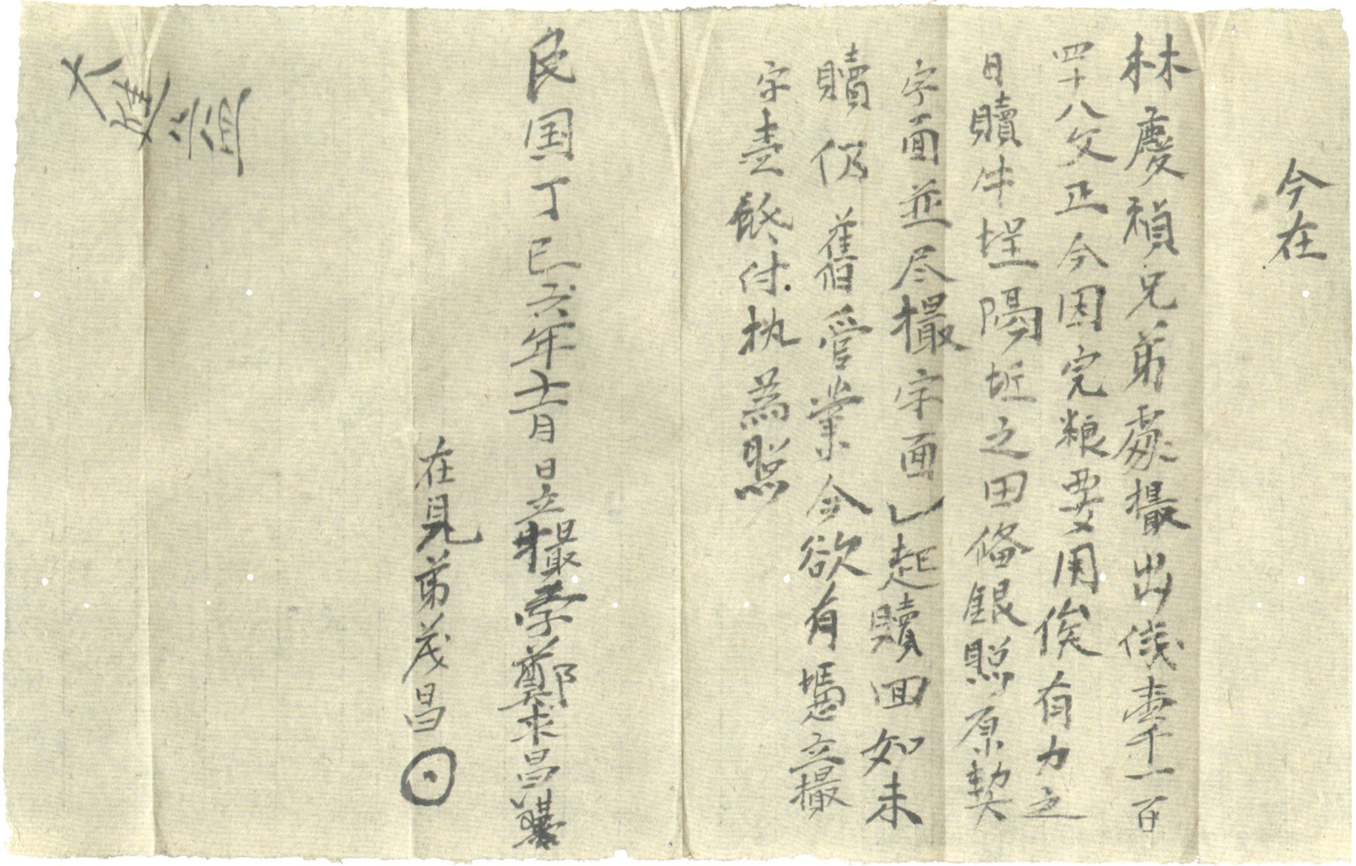

今在
林慶禎兄弟撮出錢壹千一百
四十八文正，今因完粮要用，俟有力之
日贖坪垟陽坵之田，備銀照原契
字面並及撮字面一起贖回，如未
贖，仍舊管業。今欲有憑，立撮
字壹紙付執為照。

民国丁巳六年十一月　日立撮字鄭求昌[押]
在見弟茂昌 ⊙

大□順

5-2-24-13　民國六年十一月鄭求昌立撮字

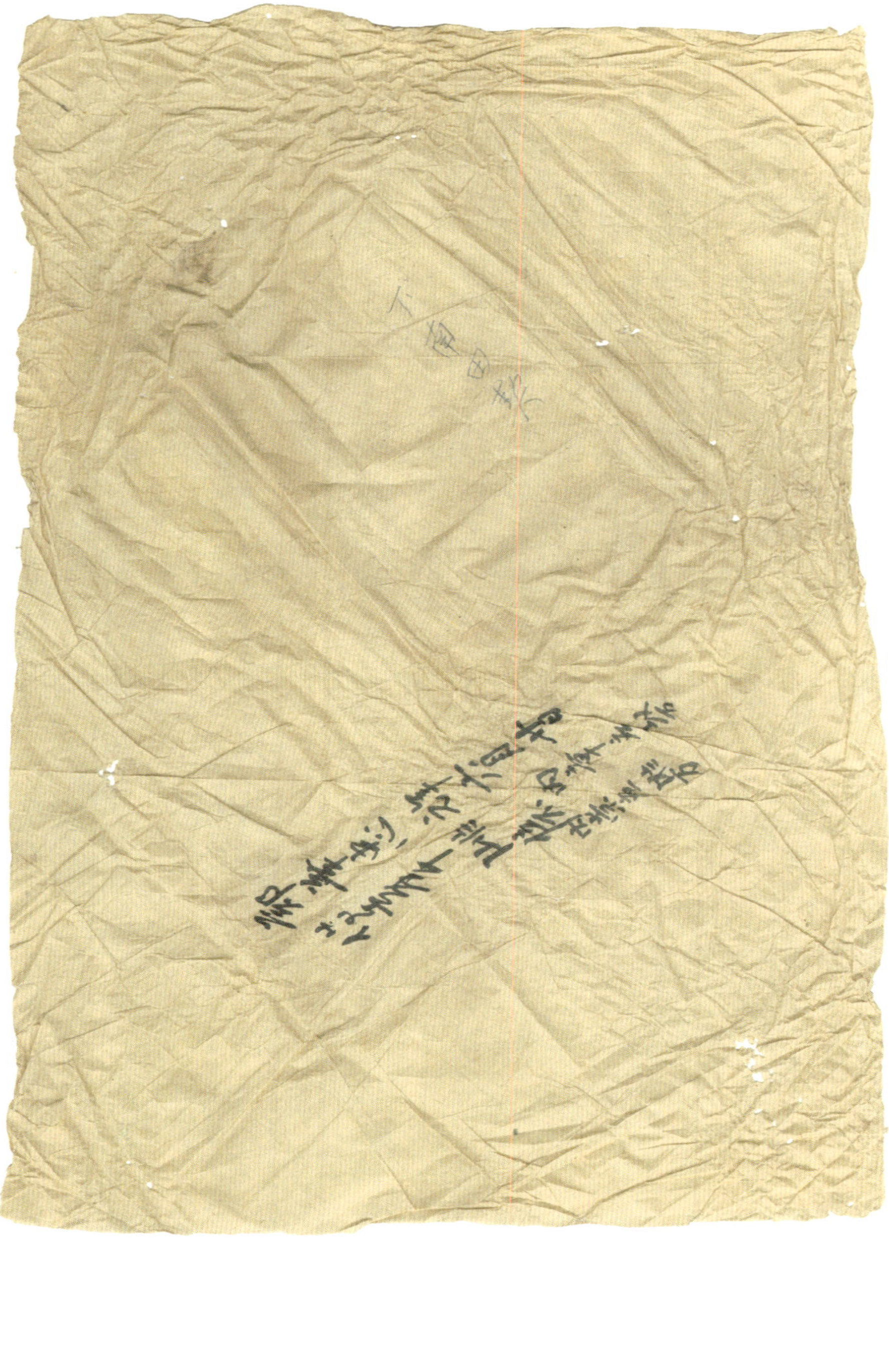

5-2-25-1　包契紙

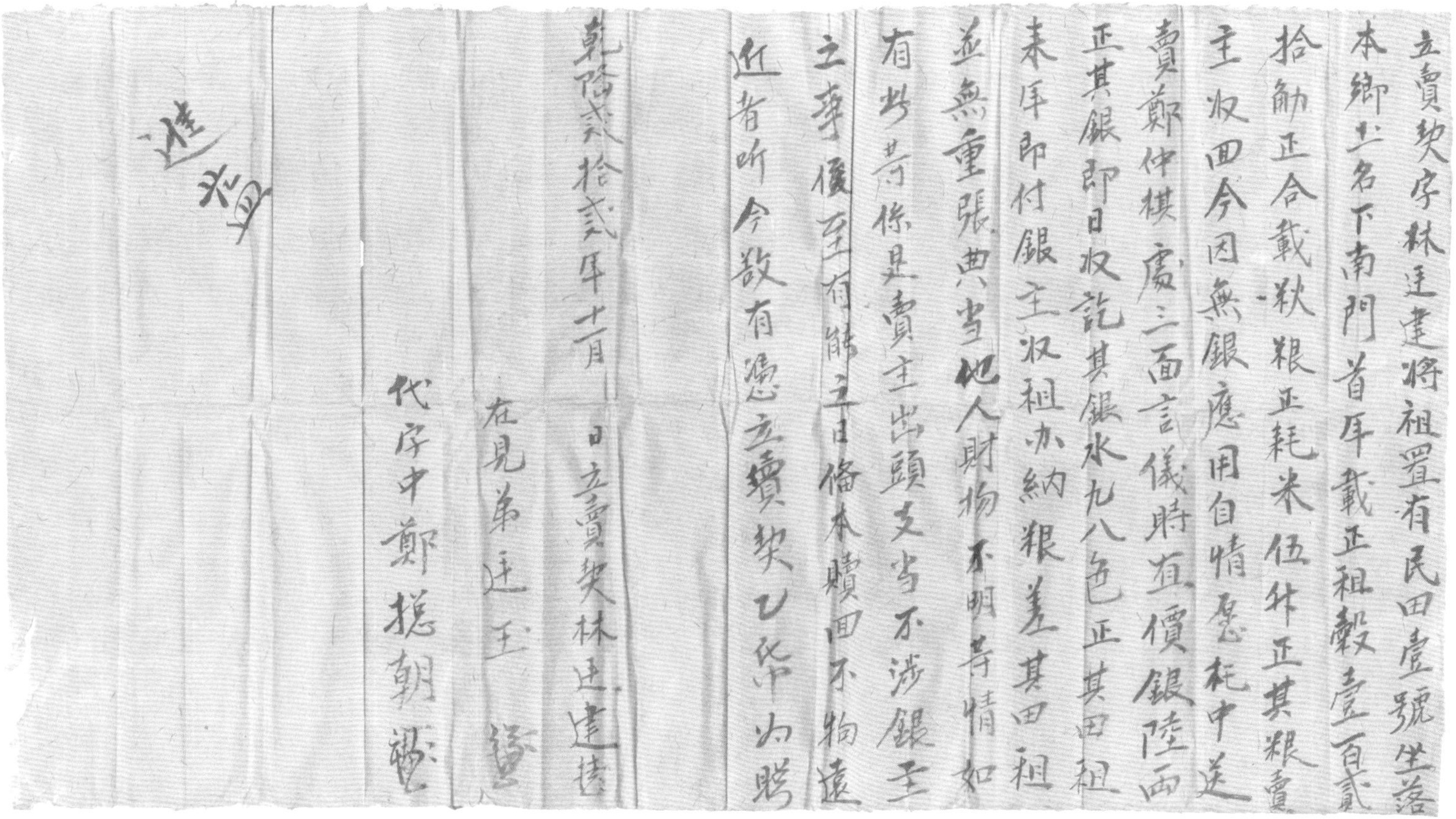

立賣契字林廷建，將祖置有民田壹號，坐落
本鄉土名下南門首，年載正租穀壹百貳
拾觔正，合載秋粮正耗米伍升正，其粮壹
主收。田今因無銀應用，自情愿托中送
賣鄭仲棋處，三面言議時值價銀陸兩
正，其銀即日收訖，其銀水九八色正。其田祖
來年即付銀主收租，亦納粮差。其田祖
並無重張典當他人財物不明等情。如
有此等，係是賣主出頭支當，不涉銀主
之事。候至有能之日，備本贖田，不拘遠
近，者听。今欲有憑，立賣契乙帋為照。

乾隆貳拾貳年十一月　日立賣契林廷建（押）

在見弟廷玉（押）

代字中鄭挺朝（押）

5-2-25-2　清乾隆二十二年十一月林廷建立賣民田契

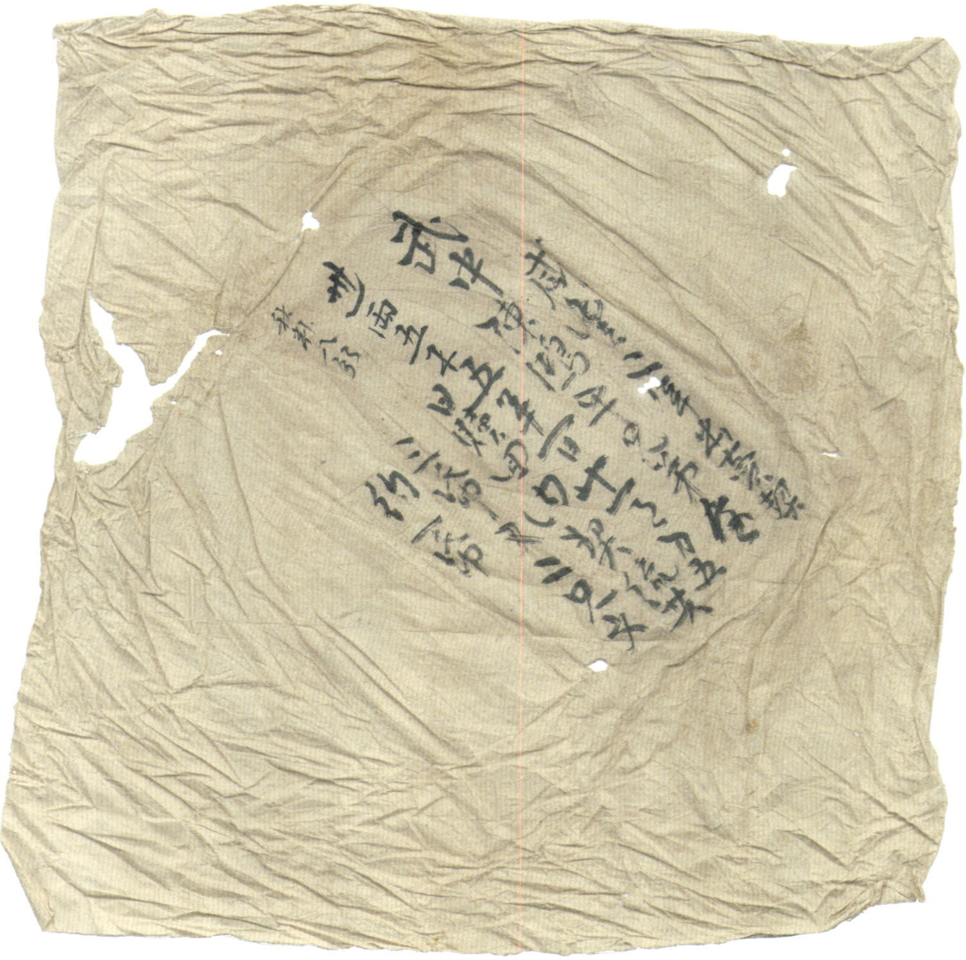

5-2-26-1　包契紙

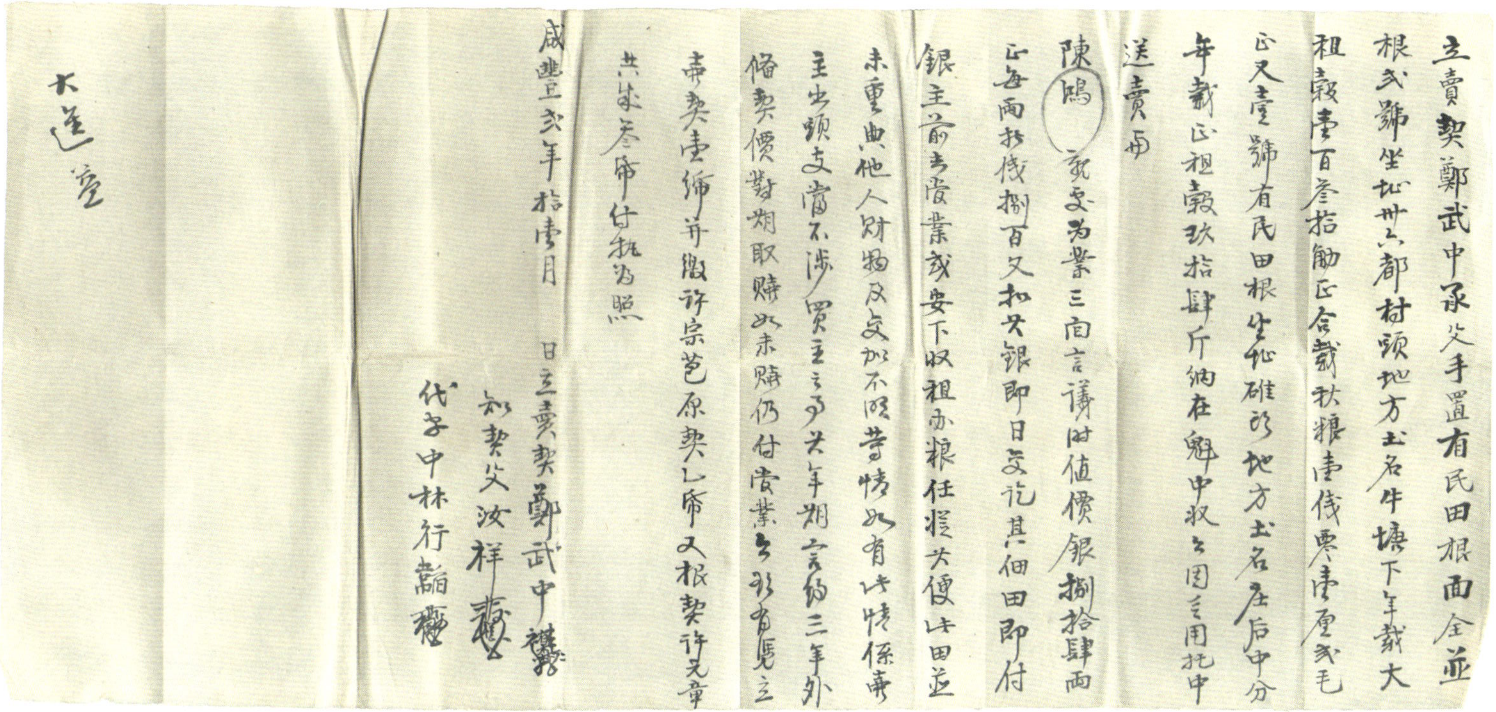

立賣契鄭武中承父手置有民田根面全並
根式號坐址廿六都村頭地方土名牛壙下年載大
租穀壹百叁拾觔正合載秋粮壹錢叁厘式毛
正又壹號有民田根坐址碓頭地方土名庄后中分
年載正租穀玖拾肆斤納在鄉中收々同々用托中
送賣與
陳鳴親边為業三面言議時值價銀捌拾肆兩
正每兩扣錢捌百文扣足銀即日交訖其佃田即付
銀主前去管業或安下收租亦粮任從其便此田並
未重典他人財物及交加不明等情如有此情係賣
主出頭支當不涉買主之事其年期言約三年外
備契價對期取贖如未贖仍付管業茲此有憑立
賣契壹紙並繳許宗芭原契乙紙又根契許元章
共叁紙付執為照
咸豐式年拾壹月　日立賣契鄭武中
知契父汝祥
代字中林行龢

5-2-26-2　清咸豐二年十一月鄭武中立賣根面全民田契

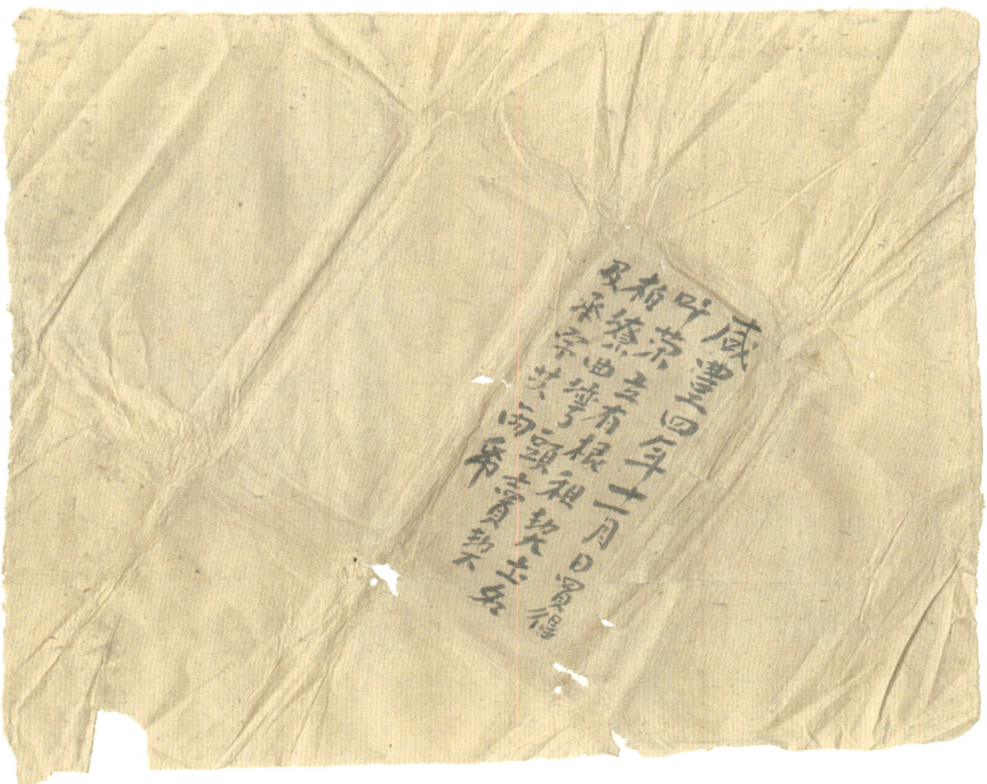

5-2-27-1　包契紙

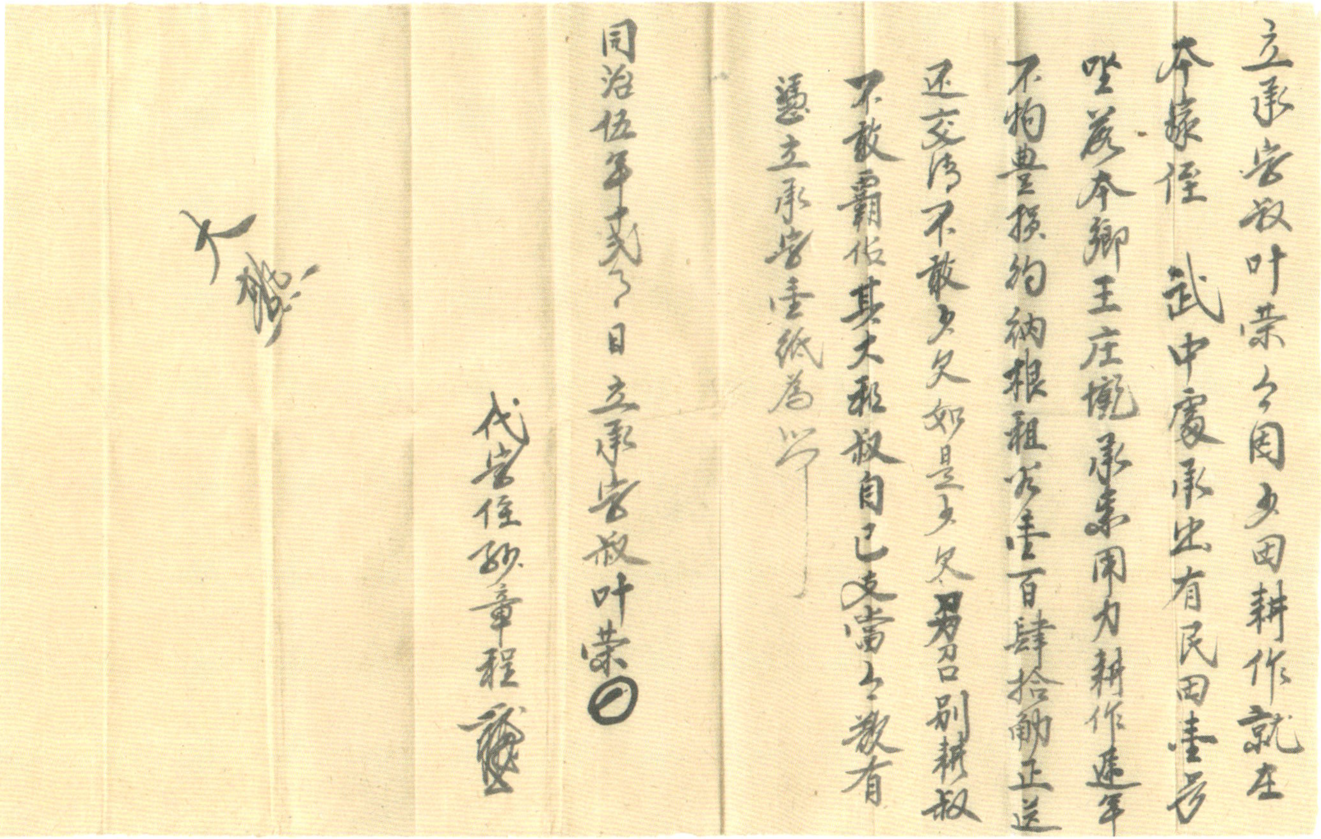
立承佃字叔叶荣今因無田耕作就在
本族侄　武中處承出有民田壹号
坐落本鄉王庄墘承來開力耕作逐年
不拘豐損約納粮租谷壹百肆拾觔正送
还交清不敢少欠如是少欠另召别耕叔
不敢霸佔其大租叔自己支當今欲有
憑立承佃字壹紙為照
同治伍年十二月　日立承佃字叔叶荣（押）
代字侄妙章程（押）
大發

5-2-27-2　清同治五年十二月鄭叶荣立承佃字

5-2-28-1　包契紙

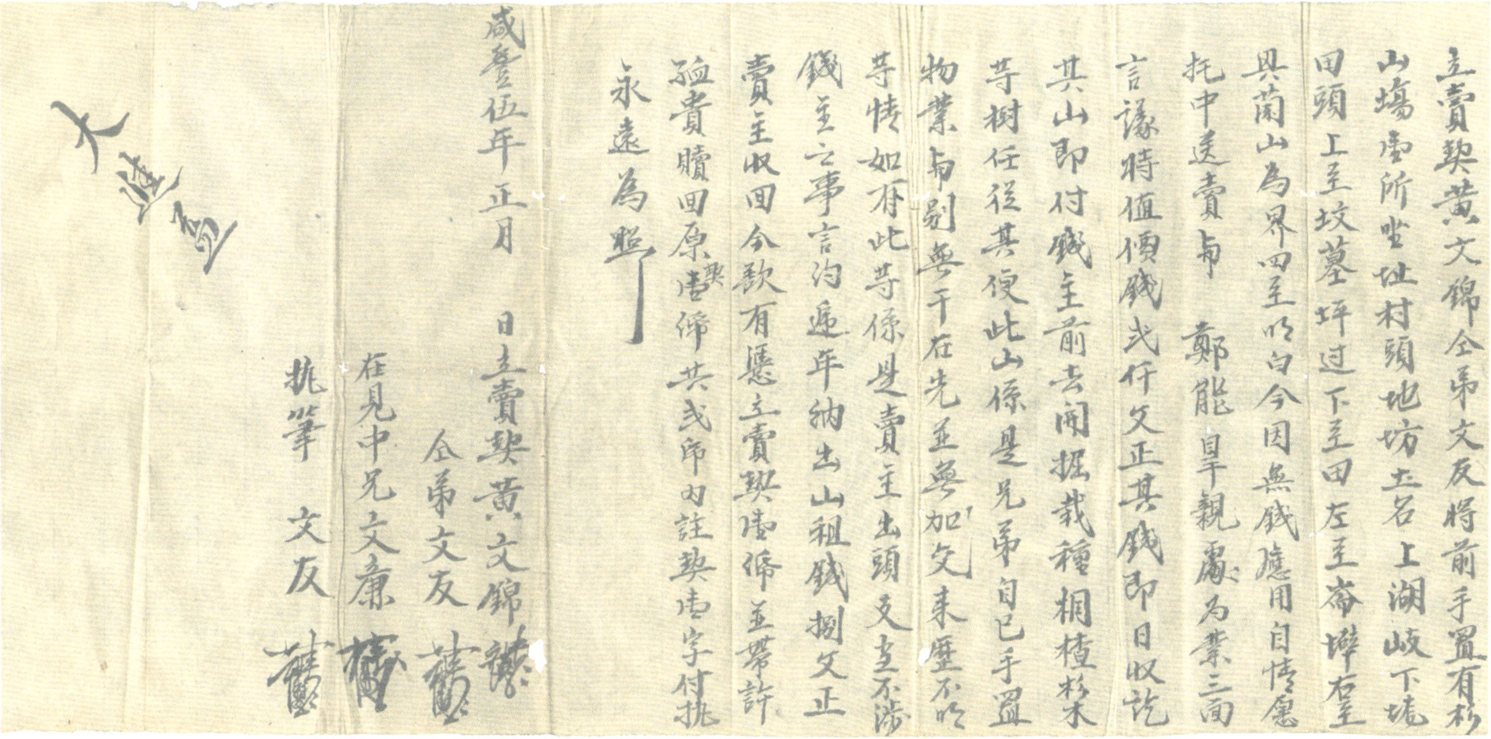
立賣契黄文錦仝弟文友將前手置有杉
山塲壹所坐址村頭地坊土名上湖岐下坵
田頭上至坟墓坪过下至田左至崙嵴右至
與蘭山為界四至明白今因無錢應用自情愿
托中送賣與　鄭能旱親處為業三面
言議時值價錢弍仟文正其錢即日收訖
其山即付錢主前去開掘栽種桐樟杉木
等樹任從其便此山係是兄弟自己手置
物業與別無干在先並無加文未歷不明
等情如有此等係是賣主出頭支当不涉
錢主之事言約逐年納出山租錢捌文正
賣主收回仝歘有憑立賣契壹係並帶許
贖田原契壹係共弍帋内註契壹字付执
永遠為照

咸豐伍年正月　日立賣契黄文錦
仝弟文友
在見中兄文康
執筆　文友

大吉

5-2-28-2　清咸豐五年正月黄文錦等立賣杉山場契

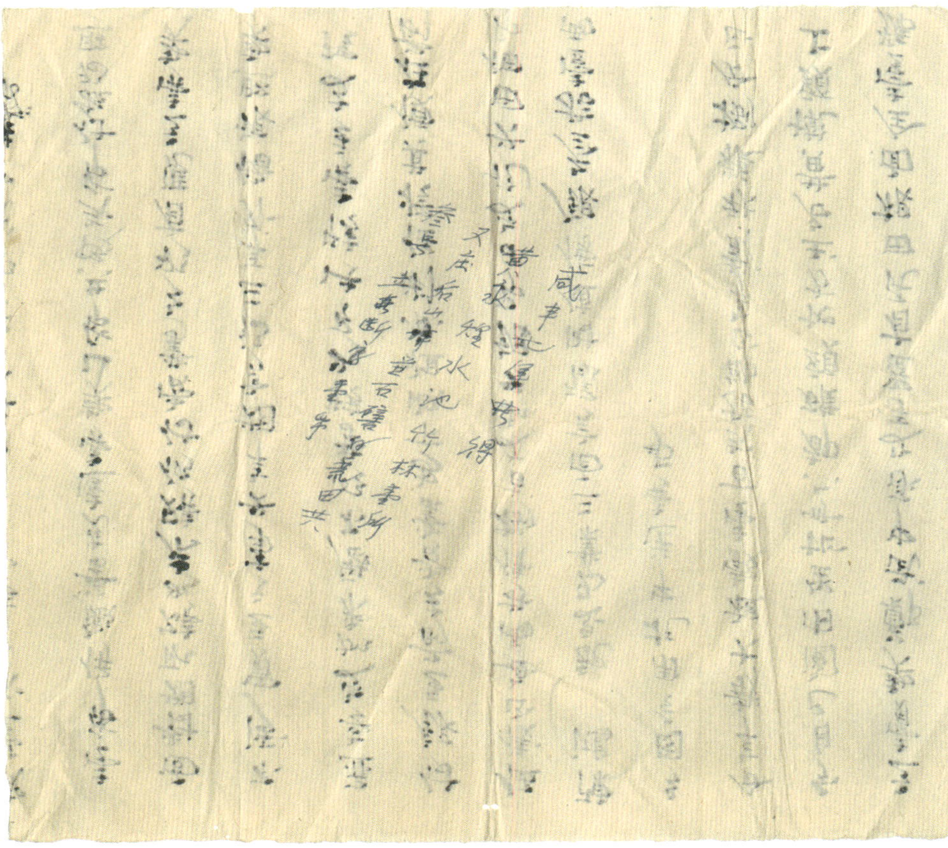

5-2-29-1　包契紙

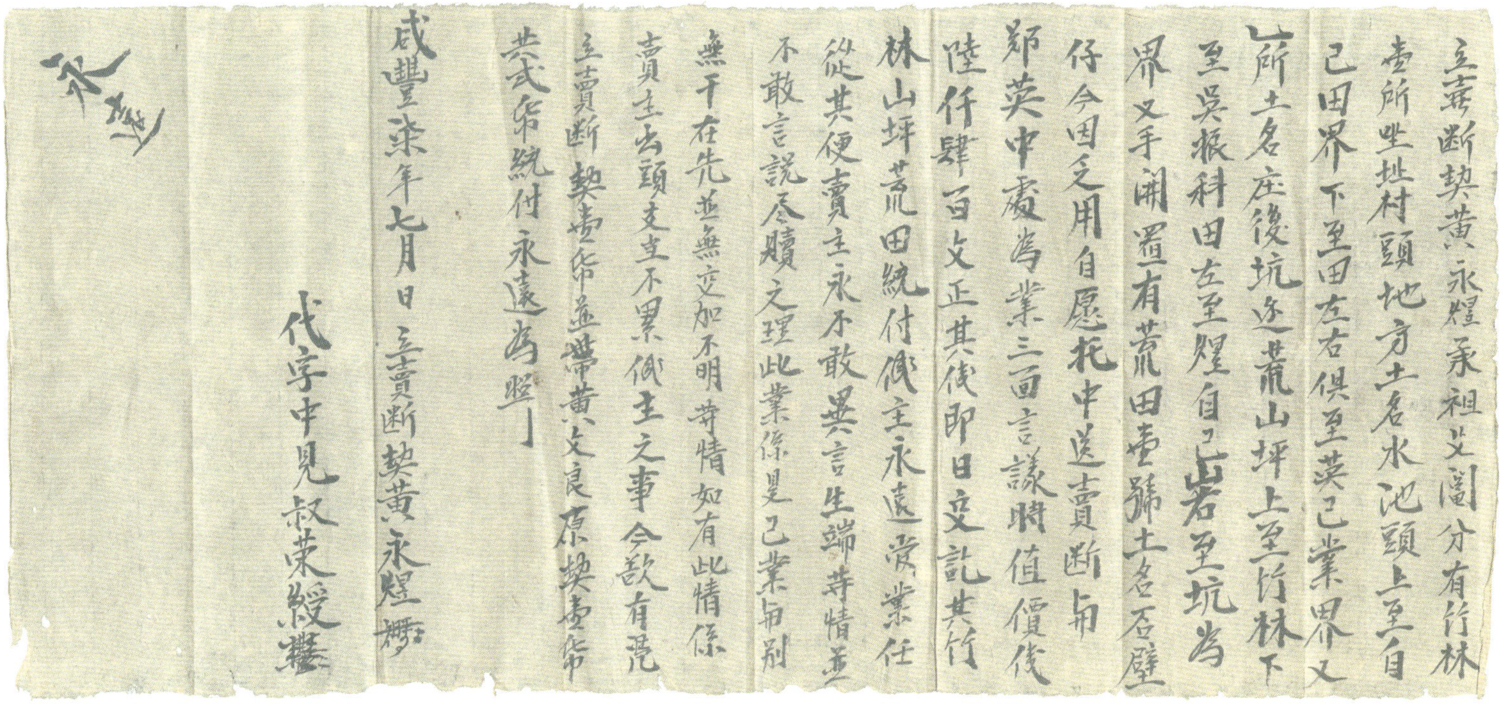
立賣斷契黃永煋承祖父鬮分有竹林
壹所坐址村頭地方土名水池頭上至自
己田界下至田左右俱至英己業界又
壹所土名庄後坑逆荒山坪上至竹林下
至吳振科田左至煋自己岩至坑為
界又手開置有荒田壹號土名石壁
仔今因乏用自愿托中送賣斷與
鄭英中處為業三面言議時值價錢
陸仟肆百文正其錢即日交訖其竹
林山坪荒田既付錢主永遠管業任
從其便賣主永不敢異言生端等情並
不敢言說取贖之理此業係是己業與別
無干在先並無交加不明等情如有此情係
賣主出頭支當不累錢主之事今欲有憑
立賣斷契壹紙並帶黃文良原契壹紙
共貳紙付永遠為照
咸豐柒年七月　日立賣斷契黃永煋
代字中見叔栄綬
永遠

5-2-29-2　清咸豐七年七月黃永煋立賣斷竹林契

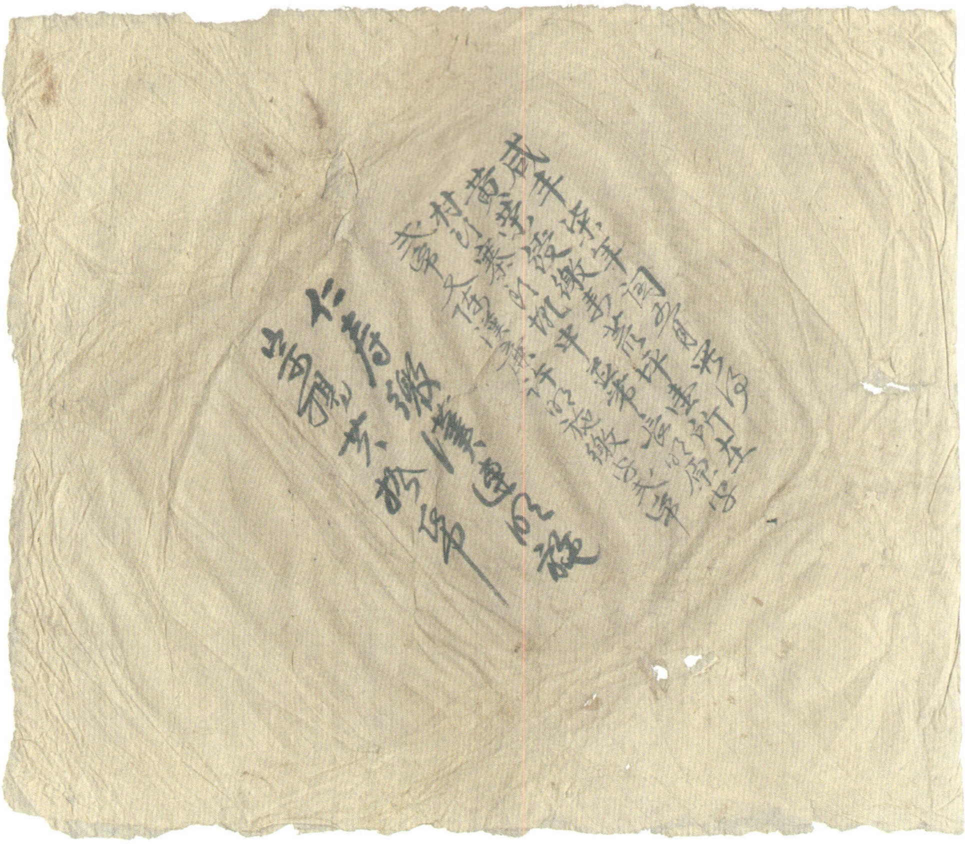

5-2-30-1　包契紙

立賣契黃長明將祖分遺閫內有民田一
號坐落本鄉村頭地方土名寨頭墘底面
貝全今因無錢應用自情愿托中送賣與
許開德兄弟處三面言議賣出價錢肆
仟陸伯文正其錢即日收訖其田付錢主
起佃耕作任從其便賣主不敢霸占言說
之理取田並無重張典當他人財物不明等情
如有此等者賣主出頭支理不涉錢主之事
其錢言約不拘遠近有能之日備錢照契
面乙乙贖回者听今欲有憑立賣契乙帋為
照

其料自己支當兩照

嘉慶貳拾肆年十一月　日立賣契黃長明
在見中叔吳典

立承字黃長明今因少田耕作就在前湖
許開德處承回耕作遞年約納租谷玖拾觔正不敢
少欠升合如是少欠坐家取討其田付錢主另召
別耕承主不敢霸占之理今欲有憑立承字乙
帋付執為照

嘉慶貳拾肆年十二月　日立承字黃長明

5-2-30-2　清嘉慶二十四年十一月黃長明立賣民田契

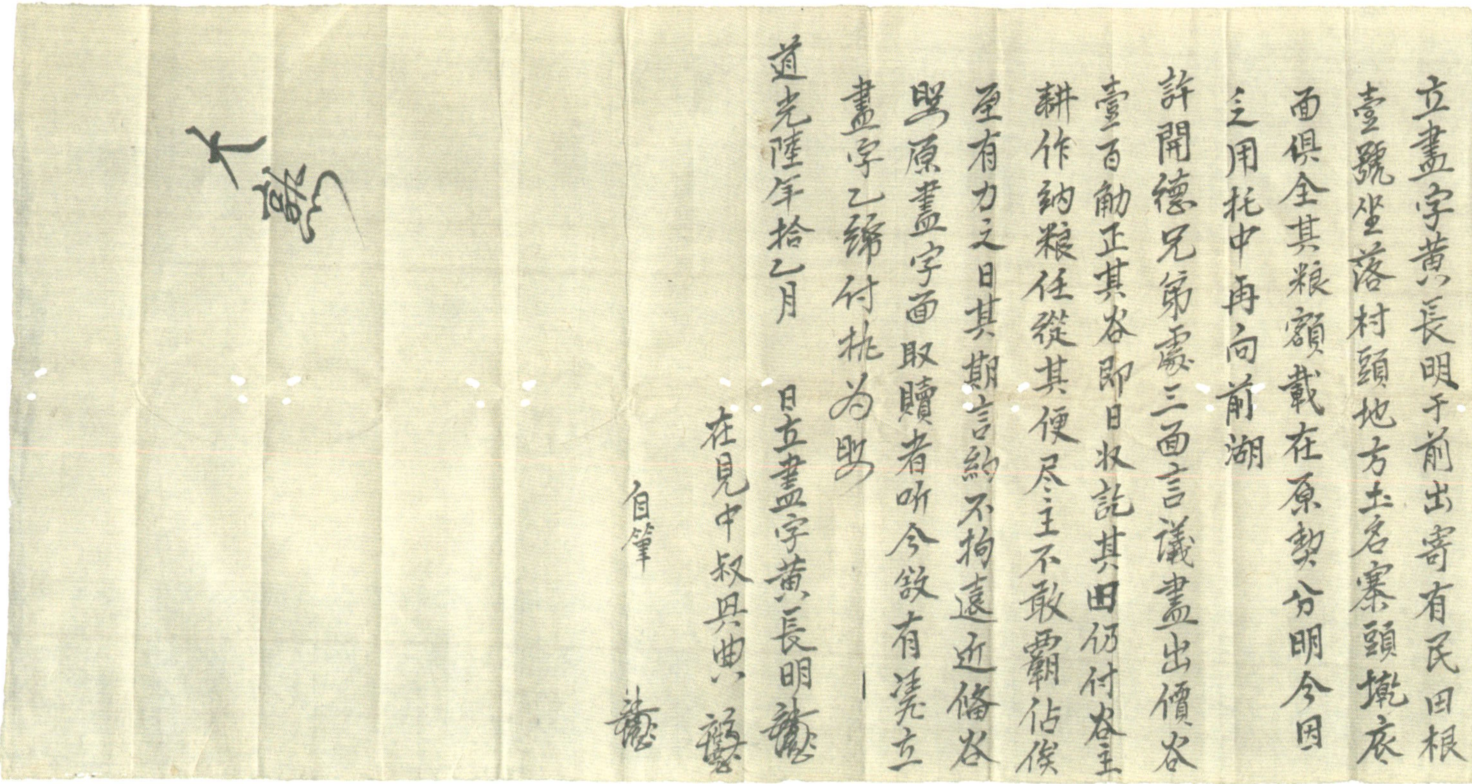
立盡字黃長明于前出寄有民田根
壹號坐落村頭地方土名寨頭墘底
面俱全其粮額載在原契分明今因
乏用托中再向前湖
許開德兄弟處三面言議盡出價谷
壹百觔正其谷即日收訖其田仍付谷主
耕作納粮任從其便尽主不敢霸佔俟
至有力之日其期言約不拘遠近備谷
照原盡字面取贖者听今欲有凭立
盡字乙紙付執為照
道光陸年拾乙月　日立盡字黃長明（押）
在見中叔興典（押）
自筆（押）
大吉

5-2-30-3　清道光六年十一月黃長明立盡民田根字

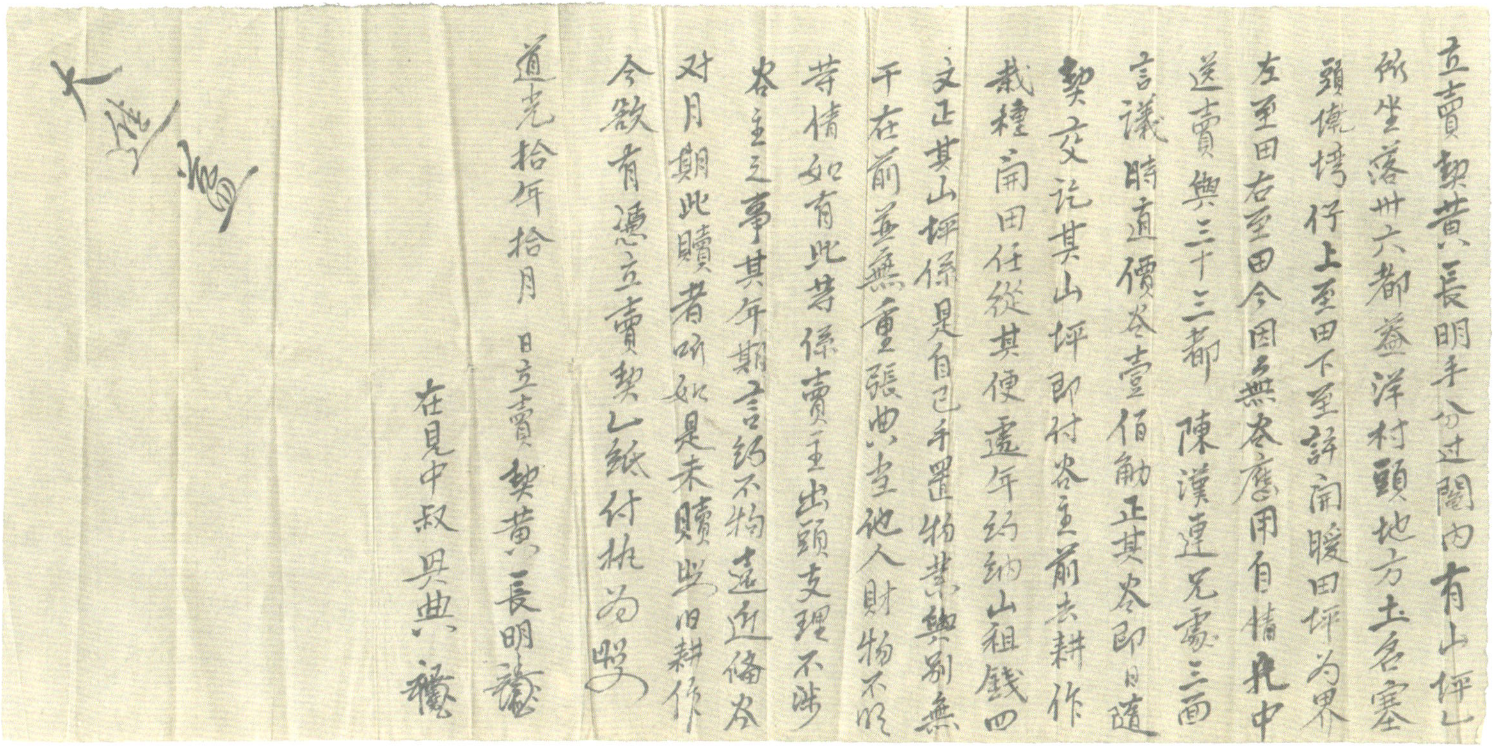

5-2-30-4 清道光十年十月黄長明立賣山坪契

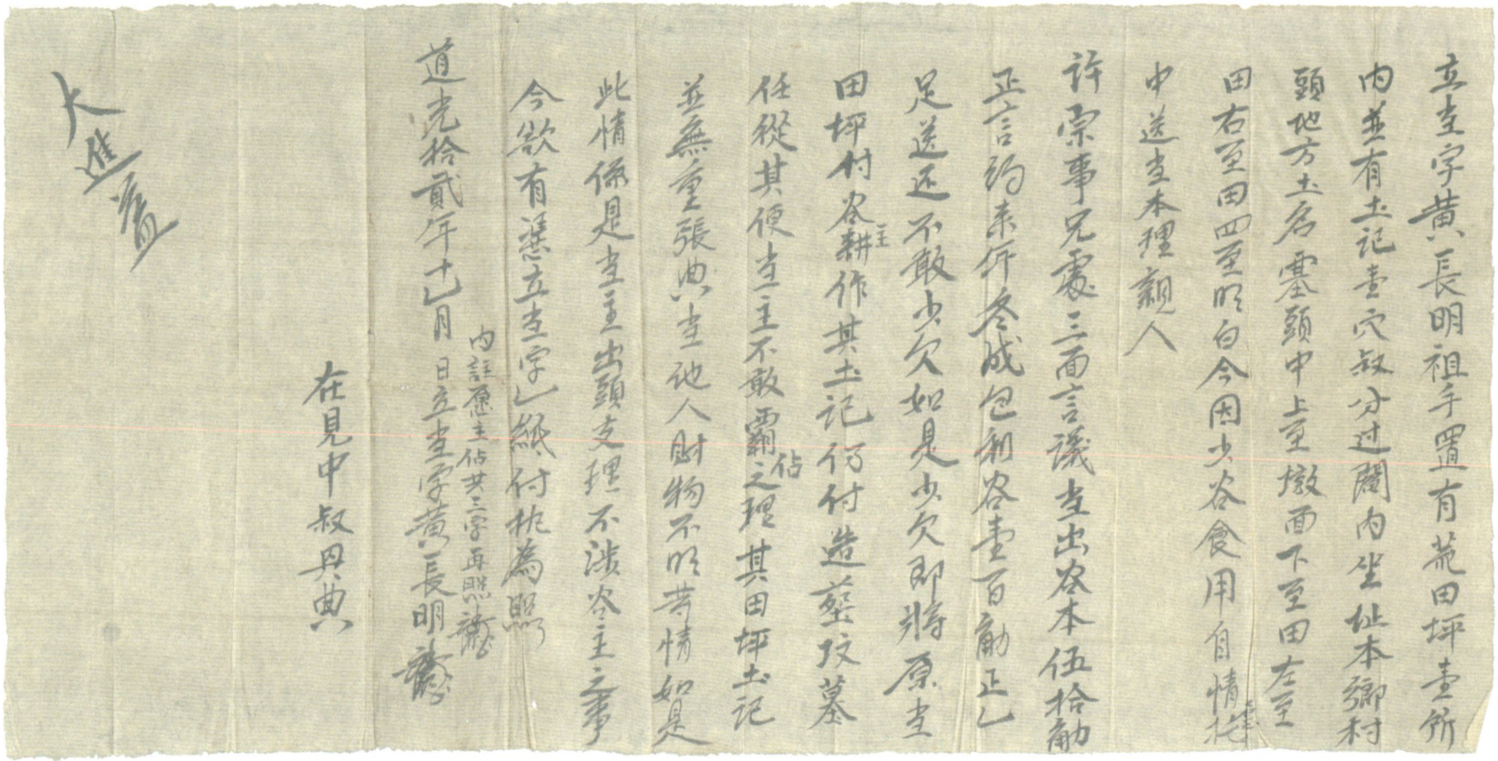
立當字黃長明祖手置有荒田坪壹所
內並有土記壹穴叔分过闌內坐址本鄉村
頭地方土名墨頭中上至墩西下至田左至
田右至田四至明白今因乏谷食用自情托
中送至本埋親人
許宗事兄處三面言議當出谷本伍拾觔
正言約來年冬成包利谷壹百觔正
足送还不敢少欠如是少欠即將原當
田坪付谷主耕作其土記仍付造墓
任從其便當主不敢霸佔之理其田坪土記
並無重張典當他人財物不明等情如是
此情係是當主出頭支理不涉谷主之事
今欲有憑立當字一紙付執為照
內註原主佔共三字再照 批
道光拾貳年十一月 日立當字黃長明 親
在見中叔興典
大進

5-2-30-5　清道光十二年十一月黃長明立當荒田坪等字

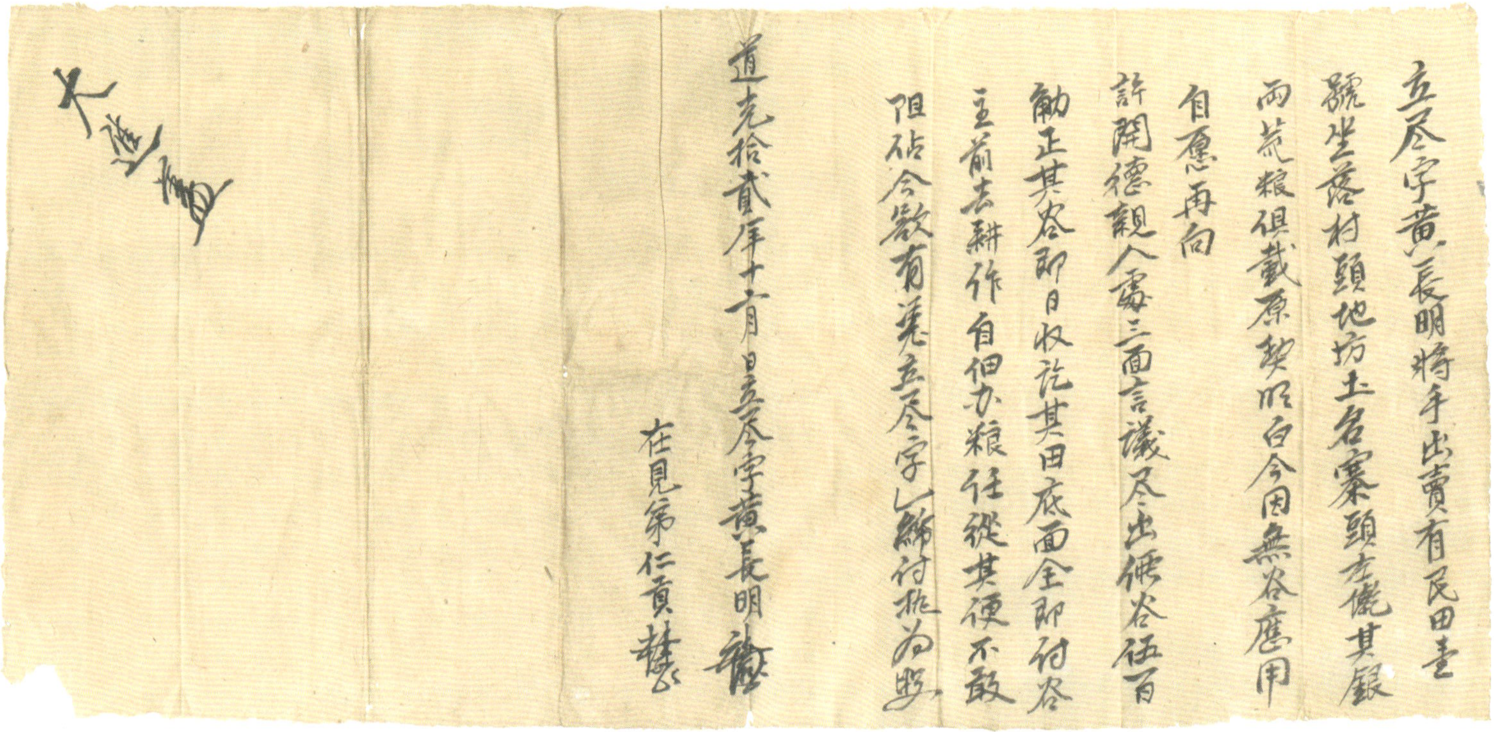
立盡字黃長明將手出賣有民田壹
號坐落村頭地坊土名寨頭李僥其銀
兩苗粮俱載原契明白今因無盡應用
自愿再向
許開德親人處三面言議盡出佛伍百
勅正其盡即日收訖其田底面全即付盡
主前去耕作自佃办粮任從其便不敢
阻佔今欲有憑立盡字壹紙付執為照
道光拾貳年十二月　日立盡字黃長明
在見弟仁貴
大[illegible]

5-2-30-6　清道光十二年十二月黃長明立盡民田字

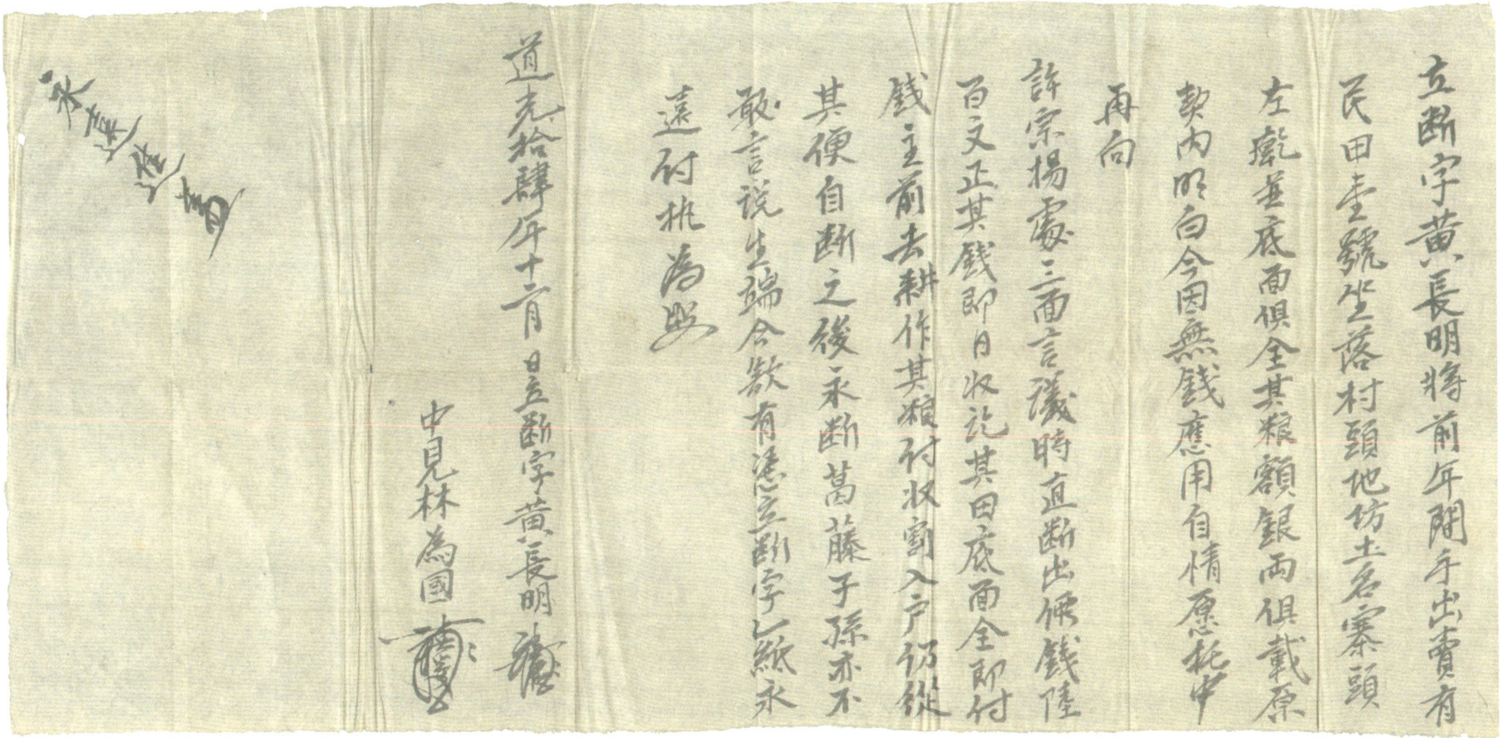
立斷字黃長明將前年闔手出賣有
民田壹號坐落村頭地坊土名寨頭
左邊並底面俱全其粮額銀兩俱載原
契內明白今因無錢應用自情愿托中
再向
許宗揚處三面言議時值斷出價錢陸
百文正其錢即日收訖其田底面全即付
錢主前去耕作其粮付收割入户仍從
其便自斷之後永斷葛藤子孫亦不
敢言說生端今欲有憑立斷字一紙永
遠付執為照
道光拾肆年十二月　日立斷字黃長明（押）
中見林為國（押）
永遠管業

5-2-30-7　清道光十四年十二月黃長明立斷民田字

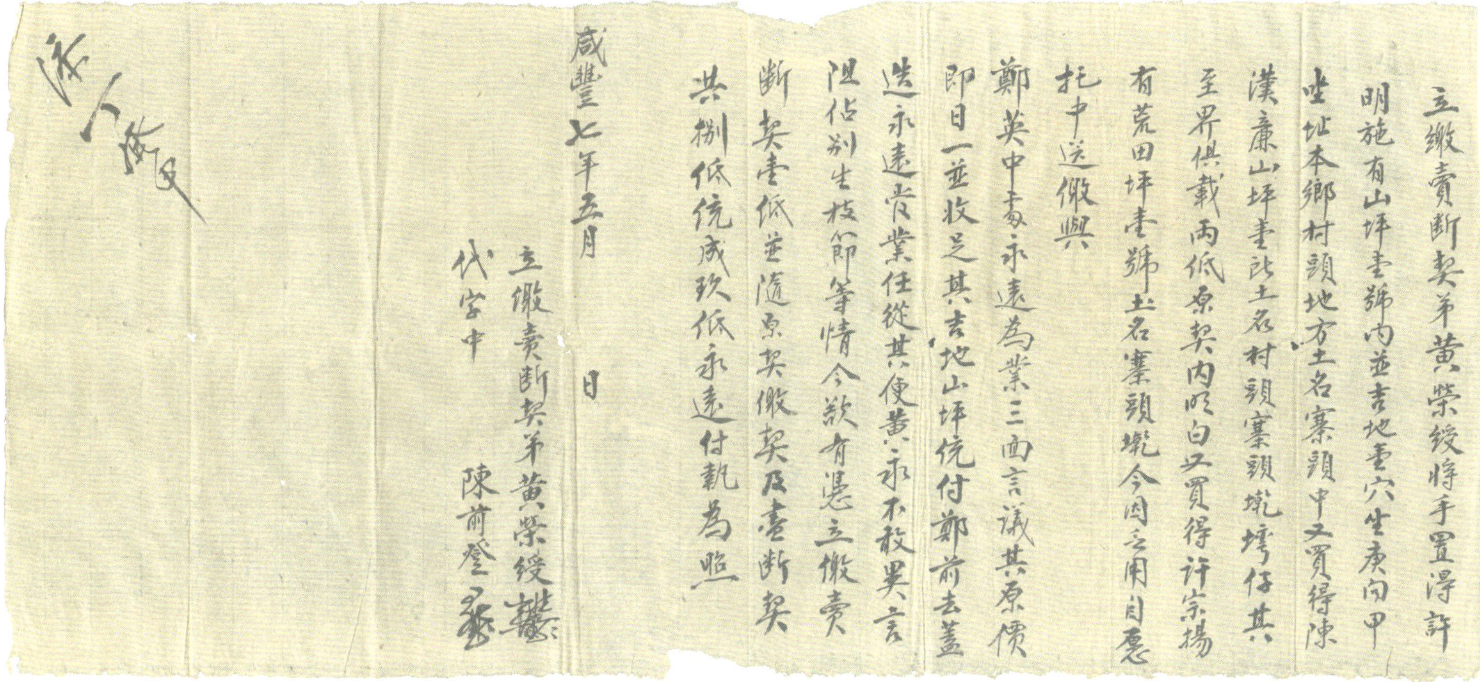
立繳賣斷契弟黃榮綬將手置得許
明施有山坪壹號內並壹地壹穴坐庚向甲
坐址本鄉村頭地方土名寨頭中又買得陳
漢康山坪壹所土名村頭寨頭墘墱仔其
至界俱載兩紙原契內明白又買得許宗揚
有荒田坪壹號土名寨頭墘今因乏用自愿
托中送繳與
鄭英中毒承遠為業三面言議其原價
即日一並收足其壹地山坪俻付鄭前去蓋
造永遠管業任從其便黃永不敢異言
阻佔剳生枝節等情今欲有憑立繳賣
斷契壹紙並隨原契繳契及壹斷契
共捌紙俻成玖紙永遠付執為照

咸豐七年五月 日

立繳賣斷契弟黃榮綬

代字中 陳前登

5-2-30-8 清咸豐七年五月黃榮綬立繳賣斷山坪等契

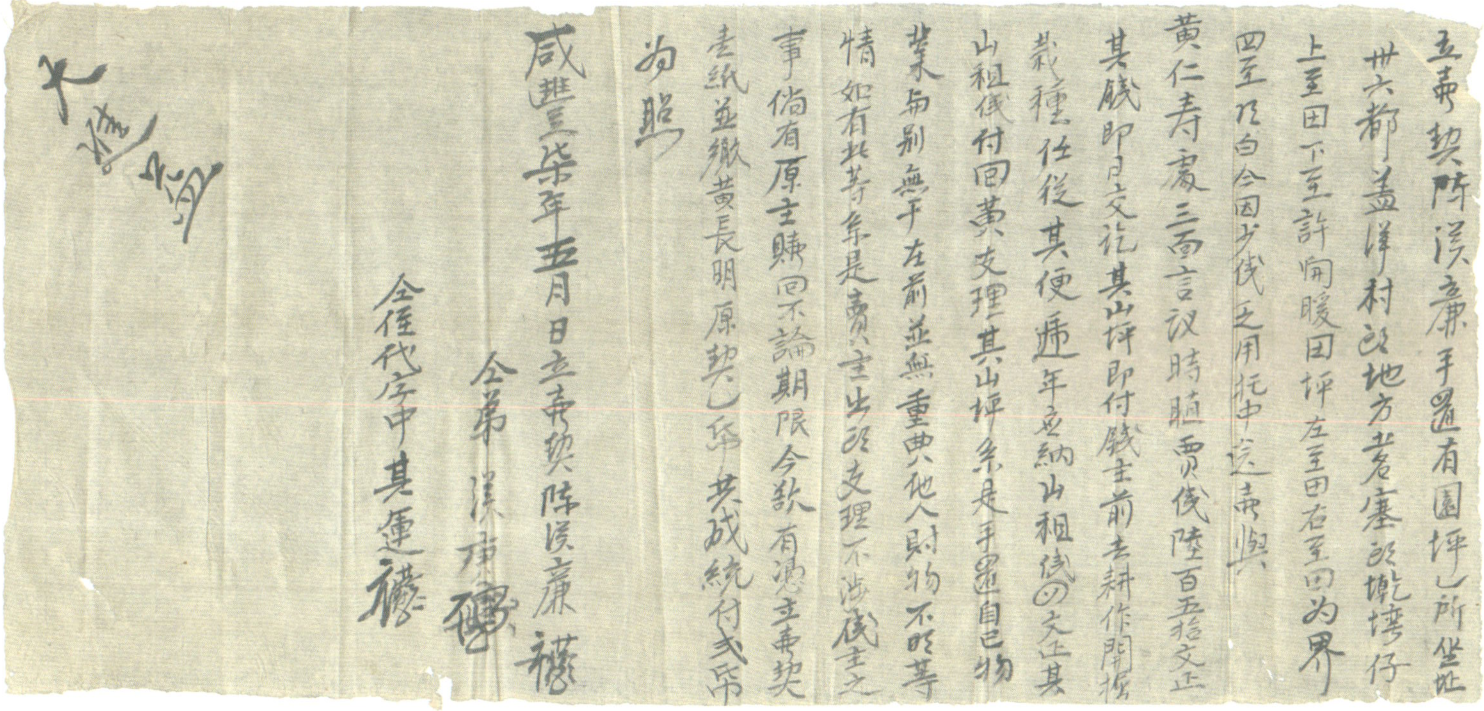
立賣契人陳漢廉手置有園坪一所坐址
卅六都蓋洋村頭地方茗塞頭乾塆仔
上至田下至許宅暖田坪左至田右至田為界
四至分白今因少錢乏用托中送賣與
黃仁壽處三面言議時值價錢陸百五拾文正
其錢即日交訖其山坪即付錢主前去耕作開掘
栽種任從其便逓年交納山租錢四文正其
山租錢付回黃支理其山坪系是手置自己物
業與別無干在前並無重典他人財物不明等
情如有此等系是賣主出頭支理不涉錢主之
事倘有原主贖回不論期限今欲有憑立賣契
壹紙並繳黃長明原契一帋共成統付弍帋
為照
咸豐柒年五月　日立賣契人陳漢廉（押）
仝弟　漢　（押）
仝侄代字中　其連（押）

5-2-30-9　清咸豐七年五月陳漢廉等立賣園坪契

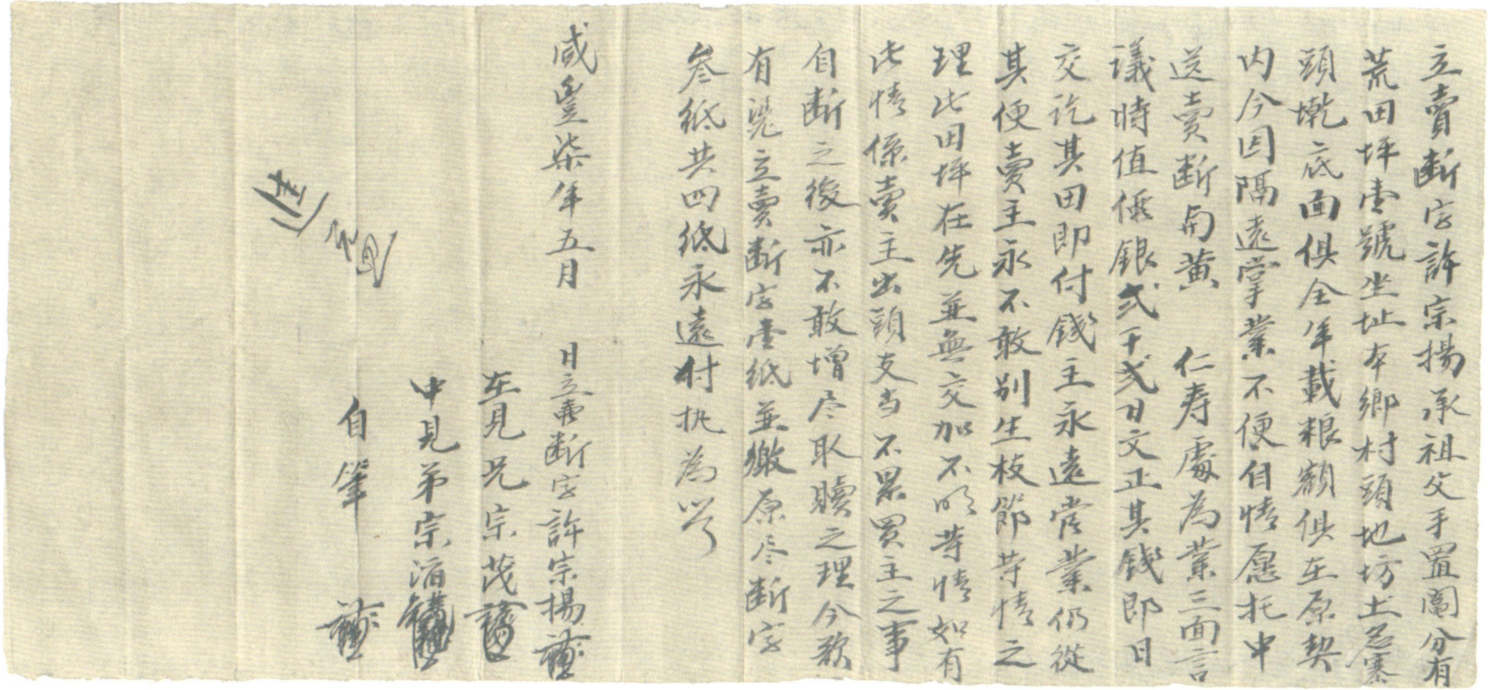

立賣斷字許宗揚承祖父手置園分有荒田坪壹號坐址本鄉村頭地坊土名寨頭墘底面俱全年載粮額俱在原契内今因隔遠掌業不便自情愿托中送賣斷與黃　仁壽處為業三面言議時值價銀弍千弍百文正其錢即日交訖其田即付錢主永遠掌業仍從其便賣主永不敢別生枝節等情之理此田坪在先並無交加不明等情如有此情係賣主出頭支当不累買主之事自斷之後亦不敢增尽取贖之理今欲有憑立賣斷字壹紙並繳原尽斷字叁紙共四紙永遠付執為照

咸豐柒年五月　日立賣斷字許宗揚（押）

在見兄宗茂（押）

中見弟宗涵（押）

自筆（押）

5-2-30-10　清咸豐七年五月許宗揚立賣斷荒田坪字

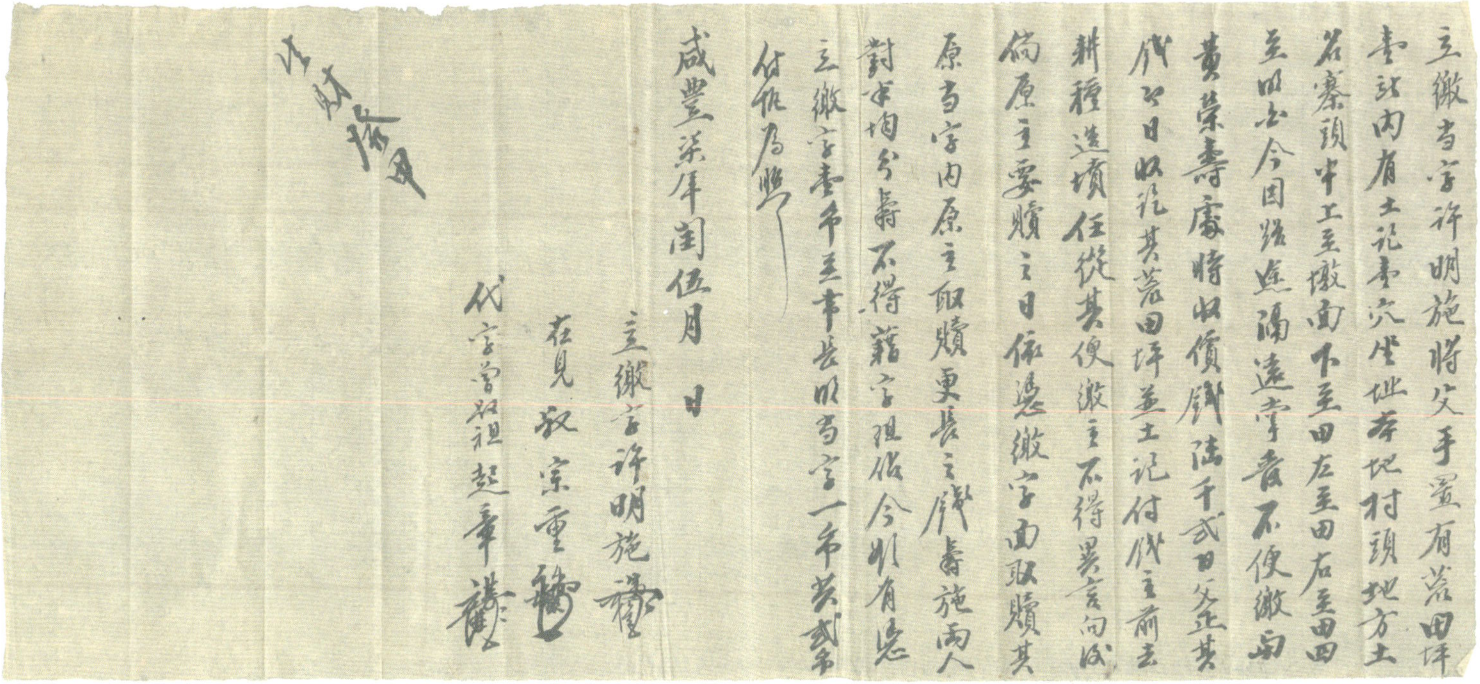

立繳當字許明施將父手置有荒田坪
壹段，内有土記壹穴，坐址本地村頭，地方土
名寨頭，中工至墩，面下至田，左至田，右至田，四
至明白。今因路途隔遠，掌管不便，繳與
黄榮壽處，時收價錢陸千貳百文足。其
錢即日收訖，其荒田坪並土記付與錢主前去
耕種進墳，任從其便。繳主不得異言向阻。
倘原主要贖之日，依憑繳字面取贖。其
原當字内原主取贖，更長之錢壽施兩人
對半均分，壽不得藉字阻佔。今欲有憑，
立繳字壹帋並本當字一帋，共貳帋，
付執為照。

咸豐柒年閏伍月　日

立繳字許明施（押）

在見叔宗重（押）

代字曾叔祖起章（押）

5-2-30-11　清咸豐七年閏五月許明施立繳當荒田坪字

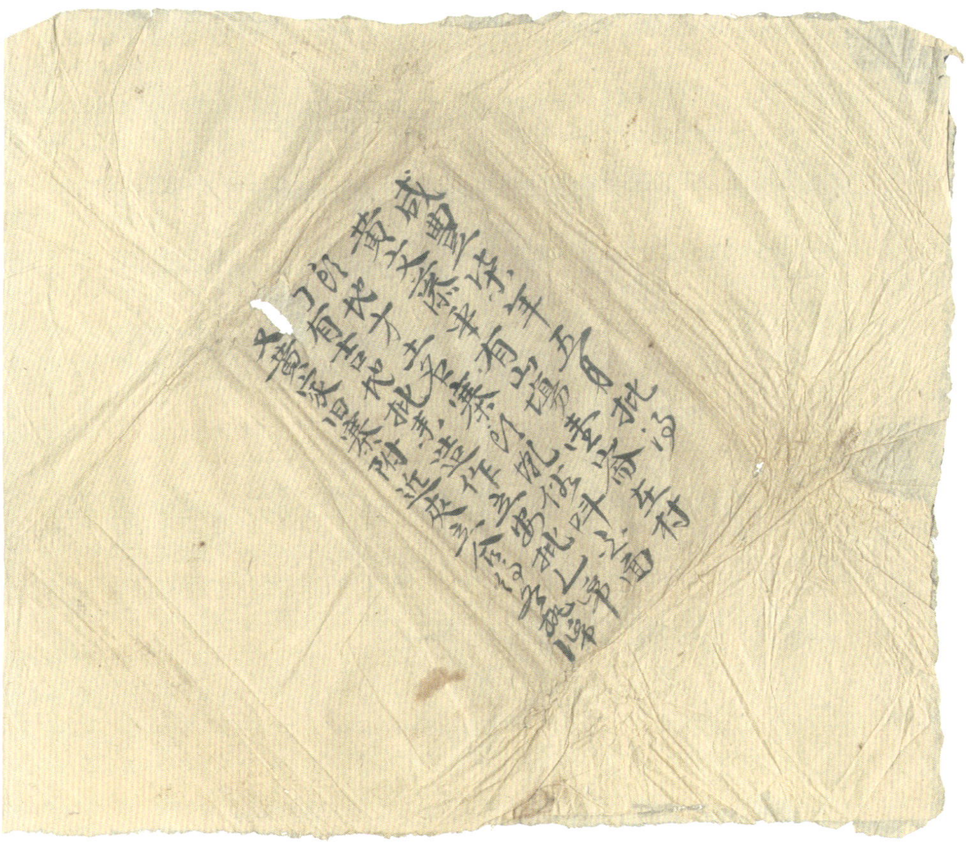

5-2-31-1　包契紙

立合約字黄文藻等，祖遺有旧寨基壹座，今見
鄭莫中在寨頭傀白面有
吉地造作。兩家進前相議，黄家向後建
堡或築棣，皆有鄭家不得霸佔阻佔之理；
鄭家吉地或造墳起蓋，造堡黄家不得
霸佔阻止之理。兩家各業各管，日後自
行造作，各無異言。今欲有憑，立合約字
兩紙，各執一紙，永遠付執，永為照。
黄家鄭家立合約各執一紙存照
咸豐柒年五月　日立合約字黄文藻（押）
黄文量（押）　文興（押）　文乾（押）
文仕○　文光○　文何（押）
文乾（押）　文良（押）　文賓○
文理（押）　文歸（押）　文治○
文帛○　旺中（押）　長善（押）
長但（押）　長朗○　長禧○
永煜（押）　榮貢（押）　榮桂（押）
榮騰（押）　文女（押）　榮壽（押）
榮能○　阿應○
執筆弟　文秦（押）

合約

5-2-31-2　清咸豐七年五月黄文藻等立合約字

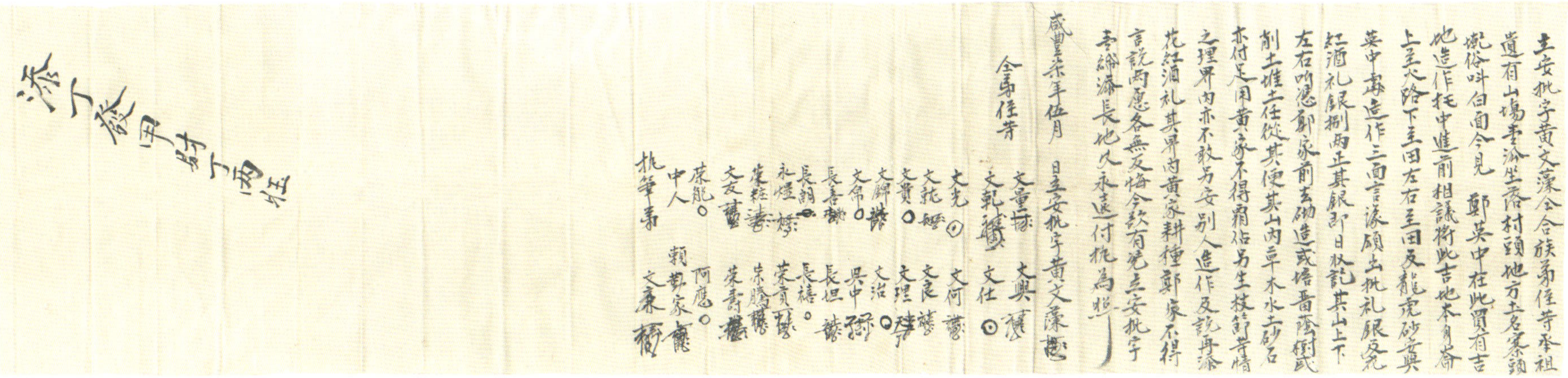

立安批字黃文藻仝合族弟侄等承祖
遺有山場壹所，坐落村頭地方，土名寨頭
坑，俗叫白面。今見　鄭英中在此買有吉
地造作，托中進前相議，將此吉地本身爲
上至大路，下至田，左右至田及龍虎砂案與
葉中壽造作，三面言議，願出批礼銀及兇
紅酒礼銀捌兩正，其銀即日收訖。其山上下
左右聽憑鄭家前去砌造成墳，蓄蔭樹衛，
削土堆土任從其便。其山內草木水土砂石
亦付足用，黃家不得霸佔另生枝節等情
之理。界內亦不敢另安別人造作及說再添
花紅酒礼。其界內黃家耕種，鄭家不得
言說。兩愿各無反悔，今欲有憑，立安批字
壹紙，添長地久，永遠付執爲照。

咸豐柒年伍月　日立安批字黃文藻（押）
仝弟侄等

文量（押）　文興（押）
文乾（押）　文仕○
文光○　文何（押）
文銚（押）　文良（押）
文貫○　文理（押）
文歸（押）　文治○
文帝○　具中（押）
長春（押）　長坦（押）
長朗○　長禧○
永煙（押）　榮貴（押）
榮程（押）　宗騰（押）
文友（押）　榮壽（押）
榮能○　阿應○
中人　賴邦家（押）
執筆弟　文康（押）

添丁發甲財丁兩旺

5-2-31-3　清咸豐七年五月黃文藻等立安批山場字

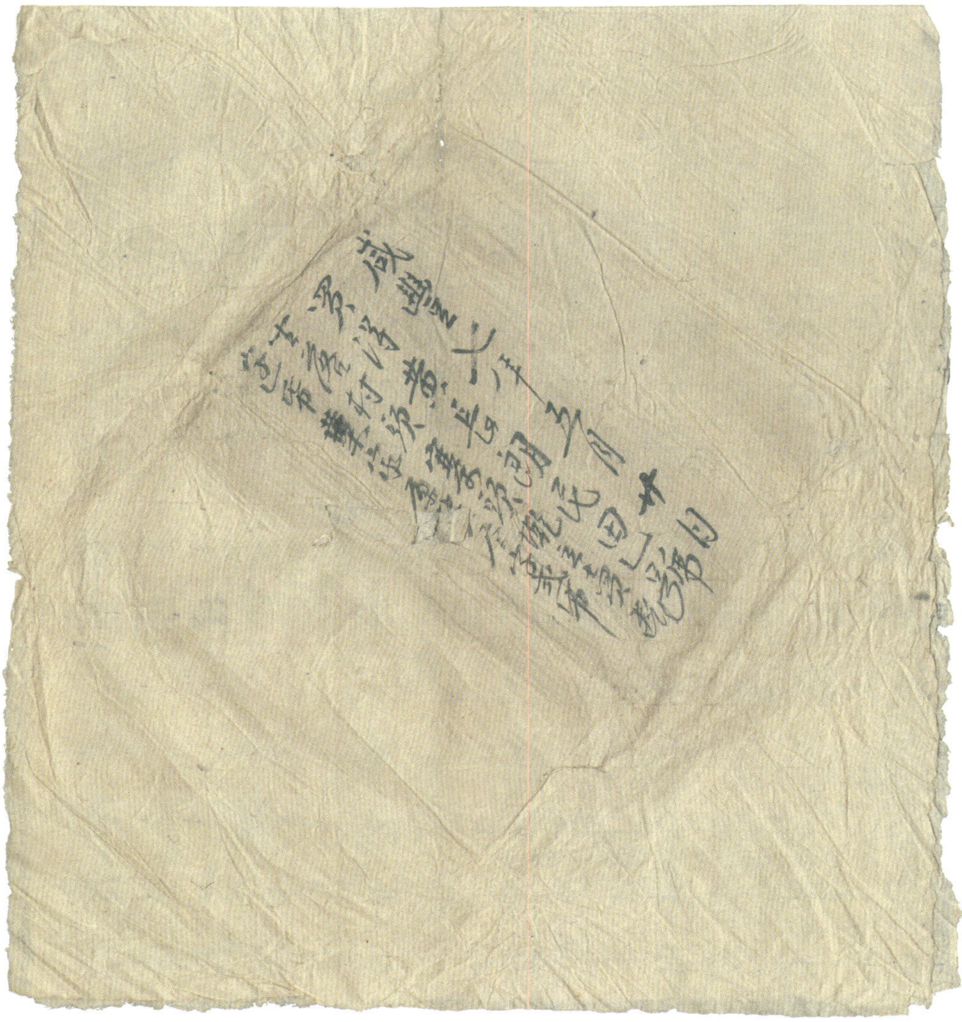

5-2-32-1　包契紙

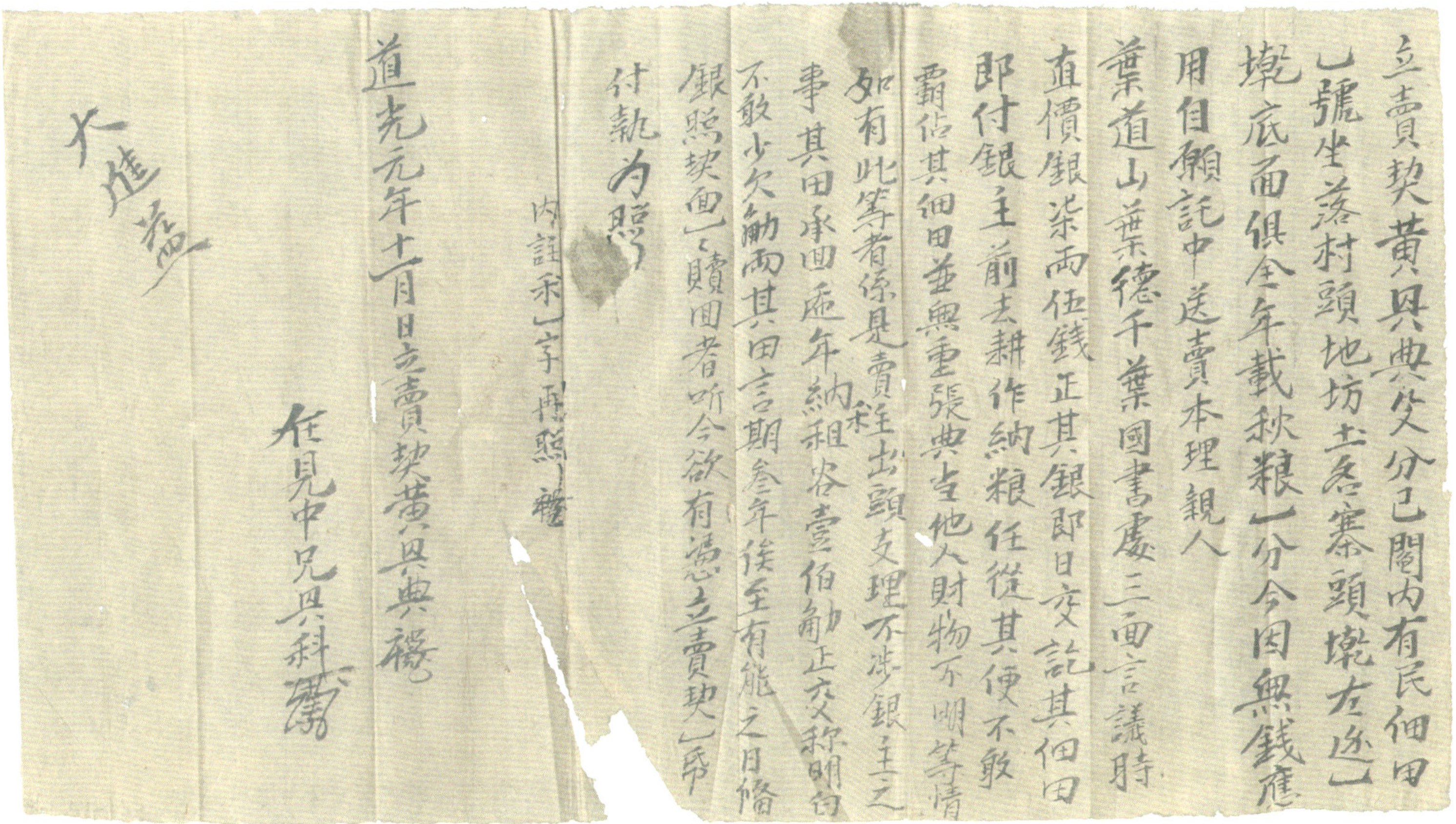
立賣契黄與典父分己閹內有民佃田
一號坐落村頭地坊土名寨頭墘左邊一
墘底面俱全年載秋粮一分今因無錢應
用自願託中送賣本理親人
葉道山葉德千葉國書處三面言議時
直價銀柒兩伍錢正其銀即日交訖其佃田
即付銀主前去耕作納粮任從其便不敢
覇佔其佃田並無重張典當他人財物不明等情
如有此等者係是賣主出頭支理不涉銀主之
事其田承佃逐年納租谷壹伯觔正交秤明白
不敢少欠觔兩其田言期叁年後至有能之日備
銀照契面一〻贖回者听今欲有憑立賣契一帋
付執為照
內註添一字再照
道光元年十一月日立賣契黄與典
在見中兄與科
大進益

5-2-32-2　清道光元年十一月黄與典立賣民佃田契

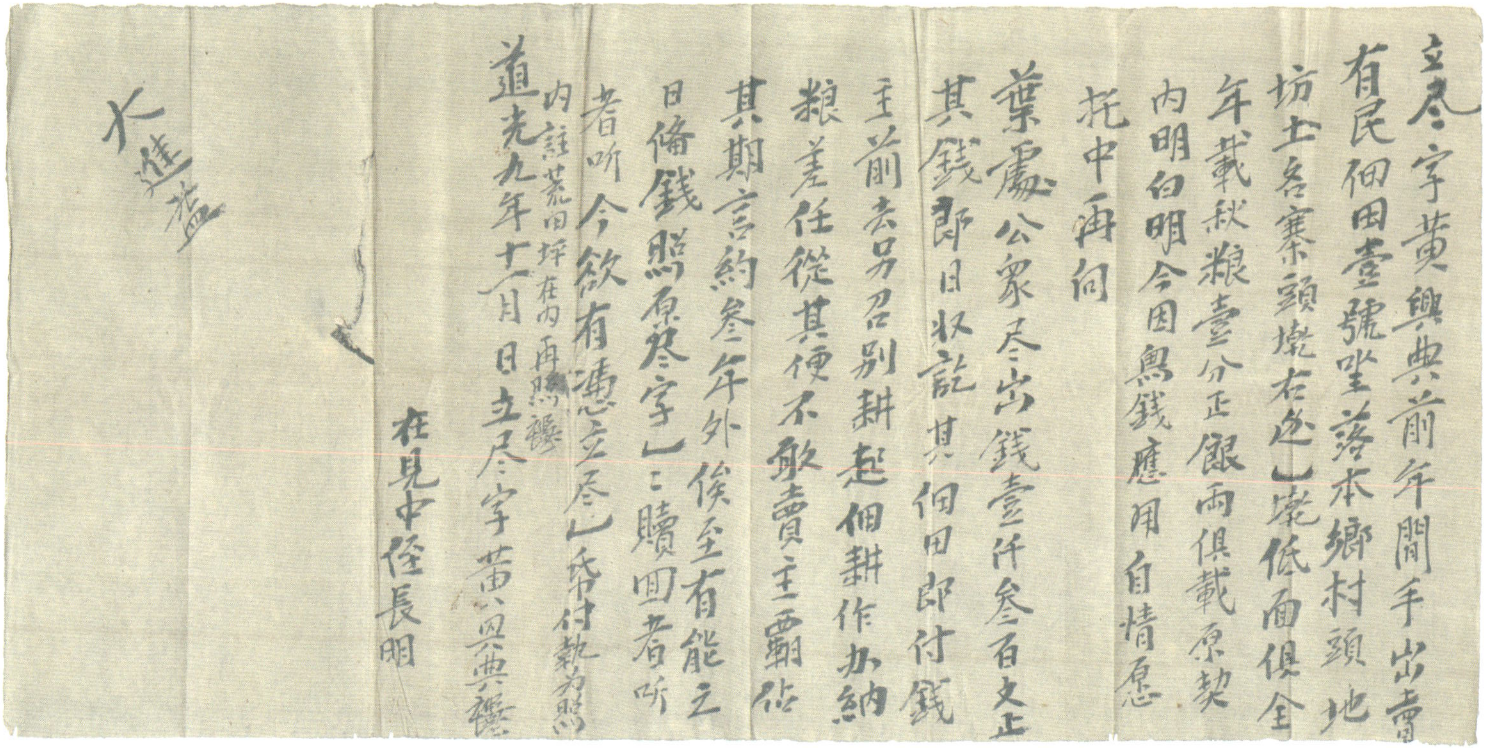

立盡字黃興典前年間手出賣
有民佃田壹號坐落本鄉村頭地
坊土名寨頭墘右邊山墘低面俱全
年載秋粮壹分正銀兩俱載原契
內明白明今因無錢應用自情愿
托中再向
葉處公衆盡出錢壹仟叁百文正
其錢即日收訖其佃田即付錢
主前去另召別耕起佃耕作办納
粮差任從其便不敢霸佔
其期言約叁年外俟至有能之
日備錢照原盡字一一贖回者听
者听今欲有憑立盡字一紙付執為照
內註荒田坪在內再照
道光九年十一月　日立盡字黃興典
在見中侄長明
大進益

5-2-32-3　清道光九年十一月黄興典立盡民佃田字

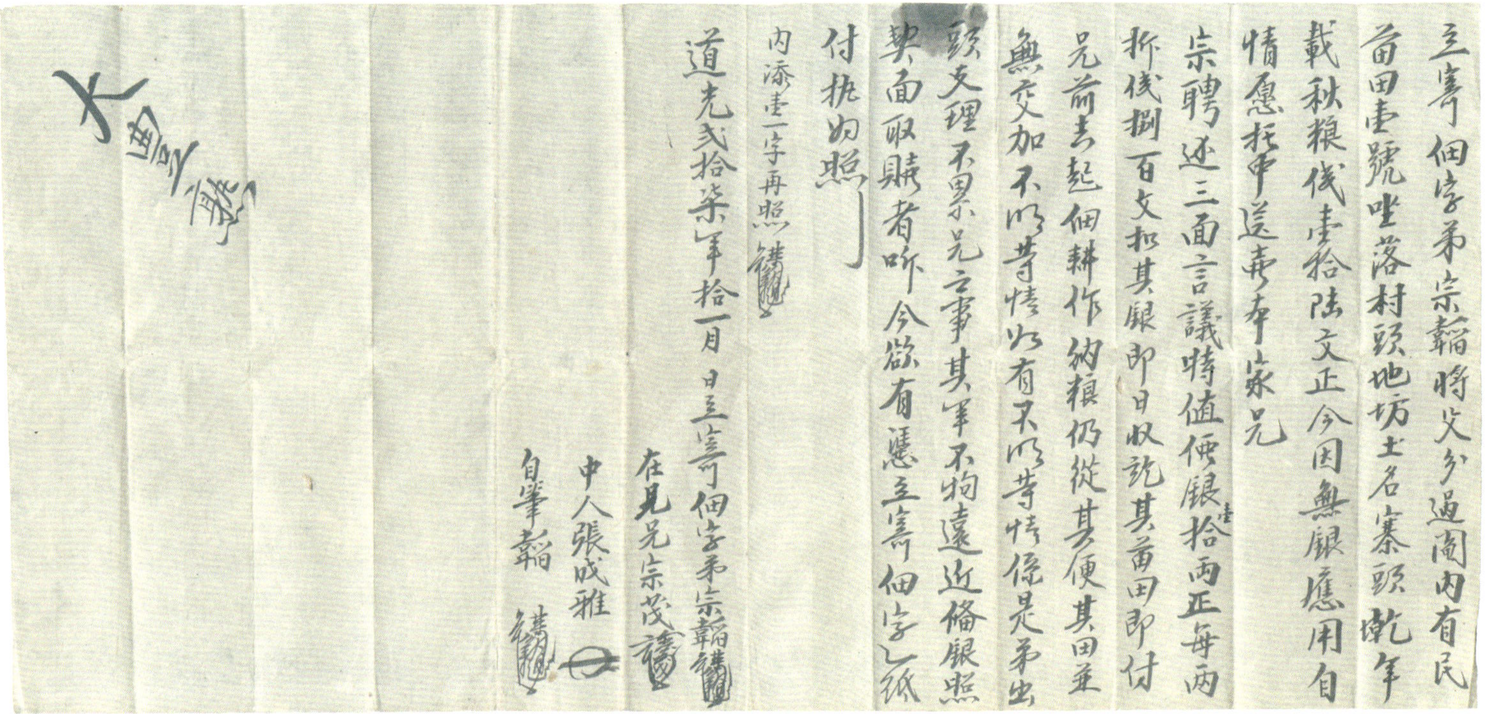
立寄佃字弟宗韜將父分遺閹內有民
苗田壹號坐落村頭地坊土名寨頭載年
載秋粮錢壹拾陸文正今因無銀應用自
情愿托中送寄本家兄
宗騁邊三面言議時值價銀拾壹兩正每兩
折錢捌百文扣其銀即日收訖其苗田即付
兄前去起佃耕作納粮仍從其便其田並
無交加不明等情以有不明等情係是弟出
頭支理不累兄之事其年不拘遠近備銀照
契面取贖者听今欲有憑立寄佃字一紙
付執為照。
內添壹一字再照
道光貳拾柒年拾一月　日立寄佃字弟宗韜
在見兄宗茂
中人張成雅
自筆韜

5-2-32-4　清道光二十七年十一月許宗韜立寄佃民苗田字

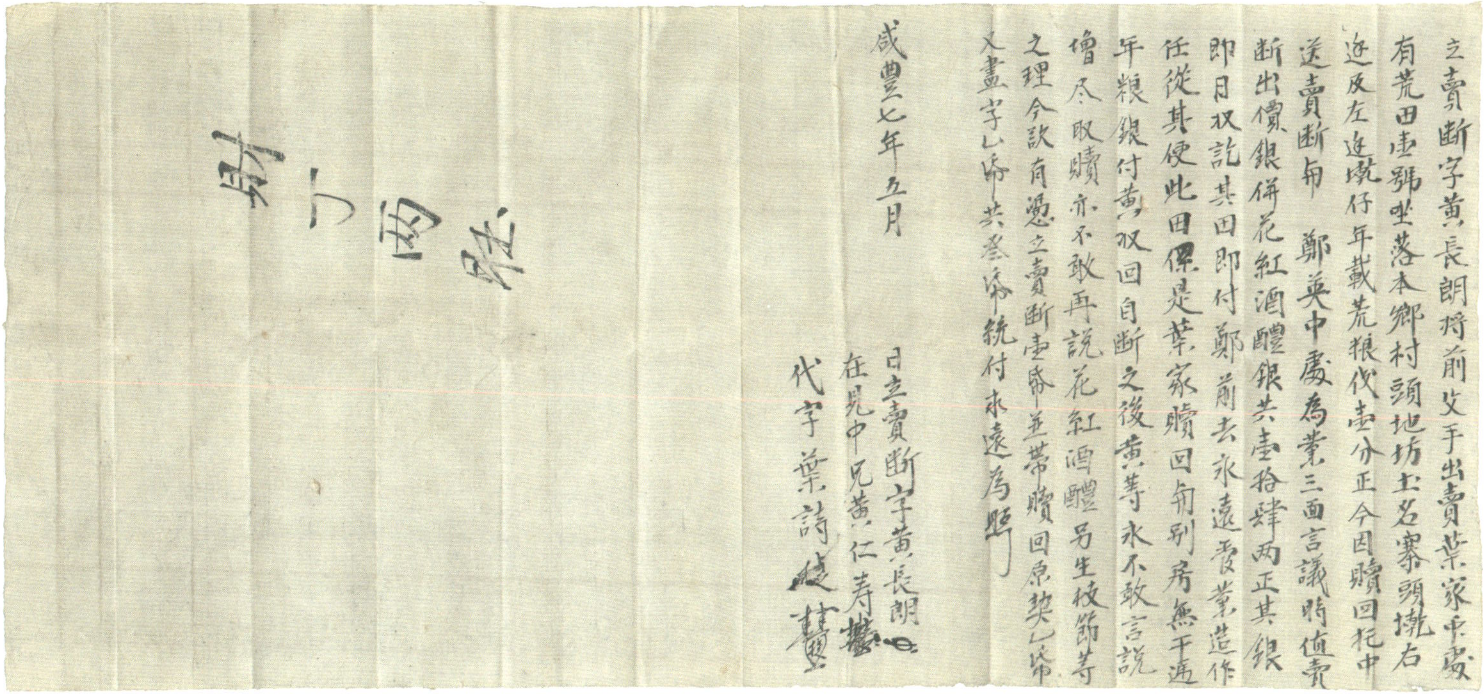

立賣斷字黃長朗將前父手出賣葉家承買
有荒田壹號坐落本鄉村頭地坊土名寨頭墘右
邊及左邊墘仔年載荒粮伐壹分正今因贖回托中
送賣斷與　鄭英中處為業三面言議時值賣
斷出價銀併花紅酒醴銀共壹拾肆兩正其銀
即日收訖其田即付鄭前去永遠管業造作
任從其便此田係是葉家贖回與別房無干涉
年粮銀付黃收回自斷之後黃等永不敢言說
增盡取贖亦不敢再說花紅酒醴另生枝節等
之理今欲有憑立賣斷壹紙並帶贖回原契乙紙
又畫字乙紙共叁紙統付永遠為照

咸豐七年五月

日立賣斷字黃長朗
在見中兄黃仁寿
代字葉詩

財丁兩旺

5-2-32-5　清咸豐七年五月黄長朗立賣斷荒田字

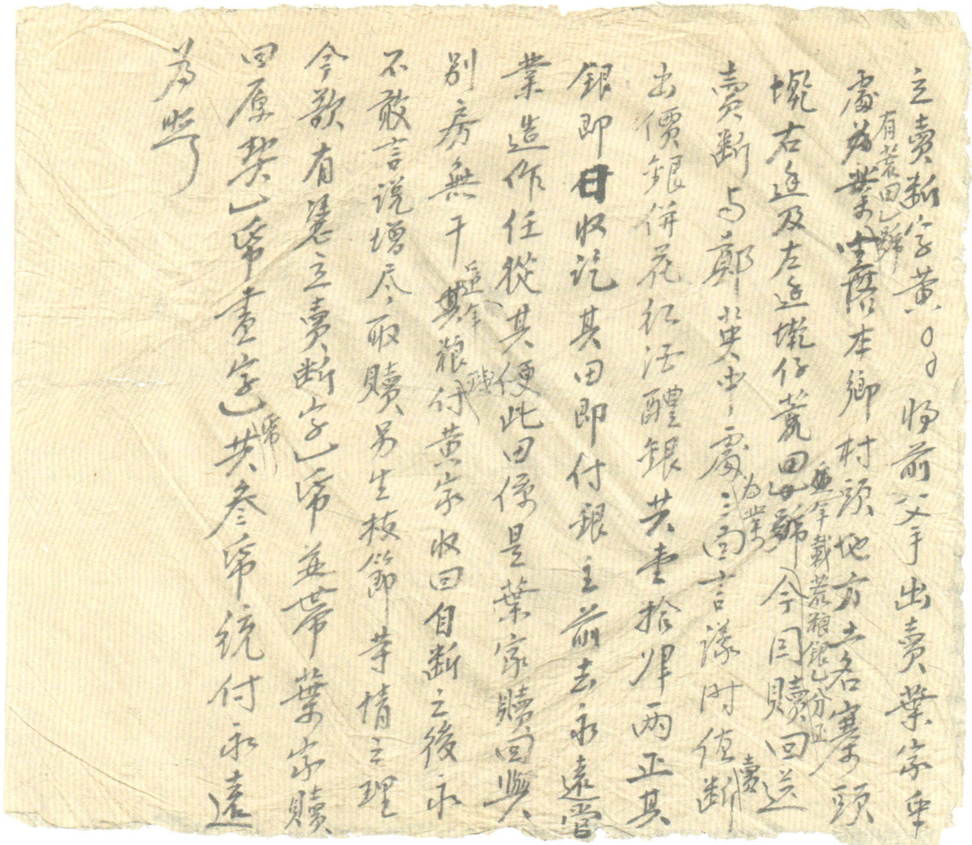

立賣斷字黃○○，情前父手出賣葉家爭
處為業，有荒田一號，坐落本鄉村頭地方，土名寨頭
墘右邊及左邊墘仔荒田一號，無年載荒糧銀一分正，今因贖回送
賣斷與鄭□□□處為業，三面言議時值斷
出價銀併花紅酒醴銀共壹拾捌兩正，其
銀即日收訖，其田即付銀主前去永遠管
業造作，任從其便。此田係是葉家贖回與
別房無干，並無其糧付黃家收回。自斷之後，永
不敢言說增盡取贖，另生枝節等情之理。
今欲有憑，立賣斷字一帋，並帶葉家贖
回原契一帋，畫字一帋，共叁帋，統付永遠
為照。

5-2-32-6　清黄氏立賣斷荒田字（草契）

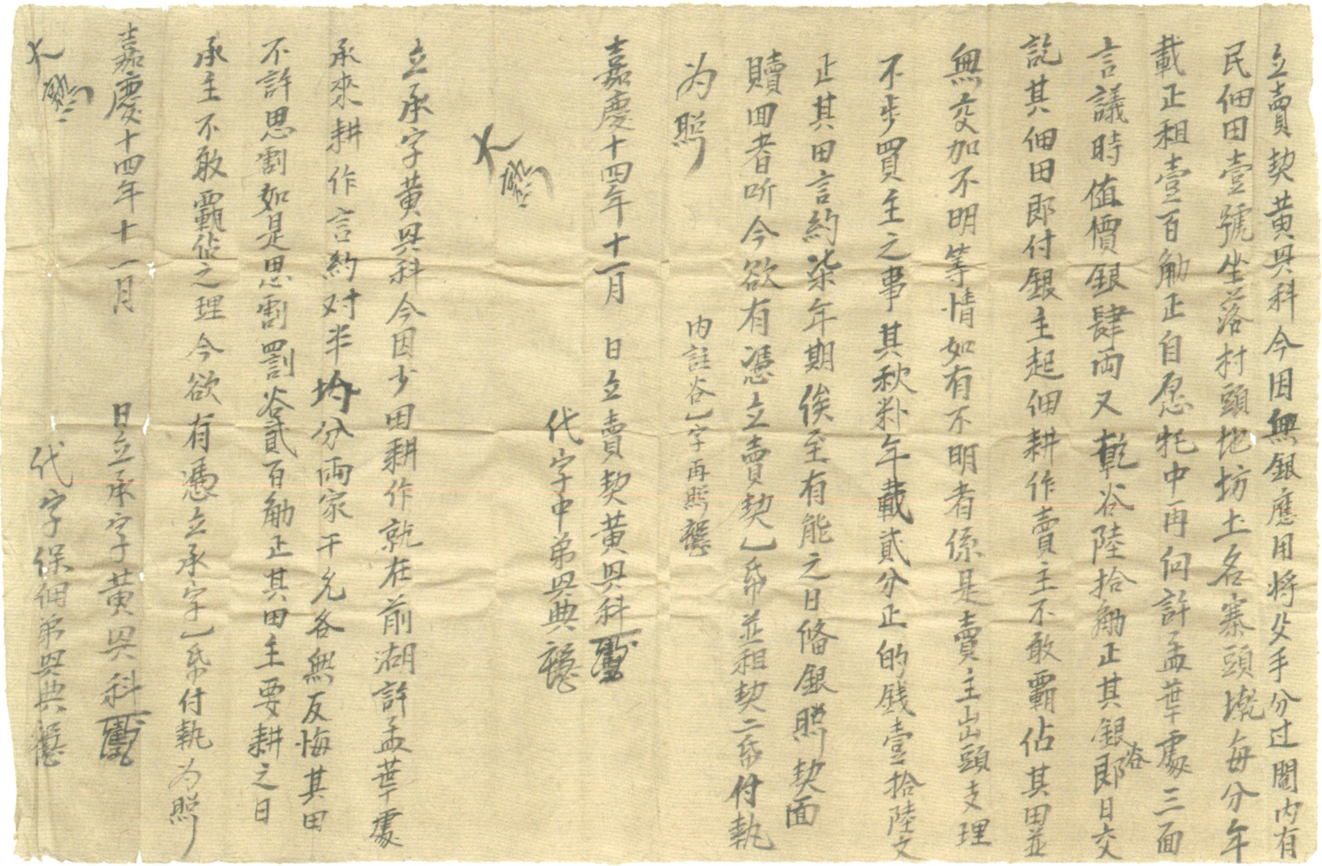

立賣契黃與科今因無銀應用將父手分过閩內有
民佃田壹號坐落村頭坨坊土名寨頭墘每分年
載正租壹百觔正自愿托中再向許孟華處三面
言議時值價銀肆兩又乾谷陸拾觔正其銀即日交
訖其佃田即付銀主起佃耕作賣主不敢霸佔其田並
無交加不明等情如有不明者係是賣主出頭支理
不步買主之事其秋料年載貳分正的錢壹拾陸文
正其田言約叁年期後至有能之日備銀照契面
贖回者听今欲有憑立賣契一紙並租契二紙付執
為照
內註谷一字再照(押)
嘉慶十四年十一月　日立賣契黃與科(押)
代字中弟與典(押)
大(押)

立承字黃與科今因少田耕作就在前湖許孟華處
承來耕作言約对半均分兩家干允各無反悔其田
不許思割如是思割罰谷貳百觔正其田主要耕之日
承主不敢霸佔之理今欲有憑立承字一紙付執為照
嘉慶十四年十一月　日立承字黃與科(押)
代字保佃弟與典(押)
大(押)

5-2-33-1　清嘉慶十四年十一月黃與科立賣民佃田契

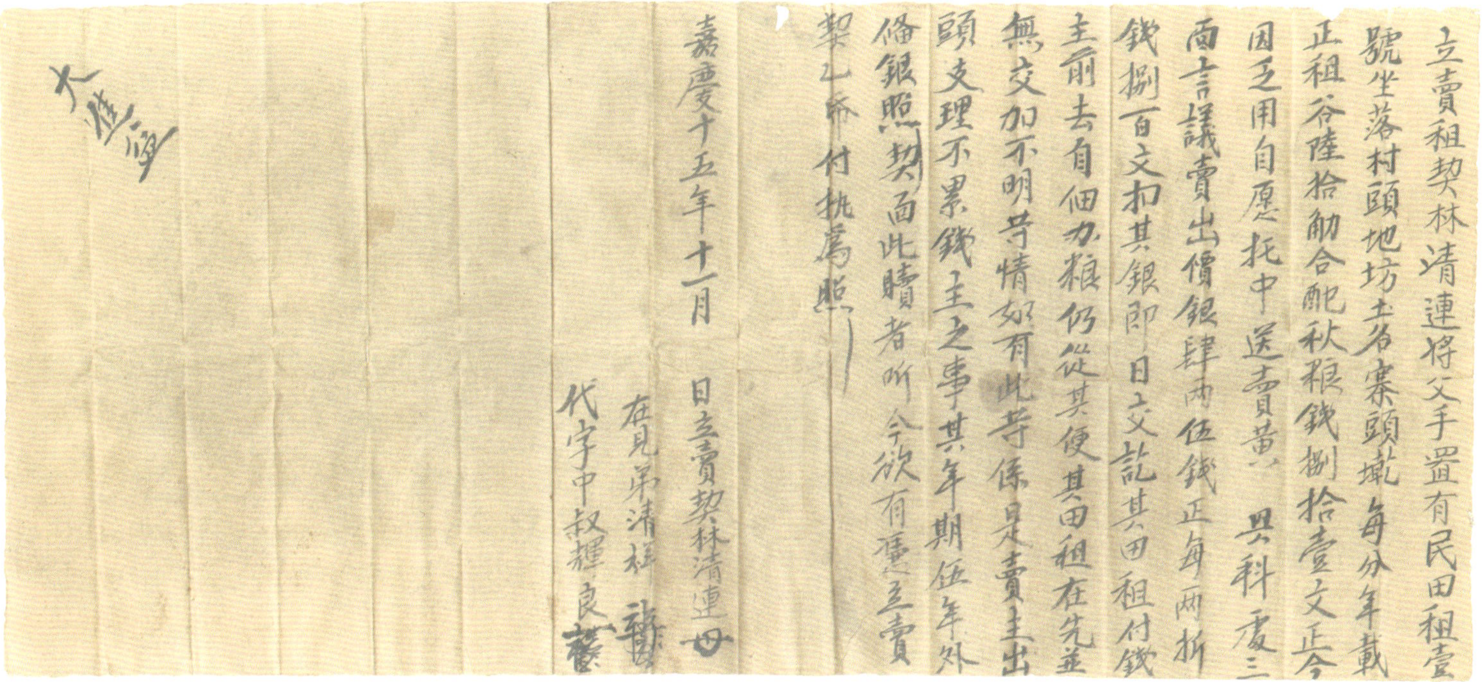
立賣租契林清連將父手置有民田租壹
號坐落村頭地坊土名寨頭墘，每分年載
正租谷陸拾觔，合配秋粮錢捌拾壹文正。今
因乏用，自愿托中送賣黄〻 吳科慶三
面言議賣出價銀肆兩伍錢正，每兩折
錢捌百文，扣其銀即日交訖。其田租付錢
主前去自佃办粮，仍從其便。其田租在先並
無交加不明等情，如有此等，係是賣主出
頭支理，不累錢主之事。其年期伍年外
備銀照契面此贖者所。今欲有憑，立賣
契乙紙付執爲照。
嘉慶十五年十一月　日立賣契林清連（押）
在見弟清社（押）
代字中叔擢良（押）
大進益

5-2-33-2　清嘉慶十五年十一月林清連立賣民田租契

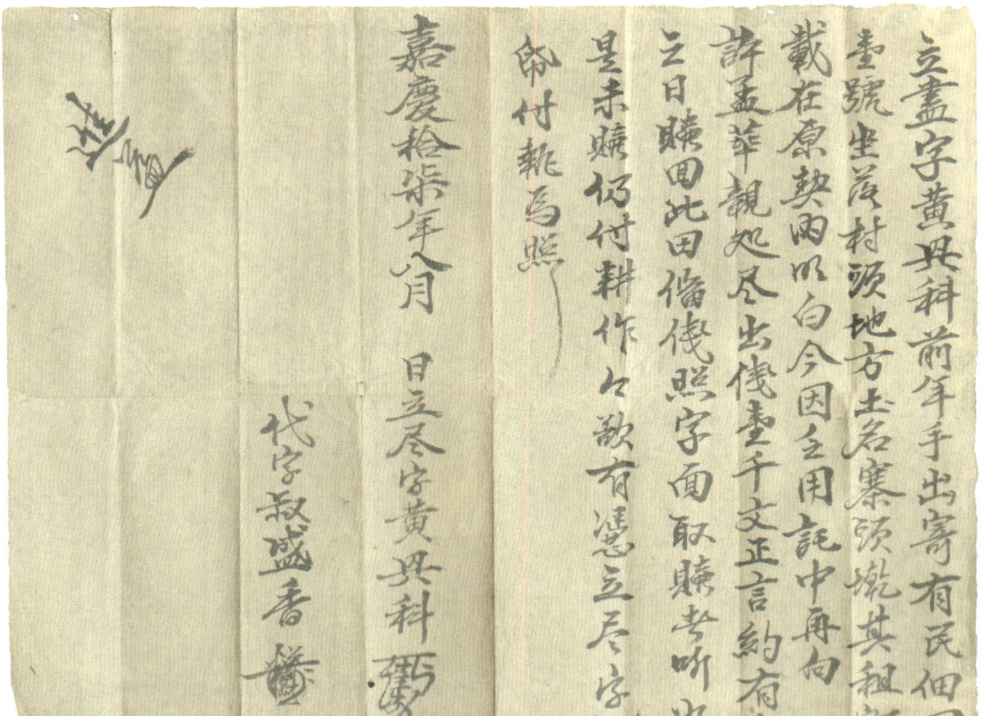

立盡字黄與科前年手出寄有民佃田
壹號坐落村頭地方土名寨頭墘其租額
載在原契内明白今因乏用託中再向
許孟華親邊盡出價壹千文正言約有力
之日贖田此田備價照字面取贖者所以
是未贖仍付耕作之欵有憑立盡字乙
帋付執爲照
嘉慶拾柒年八月　日立盡字黄與科（押）
代字叔盛香（押）

5-2-33-3　清嘉慶十七年八月黄與科立盡民佃田字

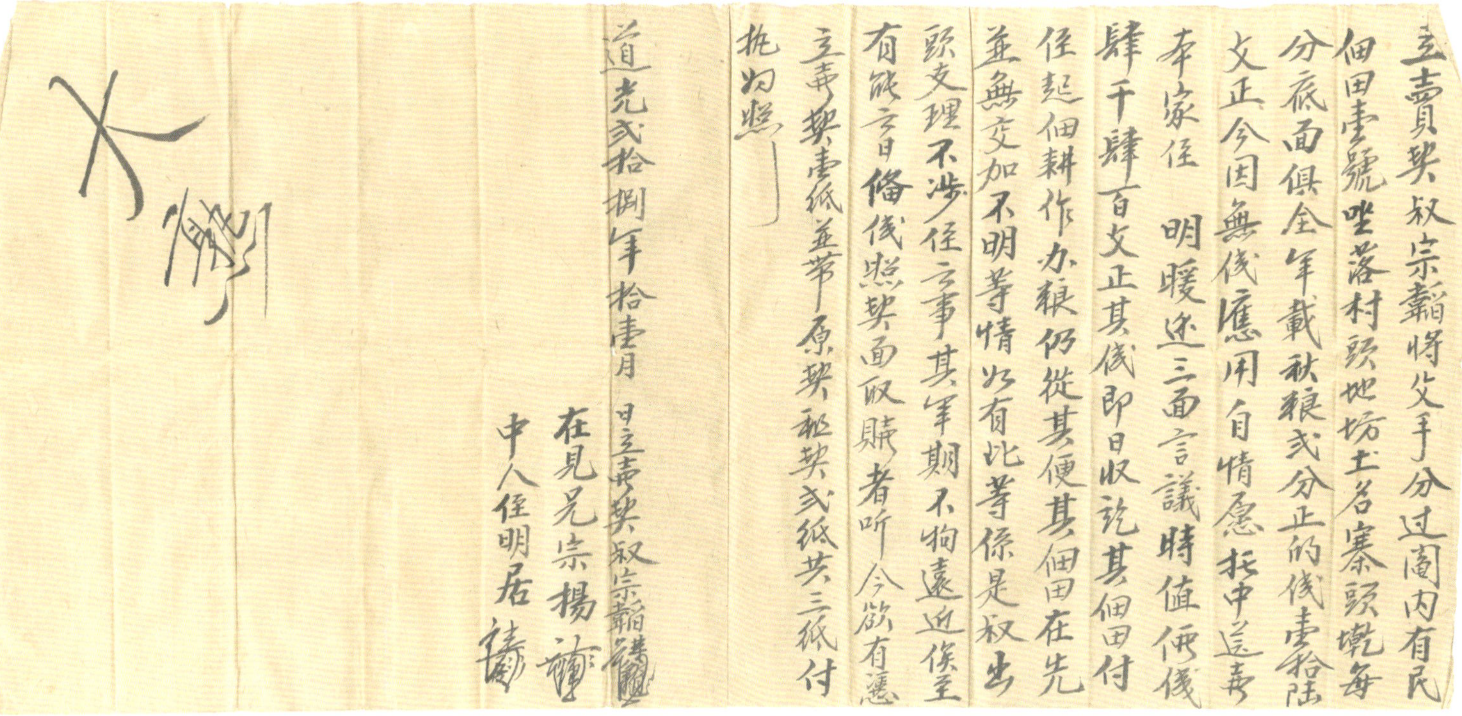
立賣契叔宗韜將父手分过阄內有民
佃田壹號坐落村頭地坊土名寨頭墘每
分底面俱全年載秋粮弍分正的價壹拾陆
文正今因無錢應用自情愿托中送壹
本家任　明暖边三面言議時值價錢
肆千肆百文正其錢即日收訖其佃田付
任起佃耕作办粮仍從其便其佃田在先
並無交加不明等情以有此等係是叔出
頭支理不涉任之事其年期不拘遠近俟至
有能之日備價照契面取贖者听今欲有憑
立賣契壹紙並帶一原契秘契弍紙共三紙付
执为照
道光弍拾捌年拾壹月　日立賣契叔宗韜
在見兄宗揚
中人侄明居
大

5-2-33-4　清道光二十八年十一月許宗韜立賣民佃田契

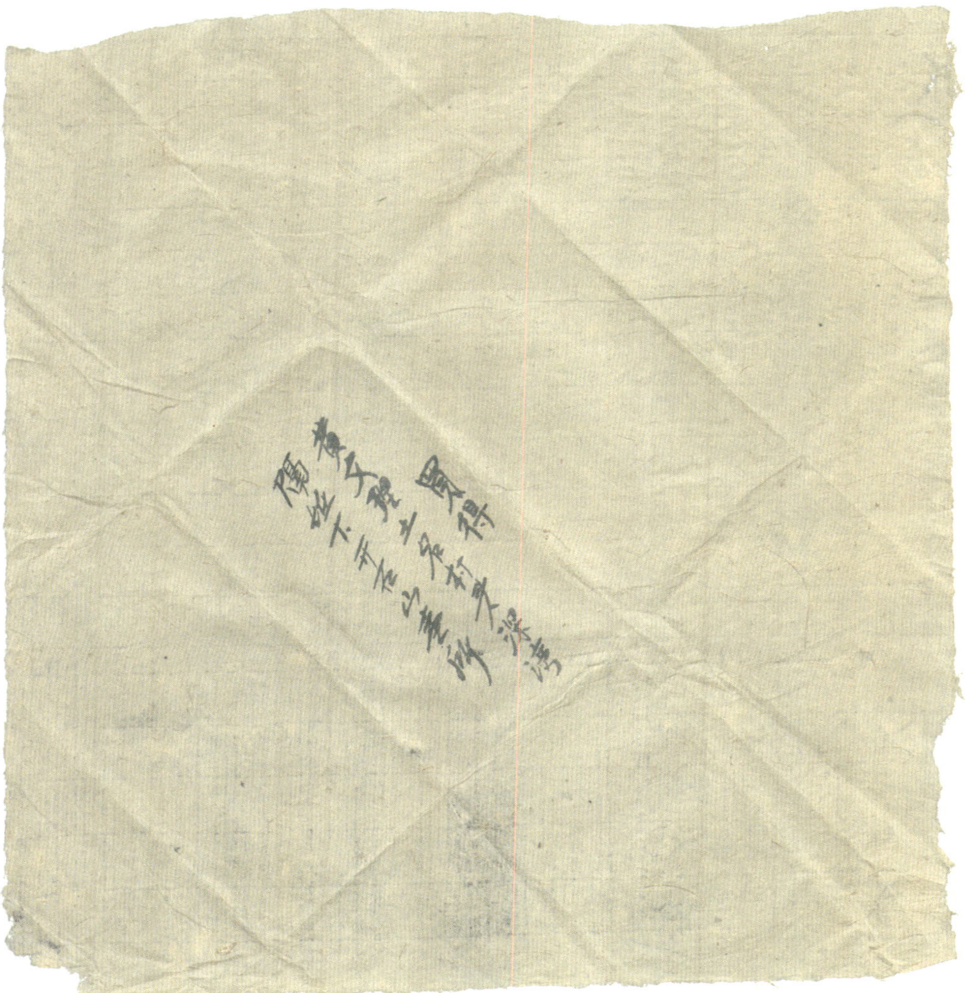

5-2-34-1　包契紙

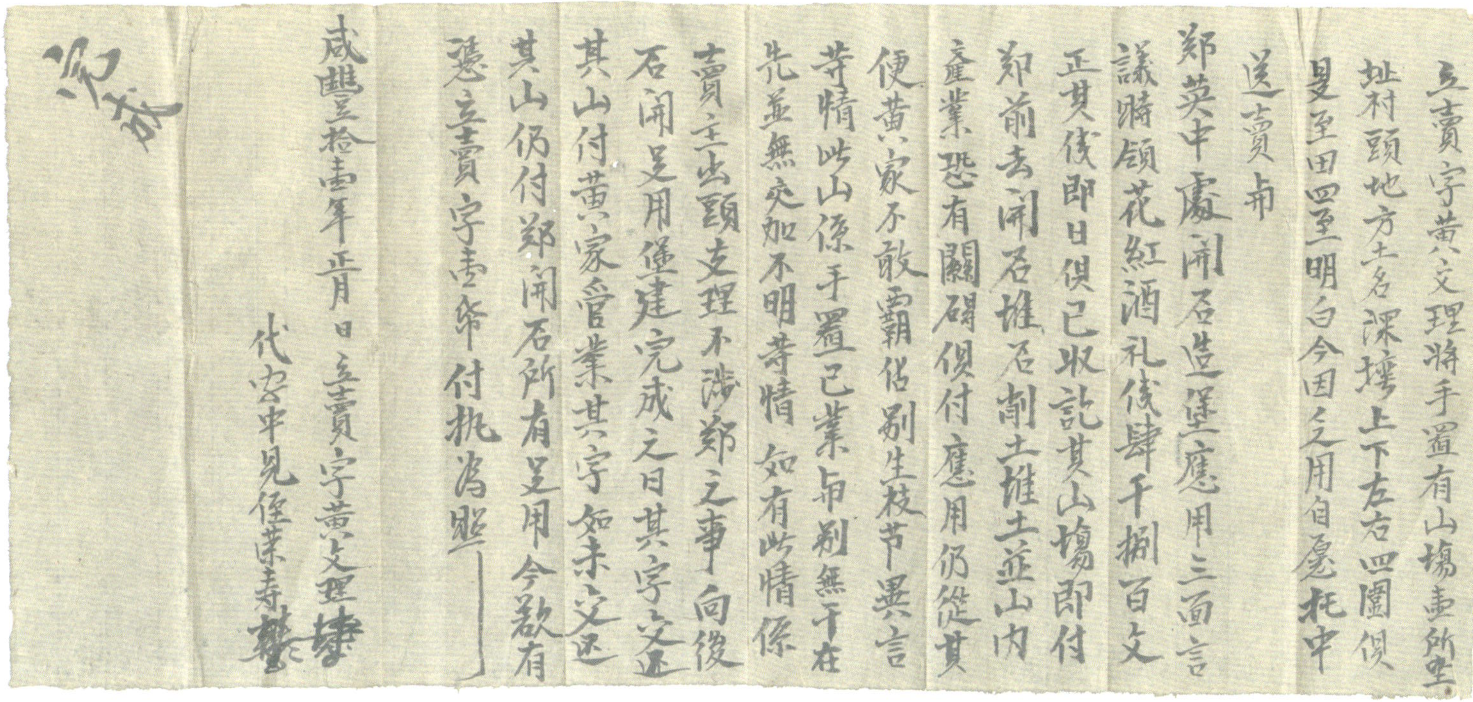

立賣字黃文理將手置有山場壹所坐
址村頭地方土名深墺上下左右四圍俱
是至田四至明白今因乏用自愿托中
送賣與
鄭英中處開石造窪應用三面言
議時領花紅酒礼價肆千捌百文
正其價即日俱已收訖其山場即付
鄭前去開石堆石劏土堆土並山內
產業恐有關碍俱付應用仍從其
便黃家不敢覇佔別生枝节異言
等情此山係手置已業与别無干在
先並無交加不明等情　如有此情係
賣主出頭支理不涉鄭之事　向後
石開足用運建完成之日其字交還
其山付黃家管業其字　如未交還
其山仍付鄭開石所有足用　今欲有
憑立賣字壹紙付執為照

咸豐拾壹年正月　日　立賣字黃文理（押）
代字中見侄亲寿（押）

5-2-34-2　清咸豐十一年正月黃文理立賣山場字

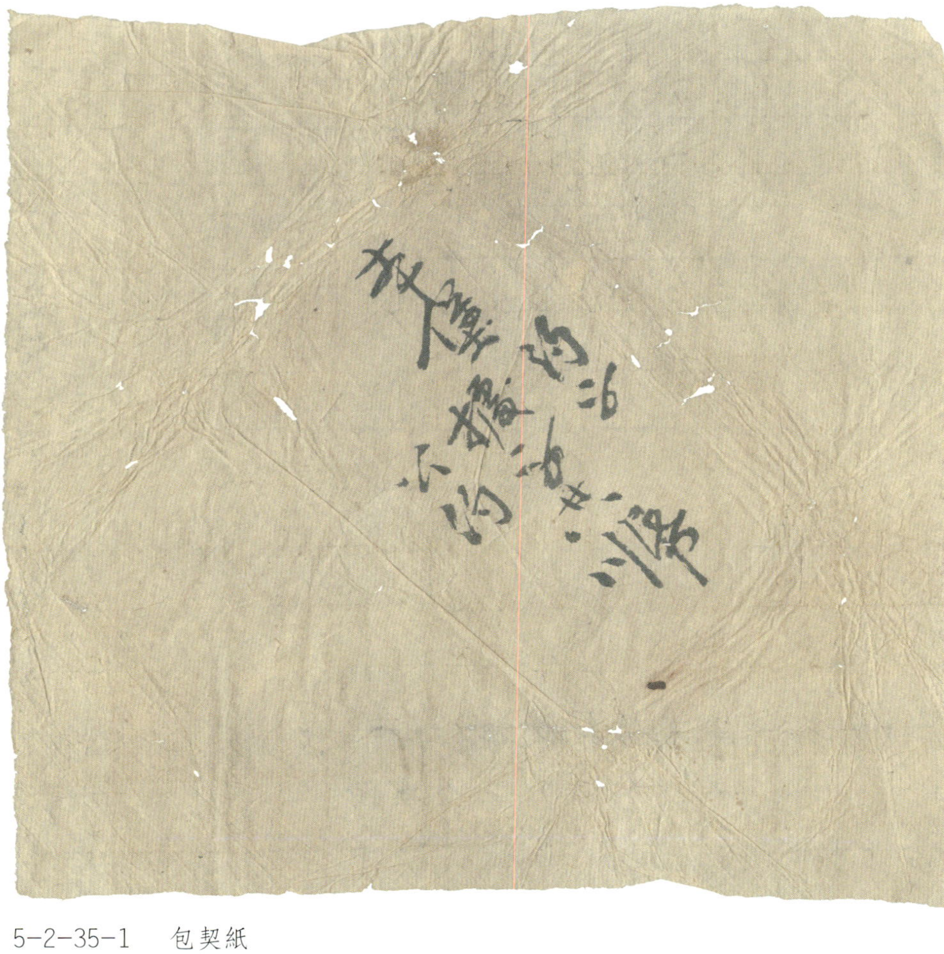

5-2-35-1　包契紙

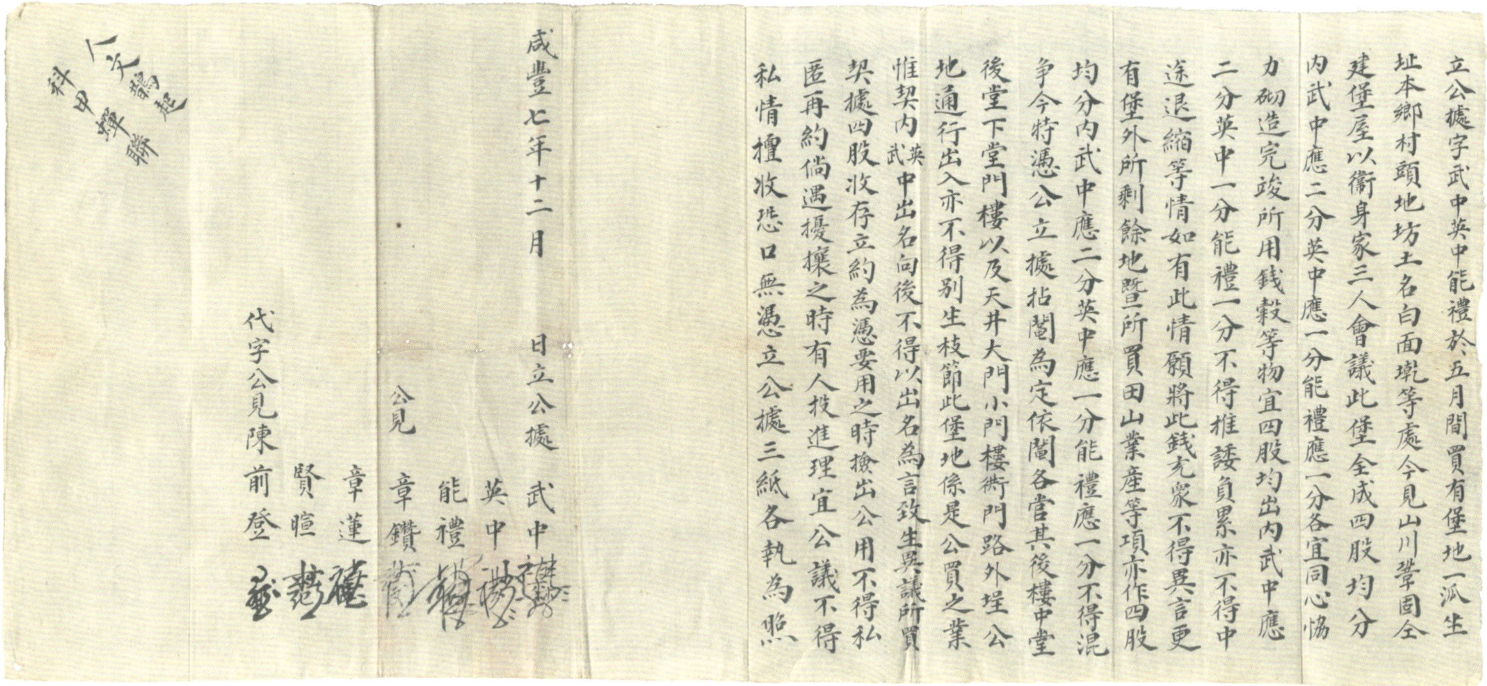
立公摅字武中英中能禮於五月間買有堡地一泒生
址本鄉村頭地坊土名白面垅等處今見山川鞏固仝
建堡屋以衛身家三人會議此堡全成四股均分
內武中應二分英中應一分能禮應一分各宜同心協
力砌造完竣所用銭穀等物宜四股均出內武中應
二分英中一分能禮一分不得推諉負累亦不得中
途退縮等情如有此情願將此銭充衆不得異言更
有堡外所剩餘地暨所買田山業產等項亦作四股
均分內武中應二分英中應一分能禮應一分不得混
争今将憑公立摅拈鬮為定依鬮各嘗其後樓中堂
後堂下堂門樓以及天井大門小門樓衕門路外埕公
地通行出入亦不得别生枝節此堡地係是公買之業
惟契內英武中出名向後不得以出名為言致生異議所買
契摅四股收存立約為憑要用之時撿出公用不得私
匿再約倘遇擾攘之時有人投進理宜公議不得
私情擅收恐口無憑立公摅三紙各執為照

咸豐七年十二月　日立公摅　武中（押）
英中（押）
能禮（押）
公見　章鑽（押）
章蓮（押）
賢暄（押）
代字公見陳前登（押）

人文鵲起
科甲聯輝

5-2-35-2　清咸豐七年十二月鄭武中等立公據字

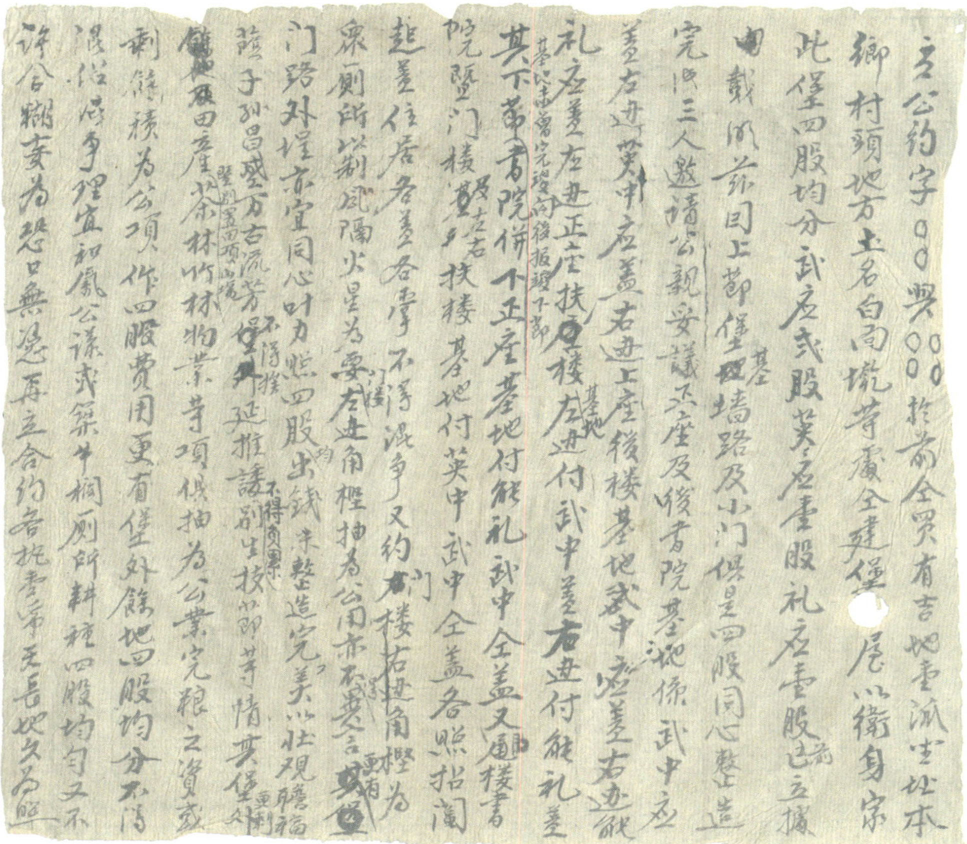
立公約字〇〇與〇〇於前仝買有吉地壹派坐址本
鄉村頭地方土名白洋墘等處，仝建堡居，以衛身家。
此堡四股均分，武应弍股，英应壹股，礼应壹股，已立據
面載明。茲因上鄭堡基墙路及小门俱是四股同心整造
完訖，三人邀請公親妥議，下座及後書院基地係武中应
盖，左进英中应盖，右进上座後楼基地武中应盖，右进能
礼应盖，左进正座扶楼左进基地付武中盖，右进付能礼盖。
基地書院完後向後撥歸下鄭
其下第書院併下正座基地付能礼、武中仝盖，又通楼書
院暨门楼及左右扶楼基地付英中、武中仝盖，各照指阄
起盖住居，各盖各業，不得混爭。又約门楼右进角樫為
衆厕所，以利風陽火星，為要。左进角樫抽為公用，亦不得
门路外埕亦宜同心叶力，照四股均出钱来整造完美，以壯觀瞻，福
蔭子孫昌盛，万古流芳。堡外不得推延推諉，不得負累，别生枝節等情。其堡外更有
餘存田產以茶林竹林物業等項俱抽為公業完粮之資，或
剩餘積為公項，作四股费用。更有堡外餘地四股均分，不得
混佔爭理，宜和氣公議，或築牛欄厕所，耕種四股均匀，又不
許合糊妄為。恐口無憑，再立合約四本，各執壹本，長遠為照。

5-2-35-3　清同治元年五月鄭能禮等立公約字（草契）

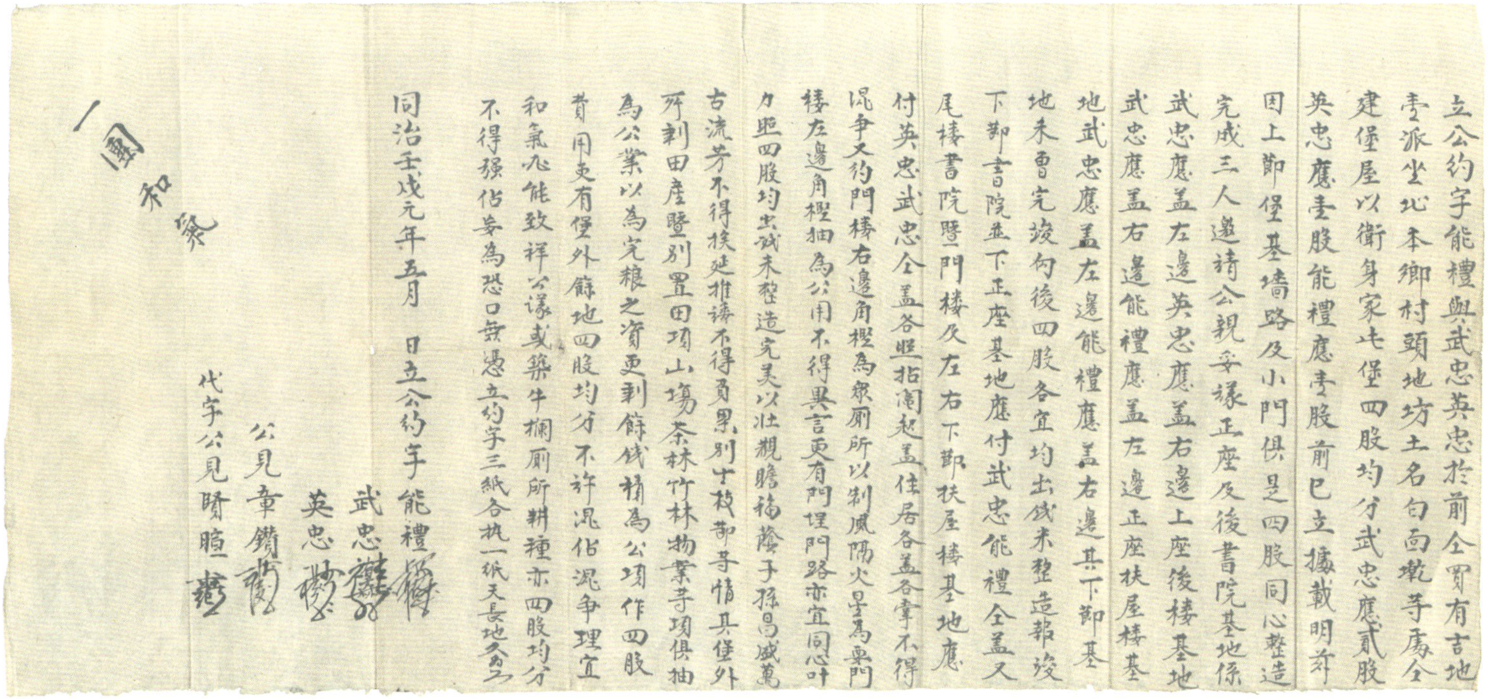
立公約字能禮與武忠英忠於前仝買有吉地
壹派坐北本鄉村頭地坊土名白面嶺等處仝
建堡屋以衛身家其堡四股均分武忠應貳股
英忠應壹股能禮應壹股前已立據載明茲
因上節堡基墻路及小門俱是四股同心整造
完成三人邀請公親妥議正座及後書院基地係
武忠應蓋左邊英忠應蓋右邊上座後樓基地
武忠應蓋右邊能禮應蓋左邊正座扶屋樓基
地武忠應蓋左邊能禮應蓋右邊其下節基
地未曾完竣向後四股各宜均出錢米整造報竣
下節書院並下正座基地應付武忠能禮仝蓋又
尾樓書院暨門樓及左右下節扶屋樓基地應
付英忠武忠仝蓋各照指鬮起蓋住居各蓋各掌不得
混爭又約門樓右邊角樫為衆廁所以制風陽火星為要門
樓左邊角樫抽為公用不得異言更有門埕門路亦宜同心叶
力照四股均出錢米整造完美以壯觀瞻福蔭子孫昌盛萬
古流芳不得挨延推諉不得負累別生枝節等情其堡外
所剩田產暨別置田項山場茶林竹林物業等項俱抽
為公業以為完粮之資更剩餘錢積為公項作四股
費用更有堡外餘地四股均分不許混佔混爭理宜
和氣乃能致祥公議或築牛欄廁所耕種亦四股均分
不得強佔恐口無憑立約字三紙各執一紙天長地久
同治壬戌元年五月　日立公約字　能禮（押）
武忠（押）
英忠（押）
公見　章鑽（押）
代字公見　賢瞻（押）
一團和氣

5-2-35-4　清同治元年五月鄭能禮等立公約字

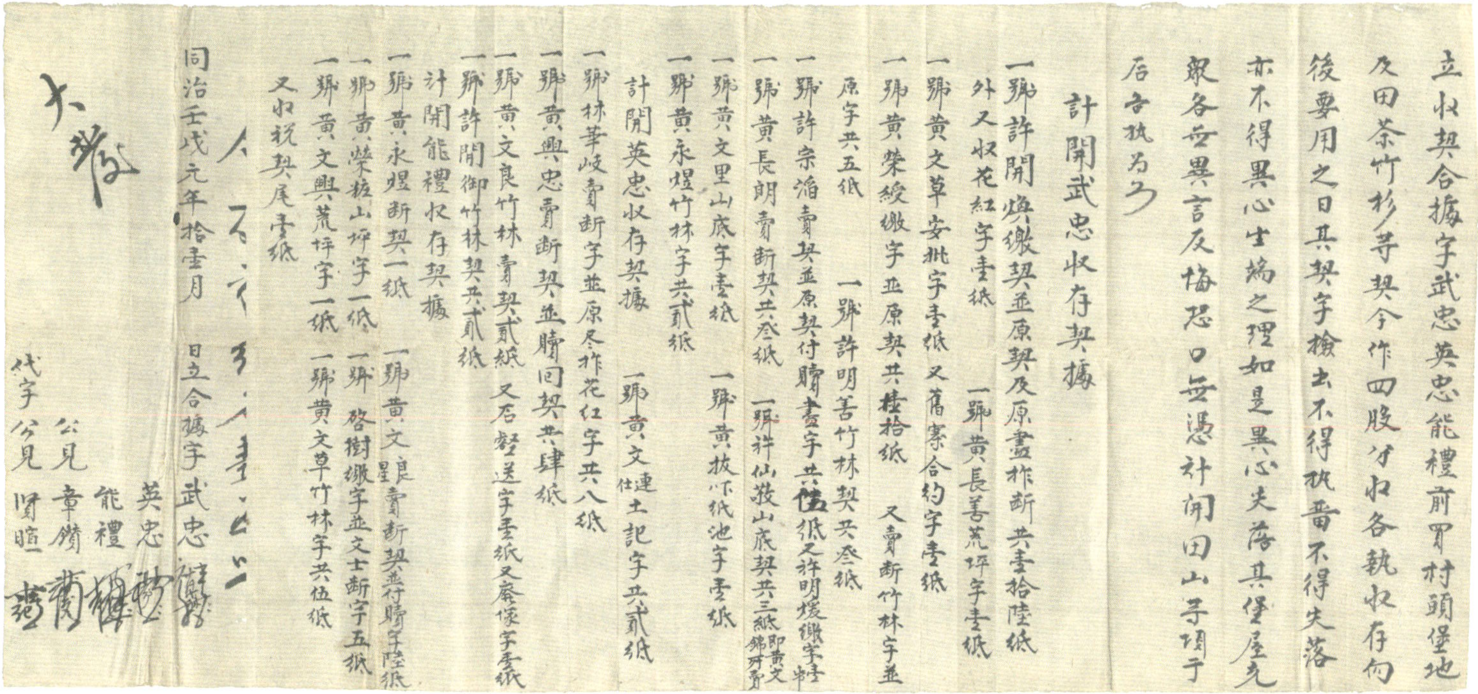
立收契合據字武忠英忠能禮前買村頭堡地
及田茶竹杉芧契今作四股分歸各執收存向
後要用之日其契字檢出不得執留不得失落
亦不得異心生端之理如是異心失落其堡屋允
叔各無異言反悔恐口無憑計開田山芧項于
后合執為之

計開武忠收存契據
一號許開煥繳契並原契及原盡杵斷共壹拾陸紙
外又收花紅字壹紙　一號黃長善荒坪字壹紙
一號黃文草安排字壹紙　又舊寨合約字壹紙
一號黃榮綏繳字並原契共桂拾紙　又賣斷竹林字並
原字共五紙　一號許明善竹林契共叁紙
一號許宗淊賣契並原契付贖盡字共伍紙又許明煖繳字壹帋
一號黃長朗賣斷契共叁紙　一號許仙菝山底契共三紙即黃文錦所賣
一號黃文里山底字壹紙　一號黃拔下紙池字壹紙
一號黃永焜竹林字共貳紙　一號黃文仕連土記字共貳紙

計開英忠收存契據
一號林華岐賣斷字並原尽杵花紅字共八紙
一號黃興忠賣斷契並贖回契共肆紙
一號黃文良竹林賣契貳紙　又石墊送字壹紙又寨保字壹紙
一號許開御竹林契共貳紙

計開能禮收存契據
一號黃永焜斷契一紙　一號黃文良星賣斷契並付贖字陸紙
一號黃榮椗山坪字一紙　一號啓樹繳字並文士斷字五紙
一號黃文興荒坪字一紙　一號黃文草竹林字共伍紙
又收稅契尾壹紙

同治壬戌元年拾壹月　日立合據字武忠（押）
英忠（押）
能禮（押）
公見　章鑽（押）
代字公見　賢瞳（押）

5-2-35-5　清同治元年十一月鄭武忠等立合據字

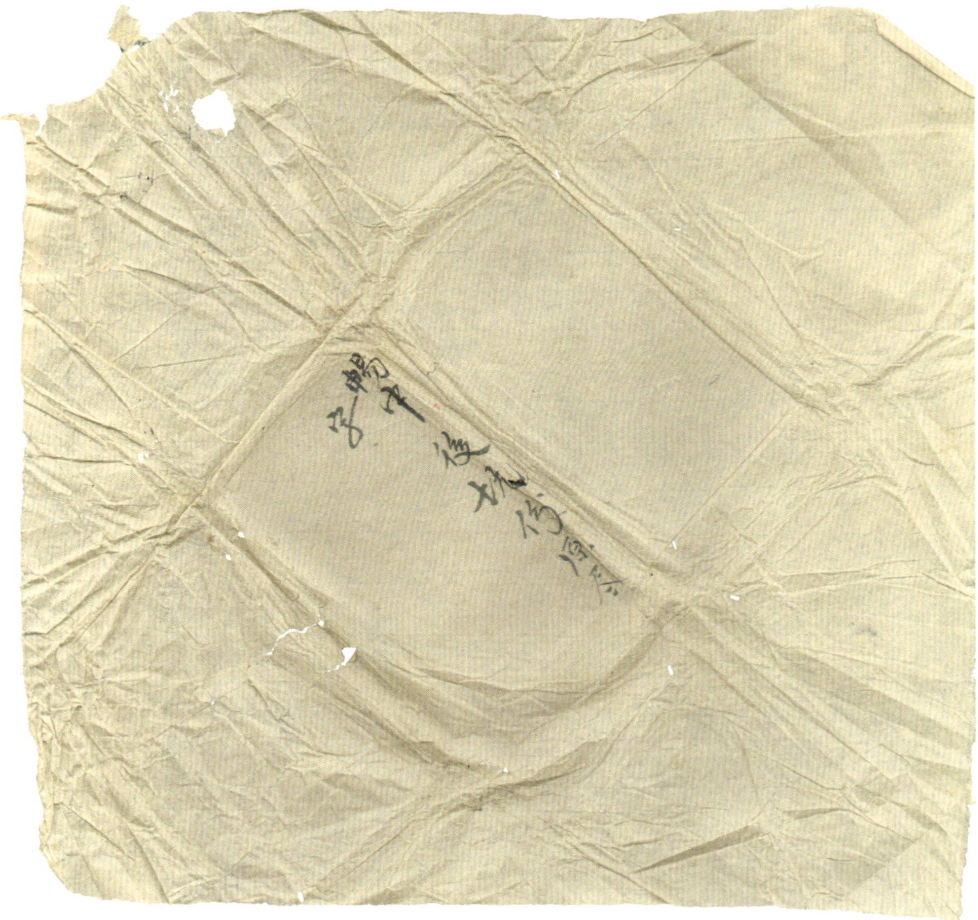

5-2-36-1　包契紙

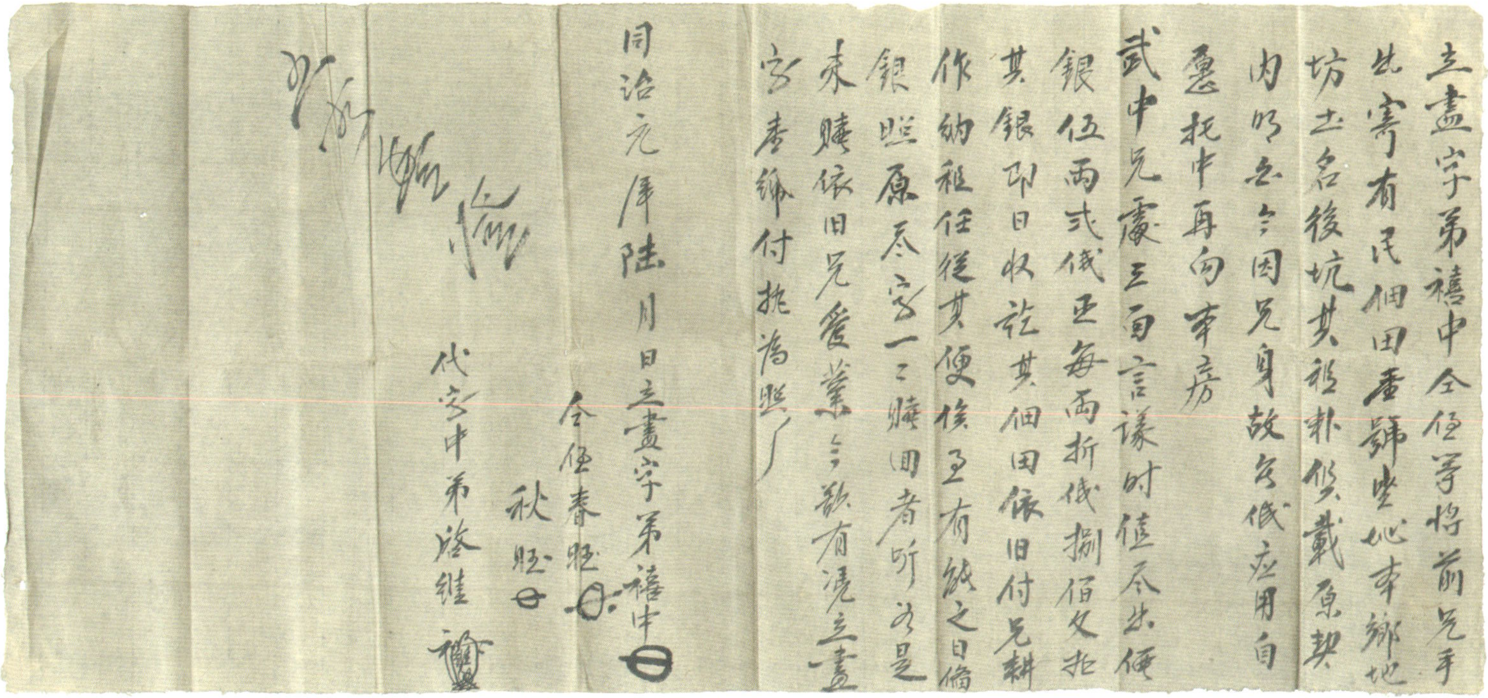
立盡字弟禧中仝侄等將前兄手
出寄有民佃田壹號坐址本鄉地
坊土名後坑其租卅伍載原契
內明白今因兄身故乏錢應用自
愿托中再向本房
貳中兄處三面言議時值不出便
銀伍兩弍錢正每兩折錢捌佰文批
其銀即日收訖其佃田依旧付兄耕
作納租任從其便候至有錢之日備
銀照原本字一一贖回者听為是
來贖依旧兄爰業今欲有憑立盡
字壹紙付批為照

同治元年陸月 日立盡字弟禧中（押）
仝侄春旺（押）
秋旺（押）
代字中弟洛继（押）

5-2-36-2　清同治元年六月鄭禧中等立盡民佃田字

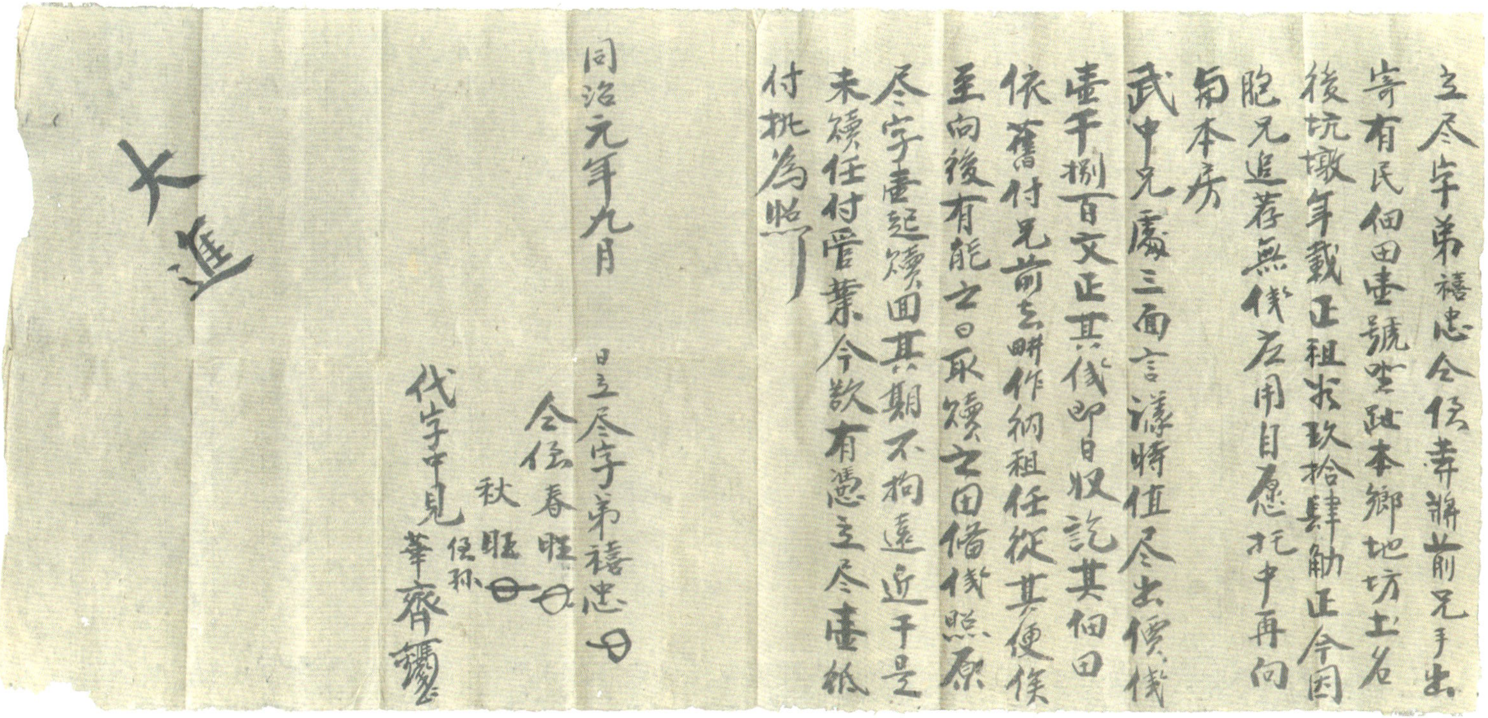

立尽字弟禧忠仝侄寿耕、前兄手出
垦有民佃田壹號，坐趾本鄉地坊，土名
後坑墩，年載正租谷玖拾肆觔正。今因
胞兄追荐無錢應用，自愿托中再向
与本房
武中兄處三面言議，將值尽出價錢
壹千捌百文正。其錢即日收訖，其佃田
依舊付兄前去耕作納租，任從其便。係
至向後有能之日，取贖之田，借錢照原
尽字壹起贖回，其期不拘遠近。于是
未贖，任付管業。今欲有憑，立尽壹紙
付執為照。

同治元年九月　日立尽字弟禧忠（押）
仝侄春旺（押）
秋旺（押）
侄孫
代字中見華齊（押）

大進

5-2-36-3　清同治元年九月鄭禧忠等立盡民佃田字

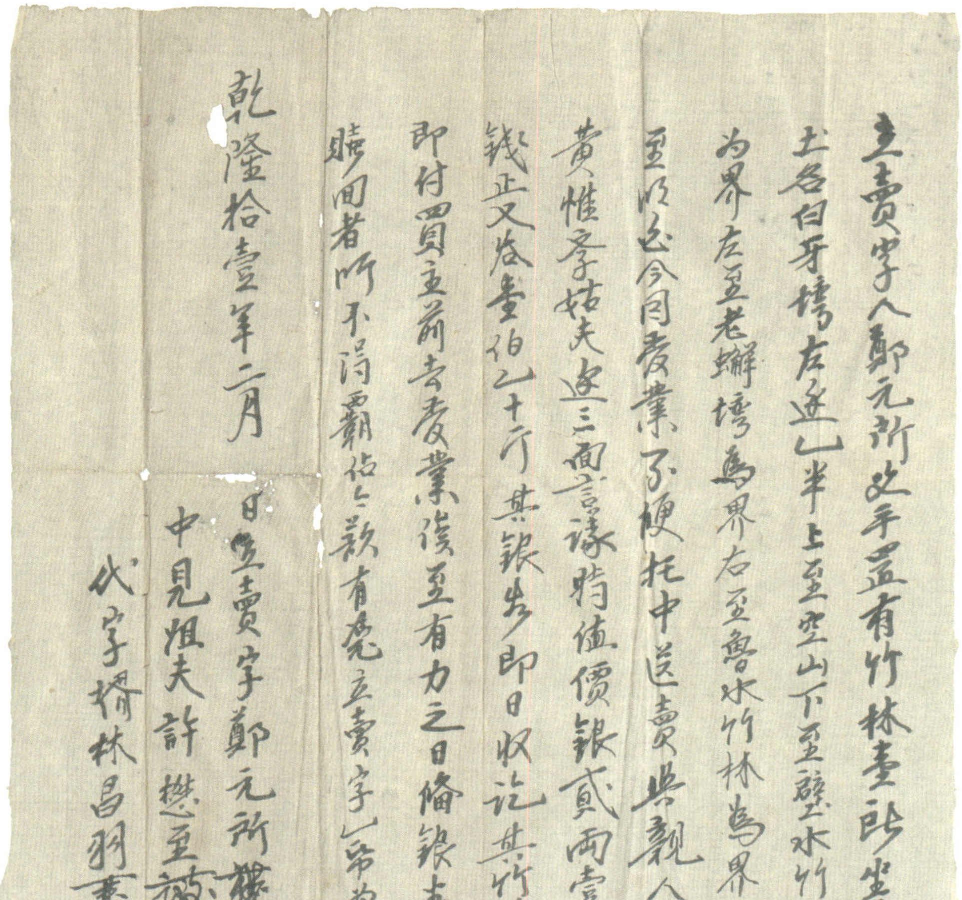
立賣字人鄭元所承父手置有竹林壹片坐落
土名白牙墻左边山半上至空山下至磜水竹林
为界左至老蝌墻為界右至魯水竹林為界四
至明白今因管業不便托中送賣與親人
黄惟孝姑夫边三面言議時值價銀貳両壹
錢正又谷壹伯山十斤其銀当即日收訖其竹林
即付買主前去管業後至有力之日備銀取
贖回者所不得霸佔之款有憑立賣字山帋為照
乾隆拾壹年二月
日立賣字鄭元所（押）
中見姐夫許懋至（押）
代字婿林昌羽書

5-2-37-1　清乾隆十一年二月鄭元所立賣竹林字

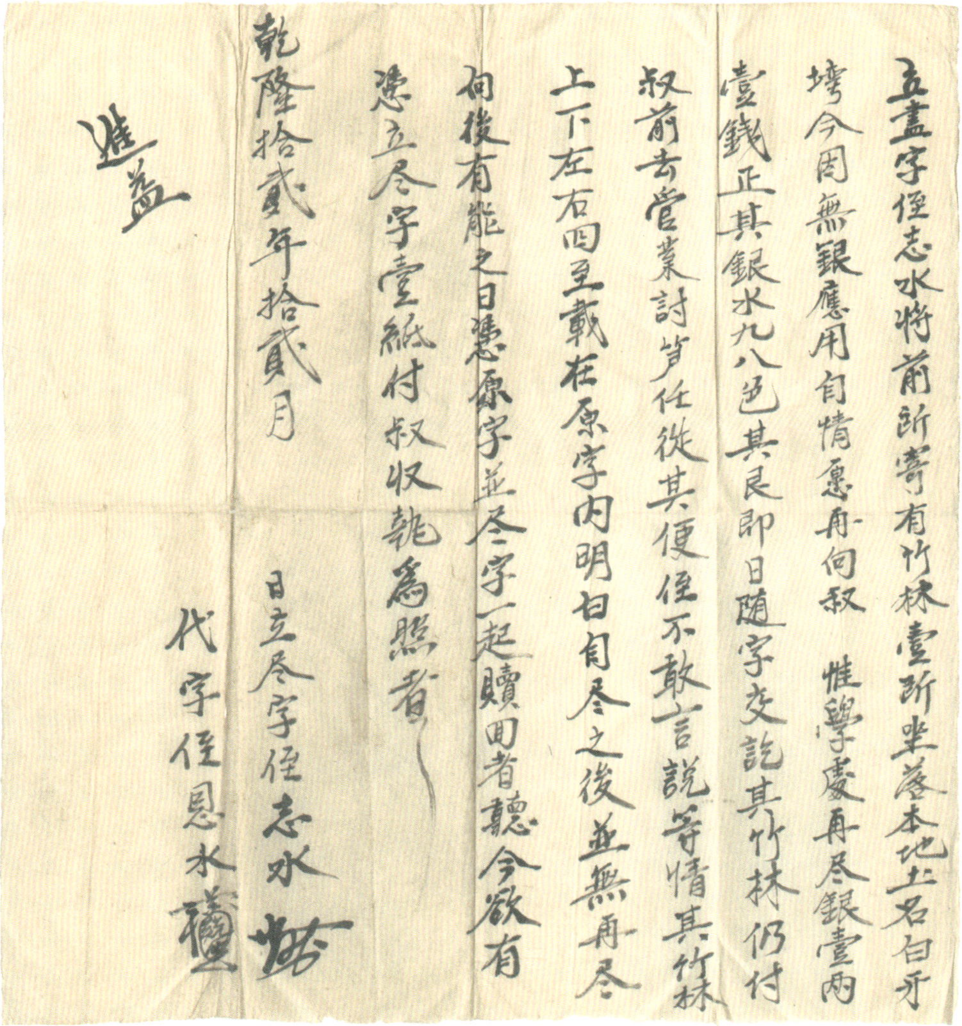

立盡字侄志水將前所寄有竹林壹所坐落本地土名白牙
塆今因無銀應用自情愿再向叔　惟學處再盡銀壹两
壹錢正其銀水九八色其艮即日隨字交訖其竹林仍付
叔前去管業討笋任從其便侄不敢言說等情其竹林
上下左右四至載在原字内明白自盡之後並無再盡
向後有能之日憑原字並盡字一起贖回者聽今欲有
憑立盡字壹紙付叔收執為照者

乾隆拾貳年拾貳月　日立盡字侄志水（押）

代字侄恩水（押）

進盡

5-2-37-2　清乾隆十二年十二月鄭志水立盡竹林字

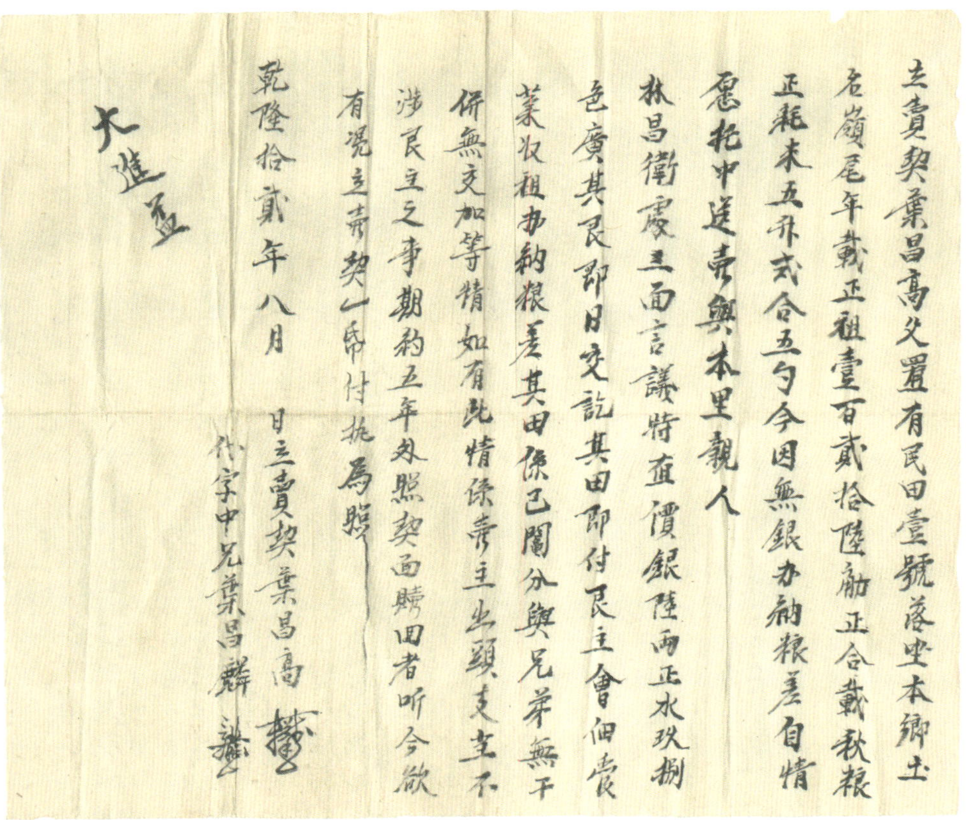

立賣契葉昌高父置有民田壹號落坐本鄉土
名嶺尾年載正租壹百貳拾陸觔正合載秋粮
正耗米五升弍合五勺今因無銀办納粮差自情
愿托中送賣與本里親人
林昌衛處三面言議將直價銀陸兩正水玖捌
色廣其艮即日交訖其田即付艮主會佃管
業收租办納粮差其田係已鬮分與兄弟無干
併無交加等情如有此情係賣主出頭支當不
涉艮主之事期約五年外照契面贖回者听今欲
有憑立賣契一紙付執為照

乾隆拾貳年八月　日立賣契葉昌高
代字中兄葉昌麟

大進益

5-2-38-1　清乾隆十二年八月葉昌高立賣民田契

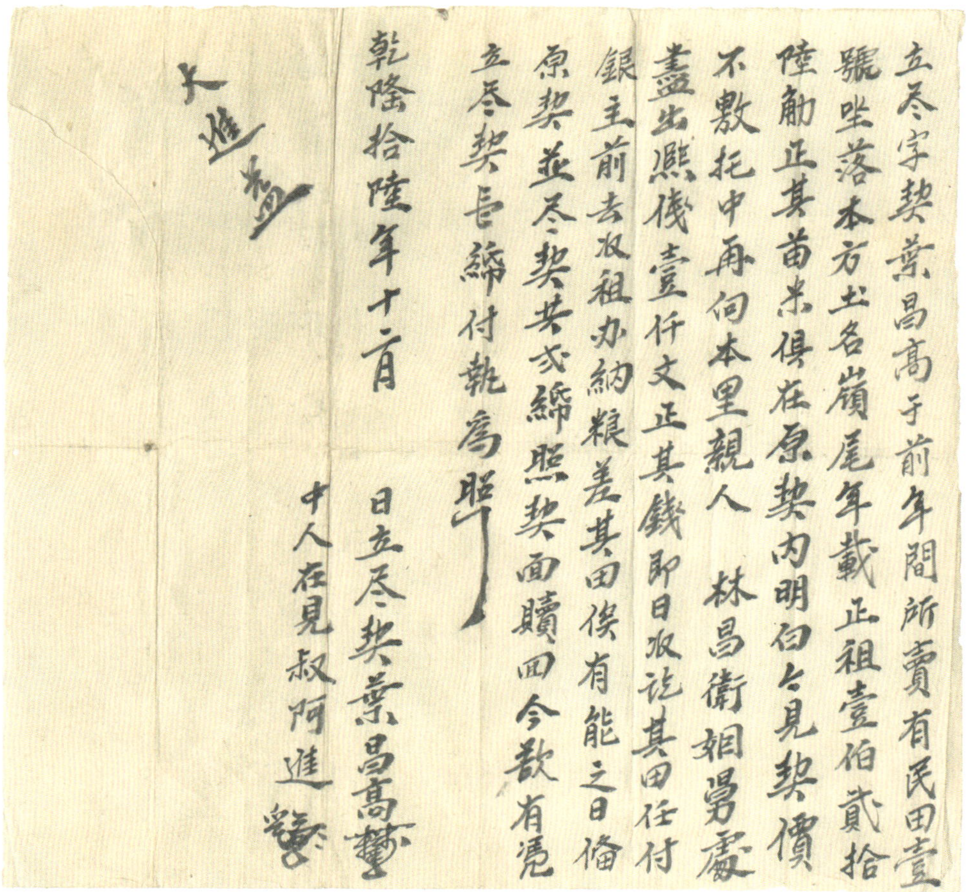
立盡字契葉昌高于前年間所賣有民田壹
號坐落本方土名嶺尾年載正祖壹佰貳拾
陸觔正其苗米俱在原契內明白々見契價
不敷托中再向本里親人　林昌衛姻舅處
盡出凞錢壹仟文正其錢即日收訖其田任付
銀主前去收祖办納粮差其田倘有能之日備
原契並盡々契共弍紙照契面贖回今欲有憑
立盡契壹紙付執爲照
乾隆拾陸年十二月　日立盡契葉昌高
中人在見叔阿進
大進益

5-2-38-2　清乾隆十六年十二月葉昌高立盡民田契

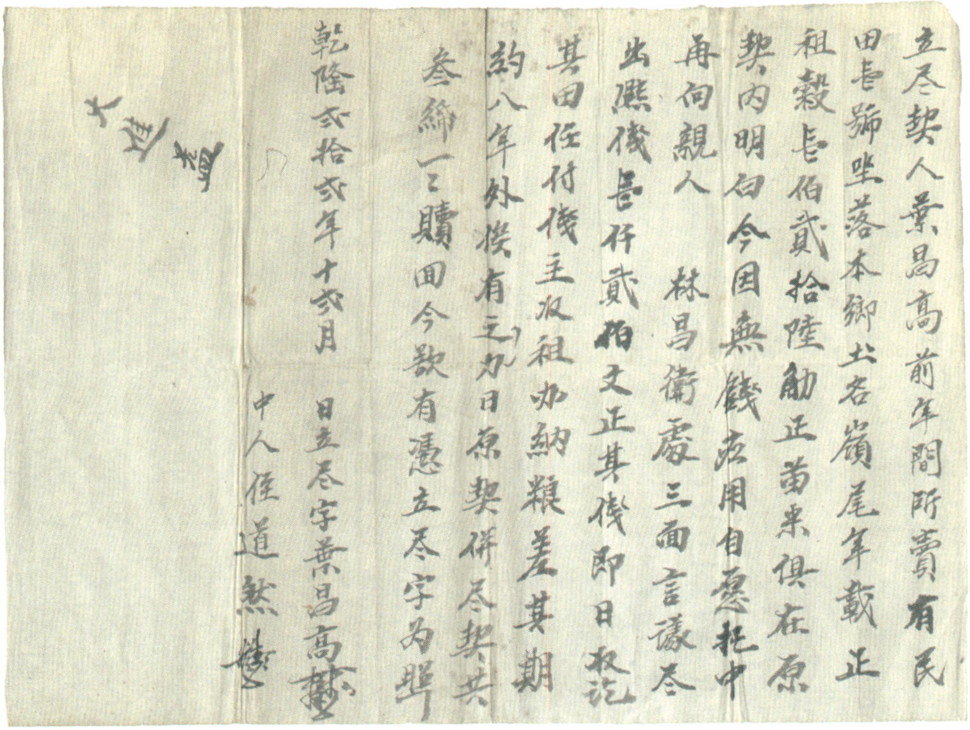

立盡契人葉昌高前年間所賣有民
田壹號坐落本鄉土名嶺尾年載正
租穀壹佰貳拾陸觔正當東俱在原
契内明白今因無錢應用自愿托中
再向親人　林昌衛處三面言議盡
出價錢壹仟貳佰文正其錢即日收訖
其田任付錢主收租办納粮差其期
約八年外後有之力日原契併盡契共
叁紙一足贖回今欲有憑立盡字爲照
乾隆貳拾貳年十貳月　日立盡字葉昌高（押）
中人侄道然（押）

大進盡

5-2-38-3　清乾隆二十二年十二月葉昌高立盡民田契

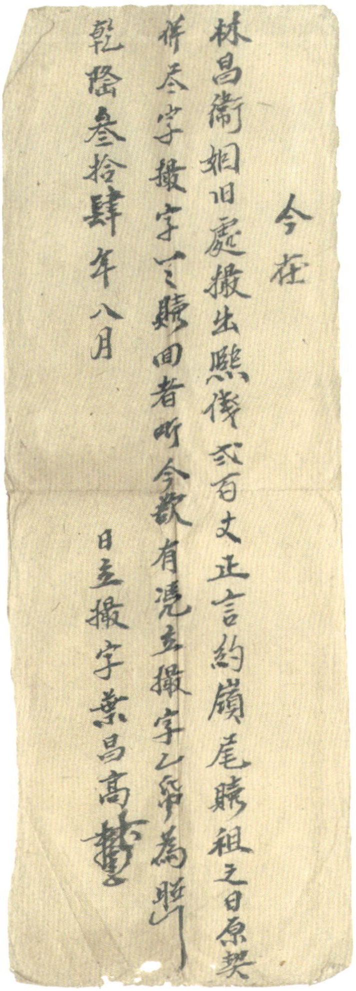

今在
林昌衛姻旧處撥出縣錢弍百文正，言約嶺尾贖祖之日，原契
并交字、撥字一一贖回者听。今欲有凭，立撥字乙紙為照。
乾隆叁拾肆年八月　日立撥字葉昌高（押）

5-2-38-4　清乾隆三十四年八月葉昌高立撥字

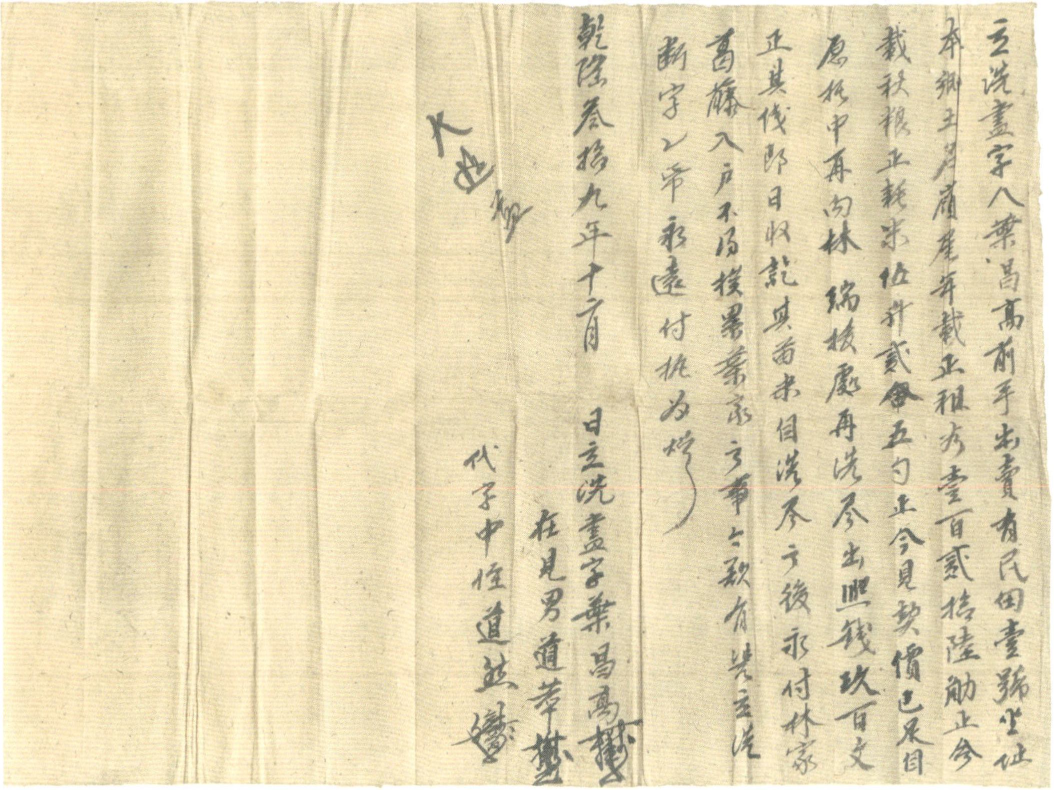
立洗盡字人葉昌高前手出賣有民田壹號坐址本鄉土名□崖平載正租壹百貳拾陸觔正今載秋糧正耗米伍升貳合五勺正今見契價已足因思托中再向林瑞楨處再洗盡出照錢玖百文正其錢即日收訖其田未自洗盡之後永付林家管業入户不得控異葉家之事亦無有生端立洗斷字乙帋永遠付執爲炤

乾隆叁拾九年十二月　日立洗盡字葉昌高（押）
在見男道萃（押）
代字中侄道兹（押）

5-2-38-5　清乾隆三十九年十二月葉昌高立洗盡民田字

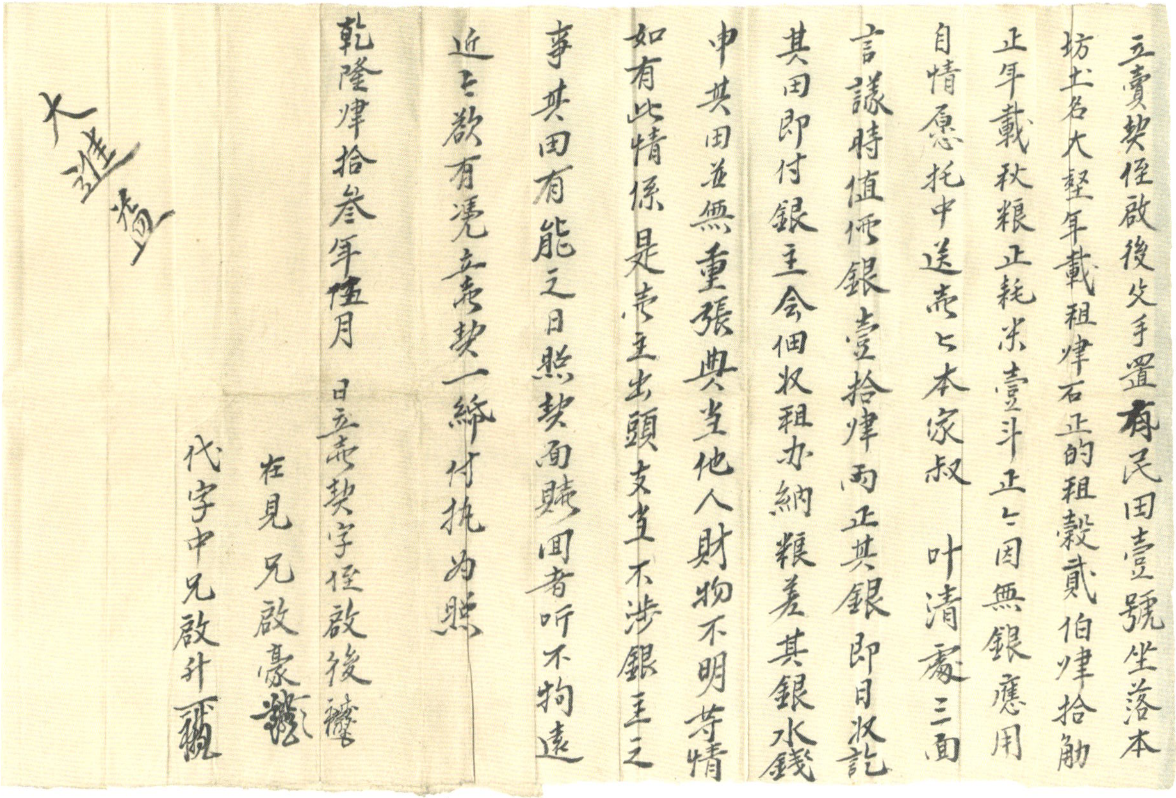

立賣契侄啓後承父手置有民田壹號坐落本
坊土名大墘年載租肆石正的租穀貳伯肆拾觔
正年載秋粮正耗米壹斗正〻因無銀應用
自情愿托中送賣〻本家叔　叶清處三面
言議時值價銀壹拾肆兩正其銀即日收訖
其田即付銀主會佃收租办納粮差其銀水錢
申其田並無重張典當他人財物不明等情
如有此情係是賣主出頭支當不涉銀主之
事其田有能之日照契面贖回者听不拘遠
近〻欲有憑立賣契一紙付執为照
乾隆肆拾叁年伍月　日立賣契字侄啓後
在見兄啓豪
代字中兄啓升
大進

5-2-39-1　清乾隆四十三年五月鄭啓後立賣民田契

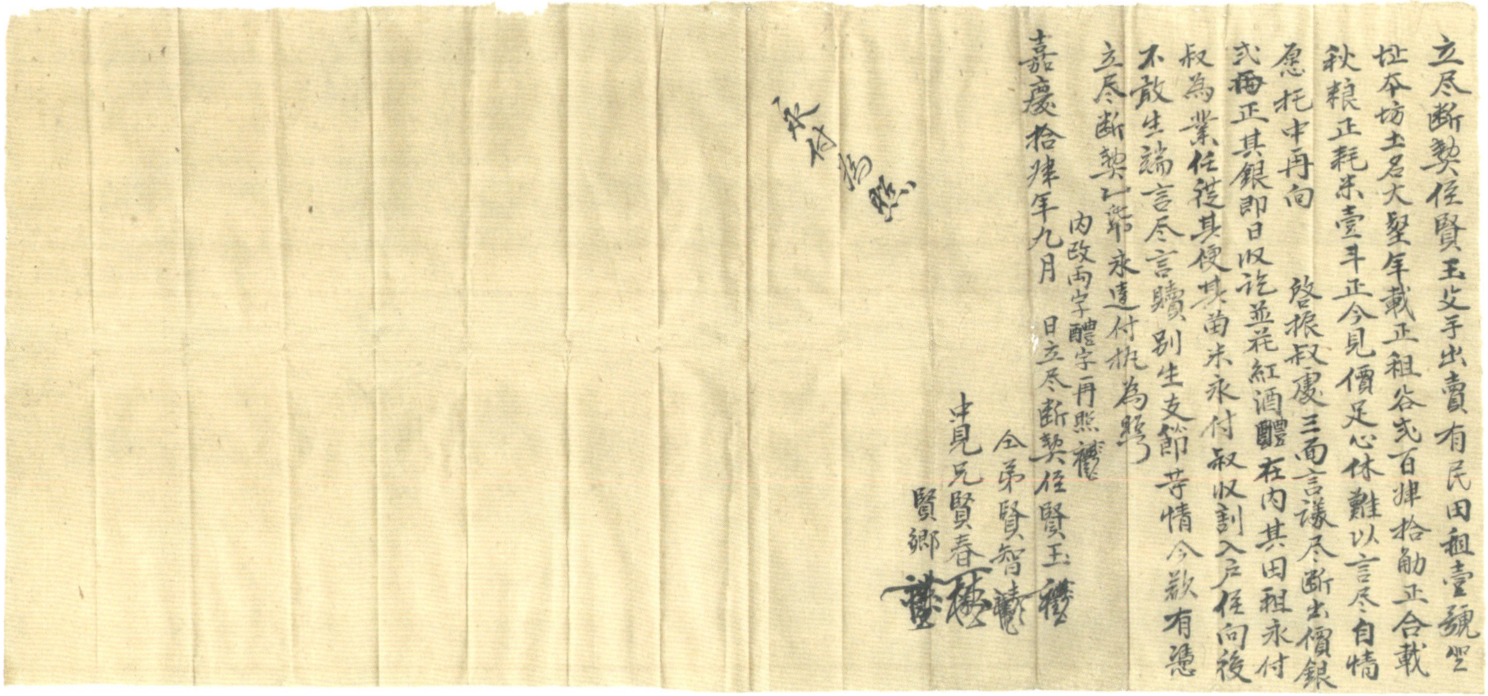
立尽断契侄賢玉叐手出賣有民田租壹號，坐
址本坊土名大壟年載正租谷弍百肆拾觔正，合載
秋粮正耗米壹斗正。今見價足，心休難以言尽，自情
愿托中再向　　啓振叔處三面言議，尽断出價銀
弍兩正。其銀即日収訖，並花紅酒醴在內。其田租永付
叔為業，任從其便，其苗米永付叔収割入戶，任向後
不敢生端言尽言贖、別生支節等情。今欲有憑，
立尽断契一紙，永遠付執為照。
内改両字，醴字再照。
嘉慶拾肆年九月　　日立尽断契侄賢玉
全弟賢智
中見兄賢春
賢鄉

5-2-39-2　清嘉慶十四年九月鄭賢玉等立盡斷民田租契

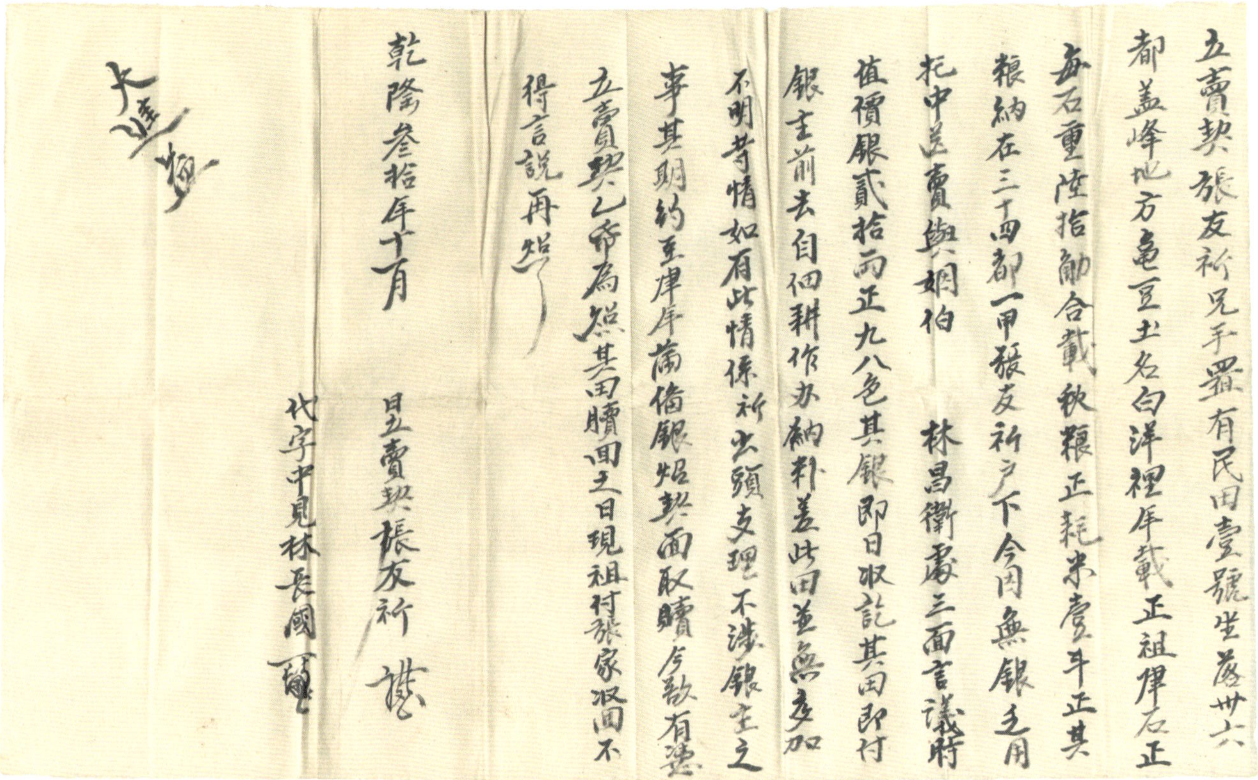

立賣契張友祈兄弟置有民田壹號坐落卅六
都蓋峰地方地名白洋裡年載正租肆石正
每石重陸拾觔合載秋粮正耗米壹斗正其
粮納在三十四都一甲張友祈户下今因無銀應用
托中送賣與姻伯　林昌衛處三面言議時
值價銀貳拾兩正九八色其銀即日收訖其田即付
銀主前去自佃耕作办納料差此田並無交加
不明等情如有此情係祈出頭支理不涉銀主之
事其期約至肆年滿備銀照契面取贖分數有憑
立賣契人命為照其田贖回之日現祖付張家收回不
得言說再照

乾隆叁拾年十一月

日立賣契　張友祈　押

代字中見　林長國　押

5-2-40-1　清乾隆三十年十一月張友祈立賣民田契

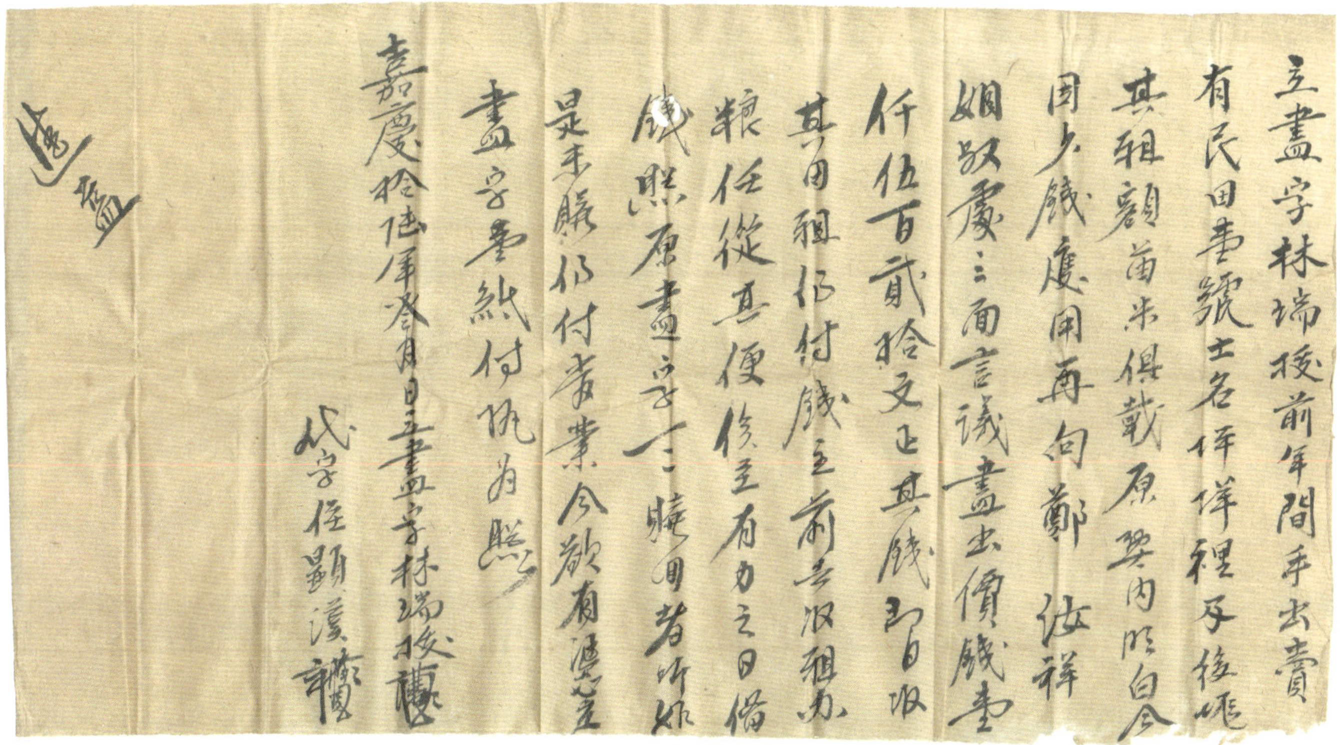

立盡字林瑞拔前年間手出賣
有民田壹號土名坪洋裡仔後堀
其租額苗米俱載原契内明白今
因乏錢應用再向鄭佐祥
姻叔處三面言議盡出價錢壹
仟伍百貳拾文正其錢即日收
其田租仍付錢主前去收租办
粮任從其便後至有力之日備
錢照原盡字一牋取贖若此
是手親仍付麦業今欲有憑立
盡字壹紙付執為照
嘉慶拾陆年叁月　日立盡字林瑞拔（押）
代字侄顯漢（押）

5-2-40-2　清嘉慶十六年三月林瑞拔立盡民田契

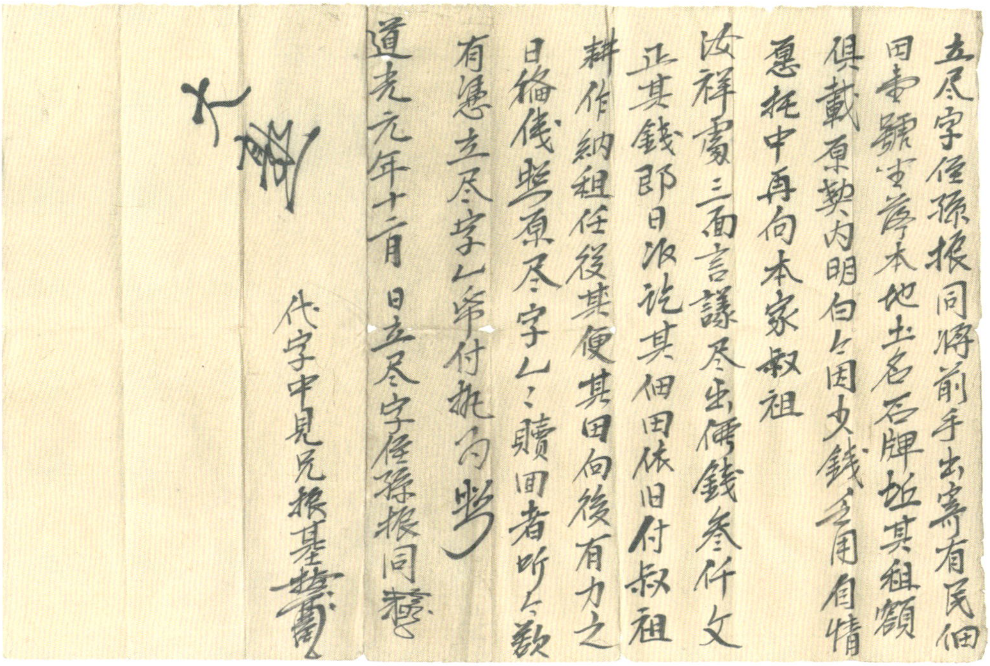
立尽字侄孫振同將前手出寄有民佃
田壹號坐落本地土名石牌址其租額
俱載原契內明白今因乏錢應用自情
愿托中再向本家叔祖
汝祥處三面言議尽出價錢叁仟文
正其錢即日收訖其佃田依旧付叔祖
耕作納租任從其便其田向後有力之
日備價照原尽字一一贖回者听々欵
有憑立尽字一帋付執為照
道光元年十二月 日立尽字侄孫振同
代字中見兄振基

5-2-41-1　清道光元年十二月鄭振同立盡民佃田字

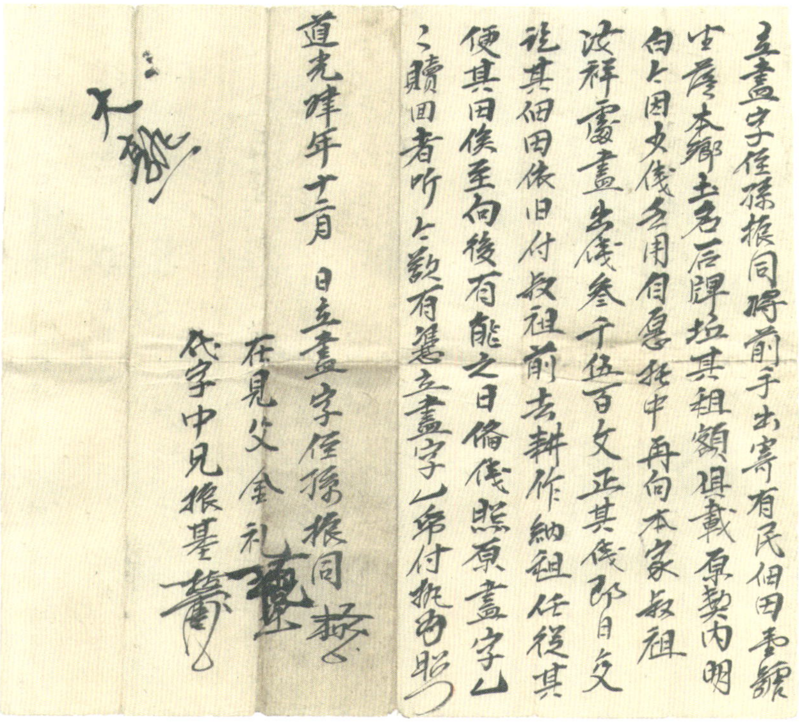

立盡字侄孫振同將前手出寄有民佃田壹號坐落本鄉土名后牌垃，其租額俱載原契內明白。今因乏錢急用，自愿托中再向本家叔祖汝祥處盡出錢叁千伍百文正，其錢即日交訖，其佃田依舊付叔祖前去耕作納租，任從其便。其田俟至向後有能之日，備錢照原盡字乙之贖回者听。今欲有憑，立盡字乙帋付執為照。

道光肆年十二月　日立盡字侄孫振同（押）

在見父金礼（押）

代字中見振基（押）

5-2-41-2　清道光四年十二月鄭振同立盡民佃田字

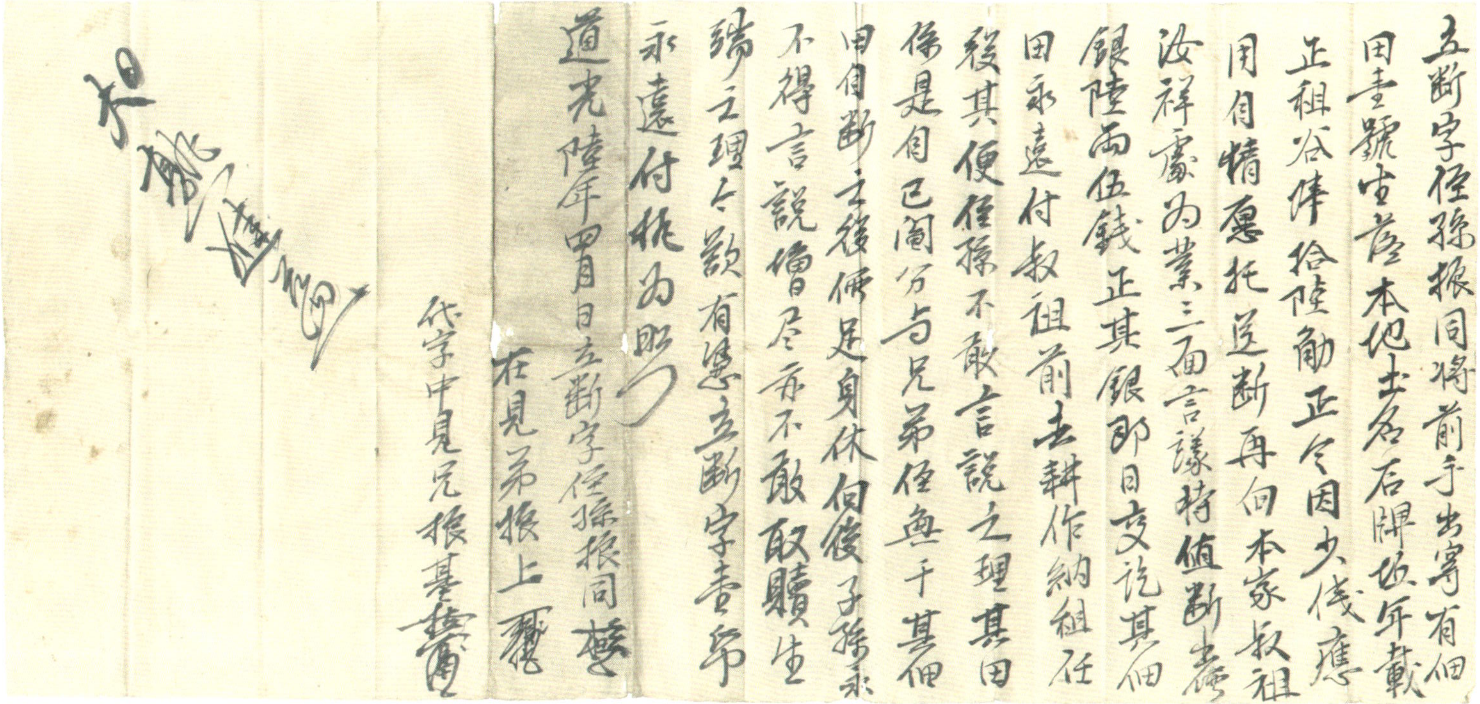

立斷字侄孫振同將前手出寄有佃
田壹號，坐落本地土名石牌坵，年載
正租谷肆拾陸觔正。今因乏錢應
用，自情愿托送斷，再向本家叔祖
汝祥處為業。三面言議，時值斷出佃
銀陸兩伍錢正。其銀即日交訖，其佃
田永遠付叔祖前去耕作納租，任
從其便，侄孫不敢言說之理。其田
係是自己閹分，與兄弟侄無干。其佃
田自斷之後，俾足身休，伺後子孫永
不得言說增盡，亦不敢取贖生
端之理。今欲有憑，立斷字壹帋，
永遠付執為照。

道光陸年四月　日立斷字侄孫振同（押）
在見弟振上（押）
代字中見兄振基（押）

5-2-41-3　清道光六年四月鄭振同立斷佃田字

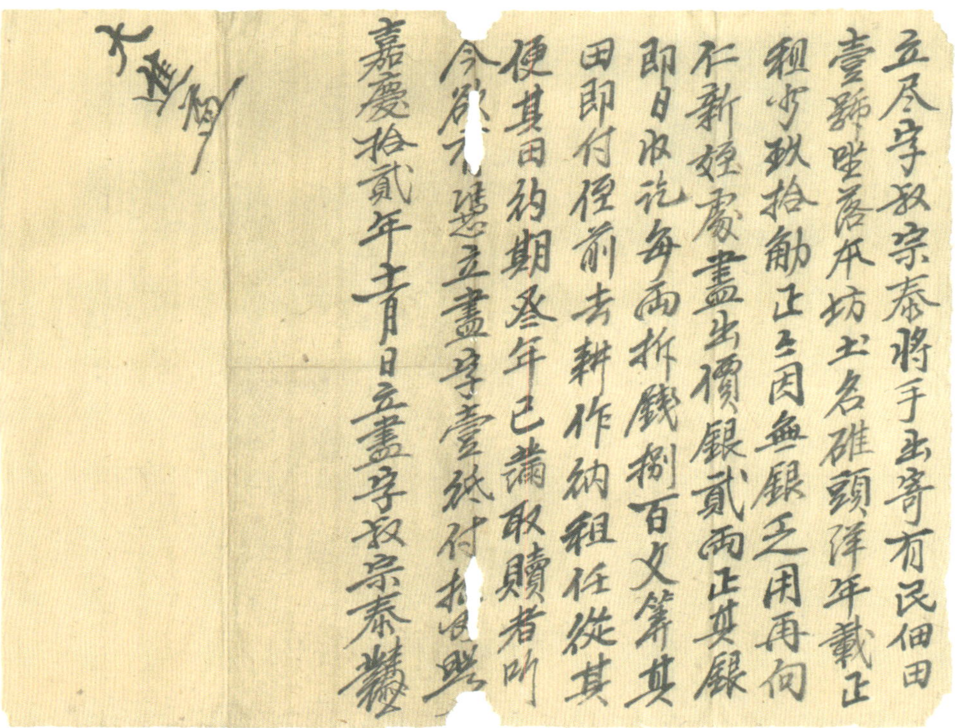

立盡字叔宗泰將手出寄有民佃田
壹號坐落本坊土名碓頭洋年載正
租少玖拾觔正立因無銀乏用再向
仁新姪處盡出價銀貳兩正其銀
即日收訖每兩折錢捌百文算其
田即付侄前去耕作納租任從其
便其田約期叁年已滿取贖者所
今欲有憑立盡字壹紙付执爲照
嘉慶拾貳年十一月　日立盡字叔宗泰（押）
大進何

5-2-42-1　清嘉慶十二年十一月葉宗泰立盡民佃田字

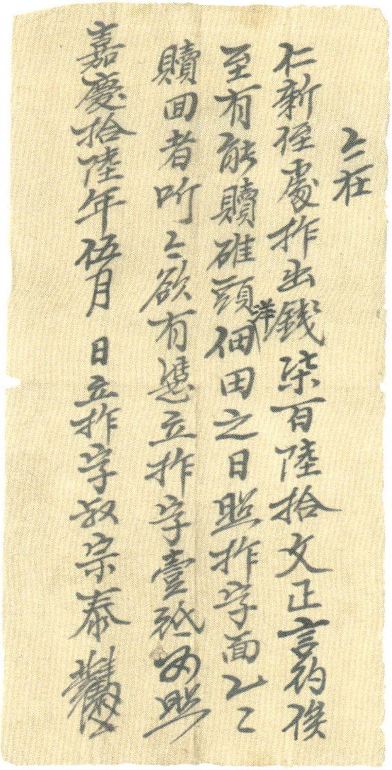
乙在
木新程處作出錢柒百陸拾文正言約後
至有能贖碓頭洋佃田之日照作字面乙乙
贖回者听乙欲有憑立作字壹紙為照
嘉慶拾陸年伍月　日立作字叔宗泰（押）

5-2-42-2　清嘉慶十六年五月葉宗泰立撮字

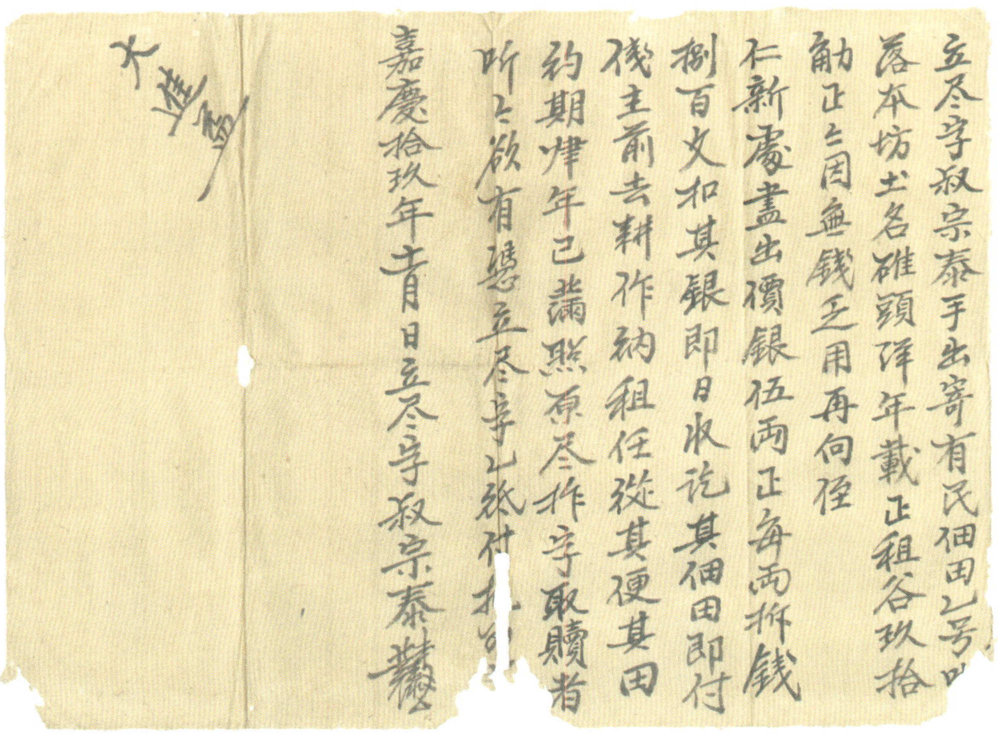
立盡字叔宗泰手出寄有民佃田一号坐
落本坊土名碓頭洋年載正租谷玖拾
觔正今因無錢乏用再向侄
亻新處盡出價銀伍两正每两折錢
捌百文㕥其銀即日收訖其佃田即付
侄主前去耕作納租任從其便其田
約期肆年已滿照原盡作字取贖者
所立欲有憑立盡字一紙付執為照
嘉慶拾玖年十一月日立盡字叔宗泰（押）
大進旁

5-2-42-3　清嘉慶十九年十一月葉宗泰立盡民佃田字

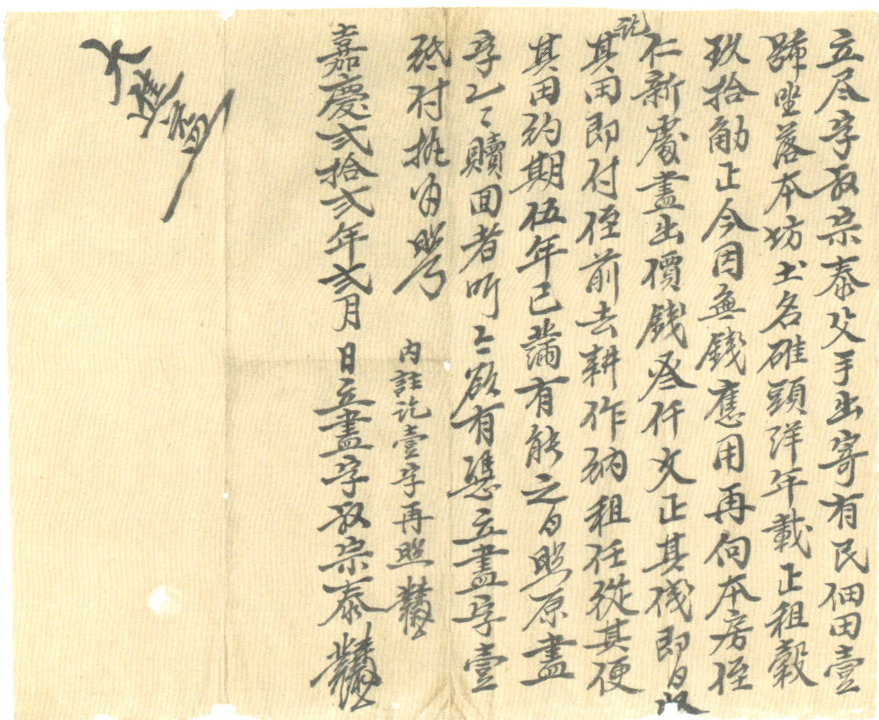
立盡字叶宗泰父手出寄有民佃田壹
號坐落本坊土名碓頭垟年載正租穀
玖拾觔正今因無錢應用再向本房侄
仁新處盡出價錢叁仟文正其錢即日收訖
其田即付侄前去耕作納租任從其便
其田約期伍年已滿有能之日照原盡
字〻〻贖回者听〻〻無有悮立盡字壹
紙付執為照
內註訖壹字再照 贊
嘉慶貳拾弍年弍月 日立盡字叶宗泰 贊

5-2-42-4　清嘉慶二十二年二月葉宗泰立盡民佃田字

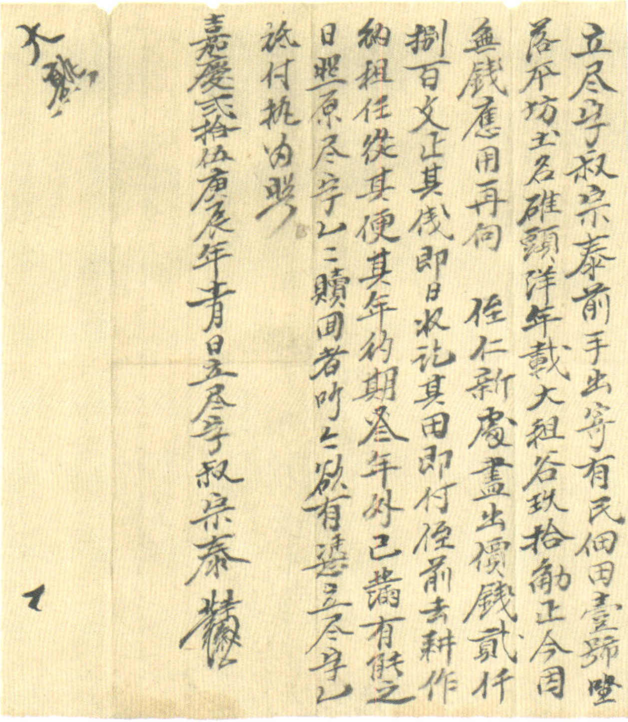

立盡字叔宗泰前手出寄有民佃田壹號坐
落本坊土名碓頭洋年載大租谷玖拾觔正今因
無錢應用再向　侄仁新處盡出價錢貳仟
捌百文正其錢即日收訖其田即付侄前去耕作
納租任從其便其年約期叁年外已満有錢之
日照原盡字乙乙贖回者吋乙乙欲有憑立盡字乙
紙付執為照
嘉慶貳拾伍庚辰年十一月日立盡字叔宗泰（押）

5-2-42-5　清嘉慶二十五年十一月葉宗泰立盡民佃田字

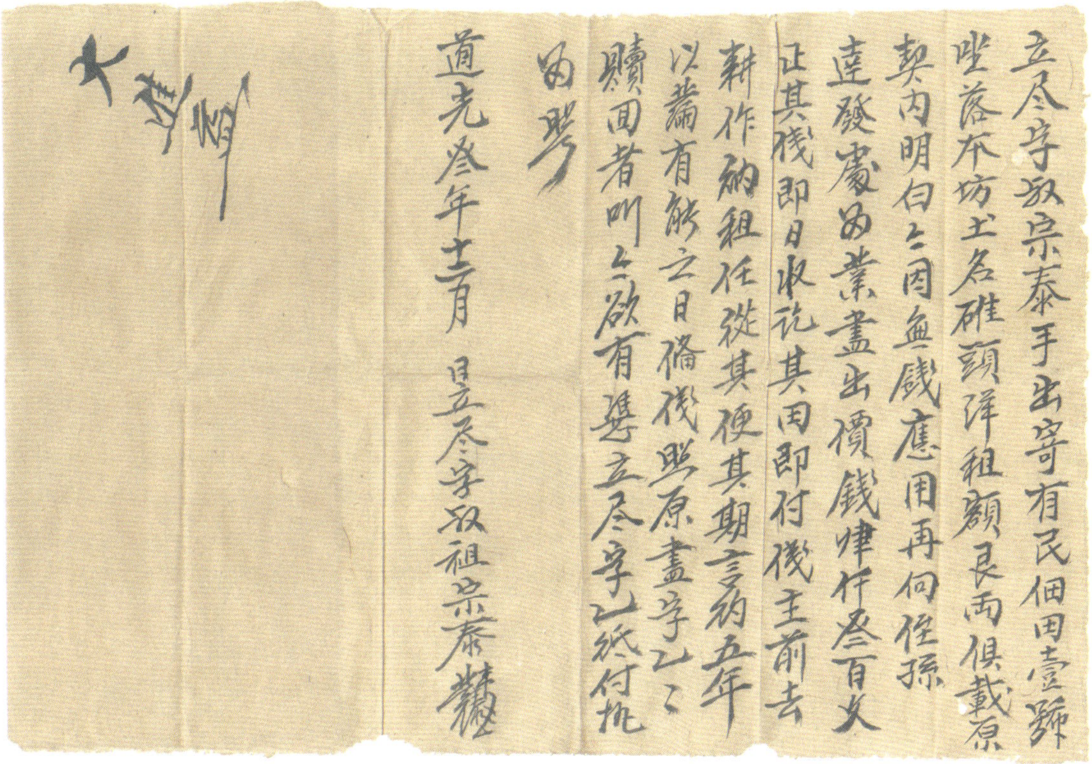

立尽字叔宗泰手出寄有民佃田壹號，坐落本坊土名碓頭洋，租額長两俱載原契內明白。今因無錢應用，再向侄孫達發處出業盡出價錢肆仟叁百文正。其錢即日收訖，其田即付錢主前去耕作納租，任從其便。其期言約五年以滿，有能之日備錢照原盡字乙〻贖回者叫。今欲有憑，立尽字乙紙付执為照。

道光叁年十二月　日立尽字叔祖宗泰（押）

大吉

5-2-42-6　清道光三年十二月葉宗泰立盡民佃田字

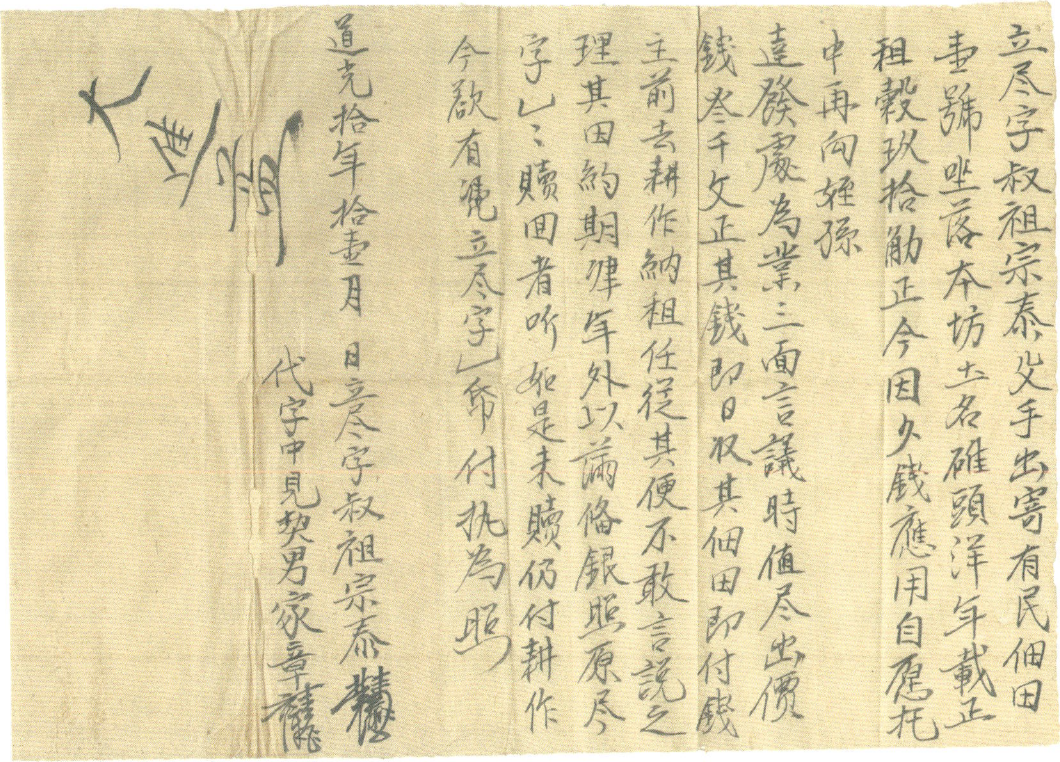
立尽字叔祖宗泰父手出寄有民佃田
壹號坐落本坊土名碓頭洋年載正
租穀玖拾觔正今因乏錢應用自愿托
中再向姪孫
達發處為業三面言議時值尽出價
錢叁千文正其錢即日收其佃田即付錢
主前去耕作納租任從其便不敢言説之
理其田約期肆年外以滿備銀照原尽
字乙乙贖回者听如是未贖仍付耕作
今欲有憑立尽字乙紙付执為照
道光拾年拾壹月　日立尽字叔祖宗泰（押）
代字中見契男家章（押）
大吉

5-2-42-7　清道光十年十一月葉宗泰立盡民佃田字

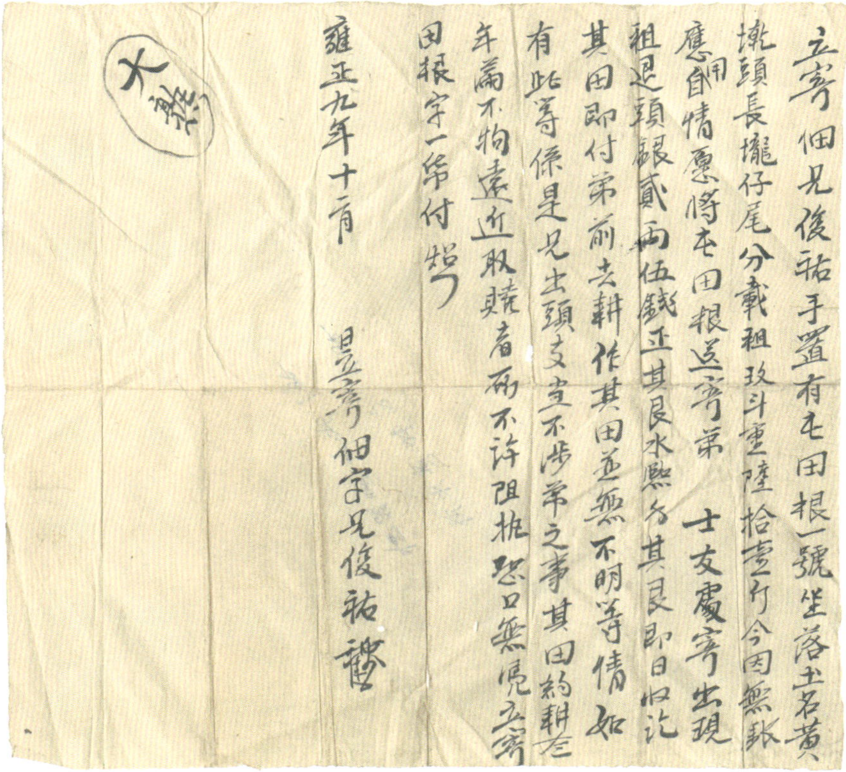
立寄佃兄俊祐手置有屯田根一號坐落土名黄
墘頭長墘仔尾分載租玖斗重陸拾壹斤今因無銀
應用自情愿將屯田根送寄弟　士友處寄出現
租退頭銀貳兩伍錢正其艮水照今其艮即日收訖
其田即付弟前去耕作其田並無不明等情如
有此等係是兄出頭支當不涉弟之事其田約耕叁
年滿不拘遠近取贖當齊不許阻挑恐口無憑立寄
田根字一紙付照
雍正九年十二月　日立寄佃字兄俊祐（押）

5-2-43-1　清雍正九年十二月葉俊祐立寄佃屯田根字

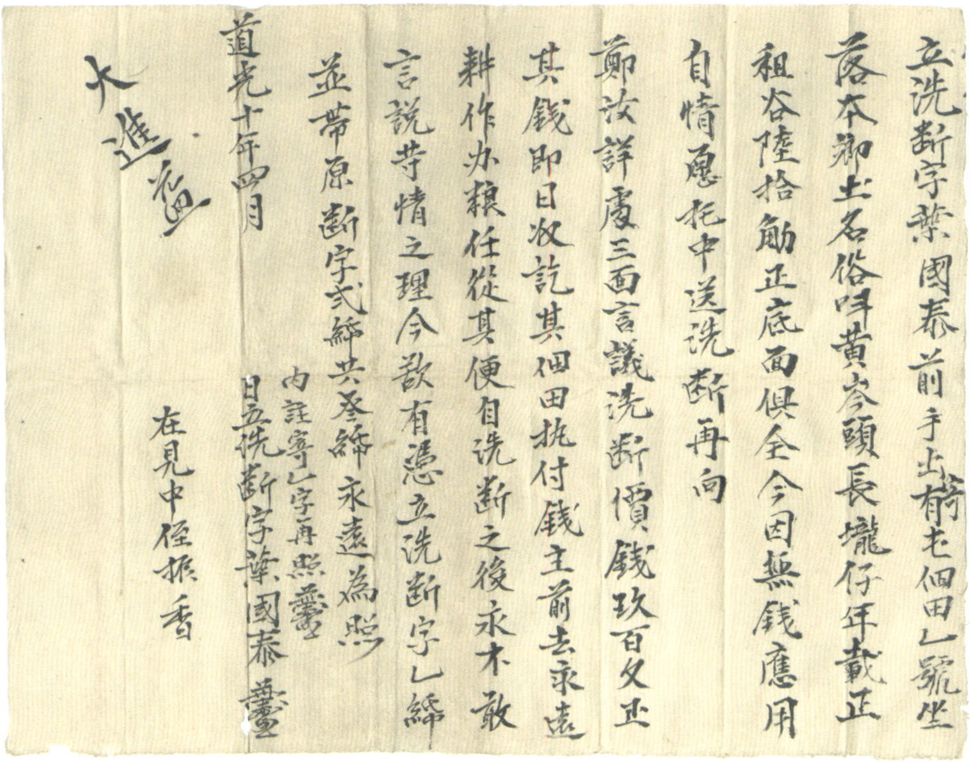
立洗斷字葉國泰前手出稍屯佃田乙號坐
落本鄉土名俗呼黃岑頭長壠仔年載正
租谷陸拾觔正底面俱全今因無錢應用
自情愿托中送洗斷再向
鄭汝詳處三面言議洗斷價錢玖百文正
其錢即日收訖其佃田抗付錢主前去永遠
耕作办粮任從其便自洗斷之後永不敢
言說寺情之理今欲有憑立洗斷字乙紙
並帶原斷字式紙共叁紙永遠為照
內註寧乙字再照
道光十年四月　日立洗斷字葉國泰
在見中侄振香
大進通

5-2-43-2　清道光十年四月葉國泰立洗斷屯佃田字

立寄佃根字人鄭璧中今因無銀
應用將祖置有民佃田壹號坐落本
地進洋地方土名桐蒲隴年載正
祖谷陸拾斛正又壹號土名坐落
進洋厝倉邊年載正租谷叁拾
斛正共兩號自情愿托中送寄本
鄉親人　許守良處三面言議時
收價銀壹拾貳兩正水錢色其銀即
日交訖其佃田即付銀主前去耕作
納租仍從其便其佃田並無重張交
加不明等情如有此等係是寄主
出頭支理不涉銀主之事其田候至
向後有能之日不拘遠近備办契面
一足贖回者今欲有憑立寄佃根字壹
紙付執為照

嘉慶玖年三月　日立寄佃人鄭璧中（押）
代字中人林行武（押）

5-2-44-1　清嘉慶九年三月鄭璧中立寄民佃田根字

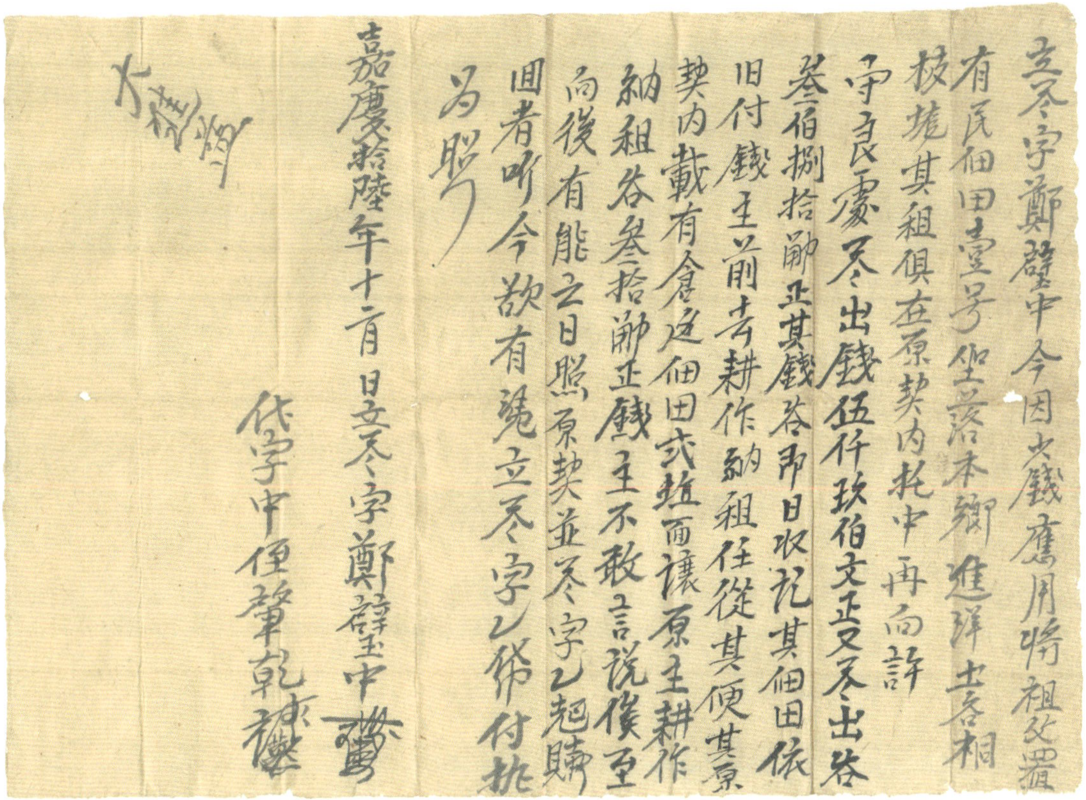
立盡字鄭璧中今因乏錢應用將祖父置
有民佃田壹号坐落本鄉進洋土名相
枝墘其租俱在原契內托中再向許
宇良處盡出錢伍仟玖伯文正又盡出谷
叁佰捌拾觔正其錢谷即日收訖其佃田依
旧付錢主前去耕作納租任從其便其原
契內載有倉近佃田弍坵面讓原主耕作
納租谷叁拾觔正錢主不敢言說復至
向後有能之日照原契並盡字乙起贖
回者聽今欲有憑立盡字乙紙付執
為照
嘉慶拾陸年十二月　日立盡字鄭璧中
代字中侄肇乾

5-2-44-2　清嘉慶十六年十二月鄭璧中立盡民佃田字

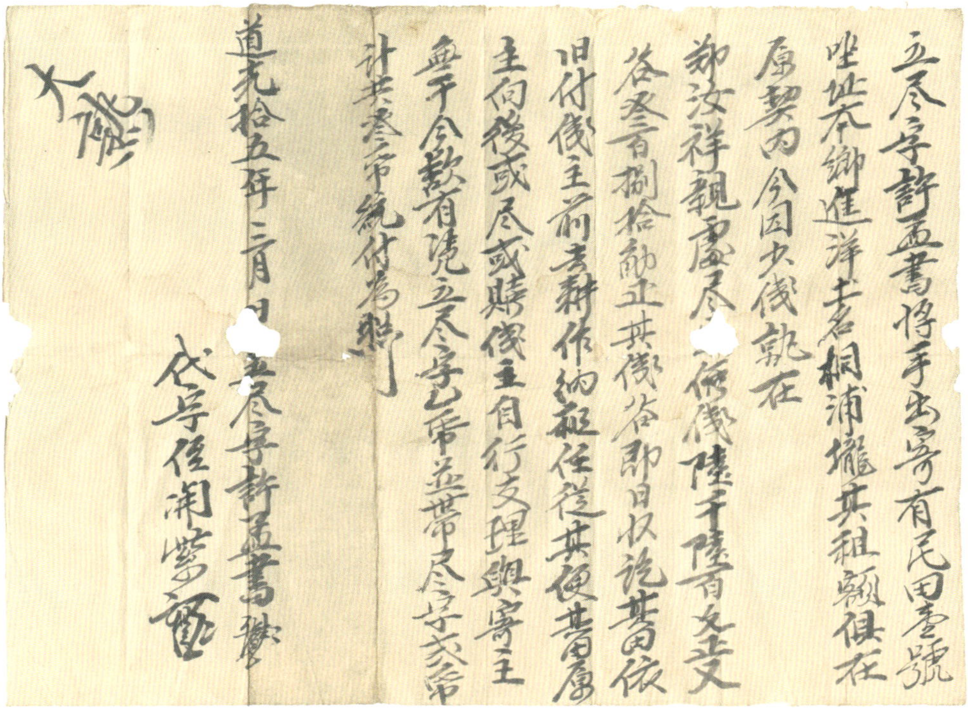

立盡字許孟書將手出寄有民田壹號坐址本鄉進洋土名桐浦壠其租額俱在原契內今因欠錢就在鄭汝祥親處盡出佛錢陸千陸百文足又谷叁百捌拾觔正其錢谷即日收訖其田依旧付錢主前去耕作納租任從其便其田原主向後或盡或贖錢主自行支理與寄主無干今欵有憑立盡字乙帋並帶盡字弍帋計共叁帋統付為照

道光拾五年三月　日立盡字許孟書（押）

代字侄淵寧（押）

5-2-44-3　清道光十五年三月許孟書立盡民田字

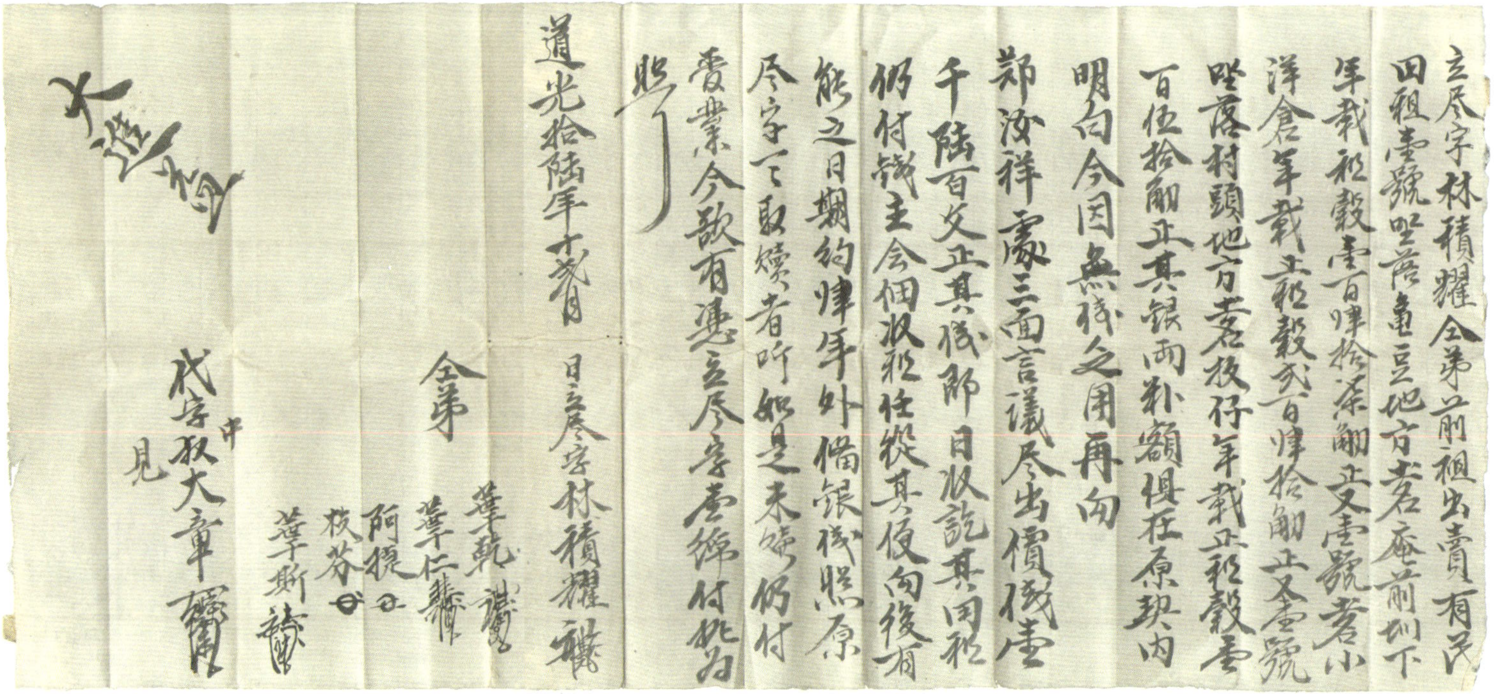

5-2-45-1　清道光十六年十二月林積耀等立盡民田租字

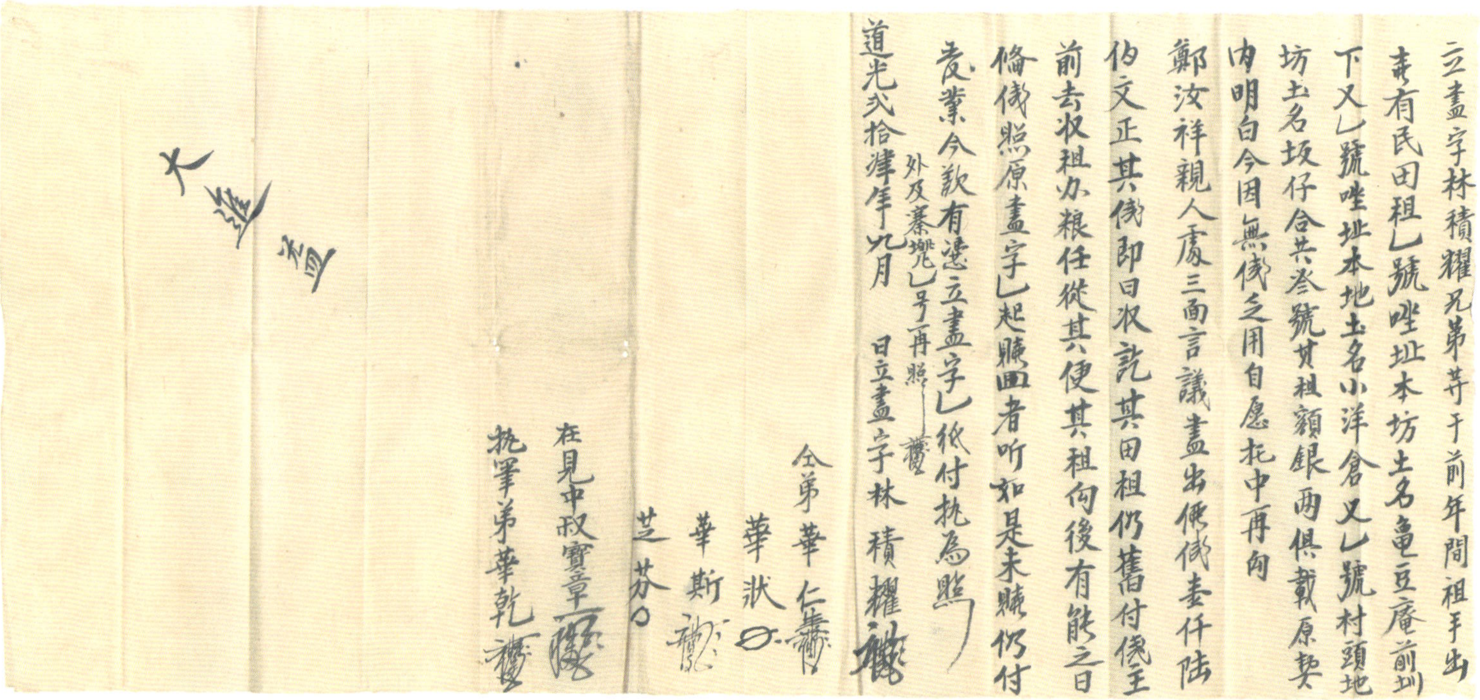
立盡字林積耀兄弟等于前年間祖手出
賣有民田租乙號，坐址本坊，土名龜豆庵前圳
下又乙號，坐址本地，土名小洋倉又乙號，村頭地
坊，土名坂仔，合共叁號，貫租額銀兩俱載原契
內明白。今因無錢乏用，自愿托中再向
鄭汝祥親人處三面言議，盡出佛銀壹仟陸
佰文正，其錢即日收訖，其田租仍舊付錢主
前去收租办粮，任從其便。其租向後有能之日
備錢照原盡字乙起贖回者，听知是未贖，仍付
夌業。今欲有憑，立盡字乙紙付執為照。
外及綦耀乙号再照
道光弍拾肆年九月　日立盡字林積耀
仝弟　華仁
華狀
華斯
芝芬
在見中叔　寶章
執筆弟　華乾
大吉

5-2-45-2　清道光二十四年九月林積耀等立盡民田租字

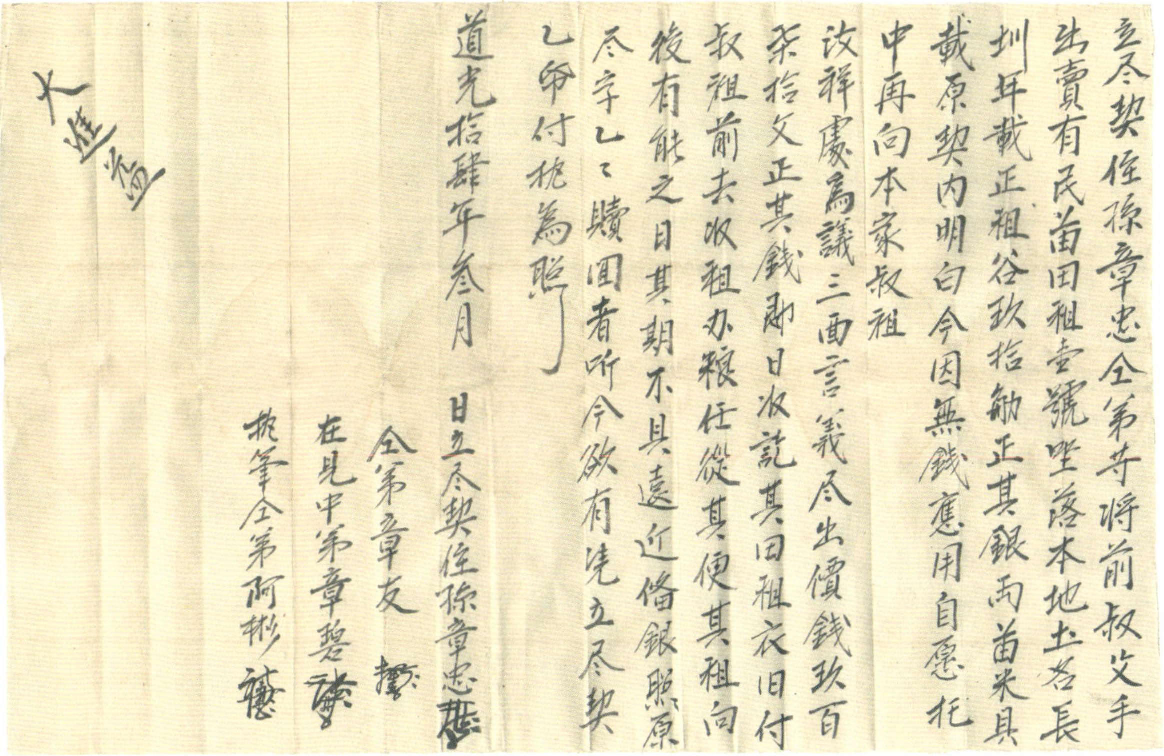
立尽契侄孫章忠仝弟等將前叔文手
出賣有民苗田租壹號坐落本地土名長
圳丘載正租谷玖拾觔正其銀兩苗米具
載原契內明白今因無錢應用自愿托
中再向本家叔祖
汝祥處爲議三面言義尽出價錢玖百
柒拾文正其錢即日收訖其田租衣旧付
叔祖前去收租办粮任從其便其租向
後有能之日其期不具遠近備銀照原
尽字乙乙贖回者听今欲有憑立尽契
乙帋付执爲照」

道光拾肆年叁月　日立尽契侄孫章忠（押）
仝弟章友（押）
在見中弟章瑟（押）
执筆仝弟阿彬（押）

大進宝

5-2-46-1　清道光十四年三月鄭章忠等立盡民苗田租契

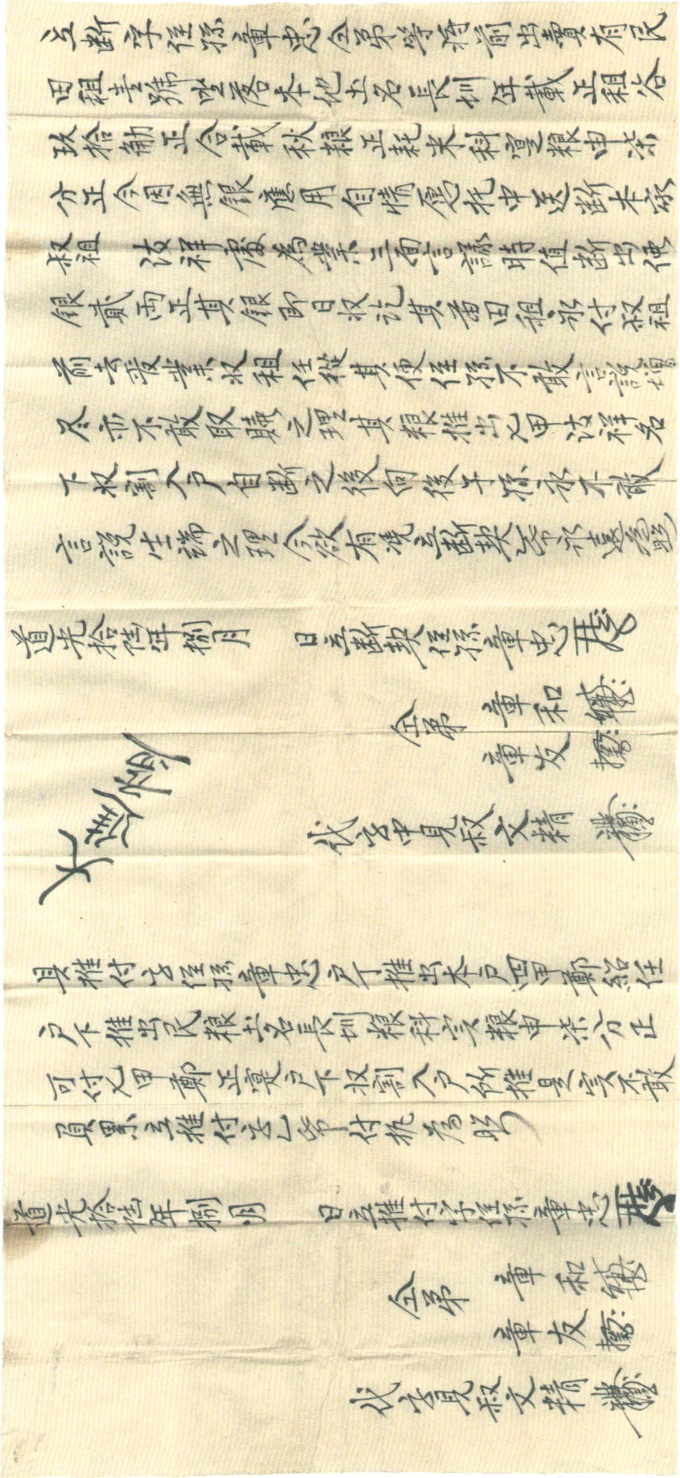

立斷字侄孫章忠仝弟等將前出賣有民
田租壹號坐落本地土名長圳年載正租谷
玖拾觔正合載秋粮正耗米科寔粮申柒
分正今因無銀應用自情愿托中送斷本家
叔祖 汝祥處為業三面言議時值斷出價
銀貳兩正其銀即日收訖其番田租永付叔祖
前去受業收租任從其便侄孫不敢言說增
冬亦不敢取贖之理其粮推出乙甲汝祥名
下收割入户自斷之後向後子孫永不敢
言說生端之理今欲有憑立斷契字永遠為照

道光拾陸年捌月 日立斷契侄孫章忠（押）
仝弟 章和（押）
章友（押）
代字中見叔文精（押）

大進金

具推付字侄孫章忠户丁推出本户四甲鄭紹任
户下推出民粮土名長圳粮科寔粮申柒分正
可付乙甲鄭正寔户下收割入户所推是寔不敢
負累立推付字乙帋付執為照

道光拾陸年捌月 日立推付字侄孫章忠（押）
仝弟 章和（押）
章友（押）
代字見叔文精（押）

5-2-46-2　清道光十六年八月鄭章忠等立斷民田田租字

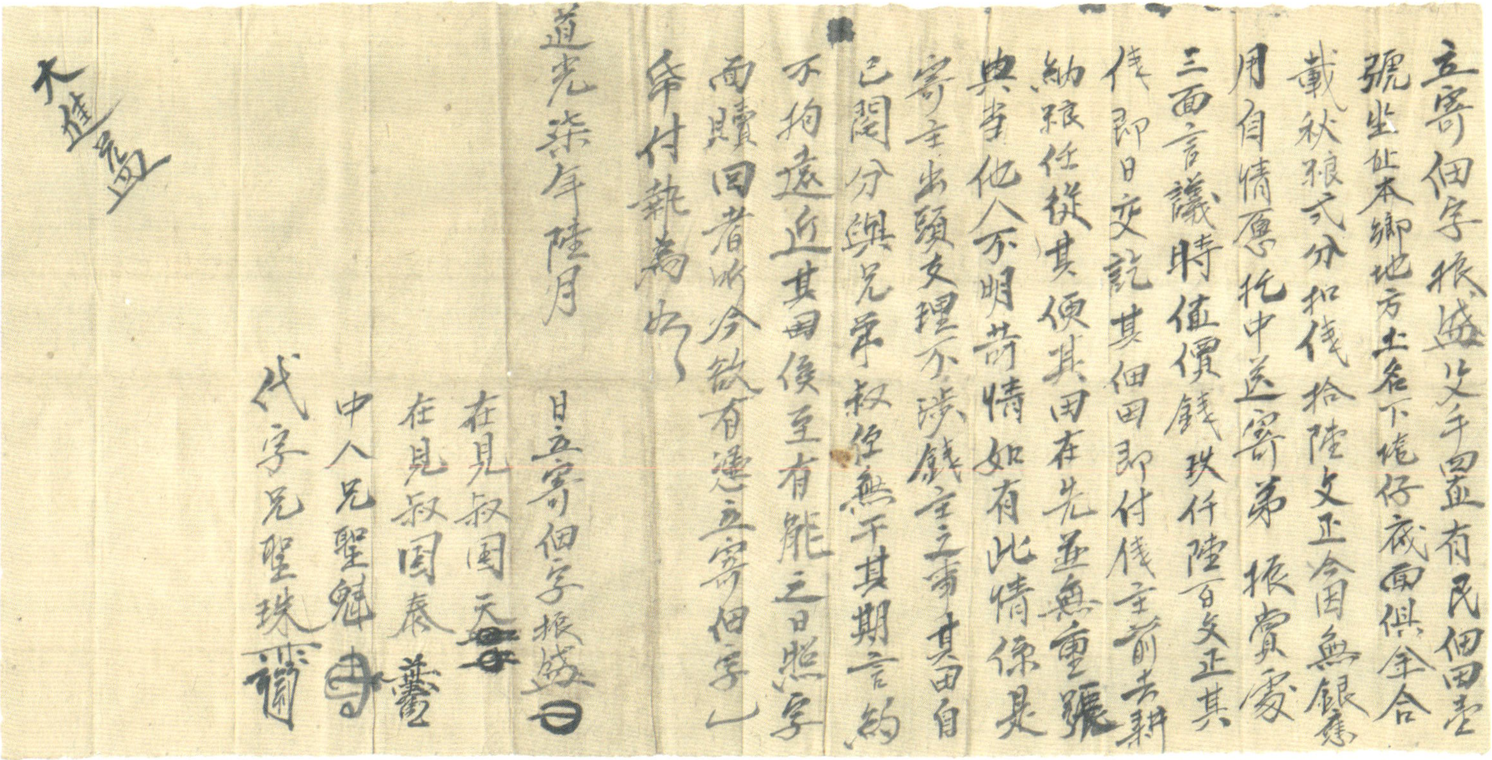

5-2-47-1　清道光七年六月葉振盛立寄民佃田字

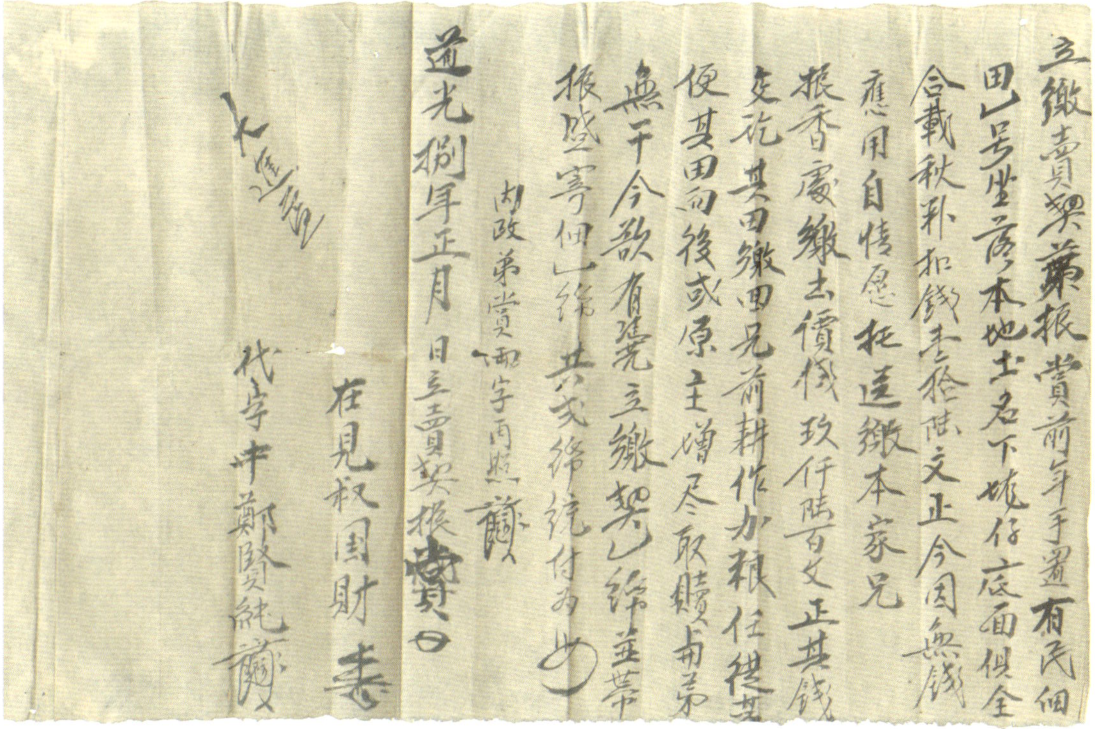
立繳賣契葉振賞，前年手置有民佃
田山号坐産本地土名下坑仔庄面，俱全
合載秋科租錢叁拾陸文正，今因無錢
應用，自情愿托送繳本家兄
振香處繳去價錢玖仟陸百文正，其錢
交訖，其田繳田兄前耕作，加粮任從其
便，其田向後或原主增尽取贖，由弟
無干。今欲有憑，立繳契一紙並幕
振臺寄佃一紙，共式紙統付爲照。
内改弟賞兩字再照　振賞
道光捌年正月　日立賣契振賞
在見叔国財
代字　中　鄭賢純

5-2-47-2　清道光八年正月葉振賞立繳賣民佃田契

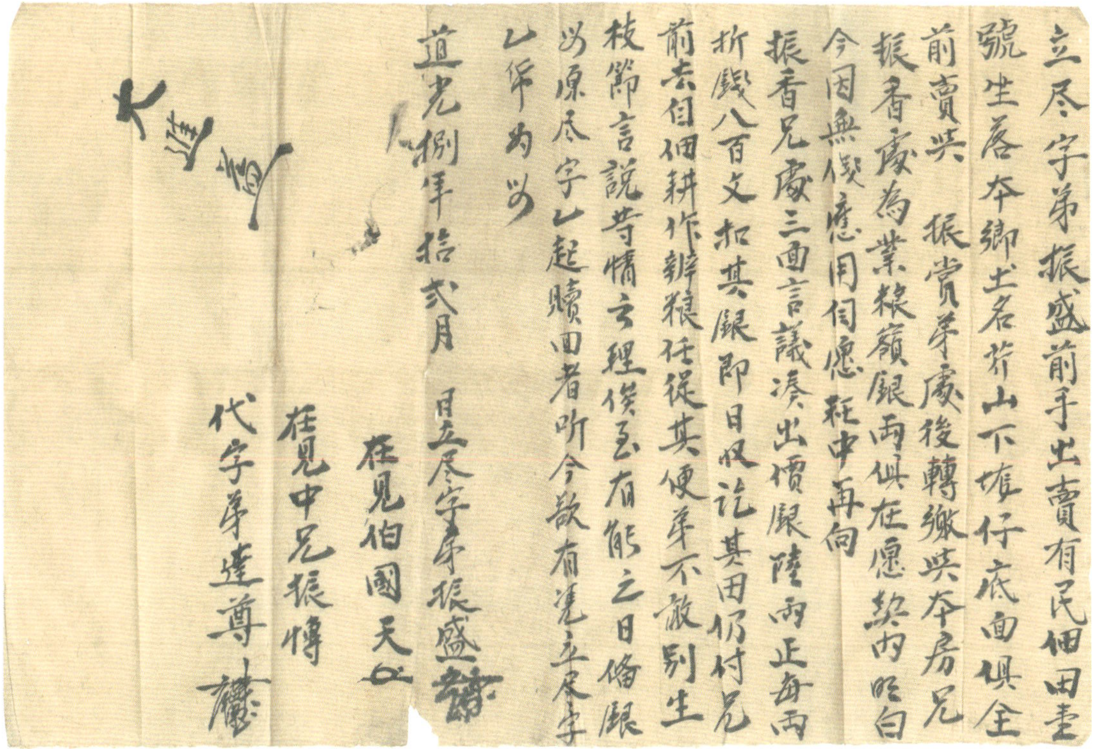

立盡字弟振盛前手出賣有民佃田壹
號坐落本鄉土名芥山下堆仔底面俱全
前賣與　振賞弟處後轉鬮與本房兄
振香處為業糧額銀兩俱在愿契內明白
今因無錢應用自愿托中再向
振香兄處三面言議湊出價銀陸兩正每兩
折錢八百文扣其銀即日收訖其田仍付兄
前去自佃耕作辦糧任從其便弟不敢別生
枝節言說等情方理倘至有能之日備銀
照原盡字山起贖田者所今欲有憑立盡字
山紙為照
道光捌年拾貳月　日立盡字弟葉振盛（押）
在見伯國天（押）
在見中兄振恃
代字弟葉達尊（押）
大進寶

5-2-47-3　清道光八年十二月葉振盛立盡民佃田字

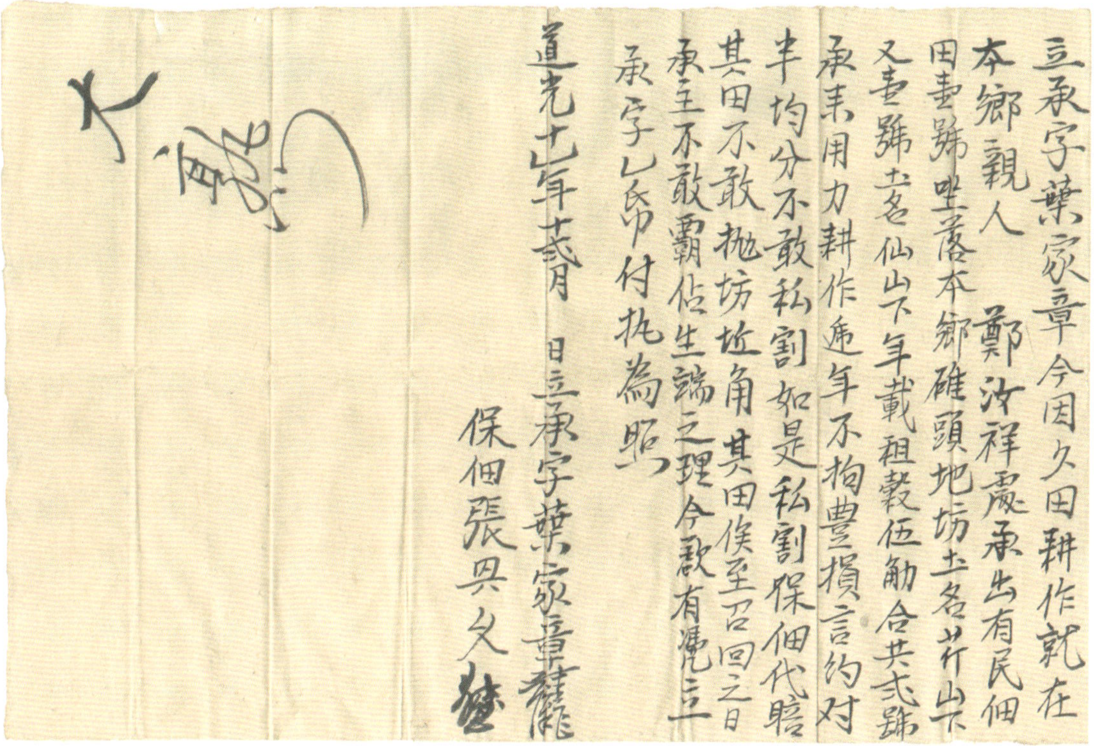

立承字葉家章今因久田耕作就在
本鄉親人　鄭汝祥處承出有民佃
田壹號坐落本鄉碓頭地坊土名芹山下
又壹號土名仙山下年載租穀伍觔合共弍號
承来用力耕作逓年不拘豐損言约对
半均分不敢私割如是私割保佃代賠
其田不敢拋荒埏角其田侯至召回之日
承主不敢霸佔生端之理今欲有憑立
承字一紙付执為照
道光十一年十二月　日立承字葉家章（押）
保佃張興义（押）
大吉

5-2-47-4　清道光十一年十二月葉家章立承民佃田字

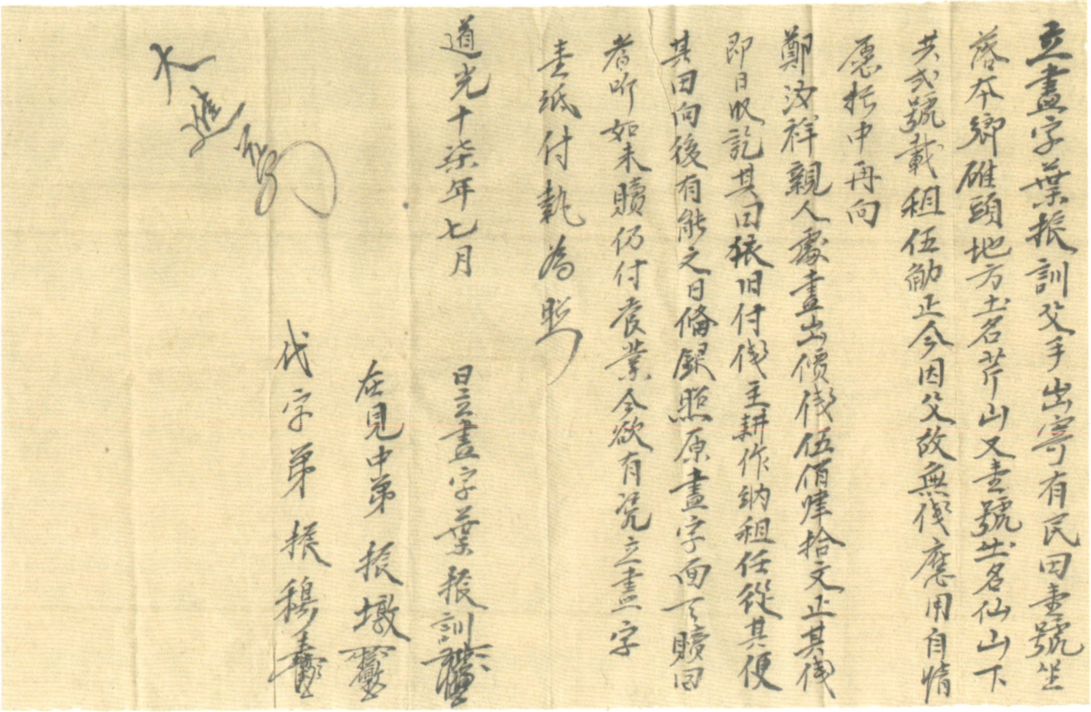
立盡字葉振訓父手出寄有民田壹號坐
落本鄉碓頭地方土名芹山又壹號土名仙山下
共弍號載租伍斛正今因父故無錢應用自情
愿托中再向
鄭汝祥親人處盡出價錢伍佰肆拾文正其錢
即日收訖其田依旧付錢主耕作納租任從其便
其田向後有能之日備銀照原盡字面下贖回
若所如未贖仍付管業今欲有憑立盡字
壹紙付執為照
道光十柒年七月　日立盡字葉振訓
在見中弟　振墩
代字弟　振穆
不准[illegible]

5-2-47-5　清道光十七年七月葉振訓立盡民田字

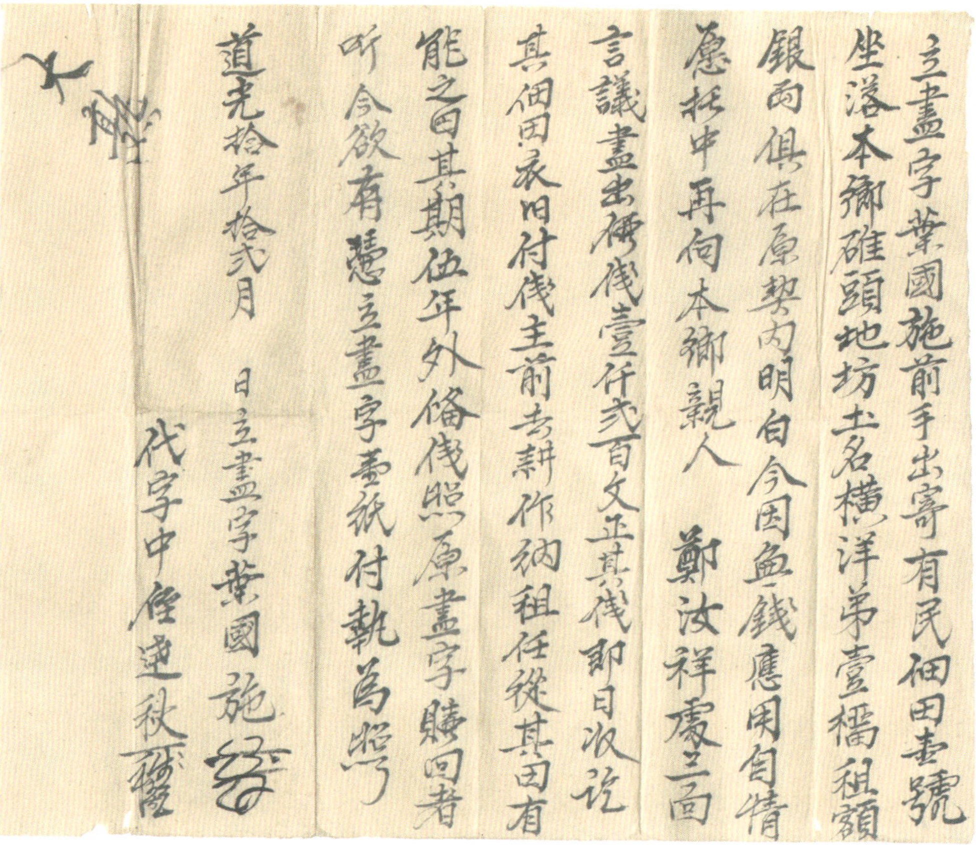
立盡字葉國施前手出寄有民佃田壹號
坐落本鄉碓頭地坊土名横洋弟壹橋租額
銀兩俱在原契內明白今因乏錢應用自情
愿托中再向本鄉親人　鄭汝祥處三面
言議盡出佃價壹仟弍百文正其價即日收訖
其佃田衣旧付價主前去耕作納租任從其田有
能之日其期伍年外備價照原盡字贖回者
所今欲有憑立盡字壹紙付執爲照
道光拾年拾弍月　日立盡字葉國施（押）
代字中侄逢秋（押）

5-2-48-1　清道光十年十二月葉國施立盡民佃田字

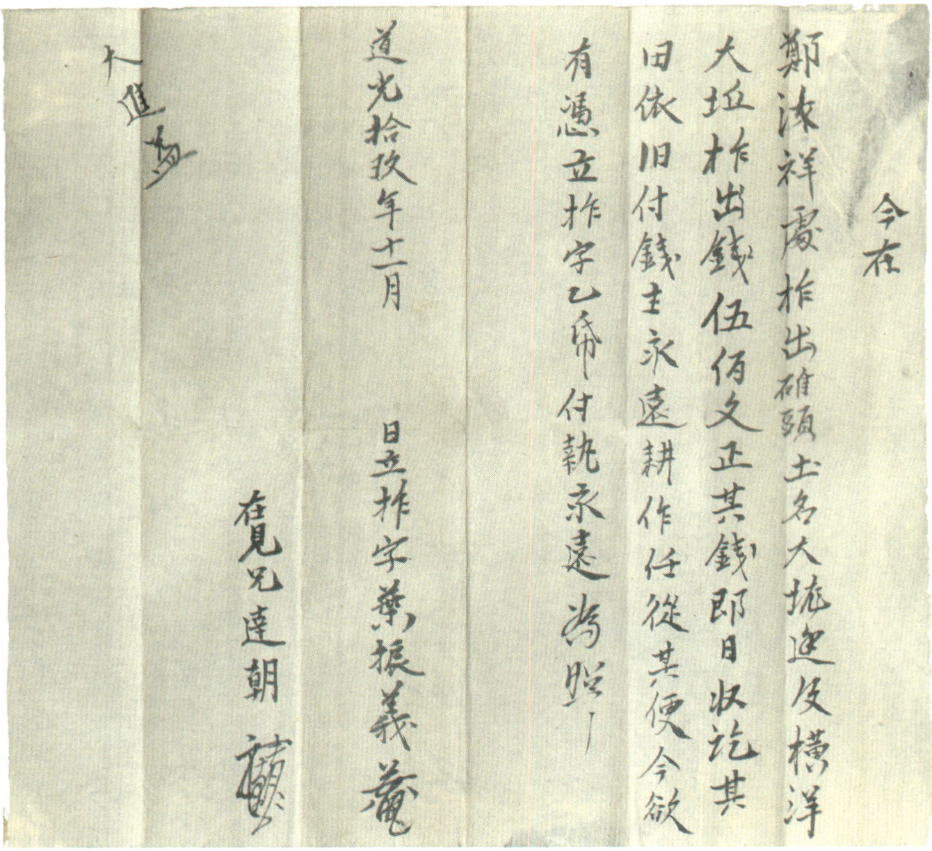

今在
鄭汝祥處扑出碓頭土名大坵迯及横洋
大坵扑出錢伍佰文正其錢即日收訖其
田依旧付錢主永遠耕作任從其便今欲
有憑立扑字乙紙付執永遠爲照。
道光拾玖年十一月　日立扑字葉振義（押）
在見兄達朝（押）
大進多

5-2-48-2　清道光十九年十一月葉振義立撮字

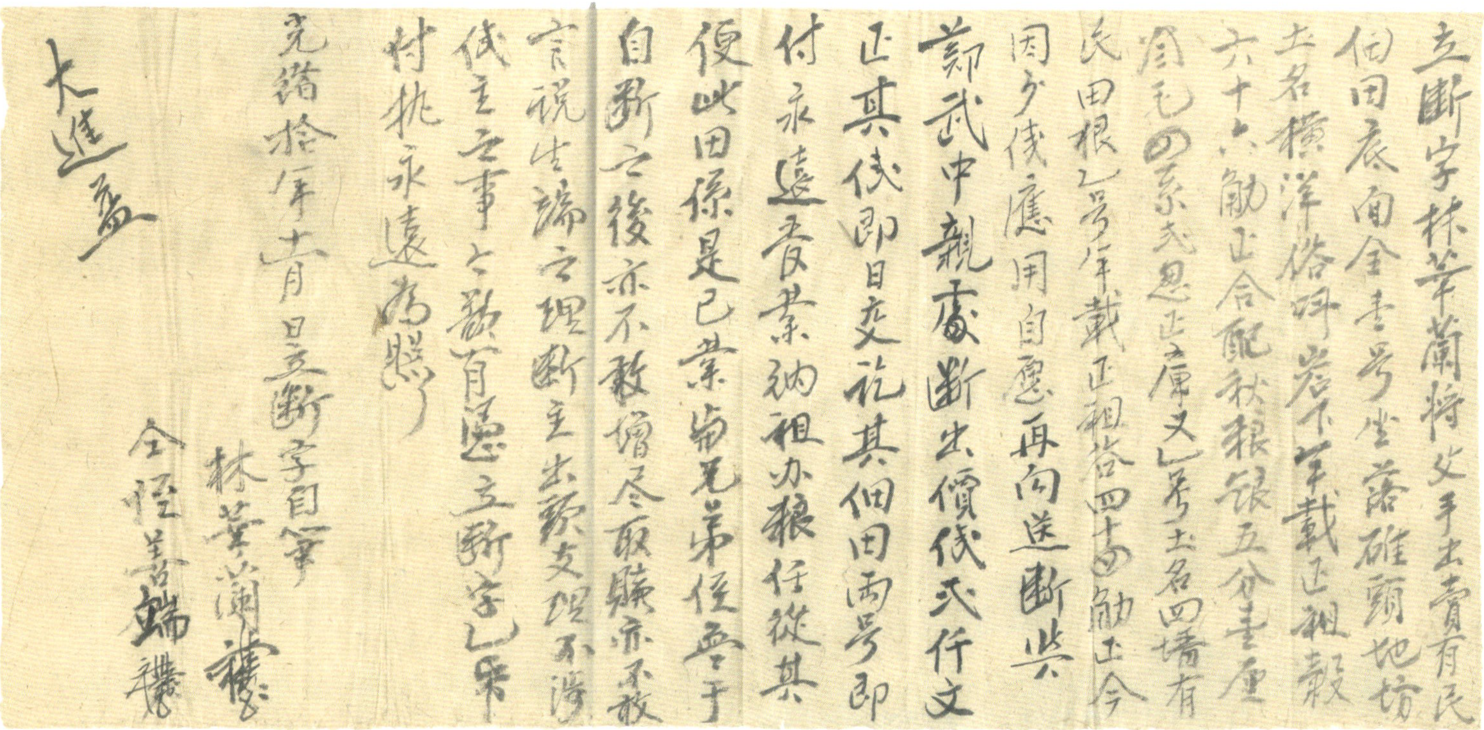
立斷字林華蘭將父手出賣有民
佃田底面全壹号坐落碓頭地方
土名樟洋恰坪岩下年載正租穀
六十六觔正合配秋粮銀五分壹厘
叁毛四系弍忽正庫文乙号土名四墻有
民田根乙号年載正租谷四十四觔正今
因乏銀應用自愿再向送斷與
鄭武中親處斷出價銀弍仟文
正其銀即日交訖其佃田兩号即
付永遠管業納粮办粮任從其
便此田係是己業與兄弟侄無干
自斷之後亦不敢增尽取贖亦不敢
言說生端之理斷主出頭支理不涉
代主之事今欲有憑立斷字乙紙
付執永遠為照
光緒拾年十一月　日立斷字自筆　林華蘭（押）
仝侄呈瑞（押）
大進益

5-2-48-3　清光緒十年十一月林華蘭立斷底面全民佃田字

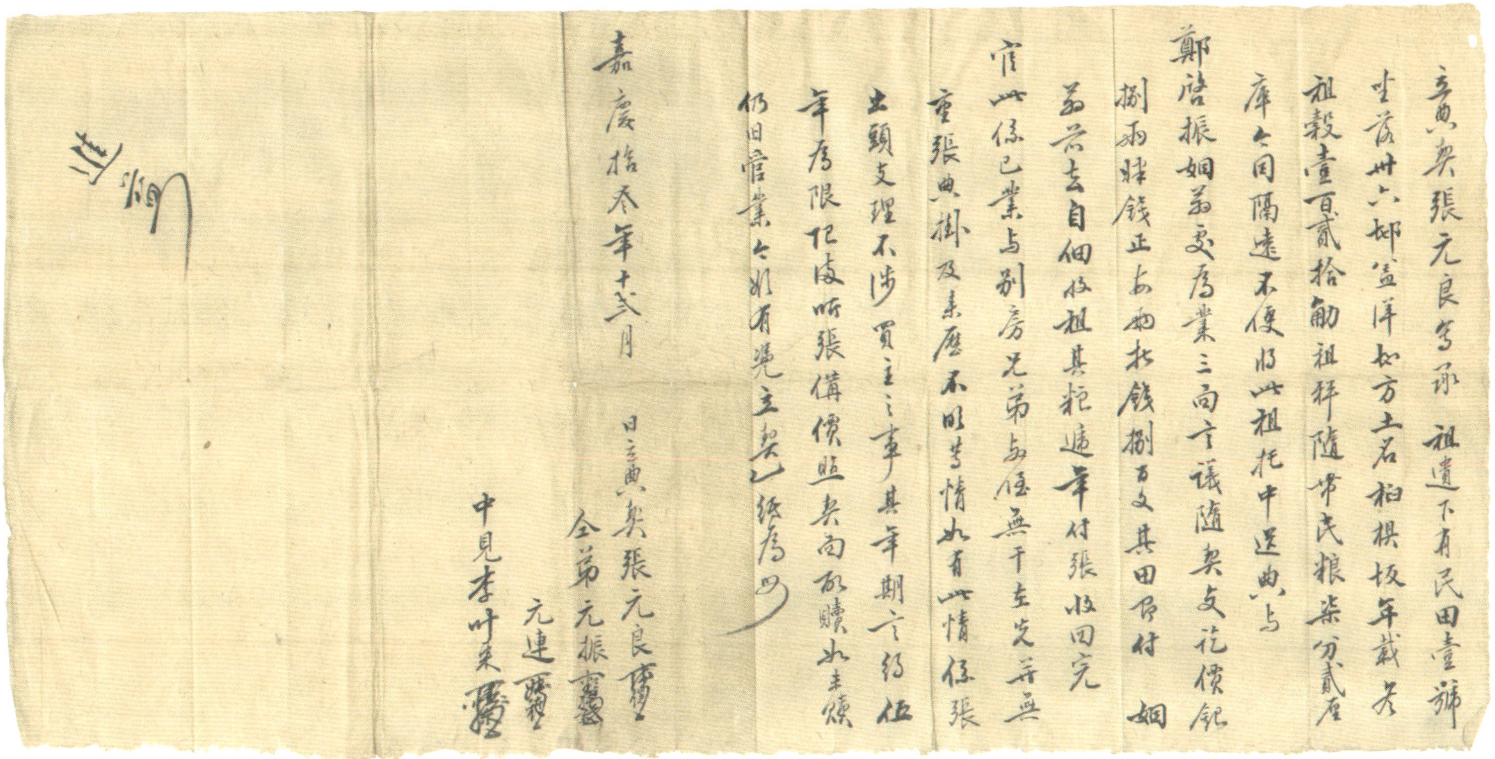
立典契張元良等承 祖遺下有民田壹號
坐落卅六都鹽洋地方土名柏棋坂年載苗
租穀壹百貳拾觔祖秤隨帶民粮柒分貳厘
庫今因隔遠不便將此租托中送典與
鄭啓振姻翁處為業三面言議隨契交花價銀
捌兩肆錢正每兩扣錢捌百文其田即付 姻
翁前去自佃收租其粮遞年付張收回完
官此係己業與別房兄弟叔侄無干並無
重張典掛及來歷不明等情如有此情係張
出頭支理不涉買主之事其年期言約伍
年為限限滿聽張備價照契面取贖如未贖
仍日管業今欲有憑立典契一紙為照
嘉慶拾叁年十二月
日立典契張元良
仝弟元振
元連
中見李叶来

5-2-49-1　清嘉慶十三年十二月張元良等立典民田契

立盡契侄孫賢任仝弟等，將父手出賣有
民田租壹號，坐落本鄉土名构模板，又
壹號龜脛大堀，又壹號後墘頭，合共叁
號，其租額銀兩俱載原契內明白。今因
無錢應用，托中再向本家叔祖
汝祥處三面言議，盡出價銀壹兩伍錢正，
每兩折錢捌百文扣，其銀即日收訖，其田
租依旧付收租自佃收租，办朴任從其便。
侄孫不敢阻佔之理，從至有能之日，言約
期伍年滿，言備銀照原盡契一了贖田者。
听々欲有憑，立盡契壹紙，并帶啓後原契
壹紙，又帶啓受原契，計共叁紙，付執為照。

道光弍拾年拾弍月　日立盡契侄孫賢任（押）

仝弟　賢溥（押）
　　　賢樹（押）

代字中侄能皐（押）

大吉

5-2-49-2　清道光二十年十二月鄭賢任等立盡民田租契

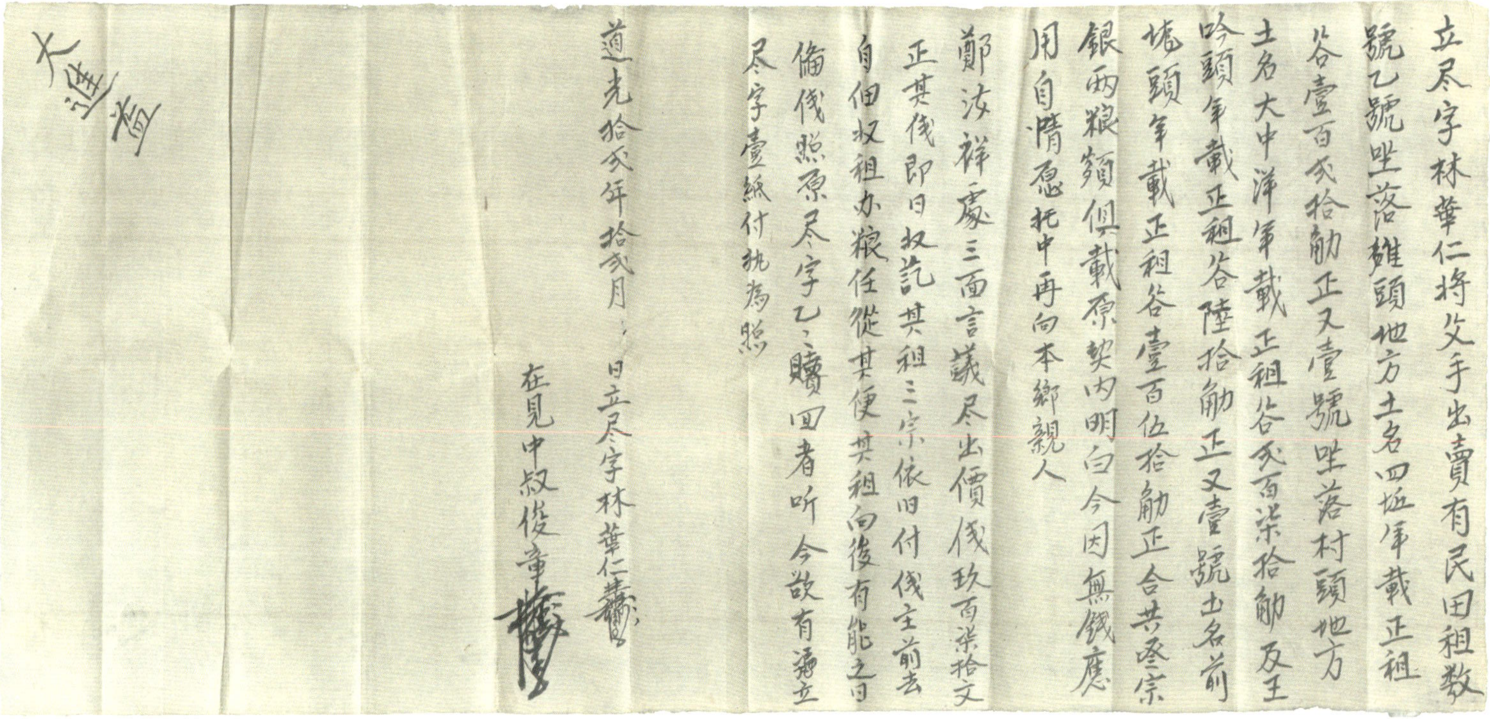

立尽字林華仁將父手出賣有民田租数
號乙號坐落雄頭地方土名四垱年載正租
谷壹百弍拾觔正又壹號坐落村頭地方
土名大中洋年載正租谷弍百柒拾觔及王
吟頭年載正租谷陸拾觔正又壹號土名前
墘頭年載正租谷壹百伍拾觔正合共叁宗
銀両粮額俱載原契内明白今因無錢應
用自情愿托中再向本鄉親人
鄭汝祥處三面言議尽出價錢玖百柒拾文
正其錢即日收訖其租三宗依旧付錢主前去
自佃收租办粮任從其便其租向後有能之日
備錢照原尽字乙乙贖回者听今欲有憑立
尽字壹紙付執為照

道光拾弍年拾弍月　日立尽字林華仁（押）

在見中叔俊章（押）

大進益

5-2-50-1　清道光十二年十二月林華仁立盡民田租字

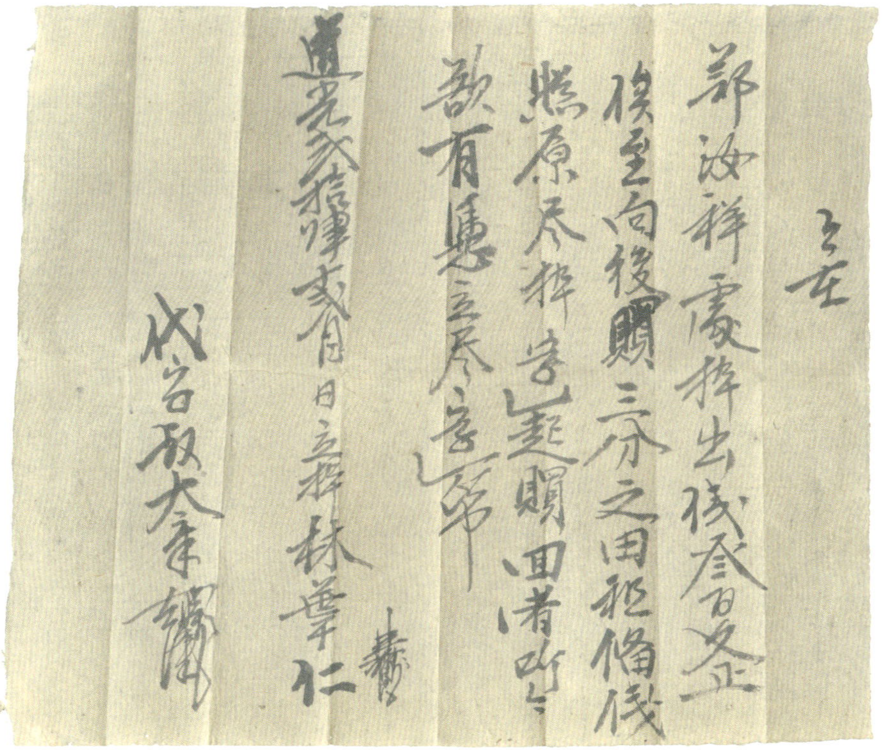
立在
鄭海祥處撮出錢叁百文正
候至向後贖三分之田租備錢
照原本撮字一起贖田者此々
款有憑立本字爲照
道光廿四年拾貳月 日立撮林華仁
書
代字叔大年筆

5-2-50-2　清道光二十四年十二月林華仁立撮字

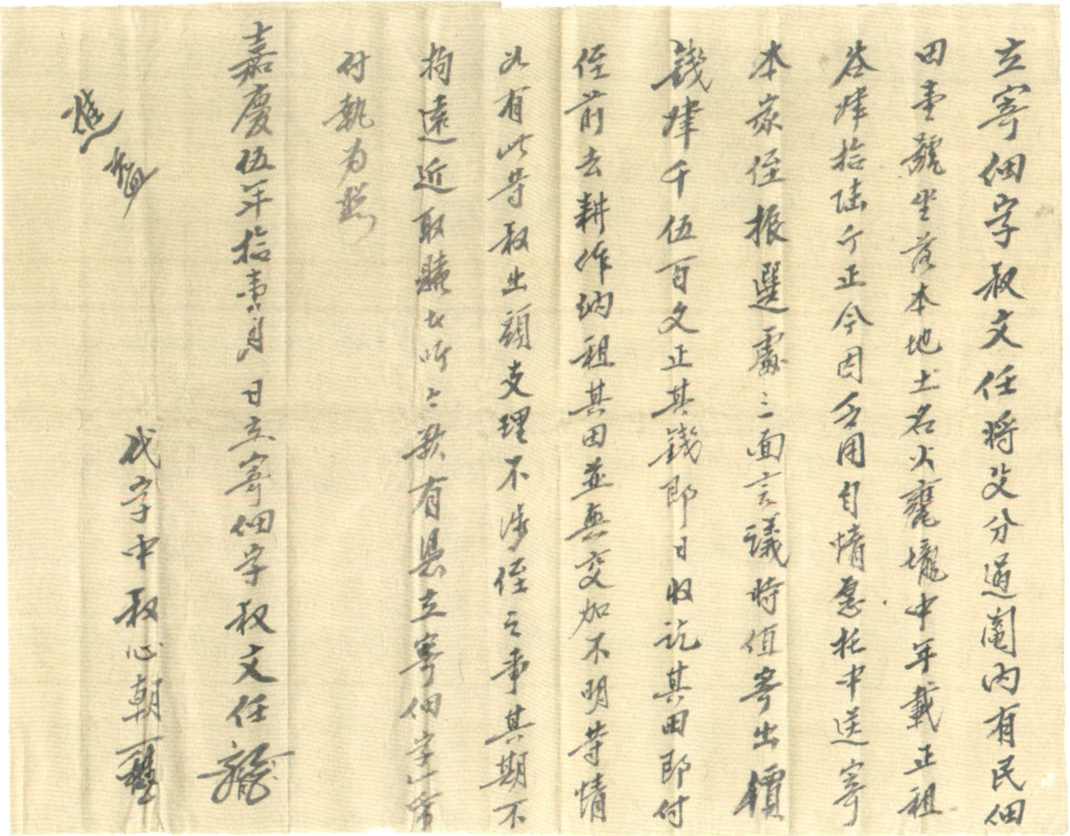
立寄佃字叔文任將父分遺鬮內有民佃
田壹號坐落本地土名大壟壠中，年載正租
谷肆拾陸斤正。今因乏用，自情愿托中送寄
本家侄振選處，三面言議，將佃寄出價
錢肆千伍百文正。其錢即日收訖，其田即付
侄前去耕作納租。其田並無交加不明等情，
如有此等，叔出頭支理，不涉侄之事。其期不
拘遠近取贖，如此。口恐無憑，立寄佃字一紙，
付執為照。
嘉慶伍年拾壹月 日立寄佃字叔文任（押）
代字中叔心朝（押）

5-2-51-1　清嘉慶五年十一月鄭文任立寄民佃田字

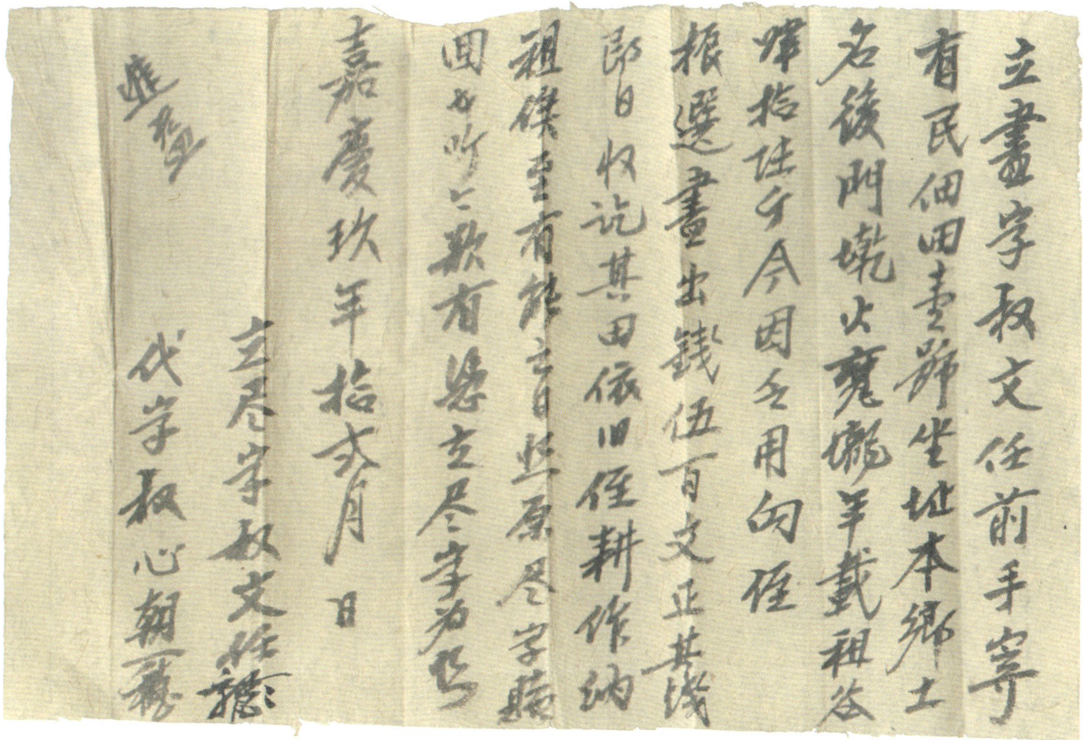

立盡字叔文任前手寄
有民佃田壹號坐址本鄉土
名後門墘小壟䨻半載租谷
肆拾伍斤今因乏用向任
根邊盡出錢伍百文正其錢
即日收訖其田依旧任耕作納
租[illegible]並有[illegible]言日後原盡字據
[illegible][illegible][illegible]之欵有憑立盡字為照
嘉慶玖年拾弍月　日
立盡字叔文任（押）
代字叔心翱（押）
[illegible]

5-2-51-2　清嘉慶九年十二月鄭文任立盡民佃田字

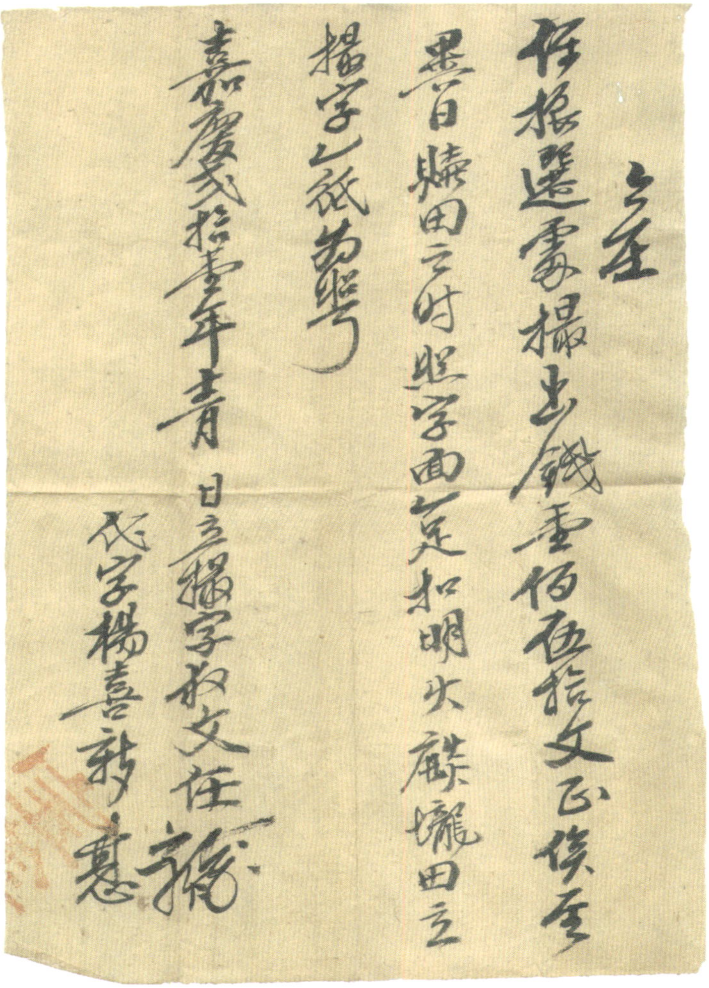
立全
侄振還寡撮出錢壹佰伍拾文正係全
置自贌田之時照字面定扣明火麟壠田之
撮字乙紙爲照
嘉慶貳拾壹年青 日立撮字叔文任（押）
代字楊喜新（押）

5-2-51-3　清嘉慶二十一年十二月鄭文任立撮字

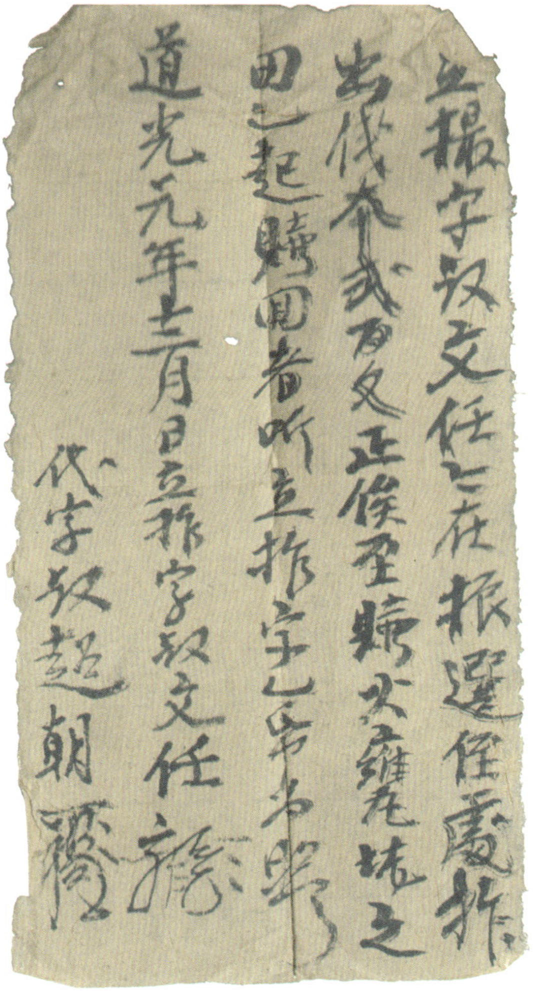

立撮字叔文任，今在振遷侄處撮〻
出代本弍百文正，係是贖其羅墘坵之
田，〻起贖田者，所立撮字已存为照。
道光元年十二月　日立撮字叔文任（押）
代字叔超朝（押）

5-2-51-4　清道光元年十二月鄭文任立撮字

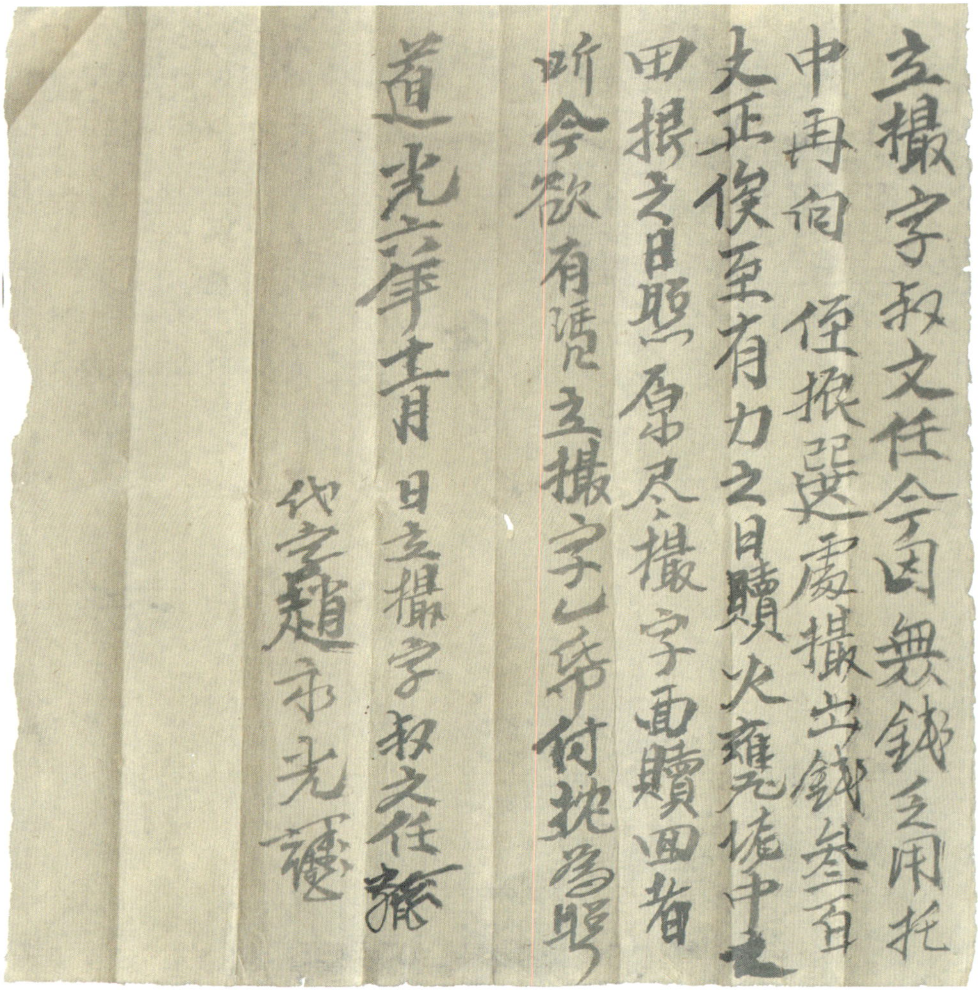
立撮字叔文任今因無錢乏用托
中再向 侄振堤處撮出錢叁百
文正俟至有力之日贖次雍兄佐中之
田根之日照原尽撮字面贖回者
听今欲有憑立撮字乙紙付執為照
道光六年十一月 日立撮字叔文任（押）
代字趙永光筆

5-2-51-5　清道光六年十一月鄭文任立撮字

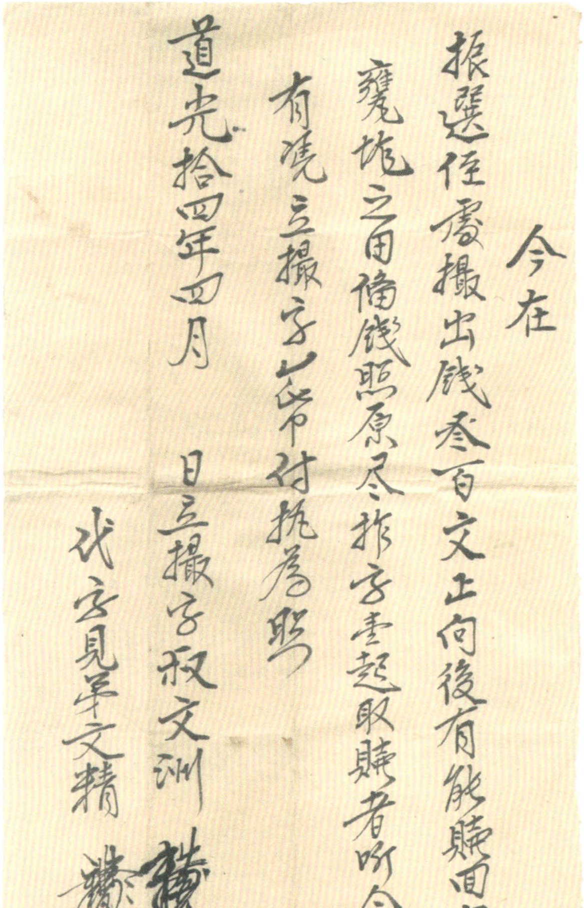
今在
振選侄處撮出錢叁百文正向後有能贖回文
甕坵之田備錢照原尽非字壹起取贖者听今欲
有憑立撮字乙帋付执為照
道光拾四年四月　日立撮字叔文洲
代字見筆文精

5-2-51-6　清道光十四年四月鄭文洲立撮字

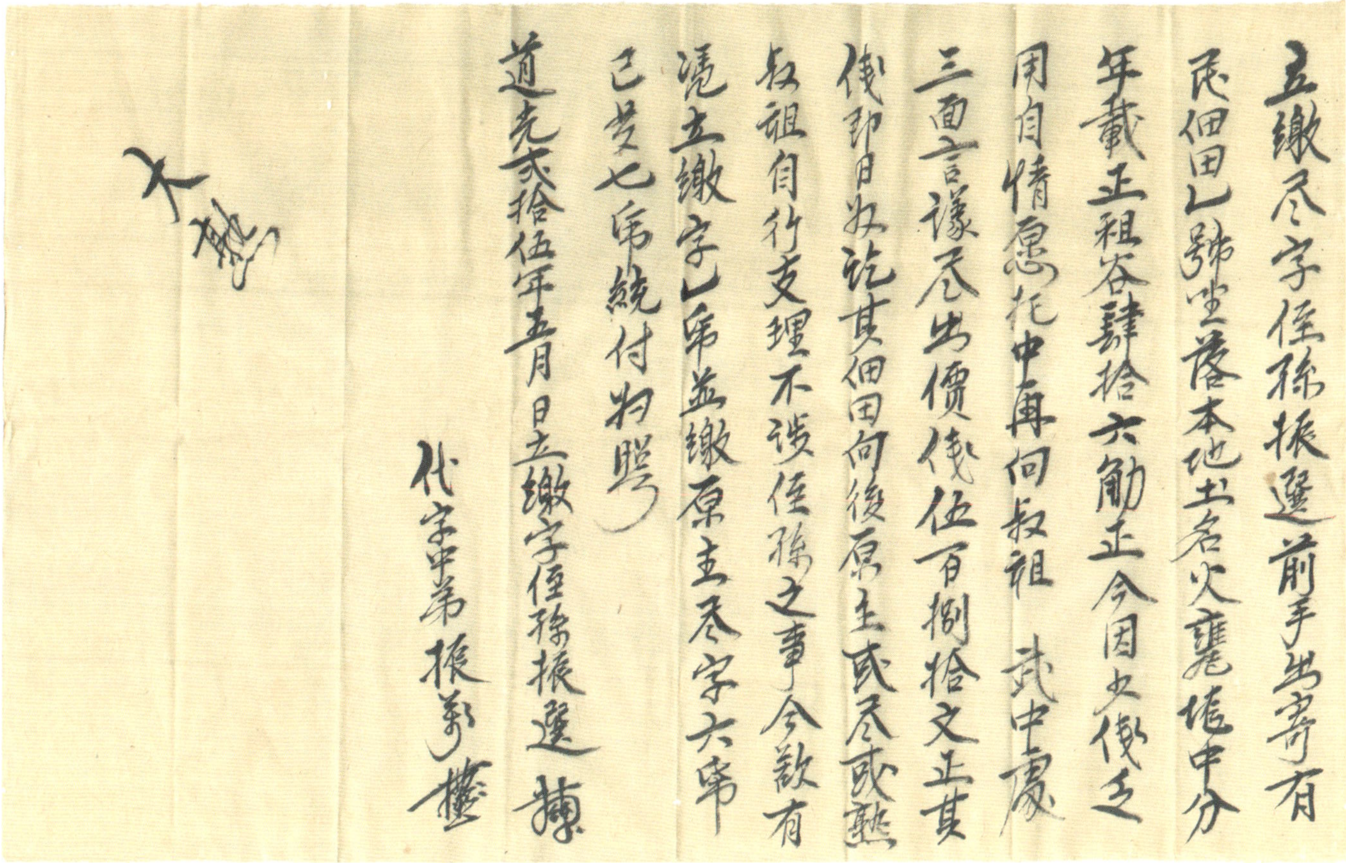
立繳尽字侄孫振選前手出寄有
民佃田乙號坐落本地土名火甕垅中分
年載正租谷肆拾六觔正今因乏錢之
用自情愿托中再向叔祖　武中處
三面言議尽出價錢伍百捌拾文正其
錢即日收訖其佃田向後原主武尽武贖
叔祖自行支理不涉侄孫之事今欲有
憑立繳字乙帋並繳原主尽字六帋
己共七帋繳付爲照
道光貳拾伍年五月　日立繳字侄孫振選（押）
代字中弟　振鄭（押）
大吉

5-2-51-7　清道光二十五年五月鄭振選立繳盡民佃田字

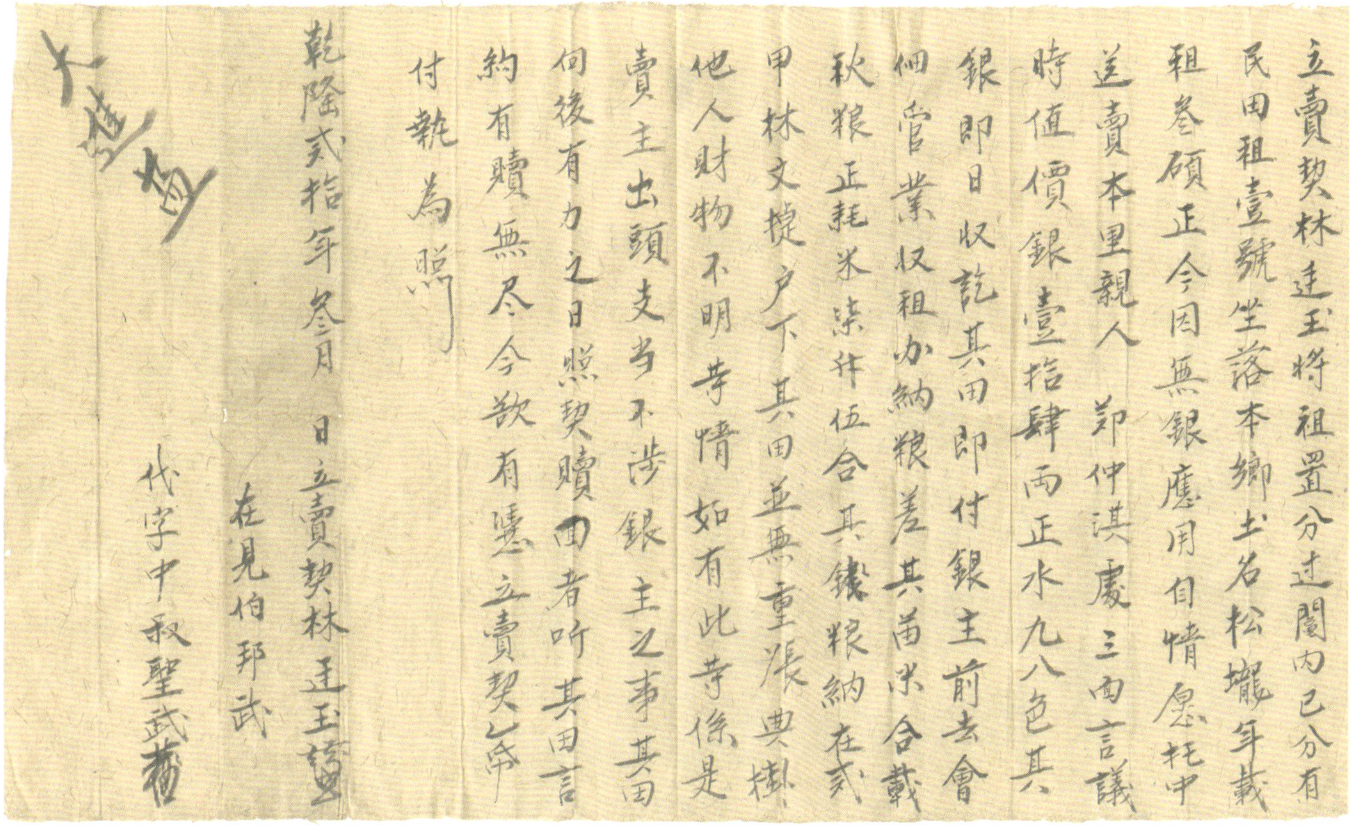

立賣契林廷玉將祖置分過鬮內已分有
民田租壹號坐落本鄉土名松壠年載
租叁碩正今因無銀應用自情愿托中
送賣本里親人 鄭仲淇處三面言議
時值價銀壹指肆兩正水九八色其
銀即日收訖其田即付銀主前去會
佃管業收租办納粮差其苗米合載
秋粮正耗米柒升伍合其鑲粮納在貳
甲林文提戶下其田並無重張典掛
他人財物不明等情如有此等係是
賣主出頭支当不涉銀主之事其田
伺後有力之日照契贖回者听其田言
約有贖無尽今欲有憑立賣契乙帋
付執為照

乾隆貳指年叁月 日立賣契林廷玉(押)
在見伯邦武
代字中叔聖武(押)

大吉

5-2-52-1 清乾隆二十年三月林廷玉立賣民田租契

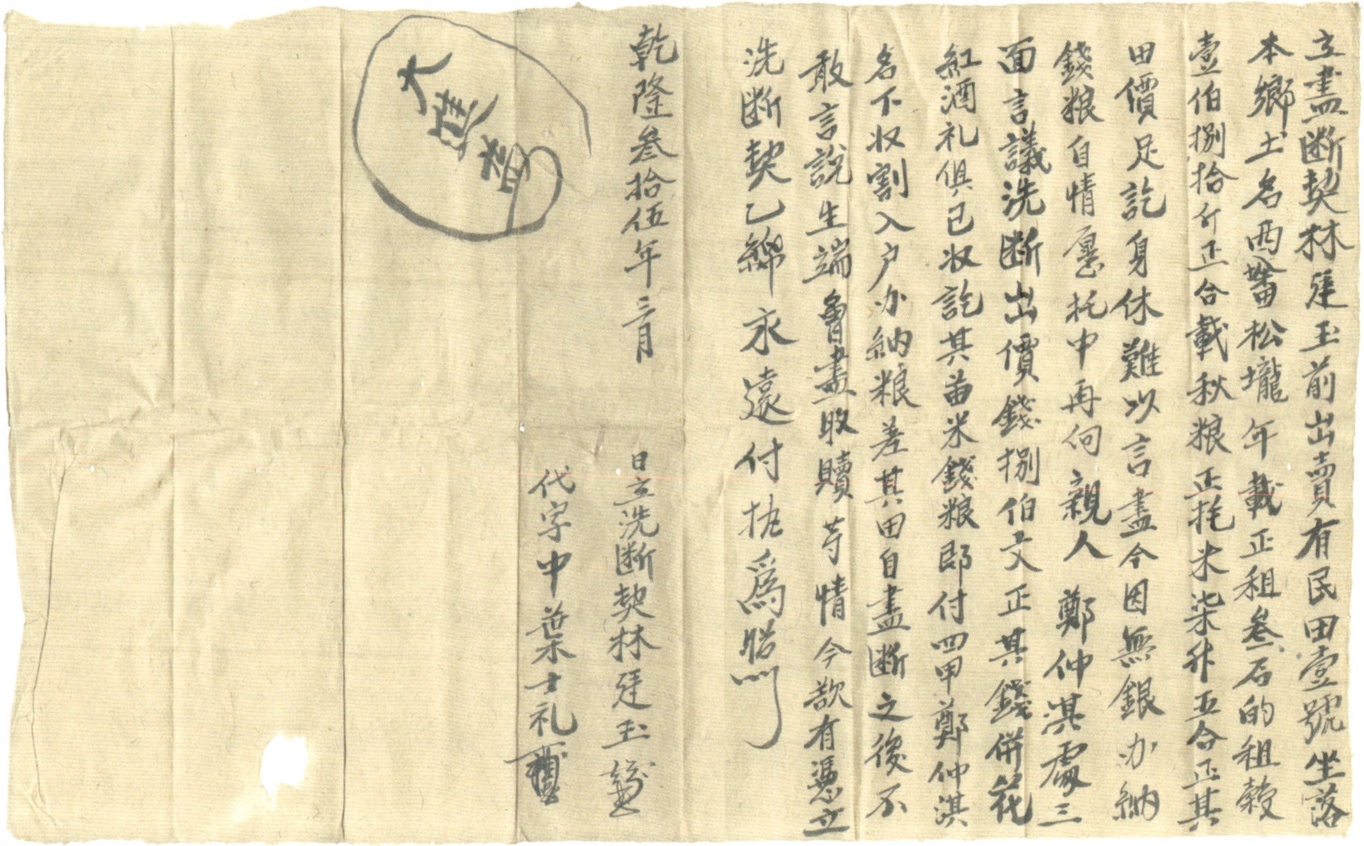
立盡斷契林廷玉前出賣有民田壹號坐落
本鄉土名西嶺松壠年載正租叁石的租穀
壹伯捌拾斤正合載秋粮正耗米柒升五合正其
田價足訖身休難以言盡今因無銀办納
錢粮自情愿托中再向親人鄭仲淇處三
面言議洗斷出價錢捌伯文正其錢併花
紅酒礼俱已收訖其苗米錢粮即付四甲鄭仲淇
名下收割入户办納粮差其田自盡斷之後不
敢言說生端會盡取贖等情今欲有憑立
洗斷契乙紙永遠付執爲照
日立洗斷契林廷玉（押）
代字中 葉士礼（押）
乾隆叁拾伍年三月

5-2-52-2　清乾隆三十五年三月林廷玉立盡斷民田契

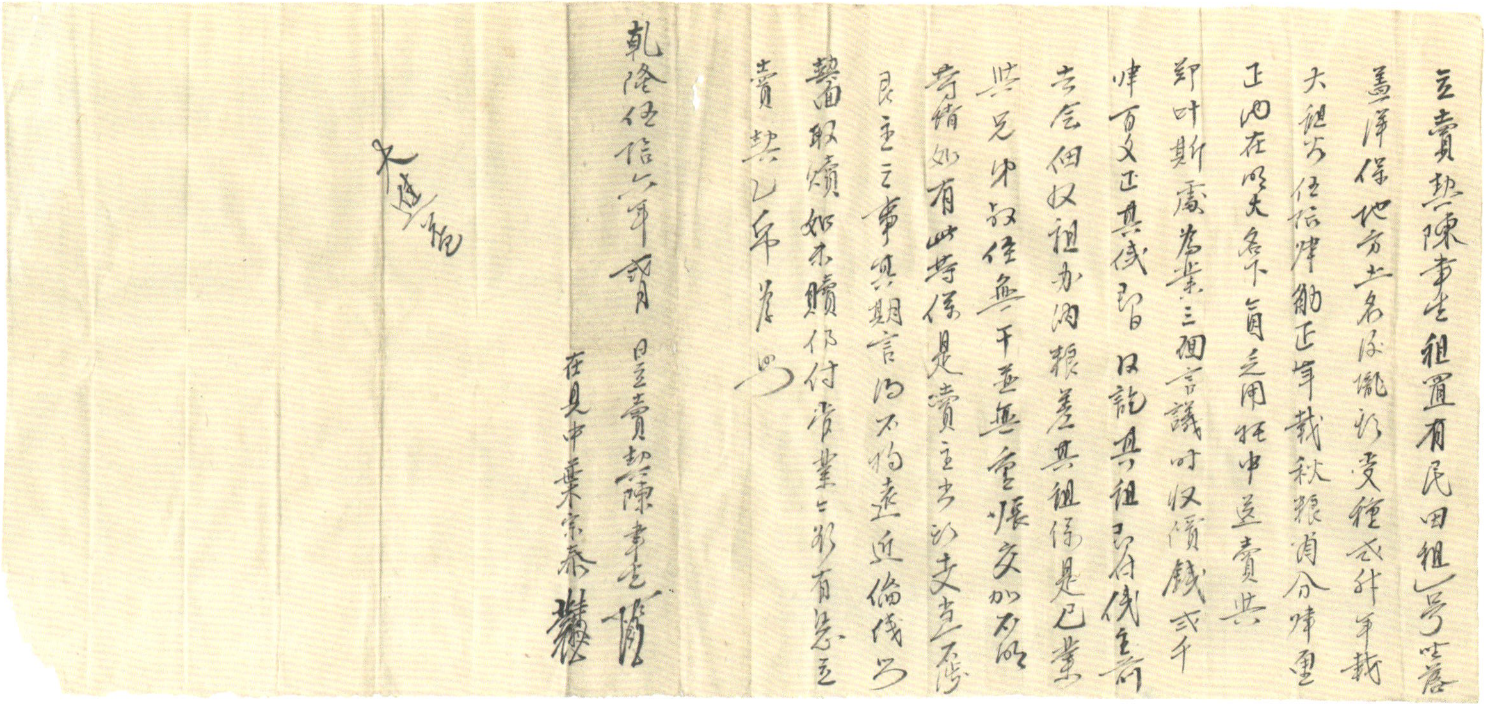

5-2-52-3　清乾隆五十六年二月陳聿生立賣民田租契

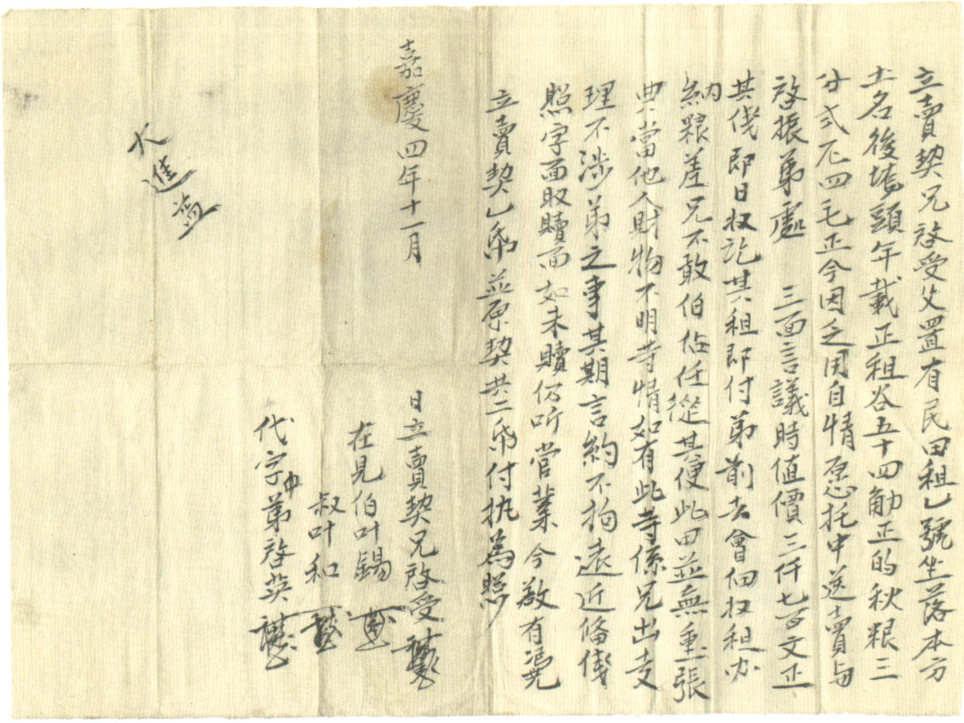

立賣契兄啓受父置有民田租乙號坐落本方
土名後壋頭午載正租谷五十四觔正的秋粮三
分式厘四毛正今因乏用自情愿托中送賣与
啓振弟處　三面言議時值價三仟七百文正
其價即日收訖其租即付弟前去會佃收租办
納粮差兄不敢伯佔任從其便此田並無重張
典當他人財物不明等情如有此等係兄出支
理不涉弟之事其期言約不拘遠近備價
照字面取贖面如未贖仍听管業今欲有凴
立賣契乙帋並原契共二帋付执為照

嘉慶四年十一月　日立賣契兄啓受（押）
在見伯叶錫（押）
叔叶和（押）
代字中弟啓英（押）

大進益

5-2-52-4　清嘉慶四年十一月鄭啓受立賣民田租契

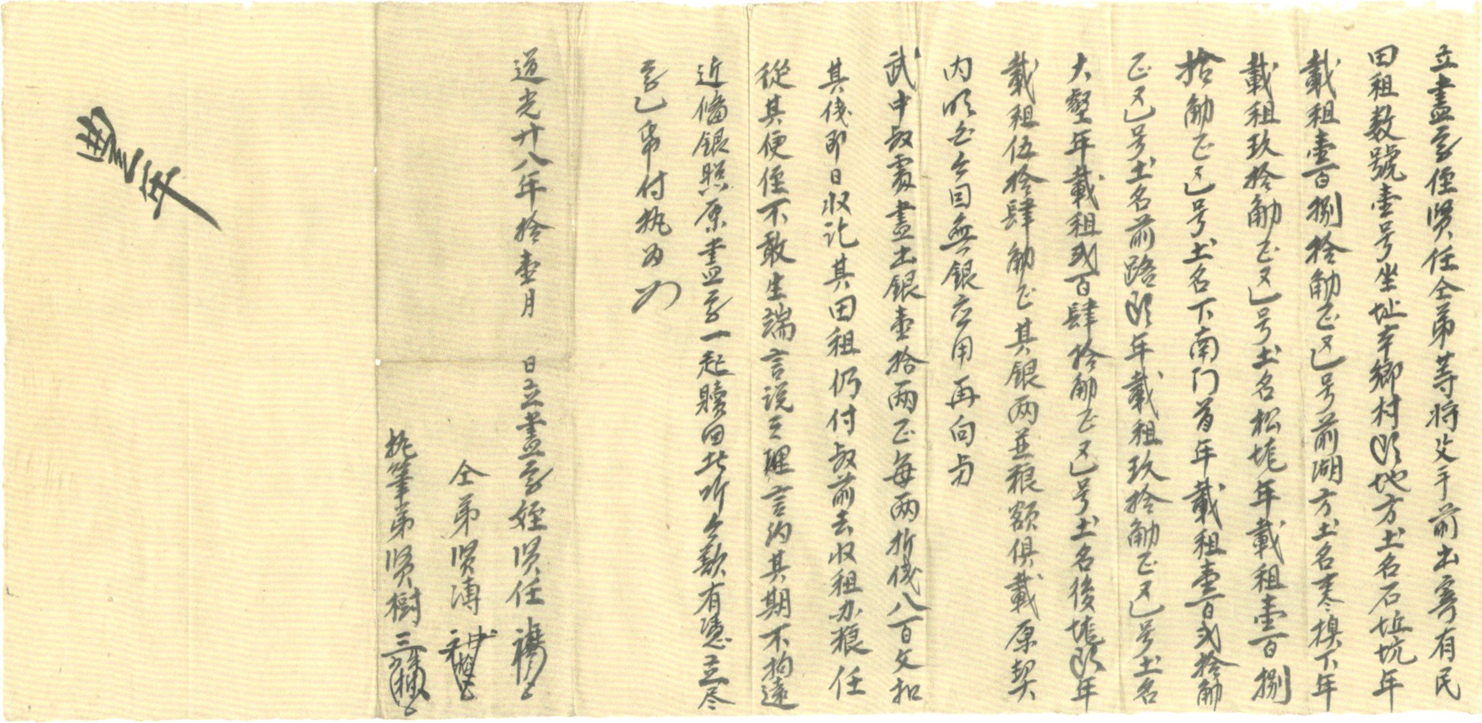

立盡民侄賢任仝弟等將父手前出賣有民
田租數號，壹号坐址本鄉村，即地方土名石埕坑，年
載租壹百捌拾觔正；又乙号土名前湖方土名橥樸下，年
載租玖拾觔正；又乙号土名松堆，年載租壹百捌
拾觔正；又乙号土名下南門首，年載租壹百貳拾觔
正；又乙号土名前路，即年載租玖拾觔正；又乙号土名
大壟，年載租貳百肆拾觔正；又乙号土名後堆，即年
載租伍拾肆觔正。其銀兩並糧額俱載原契
内，今因無銀應用，再向与
武中叔處盡出銀壹拾兩正，每兩折錢八百文扣，
其錢即日收訖，其田租仍付叔前去收租办糧，任
從其便，侄不敢生端言説，三面言約，其期不拘遠
近，備銀照原盡出字一起贖回，此听今欲有憑，立盡
民字一帋付執為照。

道光廿八年拾壹月　日立盡民字侄賢任（押）
仝弟賢溥（押）
執筆弟賢樹（押）

5-2-52-5　清道光二十八年十一月鄭賢任等立盡民田租字

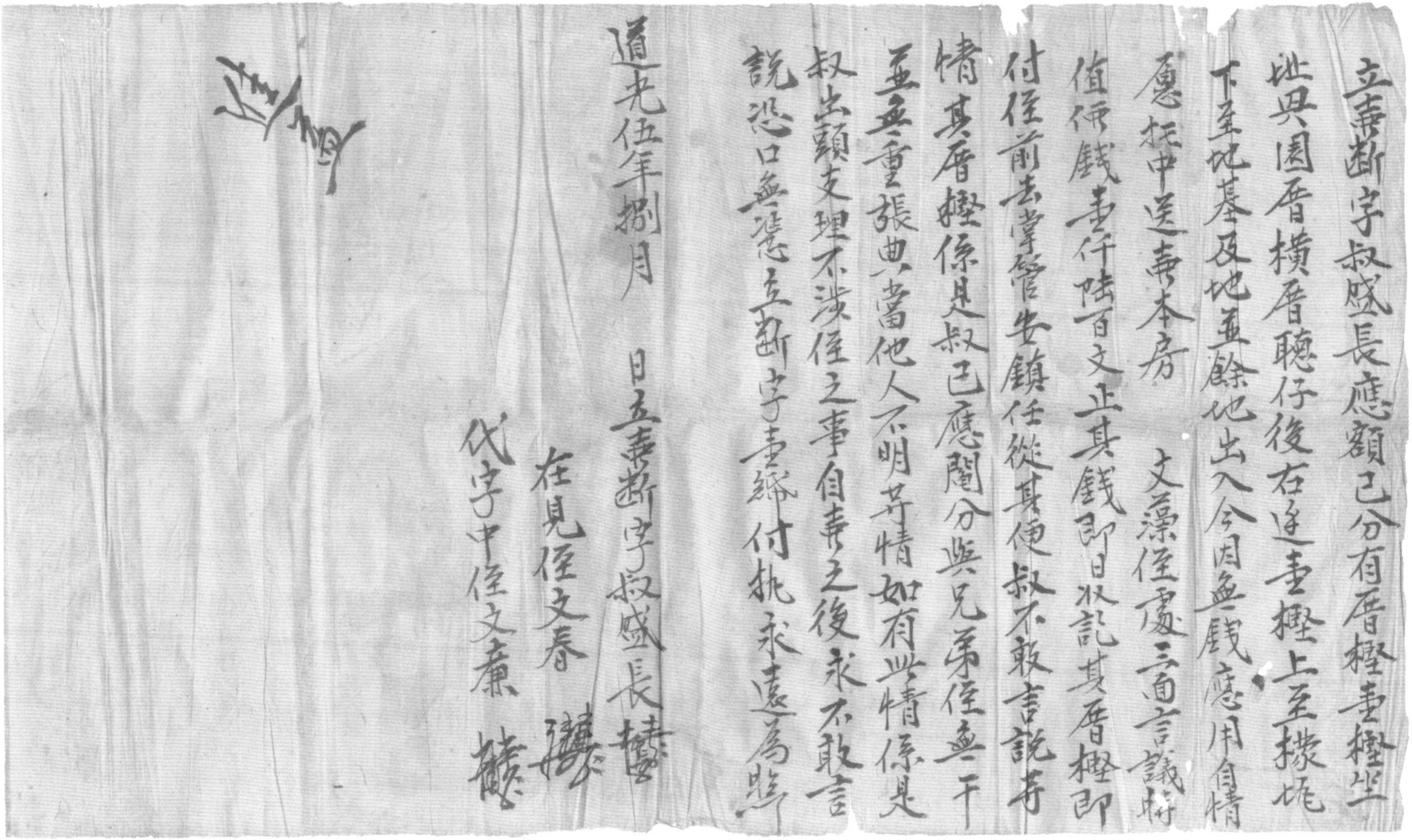

立賣斷字叔盛長應額已分有厝樫壹樫坐
址興園厝横厝聽仔後右邊壹樫上至椽桅
下至地基及地並餘地出入今因無錢應用自情
愿托中送賣本房　文藻侄處三面言議時
值価錢壹仟陆百文正其錢即日收訖其厝樫即
付侄前去掌管安鎮任從其便叔不敢言說等
情其厝樫係是叔己應閬分與兄弟侄無干
並無重張典當他人不明等情如有此情係是
叔出頭支理不涉侄之事自賣之後永不敢言
說恐口無憑立斷字壹紙付執永遠爲照

道光伍年捌月　日立賣斷字叔盛長（押）
在見侄文春（押）
代字中侄文康（押）

5-2-53-1　清道光五年八月黄盛長立賣斷厝樫字

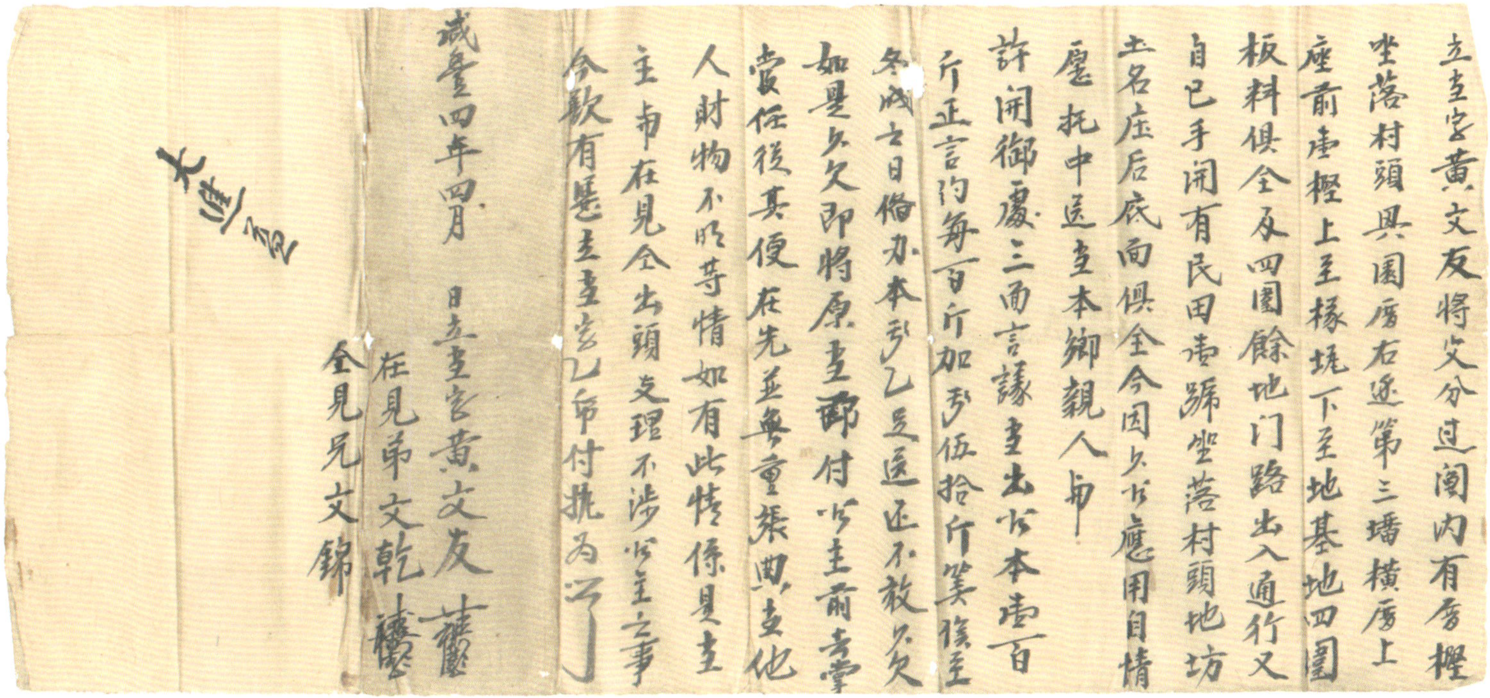
立當字黄文友將父分過閫內有房樫
坐落村頭與園厝右邊第三墻橫房上
座前壹樫上至椽梴下至地基地四圍
板料俱全及四圍餘地门路出入通行又
自己手開有民田壹號坐落村頭地坊
土名庄后底面俱全今因乏少應用自情
愿托中送至本鄉親人邊
許開御處三面言議當出價本壹百
斤正言約每百斤加利伍拾斤其稅至
冬成之日備办本利乙足送還不敢少欠
如是少欠即將原當厝付與錢主前去掌
管任從其便在先並無重張典當他
人財物不明等情如有此情係是當
主自在見全出頭支理不涉錢主之事
今欲有憑立當字乙帋付執為照
咸豐四年四月　日立當字黄文友
在見弟文乾
全見兄文錦

5-2-53-2　清咸豐四年四月黄文友立當厝樫字

立對換契姪盛淇將父分過鬮內有民佃田壹號，坐落本方土名庄后下分，年載正租谷玖拾肆觔正。今因要用，无地人三房內叅田起蓋，坐址本方土名墘角，俗叫叅墓田，根面全，自愿將分過民業庄后下分佃田毋伯道水租齊，水兄盛茂三房處相議，對換出叅墓田乙派，搽吉起蓋，任居其庄后佃田字據銀兩，亦遠付天地人三房未耆前去輪流耕作納租管業，任從其便。向後淇叅墓田起蓋之日，之房內亦不得言說花紅酒禮之理。自換之後，各無反悔。恐口無憑，立对換契乙紙，並繳行水伯鄭元肅原寄佃尽断字撮字共陸紙，統付永遠為照。

[illegible]

乾隆伍拾叁年八月　日立对換契天房姪　盛淇（押）

知見父　心水（押）

在見兄　盛賢（押）

姪　文慶（押）

代字甥　鄭啓商（押）

大吉

5-2-54-1　清乾隆五十三年八月黃盛淇立對換民佃田契

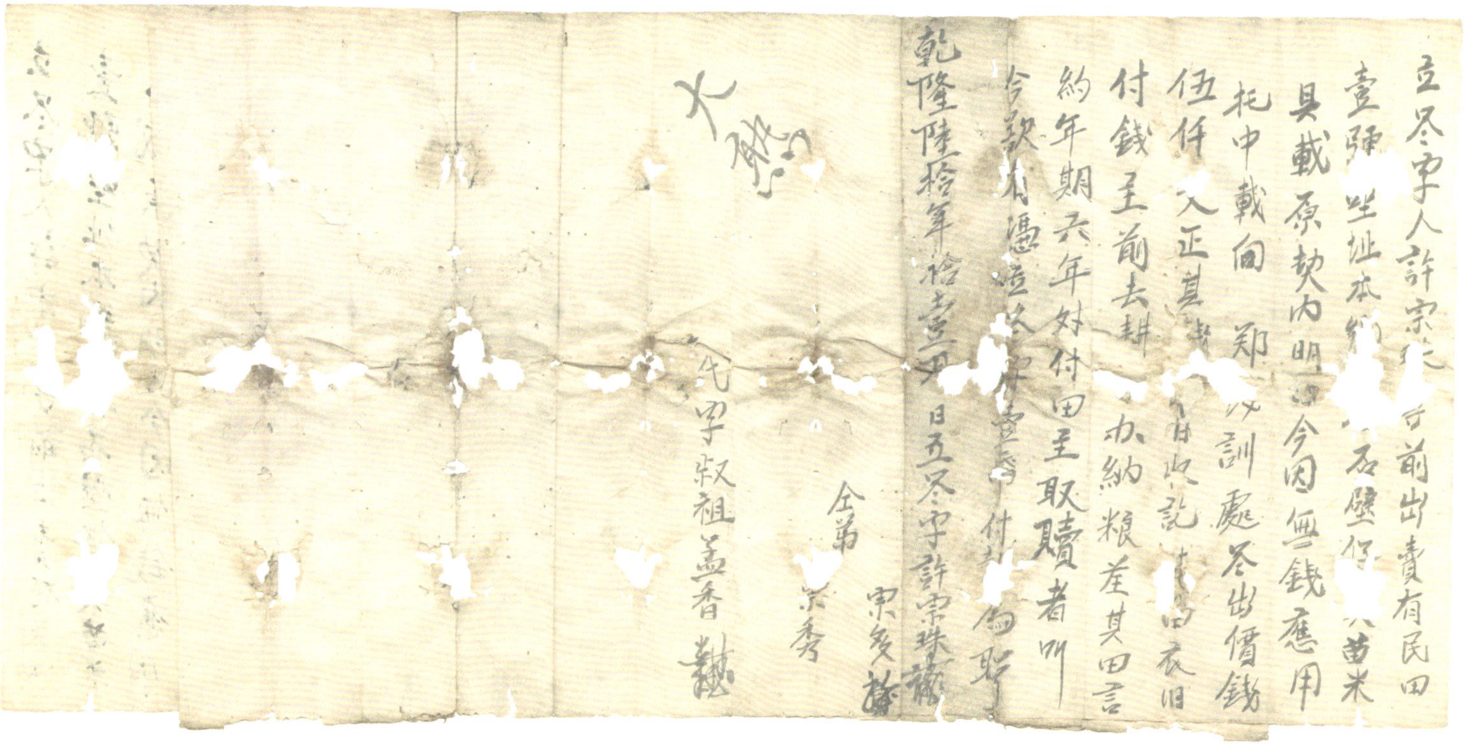

立尽字人許宗[illegible]前出賣有民田
壹號坐址本[illegible]石壁仔[illegible]苗米
具載原契內明，今因無錢應用
托中載向鄭[illegible]訓處尽出價錢
伍仟[illegible]正，其錢[illegible]收訖，其田依旧
付錢主前去耕[illegible]亦納粮差，其田言
約年期六年对付田主取贖者，[illegible]
今欲有憑，立尽字[illegible]付[illegible]為照。
乾隆陸拾年拾壹月　日立尽字許宗珠
宗炎
仝弟　宗秀
代字叔祖蓋香
大吉

5-2-54-2　清乾隆六十年十一月許宗珠等立盡民田字

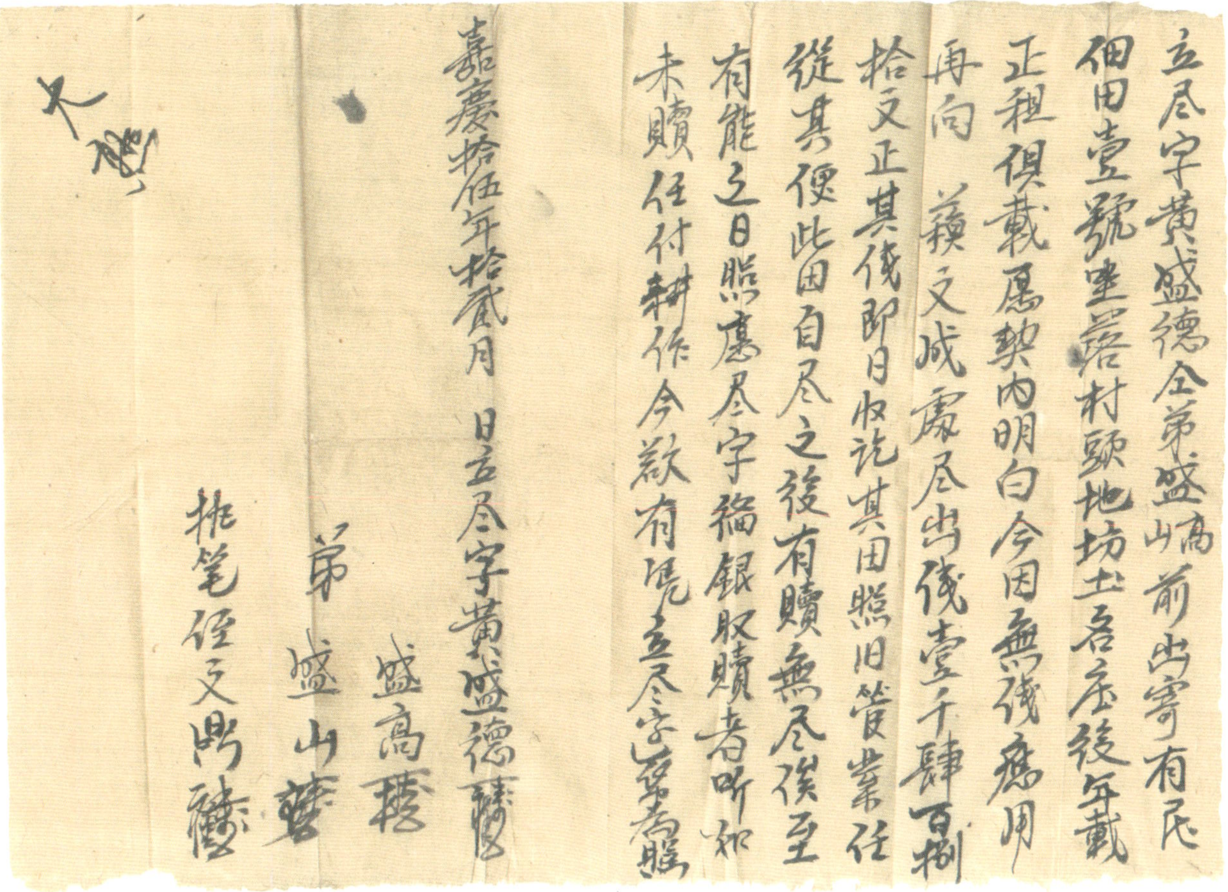

立尽字黄盛德仝弟盛山、高前出寄有民
佃田壹號坐落村頭地坊土名庵後年載
正租俱載原契内明白今因無錢應用
再向　蕿文成處尽出錢壹千肆百捌
拾文正其錢即日收訖其田照旧管業任
從其便此田自尽之後有贖無尽併至
有能之日照原尽字緰銀取贖者听，不
未贖任付耕作今欲有憑立尽字為照

嘉慶拾伍年拾貳月　日立尽字黄盛德（押）

盛高（押）

弟　盛山（押）

执笔侄文照（押）

大吉

5-2-54-3　清嘉慶十五年十二月黄盛德等立盡民佃田字

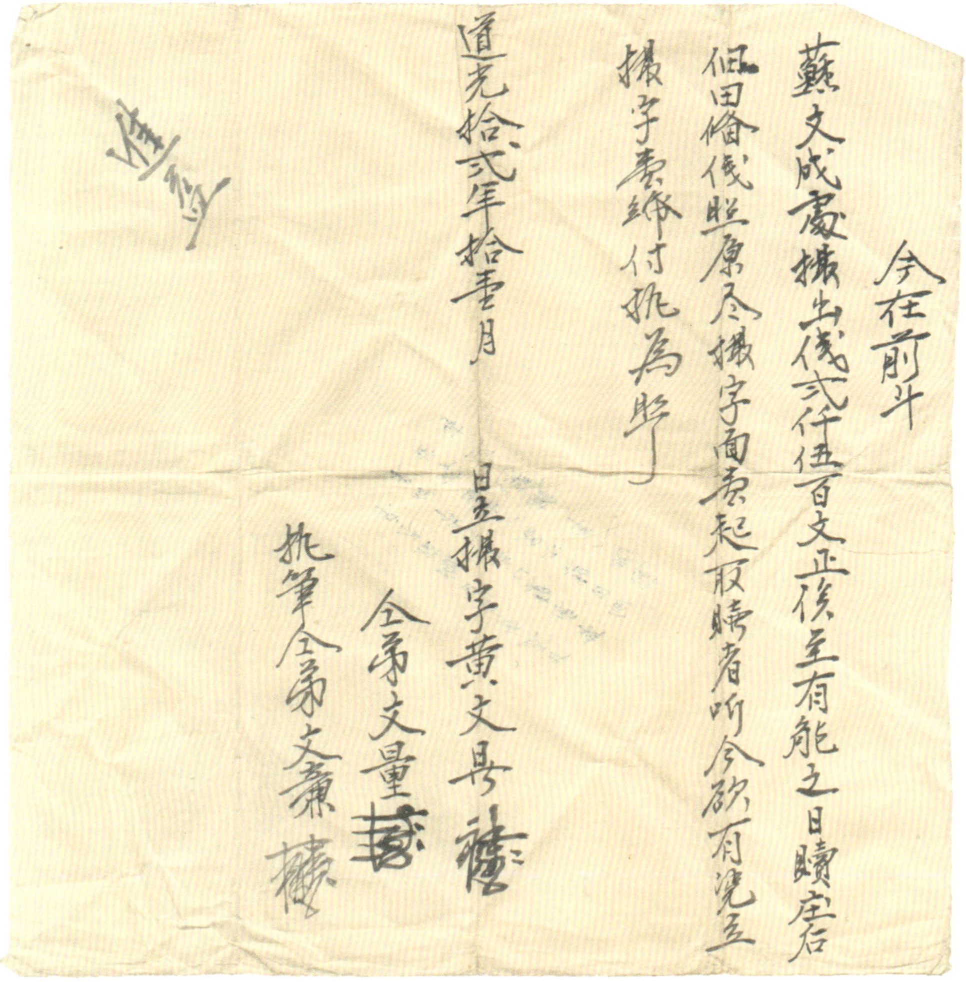

今在前斗
蘇文成處撮出錢弍仟伍百文正後至有能之日贖左右
佃田倫錢照原本撮字面表起取贖者听今欲有憑立
撮字壹紙付執爲照
道光拾弍年拾壹月　日立撮字黃文鼎
仝弟文量
執筆仝弟文蕭
作廢

5-2-54-4　清道光十二年十一月黃文鼎等立撮字

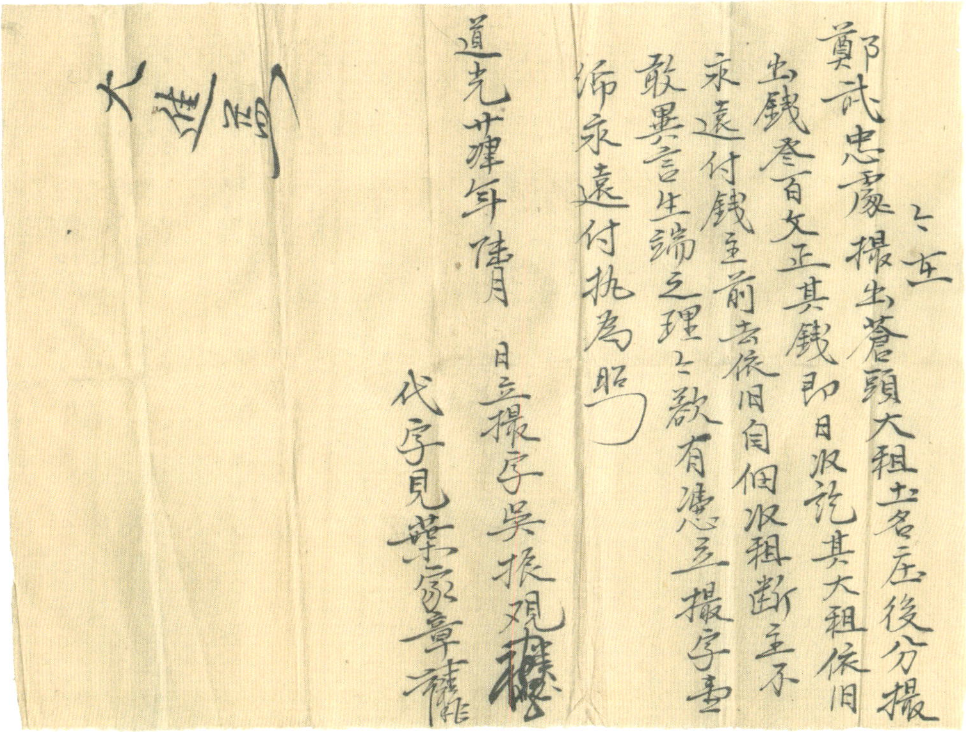

仝立
鄭武忠處撥出蒼頭大租土名庄後分撥
出錢叁百文正其錢即日收訖其大租依旧
永遠付錢主前去依旧自佃收租斷至不
敢異言生端之理之欸有憑立撥字壹
紙永遠付執為照
道光廿肆年陸月　日立撥字吳振觀（押）
代字見葉家章（押）
大進吉昌

5-2-54-5　清道光二十四年六月吳振观立撥字

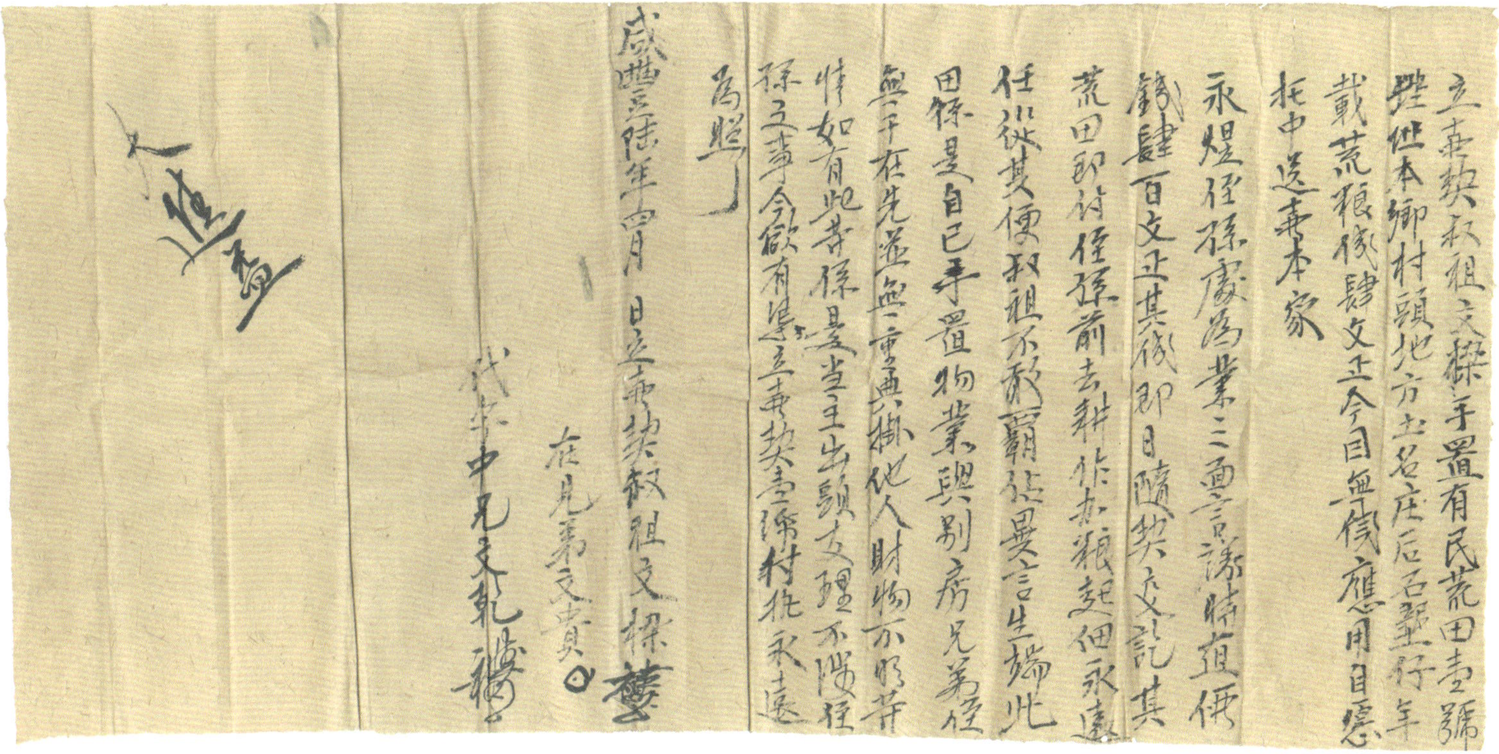
立賣契叔祖文樑手置有民荒田壹號
坐址本鄉村頭地方土名庄后石壟圩 年
載荒粮條肆文正今因無錢應用自愿
托中送賣本家
永煌侄孫處為業三面言議時值價
錢肆百文正其錢即日隨契交訖其
荒田即付侄孫前去耕作办粮起佃永遠
任從其便叔祖不敢霸佔異言生端此
田係是自己手置物業與別房兄弟侄
無干在先並無重典掛他人財物亦冇
作如有此等係是賣主出頭支理不涉侄
孫之事今欲有憑立賣契壹紙付批永遠
為照
咸豐陸年四月　日立賣契叔祖文樑（押）
在見弟文貴（押）
代筆中見文乾（押）
[illegible]

5-2-54-6　清咸豐六年四月黄文樑立賣民荒田契

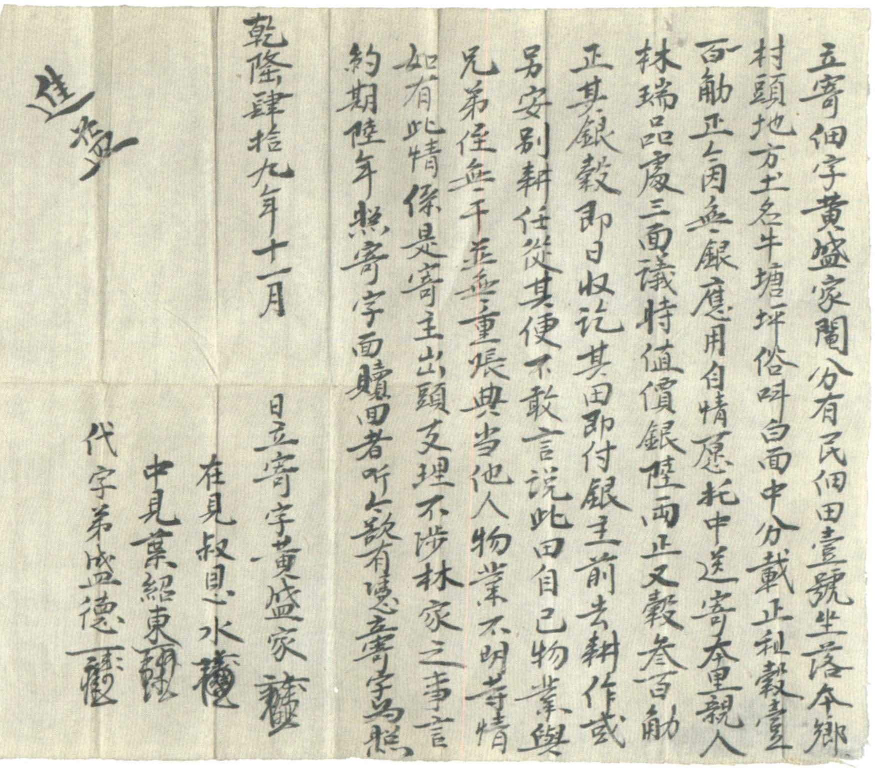
立寄佃字黄盛家鬮分有民佃田壹號坐落本鄉村頭地方土名牛塘坪俗叫白面中分載正租穀壹百觔正今因無銀應用自情愿托中送寄本里親人林瑞品處三面議特值價銀陸两正又穀叁百觔正其銀穀即日收訖其田即付銀主前去耕作或另安別耕任從其便不敢言說此田自己物業與兄弟侄無干並無重張典当他人物業不明等情如有此情係是寄主出頭支理不涉林家之事言約期陸年照寄字面贖田者听[illegible]歉有憑立寄字為照

乾隆肆拾九年十一月　日立寄字黄盛家（押）

在見叔旦水（押）

中見葉紹東（押）

代字弟盛德（押）

進業

5-2-55-1　清乾隆四十九年十一月黄盛家立寄民佃田字

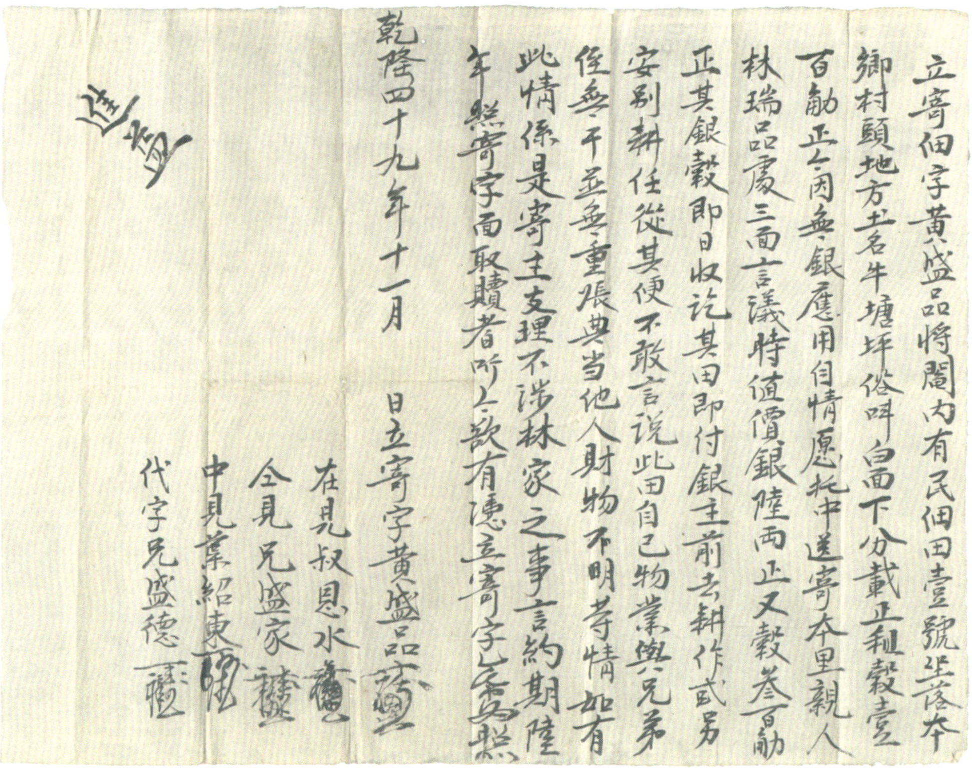

立寄佃字黄盛品將闔内有民佃田壹號坐落本
鄉村頭地方土名牛塘坪俗呌白畓下分載正租穀壹
百觔正今因無銀應用自情愿托中送寄本里親人
林瑞品處三面言議時值價銀陸兩正又穀叁百觔
正其銀穀即日收訖其田即付銀主前去耕作或另
安別耕任從其便不敢言說此田自己物業與兄弟
侄無干並無重張典当他人財物不明等情如有
此情係是寄主支理不涉林家之事言約期陸
年照寄字面取贖者所人欲有憑立寄字一帋為照

乾隆四十九年十一月　日立寄字黄盛品（押）

在見叔恩水（押）

仝見兄盛家（押）

中見葉紹東（押）

代字兄盛德（押）

佳吉

5-2-55-2　清乾隆四十九年十一月黄盛品立寄民佃田字

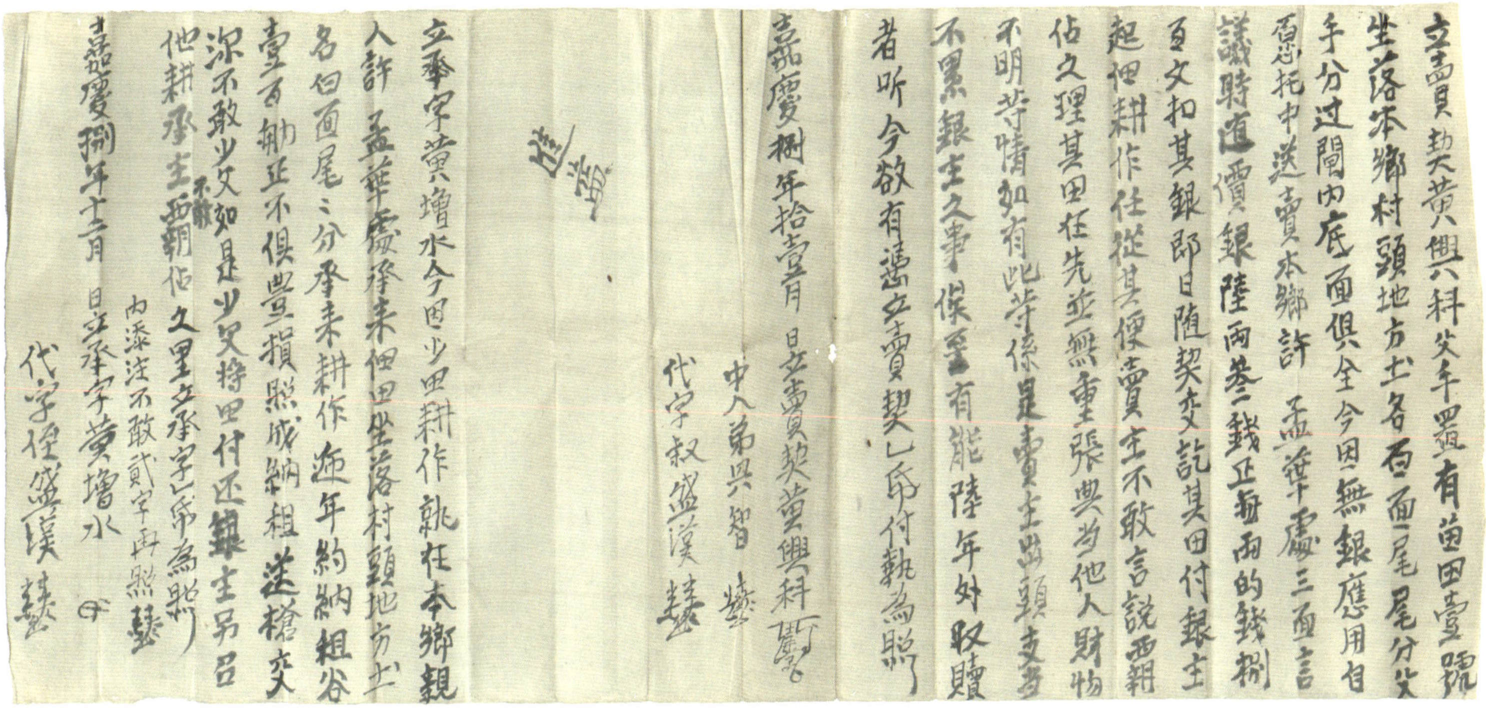
立賣契人黄興科父手置有苗田壹號
坐落本鄉村頭地方土名呑面尾尾分作
手分过閭內底面俱全今因無銀應用自
愿托中送賣本鄉許孟華處三面言
議時值價銀陸兩叁錢正每兩的錢捌
百文扣其銀即日隨契交訖其田付銀主
起佃耕作任從其便賣主不敢言說西翻
佔之理其田在先並無重張典當他人財物
不明等情如有此等係是賣主出頭支當
不累銀主之事保至有能陸年外取贖
者听今欲有憑立賣契一紙付執為照
嘉慶捌年拾壹月　日立賣契黄興科（押）
中人弟興智（押）
代字叔盛漢（押）

[illegible]

立承字黄增水今因少田耕作就在本鄉親
人許孟華處承來佃田坐落村頭地方土
名佃面尾二分承來耕作遞年約納租谷
壹百觔正不俱豐損照成納租送嶺交
涼不敢少欠如是少欠將田付还銀主另召
他耕承主西翻佔不敢文里立承字一紙為照
內添注不敢貳字再照（押）
嘉慶捌年十一月　日立承字黄增水（押）
代字侄盛漢（押）

5-2-55-3　清嘉慶八年十一月黄興科立賣苗田契

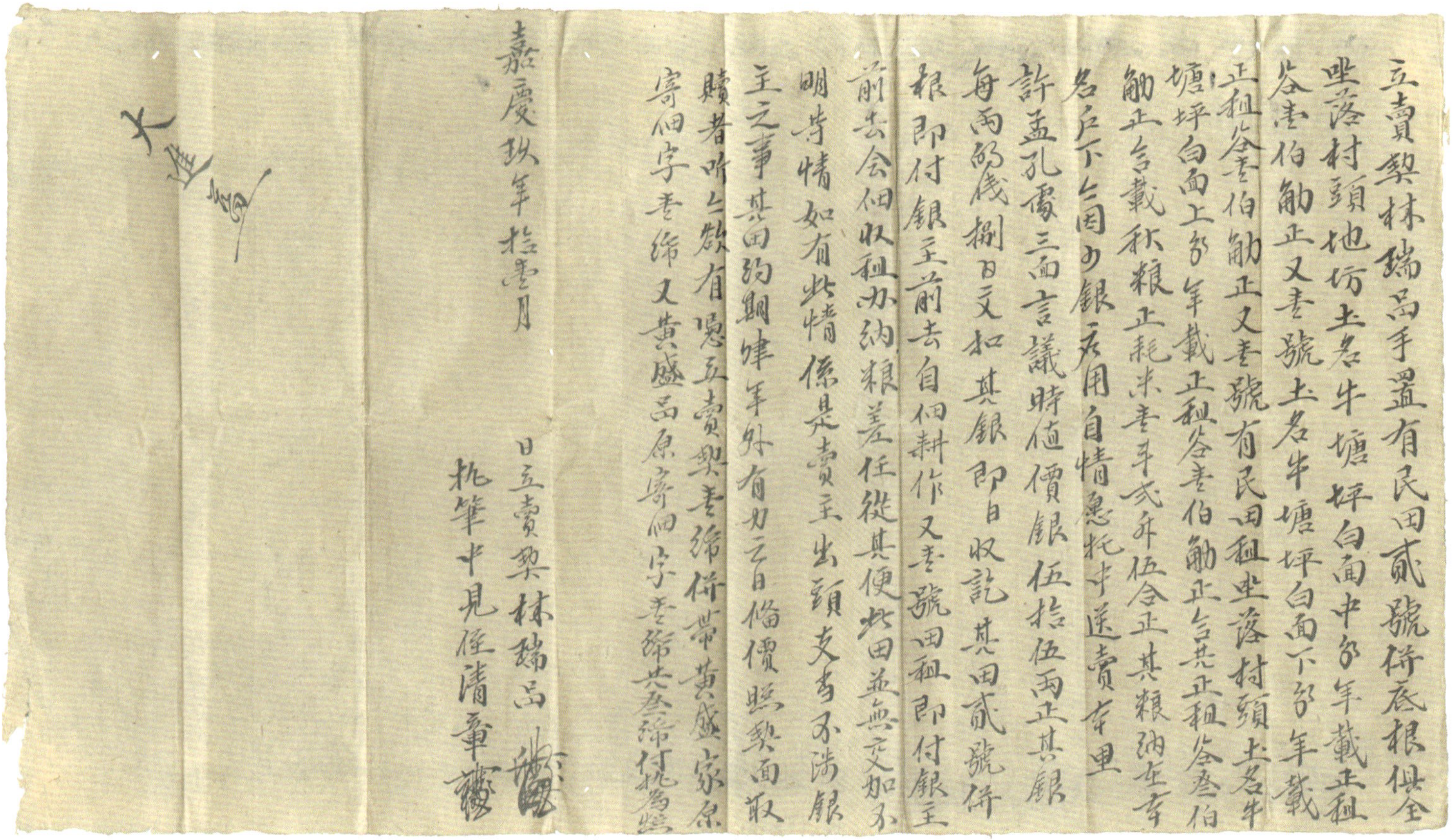
立賣契林瑞品手置有民田貳號併底根俱全
坐落村頭地方土名牛塘坪白面中段年載正租
谷壹伯觔正又壹號土名牛塘坪白面下段年載
正租谷壹伯觔正又壹號有民田租坐落村頭土名牛
塘坪白面上段年載正租谷壹伯觔正共正租谷叁伯
觔正合載秋粮正耗米壹斗式升伍合正其粮納在本
名戶下今因乏銀應用自情愿托中送賣本里
許孟孔處三面言議時值價銀伍拾伍兩正其銀
每兩[illegible]錢捌[illegible]文扣其銀即日收訖其田貳號併
根即付銀主前去自佃耕作又壹號田租即付銀主
前去会佃收租办納粮差任從其便此田並無交加不
明等情如有此情係是賣主出頭支当不涉銀
主之事其田約贖肆年外有力之日備價照契面取
贖若[illegible]無有[illegible]立賣契壹紙併帶黃盛家原
寄佃字壹紙又黃盛品原寄佃字壹紙共叁紙付執為照
嘉慶玖年拾壹月　日立賣契林瑞品（押）
托筆中見侄清章（押）

5-2-55-4　清嘉慶九年十一月林瑞品立賣底根全民田契

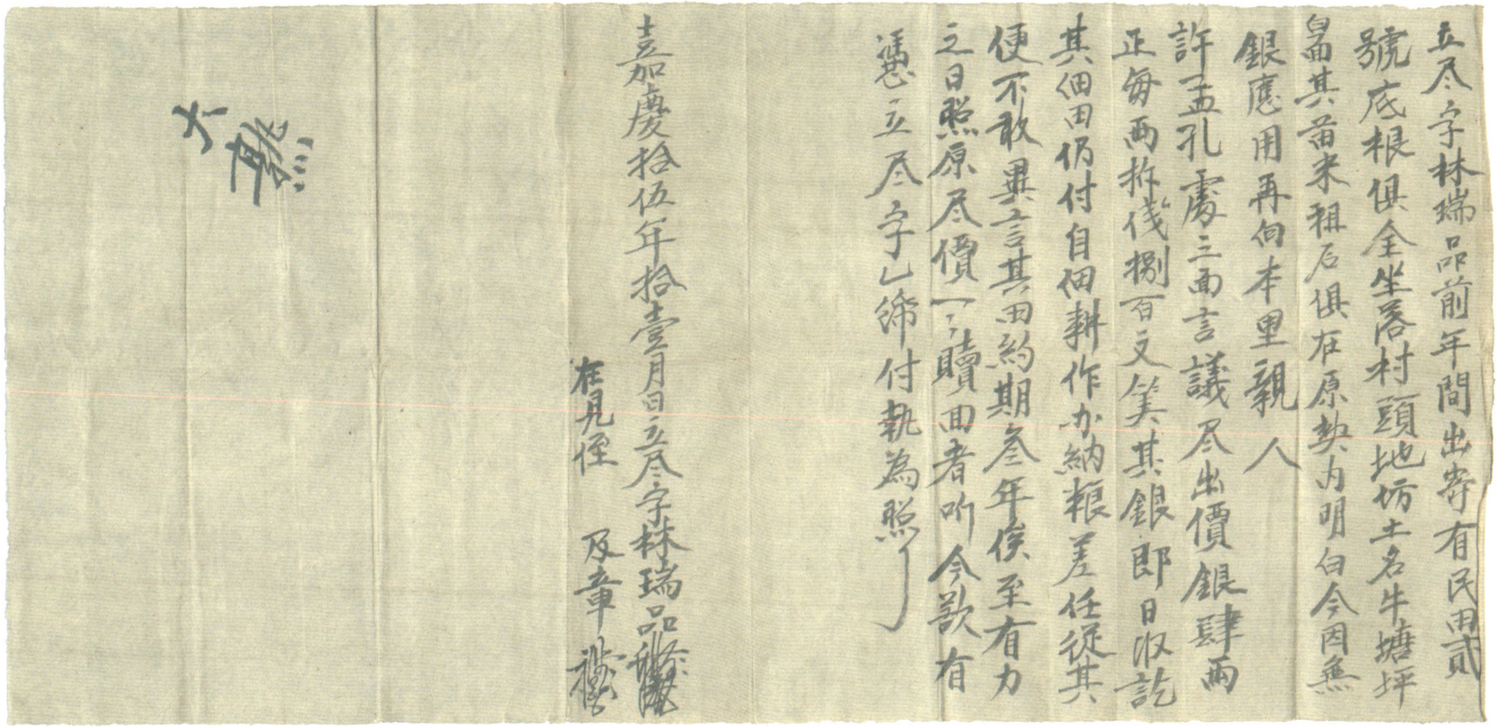

5-2-55-5　清嘉慶十五年十一月林瑞品立盡民田字

立盡字林其章，前年向父手出賣有民田底面俱全，坐縣寔落村頭地方，土名俗叫牛塘坪，其租額苗米俱在前原契內明白。今因無錢，進問再向許孤孔處三面言議盡出價錢捌百捌拾文正，其錢即日收訖，其田係付錢主前去自佃耕作，办納任從其便。倘至有力之日，備錢照原盡字面取贖，如是未贖，仍付管業，其期不拘遠近。今欲有憑，立盡字壹紙付執為照。

嘉慶貳拾貳年十二月　日立盡字林其章（押）

在見弟及章禮（押）

代字兄顯漢（押）

5-2-55-6　清嘉慶二十二年十二月林其章立盡底面全民田字

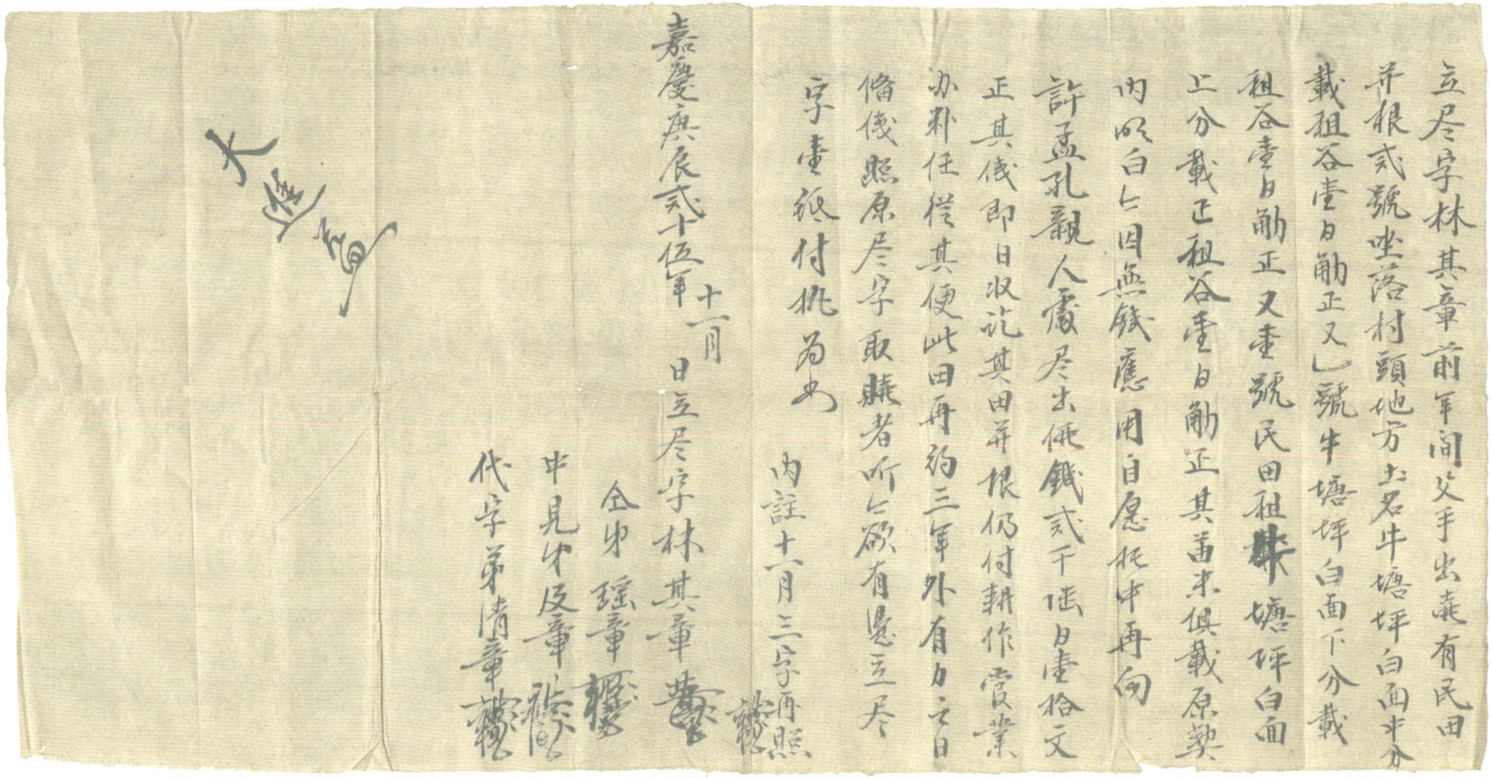
立盡字林其章前年間父手出𡊮有民田
并根弍號坐落村頭地方土名牛塘坪白面中分
載租谷壹百觔正又一號牛塘坪白面下分載
租谷壹百觔正又壹號民田租𪾢塘坪白面
上分載正租谷壹百觔正其苗米俱載原契
內明白亡因無錢應用自愿托中再向
許孟孔親人處盡出併錢弍千陸百壹拾文
正其錢即日收訖其田并根仍付耕作管業
永聽任從其便此田再約三年外有力之日
備錢照原盡字取贖者所亡欲有憑立盡
字壹紙付執為照
內註十一月三字再照
嘉慶庚辰弍十伍年十一月　日立盡字林其章
仝弟　瑤章
中見弟　反章
代字弟　清章

5-2-55-7　清嘉慶二十五年十一月林其章等立盡民田並根字

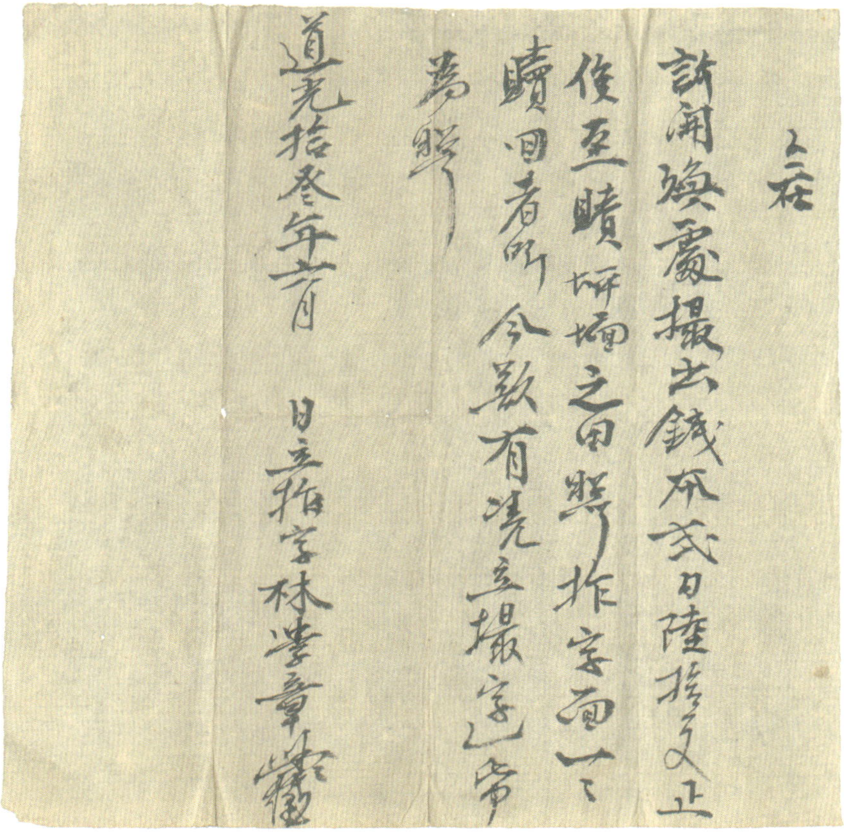

又在
許湖漁處撮出錢柒千陸百文正
係至贖坪壩之田契作字面一下
贖回者所〻今欲有憑立撮字送帶
爲照
道光拾叁年六月　日立撮字林學章（押）

5-2-55-8　清道光十三年六月林學章立撮字

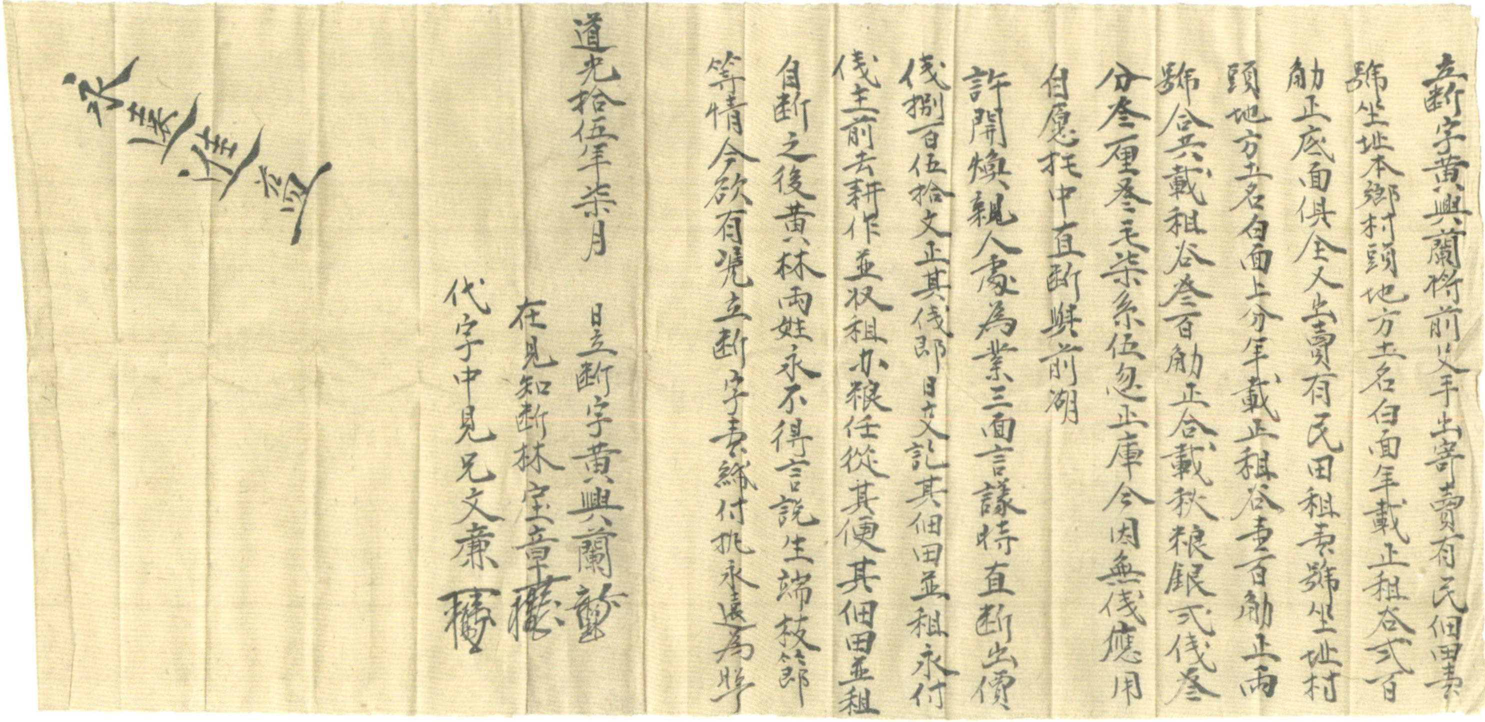

5-2-55-9　清道光十五年七月黃興蘭立斷民佃田等字

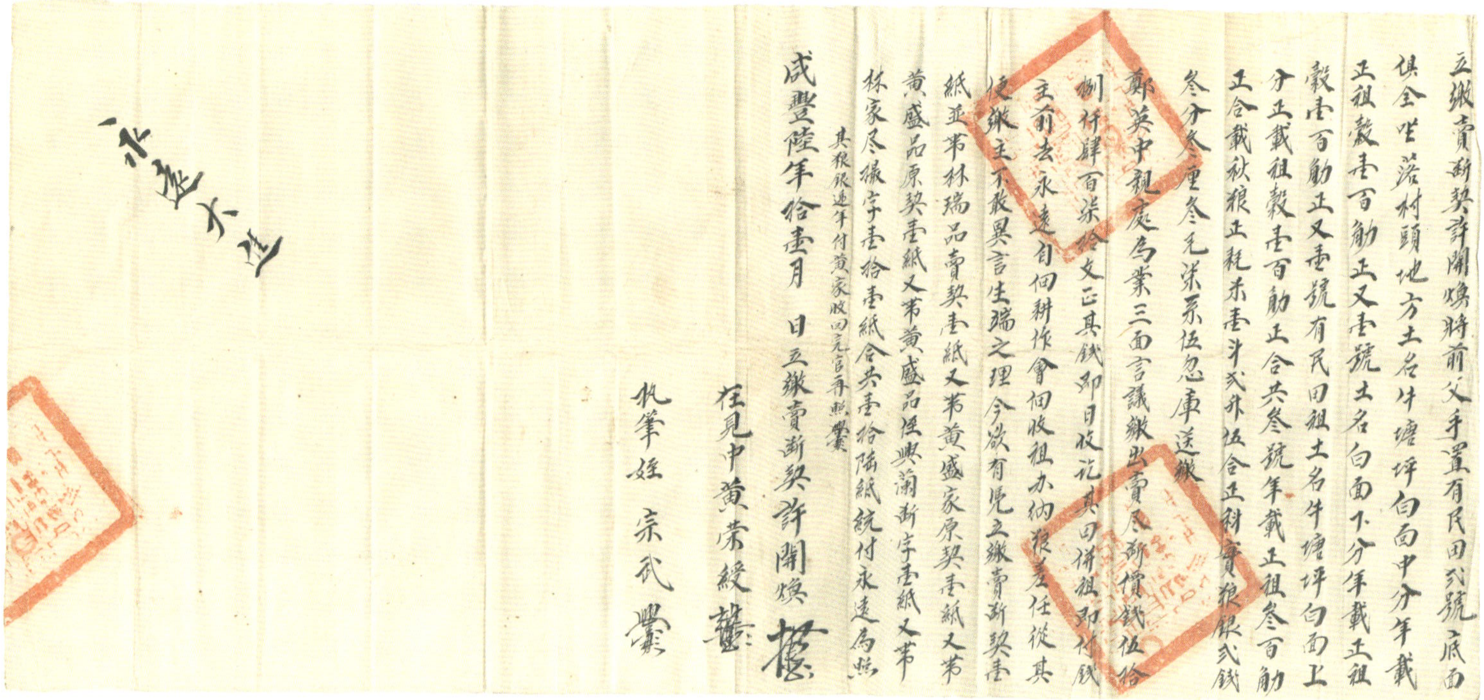

立繳賣斷契許閈煥，將前父手置有民田弍號，底面俱全，坐落村頭地方，土名牛塘坪白面中分，年載正租穀壹百觔正；又壹號土名白面下分，年載正租穀壹百觔正；又壹號有民田，祖土名牛塘坪白面上分，正載租穀壹百觔正，合共叁號，年載正租叁百觔正，合載秋粮正耗米壹斗弍升伍合正，科實粮銀弍錢叁分叁厘叁毛柒系伍忽，庫送繳鄭英中親處為業。三面言議，繳出賣盡斷價錢伍拾捌仟肆百柒拾文正，其錢即日收訖，其田并租即付錢主前去永遠自佃耕作，會佃收租，办納粮差，任從其便，繳主不敢異言生端之理。今欲有憑，立繳賣斷契壹紙，并弟林瑞品賣契壹紙，又弟黄盛家原契壹紙，又弟黄盛品原契壹紙，又弟黄盛品徑興瀾斷字壹紙，又弟林家盡繳字壹紙，合共壹拾陸紙，統付永遠為照。

其粮限逓年付黄家收回完官。再照。（押）

咸豐陸年拾壹月　日立繳賣斷契許閈煥（押）

在見中黄崇綬（押）

執筆姪宗武（押）

5-2-55-10　清咸豐六年十一月許閈煥立繳賣斷民田契（紅契）

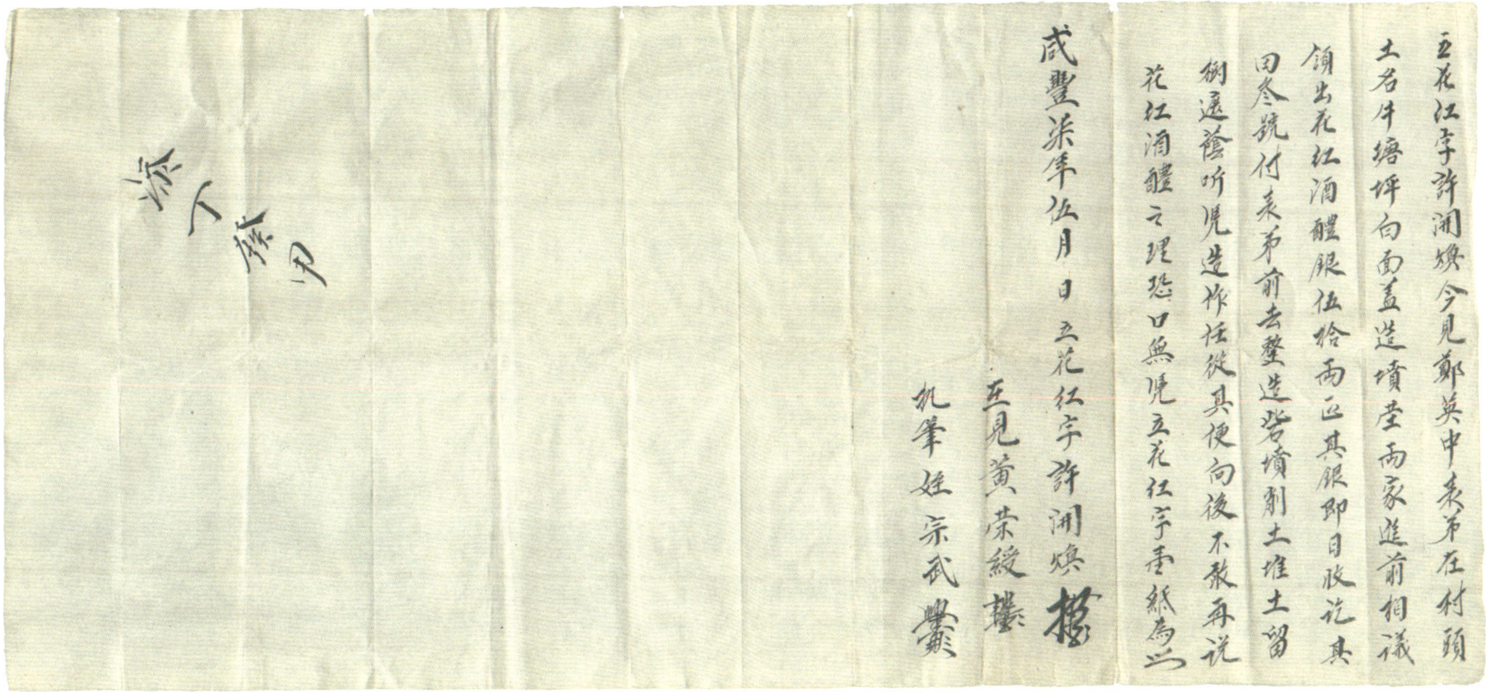
立花红字許开焕今見鄭英中表弟在村頭
土名牛墻坪向面蓋造墳塋兩家進前相議
領出花红酒醴銀伍拾两正其銀即日收訖其
田叁號付表弟前去整造墳割土堆土留
餘遠蔭听凭造作任從其便向後不敢再説
花红酒醴之理恐口無凭立花红字壹紙為照
咸豐柒年伍月 日 立花红字許开焕（押）
在見黄榮綏（押）
執筆姪宗武（押）
添丁發甲

5-2-55-11 清咸豐七年五月許開焕立花紅字

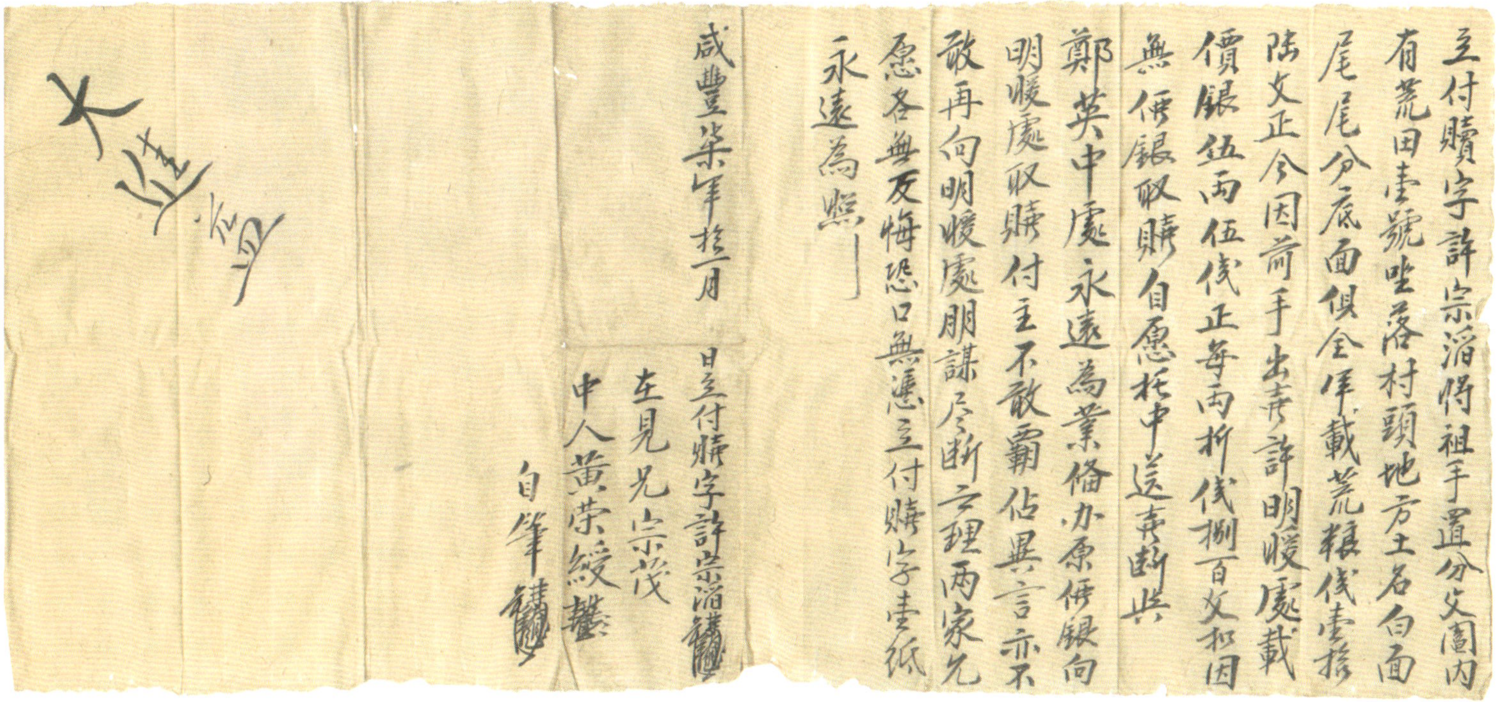
立付贖字許宗滔將祖手置分丈圍內
有荒田壹號坐落村頭地方土名白面
尾尾分底面俱全年載荒粮伐壹拾
陸文正今因前手出賣許明暖處載
價銀伍兩伍伐正每兩折伐捌百文扣因
無便銀取贖自愿托中送賣斷與
鄭英中處永遠為業備办原價銀向
明暖處取贖付主不敢霸佔異言亦不
敢再向明暖處朋謀尽斷之理兩家允
愿各無反悔恐口無憑立付贖字壹紙
永遠為照　|

咸豐柒年拾一月　日立付贖字許宗滔（押）
左見兄宗茂
中人黃榮綬（押）
自筆（押）

大吉

5-2-55-12　清咸豐七年十一月許宗滔立付贖荒田字

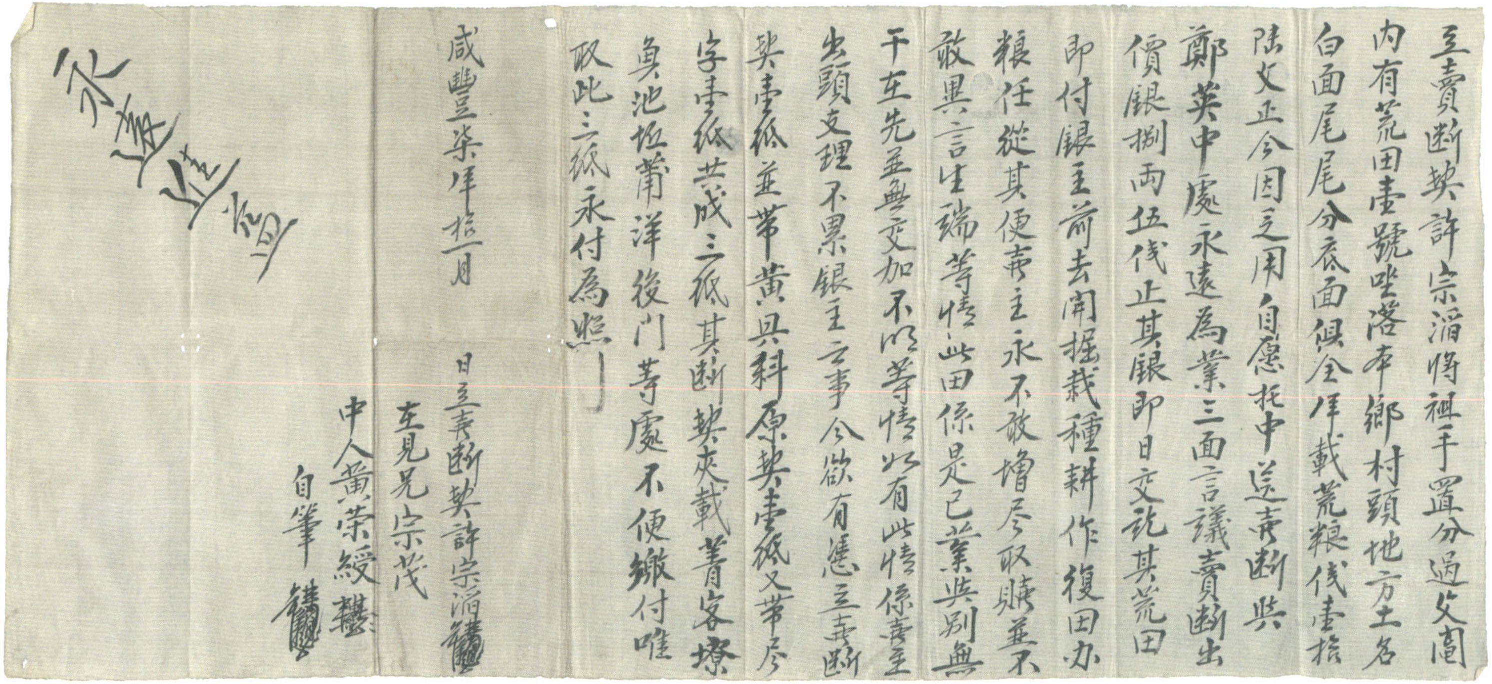

5-2-55-13　清咸豐七年十一月許宗滔立賣斷底面全荒田契

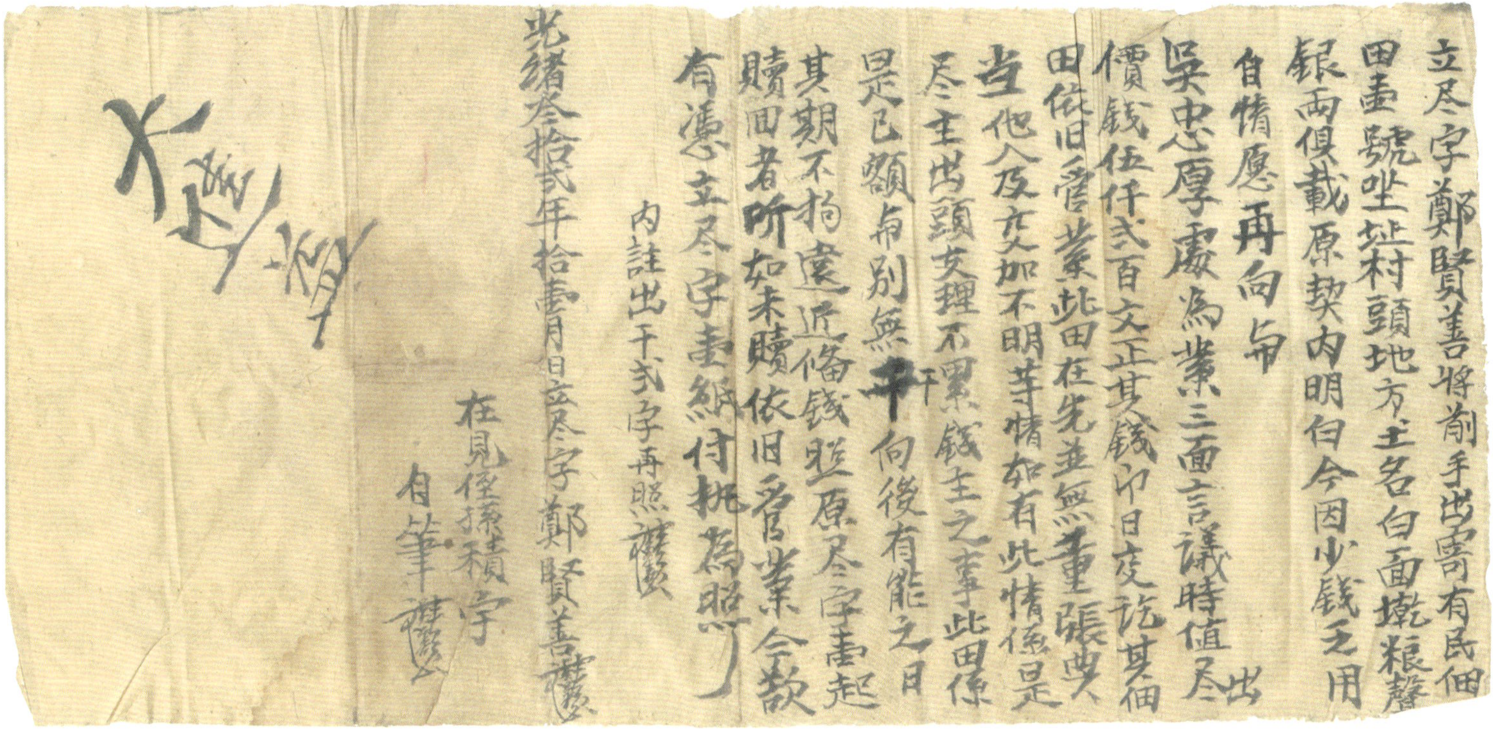
立尽字鄭賢善將前手出賣有民佃
田壹號坐址村頭地方土名白面壠粮聲
銀兩俱載原契內明白今因少錢乏用
自情愿再向吊 出
吳忠厚處為業三面言議時值尽
價錢伍仟弍百文正其錢即日交訖其佃
田依旧管業此田在先並無重張典
當他人及交加不明等情如有此情係是
尽主出頭支理不累錢主之事此田係
是已額自別無干向後有能之日
其期不拘遠近備錢照原尽字壹起
贖回者听如未贖依旧管業合款
有憑立尽字壹紙付批為照
內註出干弍字再照 [押]
光緒叁拾弍年拾壹月日立尽字鄭賢善[押]
在見侄孫積字
自筆[押]

5-2-55-14　清光緒三十二年十一月鄭賢善立盡民佃田字

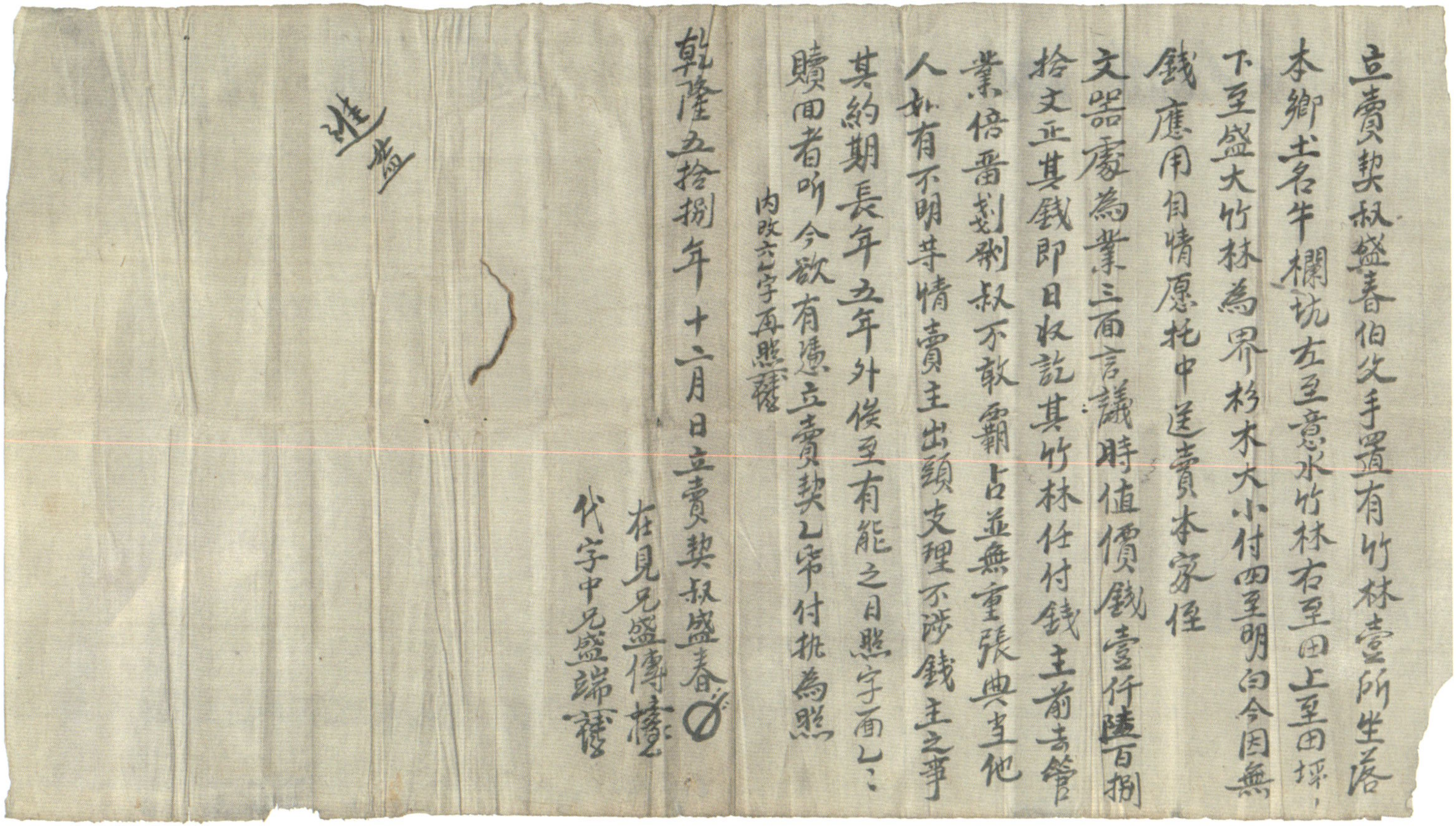
立賣契叔盛春伯父手置有竹林壹所坐落
本鄉土名牛欄坑左至意水竹林右至田上至田坪，
下至盛大竹林為界杉木大小付四至明白今因無
錢應用自情愿托中送賣本家侄
文器處為業三面言議時值價錢壹仟陸百捌
拾文正其錢即日收訖其竹林任付錢主前去管
業倍畨砍剃叔不敢霸占並無重張典支他
人如有不明等情賣主出頭支理不涉錢主之事
其約期長年五年外從至有能之日照字面乙乙
贖回者所今欲有憑立賣契乙帋付執為照
内改六字再照
乾隆五拾捌年十二月日立賣契叔盛春（押）
在見兄盛傳（押）
代字中兄盛端（押）
進盛

5-2-56-1　清乾隆五十八年十二月黄盛春立賣竹林契

立賣契黃文器手置有竹林壹所內並杉木生
落本鄉村頭地方土名牛欄坑上至田下至盛大
竹林為界左至盛發竹林右至坑溝為界四至
明白今因無銀應用自願託中送賣本鄉
許有才處三面言議時值價銀叁百觔正其
銀即日收訖其竹林內並杉木大小并付銀主
前去管業培畱剗劉筍任從其便賣主不
敢覇佔其竹林係已手置物業与兄弟叔
侄無干並無重張典掛他人及交加不明等情
如有此等係是賣主出頭支理不涉銀主之事
其期言約不拘遠近係有力之日備銀照字面
贖回者所遍年約貼山租壹分正付賣主收回
今欲有憑立賣契乙帋并原契共貳帋付執
為照

嘉慶六年十月　日立賣契黃文器（押）
在見兄文㻂（押）
代字中弟文向（押）

進益

5-2-56-2　清嘉慶六年十月黃文器立賣竹林等契

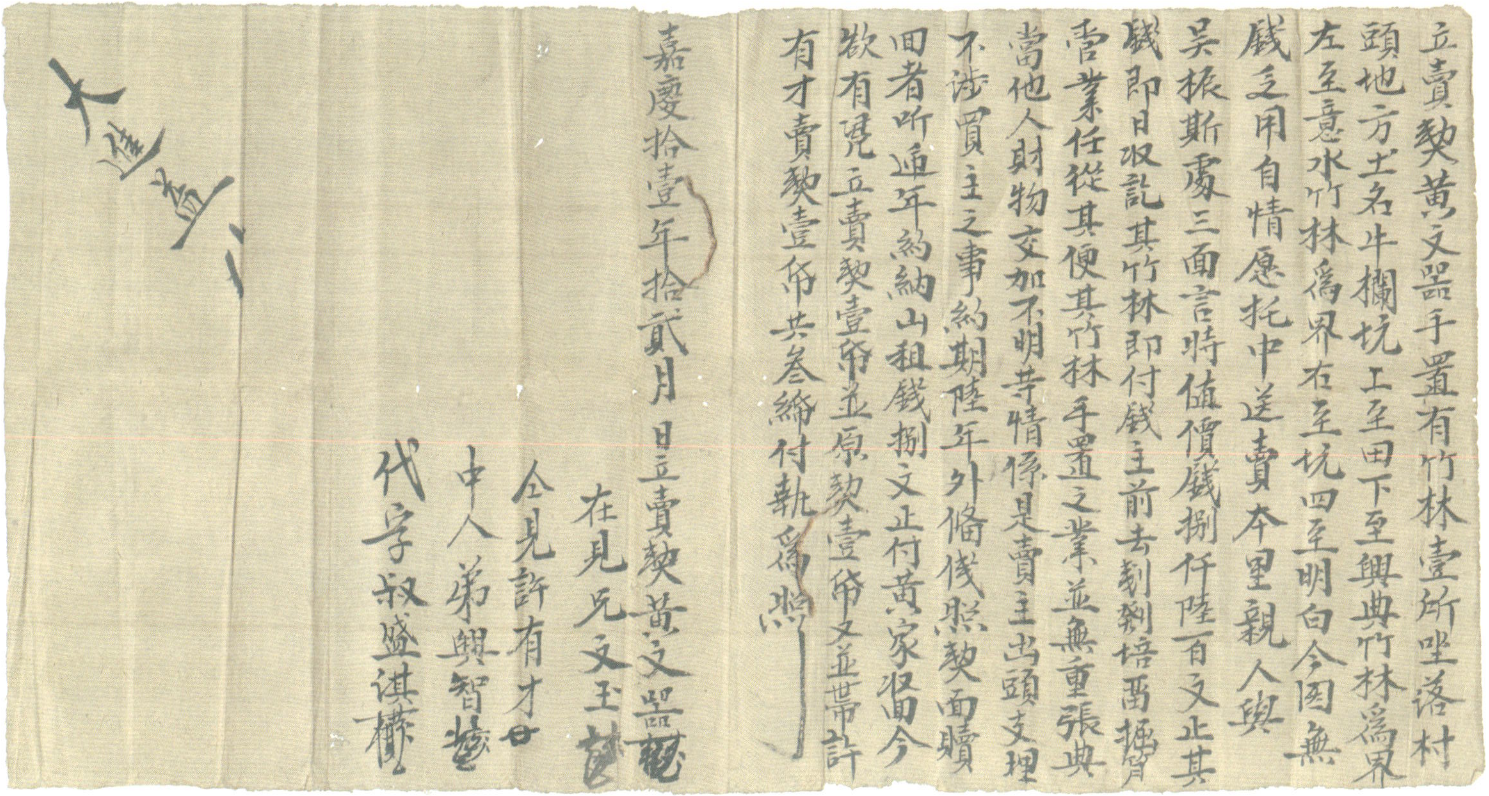
立賣契黃文嚣手置有竹林壹所坐落村
頭地方土名牛欄坑上至田下至興典竹林為界
左至意水竹林為界右至坑四至明白今因無
錢乏用自情愿托中送賣本里親人與
吴振斯處三面言時値價錢捌仟陸百文止其
錢即日收訖其竹林即付錢主前去劄劄培畨插管
當業任從其便其竹林手置之業並無重張典
當他人財物交加不明等情係是賣主出頭支理
不涉買主之事約期陸年外備俵照契面贖
回者所逈年約納山租錢捌文正付黃家収留今
欲有憑立賣契壹帋並原契壹帋文並帶許
有才賣契壹帋共叁締付執為照
嘉慶拾壹年拾貳月　日立賣契黃文嚣（押）
在見兄文玉（押）
仝見許有才（押）
中人弟興智（押）
代字叔盛淇（押）
大進喜

5-2-56-3　清嘉慶十一年十二月黃文嚣立賣竹林契

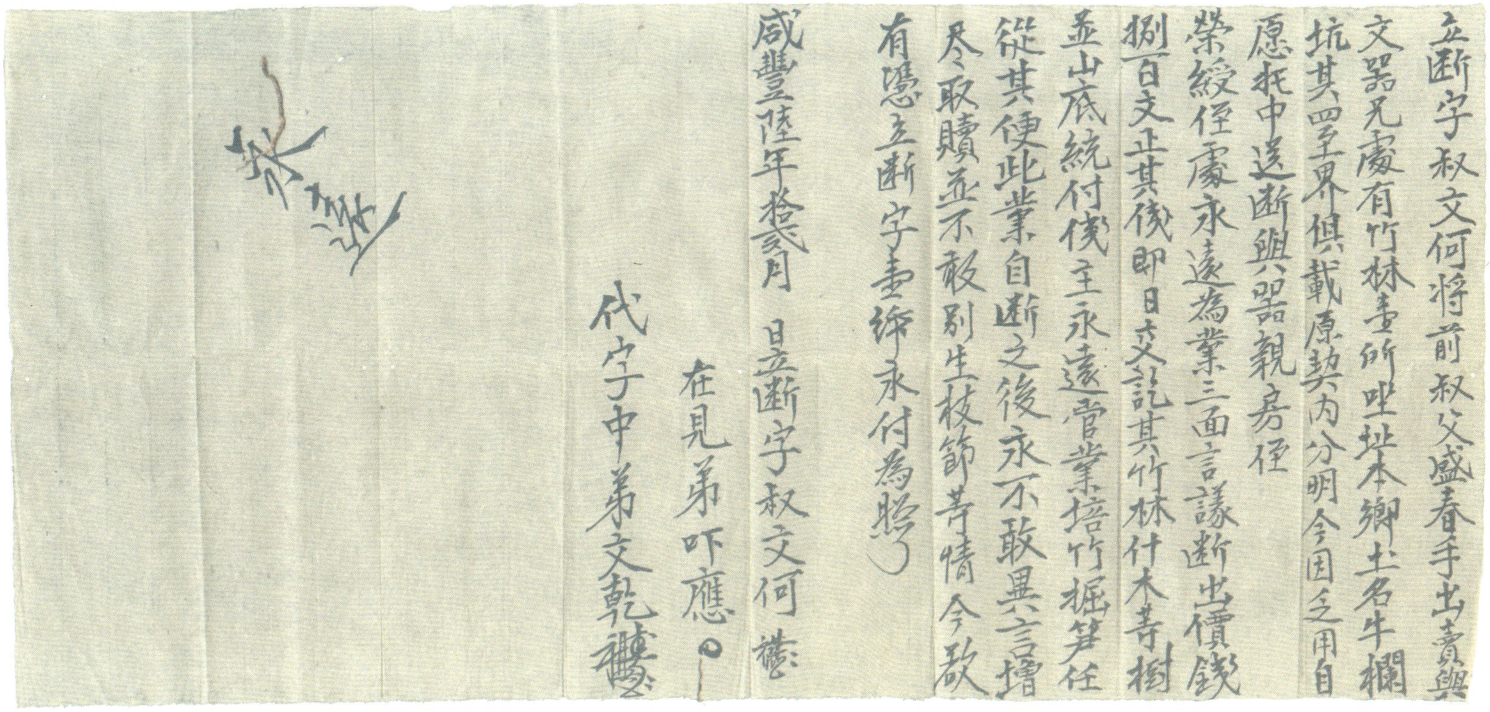

立斷字叔文何將前叔父盛春手出賣與
文器兄處有竹林壹所坐址本鄉土名牛欄
坑其四至界俱載原契內分明今因乏用自
愿托中送斷與器親房侄
榮綬侄處永遠為業三面言議斷出價錢
捌百文正其錢即日交訖其竹林什木青樹
並山底統付侄主永遠管業培竹掘笋任
從其便此業自斷之後永不敢異言增
尽取贖並不敢別生枝節等情今欲
有憑立斷字壹紙永付為照

咸豐陸年拾貳月 日立斷字叔文何（押）
在見弟吓應（押）
代字中弟文乾（押）

5-2-56-4 清咸豐六年十二月黄文何立斷竹林字

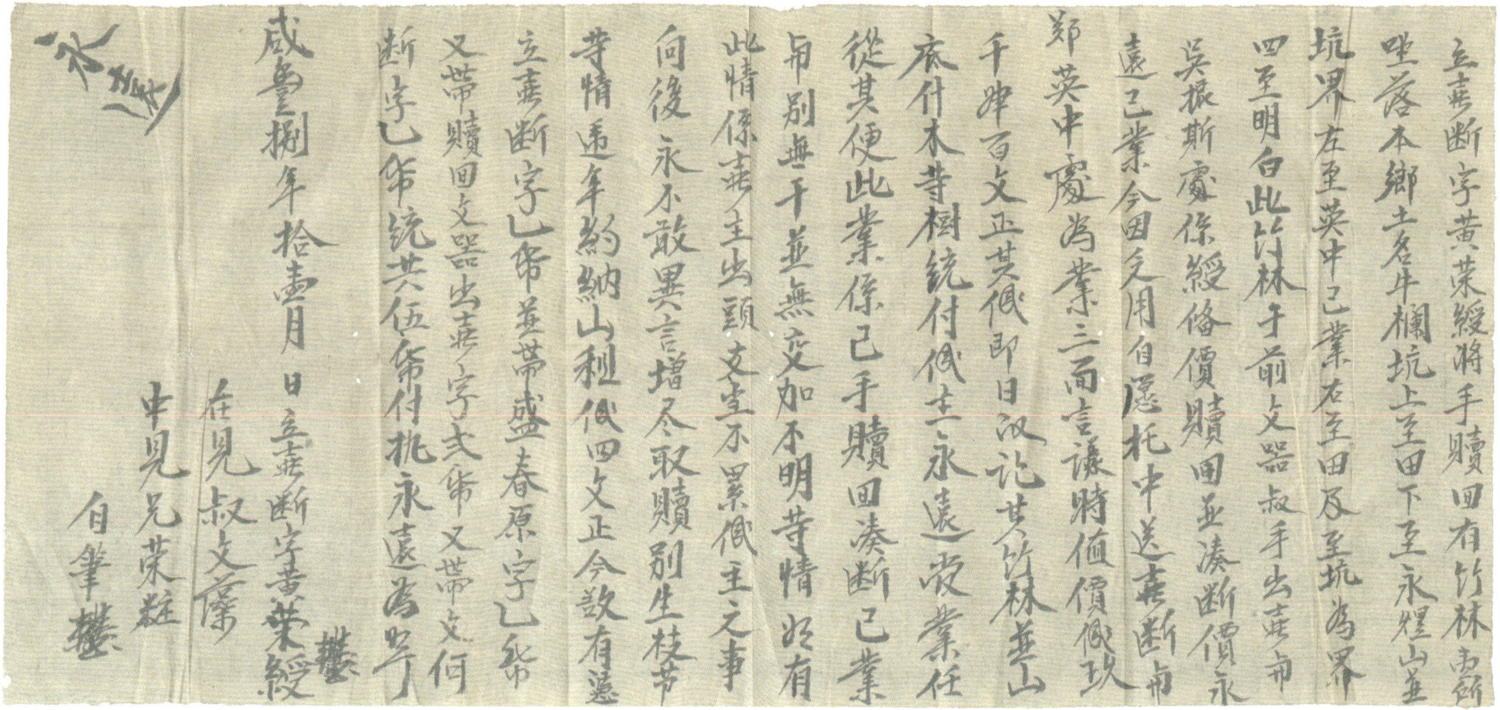
立賣斷字黄荣綬將手贖回有竹林壹所
坐落本鄉土名牛欄坑上至田下至永煋山並
坑界左至英中己業右至田及至坑為界
四至明白此竹林于前文器叔手出賣帋
吳振斯處係綬備價贖回並湊斷價永
遠己業今因乏用自愿托中送賣斷帋
鄭英中處為業三面言議時值價銀玖
千陸百文正其銀即日收訖其竹林並山
底竹木等樹統付銀主永遠管業任
從其便此業係己手贖回湊斷己業
帋別無干並無交加不明等情如有
此情係賣主出頭支當不累銀主之事
向後永不敢異言增盡取贖別生枝節
等情遞年約納山租銀四文正今欲有憑
立賣斷字乙帋並帶盛春原字乙帋
又帶贖回文器出賣字弍帋又帶文何
斷字乙帋統共伍帋付執永遠為照
咸豐捌年拾壹月　日立賣斷字黄荣綬
在見叔文儀
中見兄荣莊
自筆
永遠

5-2-56-5　清咸豐八年十一月黄荣綬立賣斷竹林字

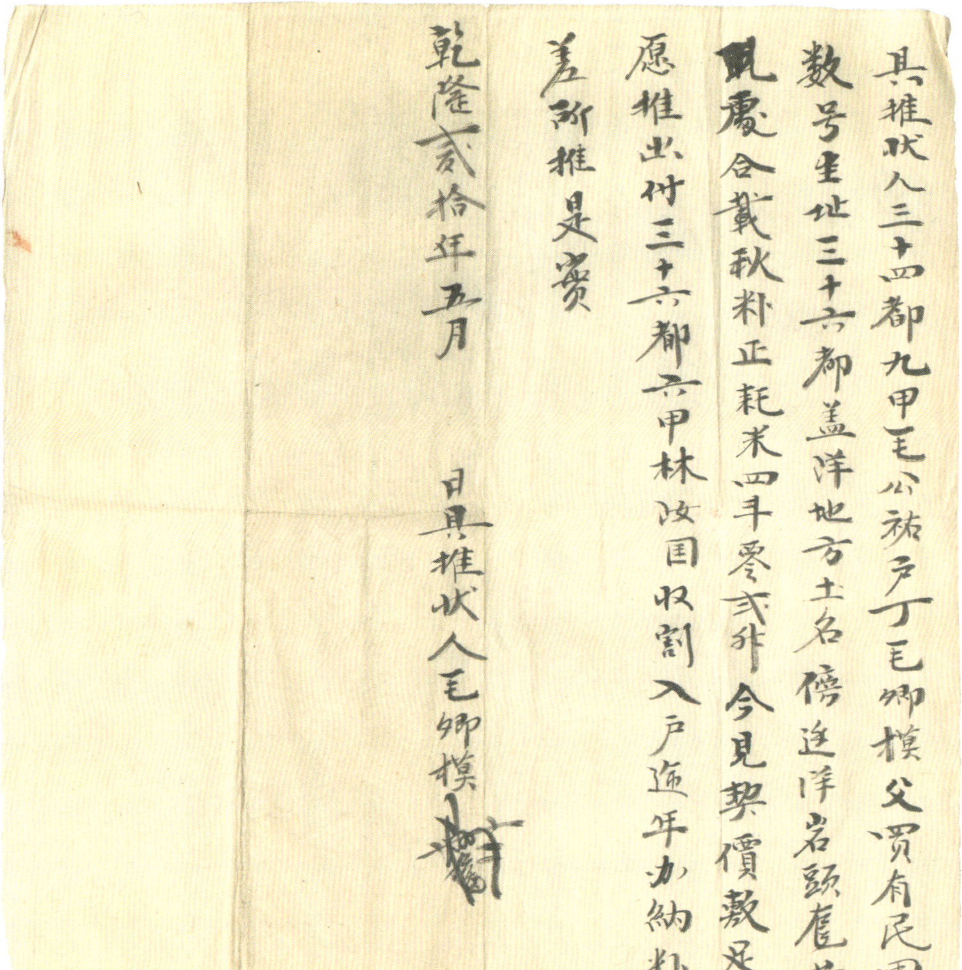

具推狀人三十四都九甲毛公祐戶丁毛卿模父買有民田
数号坐址三十六都盖洋地方土名傍進洋岩頭厝爿
民處合載秋料正耗米四斗零弍外今見契價敷足自
愿推出付三十六都六甲林汝国收割入戶逓年办納料
差所推是實
乾隆貳拾年五月　日具推狀人毛卿模（押）

5-2-57-1　清乾隆二十年五月毛卿模具推狀

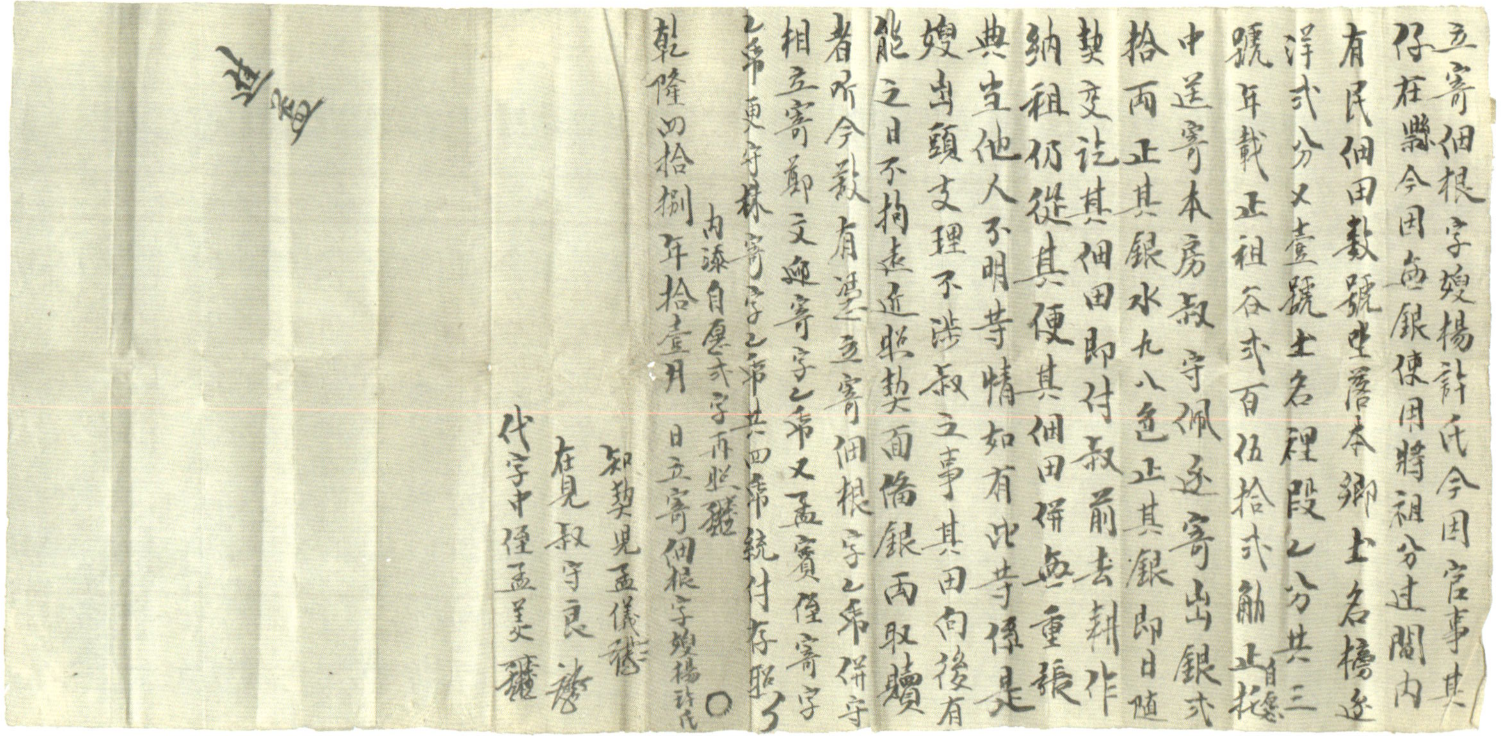
立寄佃根字嫂楊許氏今因官事其
仔在縣今因乏銀使用將祖分近閣內
有民佃田數號坐落本鄉土名橋邊
洋弍分又壹號土名裡段乙分共三
號年載正租谷弍百伍拾弍觔正自托
中送寄本房叔守佩邊寄出銀弍
拾兩正其銀水九八色正其銀即日隨
契交訖其佃田即付叔前去耕作
納租仍從其便其佃田係無重張
典生他人不明等情如有此等係是
嫂出頭支理不涉叔之事其田向後有
能之日不拘遠近照契面備銀兩取贖
者所今欲有憑立寄佃根字乙帋併守
相立寄鄭文迎寄字乙帋又孟寶侄寄字
乙帋更守林寄字乙帋共四帋統付存照
內添自愿弍字再照
乾隆四拾捌年拾壹月　日立寄佃根字嫂楊許氏
知契見孟儀
在見叔守良
代字中侄孟美

5-2-57-2　清乾隆四十八年十一月楊許氏立寄民佃田根字

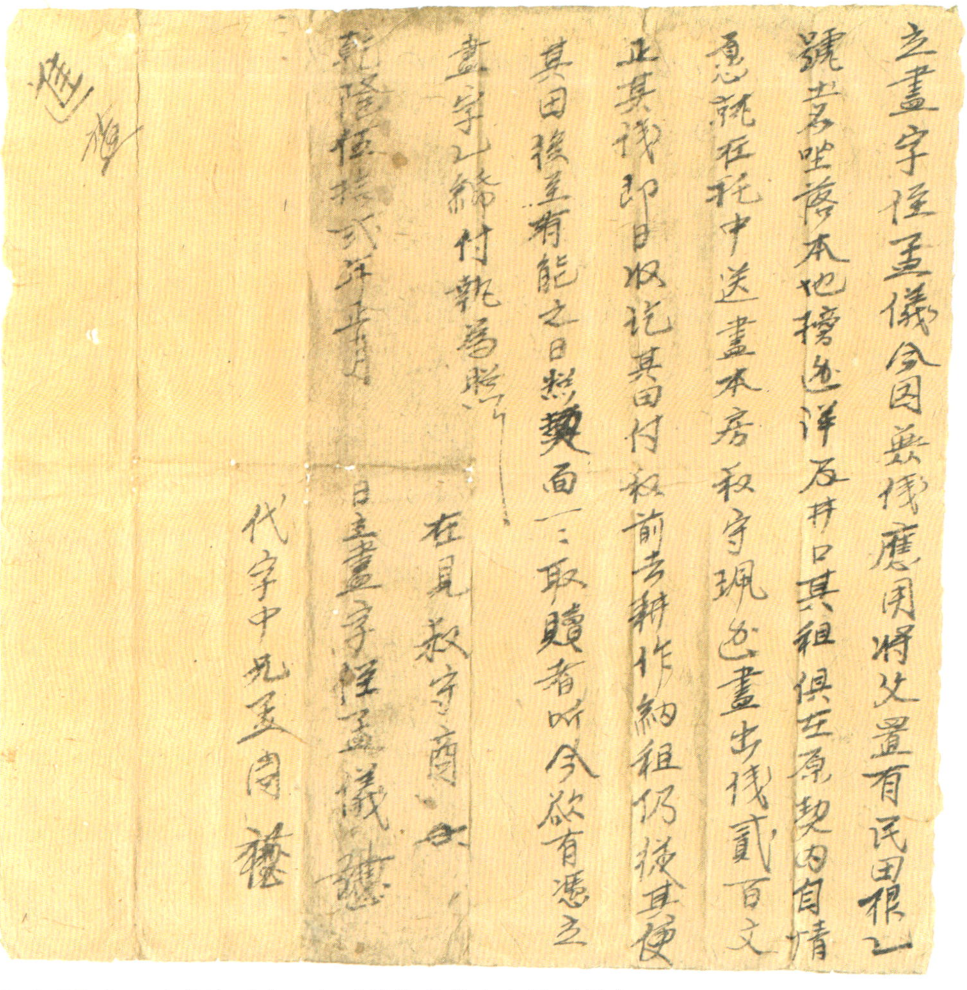
立盡字侄孟儀今因無錢應用將父置有民田根乚號坐落本地蓋洋反井口其祖俱在原契内自情愿就在托中送盡本房叔守珮邊盡出錢貳百文正其錢即日收訖其田付叔前去耕作納租仍從其便其田後並有能之日照契面一一取贖者所今欲有憑立盡字乚紙付執為照

乾隆伍拾弍年正月 日立盡字侄孟儀（押）

在見叔守商（押）

代字中見孟周（押）

5-2-57-3　清乾隆五十二年正月許孟儀立盡民田根字

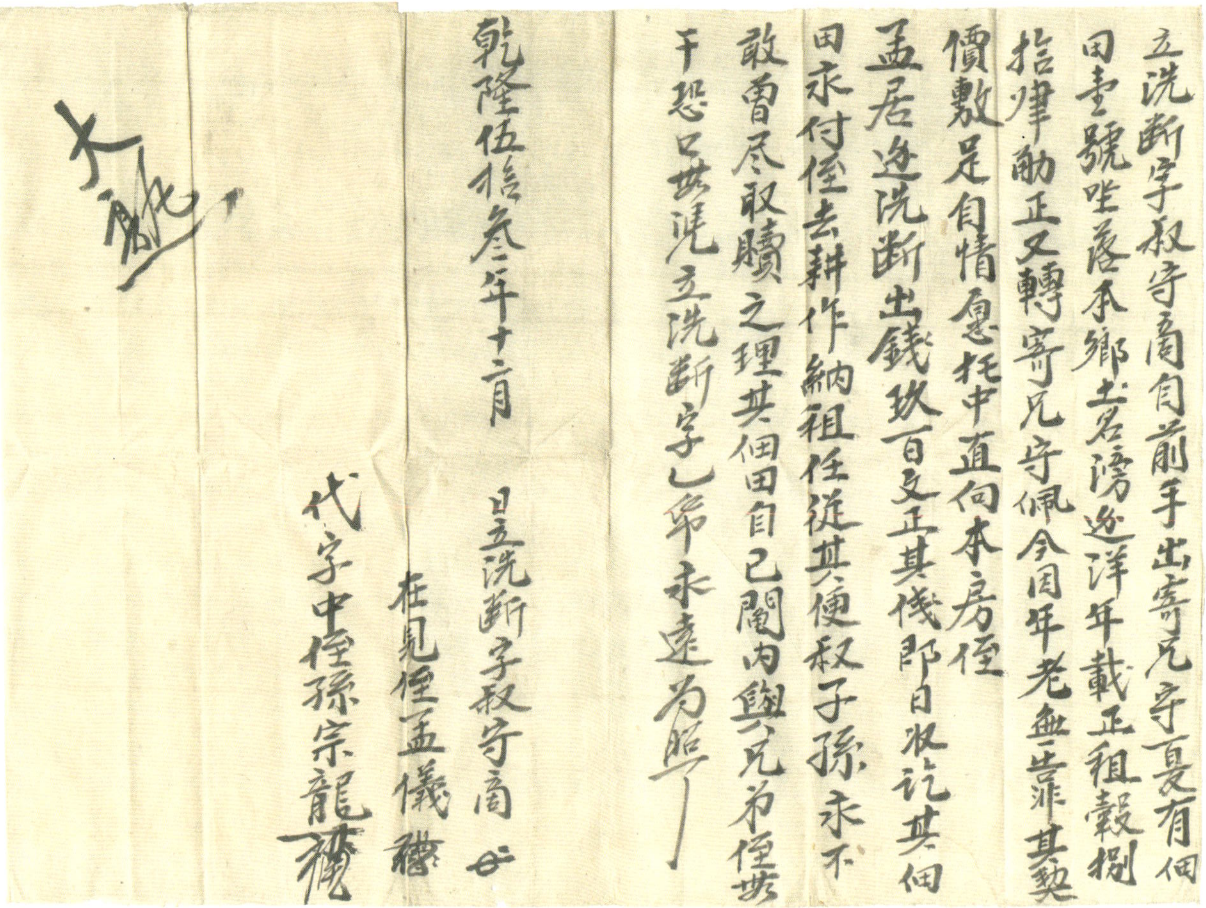

立洗斷字叔守商自前手出寄兄守旻有佃田壹號坐落本鄉土名傍逆洋年載正租穀捌指肆觔正又轉寄兄守佩今因年老無靠其契價數足自情愿托中直向本房侄孟居邊洗斷出錢玖百文正其錢即日收訖其佃田永付侄去耕作納租任從其便叔子孫永不敢再取贖之理其佃田自己閹内與兄弟侄無干恐口無憑立洗斷字一紙永遠為照

乾隆伍拾叁年十二月　日立洗斷字叔守商（押）

在見侄孟儀（押）

代字中侄孫宗龍（押）

5-2-57-4　清乾隆五十三年十二月許守商立洗斷佃田字

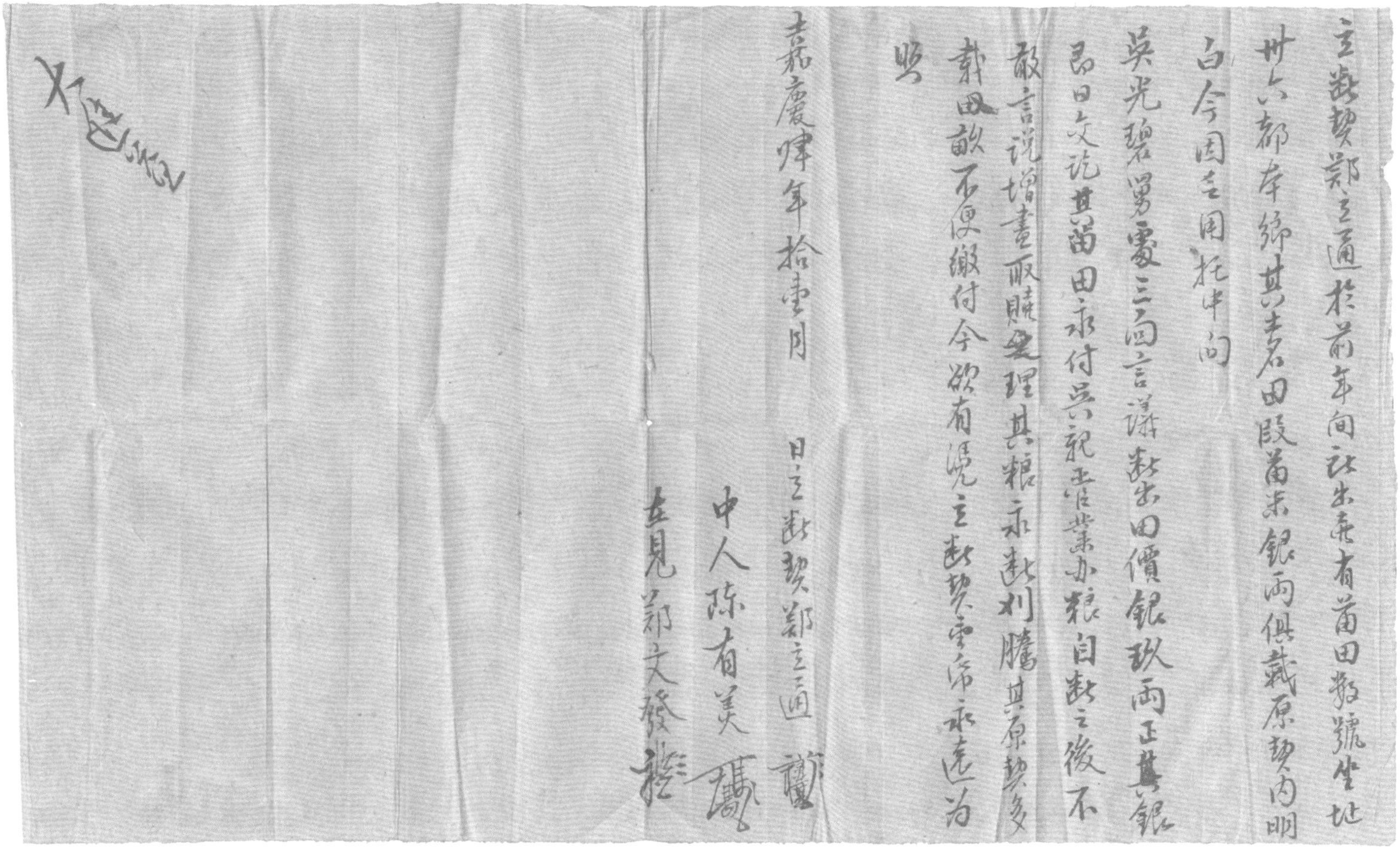

立斷契鄭立通，於前年間以出兑有苗田數號坐址
廿六都本鄉，其土名田段苗米銀兩俱載原契內明
白。今因乏用，托中向
吳光碧舅處三面言議，斷出田價銀玖兩正，其銀
即日交訖，其苗田永付吳邊祀業，办粮自斷之後不
敢言說增盡取贖，變理其粮，永斷刈騰。其原契多
載田畝，不便繳付，今欲有憑，立斷契壹紙永遠為
照。

嘉慶肆年拾壹月　日立斷契鄭立通（押）
中人陈有美（押）
在見鄭文發（押）

5-2-57-5　清嘉慶四年十一月鄭立通立斷苗田契

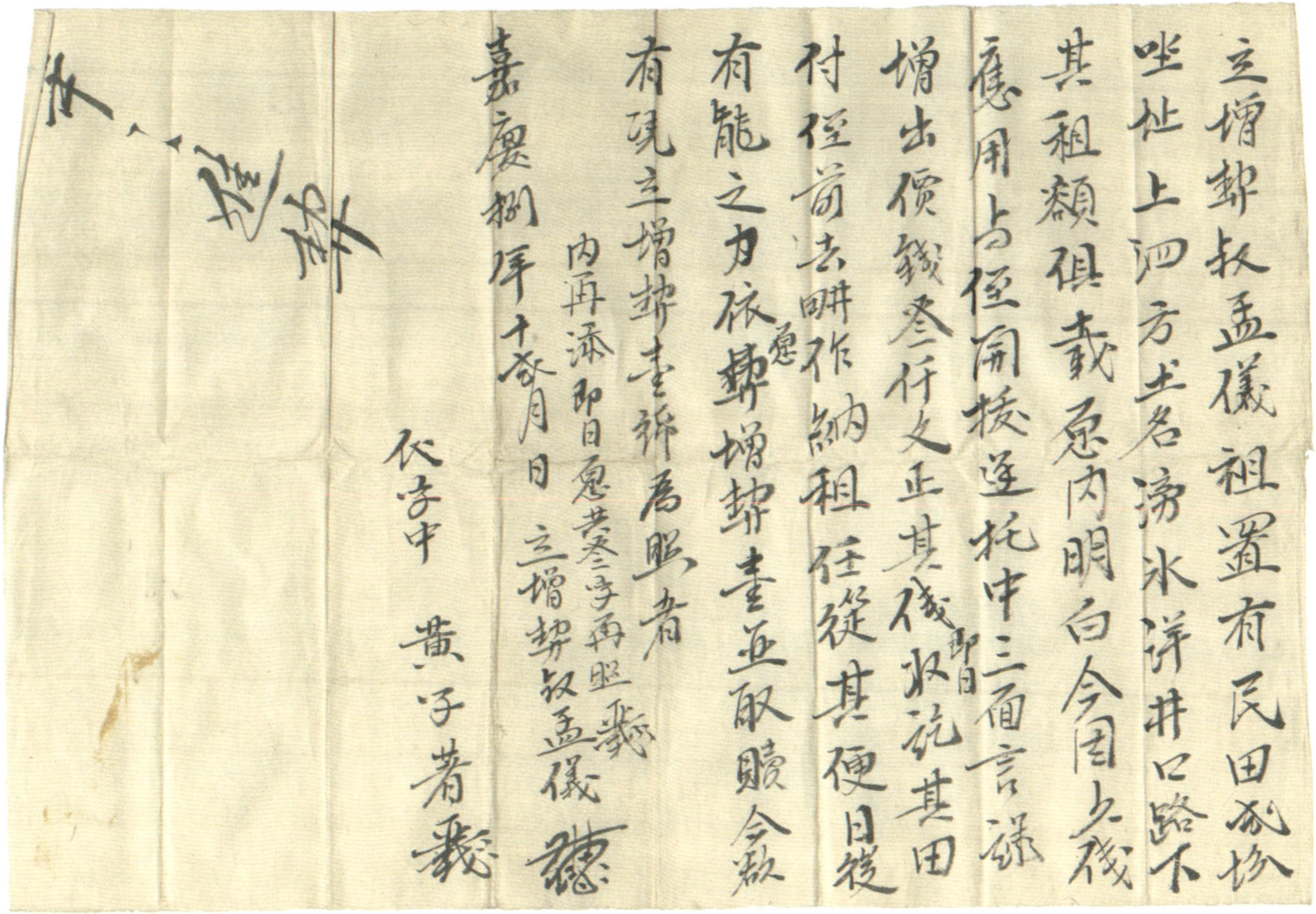

立增契叔孟儀祖置有民田壹坵
坐址上泗方土名涝冰洋井口路下
其租額俱載思內明白今因乏錢
應用与侄開棱逢托中三面言議
增出價錢叁仟文正其錢即日收訖其田
付侄前去耕作納租任從其便日後
有能之力依思契增契壹並取贖合叙
有憑立增契壹紙為照者
內再添即日思共叁字再照
立增契叔孟儀
嘉慶捌年十式月　日
代字中　黃仔著

5-2-57-6　清嘉慶八年十二月許孟儀立增民田契

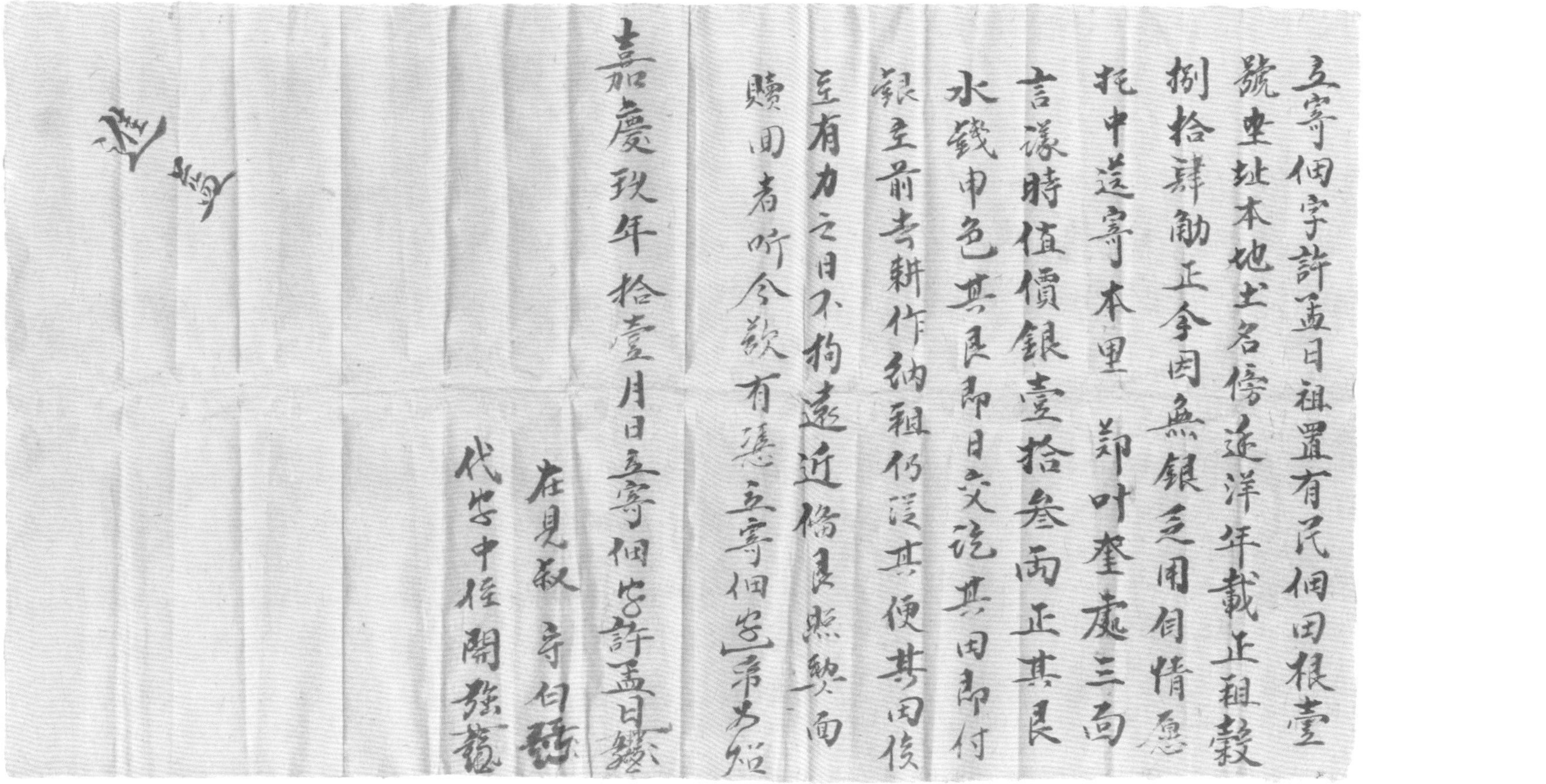

立寄佃字許孟日祖置有民佃田根壹
號坐址本地土名傍蓋洋年載正租穀
捌拾肆觔正今因無銀乏用自情愿
托中送寄本里 鄭叶奎處三面
言議時值價銀壹拾叁兩正其艮
水錢申色其艮即日交訖其田即付
銀主前去耕作納租仍從其便其田後
至有力之日不拘遠近備艮照契面
贖回者听今欲有憑立寄佃字壹帋為炤
嘉慶玖年拾壹月日立寄佃字許孟日
在見叔 守伯
代字中侄 開揚

5-2-57-7 清嘉慶九年十一月許孟日立寄民佃田根字

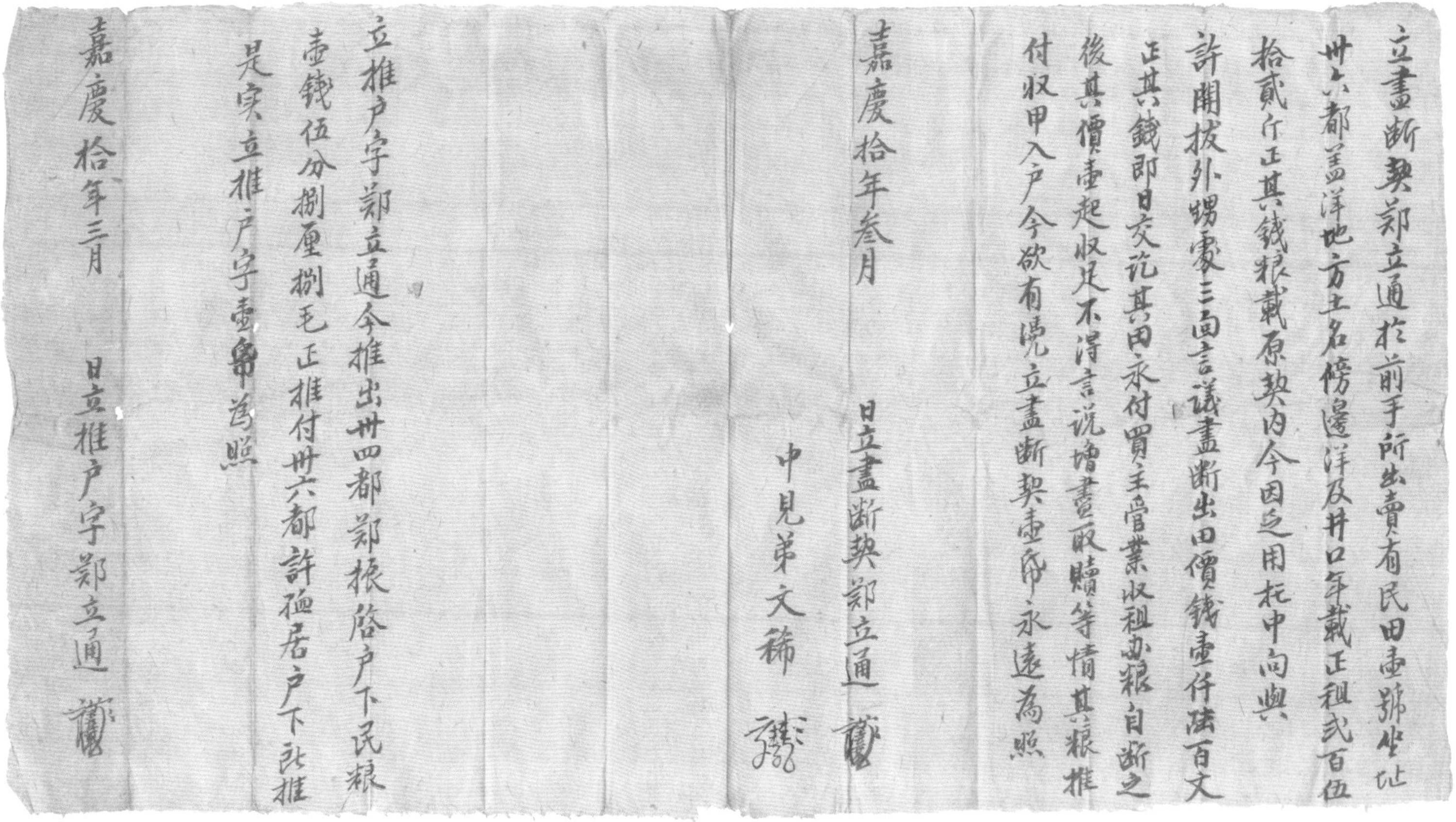

5-2-57-8　清嘉慶十年三月鄭立通立盡斷民田契

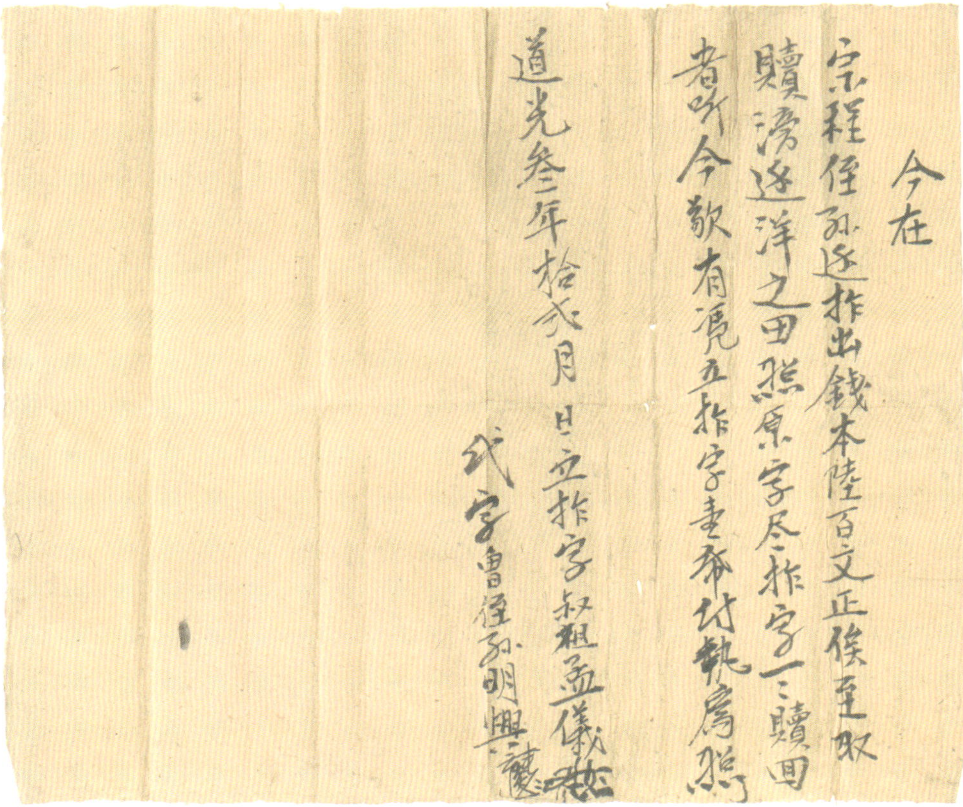
今在
宗程侄孫廷撮出錢本陸百文正，候至取
贖濟送洋之田，照原字盡撮字一一贖回
者。所今欲有憑，立撮字壹紙付執爲照。
道光叁年拾貳月　日立撮字叔祖孟儀（押）
代字曾侄孫明興（押）

5-2-57-9　清道光三年十二月許孟儀立撮字

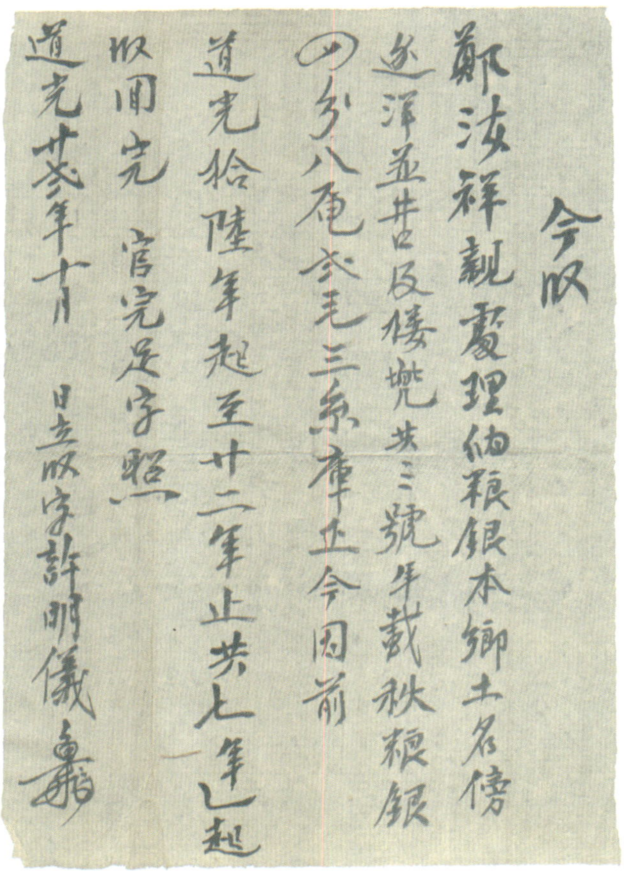
令收
鄭汝祥觀處理納粮銀本鄉土名傍
溪洋並井口及樓兜共三號年載秋粮銀
四分八厘叁毛三系庫平正今因前
道光拾陸年起至廿二年止共七年又起
收用完　官完足字照
道光廿叁年十月　日立收字許明儀（押）

5-2-57-10　清道光二十二年十月許明儀立收糧銀字

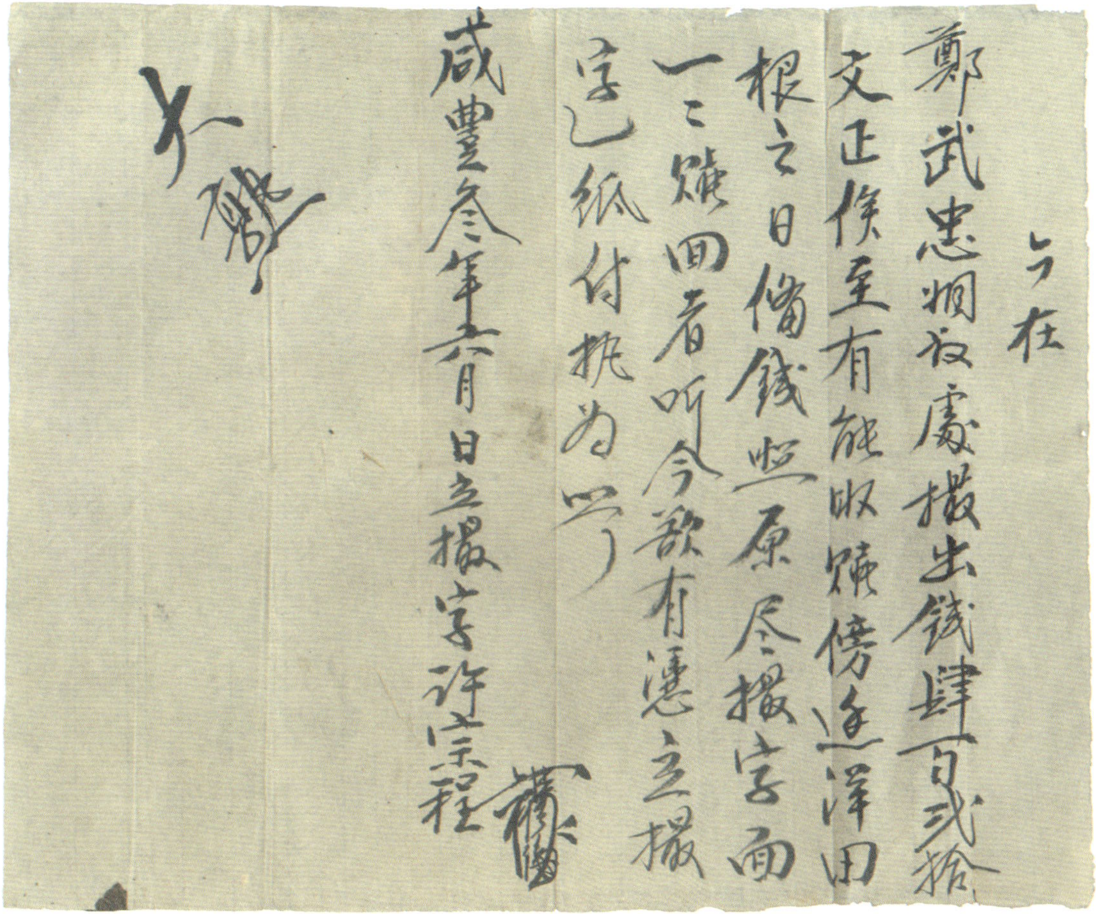

今在
鄭武忠炯叔處撮出錢肆百弍拾
文正，係至有能收贖傍逢洋田
根之日備錢照原盡撮字面
一一贖回，者所今欲有憑，立撮
字一紙付執為照。
咸豐叁年六月　日立撮字許宗程（押）
代筆

5-2-57-11　清咸豐三年六月許宗程立撮字

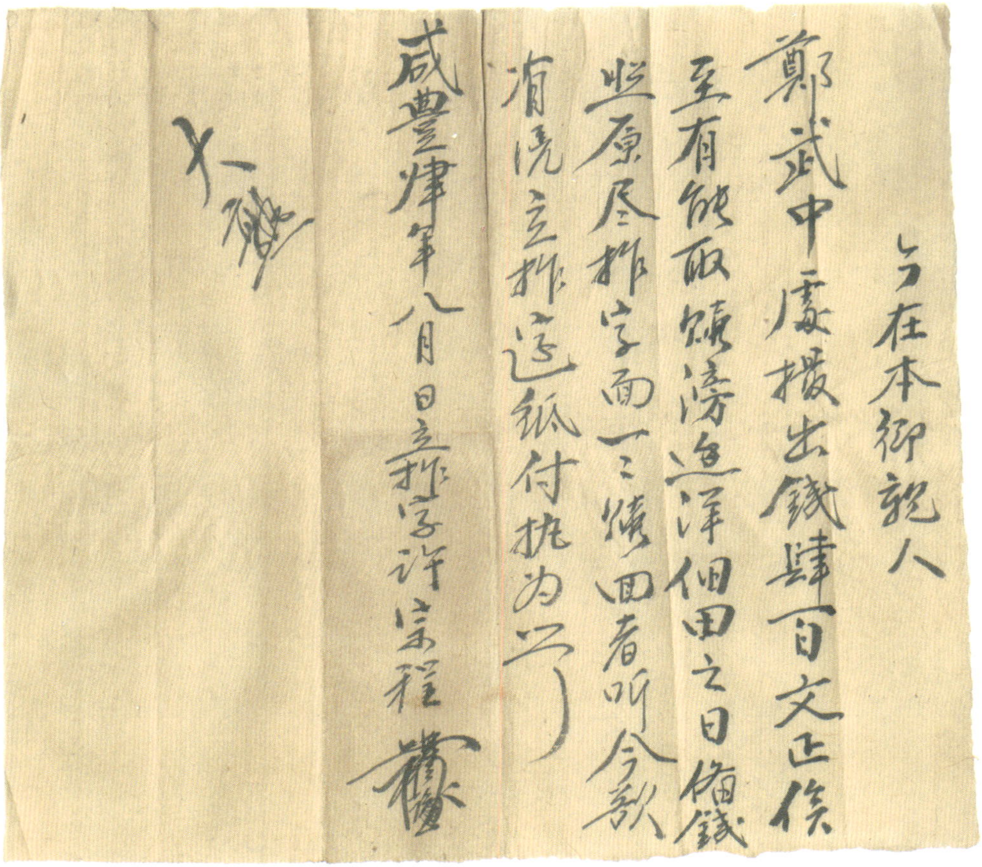

今在本鄉親人
鄭武中處撮出錢肆百文正，係
至有能取贖濤邊洋佃田之日，備錢
照原盡撮字面一一繳回者听，今欲
有憑，立撮送紙付執為照。
咸豐肆年八月　日立撮字許宗程[illegible]
大一[illegible]

5-2-57-12　清咸豐四年八月許宗程立撮字

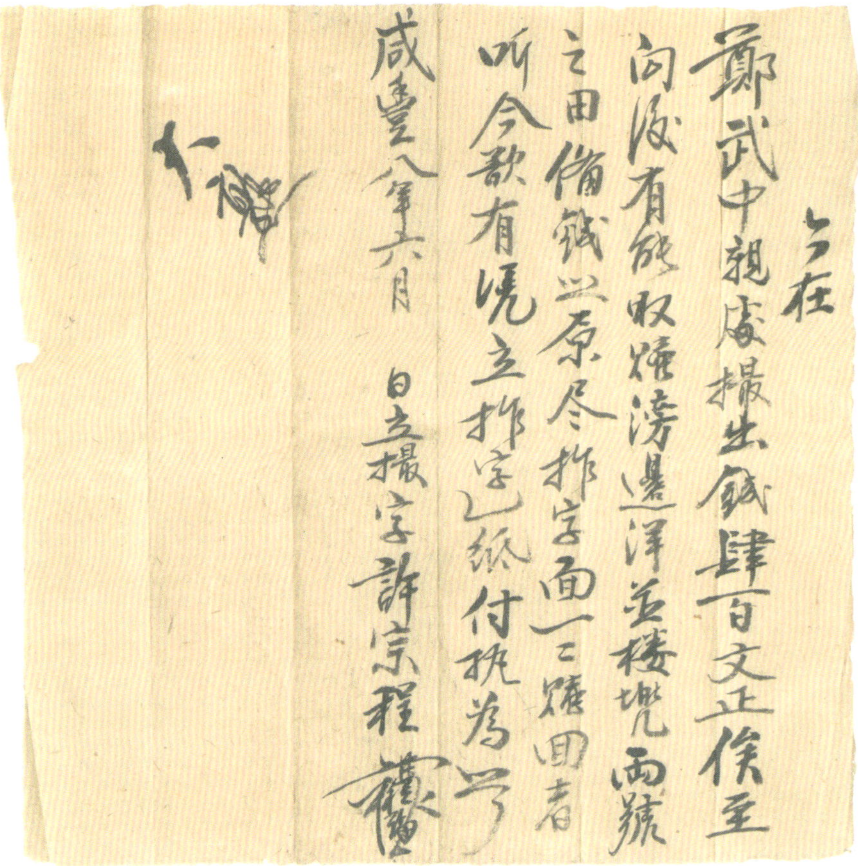

今在
鄭武中親邊撮出錢肆百文正，俟至
向後有錢取贖。湧邊洋並樓兜兩號
之田，備錢照原冬撮字面一二號田者
聽。今欲有憑，立撮字一紙付執為照。
咸豐八年六月　日立撮字許宗程（押）
代筆（押）

5-2-57-13　清咸豐八年六月許宗程立撮字

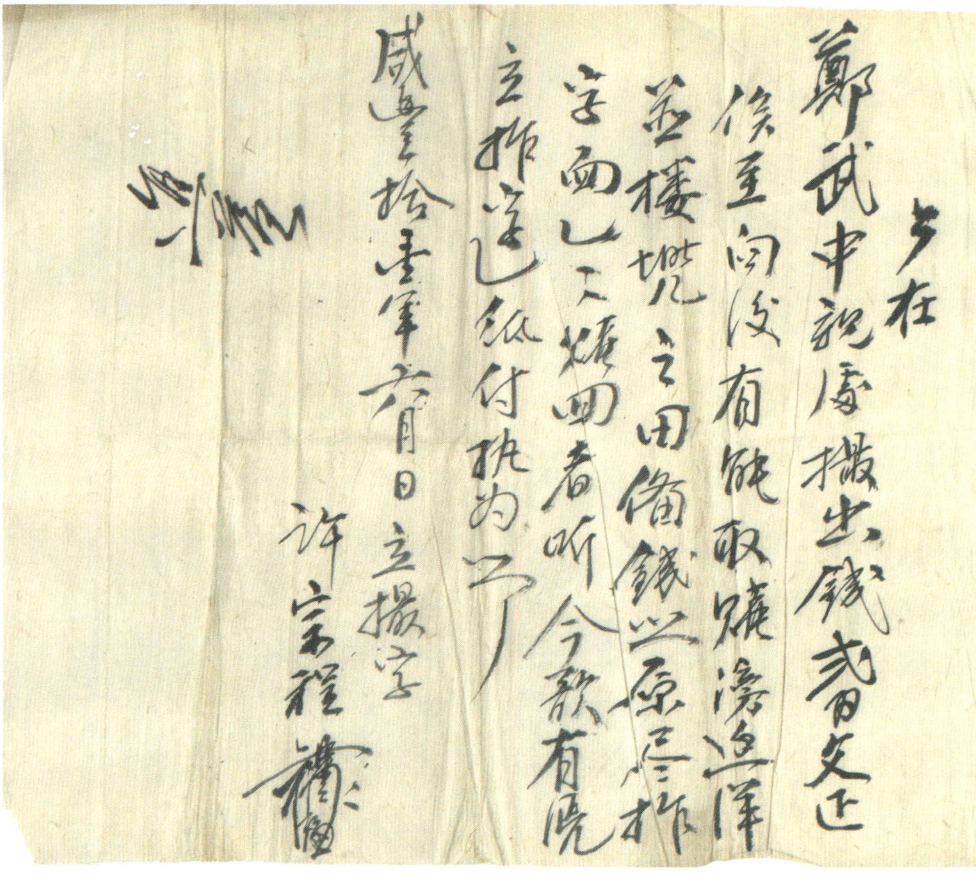
另在
鄭武申親處撮出錢貳百文正
候至向後有錢取贖滂溪洋
苗樓墘之田價錢以原三撮
字面以上贖回者聽今款有憑
立撮字送紙付執為照
咸豐拾壹年六月日立撮字
許宗程（押）

5-2-57-14　清咸豐十一年六月許宗程立撮字

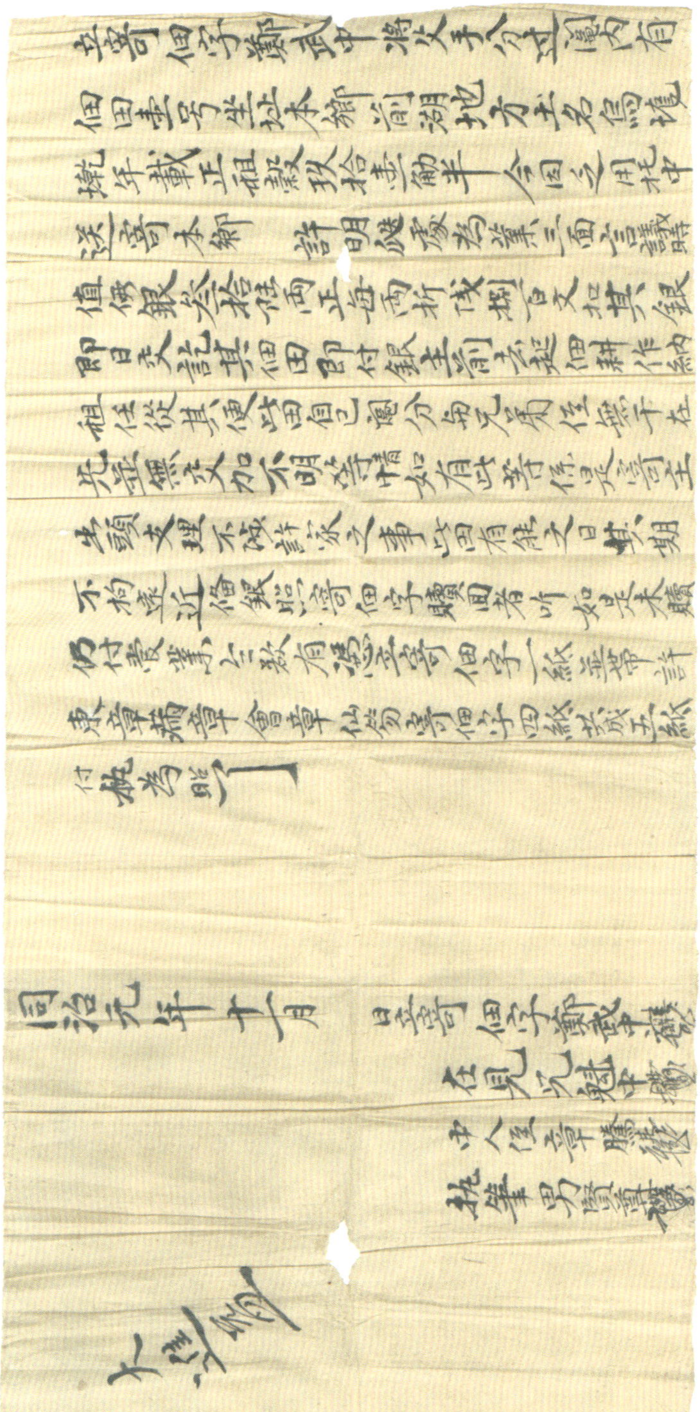

立寄佃字鄭武中將父手分過阄内有
佃田壹号坐址本鄉前湖地方土名烏墘
墘年載正租穀玖拾壹觔半今因乏用托中
送寄本鄉　許明燧處為業三面言議時
值價銀叁拾陸兩正每兩折錢捌百文扣其銀
即日交訖其佃田即付銀主前去起佃耕作納
租任從其便此田自己阄分與兄弟侄無干在
先並無交加不明等情如有此等係是寄主
出頭支理不涉許家之事此田有能之日其期
不拘遠近備銀照寄佃字贖回者聽如是未贖
仍付業[illegible]款有憑立寄佃字一紙並帶許
東章爲章會章仙勞寄佃字四紙共成五紙
付執為照

同治元年十一月　日立寄佃字鄭武中（押）
在見兄魁中（押）
中人侄章騰（押）
執筆男賢[illegible]（押）

大進[illegible]

5-2-58-1　清同治元年十一月鄭武中立寄佃田字

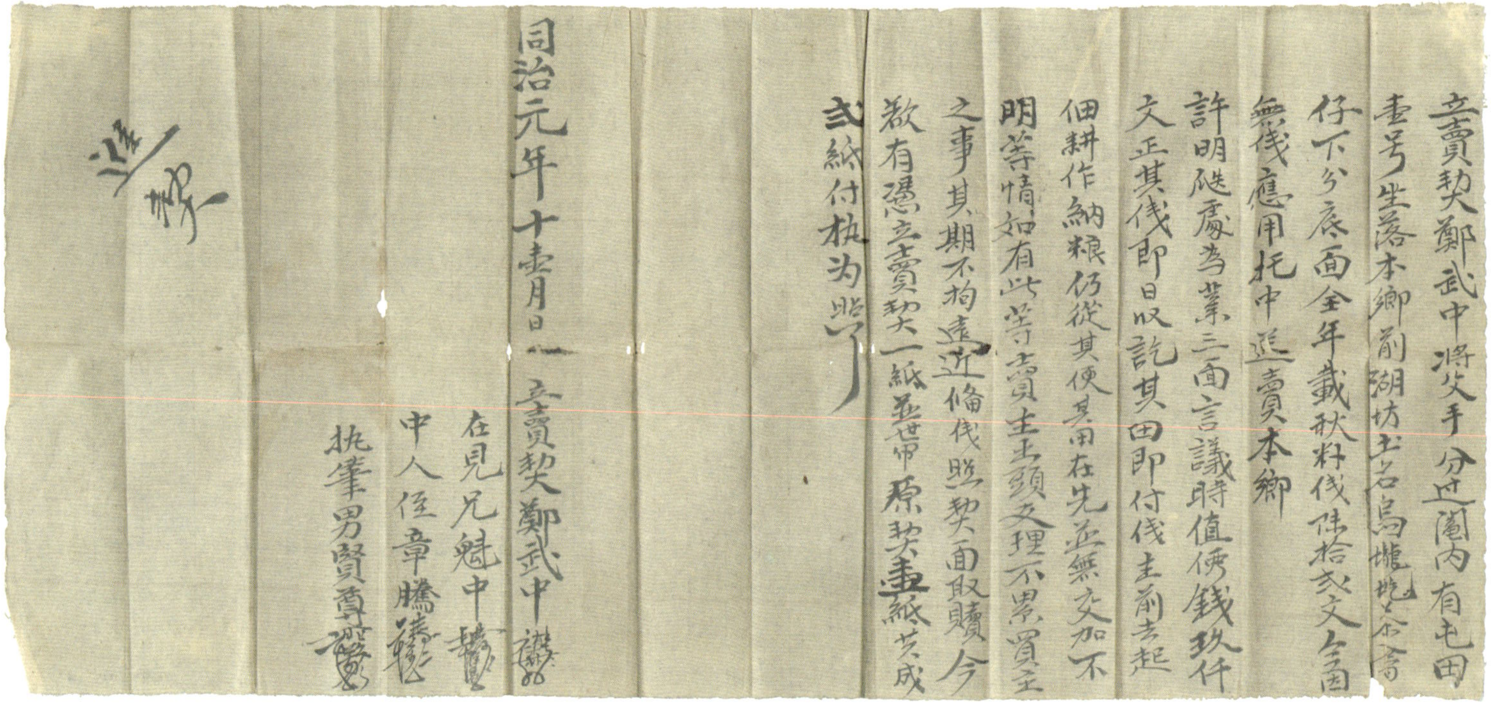
立賣契人鄭武中將父手分過鬮內有屯田
壹号坐落本鄉前湖坊土名烏墘坵[illegible]
仔下分底面全年載秋料錢陸拾弍文今因
無錢應用托中送賣本鄉
許明漣處為業三面言議時值價錢玖仟
文正其錢即日收訖其田即付錢主前去起
佃耕作納糧仍從其便其田在先並無交加不
明等情如有此等賣主出頭支理不累買主
之事其期不拘遠近備錢照契面取贖今
欲有憑立賣契一紙並帶原契壹紙共成
弍紙付執為照 了

同治元年十一月 日 立賣契人鄭武中
在見兄魁中
中人侄章騰
執筆男賢尊

5-2-58-2 清同治元年十一月鄭武中立賣底面全屯田契

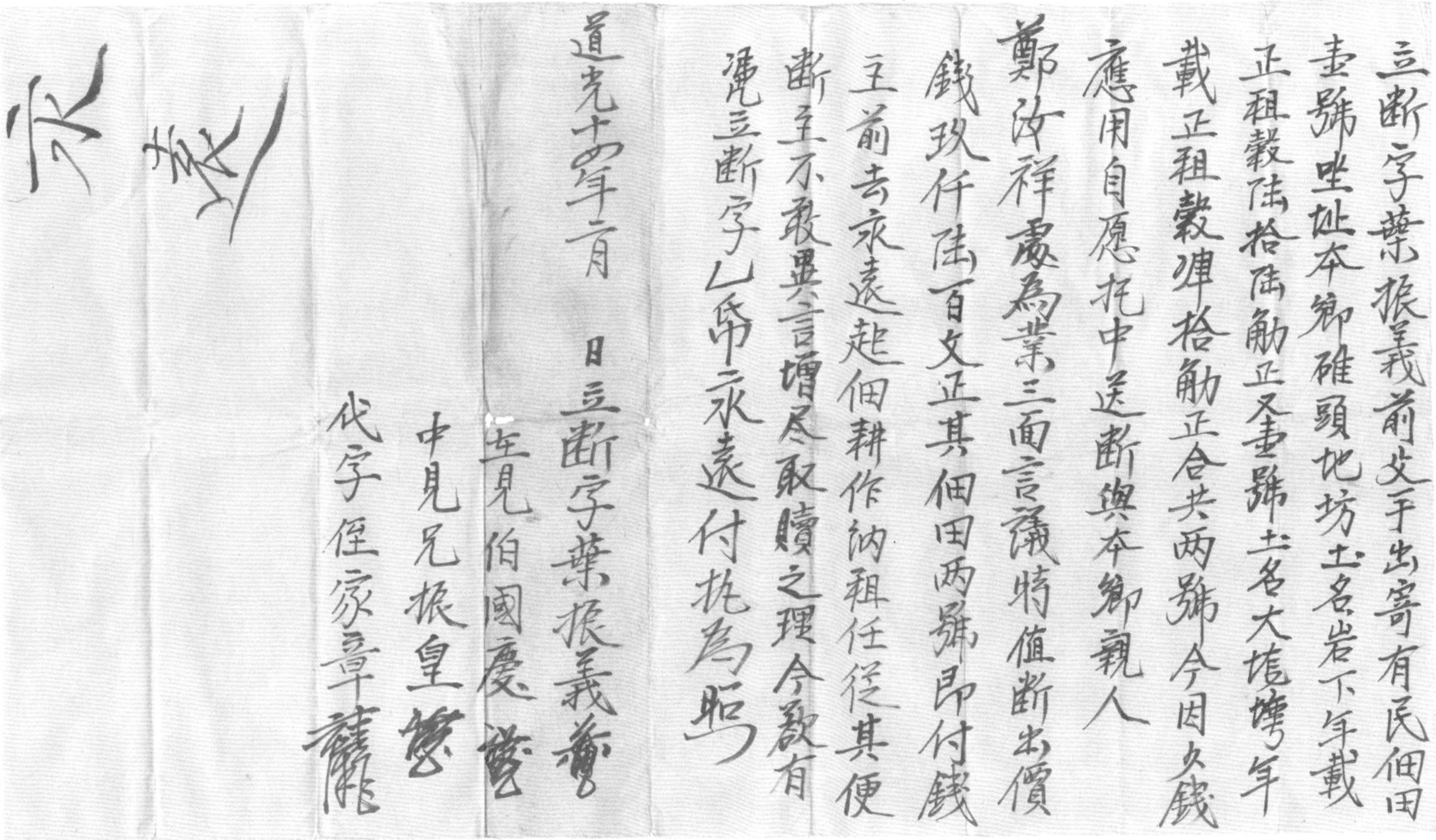

立斷字葉振義前父手出寄有民佃田
壹號坐址本鄉碓頭地坊土名岩下年載
正租穀陸拾陸觔正又壹號土名大墘塝年
載正租穀肆拾觔正合共兩號今因乏錢
應用自愿托中送斷與本鄉親人
鄭汝祥處為業三面言議時值斷出價
錢玖仟陸百文正其佃田兩號即付錢
主前去永遠起佃耕作納租任從其便
斷之不敢異言增尽取贖之理今欲有
憑立斷字乙帋永遠付執為照

道光十四年二月　日立斷字葉振義（押）
在見伯國慶（押）
中見兄振皇（押）
代字侄家章（押）

5-2-59-1　清道光十四年二月葉振義立斷民佃田字

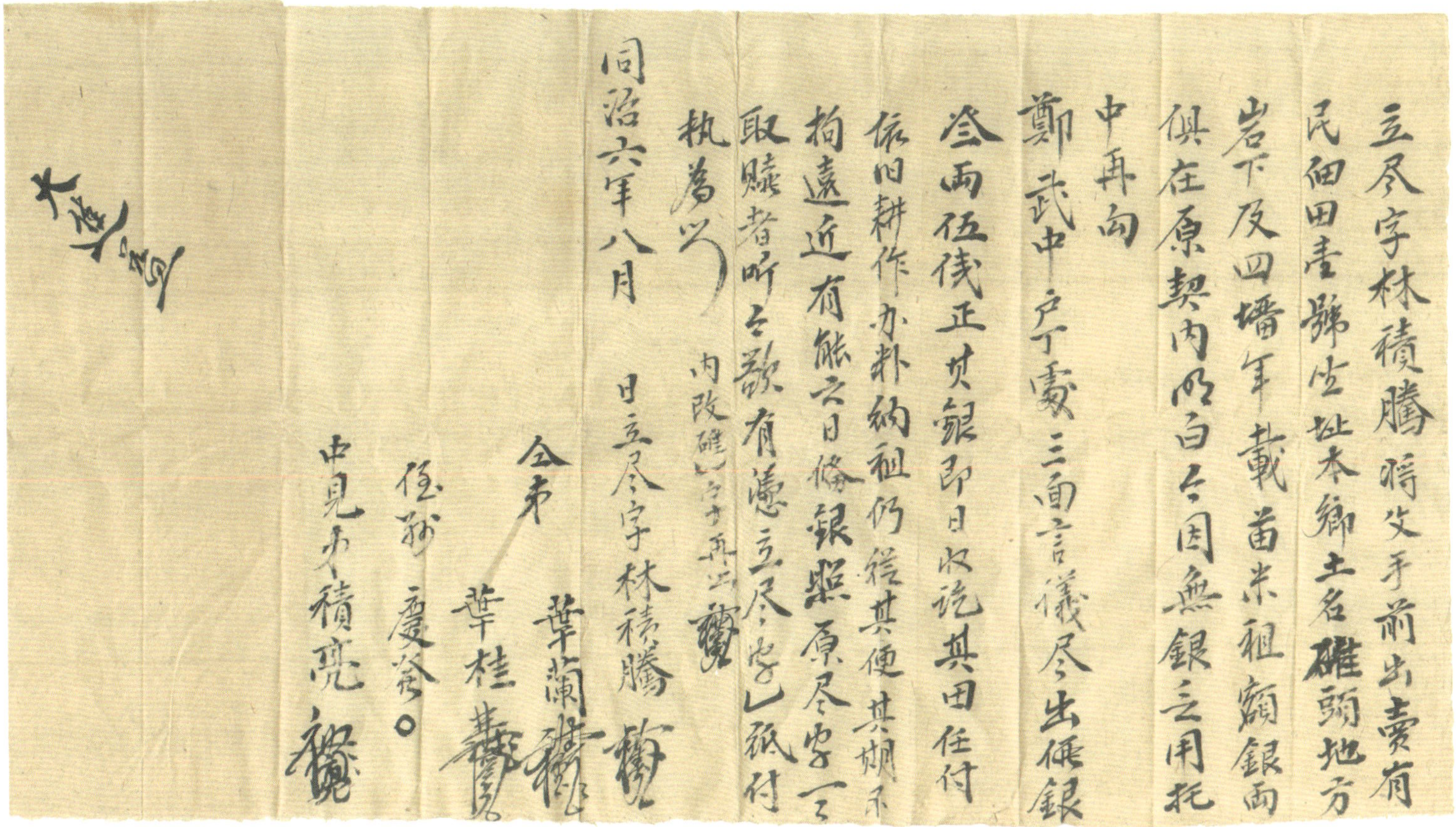
立尽字林積騰，將父手前出賣有民佃田壹號，坐址本鄉土名礶頭地方岩下及四墻，年載苗米租額銀兩俱在原契內明白。今因無銀之用，托中再向鄭武中户丁處三面言議，尽出佛銀叁兩伍錢正，其銀即日收訖，其田任付依旧耕作办納租，仍從其便，其頭不拘遠近，有能之日備銀照原尽字一並取贖，者听，不敢有懣。立尽字一紙付執為照。

内改礶一字，再照。

同治六年八月　日立尽字林積騰

仝弟　華蘭　華桂

代筆　慶發

中見弟　積亮

5-2-59-2　清同治六年八月林積騰等立盡民佃田字

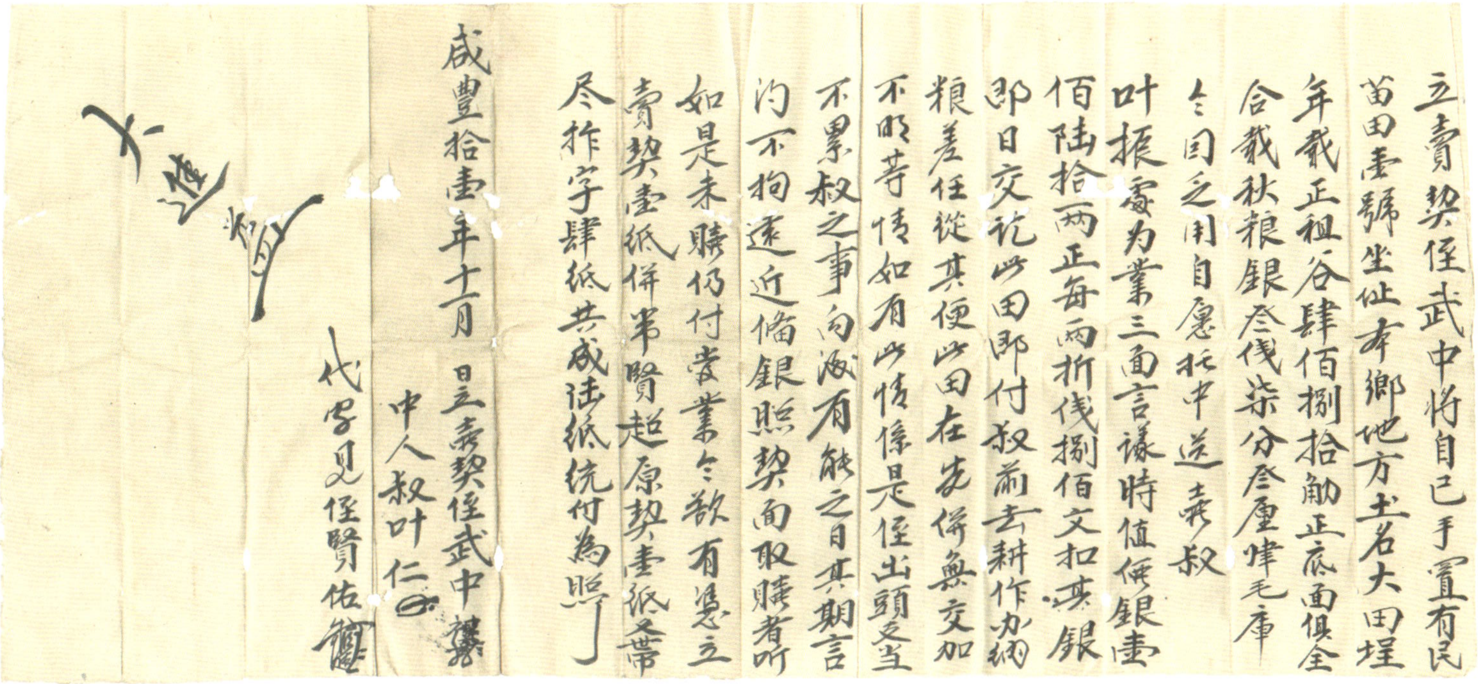
立賣契侄武中將自己手置有民
苗田壹號坐址本鄉地方土名大田埕
年載正租谷肆佰捌拾觔正底面俱全
合載秋粮銀叁錢柒分叁厘肆毛庫
今因乏用自愿托中送賣叔
叶振露為業三面言議時值価銀壹
佰陸拾兩正每兩折錢捌佰文扣共銀
即日交訖其田即付叔前去耕作办納
粮差任從其便其田在先係無交加
不明等情如有此情係是侄出頭支當
不累叔之事向後有能之日其期言
約不拘遠近備銀照契面取贖者听
如是未贖仍付叔業今欲有憑立
賣契壹紙併帶賢超原契壹紙帶
尽杜字肆紙共成拾紙統付為照
咸豐拾壹年十一月　日立賣契侄武中（押）
中人叔叶仁（押）
代字見侄賢佑（押）
大進

5-2-60-1　清咸豐十一年十一月鄭武中立賣民苗田契

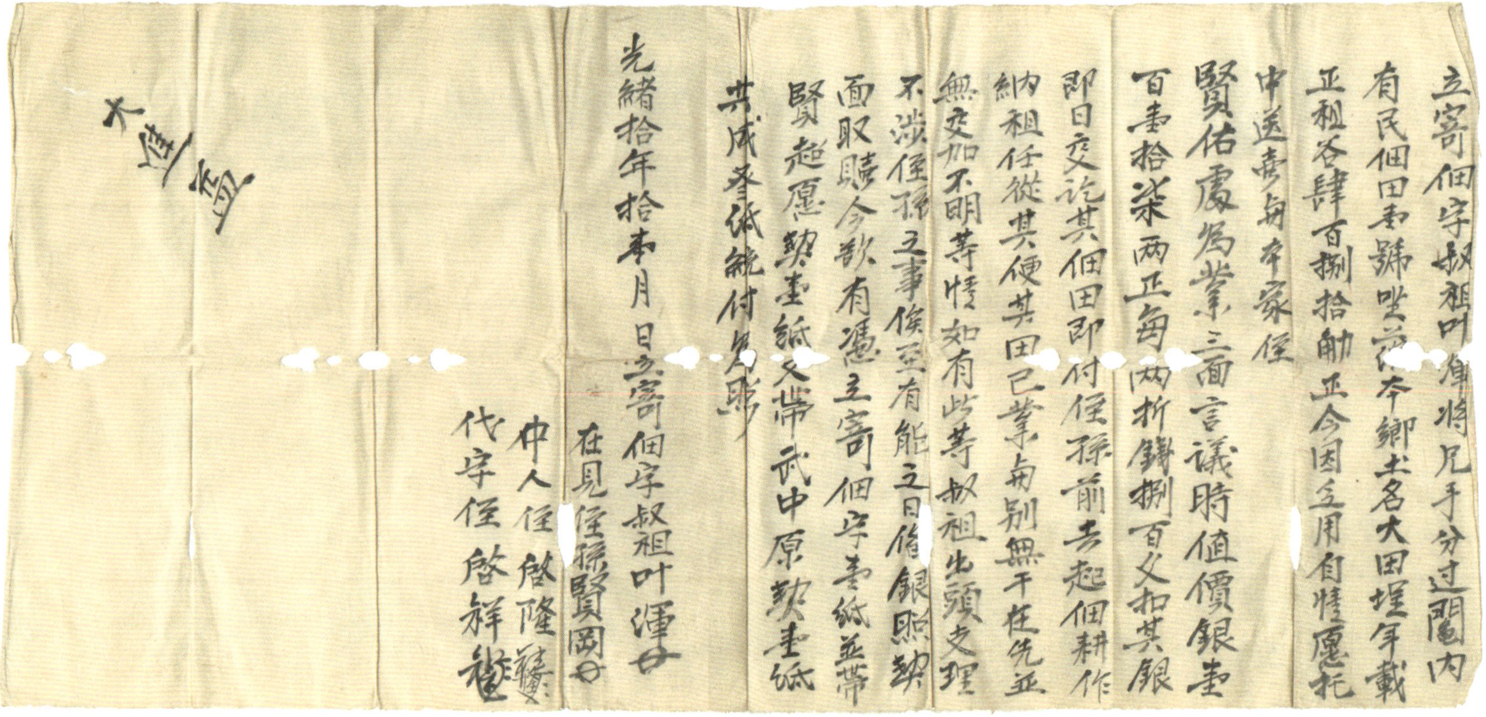
立寄佃字叔祖叶渾將凡手分过閫内
有民佃田壹號坐落本鄉土名大田埋年載
正租谷肆百捌拾觔正今因乏用自情愿托
中送壹與本家侄
賢佑處爲業，三面言議時值價銀壹
百壹拾柒兩正每兩折錢捌百文扣其銀
即日交訖其佃田即付侄孫前去起佃耕作
納租任從其便其田已業與别無干在先並
無交加不明等情如有此等叔祖出頭支理
不涉侄孫之事倘至有能之日備銀照契
面取贖今欲有憑立寄佃字壹紙並帶
賢起屋契壹紙又帶武中原契壹紙
共成叁紙付與照
光緒拾年拾壹月　日立寄佃字叔祖叶渾（押）
在見侄孫賢岡（押）
中人侄啓隆（押）
代字侄啓鮮（押）
大建壹

5-2-60-2　清光緒十年十一月鄭叶渾立寄民佃田字

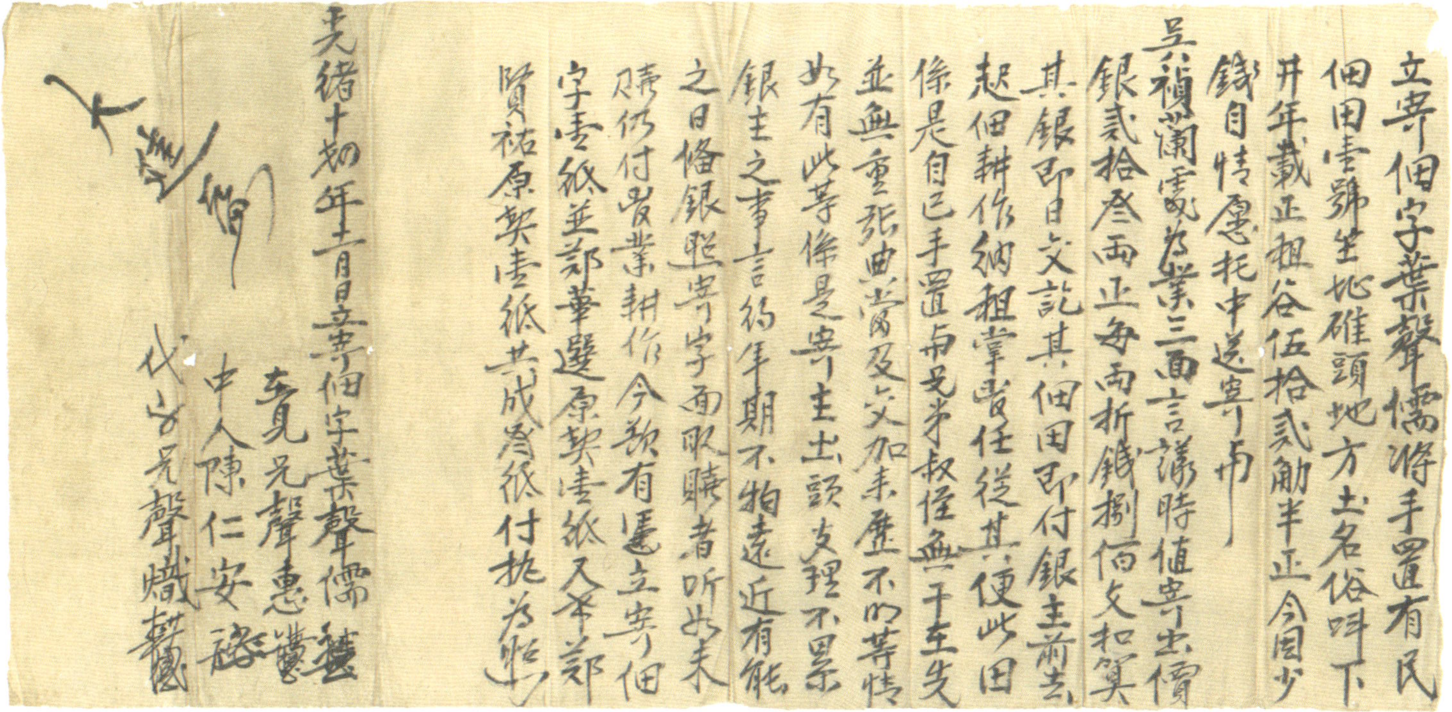

立寄佃字葉聲儒將手置有民
佃田壹號坐址碓頭地方土名俗呼下
卅年載正租谷伍拾貳觔半正今因少
錢自情愿托中送寄与
吳禎蘭處為業三面言議時值寄出價
銀貳拾叁兩正每兩折錢捌佰文扣算
其銀即日交訖其佃田即付銀主前去
起佃耕作納租掌管任從其便此田
係是自己手置与兄弟叔侄無干在先
並無重張典當及交加來歷不明等情
如有此等係是寄主出頭支理不累
銀主之事言約年期不拘遠近有能
之日備銀照寄字面取贖者听如未
贖仍付管業耕作今欲有憑立寄佃
字壹紙並鄭華選原契壹紙又本鄭
賢祐原契壹紙共成叁紙付執為照
光緒十四年十一月　日立寄佃字葉聲儒（押）
在見兄聲惠（押）
中人陳仁安（押）
代書兄聲熾（押）
大吉

5-2-61-1　清光緒十四年十一月葉聲儒立寄民佃田字

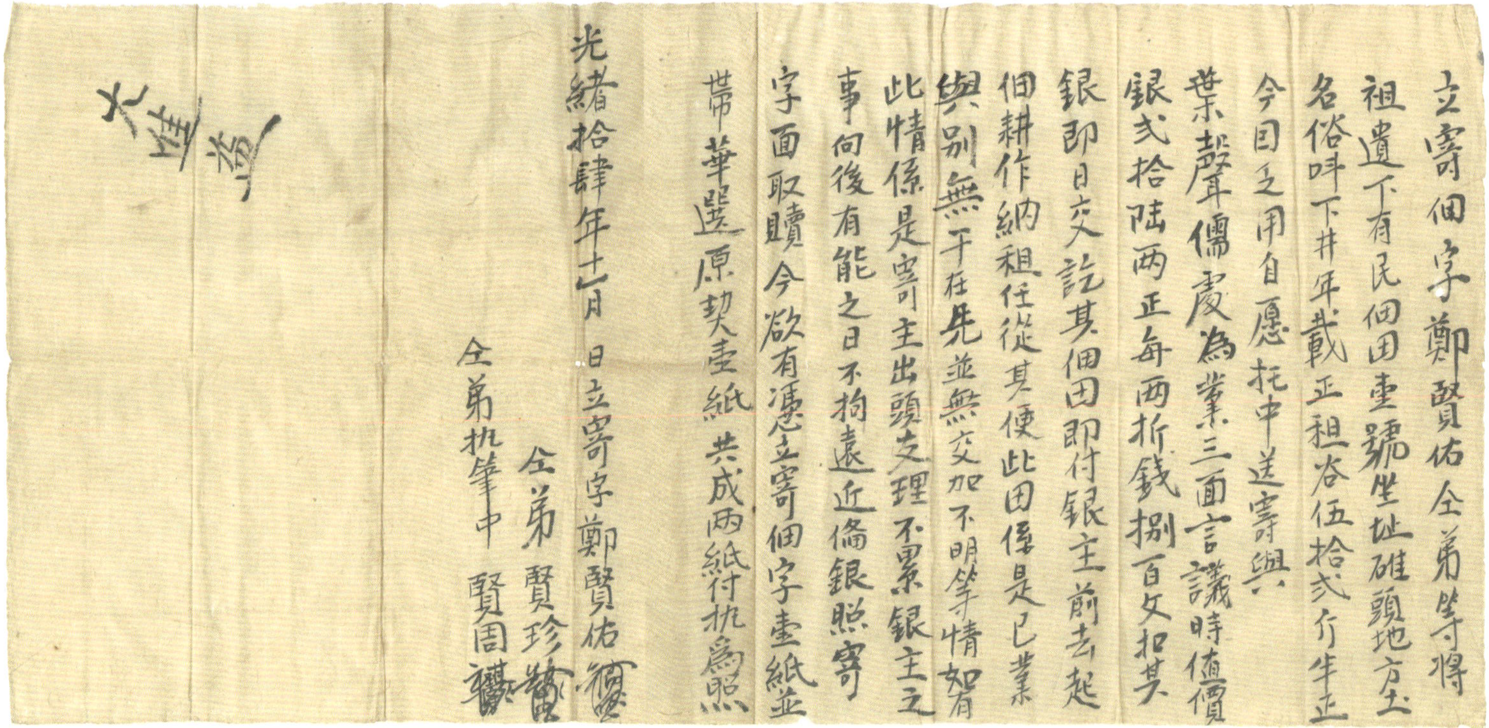
立寄佃字鄭賢佑仝弟等將
祖遺下有民佃田壹號坐址碓頭地方土
名俗呼下井年載正租谷伍拾弍斤半正
今因乏用自愿托中送寄與
葉聲儒處為業三面言議時值價
銀弍拾陆两正每两折錢捌百文扣其
銀即日交訖其佃田即付銀主前去起
佃耕作納租任從其便此田係是己業
與别無干在先並無交加不明等情如有
此情係是寄主出頭支理不累銀主之
事向後有能之日不拘遠近備銀照寄
字面取贖今欲有憑立寄佃字壹紙並
帶華㙻原契壹紙共成两紙付执為照
光緒拾肆年十一月　日立寄字鄭賢佑（押）
仝弟　賢珍（押）
仝弟执筆中　賢固（押）

5-2-61-2　清光緒十四年十一月鄭賢佑等立寄民佃田字

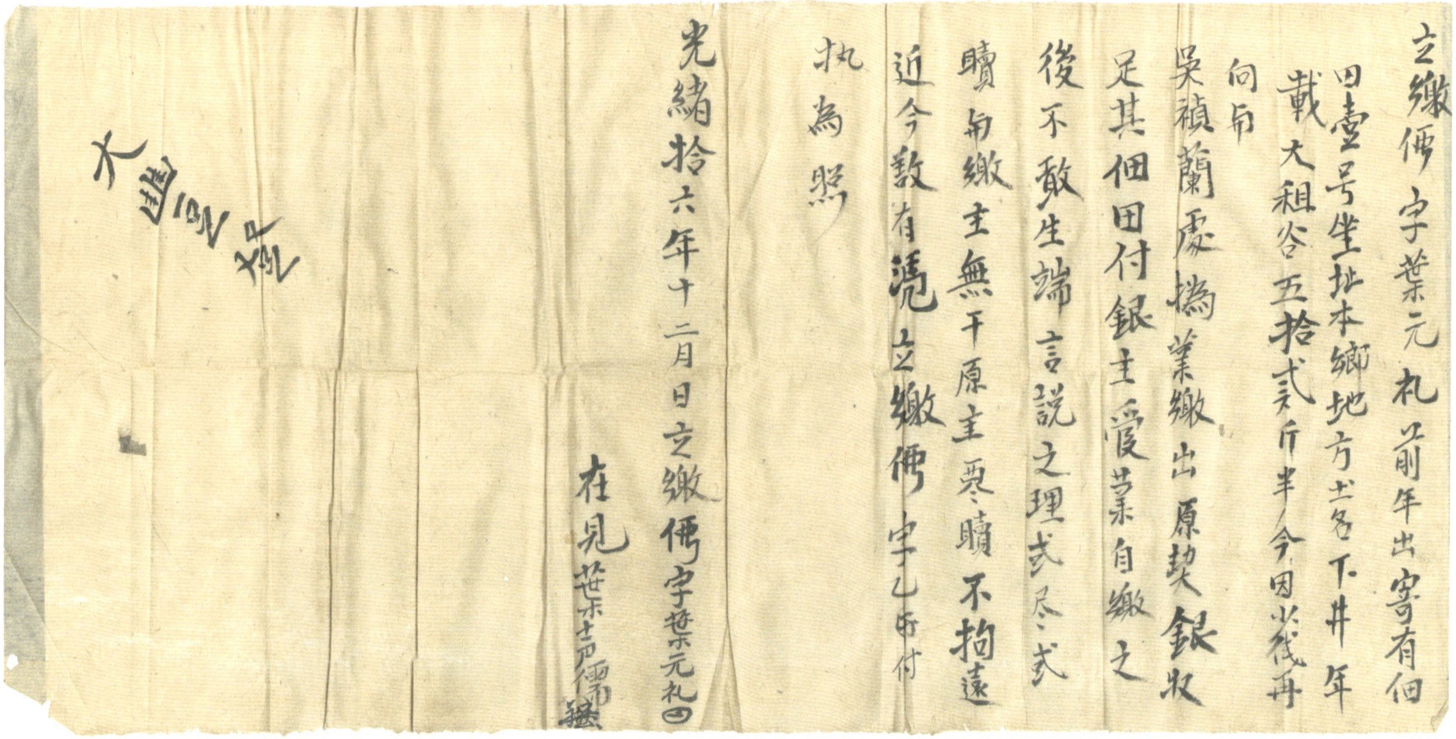

立繳佃字葉元礼，前年出寄有佃
田壹号，坐址本鄉地方土名下井，年
載大租谷五拾弍斤半，今因乏銀再
向吊
吳禎蘭處搗業繳出原契，銀收
足，其佃田付銀主管業自繳之
後，不敢生端言說之理，或尽或
贖，向繳主無干，原主要贖不拘遠
近，今欲有憑，立繳佃字乙帋付
執為照。

光緒拾六年十二月　日立繳佃字葉元礼（押）

在見

5-2-61-3　清光緒十六年十二月葉元礼立繳佃田價字

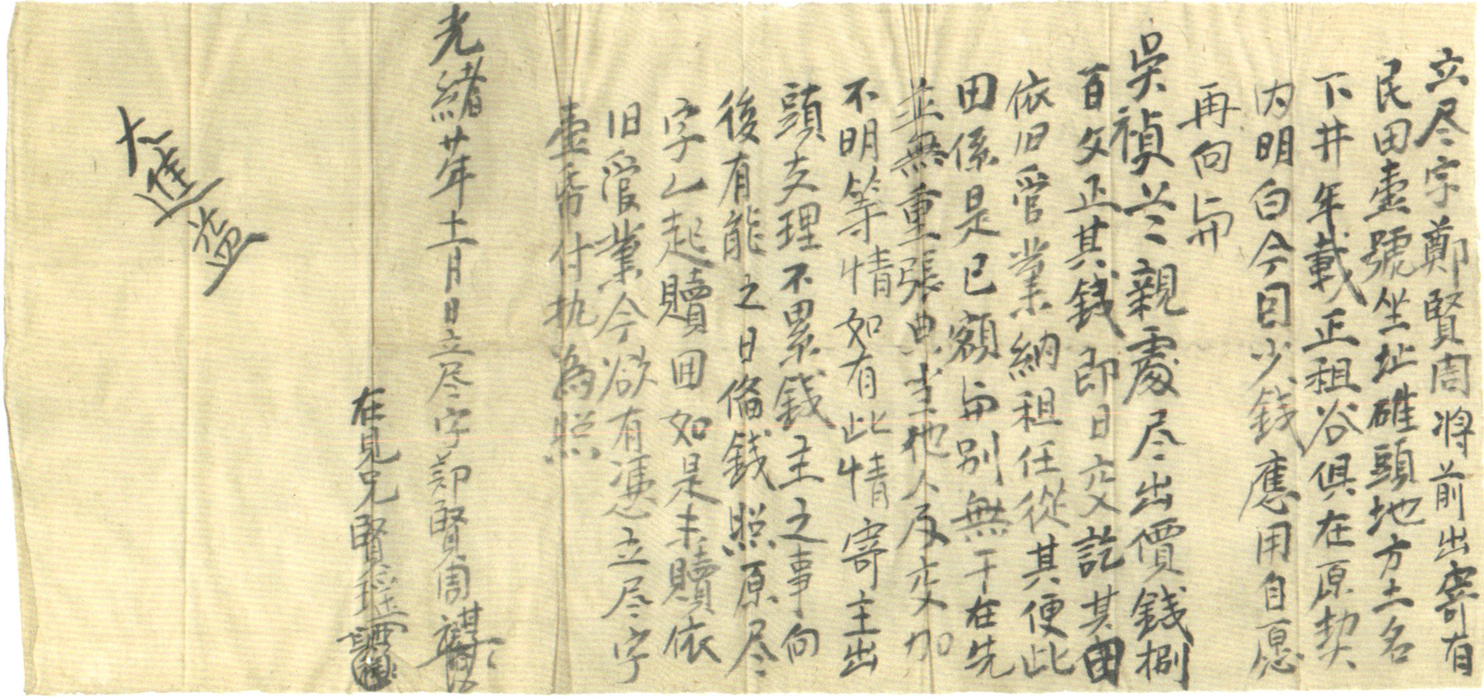
立尽字鄭賢周將前出賣有
民田壹號坐址碓頭地方土名
下井年載正租谷俱在原契
内明白今因少钱應用自愿
再向吊
吴禎兰親處尽出價錢捌
百文正其錢即日交訖其田
依旧管業納租任從其便此
田係是已額吊別無干在先
並無重張典掛他人及交加
不明等情如有此情寄主出
頭支理不累錢主之事向
後有能之日備錢照原尽
字山起贖田如是未贖依
旧管業今欲有憑立尽字
壹㕔付執為照

光緒廿年十一月日立尽字鄭賢周（押）

在見兄鄭賢瑶（押）

大進發

5-2-61-4　清光緒二十年十一月鄭賢周立盡民田字

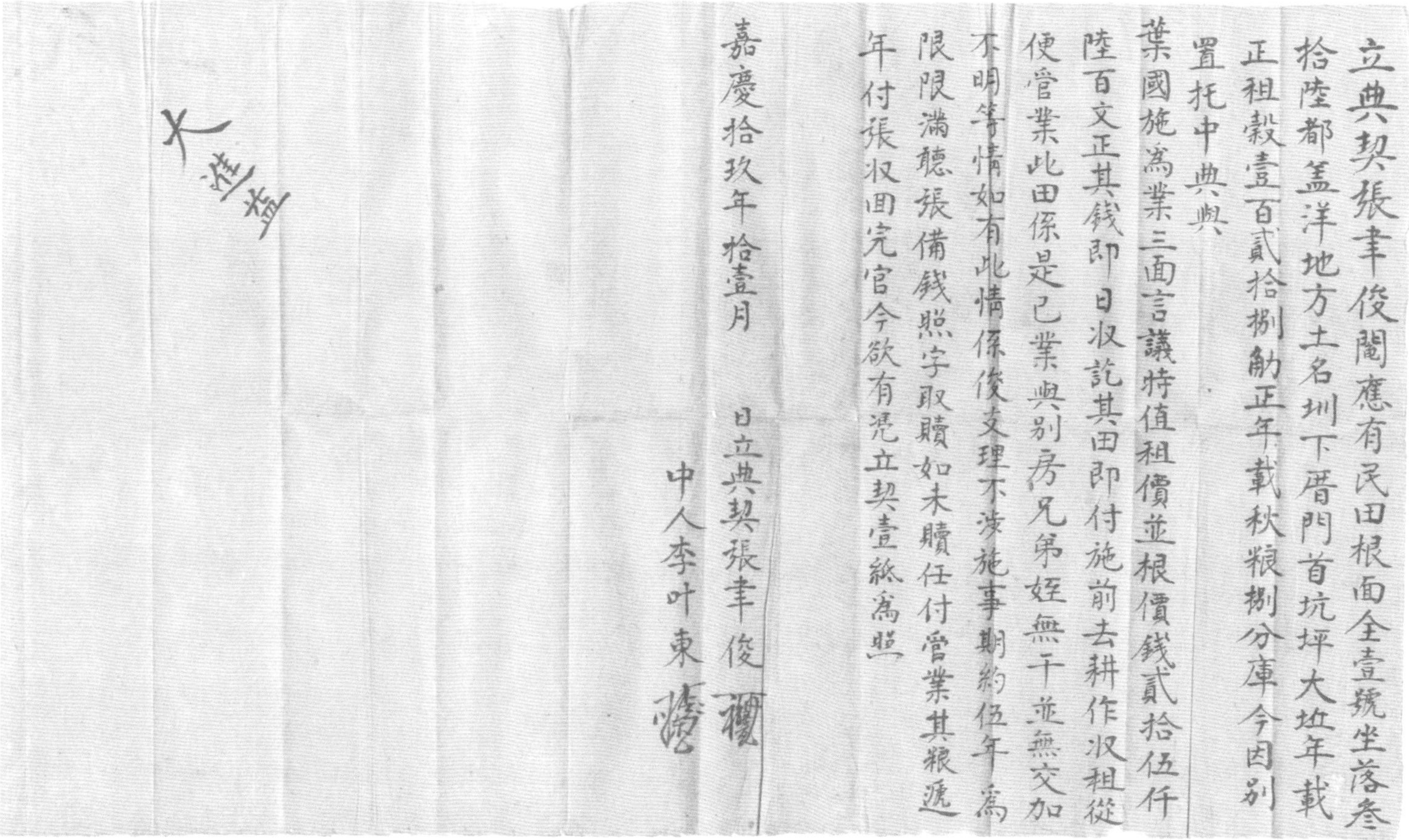

立典契張聿俊鬮應有民田根面全壹號坐落叁
拾陸都蓋洋地方土名圳下厝門首坑坪大坵年載
正租穀壹百貳拾捌觔正年載秋粮捌分庫今因別
置托中典與
葉國施爲業三面言議時值租價並根價錢貳拾伍仟
陸百文正其錢即日收訖其田即付施前去耕作收租從
便管業此田係是己業與別房兄弟姪無干並無交加
不明等情如有此情係俊支理不涉施事期約伍年爲
限限滿聽張備錢照字取贖如未贖任付管業其粮遞
年付張收回完官今欲有憑立契壹紙爲照

嘉慶拾玖年拾壹月　日立典契張聿俊

中人李叶東

大進益

5-2-62-1　清嘉慶十九年十一月張聿俊立典根面全民田契

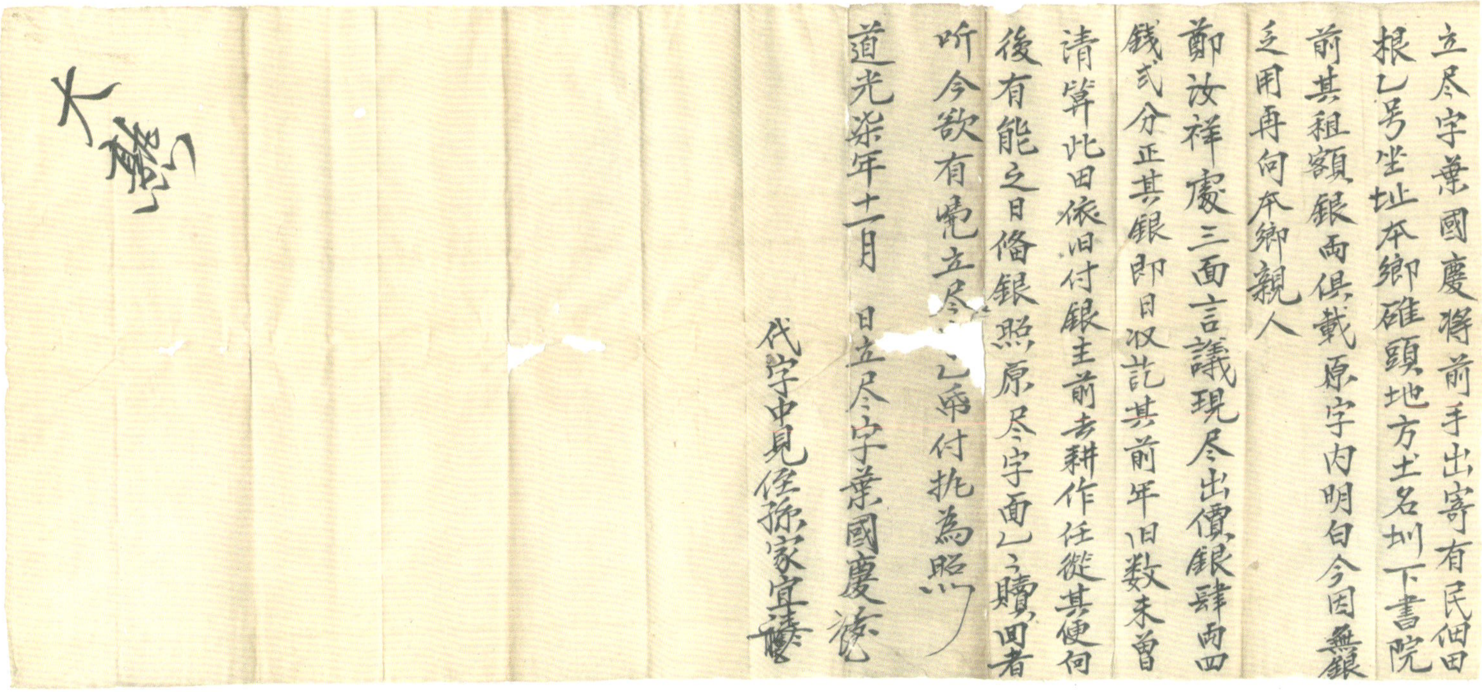

立尽字葉國慶將前手出寄有民佃田根乙号坐址本鄉碓頭地方土名圳下書院前其租額銀兩俱載原字內明白今因無銀乏用再向本鄉親人鄭汝祥處三面言議現尽出價銀肆兩四錢弍分正其銀即日收訖其前年旧數未曾清算此田依旧付銀主前去耕作任從其便向後有能之日備銀照原尽字面之贖回者所今欲有憑立尽字乙帋付執為照。

道光柒年十一月　日立尽字葉國慶（押）

代字中見侄孫家宜（押）

大發

5-2-62-2　清道光七年十一月葉國慶立盡民佃田根字

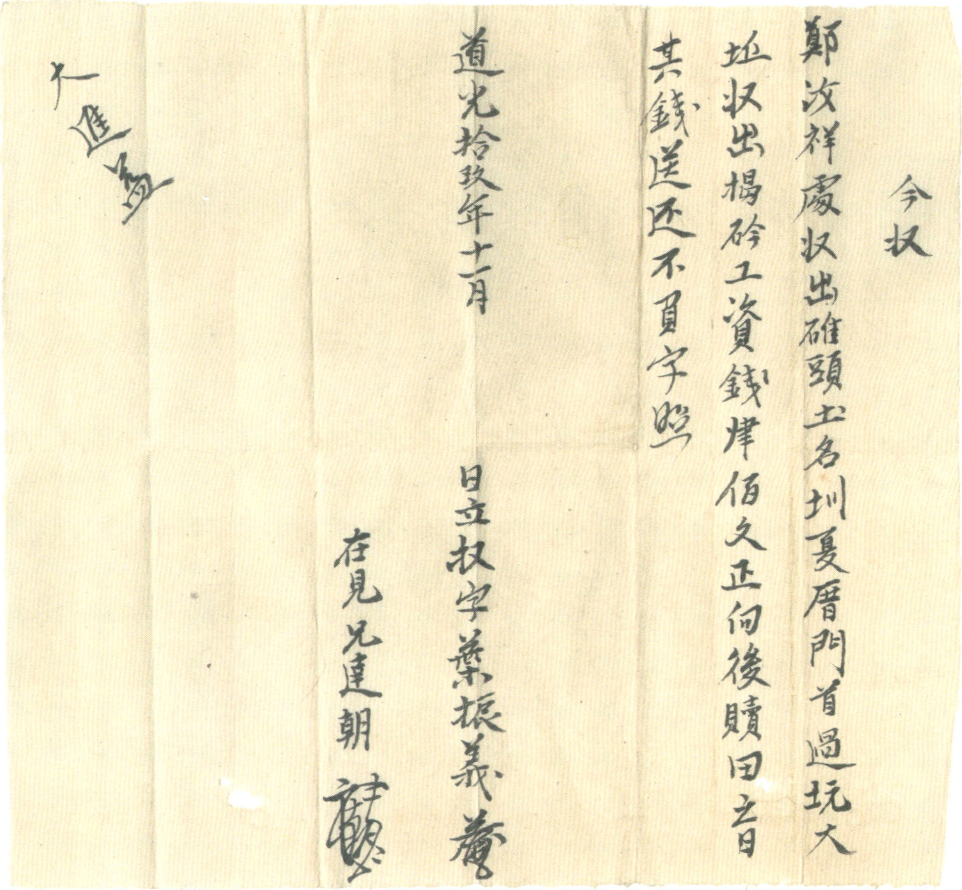

今收
鄭汝祥處收出碓頭土名圳夏厝門首過坑大
坵收出揭砱工資錢肆佰文正向後贖田之日
其錢送还不另字照
道光拾玖年十一月　日立收字葉振義（押）
在見兄建朝（押）
大進益

5-2-62-3　清道光十九年十一月葉振義立撮字

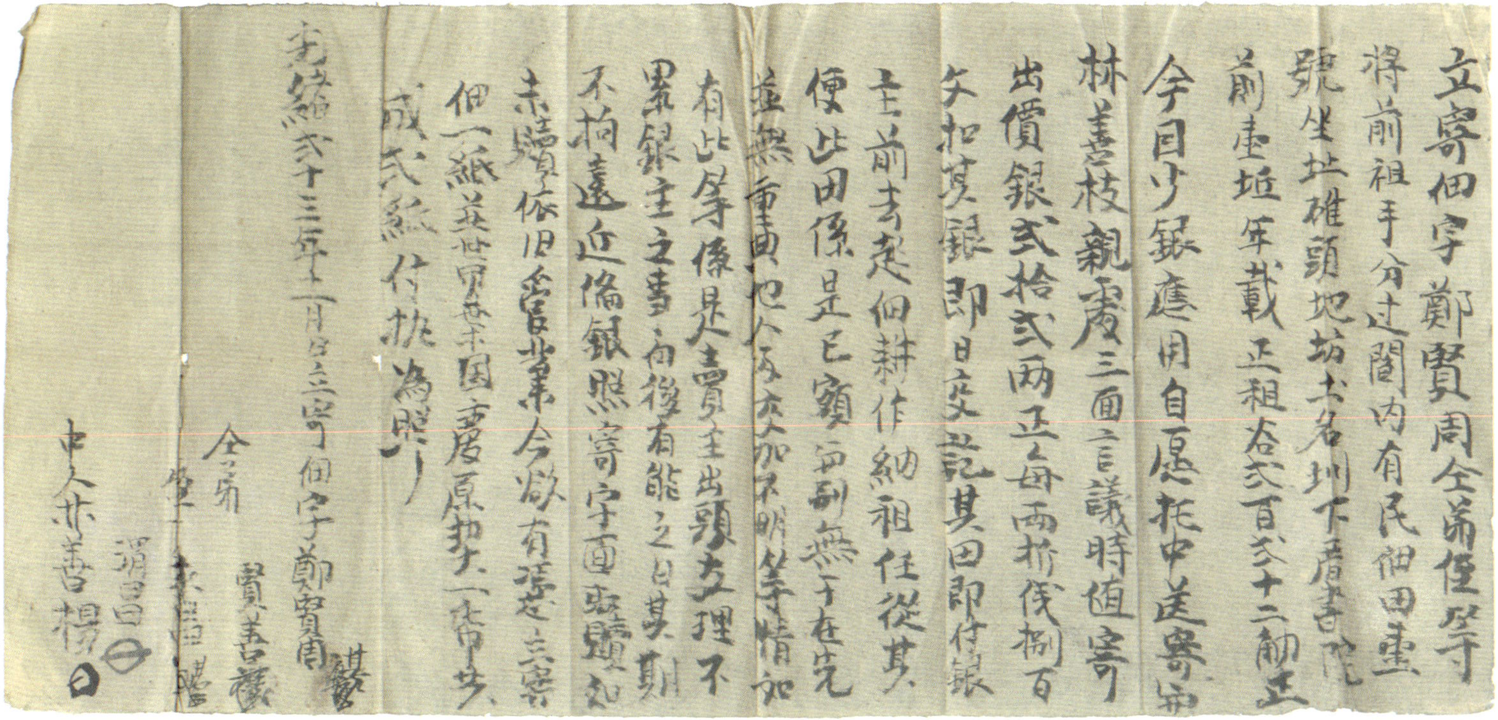
立寄佃字鄭賢周仝弟侄等
將前祖手分过閩内有民佃田壹
號，坐址雄頭地坊，土名圳下厝青坑
前壹坵，年載正祖谷弍百弍十二觔正。
今因少銀應用，自愿托中送寄與
林善枝親處，三面言議時值寄
出價銀弍拾弍兩正，每兩折伐捌百
文扣，其銀即日交訖，其田即付銀
主前去起佃耕作，納租任從其
便。此田係是己額，向前無干在先
並無重典他人，亦無交加不明等情。如
有此等，係是夫主出頭支理，不
累銀主之事。向後有能之日，其期
不拘遠近，備銀照寄字面取贖，如
未贖，仍依旧管業。今欲有憑，立寄
佃一紙，并[illegible]原抄大一紙共[illegible]，
成弍紙，付執為照。
光緒弍十三年十一月　日立寄佃字鄭賢周（押）
賢善（押）
仝弟
侄[illegible]（押）
[illegible]（押）
中人林善楊（押）

5-2-62-4　清光緒二十三年十一月鄭賢周等立寄民佃田字

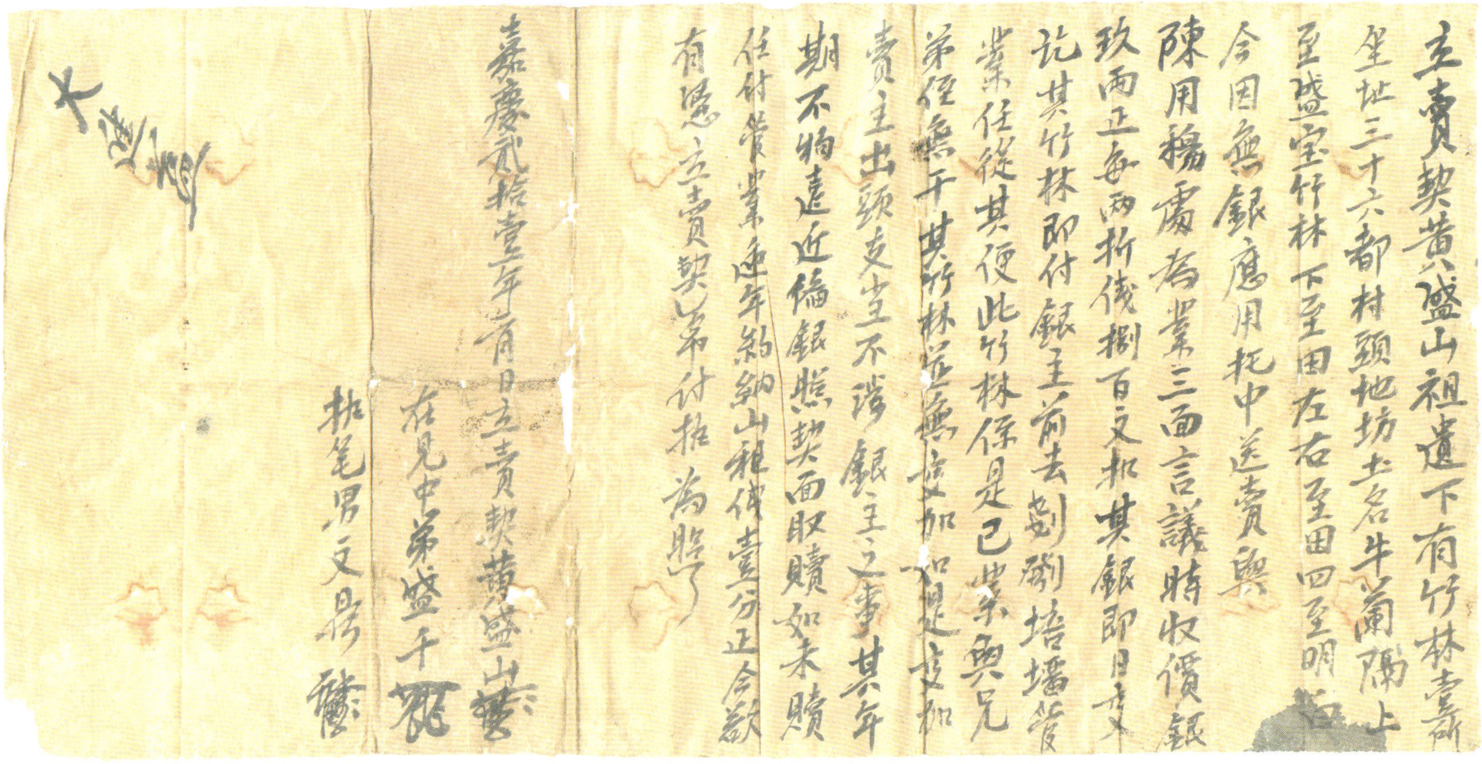
立賣契黃盛山祖遺下有竹林壹所
坐址三十六都村頭地坊土名牛蘭陽上
至盛宝竹林下至田左右至田四至明白
今因無銀應用托中送賣與
陳用楊處為業三面言議時收價銀
玖兩正每兩折錢捌百文扣其銀即日交
訖其竹林即付銀主前去劉培墻管
業任從其便此竹林係是已業與兄
弟侄無干其竹林並無重加如是重加
賣主出頭支當不涉銀主之事其年
期不拘遠近備銀照契面取贖如未贖
任付賞業逐年納納山租錢壹分正今欲
有憑立賣契一紙付執為照
嘉慶貳拾壹年二月日立賣契黃盛山（押）
在見中弟盛千（押）
執筆男文彩（押）

5-2-63-1 清嘉慶二十一年二月黃盛山立賣竹林契

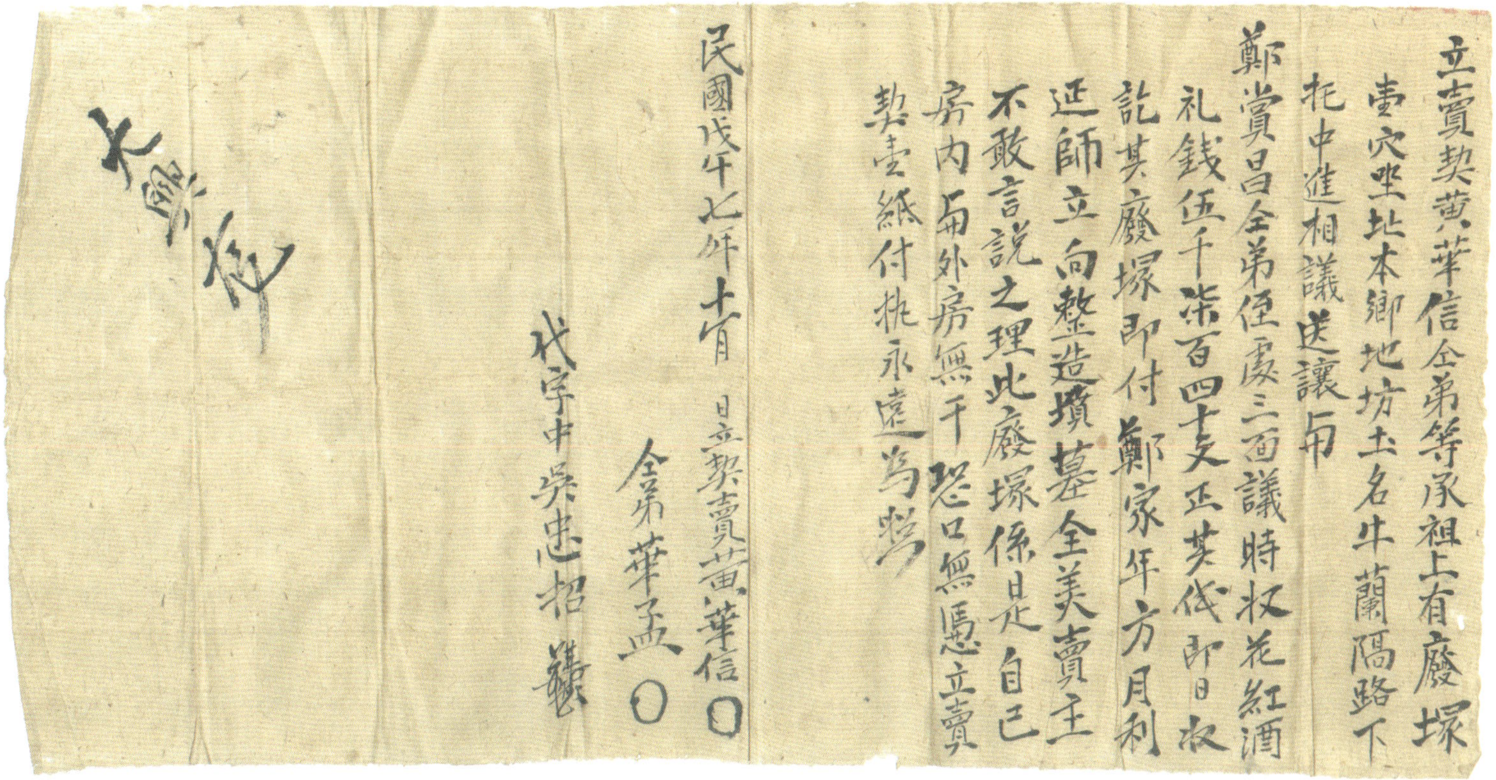
立賣契黃華信仝弟等承祖上有廢塚
壹穴坐址本鄉地坊土名牛蘭隔路下
托中進相議送讓與
鄭賞呂仝弟侄處三面議時收花紅酒
礼錢伍千柒百四十文正其錢即日收
訖其廢塚即付鄭家年方月利
延師立向整造墳墓仝美賣主
不敢言説之理此廢塚係是自己
房内兩外房無干恐口無憑立賣
契壹紙付執永遠爲炤

民國戊午七年十一月　日立契賣黃華信〇
仝弟華孟〇
代字中吳忠招（押）

大[illegible]旺

5-2-63-2　民國七年十一月黃華信等立賣廢塚契

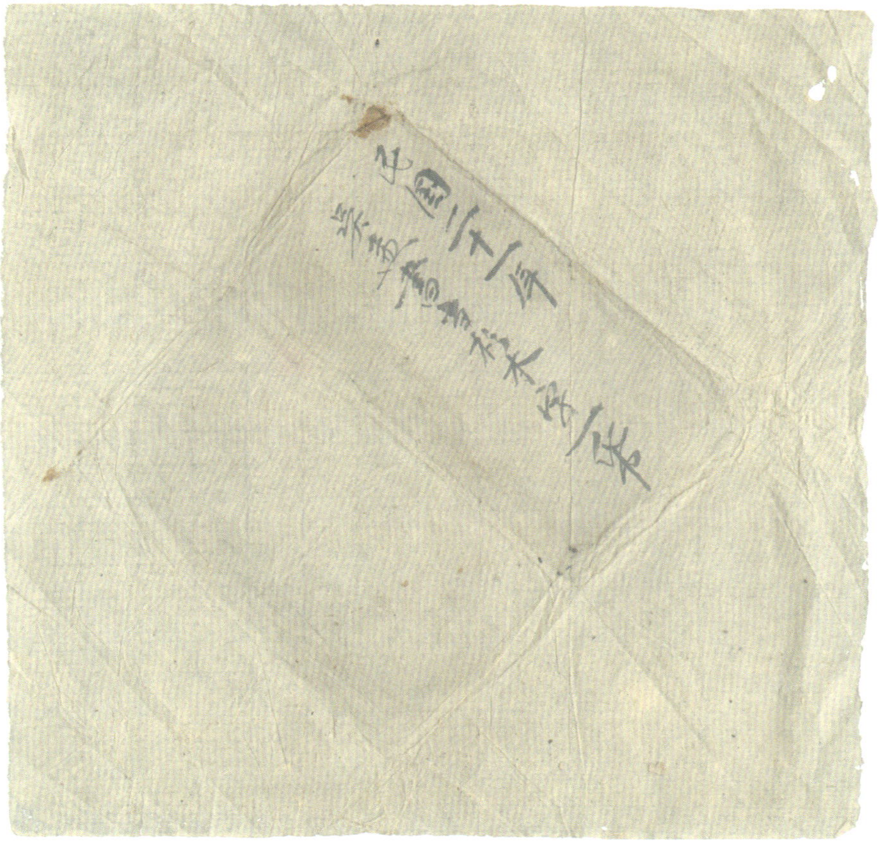

5-2-64-1　包契紙

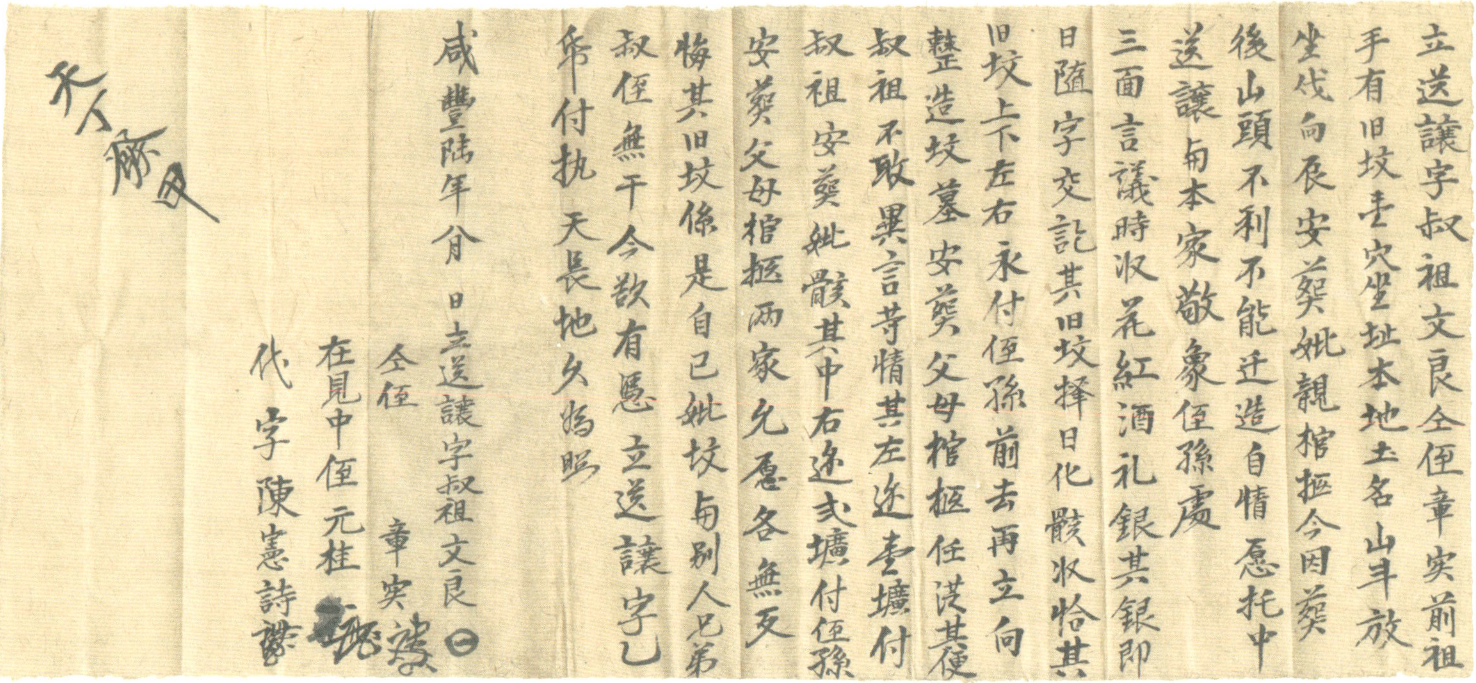
立送讓字叔祖文良仝侄章实前祖手有旧坟壹穴坐址本地土名山斗放坐戌向辰安葬妣親棺柩今因葬後山頭不利不能迁造自情愿托中送讓与本家敬象侄孫處三面言議時收花紅酒礼銀其銀即日隨字交訖其旧坟擇日化骸收拾其旧坟上下左右永付侄孫前去再立向甃造坟墓安葬父母棺柩任從其便叔祖不敢異言苛情其左边壹壙付叔祖安葬妣骸其中右边弍壙付侄孫安葬父母棺柩兩家允愿各無反悔其旧坟係是自己妣坟与別人兄弟叔侄無干今欲有憑立送讓字乙帋付執天長地久為照

咸豐陸年八月　日立送讓字叔祖文良

仝侄　章实

在見中侄　元桂

代字　陳憲詩

5-2-64-2　清咸豐六年八月鄭文良等立送讓舊墳字

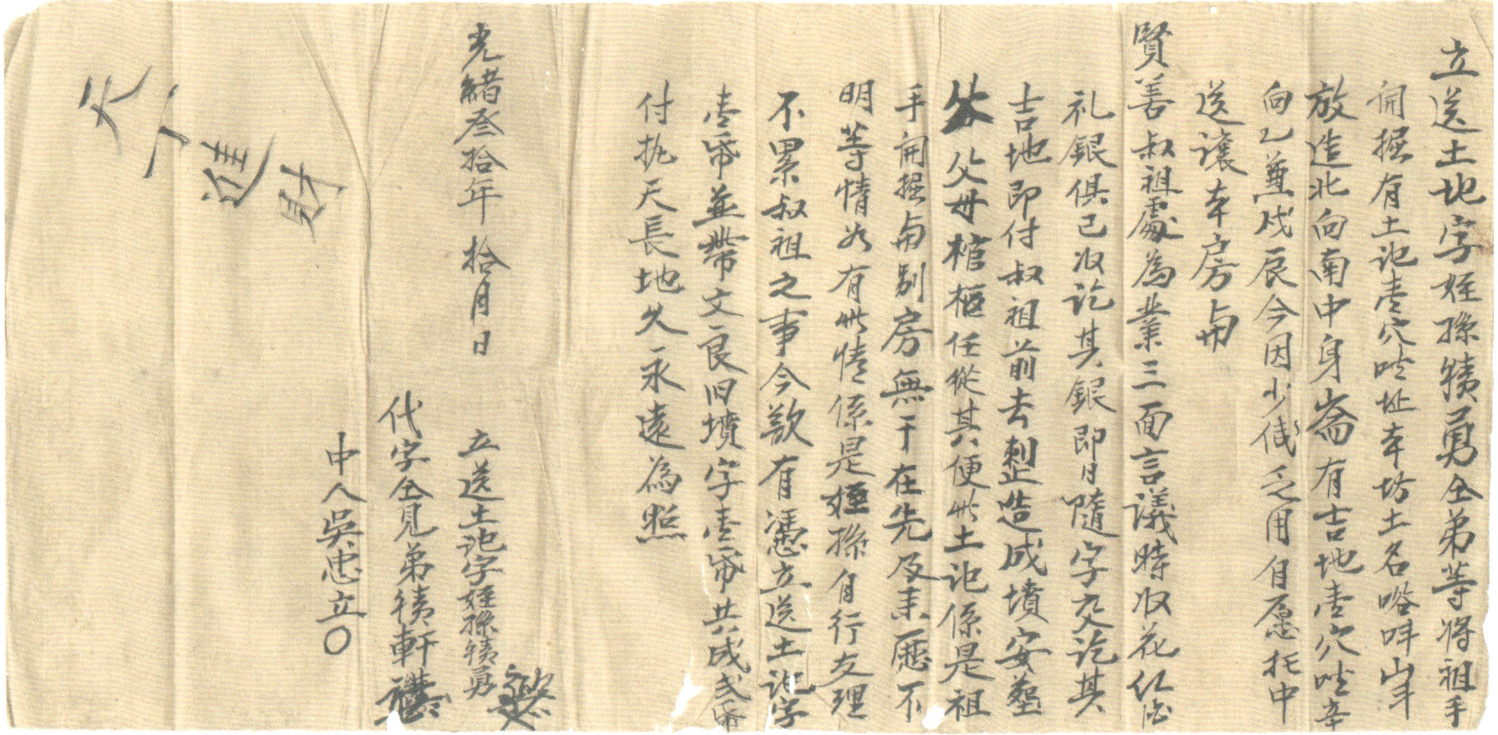

立送土地字侄孫積勇仝弟等將祖手
開掘有土地壹穴坐址本坊土名嶺坪山
放進北向南中身崙有吉地壹穴坐本
向乙兼戌辰今因少錢乏用自愿托中
送讓本房白
賢善叔祖處爲業三面言議時收花紅
礼銀俱已收訖其銀即日隨字交訖其
吉地即付叔祖前去創造成墳安塟
外父母棺柩任從其便此土地係是祖
手開掘白別房無干在先及未應不
明等情如有此情係是侄孫自行支理
不累叔祖之事今欲有憑立送土地字
壹帋並帶文良回墳字壹帋共成式帋
付執天長地久永遠爲照

光緒叁拾年拾月日

立送土地字侄孫積勇
代字仝兄弟積軒
中人吳忠立○

大丁進財

5-2-64-3　清光緒三十年十月鄭積勇等立送土記字

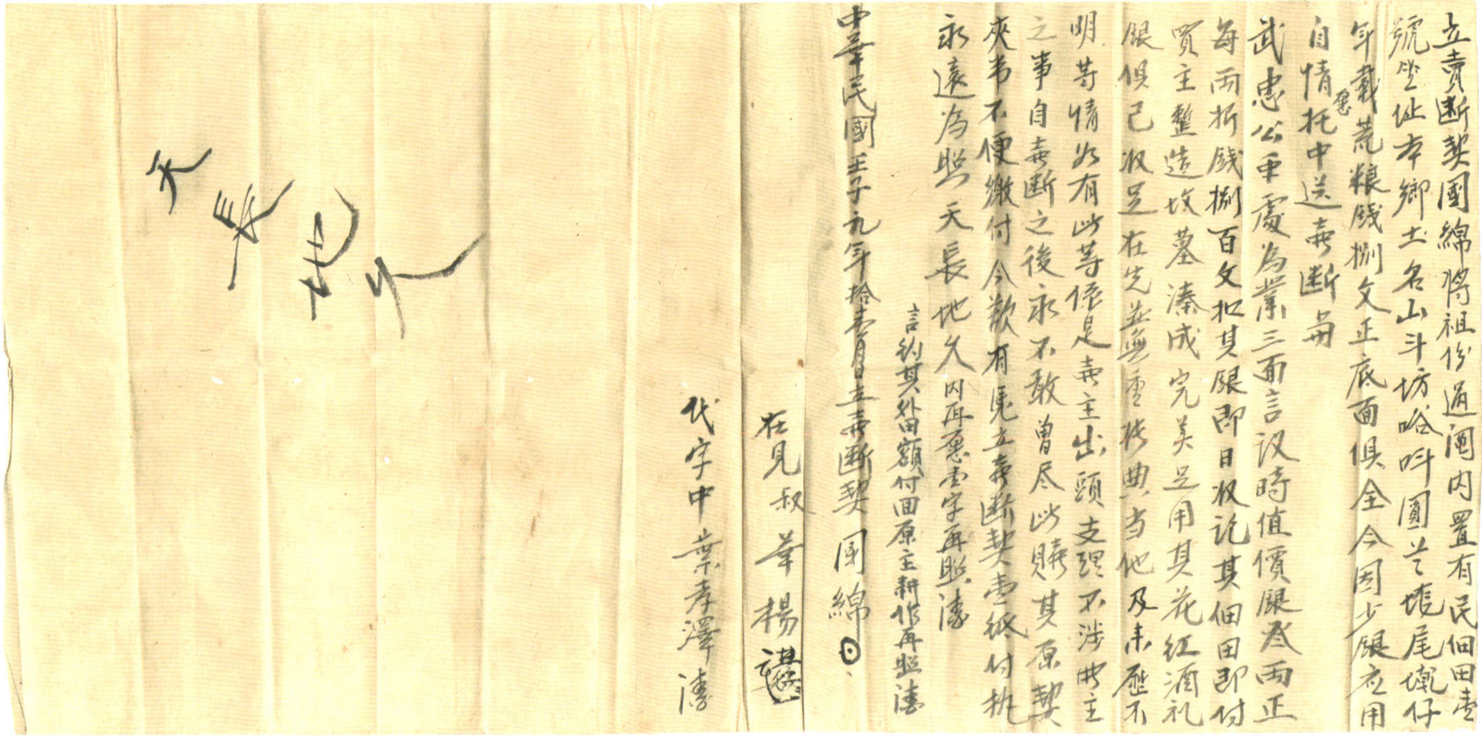
立賣斷契國綿將祖作遺闔內置有民佃田壹
號坐址本鄉土名山斗坊哈吽圓芒墘尾塊仔
年載荒粮錢捌文正底面俱全今因乏銀応用
自情(愿)托中送賣斷與
武忠公軍處為業三面言议時值價銀叁兩正
每兩折錢捌百文扣其銀即日收訖其佃田即付
買主整造坟墓溱成完美丟用其花紅酒礼
銀俱已收足在先並無重張典當他及未歷不
明等情如有此等係是賣主出頭支理不涉買主
之事自賣斷之後永不敢曾尽以贖其原契
夾帶不便繳付今欲有憑立賣斷契壹紙付執
永遠為照 天長地久 内再悪壹字再照
言約其外田額付田原主耕作再照
中華民國壬子九年拾壹月日立賣斷契國綿
在見叔華楊
代字中葉孝澤
天長地久

5-2-64-4　民國九年十一月葉國綿立賣斷民佃田契

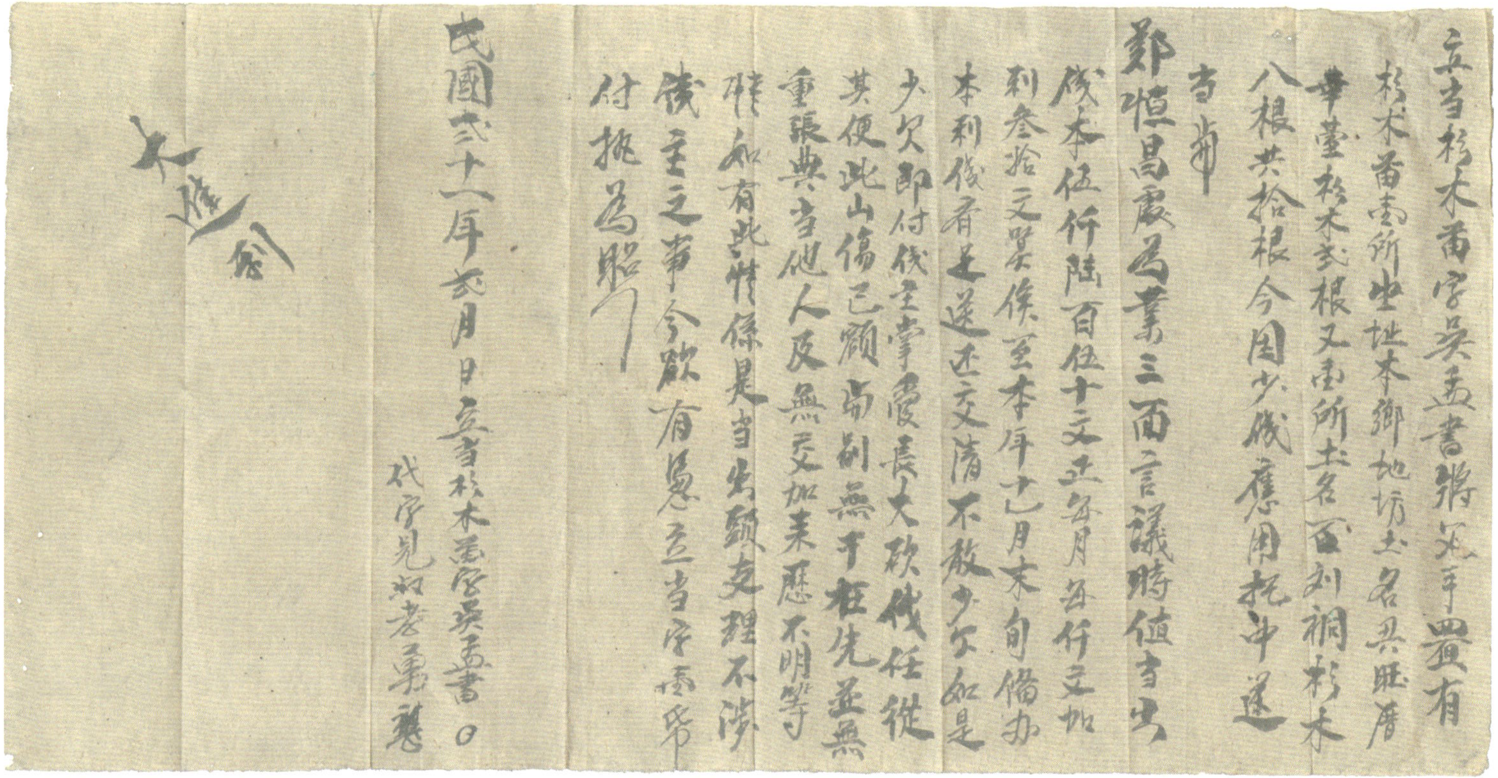
立當杉木苗字吳孟書將父手置有
杉木苗壹所坐址本鄉地坊土名吳賍厝
華壹杉木弍根又壹所土名百刈祠杉木
八根共拾根今因少錢應用托中送
當與
鄭愼昌處為業三面言議時值當出
錢本伍仟陸百伍十文正每月每仟文加
利叁拾文照係至本年十二月末旬備办
本利錢前去送還交清不敢少欠如是
少欠即付錢主掌管長大砍伐任從
其便此山係己願當剖無干柱先並無
重張典當他人及無交加來歷不明等
情如有此情係是當出頭支理不涉
錢主之事今欲有憑立當字壹帋
付執為照
民國弍十一年弍月　日立當杉木苗字吳孟書 ○
代字見叔老桑葱
大進介

5-2-64-5　民國二十一年二月吳孟書立當杉木苗等字

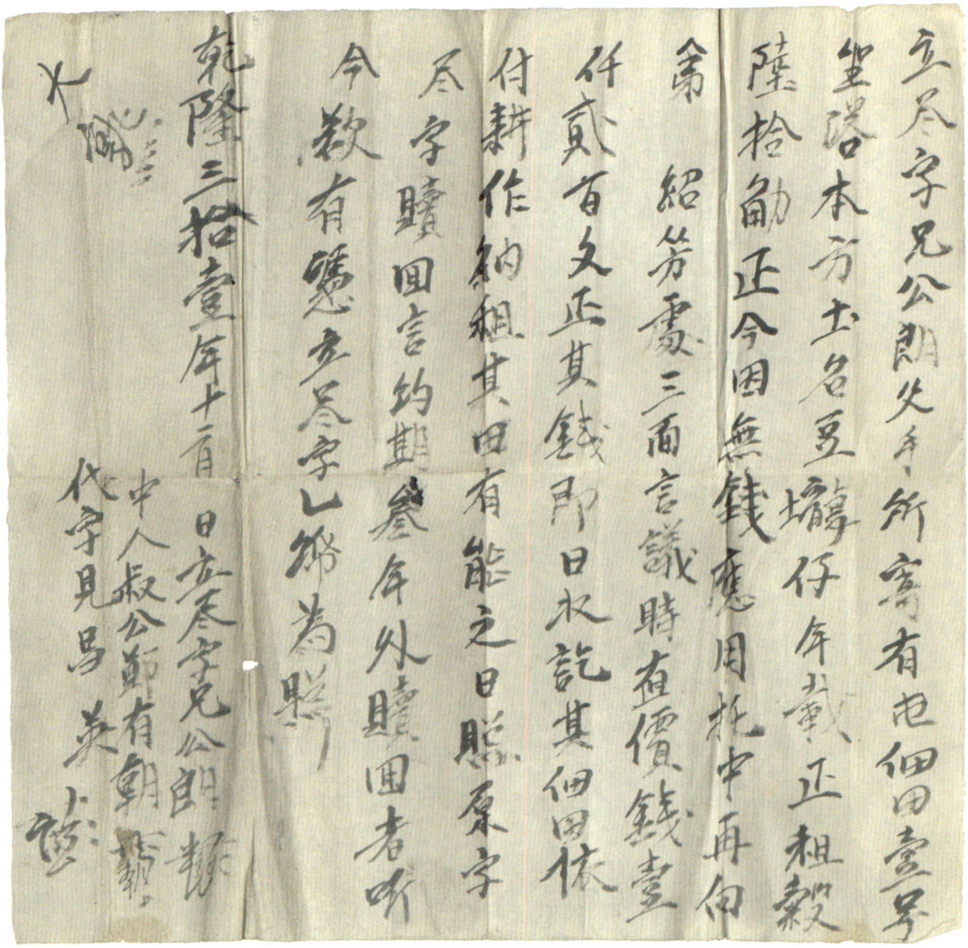
立盡字兄公朗仝弟所寄有屯佃田壹號
坐落本坊土名豆塘仔，年載正租穀
陸拾觔正。今因無錢應用，托中再向
弟紹芳處三面言議，時值價錢壹
仟貳百文正。其錢即日收訖，其佃田依
付耕作納租。其田有能之日，照原字
盡字贖回，言約期叁年外贖回者聽。
今欲有憑，立盡字乙紙為照。
乾隆三拾壹年十二月　日立盡字兄公朗（押）
中人叔公鄭有朝（押）
代字見呂英（押）

5-2-65-1　清乾隆三十一年十二月葉公朗立盡屯佃田字

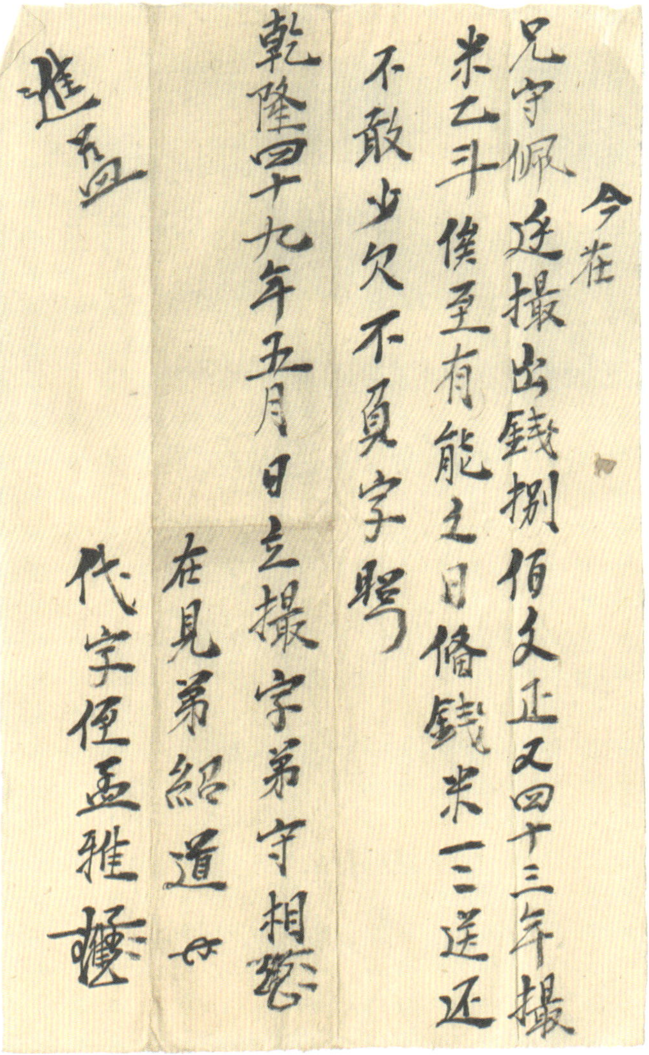
今在
兄守佩边撮出錢捌佰文正，又四十三年撮
米乙斗，俟至有能之日備錢米一並送还，
不敢少欠，不負字照。
乾隆四十九年五月　日立撮字弟守相（押）
在見弟紹道（押）
代字侄孟雅（押）

5-2-65-2　清乾隆四十九年五月葉守相立撮字

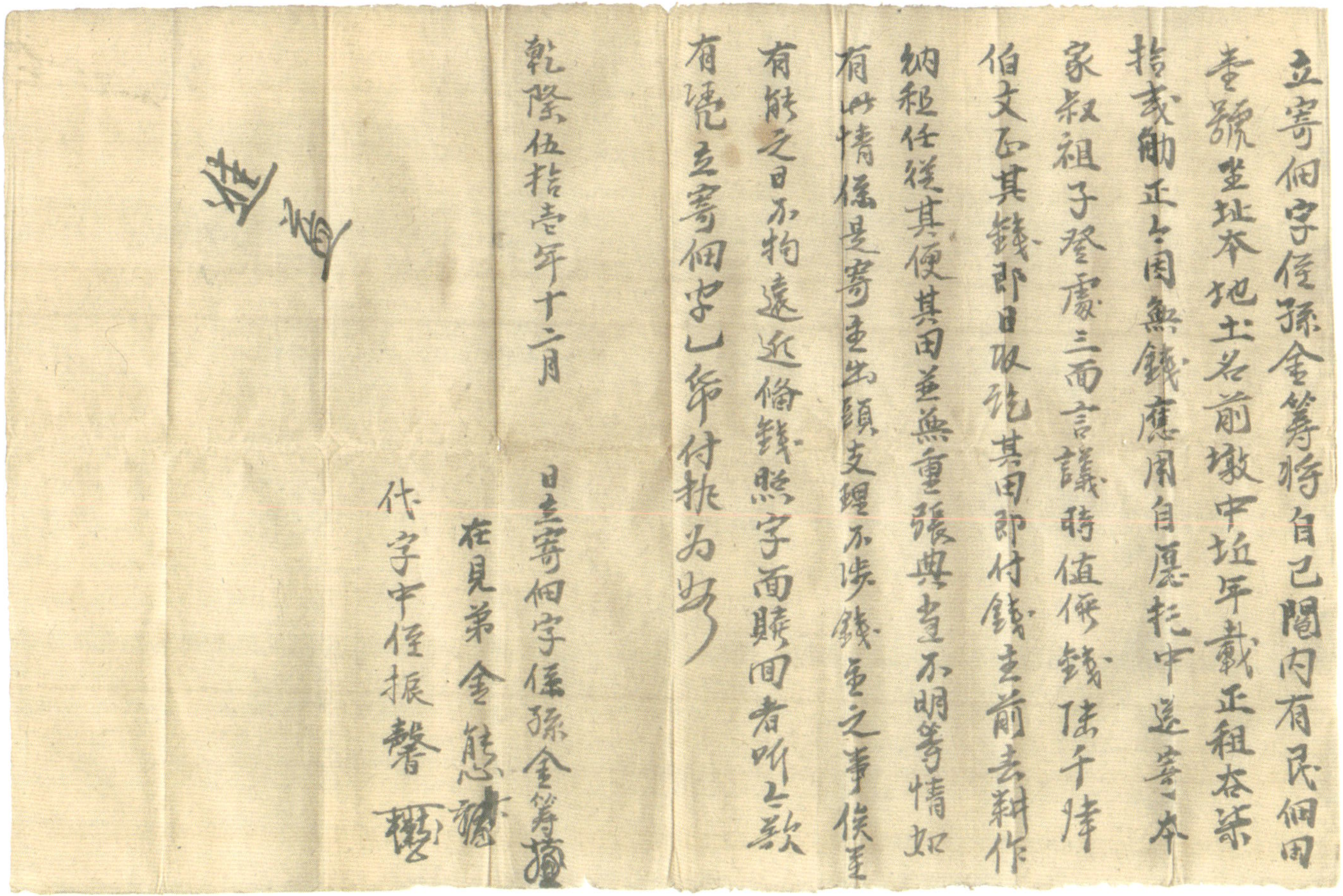

立寄佃字侄孫金籌將自己閶內有民佃田
壹號坐址本地土名前墩中坵年載正租谷柒
拾貳觔正今因無錢應用自愿托中送寄本
家叔祖子登處三面言議時值價錢陸千肆
伯文正其錢即日收訖其田即付錢主前去耕作
納租任從其便其田並無重張典當不明等情如
有此情係是寄主出頭支理不涉錢主之事俟至
有能之日不拘遠近備錢照字面贖回者听上款
有憑立寄佃字一紙付執為照

乾隆伍拾壹年十二月　日立寄佃字侄孫金籌
在見弟金態
代字中侄振馨

5-2-65-3　清乾隆五十一年十二月鄭金籌立寄民佃田字

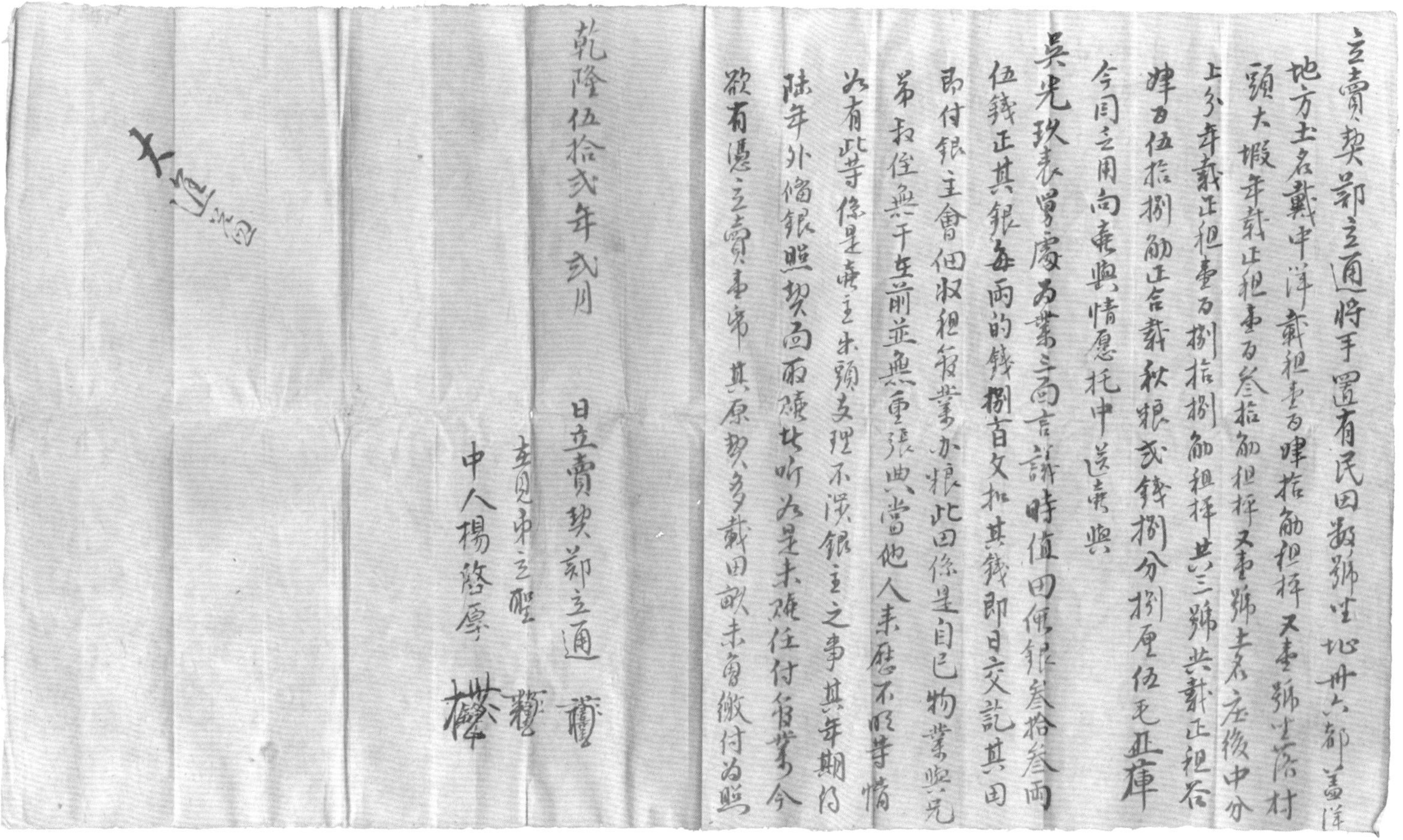

立賣契鄭立通將手置有民田數號坐址廿六都蓋洋
地方土名戴中洋，載租壹石肆拾觔租秤；又壹號坐落村
頭大墩，年載正租壹石叁拾觔租秤；又壹號土名庵後中分
上分，年載正租壹石捌拾捌觔租秤。共三號，共載正租谷
肆石伍拾捌觔正，合載秋粮貳錢捌分捌厘伍毛正。庫
今因乏用，向堯與，情愿托中送堯與
吳光玖表舅處為業。三面言議，時值田價銀叁拾叁兩
伍錢正，其銀每兩的錢捌百文扣，其錢即日交訖，其田
即付銀主會佃收租管業办粮。此田係是自己物業，與兄
弟叔侄無干，在前並無重張典當他人來歷不明等情。
如有此等，係是堯主出頭支理，不涉銀主之事。其年期約
陸年外備銀照契面兩贖，此聽；如是未贖，任付管業。今
欲有憑，立賣契壹紙。其原契多載田畝，未曾繳付，為照。

乾隆伍拾貳年貳月　日立賣契鄭立通（押）
在見弟立醒（押）
中人楊啓享（押）

5-2-65-4　清乾隆五十二年二月鄭立通立賣民田契

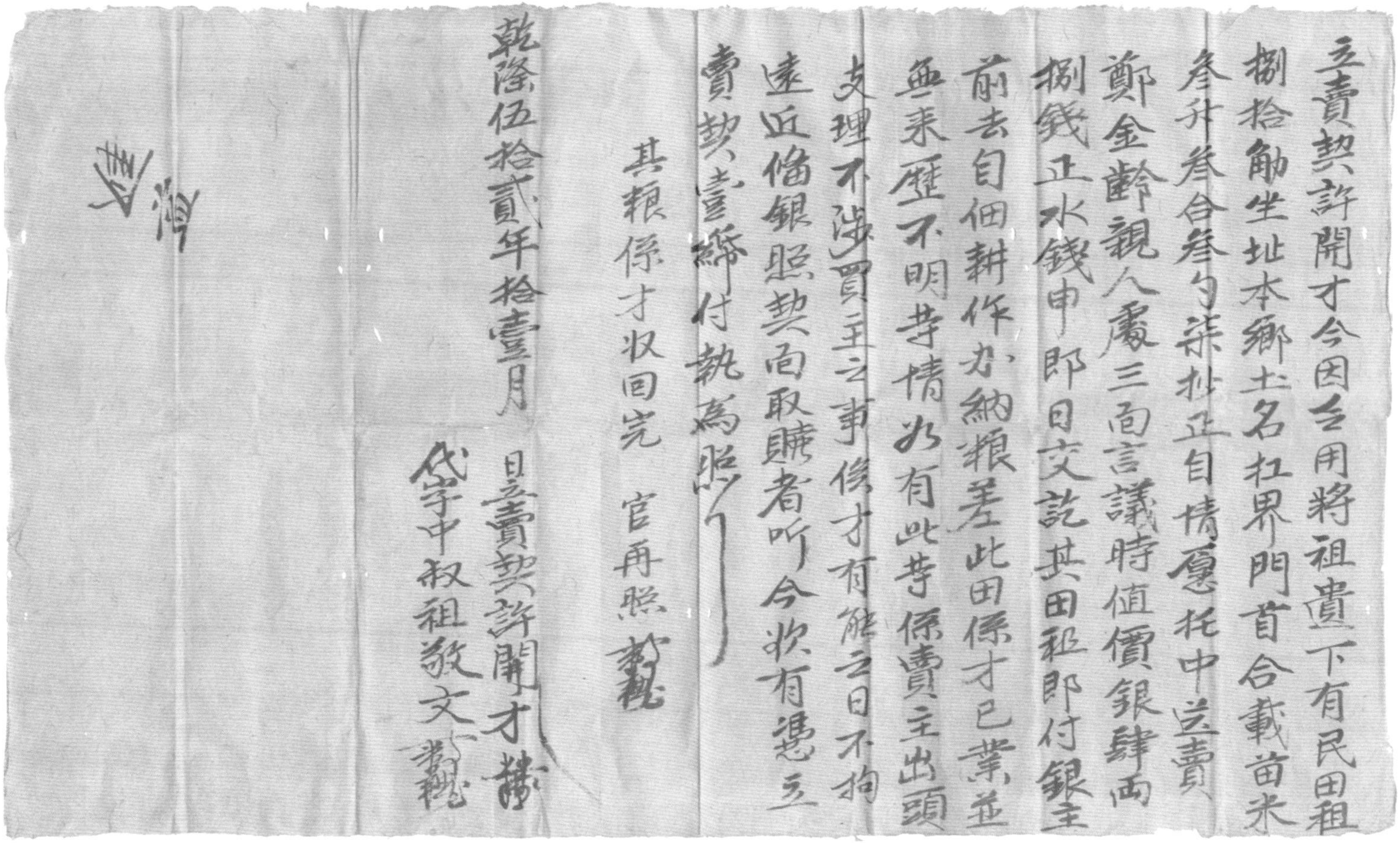
立賣契許開才今因乏用將祖遺下有民田租捌拾觔坐址本鄉土名杠界門首合載苗米叁升叁合叁勺柒抄正自情愿托中送賣鄭金齡親入處三面言議時值價銀肆両捌錢正水錢中即日交訖其田租即付銀主前去自佃耕作办納粮差此田係才已業並無來歷不明等情如有此等係賣主出頭支理不涉買主之事後才有能之日不拘遠近備銀照契面取贖者听今欲有憑立賣契壹紙付執為照。

其粮係才收回完　官再照。

乾隆伍拾貳年拾壹月　日立賣契許開才（押）

代字中叔祖敬文（押）

5-2-65-5　清乾隆五十二年十一月許開才立賣民田租契

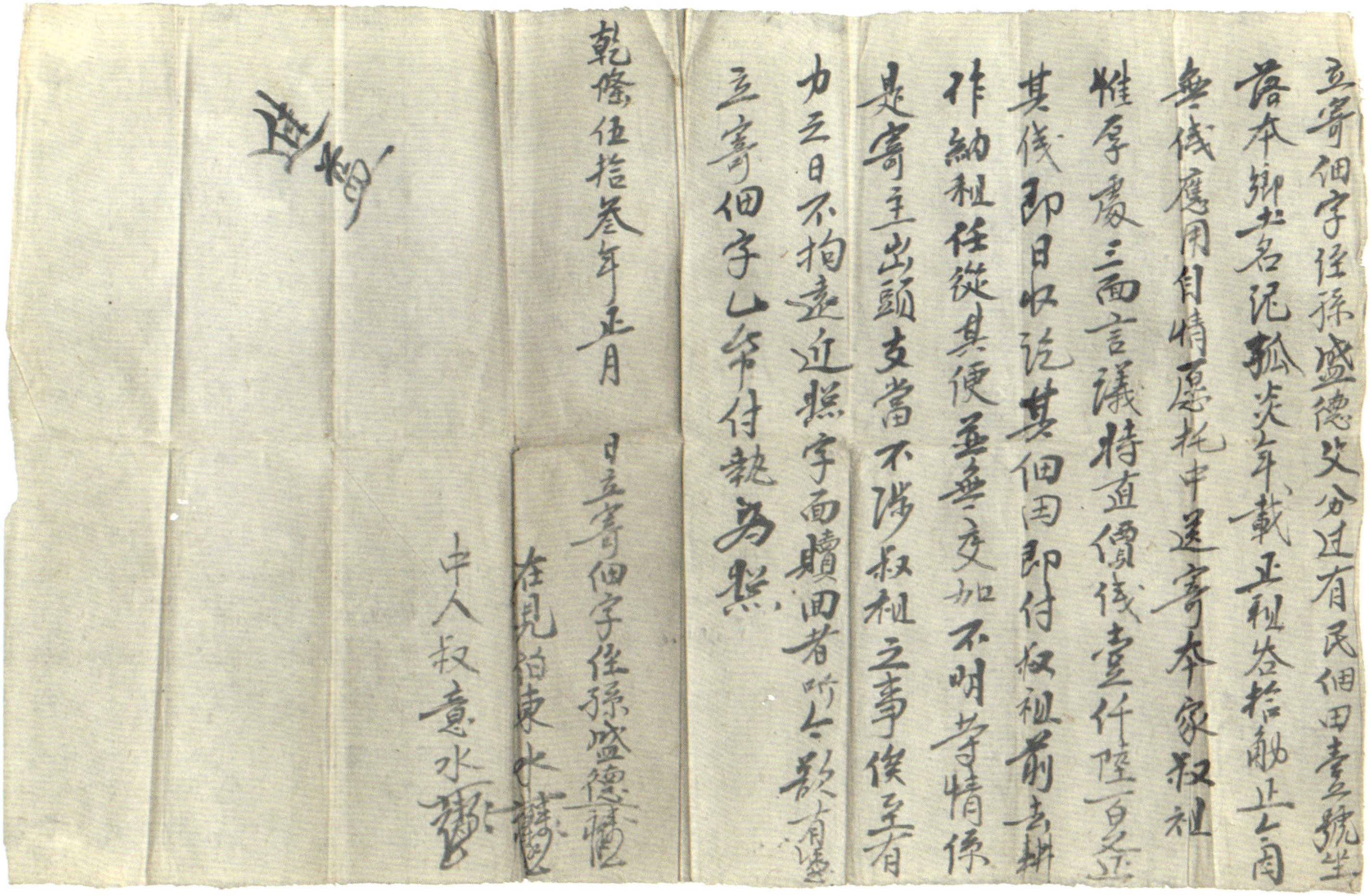

立寄佃字侄孫盛德父分过有民佃田壹號坐
落本鄉土名泥𡉏每年載正租谷拾觔正今因
無錢應用，自情愿托中送寄本家叔祖
惟孚處，三面言議，特值價錢壹仟陸百文正。
其錢即日收訖，其佃田即付叔祖前去耕
作納租，任從其便，並無交加不明等情，係
是寄主出頭支當，不涉叔祖之事。候至有
力之日，不拘遠近，照字面贖回[illegible]
立寄佃字山帋付執為照。

乾隆伍拾叁年正月　日立寄佃字侄孫盛德（押）
在見伯東水（押）
中人叔意水（押）

5-2-65-6　清乾隆五十三年正月黄盛德立寄民佃田字

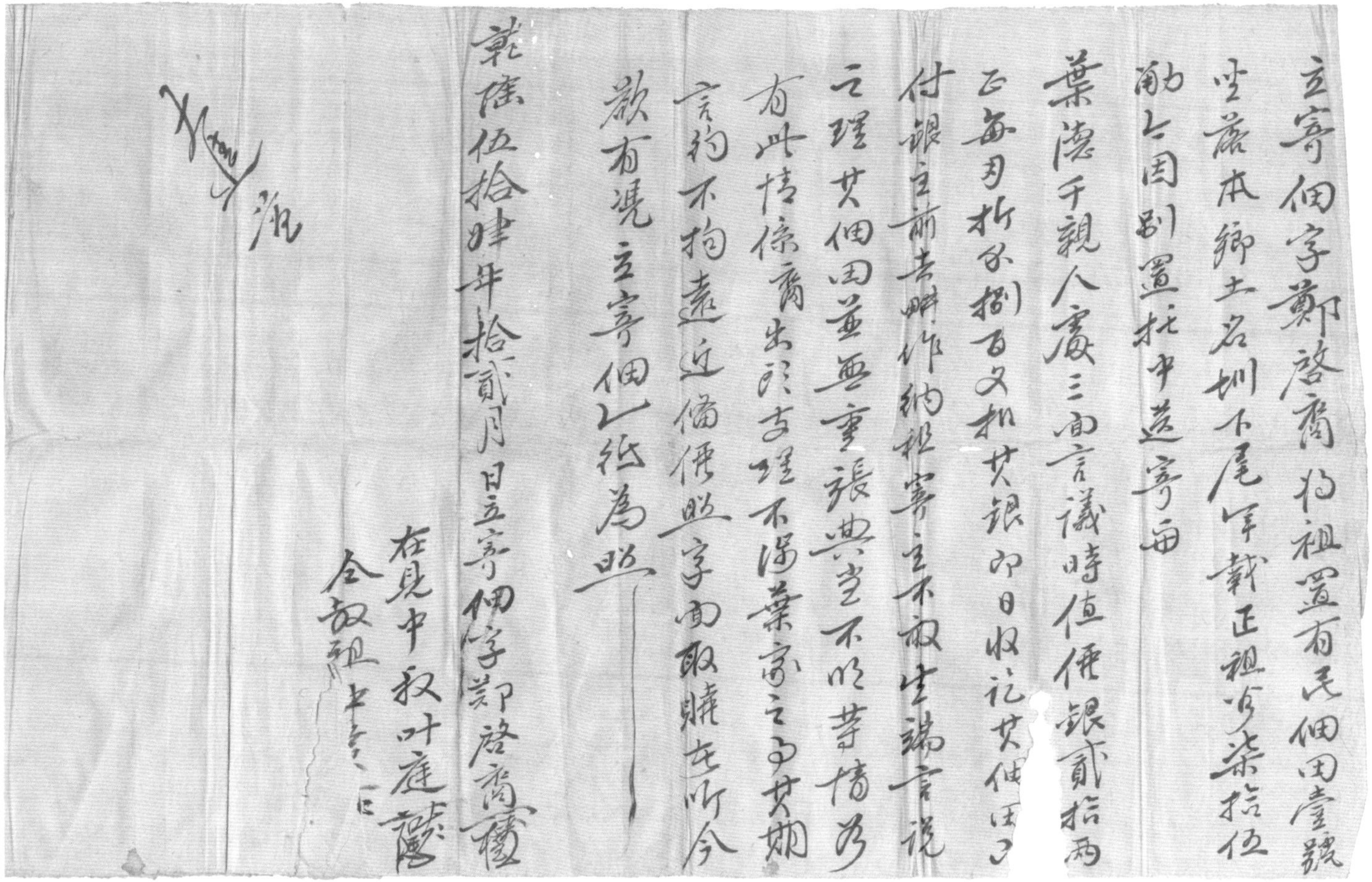
立寄佃字鄭啓裔，有祖置有民佃田壹號，
坐落本鄉土名圳下尾，年載正租谷柒拾伍
觔正，因别置，托中送寄西
葉游千親人處，三面言議，時值價銀貳拾兩
正，每月折行利百文，其銀即日收訖，其佃[illegible]
付銀主前去耕作納租，寄主不敢生端言說
之理。其佃田並無重張典當不明等情，乃
有此情，係裔出頭支理，不涉葉家之事。其[illegible]
言約不拘遠近，備價照字面取贖，在[illegible]
欲有憑，立寄佃山紙為照。
乾隆伍拾肆年拾貳月　日立寄佃字鄭啓裔（押）
在見中叔叶庭（押）
仝叔祖[illegible]

5-2-65-7　清乾隆五十四年十二月鄭啓裔立寄民佃田字

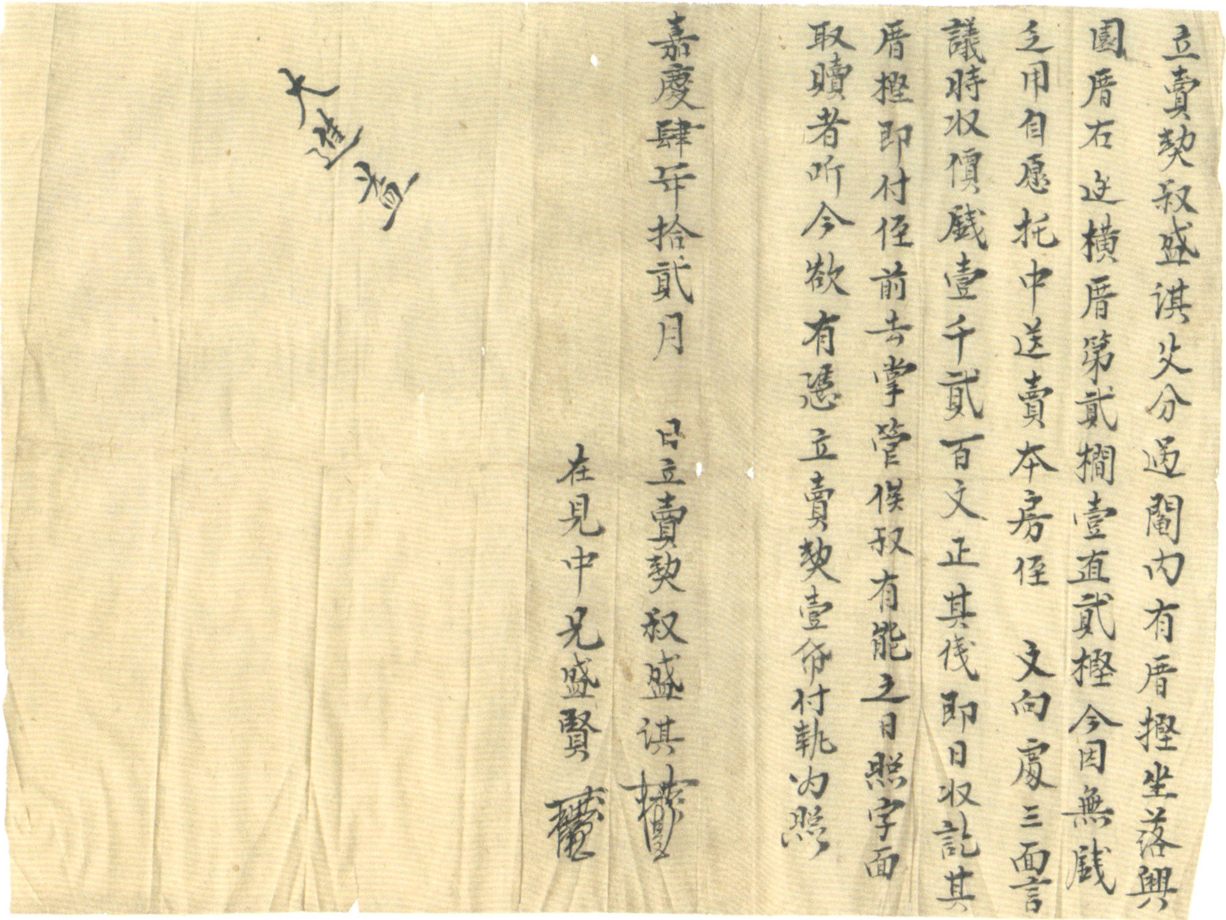
立賣契叔盛淇父分選阄內有厝樫坐落與
園厝右邊橫厝第貳擱壹直貳樫今因無錢
乏用自愿托中送賣本房侄 文向處三面言
議時收價錢壹千貳百文正其錢即日收訖其
厝樫即付侄前去掌管侯叔有能之日照字面
取贖者听令欲有憑立賣契壹紙付執為照

嘉慶肆年拾貳月 日立賣契叔盛淇
在見中兄盛賢

5-2-65-8 清嘉慶四年十二月黄盛淇立賣厝樫字

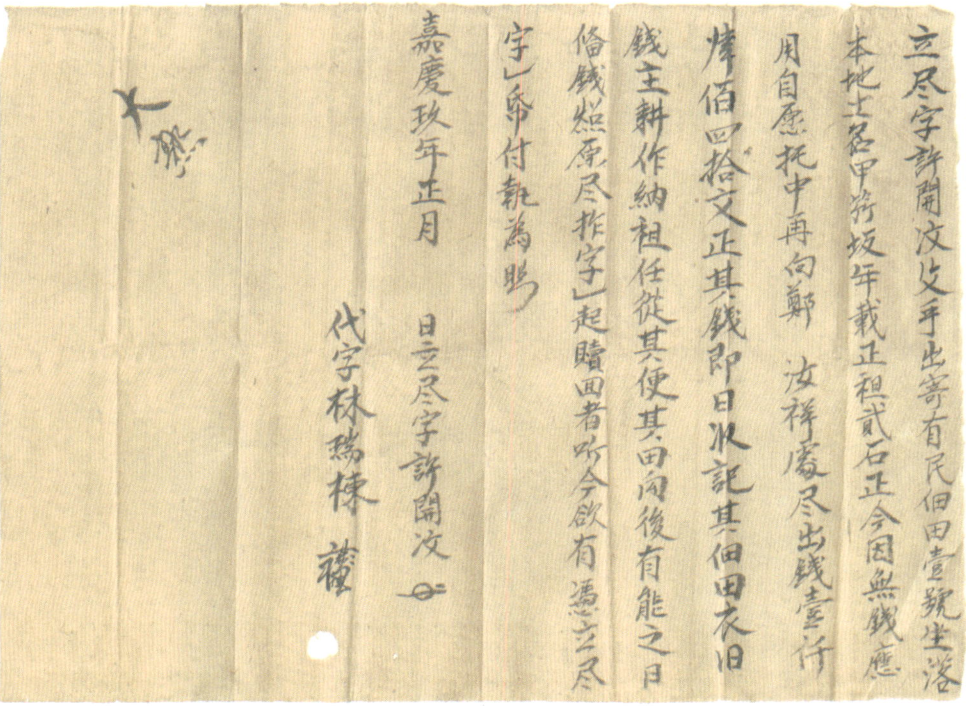
立尽字許開汶仝手出寄有民佃田壹號坐落
本地土名甲狩坂年載正租貳石正今因無錢應
用自愿托中再向鄭 汝祥處尽出錢壹仟
肆佰四拾文正其錢即日収訖其佃田衣旧
錢主耕作納租任從其便其田向後有能之日
備錢照原尽折字乚起贖田者听今欲有憑立尽
字乚帋付執為照
嘉慶玖年正月 日立尽字許開汶
代字林瑞棟 禮

5-2-65-9 清嘉慶九年正月許開汶立盡民佃田字

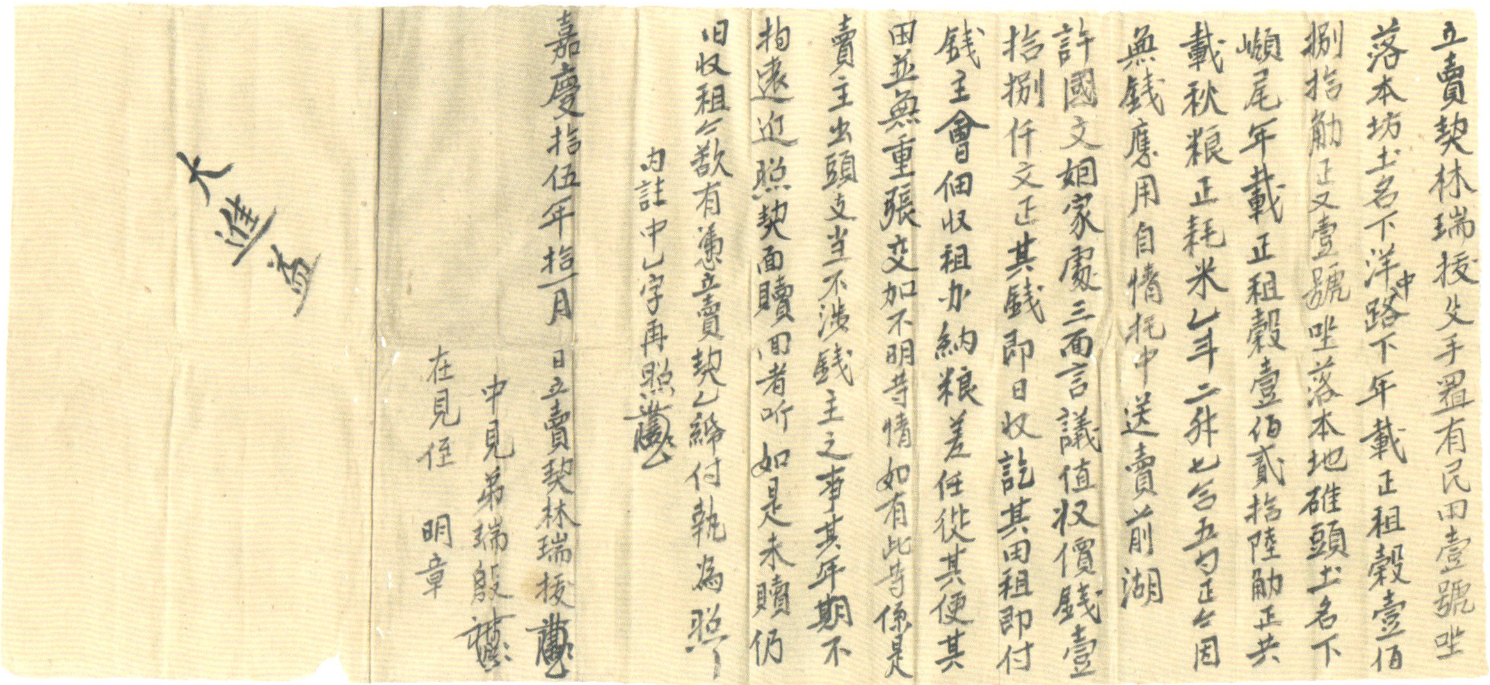
立賣契林瑞拔，父手置有民田壹號，坐
落本坊土名下洋中路下，年載正租穀壹佰
捌拾觔正。又壹號，坐落本地，土名雄頭下
嶺尾，年載正租穀壹佰貳拾陸觔正。共
載秋粮正耗米七升二合七勺五抄正。今因
無錢應用，自情托中送賣前湖
許國文姻家處，三面言議，值價錢壹
拾捌仟文正。其錢即日收訖，其田租即付
錢主會佃收租办納粮差，任從其便。其
田並無重張交加不明等情，如有此等，係是
賣主出頭支当，不涉錢主之事。其年期不
拘遠近，照契面贖回，者听。如是未贖，仍
旧收租。今欲有憑，立賣契一紙付執為照。
內註中字再照。
嘉慶拾伍年拾一月　日立賣契林瑞拔
中見弟瑞般
在見侄明章
大進

5-2-65-10　清嘉慶十五年十一月林瑞拔立賣民田契

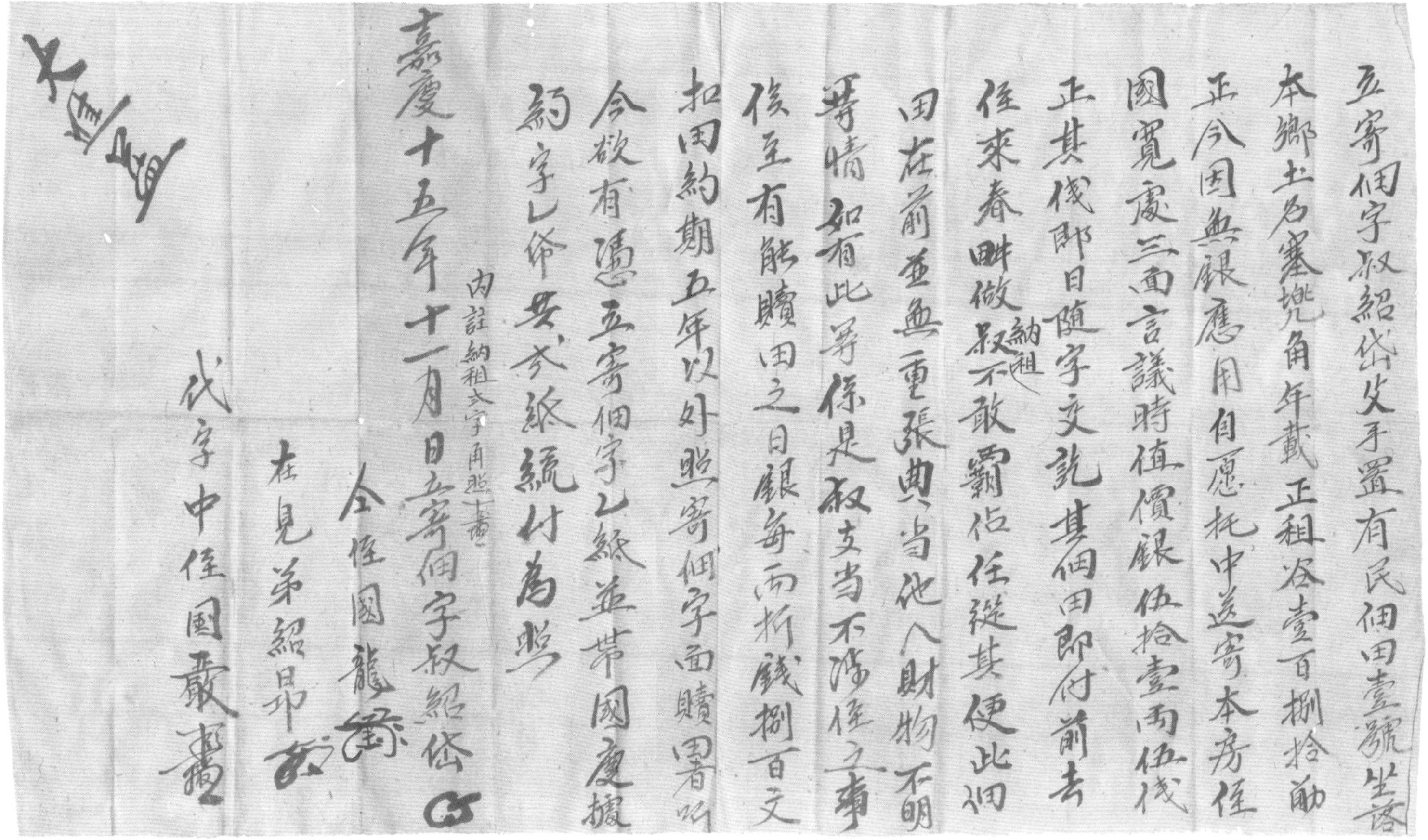
立寄佃字叔紹岱父手置有民佃田壹號坐落
本鄉土名塞坵角年載正租谷壹百捌拾觔
正今因無銀應用自愿托中送寄本房侄
國寬處三面言議時值價銀伍拾壹兩伍錢
正其錢即日隨字交訖其佃田即付前去
任來春畊做納租叔不敢霸佔任從其便此佃
田在前並無重張典当他人財物不明
等情如有此等係是叔支当不涉侄之事
後至有能贖田之日銀每兩折錢捌百文
扣田約期五年以外照寄佃字面贖回者
今欲有憑立寄佃字乙紙並帶國慶據
約字乙紙共弍紙統付為照
内註納租弍字再照
嘉慶十五年十一月日立寄佃字叔紹岱
仝侄國龍
在見弟紹昂
代字中侄國藏

5-2-65-11　清嘉慶十五年十一月葉紹岱立寄民佃田字

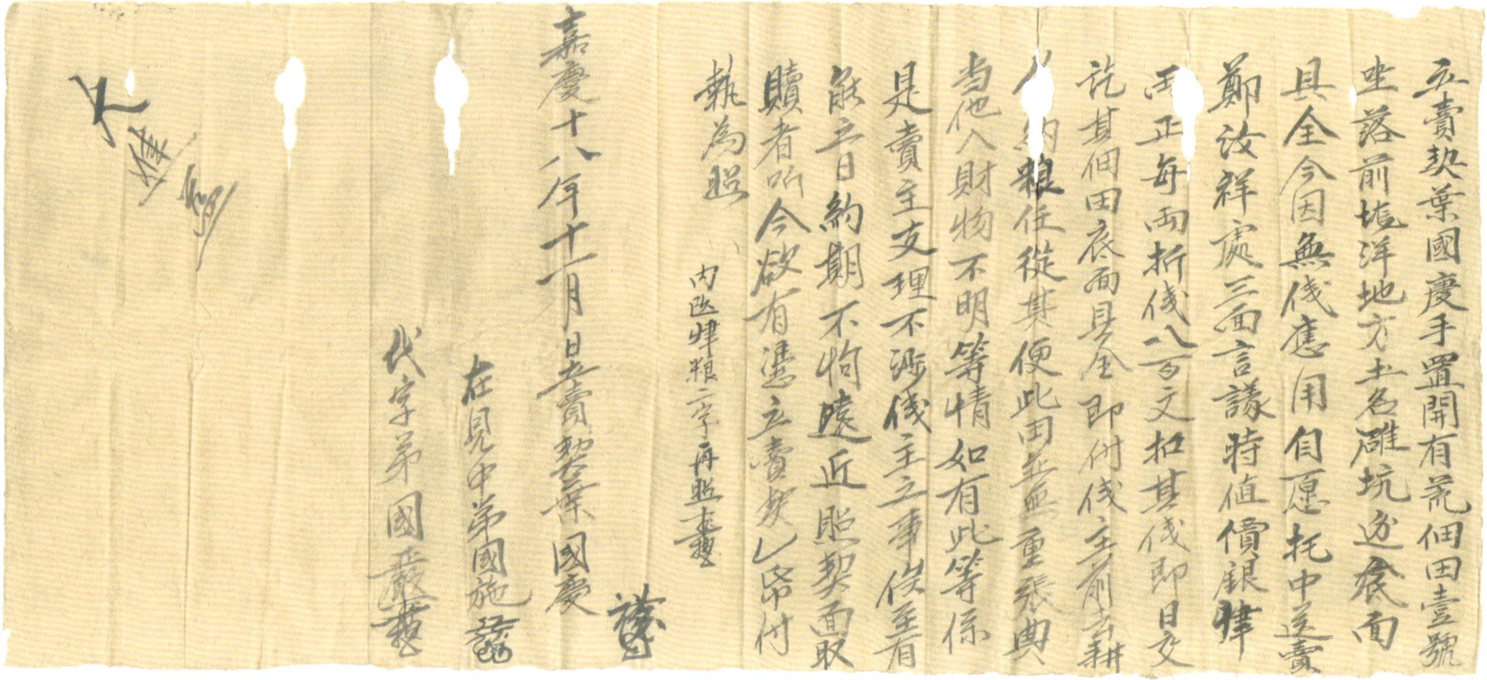
立賣契葉國慶手置開有荒佃田壹號
坐落蓋洋地方土名碓坑邊倉面
具全今因無錢應用自愿托中送賣
鄭汝祥處三面言議特值價銀肆
兩正每兩折錢八百文扣其錢即日交
訖其佃田底面具全即付錢主前去耕
作納粮任從其便此田並無重張典
當他人財物不明等情如有此等係
是賣主支理不涉錢主之事倘至有
錢之日約期不拘遠近照契面取
贖者此今欲有憑立賣契一紙付
執為照
內照肆粮二字再照
嘉慶十八年十一月　日立賣契葉國慶
在見中弟國施
代字弟國燕
大吉

5-2-65-12　清嘉慶十八年十一月葉國慶立賣底面全荒佃田契

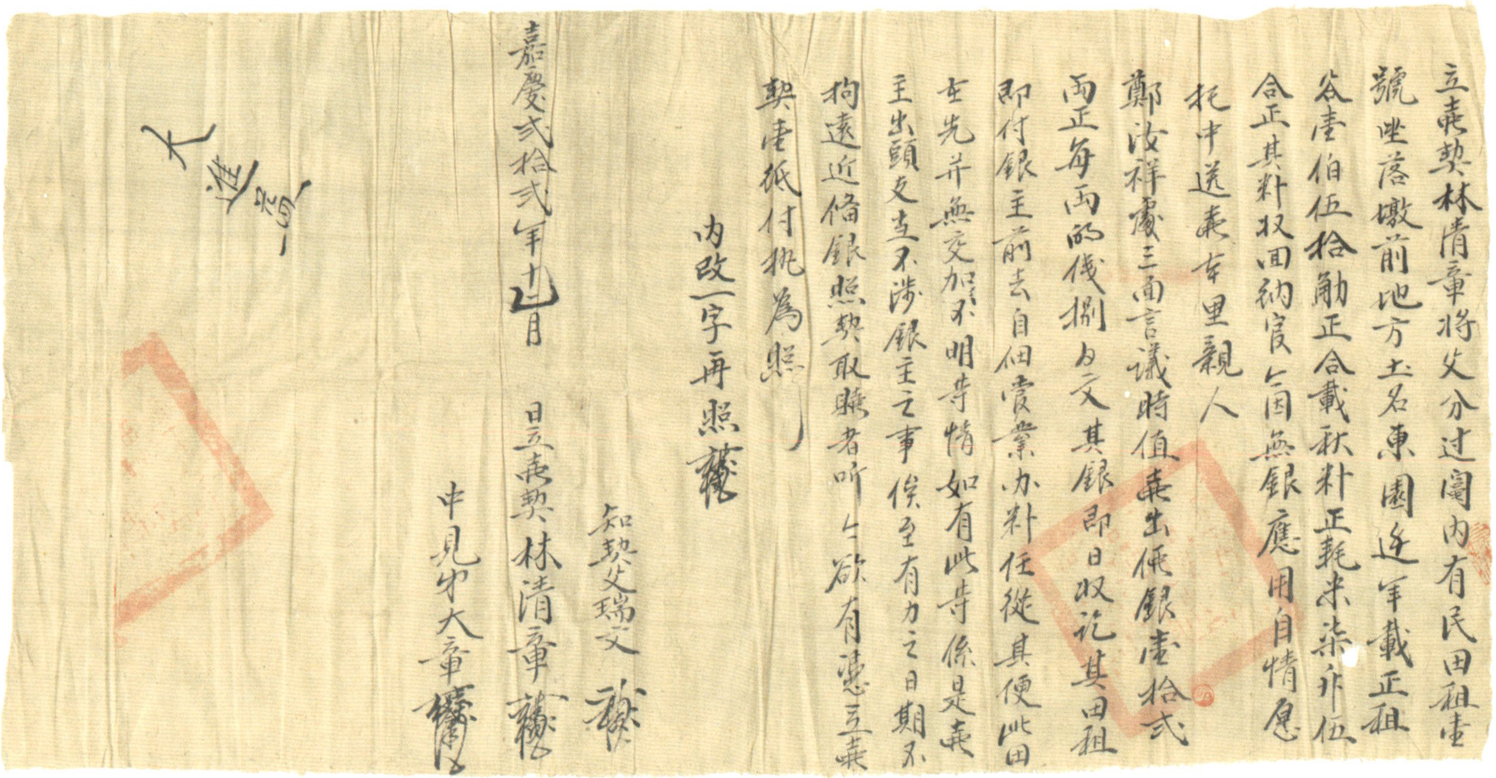

立賣契林清章將父分过阄内有民田租壹
號坐落墩前地方土名東園送年載正租
谷壹伯伍拾觔正合載秋粁正耗米柒升伍
合正其粁収回納官今因無銀應用自情愿
托中送賣本里親人
鄭汝祥處三面言議時值賣出價銀壹拾弍
兩正每兩的伐捌五文其銀即日收訖其田租
即付銀主前去自佃賞業办粁任從其便此田
在先并無交加不明等情如有此等係是賣
主出頭支当不涉銀主之事俟至有力之日期不
拘遠近備銀照契取贖者听今欲有憑立賣
契壹紙付批為照
内改一字再照

嘉慶弍拾弍年十一月 日立賣契林清章
知契父瑞文
中見中大章

5-2-65-13　清嘉慶二十二年十一月林清章立賣民田租契（紅契）

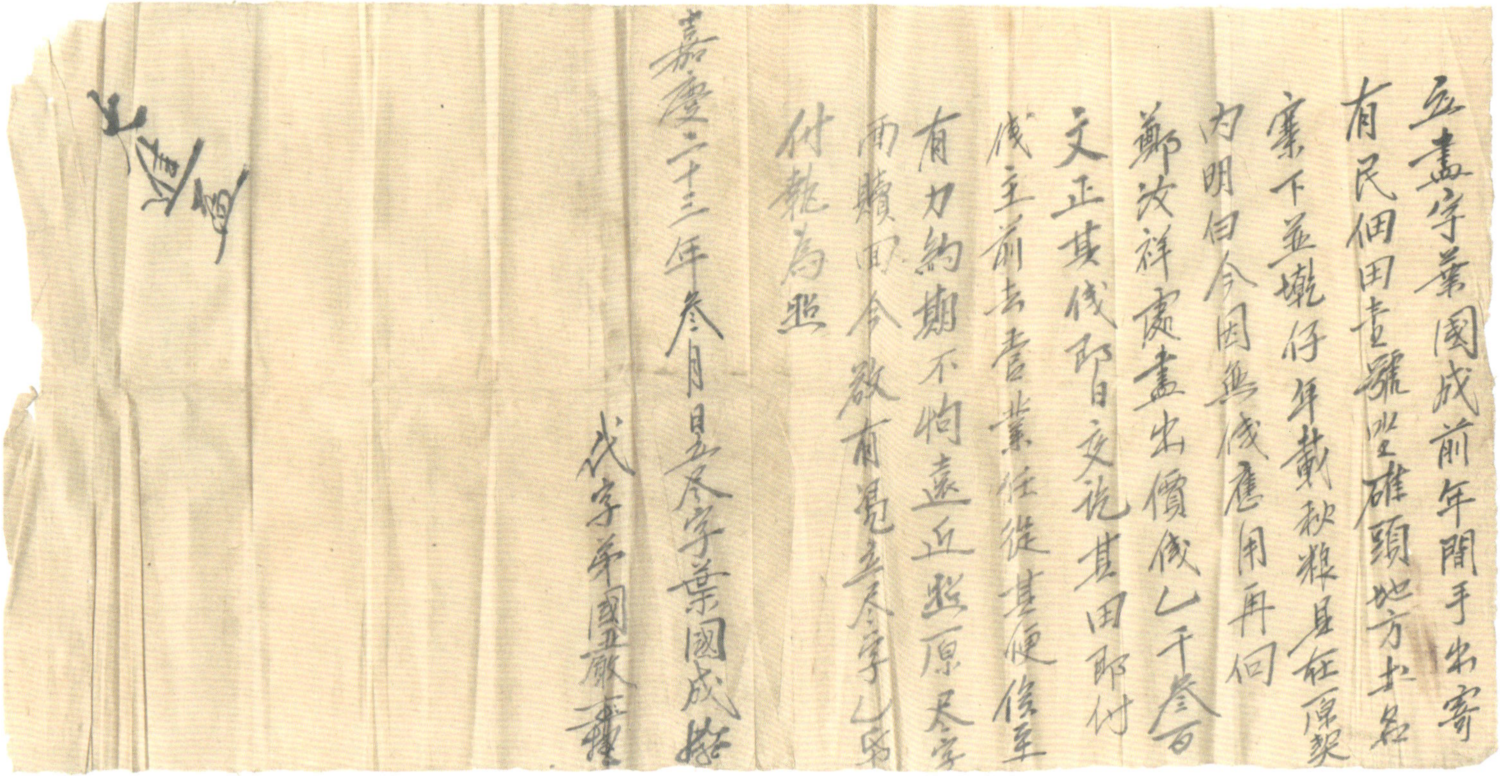
立盡字葉國成前年間手出寄
有民佃田壹號坐址碓頭地方土名
寨下並墘仔年載秋粮具在原契
內明白今因無錢應用再向
鄭汝祥處盡出價錢乙千叁百
文正其錢即日交訖其田即付
錢主前去管業任從其便倍至
有力約期不拘遠近照原契字
兩贖即今欲有憑立盡字乙紙
付執為照
嘉慶二十三年叁月　日立盡字葉國成（押）
代字弟國立（押）

5-2-65-14　清嘉慶二十三年三月葉國成立盡民佃田字

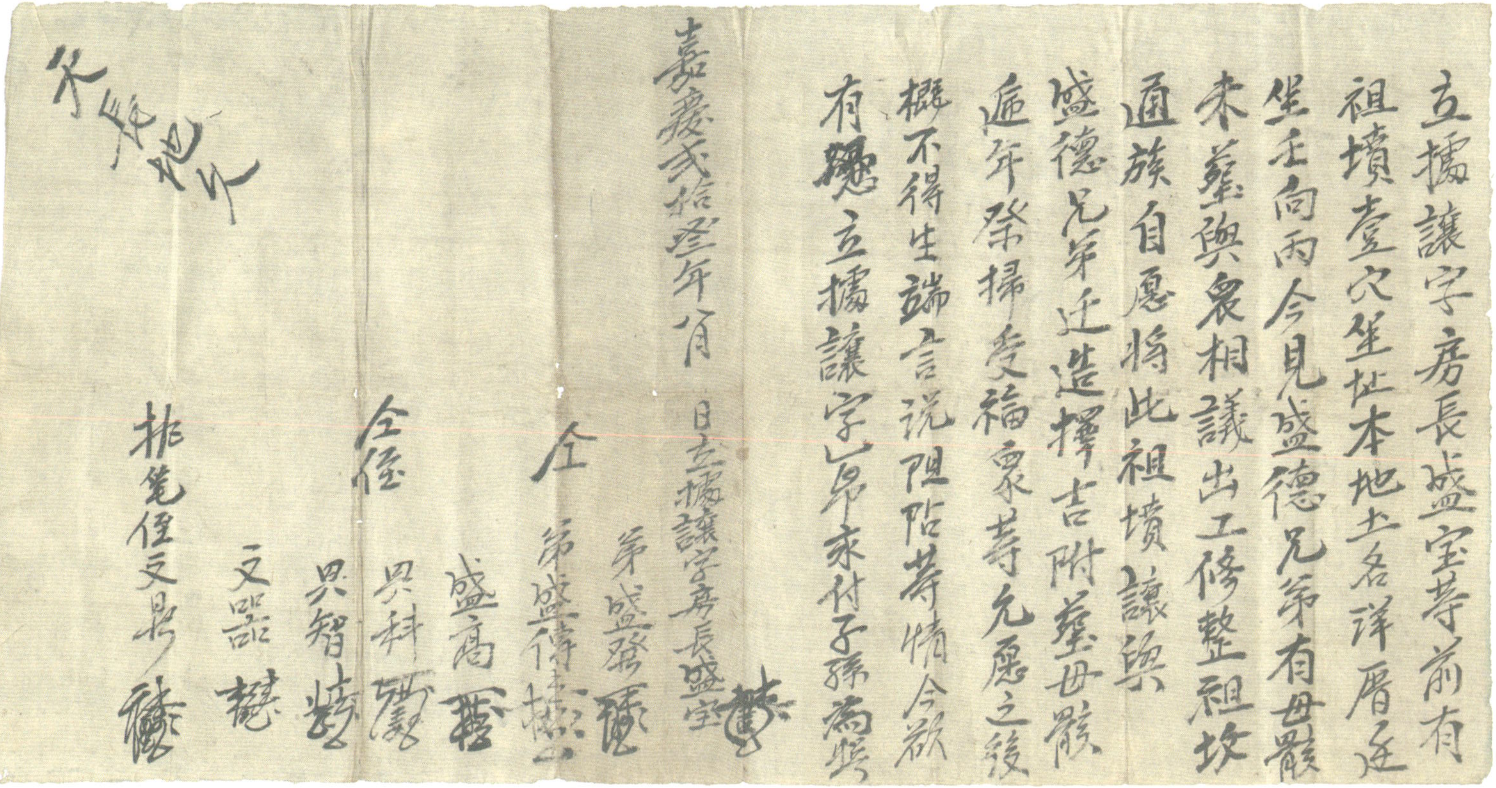
立據讓字房長盛宝等，前有
祖墳壹穴，坐址本地土名洋厝廷，
坐壬向丙。今見盛德兄弟有毋骸
未葬，與衆相議，出工修整祖坟，
通族自愿將此祖墳讓與
盛德兄弟迁造擇吉附葬毋骸，
遞年祭掃受福，衆等允愿之後，
槩不得生端言説阻阽等情。今欲
有憑，立據讓字一帋，永付子孫爲照。
嘉慶貳拾叁年八月　日立據讓字房長盛宝（押）
仝　弟盛發（押）
弟盛傳（押）
盛高（押）
仝侄　興科（押）
興智（押）
文器（押）
排筆侄文彬（押）
不能退了

5-2-65-15　清嘉慶二十三年八月黃盛宝等立據讓祖墳字

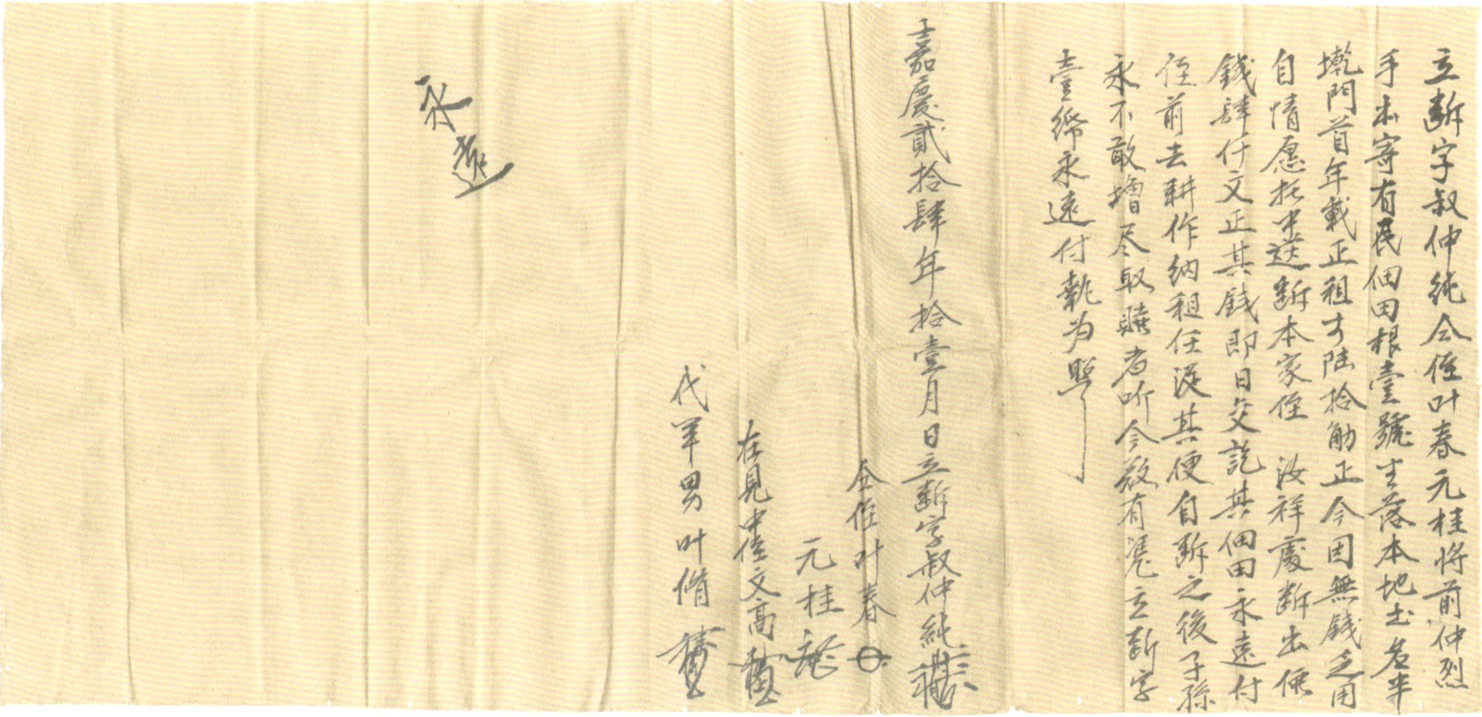
立斷字叔仲純仝侄叶春元桂將前仲烈
手承寄有民佃田根壹號坐落本地土名半
墩門首年載正租大陸拾觔正今因無錢乏用
自情愿托中送斷本家侄　汝祥處斷出價
錢肆仟文正其錢即日交訖其佃田永遠付
侄前去耕作納租任從其便自斷之後子孫
永不敢增盡取贖者听仝叙有凭立斷字
壹紙永遠付執為照
嘉慶貳拾肆年拾壹月　日立斷字叔仲純（押）
仝侄叶春（押）
元桂（押）
在見堂侄文高（押）
代筆男叶僑（押）
永遠

5-2-65-16　清嘉慶二十四年十一月鄭仲純等立斷民佃田根字

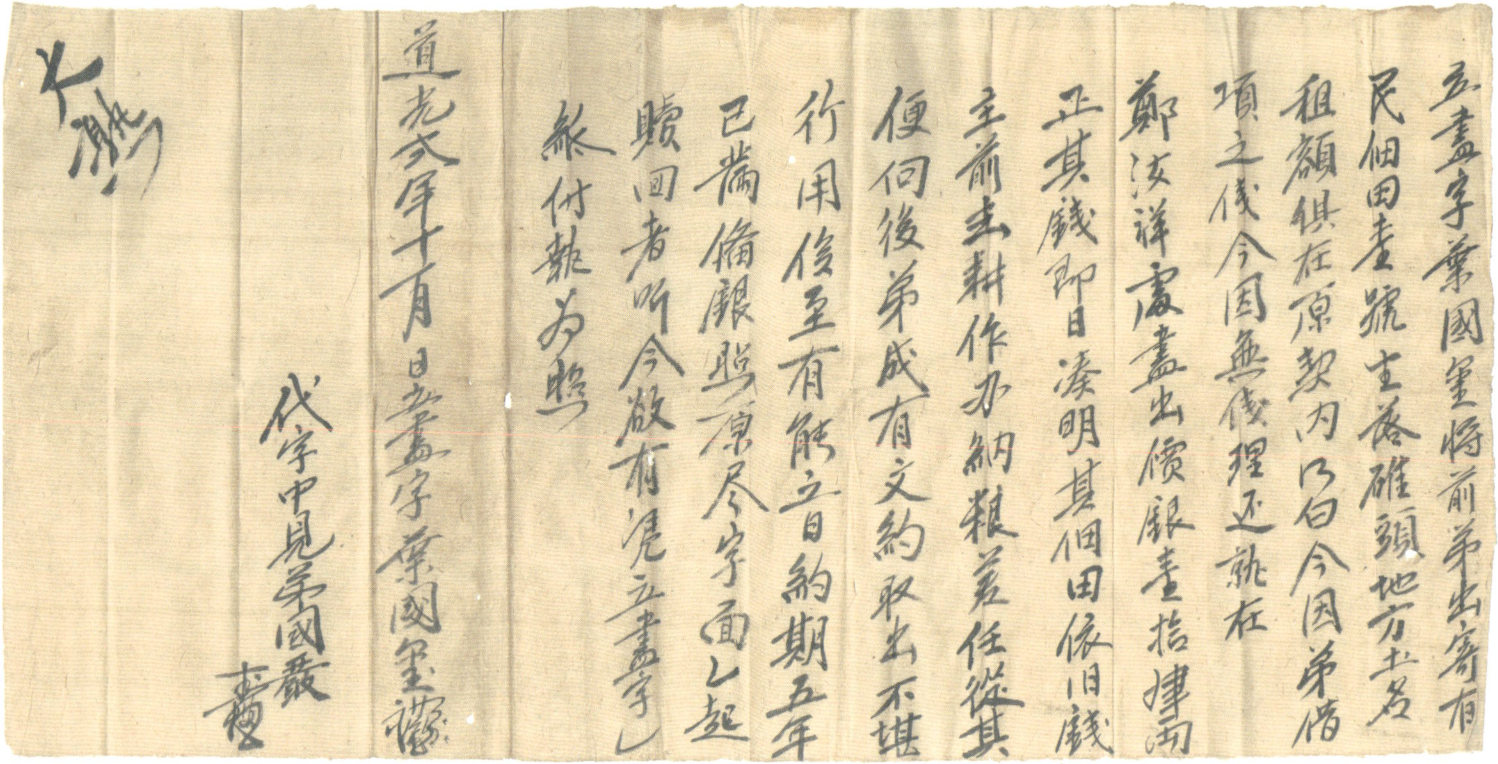

5-2-65-17　清道光二年十一月葉國璽立盡民佃田字

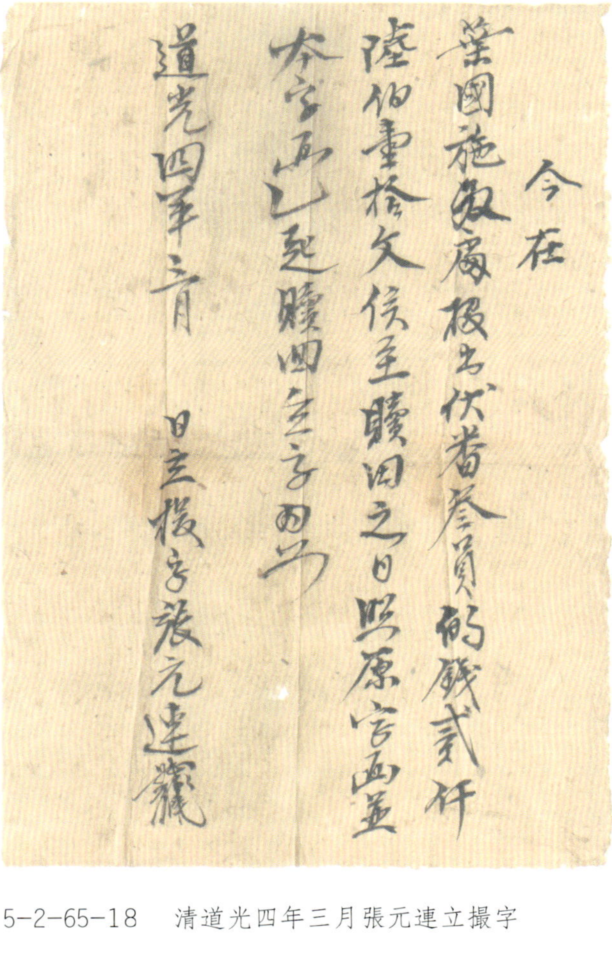

今在
筆國施叔處撥出伏番叁員的錢貳仟
陸佰壹拾文俟至贖田之日照原字面並
本字兩訖起贖回立字為照

道光四年三月　日立撥字張元連親

5-2-65-18　清道光四年三月張元連立撮字

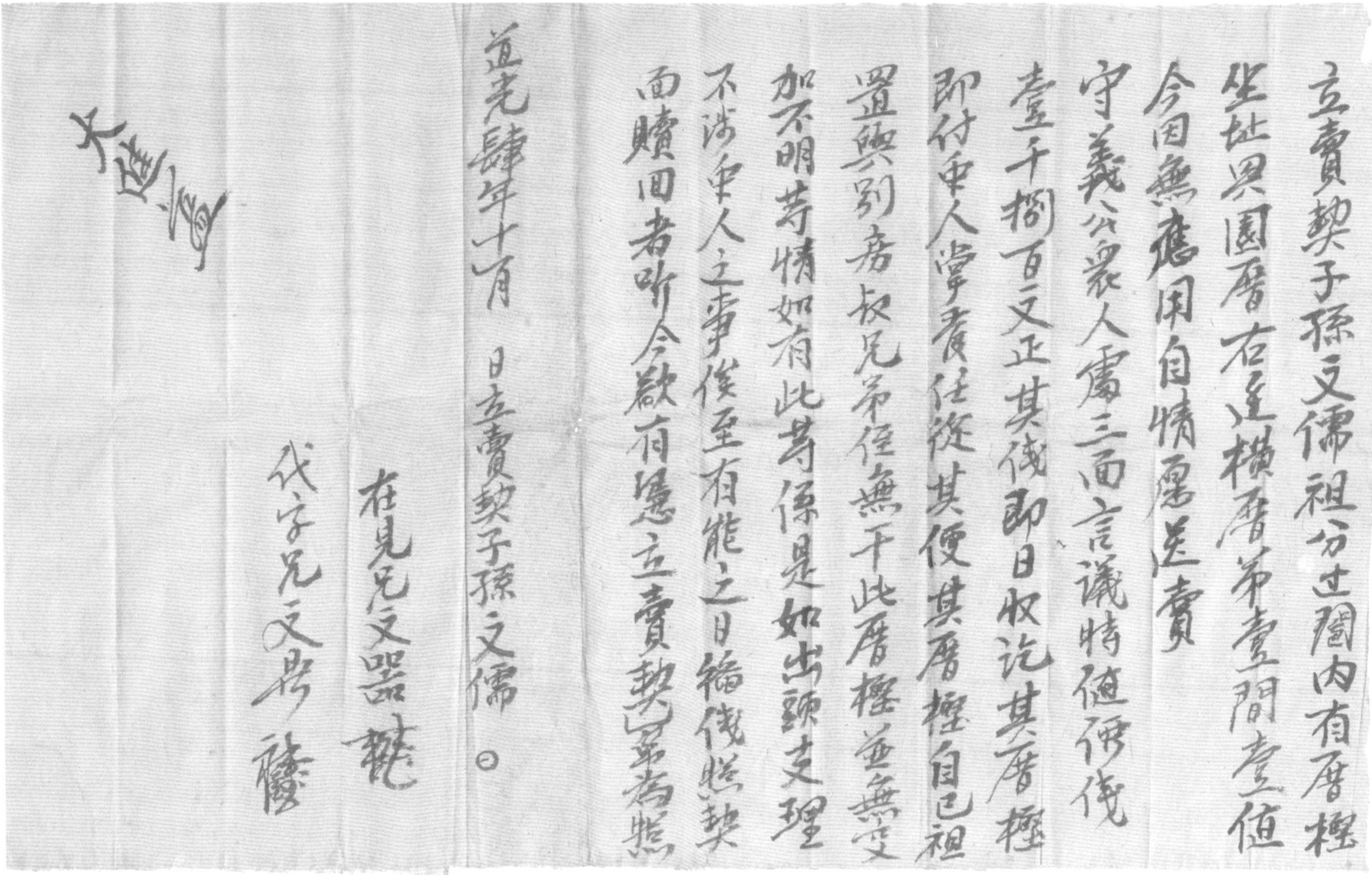

立賣契子孫文儒祖分过𨻶内有厝樫
坐址吳園厝右边横厝第壹間壹值
今因無應用自情愿送賣
守義公衆人處三面言議時值價錢
壹千捌百文正其錢即日收訖其厝樫
即付買人掌管任從其便其厝樫自己祖
置與别房叔兄弟侄無干此厝樫並無交
加不明等情如有此等係是如出頭支理
不涉買人之事候至有能之日備錢照契
面贖回者聽今欲有憑立賣契字為照

道光肆年十一月　日立賣契子孫文儒 ㊞
在見兄文器
代字兄文彬

5-2-65-19　清道光四年十一月鄭文儒立賣厝樫契

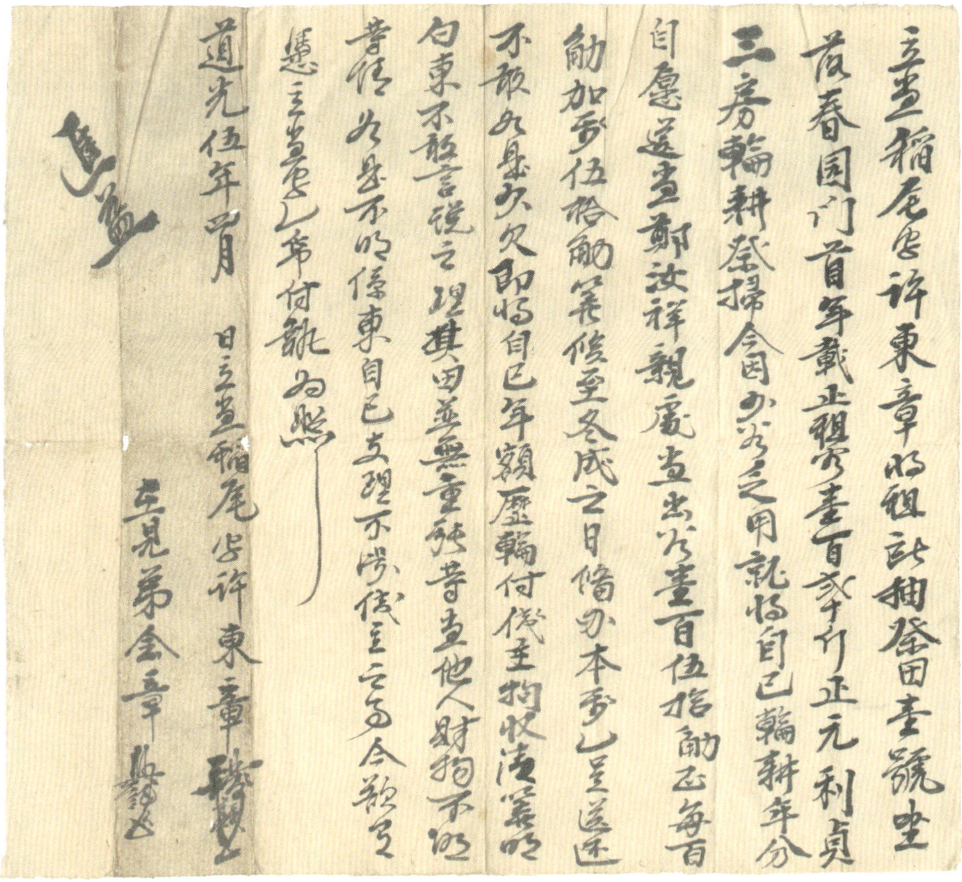
立當稻尾字許東章，承祖父抽分田壹號，坐
茂春園門首，年載正租穀壹百叄斤正，元利貞
三房輪耕分掃。今因乏銀之用，就將自己輪耕年分
自愿送當鄭汝祥親處，當出穀壹百伍拾觔正，每百
觔加利伍拾觔，其谷至冬成之日備办本利呈送，
不敢少欠。即將自己年額應輪付錢主掏收清楚，
白東不敢言說之理。其田並無重張當他人財物不明
等情，如有不明，係東自已支理，不涉錢主之事。今欲有
憑，立當字一紙付執為照。
道光伍年四月　日立當稻尾字許東章（押）
在見弟金章

5-2-65-20　清道光五年四月許東章立當稻尾字

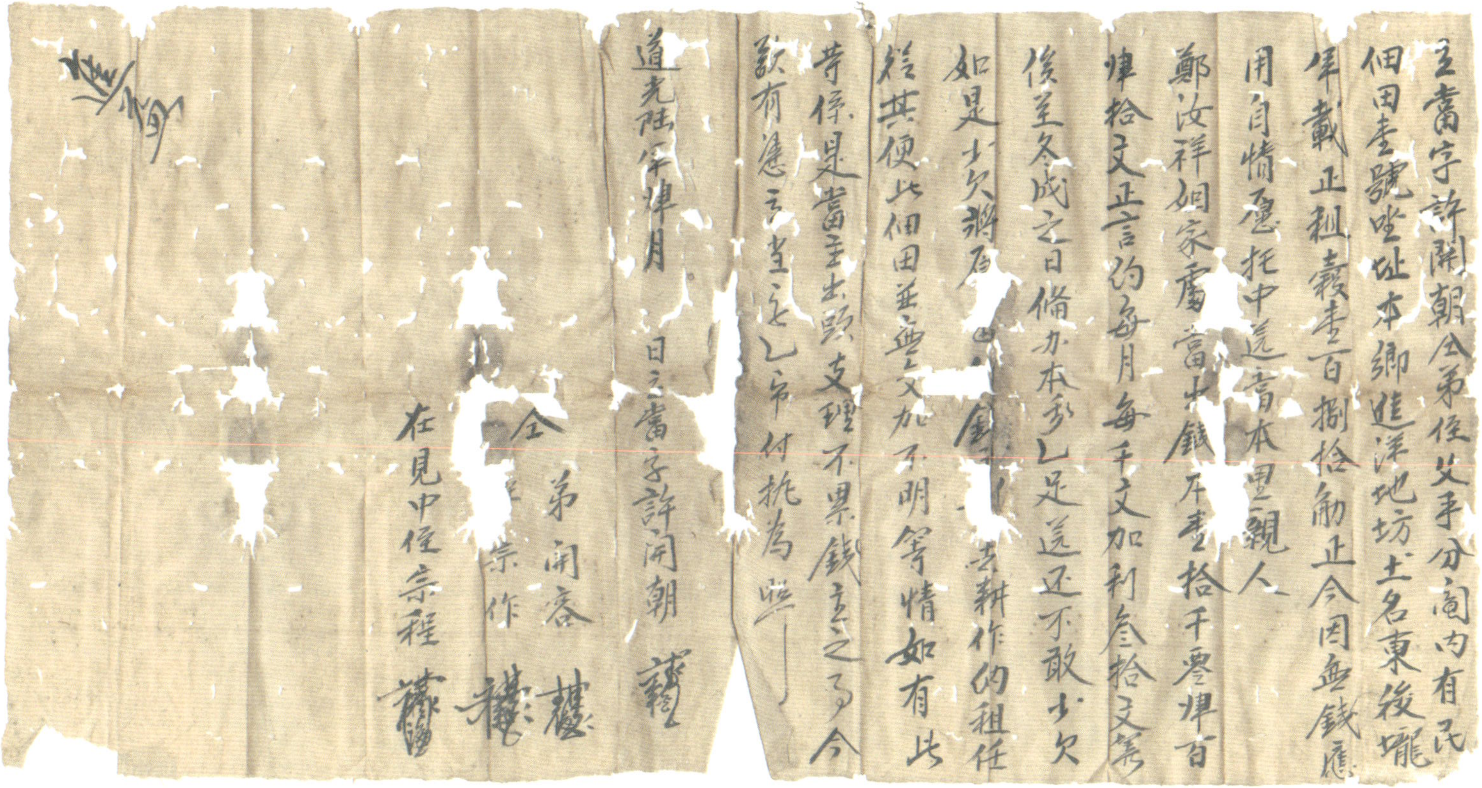
立當字許開朝仝弟侄叉手分阄內有民
佃田壹號坐址本鄉進洋地坊土名東後壠
年載正租穀壹百捌拾觔正今因無錢應
用自情愿托中送當本里親人
鄭汝祥侗家當出錢仟壹拾千零肆百
肆拾文正言約每月每千文加利叁拾文算
後至冬成之日備办本利足送还不敢少欠
如是少欠[illegible][illegible][illegible]錢[illegible]其耕作仍租任
從其便此佃田並無文加不明等情如有此
等係是當主出頭支理不累錢主之事今
欲有憑立當字乙帋付执為照
道光陆年肆月　日立當字許開朝
仝　弟開春
　　[illegible]宗作
在見中侄宗程

5-2-65-21　清道光六年四月許開朝等立當民佃田字

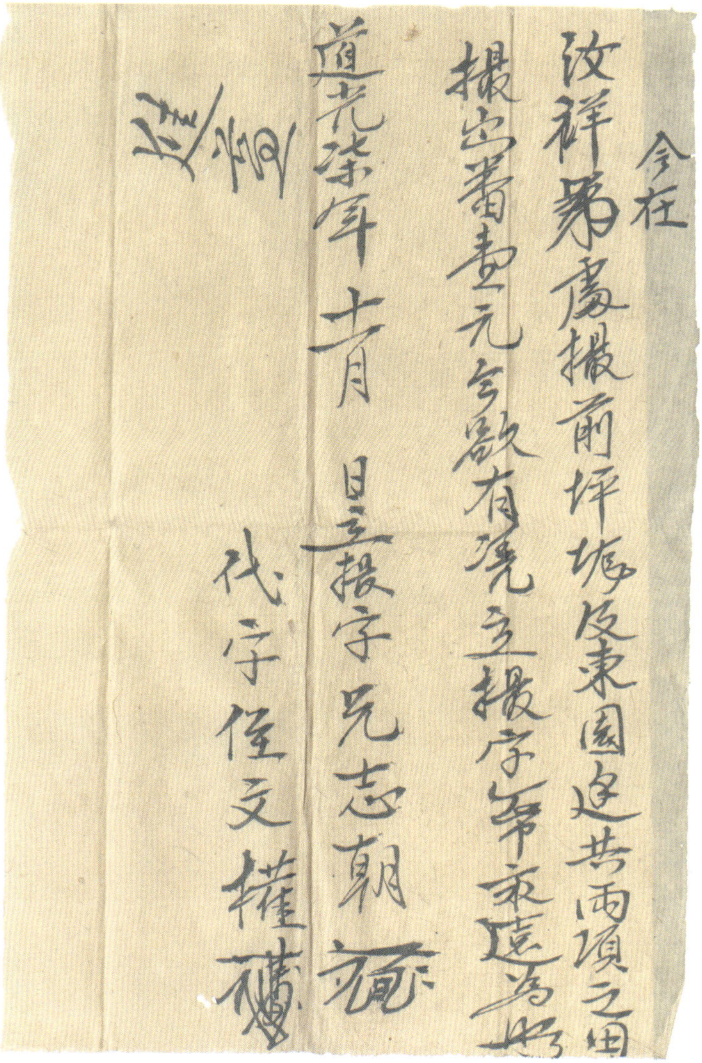

今在
汶祥弟處撮前坪墘及東園邊共兩項之田
撮出番壹元六歛有憑立撮字為永遠為照
道光柒年十一月　日立撮字兄志朝
代字侄文權

5-2-65-22　清道光七年十一月鄭志朝立撮字

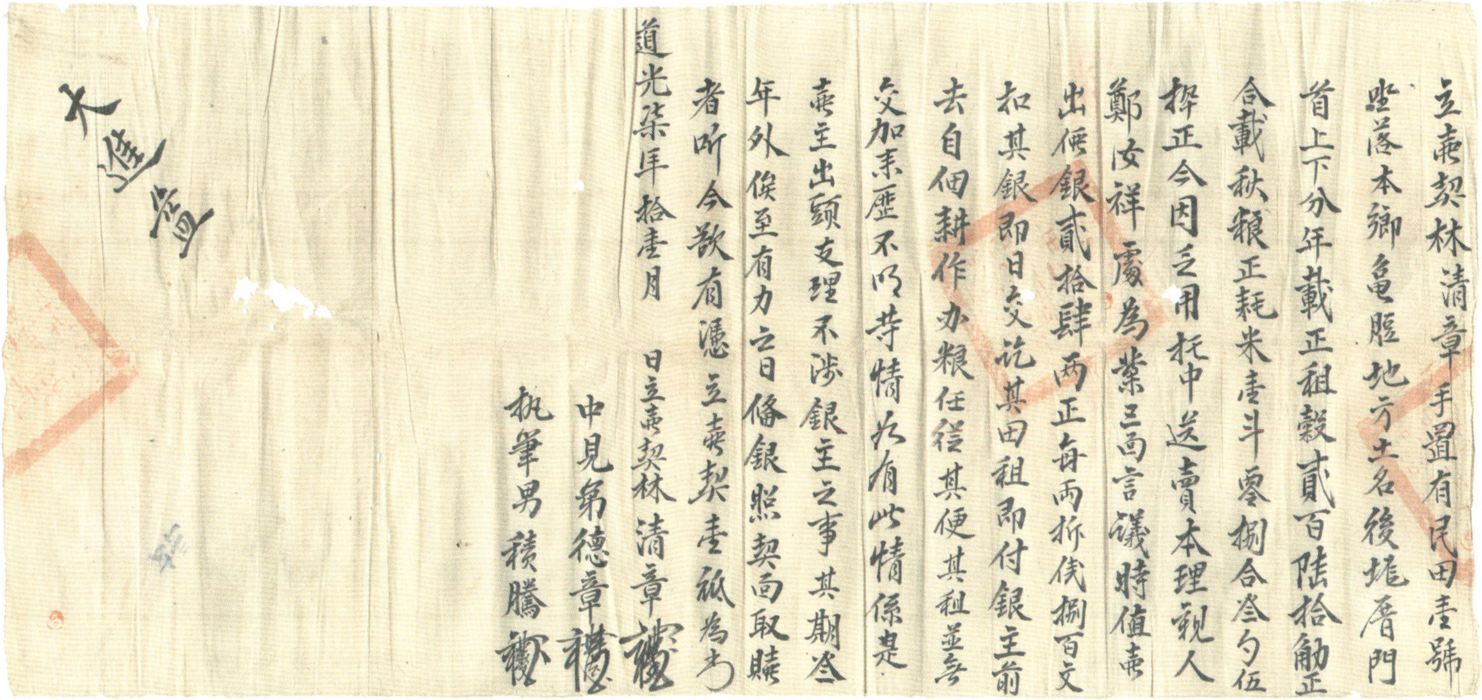
立賣契林清章手置有民田壹號
坐落本鄉龜脛地方土名後墘厝門
首上下分年載正租穀貳百陸拾觔正
合載秋糧正耗米壹斗零捌合叁勺伍
抄正今因乏用托中送賣本理親人
鄭汝祥處為業三面言議時值賣
出價銀貳拾肆兩正每兩折伐捌百文
扣其銀即日交訖其田祖即付銀主前
去自佃耕作辦糧任從其便其租並無
交加來歷不明等情如有此情係是
賣主出頭支理不涉銀主之事其期叁
年外從至有力之日備銀照契面取贖
者聽今欲有憑立賣契壹紙為照
道光柒年拾壹月　日立賣契林清章
中見弟德章
執筆男積騰
大進宣

5-2-65-23　清道光七年十一月林清章立賣民田契（紅契）

立繳寄佃字葉詩美將前父手置有
民佃田壹號坐落本鄉碓頭地坊土名
東壠三墻大小四坵年載正租谷弍伯
叁拾壹觔正，今因無銀應用，自情愿
托中送繳本鄉親人
鄭孩詳處為業，三面言議繳出價銀
伍拾兩正，其艮即日收明，其佃田即付
艮主前去耕作納租，任從其便。其
田在先並無交加不明等情，如有此
情，係是繳主出頭支當，不涉艮主
之事。其田原主或尽或贖，艮主支
理，不累繳主之事。今欲有憑，立繳
寄佃田字壹紙，並帶鄭家原契山
紙，計共弍紙，繳付執為照。

道光柒年十一月　日立繳寄佃田葉詩美（押）
在見中叔孔景（押）
執筆祖宗泰（押）

大進

5-2-65-24　清道光七年十一月葉詩美立繳寄民佃田字

立寄佃字葉振鰲，將祖手置有論田壹
號，坐落□頭地方，土名東槙坑，年載□租
穀壹百弍拾觔正，父兄弟五房未分，將己
年分額，今因無銀應用，自情愿托中送
寄與鄉親人　鄭汝祥處爲業，三面
時值寄出價銀弍拾柒兩正，每兩折錢捌
百文，扣其銀即日交訖，其輪田鰲應用手
年分額輪耕付銀主前去耕作，把佃收
租，任從其便，寄主不敢霸佔生端之理，其
田係是自己應年分與兄弟侄無干，在先並
無交加不明等情，如有此等係是寄主
頭理，不涉銀主之事，其田年分終有能
一日備銀照字面上贖回者听，今欲
有憑，立寄佃字一紙付執爲照。

道光拾壹年十一月　日立寄佃字人葉振鰲（押）
在見兄振延（押）
仝見弟振賞（押）
代字中侄家宜（押）

[illegible]

5-2-65-25　清道光十一年十一月葉振鰲立寄佃輪田字

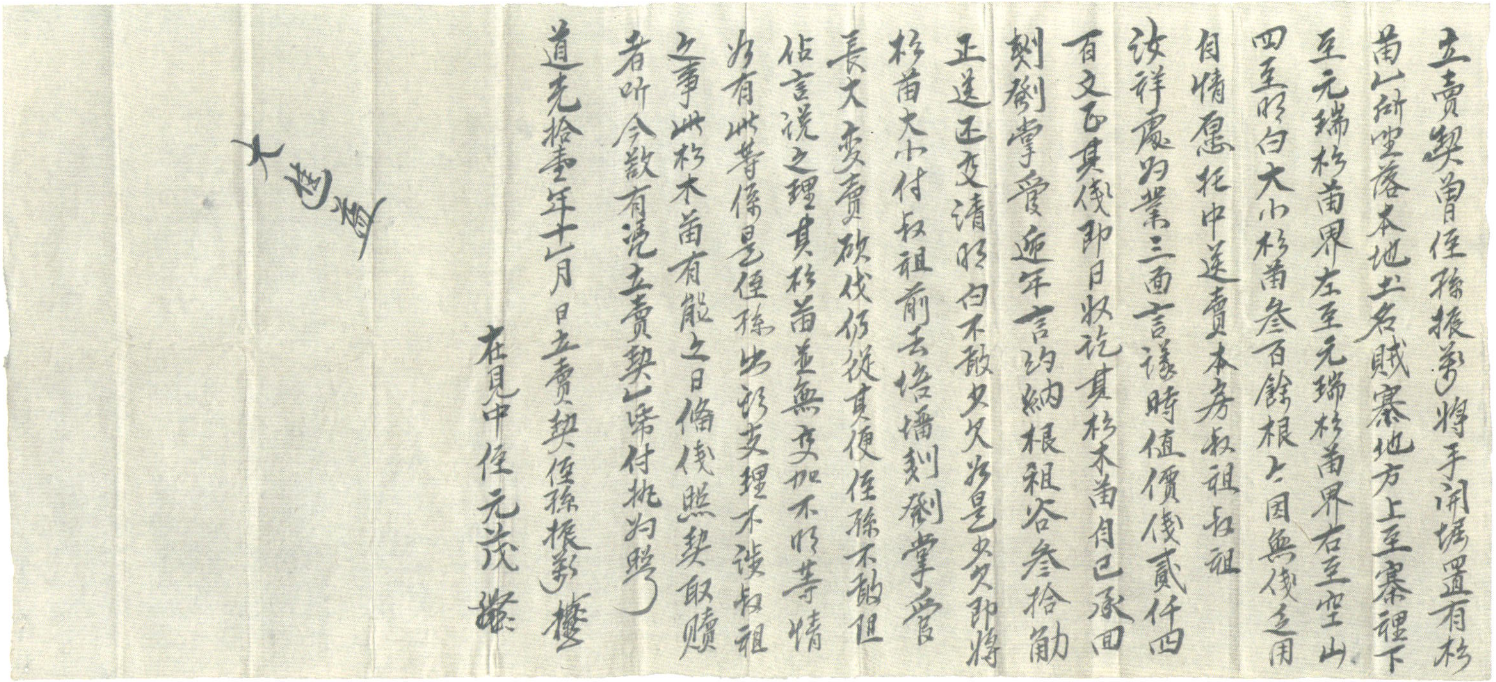

立賣契曾侄孫振萬將手開墾置有杉
苗山一所坐落本地土名賊寨地方上至寨裡下
至元瑞杉苗界左至元瑞杉苗界右至空山
四至明白大小杉苗叁百餘根〻因無錢應用
自情愿托中送賣本房叔祖叔祖
汝祥處為業三面言議時值價錢貳仟四
百文正其錢即日收訖其杉木苗自己承回
剗劉掌管逐年言約納根租谷叁拾觔
正送还交清明白不敢欠欠如是欠欠即將
杉苗大小付叔祖前去培播剗劉掌管
長大变賣砍伐仍從其便侄孫不敢阻
佔言說之理其杉苗並無变加不明等情
如有此等係是侄孫出頭支理不涉叔祖
之事此杉木苗有能之日備錢照契取贖
者听今欲有憑立賣契一紙付執為照
道光拾壹年十一月　日立賣契侄孫振萬（押）
在見中侄元茂（押）

5-2-65-26　清道光十一年十一月鄭振萬立賣杉苗契

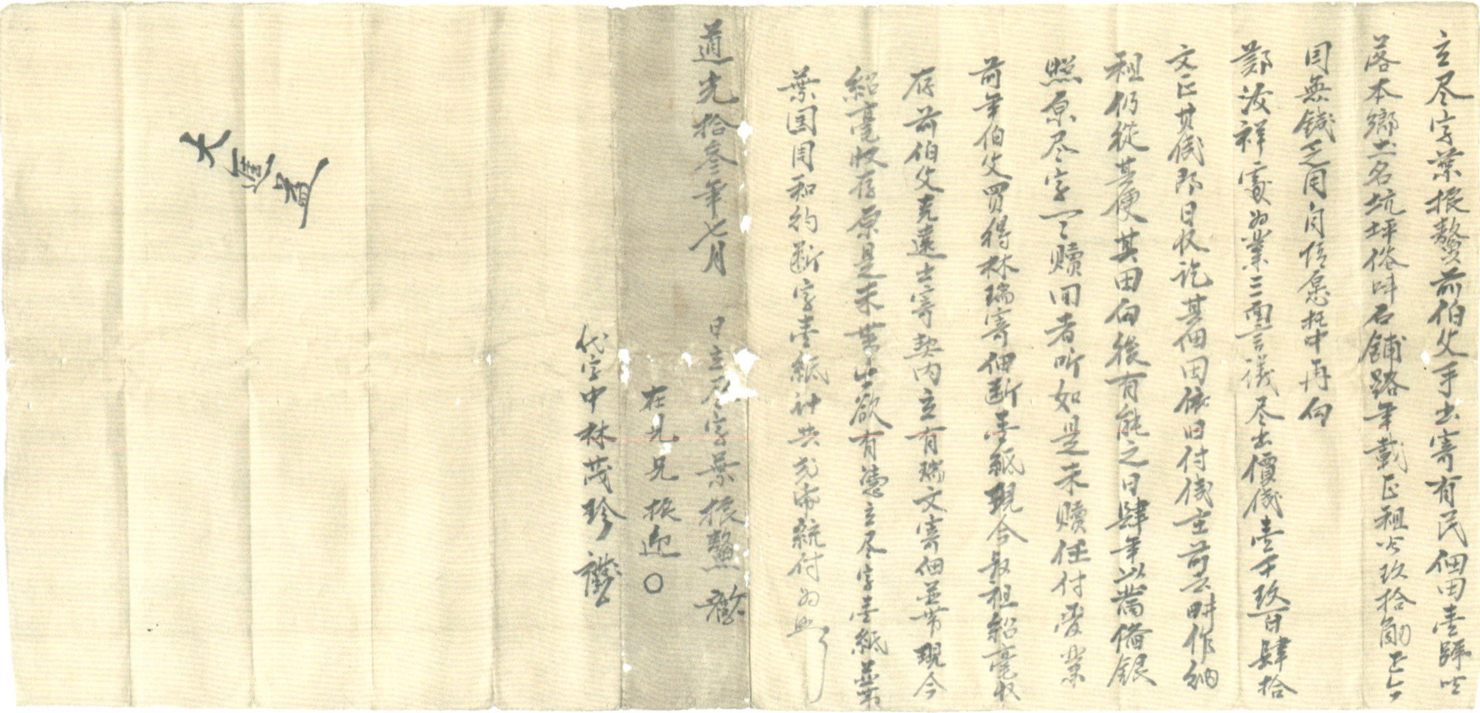
立盡字葉振鰲前伯父手出寄有民佃田壹號坐
落本鄉土名坑坪傍畔石鋪路邊載民租谷玖拾觔正今
因無錢之用自情愿托中再向
鄭汝祥處出業三面言議盡出價錢壹千玖百肆拾
文正其錢即日收訖其佃田隨日付與主前去耕作納
租仍從其便其田向後有能之日肆年以滿備銀
照原盡字了贖回者听如是未贖任付管業
前年伯父買得林瑞寄佃斷契壹紙現今數租紹毫收
存前伯父先遠出寄契內立有瑞文寄佃并帶現今
紹毫收存原是未葉出欲有憑立盡字壹紙并葉
國同和約斷字壹紙計共壹紙統付為照

道光拾叁年七月　日立盡字葉振鰲
在見兄振迎○
代字中林茂珍

5-2-65-27　清道光十三年七月葉振鰲立盡民佃田字

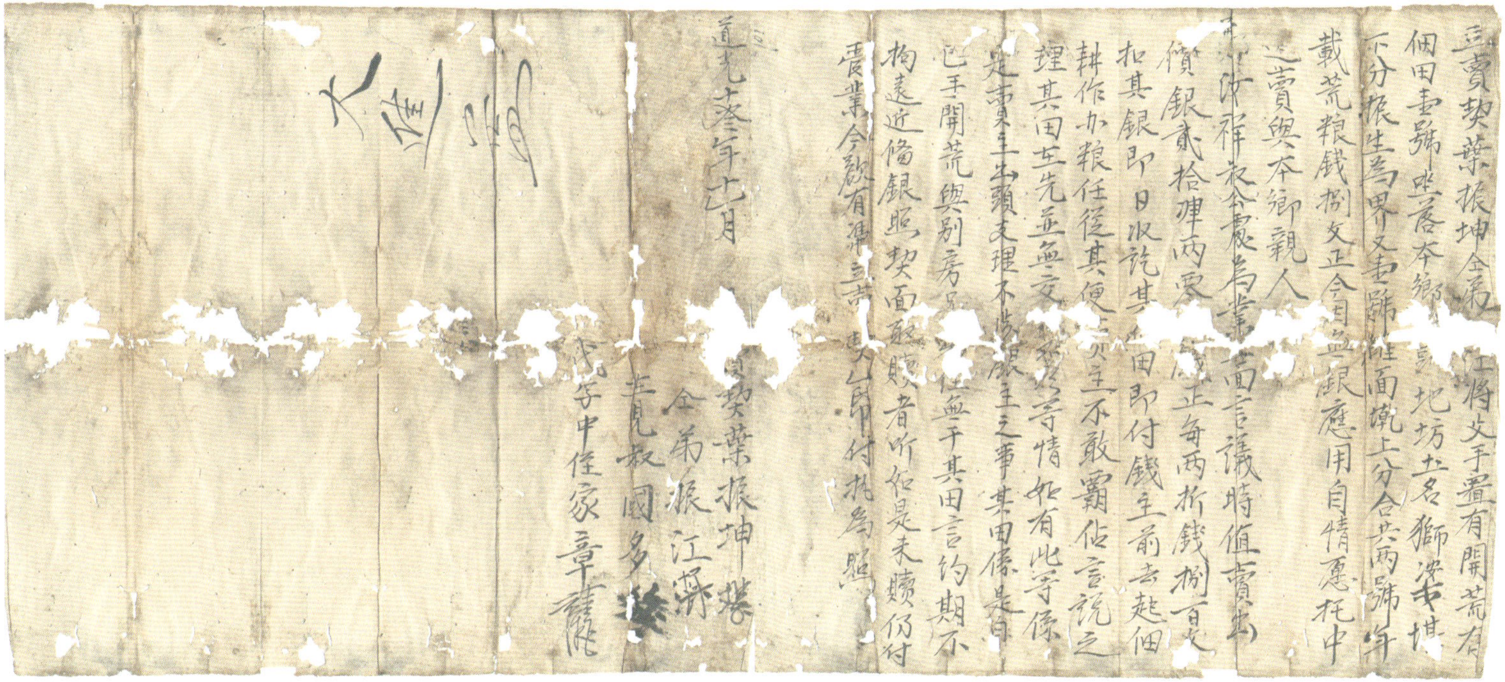
立賣契葉振坤仝弟[illegible]江將父手置有開荒有
佃田壹號坐落本鄉[illegible]地坊土名獅洋墘
下分振生爲界又壹號[illegible]面墘上分合共兩號年
載荒粮錢捌文正今因無銀應用自情愿托中
送賣與本鄉親人
沐祥衣仝處爲業[illegible]面言議時值賣出
價銀貳拾肆兩[illegible]正每兩折錢捌百文
扣其銀即日收訖其田即付錢主前去起佃
耕作办粮任從其便[illegible]主不敢霸佔言說之
理其田在先並無交[illegible]等情如有此等係
是賣主出頭支理不涉[illegible]主之事其田係是自
己手開荒與別房[illegible]任無干其田言約期不
拘遠近備銀照契面取贖者听從是未贖仍付
賣業今欲有憑立[illegible]付執爲照
道光十叁年十一月　日　立賣契葉振坤
仝弟振江
見叔國多
代筆中佐家章

5-2-65-28　清道光十三年十一月葉振坤等立賣荒佃田契

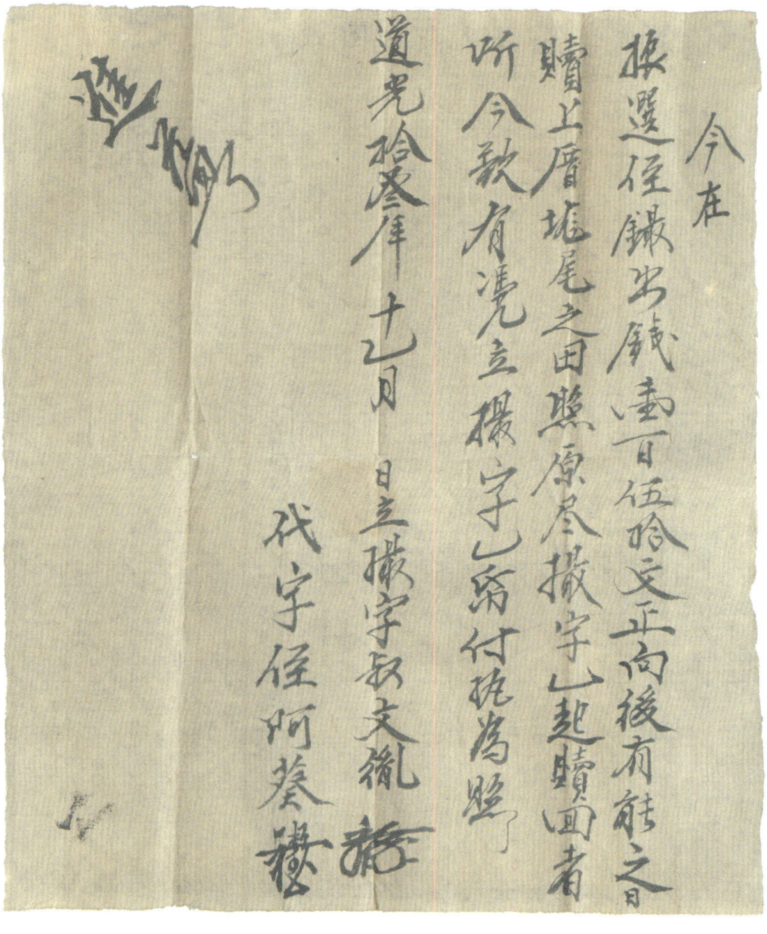
今在
族邊侄鎌出錢壹百伍拾文正向後有能之日
贖上層垅尾之田照原叁撮字乙起贖回者
所今欲有憑立撮字乙紙付執爲照
道光拾叁年十一月　日立撮字叔文胤（押）
代字侄阿葵（押）
進字號

5-2-65-29　清道光十三年十一月鄭文胤立撮字

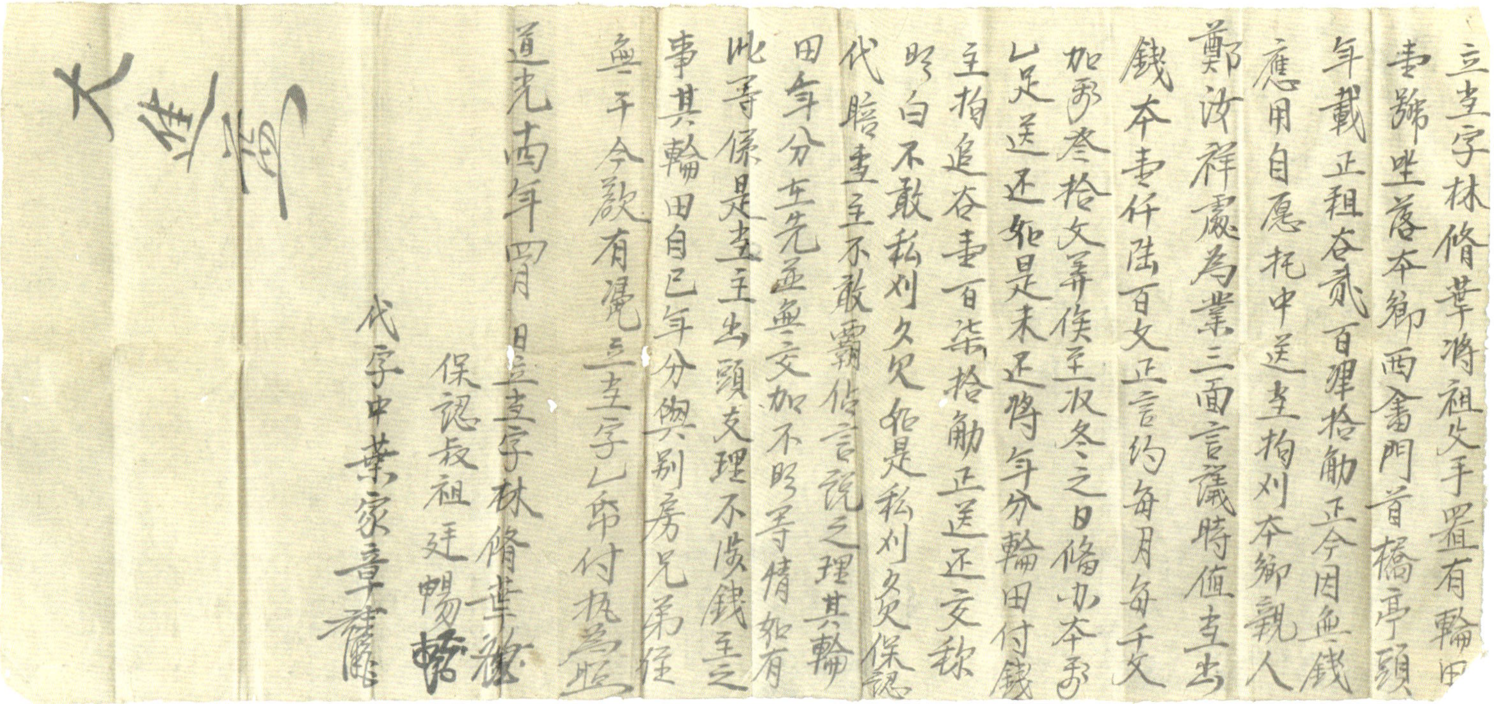

立当字林脩華將祖父手置有輪田
壹號坐落本鄉西峯門首橋亭頭
年載正租谷貳百理拾觔正，今因無錢
應用，自愿托中送当拘刈本鄉親人
鄭汝祥處為業，三面言議時值当出
錢本壹仟陸百文正，言约每月每千文
加利叁拾文算，俟至次冬之日備办本利
足送还，如是末还，將年分輪田付錢
主拘追谷壹百柒拾觔正，送还交称
明白，不敢私刈久欠，如是私刈久欠，保認
代賠壹主，不敢霸佔言说之理。其輪
田年分在先並無交加不明等情，如有
此等係是当主出頭支理，不涉錢主之
事。其輪田自己年分與别房兄弟侄
無干。今欲有憑，立当字乙帋付执為照。
道光十四年四月　日立当字林脩華（押）
保認叔祖　廷暢（押）
代字中　葉家章（押）
大建興

5-2-65-30　清道光十四年四月林脩華立當輪田字

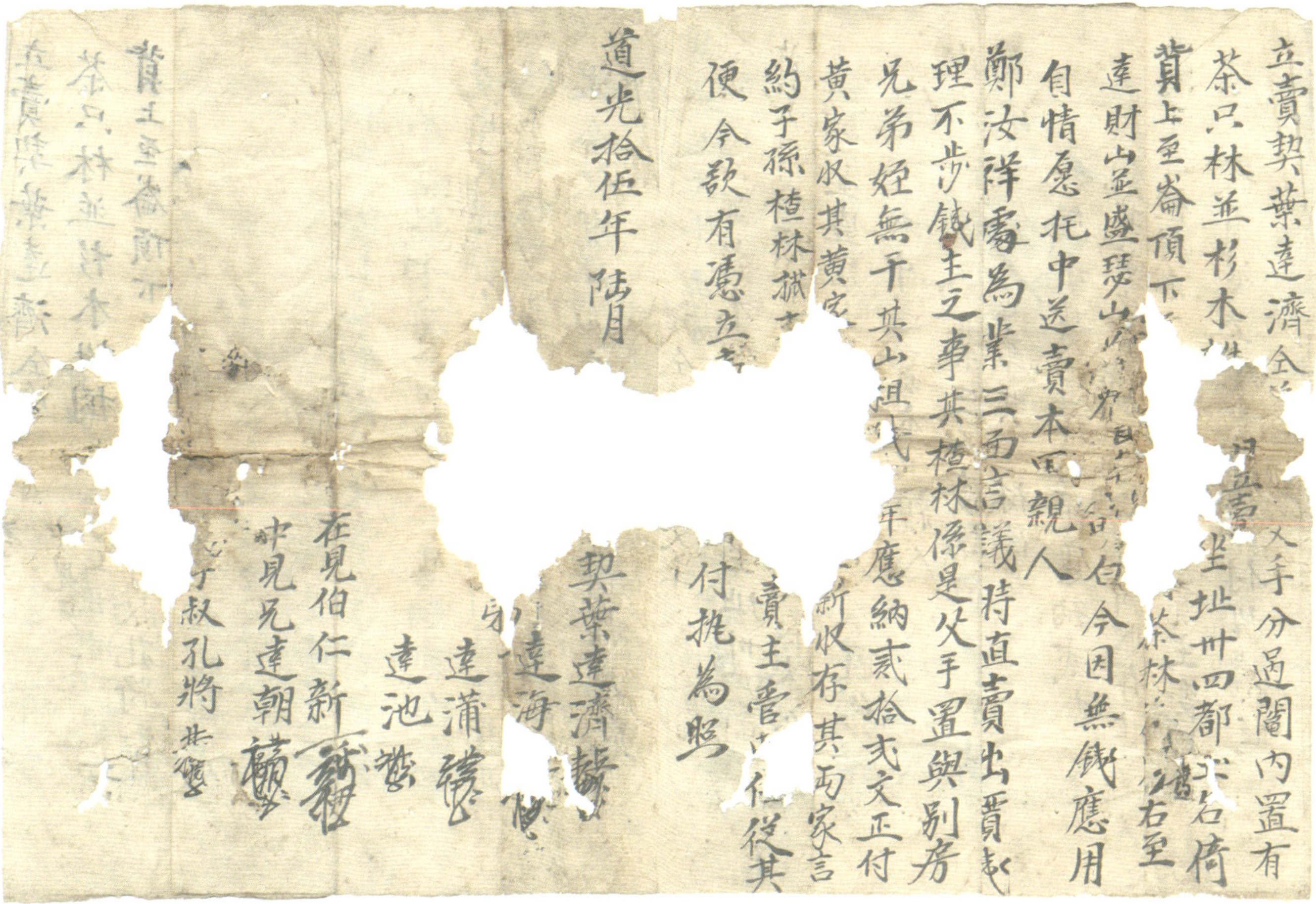

立賣契葉達濟仝[illegible]父手分過閹內置有
茶只林並杉木樹[illegible]坐址卅四都[illegible]右倚
背上至崙頂下[illegible]茶林[illegible]右至
達財山並盛琰山[illegible]今因無錢應用
自情愿托中送賣本房親人
鄭汝祥處為業三面言議時直賣出價錢
理不涉錢主之事其植林係是父手置與別房
兄弟姪無干其山退[illegible]年應納貳拾弍文正付
黃家收其黃家[illegible]新收存其兩家言
約子孫植林摠立[illegible]賣主管[illegible]從其
便今欲有憑立[illegible]付挽為照

道光拾伍年陸月　　契葉達濟
達海
達浦
達池
[illegible]新
在見伯仁新
中見兄達朝
[illegible]叔孔將

5-2-65-31　清道光十五年六月葉達濟等立賣茶只林等契

5-2-65-32 清道光十六年八月鄭文添立盡民佃田字

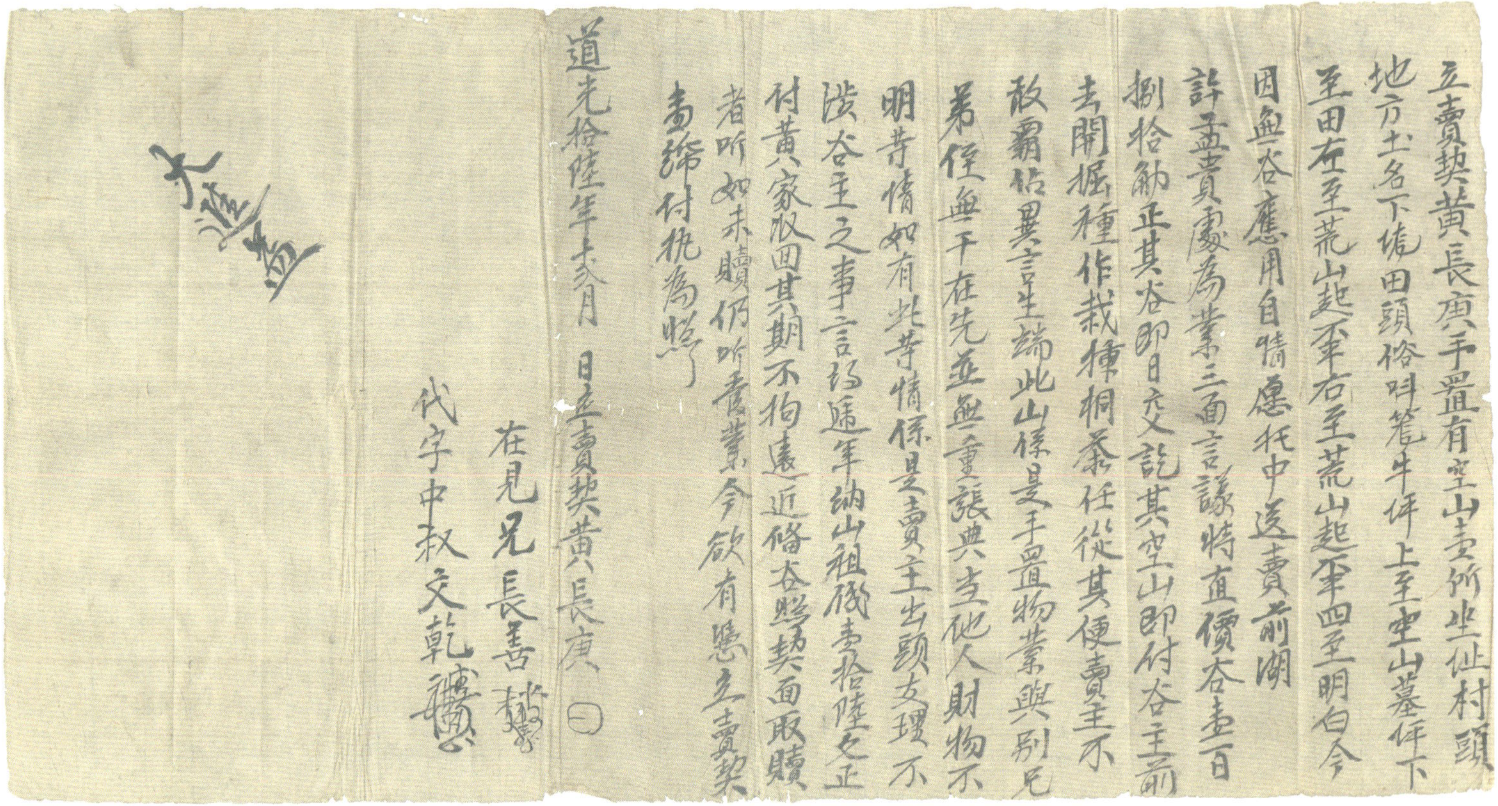
立賣契黄長庚，手置有空山壹所，坐址村頭
地方，土名下墘田頭，俗叫箬牛坪，上至空山墓坪，下
至田，左至荒山起平，右至荒山起平，四至明白。今
因無谷應用，自情愿托中送賣前湖
許丞貴處為業，三面言議時值價谷壹百
捌拾觔正，其谷即日交訖，其空山即付谷主前
去開掘種作，栽種桐茶，任從其便，賣主不
敢霸佔異言生端。此山係是手置物業，與别兄
弟侄無干，在先並無重張典當他人財物不
明等情；如有此等情，係是賣主出頭支理，不
涉谷主之事。言約逐年納山租錢壹拾陸文正，
付黄家收。回其期不拘遠近，備谷照契面取贖
者聽；如未贖，仍聽管業。今欲有憑，立賣契
壹紙付執為照。
道光拾陸年十弍月　日立賣契黄長庚（押）
在見兄長善（押）
代字中叔文乾（押）

5-2-65-33　清道光十六年十二月黄長庚立賣空山契

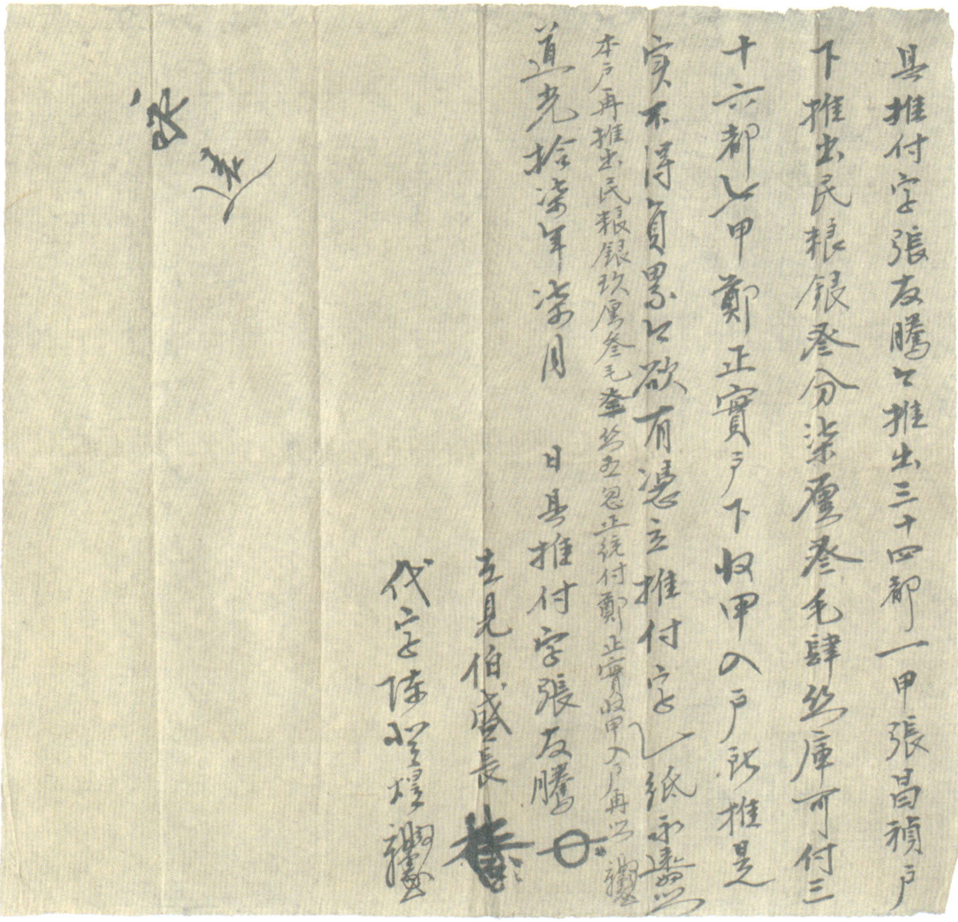
具推付字張友騰今推出三十四都一甲張昌積戶
下推出民粮銀叁分柒厘叁毛肆絲庫可付三
十六都七甲鄭正實戶下收甲入戶所推是
實不得留累今欲有憑立推付字乙紙永遠為照
本戶再推出民粮銀玖厘叁毛叁絲五忽正統付鄭正實收甲入戶再照
道光拾柒年柒月　日具推付字張友騰
在見伯盛長
代字陳聖煌

5-2-65-34　清道光十七年七月張友騰立推付字

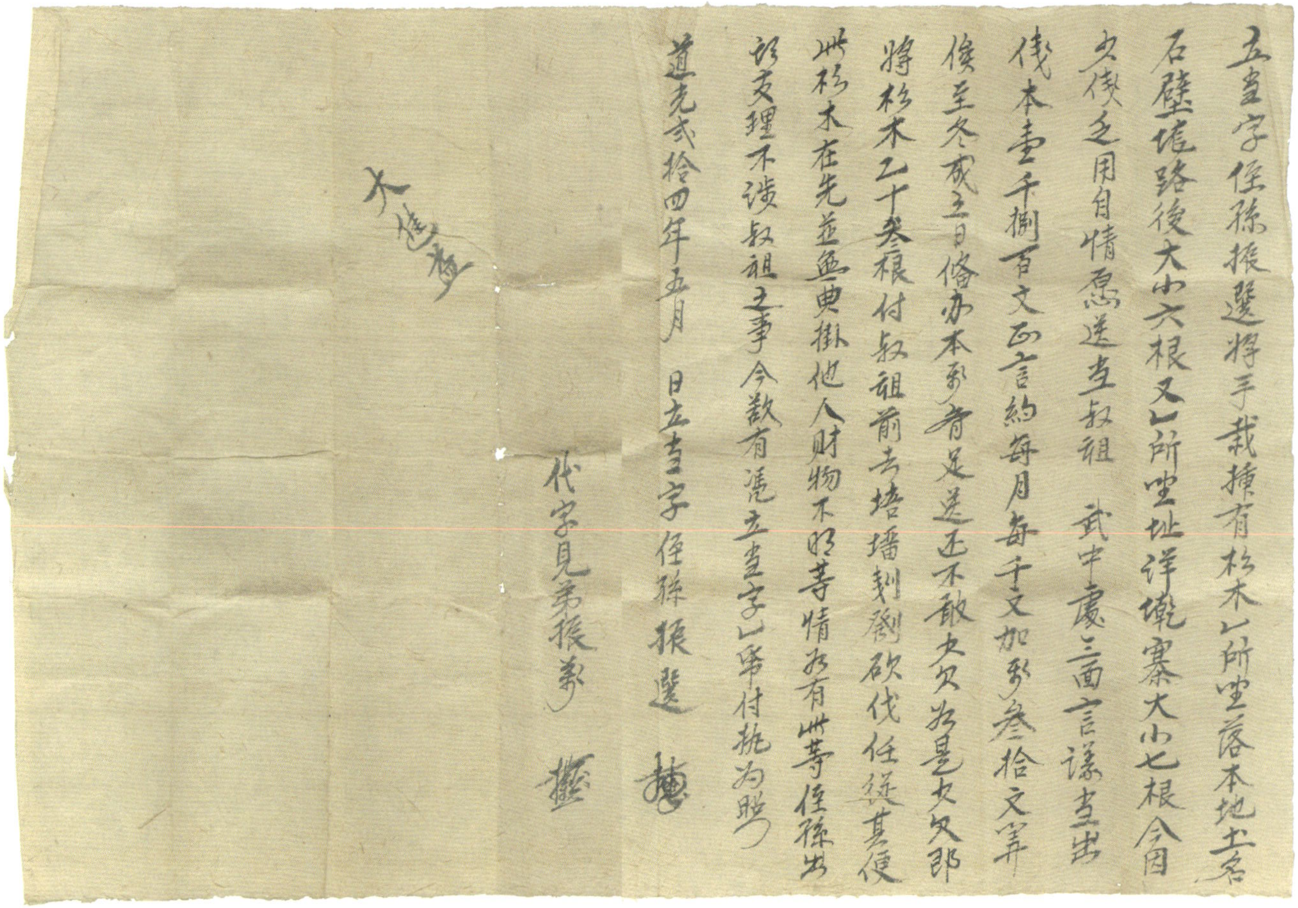

立当字侄孫振選將手栽種有杉木山所坐落本地土名
石壁墘路後大小六根，又山所坐址洋墘寨大小七根，今因
欠錢乏用，自情愿送当叔祖　武中處，三面言議当出
錢本壹千捌百文，面言約每月每千文加利叁拾文算，
俟至冬成五日備办本利清足送还，不敢少欠，如是少欠，即
將杉木二十叁根付叔祖前去培播剃劉砍伐，任從其便。
此杉木在先並無典掛他人財物不明等情，如有此等，侄孫出
頭支理，不涉叔祖之事。今欲有憑，立当字山帋付執為照。
道光弍拾四年五月　日立当字侄孫　振選（押）
代字見弟振彖（押）

5-2-65-35　清道光二十四年五月鄭振選立當杉木字

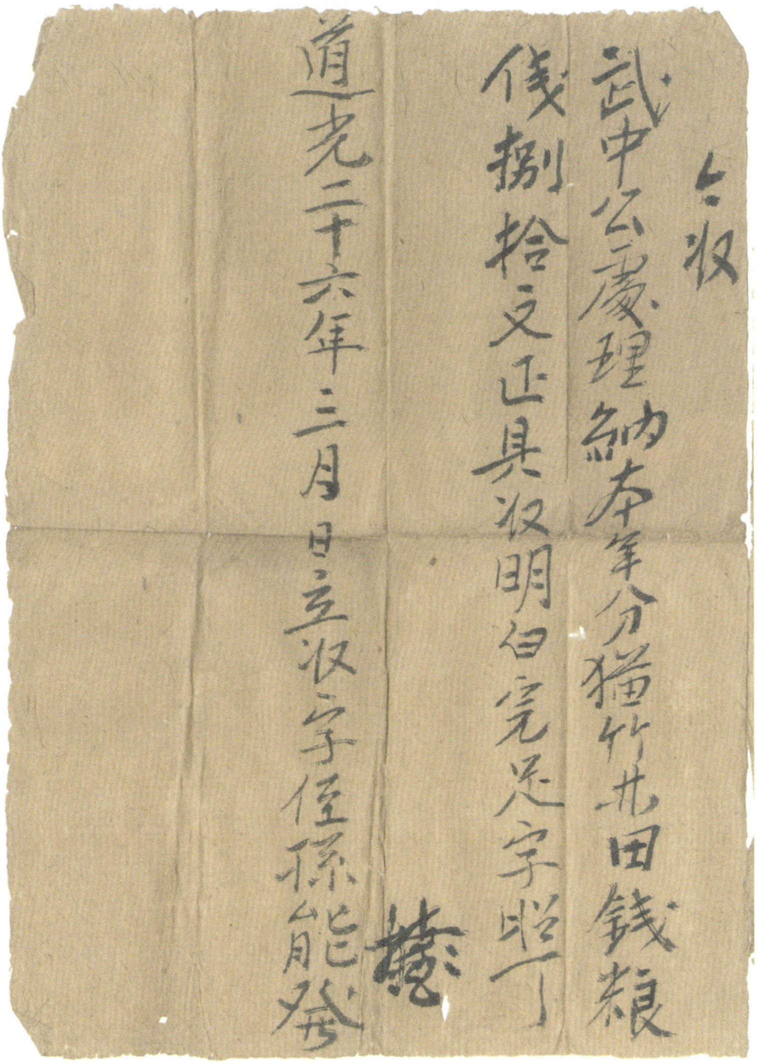
今收
武中公處理納本年分猫竹丘田錢粮
錢捌拾文正具收明白完足字照
道光二十六年三月　日立收字侄孫能發

5-2-65-36　清道光二十六年三月鄭能發立收錢糧字

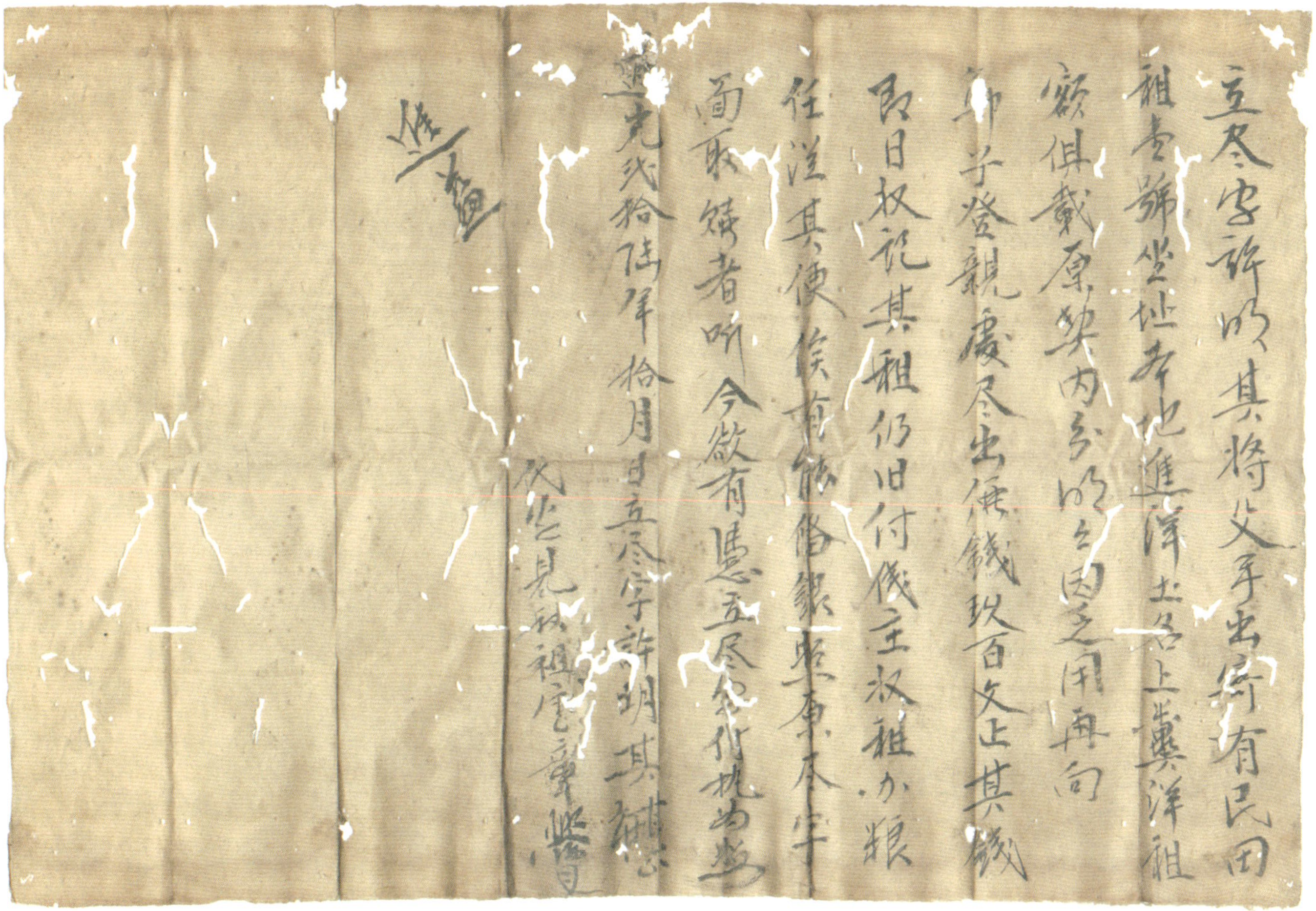
立盡字許明其將父手出有民田
租壹號坐址本地進洋土名上冀洋，租
額俱載原契内明。今因乏用，再向
鄉中子登親處盡出佛錢玖百文正。其錢
即日收訖，其租仍旧付錢主收租办粮，
任從其便。俟有能偹銀照原本字
面取贖者听。今欲有憑，立盡字付執為照。
道光貳拾陆年拾月　日立盡字許明其押
代筆見叔祖[illegible]押

5-2-65-37　清道光二十六年十月許明其立盡民田租字

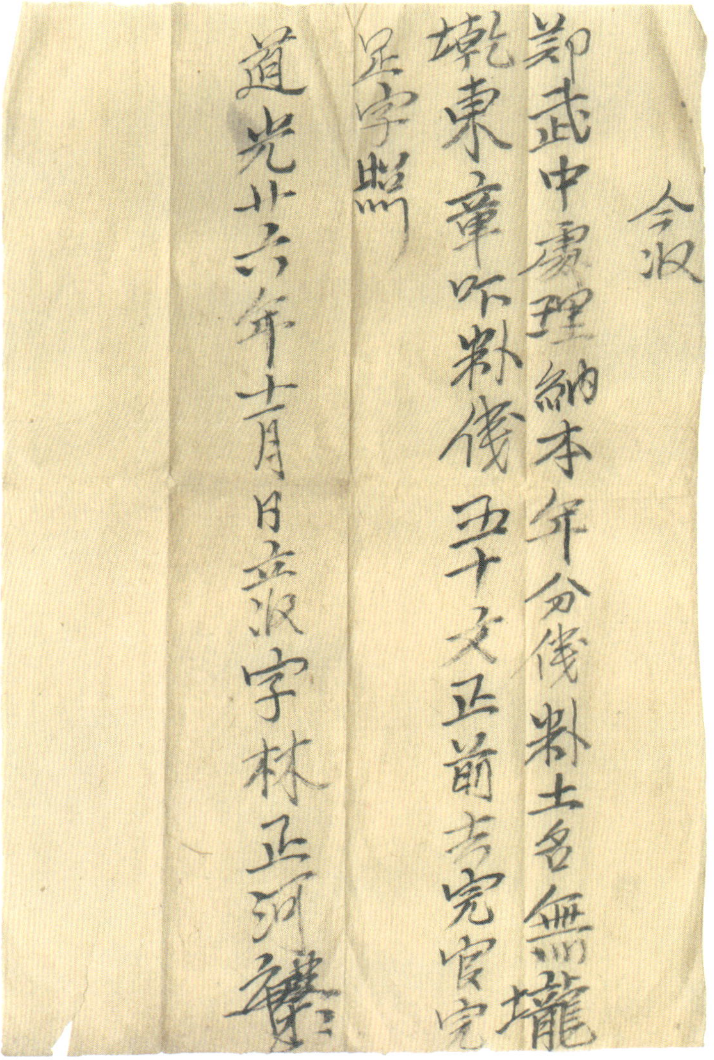
今收
鄭武中處理納本年分錢粮土名無壠
墘東章吓粮錢五十文正前去完官完
足字照
道光廿六年十一月　日立收字林正河（押）

5-2-65-38　清道光二十六年十一月林正河立收糧錢字

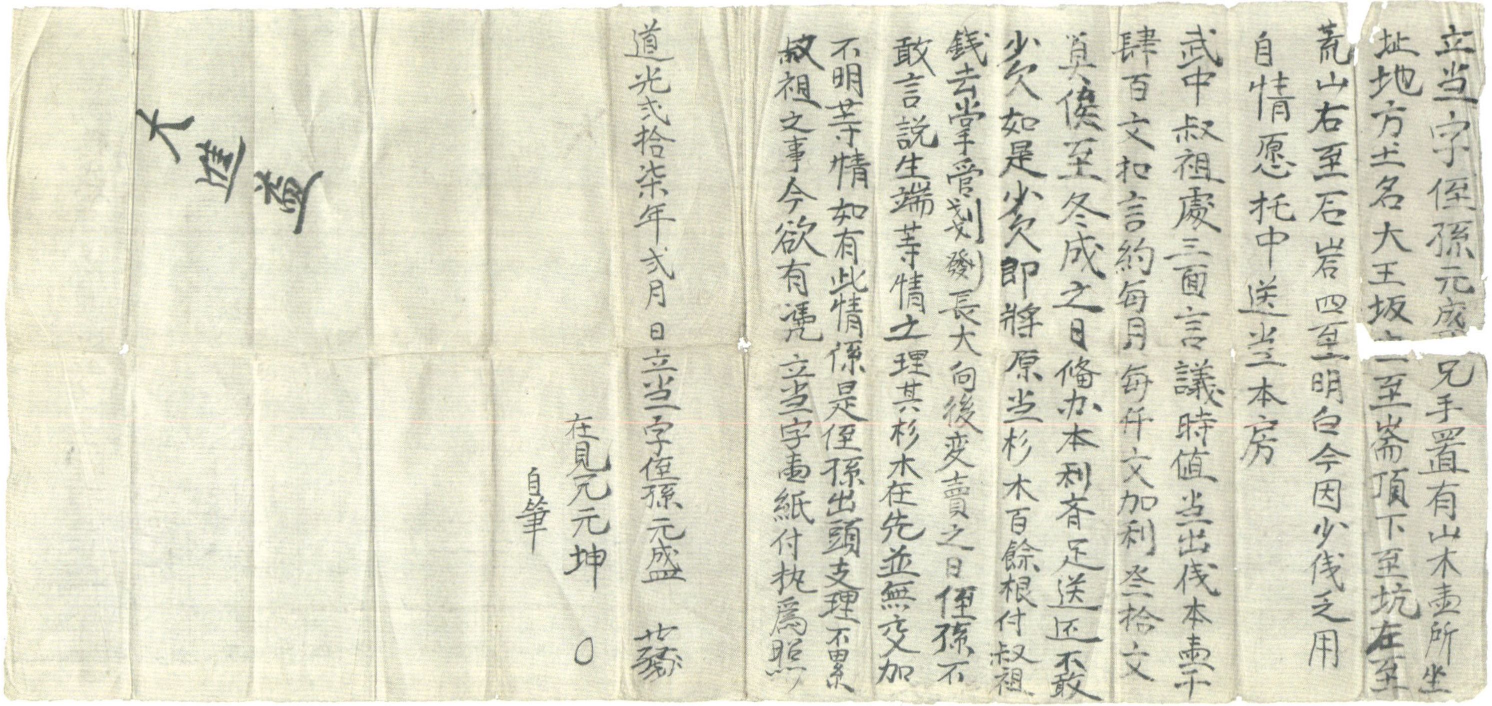
立当字侄孫元盛兄手置有山木壹所坐
址地方土名大王坂上至崙頂下至坑左至
荒山右至石岩四至明白今因少錢乏用
自情愿托中送当本房
弍中叔祖處三面言議時值当出錢本壹千
肆百文和言約每月每仟文加利叁拾文
莫候至冬成之日備办本利齊足送还不敢
少欠如是少欠即將原当杉木百餘根付叔祖
錢去掌管划發長大向後变賣之日侄孫不
敢言說生端等情之理其杉木在先並無交加
不明等情如有此情係是侄孫出頭支理不累
叔祖之事今欲有憑立当字壹紙付執爲照。

道光弍拾柒年弍月 日立当字侄孫元盛 花號
在見兄元坤 〇
自筆

大進益

5-2-65-39　清道光二十七年二月鄭元盛立當杉木字

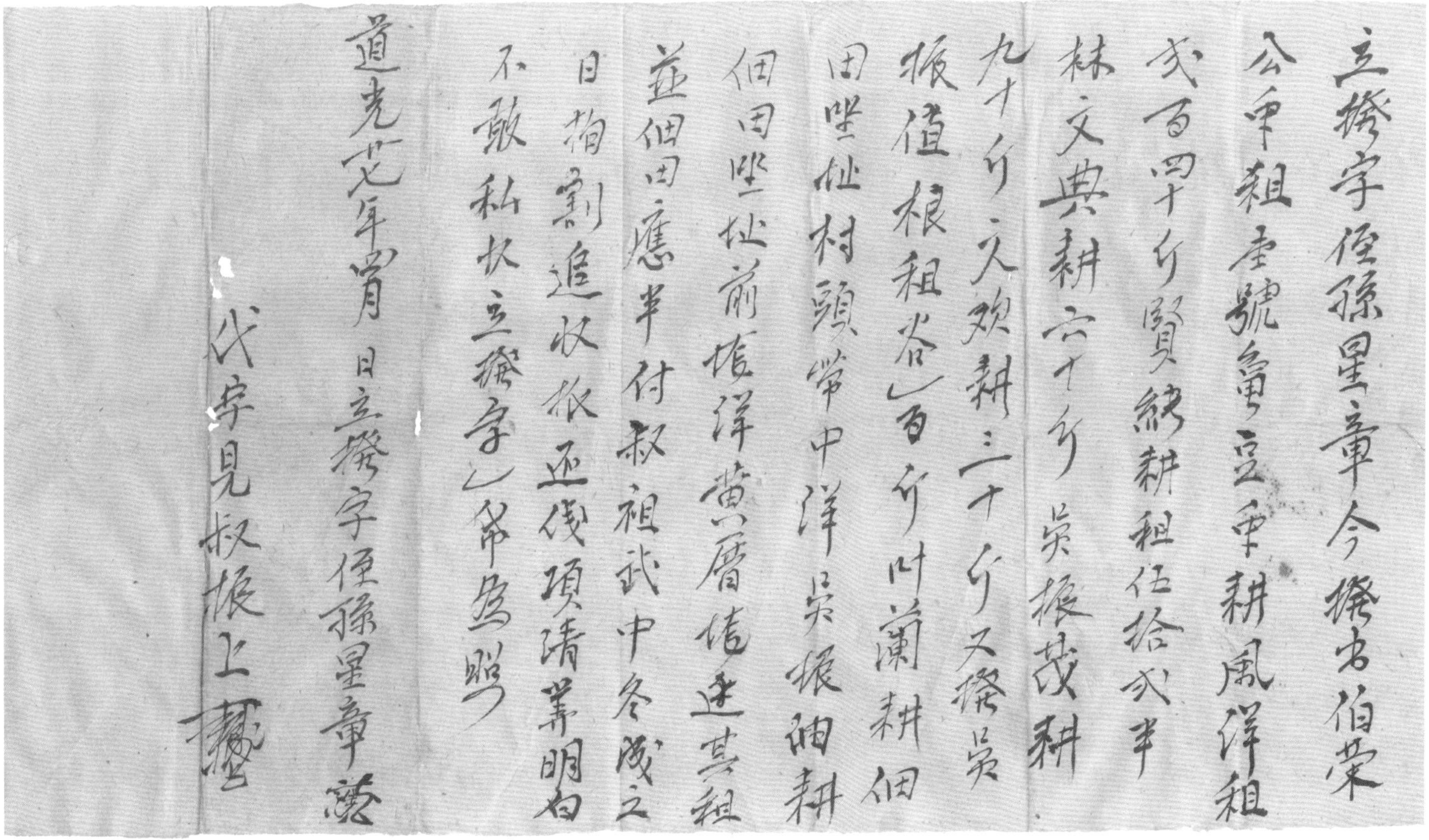

立撥字侄孫星章，今撥出伯榮
公手租座號魯亞手耕風洋租
弍百四十斤，賢練耕租伍拾弍半，
林文典耕六十斤，吳振茂耕
九十斤，又𡡔耕三十斤，又撥吳
振值根租谷一百斤，叶蘭耕佃
田坐址村頭帶中洋，吳振細耕
佃田坐址前坂洋黃厝，佑達其租
並佃田應半付叔祖武中冬成之
日拘劉追收根還錢項，請業明白，
不敢私收，立撥字一紙為照。
道光廿七年四月　日立撥字侄孫星章（押）
代字見叔振上（押）

5-2-65-40　清道光二十七年四月鄭星章立撥佃字

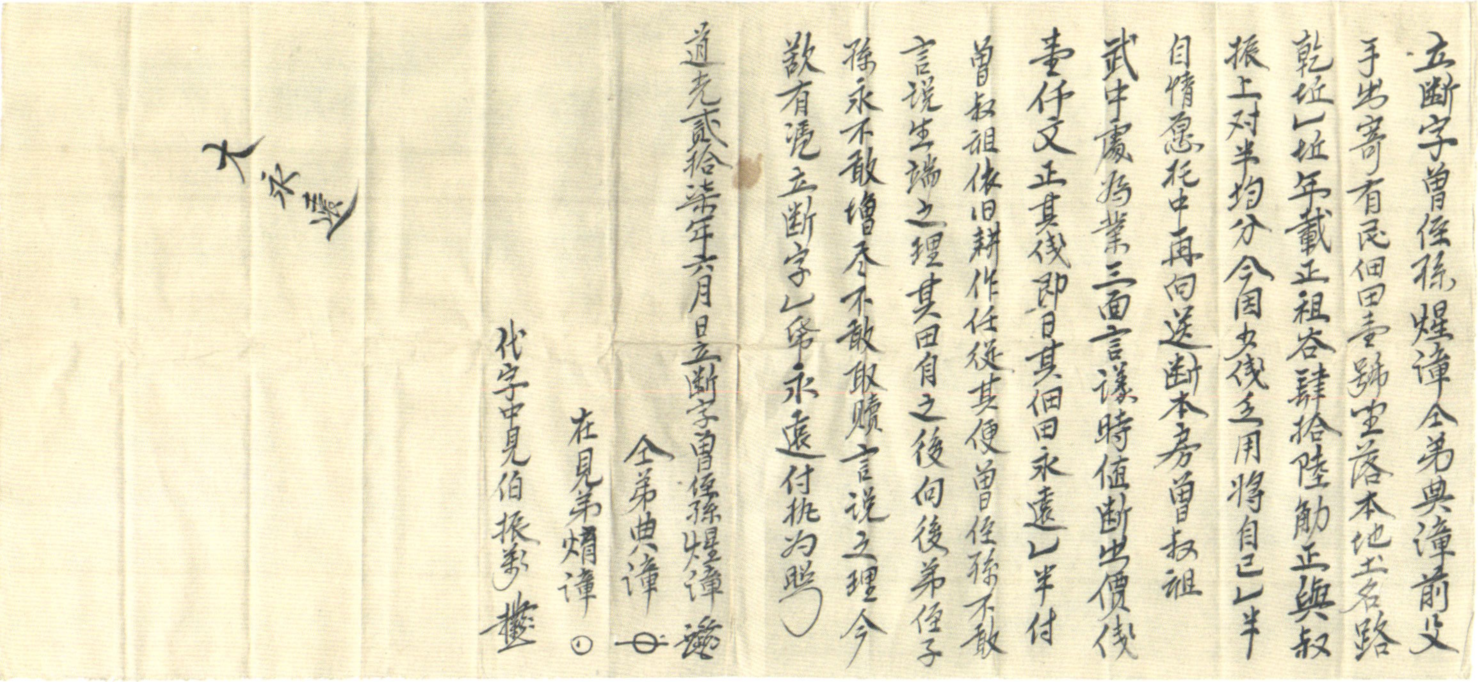
立断字曾侄孫煋漳仝弟典漳前父
手出寄有民佃田壹號坐落本地土名路
乾坵乙坵年載正租谷肆拾陸觔正與叔
振上对半均分今因乏钱乏用將自己乙半
自情愿托中再向送断本房曾叔祖
武中處為業三面言議時值断出價钱
壹仟文正其钱即日其佃田永遠乙半付
曾叔祖依旧耕作任從其便曾侄孫不敢
言說生端之理其田自之後向後弟侄子
孫永不敢增找不敢取贖言說之理今
欲有凭立断字乙帋永遠付执为照

道光貳拾柒年六月　日立断字曾侄孫煋漳 押
仝弟典漳 押
在見弟熠漳 ⊙
代字中見伯振彰 押

大永遠

5-2-65-41　清道光二十七年六月鄭煋漳等立斷民佃田字

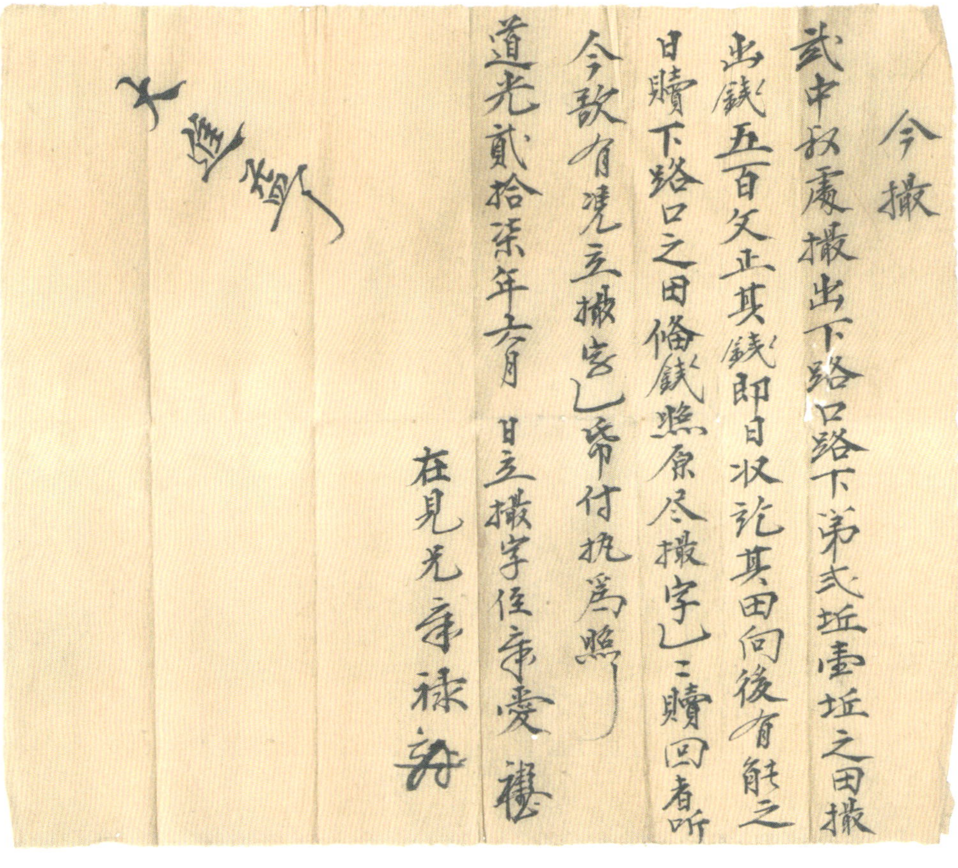
今撮
武中秋處撮出下路口路下弟弍坵壹坵之田撮
出錢〻五百文正其錢〻即日收訖其田向後有能之
日贖下路口之田備錢〻照原尽撮字〻〻贖回者听
今欲有凭立撮字〻爲付执爲照
道光貳拾柒年六月　日立撮字侄章愛（押）
在見兄章禄（押）
大進大吉

5-2-65-42　清道光二十七年六月鄭章愛立撮字

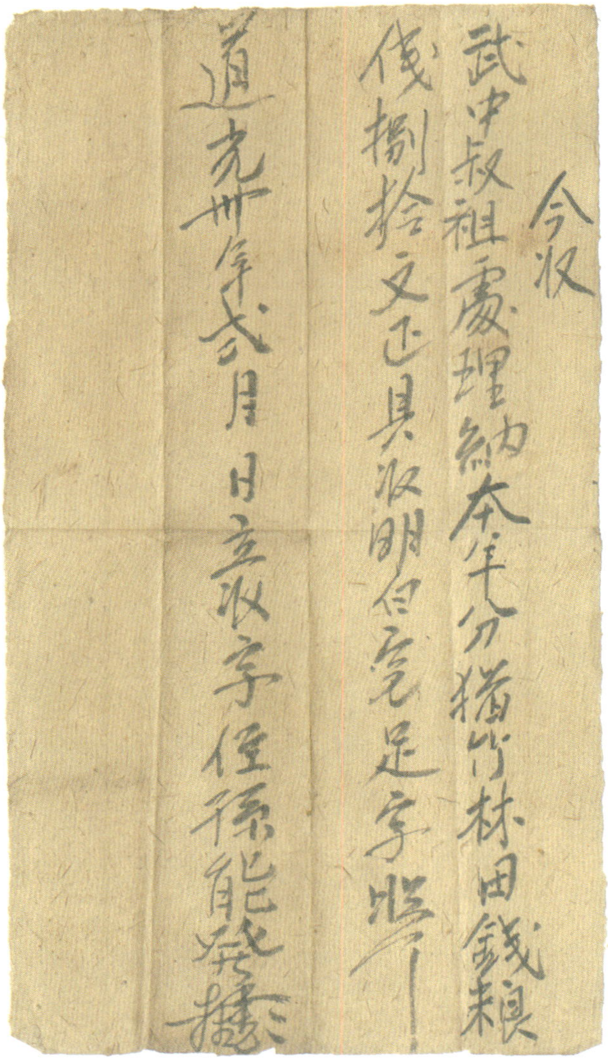

今收
武中叔祖處理納本年分猫竹林田錢粮
錢捌拾文正具收明白完足字照
道光卅年弍月 日立收字侄孫能發據

5-2-65-43　清道光三十年二月鄭能發立收糧錢字

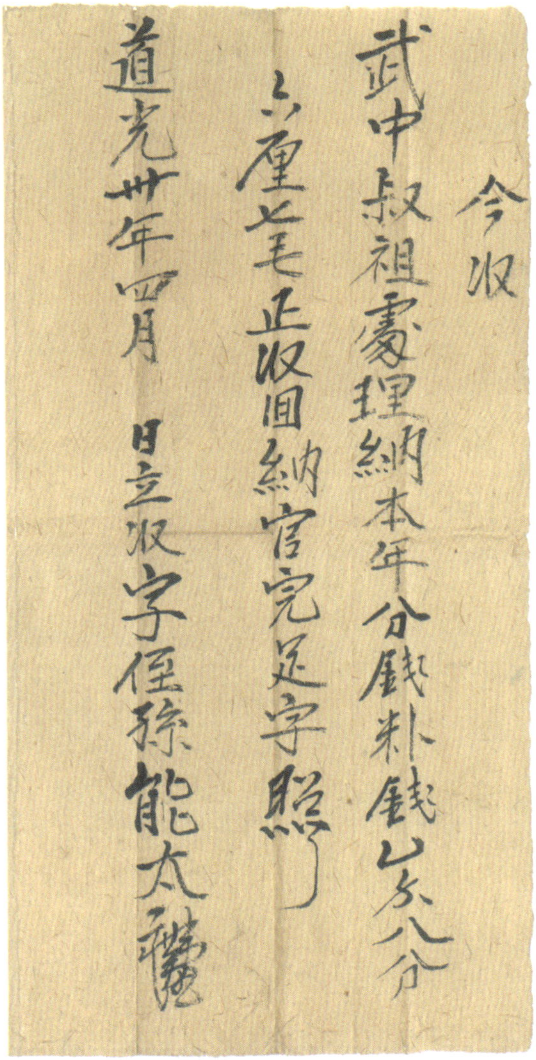

今收
武中叔祖處理納本年分錢粮錢乙錢八分
六厘七毛正收回納官完足字照
道光卅年四月　日立收字侄孫能太（押）

5-2-65-44　清道光三十年四月鄭能太立收糧錢字

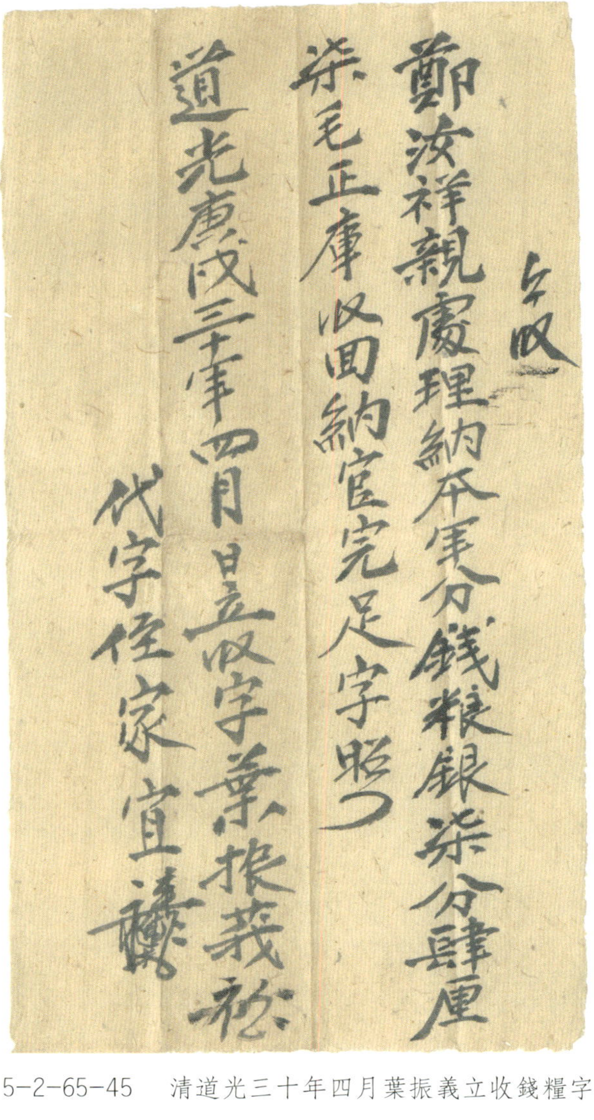
仝收
鄭汝祥親處理納本年分錢粮銀柒分肆厘
柒毛正庫收回納官完足字照
道光庚戌三十年四月日立收字葉振義（押）
代字侄家宜（押）

5-2-65-45　清道光三十年四月葉振義立收錢糧字

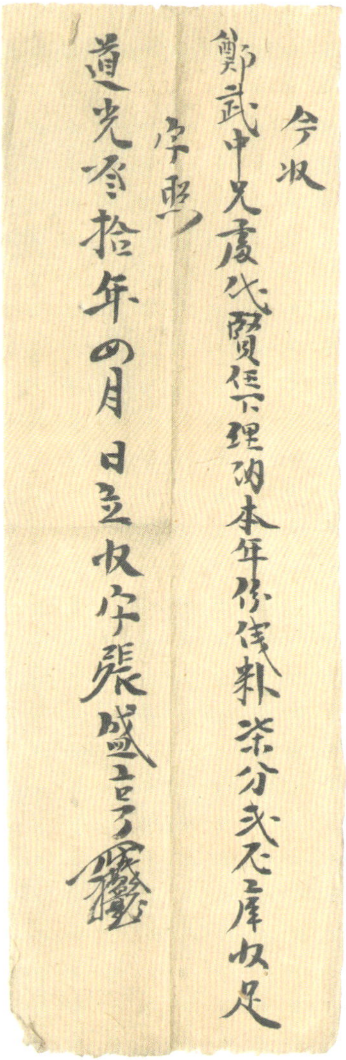

今收

鄭武中兄處代賢侄下理納本年份錢粮柒分弍尺二庫收足

字照

道光叁拾年四月　日立收字張盛亨（押）

5-2-65-46　清道光三十年四月張盛亨立收錢糧字

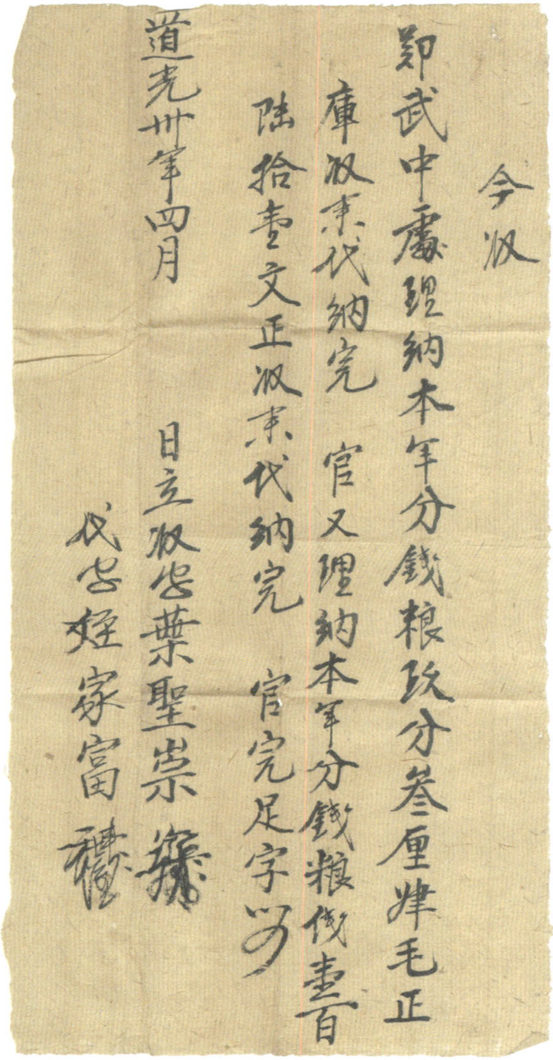
今收
鄭武中處理納本年分錢粮玖分叁厘肆毛正
庫收柬代納完　官又理納本年分錢粮錢壹百
陸拾壹文正收柬代納完　官完足字号
道光卅年四月　日立收字葉聖崇（押）
代字姪家富（押）

5-2-65-47　清道光三十年四月葉聖崇立收錢糧字

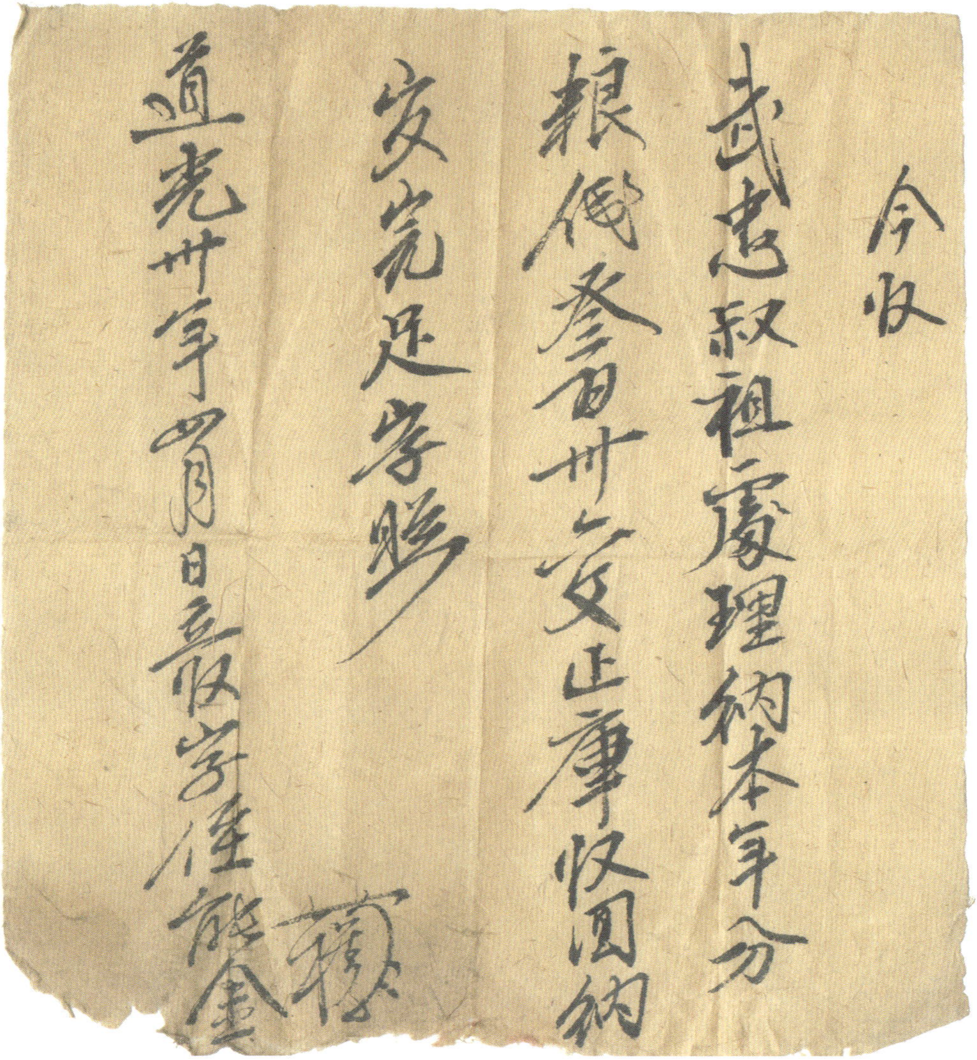
今收
武忠叔祖衣處理納本年分
粮錢叁百卅文正庫收圓納
交完足字照
道光卅年四月日立收字侄能金

5-2-65-48　清道光三十年四月鄭能金立收糧錢字

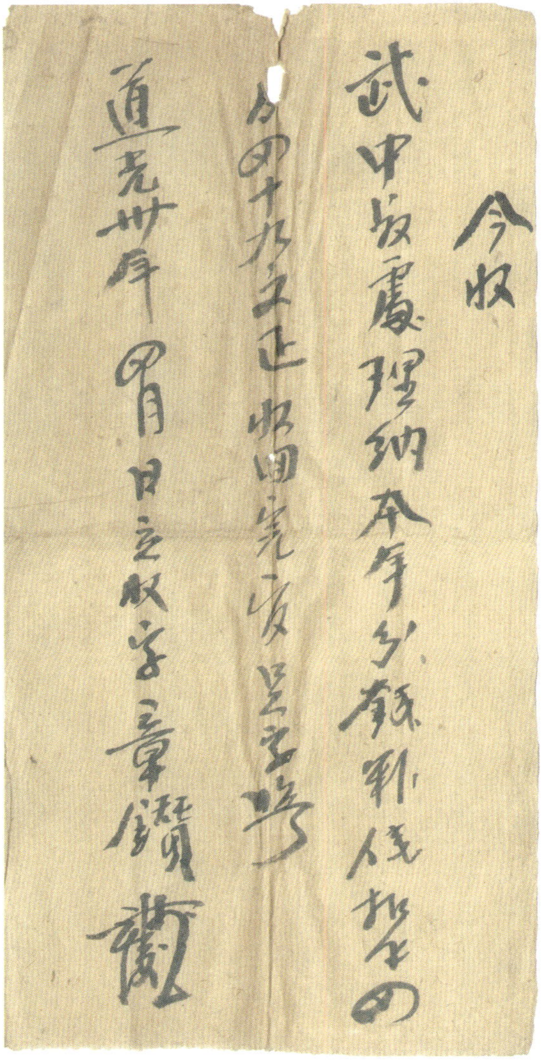
今收
武中叔處理納本年分錢糧錢拾四
分四十九文正收回完足是實
道光卅年四月日立收字章鑽
鑽

5-2-65-49　清道光三十年四月鄭章鑽立收錢糧字

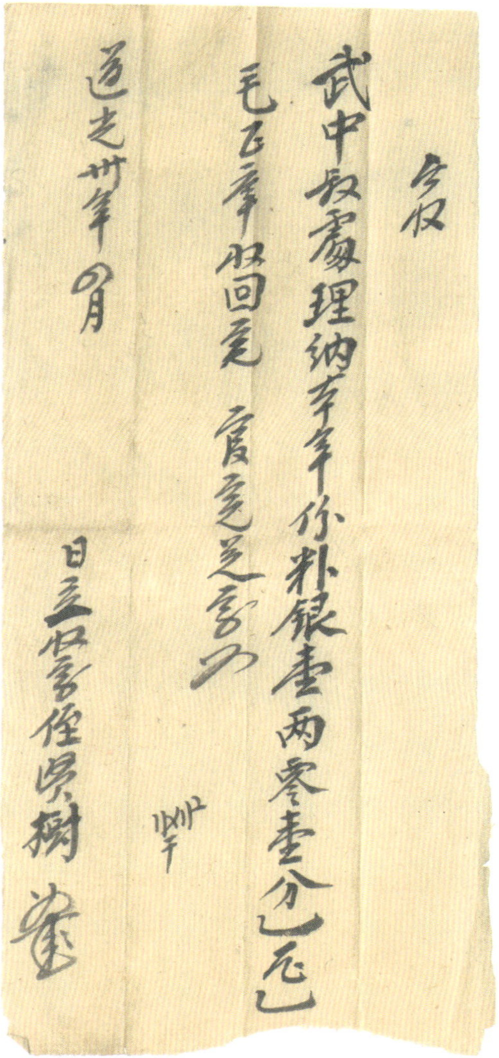
今收
武中叔處理納本年份粮銀壹兩零壹分正
毛正本收回足　實完足訖
批
道光卅年四月
日立收字侄賢樹
筆

5-2-65-50　清道光三十年四月鄭賢樹立收糧銀字

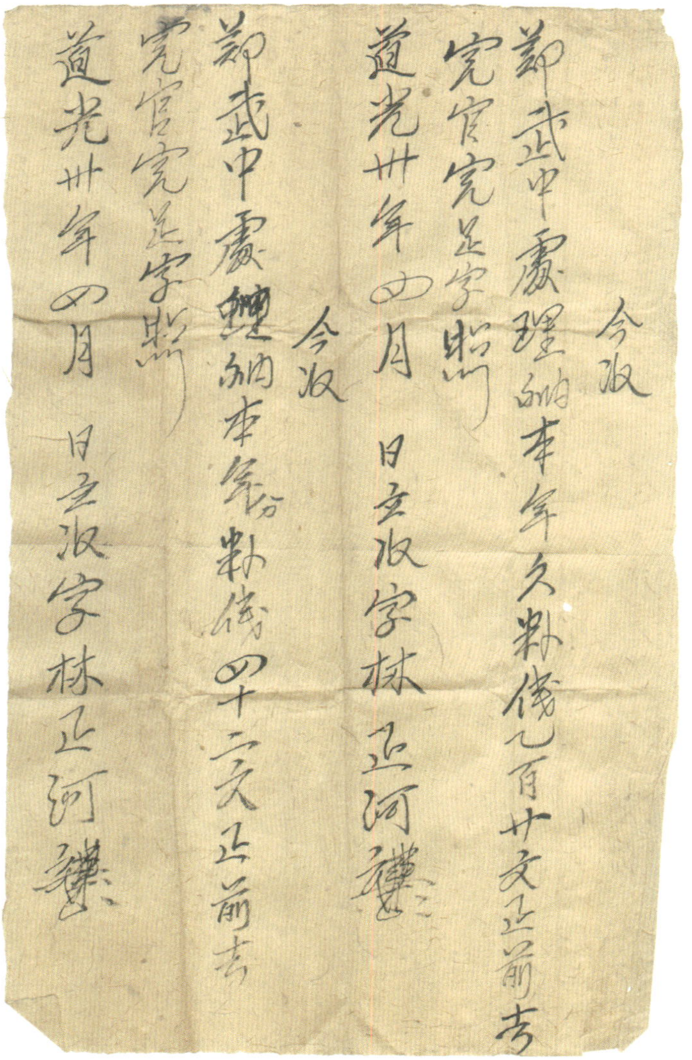

今收
鄭武中處理納本年冬糧錢乙百廿文正前去
完官完足字照
道光卅年四月　日立收字林正河號

今收
鄭武中處理納本冬分糧錢四十二文正前去
完官完足字照
道光卅年四月　日立收字林正河號

5-2-65-51　清道光三十年四月林正河立收糧錢字

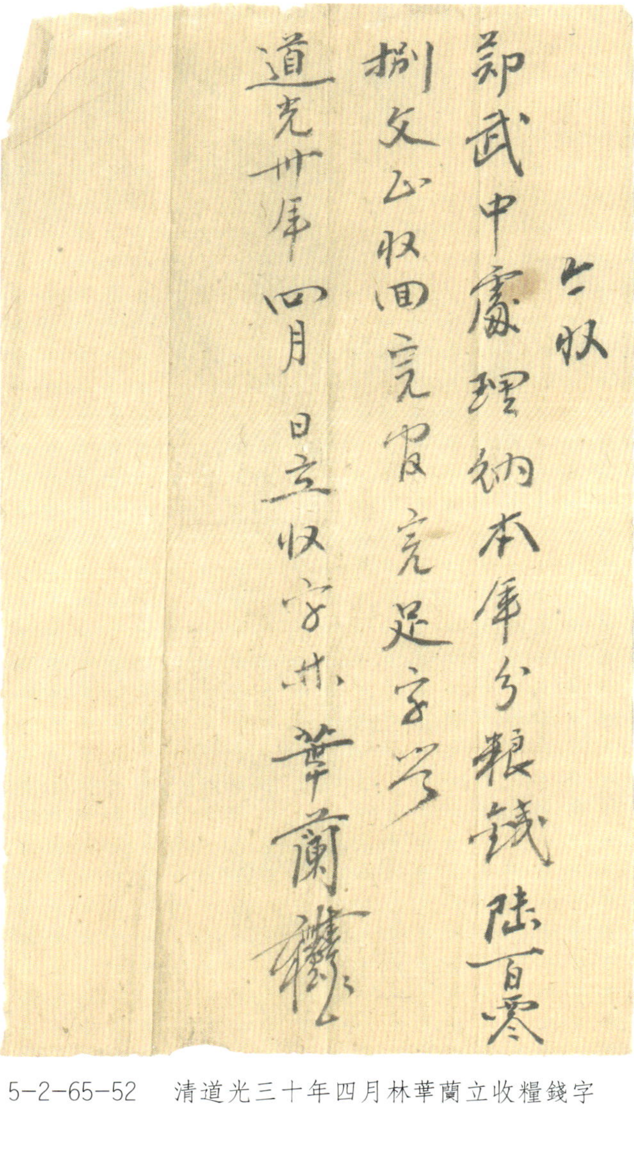

立收

鄭武中處理納本年分粮錢陆百零

捌文正收回完官完足字照

道光卅年四月　日立收字林華蘭押

5-2-65-52　清道光三十年四月林華蘭立收糧錢字

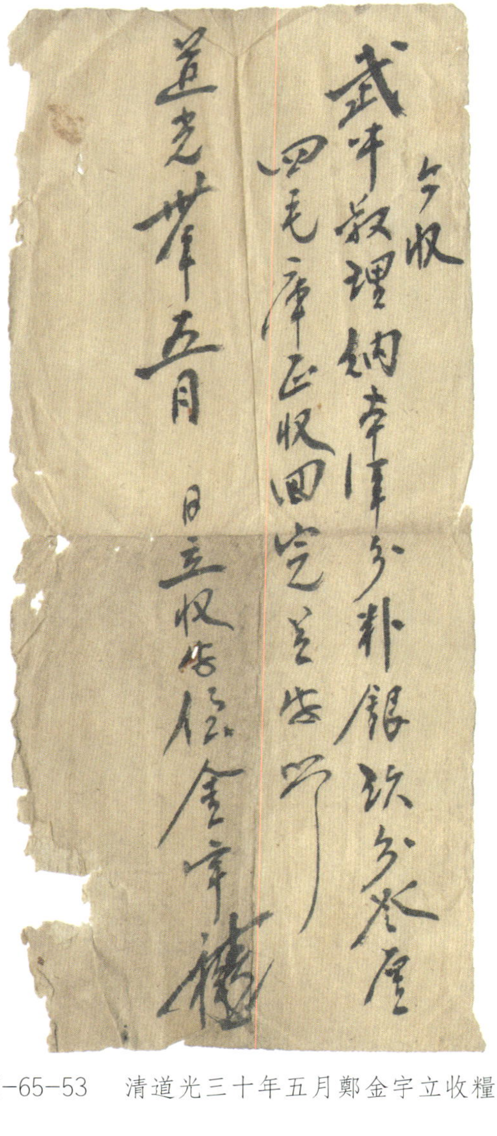
今收
武中叔理納本年分粮銀玖分叁厘
四毛庫正收回完單此照
道光卅年五月　日立收字人金宇

5-2-65-53　清道光三十年五月鄭金宇立收糧銀字

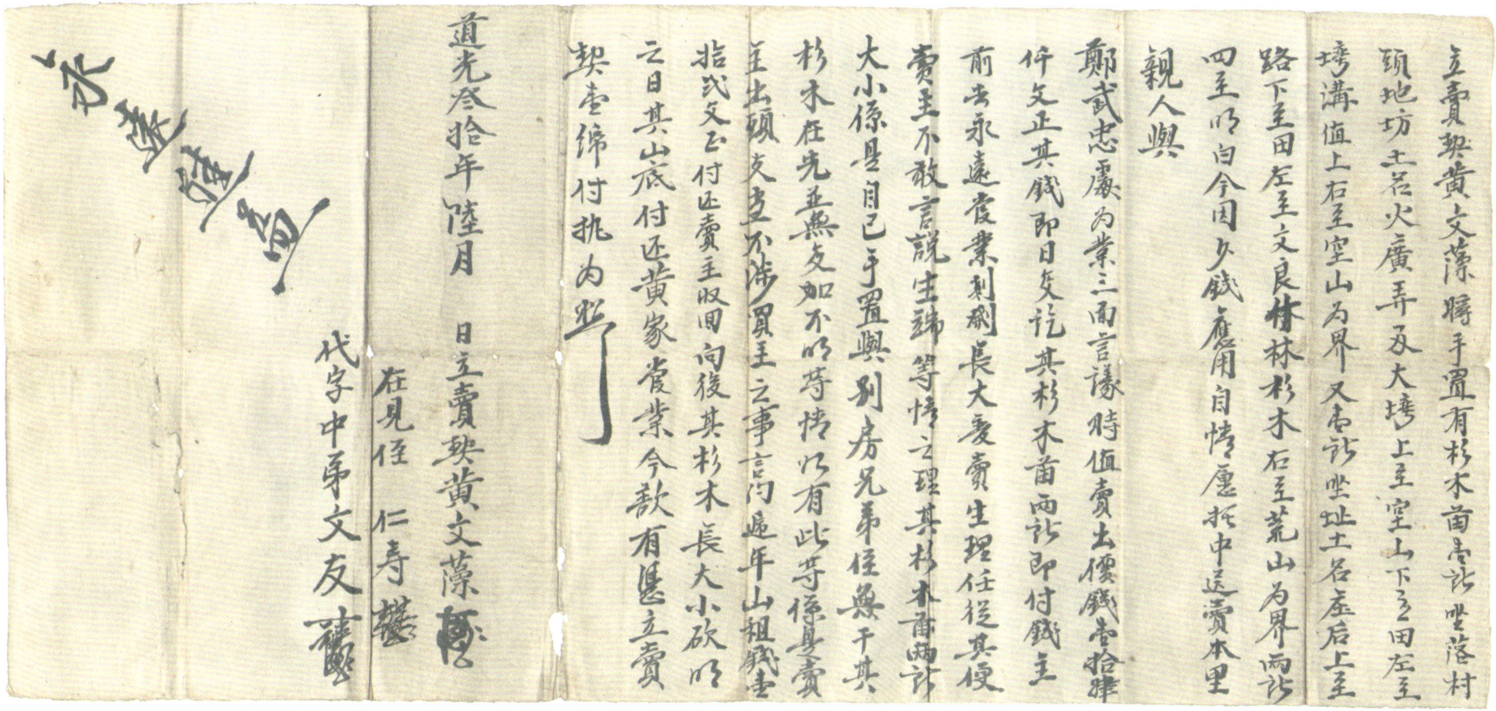
立賣契黃文藻將手置有杉木苗壹號坐落村
頭地坊土名火廣弄及大塆上至空山下至田左至
塆溝値上右至空山爲界又壹號坐址土名座后上至
路下至田左至文良㭎林杉木右至荒山爲界兩號
四至明白今因乏錢應用自情愿托中送賣本里
親人與
鄭武忠處爲業三面言議時値賣出價錢壹拾肆
仟文正其錢即日交訖其杉木苗兩號即付錢主
前去永遠管業剷剝長大發賣生理任從其便
賣主不敢言說生端等情之理其杉木苗兩號
大小係是自己手置與别房兄弟侄無干其
杉木在先並無支加不明等情以有此等係是賣
主出頭支當不涉買主之事言明過年山租錢壹
拾弍文正付還賣主收回向後其杉木長大小砍以
之日其山底付還黃家管業今欲有憑立賣
契壹紙付執爲照
道光叁拾年陸月 日立賣契黃文藻（押）
在見侄 仁壽（押）
代字中弟 文友（押）
永遠管

5-2-65-54　清道光三十年六月黃文藻立賣杉木苗契

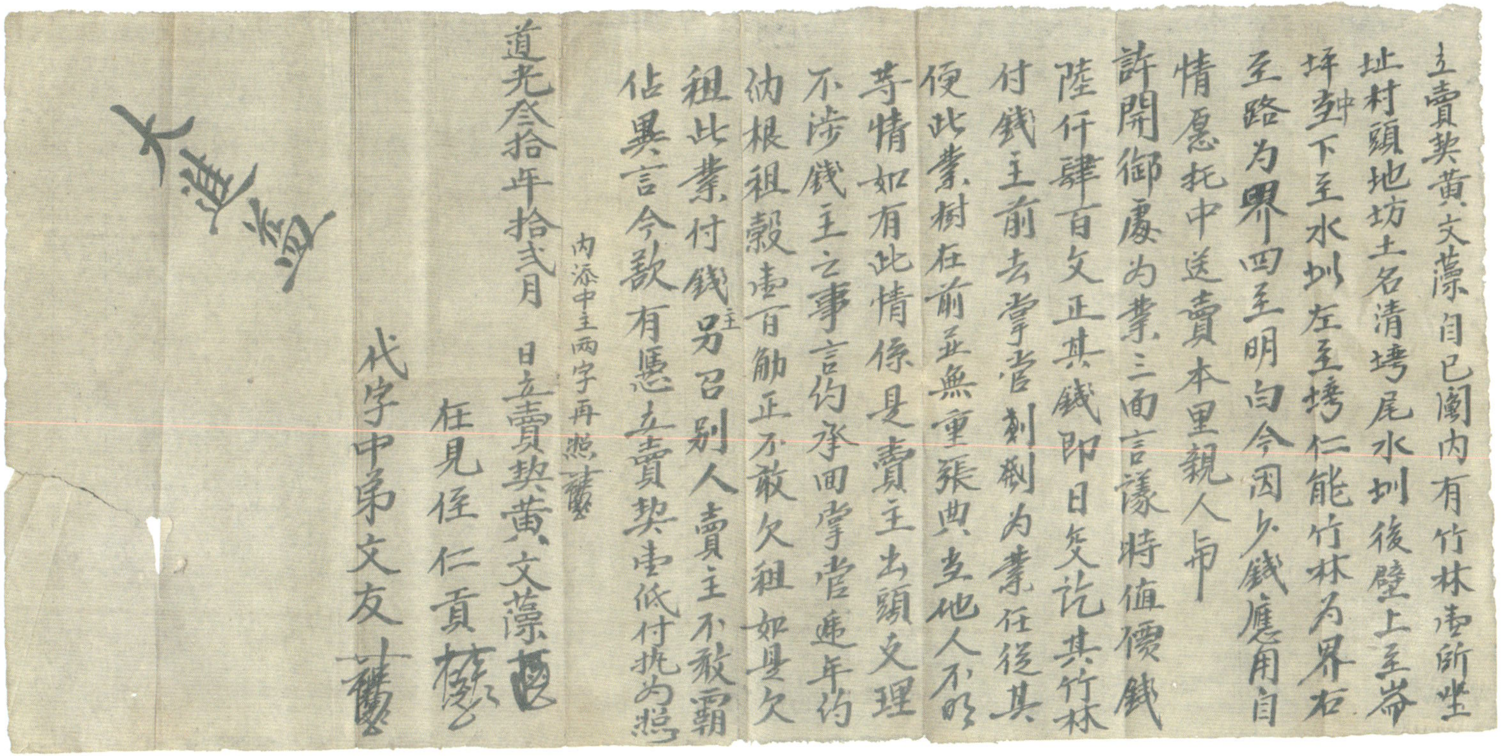
立賣契黄文藻自己阉内有竹林壹所坐
址村頭地坊土名清墘尾水圳後壁上至崙
坪墘下至水圳左至墘仁能竹林為界右
至路為界四至明白今因乏錢應用自
情愿托中送賣本里親人㫌
許開御處為業三面言議特値價錢
陸仟肆百文正其錢即日交訖其竹林
付錢主前去掌管剃砍為業任從其
便此業樹在前並無重張典當他人不明
等情如有此情係是賣主出頭文理
不涉錢主之事言約承回掌管逓年約
納根祖穀壹百觔正不敢欠租如是欠
祖此業付錢主另召別人賣主不敢霸
佔異言今欲有憑立賣契壹紙付執為照
内添中主兩字再照 藻（押）
道光叁拾年拾弍月 日立賣契黄文藻（押）
在見侄仁貢（押）
代字中弟文友（押）
大進益

5-2-65-55　清道光三十年十二月黄文藻立賣竹林契

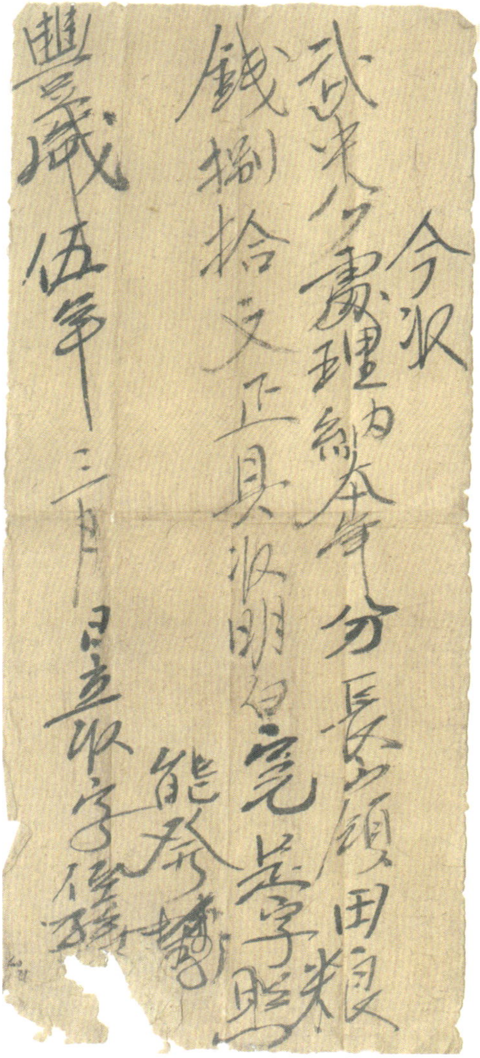
今收
武光公處理納本年分長山頭田糧
錢捌拾文正具收明白完足字照
能發
咸豐伍年三月日立收字侄孫

5-2-65-56　清咸豐五年三月鄭能發立收糧錢字

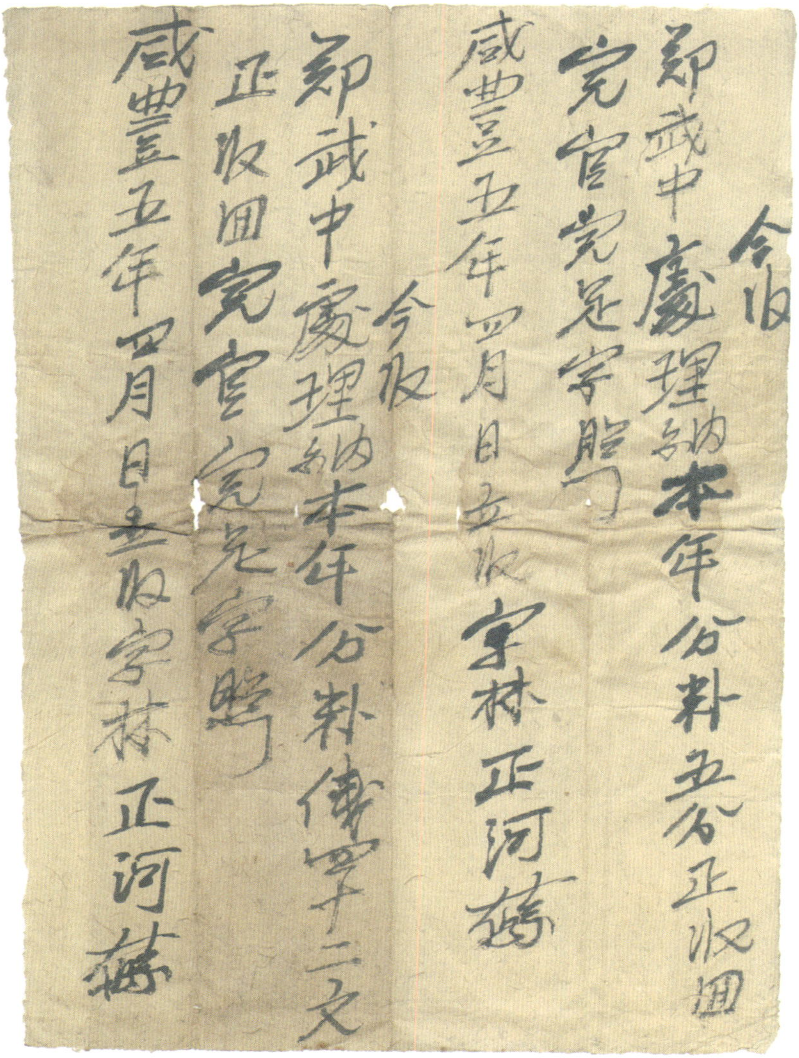
今收
鄭戚中處理納本年分料五分正收囬
完官完足字照
咸豐五年四月日立收
字林正河據

今收
鄭戚中處理納本年分料錢四十二文
正收囬完官完足字照
咸豐五年四月日立收字林正河據

5-2-65-57　清咸豐五年四月林正河立收糧錢字

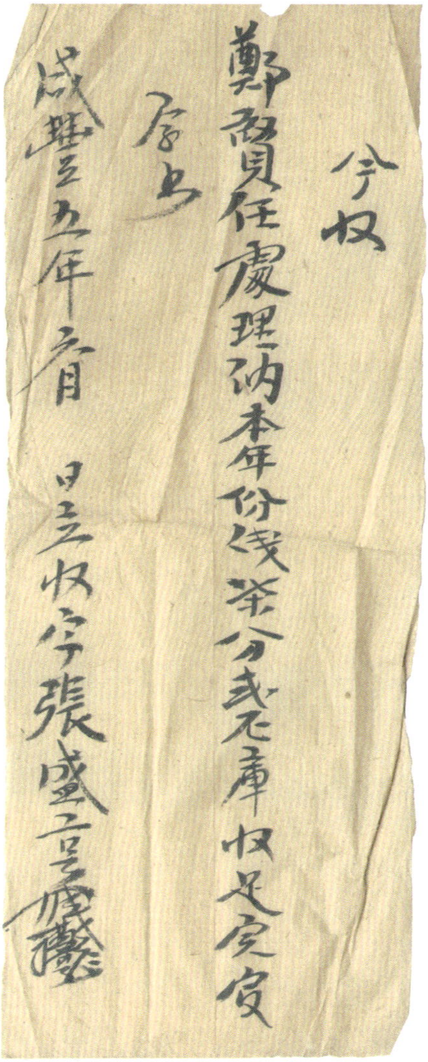

今收
鄭啓員任處理納本年份錢柒分弍厘庫收足完[illegible]
存照
咸豐五年六月　日立收字張盛亨

5-2-65-58　清咸豐五年六月張盛亨立收糧錢字

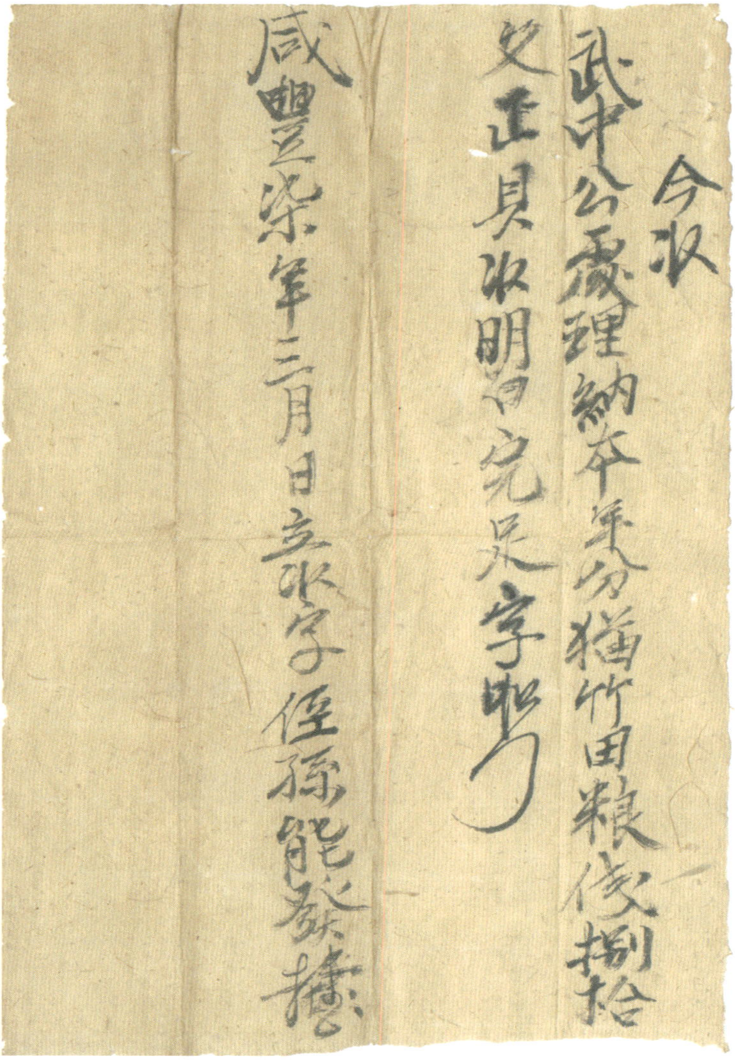

今收
武中公處理納本年分猶竹田粮錢捌拾
文正貝收明白完足字照
咸豐柒年三月日立收字侄孫能發據

5-2-65-59　清咸豐七年三月鄭能發立收糧錢字

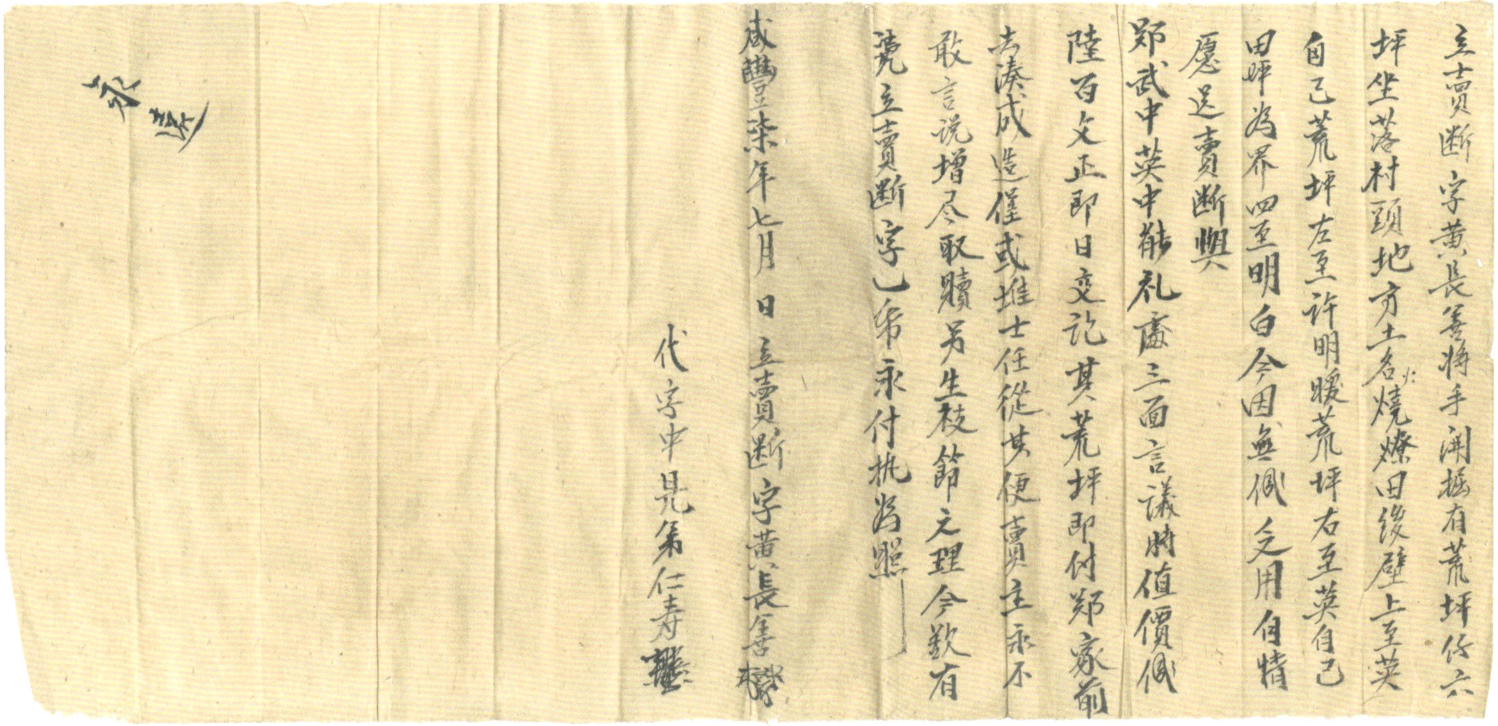
立賣斷字黄長善將手開墾有荒坪仱六
坪坐落村頭地方土名燒燎田後壁上至菜
自己荒坪左至許明暖荒坪右至菜自己
田坪為界四至明白今因無錢乏用自情
愿送賣斷與
鄭武中、英中能礼處三面言議時值價錢
陸百文正即日交訖其荒坪即付鄭家前
去湊成造僅武堆士任從其便賣主永不
敢言說增找取贖另生枝節之理今欲有
憑立賣斷字一紙永付執為照
咸豐柒年七月　日立賣斷字黄長善
代字中見弟仁寿
永遠

5-2-65-60　清咸豐七年七月黄長善立賣斷荒坪字

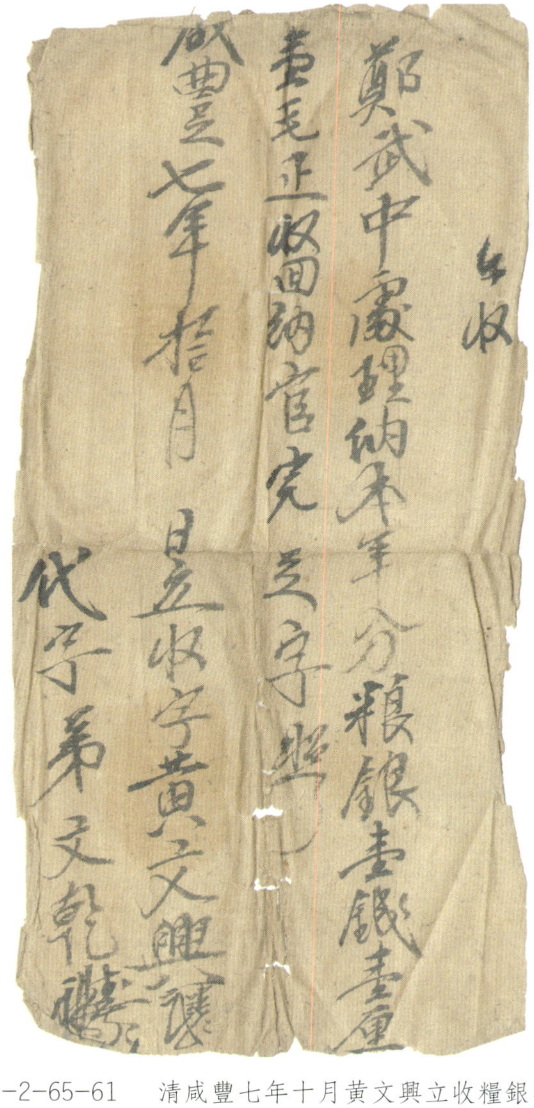

全收
鄭武中處理納本年分糧銀壹錢壹厘
壹毛正收回納官完足字照
咸豐七年拾月　日立收字黃文興
代字弟文乾

5-2-65-61　清咸豐七年十月黃文興立收糧銀字

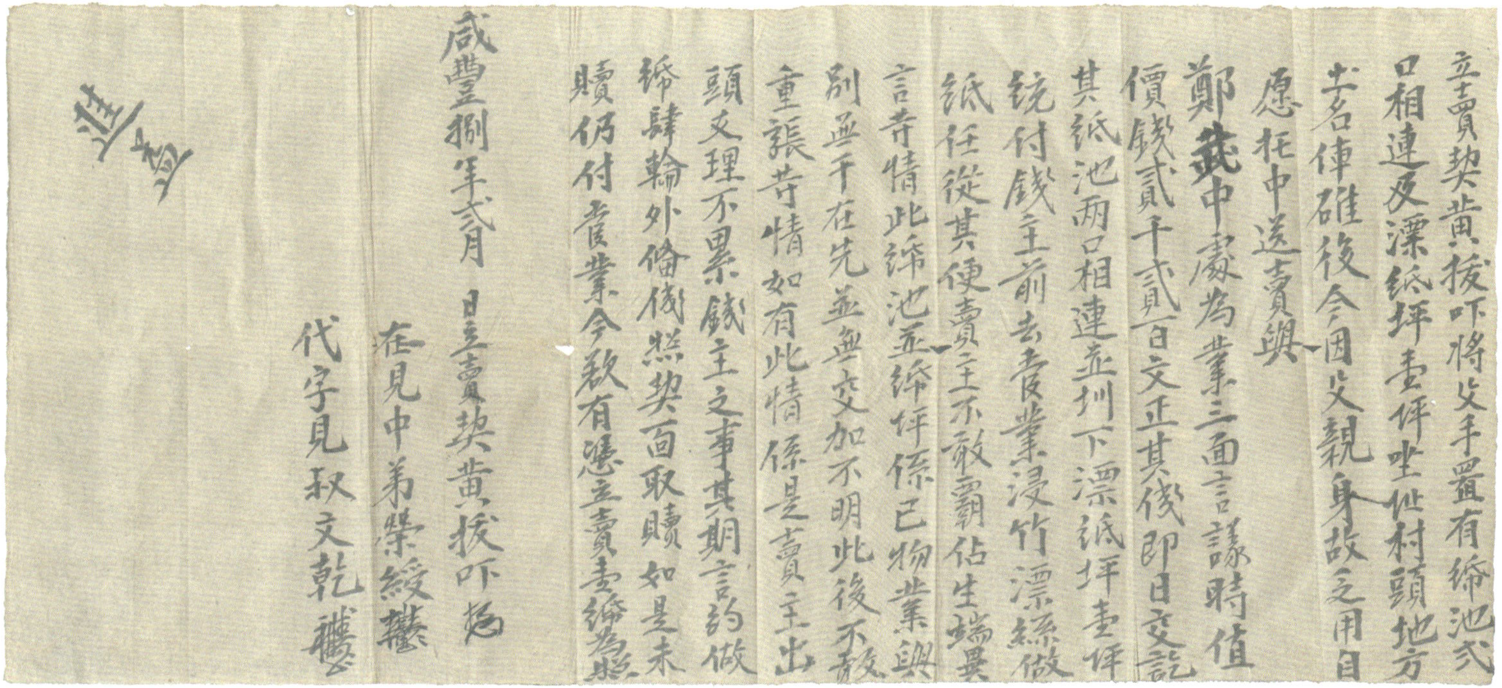
立賣契黃拔吓將父手置有紙池弍
口相連及漂紙坪壹坪坐址村頭地方
土名偉碓後今因父親身故之用自
愿托中送賣與
鄭茂中處為業三面言議時值
價錢貳千貳百文正其錢即日交訖
其紙池兩口相連並圳下漂紙坪壹坪
銃付錢主前去管業浸竹漂絲做
紙任從其便賣主不敢霸佔生端異
言竒情此紙池並紙坪係已物業與
別無干在先並無交加不明此後不敢
重張竒情如有此情係是賣主出
頭支理不累錢主之事其期言約做
紙肆輪外備價照契面取贖如是未
贖仍付管業今欲有憑立賣壹紙為照
咸豐捌年弍月　日立賣契黃拔吓（押）
在見中弟榮綏（押）
代字見叔文乾（押）

5-2-65-62　清咸豐八年二月黄拔吓立賣紙池契

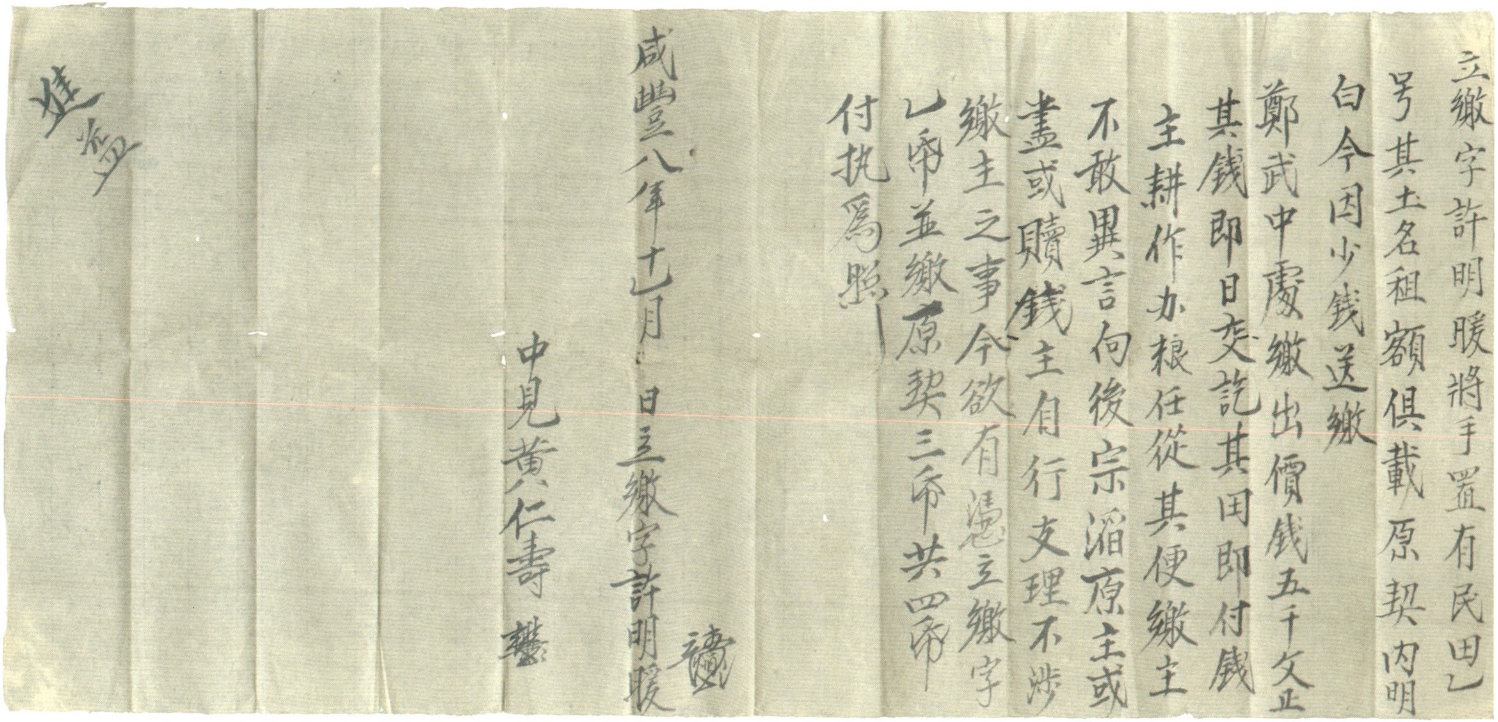
立繳字許明暖將手置有民田乙
号其土名租額俱載原契内明
白今因少錢送繳
鄭武中處繳出價錢五千文正
其錢即日交訖其田即付錢
主耕作办粮任從其便繳主
不敢異言向後宗滔原主或
盡或贖錢主自行支理不涉
繳主之事今欲有憑立繳字
乙帋並繳原契三帋共四帋
付执爲照

咸豐八年十一月　日立繳字許明暖

中見黄仁壽

娃壹

5-2-65-63　清咸豐八年十一月許明暖立繳民田字

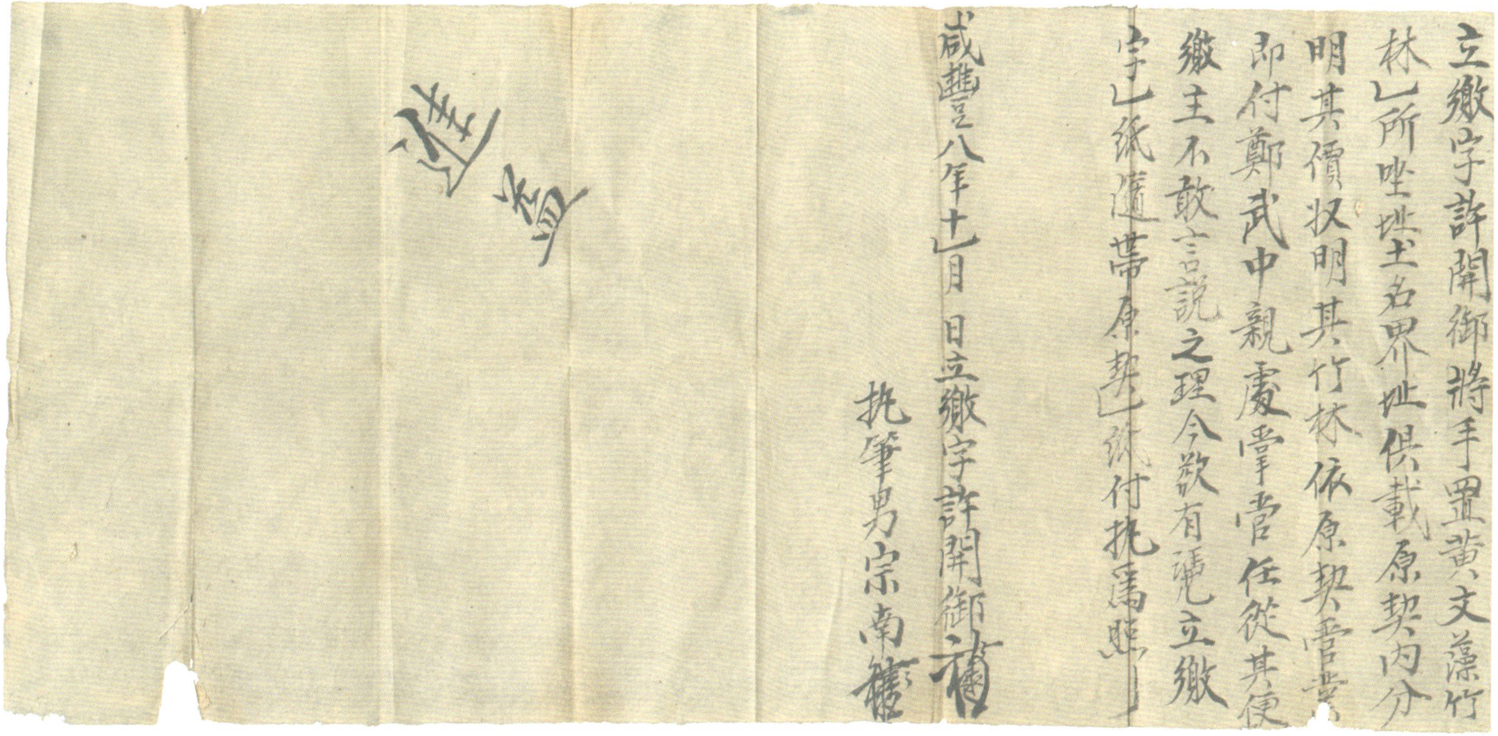
立繳字許開御將手置買黄文藻竹
林山所坐址土名界址俱載原契内分
明其價收明其竹林依原契管業
即付鄭武中親處掌管任從其便
繳主不敢言說之理今欲有憑立繳
字山紙連帶原契山紙付執爲照
咸豐八年十一月　日立繳字許開御（押）
執筆男宗南（押）

5-2-65-64　清咸豐八年十一月許開御立繳竹林字

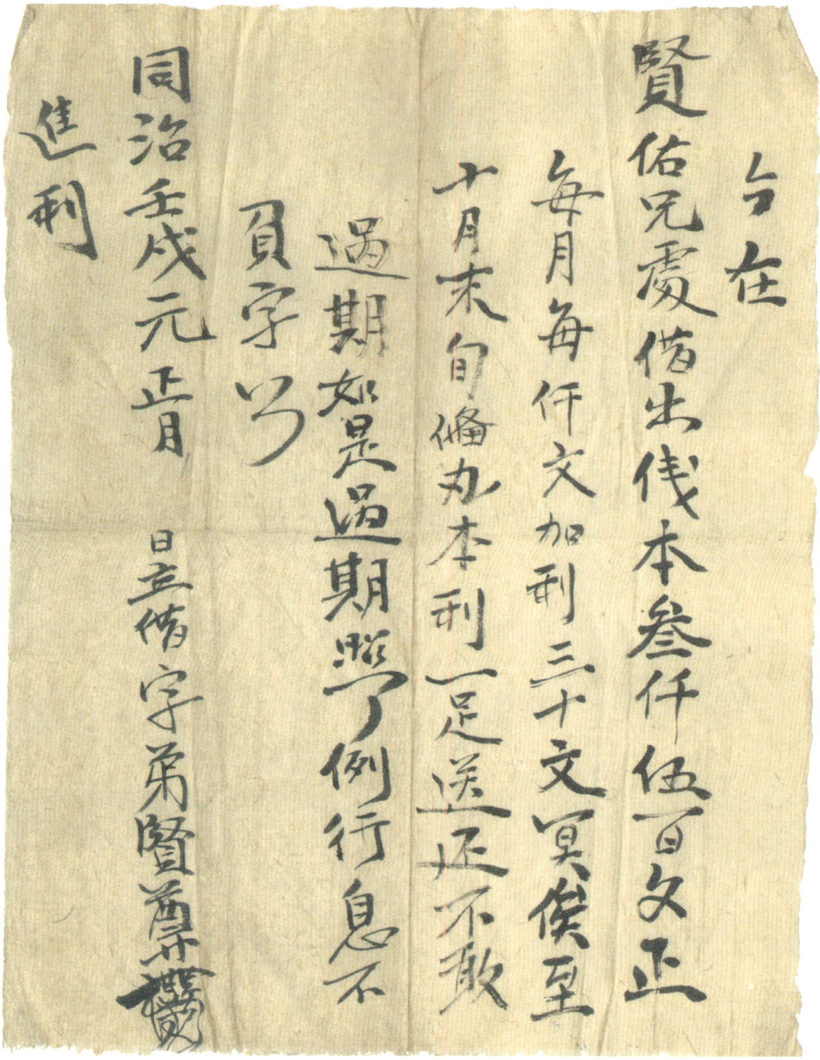

今在
賢佑兄處借出錢本叁仟伍百文正，
每月每仟文加利三十文筭，俟至
十月末旬備办本利一足送还，不敢
過期，如是過期，照例行息不
負。字照。
同治壬戌元年正月　日立借字弟賢尊（押）
進利

5-2-65-65　清同治元年正月鄭賢尊立借錢字

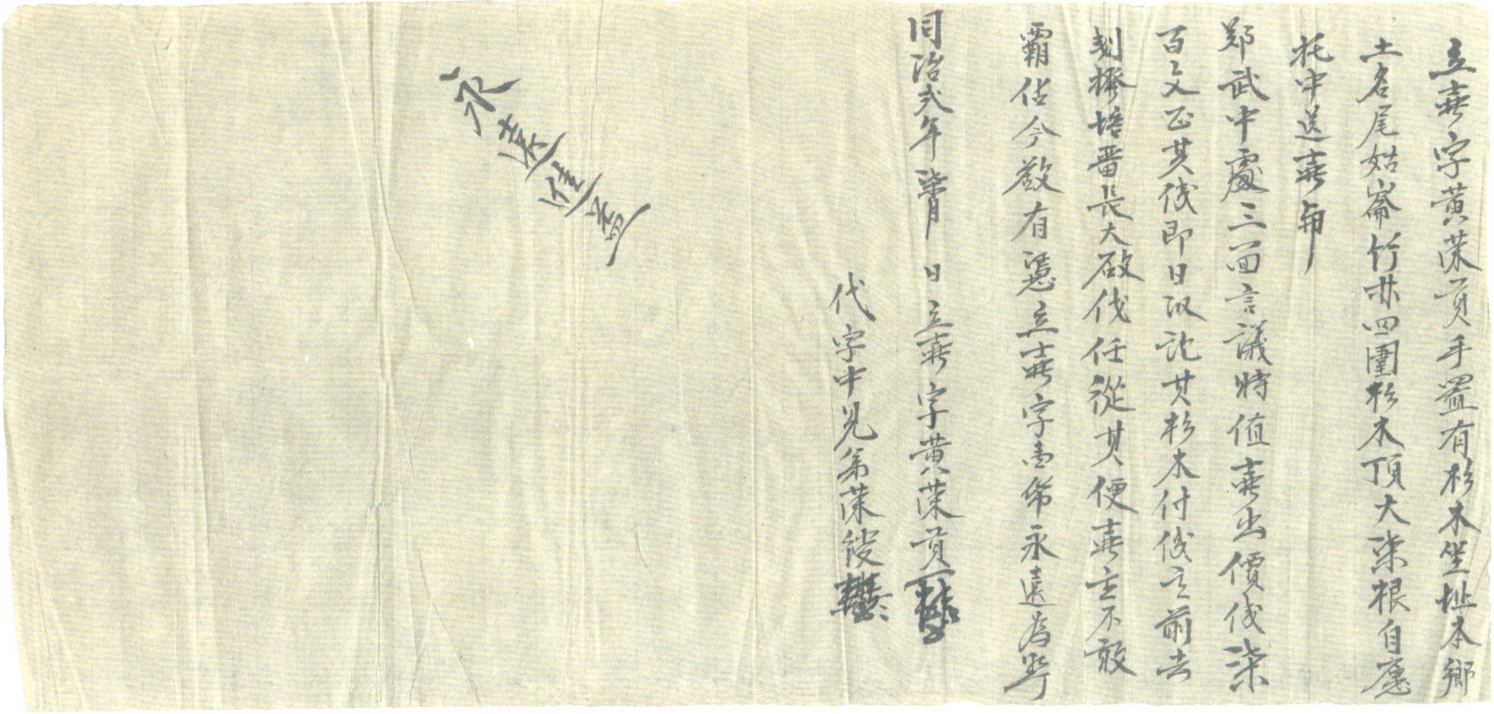
立賣字黃荣貢手置有杉木坐址本鄉
土名尾姑崙竹林四圍杉木頂大湶根自愿
托中送賣與
鄭武中處三面言議時值賣出價錢柒
百文正其錢即日收訖其杉木付錢主前去
剷擽培番長大砍伐任從其便賣主不敢
霸佔今欲有憑立賣字壹帋永遠爲照
同治弍年七月　日立賣字黃荣貢（押）
代字中見弟荣俊（押）
永遠管業

5-2-65-66　清同治二年七月黃荣貢立賣杉木字

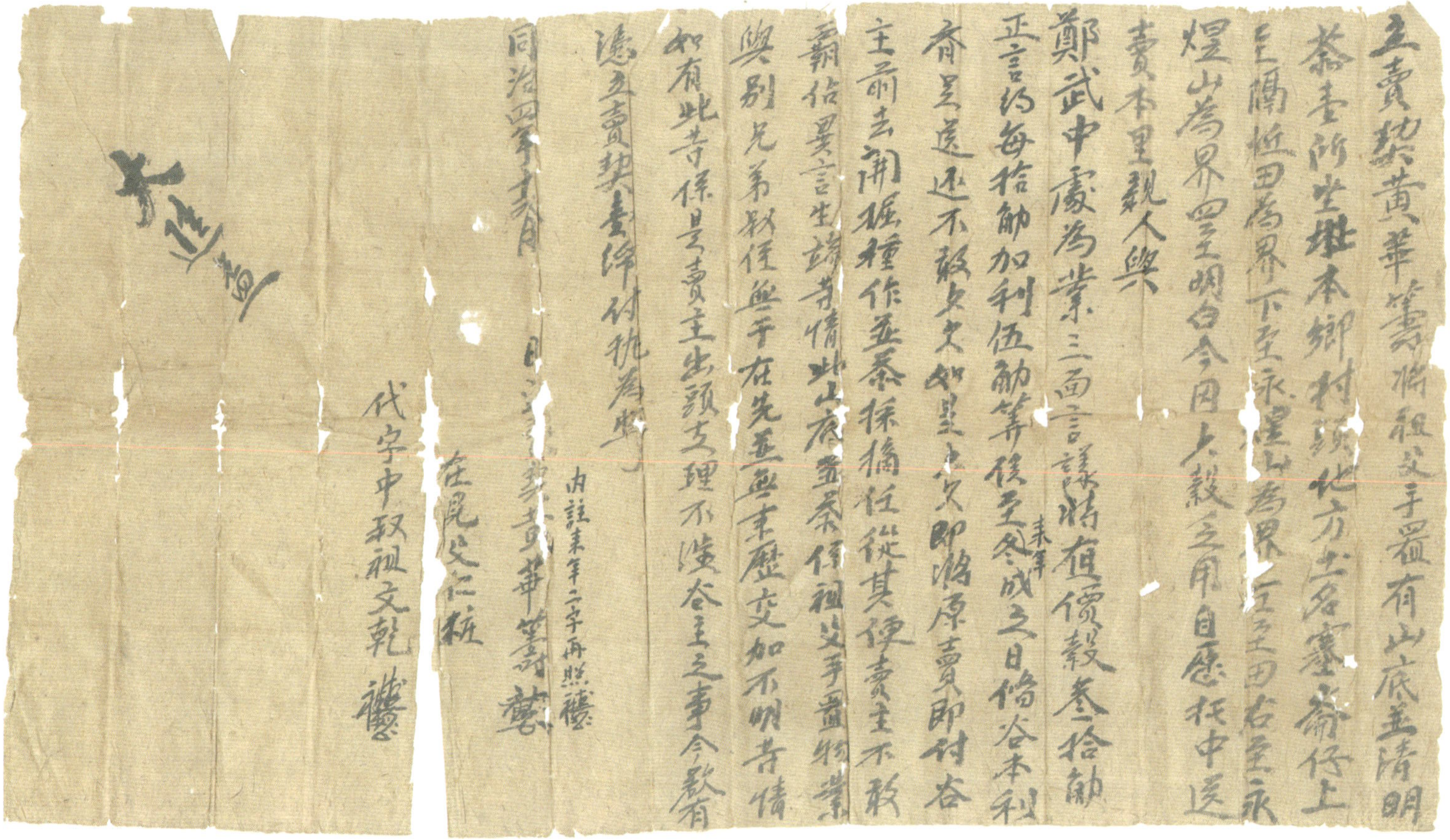

5-2-65-67　清同治四年十二月黃華籌立賣山底等契

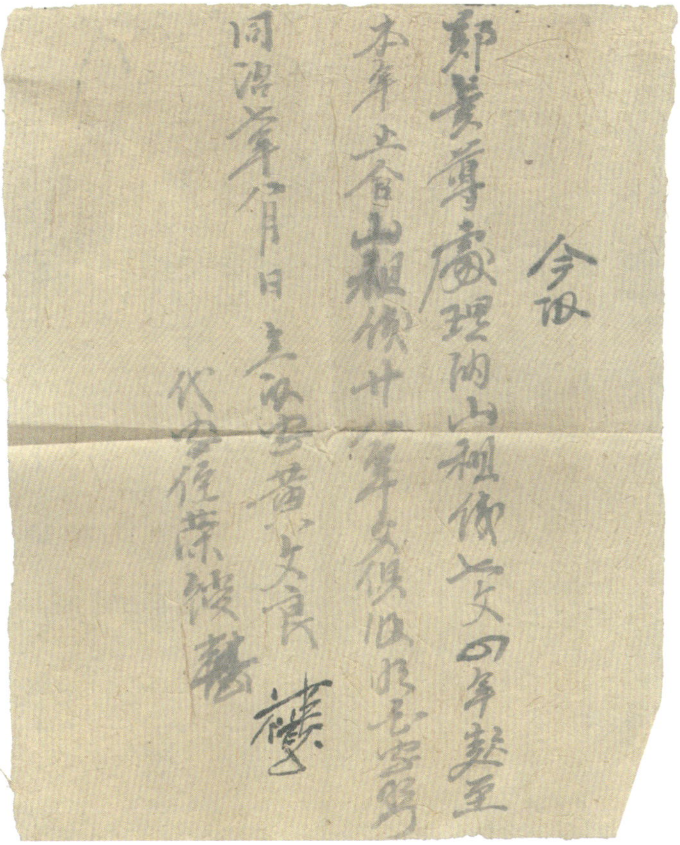

今收
鄭長尊處理納山租錢七文四年起至
本年止合山租錢廿[illegible]年文俱收明足訖
同治七年八月　日　立收字黃文良（押）
代字侄葉[illegible]筆

5-2-65-68　清同治七年八月黃文良立收山租字

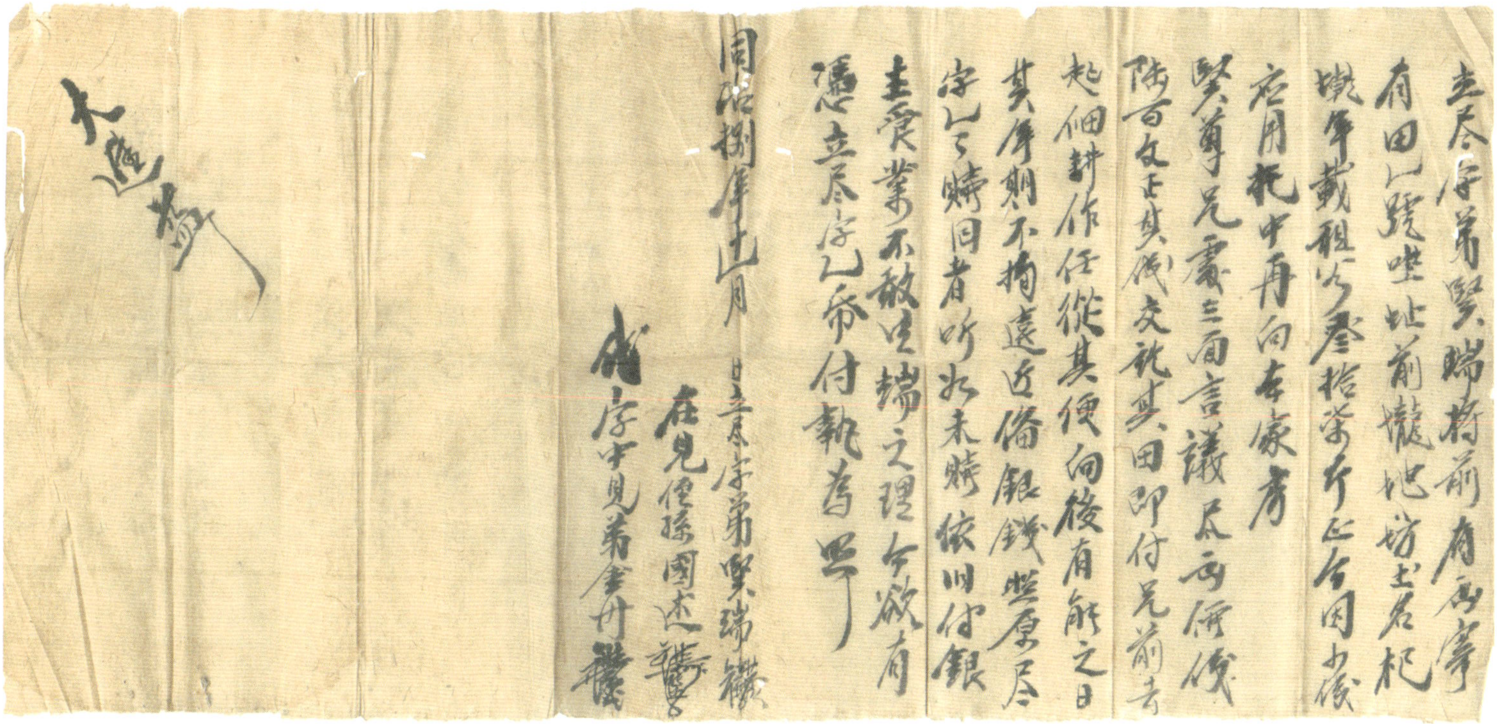
立盡字弟賢瑞，將前有承掌
有田乙號，坐址前壠地坊土名杞
墘，年載租谷叁拾斗正，今因乏銀
應用，托中再向本家房
賢尊兄處三面言議，盡出價錢
陸百文正。其錢交訖，其田即付兄前去
起佃耕作，任從其便。向後有能之日
其年則不拘遠近，備銀錢照原盡
字一一贖回，者所如未贖，依旧付銀
主受業，不敢生端之理。今欲有
憑，立盡字乙帋付執為照。
同治捌年十一月　日立盡字弟賢瑞（押）
在見侄孫國述（押）
代字中見弟金册（押）

5-2-65-69　清同治八年十一月鄭賢瑞立盡田字

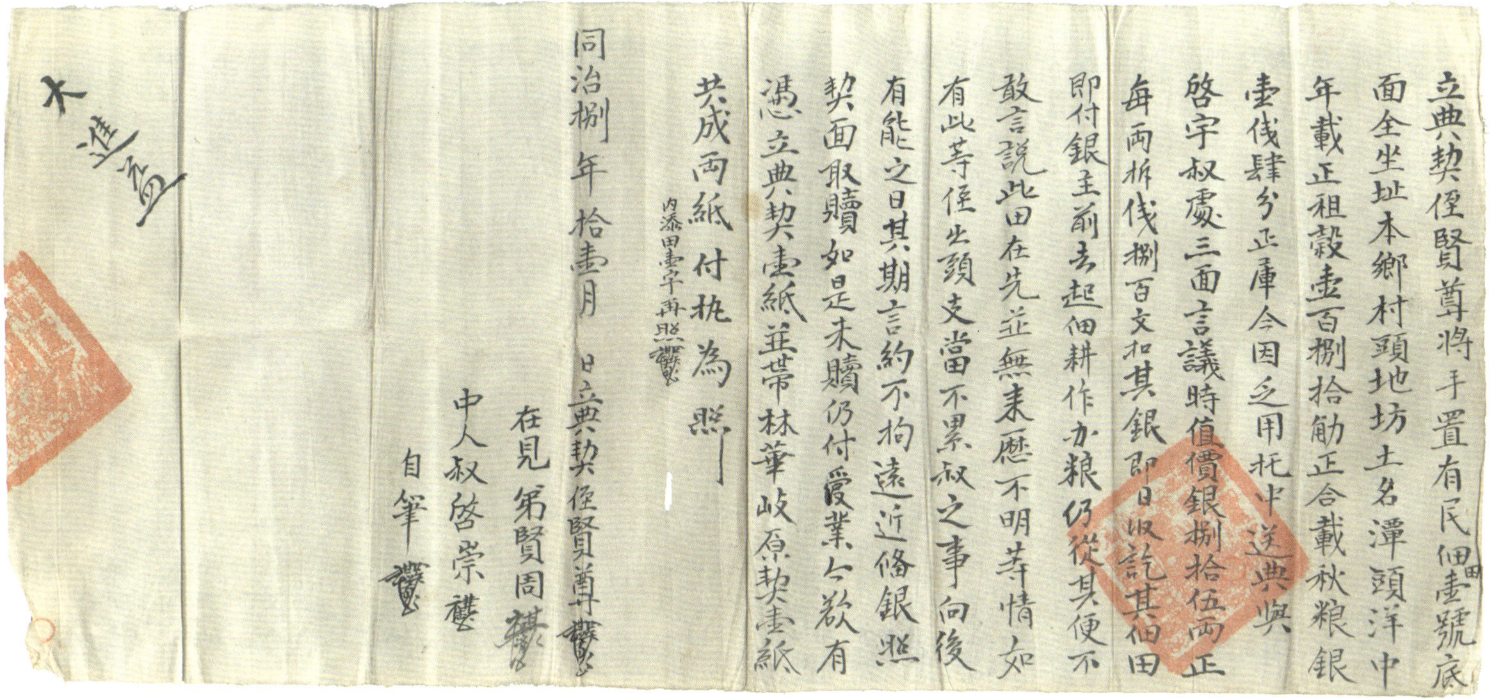
立典契侄賢尊將手置有民佃壹號，底
面全坐址本鄉村頭地坊，土名潭頭洋中，
年載正租穀壹百捌拾觔正，合載秋粮銀
壹伐肆分正。庫今因乏用，托中送典與
啓宇叔處，三面言議，時值價銀捌拾伍兩正，
每兩折伐捌百文，和其銀即日收訖。其佃田
即付銀主前去起佃耕作，办粮，仍從其便，不
敢言說。此田在先並無來歷不明等情，如
有此等，侄出頭支當，不累叔之事。向後
有能之日，其期言約不拘遠近，備銀照
契面取贖，如是未贖，仍付愛業。今欲有
憑，立典契壹紙，並帶林華岐原契壹紙，
共成兩紙，付執為照。
內添田壹字再照（押）
同治捌年拾壹月　日立典契侄賢尊（押）
在見弟賢周（押）
中人叔啓崇（押）
自筆（押）
大進宣

5-2-65-70　清同治八年十一月鄭賢尊立典民佃田契（紅契）

立批字石塘曾西園居土地名家子
前董事尭龍手置舜粟兄弟有竹
林壹所坐落前洋地方土名山頭坪尾
竹林內有吉地壹穴鄭賢尊親向家
人董事道錦東相議批出價錢肆千捌
百文正又舜册兄弟再添花紅錢壹千
叁百陸拾文正其錢即日隨批交足其
竹林上下左右雜木竹即付鄭家開
掘貝土成龍整做坟堂全功完美安
塟棺柩任從其便更剩山角茅草付
還土地居家墻竹管自批之後兩
家喜允各無异言反悔恐口無憑立
批字一紙付執為照添丁發甲永世其
昌

同治拾年八月　日立批字董事道東（押）
道錦（押）
在見　舜李（押）
仝見　道會（押）
執筆　錦（押）

丁財兩旺

5-2-65-71　清同治十年八月道東等立批竹林等字

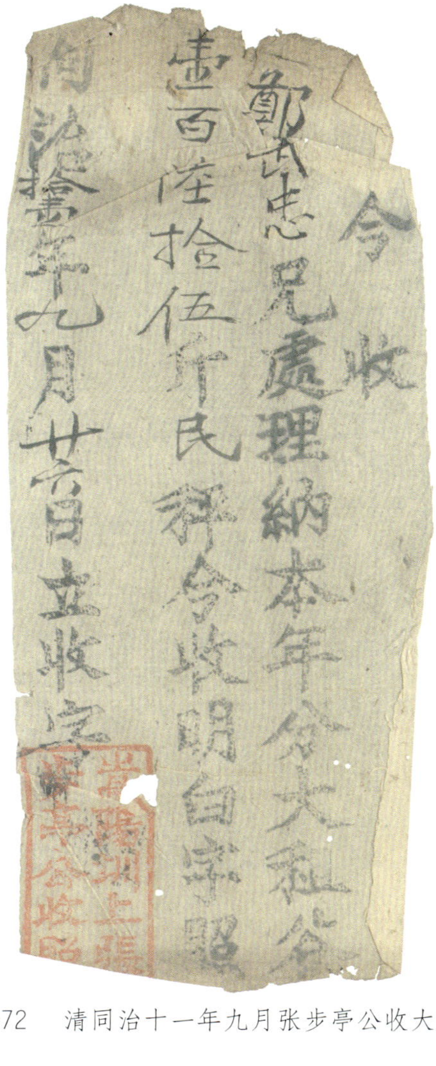

今收
鄭式忠兄處理納本年分大租谷
壹百陸拾伍斤民秤合收明白字照
同治拾壹年九月廿六日立收字

5-2-65-72　清同治十一年九月张步亭公收大租穀字

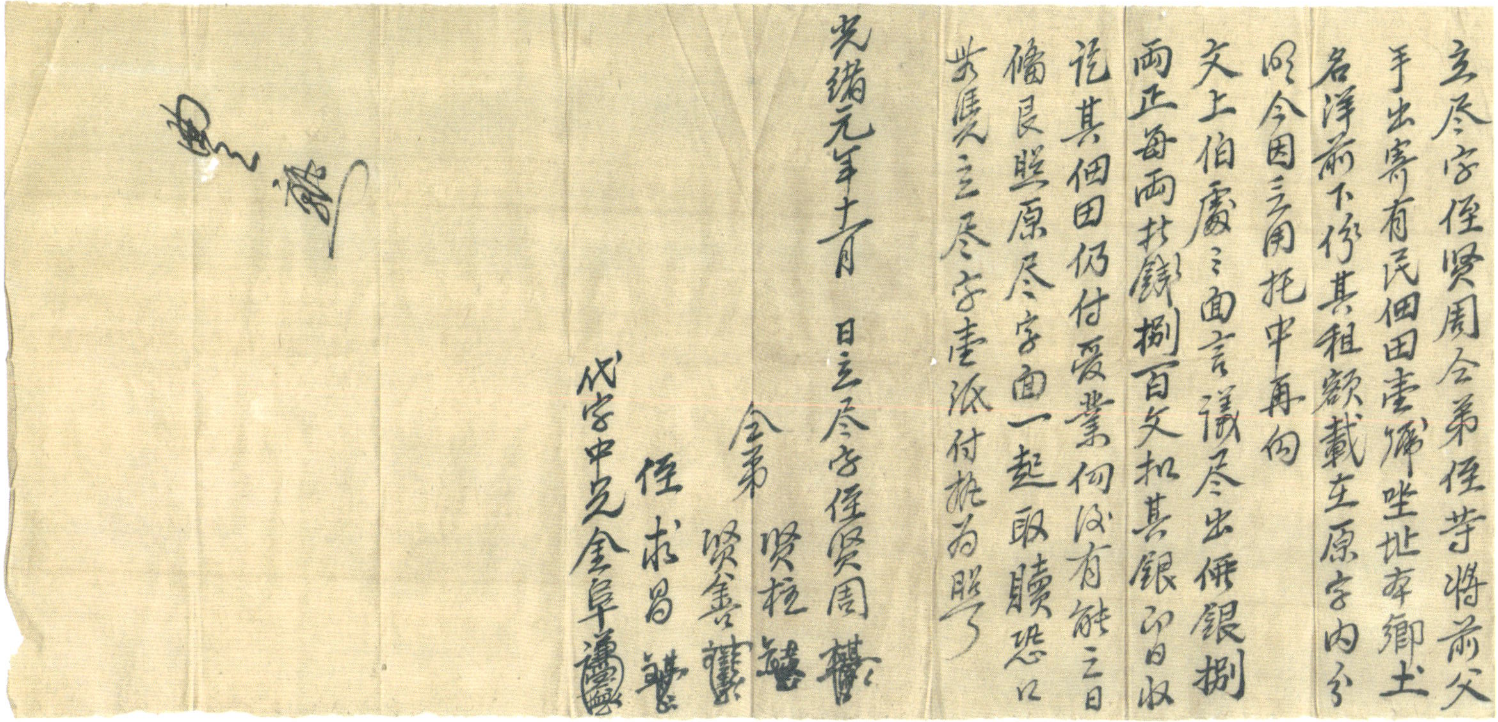

立盡字侄賢周仝弟侄等將前父
手出寄有民佃田壹號坐址本鄉土
名洋前下坵其租額載在原字內分
明今因乏用托中再向
文上伯處三面言議盡出佛銀捌
兩正每兩扣錢捌百文扣其銀即日收
訖其佃田仍付受業們有能三日
備艮照原盡字面一起取贖恐口
無憑立盡字壹紙付執為照

光緒元年十一月　日立盡字侄賢周（押）
仝弟　賢桂（押）
　　　賢善（押）
侄　求昌（押）
代字中見　金阜（押）

5-2-65-73　清光緒元年十一月鄭賢周等立盡民佃田字

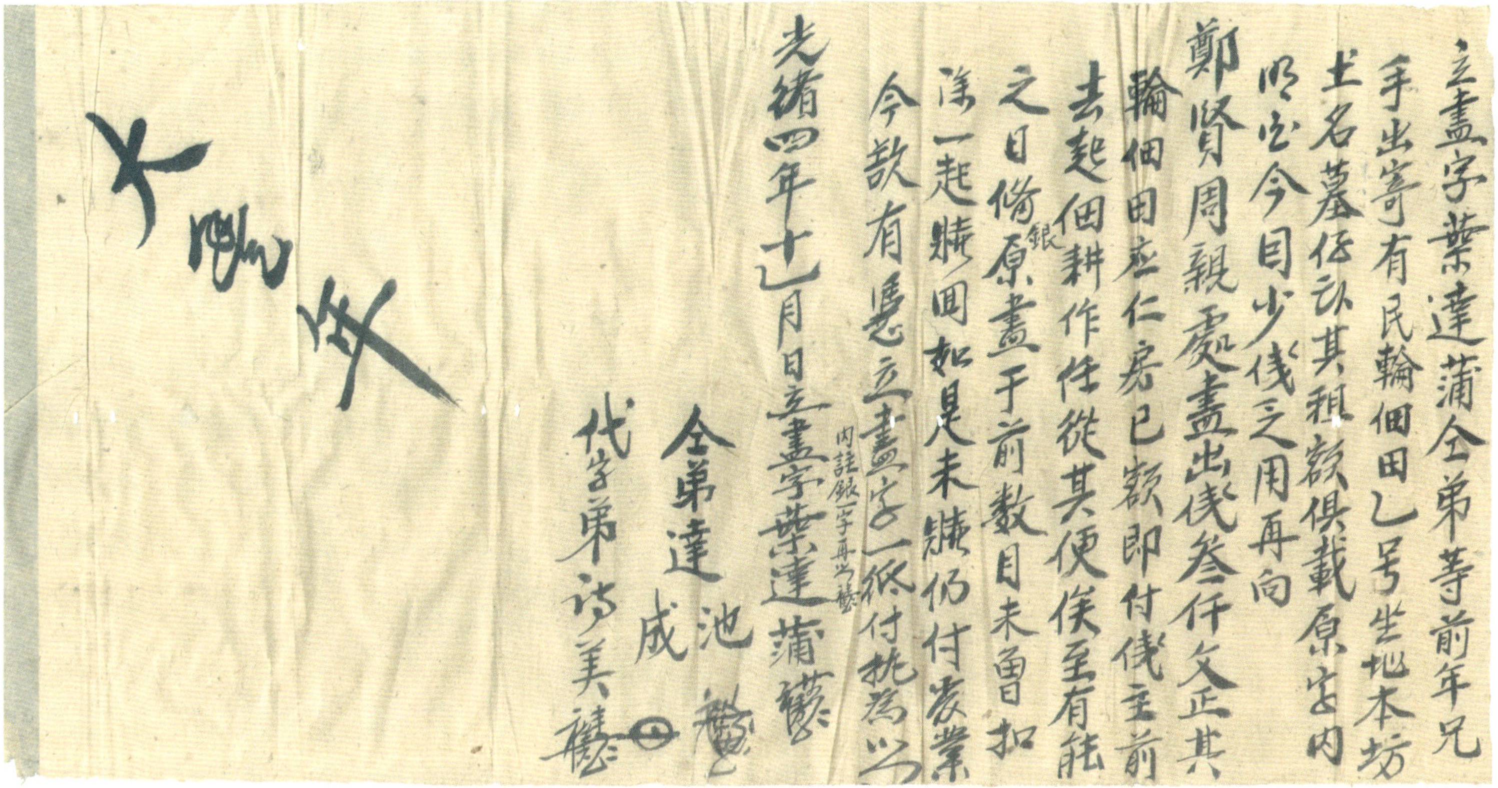
立盡字葉達蒲仝弟等前年兄
手出寄有民輸佃田乙号坐址本坊
土名墓仔䃤其租額俱載原字内
明白今因少錢乏用再向
鄭賢周親處盡出錢叁仟文正其
輸佃田並仁房已額即付錢主前
去起佃耕作任從其便俟至有託
之日備銀原盡于前數目未曾扣
除一起贖回如是未贖仍付管業
今欲有憑立盡字一紙付執為照
内註銀一字再照
光緒四年十一月日立盡字葉達蒲（押）
仝弟達池（押）
成（押）
代字弟詩美（押）

5-2-65-74　清光緒四年十一月葉達蒲等立盡民輸佃田字

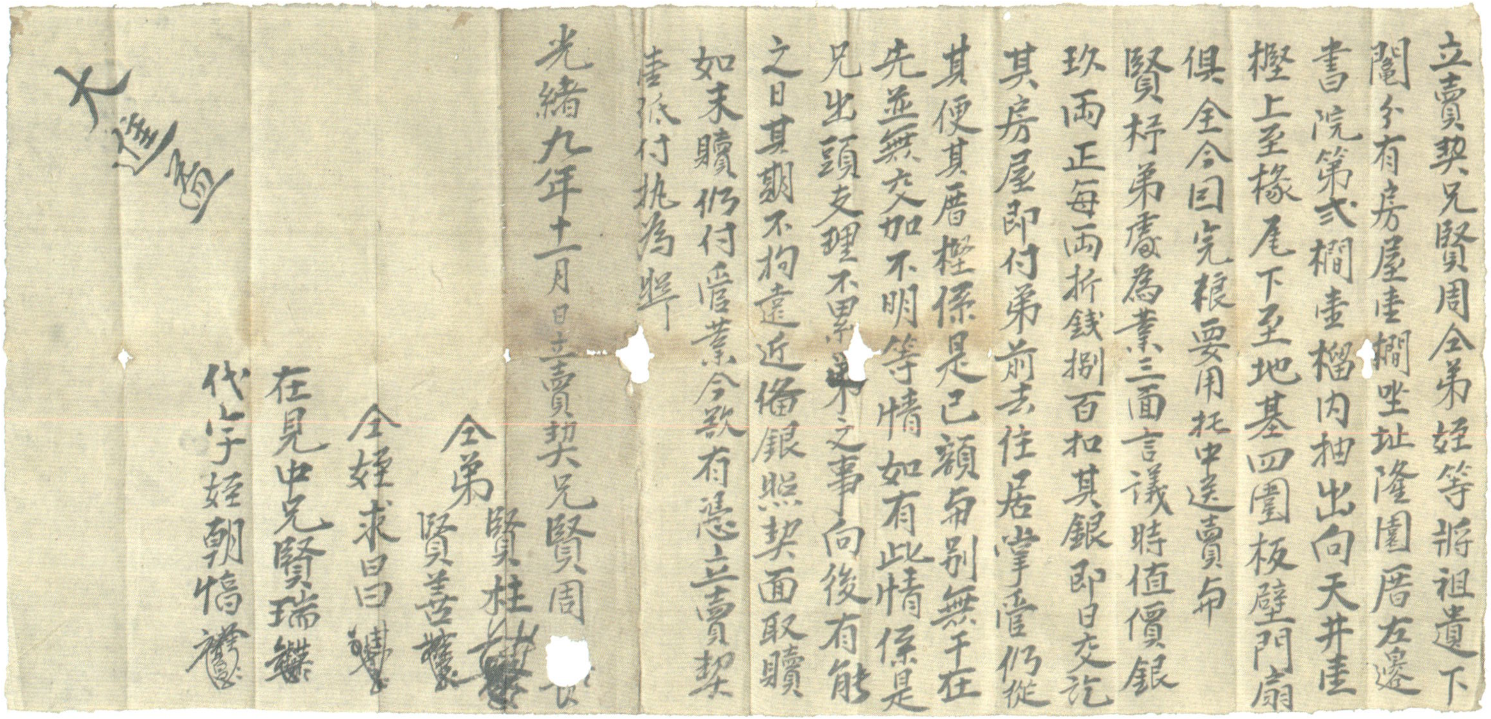

立賣契兄賢周仝弟姪等將祖遺下
鬮分有房屋壹欄坐址隆團厝左邊
書院第式欄壹榴內抽出向天井壹
樫上至椽尾下至地基四圍板壁門扇
俱全今因乏粮要用托中送賣与
賢杼弟處為業三面言議時值價銀
玖兩正每兩折钱捌百扣其銀即日交訖
其房屋即付弟前去住居掌管仍從
其便其厝樫係是已額与別無干在
先並無交加不明等情如有此情係是
兄出頭支理不累弟之事向後有能
之日其鬮不拘遠近備銀照契面取贖
如未贖仍付管業今欲有憑立賣契
壹紙付執為照
光緒九年十一月　日立賣契兄賢周（押）
仝弟　賢柱（押）
　　　賢善（押）
仝姪　求昌（押）
在見中兄賢瑞（押）
代字姪朝愔（押）
大進益

5-2-65-75　清光緒九年十一月鄭賢周等立賣房屋契

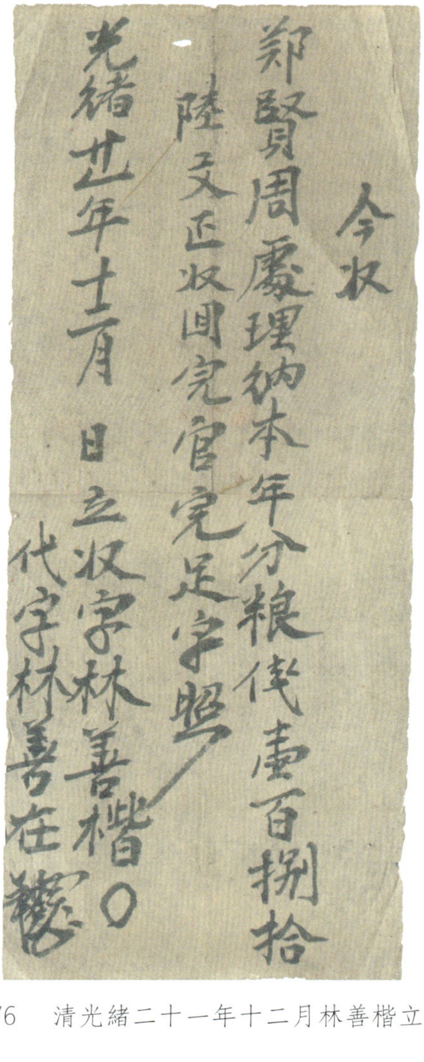
今收
鄭賢周處理納本年分粮錢壹百捌拾
陸文正收囬完官完足字照
光緒廿年十二月　日立收字林善楷○
代字林善在筆

5-2-65-76　清光緒二十一年十二月林善楷立收糧錢字

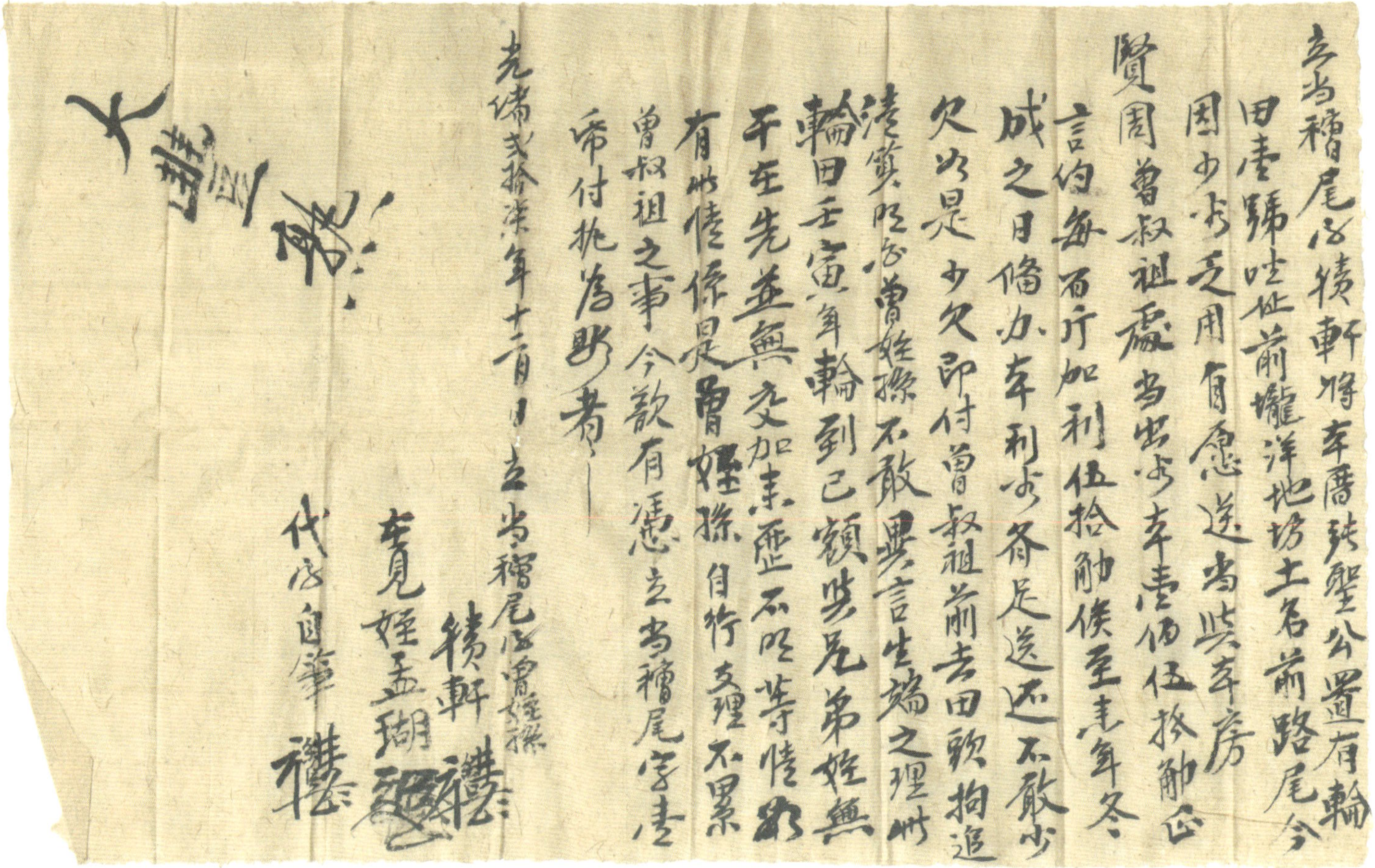

立當稍尾字積軒，將本厝珖璧公置有輪田壹號，址在前壠洋地坊，土名前路尾。今因少錢乏用，自愿送當與本房

賢周曾叔祖處，當出錢本壹佰伍拾觔正。言約每百斤加利伍拾觔，俟至是年冬成之日，備辦本利錢各足，送還不敢少欠。如是少欠，即付曾叔祖前去田頭拘追清業，照字曾姪孫不敢異言生端之理。此輪田壬寅年輪到，已額與兄弟姪無干，在先並無交加來歷不明等情，此有此情，係是曾姪孫自行支理，不累曾叔祖之事。今欲有憑，立當稍尾字壹帋付執為照者。

光緒貳拾柒年十二月　日立當稍尾曾姪孫　積軒（押）

場見姪孟瑚（押）

代字自筆（押）

5-2-65-77　清光緒二十七年十二月鄭積軒立當稍尾字

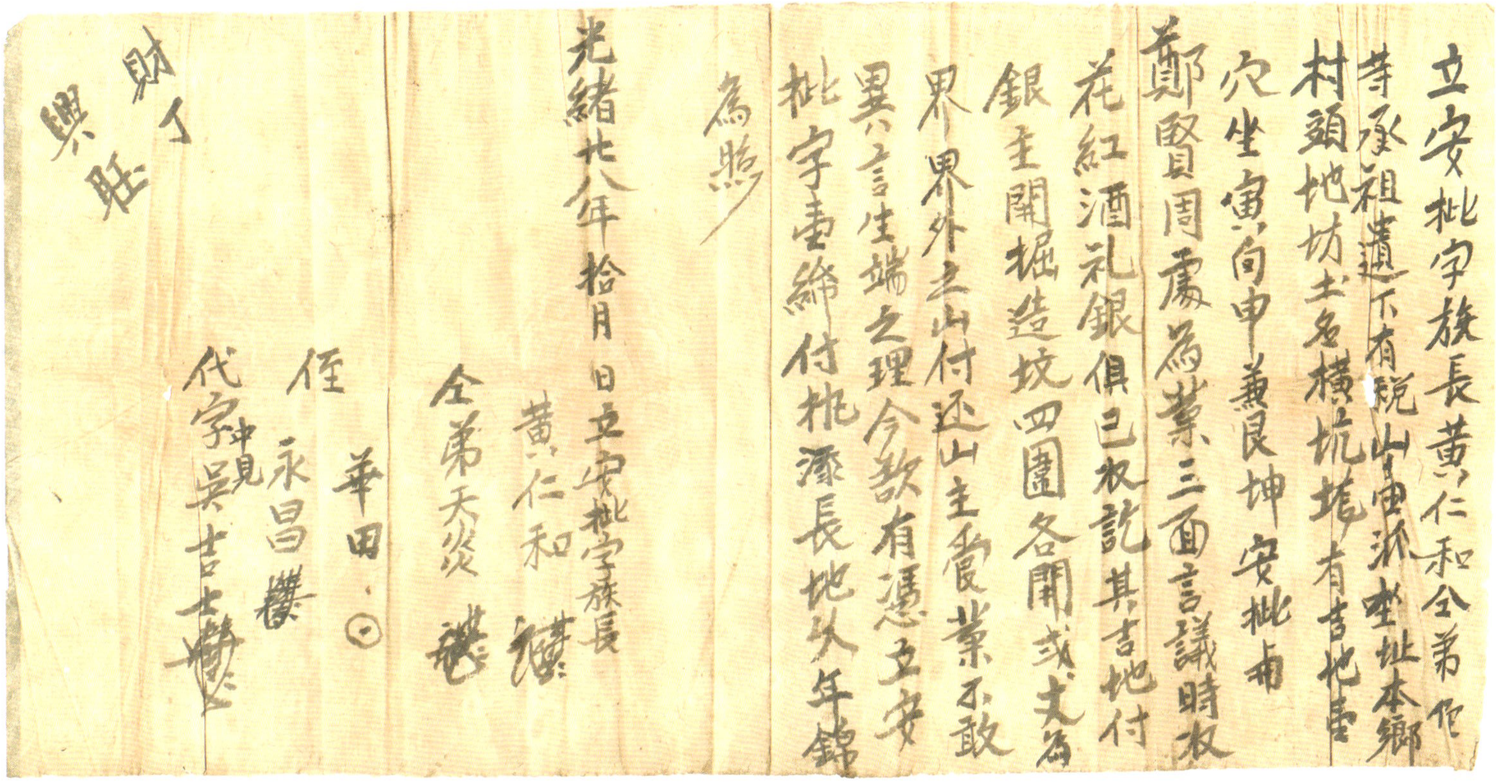

立安批字族長黄仁和仝弟作
等承祖遺下有稅山壹所坐址本鄉
村頭地坊土名横坑垅有吉地壹
穴坐寅向申兼艮坤安批甫
鄭賢周處爲業三面言議時收
花紅酒礼銀俱已收訖其吉地付
銀主開掘造坟四圍各開弍丈爲
界界外之山付还山主管業不敢
異言生端之理今欲有憑立安
批字壹紙付批添長地久年錦
爲照

光緒廿八年拾月　日立安批字族長
黄仁和（押）
仝弟天炎（押）
華田⊙
侄永昌（押）
代字中見吴吉士（押）

財丁興旺

5-2-65-78　清光緒二十八年十月黄仁和等立安批稅山字

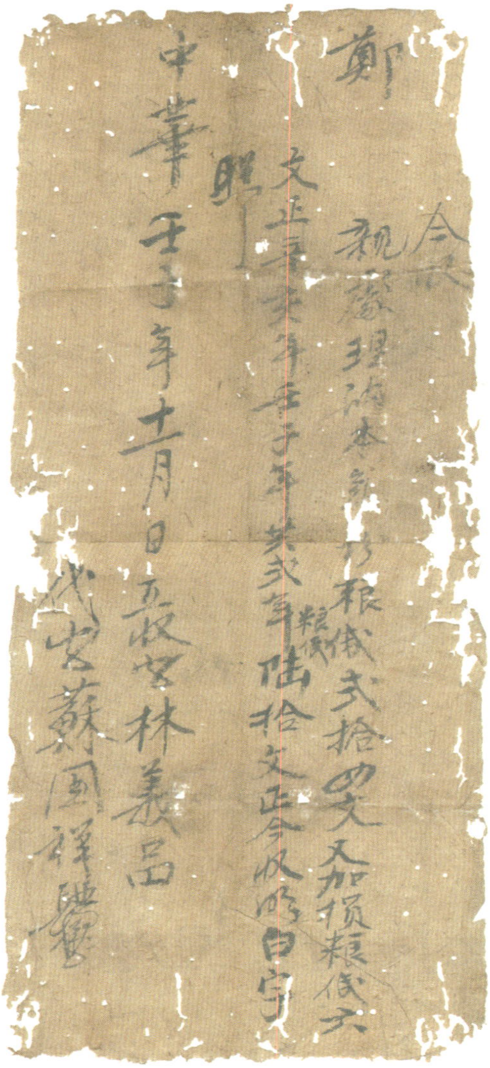

鄭

今收

親蕃理諸本家粮錢貳拾四文又加損粮錢六

文正辛亥年壬子年共貳年粮錢陸拾文正今收明白字

照

中華壬子年十一月日立收字林義品

代書蘇國祥筆

5-2-65-79　民國元年十一月林義品立收糧錢字

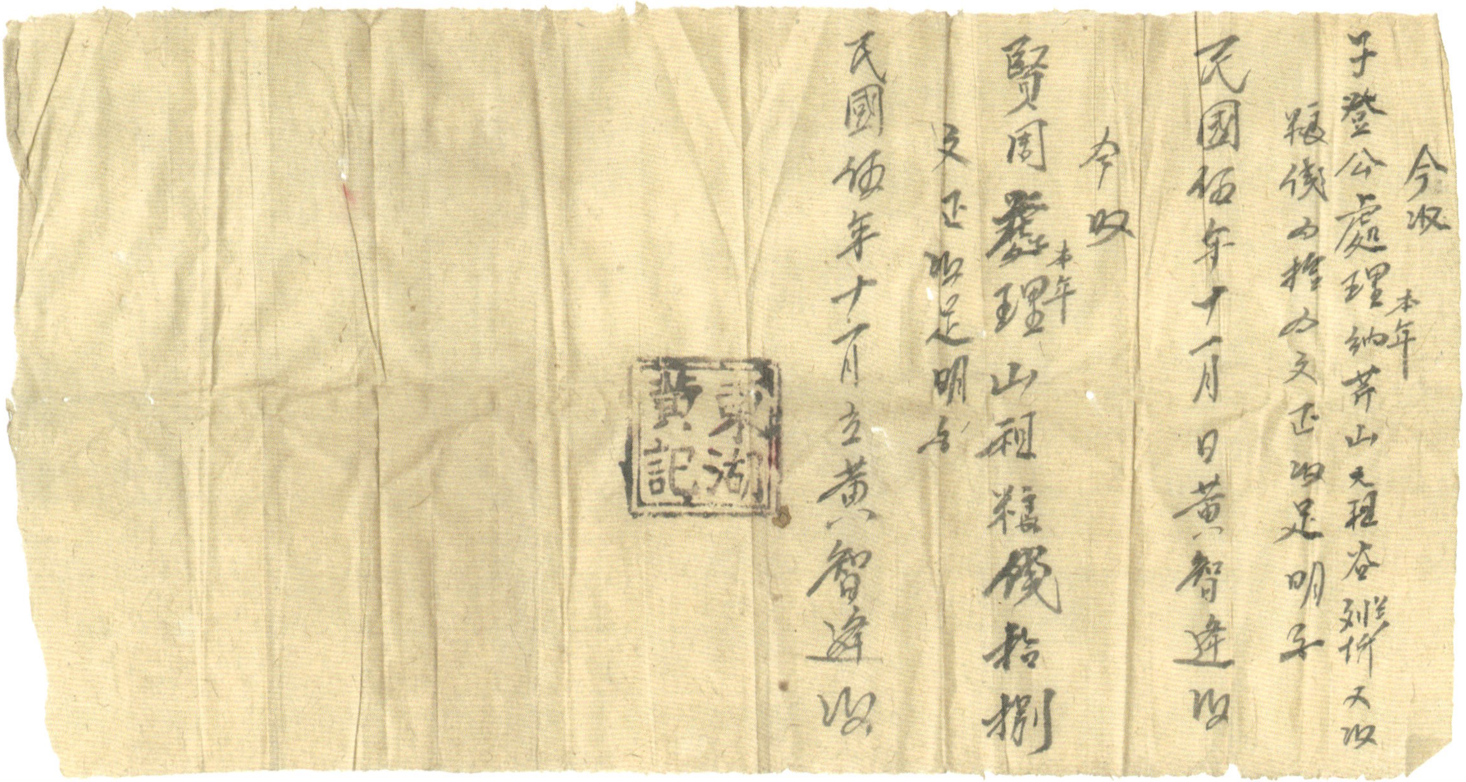

今收
子登公處理本年納芹山大租谷弍仟文收
糧錢內扣內文正收足明了
民國伍年十一月日黃智逢收
今收
賢周處理本年山租糧錢拾捌
文正收足明白
民國伍年十一月立黃智逢收
東湖黃記

5-2-65-80　民國五年十一月黃智逢立收山租糧錢等字

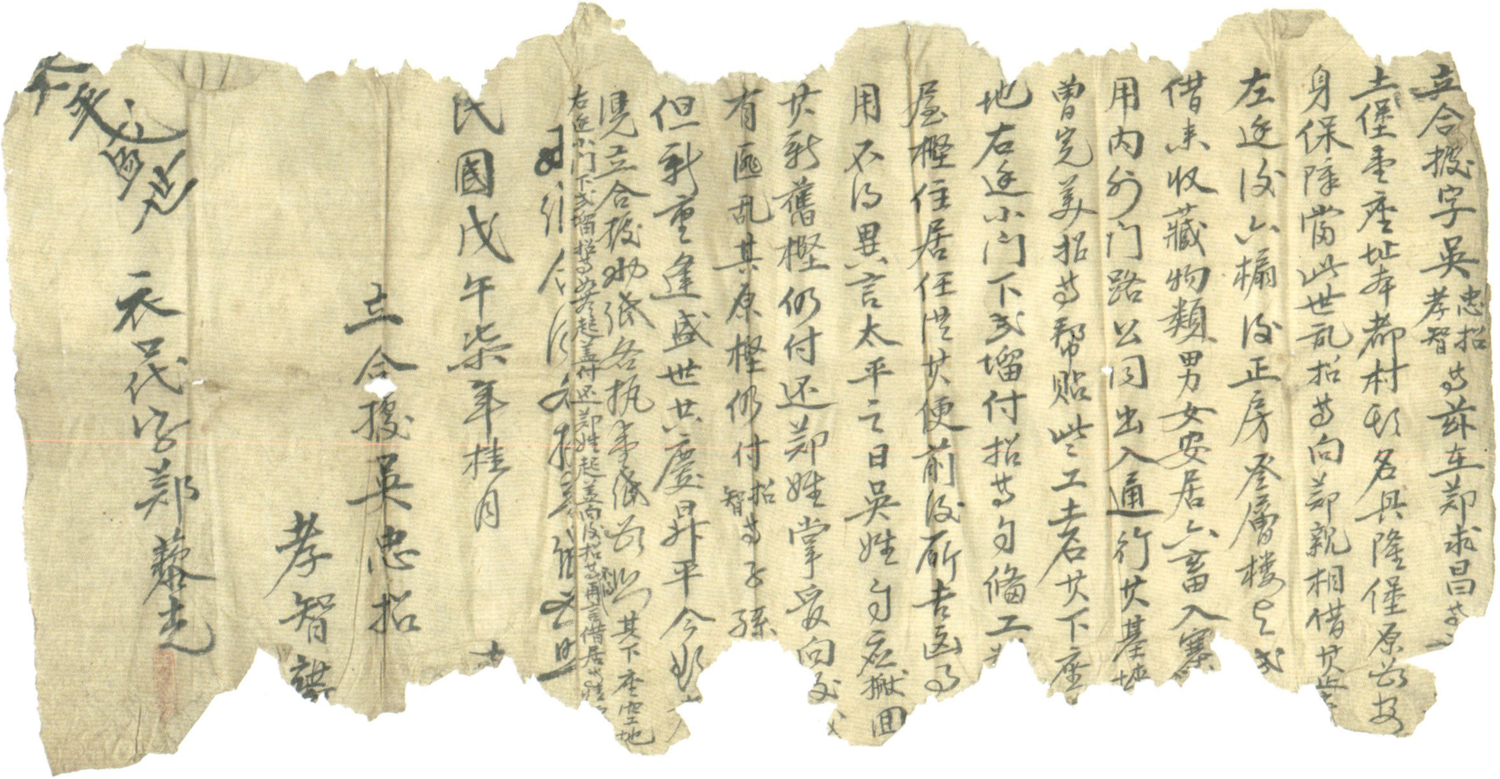

5-2-65-81　民國七年八月吴忠招等立合據字

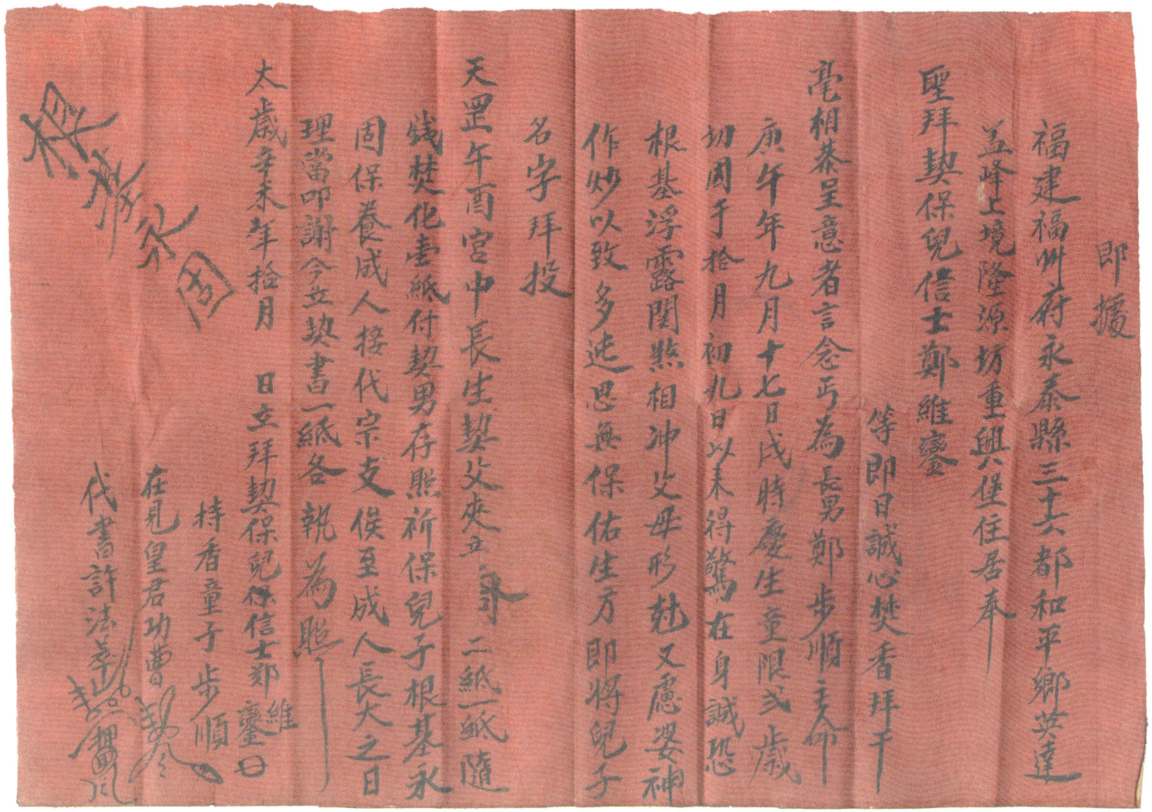

即據
福建福州府永泰縣三十六都和平鄉英達
蓋峰上境隆源坊重興堡住居奉
聖拜契保兒信士鄭維鑾
等即日誠心焚香拜干
毫相恭呈意者言念弍為長男鄭步順于命
庚午年九月十七日戌時慶生童限弍歲
切因于拾月初九日以來得驚在身誠恐
根基浮露関煞相沖父母形尅又慮婆神
作妙以致多延恩無保佑生方即將兒子
名字拜投
天罡午酉宮中長生契父夾立卦二紙一紙隨
錢焚化壹紙付契男存照祈保兒子根基永
固保養成人接代宗支俟至成人長大之日
理當叩謝今立契書一紙各執為照
太歲辛未年拾月　日立拜契保兒信士鄭維鑾（押）
持香童子步順（押）
在見皇君功曹（押）
代書許法華（押）
根深永固

5-2-65-82　民國時期鄭維鑾立保兒拜契

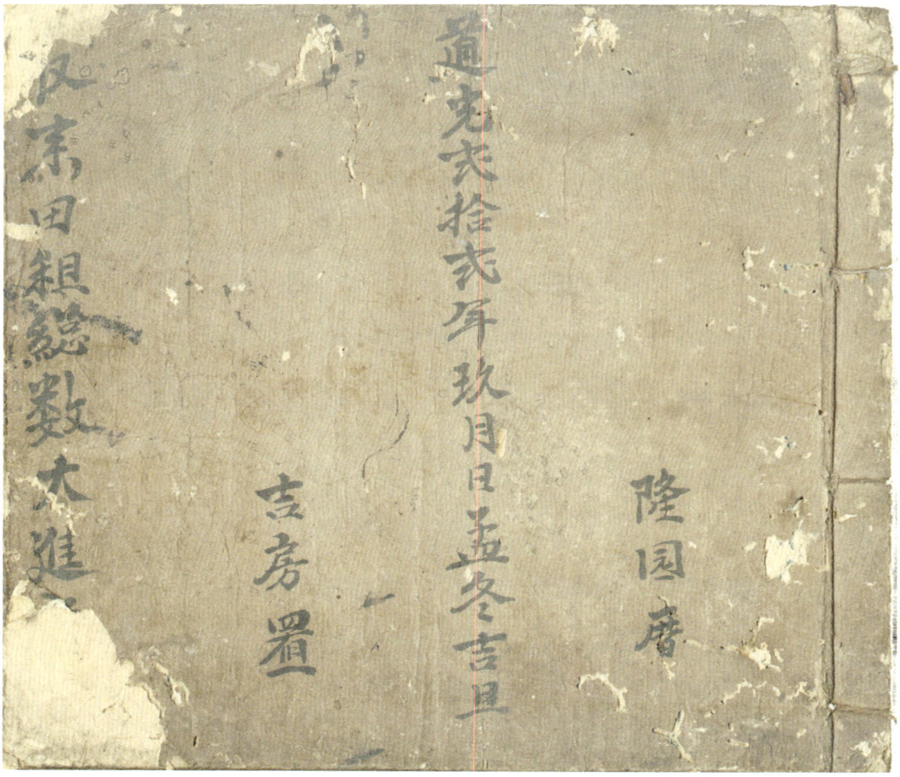
隆園曆
道光貳拾貳年玖月日孟冬吉旦
吉房置
收東田租總數大進

5-2-66-1　清道光二十二年鄭氏吉房立隆園曆收田租簿（一）

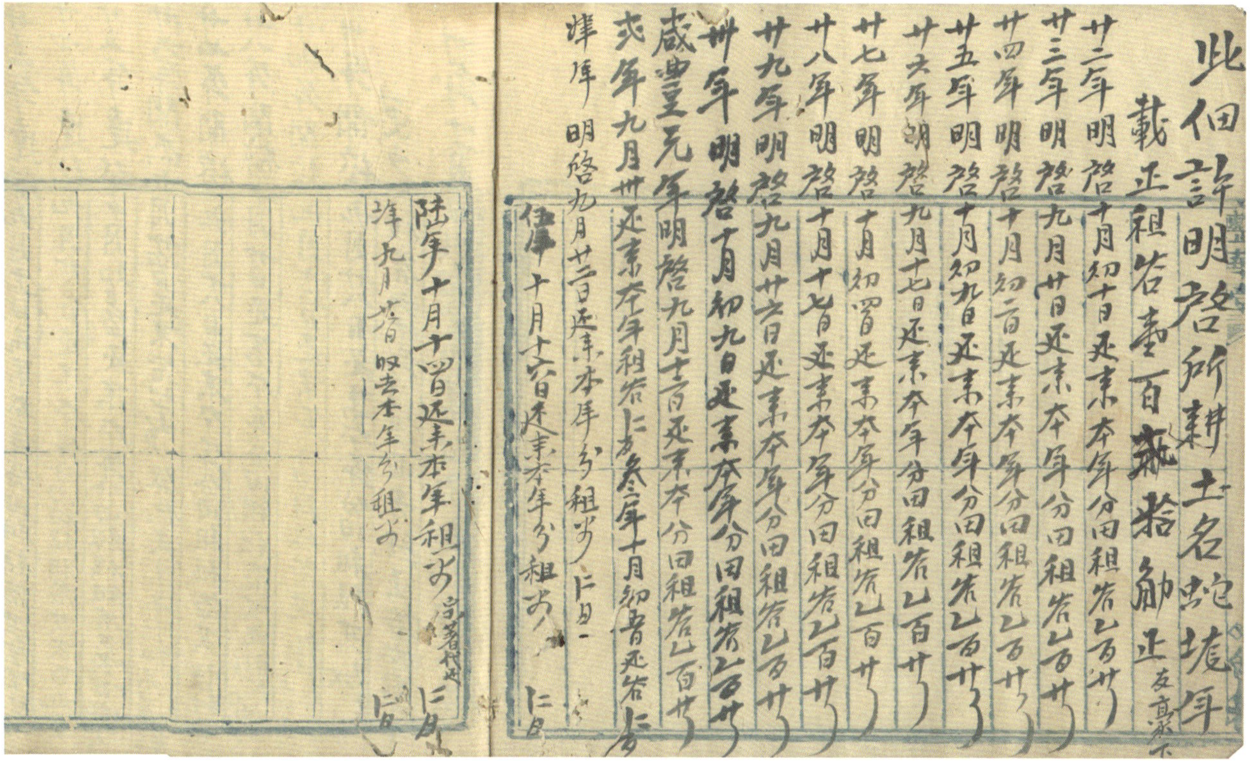
此佃許明啓所耕土名蛇墘伊
載正租谷壹百柒拾觔正
廿二年明啓十月初十日还来本年分田租谷乙百廿斤
廿三年明啓九月廿日还来本年分田租谷乙百廿斤
廿四年明啓十月初二日还来本年分田租谷乙百廿斤
廿五年明啓十月初九日还来本年分田租谷乙百廿斤
廿六年明啓九月十七日还来本年分田租谷乙百廿斤
廿七年明啓十月初四日还来本年分田租谷乙百廿斤
廿八年明啓十月十七日还来本年分田租谷乙百廿斤
廿九年明啓九月廿六日还来本年分田租谷乙百廿斤
卅年明啓十月初九日还来本年分田租谷乙百廿斤
咸豐元年明啓九月十一日还来本分田租谷乙百廿斤
弍年九月廿还来本年租谷　仁房　叁年十月初四还谷　仁房
肆年明啓九月廿二日还来本年分租谷　仁房一
伍年十月十六日还来本年分租谷　仁房
陸年十月十四日还来本年租谷　仁房
柒年九月廿四日收去本年分租谷　仁房

5-2-66-2　清道光二十二年鄭氏吉房立隆園厝收田租簿（二）

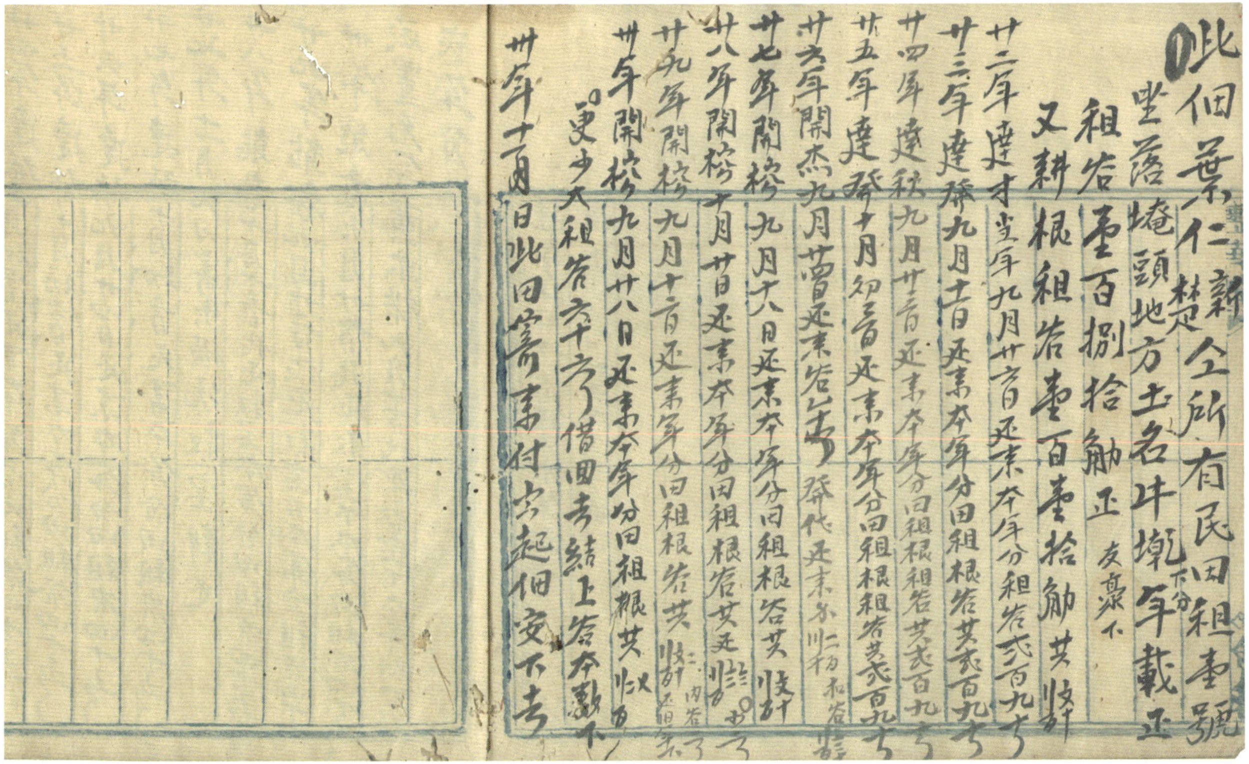
㘦佃葉仁新仝所有民田租壹號
坐落墘頭地方土名牛墘下分年載正
租谷壹百捌拾觔正 交真袋不
又耕根租谷壹百壹拾觔共收
廿二年達才完年九月廿六日還來本年分租谷弍百九[illegible]
廿三年達發九月十三日還來本年分田租根租谷共弍百九[illegible]
廿四年達秋九月廿六日還來本年分田租根租谷共弍百九[illegible]
廿五年達發十月初三日還來本年分田租根租谷共弍百九[illegible]
廿六年開杰九月十三日還來谷[illegible] 發代還來[illegible]
廿七年開榜九月十八日還來本年分田租根谷共收訖
廿八年開榜十月廿日還來本年分田租根谷共還訖
廿九年開榜九月十六日還來本年分田租根谷共收訖 [illegible]
卅年開榜九月廿八日還來本年分田租根共收訖
更少大租谷六十六[illegible]借佃吉結上谷本數不[illegible]
卅年十月日此田當來付出起佃安不吉

5-2-66-3　清道光二十二年鄭氏吉房立隆園厝收田租簿（三）

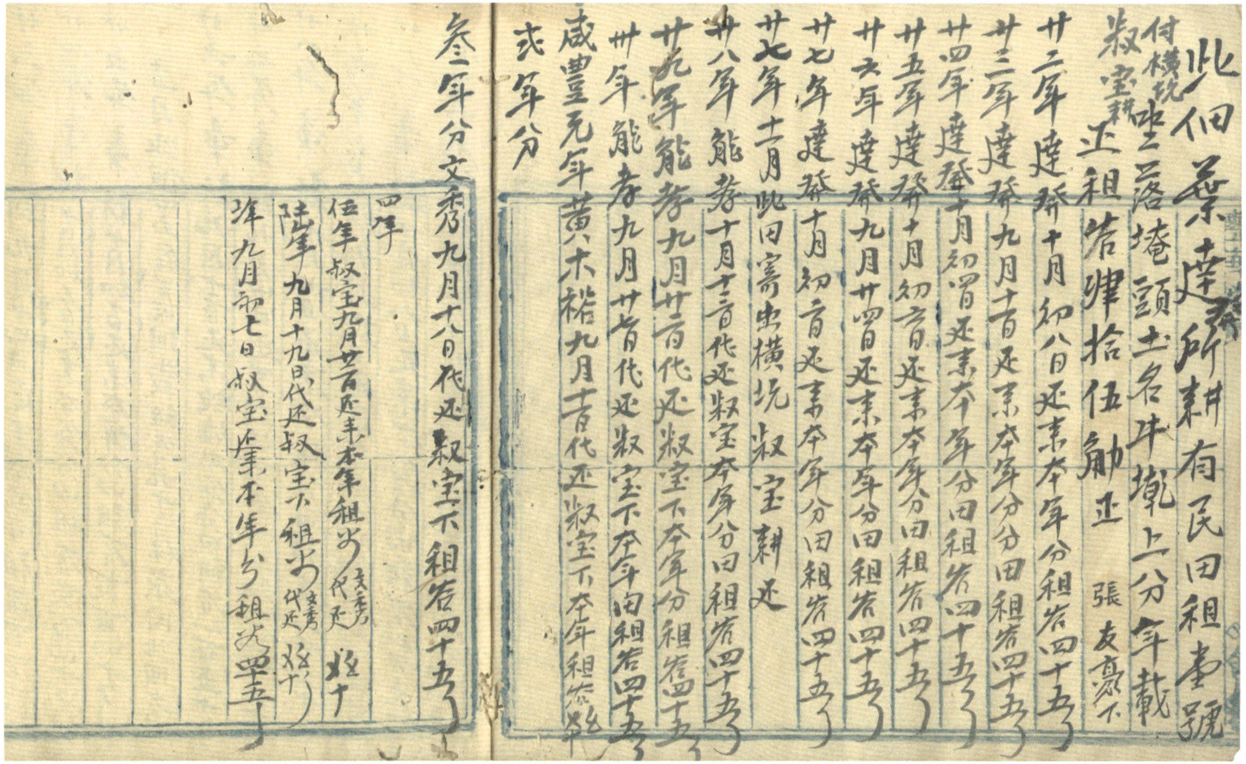

此佃葉達𫅩所耕有民田租壹號
付橫坑坐落墘頭土名牛墘上分年載
叔宝耕 正租谷肆拾伍觔正　張友高不
廿二年達𫅩十月初八日交来本年分田租谷四十五觔
廿三年達𫅩九月十二日交来本年分田租谷四十五觔
廿四年達𫅩十月初四日交来本年分田租谷四十五觔
廿五年達𫅩十月初二日交来本年分田租谷四十五觔
廿六年達𫅩九月廿四日交来本年分田租谷四十五觔
廿七年達𫅩十月初二日交来本年分田租谷四十五觔
廿七年十二月此田寄出橫坑叔宝耕正
廿八年能考十月十二日代交叔宝本年分田租谷四十五觔
廿九年能考九月廿二日代交叔宝下本年分租谷四十五觔
卅年能考九月廿二日代交叔宝下本年田租谷四十五觔
咸豐元年黄木𬙋九月十二日代交叔宝下本年租谷[illegible]
弍年分
叁年分文秀九月十八日代交叔宝下租谷四十五觔
四年
伍年叔宝九月廿二日交来本年租[illegible]　文秀代交[illegible]
陆年九月十九日代交叔宝下租[illegible]　文秀代交[illegible]
[illegible]年九月初七日叔宝交来本年分租谷四十五觔

5-2-66-4　清道光二十二年鄭氏吉房立隆園厝收田租簿（四）

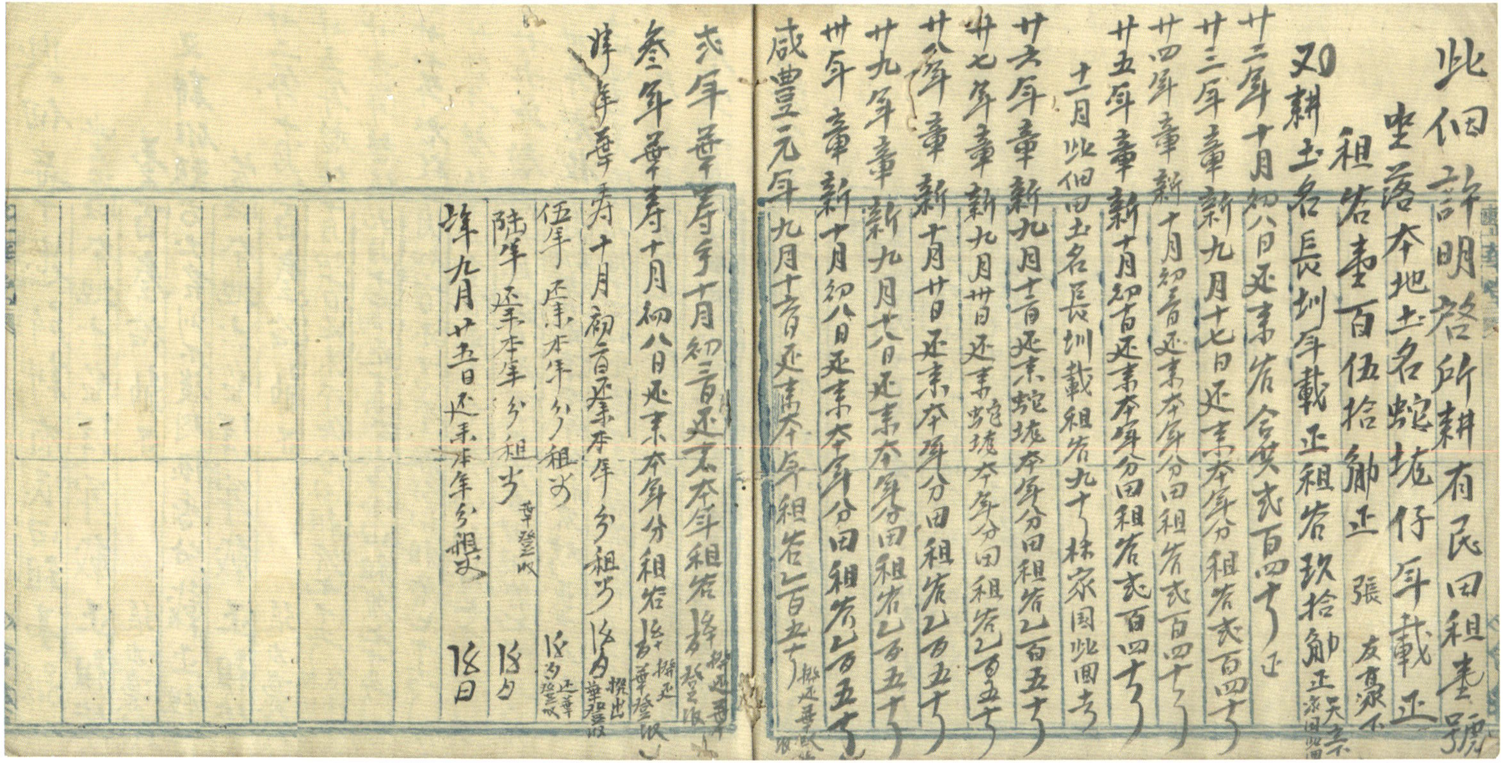

此佃許明啓所耕有民田租壹號
坐落本地土名蛇坑仔年載正
租谷壹百伍拾觔正　張友高派下天宗
又耕土名長圳年載正租谷玖拾觔正　天宗派田出
廿二年十月初八日延來谷合共弍百四十斤正
廿三年章新九月十七日延來本年分租谷弍百四十斤
廿四年章新十月初旬延來本年分田租谷弍百四十斤
廿五年章新十月初旬延來本年分田租谷弍百四十斤
十二月此佃田土名長圳載租谷九十斤林家園此佃去
廿六年章新九月十旬延來蛇坑本年分田租谷乙百五十斤
廿七年章新九月廿日延來蛇坑本年分田租谷乙百五十斤
廿八年章新十月廿日延來本年分田租谷乙百五十斤
廿九年章新九月廿八日延來本年分田租谷乙百五十斤
卅年章新十月初八日延來本年分田租谷乙百五十斤
咸豐元年九月十旬延來本年租谷乙百五十斤　撥還華□收
弍年華壽十月初三日延來本年租谷拾斤　撥還華登收
叁年華壽十月初八日延來本年分租谷拾斤　撥還華登收
肆年華壽十月初旬還來本年分租□收　撥出華登收
伍年還來本年分租□收　還華登收
陸年還來本年分租□收　華登收
柒年九月廿五日還來本年分□收日

5-2-66-5　清道光二十二年鄭氏吉房立隆園厝收田租簿（五）

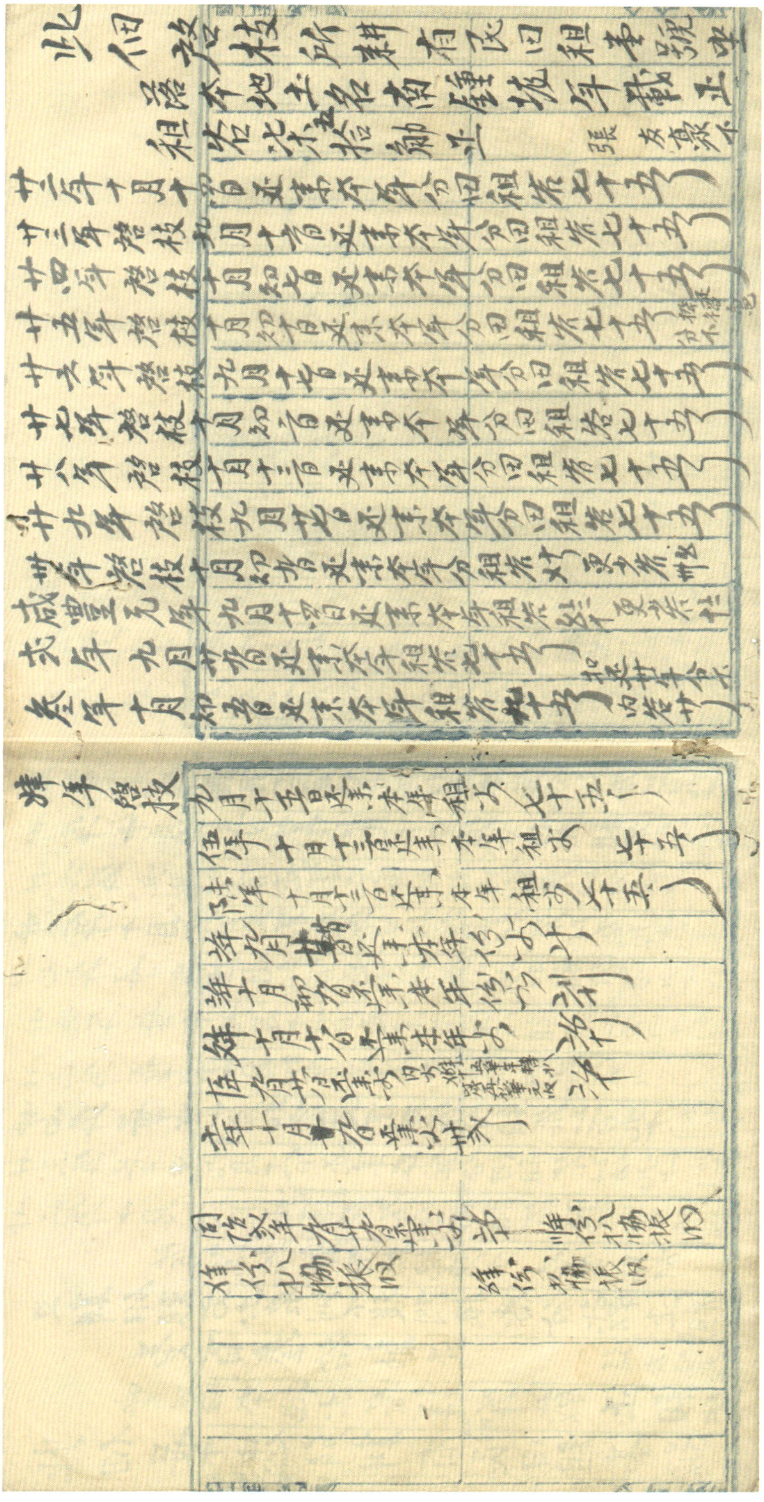

5-2-66-6　清道光二十二年鄭氏吉房立隆園厝收田租簿（六）

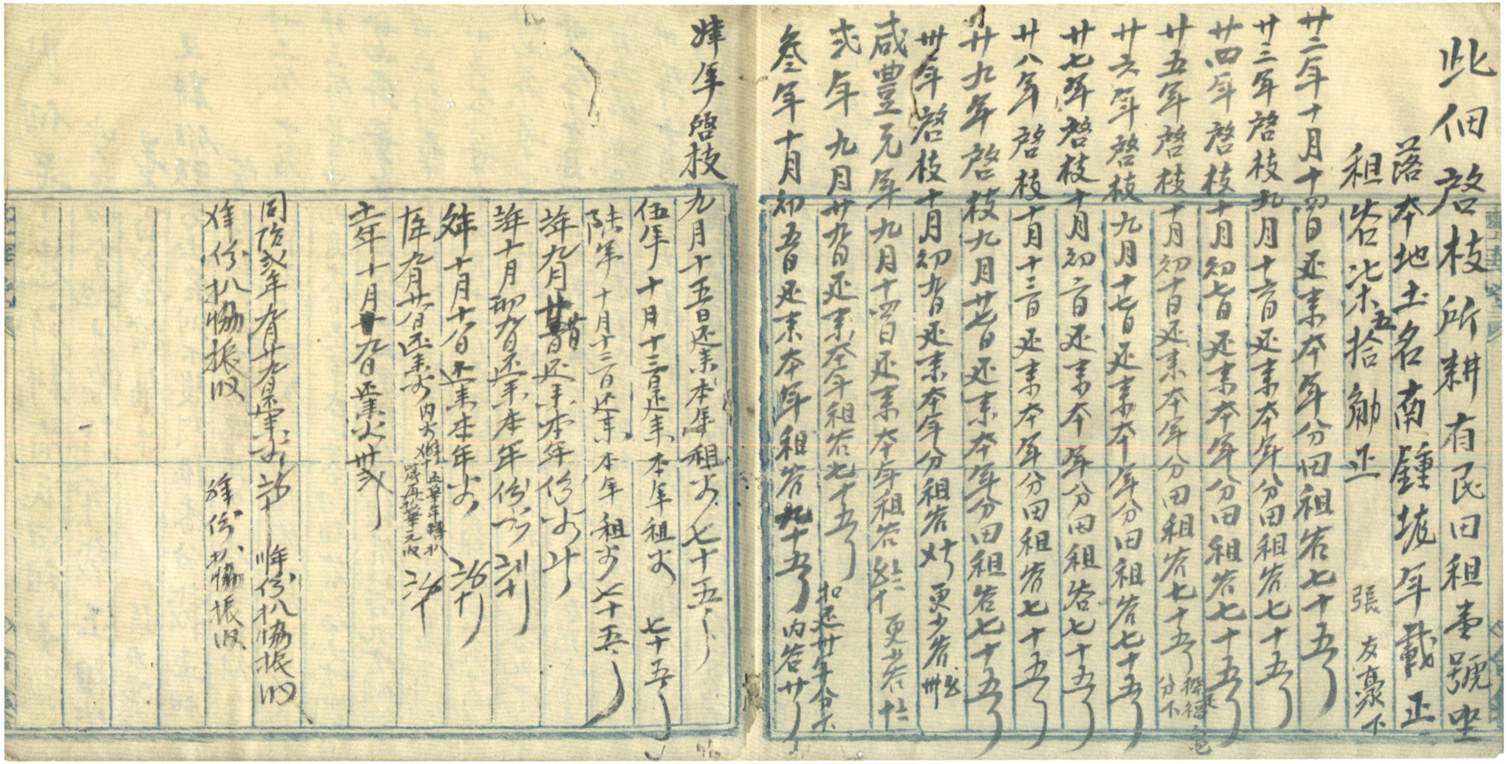

5-2-66-7　清道光二十二年鄭氏吉房立隆園厝收田租簿（七）

此佃華忠所耕有民田租壹號
坐落本地土名洋（前）坪載正租谷
壹百叁拾觔正　張友高承不
又耕碓頭方土名圳下後門振香分載正租
谷陸拾觔正林瑞秉不　合貧餘
廿二年十月初八日还来本年分田租谷陸斤　此谷抵扣
廿三年華中九月十八日还来本年分田租谷乙百九十斤　抵扣
廿四年華中十月初旬还来本年分租谷乙百九十斤　抵扣
廿五年華中十月初旬还来本年分租谷乙百九十斤　自己抵和本
廿六年華中九月十九日还来本年分租谷乙百九十斤　抵扣
廿七年華忠十一月初旬还来本年分抵扣租谷乙百九十斤
廿八年十月十六日还来本年分抵扣田租谷乙百九十斤
廿九年九月廿旬还来本年抵扣田租谷乙百九十斤
卅年十月十三日算扣还来本年分抵扣租谷乙百九十斤
咸豐元年九月十三日算抵扣还来本年分租谷乙百九十斤
弍年十月十三日算抵扣还本年分租谷乙百九十斤
叁年十月初旬算抵扣还本年分租谷乙百九十斤
肆年十月十五日算抵扣还本年分租谷乙百九十斤
伍年自己抵扣还租谷乙百九十斤
陸年自己抵扣还租谷乙百八十斤

5-2-66-8　清道光二十二年鄭氏吉房立隆園厝收田租簿（八）

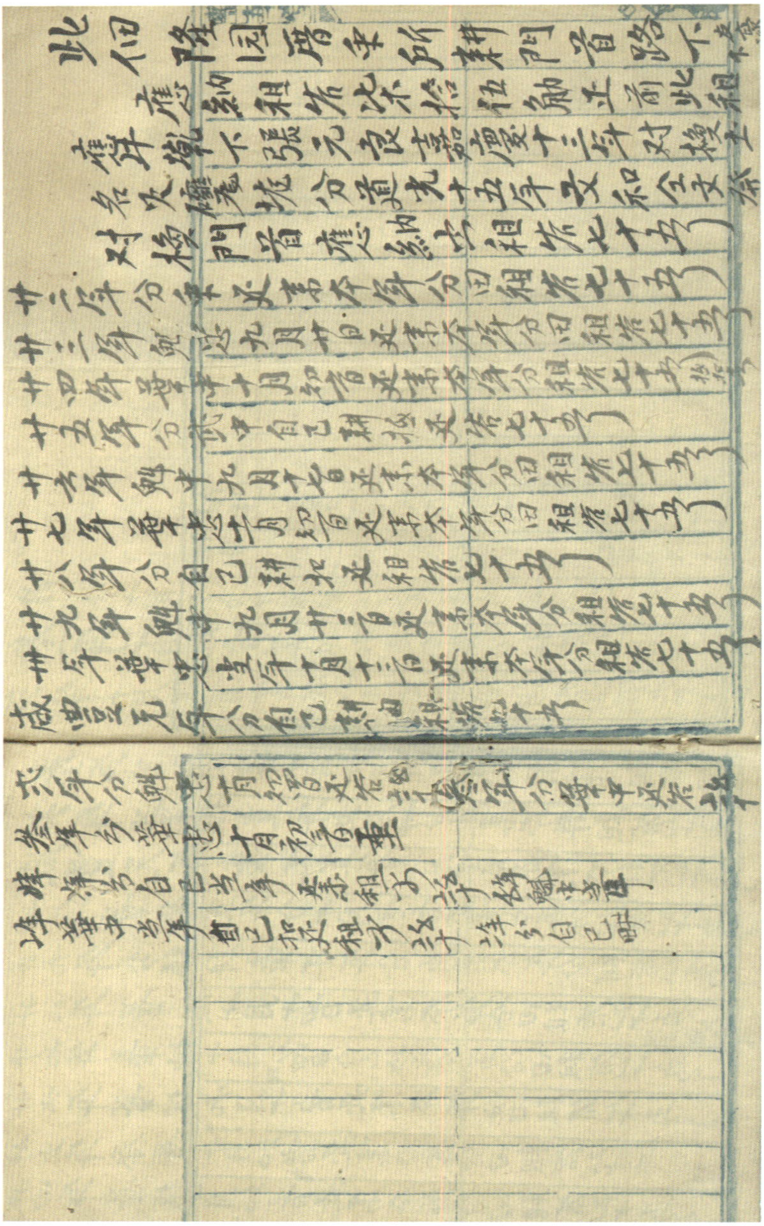

5-2-66-9　清道光二十二年鄭氏吉房立隆園厝收田租簿（九）

此佃
華文乘仝所耕有民田租壹
號華振坐落大前𡍼路下年載旗心
正租谷壹拾伍觔正 張友䝉不
廿二年華振还來本年分田租谷七十五斤
廿三年分積耕華才年分还來本年分租谷七十五斤
廿四年華振十月初二日还來本年分田租谷七十五斤
廿五年丞華十月初二日还來本年分田租谷七十五斤
廿六年華振九月十四日还來本年分田租谷七十五斤
廿七年華棟十月初四日自己挑还本年分田租谷七十五斤
廿八年華振十月十四日还來本年分田租谷七十五斤
廿九年分積耕華才年分还來本年分租谷七十五斤
卅年華振壹年分十月十二日还來本年分租谷七十五斤
咸豐元年華文壹年九月十二日还來本租谷七十五斤
弍年華振壹年九月卅日还來本年租谷七十五斤
叁年分賢來十月初三日还來大前𡍼分租谷

5-2-66-10 清道光二十二年鄭氏吉房立隆園厝收田租簿（一〇）

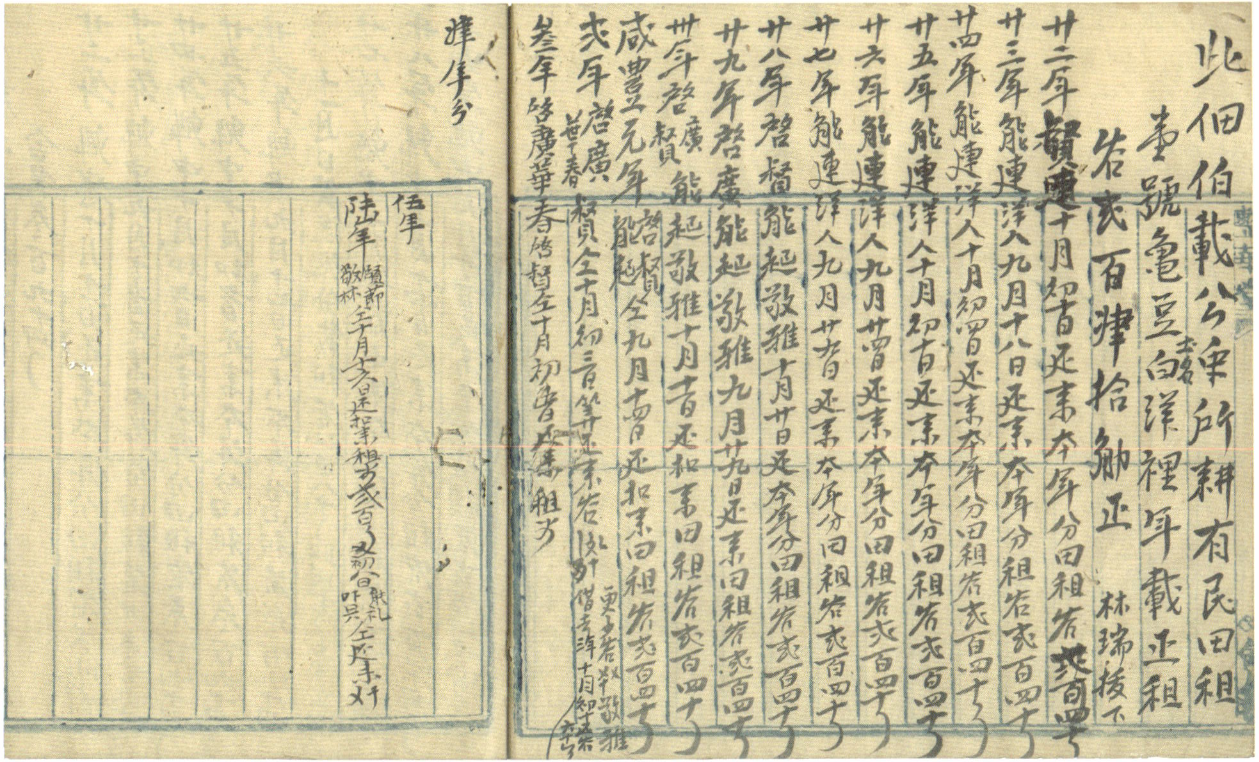

此佃伯載公承所耕有民田租
壹號龜豆白洋裡年載正租
谷貳百肆拾觔正　林瑞接下
廿二年[illegible]連　十月初四日還來本年分田租谷弍百四十斤
廿三年能連洋人　九月十八日還來本年分租谷弍百四十斤
廿四年能連洋人　十月初四日還來本年分田租谷弍百四十斤
廿五年能連洋人　十月初一日還來本年分田租谷弍百四十斤
廿六年能連洋人　九月廿四日還來本年分田租谷弍百四十斤
廿七年能連洋人　九月廿[illegible]日還來本年分田租谷弍百四十斤
廿八年啓[illegible]能起敬雅　十月廿日還本年分田租谷弍百四十斤
廿九年啓廣能起敬雅　九月廿九日還來田租谷弍百四十斤
卅年啓廣賢能起敬雅　十月十一日還和來田租谷弍百四十斤
咸豐元年啓[illegible]能起　仝九月十四日還和來田租谷弍百四十斤
弍年啓廣華春賢　仝十月初三日[illegible]還來谷[illegible]
叁年[illegible]廣華春[illegible]賢　仝十月初四日[illegible]租[illegible]

肆年分
伍年
陸年[illegible]　仝十一月十六日還來租谷弍百[illegible]

5-2-66-11　清道光二十二年鄭氏吉房立隆園厝收田租簿（一一）

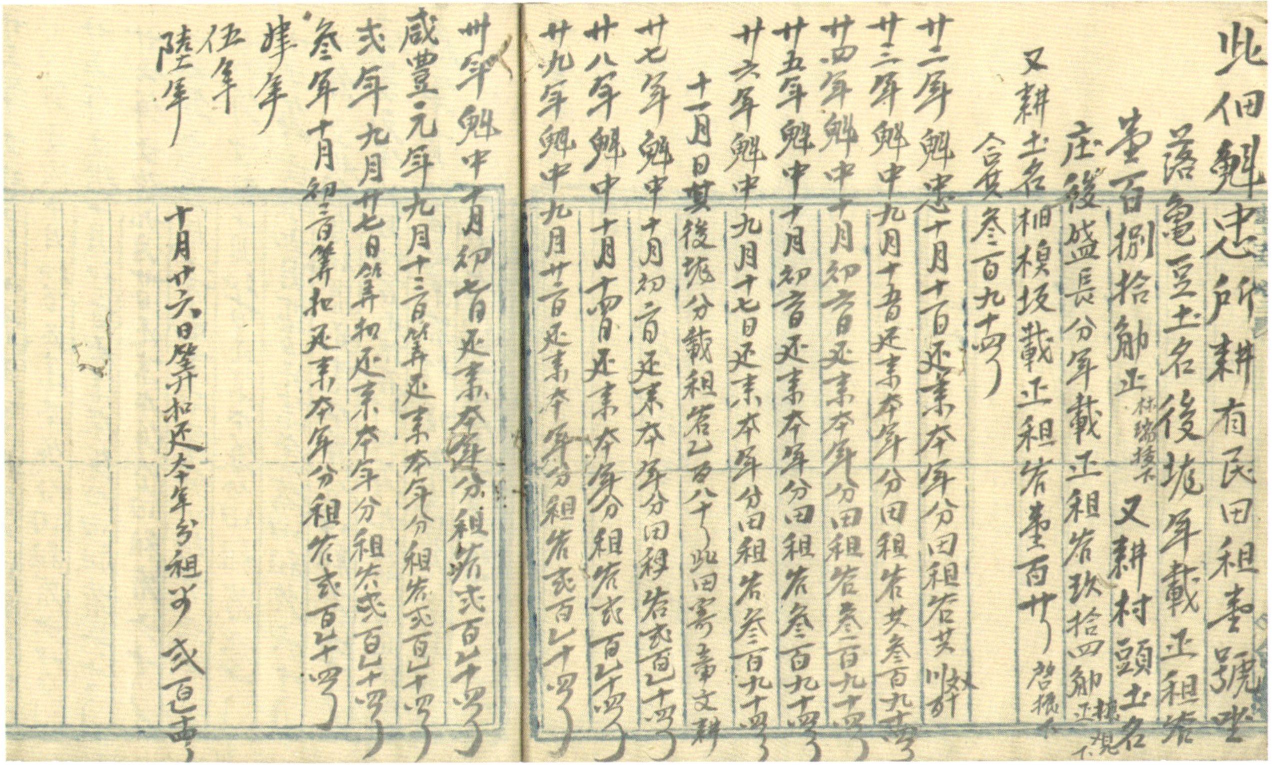

兆佃鄭忠所耕有民田租壹號坐
落龜豆土名後垅，年載正租谷
壹百捌拾觔正　林瑞稼不　又耕村頭土名
庄後盛長分，年載正租谷玖拾四觔正　掠規不
又耕土名相模坂，載正租谷壹百廿斤　啓標不
合共叁百九十四斤
廿二年鄭忠十月十日還來本年分田租谷共[illegible]斤
廿三年鄭中九月十四日還來本年分田租谷共叁百九十四斤
廿四年鄭中十月初六日還來本年分田租谷叁百九十四斤
廿五年鄭中十月初六日還來本年分田租谷叁百九十四斤
廿六年鄭中九月十七日還來本年分田租谷叁百九十四斤
十一月日其後垅分截租谷二百八十斤，此田寄壹文耕
廿七年鄭中十月初六日還來本年分田租谷貳百七十四斤
廿八年鄭中十月十四日還來本年分租谷貳百七十四斤
廿九年鄭中九月廿六日還來本年分租谷貳百七十四斤
卅年鄭中十月初六日還來本年分租谷貳百七十四斤
咸豐元年九月十三日算還來本年分租谷貳百七十四斤
貳年九月廿七日算和還來本年分租谷貳百七十四斤
叁年十月初三日算和還來本年分租谷貳百七十四斤
肆年
伍年
十月廿六日算和還本年分租谷貳百[illegible]
陸年

5-2-66-12　清道光二十二年鄭氏吉房立隆園厝收田租簿（一二）

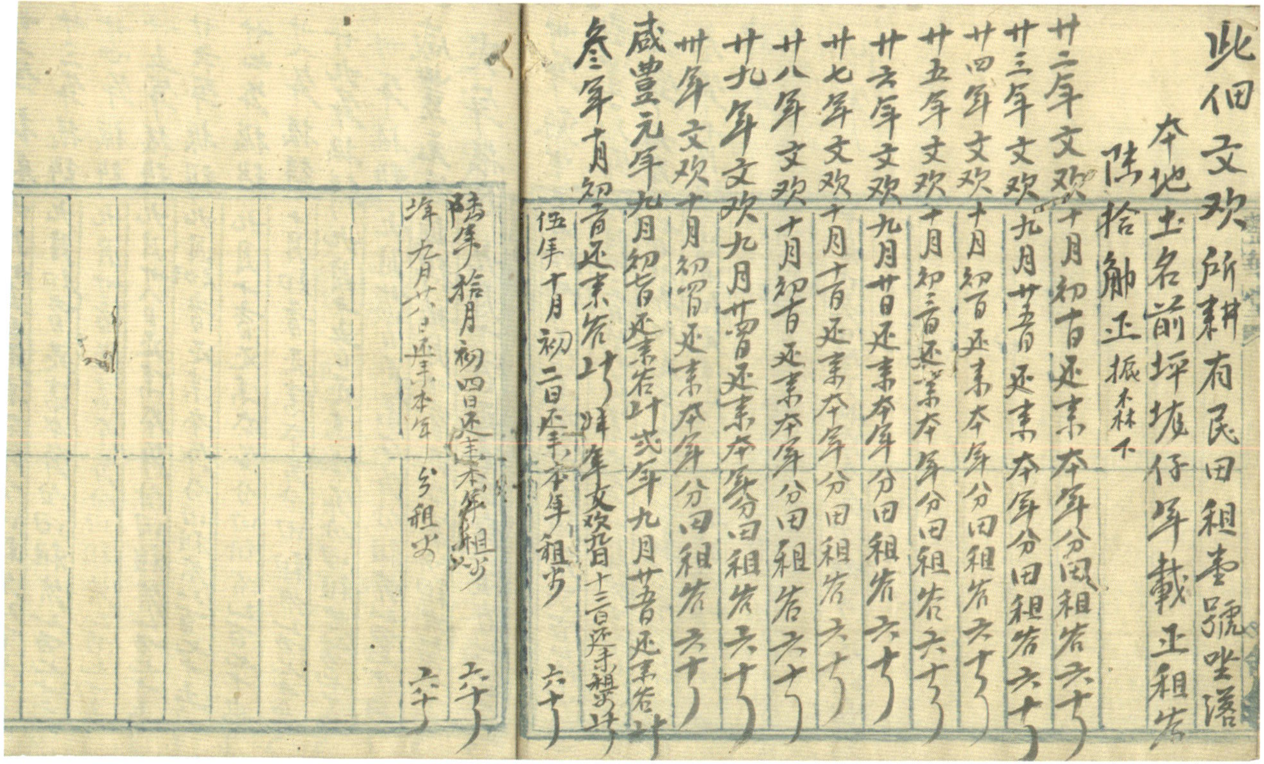
此佃文欢所耕有民田租壹號坐落
本地土名前坪垅仔年載正租谷
陆拾觔正 振森不
廿二年文欢十月初十日还来本年分田租谷六十斤
廿三年文欢九月廿三日还来本年分田租谷六十斤
廿四年文欢十月初十日还来本年分田租谷六十斤
廿五年文欢十月初三日还来本年分田租谷六十斤
廿六年文欢九月廿日还来本年分田租谷六十斤
廿七年文欢十月十日还来本年分田租谷六十斤
廿八年文欢十月初十日还来本年分田租谷六十斤
廿九年文欢九月廿四日还来本年分田租谷六十斤
卅年文欢十月初四日还来本年分田租谷六十斤
咸豐元年九月初十日还来谷卅式斤 九月廿三日还来谷卅斤
叁年十月初十日还来谷卅斤 肆年文欢十三日还来谷卅斤
伍年十月初二日还来本年租谷 六十斤
陆年拾月初四日还来本年租谷 六十斤
柒年九月廿六日还来本年分租谷 六十斤

5-2-66-13　清道光二十二年鄭氏吉房立隆園厝收田租簿（一三）

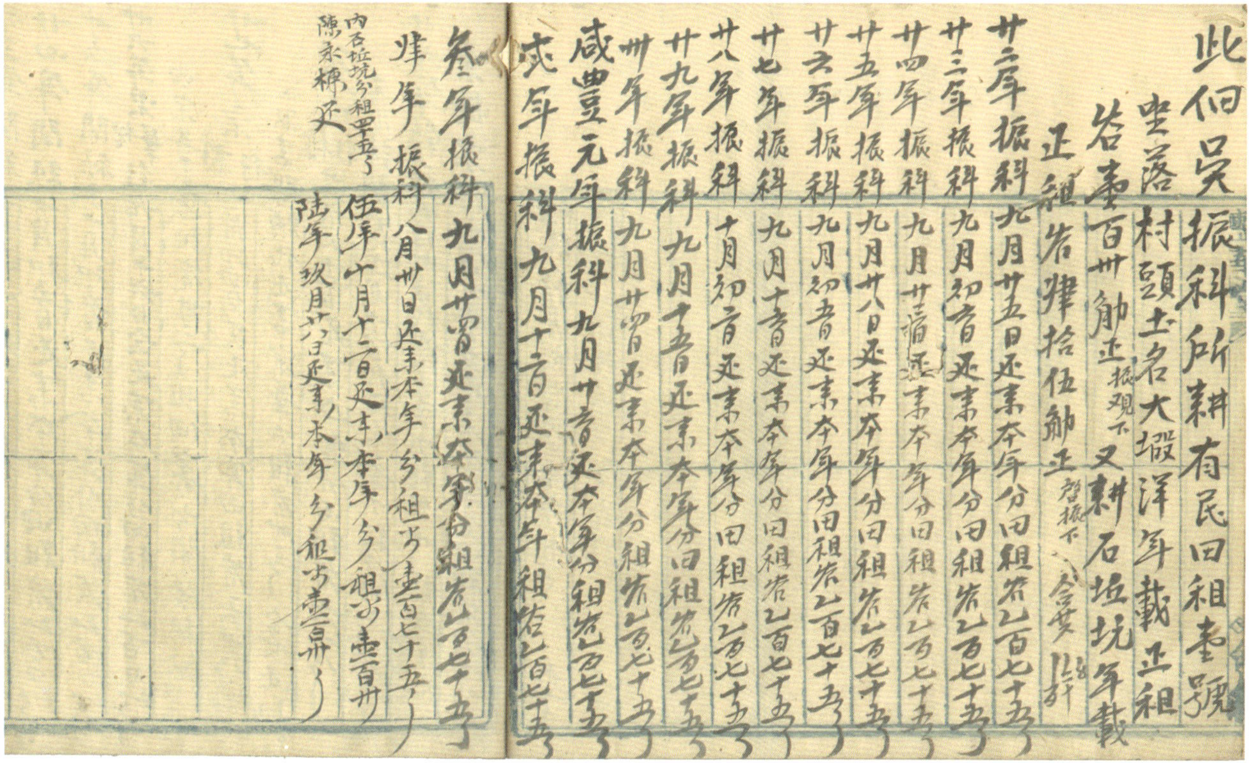

此佃吳振科所耕有民田租壹號
坐落村頭土名大墩洋年載正租
谷壹百卅觔正 振观下 又耕石垅坑年載
正租谷肆拾伍觔正 啓振下

廿二年振科 九月廿五日還来本年分田租谷乙百七十五
廿三年振科 九月初二日還来本年分田租谷乙百七十五
廿四年振科 九月廿二日還来本年分田租谷乙百七十五
廿五年振科 九月廿八日還来本年分田租谷乙百七十五
廿六年振科 九月初二日還来本年分田租谷乙百七十五
廿七年振科 九月十二日還来本年分田租谷乙百七十五
廿八年振科 十月初二日還来本年分田租谷乙百七十五
廿九年振科 九月十二日還来本年分田租谷乙百七十五
卅年振科 九月廿四日還来本年分租谷乙百七十五
咸豐元年振科 九月廿二日還来本年分租谷乙百七十五
弍年振科 九月十二日還来本年租谷乙百七十五
叁年振科 九月廿四日還来本年分田租谷乙百七十五
肆年振科 八月廿日還来本年分租谷壹百七十五
伍年十月十二日還来本年分租谷壹百卅
陸年玖月廿六日還来本年分租谷壹百卅

内石垅坑分租四十五 陳永標還

5-2-66-14　清道光二十二年鄭氏吉房立隆園厝收田租簿（一四）

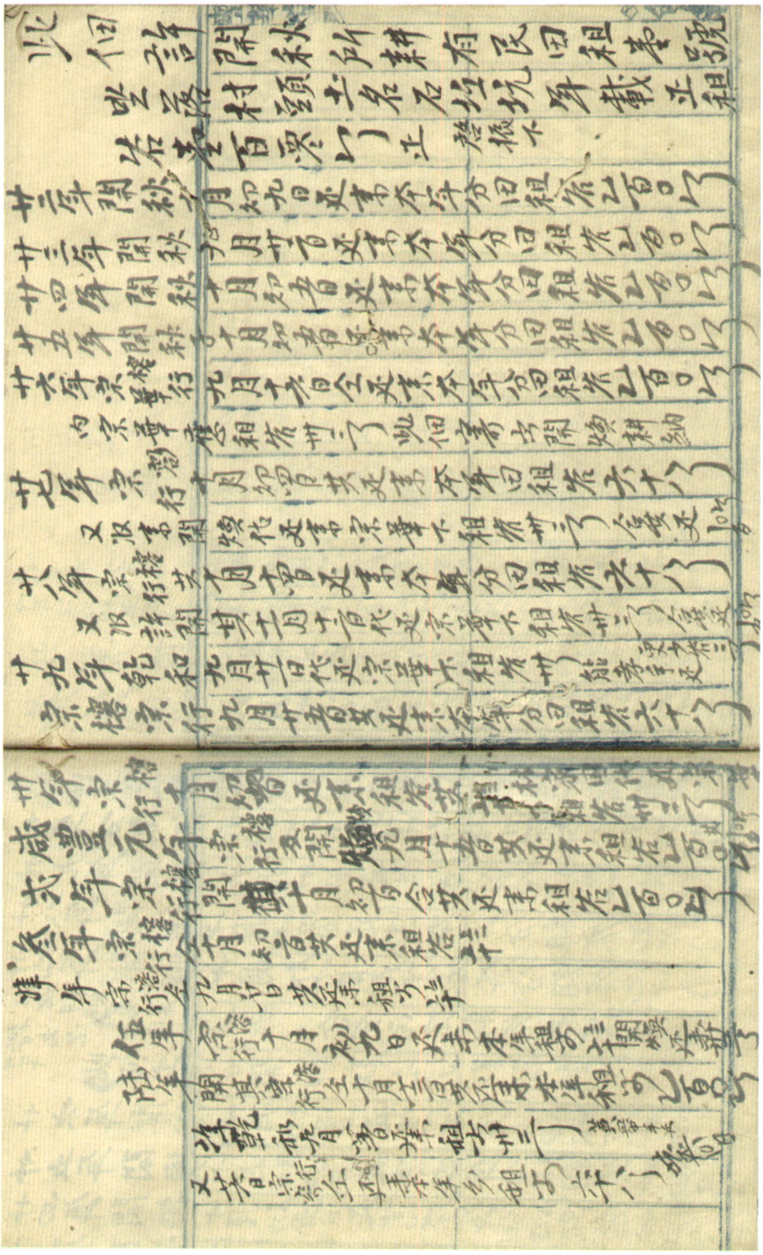

5-2-66-15　清道光二十二年鄭氏吉房立隆園厝收田租簿（一五）

此佃許開撰所耕有民田租壹號
壹處坐落村頭土名石垃坑年載正
開御耕租谷叁拾肆觔正 启抗不
廿二年開撰十月初九日還來本年分租谷卅四觔
廿三年開撰九月廿一日還來本年分田租谷卅四觔
廿四年開撰十月初三日還來本年分田租谷卅四觔
廿五年開撰十月初九日還來本年分田租谷卅四觔
廿六年開撰十月初四日還來本年分田租谷卅四觔
此佃士月日開御耕去又耕開勳不松垅分
廿年撰去宗 監四耕總悉租谷卅六觔 合受雨宗租谷七十觔
廿七年開御十月初十日還來本年分租谷七十觔
廿八年開御十月十四日還來本年分租谷七十觔
廿九年開御九月廿日還來本年分田租谷七十觔
卅年分開御九月廿八日還來開撰下本年分租谷卅四觔
咸豐元年開御九月十五日還開撰下租谷卅四觔
弍年開御十月初二日還來開撰下本年分租谷卅四觔
叁年開御十月十三日還來租谷卅四觔
肆年開御九月廿三日還來，租谷卅四觔
伍年十月初八日還來本年分卅四觔
陸年十月廿三日還來本年租谷卅四觔
洋 九月廿四日還來本年分租谷 開御還 卅四

5-2-66-16　清道光二十二年鄭氏吉房立隆園厝收田租簿（一六）

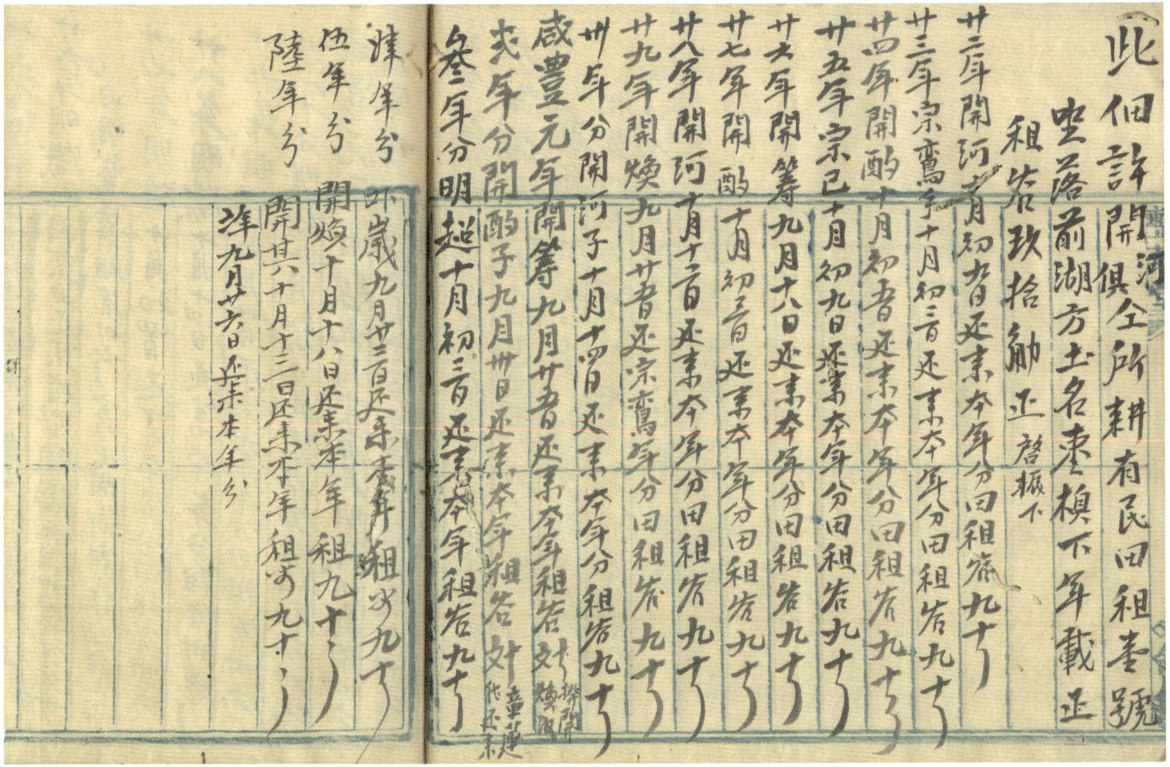

此佃許開河俱仝所耕有民田租壹號
坐落前湖方土名棗樌下年載正
租谷玖拾觔正　啓振不
廿二年開河十月初七日还来本年分田租谷九十斤
廿三年宗鳶手十月初三日还来本年分田租谷九十斤
廿四年開酌十月初七日还来本年分田租谷九十斤
廿五年宗已十月初九日还来本年分田租谷九十斤
廿六年開籌九月十八日还来本年分田租谷九十斤
廿七年開酌十月初五日还来本年分田租谷九十斤
廿八年開河十月十七日还来本年分田租谷九十斤
廿九年開煥九月廿七日还宗鳶本年分田租谷九十斤
卅年分開河子十月十四日还来本年分租谷九十斤
咸豐元年開籌九月廿七日还来本年租谷文十斤　撈開煥佃
弍年分開酌子九月卅日还来本年租谷文十斤　代还来　壹斗蓮楝
叁年分明越十月初三日还来本年租谷九十斤
肆年分　叩歲九月廿二日还来壹年租谷九十斤
伍年分　開煥十月十八日还来本年租九十斤
陸年分　開其六十月十二日还来本年租谷九十斤
柒年九月廿六日还来本年分

5-2-66-17　清道光二十二年鄭氏吉房立隆園厝收田租簿（一七）

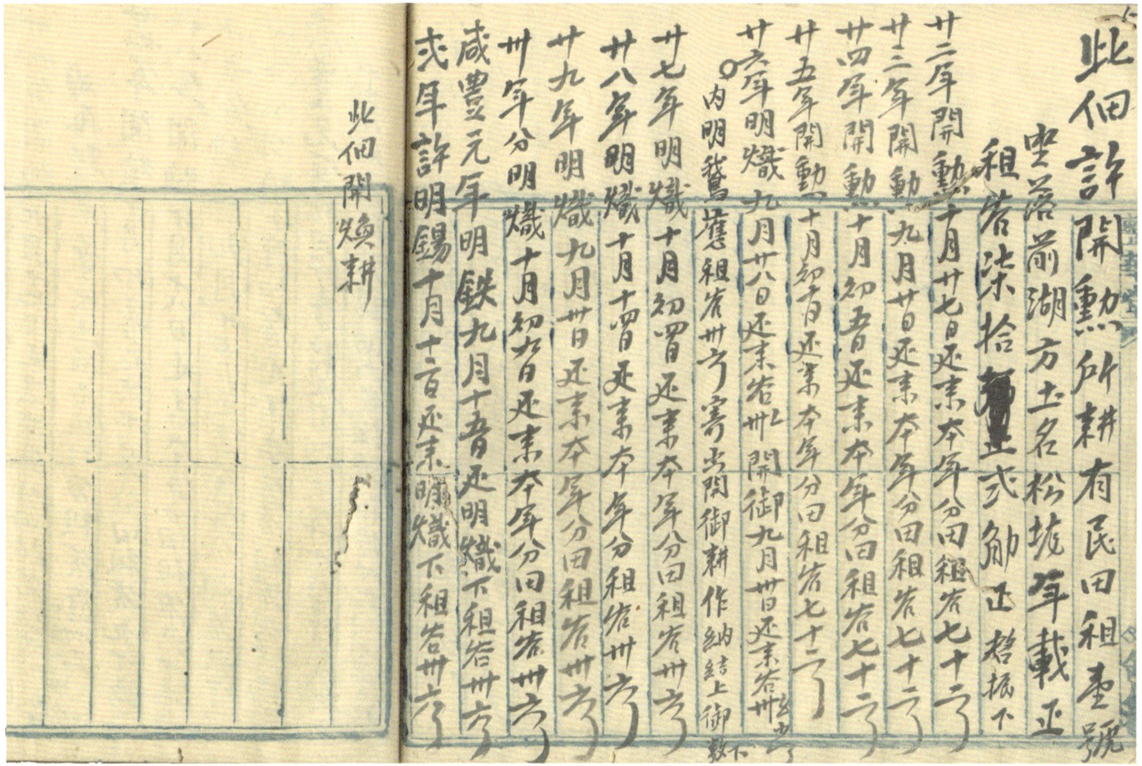

5-2-66-18　清道光二十二年鄭氏吉房立隆園厝收田租簿（一八）

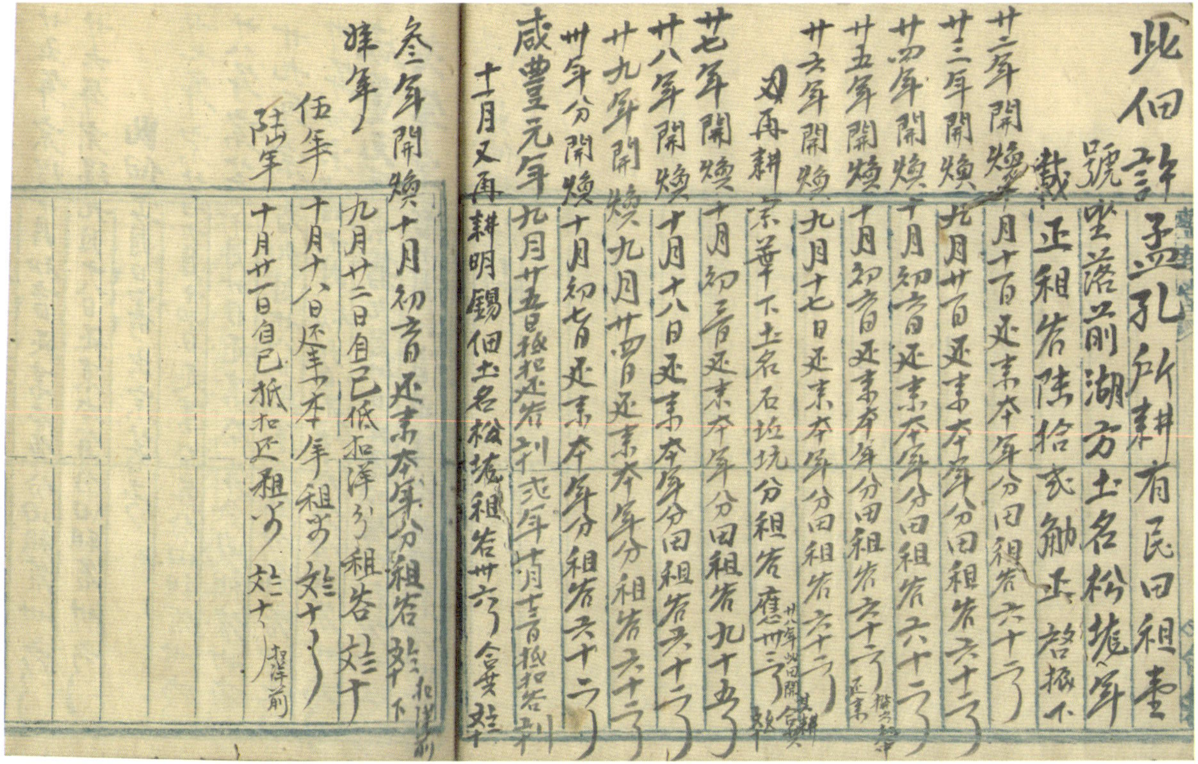

5-2-66-19　清道光二十二年鄭氏吉房立隆園厝收田租簿（一九）

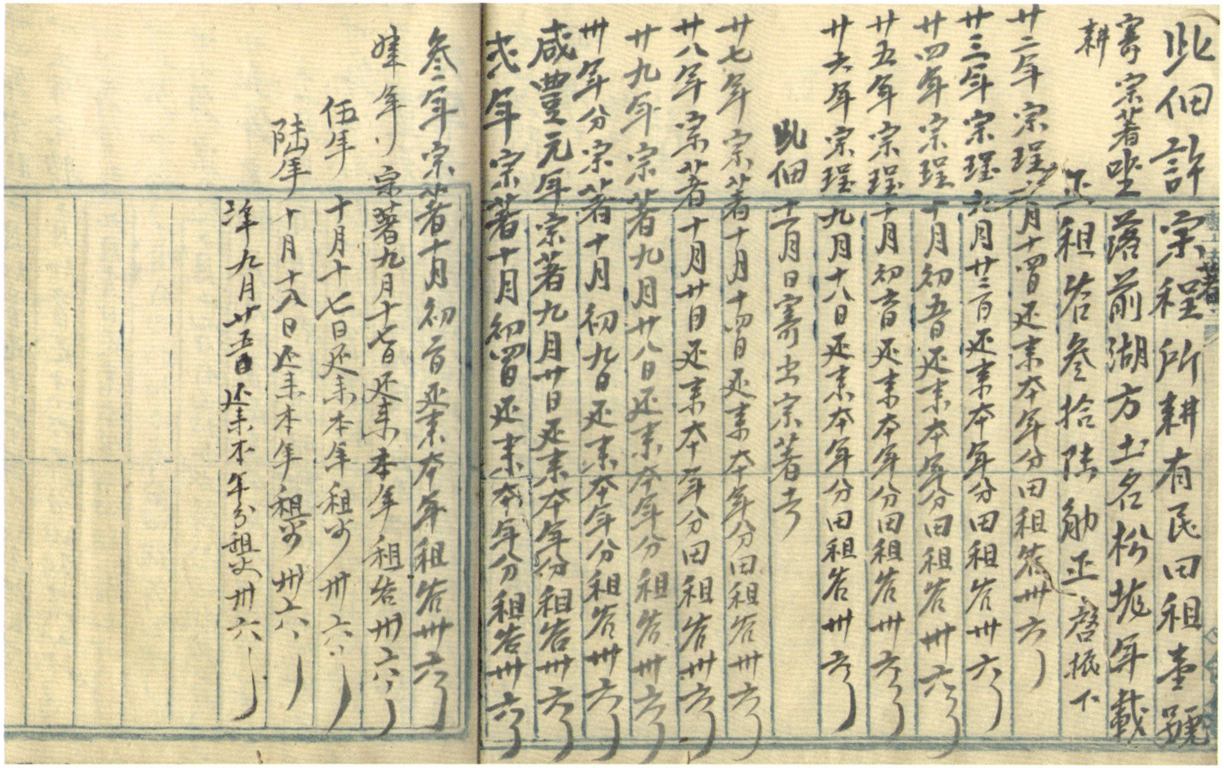

5-2-66-20　清道光二十二年鄭氏吉房立隆園厝收田租簿（二〇）

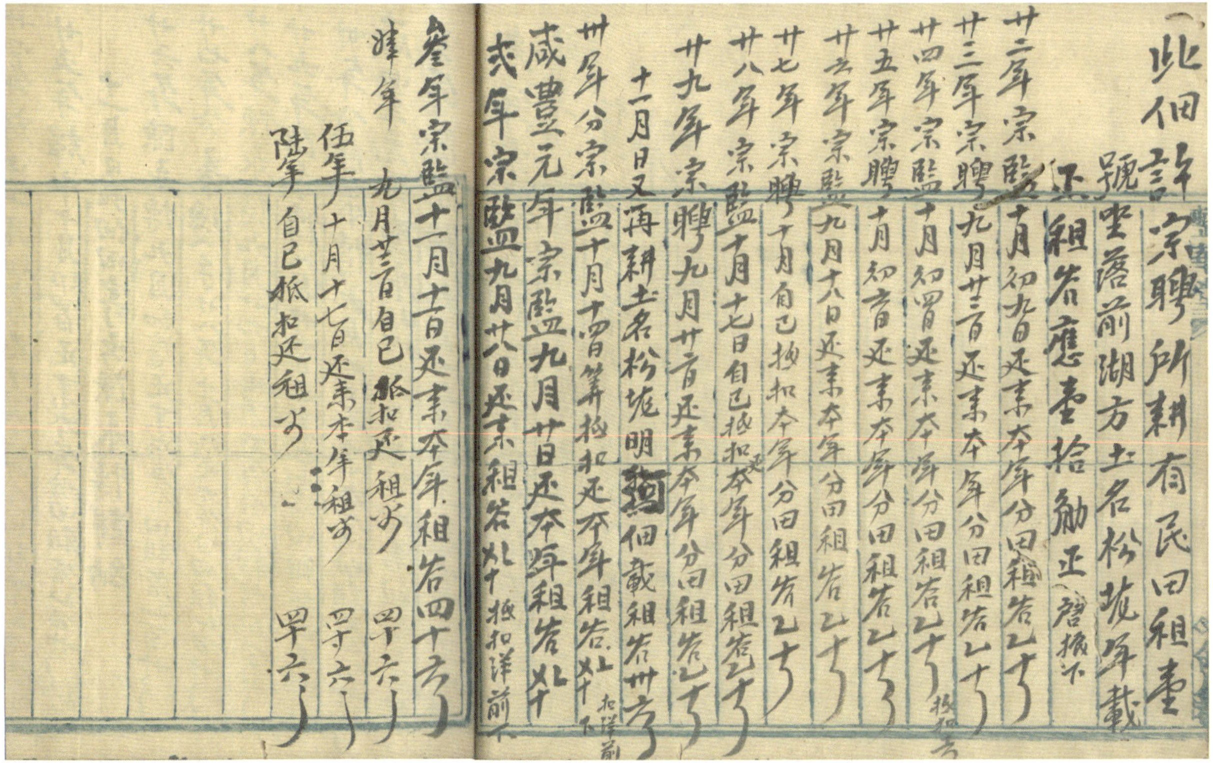

此佃許宗聘所耕有民田租壹
號坐落前湖方土名松墘年載
□租谷應壹拾觔正　暗換不
廿二年宗監十月初九日還來本年分田租谷乜十〡
廿三年宗聘九月廿一日還來本年分田租谷乜十〡
廿四年宗監十月初四日還來本年分田租谷乜十〡
廿五年宗聘十月初六日還來本年分田租谷乜十〡
廿六年宗監九月十八日還來本年分田租谷乜十〡
廿七年宗聘十月自己換和本年分田租谷乜十〡
廿八年宗監十月十七日自己換和本年分田租谷乜十〡
廿九年宗聘九月廿一日還來本年分田租谷乜十〡
十一月日又再耕土名松墘明麹佃載租谷卅〡　和洋前
卅年分宗監十月十四日算換和還本年租谷〤十
咸豐元年宗監九月廿日還本年租谷〤十
弍年宗監九月廿八日還來租谷〤十　換和洋前
叁年宗監十一月十二日還來本年租谷四十〡
肆年　九月廿二日自己換和還租方　四十六〡
伍年　十月十七日還來本年租方　四十六〡
陸年　自己換和還租方　四十六〡

5-2-66-21　清道光二十二年鄭氏吉房立隆園厝收田租簿（二一）

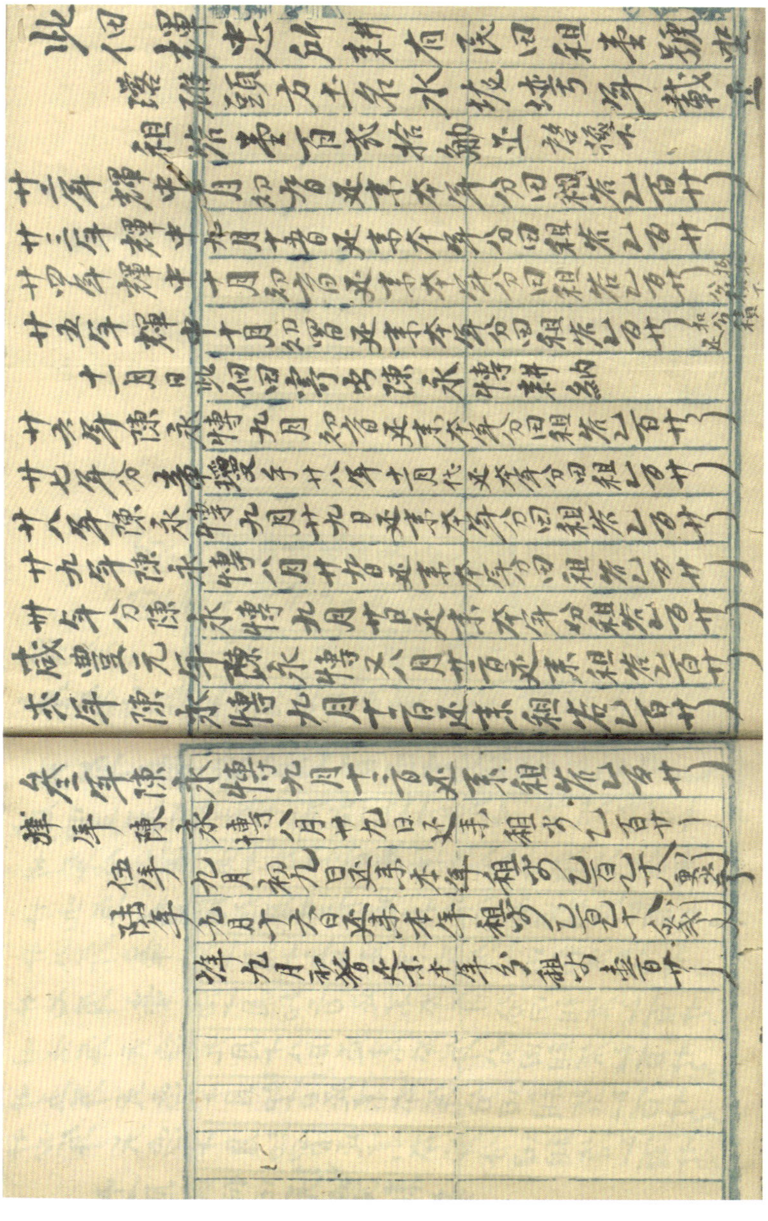

5-2-66-22　清道光二十二年鄭氏吉房立隆園厝收田租簿（二二）

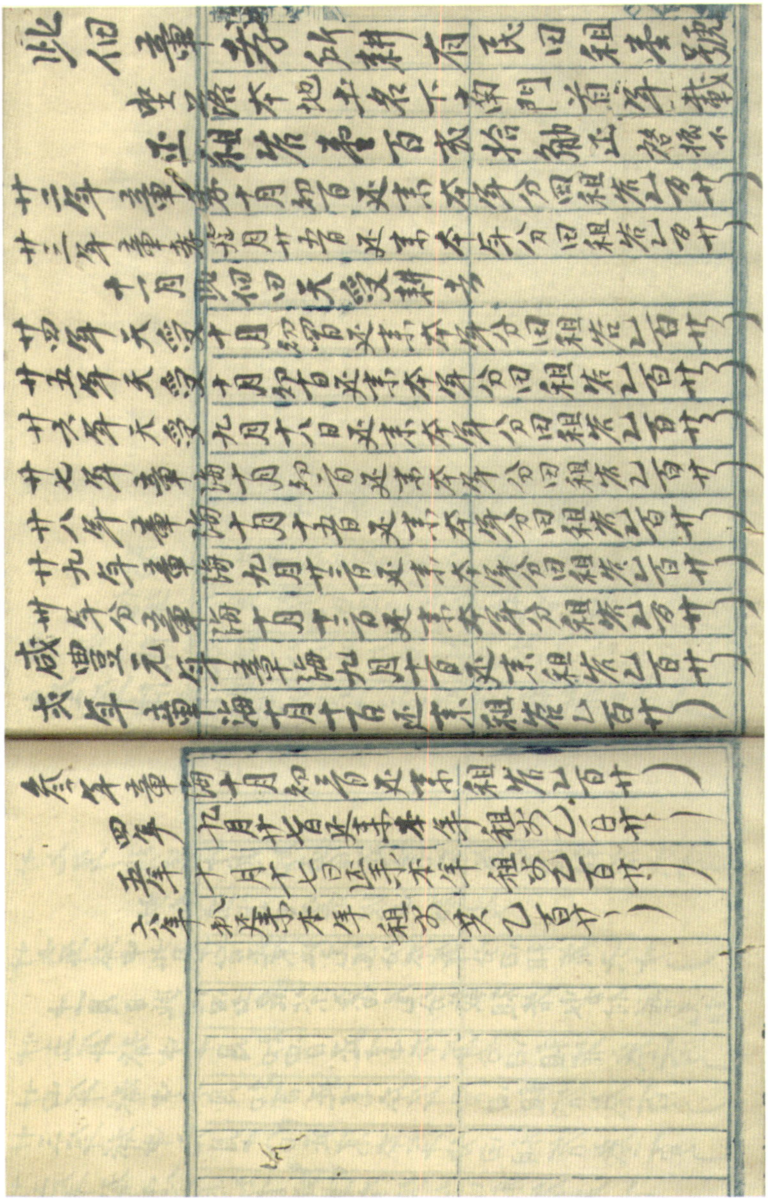

5-2-66-23　清道光二十二年鄭氏吉房立隆園厝收田租簿（二三）

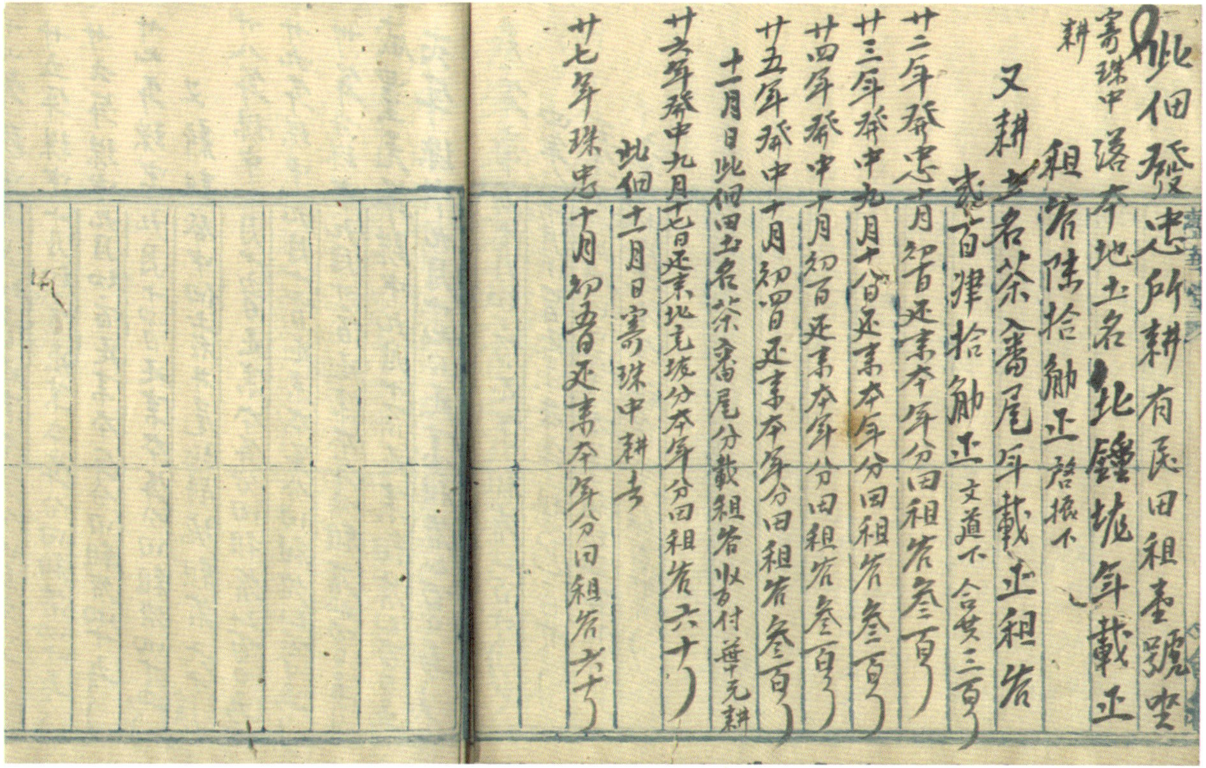

5-2-66-24　清道光二十二年鄭氏吉房立隆園厝收田租簿（二四）

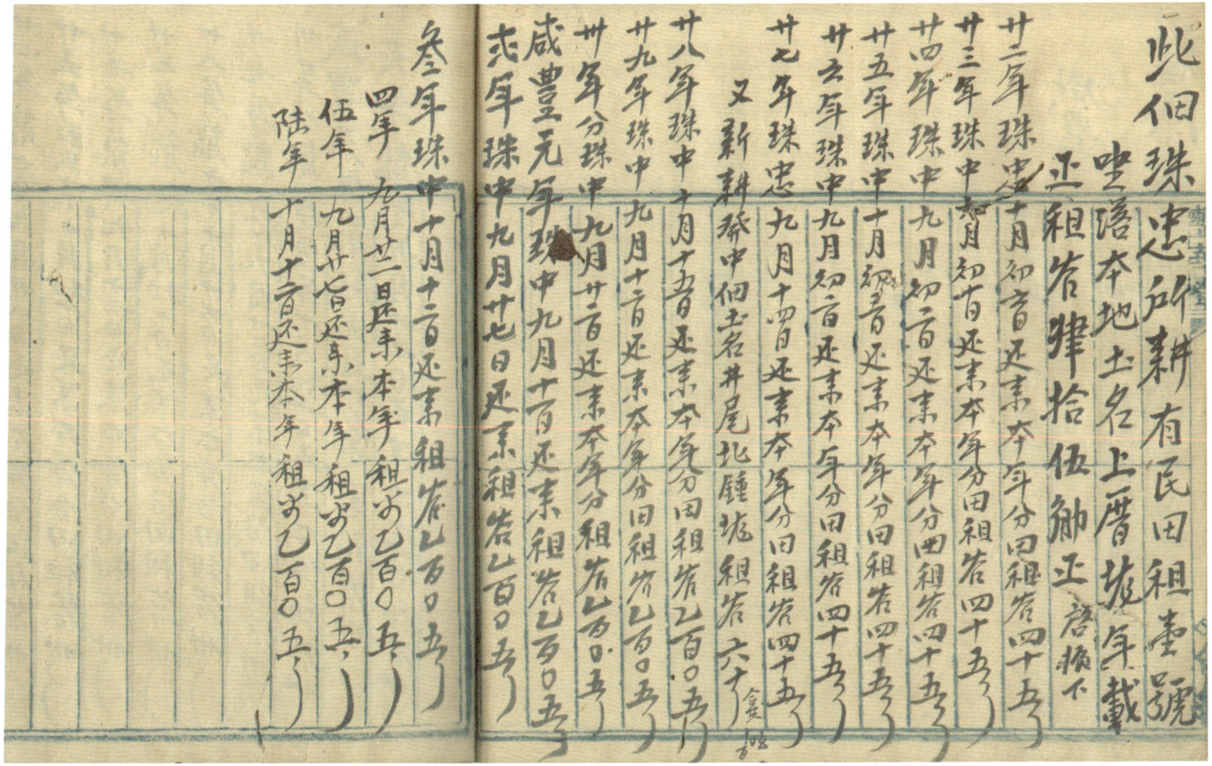

5-2-66-25　清道光二十二年鄭氏吉房立隆園厝收田租簿（二五）

此佃元白公坐所耕有民田租壹
號坐落龜頭方土名上厝仔
年載正租谷叁拾觔正踃杞不
廿二年發明十月初百还素本年分田租谷卅
廿三年賢素九月廿八日还素本年分田租谷卅
廿四年能庄九月廿八日还素本年分田租谷卅
廿五年賢素十月初旨还素本年分田租谷卅
廿六年能興九月十音还素本年分田租谷卅
廿七年能起十月初吉还素本年分田租谷卅
廿八年能[illegible]十月十音还素本年分田租谷卅
廿九年能孝九月廿百还素本年分田租谷卅
卅年分能連立年十月初吉还素本年租谷卅
咸豐元年能起九月廿日还素租谷卅
二年能文九月廿七日还素本年分租谷卅

5-2-66-26　清道光二十二年鄭氏吉房立隆園厝收田租簿（二六）

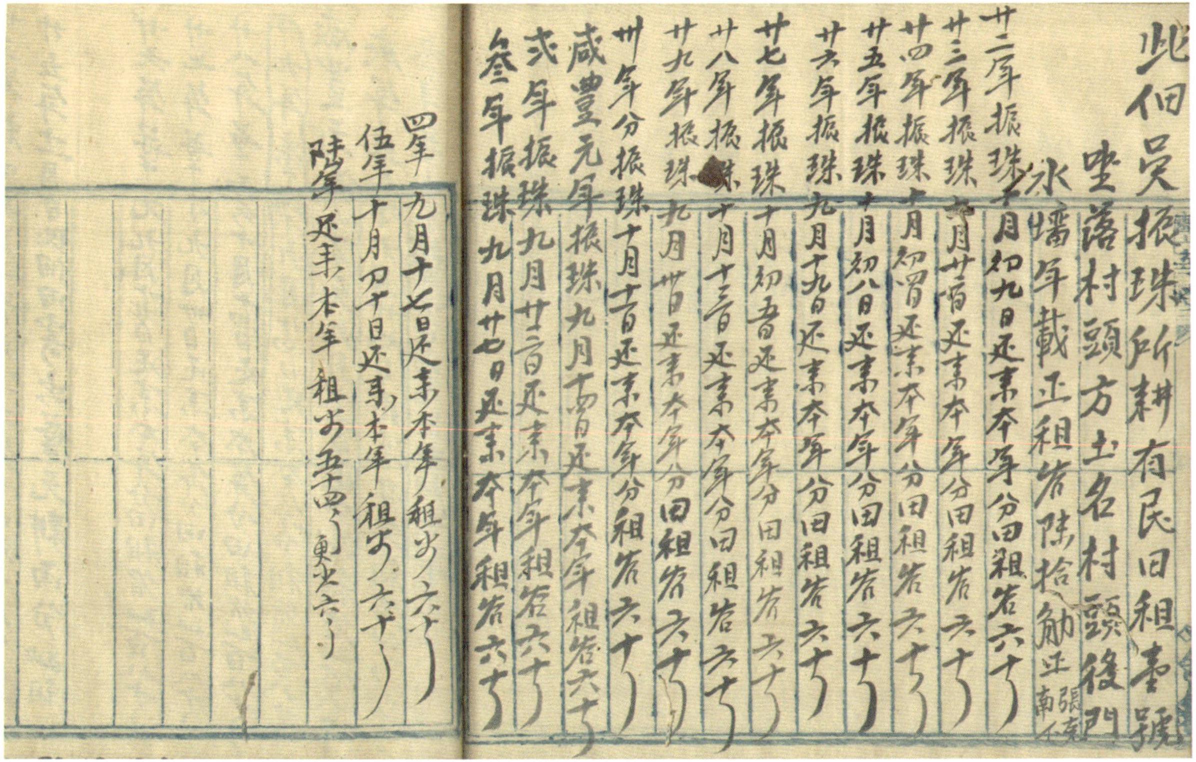
此佃吳振珠所耕有民田租壹號
坐落村頭方土名村頭後門
水墻年載正租谷陸拾觔正
廿二年振珠十月初九日還來本年分田租谷六十斤
廿三年振珠十月廿二日還來本年分田租谷六十斤
廿四年振珠十月初四日還來本年分田租谷六十斤
廿五年振珠十月初八日還來本年分田租谷六十斤
廿六年振珠九月十九日還來本年分田租谷六十斤
廿七年振珠十月初五日還來本年分田租谷六十斤
廿八年振珠十月十二日還來本年分田租谷六十斤
廿九年振珠九月廿日還來本年分田租谷六十斤
卅年分振珠十月十二日還來本年分租谷六十斤
咸豐元年振珠九月十四日還來本年租谷六十斤
弍年振珠九月廿二日還來本年租谷六十斤
叁年振珠九月廿七日還來本年租谷六十斤
四年九月十七日還來本年租谷六十斤
伍年十月初十日還來本年租谷六十斤
陸年還來本年租谷五十四斤，東出六斤

5-2-66-27　清道光二十二年鄭氏吉房立隆園厝收田租簿（二七）

此佃孩訓所耕有民田租壹號坐
華元耕落本地土名下洋中文照分年載
丞租谷壹百捌拾觔，應貳分輪
年耕納（因文不）
廿二年美中十月廿三日收來本年分田租谷乙百八十斤
廿三年輝中九月十五日收來本年分田租谷乙百八十斤
廿五年十二月日此佃田寄出華元耕兩分納租
廿六年華元九月十九日收來本年分田租谷乙百八十斤
廿七年華才九月卅日收來本年分田租谷乙百八十斤
廿八年華震十月十四日收來本年分田租谷乙百八十斤
廿九年華緞九月廿四日收來本年分租谷乙百八十斤
咸豐元年華元九月十五日收來本年租谷乙百八十斤
貳年華才九月廿七日收來本年租谷乙百八十斤
叁年華才十一月廿一日算，抵扣租谷八十斤
陸年華元十月十七日自己抵扣米，又租方
清白

5-2-66-28　清道光二十二年鄭氏吉房立隆園厝收田租簿（二八）

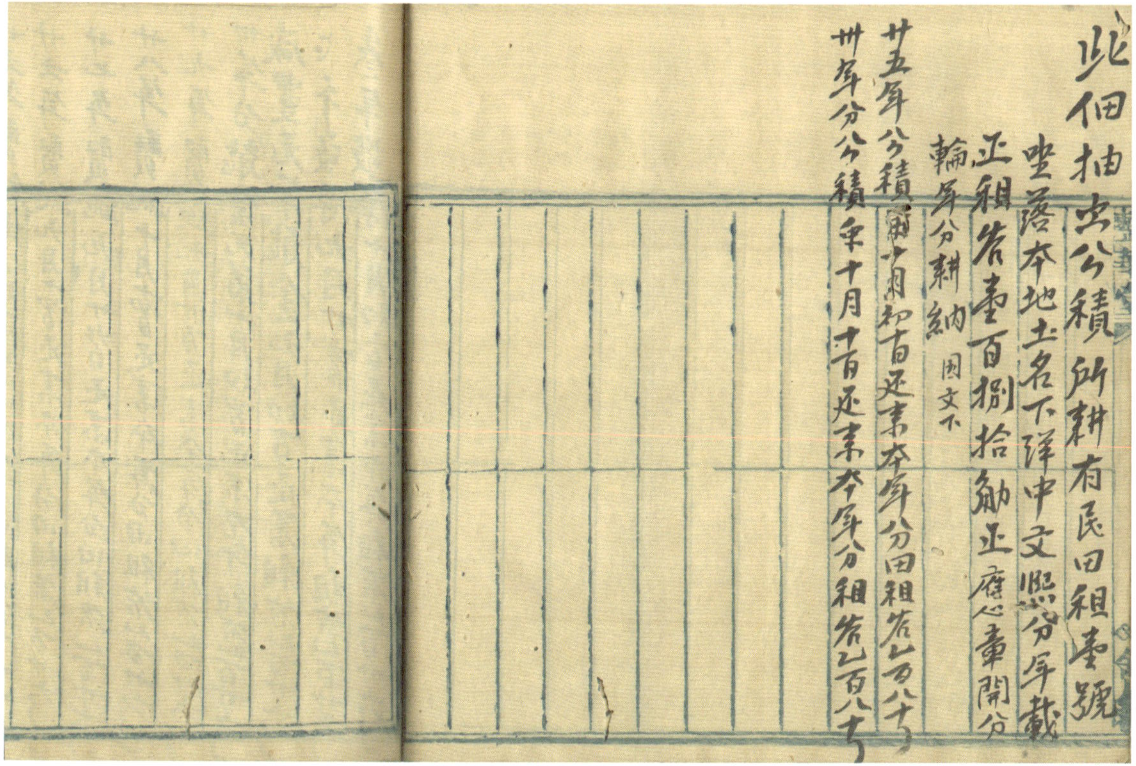
此佃抽出公積所耕有民田租壹號
坐落本地土名下洋中文照分年載
正租谷壹百捌拾觔正磨心車開分
輪年分耕納因文不
廿五年分公積[illegible]十月初十日還來本年分田租谷乙百八十斤
卅年分公積年十月十二日還來本年分租谷乙百八十斤

5-2-66-29　清道光二十二年鄭氏吉房立隆園厝收田租簿（二九）

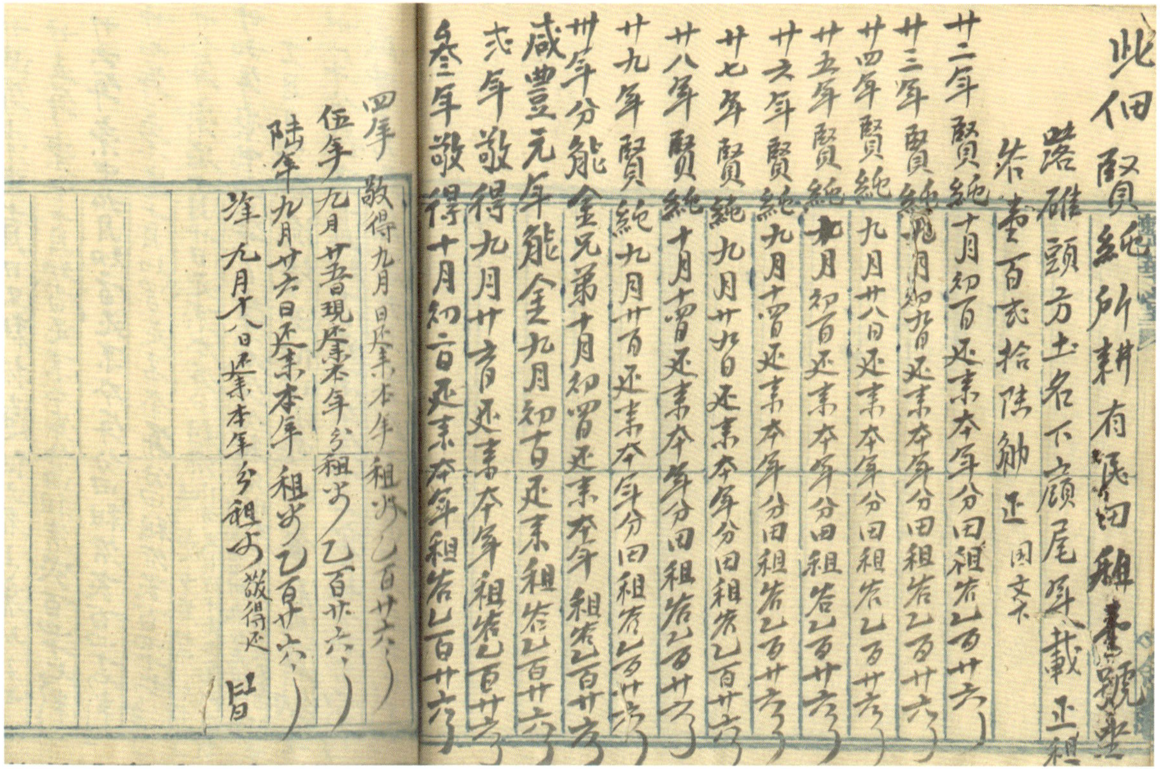

此佃賢絶所耕有張田租壹號坐
落碓頭方土名下嶺尾 年載正租
谷壹百弍拾陸觔正 因文
廿二年賢絶十月初日还來本年分田租谷乙百廿六
廿三年賢絶九月初四日还來本年分田租谷乙百廿六
廿四年賢絶九月廿八日还來本年分田租谷乙百廿六
廿五年賢絶九月初日还來本年分田租谷乙百廿六
廿六年賢絶九月十四日还來本年分田租谷乙百廿六
廿七年賢絶九月廿九日还來本年分田租谷乙百廿六
廿八年賢絶十月十四日还來本年分田租谷乙百廿六
廿九年賢絶九月廿日还來本年分田租谷乙百廿六
卅年分能金兄弟十月初四日还來本年租谷乙百廿六
咸豐元年能金九月初十日还來租谷乙百廿六
弍年敬得九月廿日还來本年租谷乙百廿六
叁年敬得十月初十日还來本年租谷乙百廿六
四年敬得九月日还來本年租谷乙百廿六
伍年九月廿五日現还來本年分租谷乙百廿六
陸年九月廿六日还來本年租谷乙百廿六
柒年九月十八日还來本年分租谷 敬得还 皆

5-2-66-30　清道光二十二年鄭氏吉房立隆園厝收田租簿（三〇）

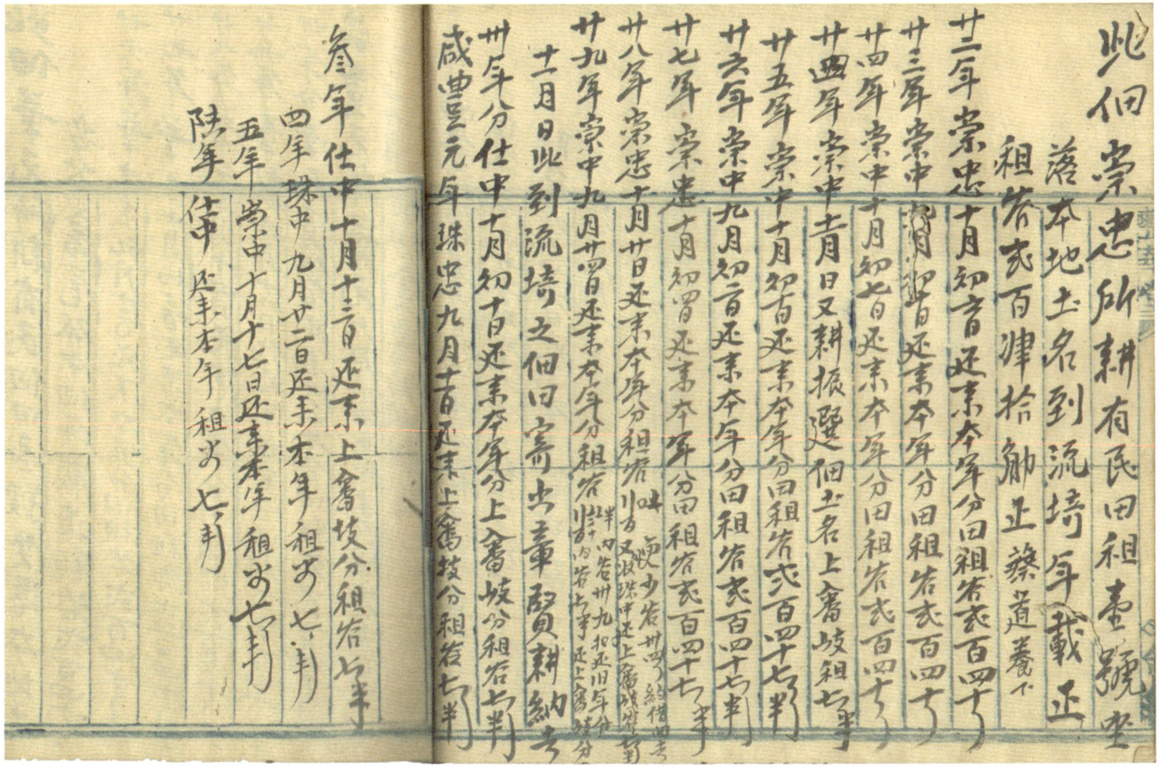
兆佃宗忠所耕有民田租壹號坐
落本地土名到流埼年載正
租谷贰百肆拾觔正 蔡道養
廿二年宗忠十月初二日还来本年分田租谷贰百四十斤
廿三年宗中十月初四日还来本年分田租谷贰百四十斤
廿四年宗中十月初七日还来本年分田租谷贰百四十斤
廿四年宗中十一月日又耕振遐佃土名上畬岐租七斗
廿五年宗中十月初四日还来本年分田租谷贰百四十七斤
廿六年宗中九月初四日还来本年分田租谷贰百四十七斤
廿七年宗忠十月初四日还来本年分田租谷贰百四十七斤
廿八年宗忠十月廿日还来本年分租谷
廿九年宗中九月廿四日还来本年分租谷
十一月日兆到流埼之佃回寄出章賢耕納去
卅年分仕中十月初十日还来本年分上畬岐分租谷七斤
咸丰元年珠忠九月十二日还来上畬岐分租谷七斤
叁年仕中十月十二日还来上畬岐分租谷七斤
四年珠中九月廿二日还来本年租谷七斤
五年崇中十月十七日还来本年租谷七斤
陆年华中 还来本年租谷七斤

5-2-66-31　清道光二十二年鄭氏吉房立隆園厝收田租簿（三一）

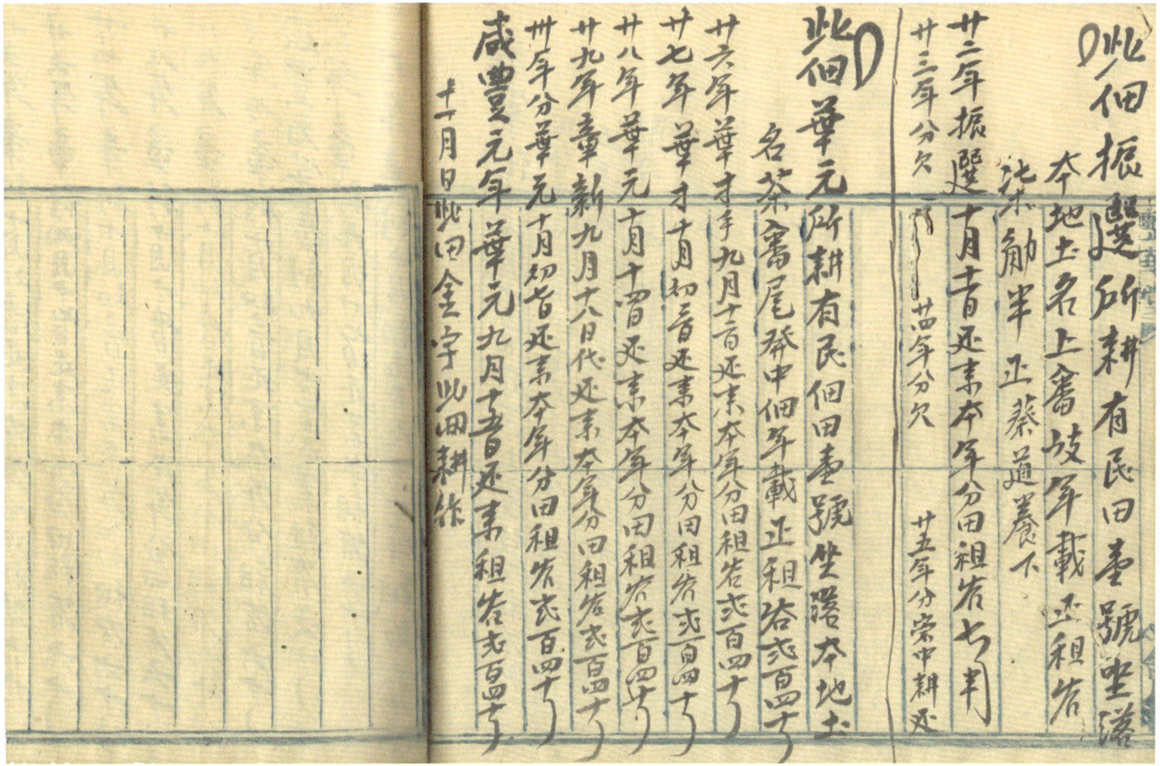

吡佃振選所耕有民田壹號坐落
本地土名上畬坡，年載正租谷
柒觔半正　蔡道養不
廿二年振選十月十二日交來本年分田租谷七觔
廿三年分欠　廿四年分欠　廿五年分崇中耕來
吡佃華元所耕有民佃田壹號坐落本地土
名茶畬尾，每年載正租谷貳百四十斤
廿六年華才手九月十二日交來本年分田租谷貳百四十斤
廿七年華才十月初三日交來本年分田租谷貳百四十斤
廿八年華元十月十四日交來本年分田租谷貳百四十斤
廿九年華新九月十八日代交來本年分田租谷貳百四十斤
卅年分華元十月初七日交來本年分田租谷貳百四十斤
咸豐元年華元九月十五日交來租谷貳百四十斤
十一月日吡田全字吡田耕作

5-2-66-32　清道光二十二年鄭氏吉房立隆園厝收田租簿（三二）

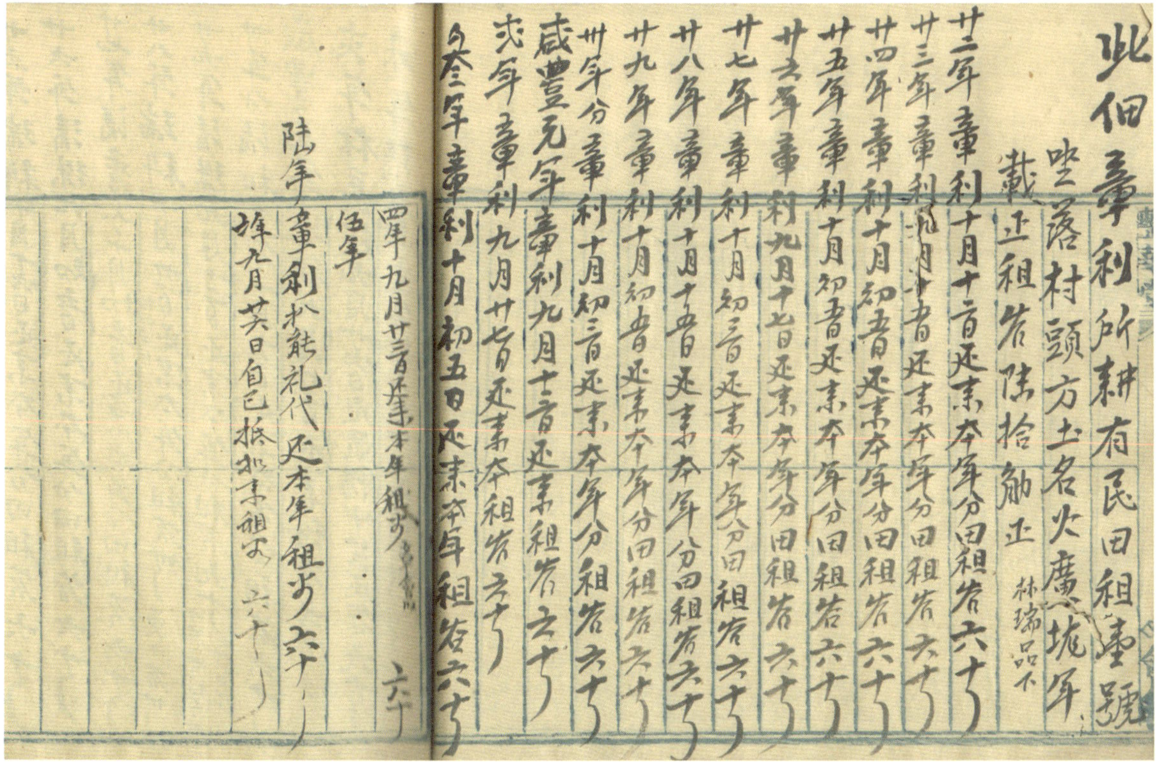

兆佃章利所耕有民田租壹號
坐落村頭方土名火廣垅年
載正租谷陆拾觔正　林瑞品不
廿二年章利十月十二日还来本年分田租谷六十斤
廿三年章利九月十二日还来本年分田租谷六十斤
廿四年章利十月初二日还来本年分田租谷六十斤
廿五年章利十月初二日还来本年分田租谷六十斤
廿六年章利九月十七日还来本年分田租谷六十斤
廿七年章利十月初三日还来本年分田租谷六十斤
廿八年章利十月十五日还来本年分田租谷六十斤
廿九年章利十月初四日还来本年分田租谷六十斤
卅年分章利十月初三日还来本年分租谷六十斤
咸豐元年章利九月十二日还来租谷六十斤
弍年章利九月廿七日还来本租谷六十斤
叁年章利十月初五日还来本年租谷六十斤
四年九月廿三日还来本年租谷　六十斤
伍年
陆年章利不能礼代还本年租谷六十斤
柒年九月廿六日自己挑来租谷　六十斤

5-2-66-33　清道光二十二年鄭氏吉房立隆園厝收田租簿（三三）

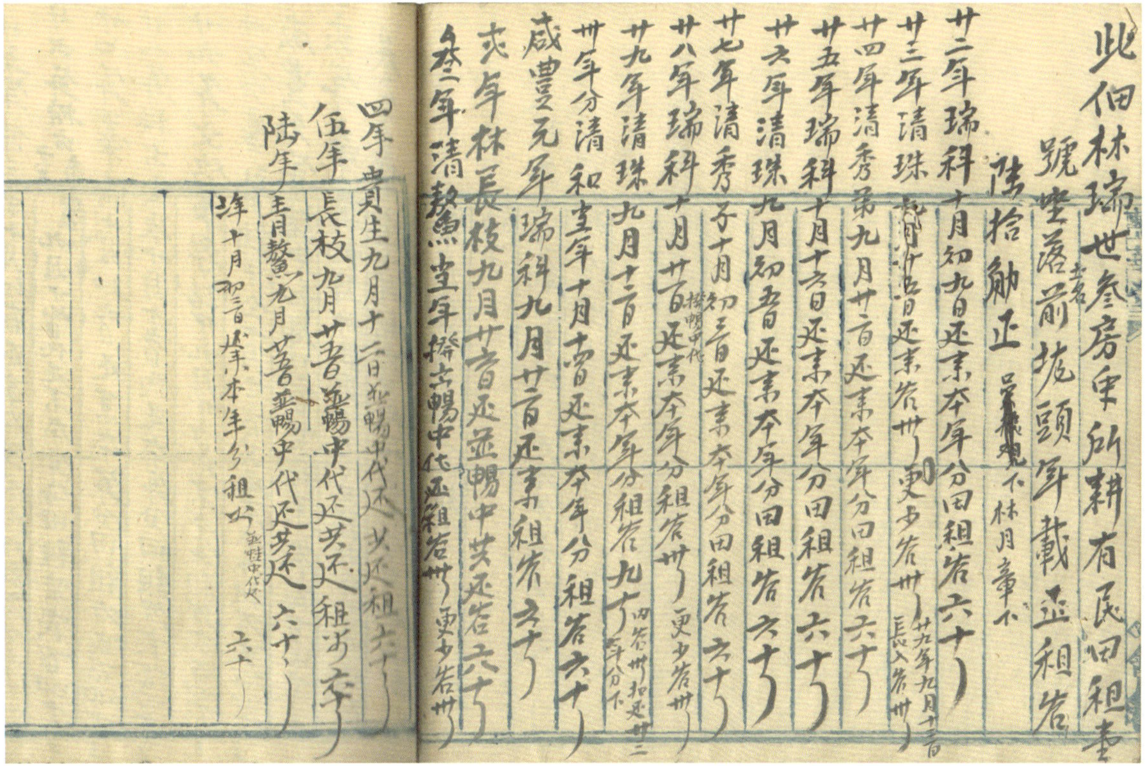
此佃林瑞世叁房中所耕有民田租壹
號坐落土名前坑頭年載並租谷
陸拾觔正　吴□□不　林月章不
廿二年瑞科十月初九日还来本年分田租谷六十斤
廿三年清珠□月廿□日还来谷卅斤　更少谷卅斤　廿九年九月十二日長入谷卅斤
廿四年清秀弟九月廿十日还来本年分田租谷六十斤
廿五年瑞科十月十六日还来本年分田租谷六十斤
廿六年清珠九月初五日还来本年分田租谷六十斤
廿七年清秀子十月初三日还来本年分田租谷六十斤
廿八年瑞科十月廿四日換暢中代还来本年分租谷卅斤　更少谷卅斤
廿九年清珠九月十二日还来本年分租谷九十斤　内谷卅斤扣还廿二年分不
卅年分清和十二年十月十四日还来本年分租谷六十斤
咸豐元年瑞科九月廿二日还来租谷六十斤
弍年林長枝九月廿六日还並暢中艾还谷六十斤
叁年清鰲十二年換云暢中代還租谷卅斤　更少谷卅斤
四年貴生九月十二日並暢中代还艾还租六十斤
伍年長枝九月廿三日並暢中代还艾还租廿斤本年
陸年青鰲九月廿三日並暢中代还艾还　六十斤
柒年十月初三日收本年分租谷　並鞋中代交　六十斤

5-2-66-34　清道光二十二年鄭氏吉房立隆園厝收田租簿（三四）

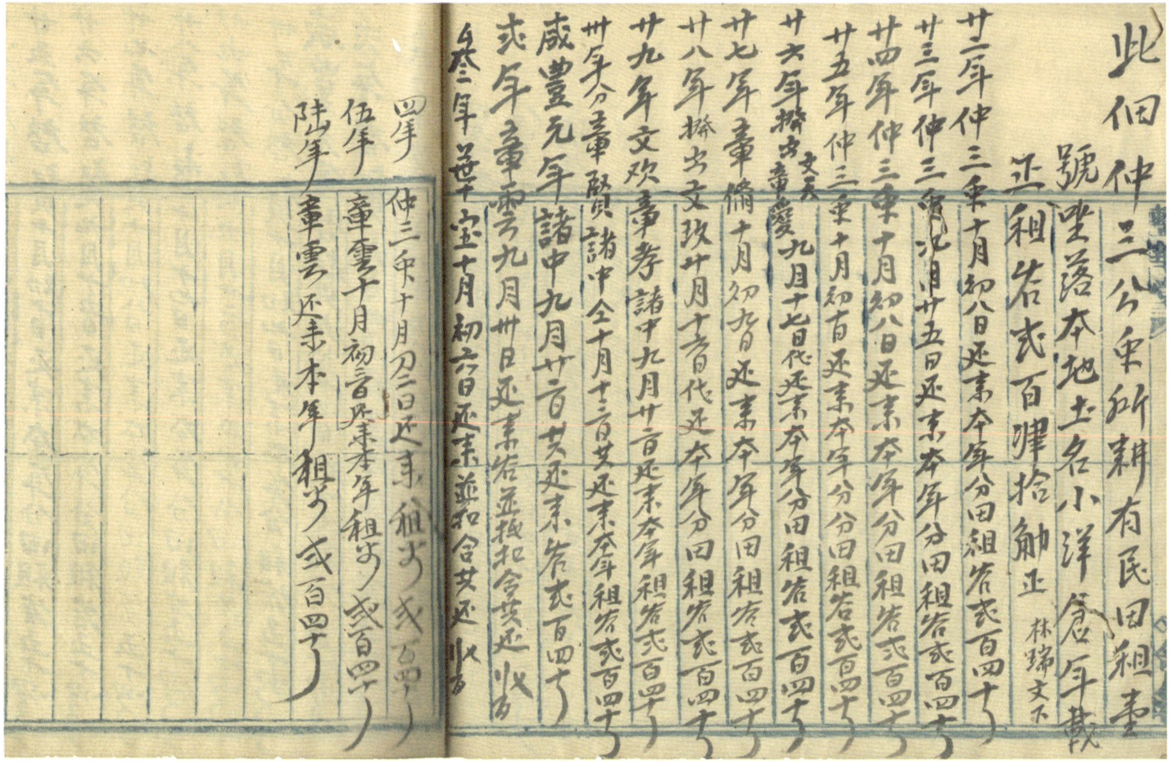
此佃仲三公承所耕有民田租壹
號坐落本地土名小洋倉乙年載
正租谷弍百肆拾觔正　林瑞文
廿二年仲三乘十月初八日還來本年分田租谷弍百四十）
廿三年仲三乘九月廿五日還來本年分田租谷弍百四十）
廿四年仲三乘十月初八日還來本年分田租谷弍百四十）
廿五年仲三乘十月初二日還來本年分田租谷弍百四十）
廿六年搽出文夫章慶九月十七日代還來本年分田租谷弍百四十）
廿七年章倫十月初四日還來本年分田租谷弍百四十）
廿八年搽出文玖廿月十二日代還本年分田租谷弍百四十）
廿九年文欽章孝諸中九月廿二日還來本年租谷弍百四十）
卅年分章賢諸中仝十月十二日艾還來本年租谷弍百四十）
咸豐元年諸中九月廿二日艾還來谷弍百四十）
弍年章雲九月卅日還來谷並抵和合艾還收）
叁年並廿宝十月初六日還來並和合艾還收）
四年仲三乘十月廿二日還來租谷弍百四十）
伍年章雲十月初三日還來本年租谷弍百四十）
陸年章雲還來本年租谷弍百四十）

5-2-66-35　清道光二十二年鄭氏吉房立隆園厝收田租簿（三五）

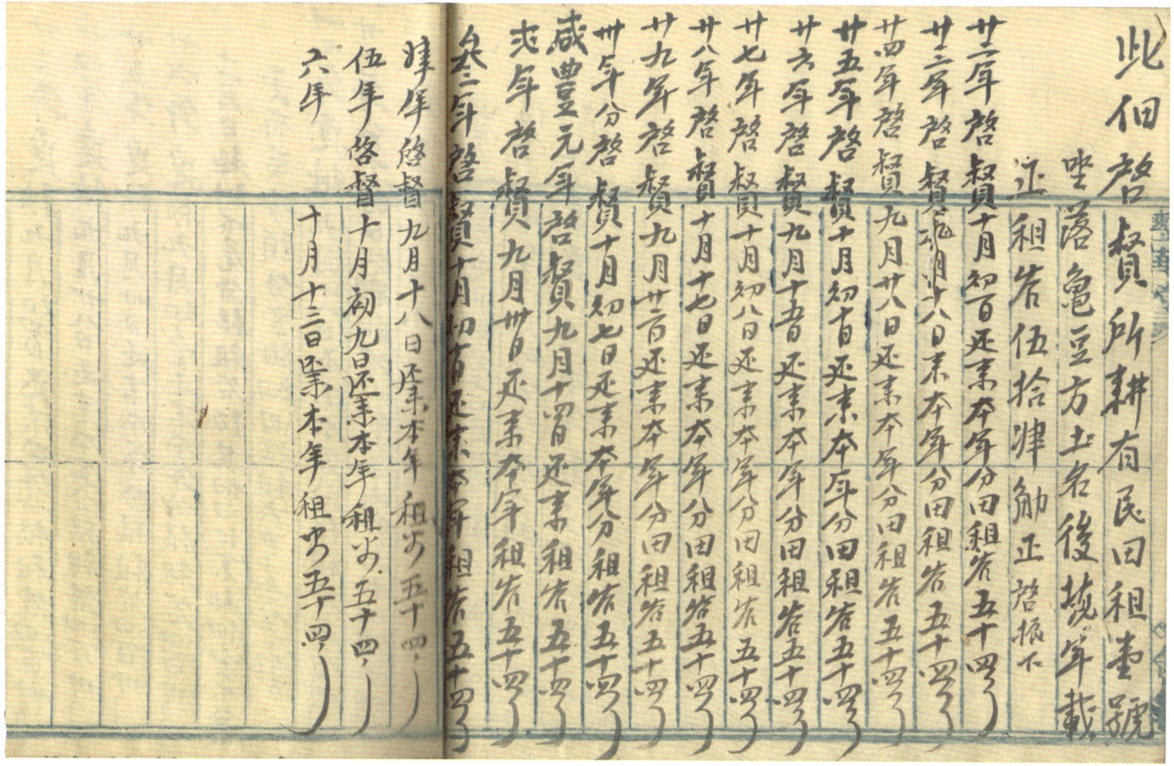
此佃啓賢所耕有民田租壹號
坐落龜豆方土名後坑，年載
正租谷伍拾肆觔正　啓振不
廿二年啓賢十月初十日还来本年分田租谷五十四
廿三年啓賢九月十八日来本年分田租谷五十四
廿四年啓賢九月廿八日还来本年分田租谷五十四
廿五年啓賢十月初十日还来本年分田租谷五十四
廿六年啓賢九月十五日还来本年分田租谷五十四
廿七年啓賢十月初八日还来本年分田租谷五十四
廿八年啓賢十月十七日还来本年分田租谷五十四
廿九年啓賢九月廿二日还来本年分田租谷五十四
卅年分啓賢十月初七日还来本年分租谷五十四
咸豐元年啓賢九月十四日还来租谷五十四
弍年啓賢九月廿四日还来本年租谷五十四
叁年啓賢十月初十日还来本年租谷五十四
肆年啓督九月十八日还来本年租谷五十四
伍年啓督十月初九日还来本年租谷五十四
六年十月十三日还来本年租谷五十四

5-2-66-36　清道光二十二年鄭氏吉房立隆園厝收田租簿（三六）

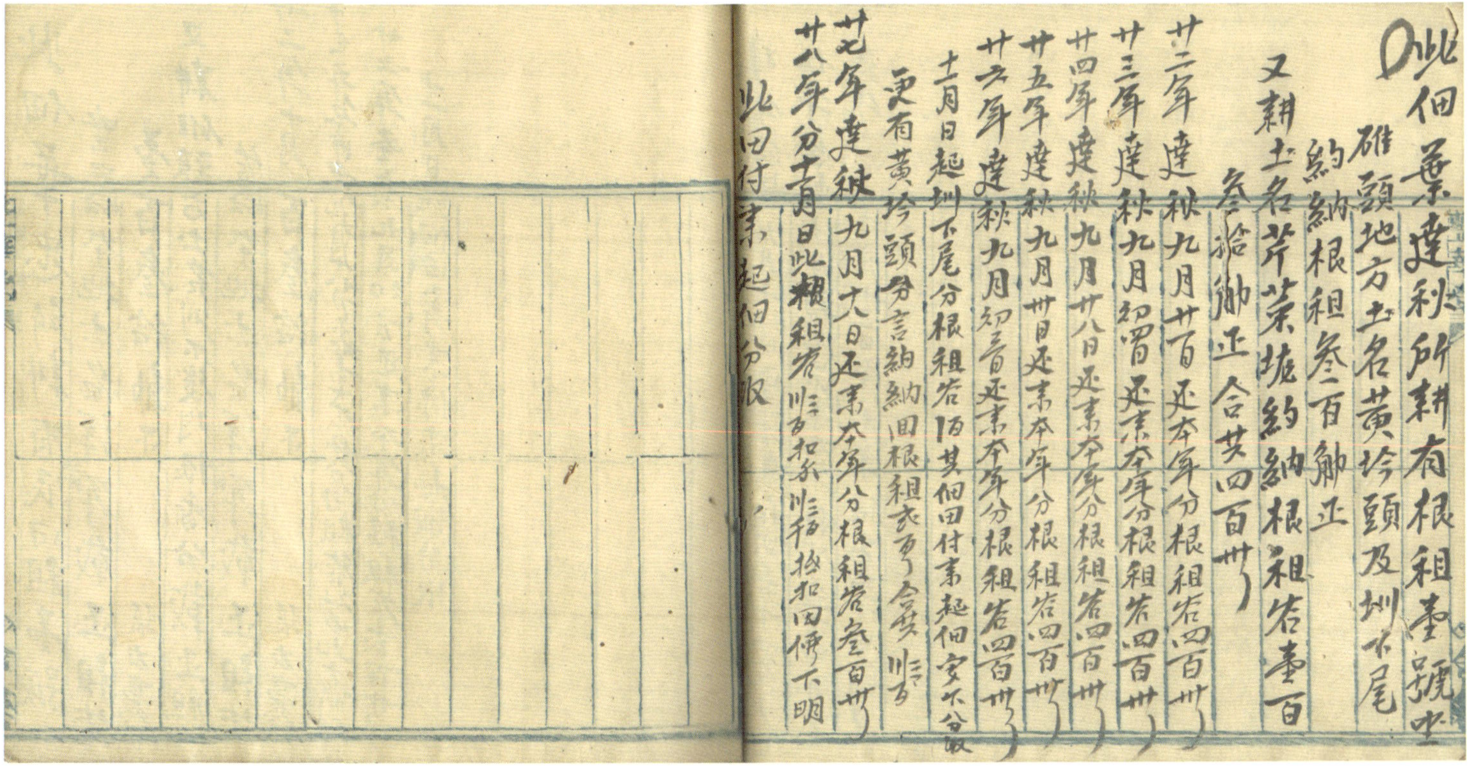
此佃葉達秋所耕有根租壹號坐
碓頭地方土名黃玲頭及圳下尾
約納根租叁百觔正
又耕土名芹菜墘約納根租谷壹百
叁拾觔正合共四百卅斤
廿二年達秋九月廿日还本年分根租谷四百卅斤
廿三年達秋九月初四日还本年分根租谷四百卅斤
廿四年達秋九月廿八日还本年分根租谷四百卅斤
廿五年達秋九月卅日还本年分根租谷四百卅斤
廿六年達秋九月初三日还本年分根租谷四百卅斤
十一月日起圳下尾分根租谷[illegible]其佃田付來起佃交不分收
更有黃玲頭分言約納田根租[illegible]
廿七年達秋九月十八日还本年分根租谷叁百卅斤
廿八年分十月日此根租谷[illegible]扣田停不明
此田付來起佃分收

5-2-66-37　清道光二十二年鄭氏吉房立隆園厝收田租簿（三七）

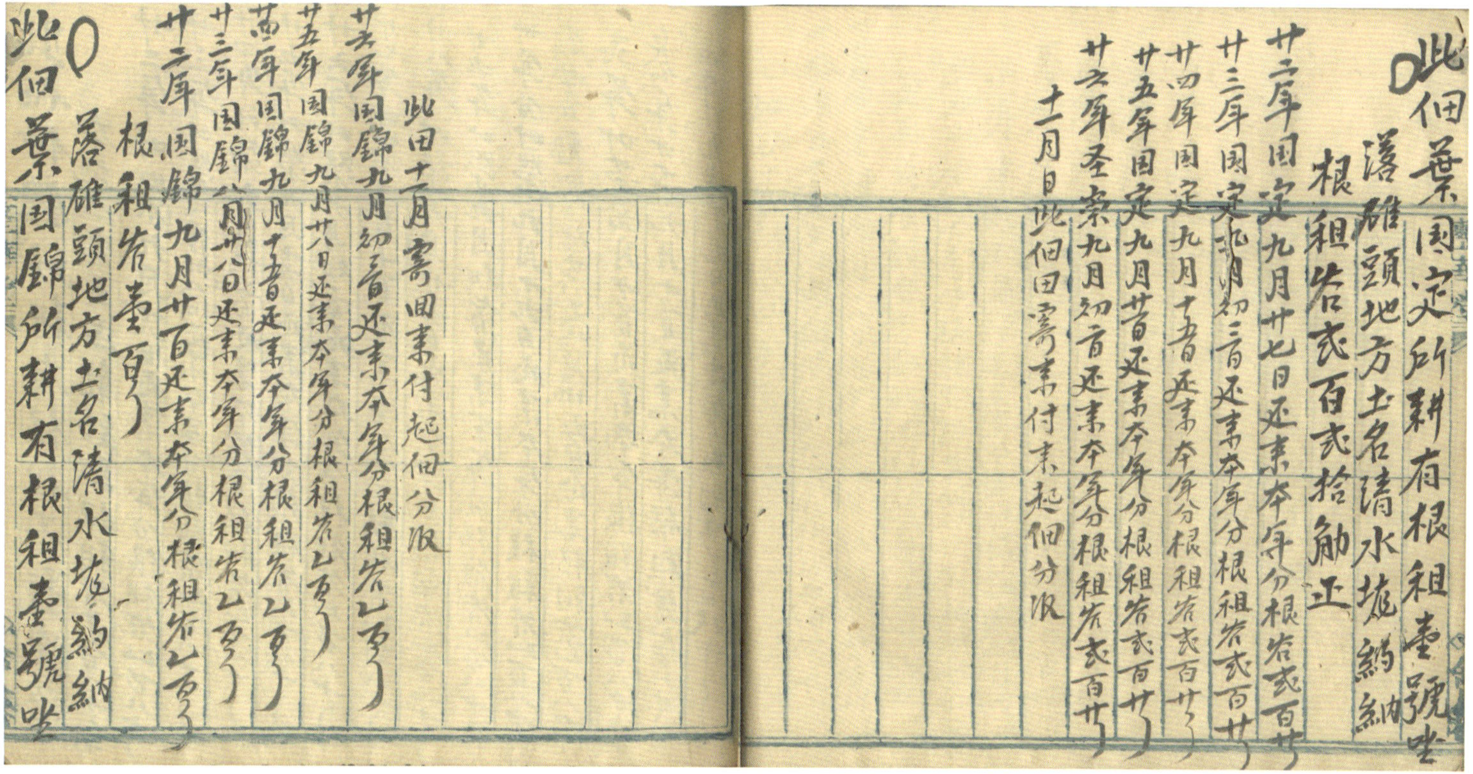

5-2-66-38　清道光二十二年鄭氏吉房立隆園厝收田租簿（三八）

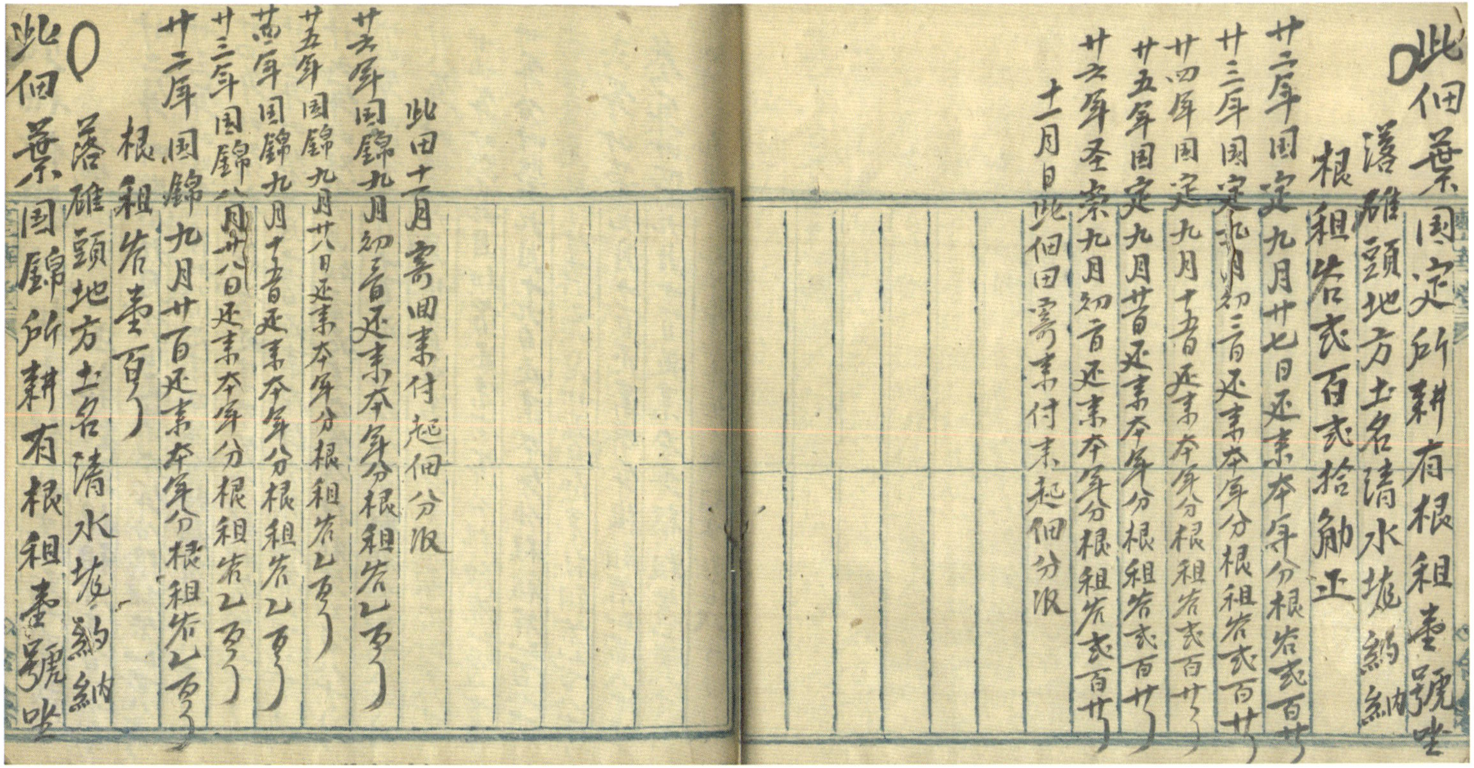
此佃葉園定所耕有根租壹號坐
落雖頭地方土名清水坂納
根租粟弍百弍拾觔正
廿二年園定九月廿七日还来本年分根租粟弍百廿斤
廿三年園定九月初三日还来本年分根租粟弍百廿斤
廿四年園定九月十五日还来本年分根租粟弍百廿斤
廿五年園定九月廿二日还来本年分根租粟弍百廿斤
廿六年圣楽九月初三日还来本年分根租粟弍百廿斤
十一月日此佃田賣来付来起佃分派

此佃葉園歸所耕有根租壹號坐
落雖頭地方土名清水坂納
根租粟壹百斤
廿二年園錦九月廿百还来本年分根租粟乙百斤
廿三年園錦八月廿八日还来本年分根租粟乙百斤
廿四年園錦九月十二日还来本年分根租粟乙百斤
廿五年園錦九月廿八日还来本年分根租粟乙百斤
廿六年園錦九月初二日还来本年分根租粟乙百斤
此田十一月賣佃来付起佃分派

5-2-66-39　清道光二十二年鄭氏吉房立隆園厝收田租簿（三九）

此佃仲鑽所耕有根租壹號坐落
本地土名王庄乾約納根租谷壹百八十觔
廿二年叶榮九月十八日还素本年分根租谷乙百八十斤
廿三年叶榮八月廿八日还素本年分根租谷乙百八十斤
廿四年叶榮九月十七日还素本年分根租谷乙百八十斤
廿五年叶榮九月十九日还素本年分根租谷乙百八十斤
廿六年叶榮九月初六日还素本年分根租谷乙百八十斤
廿七年叶榮九月十一日还素本年分根租谷乙百八十斤
廿八年叶榮九月廿八日还素本年分根租谷乙百八十斤
廿九年叶榮九月初八日还素本年分根租谷乙百八十斤
卅年分叶榮九月十九日还素本年分根租谷乙百八十斤
咸豐元年叶榮又八月廿五日还素根租谷乙百八十斤
弍年叶榮九月十一日还素本年根租谷乙百八十斤
叁年叶榮九月十一日还素本年根租谷乙百八十斤
四年 九月十九日还素本年根租谷乙百八十斤

伍年 吓代 九月十五日还素根租谷一百
陸年 敬明 至年八月廿五日还素根租谷一百 又少十斤
叁年分敬山 至年欠存九月初四日还素三年分根租谷一斤
弍年分敬雅 九月十七日还素根租谷 又少谷十五斤
咸豐元年能怀 至年未还弍年分能怀九月十七日还谷一百斤
卅年分能重九月廿五日还素本年分根租谷乙百六十斤
廿九年分能琮子九月廿九日还素本年分根租谷乙百六十斤
廿八年敬山十月初六日还素本年分根租谷乙百六十斤
廿七年能連九月十九日还素本年分根租谷乙百六十斤
廿六年能怀九月初四日还素本年分根租谷乙百六十斤
廿五年分能重廿六年九月初六日还素本年分根租谷乙百六十斤
廿四年能琮子九月廿日还素本年分根租谷乙百六十斤
廿三年能貴九月十一日还素本年分根租谷乙百六十斤
廿二年能連至年十月初四日还素本年分根租谷乙百六十斤
亀豆地方土名坳边約納根租谷壹百六十斤
此佃能連、重所耕有根租壹號坐落

5-2-66-40　清道光二十二年鄭氏吉房立隆園厝收田租簿（四〇）

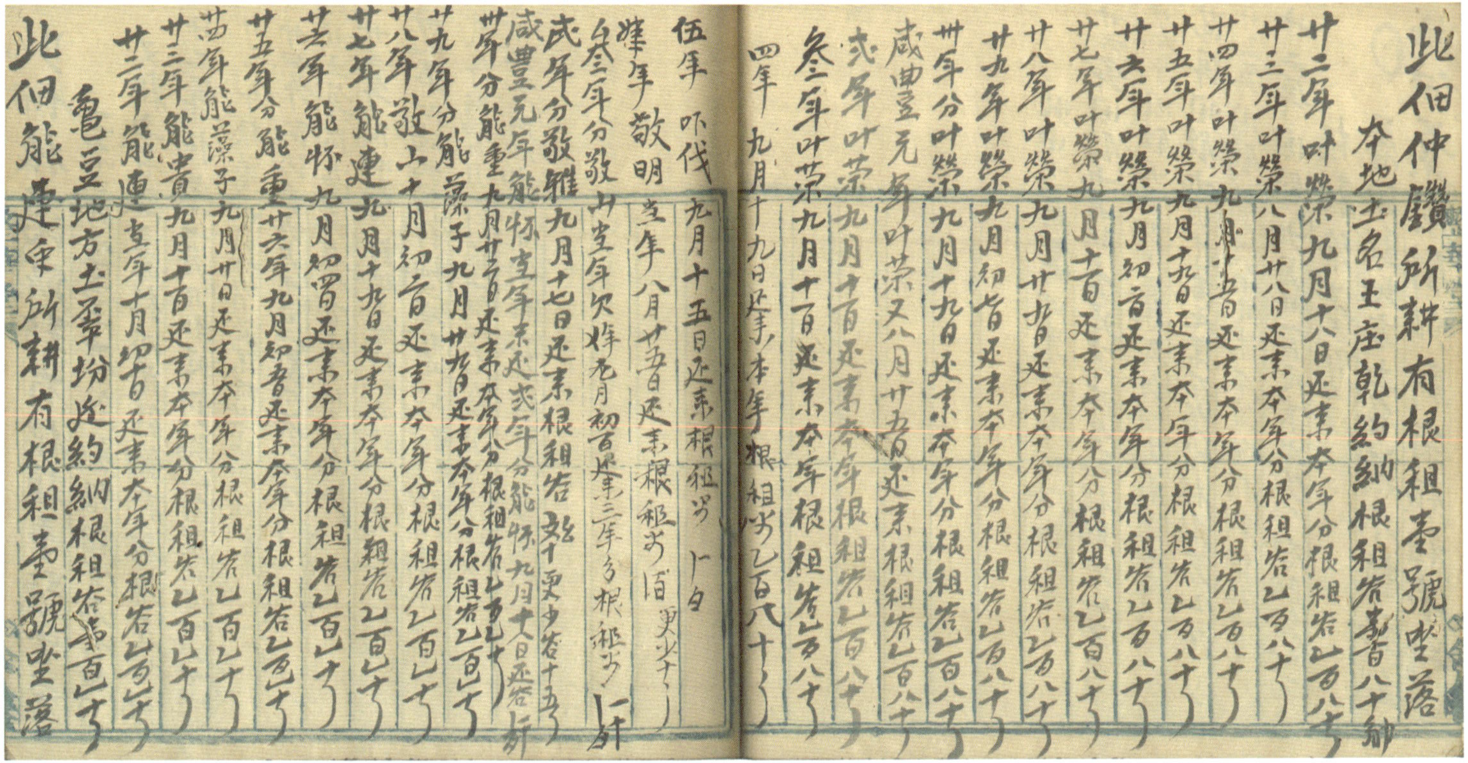

5-2-66-41　清道光二十二年鄭氏吉房立隆園厝收田租簿（四一）

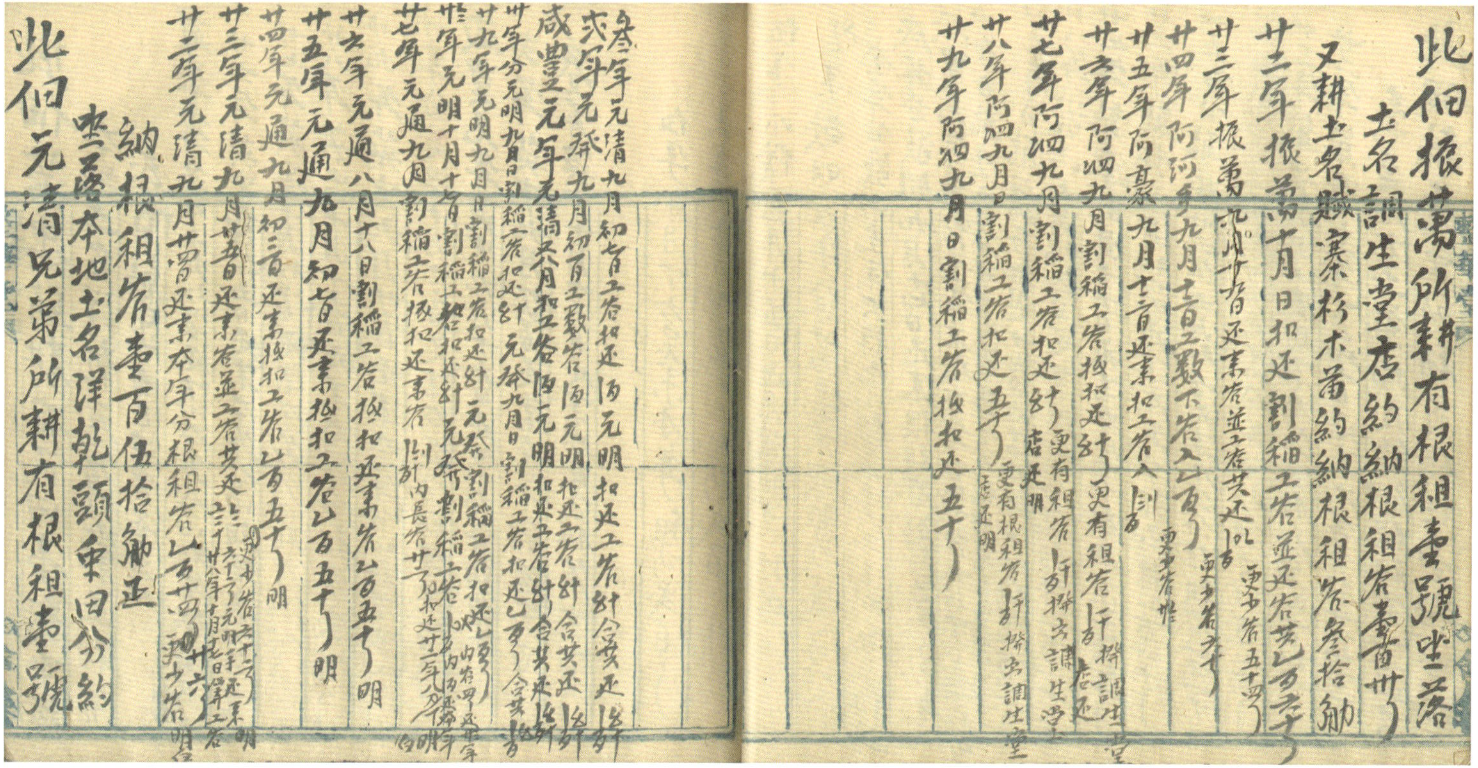

5-2-66-42　清道光二十二年鄭氏吉房立隆園厝收田租簿（四二）

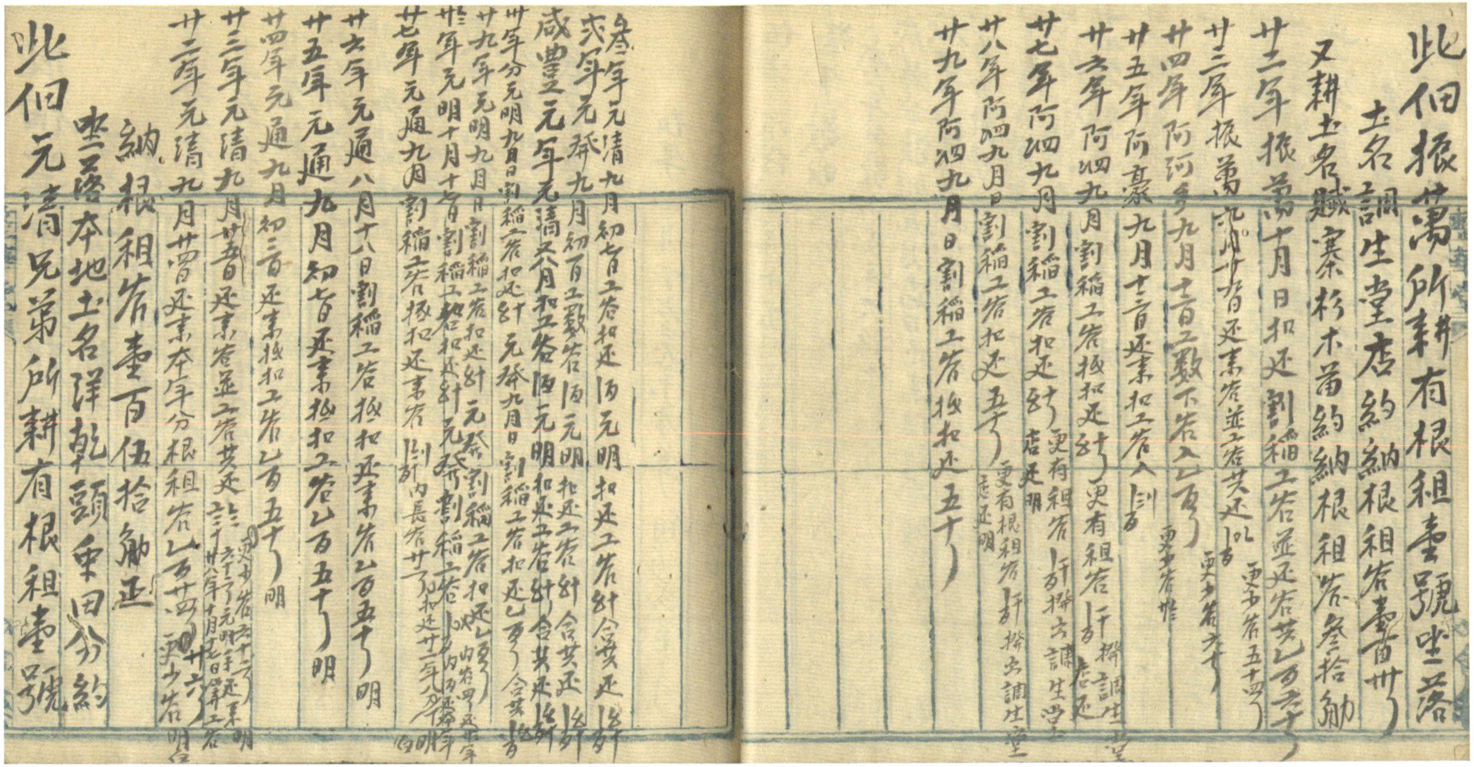

5-2-66-43　清道光二十二年鄭氏吉房立隆園厝收田租簿（四三）

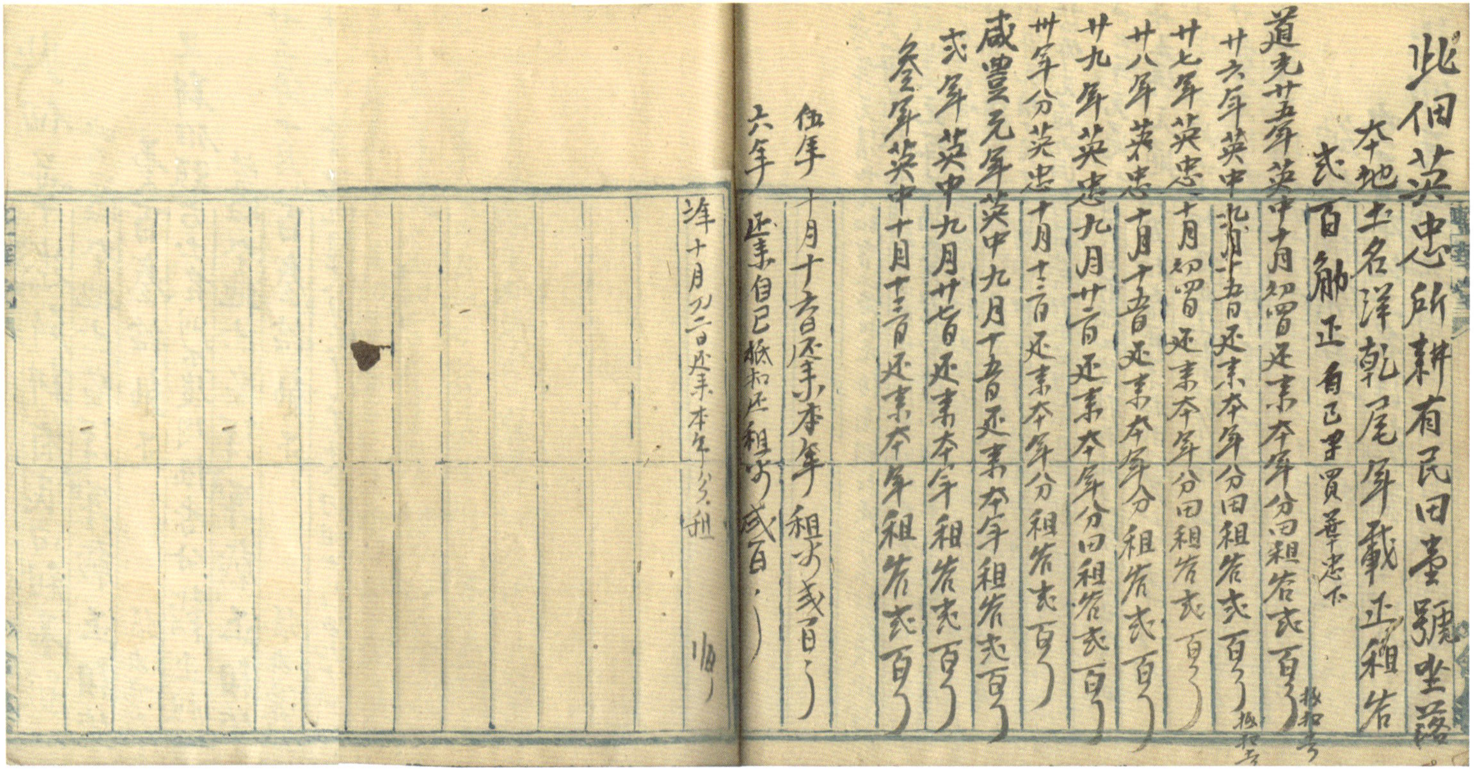

兆佃英忠所耕有民田壹號坐落
本地土名洋乾尾，年載正租谷
弍百觔正　自己買華忠不
道光廿五年英中十月初八日還素本年分田租谷弍百觔　抵租
廿六年英中九月廿五日還素本年分田租谷弍百觔　抵租
廿七年英忠十月初四日還素本年分田租谷弍百觔
廿八年英忠十月十五日還素本年分租谷弍百觔
廿九年英忠九月廿二日還素本年分田租谷弍百觔
卅年分英忠十月十二日還素本年分租谷弍百觔
咸豐元年英中九月十五日還素本年租谷弍百觔
弍年英中九月廿六日還素本年租谷弍百觔
叁年英中十月十三日還素本年租谷弍百觔
伍年　十月十六日還素小本年租谷弍百觔
六年　還素自己抵和還租谷弍百觔
柒年十月初二日還素本年分租　收

5-2-66-44　清道光二十二年鄭氏吉房立隆園厝收田租簿（四四）

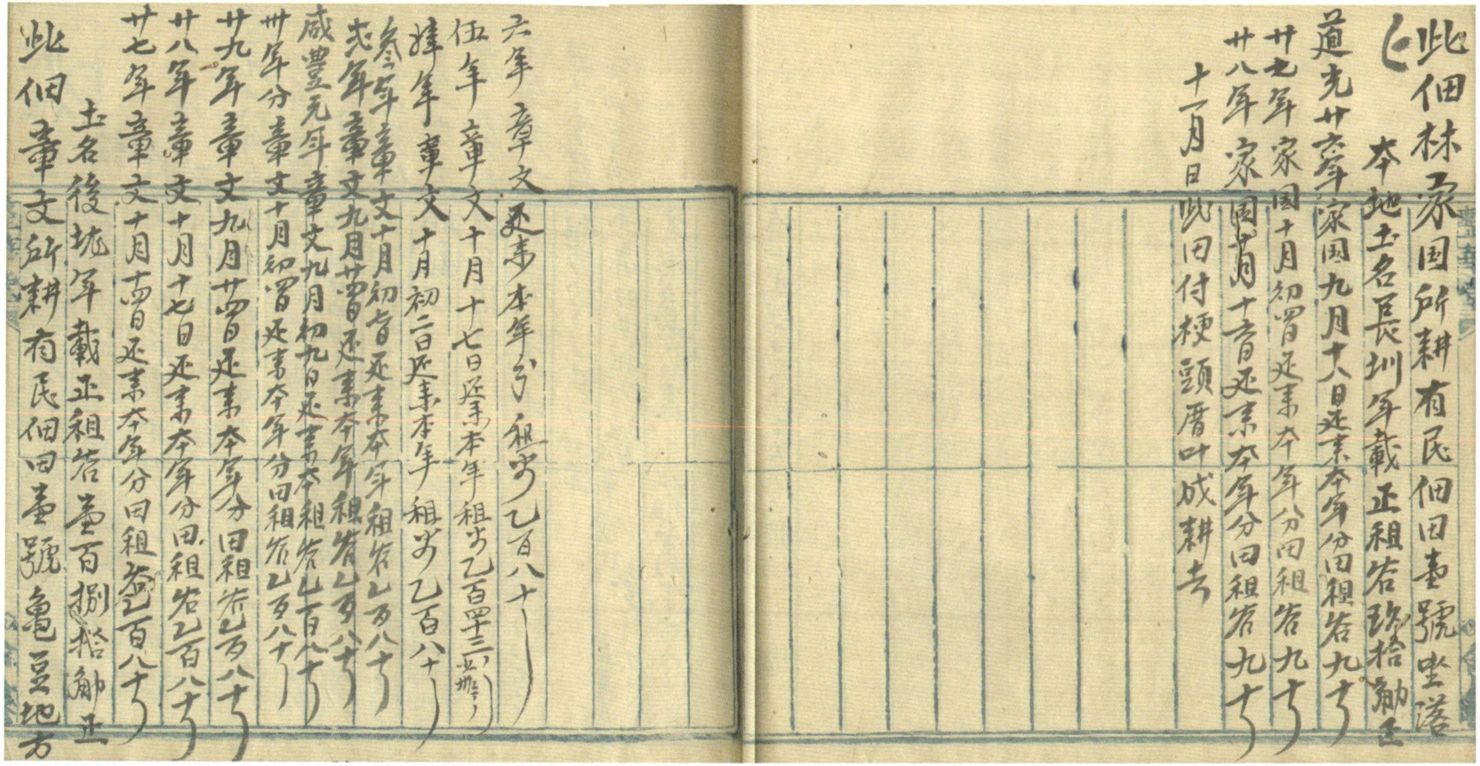
此佃林家园所耕有民佃田壹號坐落
本地土名長圳，年載正租谷玖拾觔正
道光廿六年家园九月十八日延来本年分田租谷九十斤
廿七年家园十月初四日延来本年分田租谷九十斤
廿八年家园十一月十一日延来本年分田租谷九十斤
十一月日此田付梗頭厝叶成耕去
六年章文延来本年分租谷乙百八十斤
伍年章文十月十七日延来本年租谷乙百四十三斤
肆年章文十月初二日延来本年租谷乙百八十斤
叁年章文十月初三日延来本年租谷乙百八十斤
弍年章文九月廿四日延来本年租谷乙百八十斤
咸豐元年章文九月初九日延来本租谷乙百八十斤
卅年分章文十月初四日延来本年分田租谷乙百八十斤
廿九年章文九月廿四日延来本年分田租谷乙百八十斤
廿八年章文十月十七日延来本年分田租谷乙百八十斤
廿七年章文十月十四日延来本年分田租谷乙百八十斤
土名後坑，年載正租谷壹百捌拾觔正
此佃章文所耕有民佃田壹號，龜豆地方

5-2-66-45　清道光二十二年鄭氏吉房立隆園厝收田租簿（四五）

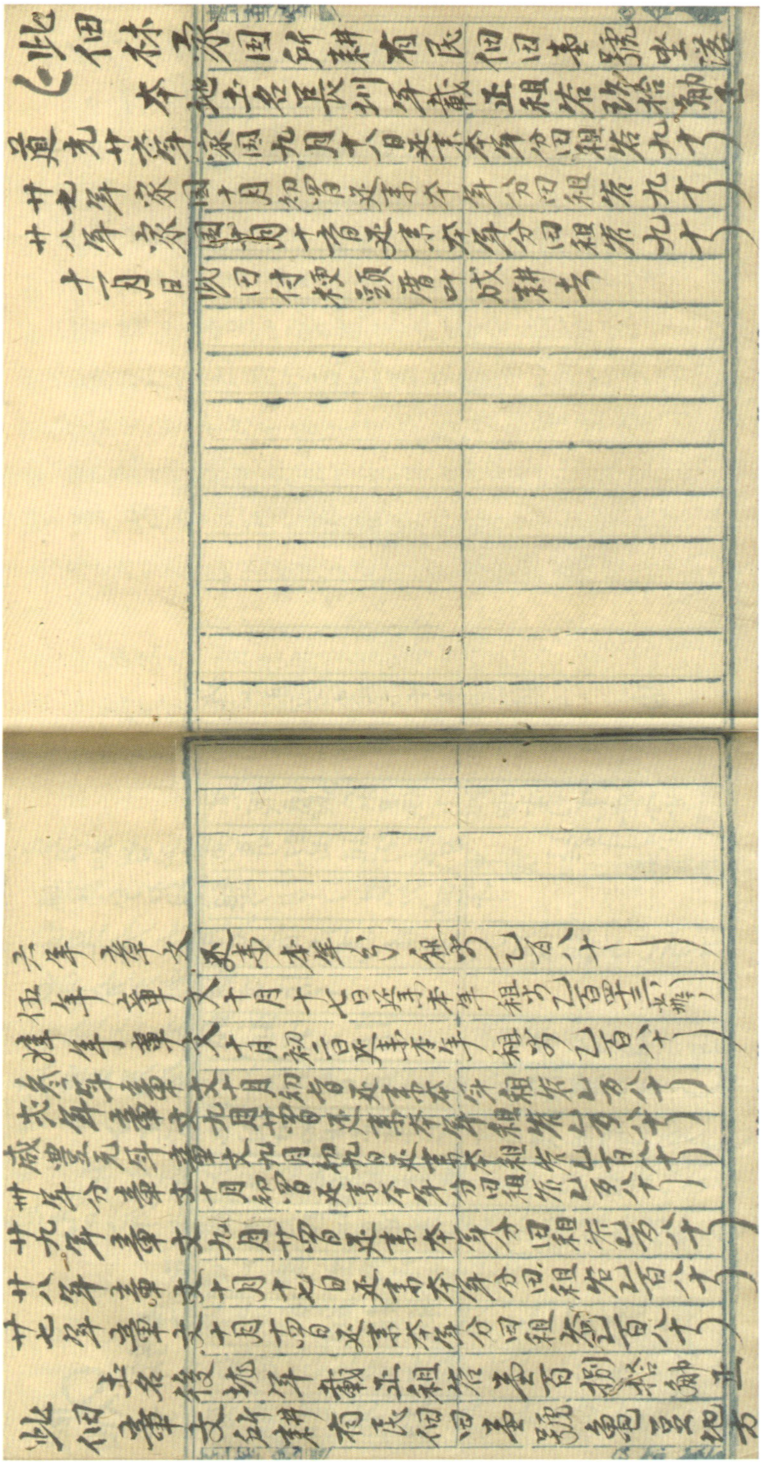

5-2-66-46　清道光二十二年鄭氏吉房立隆園厝收田租簿（四六）

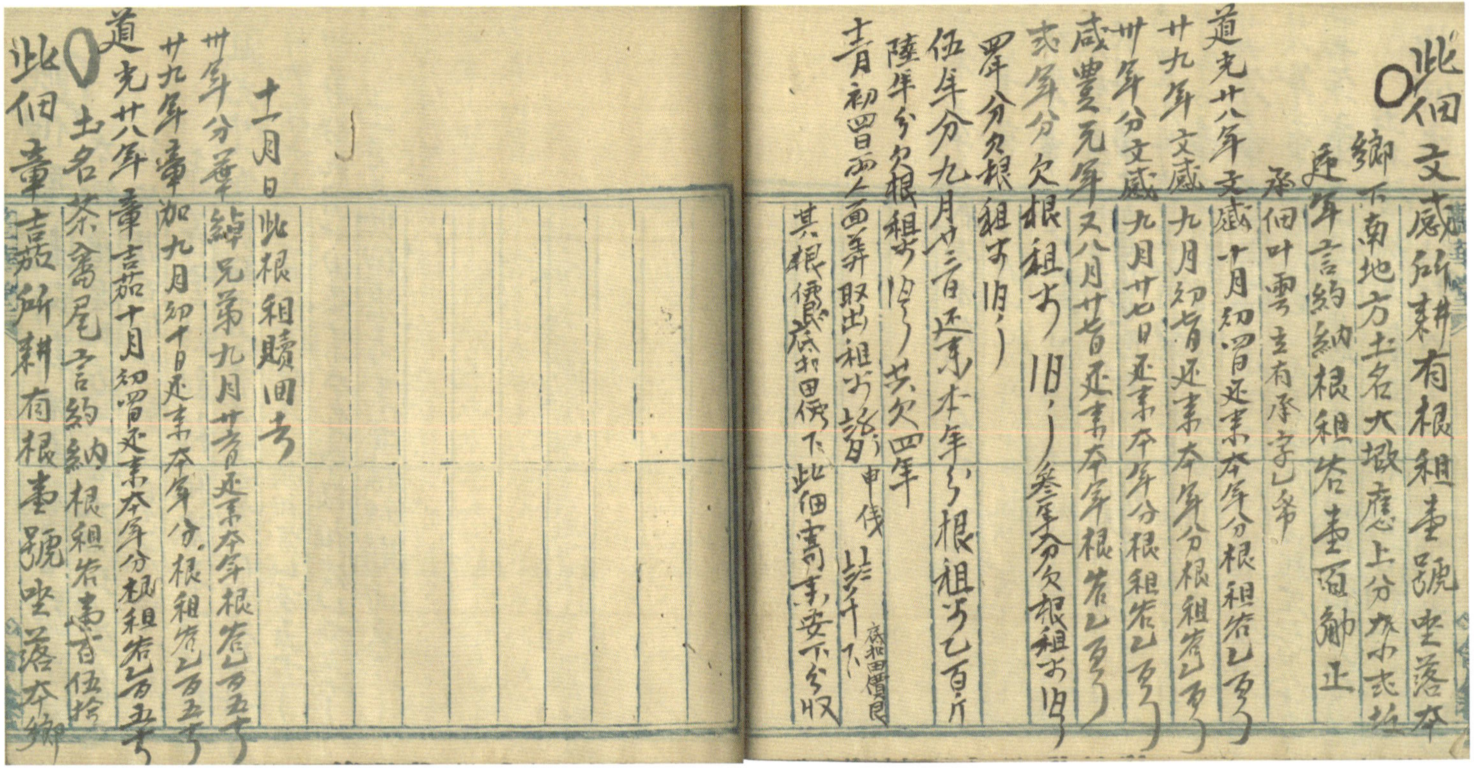

此佃文盛所耕有根租壹號坐落本鄉下南地方土名大墩應上分
延年言約納根租谷壹百觔止
承佃叶雲主有承字乙帋
道光廿八年文盛十月初四日还来本年分根租谷乙百斤
廿九年文盛九月初二日还来本年分根租谷乙百斤
卅年分文盛九月廿七日还来本年分根租谷乙百斤
咸豐元年又八月廿二日还来本年根谷乙百斤
式年分欠根租谷旧，叁年分欠根租谷旧
四年分欠根租谷旧
伍年分九月廿三日还来本年分根租谷乙百斤
陸年分欠根租谷旧，共欠四年
十二月初四日面算取出租谷
其根價銀……此佃……

此根租贖回去 十月日
廿年分華緯兄弟九月廿二日还来本年根谷乙百五十斤
廿九年華加九月初十日还来本年分根租谷乙百五十斤
道光廿八年華吉茹十月初四日还来本年分根租谷乙百五十斤
此佃華吉所耕有根壹號坐落本鄉土名茶籃尾言約納根租谷壹百伍拾

5-2-66-47　清道光二十二年鄭氏吉房立隆園厝收田租簿（四七）

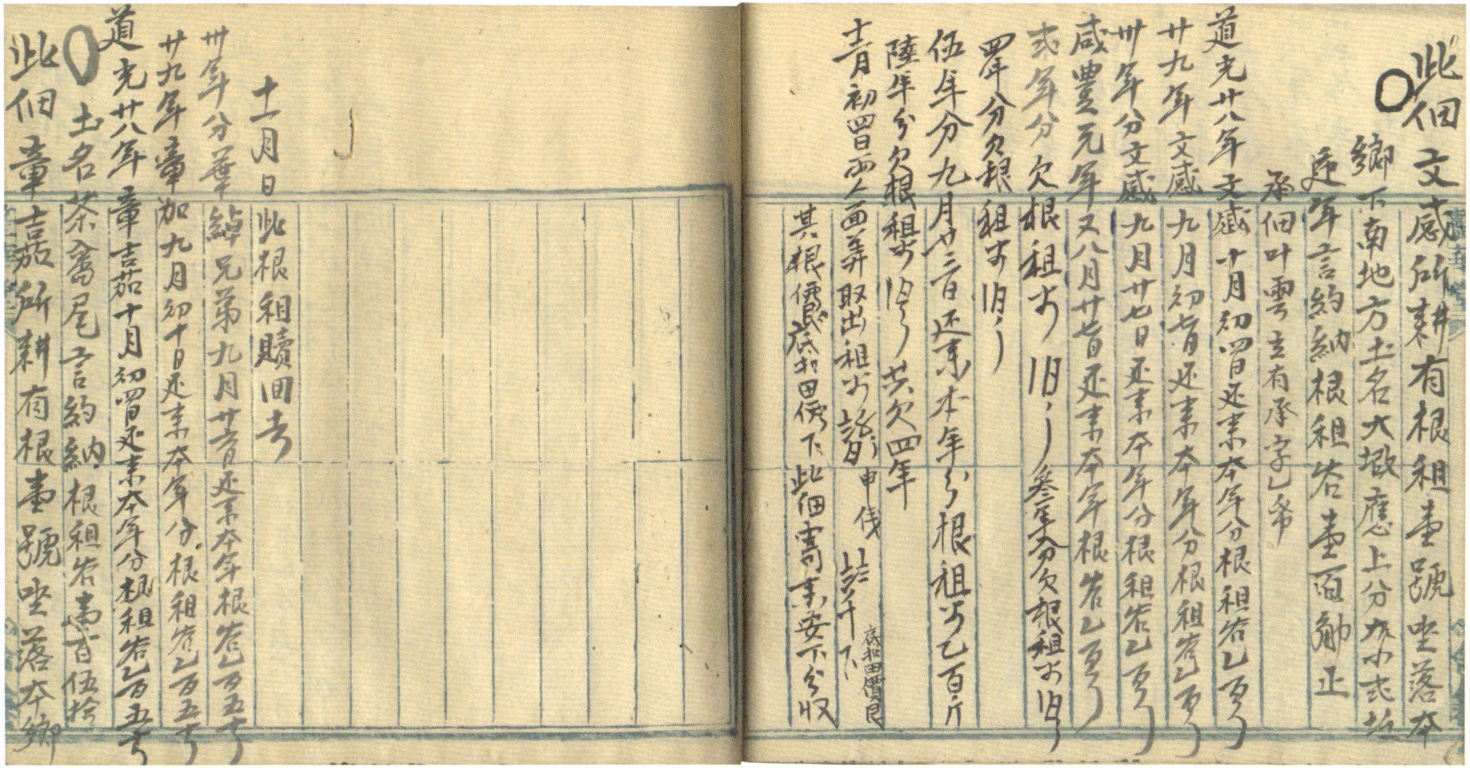

〇此佃文感所耕有根租壹號坐落本
鄉下南地方土名大墩應上分〤〸弍拾
逐年言約納根租若壹百觔正
承佃叶雲主有承字乙帋
道光廿八年文感十月初四日还来本年分根租若乙百〤
廿九年文感九月初七日还来本年分根租若乙百〤
卅年分文感九月廿七日还来本年分根租若乙百〤
咸豐元年文八月廿七日还来本年根若乙百〤
弍年分欠根租若旧　叁年分欠根租若旧
四年分欠根租若旧
伍年分九月廿三日还来本年分根租若乙百斤
陸年分欠根租若旧　共欠四年
十二月初四日面人再取出租若諾　申伐　於年下　底和田價艮
其根價艮底和田價下此佃寄来安下分收

〇此佃章吉茄所耕有根租壹號坐落本鄉
土名茶畬尾言約納根租若壹百伍拾
道光廿八年章吉茄十月初四日还来本年分根租若乙百五〤
廿九年章加九月初十日还来本年分根租若乙百五〤
卅年分華綽兄弟九月廿七日还来本年根若乙百五〤
十一月日此根租贖回去

5-2-66-48　清道光二十二年鄭氏吉房立隆園厝收田租簿（四八）

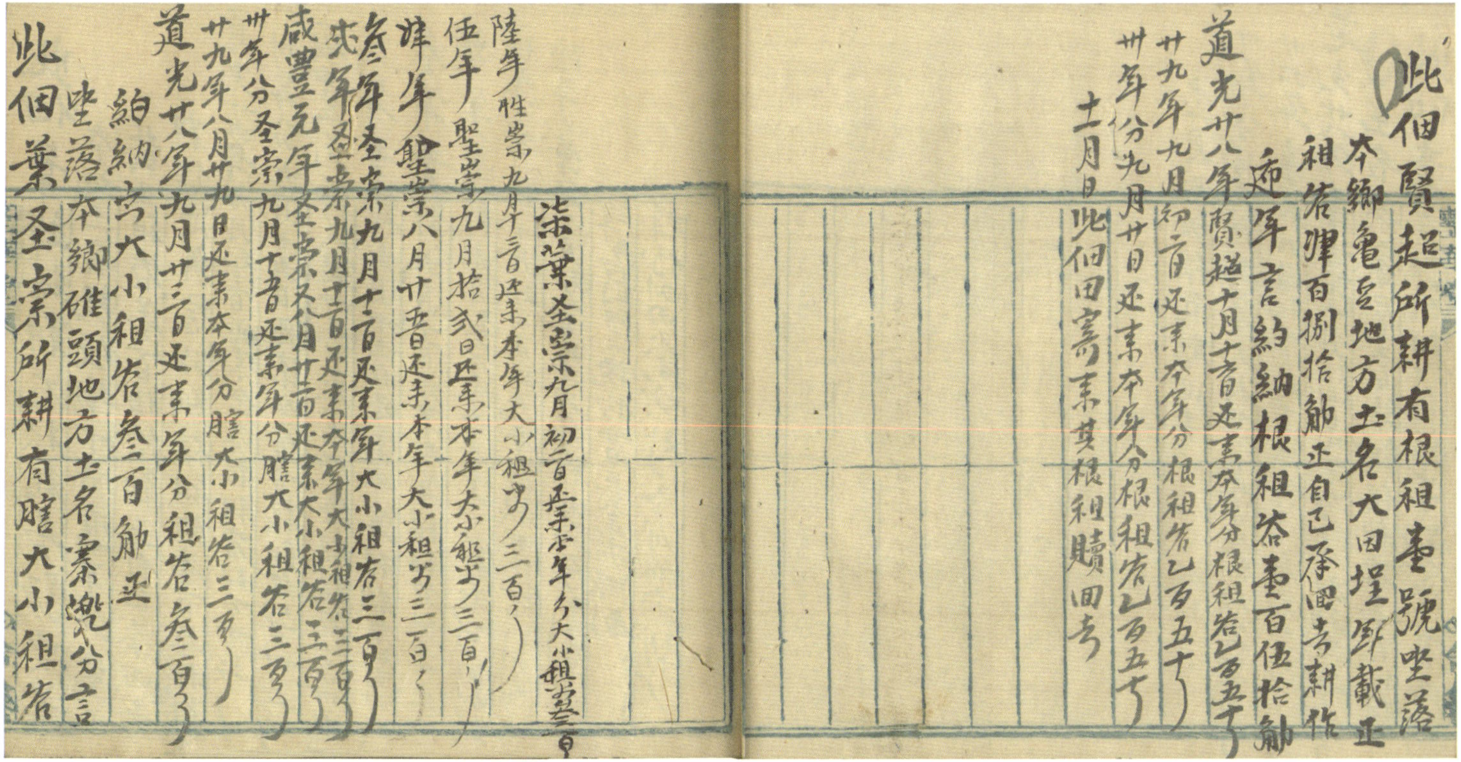
此佃賢起所耕有根租壹號坐落
本鄉龜邑地方土名大田埕，載正
租谷肆百捌拾觔正，自己承佃去耕作，
逓年言約納根租谷壹百伍拾觔。
道光廿八年賢起十月十二日还来本年分根租谷乙百五十斤
廿九年九月初二日还来本年分根租谷乙百五十斤
卅年份九月廿日还来本年分根租谷乙百五十斤
十一月日此佃田⋯来其根租贖回去
此佃業坙宗所耕有贍大小租谷
坐落本鄉碓頭地方土名橐樂分言
納納大小租谷叁百觔正。
道光廿八年九月廿三日还来本年分租谷叁百斤
廿九年八月廿九日还来本年分贍大小租谷三百斤
卅年分坙宗九月十二日还来本年分贍大小租谷三百斤
咸豐元年坙宗又八月廿四日还来大小租谷三百斤
叁年坙宗九月十二日还来本年大小租谷三百斤
肆年聖宗八月廿五日还来本年大小租谷三百斤
伍年聖宗九月拾貳日还来本年大小租谷三百斤
陸年旺宗九月十二日还来本年大小租谷三百斤
柒年坙宗九月初一日还来本年分大小租谷三百斤

5-2-66-49　清道光二十二年鄭氏吉房立隆園厝收田租簿（四九）

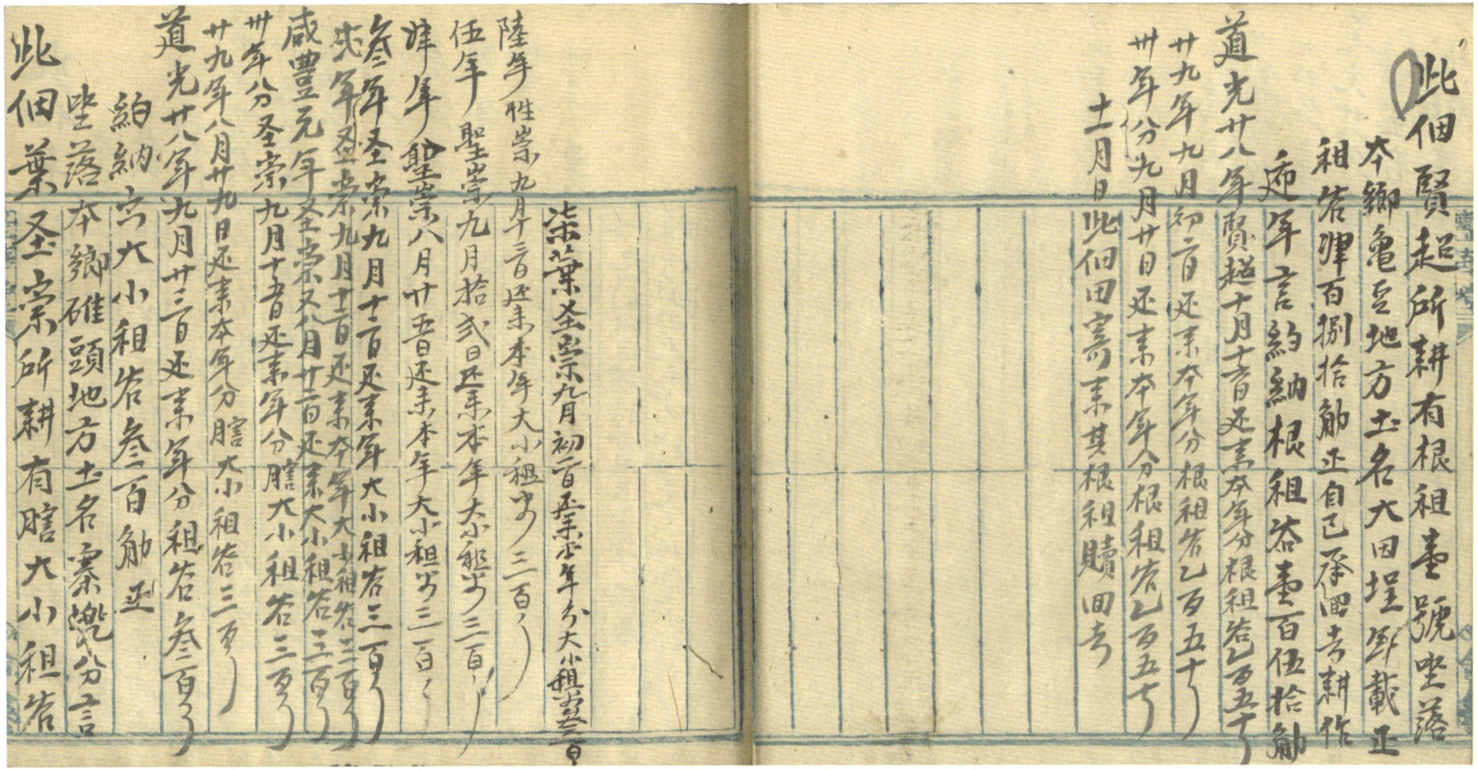

此佃賢起所耕有根租壹號坐落
本鄉亀歺地方土名大田埕𡚒載正
租谷肆百捌拾觔正自己承佃吉耕作
逐年言約納根租谷壹百伍拾觔
道光廿八年賢起十月十一日还来本年分根租谷乙百五十斤
廿九年九月初三日还来本年分根租谷乙百五十斤
卅年分九月廿日还来本年分根租谷乙百五十斤
十一月日此佃田賣來其根租贖回去

柒　葉圣崇九月初二日还来本年分大小租谷叁百
陸年　性崇九月十二日还来本年大小租谷三百斤
伍年　聖崇九月拾貳日还来本年大小租谷三百斤
肆年　聖崇八月廿五日还来本年大小租谷三百斤
叁年　圣崇九月十一日还来本年大小租谷三百斤
弍年　圣崇九月十一日还来本年大小租谷三百斤
咸豐元年　圣崇又八月廿二日还来本年大小租谷三百斤
卅年分　圣崇九月十二日还来本年分贌大小租谷三百斤
廿九年八月廿九日还来本年分贌大小租谷三百斤
道光廿八年九月廿三日还来本年分租谷叁百斤
納納六大小租谷叁百觔正
坐落本鄉碓頭地方土名窠塆分言
此佃葉圣崇所耕有贌大小租谷

5-2-66-50　清道光二十二年鄭氏吉房立隆園厝收田租簿（五〇）

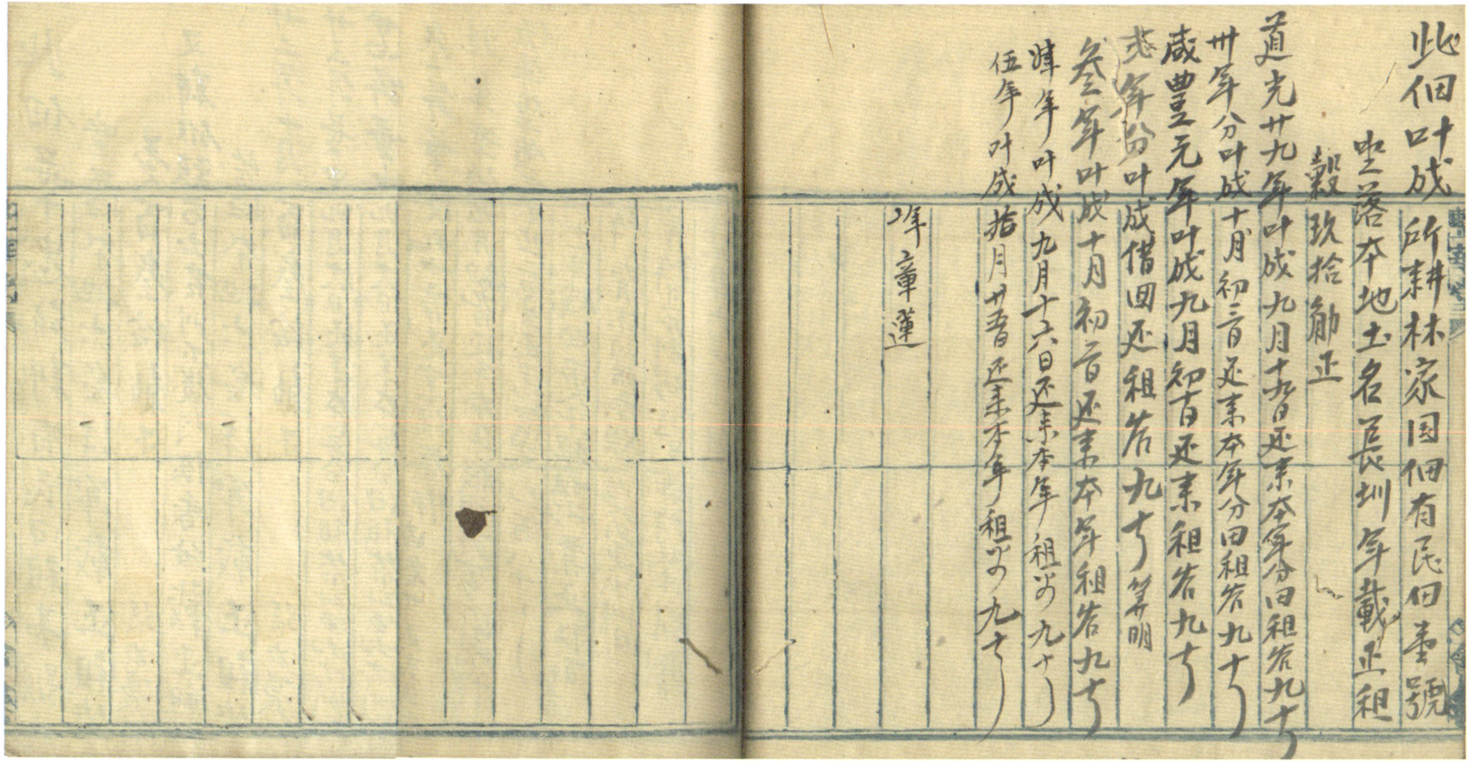
此佃叶成所耕林家园佃有民佃壹號
坐落本地土名長圳年載正租
穀玖拾觔正
道光廿九年叶成九月十五日还来本年分田租谷九十斤
卅年分叶成十月初三日还来本年分田租谷九十斤
咸豐元年叶成九月初四日还来租谷九十斤
弍年份叶成借田还租谷九十斤　算明
叁年叶成十月初五日还来本年租谷九十斤
肆年叶成九月十六日还来本年租谷九十斤
伍年叶成拾月廿五日还来本年租谷九十斤
年　章蓮

5-2-66-51　清道光二十二年鄭氏吉房立隆園厝收田租簿（五一）

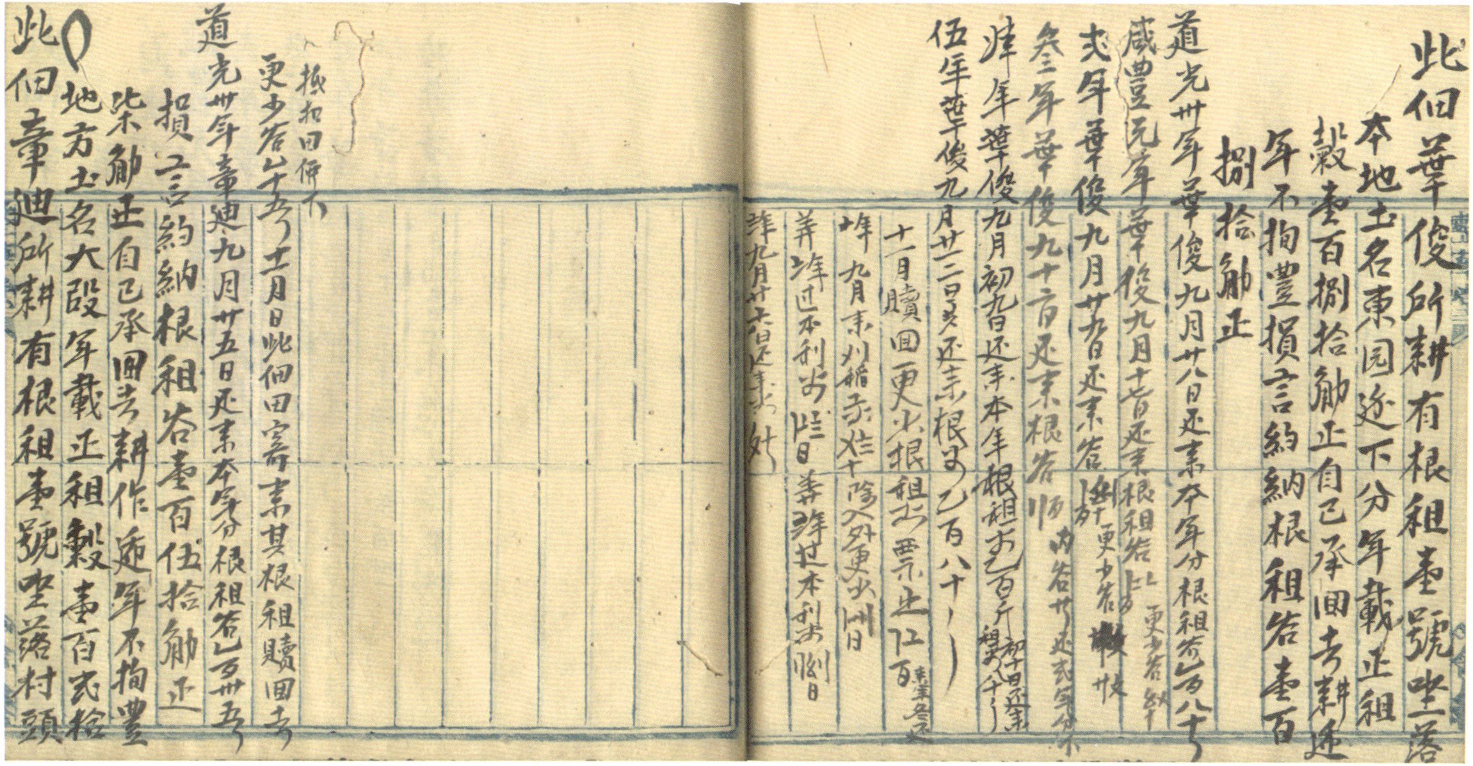
此佃華俊所耕有根租壹號坐落
本地土名東园近下分，年載正租
穀壹百捌拾觔正，自己承佃耕近
年不拘豐損，言約納根租谷壹百
捌拾觔正
道光卅年華俊九月廿八日还来本年分根租谷山百八十斤
咸豐元年華俊九月十[illegible]日还来根租谷[illegible]
弍年華俊九月廿[illegible]日还来谷[illegible]
叁年華俊九十[illegible]日还来根谷[illegible]
肆年華俊九月初九日还来本年根租谷乙百[illegible]
伍年華俊九月廿三日还来根谷乙百八十[illegible]

此佃章迴所耕有根租壹號坐落村頭
地方土名大段，年載正租穀壹百貳拾
柒觔正，自己承佃耕作，逐年不拘豐
損，言約納根租谷壹百伍拾觔正
道光廿年章迴九月廿五日还来本年分根租谷山百卅五
更少谷山[illegible]　十月日此佃田寄来其根租贖回去
換扣田佃

5-2-66-52　清道光二十二年鄭氏吉房立隆園厝收田租簿（五二）

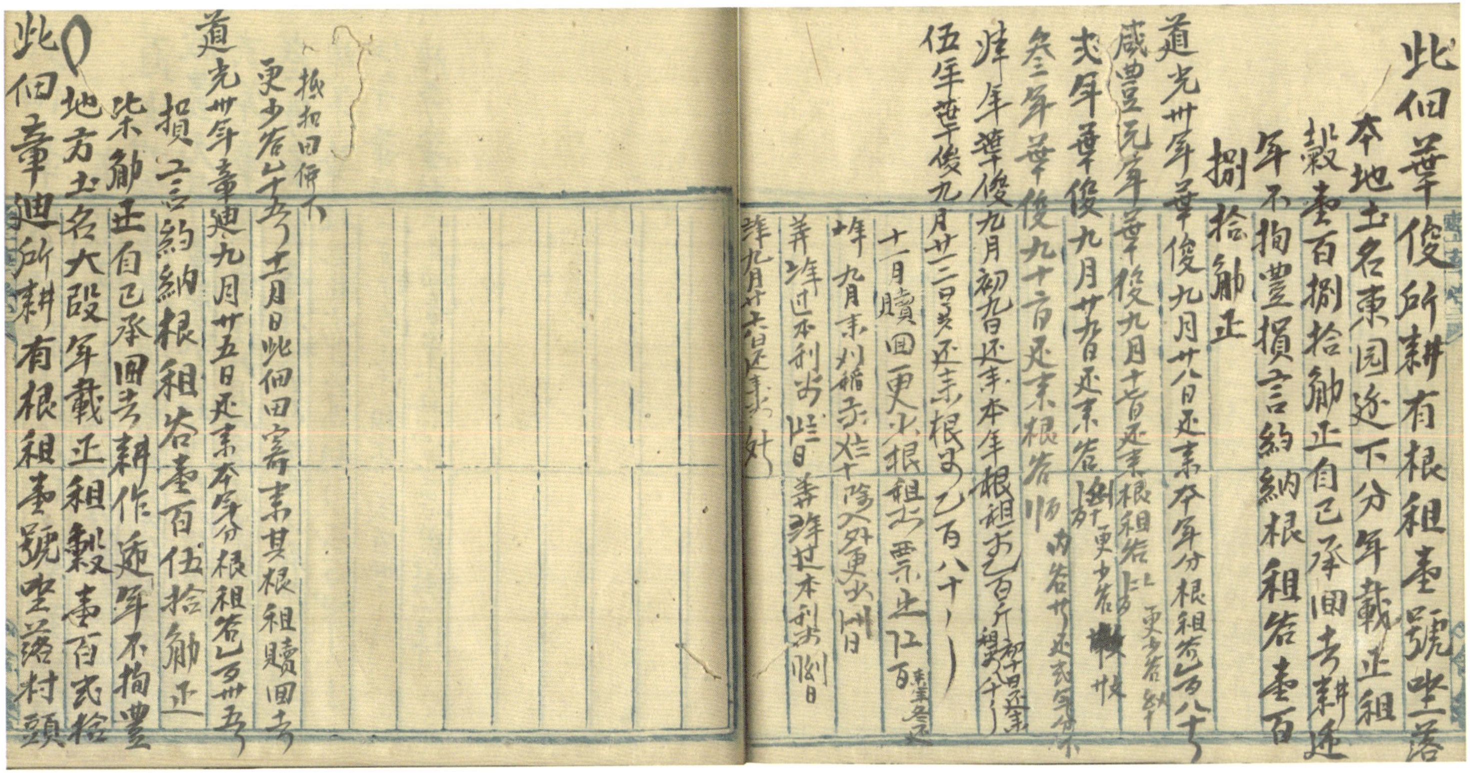
此佃華俊所耕有根租壹號坐落
本地土名東园迹下分年載正租
穀壹百捌拾觔正自己承佃去耕迹
年不掏豐損言約納根租谷壹百
捌拾觔正
道光廿年華俊九月廿八日还来本年分根租谷乙百八十斤
咸豐元年華俊九月十一日还来根租谷
弍年華俊九月廿五日还来谷
叁年華俊九十一日还来根谷
肆年華俊九月初九日还来本年根租谷乙百斤
伍年華俊九月廿三日还来根谷乙百八十斤
十一月贖回更少根租
此佃章廻所耕有根租壹號坐落村頭
地方土名大段年載正租穀壹百弍拾
柒觔正自己承佃去耕作迹年不掏豐
損言約納根租谷壹百伍拾觔正
道光廿年章廻九月廿五日还来本年分根租谷乙百卅五斤
更少谷廿五斤　十一月日此佃田寄来其根租贖回去
扣田佃不

5-2-66-53　清道光二十二年鄭氏吉房立隆園厝收田租簿（五三）

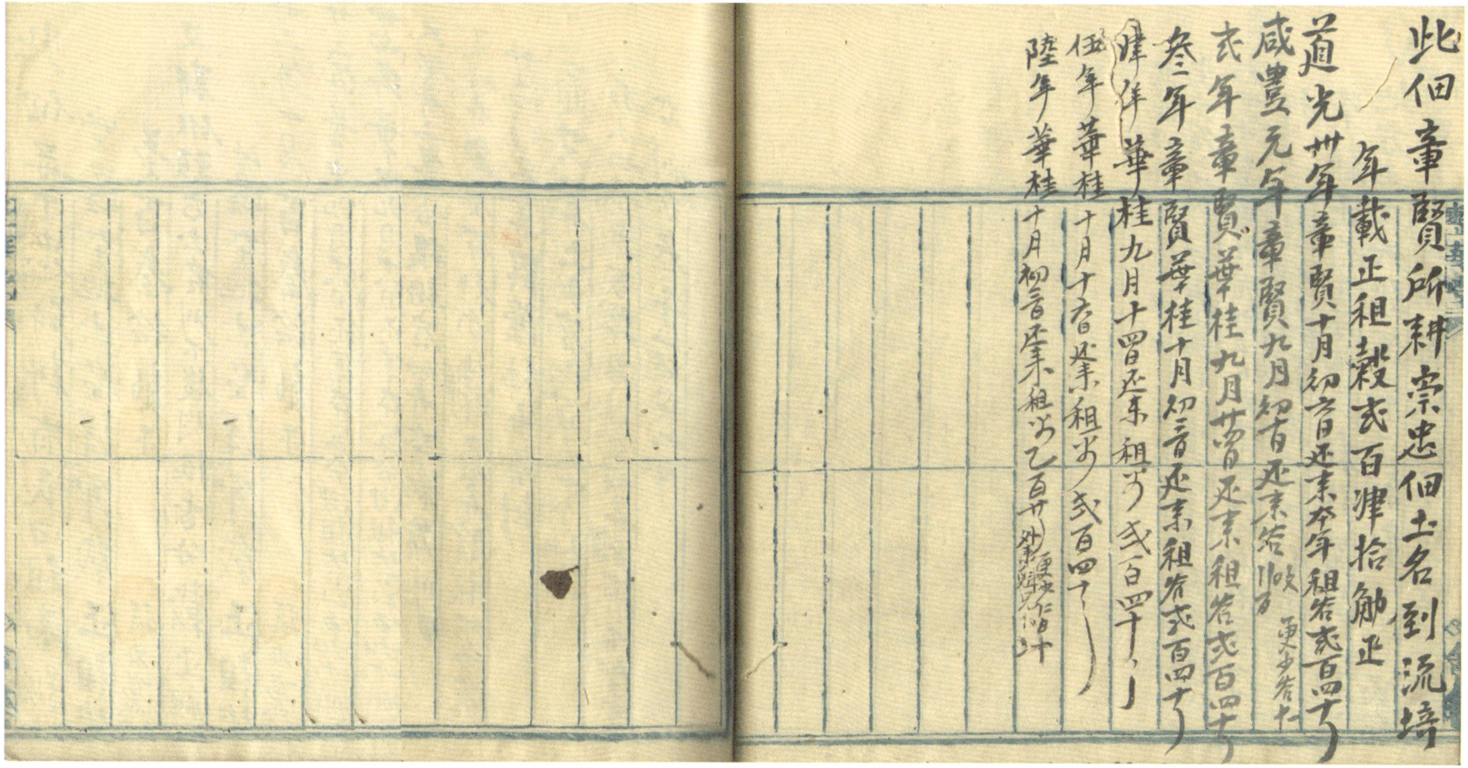
此佃章賢所耕崇忠佃土名到流培
年載正租穀弍百肆拾觔正
道光卅年章賢十月初六日还来本年租谷弍百四十斤
咸豐元年章賢九月初十日还来谷[illegible]
弍年章賢華桂九月廿六日还来租谷弍百四十斤
叁年章賢華桂十月初三日还来租谷弍百四十斤
肆年華桂九月十四日还来租谷弍百四十斤
伍年華桂十月十六日还来租谷弍百四十斤
陸年華桂十月初十日还来租谷乙百廿[illegible]

5-2-66-54　清道光二十二年鄭氏吉房立隆園厝收田租簿（五四）

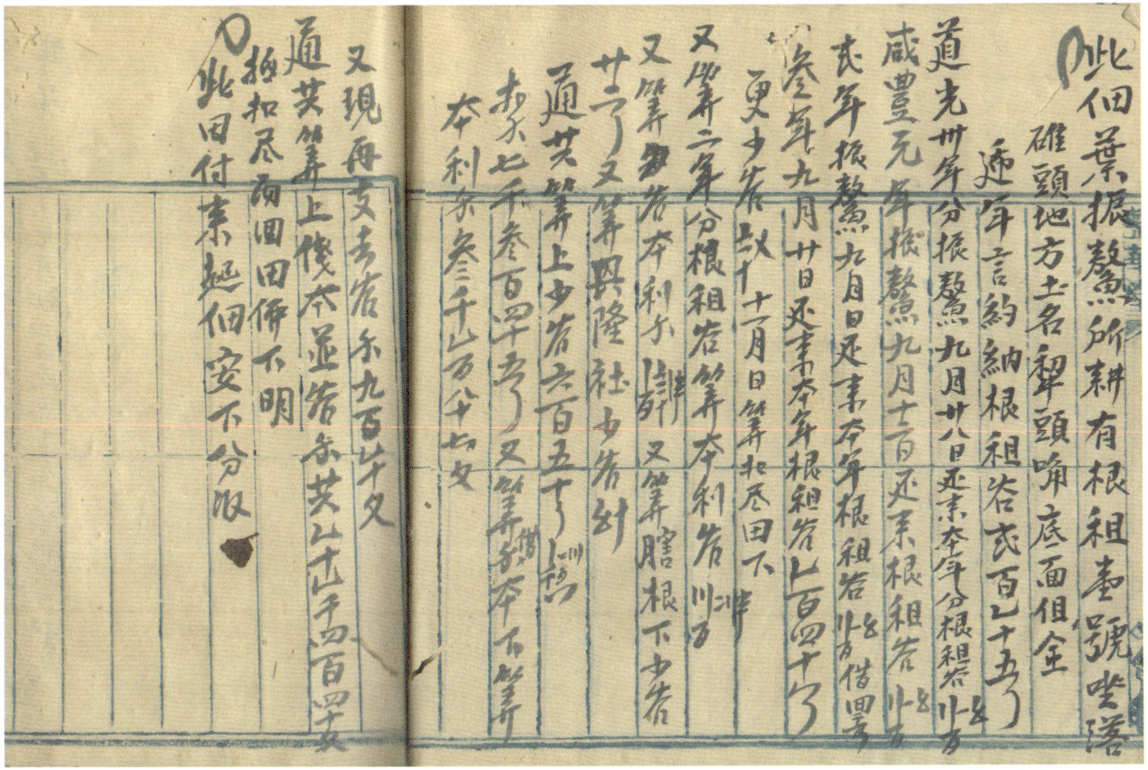

此佃葉振鰲所耕有根租壹號坐落
碓頭地方土名碑頭喃底面佃仝
逐年言約納根租谷弍百[illegible]
道光卅年分振鰲九月廿八日还来本年分根租谷[illegible]
咸豐元年振鰲九月十二日还来根租谷[illegible]
弍年振鰲九月日还来本年根租谷[illegible]借[illegible]
叁年九月廿日还来本年根租谷[illegible]
[illegible]谷以十一月日算扣尽田下[illegible]
又算二年分根租谷算本利谷[illegible]
又算[illegible]谷本利[illegible]又算瞎根下[illegible]谷
廿[illegible]又算與隆社[illegible]谷[illegible]
通共算上[illegible]谷[illegible]百五十[illegible]
[illegible]七千叁百[illegible]又算[illegible]本下[illegible]算
本利谷叁千[illegible]
又現再交去谷[illegible]九百[illegible]
通共算上[illegible]本[illegible]谷[illegible]
扣和尽兩佃田價不明
此田付来[illegible]佃安不分[illegible]

5-2-66-55　清道光二十二年鄭氏吉房立隆園厝收田租簿（五五）

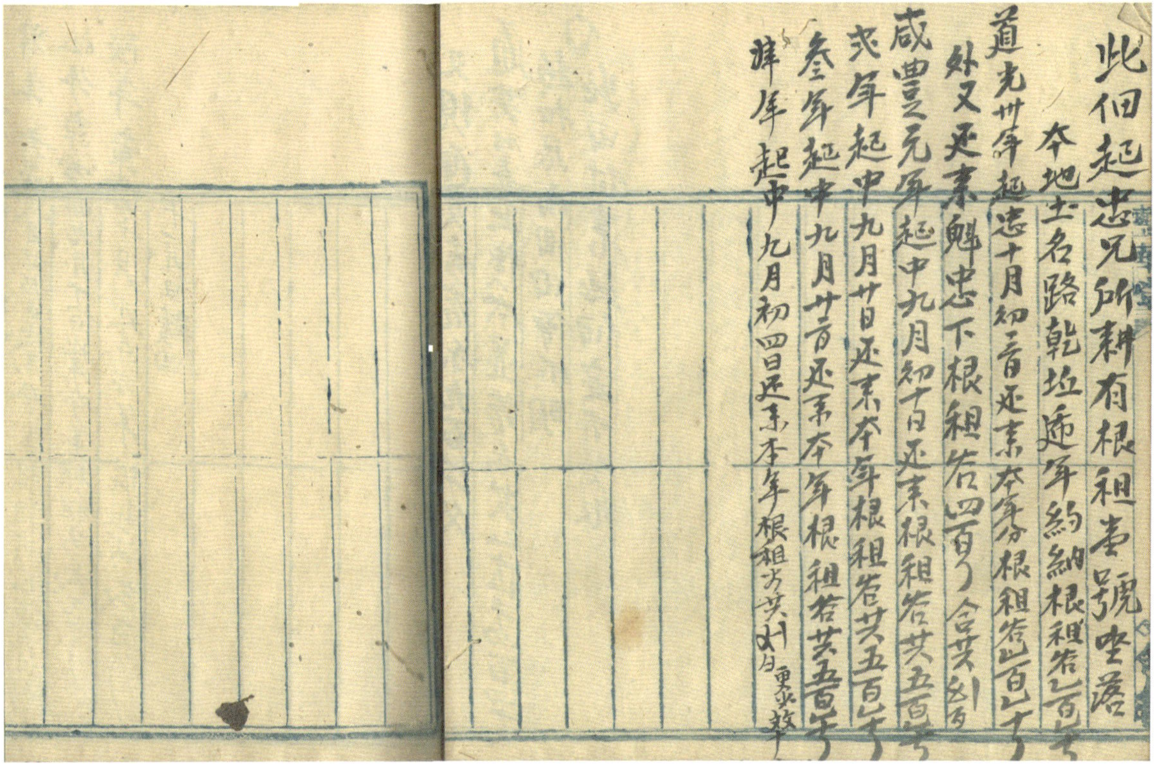
此佃起忠兄所耕有根租壹號坐落
本地土名路乾垅迹年約納根租谷[illegible]
道光廿年起忠十月初[illegible]日还来本年分根租谷[illegible]
外又还来鲫忠下根租谷四百[illegible]合共[illegible]
咸豐元年起中九月初十日还来根租谷共五百[illegible]
弍年起中九月廿[illegible]日还来本年根租谷共五百[illegible]
叁年起中九月廿[illegible]日还来本年根租谷共五百[illegible]
肆年起中九月初四日还来本年根租谷[illegible]

5-2-66-56　清道光二十二年鄭氏吉房立隆園厝收田租簿（五六）

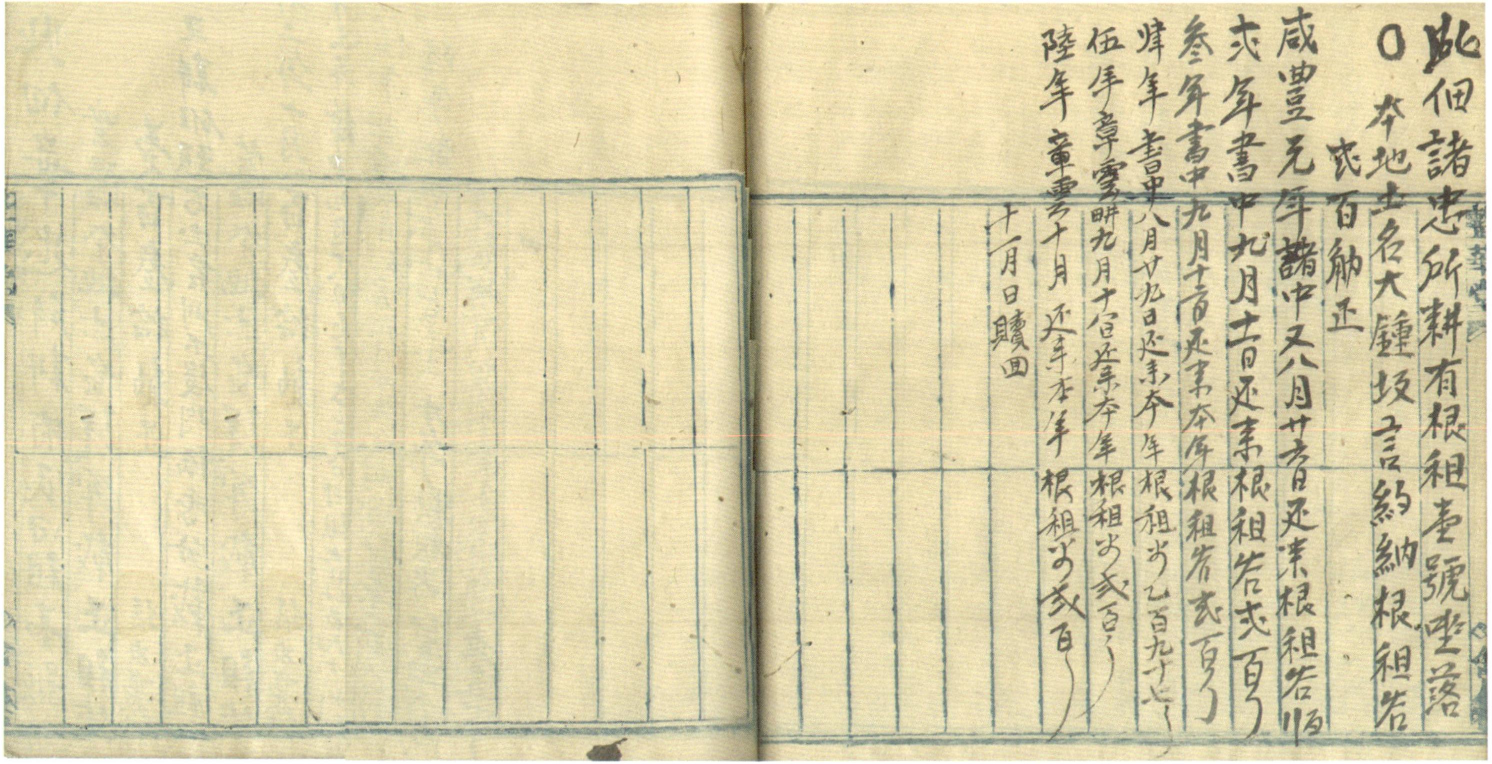
此佃諸忠所耕有根租壹號坐落
本地土名大鐘坂言約納根租谷
貳百觔正
咸豐元年諸中又八月廿三日还來根租谷[illegible]
弍年書中九月十三日还來根租谷弍百[illegible]
叁年書中九月十二日还來本年根租谷貳百[illegible]
肆年書中八月廿九日还來本年根租谷乙百九十[illegible]
伍年章雲中九月十一日还來本年根租谷貳百[illegible]
陸年章雲中十月还來本年根租谷貳百
十一月日贖回

5-2-66-57　清道光二十二年鄭氏吉房立隆園厝收田租簿（五七）

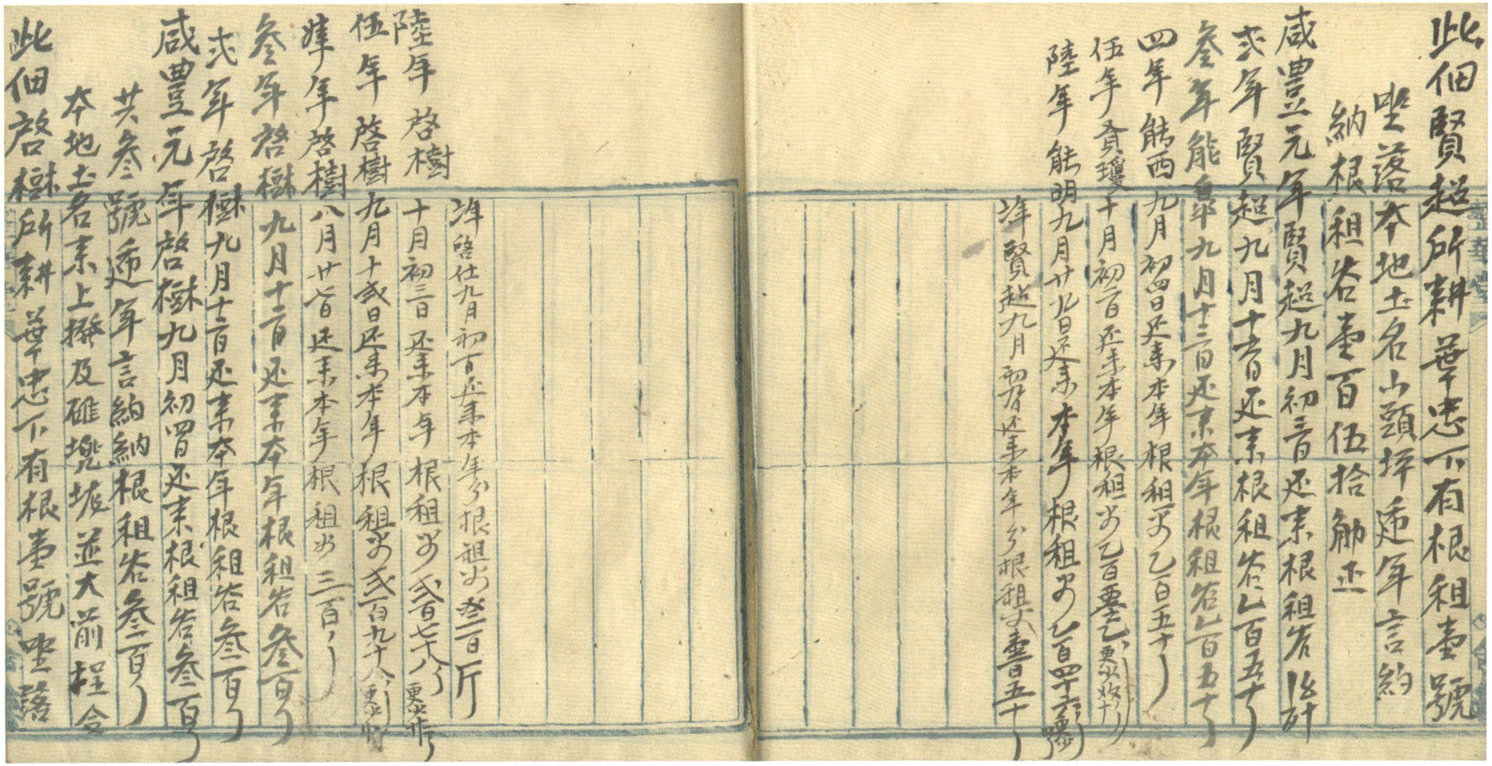
此佃賢超所耕草漈下有根租壹號
坐落本地土名山頭坪逐年言約
納根租谷壹百伍拾觔正
咸豐元年賢超九月初貳日還来根租谷[illegible]斤
貳年賢超九月十貳日還来根租谷乙百五十斤
叁年能魯九月十三日還来本年根租谷乙百五十斤
四年能西九月初四日還来本年根租谷乙百五十斤
伍年貴瓊十月初貳日還来本年根租谷乙百[illegible]（更欠[illegible]）
陸年能明九月廿九日還来本年根租谷乙百[illegible]
柒年賢超九月初[illegible]日還来本年分根租谷壹百五十斤

此佃啓樹所耕草漈下有根壹號坐落
本地土名素上擬及碓壋垅並大前程會
共叁號逐年言約納根租谷叁百斤
咸豐元年啓樹九月初四日還来根租谷叁百斤
貳年啓樹九月十[illegible]日還来本年根租谷叁百斤
叁年啓樹九月十[illegible]日還来本年根租谷叁百斤
肆年啓樹八月廿[illegible]日還来本年根租谷三百斤
伍年啓樹九月十貳日還来本年根租谷貳百九十八斤（更欠[illegible]）
陸年啓樹十月初三日還来本年根租谷貳百七十八斤（更欠[illegible]）
柒年啓仕九月初[illegible]日還来本年分根租谷叁百斤

5-2-66-58　清道光二十二年鄭氏吉房立隆園厝收田租簿（五八）

此佃賢超所耕華㘵下有根租壹號
坐落本地土名山頭坪逓年言約
納根租谷壹百伍拾觔正
咸豐元年賢超九月初二日還来根租谷[illegible]斤
弍年賢超九月十三日還来根租谷乙百五十斤
叁年能自卑九月十三日還来本年根租谷乙百五十斤
四年能西九月初四日還来本年根租谷乙百五十斤
伍年貴瓊十月初二日還来本年根租谷乙百四十[illegible]斤　更收[illegible]斤
陸年能明九月廿九日還来本年根租谷乙百四十[illegible]
洋賢超九月初二日還来本年分根租谷壹百五十斤

此佃啓樹所耕華㘵下有根租壹號坐落
本地土名素上排及碓墘坵並大前程仝
共叁號逓年言約納根租谷叁百斤
咸豐元年啓樹九月初四日還来根租谷叁百斤
弍年啓樹九月十一日還来本年根租谷叁百斤
叁年啓樹九月十一日還来本年根租谷叁百斤
肆年啓樹八月廿一日還来本年根租谷三百斤
伍年啓樹九月十二日還来本年根租谷二百九十八斤　更收[illegible]斤
陸年啓樹十月初三日還来本年根租谷二百七十八斤　更收[illegible]斤
洋啓仕九月初二日還来本年分根租谷三百斤

5-2-66-59　清道光二十二年鄭氏吉房立隆園厝收田租簿（五九）

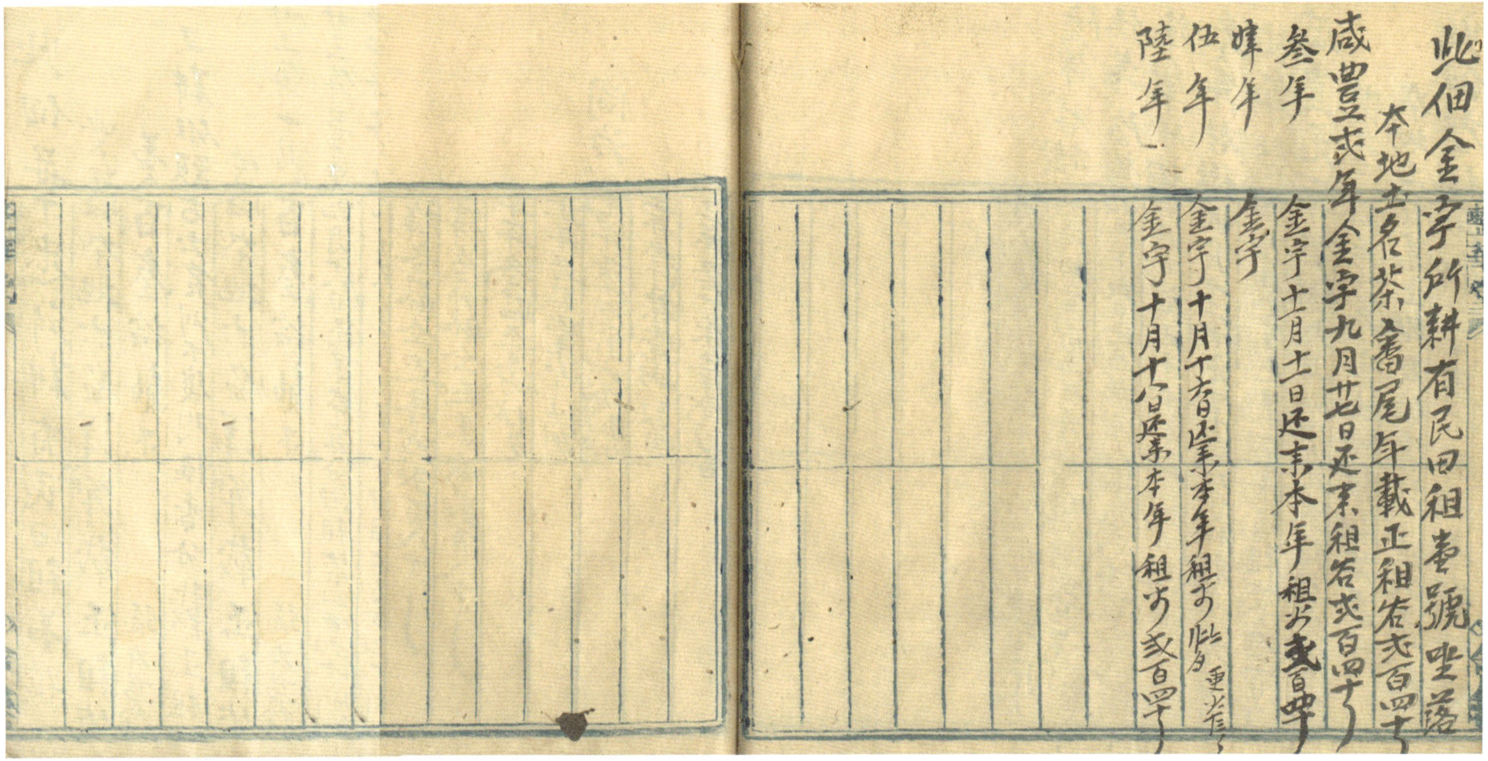

此佃金字所耕有民田租壹號坐落
本地土名茶畲尾，年載正租谷弍百四十斤
咸豐弍年，金字九月廿日還來租谷弍百四十斤
叁年，金字十一月十一日還來本年租谷弍百四十斤
肆年，金字
伍年，金字十月十八日還來本年租谷叭斤　重差
陸年，金字十月十八日還來本年租谷弍百四十斤

5-2-66-60　清道光二十二年鄭氏吉房立隆園厝收田租簿（六〇）

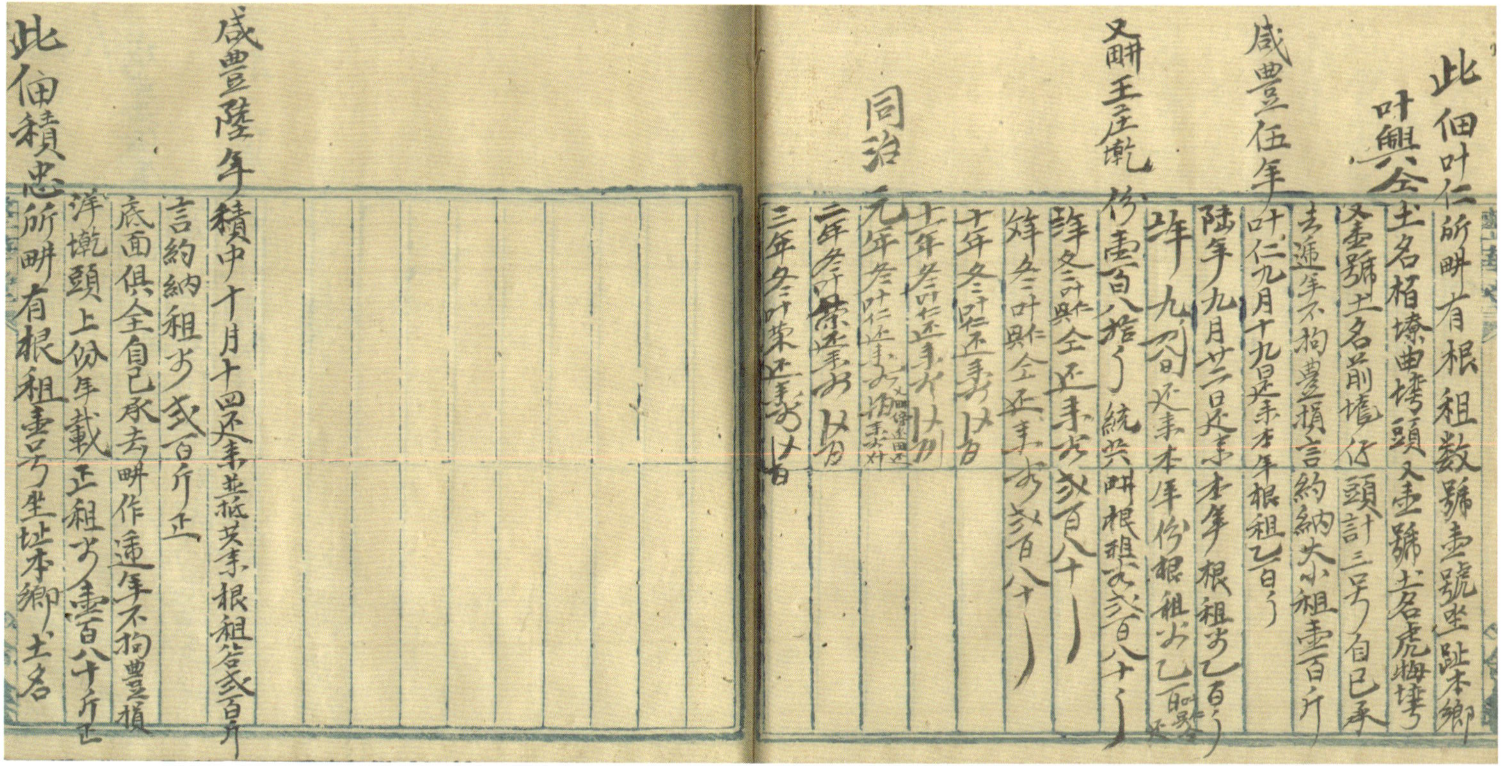

5-2-66-61　清道光二十二年鄭氏吉房立隆園厝收田租簿（六一）

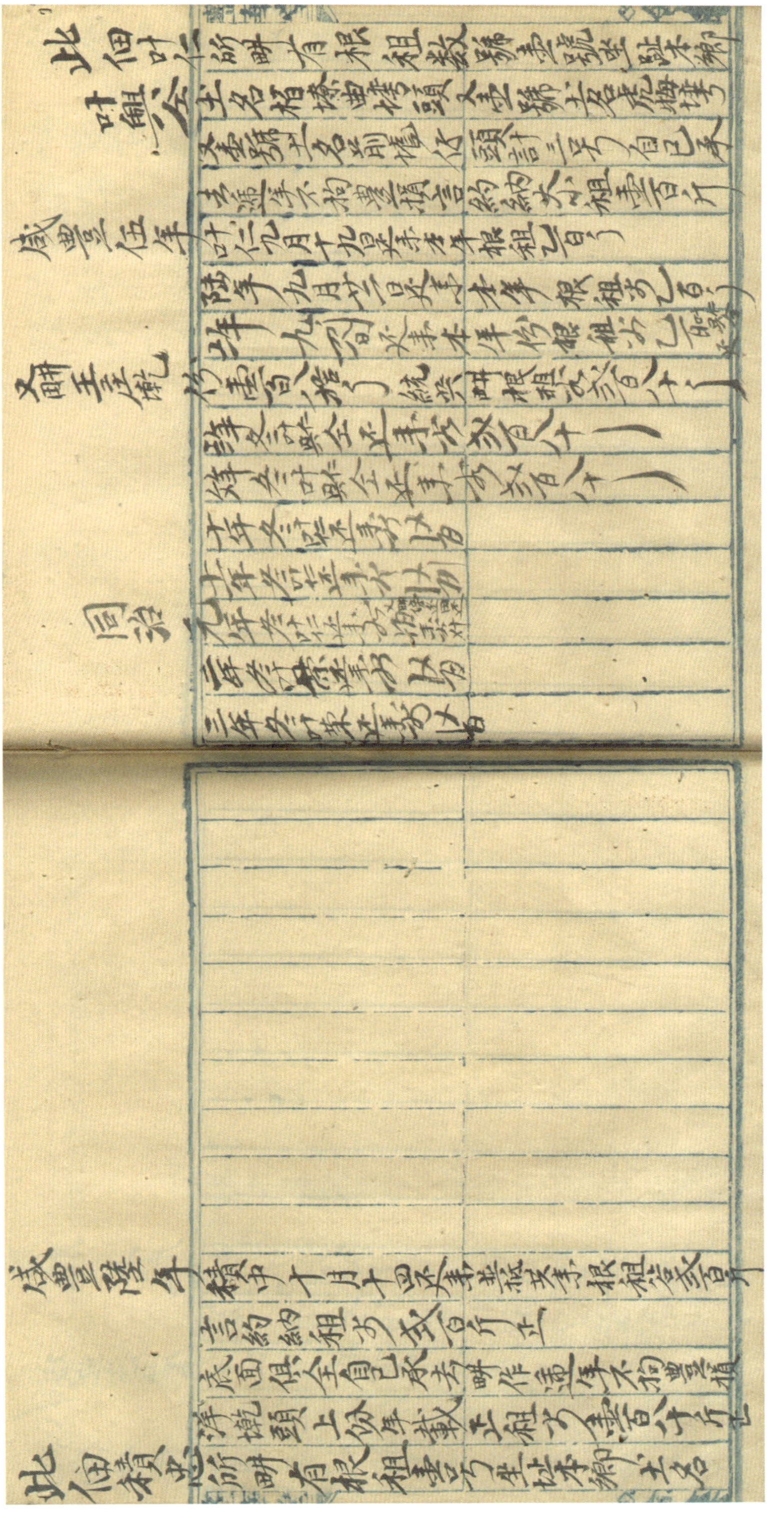

此佃叶仁所耕有根租數壹號坐址本鄉
叶興全 土名梧𫿀曲墘頭又壹號土名虎梅墘
又壹號土名前墟仔頭計三号自己承
去遞年不拘豐歉言約納大小租壹百斤
咸豐伍年叶仁九月十九日还來本年根租乙百
陸年九月廿二日还來本年根租斤乙百
柒年九月初日还來本年份根租斤乙百
又耕王壬乾份壹百八拾斤 統共耕根租斤叁百八十斤
捌年冬叶興全还來斤叁百八十斤
玖年冬叶興全还來斤叁百八十斤
十年冬叶興还來斤以旹
十一年冬叶仁还來斤以別
同治元年冬叶仁还來斤
二年冬叶棠还來斤以旹
三年冬叶棠还來斤以旹

咸豐陸年積中十月十四日还來並蔴芙來根租斤弍百斤
言約納租斤弍百斤正
底面俱全自己承去耕作遞年不拘豐歉
洋墘頭上份年載正租斤壹百八十斤正
此佃積忠所耕有根租壹号坐址本鄉土名

5-2-66-62　清道光二十二年鄭氏吉房立隆園厝收田租簿（六二）

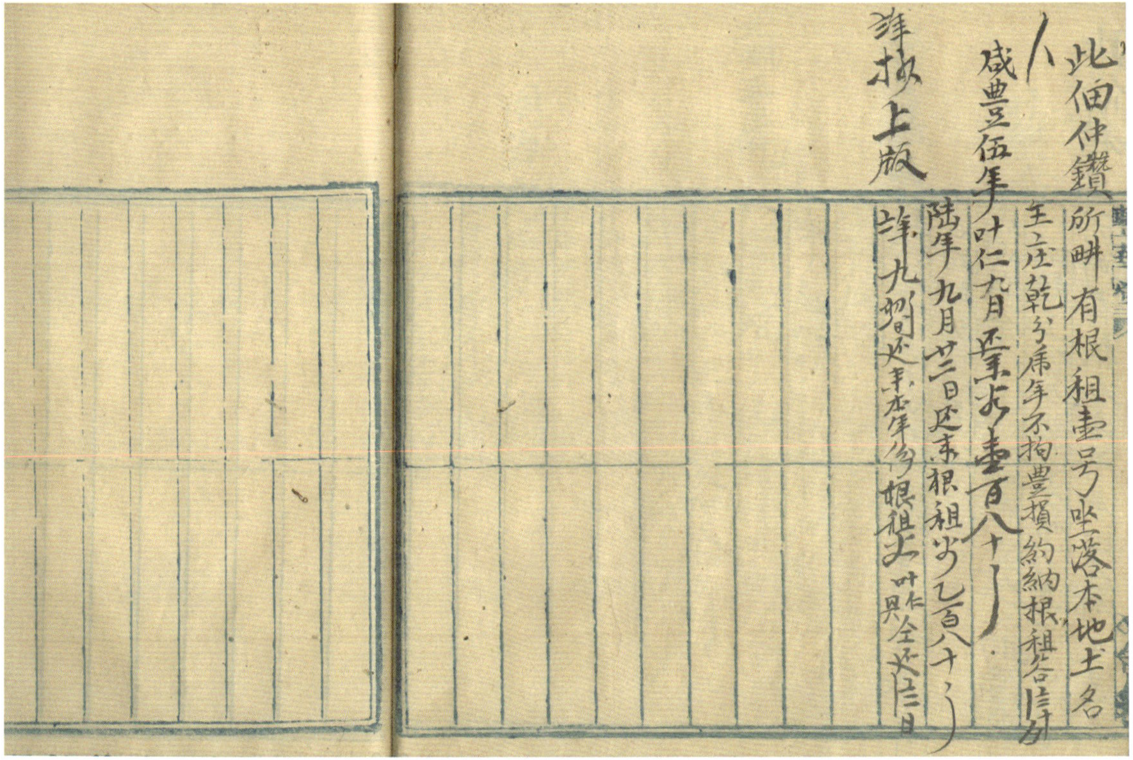

5-2-66-63　清道光二十二年鄭氏吉房立隆園厝收田租簿（六三）

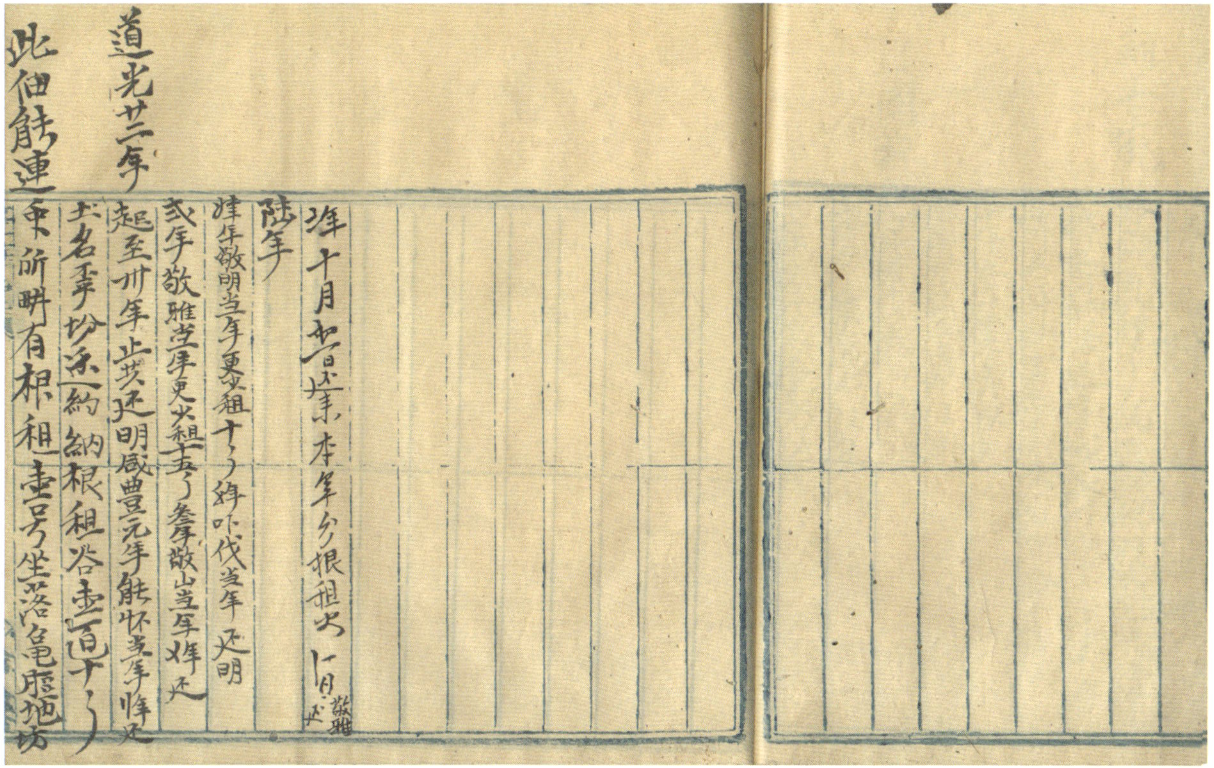
此佃能連秉所明有根租壹号坐落亀瘂拖坊
土名□□年坋遞納納根租谷壹百十斤
道光廿二年
起至卅年止共还明咸豐元年能怀当年悻还
贰年敬雅当年更出租十五斤叁年敬山当年悻还
肆年敬明当年更出租十斤悻吓伐当年还明
伍年十月廿日收谷本年分根租六斤 一月还 敬雅
陸年

5-2-66-64　清道光二十二年鄭氏吉房立隆園厝收田租簿（六四）

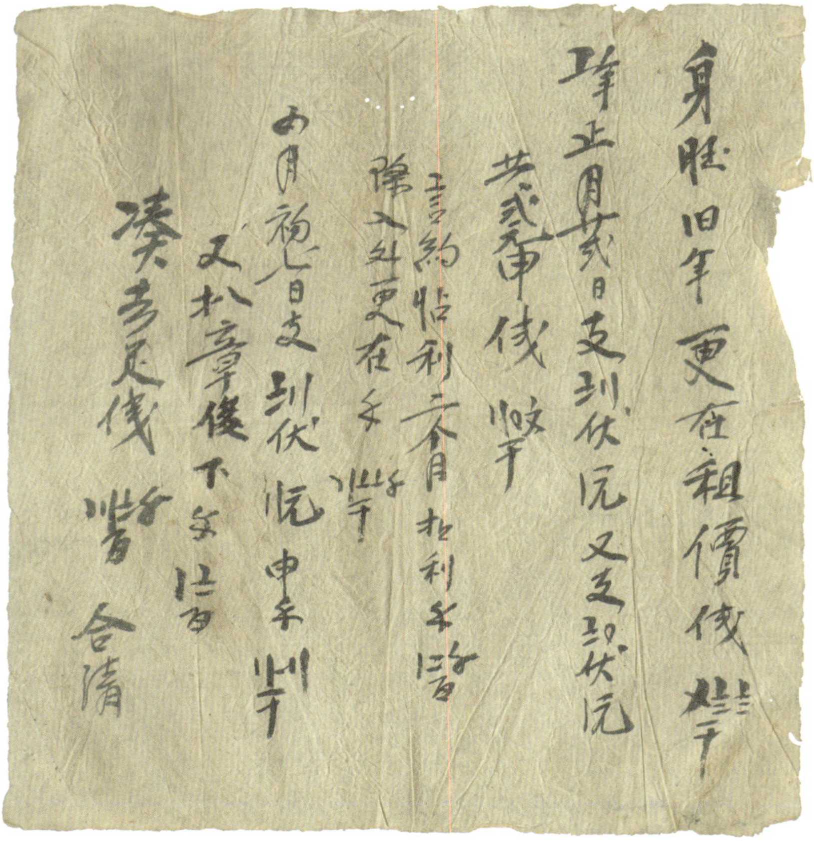

身賬旧年更在租價錢
首年正月廿貳日支到伏沅 又支到伏沅
共貳年錢
言約恬利二个月 扣利錢
除入外更在錢
六月初七日支到伏沅 中錢
又扒會後下錢
湊去足錢
合清

5-2-66-65　清道光二十二年鄭氏吉房立隆園厝收田租簿（夾葉一）

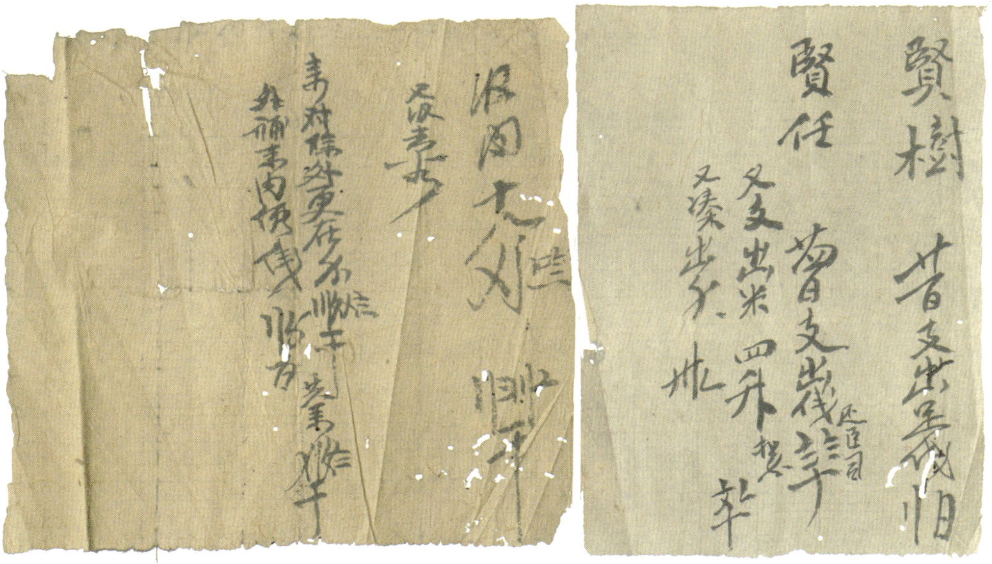

5-2-66-66　清道光二十二年鄭氏吉房立隆園厝收田租簿（夾葉二）

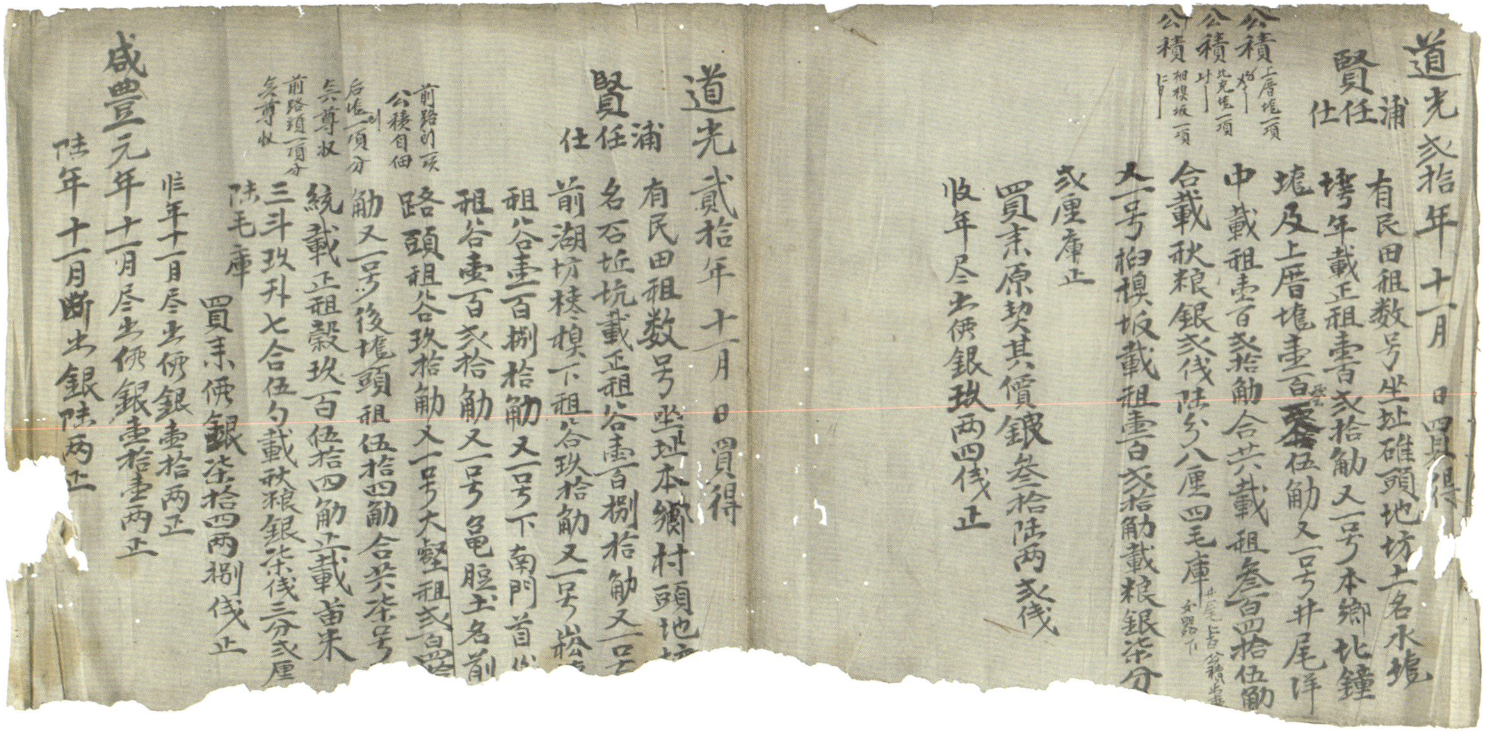
道光贰拾年十一月　日買得
賢仕任浦
有民田租数号坐址碓頭地坊土名水塅
㙮年載正租壹百贰拾觔又一号本鄉北鍾
塅及上厝塅壹百叁拾伍觔又一号井尾洋
中載租壹百贰拾觔合共載租叁百四拾伍觔
合載秋粮銀贰伐陆分八厘四毛庫
又一号柏樸坂載租壹百贰拾觔載粮銀柒分
贰厘庫正
買来原契其價銀叁拾陆两贰伐
收年尽出価銀玖两四伐正
公積上厝塅一項
公積北充塅一項
公積柏樸坂一項

道光贰拾年十一月　日買得
賢仕任浦
有民田租数号坐址本鄉村頭地
名石垅坑載正租谷壹百捌拾觔又一号
前湖坊棲樸下租谷玖拾觔又一号
租谷壹百捌拾觔又一号下南門首
租谷壹百贰拾觔又一号龟脰土名前
路頭租谷玖拾觔又一号大壑租贰百
觔又一号後塅頭租伍拾四觔合共柒号
統載正租穀玖百伍拾四觔正載苗米
三斗玖升七合伍勺載秋粮銀柒伐三分贰厘
陆毛庫
買来価銀柒拾四两捌伐正
前路頭一項公積自佃
后塅一項分與尊收
前路頭一項分與尊收
非年十一月尽出価銀壹拾两正
咸豐元年十一月尽出価銀壹拾壹两正
陆年十一月断出銀陆两正

5-2-66-67　清道光二十二年鄭氏吉房立隆園厝收田租簿（夾葉三）

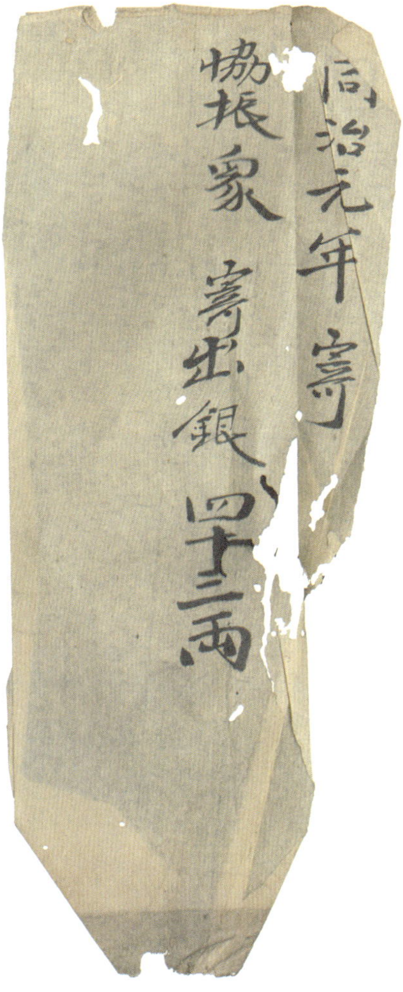
同治元年寄
協振象 寄出銀四十三兩

5-2-66-68　清道光二十二年鄭氏吉房立隆園厝收田租簿（夾葉四）

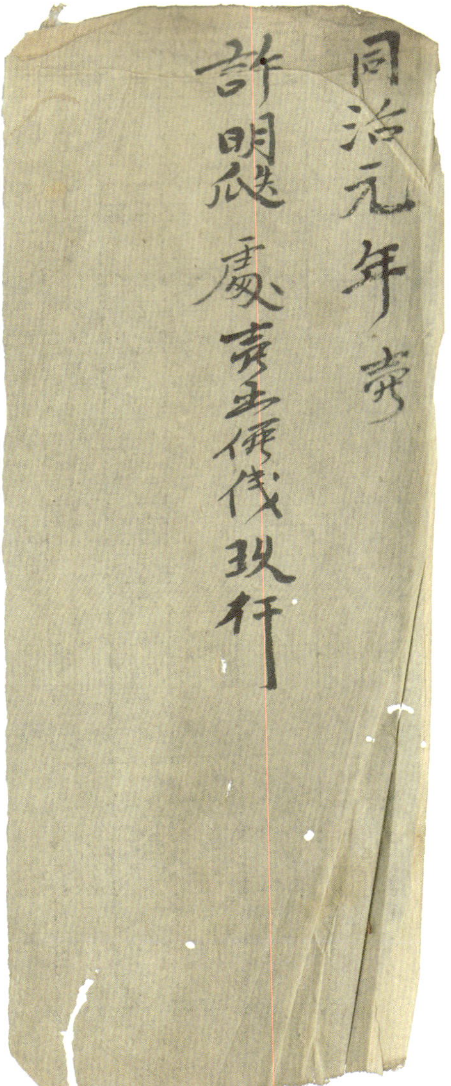

5-2-66-69　清道光二十二年鄭氏吉房立隆園厝收田租簿（夾葉五）

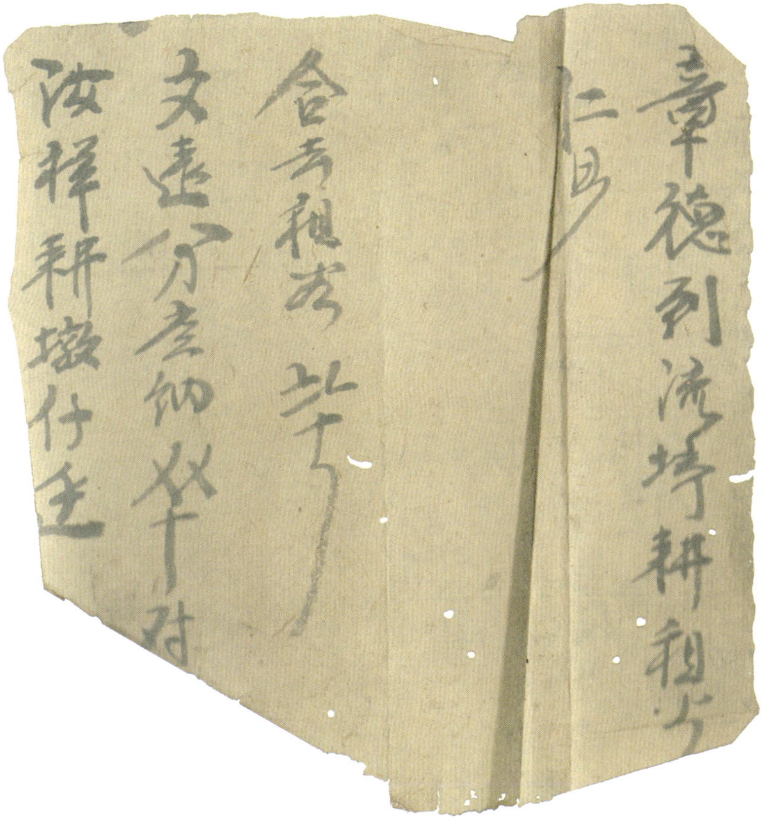
章德列流埒耕租
仁旦
合吉租谷
文遠
汝祥耕墩什丘

5-2-66-70　清道光二十二年鄭氏吉房立隆園厝收田租簿（夾葉六）

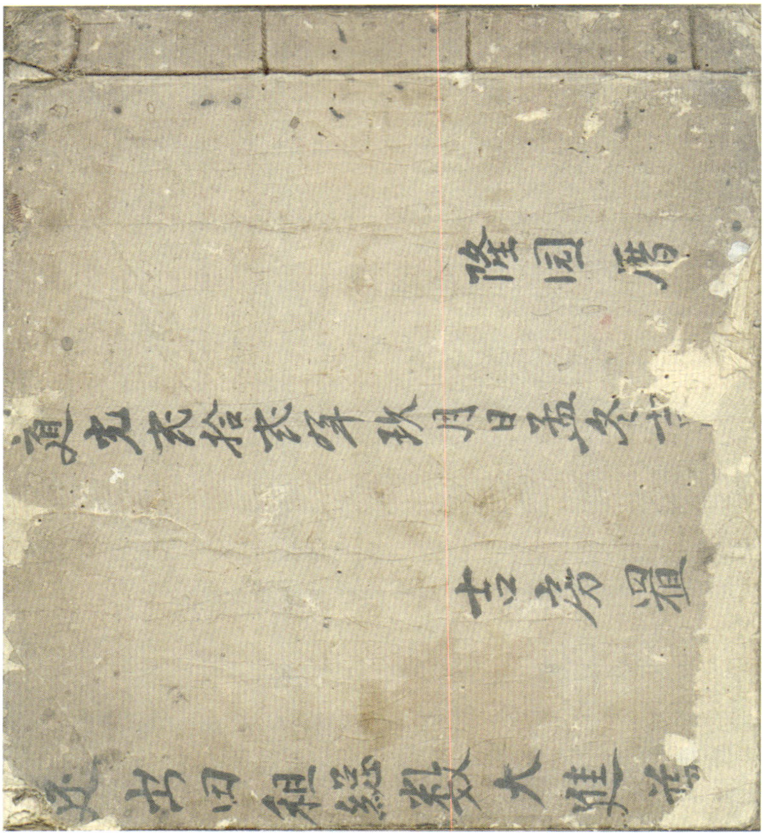

5-2-67-1　清道光二十二年鄭氏吉房立隆園厝還出田租簿（一）

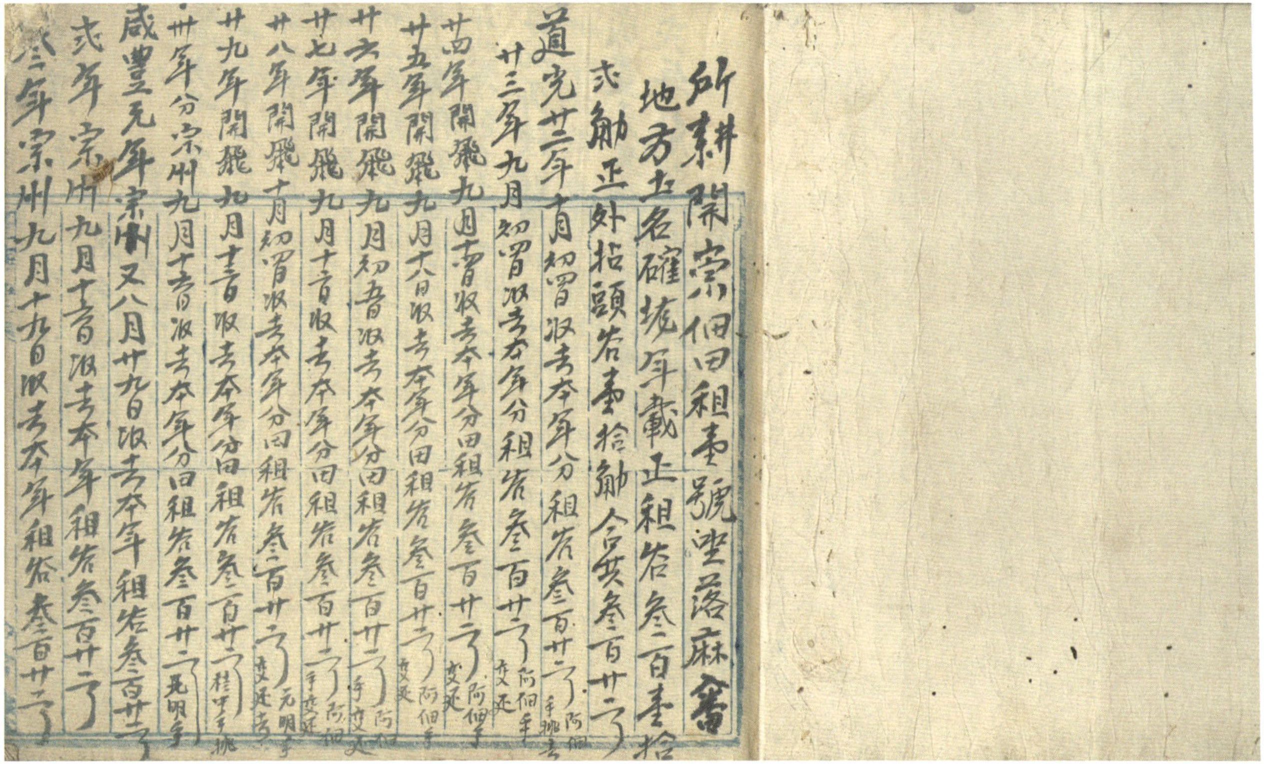

所耕閑宗佃田租壹號坐落麻畬
地方土名碓垅年載正租谷叁百壹拾
弍觔正外拈頭谷壹拾觔合共叁百廿二了
道光廿二年十月初四日收去本年分租谷叁百廿二了 阿佃手挑去
廿三年九月初四日收去本年分租谷叁百廿二了 阿佃手 交延
廿四年閑飛九月十四日收去本年分田租谷叁百廿二了 阿佃手 交延
廿五年閑飛九月十八日收去本年分田租谷叁百廿二了 阿佃手 交延
廿六年閑飛九月初五日收去本年分田租谷叁百廿二了 阿佃手 交延
廿七年閑飛九月十一日收去本年分田租谷叁百廿二了 阿佃手交延
廿八年閑飛十月初四日收去本年分田租谷叁百廿二了 元明手 交延去
廿九年閑飛九月十五日收去本年分田租谷叁百廿二了 桂生手挑
卅年分宗州九月十四日收去本年分田租谷叁百廿二了 元明手
咸豐元年宗州又八月廿九日收去本年租谷叁百廿二了
弍年宗州九月十四日收去本年租谷叁百廿二了
叁年宗州九月十九日收去本年租谷叁百廿二了

5-2-67-2　清道光二十二年鄭氏吉房立隆園厝還出田租簿（二）

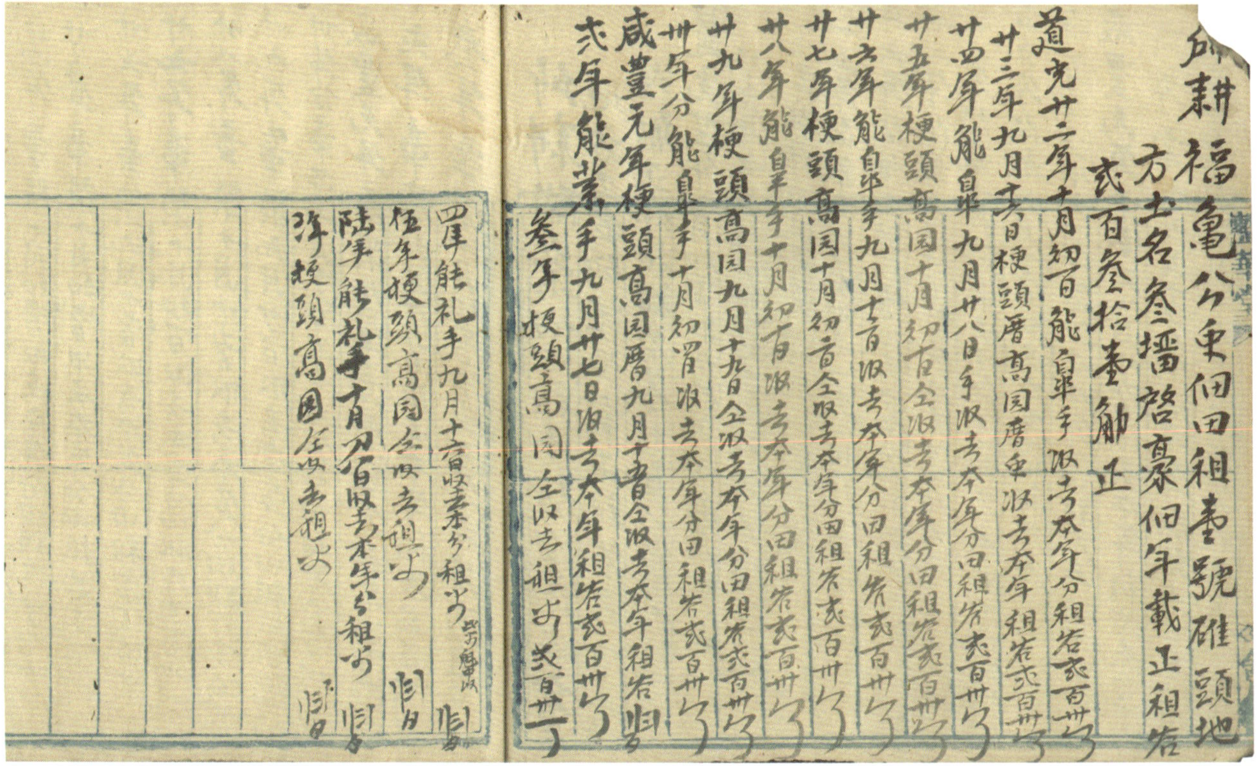
所耕福龜公東佃田租壹號雁頭地
方士名叁播啓豪佃年載正租谷
貳百叁拾壹觔正
道光廿二年十月初一日能自畢手收去本年分租谷貳百卅乙
廿三年九月十六日梗頭厝高园厝東收去本年租谷貳百卅乙
廿四年能自畢九月廿八日手收去本年分田租谷貳百卅乙
廿五年梗頭高园十月初一日全收去本年分田租谷貳百卅乙
廿六年能自畢手九月十一日收去本年分田租谷貳百卅乙
廿七年梗頭高园十月初一日全收去本年分田租谷貳百卅乙
廿八年能自畢手十月初一日收去本年分田租谷貳百卅乙
廿九年梗頭高园九月十九日全收去本年分田租谷貳百卅乙
卅年分能自畢手十月初四日收去本年分田租谷貳百卅乙
咸豐元年梗頭高园厝九月十一日全收去本年租谷
貳年能業手九月廿七日收去本年租谷貳百卅乙
叁年梗頭高园全收去租卅乙 貳百卅一
四年能礼手九月十一日收去本年分租卅乙
伍年梗頭高园全收去租卅乙
陸年能礼手十月初一日收去本年分租卅乙
柒年梗頭高园全收去租卅乙

5-2-67-3　清道光二十二年鄭氏吉房立隆園厝還出田租簿（三）

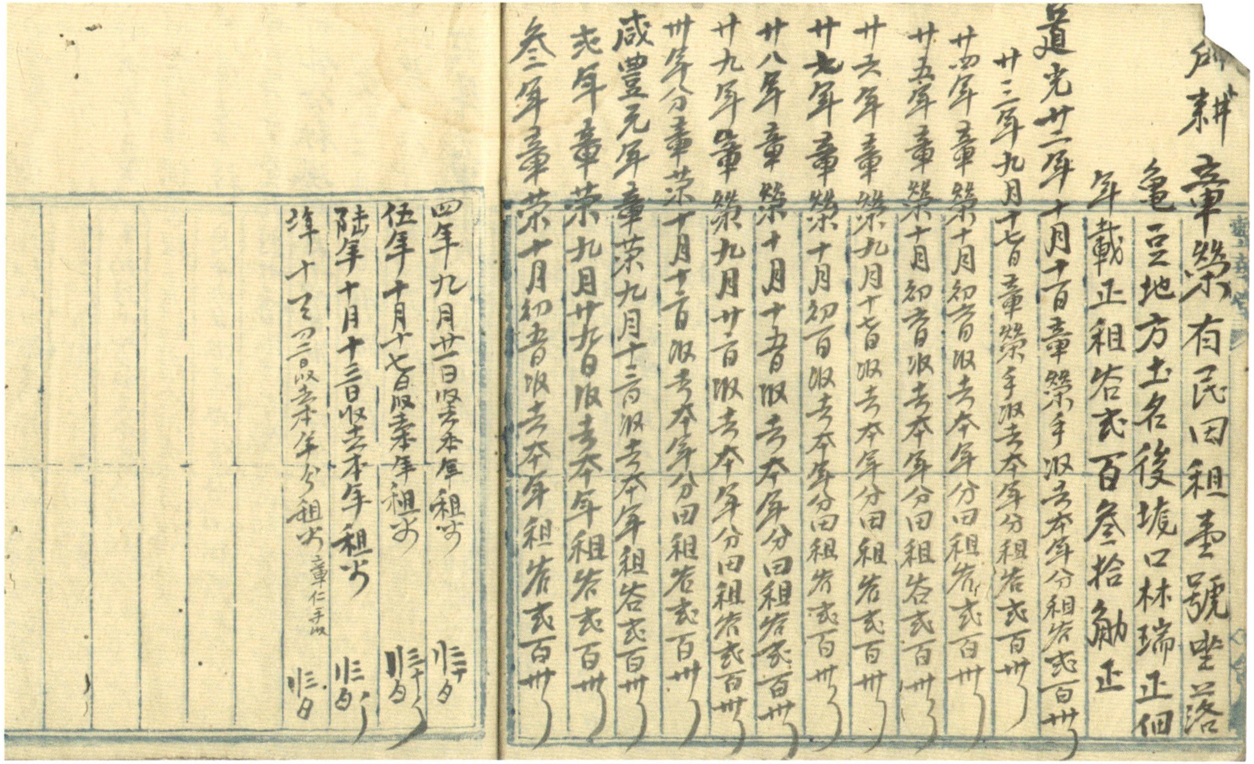

5-2-67-4　清道光二十二年鄭氏吉房立隆園厝還出田租簿（四）

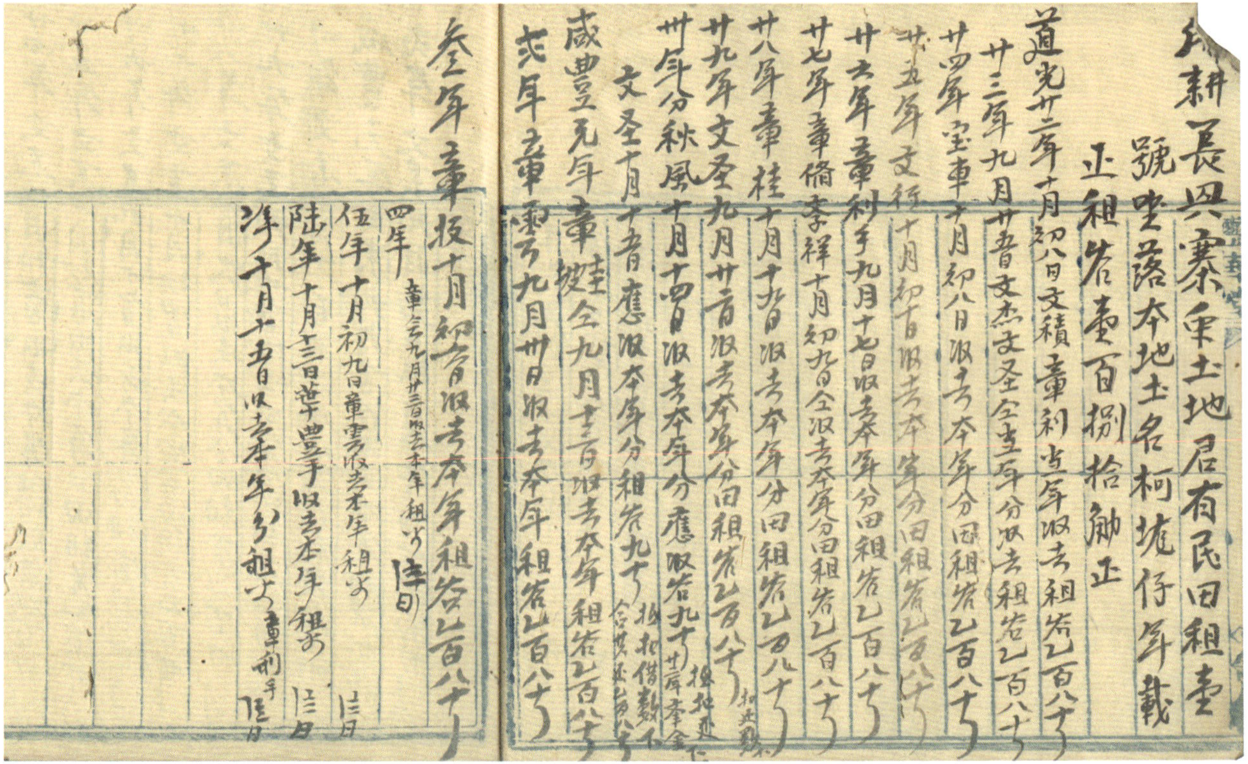

5-2-67-5　清道光二十二年鄭氏吉房立隆園厝還出田租簿（五）

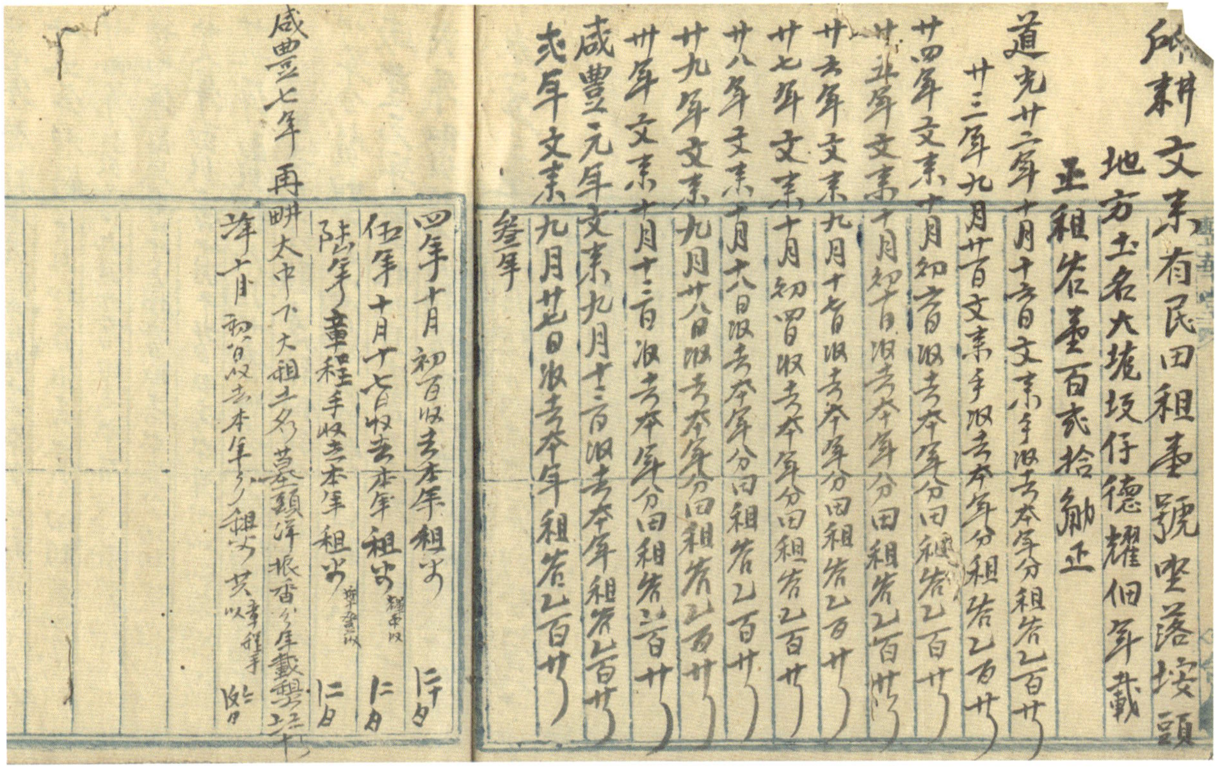

所耕文秉有民田租壹號，坐落坟頭
地方土名大垅坟仔德耀佃耕載
正租谷壹百弍拾觔正
道光廿二年十月十二日文秉手收去本年分租谷乙百廿斤
廿三年九月廿四日文秉手收去本年分租谷乙百廿斤
廿四年文秉十月初八日收去本年分田租谷乙百廿斤
廿五年文秉十月初十日收去本年分田租谷乙百廿斤
廿六年文秉九月十二日收去本年分田租谷乙百廿斤
廿七年文秉十月初四日收去本年分田租谷乙百廿斤
廿八年文秉十月十六日收去本年分田租谷乙百廿斤
廿九年文秉九月廿八日收去本年分田租谷乙百廿斤
卅年文秉十月十二日收去本年分田租谷乙百廿斤
咸豐元年文秉九月十二日收去本年租谷乙百廿斤
弍年文秉九月廿二日收去本年租谷乙百廿斤
叁年
四年十月初四日收去本年租谷[illegible]　仁日
伍年十月十七日收去本年租谷[illegible]　仁日
陸年重程手收去本年租谷[illegible]　仁日
咸豐七年再畊太中下大租[illegible]墓頭洋[illegible]
洋[illegible]初[illegible]收去本年[illegible]租谷[illegible]

5-2-67-6　清道光二十二年鄭氏吉房立隆園厝還出田租簿（六）

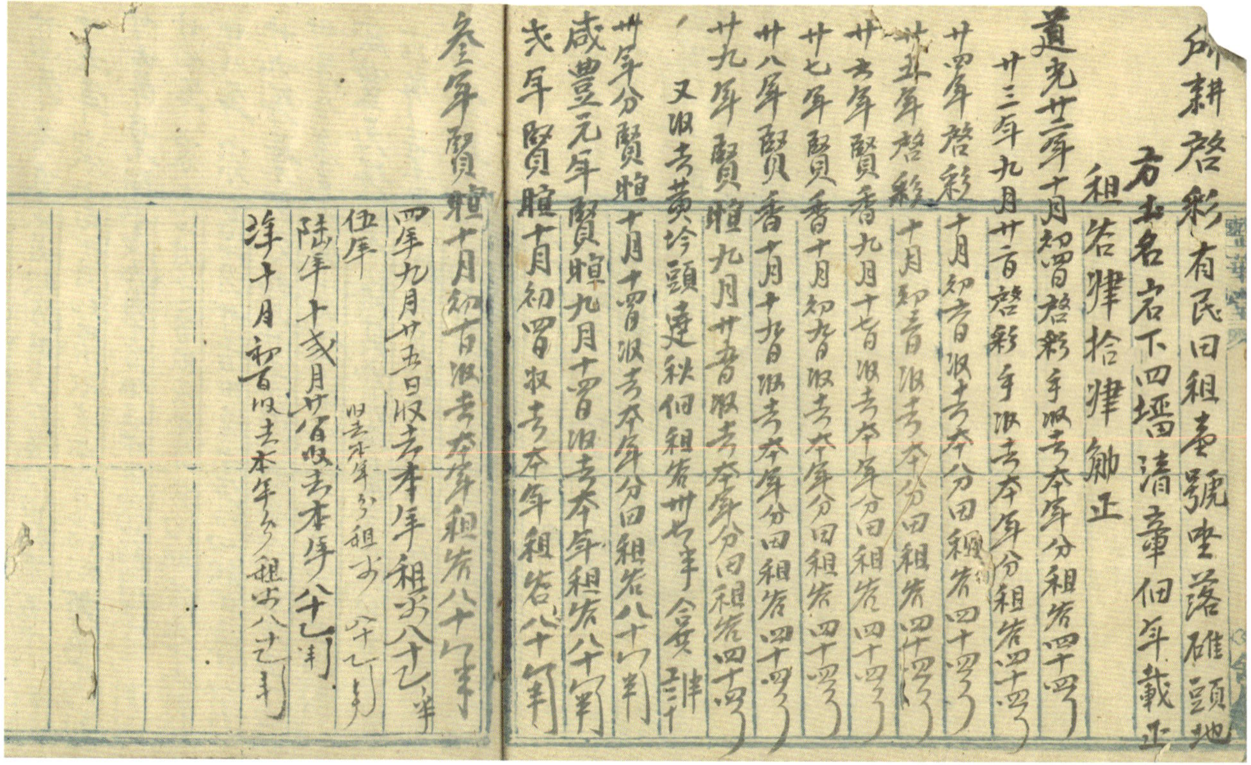

所耕啓彩有民田租壹號坐落碓頭地
方土名岩下四墙清章佃年載正
租谷肆拾肆觔正
道光廿二年十月初四日啓彩手收去本年分租谷四十四
廿三年九月廿一日啓彩手收去本年分租谷四十四
廿四年啓彩十月初六日收去本分田租谷四十四
廿五年啓彩十月初六日收去本分田租谷四十四
廿六年賢香九月十一日收去本年分田租谷四十四
廿七年賢香十月初九日收去本年分田租谷四十四
廿八年賢香十月十七日收去本年分田租谷四十四
廿九年賢賥九月廿八日收去本年分田租谷四十四
又收去黃珍頭連秋佃租谷卅七斤合共
卅年分賢賥十月十四日收去本年分田租谷八十八斤
咸豐元年賢賥九月十四日收去本年租谷八十八斤
弍年賢賥十月初四日收去本年租谷八十八斤
叁年賢賥十月初十日收去本年租谷八十八斤
四年九月廿五日收去本年租谷八十八斤半
伍年 旧去本年分租谷八十八斤
陸年十弍月廿八日收去本年租谷八十八斤
柒年十月初十日收去本年分租谷八十八斤

5-2-67-7　清道光二十二年鄭氏吉房立隆園厝還出田租簿（七）

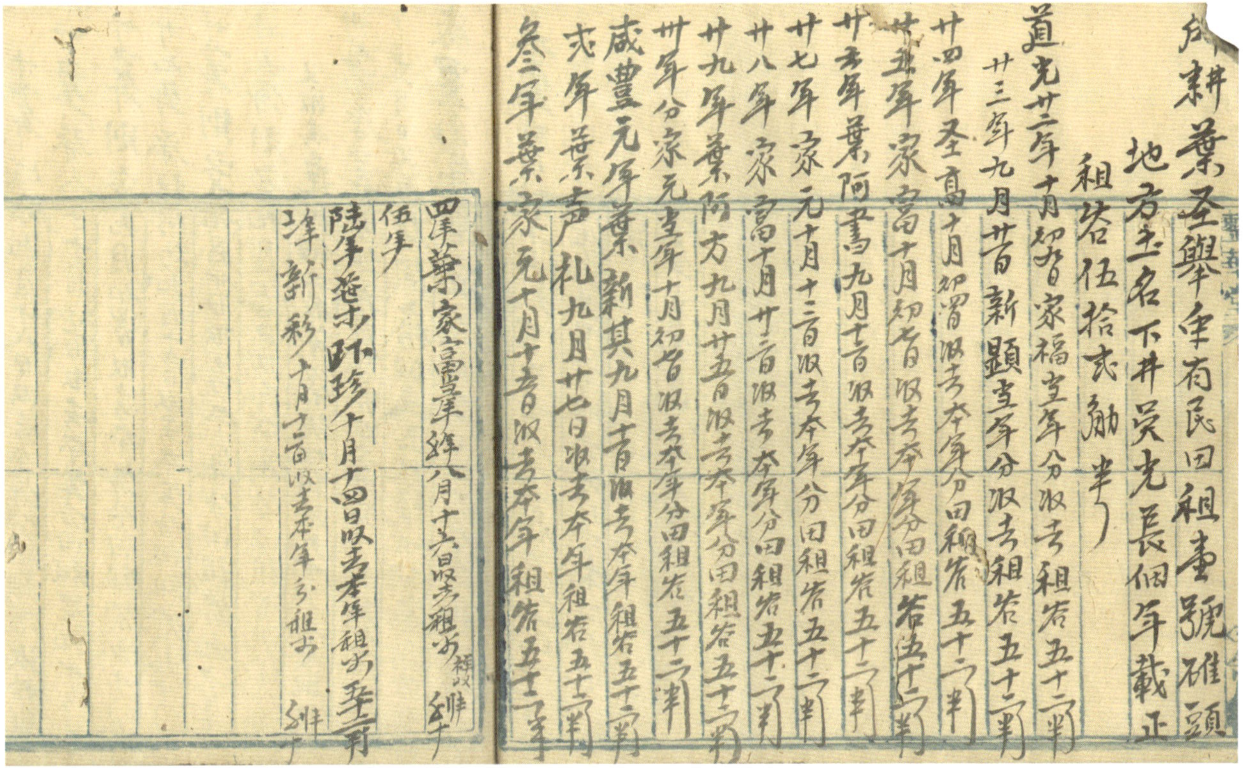

佃耕葉丞舉全有民田租壹號碓頭
地方土名下井吳光長佃年載正
租谷伍拾弍觔半
道光廿二年十月初四日家福完本年分收去租谷五十二觔半
廿三年九月廿二日新顯完本年分收去租谷五十二觔半
廿四年丞高十月初四收去本年分田租谷五十二觔半
廿五年家富十月初四日收去本年分田租谷五十二觔半
廿六年葉阿書九月十二日收去本年分田租谷五十二觔半
廿七年家元十月十二日收去本年分田租谷五十二觔半
廿八年家富十月廿二日收去本年分田租谷五十二觔半
廿九年葉阿方九月廿五日收去本年分田租谷五十二觔半
卅年分家元十月初四日收去本年分田租谷五十二觔半
咸豐元年葉新其九月十二日收去本年租谷五十二觔半
弍年葉吉戶札九月廿七日收去本年租谷五十二觔半
叁年葉家元十月十二日收去本年租谷五十二觔半
四年葉家富完本年銷八月十六日收去租谷[illegible]　銷
伍年
陸年丞[illegible]邱珍十月十四日收去本年租谷五十二觔半
七年新彩十月十二日收去本年分租谷[illegible]　銷

5-2-67-8　清道光二十二年鄭氏吉房立隆園厝還出田租簿（八）

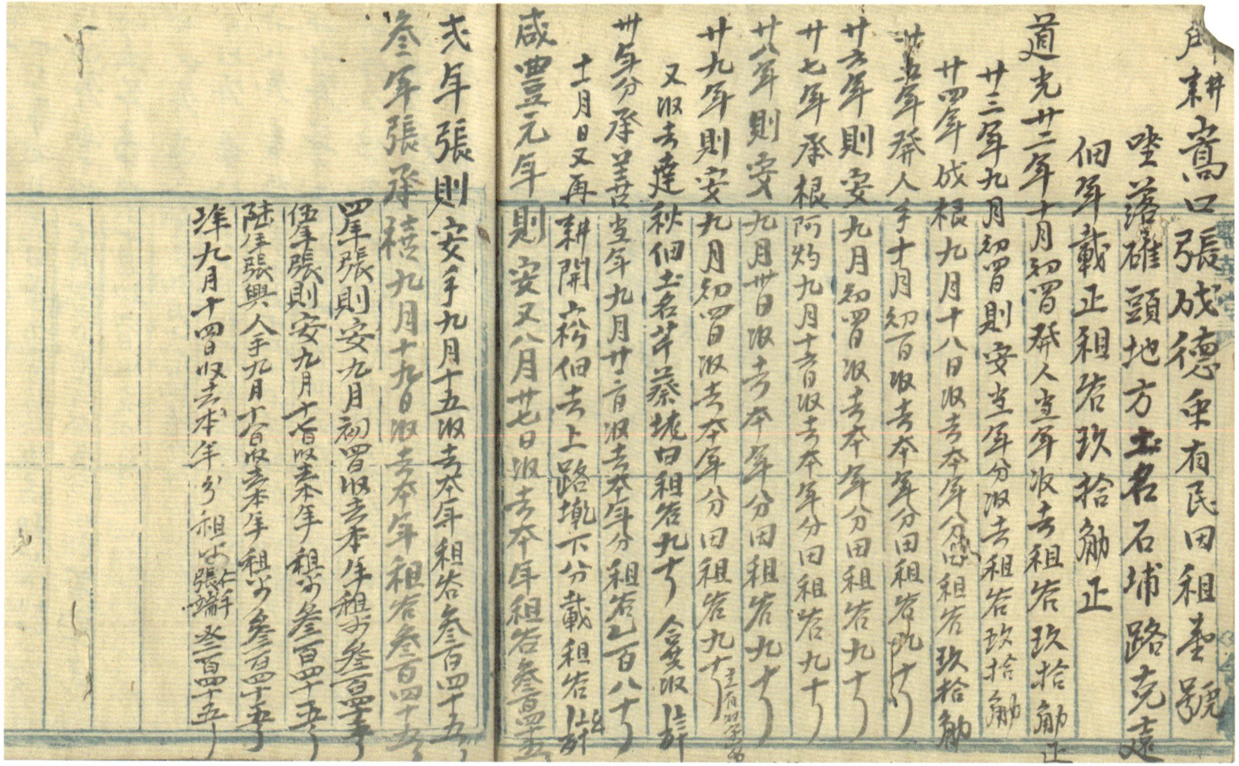

5-2-67-9　清道光二十二年鄭氏吉房立隆園厝還出田租簿（九）

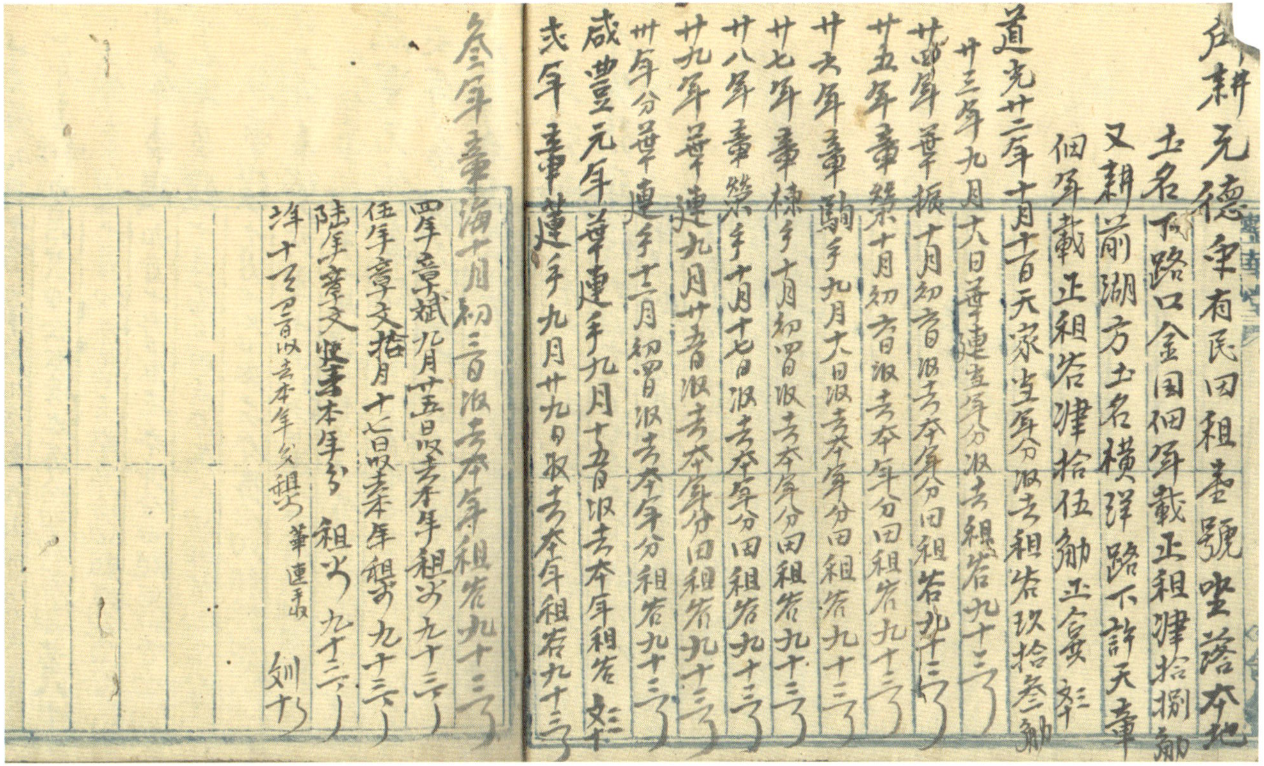
户耕元德全有民田租壹號坐落本地
土名下路口金国佃耳載正租肆拾捌觔
又耕前湖方土名横洋路下許天章
佃耳載正租谷肆拾伍觔正
道光廿二年十月十一日天家出年分收去租谷玖拾叁觔
廿三年九月大日華連出年分收去租谷九十三
廿四年華振十月初二日收去本年分田租谷九十三
廿五年華榮十月初二日收去本年分田租谷九十三
廿六年華騎手九月大日收去本年分田租谷九十三
廿七年華棟手十月初四日收去本年分田租谷九十三
廿八年華榮手十月十七日收去本年分田租谷九十三
廿九年華連九月廿二日收去本年分田租谷九十三
卅年分華連手十二月初四日收去本年分租谷九十三
咸豐元年華連手九月十五日收去本年租谷
弍年華連手九月廿九日收去本年租谷九十三
叁年華海十月初三日收去本年租谷九十三
四年華斌九月廿五日收去本年租谷九十三
伍年華文拾月十七日收去本年租谷九十三
陸年華文收去本年分租谷九十三
柒年十二月十日收去本年分租谷 華連手收 剑十斤

5-2-67-10　清道光二十二年鄭氏吉房立隆園厝還出田租簿（一〇）

出耕文和承有民田租壹號坐落本地
土名樓塆仲存佃耳載正租谷
壹百捌拾觔正
道光廿二年十月十一日章鑽壹年收去租谷乙百八十斤
廿三年九月十一日章盛收谷対阿招應谷対十斤 存招和不黄偒数
廿四年章瑞璟九月廿八日仝收去本年分田租谷乙百八十斤
廿五年章鑽十月初六日收去本年分田租谷乙百八十斤
廿六年章鑽九月十九日收去本年分田租谷乙百八十斤
廿七年章鑽十月十四日收去本年分田租谷乙百八十斤
廿八年章鑽十月十七日收去本年分田租谷乙百八十斤
廿九年章瑞仝阿霽十月初六日收去本年分租谷乙百八十斤
卅年分章鑽手十月初七日收去本年分租谷乙百八十斤
咸豐元年章鑽九月十五日收去本年租谷乙百八十斤
式年章鑽九月廿七日收去本年租谷乙百八十斤
叁年華霽十一月廿日收去本年分租谷
四年華元十月初六日收去本年租谷 信
伍年章鑽十月十六日收去本年租谷 信
陸年華元收去本年租谷 信
柒年十一月四日收去本年分租谷章鑽收 信

5-2-67-11　清道光二十二年鄭氏吉房立隆園厝還出田租簿（一一）

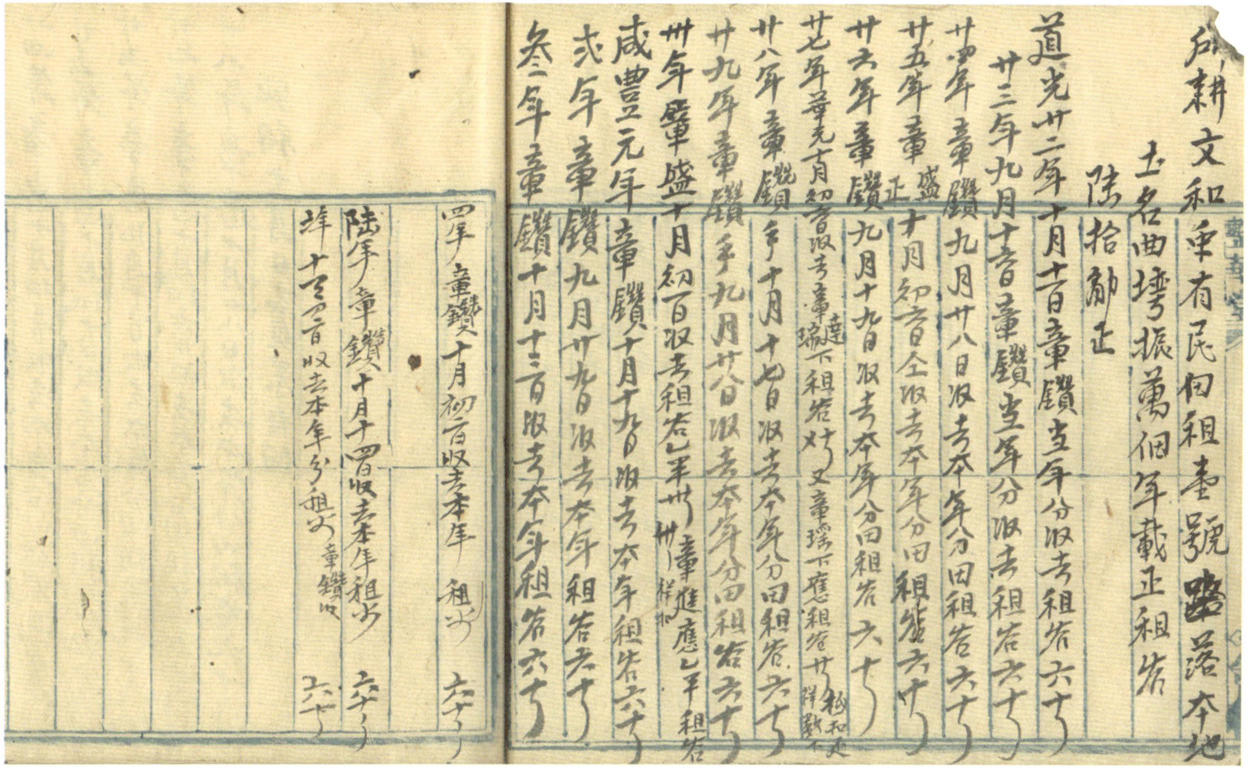

所耕文和承有民田租壹號坐落本地
土名曲塆振萬佃年載正租谷
陸拾觔正
道光廿二年十月十三日章鑽當年分收去租谷六十斤
廿三年九月十三日章鑽當年分收去租谷六十斤
廿四年章鑽九月廿八日收去本年分田租谷六十斤
廿五年章盛正十月初十日全收去本年分田租谷六十斤
廿六年章鑽九月十九日收去本年分田租谷六十斤
廿七年章元十月初十日收去章達璟下租谷廿斤又章璟下應租谷廿斤秘和去祥數
廿八年章鑽年十月十七日收去本年分田租谷六十斤
廿九年章鑽年九月廿六日收去本年分田租谷六十斤
卅年章盛十月初十日收去租谷乙半卅斤卅斤章進應乙半租谷祥收
咸豐元年章鑽十月十九日收去本年租谷六十斤
弍年章鑽九月廿九日收去本年租谷六十斤
叁年章鑽十月十三日收去本年租谷六十斤
四年章鑽十月初十日收去本年租谷六十斤
陸年章鑽十月十四日收去本年租谷六十斤
伍年十一四日收去本年分租谷章鑽收六十斤

5-2-67-12　清道光二十二年鄭氏吉房立隆園厝還出田租簿（一二）

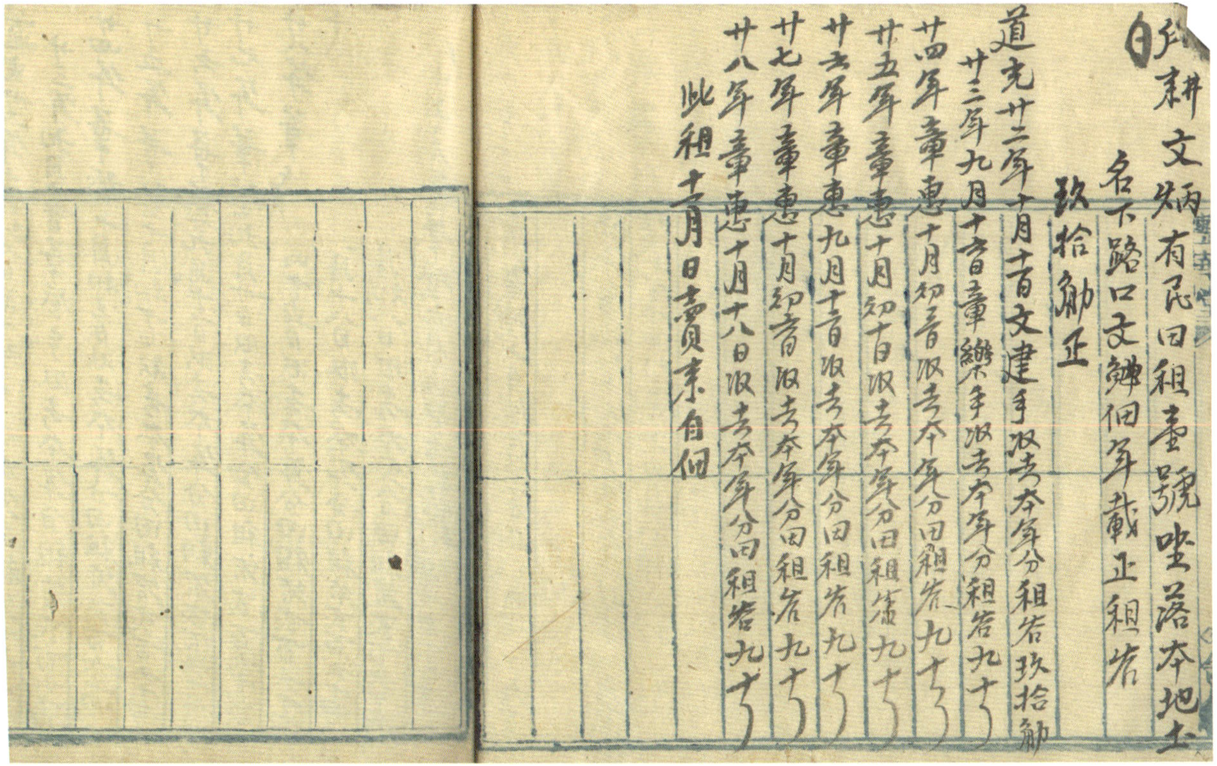

佃耕文炳有民田租壹號坐落本地土
名下路口文錦佃耕載正租谷
玖拾觔正
道光廿二年十月十一日文建手收去本年分租谷玖拾觔
廿三年九月十一日章樂手收去本年分租谷九十斤
廿四年章惠十月初五日收去本年分田租谷九十斤
廿五年章惠十月初一日收去本年分田租谷九十斤
廿六年章惠九月十一日收去本年分田租谷九十斤
廿七年章惠十月初五日收去本年分田租谷九十斤
廿八年章惠十月十八日收去本年分田租谷九十斤
此租十二月日賣表自佃

5-2-67-13　清道光二十二年鄭氏吉房立隆園厝還出田租簿（一三）

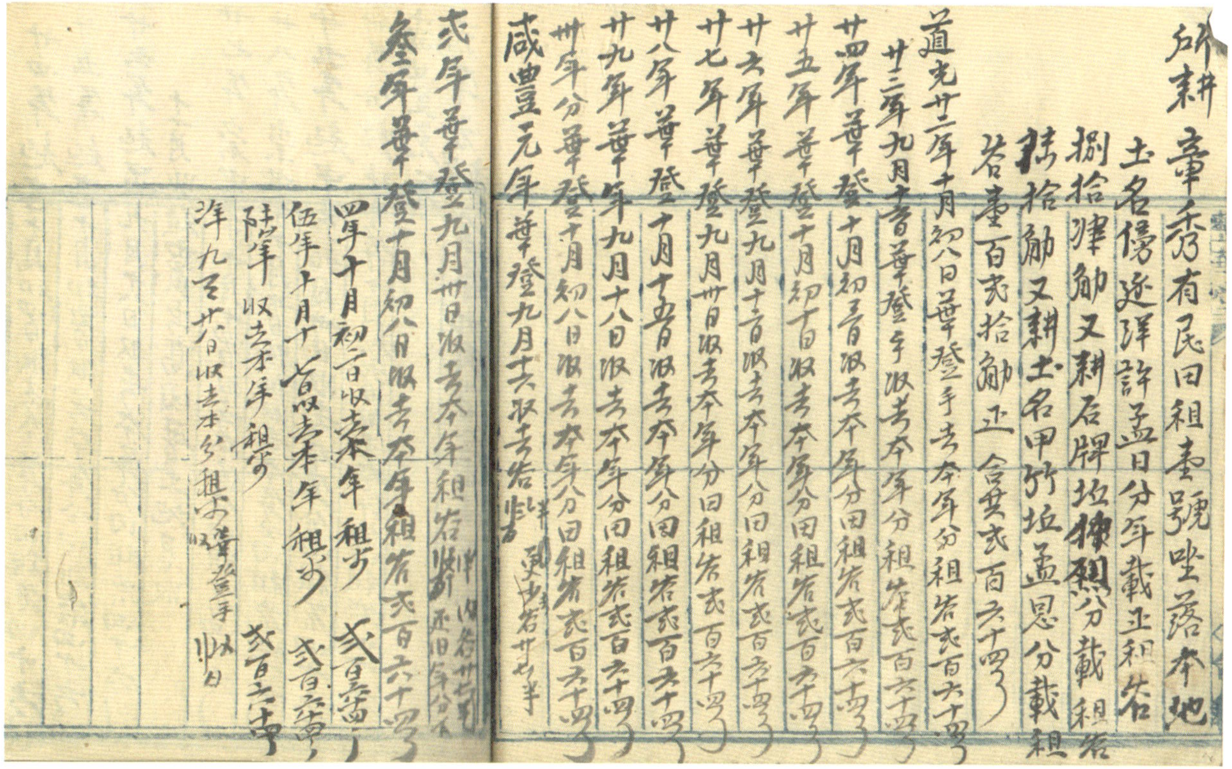
所耕
章秀有民田租壹號坐落本地
土名傷迯洋許孟日分年載正租谷
捌拾肆觔又耕石牌垅𢱢甥分載租谷
㭍拾觔又耕土名甲竹垅孟恩分載租
谷壹百貳拾觔正 合共貳百六十四
道光廿二年十月初八日華登手去本年分租谷貳百六十四
廿三年九月十二日華登手收去本年分租谷貳百六十四
廿四年華登十月初二日收去本年分田租谷貳百六十四
廿五年華登十月初十日收去本年分田租谷貳百六十四
廿六年華登九月十三日收去本年分田租谷貳百六十四
廿七年華登九月廿日收去本年分田租谷貳百六十四
廿八年華登十月十五日收去本年分田租谷貳百六十四
廿九年華登九月十八日收去本年分田租谷貳百六十四
卅年分華登十月初八日收去本年分田租谷貳百六十四
咸豐元年華登九月十六收去谷
弍年華登九月廿日收去本年租谷
叁年華登十月初八日收去本年租谷貳百六十四
四年十月初二日收去本年租 貳百壹拾
伍年十月十一日收去本年租 貳百壹拾
陸年收去本年租 貳百二十
洋九月廿六日收去本年租 華登手 收

5-2-67-14 清道光二十二年鄭氏吉房立隆園厝還出田租簿（一四）

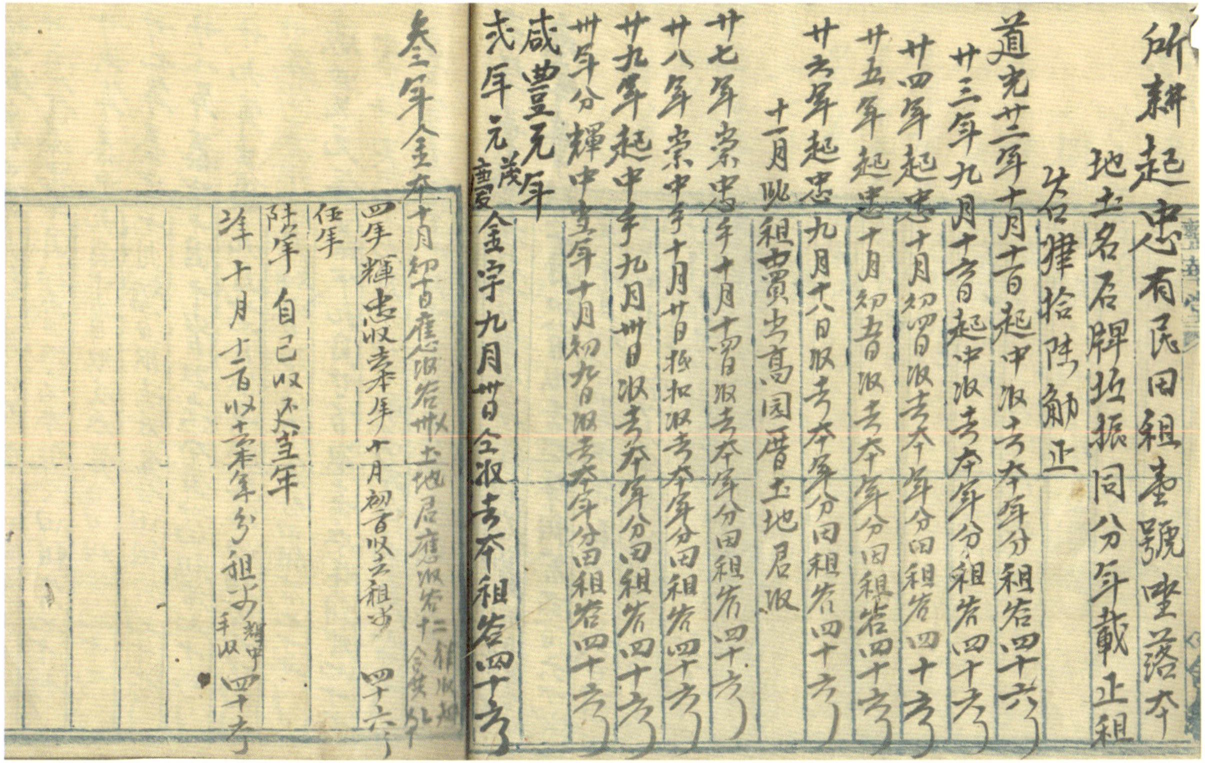

5-2-67-15　清道光二十二年鄭氏吉房立隆園厝還出田租簿（一五）

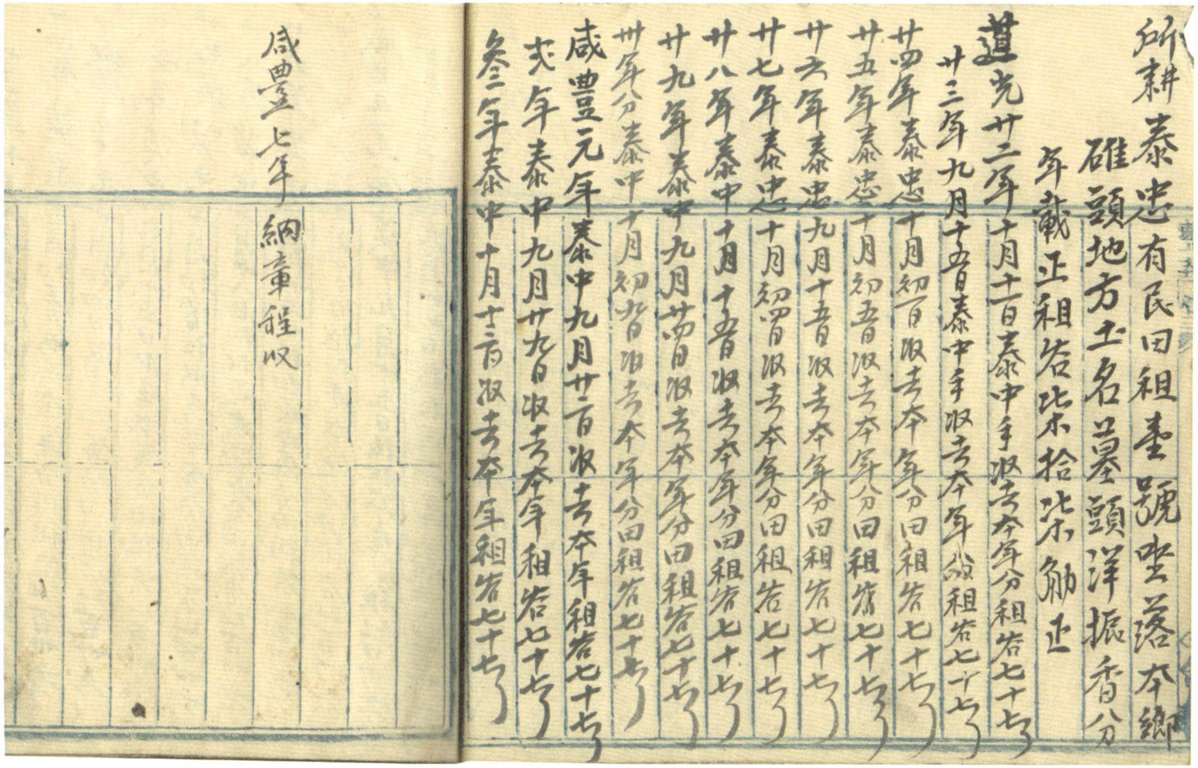
所耕泰忠有民田租壹號坐落本鄉
碓頭地方土名墓頭洋振香分
年載正租谷柒拾柒觔正
道光廿二年十月十一日泰中手收去本年分租谷七十七觔
廿三年九月十五日泰中手收去本年分租谷七十七觔
廿四年泰忠十月初一日收去本年分田租谷七十七觔
廿五年泰忠十月初五日收去本年分田租谷七十七觔
廿六年泰忠九月十五日收去本年分田租谷七十七觔
廿七年泰忠十月初四日收去本年分田租谷七十七觔
廿八年泰中十月十五日收去本年分田租谷七十七觔
廿九年泰中九月廿四日收去本年分田租谷七十七觔
卅年分泰中十月初四日收去本年分田租谷七十七觔
咸豐元年泰中九月廿一日收去本年租谷七十七觔
弍年泰中九月廿九日收去本年租谷七十七觔
叁年泰中十月十二日收去本年租谷七十七觔

咸豐七年納章程收

5-2-67-16　清道光二十二年鄭氏吉房立隆園厝還出田租簿（一六）

所耕英忠有民田租壹號坐落夲地
土名路乾垃振上八分年載正租谷
肆拾陸觔正又耕洋墘尾殷文分
年載正租谷玖拾觔　合共
道光廿二年十月十四日英中手收去夲年分租谷乙百卅六
廿三年九月十五日英中手收去夲年分租谷乙百卅六
廿四年英忠十月初十日收去夲年分田租谷乙百卅六
廿五年英忠十月初四日收去夲年分田租谷乙百卅六
廿六年英忠九月十五日收去夲年分田租谷乙百卅六
廿七年英忠十月初四日扣收去夲年分田租谷乙百卅六
廿八年英忠十月十八日扳扣还去夲年分田租谷乙百卅六
廿九年英忠九月廿二日扳扣还去夲年分田租谷乙百卅六
卅年分英忠十月十三日扳扣还夲年分田租谷乙百卅六
咸豐元年英中九月十五日扳扣夲年租乙百卅六
弍年英忠九月廿七日扳扣还夲年租谷乙百卅六
叁年英忠十月十三日扳扣还夲年租谷乙百卅六
肆年十一月四日收去夲年分租谷叁百八十文扣

5-2-67-17　清道光二十二年鄭氏吉房立隆園厝還出田租簿（一七）

所耕華忠有民田租壹號坐落本地土名
上厝垅振翔分年載正租谷壹百捌拾
觔正又耕土名曲塆載租谷弍拾觔正
又耕土名桐浦垅碧仲分載租谷陆拾觔正
又耕土名芹山下又仙山下合共載租谷八十合共〣〤
道光廿二年十月初十日華中手收去本年分租谷弍百六十八斤
廿三年九月十八日華中手收去本年分租谷弍百六十八斤
廿四年華忠十月初六日收去本年分田租谷弍百六十八斤
廿五年華忠十月初七日收去本年分田租谷弍百六十八斤
廿六年華忠九月十九日收去本年分田租谷弍百六十八斤
廿七年華忠十月十五日扣收去本年分田租谷弍百六十八斤
廿八年華忠十月十八日扣收去本年分田租谷弍百六十八斤
廿九年華中九月廿二日抵扣收去本年分田租谷弍百六十八斤
卅年分華中十月十二日抵扣收去本年分田租谷弍百六十八斤
咸豐元年華中九月十四日抵扣延本年租谷〣〤斤
弍年華中九月廿九日抵扣延去本年租谷〣〤斤
叁年華中十月初三日抵扣延去本年租谷弍百六十八斤
四年十月初二日抵扣延去本年租谷弍百六十八斤
伍年十月廿八日收去抵扣延本年租谷叁百〇六十八斤
陆年十月十三日收去本年抵扣租谷弍百六十八斤

5-2-67-18　清道光二十二年鄭氏吉房立隆園厝還出田租簿（一八）

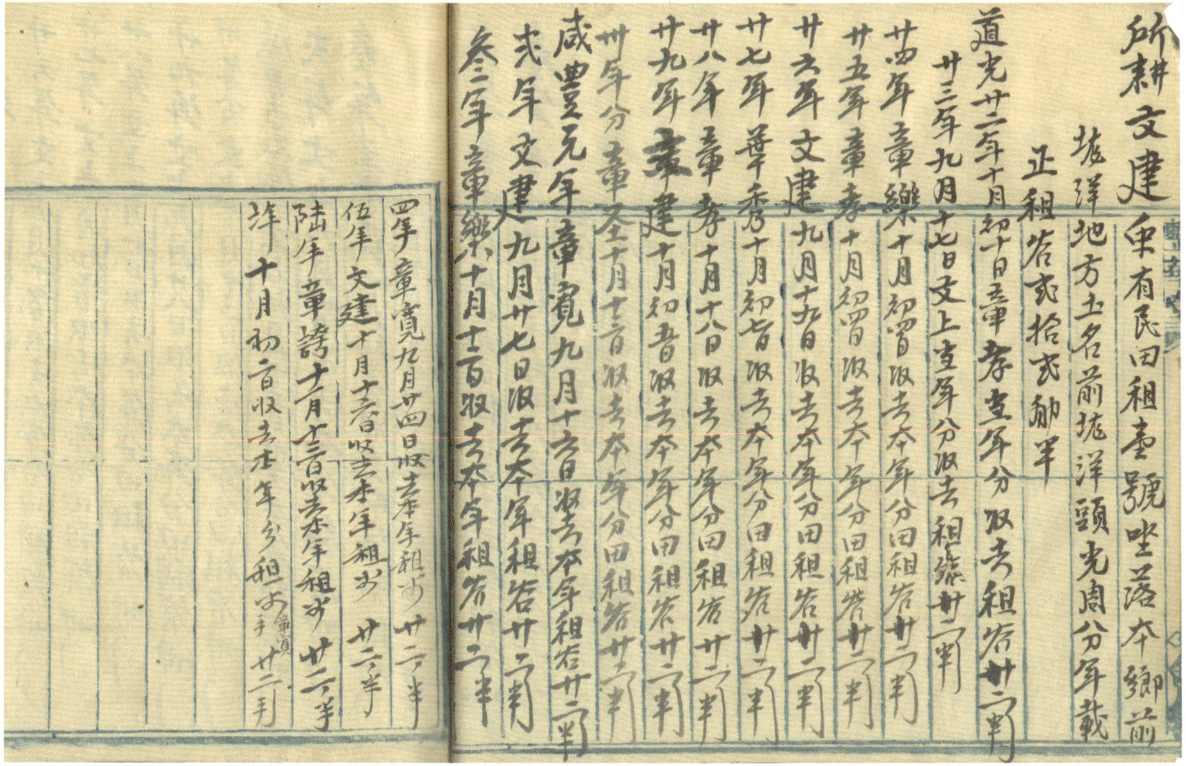
所耕文建
承有民田租壹號坐落本鄉前
垅洋地方土名前垅洋頭光肉分年載
正租谷貳拾貳觔半
道光廿二年十月初十日章孝壹年分收去租谷廿二觔
廿三年九月十七日文上壹年分收去租谷錢廿二觔
廿四年章樂十月初四日收去本年分田租谷廿二觔
廿五年章孝十月初四日收去本年分田租谷廿二觔
廿六年文建九月十九日收去本年分田租谷廿二觔
廿七年華秀十月初十日收去本年分田租谷廿二觔半
廿八年章孝十月十八日收去本年分田租谷廿二觔
廿九年章建十月初十日收去本年分田租谷廿二觔
卅年分章全十月十一日收去本年分田租谷廿二觔
咸豐元年章寬九月十六日收去本年租谷廿二觔
弍年文建九月廿七日收去本年租谷廿二觔
叁年章樂十月十一日收去本年租谷廿二觔半
四年章寬九月廿四日收去本年租谷廿二觔半
伍年文建十月十六日收去本年租谷廿二觔半
陸年章諸十一月十三日收去本年租谷廿二觔半
柒年十月初六日收去本年分租谷章道手廿二觔

5-2-67-19　清道光二十二年鄭氏吉房立隆園厝還出田租簿（一九）

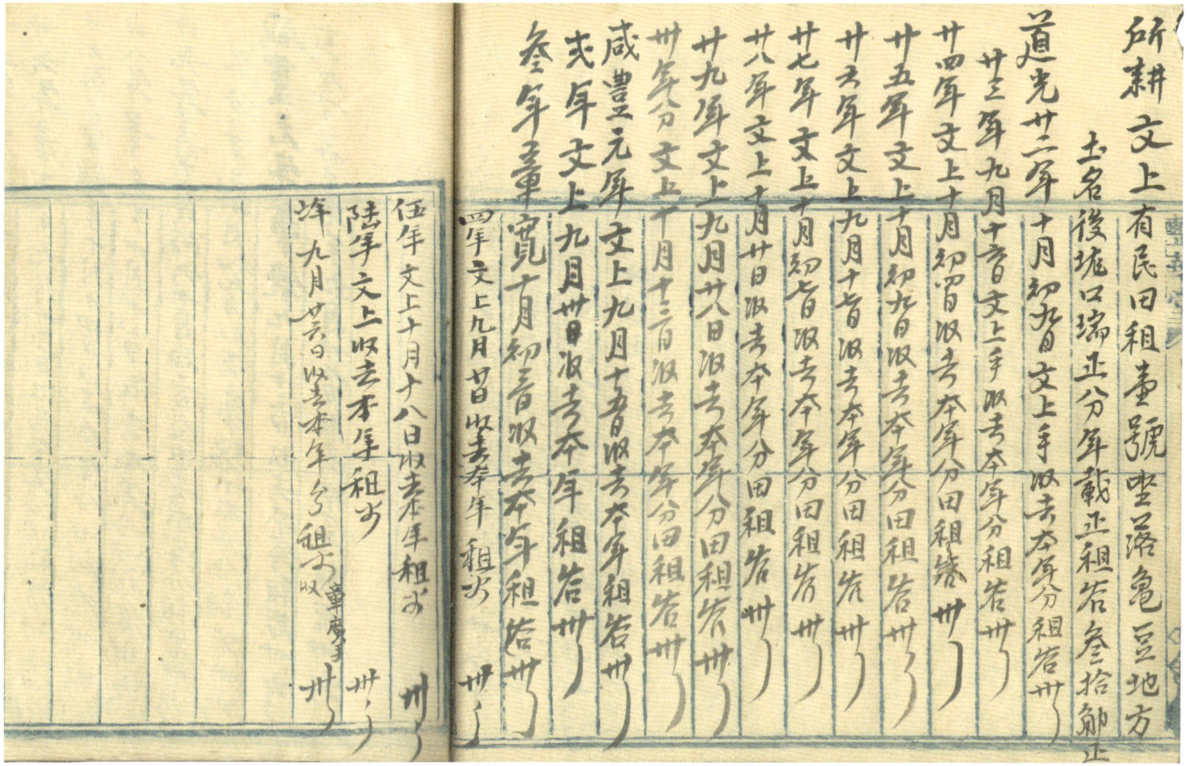
所耕文上有民田租壹號，坐落龟豆地方，土名後垅口墻止，分年載正租谷叁拾觔正。
道光廿二年十月初九日文上手收去本年分租谷卅斤
廿三年九月十二日文上手收去本年分租谷卅斤
廿四年文上十月初四日收去本年分田租谷卅斤
廿五年文上十月初九日收去本年分田租谷卅斤
廿六年文上九月十二日收去本年分田租谷卅斤
廿七年文上十月初一日收去本年分田租谷卅斤
廿八年文上十月廿日收去本年分田租谷卅斤
廿九年文上九月廿八日收去本年分田租谷卅斤
卅年分文上十月十三日收去本年分田租谷卅斤
咸豐元年文上九月十二日收去本年租谷卅斤
弍年文上九月廿日收去本年租谷卅斤
叁年章寬十月初三日收去本年租谷卅斤
四年文上九月廿日收去本年租谷卅斤
伍年文上十月十八日收去本年租谷卅斤
陸年文上收去本年租谷卅斤
柒年九月廿六日收去本年分租谷　章寬手收　卅斤

5-2-67-20　清道光二十二年鄭氏吉房立隆園厝還出田租簿（二〇）

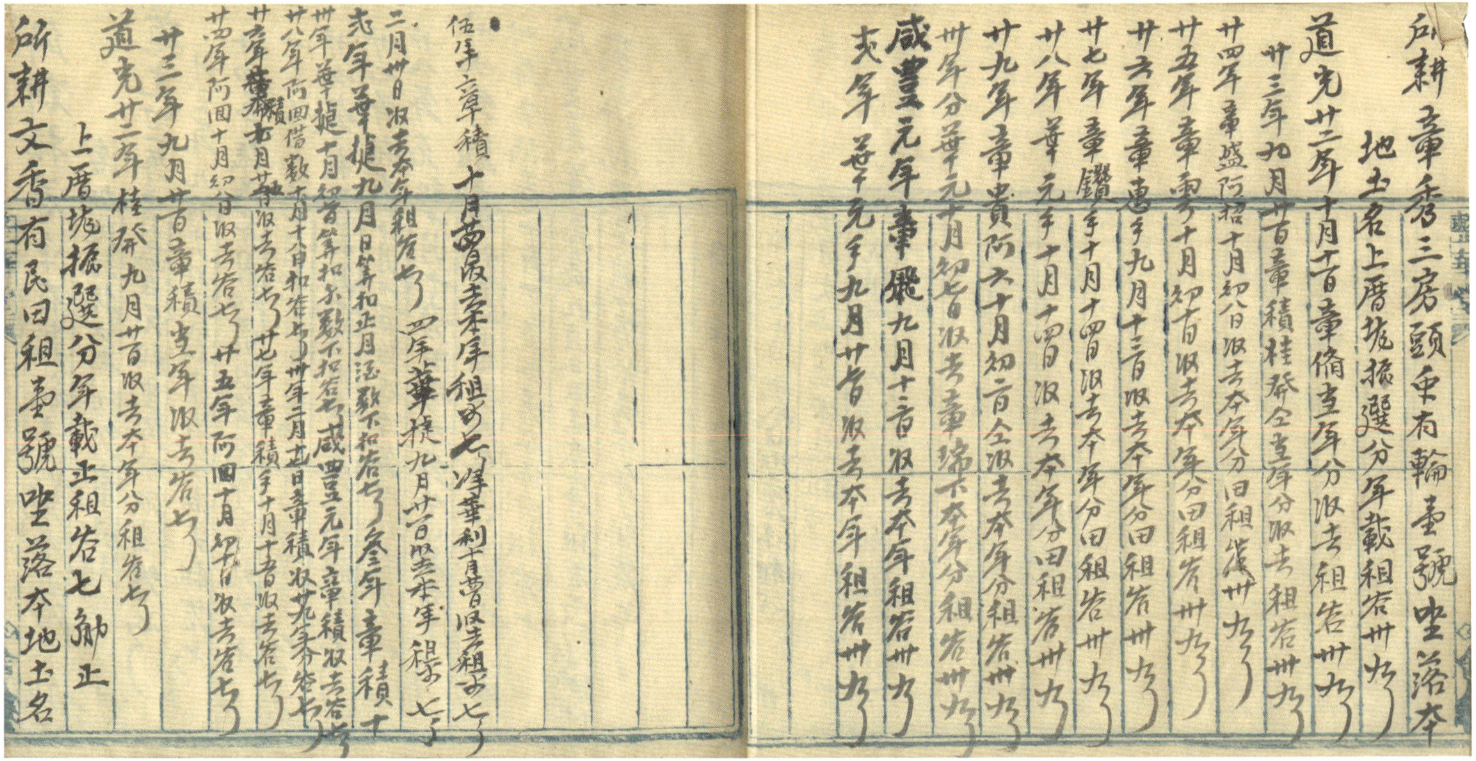

所耕章香三房頭垂有輪垂號坐落本
地土名上厝垅振選分年載租谷卅九斤
道光廿二年十月十一日章倚去年分收去租谷卅九斤
廿三年九月廿一日章積桂孫仝去年分收去租谷卅九斤
廿四年章盛阿招十月初八日收去本年分田租谷卅九斤
廿五年章秀十月初一日收去本年分田租谷卅九斤
廿六年章惠手九月十二日收去本年分田租谷卅九斤
廿七年章鑽手十月十四日收去本年分田租谷卅九斤
廿八年華元手十月十四日收去本年分田租谷卅九斤
廿九年章貴阿六十月初一日仝收去本年分租谷卅九斤
卅年分華元手十月初七日收去章瑞本年分租谷卅九斤
咸豐元年章鑽九月十二日收去本年租谷卅九斤
弍年華元手九月廿一日收去本年租谷卅九斤

伍年十二月章積 十月十一日收去本年租谷七斤 洋華利十月十一日收去租谷七斤
二月廿日收去本年租谷七斤 四年華模九月廿一日收去本年租谷七斤
弎年華捷九月日算和正月[illegible]數不扣谷七斤 叁年章積十
廿年華捷十月初一日算和不數不扣谷七斤 咸豐元年章積收去谷七斤
廿八年阿四借數十月十一日和谷七斤 廿九年十二月廿三日章積收廿九年本谷七斤
廿六年麟孫章勳十月廿一日收去谷七斤 廿七年章積手十月十一日收去谷七斤
廿四年阿四十月初八日收去谷七斤 廿五年阿四十月初八日收去谷七斤
廿三年九月廿一日章積当年收去谷七斤
道光廿二年桂孫九月廿一日收去本年分租谷七斤
上厝垅振選分年載正租谷七斤正
所耕文香有民田租垂號坐落本地土名

5-2-67-21　清道光二十二年鄭氏吉房立隆園厝還出田租簿（二一）

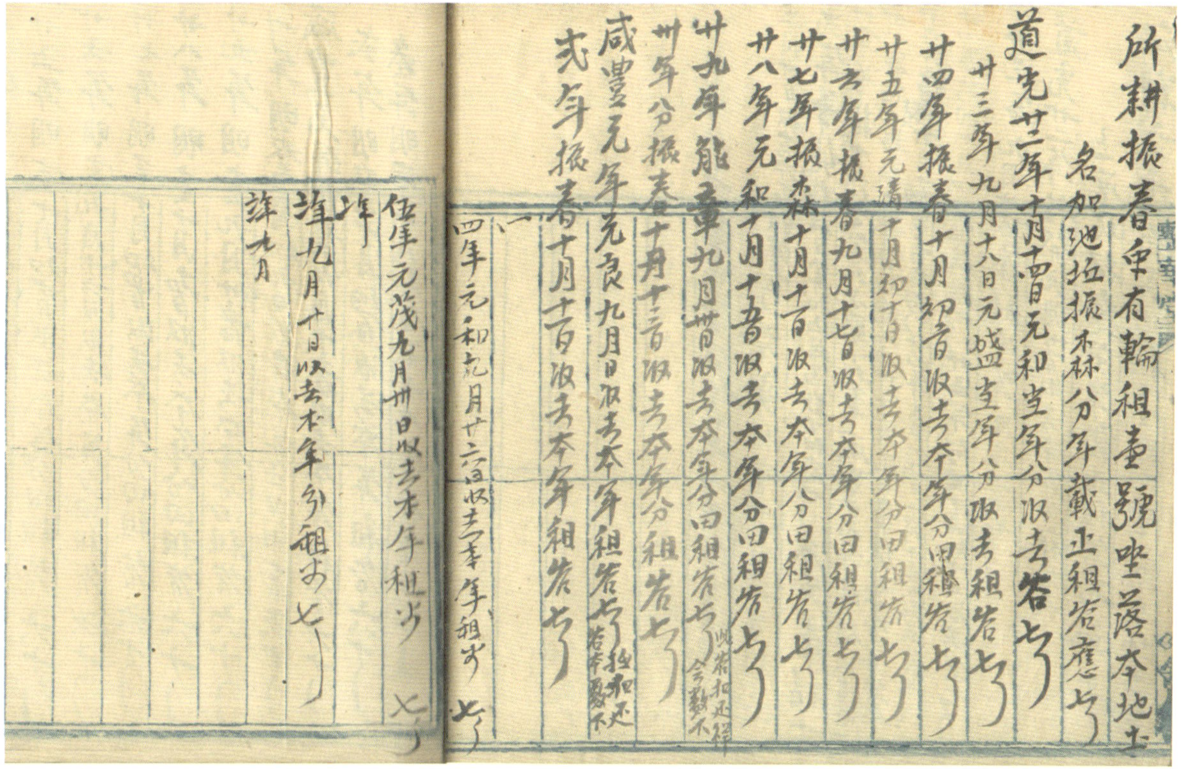
所耕振春手有輪租壹號坐落本地土
名加地垃振森分年載正租谷應七
道光廿二年十月十四日元和收去本年分租谷七
廿三年九月十八日元盛收去本年分租谷七
廿四年振春十月初四日收去本年分田租谷七
廿五年元靖十月初十日收去本年分田租谷七
廿六年振春九月十七日收去本年分田租谷七
廿七年振森十月十四日收去本年分田租谷七
廿八年元和十月十四日收去本年分田租谷七
廿九年能章九月廿四日收去本年分田租谷七　此谷和元得会數不
卅年分振夫十月十三日收去本年分租谷七
咸豐元年元良九月日收去本年租谷七　拉租还谷本數不
弍年振春十月十四日收去本年租谷七
四年元和九月廿二日收去本年租谷七
伍年元茂九月卅日收去本年租谷七
許　陸年九月十日收去本年分租谷七
許　七月

5-2-67-22　清道光二十二年鄭氏吉房立隆園厝還出田租簿（二二）

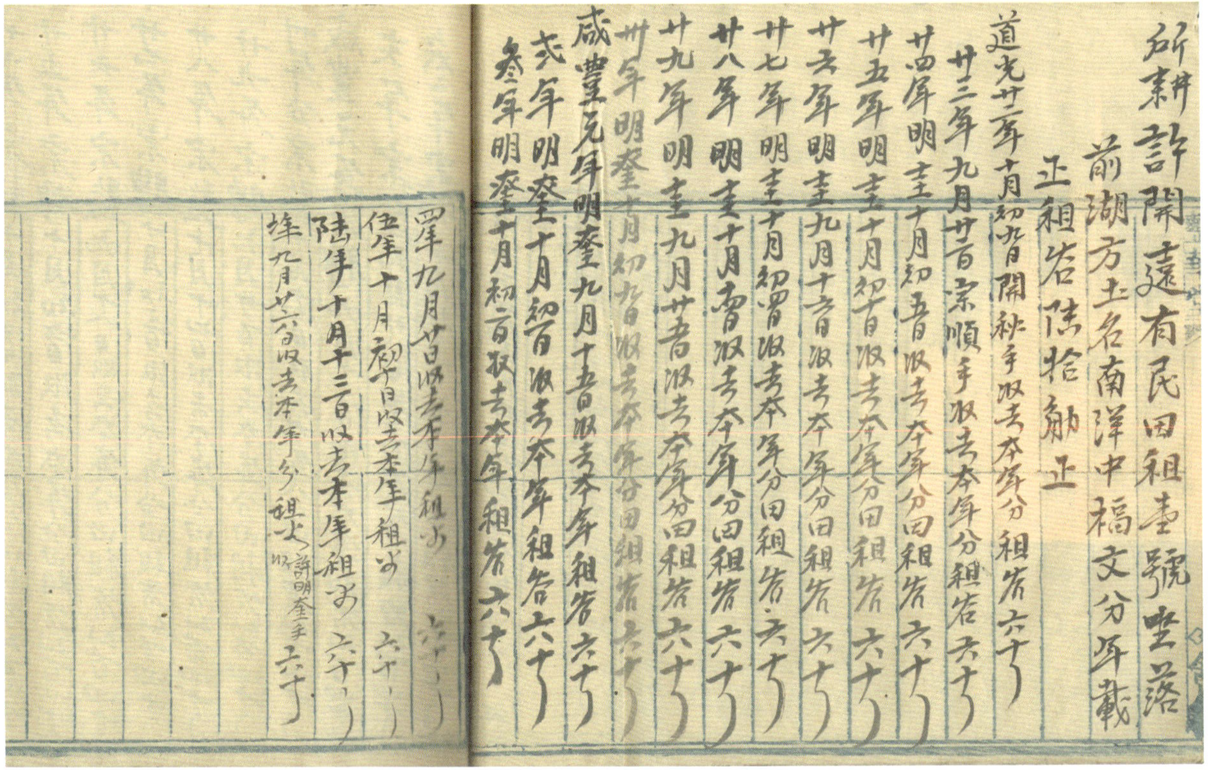

所耕許開遠有民田租壹號坐落
前湖方土名南洋中福文分耳載
正租谷陸拾觔正
道光廿二年十月初九日開秋手收去本年分租谷六十斤
廿三年九月廿日宗順手收去本年分租谷六十斤
廿四年明圭十月初五日收去本年分田租谷六十斤
廿五年明圭十月初十日收去本年分田租谷六十斤
廿六年明圭九月十六日收去本年分田租谷六十斤
廿七年明圭十月初四日收去本年分田租谷六十斤
廿八年明圭十月十四日收去本年分田租谷六十斤
廿九年明圭九月廿五日收去本年分田租谷六十斤
卅年明奎十月初九日收去本年分田租谷六十斤
咸豐元年明奎九月十五日收去本年租谷六十斤
弍年明奎十月初四日收去本年租谷六十斤
叁年明奎十月初六日收去本年租谷六十斤
四年九月廿日收去本年租谷六十斤
伍年十月初[illegible]日收去本年租谷六十斤
陸年十月十三日收去本年租谷六十斤
柒年九月廿六日收去本年分租谷 許明奎手收 六十斤

5-2-67-23　清道光二十二年鄭氏吉房立隆園厝還出田租簿（二三）

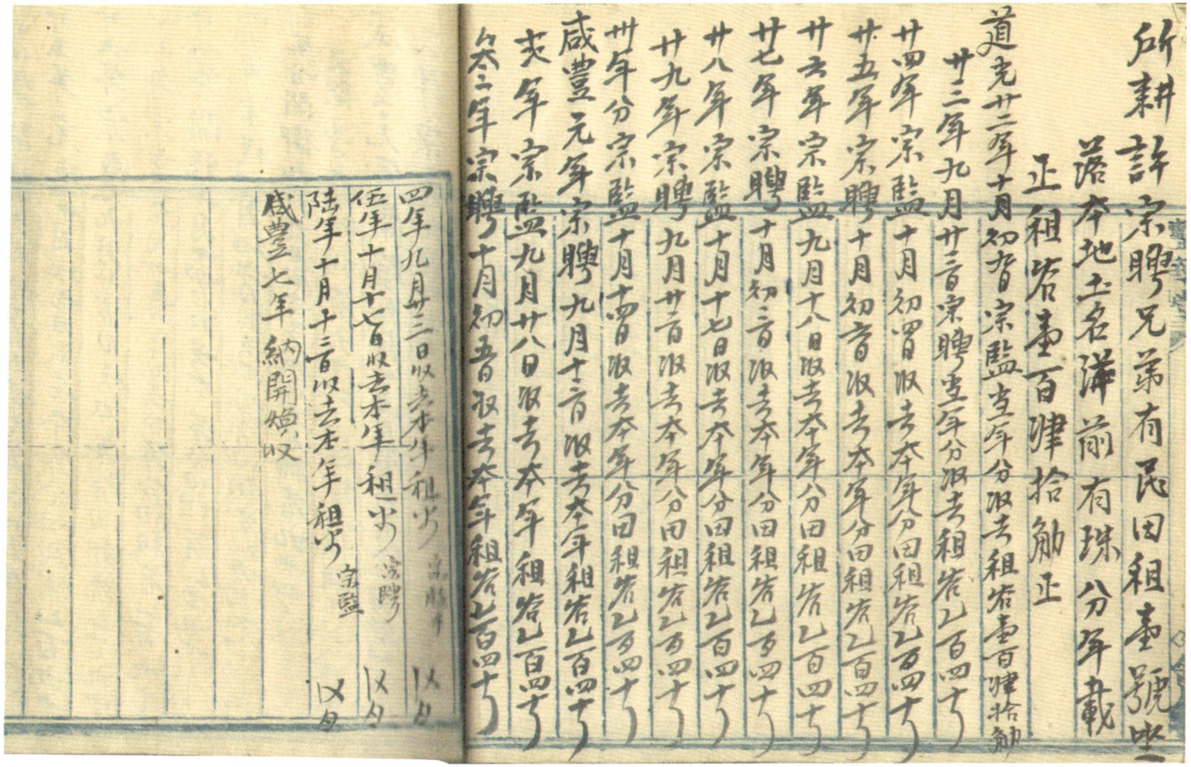
所耕許宗聘兄弟有民田租壹號坐
落本地土名洋前有珠分年載
正租谷壹百肆拾觔正
道光廿二年十月初十日宗監交本年分收去租谷壹百肆拾觔
廿三年九月廿二日宗聘交本年分收去租谷山百四十斤
廿四年宗監十月初四日收去本年分田租谷山百四十斤
廿五年宗聘十月初二日收去本年分田租谷山百四十斤
廿六年宗監九月十八日收去本年分田租谷山百四十斤
廿七年宗聘十月初二日收去本年分田租谷山百四十斤
廿八年宗監十月十七日收去本年分田租谷山百四十斤
廿九年宗聘九月廿二日收去本年分田租谷山百四十斤
卅年分宗監十月十四日收去本年分田租谷山百四十斤
咸豐元年宗聘九月十一日收去本年租谷山百四十斤
弍年宗監九月廿八日收去本年租谷山百四十斤
叁年宗聘十月初五日收去本年租谷山百四十斤
四年九月廿三日收去本年租谷　宗聘　以上
伍年十月十七日收去本年租谷　宗聘　以上
陸年十月十三日收去本年租谷　宗監　以上
咸豐七年納開墾收

5-2-67-24　清道光二十二年鄭氏吉房立隆園厝還出田租簿（二四）

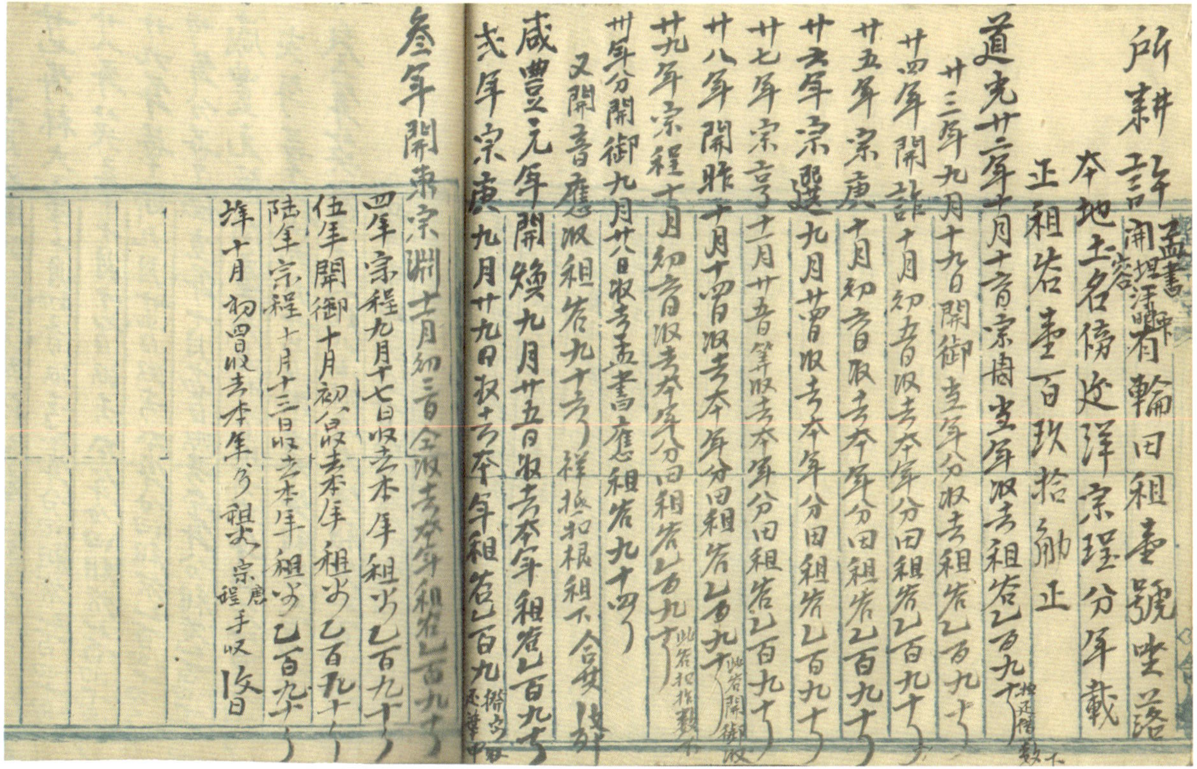

5-2-67-25　清道光二十二年鄭氏吉房立隆園厝還出田租簿（二五）

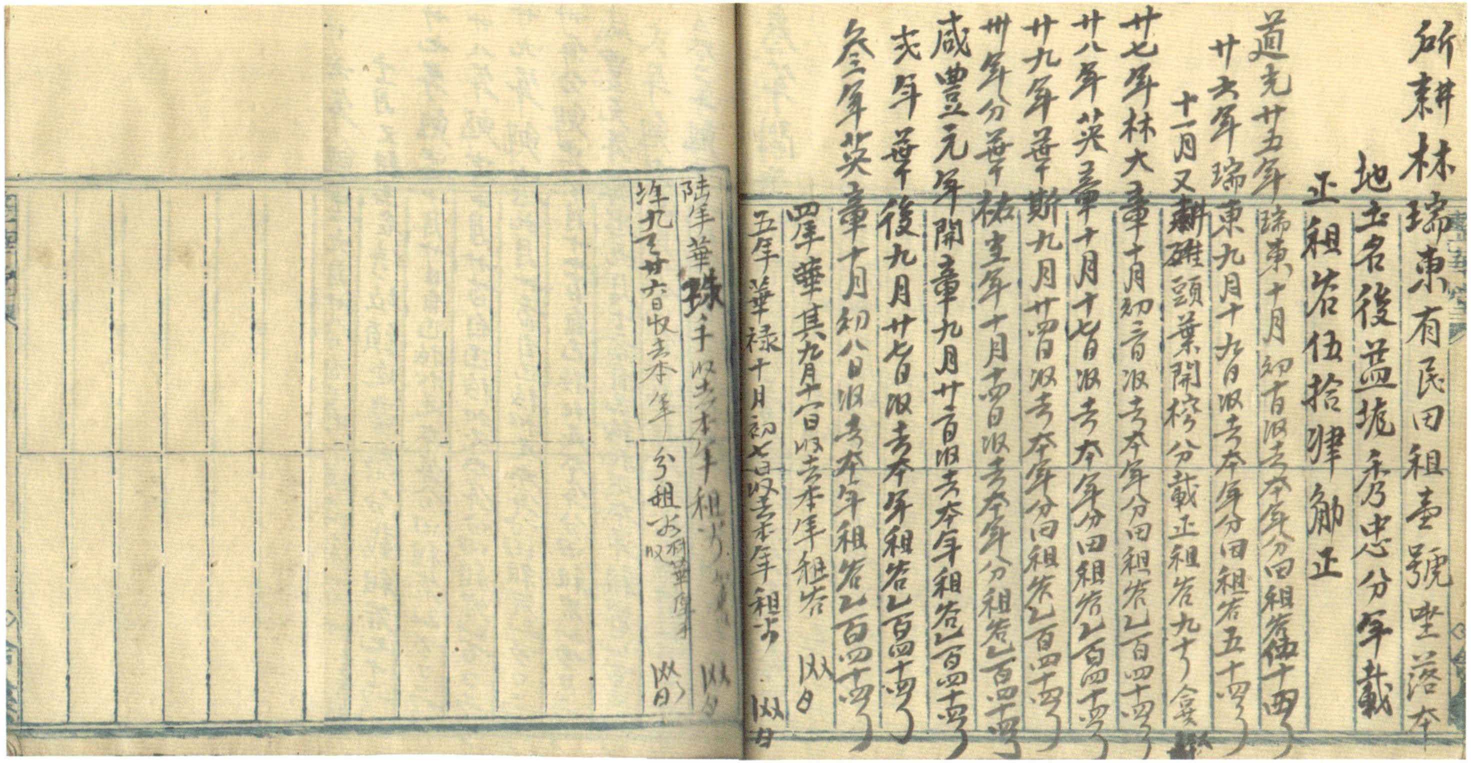
所耕林瑞東有民田租壹號坐落本
地土名後盖垅秀忠分半載
正租谷伍拾肆觔正
道光廿五年瑞東十月初旬收去本年分田租谷伍十四〻
廿六年瑞東九月十九日收去本年分田租谷五十四〻
十一月又新碓頭葉閑榜分載正租谷九十一觔
廿七年林大華十月初旬收去本年分田租谷乙百四十四〻
廿八年英華十月十七日收去本年分田租谷乙百四十四〻
廿九年華斯九月廿四日收去本年分田租谷乙百四十四〻
卅年分華祜主年十月十四日收去本年分租谷乙百四十四〻
咸豐元年開華九月廿一日收去本年租谷乙百四十四〻
弍年華復九月廿六日收去本年租谷乙百四十四〻
叁年英華十月初八日收去本年租谷乙百四十四〻
四年華其九月十一日收去本年租谷　以日
五年華禄十月初七日收去本年租谷　以日
陸年華珠十月收去本年租谷　以日
柒年九月廿六日收去本年分租谷　以日

5-2-67-26　清道光二十二年鄭氏吉房立隆園厝還出田租簿（二六）

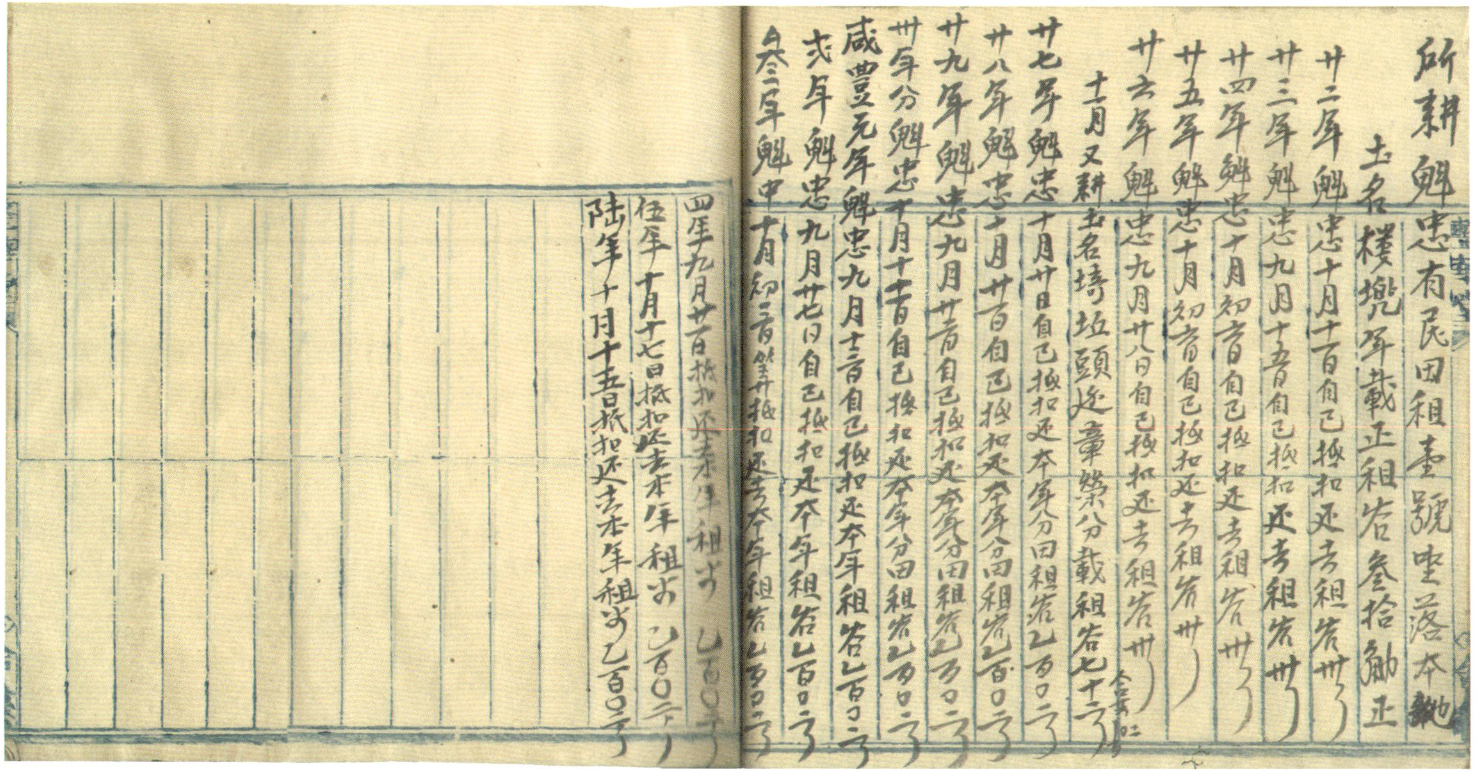

所耕魁忠有民田租壹號坐落本鄉
土名樸墘年載正租谷叁拾觔正
廿二年魁忠十月十四日自己挑和还来租谷卅斤
廿三年魁忠九月十五日自己挑和还来租谷卅斤
廿四年魁忠十月初三日自己挑和还来租谷卅斤
廿五年魁忠十月初三日自己挑和还来租谷卅斤
廿六年魁忠九月廿八日自己挑和还来租谷卅斤
十月又耕土名埼垅頭延章檕分載租谷七十斤
廿七年魁忠十月廿日自己挑和还本年分田租谷乙百〇二斤
廿八年魁忠十月廿四日自己挑和还本年分田租谷乙百〇二斤
廿九年魁忠九月廿五日自己挑和还本年分田租谷乙百〇二斤
卅年分魁忠十月十四日自己挑和还本年分田租谷乙百〇二斤
咸豐元年魁忠九月十三日自己挑和还本年租谷乙百〇二斤
弍年魁忠九月廿七日自己挑和还本年租谷乙百〇二斤
叁年魁中十月初三日□□挑和还来本年租谷乙百〇二斤
四年九月廿四日挑和还来本年租谷乙百〇二斤
伍年十月十七日挑和还来本年租谷乙百〇二斤
陆年十月十五日挑和还来本年租谷乙百〇二斤

5-2-67-27　清道光二十二年鄭氏吉房立隆園厝還出田租簿（二七）

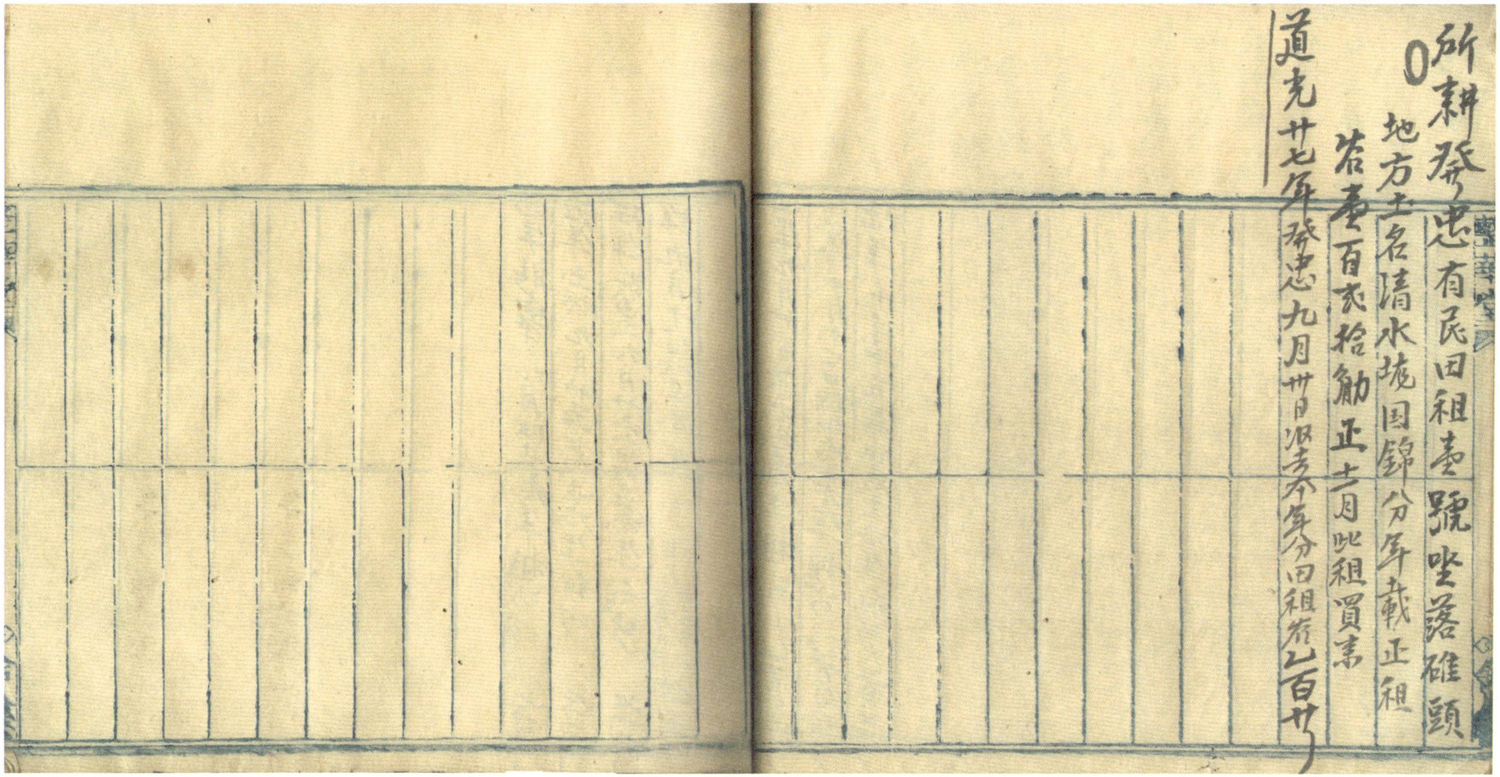

所耕發忠有民田租壹號坐落碓頭
地方土名清水垅園錦分年載正租
若壹百衣拾觔正十二月此租買去
道光廿七年發忠九月廿日退去本年分田租存山百廿

5-2-67-28　清道光二十二年鄭氏吉房立隆園厝還出田租簿（二八）

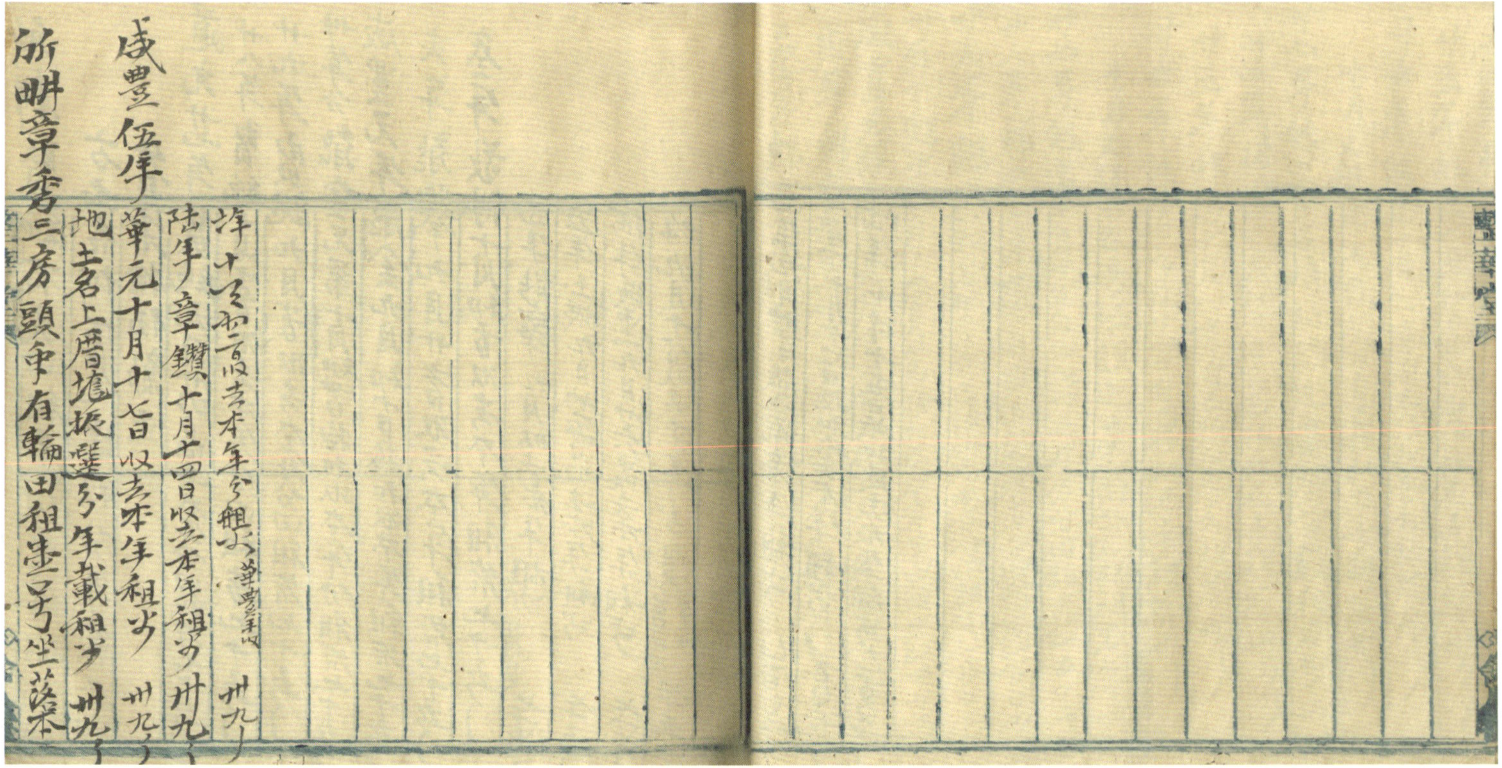

5-2-67-29　清道光二十二年鄭氏吉房立隆園厝還出田租簿（二九）

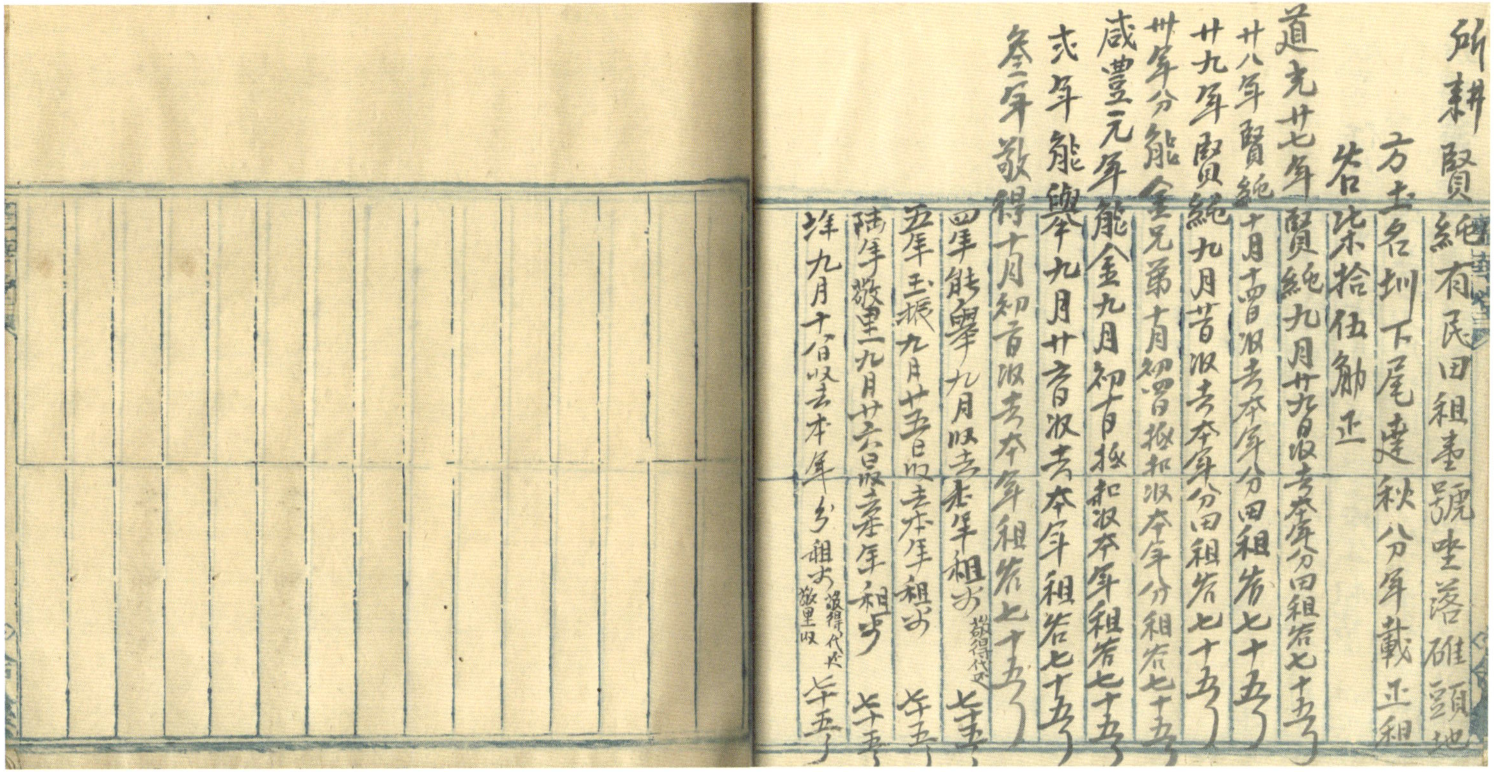

所耕賢純有民田租壹號坐落碓頭地
方土名圳下尾建秋分年載正租
谷柒拾伍觔正
道光廿七年賢純十月十四日收去本年分田租谷七十五觔
廿八年賢純九月廿九日收去本年分田租谷七十五觔
廿九年賢純九月廿三日收去本年分田租谷七十五觔
卅年分能金兄弟十月初四日拯和收本年分租谷七十五觔
咸豐元年能金九月初十日拯和收本年租谷七十五觔
弍年能舉九月廿三日收去本年租谷七十五觔
叁年敬得十月初三日收去本年租谷七十五觔
四年能舉九月收去本年租谷敬得代收七十五觔
五年玉振九月廿五日收去本年租谷七五觔
陸年敬里九月廿六日收去本年租谷七五觔
柒年九月十八日收去本年分租谷敬得代收敬里收七五觔

5-2-67-30　清道光二十二年鄭氏吉房立隆園厝還出田租簿（三〇）

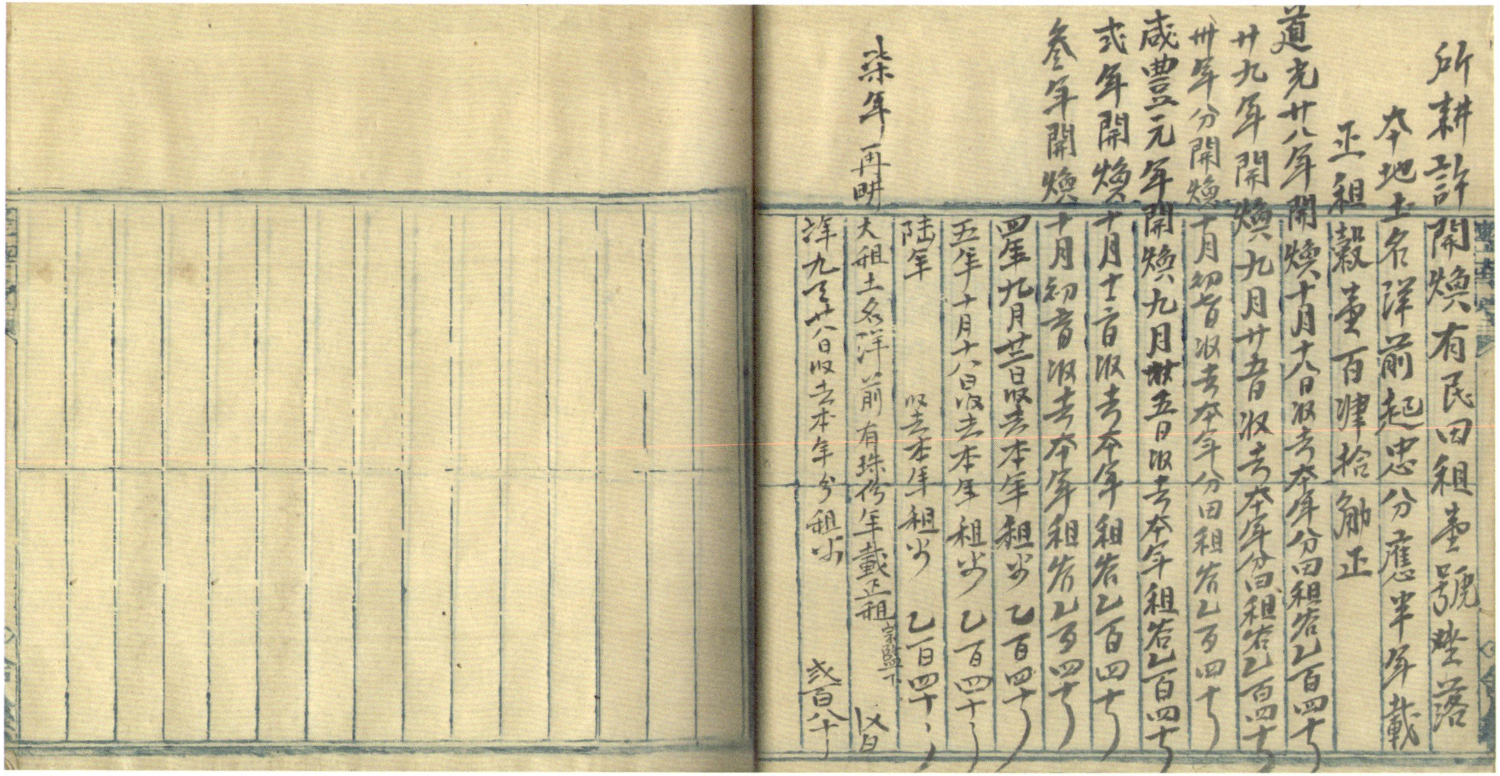
所耕許閑煥有民田租壹號，坐落
本地土名洋前，起忠分應半年載
正租穀壹百肆拾觔正
道光廿八年閑煥十月十八日收去本年分田租谷乙百四十觔
廿九年閑煥九月廿五日收去本年分田租谷乙百四十觔
卅年分閑煥十月初四日收去本年分田租谷乙百四十觔
咸豐元年閑煥九月廿五日收去本年租谷乙百四十觔
弍年閑煥十月十一日收去本年租谷乙百四十觔
叁年閑煥十月初六日收去本年租谷乙百四十觔
四年九月廿二日收去本年租谷乙百四十觔
五年十月十八日收去本年租谷乙百四十觔
陸年　收去本年租谷乙百四十觔
柒年再畊
大租土名洋前有珠伊年載正租宗盤下收
洋九月廿六日收去本年分租谷弍百斤

5-2-67-31　清道光二十二年鄭氏吉房立隆園厝還出田租簿（三一）

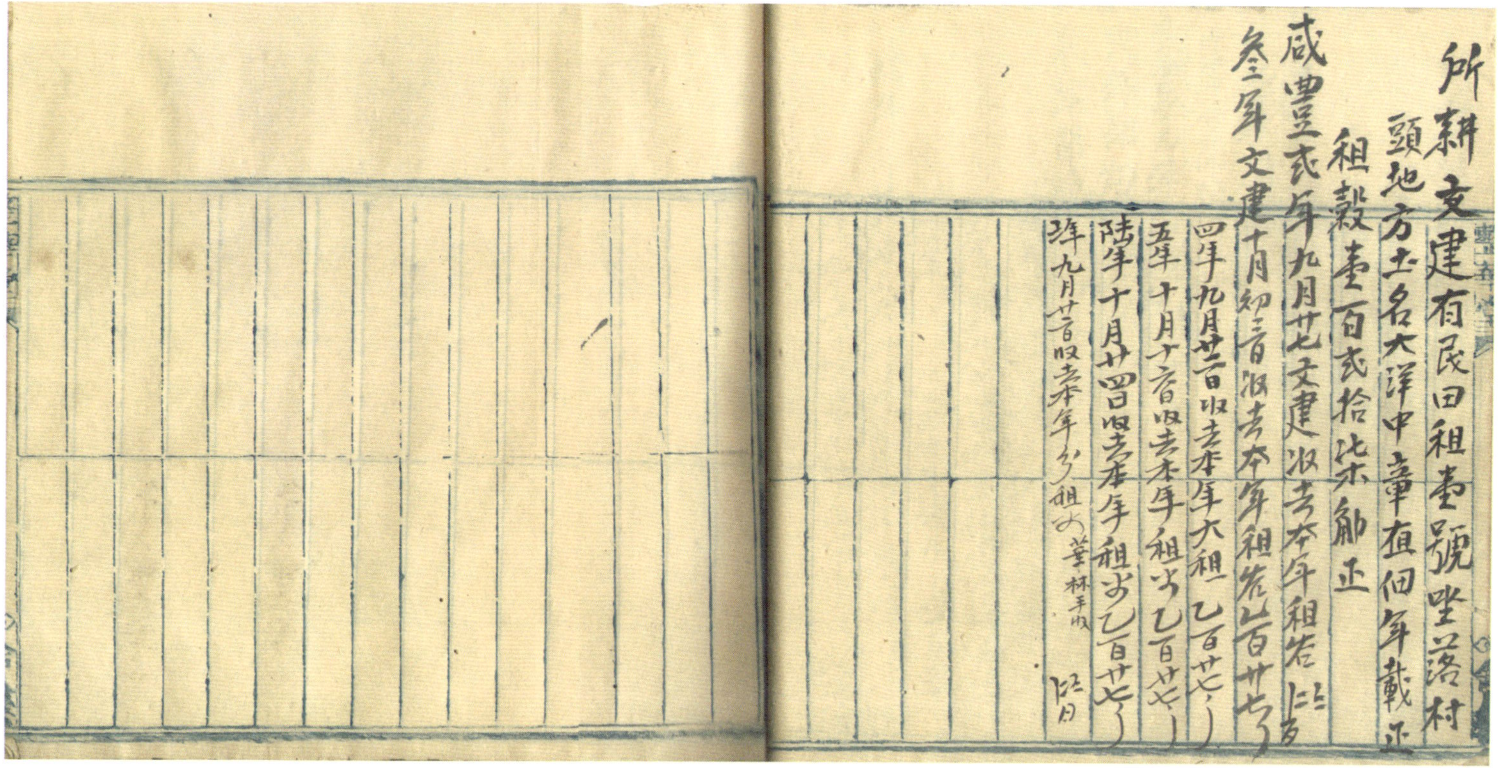
所耕文建有民田租壹號坐落村
頭地方土名大洋中章直佃年載正
租穀壹百貳拾柒斤正
咸豐貳年九月廿七文建收去本年租谷
叁年文建十月初三日收去本年租谷百廿七斤
四年九月廿二日收去本年大租乙百廿七斤
五年十月十二日收去本年租斗乙百廿七斤
陸年十月廿四日收去本年租斗乙百廿七斤
柒年九月廿二日收去本年乡租的　華林手收　記日

5-2-67-32　清道光二十二年鄭氏吉房立隆園厝還出田租簿（三二）

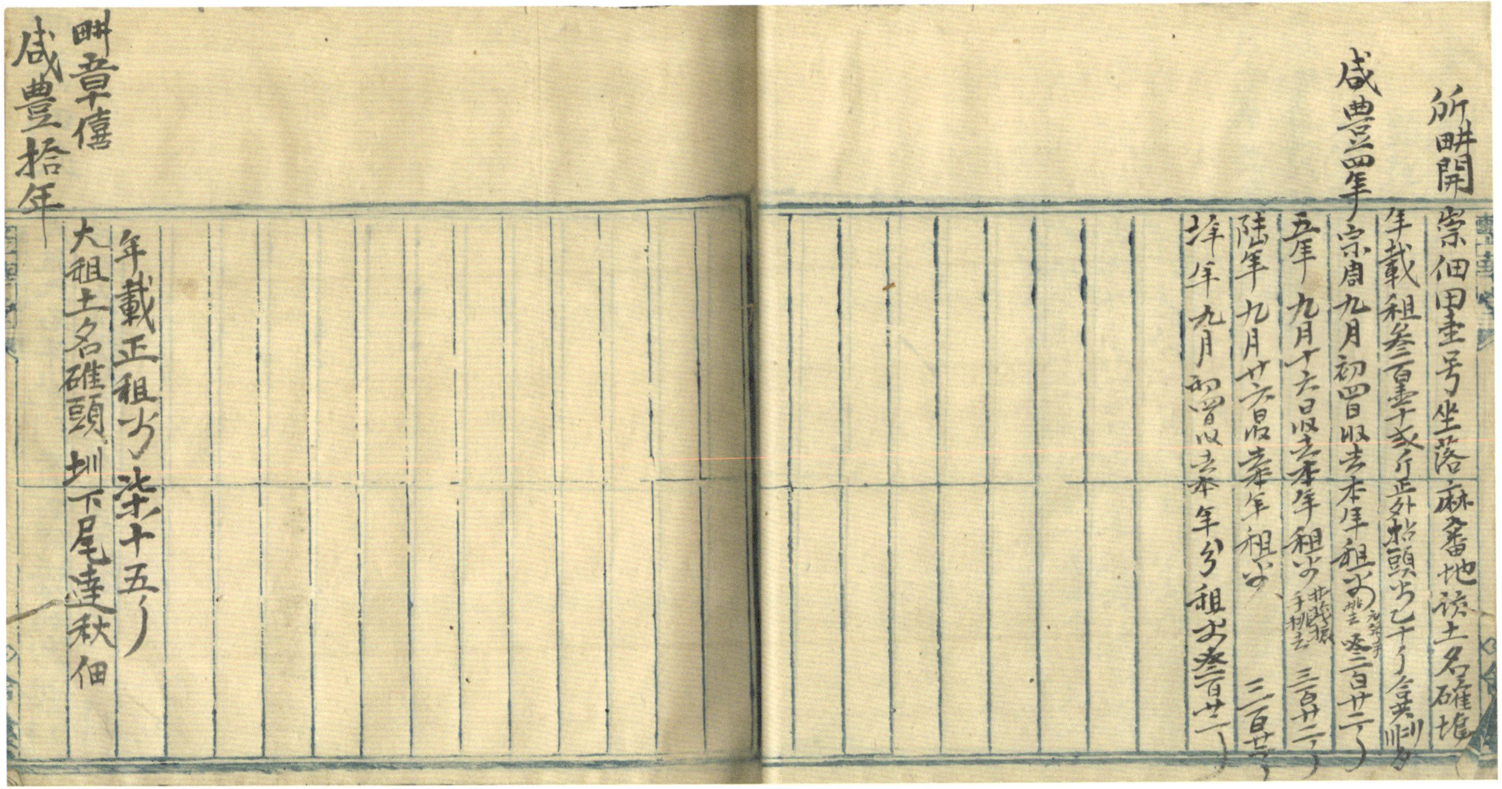

5-2-67-33　清道光二十二年鄭氏吉房立隆園厝還出田租簿（三三）

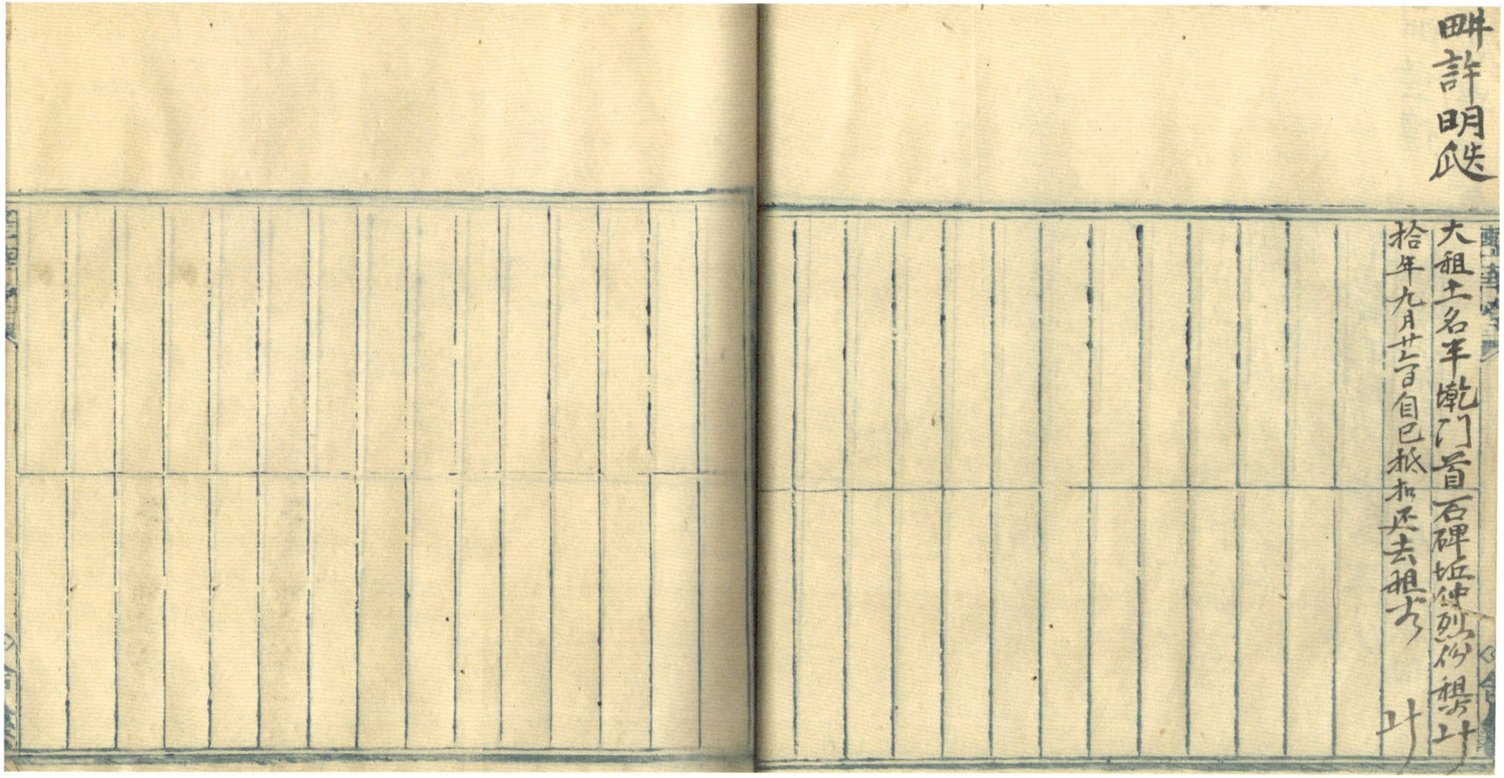

畊許明俴

大祖土名羊墘门首石碑垅仲烈份契叶

拾年九月廿三日自己柢和还去祖契

叶

5-2-67-34　清道光二十二年鄭氏吉房立隆園厝還出田租簿（三四）

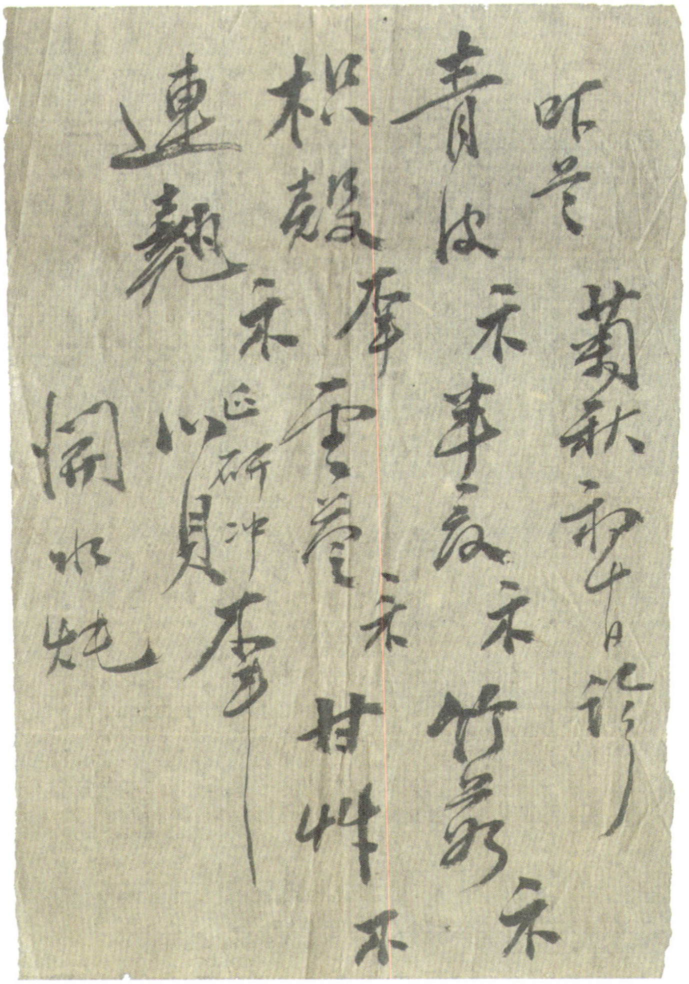

昨冬 菊秋和十日記行
青皮禾 車夜禾 竹葉禾
根穀 摩雲蒼禾 甘牲不
連麴禾 以貝摩（正研冲）
閩水地

5-2-67-35　清道光二十二年鄭氏吉房立隆園厝還出田租簿（夾葉一）

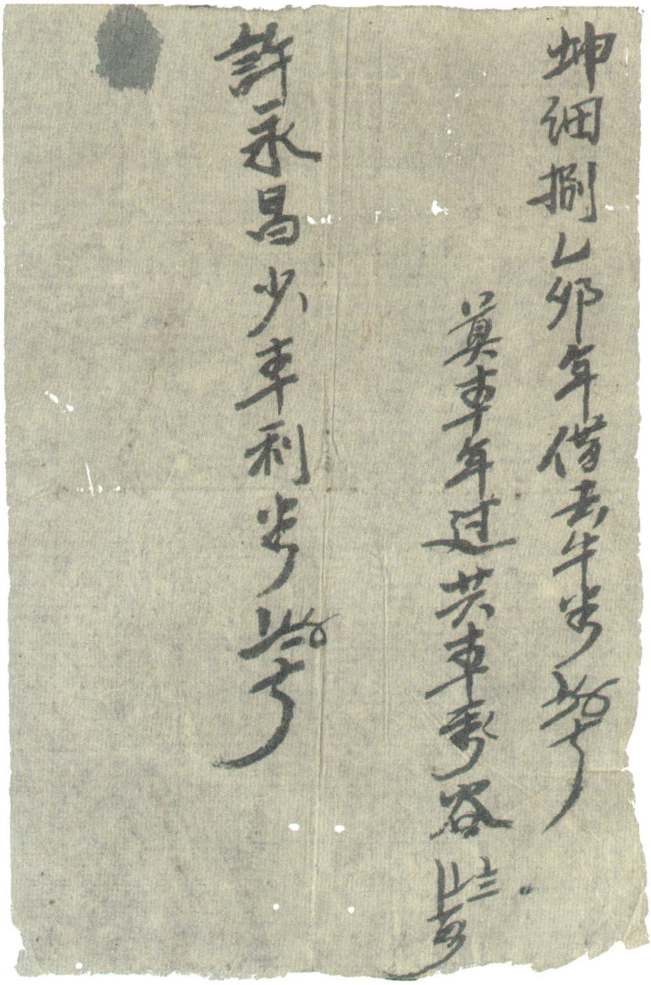
坤佃捌乙卯年借去本谷[illegible]
算本年过共本利谷[illegible]
許永昌少本利谷[illegible]

5-2-67-36　清道光二十二年鄭氏吉房立隆園厝還出田租簿（夾葉二）

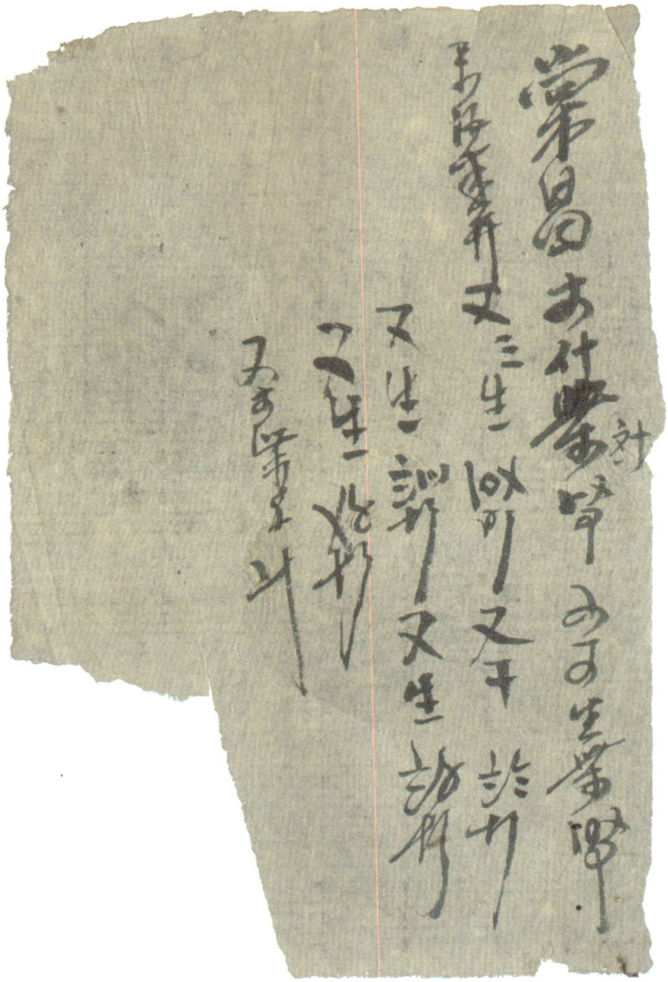

5-2-67-37　清道光二十二年鄭氏吉房立隆園厝還出田租簿(夾葉三)

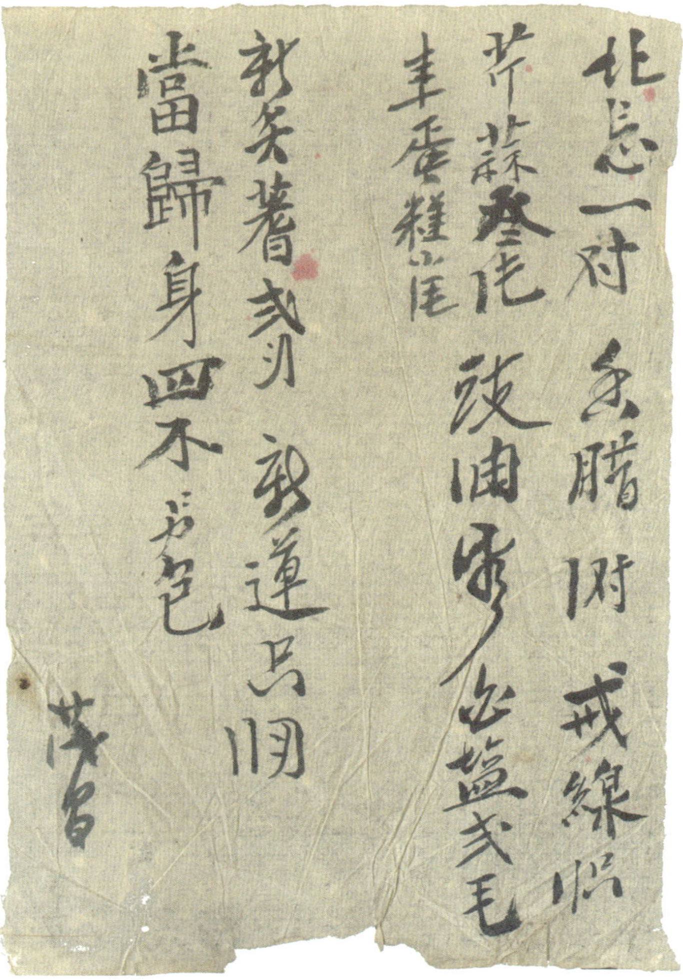

5-2-67-38　清道光二十二年鄭氏吉房立隆園厝還出田租簿(夾葉四)

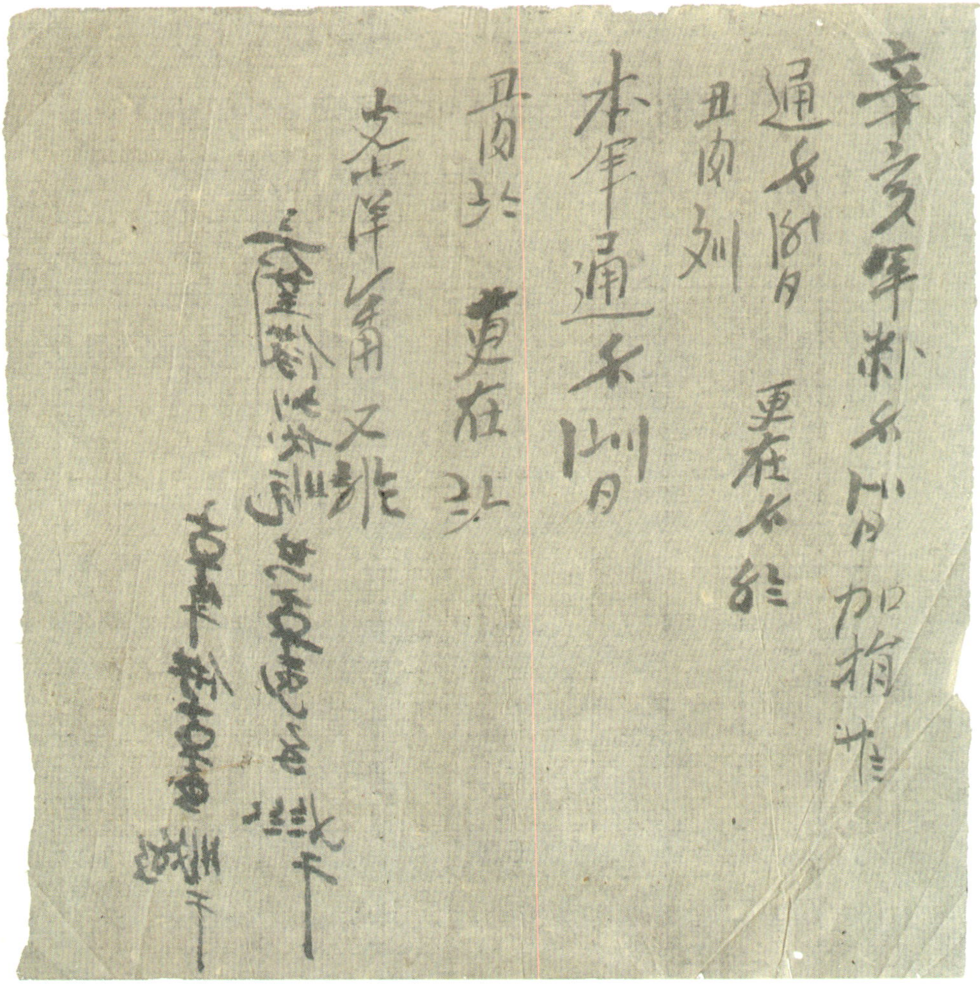

辛亥年對谷　加捐米
通谷　更在谷
丑內刈
本年通谷
丑內　更在
去年又

5-2-67-39　清道光二十二年鄭氏吉房立隆園厝還出田租簿（夾葉五）

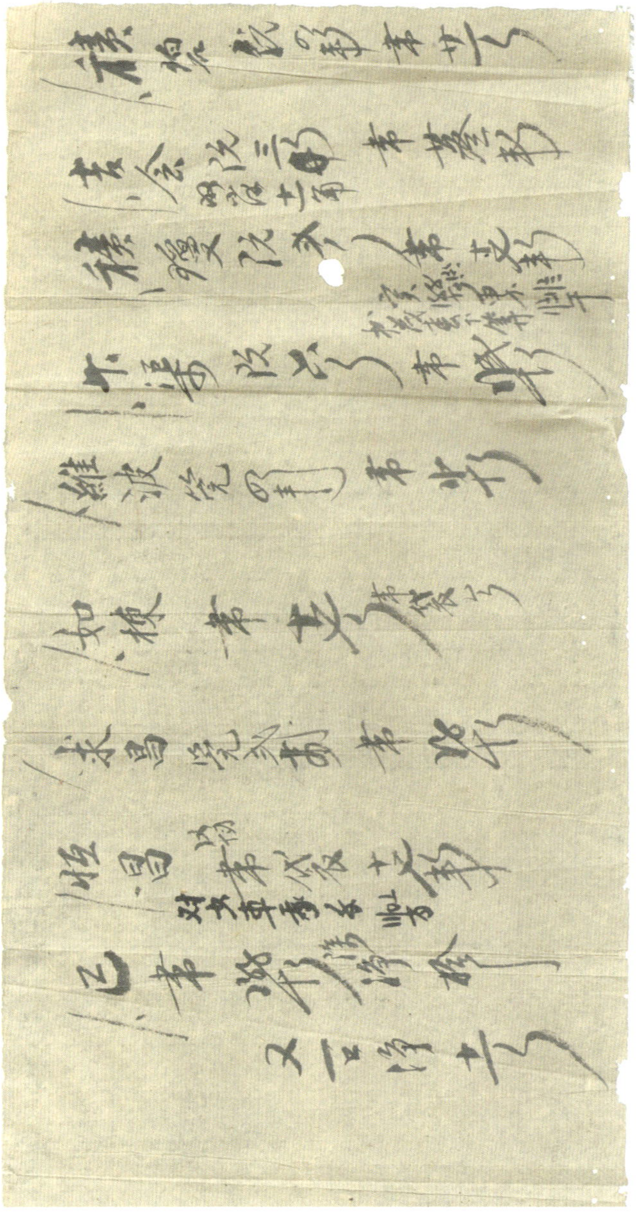

5-2-67-40　清道光二十二年鄭氏吉房立隆園厝還出田租簿（夾葉六）

八閩文庫

福建民間契約文書

廈門大學民間歷史文獻研究中心 編
鄭振滿 主編

21

專題彙編 第二種

海峽出版發行集團
THE STRAITS PUBLISHING & DISTRIBUTING GROUP
福建人民出版社

本册目録

第五卷　永泰縣蓋洋鄉蓋峰村鄭氏契約文書（三）

第二帙　鄭步順户

第五卷　永泰縣蓋洋鄉蓋峰村鄭氏契約文書（三）

本卷主編　高晨焜

第二帙　鄭步順户

5-2-68-1　清道光二十八年鄭武忠記借貸總目（一）

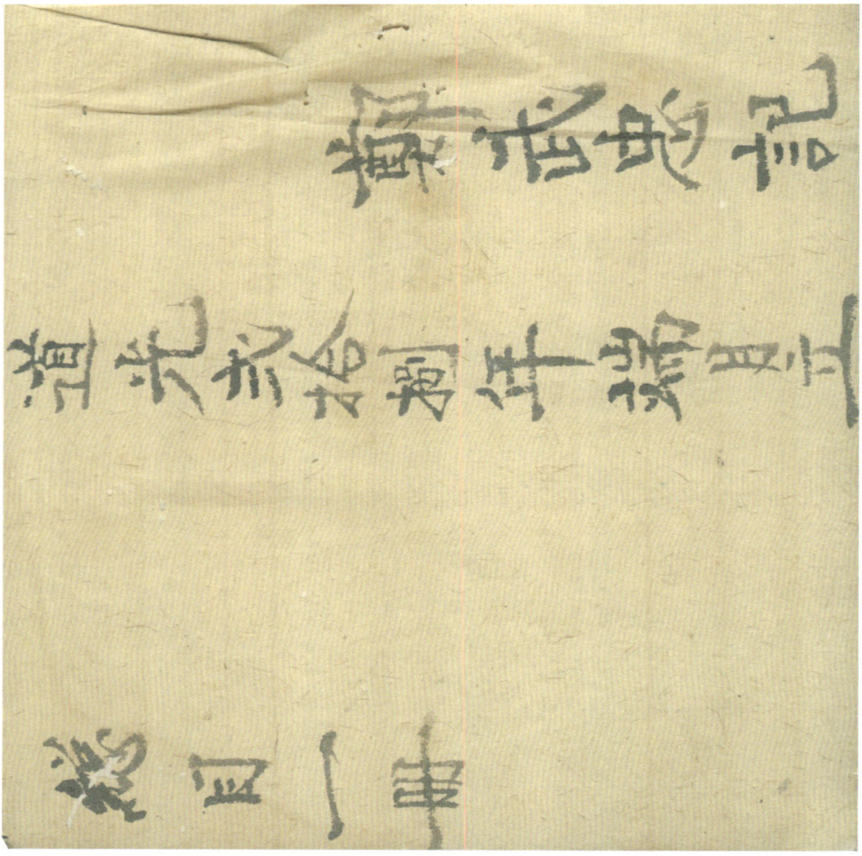

5-2-68-2　清道光二十八年鄭武忠記借貸總目（二）

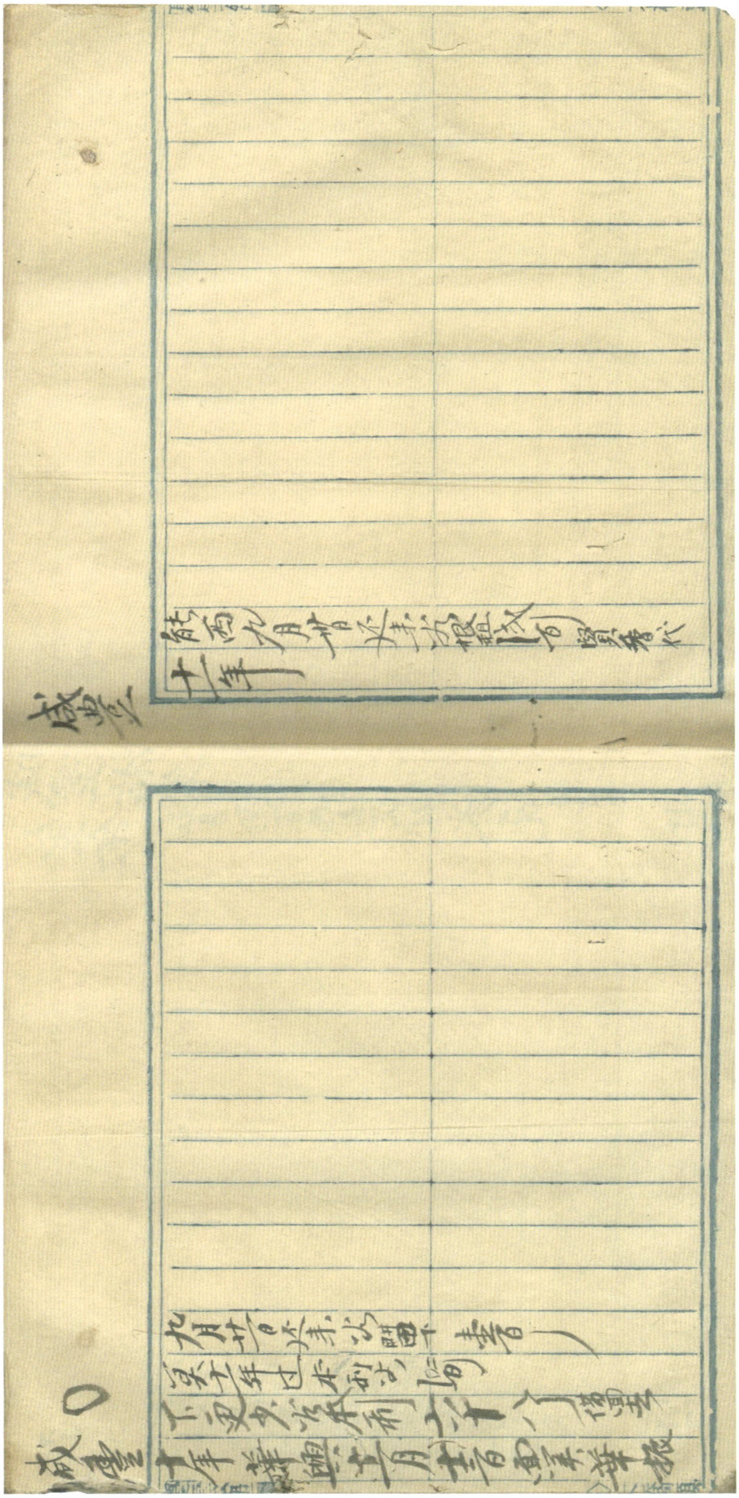

5-2-68-3　清道光二十八年鄭武忠記借貸總目（三）

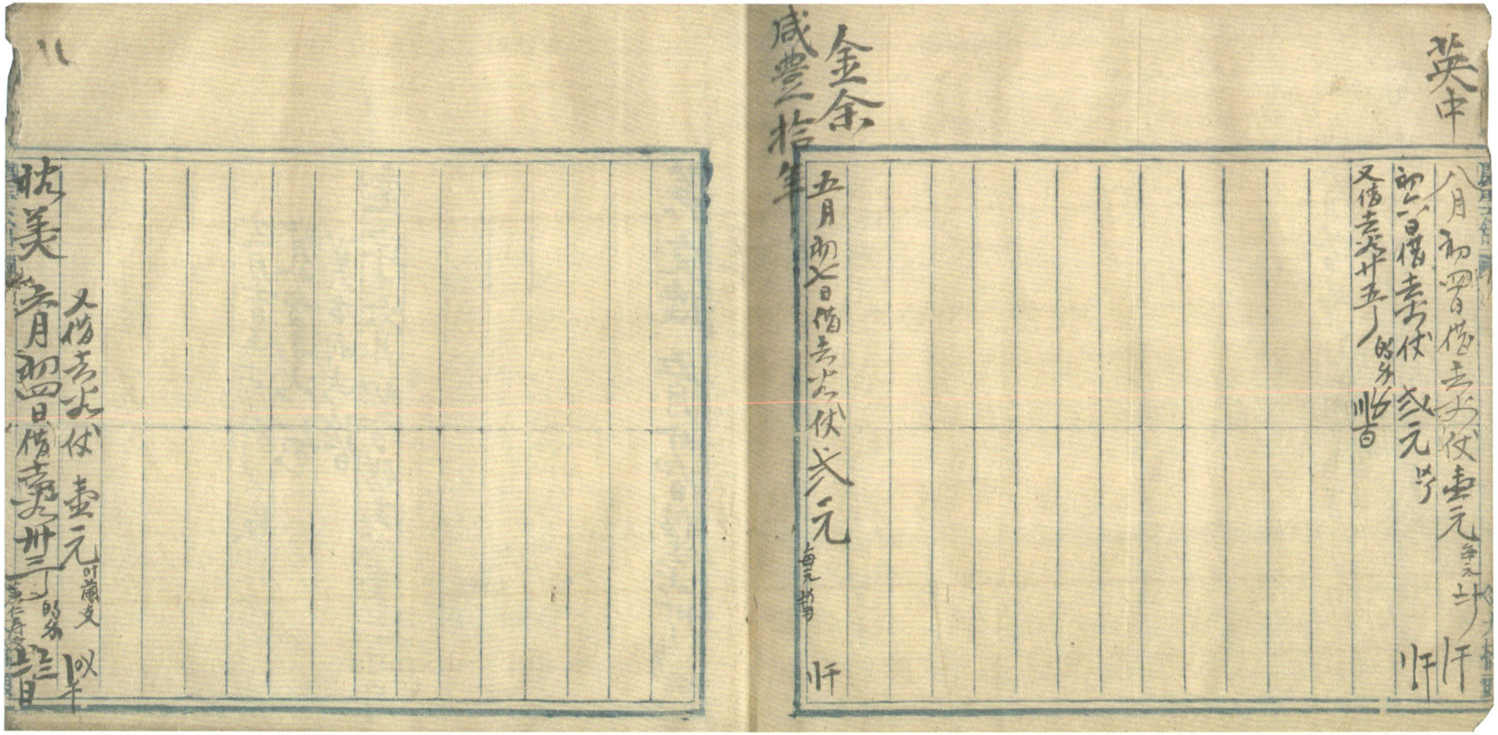

5-2-68-4　清道光二十八年鄭武忠記借貸總目（四）

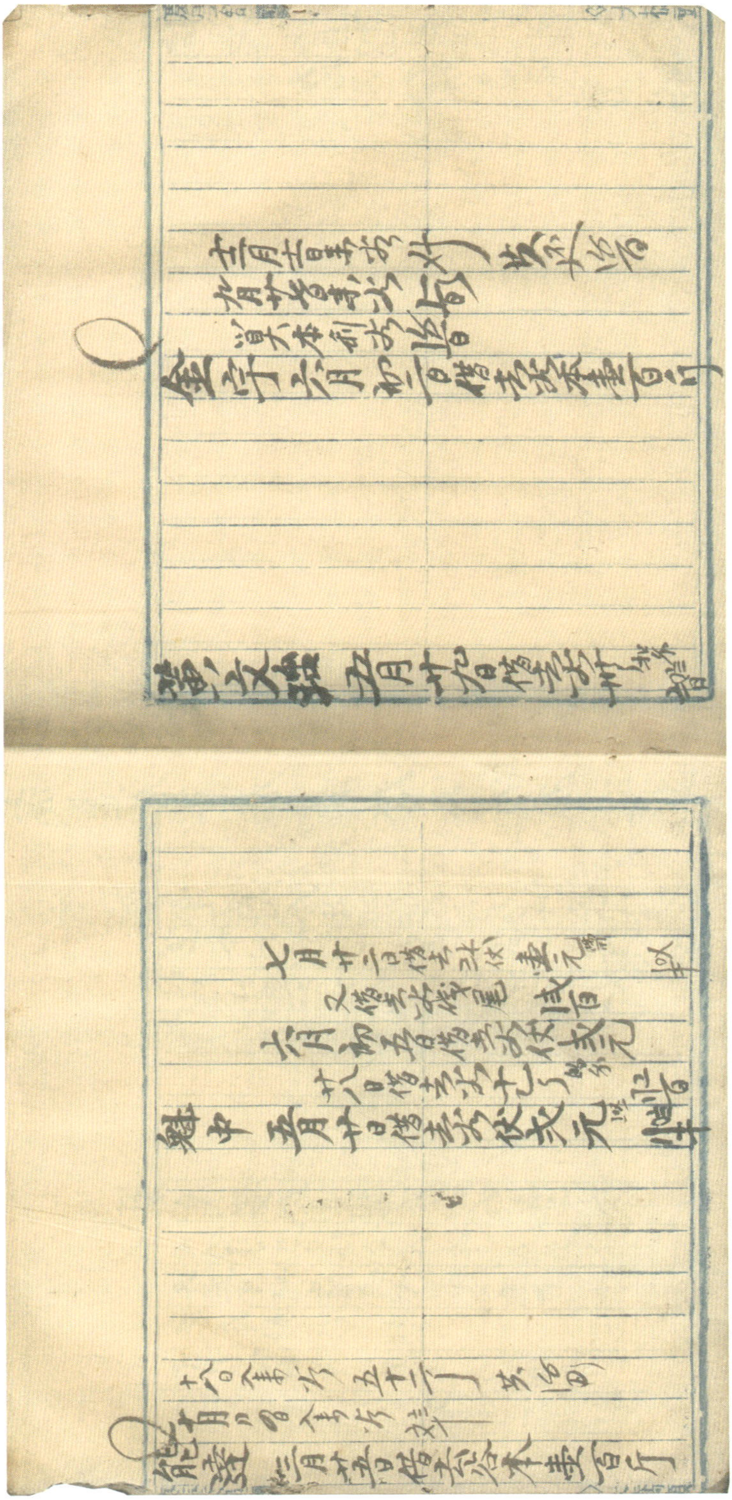

5-2-68-5 清道光二十八年鄭武忠記借貸總目（五）

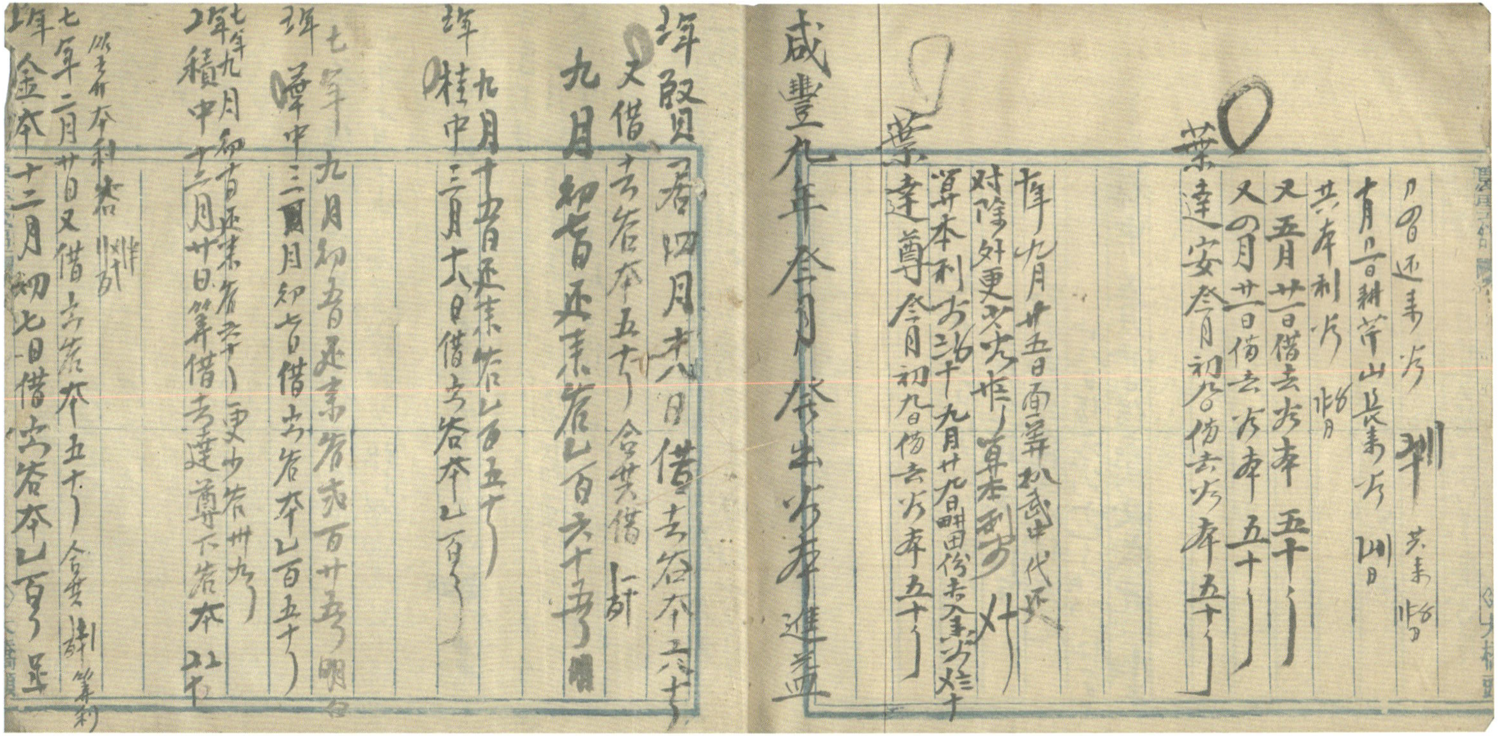

5-2-68-6　清道光二十八年鄭武忠記借貸總目（六）

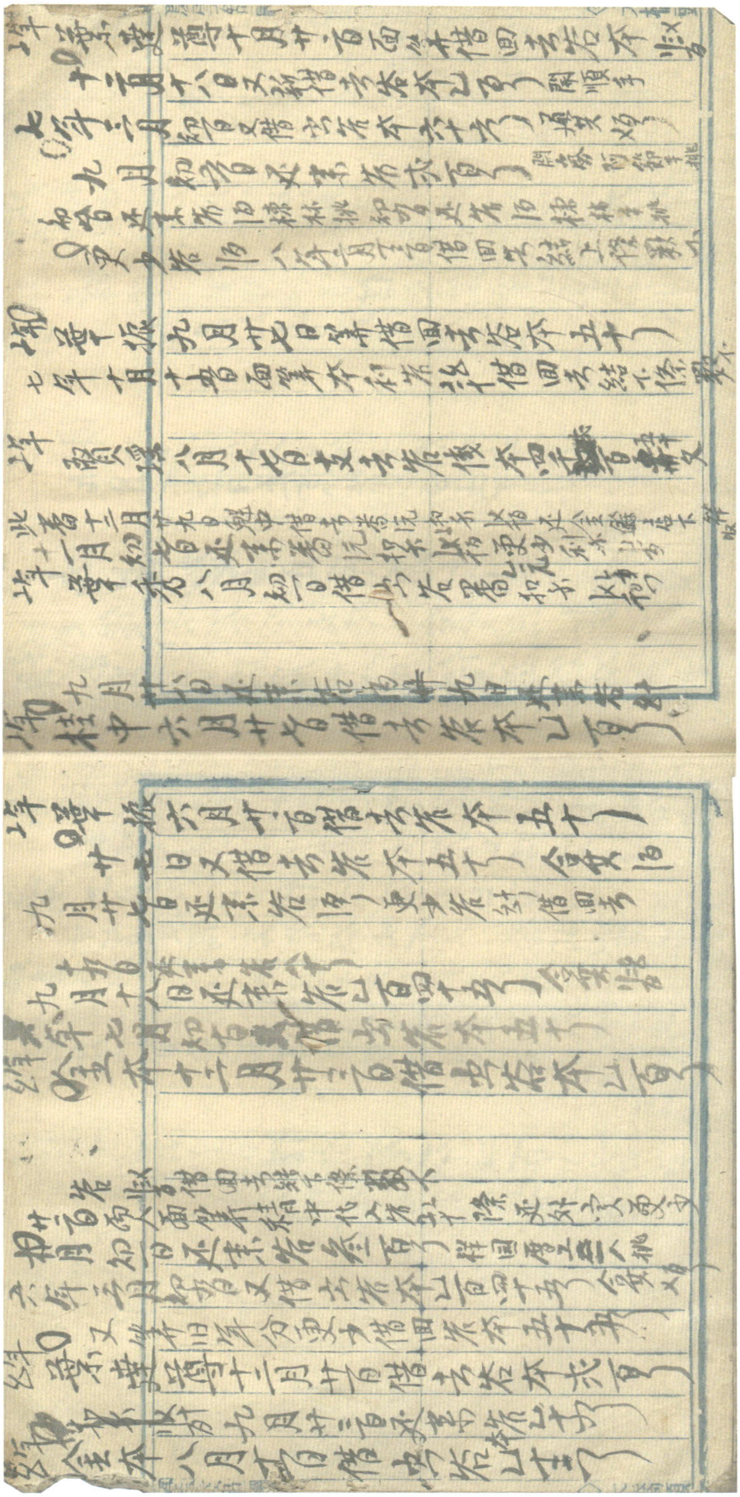

5-2-68-7　清道光二十八年鄭武忠記借貸總目（七）

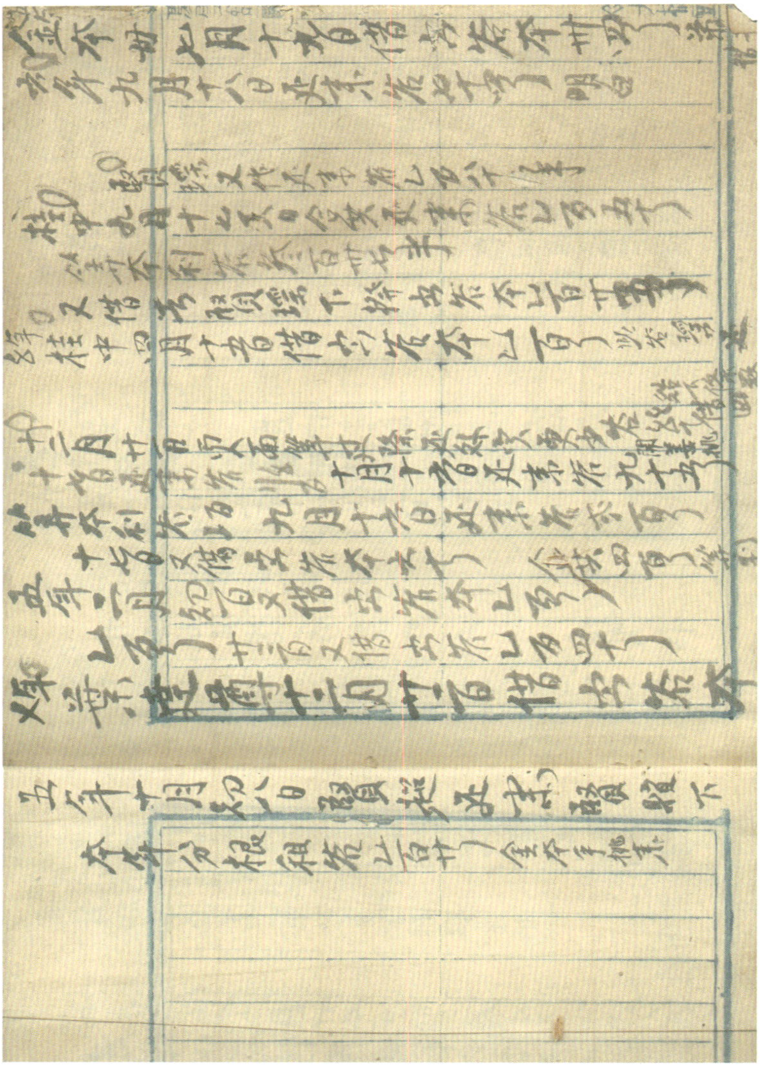

5-2-68-8　清道光二十八年鄭武忠記借貸總目（八）

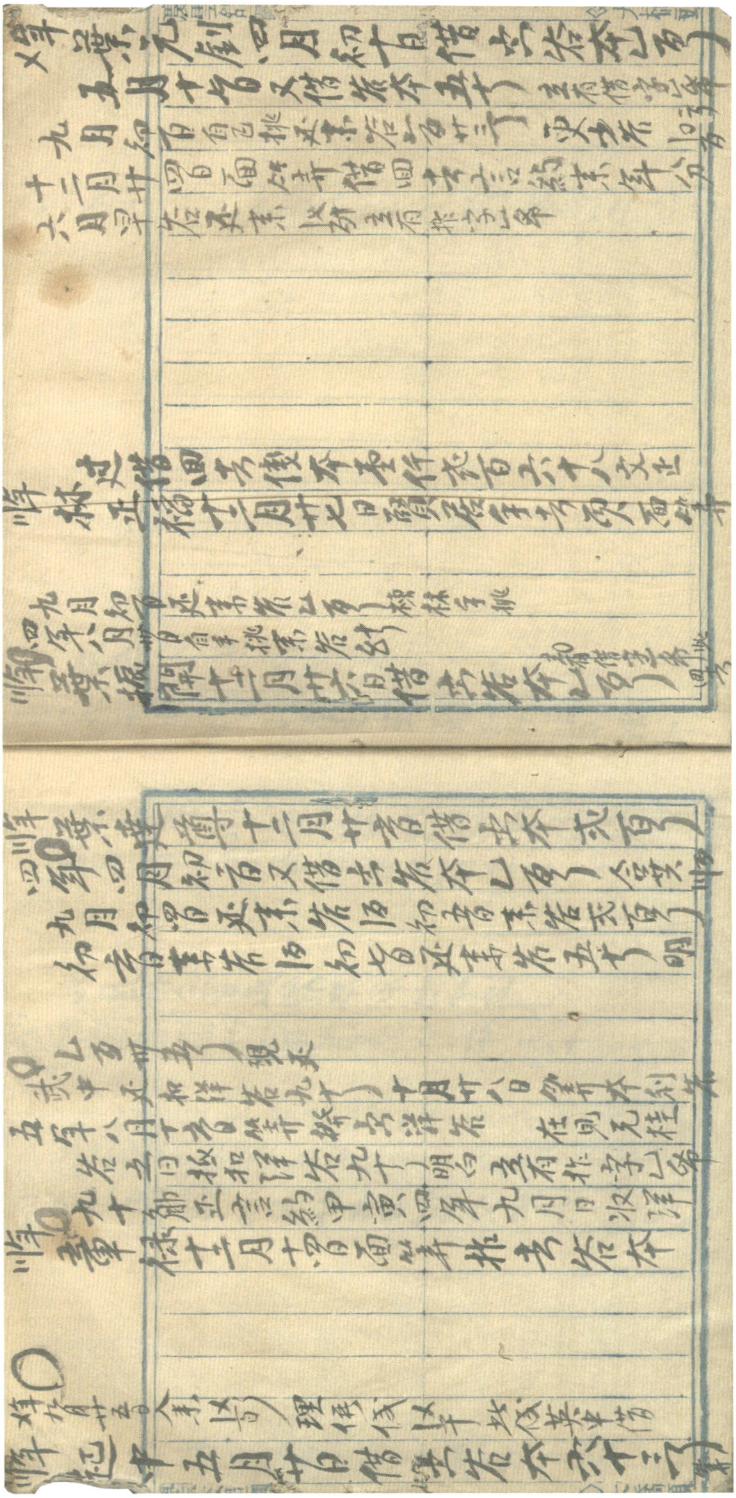

5-2-68-9　清道光二十八年鄭武忠記借貸總目（九）

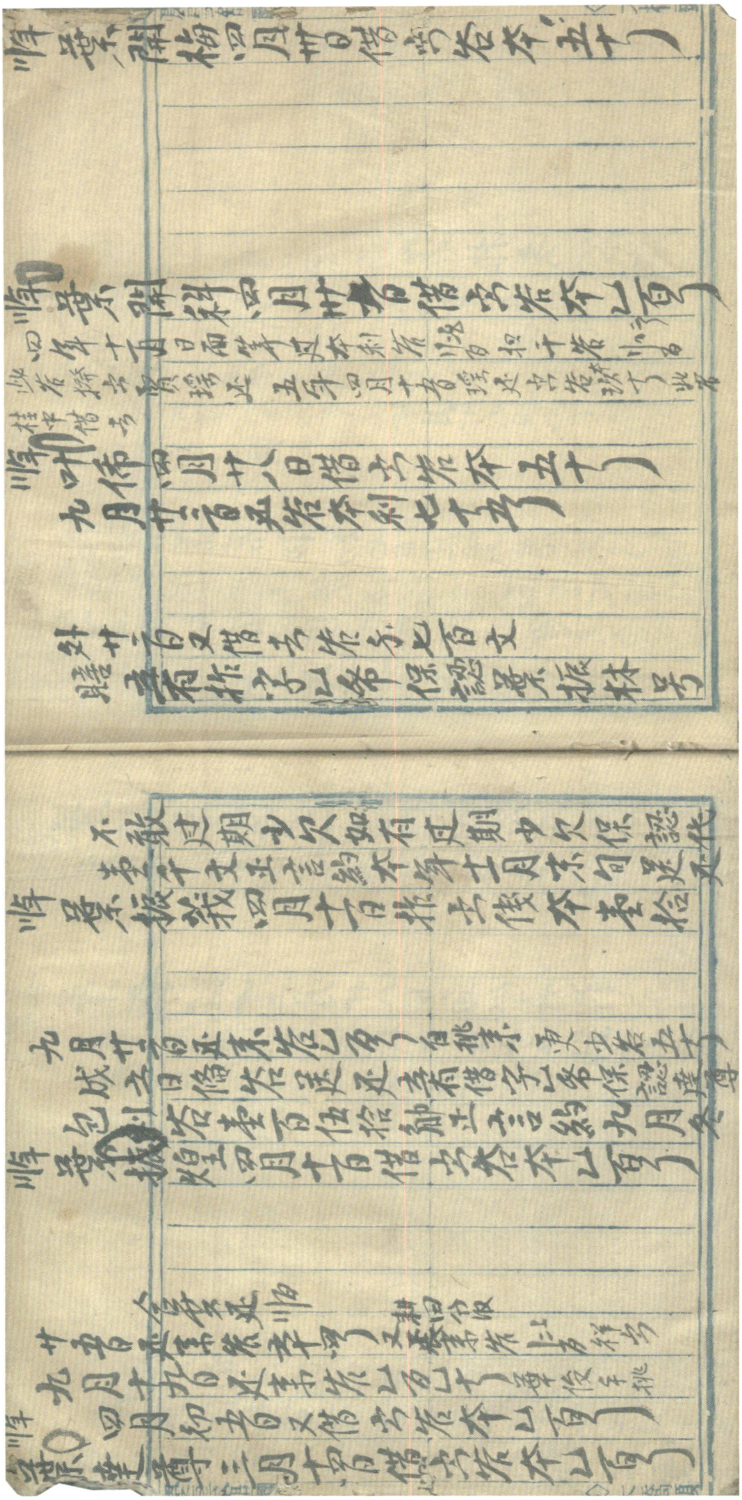

5-2-68-10　清道光二十八年鄭武忠記借貸總目（一〇）

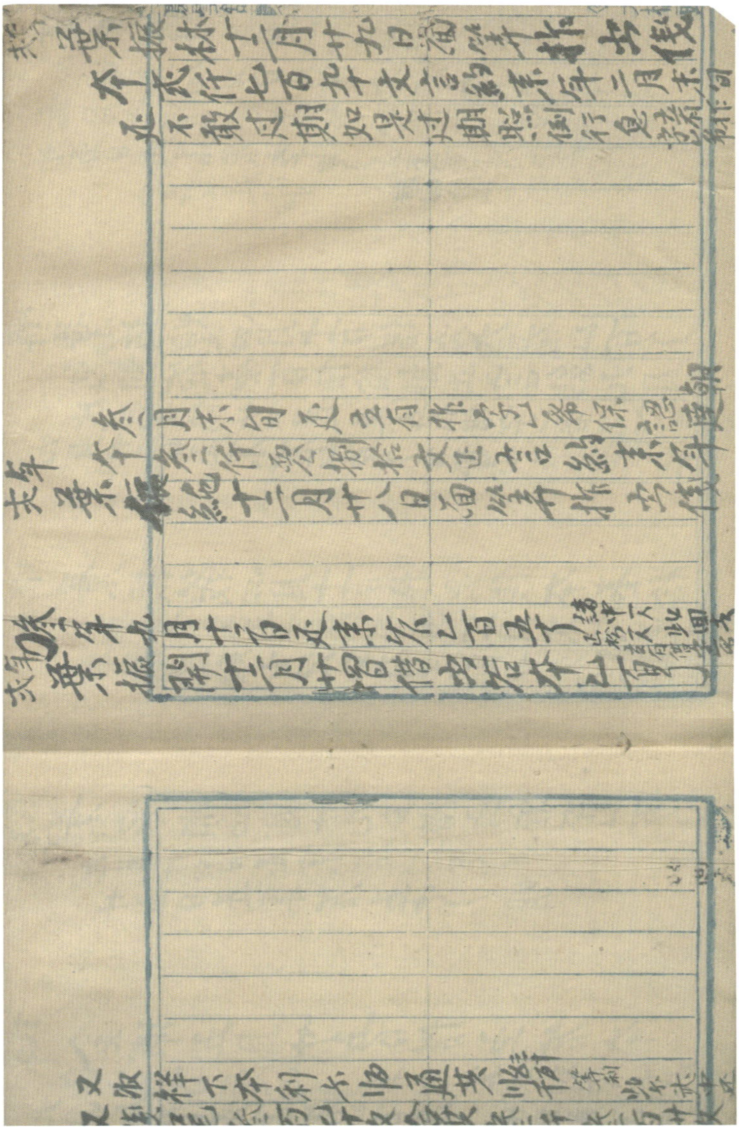

5-2-68-11　清道光二十八年鄭武忠記借貸總目（一一）

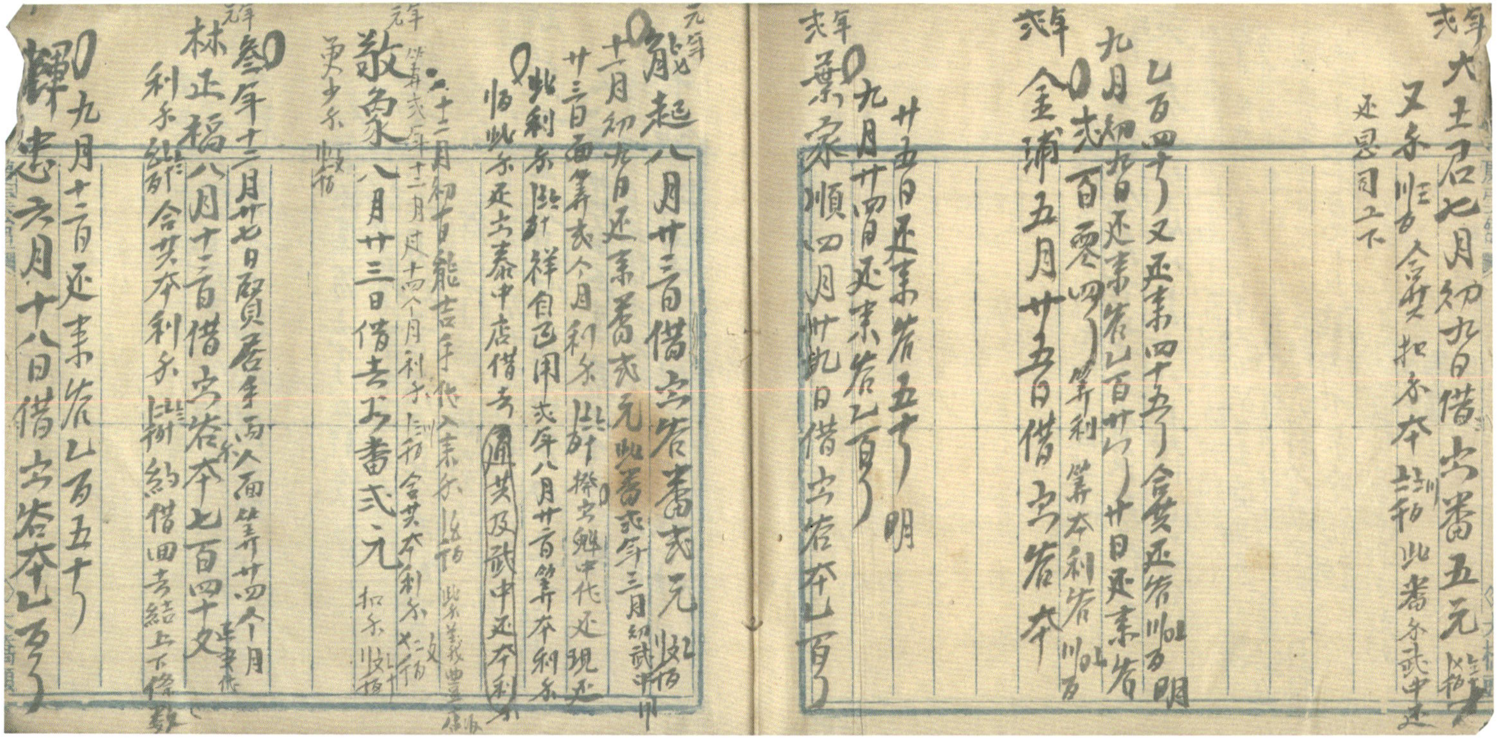

5-2-68-12　清道光二十八年鄭武忠記借貸總目（一二）

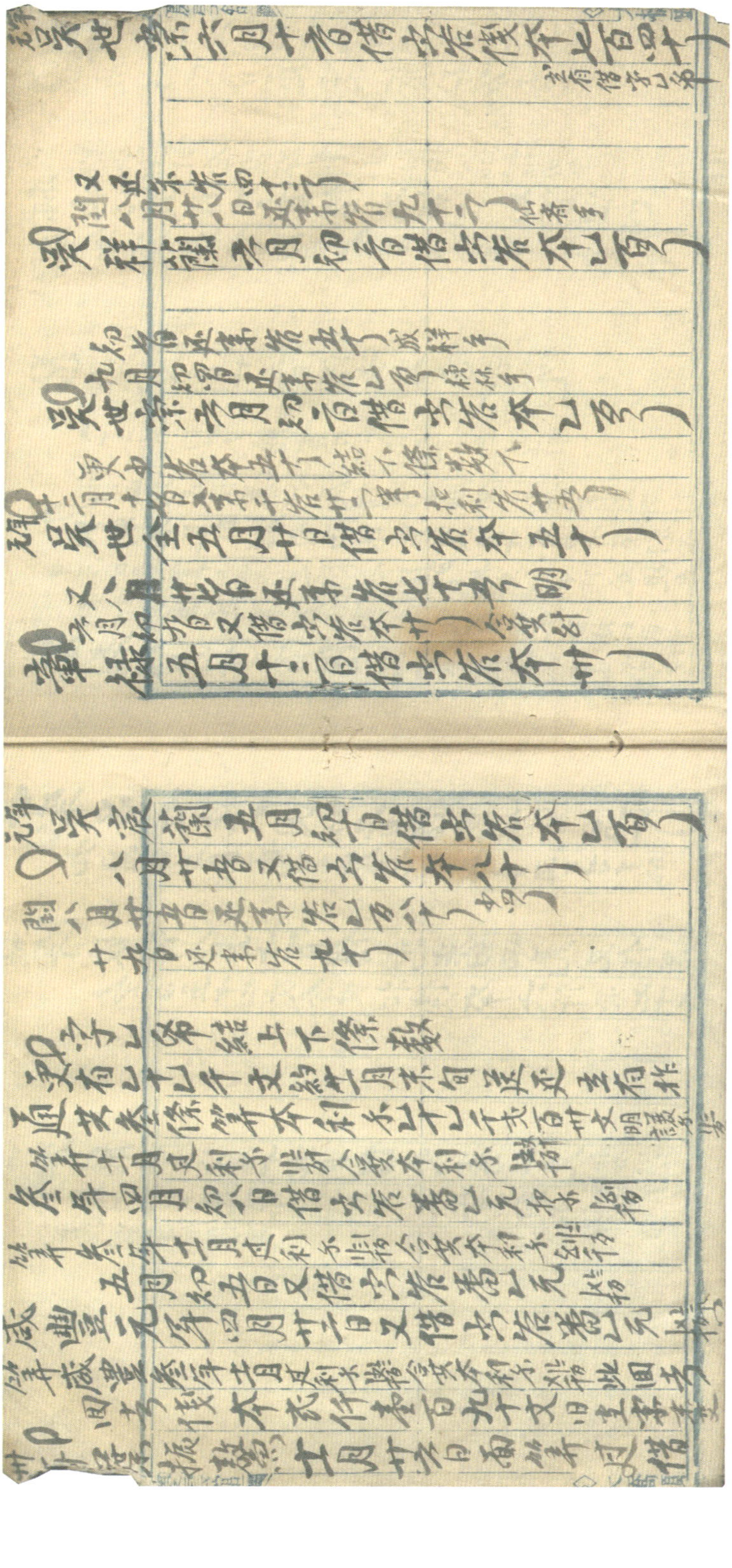

5-2-68-13　清道光二十八年鄭武忠記借貸總目（一三）

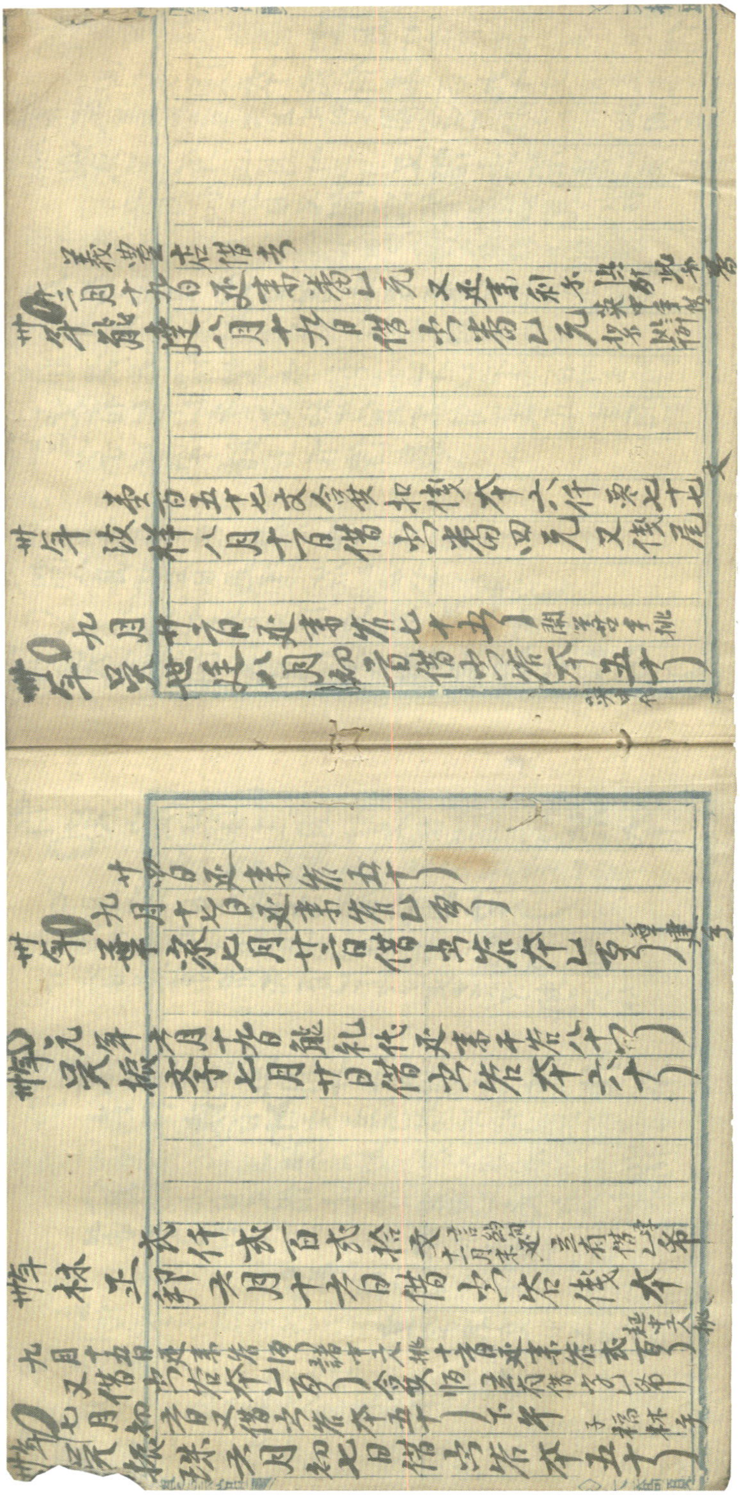

5-2-68-14　清道光二十八年鄭武忠記借貸總目（一四）

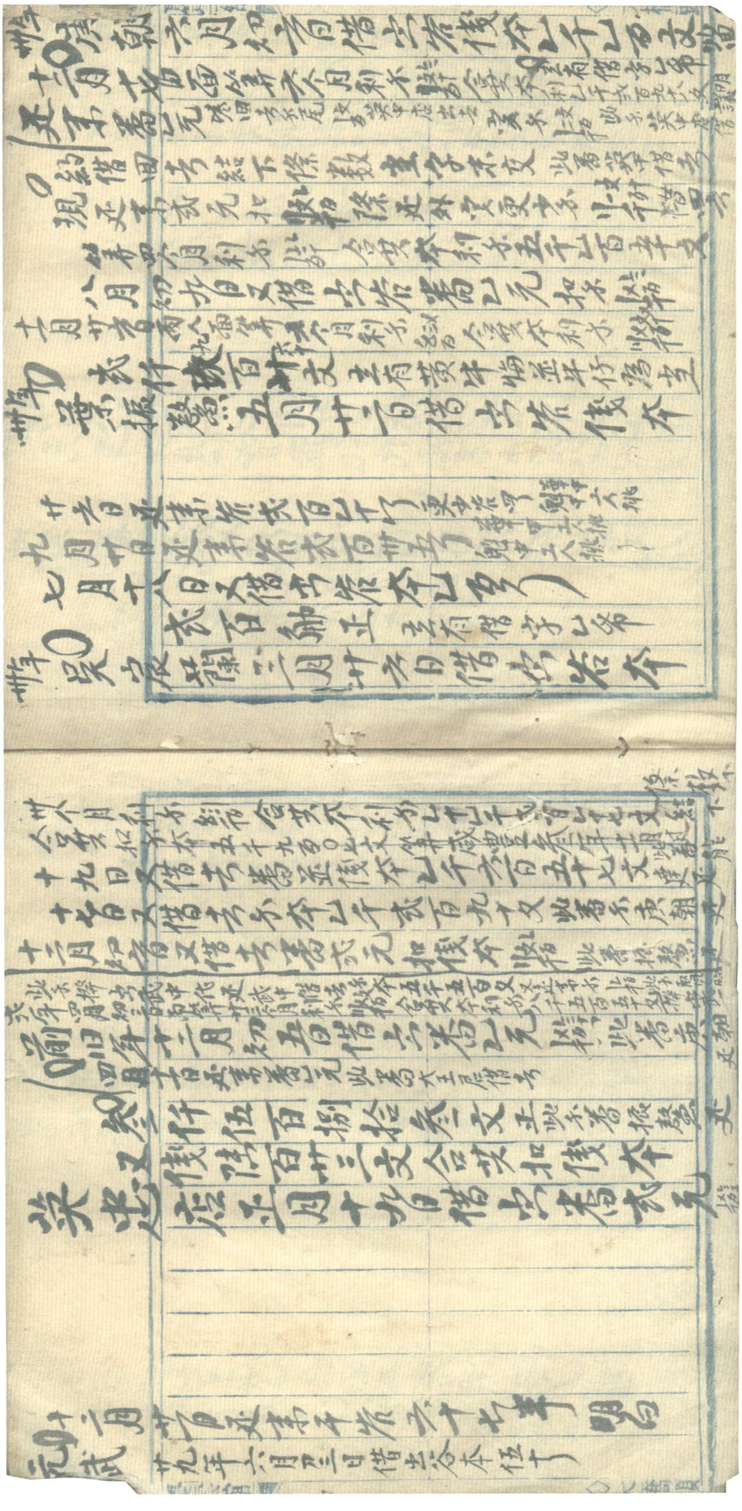

5-2-68-15　清道光二十八年鄭武忠記借貸總目（一五）

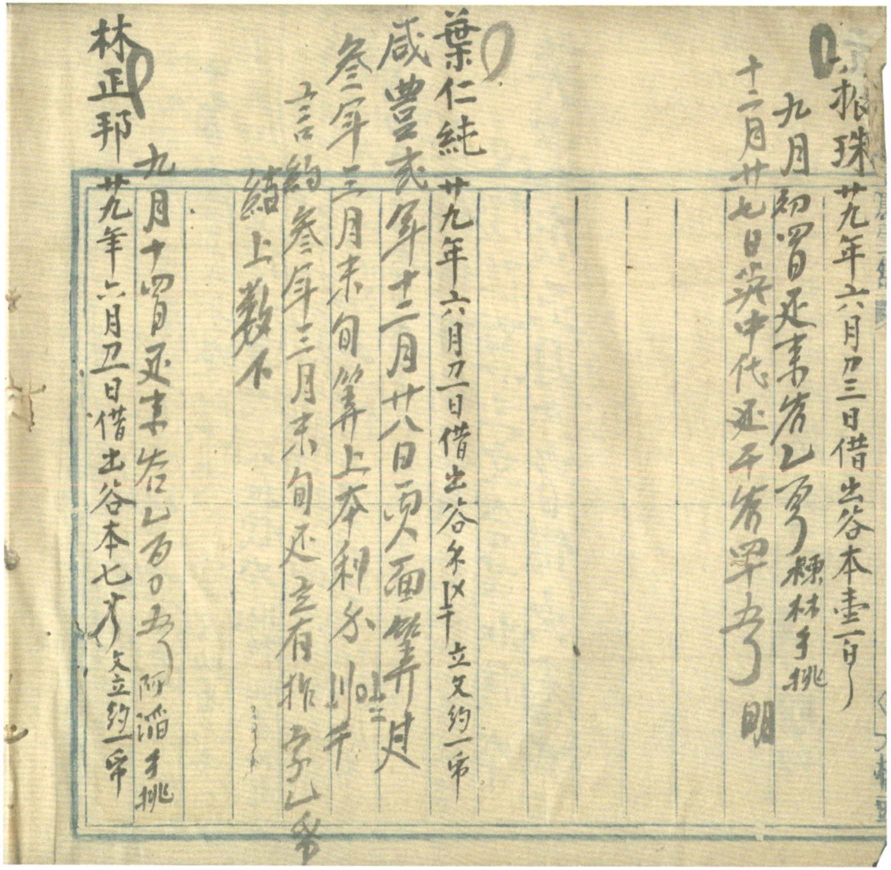

5-2-68-16　清道光二十八年鄭武忠記借貸總目（一六）

5-2-68-17　清道光二十八年鄭武忠記借貸總目（一七）

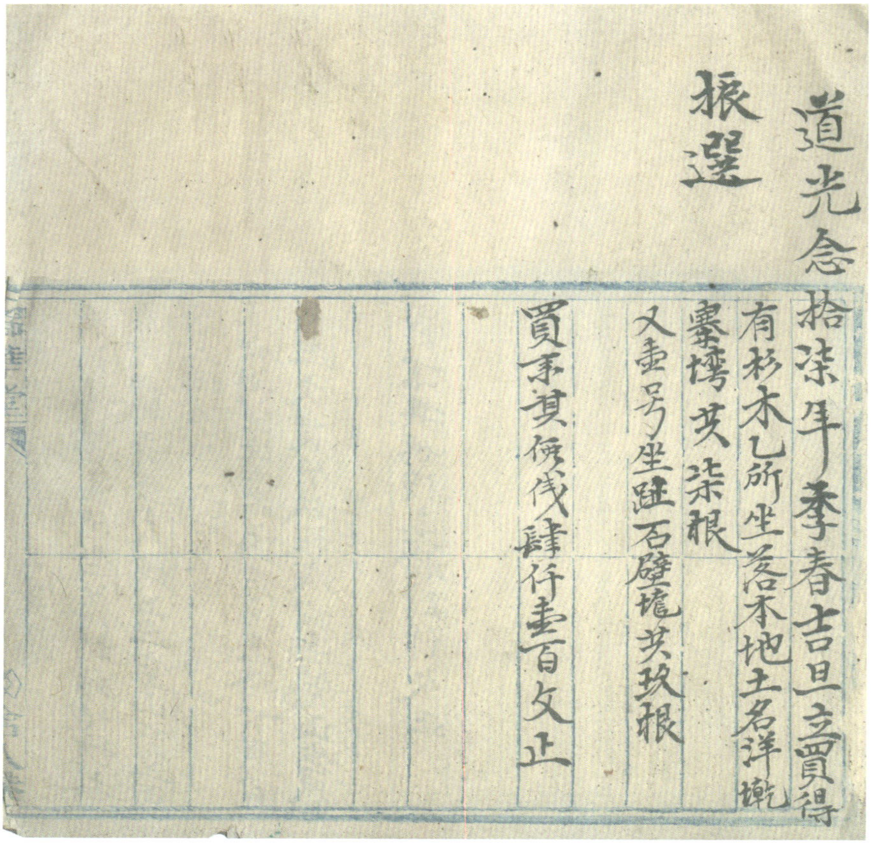
道光念拾柒年季春吉旦立買得
振選
有杉木乙所坐落本地土名洋墘
壟墘共柒根
又壹號坐址石壁墘共玖根
買來其價錢肆仟壹百文正

5-2-69-1　清道光咸豐年間鄭氏家族置業簿（一）

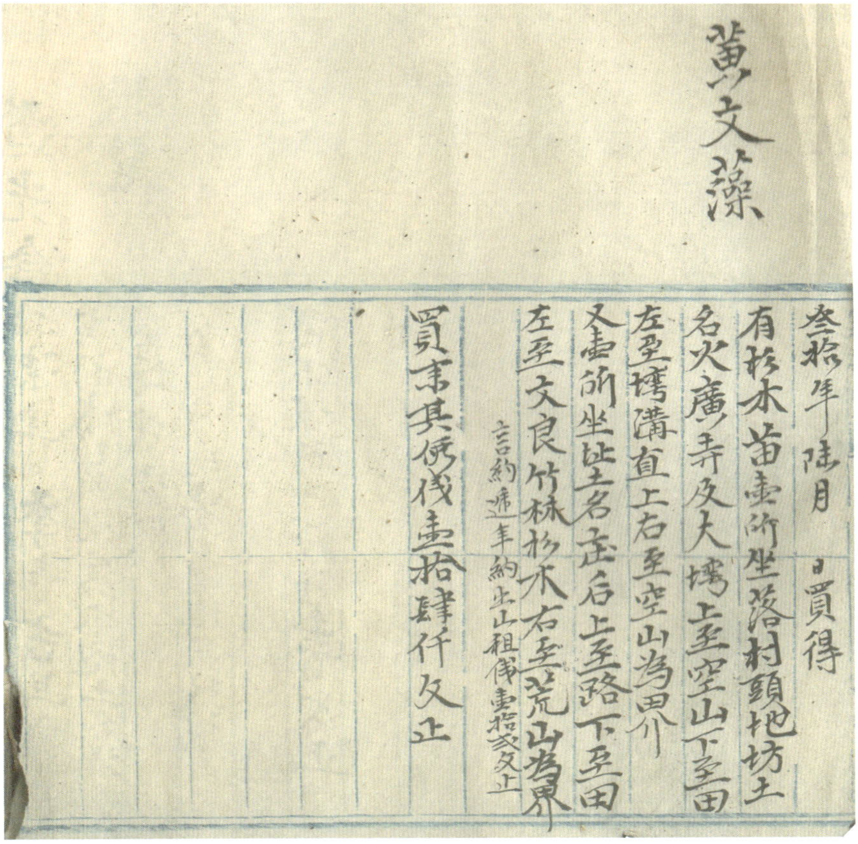

萬文藻

叁拾年陸月　日買得
有杉木苗壹所坐落村頭地坊土
名火廣寺及大墈上至空山下至田
左至墈溝直上右至空山為界
又壹所坐址土名岙后上至路下至田
左至文良竹林杉木右至荒山為界
言約逓年納出山租錢壹拾叁文正
買來其價錢壹拾肆仟文正

5-2-69-2　清道光咸豐年間鄭氏家族置業簿（二）

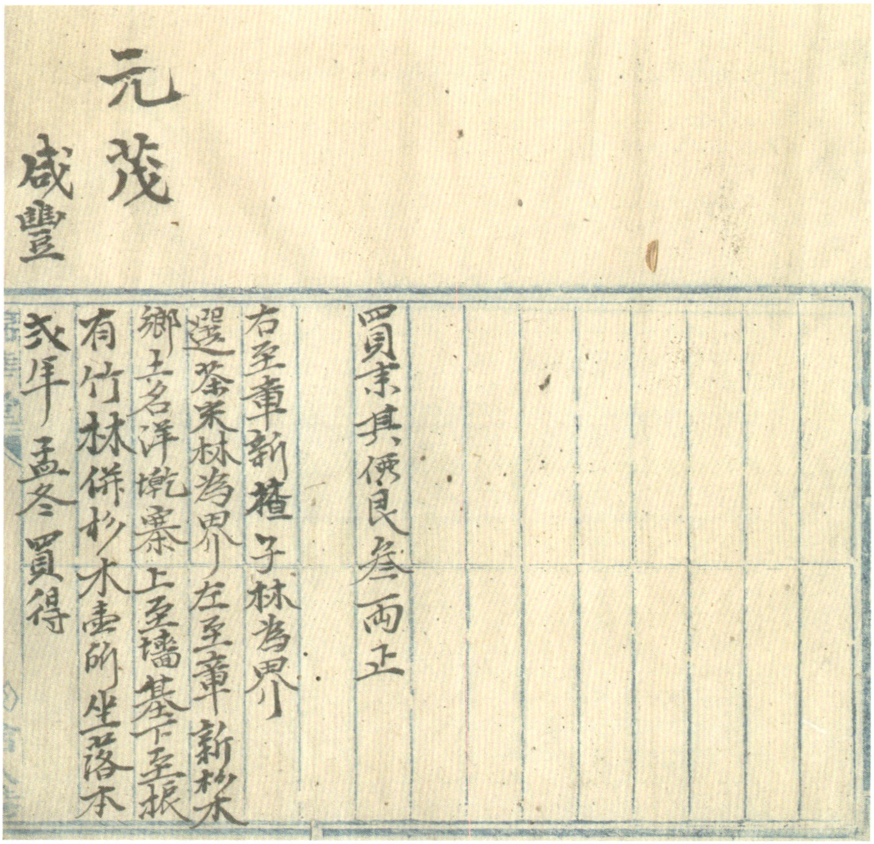

元茂
咸豐
買業其價艮叁兩正
右至章新種子林為界
還茶木林為界左至章新杉木
鄉土名洋墘寨上至墙基下至振
有竹林併杉木壹所坐落本
戊年孟冬買得

5-2-69-3　清道光咸豐年間鄭氏家族置業簿（三）

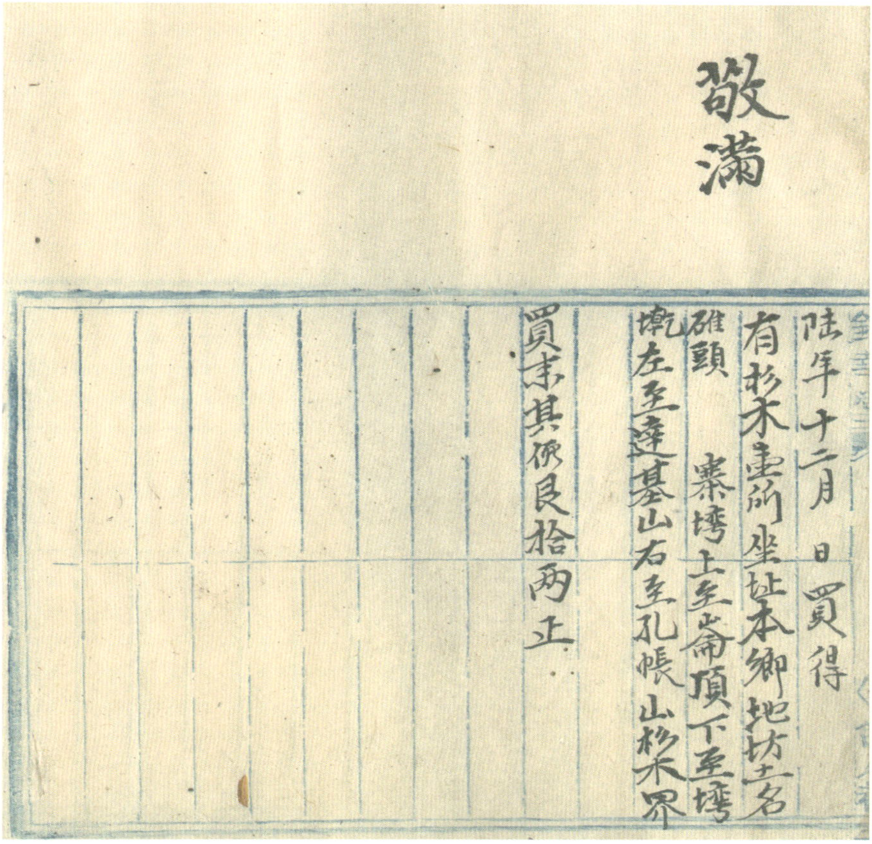

敬滿

陆年十二月 日買得
有杉木壹所坐址本鄉地坊土名
碓頭 寨墘上至山岭頂下至墘
墘左至達基山右至孔帳山杉木界
買去其價良拾两正

5-2-69-4 清道光咸豐年間鄭氏家族置業簿（四）

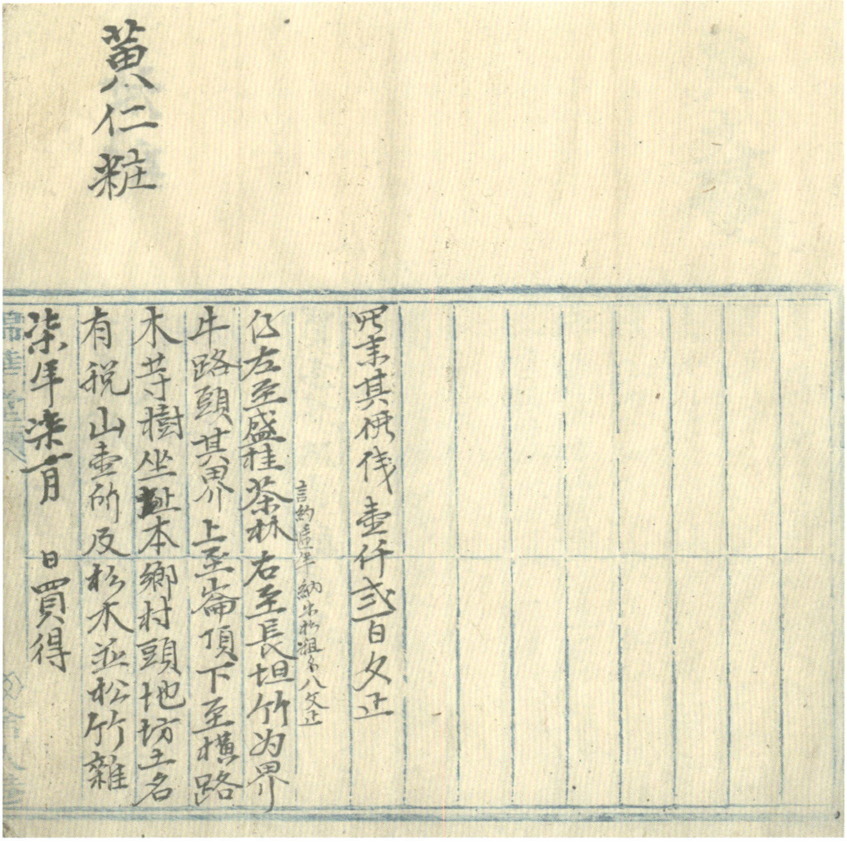

萬八仁粧

典業其價錢壹仟弍百文正

言約逐年納出租谷八斗正

仍左至盛桂茶林右至長坦竹為界

牛路頭其界上至崙頂下至橫路

木苛樹坐址本鄉村頭地坊土名

有稅山壹所及杉木並松竹雜

柒年柒月　日買得

5-2-69-5　清道光咸豐年間鄭氏家族置業簿（五）

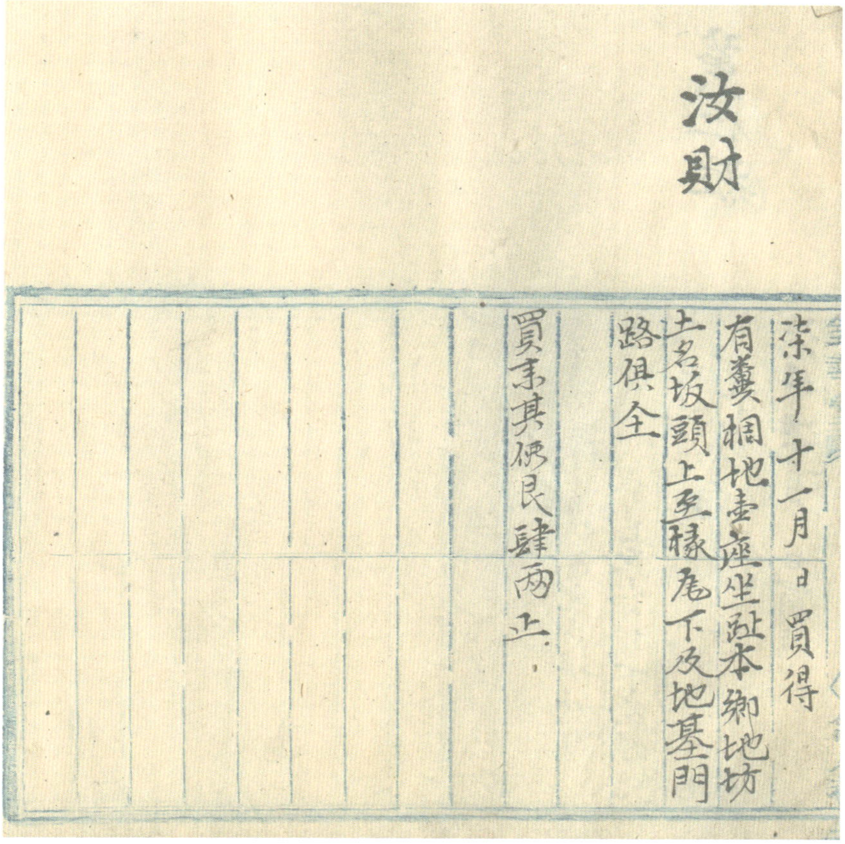
汝財

柒年十一月　日買得
有蘘桐地壹座坐址本鄉地坊
土名坂頭上至椽尾下及地基門
路俱全
買來其價艮肆兩止

5-2-69-6　清道光咸豐年間鄭氏家族置業簿（六）

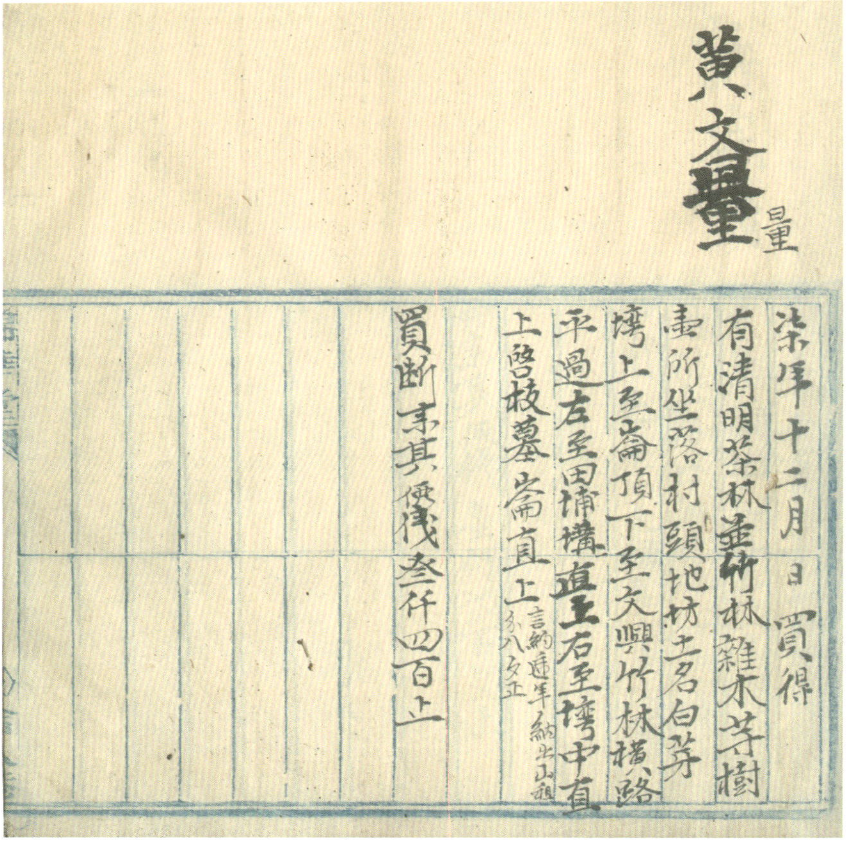

黄八文壘 量

柒年十二月 日 買得
有清明茶林並竹林雜木等樹
壹所坐落村頭地坊土名白芽
墩上至崙頂下至文興竹林橫路
平過左至田埔墘直上右至墩中直
上至枝墓崙直上 言約逐年納出山租錢八文正
買斷 來其價錢叁仟四百正

5-2-69-7　清道光咸豐年間鄭氏家族置業簿（七）

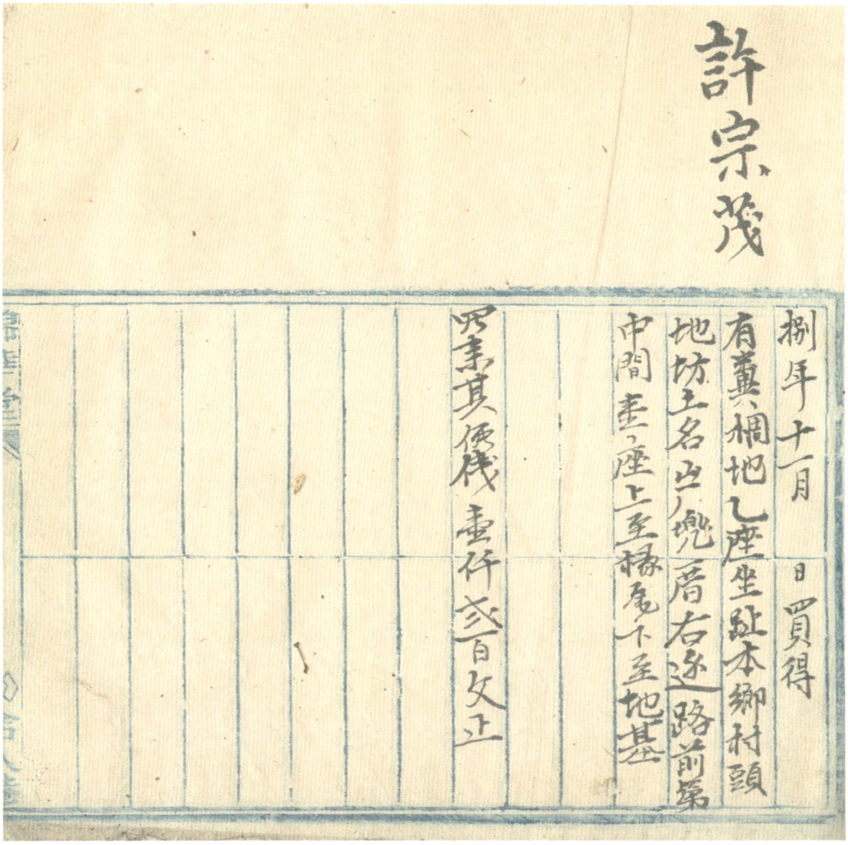

許宗茂

捌年十一月 日買得

有冀〻桐地乙座坐址本鄉村頭

地坊土名岀〻兜厝右边路前第

中間壹座上至椽尾下至地基

罗手其價錢壹仟叁百文正

5-2-69-8　清道光咸豐年間鄭氏家族置業簿（八）

5-2-69-9　清道光咸豐年間鄭氏家族置業簿（九）

5-2-70-1　清咸豐七年鄭武忠記坐堡總數（一）

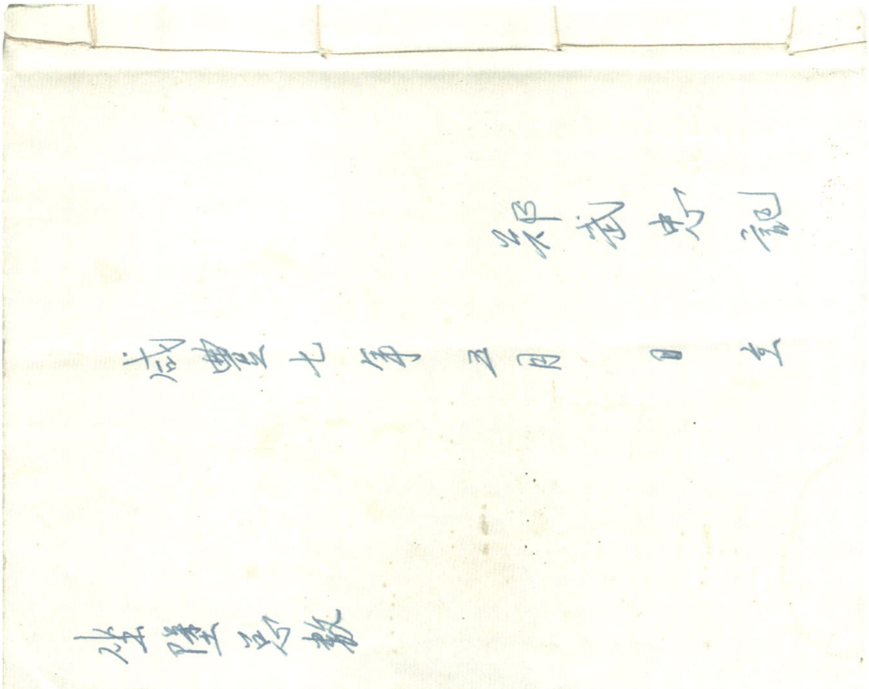
鄭武忠記
咸豐七年　月　日　立
坐堡總數

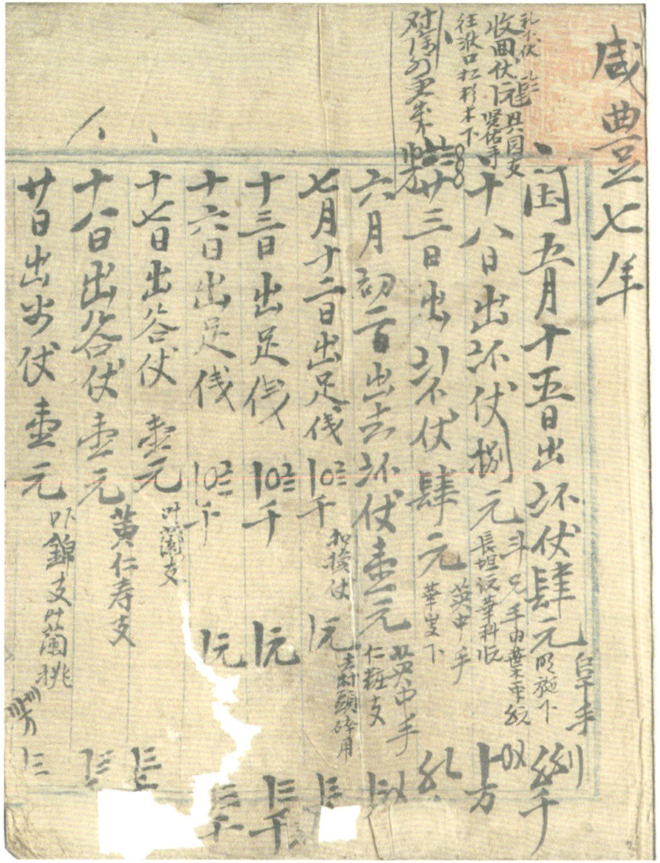

5-2-70-2　清咸豐七年鄭武忠記坐堡總數（二）

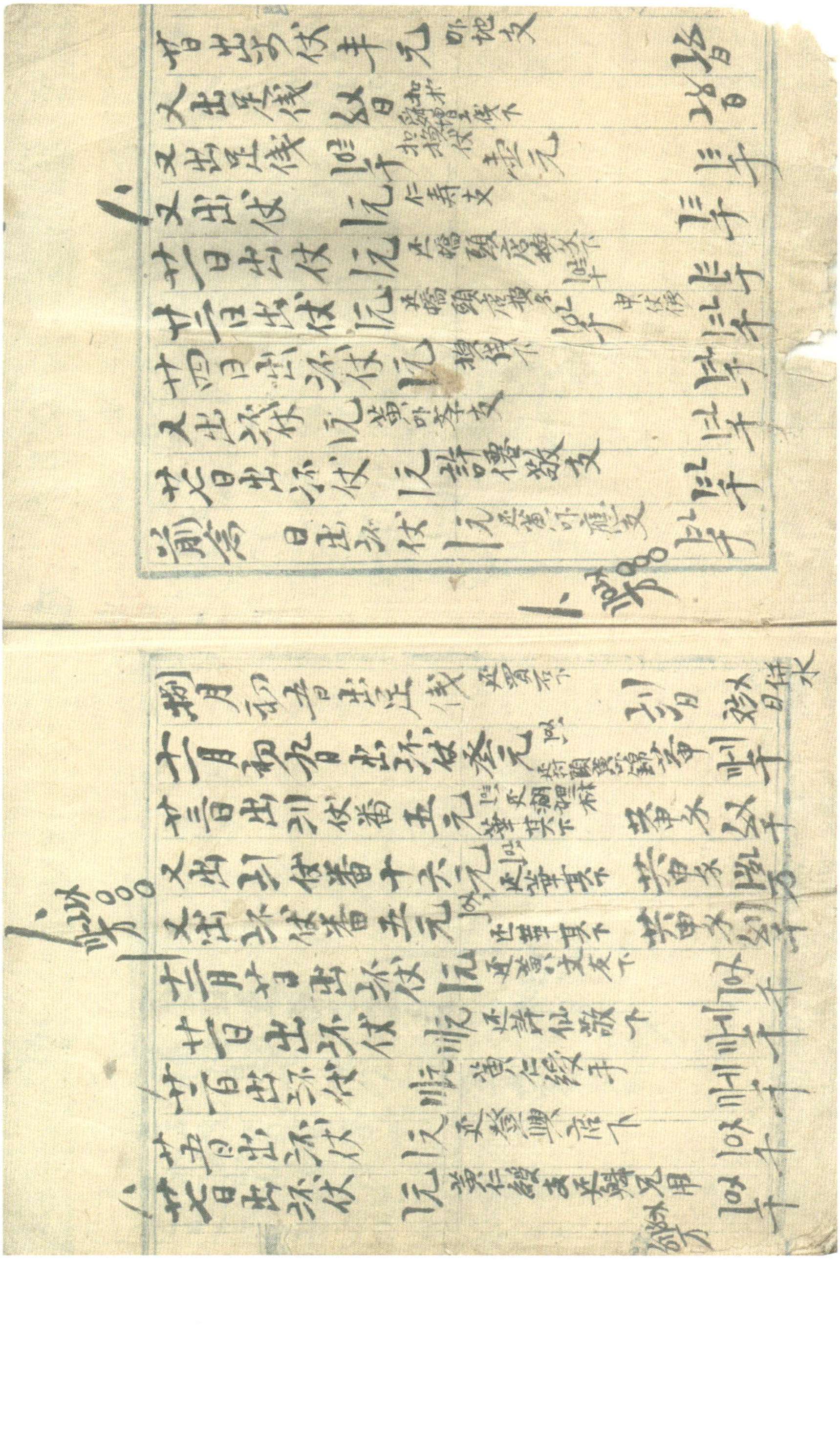

5-2-70-3　清咸豐七年鄭武忠記坐堡總數（三）

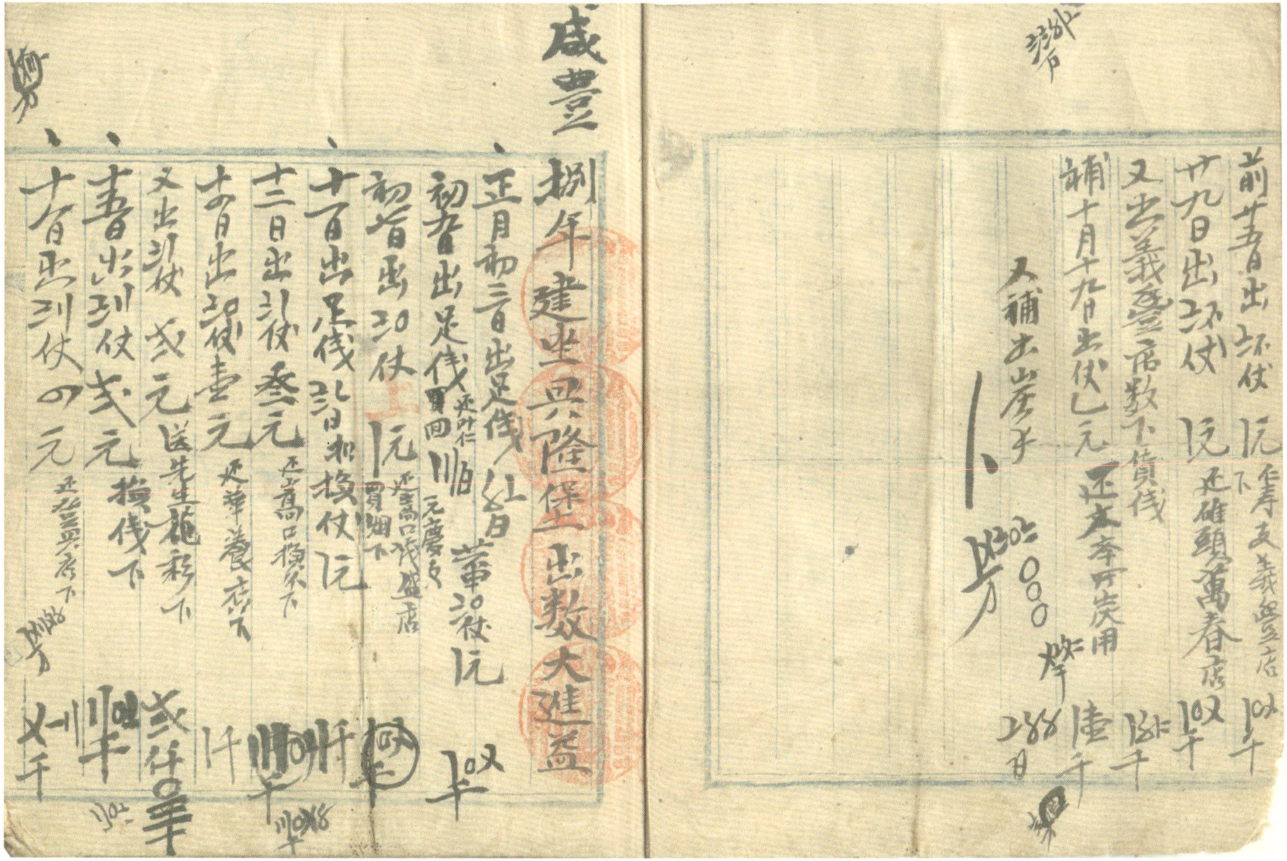

5-2-70-4　清咸豐七年鄭武忠記坐堡總數（四）

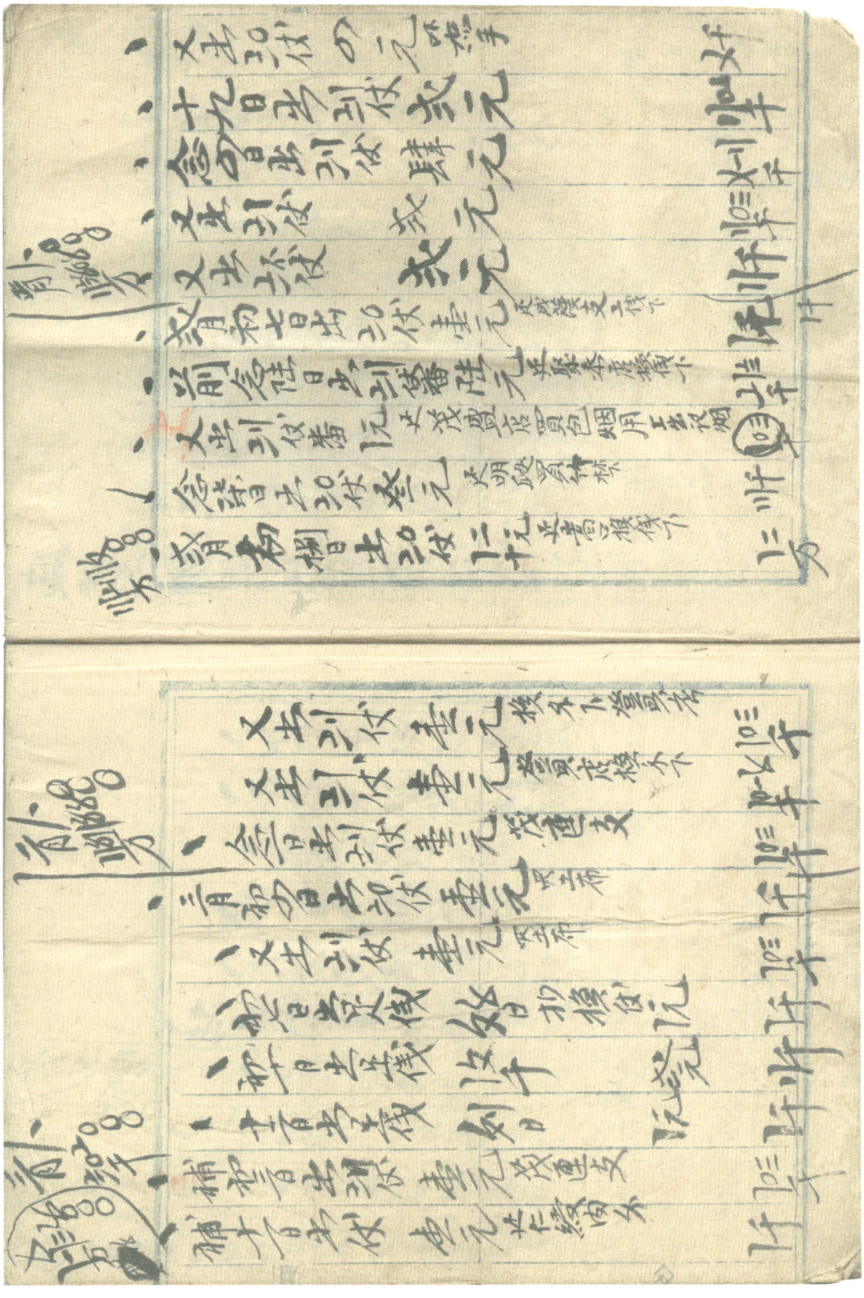

5-2-70-5　清咸豐七年鄭武忠記坐堡總數（五）

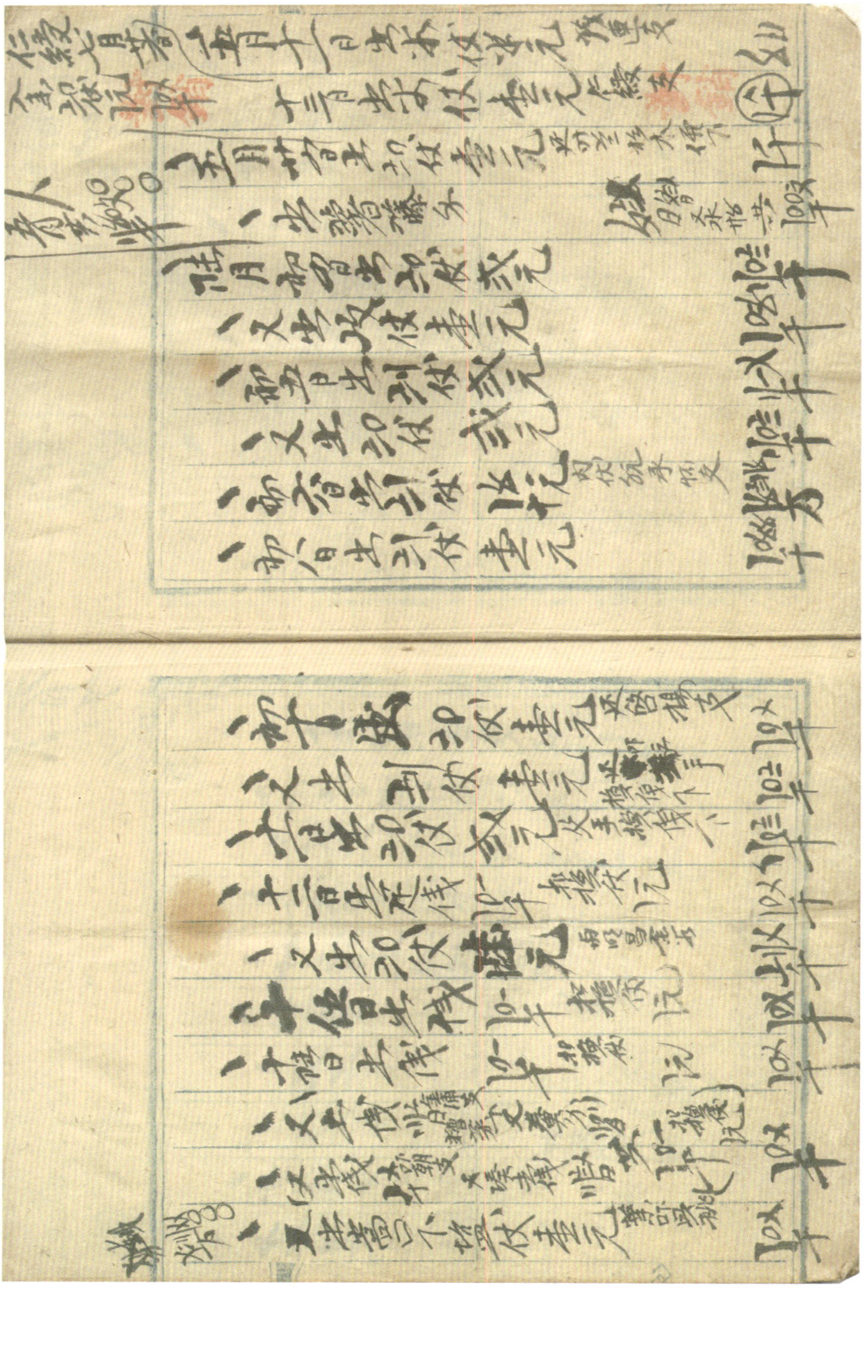

5-2-70-6　清咸豐七年鄭武忠記坐堡總數（六）

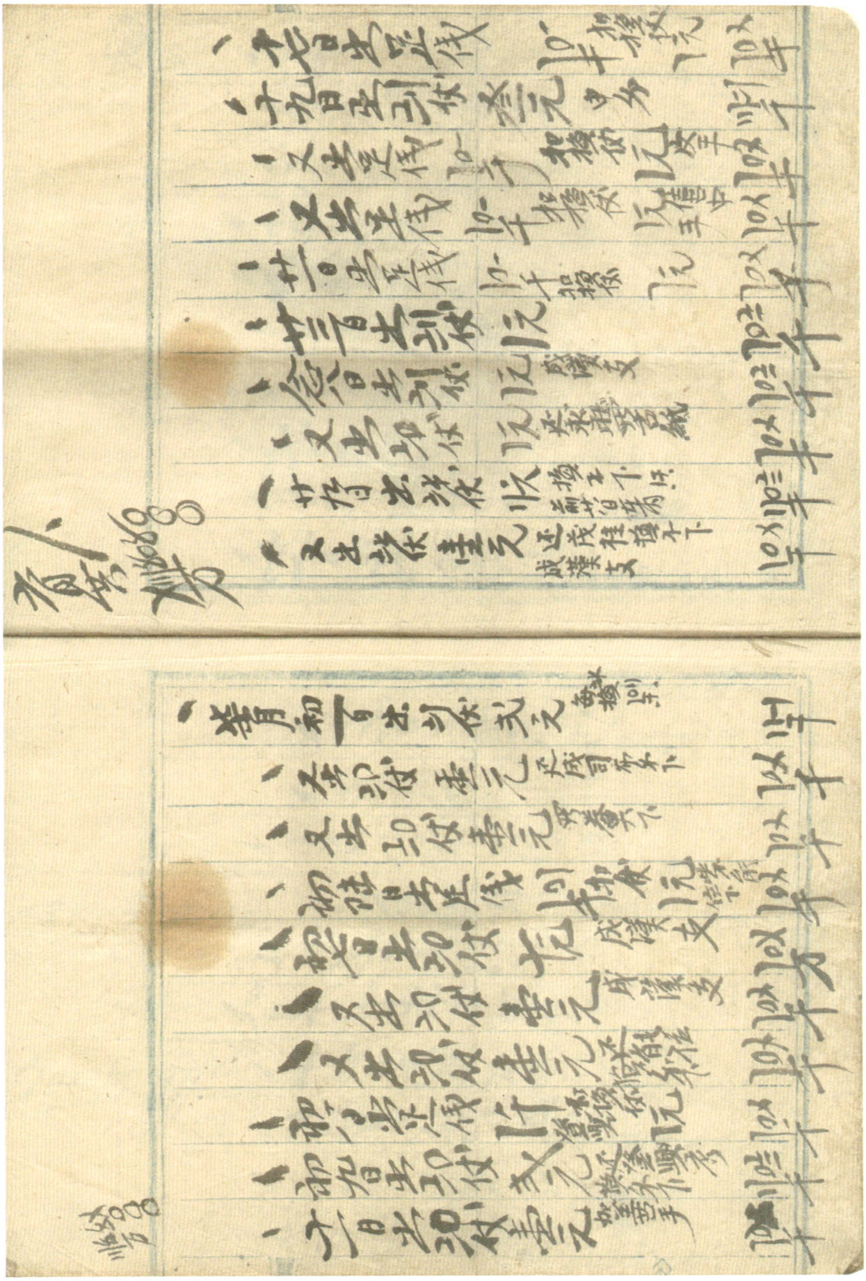

5-2-70-7　清咸豐七年鄭武忠記坐堡總數（七）

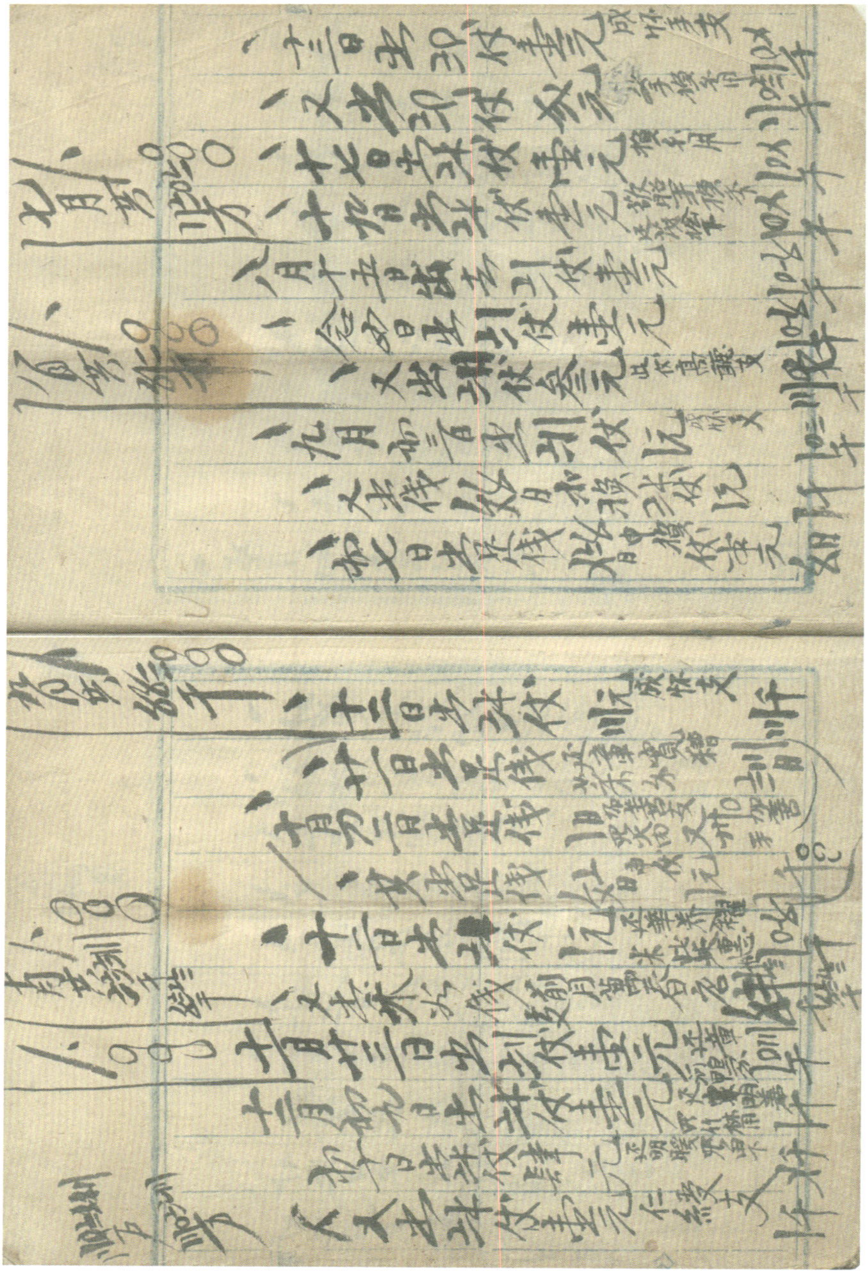

5-2-70-8　清咸豐七年鄭武忠記坐堡總數（八）

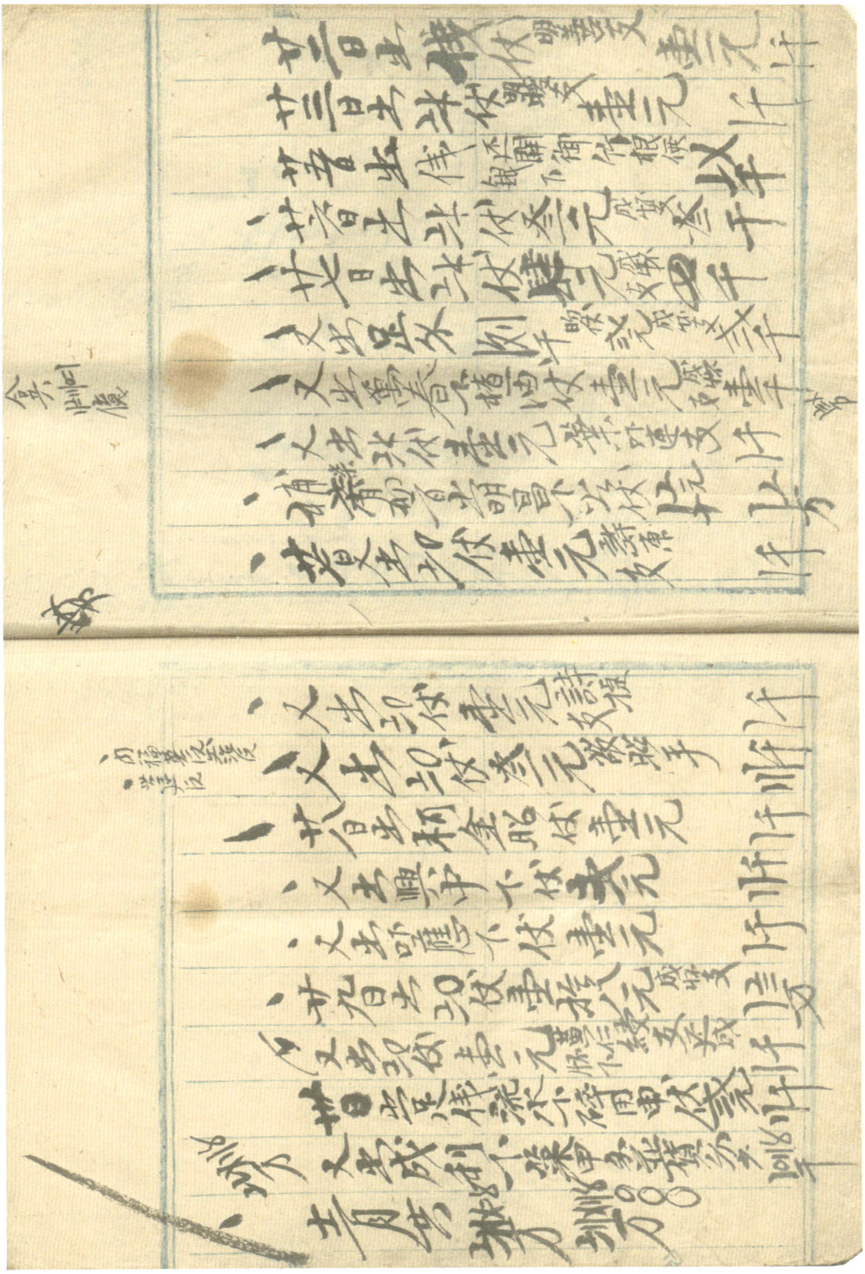

5-2-70-9　清咸豐七年鄭武忠記坐堡總數（九）

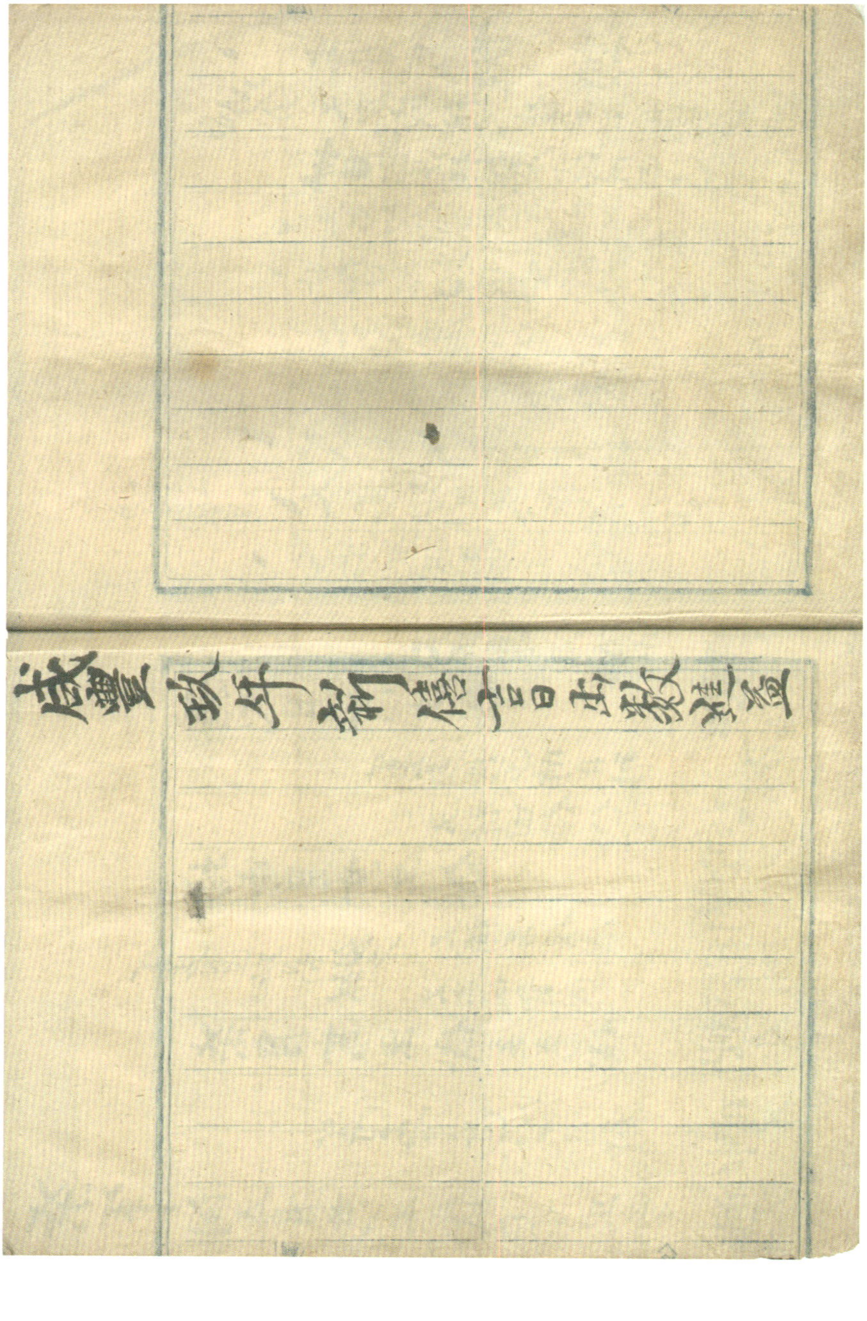

5-2-70-10 清咸豐七年鄭武忠記坐堡總數（一〇）

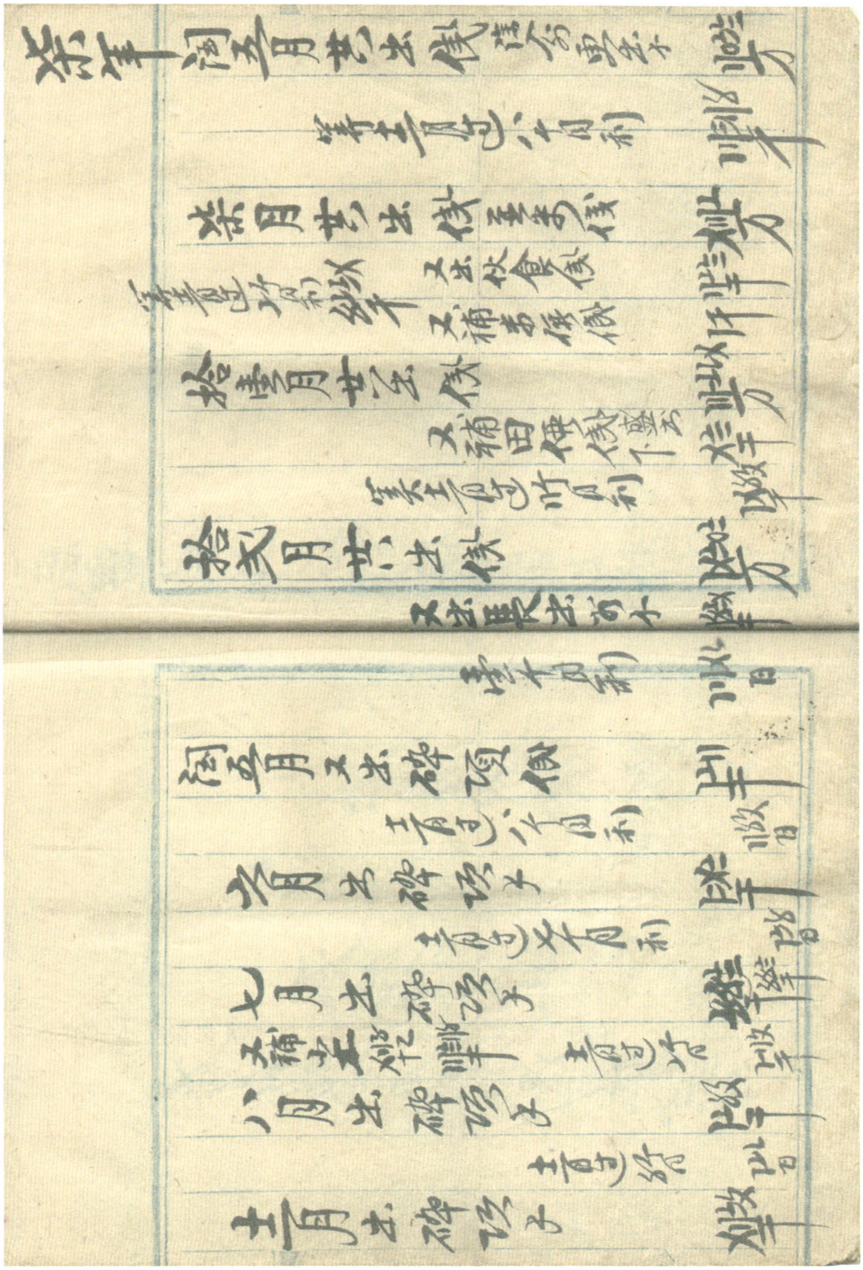

5-2-70-11　清咸豐七年鄭武忠記坐坐堡總數（一一）

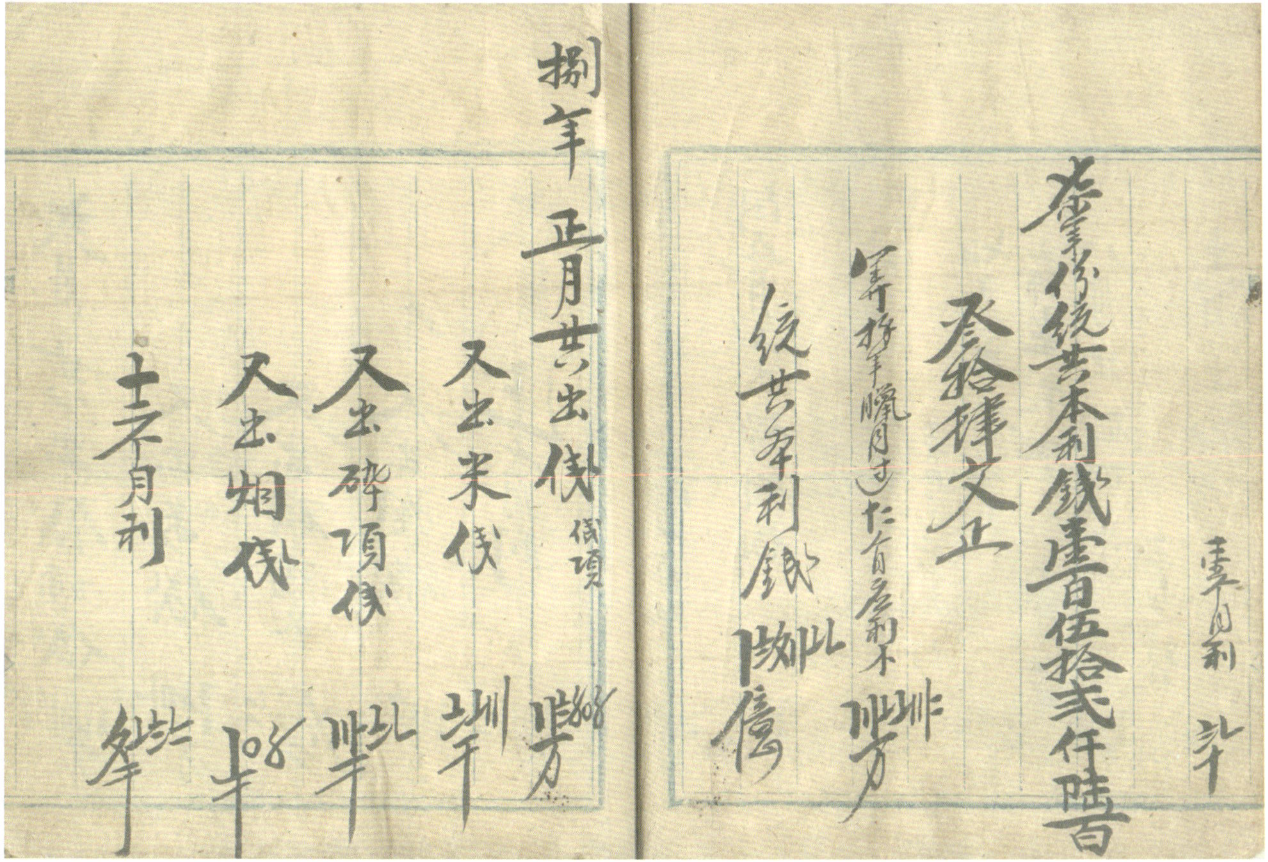

5-2-70-12　清咸豐七年鄭武忠記坐堡總數（一二）

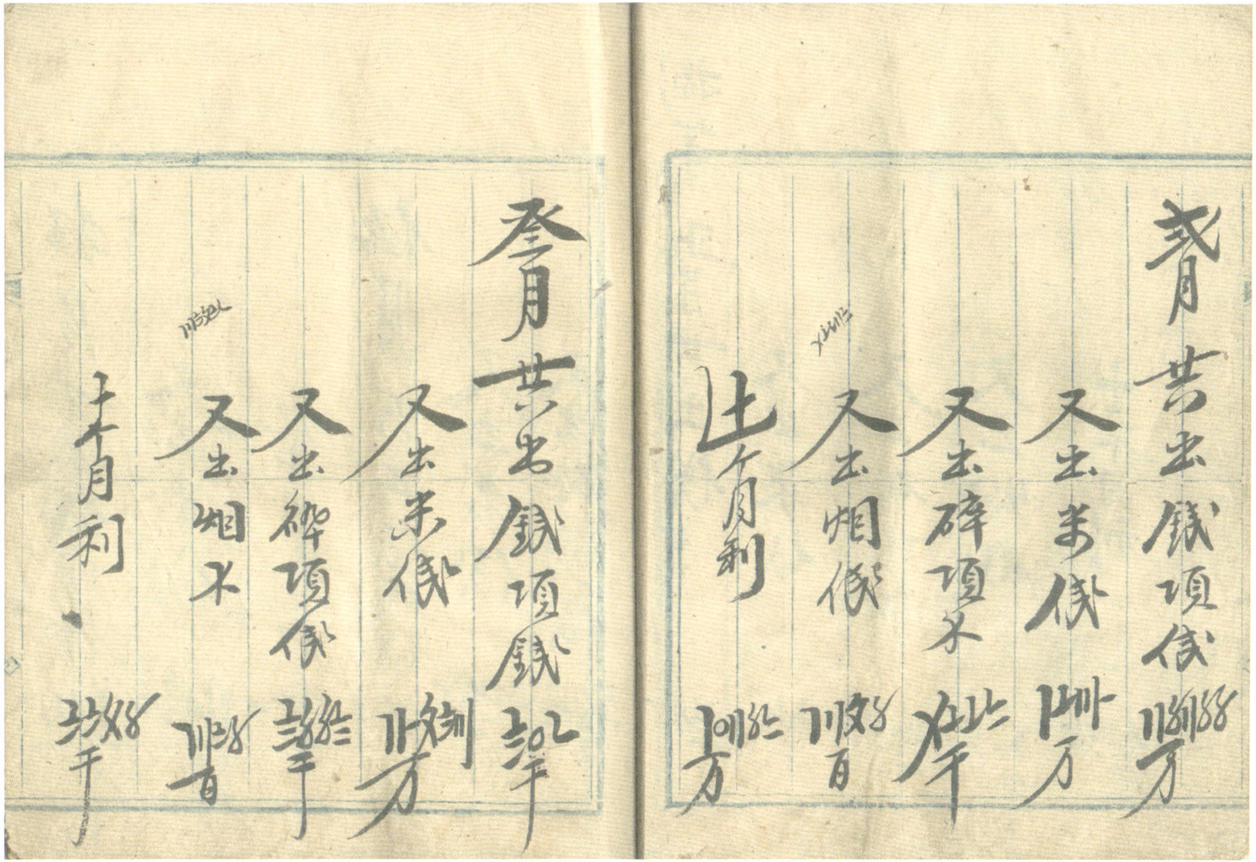

5-2-70-13　清咸豐七年鄭武忠記坐堡總數（一三）

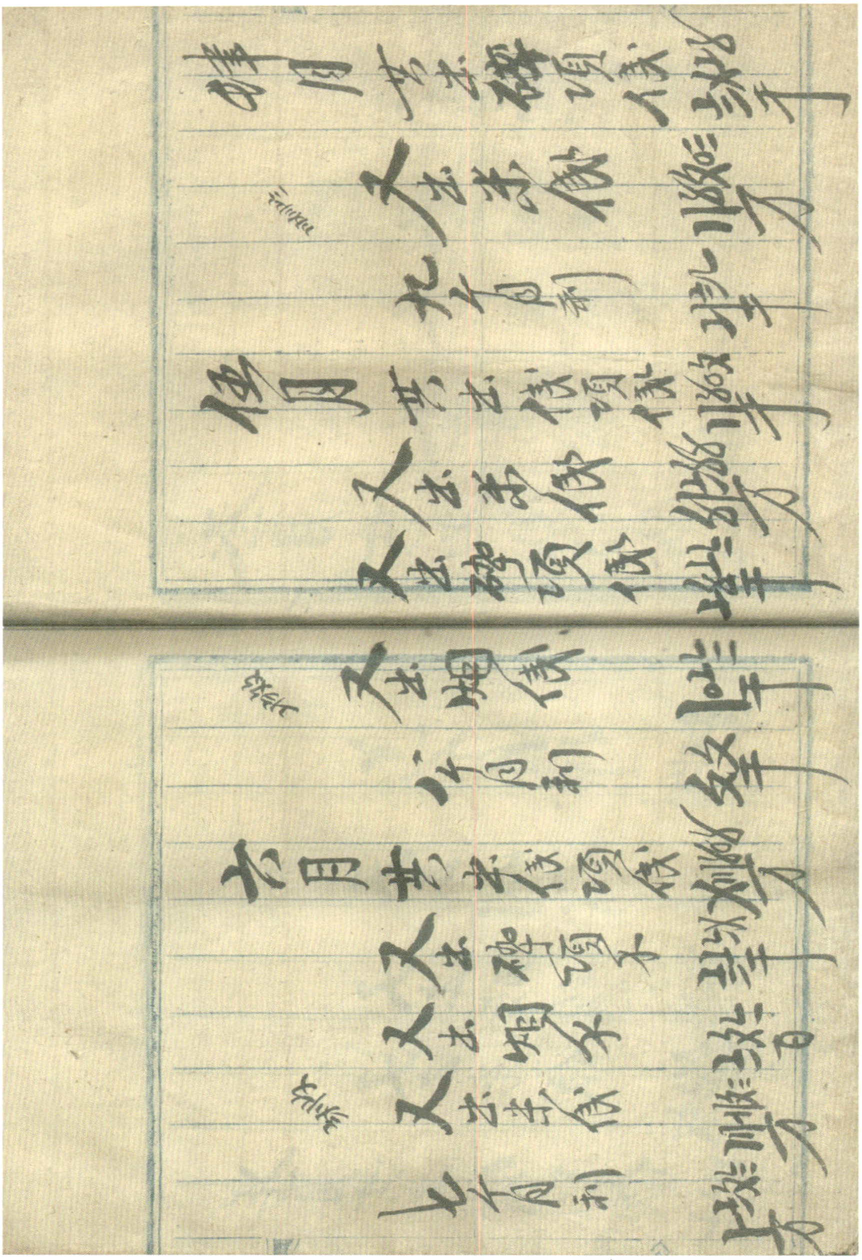

5-2-70-14　清咸豐七年鄭武忠記坐堡總數（一四）

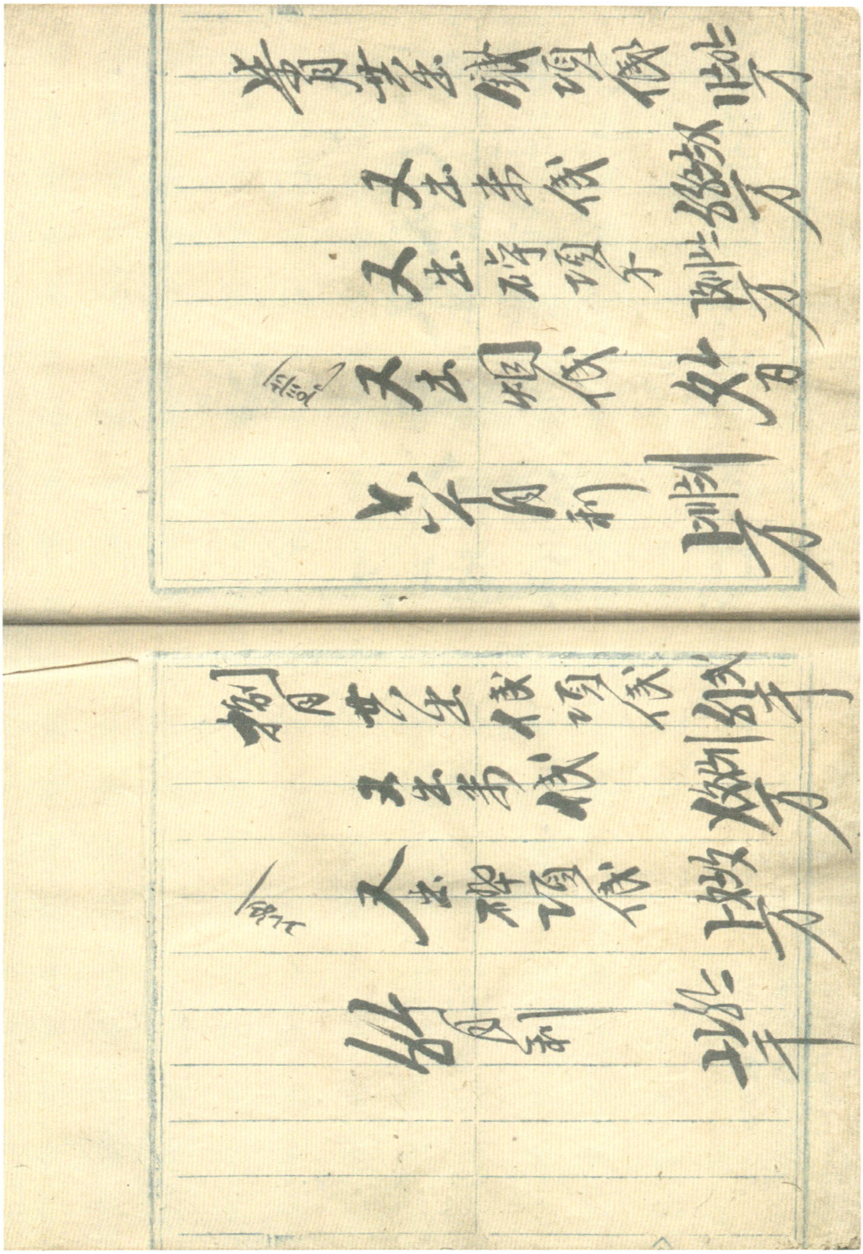

5-2-70-15 清咸豐七年鄭武忠記坐堡總數（一五）

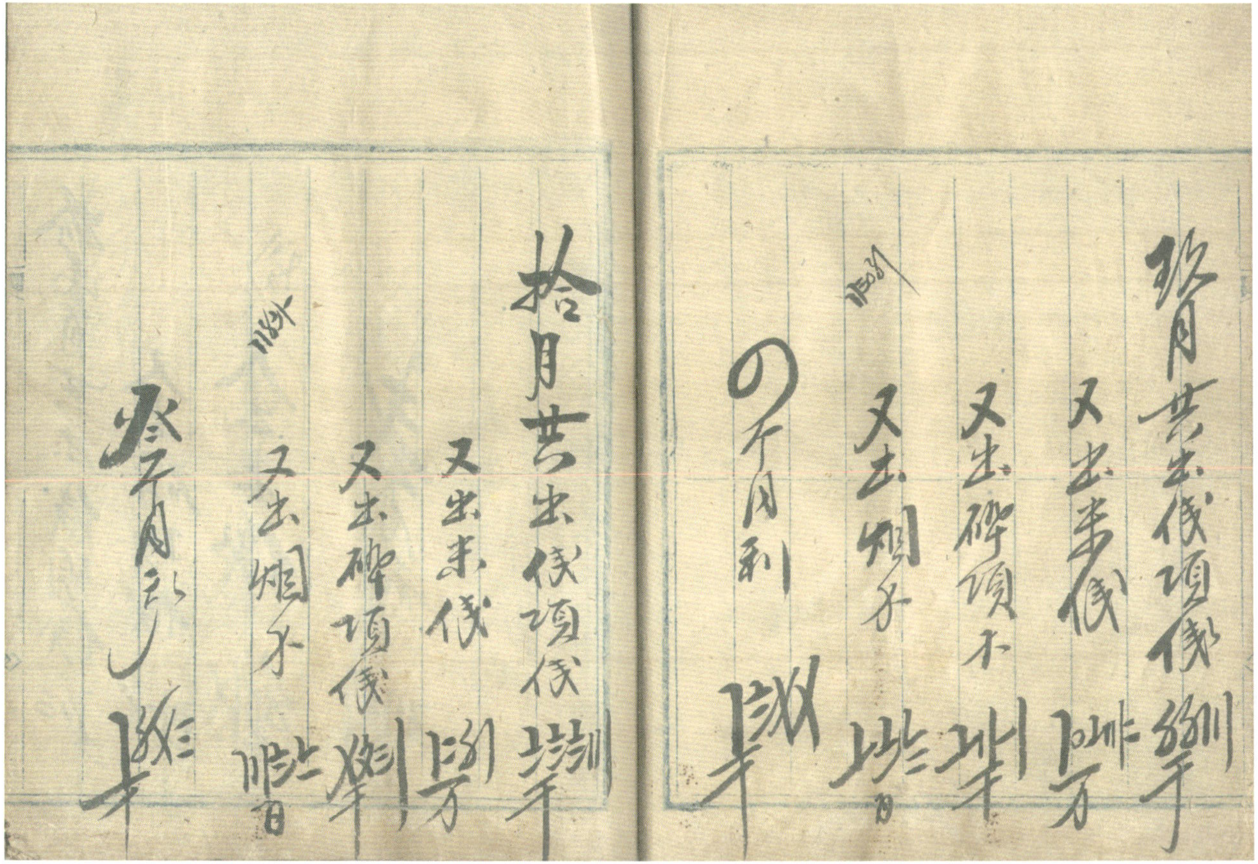

5-2-70-16　清咸豐七年鄭武忠記坐堡總數（一六）

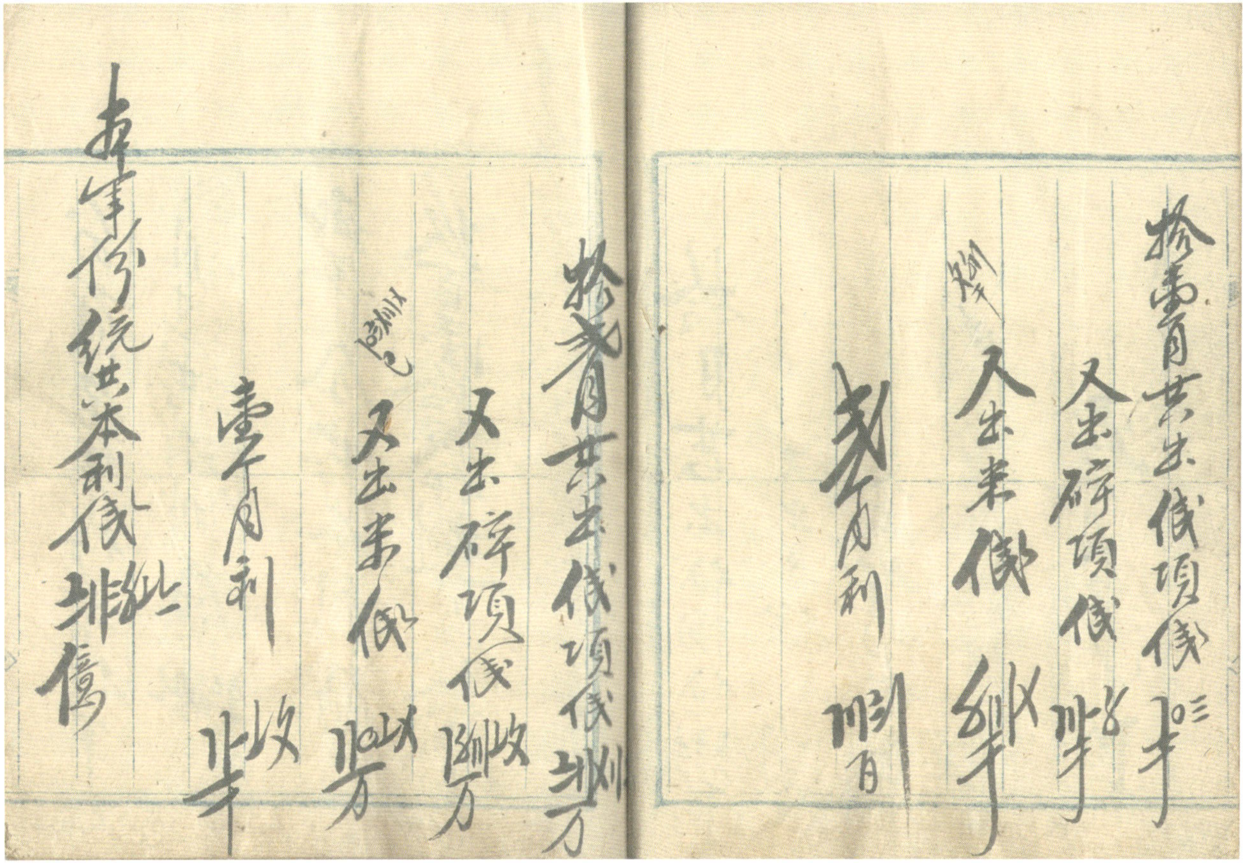

5-2-70-17　清咸豐七年鄭武忠記坐堡總數（一七）

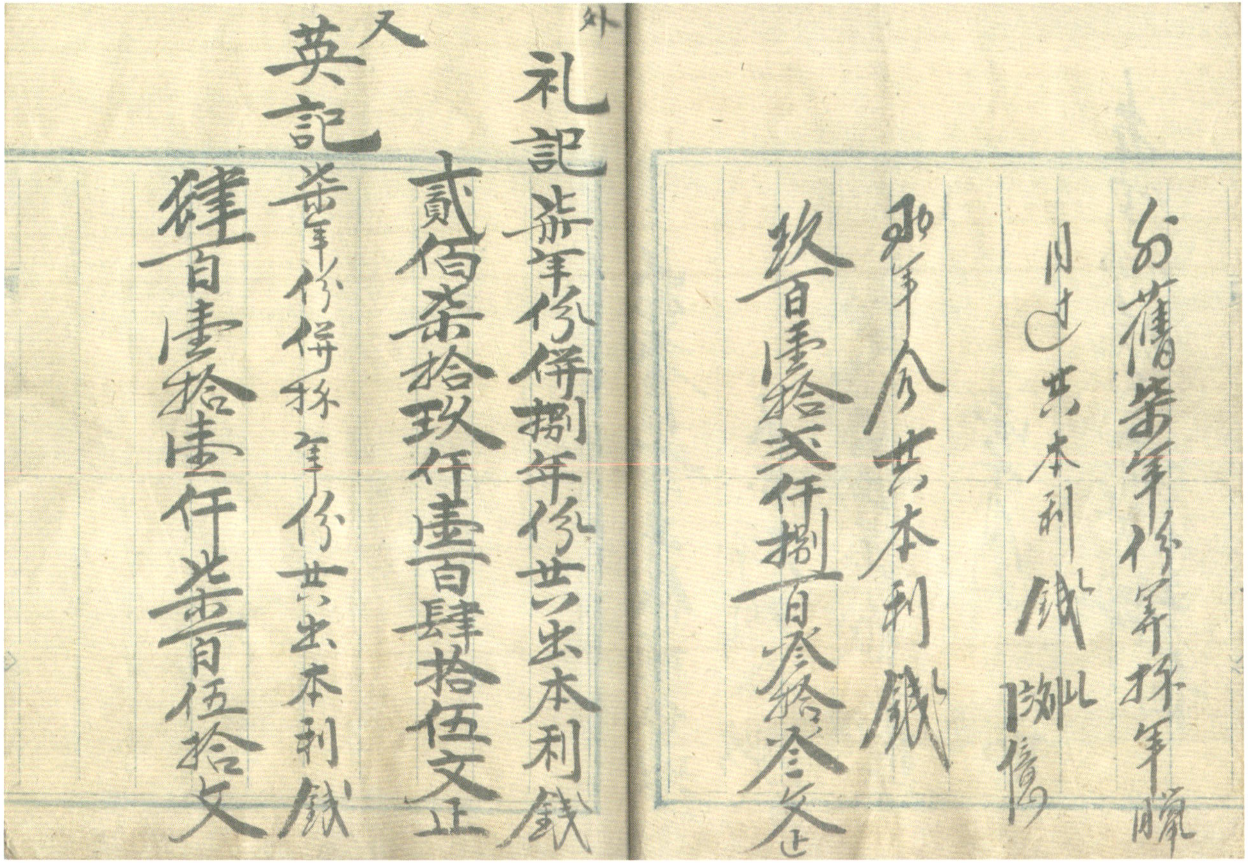
分舊算年係算拯年臘
月廿乙共本利錢 隨信
加年今共本利錢
玖百壹拾弍仟捌百叁拾叁文正
外
礼記 年係併捌年係共出本利錢
貳佰柒拾玖仟壹百肆拾伍文正
又
英記 年係併拯年係共出本利錢
肆百壹拾壹仟 百伍拾文

5-2-70-18　清咸豐七年鄭武忠記坐堡總數（一八）

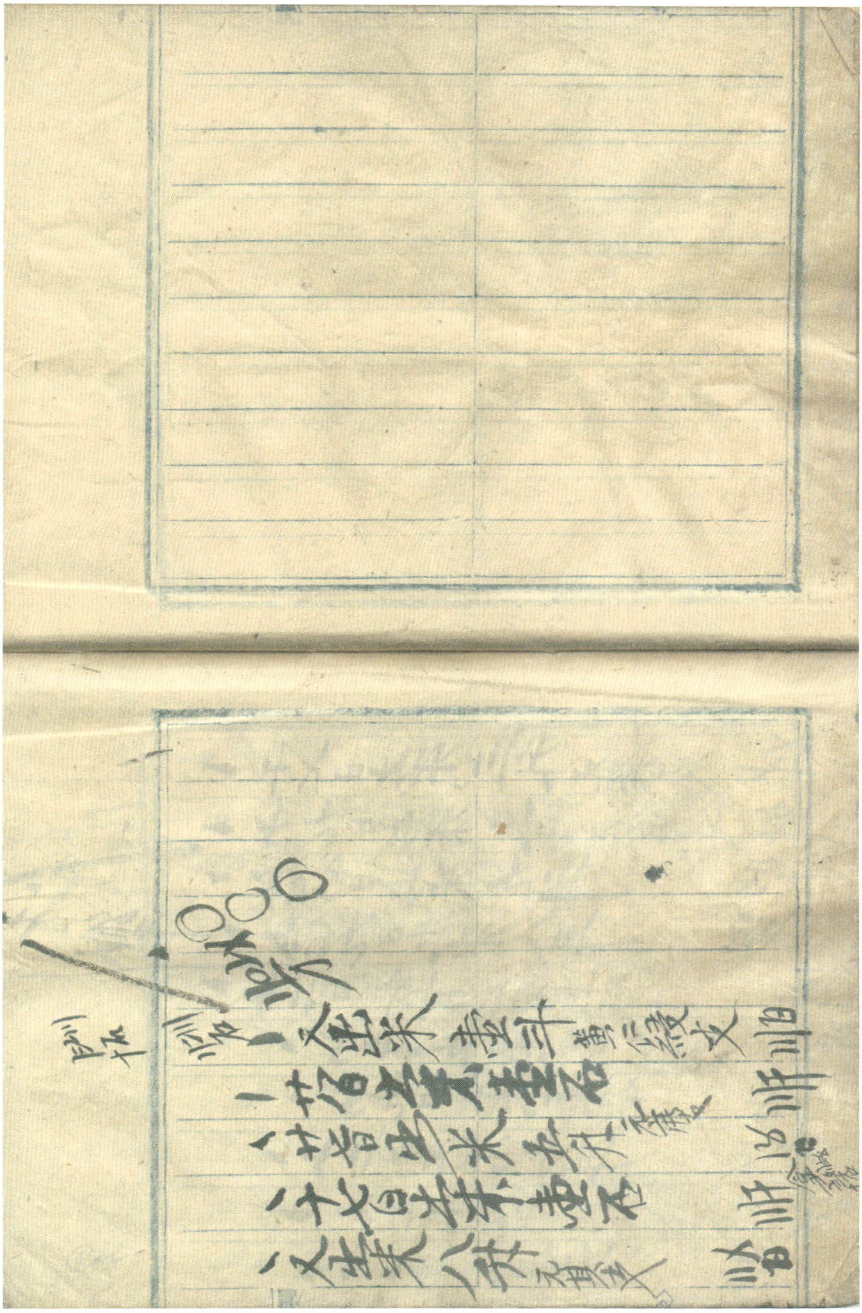

5-2-70-19　清咸豐七年鄭武忠記坐堡總數（一九）

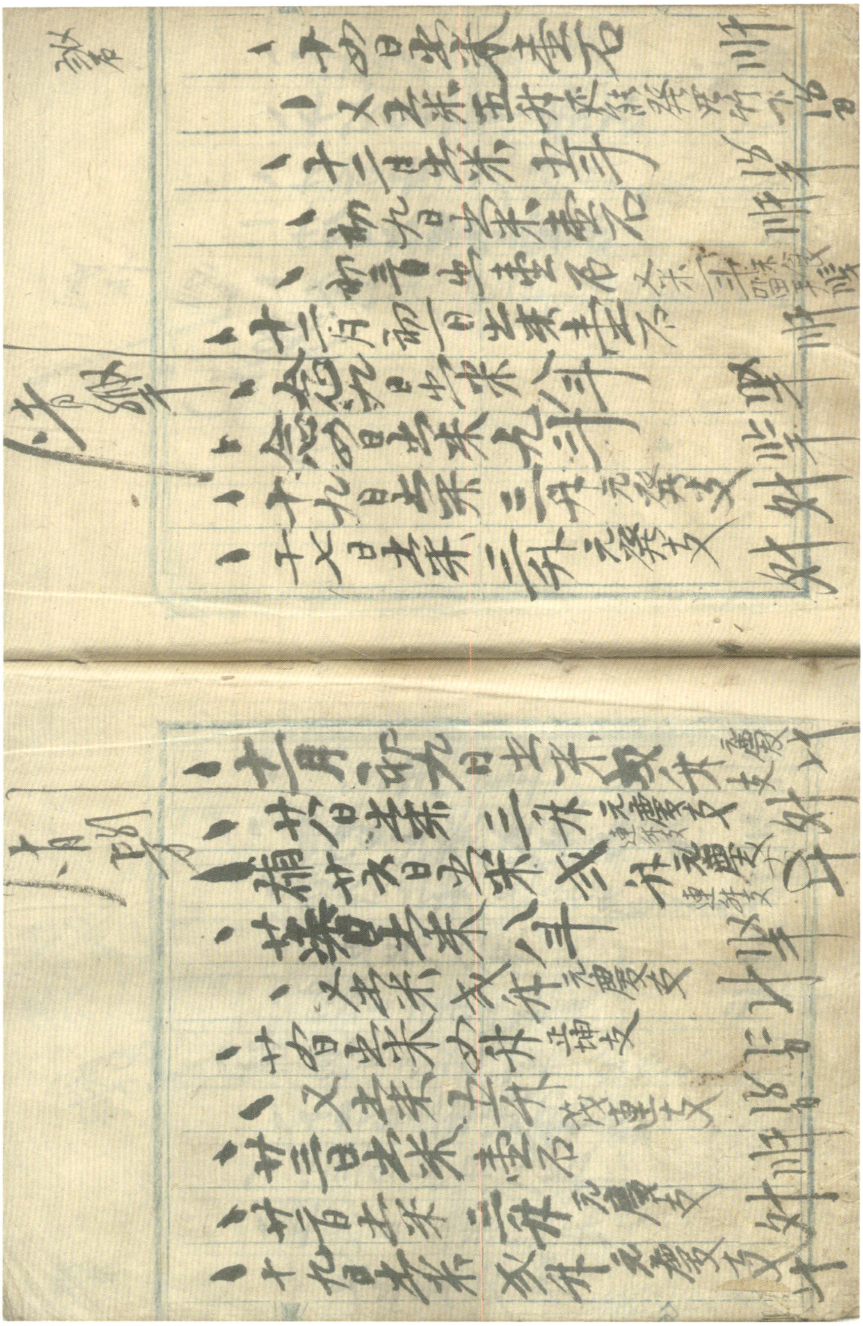

5-2-70-20　清咸豐七年鄭武忠記坐堡總數（二〇）

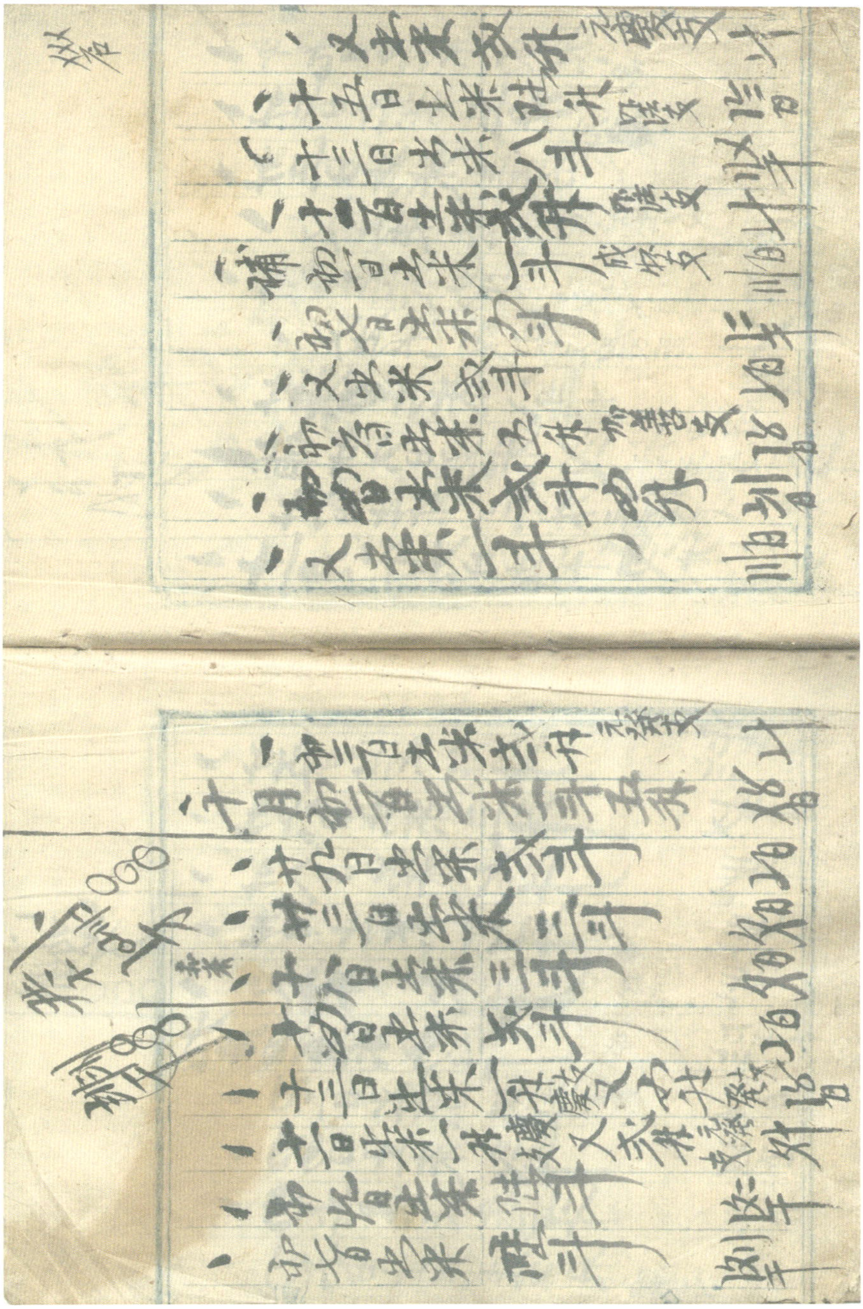

5-2-70-21　清咸豐七年鄭武忠記坐堡總數（二一）

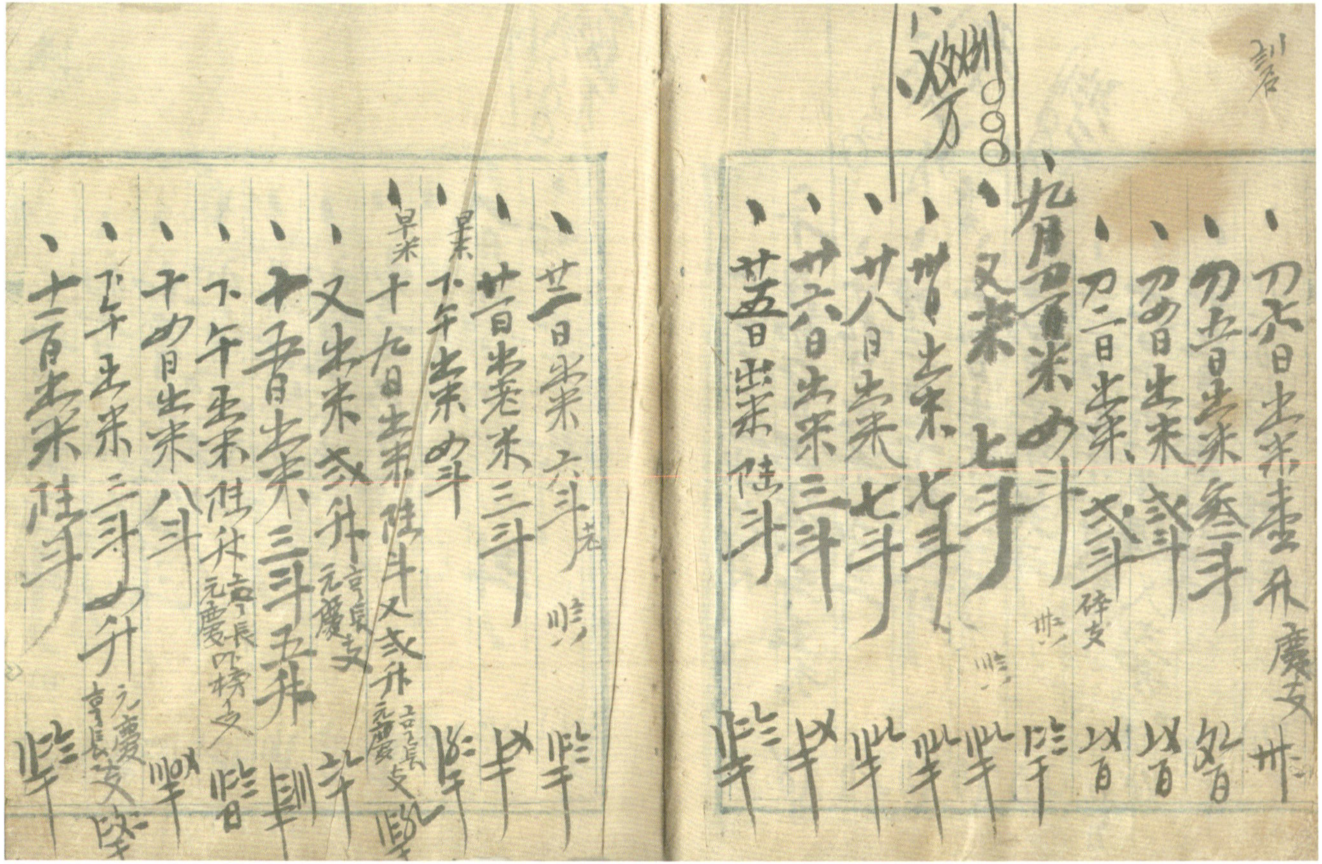

5-2-70-22　清咸豐七年鄭武忠記坐堡總數（二二）

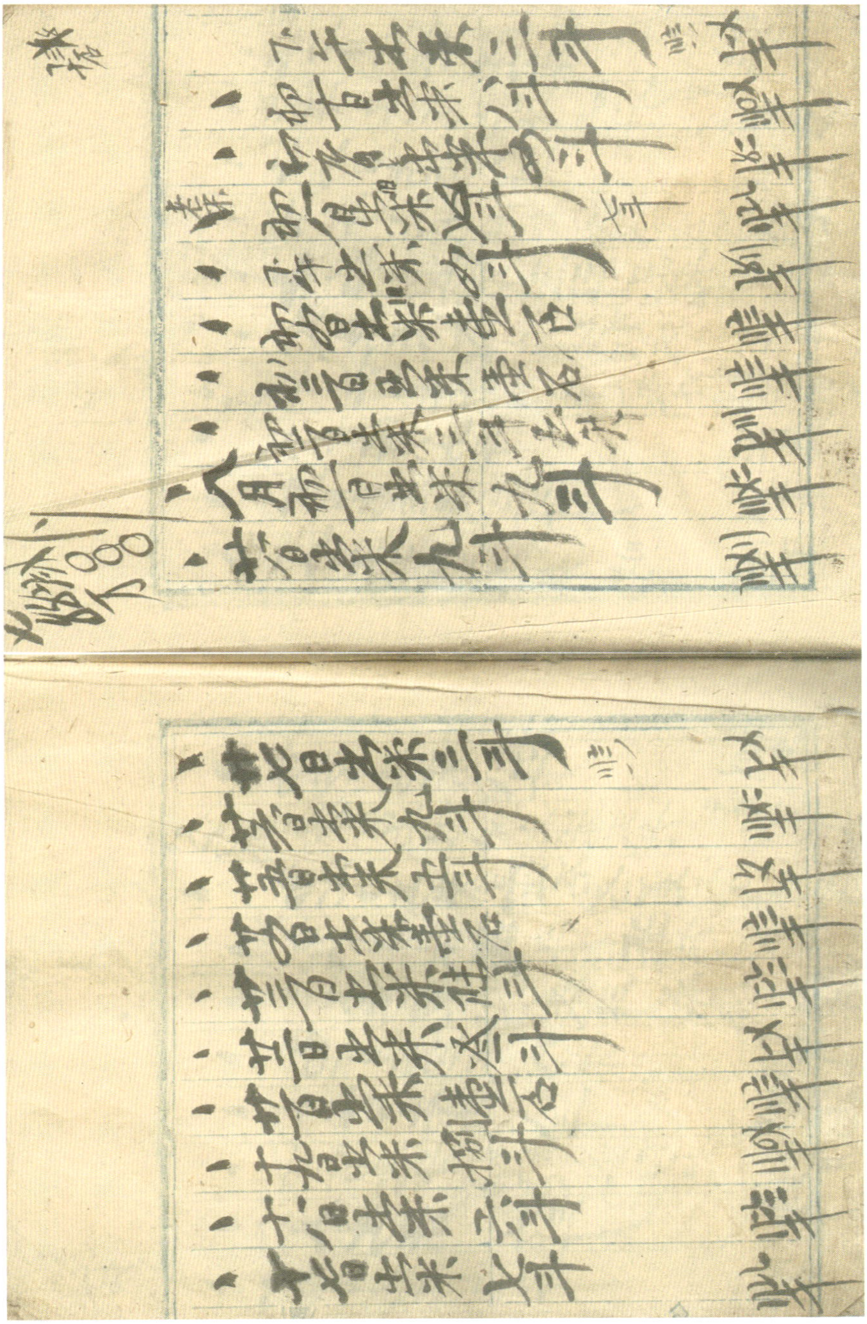

5-2-70-23　清咸豐七年鄭武忠記坐堡總數（二三）

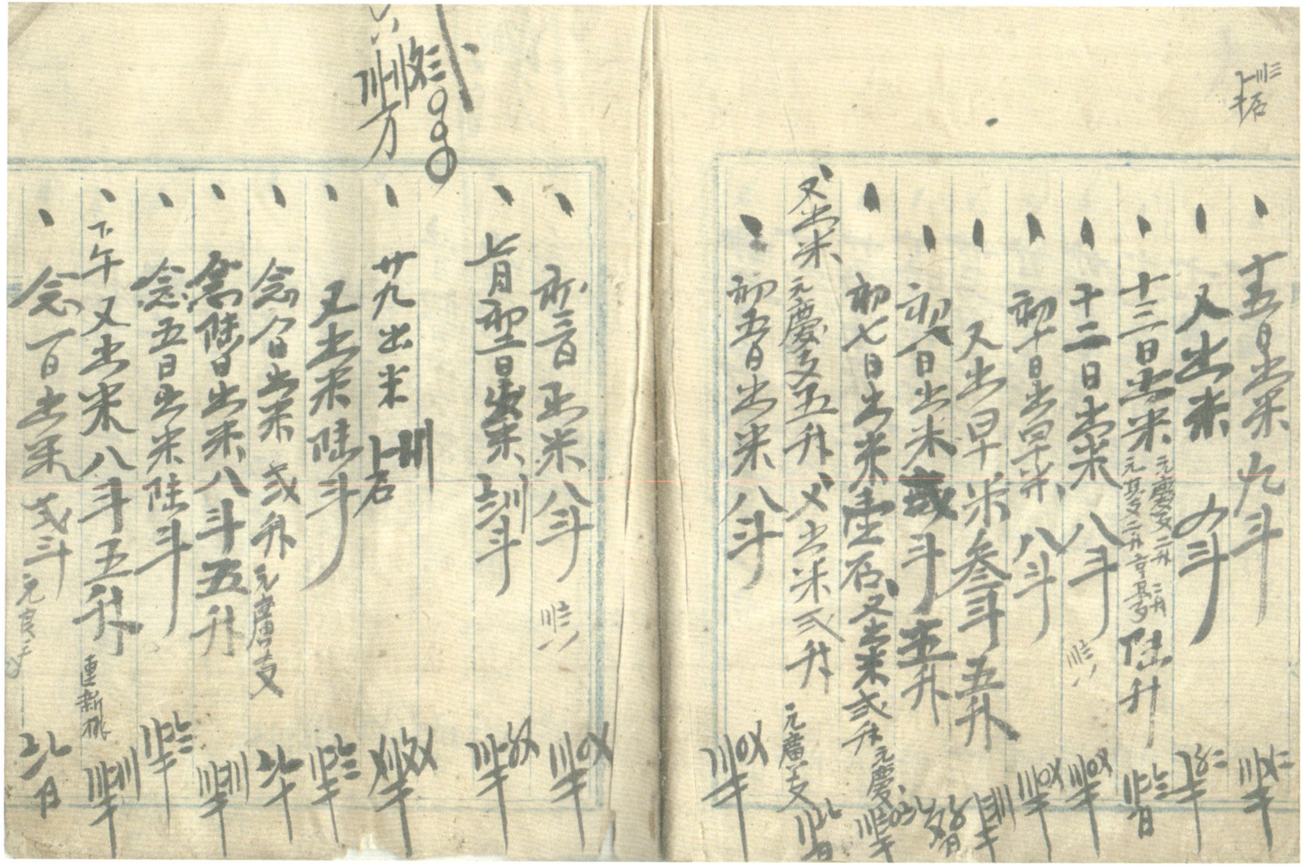

5-2-70-24　清咸豐七年鄭武忠記坐堡總數（二四）

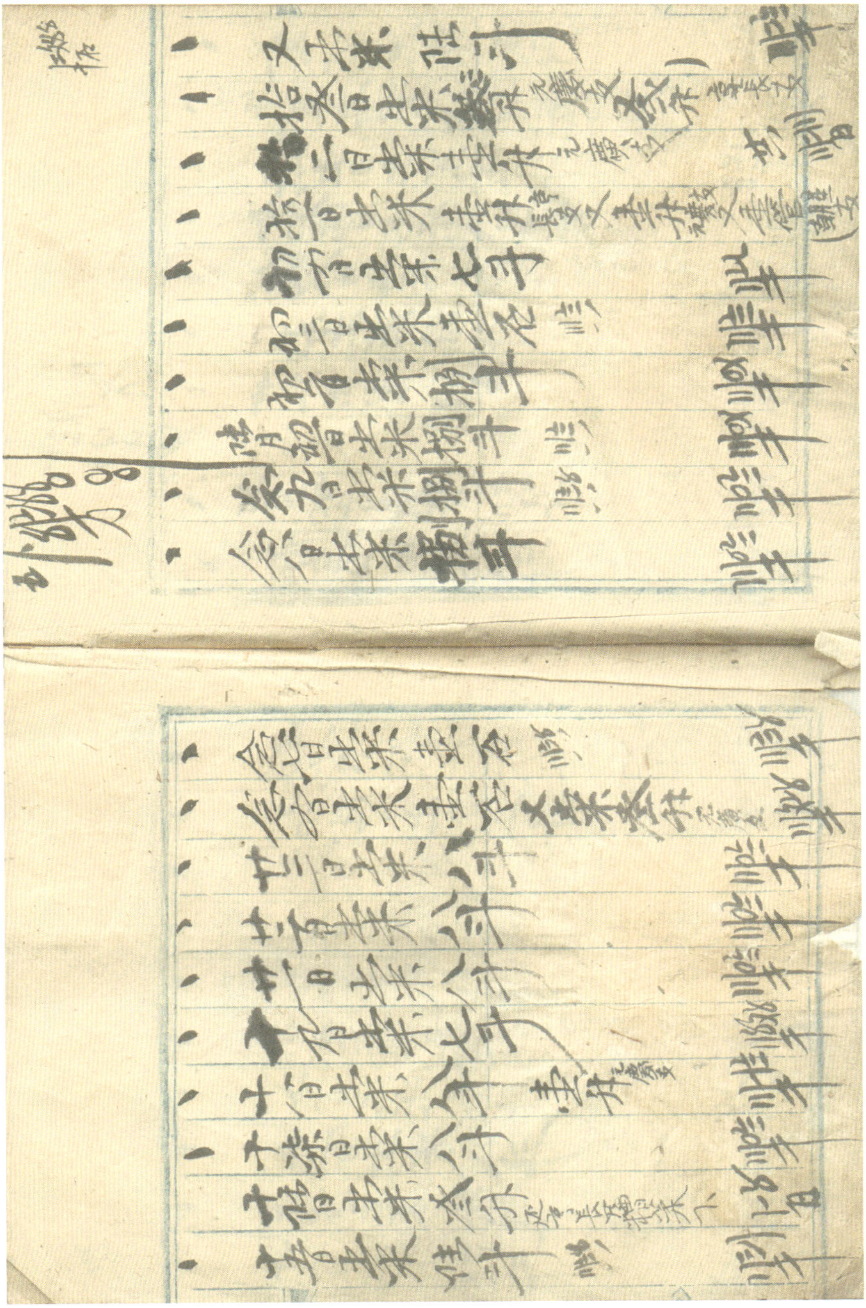

5-2-70-25　清咸豐七年鄭武忠記坐堡總數（二五）

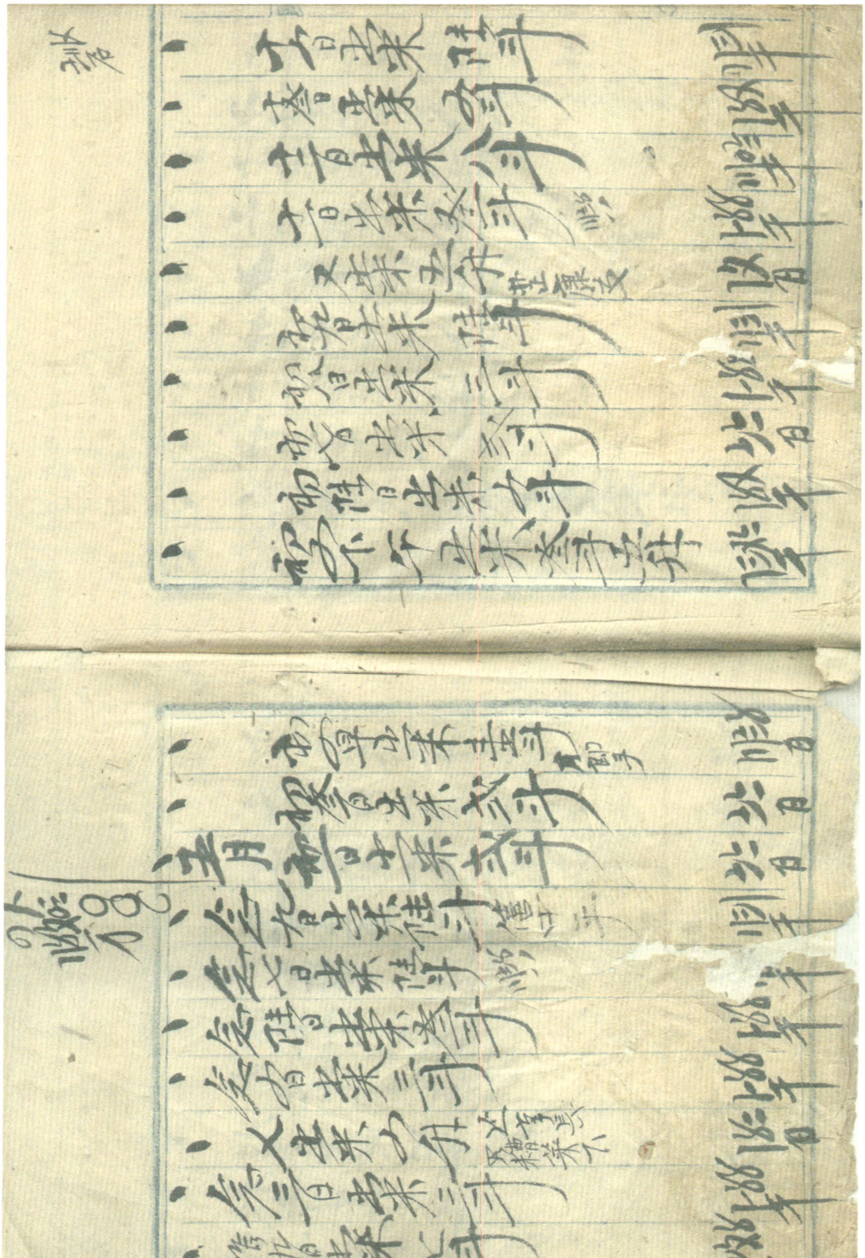

5-2-70-26　清咸豐七年鄭武忠記坐堡總數（二六）

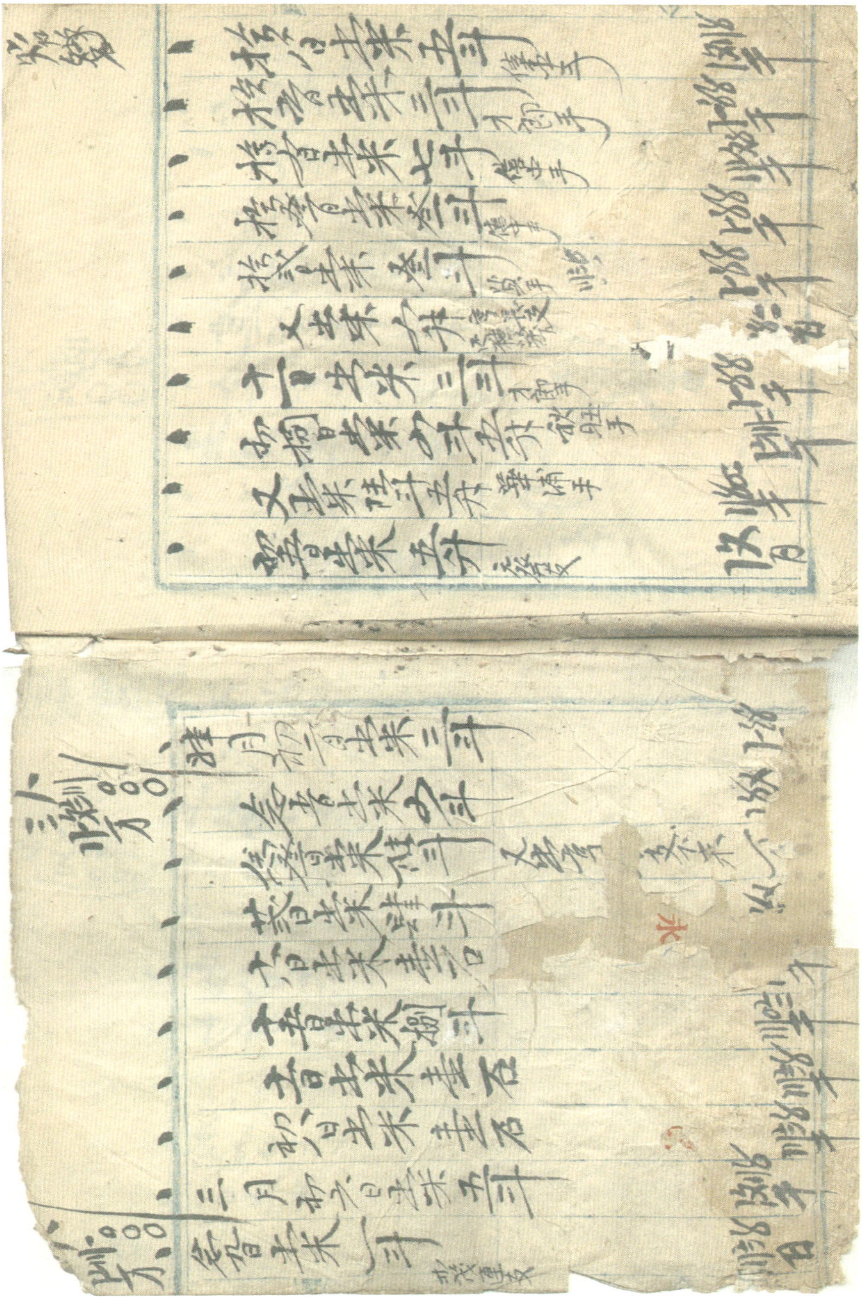

5-2-70-27　清咸豐七年鄭武忠記坐堡總數（二七）

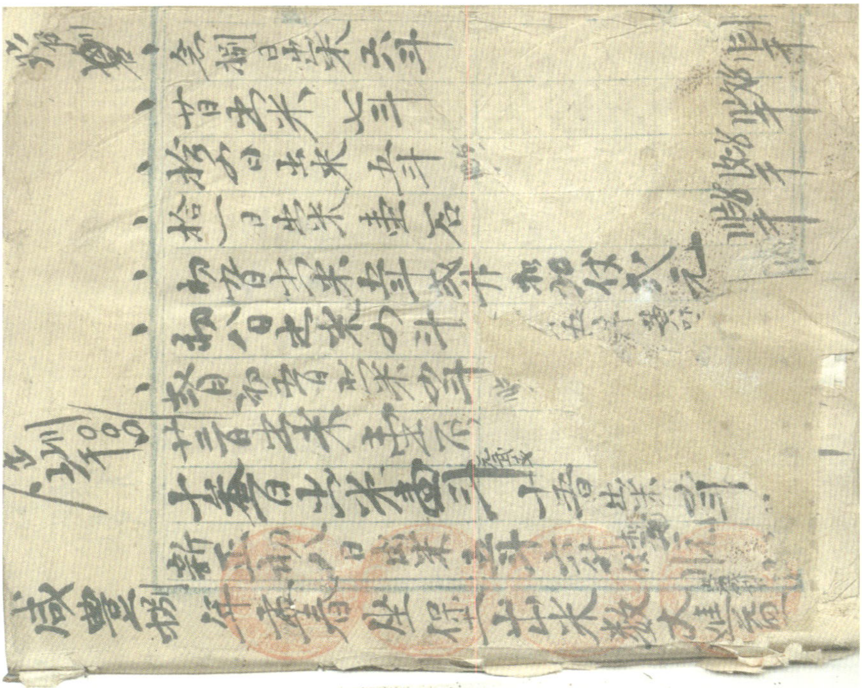

5-2-70-28　清咸豐七年鄭武忠記坐堡總數（二八）

5-2-70-29　清咸豐七年鄭武忠記坐堡總數（二九）

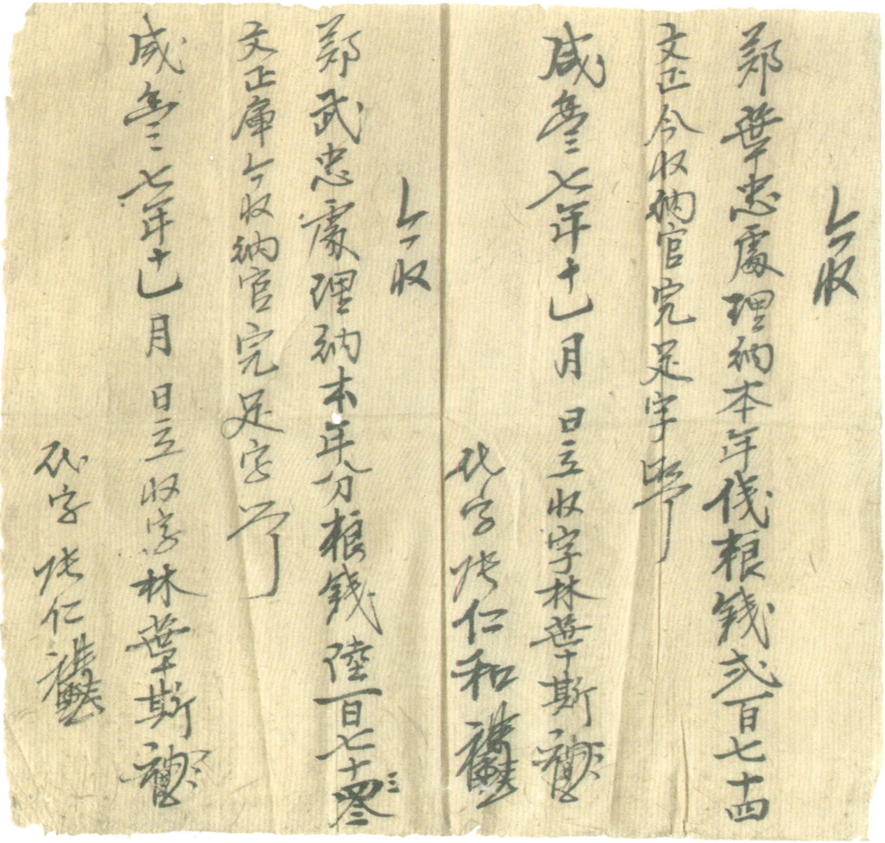
仝收
鄭華忠處理納本年份粮錢弍百七十四
文正仝收納官完足字照
咸豐七年十一月　日立收字林華斯押
代字侄仁和押

仝收
鄭武忠處理納本年分粮錢陸百七十叁
文正仝收納官完足字照
咸豐七年十一月　日立收字林華斯押
代字侄仁押

5-2-70-30　清咸豐七年十一月林華斯立收糧錢字

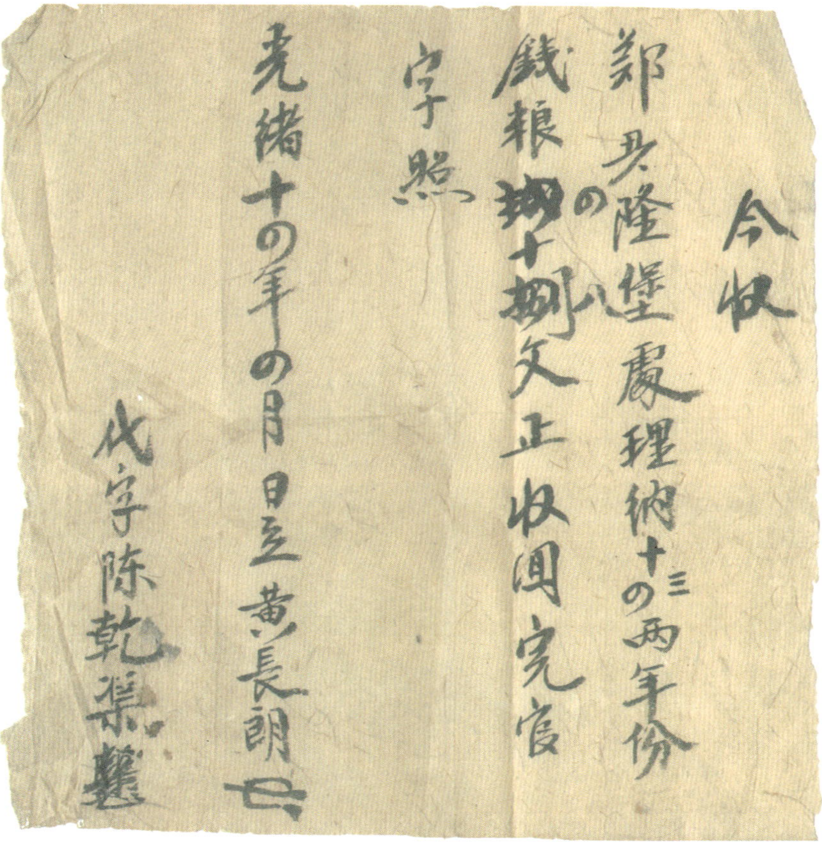
今收
鄭其隆堡處理納十三四兩年份
錢粮
字照
光緒十四年四月　日立黄長朗
代字陳乾

5-2-70-31　清光緒十四年四月黄長朗立收錢糧字

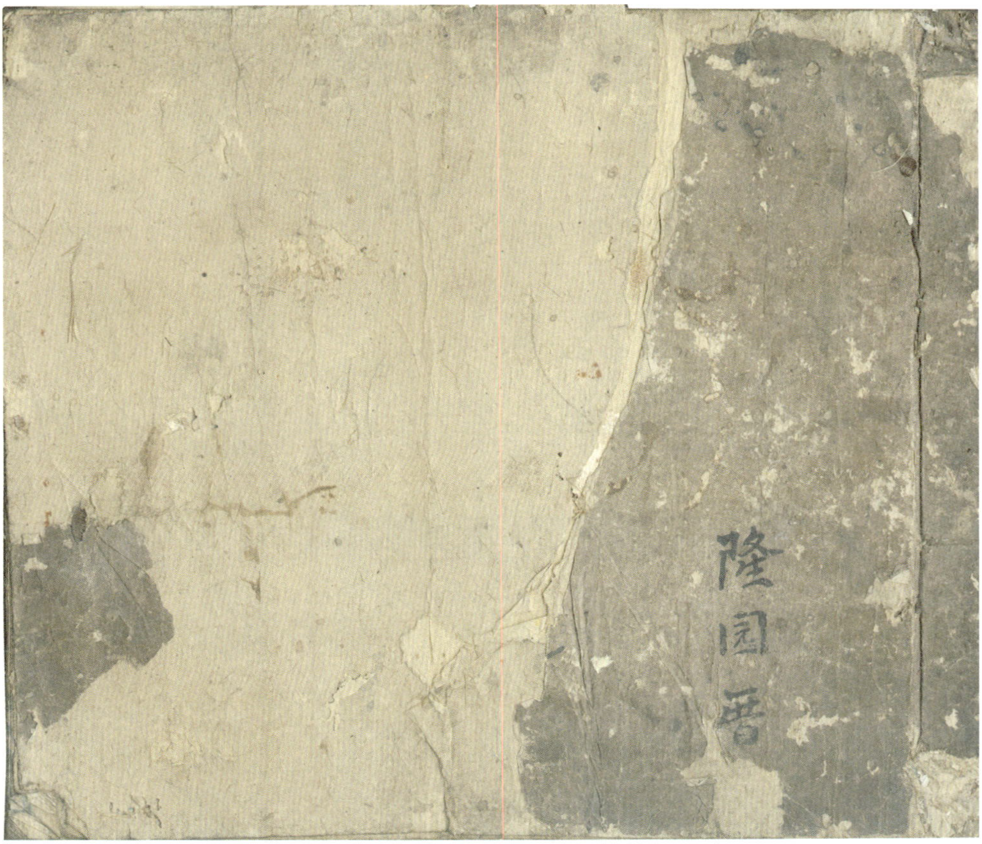

5-2-71-1　清乾隆至同治年間隆園厝置業簿（一）

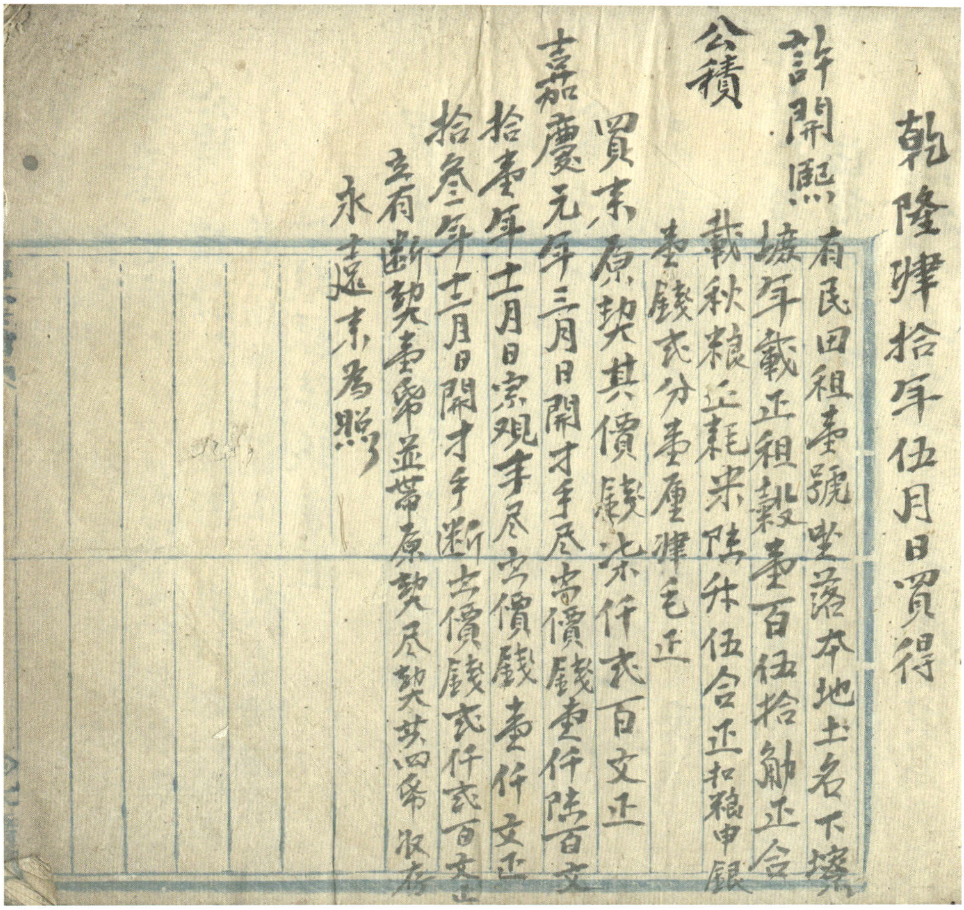

乾隆肆拾年伍月日買得

許開熙有民田租壹號，坐落本地，土名下壙墟，年載正租穀壹百伍拾觔正，合載秋粮正耗米陸升伍合正，扣稅申銀壹錢貳分壹厘肆毛正。

公積

買来原契，其價錢柒仟貳百文正。

嘉慶元年三月日開才手盡出價錢壹仟陸百文。

拾壹年十一月日宗观手盡出價錢壹仟文正。

拾叁年十二月日開才手斷出價錢貳仟貳百文正。

立有斷契壹帋，並帶原契、盡契，共四帋收存，永遠末為照。

5-2-71-2　清乾隆至同治年間隆園厝置業簿（二）

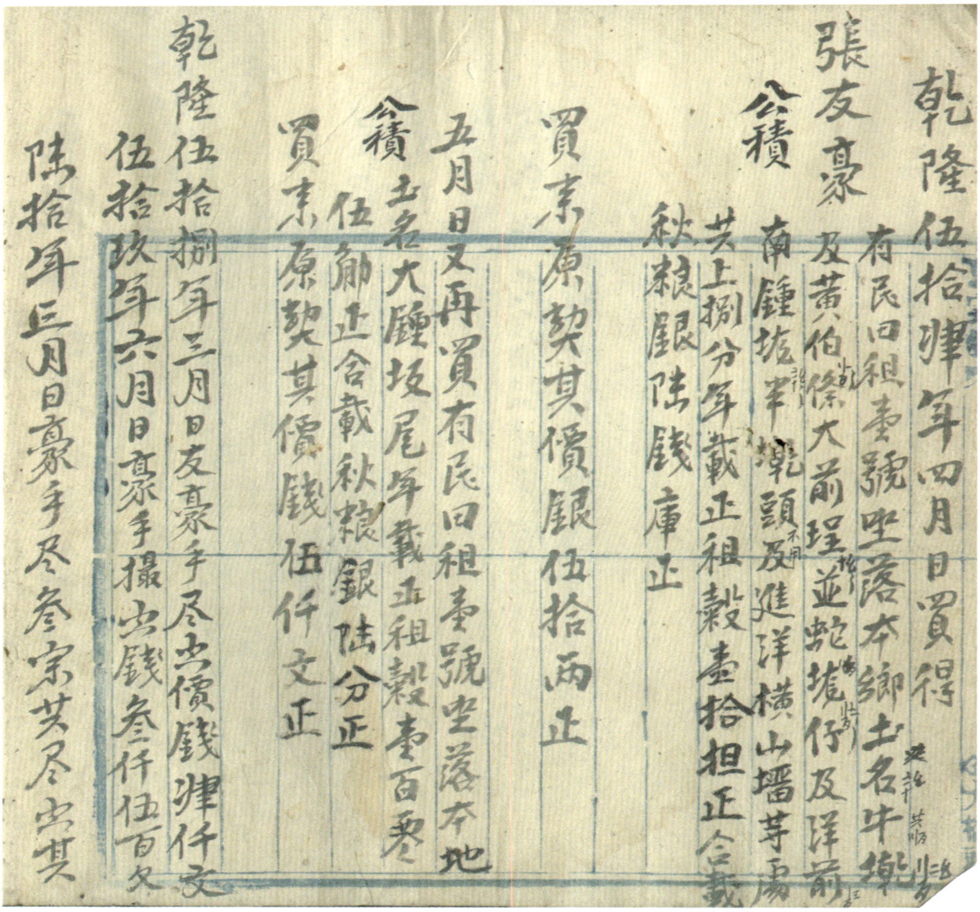

乾隆伍拾肆年四月日買得
張友豪
公積
有民田租壹號坐落本鄉土名牛欄
及黃伯滌大前埕並蛇垅仔及洋前
南鍾垅岸墘頭及進洋横山墻芽處
共上捌分年載正租穀壹拾担正合載
秋粮銀陸錢庫正
買來原契其價銀伍拾兩正
五月日又再買有民田租壹號坐落本地
公積
土名大壢坂尾年載正租穀壹百叁
伍斛正合載秋粮銀陸分正
買來原契其價錢伍仟文正
乾隆伍拾捌年三月日友豪手尽出價錢肆仟文
伍拾玖年六月日友豪手撮出錢叁仟伍百文
陸拾年正月日豪手尽叁宗共尽出其

5-2-71-3　清乾隆至同治年間隆園厝置業簿（三）

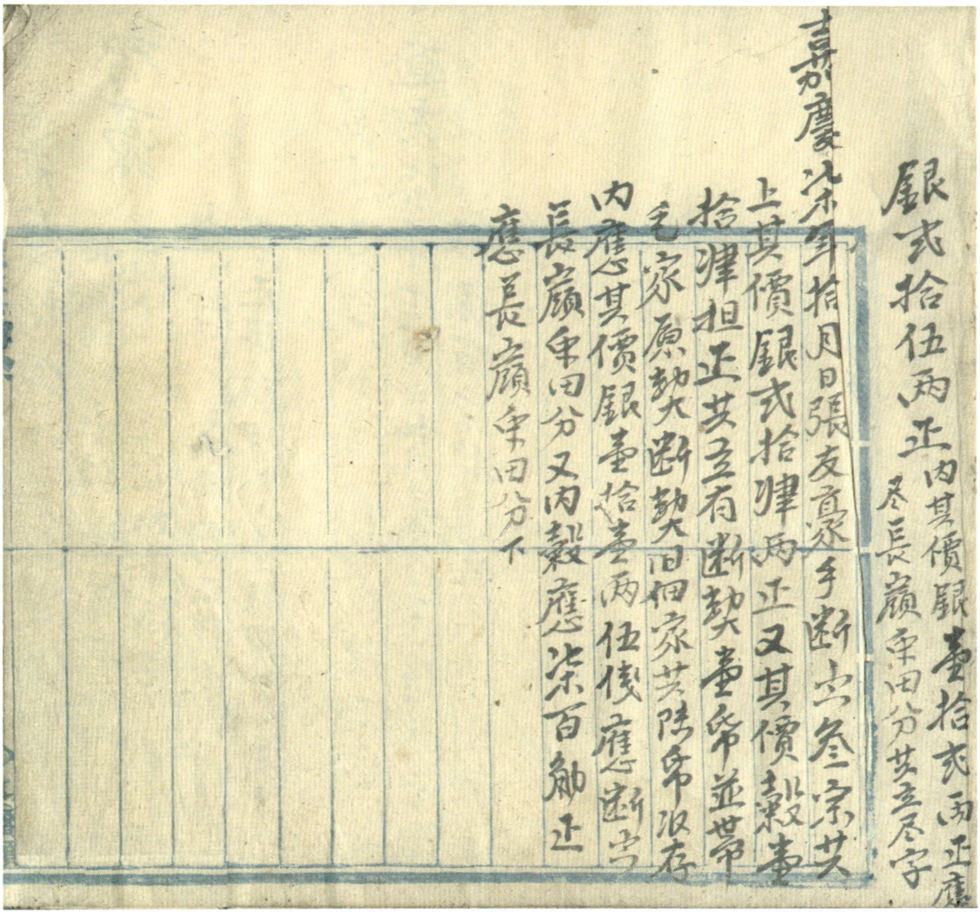
銀弍拾伍兩正內其價銀壹拾弍兩正應
叁長嶺宅田分其五叁字
嘉慶柒年拾月日張友高家手斷出叁宗其
上其價銀弍拾肆兩正又其價穀壹
拾肆担正其三有斷契壹帋並帶
毛家原契斷契田粗家其陆帋收存
內應其價銀壹拾壹兩伍錢應斷出
長嶺宅田分又內穀應柒百觔正
應長嶺宅田分下

5-2-71-4　清乾隆至同治年間隆園厝置業簿（四）

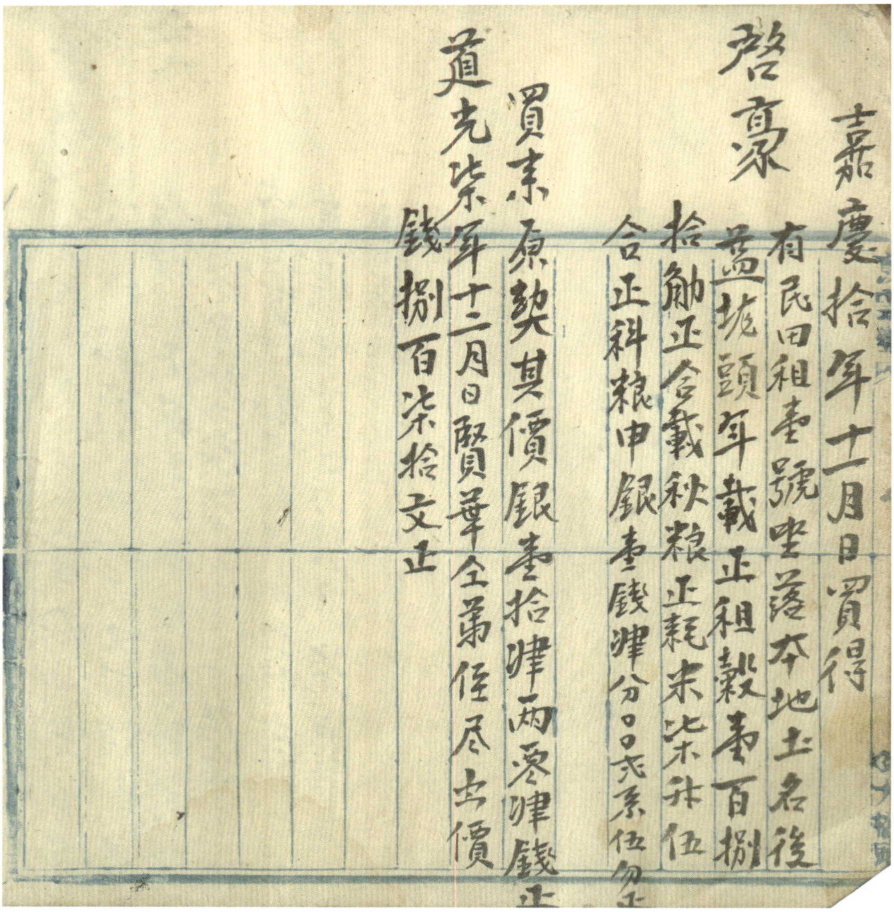
嘉慶拾年十一月日買得
啓豪
有民田租壹號坐落本地土名後
蕭垅頭年載正租穀壹百捌
拾觔正合載秋粮正耗米柒升伍
合正科粮申銀壹錢肆分〇〇弍系伍勿正
買來原契其價銀壹拾肆兩零肆錢正
道光柒年十二月日賢賣華仝弟侄盡出價
錢捌百柒拾文正

5-2-71-5　清乾隆至同治年間隆園厝置業簿（五）

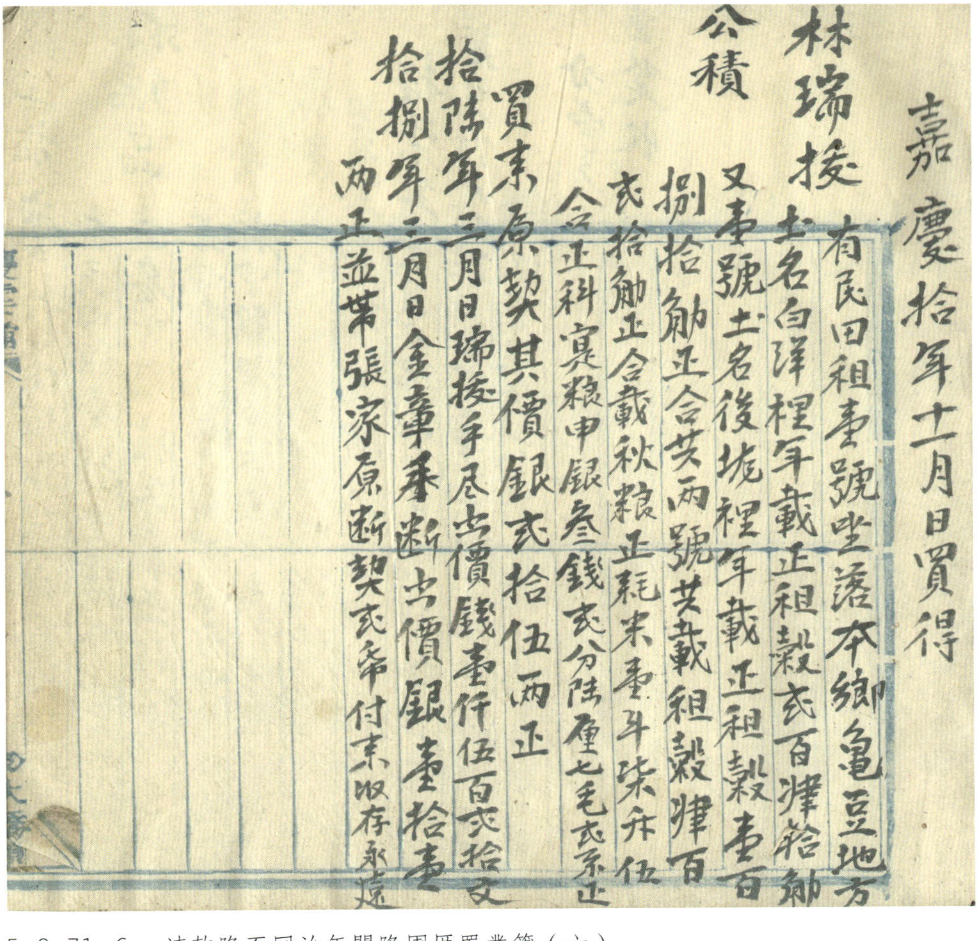

嘉慶拾年十一月日買得

林瑞接有民田租壹號坐落本鄉龜亞地方

土名白洋桯年載正租穀弍百肆拾觔

公積又壹號土名後垅桯年載正租穀壹百

捌拾觔正合共兩號共載租穀肆百

弍拾觔正合載秋粮正耗米壹斗柒升伍

合正科寔粮申銀叁錢弍分陸厘七毛弍系正

買來原契其價銀弍拾伍兩正

拾陸年三月日瑞接手尽出價錢壹仟伍百弍拾文

拾捌年三月日全章叁断出價銀壹拾壹

兩正並帶張家原断契弍紙付來收存永遠

5-2-71-6　清乾隆至同治年間隆園厝置業簿（六）

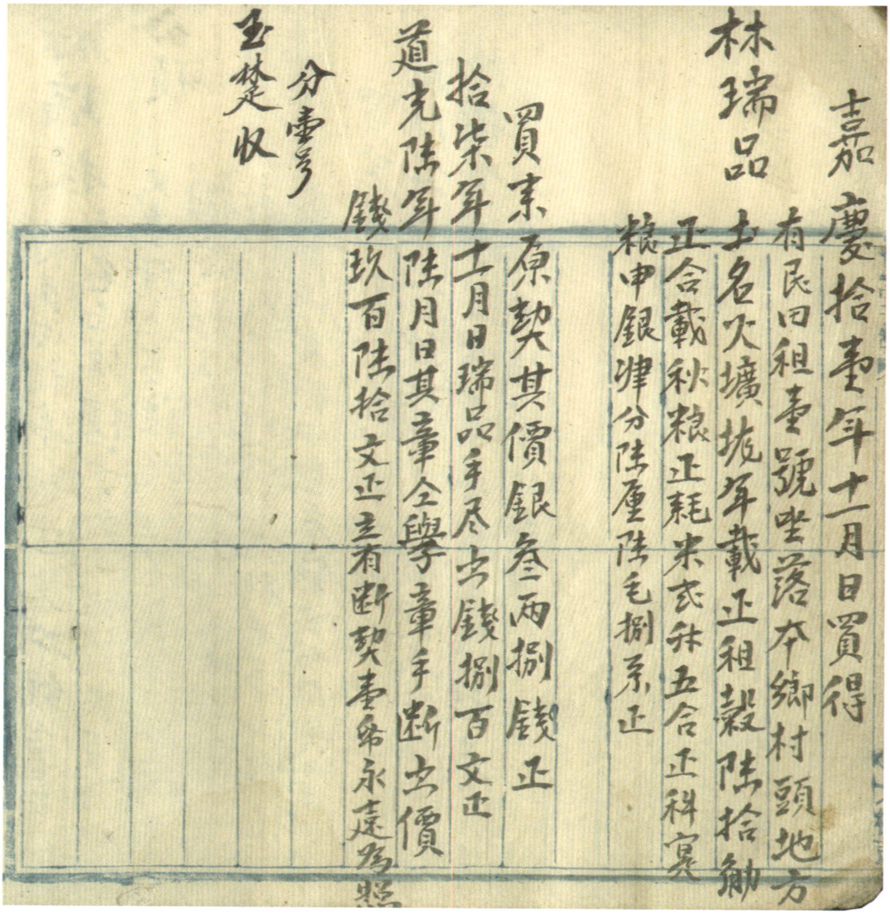

嘉慶拾壹年十一月日買得
林瑞品
有民田租壹號坐落本鄉村頭地方
土名大壙垅年載正租穀陸拾觔
正合載秋粮正耗米式升五合正科寬
粮申銀肆分陸厘陸毛捌系正
買來原契其價銀叁兩捌錢正
拾柒年十一月日瑞品手盡出錢捌百文正
道光陸年陸月日其章仝學章手斷出價
錢玖百陸拾文正立有斷契壹帋永遠為照
分壹乡
玉楚收

5-2-71-7　清乾隆至同治年間隆園厝置業簿（七）

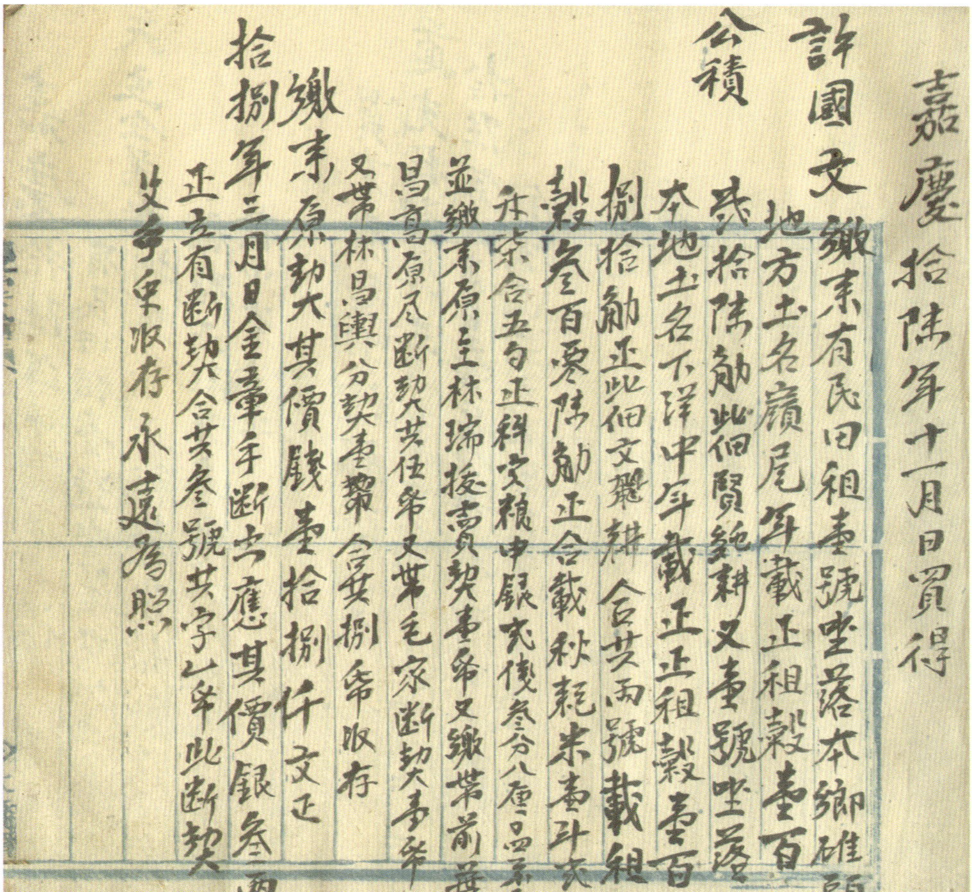

嘉慶拾陸年十一月日買得
許國文繳朱有民田祖壹號坐落本鄉碓頭
公積
地方土名嶺尾年載正租穀壹百
貳拾陸觔此佃賢絶耕又壹號坐落
本地土名下洋中年載正正租穀壹百
捌拾觔正此佃文飛耕 合共兩號載租
穀叁百零陸觔正合載秋耗米壹斗弍
升柒合五勺正科交糧中縣弍錢叁分八厘二毫四系正
並繳朱原主林瑞梭賣契壹帋又繳帯前業
昌高原斷契共伍帋又帯毛家斷契壹帋
又帯林昌與分契壹帋 合共捌帋收存
繳朱原契大其價錢壹拾捌仟文正
拾捌年三月日金章手斷出應其價銀叁兩
正立有斷契合共叁號共字山帋此斷契
又手帋收存 永遠為照

5-2-71-8　清乾隆至同治年間隆園厝置業簿（八）

嘉慶拾陸年十一月日買得
有民田租壹號坐落本地土名丘長
天立仝弟位圳尾載正租穀玖拾觔正合載
秋粮正耗米叁升柒合伍勺正科定
粮申柒分正
買来原契其價銀陸兩正
道光拾肆年三月日章忠仝阿彬盡出價錢玖百七十文
拾陸年八月日章忠仝章和章友手斷出價
銀貳兩正並有斷契壹帋永遠為照

5-2-71-9　清乾隆至同治年間隆園厝置業簿（九）

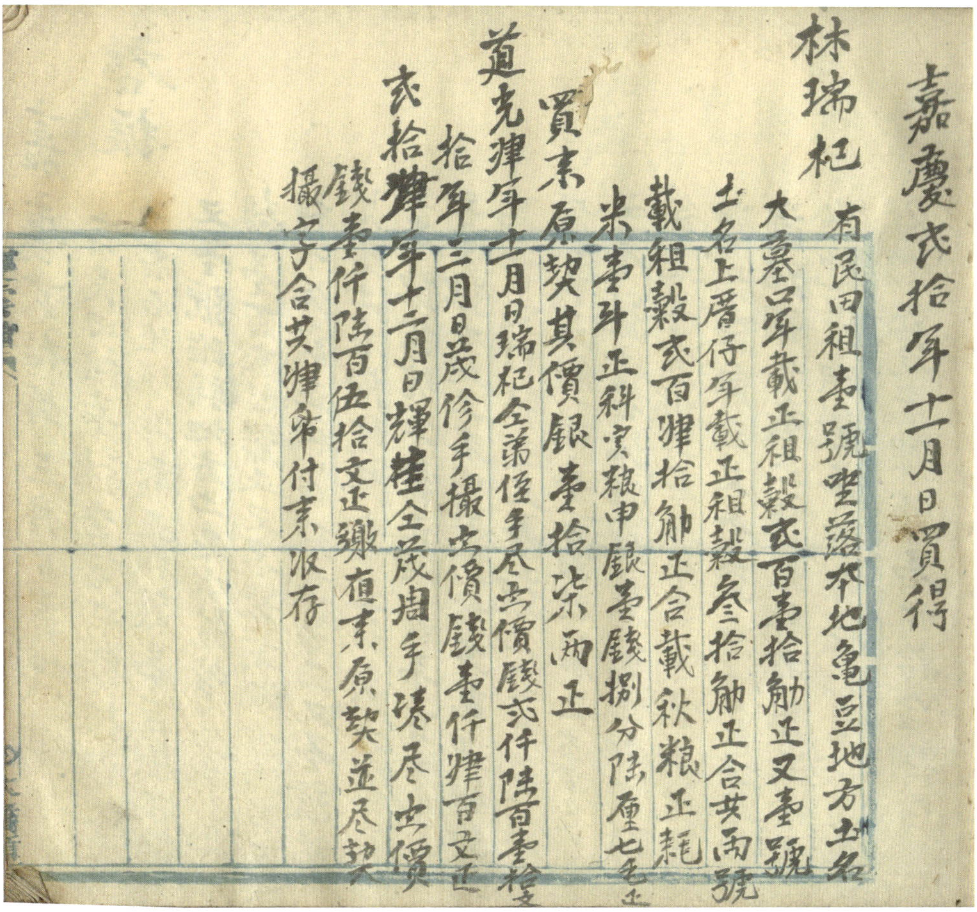
嘉慶貳拾年十一月日買得
林瑞杞 有民田租壹號坐落本地龜豆地方土名
大墓口年載正租穀貳百壹拾觔正又壹號
土名上厝仔年載正租穀叁拾觔正合共兩號
載租穀貳百肆拾觔正合載秋粮正耗
米壹斗正科實粮申銀壹錢捌分陸厘七毛正
買来原契其價銀壹拾柒兩正
道光肆年十一月日瑞杞仝弟侄手盡出價錢貳仟陸百壹拾
拾年三月日茂修手撮出價錢壹仟肆百文正
貳拾肆年十二月日輝桂仝茂開手張盡出價
錢壹仟陸百伍拾文正遞有来原契並盡契
撮字合共肆帋付来収存

5-2-71-10　清乾隆至同治年間隆園厝置業簿（一〇）

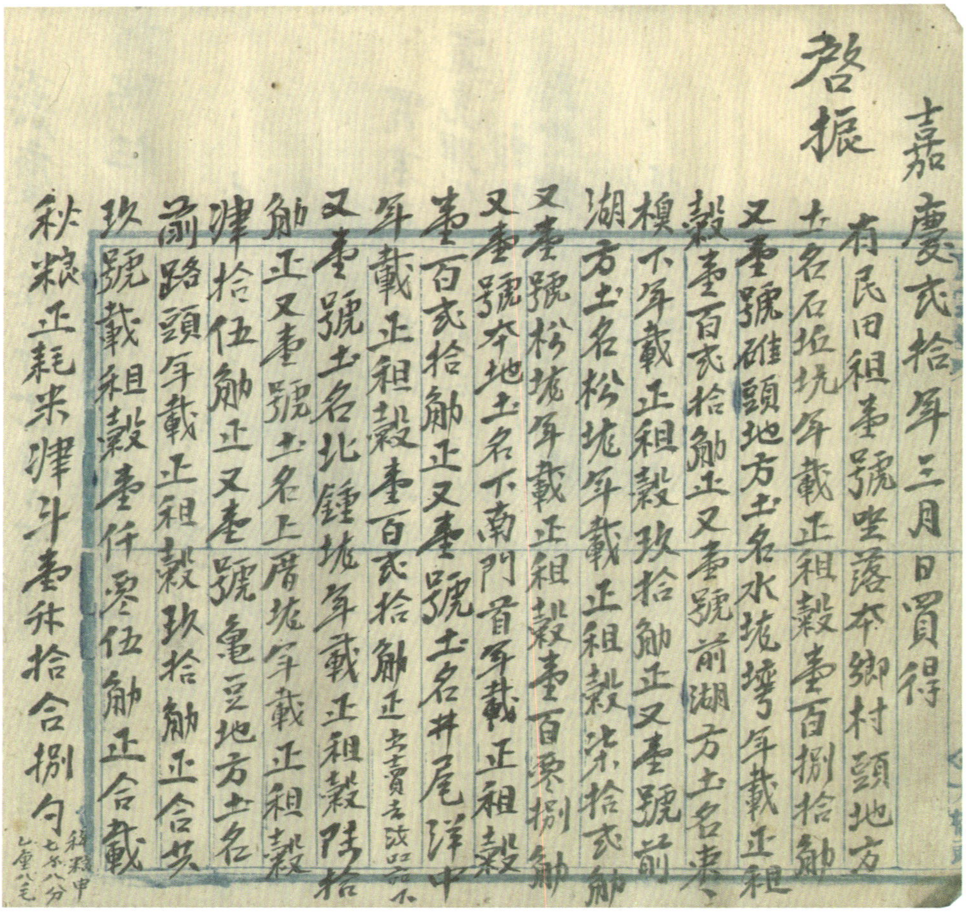

啓振

嘉慶貳拾年三月　日買得

有民田租壹號坐落本鄉村頭地方

土名石垢坑年載正租穀壹百捌拾觔

又壹號碓頭地方土名水垅墘年載正租

穀壹百貳拾觔正又壹號前湖方土名裏

模下年載正租穀玖拾觔正又壹號前

湖方土名松垅年載正租穀柒拾貳觔

又壹號松垅年載正租穀壹百零捌觔

又壹號本地土名下南門首年載正租穀

壹百貳拾觔正又壹號土名井尾洋中

年載正租穀壹百貳拾觔正去賣去該四石不

又壹號土名北鍾垅年載正租穀陸拾

觔正又壹號土名上厝垅年載正租穀

肆拾伍觔正又壹號龜豆地方土名

前路頭年載正租穀玖拾觔正合共

玖號載租穀壹仟零伍觔正合載

秋粮正耗米肆斗壹升拾合捌勺　科粮甲七分八分乙厘八毛

5-2-71-11　清乾隆至同治年間隆園厝置業簿（一一）

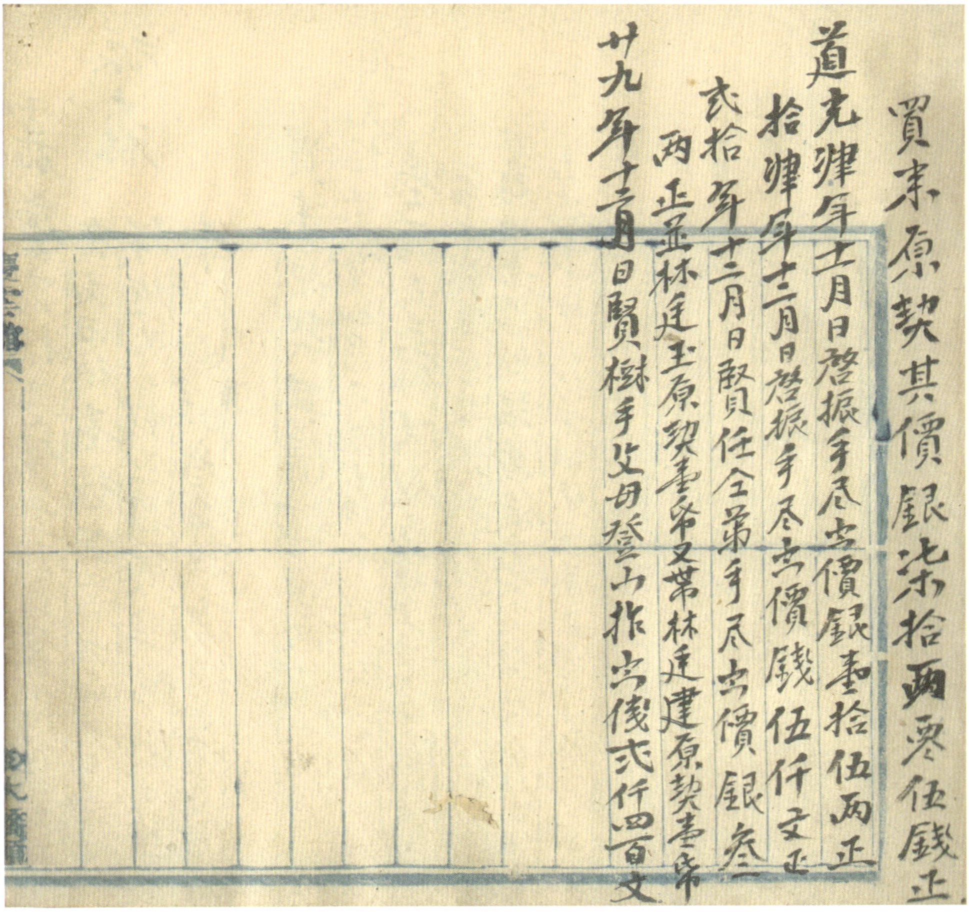

買來原契其價銀柒拾兩零伍錢正
道光肆年十一月日啓振手盡出價銀壹拾伍兩正
拾肆年十二月日啓振手盡出價錢伍仟文正
貳拾年十二月日賢任仝弟手盡出價銀叁
兩正並林廷玉原契壹帋又帯林廷建原契壹帋
廿九年十二月日賢樹手父母登山作出價錢弍仟四百文

5-2-71-12　清乾隆至同治年間隆園厝置業簿（一二）

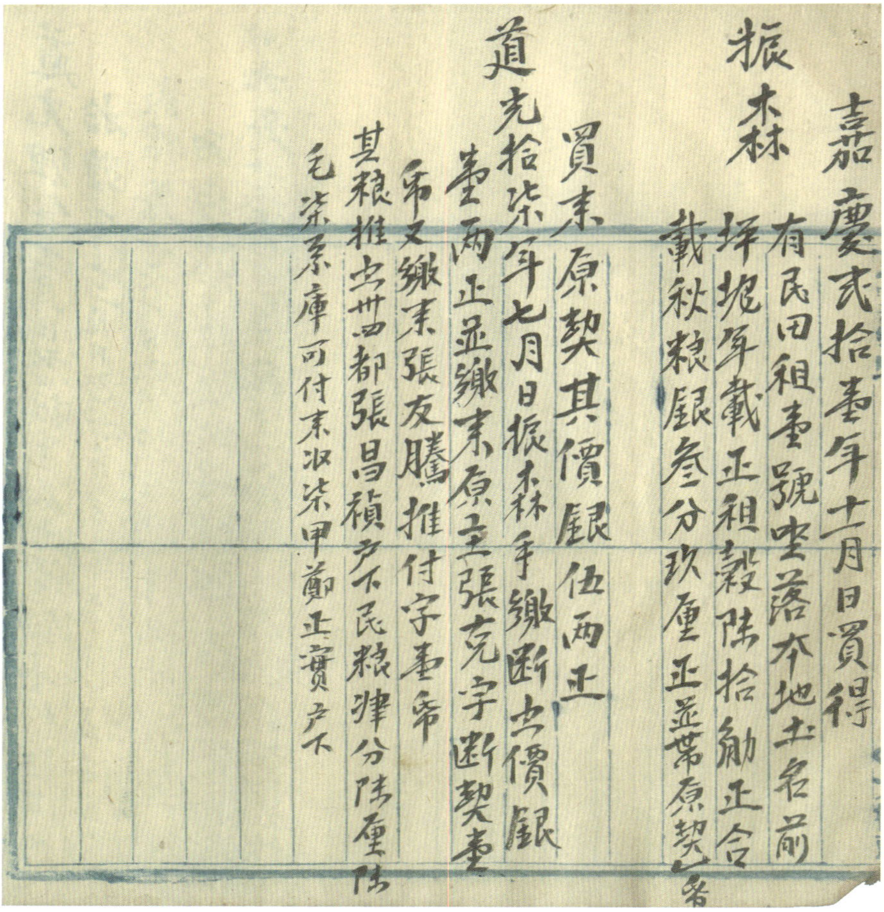

嘉慶弍拾壹年十一月日買得
振森
有民田租壹號坐落夲地土名前
坪垅伍載正租穀陸拾觔正仝
載秋粮銀叁分玖厘正並帶原契乙帋
買來原契其價銀伍兩正
道光拾柒年七月日振森手繳斷出價銀
壹兩正並繳來原主張克字斷契壹
帋又繳來張友騰推付字壹帋
其粮推出卅四都張昌禎户下民粮肆分陸厘陸
毛柒系庫可付來収柒甲鄭正寶户下

5-2-71-13　清乾隆至同治年間隆園厝置業簿（一三）

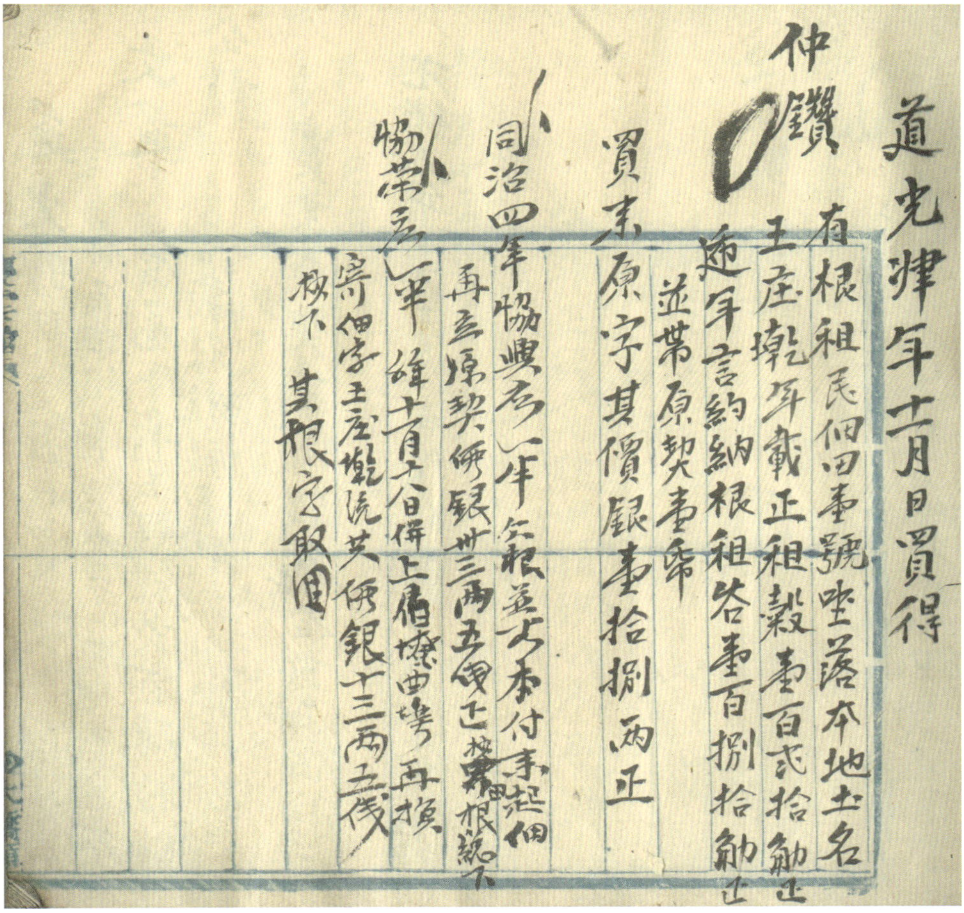
道光肆年十一月日買得
仲瓚
有根租民佃田壹號坐落本地土名
王莊墘年載正租穀壹百弍拾觔正
遞年言約納根租谷壹百捌拾觔正
並帶原契壹紙
買來原字其價銀壹拾捌兩正
同治四年協興兄一半欠根並本付手起佃
再立原契價銀卅三兩五錢正推根銀下
協榮兄一半于十二月十八日併上倘墘曲墘再換
寄佃字王莊墘流其價銀十三兩五錢
扱下　其根字取回

5-2-71-14　清乾隆至同治年間隆園厝置業簿（一四）

道光肆年十一月日買得

文道

公積

有民田租壹號坐落本地土名茶崙尾年載正租穀貳百肆拾觔正

合載秋粮銀壹錢捌分陸厘柒毛庫

買来原契其價銀叁拾貳兩伍錢正

光緒五年十二月十二日尽去價錢捌百文着尽字乙紙華齋字

5-2-71-15　清乾隆至同治年間隆園厝置業簿（一五）

道光肆年十二月日買得 旧契尽契不用
張克南
仝友典

有民田租壹號坐落本鄉村頭地方
土名後門頭年載正租穀陸拾
觔正又壹號土名牛欄坑年載正
租穀陸拾觔正合共兩號載租
穀壹百弍拾觔正合載秋粮正耗米
伍升正科寔粮申銀玖分叁厘肆毛正
買來原契其價銀玖兩正
拾年十二月日友典仝敬賢手撮出錢陸百文正
拾弍年九月日友典身姑敬賢手撮出錢肆百文正
弍拾叁年七月日敬武仝侄阿勤手筭过
多載租土名牛欄坑租谷卅ㄣ又多載後門
粮七毛正再立有賣斷契大載寔租土名
半簡欄坑載寔租谷叁拾觔正外載根租谷
卅ㄣ載粮弍分後門頭載租谷六十ㄣ載寔
粮肆分六厘合共兩分載寔粮六分六厘正
立賣斷契大其價錢壹拾叁仟壹百文整 結下條

5-2-71-16　清乾隆至同治年間隆園厝置業簿（一六）

道光陆年十一月日買得
林月章有民田租壹號坐落本鄉前坑
洋地方土名前坑頭年載正租
公積 前坑頭一項 林瑞世耕納廿丁
穀壹百伍拾觔正合載秋粮正耗乙
米陆升玖合伍勺正科實粮申乙分乙分六厘七
買來原契其價銀壹拾叁兩伍錢正
玖年二月日月章手尽出價錢捌百柒拾文
拾弍年十二月日華仁手尽出及四坵仔並大中
洋合共叁宗尽出價錢玖百柒拾文
長艮四系乙分
正絕中 租下

5-2-71-17　清乾隆至同治年間隆園厝置業簿（一七）

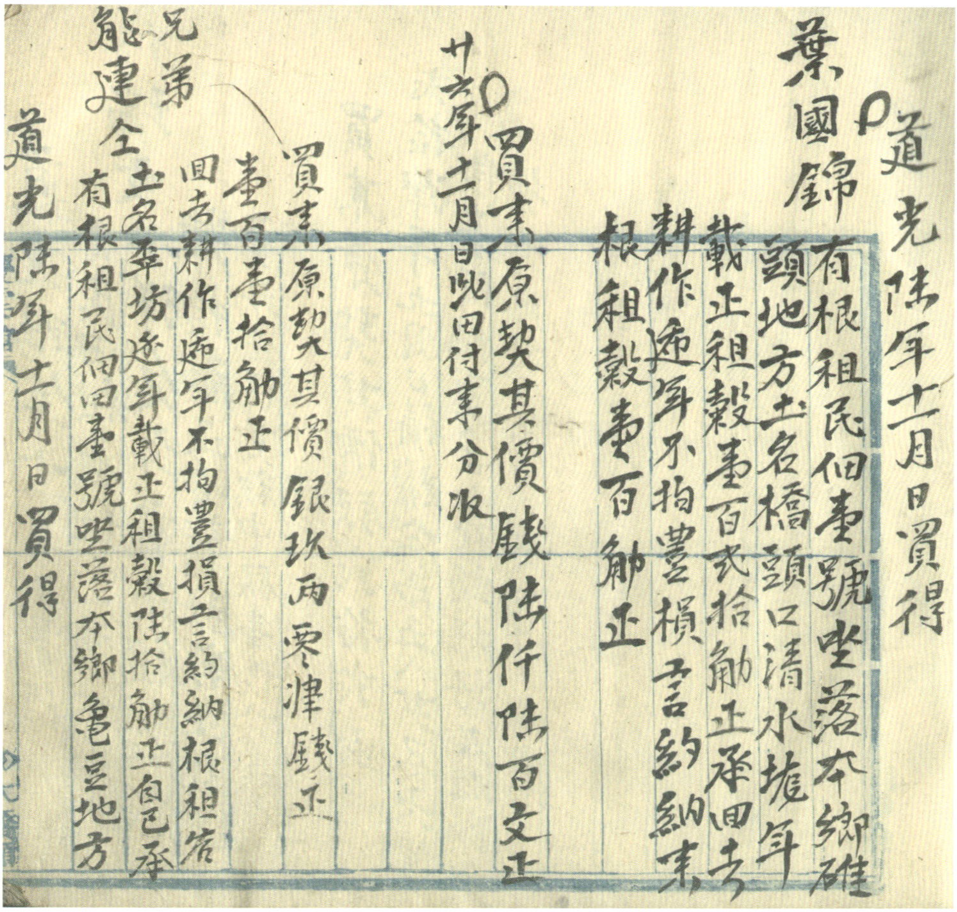
道光陆年十一月日買得
葉國錦有根租民佃壹號坐落本鄉碓
頭地方土名橋頭口清水堪年
載正租穀壹百弍拾觔正承佃去
耕作遞年不拘豐損言約納來
根租穀壹百觔正
買來原契其價錢陆仟陆百文正
廿六年十一月日此田付來分派
買來原契其價銀玖兩零津錢正
壹百壹拾觔正
佃去耕作遞年不拘豐損言約納根租穀
土名半坊遞年載正租穀陆拾觔正自己承
兄弟能建仝有根租民佃壹號坐落本鄉龟豆地方
道光陆年十一月日買得

5-2-71-18　清乾隆至同治年間隆園厝置業簿（一八）

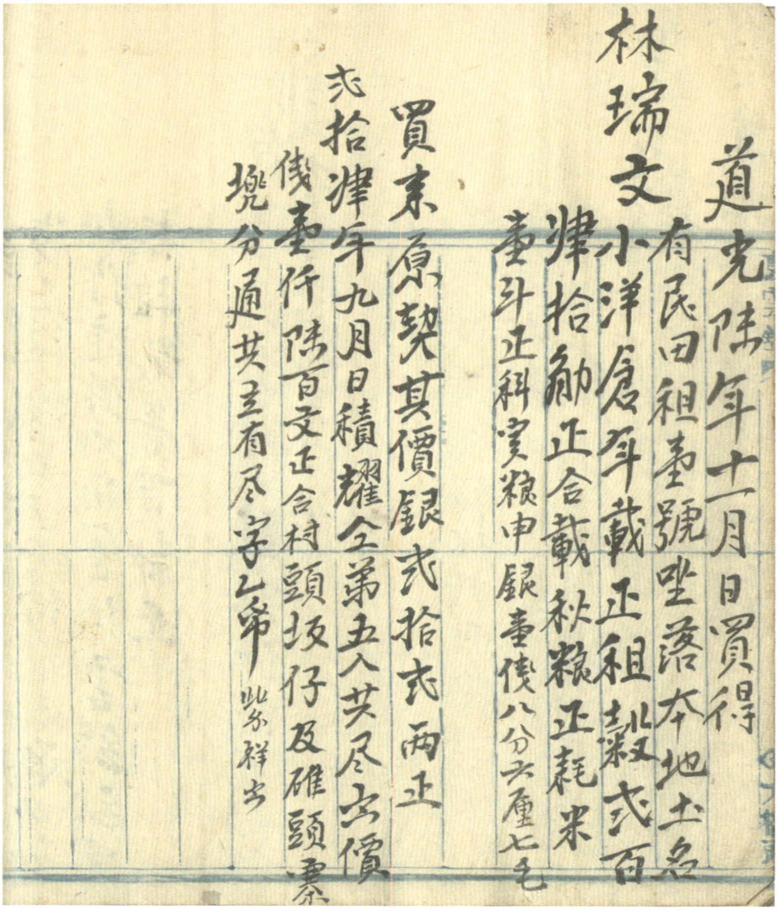
道光陸年十一月日買得
林瑞文有民田租壹號坐落本地土名小洋倉埕載正租穀弍百
肆拾觔正合載秋粮正耗米
壹斗正科實粮申銀壹錢八分六厘七毛
買來原契其價銀弍拾弍兩正
弍拾肆年九月日積糶仝弟五入共尽出價
錢壹仟陸百文正合村頭坂仔及碓頭票
塆分通共立有尽字山帋 紫祥出

5-2-71-19　清乾隆至同治年間隆園唐置業簿（一九）

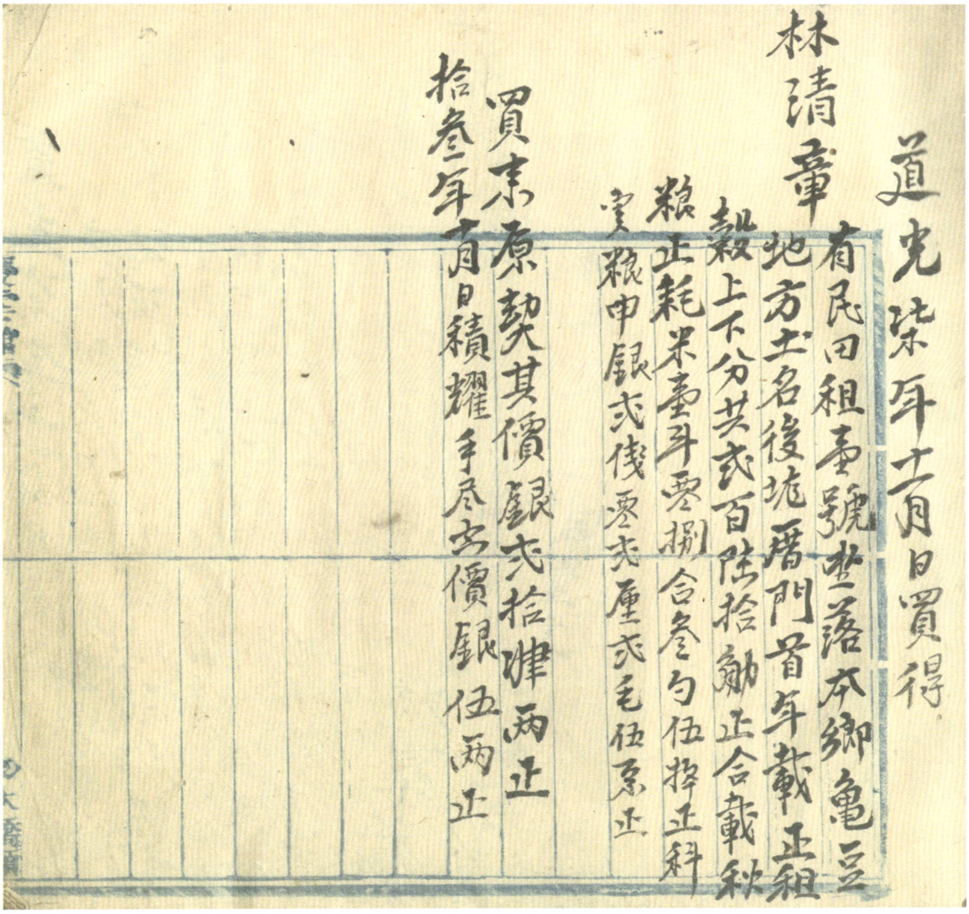
道光柒年十二月日買得
林清章
有民田租壹號坐落本鄉龜豆
地方土名後垅厝門首年載正租
穀上下分共弍百陸拾觔正合載秋
粮正耗米壹升零捌合叁勺伍抄正科
實粮申銀弍錢零弍厘弍毛伍系正
買来原契其價銀弍拾肆两正
拾叁年十二月日積糴手尽找價銀伍两正

5-2-71-20　清乾隆至同治年間隆園厝置業簿（二〇）

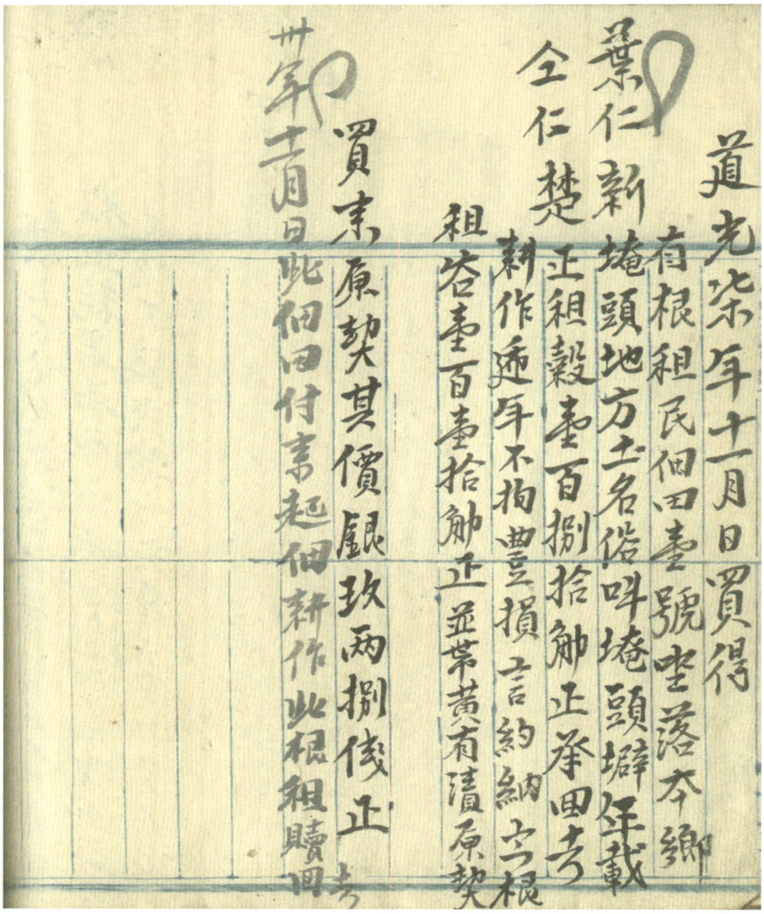
道光柒年十一月日買得
有根租民佃田壹號坐落本鄉
葉仁新墘頭地方土名俗叫墘頭壁全載
仝仁楚正租穀壹百捌拾觔正承田者
耕作逐年不拘豐損言約納六根
祖谷壹百壹拾觔正並帶黃有清原契
買來原契其價銀玖兩捌錢正去
卅年十一月日此佃田付書起佃耕作此根租贖回

5-2-71-21　清乾隆至同治年間隆園厝置業簿（二一）

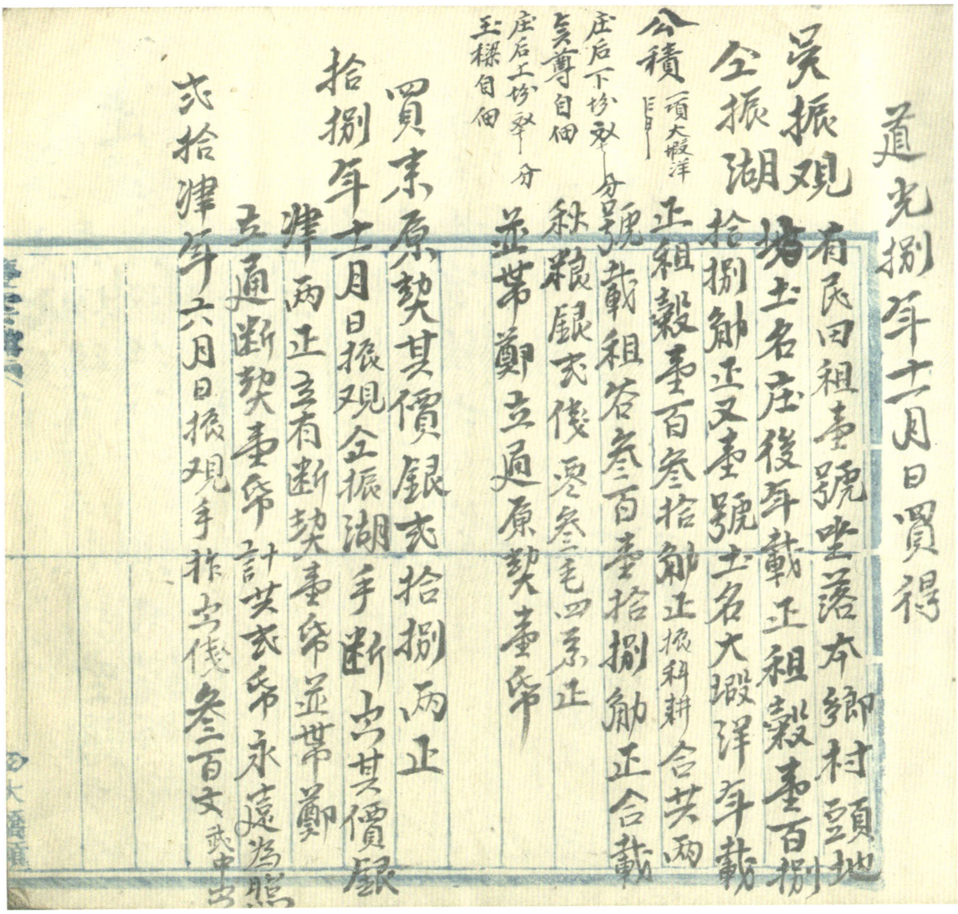

道光捌年十二月日買得
吴振观
仝振湖
有民田祖壹號坐落本鄉村頭地坮土名庄後年載正祖穀壹百捌拾捌觔正又壹號土名大瑕洋年載正祖穀壹百叁拾觔正振科耕合共兩號載租谷叁百壹拾捌觔正合載秋粮銀弍錢零叁毛四系正並帯鄭立遁原契壹帋
公積一項大瑕洋
庄后下坋叁分
吴尊自佃
庄后上坋叁分
王樑自佃
買来原契其價銀弍拾捌兩正
拾捌年十二月日振观仝振湖手斷出其價銀津兩正立有斷契壹帋並帯鄭立遁斷契壹帋計共弍帋永遠為照
弍拾津年六月日振观手收出銀叁百文

5-2-71-22　清乾隆至同治年間隆園厝置業簿（二二）

葉邊銀　達秋

道光廿年十一月日買得
有根祖民佃田壹號坐落本鄉
碓頭地方土名墈不罹年載正
祖穀柒拾伍觔又壹號土名黄垎
頭年載正祖穀叁拾柒觔正合
兩號承佃去耕遞年不拘豐損言
約納根租谷叁百觔正
並帶原契尽字共叁紙收存
買来其價銀貳拾柒兩正
貳拾陸十月卯首兩人面算其圳下尾門首之田
繳直寫来其價銀貳拾肆兩正並帶
原主啓喬原尽字共貳紙繳直付来
起佃安下耕作此佃田達朝手承去耕作
对除扣外实在價銀叁兩此黄垎分再賣
根租扣明

5-2-71-23　清乾隆至同治年間隆園厝置業簿（二三）

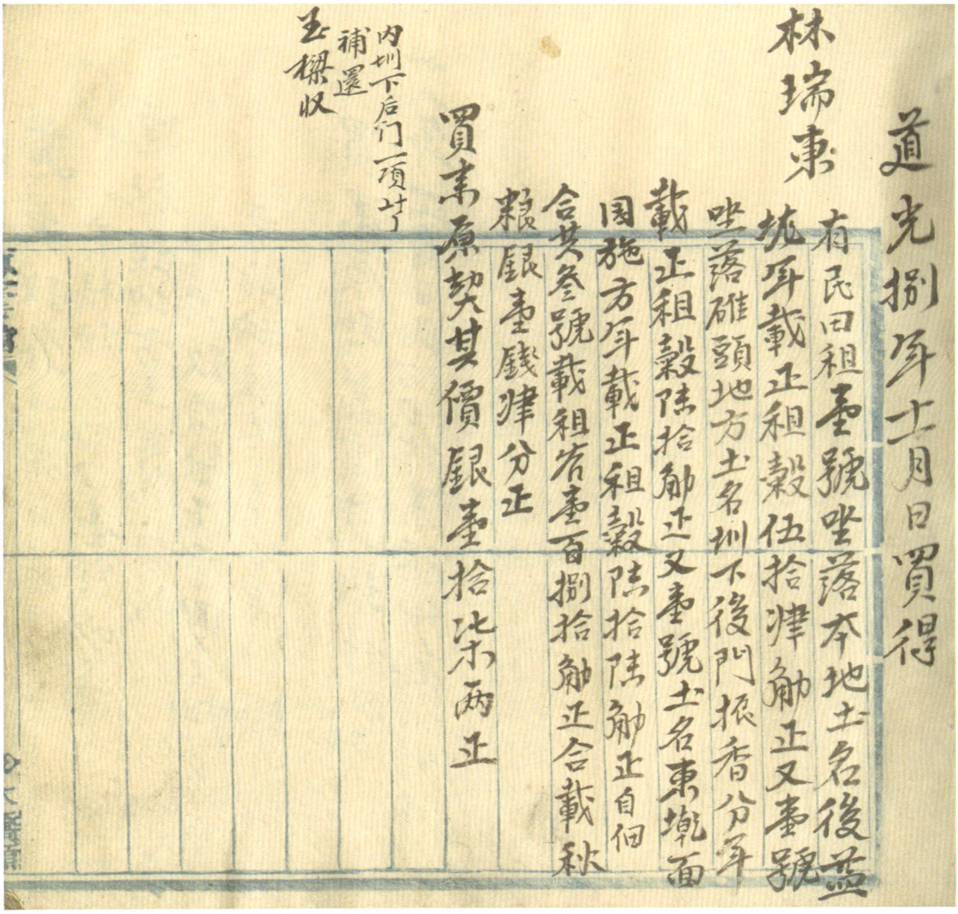
道光捌年十二月　日買得
林瑞來
有民田租壹號坐落本地土名後蓝
坑年載正租穀伍拾肆觔正又壹號
坐落碓頭地方土名圳下後門根香分年
載正租穀陸拾觔正又壹號土名東墘面
園施方年載正租穀陸拾陸觔正自佃
合共叁號載租肴壹百捌拾觔正合載秋
粮銀壹錢肆分正
買來原契其價銀壹拾柒兩正
內圳下后门一項廿丁
補還
玉樑收

5-2-71-24　清乾隆至同治年間隆園厝置業簿（二四）

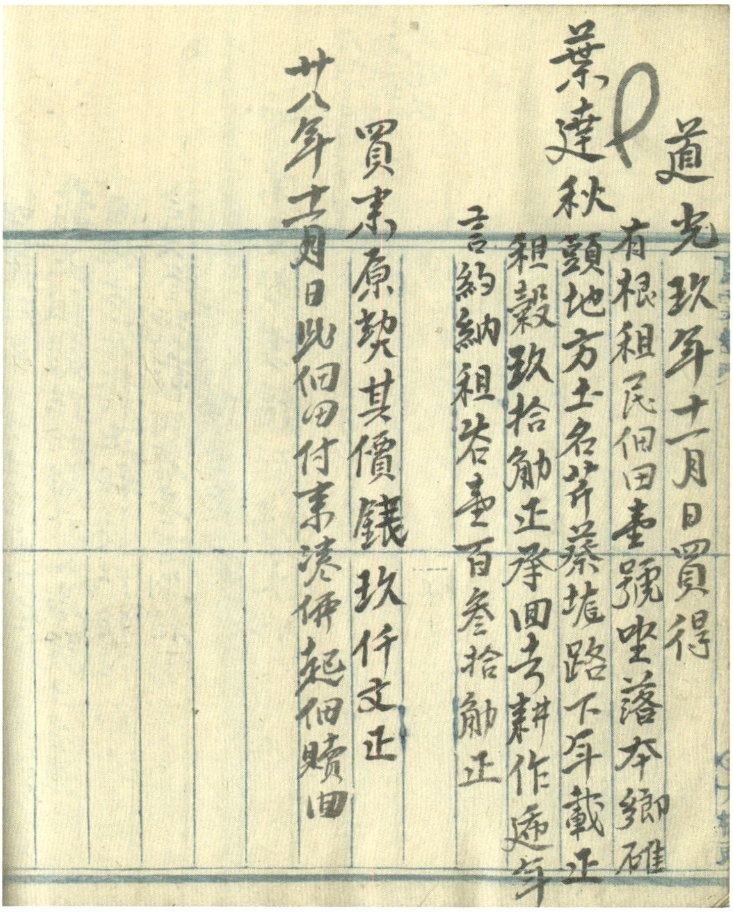

道光玖年十一月日買得
有根租民佃田壹號坐落本鄉碓
葉達秋
頭地方土名芹蔡墘路下年載正
租穀玖拾觔正承佃耕作遞年
言約納租谷壹百叁拾觔正
買來原契其價錢玖仟文正
廿八年十二月日既佃田付來港佛起佃贖回

5-2-71-25　清乾隆至同治年間隆園厝置業簿（二五）

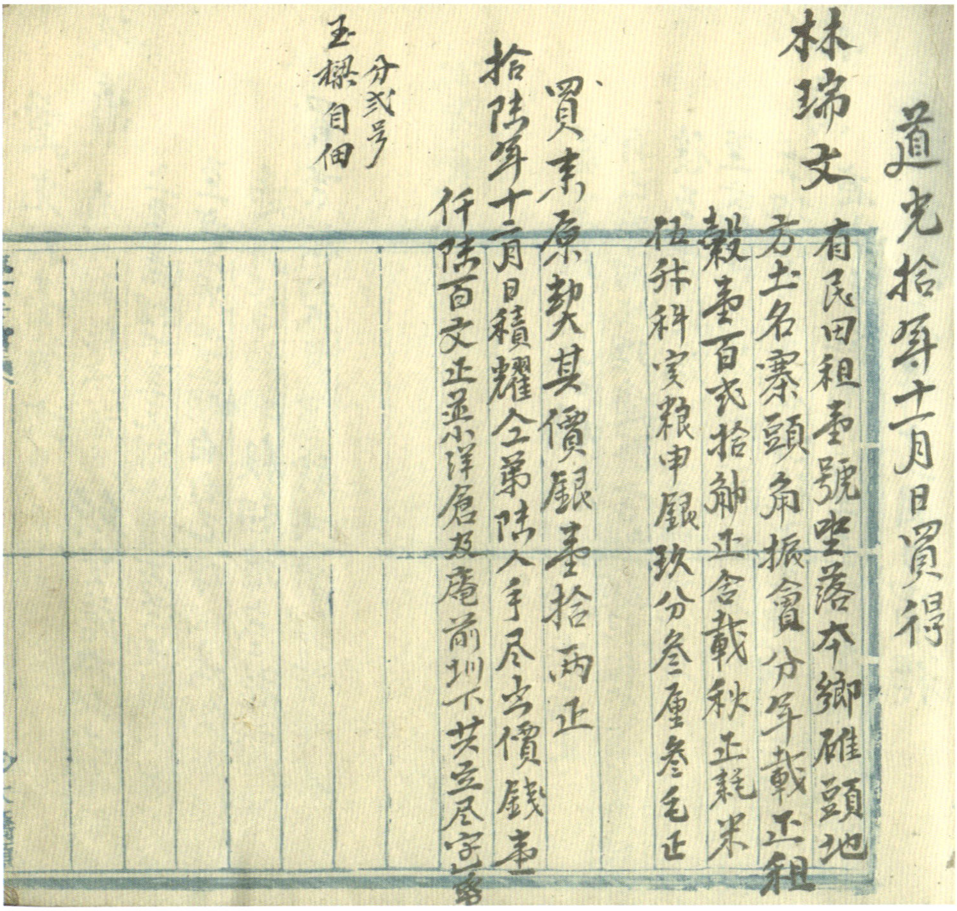
道光拾年十二月日買得
林瑞文
有民田租壹號坐落本鄉碓頭地
方土名寨頭角振賫分年載正租
穀壹百弍拾觔正含載秋正耗米
伍升科实粮申銀玖分叁厘叁毛正
買来原契其價銀壹拾兩正
拾陸年十二月日積耀仝弟陸人手尽出價錢壹
仟陸百文正並示洋倉及庵前圳下共立尽字照
分弍号
王標自佃

5-2-71-26　清乾隆至同治年間隆園厝置業簿（二六）

道光拾壹年十一月日買得

振森

鄉末有民田租壹號坐落本地土名
到流墘年載正租穀弍百柒拾觔
正又壹號土名上畬墘年載正租穀
柒觔半〻正合共載秋粮銀弍錢零〻
捌厘庫並鄉末蔡道養原契壹
帋及尽契壹帋通共叁帋鄉直付末收存
買鄉末原契其價銀壹拾肆兩弍錢伍分正

拾弍年六月日原主蔡宗光仝宗檀宗恩等手
斷出其價銀肆兩叁錢正並帯毛鄉毫
原契壹帋及推付字壹帋共叁帋永遠

分壹〻
玉楚收

5-2-71-27　清乾隆至同治年間隆園厝置業簿（二七）

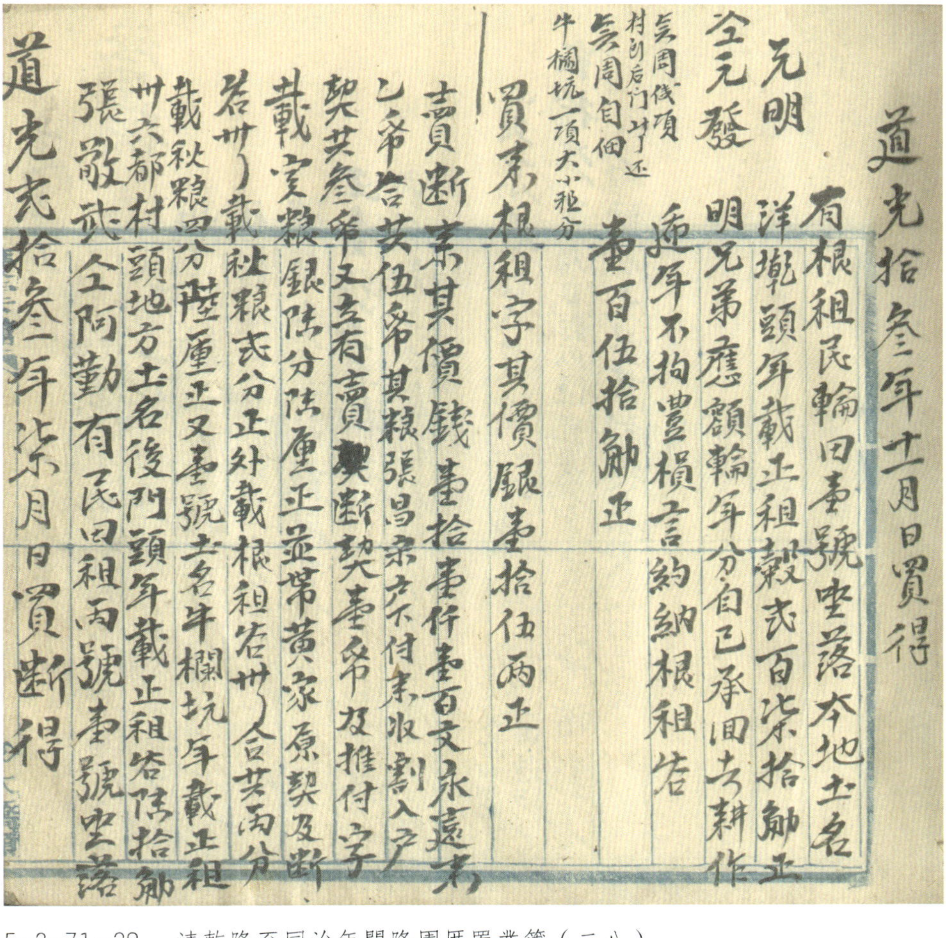
道光拾叁年十一月日買得
有根租民輪田壹號坐落本地土名
洋墘頭年載正租穀弍百柒拾觔正
明兄弟應額輪年分自己承佃去耕作
逐年不拘豐歉言約納根租谷
壹百伍拾觔正
元明
全元發
吳周伐項
村前后门廿了还
吳周自佃
牛欄坑一項大小租分
買來根租字其價銀壹拾伍兩正
賣斷來其價錢壹拾壹仟壹百文永遠來
乙爷合共伍爷其粮張昌宗户不付來收割入户
契共叁爷又立有賣契斷契壹爷及推付字
載實粮銀陸分陸厘正並帶黄家原契及斷
谷卅乙載秋粮弍分正外載根租谷卅乙合共兩分
載秋粮四分陸厘正又壹號土名牛欄坑年載正租
卅六都村頭地方土名後門頭年載正租谷陸拾觔
張敬莊全阿勤有民田祖兩號壹號坐落
道光弍拾叁年柒月日買斷得

5-2-71-28　清乾隆至同治年間隆園厝置業簿（二八）

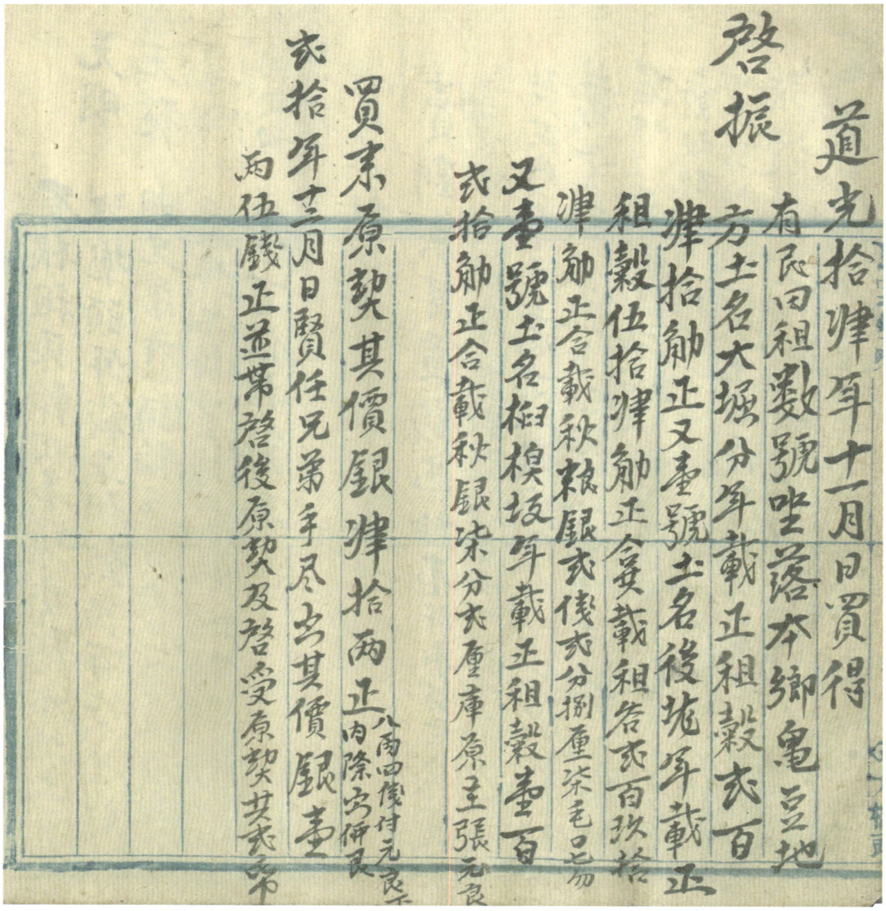

道光拾肆年十一月日買得
有民田租數號坐落本鄉黽豆地
方土名大堀分年載正租穀弍百
肆拾觔正又壹號土名後垅年載正
租穀伍拾肆觔正合共載租谷弍百玖拾
肆觔正合載秋粮銀弍錢弍分捌厘柒毛口忽
又壹號土名樹槙坂年載正租穀壹百
弍拾觔正合載秋銀柒分弍厘庫原主張元良
買來原契其價銀肆拾兩正八兩田價付元良下 內除宍伍艮
弍拾年十二月日賢任兄弟手尽出其價銀壹
兩伍錢正並帶啓後原契及啓受原契共弍帋
啓振

5-2-71-29　清乾隆至同治年間隆園厝置業簿（二九）

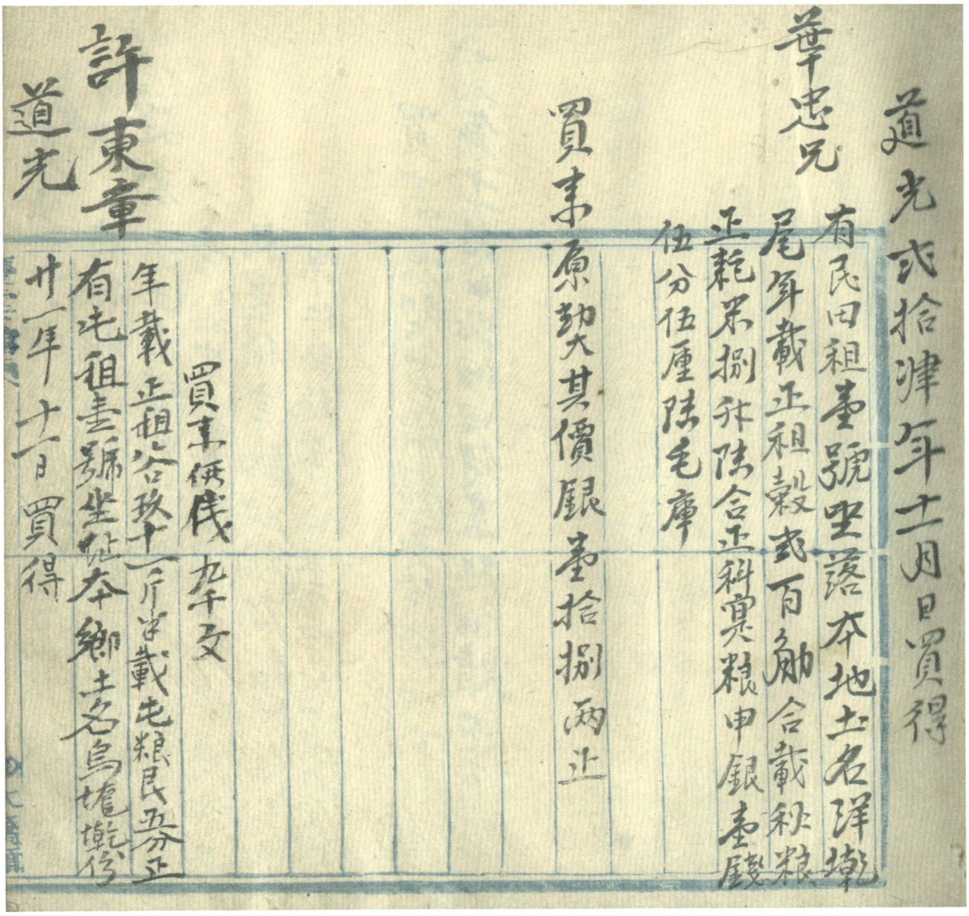
道光弍拾柒年十二月　日買得
華忠兄
有民田租壹號坐落本地土名洋墘
尾年載正租穀弍百觔合載秋粮
正耗米捌升陸合正科冥粮申銀壹錢
伍分伍厘陸毛庠
買來原契其價銀壹拾捌兩正
許東章
有屯租壹號坐在本鄉土名烏墘墩仔
年載正租谷玖十一斤半載屯粮民五分正
買來價錢九千文
道光
廿一年十一月買得

5-2-71-30　清乾隆至同治年間隆園厝置業簿（三〇）

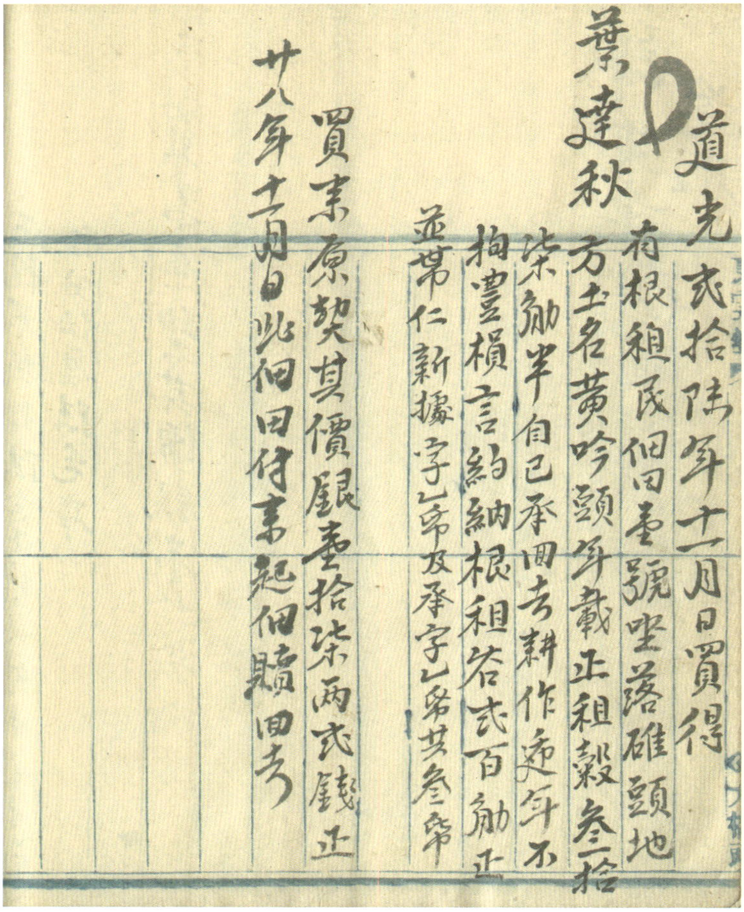

道光貳拾陸年十一月日買得
葉達秋
有根租民佃田壹號坐落碓頭地
方土名黃吟頭每年載正租穀叁拾
柒觔半自己承佃去耕作逐年不
拘豐歉言約納根租谷貳百觔正
並帶仁新據字山帋及承字山帋共叁帋
買來原契其價銀壹拾柒兩貳錢正
廿八年十二月日兆佃田付來起佃贖田去

5-2-71-31　清乾隆至同治年間隆園厝置業簿（三一）

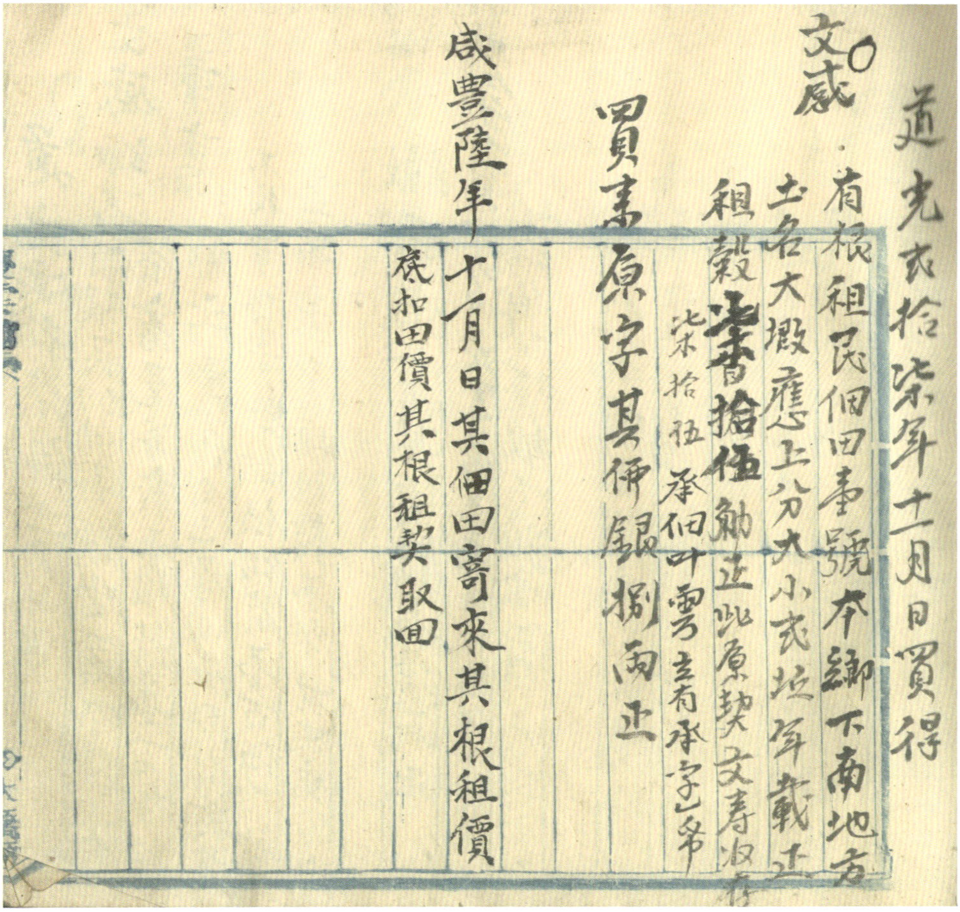
道光貳拾柒年十一月日買得
文咸○
有根租民佃田壹號本鄉下南地方
土名大墩應上分大小弍坵年載正
租穀壹拾伍觔正此原契文壽收存
柒拾伍 承佃叶雲生有承字山吊
買壽原字其價銀捌兩正
咸豐陸年十月日其佃田寄來其根租價
底扣田價其根租契取回

5-2-71-32　清乾隆至同治年間隆園厝置業簿（三二）

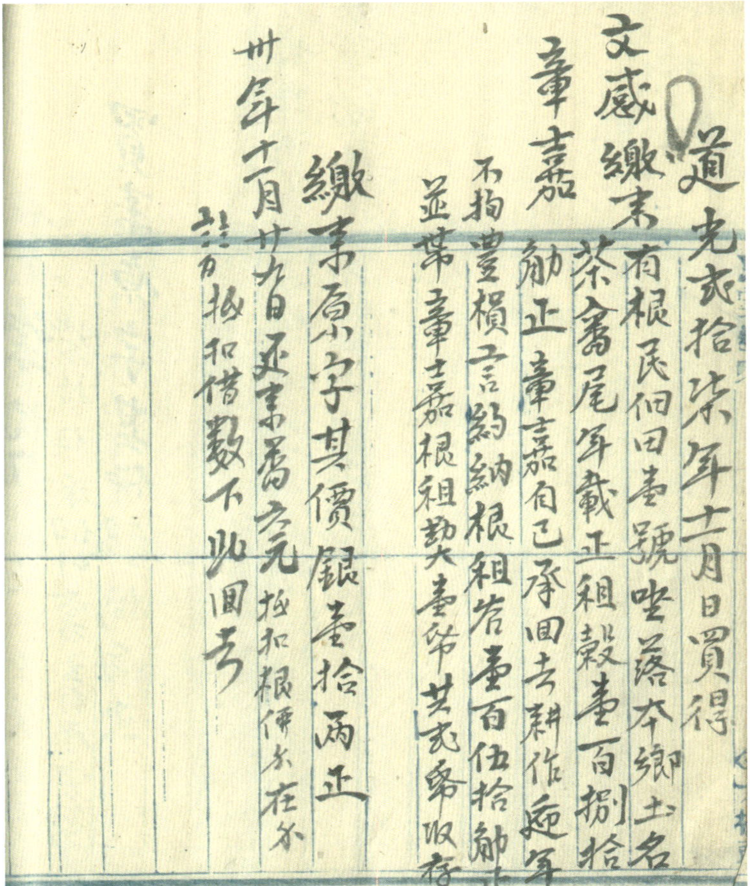
道光貳拾柒年十一月日買得
文蔵繳来有根民佃田壹號坐落本鄉土名
茶畬尾年載正租穀壹百捌拾
章嘉觔正章嘉自己承佃去耕作逐年
不拘豐欠言約納根租谷壹百伍拾觔正
並帶章士嘉根租契壹紙共貳紙收存
繳来原字其價銀壹拾兩正
卅年十月廿九日退来為完扺扣根佃不在外
註明扺扣借數不收回去

5-2-71-33　清乾隆至同治年間隆園厝置業簿（三三）

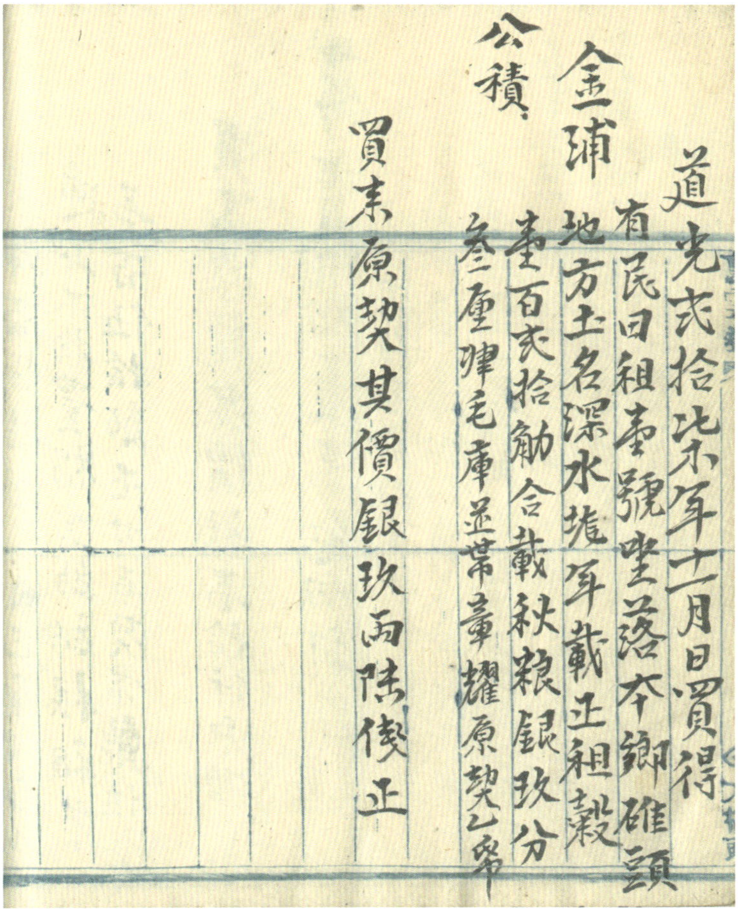

道光貳拾柒年十一月日買得
有民田祖壹號坐落夲鄉碓頭
金埔地方土名深水垅年載正租穀
壹百貳拾觔合載秋粮銀玖分
公積叁厘肆毛庫並常筆耀原契乙帋
買來原契其價銀玖両陸錢正

5-2-71-34　清乾隆至同治年間隆園厝置業簿（三四）

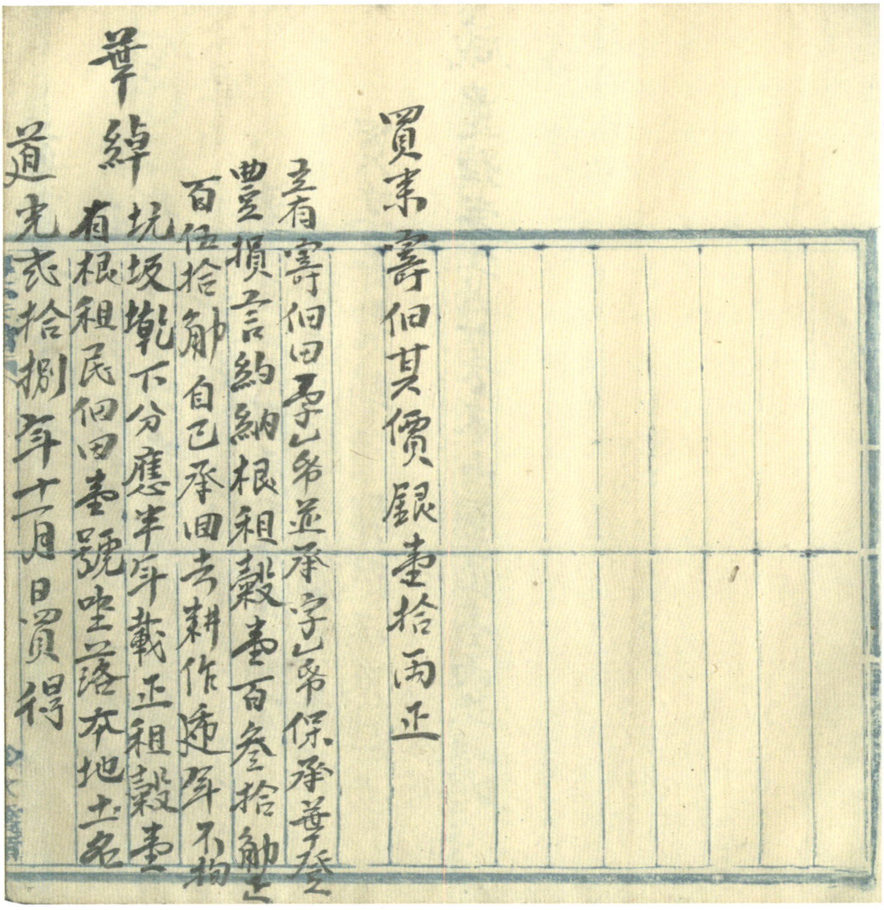

買來壽佃其價銀壹拾兩正

立有壽佃田子山弟遂承字山弟保承華叄

豐損言約納根租穀壹百叁拾觔正

百伍拾觔自己承佃去耕作遞年不拘

華綽 坑坂乾下分應半年載正租穀壹

有根租民佃田壹號坐落本地土名

道光貳拾捌年十一月日買得

5-2-71-35　清乾隆至同治年間隆園厝置業簿（三五）

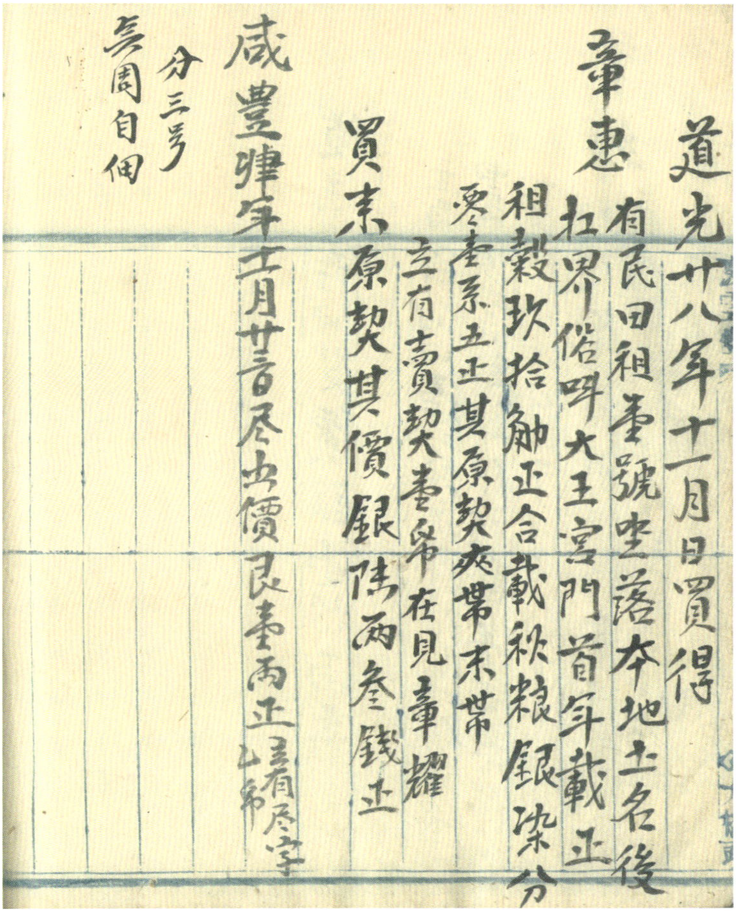

道光廿八年十一月日買得
章惠　有民田租壹號坐落本地土名後
杜界俗呼大王宮門首年載正
祖穀玖拾觔正合載秋粮銀柒分
零壹系五正其原契夾帶末帶
立有賣契壹帋在見章耀
買末原契其價銀陸兩叁錢正
咸豐肆年十二月廿二日盡出價艮壹兩正　立有盡字乙帋
分三号
与周自佃

5-2-71-36　清乾隆至同治年間隆園厝置業簿（三六）

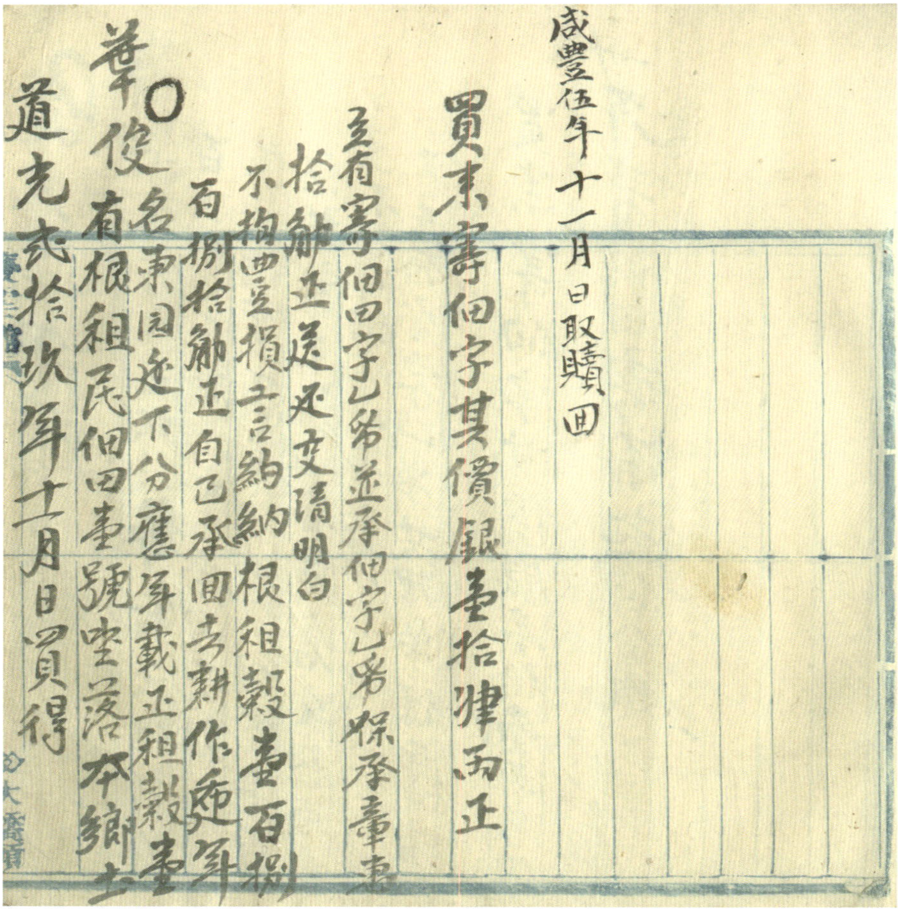

咸豐伍年十一月日取贖回

買東寮佃字其價銀壹拾肆兩正

又有寮佃田字山弟並厝佃字山弟保厝章吉

拾觔正送還交清明白

不拘豐歉言約納根租穀壹百捌

百捌拾觔正自己承回去耕作每年

名東園逆下分應年載正租穀壹

有根租民佃田壹號坐落本鄉土

華〇俊

道光貳拾玖年十月日買得

5-2-71-37　清乾隆至同治年間隆園厝置業簿（三七）

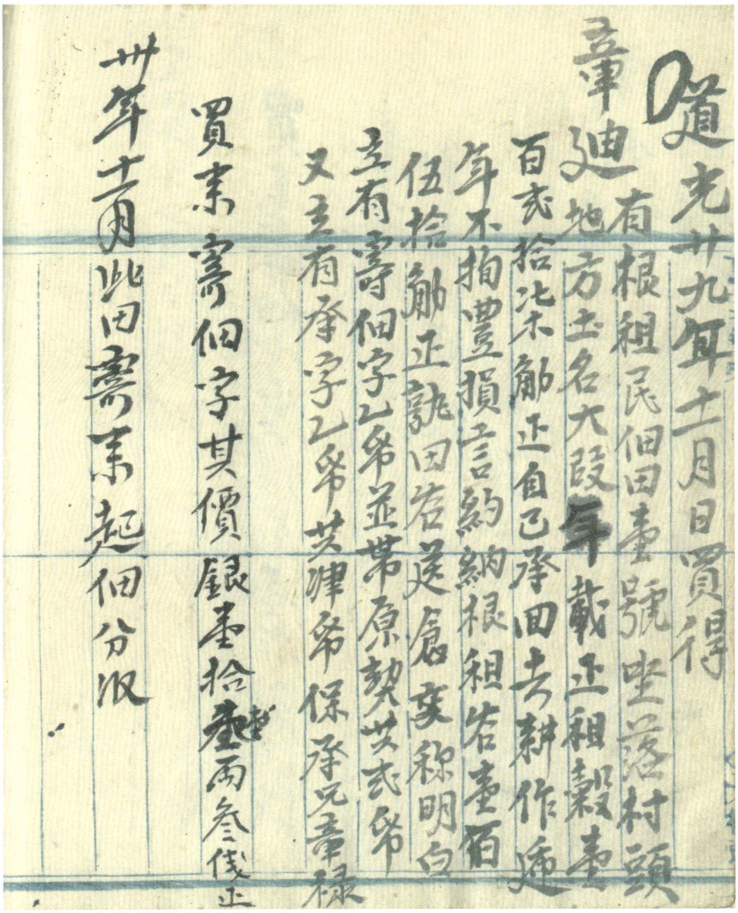
道光廿九年十二月日買得
章廸有根租民佃田壹號坐落村頭
地方土名大段年載正租穀壹
百貳拾柒觔正自己承田去耕作連
年不拘豐歉言約納根租谷壹佰
伍拾觔正就田谷送倉交秤明白
立有賣佃字乙帋並帶原契共貳帋
又立有承字乙帋共叁帋保承兄章祿
買業賣佃字其價銀叁拾叁兩叁錢正
卅年十二月此田賣業起佃分收

5-2-71-38　清乾隆至同治年間隆園厝置業簿（三八）

永昌捆長孫份

其佃田付來四年分起佃安不分收

佃艮壹拾肆兩叁錢正又有尽字兩帋

咸豐元年及前廿八年合共兩年分尽出其

大小租谷貳百六十五觔正係佃家宜立尽字六帋

自己承田耕作逐年不拘豐損言約納

賣來其價艮壹拾玖兩正 並帶建清 原契大小帋

耗米四升正科寔粮申艮七分四厘六毛八系

壹百廿觔正底面全年載秋粮正

葉振鷟土名偕呌犁頭嘴年載正租谷

公積繳來有根壹號坐落碓頭地方

道光廿九年十一月日買得

5-2-71-39　清乾隆至同治年間隆園厝置業簿（三九）

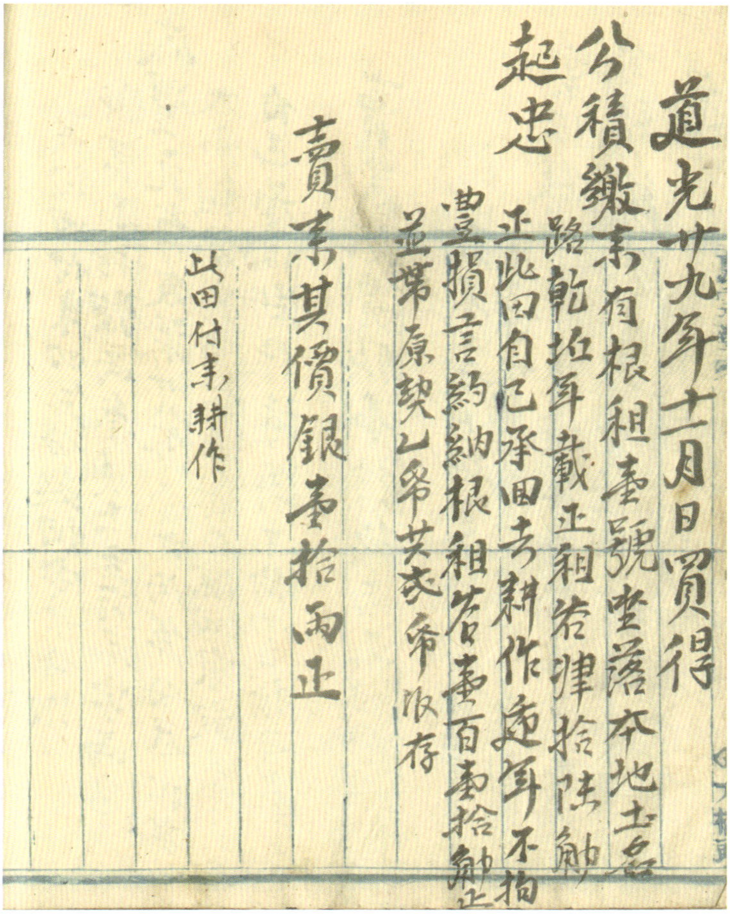

道光廿九年十一月日買得
公積鄉叔有根租壹號坐落本地土名
起忠
路乾坵年載正租谷肆拾陸觔
正此田自己承田去耕作逐年不拘
豐損言約納根租谷壹百壹拾觔正
並帶原契乙帋共弍帋收存
賣業其價銀壹拾兩正
此田付來耕作

5-2-71-40　清乾隆至同治年間隆園厝置業簿（四〇）

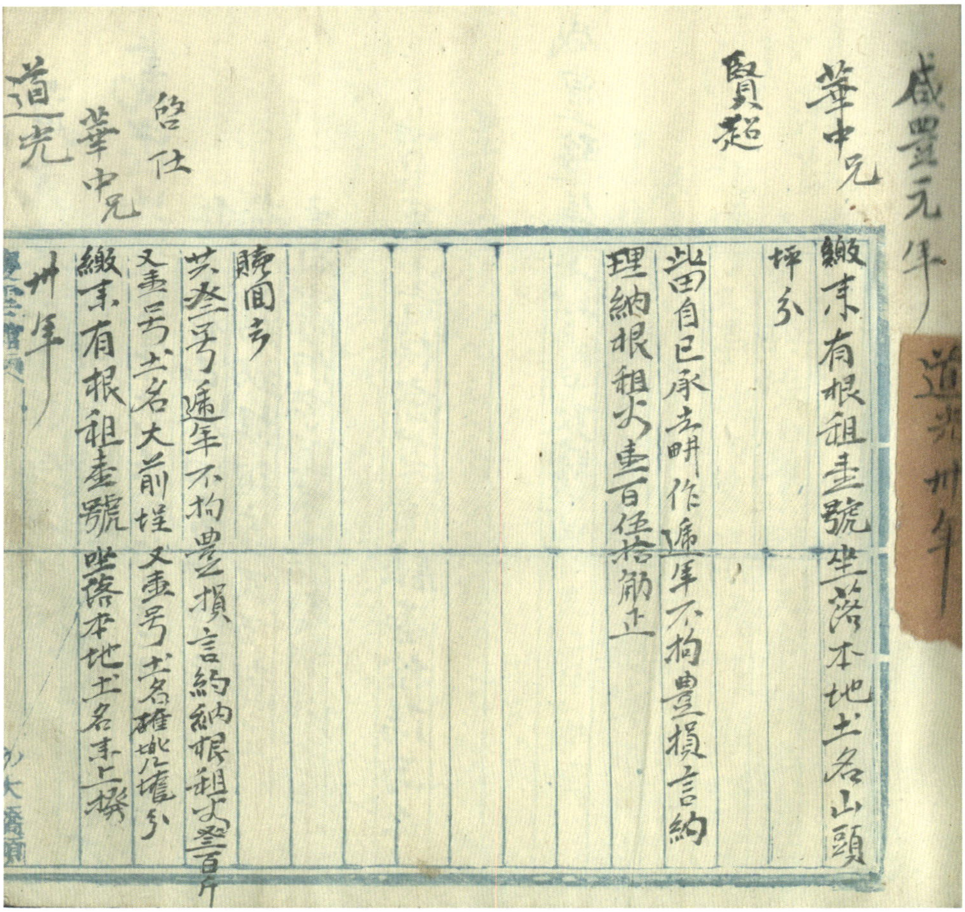

咸豐元年
華中兄
賢超
道光卅年
繳未有根租壹號坐落本地土名山頭
坪分
當自已承去畊作遞年不拘豐損言約
理納根租大壹百伍拾觔正
睇面乡
共叁号遞年不拘豐損言約納根租大叁百斤
又壹号土名大前坵　又壹号土名碓垅壚分
繳未有根租壹號坐落本地土名未上墘
啓仕
華中兄
道光
卅年

5-2-71-41　清乾隆至同治年間隆園厝置業簿（四一）

道光庚戌叁拾年十一月日買得
有根租壹號坐落本鄉土名大
壽忠兄鍾坡年載正租谷叁百觔正底面
俱全自己承回去耕作逓年不拘豐
損言約納根租谷式百觔正
立有寫佃字並帶原契式帋共叁帋
買來寫根字其價艮壹拾陸兩正
咸豐陸年十一月日取贖回

5-2-71-42　清乾隆至同治年間隆園厝置業簿（四二）

咸豐肆年十二月日買得

○叶荣叔有根租數號壹號坐落本鄉

土名柏壙豐墩頭又壹號土名厝

㘭墘又壹號土名前垅仔頭計共

叁號年載秋粮錢式拾四文正

其田自己承佃去耕作逐年不拘豐

損言約納文小租谷壹百觔正

共式希收存

立有賣契壹希又立有承字乙希　計

買業其價銀玖兩正

協具一半店便銀四兩五錢肆年十二月日付上王一座墘

叶仁一半肆年十一月十一日店一半便銀四兩五錢付上王座墘

其根字並承字此面

5-2-71-43　清乾隆至同治年間隆園厝置業簿（四三）

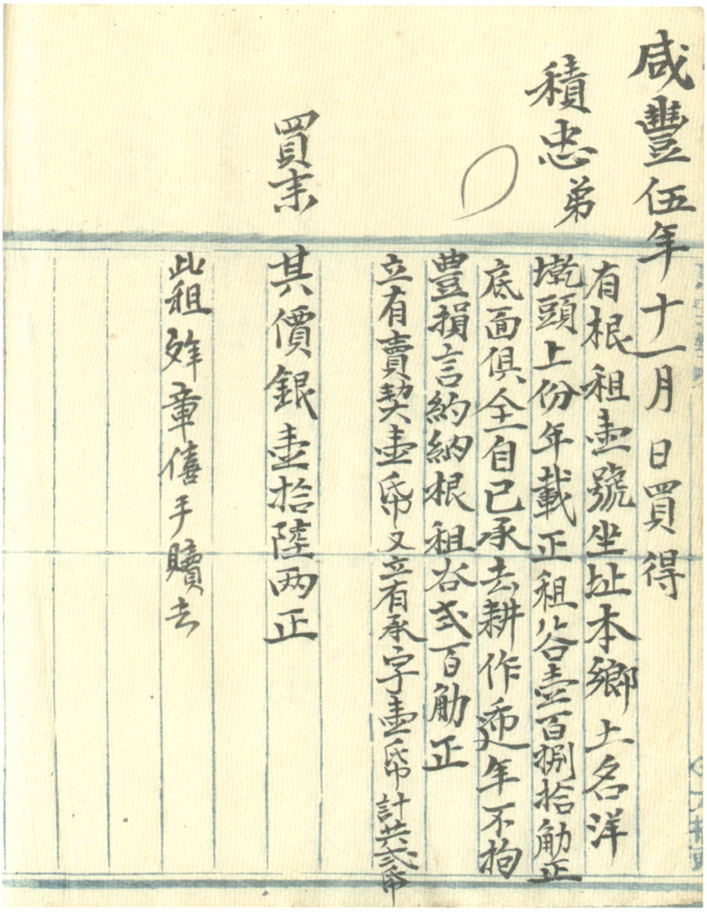
咸豐伍年十一月　日買得
積忠弟
有根祖壹號坐址本鄉上名洋
墘頭上份年載正租谷壹百捌拾觔正
底面俱全自己承去耕作逐年不拘
豐歉言約納根租谷弍百觔正
立有賣契壹紙又立有承字壹紙　計共叁紙
買來　其價銀壹拾陸兩正
此租姪章僖手贖去

5-2-71-44　清乾隆至同治年間隆園厝置業簿（四四）

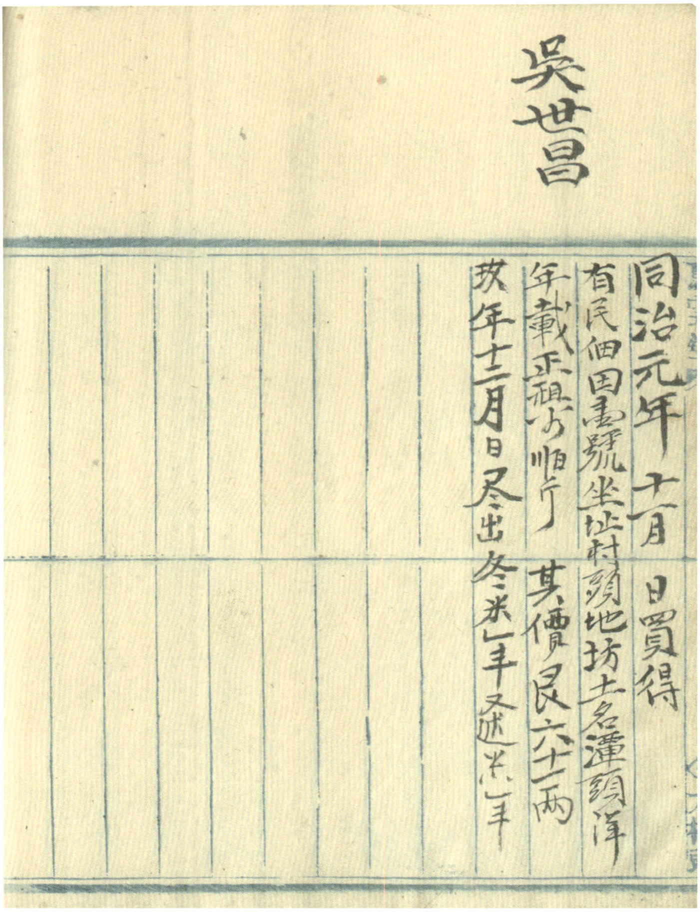

吳世昌

同治元年十一月　日買得
有民佃田壹號坐址村頭地坊土名潭頭洋
年載正租谷六帕斤　其價艮六十一兩
孜年十二月日尽出冬米一斗又述米一斗

5-2-71-45　清乾隆至同治年間隆園厝置業簿（四五）

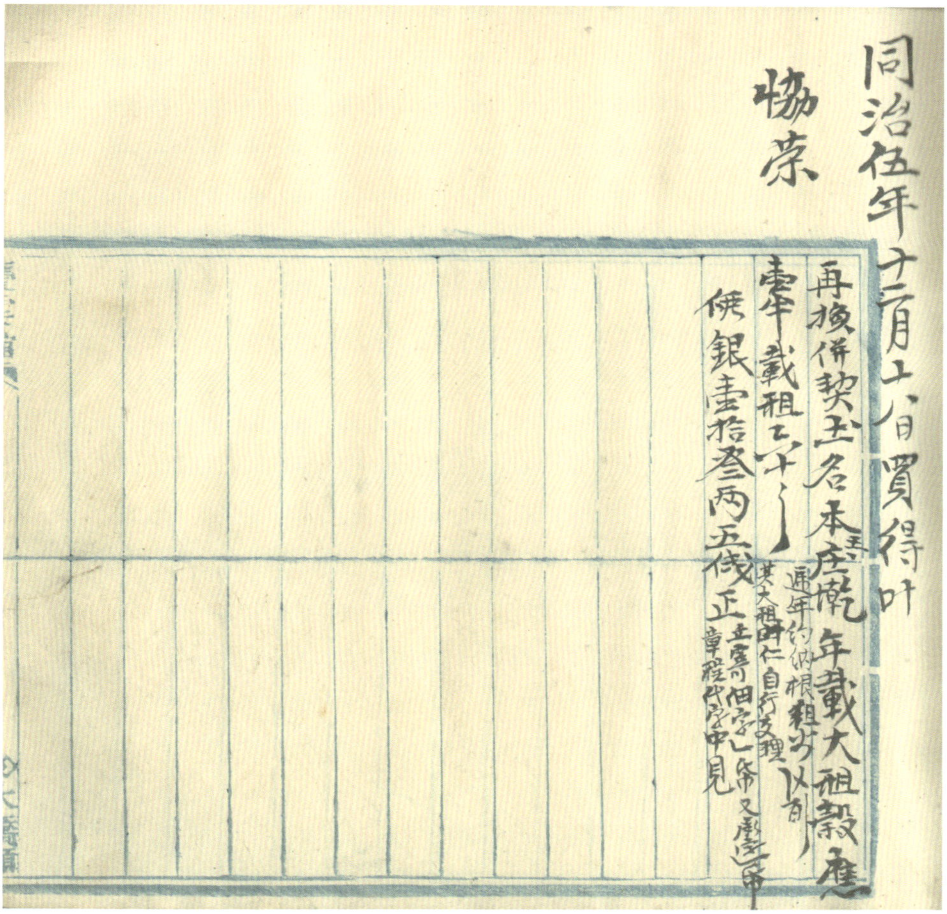

同治伍年十二月十八日買得叶
協榮
再換併契土名本庄乾 年載大祖穀
壹年載租二斗
價銀壹拾叁兩五錢正
遞年約納根租以前
其大祖叶仁自行支理
立處司佃字乙紙又處邊字
章程代字中見

5-2-71-46　清乾隆至同治年間隆園厝置業簿（四六）

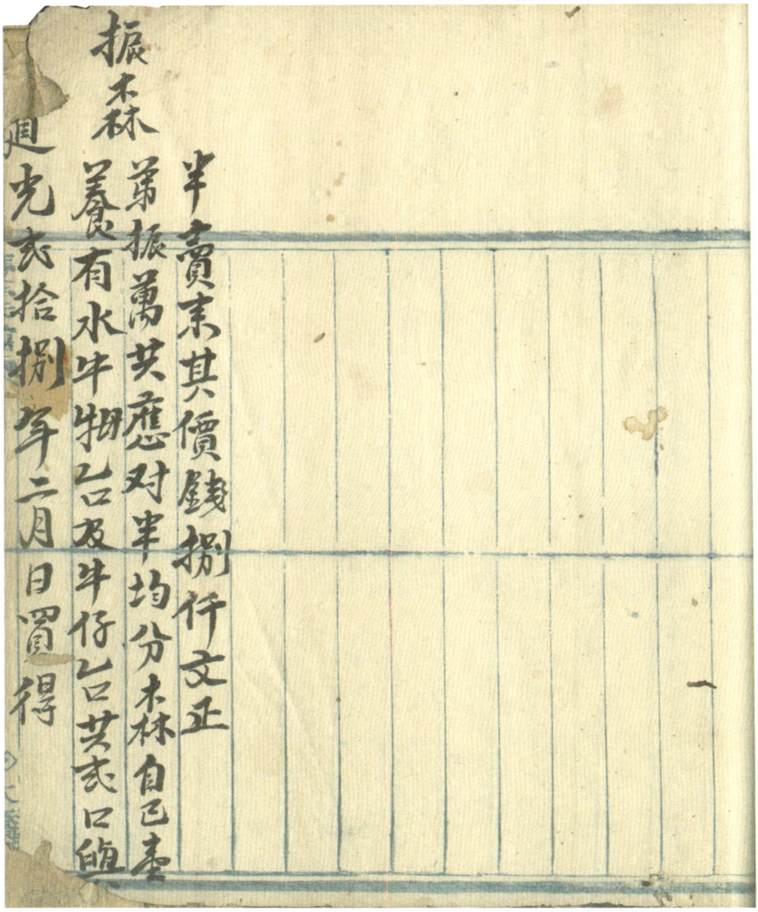

半賣來其價錢捌仟文正
振森弟振萬共應对半均分森自己壹
養有水牛牳乙口及牛仔乙口共貳口與
道光貳拾捌年二月日置得

5-2-71-47　清乾隆至同治年間隆園厝置業簿（四七）

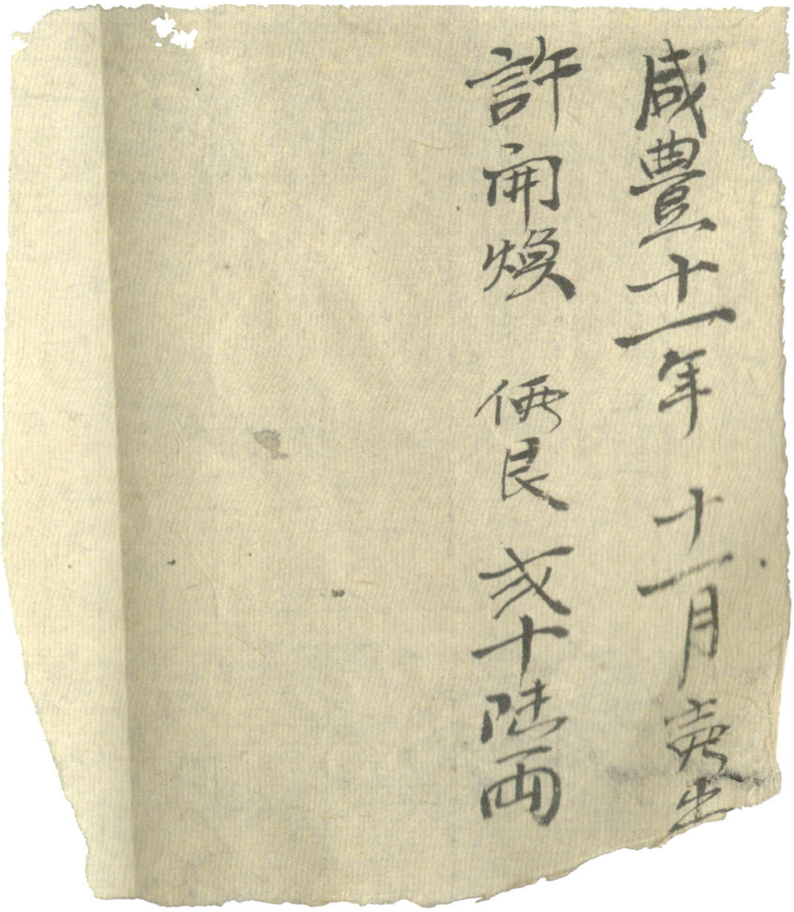
咸豐十一年十一月賣出
許甫煥 価艮 弍十陸両

5-2-71-48　清乾隆至同治年間隆園厝置業簿（夾葉一）

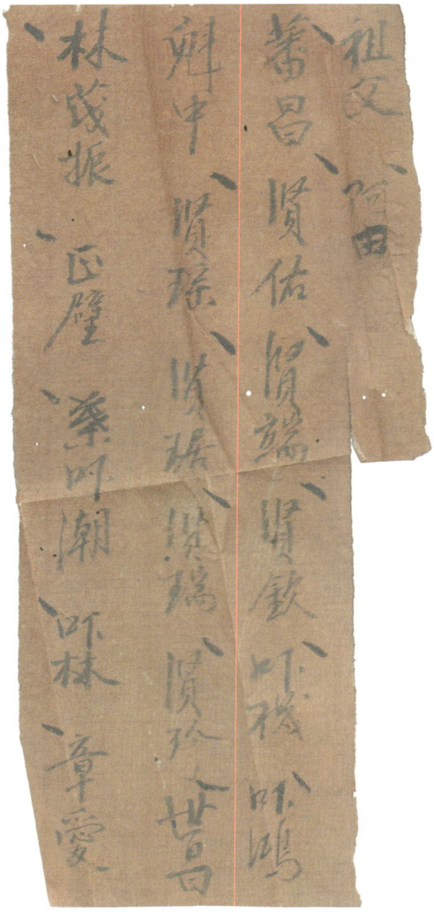

祖父、阿田

蕃昌、賢佑、賢端、賢欽、吓(?)、吓鴻

兆中、賢琮、賢瑞、賢璘、賢玲、世昌

林茂振、正壁、葉吓潮、吓林、章愛

5-2-71-49　清乾隆至同治年間隆園厝置業簿（夾葉二）

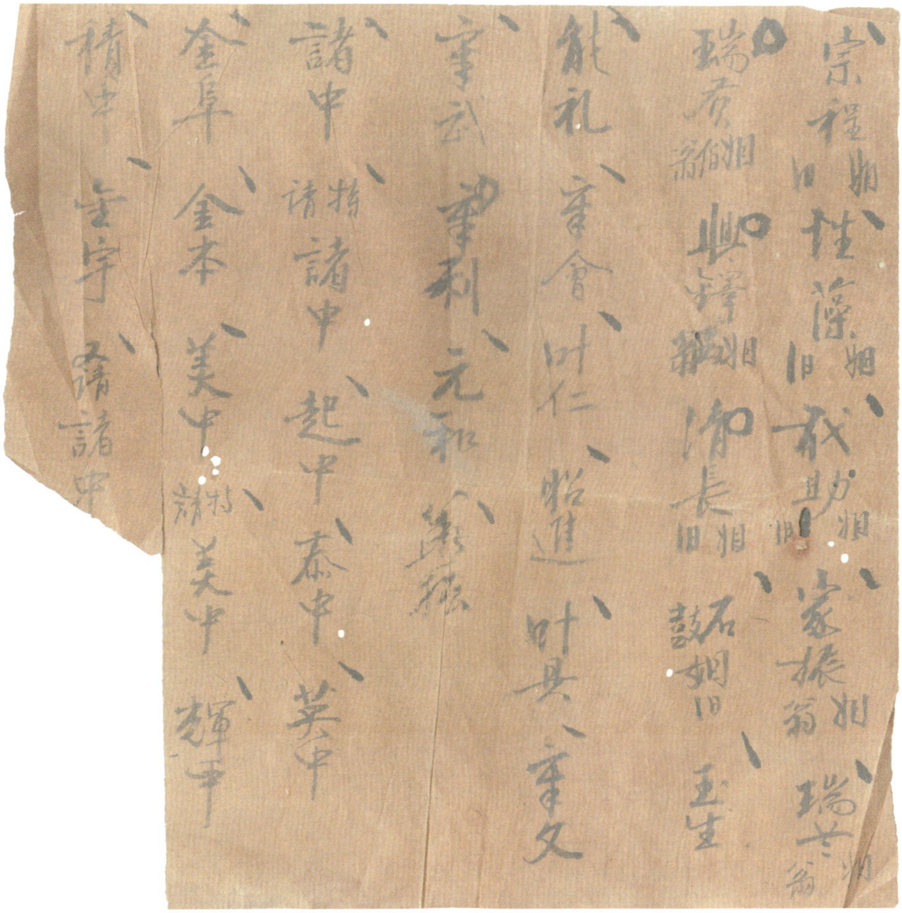
宗程、桂藻、咸助、家振、瑞芸
御長、石鼓、玉生
能礼、章會、叶仁、㸔進、叶其、章文
章武、章利、元和
諸中、諸中、起中、泰中、英中
全本、美中、美中、輝中
積中、金宇、諸中

5-2-71-50　清乾隆至同治年間隆園厝置業簿（夾葉三）

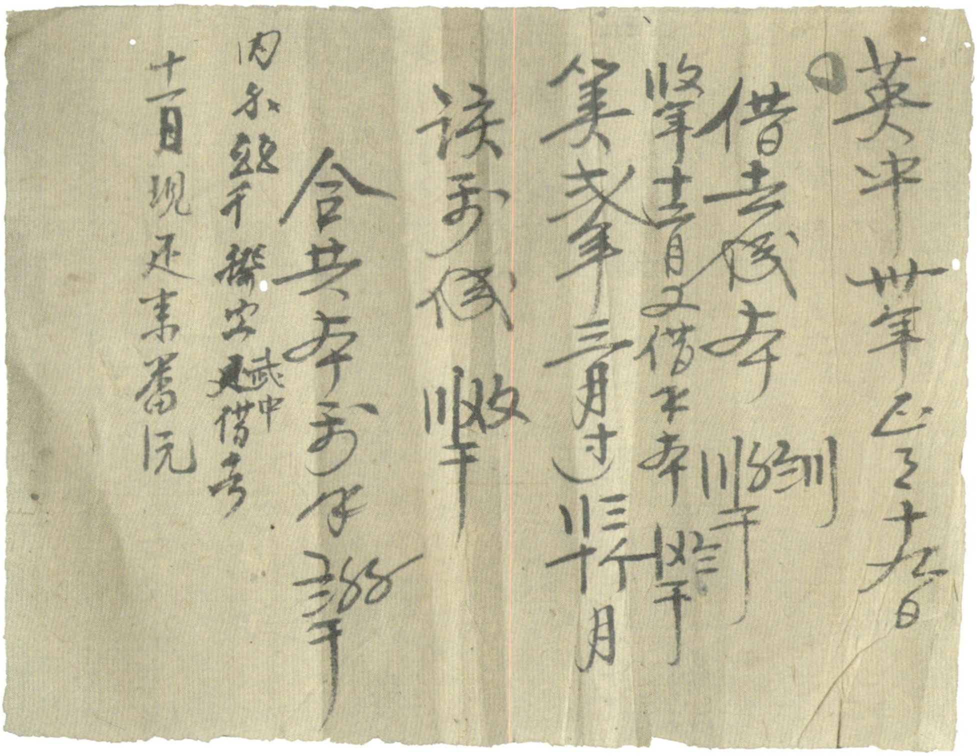

英中 卅年正月十九日

借去錢本 〣〩〢千

收年去首又借本本 〣〢千

算至年三月 〣〦斤十月

該本錢 〣收千

合共本利子 〣〨千

內外銀千孫定武中借去

十一月現還本舊完

5-2-71-51　清乾隆至同治年間隆園厝置業簿（夾葉四）

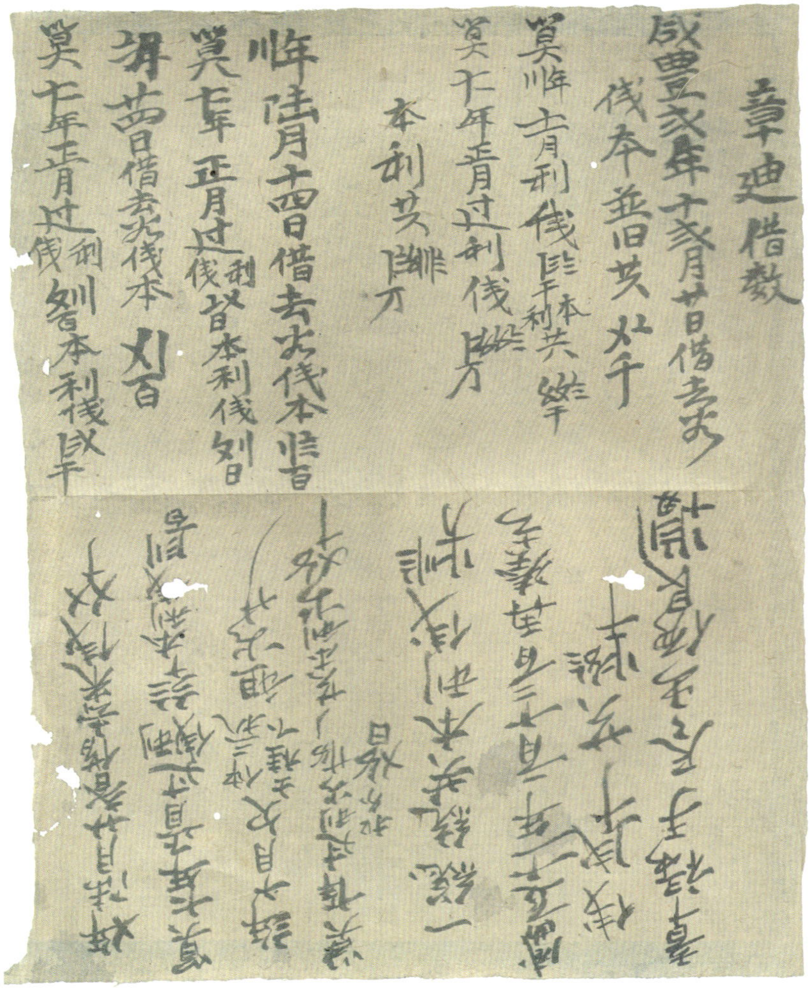

5-2-71-52　清乾隆至同治年間隆園厝置業簿（夾葉五）

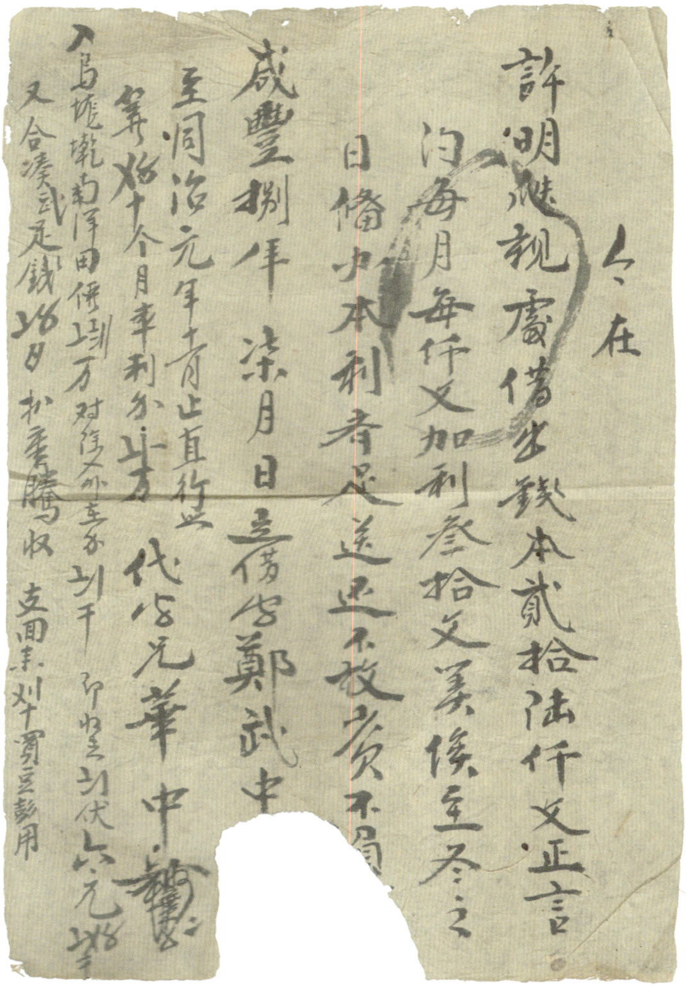
今在
許明燦親處借出錢本貳拾陸仟文正，言
約每月每仟文加利叁拾文算，候至冬之
日備出本利者足送还不敢欠不[illegible]
咸豐捌年 柒月 日立借字鄭武中
代字元華 中 [illegible]
至同治元年十二月止直行止
算拾十个月本利分[illegible]
入烏塊墘南洋田價[illegible]万对除又外[illegible]
又合凑武足錢[illegible] 扣春騰收 立回朱刘十[illegible]彭用

5-2-71-53　清咸豐八年七月鄭武中立借錢字

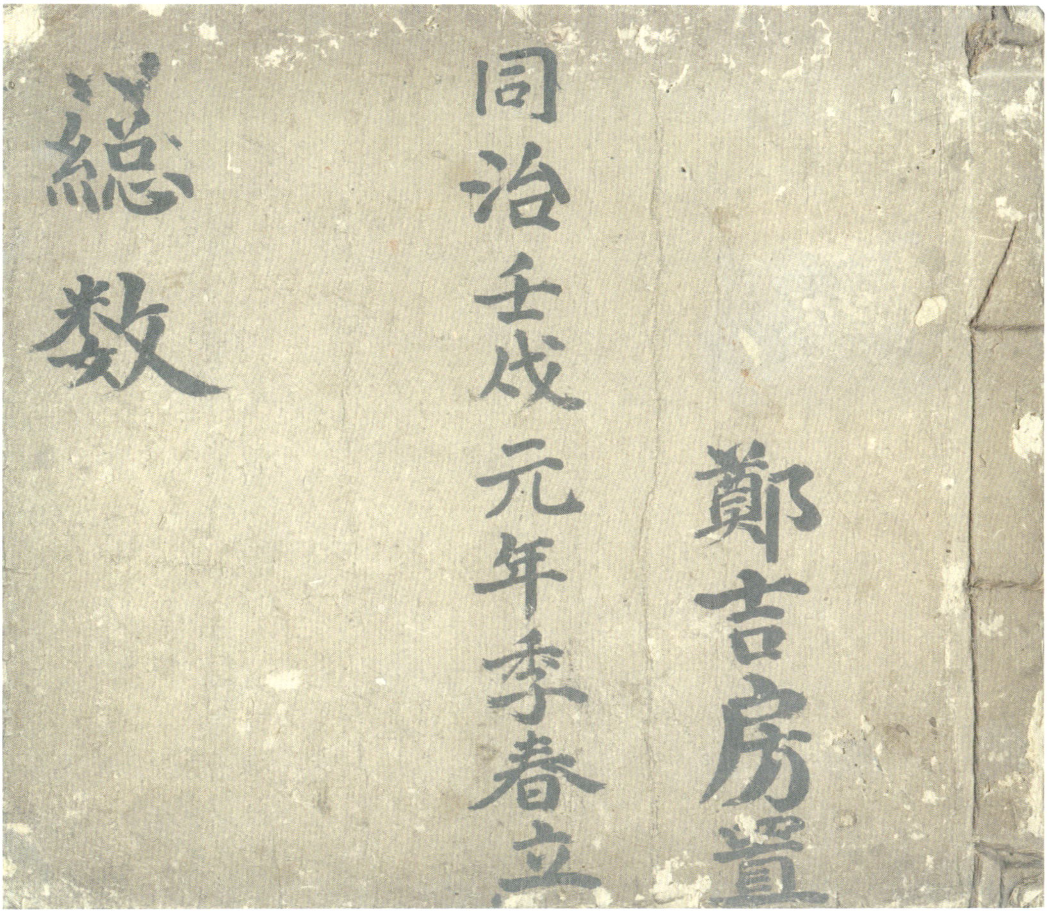

5-2-72-1　清同治元年鄭氏吉房置總數（一）

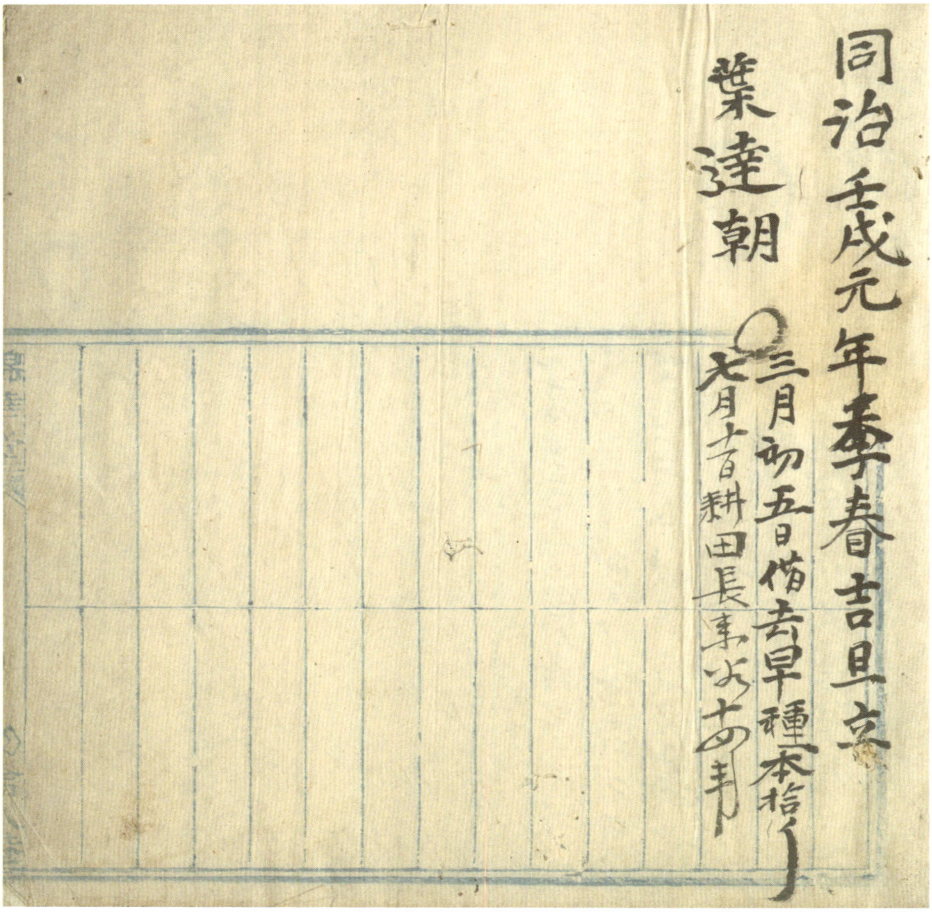

同治壬戌元年季春吉旦立

葉達朝

三月初五日借去早種本拾斤

七月十一日耕田長來[illegible]十四斤

5-2-72-2　清同治元年鄭氏吉房置總數（二）

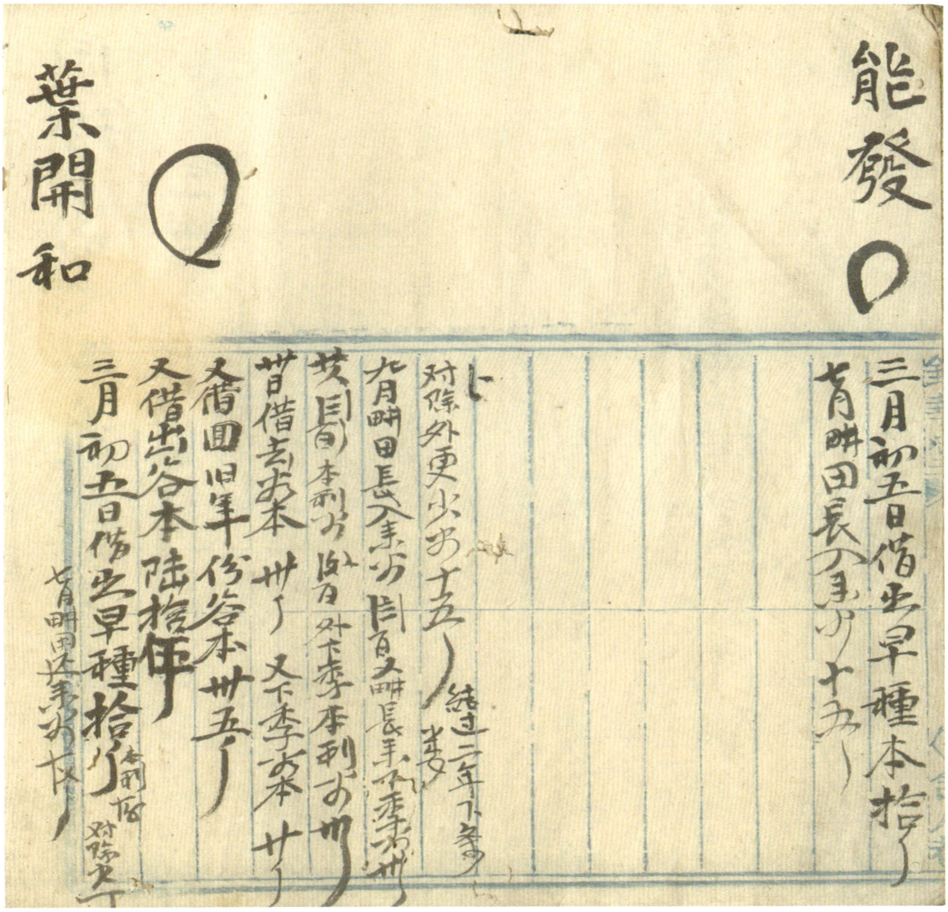
能發
三月初五日借出早種本拾斤
昔借去谷本卅斤
又借田旧年欠谷本卅五斤
又借出谷本陸拾斤
三月初五日借出早種拾斤
葉開
和

5-2-72-3　清同治元年鄭氏吉房置總數（三）

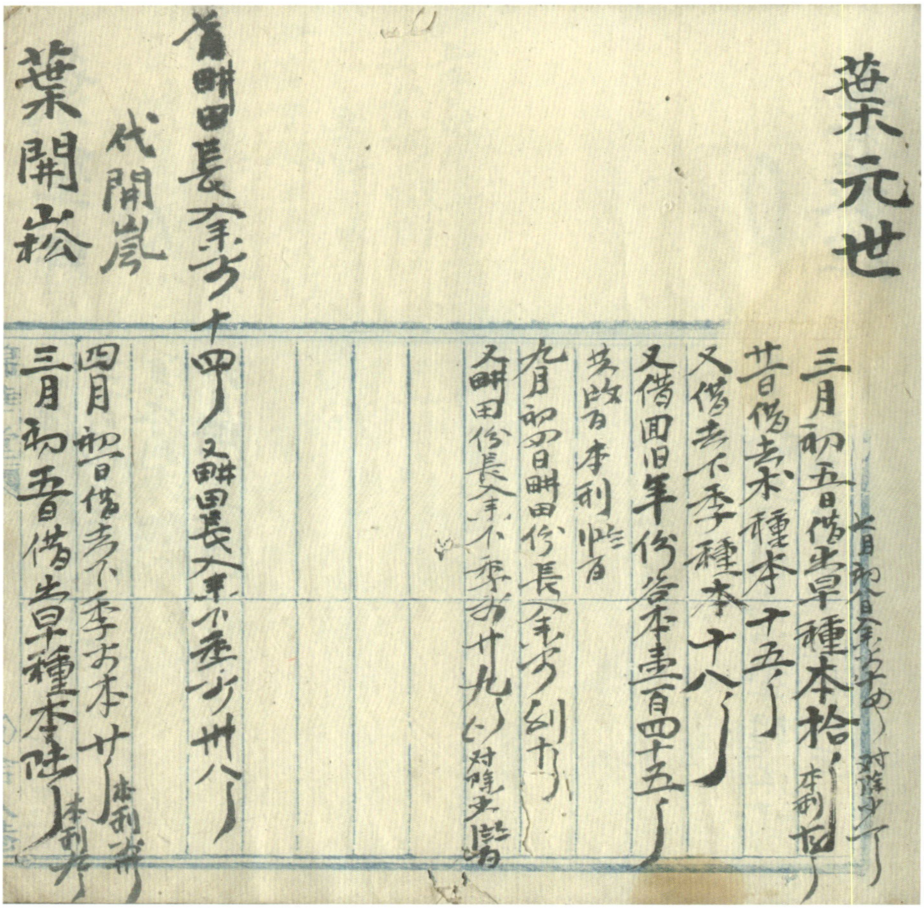

葉元世

三月初五日借出早種本拾丿 本利廿丿

七月初八日会谷六十四丿 对除少一丿

昔借去未種本十五丿

又借去下季種本十八丿

又借田旧年份谷本壹百四十五丿

共收回本利[illegible]

九月初四日耕田份長年谷六十[illegible]丿

又耕田份長年下季谷廿九丿 对除大當

葉開崧

代開嵩

耕田長年谷六十四丿 又耕田長年下季谷卅八丿

四月初四日借去下季谷本廿丿 本利卅丿

三月初五日借出早種本陸丿 本利拾丿

5-2-72-4　清同治元年鄭氏吉房置總數（四）

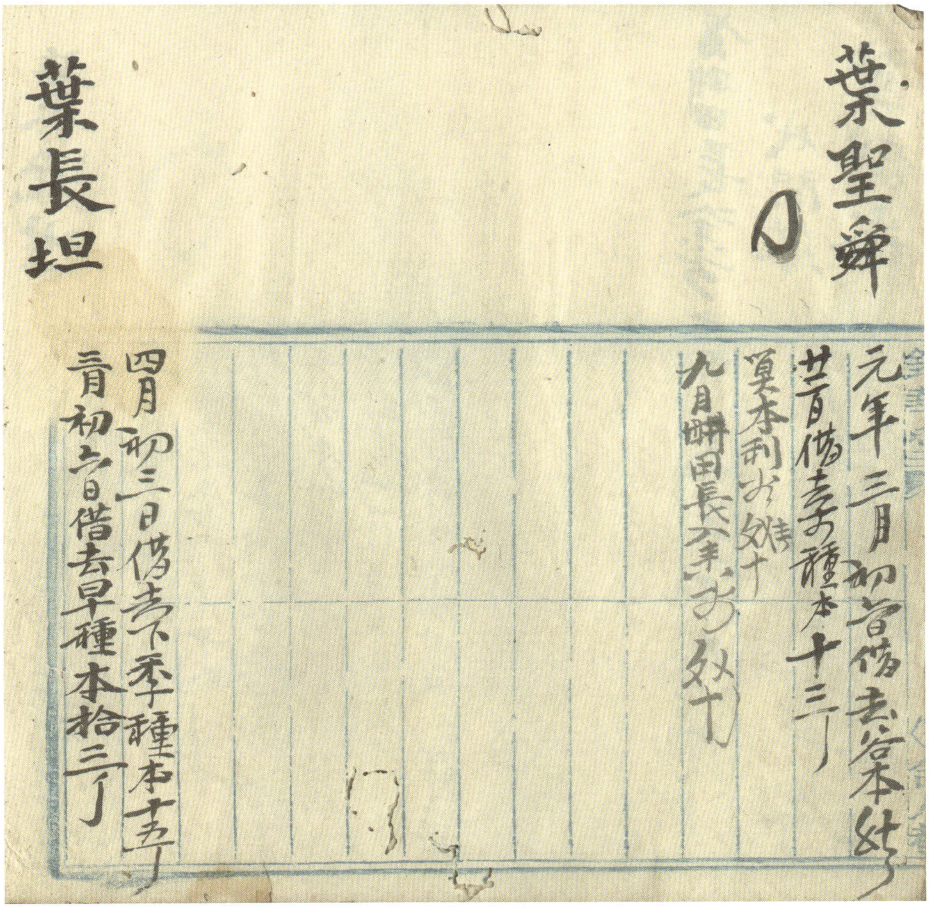
葉聖舜
元年三月初六日借去谷本[illegible]
廿二日借去早種本十三丁
算本利共[illegible]
九月[illegible]田長[illegible]
葉長坦
四月初三日借去下季種本十五丁
十二月初六日借去早種本拾三丁

5-2-72-5　清同治元年鄭氏吉房置總數（五）

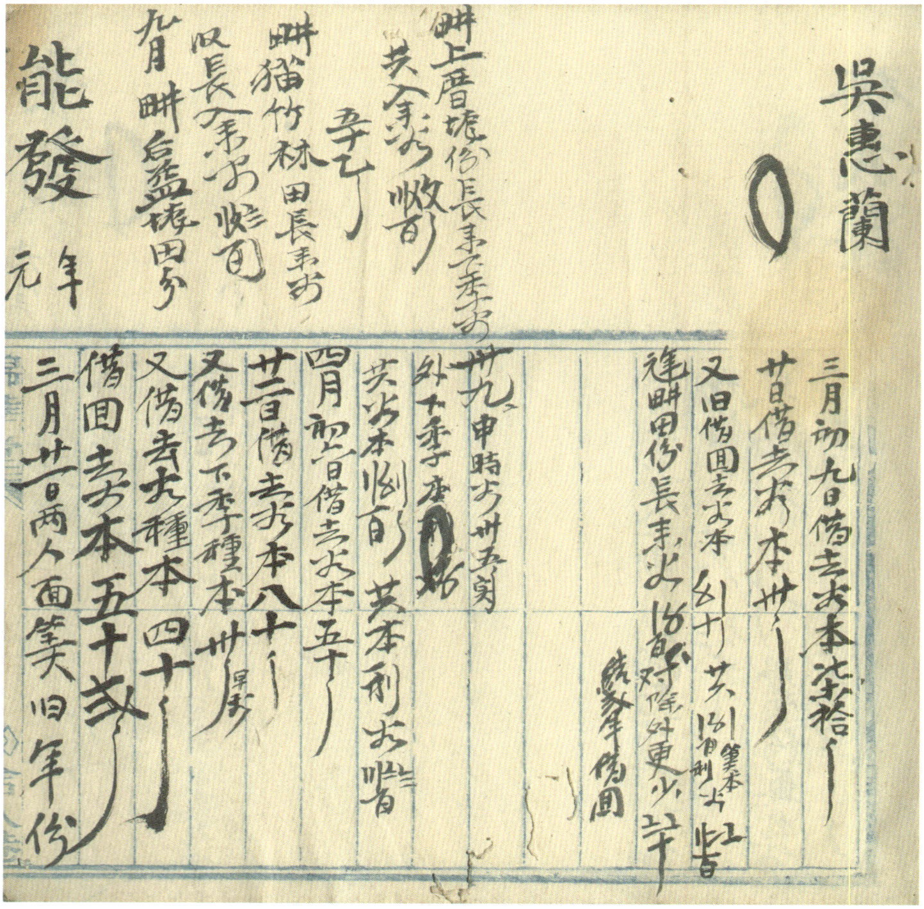

5-2-72-6　清同治元年鄭氏吉房置總數（六）

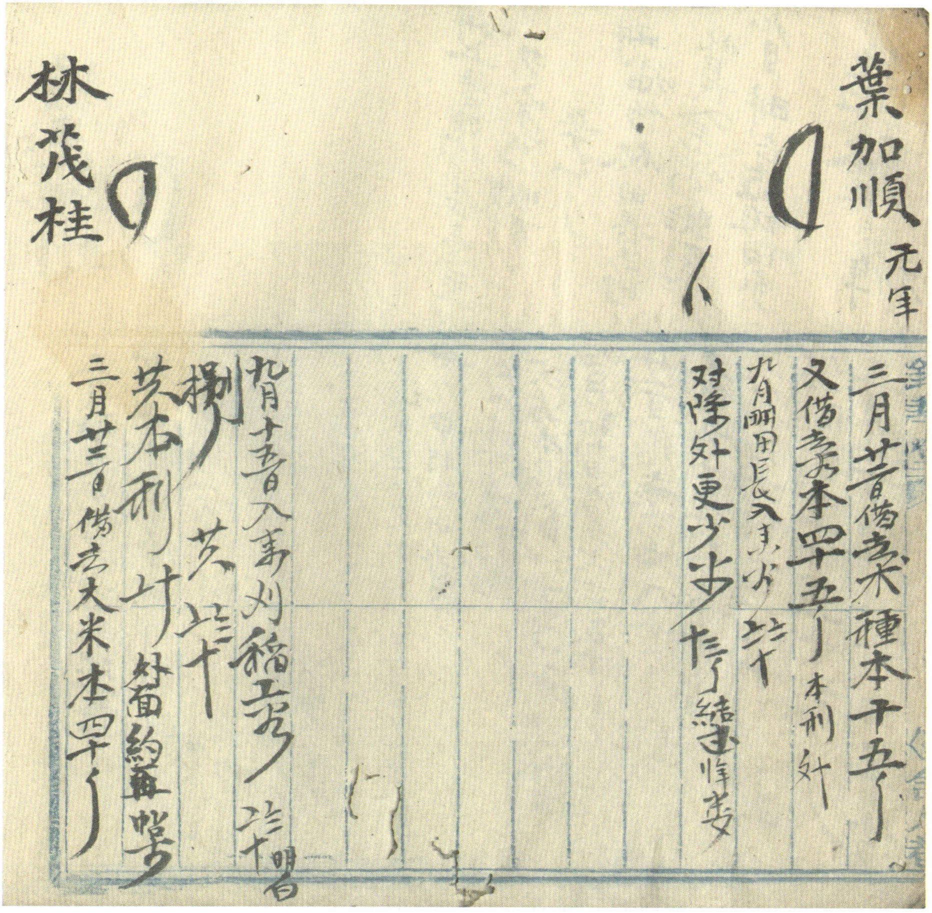

5-2-72-7　清同治元年鄭氏吉房置總數（七）

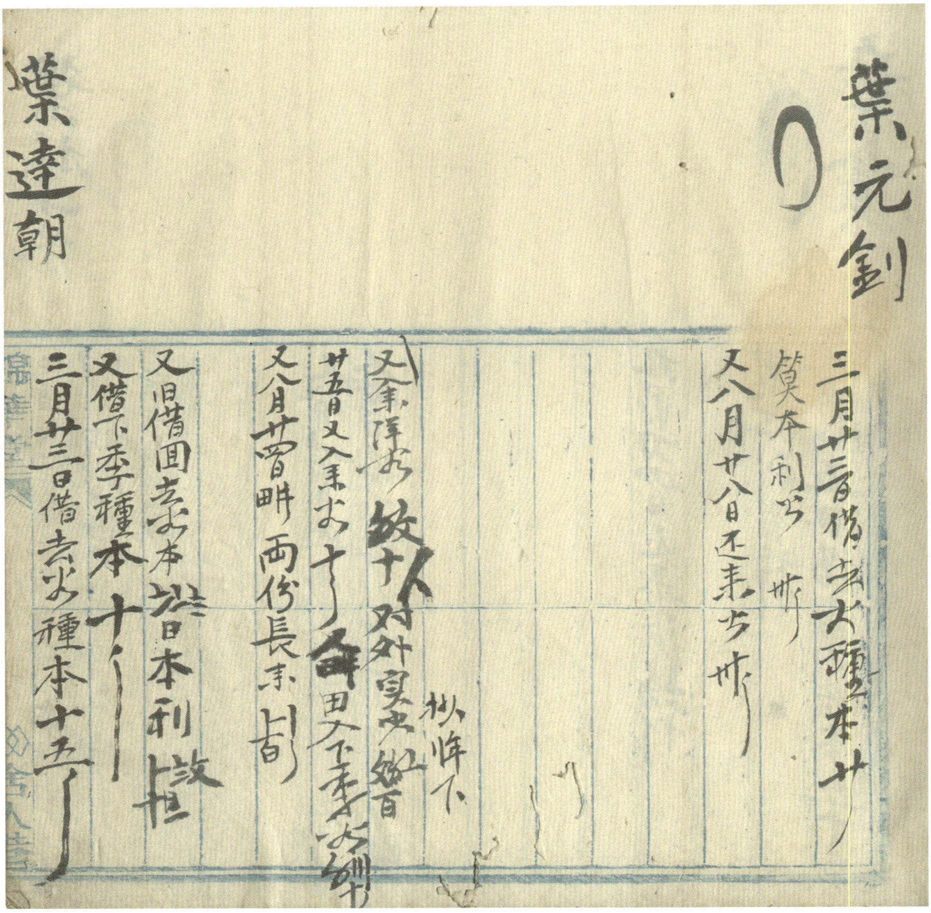

葉元劍

三月廿三日借去大種本廿

又八月廿八日还来艮卅

葉達朝

三月廿三日借去火種本十五

5-2-72-8　清同治元年鄭氏吉房置總數（八）

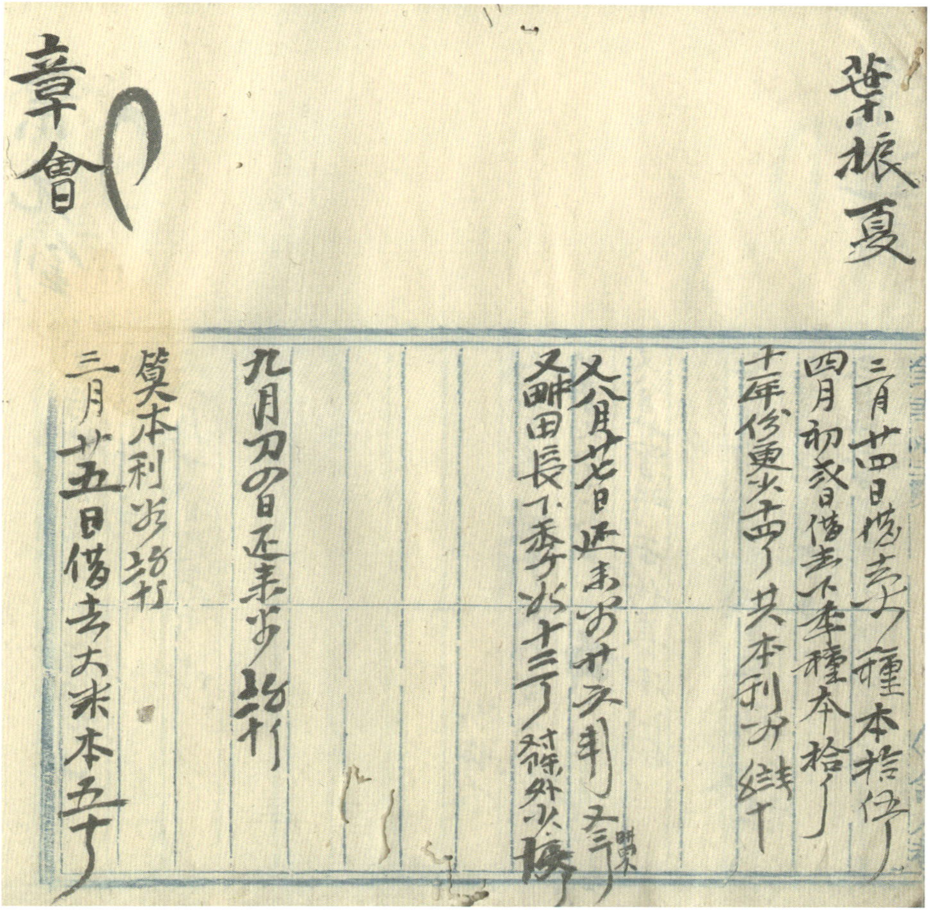
葉根夏

章會

三月廿四日借去谷種本拾伍斤
四月初叁日借去谷種本拾斤
十年份更谷十四斤共本利谷錢十
又八月廿七日還來谷廿五斤 又三斤
又酬田長下季谷十三斤 對除外欠
九月初四日還來谷拾斤
算本利谷拾斤
三月廿五日借去大米本五斤

5-2-72-9　清同治元年鄭氏吉房置總數（九）

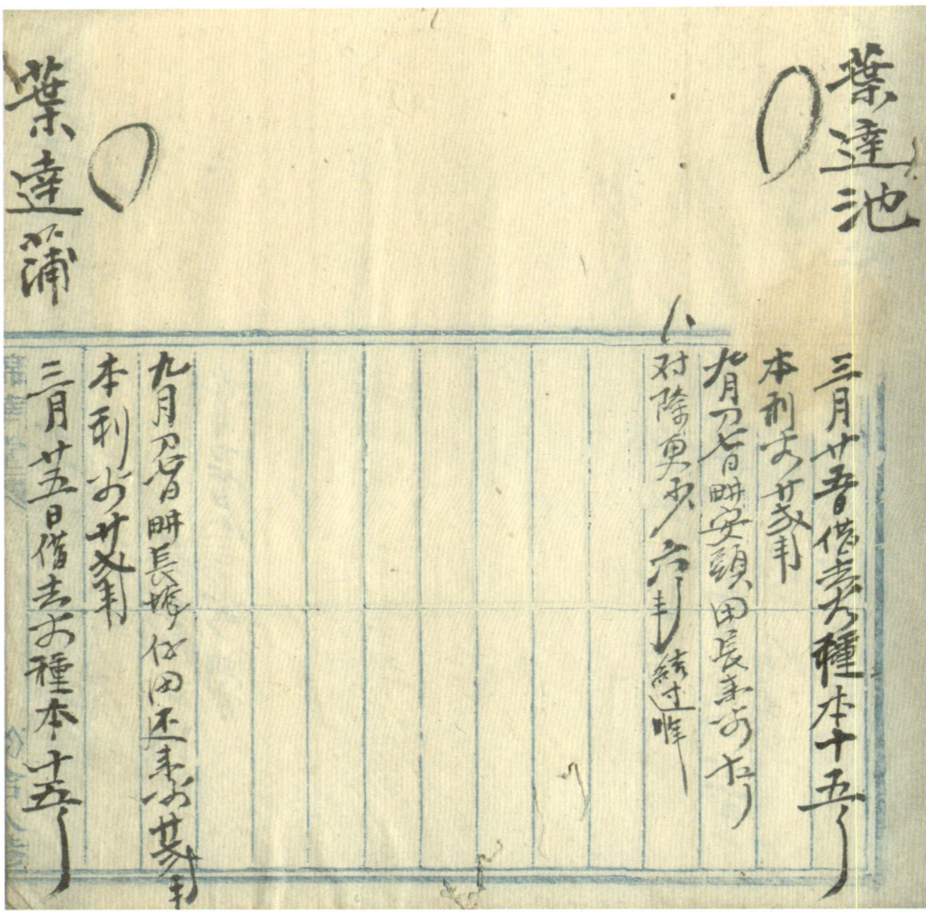

葉達池
三月廿五日借去谷種本十五斤
本利谷廿叁斤
九月初七日收安頭田長來谷十斤
八對除更欠谷六斤　結過訖

葉達浦
三月廿五日借去谷種本十五斤
本利谷廿叁斤
九月初七日收長坡仔田還來谷廿叁斤

5-2-72-10　清同治元年鄭氏吉房置總數（一〇）

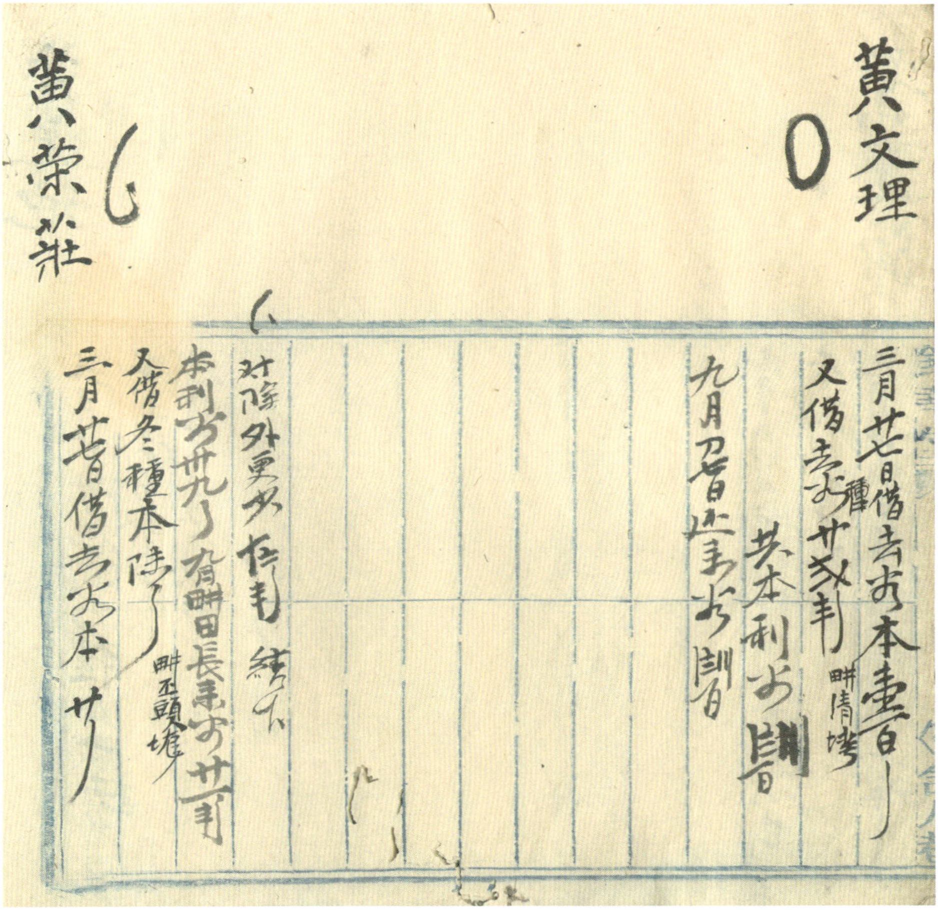
黄文理

黄八榮莊

5-2-72-11　清同治元年鄭氏吉房置總數（一一）

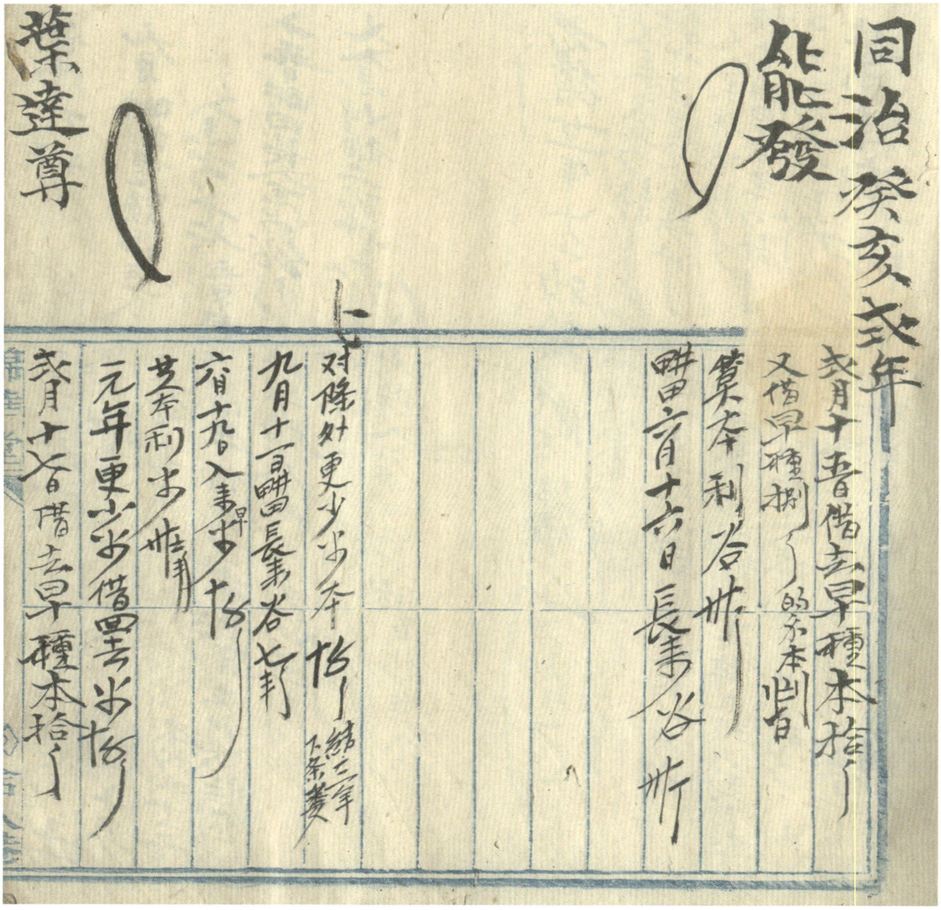

同治癸亥弍年

能發

弍月十三日借去早種本拾斤

又借早種捌斤 的谷本肆

算本利谷卅斤

畊田八月十六日長美谷卅斤

对除外更少谷拾斤 結至三年下条算

九月十一日畊田長美谷七斤

十月十五日入美早谷拾斤

共本利谷卅斤

元年更少谷借四年谷拾斤

弍月十六日借去早種本拾斤

葉達尊

5-2-72-12　清同治元年鄭氏吉房置總數（一二）

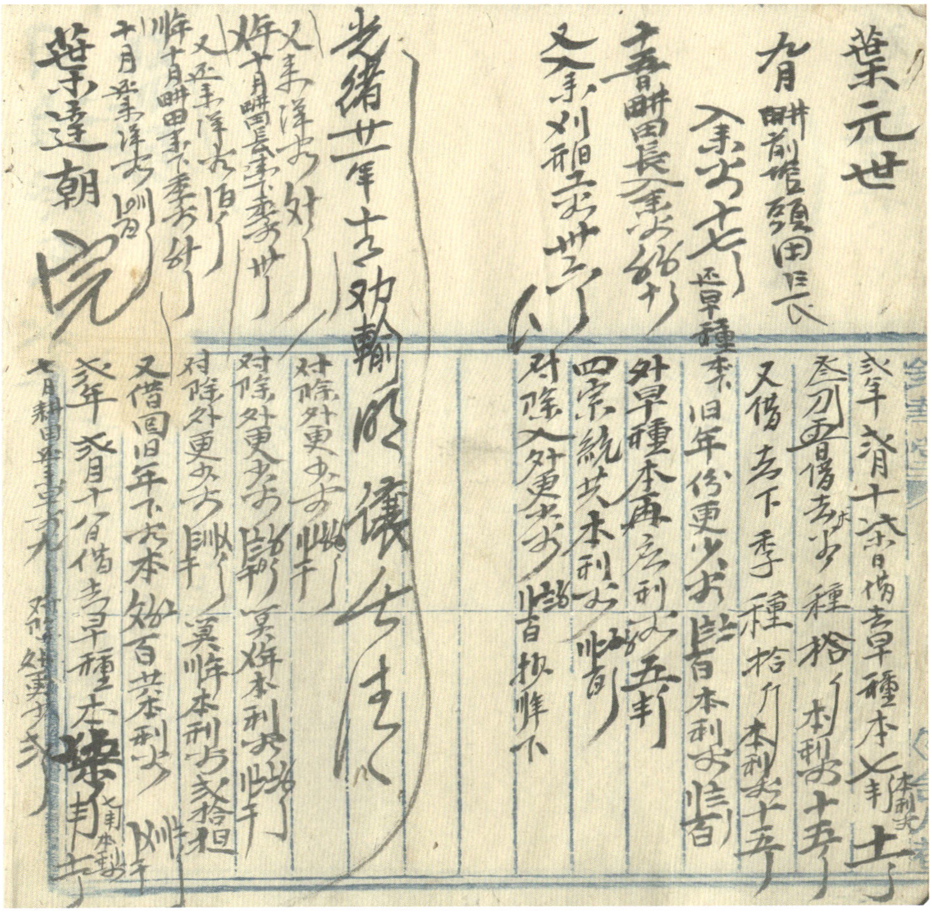

5-2-72-13　清同治元年鄭氏吉房置總數（一三）

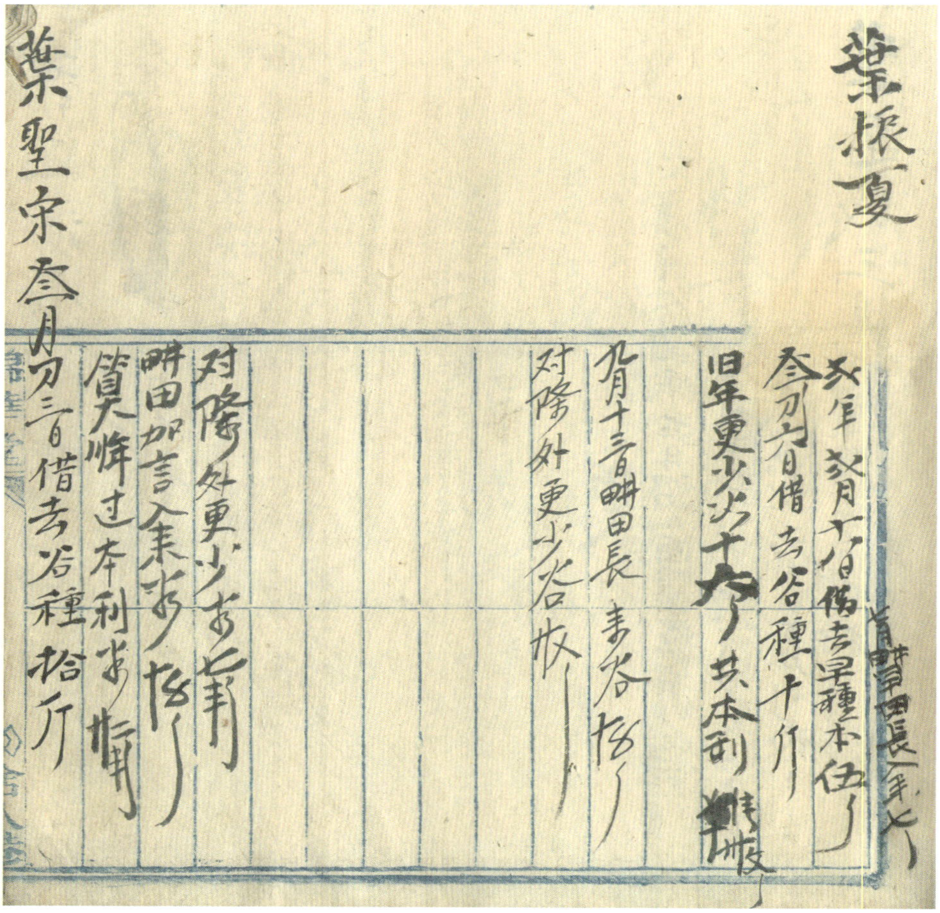
葉振夏
巳年叁月十八日借去早種本伍斤
叁月廿六日借去谷種十斤
旧年更少谷十六斤　共本利肆拾斤
九月十三日冊田長去谷拾斤
对除外更少谷拾斤

葉聖宗
叁月初三日借去谷種拾斤
对除外更少谷七斤
冊田加言入來谷拾斤
算人情过本利谷肆斤

5-2-72-14　清同治元年鄭氏吉房置總數（一四）

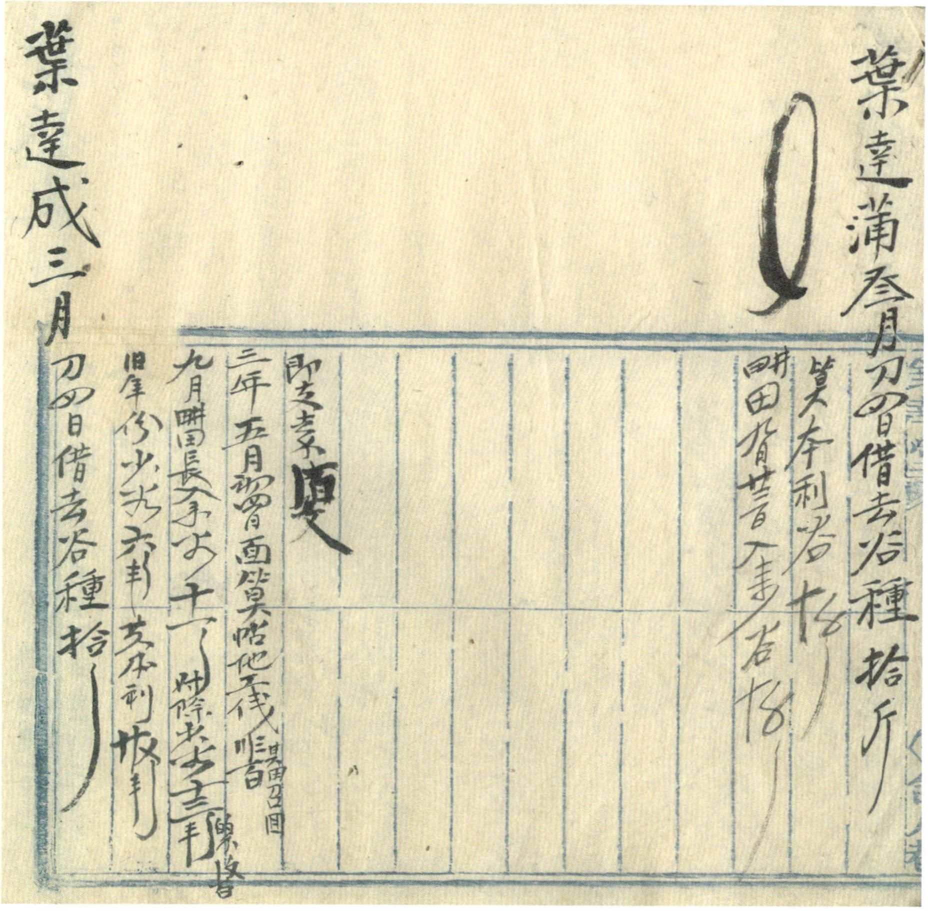

葉達蒲叁月初四日借去谷種拾斤

葉達成三月初四日借去谷種拾斤

5-2-72-15　清同治元年鄭氏吉房置總數（一五）

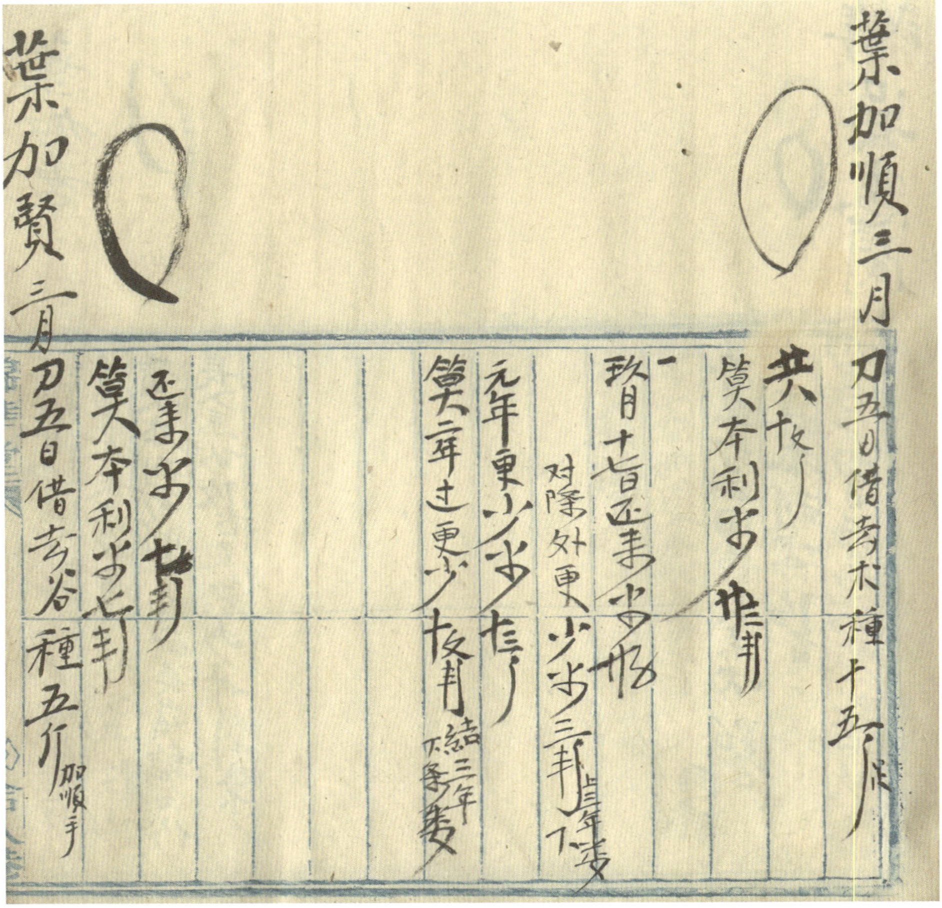
葉加順三月初五日借去禾種十五斤

共拾斤

算本利谷[illegible]

一　[illegible]月十一日還來谷[illegible]

對除外更少谷三斤　[illegible]年下還

元年更少谷[illegible]

算二年連更少谷拾[illegible]斤　結三年下還

葉加賢三月初五日借去谷種五斤　加順手

算本利谷七斤

還來谷七斤

5-2-72-16　清同治元年鄭氏吉房置總數（一六）

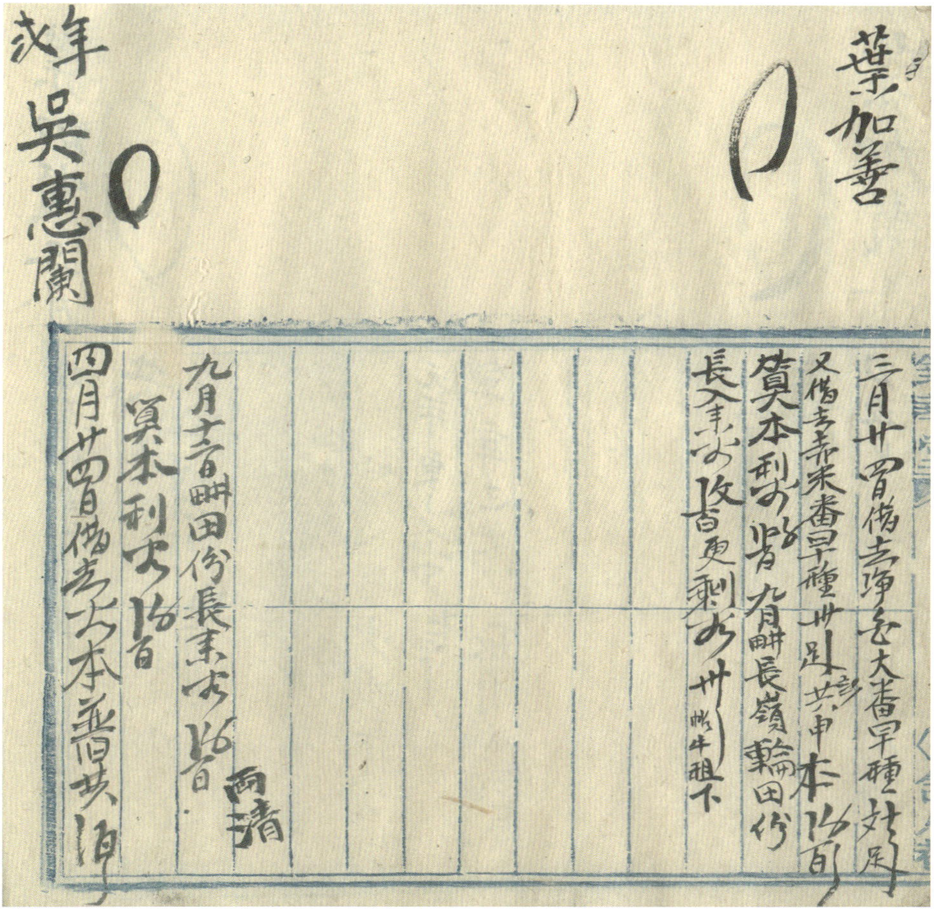

5-2-72-17　清同治元年鄭氏吉房置總數（一七）

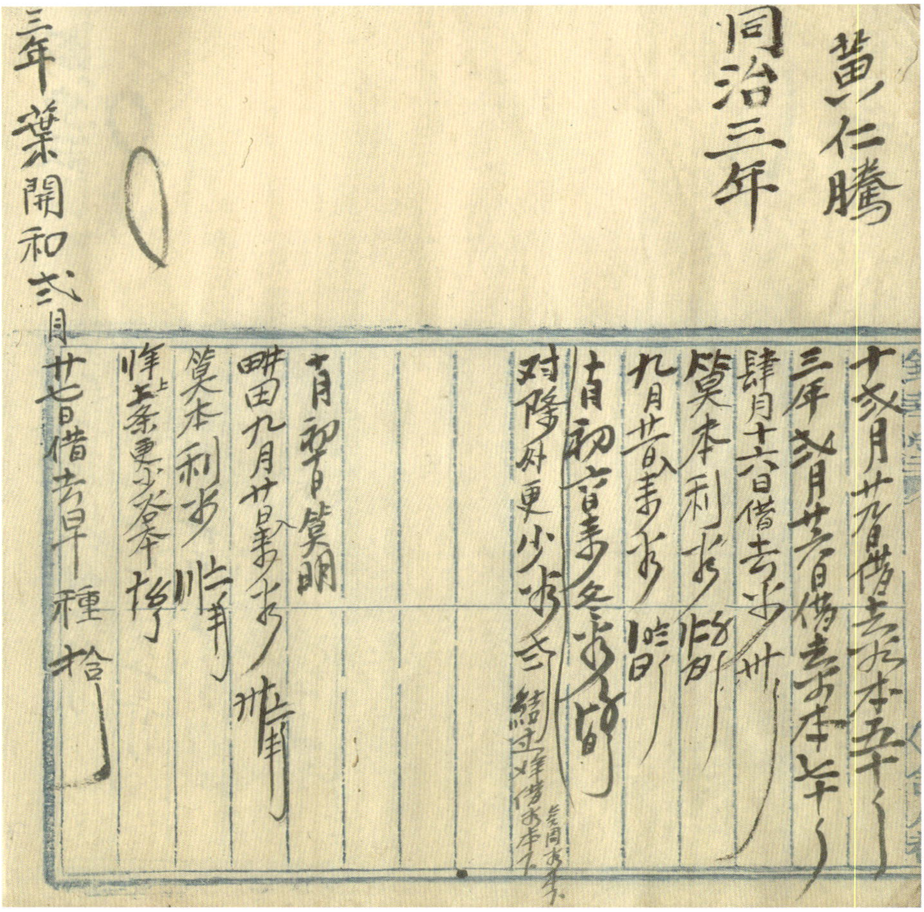

5-2-72-18　清同治元年鄭氏吉房置總數（一八）

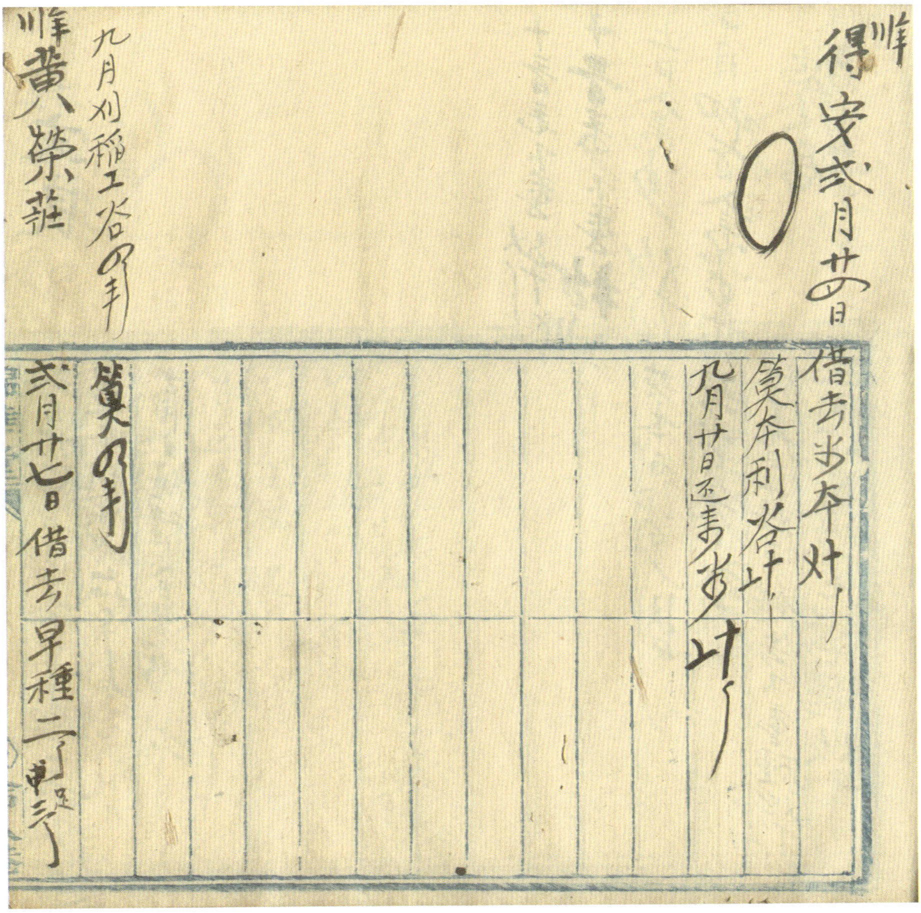

5-2-72-19　清同治元年鄭氏吉房置總數（一九）

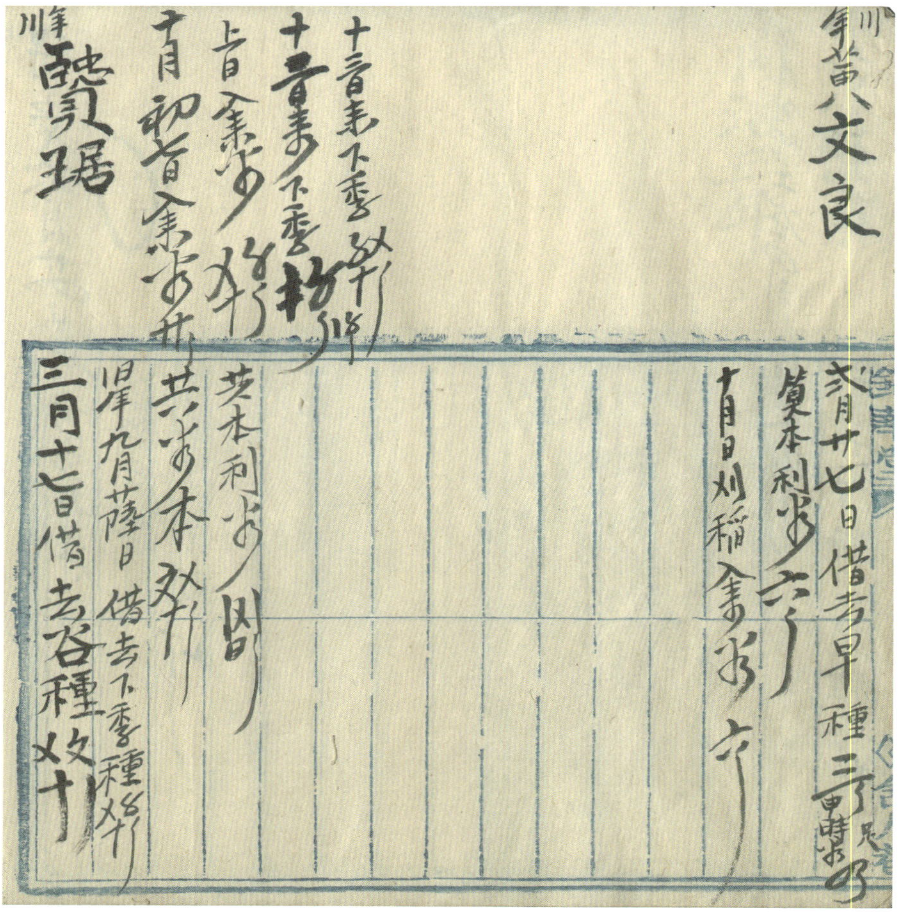
年當八文良
二月廿七日借去早種[illegible]
算本利谷[illegible]
十月日刈稻[illegible]
三月十七日借去谷種[illegible]
同年九月[illegible]日借去下季種[illegible]
共谷本[illegible]
共本利谷[illegible]
十月初[illegible]
十二月[illegible]下季[illegible]
號據

5-2-72-20　清同治元年鄭氏吉房置總數（二〇）

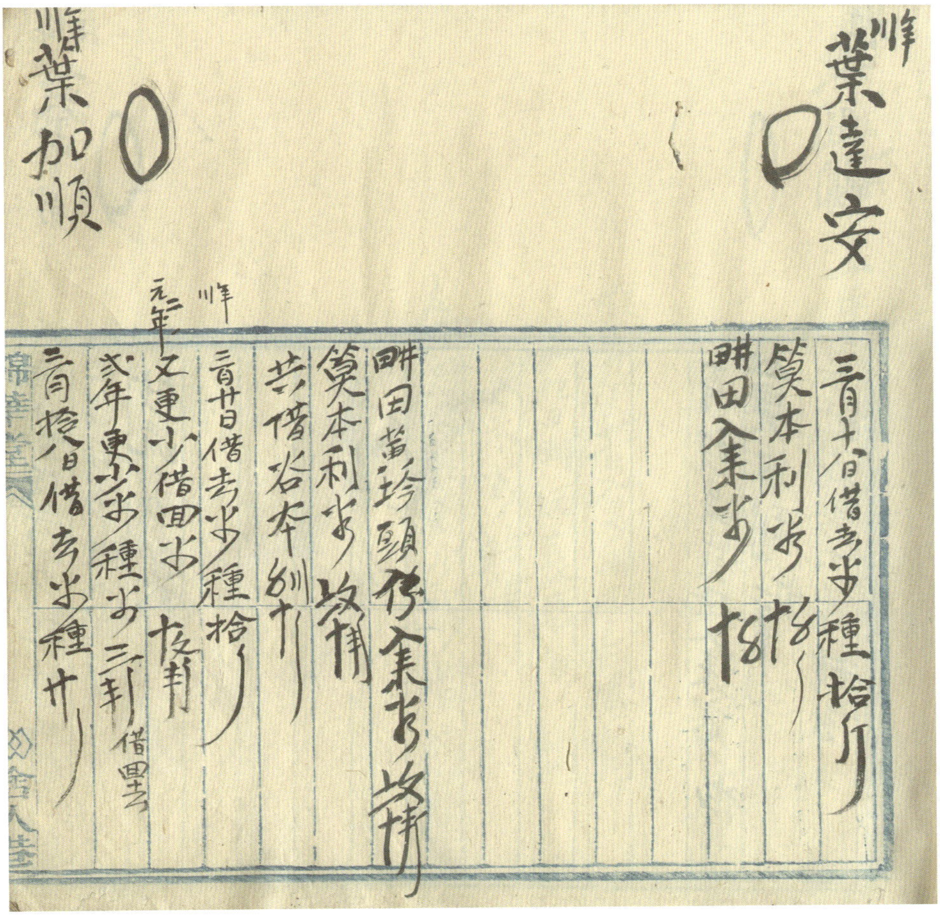

峰 葉達安 〇

三月十六日借去米種拾斤
筭本利米拾八斤
耕田入來米拾八斤

耕田黃珍頭存來米拾捌斤
筭本利米拾捌斤
共借谷本卅斤
三月廿日借去米種拾斤
元二年 峰 又更少借田米拾捌斤
弍年更少米種米三斤 借黑去
三月拾八日借去米種廿斤

峰 葉加順 〇

5-2-72-21　清同治元年鄭氏吉房置總數（二一）

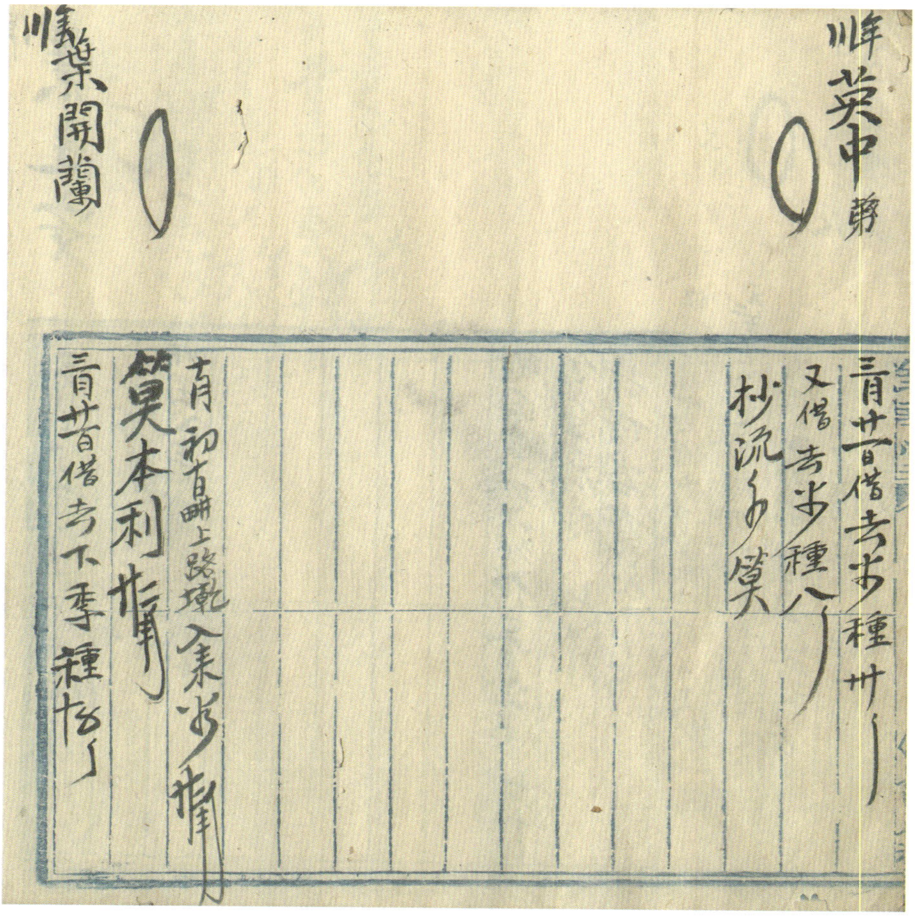

川年英中弟

川儀榮閑蘭

三月廿二日借去谷種廿斤

又借去谷種八斤

抄流谷算

十月初十日收上路墘入來谷拾斤

算本利拾斤

三月廿二日借去下季種拾斤

5-2-72-22　清同治元年鄭氏吉房置總數（二二）

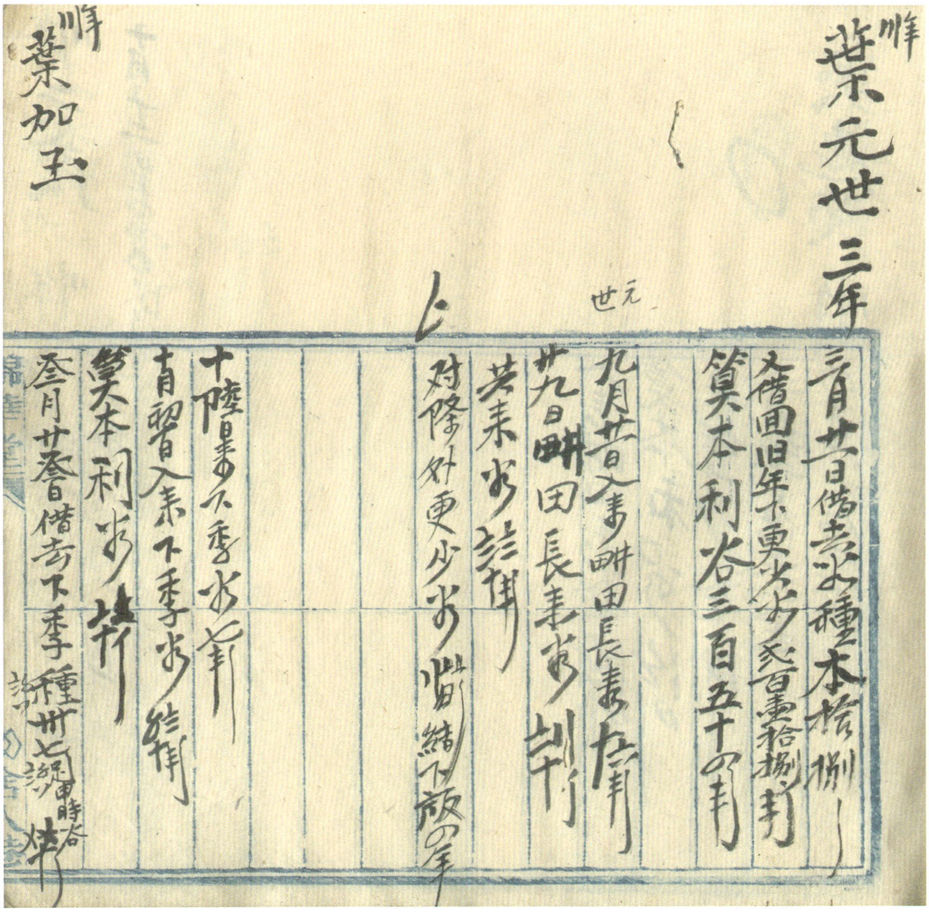

5-2-72-23　清同治元年鄭氏吉房置總數（二三）

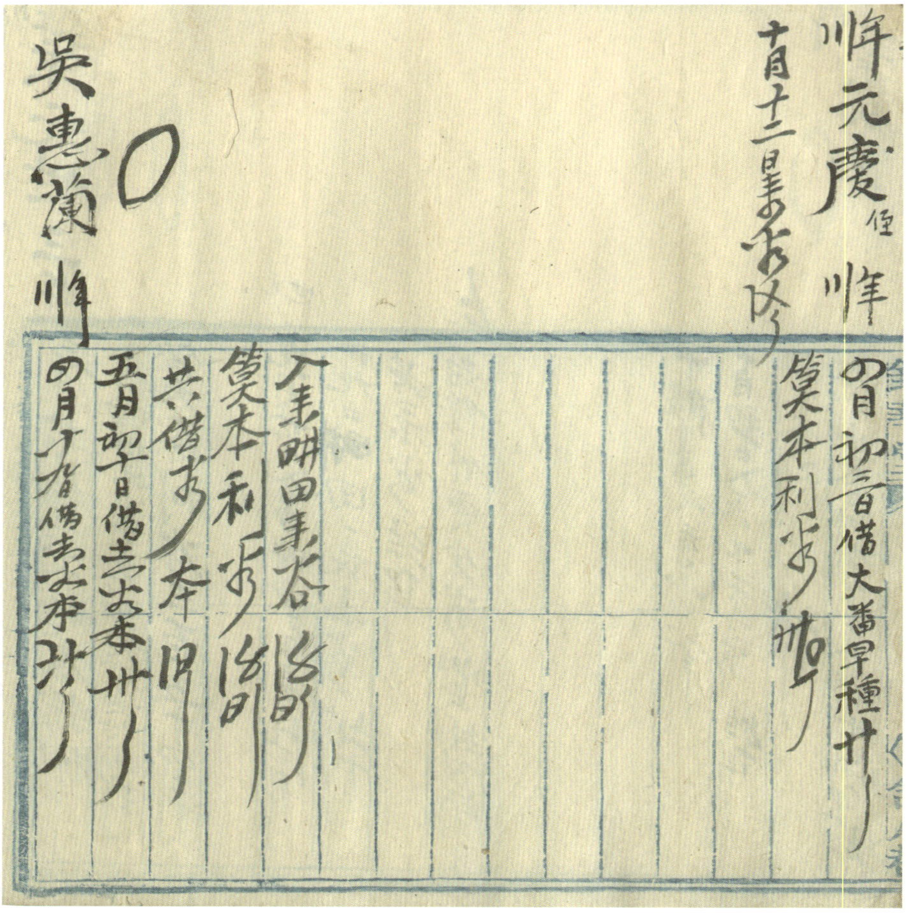
押
元慶侄 押
十月十二日[illegible]收訖
四月初三日借大番早種廿
筭本利谷[illegible]
入來耕田來谷[illegible]
筭本利谷[illegible]
共借谷本[illegible]
五月初十日借去谷本卅
四月十八日借去谷本廿
吳惠蘭 押

5-2-72-24　清同治元年鄭氏吉房置總數（二四）

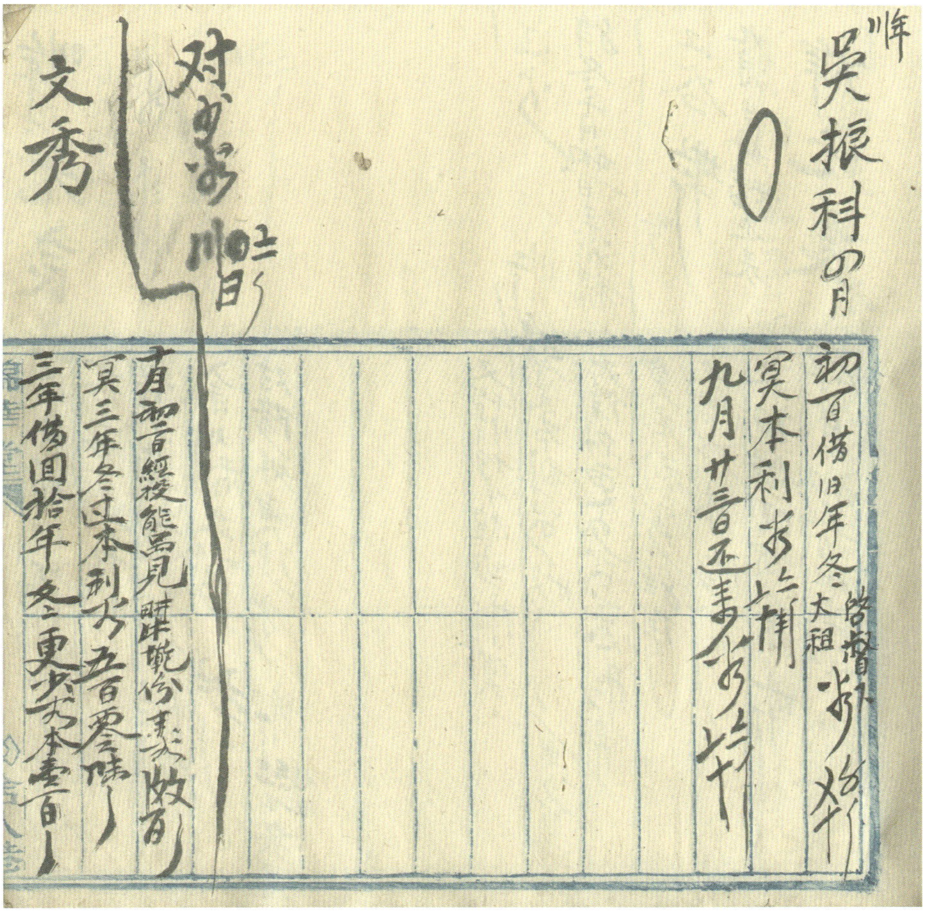

5-2-72-25　清同治元年鄭氏吉房置總數（二五）

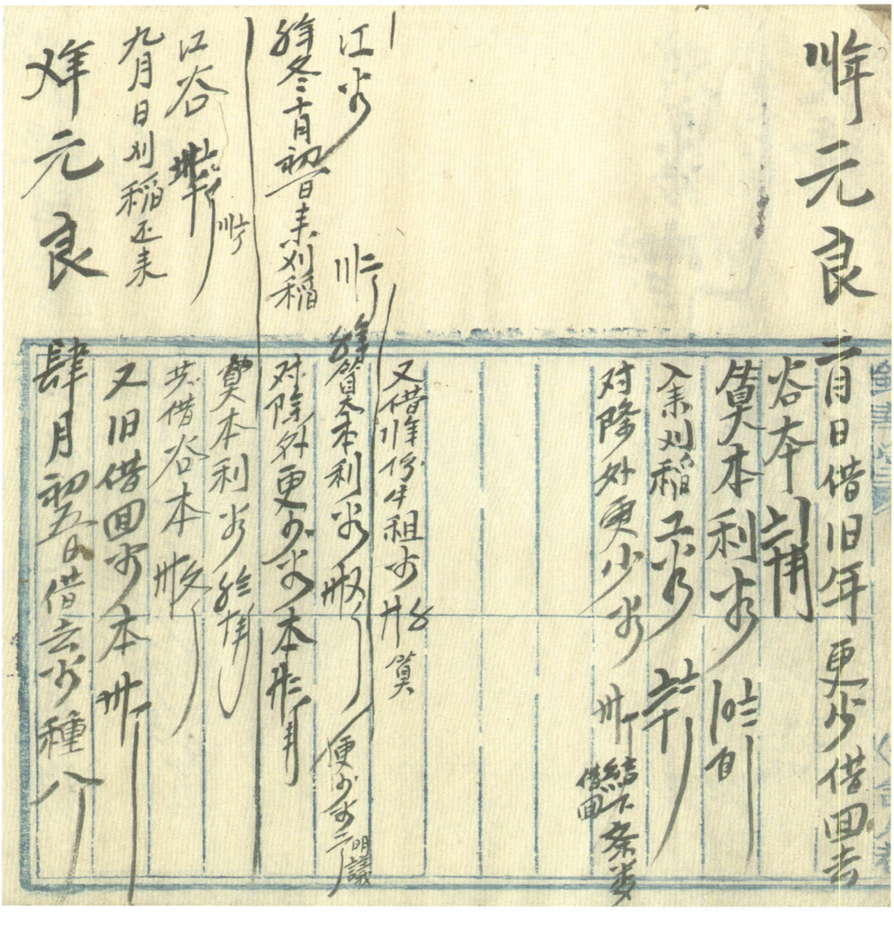

5-2-72-26　清同治元年鄭氏吉房置總數（二六）

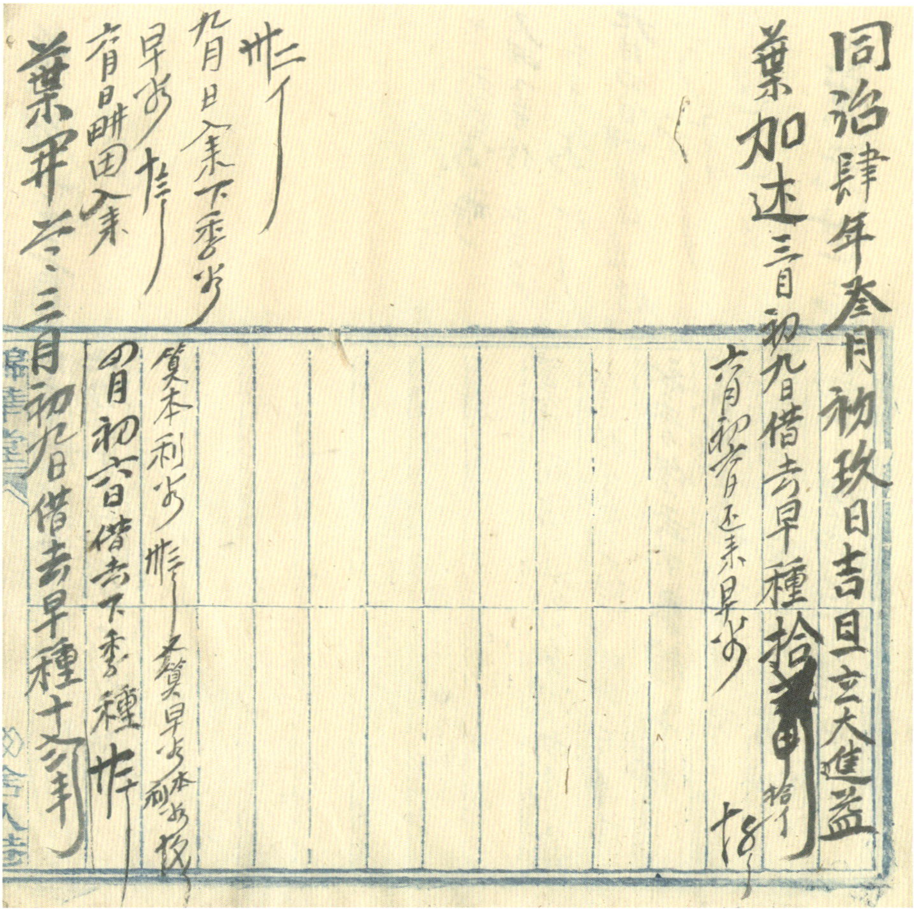
同治肆年叁月初玖日吉旦立大進益
葉加述三月初九日借去早種拾斤 拾斤
六月初六日还来早谷 十斤
卅二斤
九月日入来下季谷
早谷廿斤
六月日收田入来
葉开英三月初九日借去早種十斤
四月初六日借去下季種廿斤
算本利谷廿斤 又算早谷本利谷

5-2-72-27　清同治元年鄭氏吉房置總數（二七）

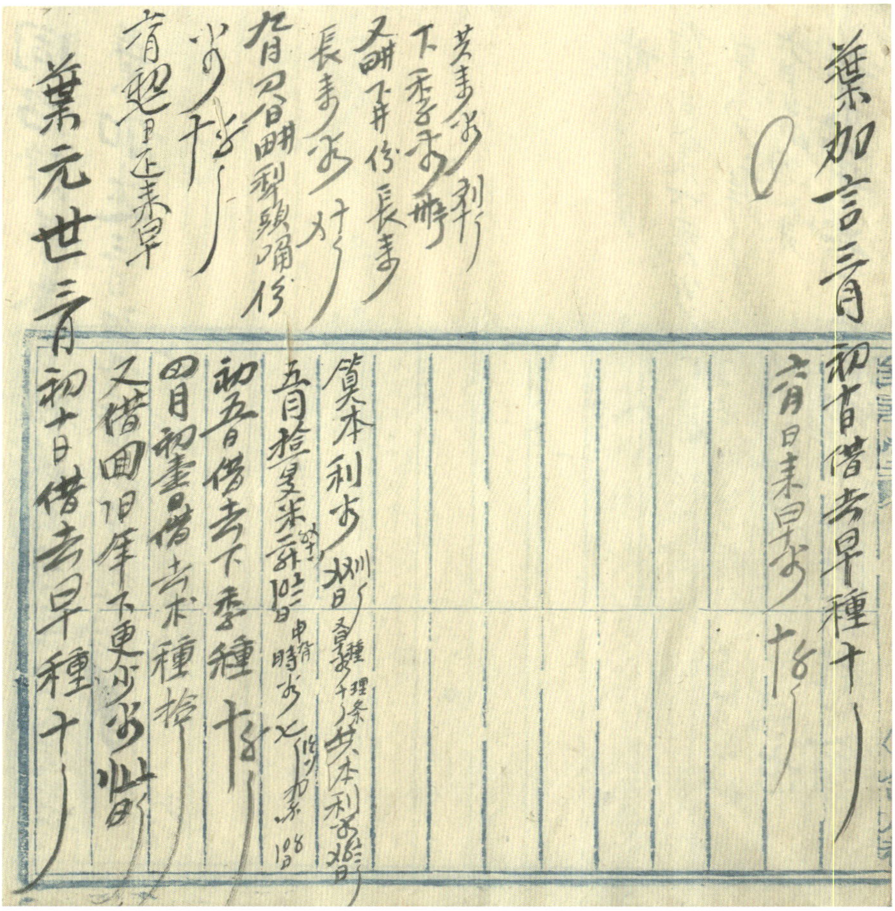

5-2-72-28　清同治元年鄭氏吉房置總數（二八）

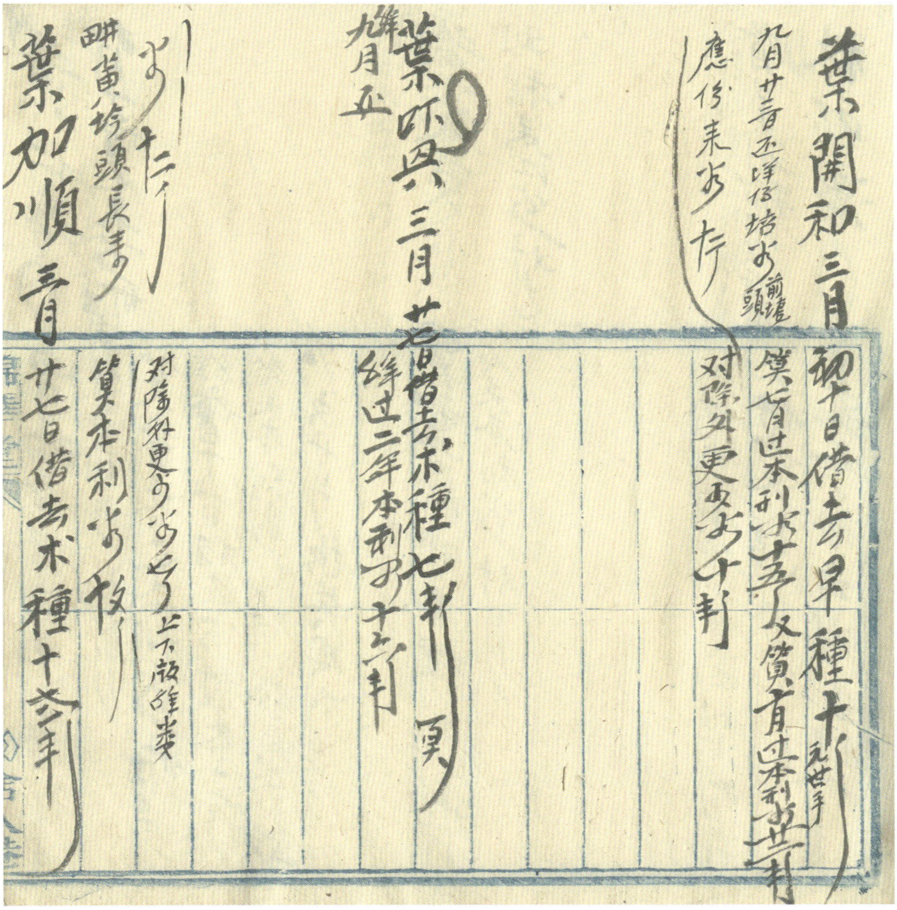

葉開和 三月初十日借去早種十斤 元廿手
九月廿二日還洋[illegible] 前頭[illegible]
算七月過本利[illegible]十五斤 又算八月過本利[illegible]廿[illegible]斤
應[illegible]來[illegible]
对除外更[illegible]十斤
葉[illegible]興 三月廿七日借去秫種七斤 [illegible]
九月五[illegible]
[illegible]過二年本利[illegible]十二斤
[illegible]十二[illegible]
黃珍頭長[illegible]
葉加順 三月廿七日借去秫種十三斤
算本利[illegible]
对除外更[illegible] 上下[illegible]

5-2-72-29　清同治元年鄭氏吉房置總數（二九）

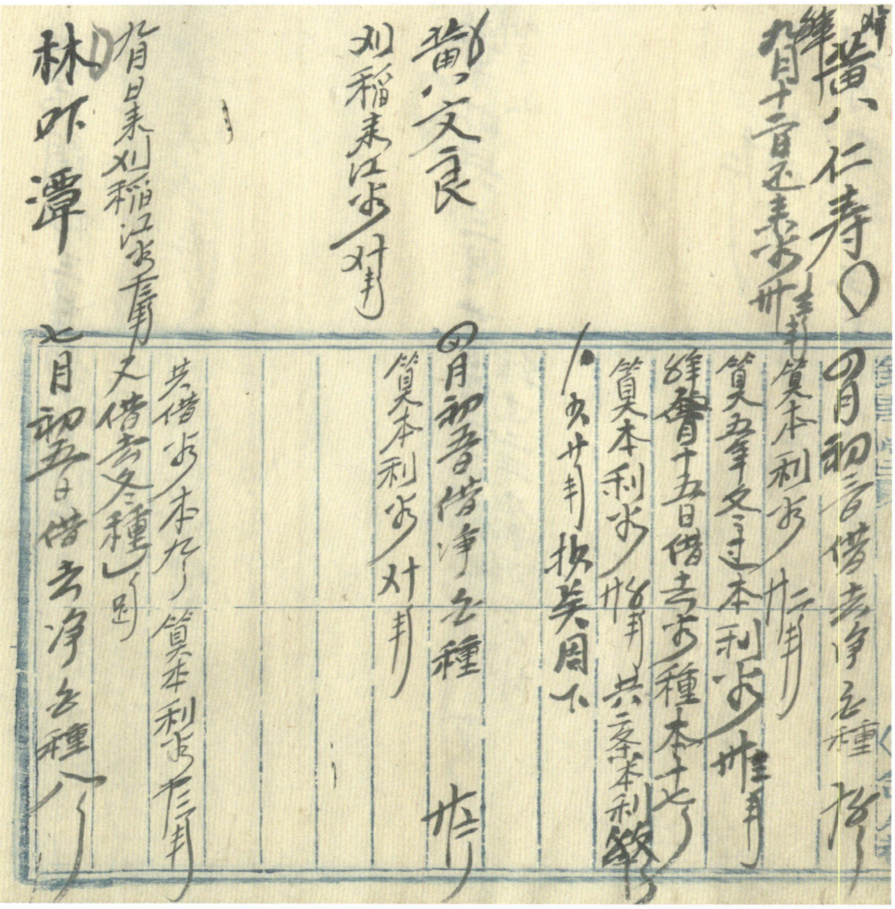
黄八仁寿
癸亥九月十三日还来谷卅斤
四月初三日借去净谷五种
質算本利谷
質算五年冬还本利谷
癸亥十五日借去谷种本
質算本利谷
共二条本利谷
找英周下
四月初三日借净谷种
質算本利谷 廿斤
黄八文良
刈稻来江谷 廿斤
林阿潭
八月日来刈稻江谷
共借谷
七月初五日借去净谷种

5-2-72-30　清同治元年鄭氏吉房置總數（三〇）

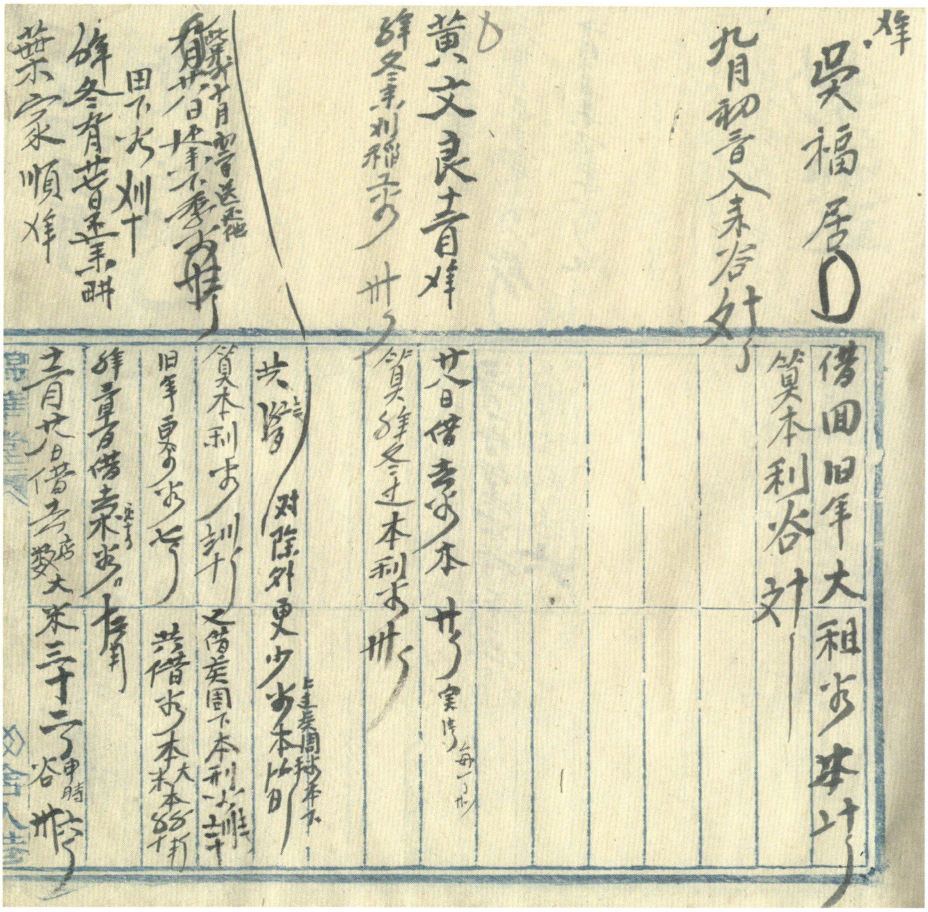

5-2-72-31　清同治元年鄭氏吉房置總數（三一）

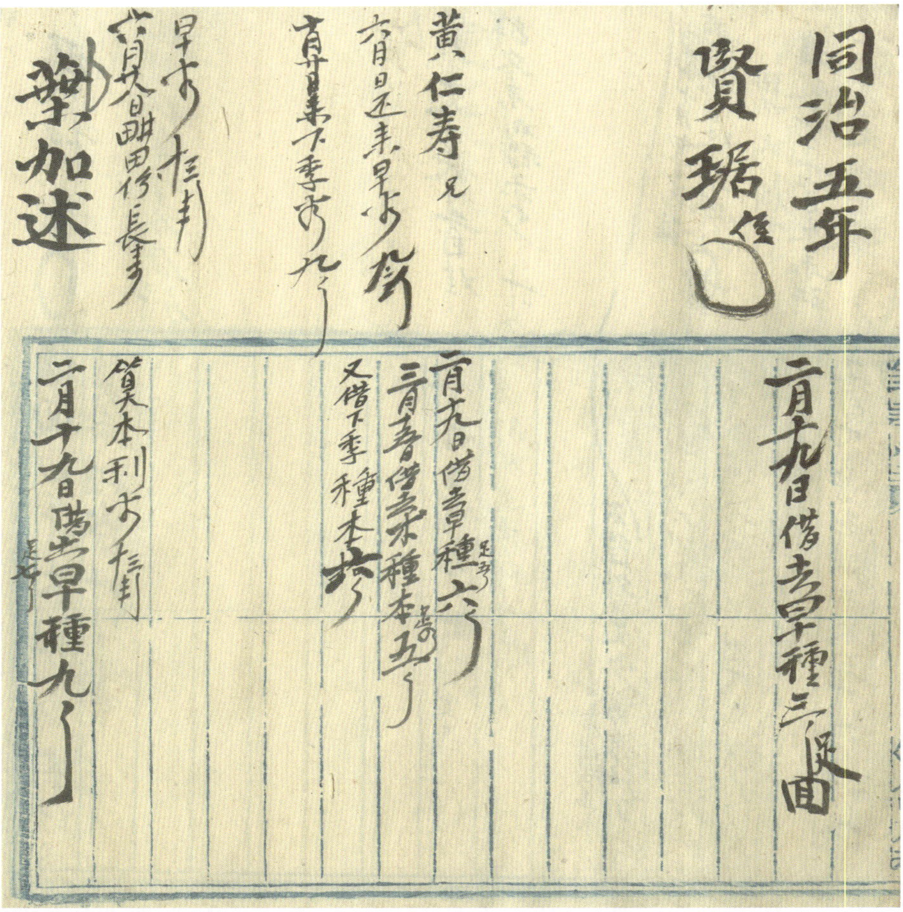

同治五年

賢琚

黃仁寿

鄭加述

二月十九日借去早種三

二月十九日借去早種六

三月十二日借去本種本五

又借下季種本

貸本利

二月十九日借去早種九

5-2-72-32　清同治元年鄭氏吉房置總數（三二）

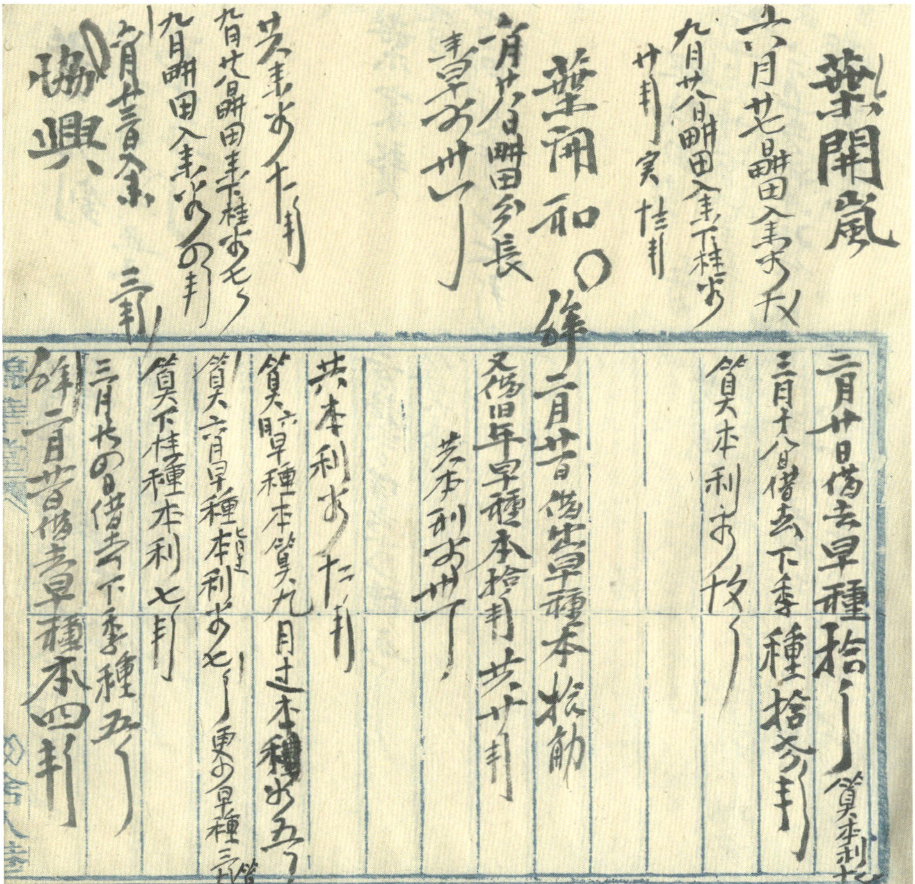

5-2-72-33　清同治元年鄭氏吉房置總數（三三）

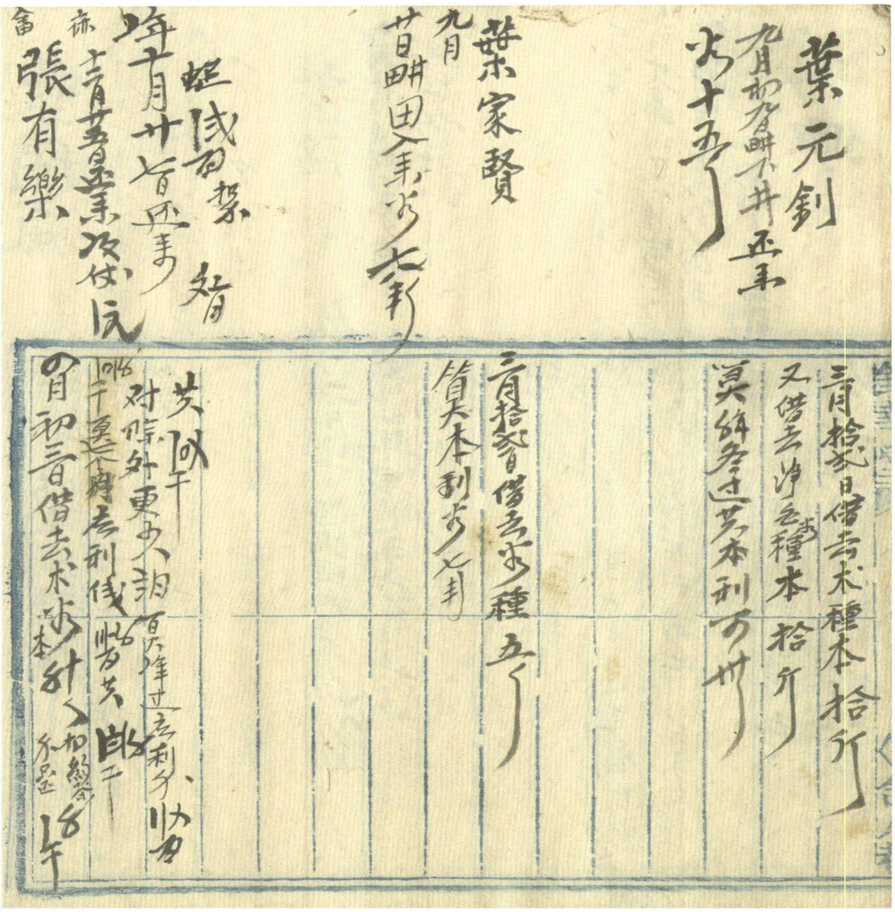

葉元釗
九月初六日畈下井丕禾
[illegible]十五丁
葉家賢
九月廿日畈田禾[illegible]七斤
[illegible]
十月廿七日丕禾
十二月[illegible]丕禾[illegible]付氏
張有樂

三月拾[illegible]日借去米種本拾斤
又借去淨谷種本拾斤
[illegible]年冬過共本利[illegible]卅斤
三月拾八日借去谷種五斤
算來本利[illegible]七斤
共[illegible]
[illegible]
四月初三日借去米[illegible]

5-2-72-34　清同治元年鄭氏吉房置總數（三四）

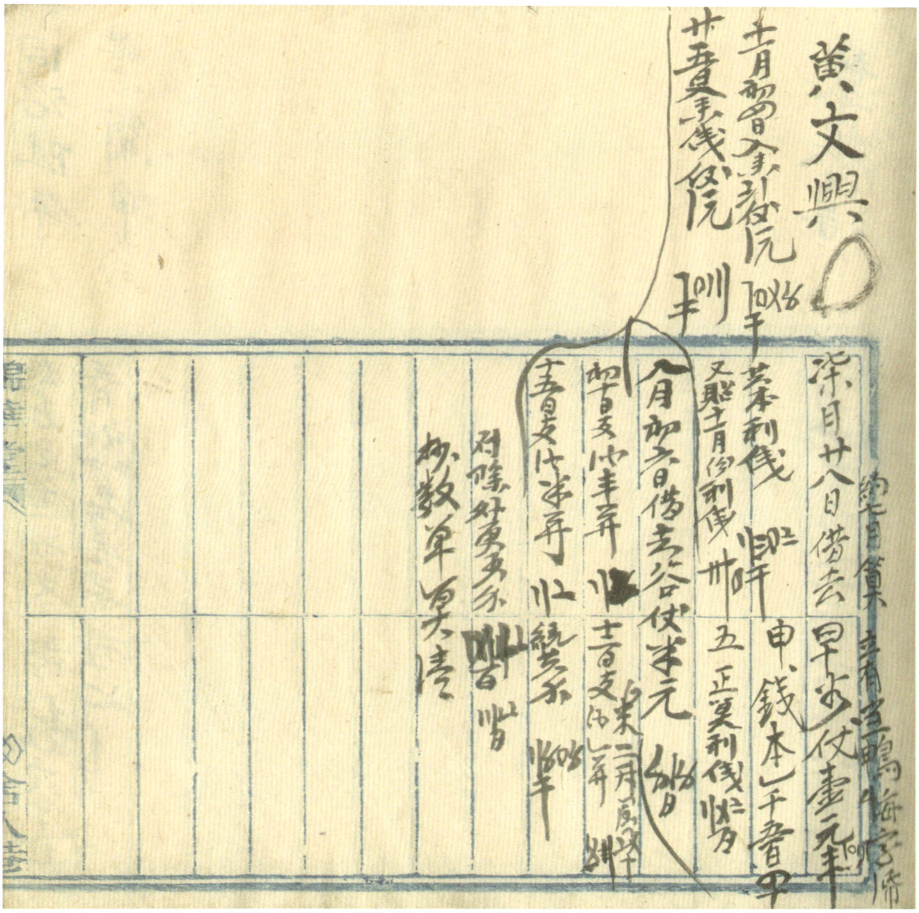

5-2-72-35　清同治元年鄭氏吉房置總數（三五）

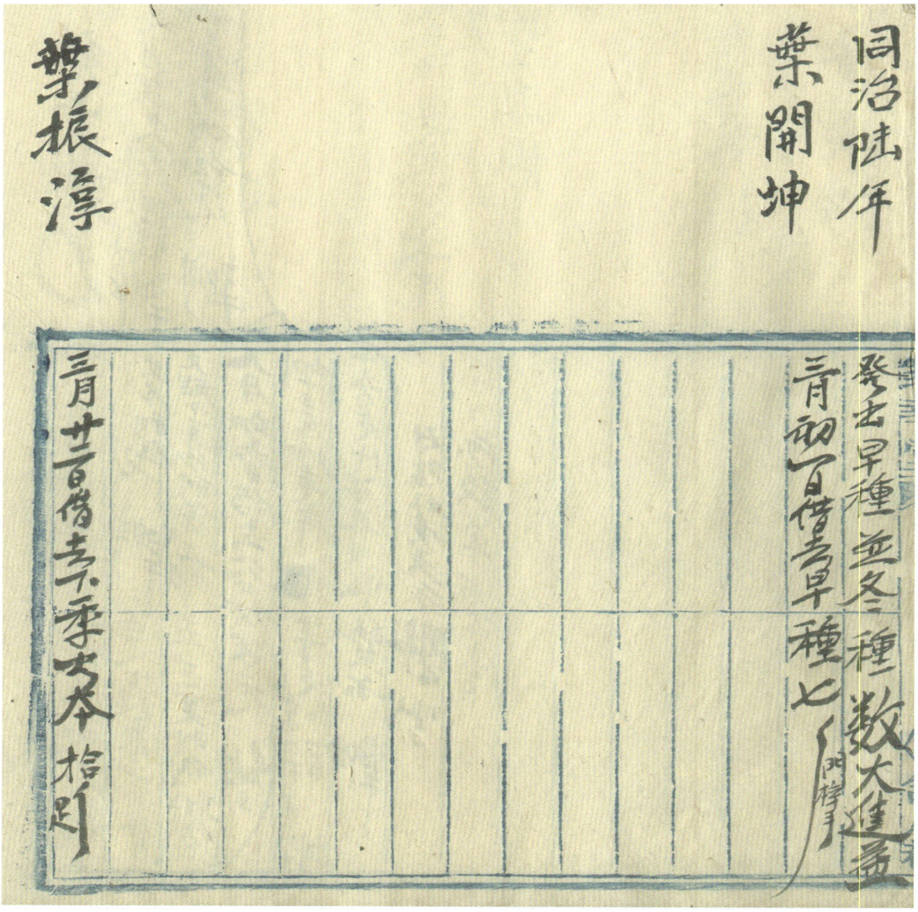
同治陆年
葉開坤
癸亥早種並冬種數大進益
三月初一日借去早種七
三月廿二日借去六季大本 拾斤
葉振淳

5-2-72-36　清同治元年鄭氏吉房置總數（三六）

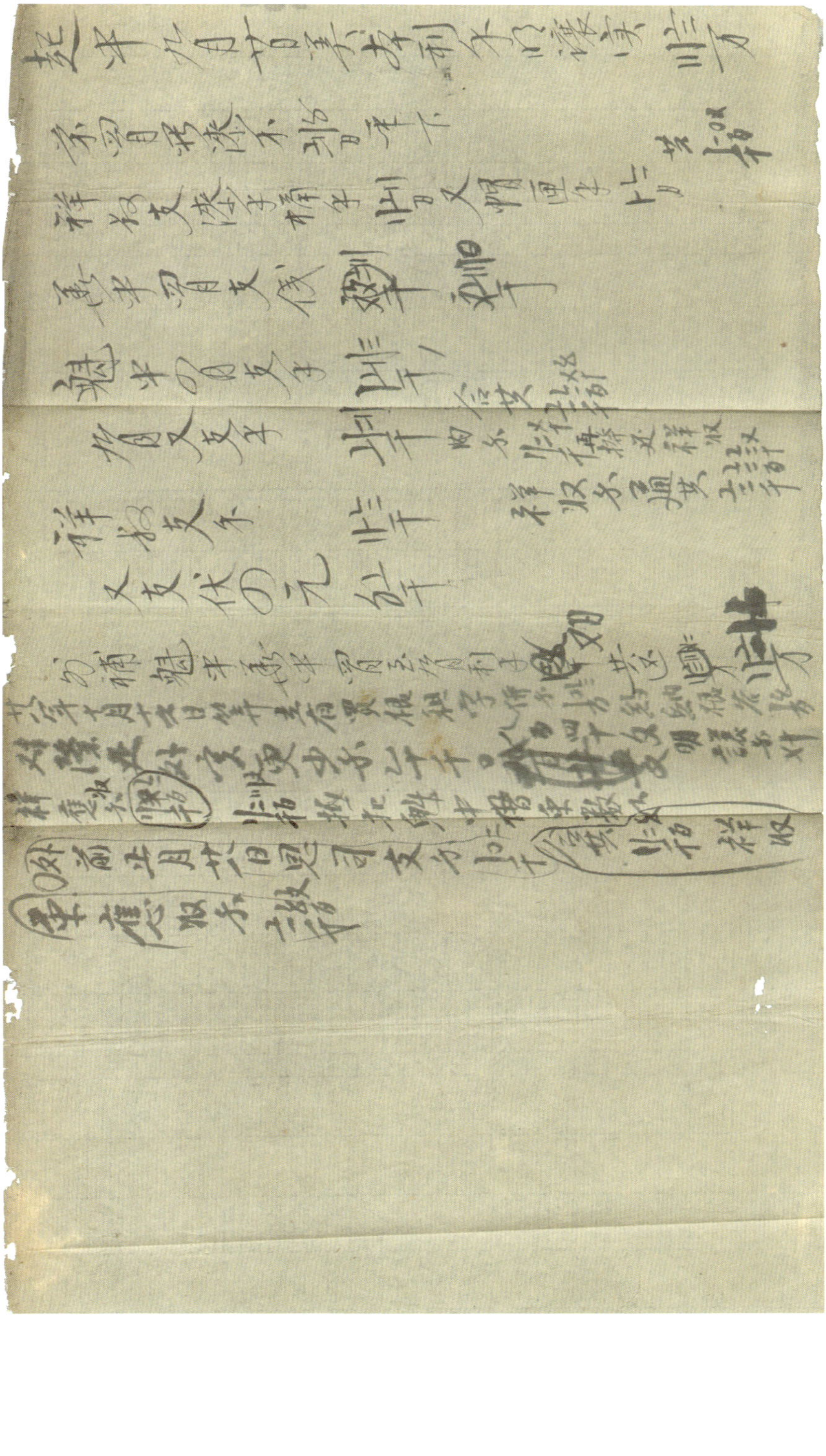

5-2-72-37　清同治元年鄭氏吉房置總數（夾葉）

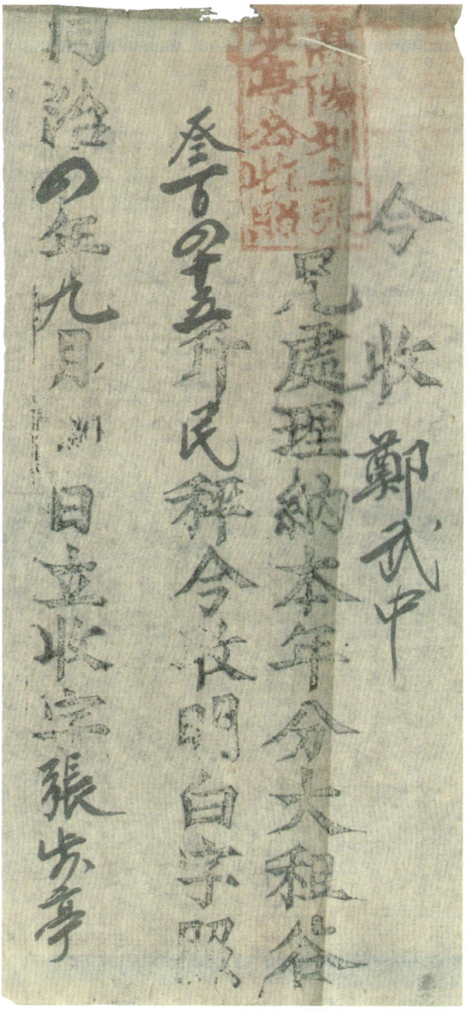

今收鄭武中
兄處理納本年分大租谷
叁百四十五斤民秤今收明白字照
同治四年九月　日立收字張步亭

5-2-72-38　清同治四年九月張步亭立收大租穀字

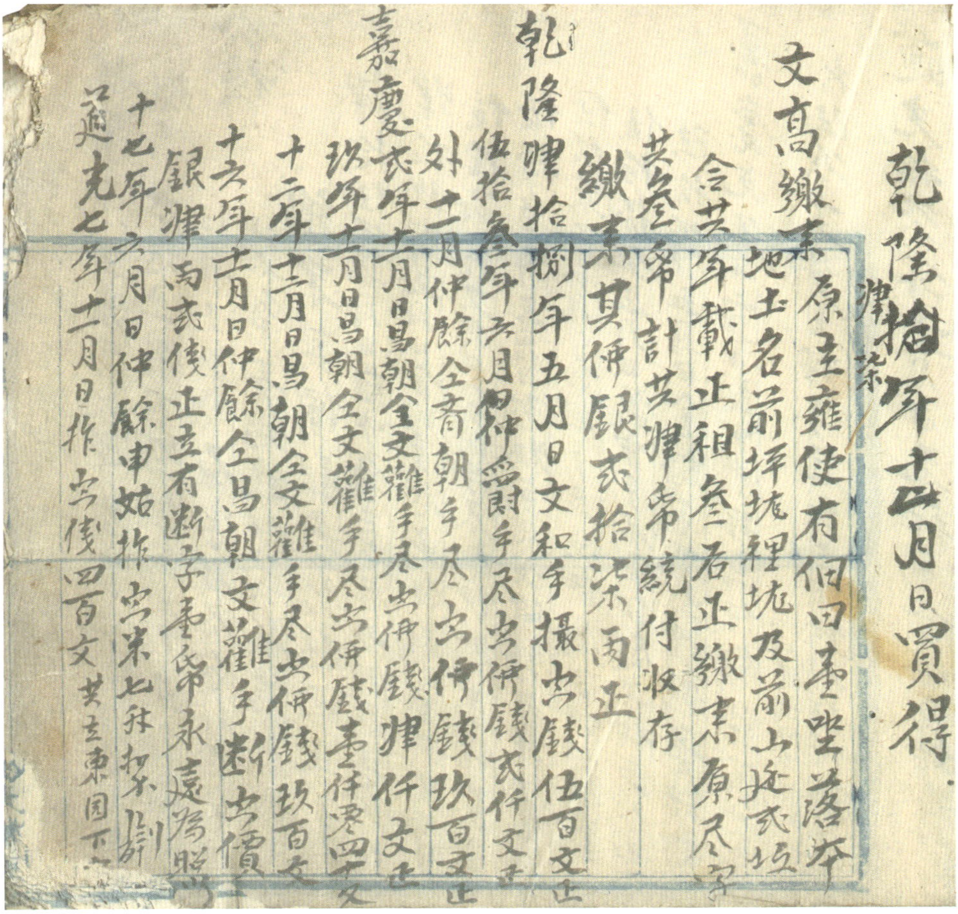
乾隆（肆柒）拾年十二月日買得
文高鄉末　原主雍使有佃田壹坐落本
地土名前坪垅裡垅及前山旋貳坵
合共叁年載正租叁石正鄉末原尽字
共叁帋計共肆帋統付收存
鄉末其價銀貳拾柒兩正
乾隆肆拾捌年五月日文和手撮出錢伍百文正
伍拾叁年六月日仲爵手尽出價錢貳仟文正
外十二月仲餘仝斉朝手尽出價錢玖百文正
嘉慶貳年十二月日昌朝仝文灘手尽出價錢肆仟文正
玖年十二月日昌朝仝文灘手尽出價錢壹仟零四十文
十二年十二月日昌朝仝文灘手尽出價錢玖百文
十五年十二月日仲餘仝昌朝文灘手断出價
銀肆兩貳錢正立有断字壹帋永遠為照
十七年六月日仲餘申姑作出米七秤扣票劃
道光七年十一月日作出錢四百文其主東园下

5-2-73-1　清乾隆至光緒年間鄭氏家族置業簿（一）

乾隆叁拾柒年十二月日買得
福弟原立雍忠兄弟有民佃田壹號坐
鄉東本地土名下壈墘每年載正租貳石
伍斗正並鄉原字及尽字作字合共
柒張壹起繳付收执存照
鄉東其價銀叁拾伍両正

公積

肆拾伍年四月日雍中原立直尽出佃錢壹仟文正
肆拾玖年五月日金国手尽出佃錢叁仟貳百文正
伍拾貳年十二月日金国手尽出佃錢壹仟貳百文正
伍拾叁年三月日阿炳手尽出佃錢叁仟陸百文正
伍拾柒年四月日金国手尽出佃錢貳仟伍百伍拾文正
伍拾捌年五月日盈中手尽出佃錢壹仟零伍拾文正
陸拾年五月日金輝手尽出佃錢壹仟文正
嘉慶元年十二月日盈中手找出佃錢柒百文正
内退出佃系北段上浦頭墘方
拾陸年十二月金輝手尽出三宗佃錢伍仟伍百六十文
道光拾柒年十二月日元和手金国身姑壹正

5-2-73-2　清乾隆至光緒年間鄭氏家族置業簿（二）

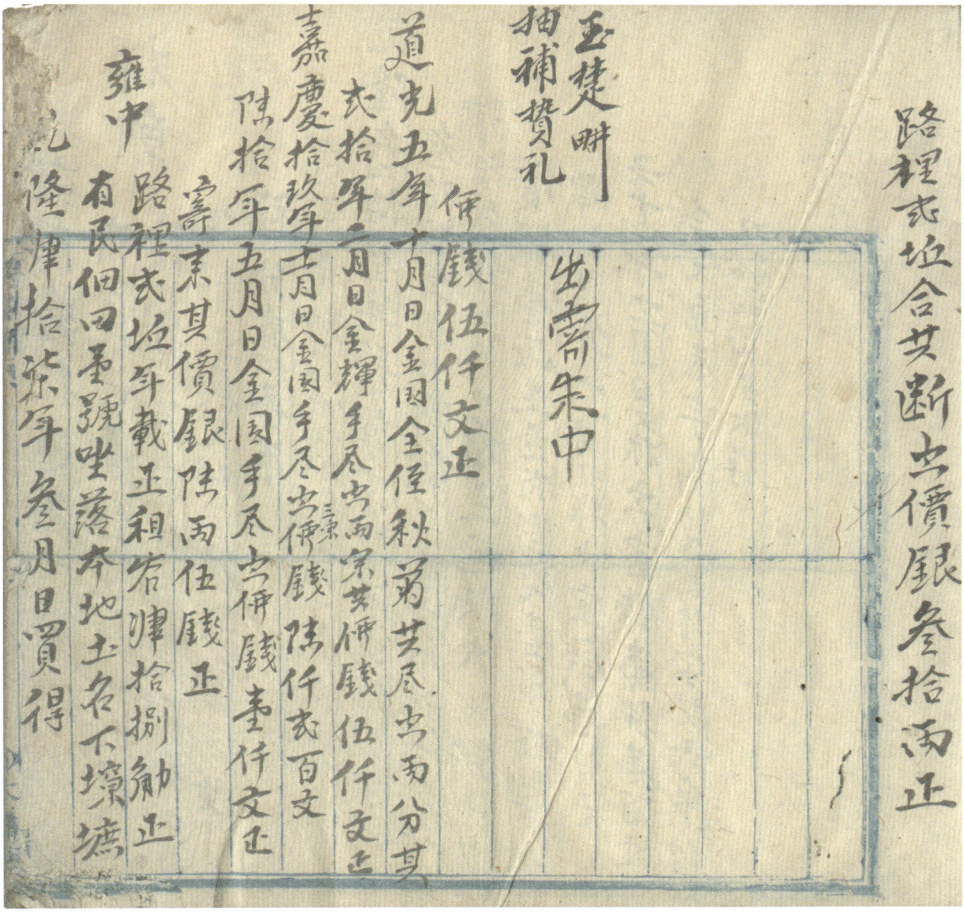

路程弍坵合共斷出價銀叁拾兩正

出當朱中

玉楚畊

抽補贄礼

便錢伍仟文正

道光五年十月日金囤全侄秋菊共盡出兩分其

弍拾年二月日金輝手盡出兩宗共便錢伍仟文正

嘉慶拾玖年十二月日金囤手盡出三宗便錢陸仟弍百文

陸拾年五月日金囤手盡出便錢壹仟文正

寄來其價銀陸兩伍錢正

路程弍坵年載正租谷肆拾捌觔正

雍中

有民佃田壹號坐落本地土名不壤墟

乾隆肆拾柒年叁月日買得

5-2-73-3　清乾隆至光緒年間鄭氏家族置業簿（三）

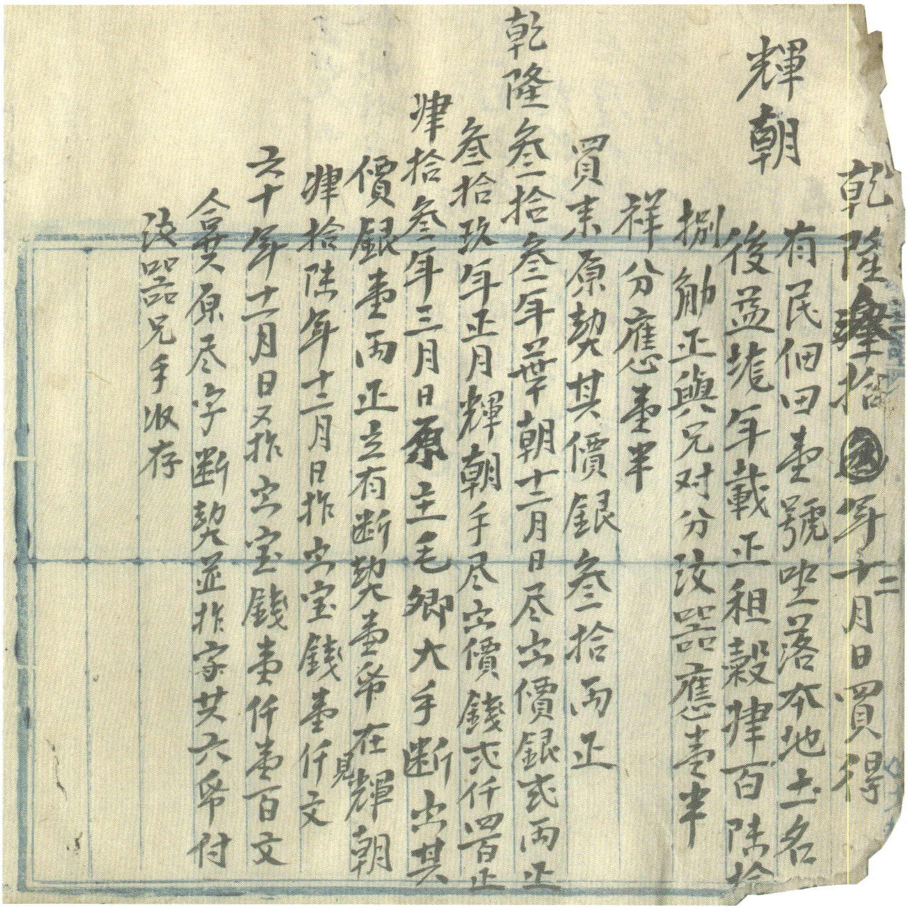
乾隆肆拾[illegible]年十二月日買得
煇朝
有民佃田壹號坐落本地土名
後盃垅年載正租穀肆百陸拾
捌觔正與兄对分該器應壹半
祥分應壹半
買來原契其價銀叁拾兩正
乾隆叁拾叁年華朝十二月日尽出價銀弍兩正
叁拾玖年正月煇朝手尽出價錢弍仟四百正
肆拾叁年三月日原主毛卿大手断出其
價銀壹兩正立有断契壹帋在煇朝見
肆拾陸年十二月日找出宝錢壹仟文
六十年十二月日又找出宝錢壹仟壹百文
会契原尽字断契並找字共六帋付
該器兄手收存

5-2-73-4　清乾隆至光緒年間鄭氏家族置業簿（四）

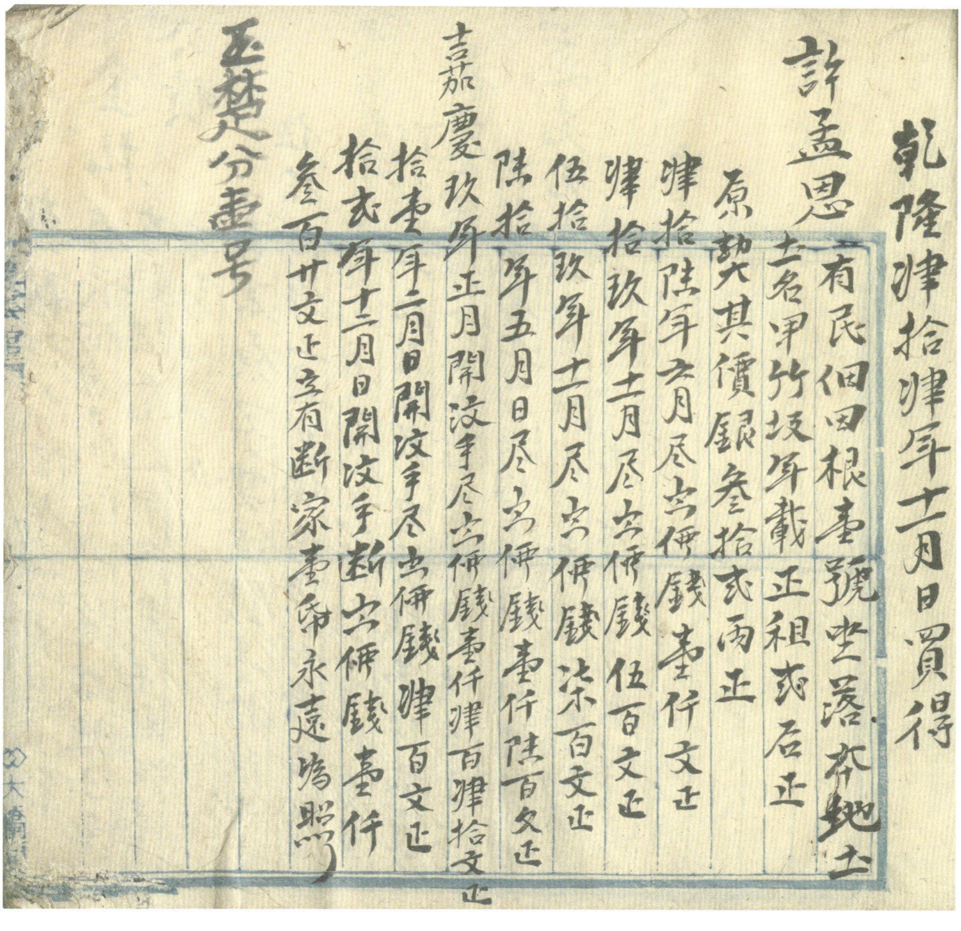
乾隆肆拾肆年十一月日買得
許孟恩
一有民佃田根壹號坐落芥坵土
土名甲竹坂年載正租貳石正
原契大其價銀叁拾貳兩正
肆拾陸年六月盡出價錢壹仟文正
肆拾玖年十一月盡出價錢伍百文正
伍拾玖年十一月盡出價錢柒百文正
陸拾年五月日盡出價錢壹仟陸百文正
嘉慶玖年正月開後手盡出價錢壹仟肆百肆拾文正
拾壹年二月日開後手盡出價錢肆百文正
拾貳年十二月日開後手斷出價錢壹仟
叁百廿文正立有斷契壹帋永遠爲照
玉楚分壹號

5-2-73-5　清乾隆至光緒年間鄭氏家族置業簿（五）

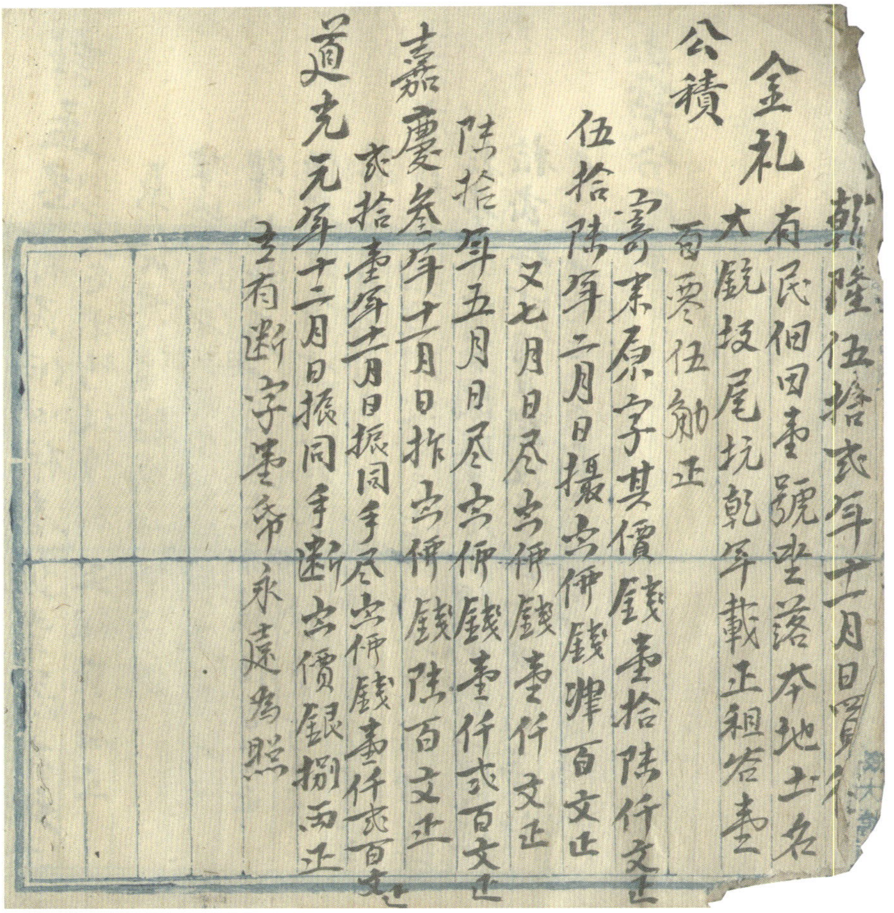

乾隆伍拾貳年十二月日買得

金礼 有民佃田壹號坐落本地土名

大觀坡尾抗乾年載正租谷壹

公積 百零伍觔正

壽來原字其價錢壹拾陸仟文正

伍拾陸年二月日攝出價錢肆百文正

又七月日盡出價錢壹仟文正

陸拾年五月日盡出價錢壹仟貳百文正

嘉慶叁年十二月日找出價錢陸百文正

貳拾壹年十二月日振同手盡出價錢壹仟貳百文正

道光元年十二月日振同手斷出價銀捌兩正

立有斷字壹帋永遠為照

5-2-73-6　清乾隆至光緒年間鄭氏家族置業簿（六）

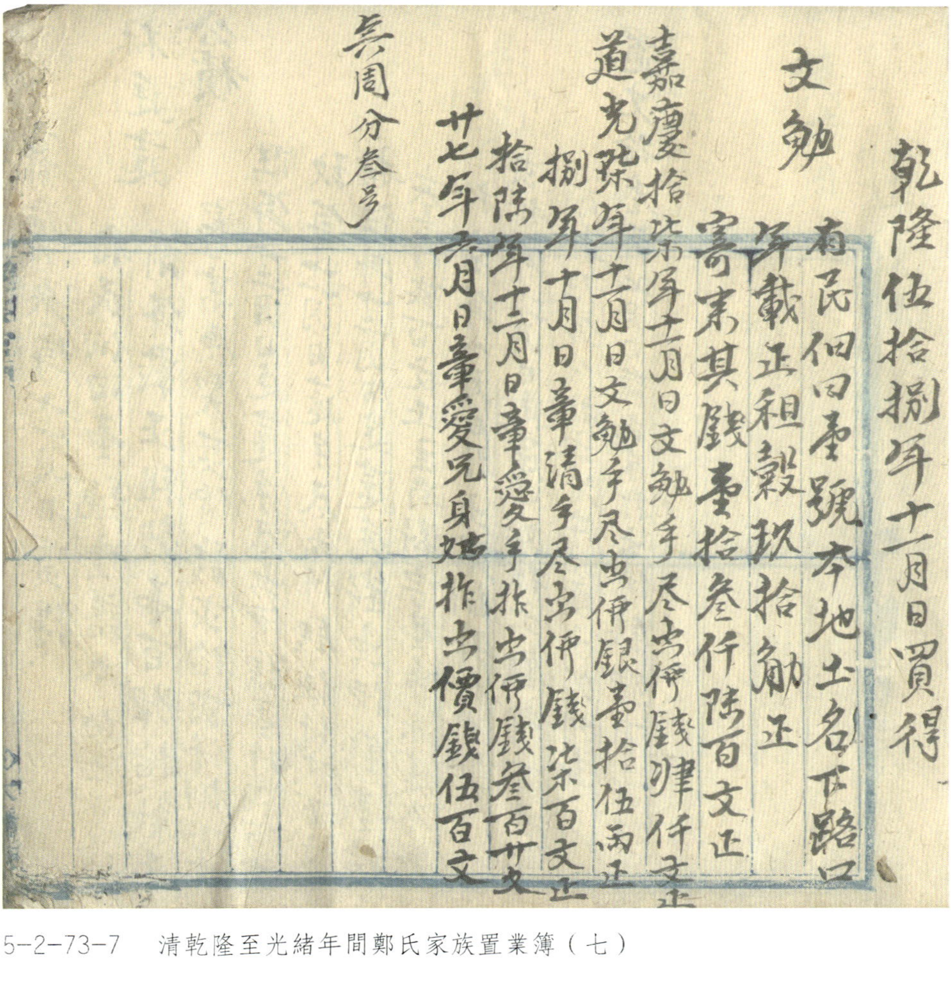
乾隆伍拾捌年十一月日買得

有芘佃田壹號本地土名下路口

文勉

年載正租穀玖拾觔正

寄末其錢壹拾叁仟陆百文正

嘉慶拾柒年十一月日文勉手盡出佃錢肆仟文正

道光癸年十一月日文勉手盡出佃銀壹拾伍兩正

捌年十月日華清手盡出佃錢柒百文正

拾陆年十二月日華愛手非出佃錢叁百廿文

廿七年六月日華愛兄身始非出價錢伍百文

兵周分叁号

5-2-73-7　清乾隆至光緒年間鄭氏家族置業簿（七）

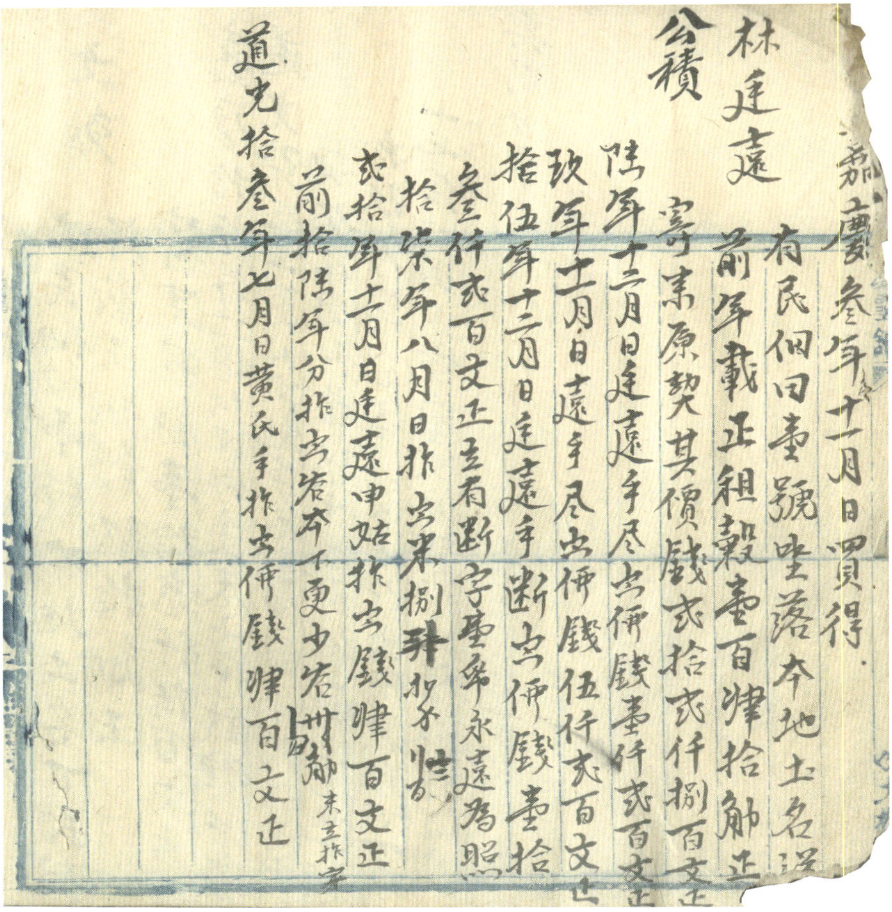
嘉慶叁年十一月日買得
有民佃田壹號坐落本地土名[illegible]
前年載正租穀壹百肆拾觔正
林廷遠
寄崇原契其價錢弍拾弍仟捌百文正
公積
陸年十二月日廷遠手尽出價錢壹仟弍百文正
玖年十一月日遠手尽出價錢伍仟弍百文正
拾伍年十二月日廷遠手斷出價錢壹拾
叁仟弍百文正立有斷字壹紙永遠為照
拾柒年八月日找出米捌升[illegible]結書
弍拾年十一月日廷遠申姑找出錢肆百文正
前拾陸年分找出谷本不更少谷卅觔 未立找字
道光拾叁年七月日黄氏手找出價錢肆百文正

5-2-73-8　清乾隆至光緒年間鄭氏家族置業簿（八）

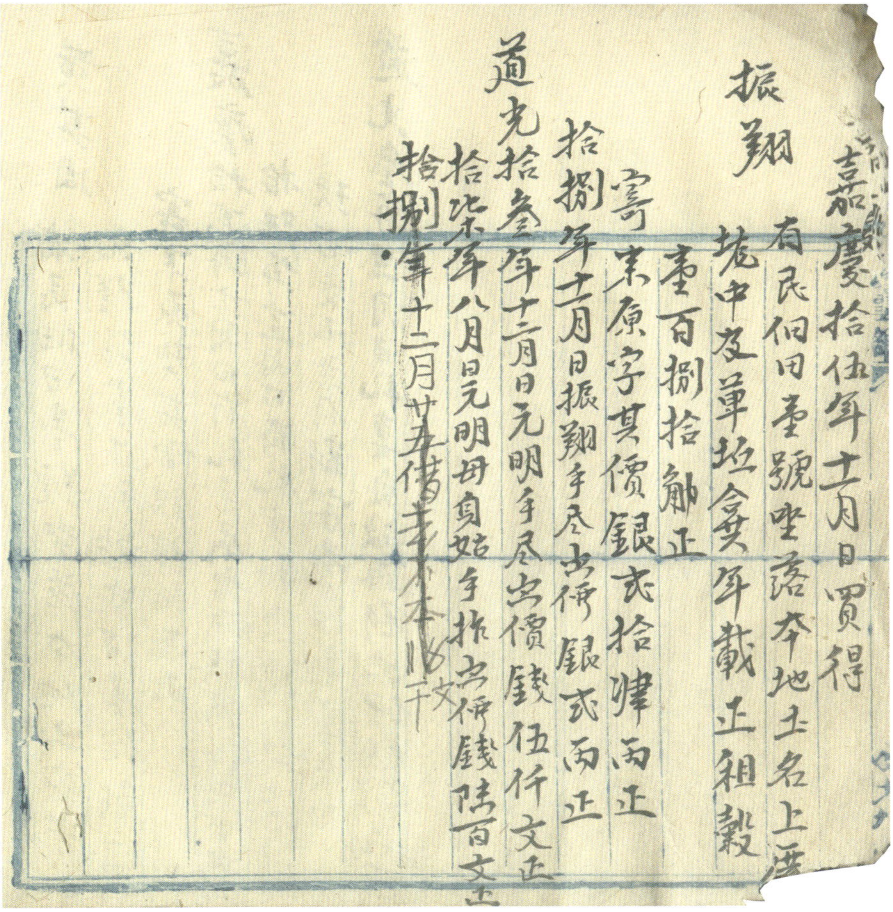

嘉慶拾伍年十一月日買得
振翔 有民佃田壹號坐落本地土名上洋
垅中及草垃會年載正租穀
壹百捌拾觔正
寄來原字其價銀貳拾肆兩正
拾捌年十一月日振翔手全出價銀貳兩正
道光拾叁年十二月日元明手全出價錢伍仟文正
拾柒年八月日元明母貞姑手收出價錢陸百文正
拾捌年十二月廿五借去本□16千文

5-2-73-9　清乾隆至光緒年間鄭氏家族置業簿（九）

嘉慶拾捌年十一月日買得

葉國成

有民佃田壹號坐落本鄉碓頭

地方土名寮下及上墘仔共兩分底

面但全年載秋粮肆分玖厘捌毛正

賣本源契其價銀叁拾陸兩正

貳拾叁年三月日國成自手盡出價錢壹仟叁百文

道光貳年十一月日國望手盡出價銀壹拾肆兩正

叁年五月日國望手再找出價錢壹仟貳百文

拾年十二月日振坤手盡出價錢叁仟伍百文

拾捌年十一月日振坤手盡出及黃拎頭坑顴

自己分金安兩分共盡出價銀叁拾兩正

貳拾捌年十一月日阿次手文坤自姑無錢將此叔

祖五田自愿斷出其價錢共玖百文正

其粮付本源甲入户立有斷契共乙紙永遠

在見叔祖國黨

付

上尊收錢項下

5-2-73-10　清乾隆至光緒年間鄭氏家族置業簿（一〇）

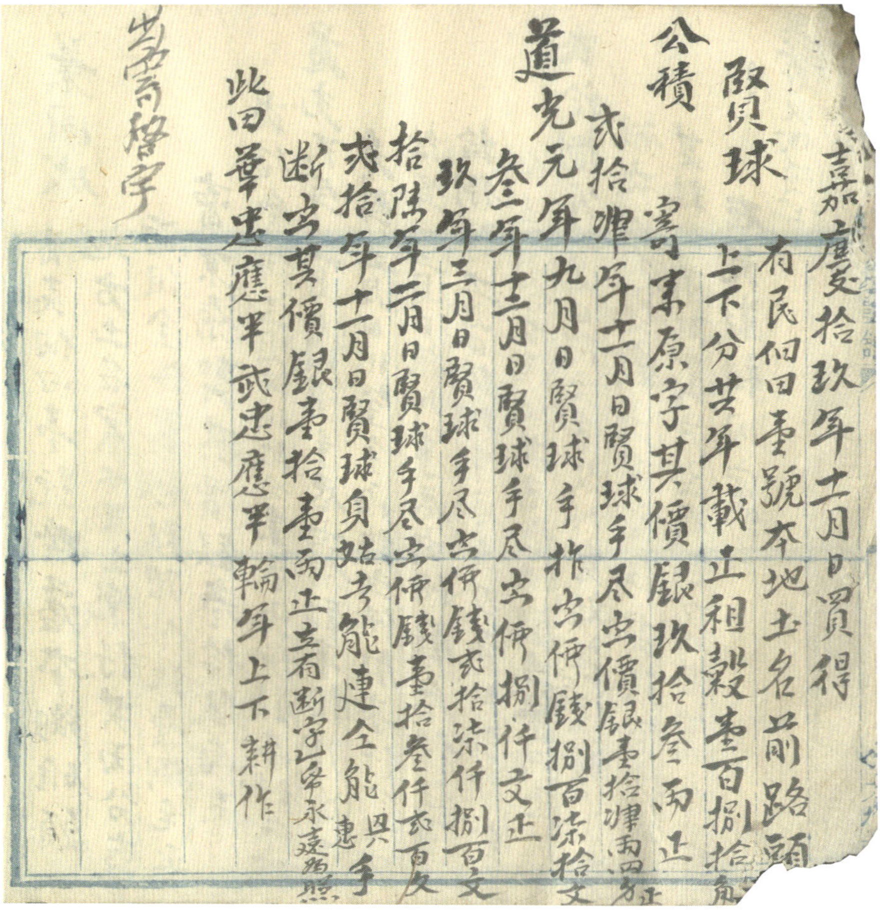
嘉慶拾玖年十月日買得
有民佃田壹號本地土名前路頭
上下分廿年載正租穀壹百捌拾觔
賢球
公積
寄宋原字其價銀玖拾叁兩正
貳拾肆年十二月日賢球手尽出價銀壹拾肆兩四分正
道光元年九月日賢球手作出價錢捌百柒拾文
叁年十二月日賢球手尽出價捌仟文正
玖年三月日賢球手尽出價錢貳拾柒仟捌百文
拾陸年二月日賢球手尽出價錢壹拾叁仟貳百文
貳拾年十一月日賢球身故无能連全能連只手
斷出其價銀壹拾壹兩正立有斷字山永遠為照
此田辛丑應半貳丑應半輪年上下耕作
出當除字

5-2-73-11　清乾隆至光緒年間鄭氏家族置業簿（一一）

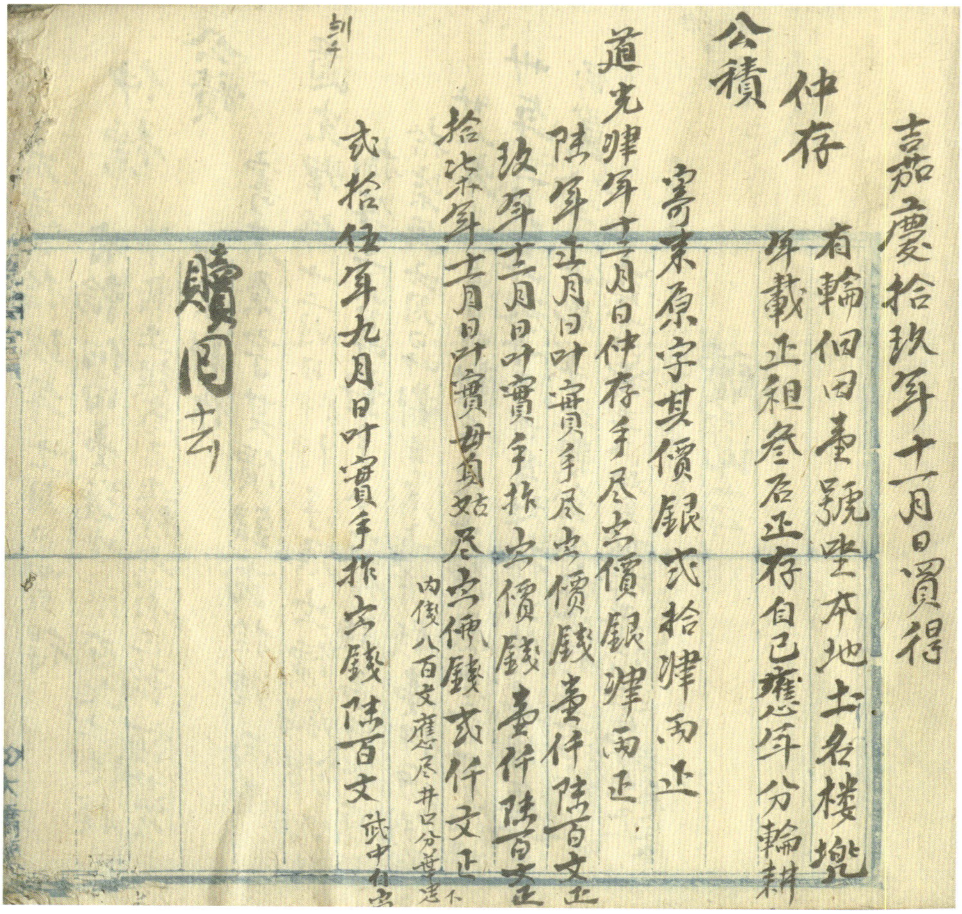

嘉慶拾玖年十一月日買得
有輪佃田壹號坐本地土名樓墘
年載正租叁石正存自己應年分輪耕
仲存
公積
壽東原字其價銀弍拾肆兩正
道光肆年十二月日仲存手尽出價銀肆兩正
陸年五月日叶寶手尽出價錢壹仟陸百文正
玖年十二月日叶寶手找出價錢壹仟陸百文正
拾柒年十一月日叶寶母負姑尽出價錢弍仟文正（内價八百文應尽井口分並送）
弍拾伍年九月日叶寶手找出錢陸百文（武中自出）
贖回去

5-2-73-12　清乾隆至光緒年間鄭氏家族置業簿（一二）

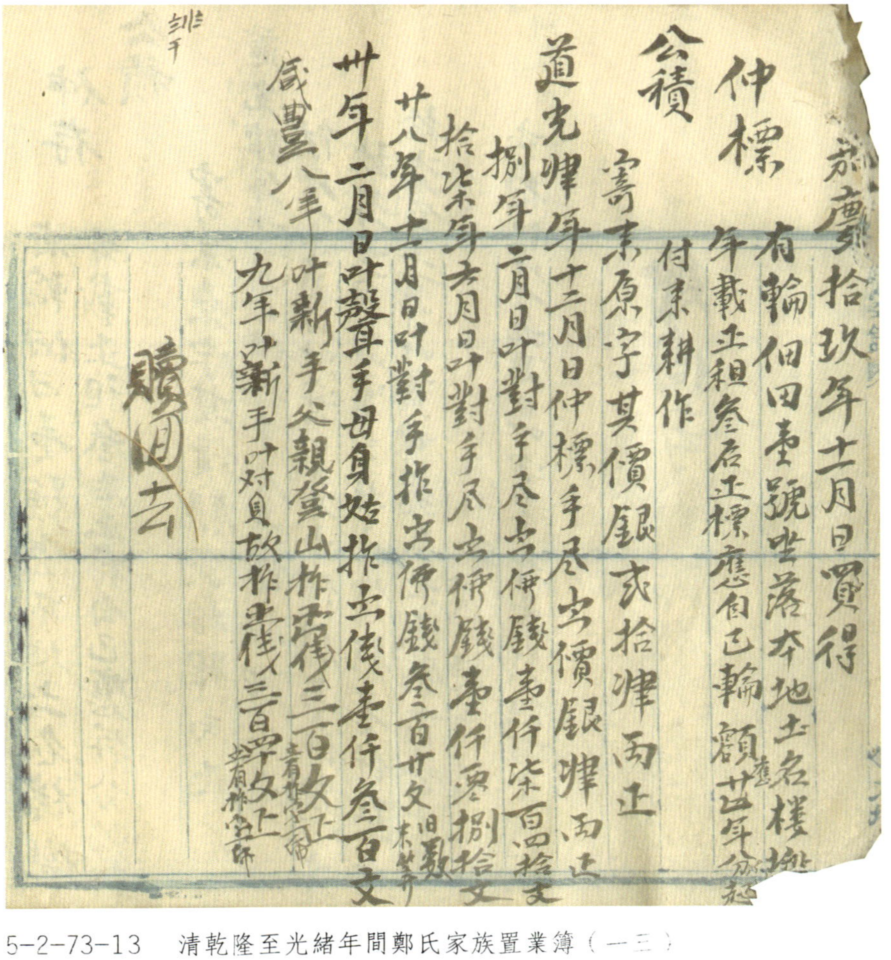

嘉慶拾玖年十一月日買得
有輪佃田壹號坐落本地土名樓墘
年載正租叁石正標應自己輪額廿四年分起
仲標
付来耕作
公積
壽来原字其價銀弍拾肆両正
道光肆年十二月日仲標手尽出價銀肆両正
捌年二月日叶對手尽出價錢壹仟柒百四拾文
拾柒年六月日叶對手尽出價錢壹仟零捌拾文
廿八年十一月日叶對手找出價錢叁百廿文 旧數未算
卅年二月日叶聲耳手母身姑找出價錢壹仟叁百文
咸豐八年叶新手父親登山找出價錢三百文正
九年叶新手叶对貝故找出價錢三百四十文正
贖回去

5-2-73-13　清乾隆至光緒年間鄭氏家族置業簿（一三）

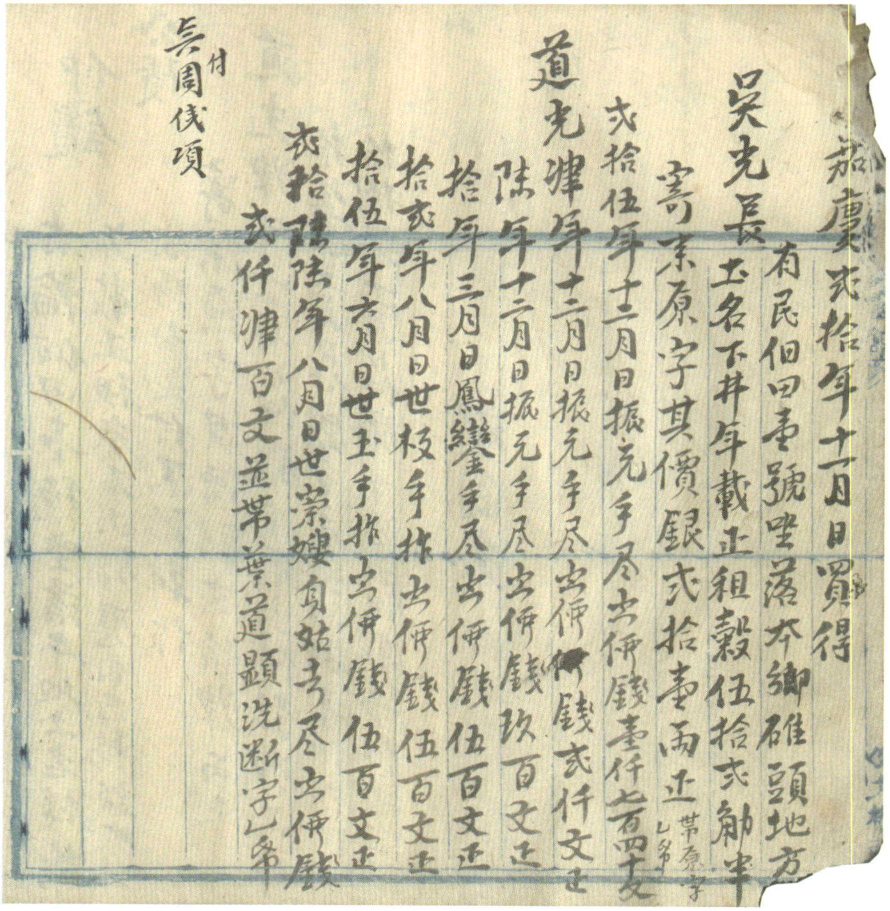

嘉慶弍拾年十二月日買得
吳光長 有民佃田壹號坐落本鄉碓頭地方
土名下井年載正租穀伍拾弍觔半
壽束原字其價銀弍拾壹兩正 帶原字乙紙
弍拾伍年十二月日振光手又出佃錢壹仟亖百文
道光肆年十二月日振光手又出佃錢弍仟文正
陸年十二月日振光手又出佃錢玖百文正
拾弍年三月日鳳鑾手又出佃錢伍百文正
拾弍年八月日世校手补出佃錢伍百文正
拾伍年六月日世玉手补出佃錢伍百文正
弍拾陸年八月日世崇嫂負姑手又出佃錢
弍仟肆百文並帶業道顯洗斷字乙紙
与周伐項 付

5-2-73-14　清乾隆至光緒年間鄭氏家族置業簿（一四）

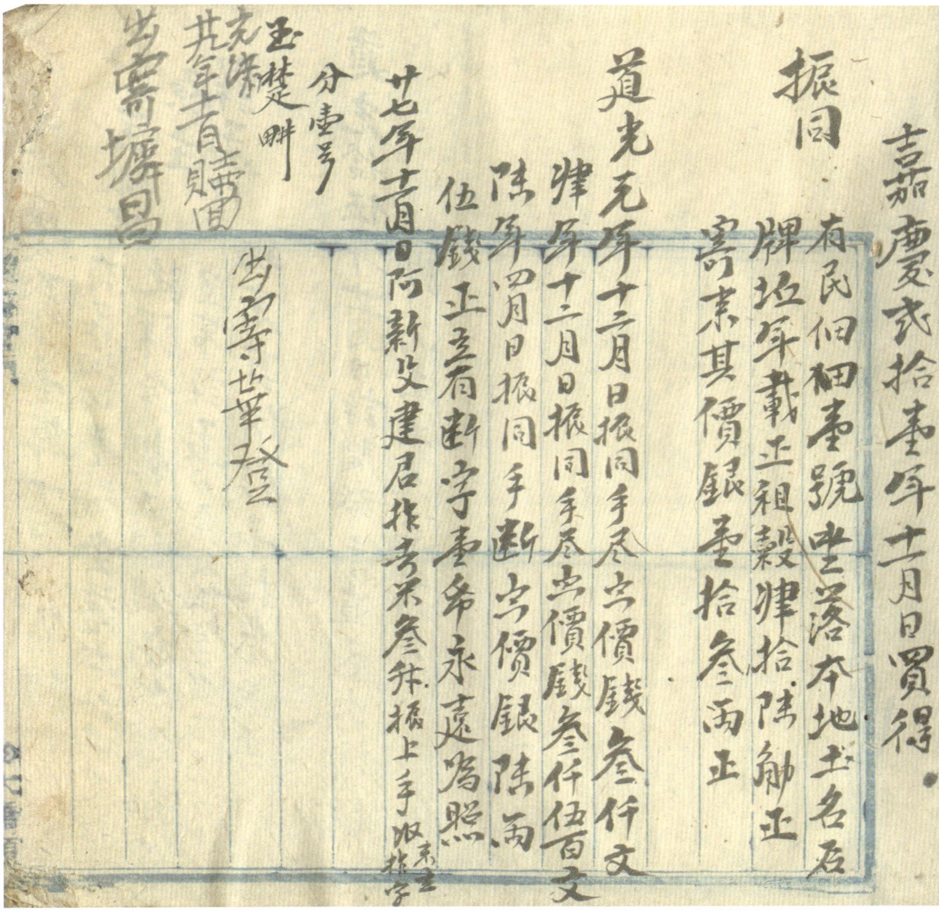
嘉慶貳拾叁年十一月日買得
振同
有民佃田壹號坐落本地土名石
牌坵年載正租穀肆拾陸觔正
寄末其價銀壹拾叁兩正
道光元年十二月日振同手盡出價錢叁仟文
肆年十二月日振同手盡出價錢叁仟伍百文
陸年四月日振同手斷出價銀陸兩
伍錢正立有斷字壹紙永遠爲照
廿七年十一月日阿新叉建居作出米叁升振上手收作字 末出
分壹号
玉楚耕
光緒廿九年十一月贖回
出當寄塘邑
出寄廿華登

5-2-73-15　清乾隆至光緒年間鄭氏家族置業簿（一五）

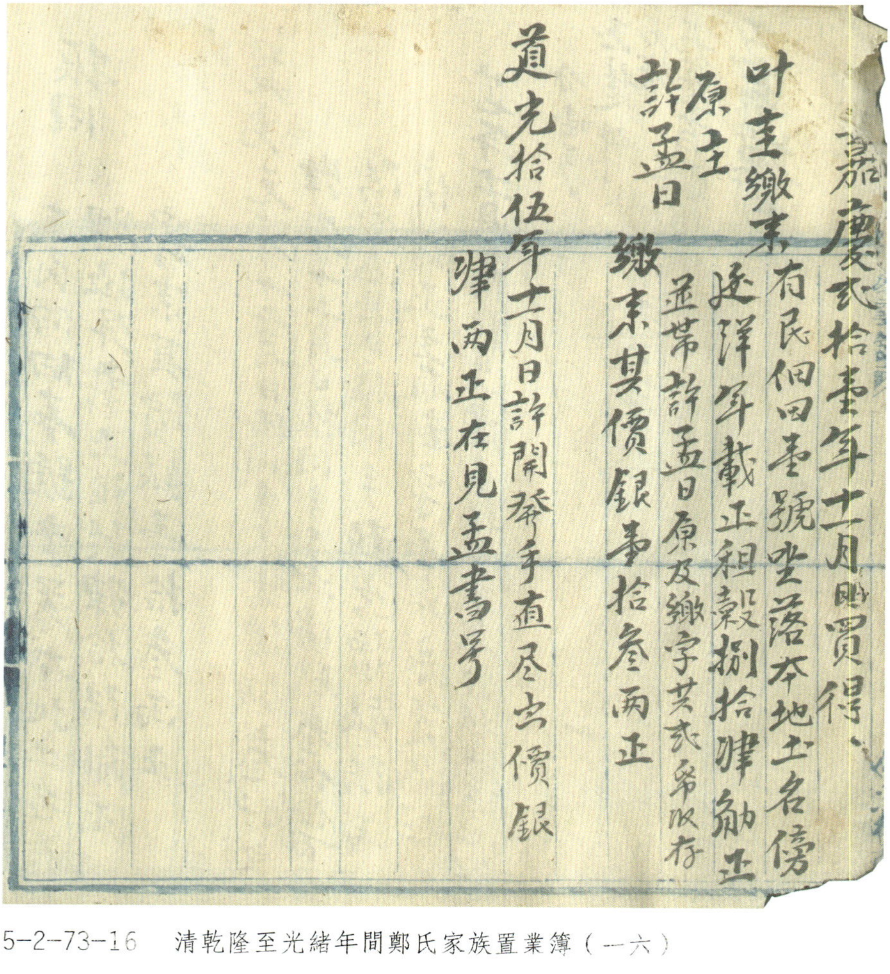

嘉慶貳拾壹年十一月日買得、
叶圭繳來有民佃田壹號坐落本地土名傍
逐洋年載正租穀捌拾肆觔正
原主
並帶許孟日原及繳字共貳帋收存
許孟日繳來其價銀壹拾叁兩正
道光拾伍年十一月日許開癸手直盡出價銀
肆兩正在見孟書号

5-2-73-16　清乾隆至光緒年間鄭氏家族置業簿（一六）

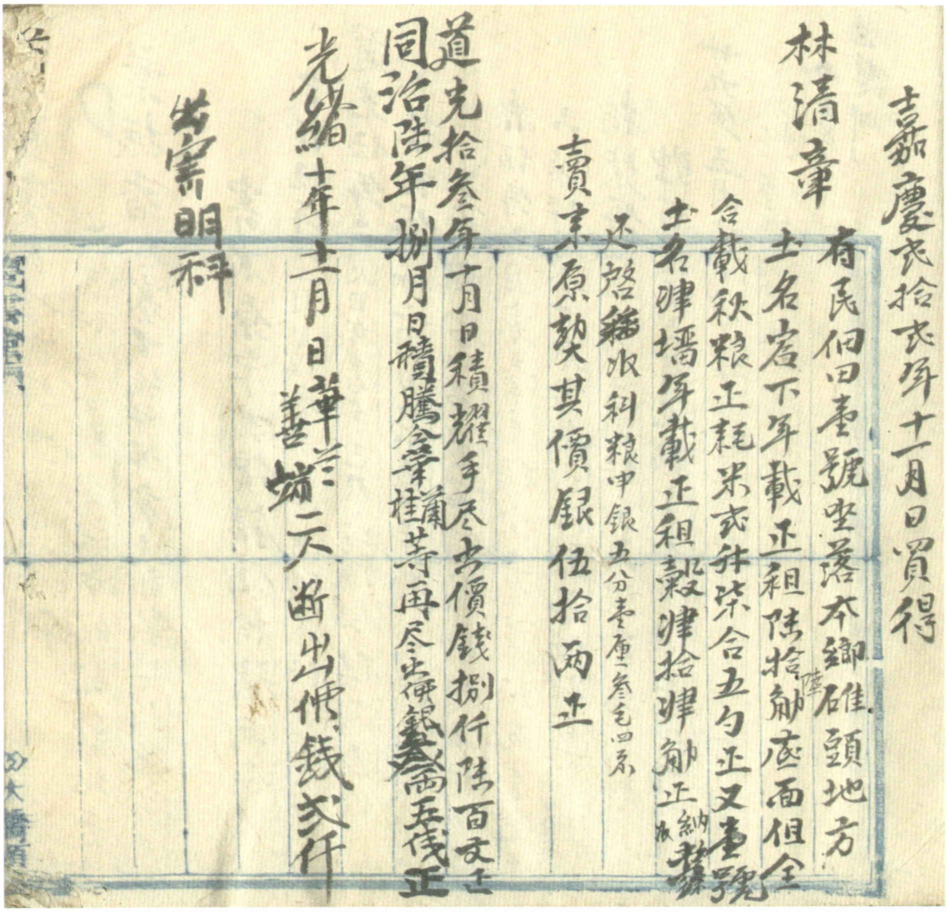
嘉慶貳拾貳年十一月日買得
林清章
有民佃田壹號坐落本鄉碓頭地方
土名宕下年載正租陸拾陸觔底面但全
合載秋粮正耗米貳升柒合五勺正又壹號
土名律墻年載正租穀肆拾肆觔正納
又路□水科粮中銀五分壹厘□叁毛四系
賣來原契其價銀伍拾兩正
道光拾叁年十一月日積耀手尽出價錢捌仟陸百文正
同治陸年捌月日積騰仝侄蒲茾再尽出價錢叁萬五仟文正
光緒十年十一月日華茾善端二人断出價錢弍仟
出寮明科

5-2-73-17　清乾隆至光緒年間鄭氏家族置業簿（一七）

嘉慶弍拾弍年十一月日置得
有民佃田壹號坐落本鄉碓頭地方土
名壟下坵中年載正租穀柒拾柒觔正
葉振香
寄来原字其價銀伍拾柒兩正
弍拾伍年十二月日振香手召出價錢壹仟弍百文 并帯石字 山分旧存
道光伍年二月日振香手已召出價銀陸兩正
拾弍年十二月日家葦手斷出價銀陸兩正
立有斷字山分並帯紹昂斷契弍弟永遠照憑
拾伍年九月家葦手撮出土名墓頭及寨塆並 内分姑應
山頭坪分合共叁分作出佣錢壹仟肆百文 頭坪下
拾柒年四月日原主国枝手再洗斷出價錢
肆百文正立有洗斷字壹紙家葦作有在見号
廿九年五月十一日家葦身姑去家廷手作出米乙斗五升
和佳叁百文末立作字
分壹号
丑楚 畊

5-2-73-18　清乾隆至光緒年間鄭氏家族置業簿（一八）

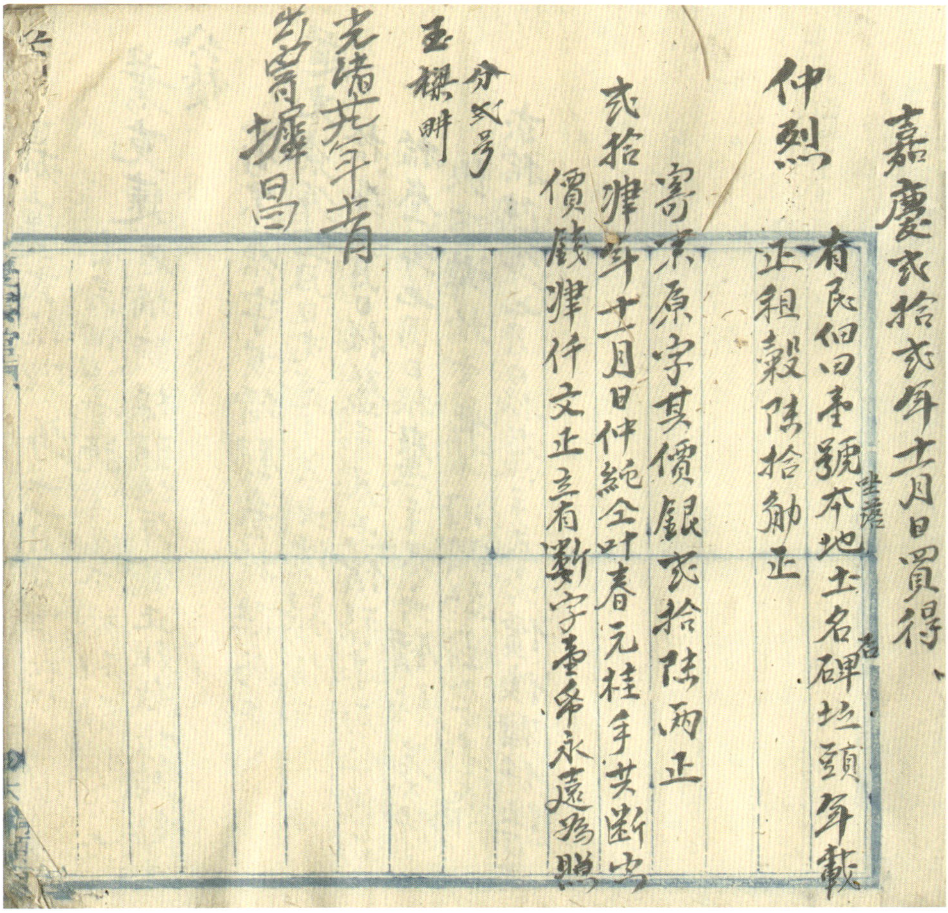

嘉慶貳拾貳年十一月日置得
有民佃田壹號本地坐落土名碑垅頭年載
正租穀陸拾觔正
仲烈
寄業原字其價銀貳拾陸兩正
貳拾肆年十二月日仲純仝叶春元桂手其斷出
價錢肆仟文正立有斷字壹帋永遠存照
分與号
玉樑耕
光緒廿年十二月
出賣與墀昌

5-2-73-19　清乾隆至光緒年間鄭氏家族置業簿（一九）

嘉慶貳拾肆年十一月日買得
有民佃田壹號坐落本鄉碓頭地方土名
石埔頭橋頭坵年載正租穀玖拾觔正

葉克遠
公積

寄末原字其價銀叁拾陸兩正
道光柒年十一月日克遠手尽出價銀伍兩正
拾年五月日振鰲手尽出價銀壹兩伍錢正
拾叁年七月日振鰲手尽出價錢壹仟
玖百肆拾文并帶回周約斷字壹帋
貳拾陸年七月日振鰲手尽出價錢肆仟伍百文

5-2-73-20　清乾隆至光緒年間鄭氏家族置業簿（二〇）

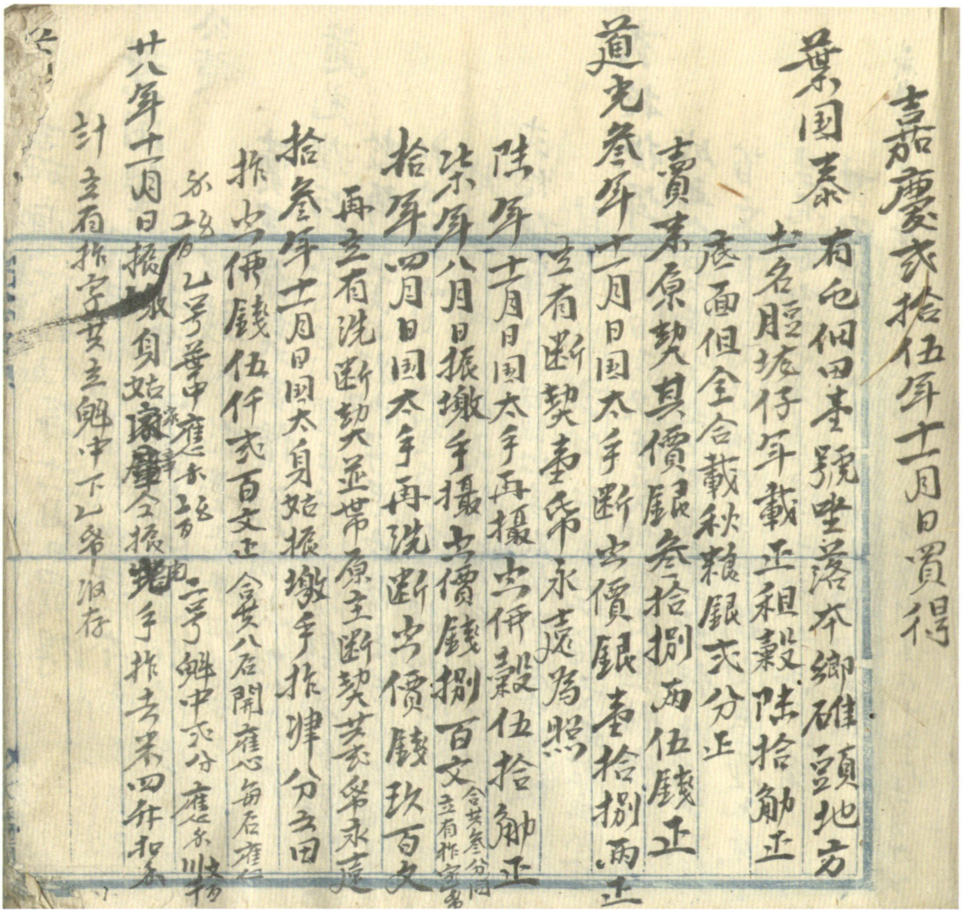

嘉慶貳拾伍年十二月日買得

葉國泰 有色佃田壹號坐落本鄉碓頭地方

土名脰垅仔年載正租穀陸拾觔正

底面佃全合載秋粮銀弍分正

賣來原契其價銀叁拾捌兩伍錢正

道光叁年十二月日國太手斷出價銀壹拾捌兩正

立有斷契壹帋永遠爲照

陸年十二月日國太手再據出佃穀伍拾觔正

柒年八月日振墩手據出價錢捌百文 合共叁分內立有拵字爲

拾年四月日國太手再洗斷出價錢玖百文

再立有洗斷契并帶原主斷契共弍帋永遠

拾叁年十二月日國太身姑振墩手拵津分立田

拵出價錢伍仟弍百文正 合共八石開瘥心每石瘥

外工ㄙ 山芳華中瘥辶外工ㄙ內 二芳觧中弍分瘥辶外川特

廿八年十二月日振墩身姑家肇全振光手拵去米四升和外

計立有拵字共立觧中下山帋收存

5-2-73-21　清乾隆至光緒年間鄭氏家族置業簿（二一）

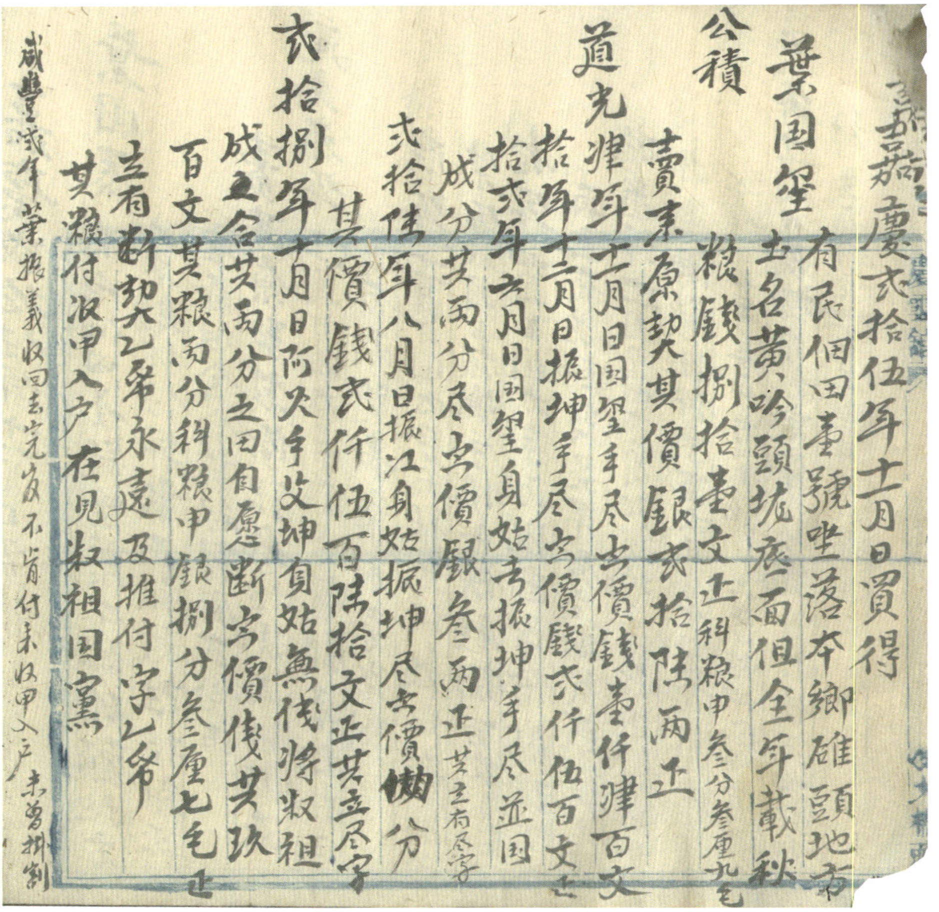

嘉慶貳拾伍年十二月日買得
葉国望
有民佃田壹號坐落本鄉雞頭地方
土名黄吟頭坑底面佃全年載秋
糧錢捌拾壹文正科糧申叁分叁厘九毛
賣未原契其價銀貳拾陸兩正
公積
道光肆年十二月日国望手盡出價錢壹仟肆百文
拾貳年十二月日振坤手盡出價錢貳仟伍百文正
拾貳年六月日国望自姑去振坤手盡並国
成分共兩分盡出價銀叁兩正其立有盡字
貳拾陸年八月日振江自姑振坤盡出價錢分
其價錢貳仟伍百陸拾文正其立盡字
貳拾捌年十月日阿欠手交坤自姑無錢將叔祖
成五合其兩分立回自愿斷出價錢其玖
百文其糧兩分科糧申銀捌分叁厘七毛正
立有斷契乙帋永遠及推付字乙帋
其糧付汲甲入户在見叔祖国寓
咸豐貳年葉振義收回去完戶不肯付未汲甲入户未曾推割

5-2-73-22　清乾隆至光緒年間鄭氏家族置業簿（二二）

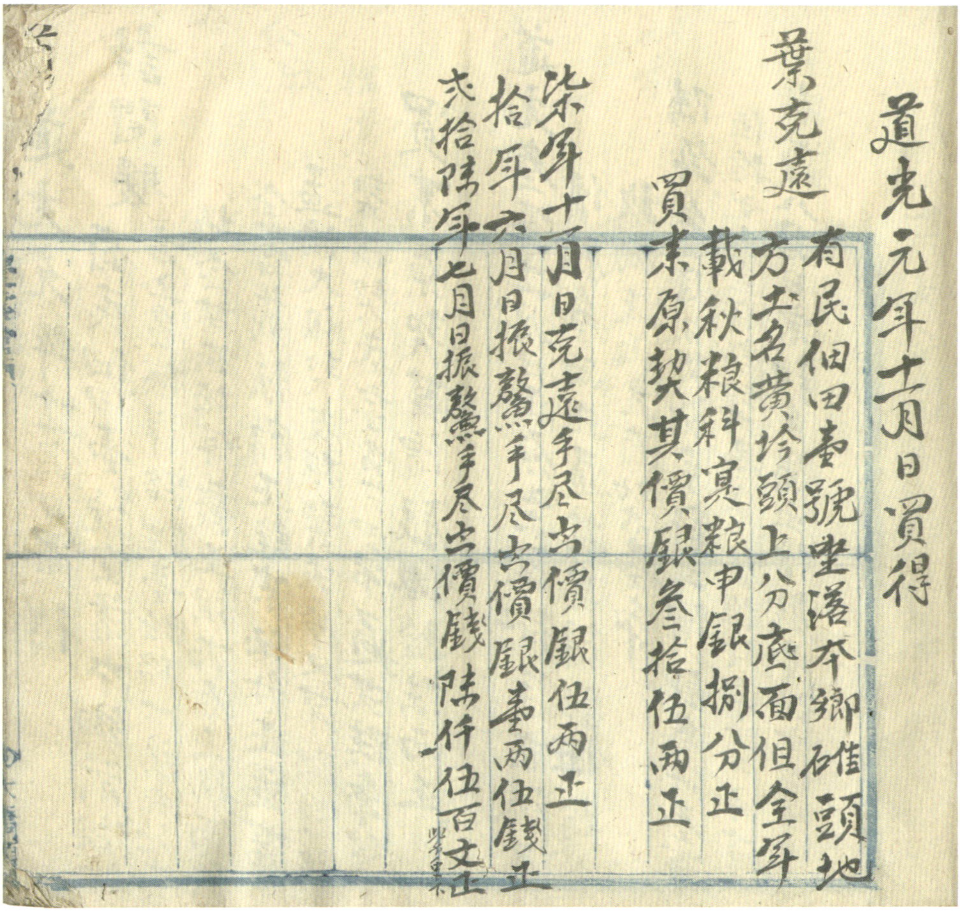
道光元年十二月日買得
葉克遠
有民佃田壹號坐落本鄉碓頭地
方土名黃埒頭上分底面俱全年
載秋粮科實粮申銀捌分正
買來原契其價銀叁拾伍兩正
柒年十二月日克遠手尽出價銀伍兩正
拾年六月日振鰲手尽出價銀壹兩伍錢正
弍拾陸年七月日振鰲手尽出價錢陸仟伍百文正

5-2-73-23　清乾隆至光緒年間鄭氏家族置業簿（二三）

道光元年十一月日買得

許開睃　有民佃田壹號坐落本鄉前湖地

方土名横洋路裡壹坵路下第弍坵壹

坵合共弍坵坪載正租弍石正柢面俱

全合載秋粮正耗米伍升正並帶

孟論大祖契及根契弍帋又帶開超祖

契根契叁字合共四帋通共陸帋付來

分積

買來原契其價銀伍拾陸两正

道光叁年十一月日正原主開衡手植湊尽

價銀叁两正通共其價銀伍拾

玖两正再立有盡契壹帋

陸年叁月日開衡手斷出價錢叁仟壹百

伍拾文正立有斷契壹帋並推付字山帋永遠

拾年八月日宗封手撮出價錢壹仟弍百文永遠

5-2-73-24　清乾隆至光緒年間鄭氏家族置業簿（二四）

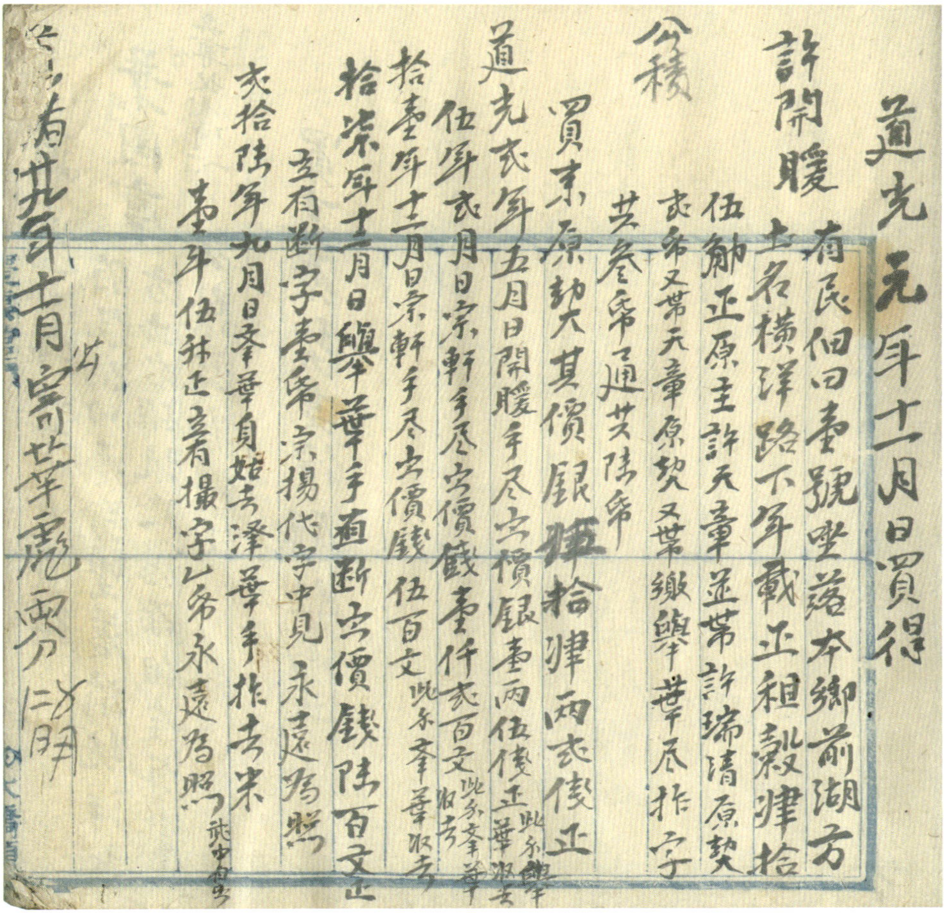
道光元年十一月日買得
許開暖
有民佃田壹號坐落本鄉前湖方
土名橫洋路下年載正租穀肆拾
伍觔正原主許天章並弟許瑞清原契
貳帋又帶天章原契又帶繳與華[illegible]作字
公積
共叁帋一通共陸帋
買來原契其價銀[illegible]拾肆兩貳錢正
道光貳年五月日開暖手尽出價銀壹兩伍錢正 此系與華收去
伍年貳月日宗軒手尽出價錢壹仟貳百文 此系文華收去
拾壹年十二月日宗軒手尽出價錢伍百文 此系秉華收去
拾柒年十二月日與華手直斷出價錢陸百文正
立有斷字壹帋宗揚代字中見永遠為照
貳拾陸年九月日秉華負姑去澤華手作去米
壹年伍拜正立有撮字山帋永遠為照
[illegible]

5-2-73-25　清乾隆至光緒年間鄭氏家族置業簿（二五）

道光贰年十一月日買得

葉国慶有民佃田壹號坐落前垅垟地

方土名碓坑边底面佃全年載

付兵尊收錢項下 坊粮錢津文正

買來原契其價銀伍兩正

5-2-73-26　清乾隆至光緒年間鄭氏家族置業簿（二六）

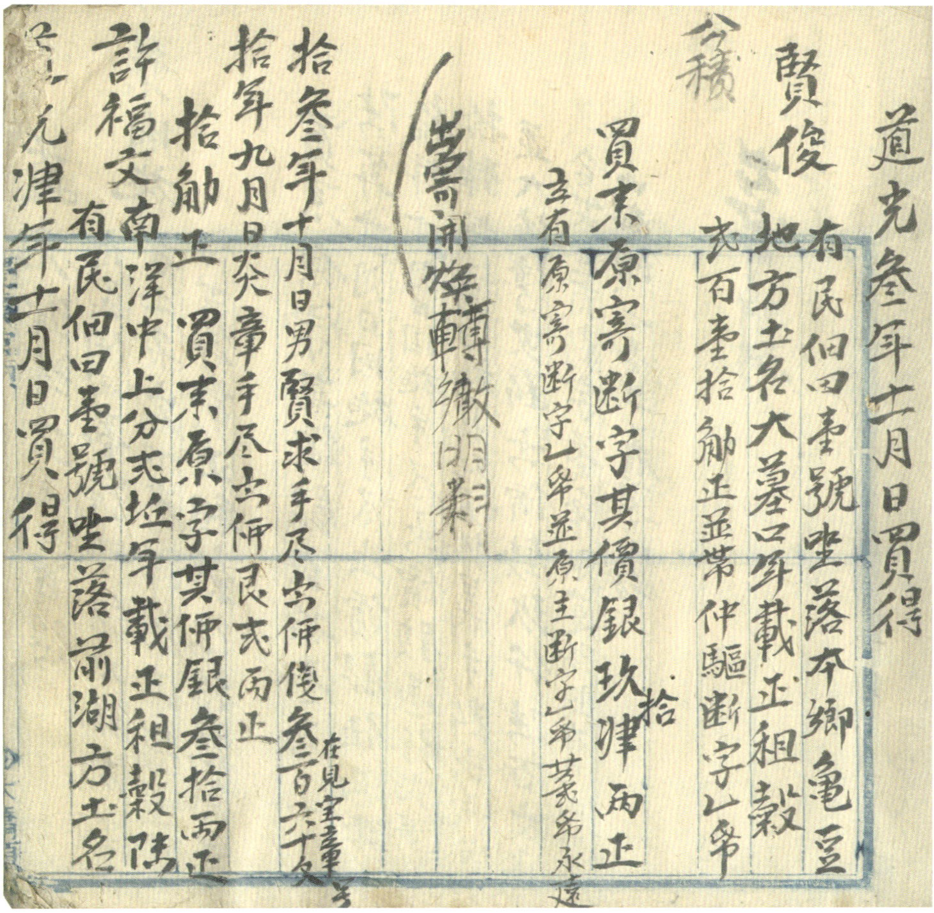

道光叁年十一月日買得
賢俊 有民佃田壹號坐落本鄉亀豆
地方土名大墓口年載正租穀
貳百壹拾觔正並帶佃驅斷字山帋
公積
買來原寄斷字其價銀玖拾肆兩正
立有原寄斷字山帋並原主斷字山帋叁帋永遠
當開粜轉繳明契
拾叁年十一月日男賢求手尽出佃價叁百六十文 在見宝章
拾年九月日癸章手尽出佃艮貳兩正
拾觔正 買來原字其價銀叁拾兩正
許福文南洋中上分弍坵年載正租穀陸
有民佃田壹號坐落前湖方土名
[illegible]九肆年十一月日買得

5-2-73-27　清乾隆至光緒年間鄭氏家族置業簿（二七）

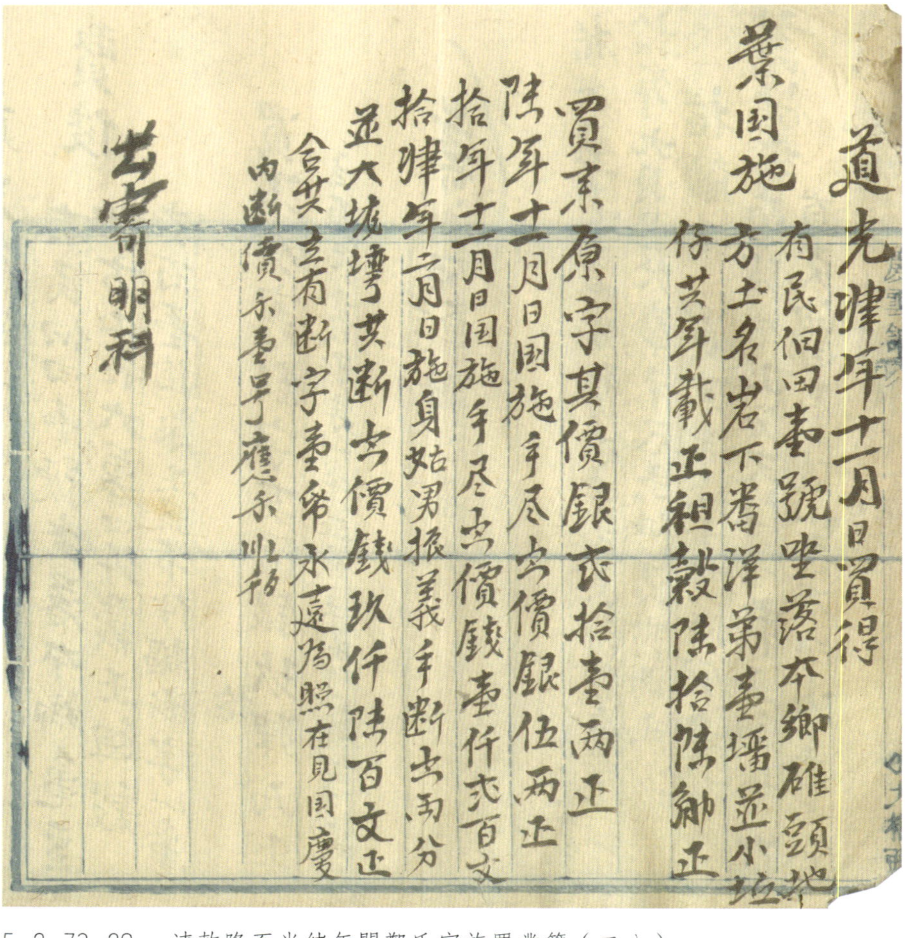
道光肆年十一月日買得
葉國施 有民佃田壹號坐落本鄉雁頭地
方土名岩下屬洋第壹墻并小坵
仔共年載正租穀陸拾陸觔正
買來原字其價銀貳拾壹兩正
陸年十一月日國施手尽出價銀伍兩正
拾年十二月日國施手尽出價錢壹仟弍百文
拾肆年六月日施身姑男振義手斷出面分
并大坵墻共斷出價錢玖仟陸百文正
合共立有斷字壹帋永遠為照在見國慶
內斷價系壹号于應系兆筆
出寄明科

5-2-73-28　清乾隆至光緒年間鄭氏家族置業簿（二八）

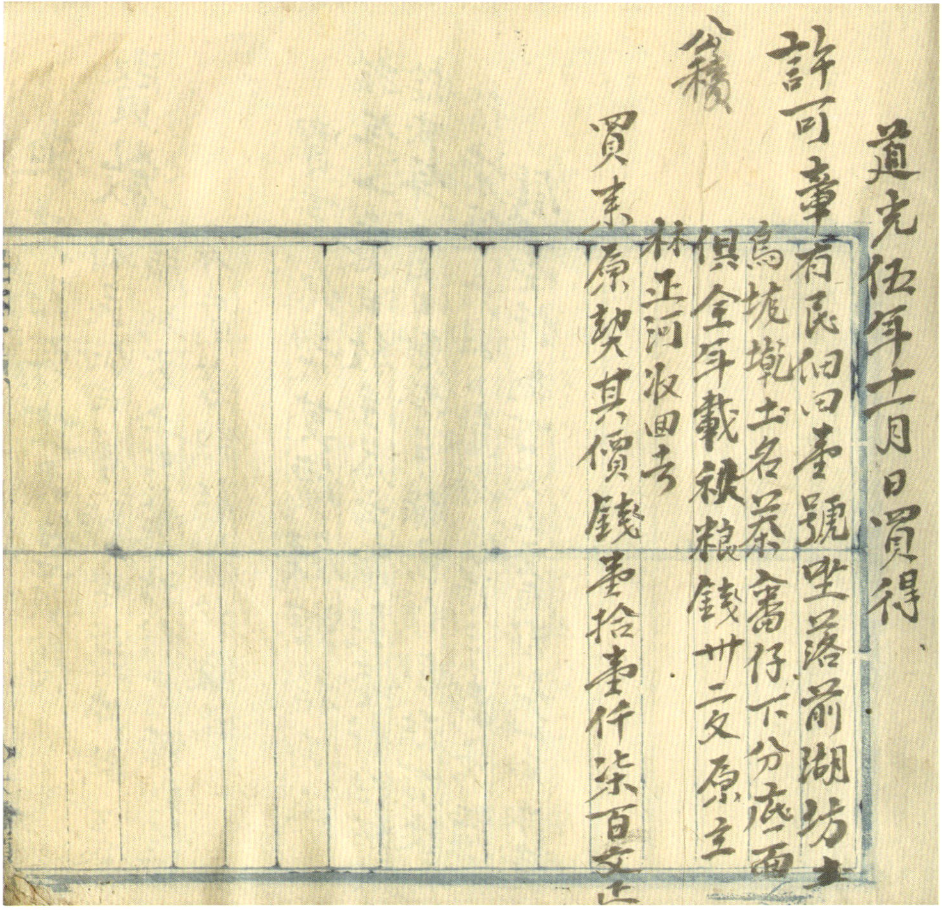
道光伍年十一月日買得
許可章有民佃田壹號坐落前湖坊土
烏垅墘土名茶斋仔下分底面
公積
俱全年載租粮錢卅二文原立
林正河收田去
買來原契其價錢壹拾壹仟柒百文正

5-2-73-29　清乾隆至光緒年間鄭氏家族置業簿（二九）

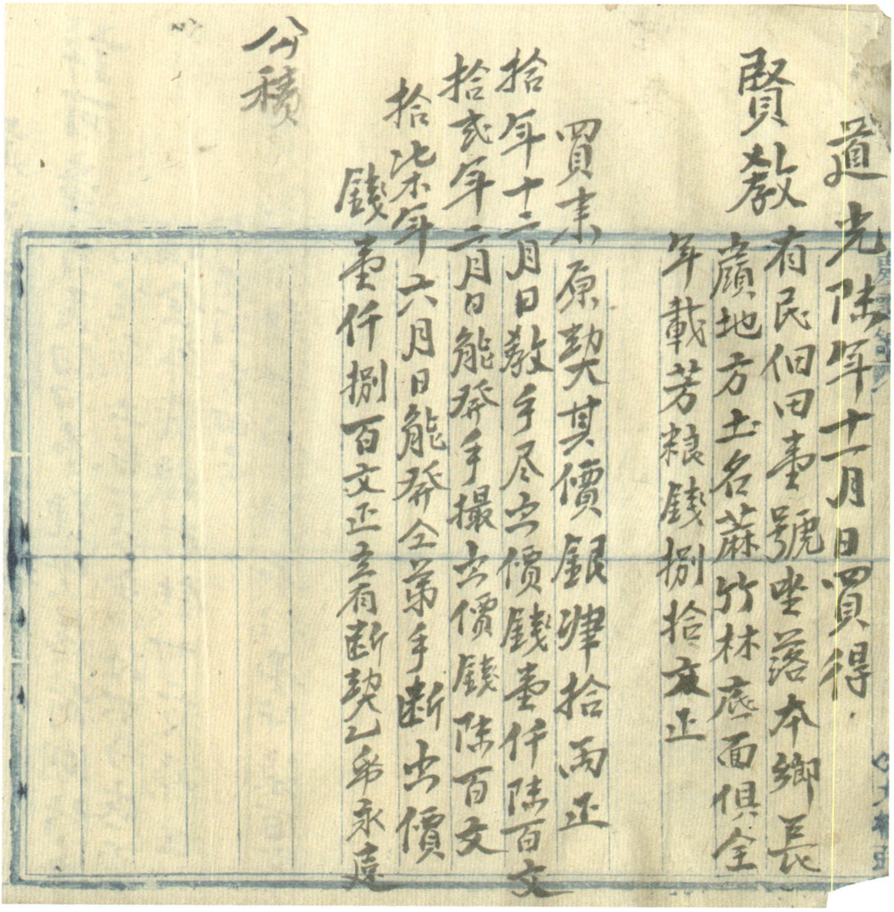

道光陸年十一月日買得
賢教有民佃田壹號坐落本鄉長
嶺地方土名蘇竹林底面俱全
年載苦粮錢捌拾文正
買來原契其價銀肆拾兩正
拾年十二月日教手尽出價錢壹仟陸百文
拾貳年二月日能發手撮出價錢陸百文
拾柒年六月日能發仝弟手斷出價
錢壹仟捌百文正立有斷契乙帋永遠
分積

5-2-73-30　清乾隆至光緒年間鄭氏家族置業簿（三〇）

道光陸年十一月日買得
振上
有民佃田壹號坐落本地土名大
壟第叁分底面佃全合載秋粮
公積
銀陸分弍厘弍毛正
買來原契其價銀叁拾捌兩正
拾壹年十二月日振上手尽出價錢捌百文正
拾捌年十二月日振上手尽出並平壟頭門首及
路墘垃合共叁分尽出價錢伍仟肆百文
内二号廛領未上拍
咸豐元年十二月日振上手收親埋叁尽出及
路墘垃合共西分尽出價錢壹仟肆百文
肆年八月日焜章手足尽出價錢柒百文正
柒年六月日元立手斷出價錢四百文正
立有斷字一帋永遠爲照

5-2-73-31　清乾隆至光緒年間鄭氏家族置業簿（三一）

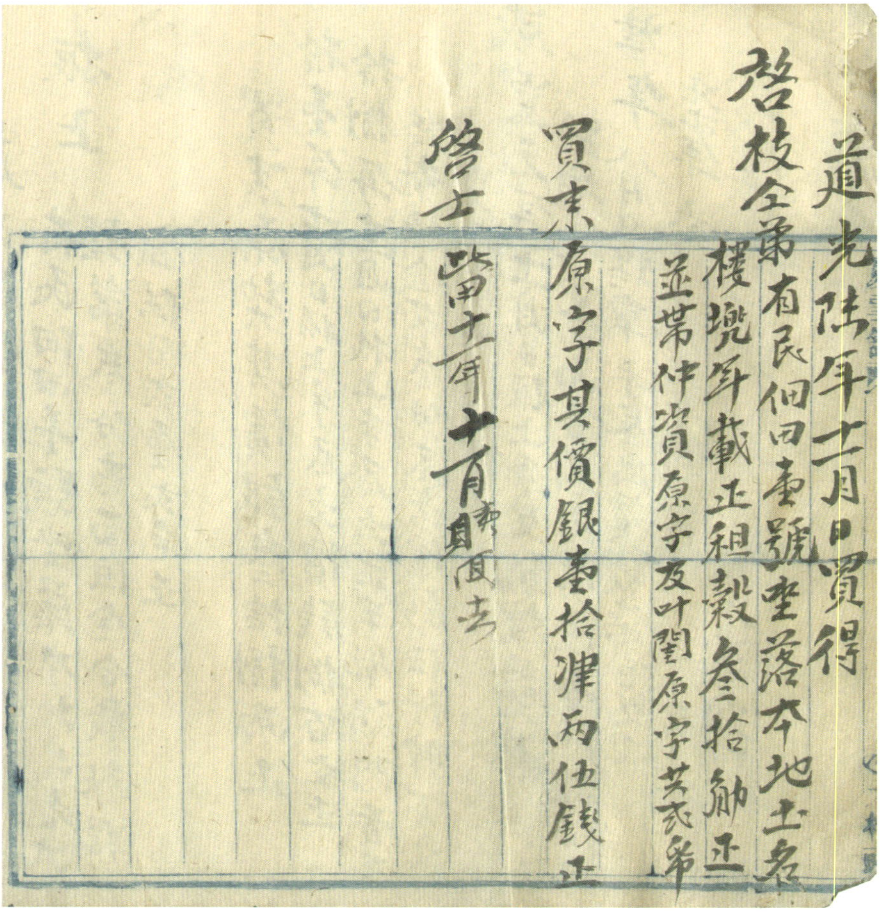
道光陆年十一月日買得
啓枝仝弟有民佃田壹號坐落本地土名
樓墘斗載正租穀叁拾觔正
並帶仲資原字及叶閏原字共貳吊
買來原字其價銀壹拾肆兩伍錢正
啓士 此田十一年十月轉賣退去

5-2-73-32　清乾隆至光緒年間鄭氏家族置業簿（三二）

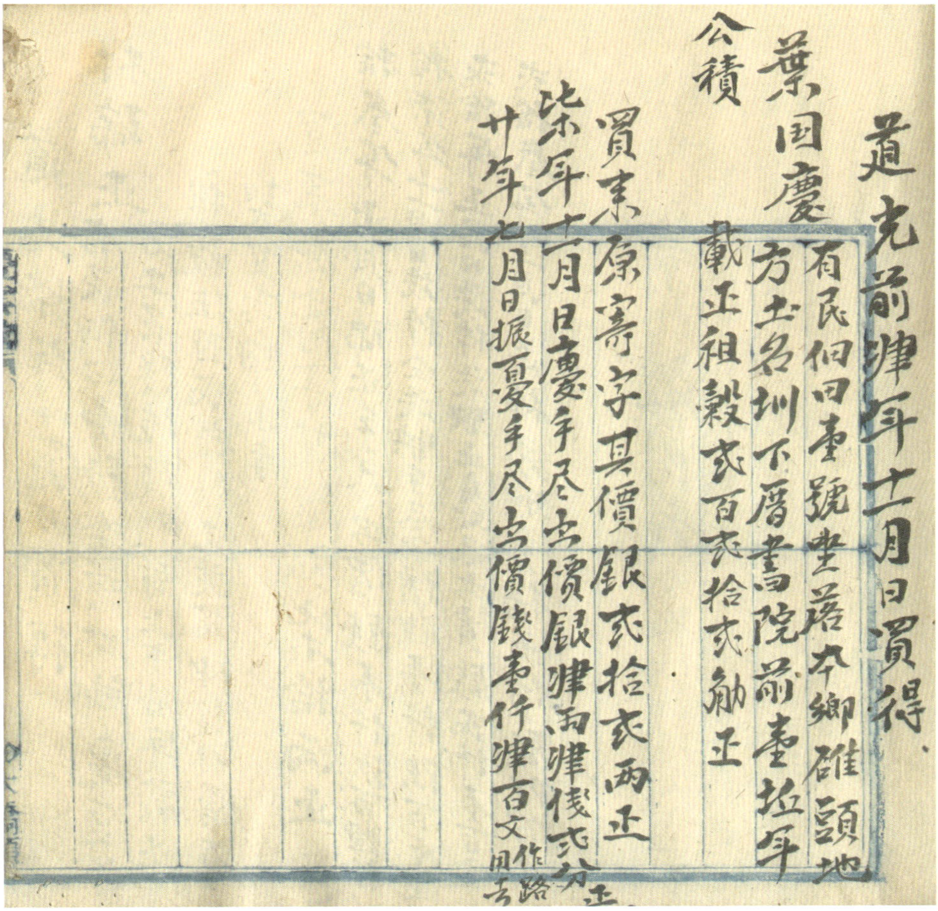
道光前肆年十一月日買得
葉國慶有民佃田壹號坐落本鄉碓頭地
方土名圳下厝書院前壹坵年
公積載正租穀貳百貳拾貳觔正
買來原寄字其價銀貳拾貳兩正
柒年十一月日慶手尽出價銀肆兩肆錢弍分正
廿年七月日振夏手尽出價錢壹仟肆百文作路用去

5-2-73-33　清乾隆至光緒年間鄭氏家族置業簿（三三）

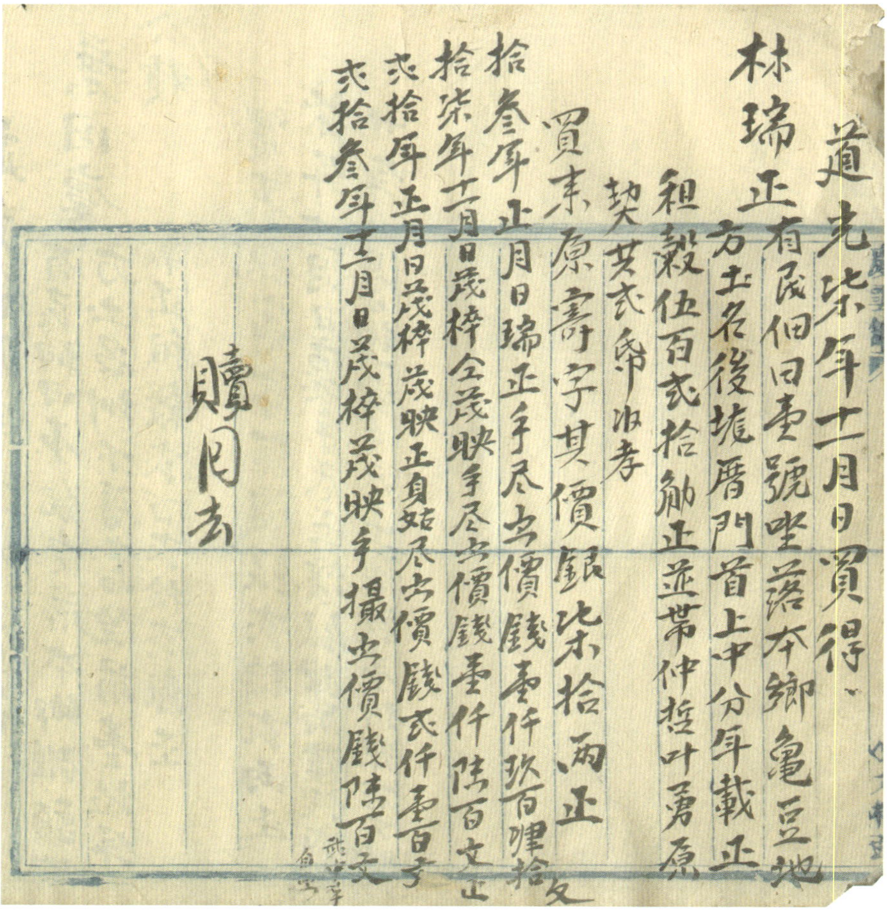

道光柒年十一月日買得
林瑞正有民佃田壹號坐落本鄉龜豆地
方土名後垅厝門首上中分年載正
租穀伍百弍拾觔正並帶仲哲叶勇原
契共弍帋叔孝
買來原壽字其價銀柒拾兩正
拾叁年正月日瑞正手盡出價錢壹仟玖百肆拾文
拾柒年十二月日茂梓仝茂映手盡出價錢壹仟陸百文正
弍拾年正月日茂梓茂映正負姑盡出價錢弍仟壹百文
弍拾叁年十二月日茂梓茂映手攝出價錢陸百文
贖回去

5-2-73-34　清乾隆至光緒年間鄭氏家族置業簿（三四）

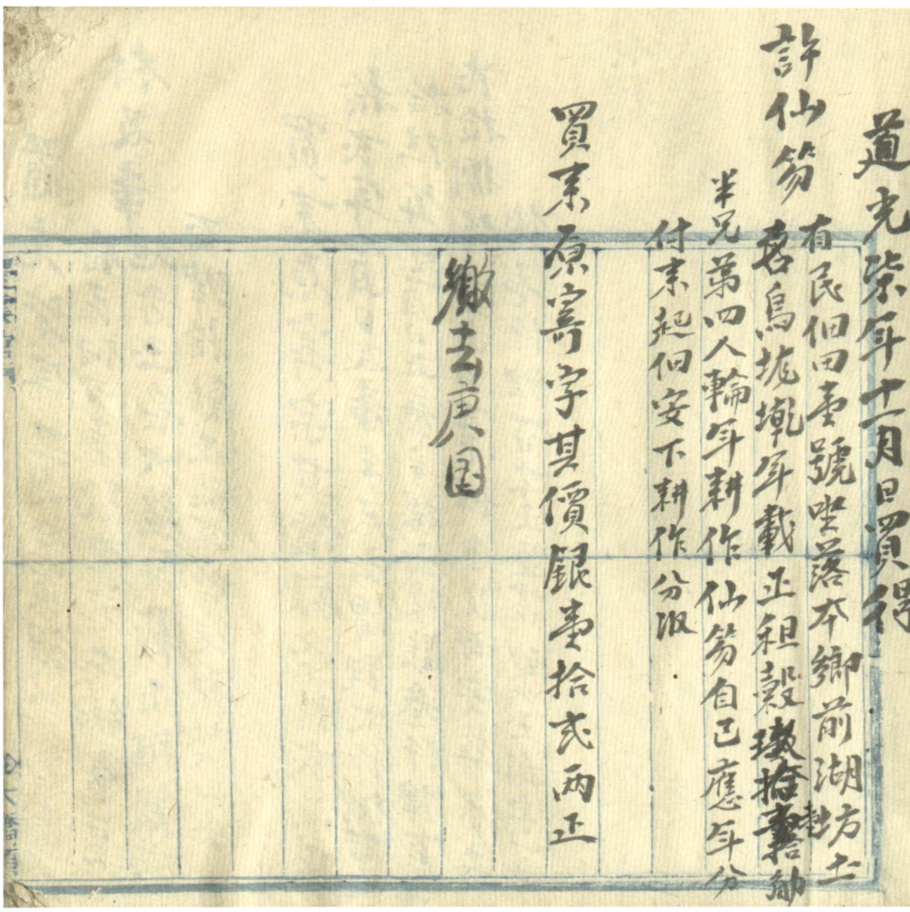

道光柒年十一月　日買得

許仙笏　有民佃田壹號坐落夲鄉前湖方土名烏坑墘年載正租穀玖拾壹觔

半兄弟四人輪年耕作仙笏自己應年分

付來起佃安下耕作分汲

買來原寄字其價銀壹拾貳兩正

繳去庚囬

5-2-73-35　清乾隆至光緒年間鄭氏家族置業簿（三五）

道光柒年十一月日買得

林及章有民佃田壹號坐落本鄉龜豆
地方土名大壟年載正租穀弍
百肆拾觔正并帶啓後原契山希
買來原寄字其價銀柒拾弍兩正
拾弍年四月日及章手盡出價錢弍仟捌百文
拾陸年十二月日及章手撮出價錢叁仟肆百文
弍拾捌年十二月日華祥手父母安葬盡出
價壹仟肆百文正并帶賢玉斷字山希

公積

5-2-73-36　清乾隆至光緒年間鄭氏家族置業簿（三六）

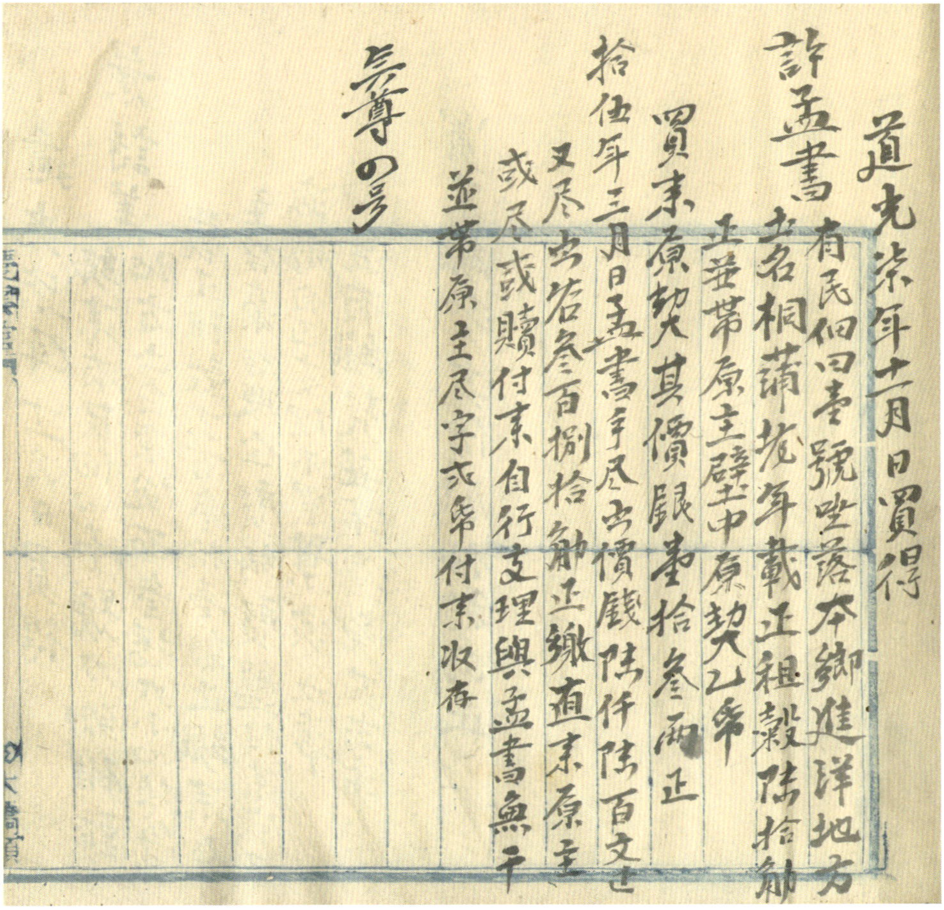

道光柒年十一月日買得
許孟書 有民佃田壹號坐落本鄉進洋地方
土名桐蒲垅年載正租穀陸拾觔
正并帶原主壁土中原契乙帋
買來原契其價銀壹拾叁兩正
拾伍年三月日孟書手盡出價錢陸仟陸百文正
又盡出谷叁百捌拾觔正繳退來原主
或盡或贖付來自行支理與孟書無干
并帶原主盡字弍帋付來收存
長尊四房

5-2-73-37　清乾隆至光緒年間鄭氏家族置業簿（三七）

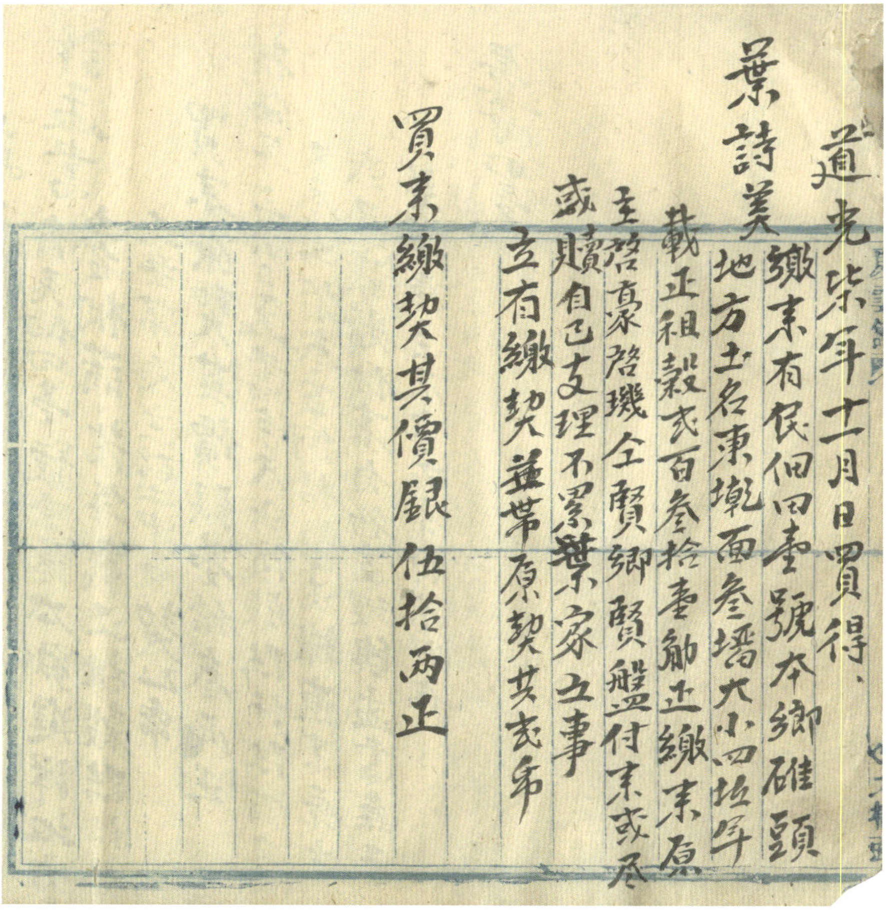

道光柒年十一月日買得、葉詩美
繳来有民佃田壹號夲鄉碓頭
地方土名東塅面叁墙大小四坵年
載正租穀弍百叁拾壹觔正繳来原
主啓亰豪啓璣仝賢鄉賢盤付来或尽
或贖自己支理不累葉家之事
立有繳契並帶原契共弍帋
買来繳契其價艮伍拾兩正

5-2-73-38　清乾隆至光緒年間鄭氏家族置業簿（三八）

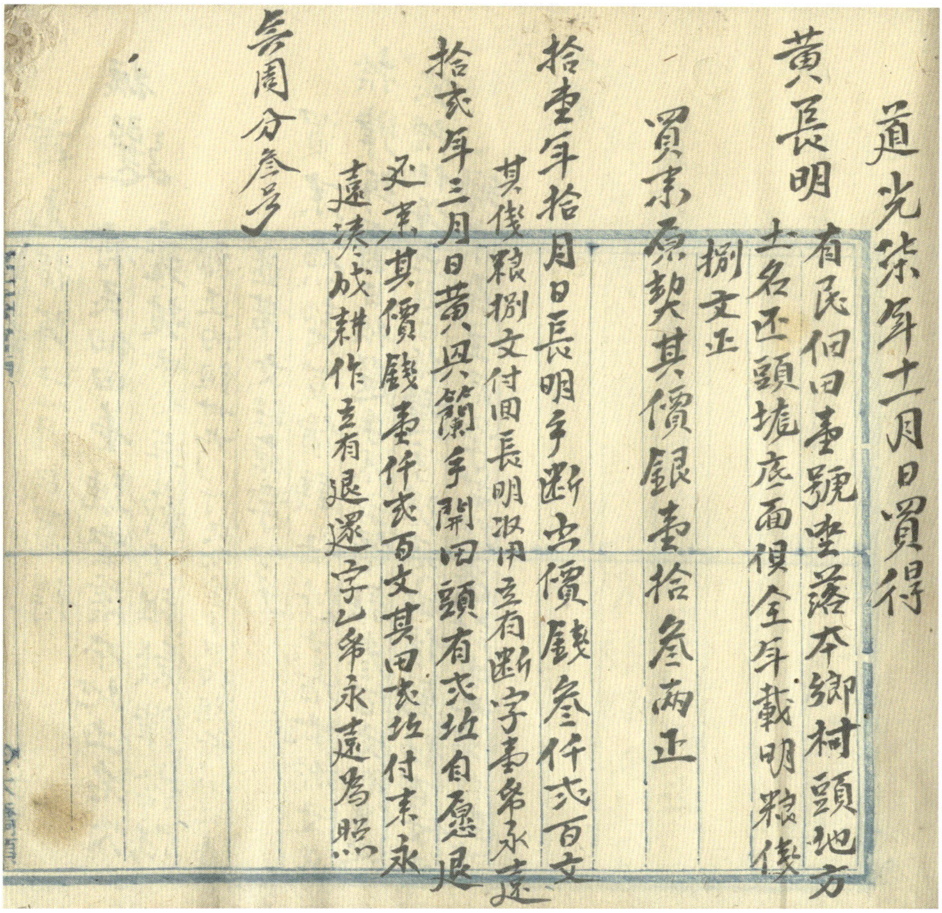

道光柒年十一月日買得
黄長明有民佃田壹號坐落本鄉村頭地方
土名丞頭墘底面佃全年載明粮伐
捌文正
買來原契其價銀壹拾叁兩正
拾壹年拾月日長明手斷出價錢叁仟弍百文
其伐粮捌文付回長明收伊立有斷字壹帋永遠
拾弍年三月日黄興蘭手開田頭有弍坵自愿退
還來其價錢壹仟弍百文其田弍坵付來永
遠湊成耕作立有退還字乙帋永遠為照
與周分叁号

5-2-73-39　清乾隆至光緒年間鄭氏家族置業簿（三九）

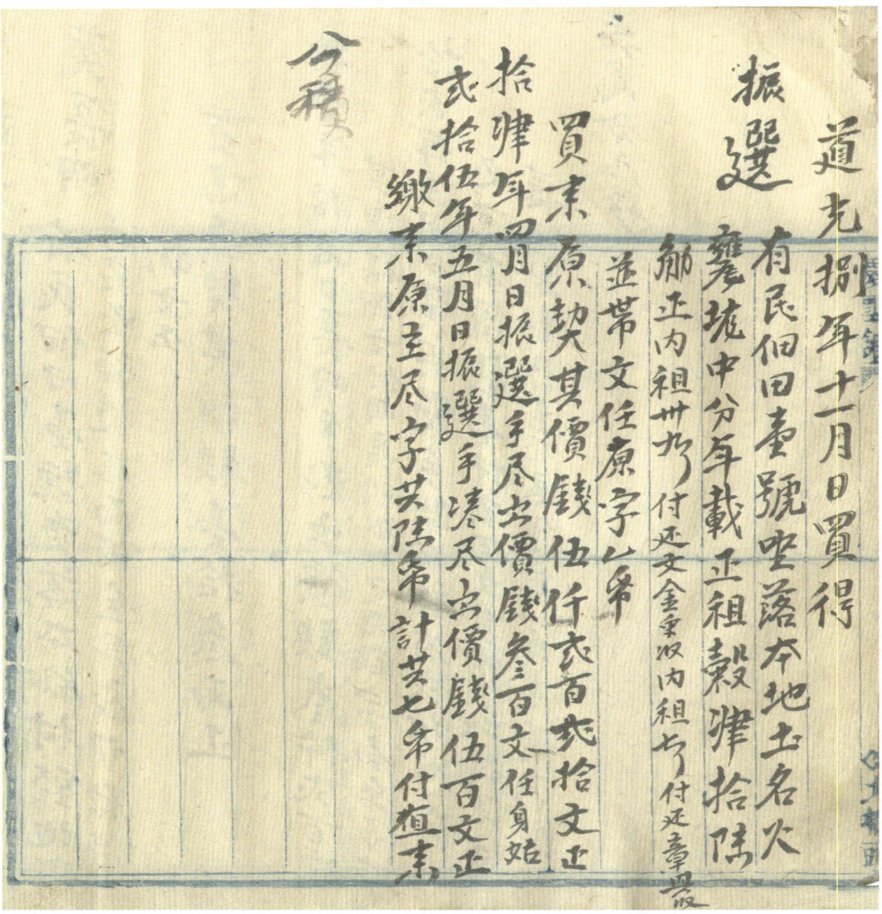

道光捌年十一月日買得
振選有民佃田壹號坐落本地土名次
甕垅中分年載正祖穀肆拾陸
觔正內祖卅九斤付廷文金秉収內祖七斤付廷章収
並帶文任原字山弟
買来原契其價錢伍仟弍百弍拾文正
拾肆年四月日振選手尽出價錢叁百文任身姑
弍拾伍年五月日振選手湊尽出價錢伍百文正
繳来原主尽字共陸帋計共七帋付植来
公積

5-2-73-40　清乾隆至光緒年間鄭氏家族置業簿（四〇）

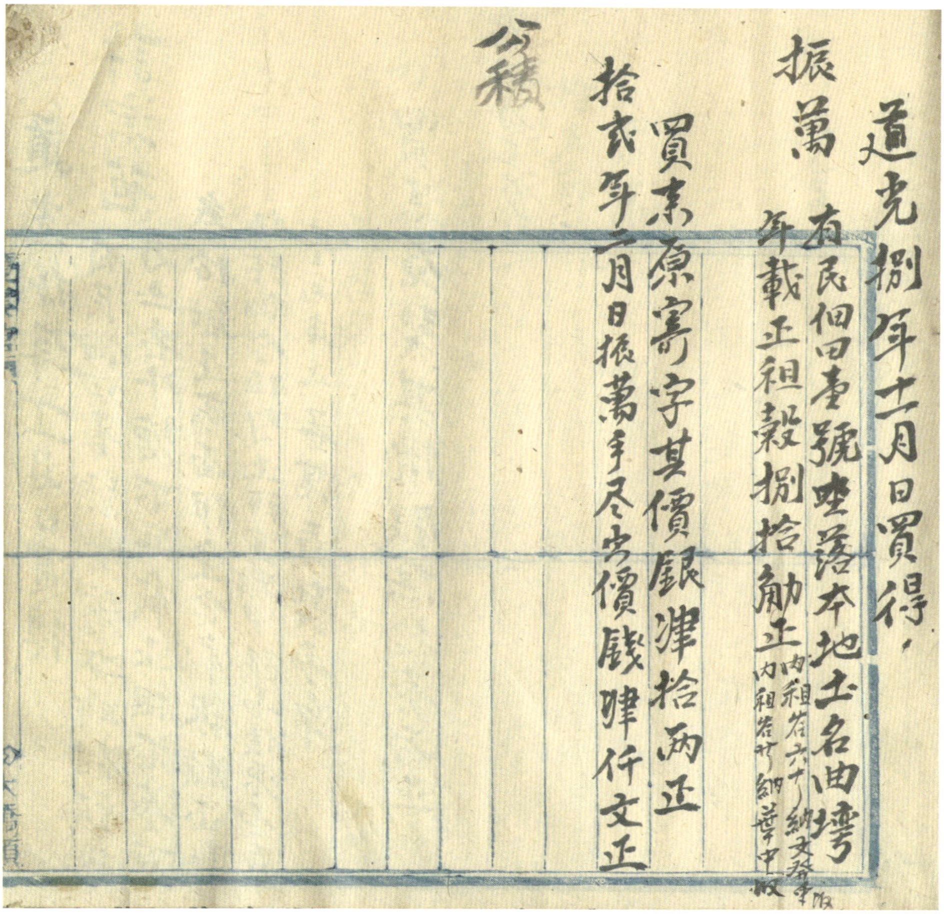

道光捌年十一月日買得
振萬 有民佃田壹號坐落本地土名曲灣
年載正租穀捌拾觔正 内租谷六十ㄅ納文發收 内租谷廿ㄅ納華中收
買來原寄字其價銀肆拾兩正
拾貳年二月日振萬手尽出價錢肆仟文正
公積

5-2-73-41　清乾隆至光緒年間鄭氏家族置業簿（四一）

道光捌年十一月日買得

許宗苞

有民佃田壹號坐落本鄉村頭地
方土名牛塘下年載正租谷壹百
叁拾觔正底面俱全合載錢粮正耗
伍升捌合伍勺正科實粮中銀壹錢零壹厘
壹毛庫正　並帶原契壹紙

買來原契其價銀陸拾壹兩正

与周分叁号

5-2-73-42　清乾隆至光緒年間鄭氏家族置業簿（四二）

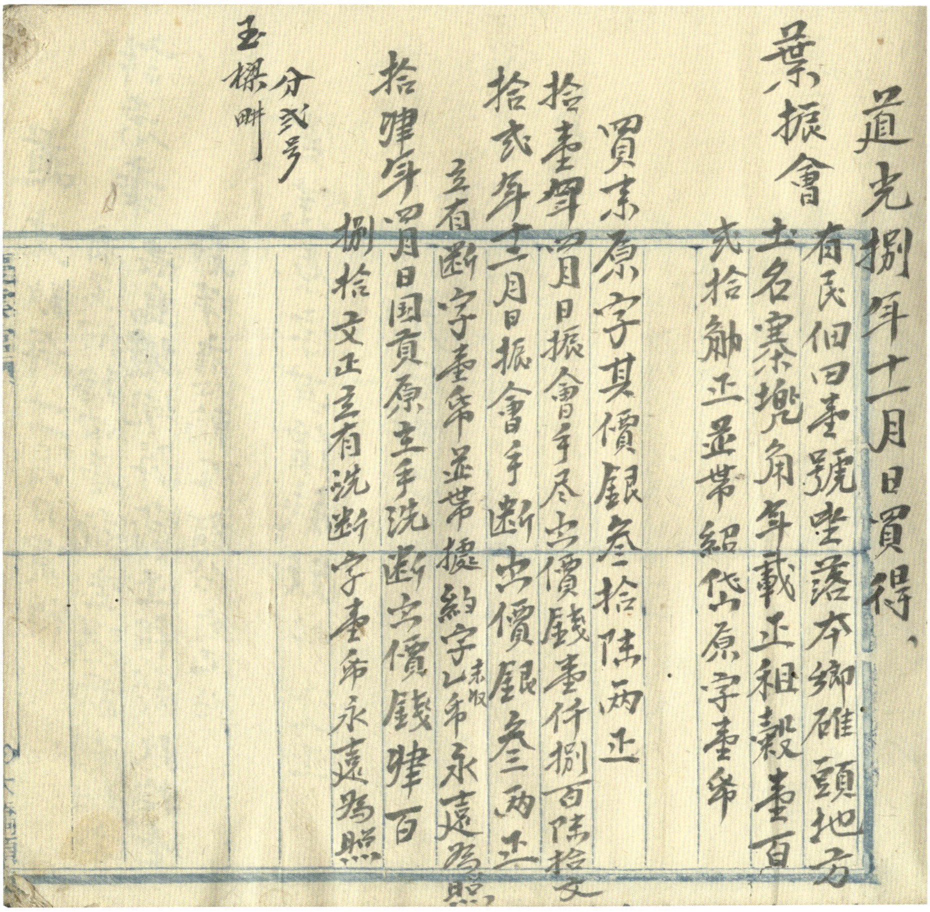

道光捌年十一月日買得
葉振會
有民佃田壹號坐落本鄉碓頭地方
土名寨墘角年載正租穀壹百
弍拾觔正並帶貂岱原字壹紙
買來原字其價銀叁拾陸兩正
拾壹年四月日振會手盡出價錢壹仟捌百陸拾文
拾弍年十二月日振會手斷出價銀叁兩正
立有斷字壹紙並帶攙約字（未收）山紙永遠為照
拾肆年四月日因貢原主手洗斷出價錢肆百
捌拾文正立有洗斷字壹紙永遠為照
分弍号
玉樑畊

5-2-73-43　清乾隆至光緒年間鄭氏家族置業簿（四三）

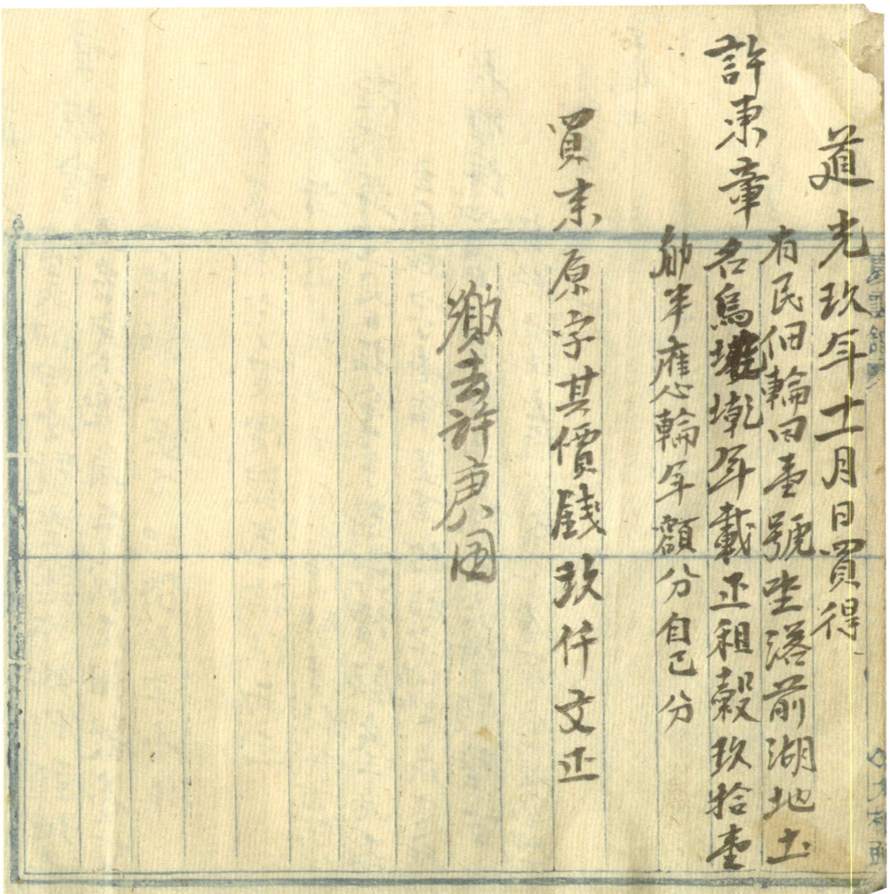

道光玖年十一月日買得
許東章有民佃輪田壹號坐落前湖地土
名烏壠坵年載正租穀玖拾壹
觔半應心輪年額分自己分
買來原字其價錢玖仟文正
繳去許東囬

5-2-73-44　清乾隆至光緒年間鄭氏家族置業簿（四四）

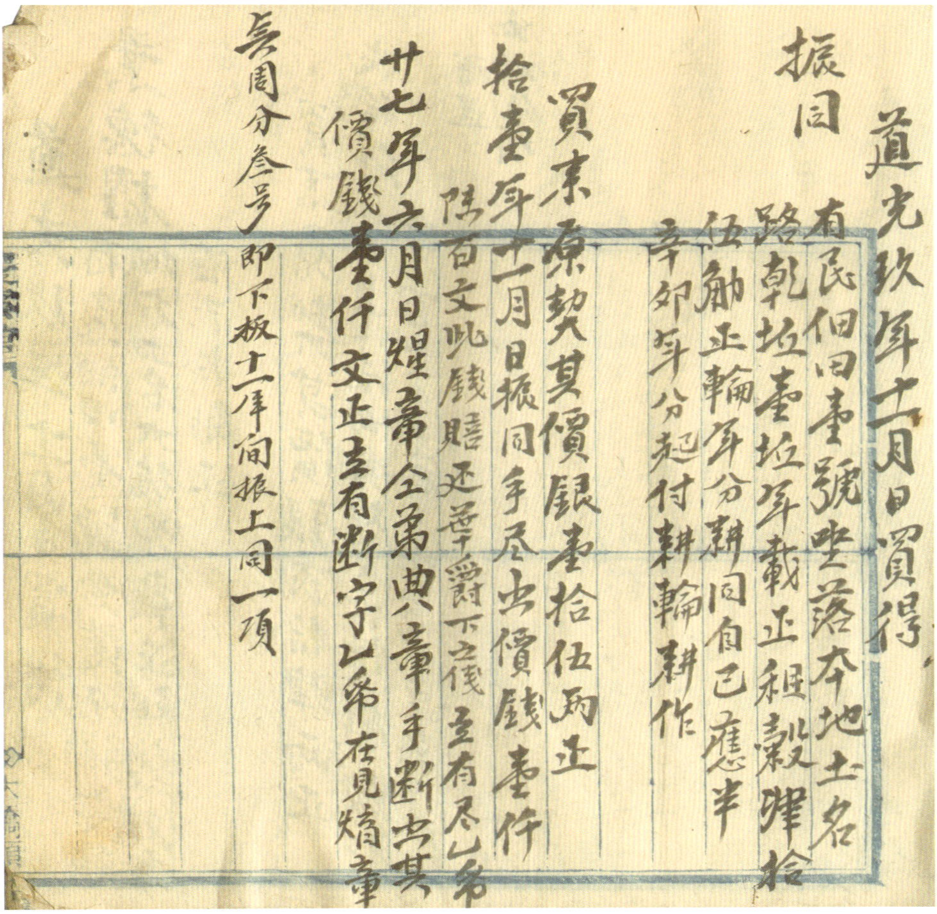
道光玖年十一月日買得
振同
有民佃田壹號坐落本地土名
路乾坵壹坵年載正租穀肆拾
伍觔正輪年分耕同自己應半
辛卯年分起付耕輪耕作
買來原契其價銀壹拾伍兩正
陸百文此錢賠還吾爵下之佬立有盡山契
拾壹年十一月日振同手盡出價錢壹仟
廿七年六月日煋章仝弟典章手斷出其
價錢壹仟文正立有斷字山契在見煋章
與周分叁号即下板十一年向振上同一項

5-2-73-45　清乾隆至光緒年間鄭氏家族置業簿（四五）

道光玖年十一月日買得
葉德耀有民佃田壹號坐落本鄉安頭
地方土名大垅年載正租穀壹
百貳拾觔正
買末原契其價銀貳拾肆兩正
貳拾年三月日達濟母舅姑盡出價錢肆仟
柒百文正立有盡字山帋 達朝手仝立
補還玉標錢項

5-2-73-46　清乾隆至光緒年間鄭氏家族置業簿（四六）

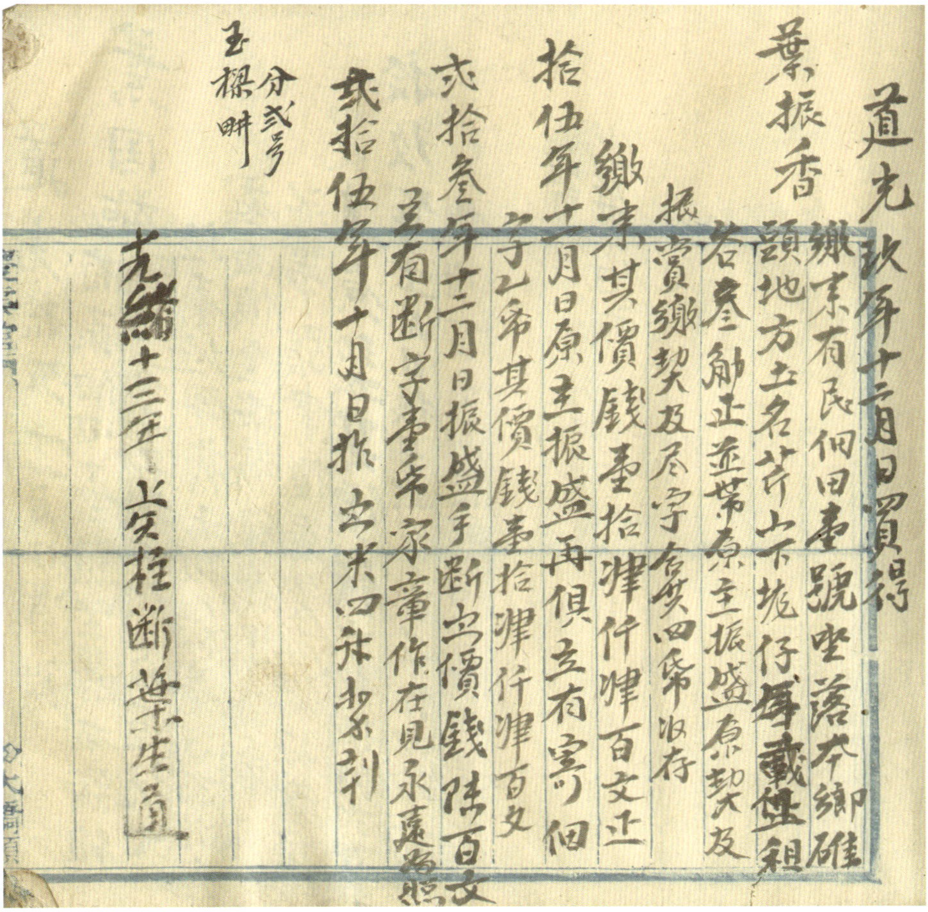

道光玖年十二月日買得
鄉東有民佃田壹號坐落本鄉碓
葉振香頭地方土名芹山下垅仔每年載[illegible]租
谷叁斛正並帶原主振盛原契大及
振賞鄉契大及尽字合共四紙收存
鄉東其價錢壹拾肆仟肆百文正
拾伍年十二月日原主振盛再俱立有寄佃
字乙紙其價錢壹拾肆仟肆百文
弍拾叁年十二月日振盛手斷出價錢陸百文
立有斷字壹紙家章作在見永遠為照
弍拾伍年十月日推出米四升契割
玉楸耕　分弍号
光緒十三年　[illegible]安桂斷[illegible]生[illegible]

5-2-73-47　清乾隆至光緒年間鄭氏家族置業簿（四七）

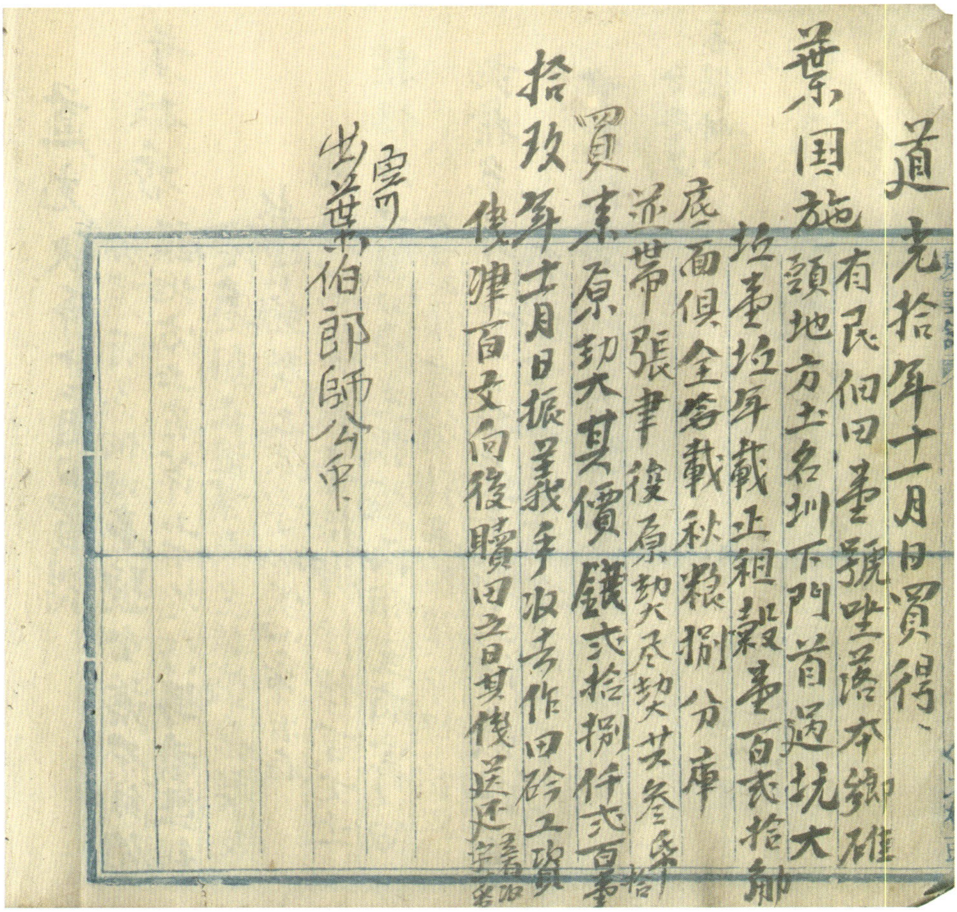

道光拾年十一月日買得
葉因施有民佃田壹號坐落本鄉碓
頭地方土名圳下門首過坑大
坵壹坵年載正租穀壹百貳拾觔
底面俱全，苗載秋粮捌分庫
並帶張書後原契尽契共叁条
買来原契大其價錢貳拾捌仟貳百壹拾
拾玖年十二月日振呈義手收去作田砱工貿
錢肆百文向後贖回之日其錢送還
出葉伯郎師公甲

5-2-73-48　清乾隆至光緒年間鄭氏家族置業簿（四八）

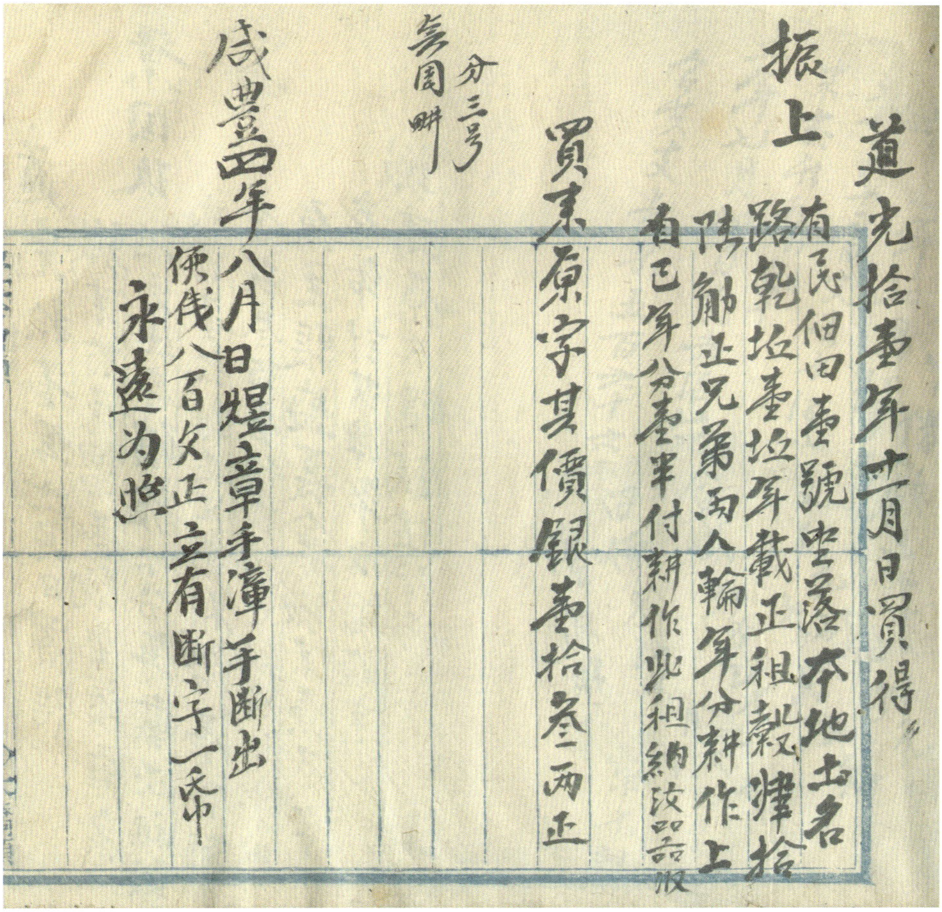

道光拾壹年十一月日買得

振上　有民佃田壹號坐落本地土名

路乾垃壹垃年載正租穀肆拾

陸觔正兄弟兩人輪年分耕作上

有巳年分壹半付耕作此租納係該[illegible]股

買來原字其價銀壹拾叁兩正

分三房

六周[illegible]

咸豐四年八月日煜章手潭等斷出

佛錢八百文正立有斷字一紙

永遠為照

5-2-73-49　清乾隆至光緒年間鄭氏家族置業簿（四九）

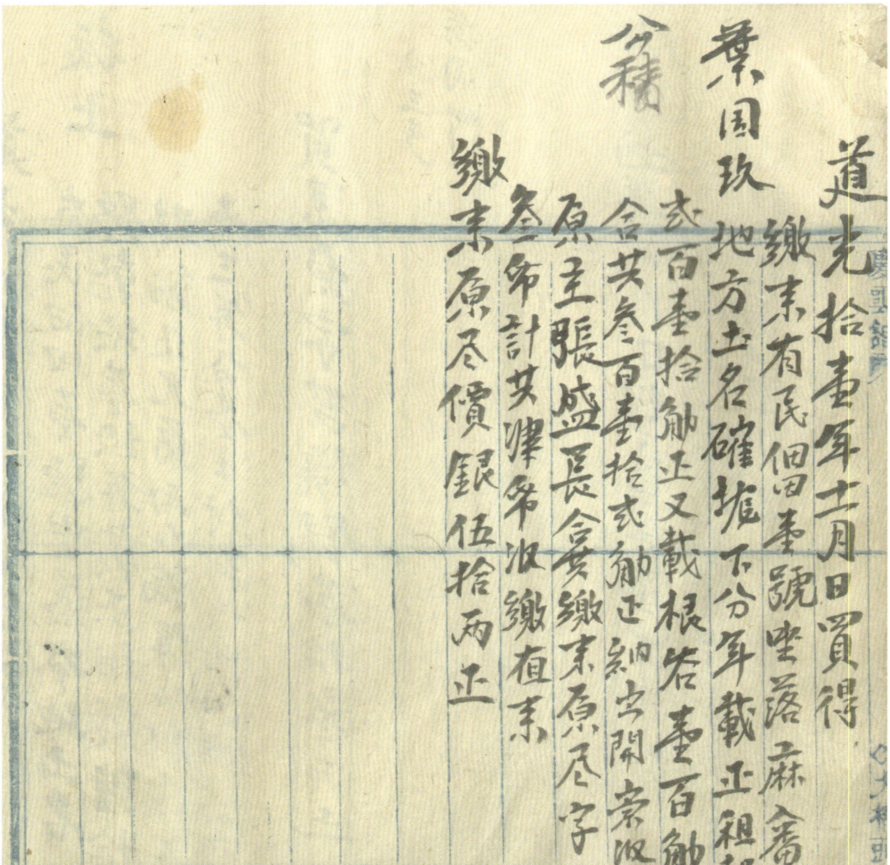
道光拾壹年十一月日買得
鄉末有民佃壹號坐落麻畲
葉園玖地方土名碓墘下分年載正租穀
弍百壹拾觔正又載根谷壹百觔正
合共叁百壹拾弍觔正納出閑宗汲
原主張盛晨會賣鄉末原尽字
叁希計共津希汲鄉植末
鄉末原尽價銀伍拾兩正
公積

5-2-73-50　清乾隆至光緒年間鄭氏家族置業簿（五〇）

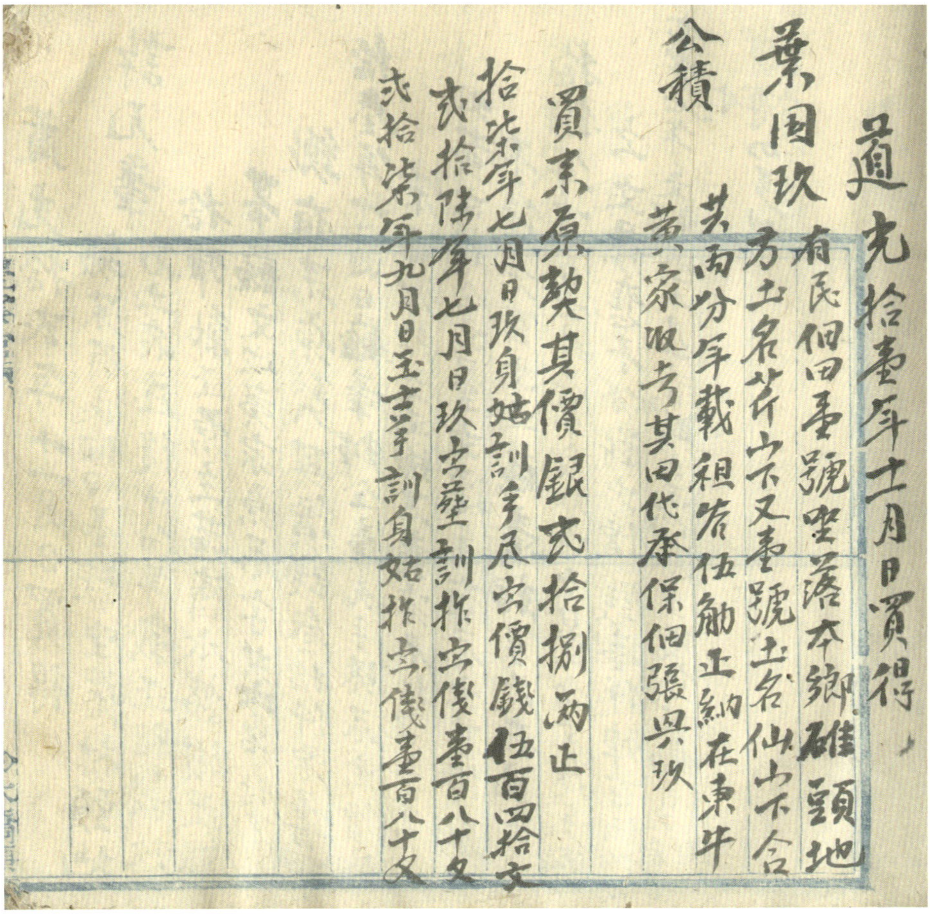

道光拾壹年十二月日買得
葉因玖有民佃田壹號坐落本鄉碓頭地
方土名芹山下又壹號土名仙山下合
共兩分年載租谷伍觔正納在東牛
公積
黃家收去其田代承保佃張興玖
買来原契其價銀弍拾捌兩正
拾柒年七月日玖身姑訓手尽出價錢伍百四拾文
弍拾陸年七月日玖出歷訓作出錢壹百八十文
弍拾柒年九月日玉士等訓身姑作出錢壹百八十文

5-2-73-51　清乾隆至光緒年間鄭氏家族置業簿（五一）

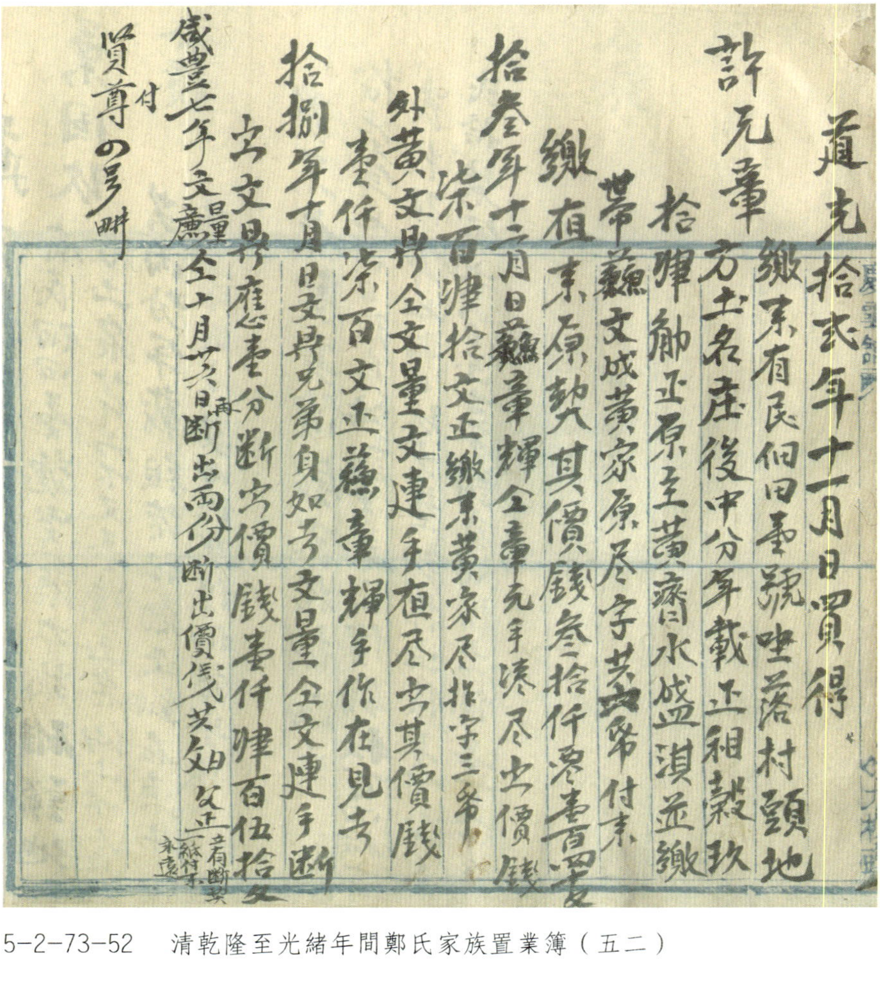
道光拾弍年十一月日買得
許元章鄉東有民佃田壹號坐落村頭地
方土名庄後中分年載正租穀玖
拾肆觔正原主黃齊水盛淇並姪
帶藕文成黃家原尽字共壹帋付來
鄉在東原契其價錢叁拾仟零壹百
拾叁年十二月日藕章輝仝章元手湊尽出價錢
柒百肆拾文正鄉東黃家尽非字三帋
外黃文興仝文量文連手在尽出其價錢
壹仟柒百文正藕章輝手作在見去
拾捌年十月日文興兄弟自知去文量仝文連手斷
出文興應壹分斷出價錢壹仟肆百伍拾文
咸豐七年文量文應仝十月廿六日斷出兩份斷出價係艾知文正 有斷契 永遠
付 買尊の号册

5-2-73-52　清乾隆至光緒年間鄭氏家族置業簿（五二）

道光拾壹年十月日買得
許會章
有民佃田壹號坐落前湖坊土名
烏墘墘年載正租穀玖拾壹
觔半正兄弟四人輪耕會自己應年
買來原字其價銀柒兩正
拾伍年捌月日會章手盡出價銀壹兩正　口涵章在見　寶章
捌月日會章身姑去東章手再盡出價錢四百文
貳拾壹年七月日東章手會章建功盡出價
錢壹仟貳百文正並帶原契壹紙
繳去許寅[illegible]圓

5-2-73-53　清乾隆至光緒年間鄭氏家族置業簿（五三）

道光拾貳年十一月日買得
許瑞章有民佃田壹號坐落前湖方土名
烏墟墘年載正租穀玖拾壹觔
半兄弟四人輪年分滿自己應壹分
買來原字其價銀柒兩伍錢正
貳拾壹年七月日東章手尽瑞章負如建功
尽出價錢壹仟貳百文正
繳去許庚圖

5-2-73-54　清乾隆至光緒年間鄭氏家族置業簿（五四）

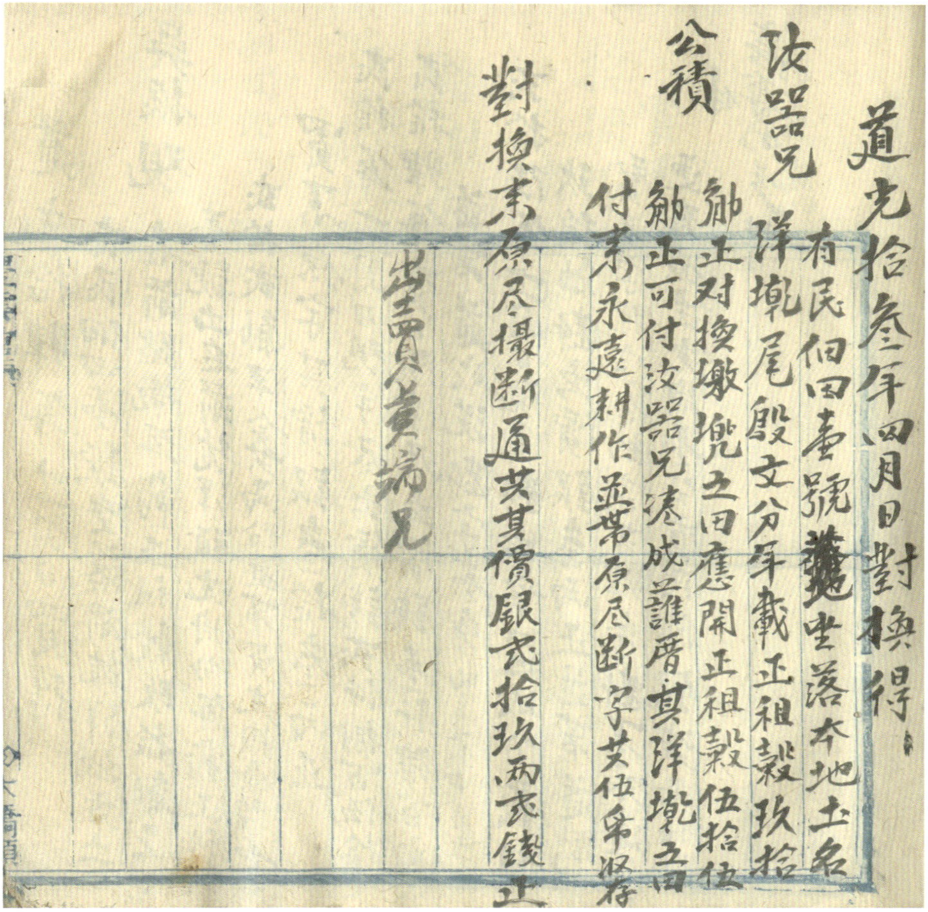

道光拾叁年四月日對換得
有民佃田壹號[illegible]坐落本地土名
汝器兄
洋墘尾殿文分年載正租穀玖拾
觔正對換墩墘五田應開正租穀伍拾伍
公積
觔正可付汝器兄邊成譜曆其洋墘五田
付來永遠耕作並帶原盡斷字共伍帋將存
對換來原盡撮斷通共其價銀貳拾玖兩貳錢正
坐買黃端兄

5-2-73-55　清乾隆至光緒年間鄭氏家族置業簿（五五）

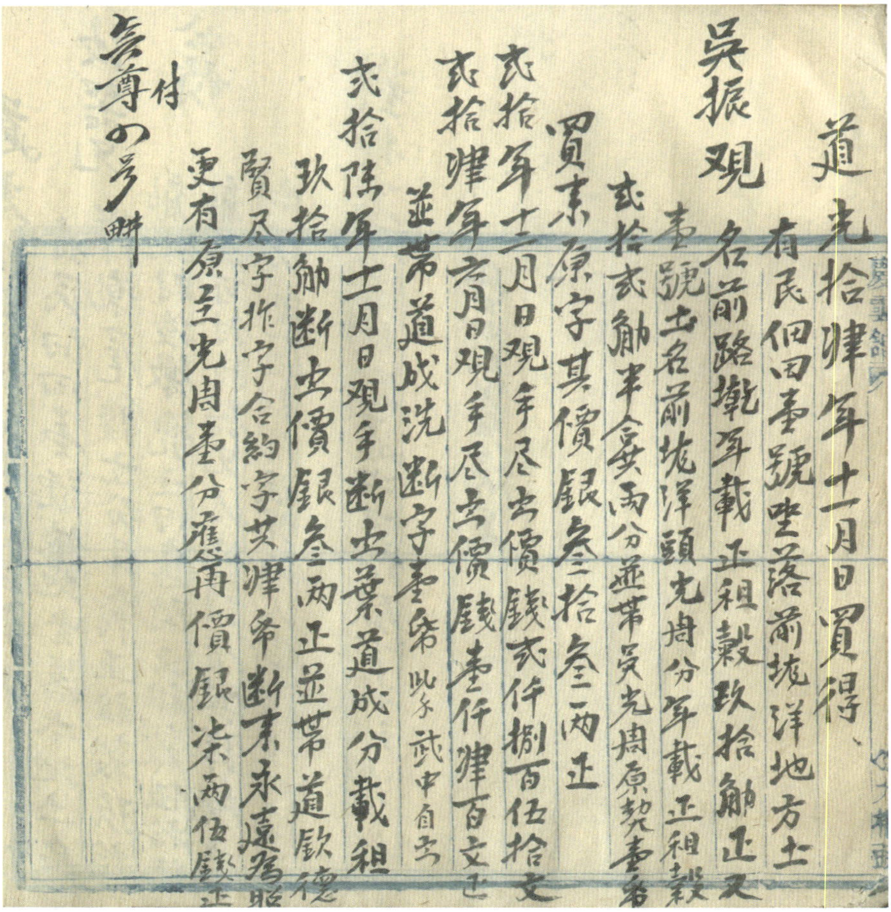

道光拾肆年十一月日買得
有民佃田壹號坐落前垅洋地方土
吳振观
名前路墘年載正租穀玖拾觔正又
壹號土名前垅洋頭光周分年載正租穀
貳拾貳觔半合兩分並帶吳光周原契壹帋
買來原字其價銀叁拾叁兩正
貳拾年十二月日观手尽出價錢貳仟捌百伍拾文
貳拾肆年六月日观手尽出價錢壹仟肆百文正
並帶道成洗斷字壹帋 此字武中自存
貳拾陸年十一月日观手斷出業道成分載租
玖拾觔斷出價銀叁兩正並帶道欽德
賢尽字作字合約字共肆帋斷來永遠為照
更有原立光周壹分應再價銀柒兩伍錢正
付
言尊四号册

5-2-73-56　清乾隆至光緒年間鄭氏家族置業簿（五六）

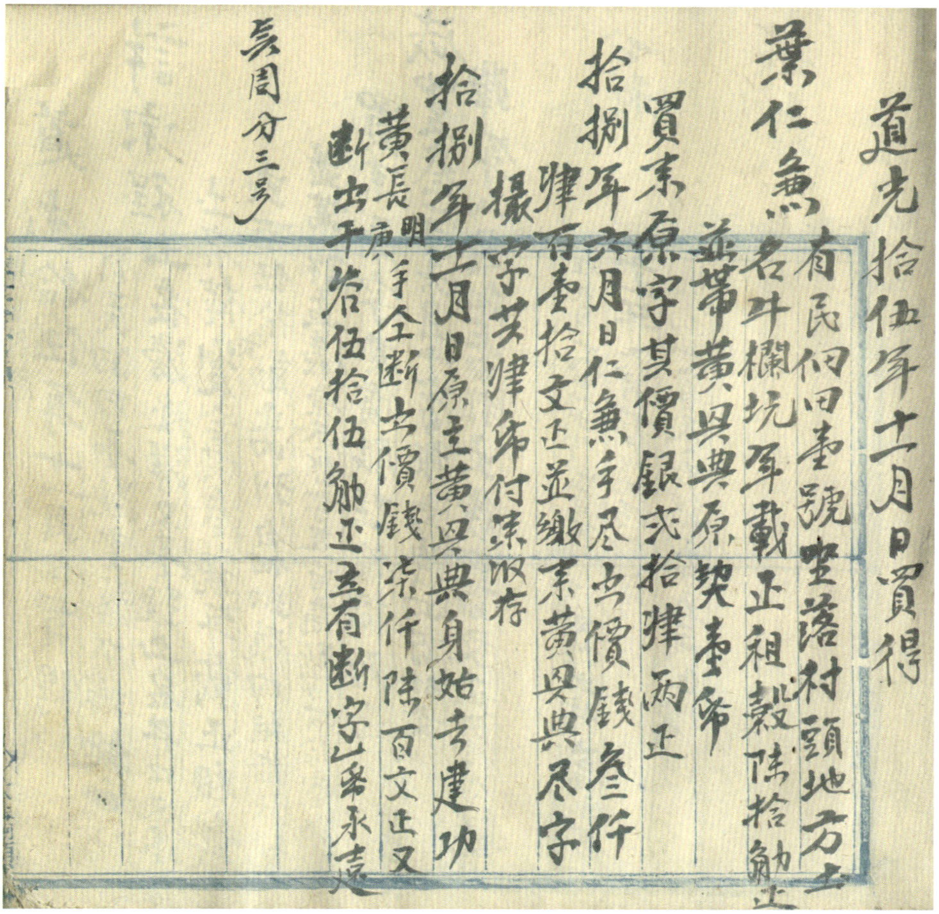

道光拾伍年十二月日買得

葉仁魚有民田壹號坐落村頭地方土

名斗欄坑年載正租穀陆拾觔正

並帶黃興典原契壹帋

買來原字其價銀弍拾肆兩正

拾捌年六月日仁魚手尽出價錢叁仟

肆百壹拾文正並繳來黃興典尽字

攏字共肆帋付來收存

拾捌年十二月日原主黃興典身故去建功

黃長庚、明手全斷出價錢柒仟陆百文正又

斷出干谷伍拾伍觔正立有斷字壹帋永遠

長周分三号

5-2-73-57　清乾隆至光緒年間鄭氏家族置業簿（五七）

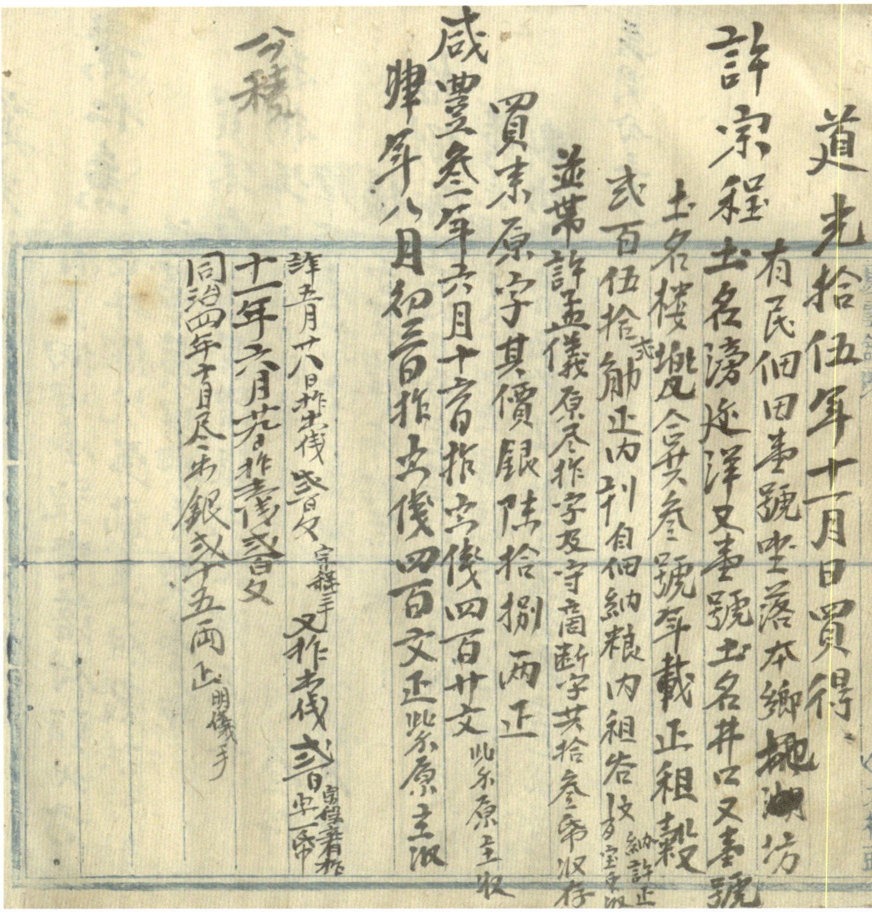

道光拾伍年十一月日買得
許宗經有民佃田壹號坐落本鄉擁湖坊
土名滂延洋又壹號土名井口又壹號
土名樓墩合共叁號年載正租穀
弍百伍拾觔正内扣自佃納粮内租谷
並帶許孟儀原叁作字及守商斷字共拾叁帋收存
買來原字其價銀陆拾捌兩正
咸豐叁年六月十二日作出佃錢四百廿文 此系原主收
肆年八月初三日作出錢四百文正 此系原主收
許五月六八日作出錢叁百文 宗經手 又作出錢
十一年六月廿日作出錢叁百文
同治四年十月尽出銀弍十五兩正 明儀手
分積

5-2-73-58　清乾隆至光緒年間鄭氏家族置業簿（五八）

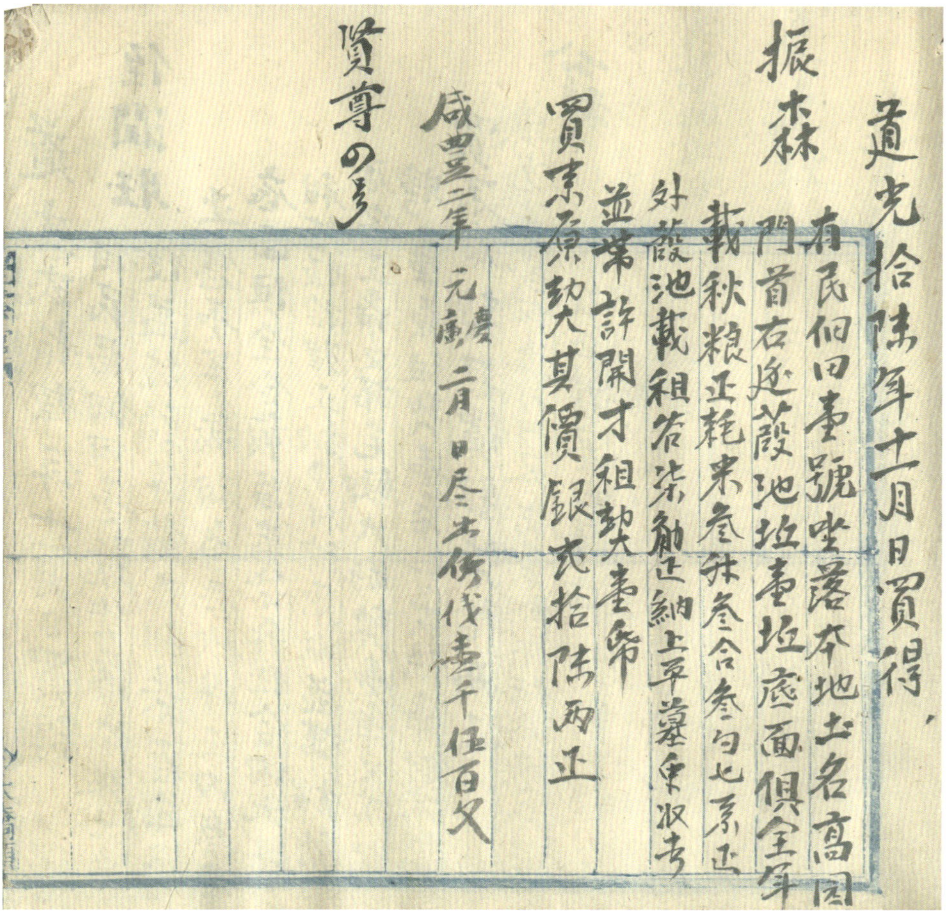
道光拾陸年十一月　日買得
振森　有民佃田壹號坐落本地土名高园
門首右邊葭池坵壹坵底面俱全年
載秋粮正耗米叁斛叁合叁勺七系正
外葭池載租谷柒觔正納上草墓東收去
並帶許開才租契壹帋
買来原契其價銀貳拾陸兩正
咸豐二年　元慶　二月　日尽出價伐壹千伍百文
賢尊[illegible]

5-2-73-59　清乾隆至光緒年間鄭氏家族置業簿（五九）

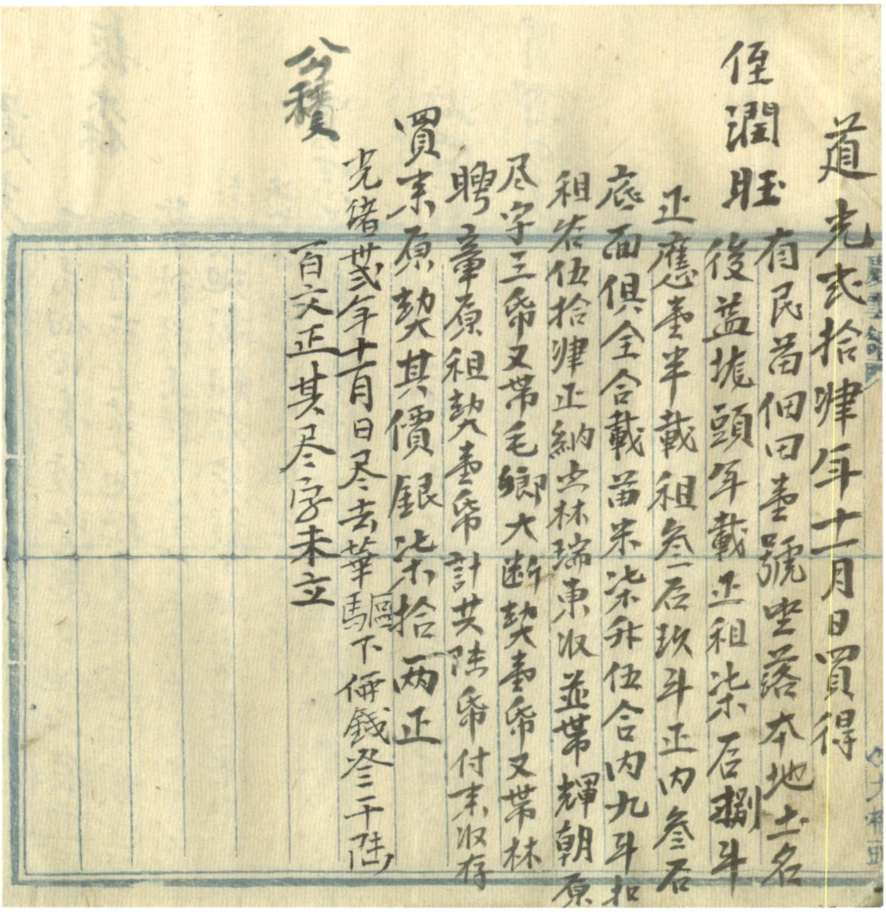

公積

道光貳拾肆年十二月日買得

侄潤旺有民苗佃田壹號坐落本地土名後蓋垅頭年載正租柒石捌斗

正應壹半載租叁石玖斗正內叁石

底面俱全合載苗米柒升伍合內九斗扣

祖谷伍拾肆正納與林瑞東收並帶輝朝原

叁字三帋又帶毛鄉大斷契壹帋又帶林

聘章原祖契壹帋計共陸帋付末收存

買末原契其價銀柒拾兩正

光緒廿貳年十月日叁去華驅(?)下価錢叁千陸

百文正其叁字未交

5-2-73-60　清乾隆至光緒年間鄭氏家族置業簿（六〇）

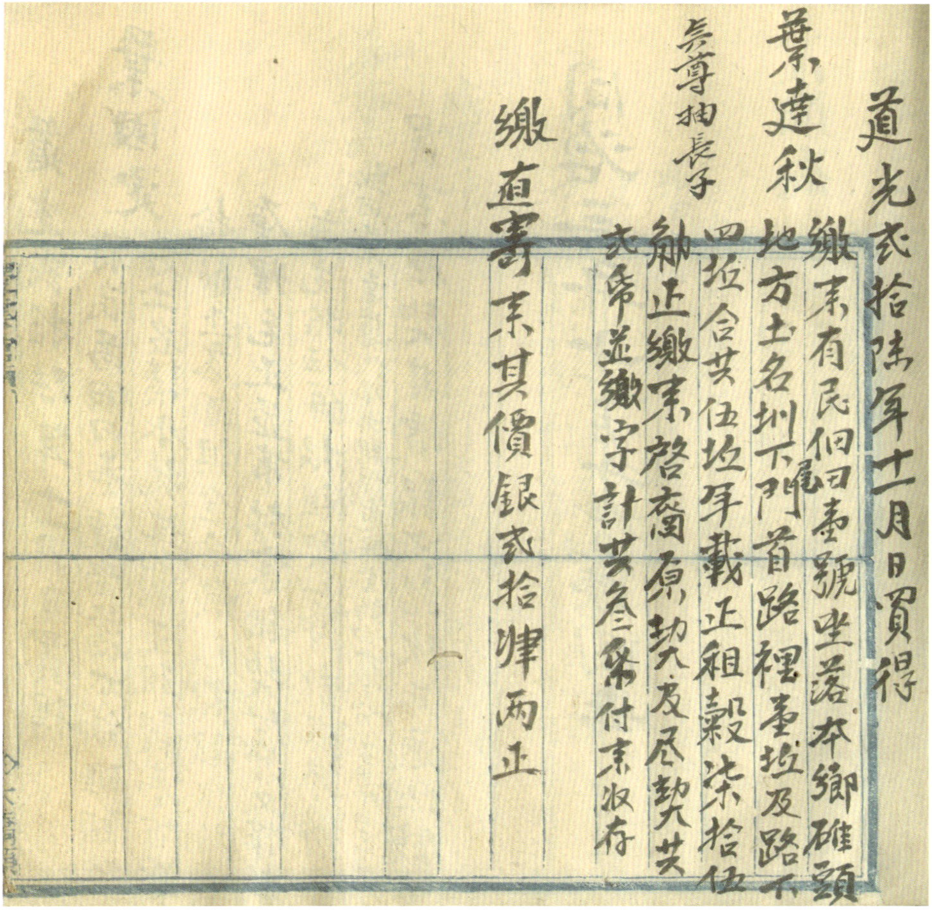

道光貳拾陸年十一月日買得
葉達秋
繳來有民佃田壹號坐落本鄉碓頭
地方土名圳下尾門首路裡壹坵及路下
四坵合共伍坵年載正租穀柒拾伍
兵尊抽長子
觔正繳來啓商原契及尽契共
貳紙并繳字計共叁紙付來收存
繳直壽來其價銀貳拾肆兩正

5-2-73-61　清乾隆至光緒年間鄭氏家族置業簿（六一）

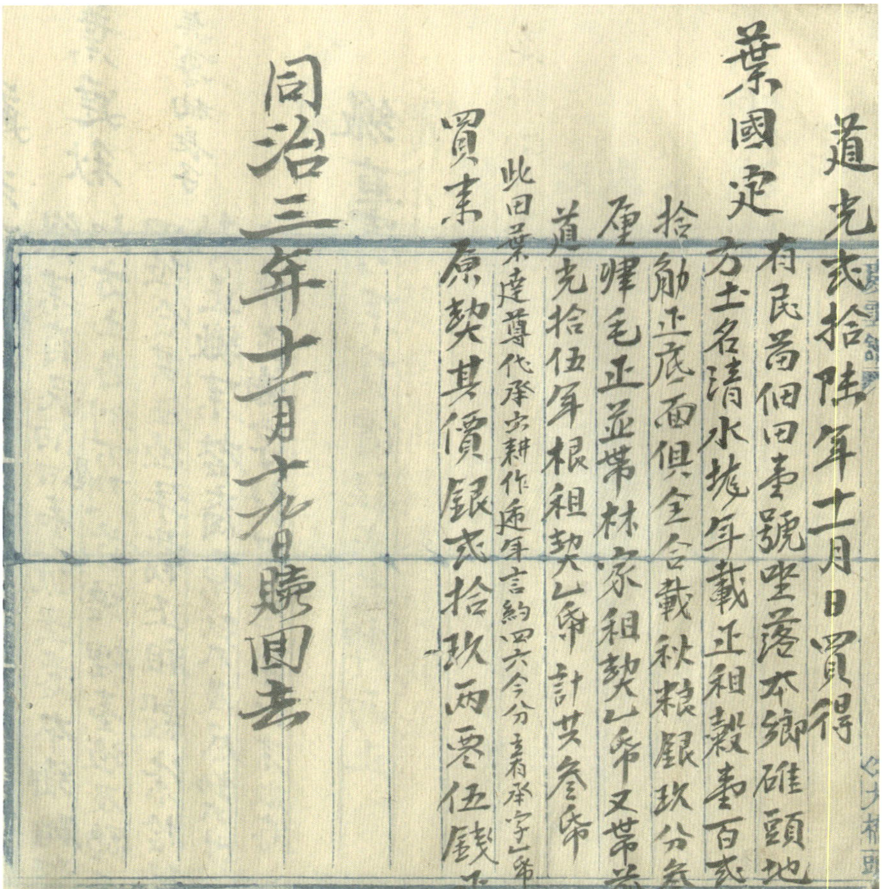

道光貳拾陸年十一月日買得

葉國進 有民田壹號坐落本鄉碓頭地

方土名清水坵年載正租穀壹百貳

拾觔正，底面俱全，合載秋粮銀玖分叁

厘肆毛正，並帶林家租契一紙，又帶前

道光拾伍年根租契一紙，計共叁紙

此田葉進舊代承出耕作，逐年言約四六分，主有承字一紙

買來原契其價銀貳拾玖兩零伍錢正

同治三年十一月十九日贖回去

5-2-73-62　清乾隆至光緒年間鄭氏家族置業簿（六二）

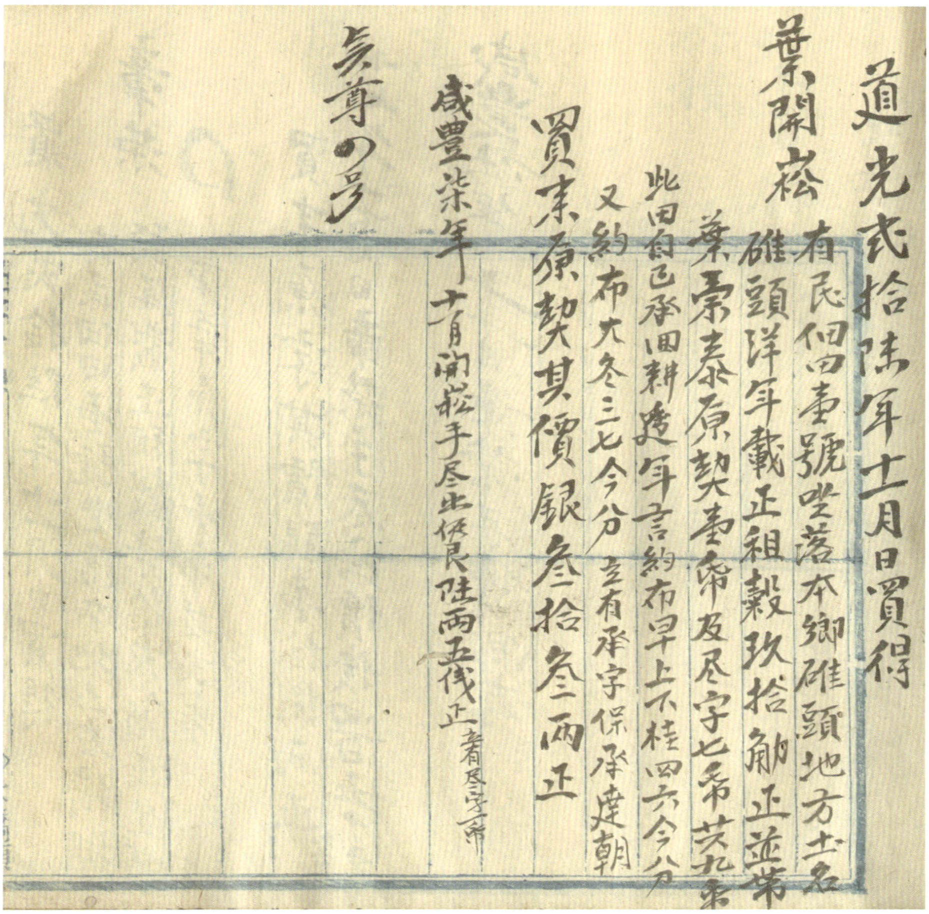
道光貳拾陸年十一月日買得
葉開崧有民佃田壹號坐落本鄉碓頭地方土名
碓頭洋年載正租穀玖拾觔正並帶
葉元泰原契壹紙及盡字乙紙共九紙
此田自己承佃耕種逐年言約布早上下桂四六今分
又約布大冬三七今分立有承字保承虞廷朝
買來原契其價銀叁拾叁兩正
咸豐柒年十一月開崧手盡出價艮陸兩五錢正又有盡字乙紙
長尊乃號

5-2-73-63　清乾隆至光緒年間鄭氏家族置業簿（六三）

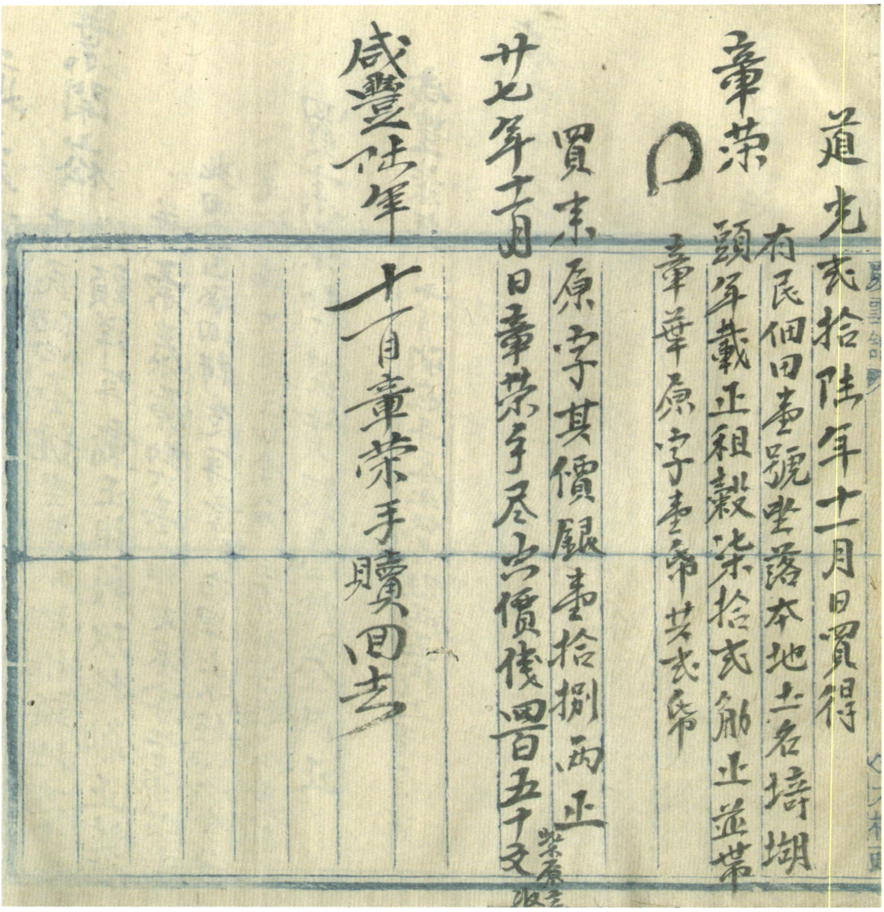

道光貳拾陸年十二月日買得
有民佃田壹號坐落本地土名埼坳
章荣　頭年載正租穀柒拾弍觔正並帶
〇　章華原字壹帋共弍帋
買來原字其價艮壹拾捌两正
廿七年十二月日章荣手尽出價錢四百五十文
咸豐陸年十一月章荣手贖回去

5-2-73-64　清乾隆至光緒年間鄭氏家族置業簿（六四）

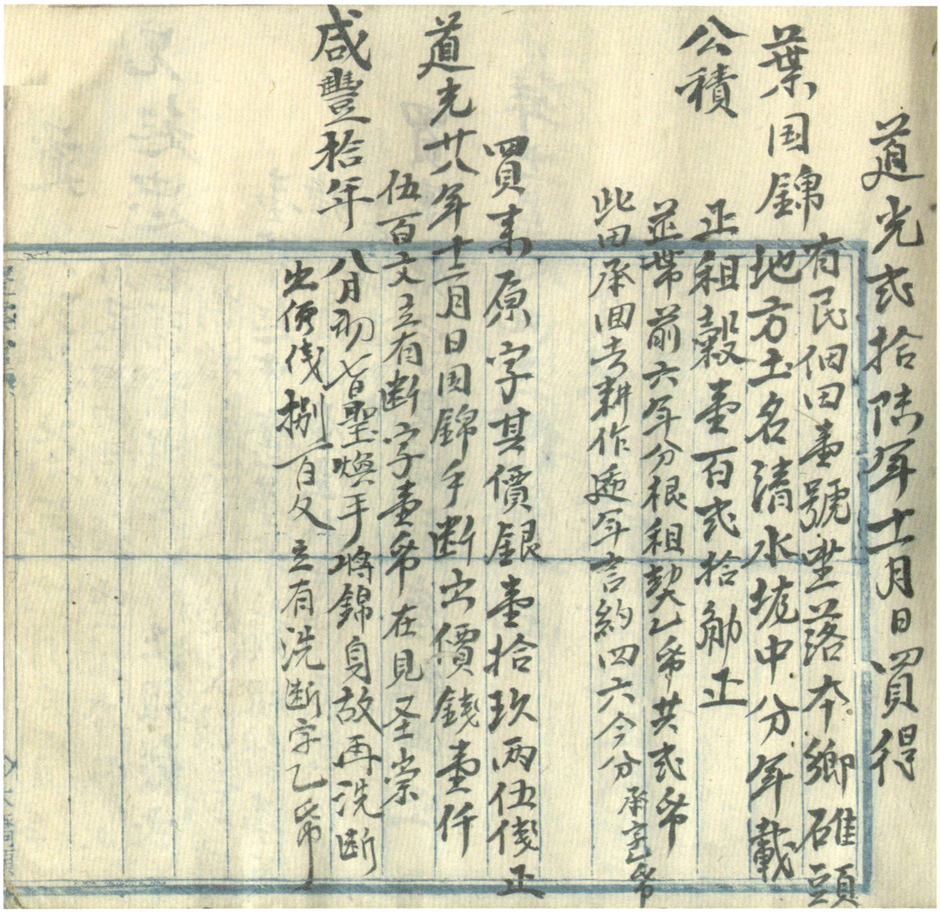
道光弍拾陆年十一月日買得
葉国錦有民佃田壹號坐落本鄉碓頭
地方土名清水垅中分年載
公積正租穀壹百弍拾觔正
並帶前六年分根租契乙帋共弍帋
此田承佃者耕作逐年言約四六今分 承字乙帋
買來原字其價銀壹拾玖兩伍錢正
道光廿八年十二月日国錦手斷出價錢壹仟
伍百文立有斷字壹帋在見圣宗
咸豐拾年八月初七日聖煥手將錦身故再洗斷
出價錢捌百文立有洗斷字乙帋

5-2-73-65　清乾隆至光緒年間鄭氏家族置業簿（六五）

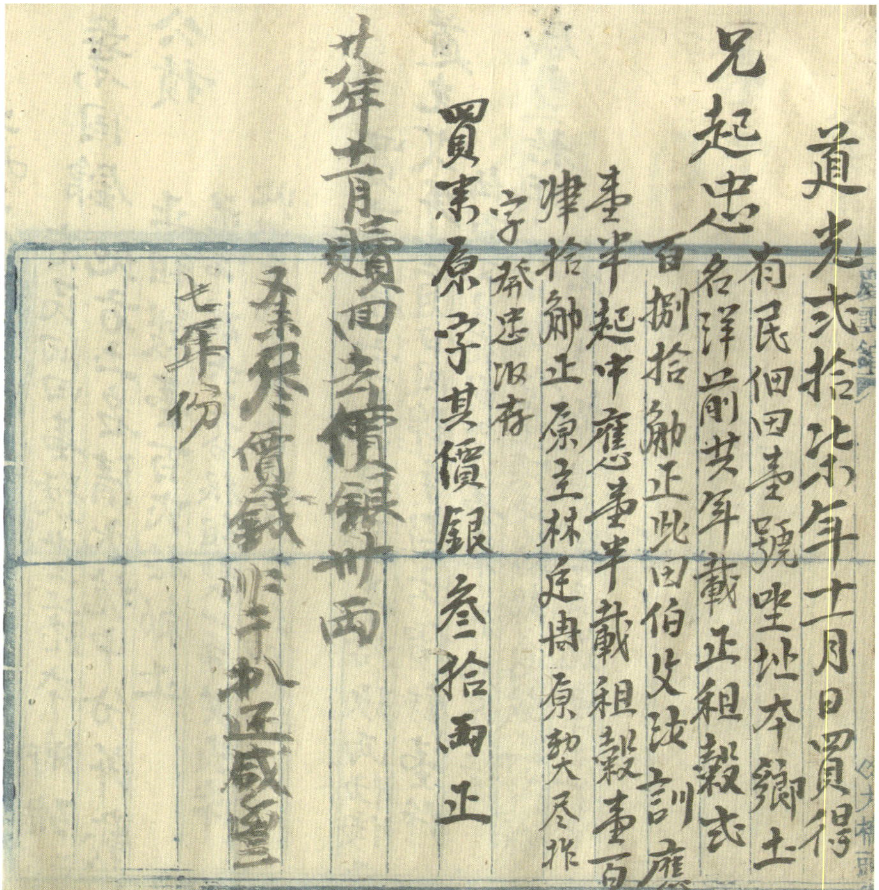

道光弍拾柒年十二月日買得
有民佃田壹號坐址本鄉土
兄起忠名洋前共年載正租穀弍
百捌拾觔正此田伯父訓應
壹半起中應壹半載租穀壹百
肆拾觔正原主林廷甫原契[illegible]
字舜忠收存
買業原字其價銀叁拾兩正
廿年十二月贖回去價銀廿兩
又[illegible]價錢[illegible]
七年份

5-2-73-66　清乾隆至光緒年間鄭氏家族置業簿（六六）

道光弍拾柒年十一月日買得
葉國定
華忠兄繳
來有民佃田壹號坐落碓頭
地方土名寨塆年載正租穀
壹百弍拾觔正抵面但全年載
秋粮正耗米伍升正　來立繳字
因定立有賣契乙帋付來收存
繳買來原契其價銀叁拾肆兩正
贖回去

5-2-73-67　清乾隆至光緒年間鄭氏家族置業簿（六七）

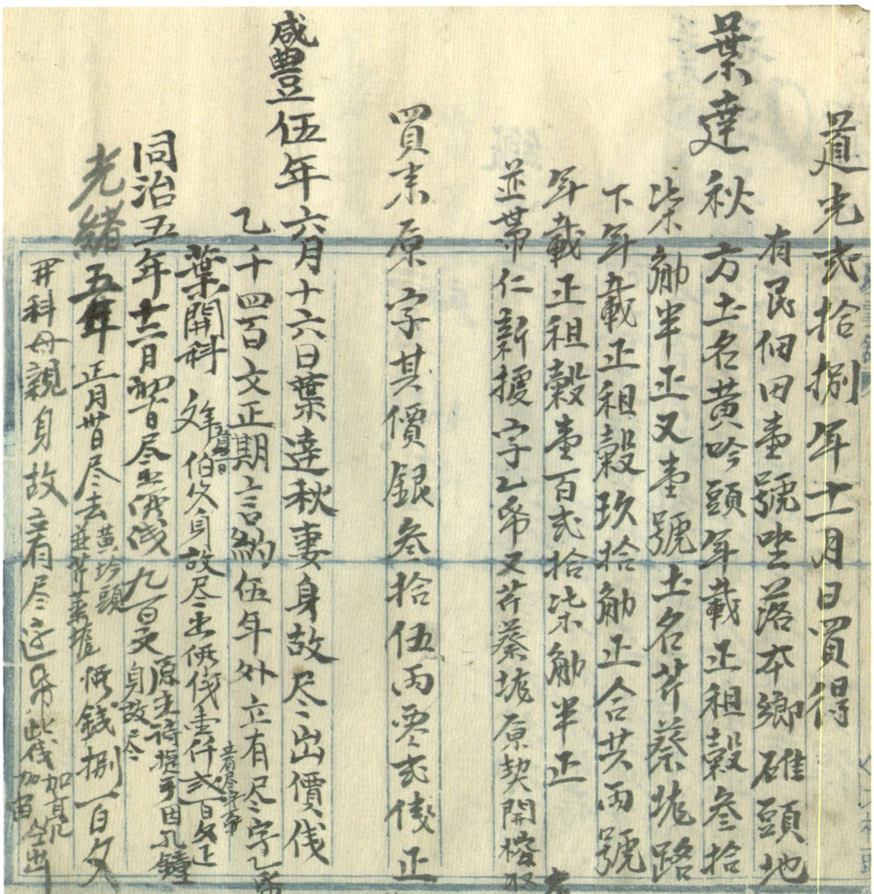

道光貳拾捌年十二月日買得
葉達秋
有民佃田壹號坐落本鄉碓頭地
方土名黄吟頭年載正租穀叁拾
柒觔半正又壹號土名芹蔡垅路
下年載正租穀玖拾觔正合共兩號
年載正租穀壹百貳拾柒觔半正
並帶仁新擭字乙帋又芹蔡垅原契開榜权 存
買來原字其價銀叁拾伍兩零貳錢正

咸豐伍年六月十六日葉達秋妻身故尽〻出價錢
乙千四百文正期言約伍年外立有尽字乙帋
葉開科 娒伯父身故尽〻出價錢壹仟貳百文正 有尽字乙帋
同治五年十二月廿四日尽〻出價錢九百文 原主詩提手因孔鐘身故尽〻
光緒五年正月廿日尽〻去黄坊頭並芹菜垅價錢捌百文
开科母親身故立有尽送乐帋此價加有氏加由字出

5-2-73-68　清乾隆至光緒年間鄭氏家族置業簿（六八）

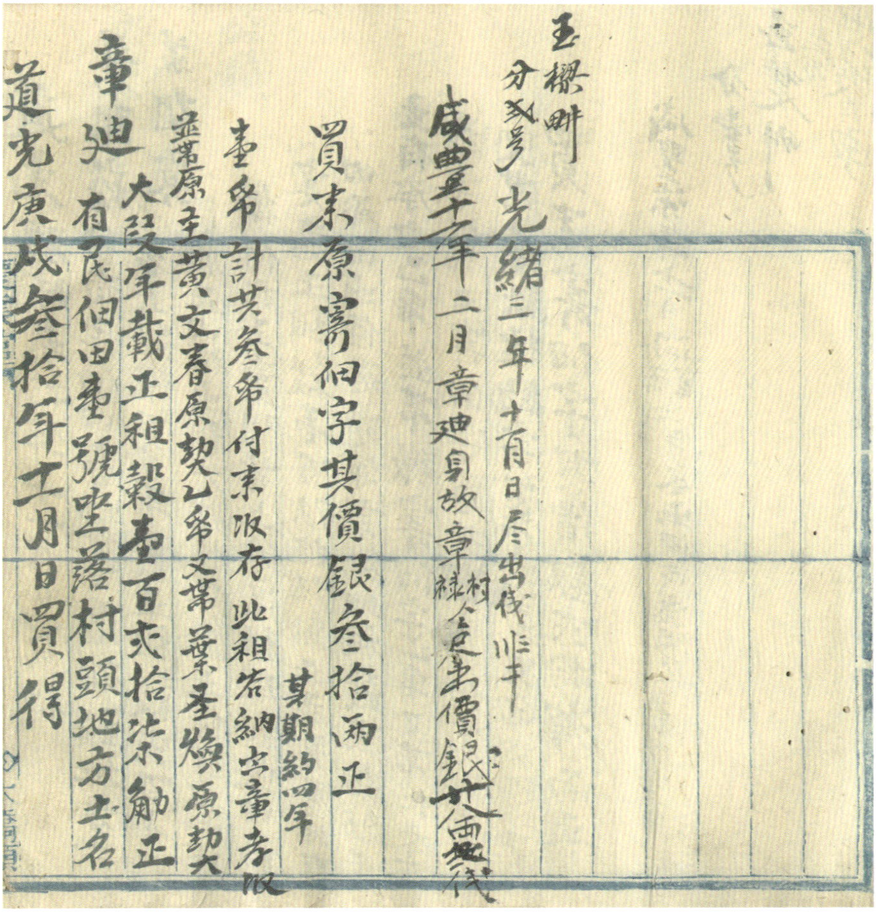
道光庚戌叁拾年十一月日買得
章廸有民佃田壹號坐落村頭地方土名
大段年載正租穀壹百弍拾柒觔正
並帶原主黃文春原契乙帋又帶葉登煥原契大
壹帋計共叁帋付來收存此租宕納出章孝收
其期約四年
買來原寄佃字其價銀叁拾兩正
咸豐十一年二月章廸身故章禄村人足來價銀廿八兩無代
玉樑畊分玖号光緒三年十二月日尽出代卌千

5-2-73-69　清乾隆至光緒年間鄭氏家族置業簿（六九）

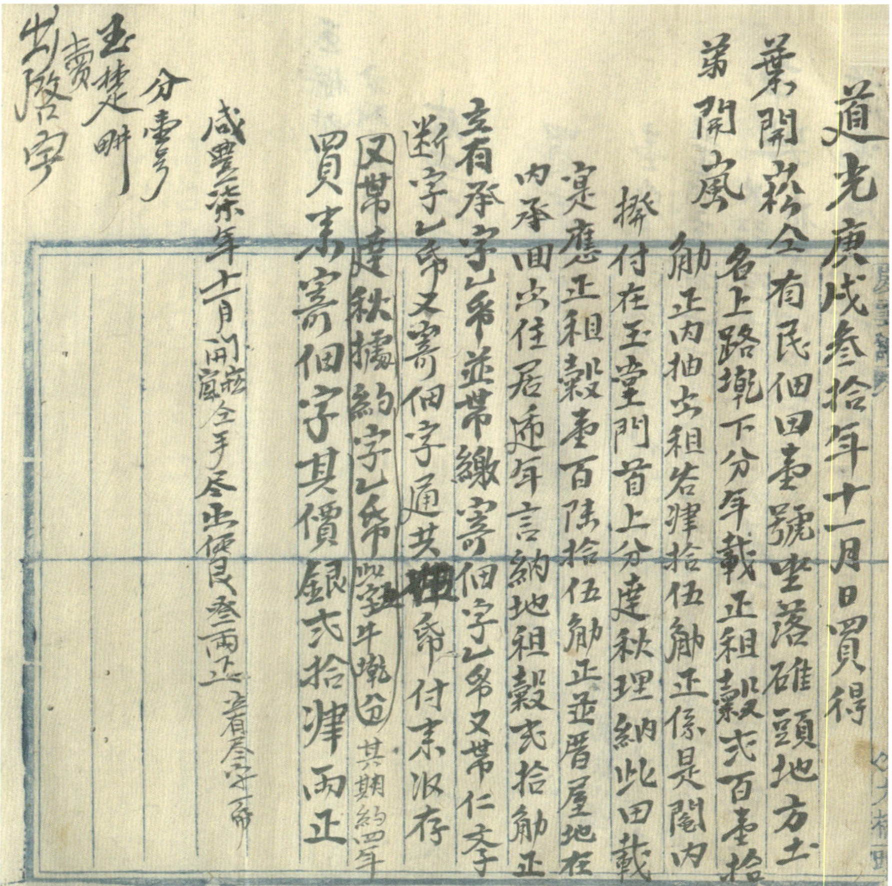

道光庚戌叁拾年十一月日買得
葉開嵐仝有民佃田壹號坐落碓頭地方土
名上路墘下分年載正租穀弍百壹拾
弟開嵐
觔正内抽出租若肆拾伍觔正係是閣内
擲付在玉堂門首上分連秋理納此田載
實應正租穀壹百陸拾伍觔正並厝屋地在
内承佃出住居逐年言納地租穀弍拾觔正
立有承字一帋並帶繳寄佃字一帋又帶仁李
斷字一帋又寄佃字通共[illegible]帋付末收存
又帶連秋據約字一帋收字午墘丘　其期約四年
買末寄佃字其價銀弍拾肆兩正

咸豐柒年十一月開嵐仝手尽出價艮叁兩正　立有尽字一帋

分壹号
玉楚股
賣
出啓字

5-2-73-70　清乾隆至光緒年間鄭氏家族置業簿（七〇）

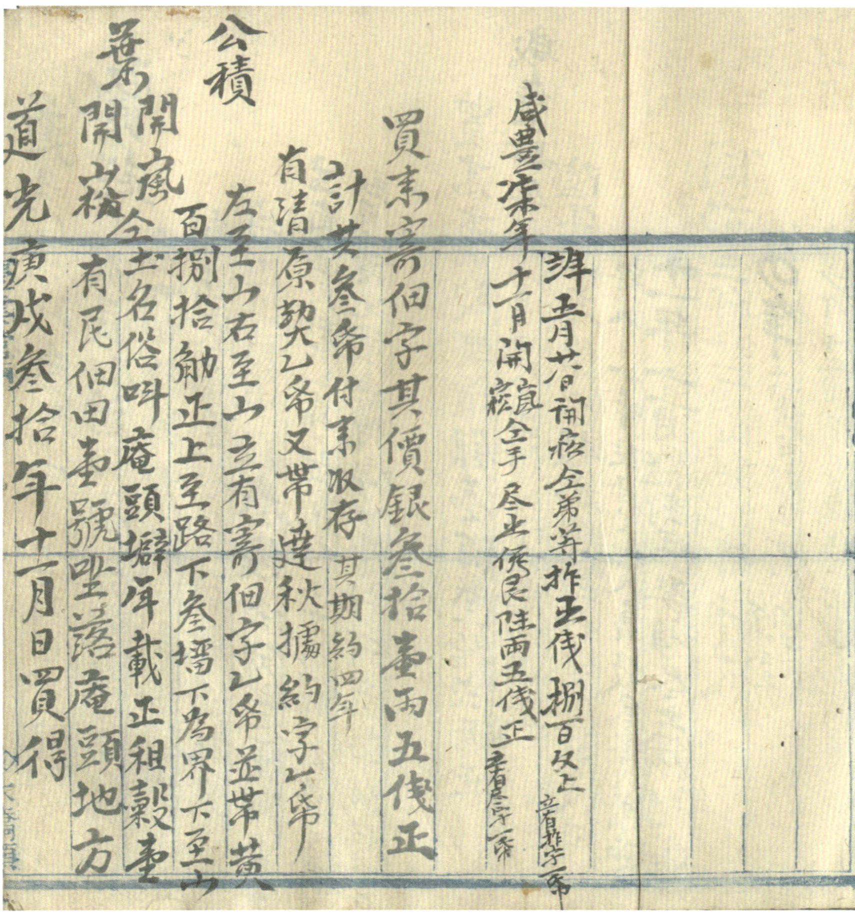

咸豐乙卯年十一月開宸全手叁止係艮陸兩五錢正 立有尽字一號

洋正月廿八日開宸全弟等 折正錢捌百文正 立有推字一號

買束窯佃字其價銀叁拾壹兩五錢正

計共叁條付束收存 其期約四年

有清原契山條又帶連秋播約字山條

左至山右至山 立有窯佃字山條並帶黄

百捌拾觔正上至路下叁壋 下為界下至山

公積

番開嵐全土名俗呌庵頭壢𡊬載正租穀壹

番開嵡 有民佃田壹號坐落庵頭地方

道光庚戌叁拾年十一月日買得

5-2-73-71 清乾隆至光緒年間鄭氏家族置業簿（七一）

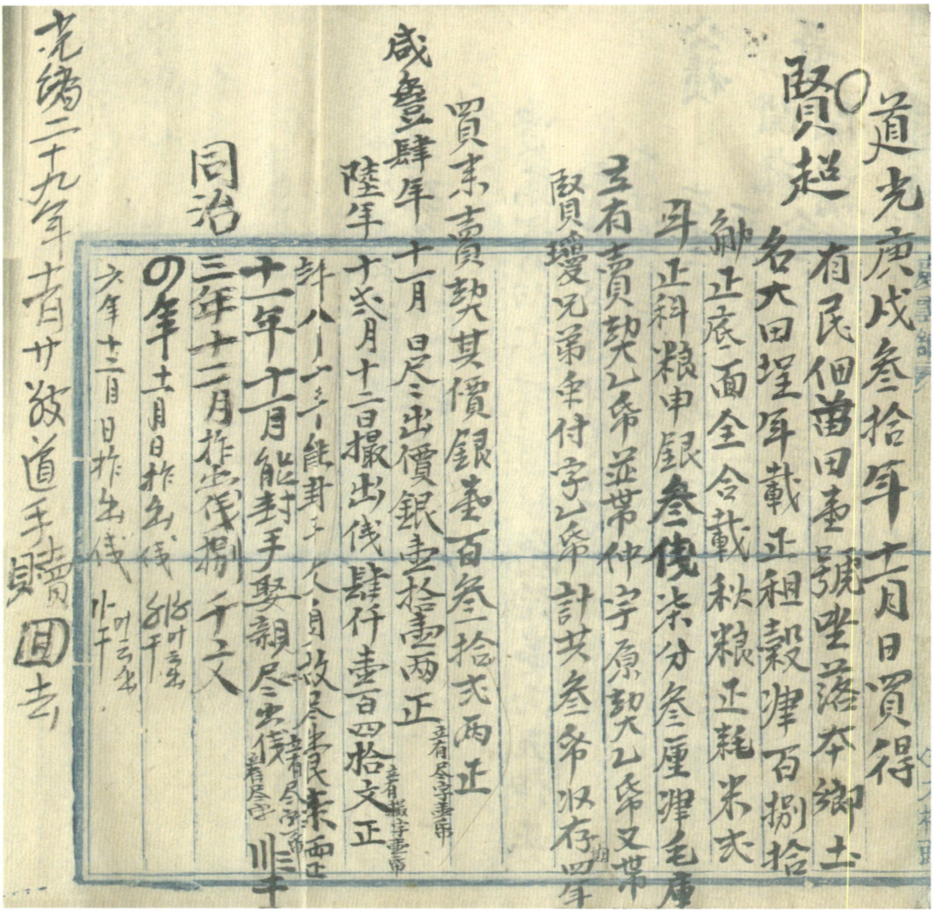
道光庚戌叁拾年十二月日買得
賢超有民佃苗田壹號坐落本鄉土
名大田埕年載正租穀肆百捌拾
觔正底面全合載秋粮正耗米式
斗正科粮申銀叁錢柒分叁厘肆毛
立有賣契大山係並帶仲字原契大山係又帶
賢瓊兄弟全付字山係計共叁係收存
買來賣契其價銀壹百叁拾式兩正
咸豐肆年十一月日盡出價銀壹拾壹兩正 立有盡字壹紙
陸年十式月十二日撮出錢肆仟壹百四拾文正 立有撮字壹紙
十一年十二月能耕手娶親盡出錢 立有盡字
同治三年十二月拔出錢捌千文
六年十二月日拔出錢
光緒二十九年十二月廿致道手贖回去

5-2-73-72　清乾隆至光緒年間鄭氏家族置業簿（七二）

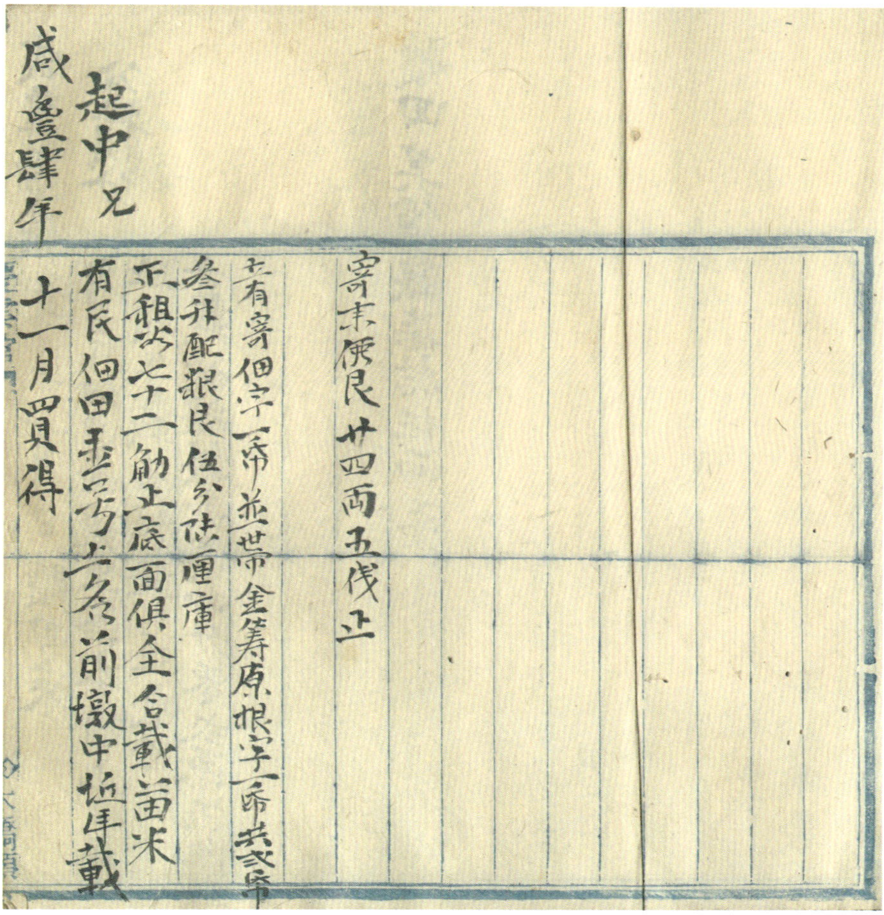
寄來價艮廿四両五錢正
上有寄佃字一紙并批帶金籌原根字一紙共計紙
叁升配粮艮伍分陆厘庫
正租谷七十二觔正底面俱全合載苗米
有民佃田壹号土名前墩中垃坪載
起中兄
咸豐肆年十一月買得

5-2-73-73　清乾隆至光緒年間鄭氏家族置業簿（七三）

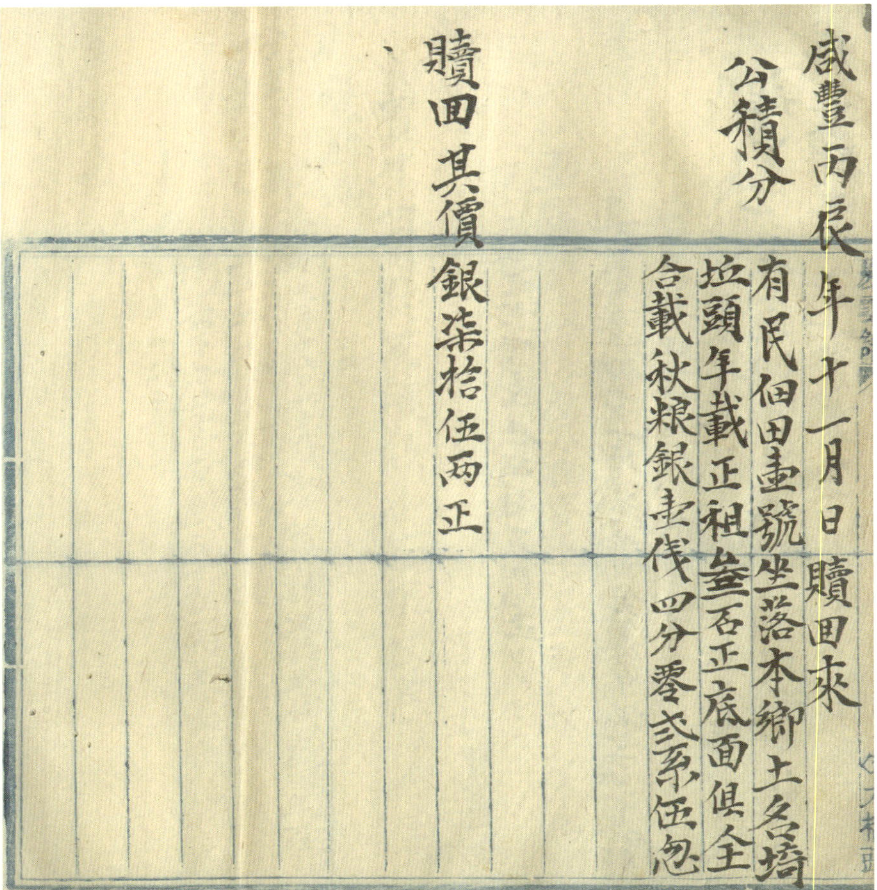

咸豐丙辰年十一月 日贖田來
公積分
有民佃田壹號坐落本鄉土名埼
垃頭年載正租叁石正底面俱全
合載秋粮銀壹伐四分零弍系伍忽
贖田 其價銀柒拾伍兩正

5-2-73-74　清乾隆至光緒年間鄭氏家族置業簿（七四）

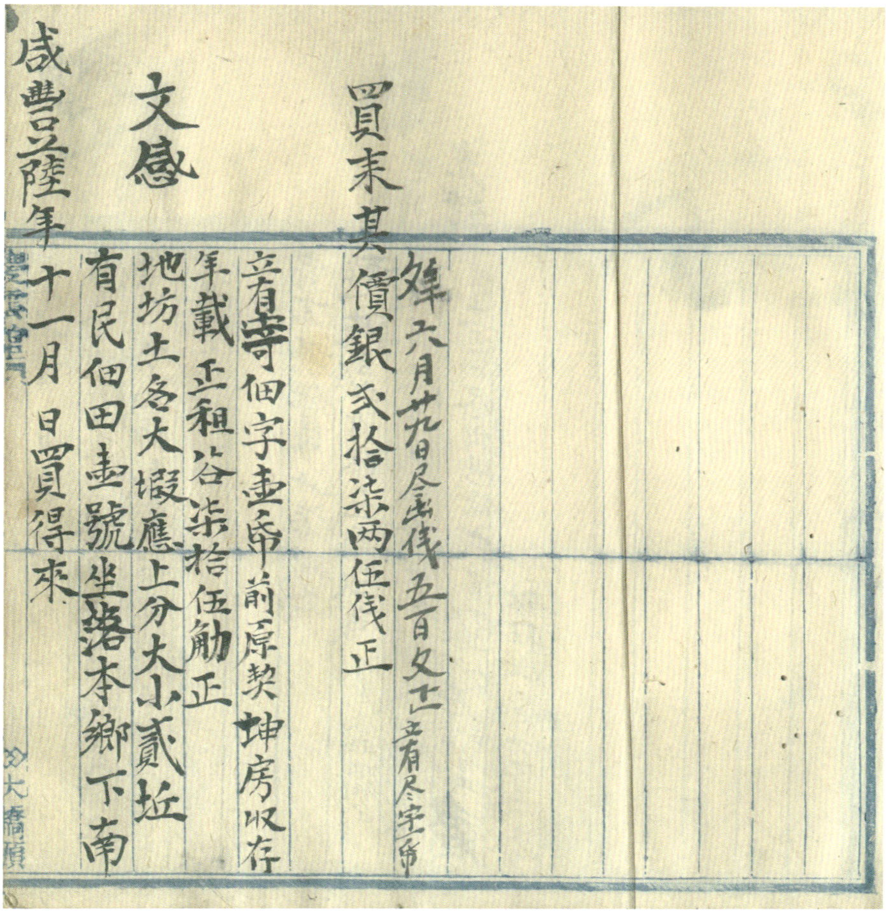
咸豐陸年十一月　日買得來
文感
有民佃田壹號坐落本鄉下南
地坊土名大堰應上分大小貳坵
年載正租谷柒拾伍觔正
立有寺佃字壹帋　前原契坤房收存
買來其價銀貳拾柒兩伍錢正
癸年六月廿九日尽金出錢五百文正　立有尽字帋

5-2-73-75　清乾隆至光緒年間鄭氏家族置業簿（七五）

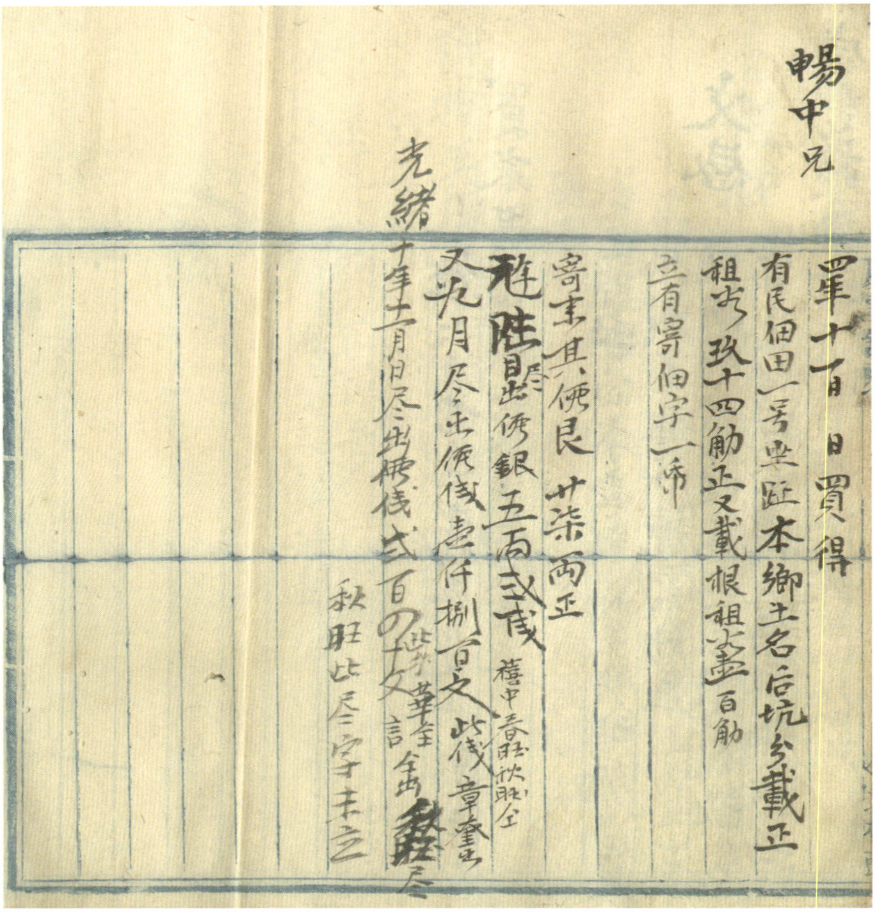

暢中兄
四年十一月 日買得
有民佃田一号坐址本鄉土名后坑乡載正
租米玖十四觔正又載根租谷 百觔
立有寄佃字一纸
寄来其價艮廿柒两正
又陆贴價銀五两弍戔
禧中春旺秋旺仝
又九月尽出價錢壹仟捌百文
此錢章耋出
光緒十年十一月日尽出價錢弍百四十文
此錢華生全出
秋旺出尽字来之

5-2-73-76　清乾隆至光緒年間鄭氏家族置業簿（七六）

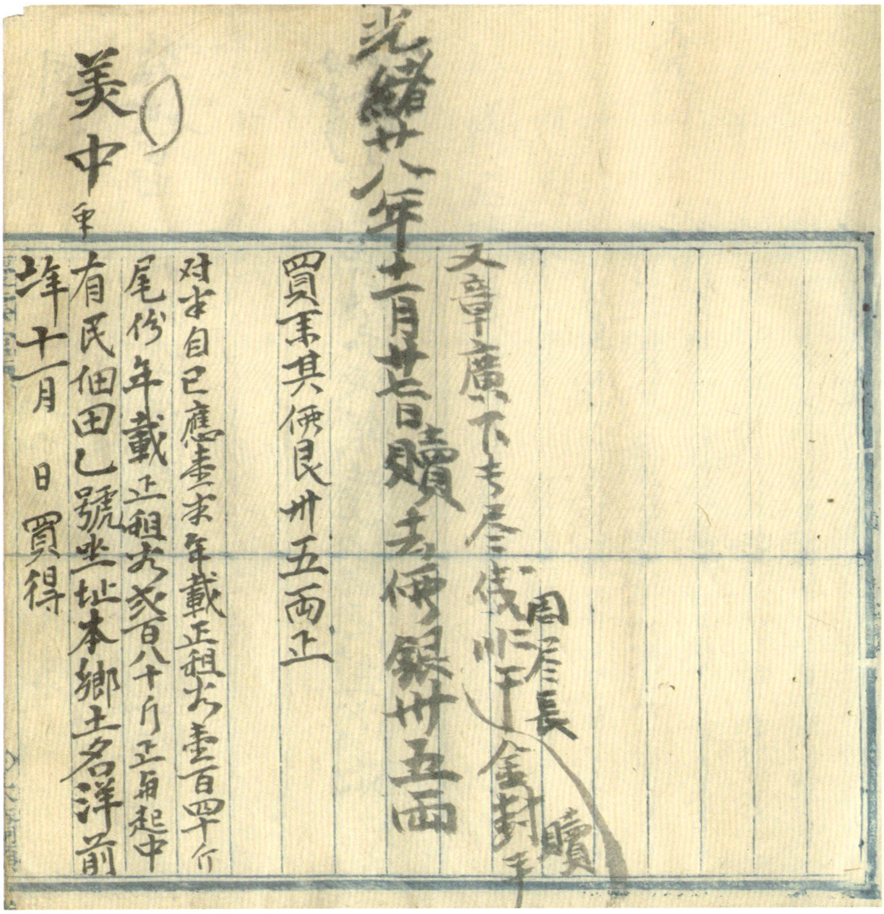
光緒廿八年十二月廿二日贖去價銀卅五兩
文章廣下屯各俵收仟金對手
周房長
贖
買某其價艮卅五兩正
対出自己應壹米年載正租式壹百四十斤
尾份年載正租式百八十斤正扇起中
有民佃田乙號坐址本鄉土名洋前
美中平
峰十一月　日買得

5-2-73-77　清乾隆至光緒年間鄭氏家族置業簿（七七）

同治

吳世昌

分壹号

玉楚耕

元年十二月　日出得

有民田根壹號坐址村頭本鄉

地坊土名潭頭洋年載正租米叁百斤

買來價銀陸拾壹兩五錢正

5-2-73-78　清乾隆至光緒年間鄭氏家族置業簿（七八）

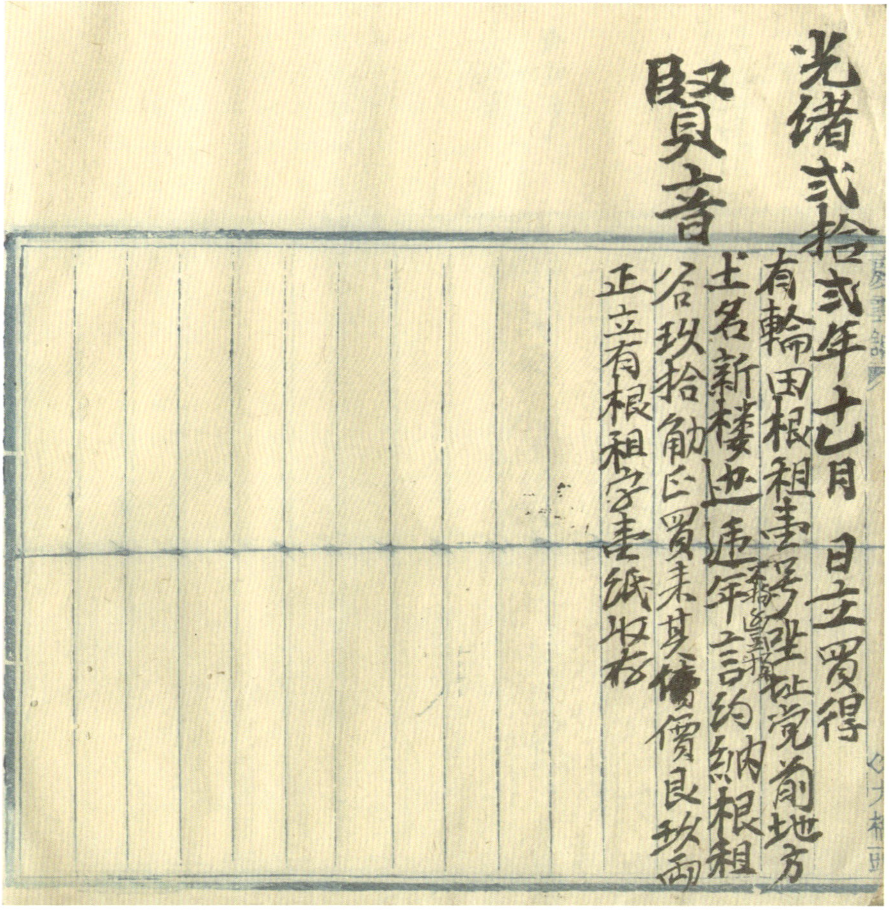

光緒弍拾弍年十乙月　日立買得
有輪田根租壹號坐址党前地方
土名新樓坵連年言約納根租
谷玖拾觔丘買來其價價良玖兩
正立有根租字壹紙收存
賢音

5-2-73-79　清乾隆至光緒年間鄭氏家族置業簿（七九）

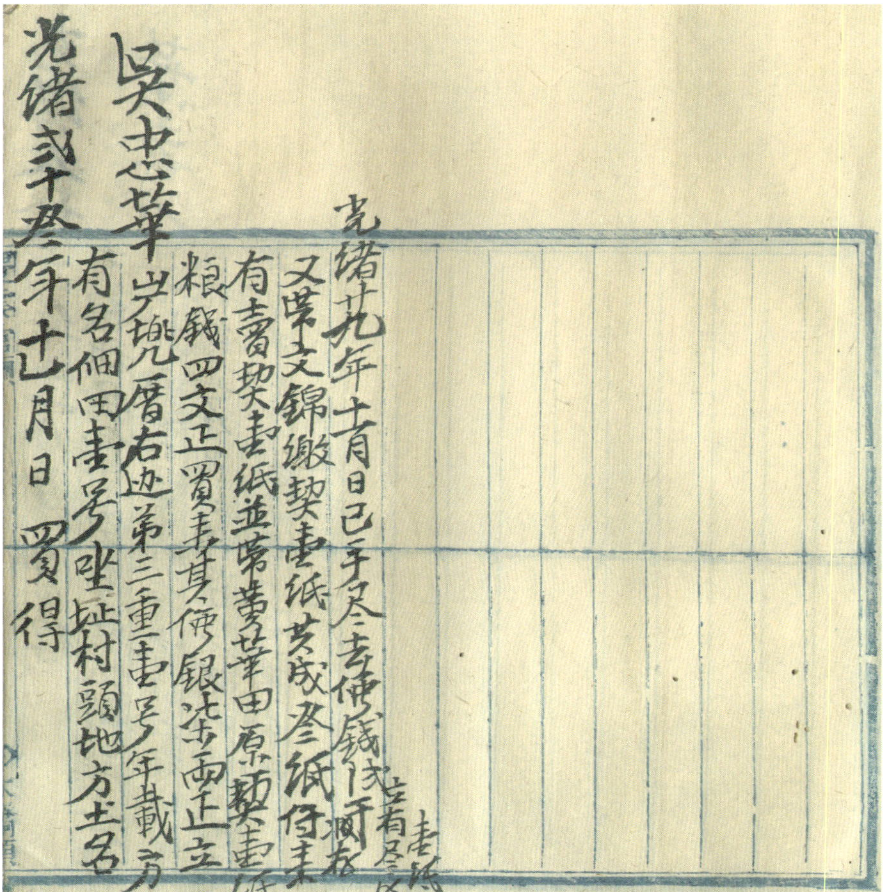
光緒廿九年十月日已手又叁去佛錢伍千兩 又有叁紙 壹紙
又業文錦繳契壹紙共成叁紙付來
有壹賣契壹紙並蔣葉莘田原契壹紙
粮錢四文正買來其佛銀柒兩正立
吳忠華出兌九層右边第三重壹号年載方
有名佃田壹号坐址村頭地方土名
光緒弍十叁年十一月日 買得

5-2-73-80　清乾隆至光緒年間鄭氏家族置業簿（八〇）

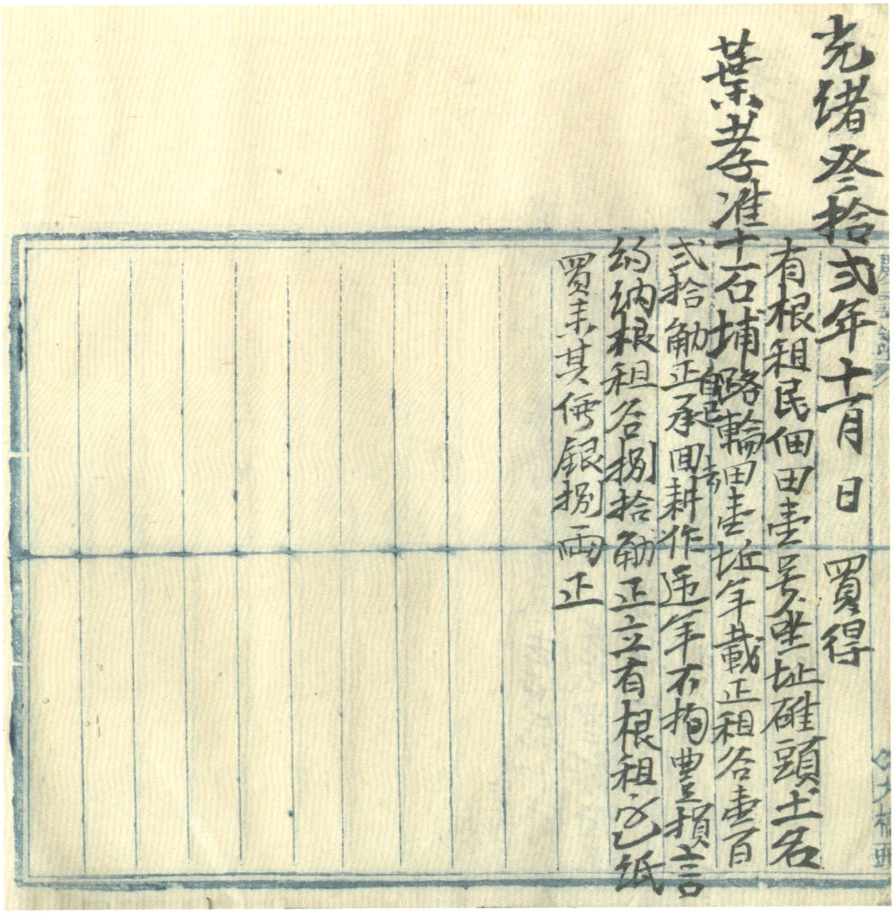

光绪叁拾弍年十月　日　買得
有根租民佃田壹号坐址碓頭土名
葉孝准十石埔路輪田壹坵年載正租谷壹百
弍拾觔正承回耕作逐年不拘豐損言
約納根租谷捌拾觔正立有根租字乙紙
買来其價銀捌兩正

5-2-73-81　清乾隆至光緒年間鄭氏家族置業簿（八一）

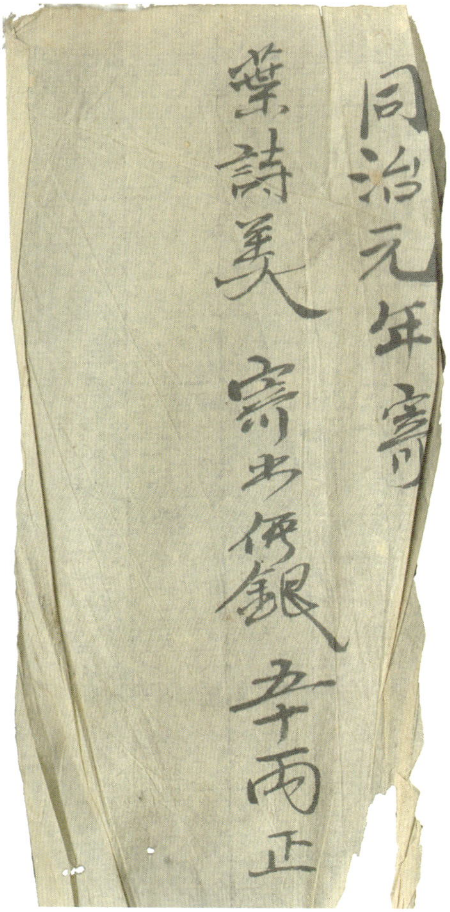
同治元年寄

葉詩美　寄出佛銀五十兩正

5-2-73-82　清乾隆至光緒年間鄭氏家族置業簿（夾葉一）

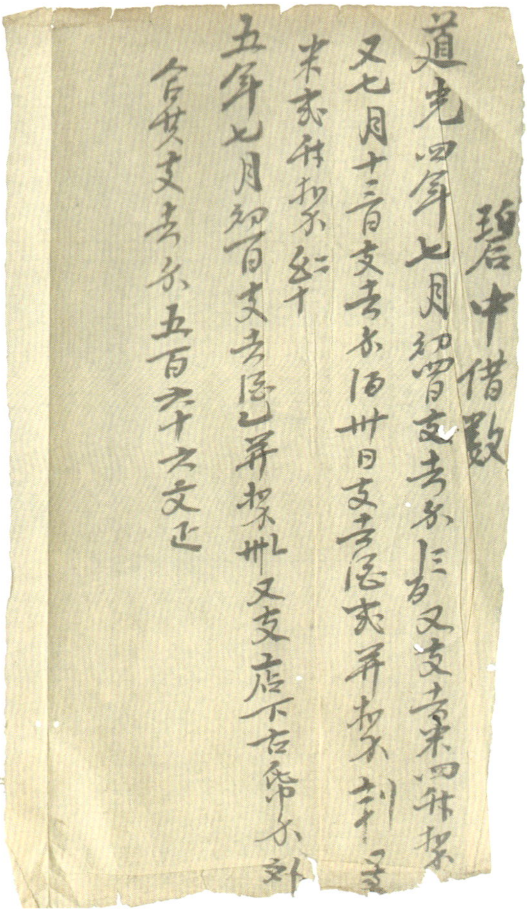

碧岩中借數

道光四年七月初四日支去[illegible]又支去米四升，契[illegible]

又七月十三日支去[illegible]，廿日支去[illegible]并契[illegible]

米弍升契[illegible]

五年七月初四日支去[illegible]并契[illegible]，又支去店下[illegible]

合共支去[illegible]五百六十六文正

5-2-73-83　清乾隆至光緒年間鄭氏家族置業簿（夾葉二）

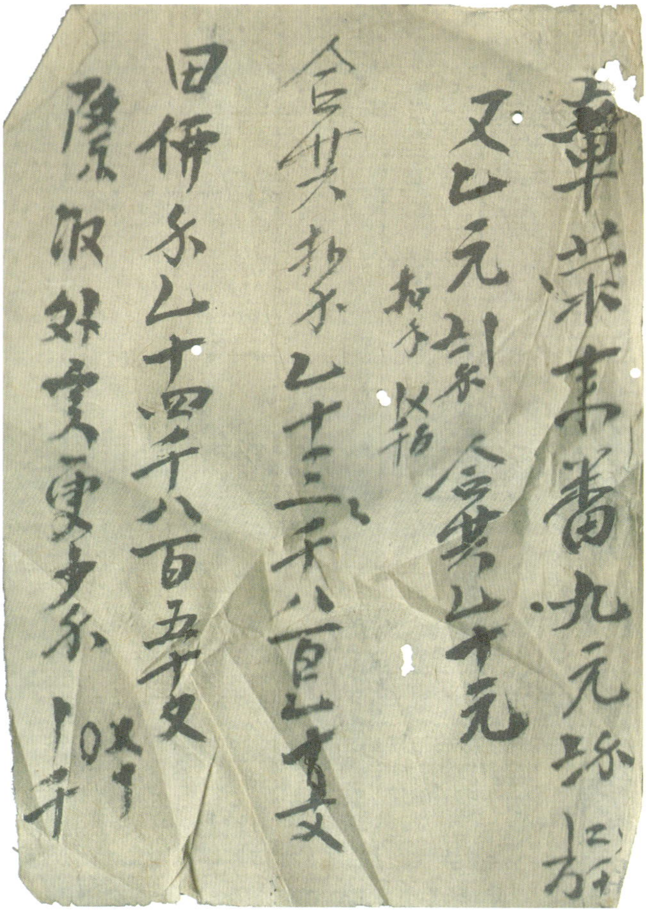

草萊共番九元〢〤
又山元二斗八 合共山十元
扣除收拾
合共扣除山十三千八百山十文
田價除山十四千八百五十文
除收外実欠山系 10千

5-2-73-84　清乾隆至光緒年間鄭氏家族置業簿（夾葉三）

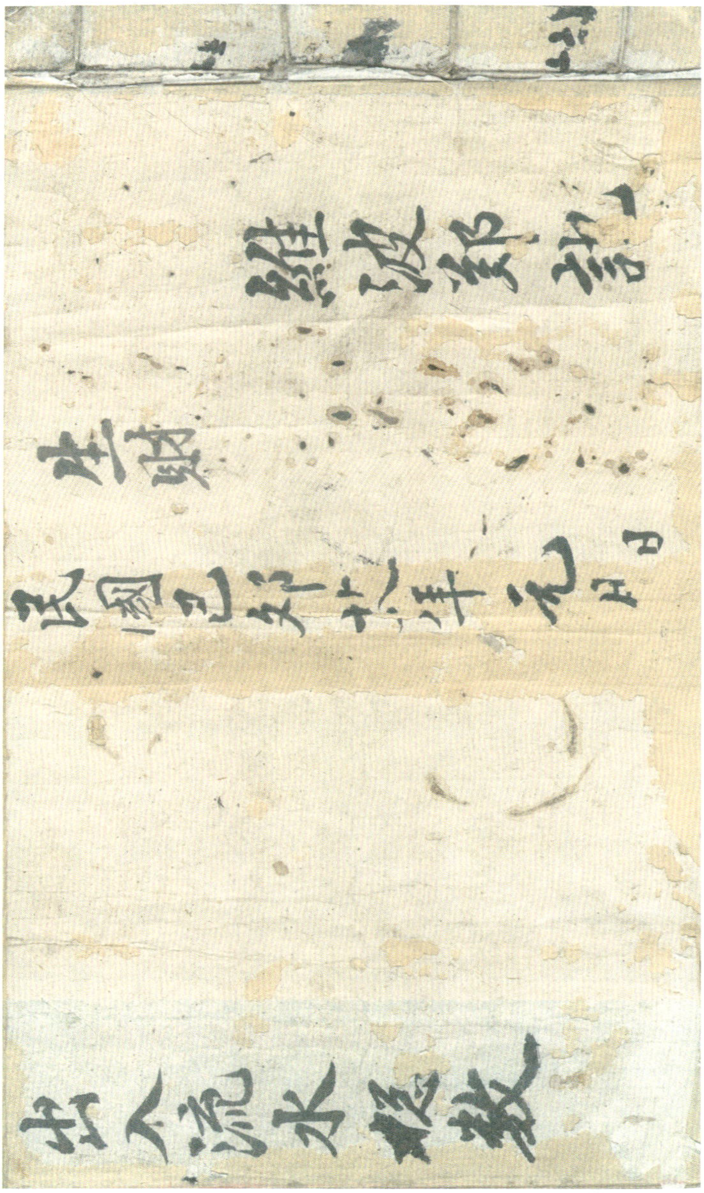

5-2-74-1　民國二十八年鄭維波記出入流水總數（一）

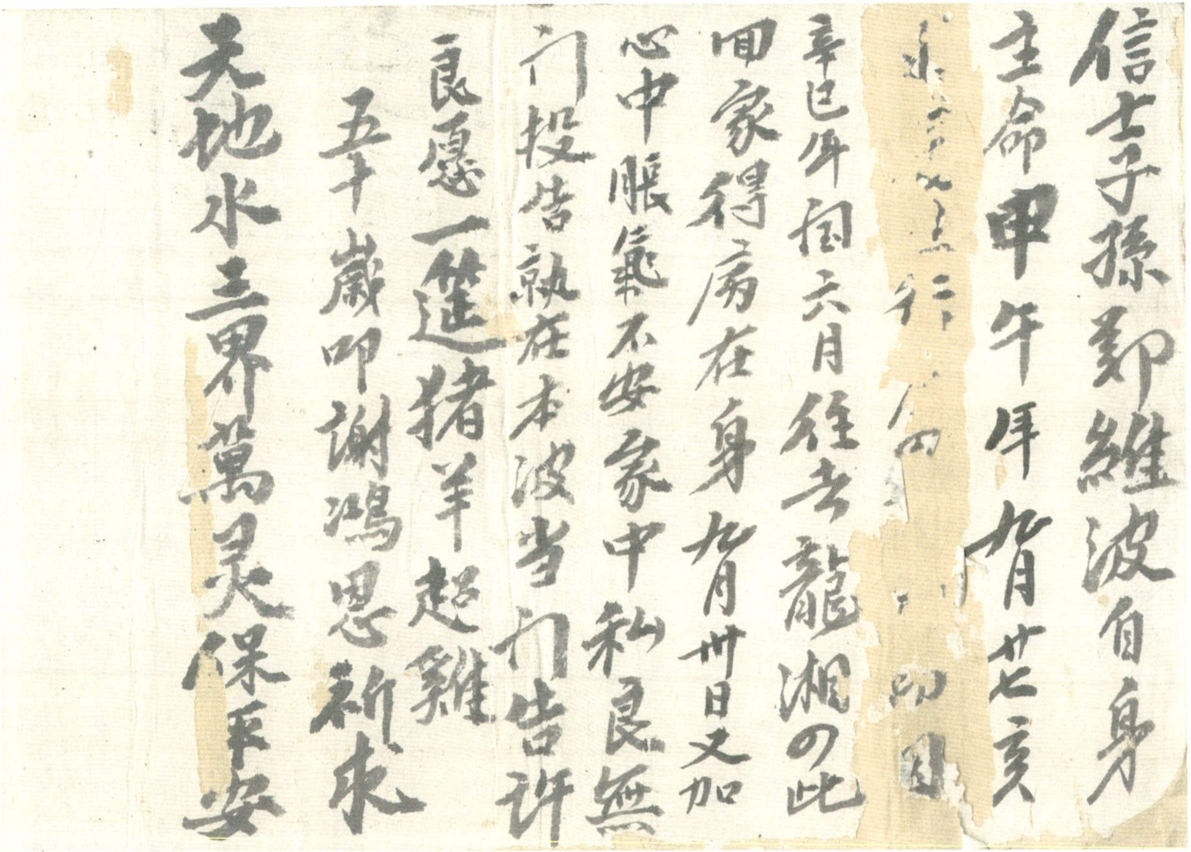
信士子孫鄭維波自身
主命甲午年九月廿七亥
[illegible]
辛巳年閏六月往去龍湘回此
回家得病在身九月卅日又加
心中脹氣不安家中私良無
门投告執在本波当门告許
良愿一筵猪羊超雞
五年十歲叩謝鴻恩祈求
天地水三界萬灵保平安

5-2-74-2　民國二十八年鄭維波記出入流水總數（二）

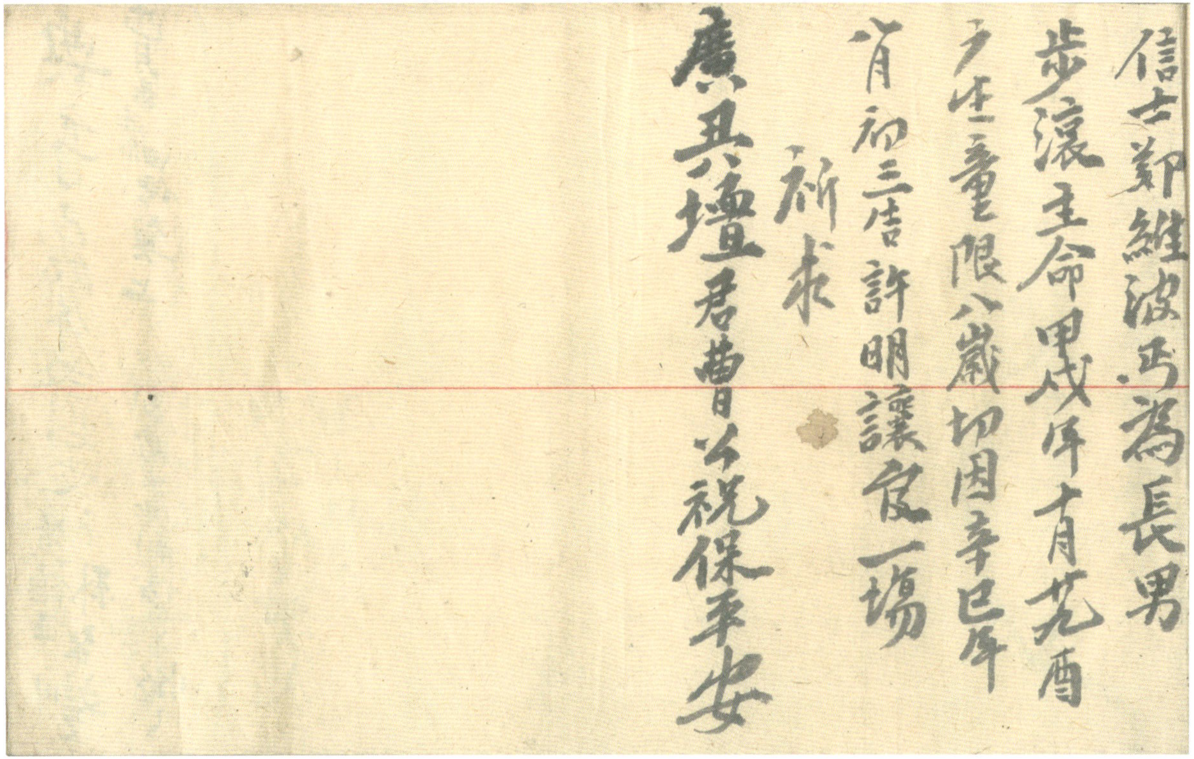
信士鄭維波忠為長男
步滾主命甲戌年十月廿九酉
户生童限八歲切因辛巳年
月初三告許明讓度一場
祈求
廣其壇君曹以祝保平安

5-2-74-3　民國二十八年鄭維波記出入流水總數（三）

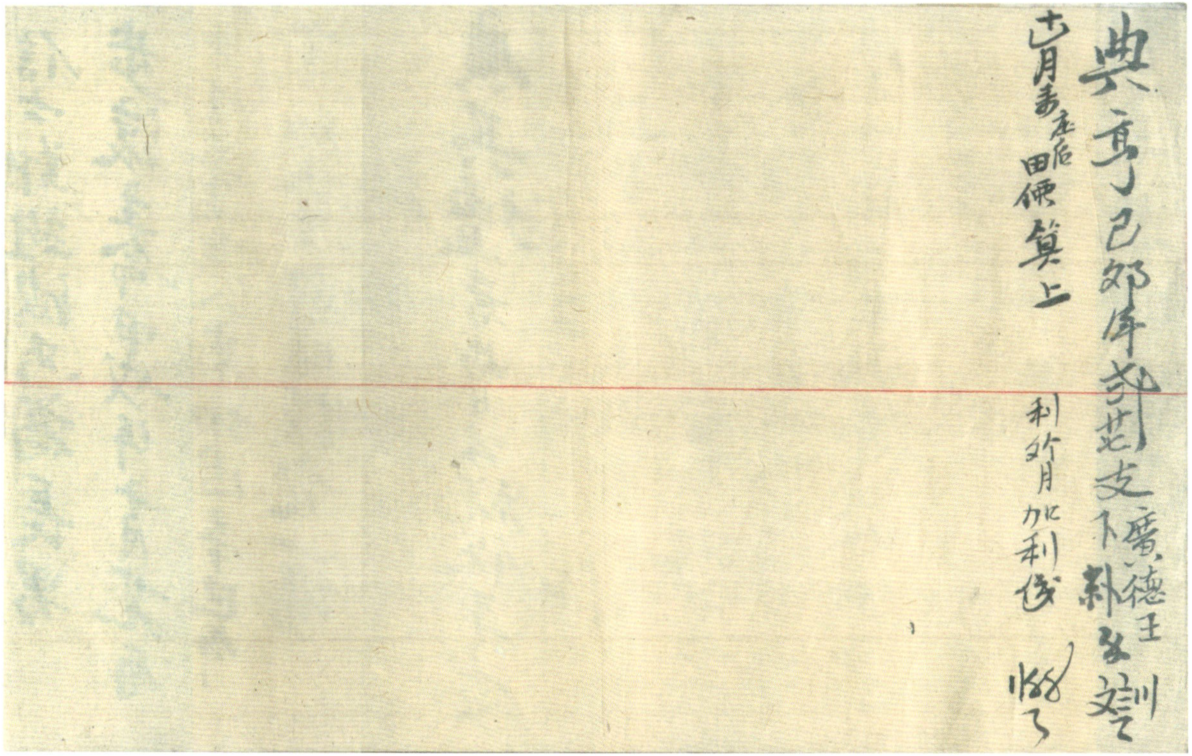

5-2-74-4　民國二十八年鄭維波記出入流水總數（四）

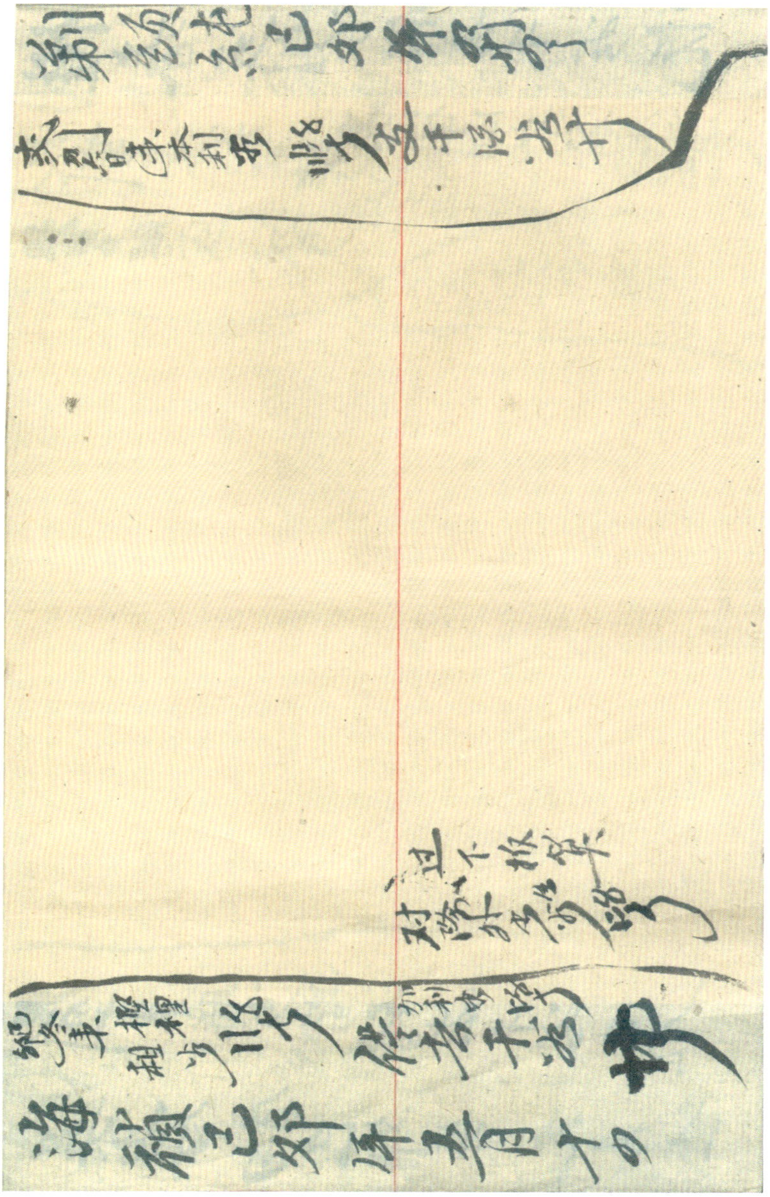

5-2-74-5　民國二十八年鄭維波記出入流水總數（五）

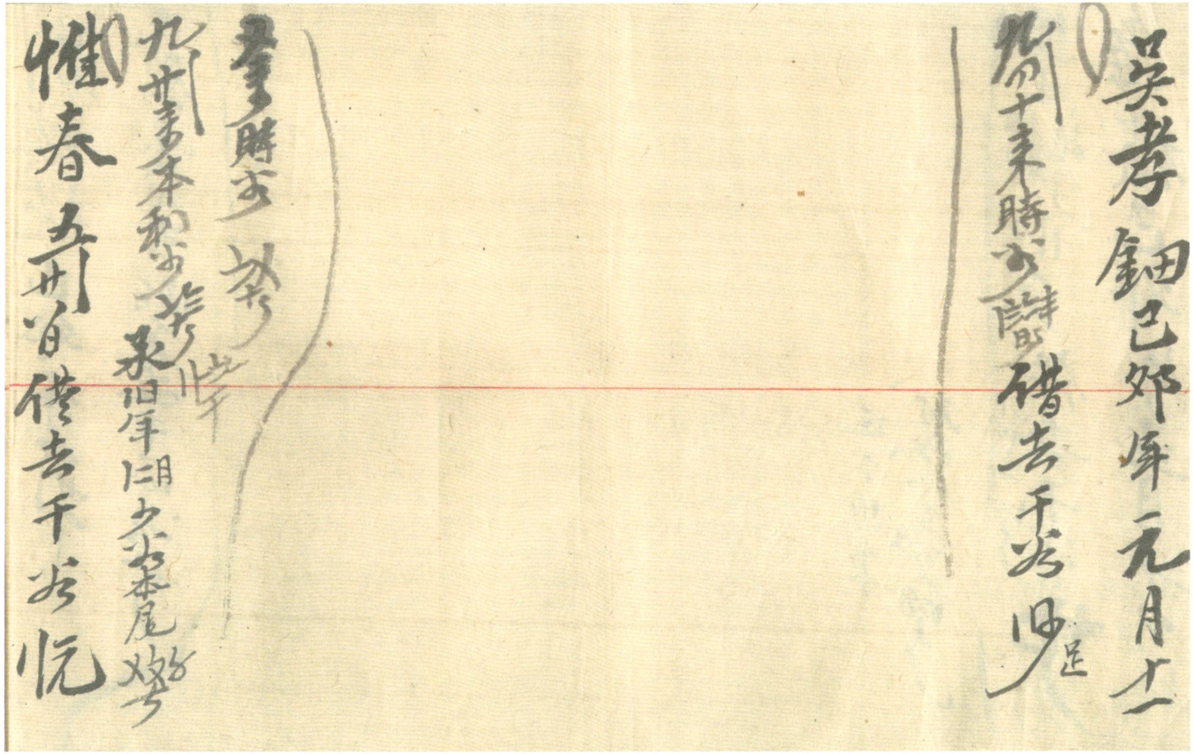

5-2-74-6　民國二十八年鄭維波記出入流水總數（六）

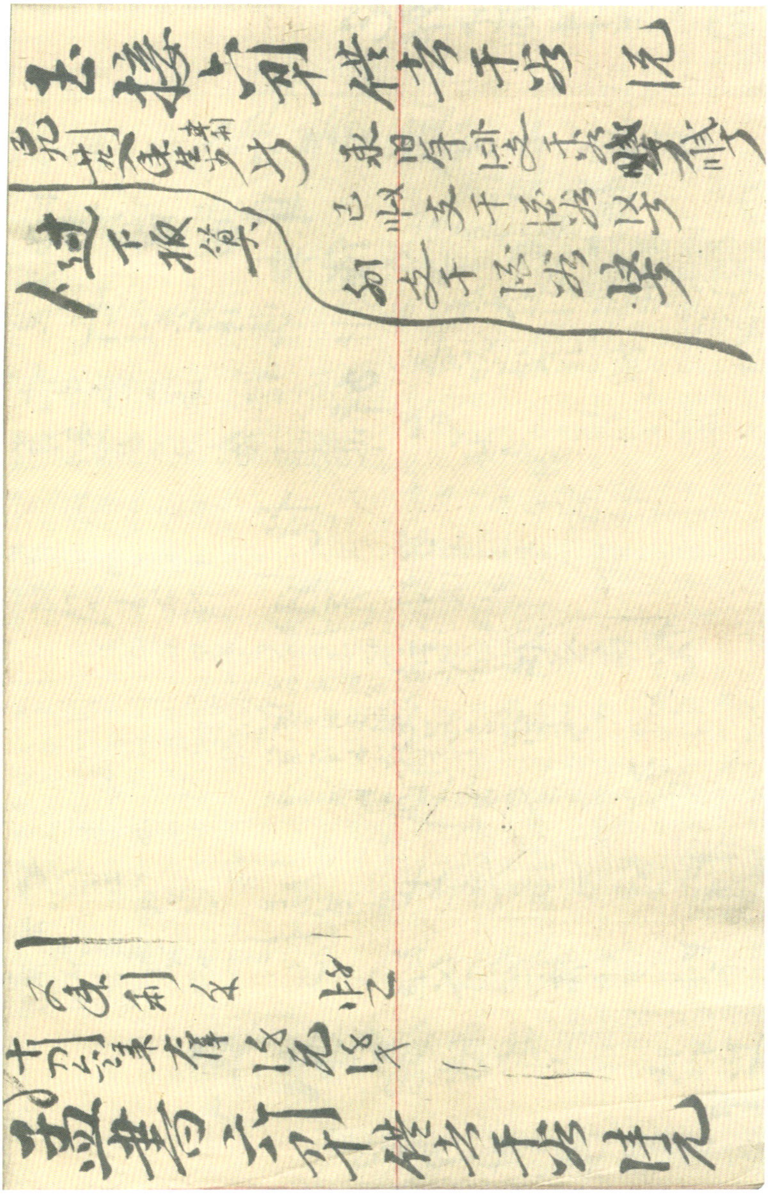

5-2-74-7　民國二十八年鄭維波記出入流水總數（七）

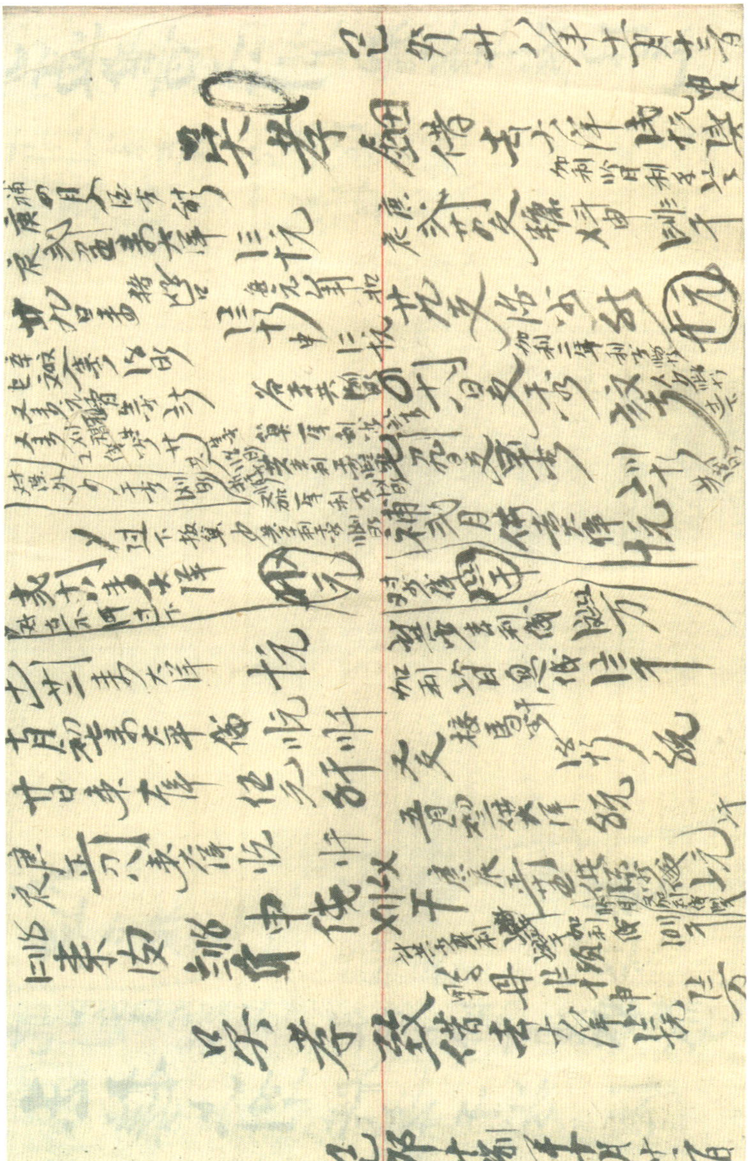

5-2-74-8　民國二十八年鄭維波記出人流水總數（八）

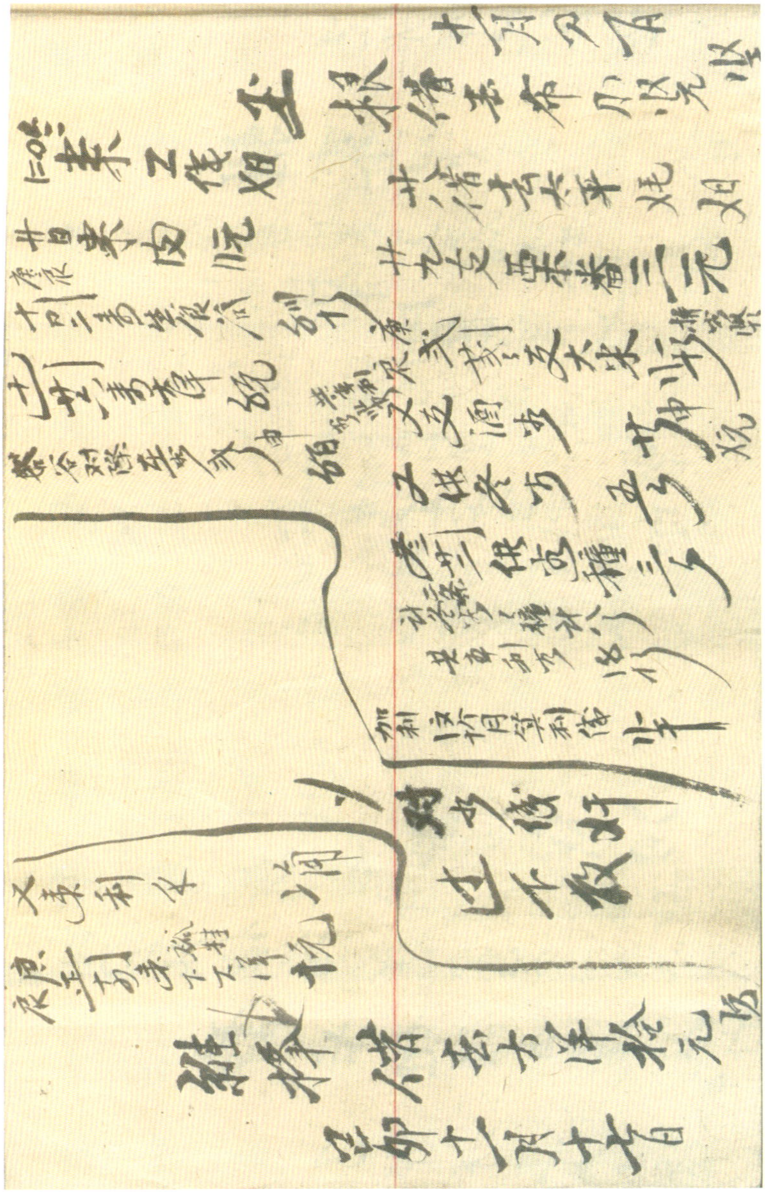

5-2-74-9　民國二十八年鄭維波記出入流水總數（九）

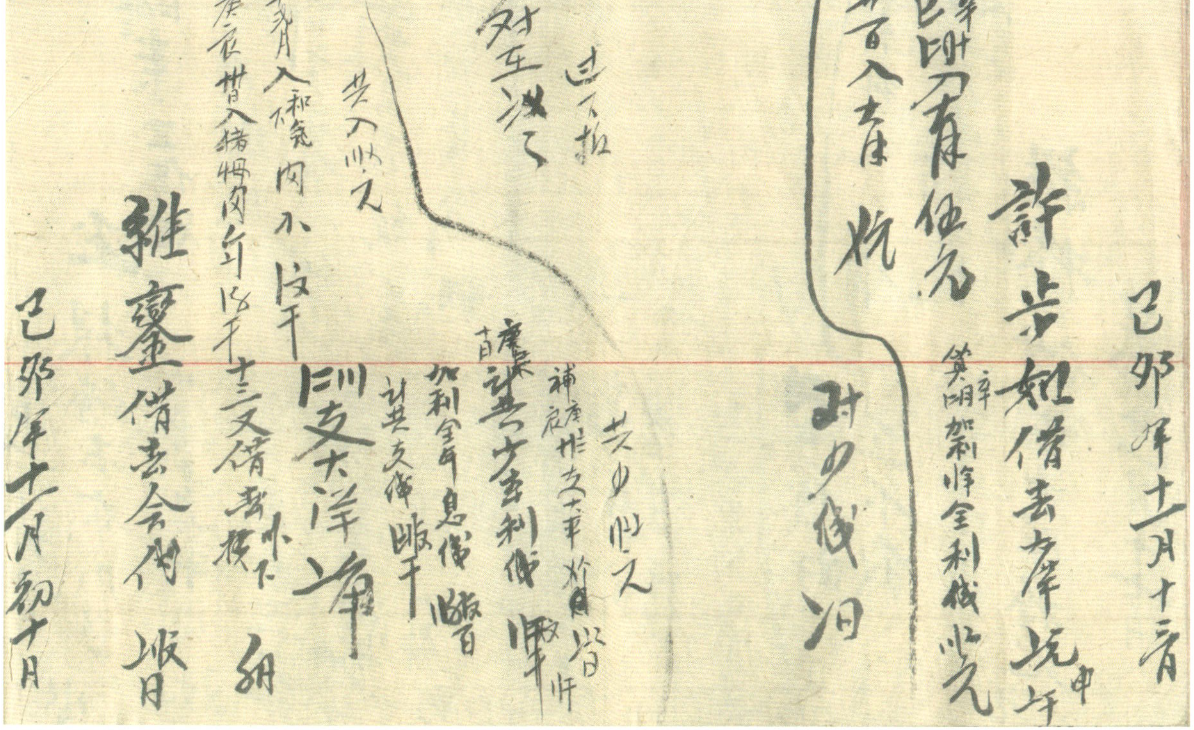

5-2-74-10　民國二十八年鄭維波記出入流水總數（一〇）

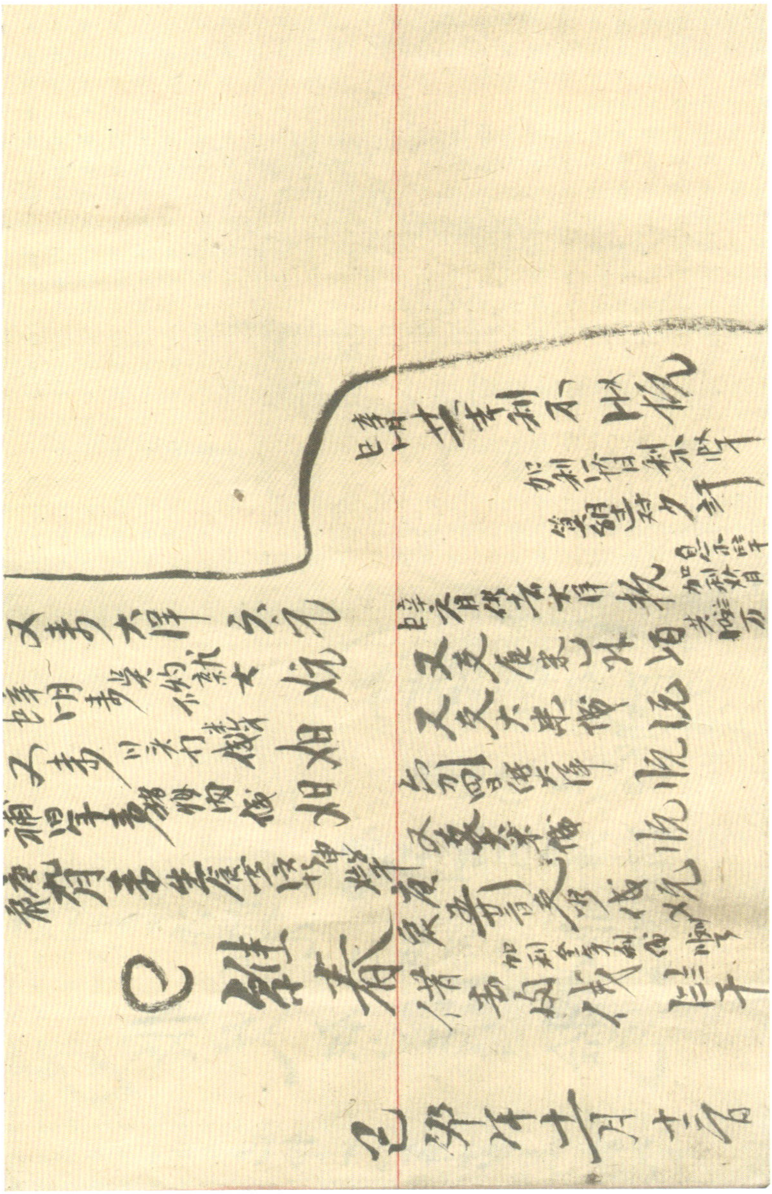

5-2-74-11　民國二十八年鄭維波記出入流水總數（一一）

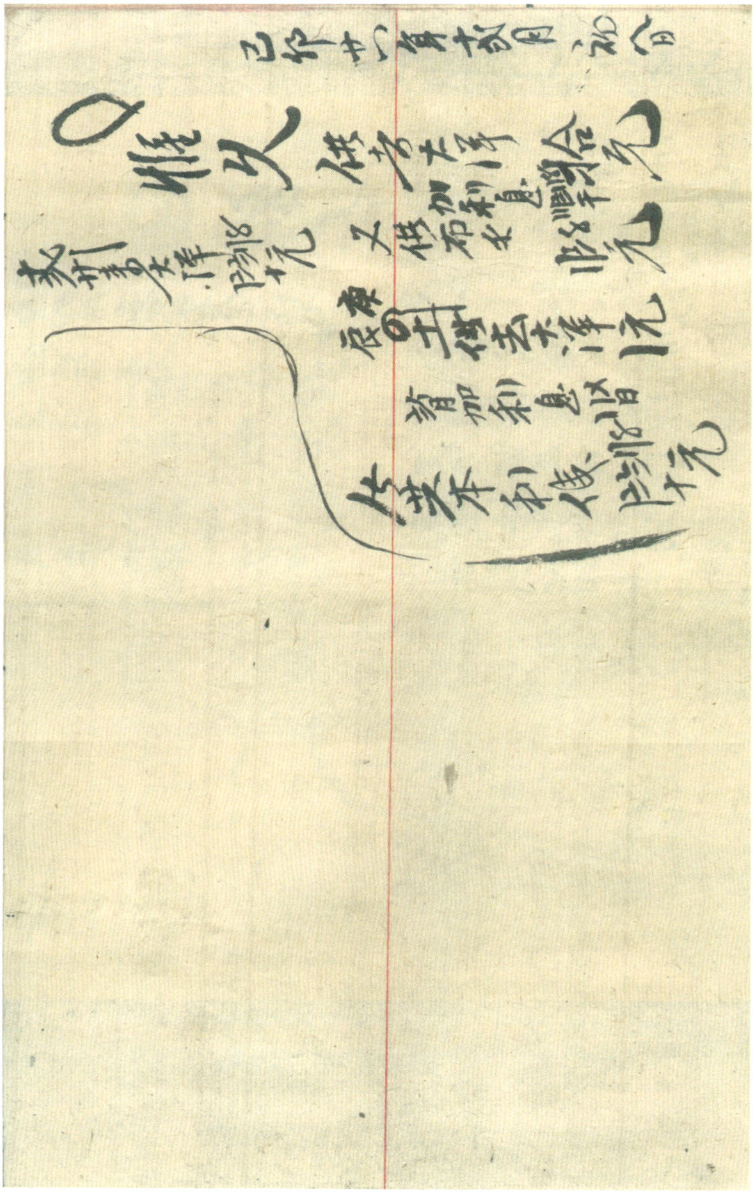

5-2-74-12　民國二十八年鄭維波記出入流水總數（一二）

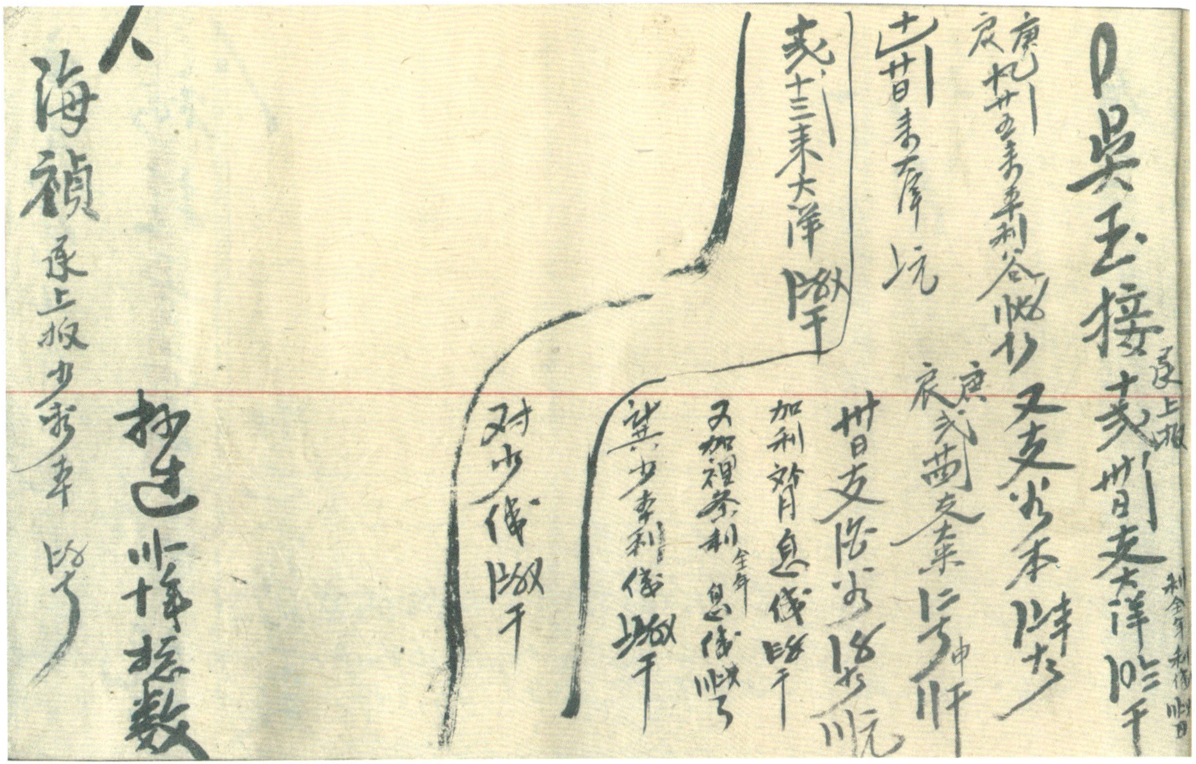

5-2-74-13　民國二十八年鄭維波記出入流水總數（一三）

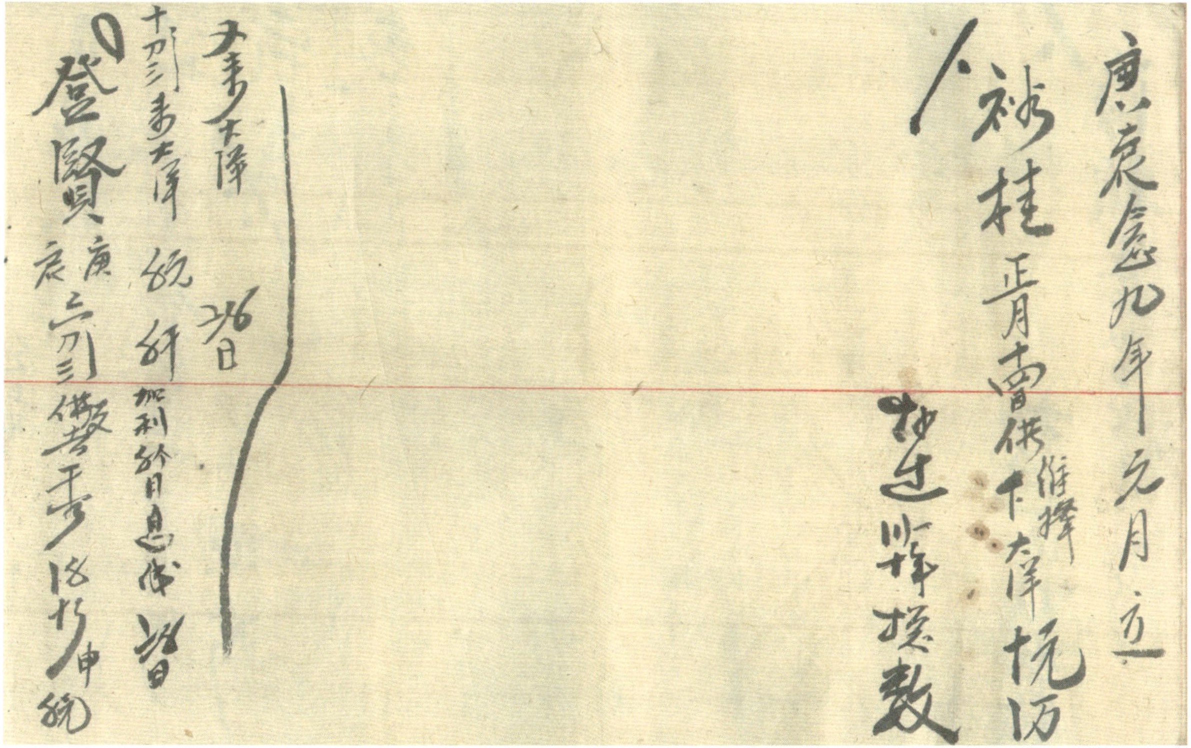
庚辰念九年元月立

5-2-74-14　民國二十八年鄭維波記出入流水總數（一四）

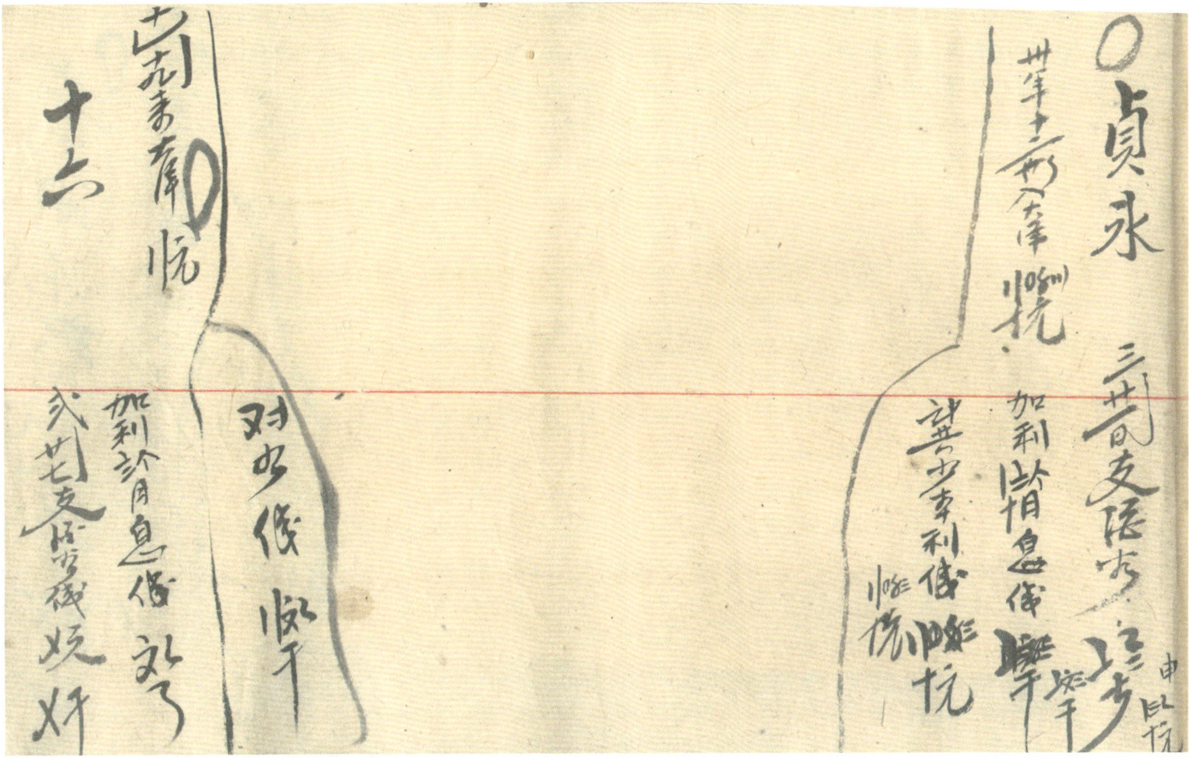

5-2-74-15　民國二十八年鄭維波記出入流水總數（一五）

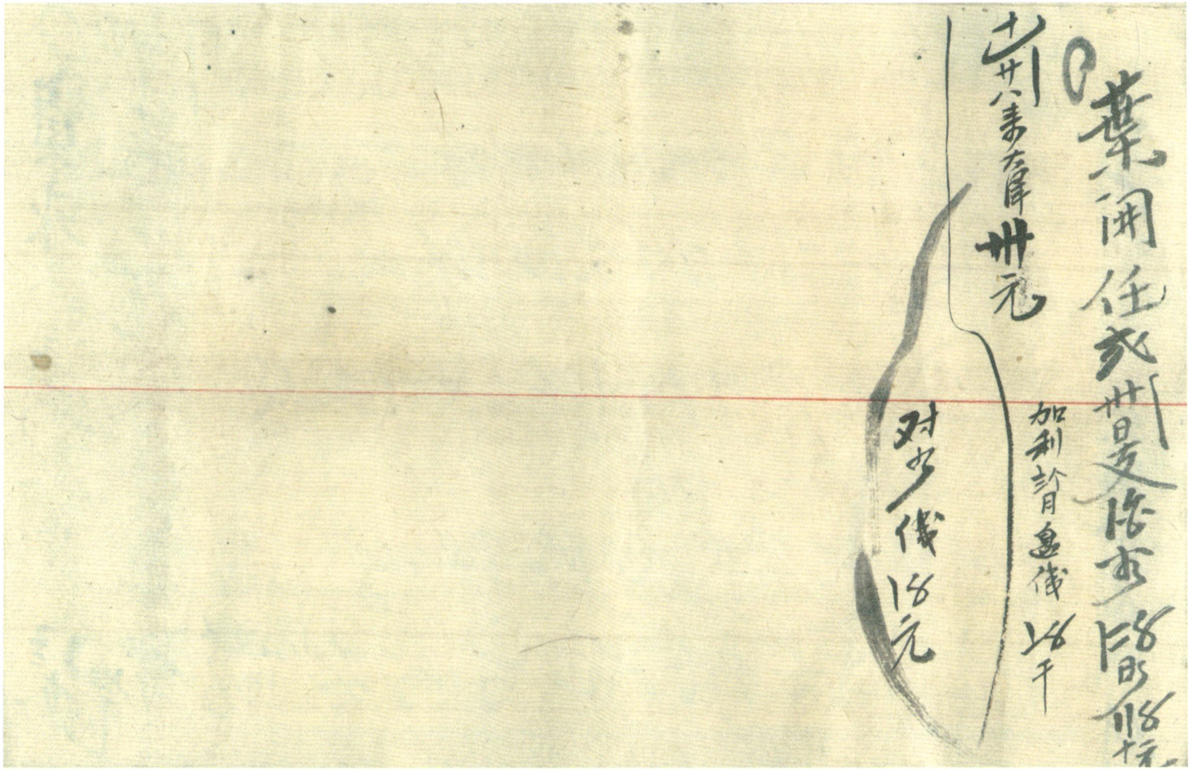

5-2-74-16　民國二十八年鄭維波記出入流水總數（一六）

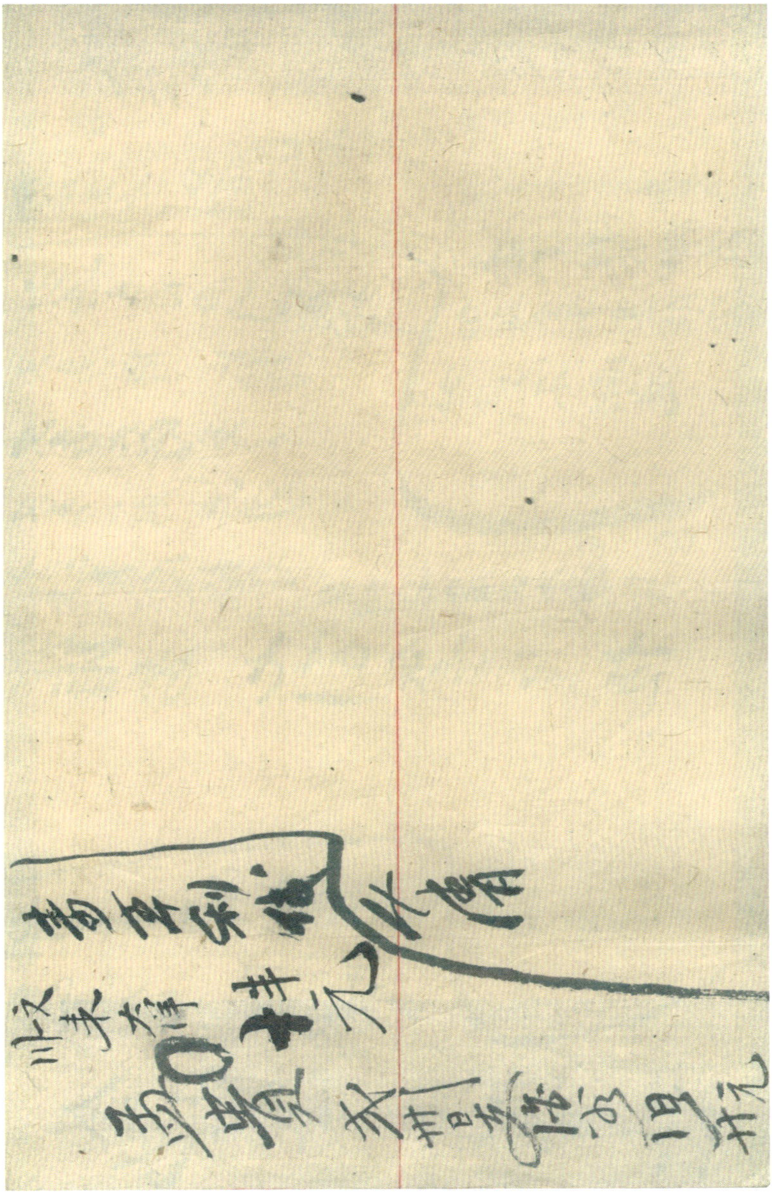

5-2-74-17 民國二十八年鄭維波記出入流水總數（一七）

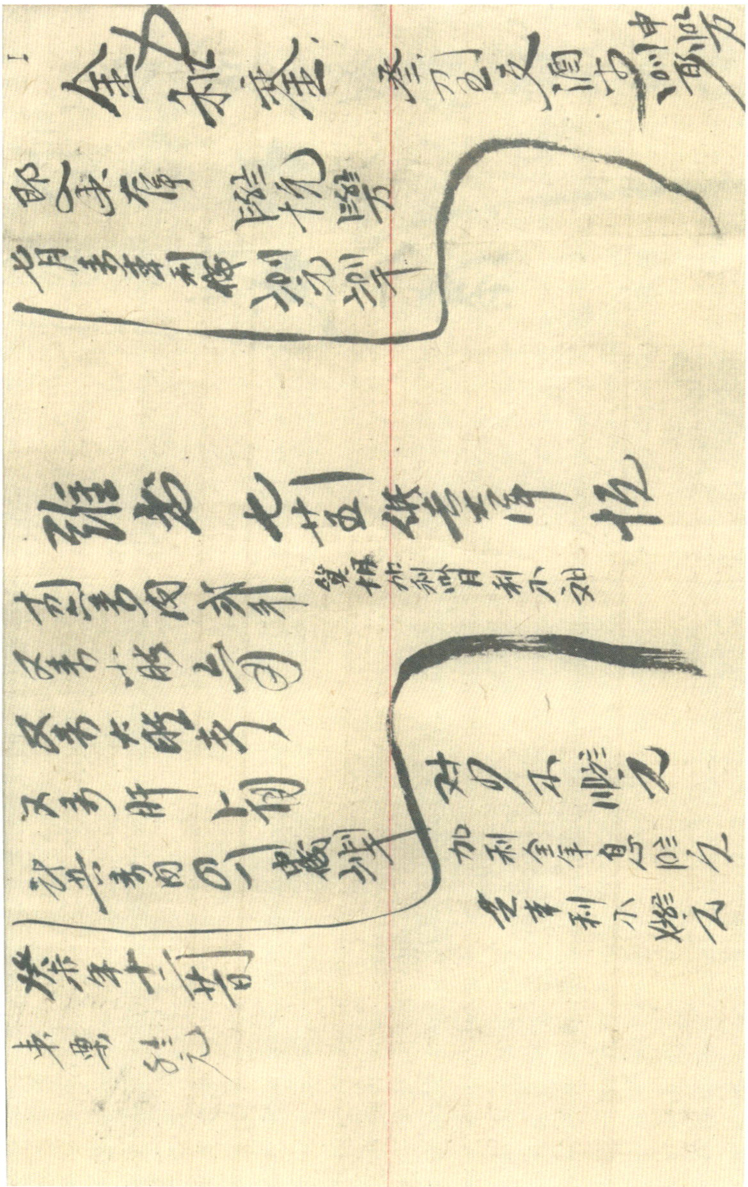

5-2-74-18　民國二十八年鄭維波記出入流水總數（一八）

5-2-74-19　民國二十八年鄭維波記出入流水總數（一九）

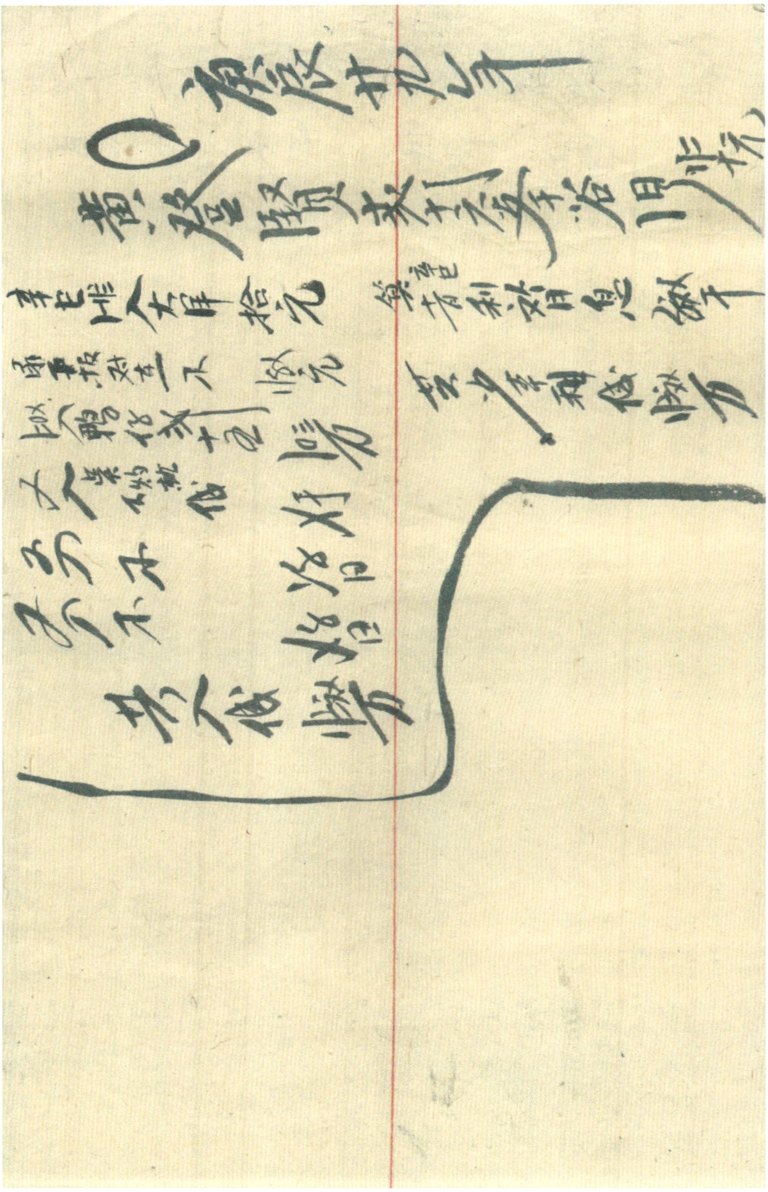

5-2-74-20　民國二十八年鄭維波記出入流水總數（二〇）

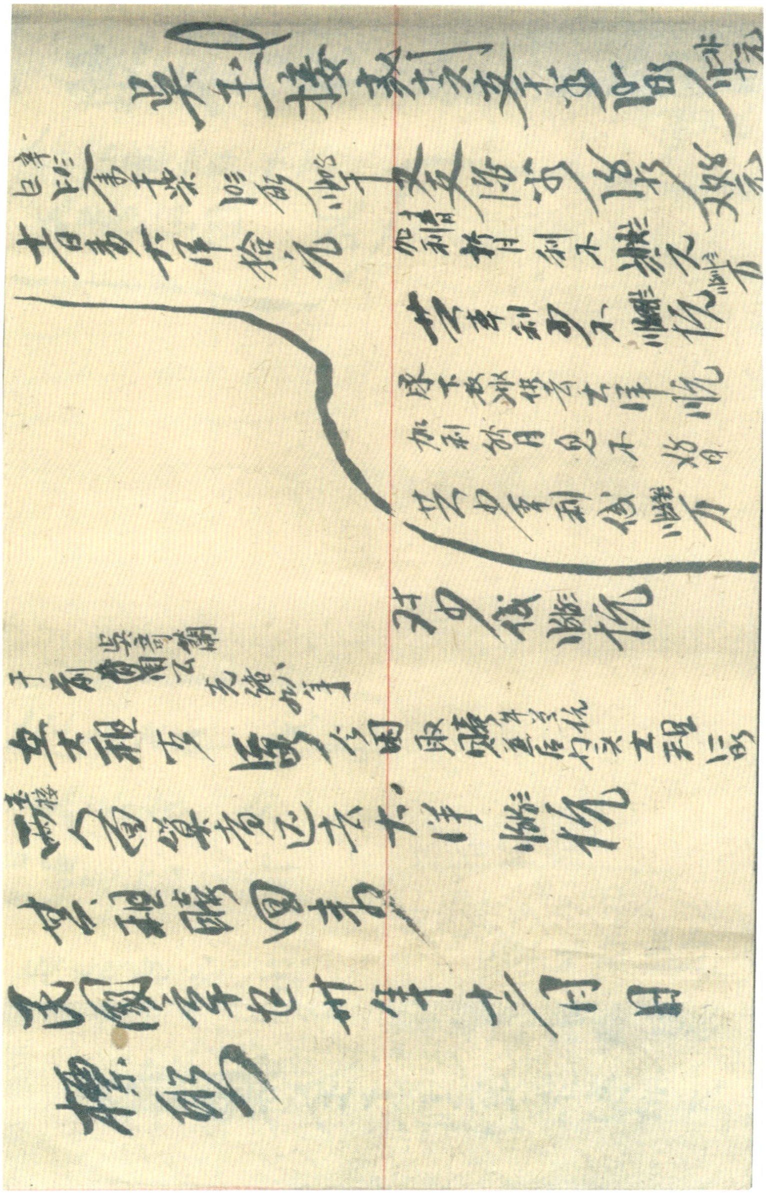

5-2-74-21　民國二十八年鄭維波記出入流水總數（二一）

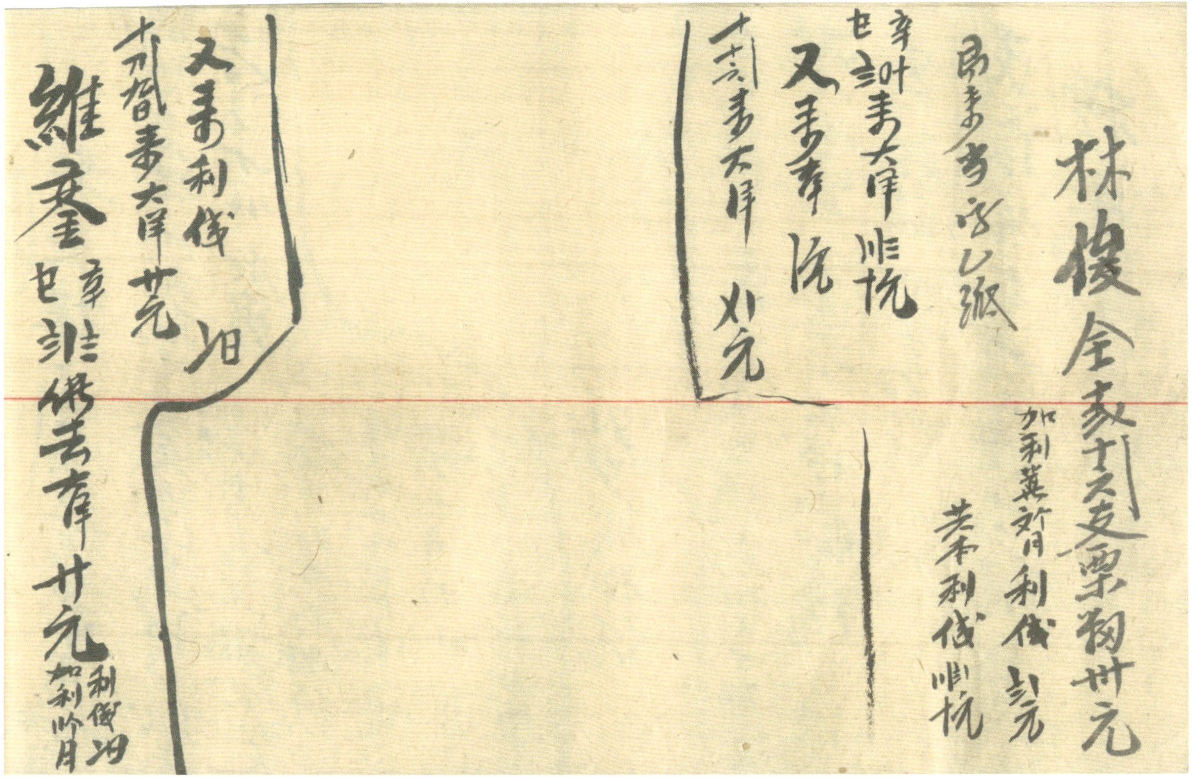

5-2-74-22　民國二十八年鄭維波記出入流水總數（二二）

5-2-74-23 民國二十八年鄭維波記出入流水總數（二三）

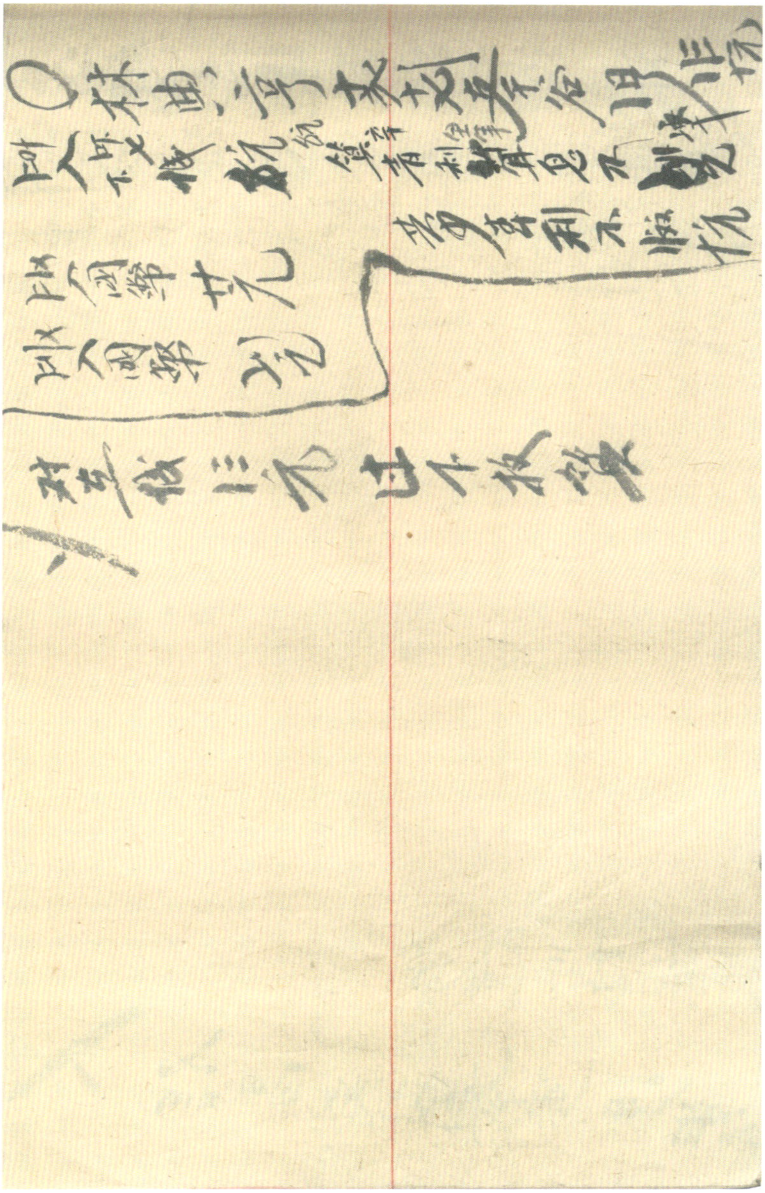

5-2-74-24　民國二十八年鄭維波記出入流水總數（二四）

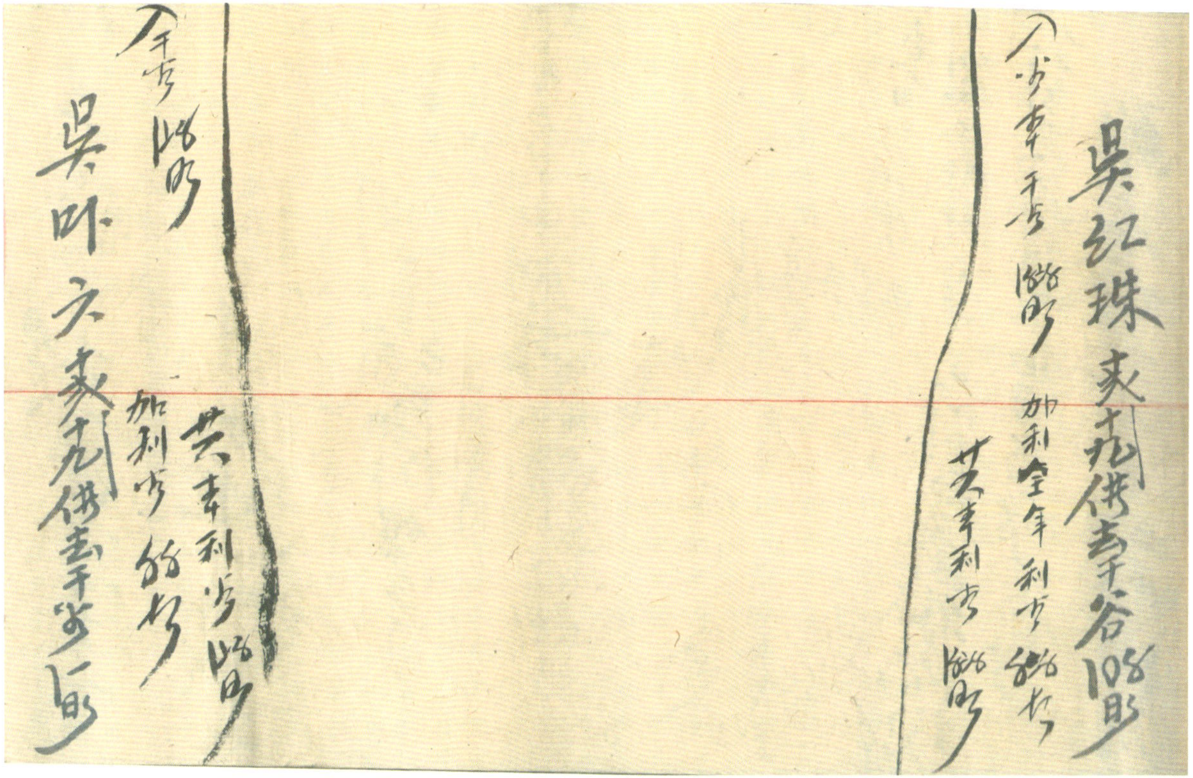

5-2-74-25　民國二十八年鄭維波記出入流水總數（二五）

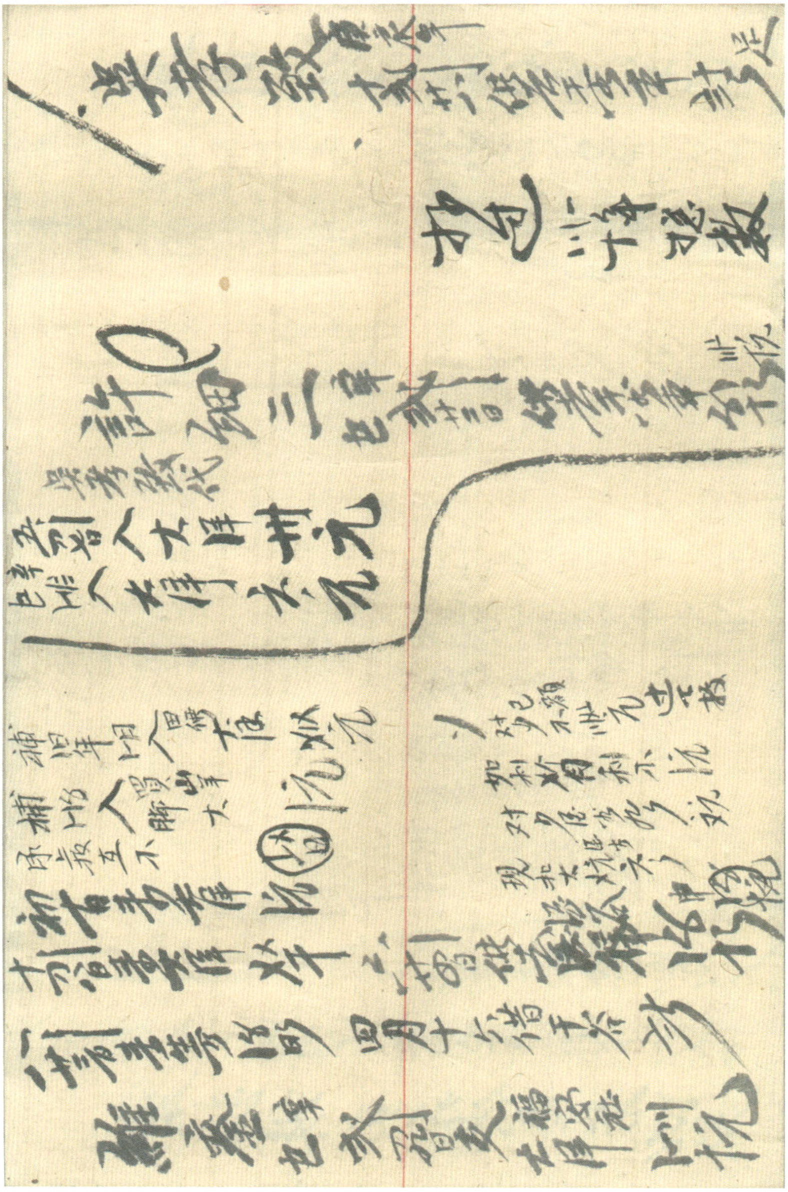

5-2-74-26　民國二十八年鄭維波記出入流水總數（二六）

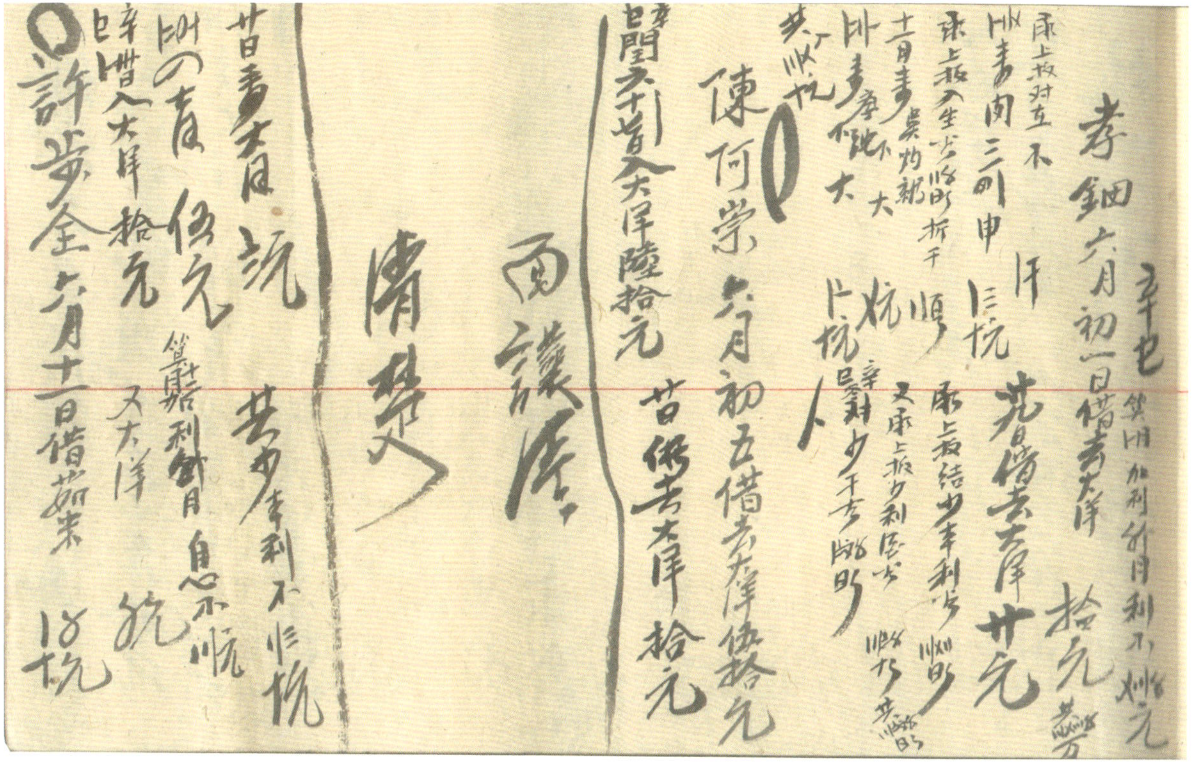

5-2-74-27　民國二十八年鄭維波記出入流水總數（二七）

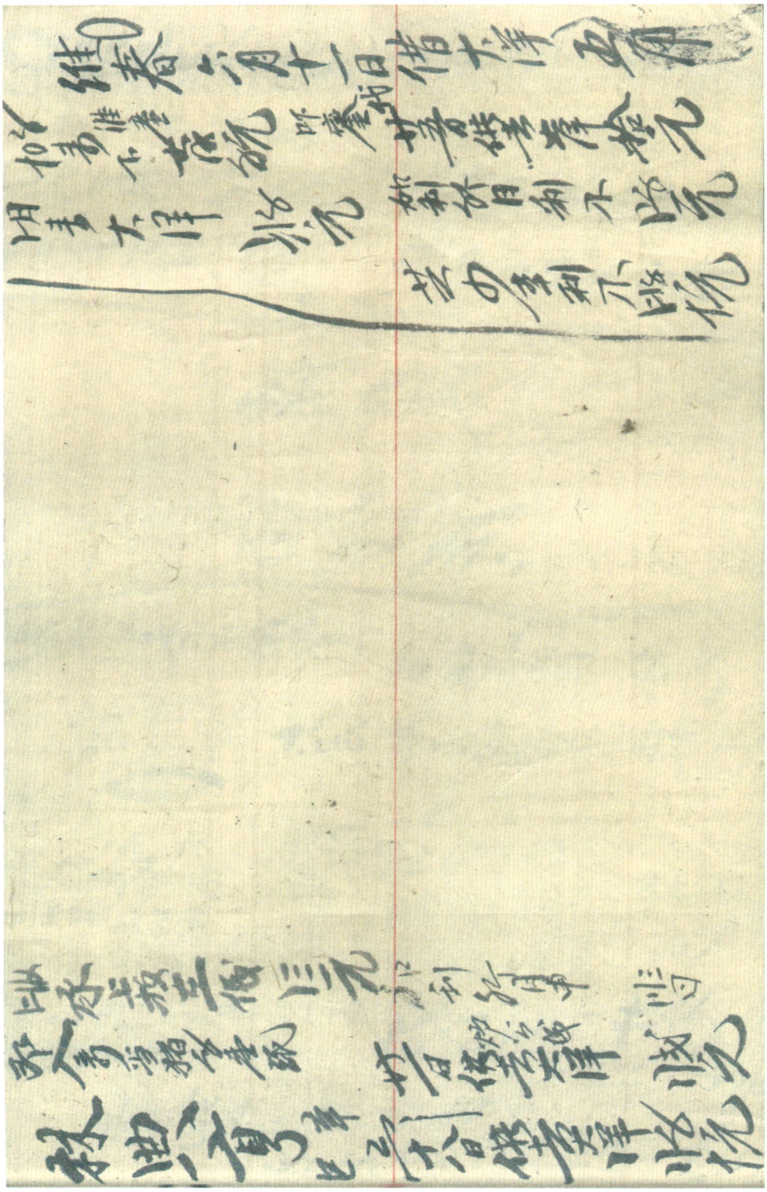

5-2-74-28　民國二十八年鄭維波記出入流水總數（二八）

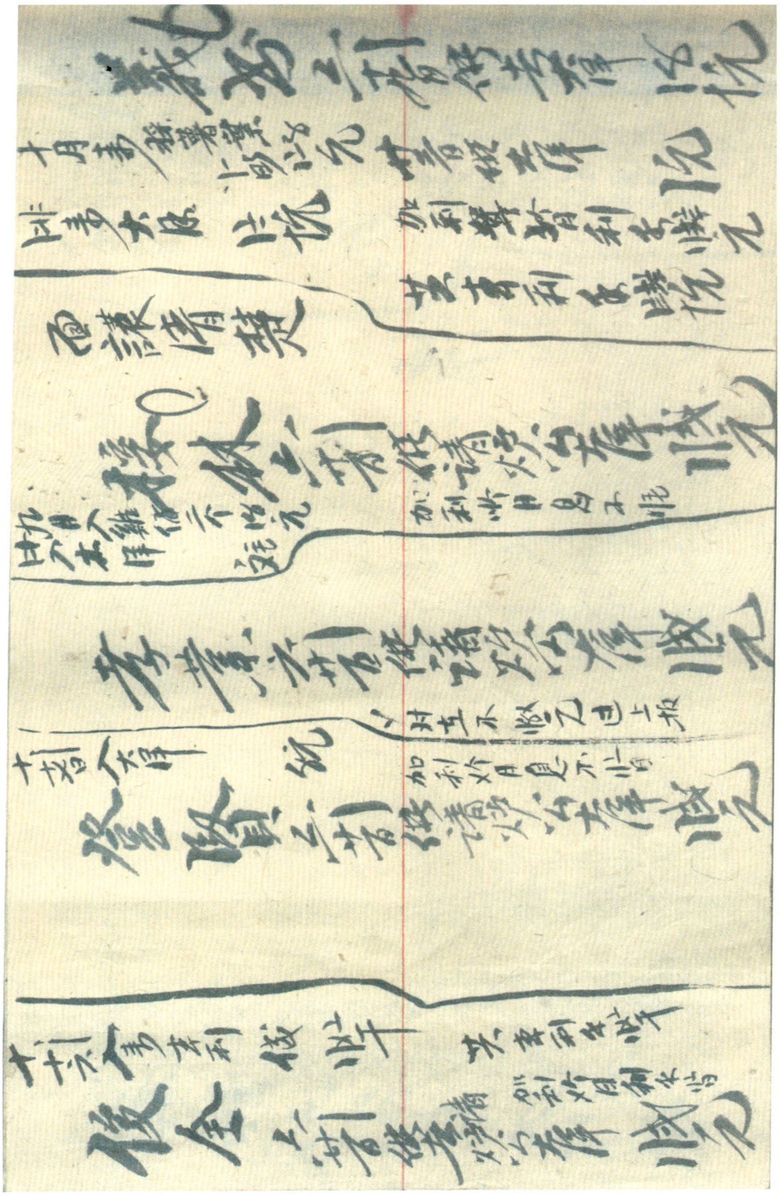

5-2-74-29　民國二十八年鄭維波記出入流水總數（二九）

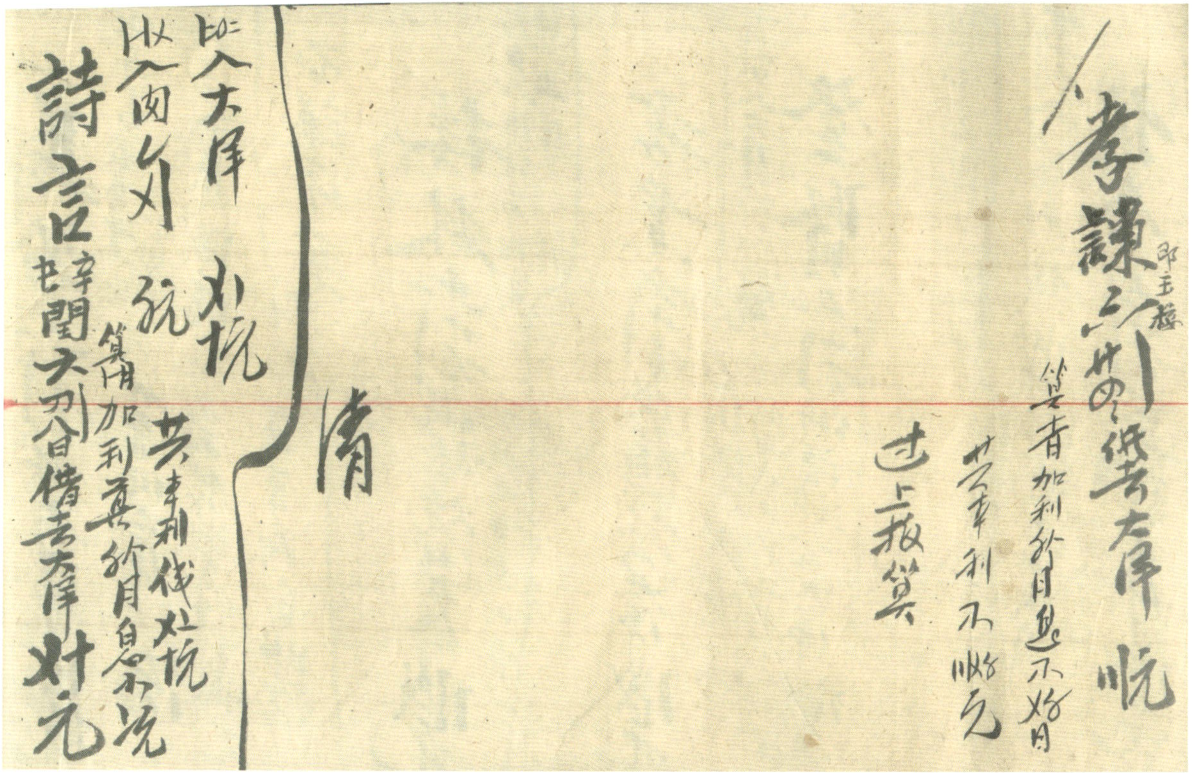

5-2-74-30　民國二十八年鄭維波記出入流水總數（三〇）

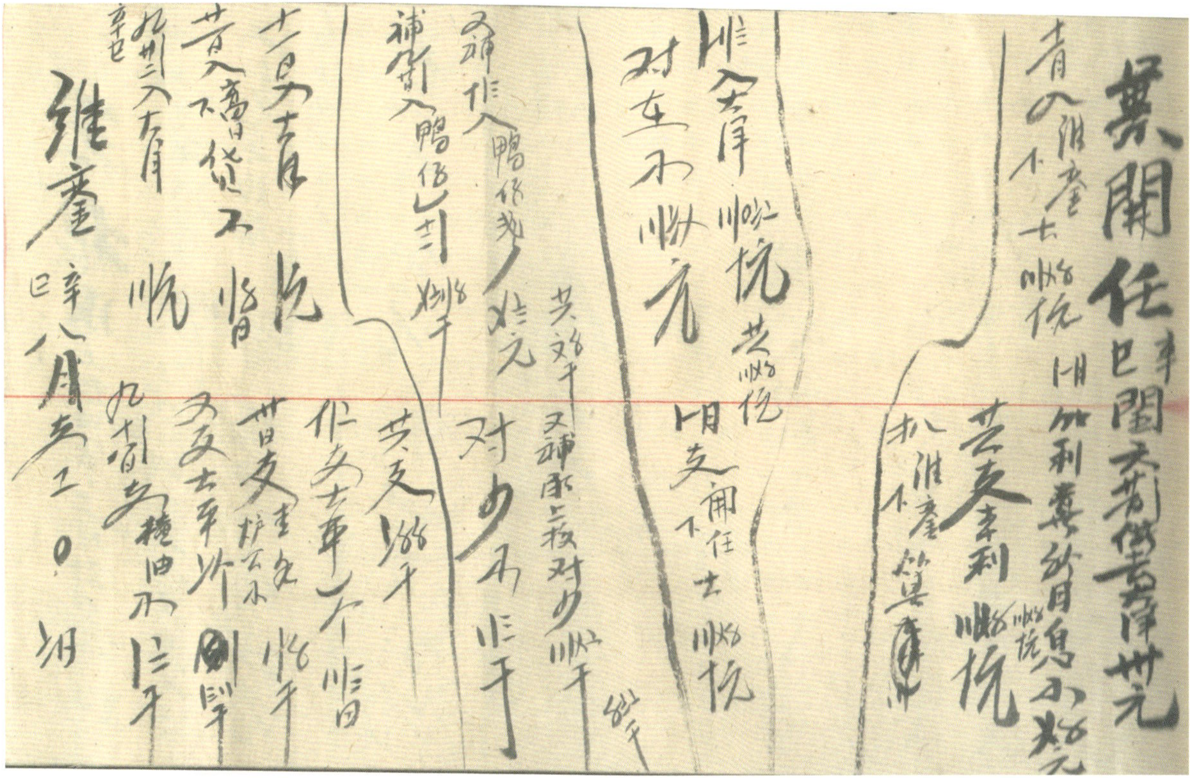

5-2-74-31　民國二十八年鄭維波記出入流水總數（三一）

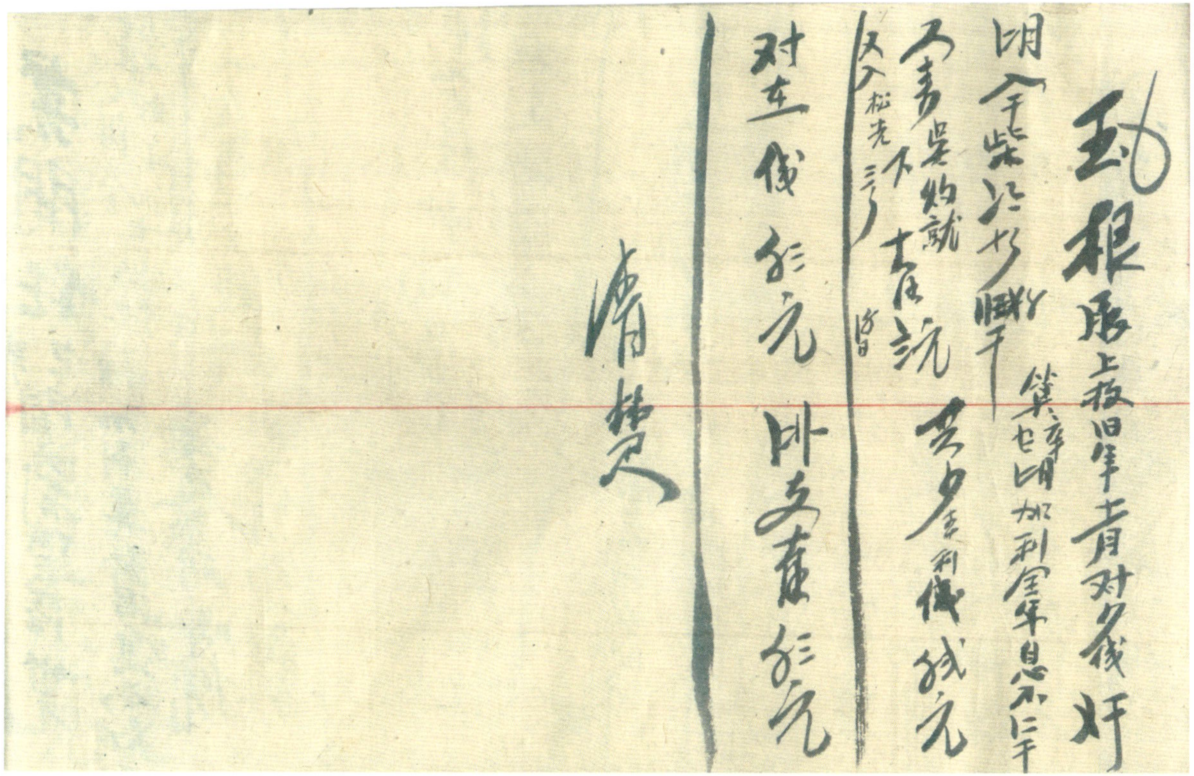

5-2-74-32　民國二十八年鄭維波記出入流水總數（三二）

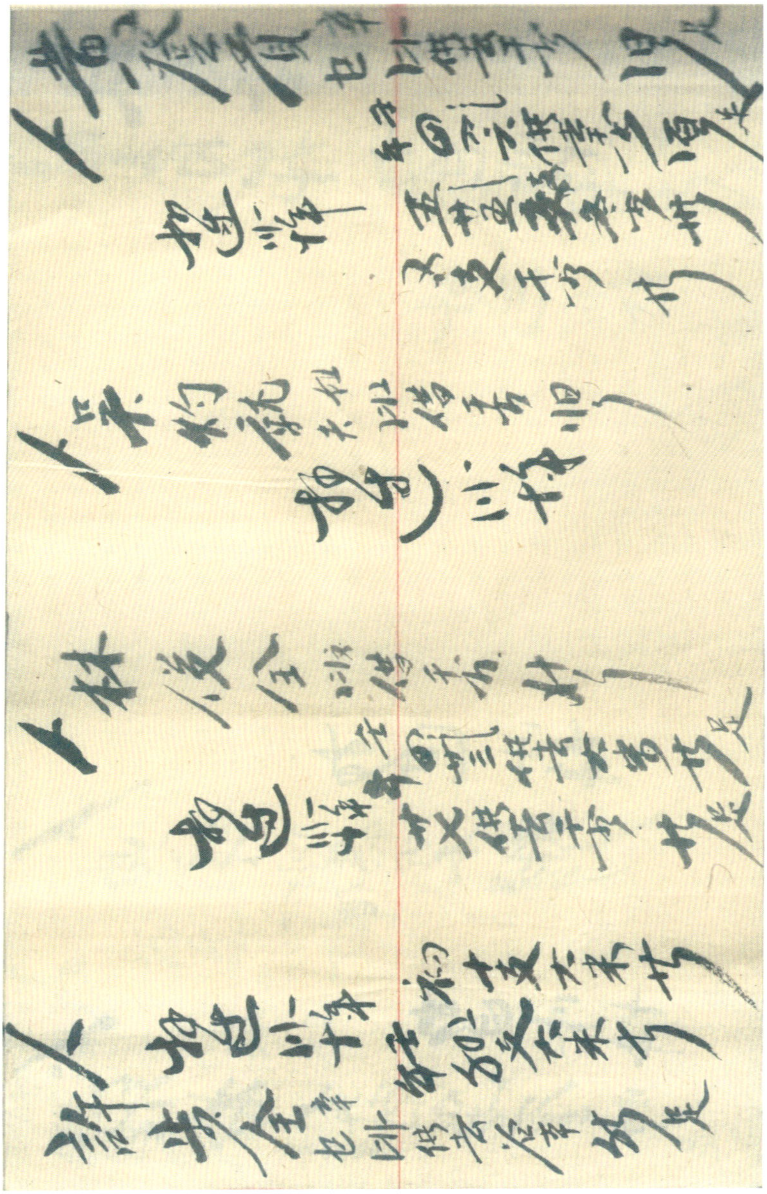

5-2-74-33　民國二十八年鄭維波記出入流水總數（三三）

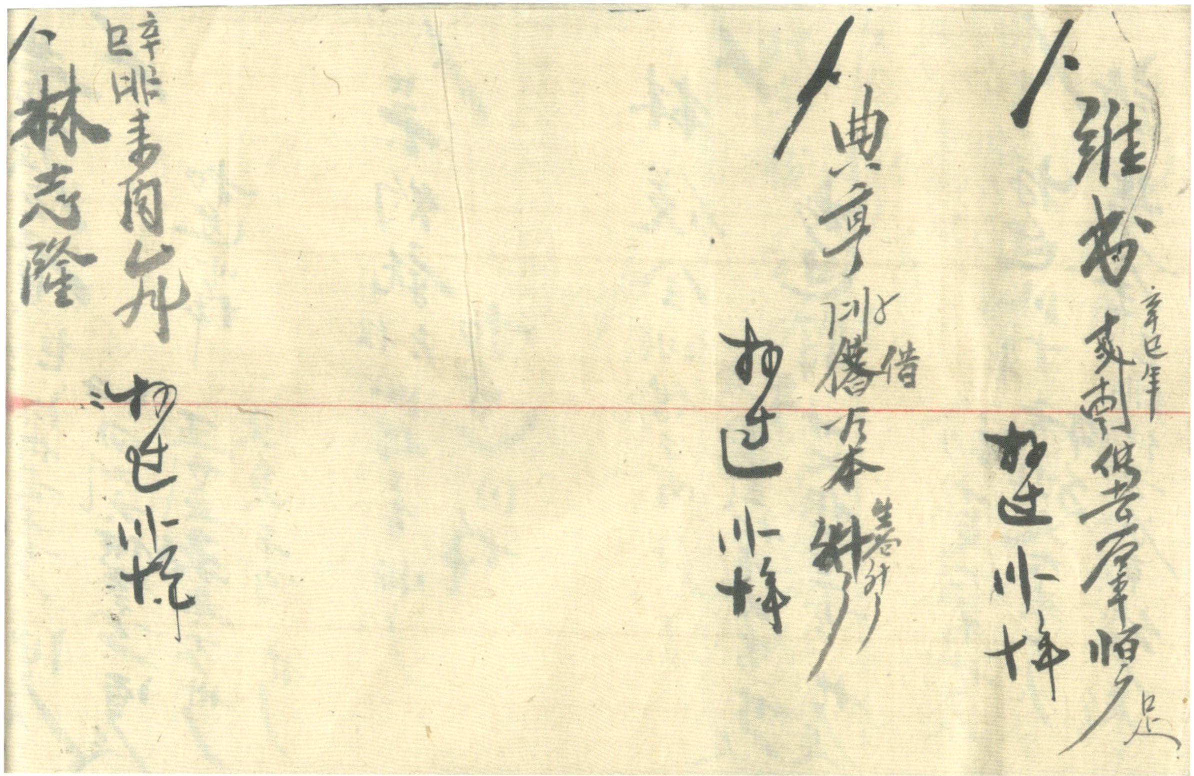

5-2-74-34　民國二十八年鄭維波記出入流水總數（三四）

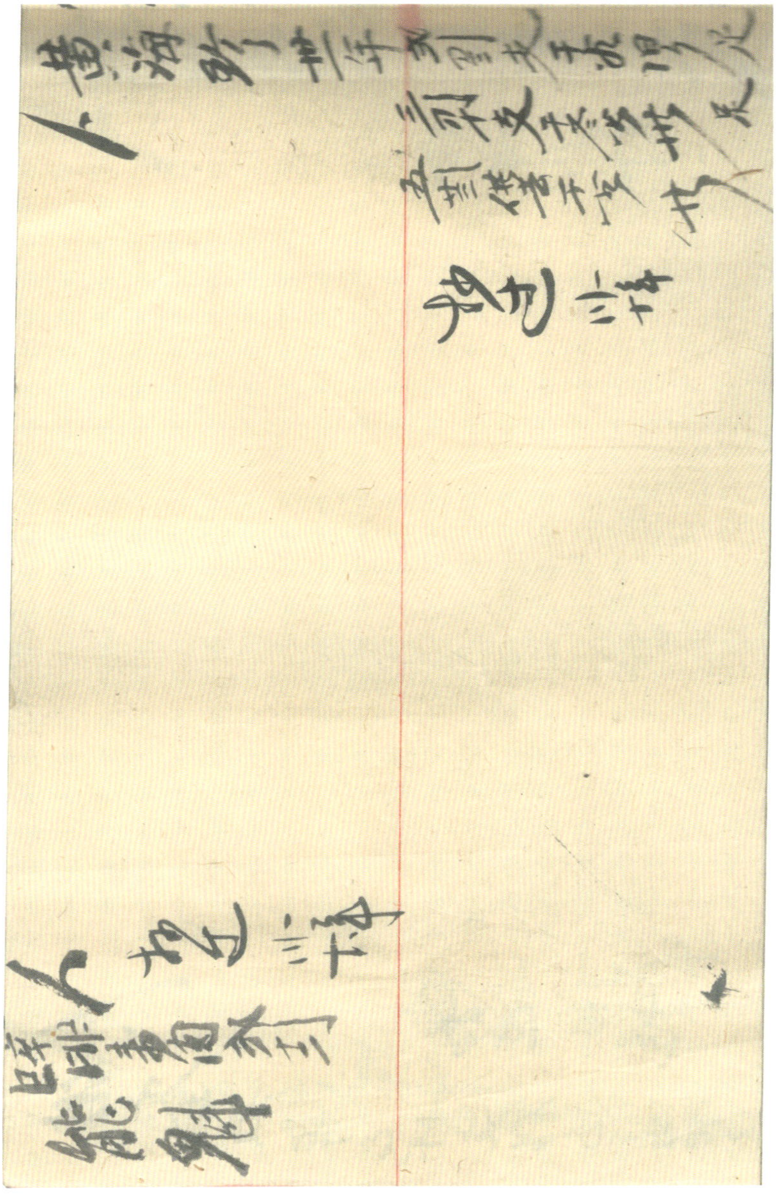

5-2-74-35　民國二十八年鄭維波記出入流水總數（三五）

5-2-74-36　民國二十八年鄭維波記出入流水總數（三六）

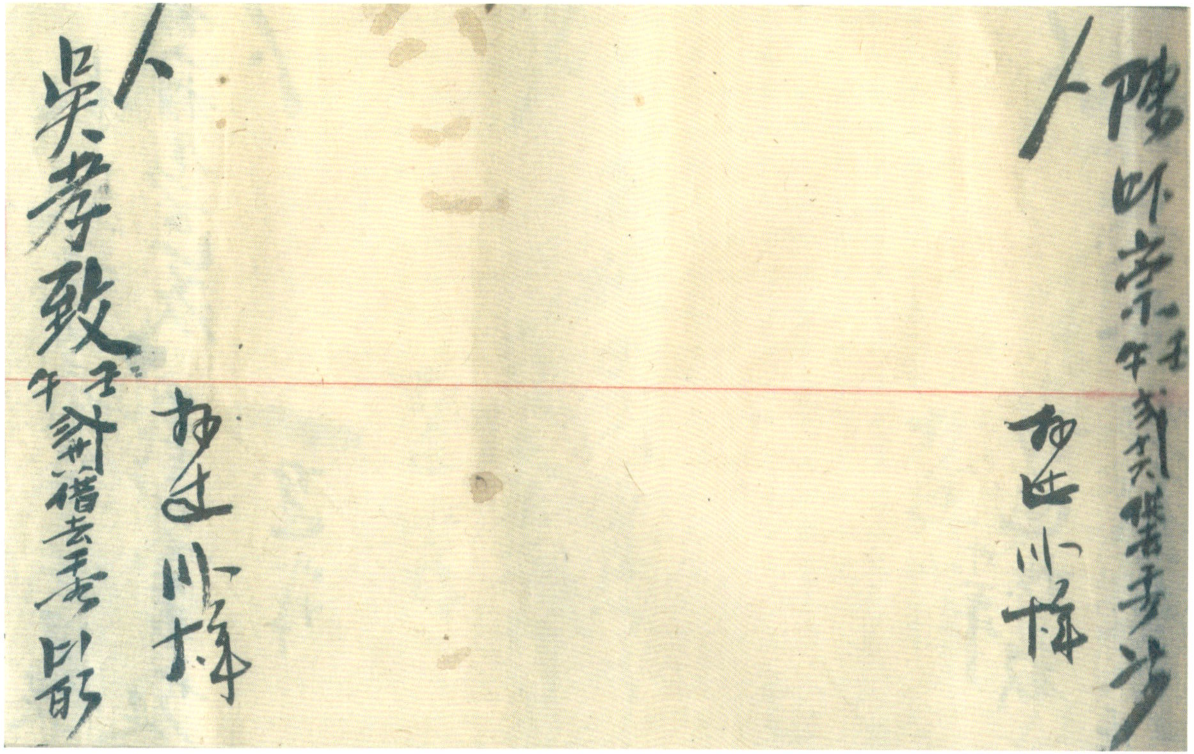

5-2-74-37　民國二十八年鄭維波記出入流水總數（三七）

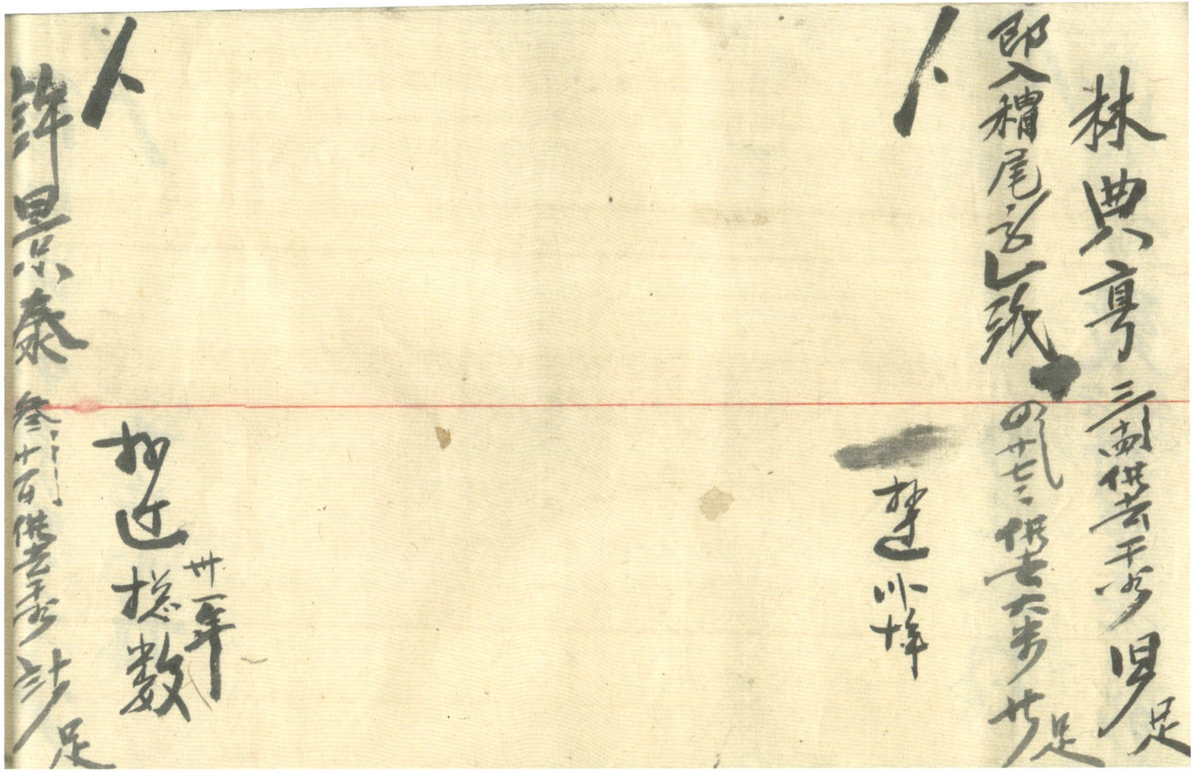

5-2-74-38　民國二十八年鄭維波記出入流水總數（三八）

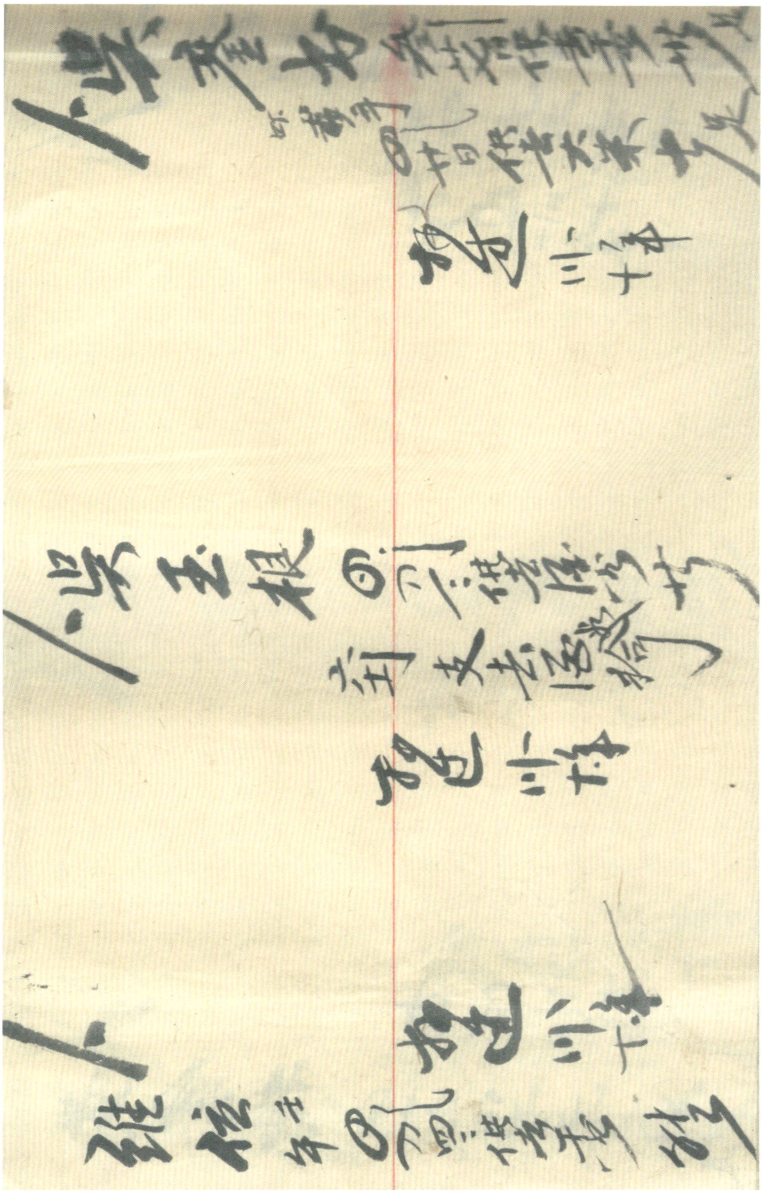

5-2-74-39　民國二十八年鄭維波記出入流水總數（三九）

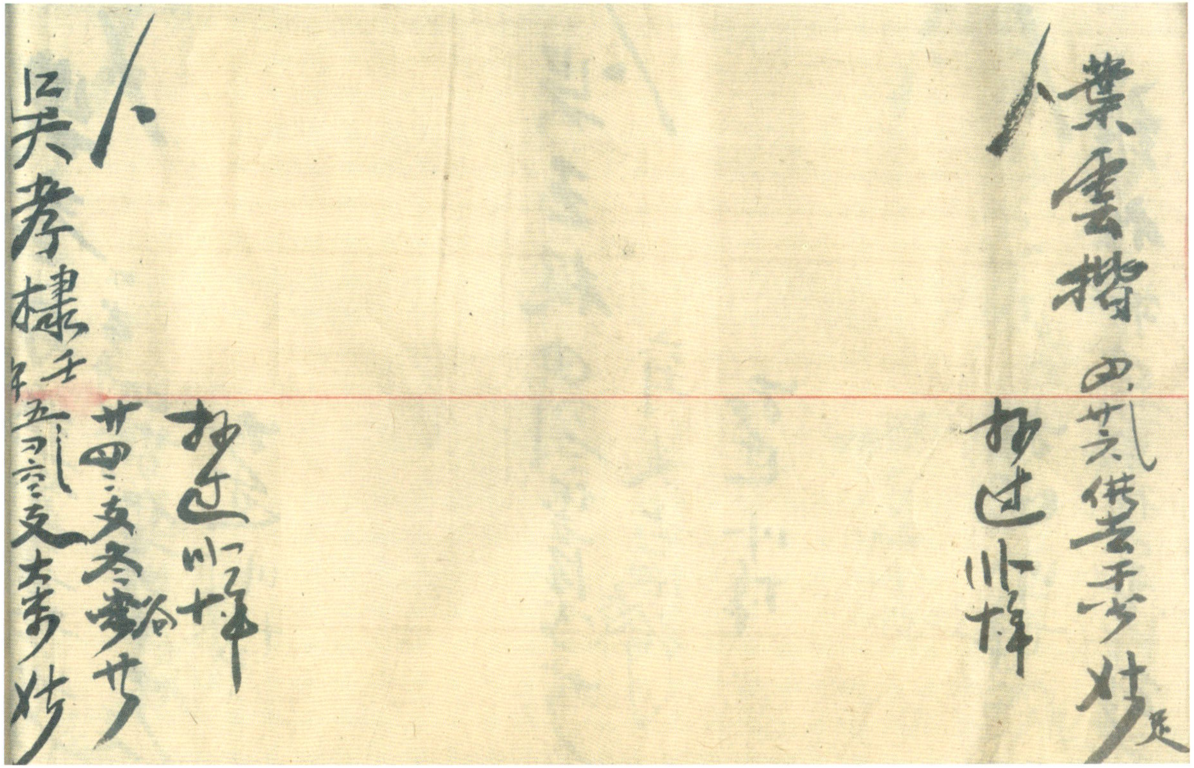

5-2-74-40　民國二十八年鄭維波記出入流水總數（四〇）

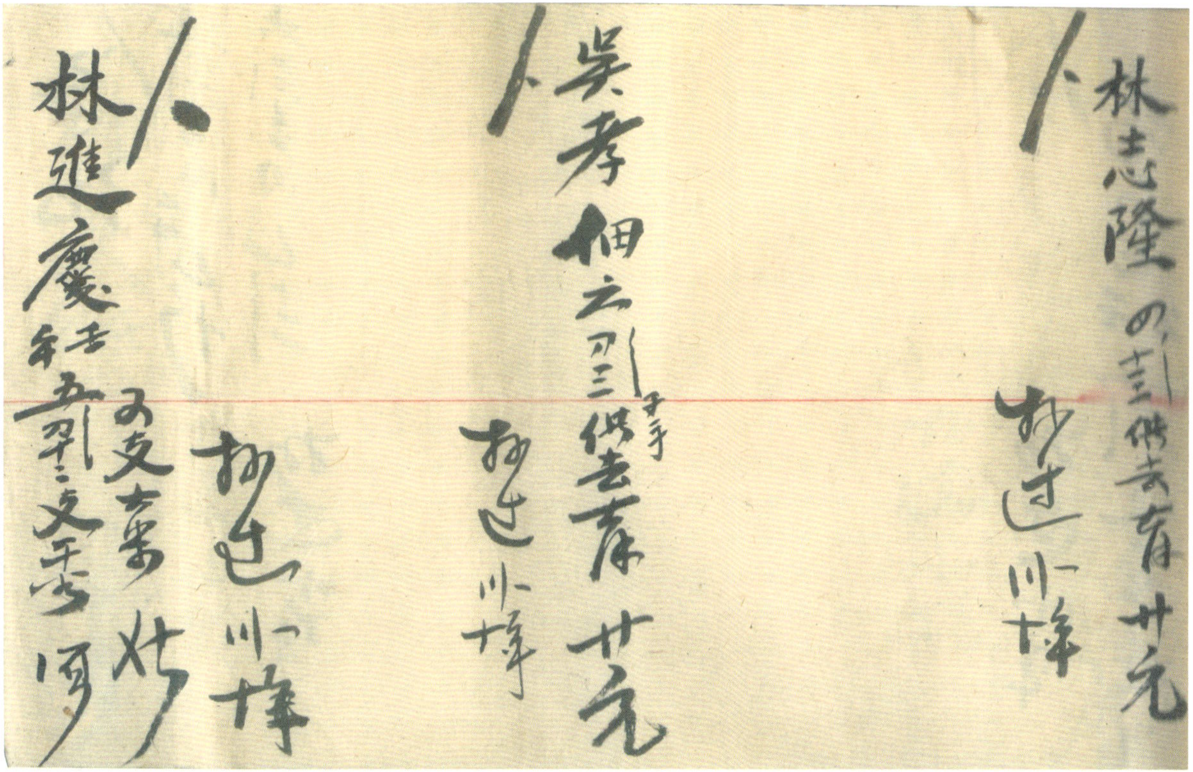
林志隆　供去存廿元

吴孝佃　供去存廿元

林進慶

5-2-74-41　民國二十八年鄭維波記出入流水總數（四一）

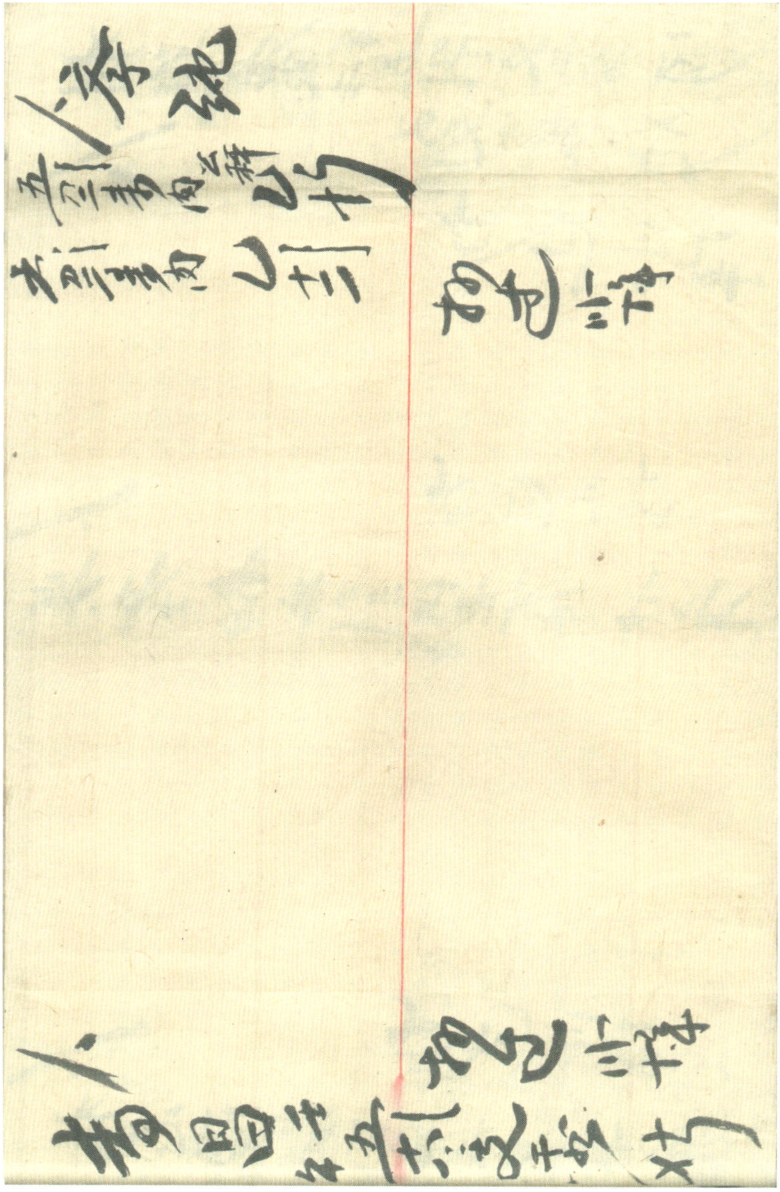

5-2-74-42　民國二十八年鄭維波記出入流水總數（四二）

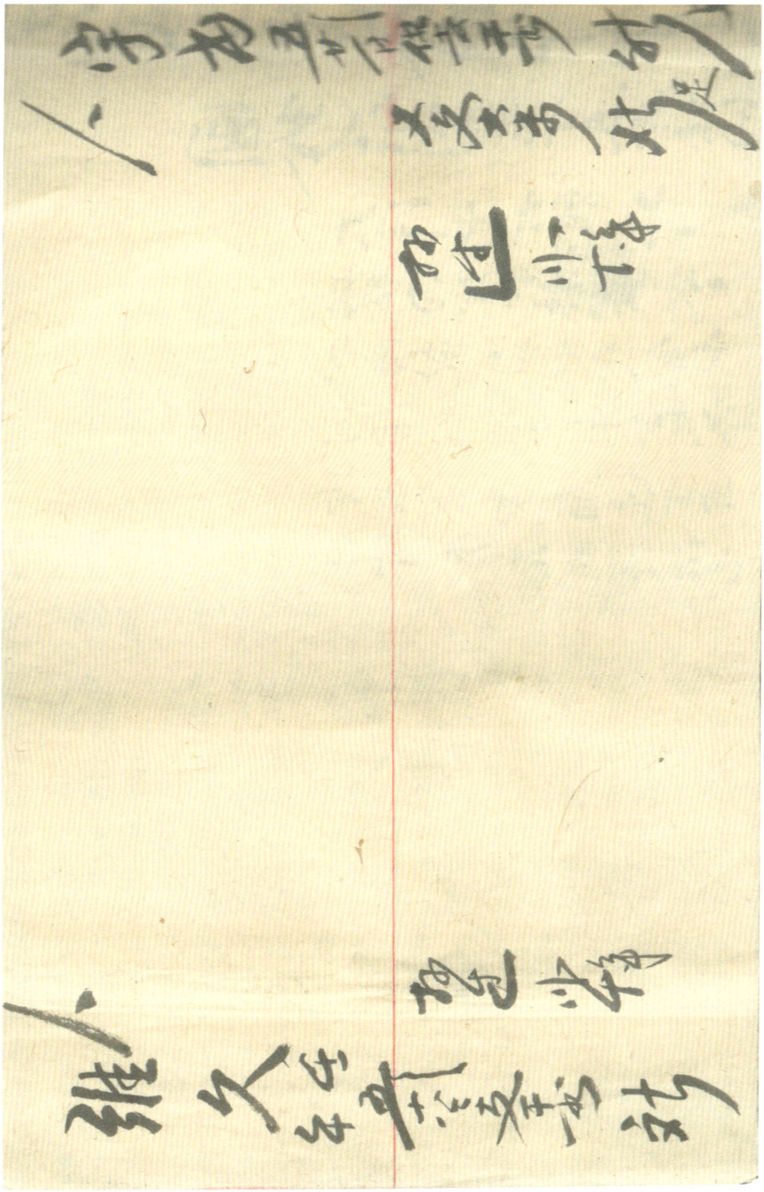

5-2-74-43　民國二十八年鄭維波記出入流水總數（四三）

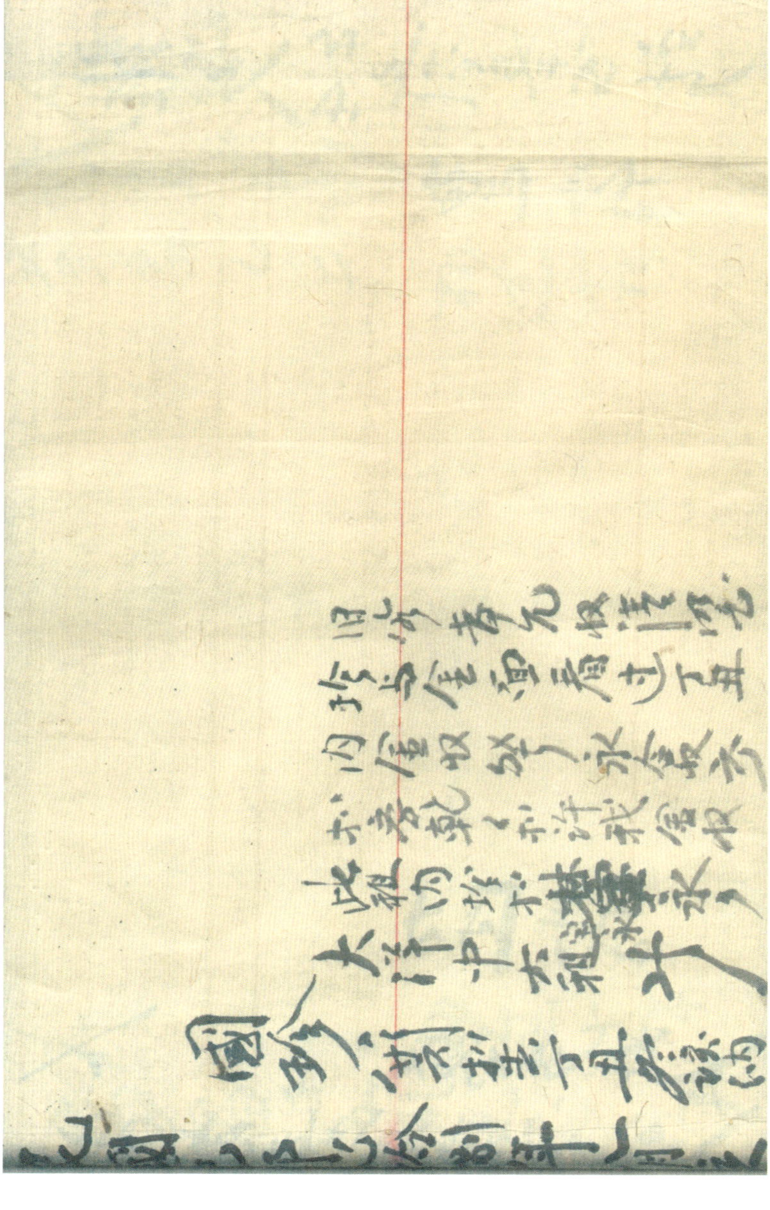

5-2-74-44　民國二十八年鄭維波記出入流水總數（四四）

5-2-74-45　民國二十八年鄭維波記出入流水總數（四五）

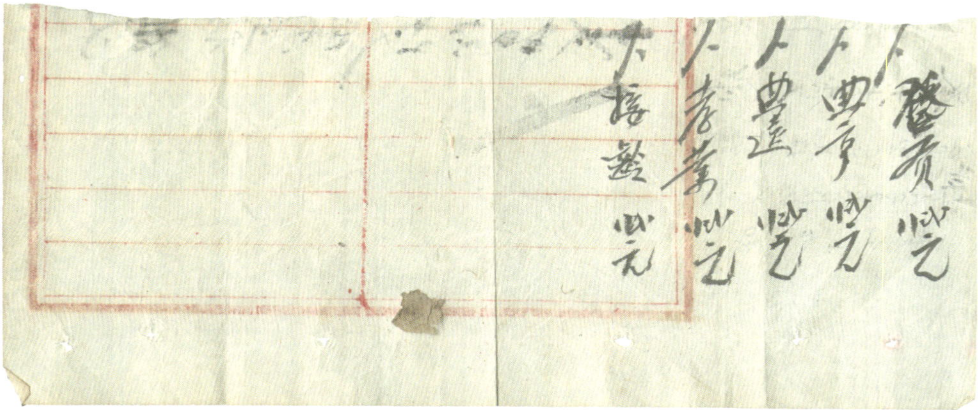

5-2-74-46　民國二十八年鄭維波記出入流水總數（夾葉一）

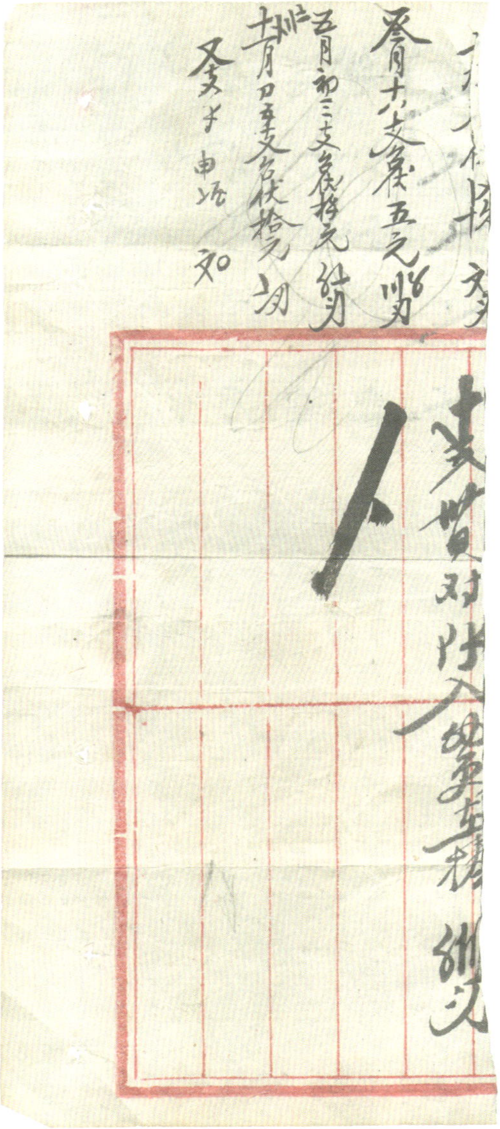

5-2-74-47　民國二十八年鄭維波記出入流水總數（夾葉二）

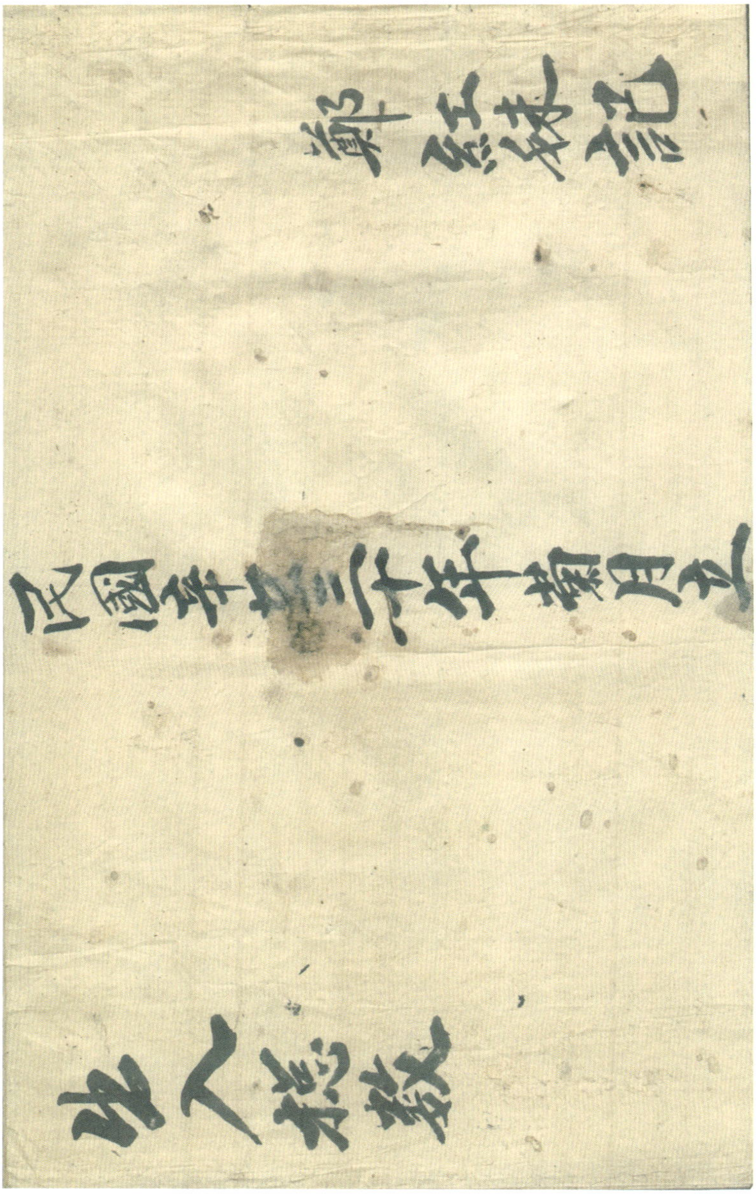
鄭紅妹記
民國辛巳三十年葭月立
出入總數

5-2-75-1　民國三十年鄭紅妹記出入總數（一）

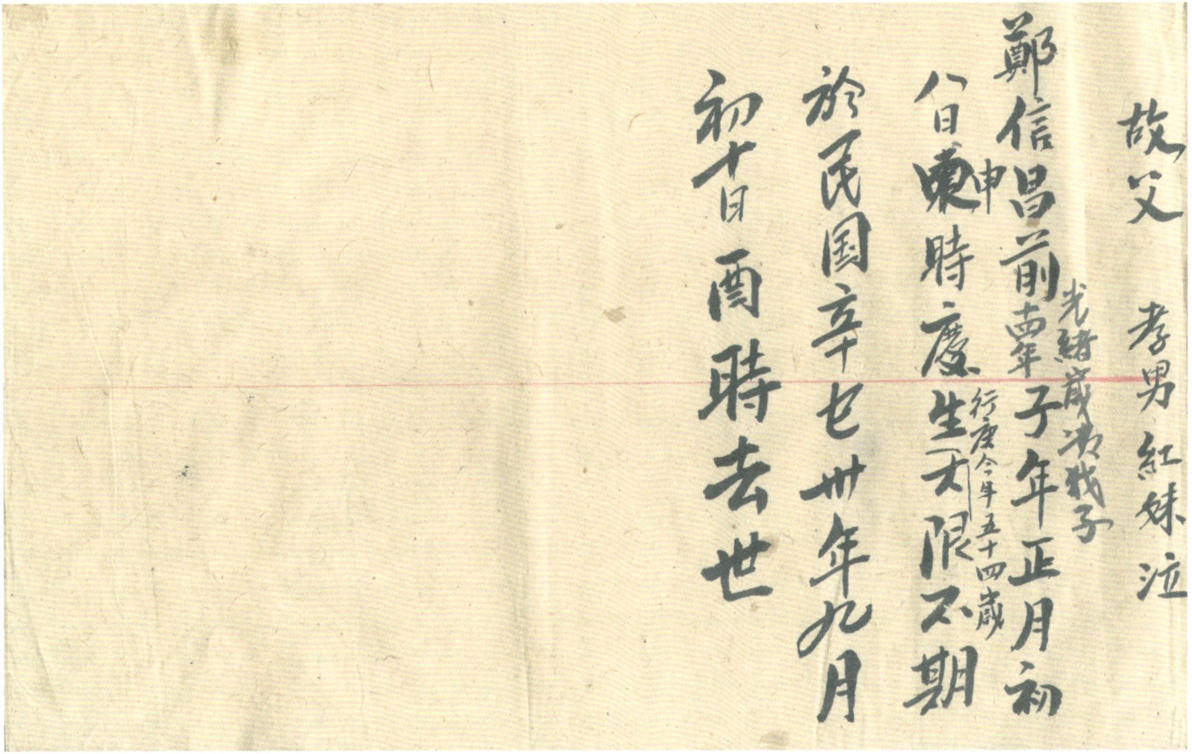

故父　孝男紅妹泣
鄭信昌前戊子年正月初（光緒歲次戊子）
八日申時慶生（行庚今年五十四歲）大限不期
於民国卅年九月
初十日酉時去世

5-2-75-2　民國三十年鄭紅妹記出入總數（二）

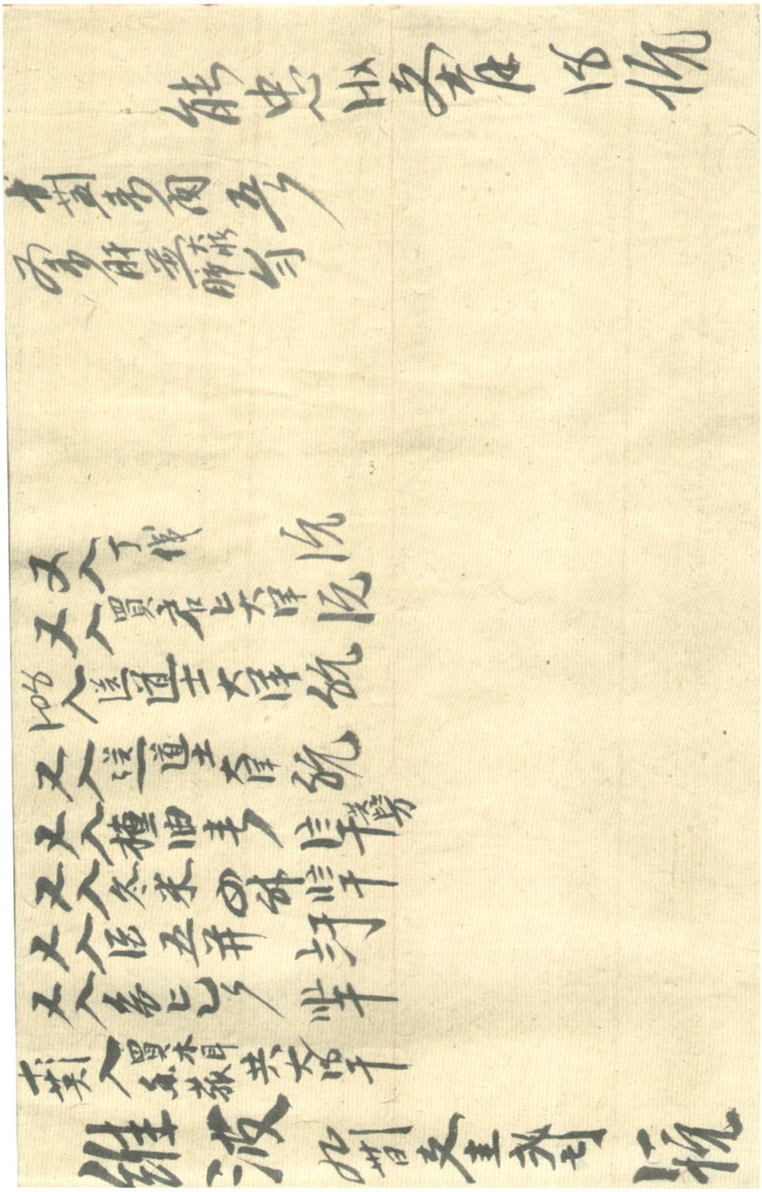

5-2-75-3　民國三十年鄭紅妹記出入總數（三）

5-2-75-4　民國三十年鄭紅妹記出人總數（四）

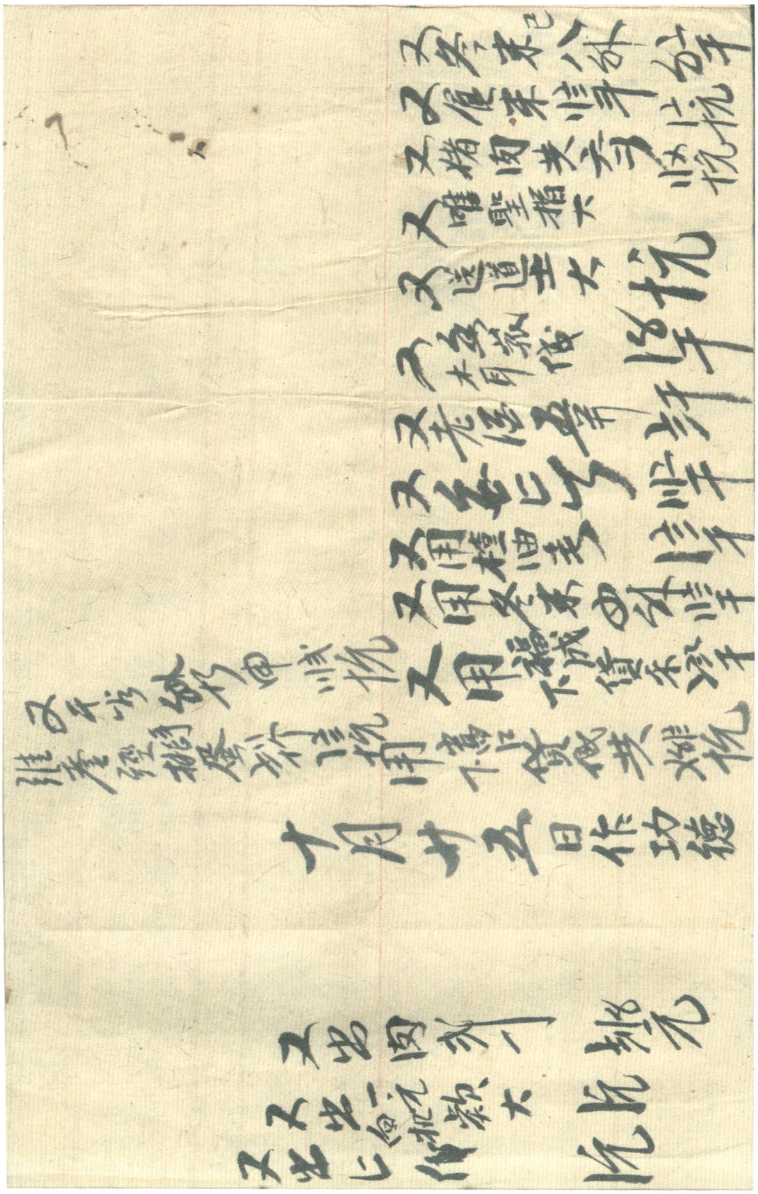

5-2-75-5　民國三十年鄭紅妹記出入總數（五）

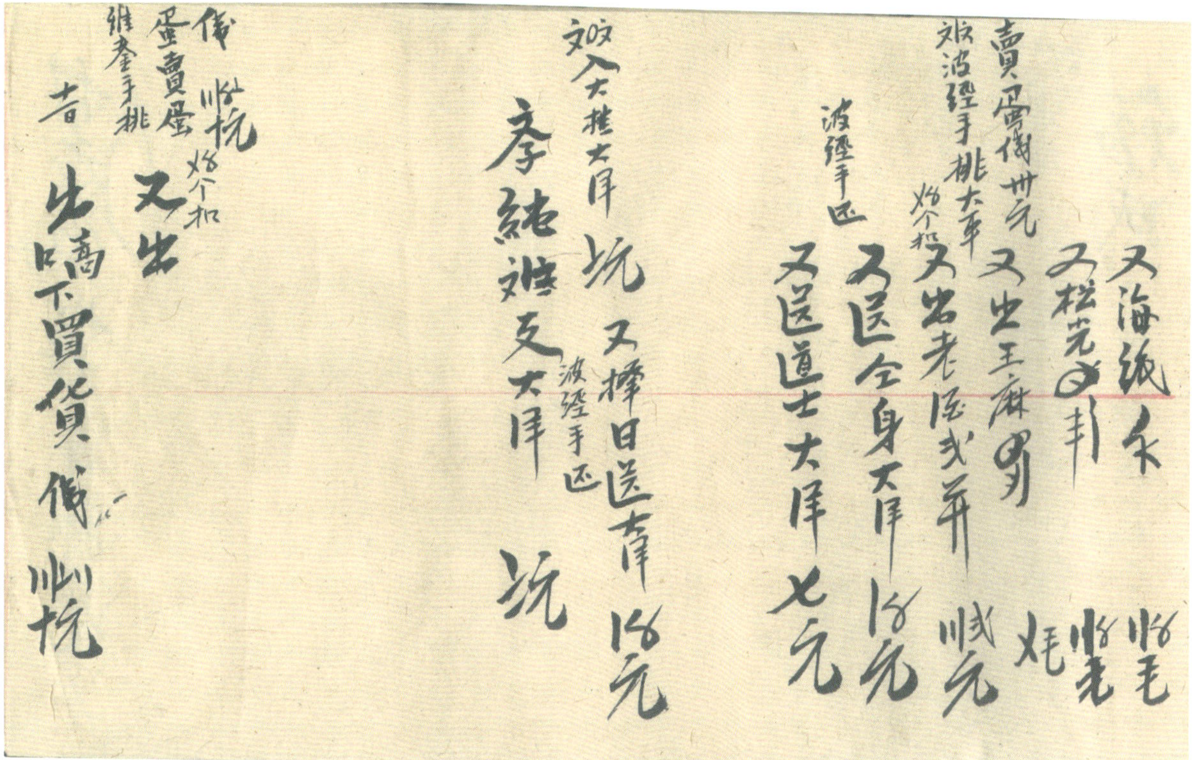

5-2-75-6　民國三十年鄭紅妹記出人總數（六）

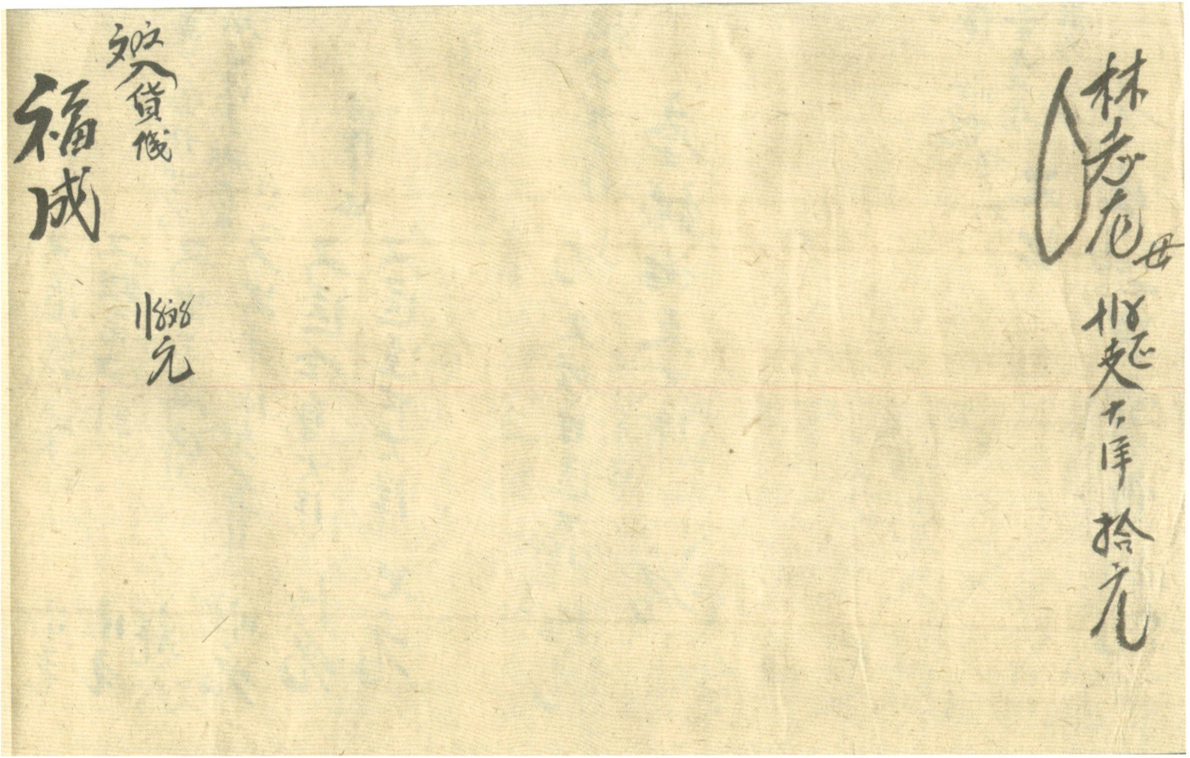

5-2-75-7　民國三十年鄭紅妹記出人總數（七）

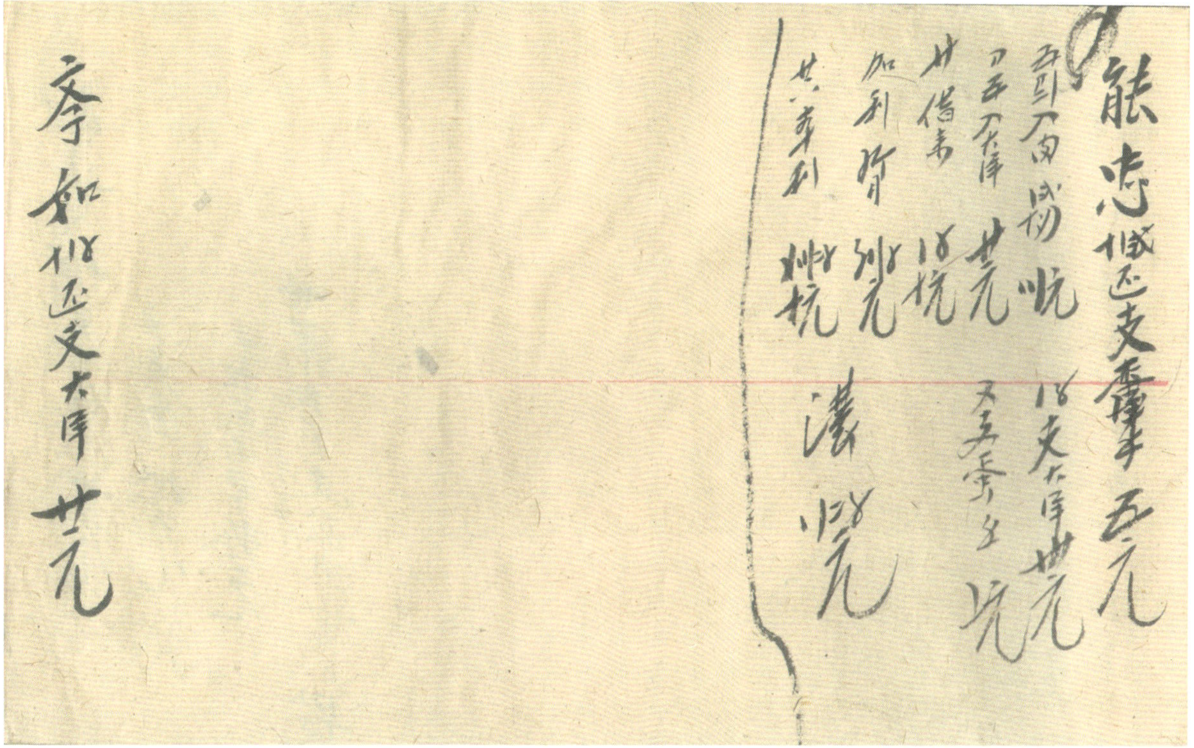

5-2-75-8　民國三十年鄭紅妹記出入總數（八）

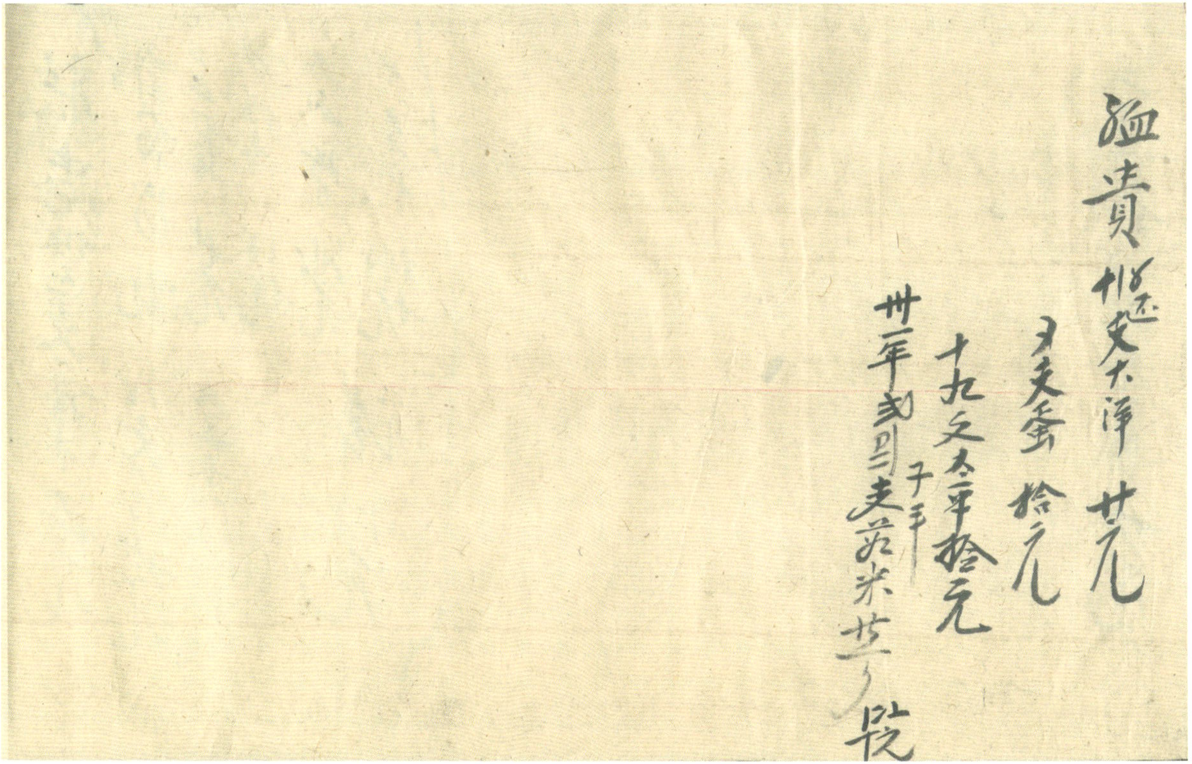

5-2-75-9　民國三十年鄭紅妹記出入總數（九）

5-2-75-10　民國三十年鄭紅妹記出入總數（一〇）

5-2-75-11　民國三十年鄭紅妹記出入總數（一一）

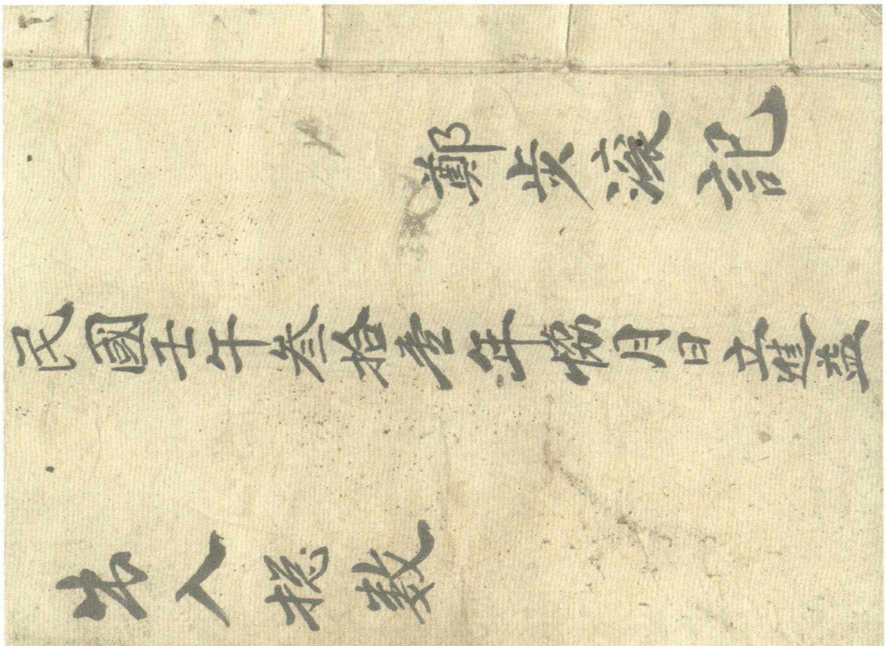
鄭步滚記
民國壬午叁拾壹年桂月日立進益
出入總數

5-2-76-1　民國三十一年鄭步滚記出入總數（一）

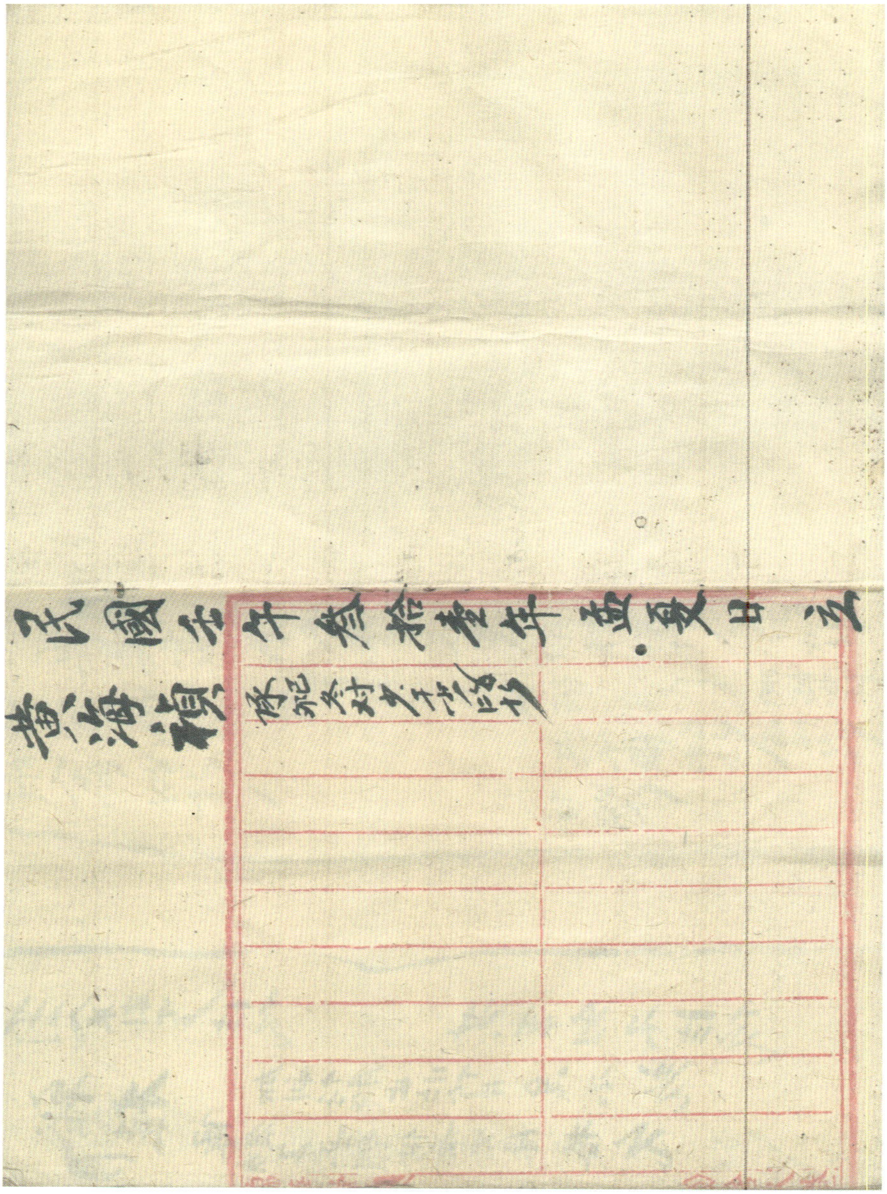
民國壬午年叁拾壹年孟夏月日立
黄海樓

5-2-76-2　民國三十一年鄭步滚記出入總數（二）

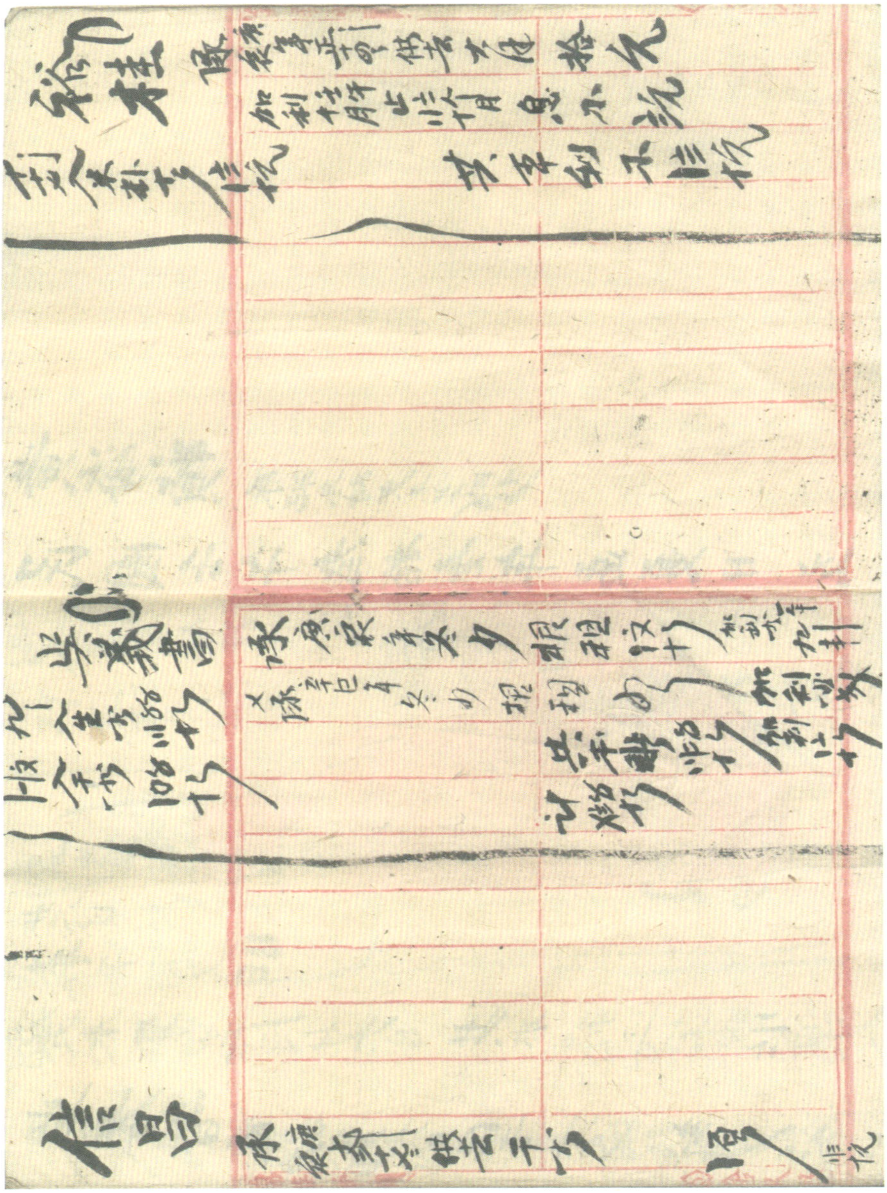

5-2-76-3　民國三十一年鄭步滚記出入總數（三）

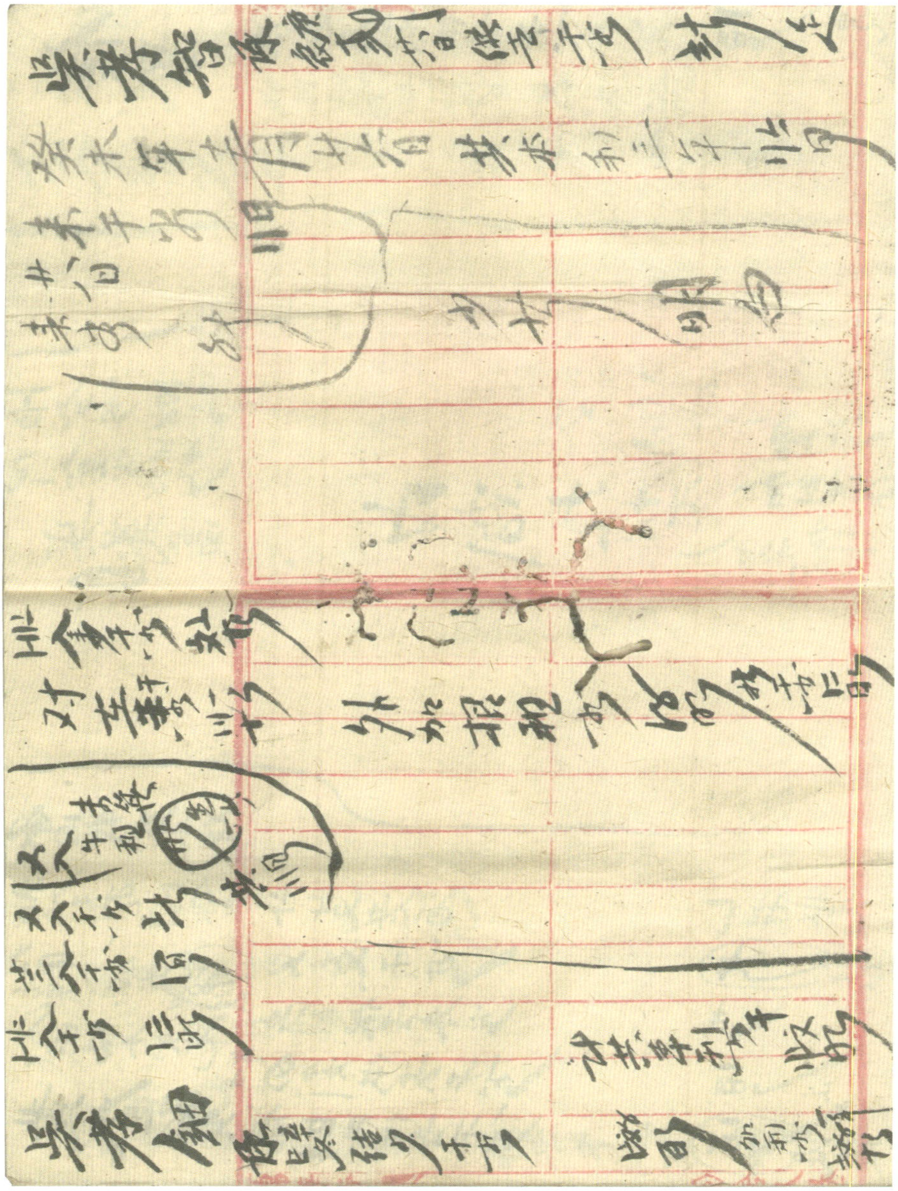

5-2-76-4　民國三十一年鄭步滚記出人總數（四）

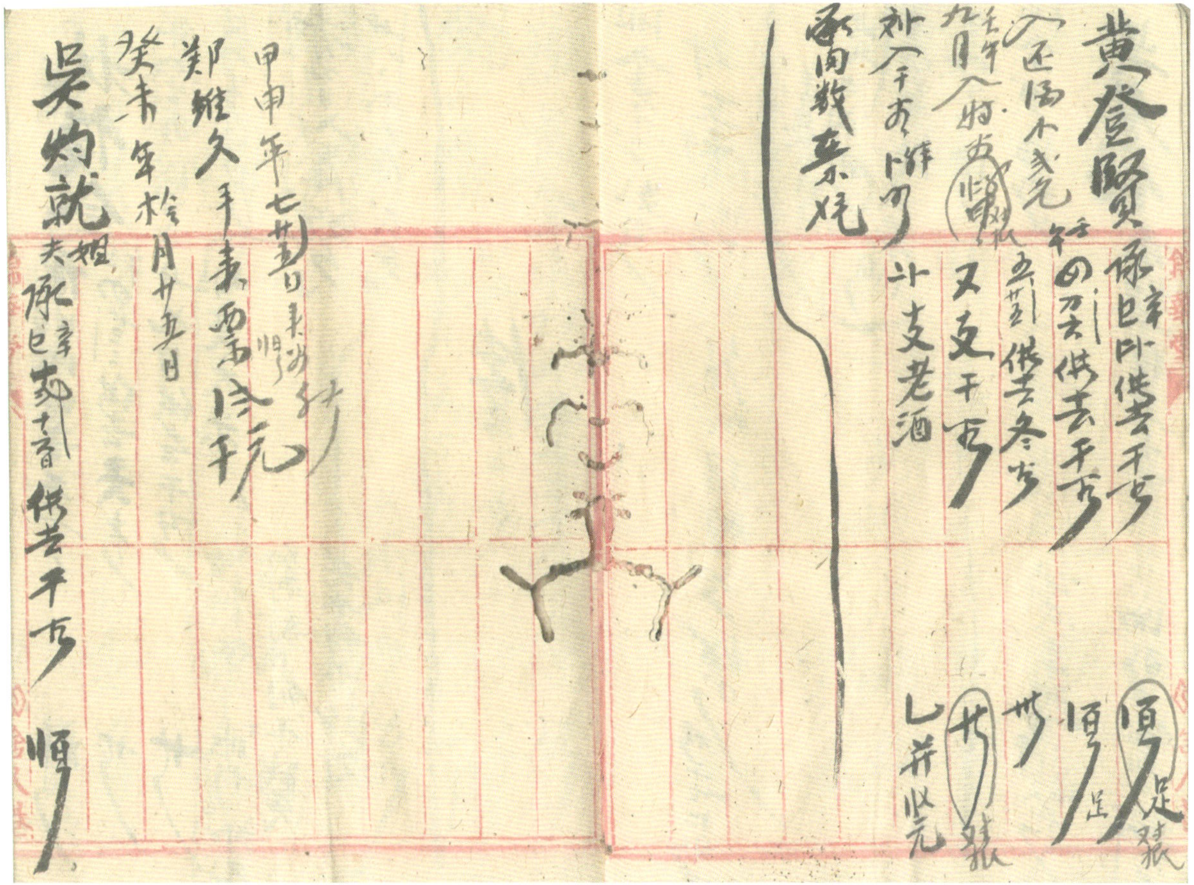

5-2-76-5　民國三十一年鄭步滾記出入總數（五）

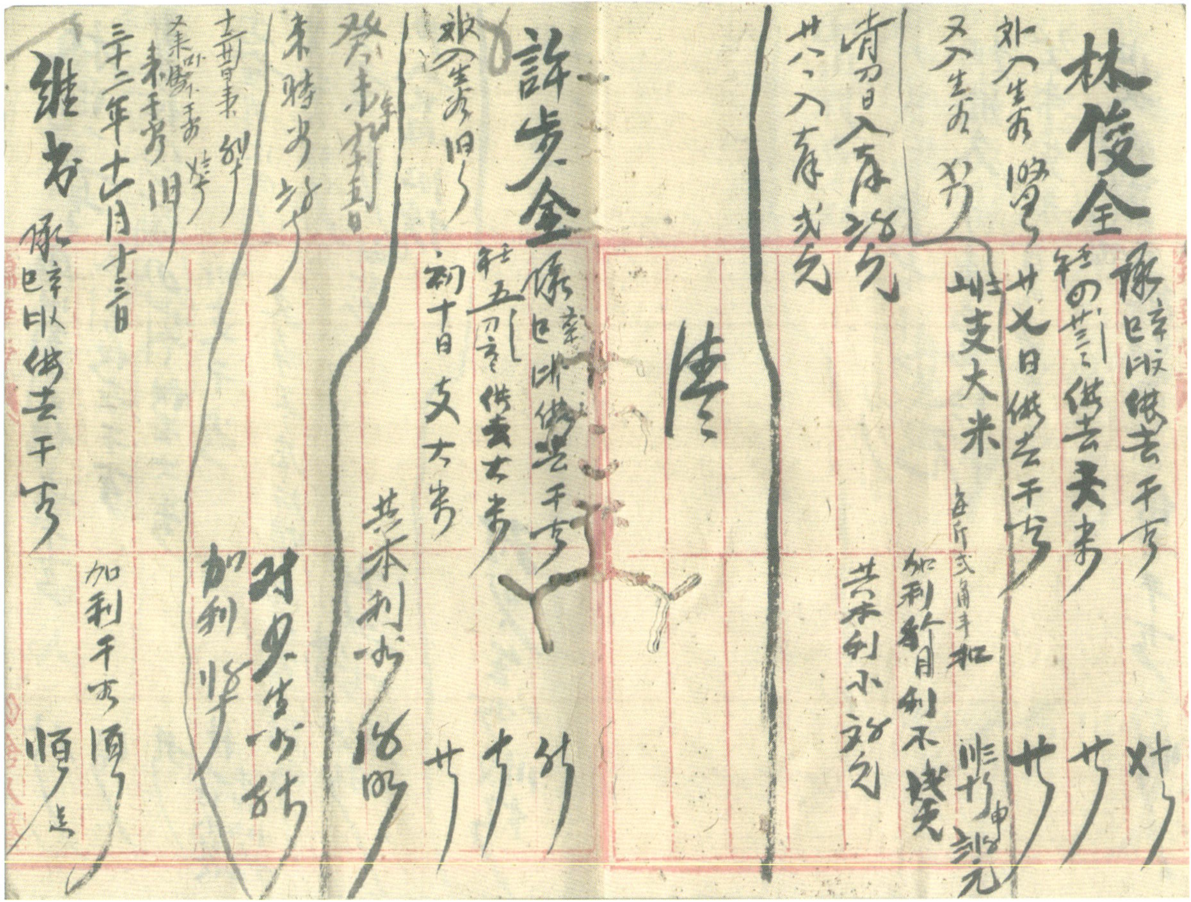

5-2-76-6　民國三十一年鄭步滾記出入總數（六）

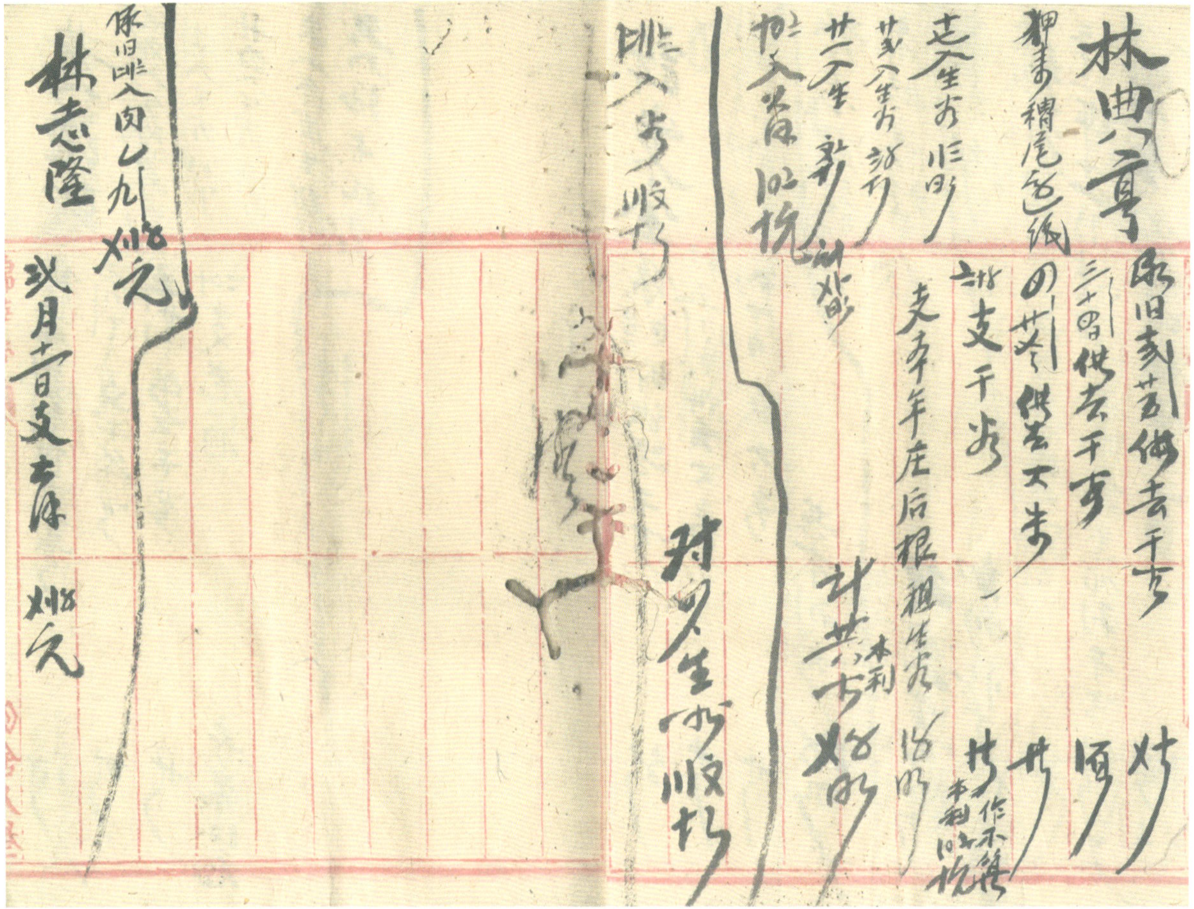

5-2-76-7　民國三十一年鄭步滚記出入總數（七）

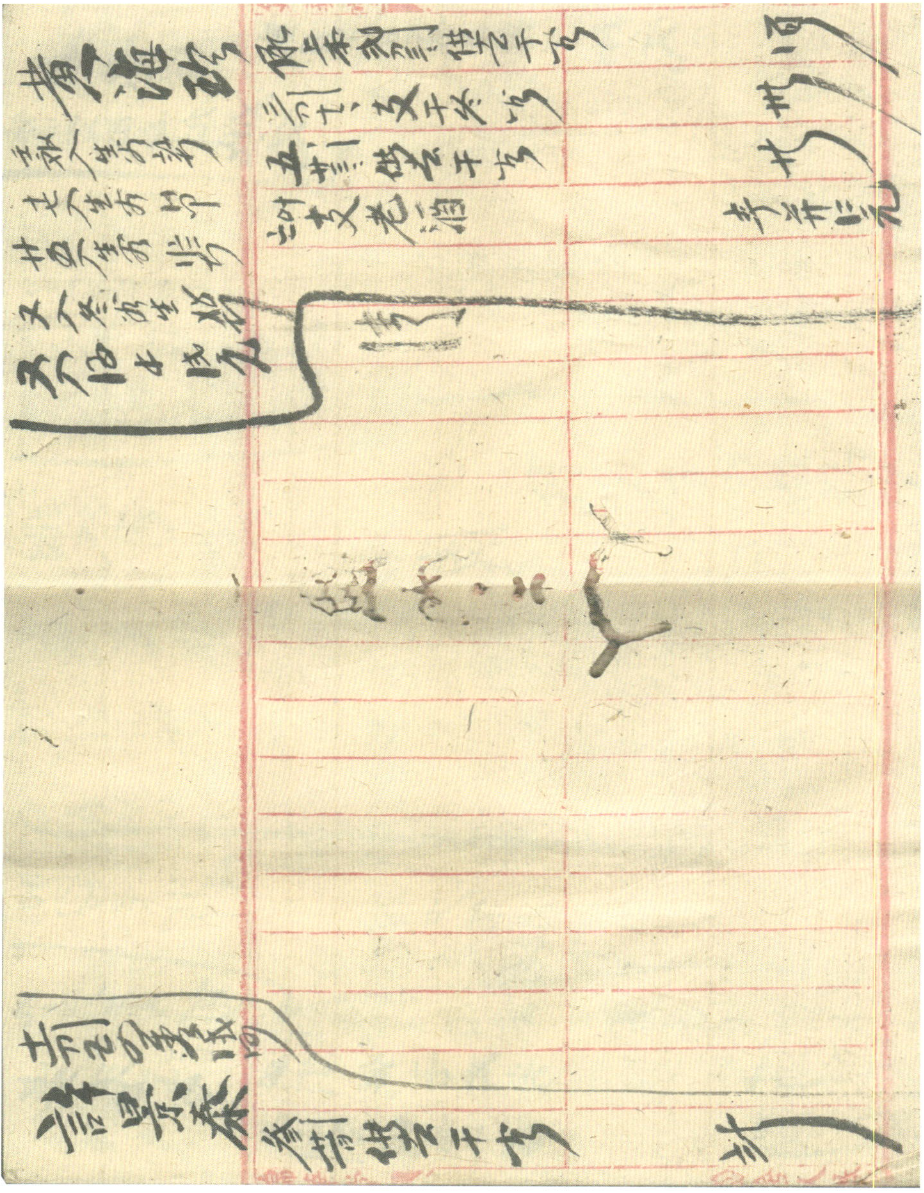

5-2-76-8　民國三十一年鄭步滚記出入總數（八）

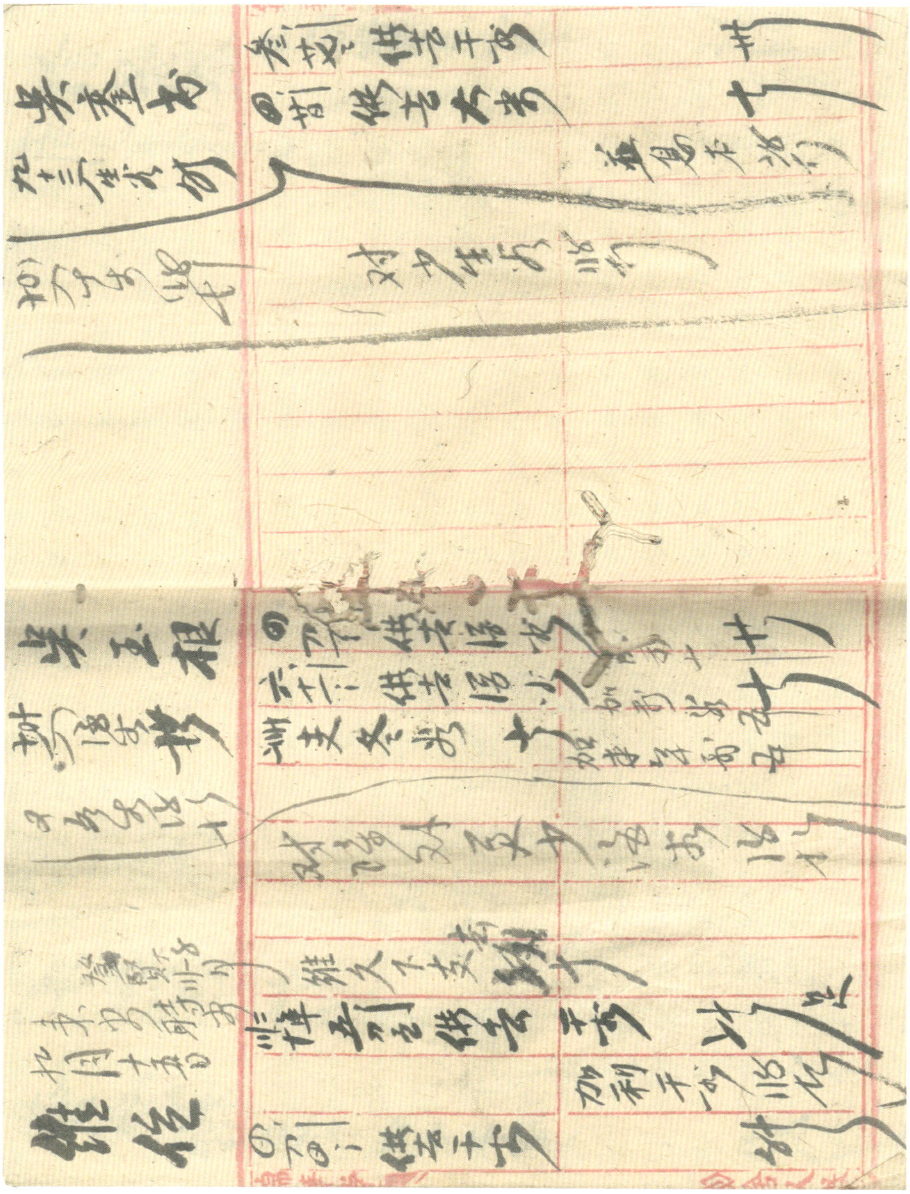

5-2-76-9　民國三十一年鄭步滚記出入總數（九）

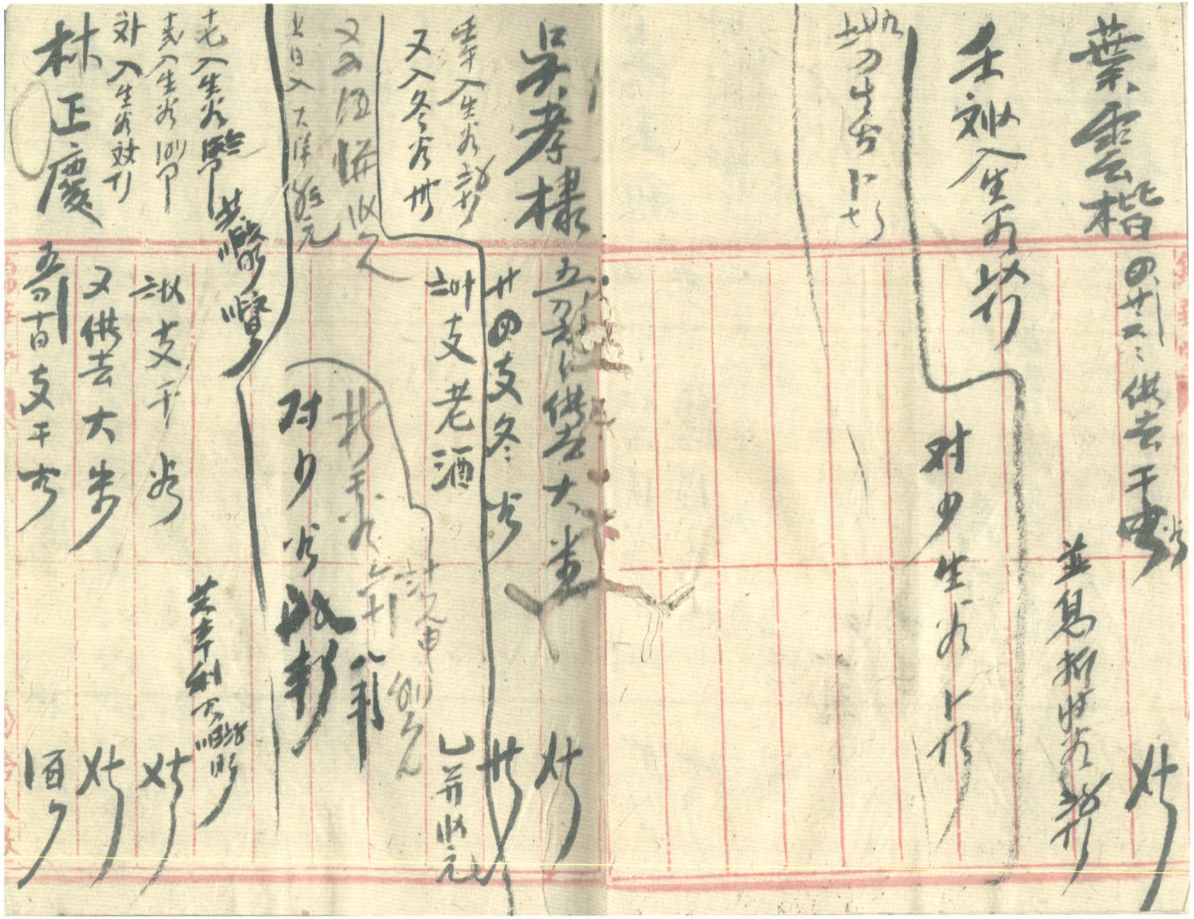

5-2-76-10　民國三十一年鄭步滚記出入總數（一〇）

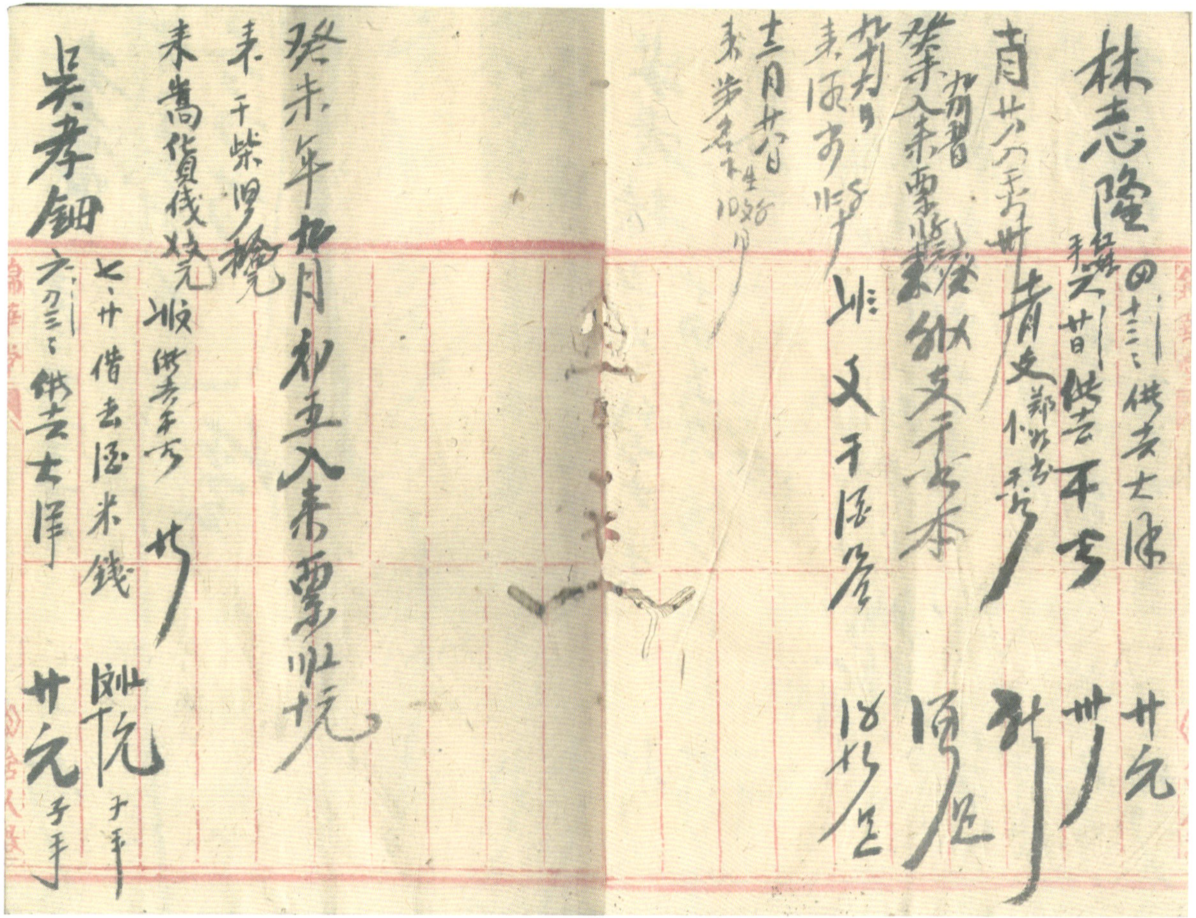

5-2-76-11　民國三十一年鄭步滚記出入總數（一一）

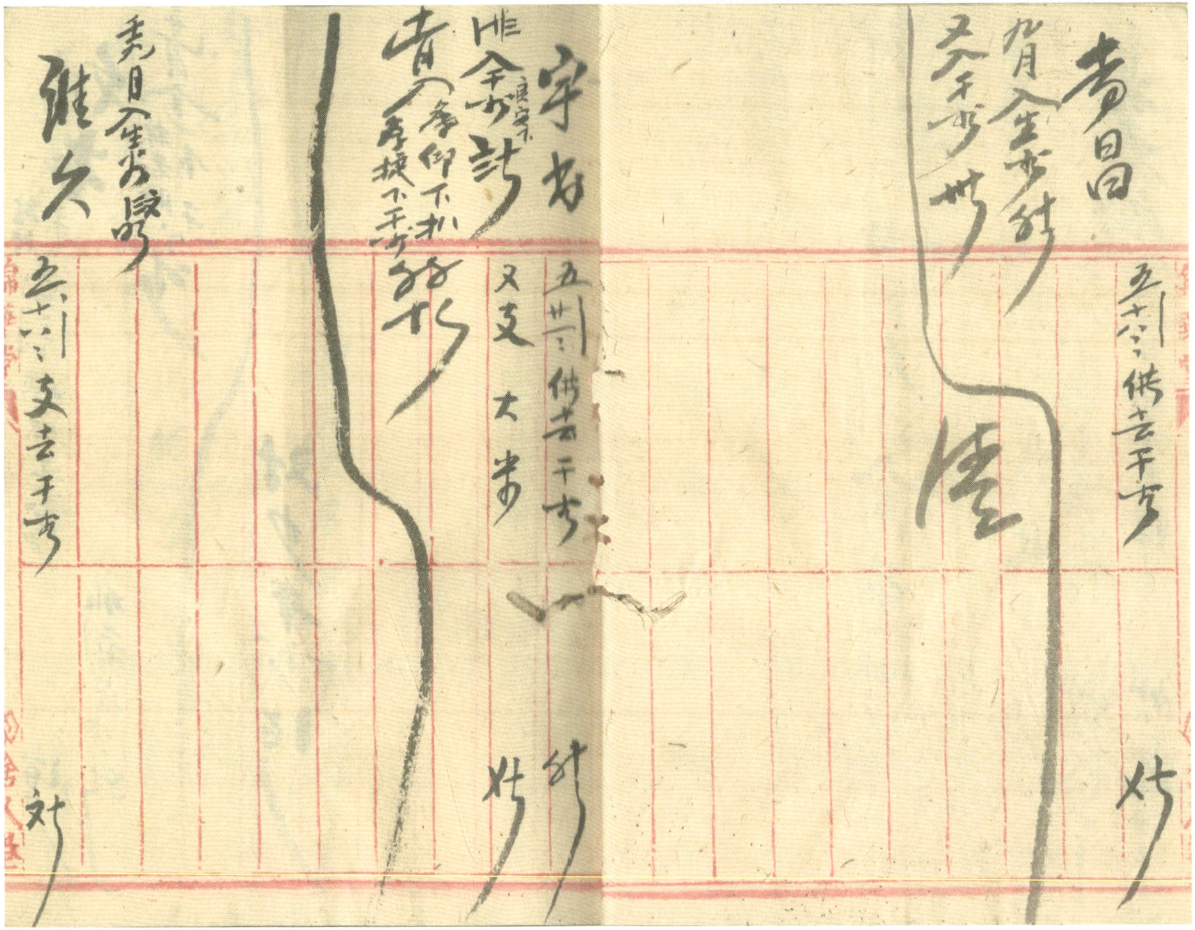

5-2-76-12　民國三十一年鄭步滚記出入總數（一二）

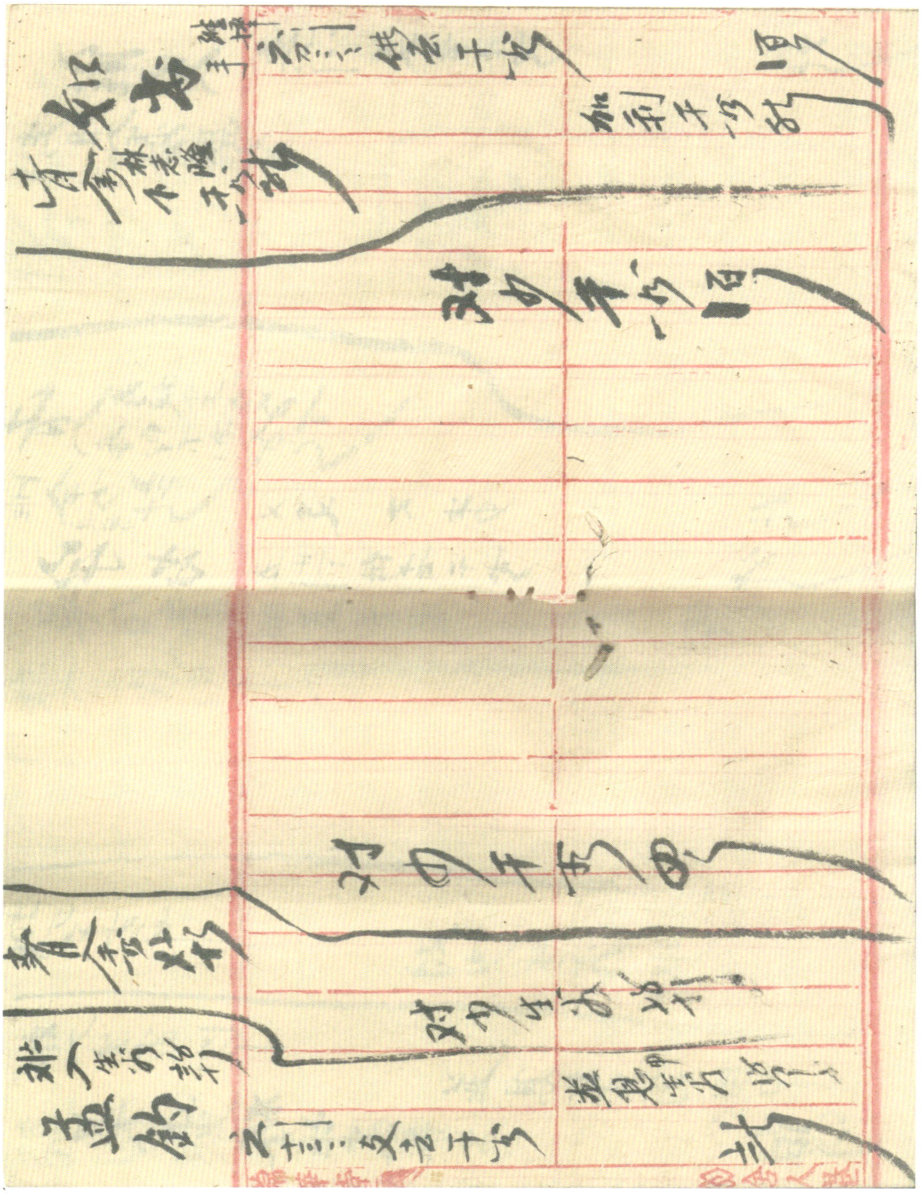

5-2-76-13　民國三十一年鄭步滚記出入總數（一三）

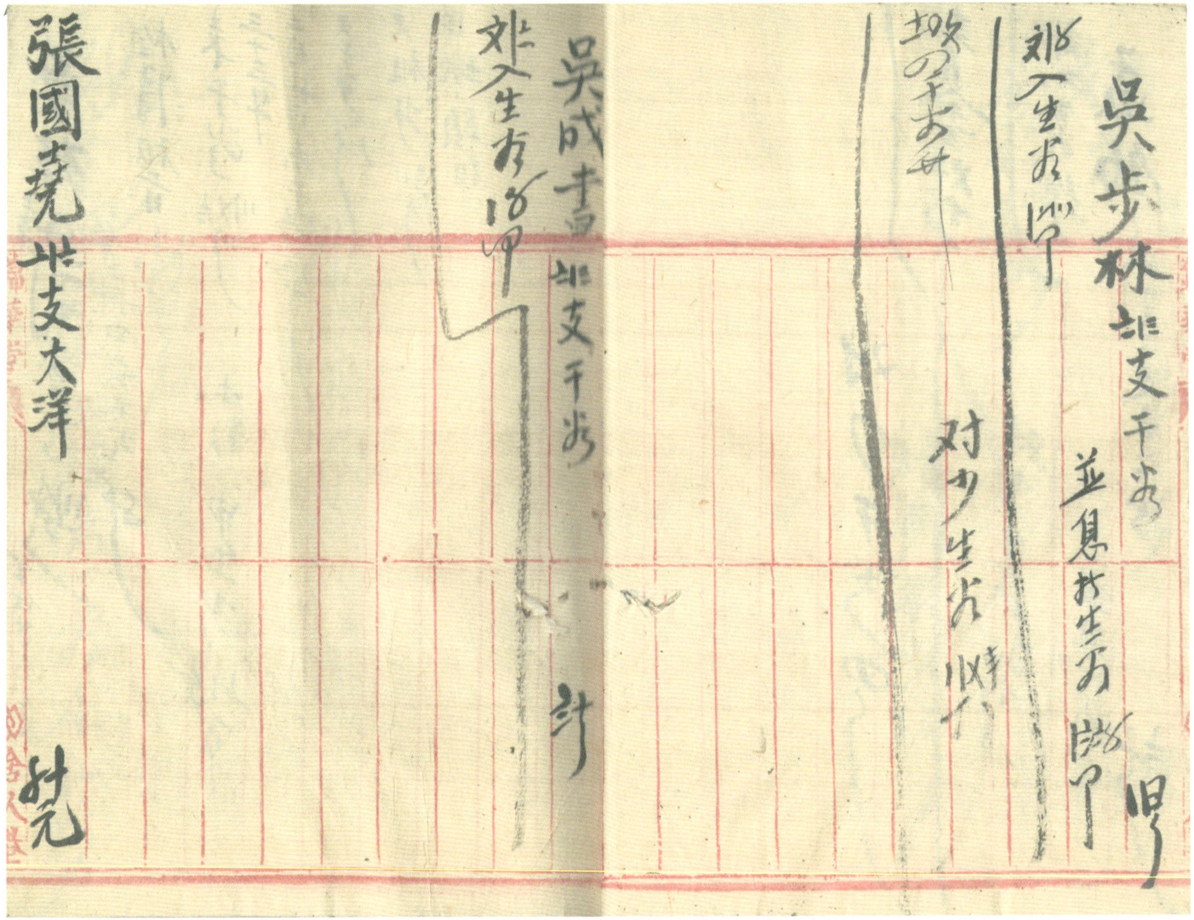

5-2-76-14　民國三十一年鄭步滾記出入總數（一四）

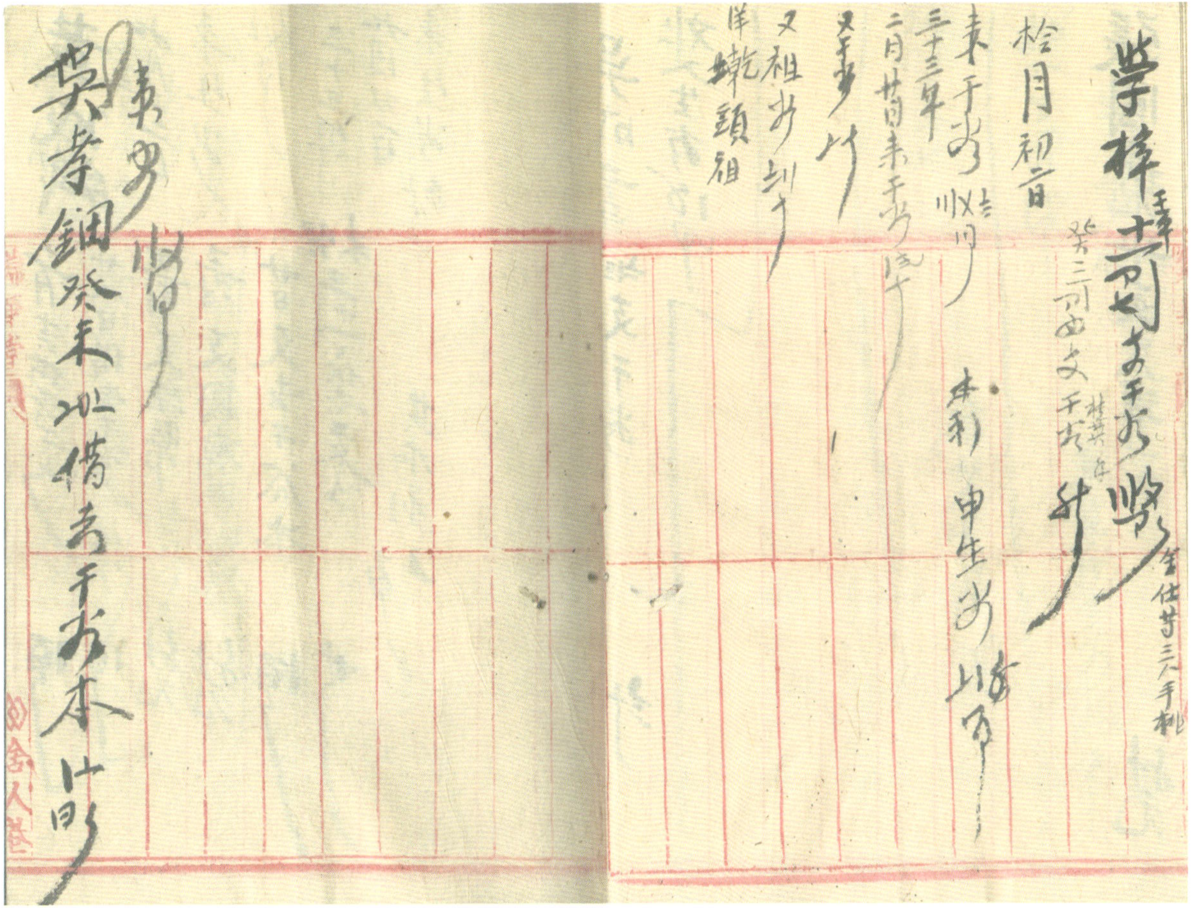

5-2-76-15　民國三十一年鄭步滚記出入總數（一五）

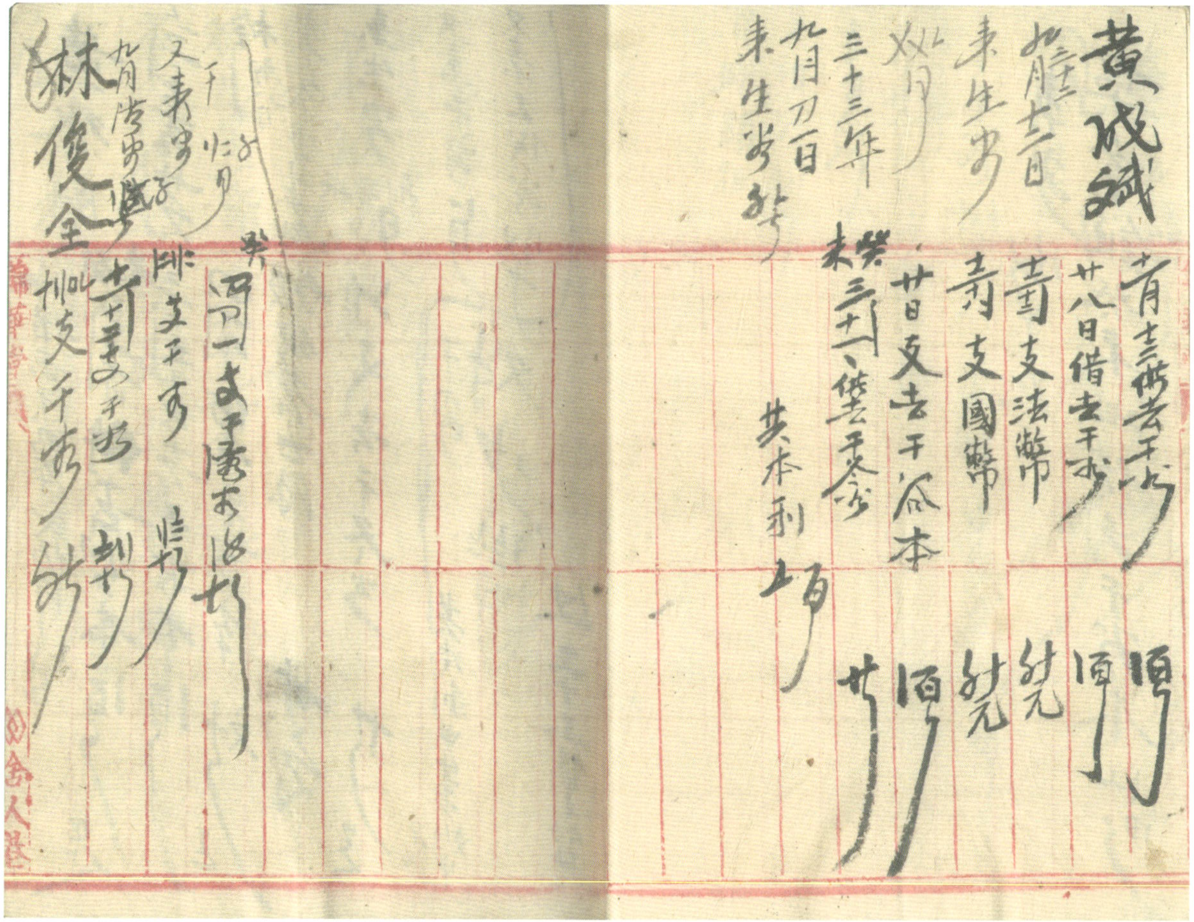

5-2-76-16　民國三十一年鄭步滾記出入總數（一六）

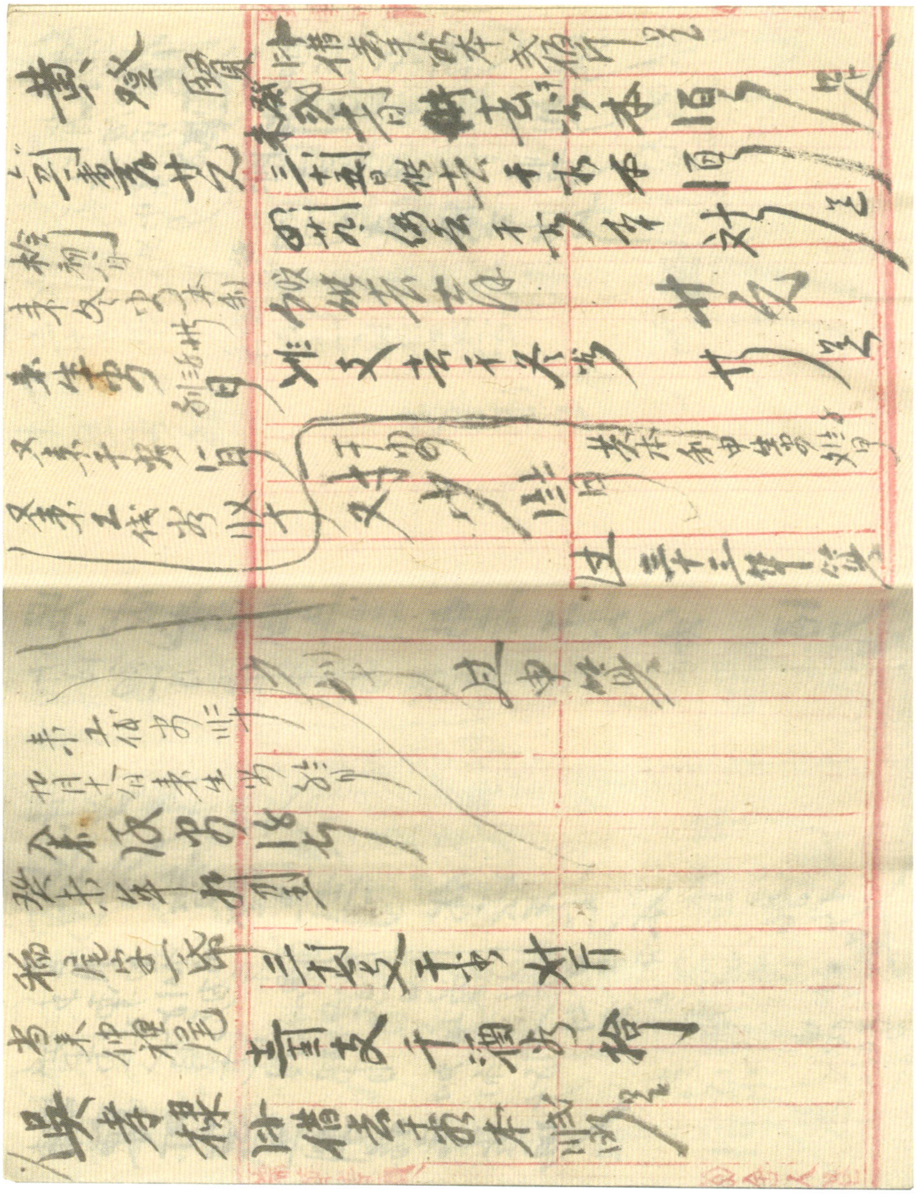

5-2-76-17　民國三十一年鄭步滚記出入總數（一七）

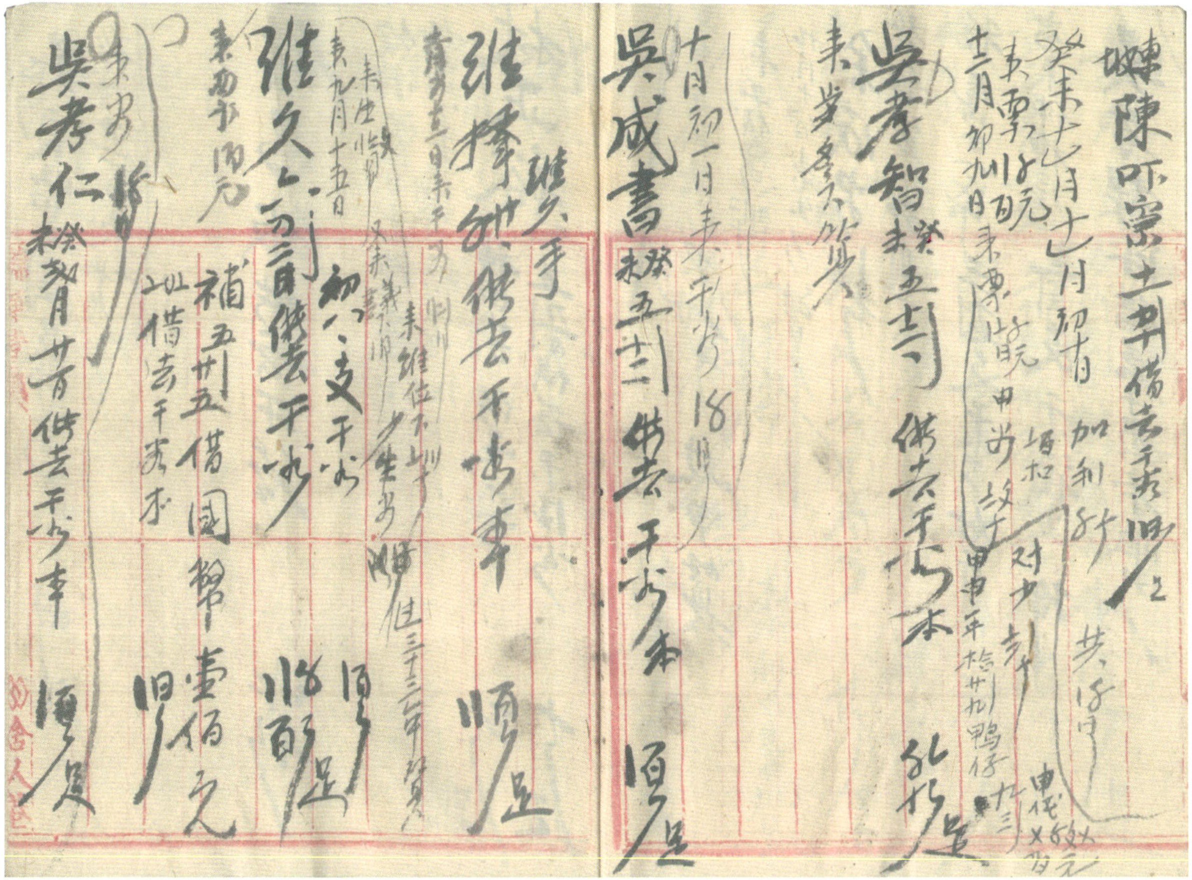

5-2-76-18　民國三十一年鄭步滚記出入總數（一八）

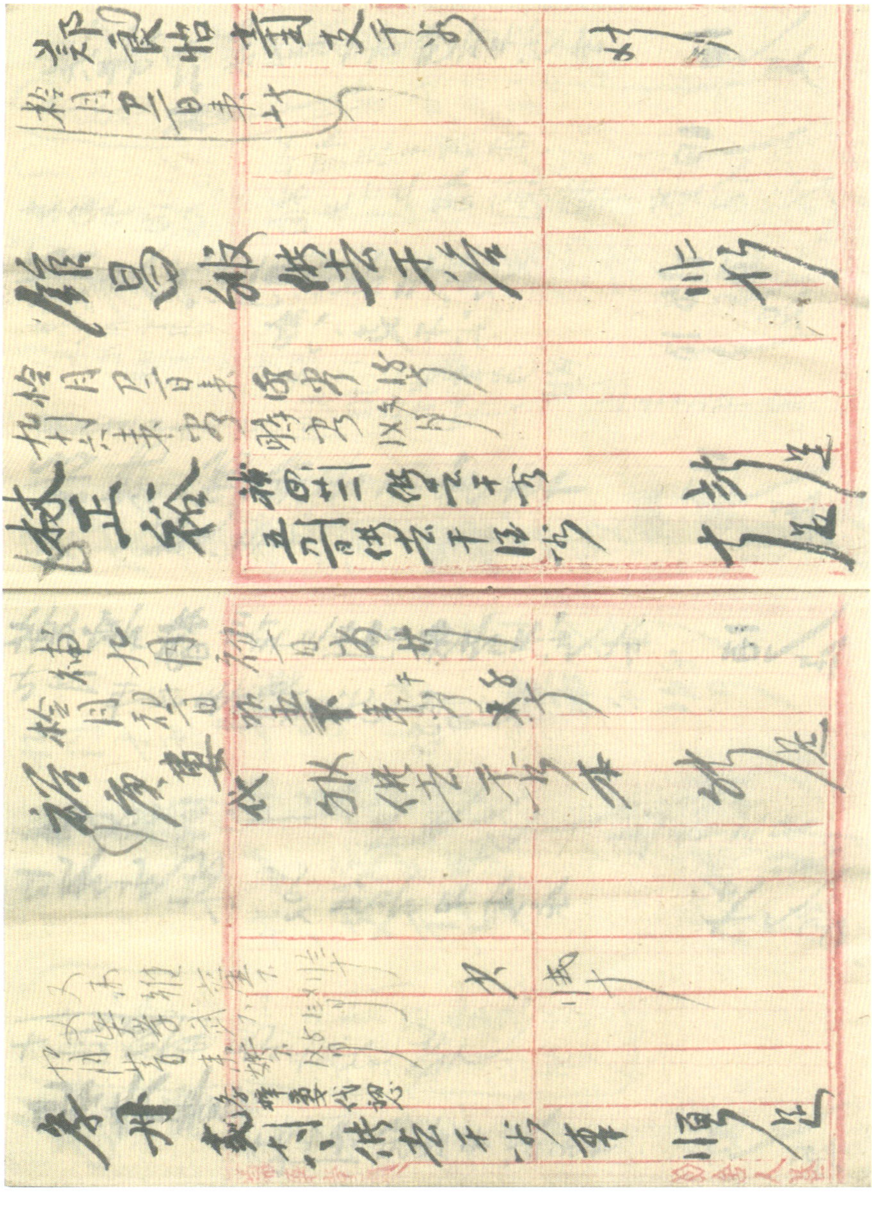

5-2-76-19　民國三十一年鄭步滚記出入總數（一九）

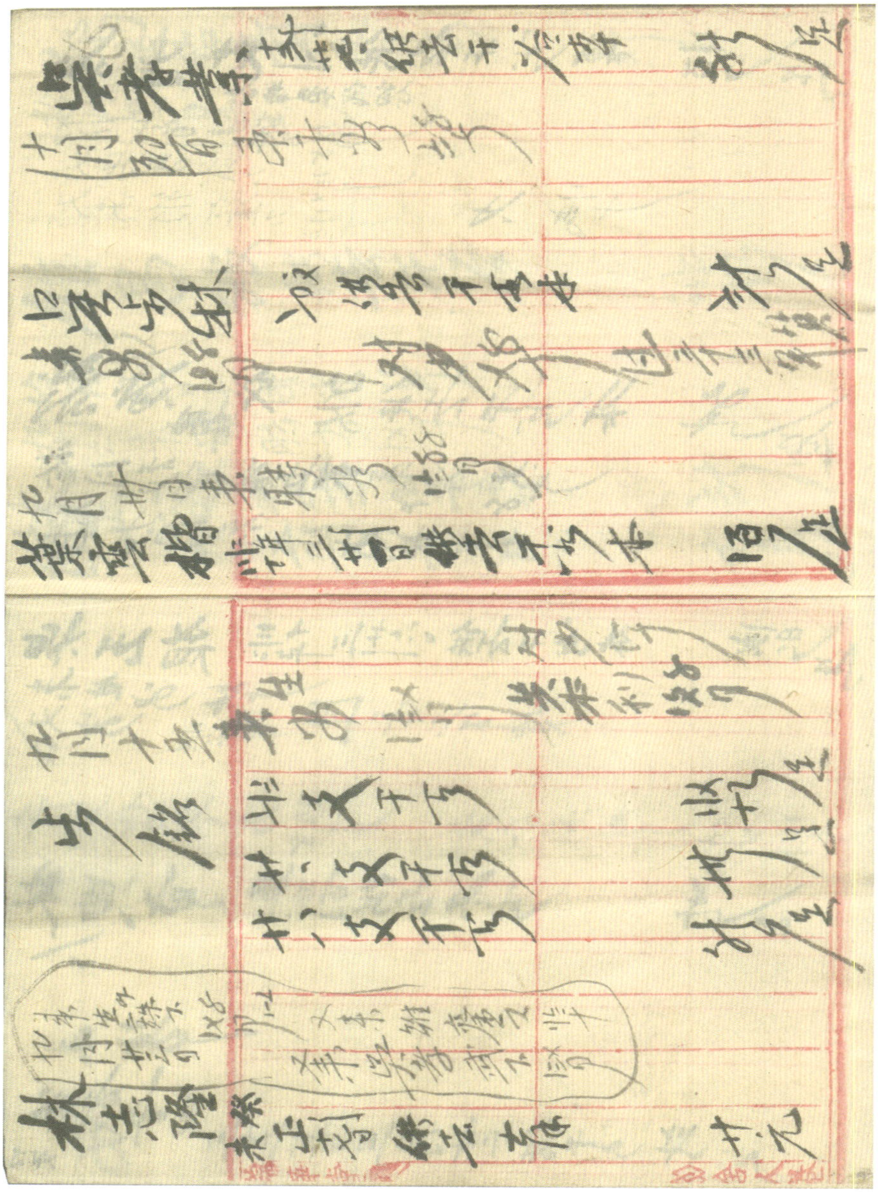

5-2-76-20　民國三十一年鄭步滚記出入總數（二〇）

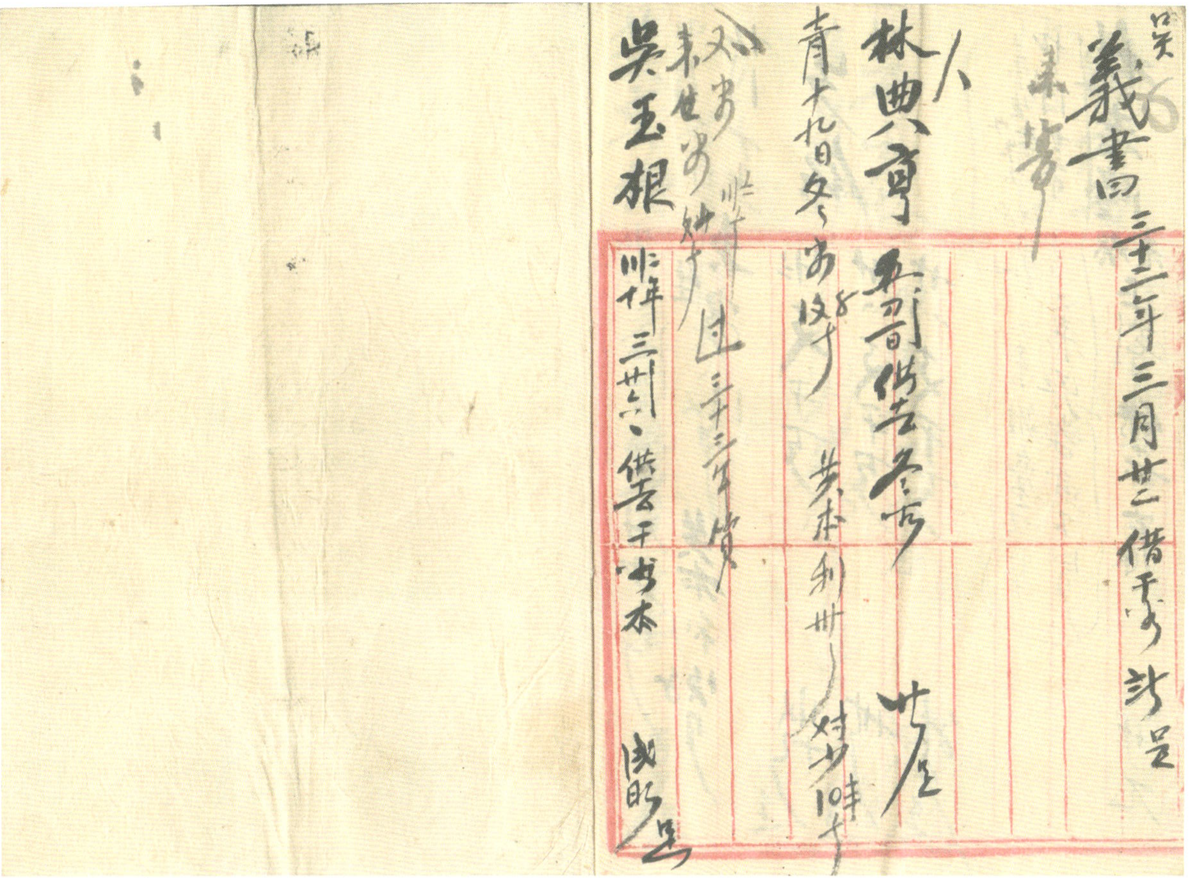

5-2-76-21 民國三十一年鄭步滚記出入總數（二一）

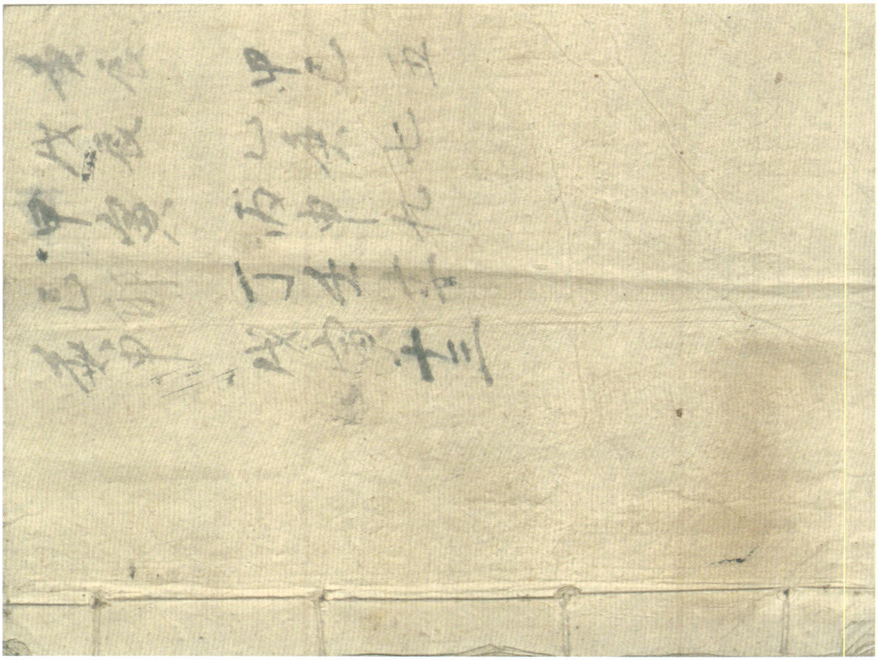

5-2-76-22　民國三十一年鄭步滾記出入總數（二二）

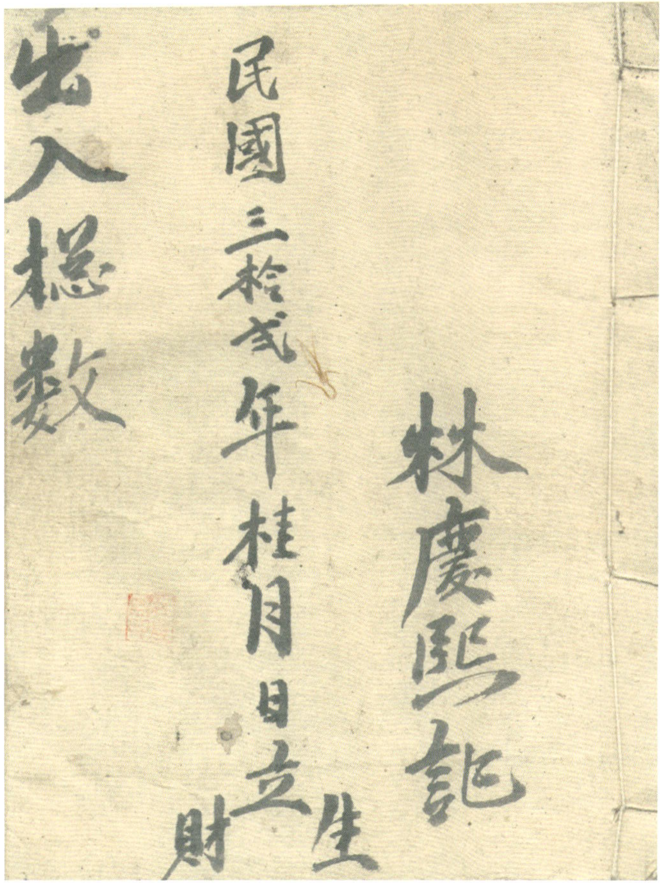
林慶熙記
民國三拾弍年桂月日立 生財
出入總數

5-2-77-1 民國三十二年林慶熙記出入總數（一）

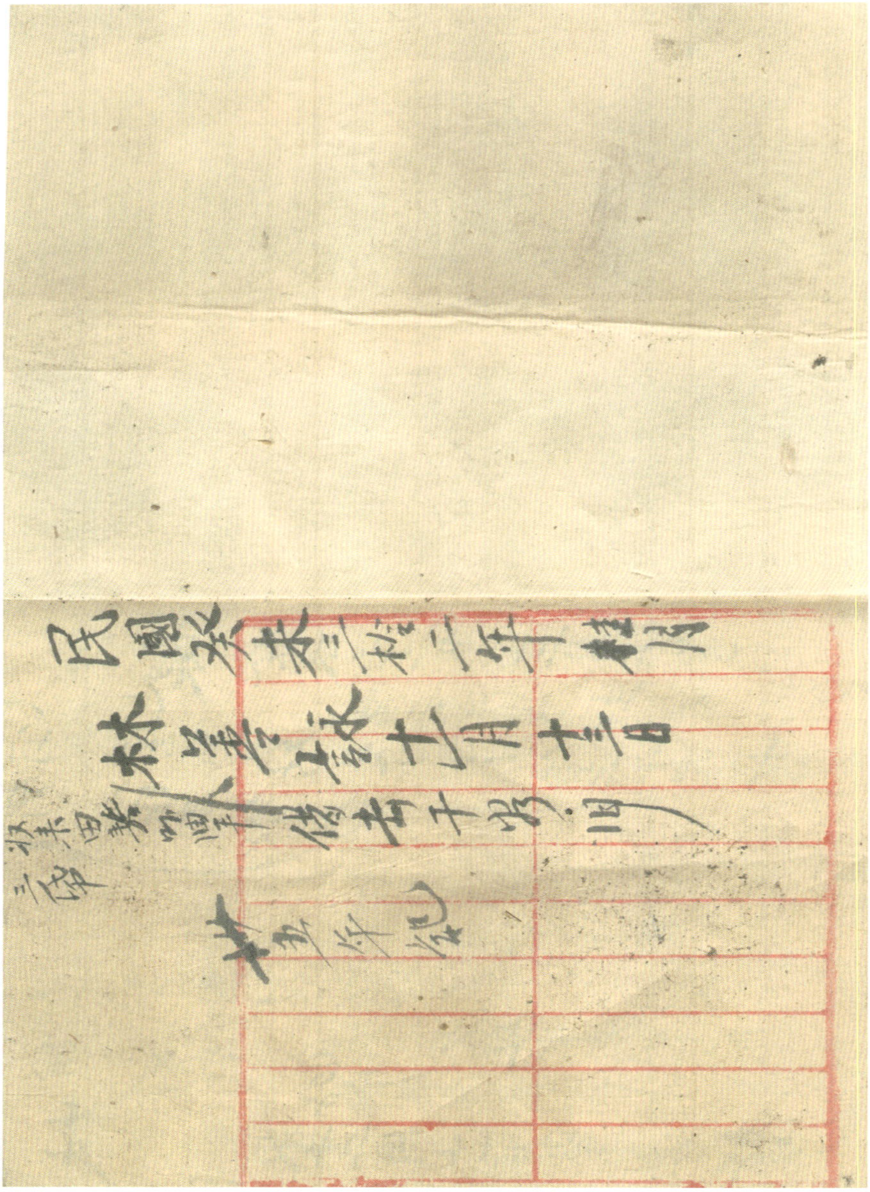

5-2-77-2　民國三十二年林慶熙記出入總數（二）

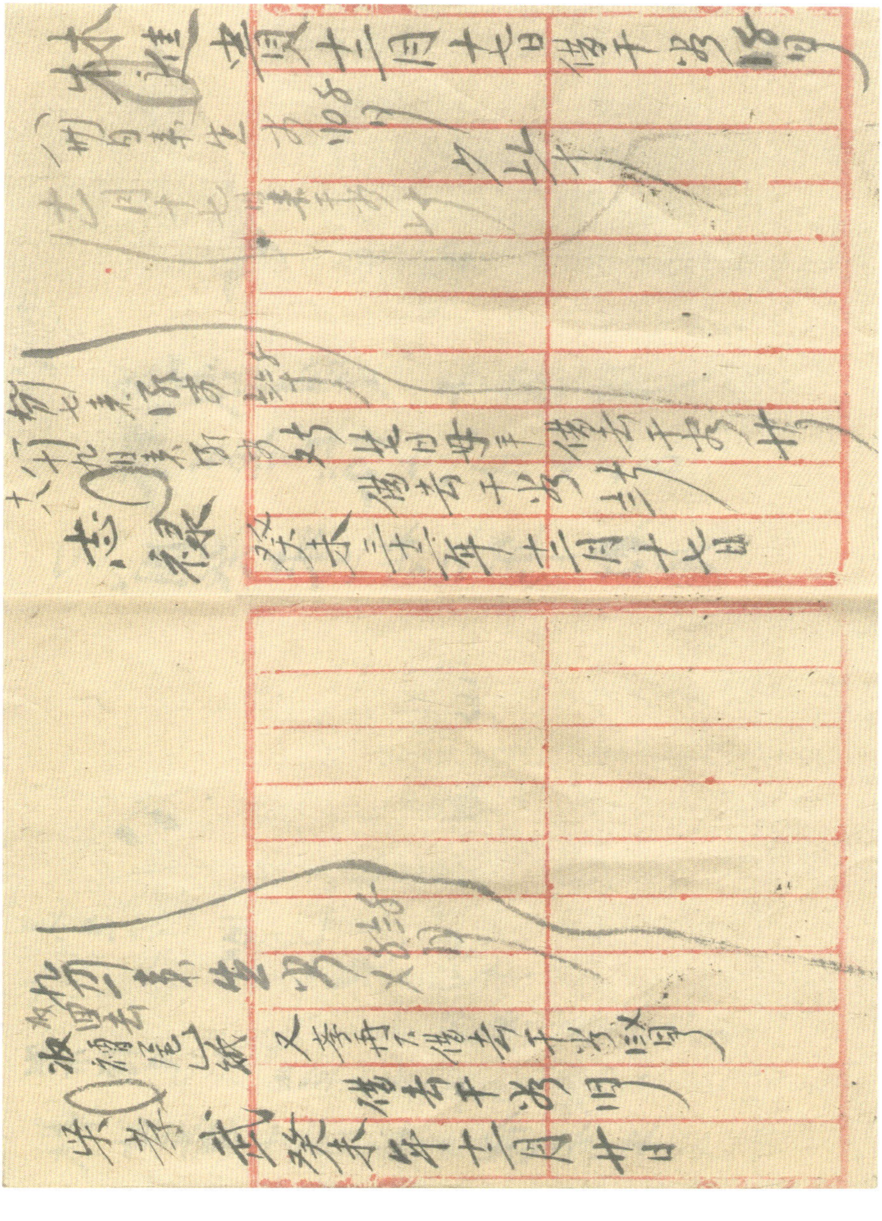

5-2-77-3　民國三十二年林慶熙記出入總數（三）

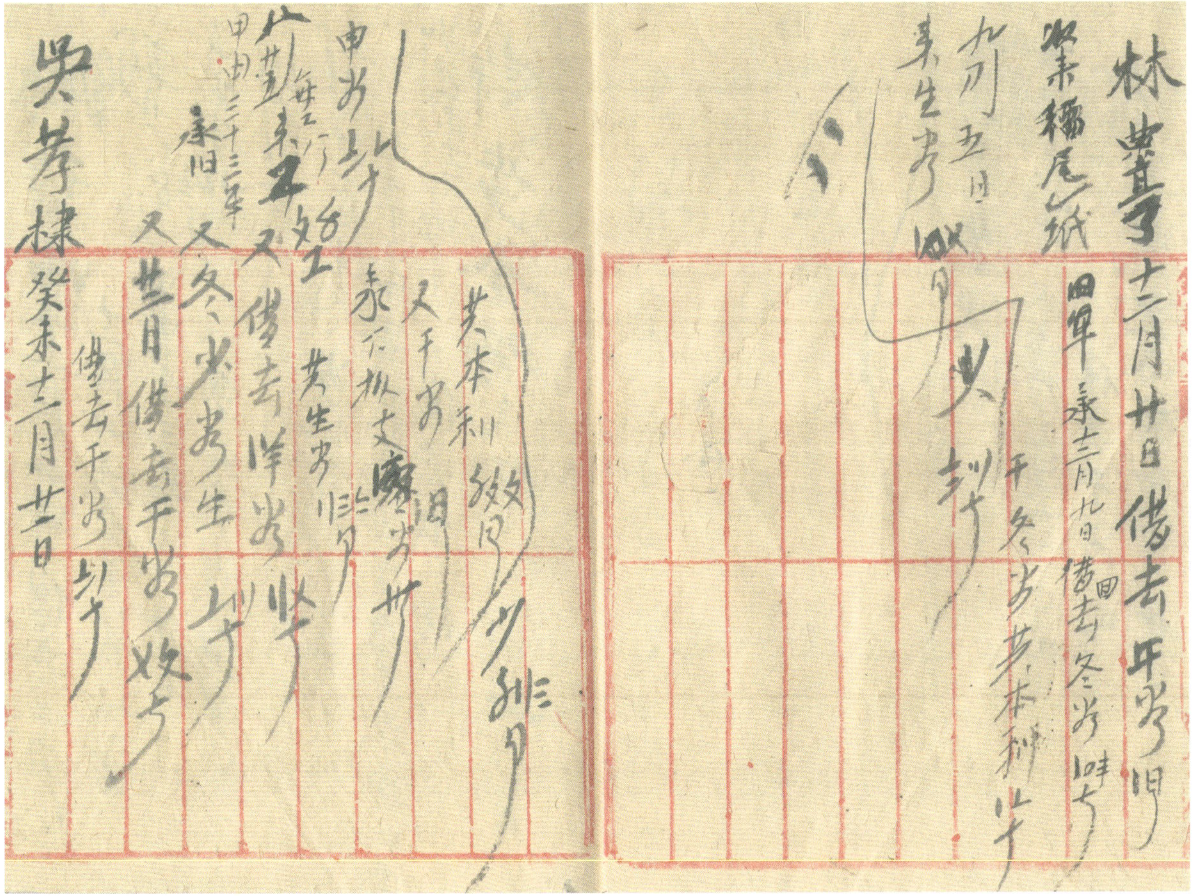

5-2-77-4　民國三十二年林慶熙記出入總數（四）

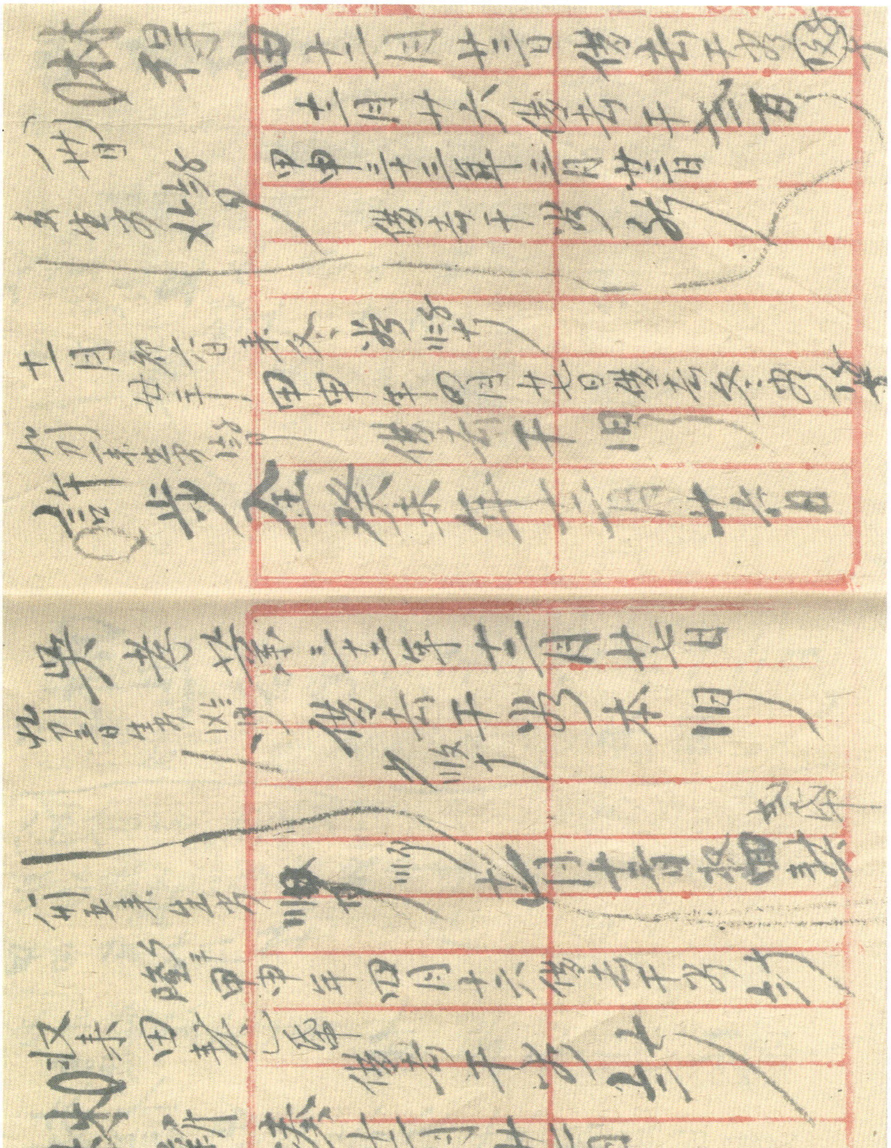

5-2-77-5　民國三十二年林慶熙記出入總數（五）

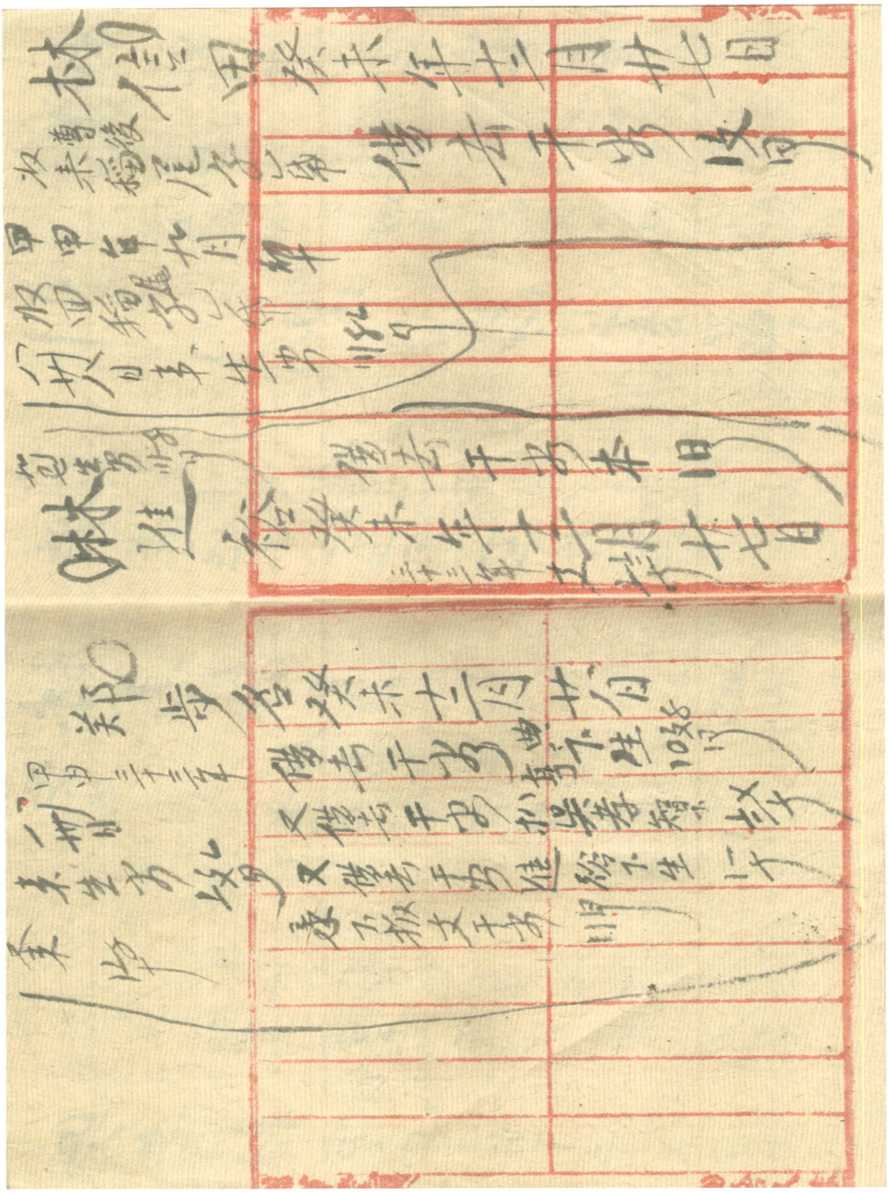

5-2-77-6　民國三十二年林慶熙記出入總數（六）

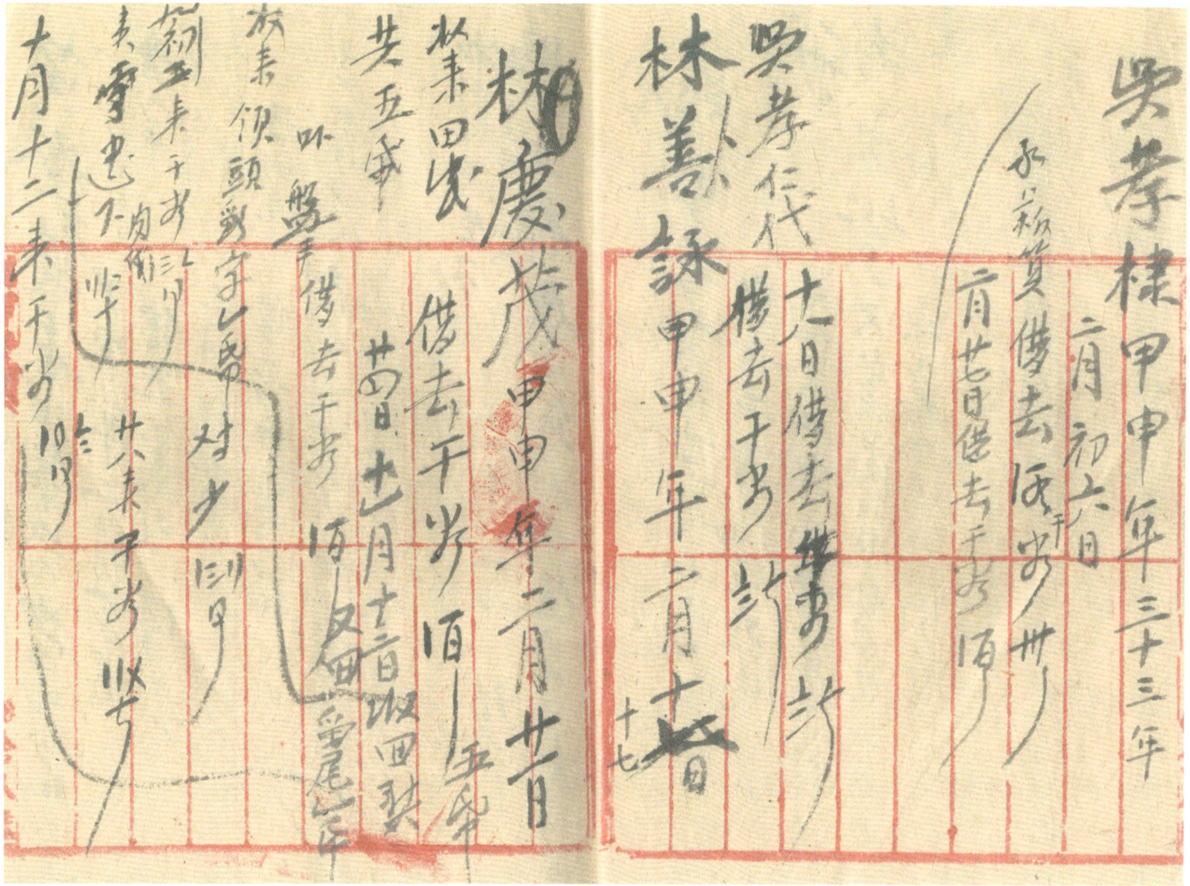

5-2-77-7　民國三十二年林慶熙記出入總數（七）

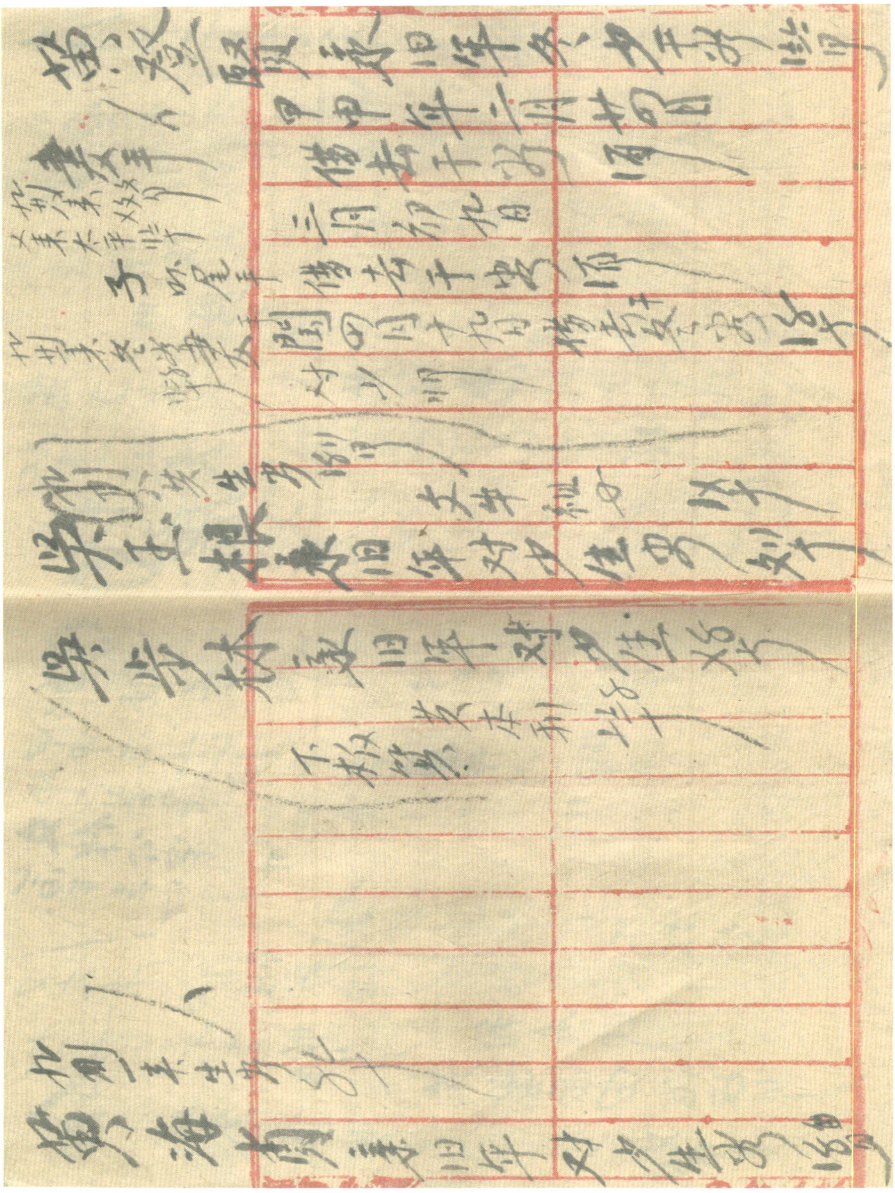

5-2-77-8　民國三十二年林慶熙記出入總數（八）

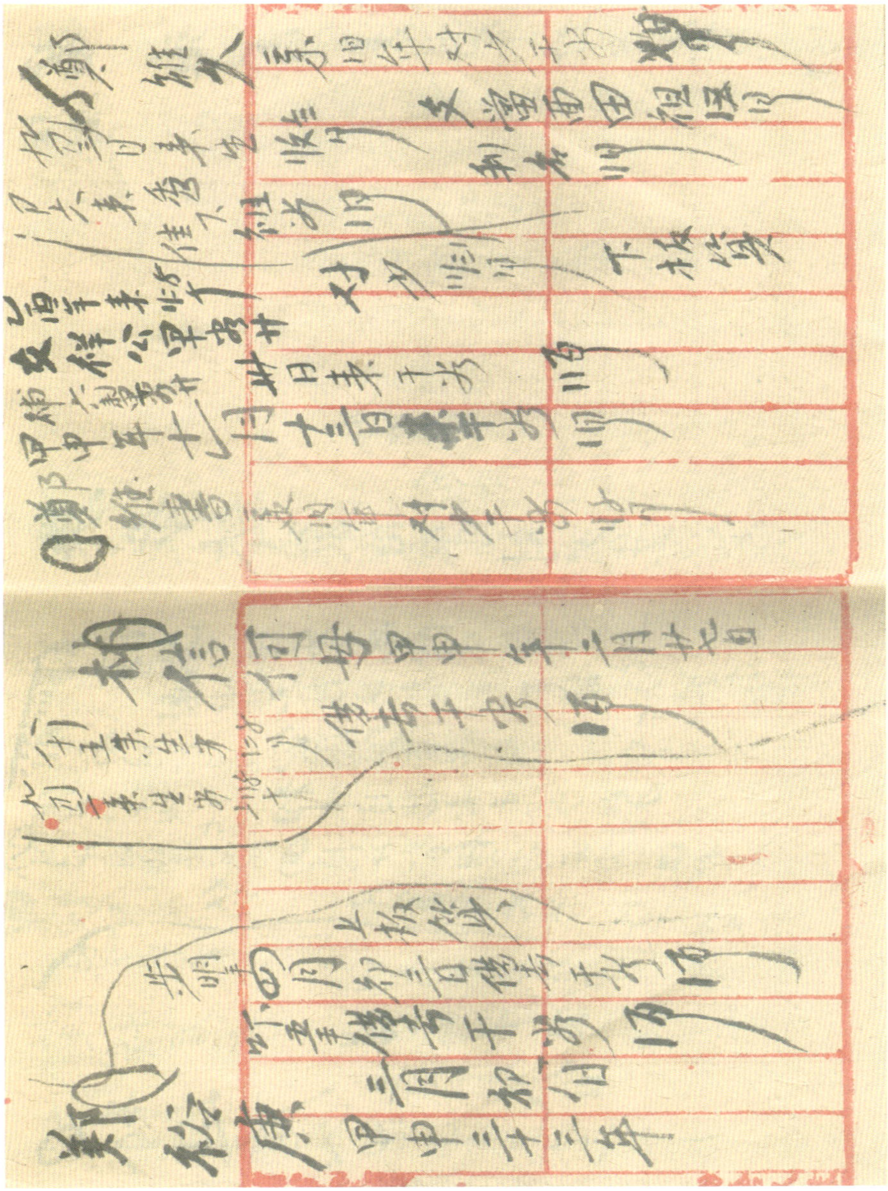

5-2-77-9　民國三十二年林慶熙記出入總數（九）

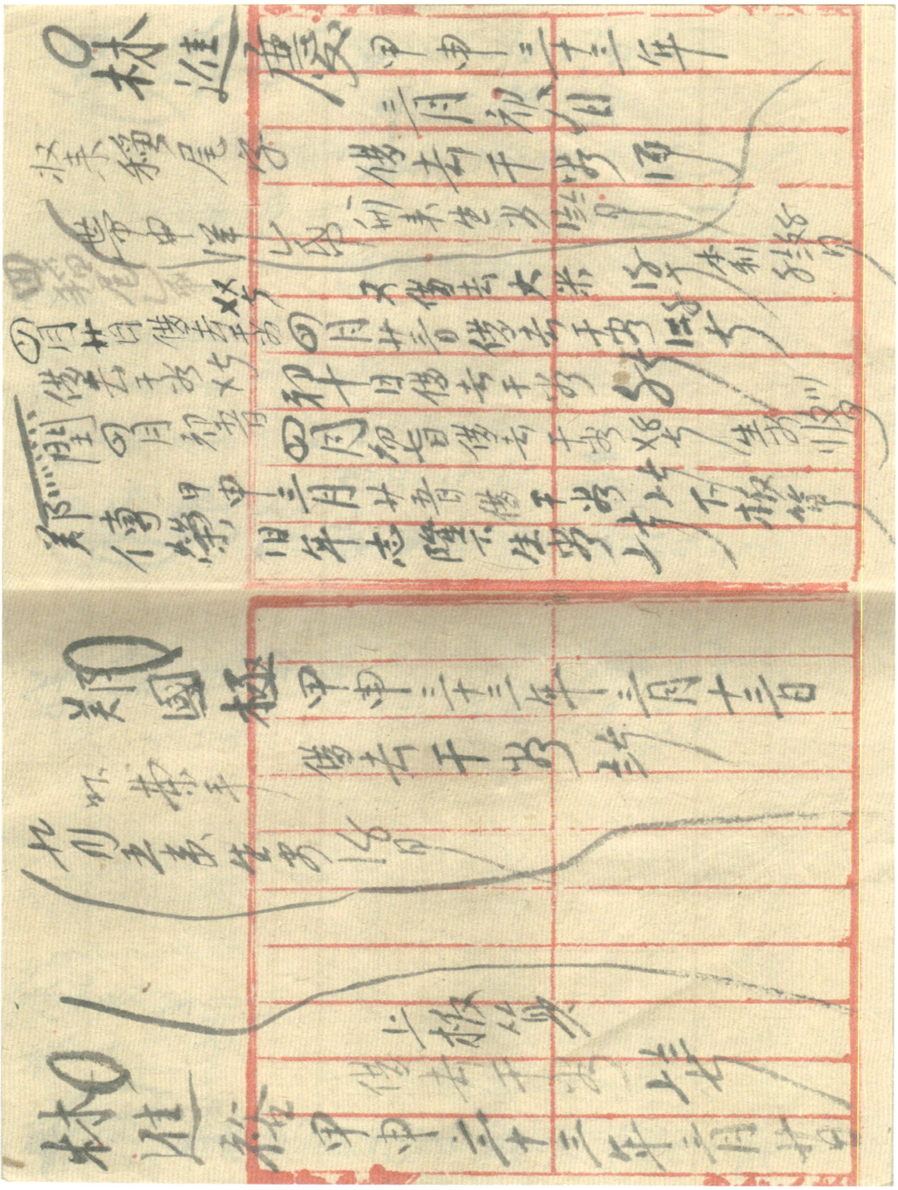

5-2-77-10　民國三十二年林慶熙記出入總數（一〇）

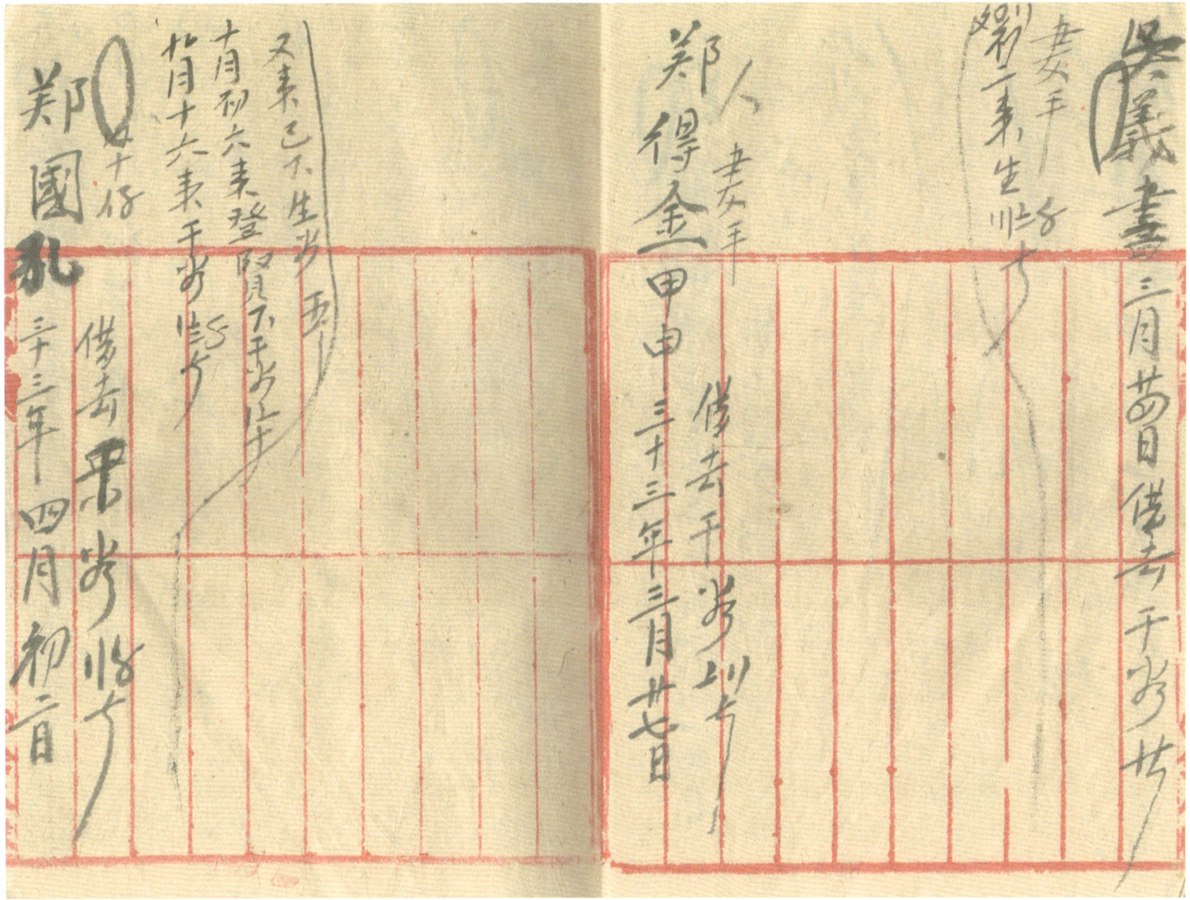
吳儀壽　三月廿四日借去

鄭得金　甲申三十三年三月廿七日　借去

鄭國孔　三十三年四月初二日　借去

5-2-77-11　民國三十二年林慶熙記出入總數（一一）

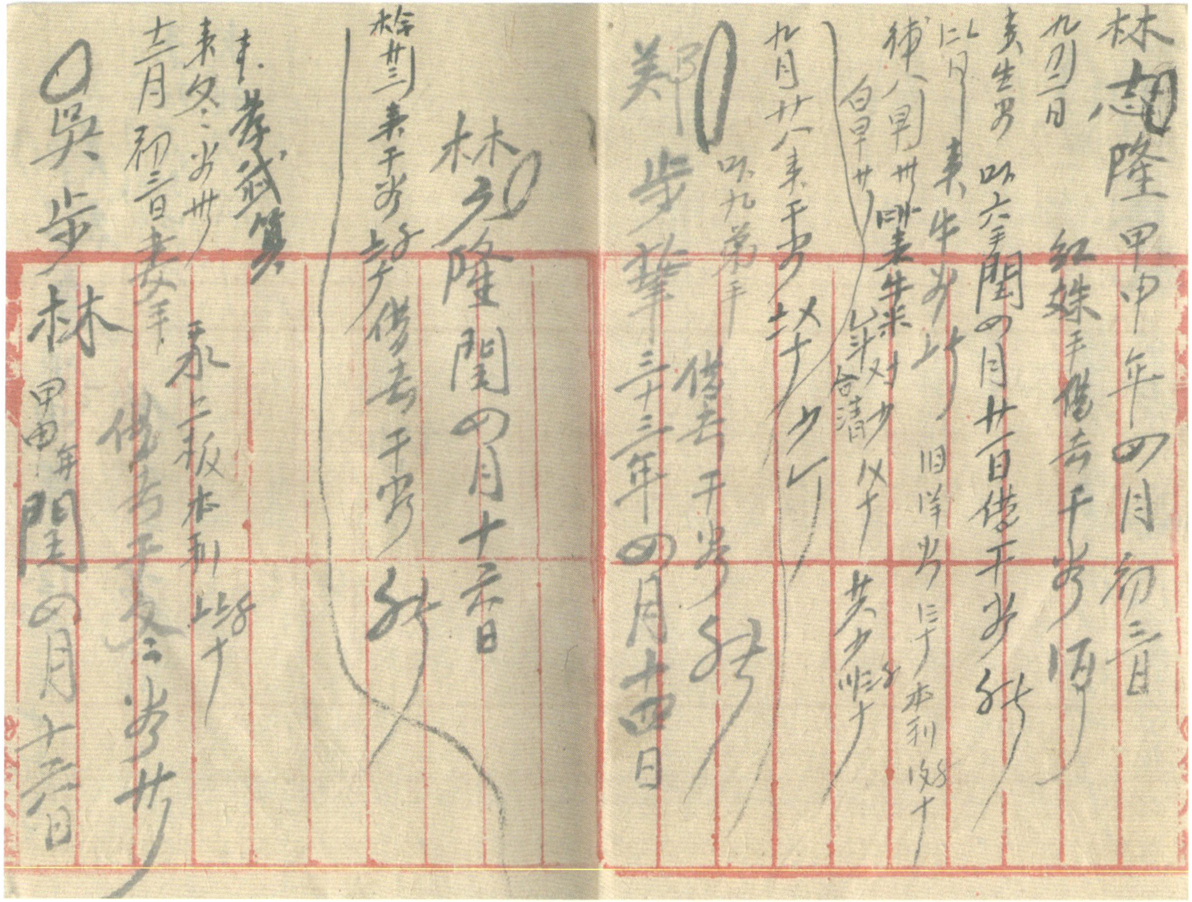

5-2-77-12　民國三十二年林慶熙記出入總數（一二）

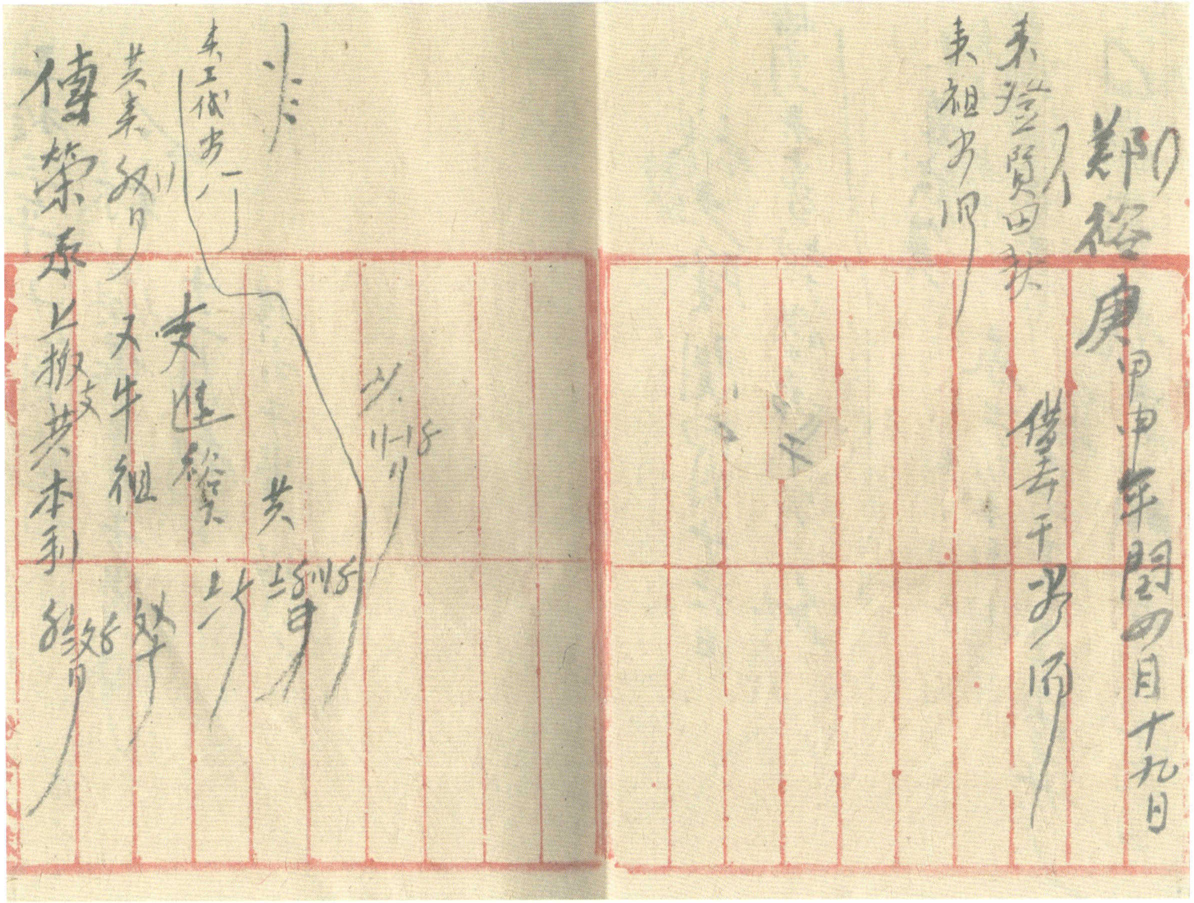
鄭裕庚　甲申年閏四月十九日
傳榮來上撥支共本利
大牛祖
支進發

5-2-77-13　民國三十二年林慶熙記出入總數（一三）

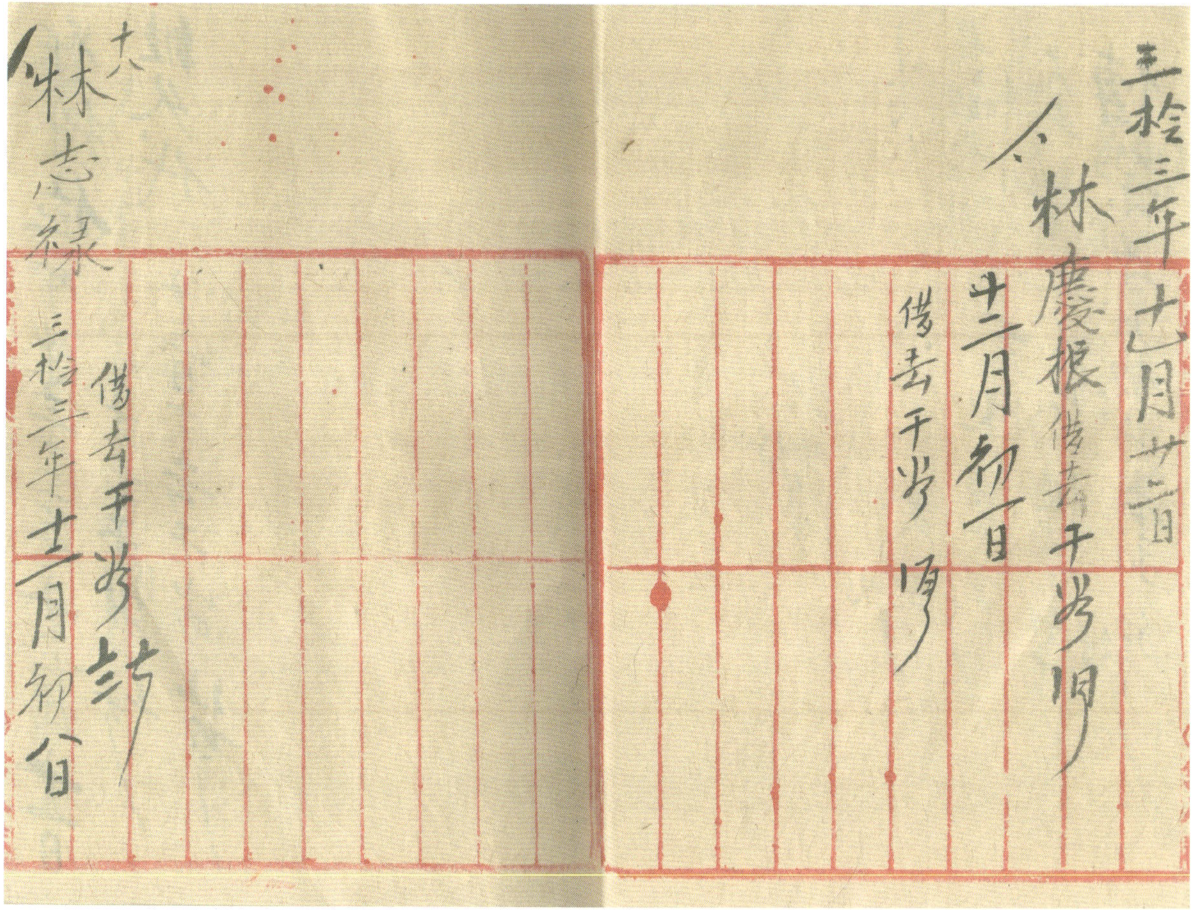

5-2-77-14　民國三十二年林慶熙記出入總數（一四）

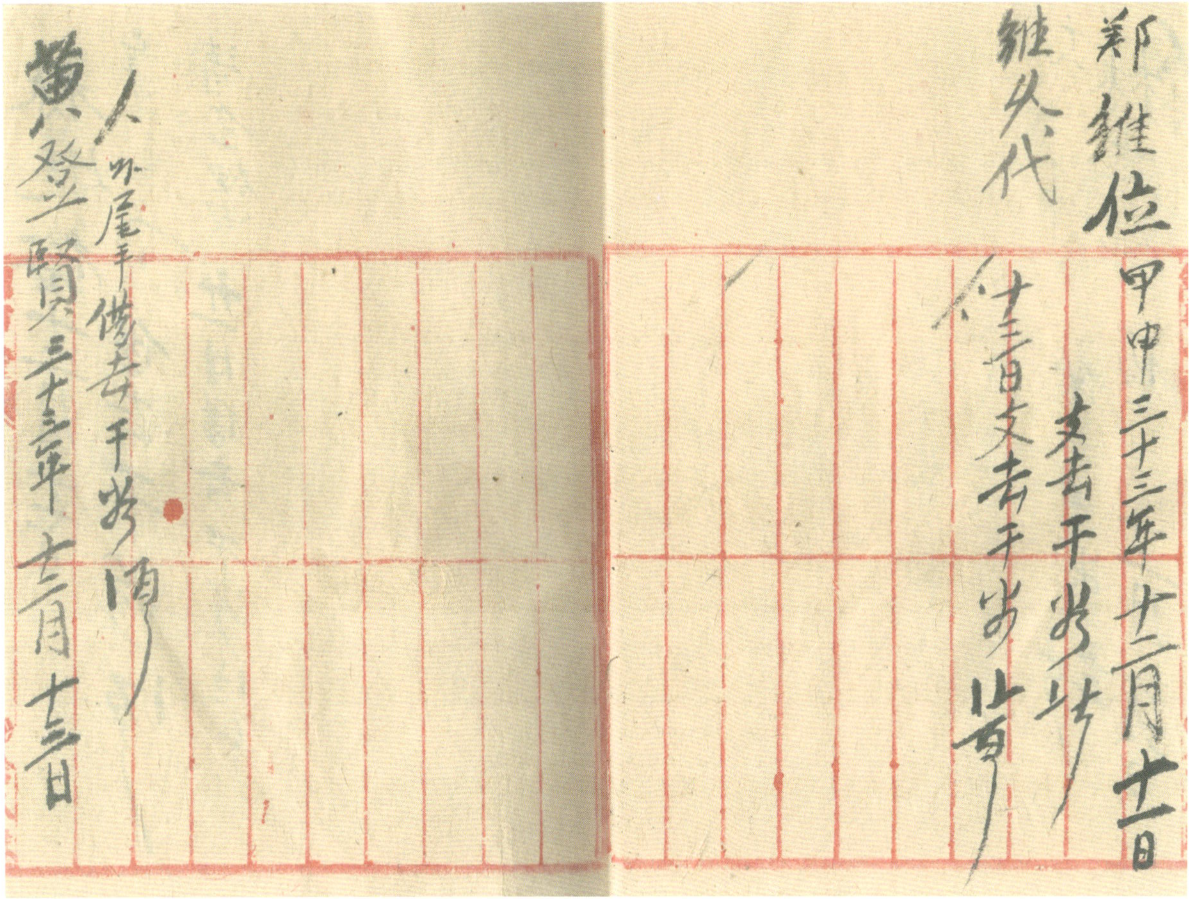
鄭維位
甲申三十三年十二月十一日
黃癸賢三十三年十二月十三日

5-2-77-15　民國三十二年林慶熙記出入總數（一五）

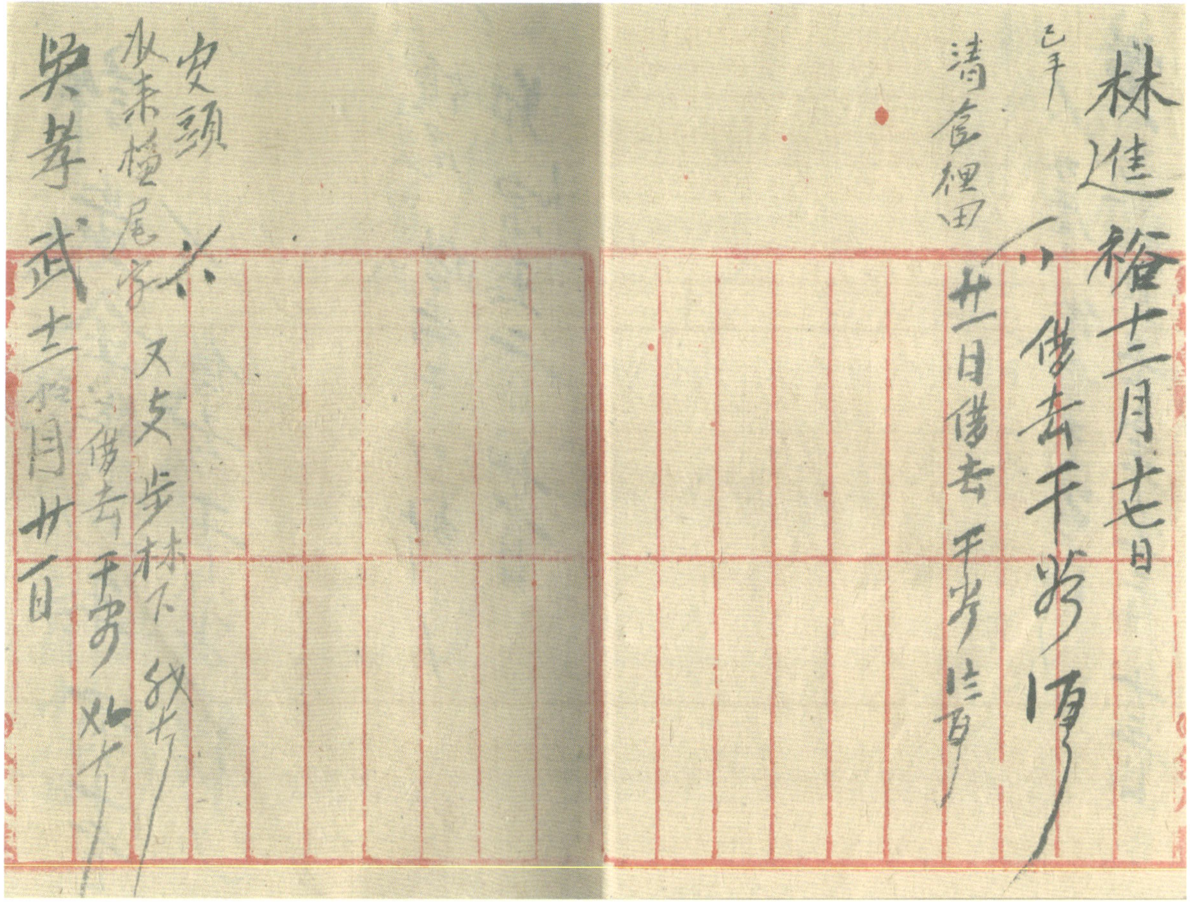

5-2-77-16　民國三十二年林慶熙記出入總數（一六）

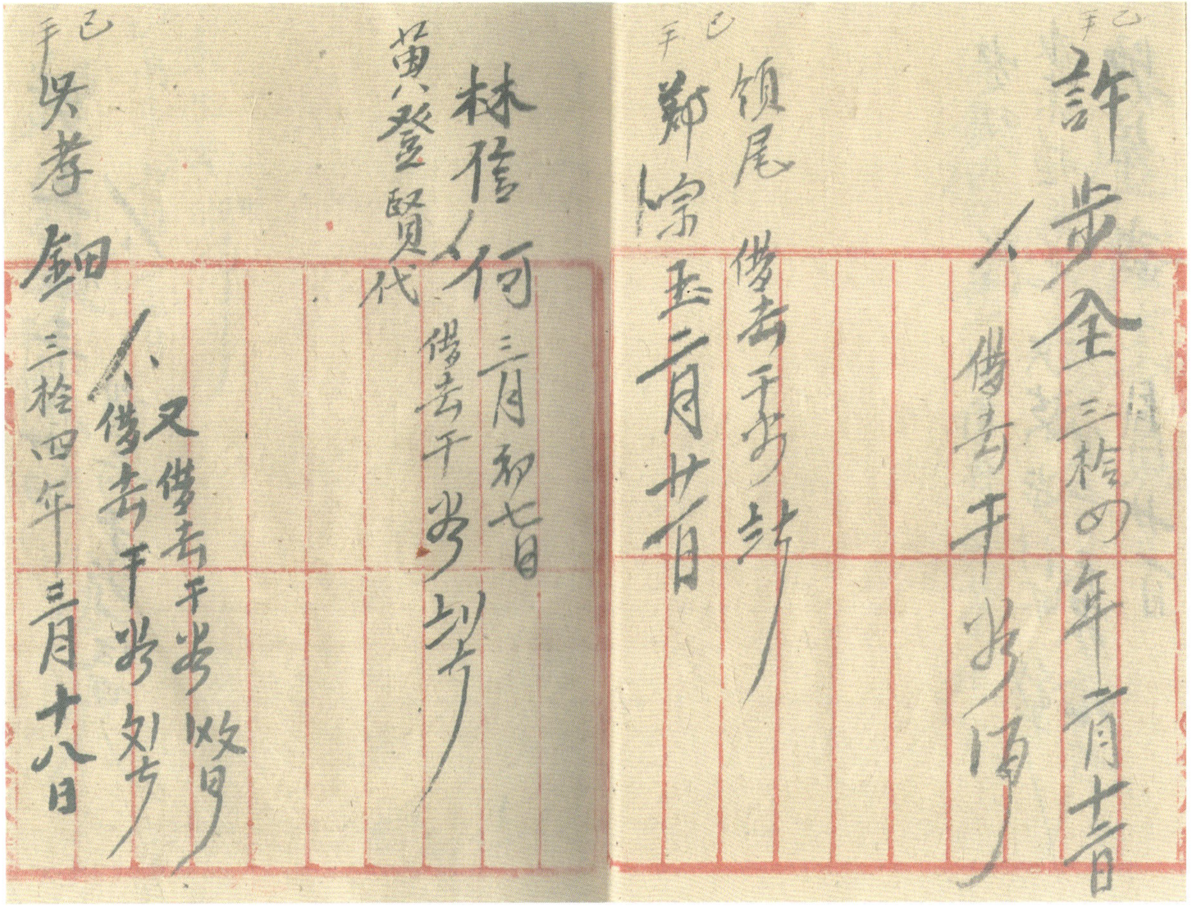

5-2-77-17　民國三十二年林慶熙記出入總數（一七）

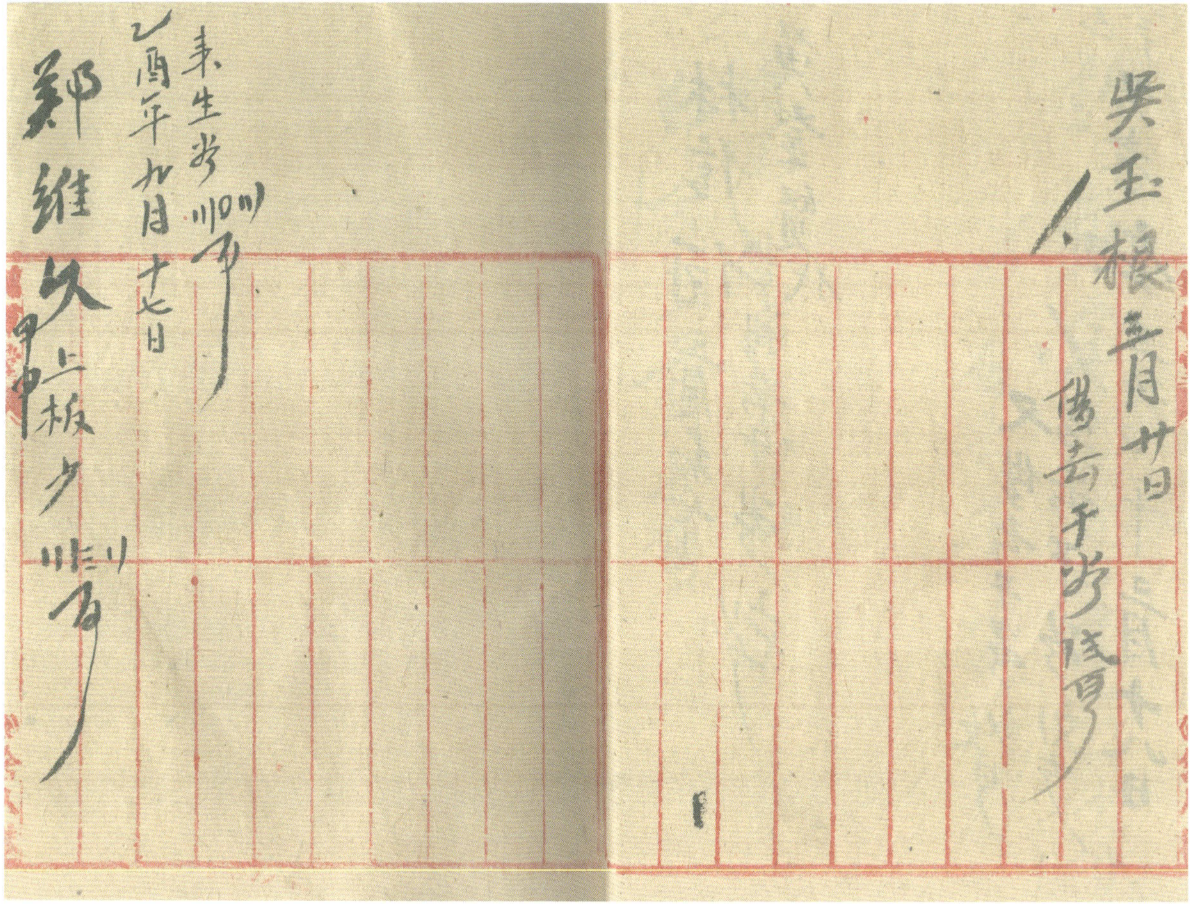

5-2-77-18　民國三十二年林慶熙記出入總數（一八）

5-2-77-19　民國三十二年林慶熙記出入總數（一九）

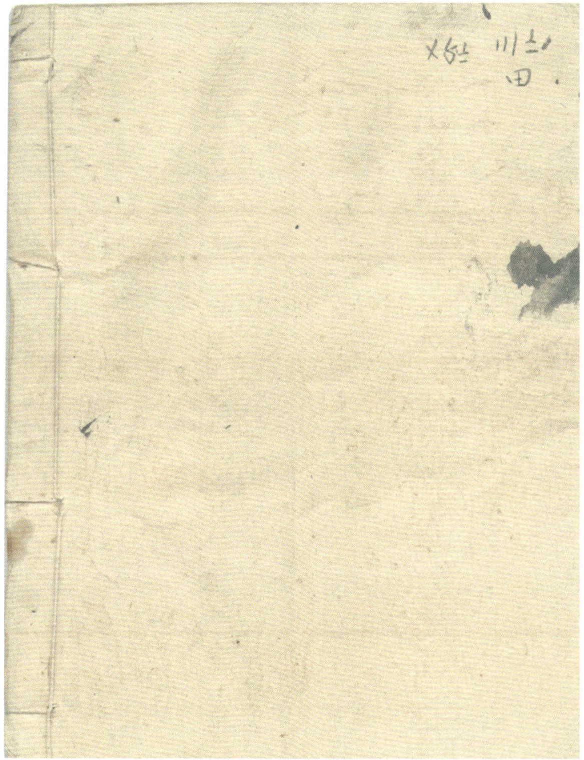

5-2-77-20　民國三十二年林慶熙記出入總數（二〇）

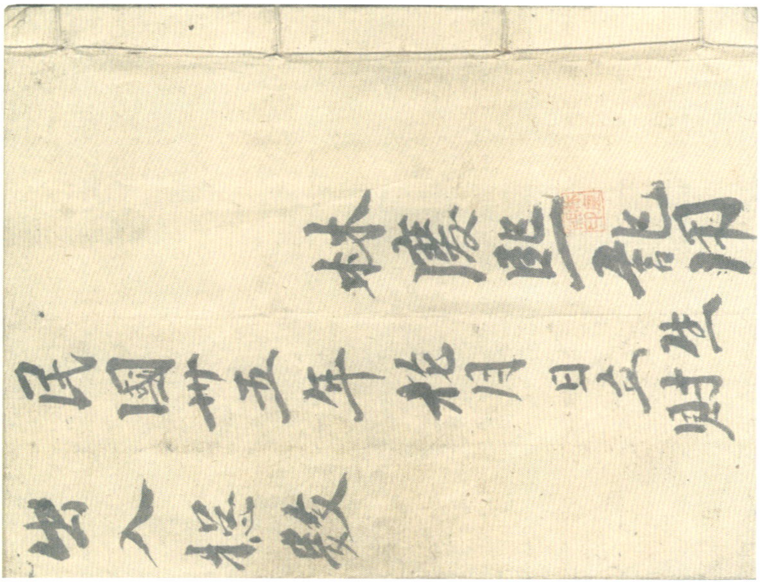
林慶熙記用
民國卅五年桂月 日立
出入總數

5-2-78-1 民國三十五年林慶熙記出入總數（一）

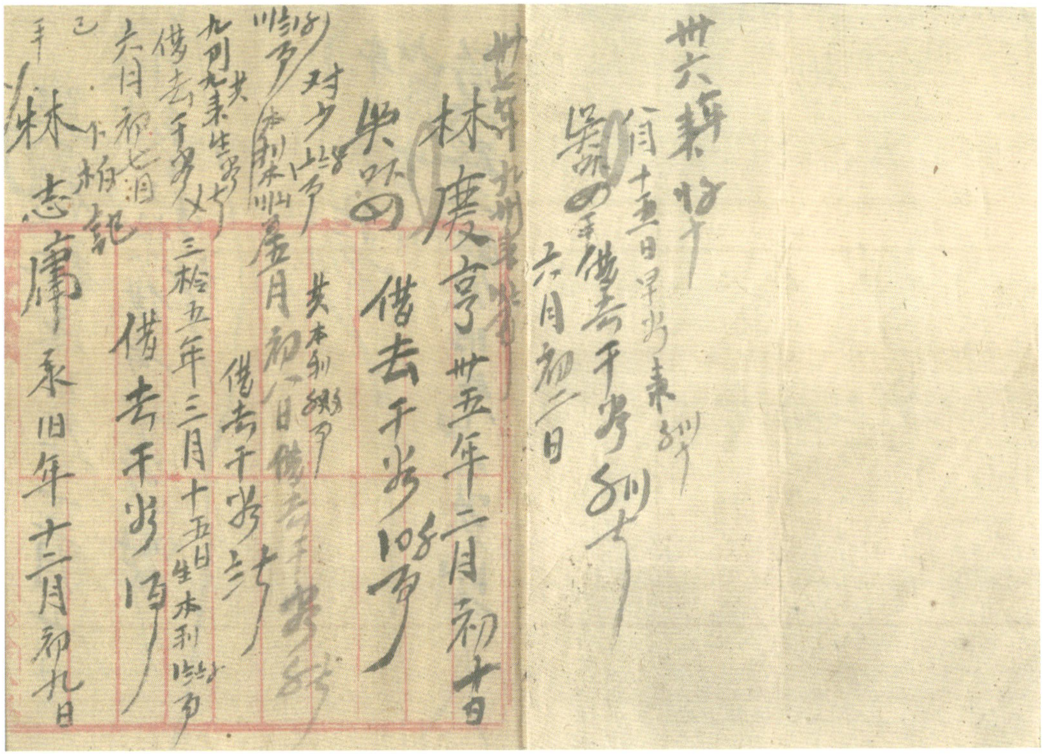

5-2-78-2　民國三十五年林慶熙記出入總數（二）

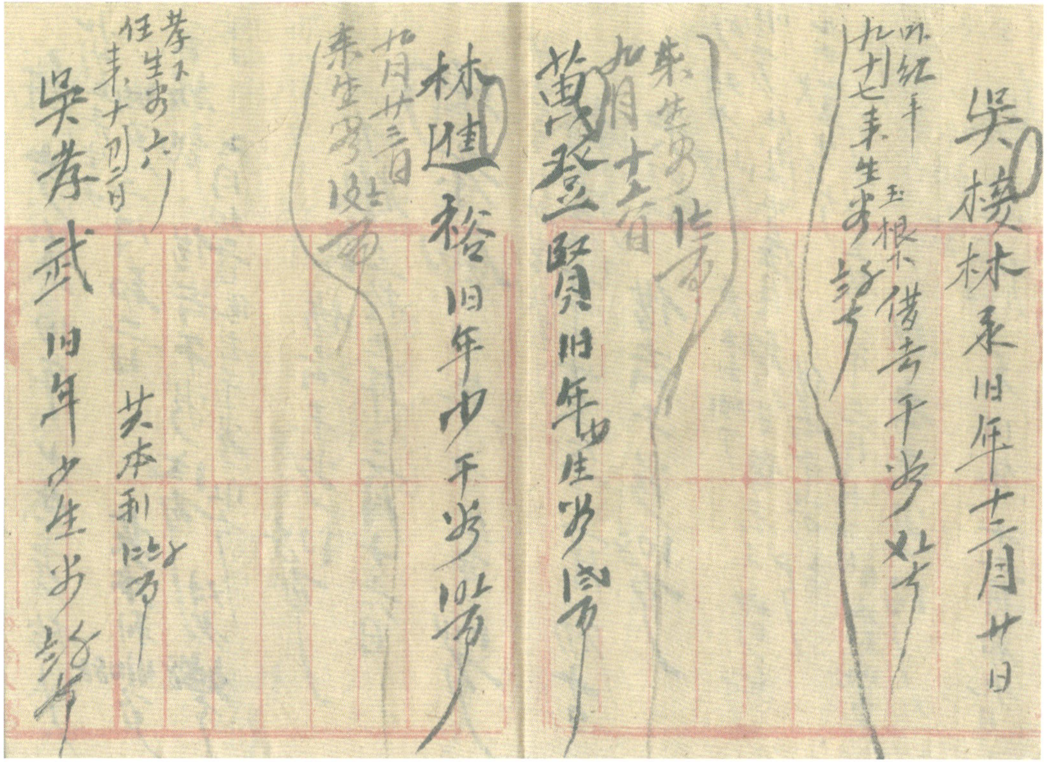

5-2-78-3　民國三十五年林慶熙記出入總數（三）

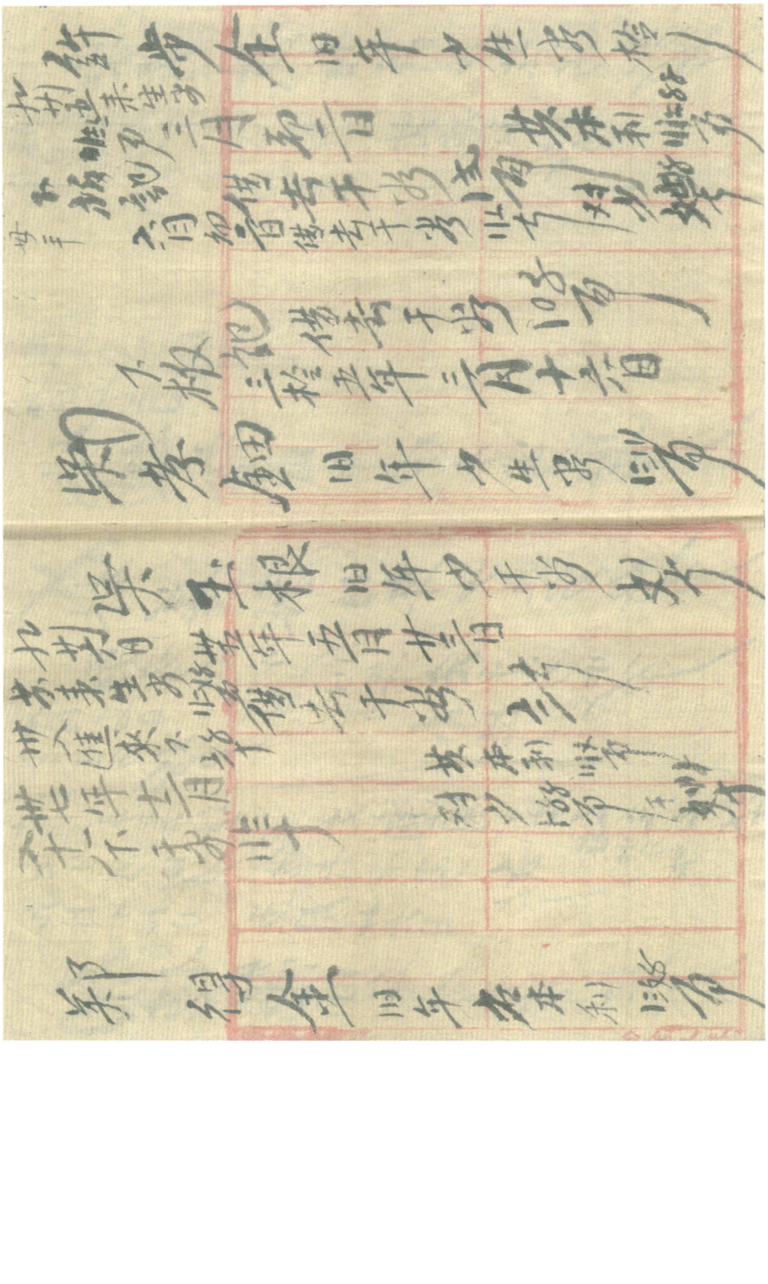

5-2-78-4　民國三十五年林慶熙記出入總數（四）

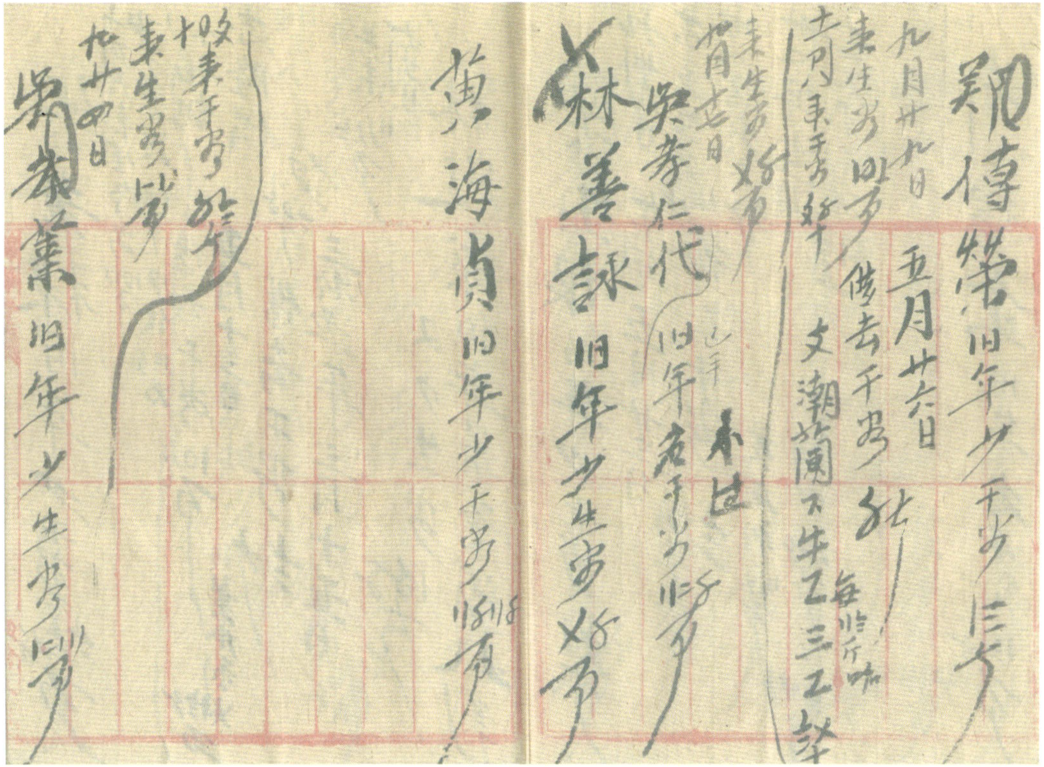

5-2-78-5　民國三十五年林慶熙記出入總數（五）

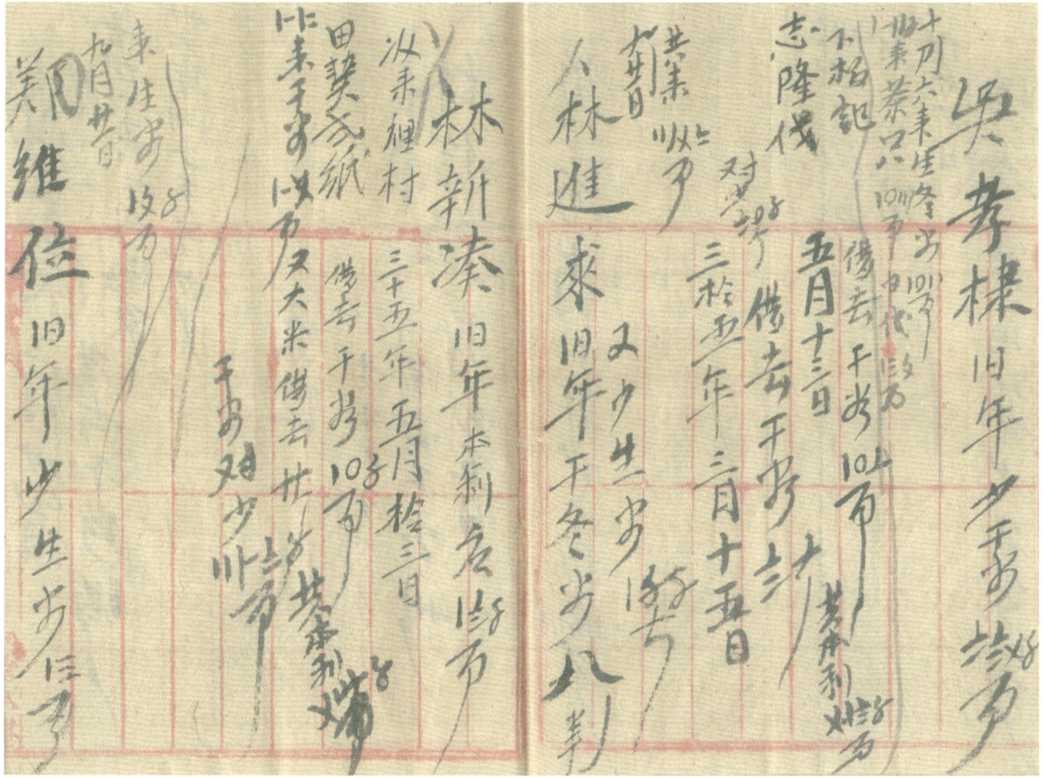

5-2-78-6　民國三十五年林慶熙記出入總數（六）

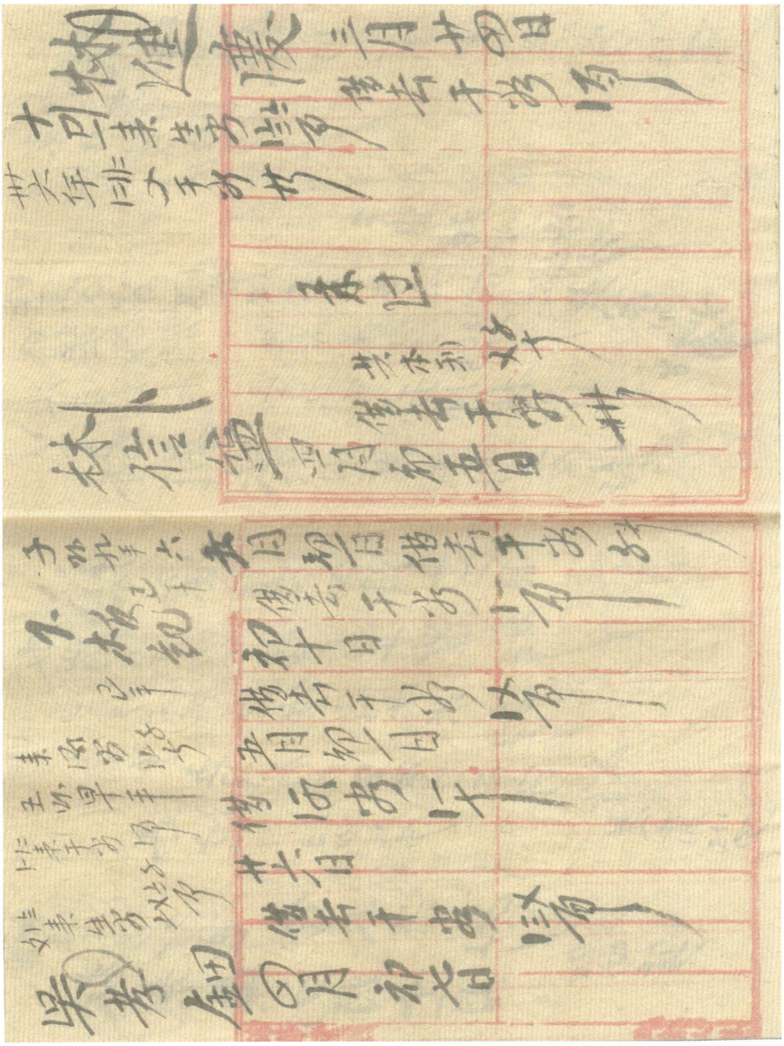

5-2-78-7　民國三十五年林慶熙記出入總數（七）

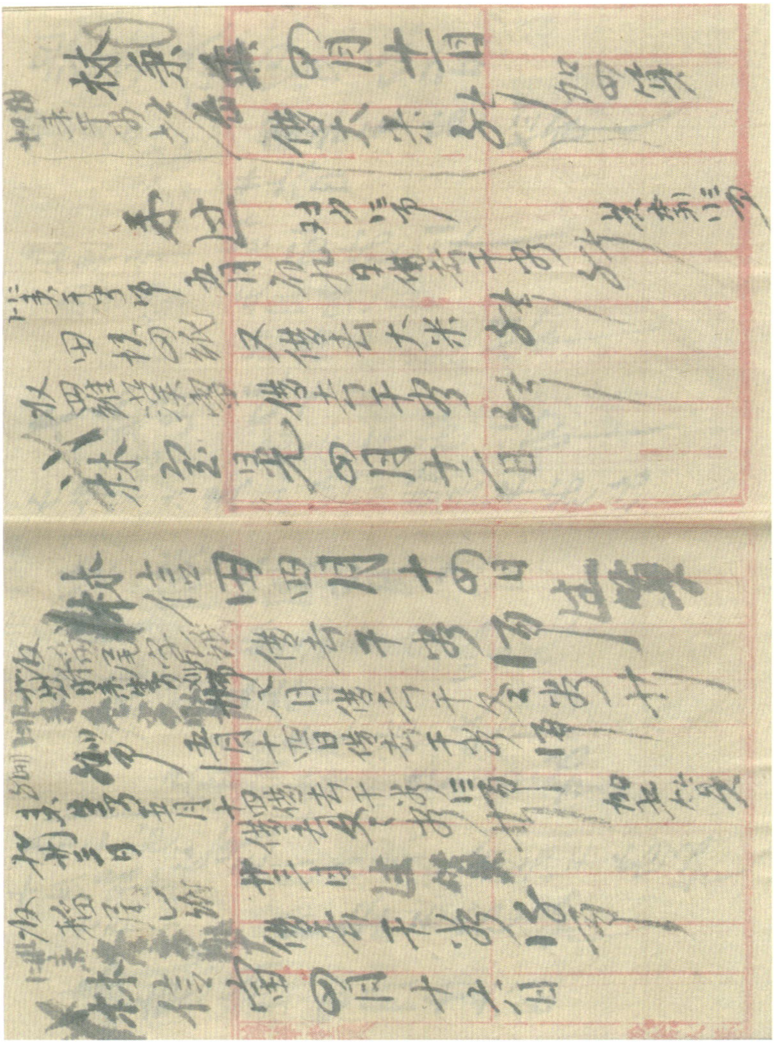

5-2-78-8　民國三十五年林慶熙記出入總數（八）

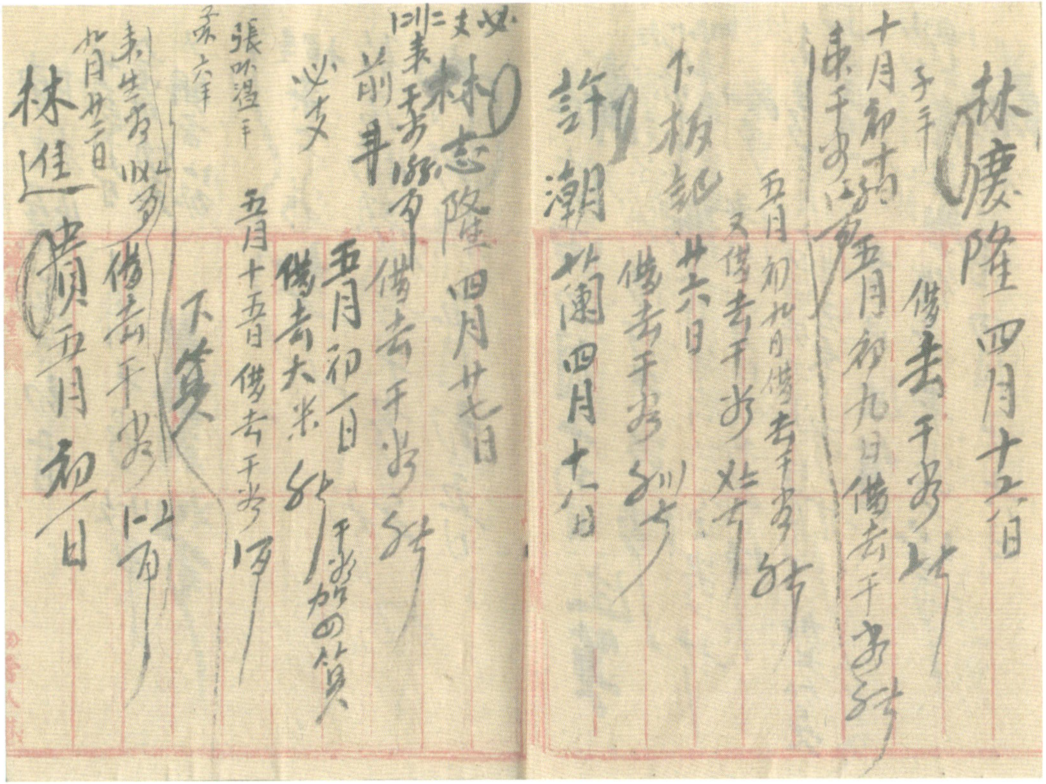

5-2-78-9 民國三十五年林慶熙記出入總數（九）

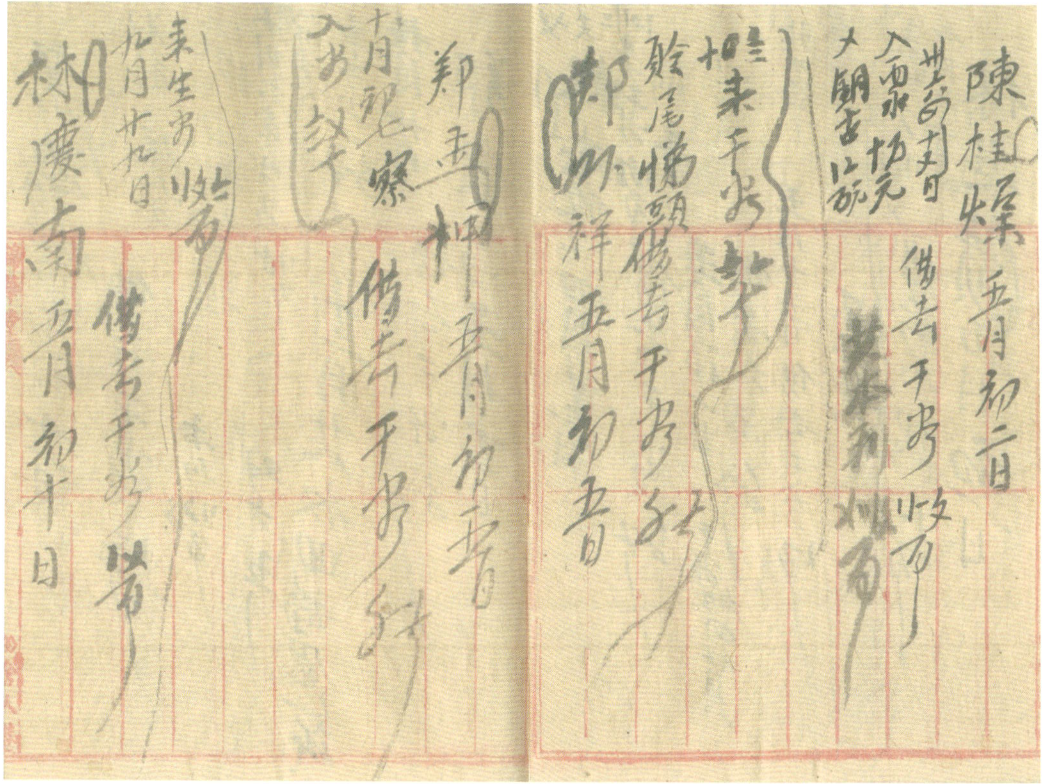

5-2-78-10　民國三十五年林慶熙記出入總數（一〇）

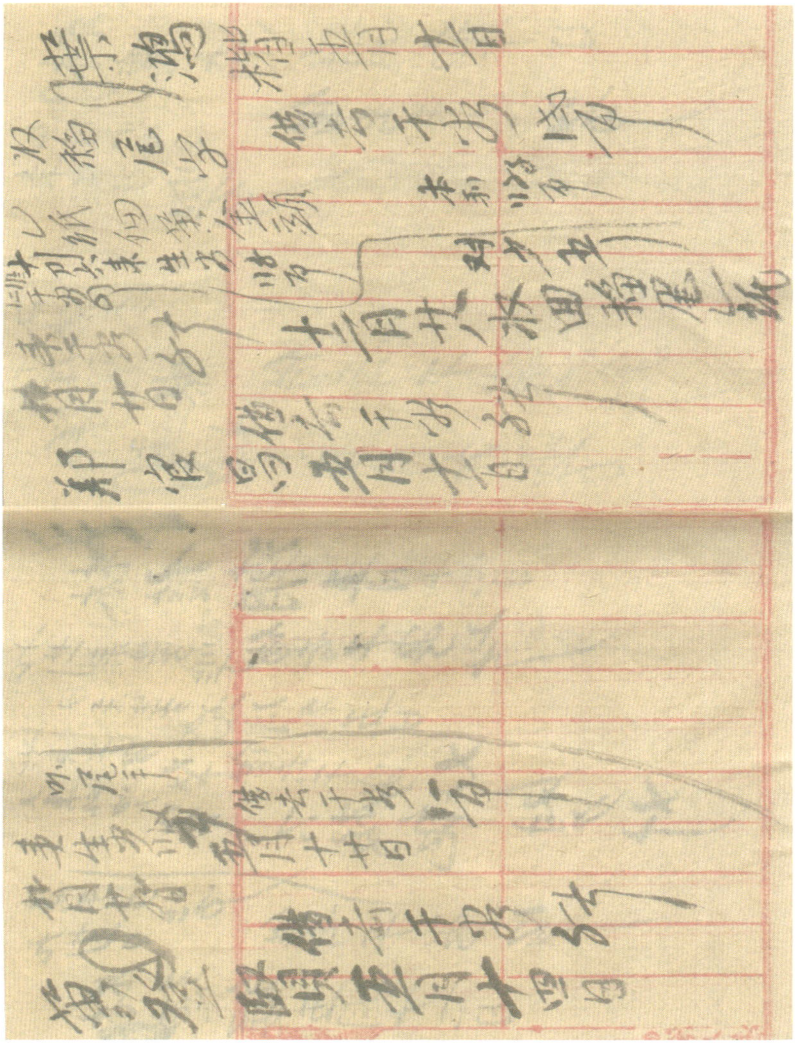

5-2-78-11　民國三十五年林慶熙記出入總數（一一）

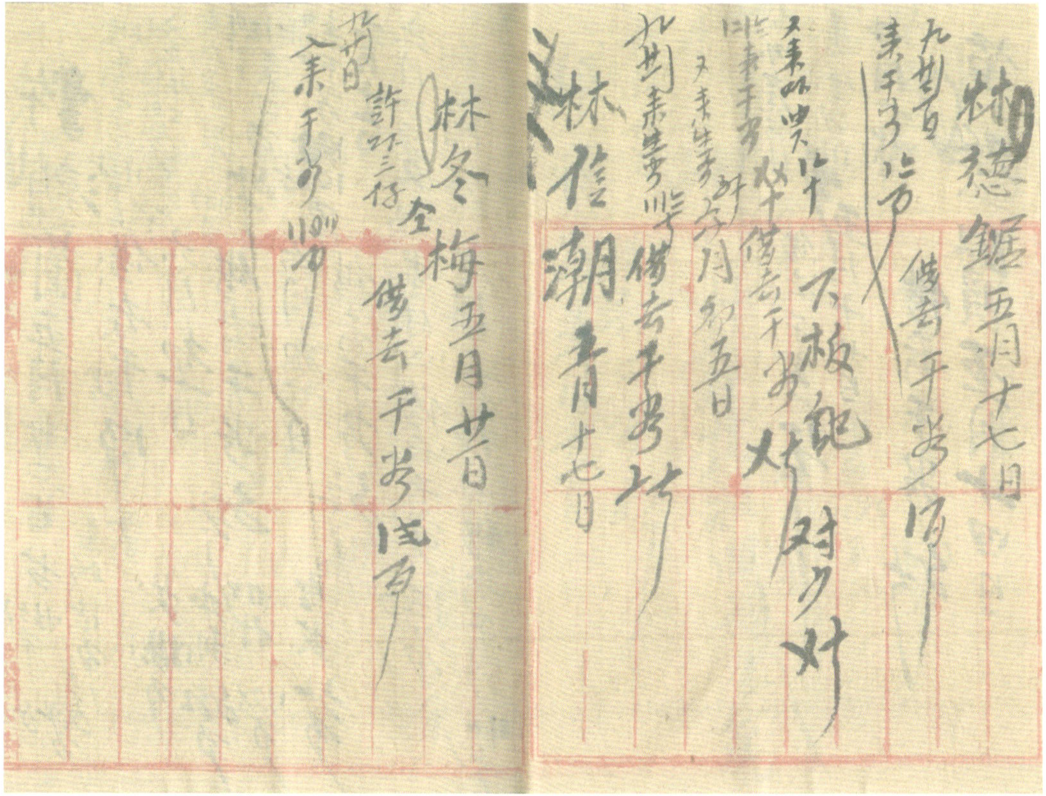
林德鏈 五月十七日 借去千少
不板鉋
林信潮 五月十七日 借去千少
林冬梅 五月廿日 借去千少

5-2-78-12　民國三十五年林慶熙記出入總數（一二）

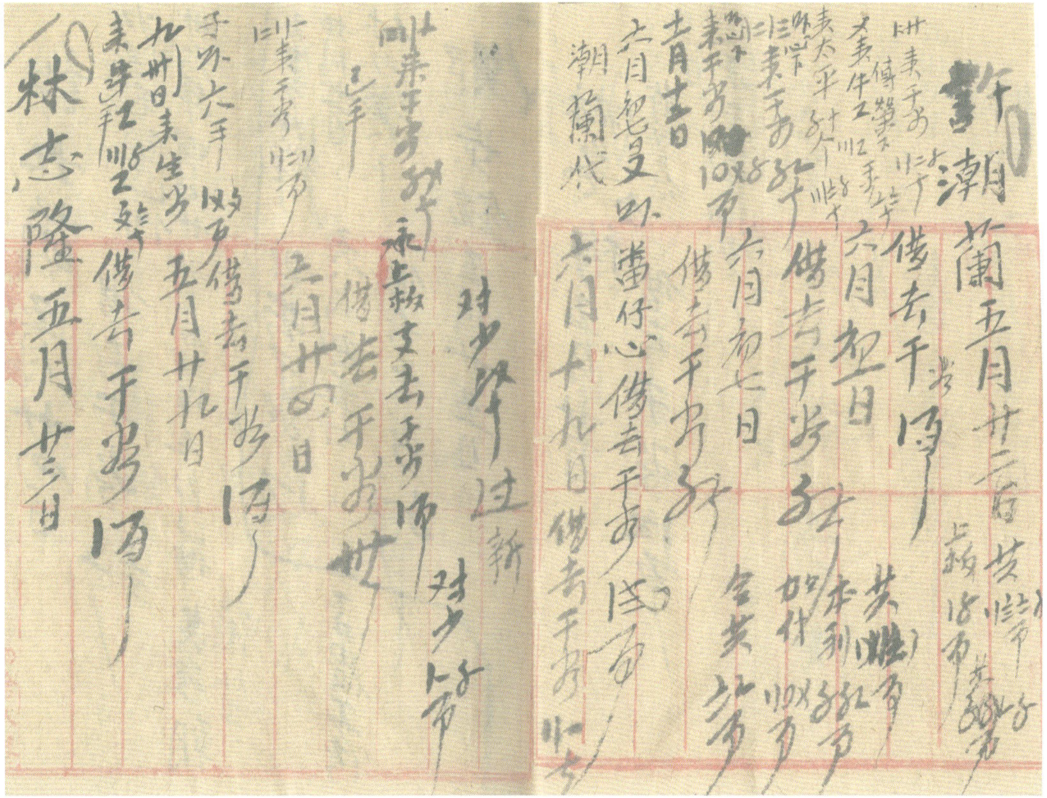

5-2-78-13　民國三十五年林慶熙記出入總數（一三）

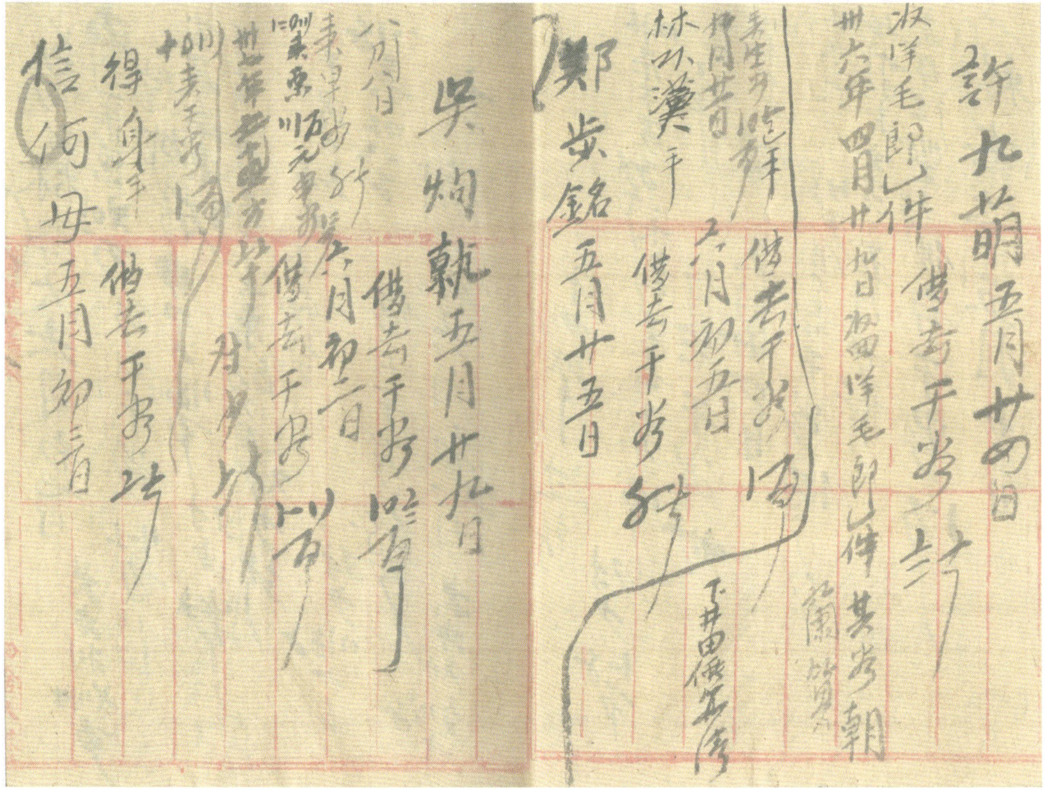

5-2-78-14　民國三十五年林慶熙記出入總數（一四）

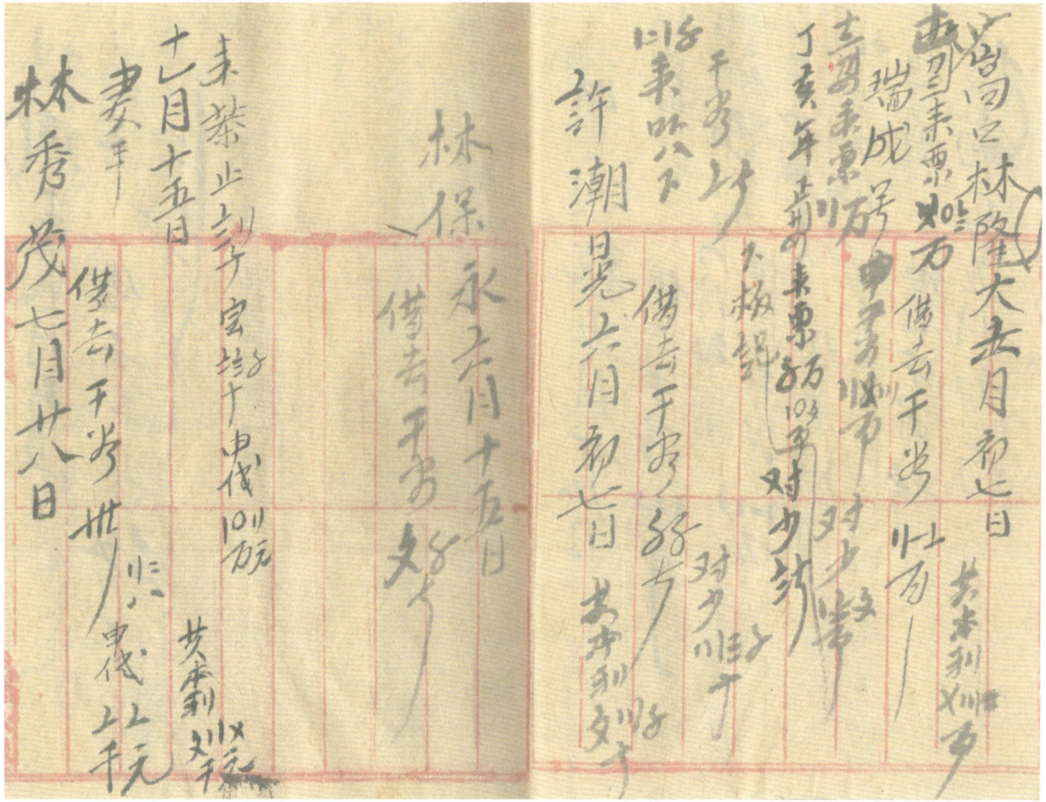

5-2-78-15　民國三十五年林慶熙記出入總數（一五）

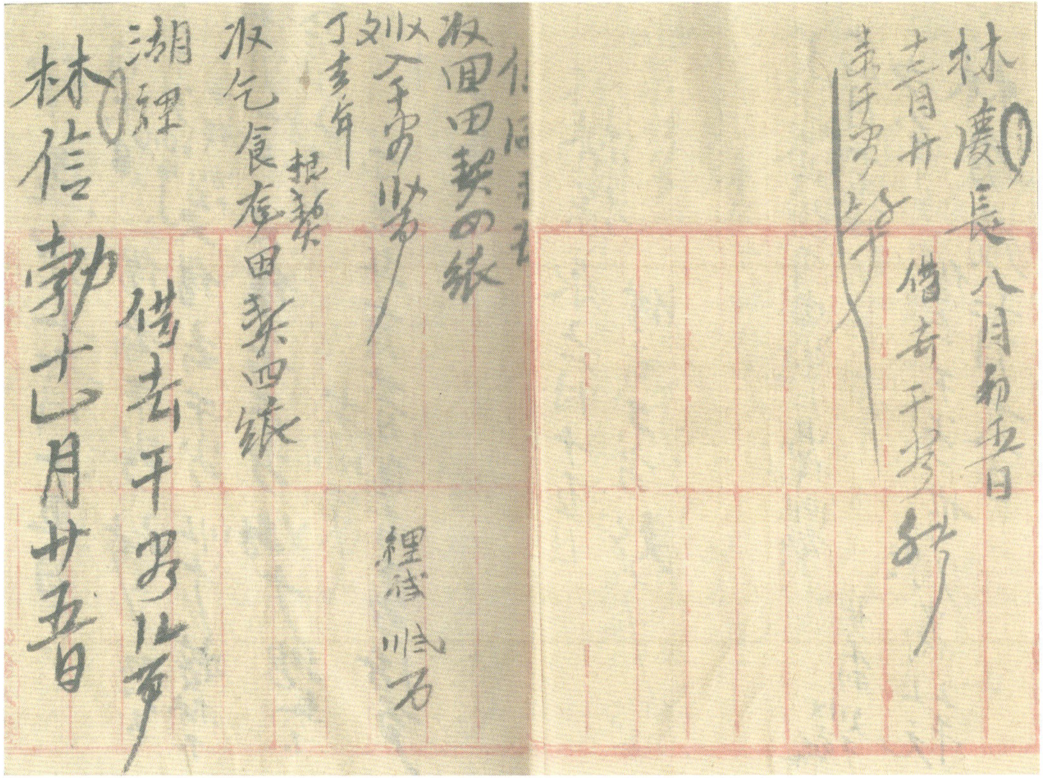

5-2-78-16　民國三十五年林慶熙記出入總數（一六）

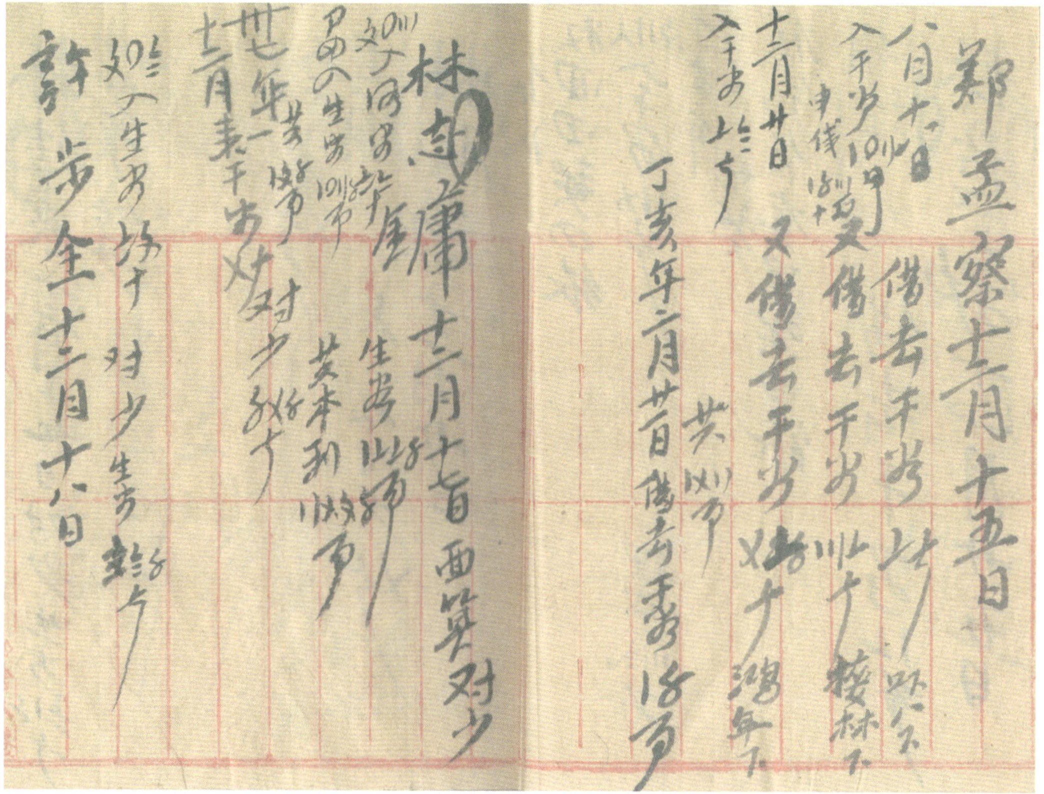

5-2-78-17　民國三十五年林慶熙記出入總數（一七）

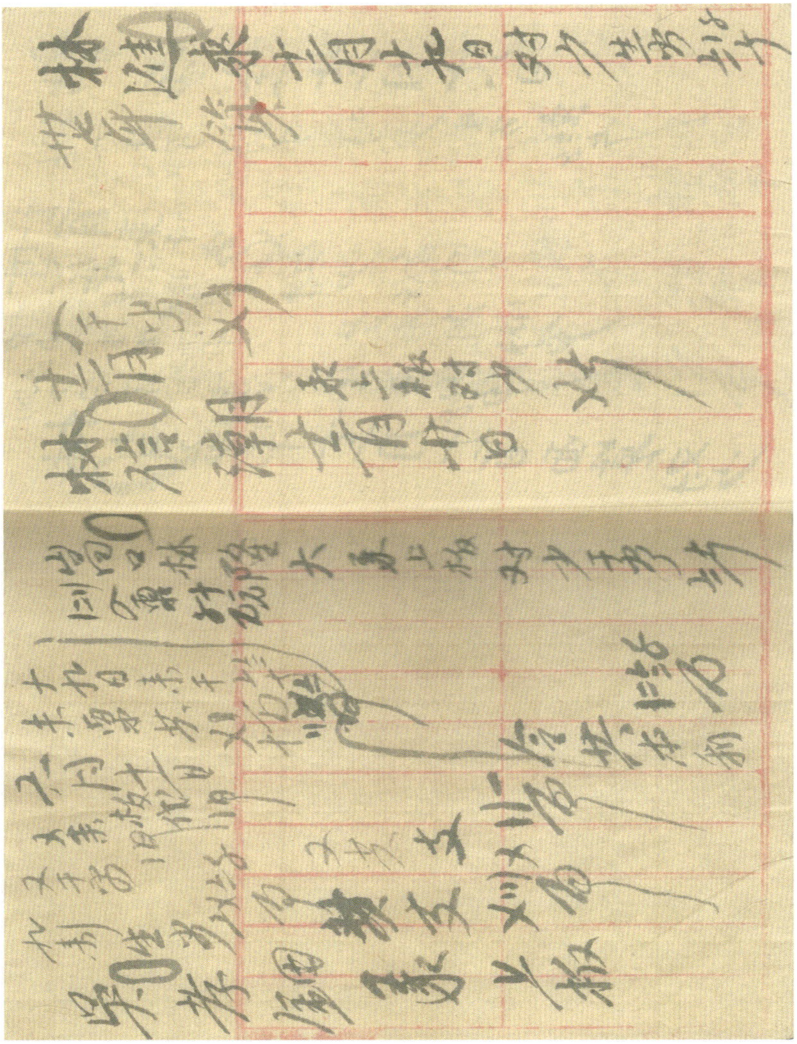

5-2-78-18　民國三十五年林慶熙記出入總數（一八）

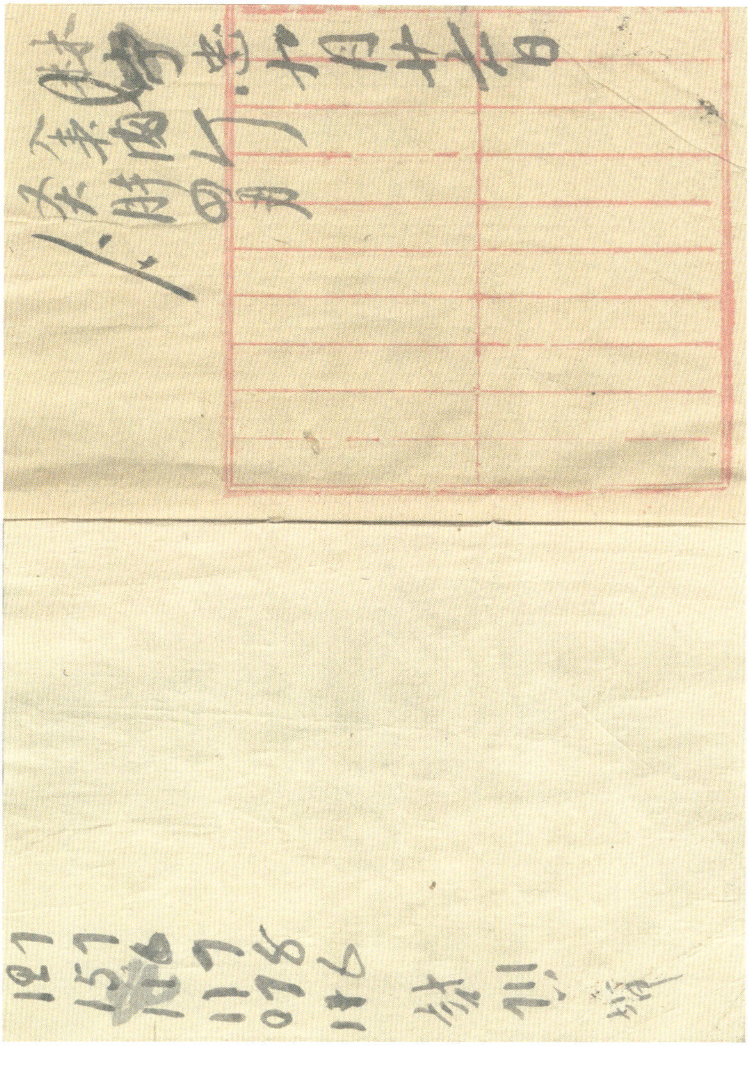

5-2-78-19　民國三十五年林慶熙記出入總數（一九）

5-2-78-20　民國三十五年林慶熙記出入總數（二〇）

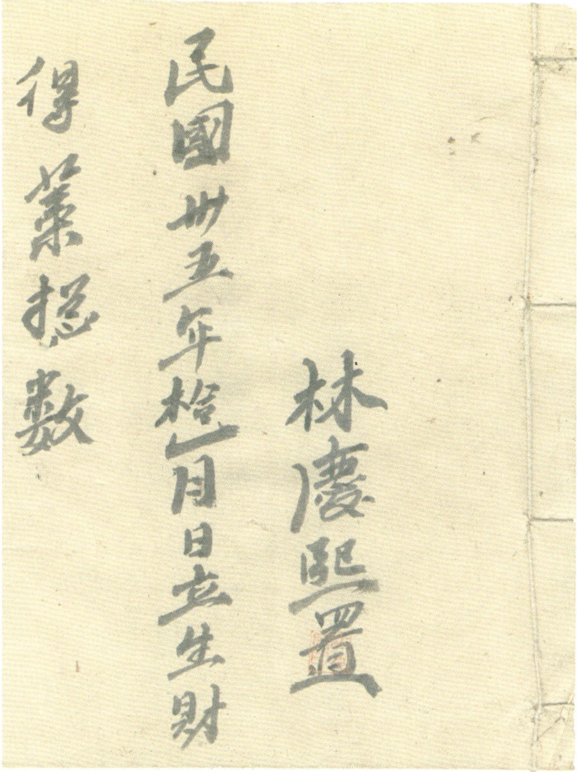

林慶熙置

民國卅五年拾一月日立生財

得業總數

5-2-79-1　民國三十五年林慶熙置得業總數(一)

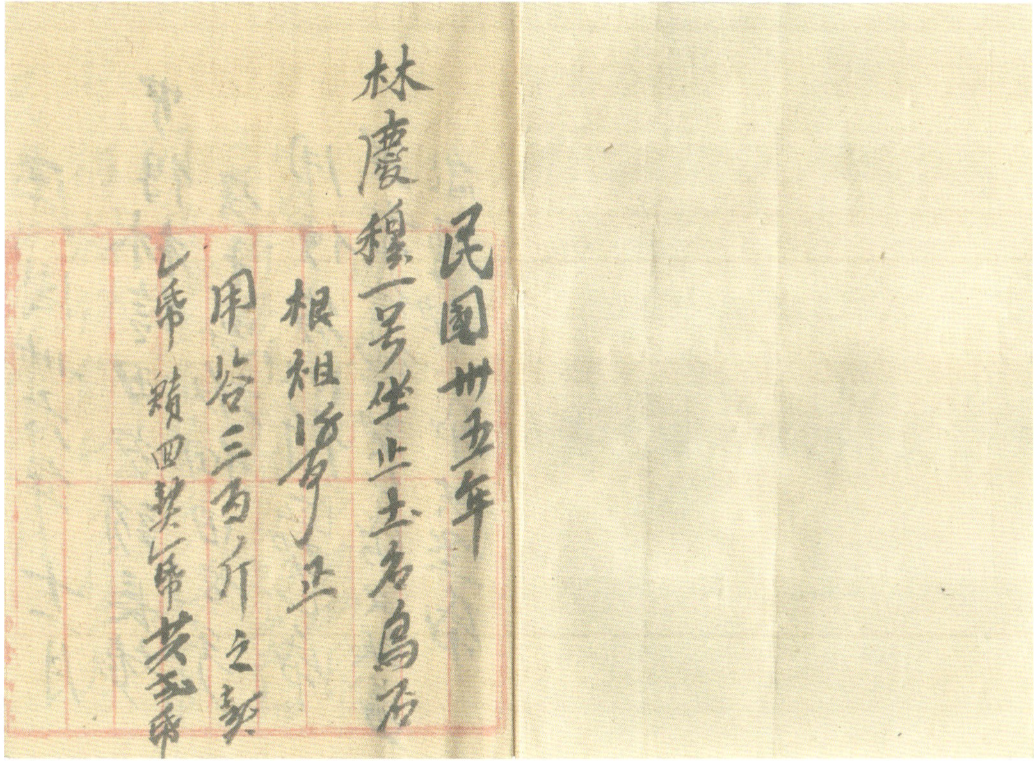
民國卅五年
林慶穆一号坐址土名烏石
根祖所分正
用谷三百斤之数
乚帋 賴四契乚帋 共五帋

5-2-79-2　民國三十五年林慶熙置得業總數（二）

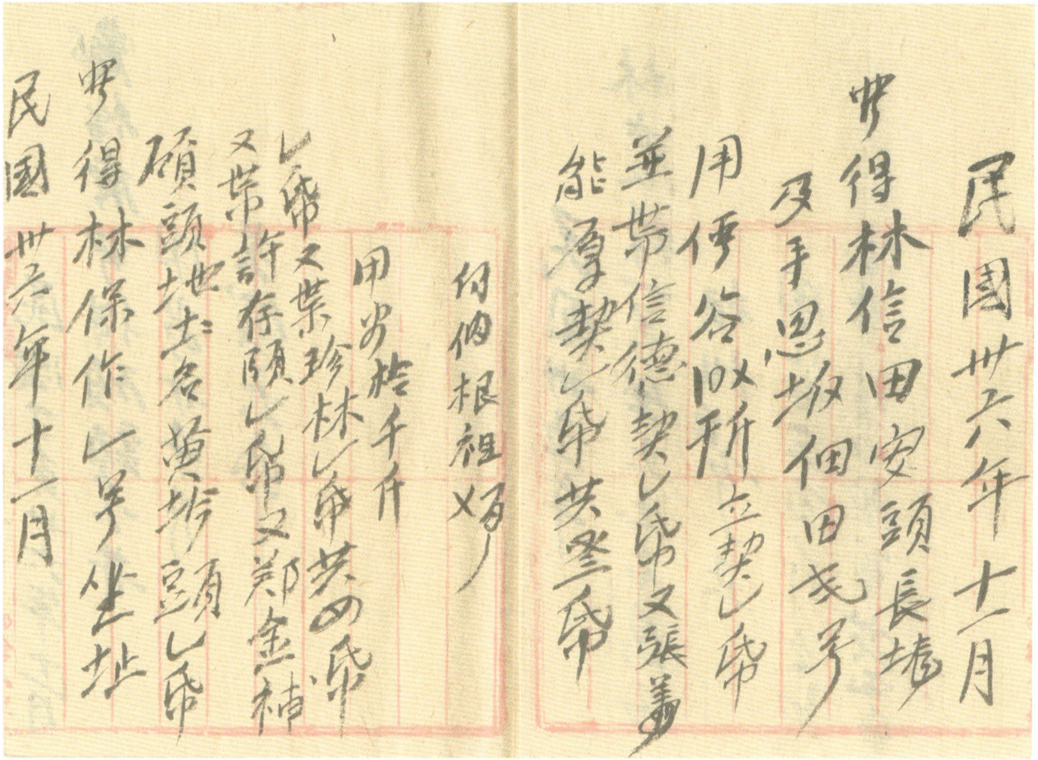

5-2-79-3　民國三十五年林慶熙置得業總數（三）

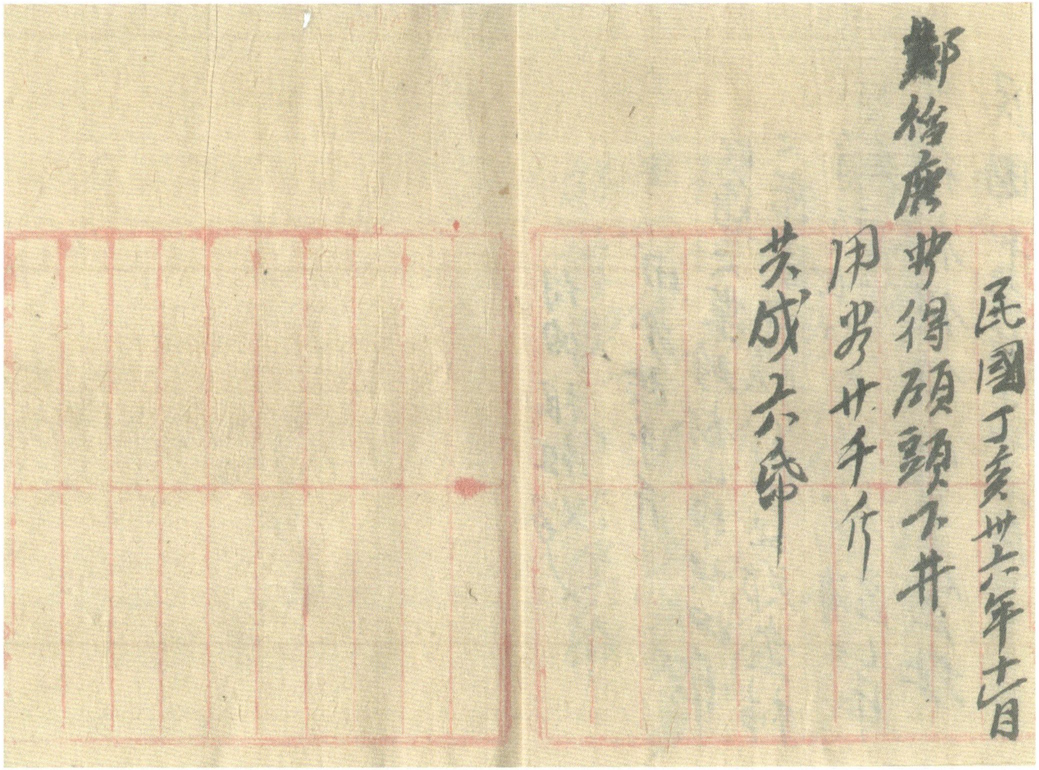

民國丁亥卅六年十一月

鄭裕廉出得碩頭下井

用米卅斤

共成六[illegible]

5-2-79-4　民國三十五年林慶熙置得業總數（四）

民國三十五年林慶熙置得業總數（五）　5-2-79-5

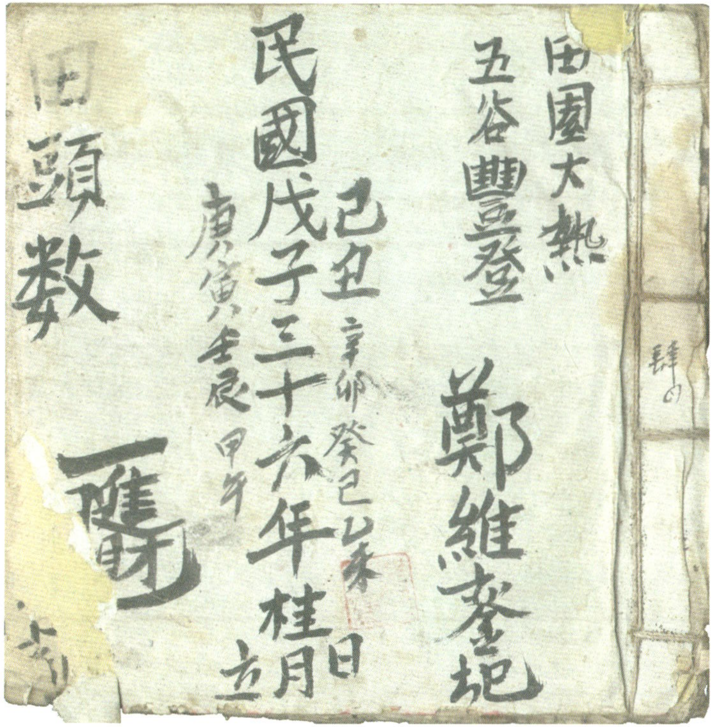

5-2-80-1　民國三十六年鄭維鑾記田頭數（一）

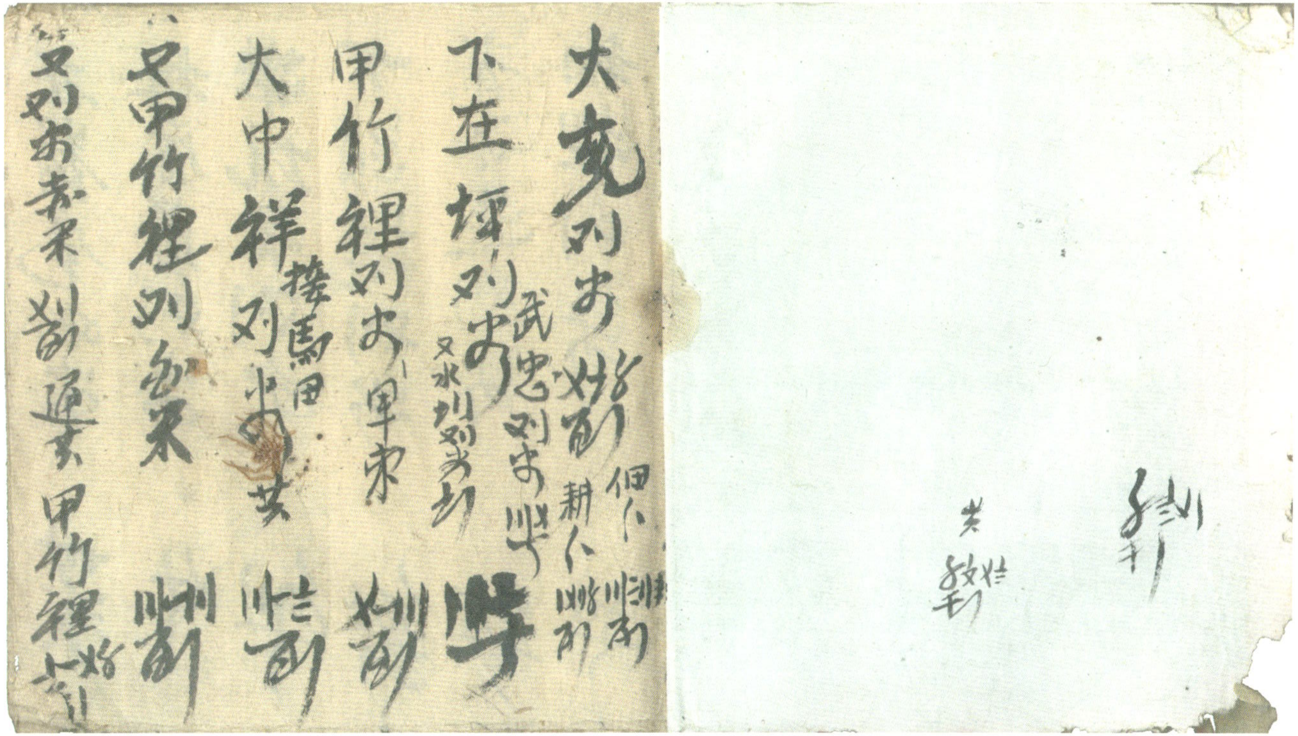

5-2-80-2　民國三十六年鄭維鑾記田頭數（二）

在嶺尾刈出　[illegible]

祖厝前刈出　[illegible]

帶坑禾刈出　[illegible]

下頭墘刈出　[illegible]

青客遠刈出　[illegible]

細裡刈出　[illegible]

水圳刈出　什

尾姚院
孟竹蠘面鳳刈出　[illegible]

下板仔刈出　[illegible]

遠牛欄刈出　尾垅[illegible]
又刈出[illegible]

來求嶺刈出　合祖順　[illegible]

毛掌墘刈出　[illegible]

5-2-80-3　民國三十六年鄭維鑾記田頭數（三）

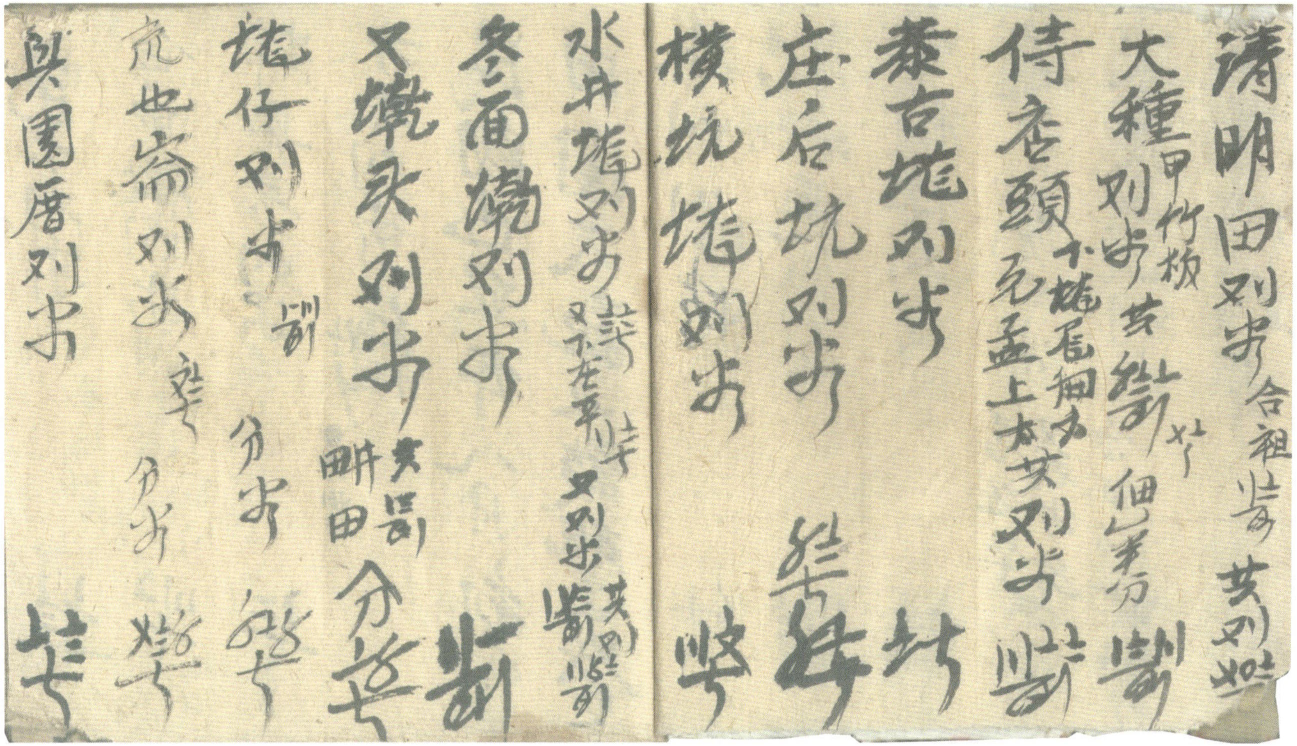

5-2-80-4　民國三十六年鄭維鑾記田頭數（四）

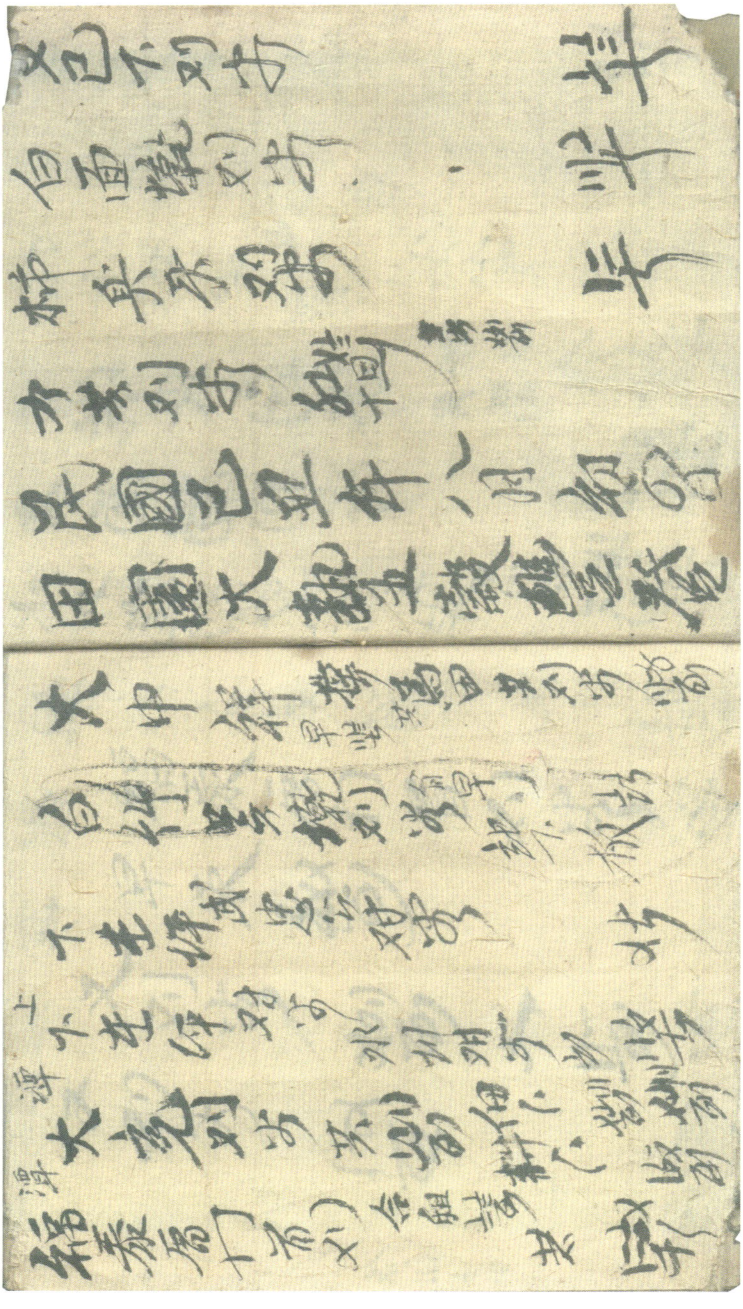

5-2-80-5　民國三十六年鄭維鑾記田頭數（五）

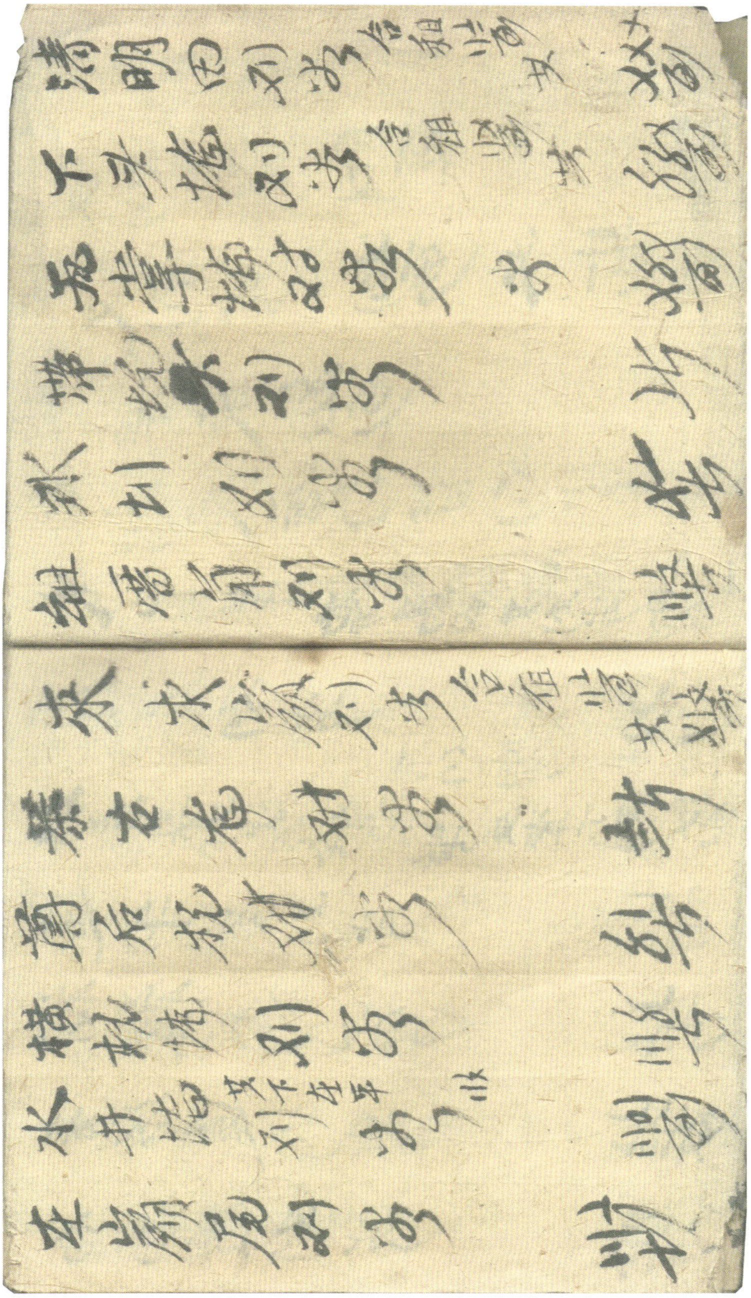

5-2-80-6　民國三十六年鄭維鑾記田頭數（六）

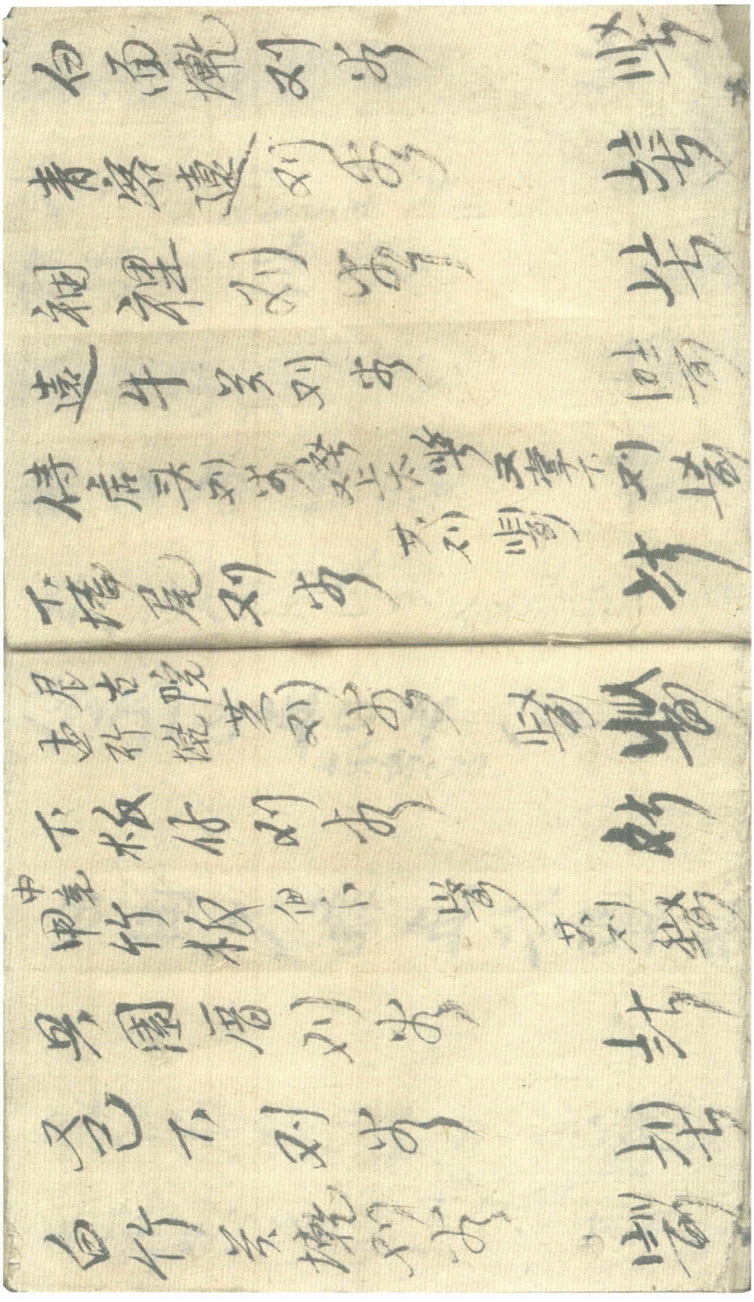

5-2-80-7　民國三十六年鄭維鑾記田頭數（七）

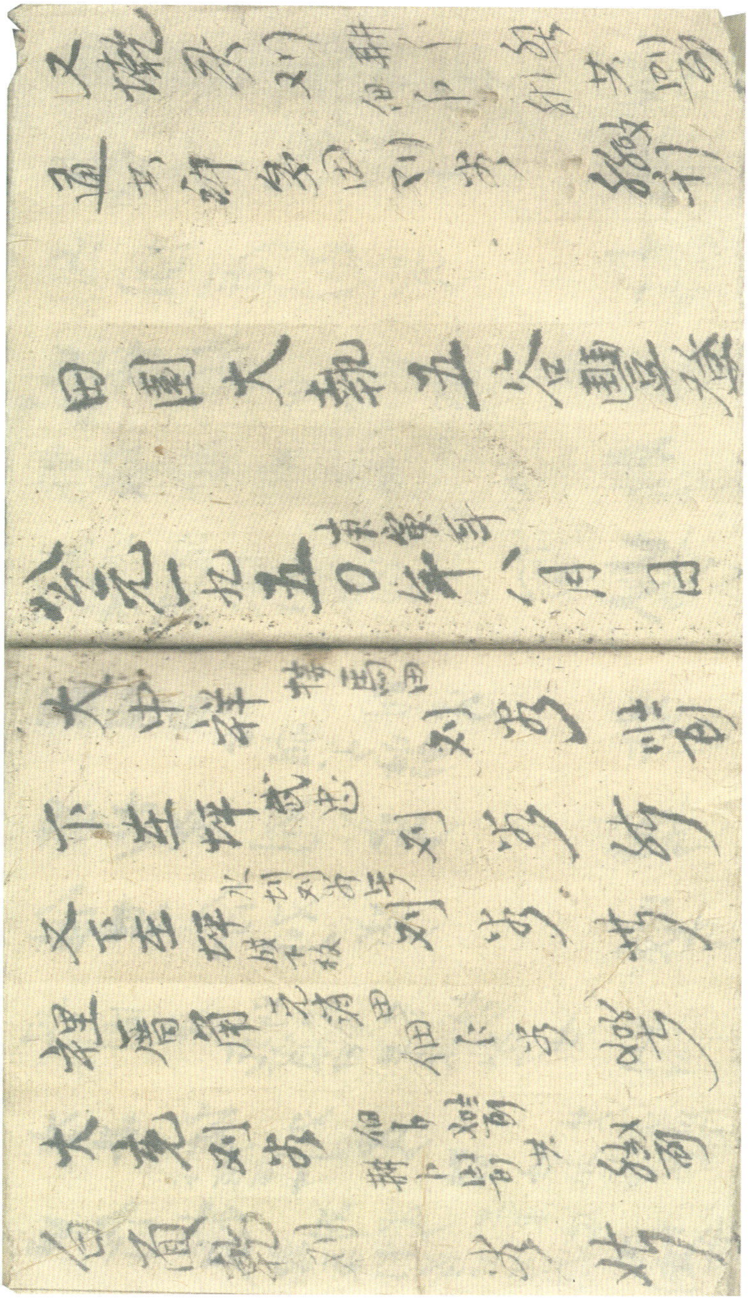

5-2-80-8　民國三十六年鄭維鑾記田頭數（八）

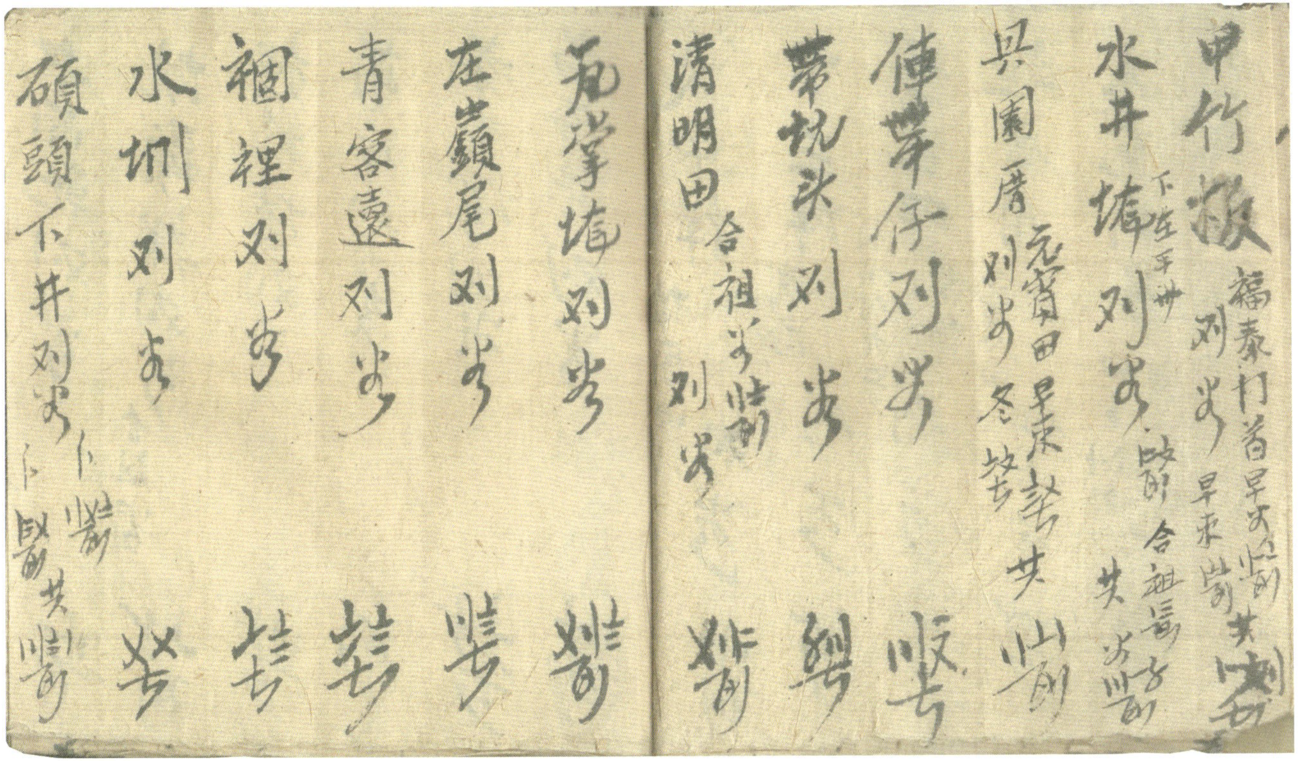

甲竹椒 福泰打畓 刈[illegible] 早[illegible] 共[illegible]
水井墘 下垄手卅 刈[illegible] 合祖[illegible] 共[illegible]
吳園厝 元賓田 刈[illegible] 冬[illegible] 早[illegible] 共[illegible]
傳芋仔刈[illegible] [illegible]
芾坑氷刈[illegible] [illegible]
清明田 合祖[illegible] 刈[illegible] [illegible]
瓦掌墘刈[illegible] [illegible]
左嶺尾刈[illegible] [illegible]
青客遠刈[illegible] [illegible]
裀裡刈[illegible] [illegible]
水圳刈[illegible] [illegible]
碩頭下井刈[illegible] [illegible] 共[illegible]

5-2-80-9　民國三十六年鄭維鑾記田頭數（九）

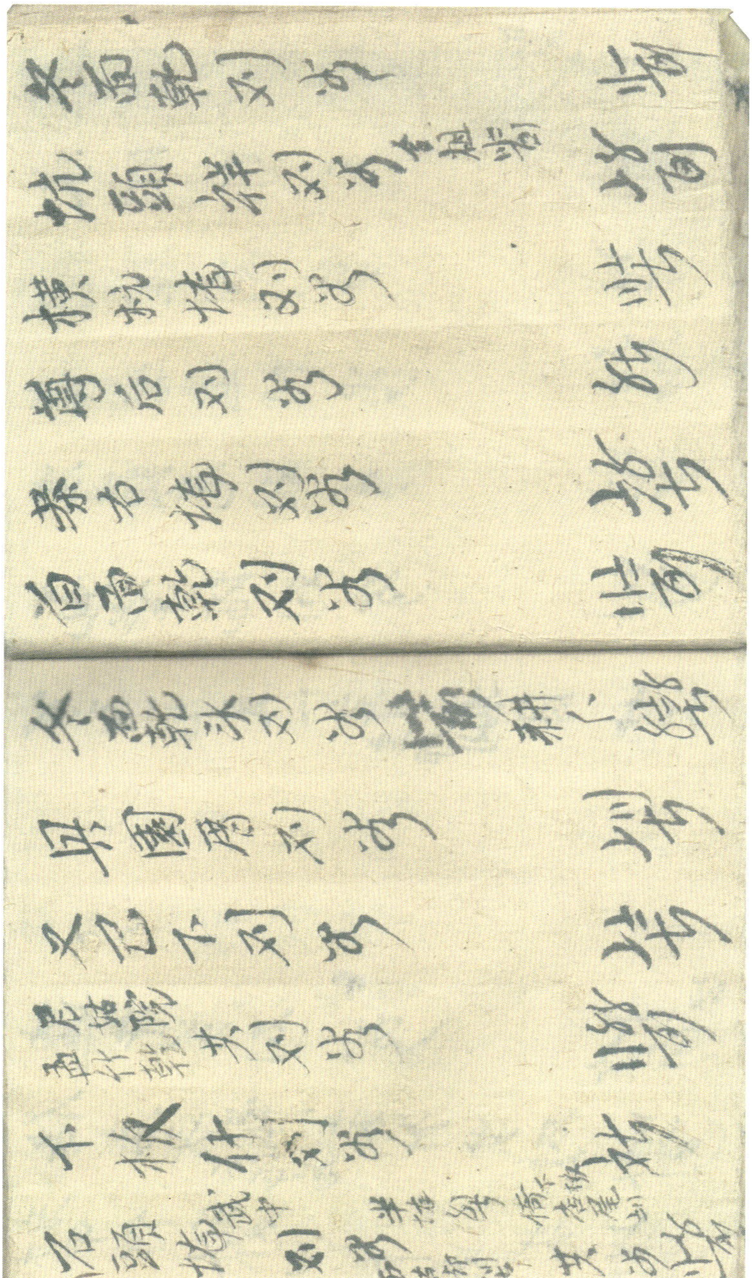

5-2-80-10　民國三十六年鄭維鑾記田頭數（一〇）

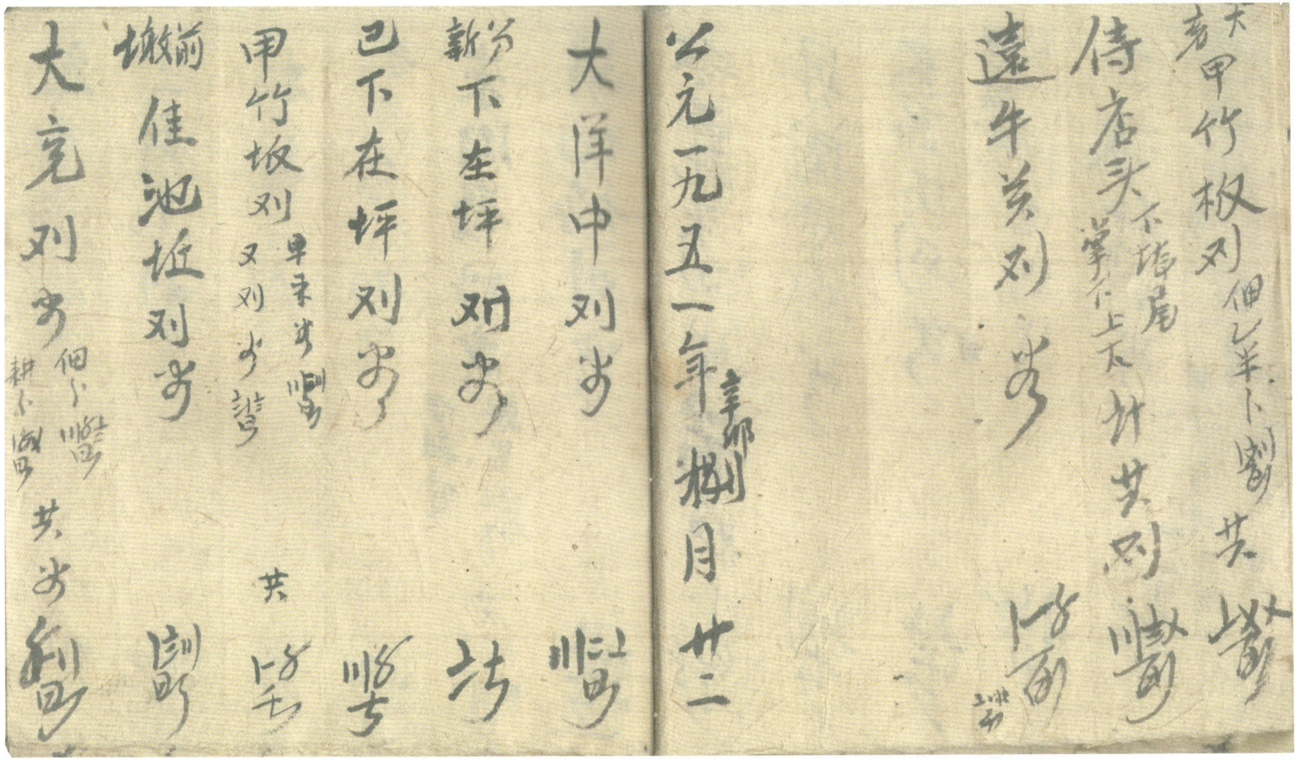

大右甲竹板刘 佃[illegible] 共[illegible]

侍店头 不搭尾 掌仔上下 计共刘[illegible]

遠牛岗刘[illegible] [illegible]

公元一九五一年辛卯捌月廿二

大洋中刘[illegible]

新门下左坪刘[illegible]

巴下在坪刘[illegible]

甲竹坂刘 又刘 早禾[illegible] 共[illegible]

墩前佳池坵刘[illegible]

大竟刘[illegible] 佃[illegible] 耕[illegible] 共[illegible]

5-2-80-11　民國三十六年鄭維鑾記田頭數（一一）

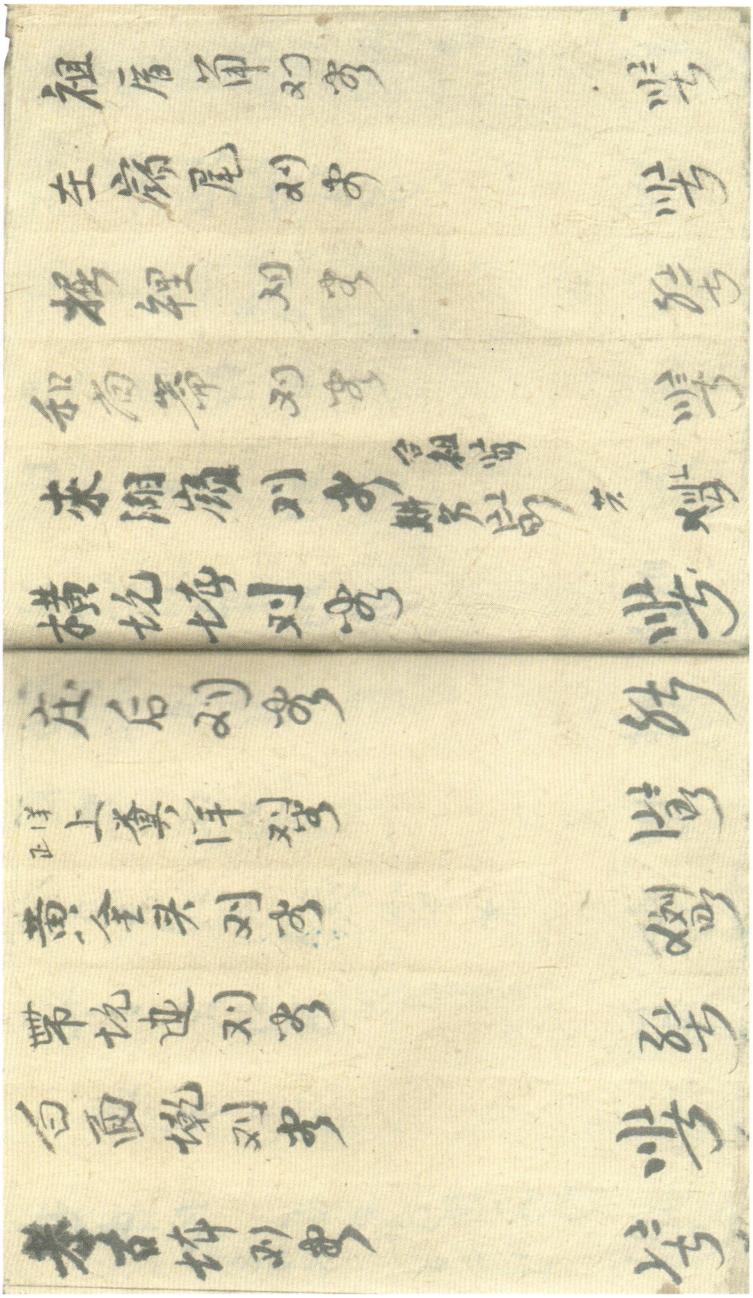

5-2-80-12　民國三十六年鄭維鑾記田頭數（一二）

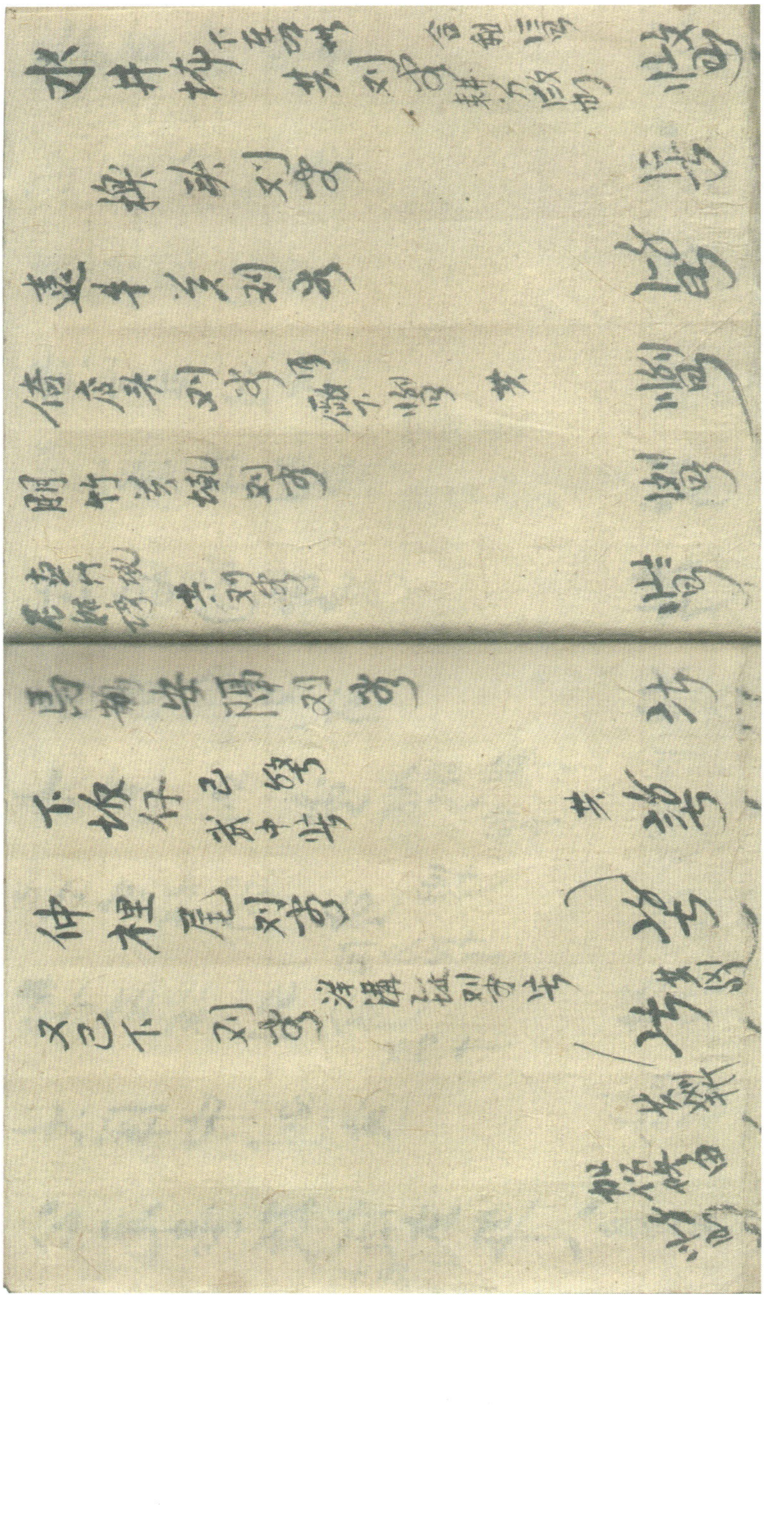

5-2-80-13　民國三十六年鄭維鑾記田頭數（一三）

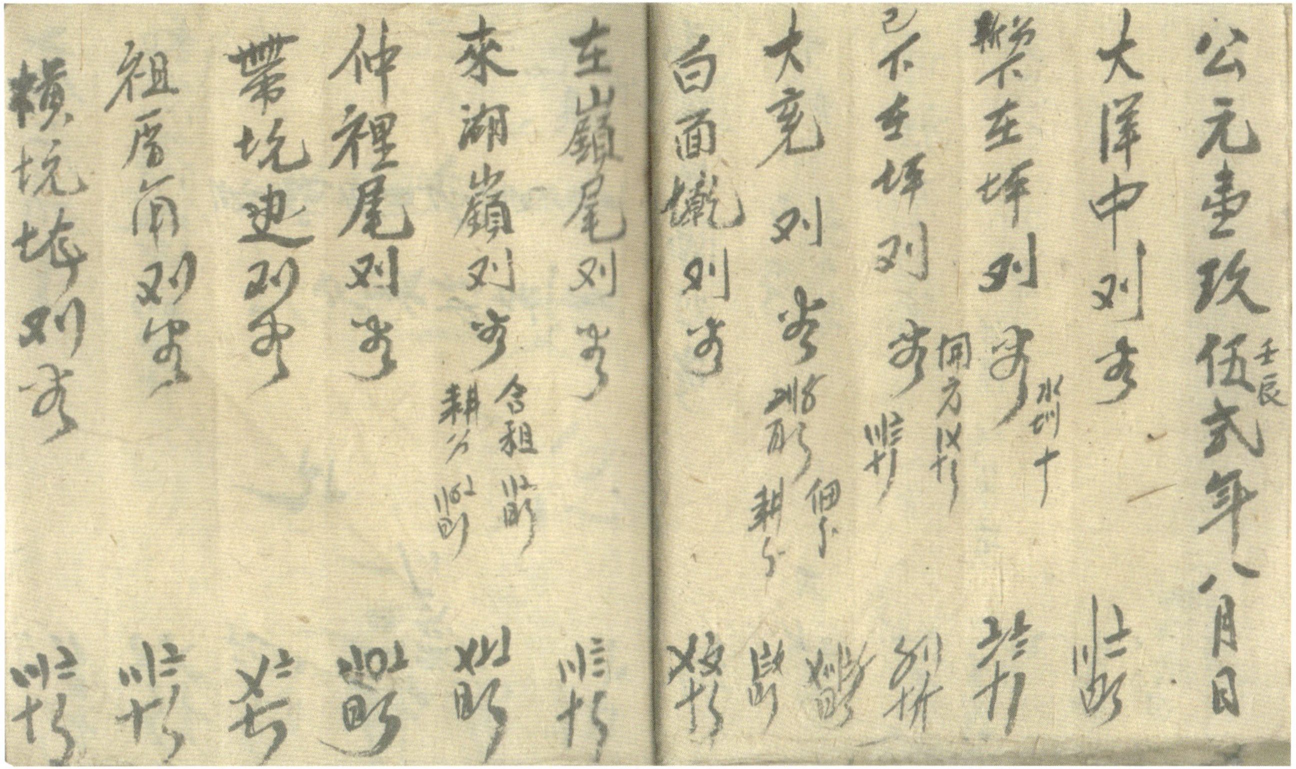
公元壹玖伍貳年（壬辰）八月日
大洋中刈
左坪刈
左坪刈
大亮刈
白面鐵刈
左山嶺尾刈
來湖山嶺刈
仲裡尾刈
帶坑边刈
祖厝前刈
横坑塘刈

5-2-80-14　民國三十六年鄭維鑾記田頭數（一四）

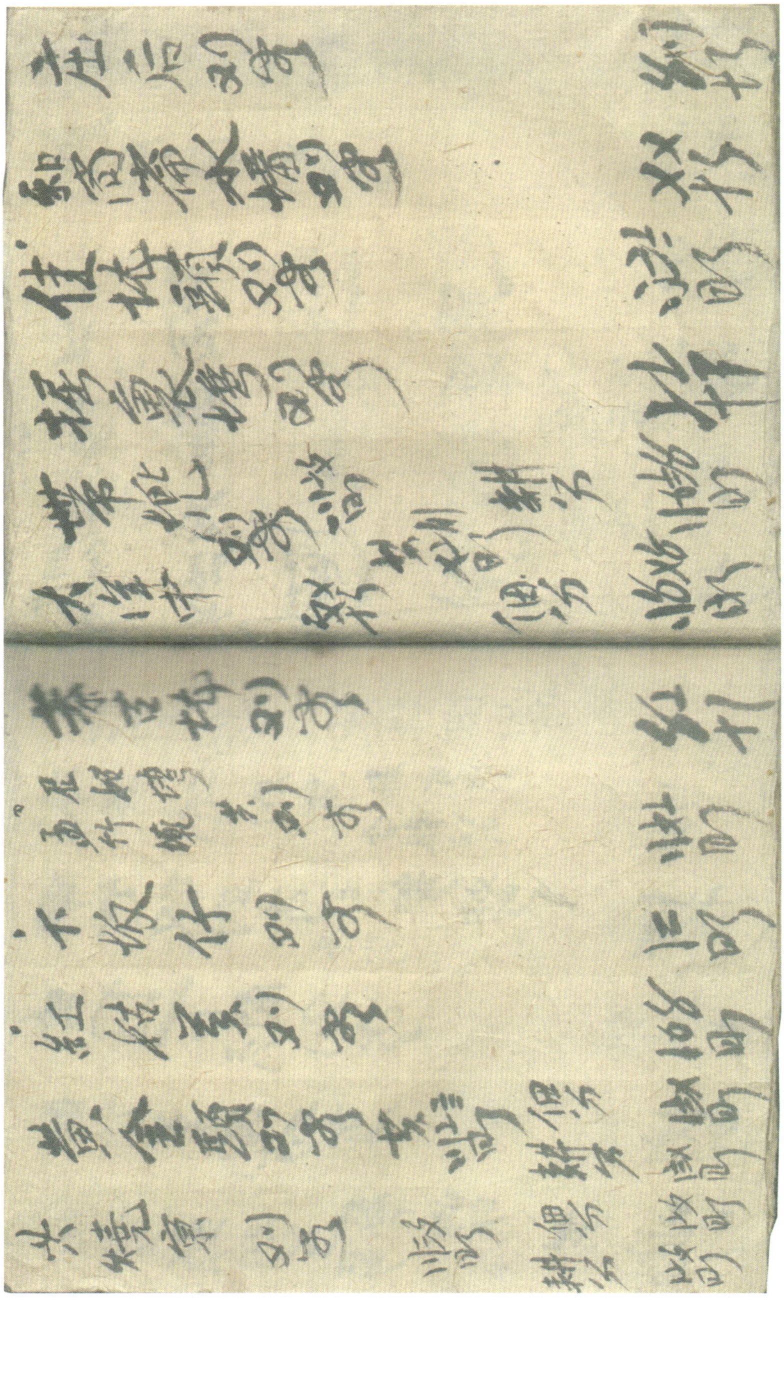

5-2-80-15　民國三十六年鄭維鑾記田頭數（一五）

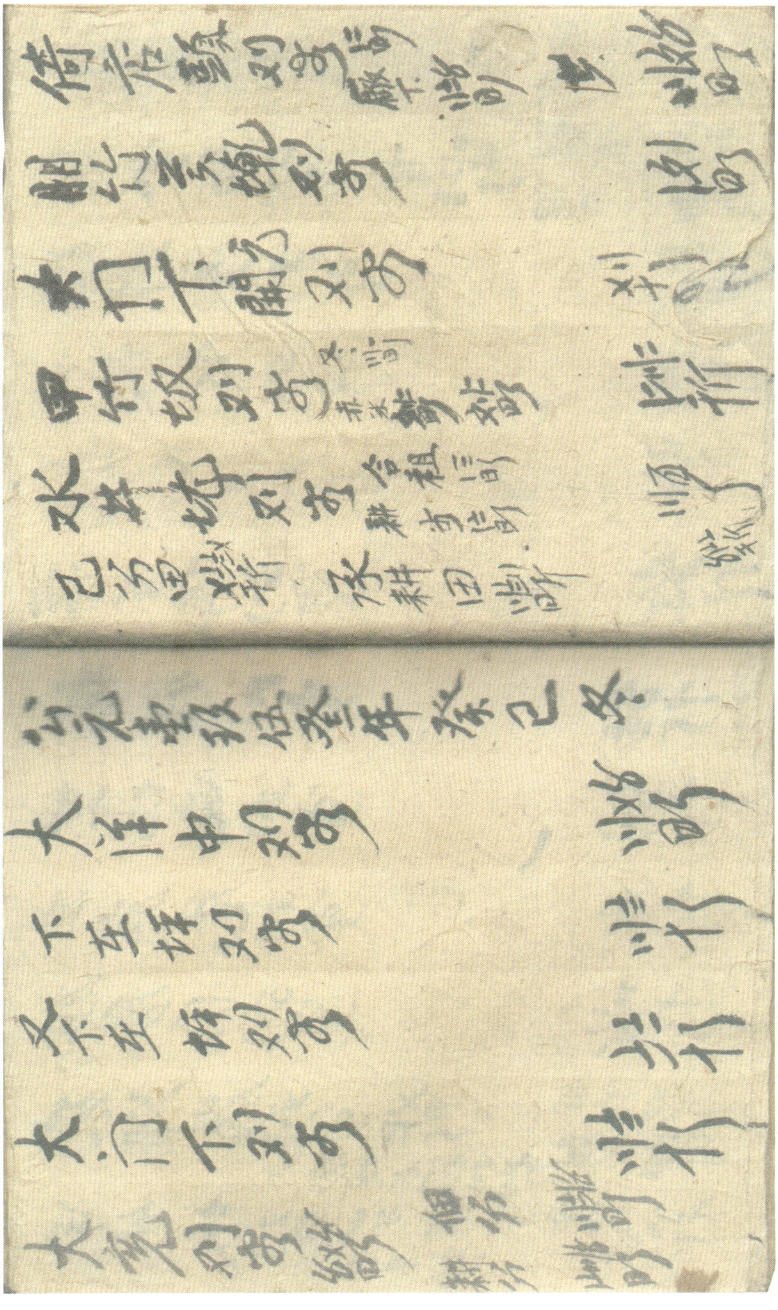

5-2-80-16　民國三十六年鄭維鑾記田頭數（一六）

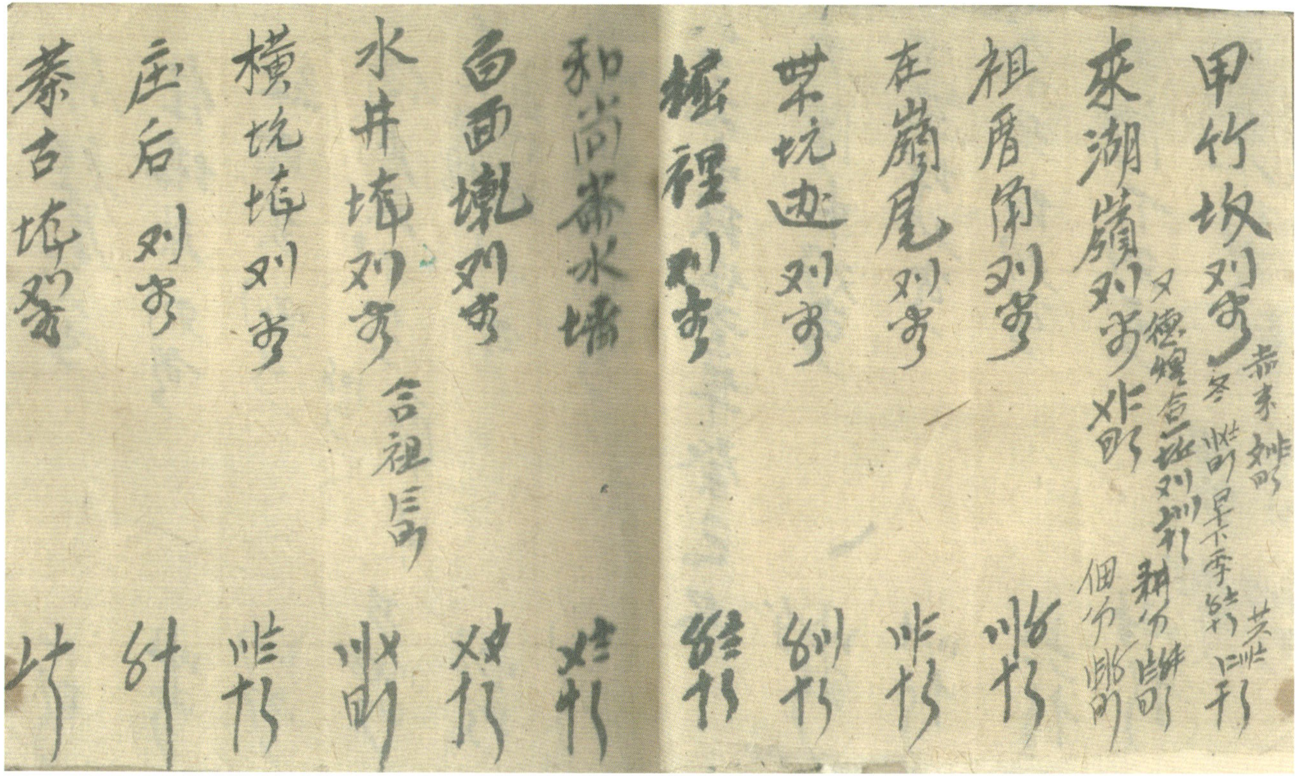
甲竹坡刈字
來湖嶺刈字
祖厝角刈字
在嶺尾刈字
茶坑迹刈字
樞裡丨刈字
和尚茶水墻
西面壠刈字
水井墘刈字 合祖管
横坑墘刈字
座后刈字
茶古墘

5-2-80-17　民國三十六年鄭維鑾記田頭數（一七）

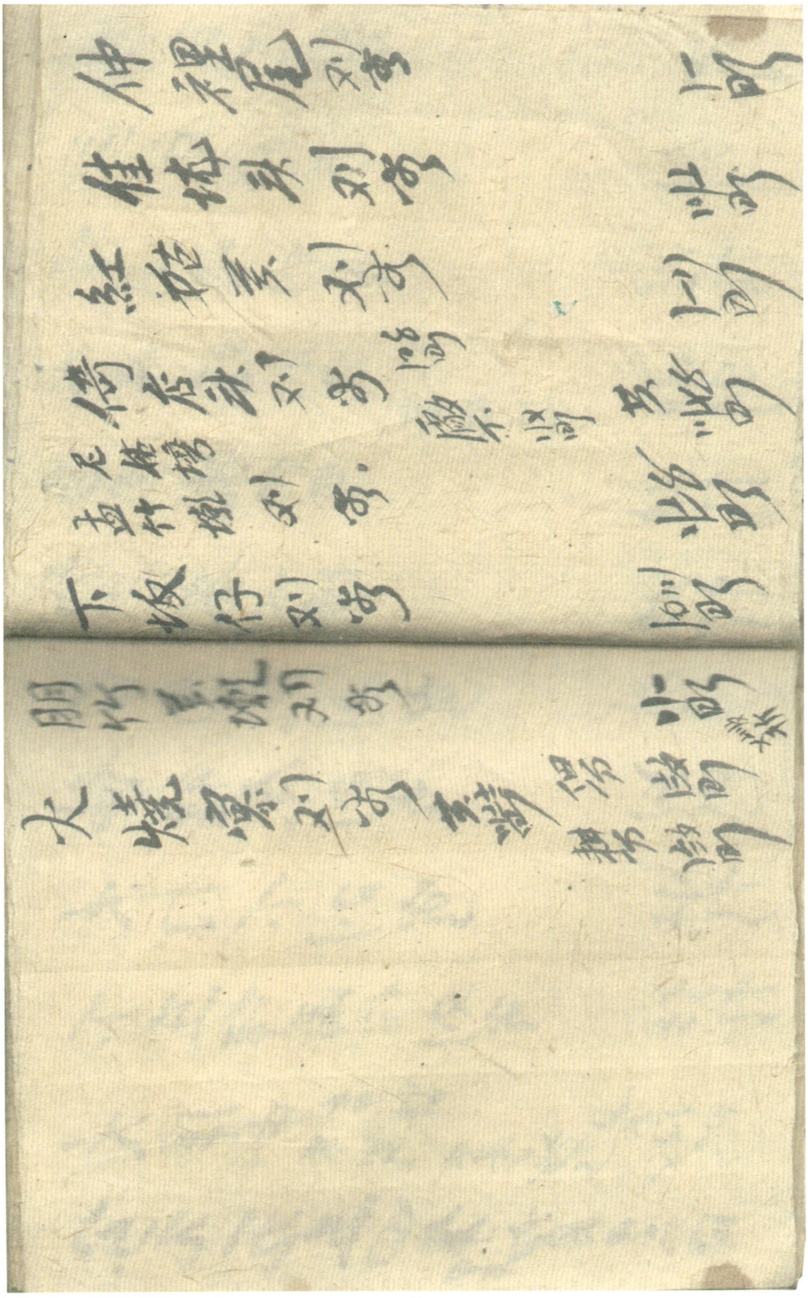

5-2-80-18　民國三十六年鄭維鑾記田頭數（一八）

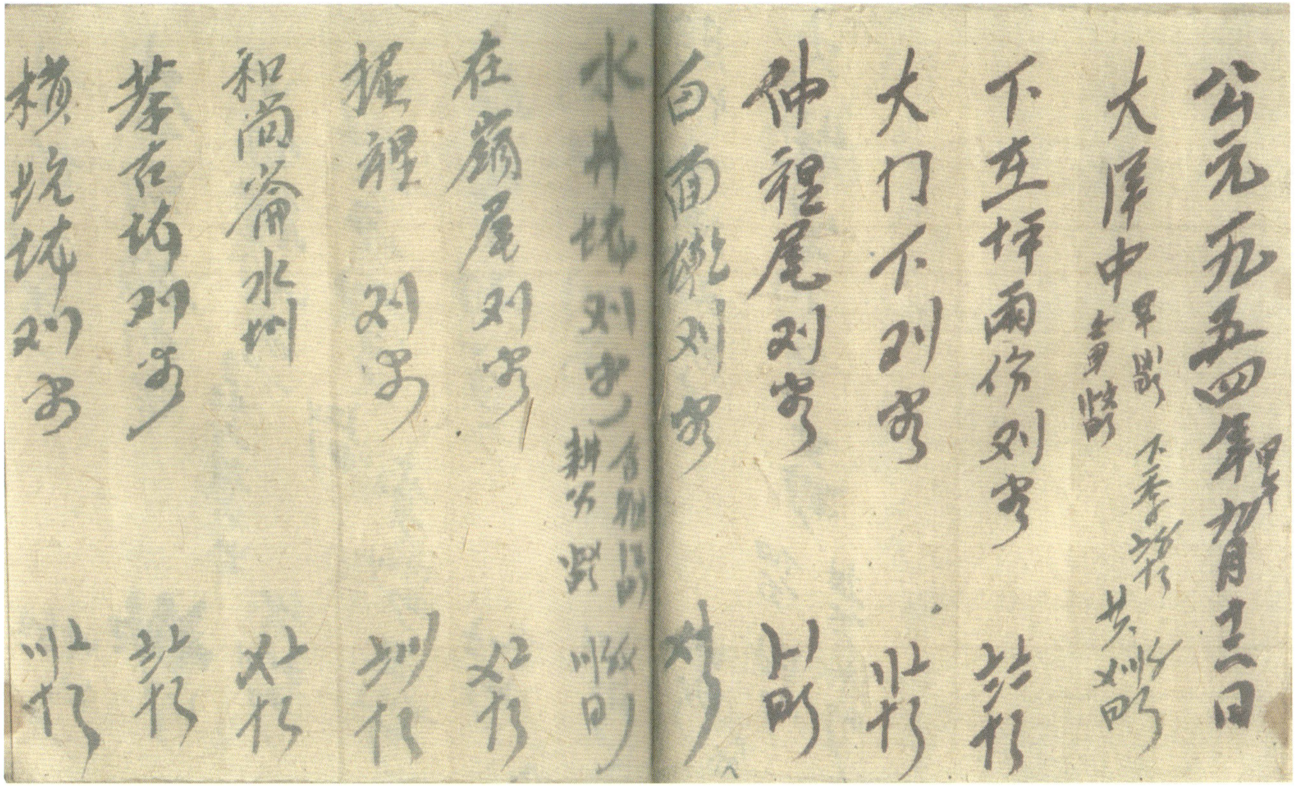

5-2-80-19　民國三十六年鄭維鑾記田頭數（一九）

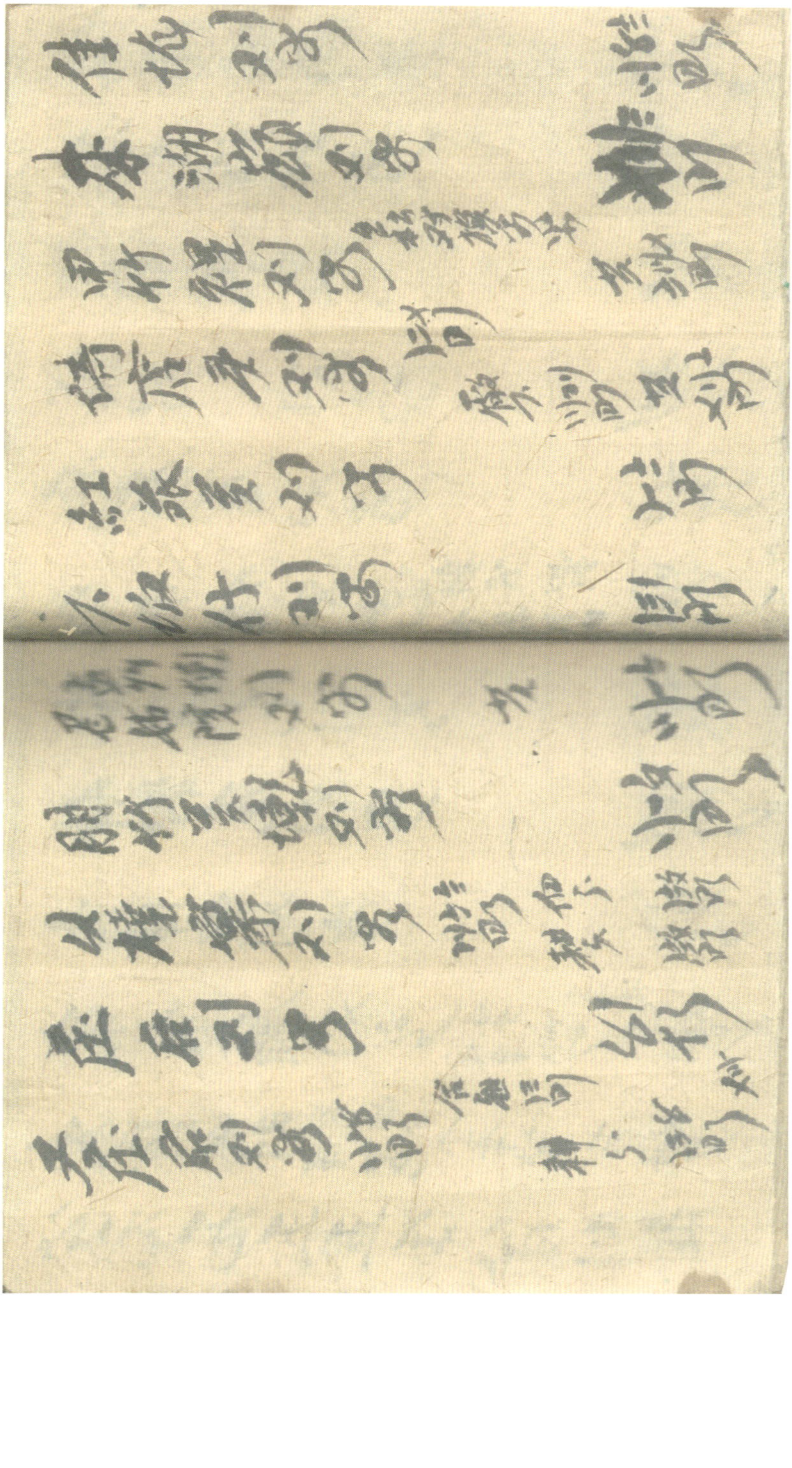

5-2-80-20　民國三十六年鄭維鑾記田頭數（二〇）

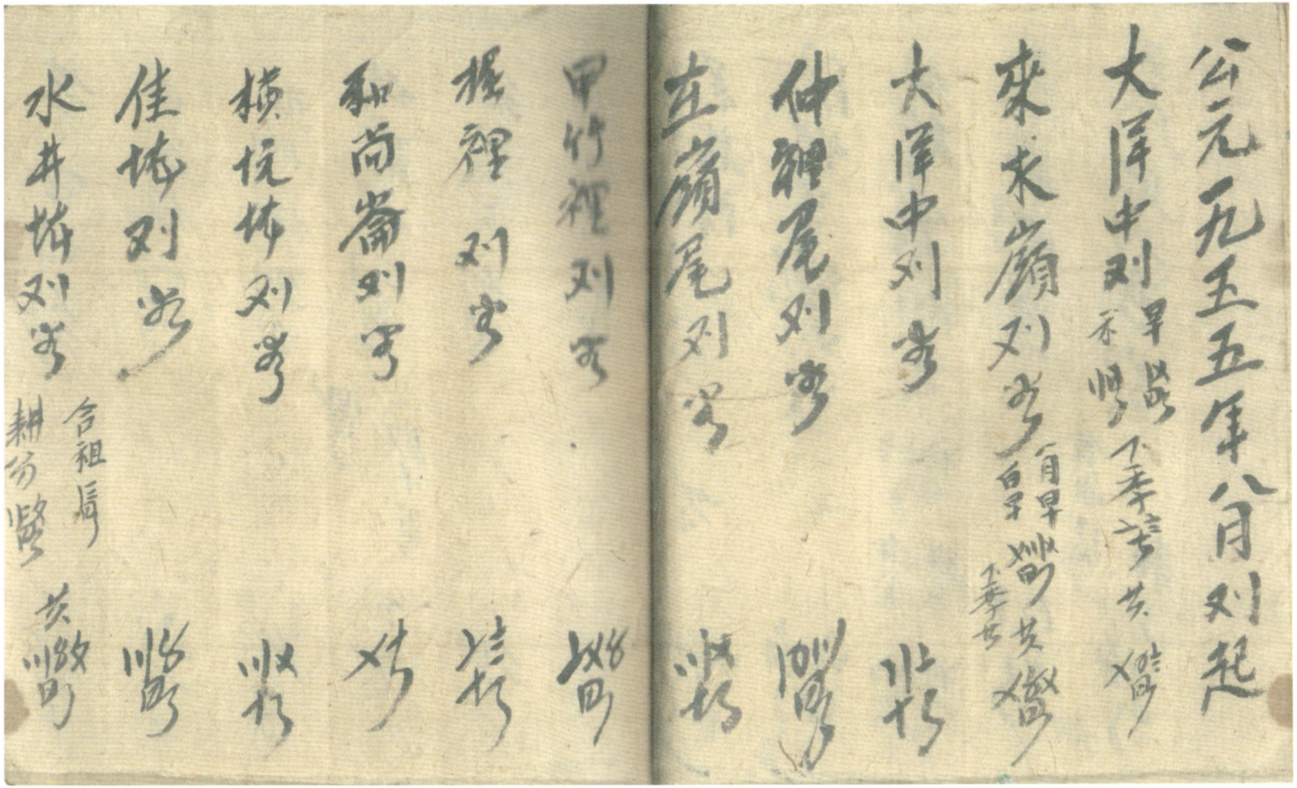

5-2-80-21　民國三十六年鄭維鑾記田頭數（二一）

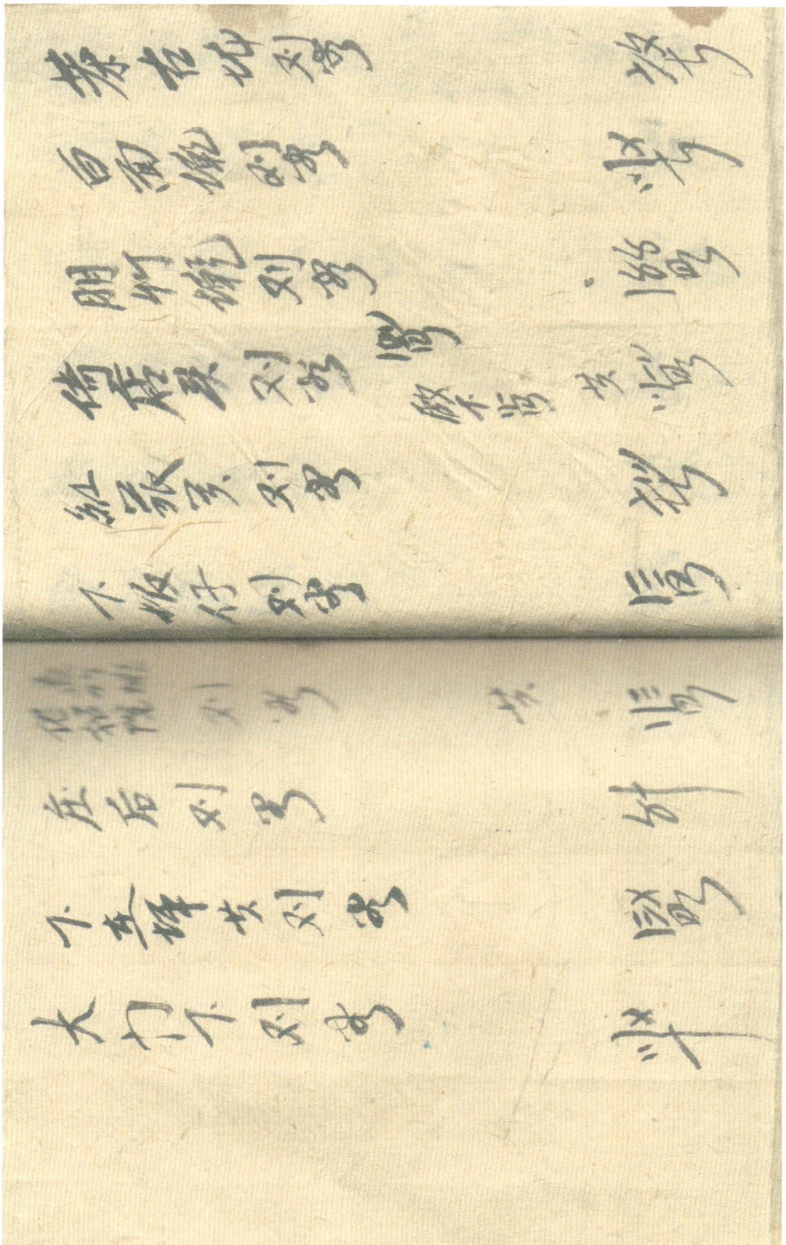

5-2-80-22 民國三十六年鄭維鑾記田頭數（二二）

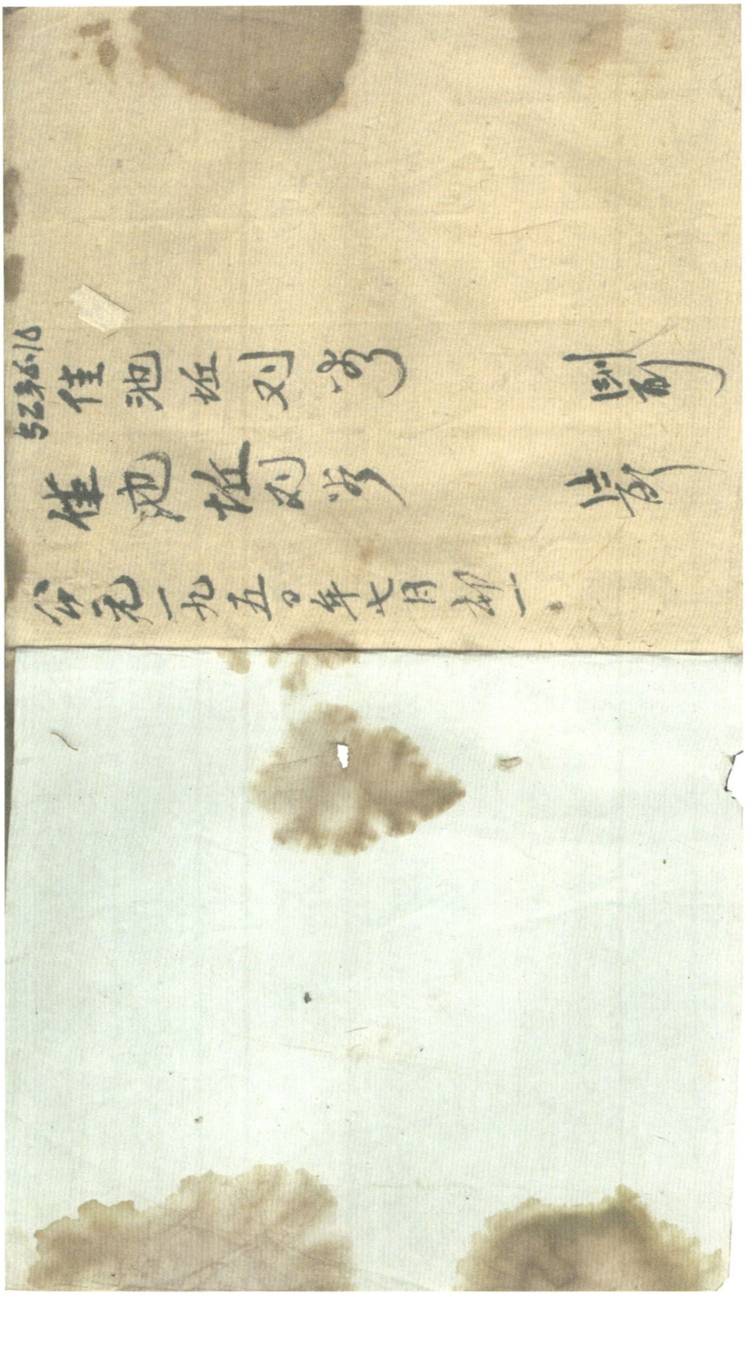
52.3.6.18
佳湖姓刘号
佳湖姓刘号
公元一九五〇年七月卅一

5-2-80-23　民國三十六年鄭維鑾記田頭數（二三）

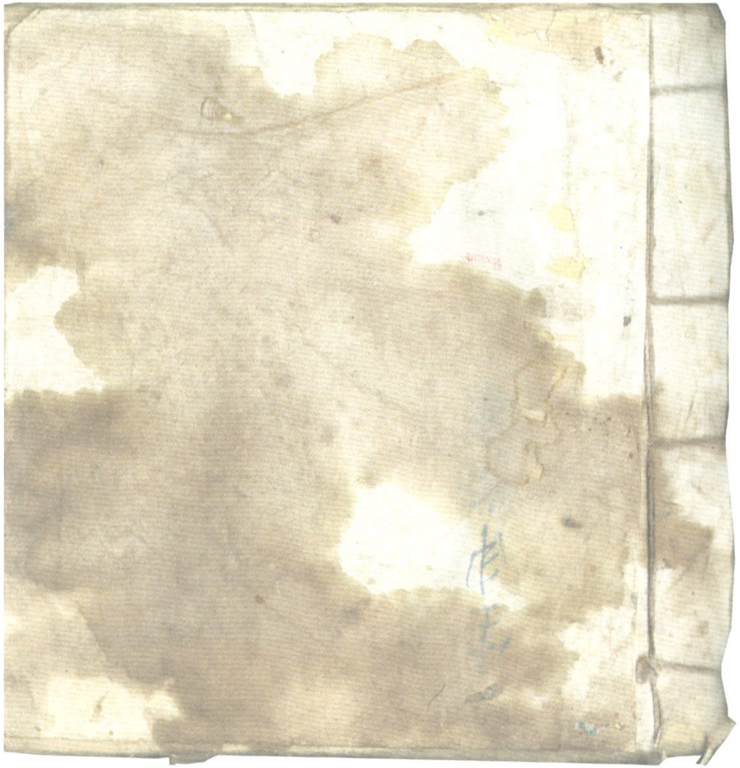

5-2-80-24　民國三十六年鄭維鑾記田頭數（二四）

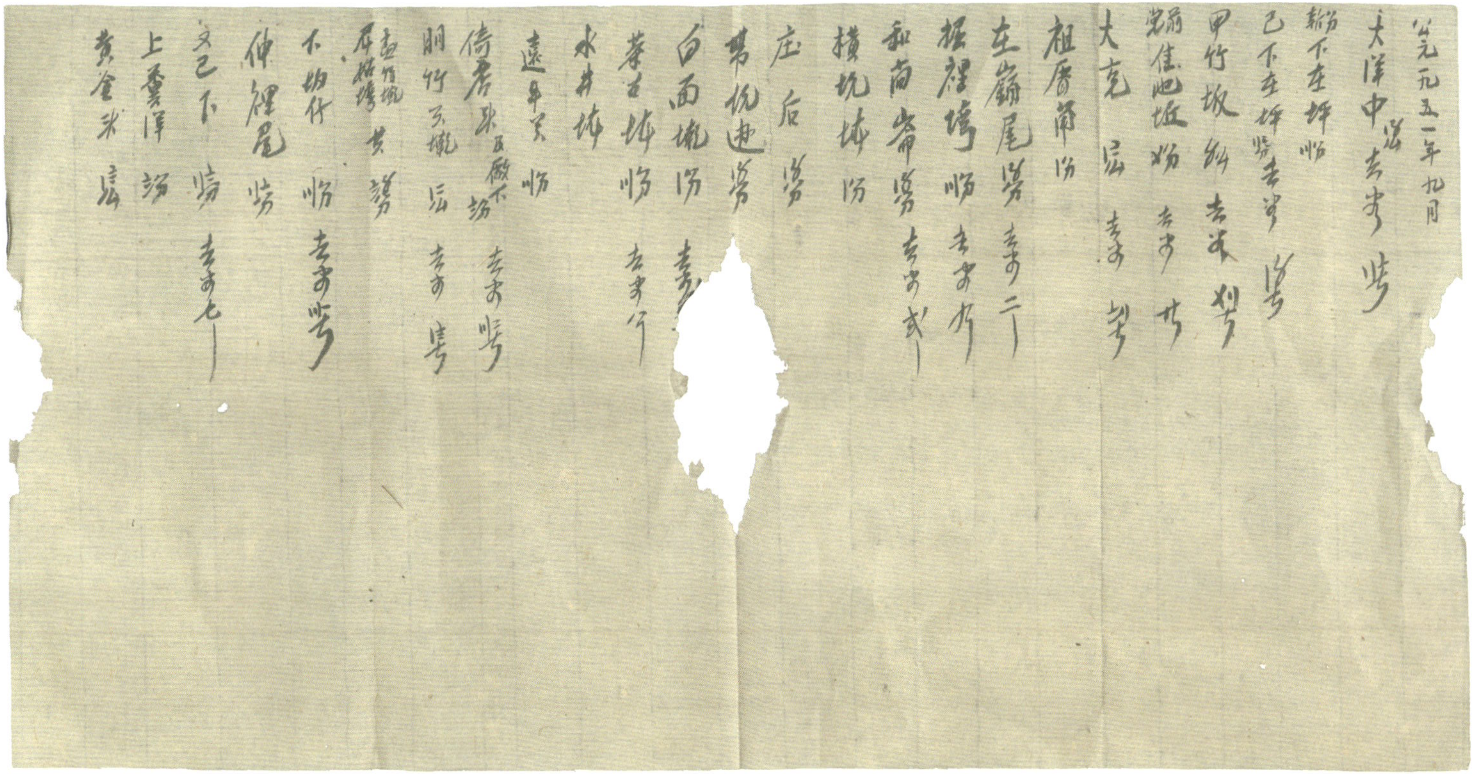

5-2-80-25　民國三十六年鄭維鑾記田頭數（夾葉）

5-2-81-1　民國三十七年林慶熙記出入總數（一）

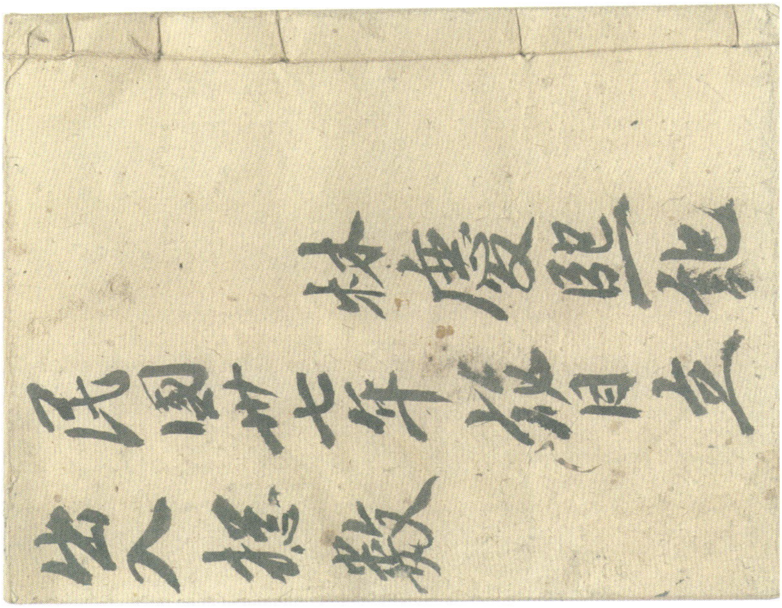

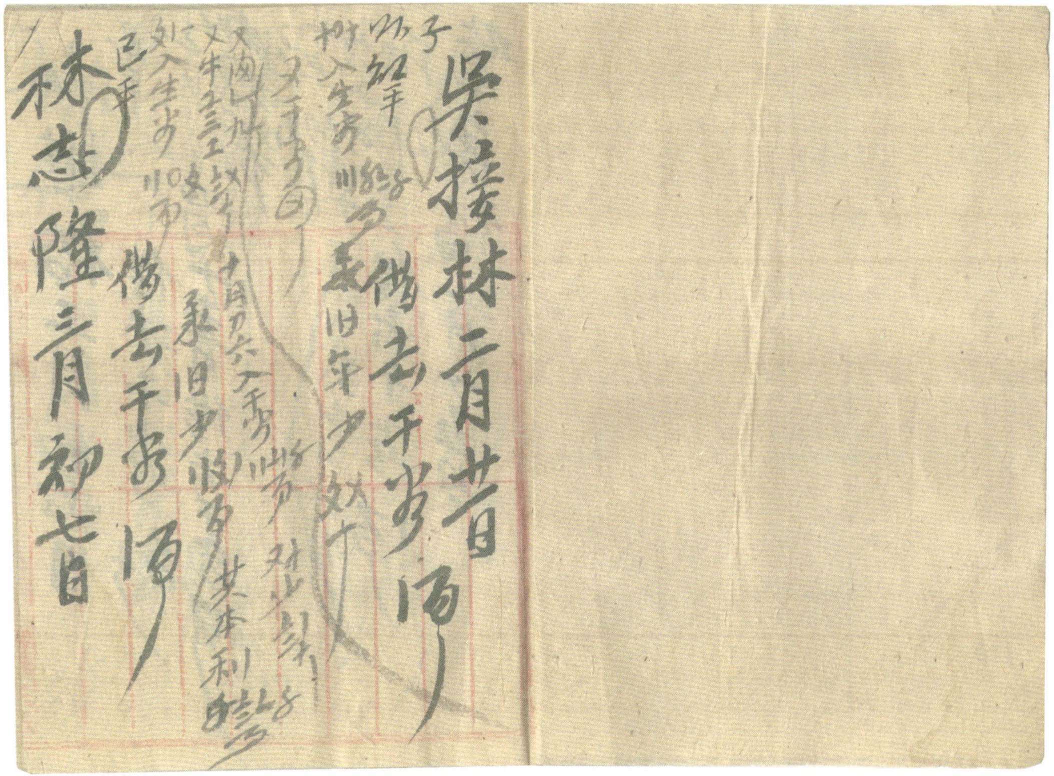

5-2-81-2　民國三十七年林慶熙記出入總數（二）

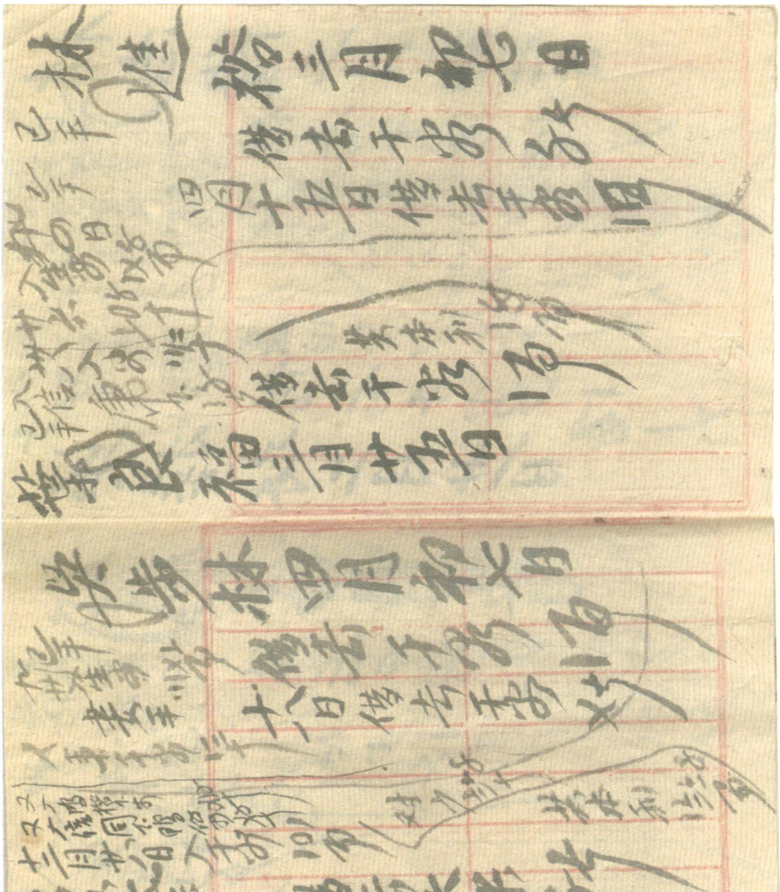

5-2-81-3　民國三十七年林慶熙記出入總數（三）

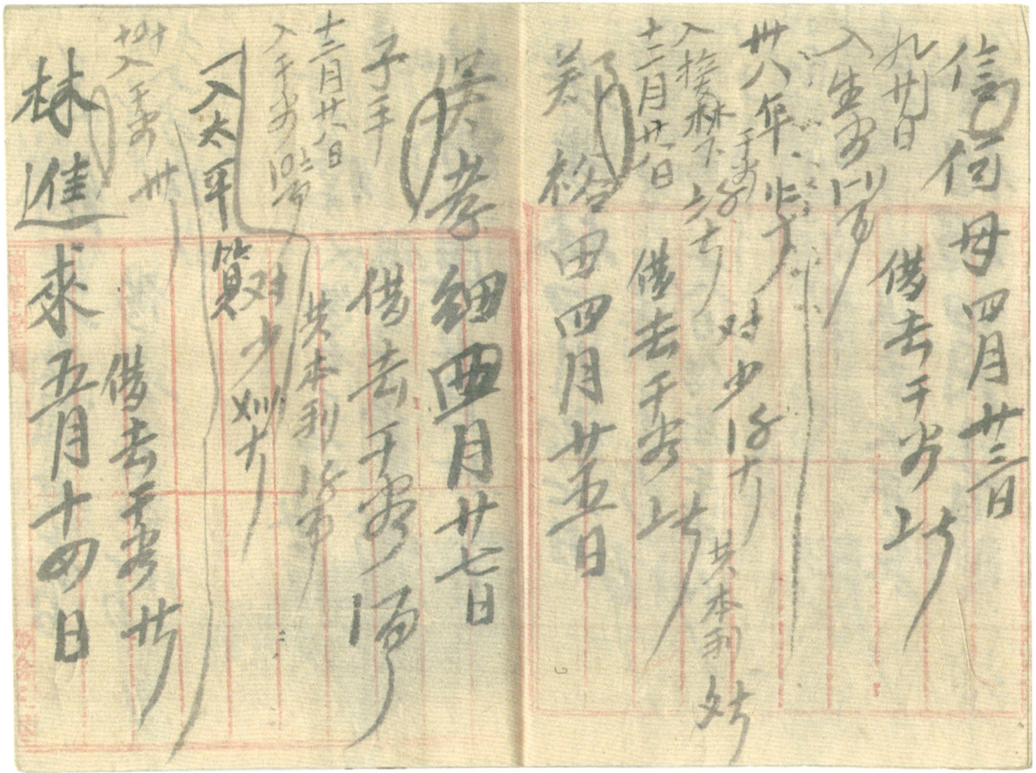

5-2-81-4　民國三十七年林慶熙記出入總數（四）

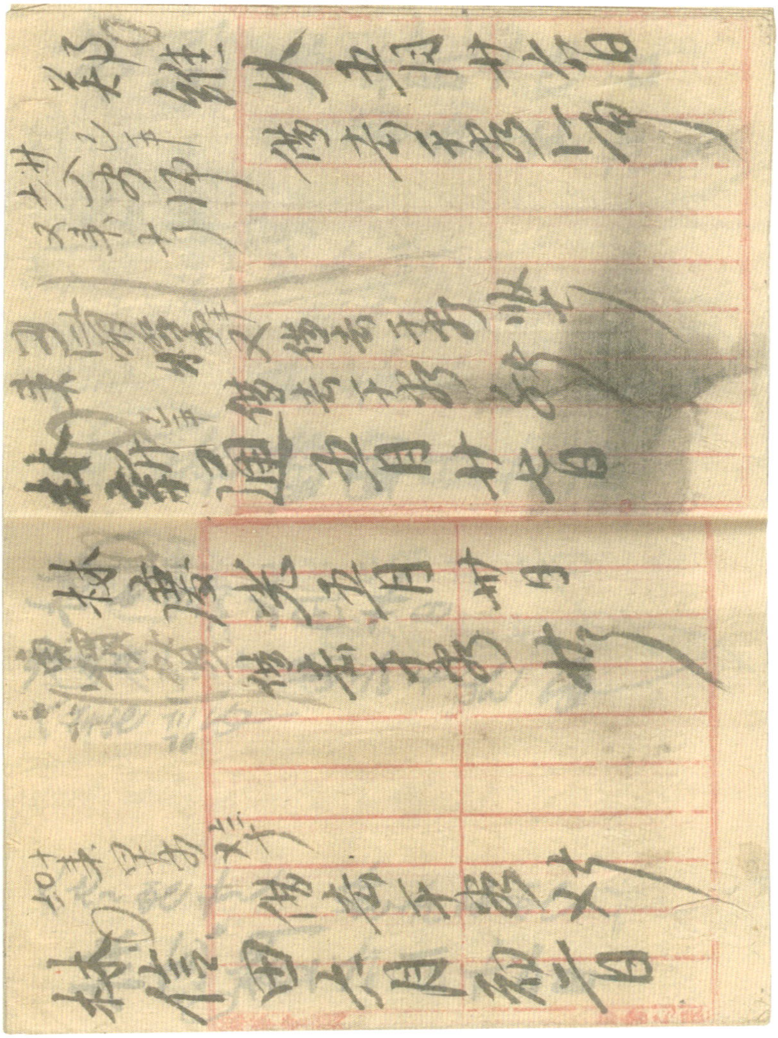

5-2-81-5　民國三十七年林慶熙記出入總數（五）

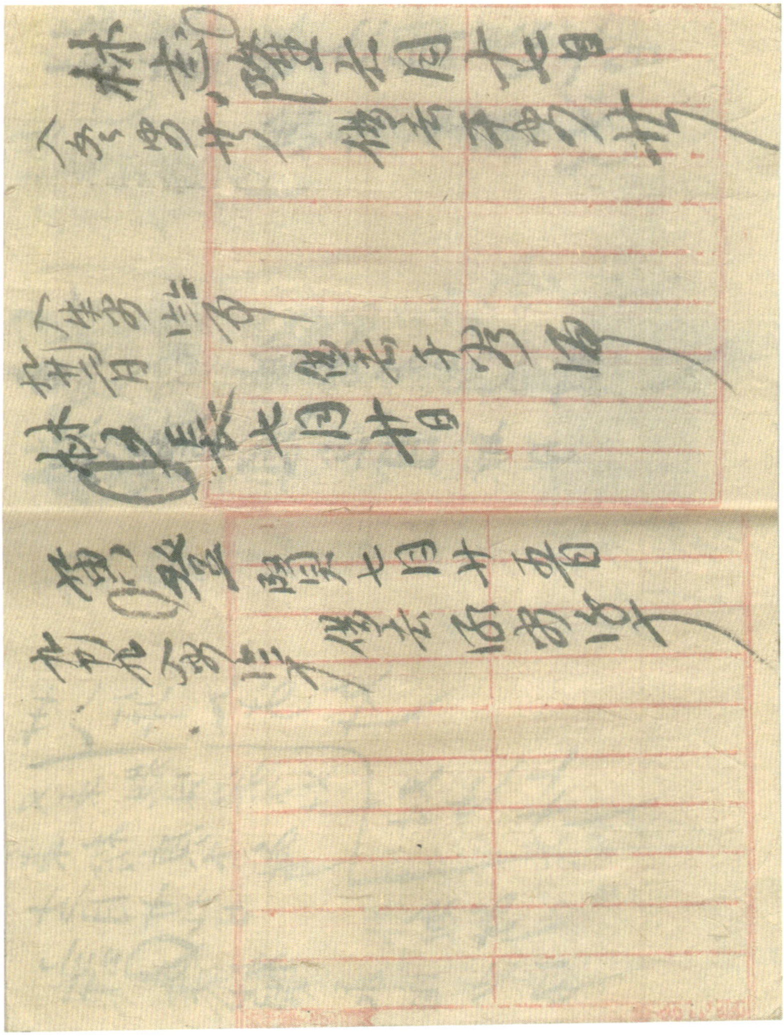

5-2-81-6　民國三十七年林慶熙記出入總數（六）

5-2-81-7　民國三十七年林慶熙記出入總數（七）

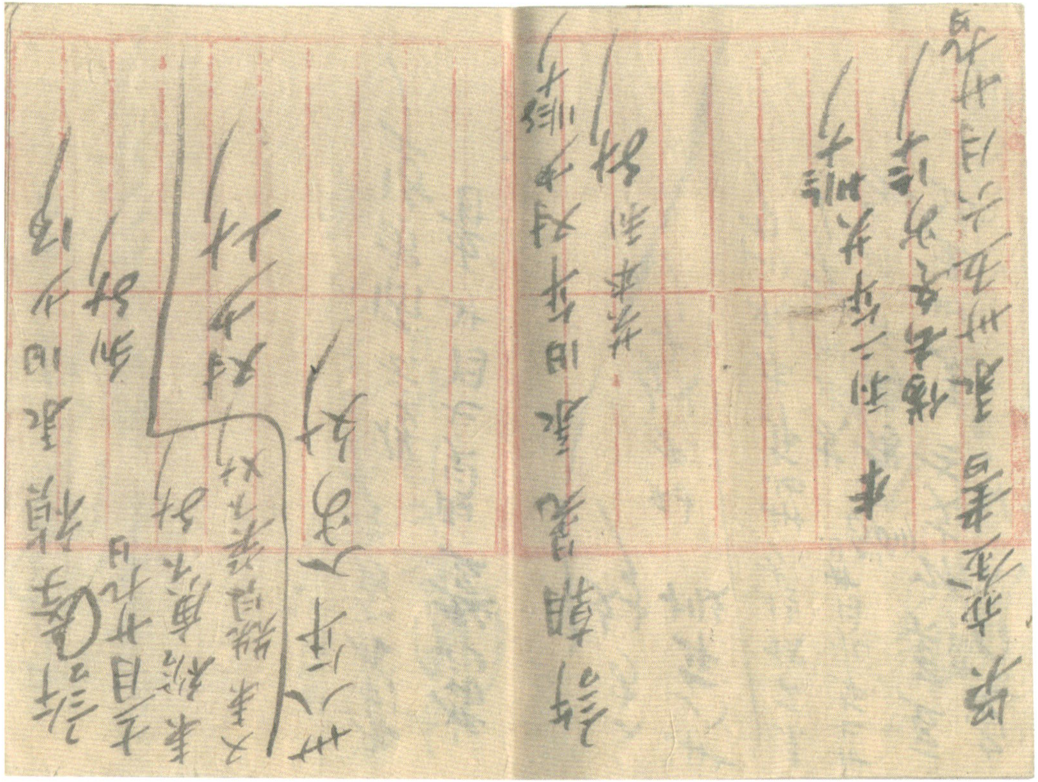

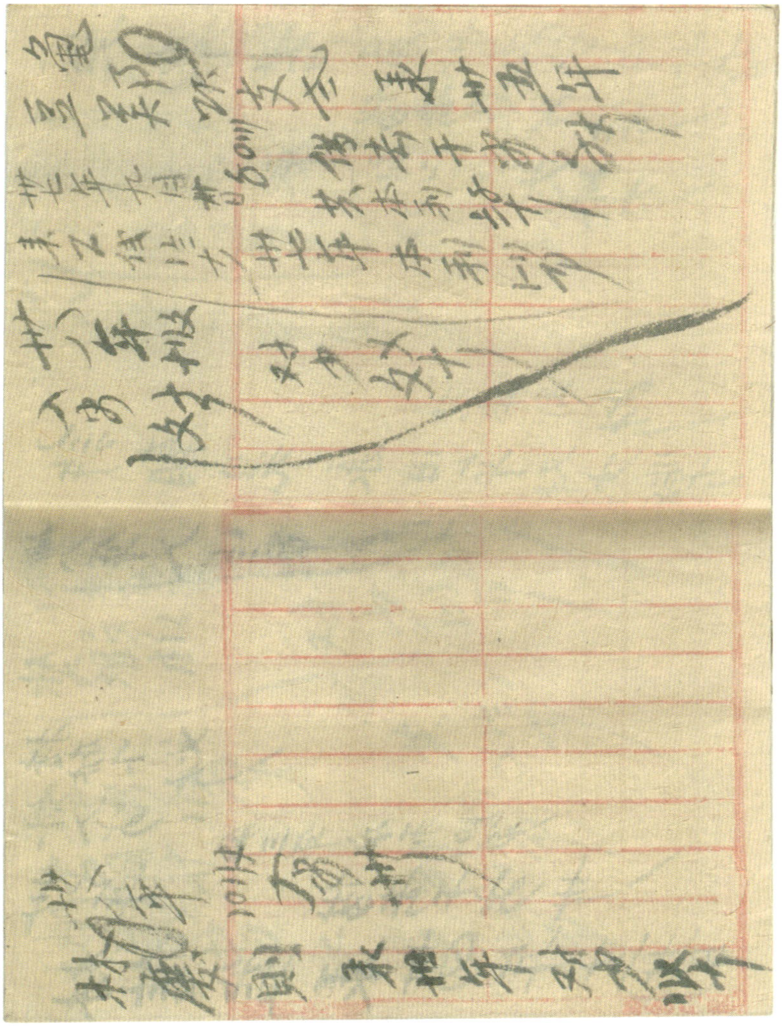

5-2-81-8　民國三十七年林慶熙記出入總數（八）

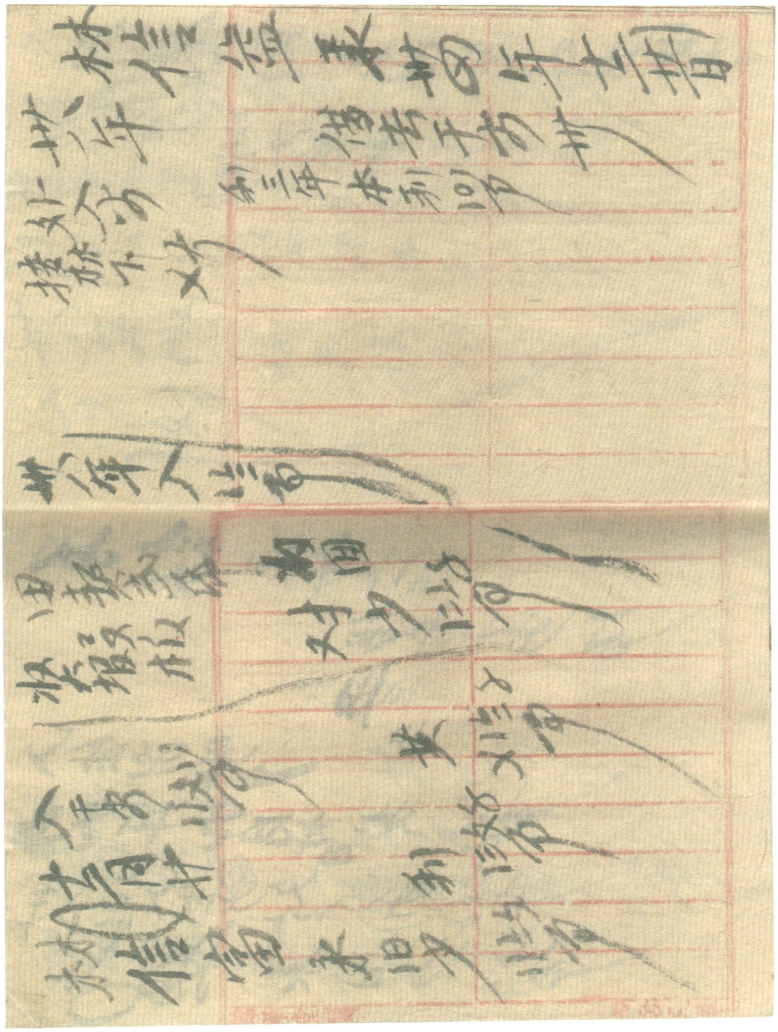

5-2-81-9　民國三十七年林慶熙記出入總數（九）

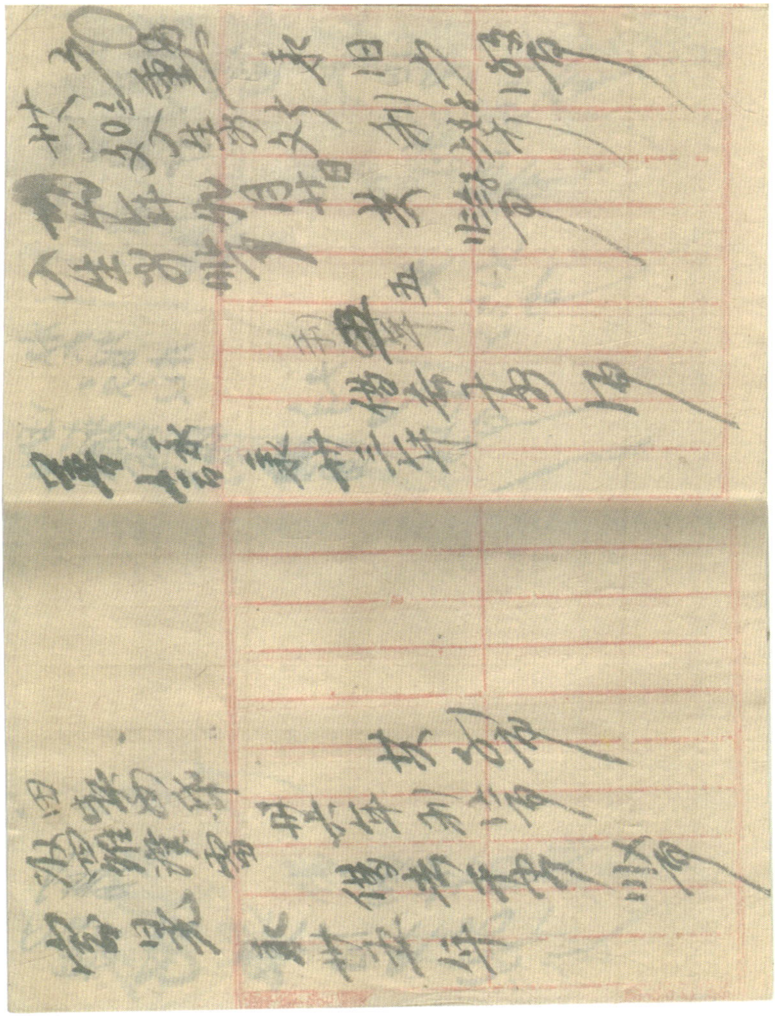

5-2-81-10　民國三十七年林慶熙記出入總數（一〇）

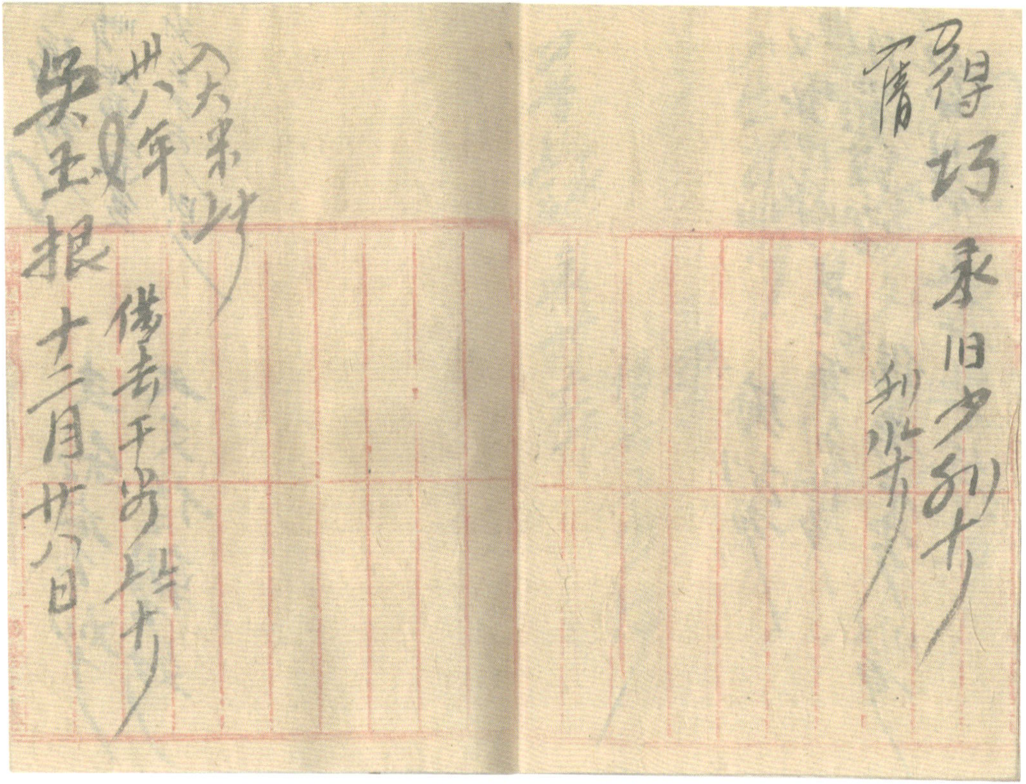
卅六年
吳玉根十二月廿八日

5-2-81-11　民國三十七年林慶熙記出入總數（一一）

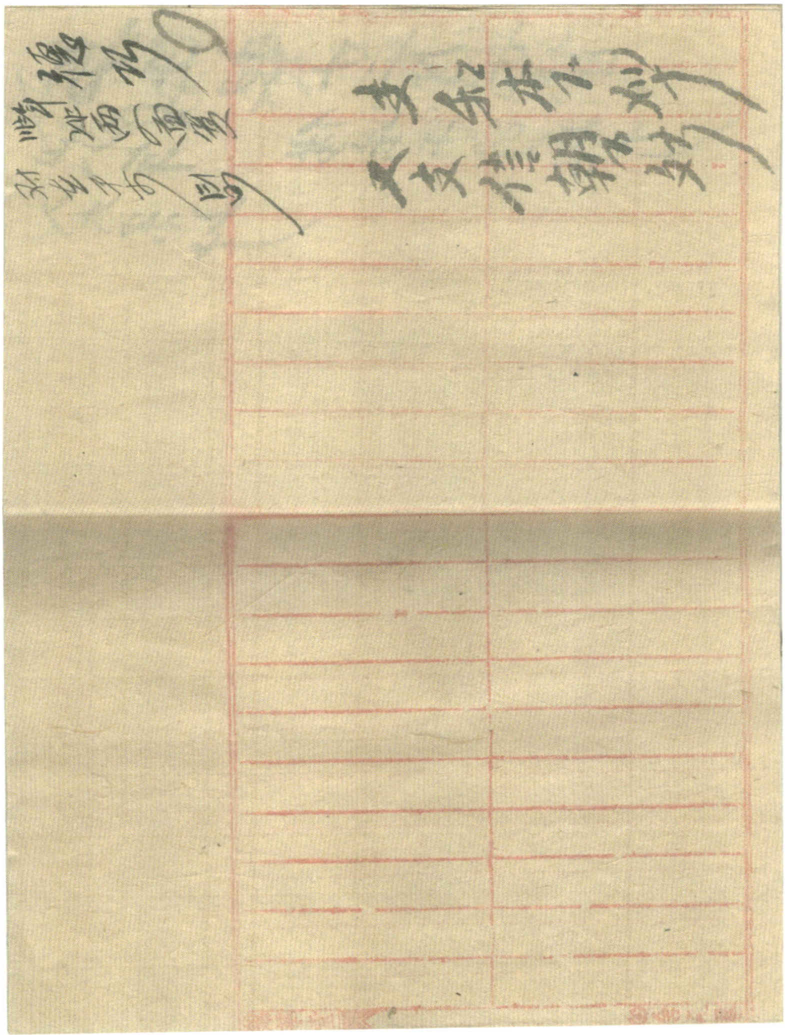

5-2-81-12　民國三十七年林慶熙記出入總數（一二）

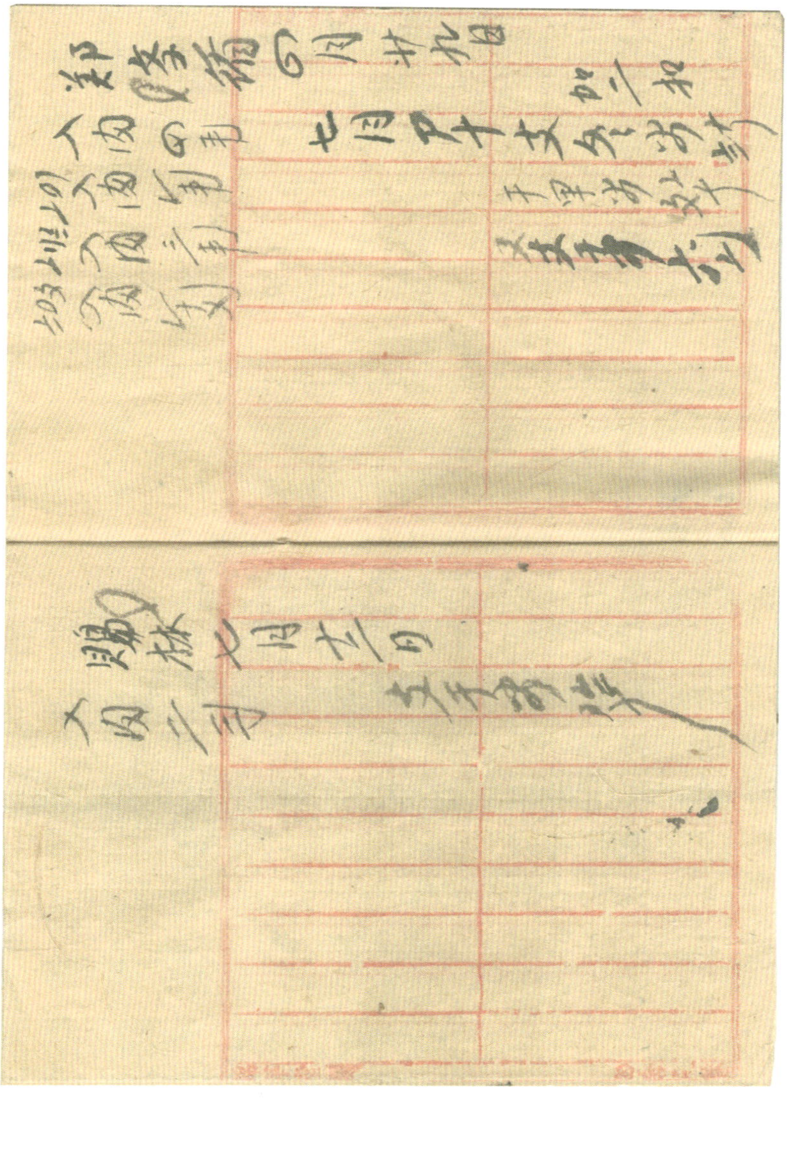

5-2-81-13　民國三十七年林慶熙記出入總數（一三）

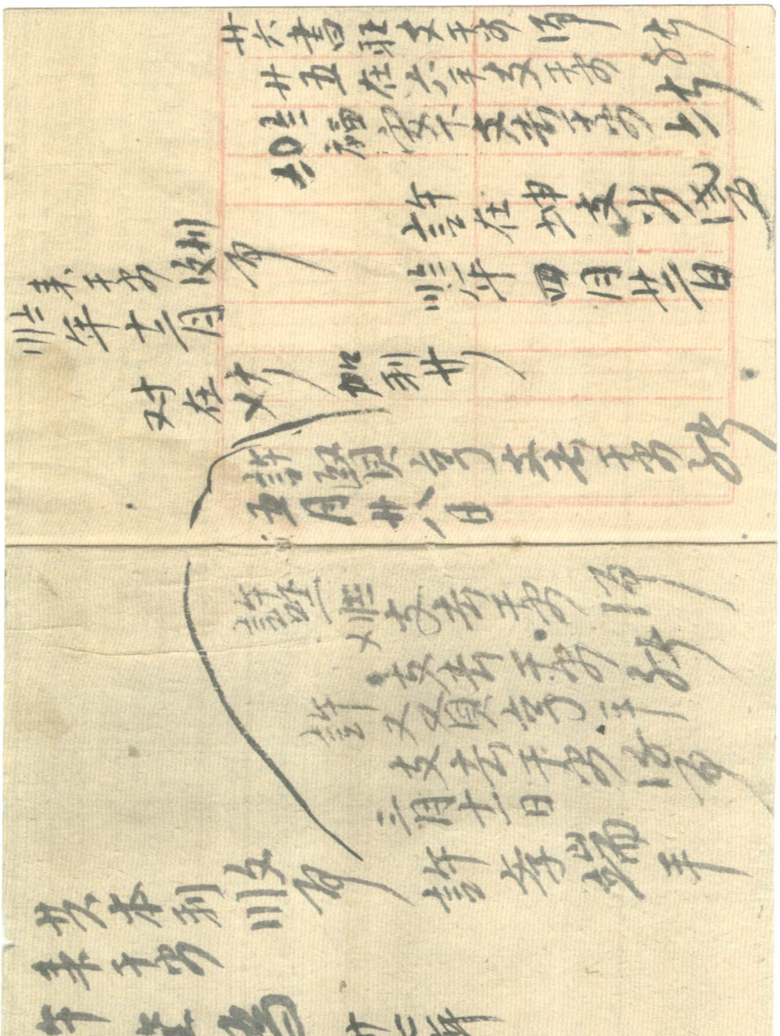

5-2-81-14　民國三十七年林慶熙記出入總數（一四）

5-2-81-15　民國三十七年林慶熙記出入總數（一五）

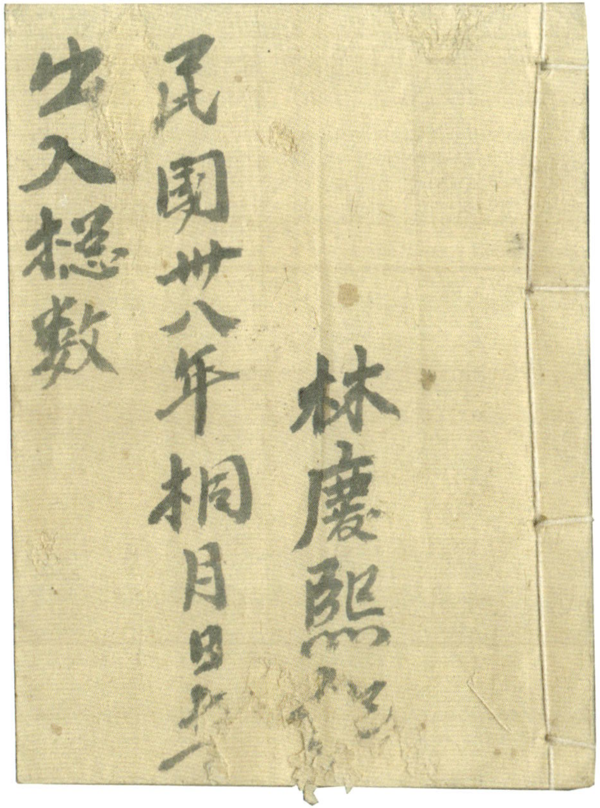

林慶熙記

民國卅八年桐月日立

出入總數

5-2-82-1　民國三十八年林慶熙記出入總數（一）

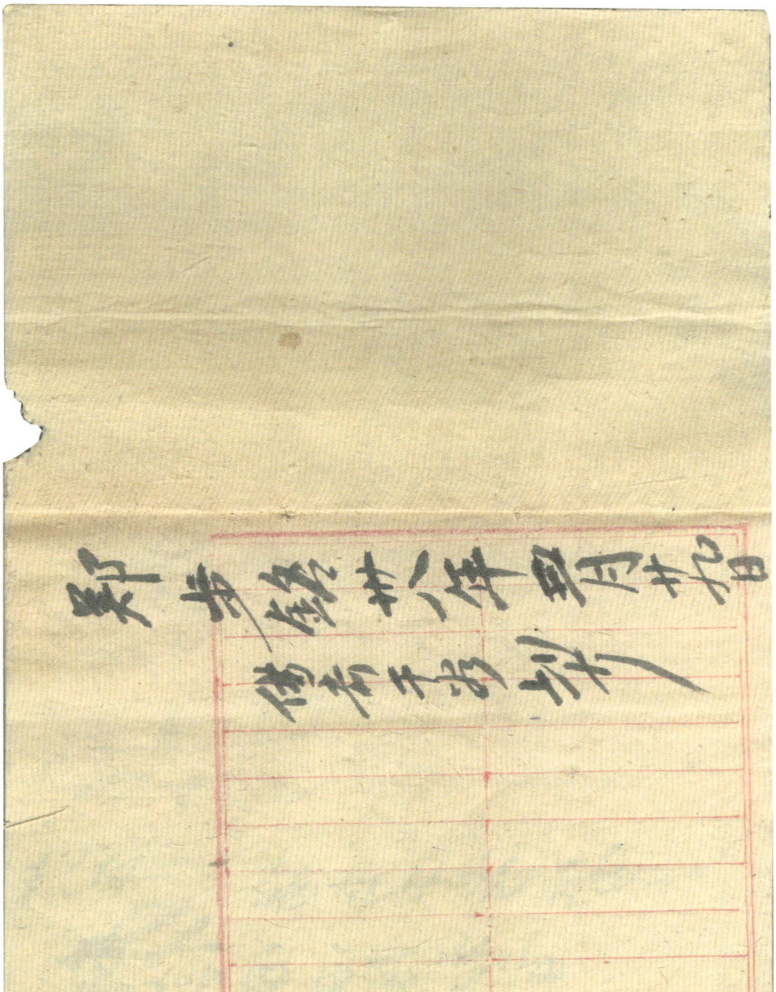

5-2-82-2　民國三十八年林慶熙記出入總數（二）

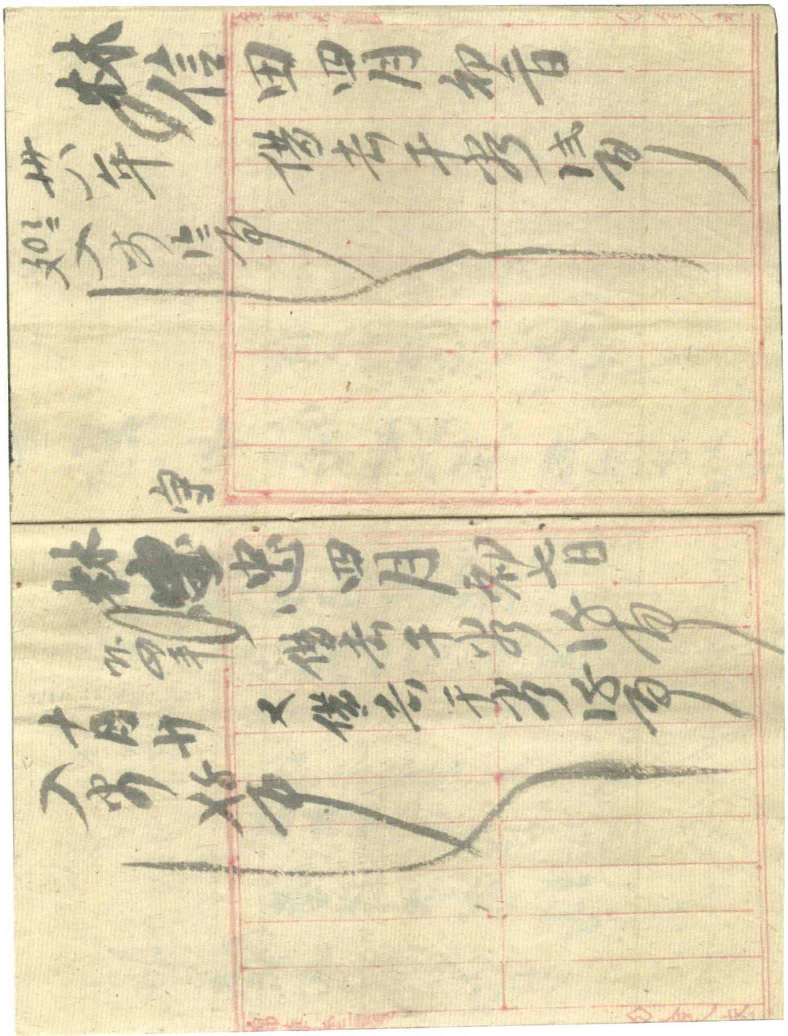

5-2-82-3　民國三十八年林慶熙記出入總數（三）

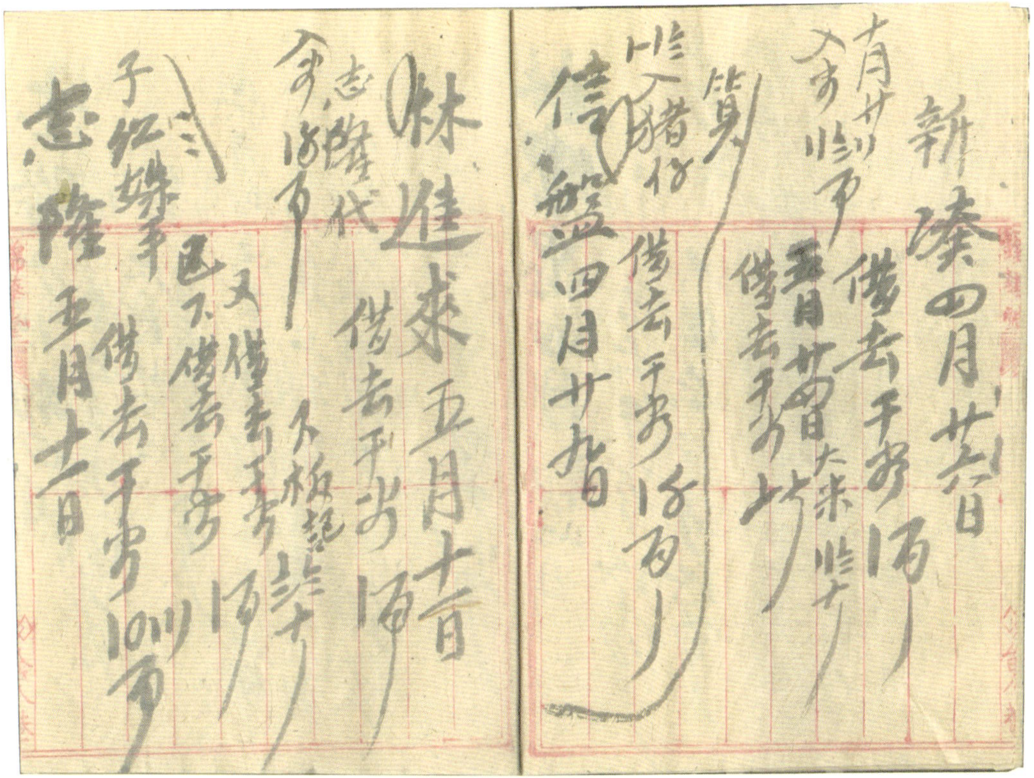

5-2-82-4　民國三十八年林慶熙記出入總數（四）

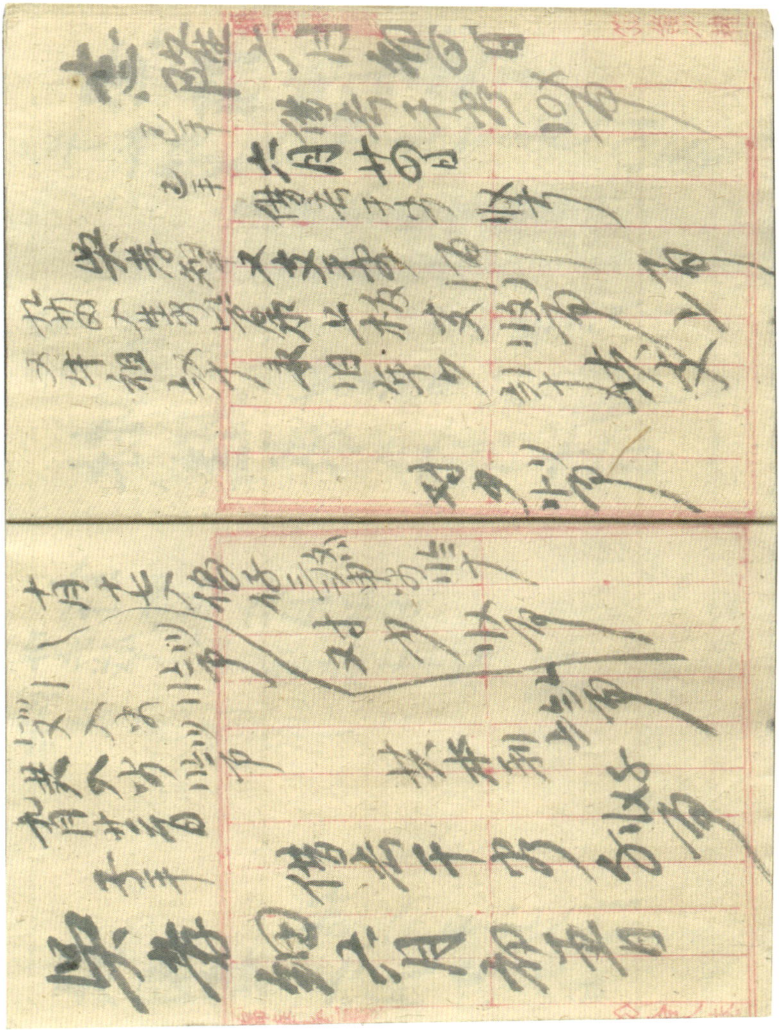

5-2-82-5　民國三十八年林慶熙記出入總數（五）

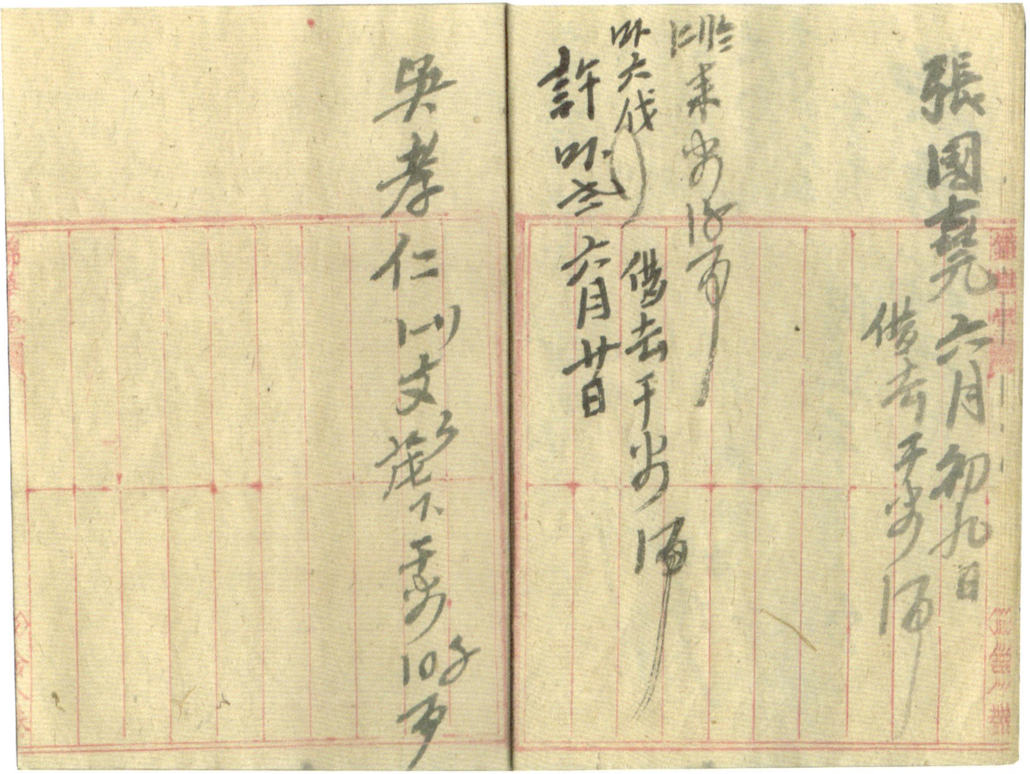

5-2-82-6 民國三十八年林慶熙記出入總數（六）

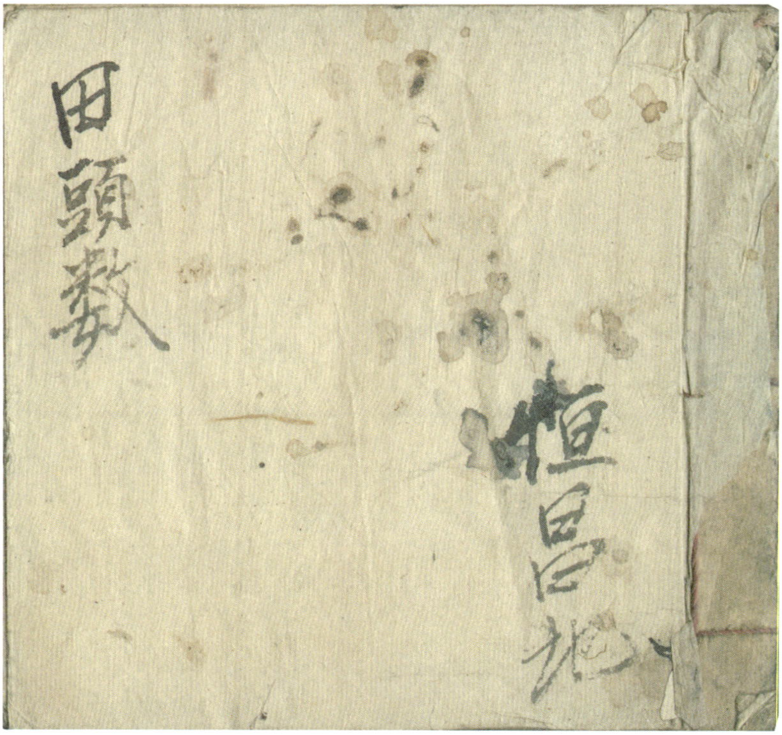

5-2-83-1　民國時期鄭恒昌記田頭數（一）

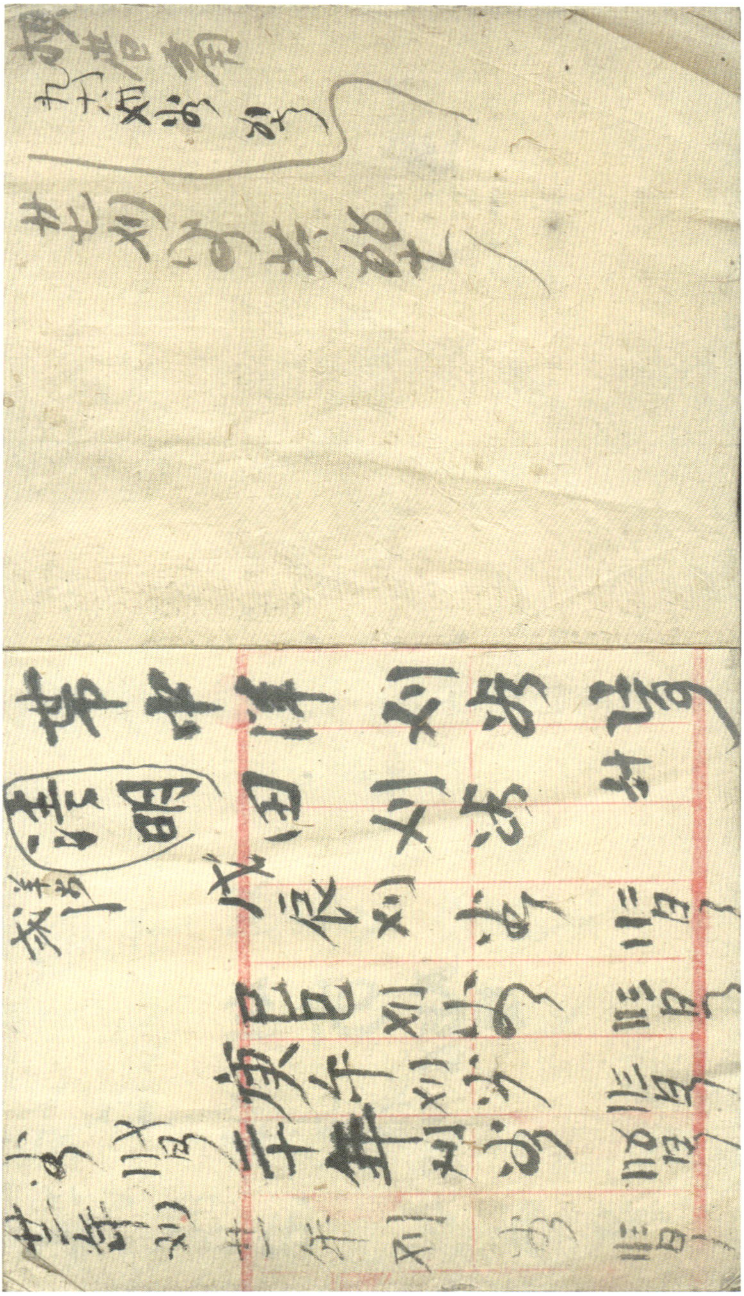

5-2-83-2　民國時期鄭恒昌記田頭數（二）

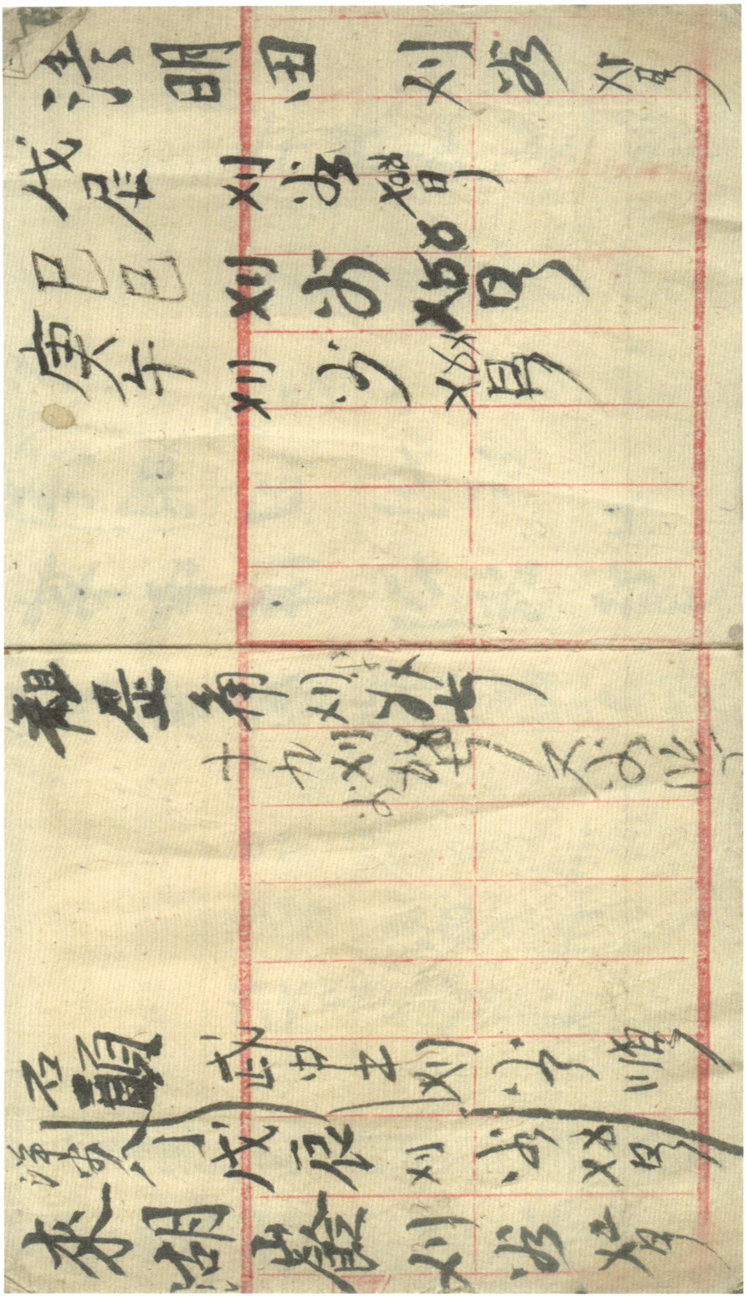

5-2-83-3　民國時期鄭恒昌記田頭數（三）

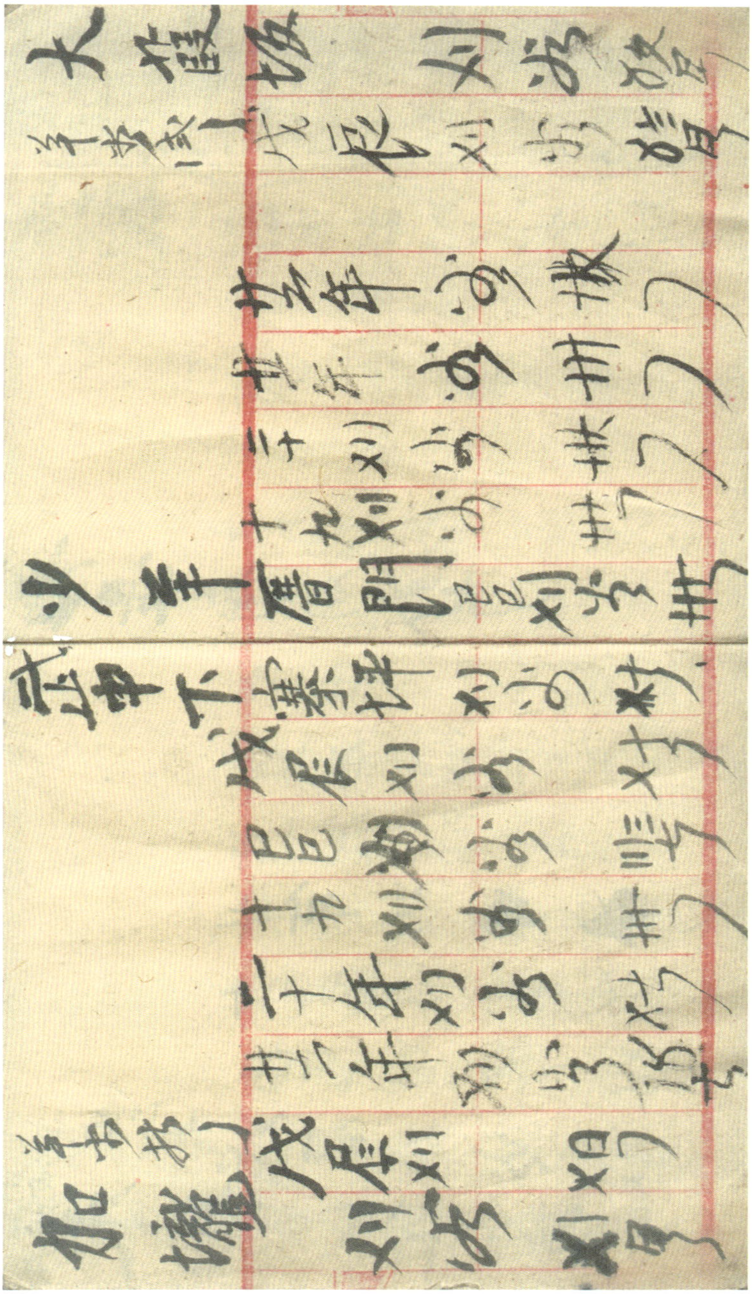

5-2-83-4　民國時期鄭恒昌記田頭數（四）

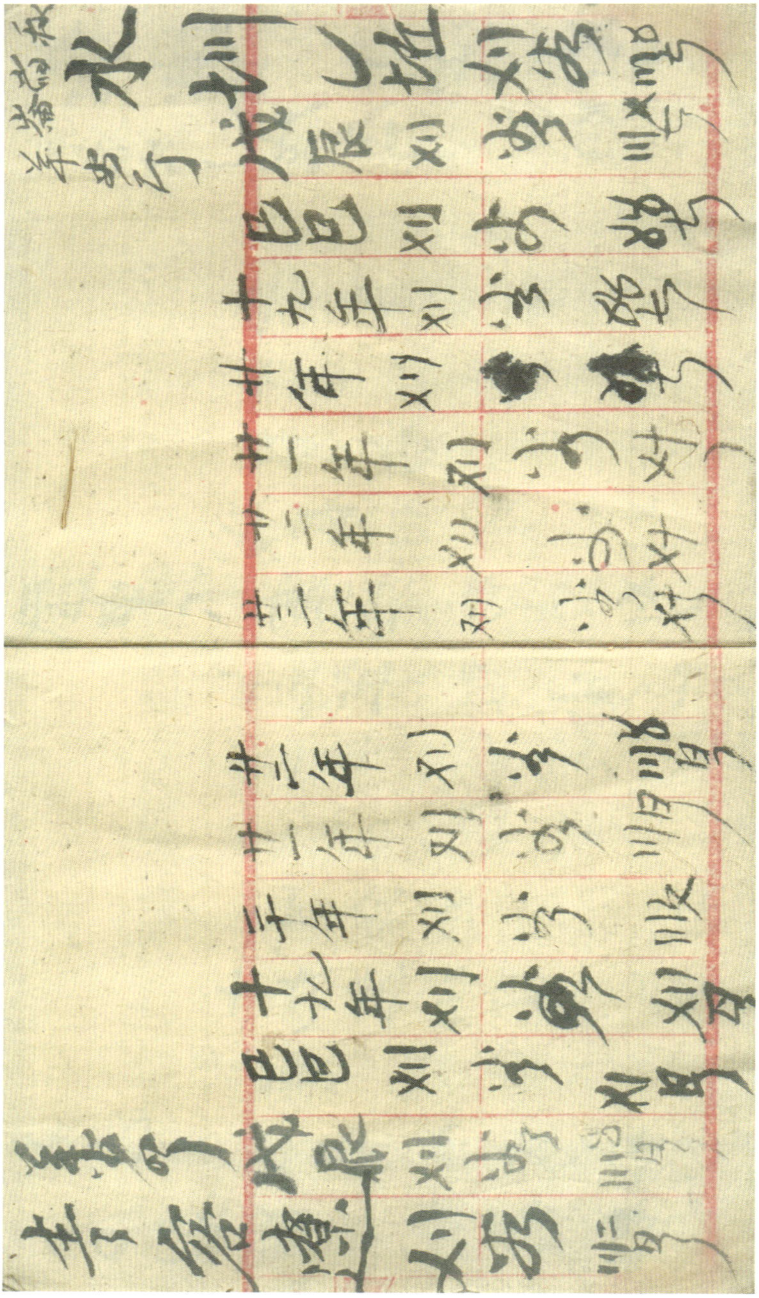

5-2-83-5　民國時期鄭恒昌記田頭數（五）

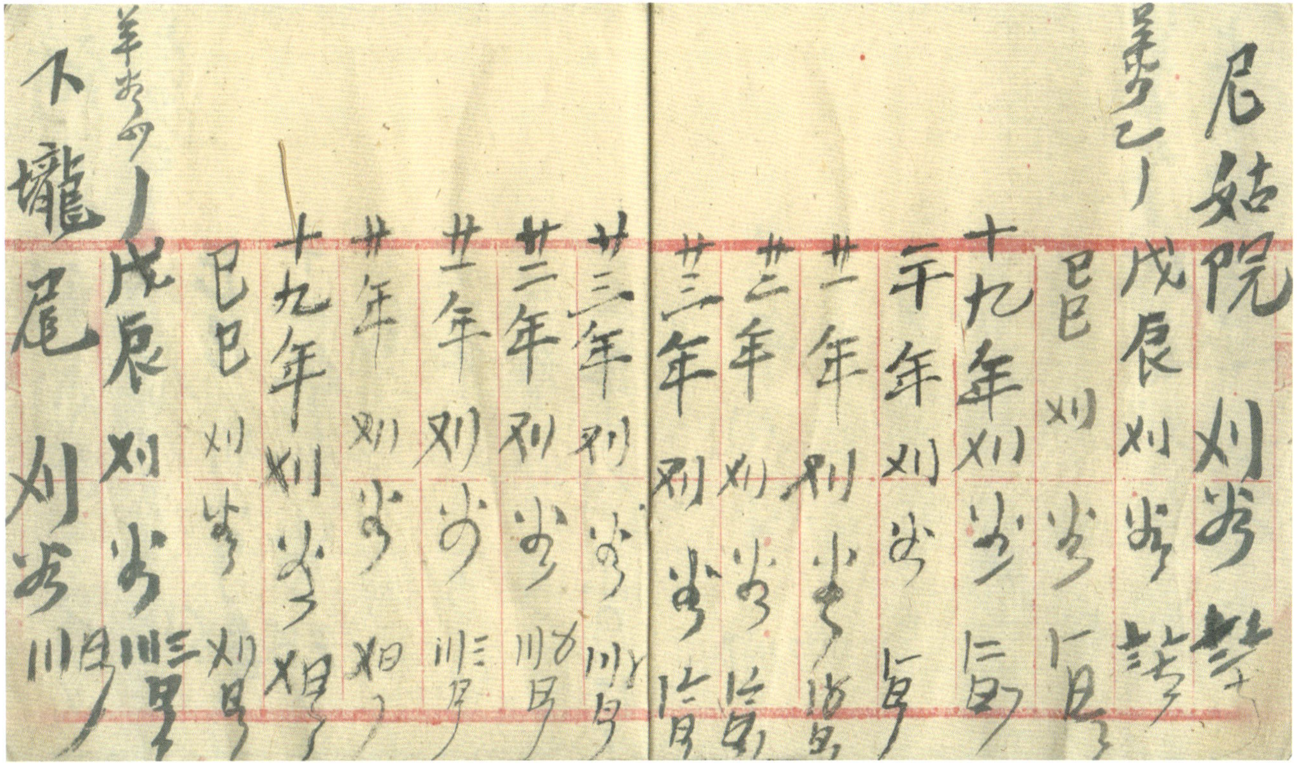

尼姑院 刈

戊辰 刈

己巳 刈

十九年 刈

廿年 刈

廿一年 刈

廿二年 刈

廿三年 刈

廿三年 刈

廿二年 刈

廿年 刈

廿年 刈

十九年 刈

己巳 刈

戊辰 刈

下壠尾 刈

5-2-83-6　民國時期鄭恒昌記田頭數（六）

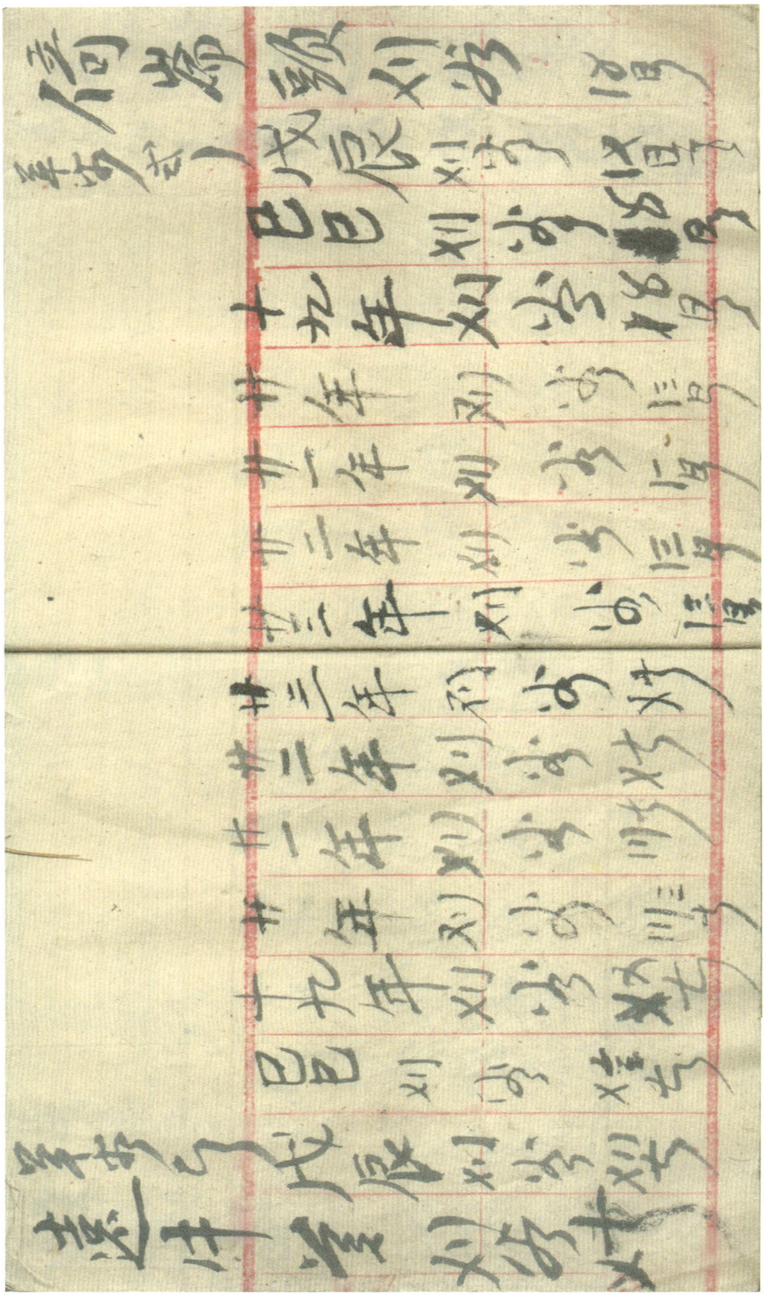

5-2-83-7　民國時期鄭恒昌記田頭數（七）

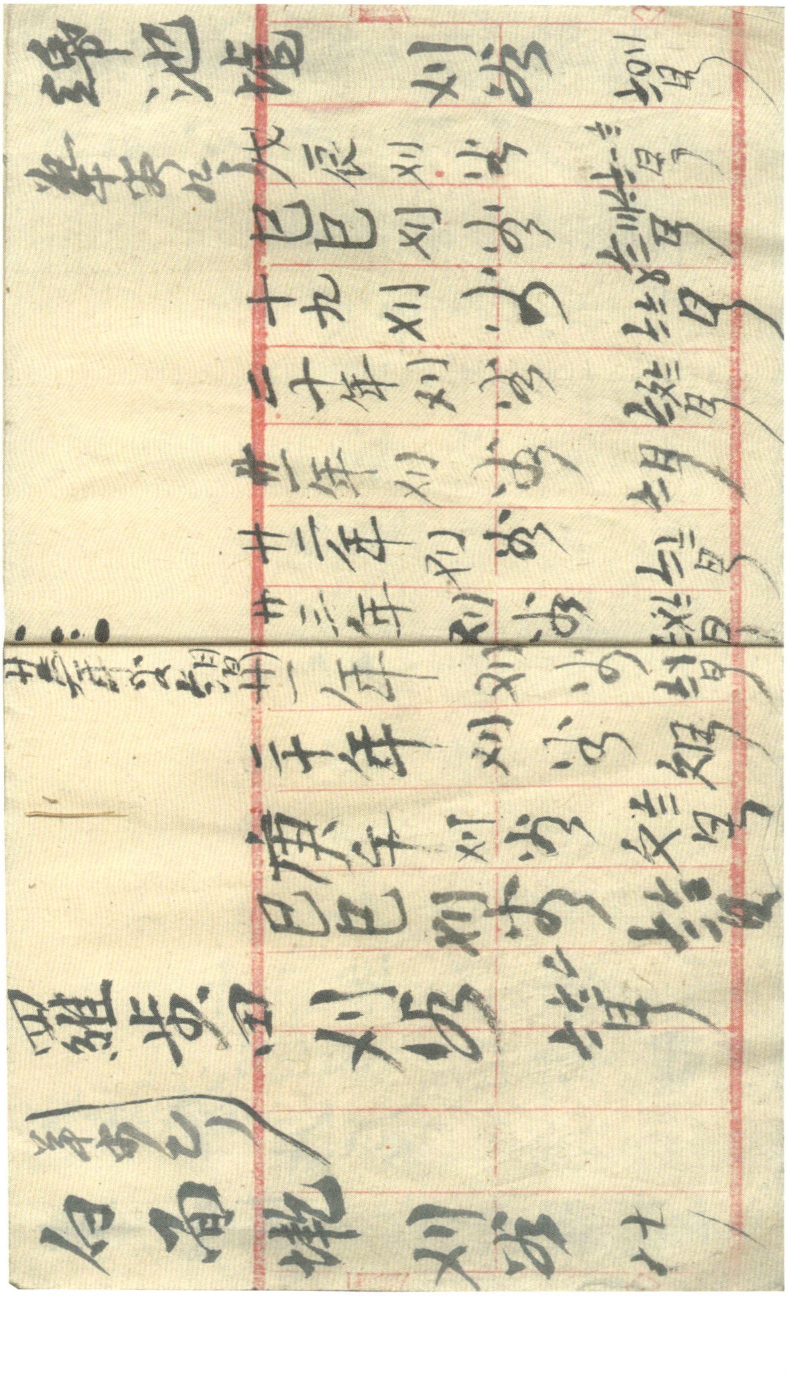

5-2-83-8　民國時期鄭恒昌記田頭數（八）

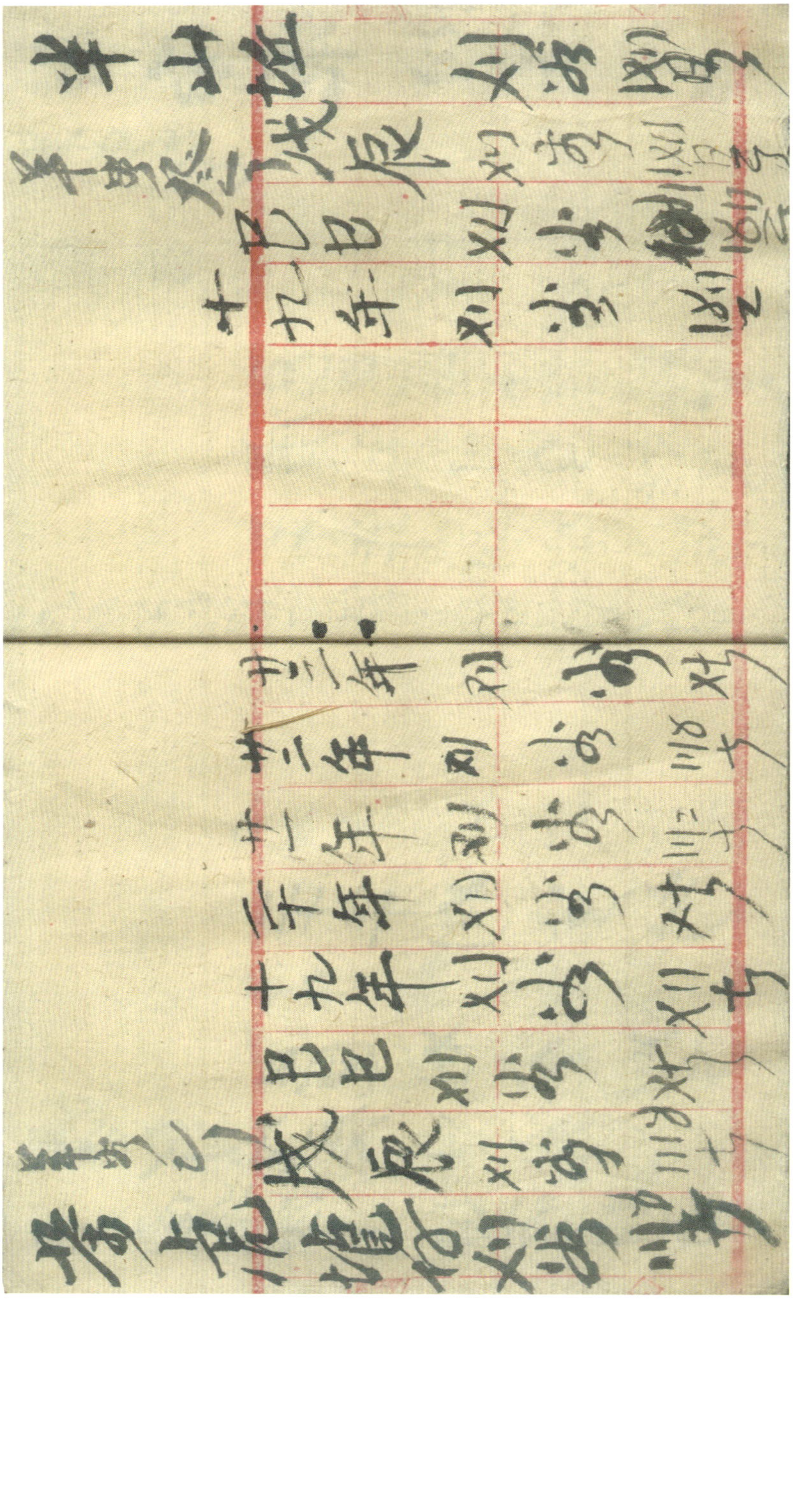

5-2-83-9　民國時期鄭恒昌記田頭數（九）

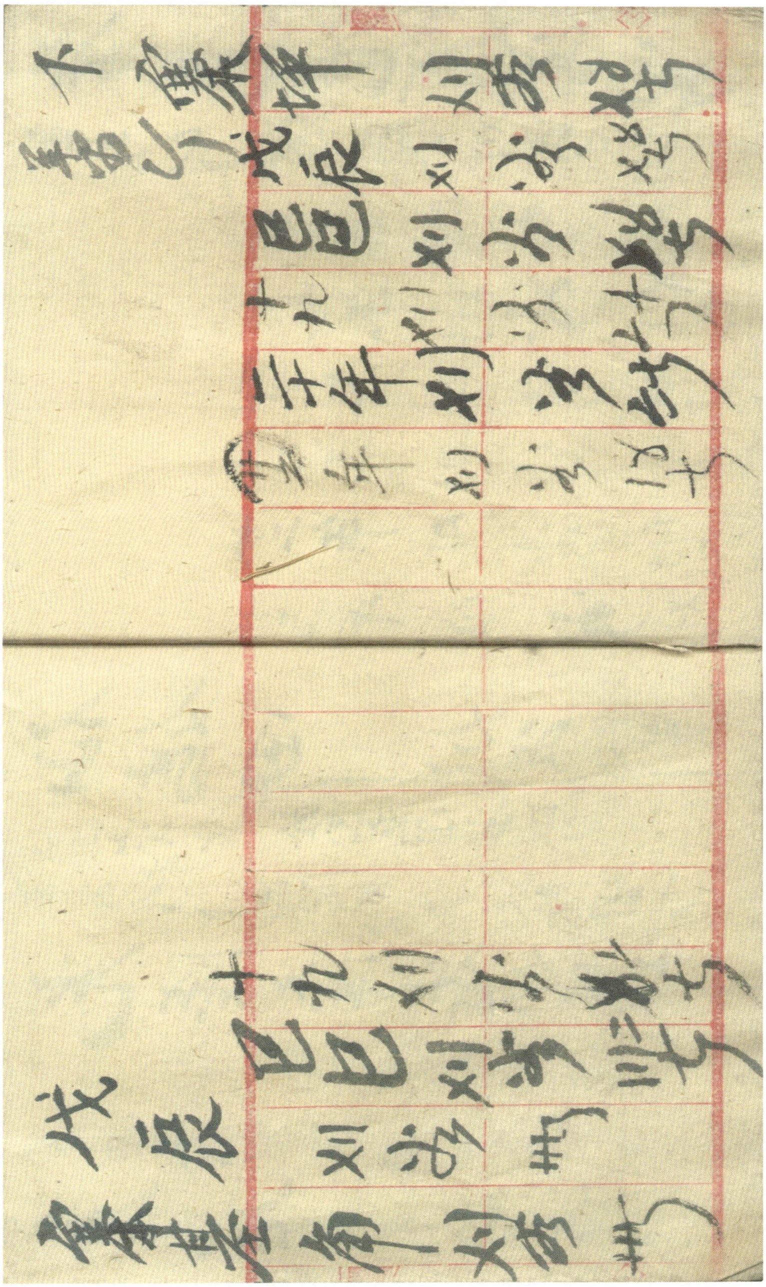

5-2-83-10　民國時期鄭恒昌記田頭數（一〇）

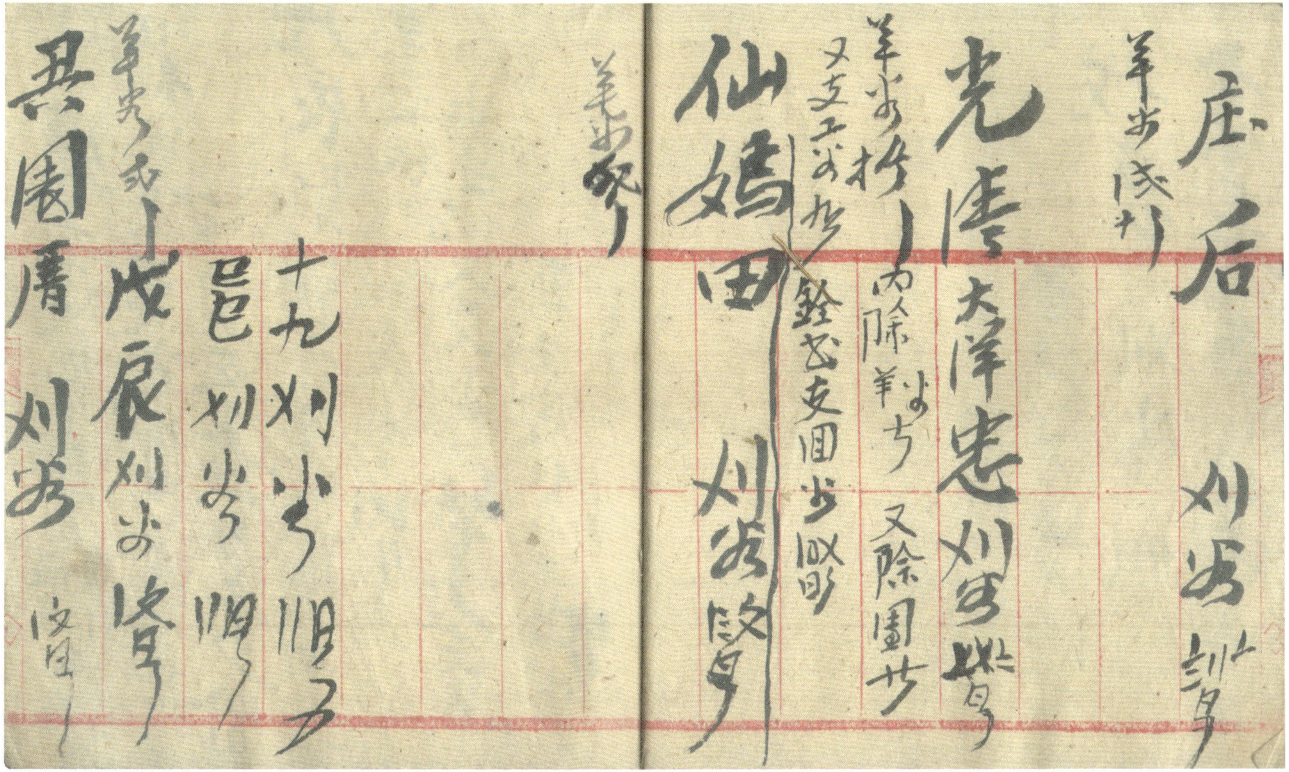

5-2-83-11　民國時期鄭恒昌記田頭數（一一）

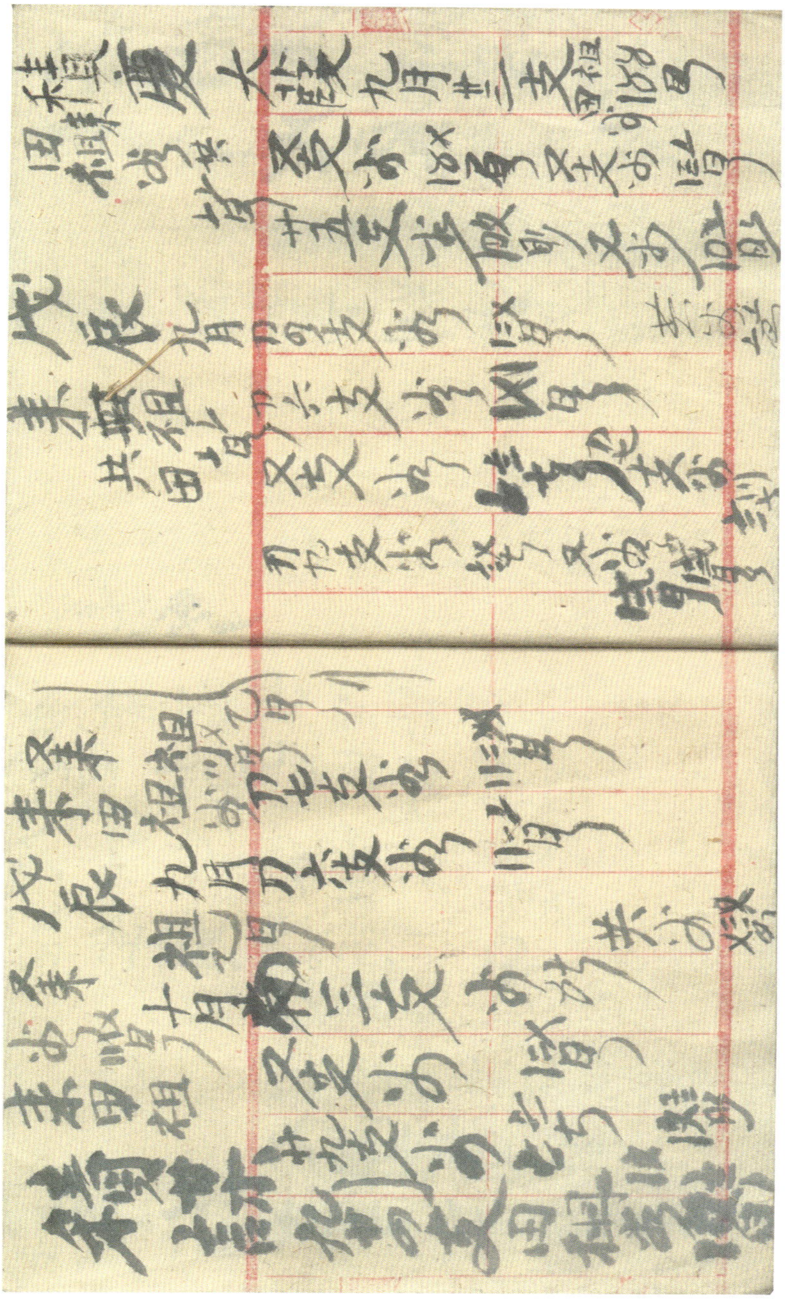

5-2-83-12　民國時期鄭恒昌記田頭數（一二）

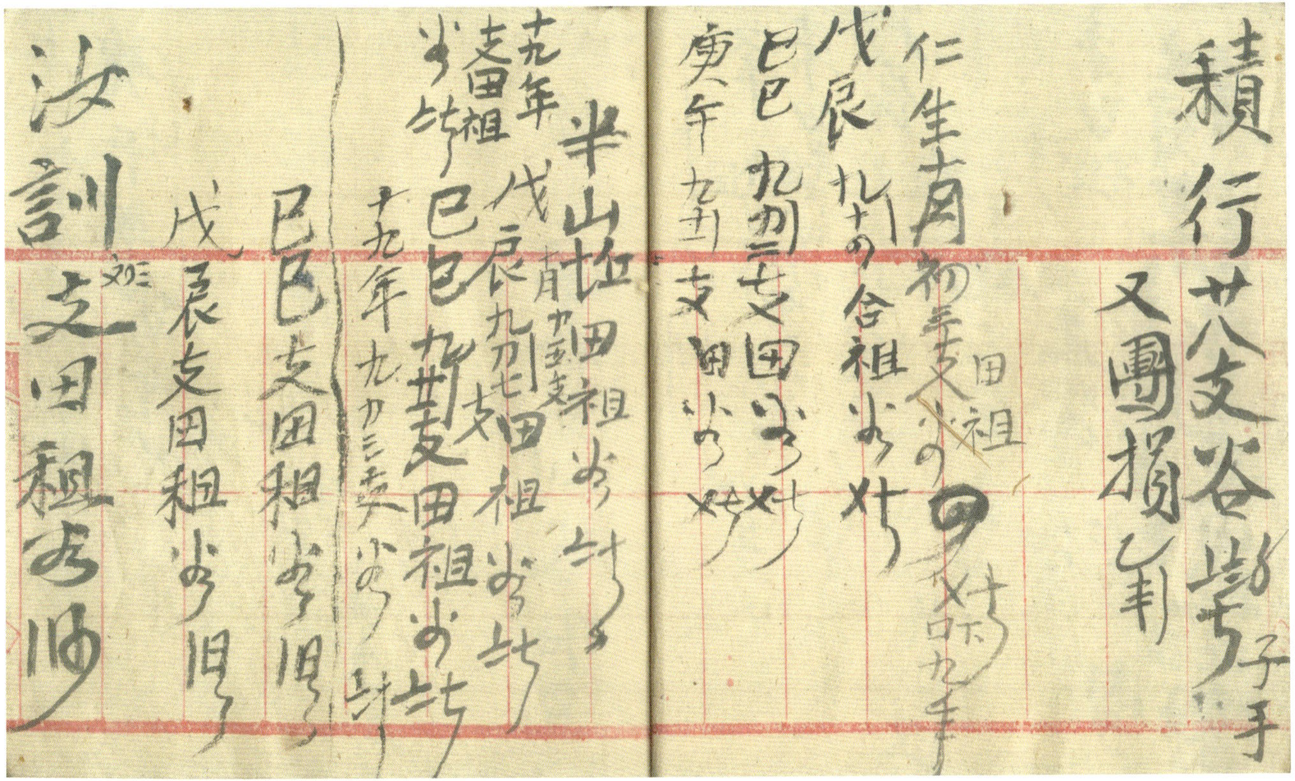

5-2-83-13　民國時期鄭恒昌記田頭數（一三）

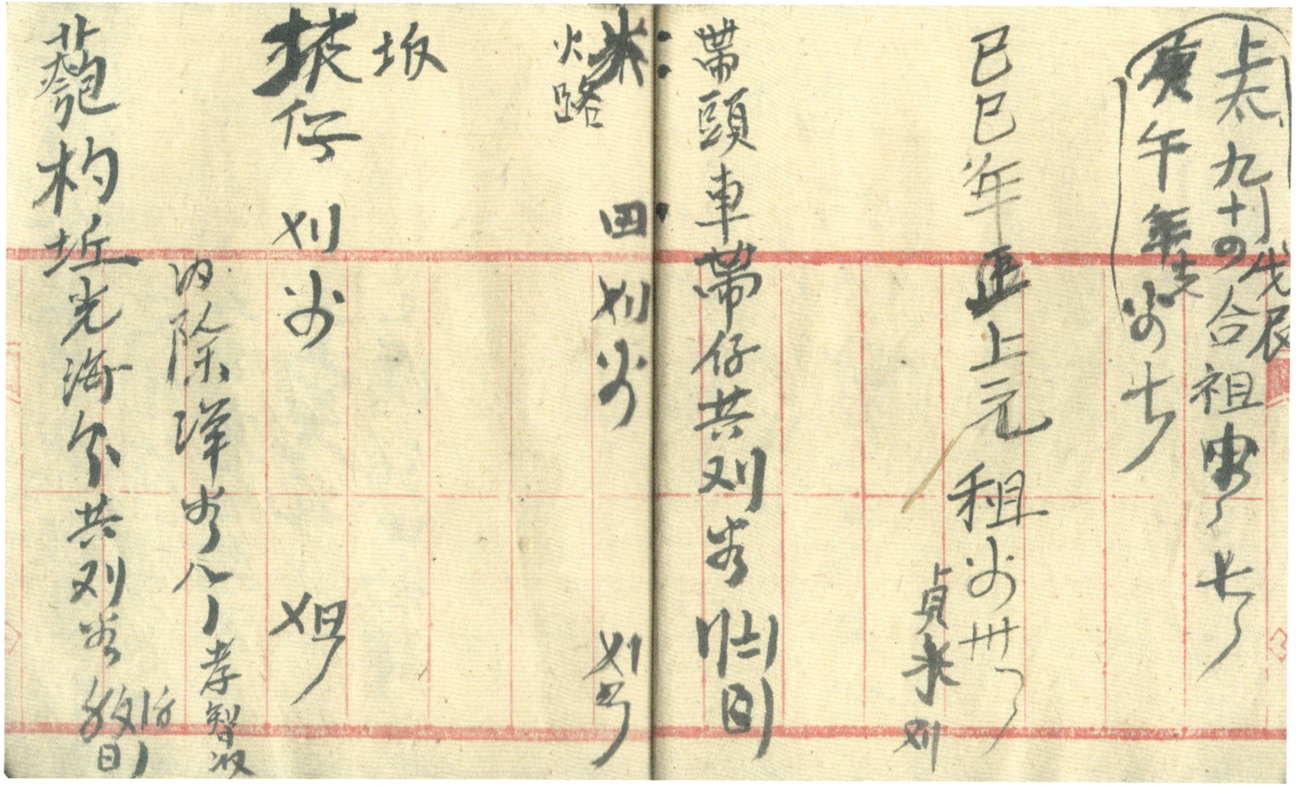

5-2-83-14　民國時期鄭恒昌記田頭數（一四）

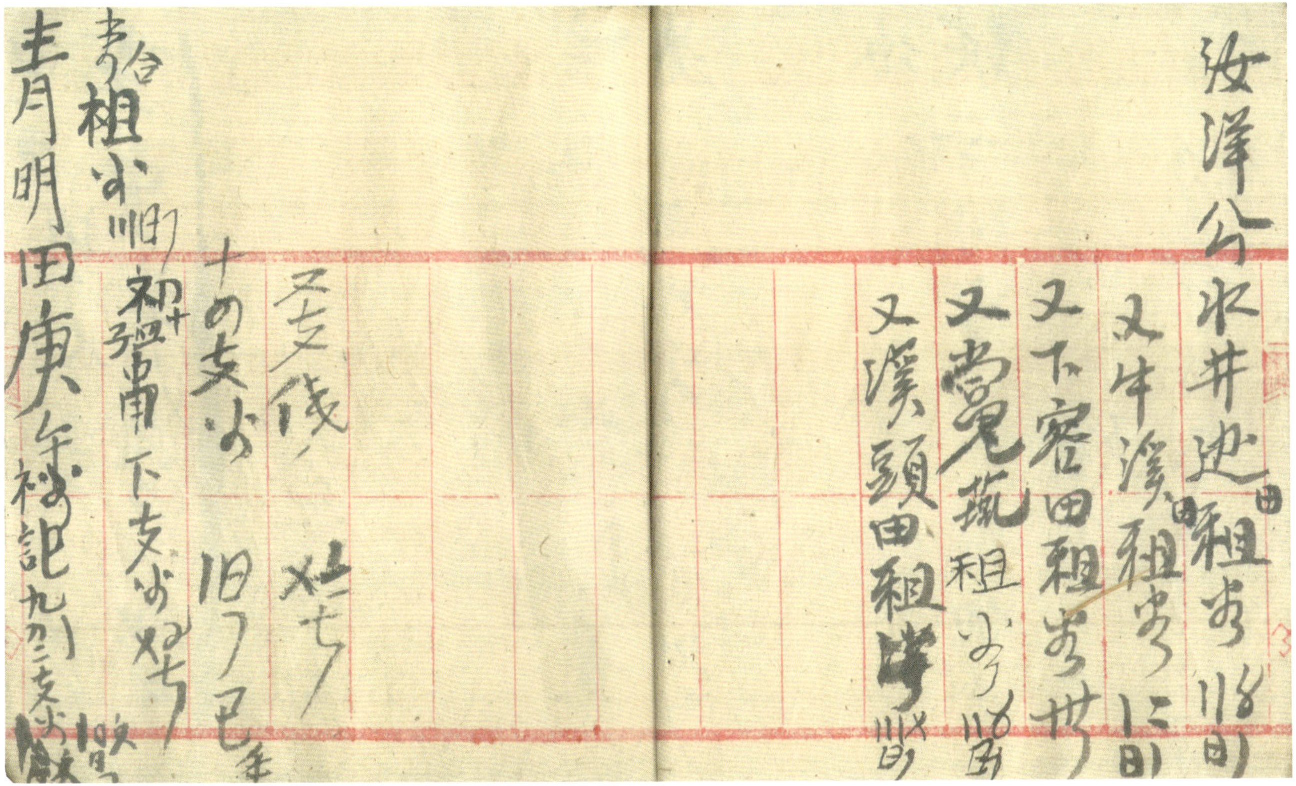

5-2-83-15　民國時期鄭恒昌記田頭數（一五）

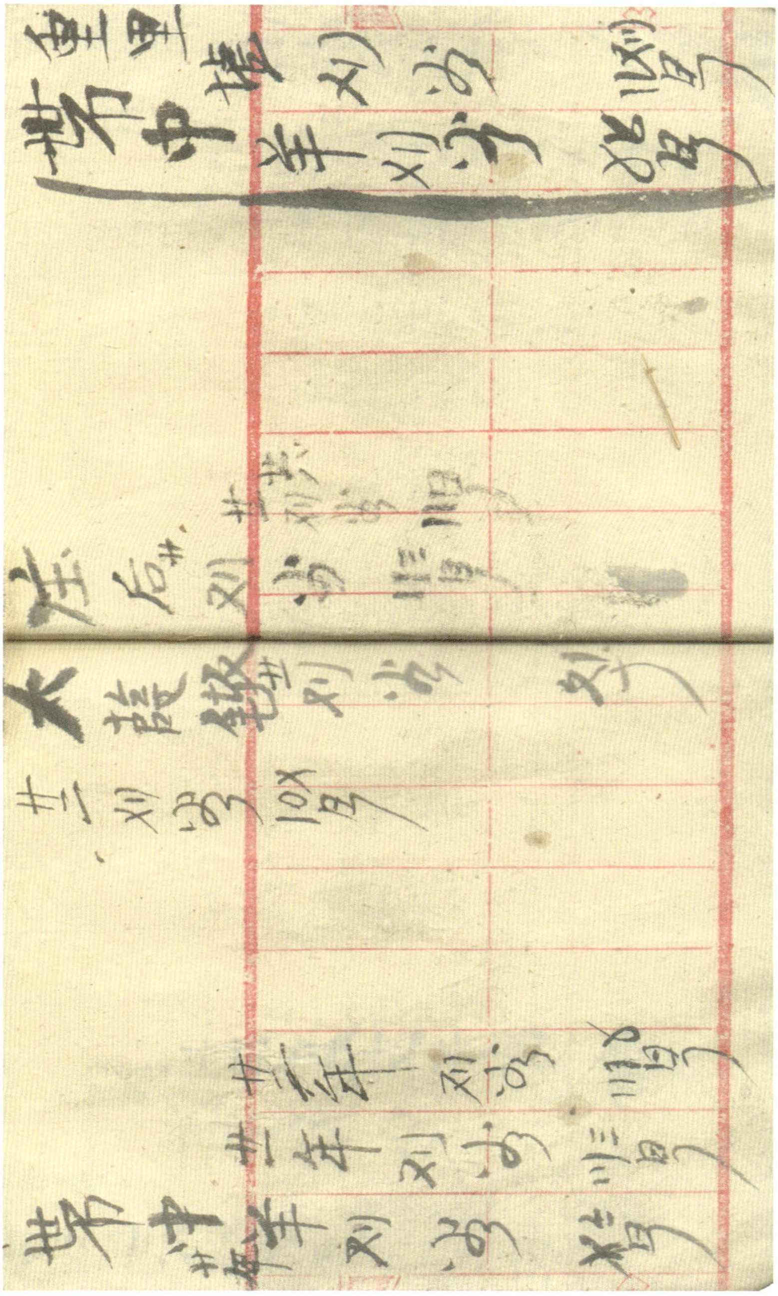

5-2-83-16　民國時期鄭恒昌記田頭數（一六）

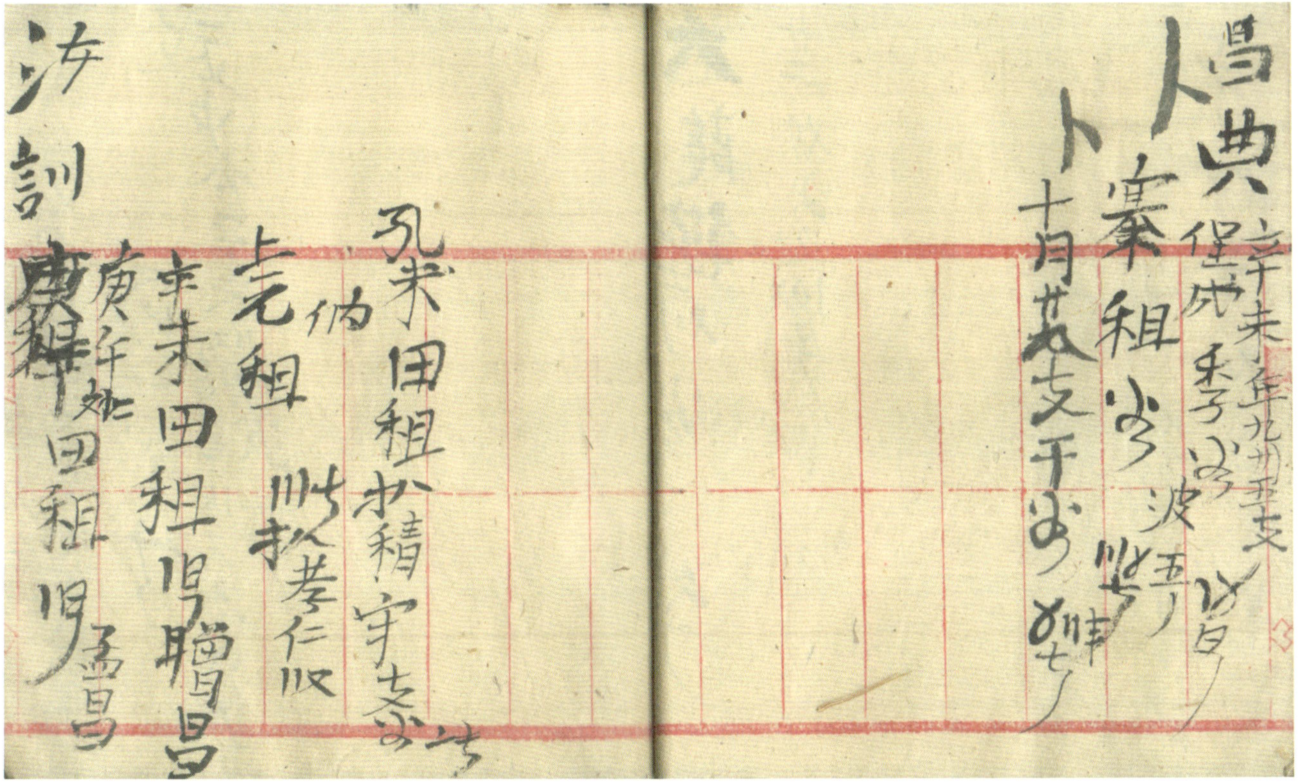

5-2-83-17　民國時期鄭恒昌記田頭數（一七）

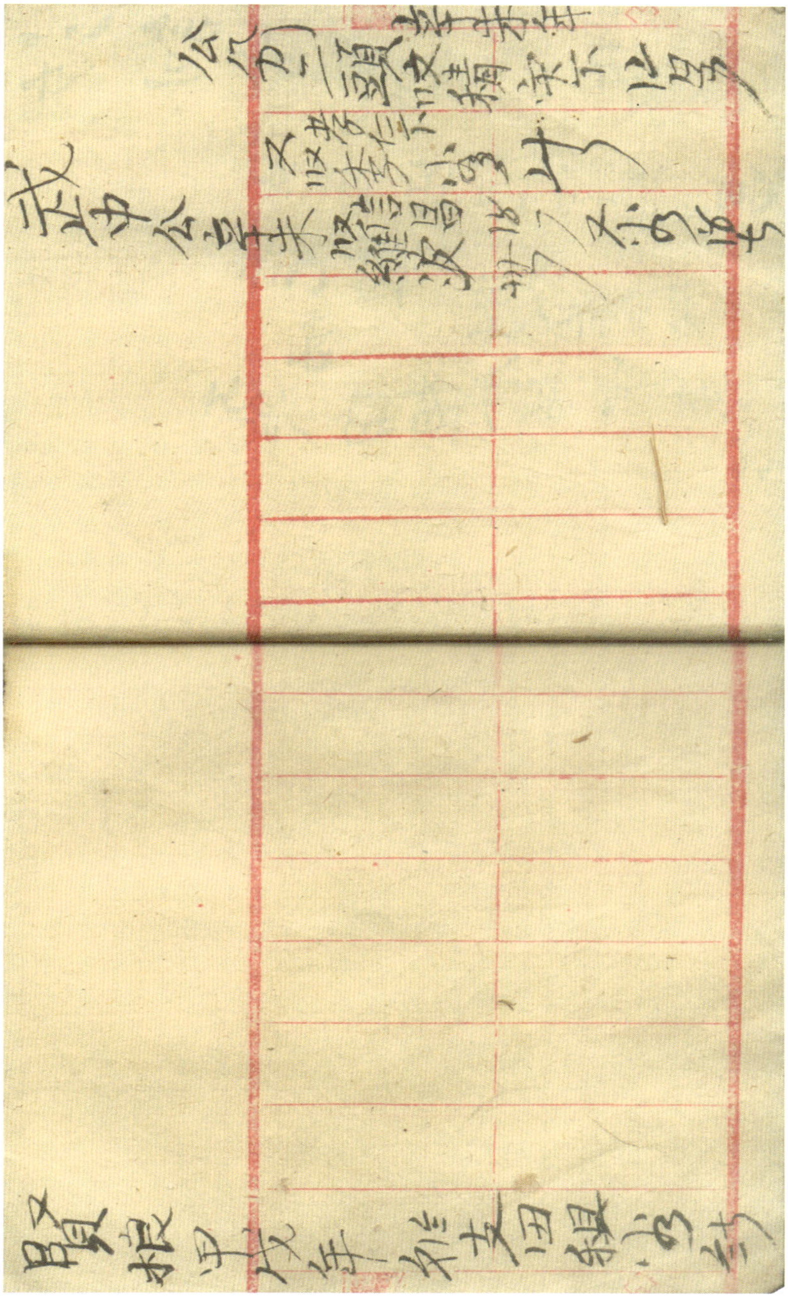

5-2-83-18　民國時期鄭恒昌記田頭數（一八）

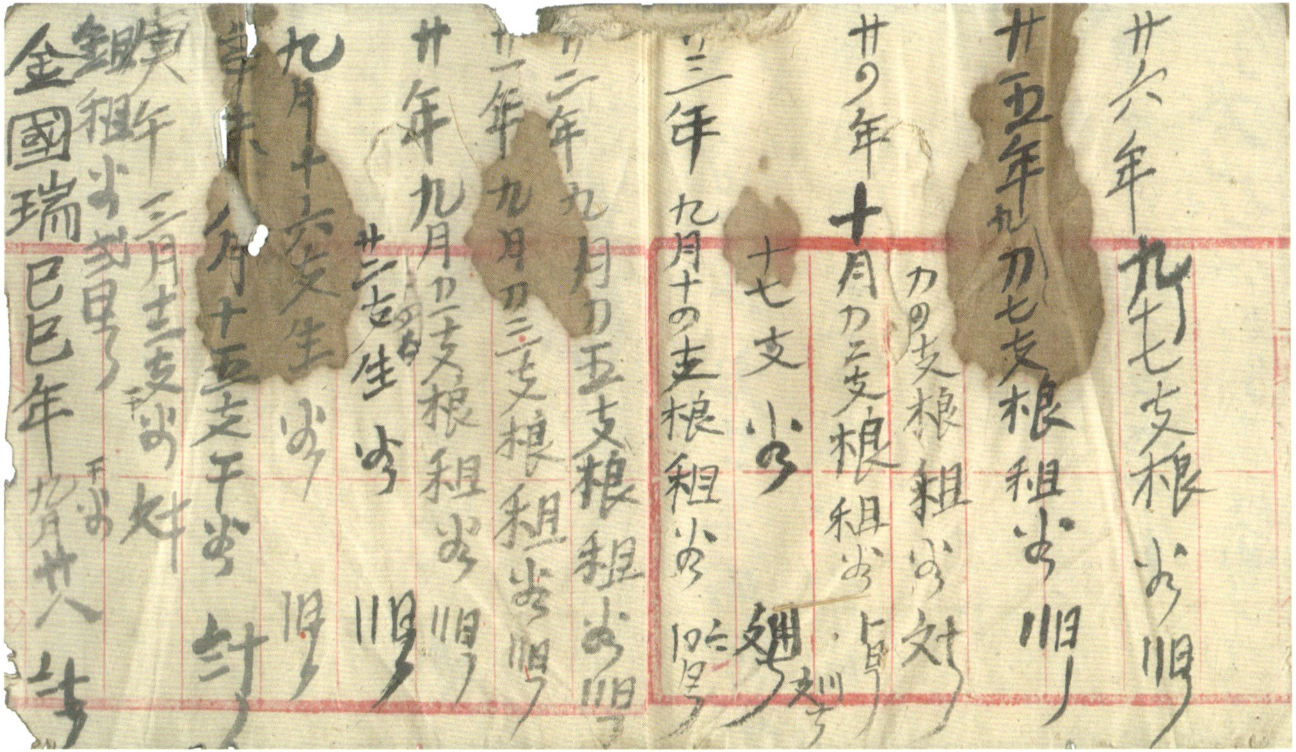

5-2-83-19　民國時期鄭恒昌記田頭數（一九）

八閩文庫

專題彙編 第二種

福建民間契約文書

22

廈門大學民間歷史文獻研究中心 編
鄭振滿 主編

海峽出版發行集團
THE STRAITS PUBLISHING & DISTRIBUTING GROUP
福建人民出版社

本册目録

第五卷　永泰縣蓋洋鄉蓋峰村鄭氏契約文書（四）

第三帙　鄭步廣户

第四帙　鄭爾堂户

第五卷 永泰縣蓋洋鄉蓋峰村鄭氏契約文書（四）

本卷主編 高晨焜

第三帙　鄭步廣户

5-3-1-1　包契紙

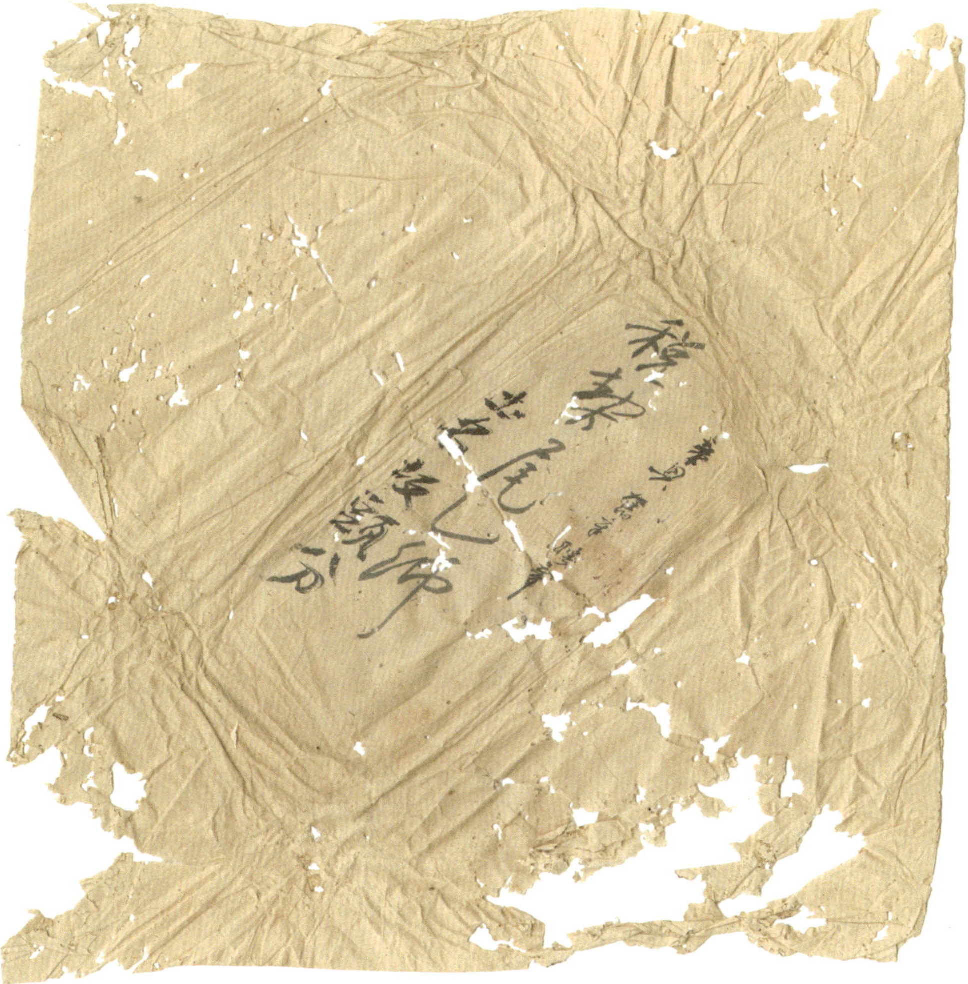

5-3-1-2　包契紙

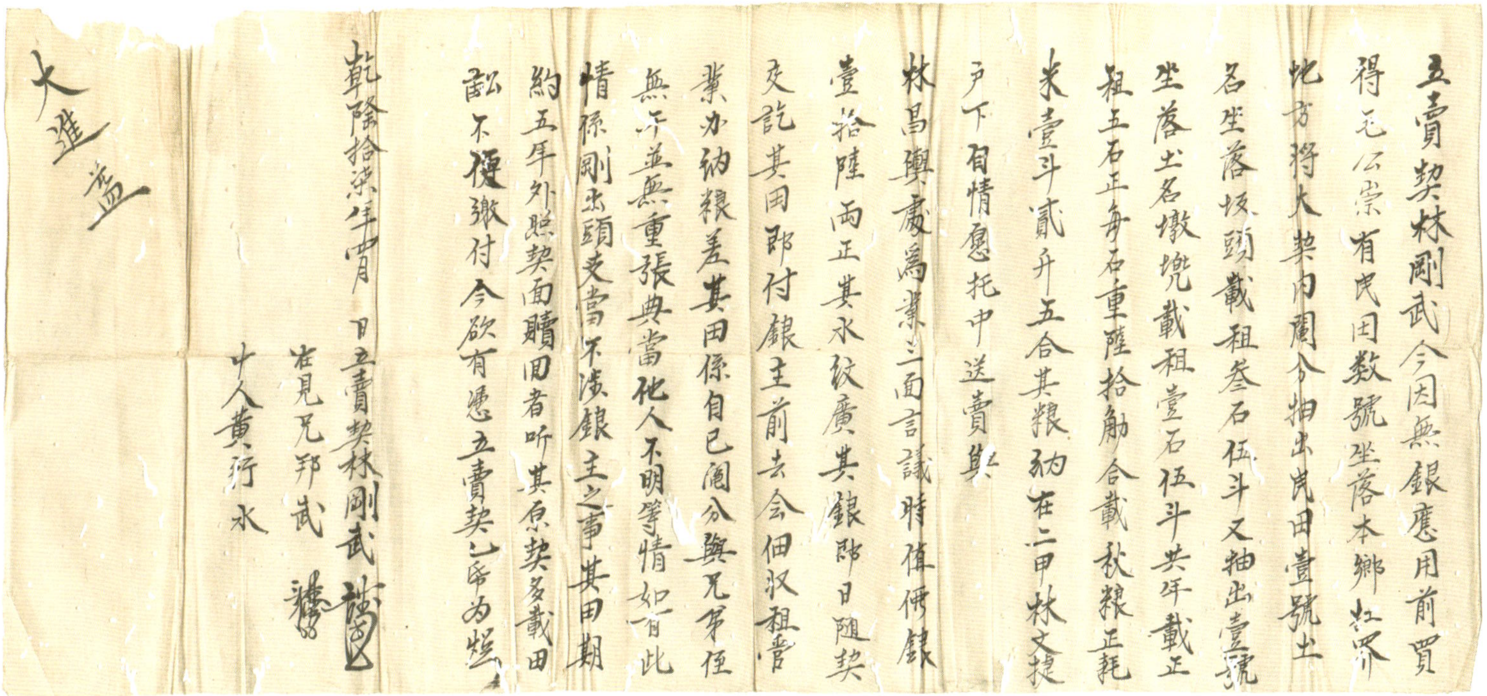

立賣契林剛武，今因無銀應用，前買
得毛公崇有民田數號，坐落本鄉杜界
地方，將大契內閹分抽出民田壹號，土
名坐落坂頭，載租叁石伍斗，又抽出壹號
坐落土名墩垱，載租壹石伍斗，共併載正
租五石正，每石重陸拾觔，合載秋粮正耗
米壹斗貳升五合，其粮納在二甲林文捷
户下。自情愿托中送賣與
林昌興處為業，三面言議，時值價銀
壹拾陸兩正，其水紋廣，其銀即日隨契
交訖，其田即付銀主前去召佃收租管
業，办納粮差。其田係自己閹分，與兄弟侄
無干，並無重張典當他人不明等情，如有此
情，係剛出頭支當，不涉銀主之事。其田期
約五年外照契面贖回者听，其原契多載田
畝，不便繳付。今欲有憑，立賣契一帋為照。

乾隆拾柒年四月　日立賣契林剛武（押）
在見兄邦武（押）
中人黄珩水

大進盖

5-3-1-3　清乾隆十七年四月林剛武立賣民田契

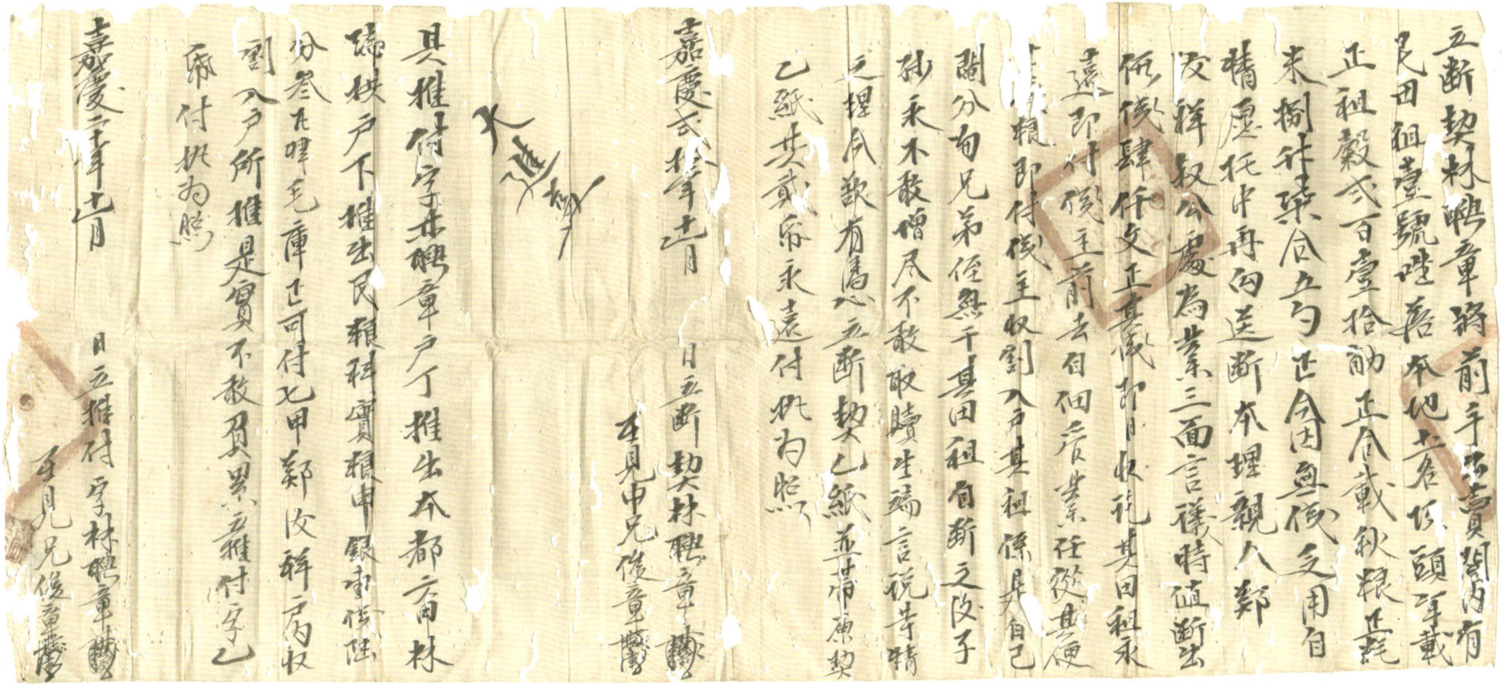

5-3-1-4　清嘉慶二十年十一月林聘章立斷民田租契（紅契）

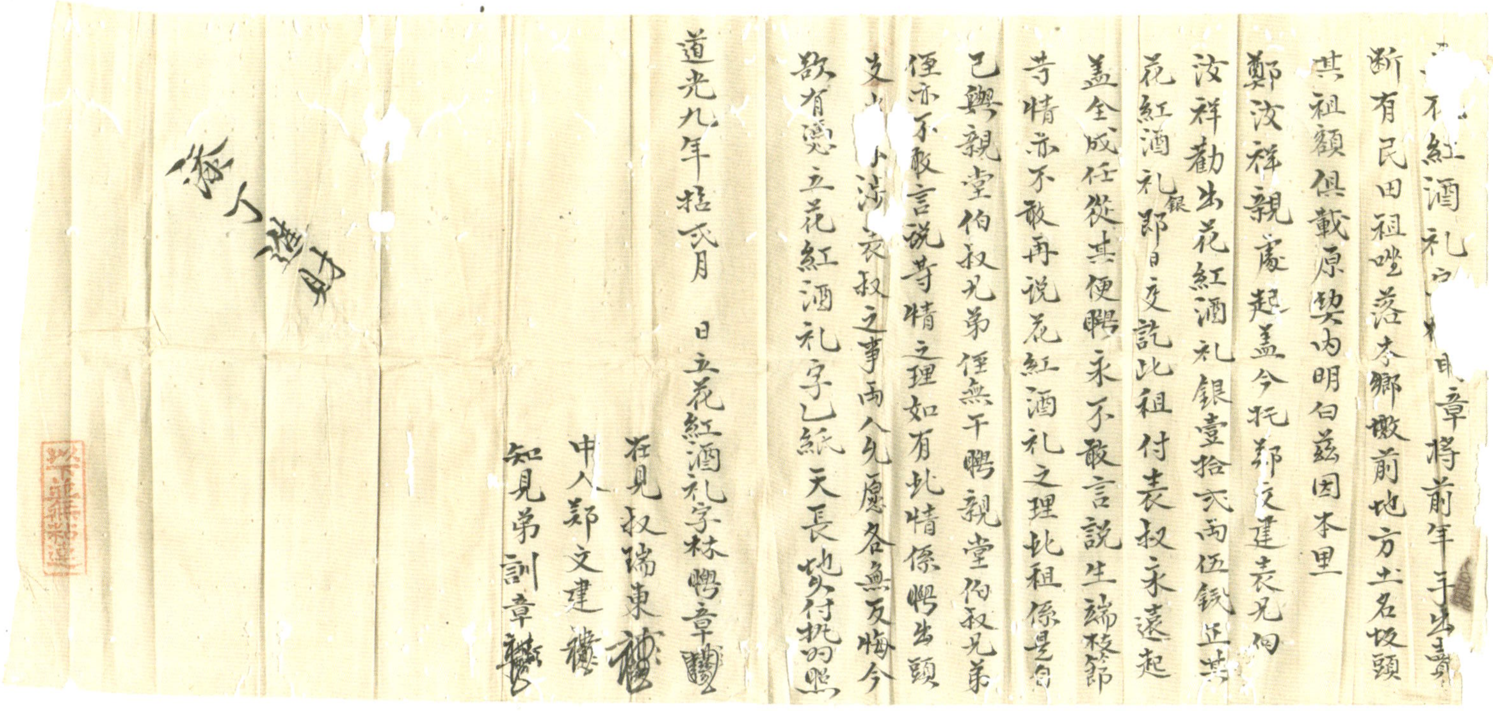

□花紅酒礼字□林聘章將前年于出賣
斷有民田租壟落本鄉墩前地方土名坂頭
其租額俱載原契內明白茲因本里
鄭汝祥親處起蓋今托鄭文建表兄向
汝祥勸出花紅酒礼銀壹拾弍両伍錢正其
花紅酒礼銀即日交訖此租付表叔永遠起
蓋全成任從其便聘永不敢言說生端移節
等情亦不敢再說花紅酒礼之理此租係是自
已與親堂伯叔兄弟侄無干聘親堂伯叔兄弟
侄亦不敢言說等情之理如有此情係聘出頭
支□□涉表叔之事両人允愿各無反悔今
欲有憑立花紅酒礼字乙紙天長地久付執為照

道光九年拾弍月　日立花紅酒礼字林聘章

在見叔瑞東
中人鄭文建
知見弟訓章

後人遵守

5-3-1-5　清道光九年十二月林聘章立花紅酒禮字

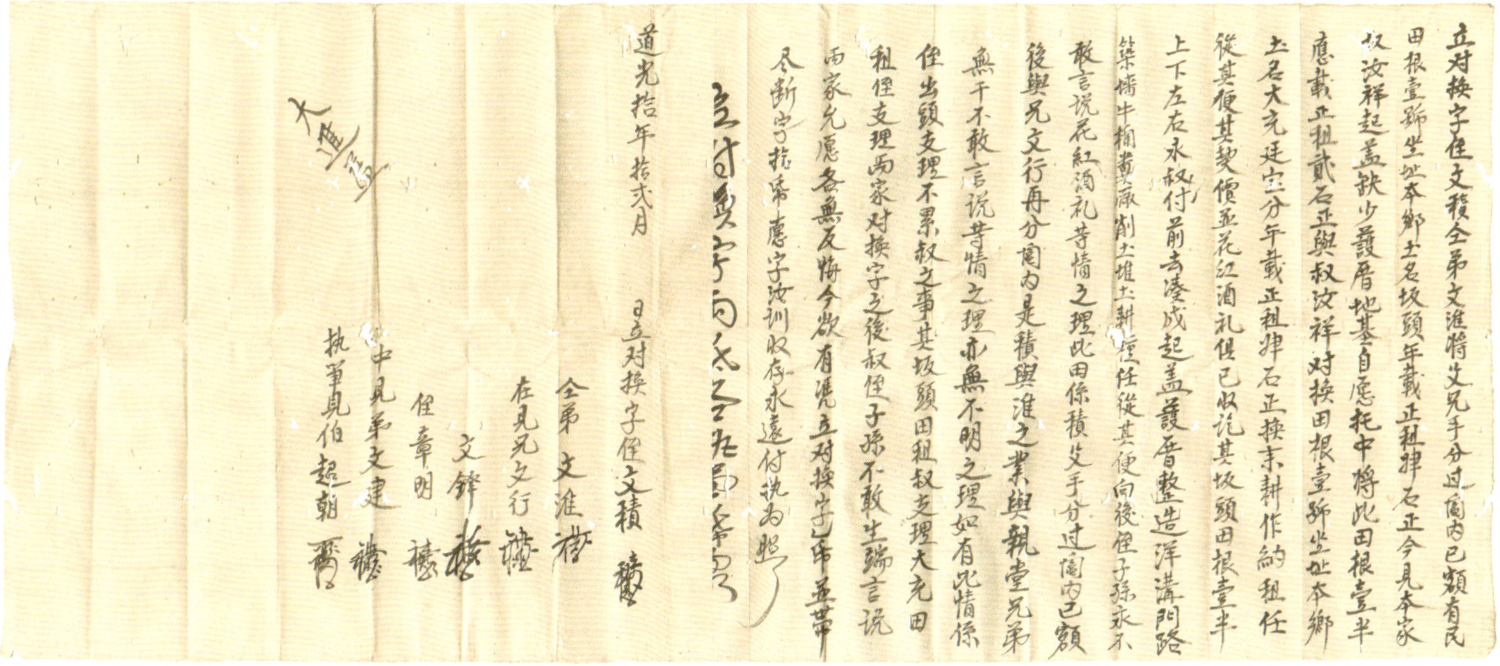

立对換字侄文積仝弟文淮將文兄手分过阄内已額有民
田根壹號坐址本鄉土名坂頭年載正租肆石正今見本家
叔汶祥起盖缺少護厝地基自愿托中將此田根壹半
應載正租貳石正與叔汶祥对換田根壹號坐址本鄉
土名大允廷宝分年載正租肆石正換来耕作納租任
從其便其契價並花紅酒礼俱已收訖其坂頭田根壹半
上下左右永叔付前去澄成起盖護厝整造洋溝門路
築墻[illegible]土堆土耕埕任從其便向後侄子孫永不
敢言說花紅酒礼等情之理此田係積艾手分过阄内已額
後與兄文行再分阄内是積與淮之業與親壹兄弟
無干不敢言說等情之理亦無不明之理如有此情係
侄出頭支理不累叔之事其坂頭田租叔支理大允田
租侄支理两家对換字之後叔侄子孫不敢生端言說
两家允愿各無反悔今欲有憑立对換字一紙并带
尽斷字拾紙應字汝訓收存永遠付执為照
立对換字内添乙字[illegible]

道光拾年拾式月　日立对換字侄文積（押）
仝弟文淮（押）
在見兄文行（押）
文鋒（押）
侄章明（押）
中見弟文建（押）
执筆見伯超朝（押）
大進

5-3-1-6　清道光十年十二月鄭文積等立對換民田根字

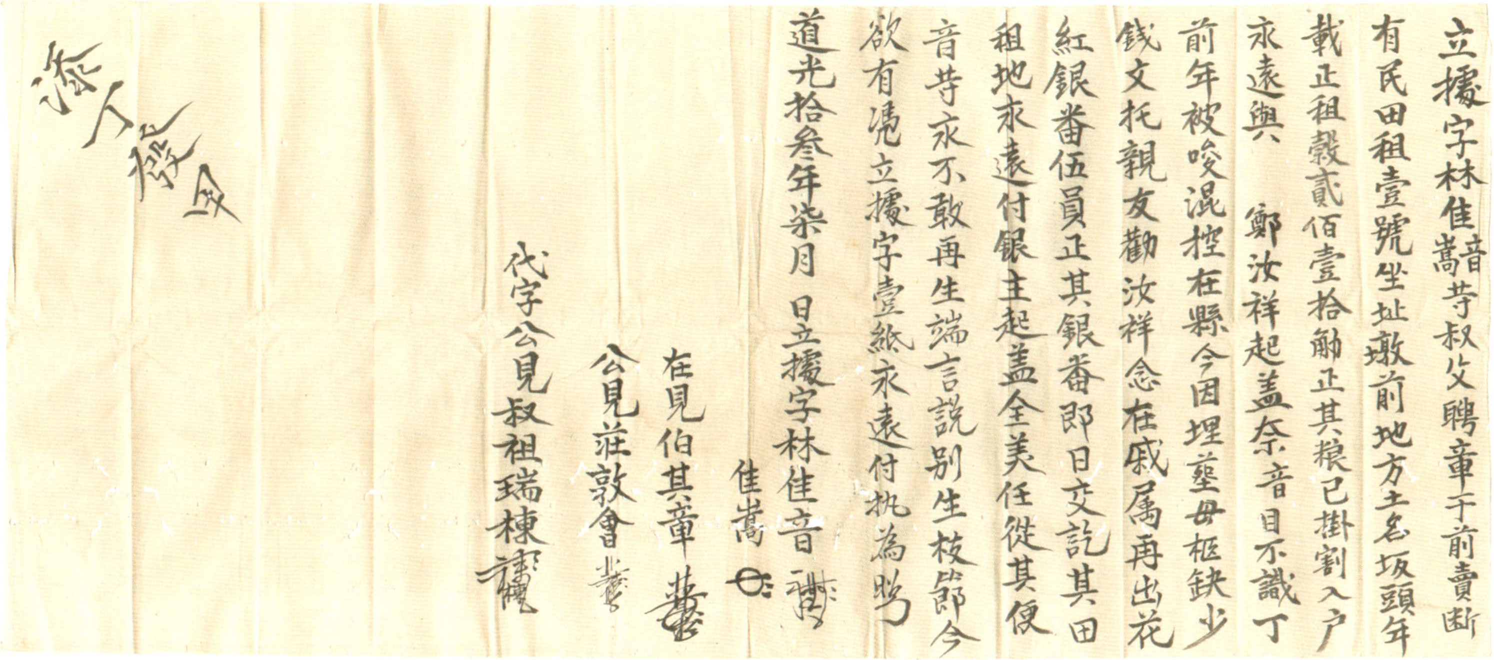
立據字林佳音嵩等叔父聘章于前賣斷
有民田租壹號坐址墩前地方土名坂頭年
載正租穀貳佰壹拾觔正其粮已掛劄入户
永遠與　鄭汝祥起蓋奈音目不識丁
前年被唆混控在縣今因埋塋毋柩缺少
錢文托親友勸汝祥念在戚屬再出花
紅銀番伍員正其銀番即日交訖其田
祖地永遠付銀主起蓋全美任從其便
音等永不敢再生端言説别生枝節今
欲有憑立據字壹紙永遠付執為炤
道光拾叁年柒月　日立據字林佳音（押）
佳嵩（押）
在見伯其章（押）
公見莊敦會（押）
代字公見叔祖瑞棟（押）
添入墩字

5-3-1-7　清道光十三年七月林佳音等立據字

5-3-2-1　包契紙

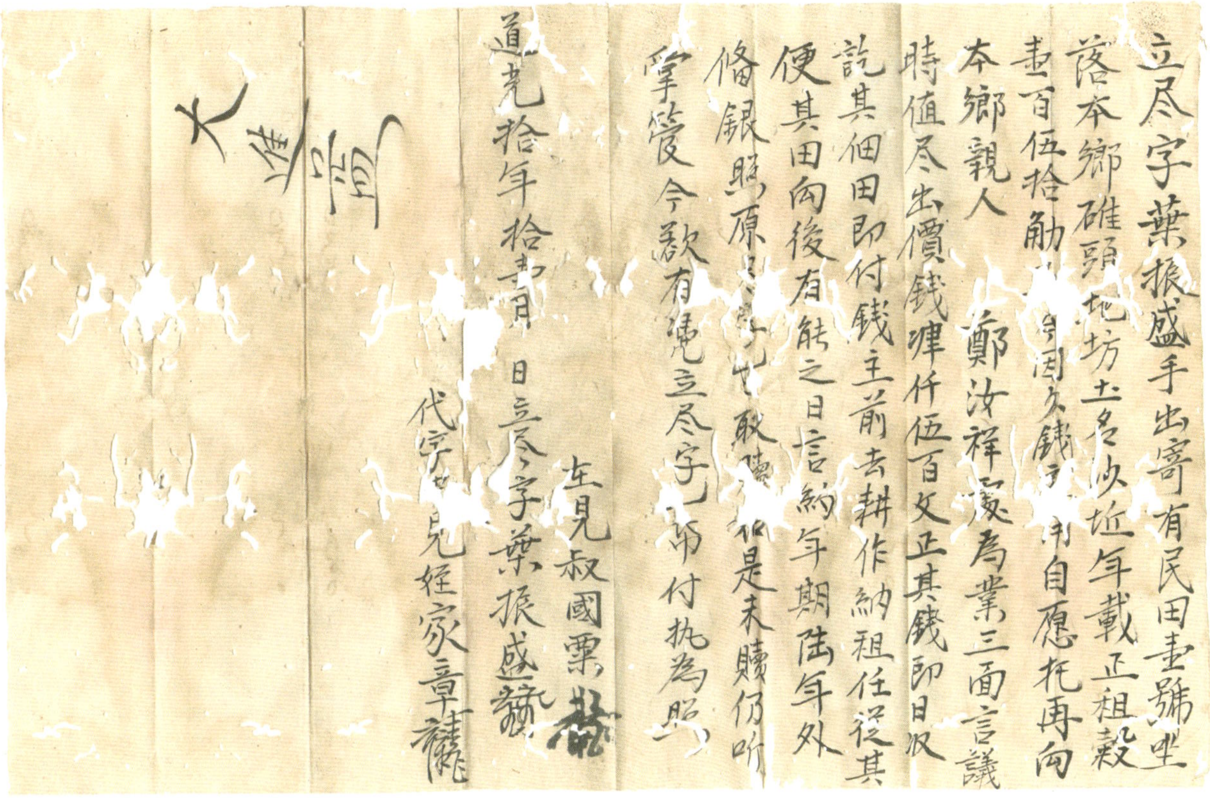

立尽字葉振盛手出寄有民田壹號坐
落本鄉碓頭地坊土名以近年載正租穀
壹百伍拾觔[illegible]今因乏錢[illegible]自愿托再向
本鄉親人　鄭汝祥處為業三面言議
時值尽出價錢肆仟伍百文正其錢即日収
訖其佃田即付錢主前去耕作納租任從其
便其田向後有能之日言約年期陆年外
備銀照原[illegible]取[illegible]是未贖仍听
掌管今欲有凭立尽字[illegible]付执為照
左見叔國栗
道光拾年拾壹月　日立尽字葉振盛
代字堂兄侄家章

5-3-2-2　清道光十年十一月葉振盛立盡民田字

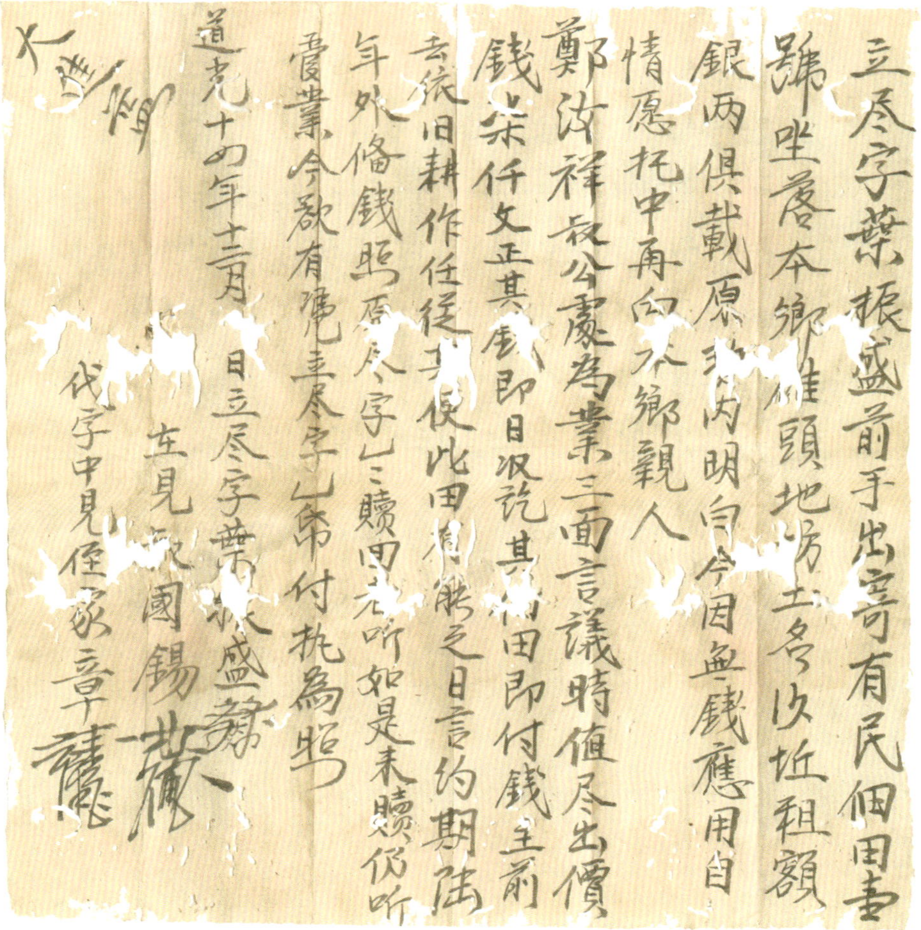
立盡字葉振盛前手出寄有民佃田壹
號坐落本鄉[illegible]頭地方土名汶垢租額
銀兩俱載原契內明白今因無錢應用自
情愿托中再向本鄉親人
鄭汝祥叔公處爲業三面言議時值盡出價
錢柒仟文正其錢即日收訖其[illegible]田即付錢主前
去依旧耕作任從其便此田[illegible]能之日言約期限
年外備錢照原盡字[illegible]贖回[illegible]听如是未贖仍听
賣業今欲有憑立盡字一紙付執爲照
道光十四年十二月　日立盡字葉振盛
在見叔國錫
代字中見侄家章
大進[illegible]

5-3-2-3　清道光十四年十二月葉振盛立盡民佃田字

道光七年十二月閬勲立有
田租契弍帋由拉及下稽
後

5-3-3-1　包契紙

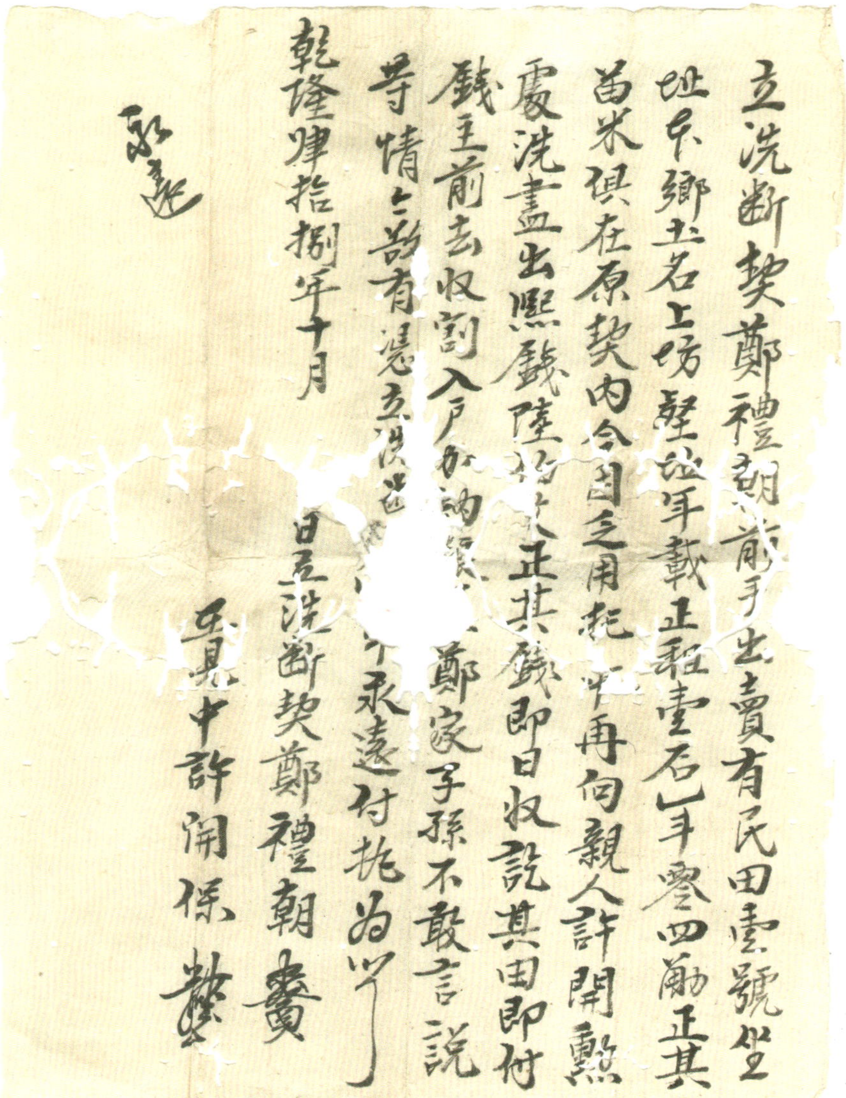

立洗斷契鄭禮朝前手出賣有民田壹號坐
址本鄉土名上坊墘址年載正租壹石半零四觔正其
苗米俱在原契内今因乏用托中再向親人許開懃
處洗盡出照錢陸拾文正其錢即日收訖其田即付
錢主前去收割入戶办納糧[illegible]鄭家子孫不敢言說
异情之端有憑立洗斷[illegible]永遠付執為照
乾隆肆拾捌年十月　　日立洗斷契鄭禮朝（押）
在見中許開保（押）
取足

5-3-3-2　清乾隆四十八年十月鄭禮朝立洗斷民田契

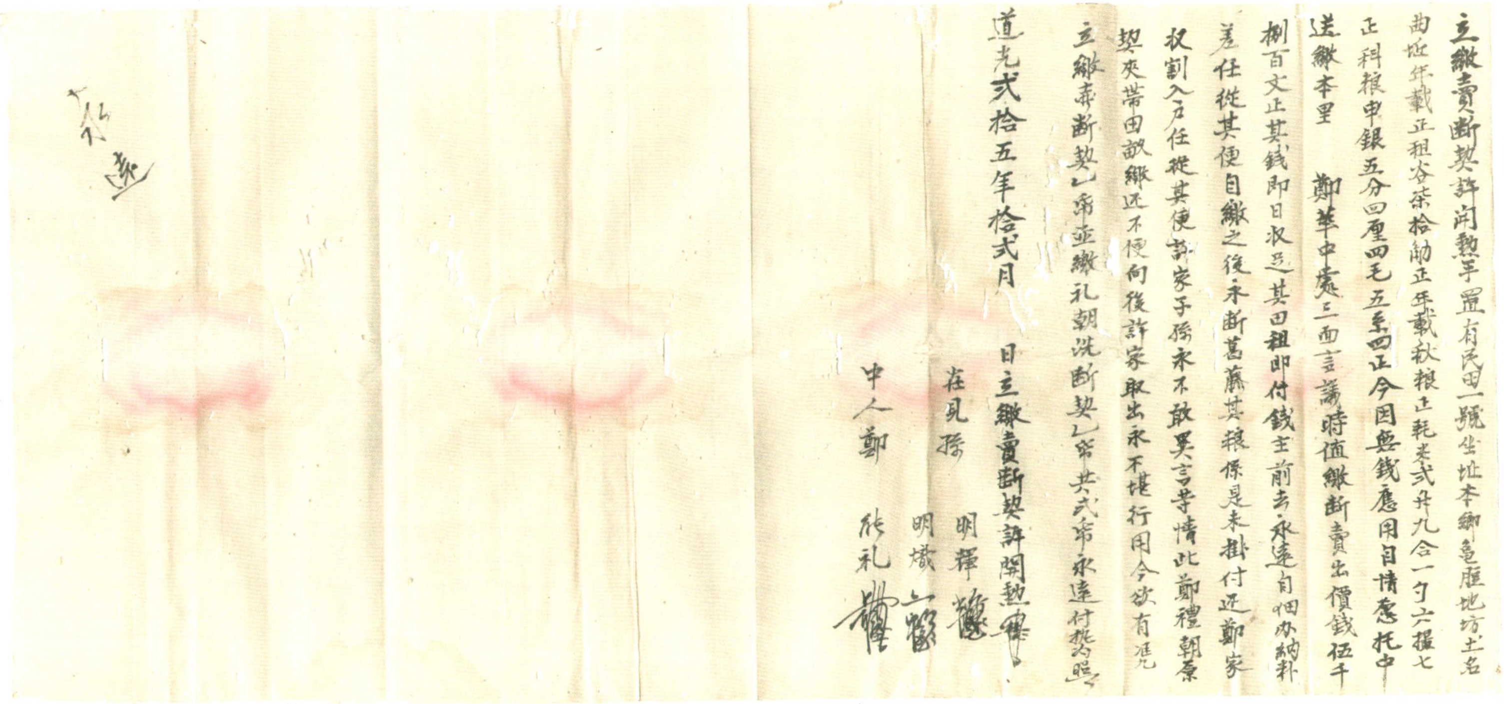

立繳賣斷契許開勳手置有民田一號坐址本鄉龟壢地坊土名
曲垅年載正租谷柒拾觔正年載秋粮正耗米弍升九合一勺六撮七
正科粮串銀五分四厘四毛五系四正今因無錢應用自情愿托中
送繳本里　鄭華中處三面言議時值繳斷賣出價錢伍千
捌百文正其錢即日收足其田租即付錢主前去永遠自佃办納粃
差任從其便自繳之後永斷葛藤其粮係是來掛付還鄭家
收割入户任從其便許家子孫永不敢異言等情此鄭禮朝原
契夾帶田畝繳還不便向後許家取出永不堪行用今欲有凭
立繳賣斷契乙帋並繳禮朝洸斷契乙帋共弍帋永遠付執為照

道光弍拾五年拾弍月　日立繳賣斷契許開勳（押）
在見孫　明輝（押）
明熾（押）
中人鄭　能礼（押）

5-3-3-3　清道光二十五年十二月許開勳立繳賣斷民田契

5-3-4-1　包契紙

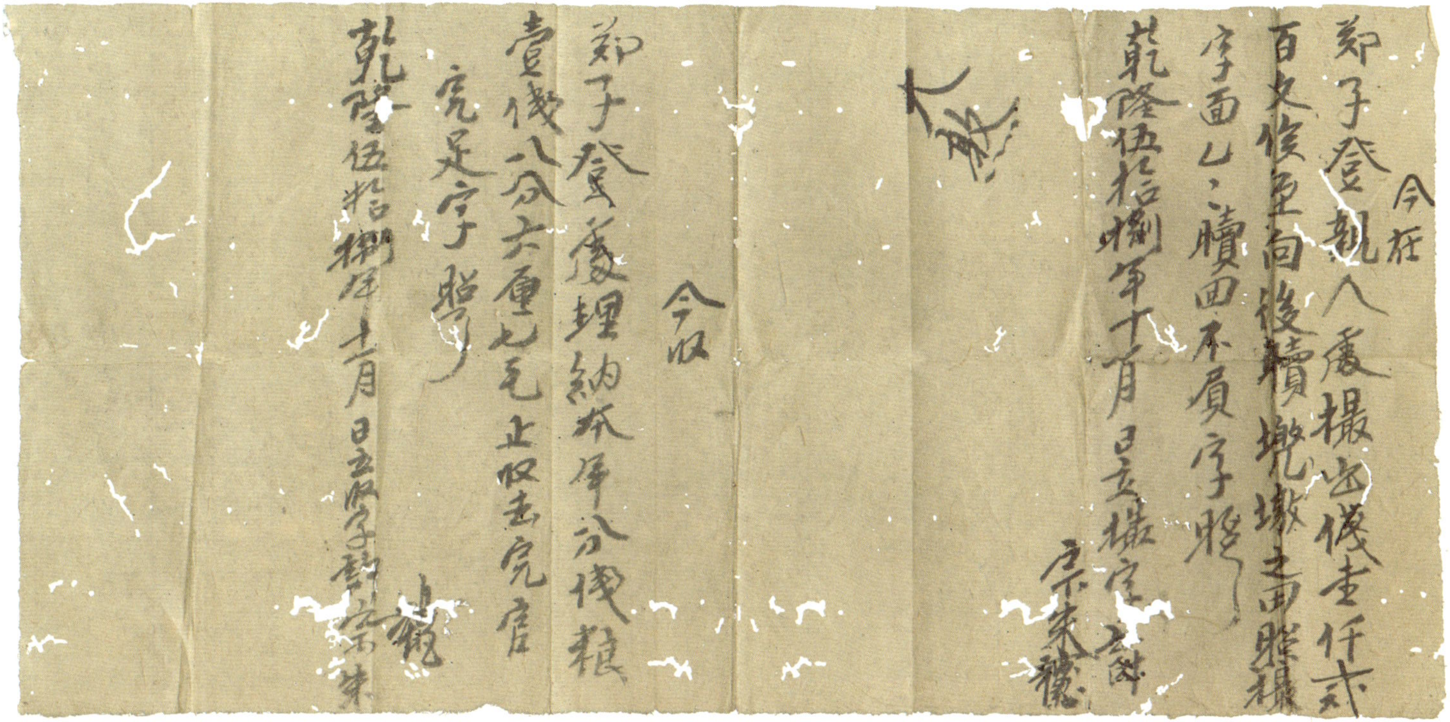
今在
鄭子登親入處撮出錢壹仟貳
百文俟至向後續墩之田照撮
字面山山續田不負字照
乾隆伍拾捌年十一月　日立撮字　宗朱親

大發

今收
鄭子登處埋納本年分錢糧
壹錢八分六厘七毛止收去完居
完足字照
乾隆伍拾捌年十一月　日立收字許宗朱　親

5-3-4-2　清乾隆五十八年十一月許宗朱立撮字

5-3-4-3　清嘉慶九年十一月鄭賢教立寄佃民田根字

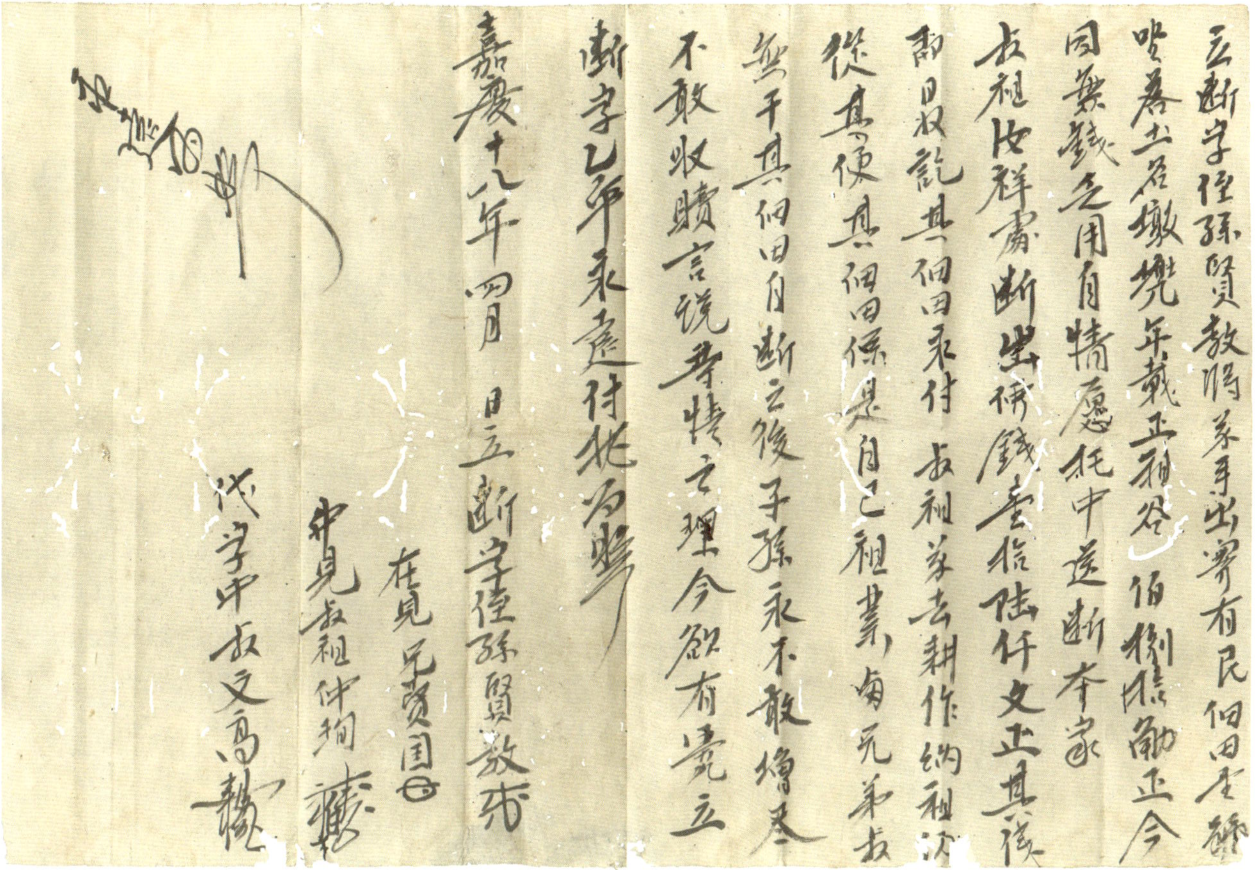
立斷字侄孫賢教，將承手出寄有民佃田壹號，
坐落土名墩坵，年載正租谷佰捌拾觔正。今
因乏錢乏用，自情愿托中送斷本家
叔祖比祥處，斷出價錢壹佰陸仟文正。其錢
即日收訖，其佃田永付叔祖前去耕作納租，
從其便。其佃田係是自己祖業，與兄弟叔
無干。其佃田自斷之後，子孫永不敢增找，
不敢收贖言說并情之理。今欲有憑，立
斷字一帋，永遠付執為照。
嘉慶十八年四月　日立斷字侄孫賢教
在見兄賢国
中見叔祖仲栒
代字中叔文高

5-3-4-4　清嘉慶十八年四月鄭賢教立斷民佃田字

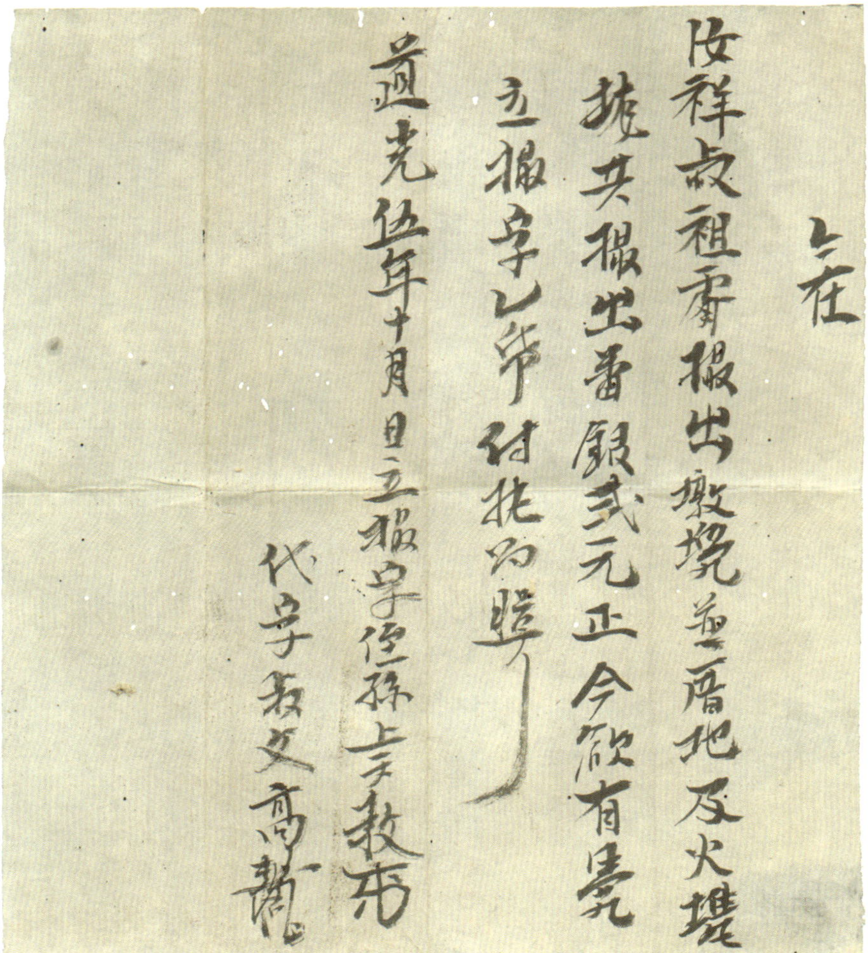

仝在
伩祥叔祖手撮出墩境並厝地及火堪
撬共撮出番銀貳元正今欲有凭
立撮字山帋付批為照
道光伍年十月　日立撮字侄孫上矣教㐫
代字叔父高勳

5-3-4-5　清道光五年十月鄭𡗝教立撮字

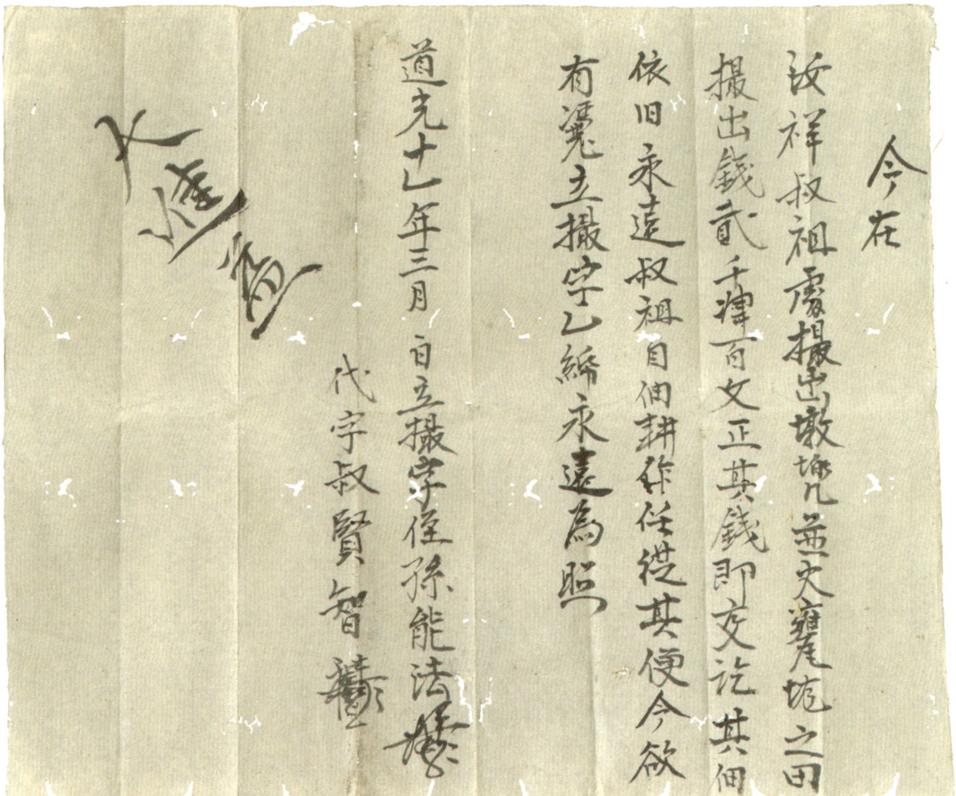
今在
詨祥叔祖處撮出墩坪几並大壠尾坭之田
撮出錢貳千肆百文正其錢即交訖其佃
依旧永遠叔祖自佃耕作任從其便今欲
有憑立撮字乙紙永遠為照
道光十一年三月　日立撮字侄孫能法（押）
代字叔賢智（押）

5-3-4-6　清道光十一年三月鄭能法立撮字

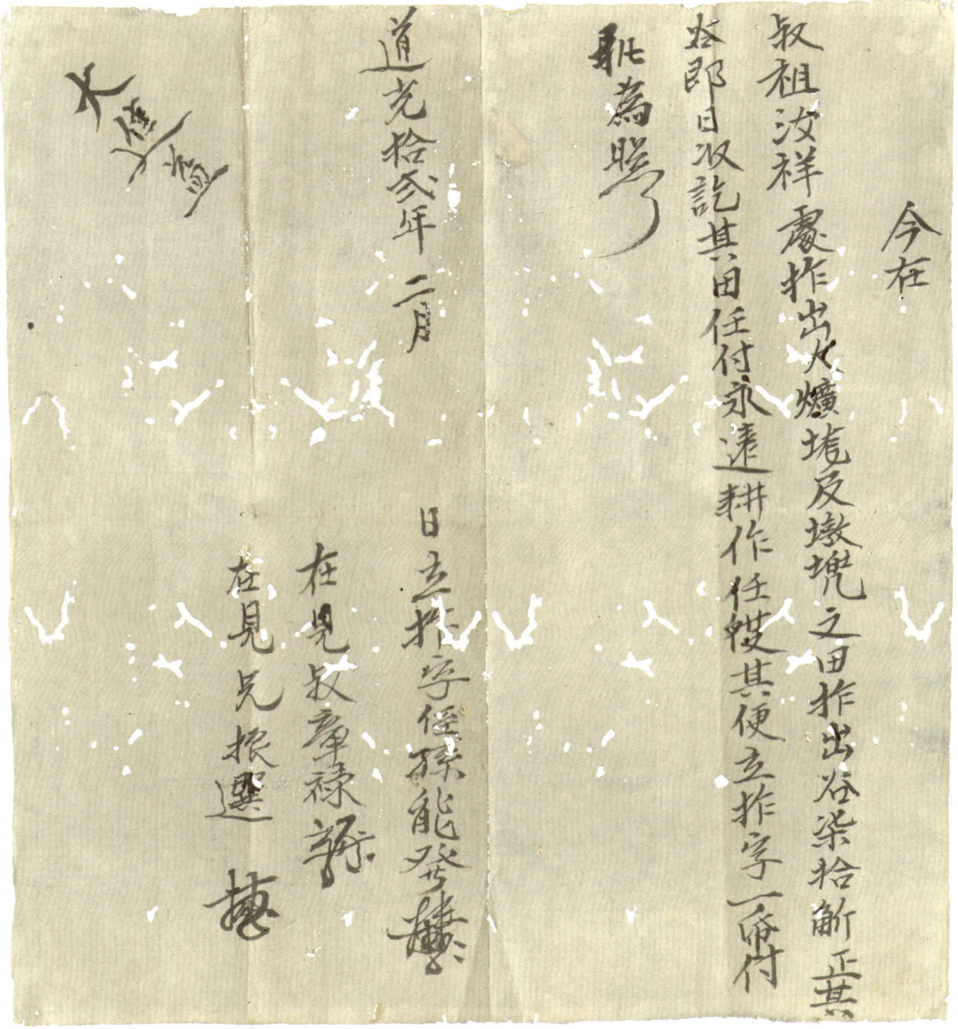

今在
叔祖汝祥處撮出火爐垅及墩塆之田撮出谷柒拾觔正其
谷即日收訖其田任付永遠耕作任從其便立撮字一紙付
執為照
道光拾弍年二月　日立撮字侄孫能發
在見叔庠祿
在見兄振選
大吉

5-3-4-7　清道光十二年二月鄭能發立撮字

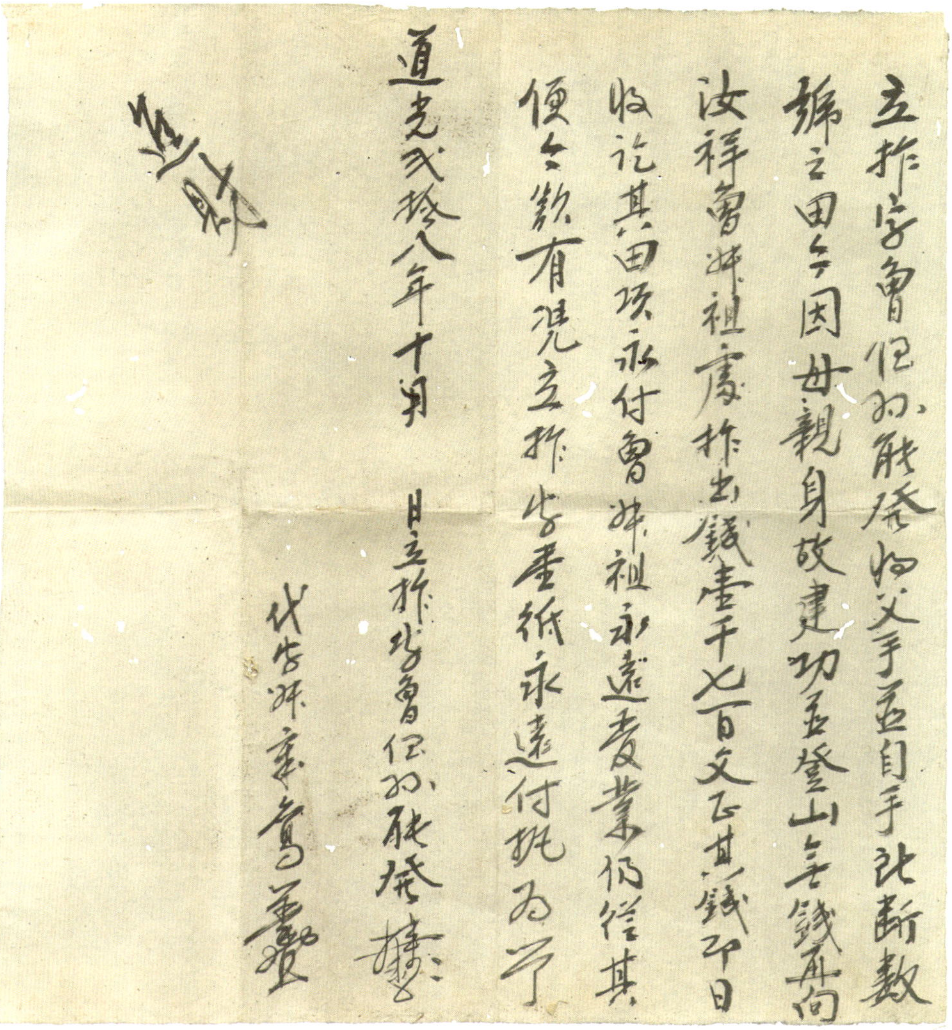
立撮字曾侄孙能發，伯父手置自手批断數號之田壹，今因母親身故，建功[illegible]登山無錢，再向汝祥曾叔祖處撮出錢壹千七百文正，其錢即日收訖。其田項永付曾叔祖永遠管業，仍從其便。今欲有憑，立撮字壹紙，永遠付執為照。

道光貳拾八年十月　日立撮字曾侄孙能發（押）

代字叔祖曾[illegible]

5-3-4-8　清道光二十八年十月鄭能發立撮字

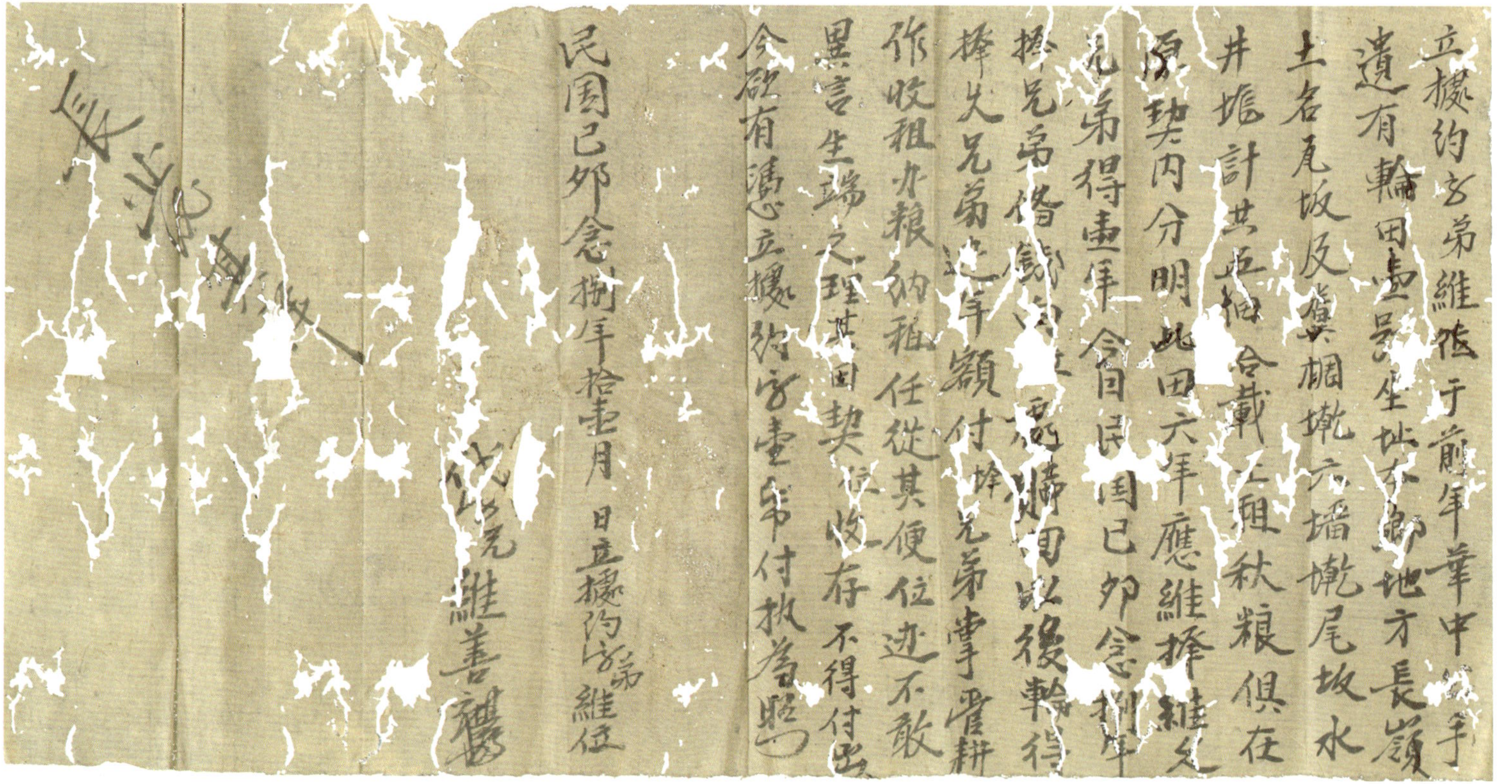
立據約字弟維位，于前年華中公手
遺有輪田壹号，坐址本鄉地方長嶺
土名尾坡及冀棡墘、六墙墘、尾坡水
井塘，計共五担，合載[illegible]租秋粮，俱在
原契內分明。此田六年應維捀、維文
兄弟得壹年，今因民国己卯念捌年
捀兄弟僧錢[illegible]歸[illegible]以後輪得
捀先兄弟之年，額付於兄弟掌管耕
作，收租、办粮、纳租，任從其便，位迭不敢
異言生端，之理其田契[illegible]收存，不得付出。
今欲有憑，立據約字壹紙付執爲照。
民国己卯念捌年拾壹月　日立據約字弟　維位
代筆兄　維善

5-3-4-9　民國二十八年十一月鄭維位立據約字

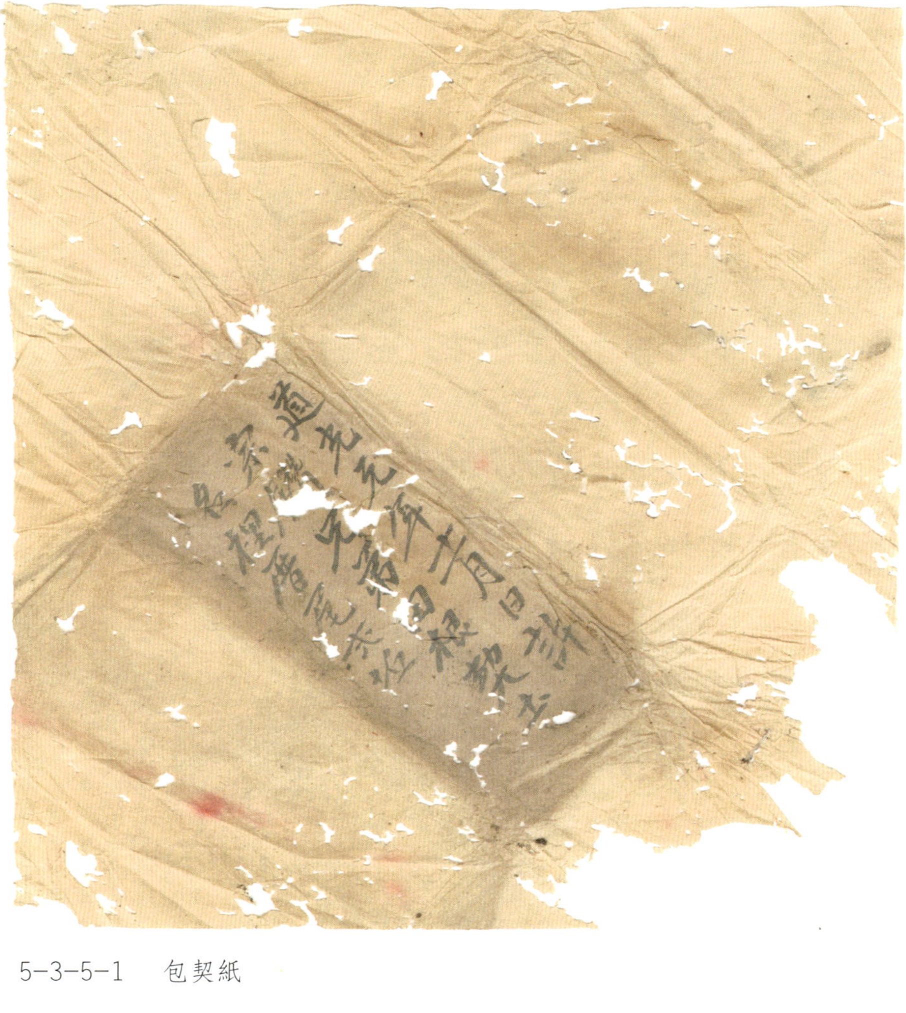

5-3-5-1　包契紙

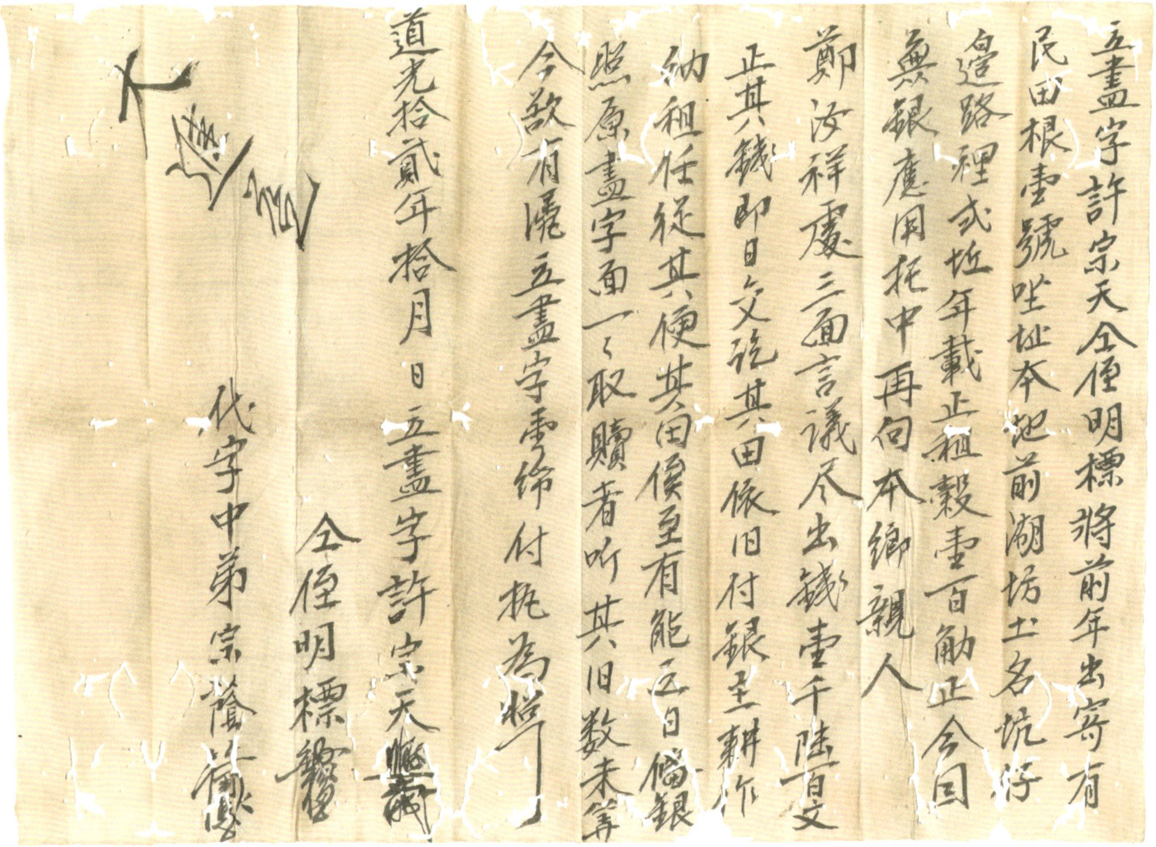
立盡字許宗天仝侄明標將前年出寄有
民田根壹號坐址本地前湖坊土名坑浮
邊路裡式坵年載正租穀壹百觔正仝因
無銀應用托中再向本鄉親人
鄭汝祥處三面言議盡出錢壹千陸百文
正其錢即日交訖其田依旧付銀主耕作
納租任從其便其田候至有能之日備銀
照原盡字面一一取贖者听其旧数未等
今欲有憑立盡字壹紙付執為炤
道光拾貳年拾月　日　立盡字許宗天
仝侄明標
代字中弟宗蒼

5-3-5-2　清道光十二年十月許宗天等立盡民田根字

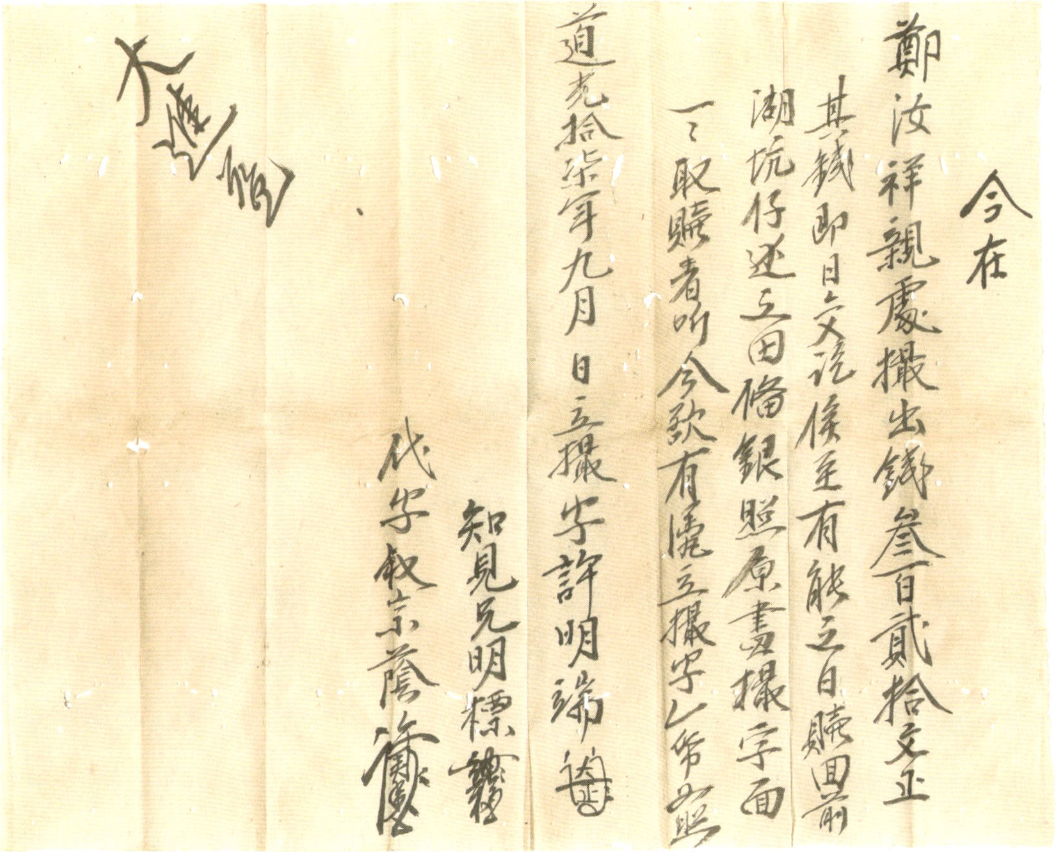

今在
鄭汝祥親處撮出錢叁百貳拾文正
其錢即日交訖候至有能之日贖回前
湖坑仔逕之田備銀照原盡撮字面
一一取贖者吚今欲有憑立撮字乙帋為照
道光拾柒年九月　日立撮字許明端（押）
知見兄明標（押）
代字叔宗蔭（押）
大[illegible]

5-3-5-3　清道光十七年九月許明端立撮字

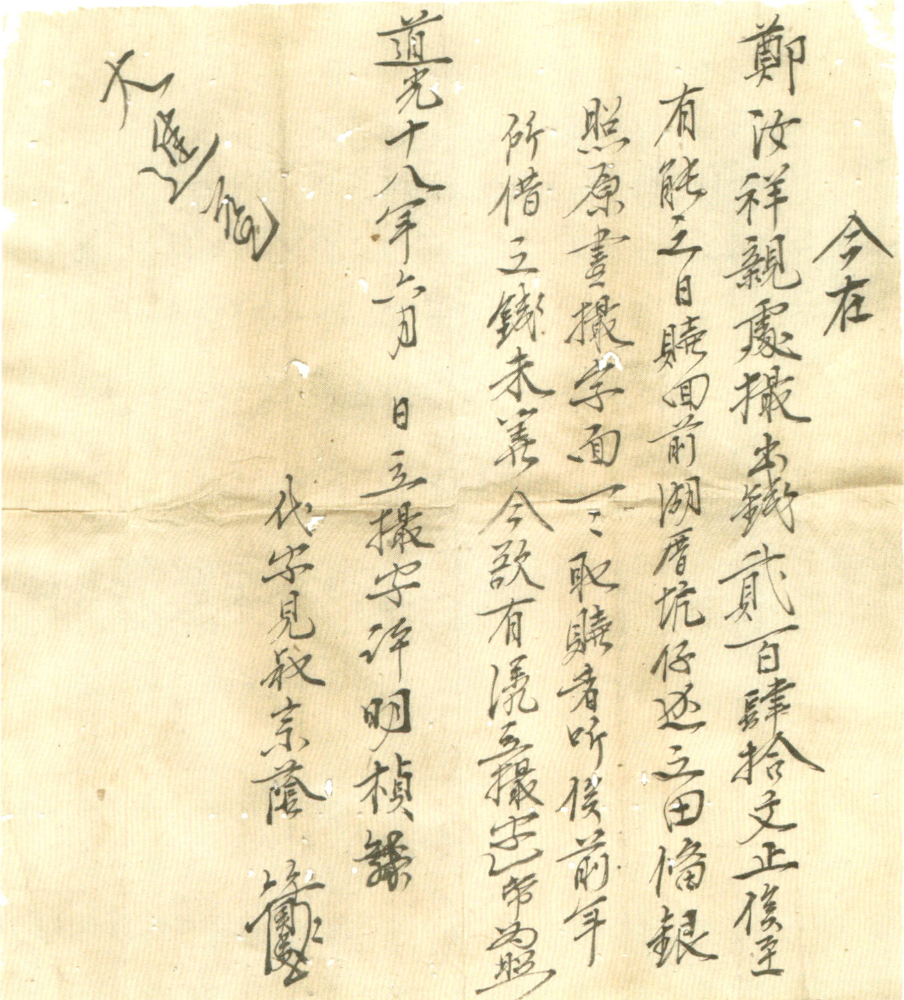

今在
鄭汝祥親處撮出錢貳百肆拾文正，候至
有能之日贖回前湖厝坑仔逐之田備銀
照原書撮字面一之取贖，者听候前年
所借之錢，未審今欲有憑，立撮字一帋為照。
道光十八年六月　日立撮字許明楨（押）
代字見叔宗蔭（押）
不達用

5-3-5-4　清道光十八年六月許明楨立撮字

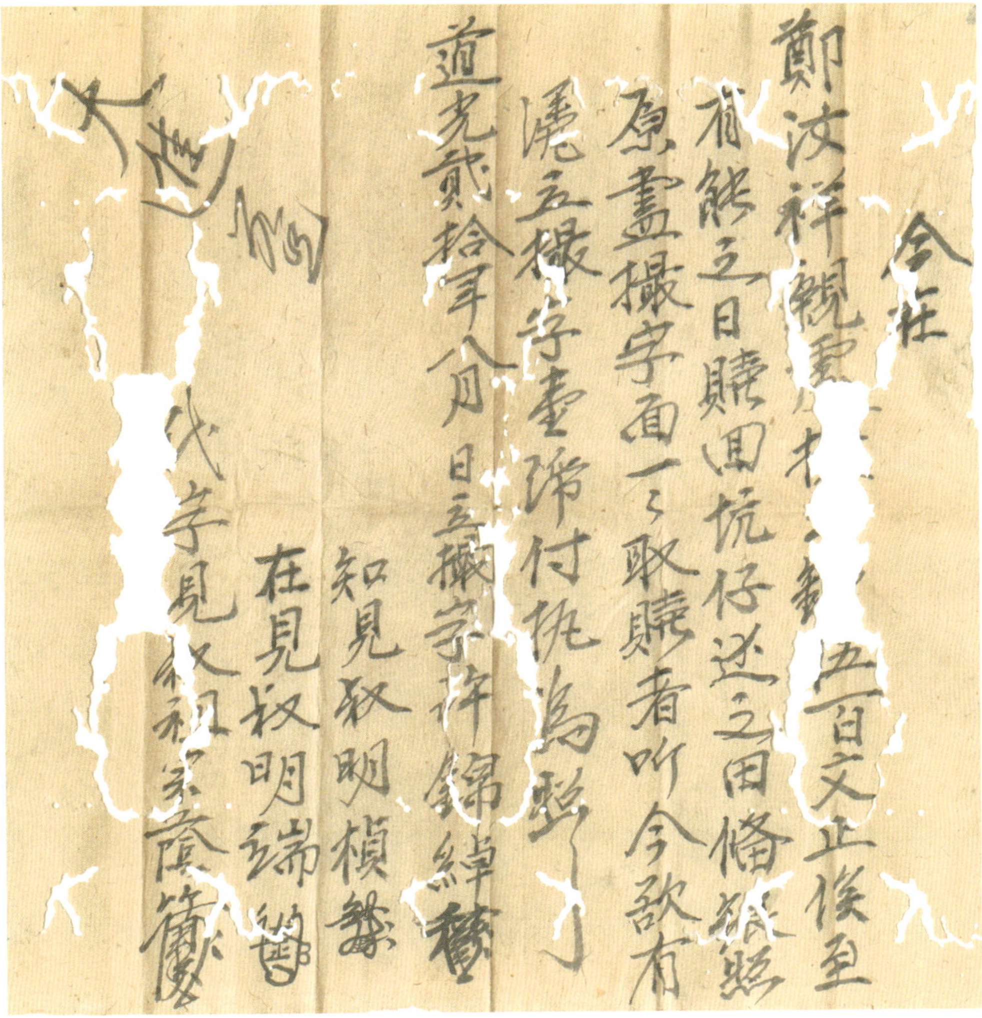
合在
鄭汝祥親邊[illegible]錢五百文正後至
有能立日贖田坑仔坵之田備照
原盡撮字面一々取贖看听今欲有
憑立撮字壹紙付执爲照 丁
知見叔明禎
在見叔明瑞
道光貳拾年八月 日立撮字許錦綽
代字見叔祖[illegible]蔭簽

5-3-5-5　清道光二十年八月許錦綽立撮字

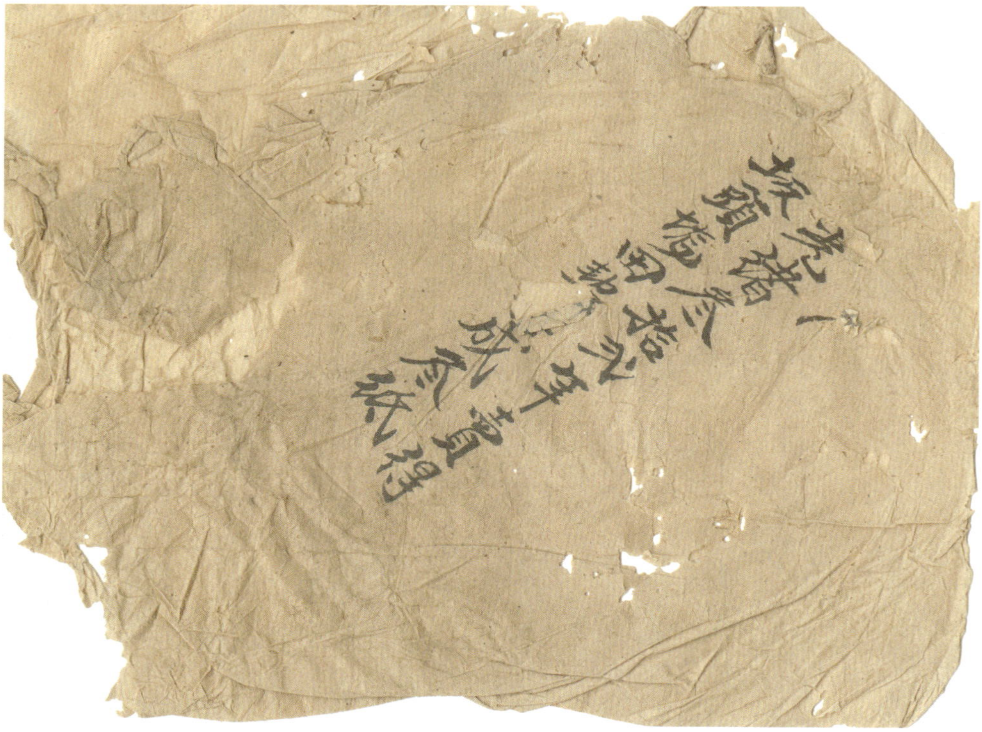

5-3-6-1　包契紙

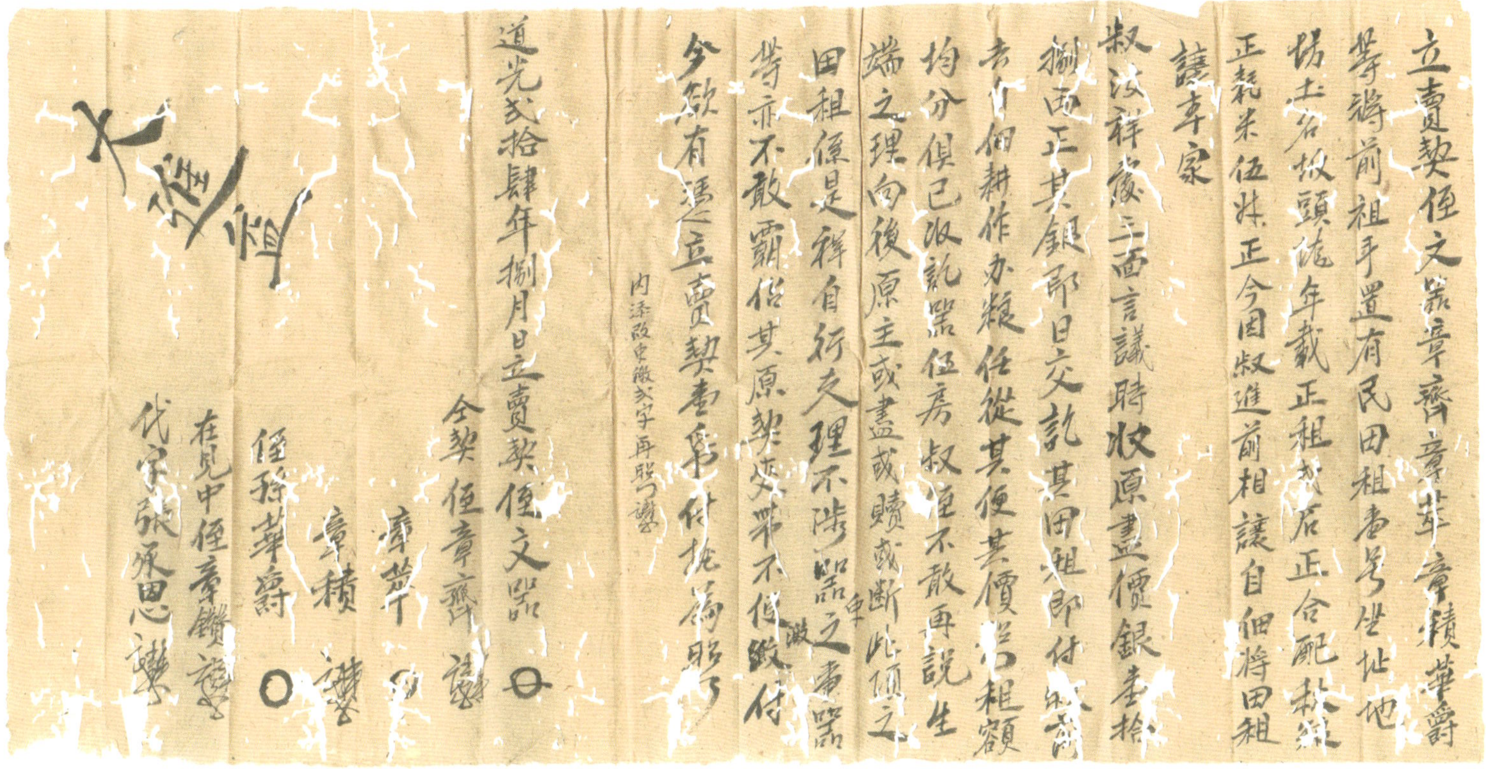
立賣契侄文器、章齊、章華、章積、華爵
等，緣前祖手置有民田租壹號，坐址地
坊，土名坂頭洋，年載正租弍石正，合配秋納
正耗米伍斗正。今因叔進前相議，自佃將田租
讓與家
叔汝祥、俊三面言議，時收原盡價銀叁拾
捌両正，其銀即日交訖，其田租即付叔
去佃耕作办粮，任從其便。其價、租額
均分俱已收訖，器侄房叔侄不敢再說生
端之理。向後原主或盡或贖或斷，此項之
田租係是祥自行之理，不涉器之事。器
等亦不敢霸佔，其原契要帶不便繳付。
今欲有憑，立賣契壹紙，付與為照。
內塗改又繳弍字再照
道光弍拾肆年捌月　日立賣契侄文器
仝契侄章齊
章華
章積
侄孫華爵
在見中侄章鑽
代字張承思

5-3-6-2　清道光二十四年八月鄭文器等立賣民田租契

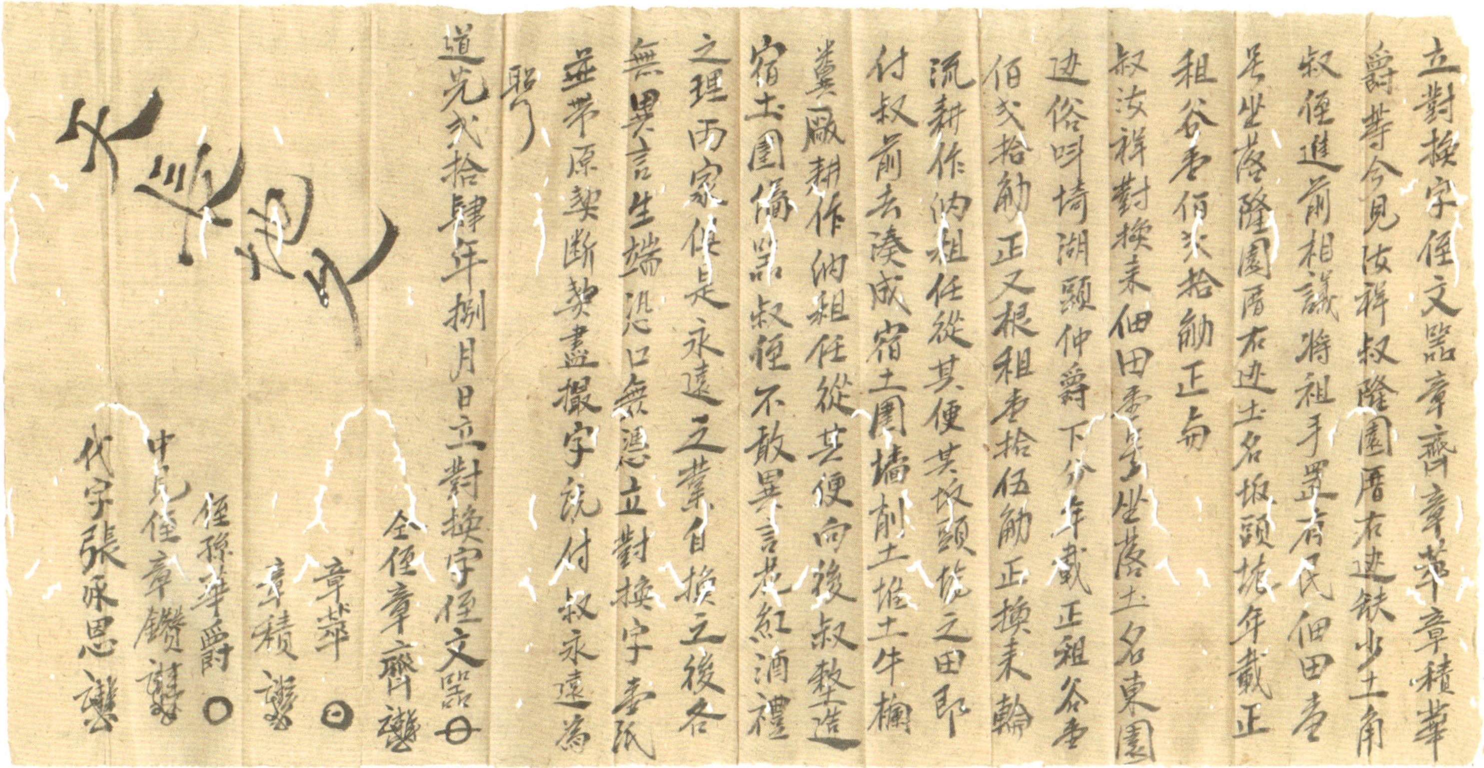
立對換字侄文嚚、章齊、章華、章積、華
爵等，今見汝祥叔隆園厝右边缺少土角，
叔侄進前相議，將祖手置有民佃田壹
号，坐落隆園厝右边，土名坂頭坵，年載正
租谷壹佰柒拾觔正，向
叔汝祥對換來佃田壹号，坐落土名東園
边，俗呌埼湖頭仲爵下分，年載正租谷壹
佰弍拾觔正，又根租壹拾伍觔正，換來輪
流耕作，納租任從其便。其坂頭坵之田，即
付叔前去湊成宿土圍墻，削土堆土、牛欄、
糞厰，耕作納租，任從其便。向後叔整造
宿土圍備筵，叔侄不敢異言，花紅酒禮
之理，兩家俱是永遠之業。自換之後，各
無異言生端。恐口無憑，立對換字壹紙，
並帶原契、斷契、盡撥字，統付叔永遠為
照。
道光弍拾肆年捌月　日立對換字侄文嚚（押）
全侄章齊（押）
章華（押）
章積（押）
侄孫華爵（押）
中見侄章鑽（押）
代字張承恩（押）

5-3-6-3　清道光二十四年八月鄭文嚚等立對換民佃田字

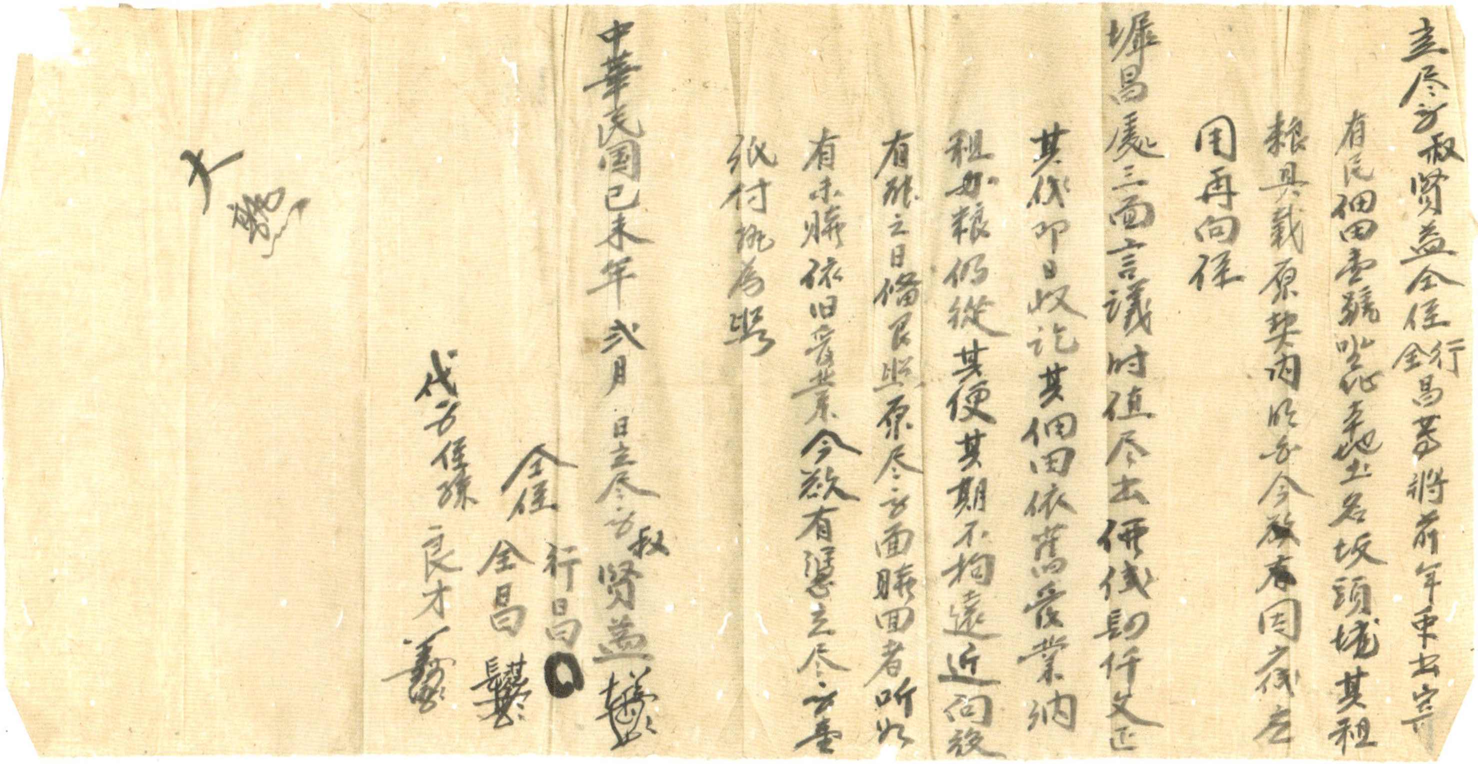

立盡民叔賢益仝侄金行、金昌等將前年承出字
有民佃田壹號，坐址本地，土名坂頭墘，其租
粮具載原契內明，今因乏用，同侄老
同再向侄
壚昌處三面言議，時值盡去佃價錢貳仟文正，
其錢即日收訖，其佃田依舊管業納
租毋粮，仍從其便，其期不拘遠近，向後
有能之日，備民照原盡去面贖田者聽收，
有未贖，依舊管業。今欲有憑，立盡去字
一紙付執為照。
中華民國己未年弍月　日立盡民叔賢益（押）
仝侄　金行（押）
　　　金昌（押）
代筆侄孫良才（押）
大發

5-3-6-4　民國八年二月鄭賢益等立盡民佃田字

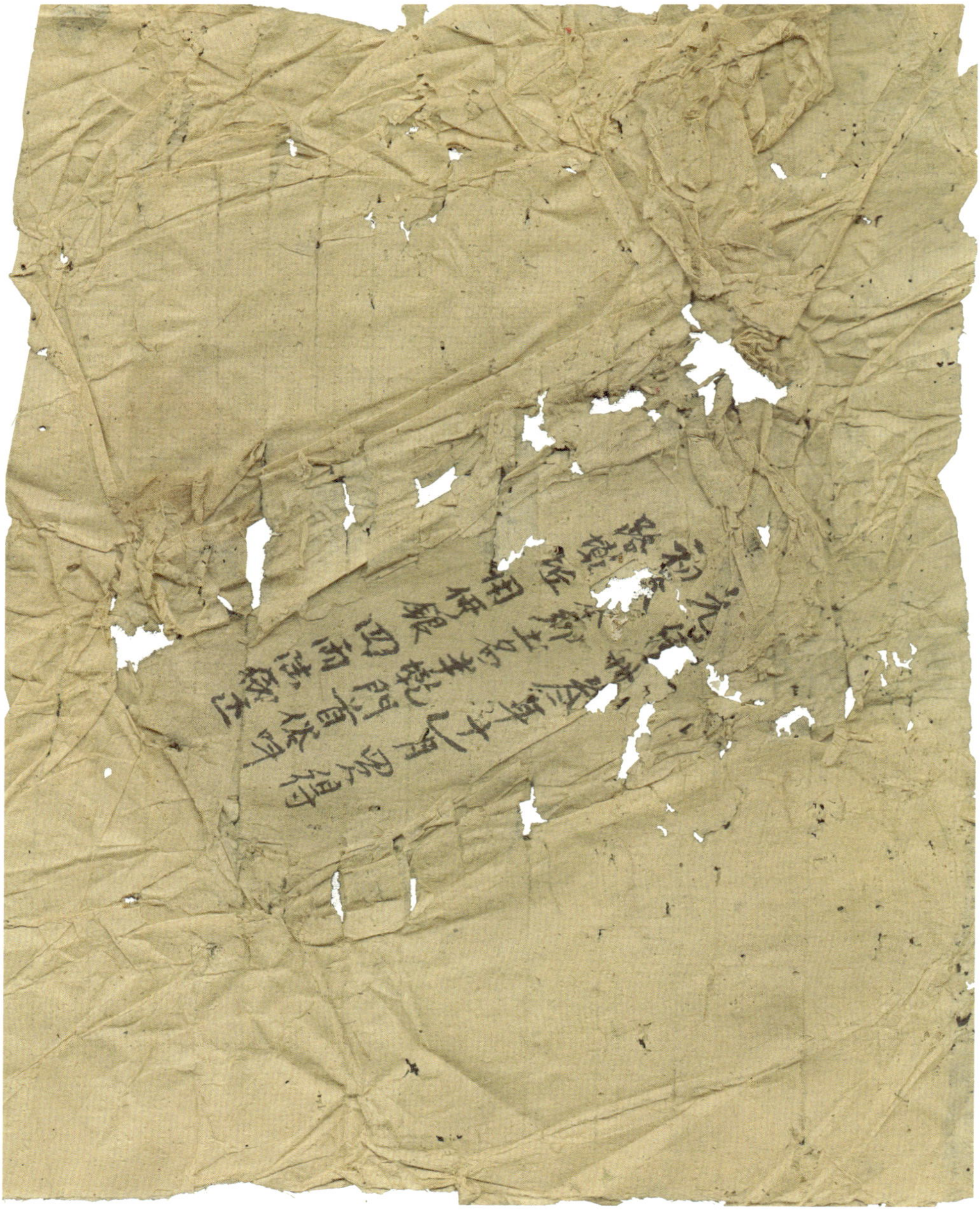

5-3-7-1　包契紙

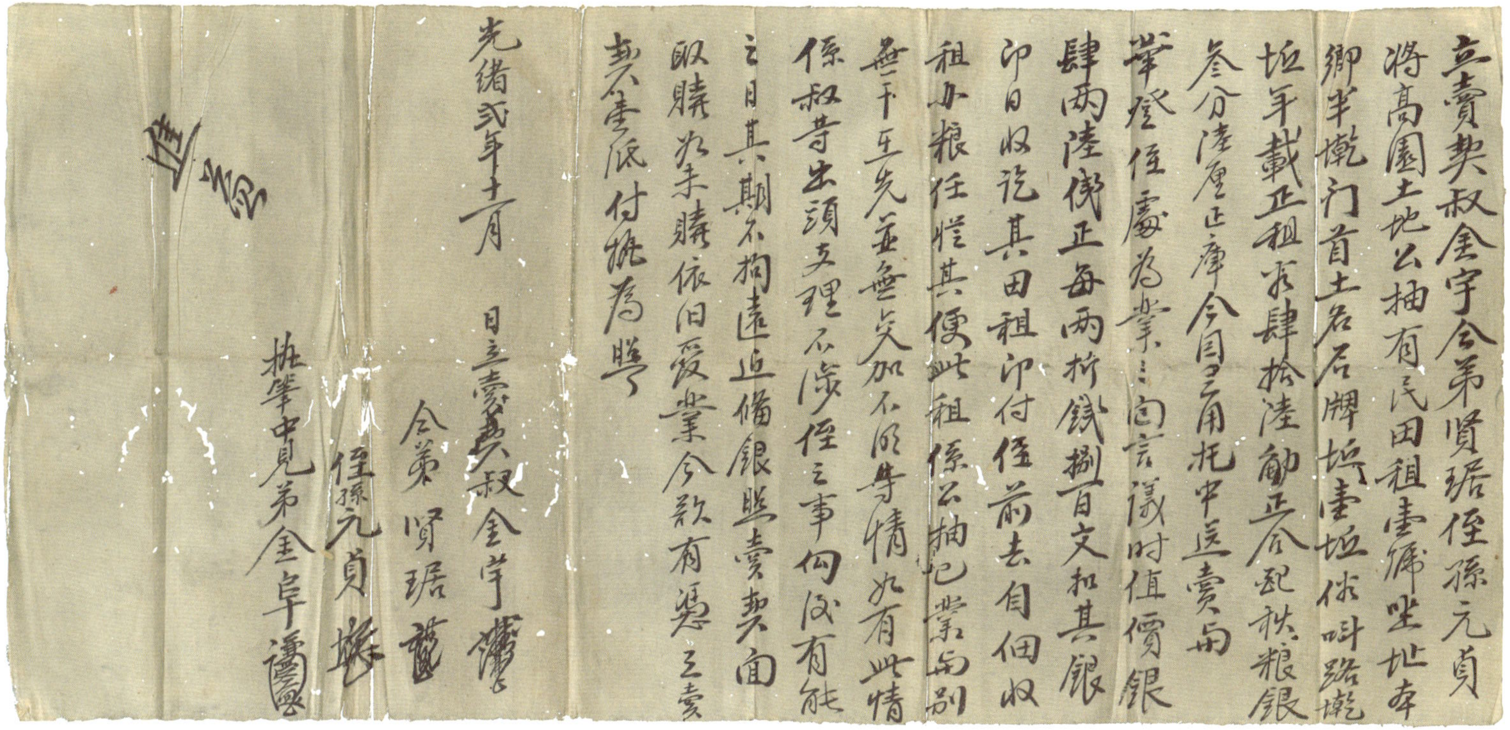
立賣契叔金宇仝弟賢琚侄孫元貞
將高園土地公抽有民田租壹號坐址本
鄉半嶺門首土名石牌坵壹坵俗叫路嶺
坵年載正租穀肆拾陸觔正仝配秋粮銀
叁分陸厘正庫今因乏用托中送賣與
堂侄位壽為業，三面言議時值價銀
肆兩陸錢正每兩折錢捌百文扣其銀
即日收訖其田租即付侄前去自佃收
租办粮任从其便此租係公抽己業與別
無干，生先並無文加不明等情，如有此情
係叔等出頭支理，不涉侄之事，向後有能
之日其期不拘遠近備銀照賣契面
取贖，如未贖依旧管業，今欲有憑，立賣
契壹紙付執為照。
光緒貳年十一月　日立賣契叔金宇（押）
仝弟賢琚（押）
侄孫元貞（押）
執筆中見弟金阜（押）

5-3-7-2　清光緒二年十一月鄭金宇等立賣民田租契

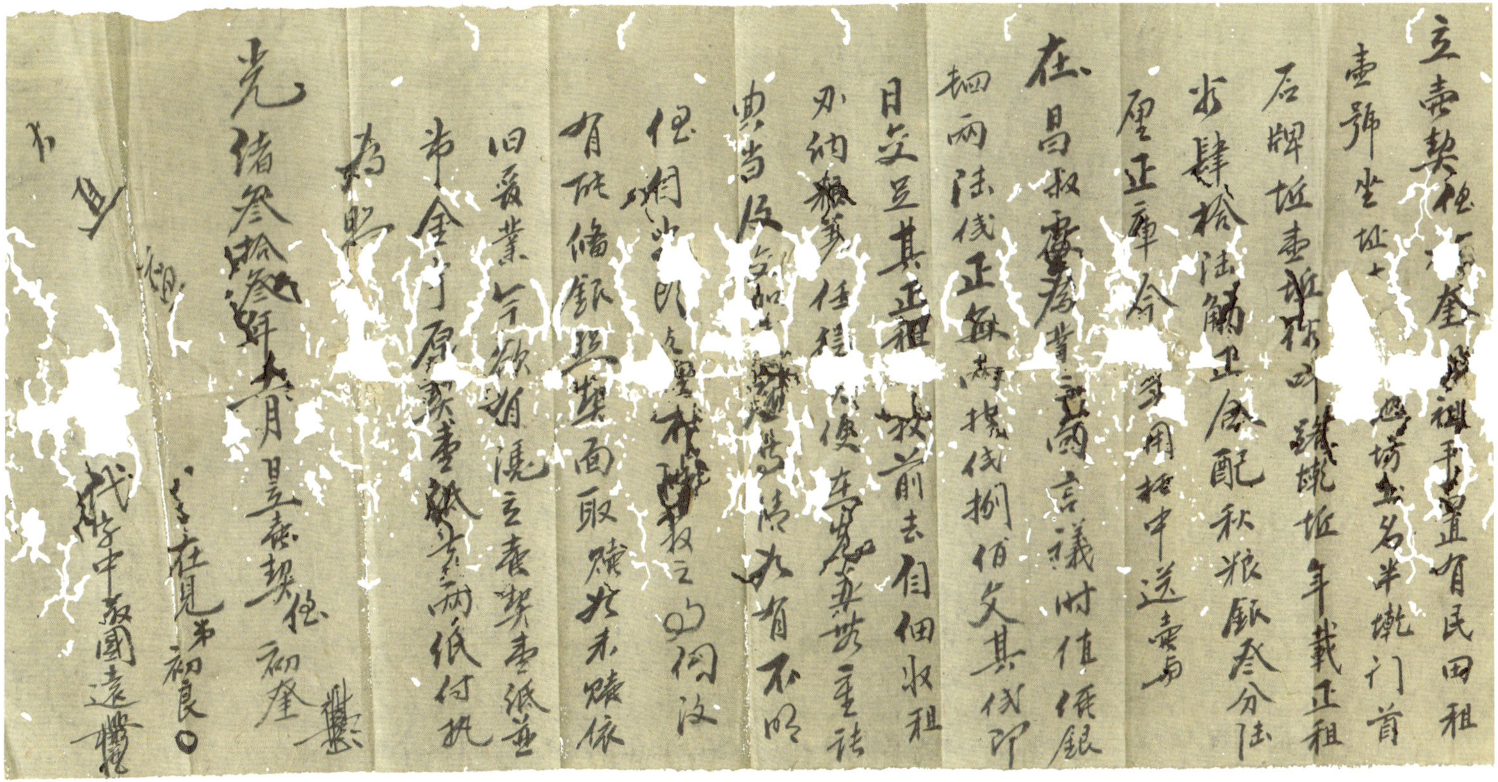

5-3-7-3　清光緒三十三年十一月鄭初奎立賣民田租契

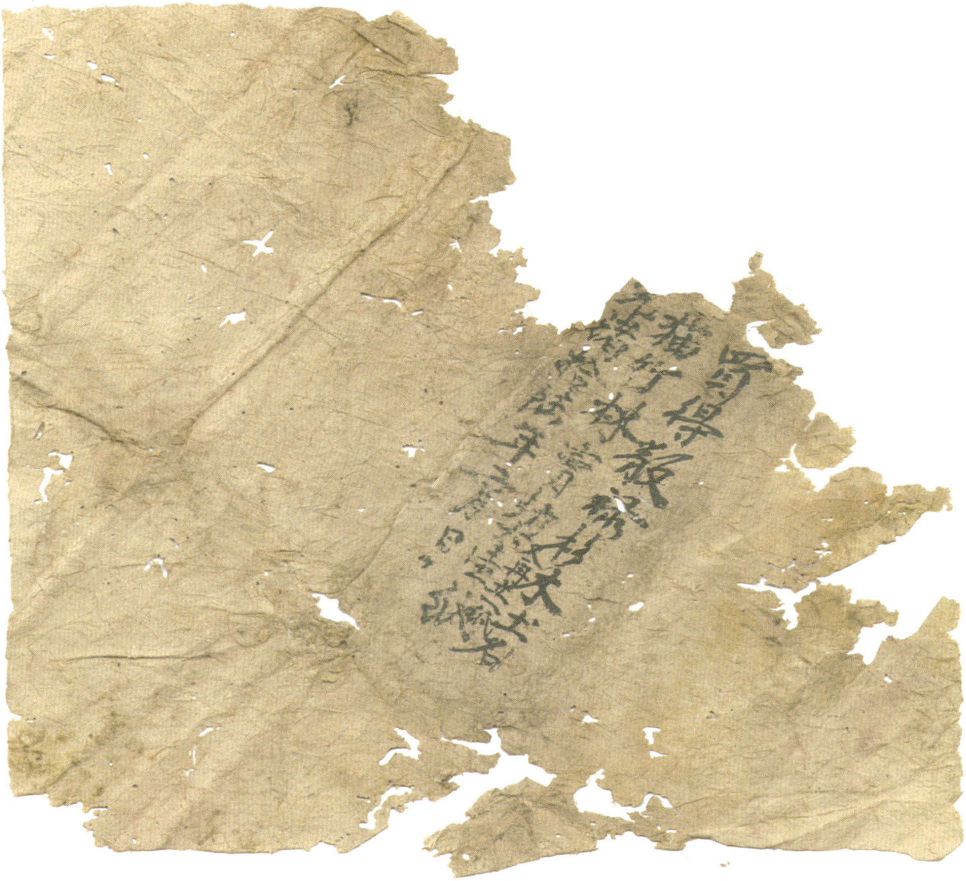

5-3-8-1　包契紙

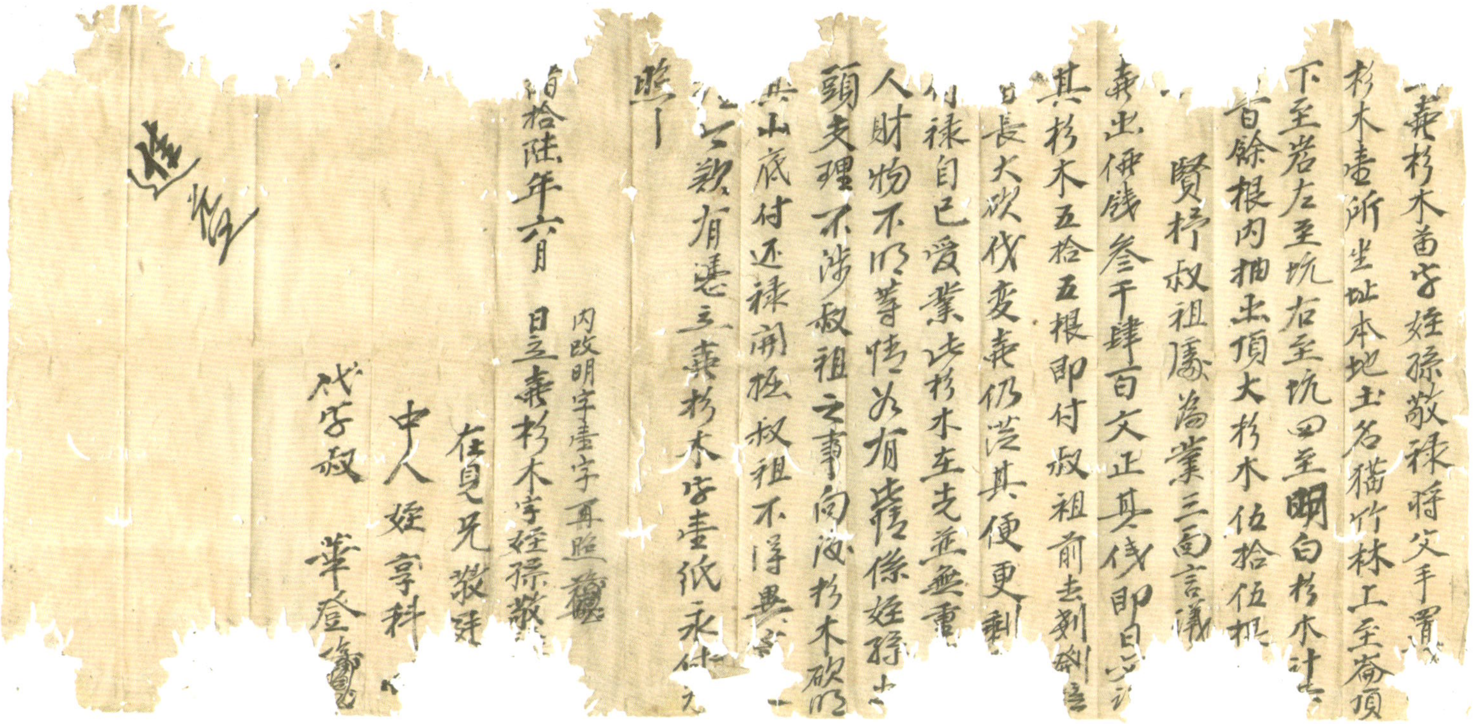

立賣杉木苗字姪孫敬祿將父手置
杉木壹所，坐址本地土名猫竹林，上至崙頂，
下至岩，左至坑，右至坑，四至明白。杉木計共
百餘根，內抽出頂大杉木伍拾伍根，
賢樗叔祖處為業，三面言議
賣出價錢叁千肆百文正，其錢即日收訖。
其杉木五拾五根，即付叔祖前去剝[illegible]
長大砍伐變賣，仍從其便，更[illegible]
祿自己受業，此杉木在先並無重[illegible]
人財物不明等情，如有此情，係姪孫[illegible]
頭支理，不涉叔祖之事。向後杉木砍[illegible]
其山底付還祿開拓，叔祖不得異[illegible]
口無憑，立賣杉木字壹紙，永付[illegible]
照。
內改明字壹字再照
光緒拾陆年六月　日立賣杉木字姪孫敬祿
在見兄敬[illegible]
中人　姪　亨科
代字叔　華登
[illegible]

5-3-8-2　清光緒十六年六月鄭敬祿立賣杉木苗字

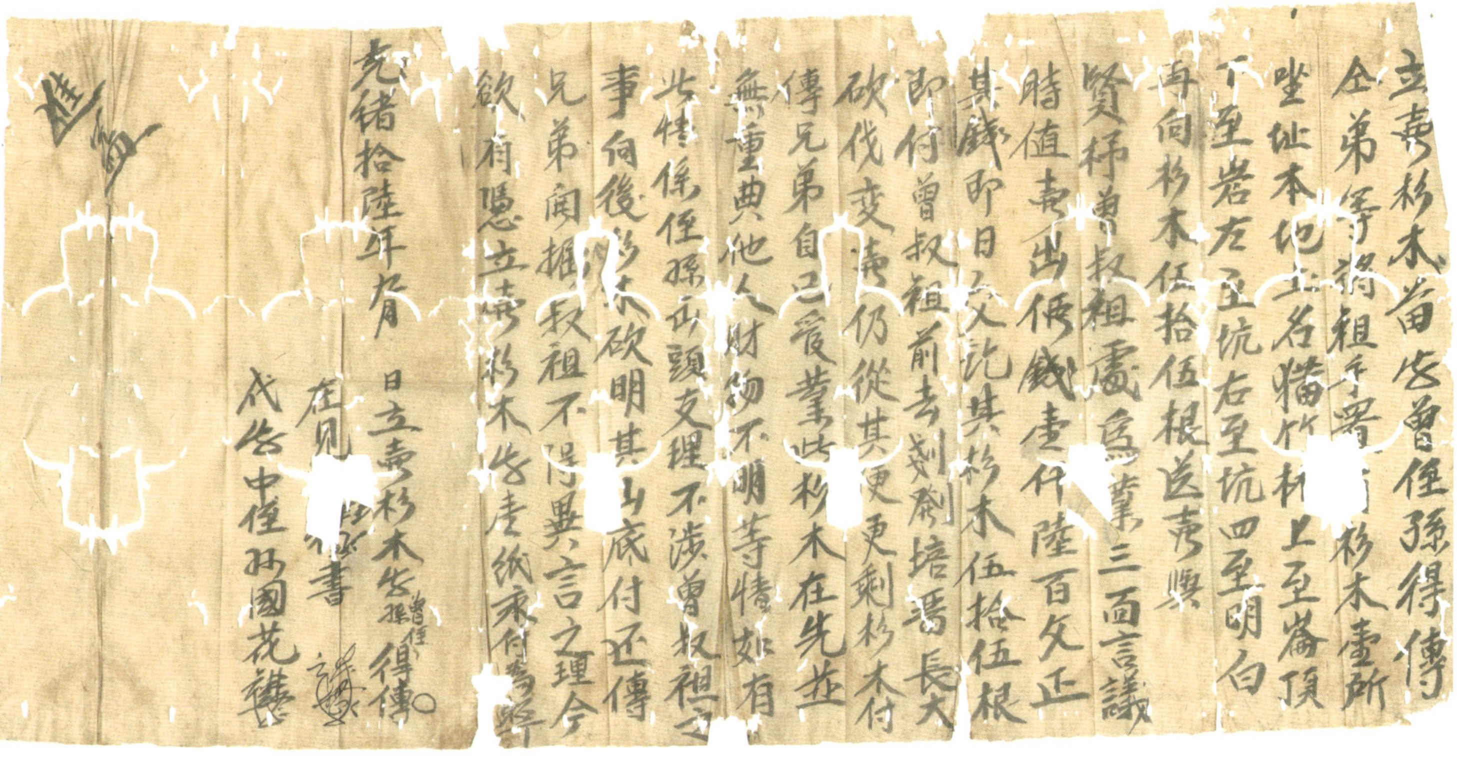

立賣杉木苗字曾侄孫得傳
全弟等，将祖手置□杉木壹所，
坐址本地土名貓竹林，上至崙頂，
下至岩，左至坑，右至坑，四至明白。
内向杉木伍拾伍根，送賣與
賢梯曾叔祖處邊為業，三面言議
時值賣出價錢壹仟陸百文正。
其錢即日交訖，其杉木伍拾伍根
即付曾叔祖前去劖剷培蓄長大
砍伐變賣，仍從其便，更剩杉木付
傳兄弟自己管業。此杉木在先並
無重典他人財物不明等情，如有
此情，係侄孫出頭支理，不涉曾叔祖之
事。向後杉木砍明，其山底付还傳
兄弟，與叔祖不得異言之理。今
欲有憑，立賣杉木苗字壹紙，永付為照。
光緒拾陸年九月　日立賣杉木苗字曾侄孫得傳〇
在見　□書
代筆　中侄孫國花

5-3-8-3　清光緒十六年九月鄭得傳等立賣杉木苗字

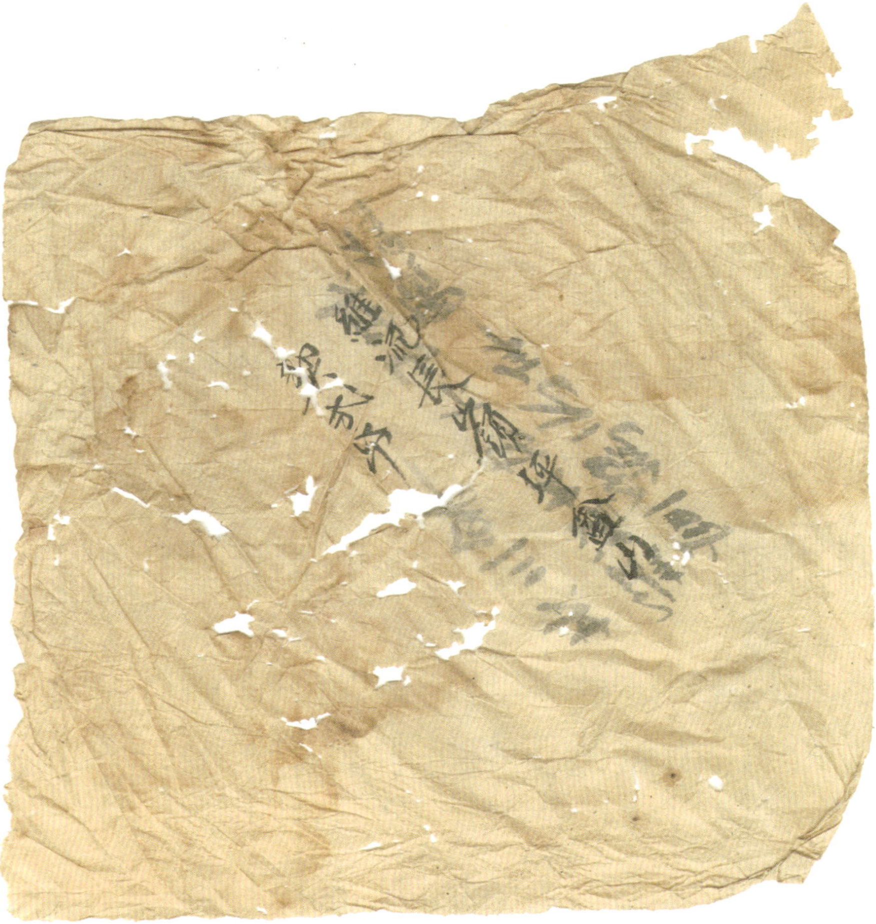

5-3-9-1　包契紙

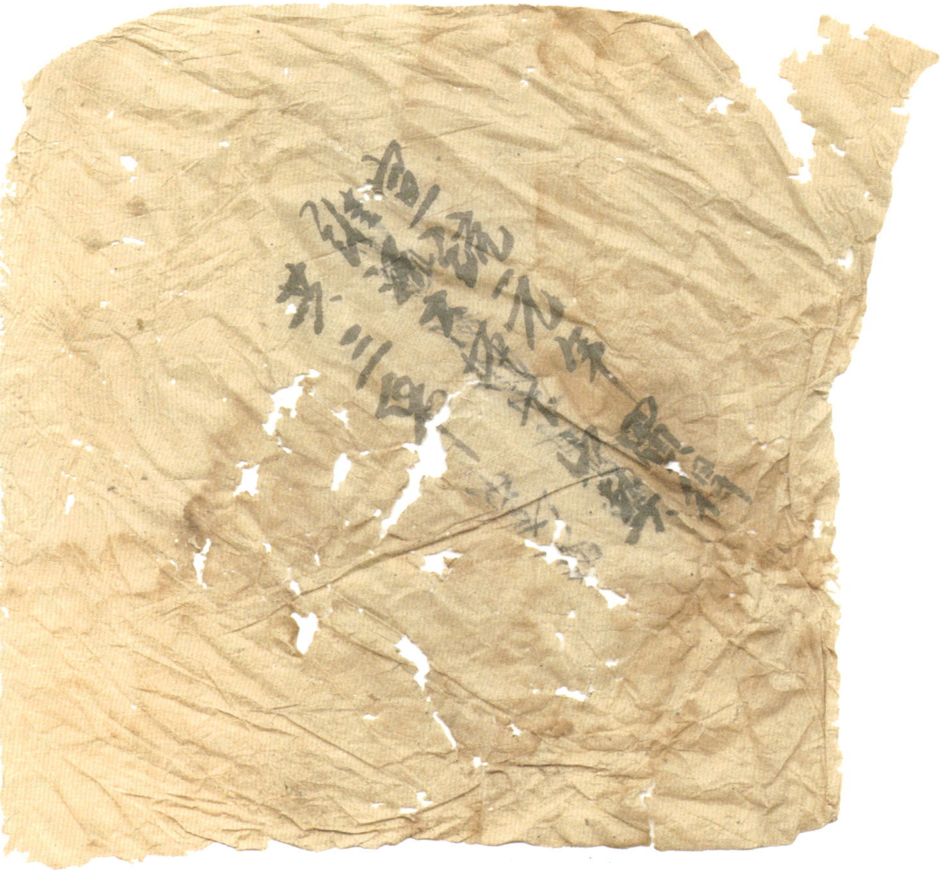

5-3-9-2　包契紙

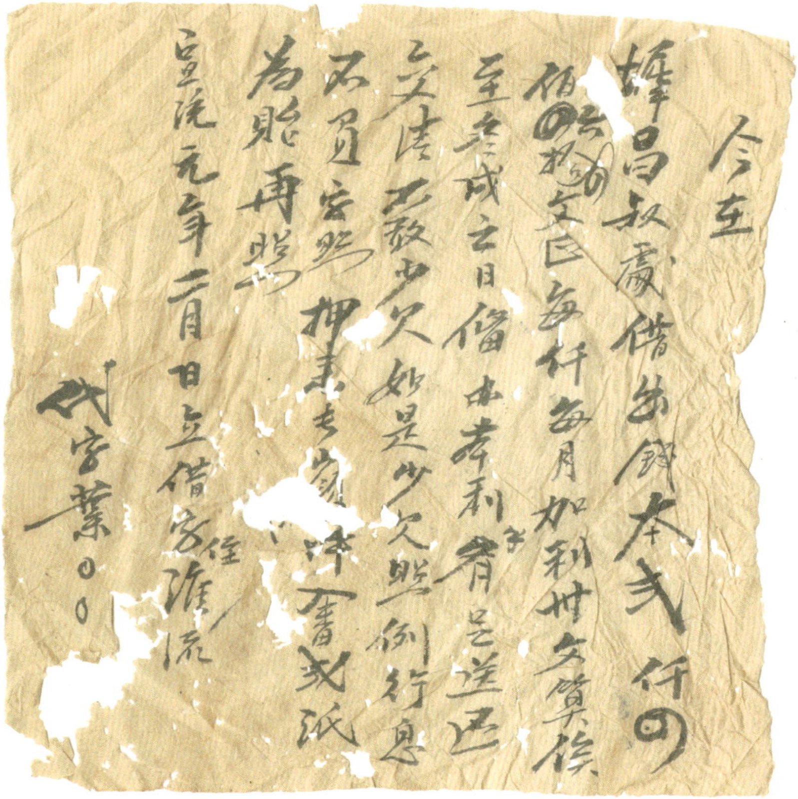
今立
揮昌叔處借出錢本弍仟四
佰四拾文正每仟每月加利卅文算候
至壬戌六日備出本利清足送還
之後不敢少欠如是少欠照例行息
不得安然押來去賣許書成紙
為照再照
宣統元年二月　日立借字侄維流
代字葉〇〇

5-3-9-3　清宣統元年二月鄭維流立借錢字（草契）

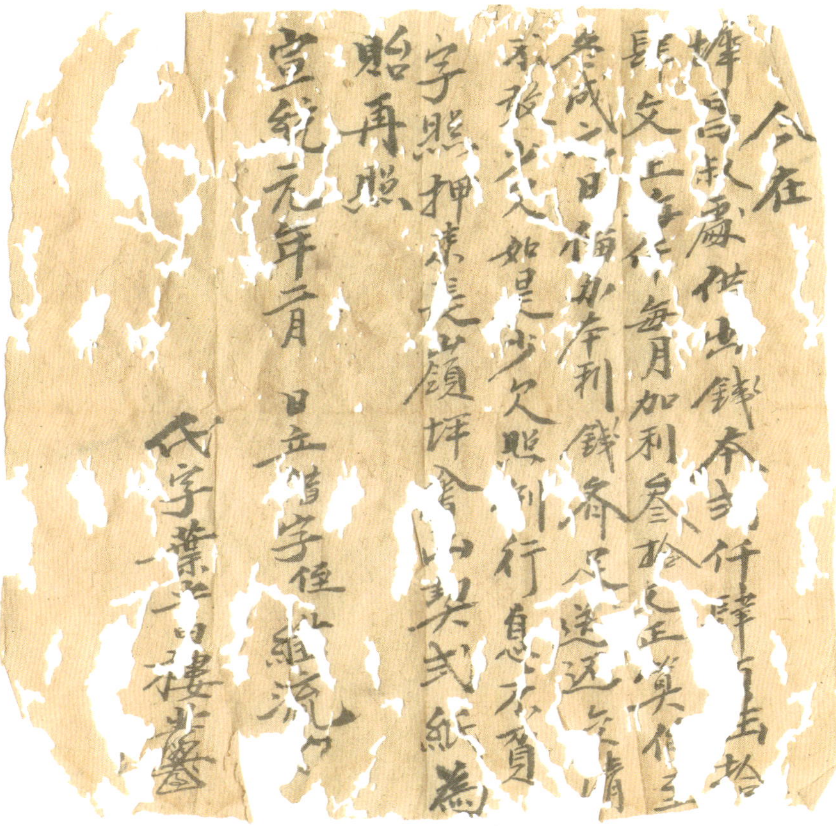

今在
峰昌叔處借出錢本[illegible]仟肆百[illegible]拾
[illegible]文[illegible]每月加利叁拾[illegible]正莫作
[illegible]日領加本利錢各[illegible]送[illegible]清
[illegible]如是少欠照例行息不負
字照押[illegible]嶺坪[illegible]契式紙為
照再照
宣統元年二月　日立借字侄[illegible]維流
代字葉[illegible]樓[illegible]

5-3-9-4　清宣統元年二月鄭維流立借錢字

5-3-10-1　包契紙

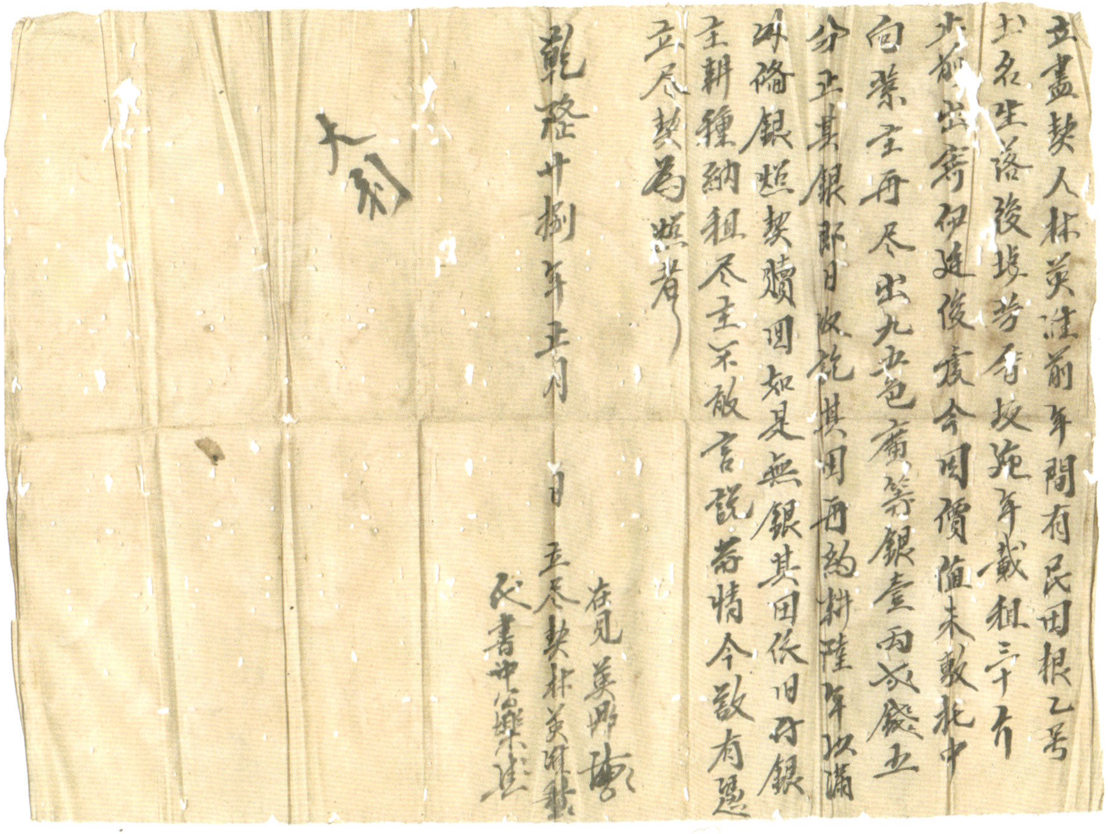

5-3-10-2　清乾隆二十八年正月林英准立盡民田根契

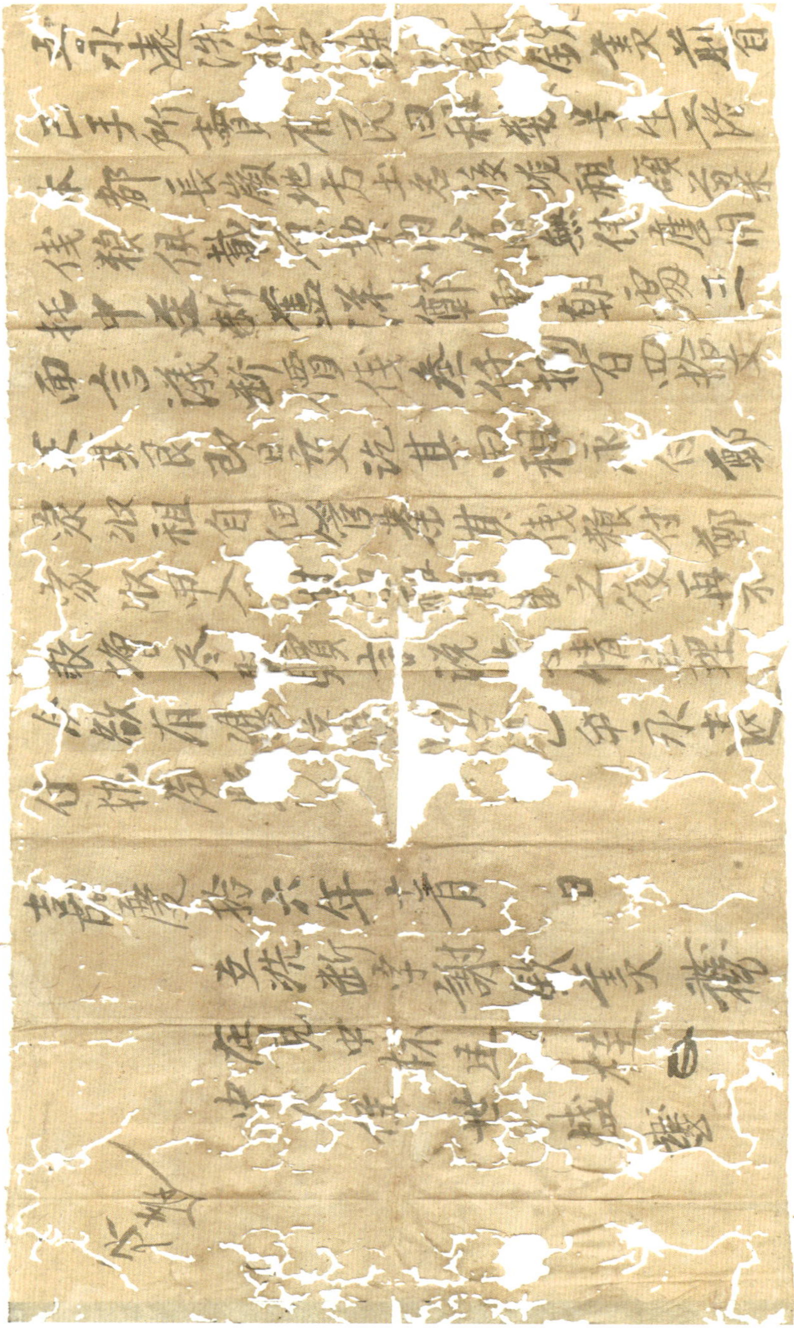

5-3-10-3　清嘉慶十六年十二月謝欽美立洗斷民田租字

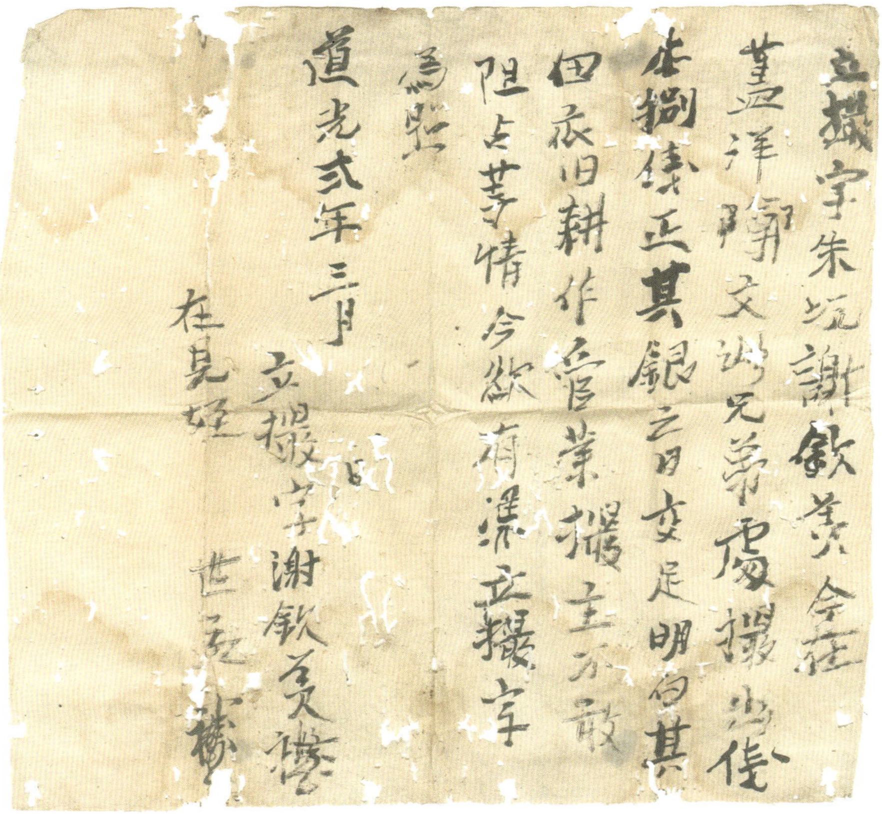

立撮字朱坑謝欽美今在
蓋洋鄉文炳兄弟處撮出俵
本銅錢正其銀之日交足明白其
田依旧耕作管業撮主不敢
阻占等情今欲有憑立撮字
為照
道光弍年三月
立撮字謝欽美（押）
在見侄
世[illegible][illegible]

5-3-10-4　清道光二年三月謝欽美立撮字

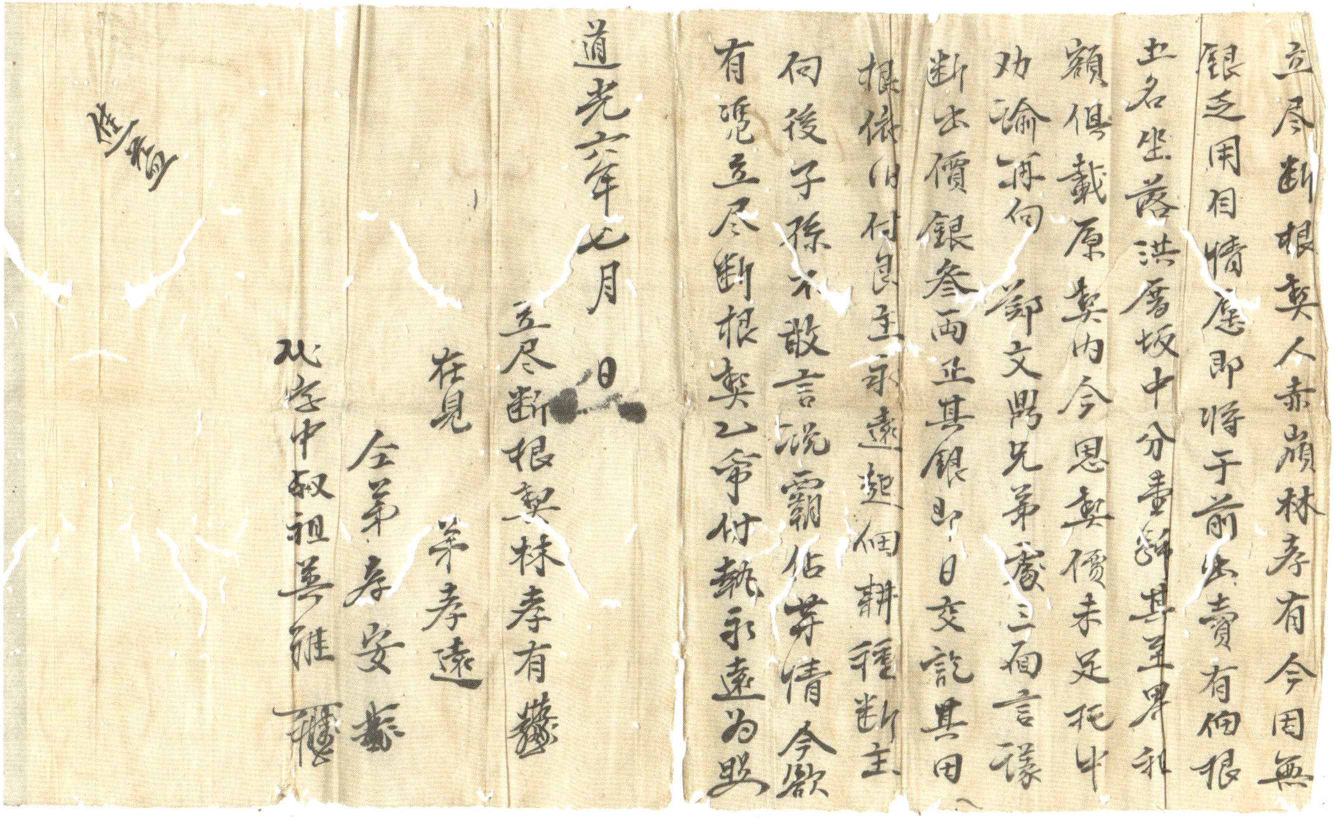
立盡斷根契人赤嶺林孝有，今因無
銀乏用，自情愿即將于前出賣有佃根
土名坐落洪厝坂中分壹段，其至界址
額，俱載原契內。今思契價未足，托中
劝諭再向　鄉文兄弟處三面言議，
斷出價銀叁兩正，其銀即日交訖。其田
根依旧付與主永遠起佃耕種，斷主
向後子孫不敢言說霸佔等情。今欲
有憑，立盡斷根契乙紙，付執永遠為照。

道光六年七月　日　立盡斷根契林孝有（押）
在見　弟孝遠
仝弟孝安（押）
代字中叔祖善維（押）

5-3-10-5　清道光六年七月林孝有立盡斷佃根契

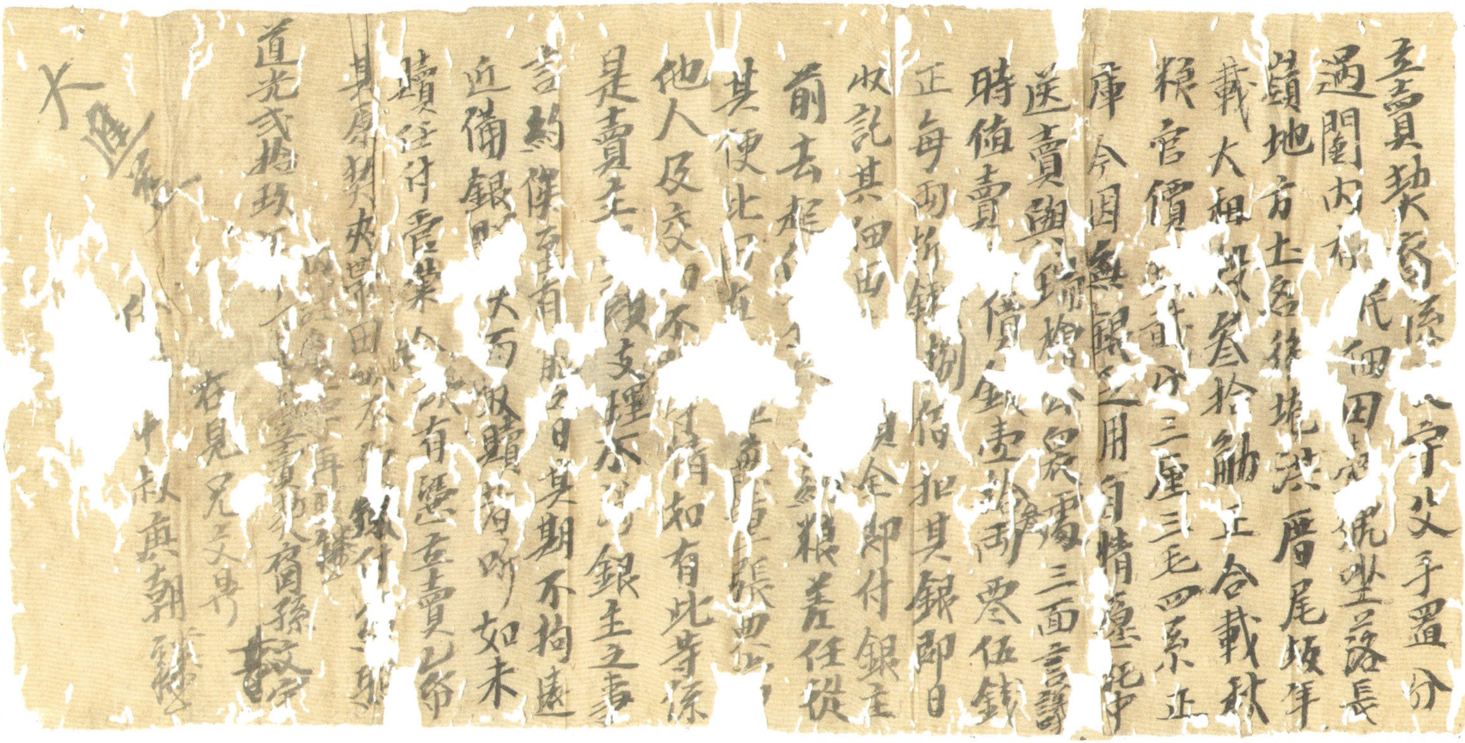

5-3-10-6　清道光二十九年十一月鄭文宇立賣民佃田契

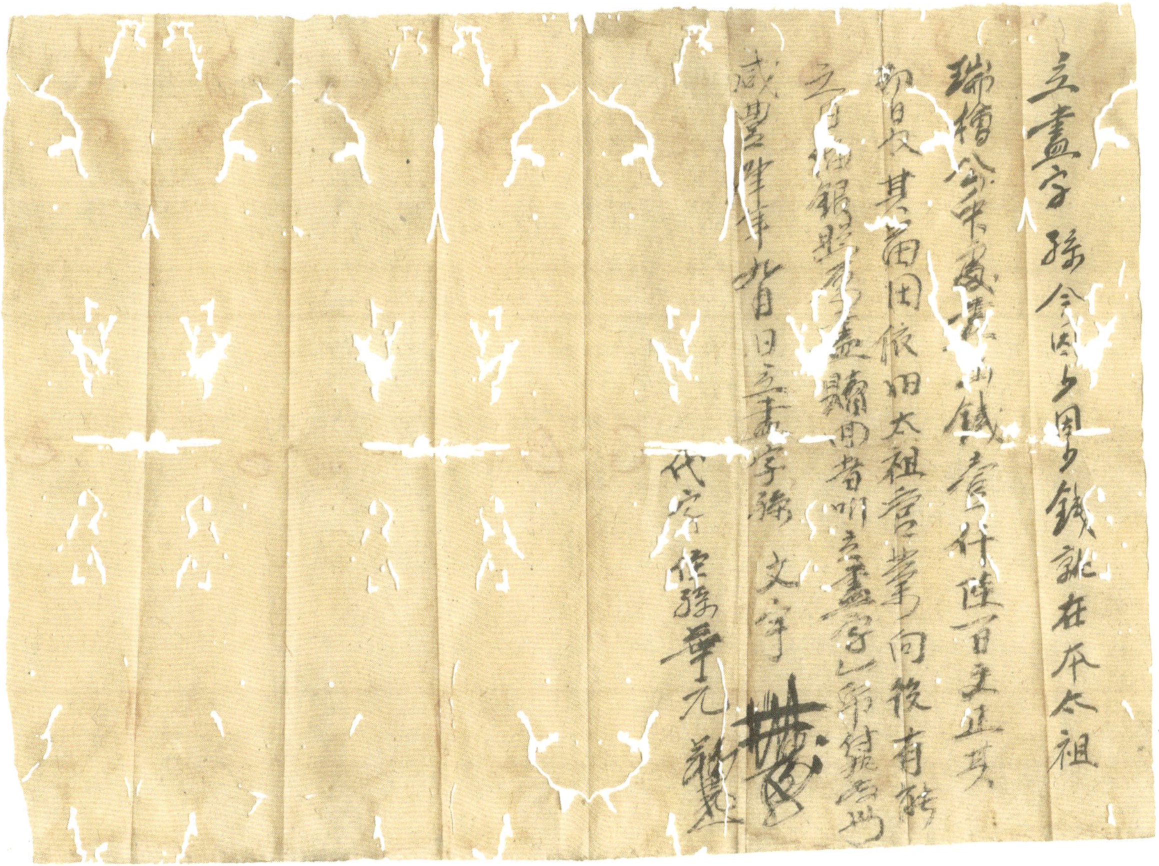

5-3-10-7　清咸豐四年九月鄭文宇立盡苗田字

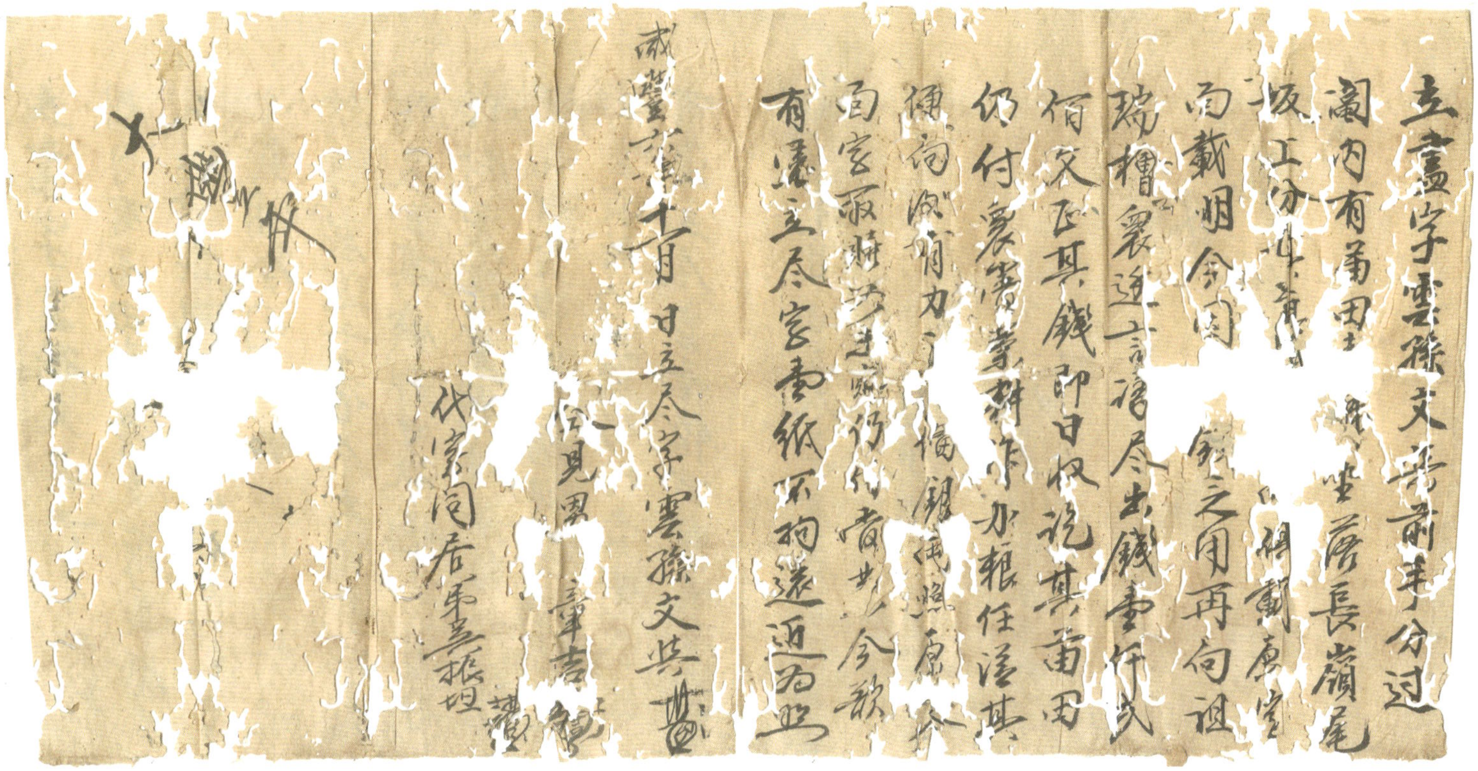

5-3-10-8　清咸豐六年十一月鄭文與立盡苗田字

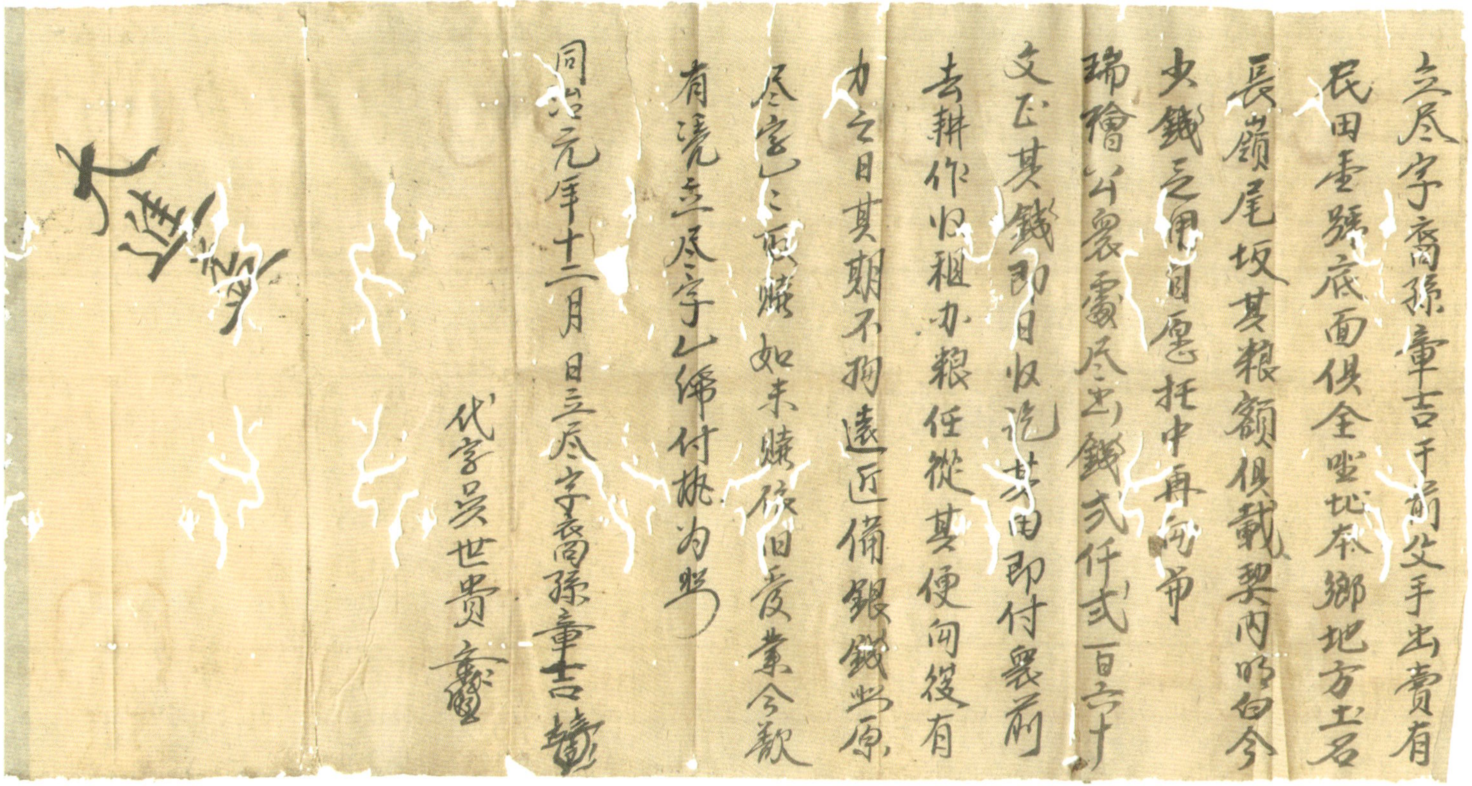
立尽字裔孫章吉于前父手出賣有
民田壹號底面俱全坐址本鄉地方土名
長嶺尾坂其粮額俱載契內明白今
少錢乏用自愿托中再向本
瑞禴公裔盡尽出錢弍仟弍百六十
文正其錢即日收訖其田即付裔前
去耕作收租办粮任從其便向後有
力之日其期不拘遠近備銀錢照原
尽字之價贖如未贖依旧受業今欲
有憑立尽字一紙付執為照
同治元年十二月　日立尽字裔孫章吉（押）
代字吳世貴（押）
大進

5-3-10-9　清同治元年十二月鄭章吉立盡底面全民田字

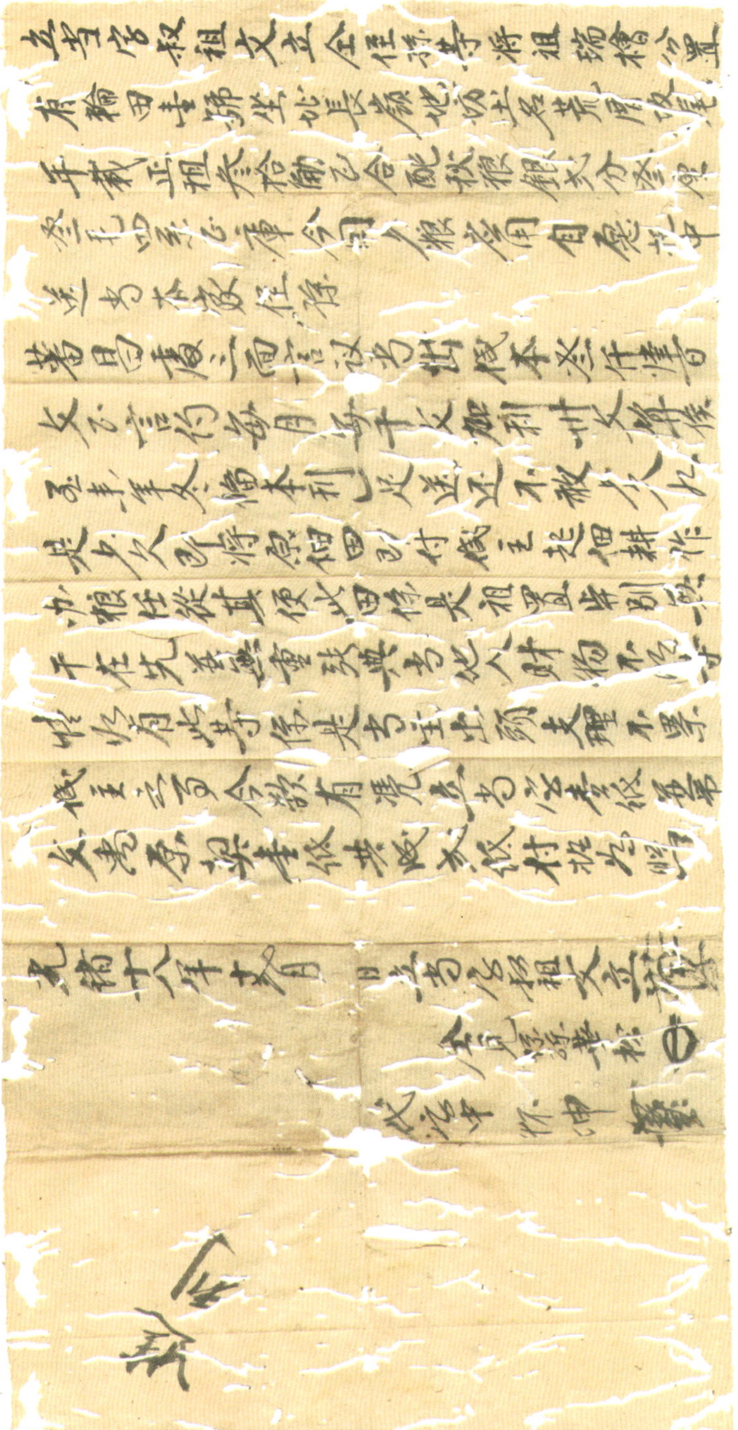

5-3-10-10　清光緒十八年十二月鄭文立等立當輪田字

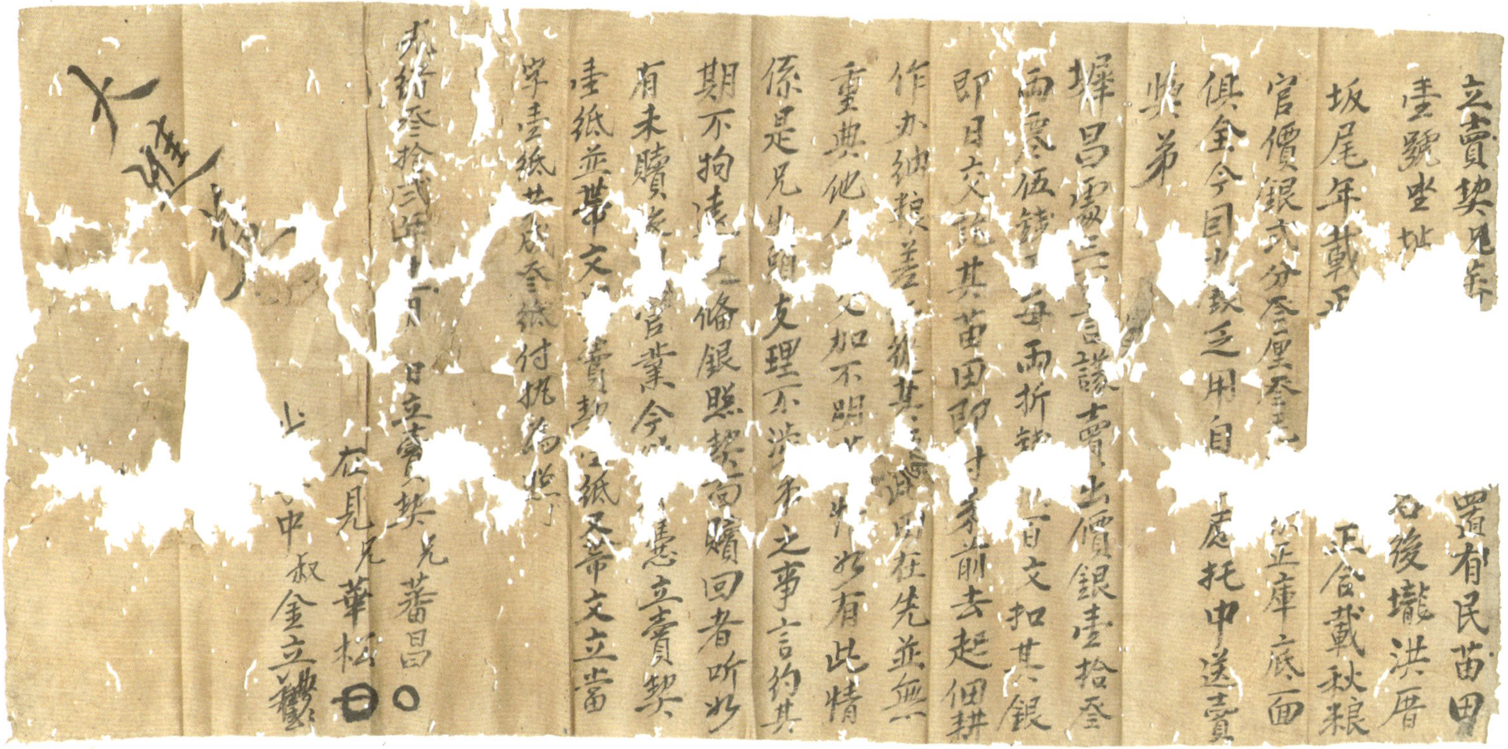

5-3-10-11　清光緒三十二年十一月鄭蕃昌立賣民苗田契

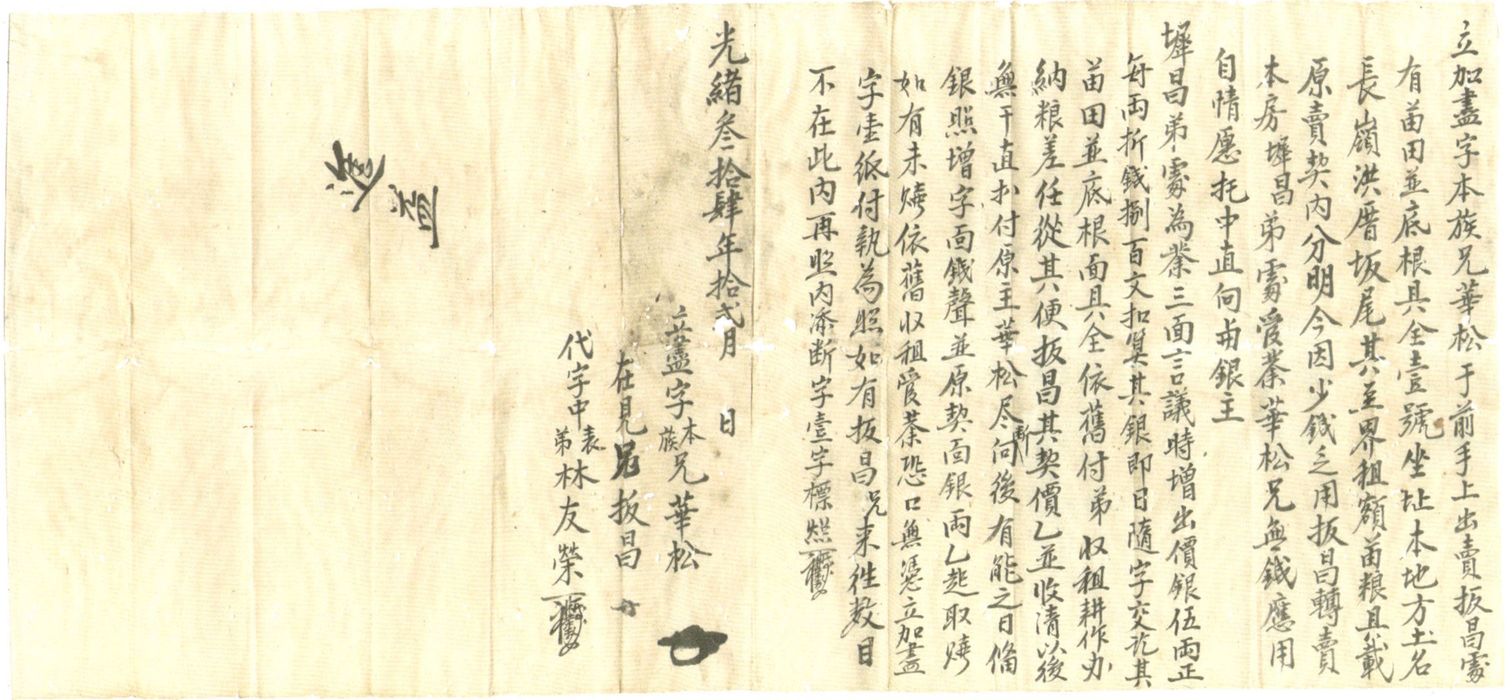

立加盡字本族兄華松于前手上出賣扳昌處
有苗田並底根具全壹號坐址本地方土名
長嶺洪厝坂尾其四至界址額苗粮具載
原賣契內分明今因少錢乏用扳昌轉賣
本房墀昌弟處買業華松兄無錢應用
自情愿托中直向苗銀主
墀昌弟處為業三面言議時增出價銀伍兩正
每兩折錢捌百文扣算其銀即日隨字交訖其
苗田並底根面具全依舊付弟收租耕作办
納粮差任從其便扳昌其契價乙並收清以後
無干直求付原主華松盡斷向後有能之日備
銀照增字面錢聲並原契面銀兩乙並取贖
如有未贖依舊收租賞業恐口無憑立加盡
字壹紙付執為照如有扳昌兄來往數目
不在此內再照內添断字壹字標照

光緒叁拾肆年拾弍月　日
立盡字本族兄華松
在見兄扳昌
代字中表弟林友榮

5-3-10-12　清光緒三十四年十二月鄭華松立加盡底根全苗田字

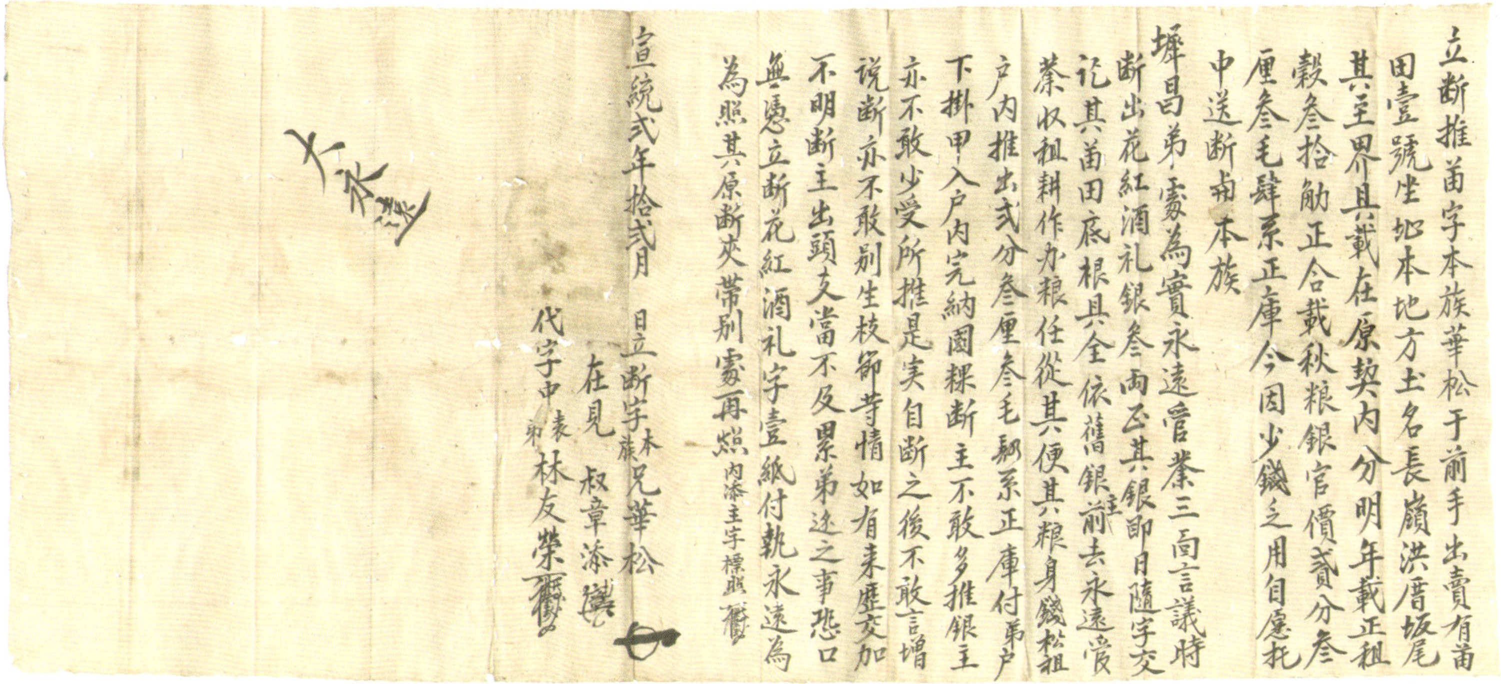
立斷推苗字本族華松于前手出賣有苗田壹號坐址本地方土名長嶺洪厝坂尾其至界具載在原契內分明年載正租穀叁拾觔正合載秋粮銀官價貳分叁厘叁毛肆系正庫今因少錢之用自愿托中送斷與本族
堺昌弟處為實永遠管業三面言議時斷出花紅酒礼銀叁両正其銀即日隨字交訖其苗田底根具全依舊銀主前去永遠管業收租耕作办粮任從其便其粮身錢松祖户内推出弍分叁厘叁毛肆系正庫付弟户下掛甲入户内完納國課斷主不敢多推銀主亦不敢少受所推是实自斷之後不敢言增説斷亦不敢刷生枝節等情如有來歷交加不明斷主出頭支當不及累弟送之事恐口無憑立斷花紅酒礼字壹紙付執永遠為為照其原斷夾帶刷處再照　内添主字標照
宣統弍年拾弍月　日立斷字本族兄華松
在見　叔章添
代字中表弟林友榮

5-3-10-13　清宣統二年十二月鄭華松立斷推苗田字

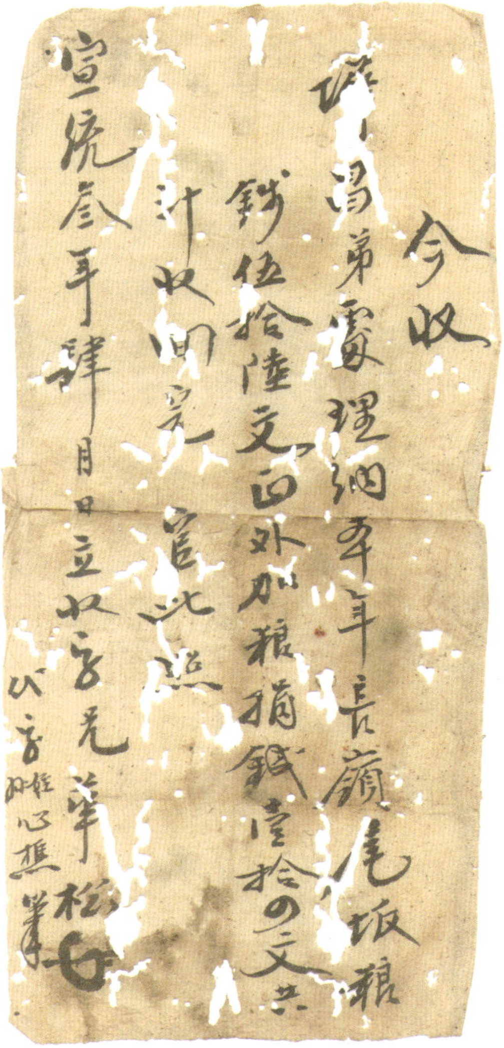

今收
族弟霞理細年年長嶺尾坂粮
錢伍拾陸文田外加粮捐錢壹拾四文共
計收明白 官照
宣統叁年肆月　日立收字兄華松（押）
代字姪心湛筆

5-3-10-14　清宣統三年四月鄭華松立收糧錢字

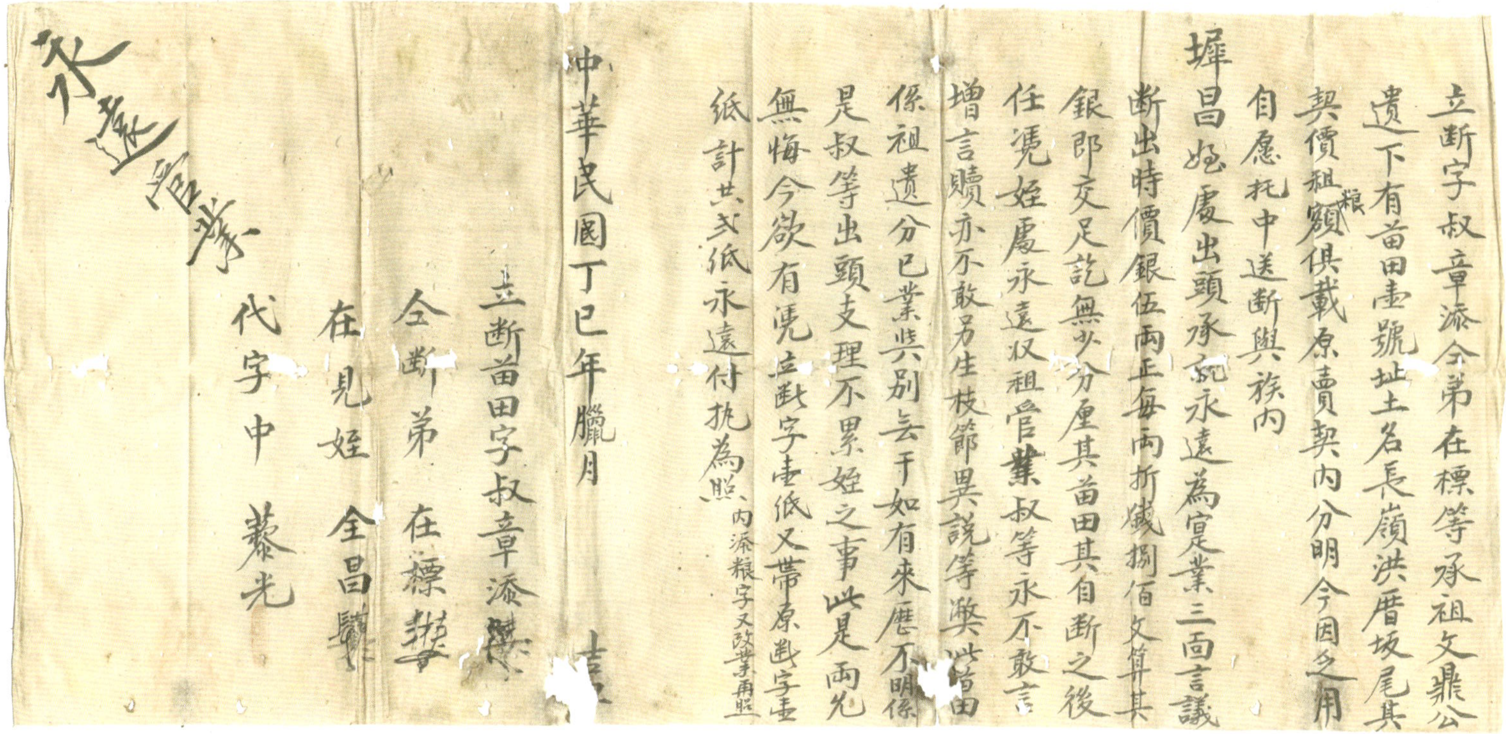
立斷字叔章添仝弟在標等承祖文鼎公
遺下有苗田壹號址土名長嶺洪厝坡尾其
契價祖粮額俱載原賣契內分明今因乏用
自愿托中送斷與族內
墀昌姪處出頭承斷永遠為宦業三面言議
斷出時價銀伍兩正每兩折錢捌佰文算其
銀即交足訖無少分厘其苗田其自斷之後
任凭姪處永遠収祖管業叔等永不敢言
增言贖亦不敢另生枝節異說等弊此苗田
係祖遺分已業與別人無干如有來歷不明係
是叔等出頭支理不累姪之事此是兩允
無悔今欲有凭立斷字壹紙又帶原斷字壹
紙計共弍紙永遠付執為照。內添粮字又改業字再照
中華民國丁巳年臘月　吉
立斷苗田字叔章添
仝斷弟　在標
在見姪　全昌
代字中　藜光
永遠管業

5-3-10-15　民國六年十二月鄭章添等立斷苗田字

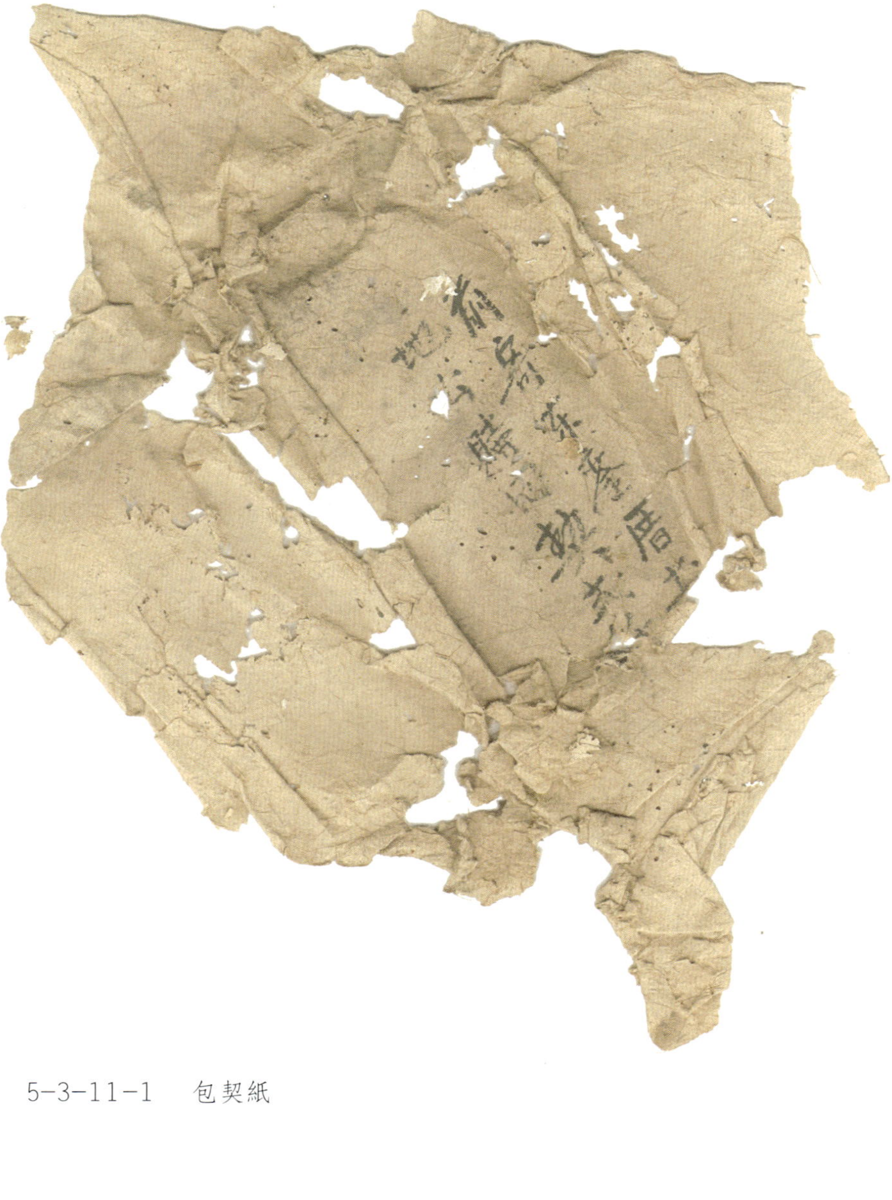

5-3-11-1　包契紙

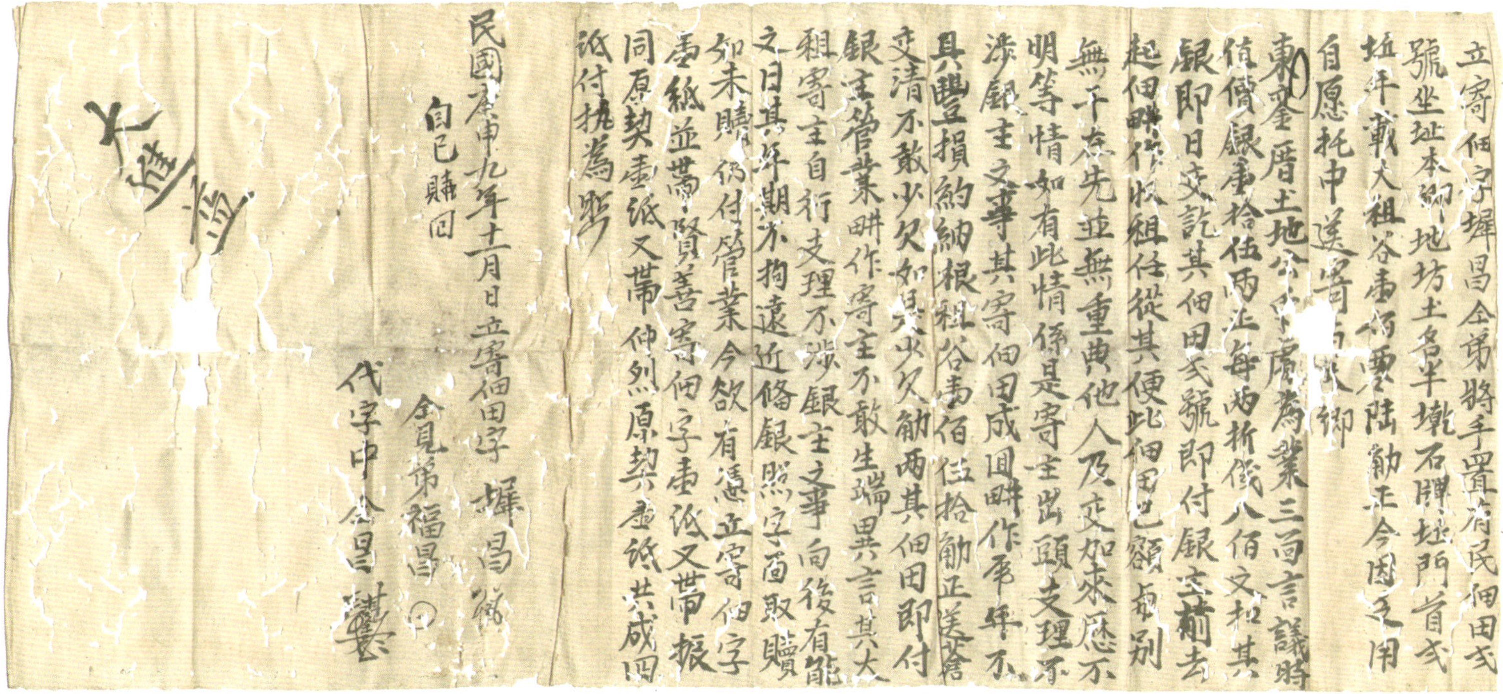
立寄佃字墀昌仝弟將手置有民佃田弍
號坐址本鄉地坊土名半墩石牌址門首弍
址年載大租谷壹佰零陸觔正今因乏用
自愿托中送寄[illegible]鄉
東峯厝土地公[illegible]爲業三面言議時
値價銀壹拾伍兩正每兩折錢八佰文扣其
銀即日交訖其佃田弍號即付銀主前去
起佃耕作收租任從其便此佃田也額亦別
無干在先並無重典他人及交加來歷不
明等情如有此情係是寄主出頭支理不
涉銀主之事其寄佃田成回耕作年不
其豐損納根租谷壹佰伍拾觔正送斷
交清不敢少欠如是少欠觔兩其佃田即付
銀主管業耕作寄主不敢生端異言其大
租寄主自行支理不涉銀主之事向後有能
之日其年期不拘遠近備銀照字面取贖
如未贖仍付管業今欲有憑立寄佃字
壹紙並帶賢善寄佃字壹紙又帶振
同原契壹紙又帶仲烈原契壹紙共成四
紙付執爲照

民國庚申九年十一月日立寄佃田字 墀昌（押）
自己賠回
仝見弟 福昌 ○
代字中人 合昌（押）

5-3-11-2　民國九年十一月鄭墀昌等立寄民佃田字

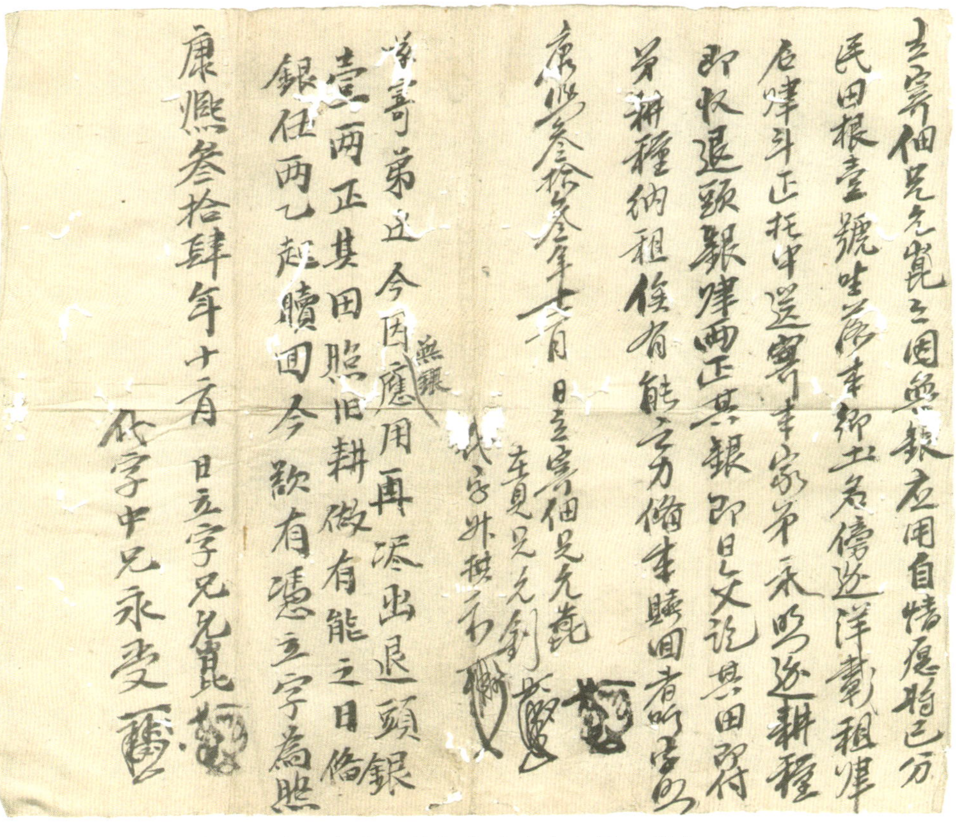
立寄佃兄允崑，今因無銀應用，自情愿將己分
民田根壹號，坐落本鄉土名[illegible]洋[illegible]，租肆
石肆斗正，托中送寄本家弟永[illegible]邊耕種，
即收退頭銀肆兩正，其銀即日交訖，其田聽付
弟耕種納租，候有能之日備本贖回[illegible]
康熙叁拾叁年十二月　日立寄佃兄允崑（押）
在見兄允釗（押）
代字外甥[illegible]（押）
[illegible]寄弟立，今因應用，再添出退頭銀
壹兩正，其田照旧耕做，有能之日備
銀伍兩乙起贖回，今欲有憑，立字為照。
無銀
康熙叁拾肆年十二月　日立字兄允崑（押）
代字中兄永受（押）

5-3-12-1　清康熙三十四年十二月鄭允崑立寄佃民田根字

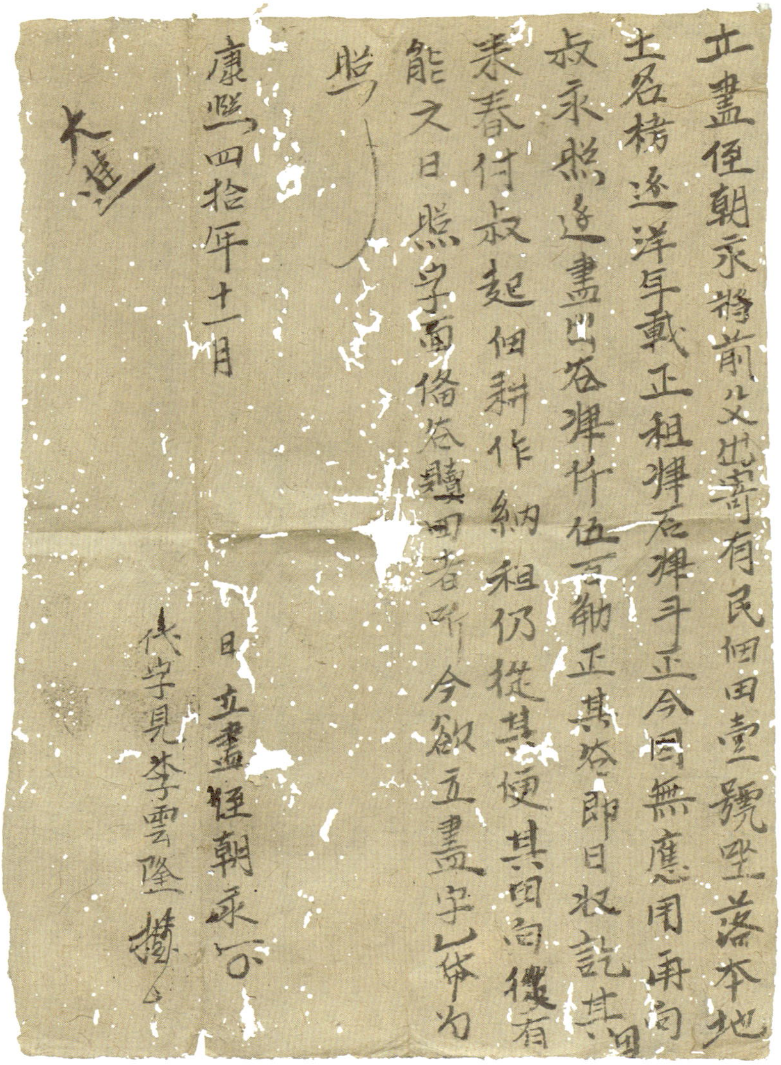
立盡侄朝永將前父出崗有民佃田壹號坐落本地
土名椅遂洋年載正租捍石捍手正今因無應用再向
叔永照邊盡出谷捍仟伍百勑正其谷即日收訖其田
來春付叔起佃耕作納租仍從其便其田向後有
能之日照字面備谷贖回者听今欲立盡字山爲
照
康熙四拾年十一月　日　立盡侄朝永
代字見李雲隆
大進

5-3-12-2　清康熙四十年十一月鄭朝永立盡民佃田字

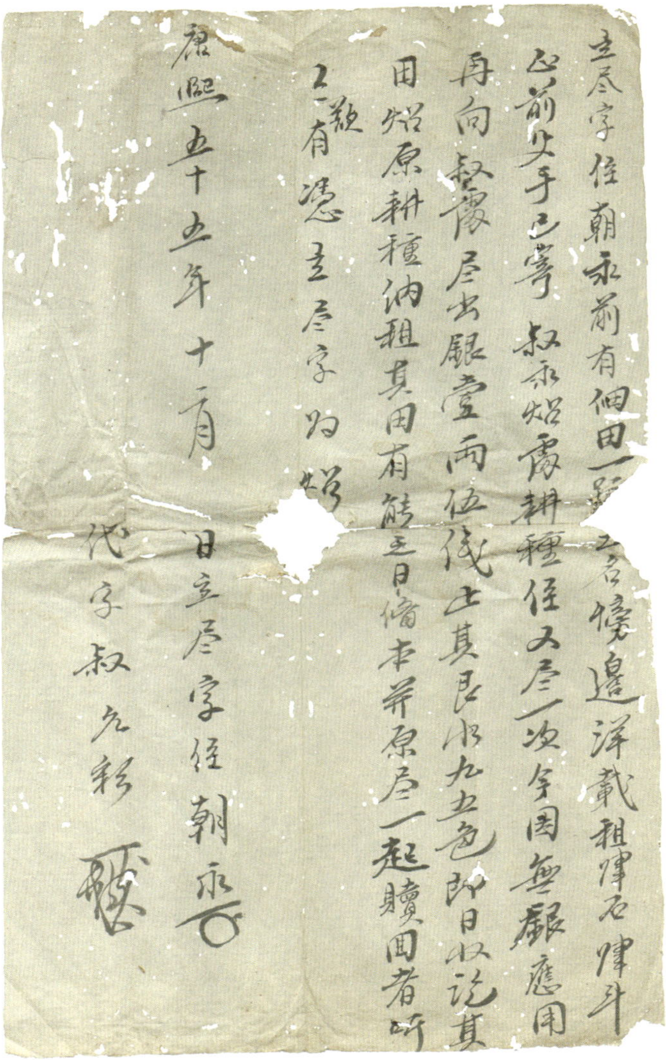

立尽字侄朝永前有佃田一段土名[illegible]墘洋載租肆石肆斗
已前失手已寄叔永炤處耕種侄又尽一次今因無銀應用
再向叔處尽出銀壹兩伍錢正其銀水九五色即日收訖其
田炤原耕種納租其田有能之日備本并原尽一起贖回者聽
[illegible]有憑立尽字為炤
康熙五十五年十二月　日立尽字侄朝永（押）
代字叔允彩（押）

5-3-12-3　清康熙五十五年十二月鄭朝永立盡佃田字

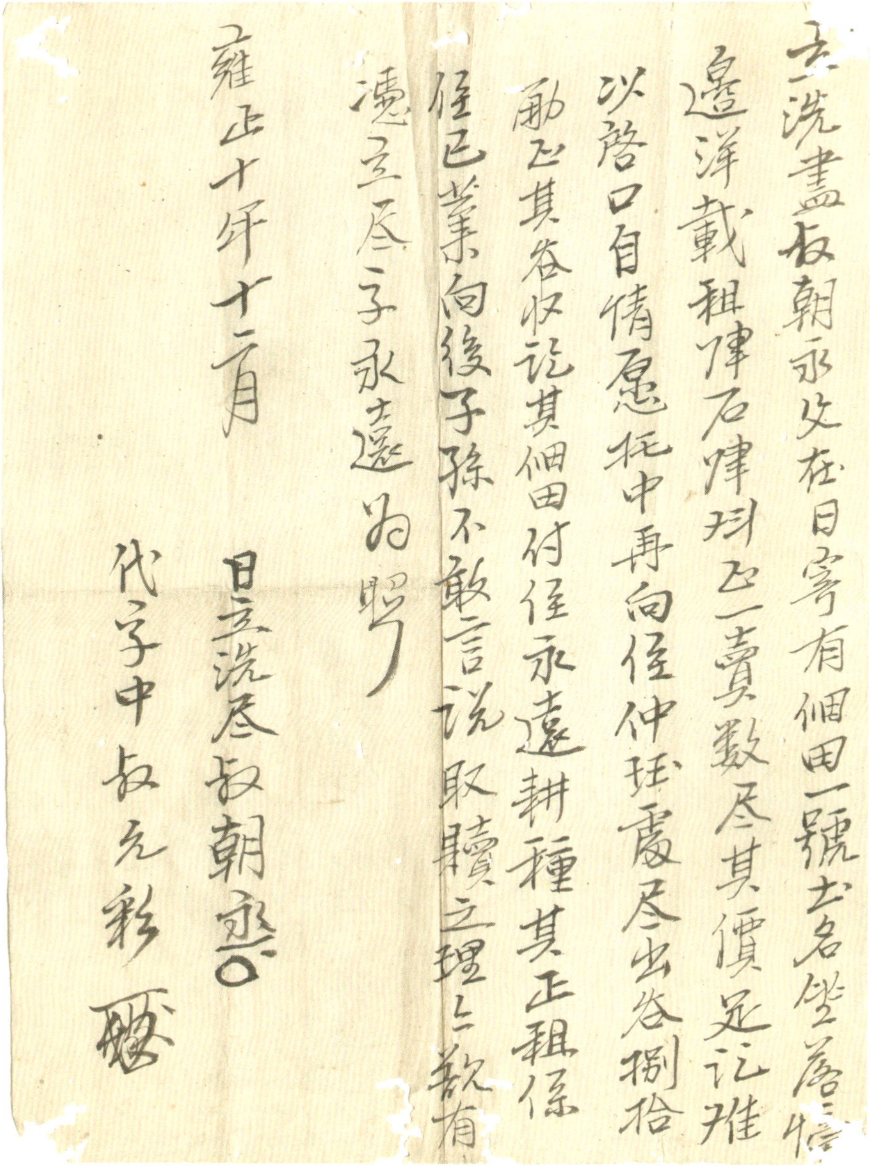
立洗盡叔朝永父在日寄有佃田一號土名坐落□□邊洋載租肆石肆斗正一賣斷盡其價足訖推收啓口自情愿托中再向侄仲琺處盡出谷捌拾觔正其谷收訖其佃田付侄永遠耕種其正租係侄已業向後子孫不敢言說取贖之理之欲有憑立盡字永遠為照
雍正十年十二月
日立洗盡叔朝永（押）
代字中叔元彩（押）

5-3-12-4　清雍正十年十二月鄭朝永立洗盡佃田字

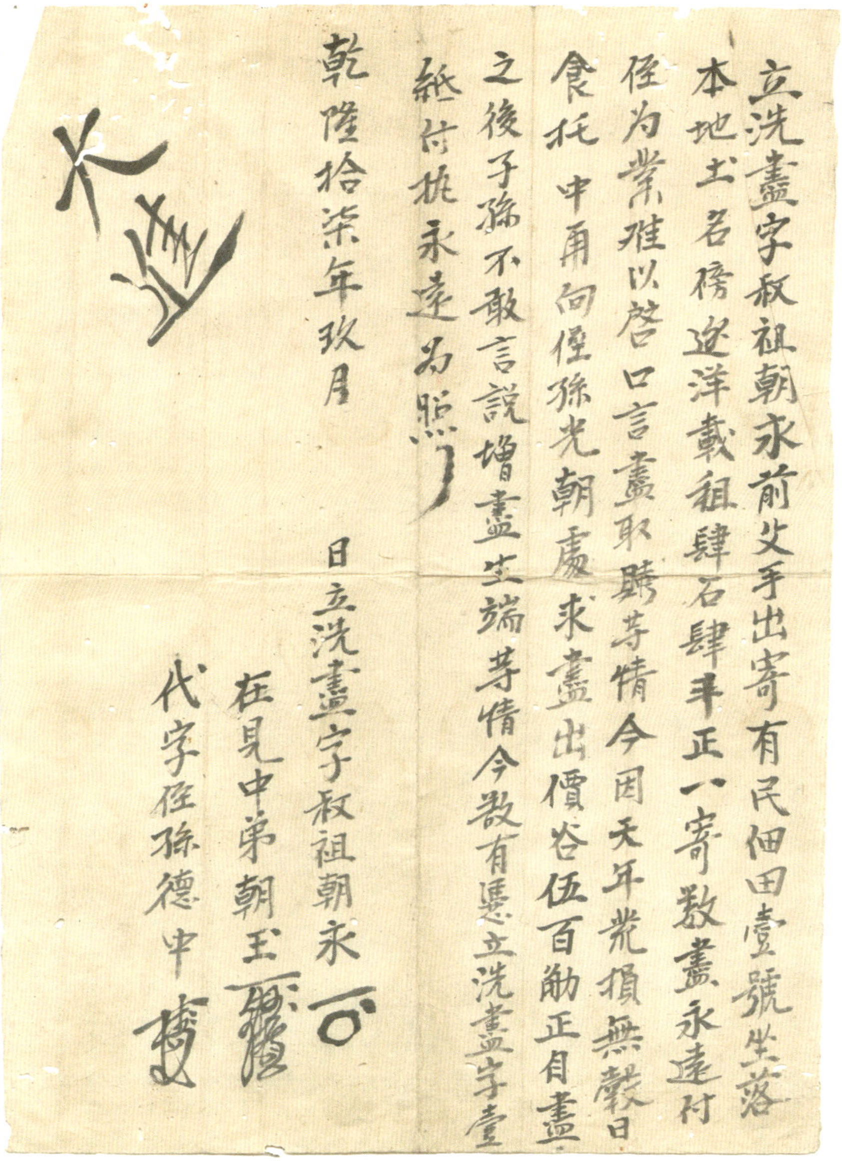
立洗盡字叔祖朝永前父手出寄有民佃田壹號坐落
本地土名傍逆洋載租肆石肆斗正一寄數盡永遠付
侄為業难以啓口言盡取贖等情今因天年荒損無穀日
食托中再向侄孫光朝處求盡出價谷伍百觔正自盡
之後子孫不敢言說增盡生端等情今欲有憑立洗盡字壹
紙付執永遠為照
大進
乾隆拾柒年玖月　日立洗盡字叔祖朝永（押）
在見中弟朝玉（押）
代字侄孫德中（押）

5-3-12-5　清乾隆十七年九月鄭朝永立洗盡民佃田字

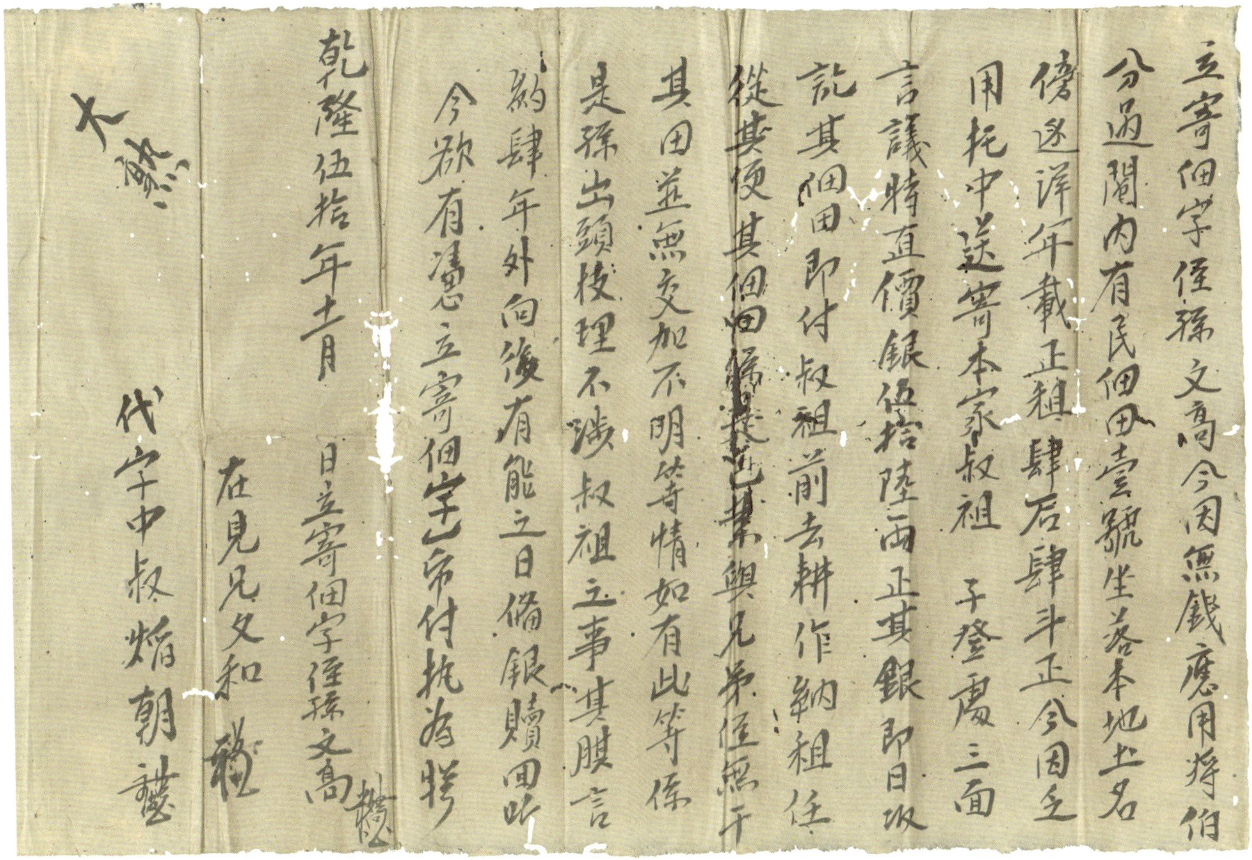

立寄佃字侄孫文高，今因無錢應用，將伯
分過闔內有民佃田壹號，坐落本地，土名
傍逆洋，年載正租肆石肆斗正，今因乏
用，托中送寄本家叔祖　子登處，三面
言議，特直價銀伍拾陸兩正，其銀即日收
訖，其佃田即付叔祖前去耕作納租，任
從其便。其佃田係是己業，與兄弟侄無干，
其田並無交加不明等情，如有此等係
是孫出頭枝理，不誤叔祖之事。其限言
約肆年外，向後有能之日，備銀贖回。此
今欲有憑，立寄佃字付執為照。

乾隆伍拾年十一月　日立寄佃字侄孫文高（押）

在見兄文和（押）

代字中叔燏朝（押）

大吉

5-3-12-6　清乾隆五十年十一月鄭文高立寄民佃田字

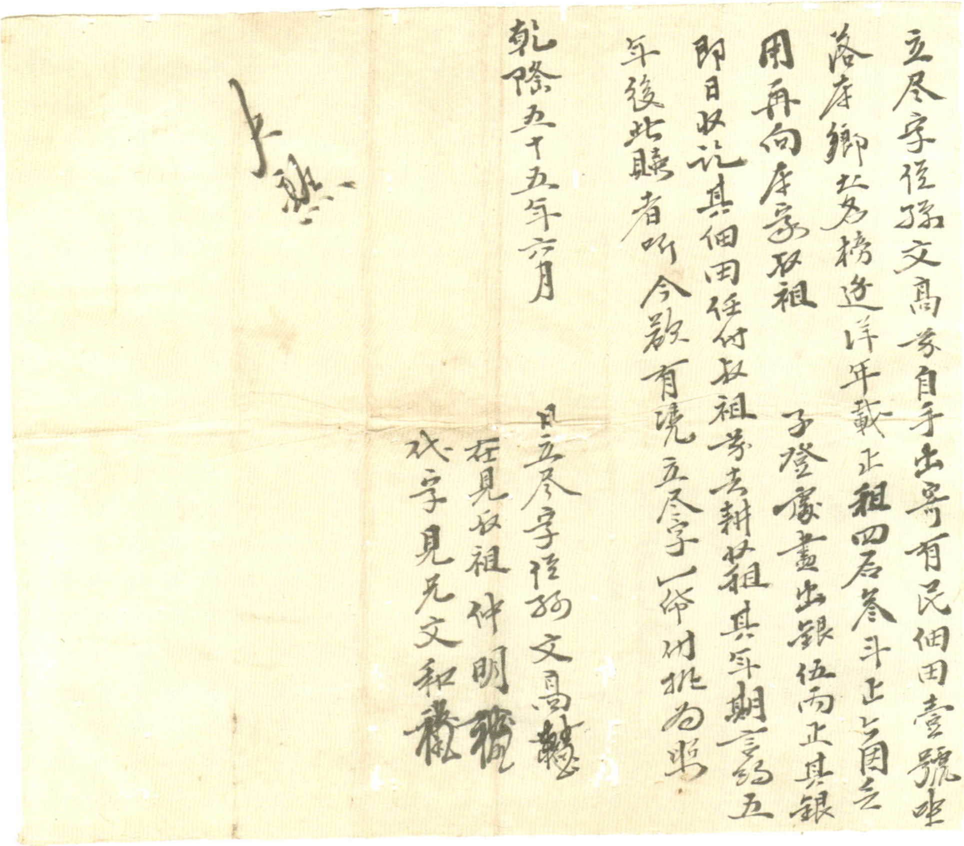

立尽字侄孫文高等自手出寄有民佃田壹號坐
落本鄉土名搒边洋年載正租四石叁斗正今因乏
用再向本家叔祖 子登處盡出銀伍兩正其銀
即日收訖其佃田任付叔祖前去耕作租其年期言約五
年後收贖者听 今欲有憑立尽字一紙付執為照

乾隆五十五年六月 日立尽字侄孫文高（押）
在見叔祖 仲明（押）
代字見兄文和（押）

5-3-12-7　清乾隆五十五年六月鄭文高立盡民佃田字

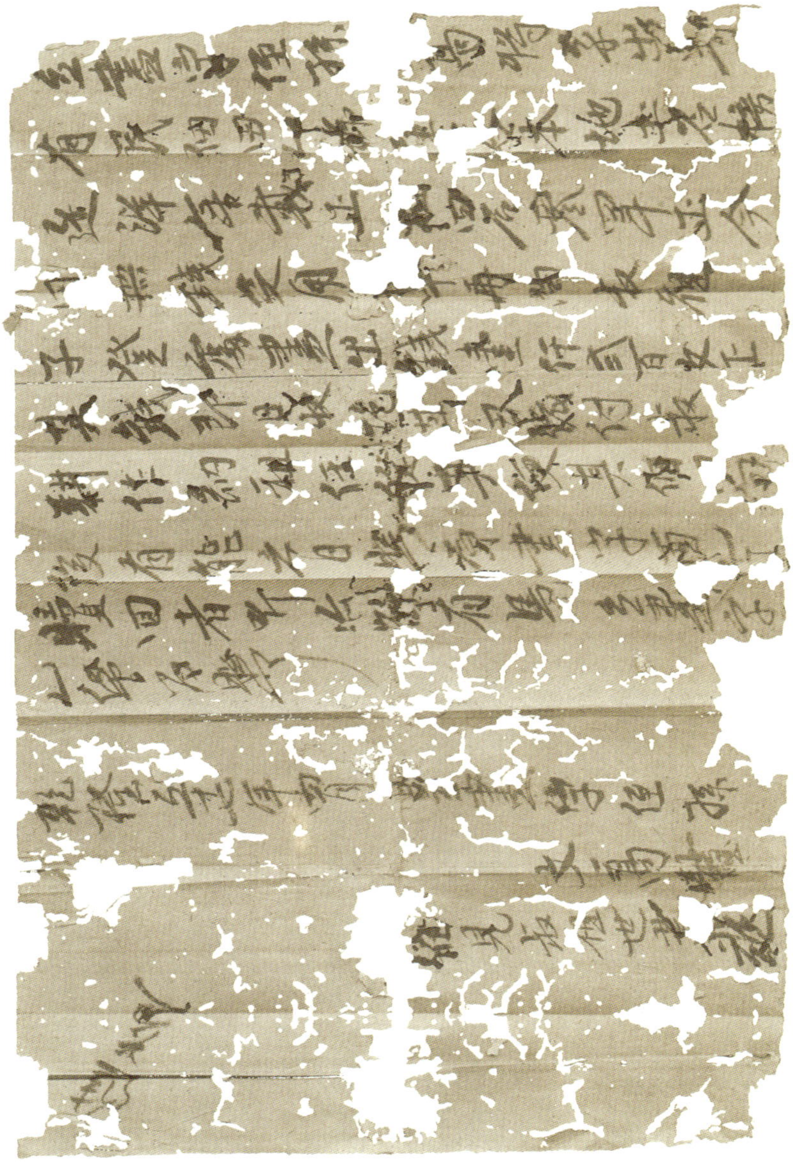

5-3-12-8 清乾隆五十七年四月鄭文高立盡民佃田字

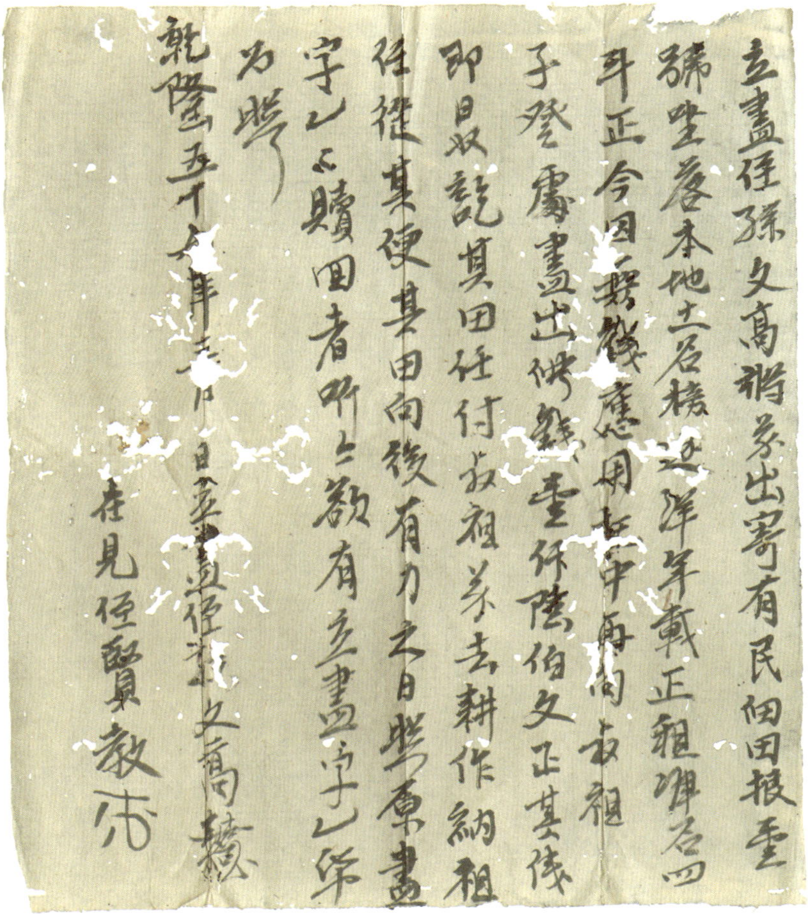
立盡侄孫文高將父出寄有民佃田根壹
號坐落本地土名橫坑洋竿載正租硬谷四
斗正今因無錢應用托中再向叔祖
子登處盡出佛錢壹仟陸伯文正其錢
即日收訖其田任付叔祖前去耕作納租
任從其便其田向後有力之日照原盡
字〻〻贖田者聽〻歡有立盡字〻紙
為照
乾隆五十□年□月　日立盡侄孫文高
在見侄賢敬

5-3-12-9　清乾隆五十□年□月鄭文高立盡民佃田根字

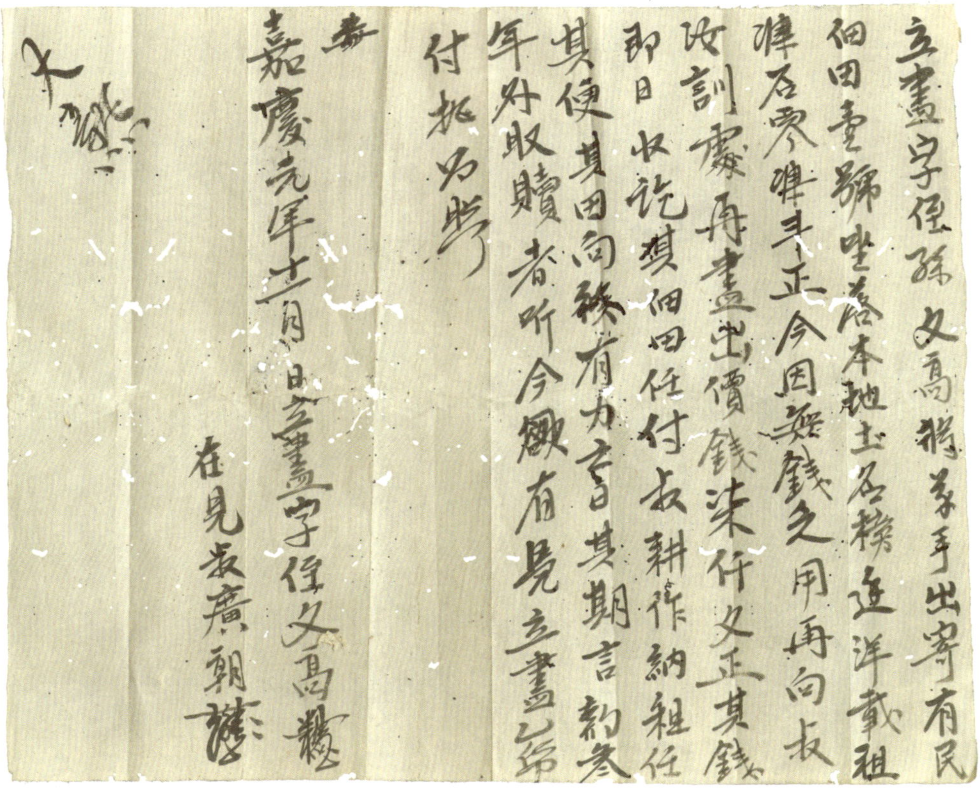

立盡字侄孫文高將父手出寄有民
佃田壹號坐落本地土名模逵洋載租
肆石零肆斗正今因無錢乏用再向長
房訓霖再盡出價錢柒仟文正其錢
即日收訖其佃田任付長耕作納租任
其便其田向後有力之日其期言約叁
年外取贖者聽今欲有憑立盡字一紙
付執為照
存
嘉慶元年十一月　日立盡字侄文高（押）
在見長廣朝（押）

5-3-12-10　清嘉慶元年十一月鄭文高立盡民佃田字

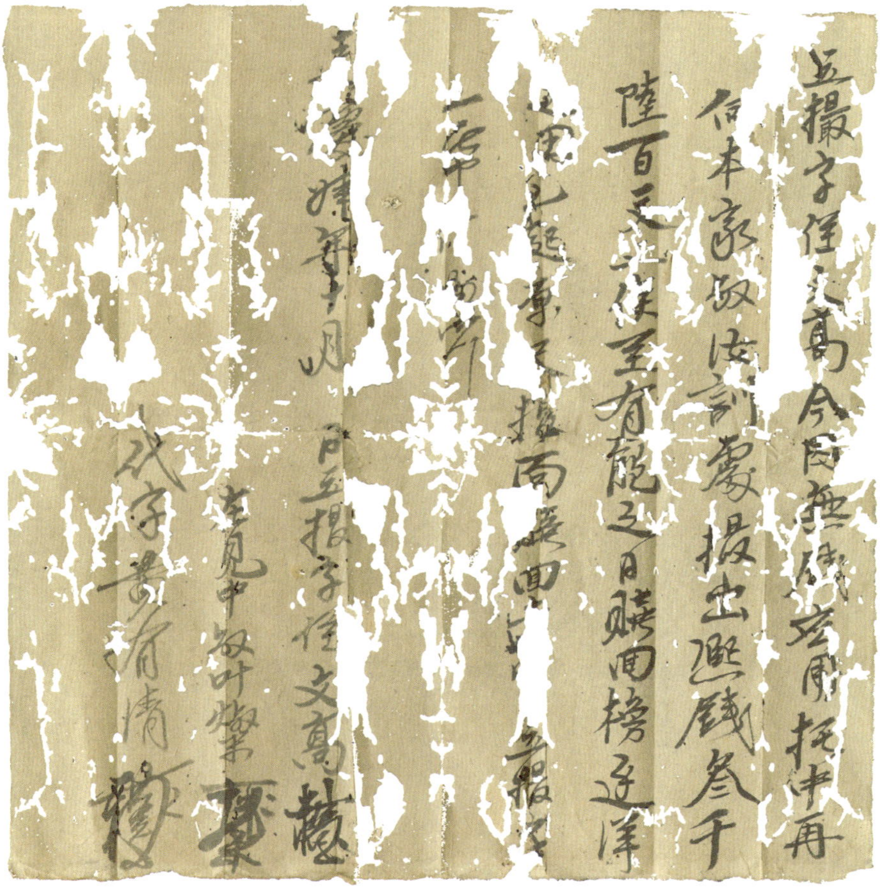
立撮字侄文高今因無錢应用托中再
向本家叔法訓處撮出邊錢叁千
陸百文足其錢至有能之日贖回榜逆洋
當[illegible]撮兩[illegible]
一字[illegible]
嘉[illegible]十月　日立撮字侄文高（押）
在見中　叔叶燦（押）
代字　兄有清（押）

5-3-12-11　清嘉慶四年十月鄭文高立撮字

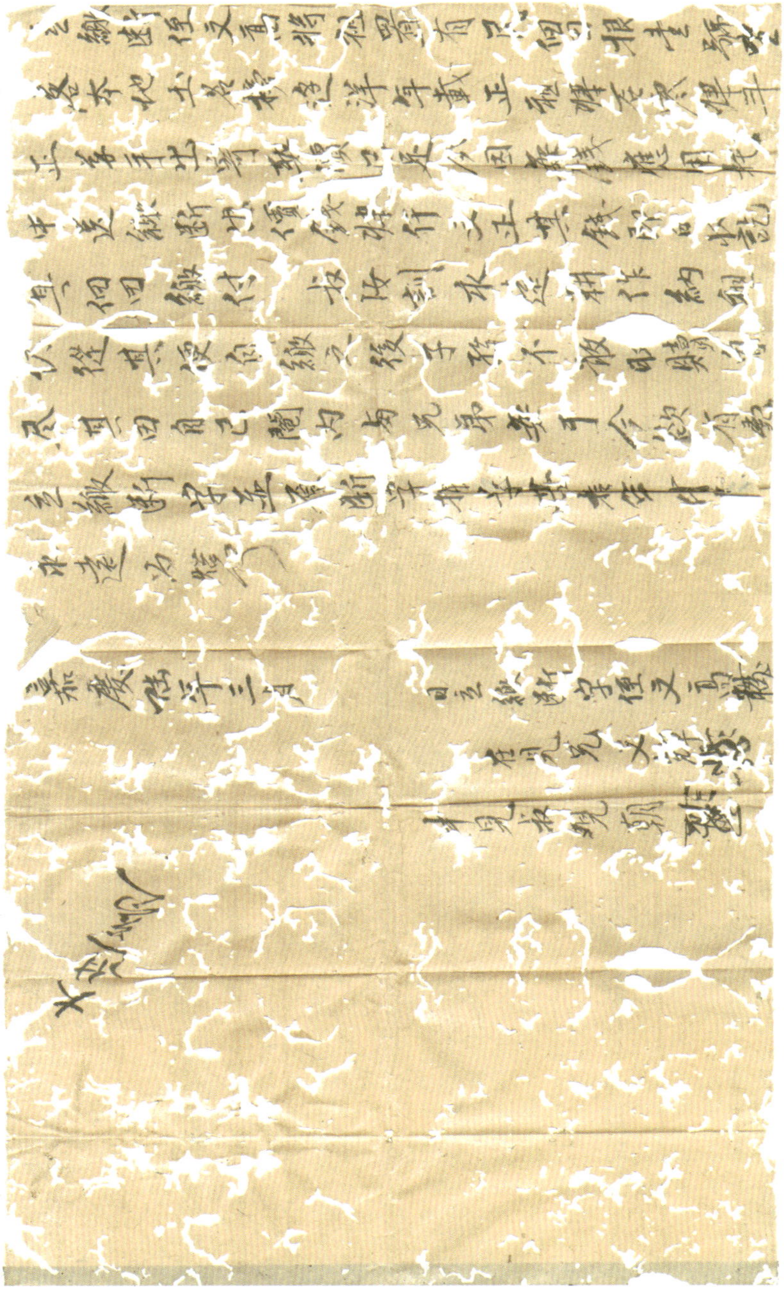

5-3-12-12　清嘉慶六年三月鄭文高立繳斷民佃田根字

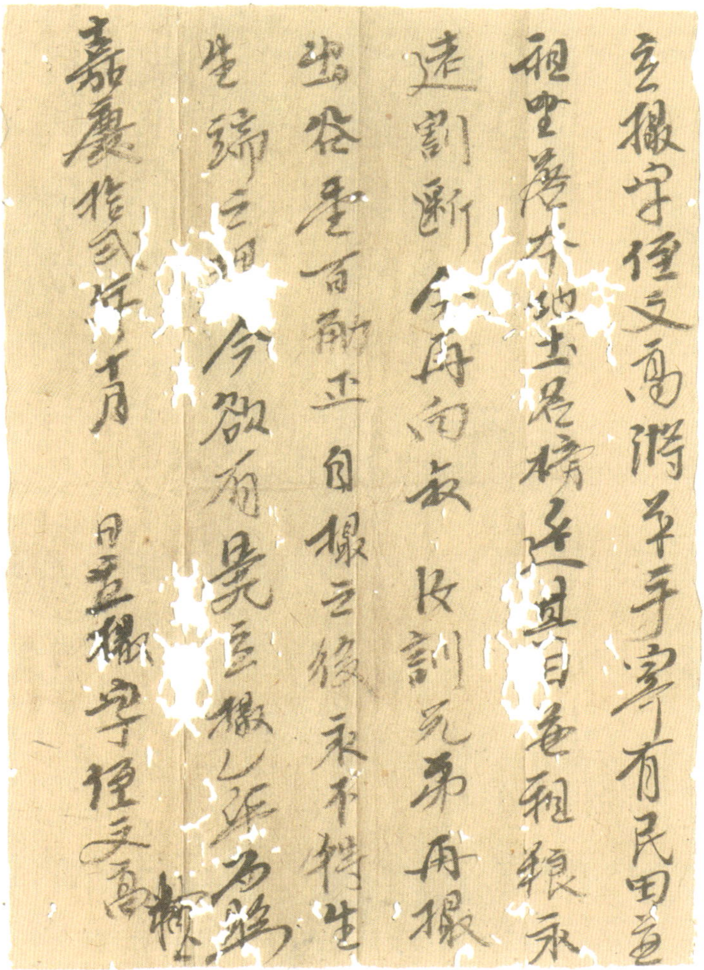

立撮字侄文高將父手寄有民田壹
租坐落本地土名榜逕其田每年租粮永
遠劄斷今再向叔長訓兄弟再撮
出谷壹百觔正自撮之後永不敢生
生端之理今欲有憑立撮一紙為照
嘉慶拾貳年十月 日立撮字侄文高（押）

5-3-12-13　清嘉慶十二年十月鄭文高立撮字

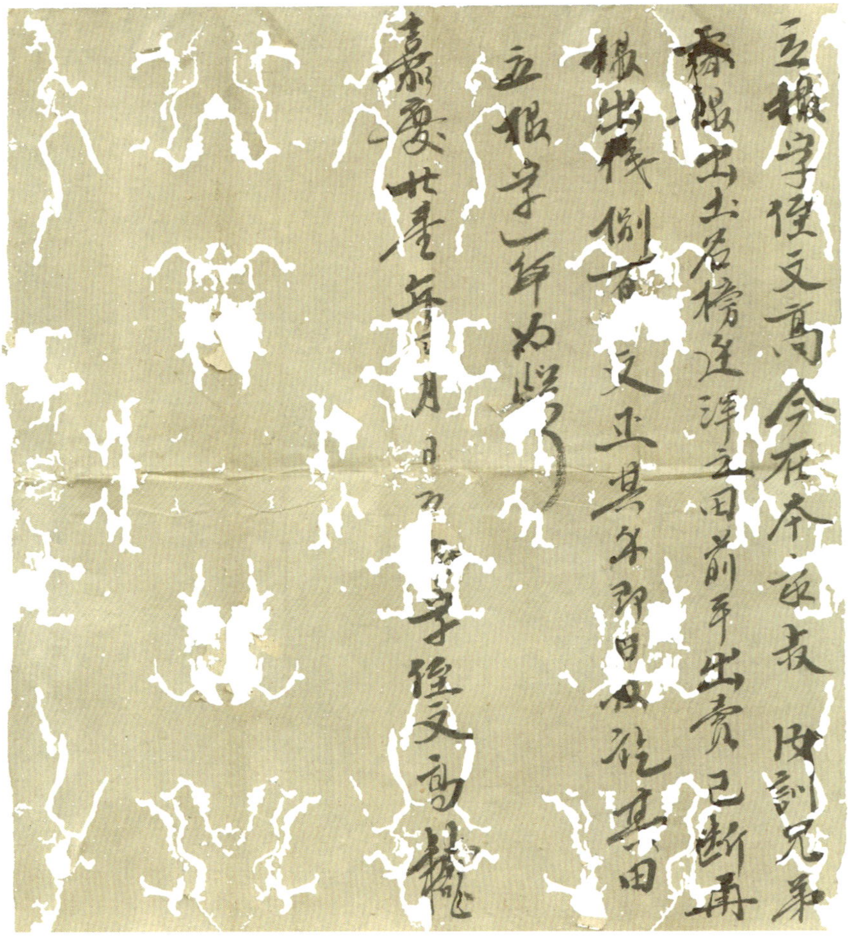
立撮字侄文高，今在本家□表叔訓兄弟
乞撮出土名榜逢洋之田，前年出賣已斷，再
撮出錢□佰□文正，其年即日收訖，其田
立撮字一紙為照。
嘉慶廿壹年□月 日立撮字侄文高（押）

5-3-12-14　清嘉慶二十一年□月鄭文高立撮字

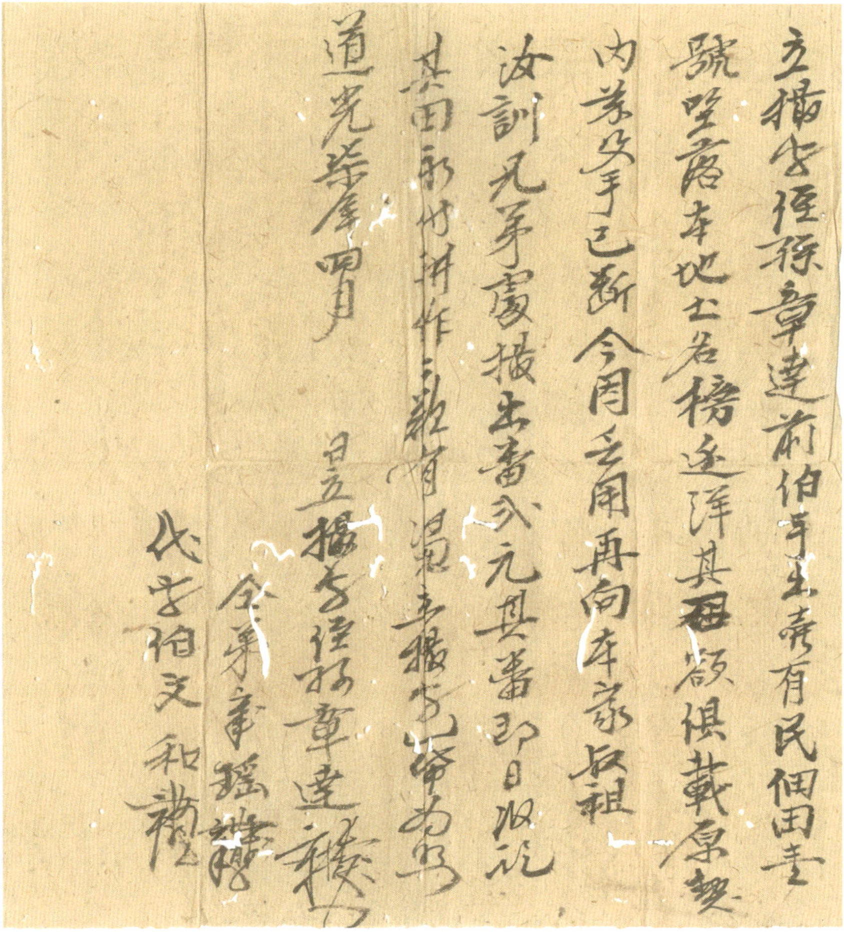
立撮字侄孫章達前伯手上置有民佃田壹
號坐落本地土名榜逕洋其田段俱載原契
内茲因乎已斷今問全開再向本家叔祖
汝訓兄弟處撮出番元其番即日收訖
其田永付耕作無阻有憑立撮字為照
道光柒年四月　日立撮字侄孫章達
仝弟章瑤
代字伯父和[illegible]

5-3-12-15　清道光七年四月鄭章達等立撮字

5-3-12-16　清同治元年十一月鄭華中等立盡輸田字

5-3-12-17　清光緒元年十□月鄭華中立撮字

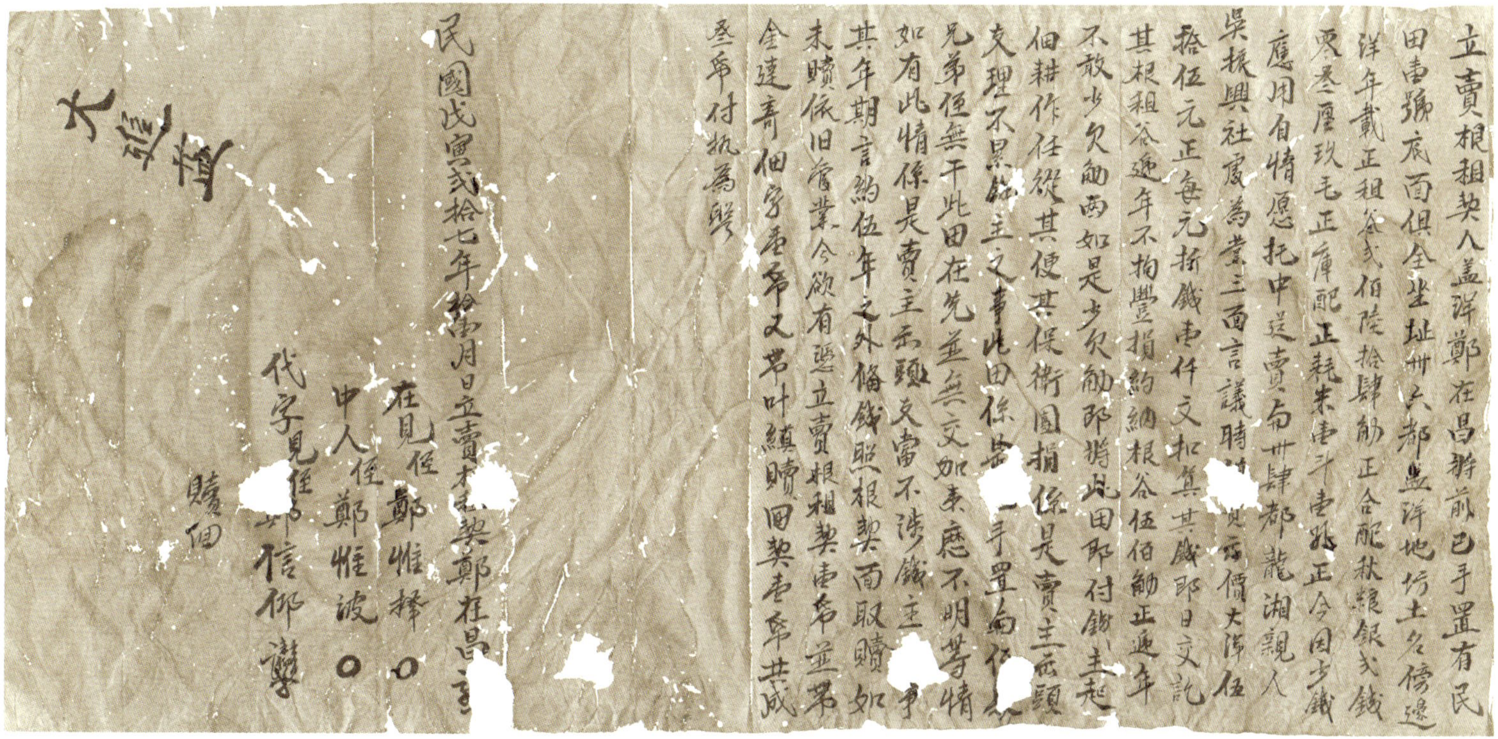
立賣根租契人盖洋鄭在昌，耕前己手置有民
田壹號，底面俱全，坐址卅六都盖洋地方，土名傍邊
洋，年載正租谷弍佰陸拾肆觔正，合配秋粮銀弍錢
零叁厘玖毛正，庫配正耗米壹斗壹升正。今因乏錢
應用，自情愿托中送賣與卅肆都龍湘親人
吳振興社處為業。三面言議時□價大洋伍
拾伍元正，每元折錢壹仟文，扣算其錢即日交訖。
其根租谷逐年不拘豐歉，約納根谷伍佰觔正。逐年
不敢少欠觔两，如是少欠觔两，即將此田即付銀主起
佃耕作，任從其便。其保衛團捐係是賣主承頭
交理，不累銀主之事。此田係□□一手置，向□□
兄弟侄無干。此田在先並無文加來歷不明等情，
如有此情，係是賣主承頭支當，不涉錢主之事。
其年期言約伍年之外，備錢照根契面取贖，如
未贖，依舊管業。今欲有憑，立賣根租契壹紙並弟
全達青佃字壹紙又弟叶續贖回契壹紙，共成
叁紙付執為照。

民國戊寅弍拾七年拾壹月　日立賣根租契鄭在昌（押）

在見侄　鄭惟彝　○

中人侄　鄭惟波　○

代字見侄　鄭信卿（押）

贖佃

大進寶

5-3-12-18　民國二十七年十一月鄭在昌立賣民田根租契

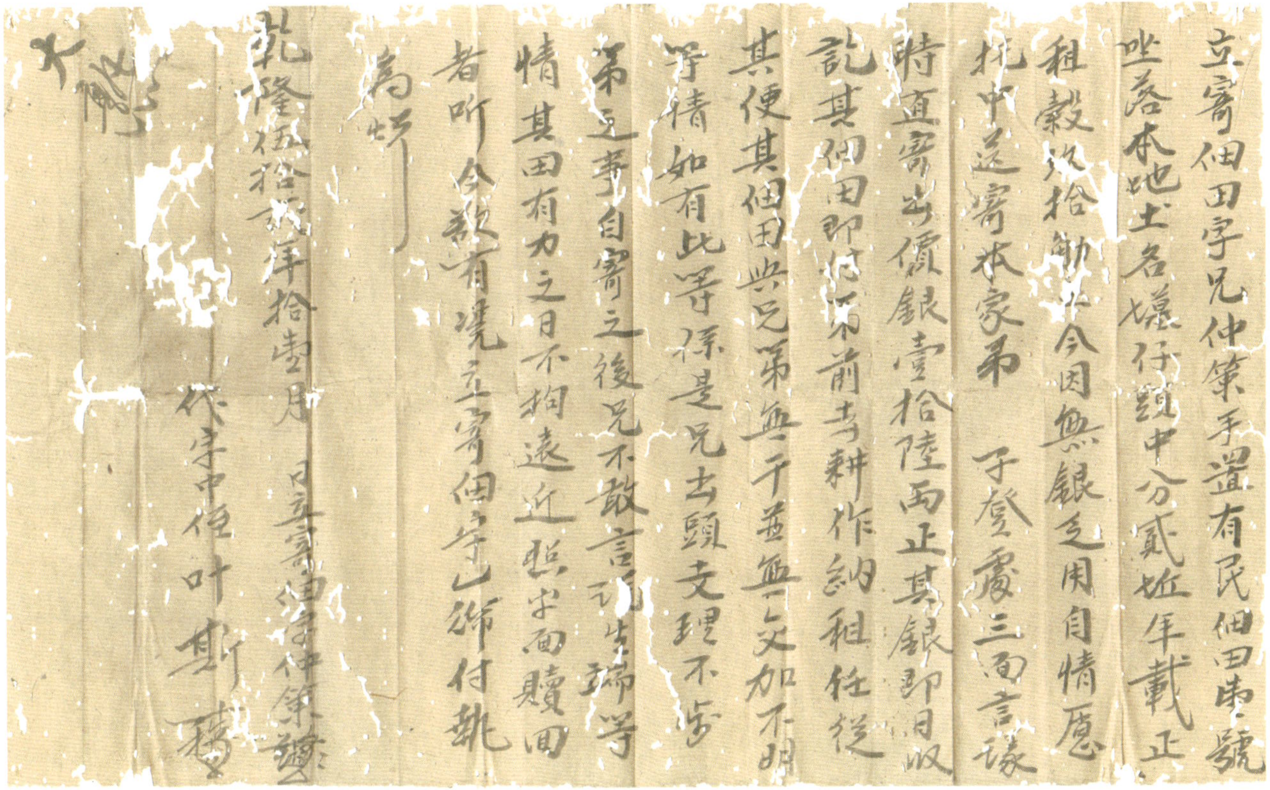
立寄佃田字兄仲策手置有民佃田乙號
坐落本地土名壇仔頭中分貳坵年載正
租穀柒拾觔正今因無銀乏用自情愿
托中送寄本家弟　子登處三面言議
時值寄出價銀壹拾陸兩正其銀即日收
訖其佃田即付與弟前去耕作納租任從
其便其佃田與兄弟無干並無文加不明
等情如有此等係是兄出頭支理不涉
弟之事自寄之後兄不敢言找生端等
情其田有力之日不拘遠近照字面贖回
者聽今欲有憑立寄佃字一紙付執
為照
乾隆伍拾貳年拾壹月　日立寄佃字仲策
代字中保叶斯權
大吉

5-3-13-1　清乾隆五十二年十一月鄭仲策立寄民佃田字

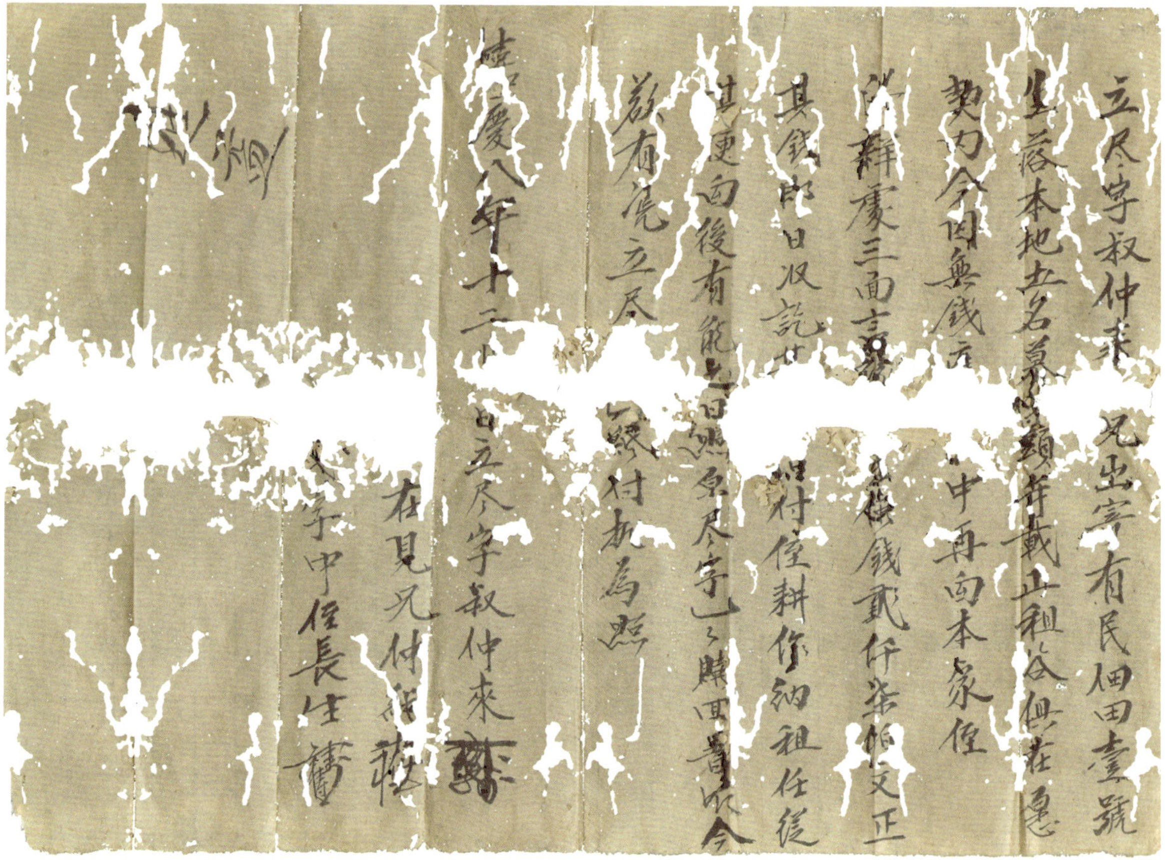

立尽字叔仲来[illegible]兄出字有民佃田壹號
坐落本地土名[illegible]并載山租谷[illegible]
契乃今因無錢[illegible]中再向本家侄
[illegible]三面言[illegible]錢貳仟柒伯文正
其錢即日收訖[illegible]付侄耕作納租任從
其便向後有[illegible]照原尽字[illegible]贖田[illegible]
茲有凭立尽[illegible]付执為照
嘉慶八年十二[illegible]日立尽字叔仲来
在見兄付[illegible]
[illegible]字中侄長生[illegible]

5-3-13-2　清嘉慶八年十二月鄭仲來立盡民佃田字

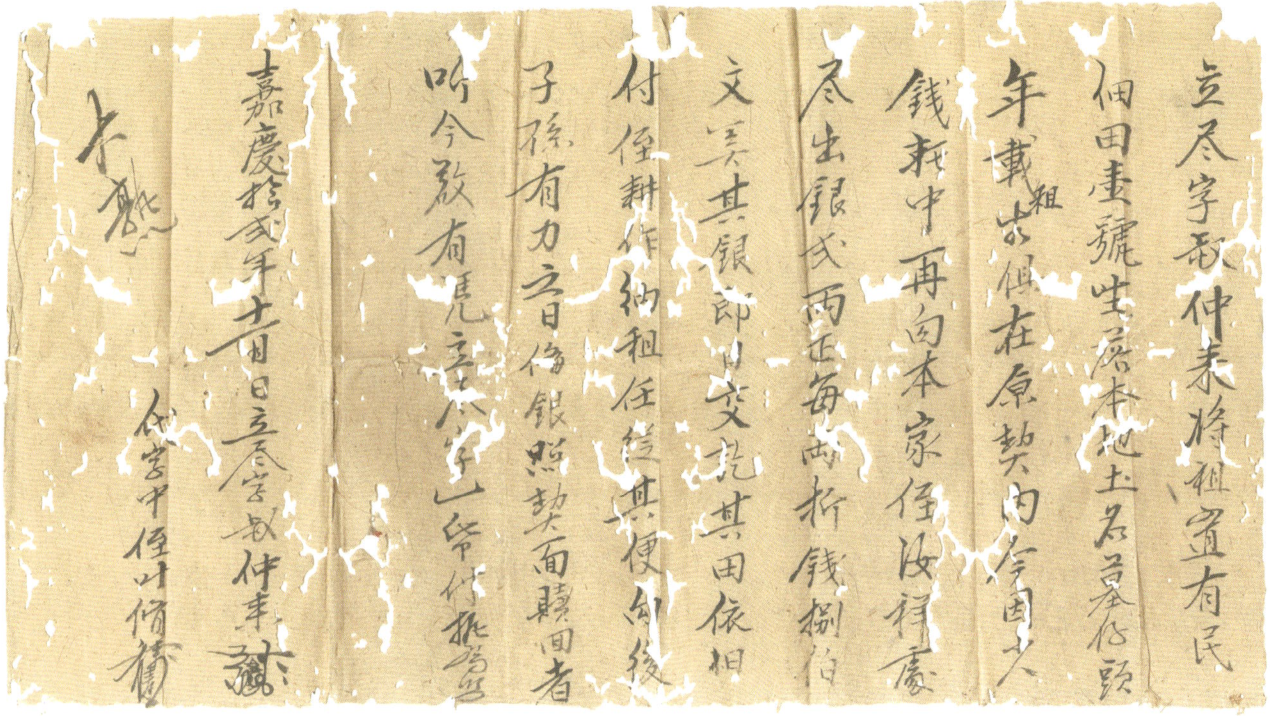

立盡字叔仲來將祖置有民
佃田壹號，坐落本地，土名□□頭，
年載租谷□佃在原契内。今因乏人
錢，托中再向本家侄汝梓處
盡出銀弍兩正，每兩折錢捌伯
文。其銀即日交訖，其田依旧
付侄耕作納租，任從其便。向後
子孫有力之日，備銀照契面贖回者
聽。今欲有憑，立盡民字一紙付執為照。
嘉慶拾弍年十一月　日立盡民字叔仲來（押）
代字中侄叶脩（押）
大吉

5-3-13-3　清嘉慶十二年十一月鄭仲來立盡民佃田字

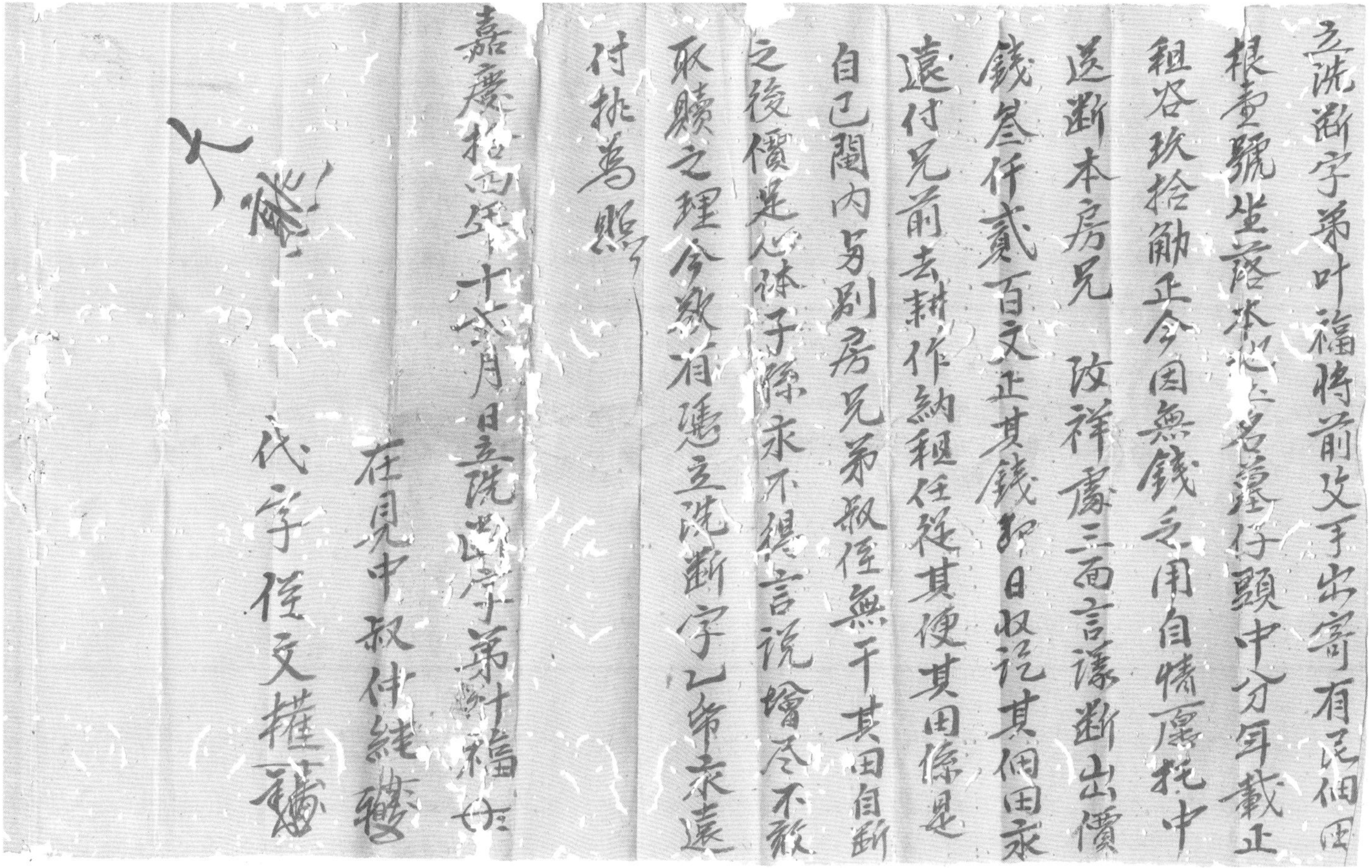

5-3-13-4　清嘉慶十四年十二月鄭叶福立洗斷民佃田根字

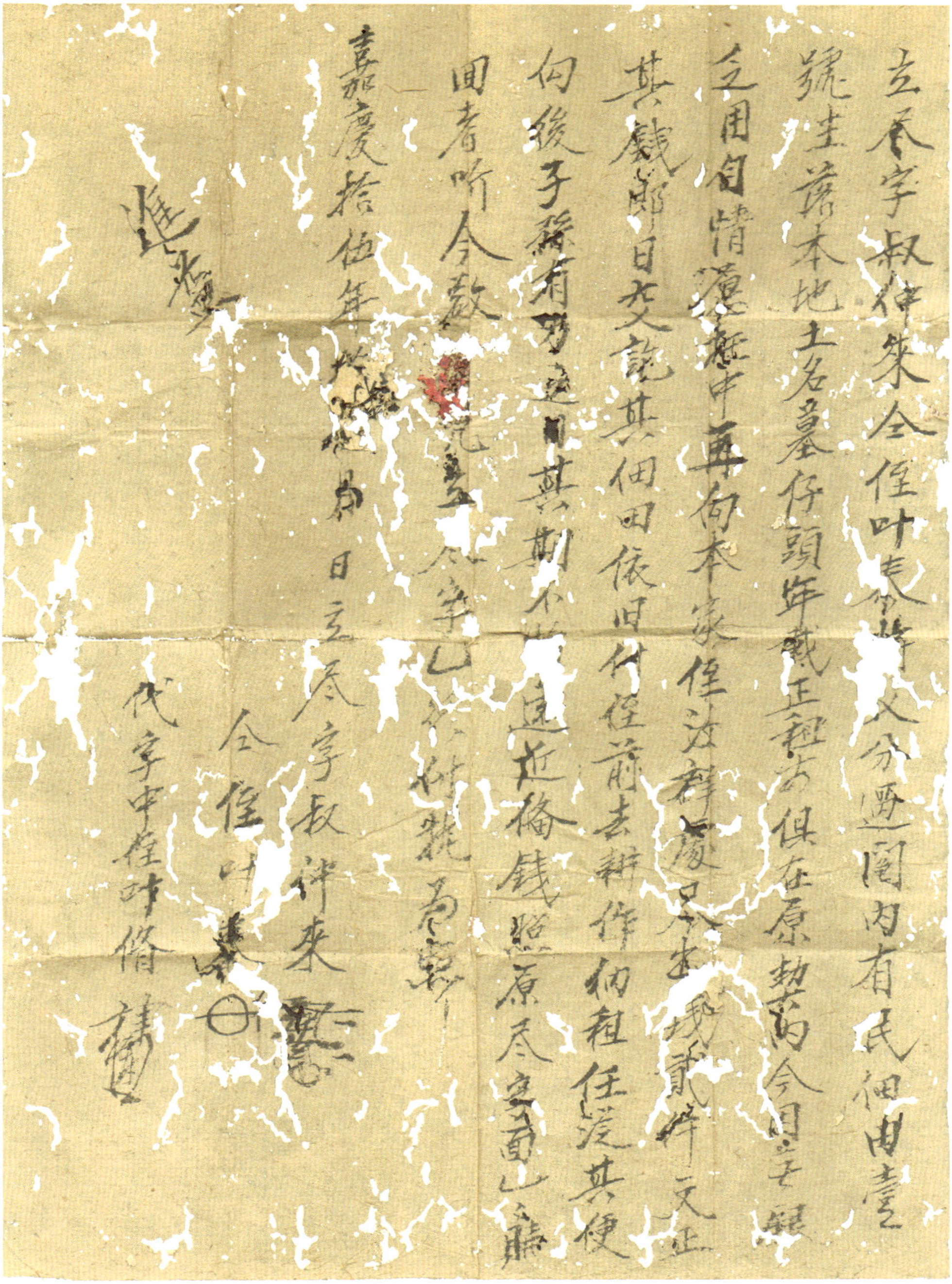

立盡字叔仲來仝侄叶□今將□父分遺闔內有民佃田壹
號坐落本地土名墓仔頭年載正穀□斗俱在原勢內今因要銀
應用自情愿托中再向本家侄汝群、廣□□生邊□錢貳仟□文正
其錢即日交訖其佃田依旧付侄前去耕作納租任從其便
向後子孫有力之日其期不拘遠近備錢照原盡字面山贖
回，者听，今欲有憑立盡字乙紙付執為照。
嘉慶拾伍年□□月 日立盡字叔仲來（押）
仝侄叶□（押）
代字中侄叶脩（押）
進找□

5-3-13-5　清嘉慶十五年鄭仲來等立盡民佃田字

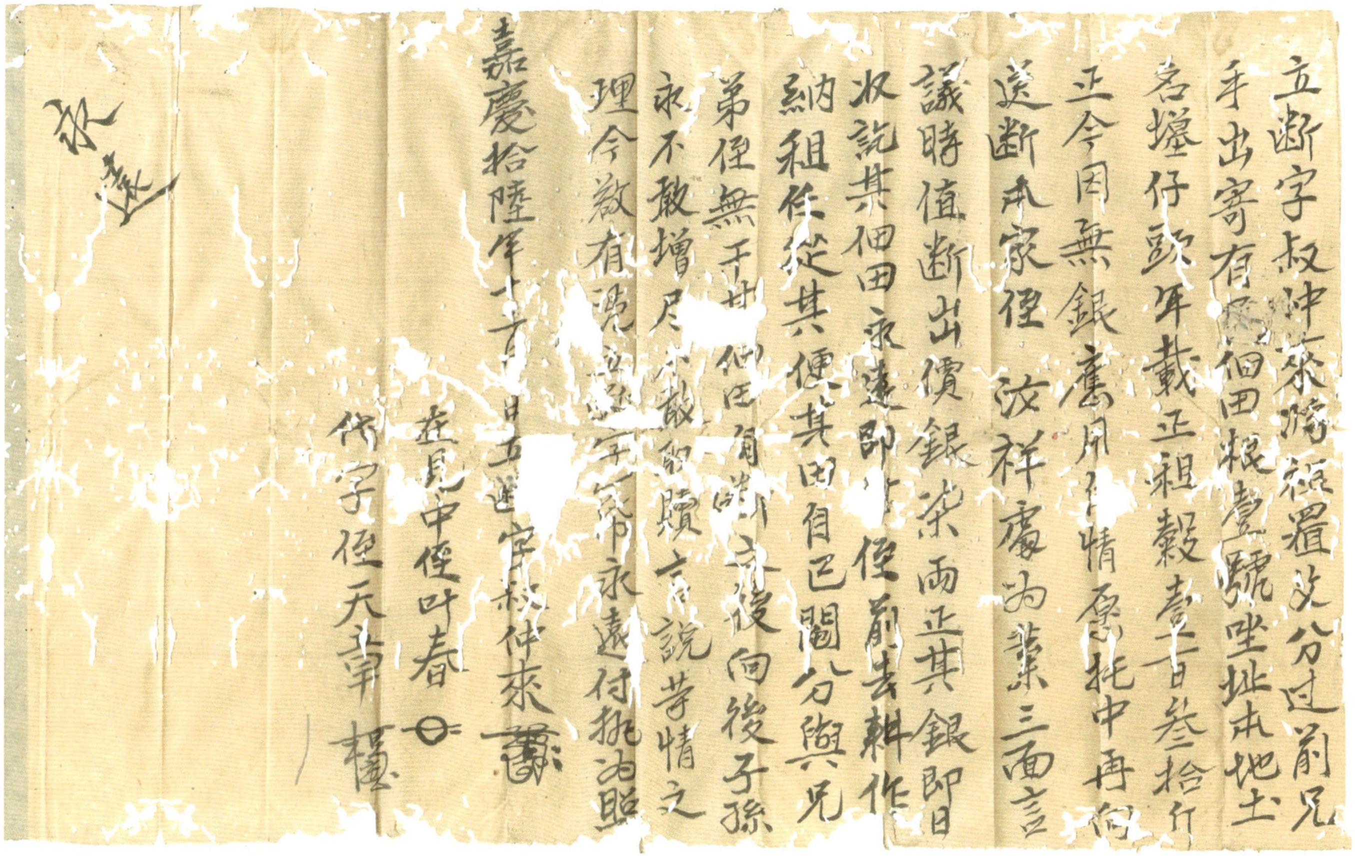

5-3-13-6　清嘉慶十六年十二月鄭仲來立斷民佃田根字

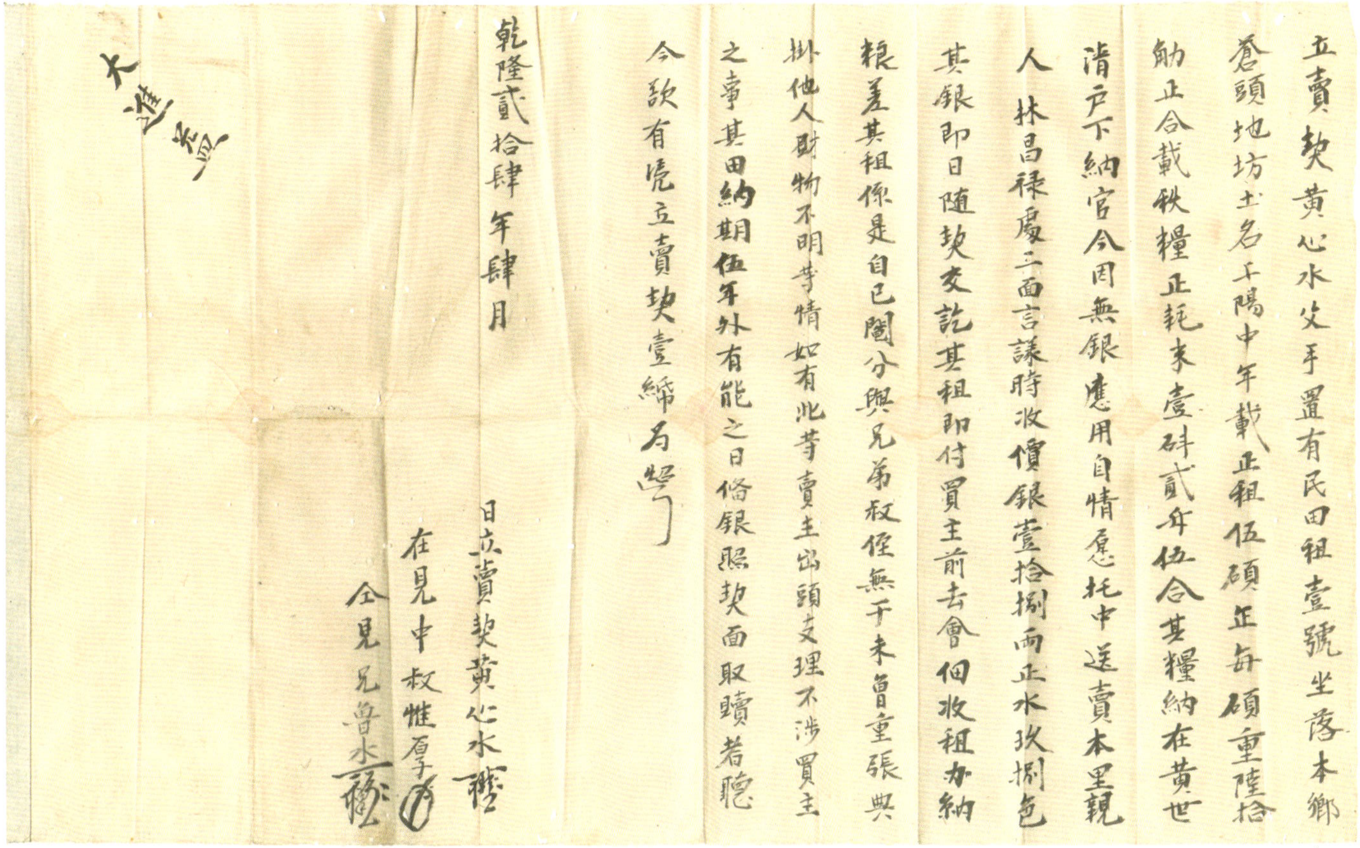
立賣契黄心水父手置有民田租壹號坐落本鄉
蒼頭地坊土名千陽中年載正租伍碩正每碩重陸拾
觔正合載秋糧正耗米壹斗貳升伍合其糧納在黄世
清戶下納官今因無銀應用自情愿托中送賣本里親
人林昌禄處三面言議時收價銀壹拾捌両正水玖捌色
其銀即日隨契交訖其租即付買主前去會佃收租办納
粮差其租係是自己閫分與兄弟叔侄無干未曾重張典
掛他人財物不明等情如有此等賣主出頭支理不涉買主
之事其田納期伍年外有能之日備銀照契面取贖若聽
今欲有憑立賣契壹紙爲照

乾隆貳拾肆年肆月　日立賣契黄心水（押）
在見中叔惟厚（押）
仝見兄魯水（押）

5-3-14-1　清乾隆二十四年四月黄心水立賣民田租契

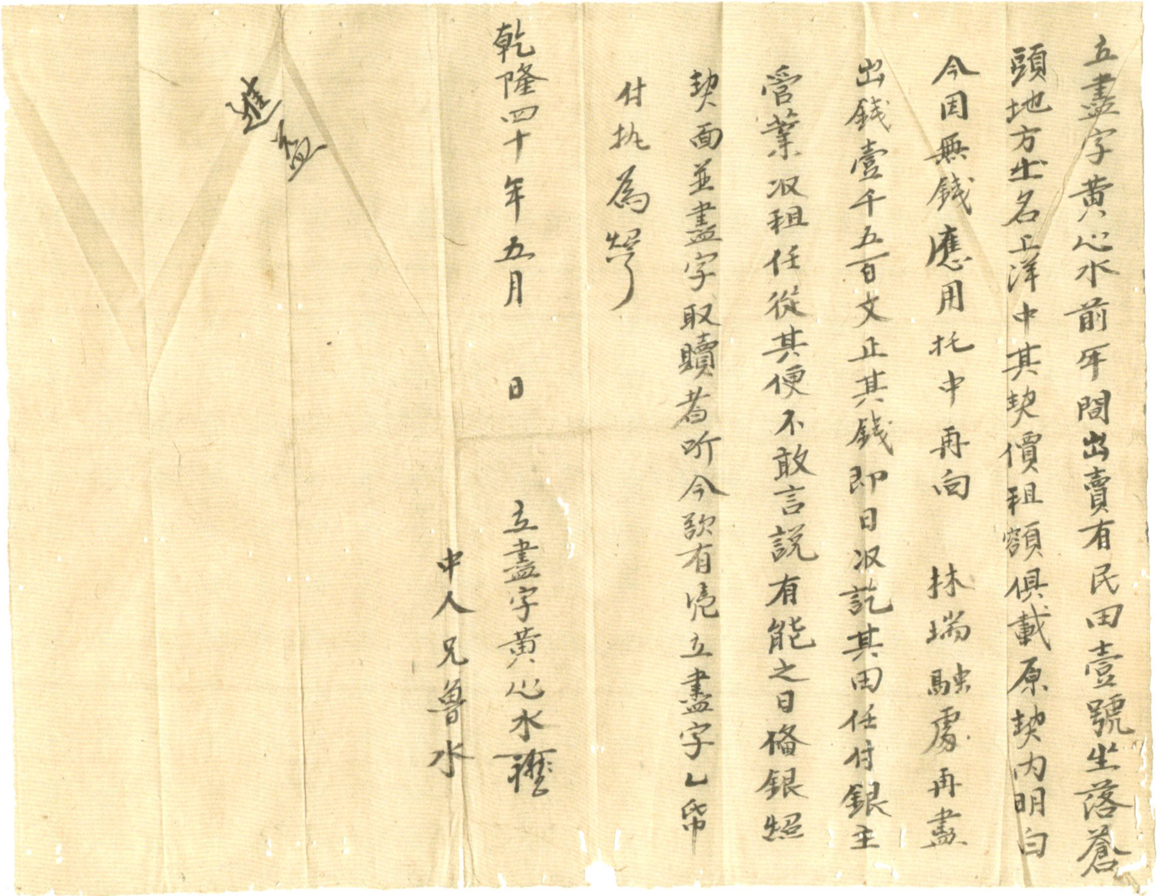

立盡字黄心水前年間出賣有民田壹號坐落蒼
頭地方土名上洋中其契價租額俱載原契内明白
今因無錢應用托中再向　林瑞騋處再盡
出錢壹千五百文正其錢即日収訖其田任付銀主
管業収租任從其便不敢言説有能之日備銀照
契面並盡字取贖苟听今欲有凴立盡字一帋
付執為照

乾隆四十年五月　　日　　立盡字黄心水（押）
中人兄魯水

進盡

5-3-14-2　清乾隆四十年五月黄心水立盡民田字

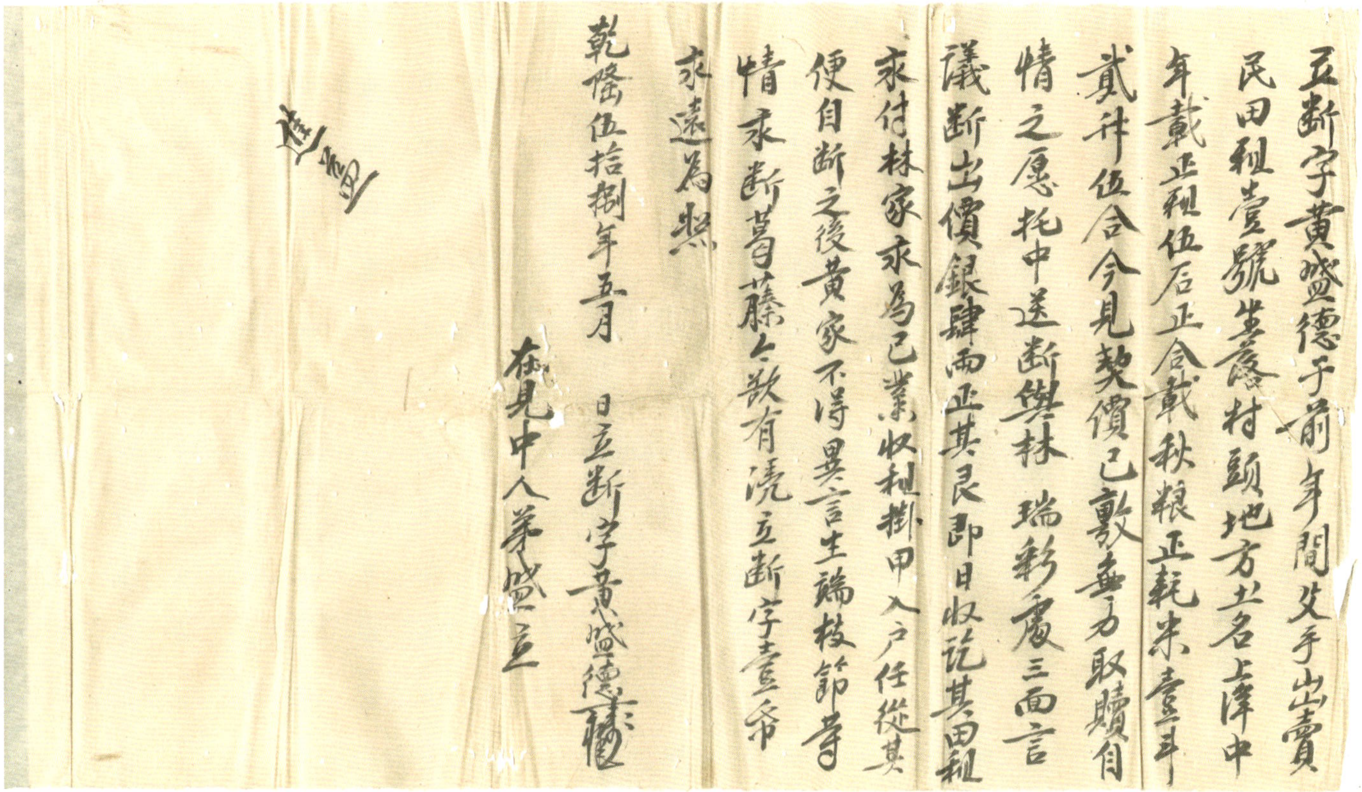

立斷字黃盛德于前年間父手出賣
民田租壹號坐蓋村頭地方土名上洋中
年載正租伍石正合載秋粮正耗米壹斗
貳升伍合今見契價已敷無力取贖自
情之愿托中送斷與林　瑞彩處三面言
議斷出價銀肆兩正其艮即日收訖其田租
永付林家永為己業收租掛甲入户任從其
便自斷之後黃家不得異言生端枝節等
情永斷葛藤今欲有憑立斷字壹帋
永遠為炤
乾隆伍拾捌年五月　日立斷字黃盛德
在見中人弟盛立

5-3-14-3　清乾隆五十八年五月黃盛德立斷民田租字

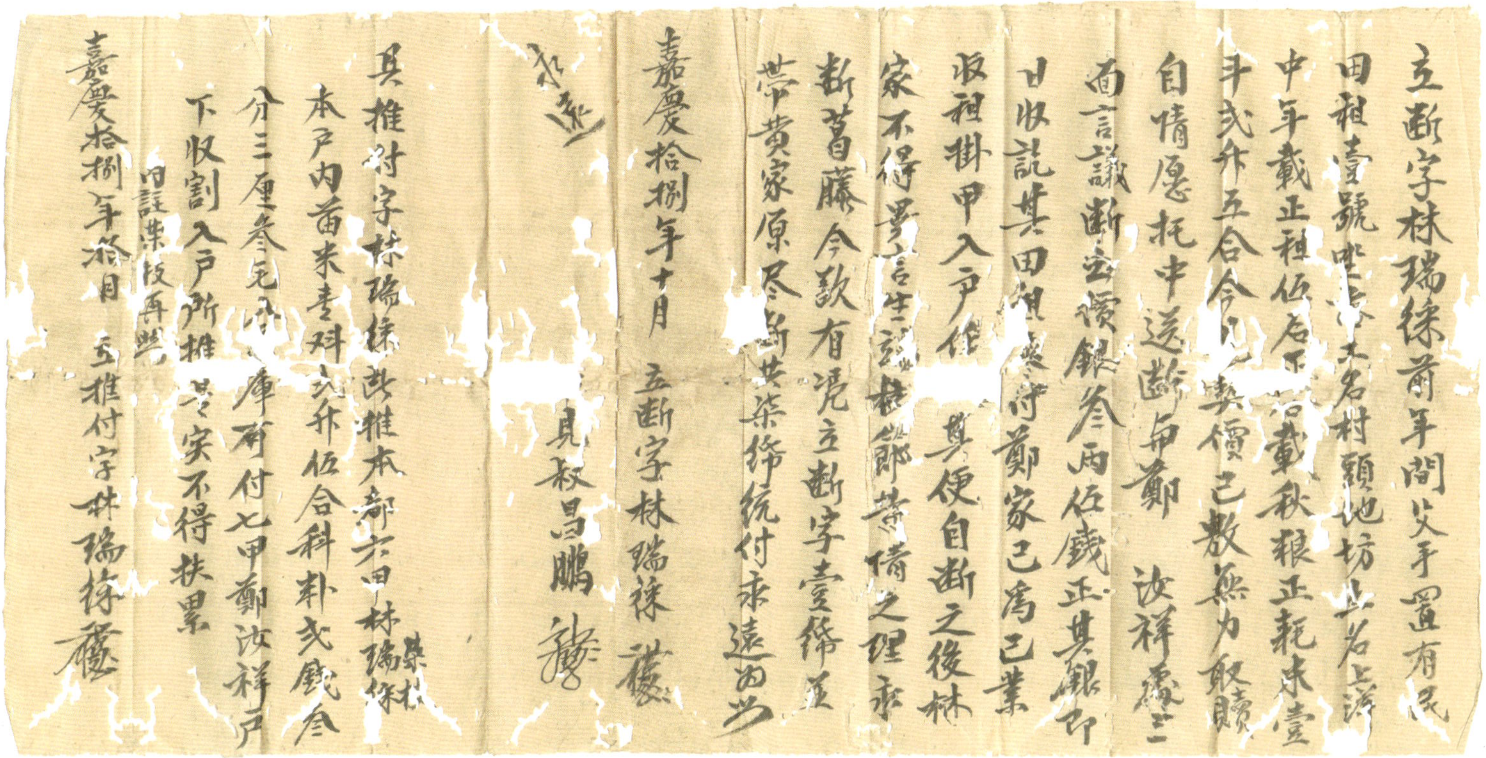
立斷字林瑞綵前年間父手置有民
田租壹號坐落□土名村頭地坊土名上溪
中年載正租伍石□載秋粮正耗米壹
斗弍升五合今因要價乏數無力取贖
自情愿托中送斷與鄭　汝祥處　三
面言議斷出價銀叁兩伍錢正其銀即
日收訖其田租聽付鄭家己爲己業
收租掛甲入戶推　其便自斷之後林
家不得異言生端執贖等情之理永
斷葛藤今欲有憑立斷字壹紙並
帶黄家原契壹紙共柒紙統付永遠爲炤
嘉慶拾捌年十月　立斷字林瑞綵（押）
見叔林昌鵬（押）
永遠

其推付字林瑞綵戡推本鄉六田林瑞綵
本戶內畨米壹斗弍升伍合科弍錢叁
分三厘叁毛□庫前付七甲鄭汝祥戶
下收割入戶所推是实不得扶畧
嘉慶拾捌年拾月　立推付字林瑞綵（押）

5-3-14-4　清嘉慶十八年十月林瑞綵立斷民田租字

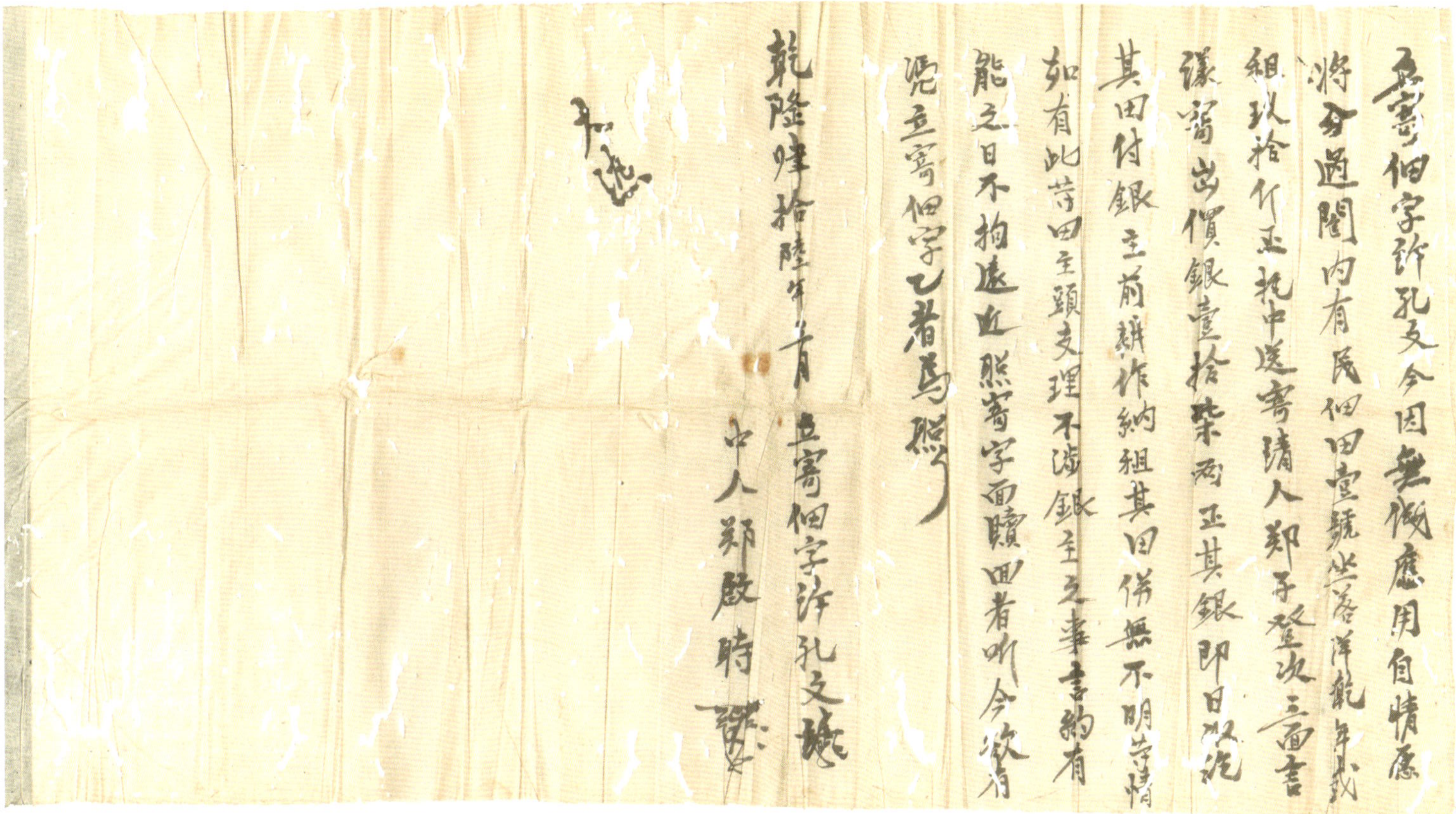

立寄佃字許孔文，今因無錢應用，自情愿
將分過閣內有民佃田壹號，坐落洋乾，年載
租玖拾斤正，托中送寄請人鄭子登次三面言
議寄出價銀壹拾柒兩正，其銀即日收訖。
其田付銀主前耕作納租，其田係無不明等情，
如有此等，田主頭支理，不涉銀主之事。言約有
能之日，不拘遠近，照寄字面贖回者，聽。今欲有
憑，立寄佃字一着為照。

乾隆肆拾陸年　月　日　立寄佃字許孔文（押）
中人鄭啟時（押）

[illegible]

5-3-15-1　清乾隆四十六年三月許孔文立寄民佃田字

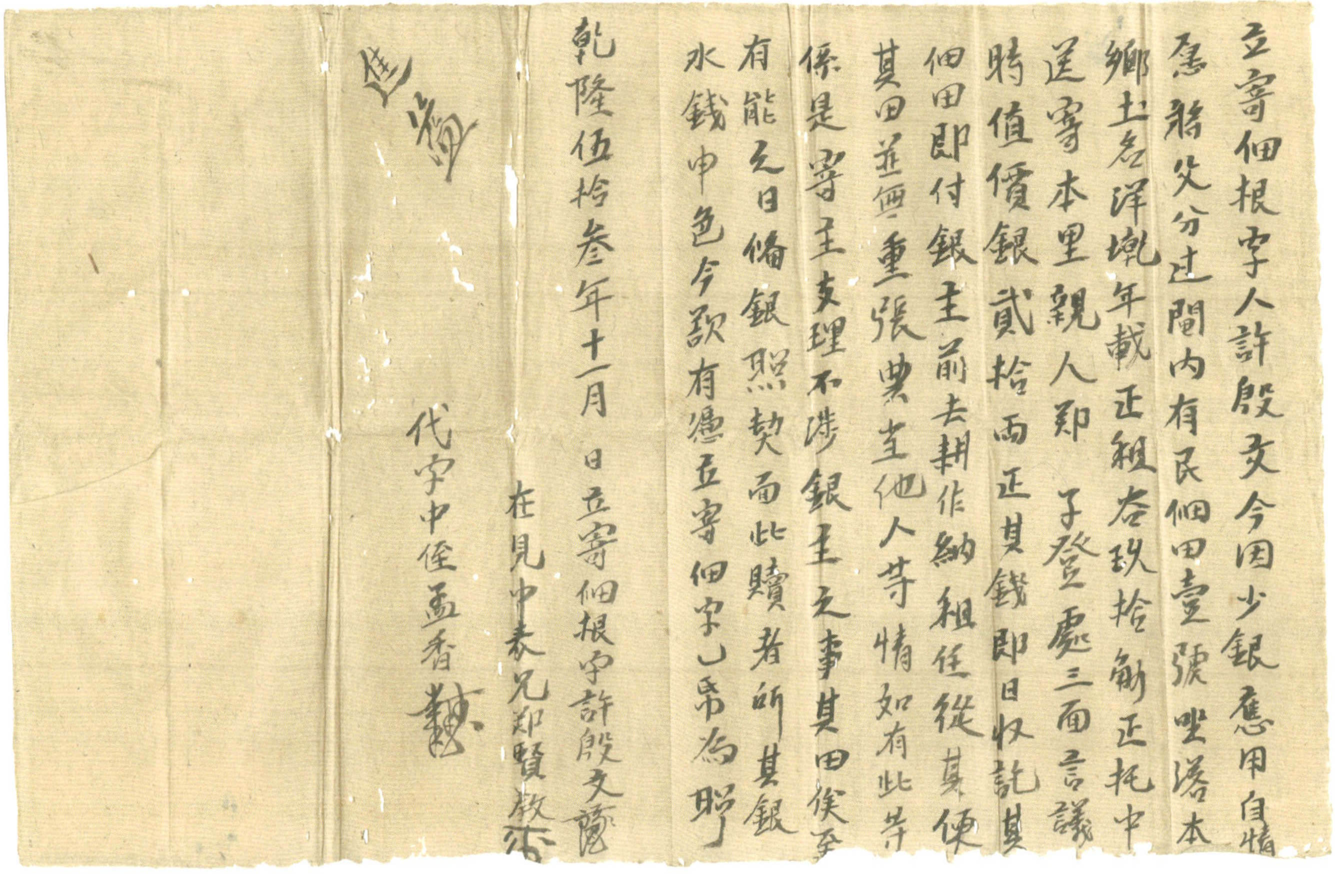
立寄佃根字人許殷文今因少銀應用自情
愿將父分过閩内有民佃田壹號坐落本
鄉土名洋墘年載正租谷玖拾觔正托中
送寄本里親人鄭 子登處三面言議
時值價銀貳拾兩正其錢即日收訖其
佃田即付銀主前去耕作納租任從其便
其田並無重張典尘他人等情如有此等
係是寄主支理不涉銀主之事其田俟至
有能之日備銀照契面此贖者所其銀
水錢中色今欲有憑立寄佃字乙帋為照
乾隆伍拾叁年十一月 日立寄佃根字許殷文
在見中表兄鄭賢啟
代字中侄孟香
[illegible]

5-3-15-2 清乾隆五十三年十一月許殷文立寄民佃田根字

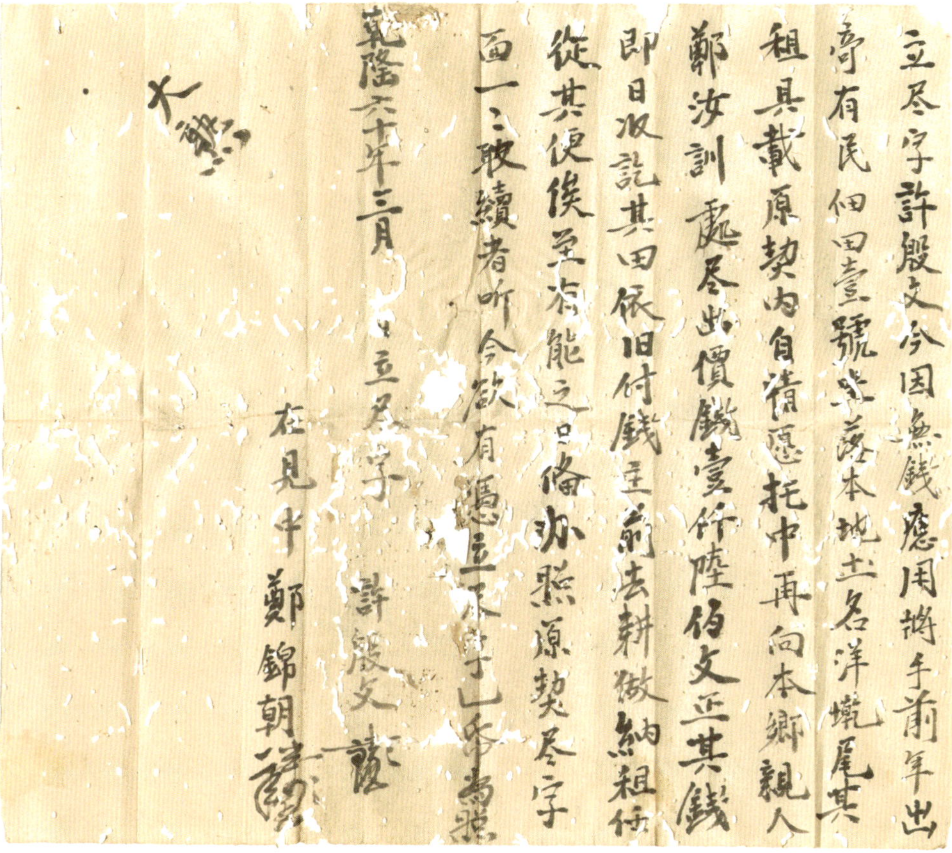
立尽字許殷文今因無錢應用將手前年出買有民佃田壹號坐落本地土名洋墘尾其租具載原契內自情愿托中再向本鄉親人鄭汝訓處尽出價錢壹仟陸佰文正其錢即日收訖其田依旧付錢主前去耕徵納租任從其便候至有能之日備办照原契尽字面一二取續者听今欲有憑立下尽字[illegible]為照

乾隆六十年三月　日立尽字　許殷文

在見中　鄭錦朝

大[illegible]

5-3-15-3　清乾隆六十年三月許殷文立盡民佃田字

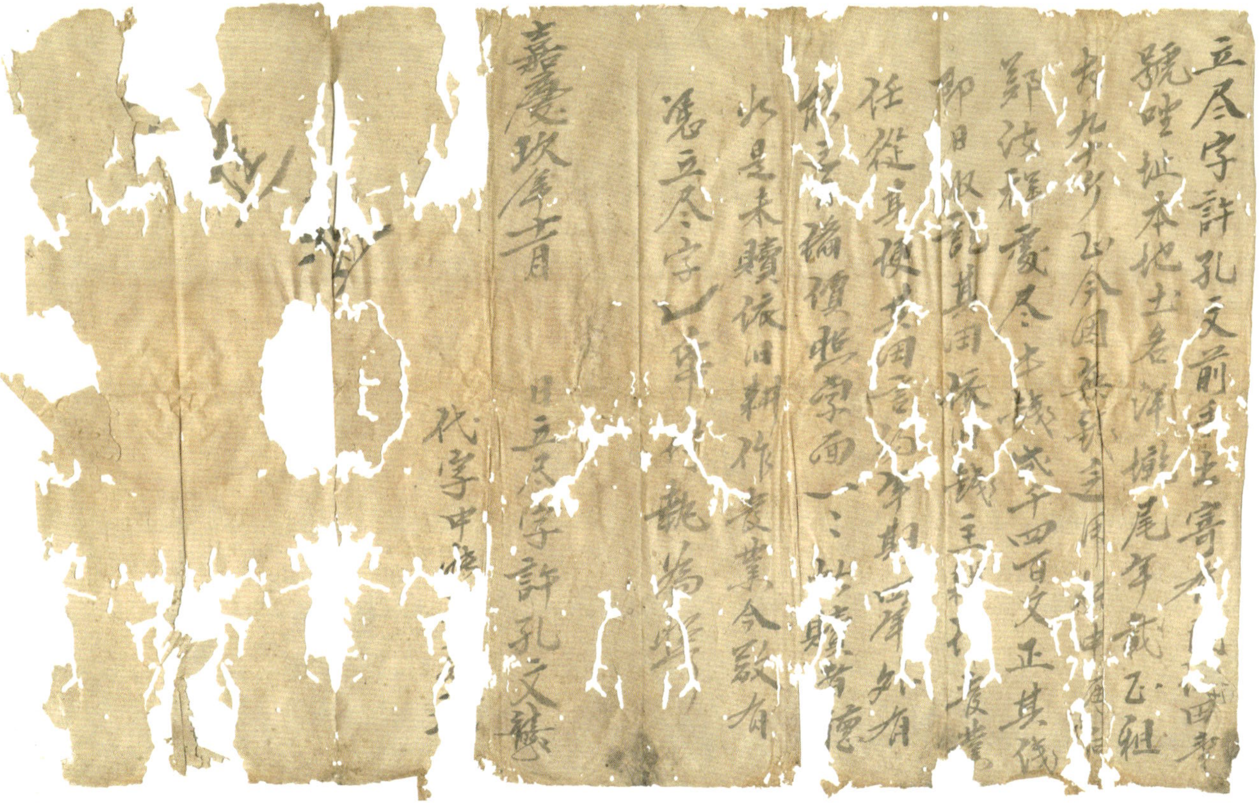

5-3-15-4　清嘉慶九年十一月許孔文立盡民田字

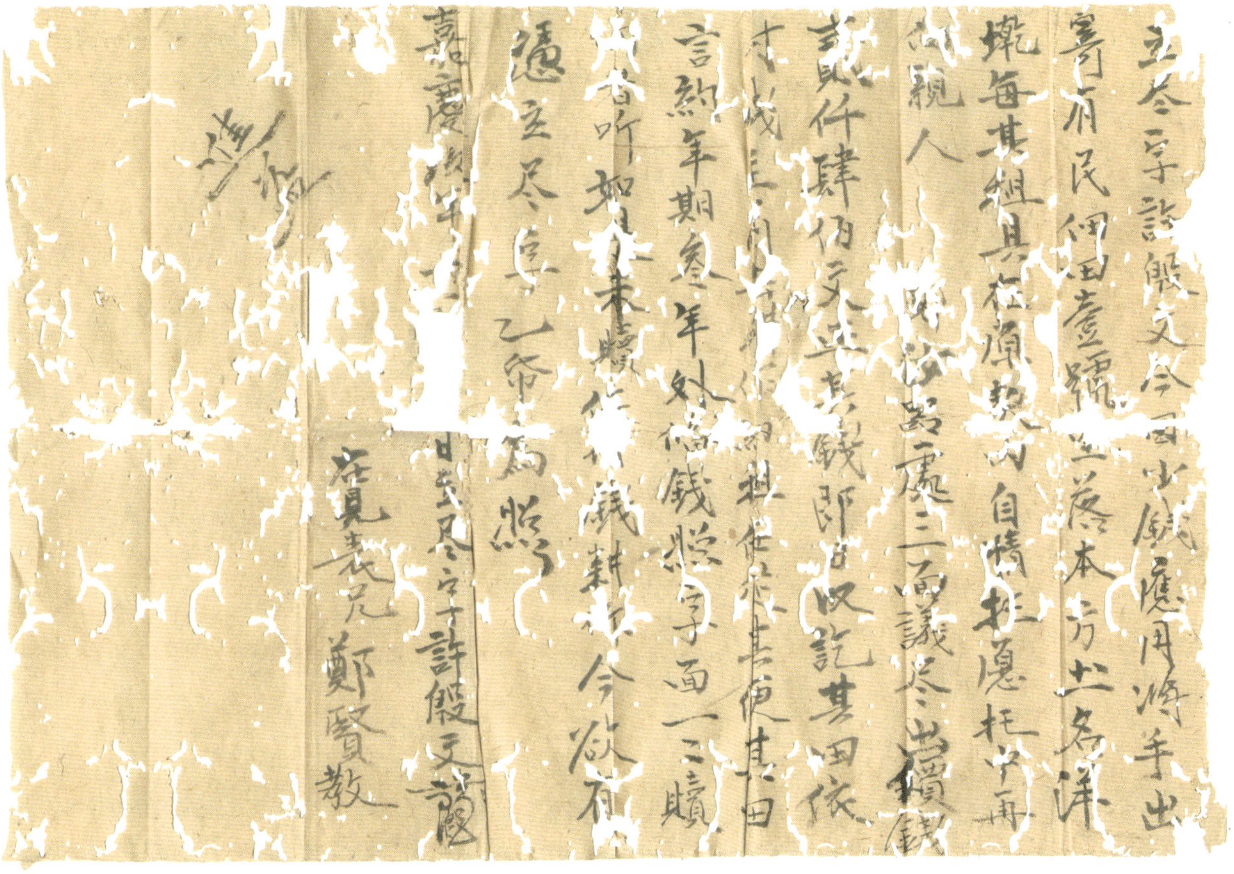

立盡字許殷文今因少錢應用將手出
買有民佃田壹號坐落本方土名洋
墘每其租具在原契內自情托中再
向親人[illegible]處三面議盡出價錢
貳仟肆佰文其錢即日收訖其田依
[illegible]任其[illegible]其田
言約年期叁年外備錢照字面一一贖
[illegible]如[illegible]贖[illegible]錢[illegible]今欲有
憑立盡字乙帋為照
嘉慶[illegible]年十[illegible]月　日立盡字許殷文
見表兄鄭賢敦
[illegible]

5-3-15-5　清嘉慶九年十□月許殷文立盡民佃田字

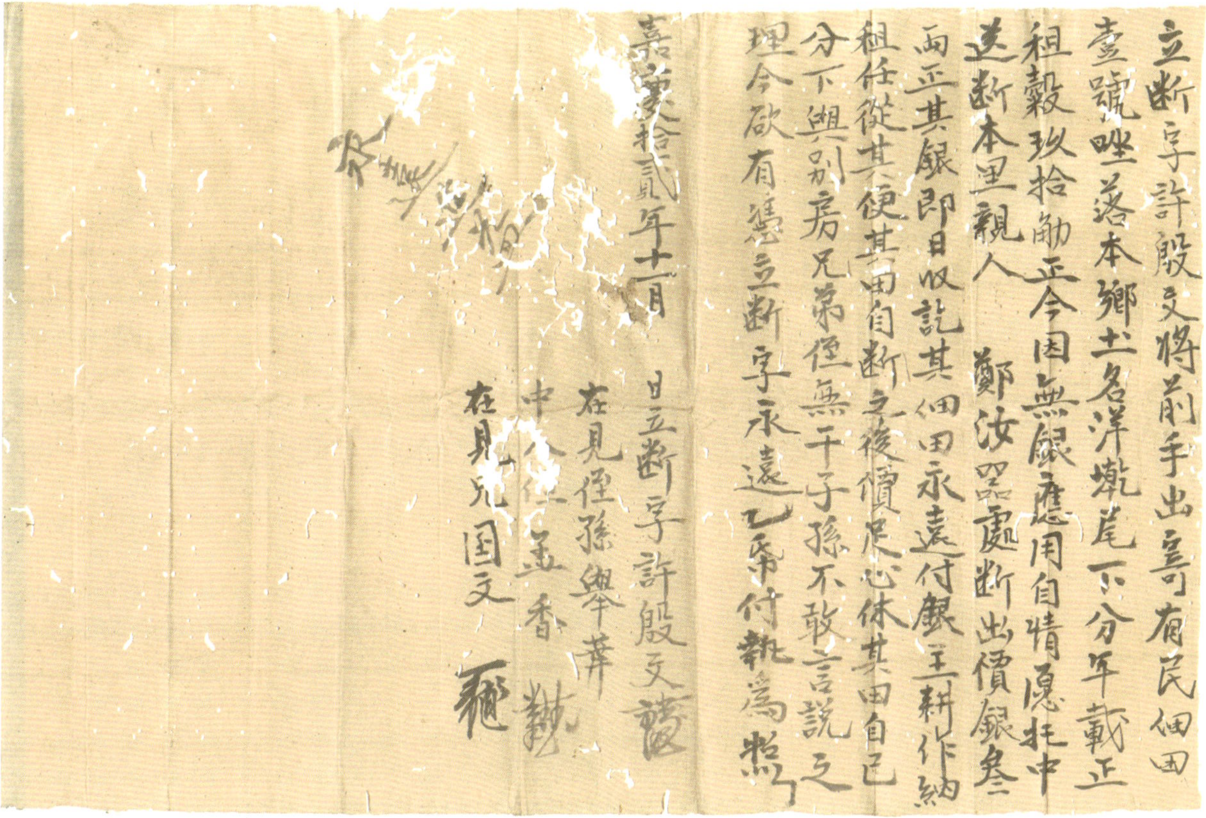
立斷字許殷文將前手出壽可有民佃田
壹號，坐落本鄉土名洋墘尾下，分年載正
租穀玖拾觔正。今因無銀應用，自情愿托中
送斷本里親人　鄭汝器處斷出價銀叁
兩正。其銀即日收訖，其佃田永遠付銀主耕作納
租，任從其便。其田自斷之後，價足心休，其田自己
分下與別房兄弟侄無干，子孫不敢言說之
理。今欲有憑，立斷字永遠一紙，付執為照。
嘉慶拾貳年十一月　日立斷字許殷文（押）
在見侄孫舉華
中人侄孟香（押）
在見兄国文（押）

5-3-15-6　清嘉慶十二年十一月許殷文立斷民佃田字

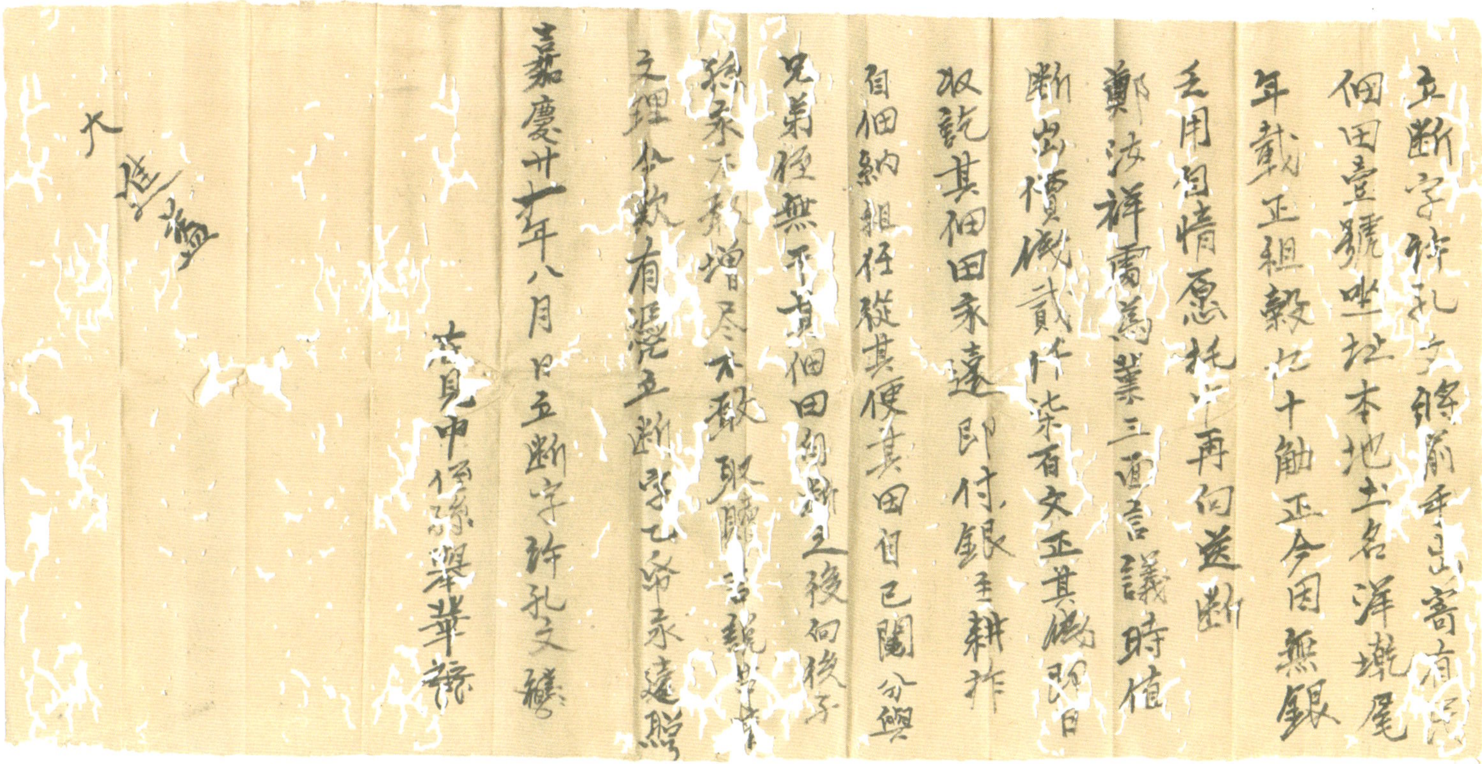
立斷字許孔文將前手出賣有民
佃田壹號坐址本地土名洋墘尾
年載正租穀廿十觔正今因無銀
正用自情愿托中再向盡斷
鄭汝祥需爲業三面言議時值
斷出價錢貳仟柒百文正其錢即日
收訖其佃田永遠即付銀主耕作
自佃納租任從其便其田自己闔分與
兄弟侄無干其佃田向斷之後向後子
孫永不敢增盡不敢取贖[illegible]
文理今欲有憑立斷字乙紙永遠照
嘉慶廿壹年八月　日立斷字許孔文（押）
在見中侄孫梁華（押）
大[illegible]

5-3-15-7　清嘉慶二十一年八月許孔文立斷民佃田字

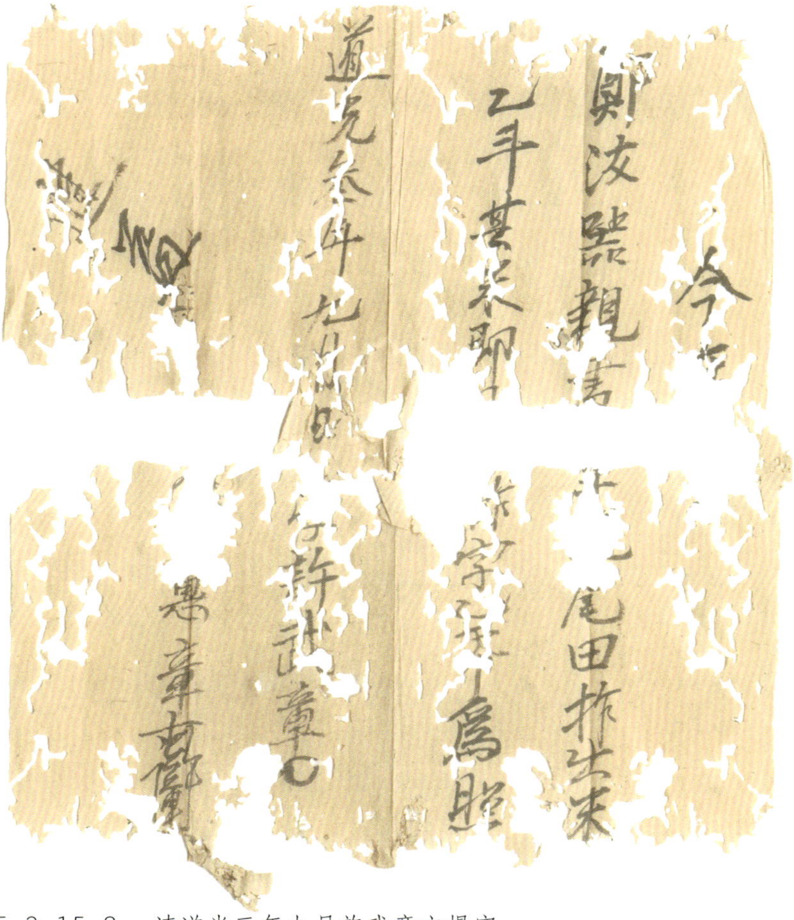

5-3-15-8　清道光三年九月許武章立撮字

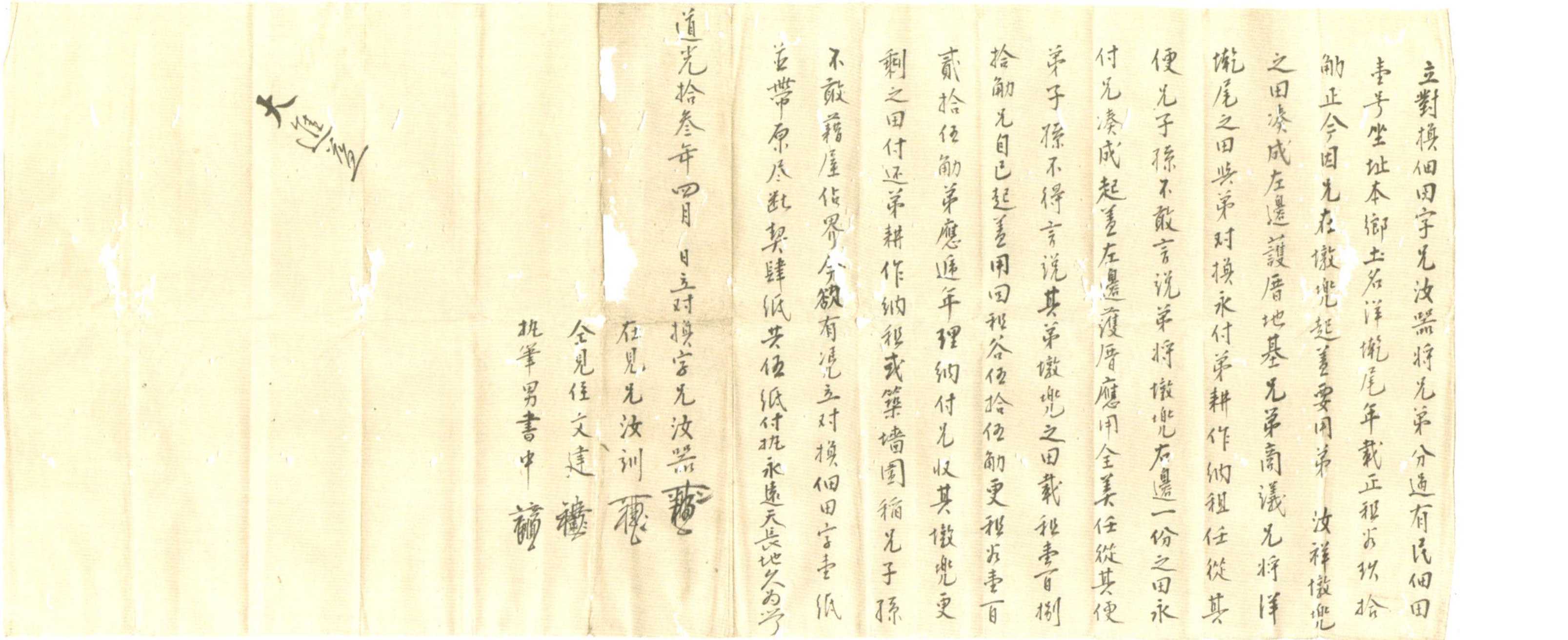

立對換佃田字兄汝器將兄弟分過有民佃田
壹號坐址本鄉土名洋墘尾年載正租谷玖拾
觔正今因兄在墩兜起蓋要用弟　汝祥墩兜
之田湊成左邊護厝地基兄弟商議兄將洋
墘尾之田與弟对換永付弟耕作納租任從其
便兄子孫不敢言說弟將墩兜右邊一份之田永
付兄湊成起蓋左邊護厝應用全美任從其便
弟子孫不得言說其弟墩兜之田載租壹百捌
拾觔兄自己起蓋用田租谷伍拾伍觔更租谷壹百
貳拾伍觔弟應过年理納付兄收其墩兜更
剩之田付还弟耕作納租或築墻園稲兄子孫
不敢藉厘佔界今欲有憑兄立对換佃田字壹紙
並帶原及斷契肆紙共伍紙付执永遠天長地久為字

道光拾叁年四月　日立对換字兄汝器（押）
在見兄汝訓（押）
仝見侄文達（押）
执筆男書中（押）

5-3-15-9　清道光十三年四月鄭汝器立對換民佃田字

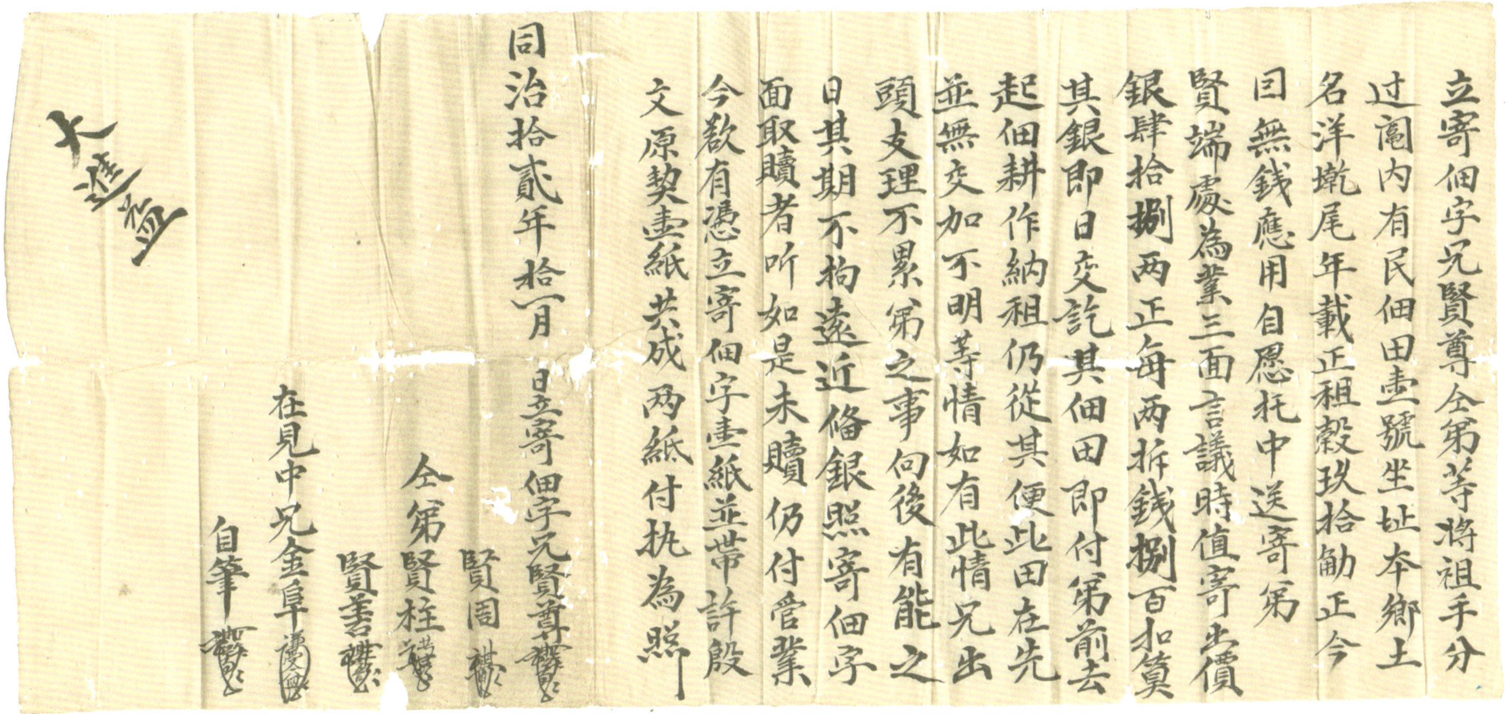

立寄佃字兄賢尊仝弟等將祖手分
过阄内有民佃田壹號坐址本鄉土
名洋墘尾年載正租穀玖拾觔正今
因無錢應用自愿托中送寄弟
賢端處為業三面言議時值寄出價
銀肆拾捌兩正每兩折錢捌百扣算
其銀即日交訖其佃田即付弟前去
起佃耕作納租仍從其便此田在先
並無交加不明等情如有此情兄出
頭支理不累弟之事向後有能之
日其期不拘遠近備銀照寄佃字
面取贖者听如是未贖仍付管業
今欲有憑立寄佃字壹紙並帶許般
文原契壹紙共成兩紙付執為照｜

同治拾貳年拾一月　日立寄佃字兄賢尊（押）
賢固（押）
仝弟賢柱（押）
賢善（押）
在見中兄金阜（押）
自筆（押）

大進益

5-3-15-10　清同治十二年十一月鄭賢尊等立寄民佃田字

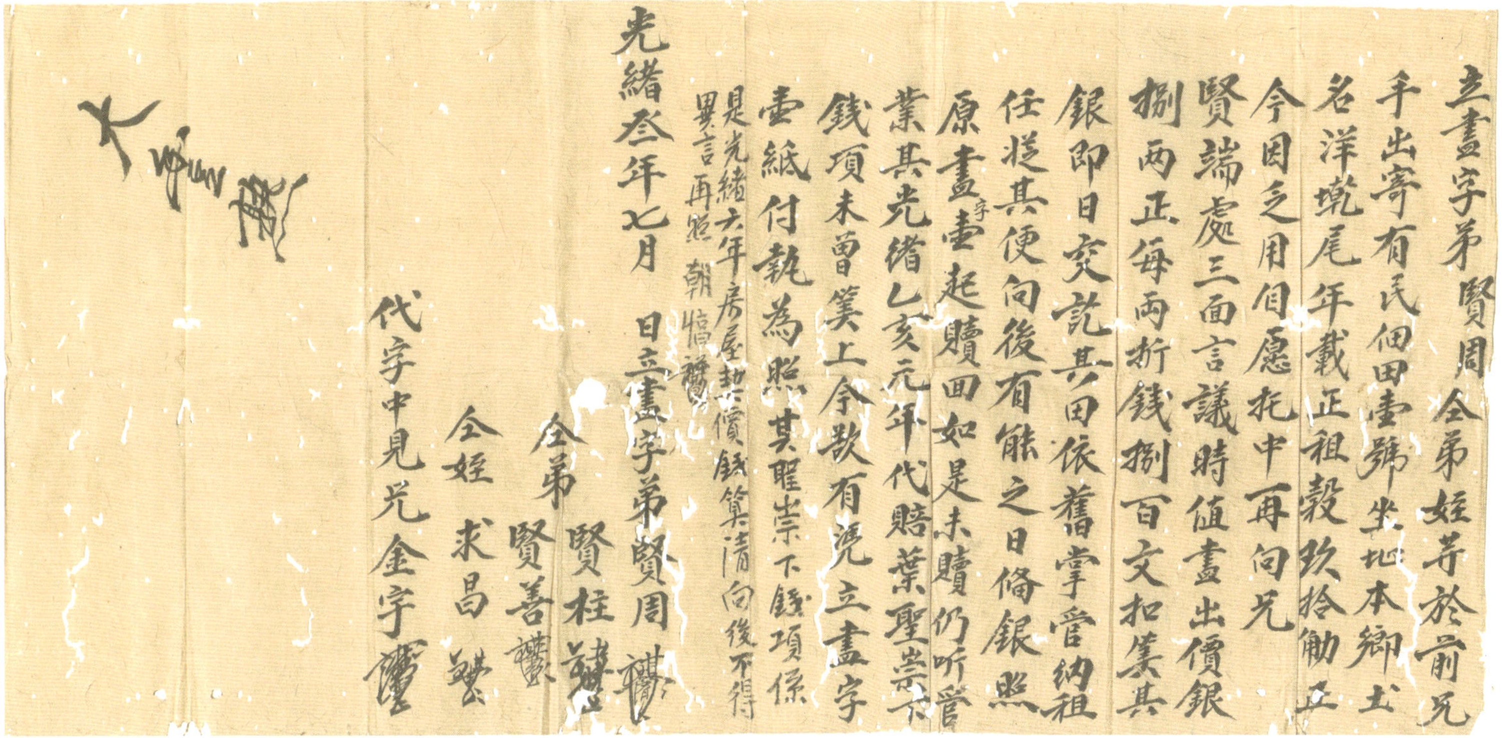

立盡字弟賢周仝弟侄等於前兄
手出寄有民佃田壹號坐址本鄉土
名洋墘尾年載正祖穀玖拾觔正
今因乏用自愿托中再向兄
賢端處三面言議時值盡出價銀
捌兩正每兩折錢捌百文扣算其
銀即日交訖其田依舊掌管納祖
任從其便向後有能之日備銀照
原盡字壹起贖回如是未贖仍听管
業其光緒乙亥元年代賠葉聖崇下
錢項未曾算上今欲有憑立盡字
壹紙付執為照其聖崇下錢項係
是光緒六年房屋扣價錢算清向後不得
異言再照　朝熔筆
光緒叁年七月　日立盡字弟賢周（押）
仝弟　賢柱（押）
賢善（押）
仝侄　求昌（押）
代字中見光金（押）
大吉

5-3-15-11　清光緒三年七月鄭賢周等立盡民佃田字

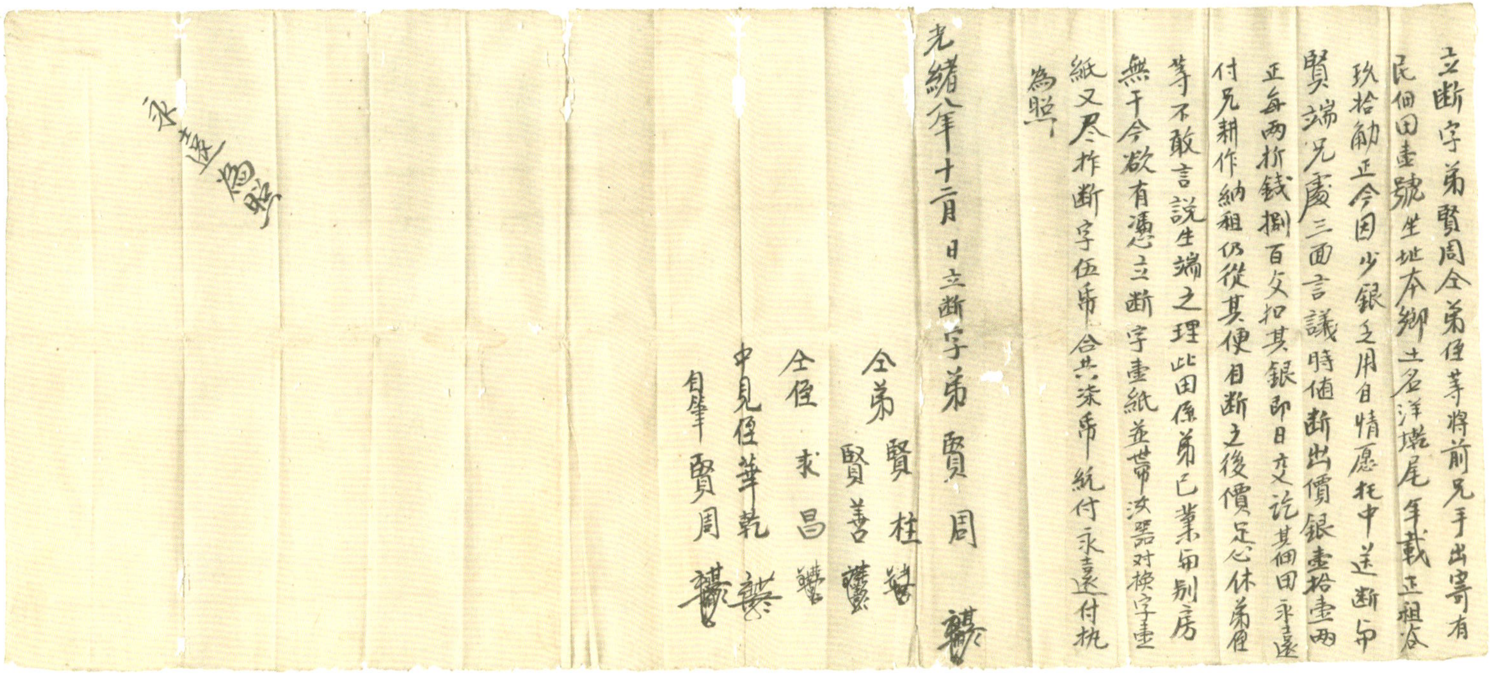

5-3-15-12　清光緒八年十二月鄭賢周等立斷民佃田字

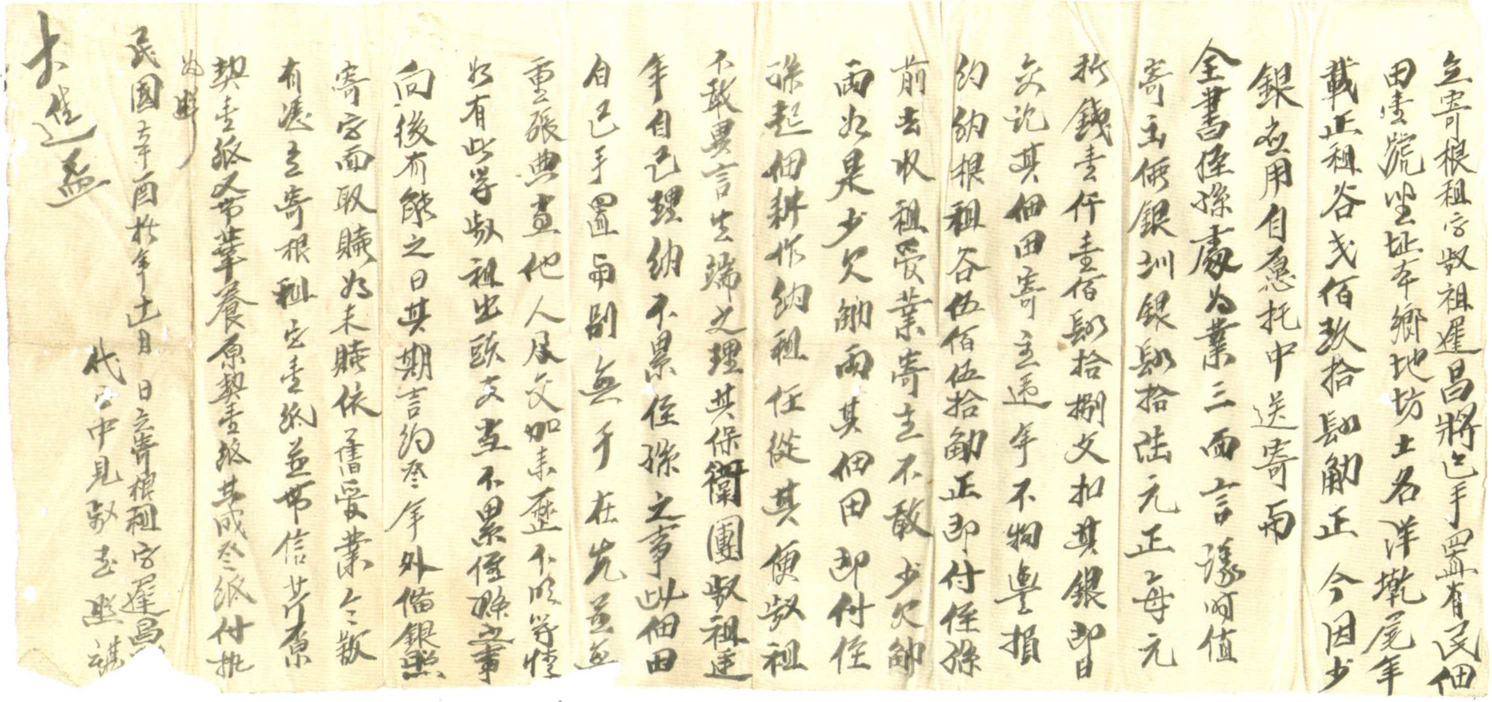
立寄根租字數祖遲昌將己手置有民佃
田壹號坐址本鄉地坊土名洋墘尾年
載正租谷弍佰柒拾觔正 今因乏
銀應用自愿托中送寄與
全書侄孫處為業 三面言議時值
寄去價銀訓銀柒拾陆元正 每元
折錢壹仟壹佰柒拾捌文扣 其銀即日
交訖 其佃田寄去之後 年不拘豐損
約納根租谷伍佰伍拾觔正 即付侄孫
前去收租管業 寄主不敢少欠觔
兩 如是少欠觔兩 其佃田即付侄
孫起佃耕作 納租任從其便 數祖
不敢異言生端之理 其保衛園數祖遲
昌自己理納 不累侄孫之事 此佃田
自己手置 與別無干 在先並無
重張典壹他人 及交加来歷不明等情
如有此等 數祖出頭支當 不累侄孫之事
向後有贖之日 其期言約叁年外 備銀照
寄字面取贖 如未贖 依舊管業 今欲
有憑 立寄根租字壹紙 並帶信契原
契壹紙 又帶華養原契壹張 共成叁紙 付批
為照
民國十年十一月 日立寄根租字數祖遲昌
代中見數祖
大進益

5-3-15-13 民國十年十一月鄭遲昌立寄民佃田根租字

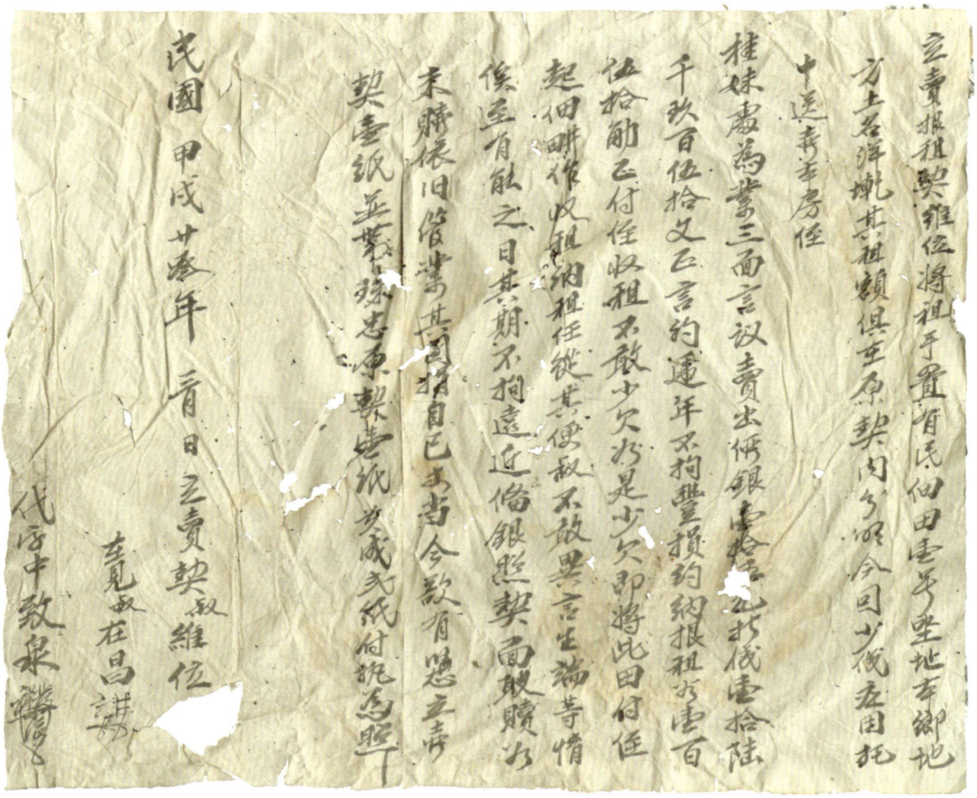

立賣根租契維位將祖手置有民佃田壹号坐址本鄉地
方土名洋墘其租額俱在原契内多寡今因乏錢應用托
中送本房侄
桂妹處爲業三面言議賣出價銀壹拾□元折錢壹拾陸
千玖百伍拾文正言約逐年不拘豐損約納根租谷壹百
伍拾斛正付侄收租不敢少欠如是少欠即將此田付侄
起佃耕作收租納租任從其便叔不敢異言生端等情
候至有銀之日其期不拘遠近備銀照契面取贖如
未贖依旧管業其田係自己物業今欲有憑立賣
契壹紙並業戶孫忠原契壹紙共成貳紙付執爲照
民國甲戌廿叁年三月日立賣契叔維位
在見叔在昌諆
代字中致泉

5-3-15-14　民國二十三年三月鄭維位立賣民佃田根租契

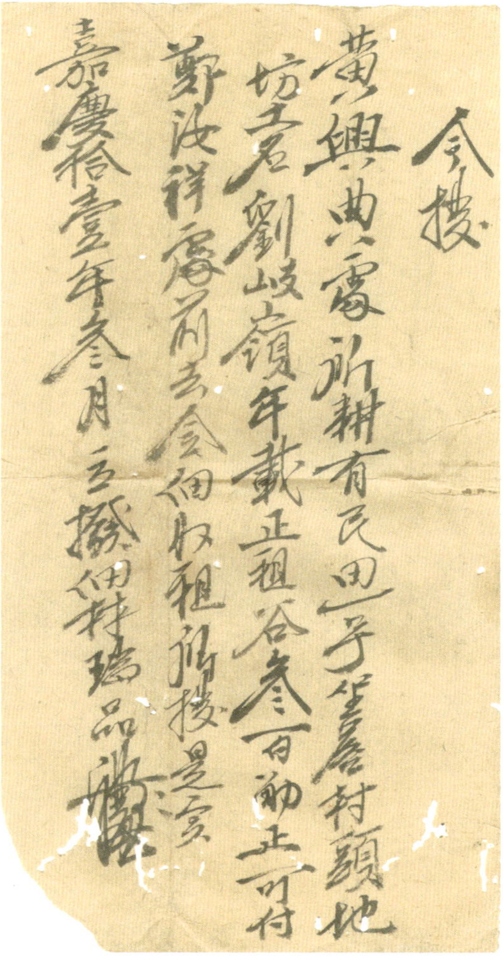

全撥
黄興曲霞所耕有民田一号坐居村頭地
坊土名劉岐嶺年載正租谷叁百觔正可付
鄭汝祥處前去会佃收租抵撥是实
嘉慶拾壹年叁月　日立撥佃林瑞品（押）

5-3-16-1　清嘉慶十一年三月林瑞品立撥民田租字

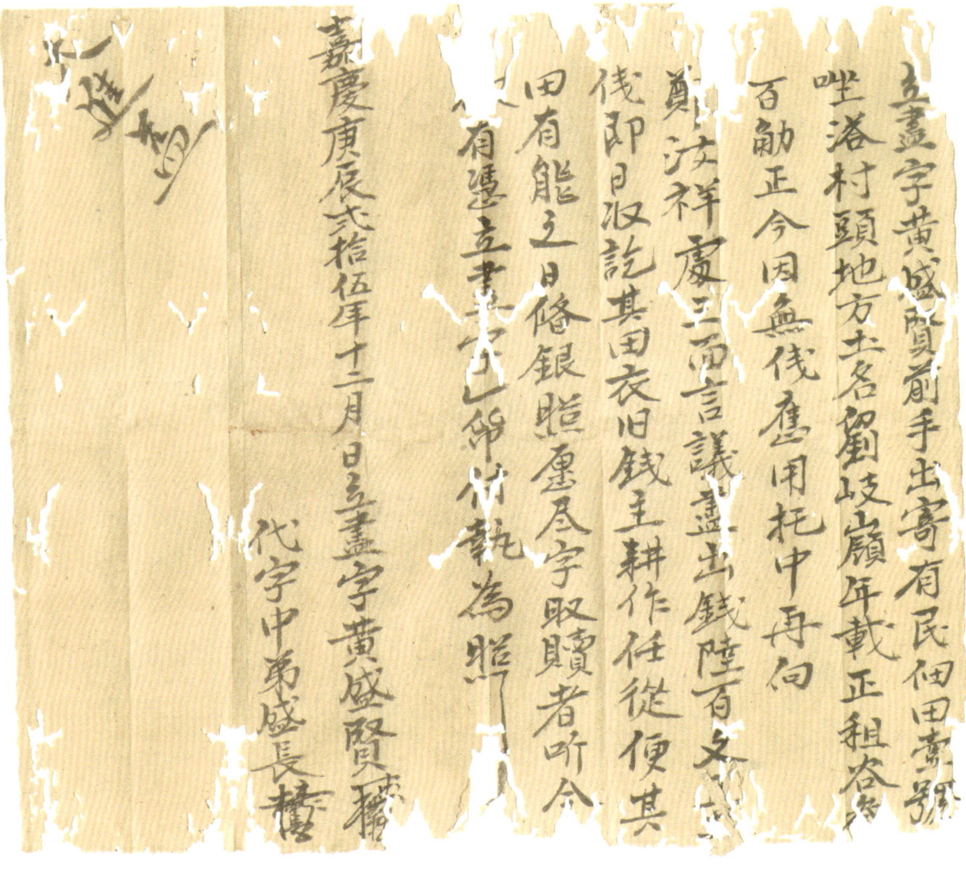
立盡字黃盛賢前手出寄有民佃田壹號
坐落村頭地方土名劉岐嶺年載正租谷
百觔正今因無錢應用托中再向
鄭汶祥處三面言議盡出錢陸百文
錢即日收訖其田衣旧錢主耕作任從便其
田有能立日備銀照應盡字取贖者听今
有憑立盡字一紙付執為照
嘉慶庚辰貳拾伍年十二月日立盡字黃盛賢押
代字中弟盛長押

5-3-16-2　清嘉慶二十五年十二月黃盛賢立盡民佃田字

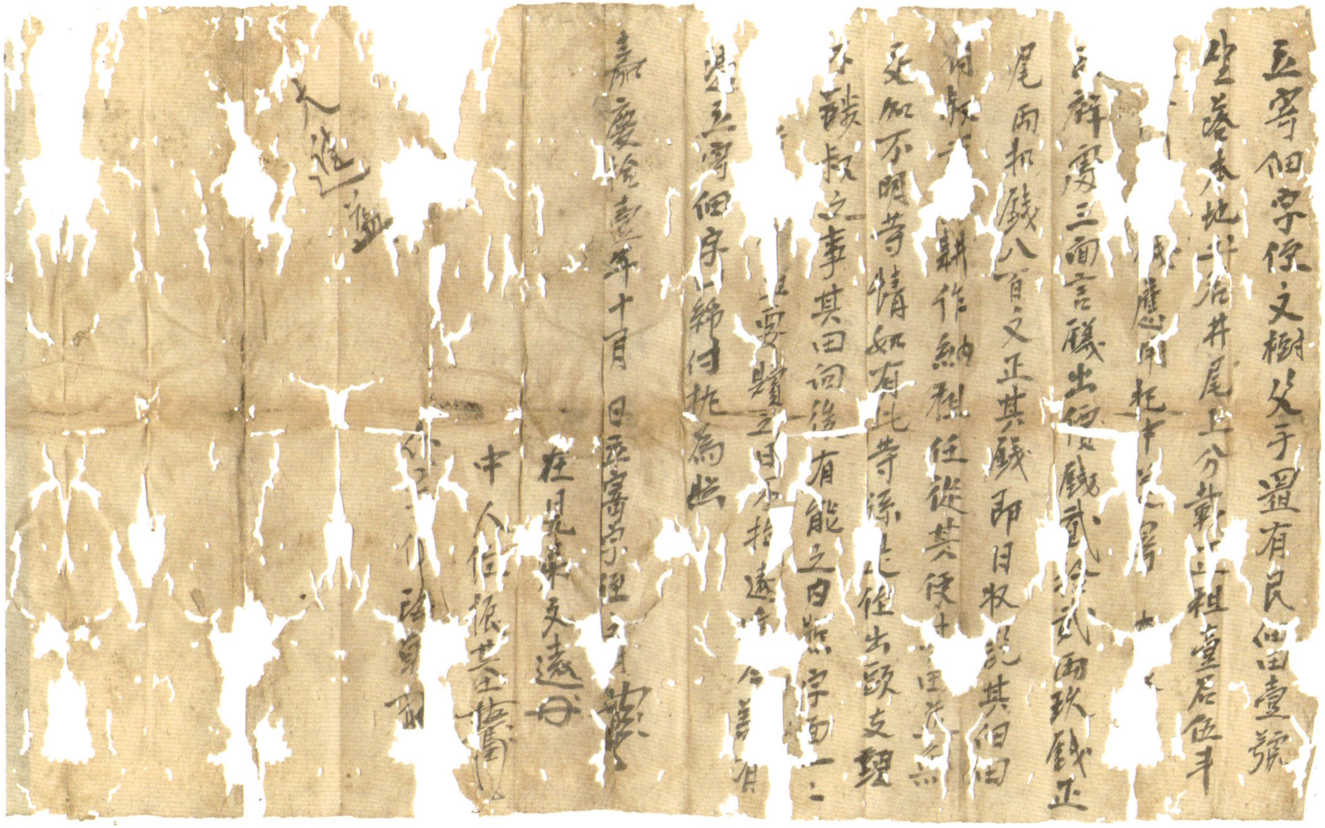
立寄佃字僎文樹父子置有民佃田壹號
坐落本地土名井尾上分載[illegible]租壹石伍斗
[illegible]
今[illegible]憑三面言議出佃錢貳拾貳兩玖錢正
尾兩扣錢八百文正其錢即日收訖其佃田
[illegible]耕作納租任從其便[illegible]
支如不明等情如有此等係[illegible]出頭支理
不涉叔之事其田[illegible]有能之日照字面[illegible]
[illegible]
恐[illegible]立寄佃字一紙付執為照
嘉慶拾壹年十月　日立寄佃字[illegible]
在見叔文遠
中人[illegible]
[illegible]

5-3-17-1　清嘉慶十一年十一月鄭文樹立寄民佃田字

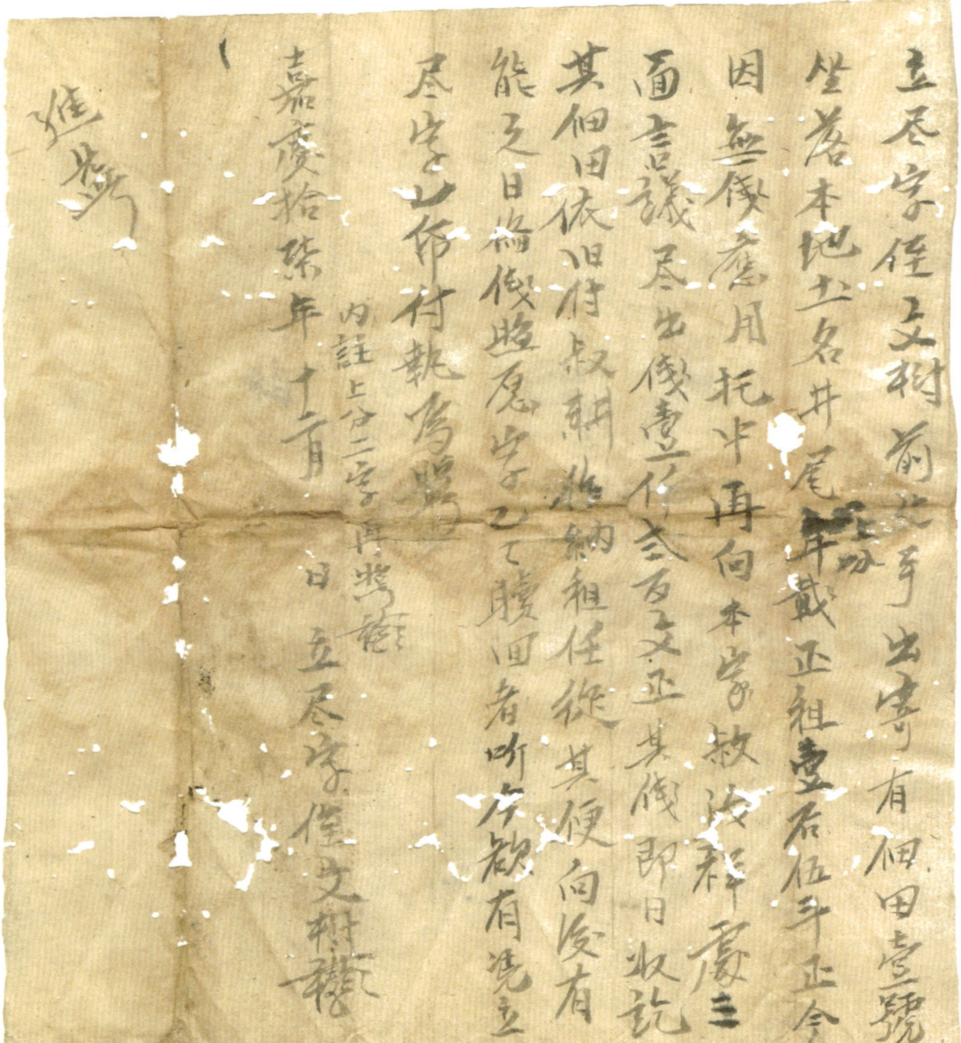
立盡字侄文樹前之年出賣有佃田壹號，坐落本地土名井尾垟，載正租壹石伍斗正。今因無錢應用，托中再向本家叔祥慶三面言議，盡出錢壹仟叁百文正，其錢即日收訖。其佃田依旧付叔耕作納租，任從其便。向後有能之日，備錢照原字乙紙贖回者，听从。欲有憑，立盡字壹紙付執為照。

內註上仝二字再照。

嘉慶拾柒年十二月　日立盡字侄文樹（押）

姪先筆

5-3-17-2　清嘉慶十七年十二月鄭文樹立盡佃田字

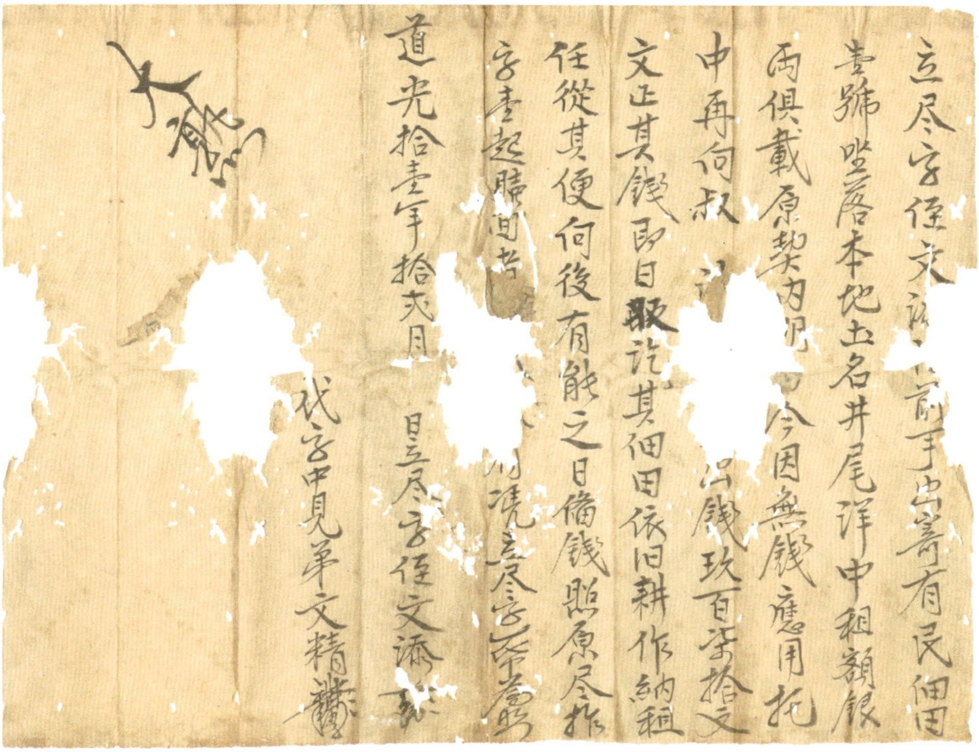

立尽字侄文添[illegible]前手出壽有民佃田
壹號，坐落本地土名井尾洋中，租額銀
兩，俱載原契內明[illegible]今因無錢應用，托
中再向叔[illegible]出錢玖百柒拾文
文正，其錢即日收訖，其佃田依旧耕作納租，
任從其便，向後有能之日，備錢照原尽推
字壹起贖回者[illegible]所凴，立尽字爲照。
道光拾壹年拾弍月　日立尽字侄文添（押）
代字中見草文精（押）
大發

5-3-17-3　清道光十一年十二月鄭文添立盡民佃田字

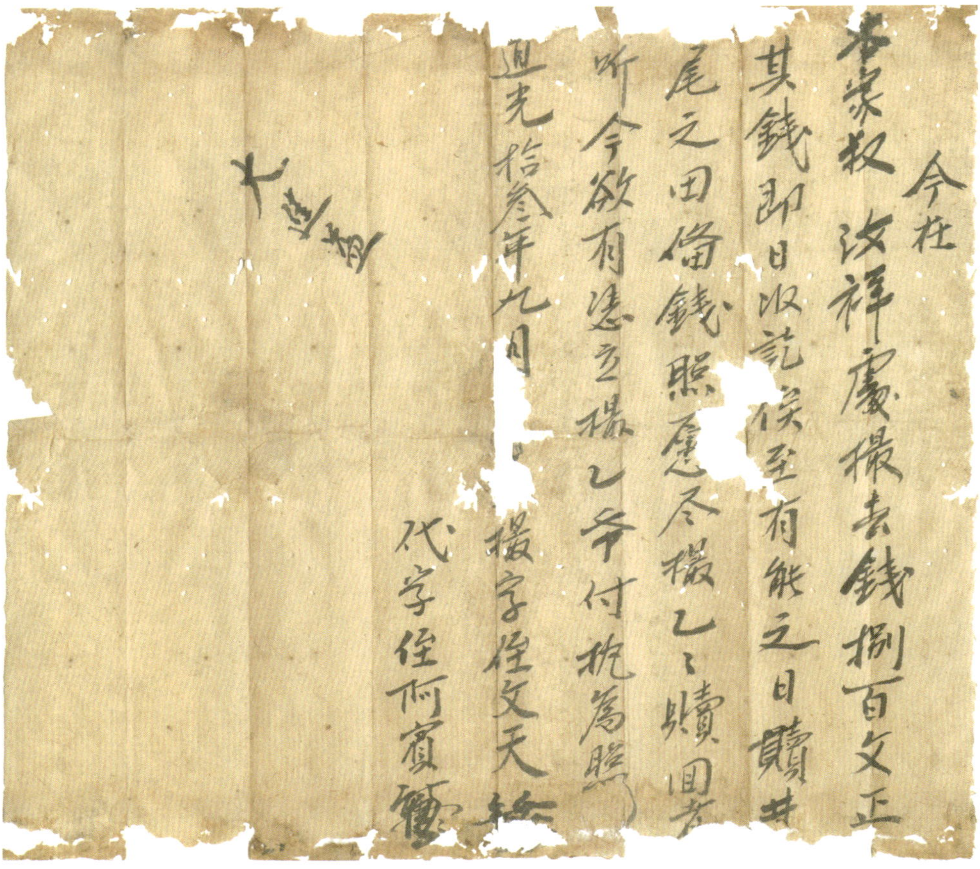
今在
本家叔汝祥處撮去錢捌百文正
其錢即日收訖，候至有能之日贖井
尾之田備錢照原本撮乙乙贖回者
听今欲有憑立撮乙帋付執為照
道光拾叁年九月　日　撮字侄文天[押]
代字侄阿賓[押]

5-3-17-4　清道光十三年九月鄭文天立撮字

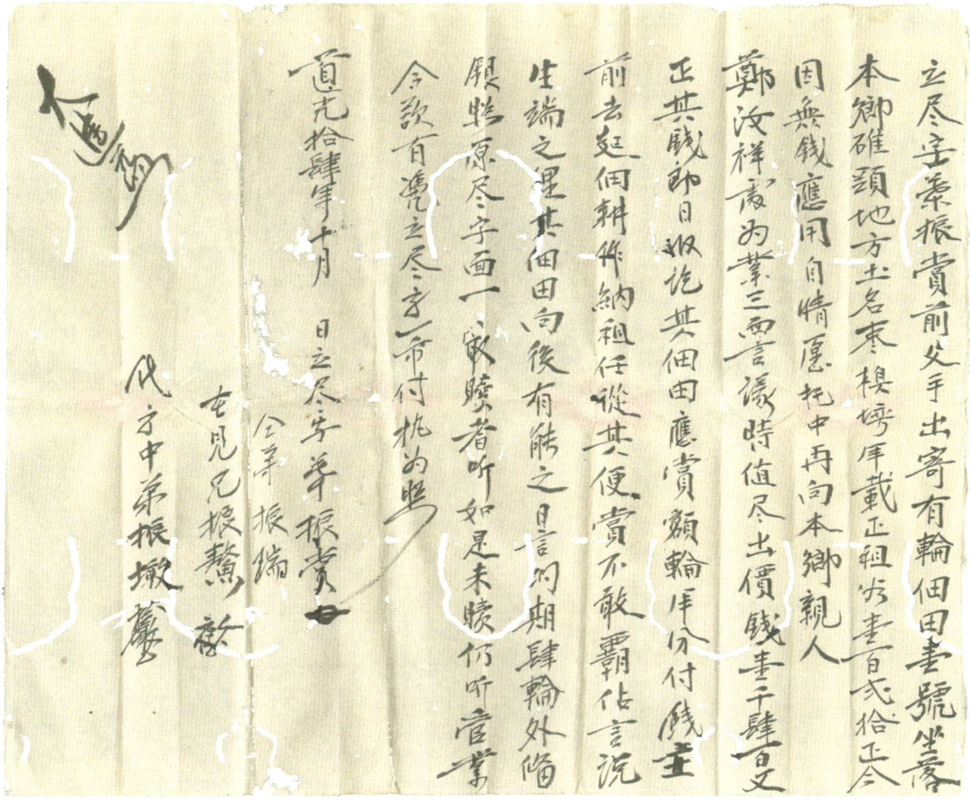
立盡字葉振賞前丈手出寄有輪佃田壹號坐落
本鄉碓頭地方土名李樓墘年載正租谷壹百弍拾正今
因無錢應用自情愿托中再向本鄉親人
鄭汝祥處為業三面言議時值盡出價錢壹千肆百文
正其錢即日收訖其佃田應賞額輪年分付錢主
前去起佃耕作納租任從其便賞不敢覇佔言說
生端之理其佃田向後有能之日言約期肆輪外備
服照原盡字面一收贖者听如是未贖仍听管業
今欲有憑立盡字一帋付執為照
道光拾肆年十月　日立盡字葉振賞
仝弟　振端
在見兄振鰲
代字中弟振撤

5-3-18-1　清道光十四年十月葉振賞等立盡輪佃田字

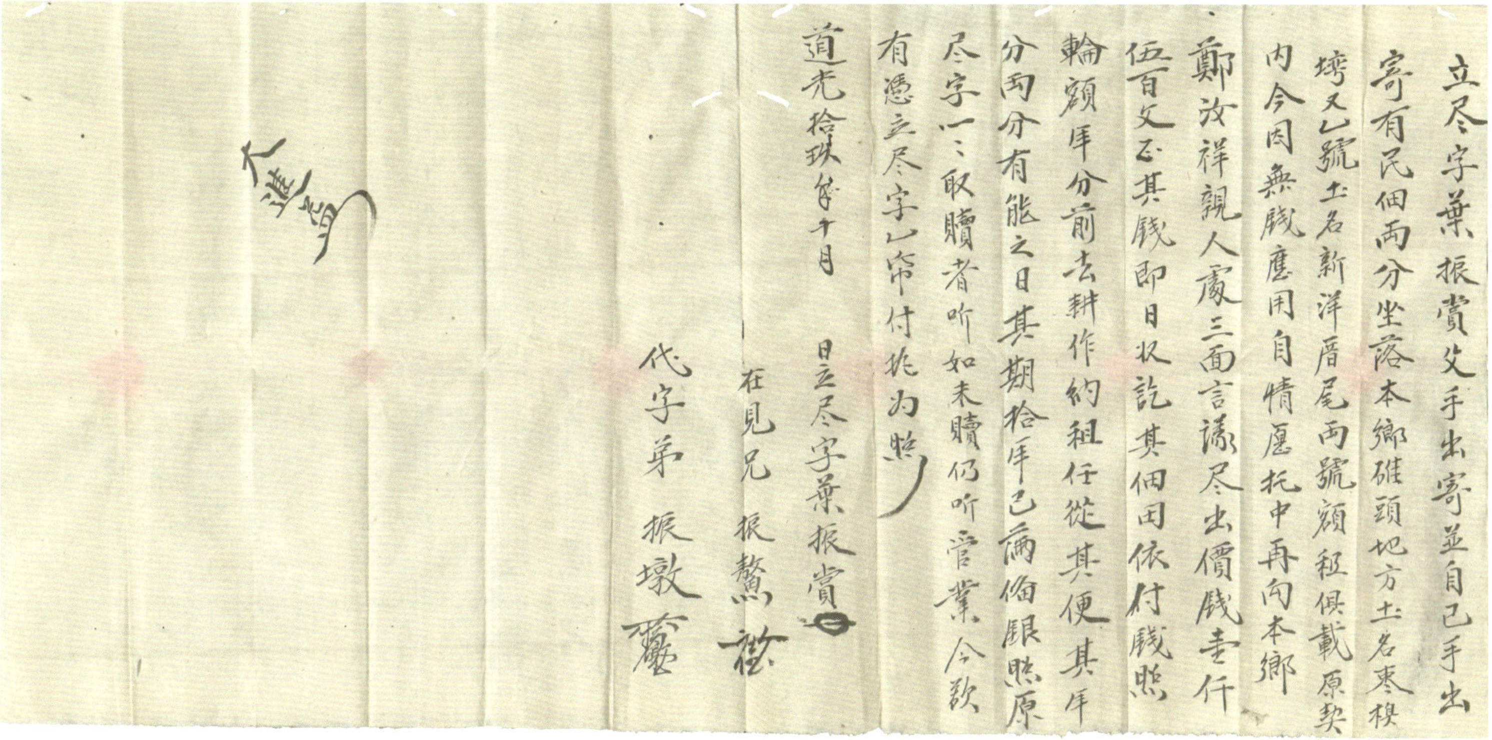
立尽字葉振賞父手出寄並自己手出
寄有民佃两分坐落本鄉碓頭地方土名枣椂
垮又山號土名新洋厝尾两號額租俱載原契
内今因無錢應用自情愿托中再向本鄉
鄭汝祥親人處三面言議尽出價錢壹仟
伍百文正其錢即日收訖其佃田依付錢照
輪額年分前去耕作納租任從其便其年
分两分有能之日其期拾年已滿備銀照原
尽字一〻取贖者听如未贖仍听管業今欲
有憑立尽字一帋付執為照
道光拾玖年十月　日立尽字葉振賞
在見兄　振鰲
代字弟　振墩
大進寶

5-3-18-2　清道光十九年十月葉振賞立盡民佃田字

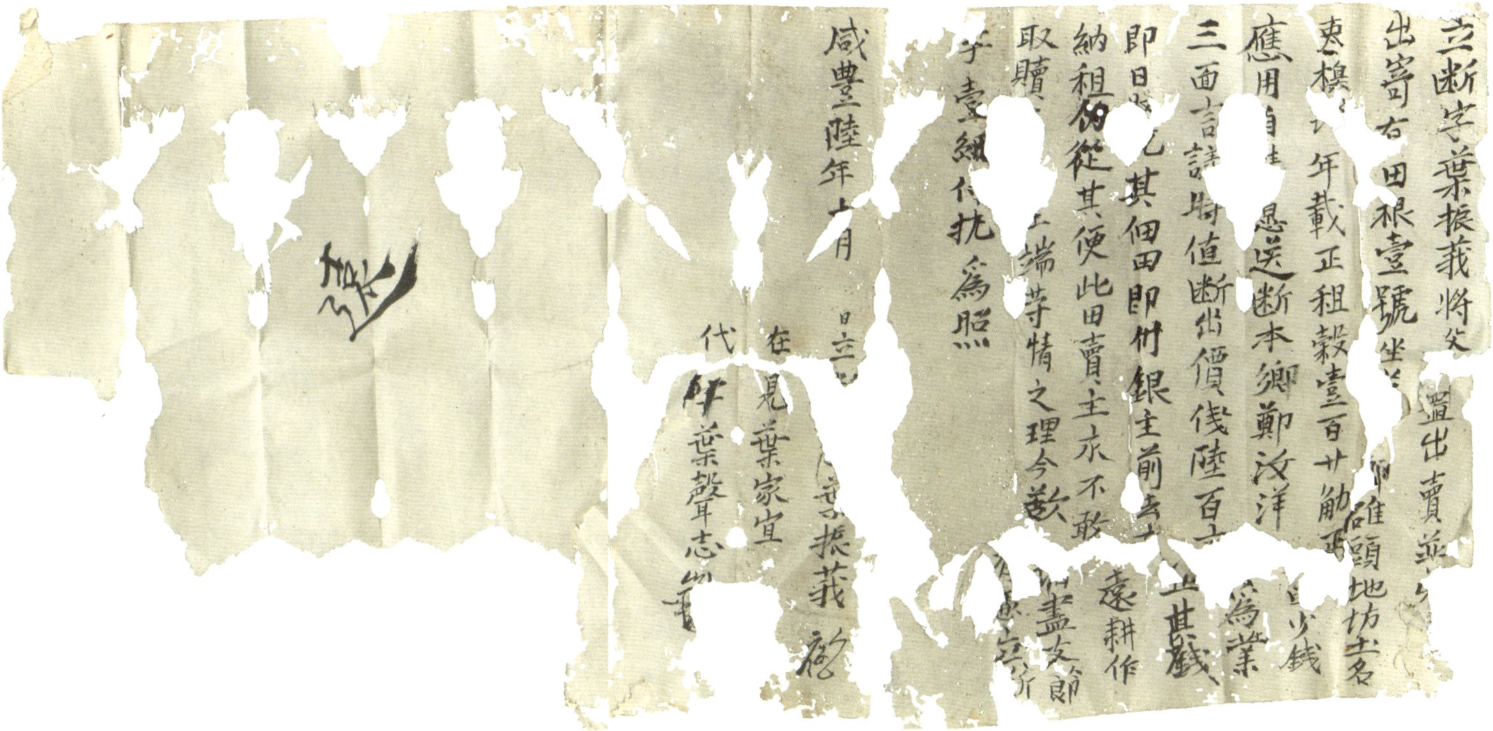
立斷字葉振莪將父[illegible]置出賣並[illegible]
出寄右田根壹號坐[illegible]碓頭地坊[illegible]
東模[illegible]年載正租穀壹百廿觔[illegible]少錢
應用自[illegible]恳送斷本鄉鄭汝洋[illegible]為業
三面言議時值斷出價錢陸百[illegible]其錢
即日[illegible]其佃田即付銀主前去[illegible]遠耕作
納租仍從其便此田賣主亦不敢[illegible]盡文節
取贖[illegible]端等情之理今欲[illegible]
字壹紙付執為照
咸豐陸年十月　日立[illegible]葉振莪(押)
在見葉家宜
代筆葉聲聞志

5-3-18-3　清咸豐六年十月葉振莪立斷田根字

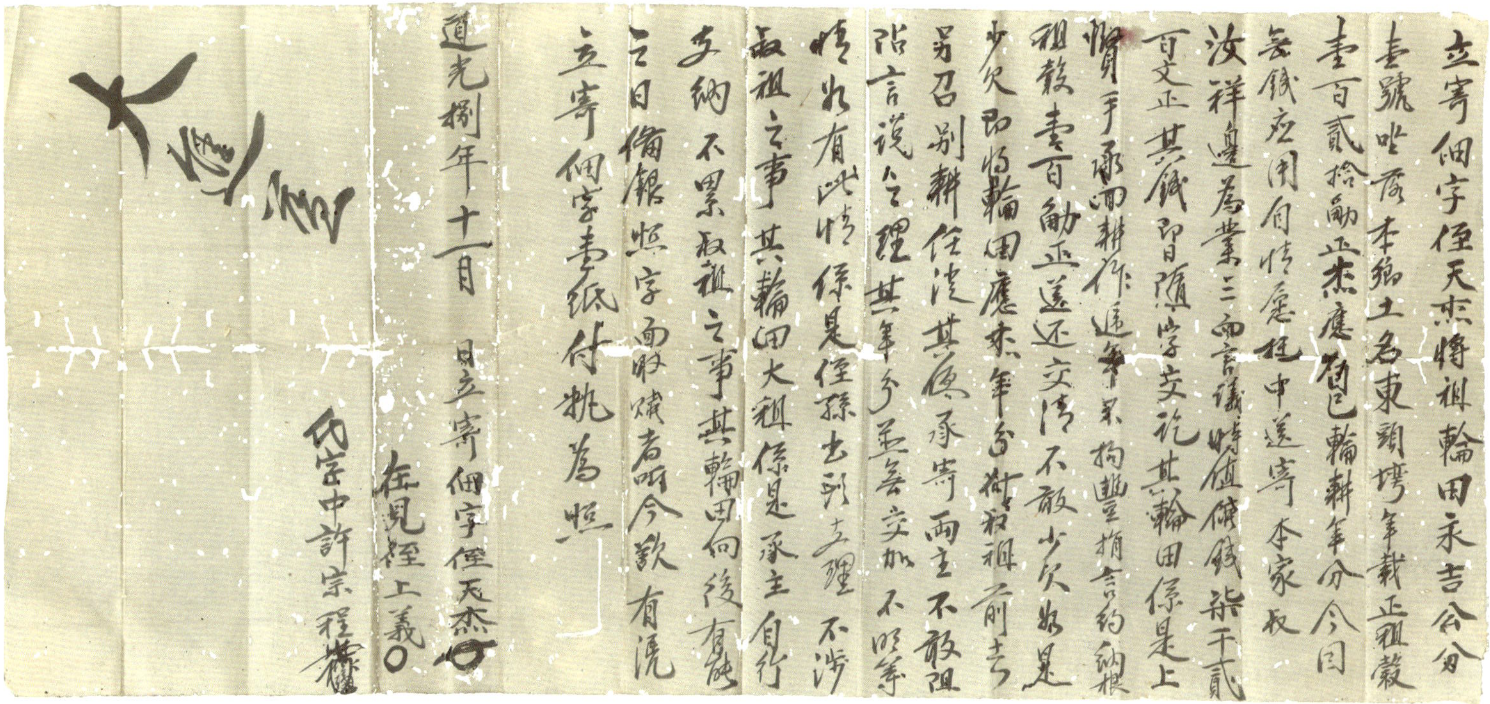

5-3-19-1　清道光八年十一月鄭天杰立寄佃輪田字

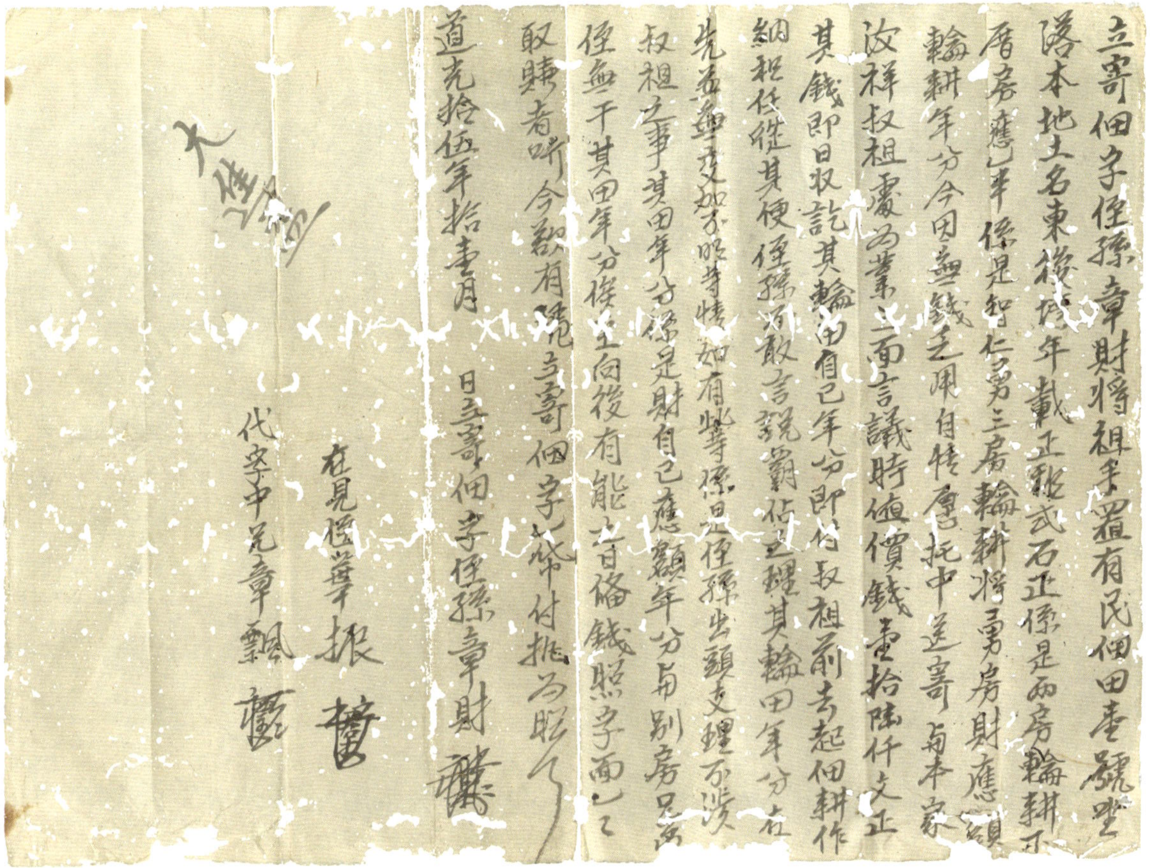

立寄佃字侄孫章財將祖手置有民佃田壹號坐
落本地土名東後墩年載租貳石正係是兩房輪耕不
屆房應之年係是智仁勇三房輪耕將勇房財應頭
輪耕年分今因無錢乏用自情愿托中送寄与本家
汝祥叔祖處爲業三面言議時值價錢壹拾陸仟文正
其錢即日收訖其輪田自己年分即付叔祖前去起佃耕作
納租任從其便侄孫不敢言說霸佔之理其輪田年分在
先並無交加不明等情如有此等係是侄孫出頭支理不涉
叔祖之事其田年分係是財自己應額年分与別房兄弟
侄無干其田年分係立向後有能之日備錢照字面之
取贖者听今欲有憑立寄佃字一紙付執爲照〃
道光拾伍年拾壹月　日立寄佃字侄孫章財（押）
在見侄孫章振（押）
代字中兄章飄（押）
大吉

5-3-19-2　清道光十五年十一月鄭章財立寄民佃田字

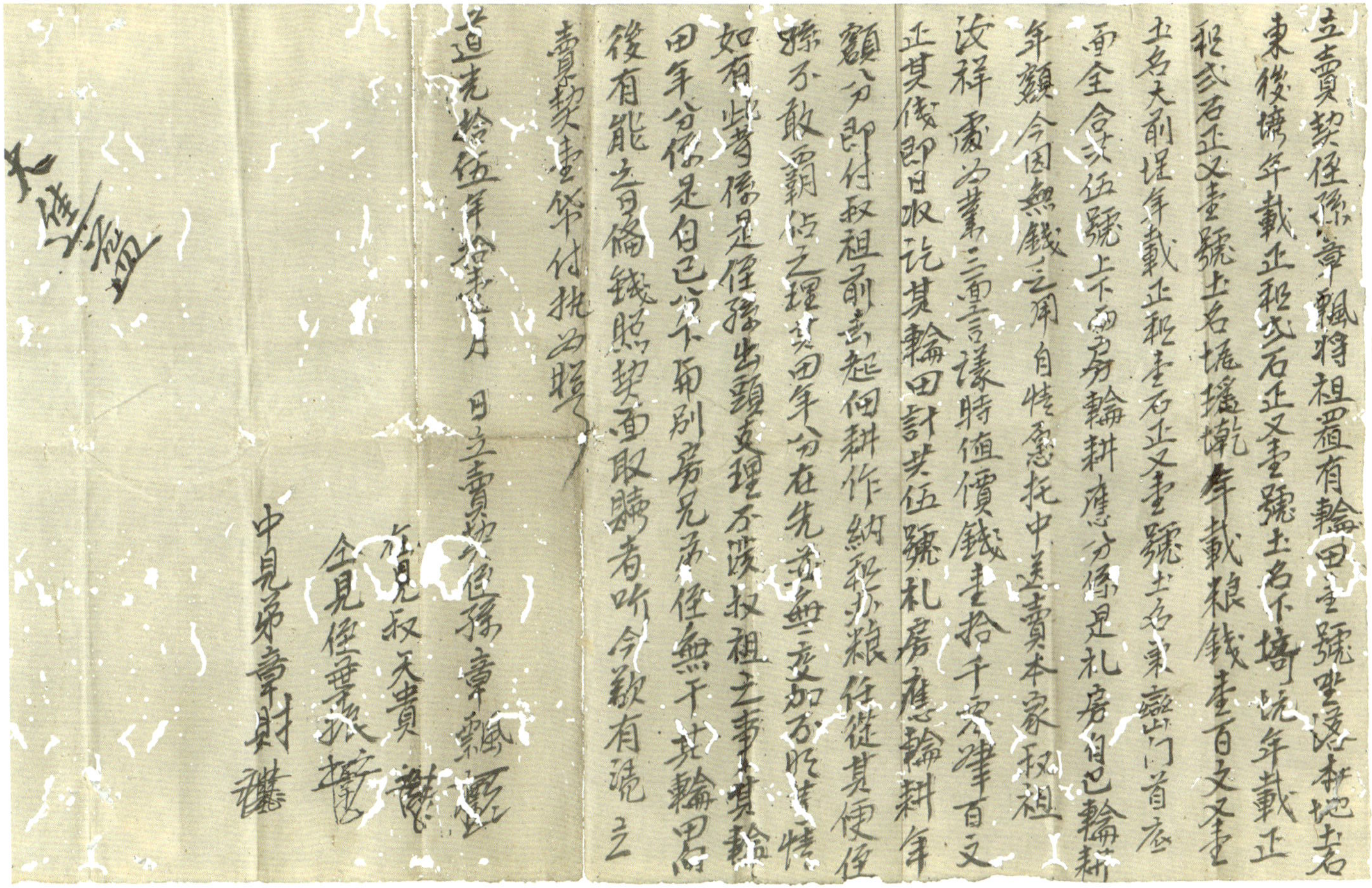

立賣契侄孫章飄將祖置有輪田壹號坐落本地土名
東後壋年載正租弍石正又壹號土名下壋坑年載正
租弍石正又壹號土名堀壋乾年載粮錢壹百文又壹
土名大前垅年載正租壹石正又壹號土名東嶺門首座
至全合共伍號上下两房輪耕應分係是礼房自己輪耕
年額今因無錢之用自情愿托中送賣本家叔祖
汝祥處為業三面言議時值價錢壹拾千零肆百文
正其錢即日收訖其輪田計共伍號礼房應輪耕年
額分即付叔祖前去起佃耕作納租办粮任從其便侄
孫不敢霸佔之理其田年分在先並無重加不明等情
如有此等係是侄孫出頭支理不涉叔祖之事其輪
田年分係是自己分下两房兄弟侄無干其輪田后
後有能力者備錢照契面取贖者听今欲有憑立
賣契壹紙付執為照

道光拾伍年拾壹月　日立賣契侄孫章飄（押）
在見叔天貴（押）
全見侄世振（押）
中見弟章財（押）

5-3-19-3　清道光十五年十一月鄭章飄立賣輪田契

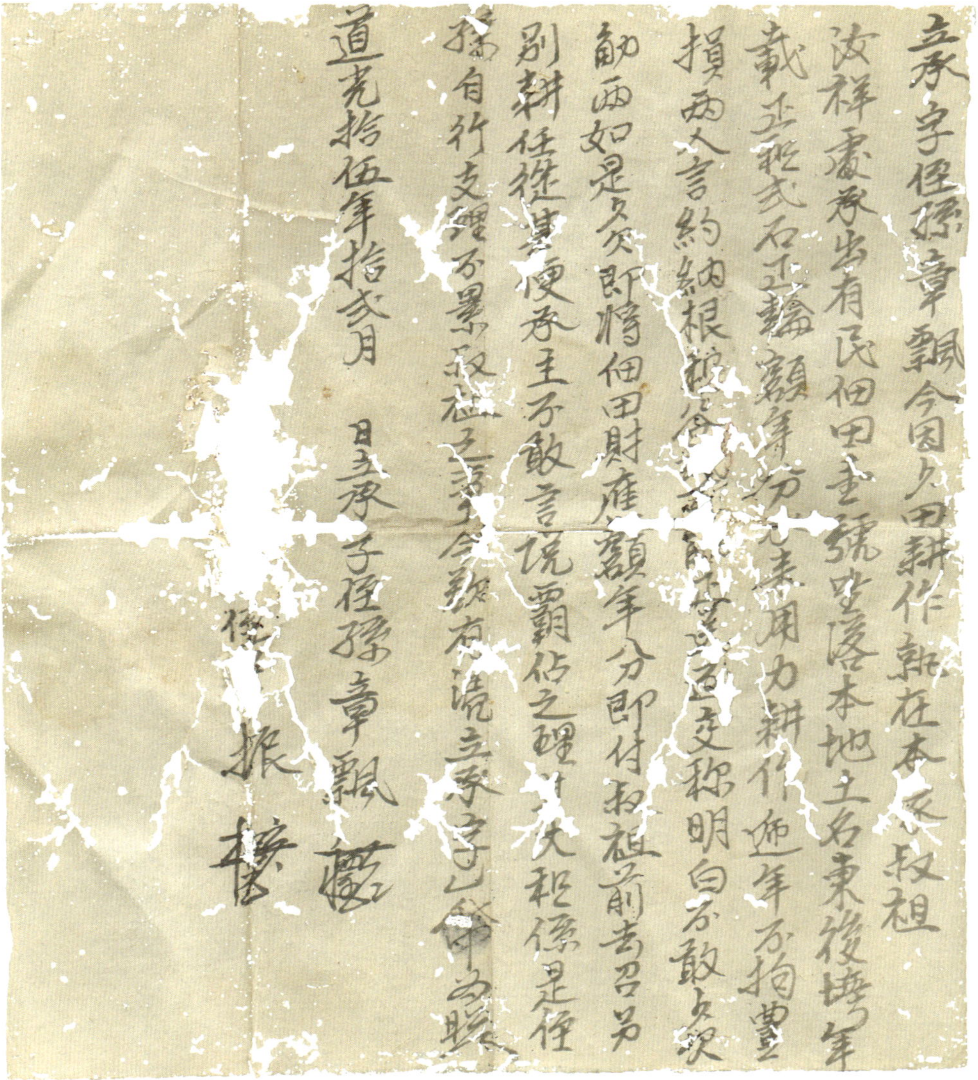

立承字侄孫章飄今因欠田耕作就在本家叔祖
汝祥處承出有民佃田壹號坐落本地土名東後[illegible]年
載正租弍石正輪額年分[illegible]未用力耕作逐年不拘豐
損兩人言約納根租[illegible]交秤明白不敢欠
缺兩如是欠缺即將佃田財產額年分即付叔祖前去召另
別耕任從其便承主不敢言說霸佔之理[illegible]其租係是侄
孫自行支理不累叔祖之事今欲有憑立承字一紙為照
道光拾伍年拾弍月　日立承字侄孫章飄
[illegible]振標

5-3-19-4　清道光十五年十二月鄭章飄立承民佃田字

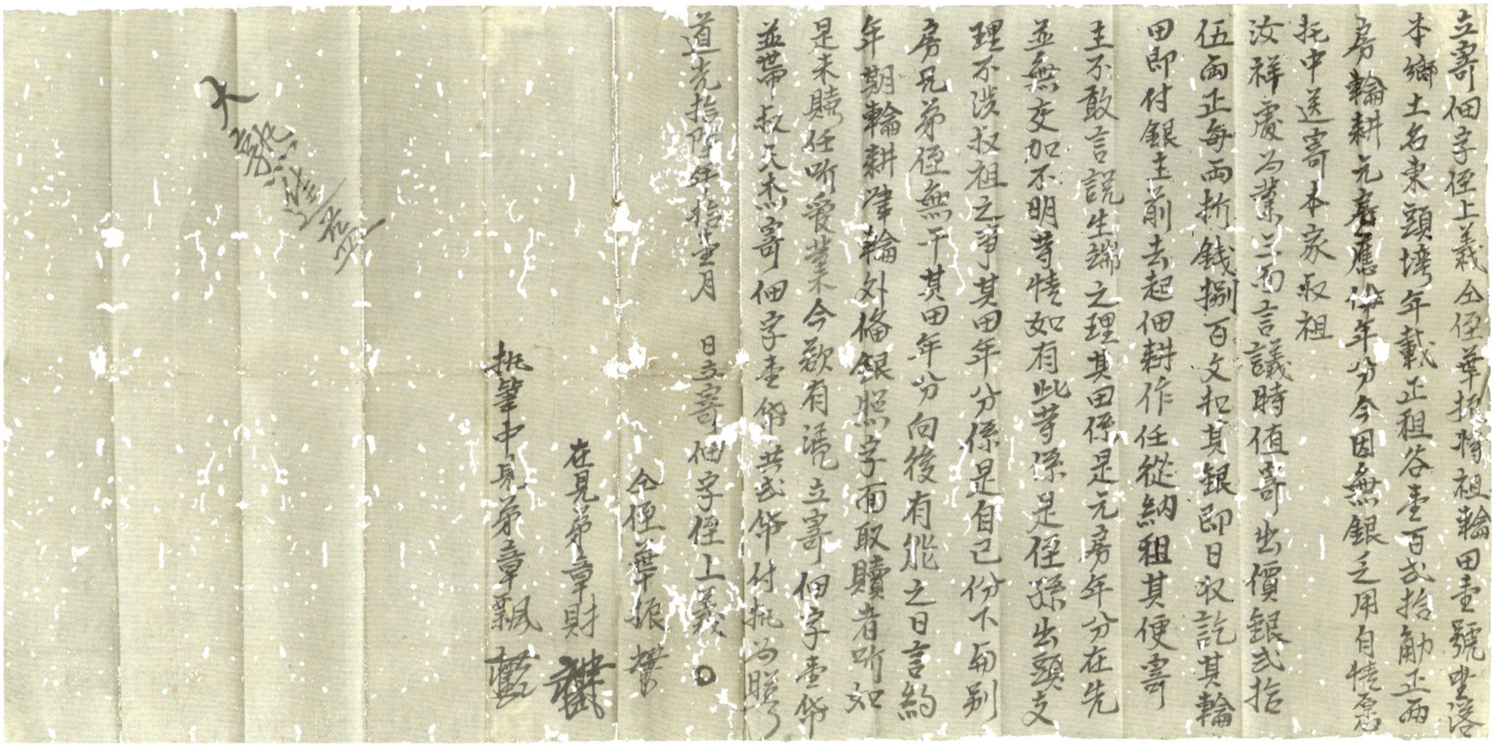

立寄佃字侄上義、仝侄華捨，椅祖輪田壹號坐落
本鄉土名東頭墘，年載正租谷壹百弍拾觔正，兩
房輪耕。元應侄年分，今因無銀乏用，自情愿
托中送寄本家叔祖
汝祥處為業。三面言議，時值寄出價銀弍拾
伍兩正，每兩折錢捌百文，扣其銀即日收訖。其輪
田即付銀主前去起佃耕作，任從納租，其便寄
主不敢言說生端之理。其田係是元房年分，在先
並無交加不明等情，如有此等，係是侄孫出頭支
理，不涉叔祖之事。其田年分係是自己份，不有別
房兄弟侄無干。其田年分向後有能之日，言約
年期輪耕律輪，對倫銀照字兩取贖，者聽如
是未贖，任聽寄業人仝欲有憑，立寄佃字壹帋
並帶叔天杰寄佃字壹帋，共弍帋，付執為照。

道光拾陸年拾壹月　日立寄佃字侄上義
仝侄華捨
在見弟章財
執筆中見弟章飆

5-3-19-5　清道光十六年十一月鄭上義等立寄佃輪田字

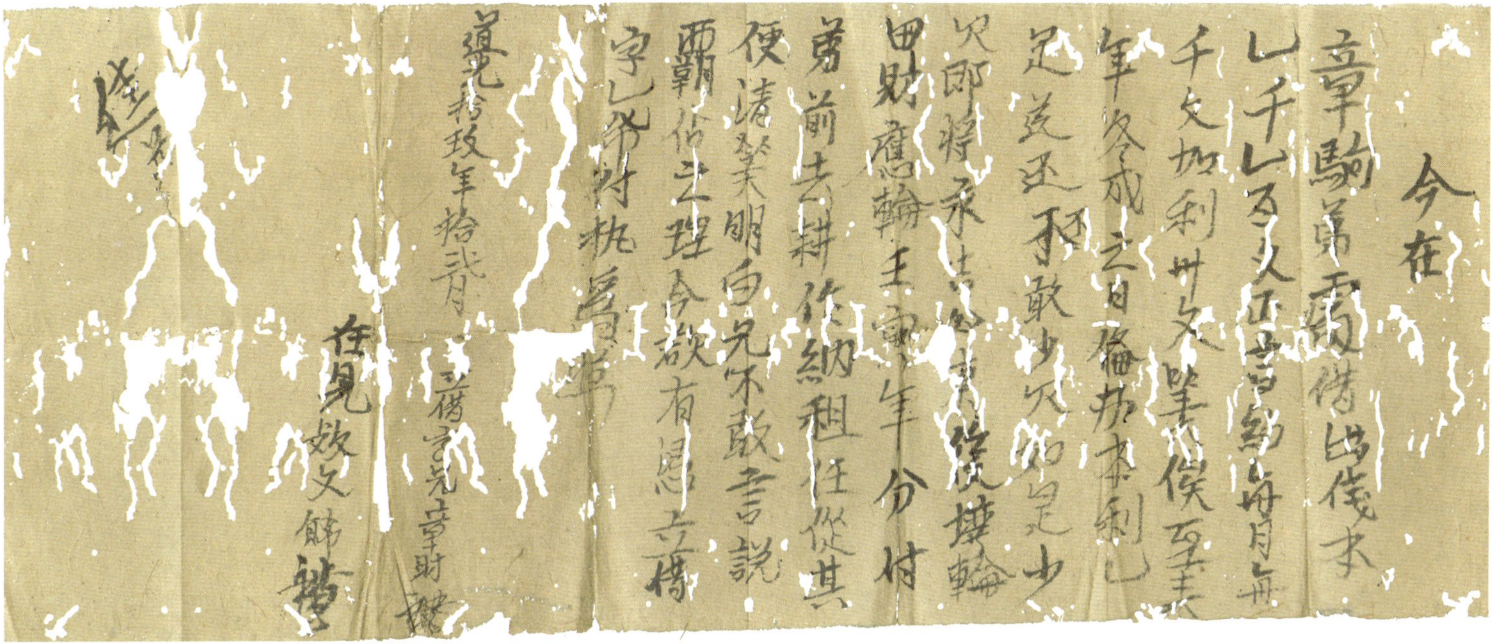
今在
章騟弟處借出錢本
一千一百文正，言約每月每
千文加利廿文，其錢限至本
年冬成之日備辦本利
足訖還，不敢少欠。如是少
欠，即將承父坐落土名後壇輪
田，財應輪壬寅年分，付
弟前去耕作，納租任從其
便，清業明白，兄不敢言說
霸佔之理。今欲有憑，立借
字一紙付執為照。
道光拾玖年拾貳月　日立借字兄章財（押）
在見　嫂父 （押）

5-3-19-6　清道光十九年十二月鄭章財立借錢字

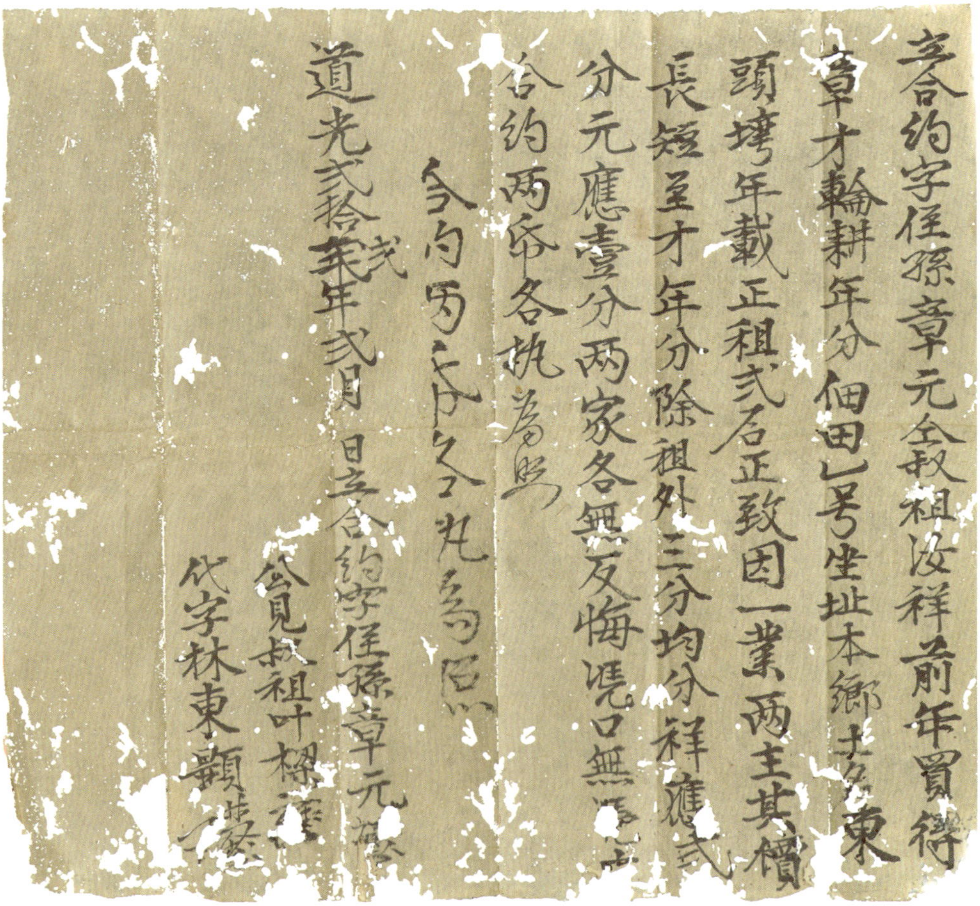

立合約字侄孫章元仝叔祖汝祥前年買得
章才輪耕年分佃田乙号坐址本鄉土名東
頭塆年載正租弍石正致因一業兩主其價
長短至才年分除祖外三分均分祥應弍
分元應壹分兩家各無反悔恐口無憑立
合約兩紙各執為照
今內丙字下乙个光為照
道光弍拾弍年弍月 日立合約字侄孫章元押
公見叔祖叶標押
代字林東顥押

5-3-19-7　清道光二十二年二月鄭章元等立約字

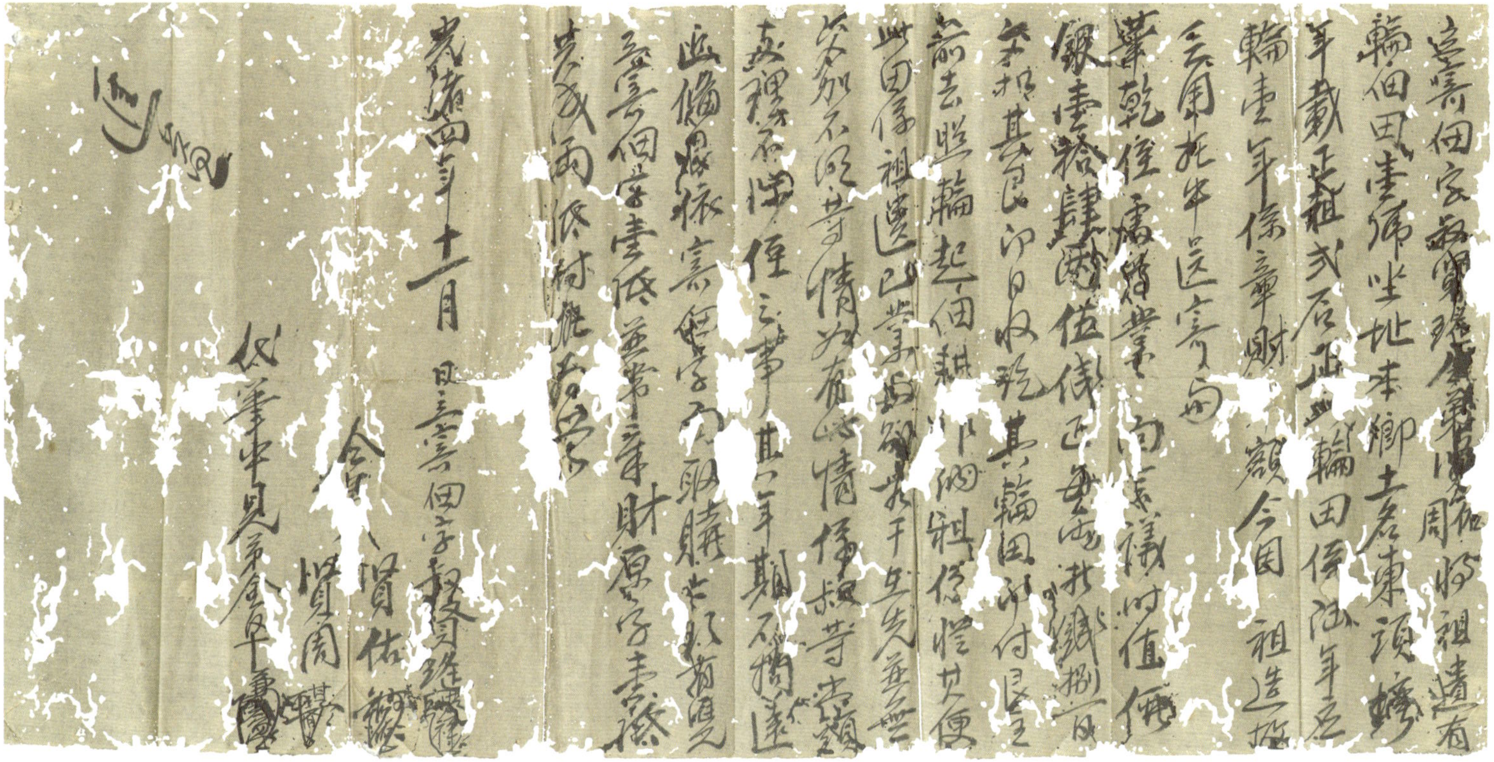

5-3-19-8　清光緒四年十一月鄭賢瑶等立寄佃輸田字（一）

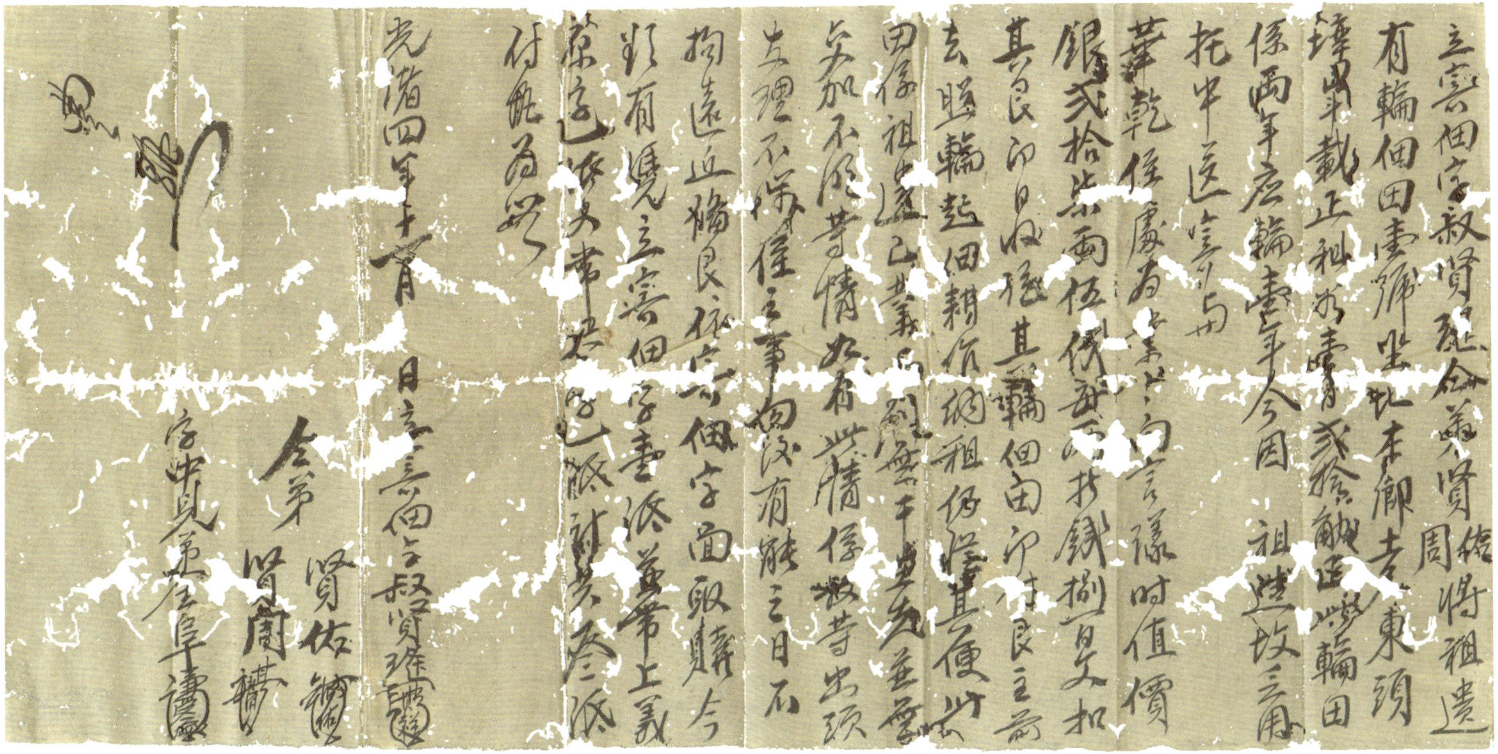

立寄佃字叔賢瑶、侄合義、賢周、賢佑，將祖遺
有輪佃田壹號，坐址本鄉吉東頭
[illegible]半載正租[illegible]貳拾觔[illegible]，其輪田
係兩年應輪壹年。今因祖遺[illegible]
托中送寄與[illegible]
葉乾侄處為[illegible]，三面言議時值價
銀貳拾柒兩伍錢[illegible]扣
其艮即日收訖，其輪佃田即付艮主前
去照輪起佃耕作，納租[illegible]其便。此
田係祖[illegible]遺己業，[illegible]並無
交加不明等情，如有此情，係叔等出頭
支理，不涉侄之事。[illegible]有[illegible]三日不
拘遠近，備艮[illegible]佃字面取贖。今
欲有憑，立寄佃字壹紙，並帶上義
[illegible][illegible]
付執為照。

光緒四年十一月　日立寄佃字叔賢瑶
仝弟　賢佑　賢周
為中見[illegible]

5-3-19-9　清光緒四年十一月鄭賢瑶等立寄佃輪田字（二）

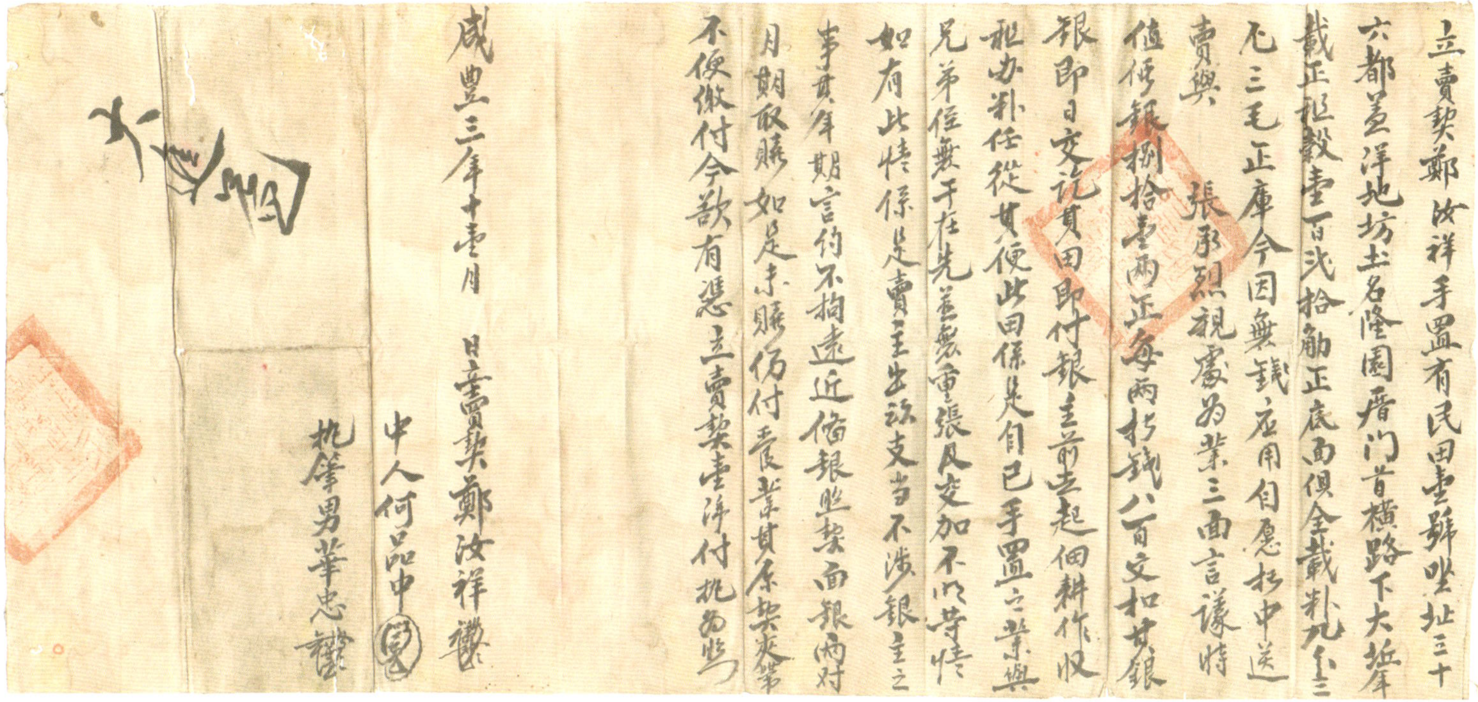
立賣契鄭汝祥手置有民田壹號坐址三十
六都蓋洋地坊土名隆園厝門首橫路下大垅年
載正租穀壹百玖拾觔正底面俱全載糧九合三
勺三毛正庫今因無錢應用自愿托中送
賣與　張承烈視處為業三面言議時
值價銀捌拾壹兩正每兩折錢八百文扣共銀
銀即日交訖其田即付銀主前去起佃耕作收
租納糧任從其便此田係是自己手置之業與
兄弟侄無干在先並無重張典交加不明等情
如有此情係是賣主出頭支當不涉銀主之
事其年期言約不拘遠近備銀照契面銀兩對
月期取贖如是未贖仍付管業其原契來歷
不便繳付今欲有憑立賣契壹紙付執為照

咸豐三年十壹月　日立賣契鄭汝祥（押）
中人何品中（押）
執筆男華忠（押）

5-3-20-1　清咸豐三年十一月鄭汝祥立賣民田契（紅契）

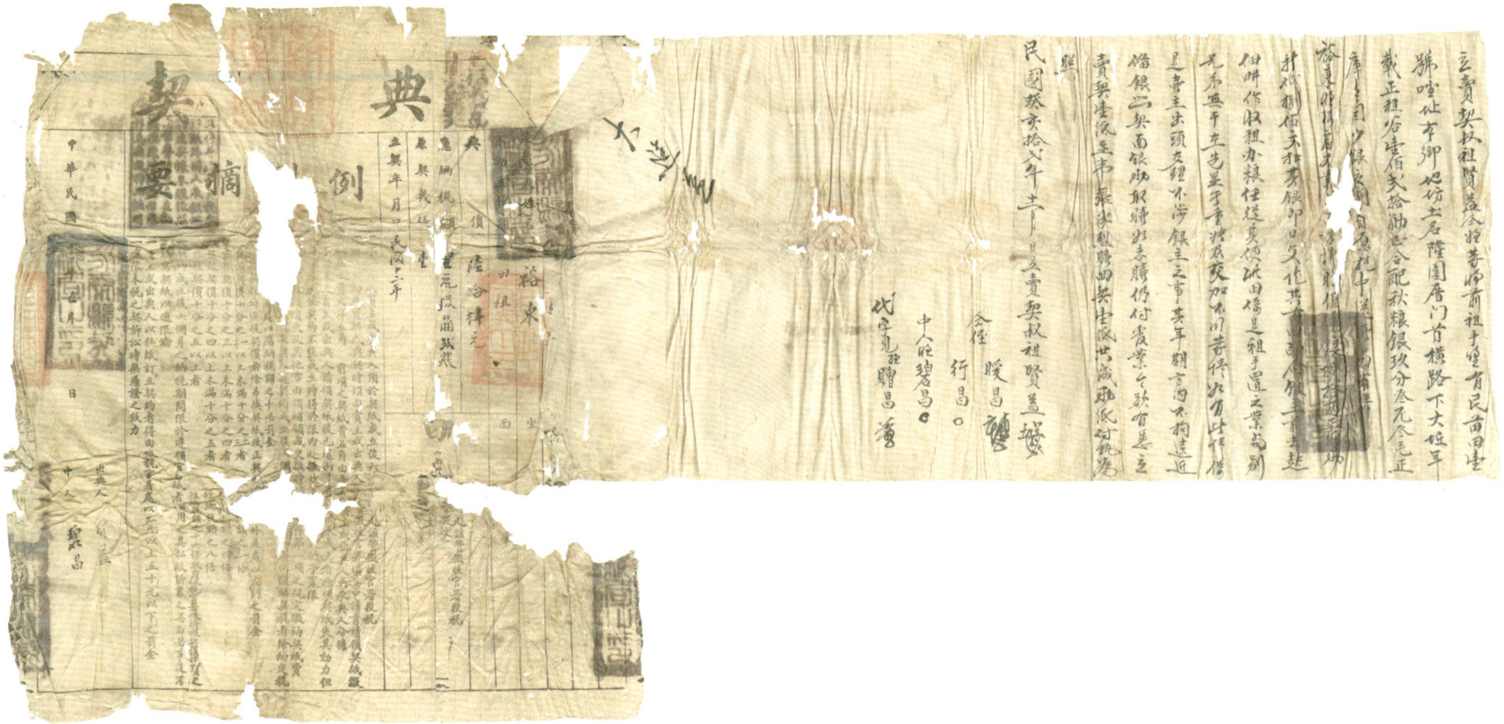

5-3-20-2　民國十二年十一月鄭賢益等立賣民苗田契（紅契）

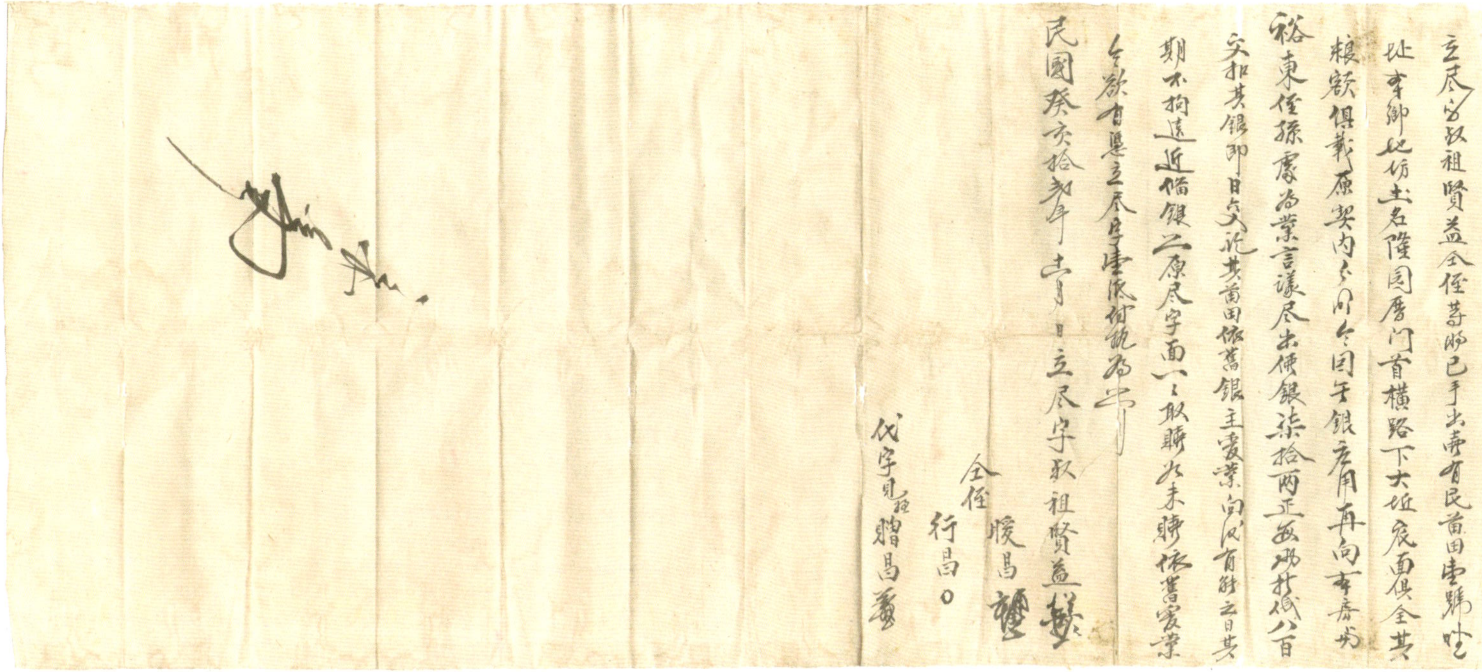

立尽字叔祖賢益仝侄蒋昭已手出賣有民苗田壹號坐
址本鄉地方土名隆園厝门首横路下大坵庚面俱全其
粮款俱載原契内今因乏銀應用再向本房弟
裕東侄孫處為業言議尽出價銀柒拾兩正兩相收訖八百
文扣其銀即日交訖其苗田依舊銀主管業向後有年之日其
期不拘遠近備銀二原尽字面一一取贖，不許依舊管業
今欲有憑立尽字壹張付執為照
民國癸亥拾弍年十一月　日立尽字叔祖賢益（押）
仝侄　暖昌（押）
行昌○
代字見押贈昌（押）

5-3-20-3　民國十二年十一月鄭賢益等立盡民苗田字

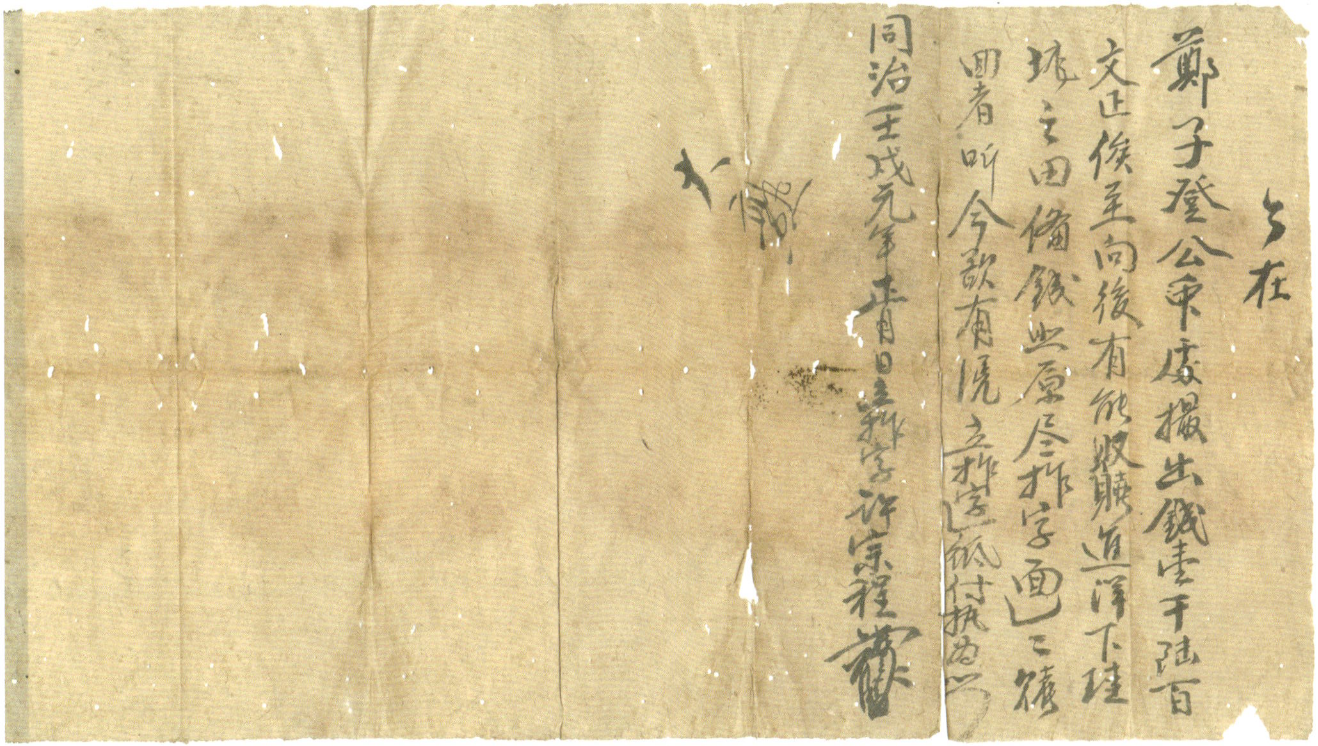

乡在
鄭子登公平處撮出錢壹千陆百
文正，候至向後有能取贖，直洋下珪
垅之田，備錢照原叁撮字画𠃍之後
田者，所今欲有凭，立撮字一紙，付執為照。
同治壬戌元年正月日立撮字許宗程（押）
代筆

5-3-21-1　清同治元年正月許宗程立撮字

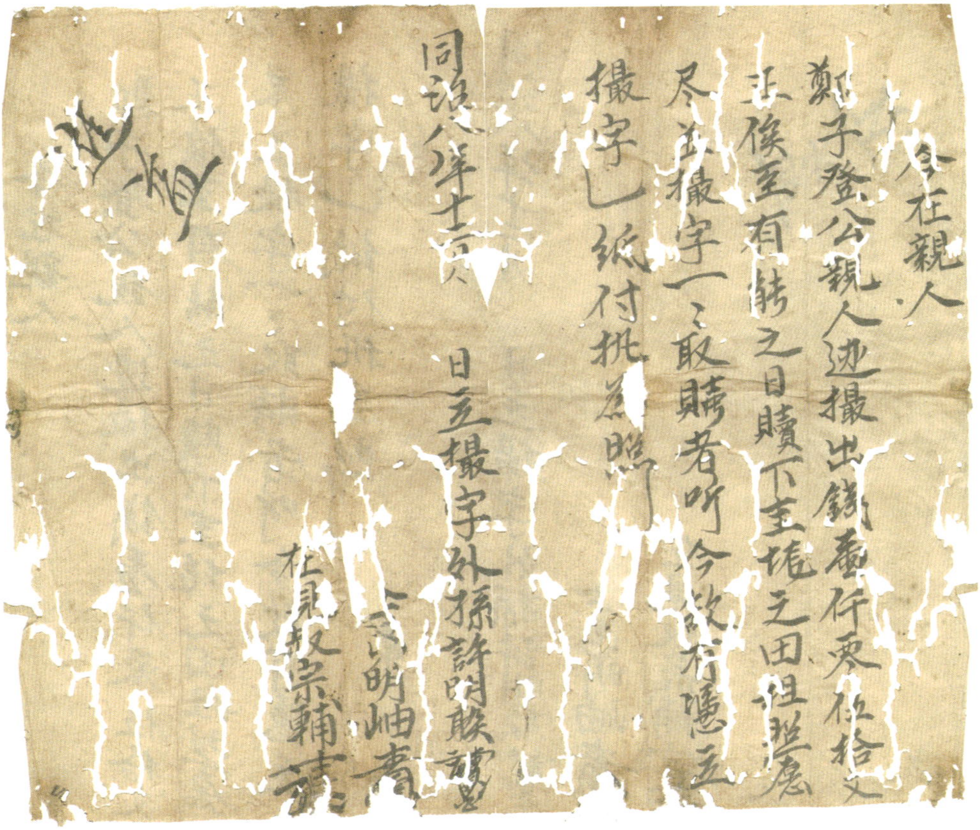
今在親人
鄭子登公親人邊撮出錢壹仟叁伯伍拾文
正後至有轉之日贖下圭垅之田但照原
盡立撮字一紙取贖者聽今欲有憑立
撮字一紙付執爲照
同治八年十二月 日立撮字外孫許明聯親筆
仝 明岫書
在見叔宗輔

5-3-21-2　清同治八年十二月許明聯等立撮字

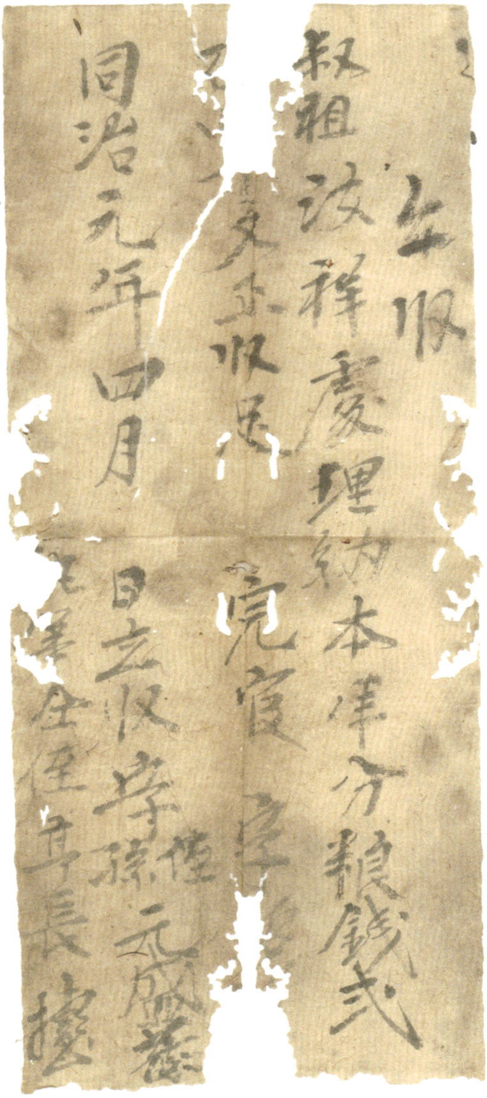
立收
叔祖汝祥處理納本年分粮錢弍
文正收足完官立
同治元年四月 日立收字侄孫元盛
代筆侄孫長

5-3-22-1　清同治元年四月鄭元盛立收糧錢字

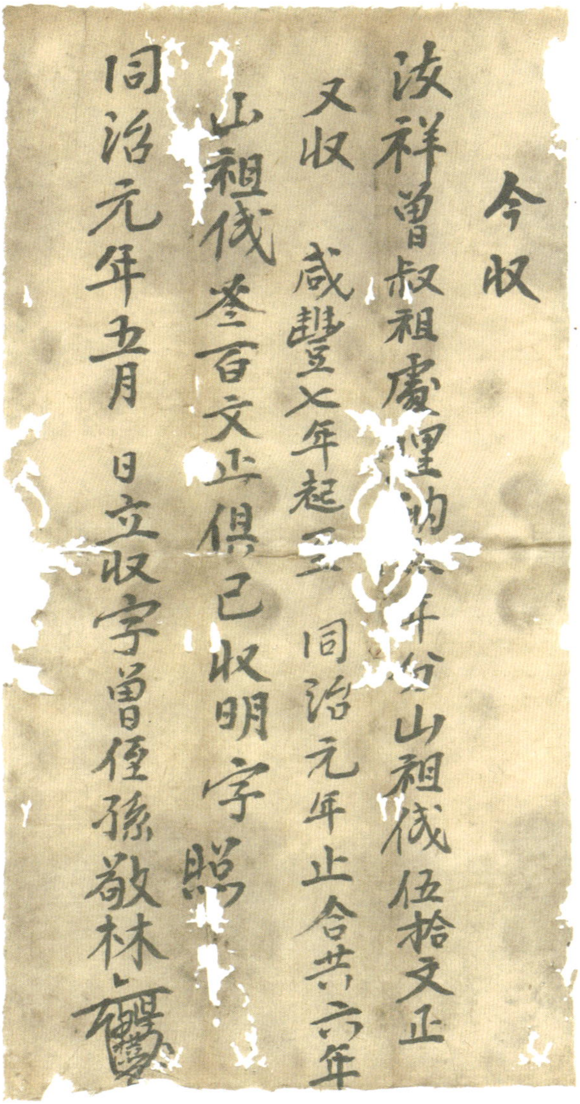

今收
汝祥曾叔祖處理物[illegible]千分[illegible]山租錢伍拾文正
又收　咸豐七年起至　同治元年止合共六年
山租錢叁百文正俱已收明字照
同治元年五月　日立收字曾侄孫敬林（押）

5-3-22-2　清同治元年五月鄭敬林立收山租錢字

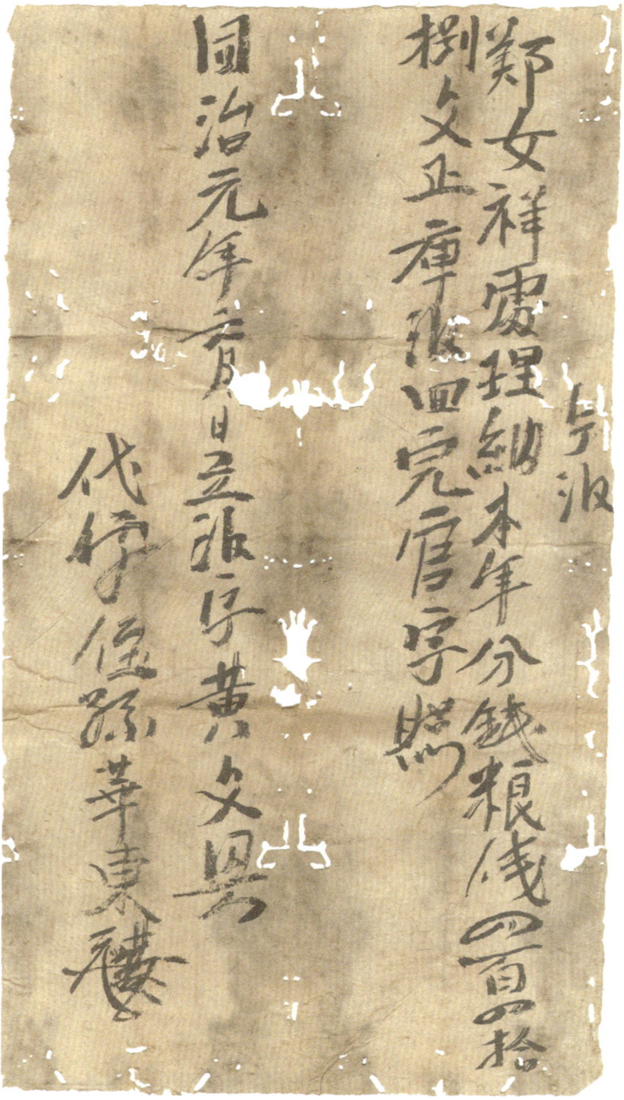

收鄭女祥處理納本年分錢粮伐四百四拾
捌文正庫張回完官字照 号汲
同治元年六月日立張字黄文與
代字侄孫華東押

5-3-22-3　清同治元年六月黄文與立收錢糧字

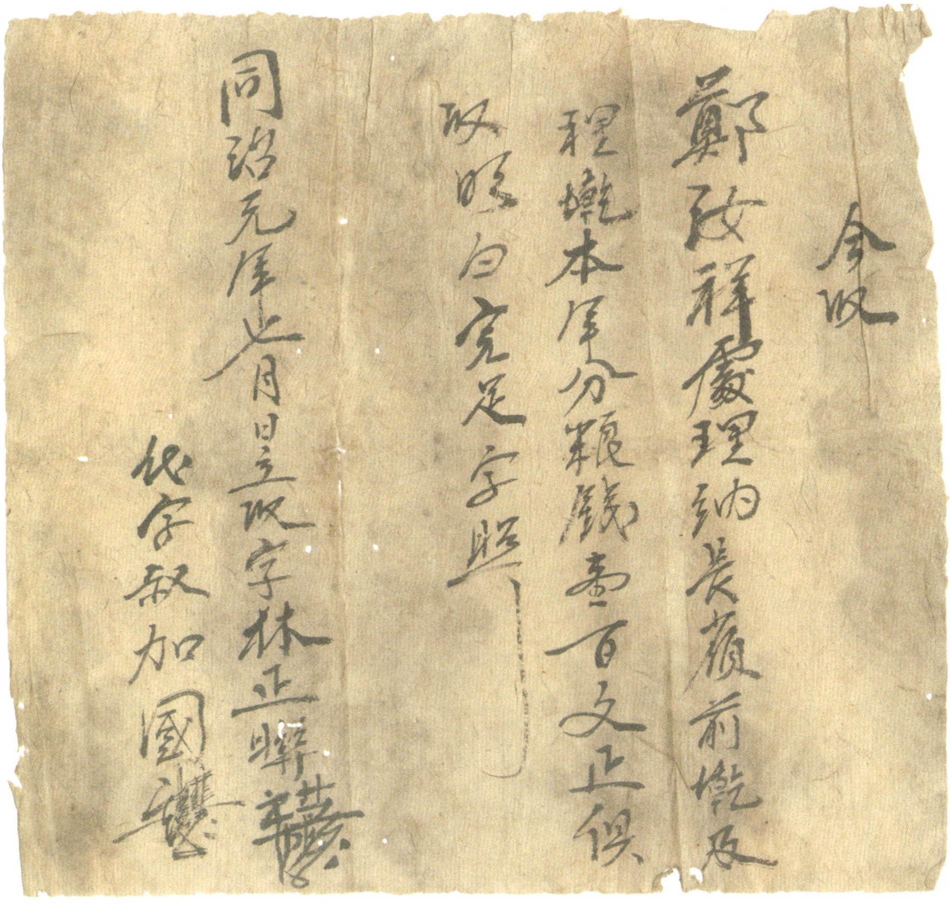

全收
鄭啟祥處理納長嶺前墘及
理墘本年分粮錢壹百文正俱
收明白完足字照
同治元年七月　日立收字林正聯（押）
代字叔加國（押）

5-3-22-4　清同治元年七月林正聯立收糧錢字

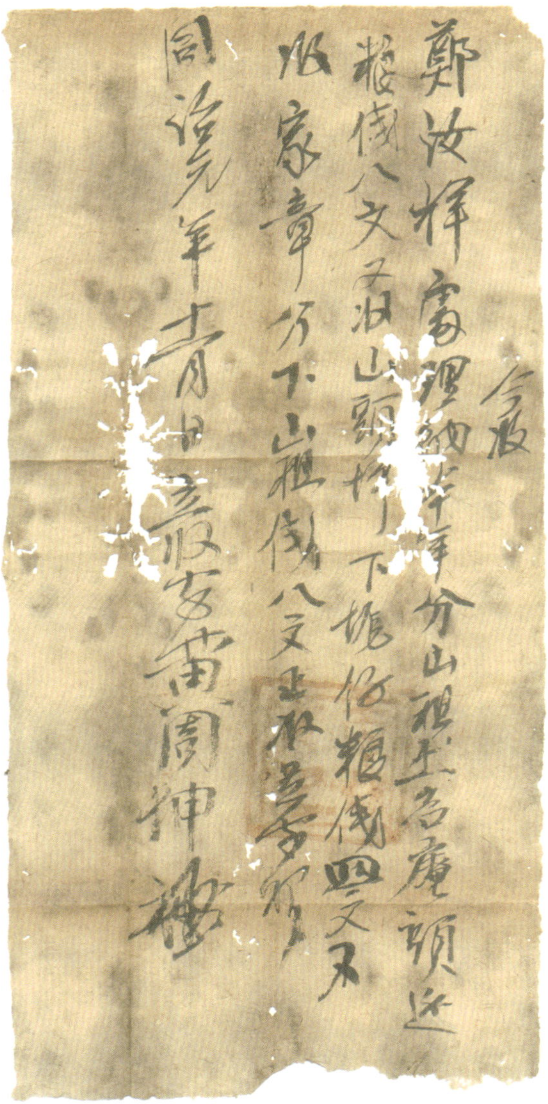
今收
鄭汝祥賣理細[illegible]年分山租土名鹿頭逕
糧錢八文，又叔山頭坪下塊份糧錢四文，不
收家章份下山租錢八文，亦收完訖。
同治元年十一月日 立收字 黃周坤 押

5-3-22-5　清同治元年十一月黄周坤立收糧錢字

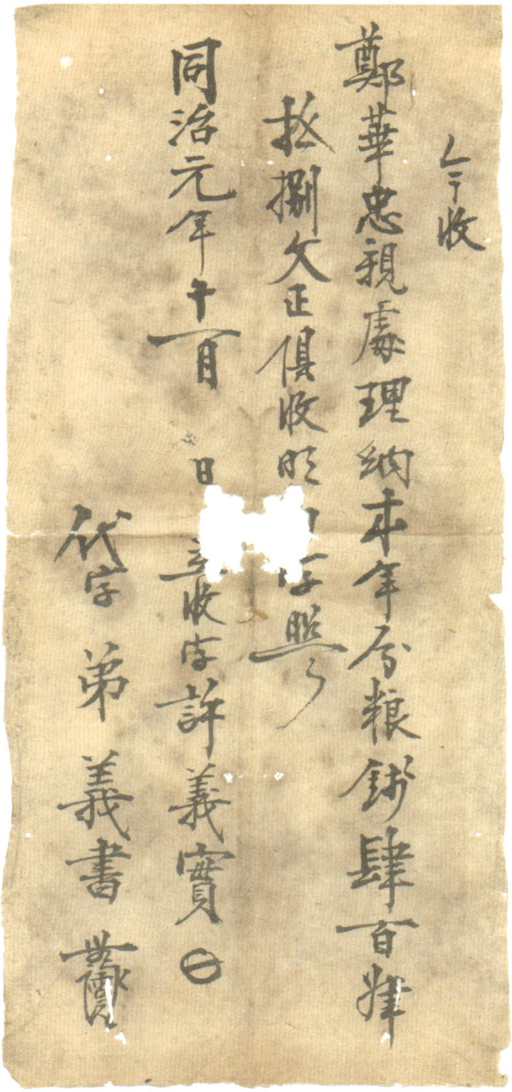
今收
鄭華忠親處理納本年分粮錢肆百肆
拾捌文正俱收明□字照
同治元年十一月　日立收字許義實（押）
代字弟義書（押）

5-3-22-6　清同治元年十一月許義實立收糧錢字

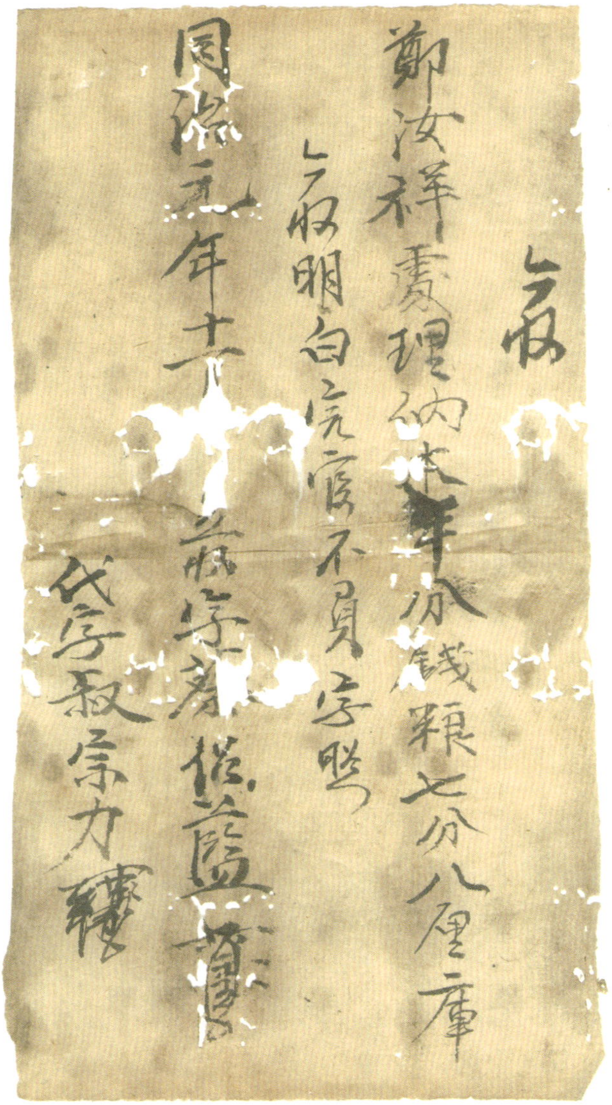
收
鄭汝祥處理納本年分錢糧七分八厘庫
收明白完官不負字照
同治元年十一月 立收字蔡紹藍
代字叔宗力

5-3-22-7　清同治元年十一月蔡紹藍立收錢糧字

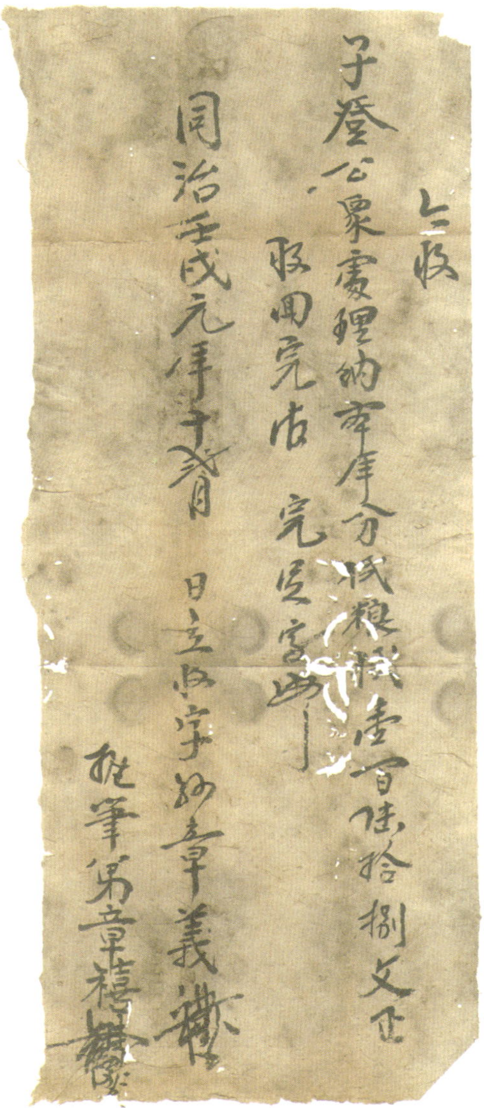
上收
子登公衆處理納本年分錢糧錢壹百陸拾捌文正
取回完吉　完足字照
同治壬戌元年十二月　日立收字姪章義
托筆弟章禧

5-3-22-8　清同治元年十二月鄭章義立收錢糧字

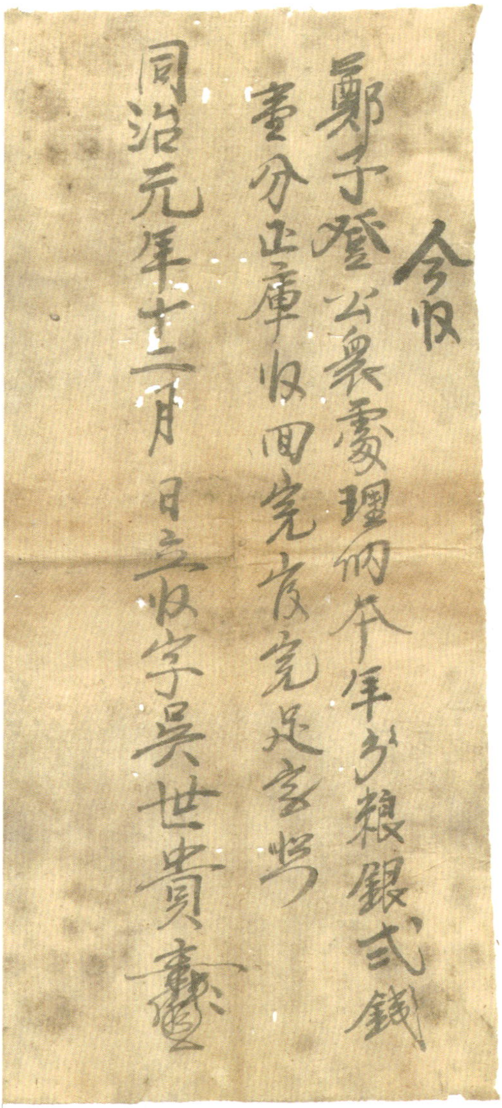
今收
鄭子登公衆處理納本年分粮銀弍錢
壹分正庫收回完官完足字炤
同治元年十二月 日立收字吴世貴

5-3-22-9　清同治元年十二月吴世貴立收錢糧字

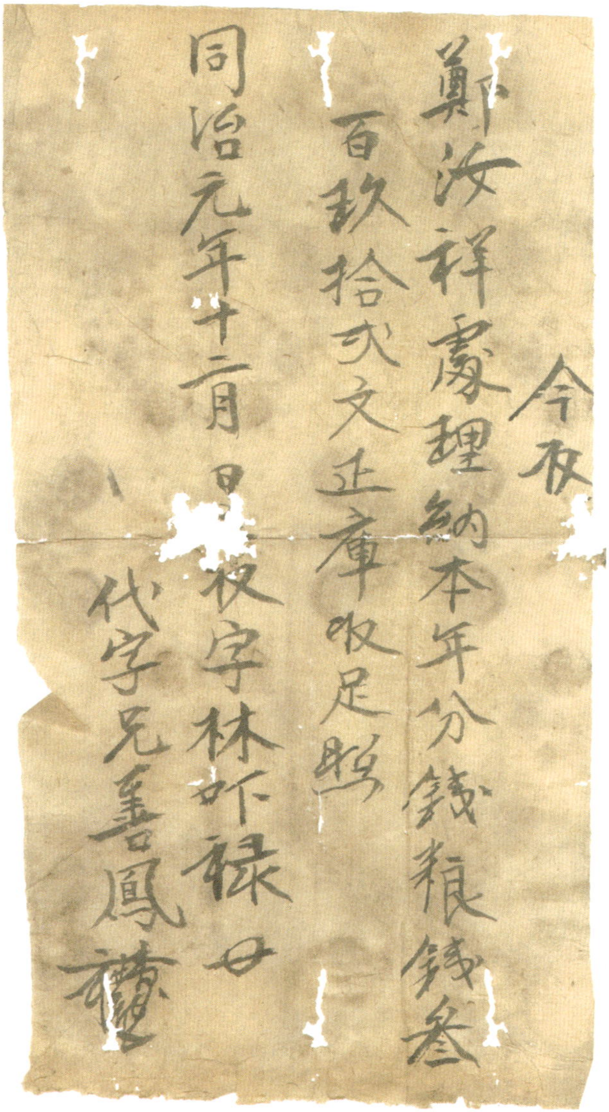
今收
鄭汝祥處理納本年分錢粮錢叁
百玖拾弍文正庫收足訖
同治元年十二月　日收字林吓禄
代字兄善鳳筆

5-3-22-10　清同治元年十二月林吓禄立收錢糧字

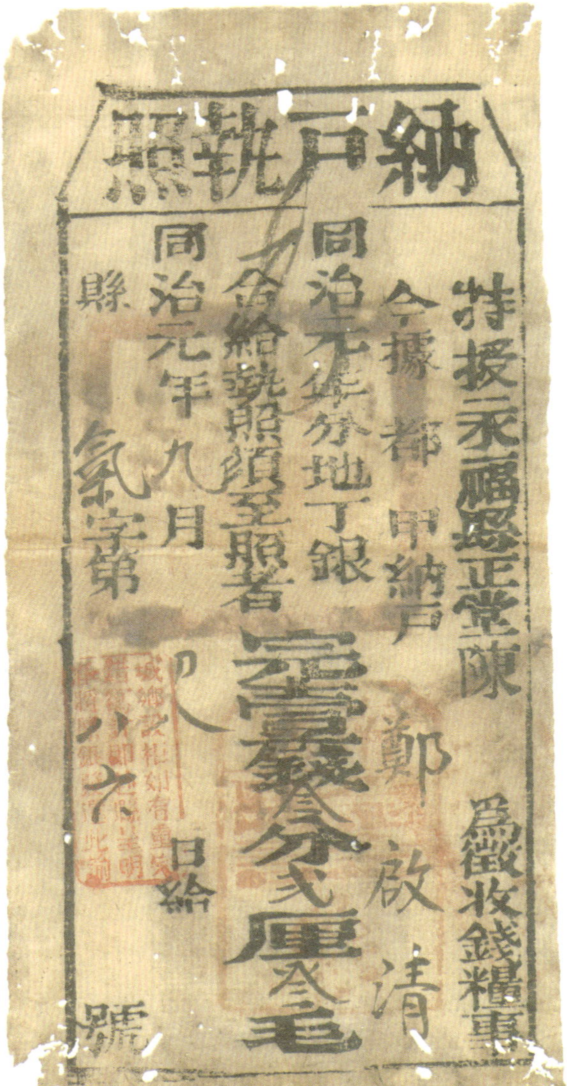

納戶執照

特授永福縣正堂陳　為徵收錢糧事
今據　都　甲納戶　鄭啟清
同治元年分地丁銀　壹錢叁分弍厘叁毛
合給執照須至照者
同治元年九月　日給
縣　氣字第　號

5-3-22-11　清同治元年九月鄭啓清户納税執照

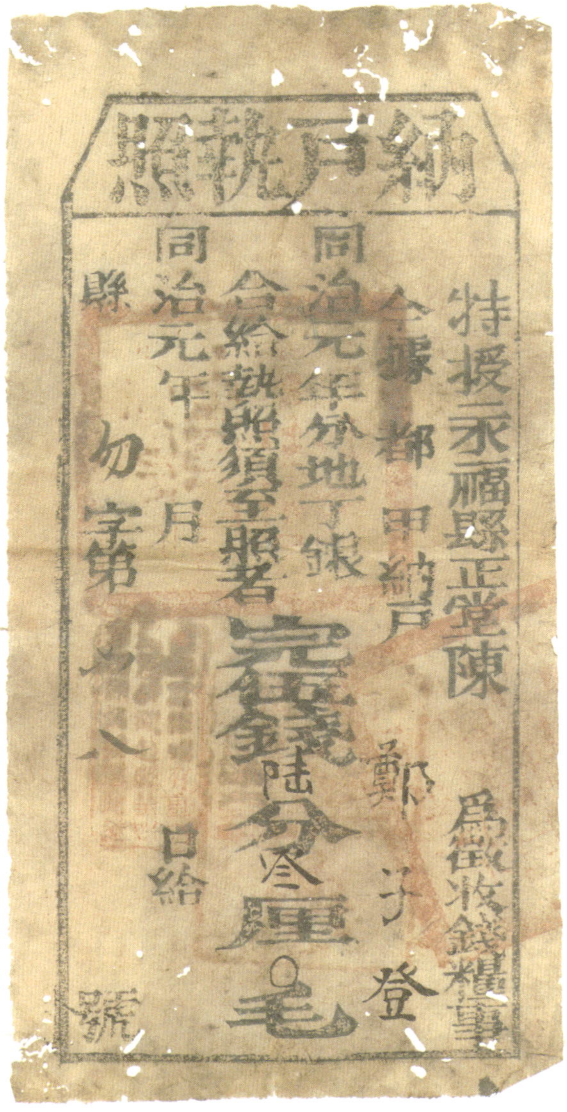
納戶執照
特授永福縣正堂陳　為徵收錢糧事
今據　都　甲納戶　鄭子登
同治元年分地丁銀　完錢陸分叁厘〇毛
合給執照須至照者
同治元年　月　日給
縣　勿字第　八　號

5-3-22-12　清同治元年鄭子登户納税執照（一）

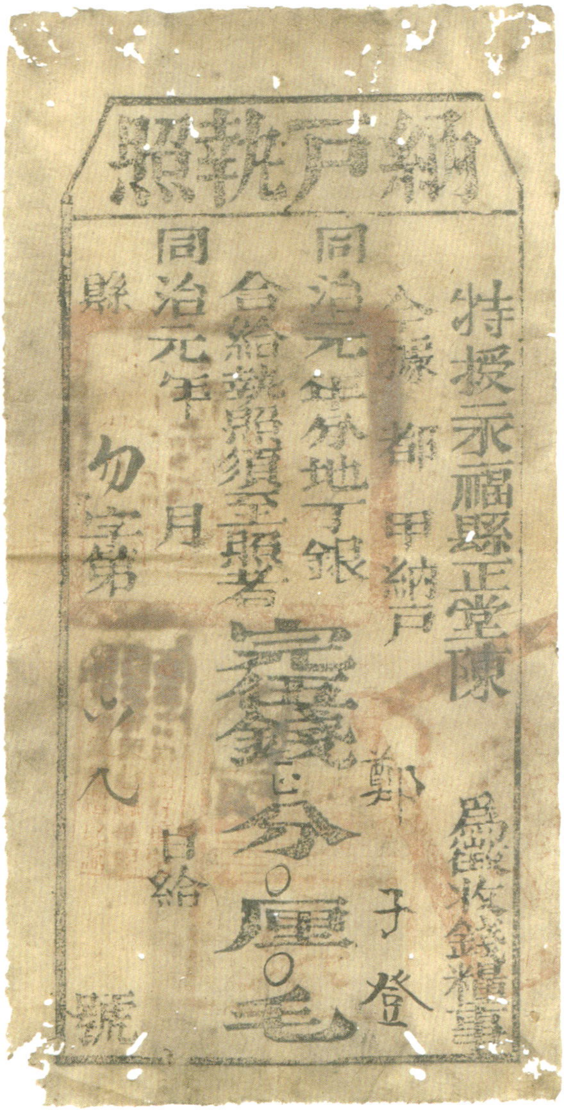

納戶執照

特授永福縣正堂陳　爲徵收錢糧事

今據　都　甲納戶　鄭子登

同治元年分地丁銀

完壹錢[illegible]分〇厘〇毛

合給執照須至照者

同治元年　月　日給

縣勿字第以八號

5-3-22-13　清同治元年鄭子登户納税執照（二）

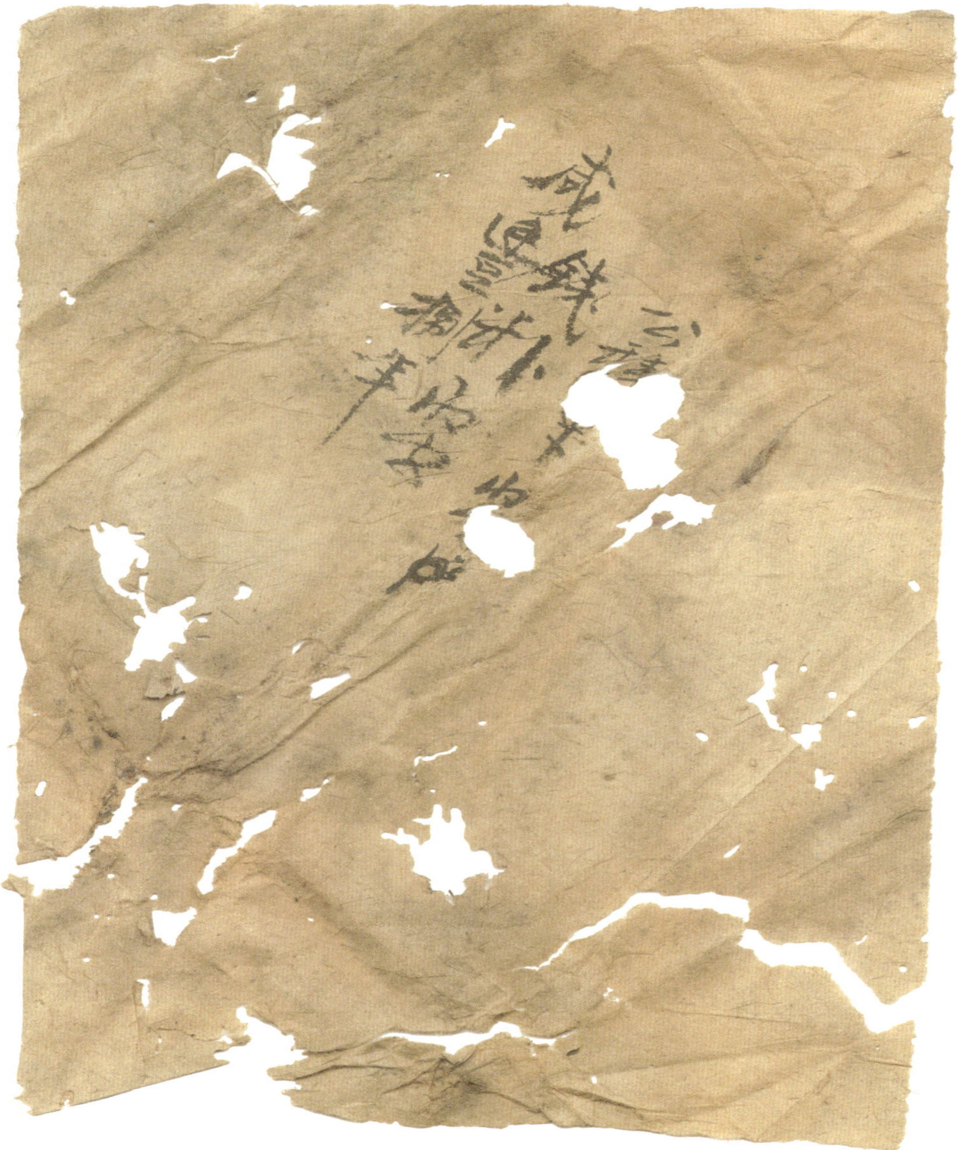

5-3-23-1　包契紙

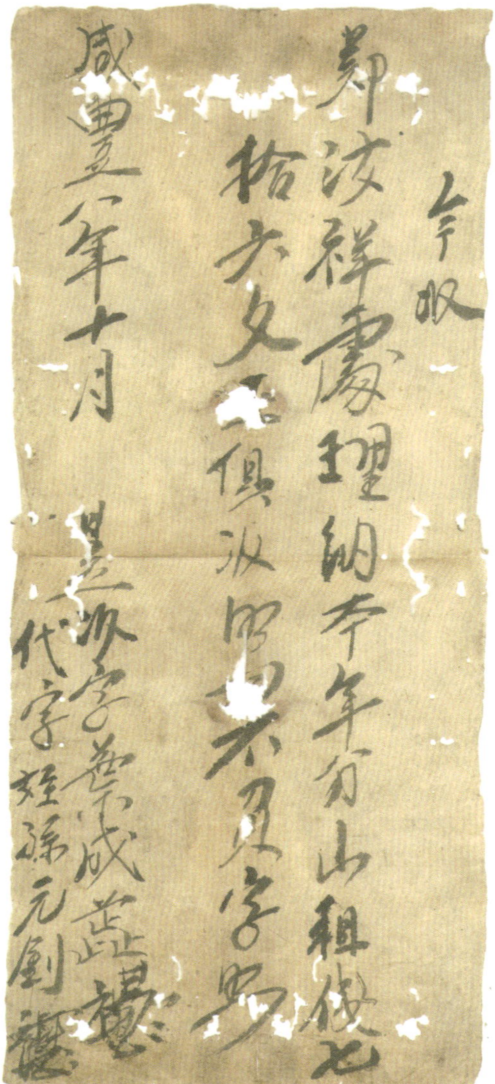

今收
鄭汝祥處理納本年分山租錢七
拾六文正俱收明白不欠字照
咸豐八年十月　日立收字葉成蓋號
代字姪孫元劉號

5-3-23-2　清咸豐八年十月葉成蓋立收山租錢字

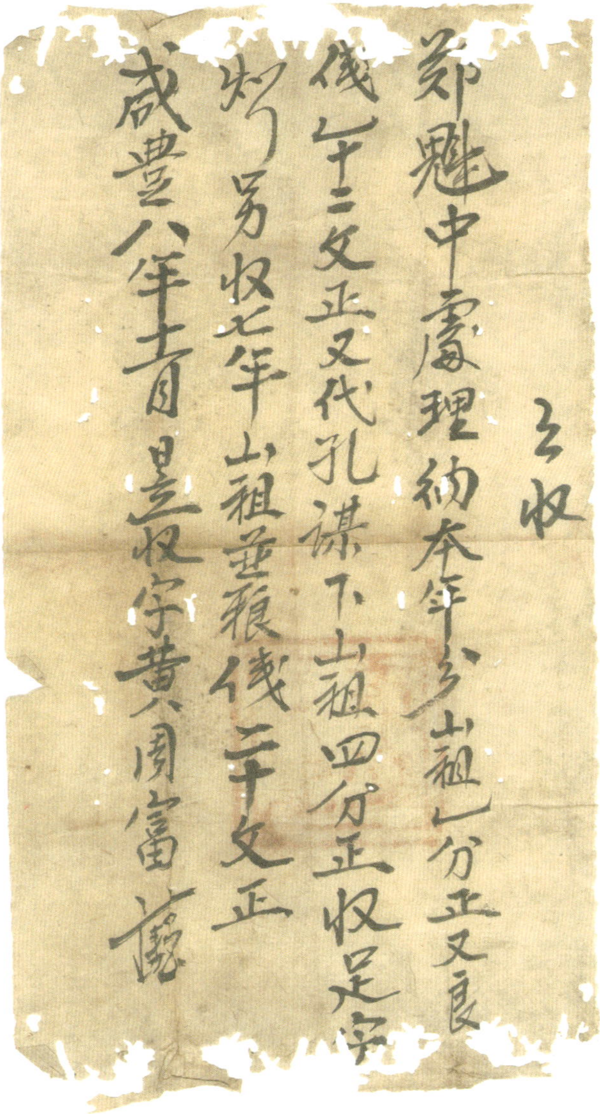
立收
鄭魁中處理納本年分山租一分正又良
錢一千二文正又代孔謀下山租四分正收足字
炤另收七年山租並粮錢二千文正
咸豐八年十一月 日立收字黄周富（押）

5-3-23-3　清咸豐八年十一月黄周富立收山租等字

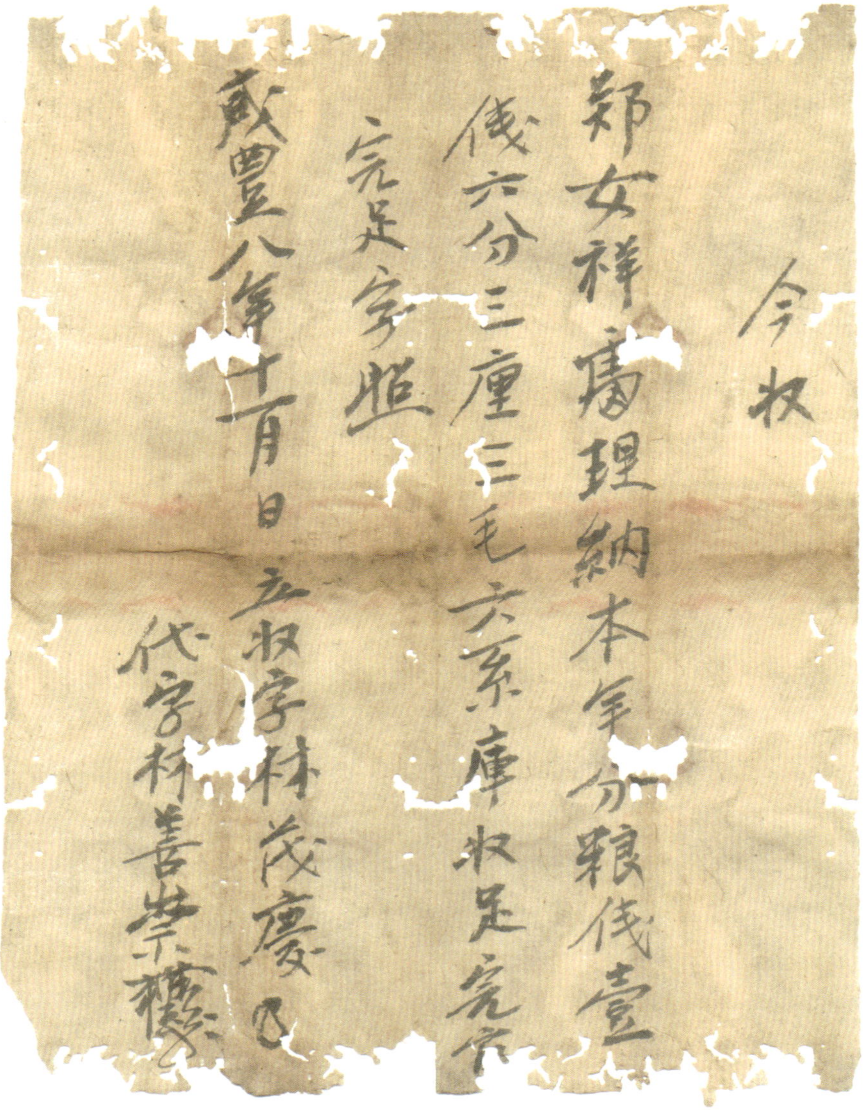

今收
鄭女祥舊理納本年分糧錢壹
錢六分三厘三毛六系庫收足完[illegible]
完足字照
咸豐八年十一月日立收字林茂慶（押）
代字林善榮（押）

5-3-23-4　清咸豐八年十一月林茂慶立收糧錢字

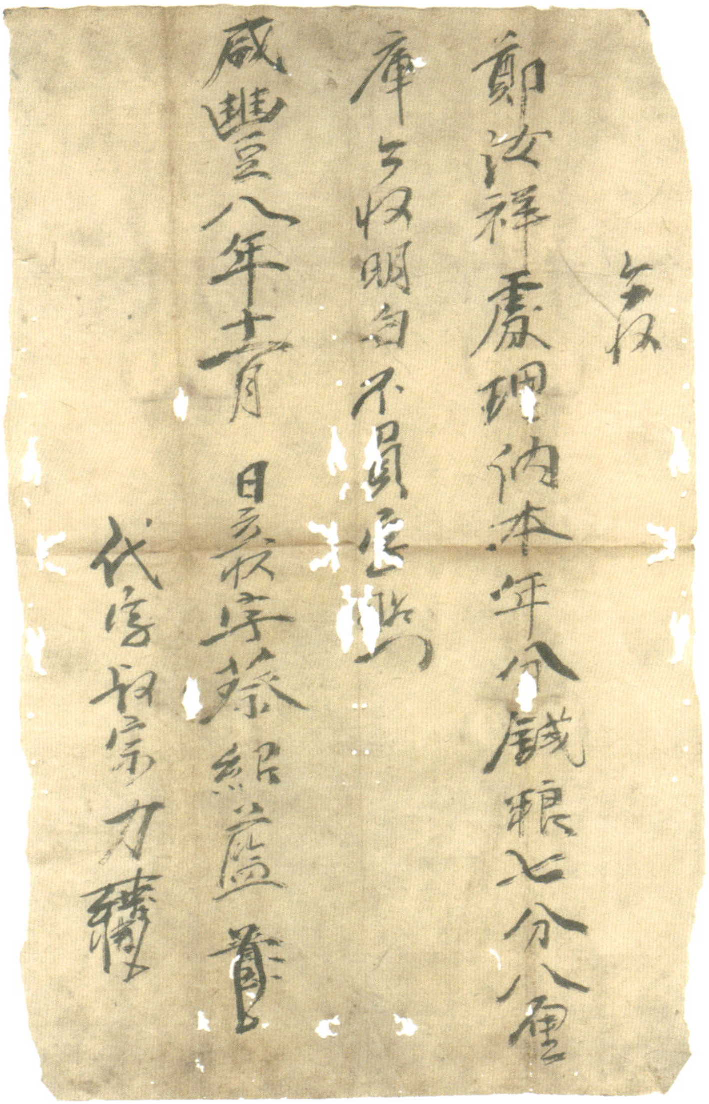

今收

鄭汝祥處理納本年分錢糧七分八厘

庫今收明白不得異[illegible]

咸豐八年十一月　日立收字蔡紹藍（押）

代字叔宗方（押）

5-3-23-5　清咸豐八年十一月蔡紹藍立收錢糧字

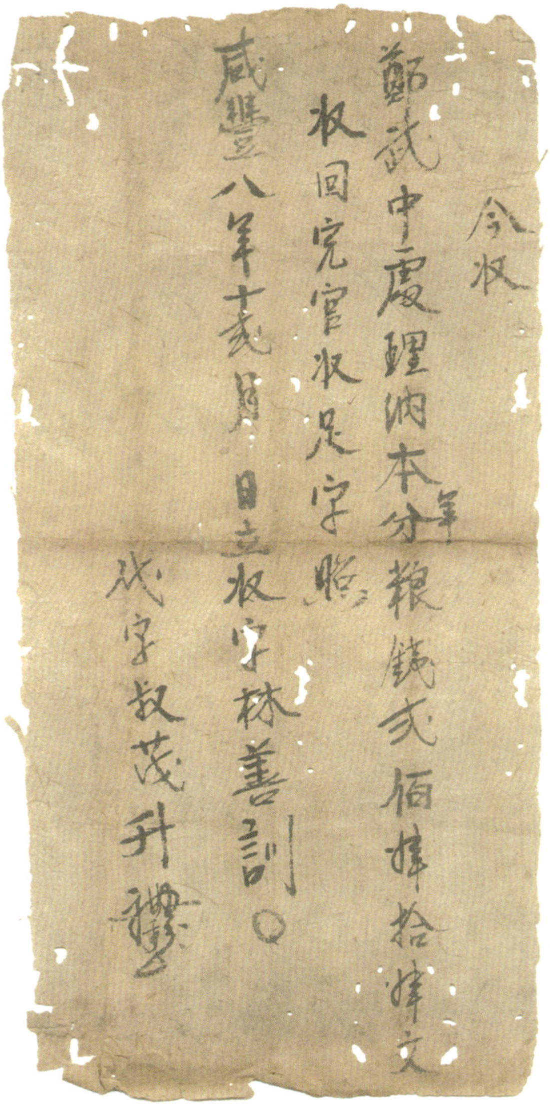
今收
鄭武中處理納本年分糧錢貳佰肆拾肆文
收回完官收足字照
咸豐八年十二月 日立收字林善訓○
代字叔茂升筆

5-3-23-6　清咸豐八年十二月林善訓立收糧錢字

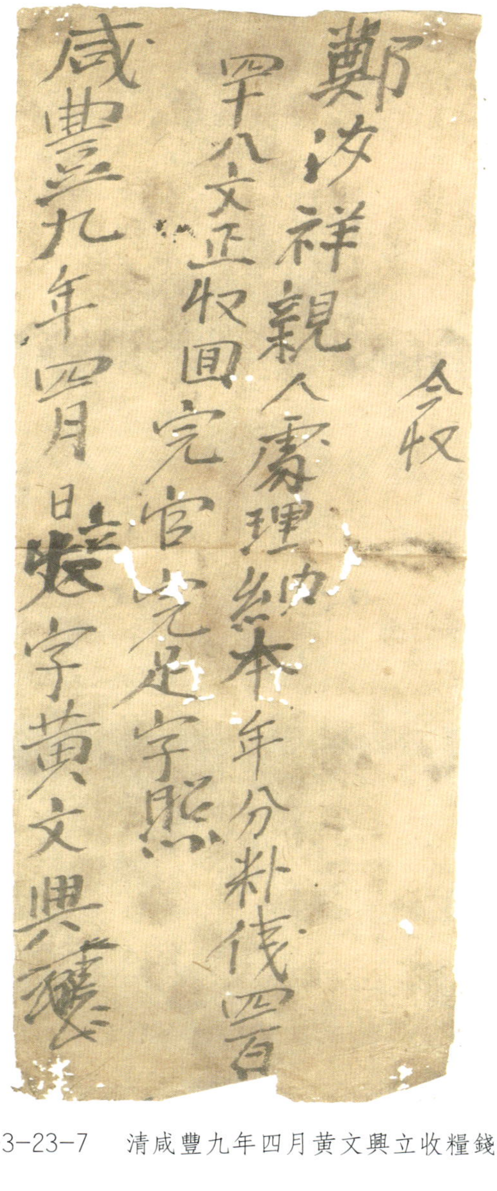
今收
鄭汝祥親人處理納本年分粮錢四百
四十八文正收回完官完足字照
咸豐九年四月 日立收字黄文興

5-3-23-7　清咸豐九年四月黄文興立收糧錢字

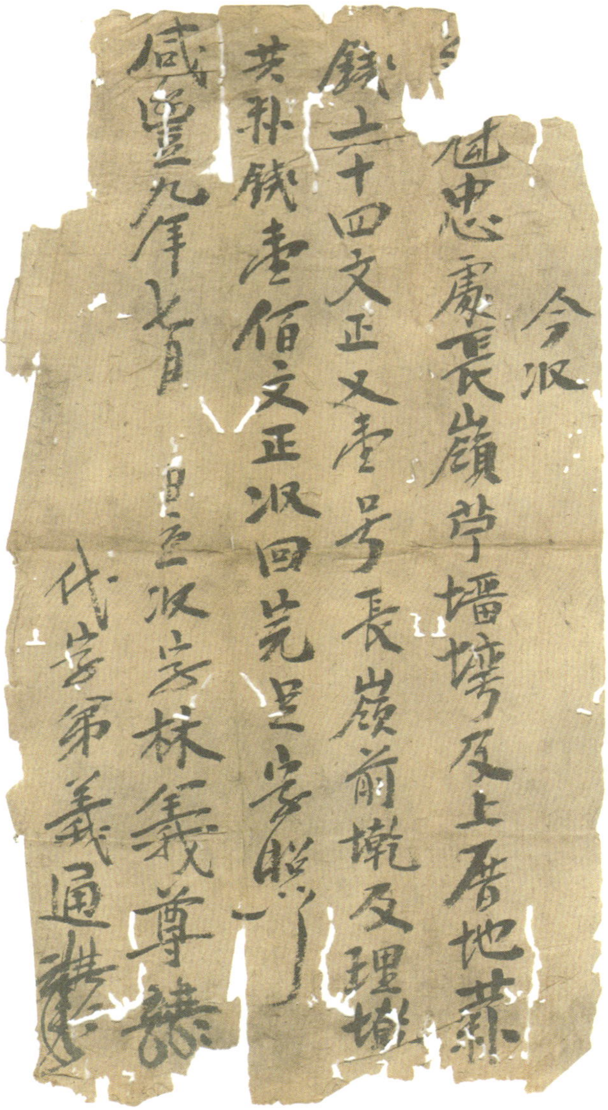

今收
仙忠處長嶺亭墻塆及上厝地基糧
錢六十四文正又壹号長嶺前墈及理墈
共計錢壹佰文正收回完足为照
咸豐九年七月　日立收字林義尊
代字弟義通

5-3-23-8　清咸豐九年七月林義尊立收糧錢字

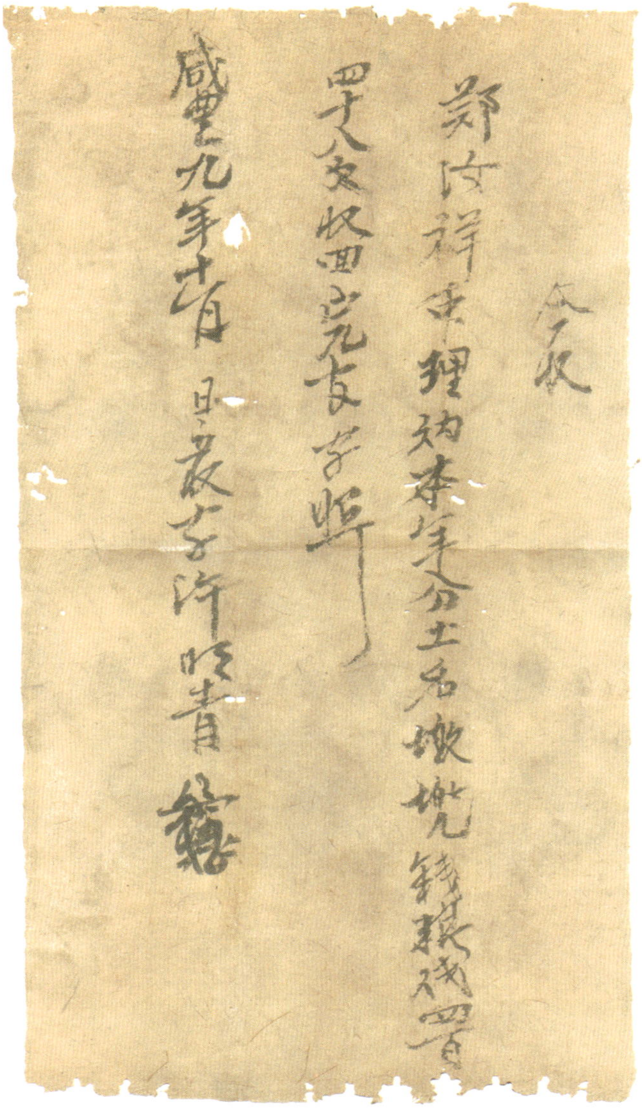
今收
鄭汝祥手理納本年分土名墩墘錢糧錢四百
四十八文收回完足其字照
咸豐九年十一月　日收字許明青

5-3-23-9　清咸豐九年十一月許明青立收錢糧字

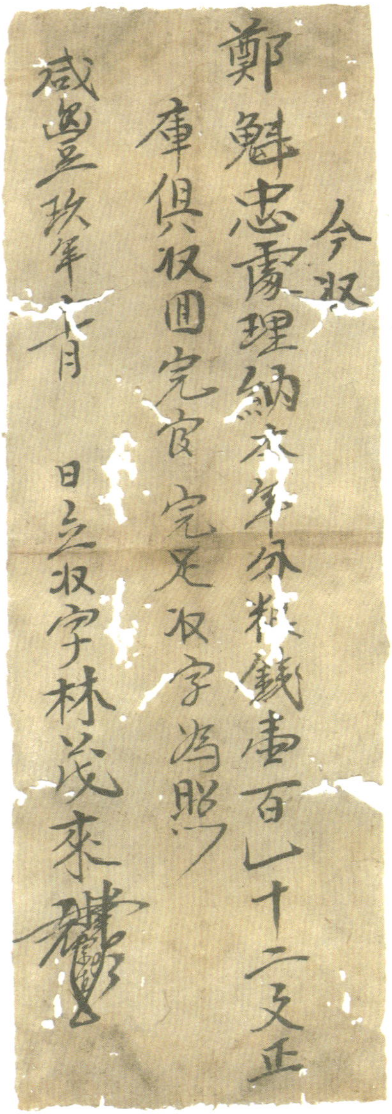

今收

鄭魁忠處理納本年分粮錢壹百乚十二文正

庫俱收回完官完足收字爲照

咸豐玖年十一月日立收字林茂來（押）

5-3-23-10　清咸豐九年十一月林茂來立收糧錢字

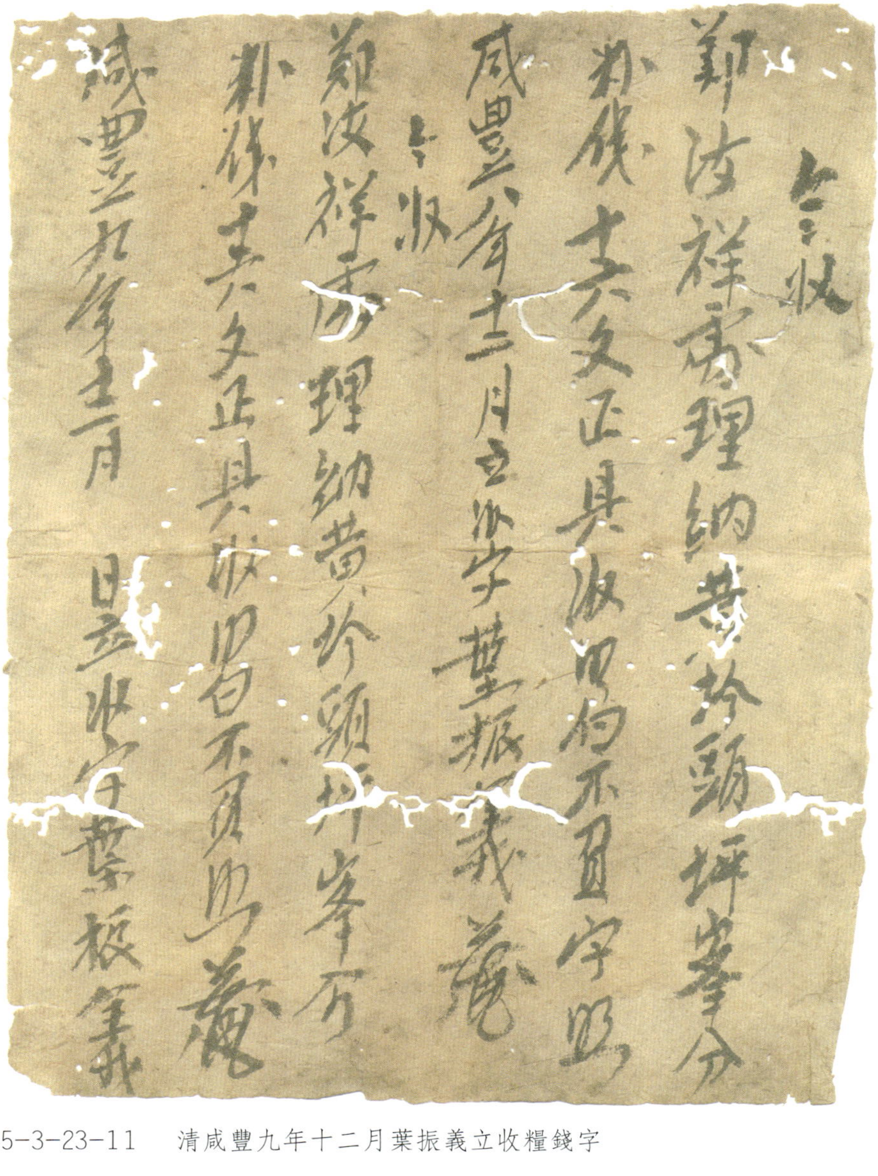

全收
鄭汝祥房理納黄拾頭坪峯分
粮錢壹千文正具收明白不負字照
咸豐八年十二月立收字葉振義號
全收
鄭汝祥房理納黄拾頭坪峯分
粮錢壹千文正具收明白不負照號
咸豐九年十二月 日立收字葉振義

5-3-23-11　清咸豐九年十二月葉振義立收糧錢字

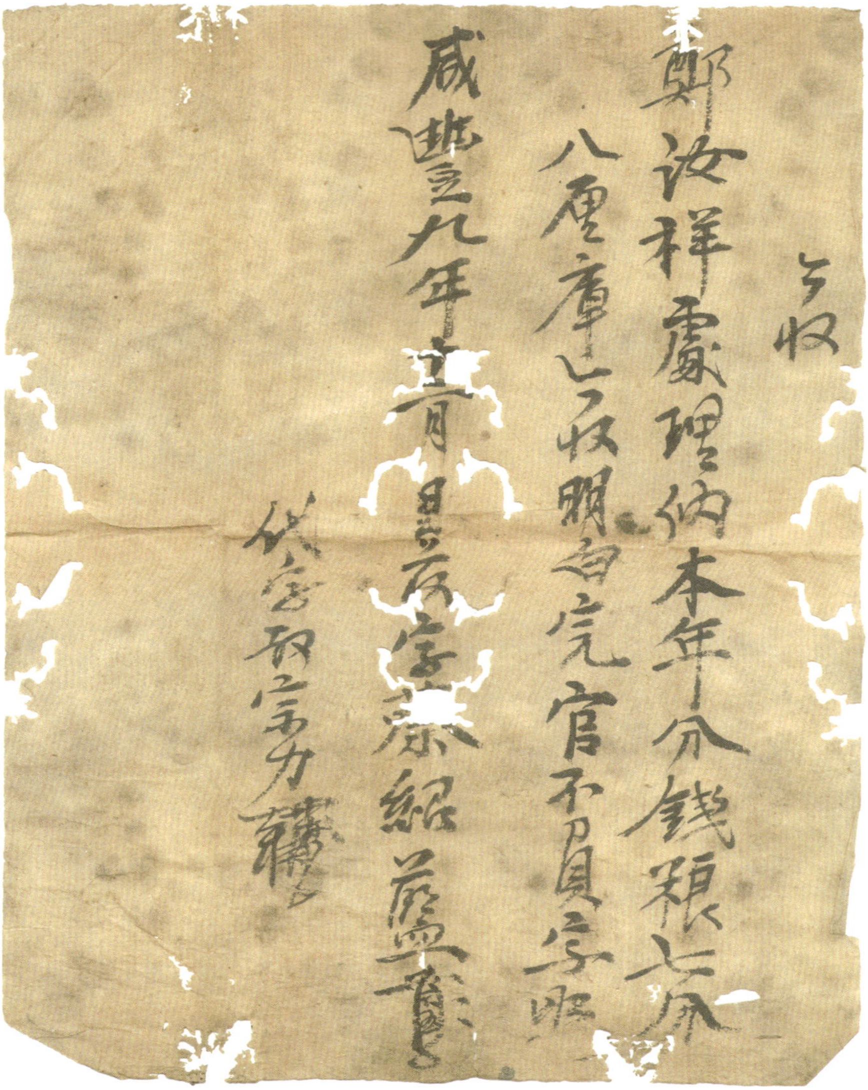

今收
鄭汝祥處理納本年分錢粮七分
八厘庫已收明白完官不負字照
咸豐九年十二月　日立收字蔡紹藍（押）
代字叔宗力（押）

5-3-23-12　清咸豐九年十二月蔡紹藍立收錢糧字

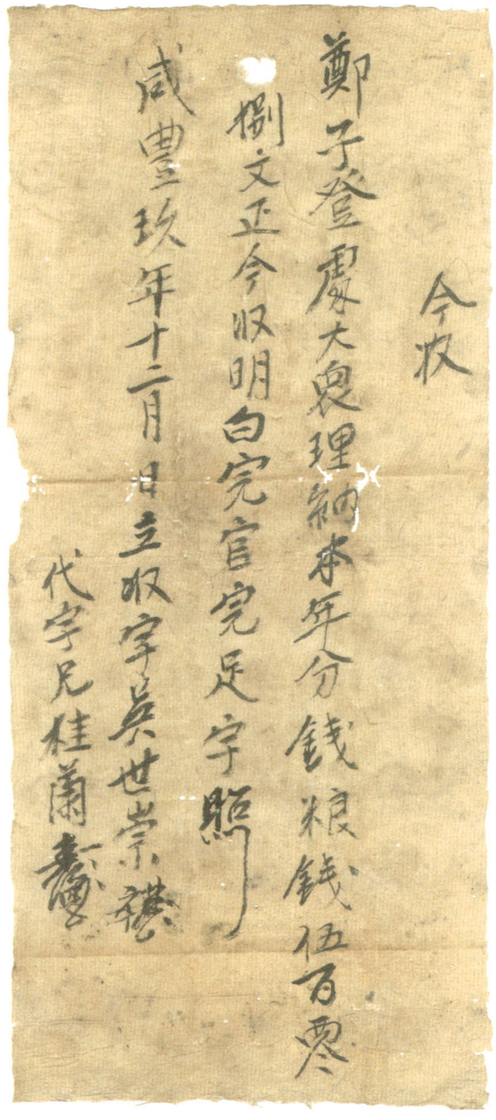

今收

鄭子登處大良理納本年分錢粮錢伍百零

捌文正今收明白完官完足字照

咸豐玖年十二月 日立收字吳世崇（押）

代字兄桂蘭（押）

5-3-23-13　清咸豐九年十二月吴世崇立收錢糧字

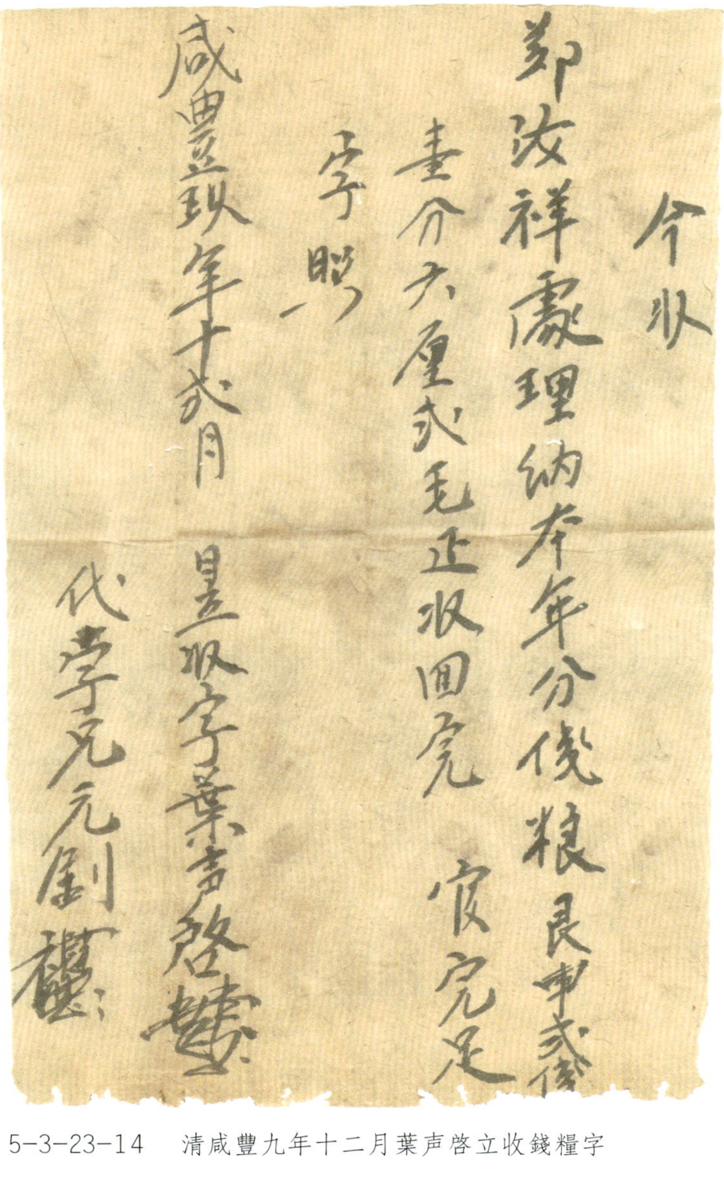
今收
鄭汝祥處理納本年分錢粮艮中弍佰
壹分六厘弍毛正收回完　俱完足
字照
咸豐玖年十弍月　日立收字葉声啓
代字兄元劉

5-3-23-14　清咸豐九年十二月葉声啓立收錢糧字

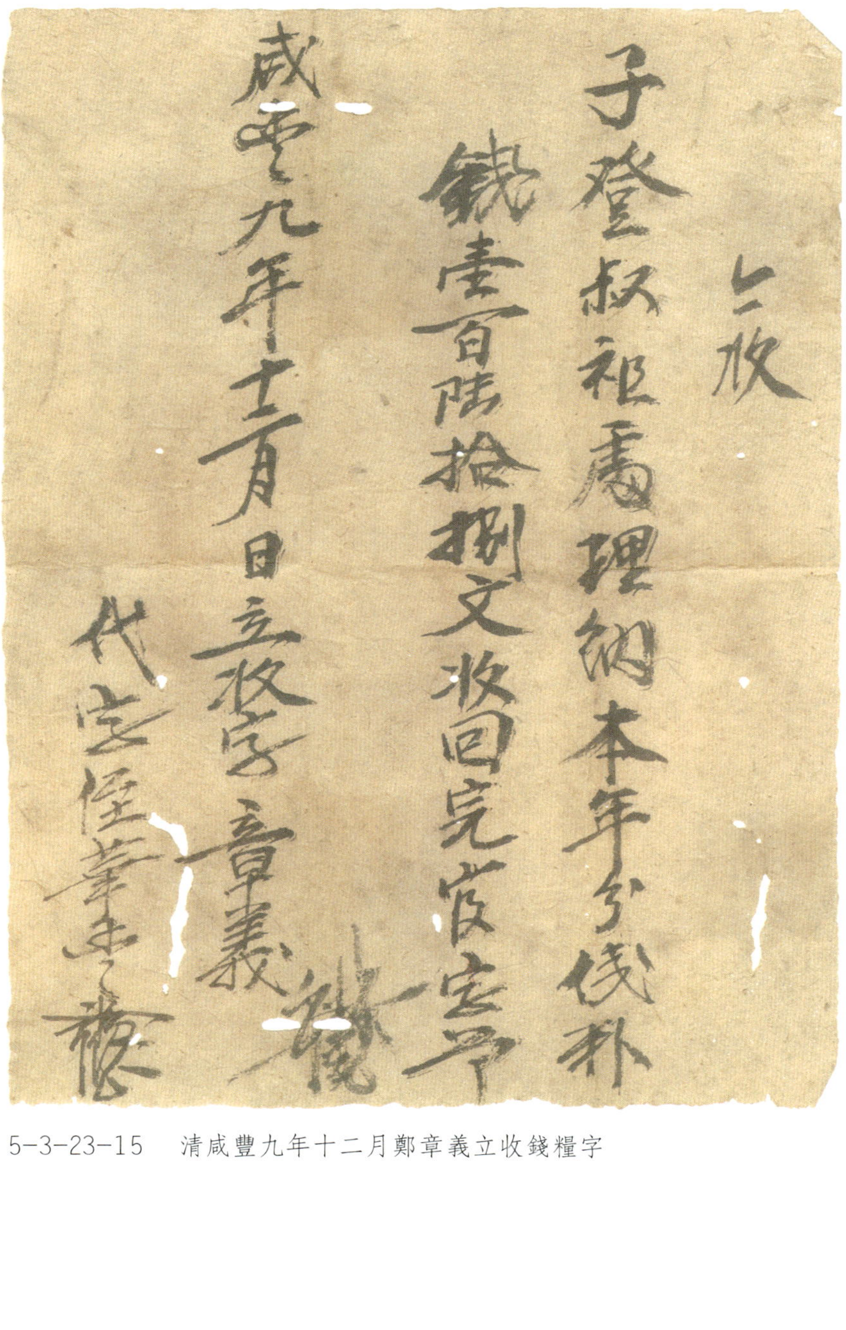

今收

子登叔祖處理納本年分伐朴

錢壹百陸拾捌文收回完官字

咸豐九年十二月日立收字　章義

代字侄華來禄

5-3-23-15　清咸豐九年十二月鄭章義立收錢糧字

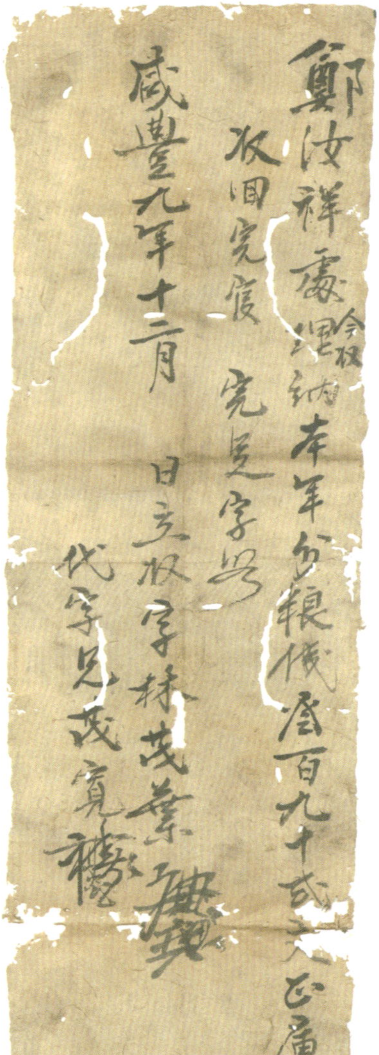

鄭汝祥處今收理納本年分粮錢叁百九十弍文正庫
收回完官　完足字照
咸豐九年十二月　　日立收字林茂葉（押）
代字兄茂寬（押）

5-3-23-16　清咸豐九年十二月林茂葉立收糧錢字

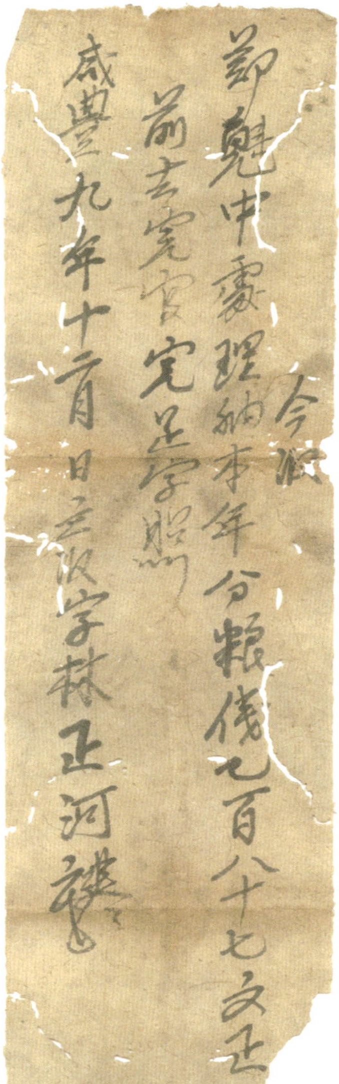
今收
鄭魁中處理納本年分粮錢七百八十七文正
前去完官完足存照
咸豐九年十二月日立收字林正河（押）

5-3-23-17　清咸豐九年十二月林正河立收糧錢字

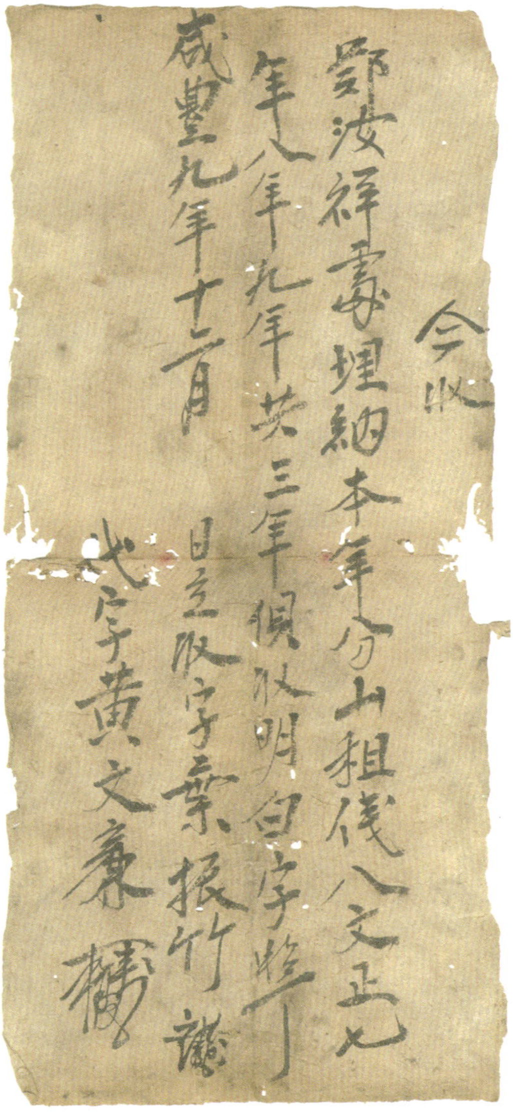
今收
鄧汝祥壽埋納本年分山租錢八文正九
年八年九年共三年俱收明白字照
咸豐九年十二月　日立收字葉振竹識
代字黃文康　押

5-3-23-18　清咸豐九年十二月葉振竹立收山租錢字

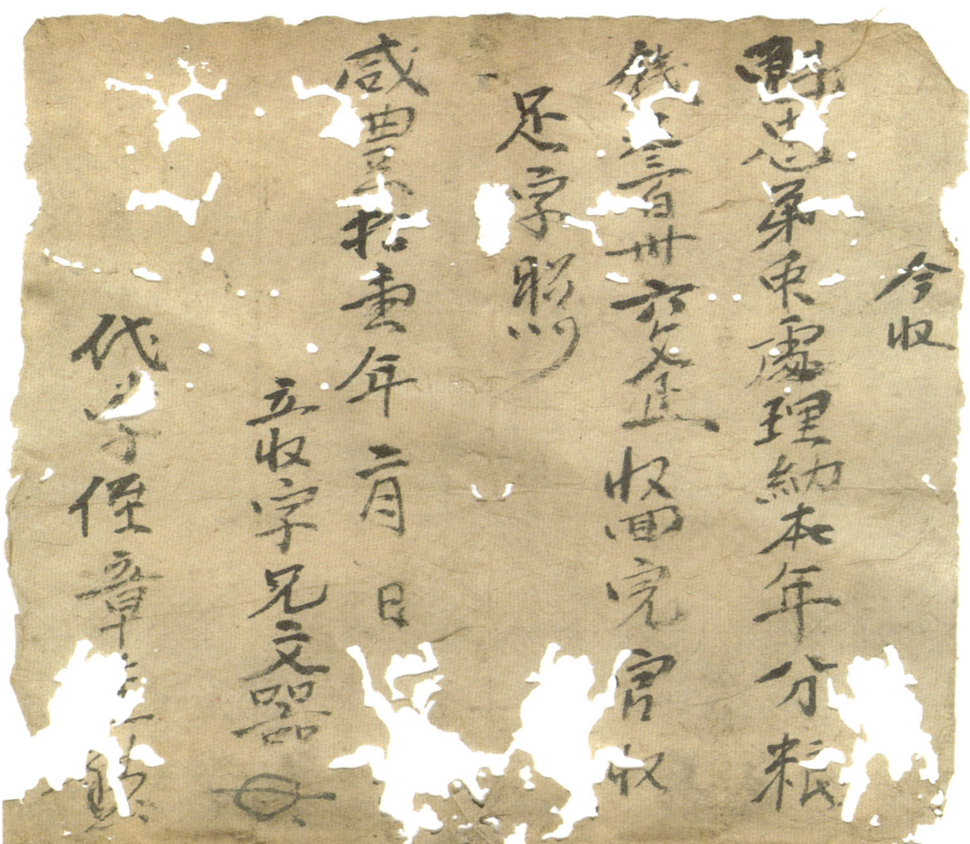
今收
叔忠弟承處理納本年分粮
錢[illegible]壹百卅六文正收回完官收
足字照
咸豐拾壹年 二月 日 立收字兄文器
代字侄普[illegible]

5-3-24-1 清咸豐十一年二月鄭文器立收糧錢字

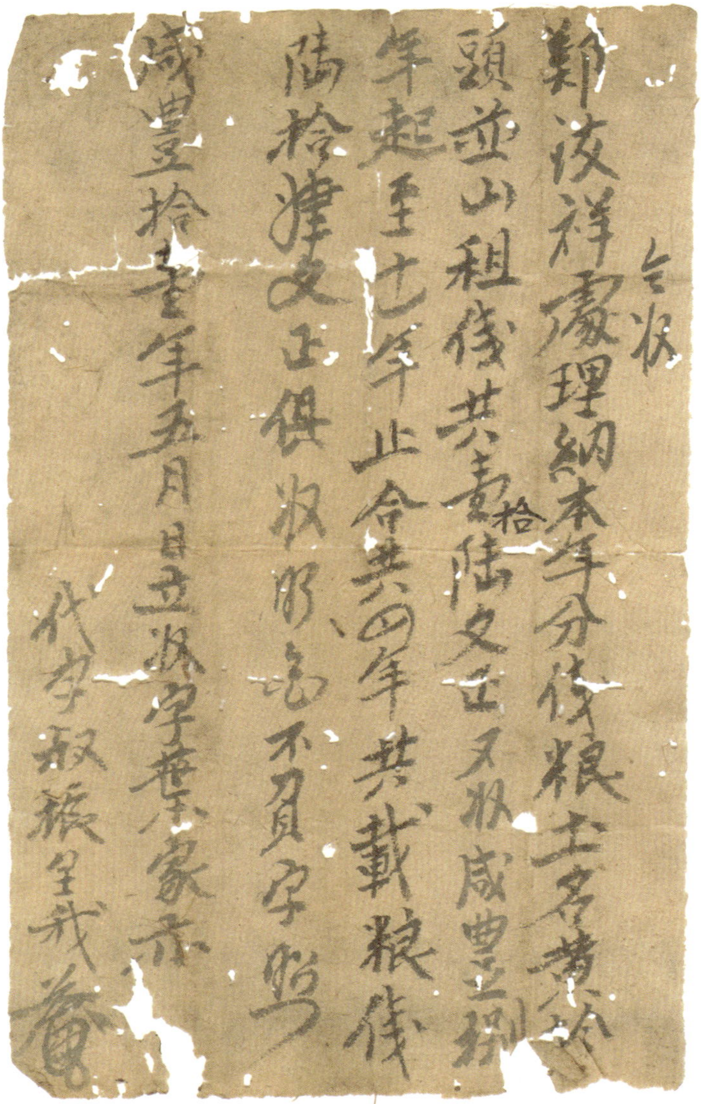
今收
鄭汝祥處理納本年分錢粮土名黄谷
頭並山租錢共壹拾陸文正又收咸豐玖
年起至壬戌年止合共四年共載粮錢
陆拾肆文正俱收明完不負字照
咸豐拾壹年五月　日立收字葉家亦
代筆叔振呈我（押）

5-3-24-2　清咸豐十一年五月葉家亦立收錢糧字

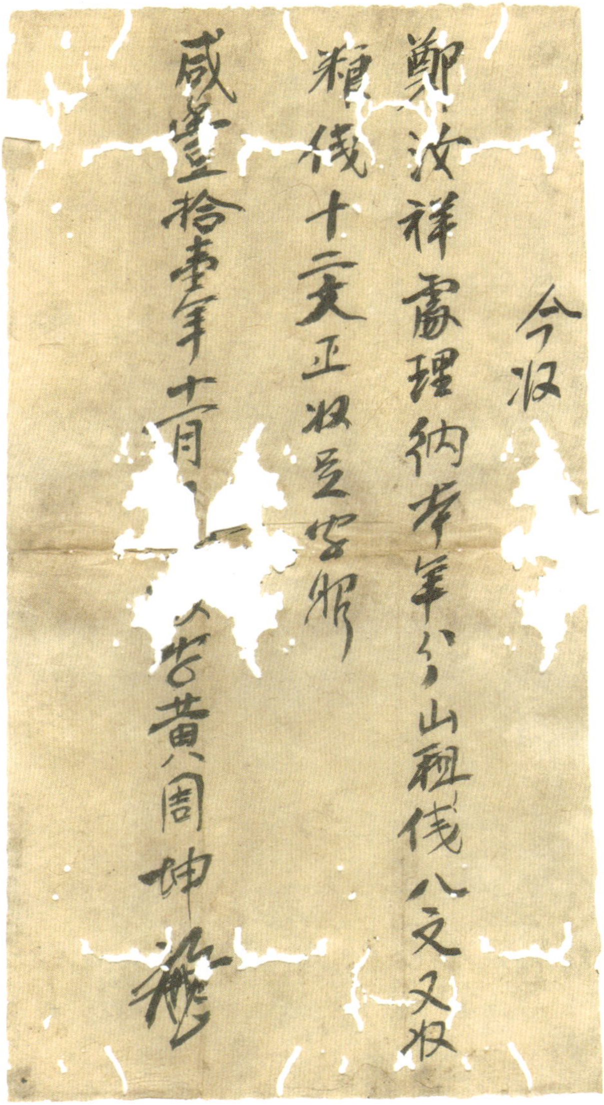

今收
鄭汝祥處理納本年分山租錢八文，又收
粮錢十二文正，收足字照。
咸豐拾壹年十一月 日立收字黄周坤（押）

5-3-24-3　清咸豐十一年十一月黄周坤立收山租錢等字

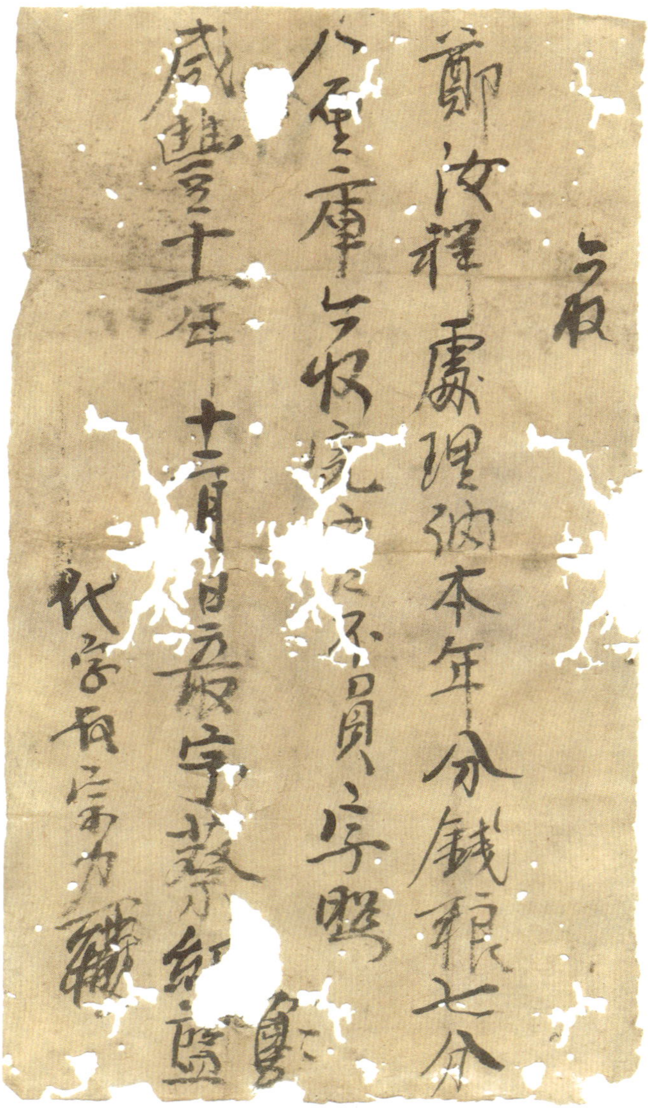
今收
鄭汝程處理納本年分錢粮七分
八厘二庫今收完訖不負字照
咸豐十一年十二月日立收字蔡紹藍
代字叔[illegible]

5-3-24-4　清咸豐十一年十二月蔡紹藍立收錢糧字

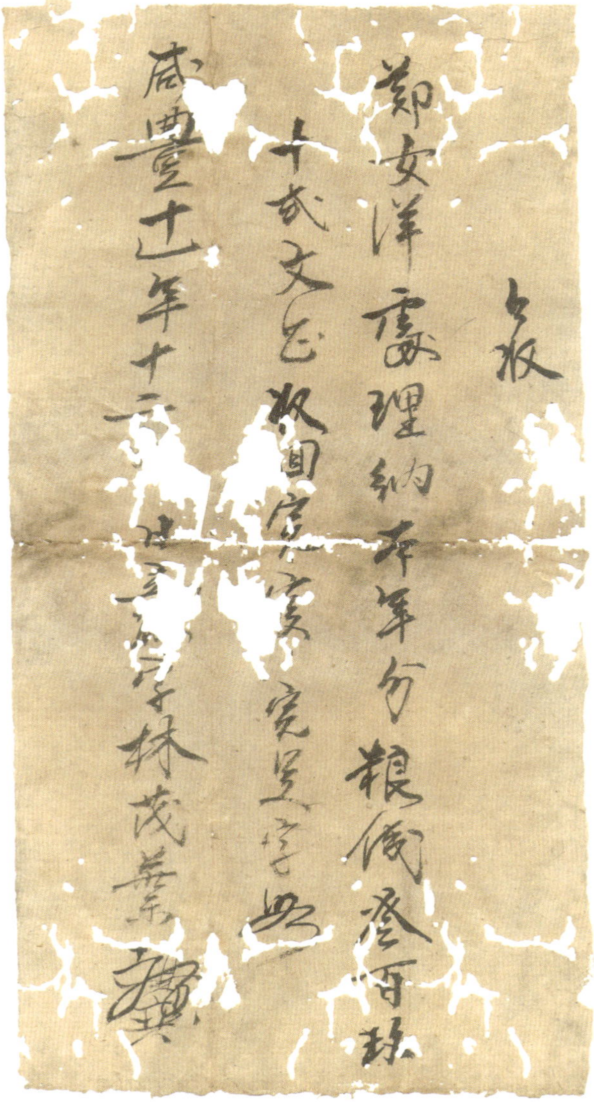
今收
鄭安洋處理納本年分粮價叁百玖
十貳文足收回完實完足字照
咸豐十一年十二月 日立字林茂葉親

5-3-24-5　清咸豐十一年十二月林茂葉立收糧錢字

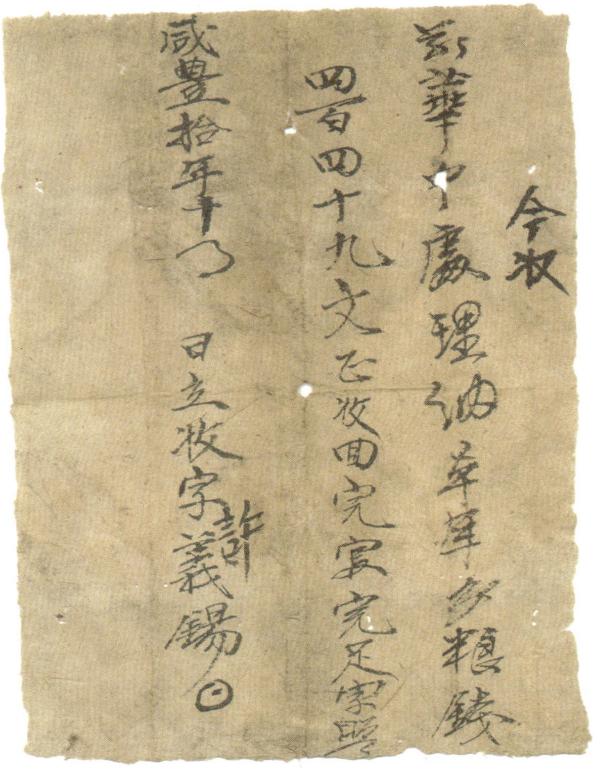
今收
鄧華中處理納本年分糧錢
四百四十九文正收回完案完足字照
咸豐拾年十月　日立收字許義錫 ○

5-3-25-1　清咸豐十年十月許義錫立收糧錢字

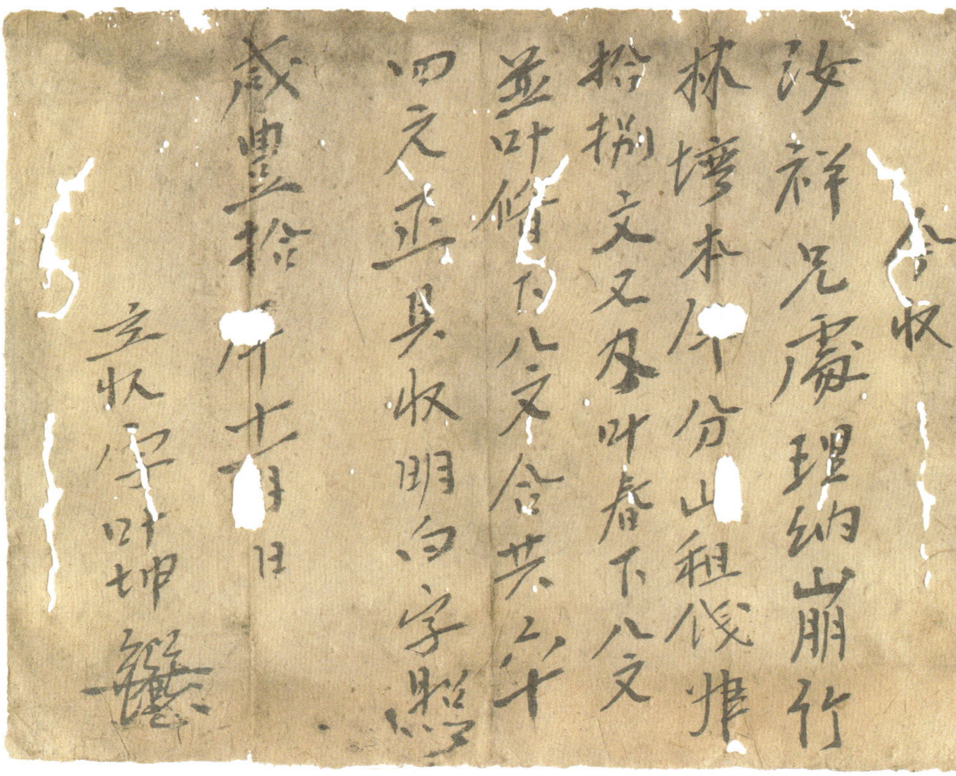

合收
汝祥兄處理納山崩竹
林墱本年分山租錢并
拾捌文又叶春下八文
並叶俗下八文合共六十
四文正具收明白字照
咸豐拾年十一月　日
立收字叶坤（押）

5-3-25-2　清咸豐十年十一月鄭叶坤立收山租錢字

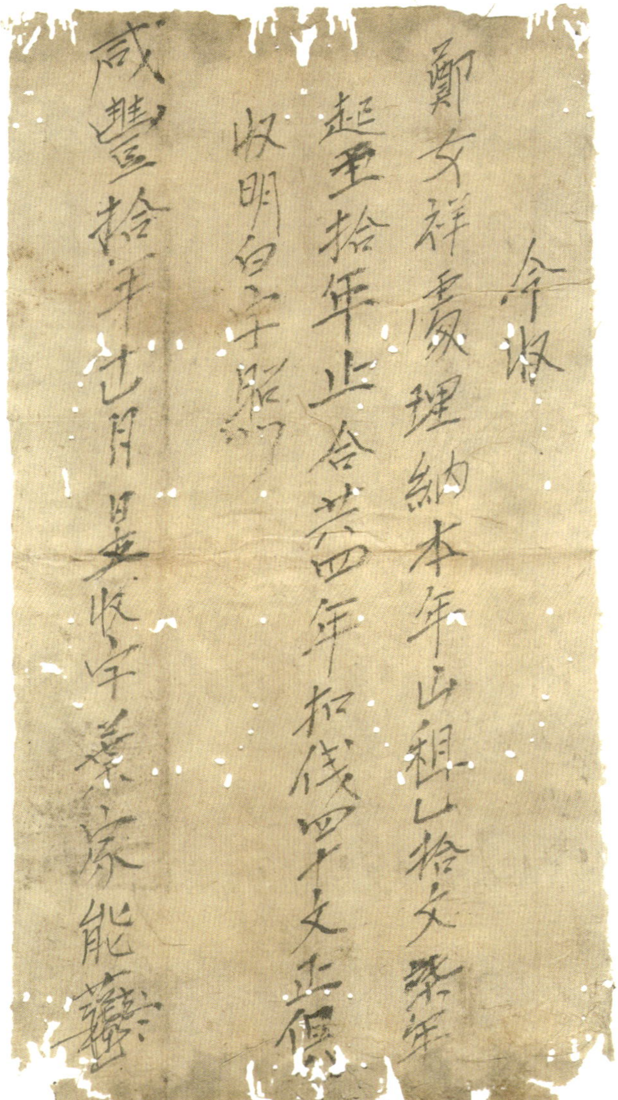
今收
鄭文祥處理納本年山租山拾文柒年
起至拾年止合共四年扣錢四十文正便
收明白字照
咸豐拾年十一月日立收字葉家能[illegible]

5-3-25-3　清咸豐十年十一月葉家能立收山租錢字

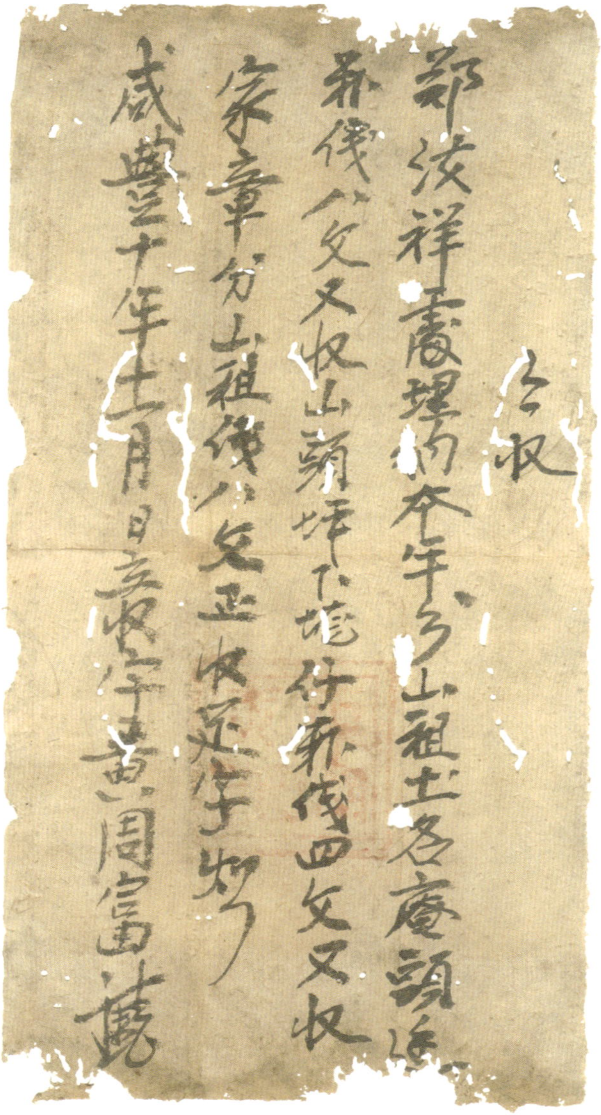
今收
鄭汝祥處理內本年分山租土名庵頭後
番錢八文又收山頭坪下塊仔番錢四文又收
家章分山租錢八文正收足字照
咸豐十年十一月日立收字黃周富號

5-3-25-4　清咸豐十年十一月黃周富立收山租錢字

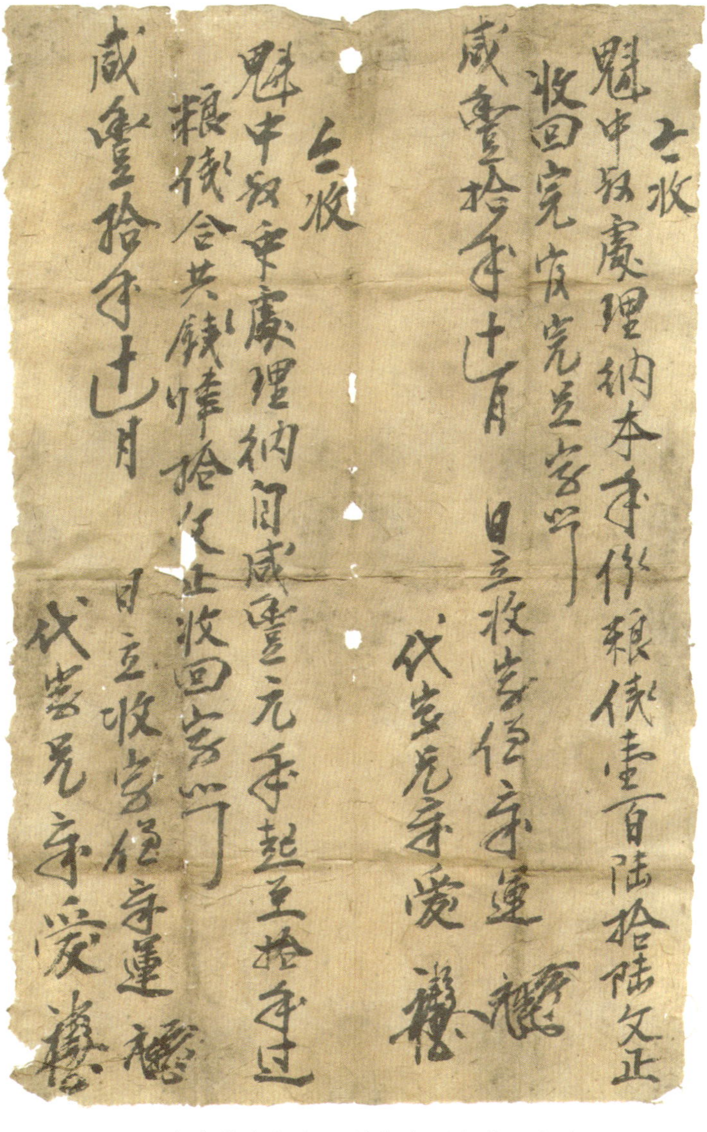
上收
魁中叔處理納本年份粮錢壹百陸拾陸文正
收回完足字照
咸豐拾年十一月　日立收字侄章運（押）
代字兄章愛（押）

上收
魁中叔處理納自咸豐元年起至拾年止
粮錢合共錢肆拾文正收回字照
咸豐拾年十一月　日立收字侄章運（押）
代字兄章愛（押）

5-3-25-5　清咸豐十年十一月鄭章運立收糧錢字

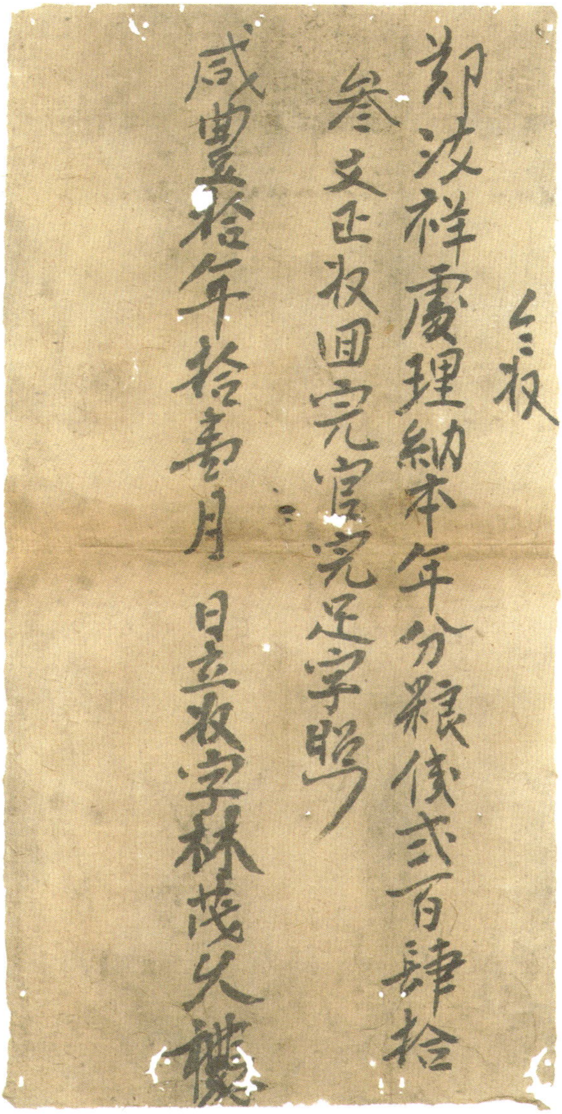
仝收
鄭汝祥處理納本年分糧銭貳百肆拾
叁文正收回完官完足字照
咸豐拾年拾壹月　日立收字林茂久[illegible]

5-3-25-6　清咸豐十年十一月林茂久立收糧錢字

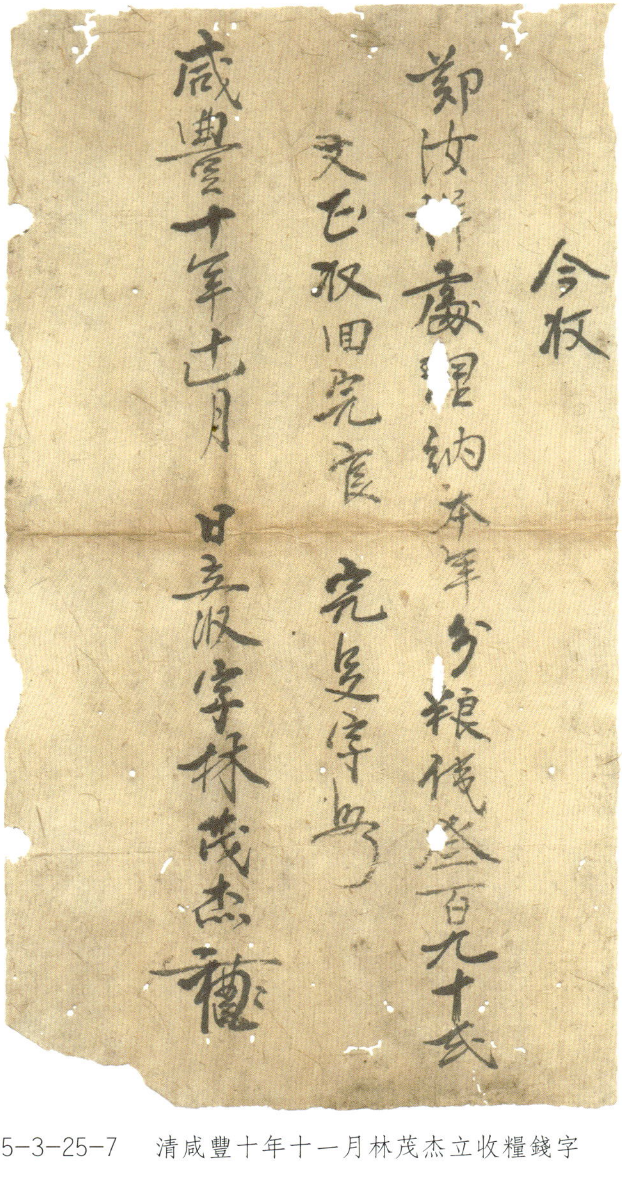
今收
鄭汝樑處糧納本年分粮錢叁百九十弍
文正收回完官　完足字照
咸豐十年十一月　日立收字林茂杰禮

5-3-25-7　清咸豐十年十一月林茂杰立收糧錢字

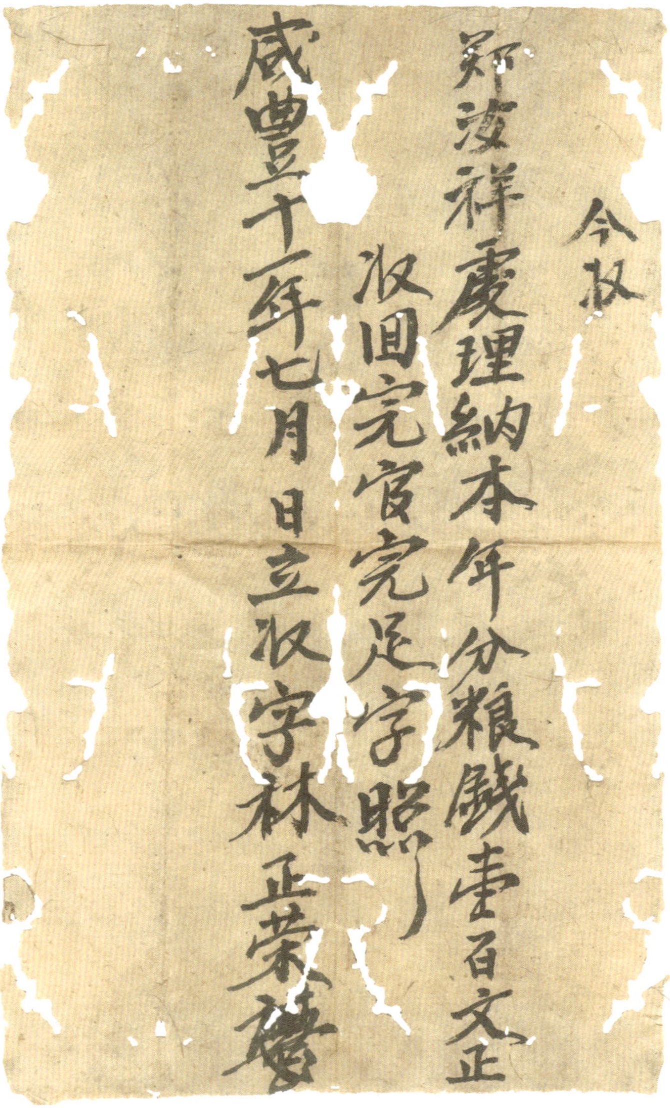
今收
鄭步祥處理納本年分粮錢壹百文正
收回完官完足字照
咸豐十一年七月　日立收字林正榮

5-3-25-8　清咸豐十一年七月林正荣立收糧錢字

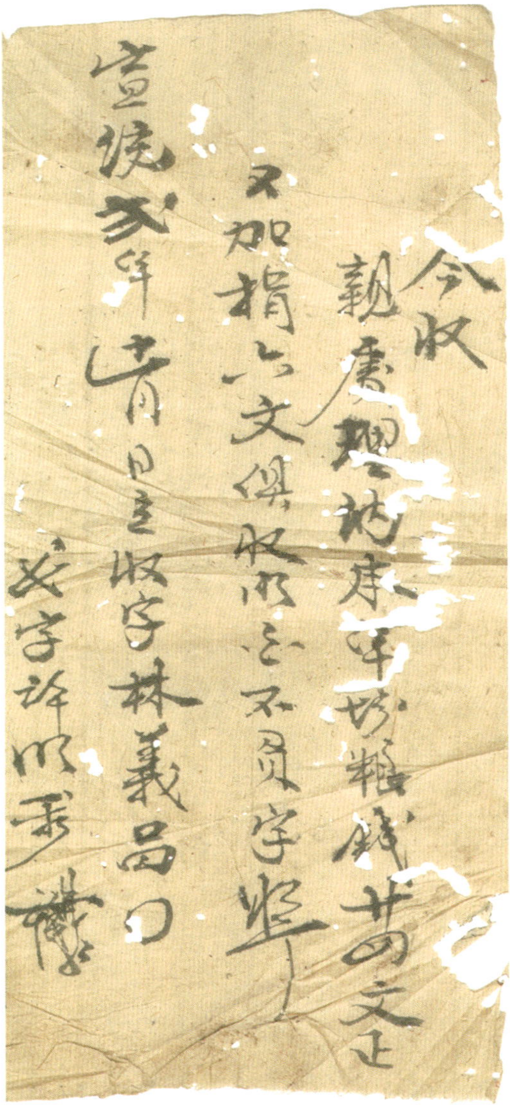

今收
親房理於庚戌年粮錢廿四文正
又加捐六文，俱收明白，不負字照。
宣統弍年十一月　日立收字林義品
代字許明秀筆

5-3-26-1　清宣統二年十一月林義品立收糧錢字

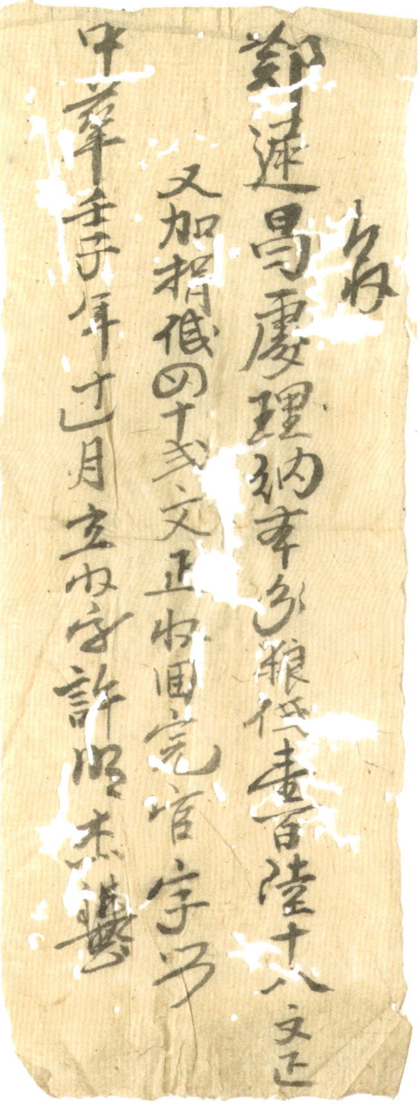

收
鄭廷昌慶理納本年分粮錢壹百陸十八文正
又加捐低四十弍文正收回完官字号
中華壬子年十一月　立收字許明杰筆

5-3-26-2　民國元年十一月許明杰立收糧錢字

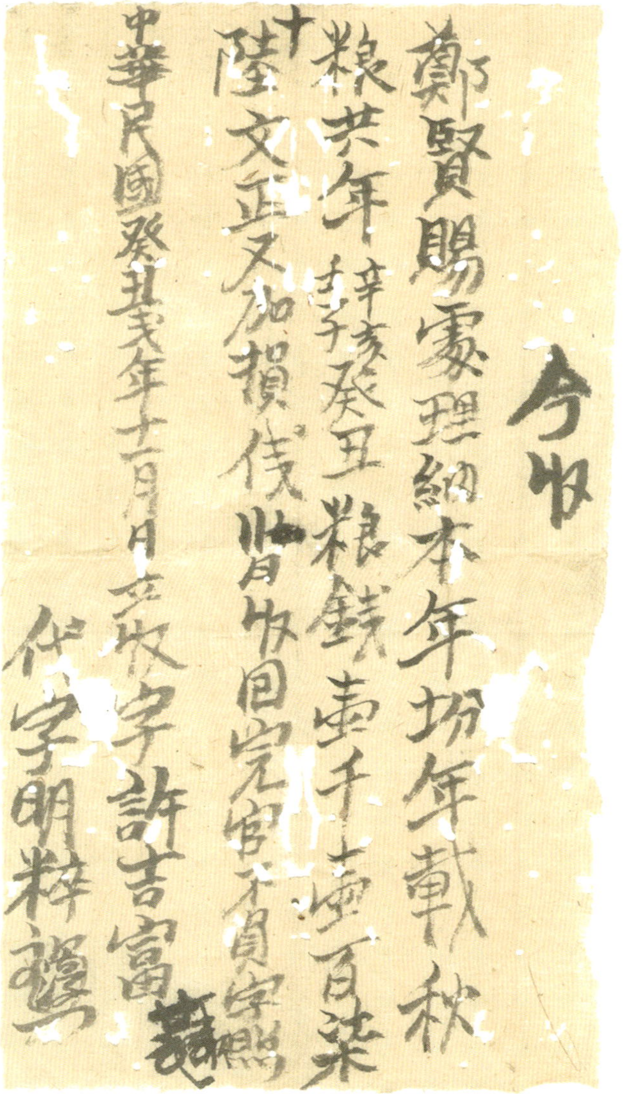

今收
鄭賢賜處理納本年坜年載秋
粮共年辛亥壬子癸丑粮錢壹千壹百柒
十陸文正又加損伐皆收回完官不負字照
中華民國癸丑年十一月　日立收字許吉富（押）
代字明粹筆

5-3-26-3　民國二年十一月許吉富立收糧錢字

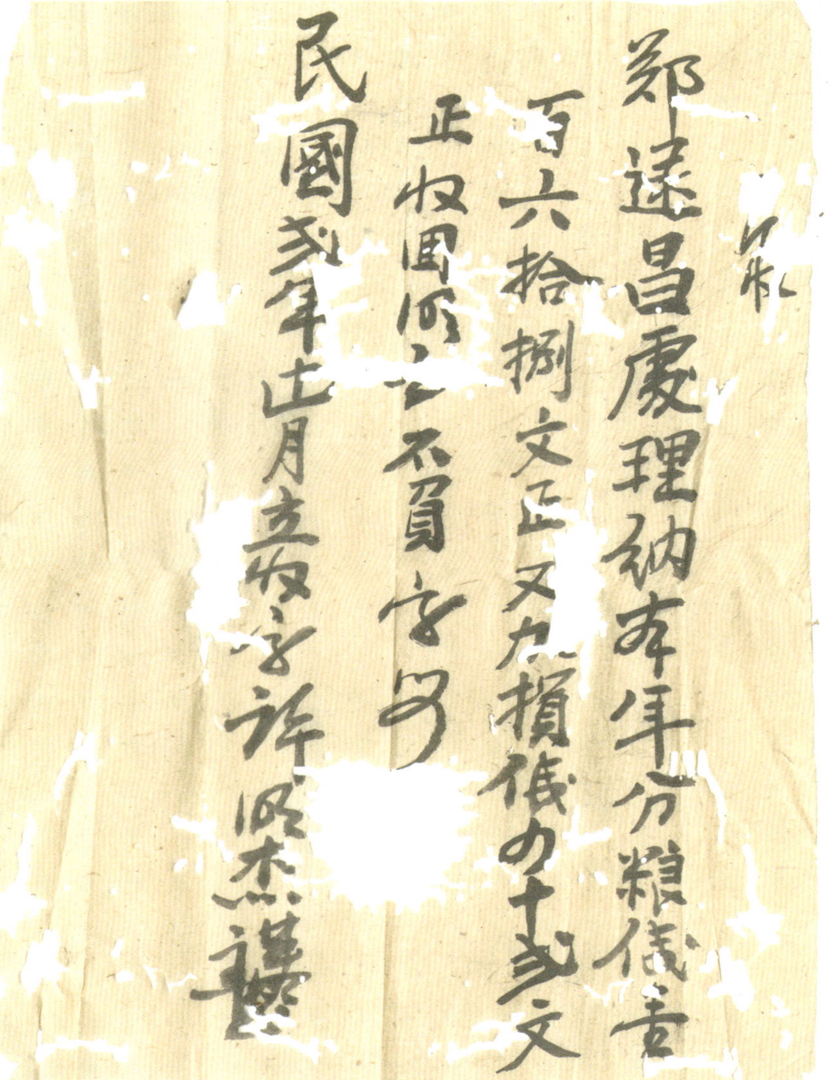
鄭遂昌處理納本年分粮銀壹
百六拾捌文正又九損銀四十五文
正收回訖不負字照
民國貳年十一月立收字許明杰謹

5-3-26-4　民國二年十一月許明杰立收糧錢字

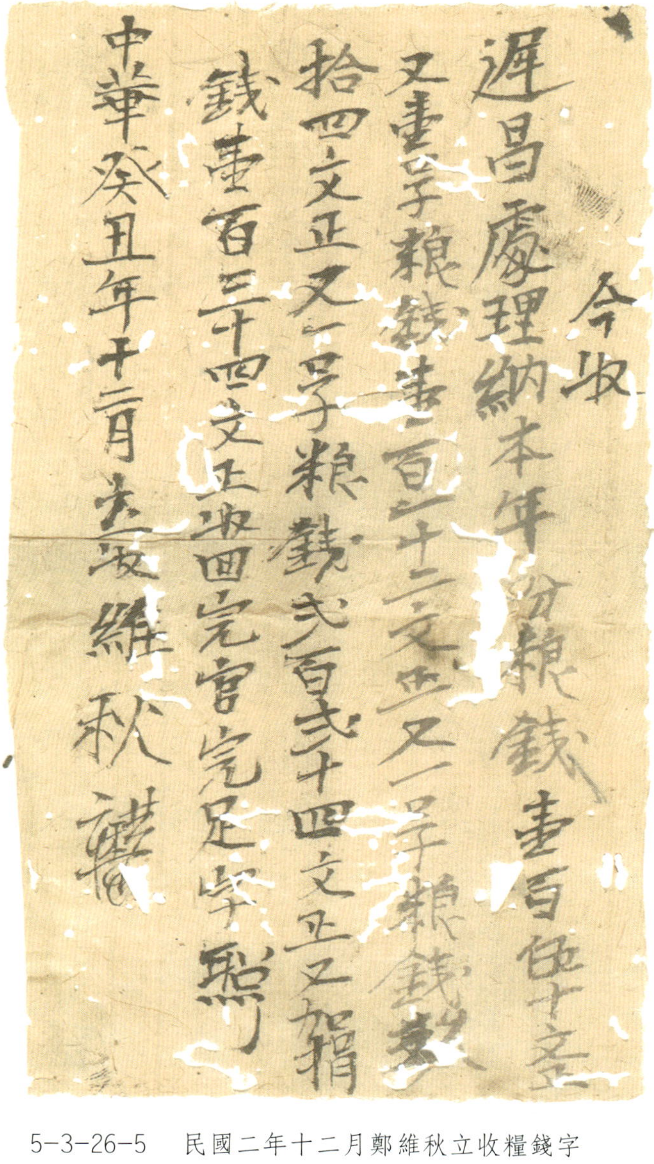

今收
遲昌處理納本年份粮錢壹百伍十文正
又壹字粮錢壹百一十二文正又一字粮錢式
拾四文正又一字粮錢弍百弍十四文正又加捐
錢壹百三十四文正当回完官完足字照
中華癸丑年十二月 立收 維秋 親筆

5-3-26-5　民國二年十二月鄭維秋立收糧錢字

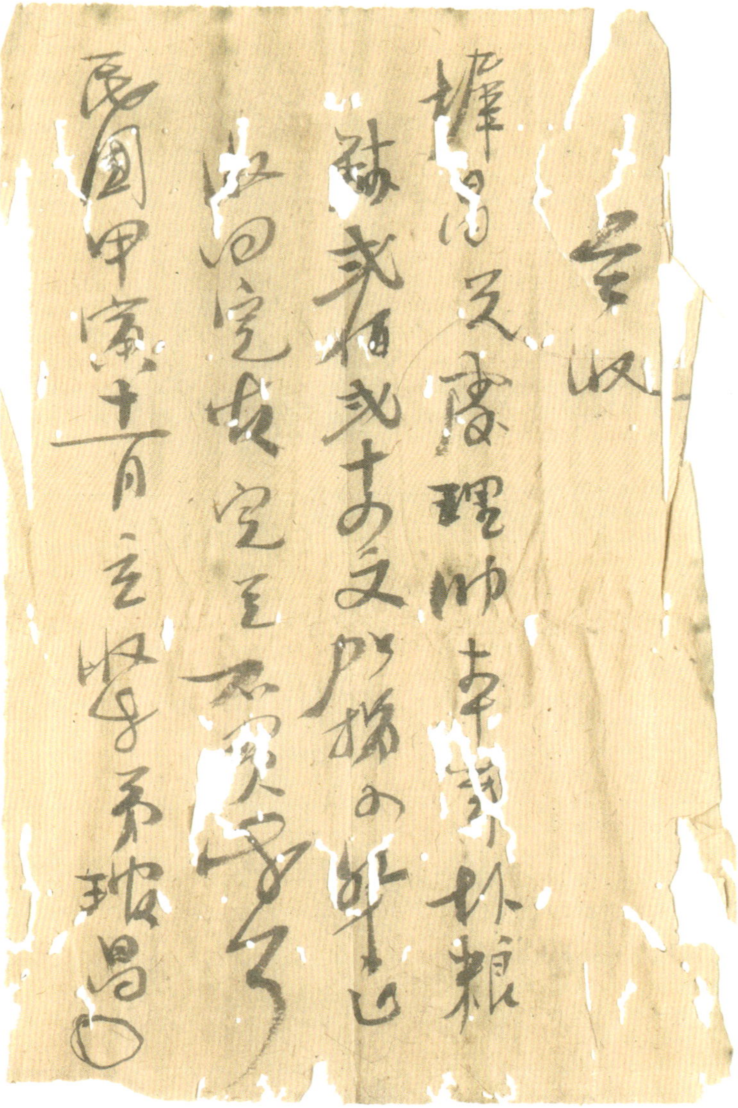
當收
據[illegible]處理師本年收粮
錢貳佰貳十五文以[illegible]
收回完收完至不[illegible]
民國甲寅十一月立收字弟瑲昌

5-3-26-6　民國三年十一月鄭瑲昌立收糧錢字

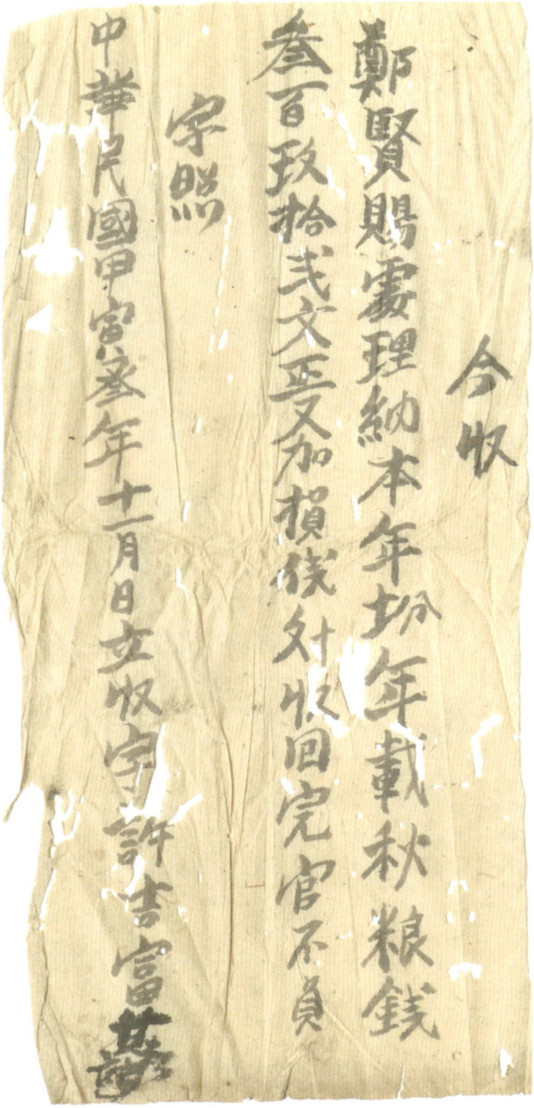

今收
鄭賢賜處理納本年份年載秋粮錢
叁百玖拾弍文正又加損錢付收回完官不負
字照
中華民國甲寅叁年十一月日立收字許吉富（押）

5-3-26-7　民國三年十一月許吉富立收秋糧錢字

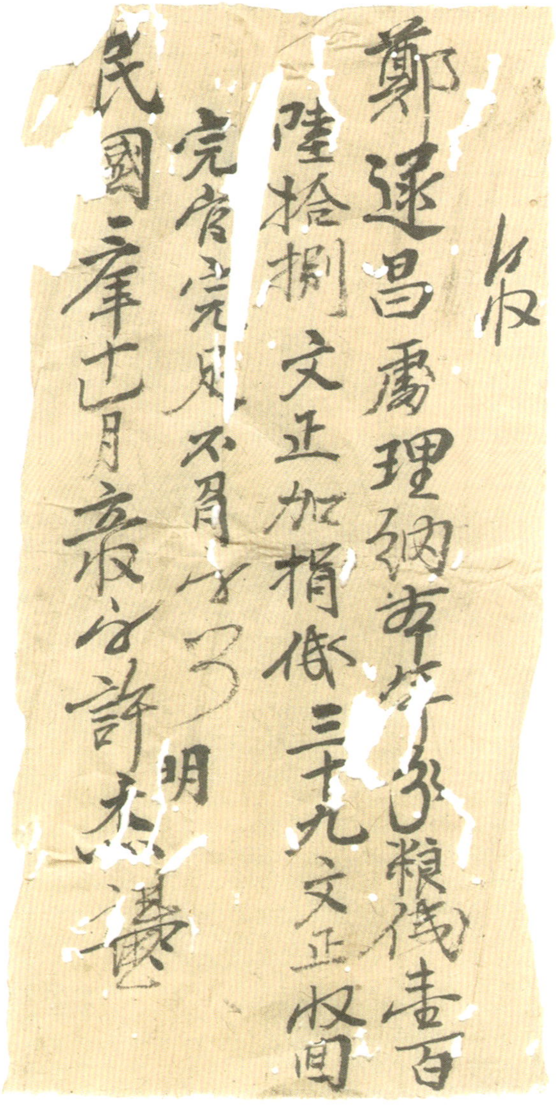
收
鄭廷昌處理納本年分糧錢壹百
陸拾捌文正加捐錢三十九文正收回
完官完足不用分字
民國三年十一月立收字許明杰押

5-3-26-8　民國三年十一月許明杰立收糧錢字

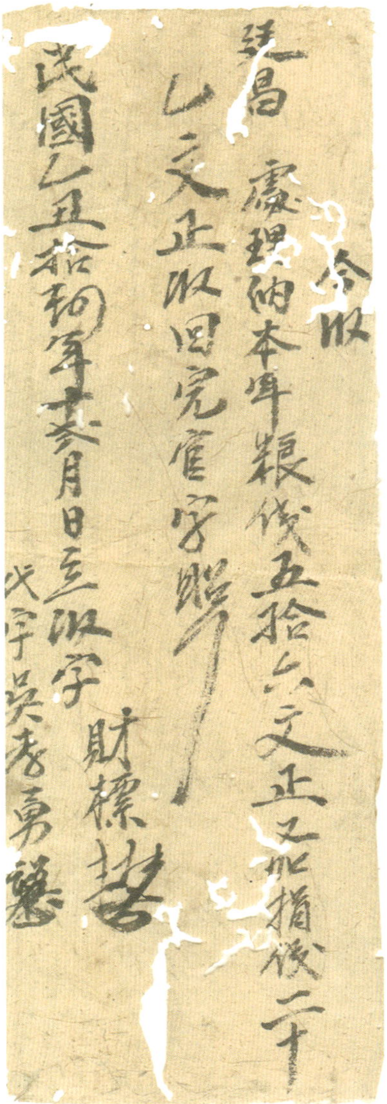
今收
廷昌處理納本年粮錢五拾六文正又祀捐錢二十
六文正收回完官字照
民國乙丑拾四年十二月日立收字 財標
代字吳考勇

5-3-26-9　民國十四年十二月鄭財標立收糧錢字

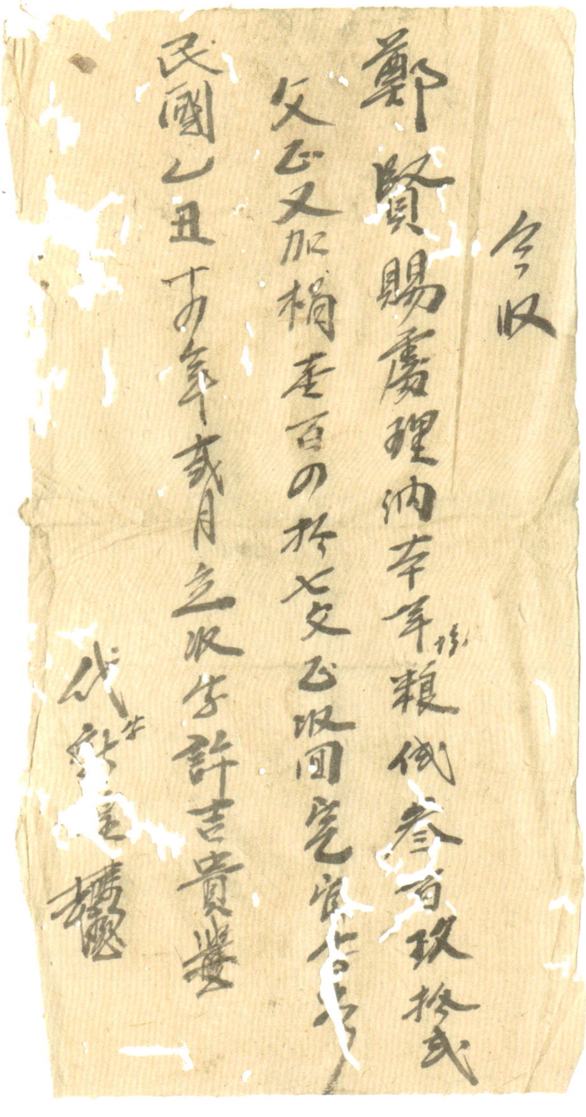
今收
鄭賢賜處理納本年粮米代叁百玖拾貳
文正又加捐壹百〇拾七文正收回完訖
民國乙丑十二月立收字許吉貴（押）
代字[illegible]（押）

5-3-26-10　民國十四年十二月許吉貴立收糧錢字

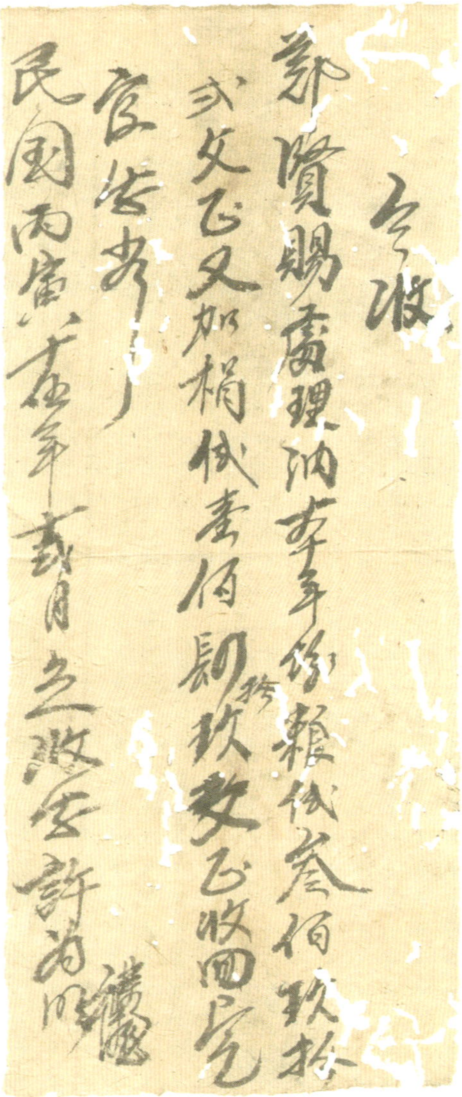
立收
鄧賢賜處理納本年份糧錢叁佰玖拾
貳文正又加桶錢壹佰捌拾玖文正收回完
官收執
民國丙寅十五年十貳月　立收字許為明

5-3-26-11　民國十五年十二月許爲明立收糧錢字

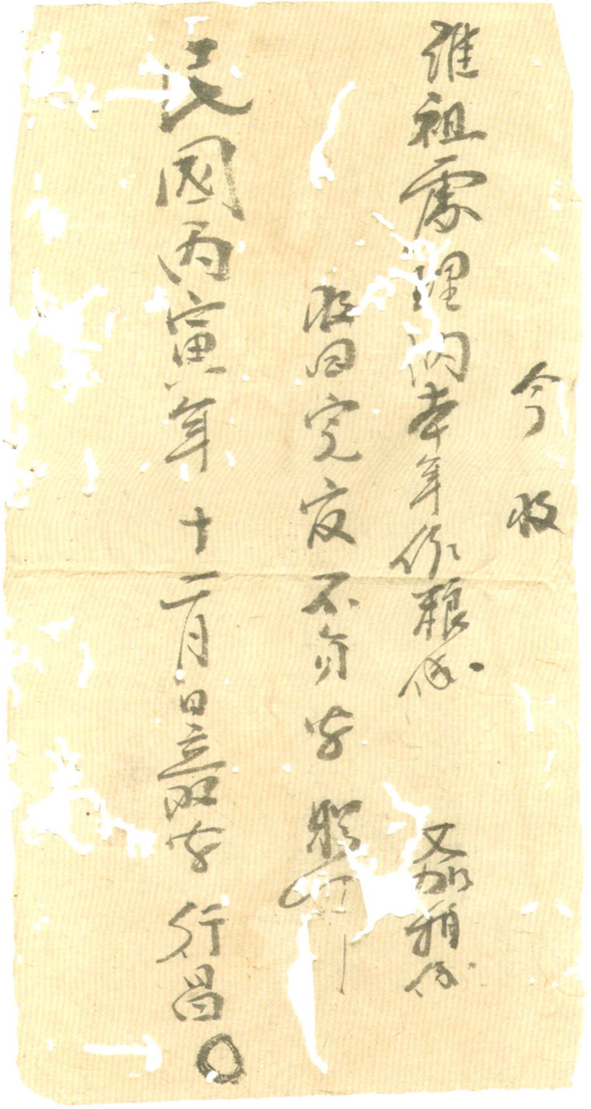

5-3-26-12　民國十五年十二月鄭行昌立收糧錢字

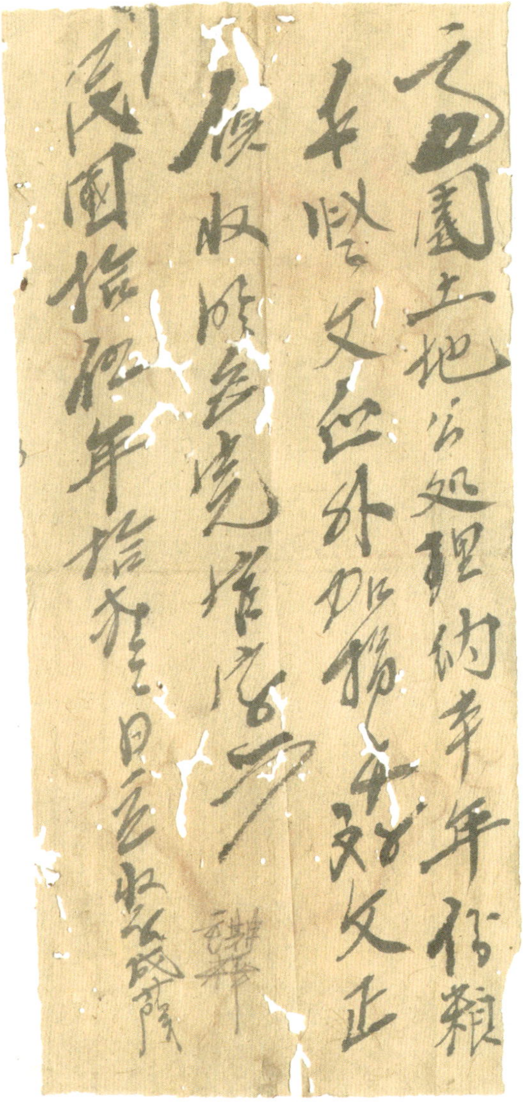

5-3-26-13　民國十五年十二月成蔭立收糧錢字

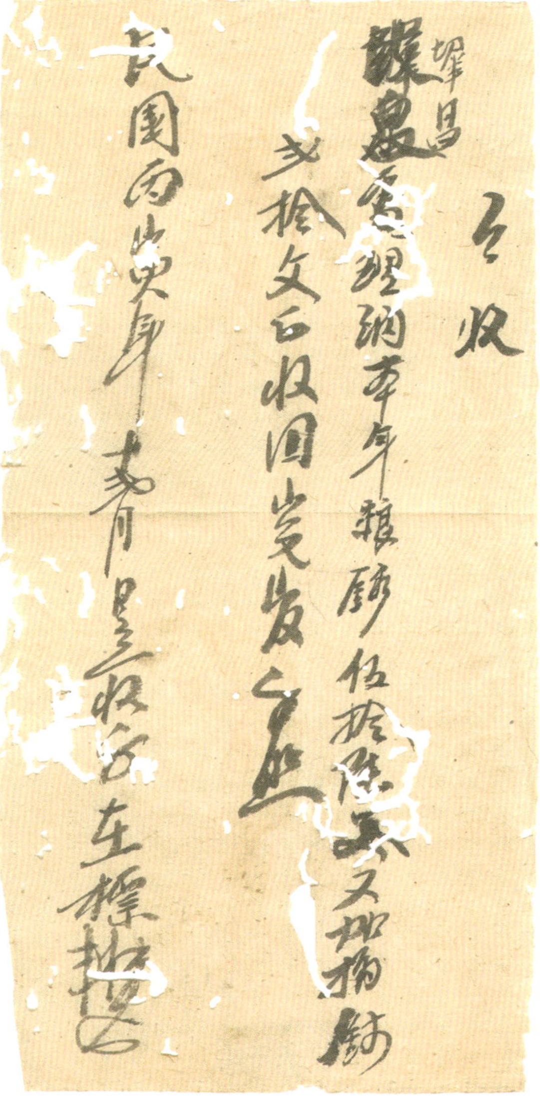

5-3-26-14　民國十五年十二月鄭在標立收糧錢字

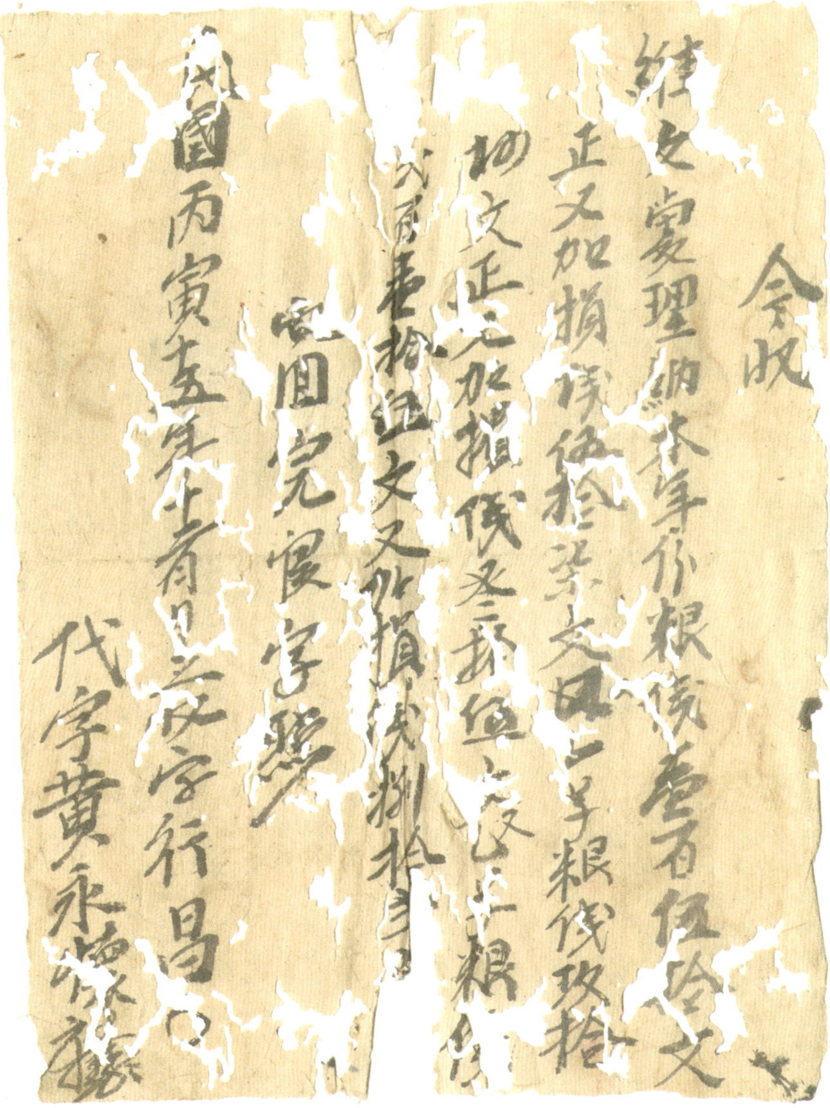

令收

維文裒理納本年份粮錢壹百伍拾文

正又加捐錢伍拾柒文又二年粮錢玖拾

捌文正又加捐錢叁拾伍文又本年粮錢

[illegible]壹拾伍文又加捐錢捌拾柒文

以固完粮字照

民國丙寅十五年十二月日立收字行昌

代字黃永燦親筆

5-3-26-15　民國十五年十二月鄭行昌立收糧錢字

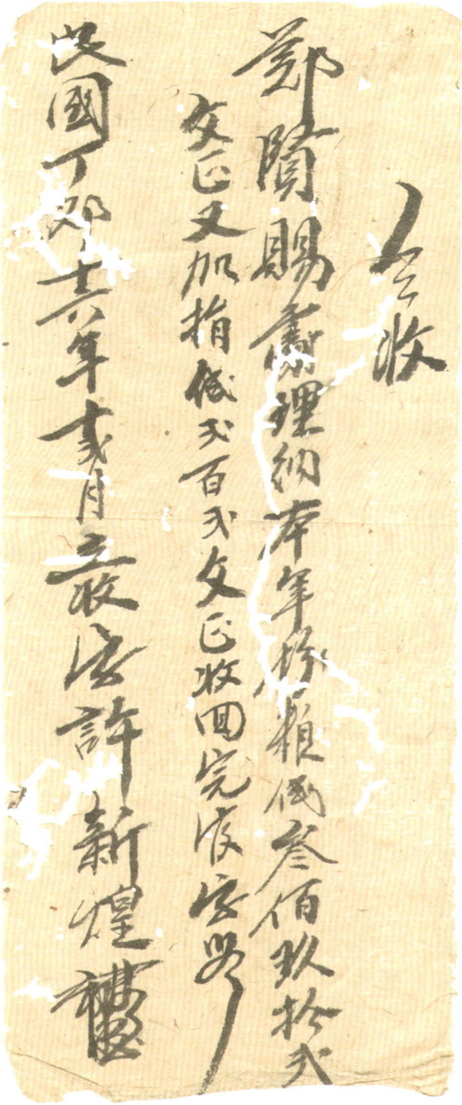
今收
鄭隨賜壽理納本年份糧錢叁佰玖拾弍
文正又加指錢弍百弍文正收回完收字照
民國丁卯十六年十弍月　立收字許新煌（押）

5-3-26-16　民國十六年十二月許新煌立收糧錢字

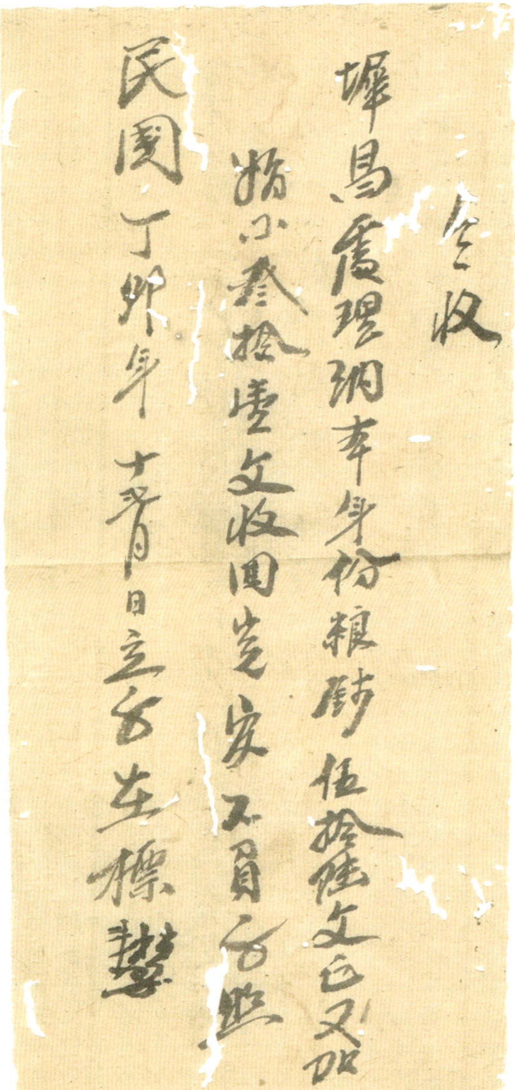

全收
墀昌處理納本年份糧錢伍拾陸文正又加
粘小叄拾壹文收回完案不再另照
民國丁卯年 十二月 日立收在標

5-3-26-17　民國十六年十二月鄭在標立收糧錢字

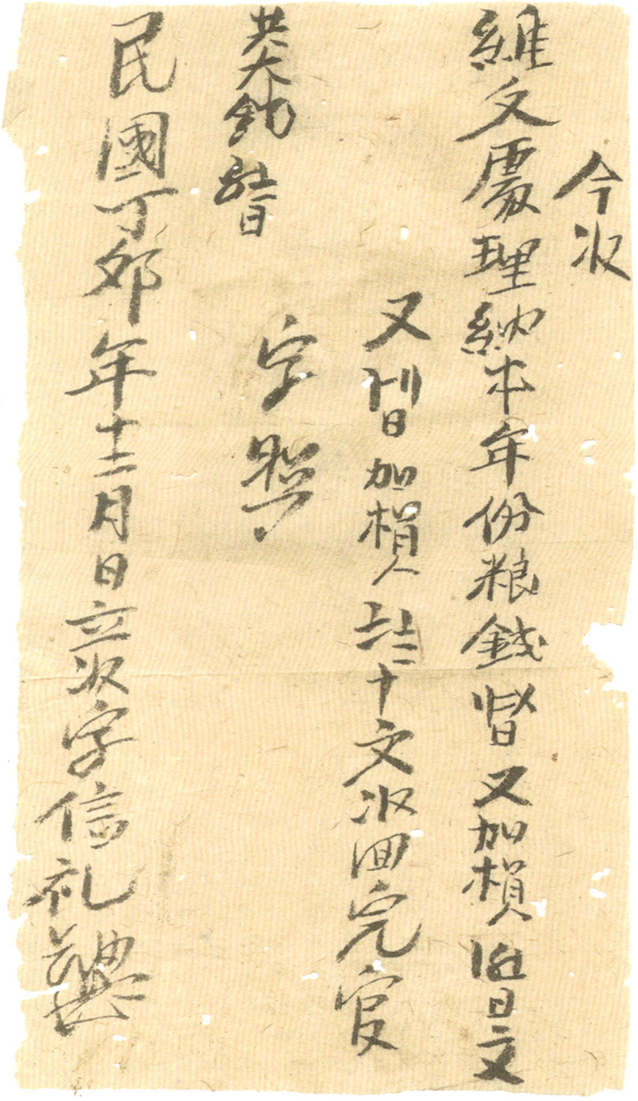
今收
維文處理納本年份粮錢皆又加楨[illegible]
又皆加楨人洋十文收回完官
字號
共大錢[illegible]
民國丁卯年十二月日立收字信礼[illegible]

5-3-26-18　民國十六年十二月鄭信礼立收糧錢字

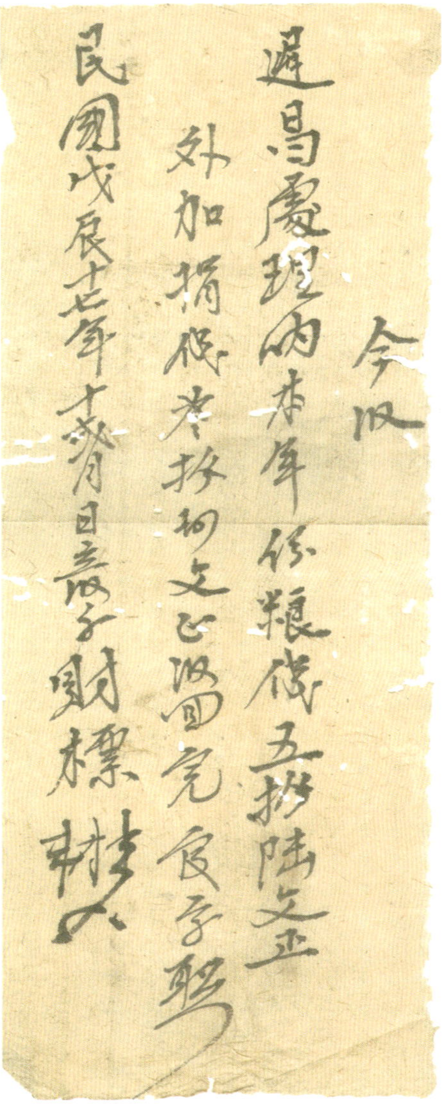
今收
遥昌處理兩本年份糧錢五拾陆文正
外加捐錢叁拾捌文已收回完良字照
民國戊辰十七年十貳月日立收字財標
親筆

5-3-26-19　民國十七年十二月鄭財標立收糧錢字

立收
鄭賢賜處理納本年埗糧錢洲番文正又加捐錢
番文正收回完清字
民國戊辰十七年十二月立收字 許新煌

5-3-26-20　民國十七年十二月許新煌立收糧錢字

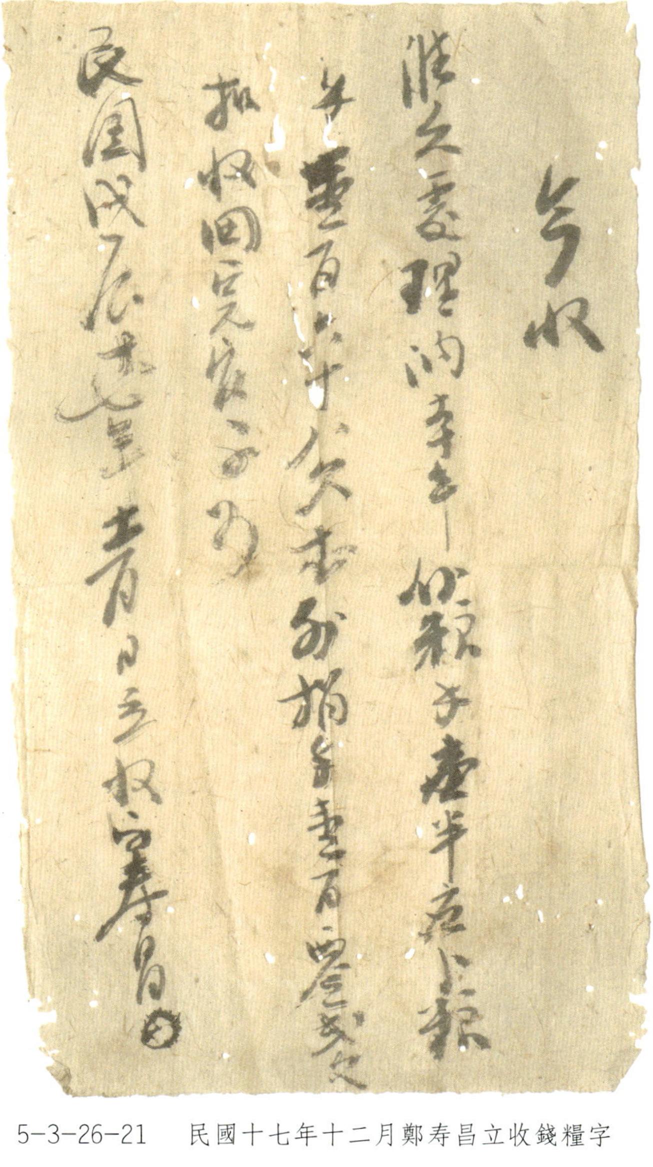
今收
雅文處理納本年一份糧子壹半在下錢
壹百六十八文壹分捐錢壹百二四九文
一概收回足錢無誤
民國戊辰年十二月日立收字鄭寿昌

5-3-26-21　民國十七年十二月鄭寿昌立收錢糧字

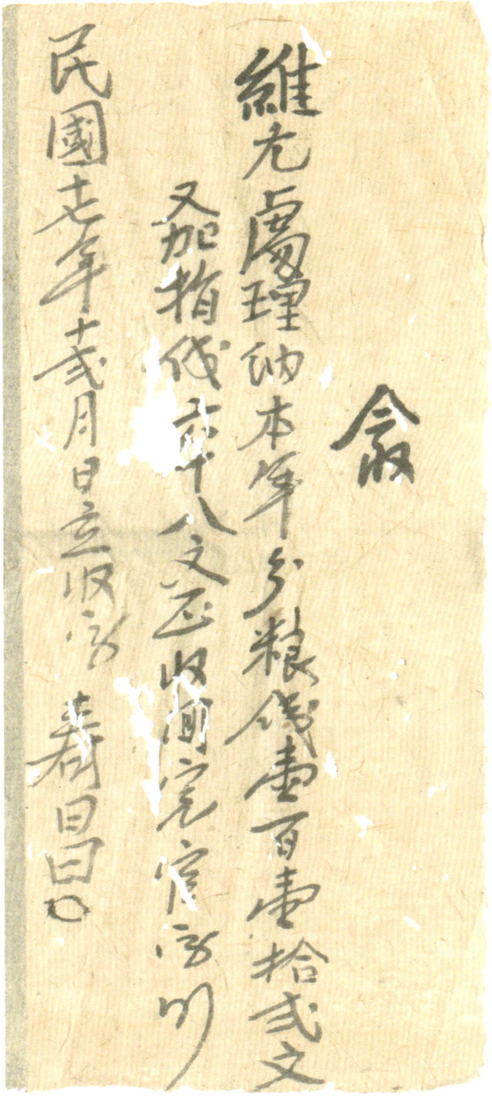
仝
維元處理納本年分粮錢壹百壹拾弍文
又加捐錢弍十八文正收關完官訖明
民國十七年十弍月日立收訖 壽昌

5-3-26-22　民國十七年十二月鄭寿昌立收糧錢字

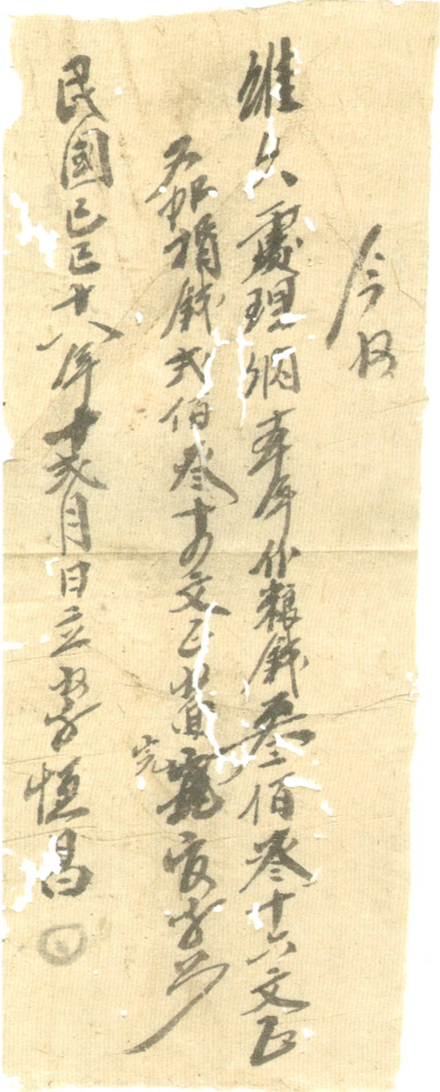

今收
維新處理烟本年份糧錢叁佰叁拾六文正
又收捐錢弍佰叁拾文正[illegible]完清收訖
民國己巳十八年十二月　日立收字恒昌

5-3-26-23　民國十八年十二月鄭恒昌立收糧錢字

今收
鄭賢賜處理納本年份粮錢[illegible]百文正又加捐錢
[illegible]百文正以向完存字照
民國己巳十八年十二月 立收字 許為明 [illegible]

5-3-26-24　民國十八年十二月許爲明立收糧錢等字

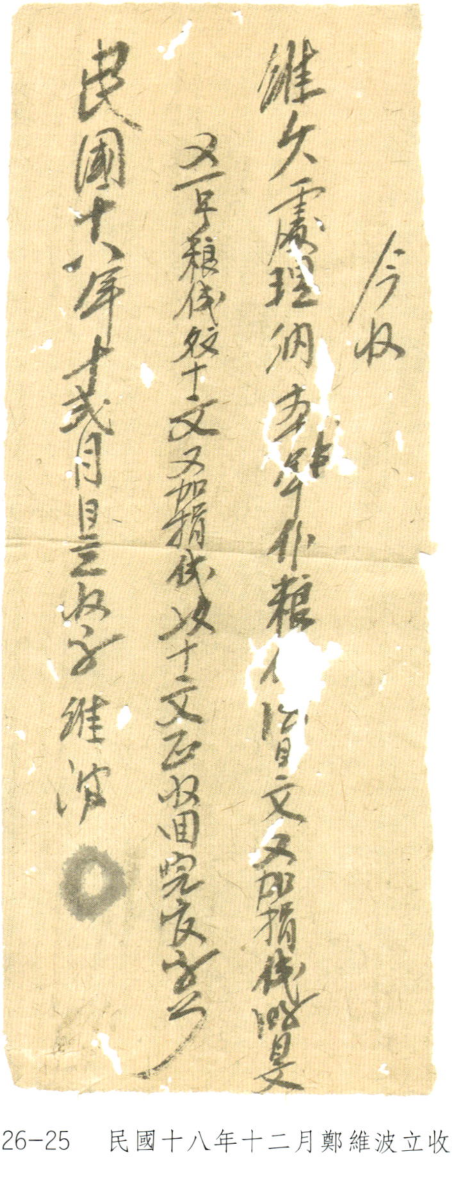
今收
維欠處理洞[illegible][illegible]作糧[illegible]佰文又加捐錢以是
又二年糧錢叁十文又加捐錢叁十文已收回完[illegible]足[illegible]
民國十八年十貳月 日立收字 維波

5-3-26-25　民國十八年十二月鄭維波立收糧錢字

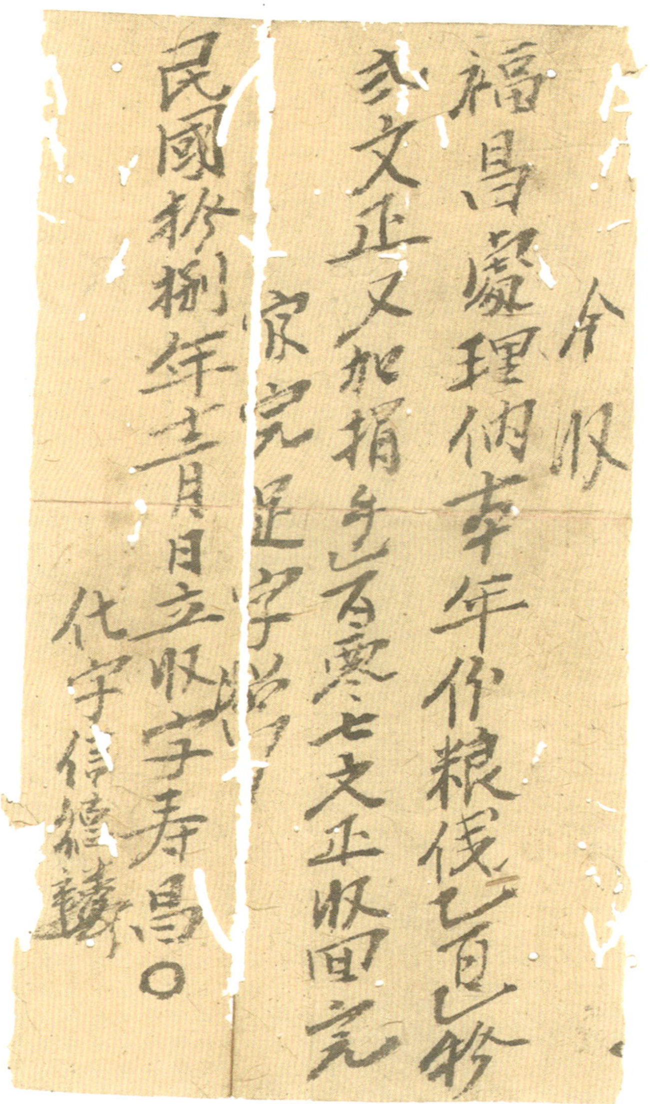

今收

福昌嚴理納本年份糧錢七百七拾

叁文正又加捐壹百零七文正收回完

家完足字照

民國拾捌年十二月日立收字壽昌○

代字侍禮筆

5-3-26-26　民國十八年十二月鄭寿昌立收糧錢字

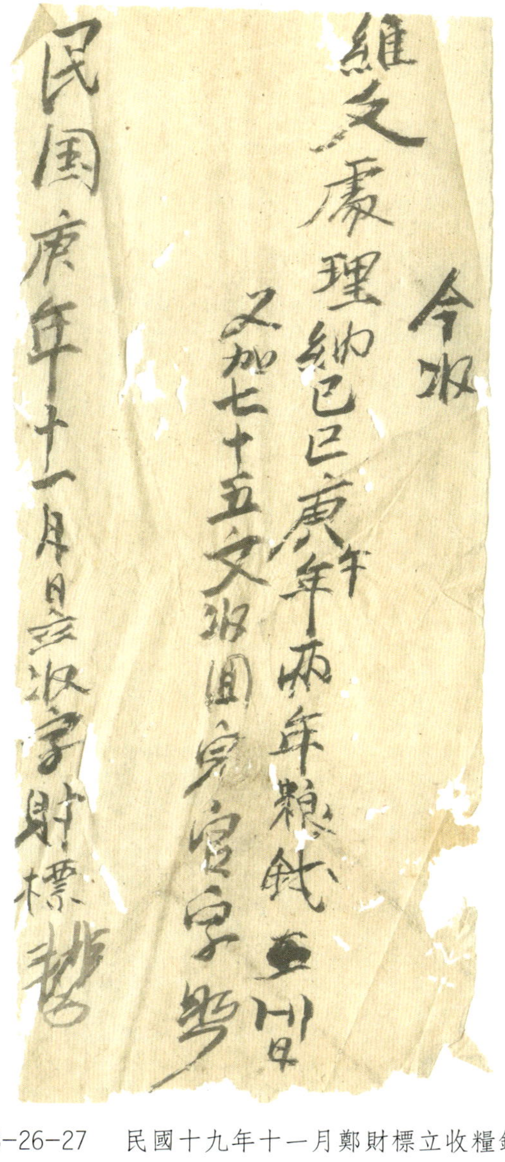
今收
維文處理納己巳、庚午年兩年糧錢[illegible]一付
又加七十五文收回完、完完字照
民國庚午年十一月日立收字財標[illegible]

5-3-26-27　民國十九年十一月鄭財標立收糧錢字

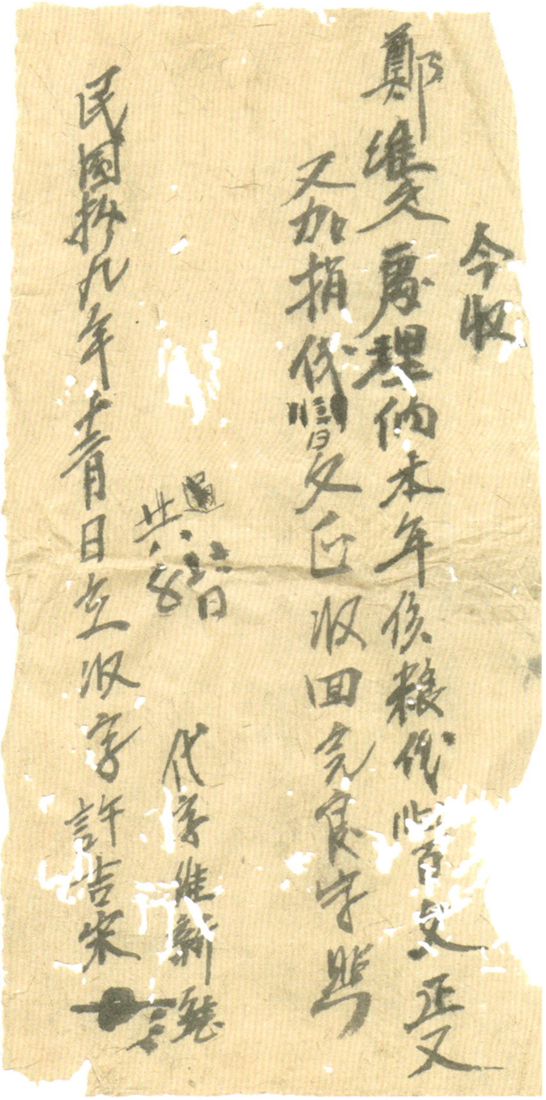

今收
鄭維爕處理納本年份糧代小洋文正又
又加捐代價文正收回完食字照
共八角
民國拾九年十二月日立收字許吉宋（押）
代筆維新號

5-3-26-28　民國十九年十二月許吉宋立收糧錢字

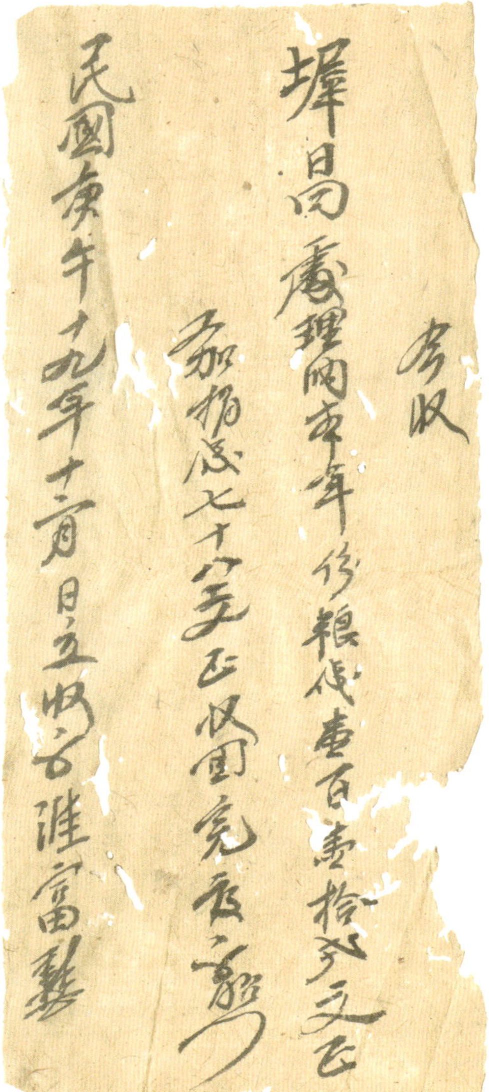
今收
墀昌處理開本年份粮錢壹百壹拾八文正
又加補錢七十六文正收回完後之據
民國庚午十九年十二月　日立收字維富親

5-3-26-29　民國十九年十二月鄭維富立收糧錢字（一）

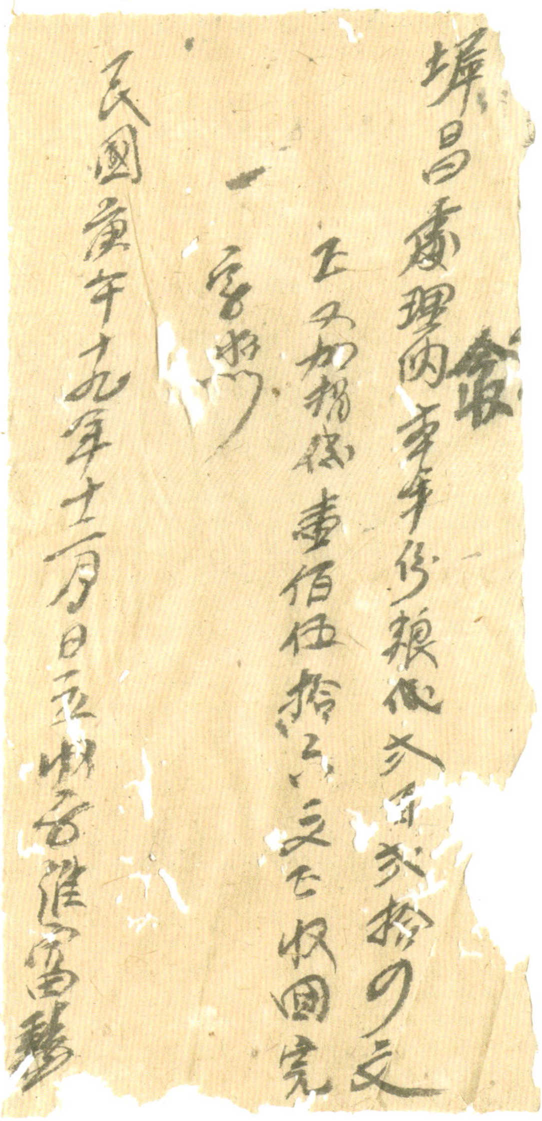

收
墘昌處理丙寅年份糧錢叁仟叁拾四文
正又加補錢壹佰伍拾六文正收回完
一字照
民國庚午十九年十二月日立收字維富（押）

5-3-26-30　民國十九年十二月鄭維富立收糧錢字（二）

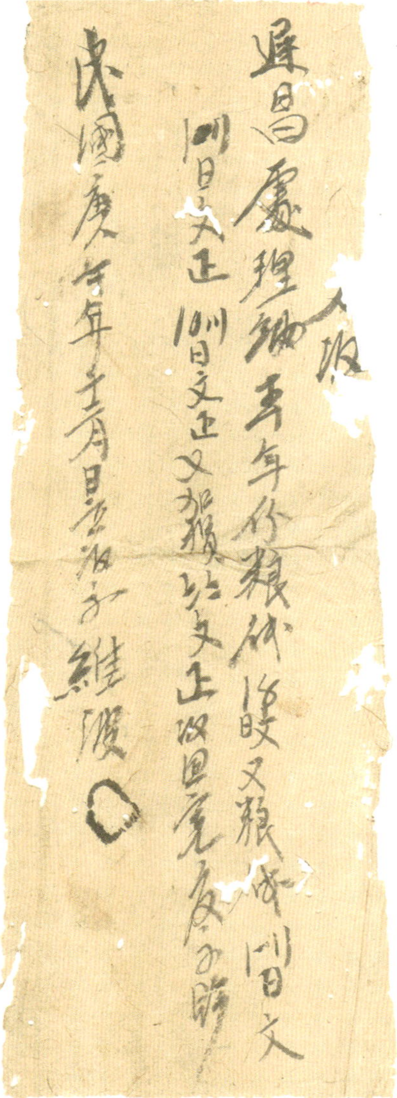

5-3-26-31　民國十九年十二月鄭維波立收糧錢字

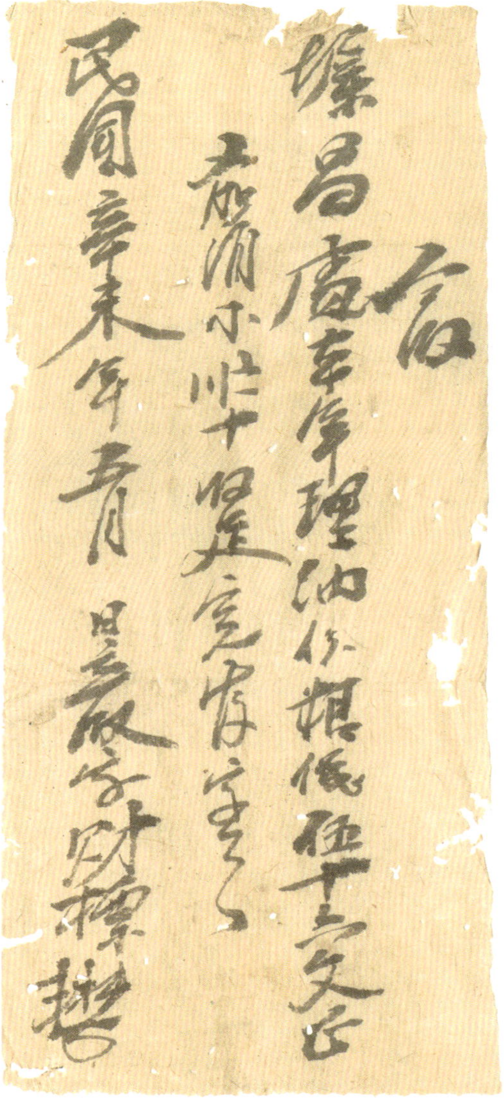

今收
綠昌處本年理納作糧錢伍十六文正
其錢不少分文是實完字
民國辛未年五月　日　收字財標　押

5-3-26-32　民國二十年五月鄭財標立收糧錢字

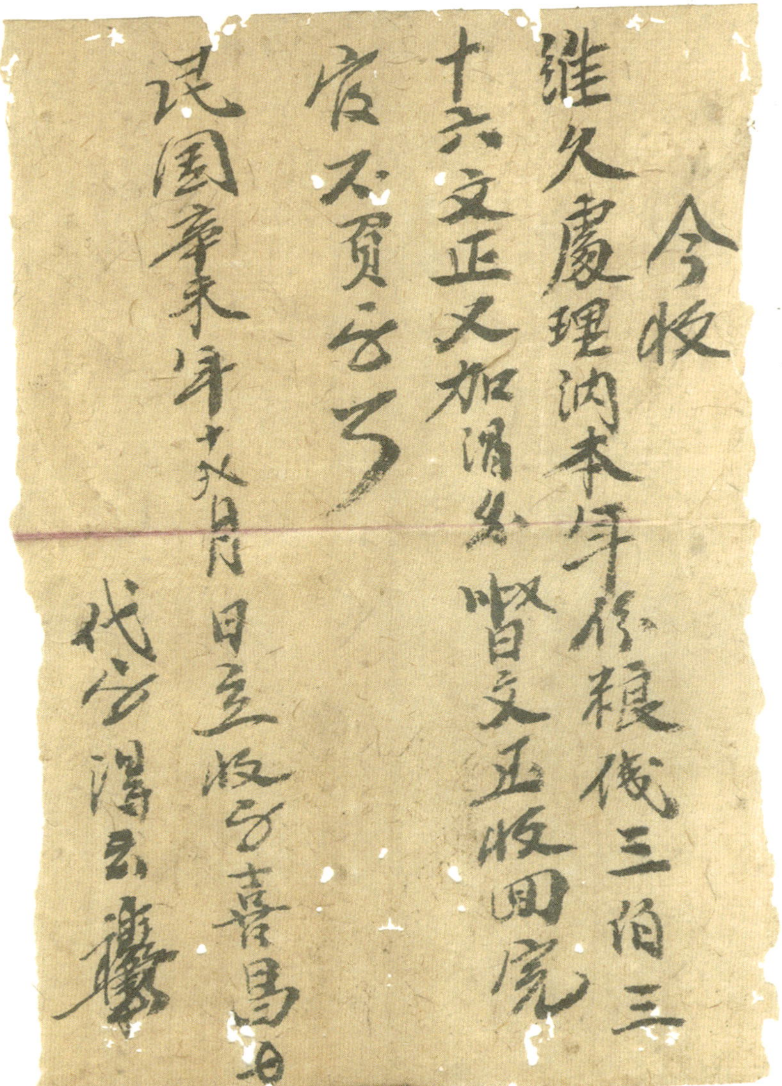

今收
鄭久處理納本年份糧錢三百三
十六文正又加消分照文五收回完
官不負字是
民國辛未年十二月日立收字喜昌
代字潘云

5-3-26-33　民國二十年十二月鄭喜昌立收糧錢字

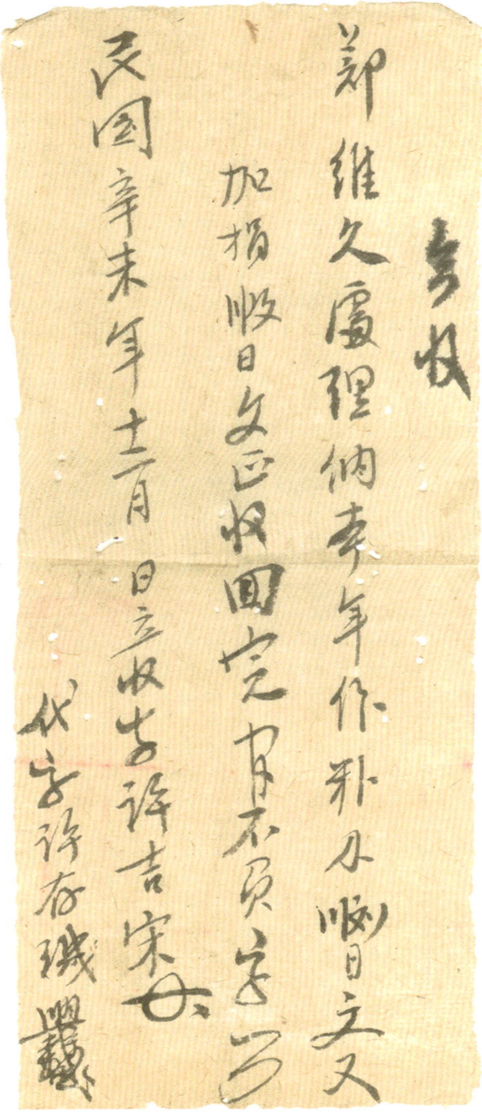
今收
鄭維久處理納本年作朴不响日文
加捐收日文已收回完了不負字号
民国辛未年十二月日立收字許吉宋（押）
代字許存職（押）

5-3-26-34　民國二十年十二月許吉宋立收錢糧字

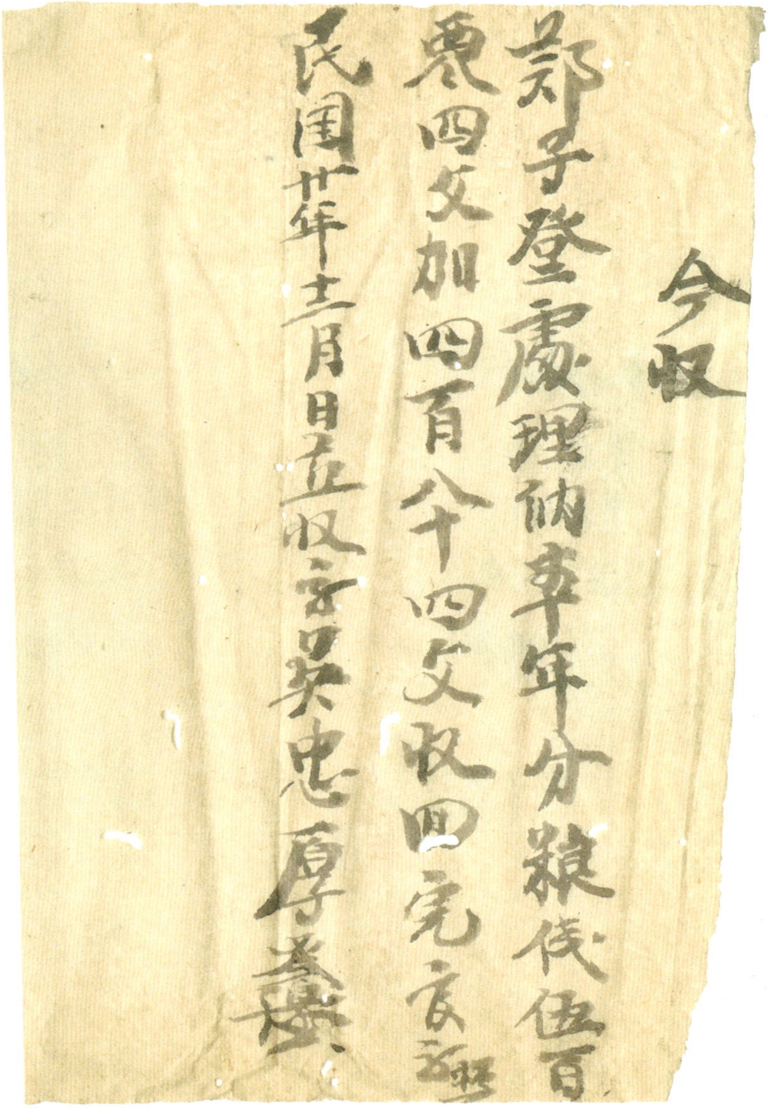

今收
郑子登處理納辛年分粮錢伍百
零四文加四百八十四文收回完足訖
民国廿年十二月日立收字吴忠厚（押）

5-3-26-35　民國二十年十二月吴忠厚立收糧錢字

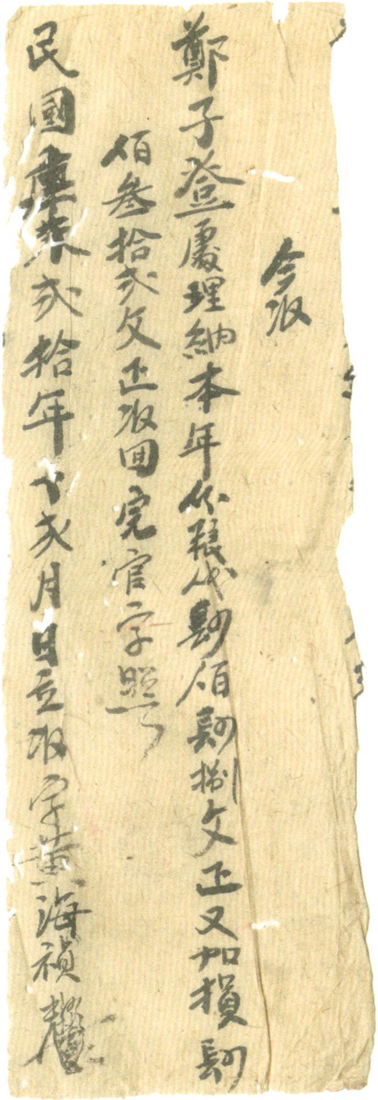
今收
鄭子登處理納本年份糧代錢佰錢捌文正又加損錢
佰叁拾叁文正收回完官字照
民國庚午貳拾年十貳月日立收字黃海禎（押）

5-3-26-36　民國二十年十二月黃海禎立收糧錢字

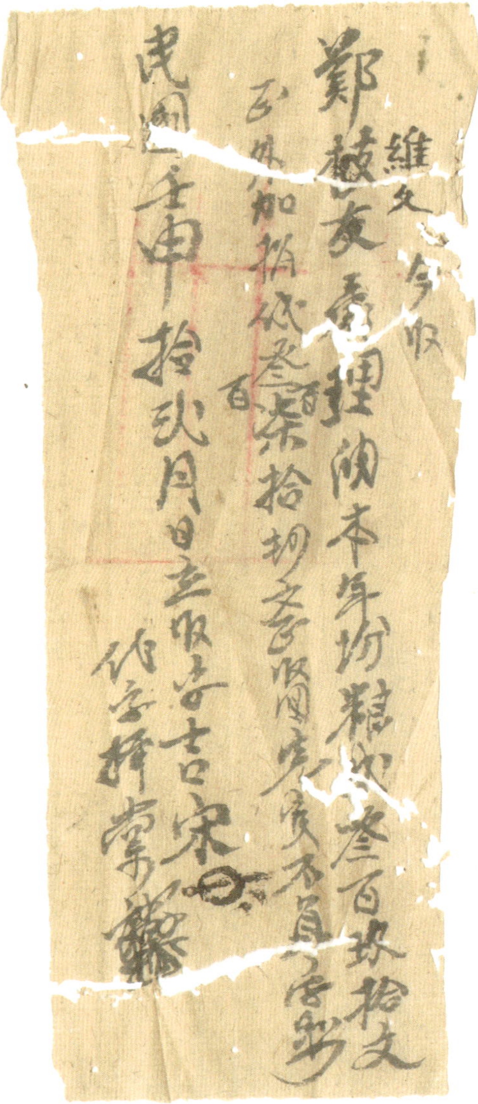

5-3-26-37　民國二十一年十二月許吉宋立收糧錢字

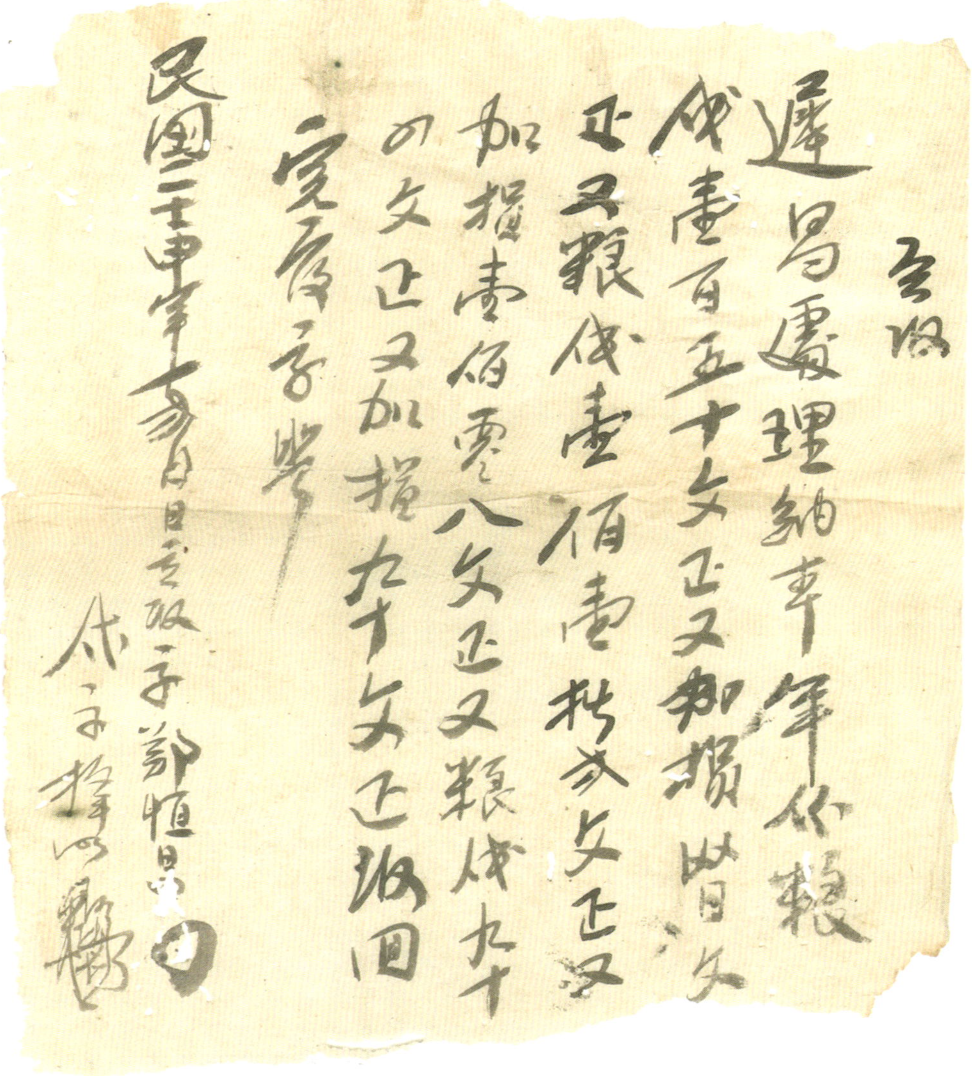

立收
遲昌處理納本年份糧
錢壹百五十文正又加損廿四文
正又糧錢壹佰壹拾叁文正又
加損壹佰零八文正又糧錢九十
四文正又加損九十文正收回
完處字照
民國二十一年十二月　日立收字鄭恒昌
代字

5-3-26-38　民國二十一年十二月鄭恒昌立收糧錢字（一）

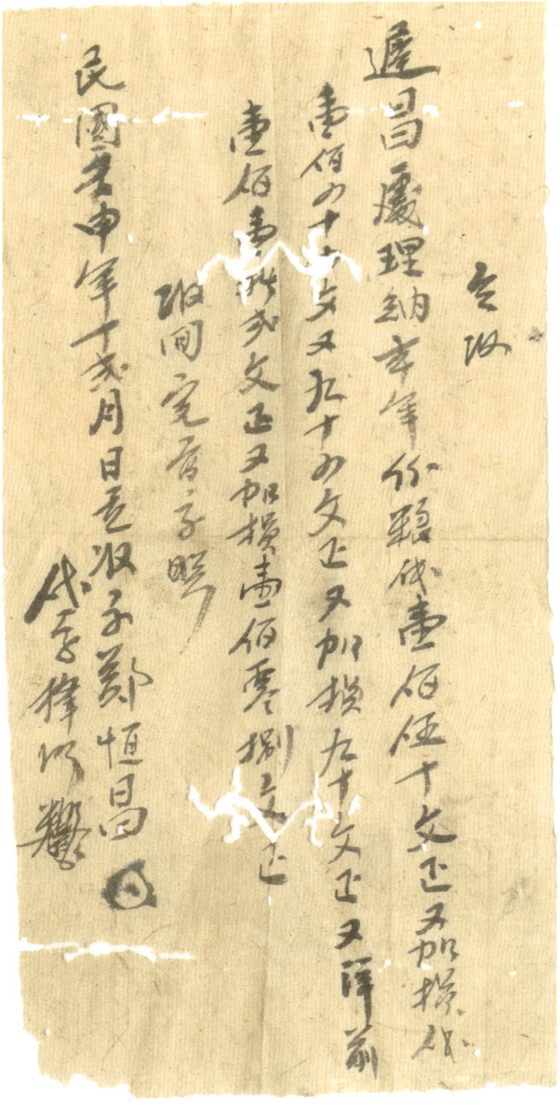
今收
遷昌處理納本年份糧錢壹佰伍十文正又加損貳
壹佰四十文又九十四文正又加損九十文正又隨前
壹佰壹拾貳文正又加損壹佰零捌文正
收回完存字照
民國壬申年十貳月　日立收字鄭恒昌（押）
代字梓州（押）

5-3-26-39　民國二十一年十二月鄭恒昌立收糧錢字（二）

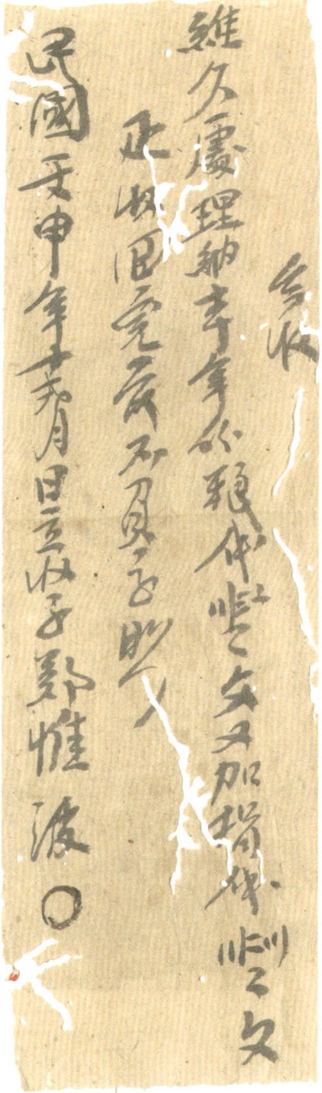
今收
維久處理納本年份糧錢
民國壬申年十二月日立收字鄭惟波

5-3-26-40　民國二十一年十二月鄭惟波立收糧錢字

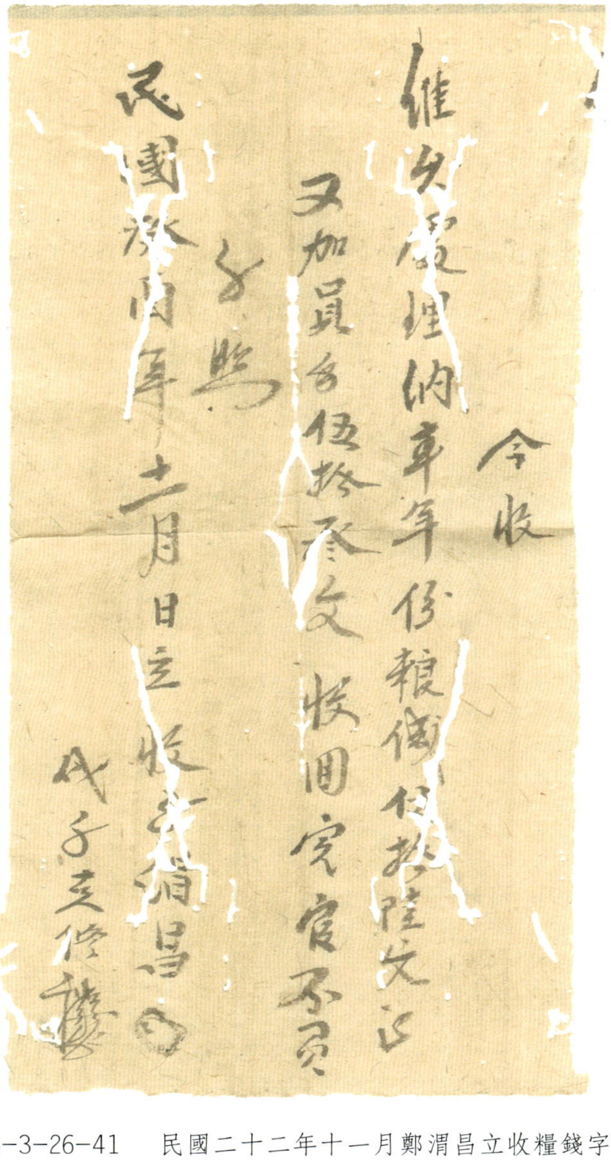
今收
維岑處理納本年份粮錢伍拾陸文正
又加員角伍拾叁文收回完官不負
字照
民國癸酉年十一月日立收字鄭渭昌
代字立修

5-3-26-41　民國二十二年十一月鄭渭昌立收糧錢字

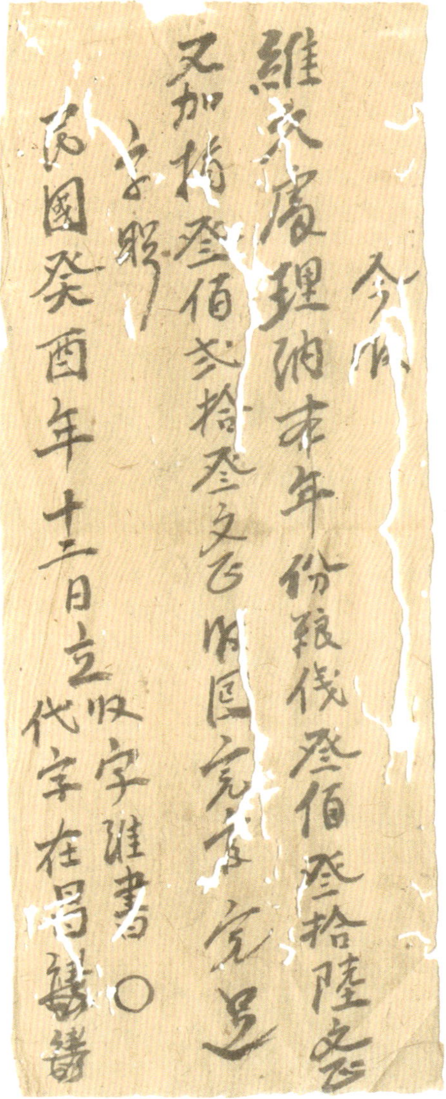
今收
維炎處理納本年份粮钱叁佰叁拾陸文正
又加捐叁佰叁拾叁文正附區完收完足
存照
民國癸酉年十二月立收字維書○
代字在昌謄

5-3-26-42　民國二十二年十二月鄭維書立收糧錢字

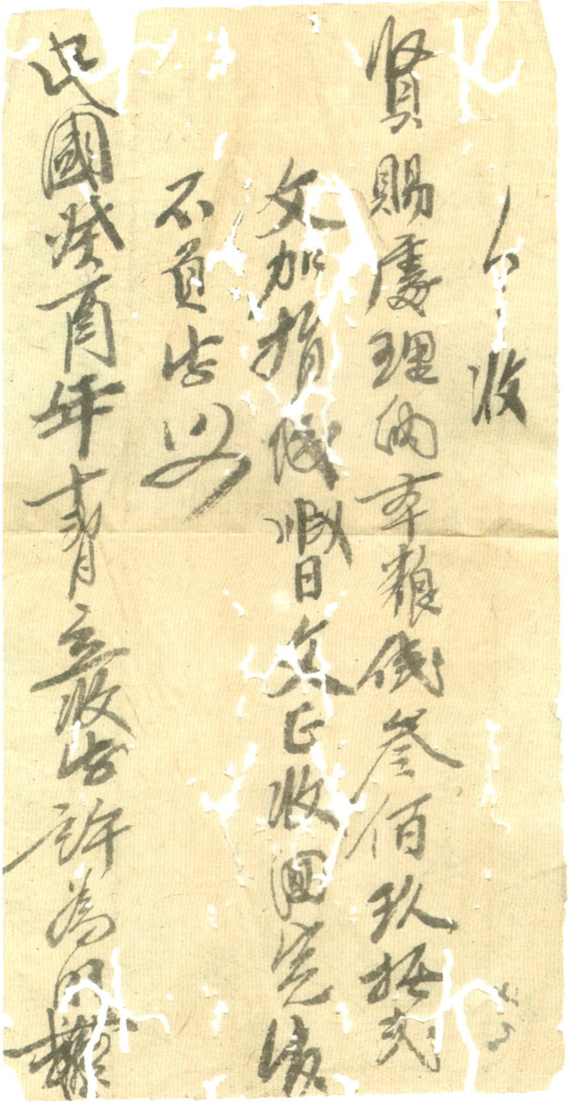
今收
賢賜處理納本粮錢叁佰玖拾弍
文加捐錢叁佰文正收回完清
不負字照
民國癸酉年十二月立收字許為明據

5-3-26-43　民國二十二年十二月許爲明立收糧錢字

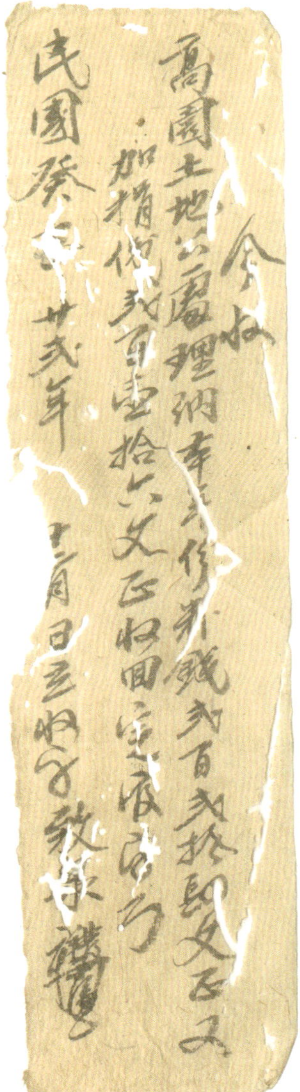
今收
高園土地公局理納本年份糧錢弍百弍拾肆文正又
加補貨弍百壹拾六文正收回完夜訖
民國癸酉年廿弍年十二月日立收字致泉

5-3-26-44　民國二十二年十二月鄭致泉立收糧錢字

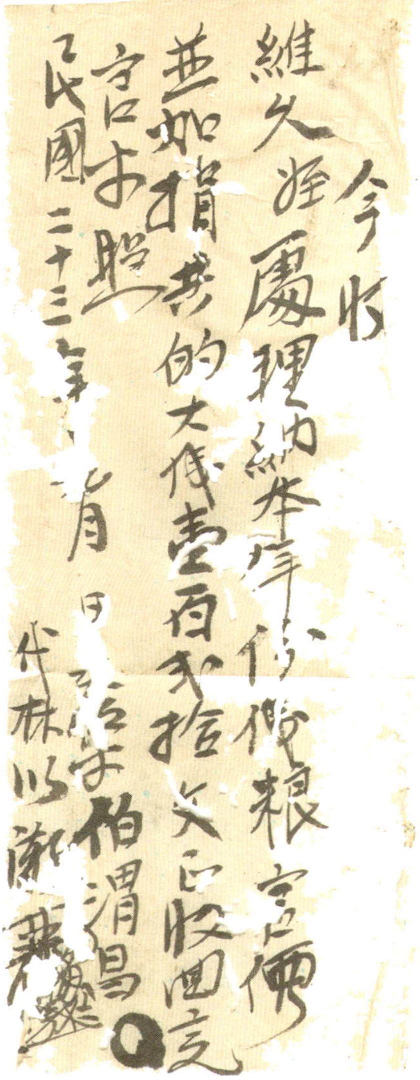
今收
維久姪處理納本年份代納糧字便
並如指挑的大洋壹百弍拾文正收回完
字以照
民國二十三年九月　日　立收字　伯渭昌
代筆　林以謝

5-3-26-45　民國二十三年九月鄭渭昌立收糧錢字

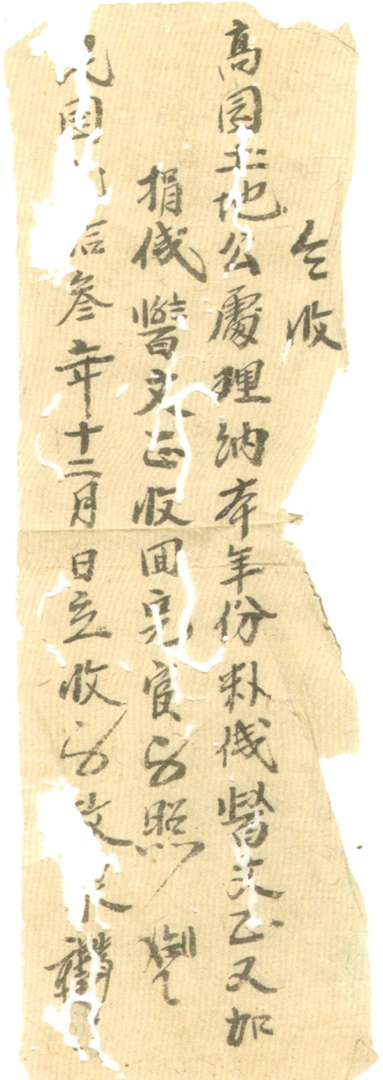

5-3-26-46　民國二十三年十二月鄭致泉立收糧錢字

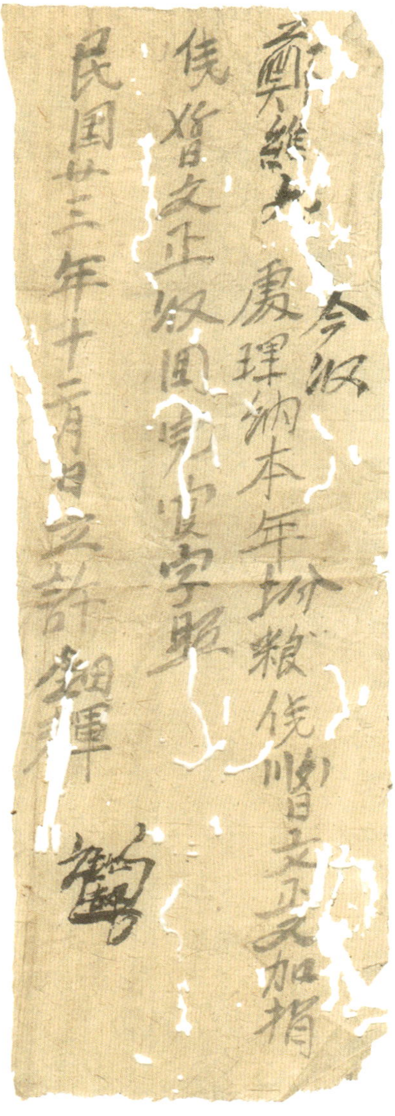
鄭維[illegible]今收
處理納本年份糧錢皆交正文加捐
錢皆交正收圓完收字照
民国廿三年十二月　日立許鈿輝（押）

5-3-26-47　民國二十三年十二月許鈿輝立收糧錢字

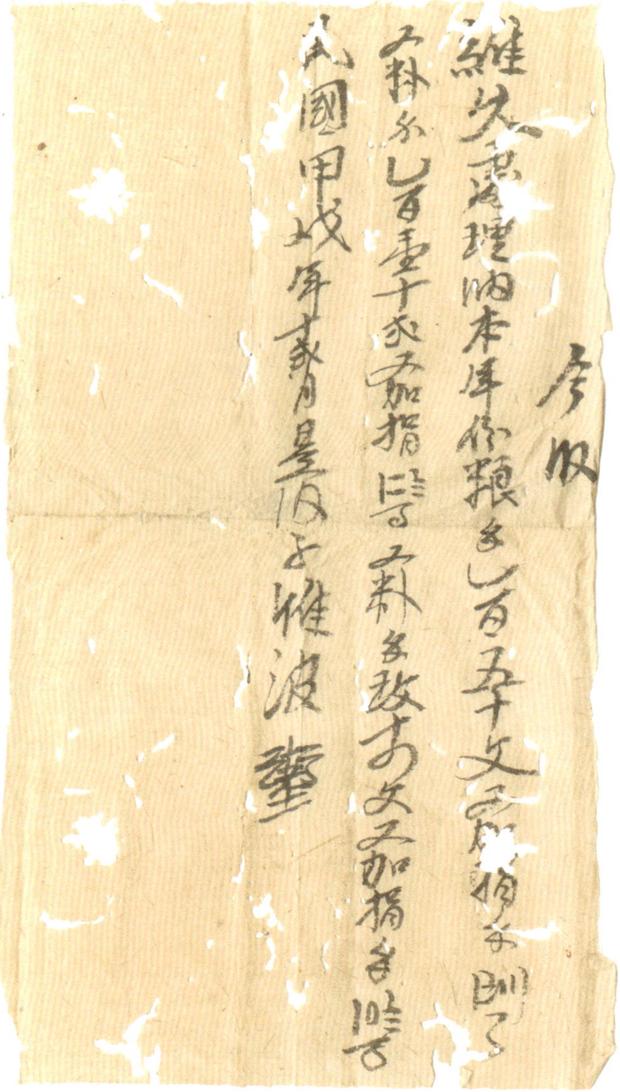

5-3-26-48　民國二十三年十二月鄭維波立收糧錢字

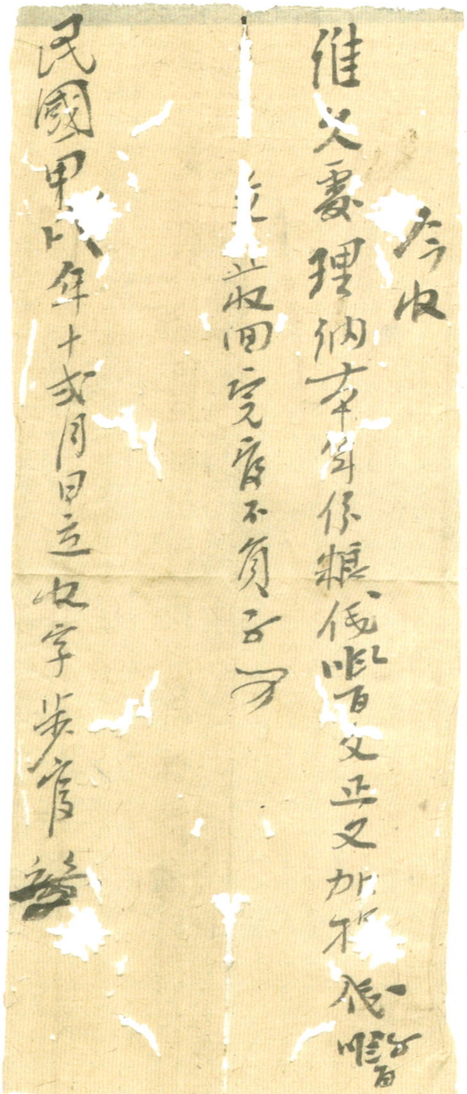

今收
維文處理納本年保糧錢〤百文正又加利錢〤百
其款兩交清不負字約
民國甲戌年十二月日立收字步官（押）

5-3-26-49　民國二十三年十二月鄭步官立收糧錢字

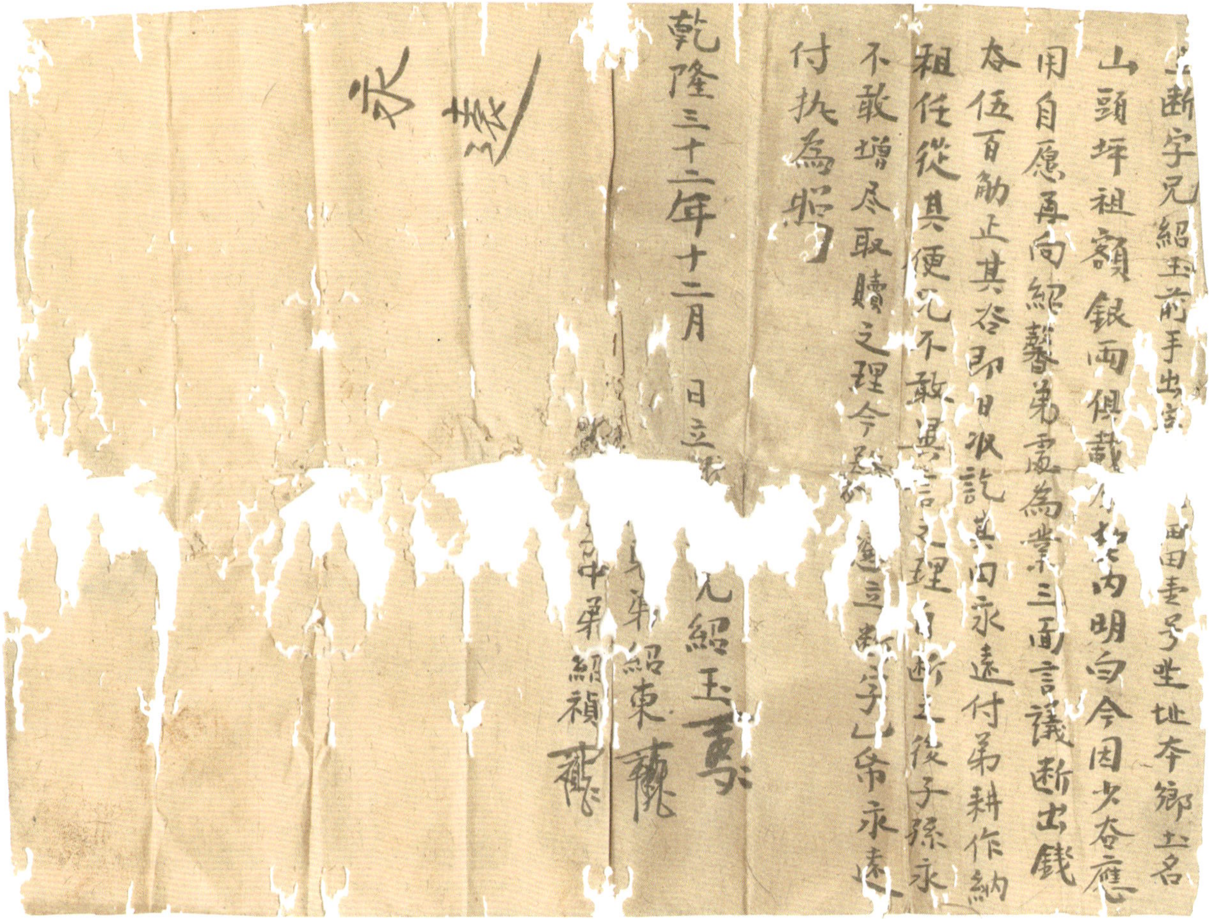

5-3-27-1　清乾隆三十二年十二月紹玉立斷佃田字

立寄佃字許瑞蔭，明手置有民佃
田壹號，坐址土名前坪墘，年載正租
穀弍百肆拾觔正，又壹號土名洋墘
尾，年載正租穀玖拾觔正，今因乏銀
應用，自情愿托中送寄本里
鄭□□處，三面言議，時值價銀陸
拾伍兩正，其銀即日收訖，其佃田即
付銀主前去耕作納租，仍從其便。
其佃在先並無交加不明等情，如有
此等，係是寄主出頭支理，不涉銀主
之事。其田向後有能之日，不拘遠近，備
銀照字面取贖。今欲有憑，立寄佃字
壹紙付執為照。

乾隆肆拾玖年三月　日立寄佃字許瑞蔭

在見侄□□

執筆男殷文

[illegible]

5-3-27-2　清乾隆四十九年三月許瑞蔭立寄民佃田字

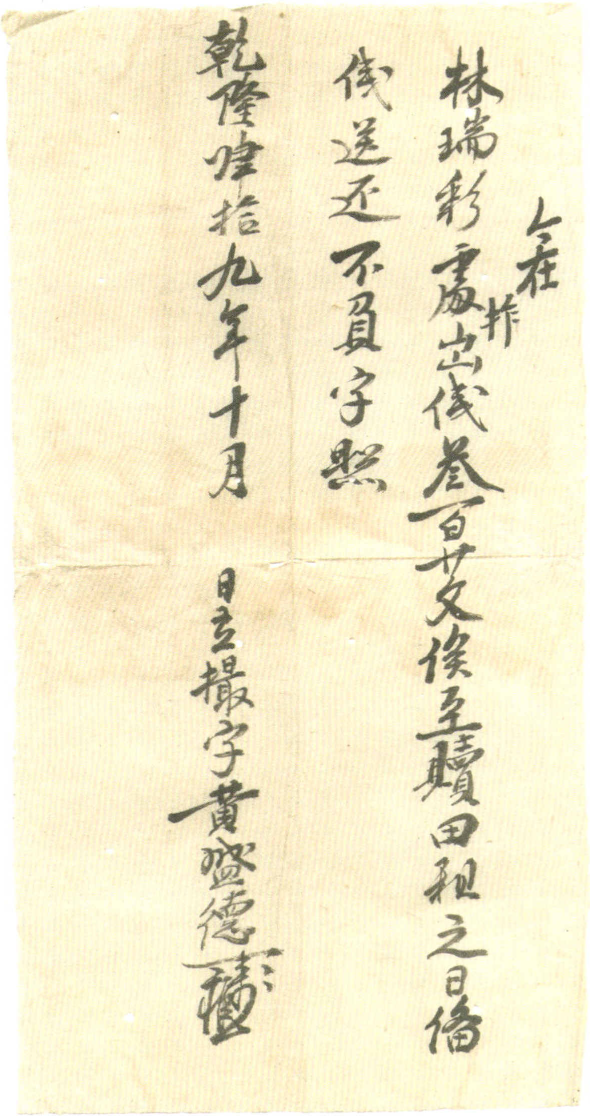
今在林瑞彩處出拃錢叁百廿文後至贖田租之日備
錢送还不負字照
乾隆肆拾九年十月
日立撮字黄盛德

5-3-27-3　清乾隆四十九年十月黄盛德立撮字

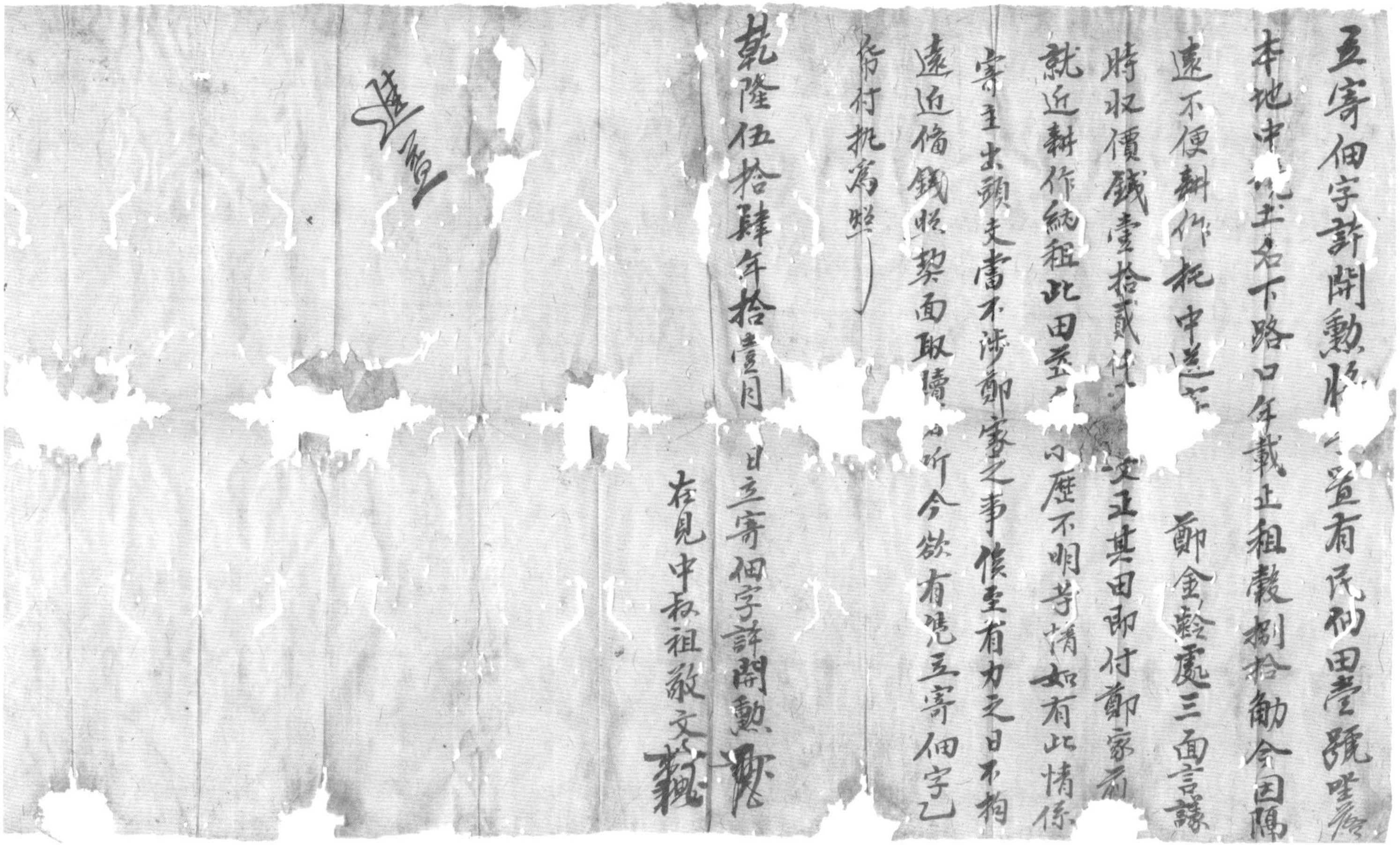

立寄佃字許開勳，[illegible]置有民佃田壹號，坐落
本地中[illegible]土名下路口，年載正租穀捌拾觔，今因隔
遠不便耕作，托中送[illegible]鄭金鈴處三面言議
時收價錢壹拾貳仟[illegible]文正，其田即付鄭家前
就近耕作納租。此田委[illegible]口歷不明等情，如有此情，係
寄主出頭支當，不涉鄭家之事。俟寄主有力之日，不拘
遠近，備錢照契面取贖[illegible]，今欲有憑，立寄佃字乙
紙，付執為照。

乾隆伍拾肆年拾壹月　日立寄佃字許開勳（押）
在見中叔祖敬文（押）

5-3-27-4　清乾隆五十四年十一月許開勳立寄民佃田字

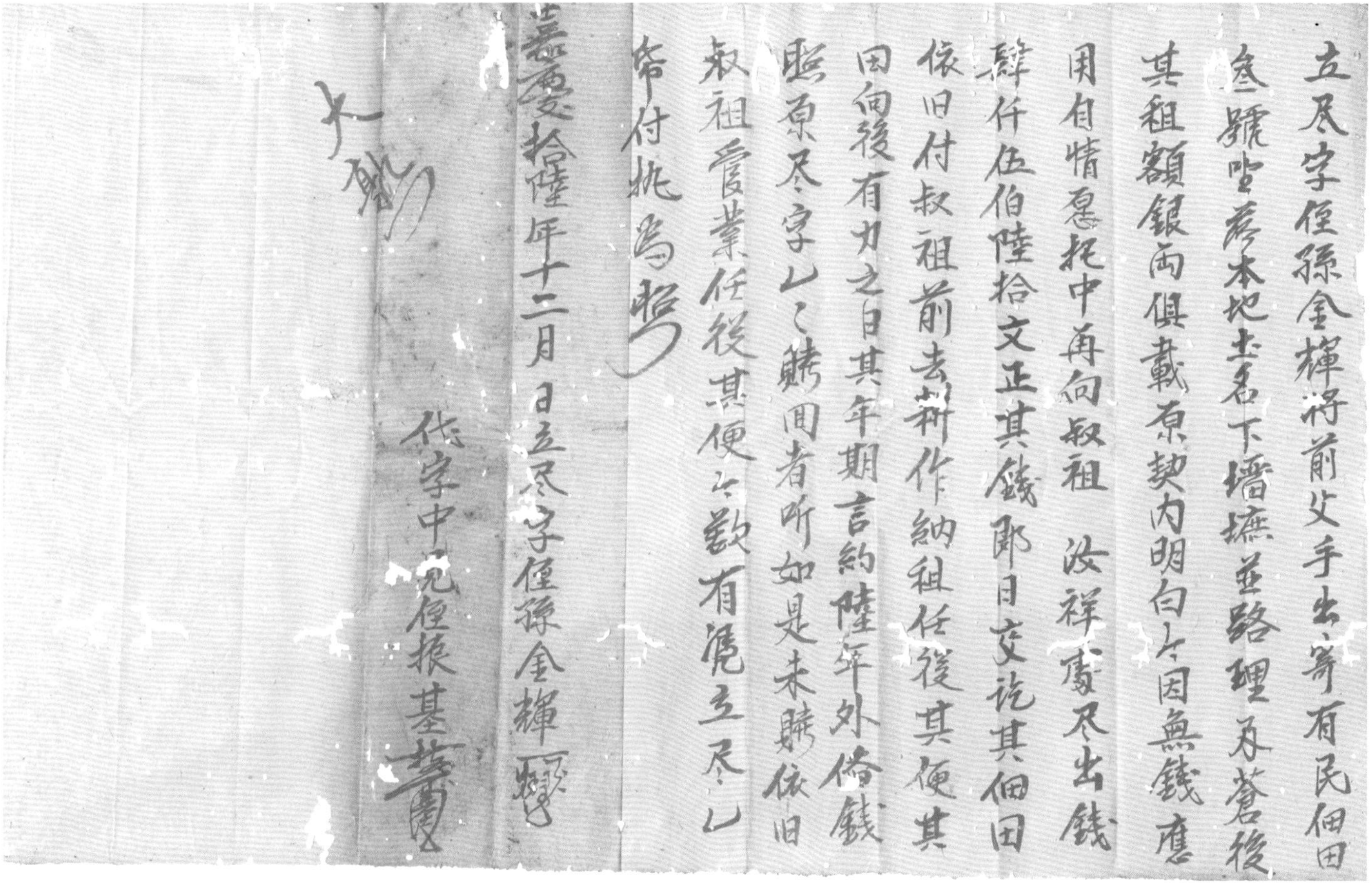

立盡字侄孫金輝將前父手出寄有民佃田
叁號坐落本地土名下壇墘並路理及蒼後
其租額銀兩俱載原契內明白，因無錢應
用，自情愿托中再向叔祖 汝祥處盡出錢
肆仟伍伯陸拾文正，其錢即日交訖，其佃田
依旧付叔祖前去耕作納租，任從其便，其
田向後有力之日，其年期言約陸年外，備錢
照原盡字山之贖回，者听，如是未贖，依旧
叔祖管業，任從其便之欵。有憑，立盡山
帋付批為照。
嘉慶拾陸年十二月　日立盡字侄孫金輝
代字中兄侄振基
大吉

5-3-27-5　清嘉慶十六年十二月鄭金輝立盡民佃田字

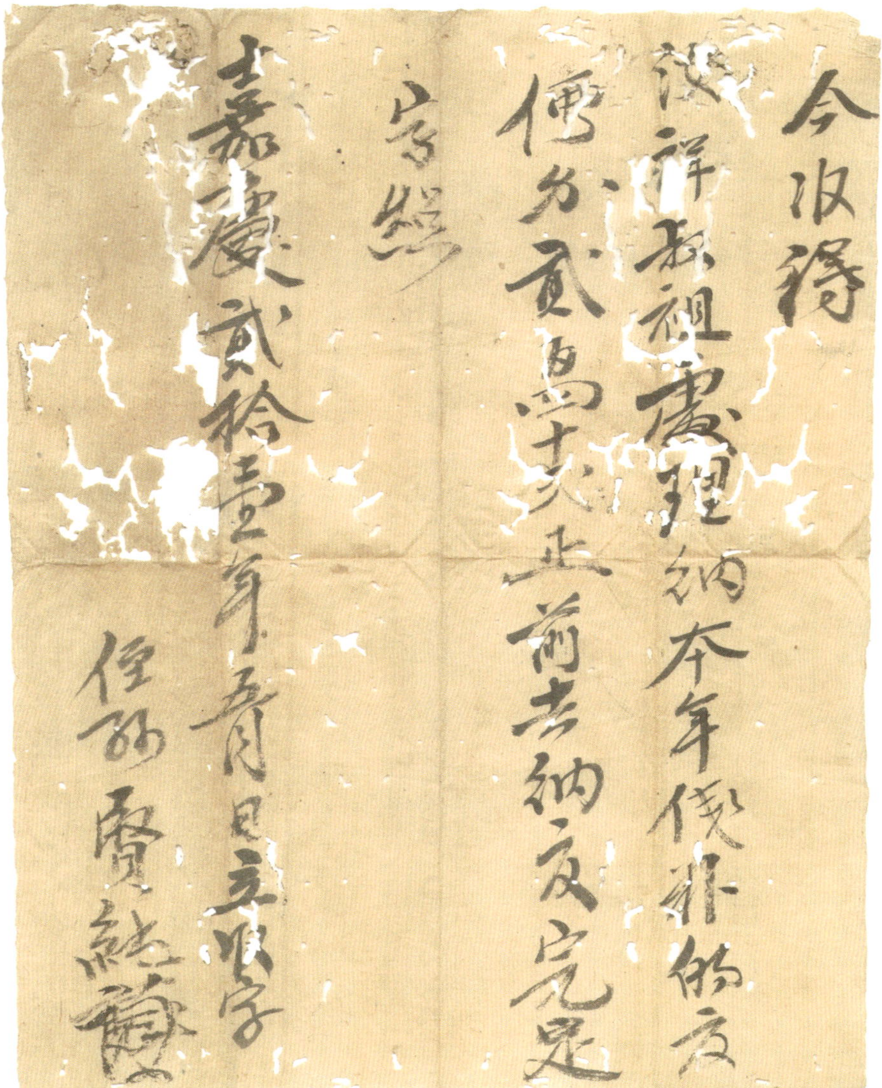
今收得
役祥叔祖處理納本年錢糧錢交
係分貳貫烏十文正前去納交完足
存照
嘉慶貳拾壹年五月 日立收字
侄孫 賢純（押）

5-3-27-6　清嘉慶二十一年五月鄭賢純立收錢糧字

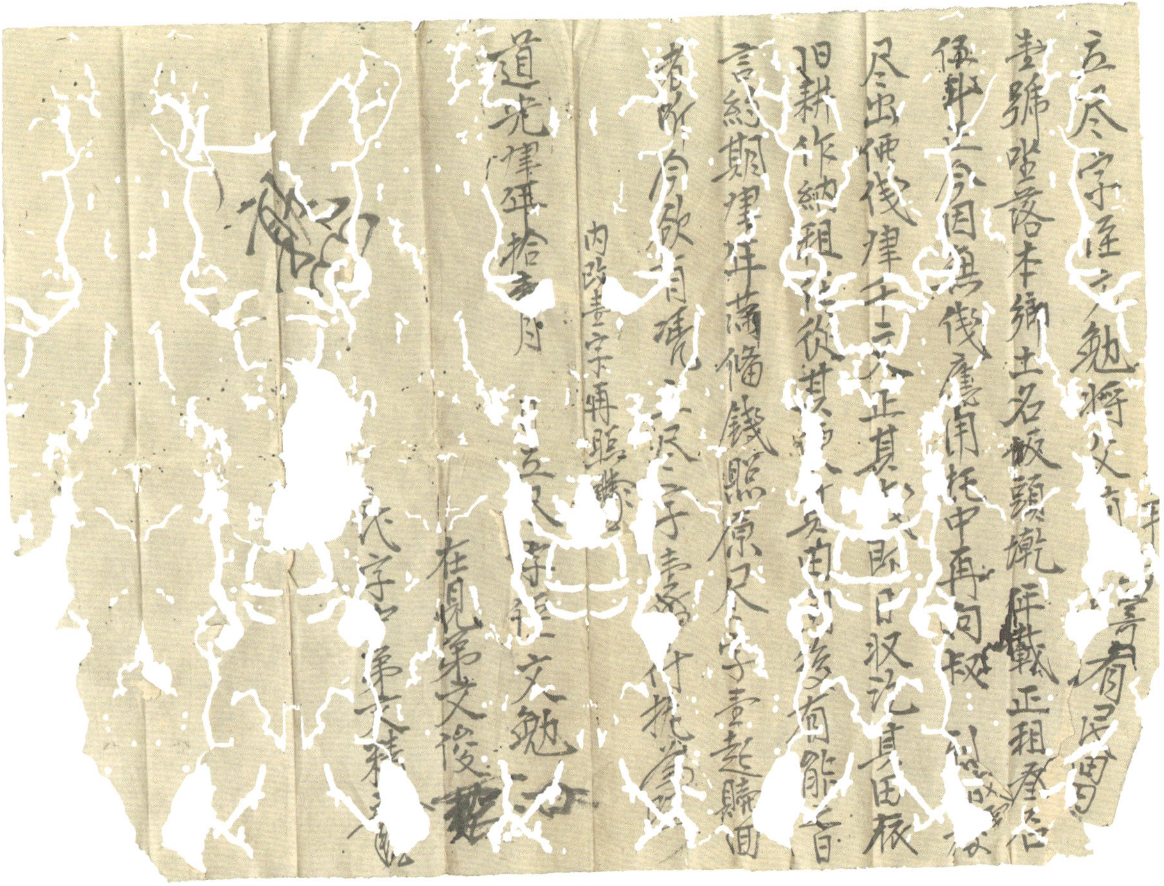
立盡字侄文勉，將父[illegible]手置有民田
壹號，坐落本鄉土名版頭坑，年載正租叁石
伍斗正，因無錢應用，托中再向叔[illegible]
盡出價錢肆千文正，其錢即日收訖，其田[illegible]
旧耕作，納租[illegible]，其[illegible]有能自
言，約期肆年備錢照原價字壹起贖回
[illegible]不得[illegible]，[illegible]字壹紙付執為照。
内改壹字再照（批）
道光肆年拾壹月 日立盡字侄文勉
在見弟文俊
代字弟文[illegible]

5-3-27-7 清道光四年十一月鄭文勉立盡民佃田字

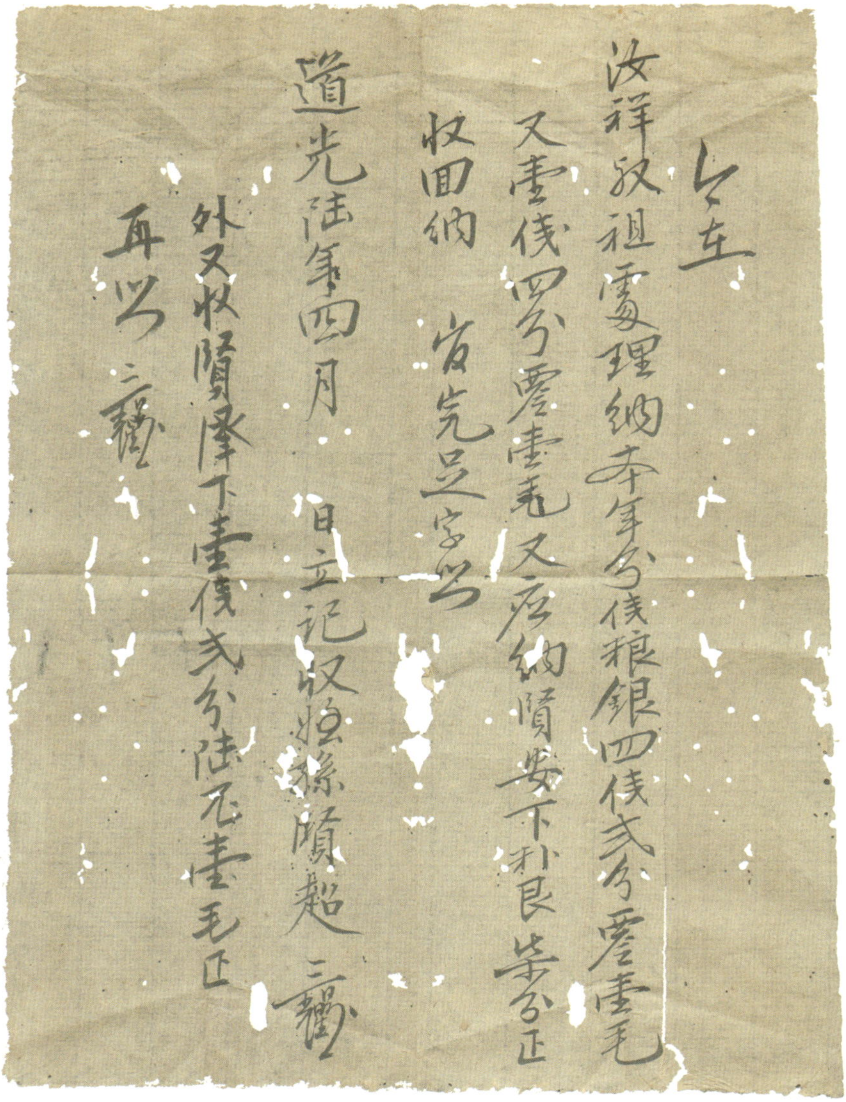

仝在
汝祥叔祖處理納本年分錢粮銀四錢弍分零壹毛
又壹錢四分零壹毛又存納賢安下朴良柒分正
收回納　皆完足字照
道光陸年四月　日立記收姪孫賢超（押）
外又收賢榮下壹錢弍分陸厘壹毛正
再照（押）

5-3-27-8　清道光六年四月鄭賢超立收錢糧字

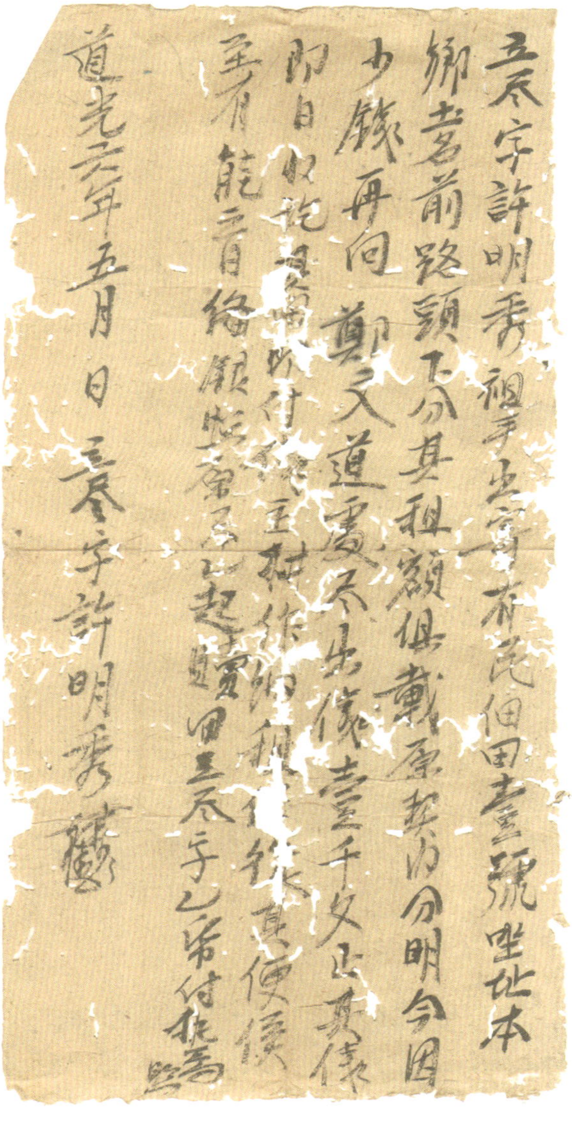

立尽字許明秀祖手出有民佃田壹號坐址本
鄉土名前路頭下分其租額俱載原契內分明今因
少錢再向鄭文道盡尽出價壹千文正其價
即日收訖其田[illegible]
[illegible]
[illegible]
道光六年五月　日　立尽字許明秀（押）

5-3-27-9　清道光六年五月許明秀立盡民佃田字

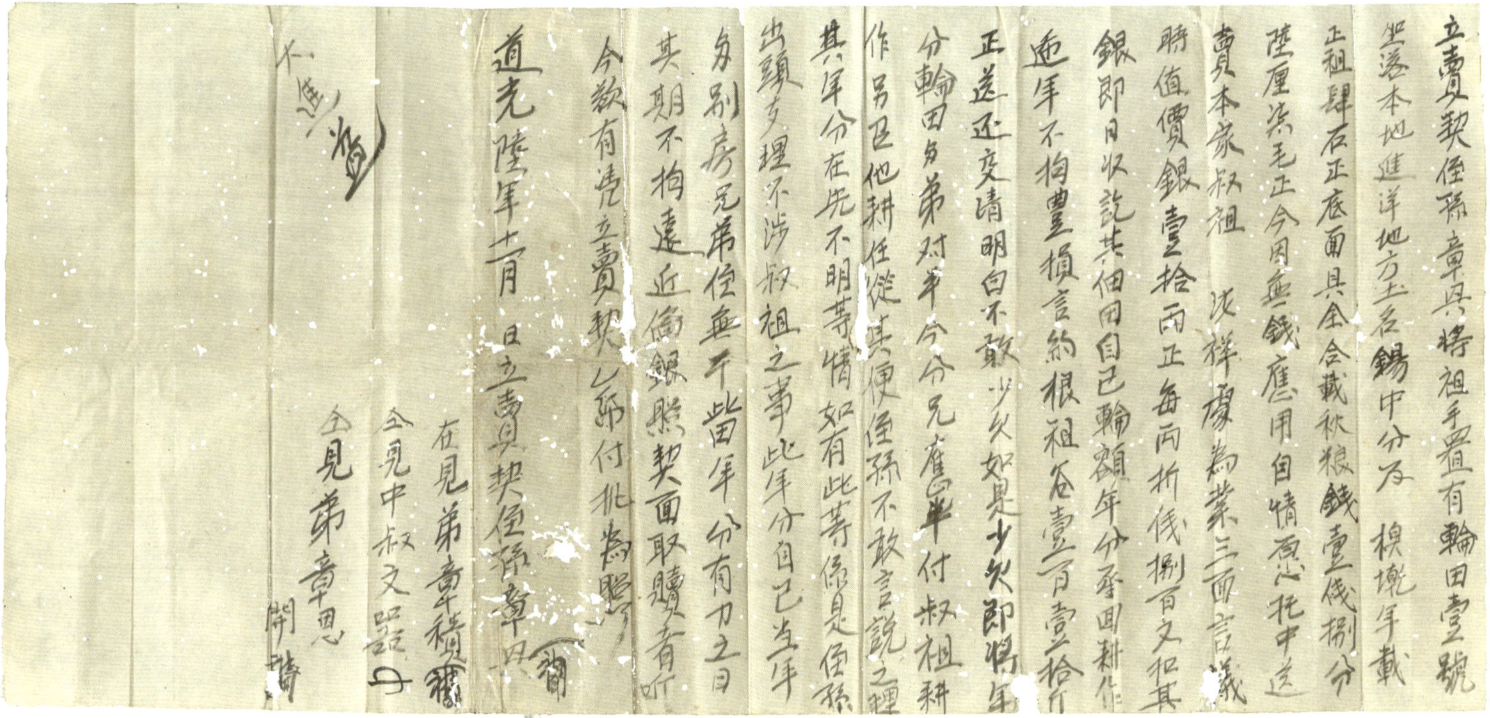
立賣契侄孫章與將祖手置有輪田壹號
坐落本地進洋地方土名錫中分又㙟墘年載
正租肆石正底面具全合載秋粮錢壹伐捌分
陞厘洗毛正今因無錢應用自情愿托中送
賣本家叔祖 汝祥瓊為業三面言議
時值價銀壹拾兩正每兩折伐捌百文和其
銀即日收訖其佃田自己輪額年分當即耕作
逐年不拘豐損言約根租谷壹石壹拾斤
正送還交清明白不敢少欠如是少欠即將年
分輪田與弟对半分兄產半付叔祖耕
作另召他耕任從其便侄孫不敢言說之理
其年分在先不明等情如有此等係是侄孫
出頭支理不涉叔祖之事此年分自己去年
與別房兄弟侄無干当年分有力之日
其期不拘遠近備銀照契面取贖有听
今欲有凭立賣契乙紙付批為照
道光陸年十一月 日立賣契侄孫章與
在見弟章積
仝見中叔文韶
仝見弟章思

5-3-27-10 清道光六年十一月鄭章與立賣底面全輪田契

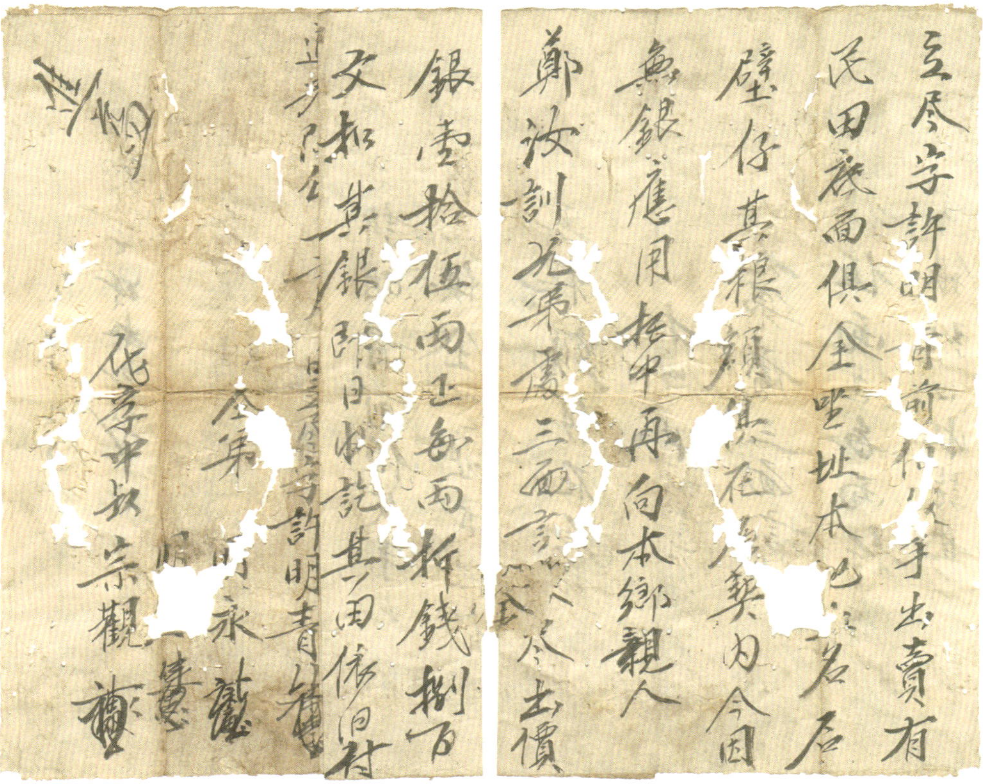
立尽字許明[illegible]手出賣有
民田底面俱全坐址本处土名石
壁仔其粮額[illegible]在[illegible]契内今因
無銀應用托中再向本鄉親人
鄭汝訓兄弟處三面言[illegible]出價
銀壹拾伍両正每両折錢捌百
文柤其銀即日收訖其田依旧村
[illegible]立尽字許明青
仝弟[illegible]永[illegible]
代字中叔 宗觀

5-3-27-11　清道光六年十二月許明青等立盡底面全民田字

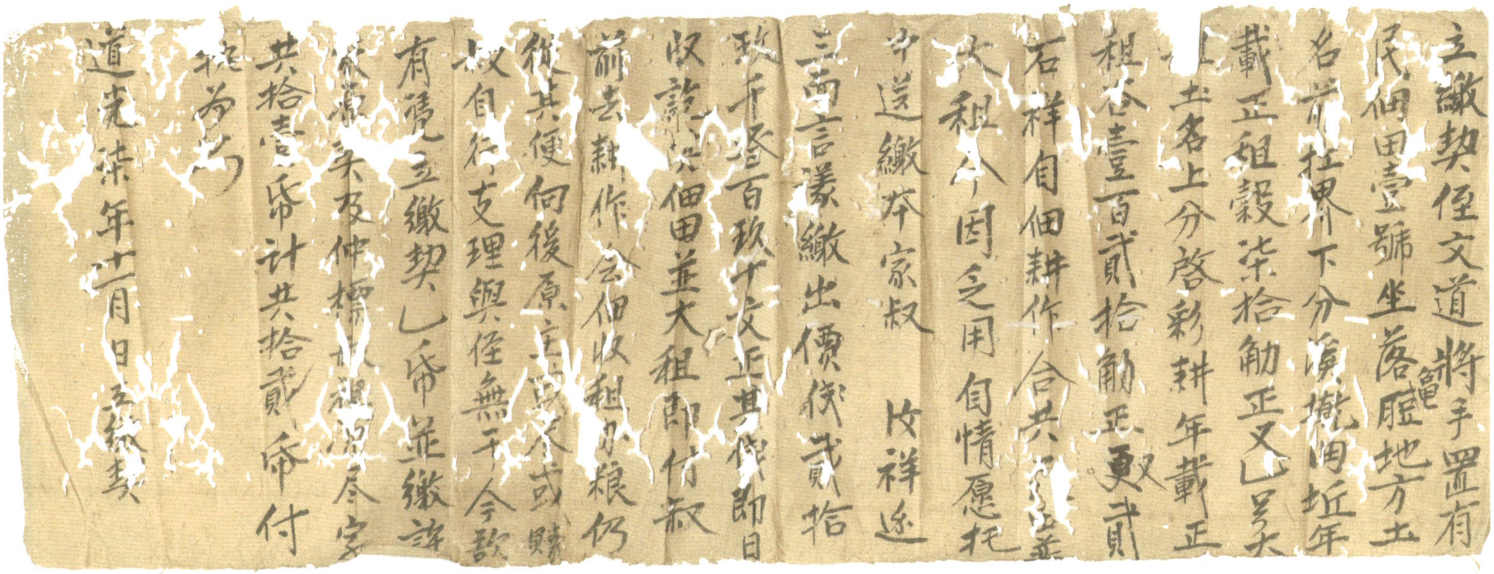

5-3-27-12　清道光七年十一月鄭文道立繳民佃田契

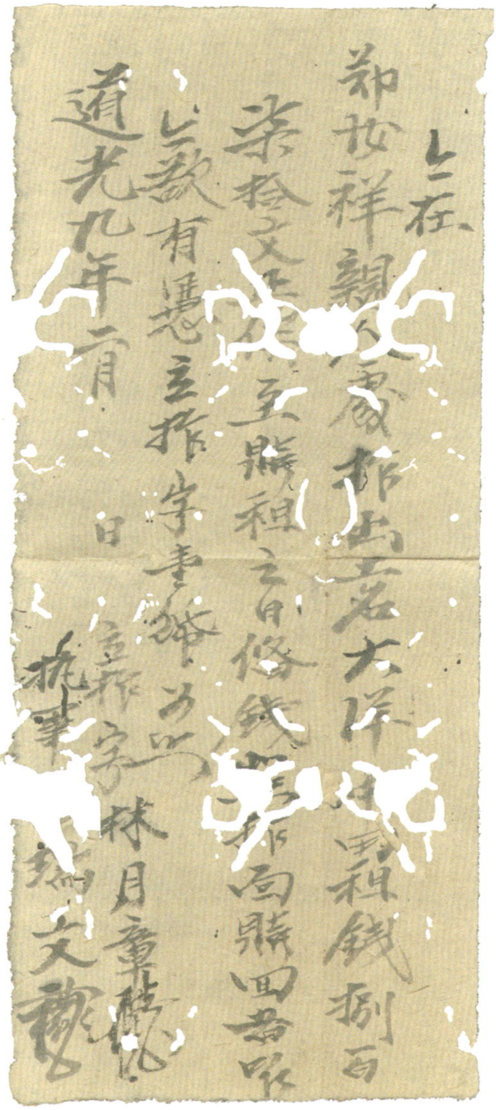

上在
鄭孜祥親[illegible]處邊出土名大洋[illegible]租錢捌百
柒拾文[illegible]至縣租六百倍錢[illegible]面縣四[illegible]
上款有憑立撮字壹紙爲照
道光九年二月　日
立撮字　林月章
執筆　鄭文驤

5-3-27-13　清道光九年二月林月章立撮字

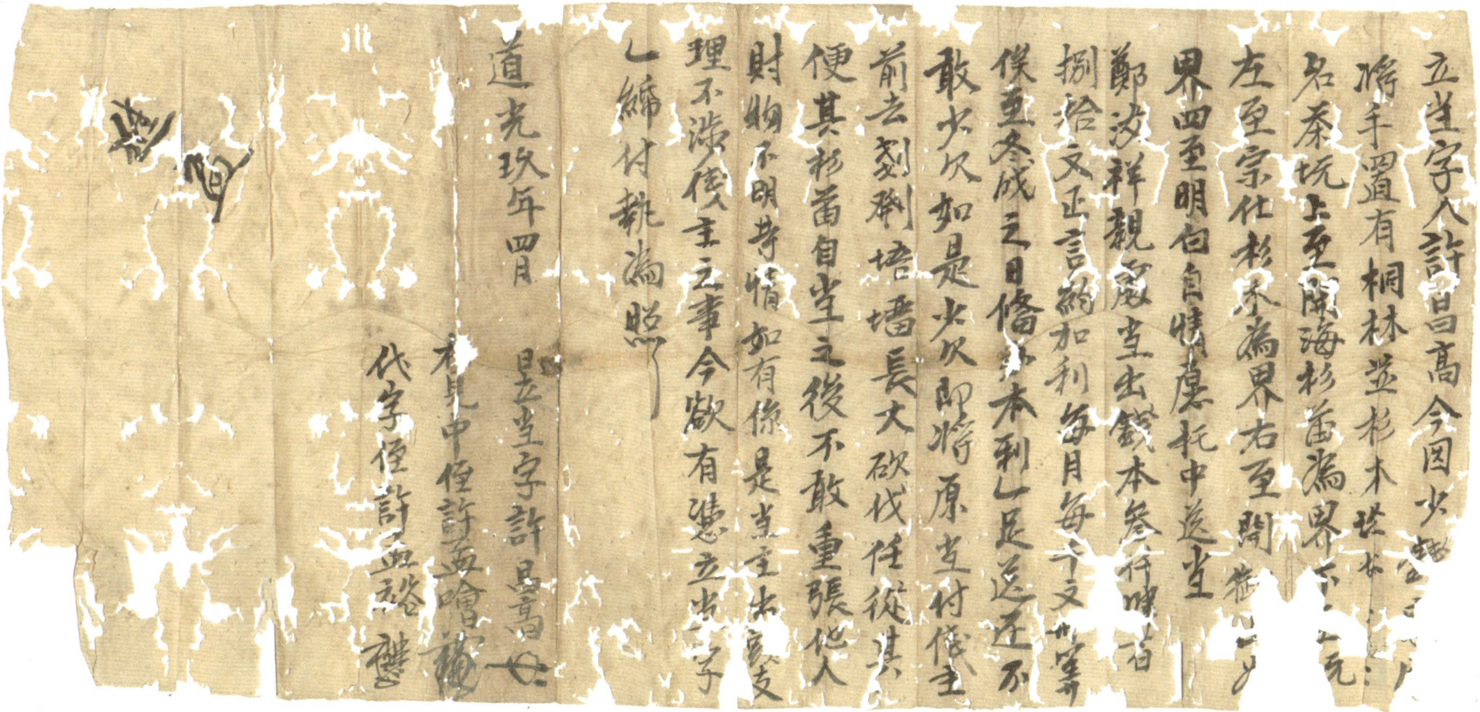

5-3-27-14　清道光九年四月許昌高立當桐林等字

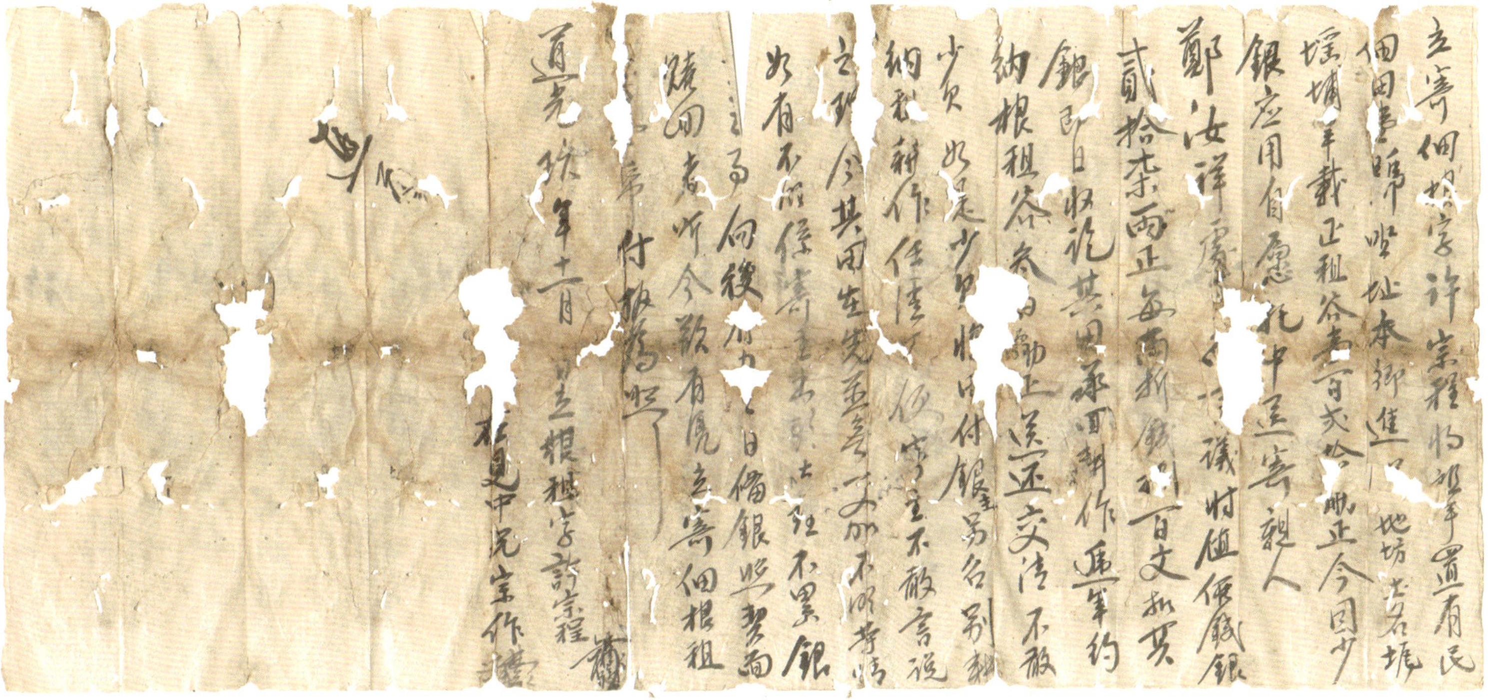
立寄佃根字許宗程，[illegible]置有民
佃田壹號，坐址本鄉進口地坊，土名堀
垵墘，年載正租谷壹百弍拾觔正，今因乏
銀應用，自愿托中送寄親人
鄭汝祥處[illegible]，三面議，時值價錢銀
貳拾柒兩正，每兩折錢壹千壹百文，其
銀即日收訖，其田聽鄭邊耕作，逐年約
納根租谷[illegible]觔上，送還交清，不敢
少欠，如是少欠，收回付銀主另召別耕
納税耕作，任凭[illegible]，不敢言說
立[illegible]今其田在先並無重張不明等情
如有不明，係許[illegible]自理，不干銀
主之事，向後[illegible]日備銀照契面
贖回，[illegible]今欲有憑，立寄佃根租
字付鄭邊為照。
道光玖年十一月　日立根租字許宗程（押）
在見中兄宗作（押）
[illegible]

5-3-27-15　清道光九年十一月許宗程立寄民佃田根租字

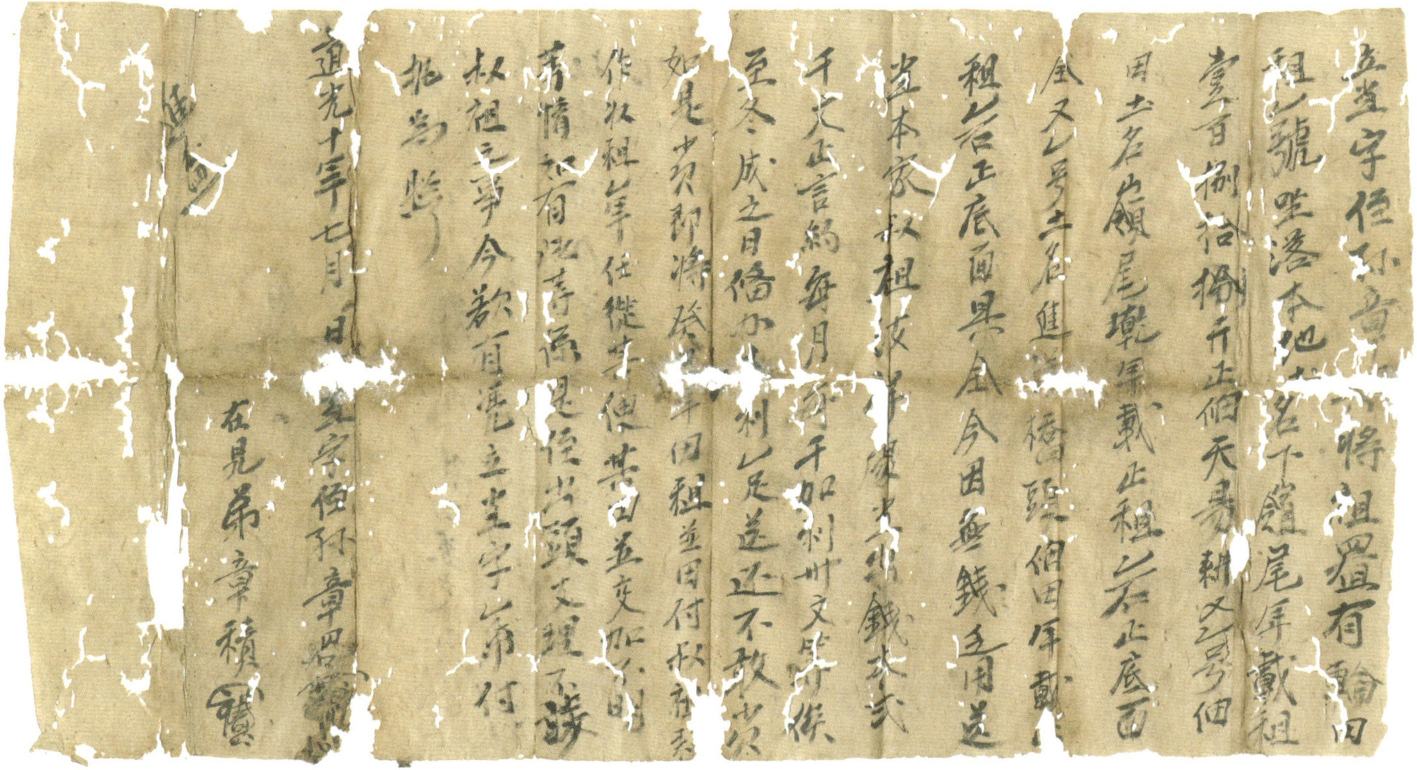
立當字侄孙章[illegible]，今[illegible]將祖置有輪田
租一號，坐落本地土名下嶺尾，年載租
壹百捌拾捌斤正，佃天壽耕，又一號佃
田土名山嶺尾壠，年載正租二石正，底面
全，又一號土名進[illegible]橋頭，佃田，年載
租二石正，底面具全。今因無錢應用，送
當本家叔祖孜[illegible]處，當出錢[illegible]式
千文正，言約每月每千加利卅文，其利係
至冬成之日備辦利息送還，不敢欠少。
如是少欠，即將癸[illegible]年田租並田付叔[illegible]前去
作收租，年任從其便，其田並交收明。
[illegible]情[illegible]有[illegible]弟[illegible]出頭支理，不涉
叔祖之事。今欲有憑，立當字一紙付
执为照。
道光十年七月　日　立當字侄孙章[illegible]
在見弟章積
[illegible]

5-3-27-16　清道光十年七月鄭章㒵立當輪田租字

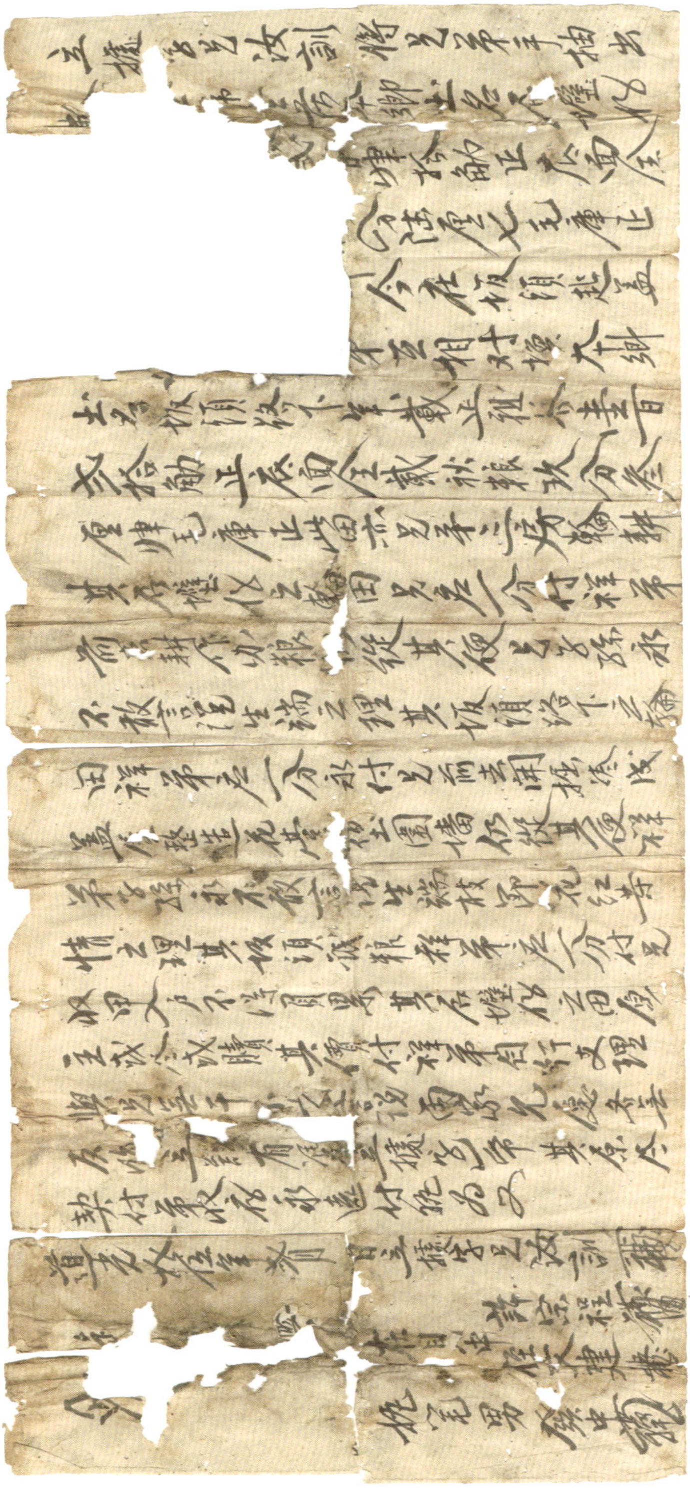

5-3-27-17　清道光十五年二月鄭汝訓立據字

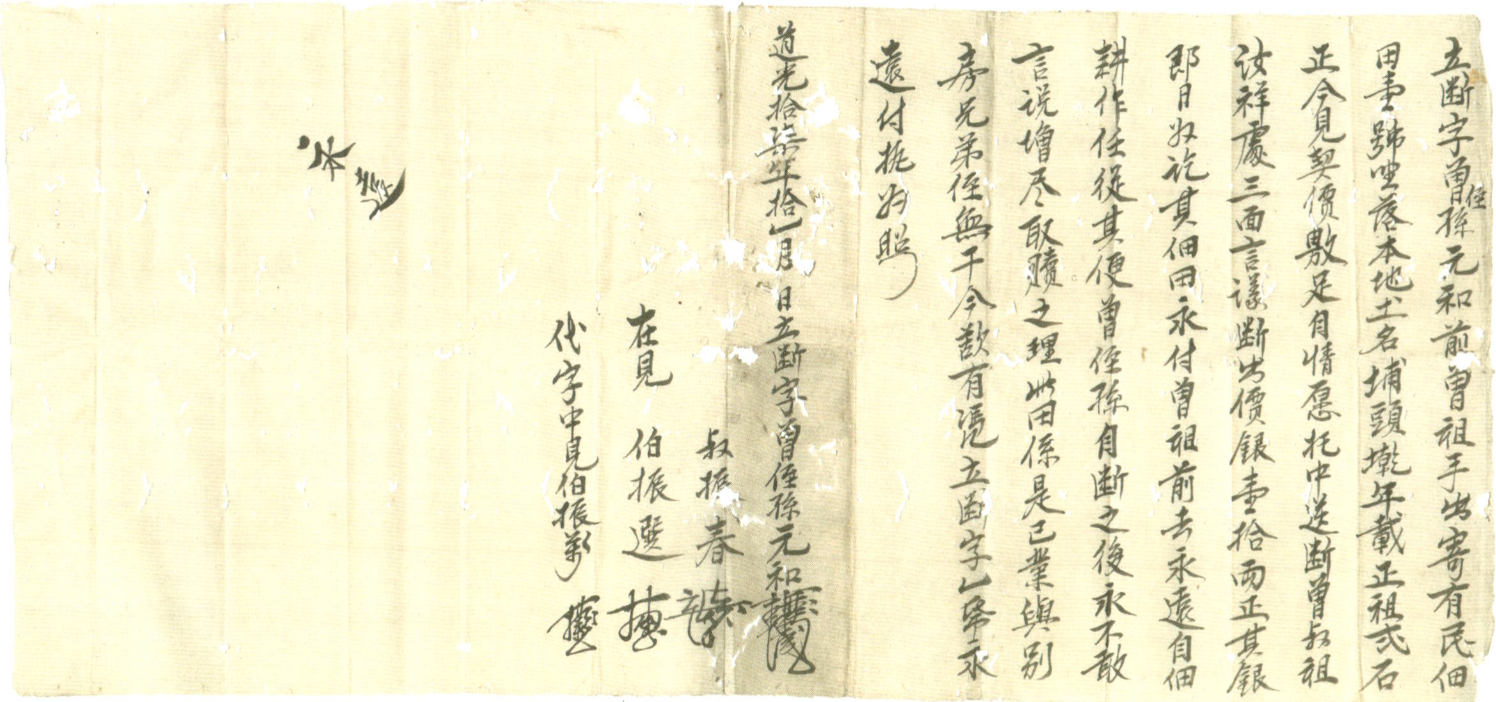
立斷字曾侄孫元和前曾祖手出寄有民佃
田壹號坐落本地土名埔頭墘年載正租弍石
正今見契價敷足自情愿托中送斷曾叔祖
汶祥處三面言議斷出價銀壹拾兩正其銀
即日收訖其佃田永付曾祖前去永遠自佃
耕作任從其便曾侄孫自斷之後永不敢
言說增尽取贖之理此田係是己業與別
房兄弟侄無干今欲有凭立斷字一紙永
遠付執為照
道光拾柒年拾一月 日立斷字曾侄孫元和（押）
叔振春（押）
在見 伯振選（押）
代字中見伯振彰（押）

5-3-27-18　清道光十七年十一月鄭元和立斷民佃田字

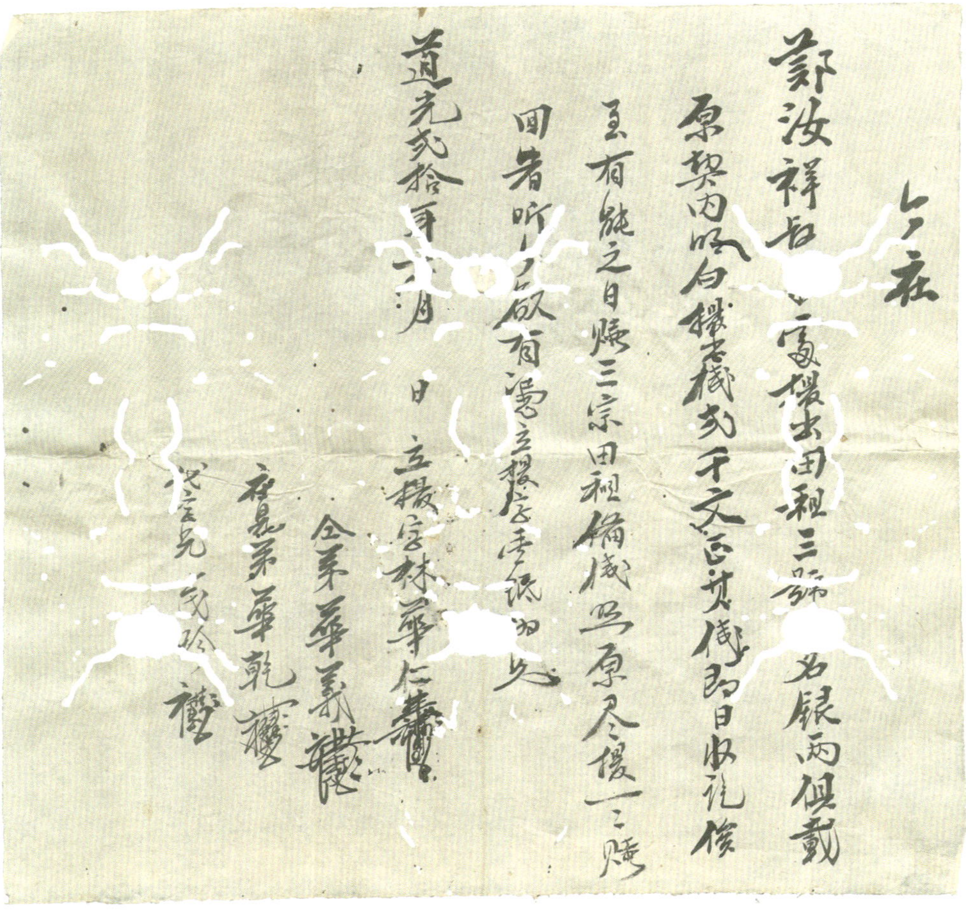

仝在
鄭汝祥台□處撥出田租三號，另銀兩俱載
原契內，收白撥出錢弍千文正，其錢即日收訖。倘
至有號之日，隨三宗田租備錢照原契撥一二號
回者，聽其取，有憑，立撥字壹紙為照。
道光弍拾年□月　日　立撥字林華仁（押）
仝弟華義（押）
在見弟華乾（押）
代字兄□玲（押）

5-3-27-19　清道光二十年□月林華仁等立撥字

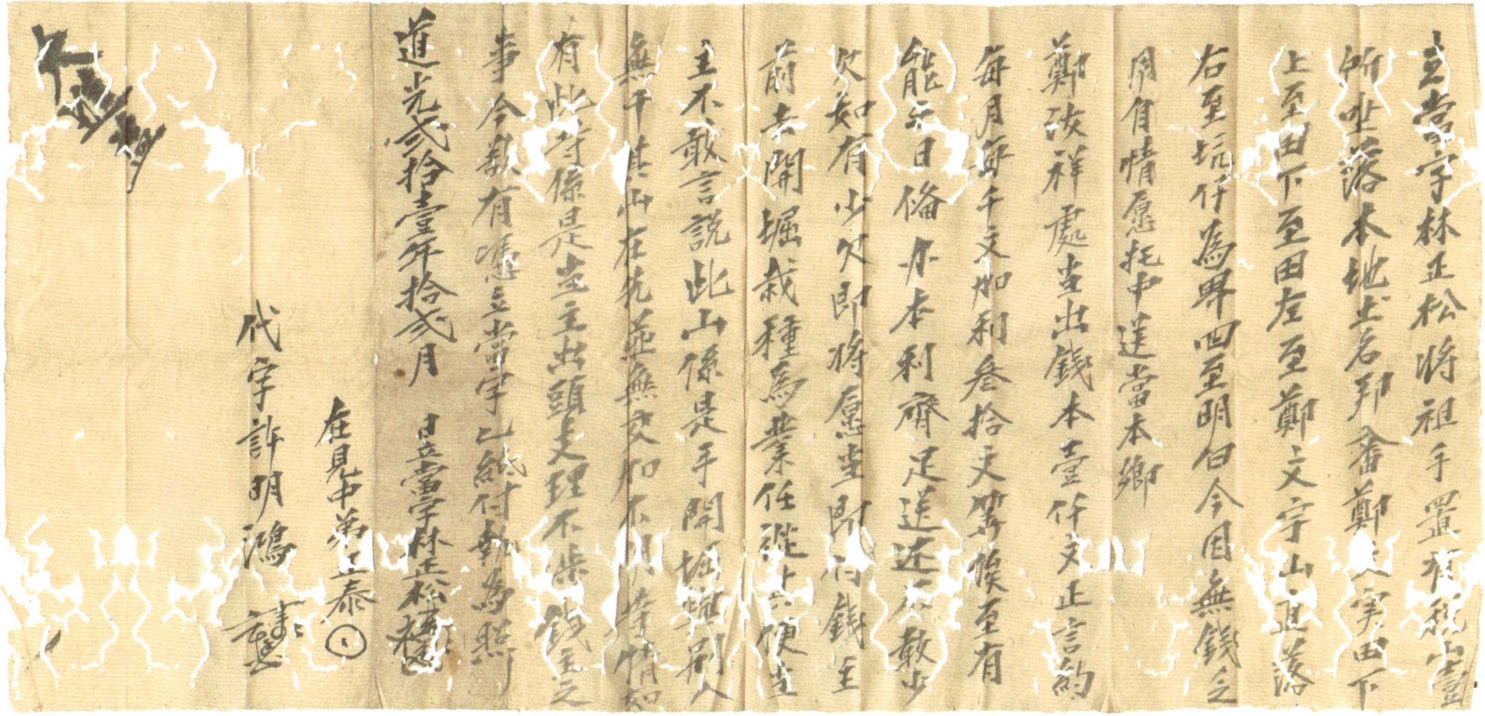
立當字林正松將祖手置有稅山壹
所坐落本地土名邦畬鄭[illegible]田下
上至田下至田左至鄭文守山並後路
右至坑仔爲界四至明白今因無錢乏
用自情愿托中送當本鄉
鄭孩祥處出錢本壹仟文正言約
每月每千文加利叁拾文[illegible]候至有
能之日備本利齊足送還不敢少
欠如有少欠即將愿當[illegible]錢主
前去開掘栽種爲業任從[illegible]主[illegible]
主不敢言說此山係是手開[illegible]別人
無干其山在先並無交加不明等情如
有此情係是當主出頭支理不涉錢主之
事今欲有憑立當字山紙付執爲照
道光式拾壹年拾式月　日立當字林正松
在見中弟林正泰
代字許明鴻

5-3-27-20　清道光二十一年十二月林正松立當稅山字

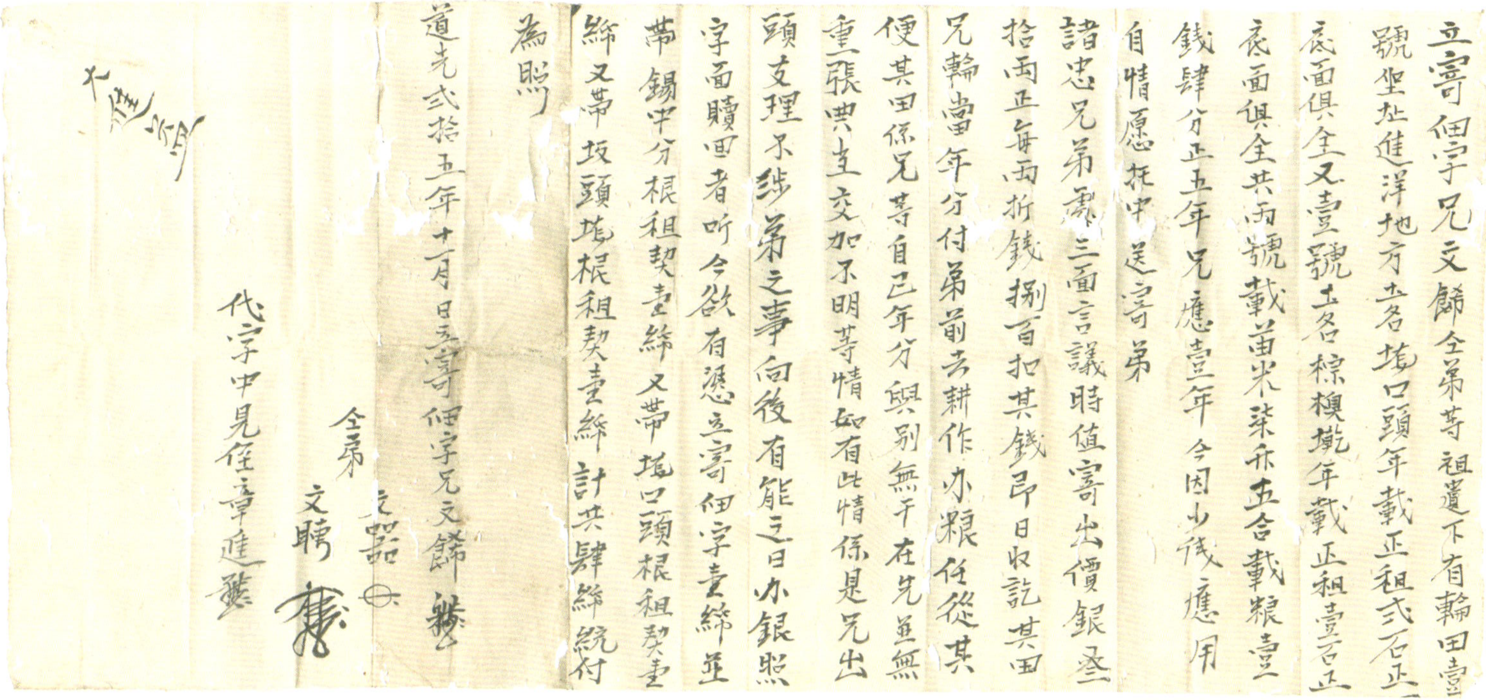
立寄佃字兄文鍗仝弟等，祖遺下有輸田壹
號，坐址進洋地方，土名墘口頭，年載正租弍石正，
𧘂面俱全；又壹號，土名棕樸墘，年載正租壹石五
𧘂面俱全。共兩號，載苗米柒升五合，載粮壹
錢肆分正。五年兄應壹年，今因少伐應用，
自情愿托中送寄弟
諸忠兄弟處，三面言議，時值寄出價銀叁
拾兩正，每兩折錢捌百扣，其錢即日收訖，其田
兄輪當年分，付弟前去耕作，办粮，任從其
便。其田係兄等自己年分，與別無干，在先並無
重張典支交加不明等情，如有此情，係是兄出
頭支理，不涉弟之事。向後有能之日，办銀照
字面贖回者，听。今欲有憑，立寄佃字壹紙，並
帶錫中分根租契壹紙，又帶墘口頭根租契壹
紙，又帶坂頭墘根租契壹紙，計共肆紙，繳付
為照。
道光弍拾五年十一月　日立寄佃字兄文鍗（押）
仝弟　文器（押）
文聘（押）
代字中見侄章進（押）

5-3-27-21　清道光二十五年十一月鄭文鍗等立寄佃輸田字

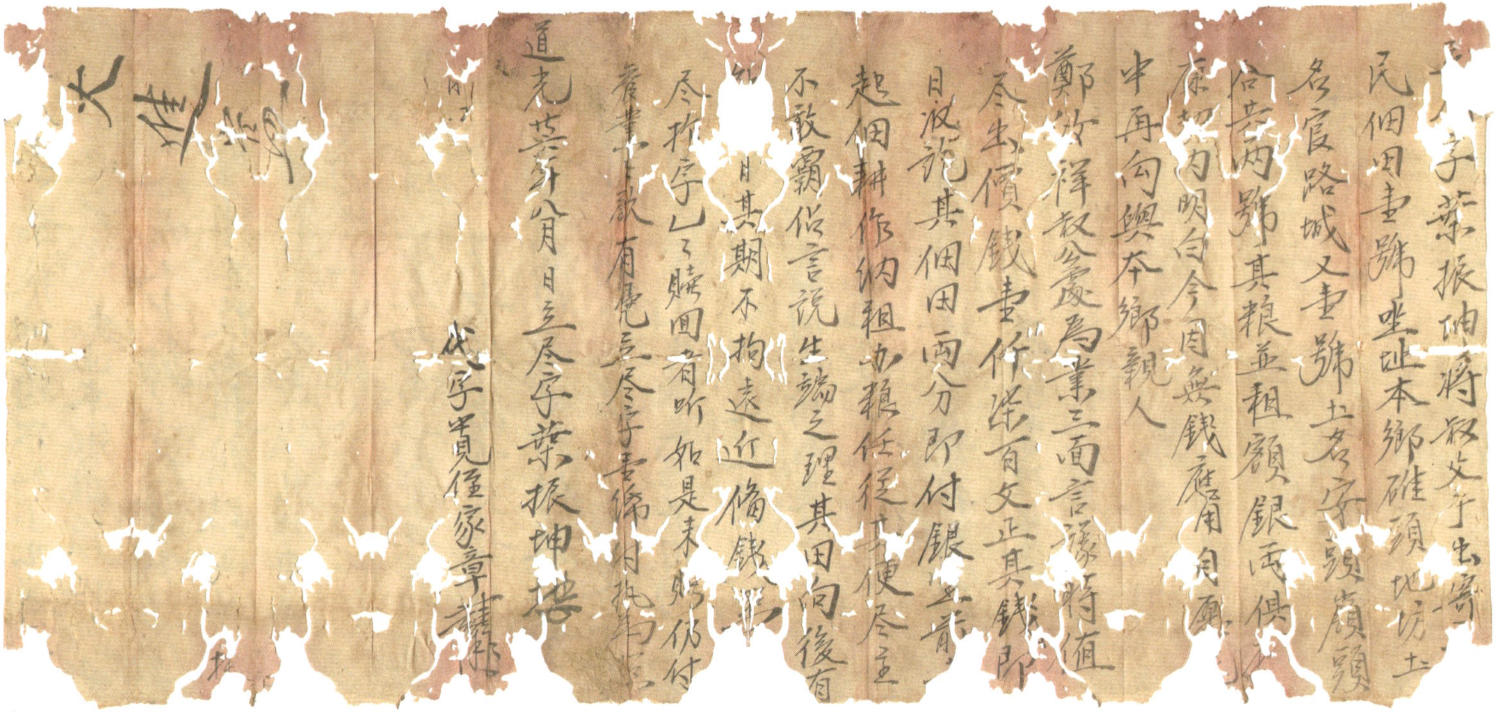
立盡字葉振坤將叔文手出賣
民佃田壹號坐址本鄉碓頭地方土
名官路城又壹號土名字頭嶺頭
合共兩號其粮並租額銀氏俱
在佃內明白今因無錢應用自願
中再向與本鄉親人
鄭灼祥叔公處為業三面言議時值
盡出價錢壹仟柒百文正其錢即
日收訖其佃田兩分即付銀主前
起佃耕作納租如粮任從銀主便盡主
不敢霸佔言說生端之理其田向後有
日其期不拘遠近備錢原價
盡折字山之贖回者聽如是未贖仍付
管業今欲有憑立盡字壹紙付執為照
道光廿六年八月　日立盡字葉振坤押
代字中見侄家章押

5-3-27-22　清道光二十六年八月葉振坤立盡民佃田字

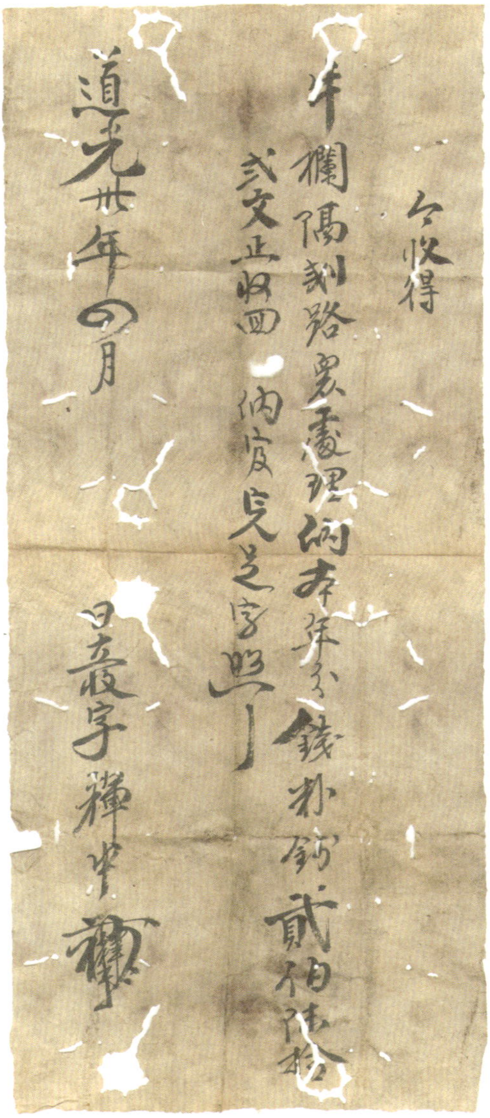
今收得
牛欄陽剗路衆處理納本年分錢糧錢貳佰陸拾
弍文正收回 內實足立字照
道光卅年四月 日立收字 輝中 親筆

5-3-27-23　清道光三十年四月鄭輝中立收錢糧字

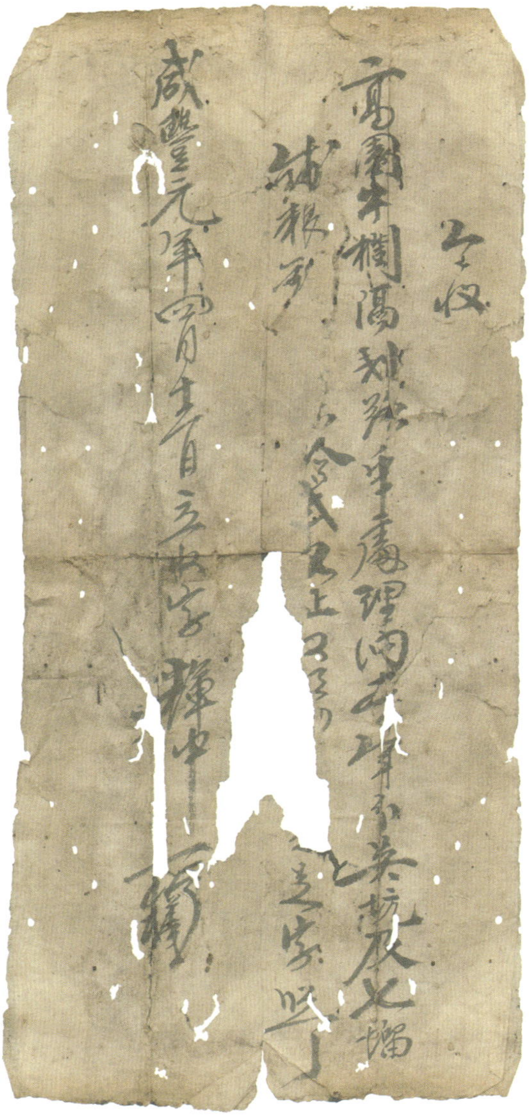

5-3-27-24　清咸豐元年四月鄭輝中立收糧錢字

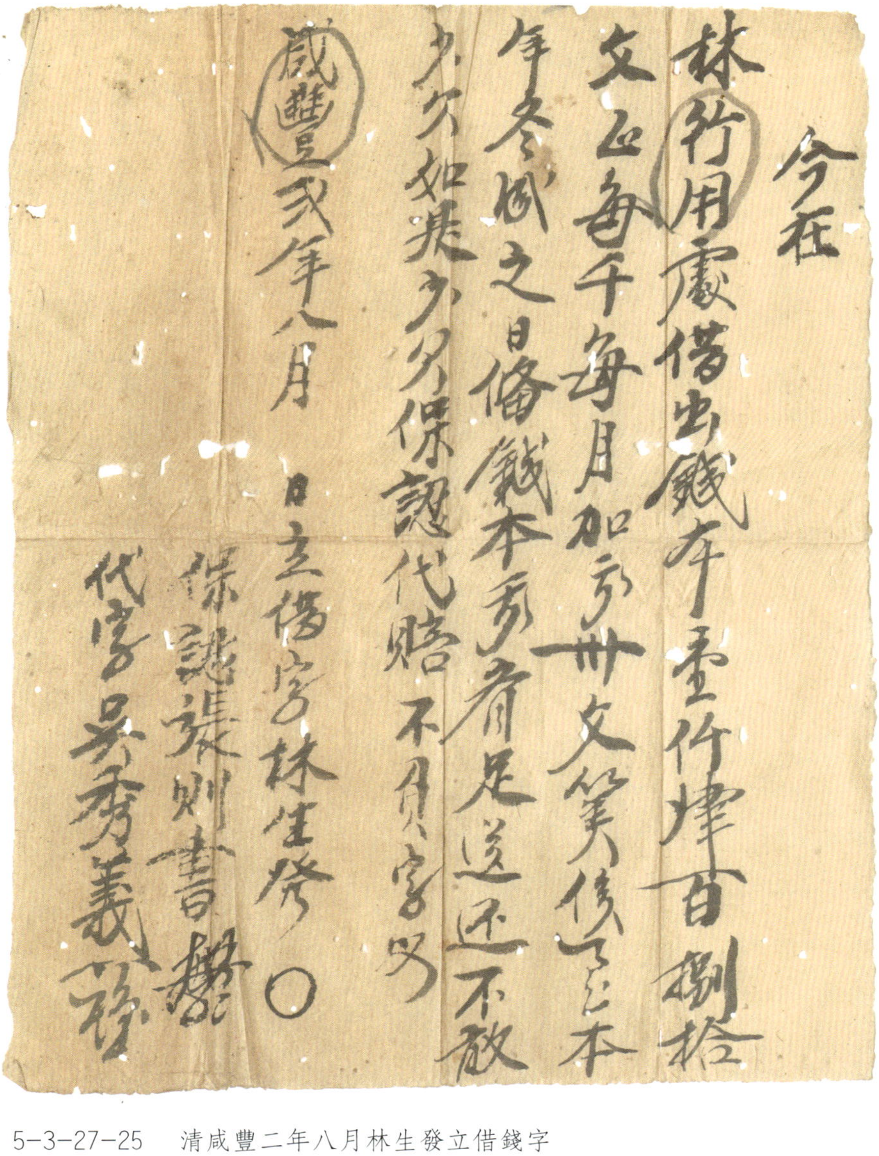
今在
林衍用處借出錢壹仟肆百捌拾
文正每千每月加利卅文算，俟至本
年冬成之日備錢本利清足送还不敢
少欠如是少欠保認代賠不得負字又
咸豐弍年八月　日立借字林生發　○
保認張則書（押）
代字吴秀義（押）

5-3-27-25　清咸豐二年八月林生發立借錢字

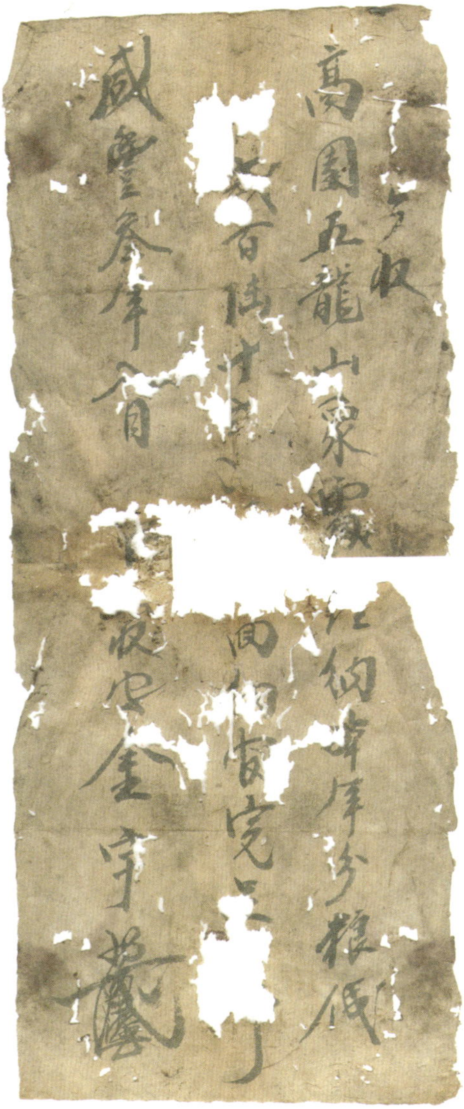

收
高園五龍山衆□□
□納本年分糧錢
□百陸拾□□
□收完足
咸豐叁年八月 日
□收金宇

5-3-27-26　清咸豐三年八月鄭金宇立收糧錢字

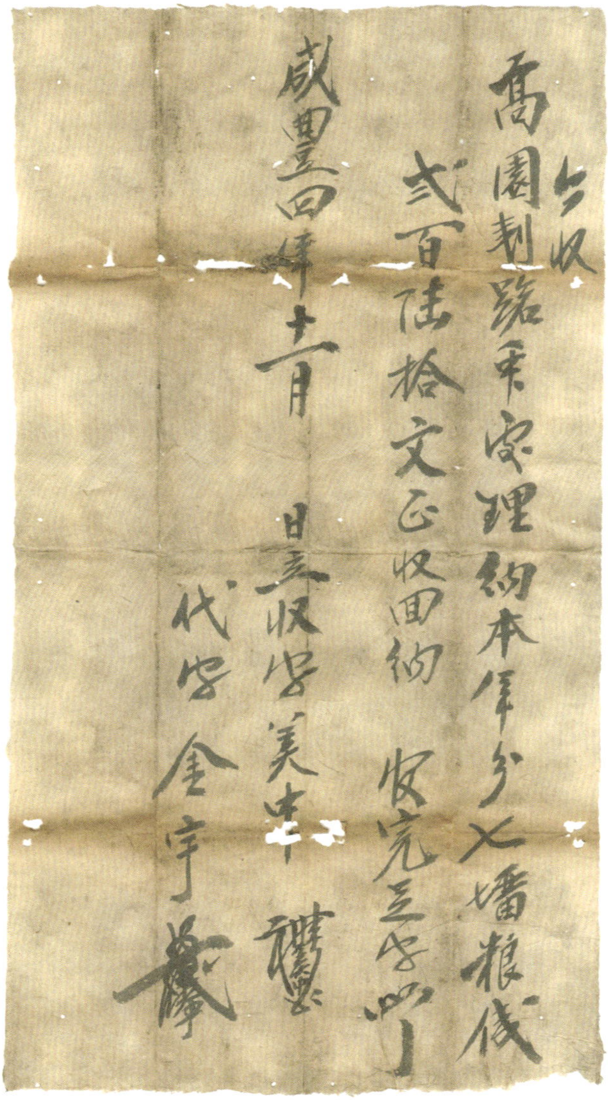
今收
高園制路平安理納本年分七墻糧錢
弍百陸拾文正收回納　收完立字
咸豐四年十一月　日立收字美中
代字全字

5-3-27-27　清咸豐四年十一月鄭美中立收糧錢字

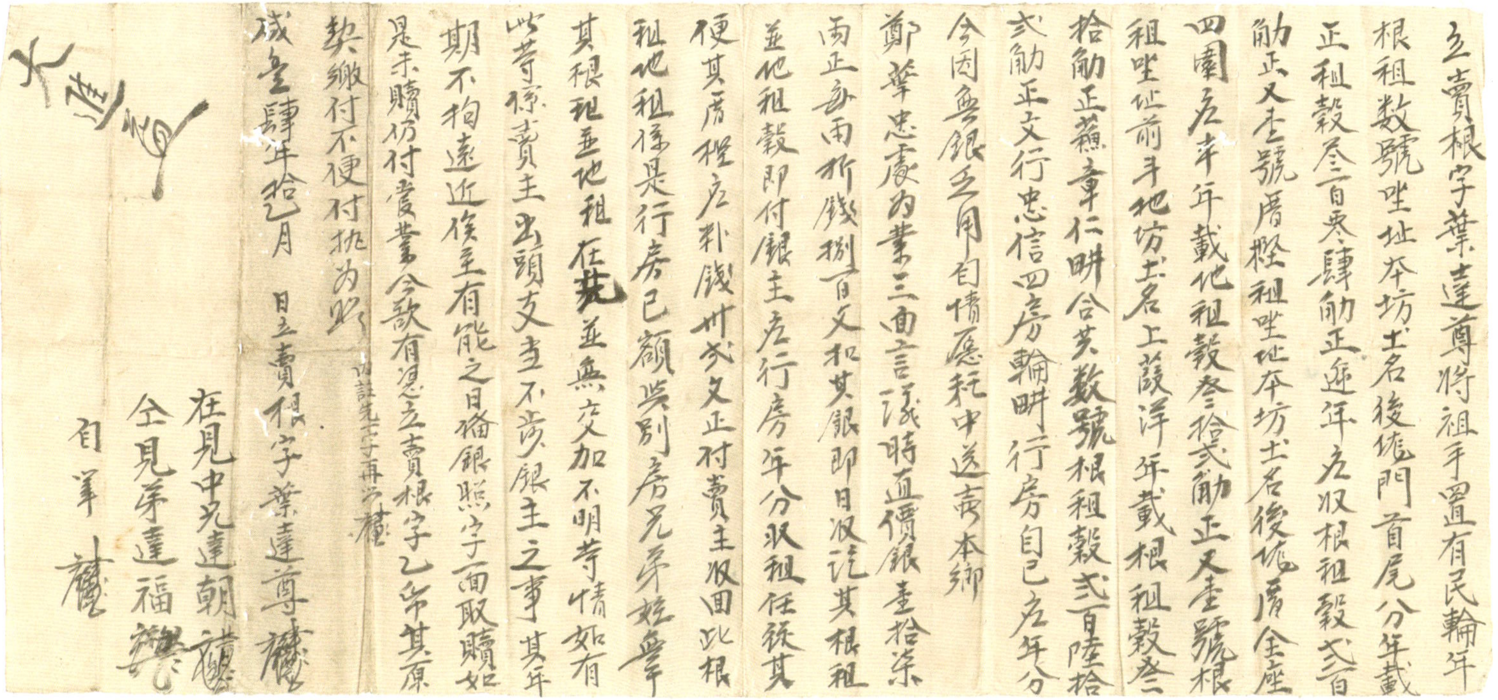

5-3-27-28　清咸豐四年十一月葉達尊立賣民輸年根租字

立尽字葉達尊將手所置有民輪田壹號
坐址本鄉地方土名石洋種反加埕逆年載正租
穀弍百肆拾觔正今因前年欠大租穀無處理
述再向　鄭華忠處为業三面言議時值尽
出價錢柒千伍百文正其錢即日收訖其田依旧
即付價主前去耕作納租任從其便候至有能
之日備價照原尽字山起贖回者听今欲有憑
立尽字山緣付執为照
咸豐捌年十一月　日立尽字葉達尊
在見兄達朝

5-3-27-29　清咸豐八年十一月葉達尊立盡民輪田字

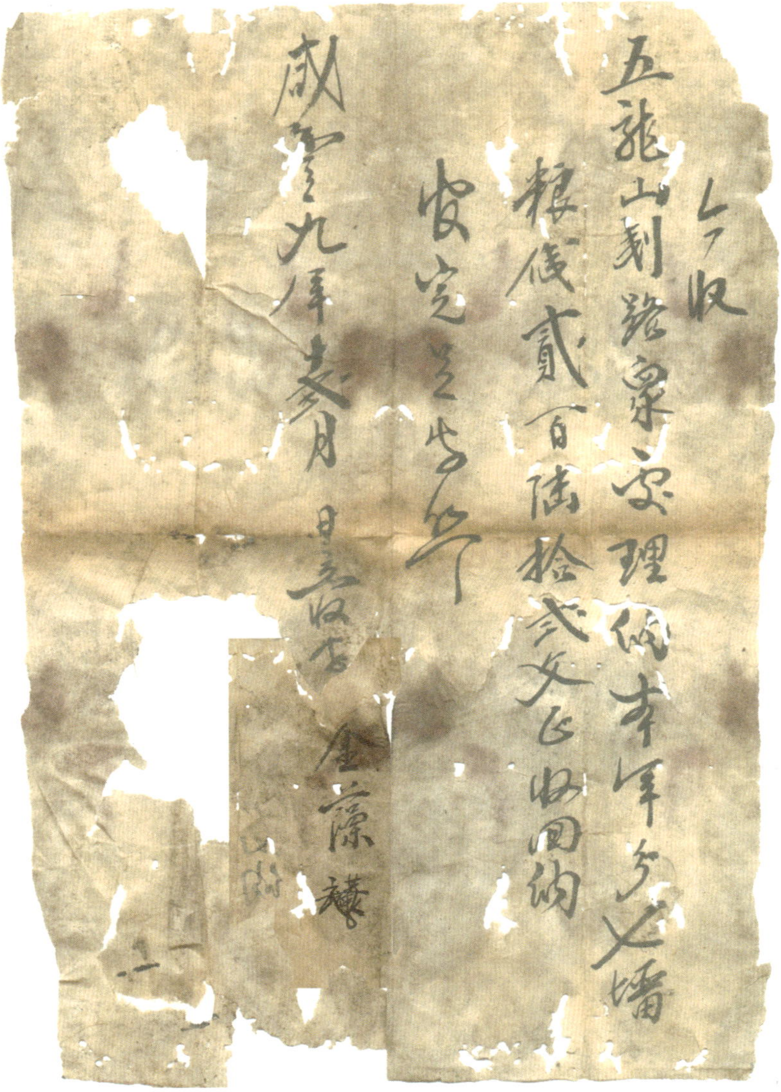
今收
五龍山劉路象安理佃本年分之墦
糧錢貳百陸拾弍文正收回納
收完足此照
咸豐九年臘月 日立收字
金藻（押）

5-3-27-30　清咸豐九年十二月鄭金藻立收糧錢字

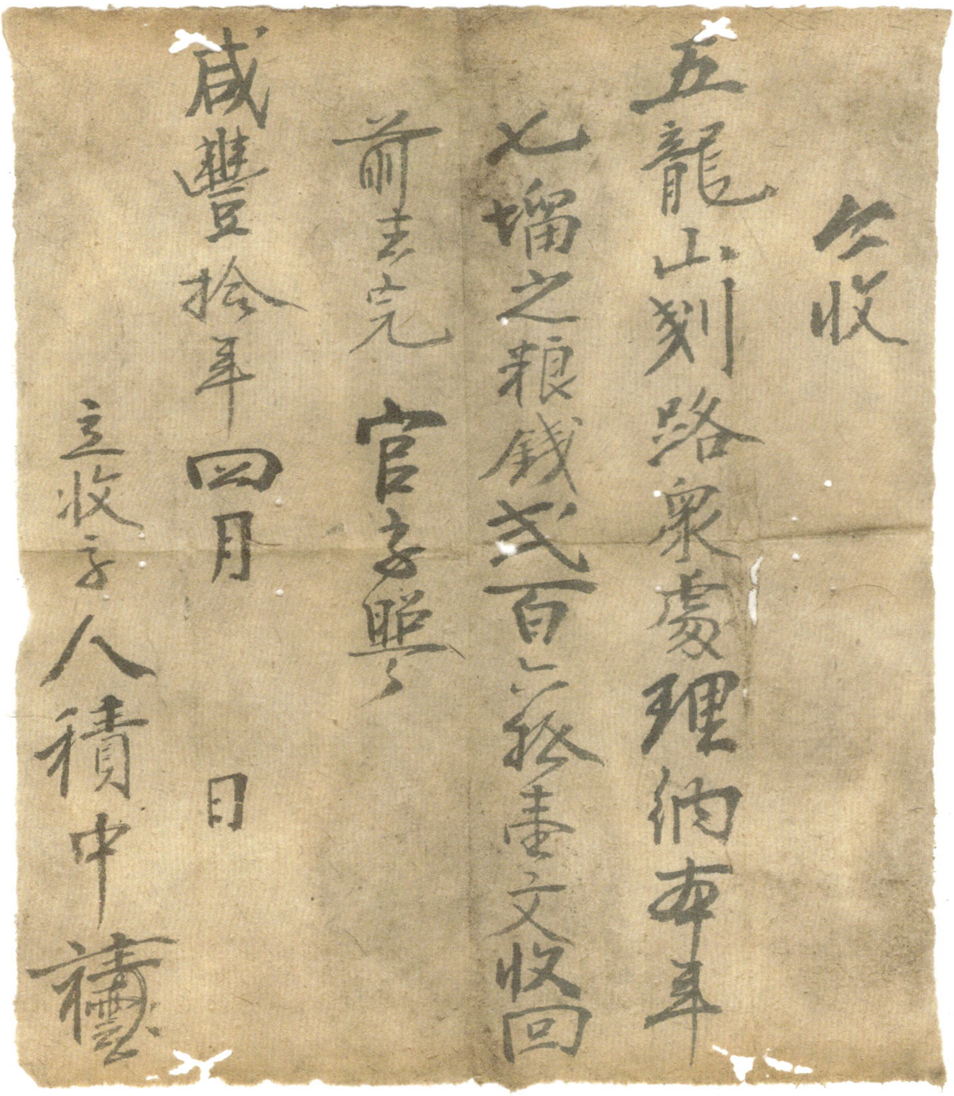
今收
五龍山劉路衆處理納本年
七墻之粮錢弍百六拾壹文收回
前去完 官字照
咸豐拾年四月 日
立收字人積中

5-3-27-31　清咸豐十年四月鄭積中立收糧錢字

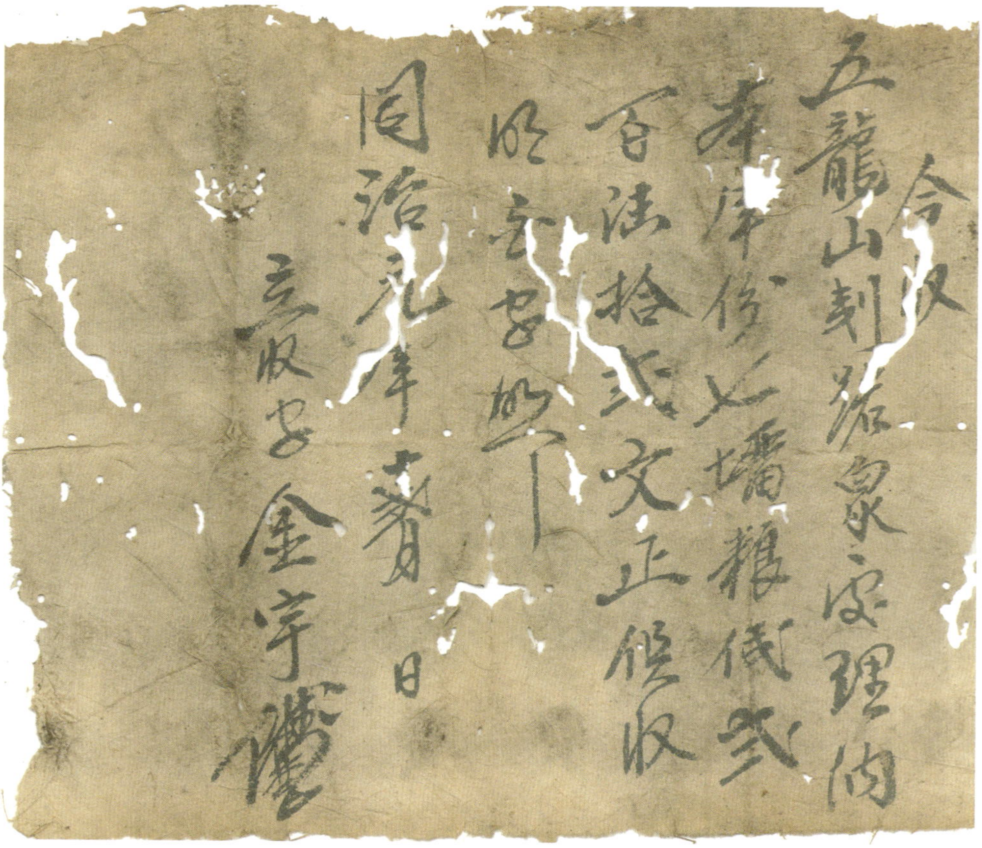
合收
五龍山刹裕泉家理内
本年份之墻糧錢弍
百法拾柒文正俱收
明完訖了
同治元年十二月　日
立收字金宇（押）

5-3-27-32　清同治元年十二月鄭金宇立收糧錢字

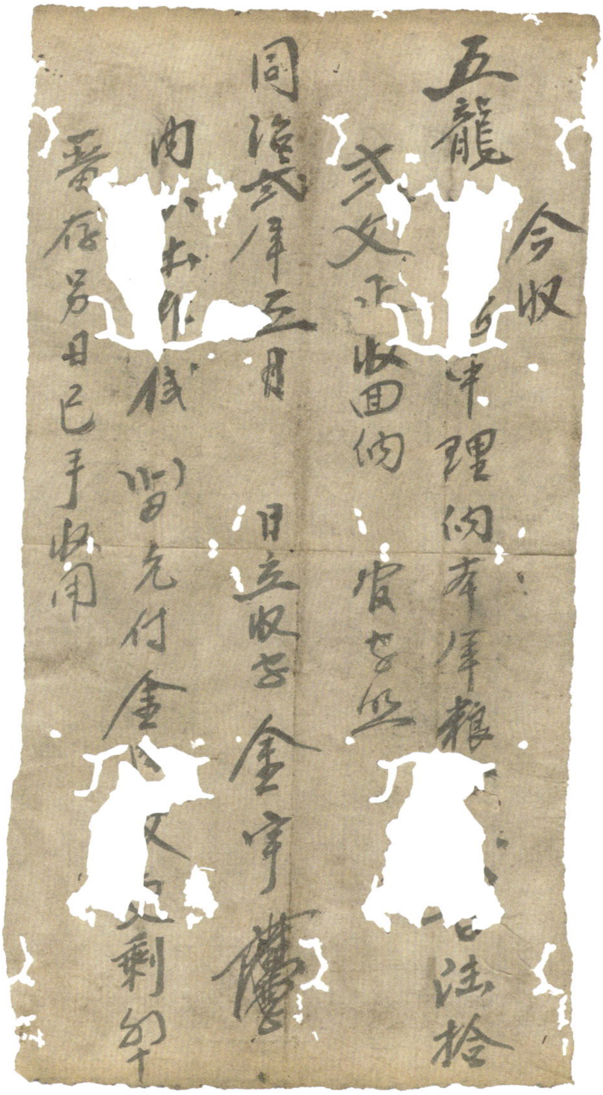

今收
五龍[illegible]中理仍本年粮[illegible]法拾
叁文正收田仍　官苗無[illegible]
同治貳年五月　日立收字　金宇（押）
內八扣作[illegible]錢　當先付金[illegible]又[illegible]剩[illegible]
番存另日已手收用

5-3-27-33　清同治二年五月鄭金宇立收糧錢字

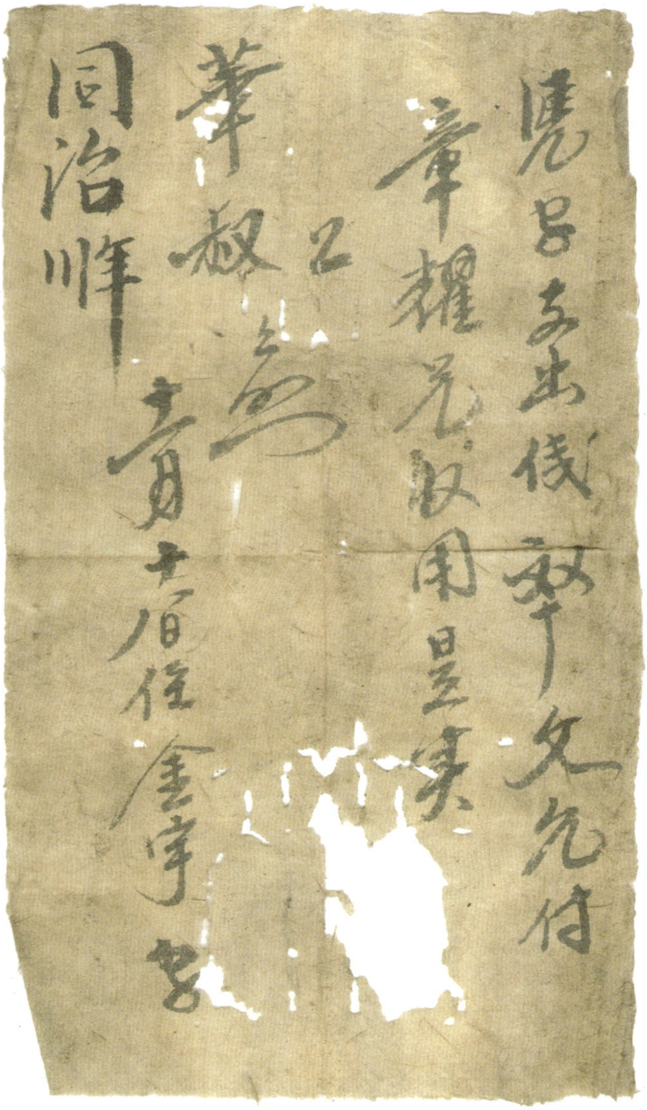
憑字支出錢數千文先付
章耀兄收用是實
華叔[illegible]筆
同治三年十一月十一日侄金宇書

5-3-27-34　清同治三年十一月鄭金宇立支錢憑字

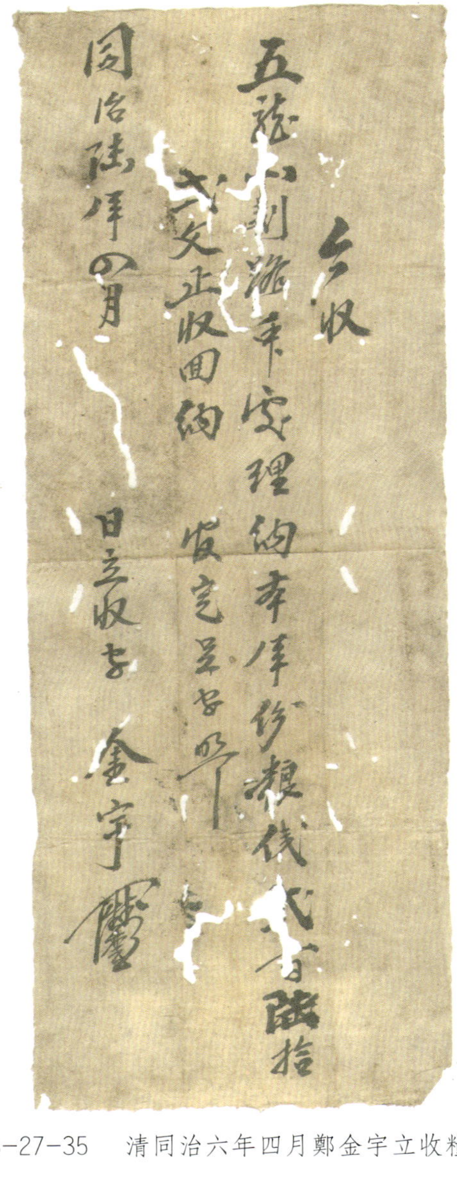

今收
五福大坑湖洋安理納本年份糧錢弍百陸拾
文正收回納　收完足訖所
同治陸年四月　日立收字　金宇

5-3-27-35　清同治六年四月鄭金宇立收糧錢字

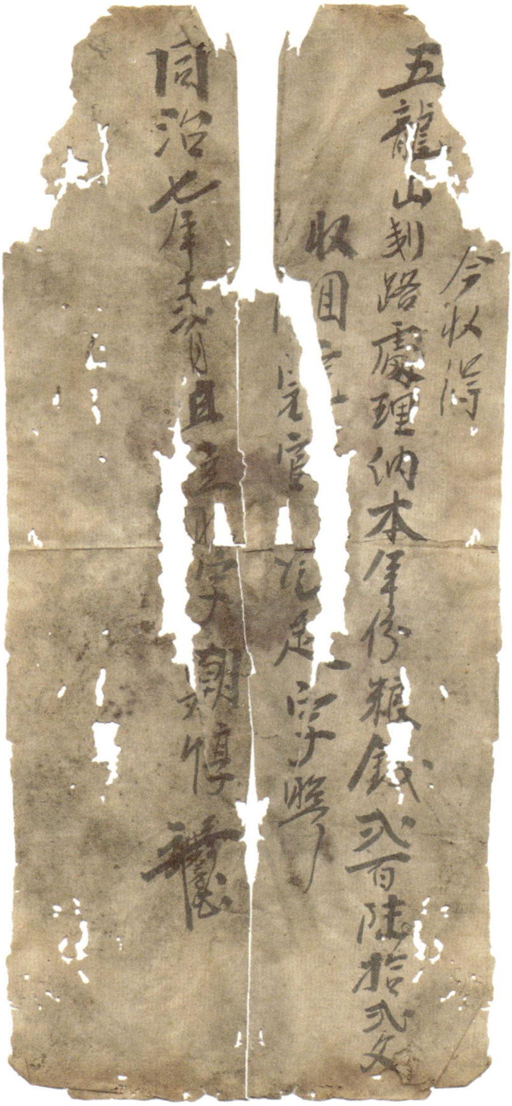

今收得
五龍山刬路處理納本年份糧錢貳百陸拾貳文
收田宗官□足 字照
同治七年十二月 日立收字人朝惇 親

5-3-27-36　清同治七年十二月鄭朝惇立收糧錢字

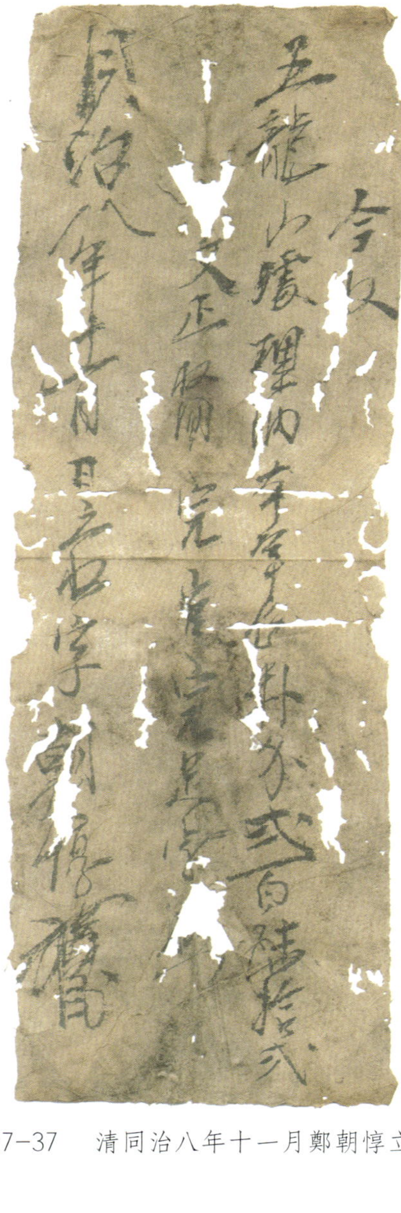

今收
五龍山攬理納本年官糧錢弍百捌拾弍
文正照關完足無欠
同治八年十一月 日立收字鄭朝惇

5-3-27-37　清同治八年十一月鄭朝惇立收糧錢字

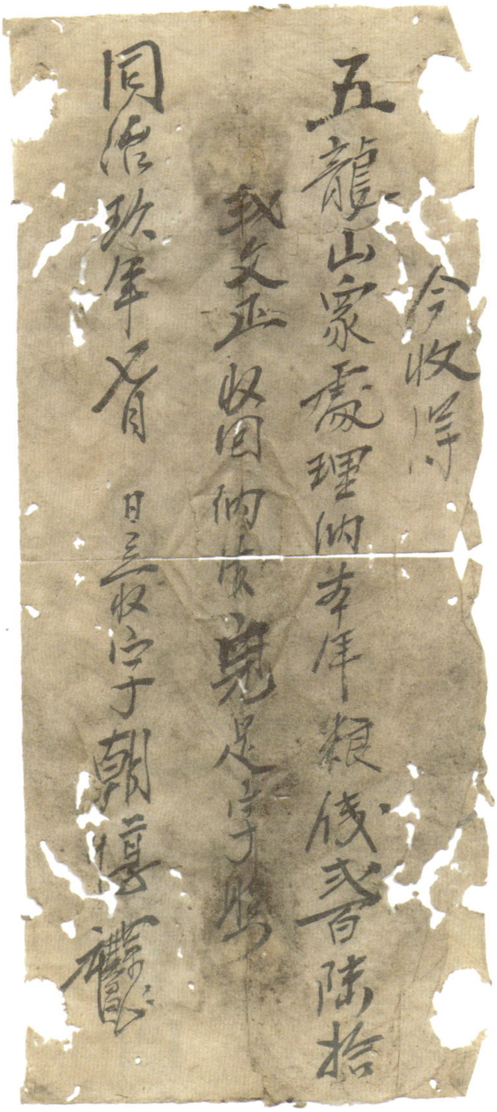
今收得
五龍山家處理納本年粮錢弍百陸拾
我文正收回納粮完足字照
同治玖年七月
日立收字丁鄭朝惇

5-3-27-38　清同治九年七月鄭朝惇立收糧錢字

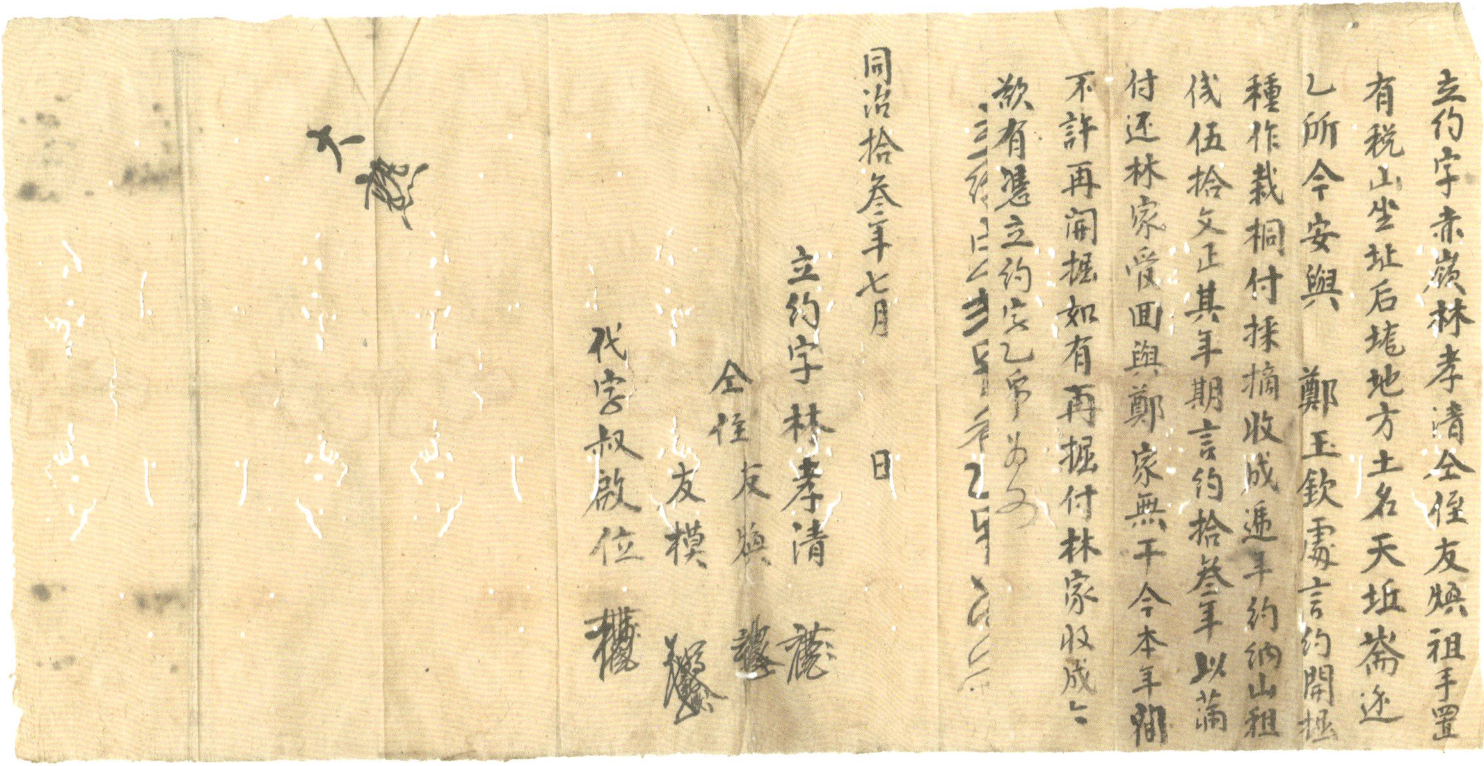

立約字赤嶺林孝清仝侄友煥祖手置
有稅山坐址后垅地方土名天坵崙逆
乙所今安與　鄭玉欽壽言約開掘
種作栽桐付採摘收成遞年約納山租
伐伍拾文正其年期言約拾叁年以滿
付還林家管回與鄭家無干今本年開
不許再開掘如有再掘付林家收成乙
欵有憑立約字乙帋為照

同治拾叁年七月　日

立約字林孝清

仝侄友煥

友模

代字叔啟位

大發

5-3-27-39　清同治十三年七月林孝清等立約字

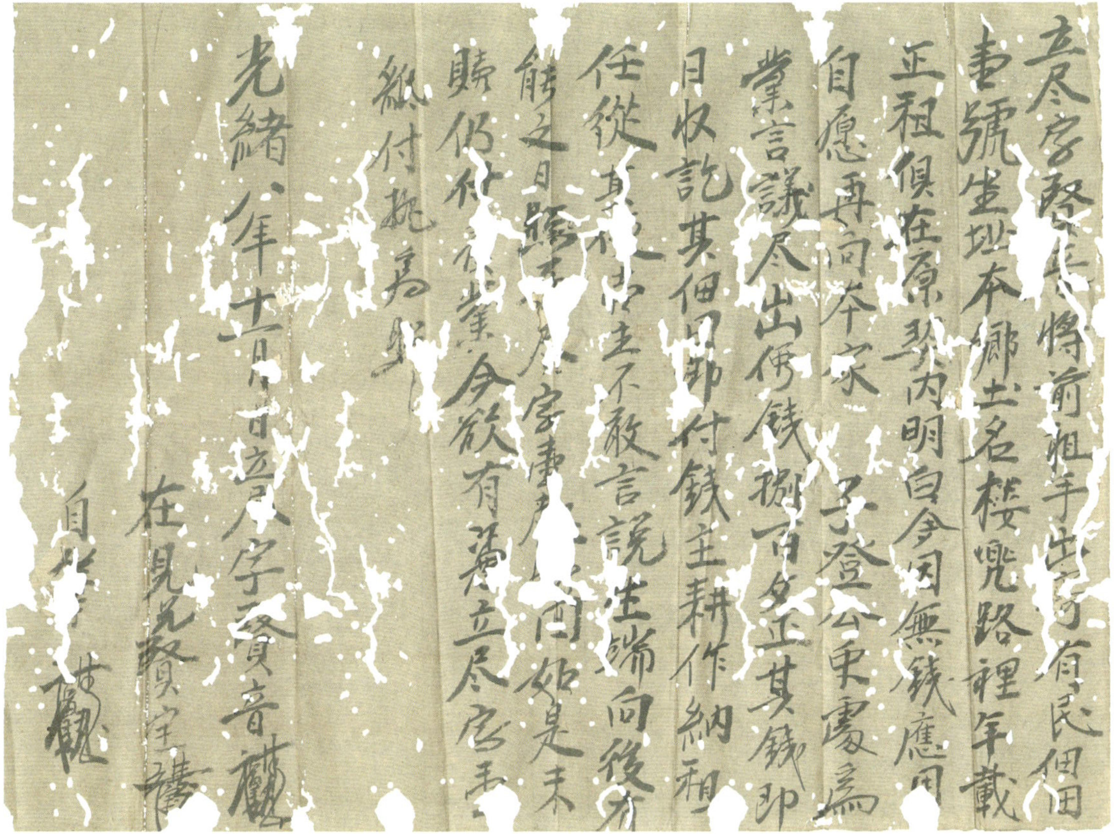

立盡字鄭賢音，將前祖手出有民佃田壹號，坐址本鄉土名樓兜路裡，年載正租俱在原契內明白。今因無錢應用，自愿再向本家子登公衆處爲業，言議盡出佃錢捌百文正，其錢即日收訖。其佃田即付錢主耕作納租，任從其[illegible]出主不敢言說生端，向後[illegible]能之日，照[illegible]字[illegible]如是未贖，仍付[illegible]業。今欲有憑，立盡字壹紙付執爲照。

光緒八年十一月　日立盡字鄭賢音（押）

在見兄[illegible]

自[illegible]（押）

5-3-27-40　清光緒八年十一月鄭賢音立盡民佃田字

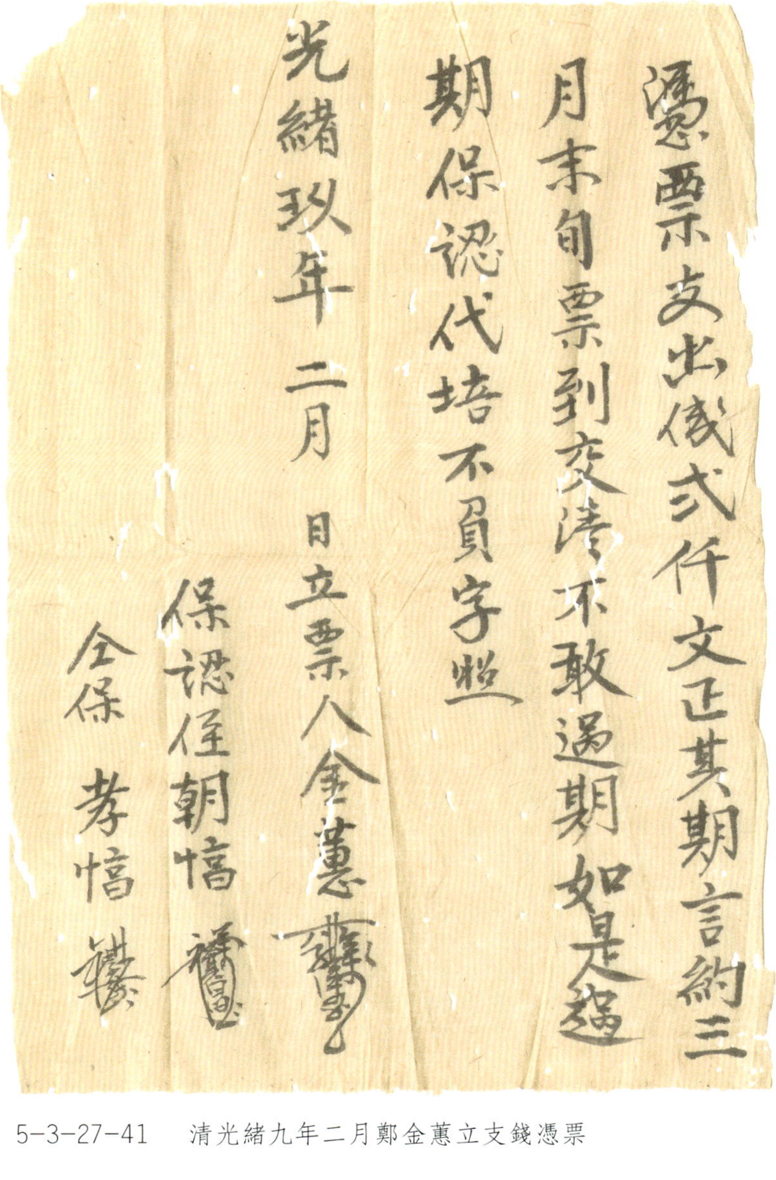

憑票支出錢弍仟文正其期言約三
月末旬票到交清不敢過期如是過
期保認代培不負字照
光緒玖年二月　日立票人金蕙（押）
保認侄朝愔（押）
仝保　孝愔（押）

5-3-27-41　清光緒九年二月鄭金蕙立支錢憑票

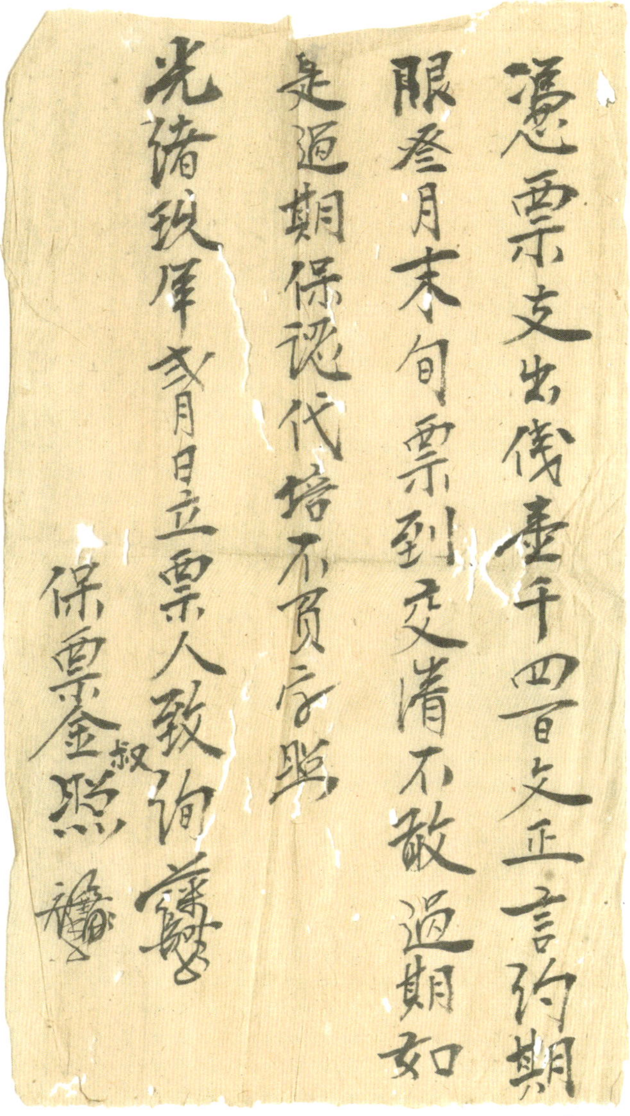

憑票支出錢壹千四百文正言約期
限叁月末旬票到交清不敢過期如
是過期保認代培不負字照
光緒玖年貳月　日立票人致詢（押）
保票金叔照（押）

5-3-27-42　清光緒九年二月鄭致詢立支錢憑票

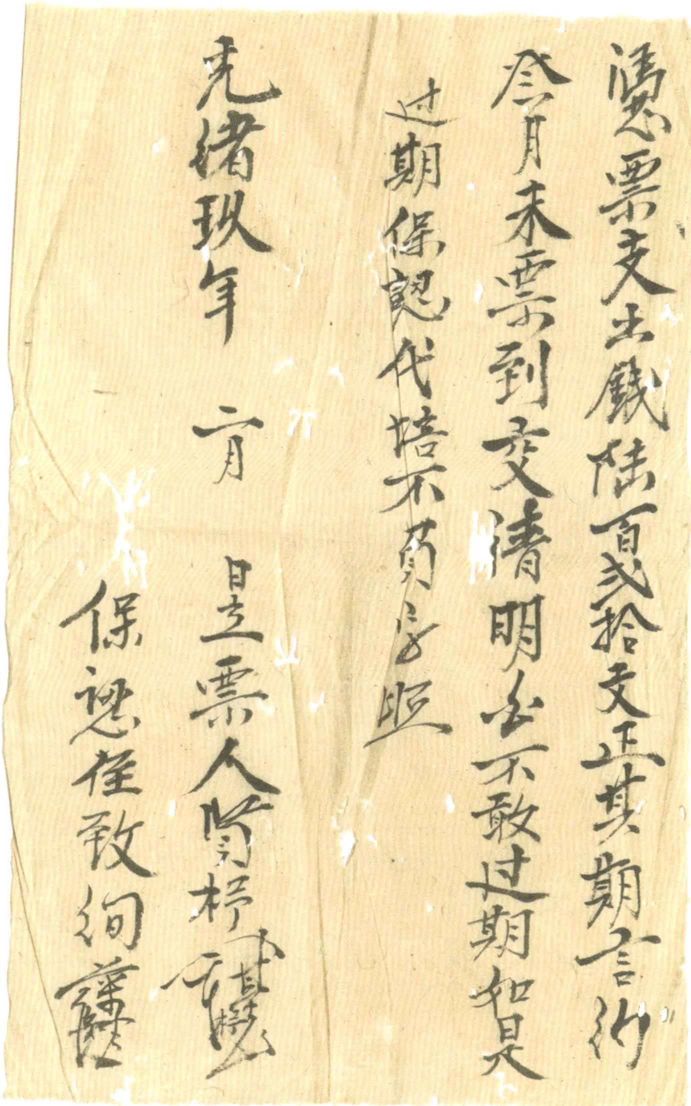
憑票支出錢陸百貳拾文正其期言約
叁月未票到交清明白不敢过期如是
过期保認代培不得异延
光緒玖年　二月　日立票人賢杼（押）
保認侄致絢（押）

5-3-27-43　清光緒九年二月鄭賢杼立支錢憑票（一）

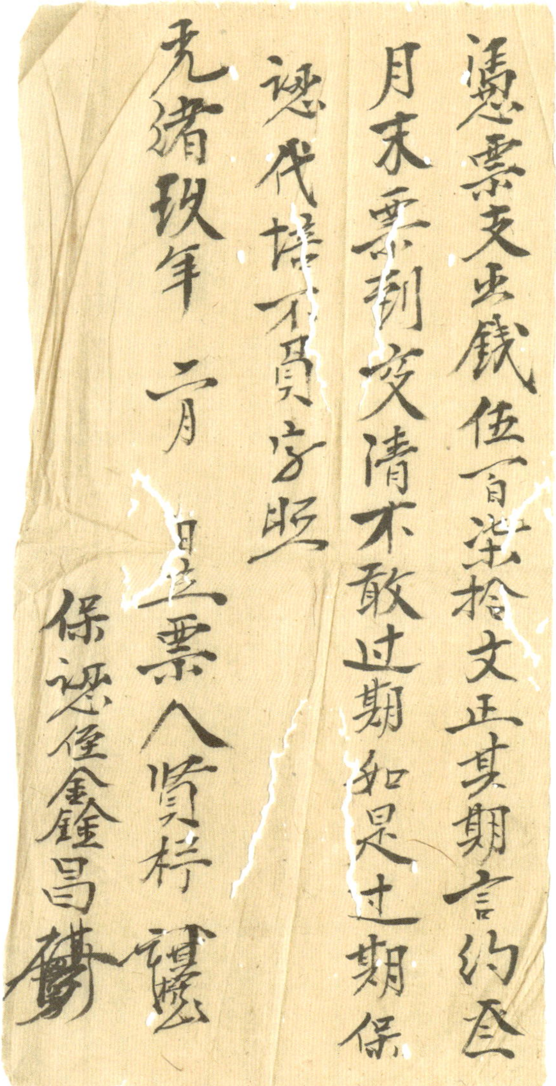
憑票支出錢伍百柒拾文正其期言約叁
月末票到交清不敢过期如是过期保
認代填不負字照
光緒玖年 二月 日立票人賢杼 押
保認侄鏗昌 押

5-3-27-44　清光緒九年二月鄭賢杼立支錢憑票（二）

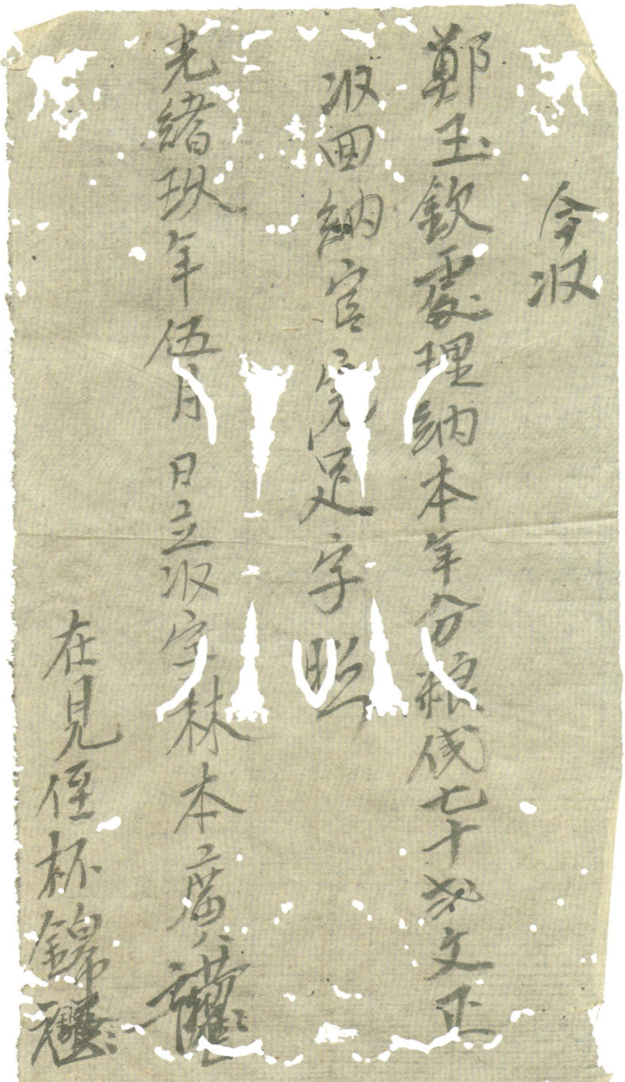

令收

鄭玉欽處理納本年分糧錢七千柒文正

收回納官完足字照

光緒玖年伍月 日立收字林本廣（押）

在見侄林錦（押）

5-3-27-45　清光緒九年五月林本廣立收糧錢字

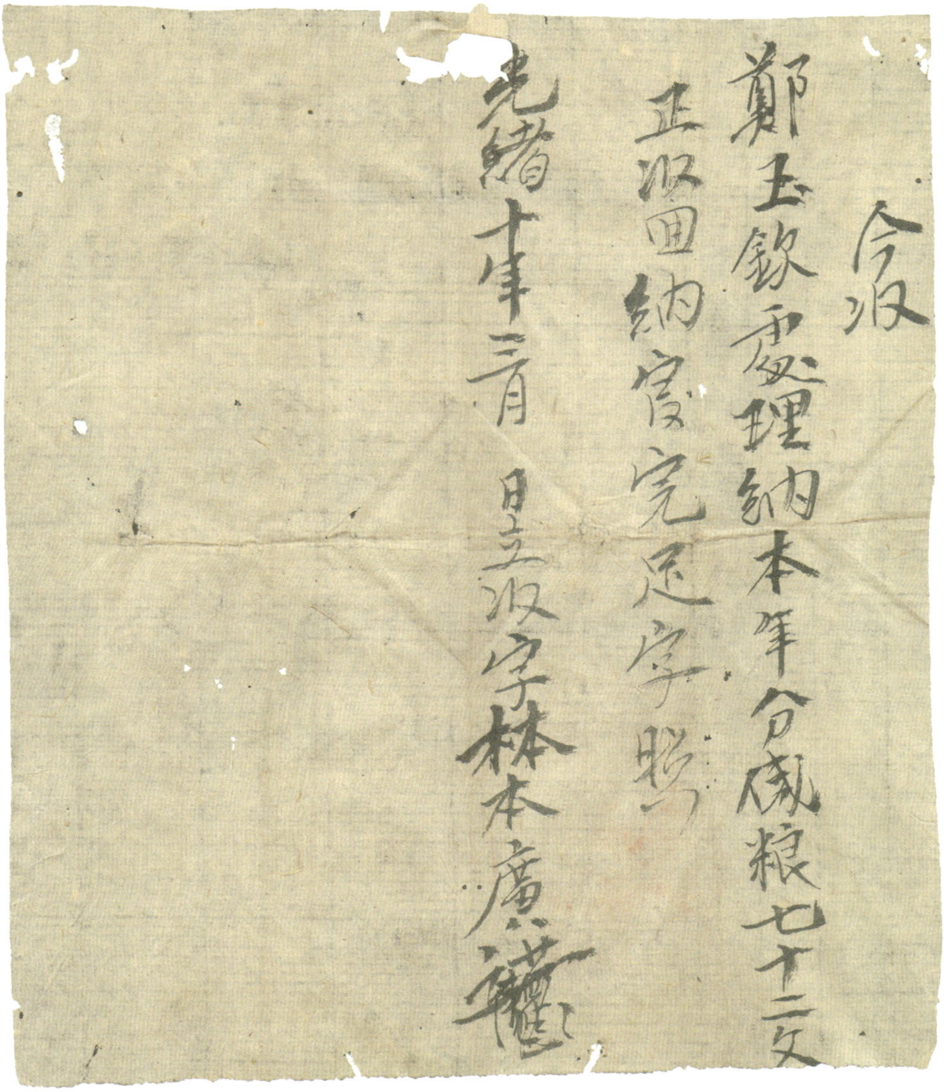
今收
鄭玉欽處理納本年分錢糧七十二文
正收田納官完足字照
光緒十年三月　日立收字林本廣（押）

5-3-27-46　清光緒十年三月林本廣立收錢糧字

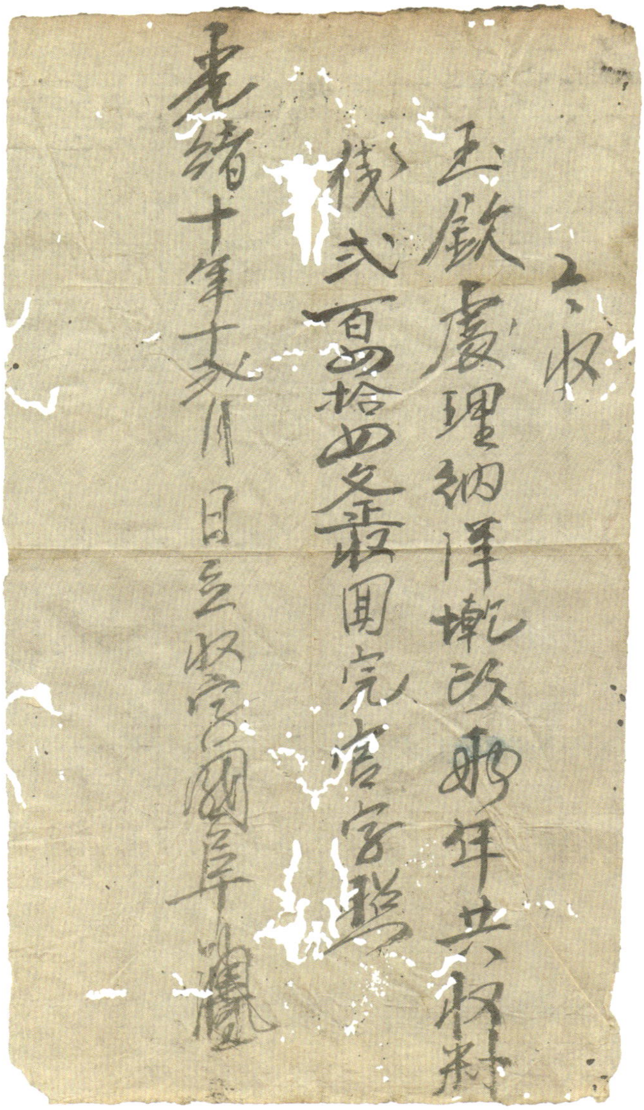
今收
玉欽處理納洋墩改那年共收料
錢貳百四拾四文正收用完官字照
光緒十年十二月　日立收字國阜收糧

5-3-27-47　清光緒十年十二月鄭國阜立收糧錢字

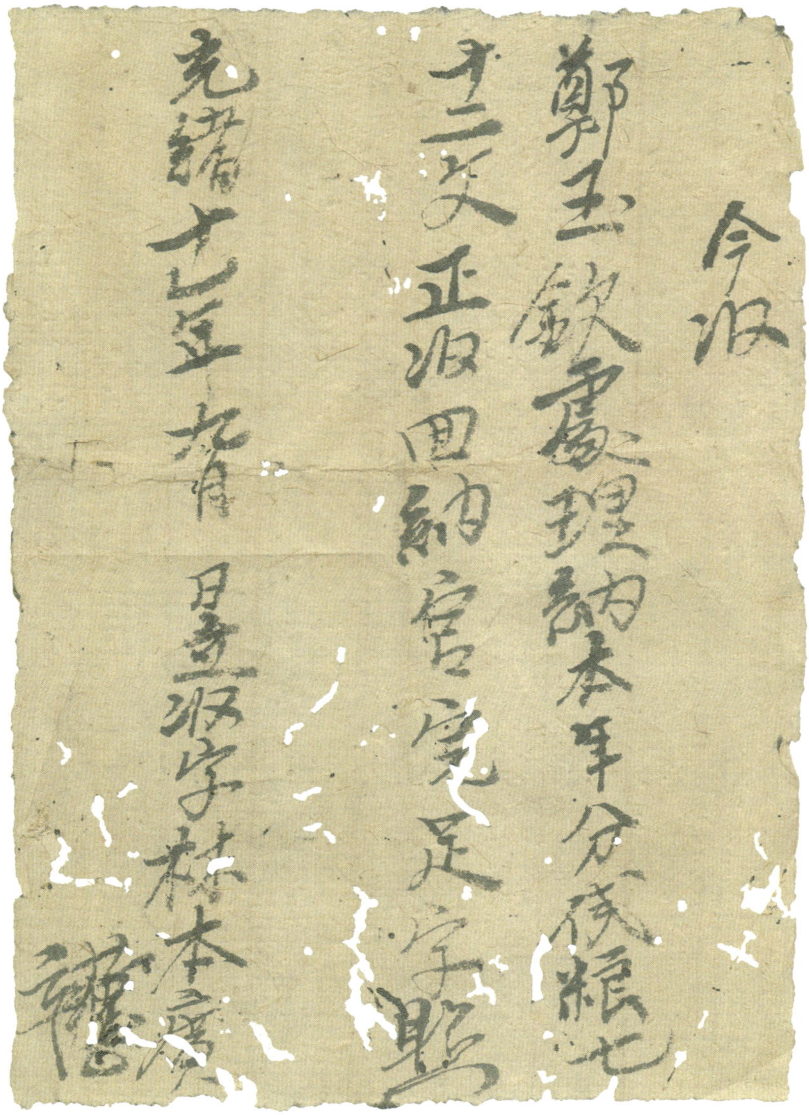
今收
鄭玉欽處理納本年分錢糧七
十二文正收回納官完足字照
光緒十一年九月　日立收字林本廣　筆

5-3-27-48　清光緒十一年九月林本廣立收錢糧字

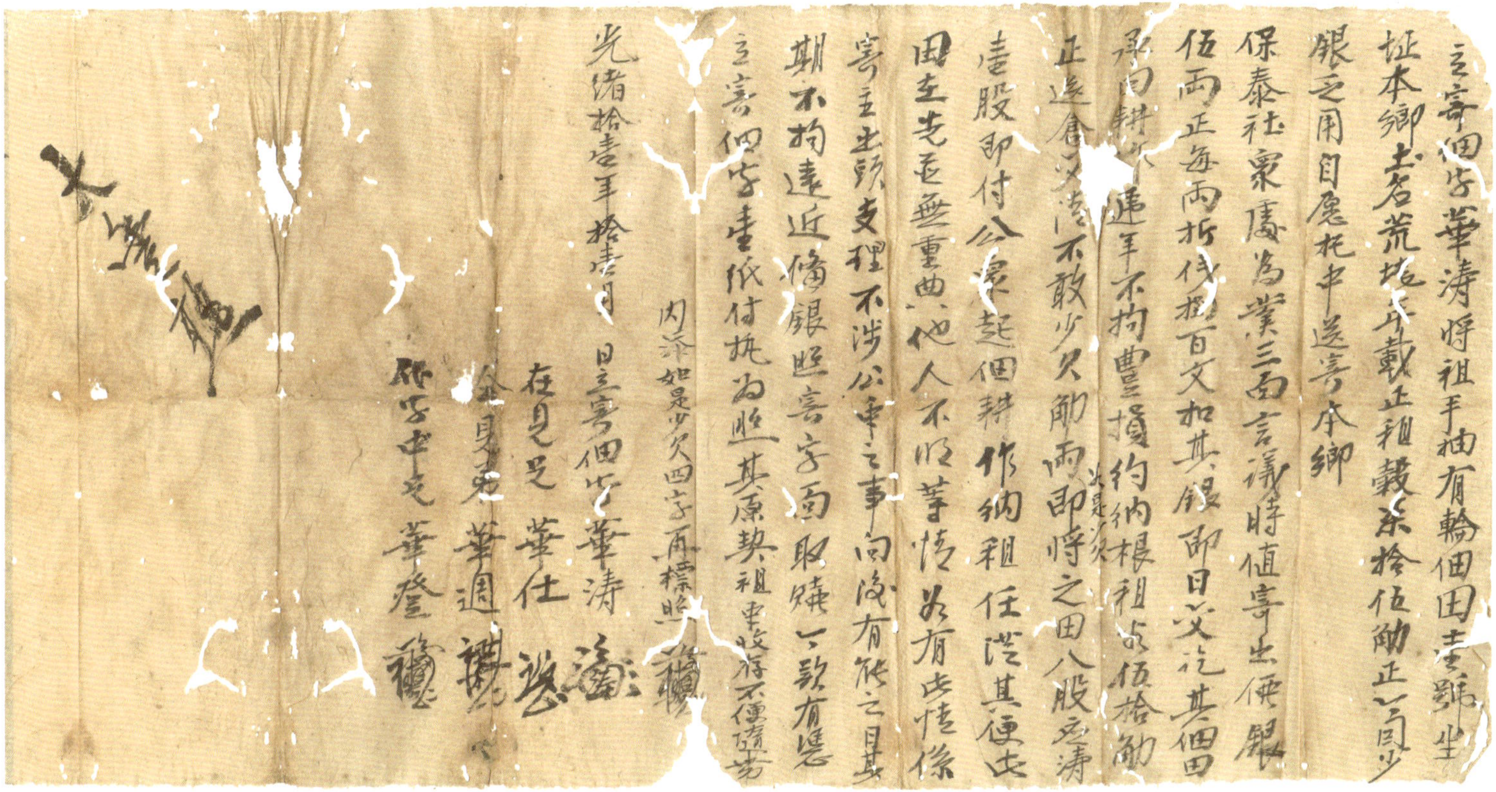
立寄佃字華濤將祖手抽有輪佃田壹號，坐
址本鄉土名荒坵，年載正租穀柒拾伍觔正，今因少
銀乏用，自愿托中送寄本鄉
保泰社衆處為業，三面言議，時值寄出佛銀
伍兩正，每兩折錢柒百文，加其銀即日交訖，其佃田
承回耕作，逐年不拘豐歉，約納根租谷伍拾觔
正，逐年交清，不敢少欠觔兩，即將之田八股應濤
壹股即付公衆起佃耕作納租，任從其便。此
田系是己業，與重典他人不明等情，如有此情，係
寄主出頭支理，不涉公衆之事。向後有能之日，其
期不拘遠近，備銀照寄字面取贖，一款有憑，
立寄佃字壹紙，付執為照。其原契祖业收存不便[illegible]
內添"如是少欠"四字再標照
光緒拾壹年拾壹月　日立寄佃字　華濤（押）
在見兄　華仕（押）
全見兄　華週（押）
代字中見　華登（押）

5-3-27-49　清光緒十一年十一月鄭華濤立寄輪佃田字

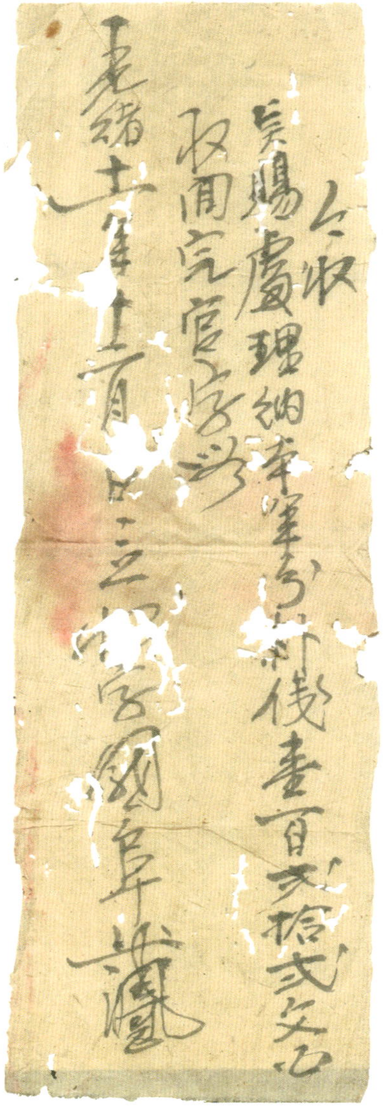

5-3-27-50　清光緒十一年十二月鄭國阜立收糧錢字

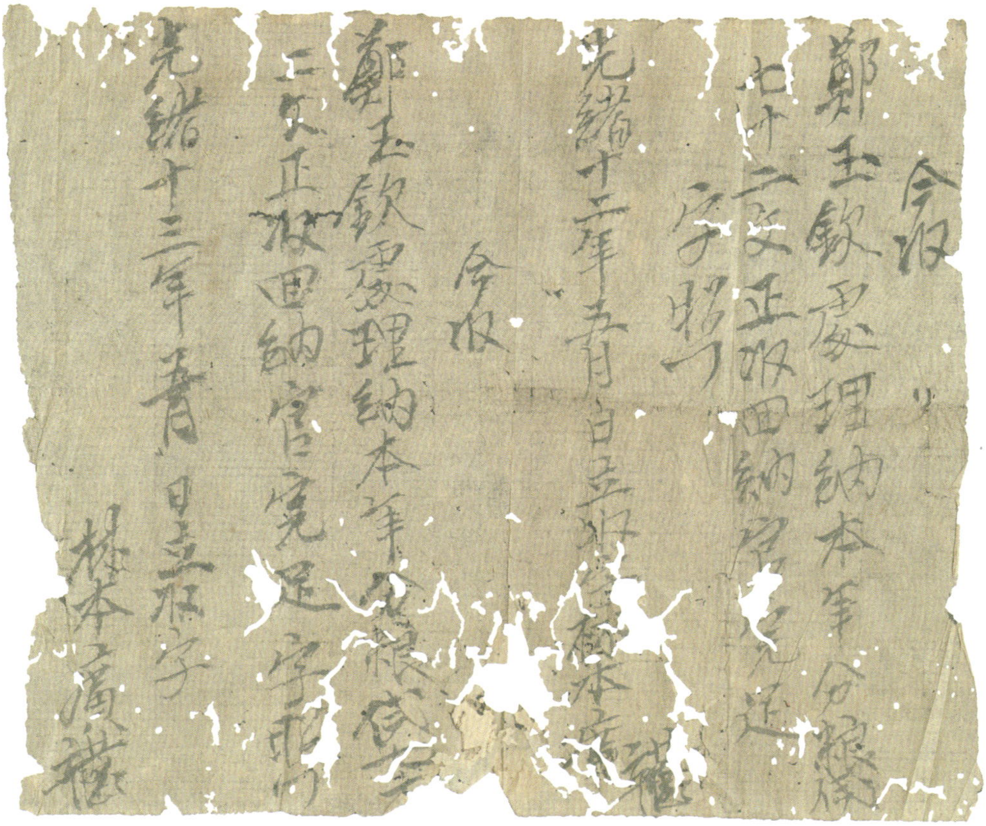
今收
鄭玉欽處理納本年分糧錢
七什二文正收田納官完足
字照
光緒十三年五月 日立收林本廣（押）
今收
鄭玉欽處理納本年分糧錢
二文正收田納官完足字照
光緒十三年五月 日立收字
林本廣（押）

5-3-27-51　清光緒十三年五月林本廣立收糧錢字

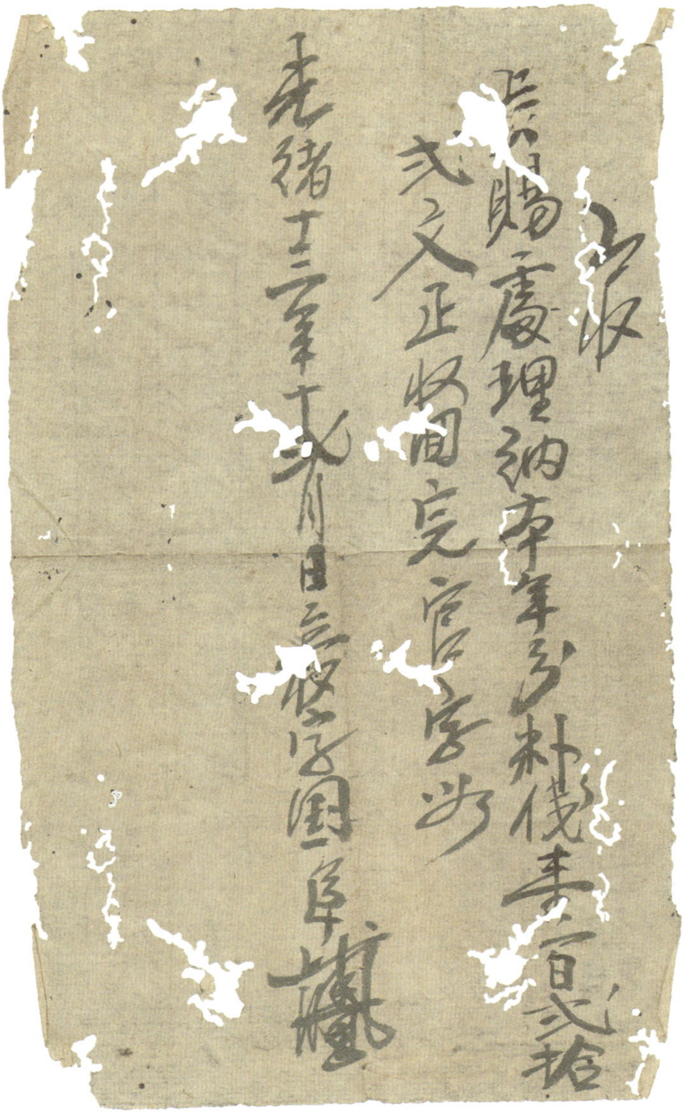
收
張賜處理納本年分粮錢壹百貳拾
弍文正收回完官字照
光緒十三年十二月日立收字國阜

5-3-27-52　清光緒十三年十二月鄭國阜立收糧錢字

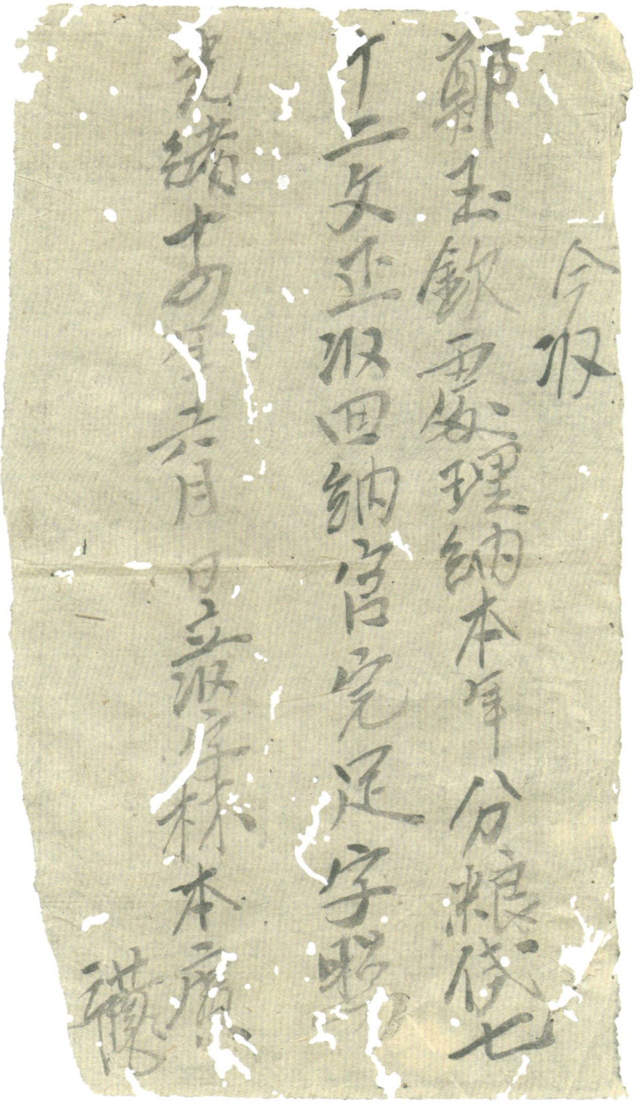
今收
鄭玉欽雲發理納本年分粮錢七
十二文正收回納官完足字照
光緒十四年六月日立收字林本廣
識

5-3-27-53　清光緒十四年六月林本廣立收糧錢字

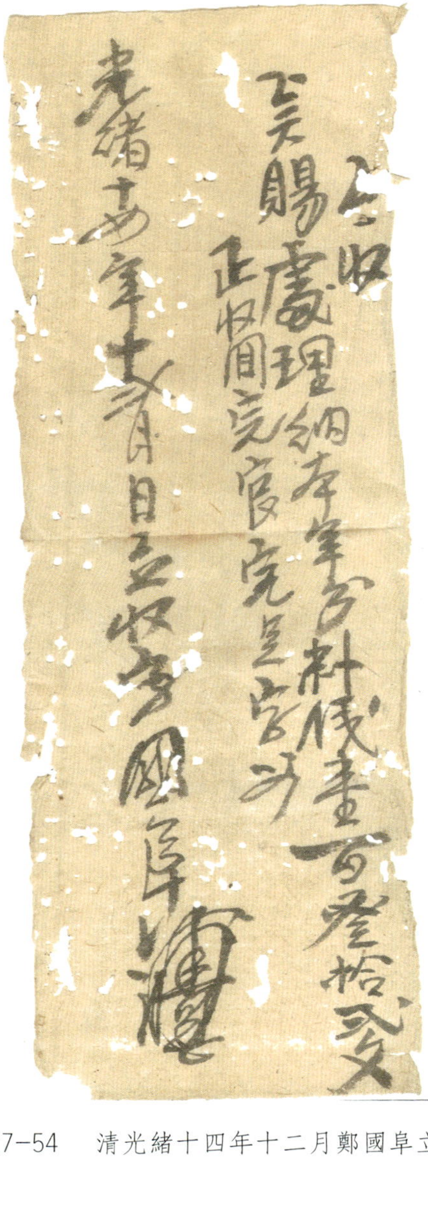
立收
天賜處理納本年分料錢壹百叁拾文
正收開完官完足字為
光緒十四年十二月　日立收字國阜[illegible]

5-3-27-54　清光緒十四年十二月鄭國阜立收糧錢字

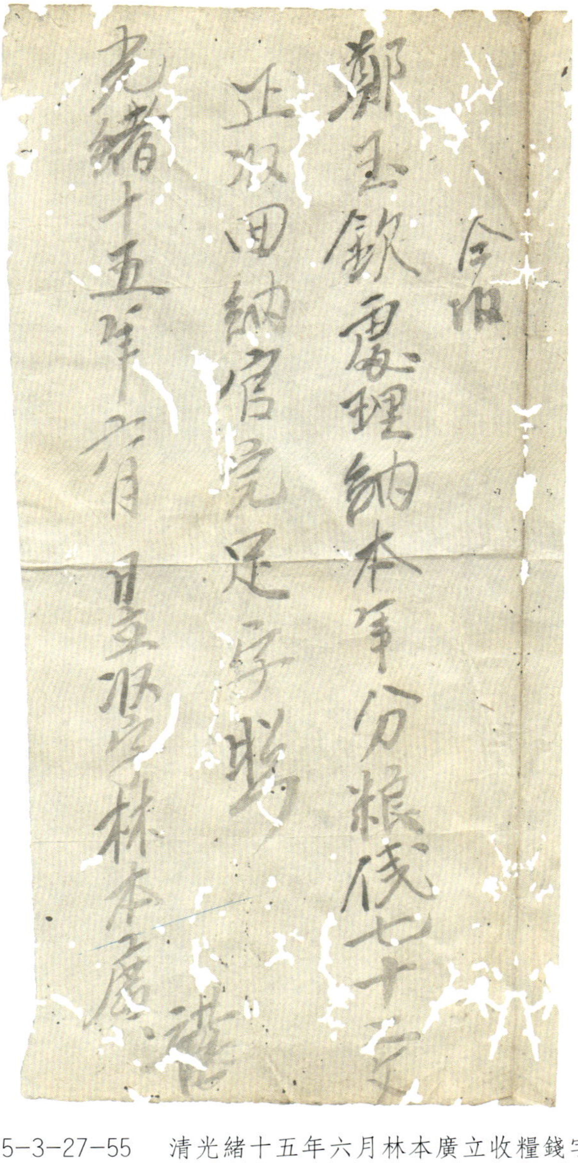
今收
鄭玉欽處理納本年分粮錢七十文
正收田納倉完足字照
光緒十五年六月 日立收字林本廣 記

5-3-27-55　清光緒十五年六月林本廣立收糧錢字

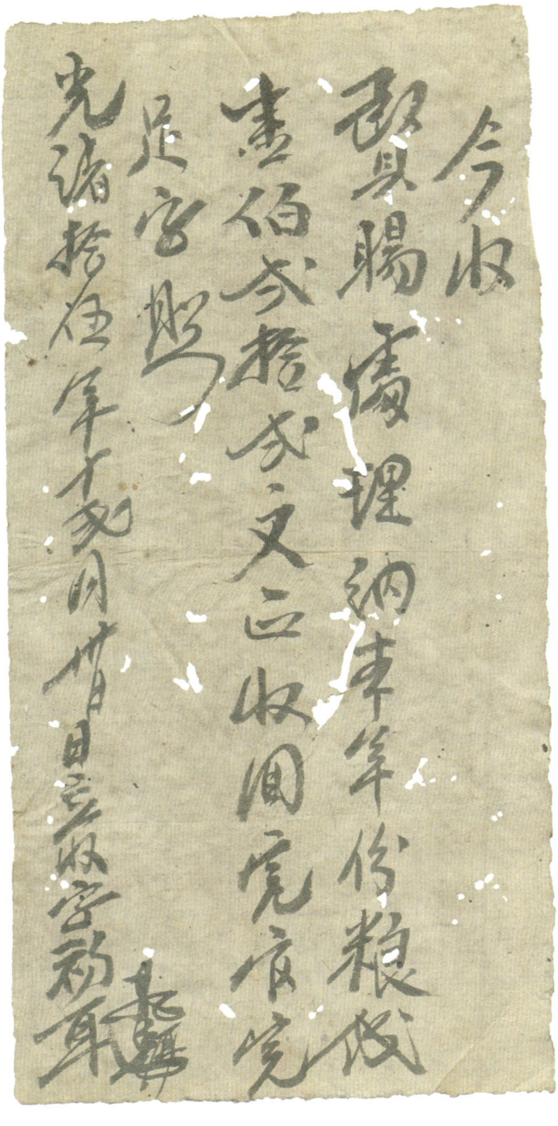
今收
鄭具賜處理納本年份糧錢
壹佰弍拾弍文正收回完訖完
足字照
光緒拾伍年十弍月廿日立收字初耳

5-3-27-56　清光緒十五年十二月鄭初耳立收糧錢字

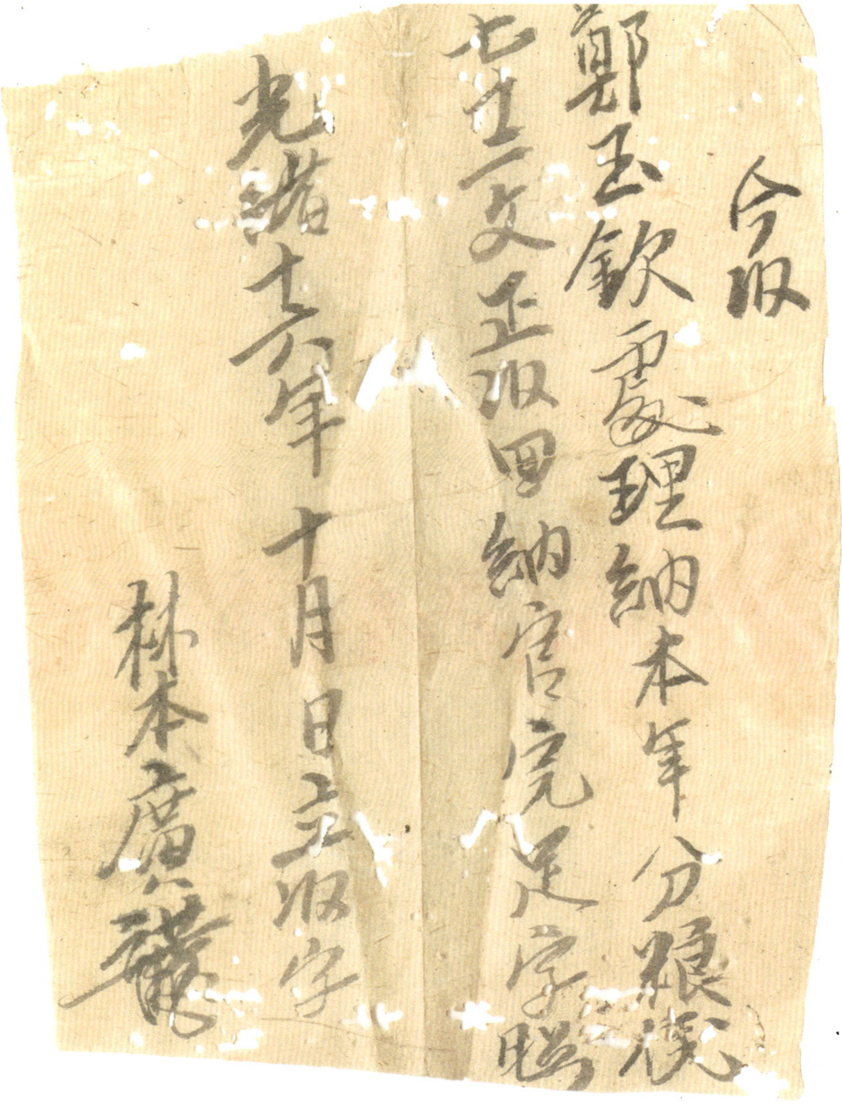
今收
鄭玉欽處理納本年分糧錢
七五二文正收回納官完足字照
光緒十六年十月　日立收字
林本廣

5-3-27-57　清光緒十六年十月林本廣立收糧錢字

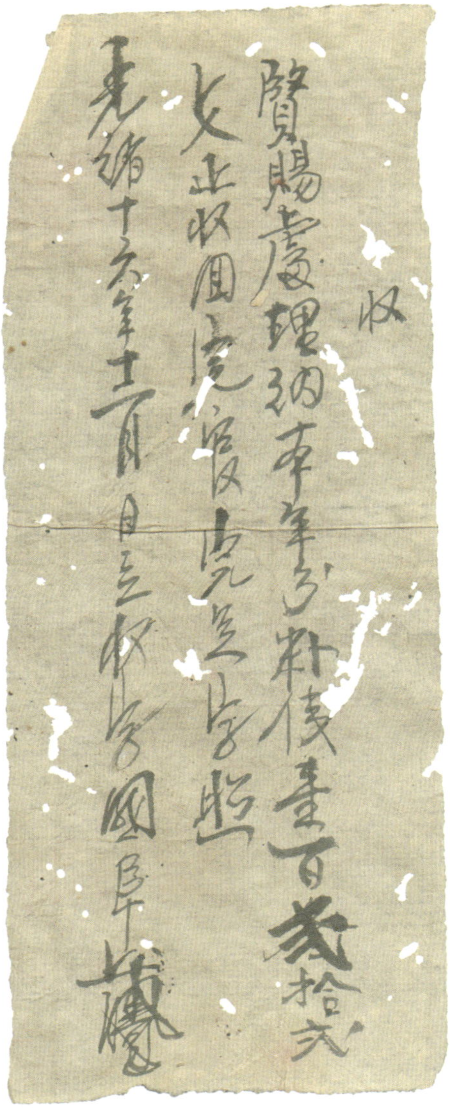
收
賢陽慶理納本年分料錢壹百叁拾弍
文正收圓完後完足字照
光緒十六年十二月 日立收字 國阜 押

5-3-27-58　清光緒十六年十二月鄭國阜立收糧錢字

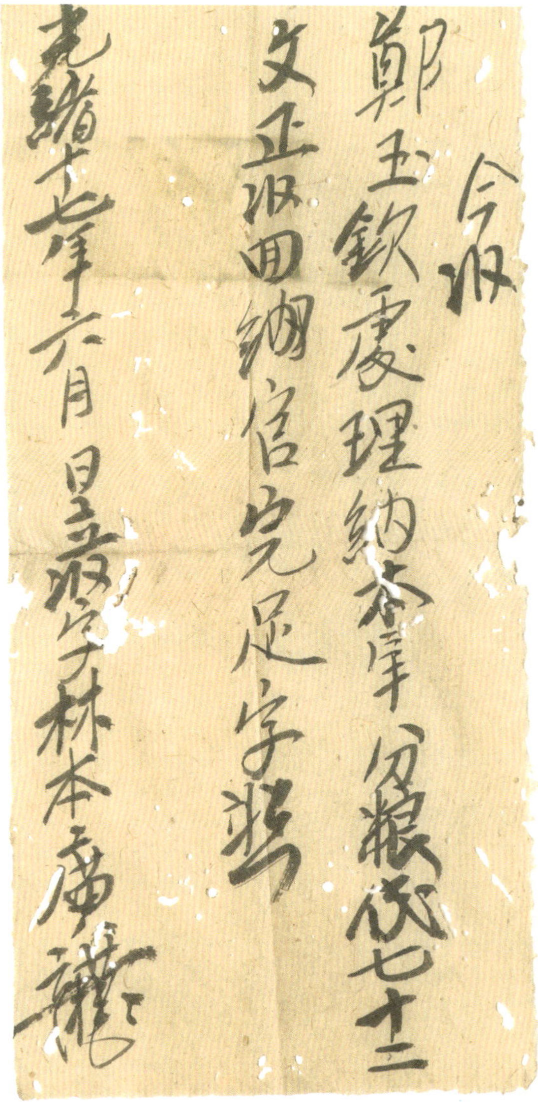
今收
鄭玉欽處理納本年分糧錢七十二
文正收田綱官完足字照
光緒十七年六月　日立收字林本廣（押）

5-3-27-59　清光緒十七年六月林本廣立收糧錢字

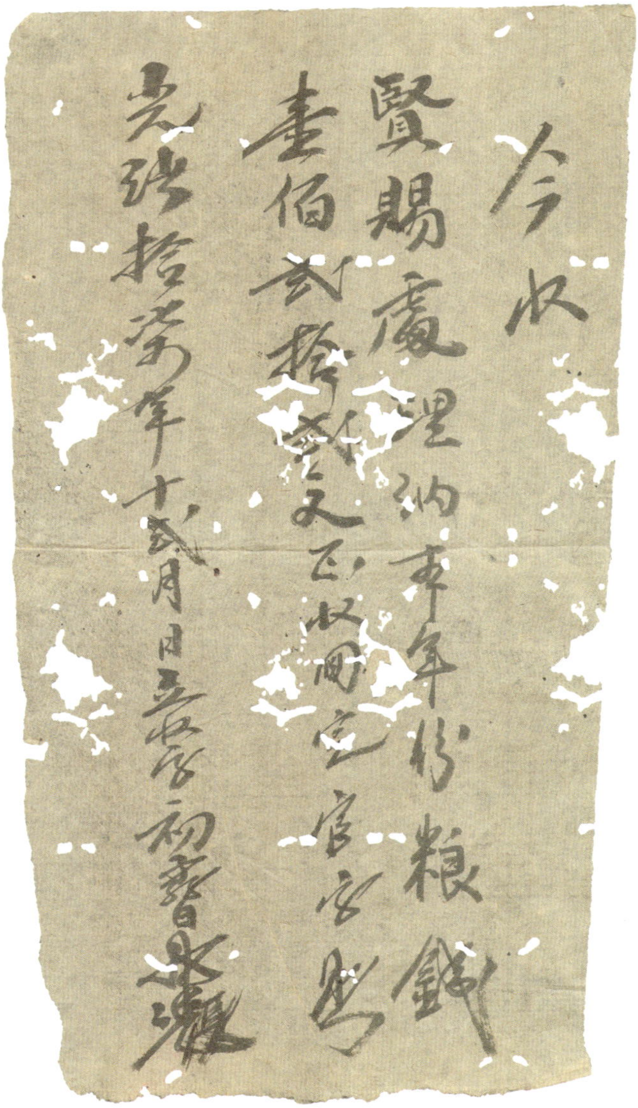

今收

賢賜處理納本年分糧錢

壹佰貳拾[illegible]文正收回完官字照

光緒拾柒年十貳月　日立收字初香押

5-3-27-60　清光緒十七年十二月鄭初香立收糧錢字

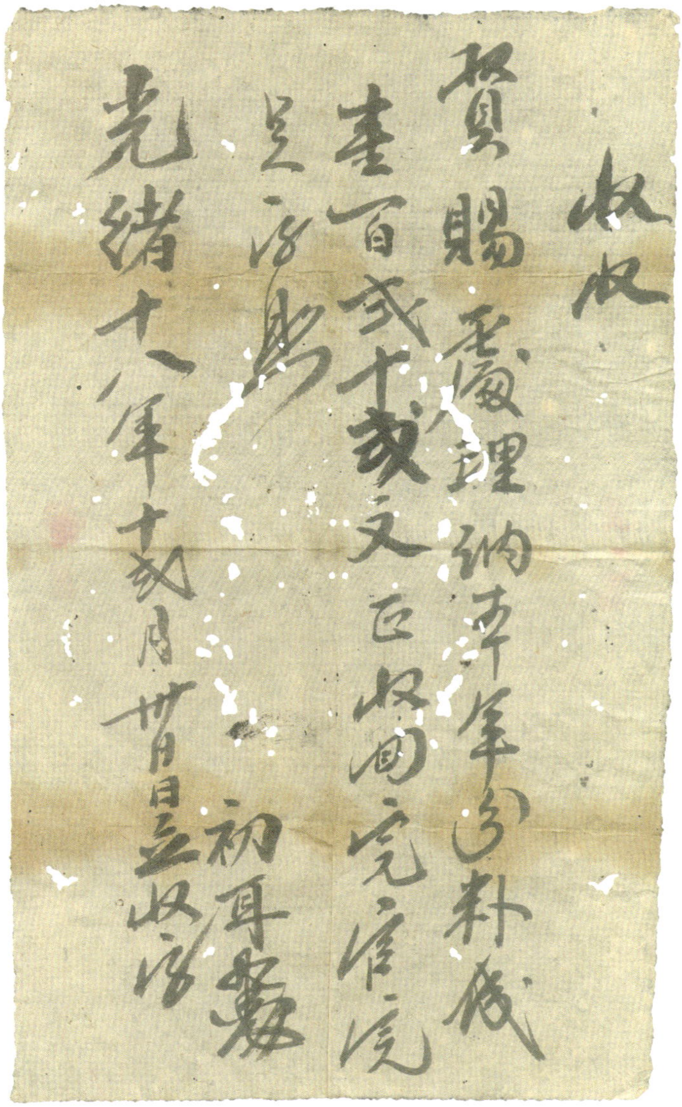

收收
賀賜丕處理納本年分粮錢
壹百貳十玖文正收回完清完
足訖
初耳親
光緒十八年十貳月廿日立收字

5-3-27-61　清光緒十八年十二月鄭初耳立收糧錢字

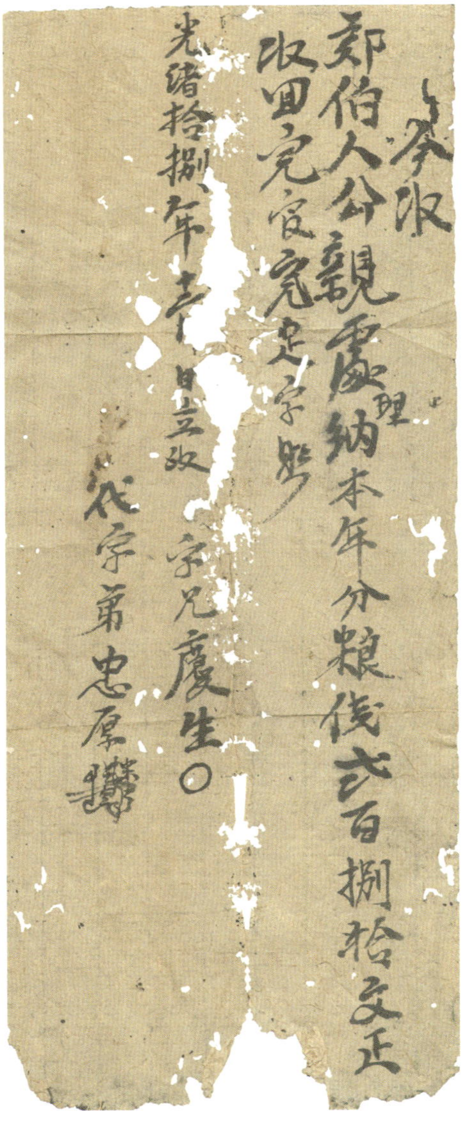
今收
郑伯人公親慶理納本年分粮錢弍百捌拾文正
收回完官完足字照
光緒拾捌年十二月　日立收
字兄慶生○
代字弟忠厚押

5-3-27-62　清光緒十八年十二月吴慶生立收糧錢字

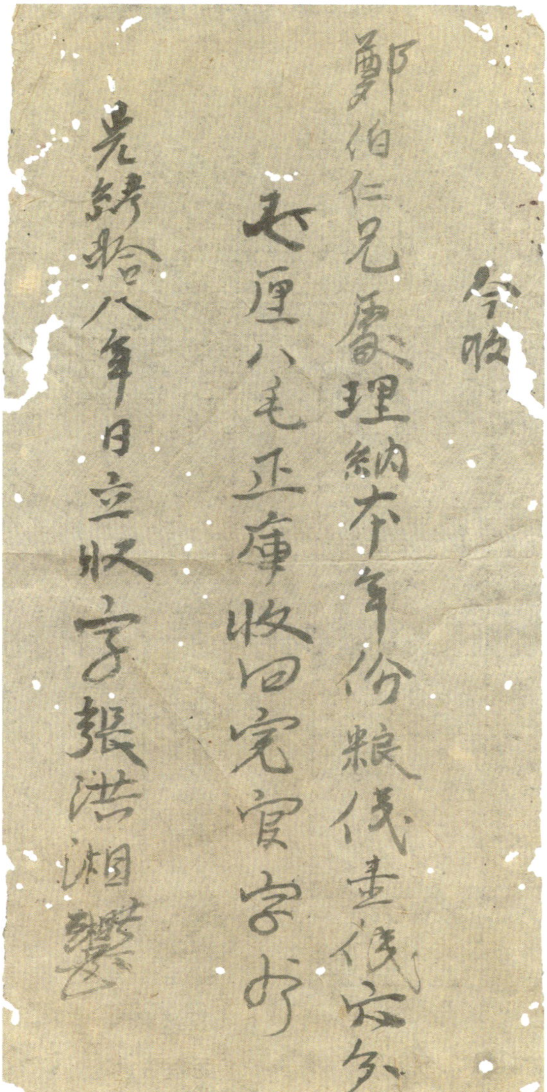
今收
鄭伯仁兄處理納本年份粮伐壹伐六分
七厘八毛正庫收回完實字的
光緒拾八年　月　日立收字張洪湘

5-3-27-63　清光緒十八年張洪湘立收糧錢字

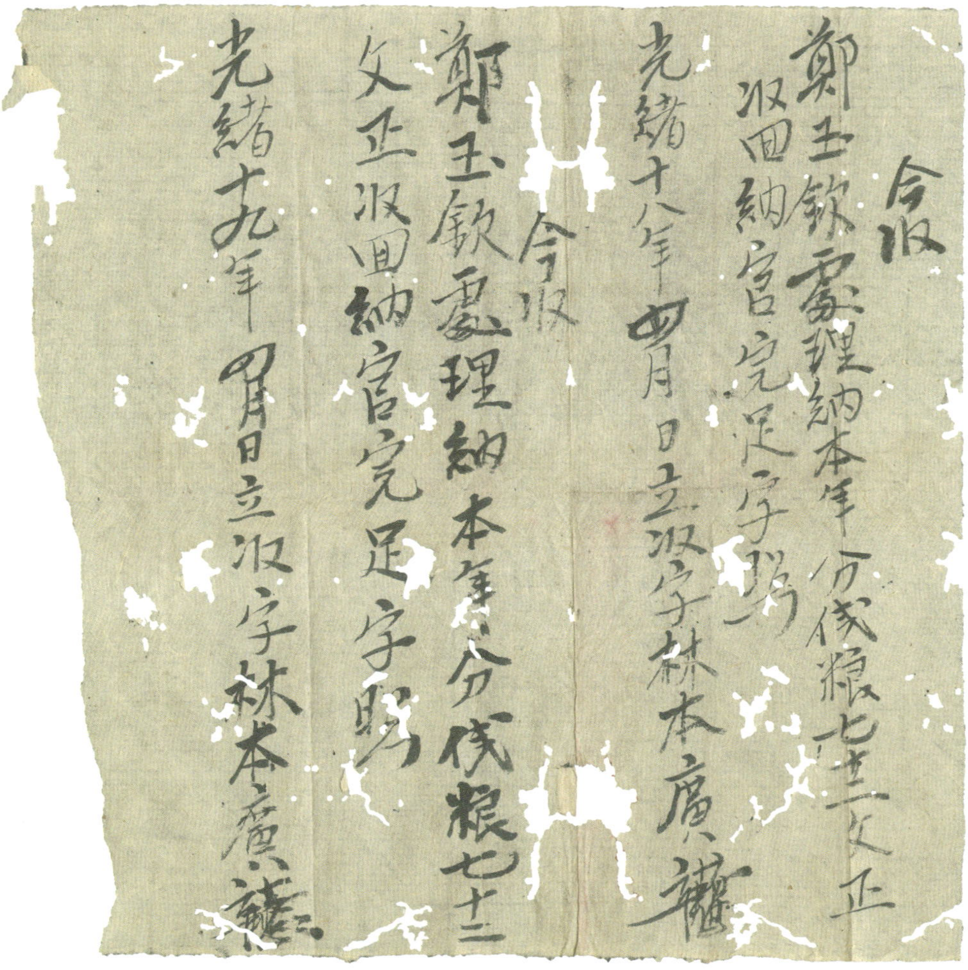
合收

鄭玉欽處理納本年分錢粮七十一文正

收回納官完足字照

光緒十八年四月日立收字林本廣（花押）

合收

鄭玉欽處理納本年分錢粮七十二

文正收回納官完足字照

光緒十九年四月日立收字林本廣（花押）

5-3-27-64　清光緒十九年四月林本廣立收錢糧字

今收
鄭伯仁由處理納本分粮錢
弍佰捌拾文正具收明白存照
光緒十九年十二月　日立收字吳慶生
代字兄忠超

5-3-27-65　清光緒十九年十二月吳慶生立收糧錢字

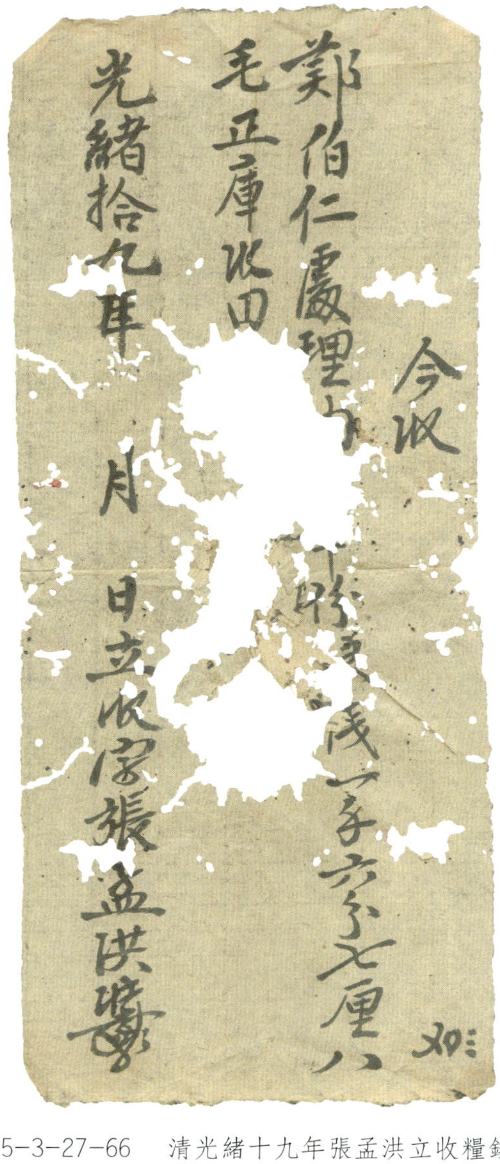
今收
鄭伯仁處理[illegible]錢一千六百七厘八 如三
毛丑庫收田
光緒拾九年 月 日立收字張孟洪

5-3-27-66　清光緒十九年張孟洪立收糧錢字

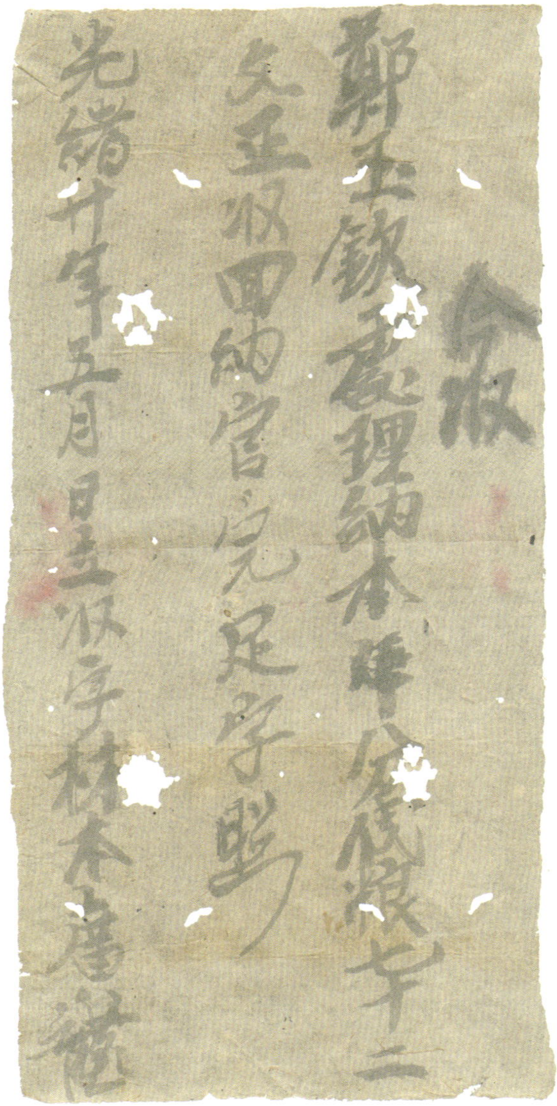

今收
鄭玉欽處理納本年八分錢粮七十二
文正收田納官完足字照
光緒廿年五月日立收字林本廣筆

5-3-27-67　清光緒二十年五月林本廣立收錢糧字

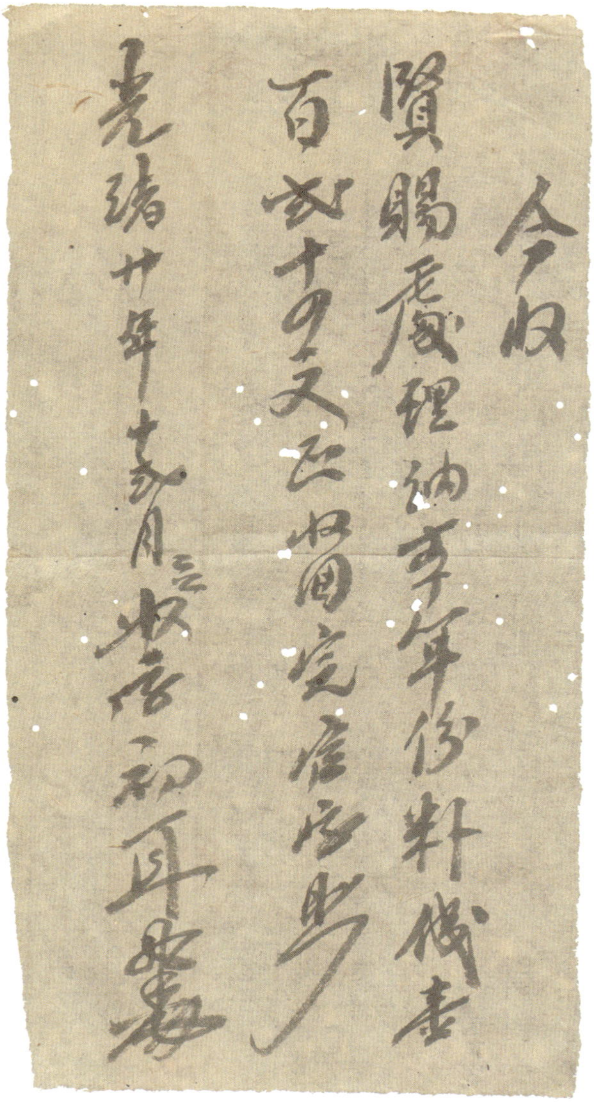
今收
賢賜兄處理納本年份粮錢壹
百弍十四文正收歸完庫此照
光緒廿年十二月 日收鄭初耳押

5-3-27-68　清光緒二十年十二月鄭初耳立收糧錢字

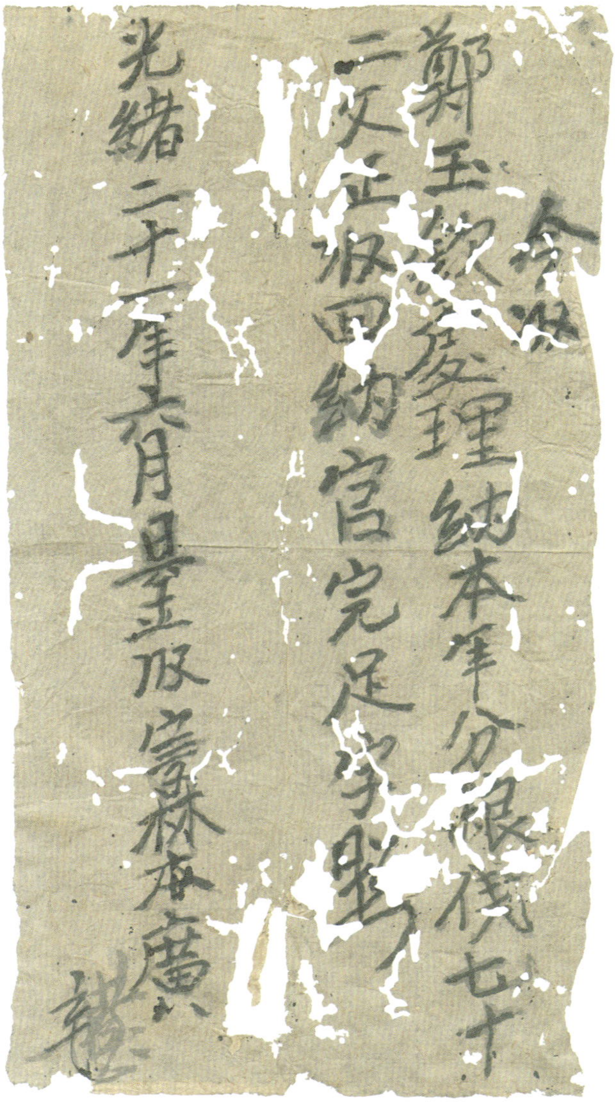
今收
鄭玉欽叐理納本年分粮錢七十
二文正收回納官完足字照
光緒二十一年六月　日立收字林本廣

5-3-27-69　清光緒二十一年六月林本廣立收糧錢字

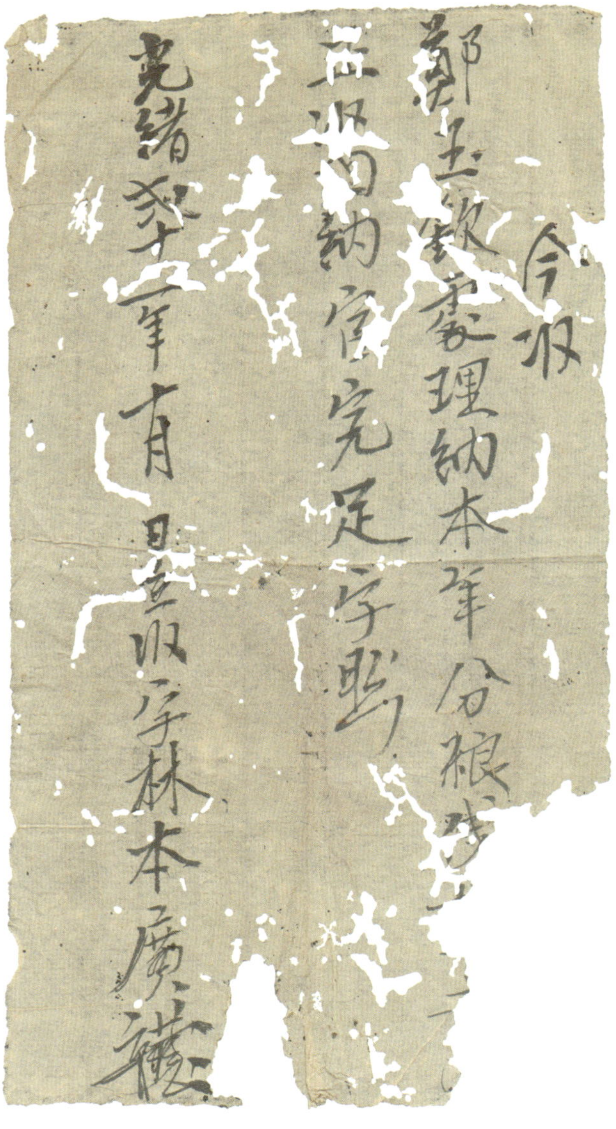
合收
鄭玉銀衆理納本年分粮錢[illegible]
[illegible]收甲納官完足字照
光緒[illegible]年十月 日立收字林本廣[illegible]

5-3-27-70　清光緒二十一年十月林本廣立收糧錢字

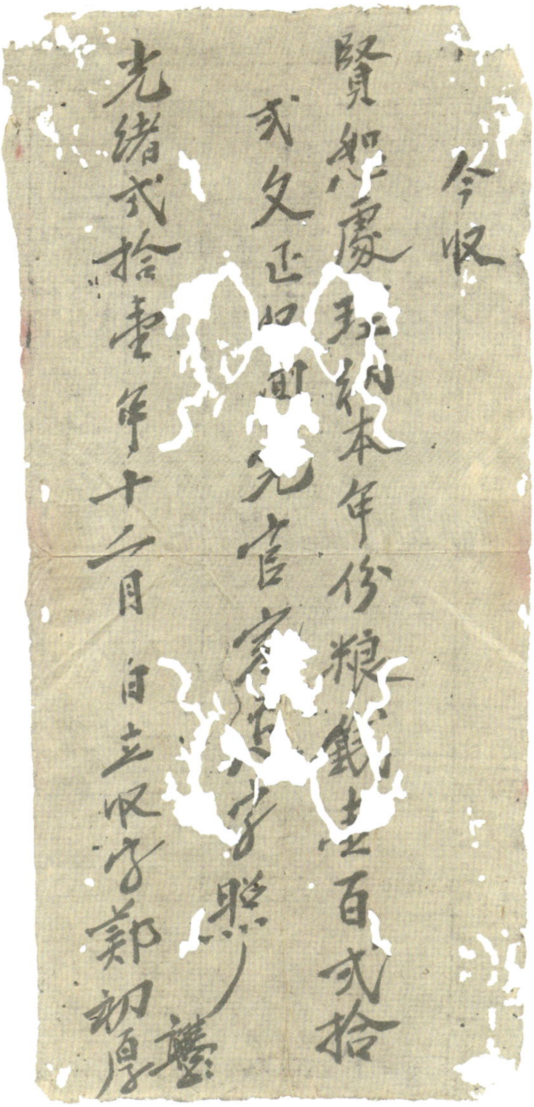

今收
賢契處[illegible]邦納本年份糧錢壹百弍拾
弍文正[illegible]完官[illegible]字照
光緒弍拾壹年十二月　日立收字鄭初厚

5-3-27-71　清光緒二十一年十二月鄭初厚立收糧錢字

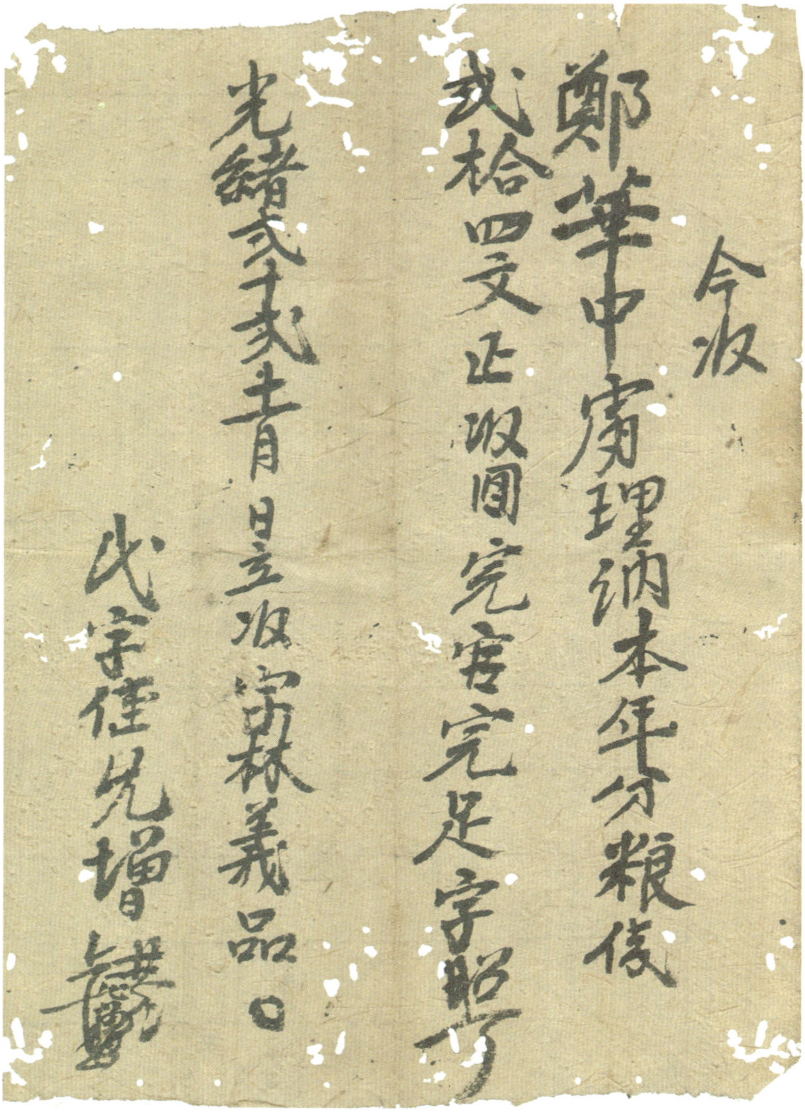
今收
鄭華中房理納本年分粮併
貳拾四文正收圓完寄完足字照
光緒弍十弍十一月 日立收字林義品
代字侄先增（押）

5-3-27-72　清光緒二十二年十一月林義品立收糧錢字

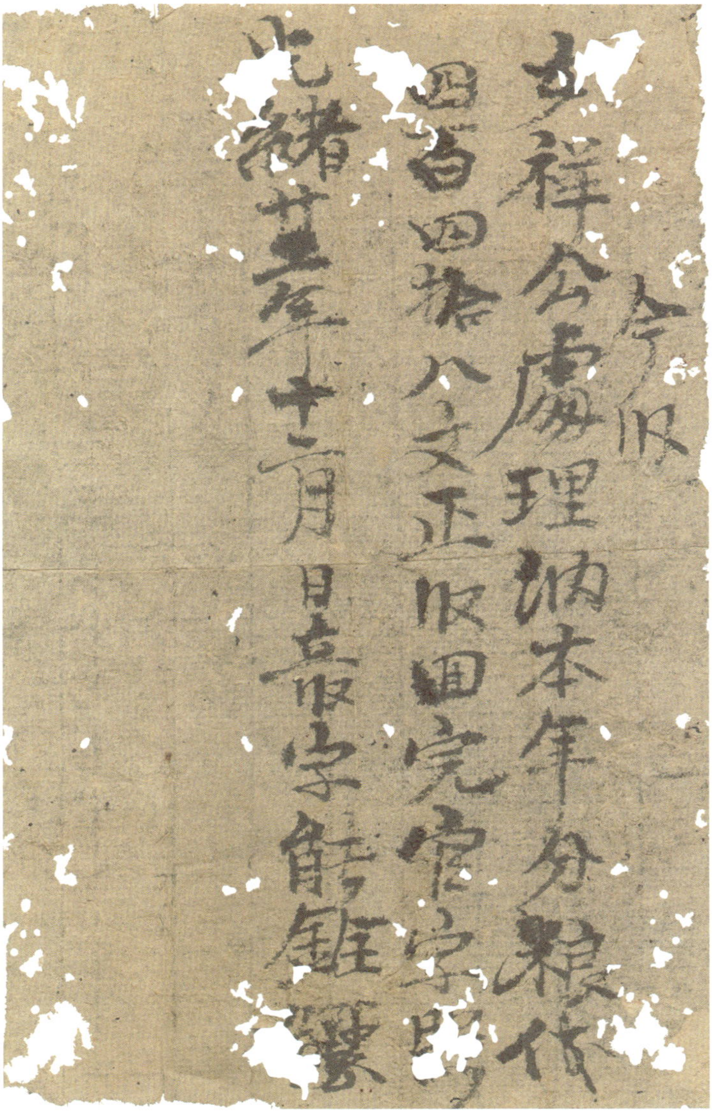

今收
步祥公處理納本年分粮代
四百四拾八文正收回完官字照
光緒廿二年十二月　日立收字能銓[illegible]

5-3-27-73　清光緒二十二年十二月鄭能銓立收糧錢字

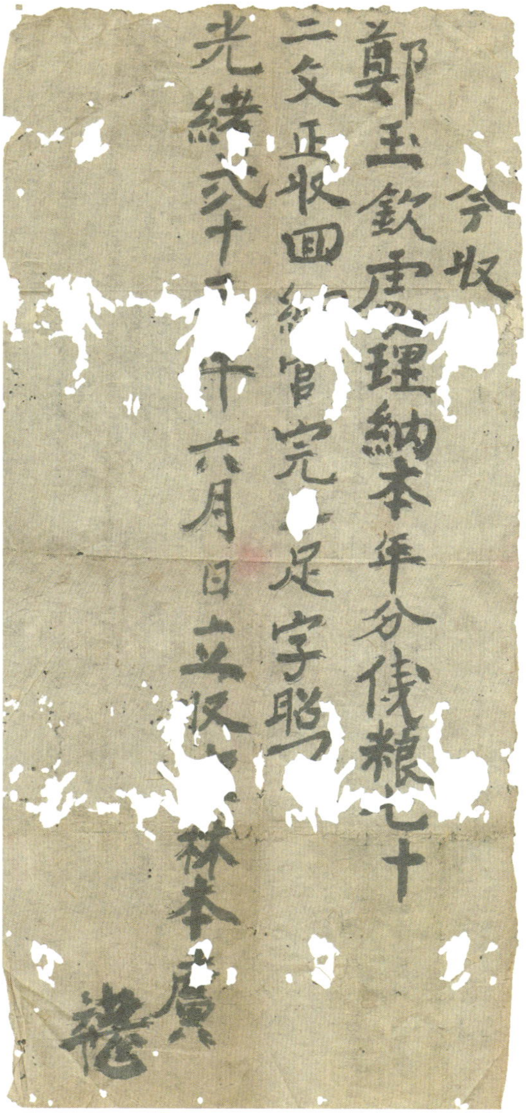
今收
鄭玉欽處理納本年分俴粮乙十
二文正收回納官完足字照
光緒貳十三年六月日立收字林本廣
親

5-3-27-74　清光緒二十三年六月林本廣立收錢糧字

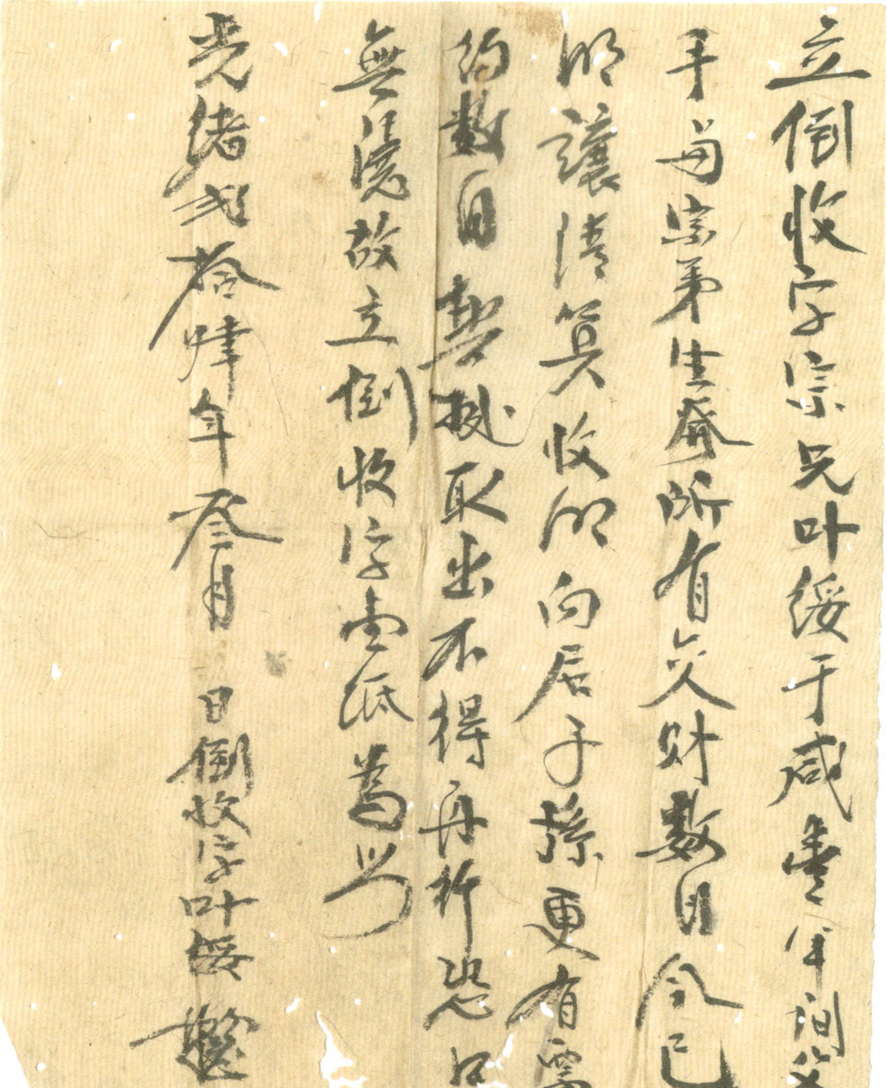
立倒收字宗兄叶綏于咸豐年間父
手向宗弟生發所有父財數目今已
明議清算收回向居子孫更有零
約數目與槐取出不得再行恐口
無憑故立倒收字壹紙為照
光緒戊戌廿肆年叁月　日倒收字叶綏（押）

5-3-27-75　清光緒二十四年三月林叶綏立倒收字

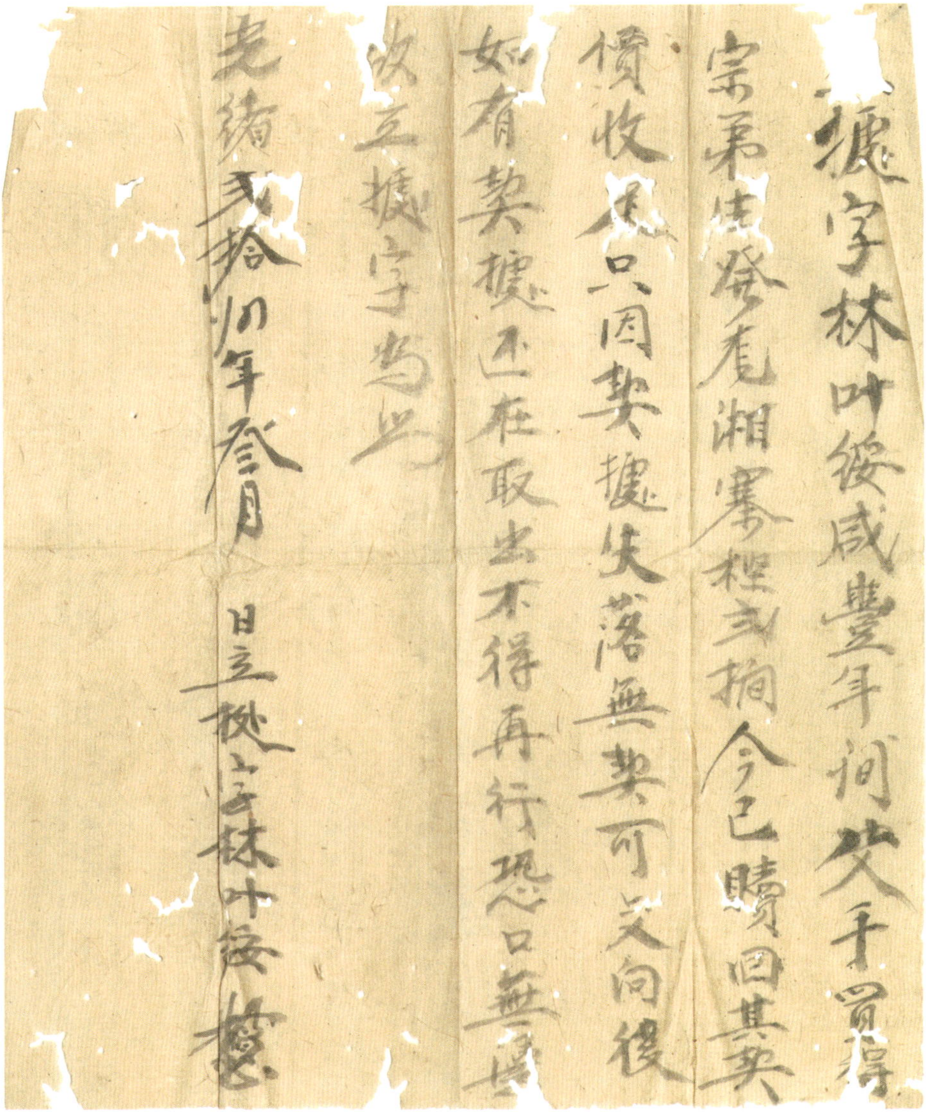

立據字林叶綏咸豐年間父手買得宗弟佳發尾湘寨樫弍掏，今已贖回，其契價收足。只因契據失落，無契可交，向後如有契據還在，取出不得再行。恐口無憑，故立據字為照。

光緒貳拾肆年叁月　日立據字林叶綏（押）

5-3-27-76　清光緒二十四年三月林叶綏立據字

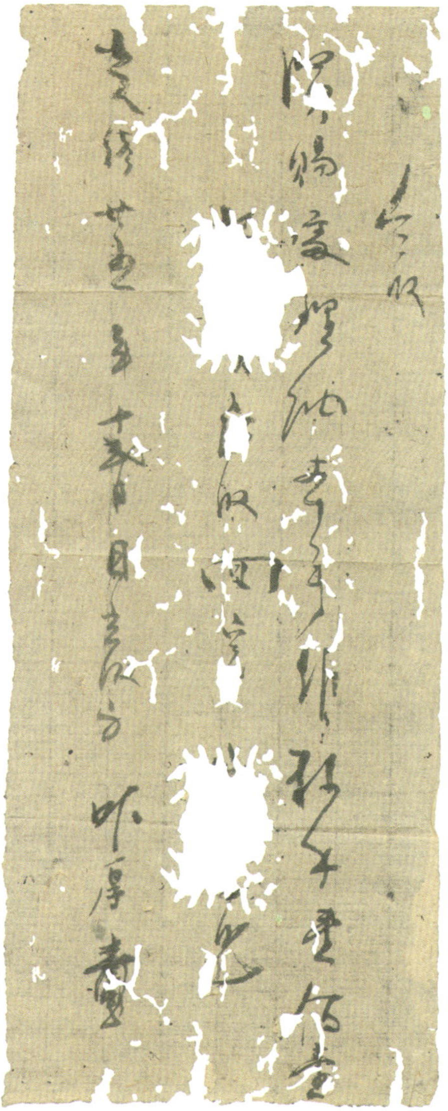

5-3-27-77　清光緒二十五年十二月鄭吓厚立收糧錢字

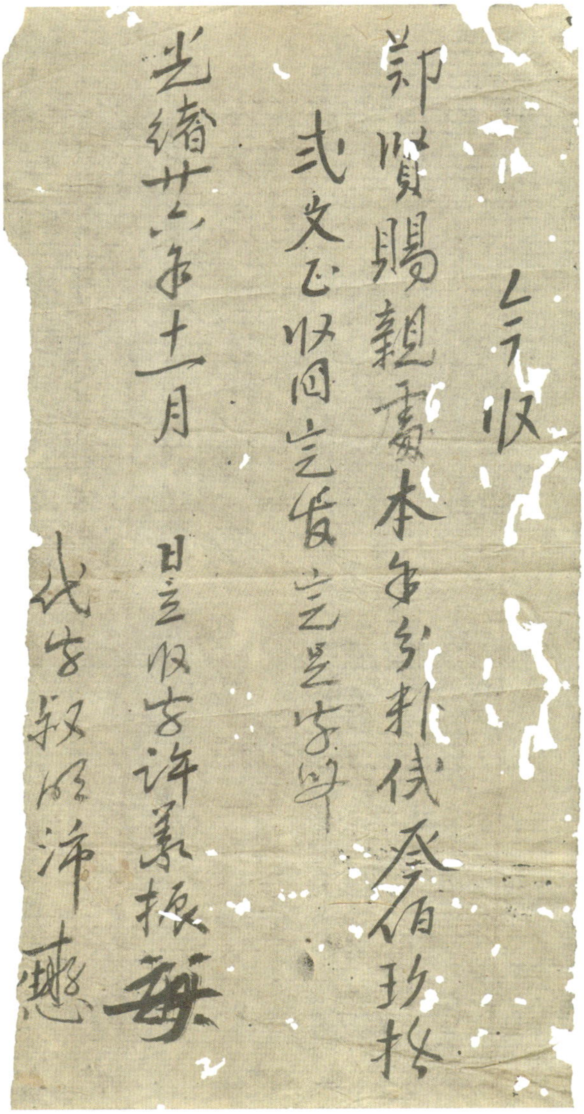

5-3-27-78　清光緒二十六年十一月許義振立收糧錢字

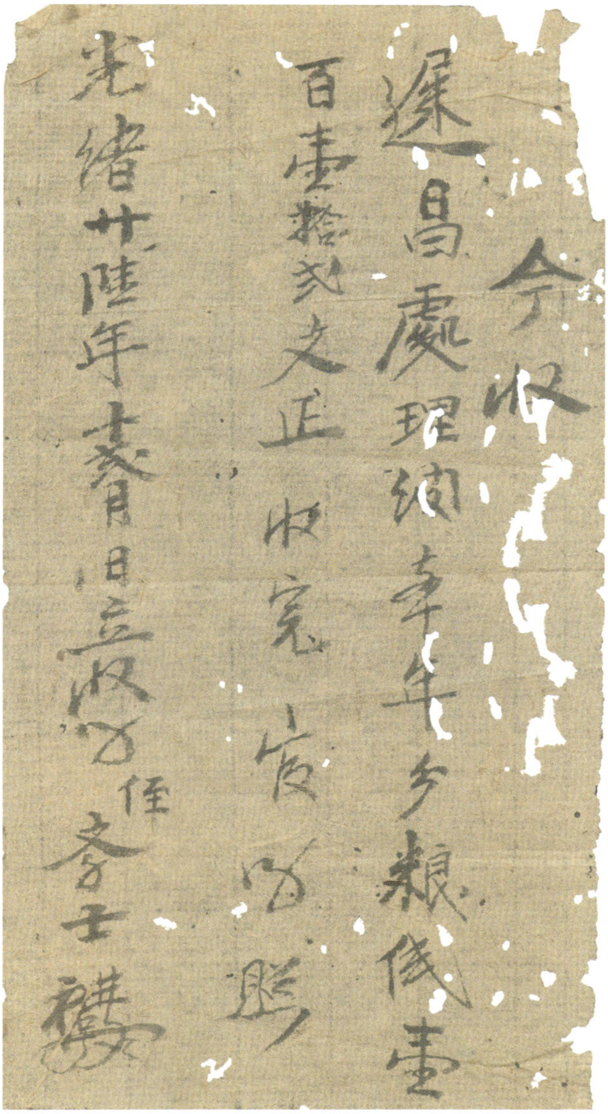
今收
遲昌處理納本年户粮錢壹
百壹拾弍文正收完交收照
光緒廿陸年十二月　日立收字侄孛壬親

5-3-27-79　清光緒二十六年十二月鄭孛壬立收糧錢字

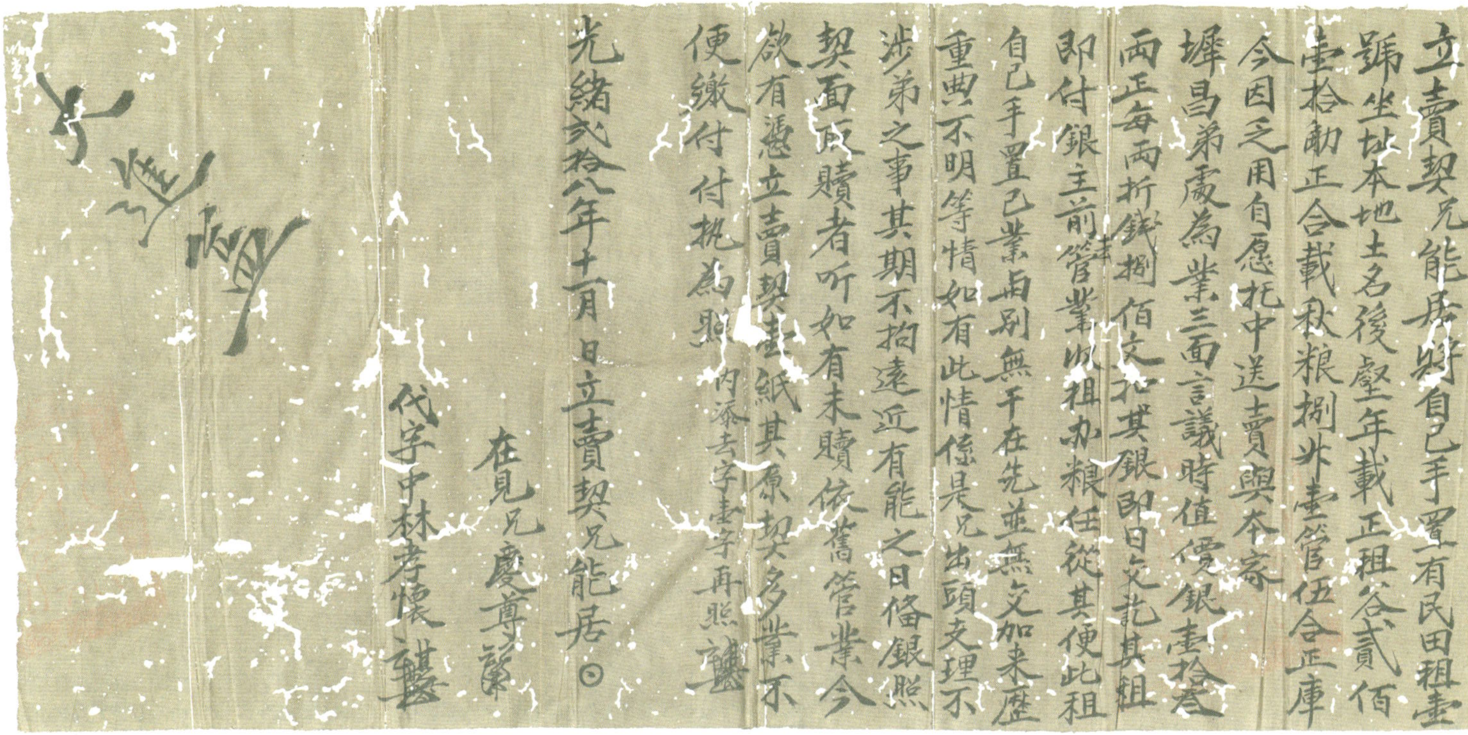

立賣契兄能居將自己手置有民田租壹
號，坐址本地土名後壟，年載正租谷貳佰
壹拾觔正，合載秋粮捌米壹管伍合正，庫
今因乏用，自愿托中送賣與本家
墀昌弟處為業，三面言議，時值價銀壹拾叁
兩正，每兩折錢捌佰文，其銀即日交訖，其租
即付銀主前去管業收租，办粮任從其便。此租
自己手置已業，與別無干，在先並無交加來歷
重典不明等情，如有此情，係是兄出頭支理，不
涉弟之事。其期不拘遠近，有能之日，備銀照
契面取贖者听；如有未贖，依舊管業。今
欲有憑，立賣契壹紙，其原契多業，不
便繳付，付批為照。內添去字壹字再照。

光緒貳拾八年十一月　日立賣契兄能居⊙

在見兄慶尊

代字中林孝懷

5-3-27-80　清光緒二十八年十一月鄭能居立賣民田租契（紅契）

5-3-27-81　清光緒二十九年正月鄭墀昌立奉神投契

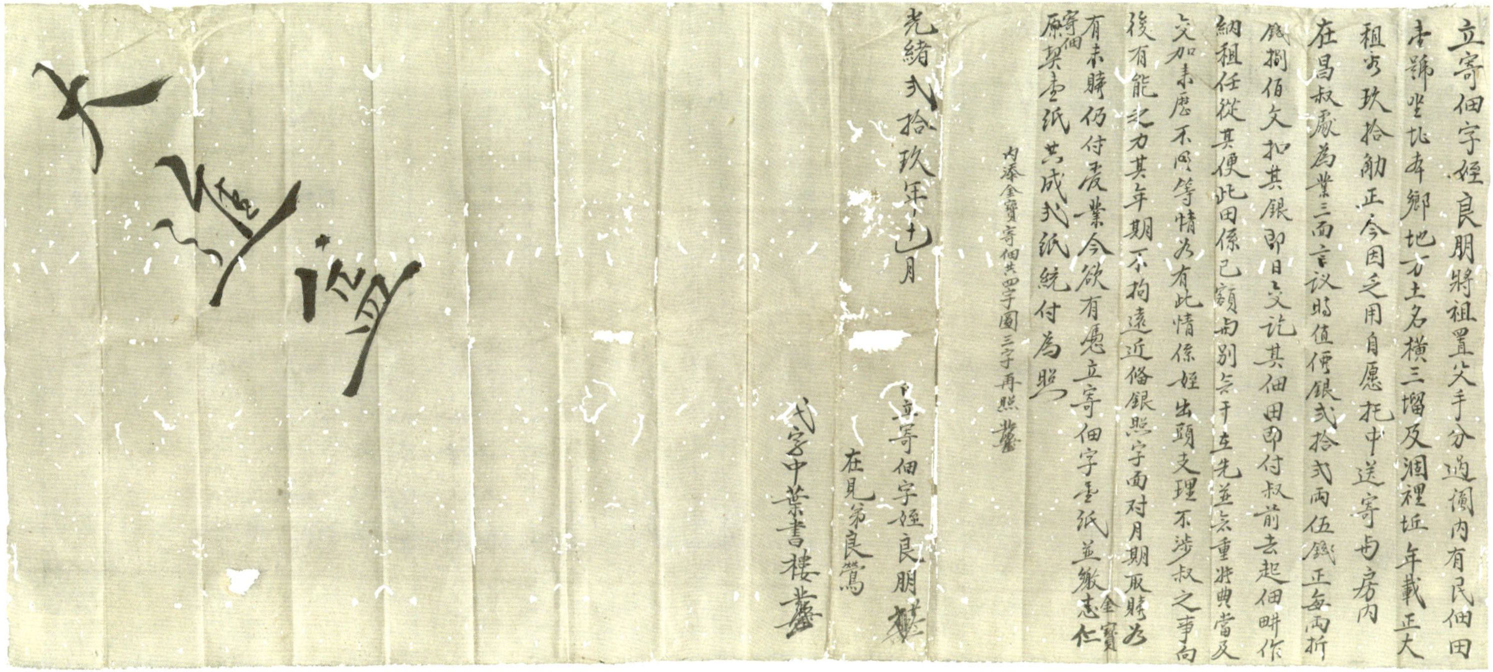

立寄佃字姪良朋將祖置父手分過鬮內有民佃田
壹號坐址本鄉地方土名橫三墻及洞裡坵年載正大
租貳玖拾觔正今因乏用自愿托中送寄與房內
在昌叔承為業三面言議時值價銀貳拾貳兩伍錢正每兩折
錢捌佰文扣其銀即日交訖其佃田即付叔前去起佃耕作
納租任從其便此田係己額與別房于並無重張典當及
交加來歷不明等情如有此情係姪出頭支理不涉叔之事向
後有能之力其年期不拘遠近備銀照字面對月期取贖為
有未贖仍付管業今欲有憑立寄佃字壹紙並繳老仁全寶
寄佃原契壹紙共成貳紙統付為照
內添全寶寄佃共四字圖三字再照 押
光緒貳拾玖年十一月
立寄佃字姪良朋 押
在見弟良鶯
代字中葉書樓 押

5-3-27-82　清光緒二十九年十一月鄭良朋立寄民佃田字

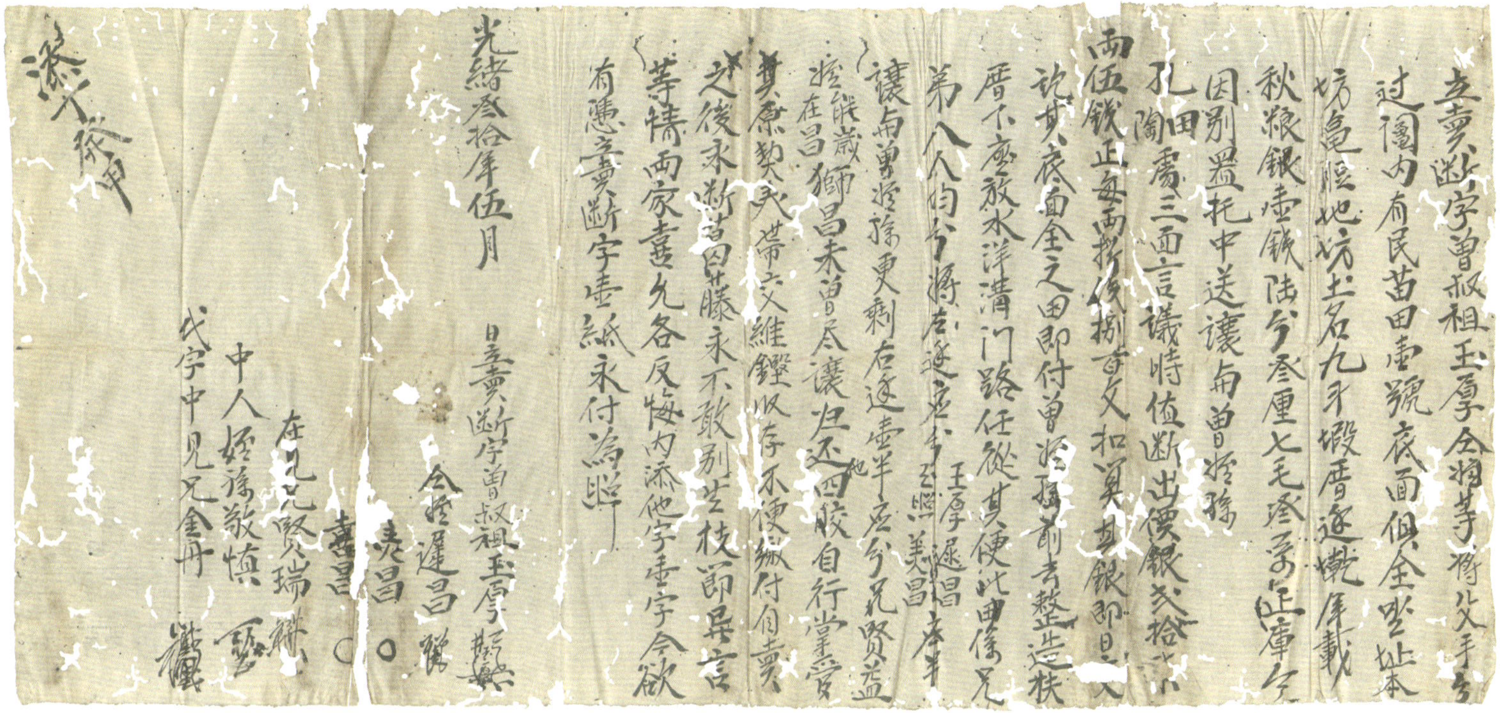
立賣斷字曾叔祖玉厚仝姪等，將父手分
過闔內有民苗田壹號，底面俱全，坐址本
坊邑垟地坑，土名九斗墩，曆遞[illegible]年載
秋粮銀壹錢陸分叁厘七毛叁系正，庫分
因別置，托中送讓與曾姪孫
孔陶田處，三面言議，時值斷出價銀弍拾[illegible]
兩伍錢正，每兩扣後扣壹文，扣買其銀即日交入
訖。其底面全之田即付曾姪孫前去整造耕
曆，不[illegible]放水洋溝門路，任從其便。此田係兄
弟八人內分[illegible]玉厚、遜昌、美昌、[illegible]照[illegible]
讓與曾姪孫更剩右邊壹半，应分兄賢益
姪熾歲、在昌、獅昌未曾盡讓，但此地四股自行掌管
其原契文帶六文，維鑾收存，不便繳付。自賣
之後，永斷葛藤，永不敢別生枝節異言
等情。兩家喜允，各反悔，內添他字壹字。今欲
有憑，立賣斷字壹紙，永付為照。
光緒叁拾年伍月　日立賣斷字曾叔祖玉厚（押）
仝姪　遲昌（押）　表昌○　喜昌○
在見兄賢瑞（押）
中人姪孫敬慎（押）
代字中見兄金丹（押）
添八字

5-3-27-83　清光緒三十年五月鄭玉厚等立賣斷底面全民苗田字

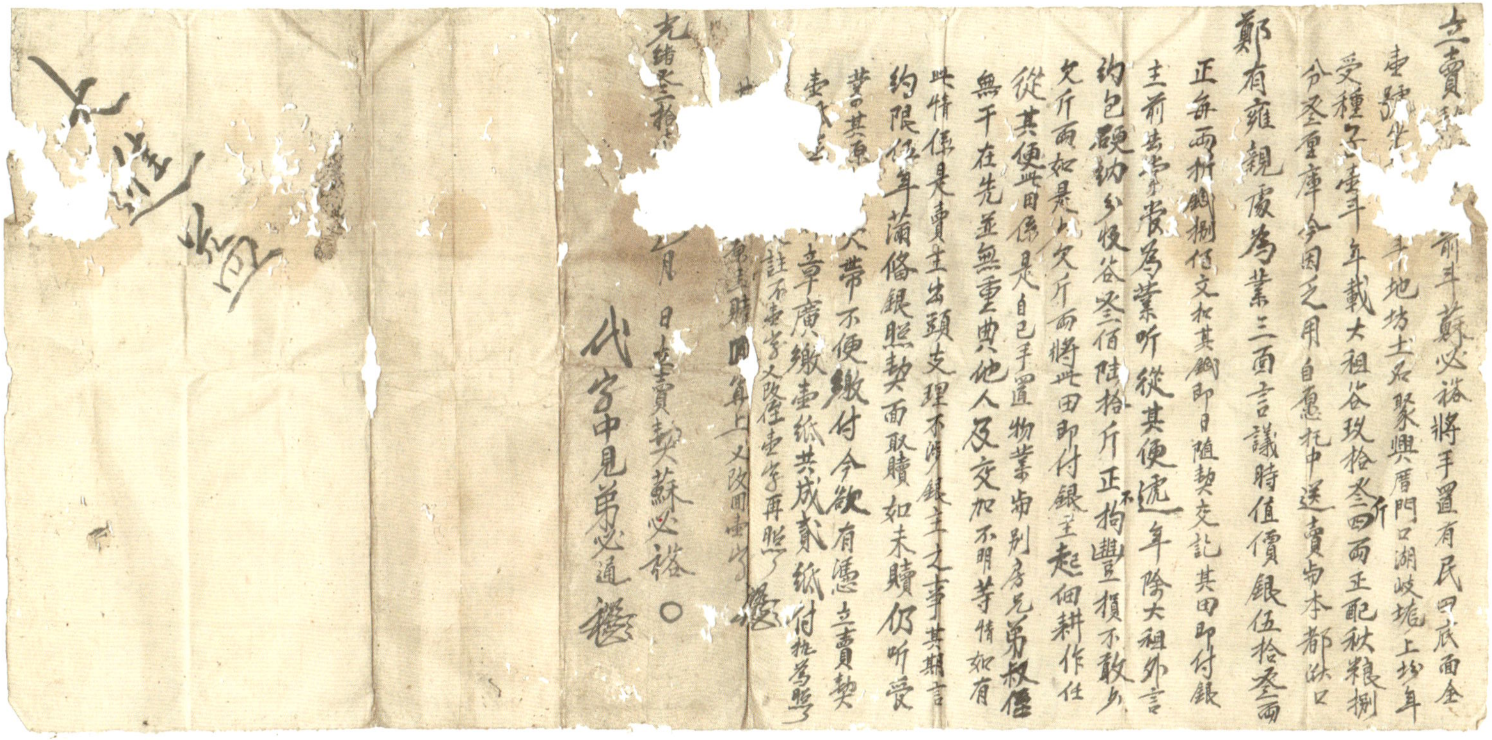

5-3-27-84　清光緒年間蘇必裕立賣底面全民田契

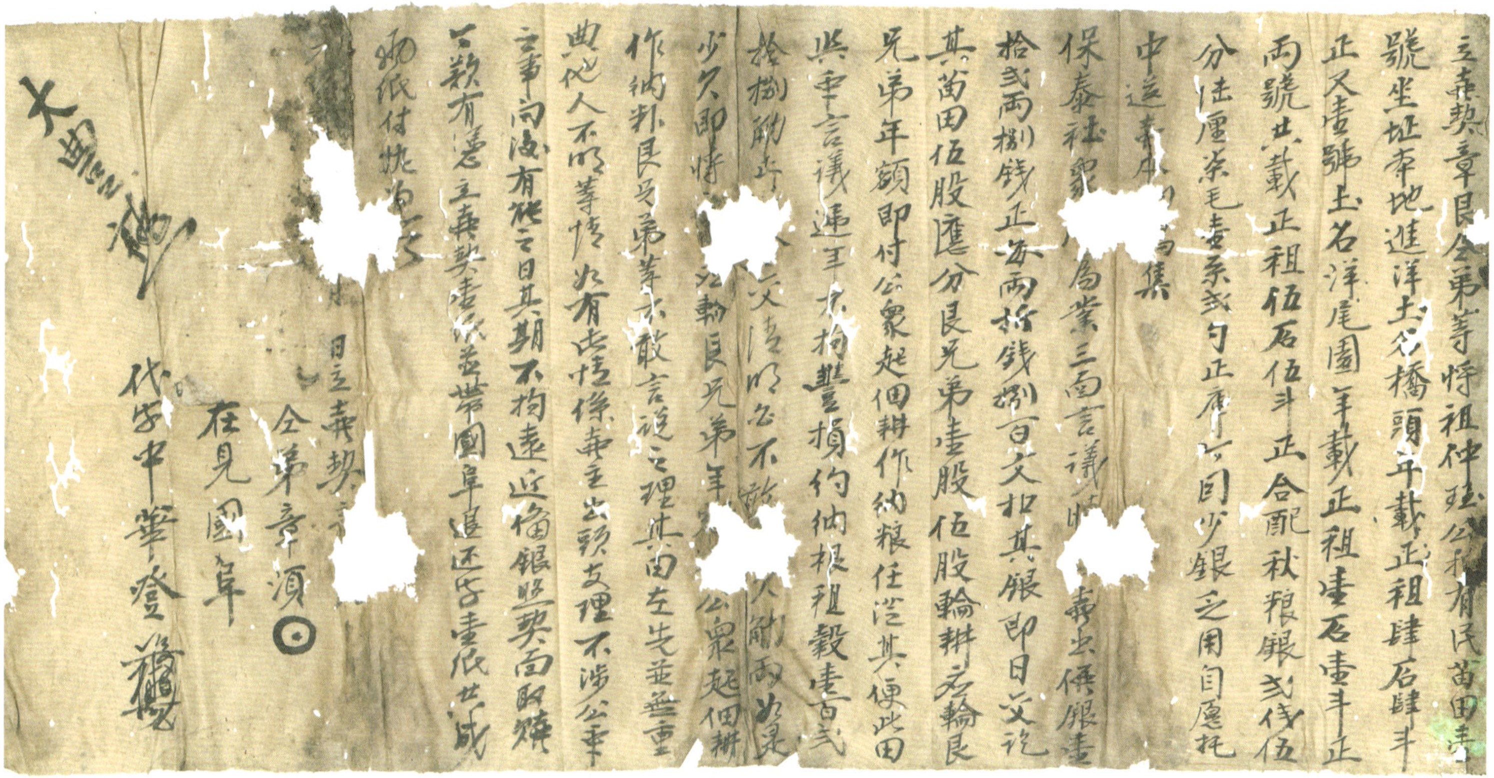
立賣契章艮仝弟等[illegible]祖仲玹公[illegible]有民苗田壹
號坐址本地進洋土名橋頭，年載正租肆石肆斗
正；又壹號土名洋尾園，年載正租壹石壹斗正；
兩號共載正租伍石伍斗正，合配秋粮銀貳錢伍
分陸厘柒毛壹系貳勺正。今因少銀乏用，自愿托
中送賣[illegible]為集
保泰社衆[illegible]為業，三面言議[illegible]賣出價銀壹
拾貳兩捌錢正，每兩折錢捌百文，扣其銀即日交訖。
其苗田伍股應分艮兄弟壹股，伍股輪耕，今輪艮
兄弟年額，即付公衆起佃耕作，納粮任從其便。此田
與衆言議，遞年不拘豐損，約納租穀壹百貳
拾捌觔[illegible]文[illegible]不敢[illegible]觔兩，如是
少欠，即將[illegible]輪艮兄弟年[illegible]公衆起佃耕
作納，艮兄弟等不敢言說之理。其田在先並無重
典他人，不明等情；如有此情，係賣主出頭支理，不涉公衆
之事。向後有力之日，其期不拘遠近，備銀照契面取贖。
今欲有憑，立賣契壹紙，並帶國皁退還字壹紙，共成
兩紙付執為照。
[illegible]日立賣契[illegible]
仝弟章須⊙
在見國年
代字中筆登[illegible]
大吉昌

5-3-27-85　清光緒年間鄭章艮等立賣民苗田契

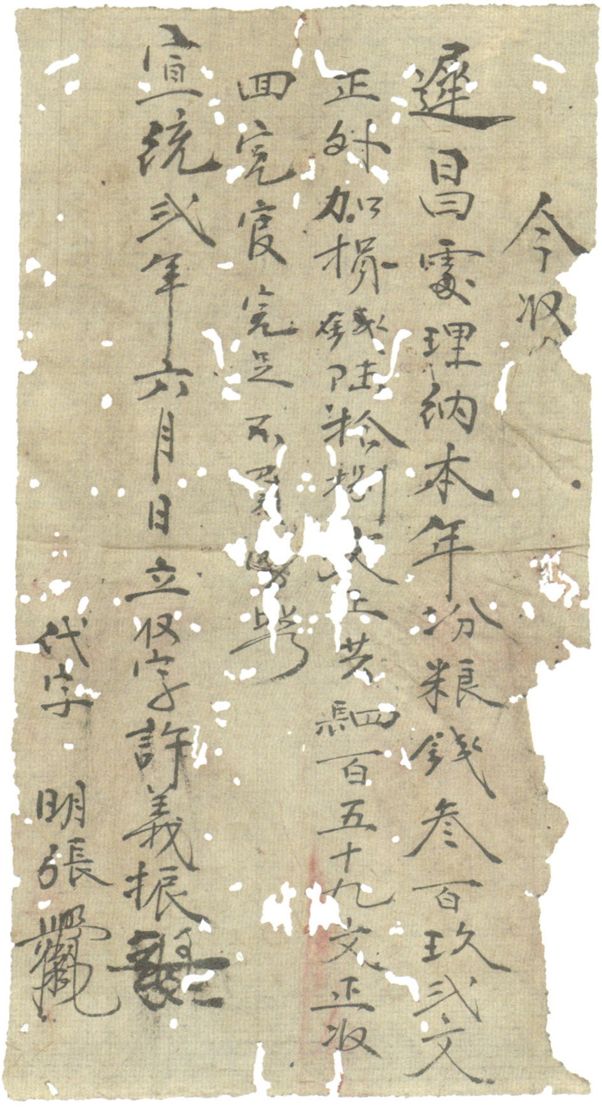
今收
蓮昌處理納本年分粮錢叁百玖弍文
正耗加捐錢陸拾捌文又共四百五十九文正收
四完官完足不照
宣統弍年六月日立收字許義振
代字明張

5-3-27-86　清宣統二年六月許義振立收糧錢字

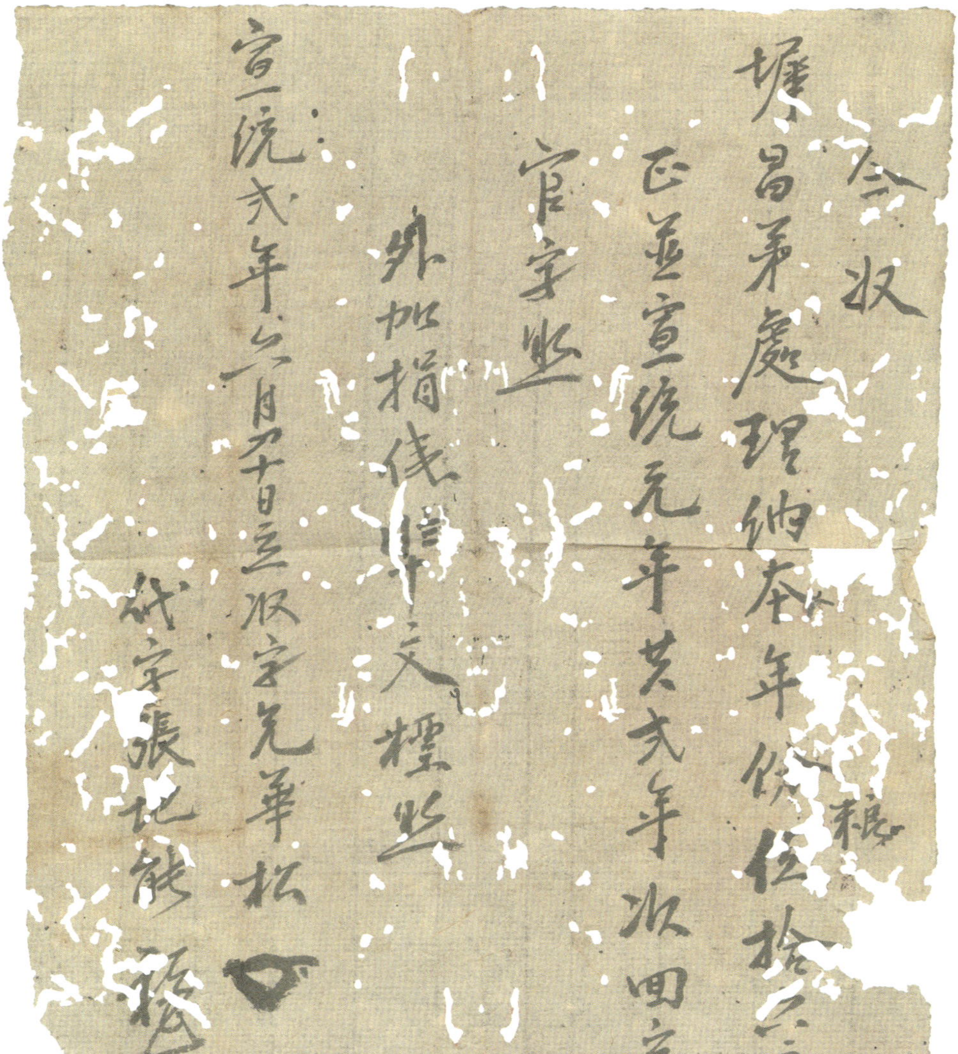
今收
壠昌弟處理納本年條糧伍拾六文
正並宣統元年共貳年收田完
官字照
外加捐錢□文標照
宣統貳年六月廿日立收字兄華松（押）
代字張地能（押）

5-3-27-87　清宣統二年六月鄭華松立收糧錢字

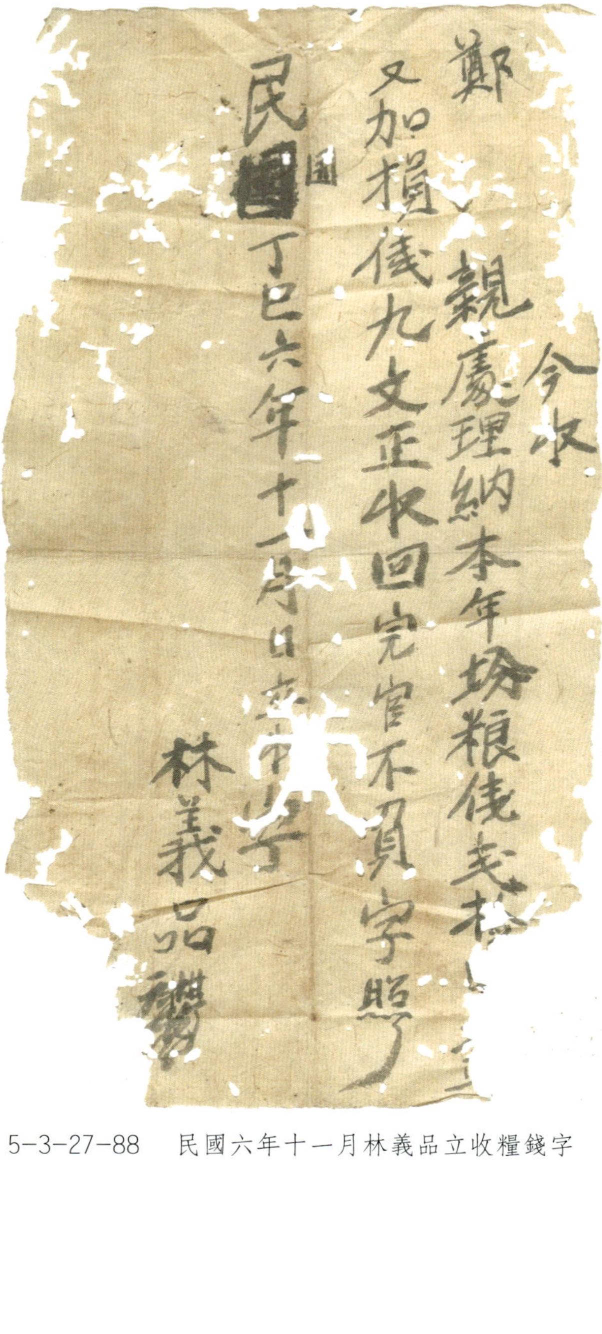
鄭
今收
親處理納本年坋粮錢壹拾
又加損錢九文正收回完官不負字照
民國丁巳六年十一月日立收字
林義品

5-3-27-88　民國六年十一月林義品立收糧錢字

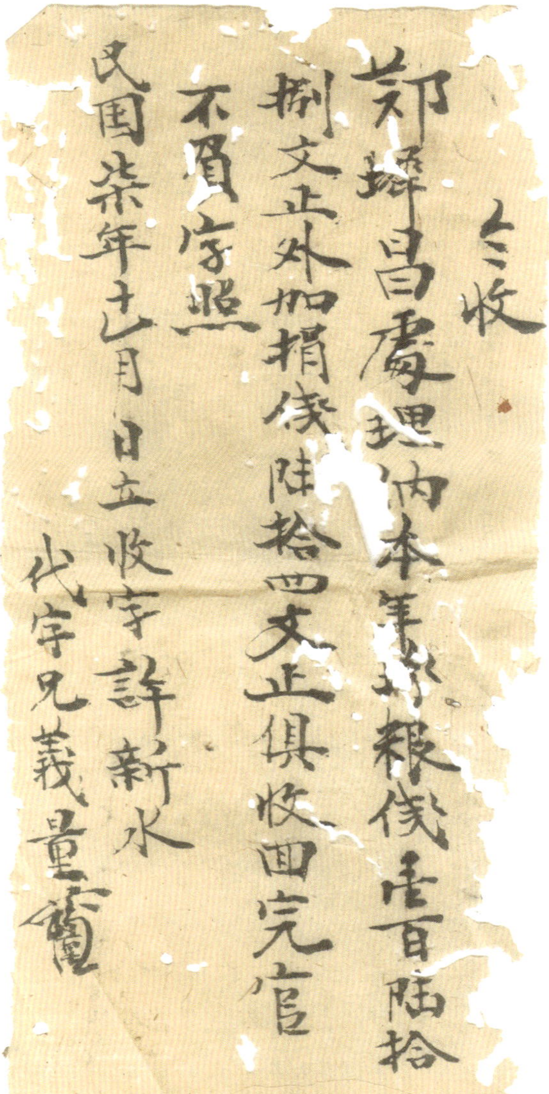

今收
鄭燁昌處理內本年糧俵壹百陆拾
捌文正外加捐俵陆拾四文正俱收回完信
不胥字照
民國柒年十一月 日立收字許新水
代字兄義量寶

5-3-27-89 民國七年十一月許新水立收糧錢字

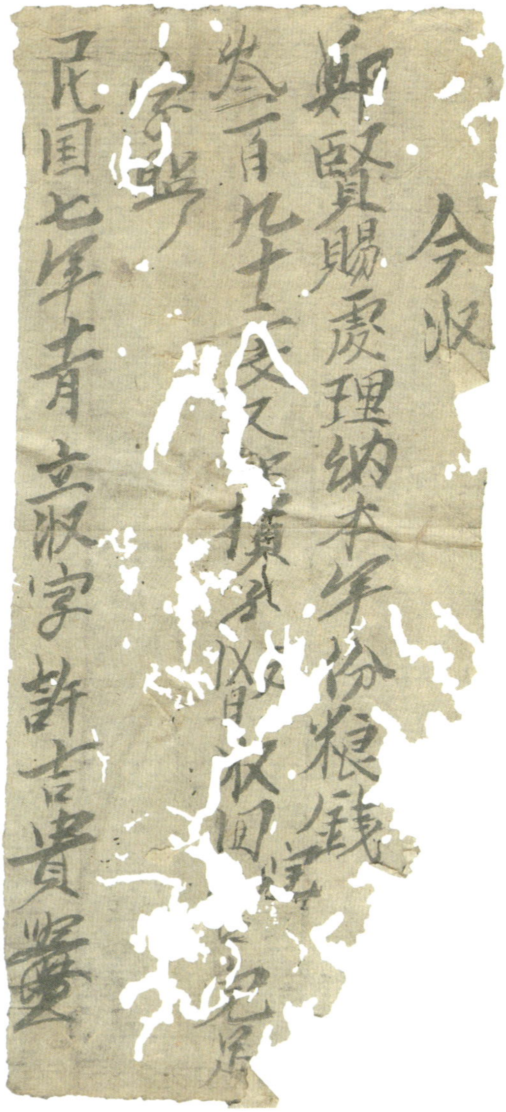
今收
鄭賢賜處理納本年份粮錢[illegible]
叁百九十[illegible]
字照
民国七年十一月　立收字　許吉貴[illegible]

5-3-27-90　民國七年十一月許吉貴立收糧錢字

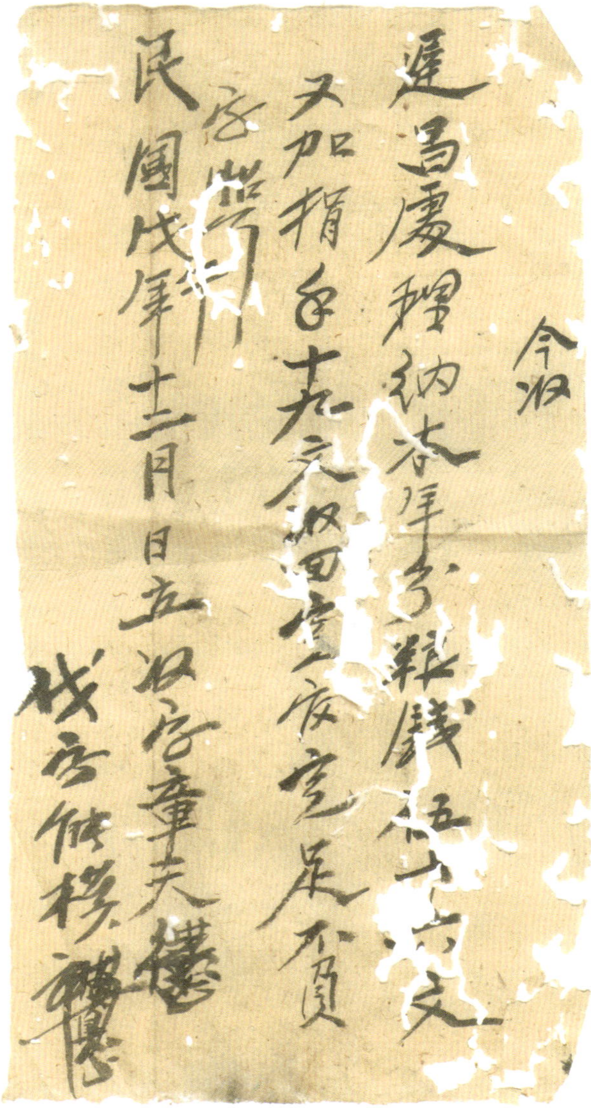

5-3-27-91　民國七年十二月鄭章天立收糧錢字

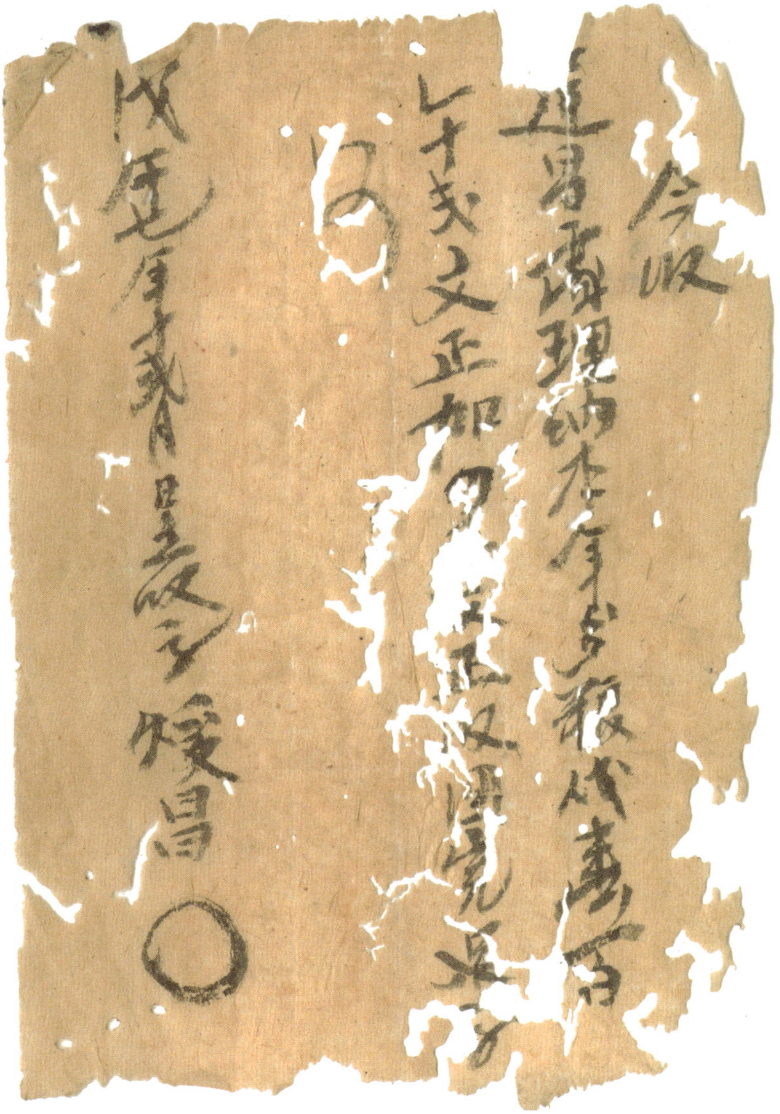
今收
廷昌邊現納本年分糧錢壹百
七十文文正加四[illegible]收清完足
[illegible]
戊午年十二月　日立收字　煖昌　○

5-3-27-92　民國七年十二月鄭煖昌立收糧錢字（一）

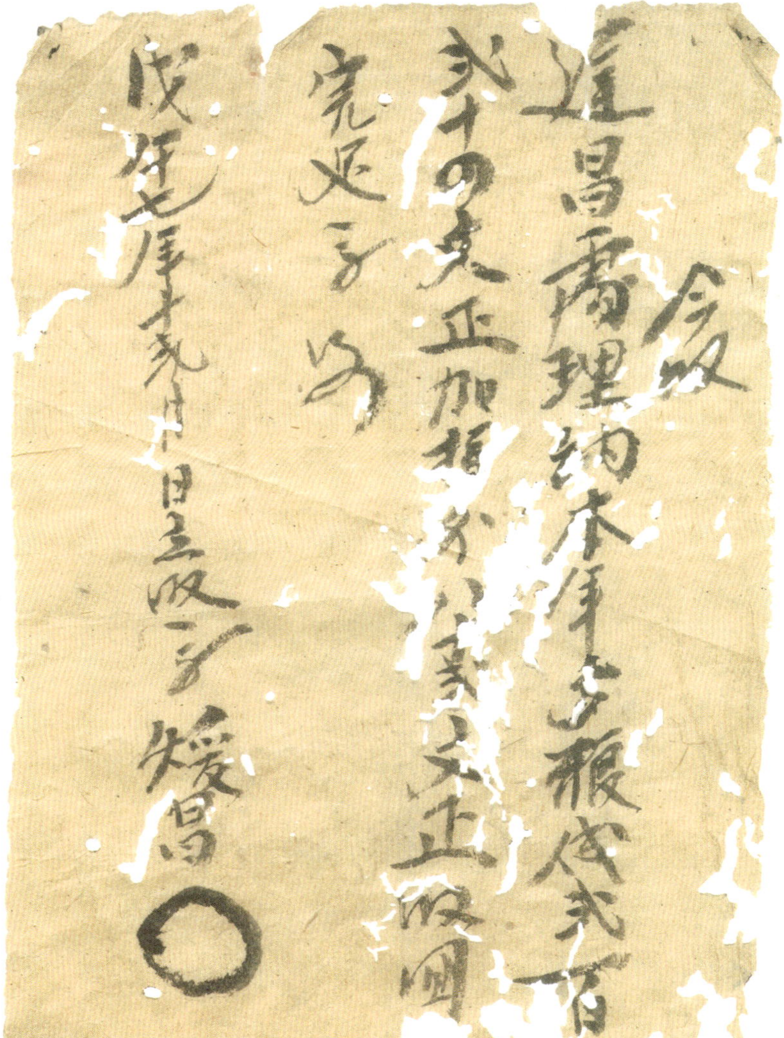
今收
進昌處理納本年分糧錢弍百
弍十四文正加捐分八厘文正收回
完足字為
民國七年十二月廿日立收字 煖昌 ○

5-3-27-93　民國七年十二月鄭煖昌立收糧錢字（二）

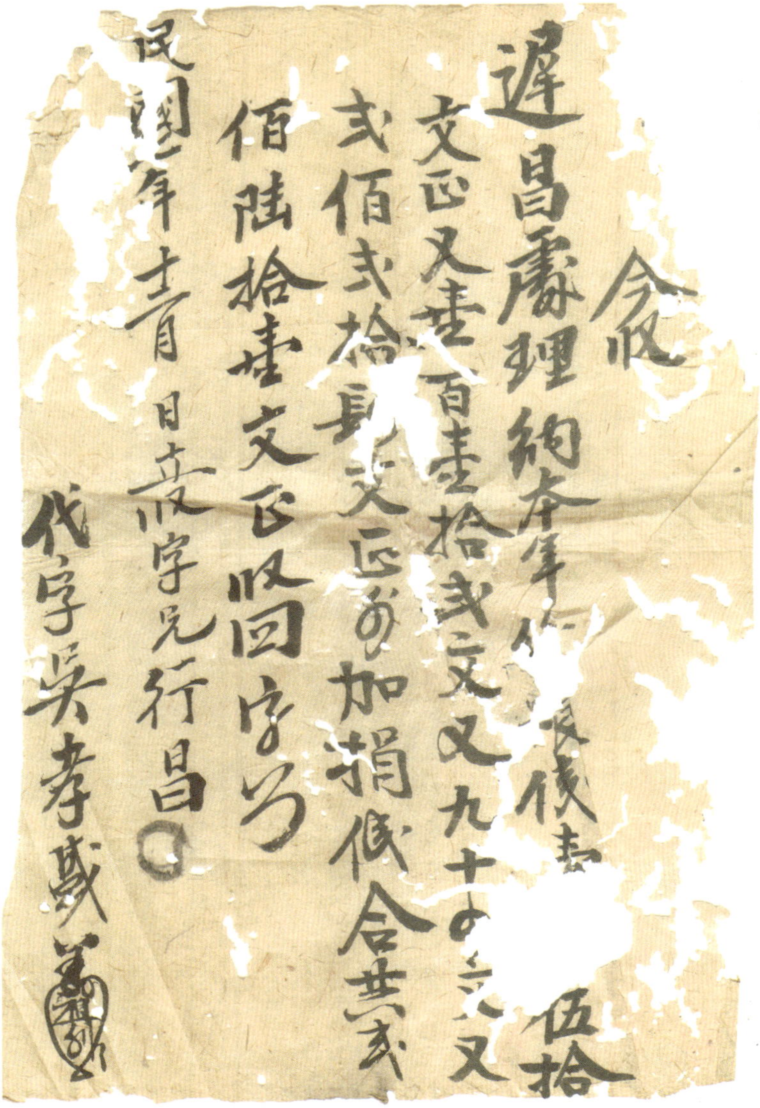

今收
遲昌壽理納本年分[illegible]糧錢壹[illegible]伍拾
文正又壹百壹拾貳文又九十[illegible]文又
貳佰貳拾貳文正前加捐低合共貳
佰陸拾壹文正收回字為
民國七年十二月　日立收字兒行昌
代字吳孝威

5-3-27-94　民國七年十二月鄭行昌立收糧錢字

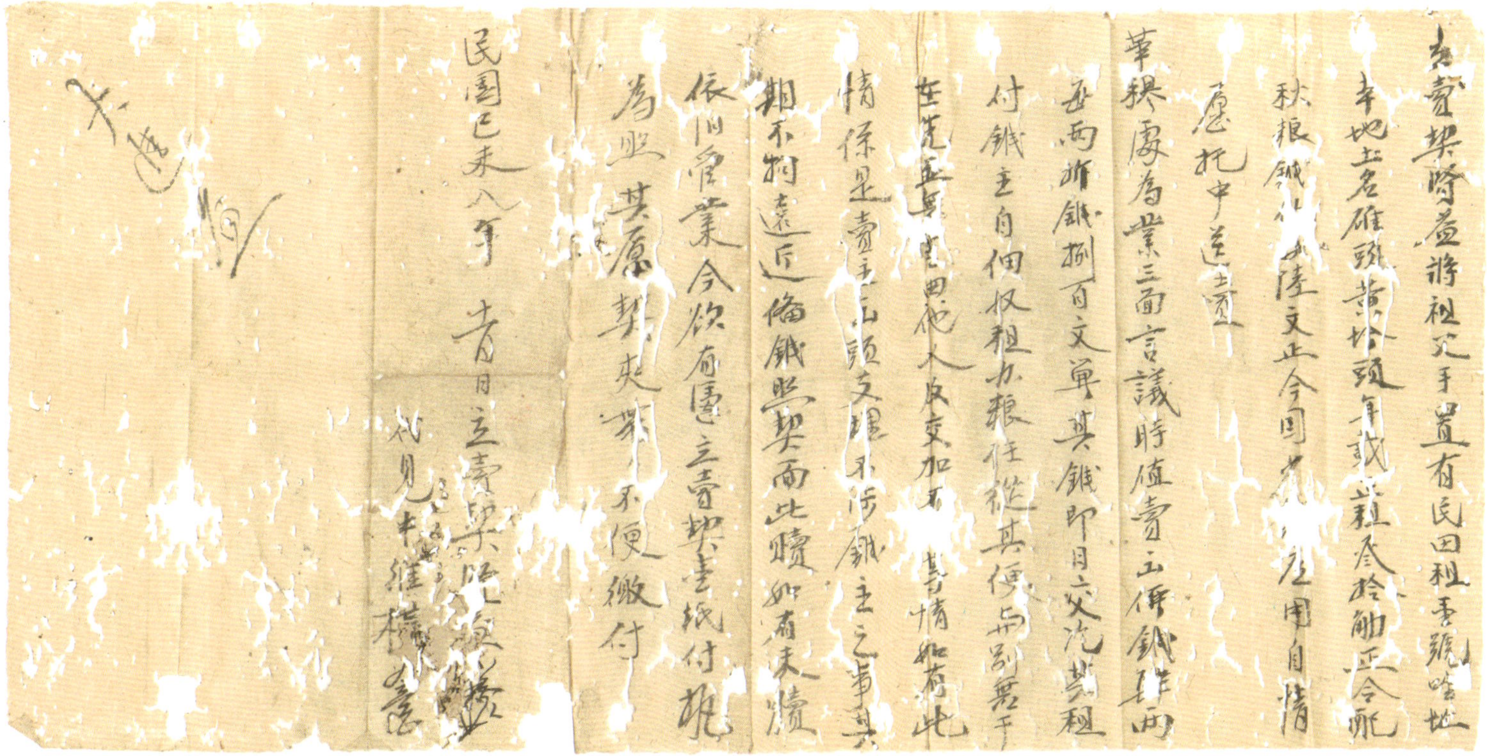
立賣契鄭賢益，緣祖父手置有民田租壹號，坐址
本地土名碓頭黄坑頭，年載苗租叁拾觔正，全[illegible]
秋粮錢[illegible]陸文正，今因乏用，自情
愿托中送賣
華琪處為業，三面言議，時值賣出價錢[illegible]兩
[illegible]兩，折錢捌百文，單其錢即日交訖，其租
付錢主自佃收租办粮，任從其便，無得異干
在先並無重典他人，反走加不[illegible]等情，如有此
情，係是賣主出頭支理，不涉錢主之事，其
租不拘遠近，備錢照契面兌贖，如有未贖
依舊管業，今欲有憑，立賣契壹紙付執
為照。其原契夾[illegible]不便繳付
民國己未八年　十一月　日　立賣契鄭賢益
為見叔[illegible]　中[illegible]

5-3-27-95　民國八年十一月鄭賢益立賣民田租契

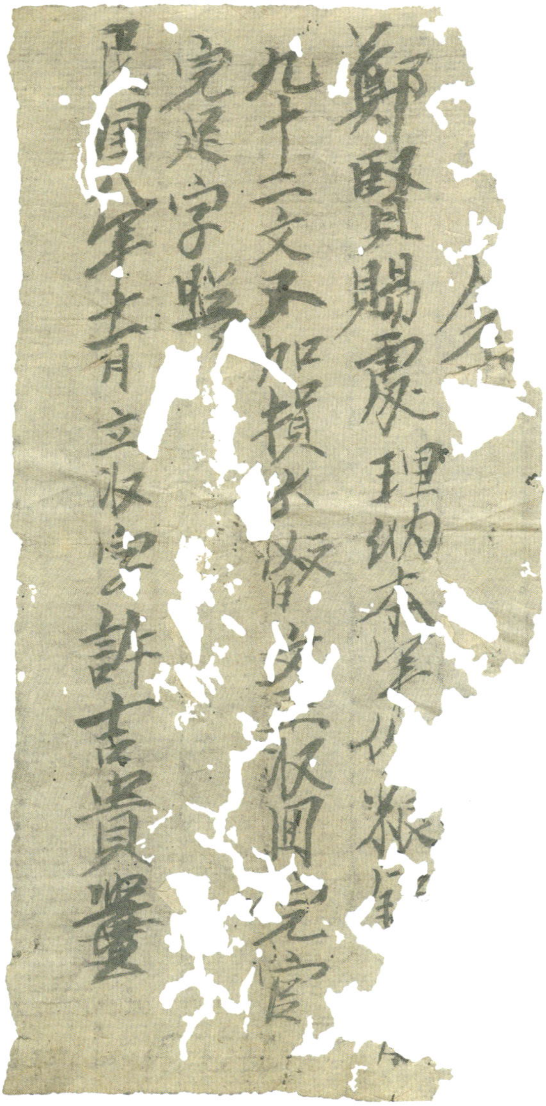
今收
鄭賢賜處理納本年份糧銀[illegible]
九十二文又加損水[illegible]皆足又收回完官
完足字照
民國八年十一月　立收字　許吉貴

5-3-27-96　民國八年十一月許吉貴立收糧錢字

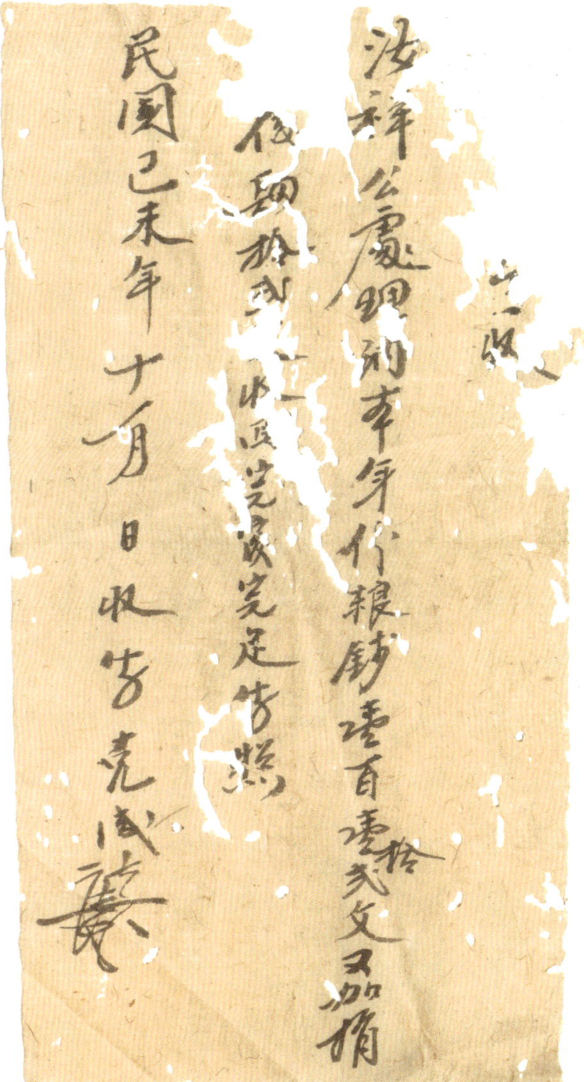

山人收

汝祥公處現(?)納本年份糧錢壹百壹拾貳文又加捐

伍(?)錢拾貳文 收訖完訖完足付照

民國己未年十一月 日收付克成親

5-3-27-97 民國八年十一月鄭克成立收糧錢字

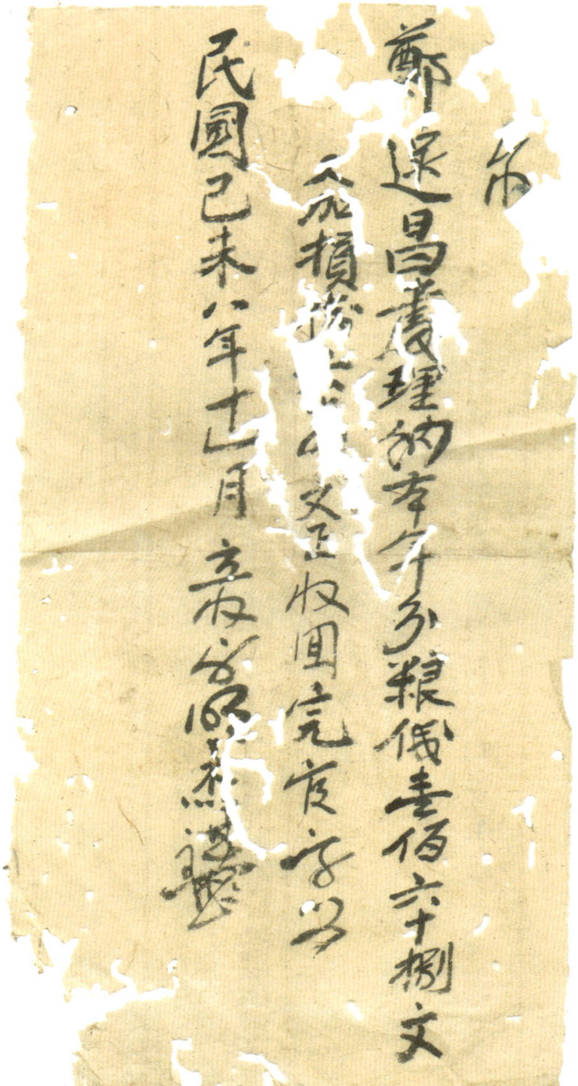
付
鄭遂昌義理納本年分粮錢壹佰六十捌文
元積撥[illegible]文正收回完足字號
民國己未八年十一月　立收許明杰號

5-3-27-98　民國八年十一月許明杰立收糧錢字

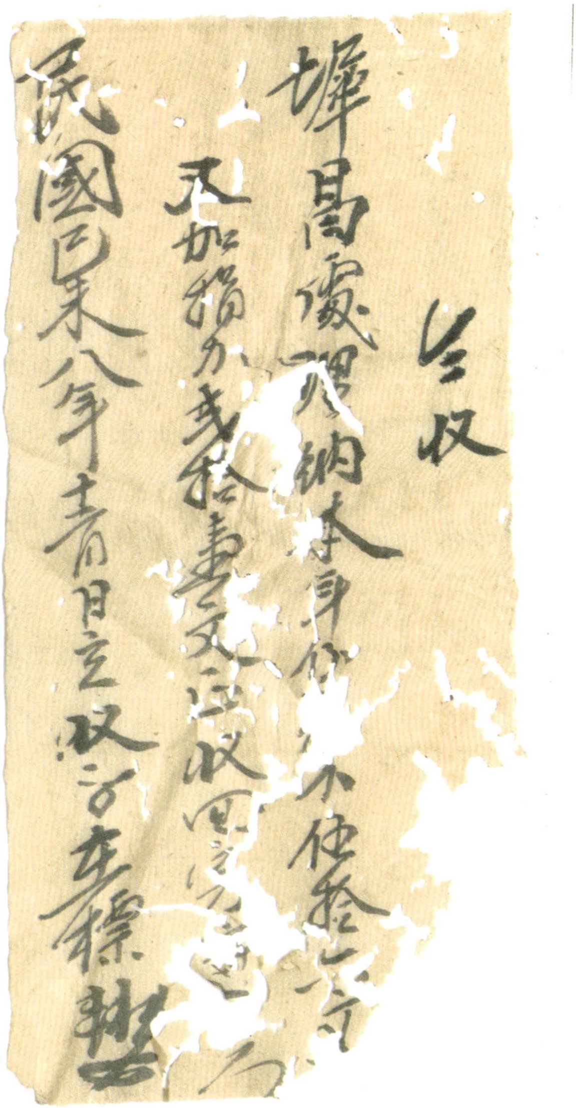
今收
墩昌處□□納本年份□□伍拾□个
又加錢加貳拾壹文正收回[illegible]
民國己未八年十二月日立收字在標押

5-3-27-99　民國八年十二月鄭在標立收糧錢字

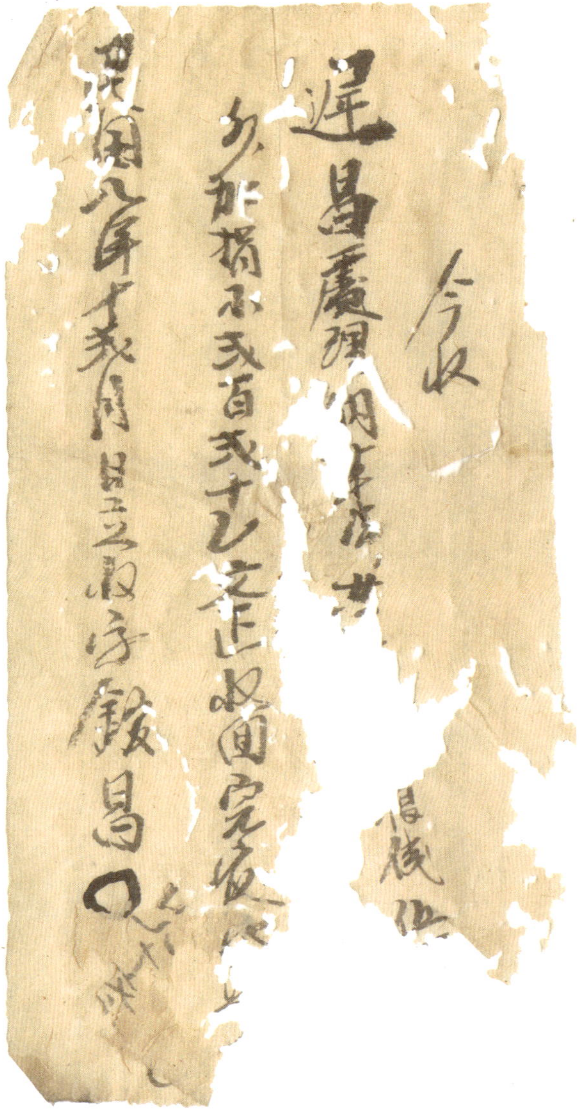

5-3-27-100　民國八年十二月鄭錧昌立收糧錢字

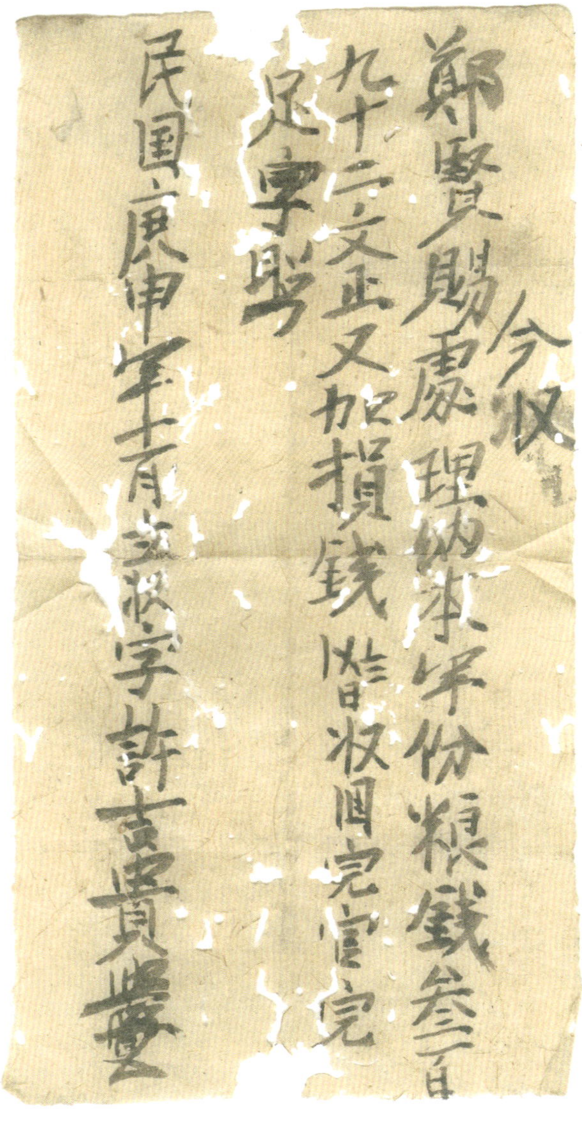

今收

鄭賢賜處理納本年份粮錢叁百

九十二文正又加損錢皆收回完官完

足字照

民国庚申年十一月立收字許吉貴畫

5-3-27-101　民國九年十一月許吉貴立收糧錢字

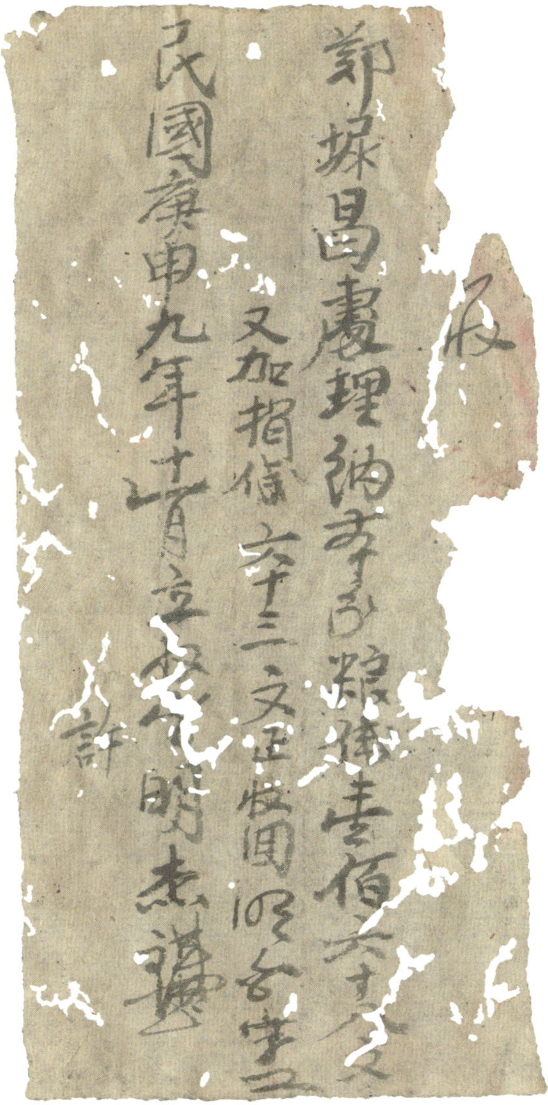

收

鄭垛昌處理納己未年□糧錢壹佰六十□文

又加捐錢六十三文正收回以合字□

民國庚申九年十一月立收□許明杰親筆

5-3-27-102　民國九年十一月許明杰立收糧錢字

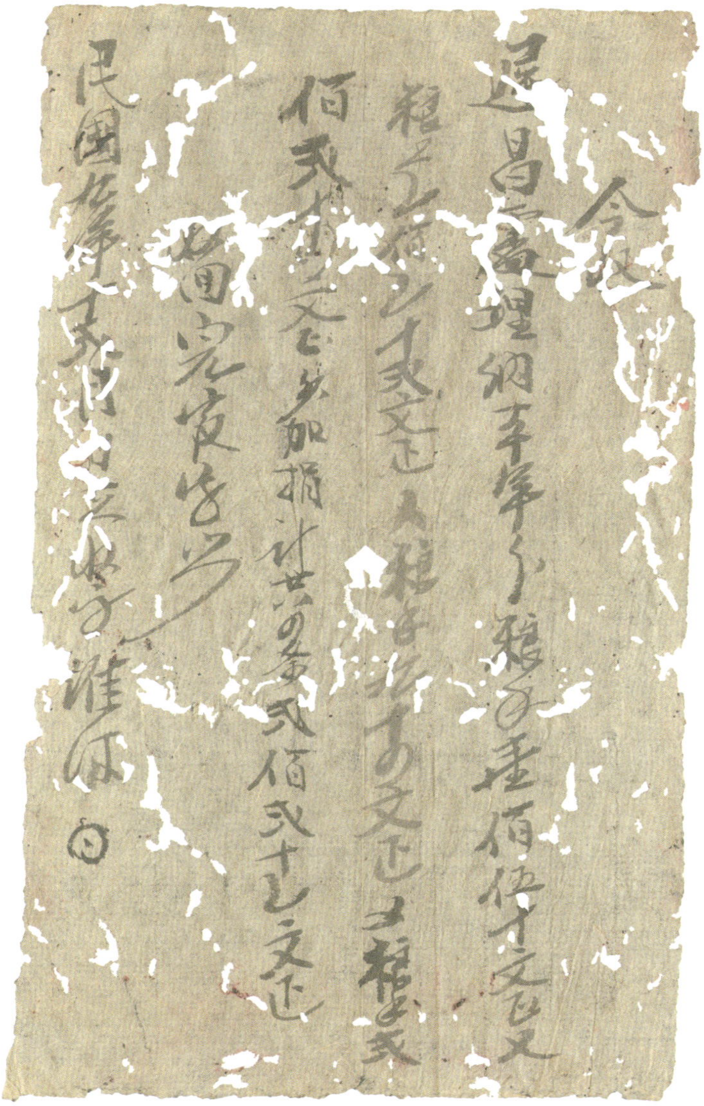
今收
過昌弟經理納本年分糧錢壹佰伍十文足又
糧錢二佰二十弍文足又糧錢廿四文足又糧錢弍
佰弍拾四文足又加捐計共四千弍佰弍十七文足
當完收清訖
民國九年十二月　日立收字維波

5-3-27-103　民國九年十二月鄭維波立收糧錢字

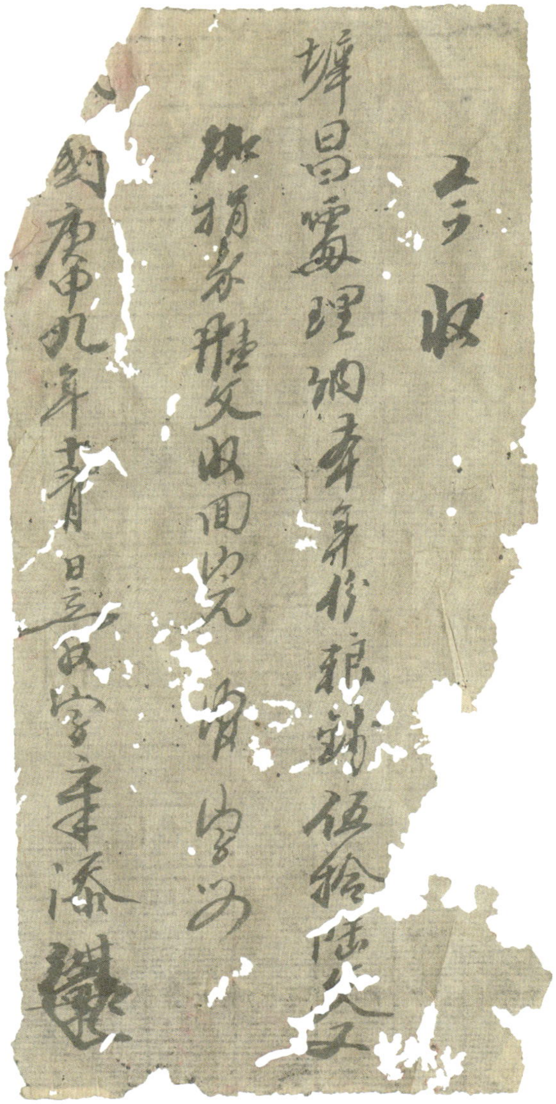
立收
墘昌[illegible]理納本年份粮錢伍拾陸文
收[illegible]家[illegible]文收回完訖[illegible]字為
民國庚申九年十二月日立收字章添[illegible]

5-3-27-104　民國九年十二月鄭章添立收糧錢字

正

立婚書嵩口張清才，緣因前娶妻室陳氏，使坤
造乙丑年九月初九日辰時瑞生，今庚壹拾九歲，奈
因夫妻不和，無依倚靠，又隔天時，抗旱日食難度，不
得已甘心自愿托媒再配蓋洋
鄭維夊為正室，三面媒議，時值身價銀法幣叁
仟玖佰元正，其銀即日憑書交訖，其陳氏即付
鄭家擇吉登轎過門，以親永作夫婦，良孟君
眉，其陳氏如有孝情，張家出頭支理，不涉鄭家
之事。螽斯衍慶，麟趾呈祥，今欲有憑，立婚書
壹紙付批永遠為照。
民國癸未叁拾弍年六月　日立婚書張清才（押）
從命陳氏　使（押）
媒人鄭積德（押）
代書葉壽基（押）

長發
其祥

5-3-27-105　民國三十二年六月张清才立婚書

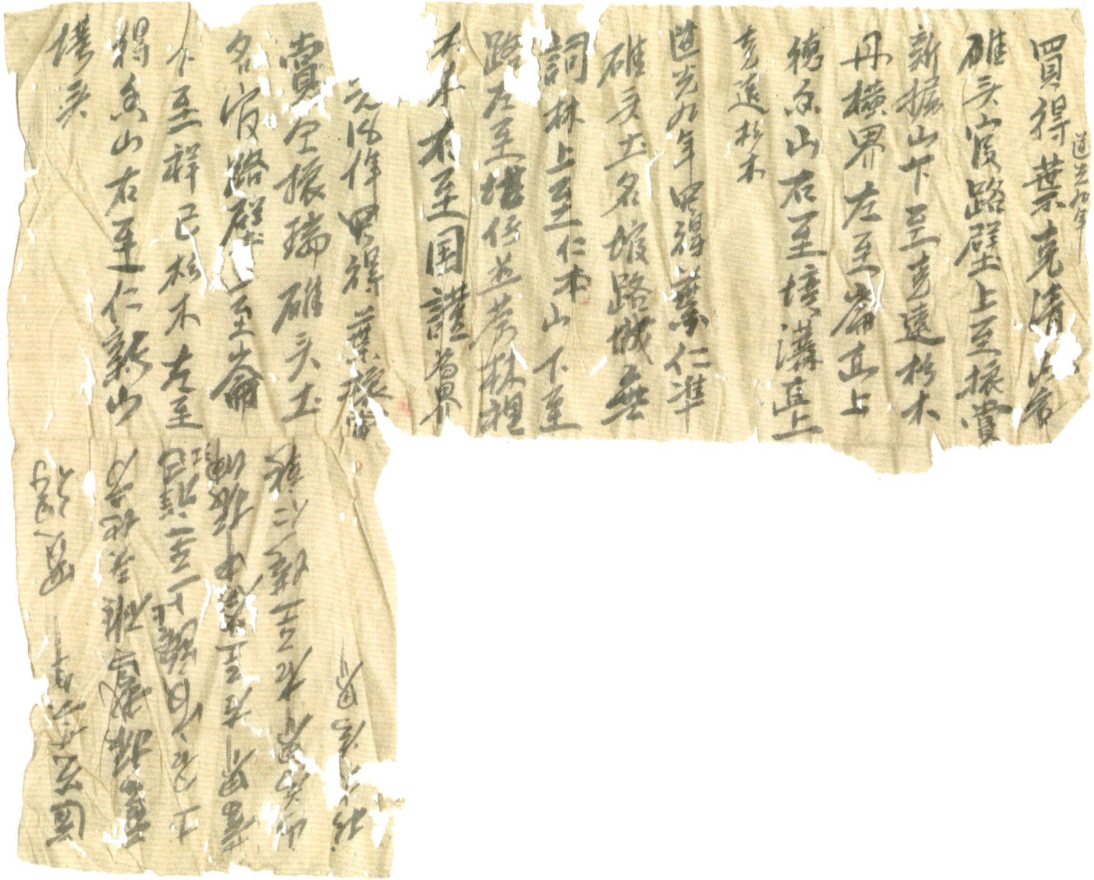

5-3-28-1　清道光年間鄭氏置産清單（一）

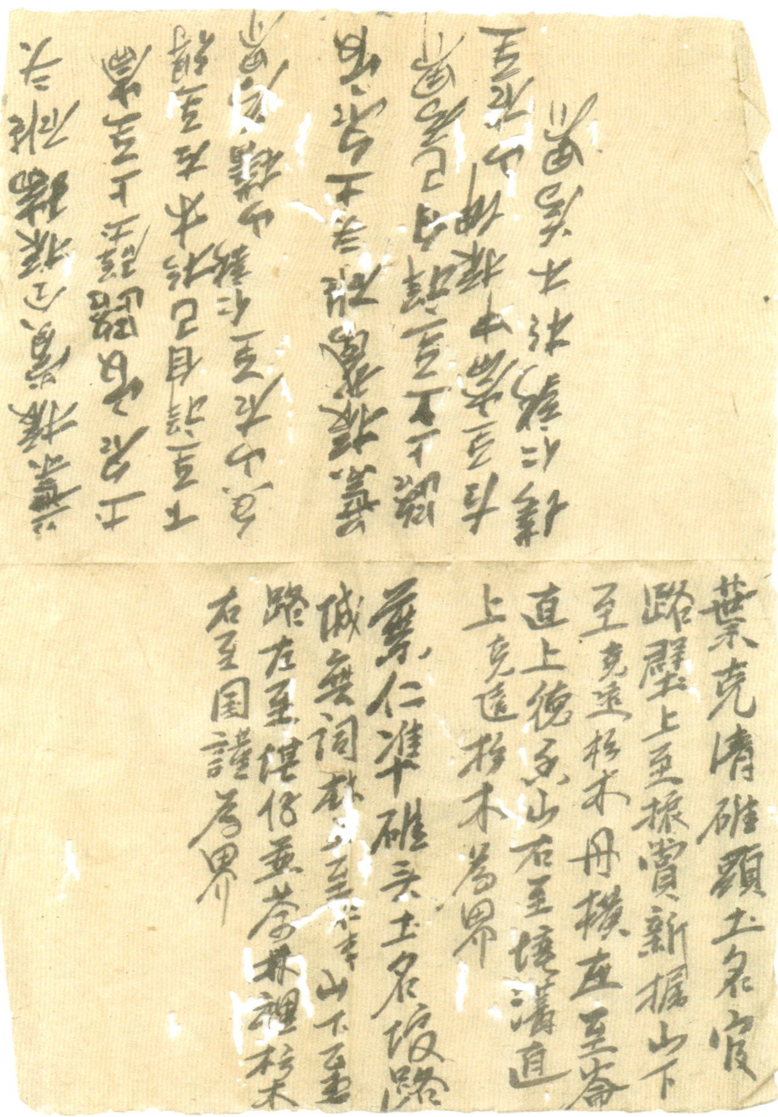
葉克清碓頭土名宦
路壁上至振賞新掘山下
至克述杉木丹横左至斋
直上德京山右至境溝直
上克述杉木為界
葉仁準碓头土名暖路
城無祠杉至山下至
路左至堪仔爲茶林裡杉木
右至国謹為界

5-3-28-2　清道光年間鄭氏置産清單（二）

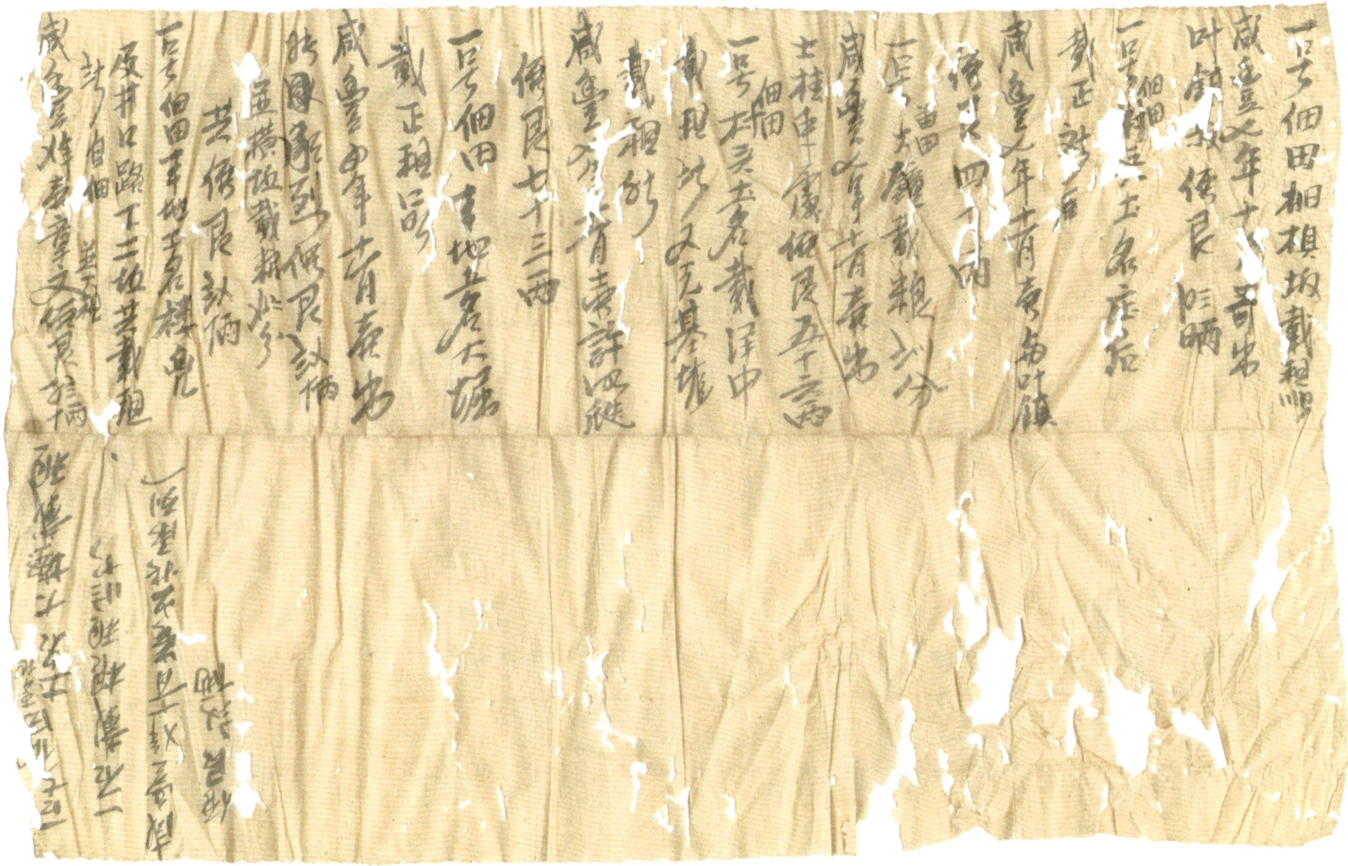

5-3-29-1　清咸豐年間鄭氏置產清單（一）

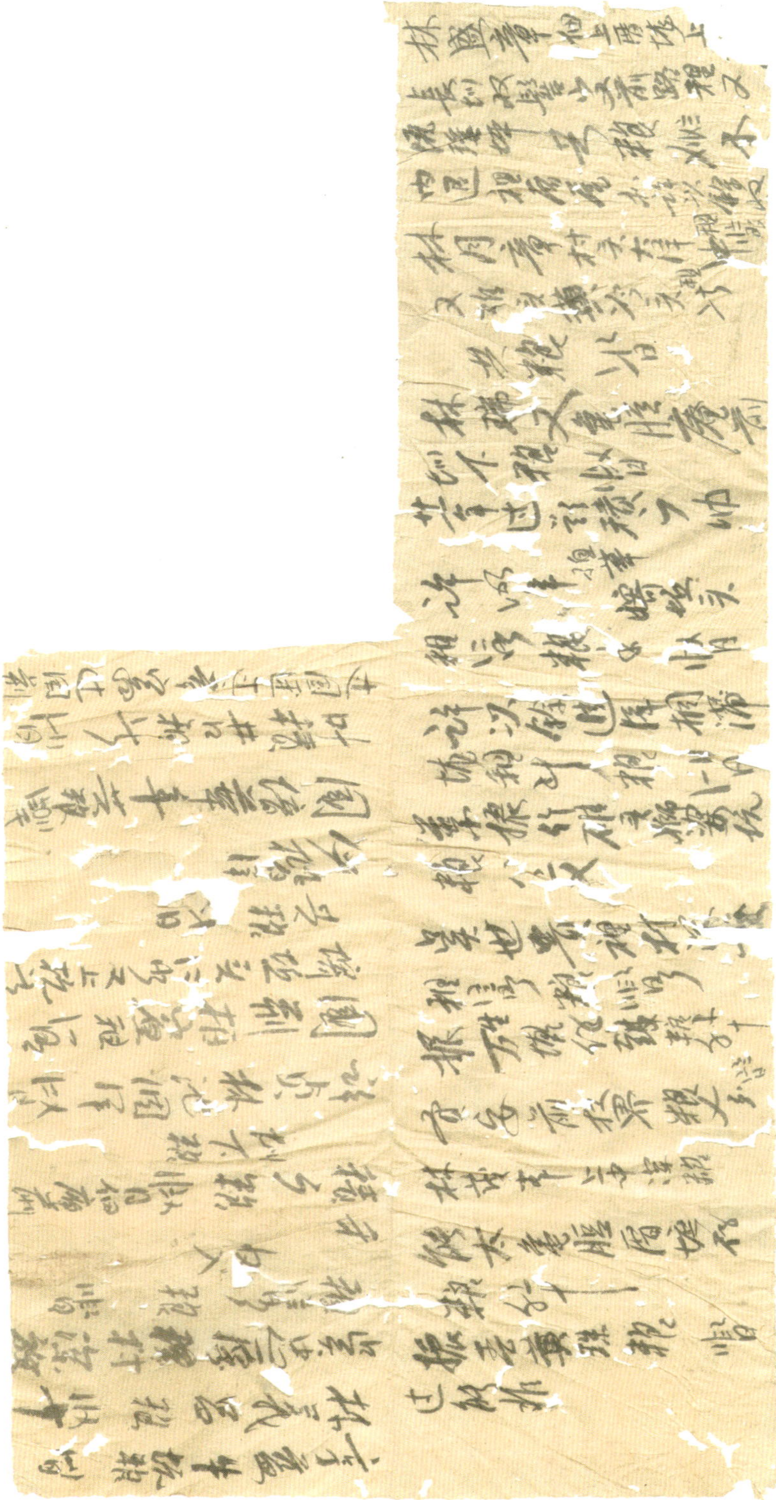

5-3-29-2　清咸豐年間鄭氏置産清單（二）

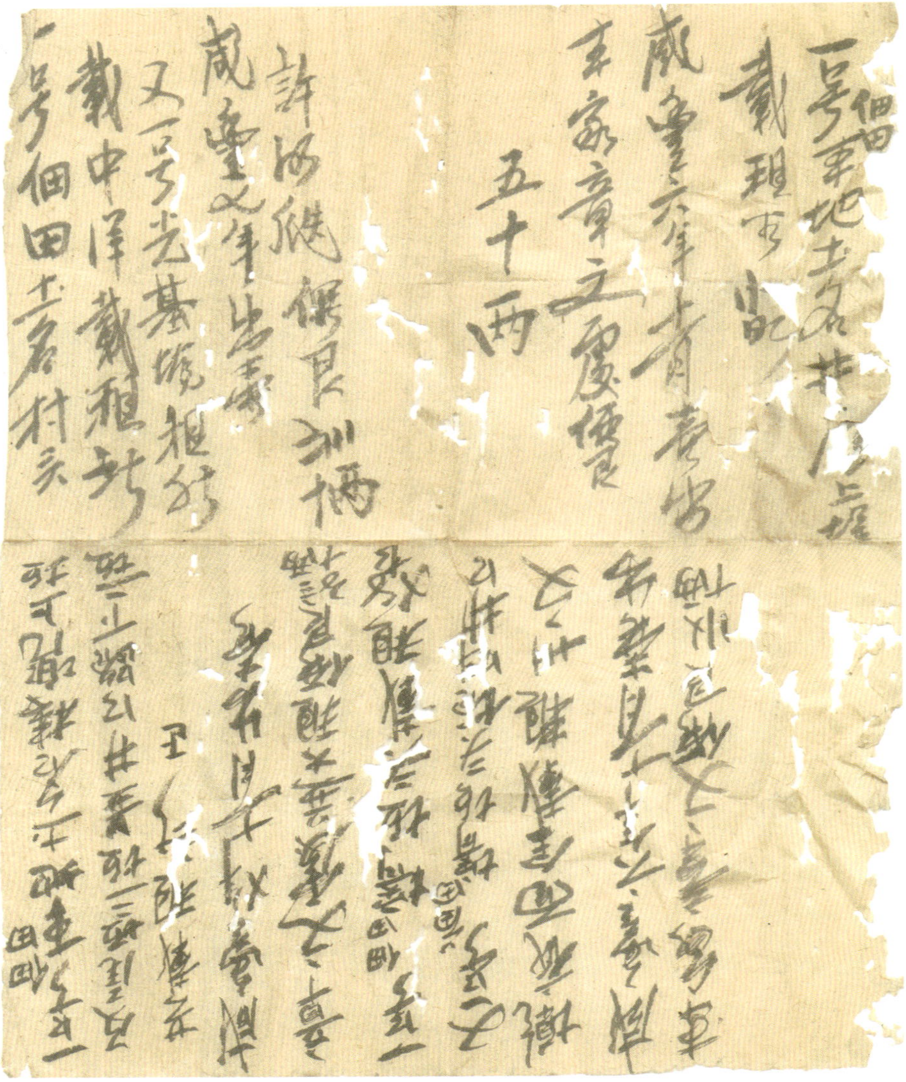

一号佃田東地土名林厝上坵
載租廿二記
咸豐六年十二月賣與
本家章文慶價艮
五十两
許紹儀價艮卅两
咸豐七年出賣
又一号光基墘租谷
載中洋載租谷
一号佃田土名后村头

5-3-29-3　清咸豐年間鄭氏置産清單（三）

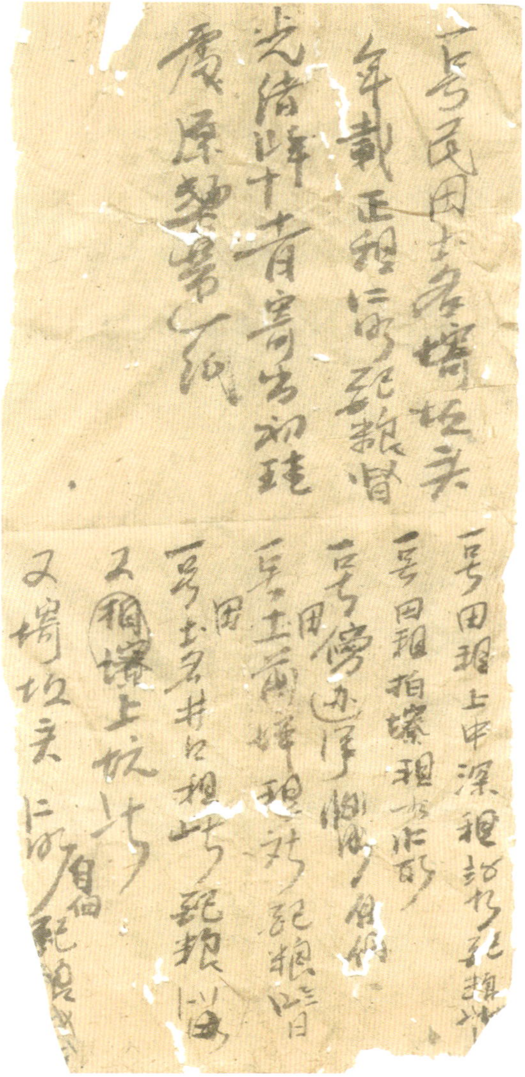

5-3-30-1　清光緒年間鄭氏置産清單（一）

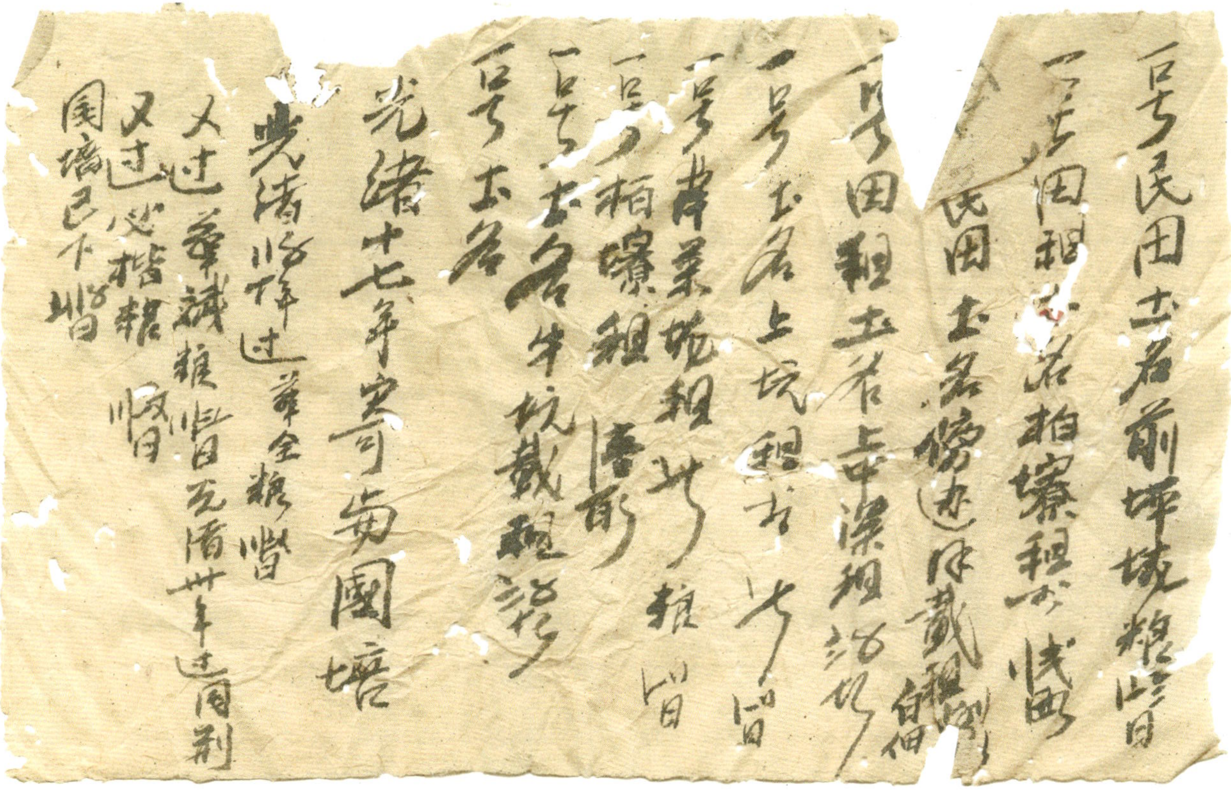

5-3-30-2　清光緒年間鄭氏置産清單（二）

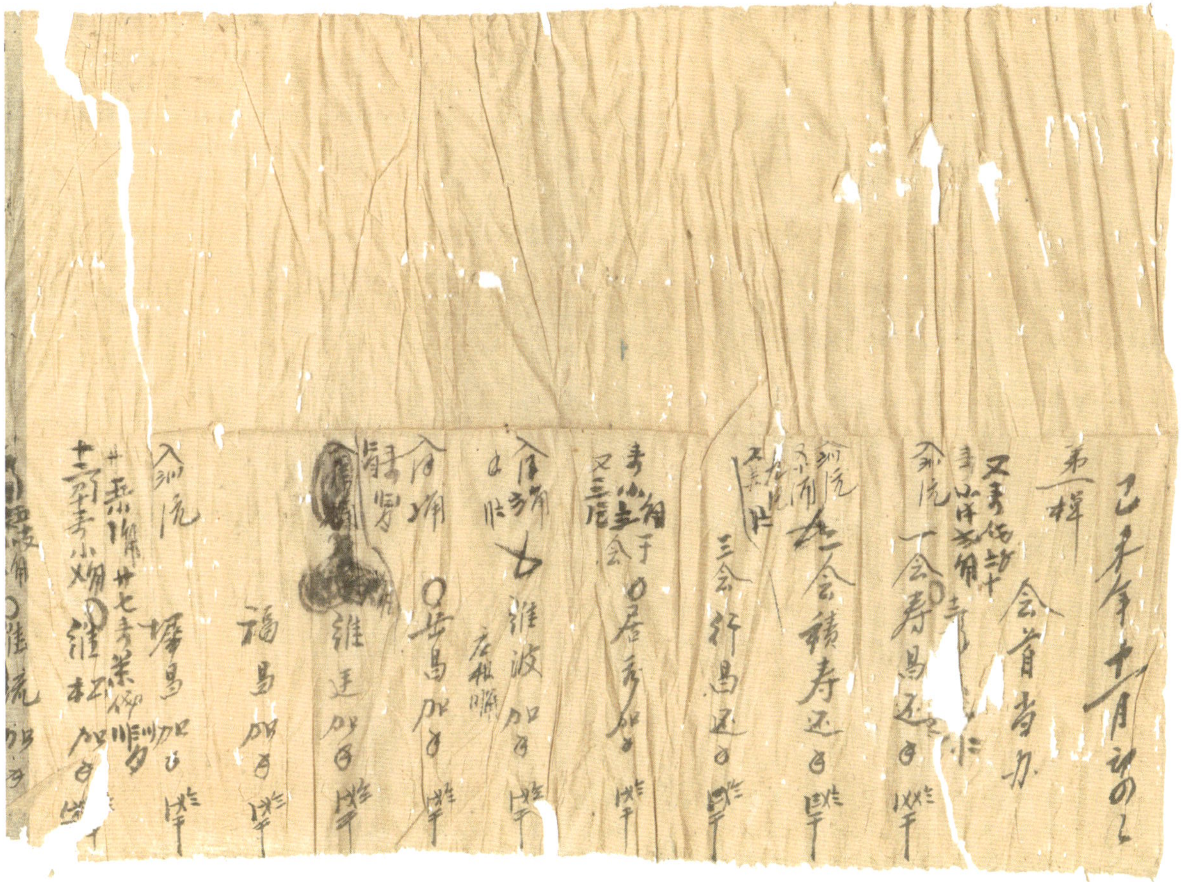

5-3-31-1　民國時期鄭氏會首清單（一）

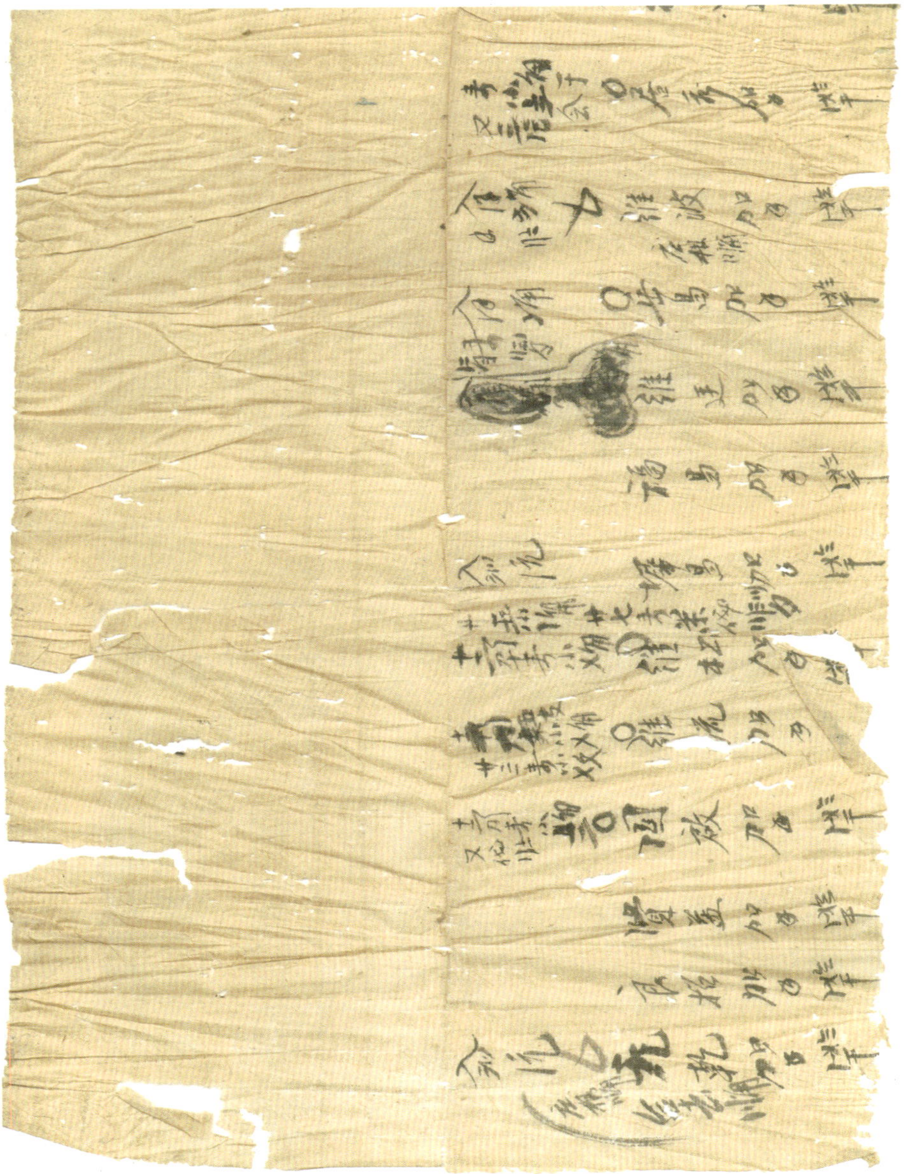

5-3-31-2　民國時期鄭氏會首清單（二）

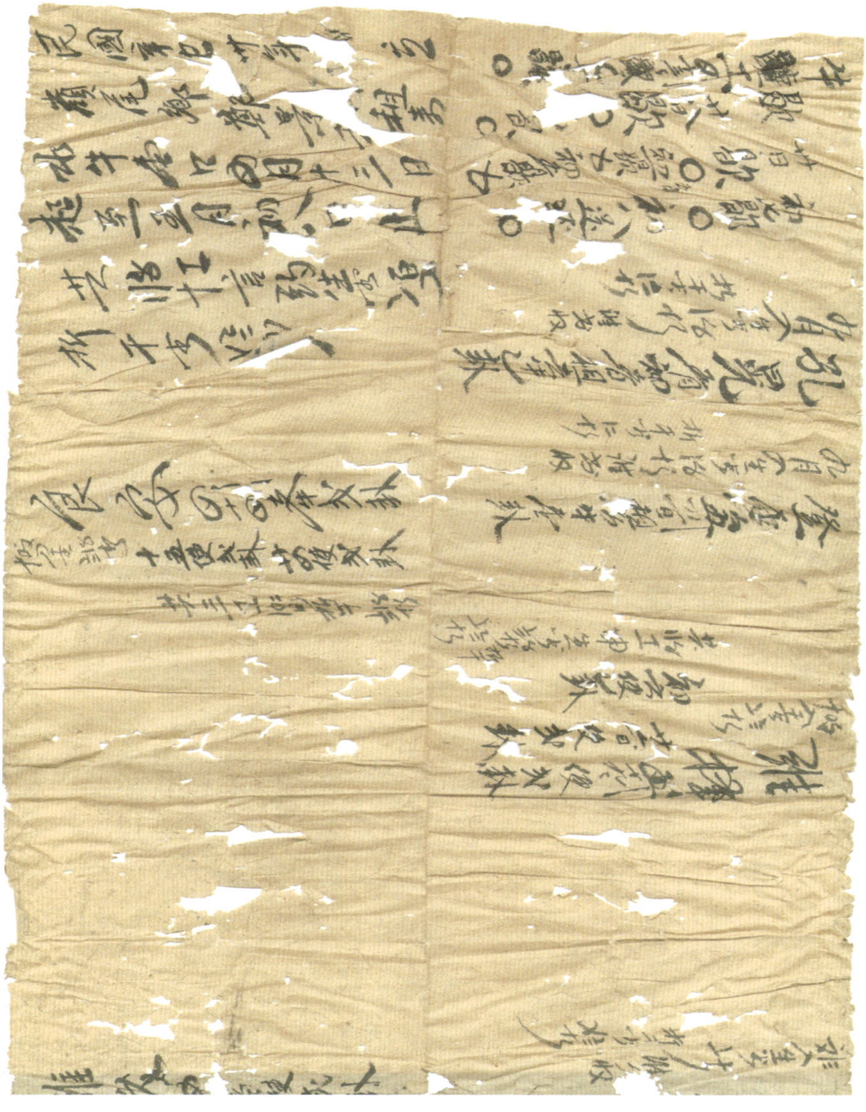

5-3-32-1　民國時期鄭氏牛工清單（一）

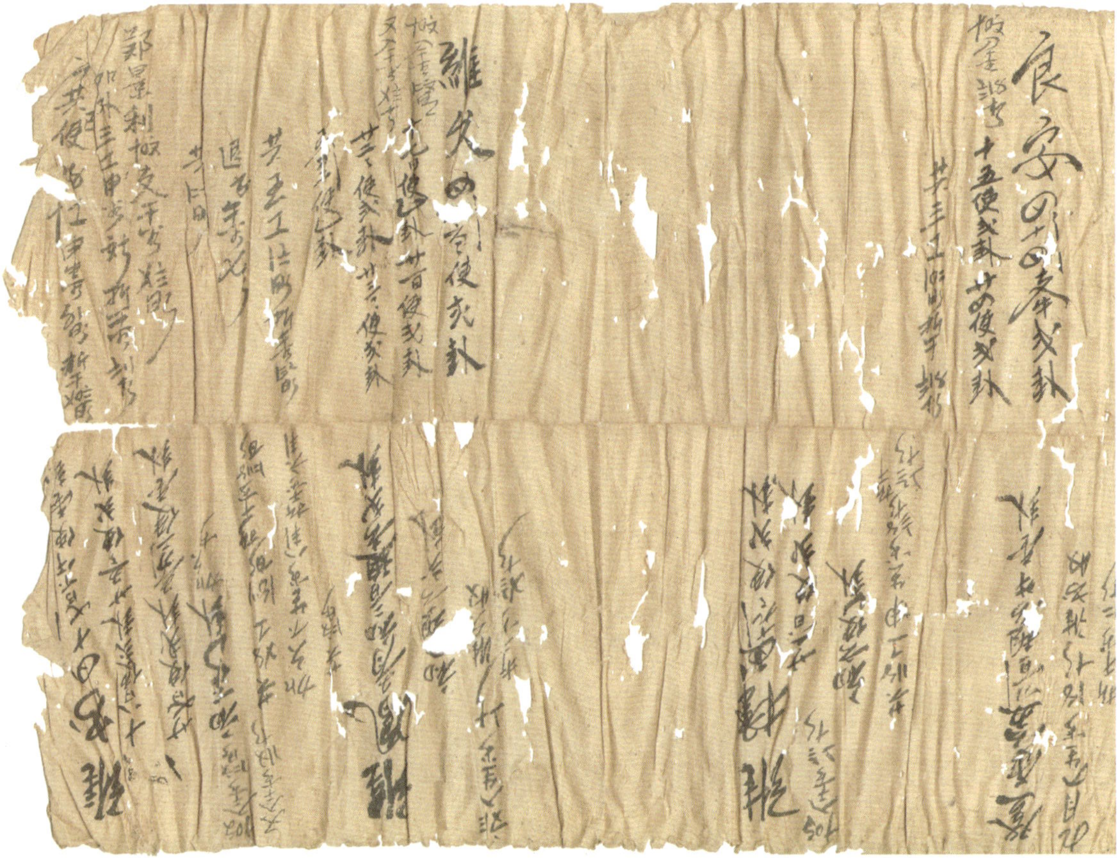

5-3-32-2　民國時期鄭氏牛工清單（二）

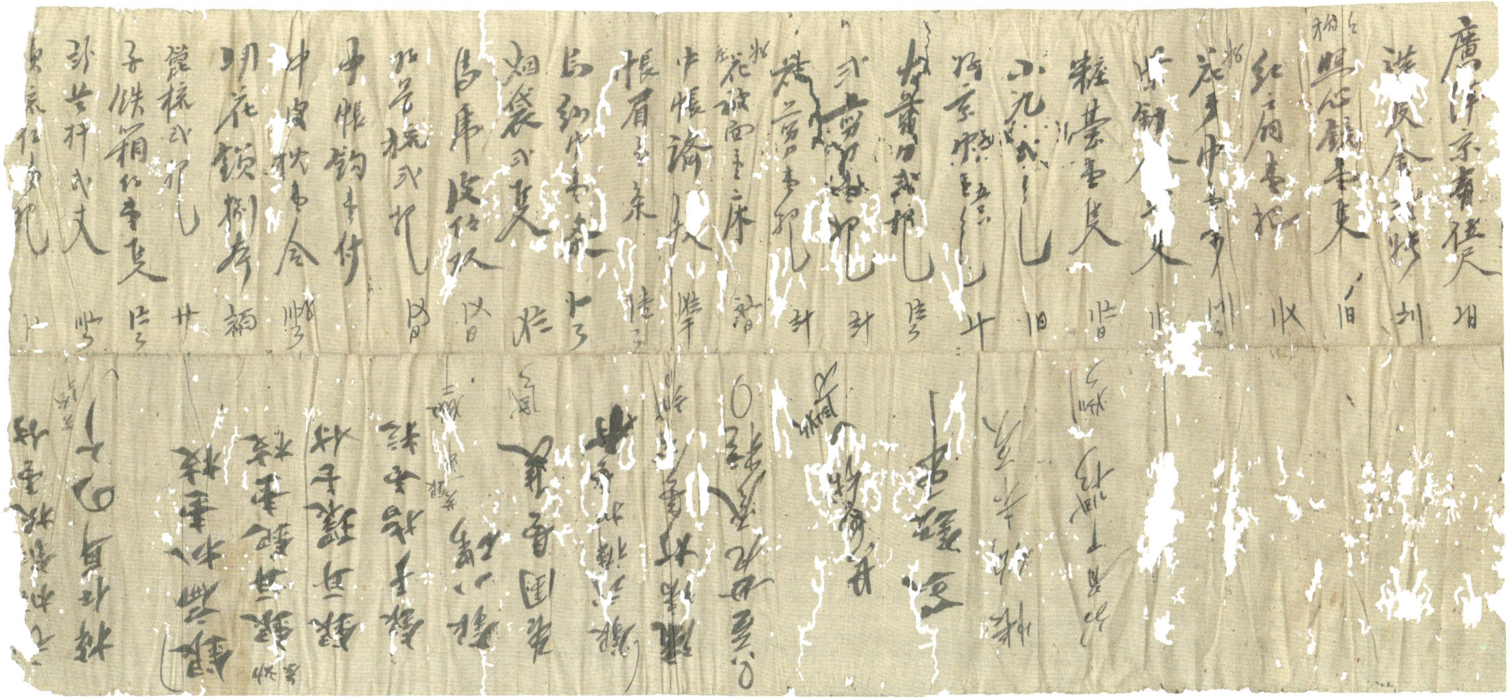

5-3-33-1　清道光咸豐年間鄭步廣户銀器清單（一）

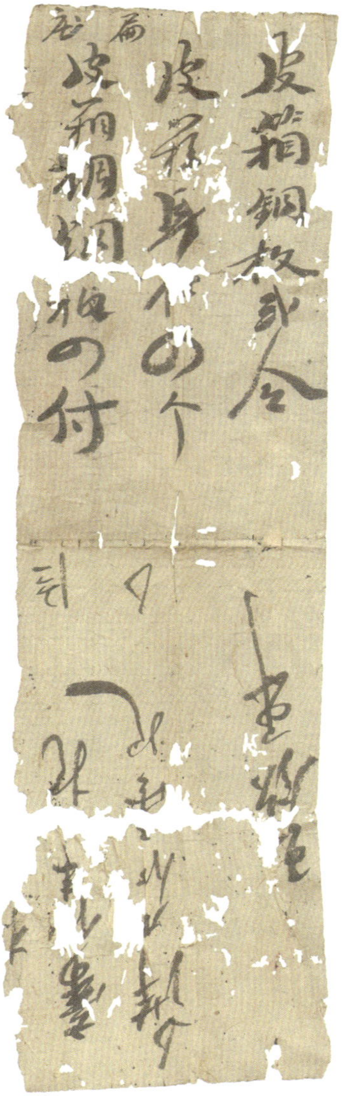

5-3-33-2　清道光咸豐年間鄭步廣户銀器清單（二）

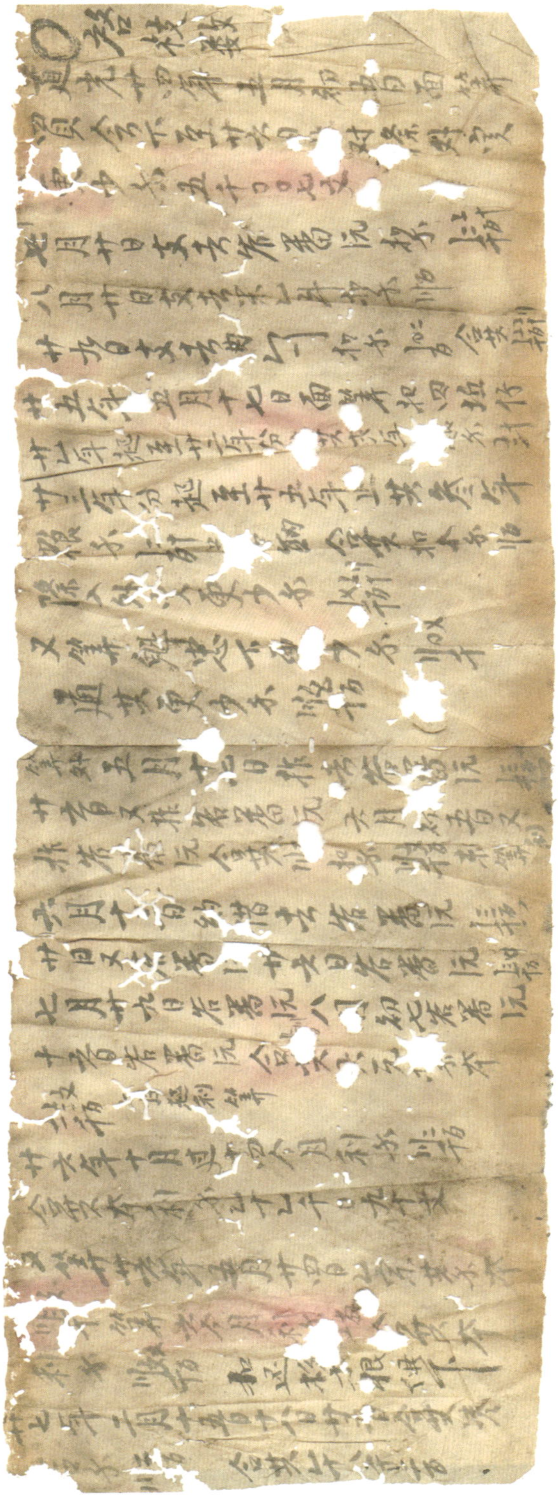

5-3-34-1　清道光年間鄭步廣户往來賬目

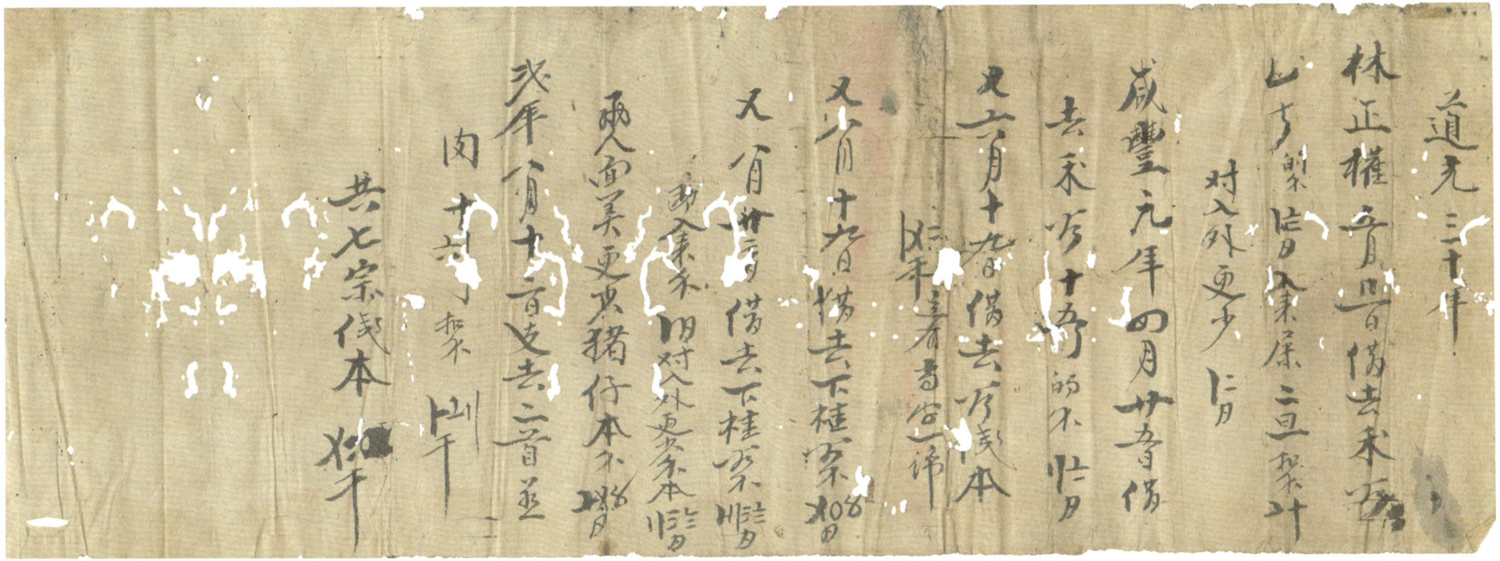

5-3-34-2　清咸豐年間鄭步廣户往來賬目

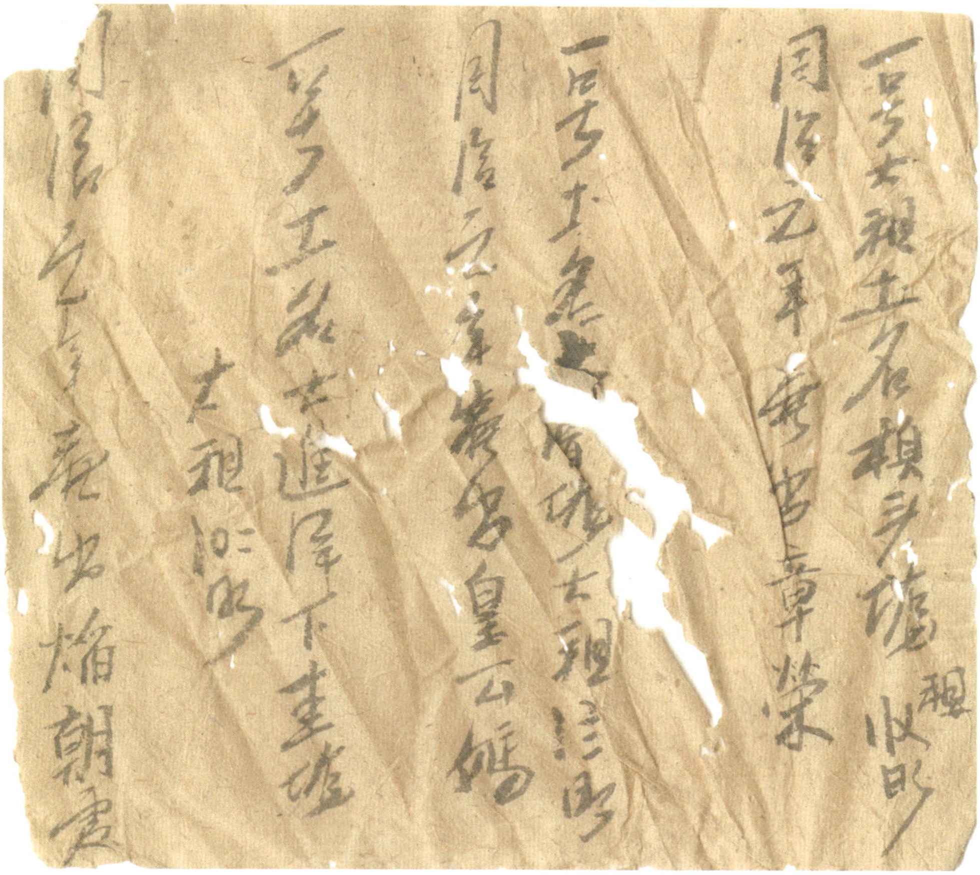

5-3-34-3　清同治年間鄭氏收租清單

5-3-34-4　清光緒元年十一月永福知縣鄭爲鄭作鎔立齒德兼優匾

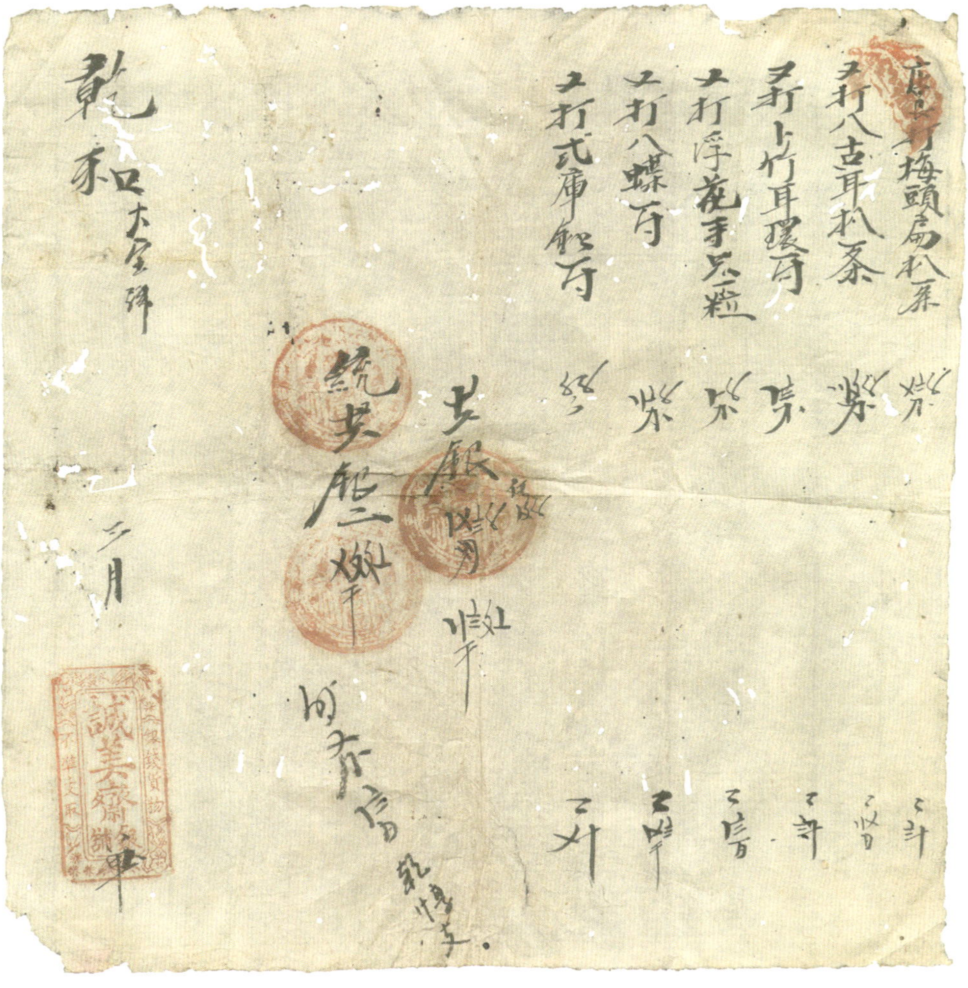

5-3-34-5　誠美齋銀鋪清單（年代不詳）

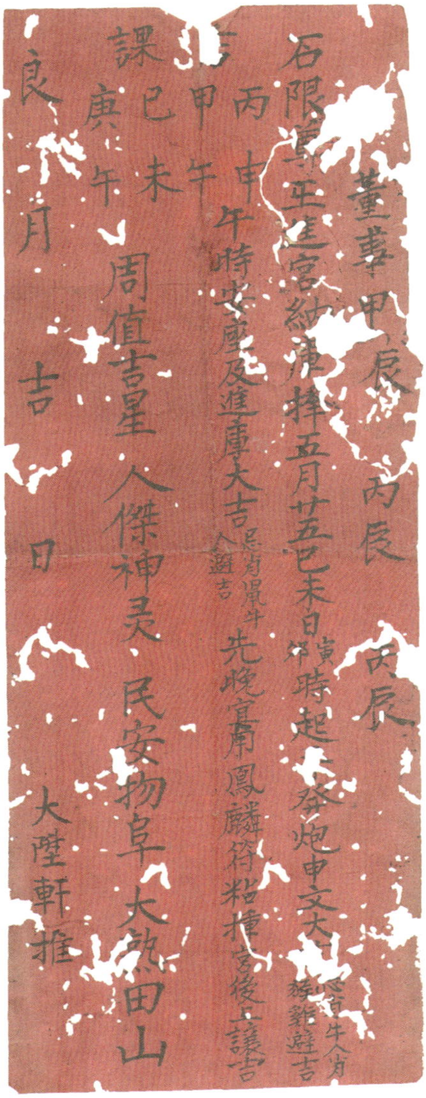

董事 甲辰 丙辰 丙辰

石限尊王進宮紗帽擇五月廿五巳未日寅卯時起發炮申文大□ 忌□牛人肖 族□避吉

丙申 午時安座及進庫大吉 忌肖鼠牛人避吉 先晚宜用鳳麟符粘撞宮後上讓吉

三 甲午

課 巳未 庚午 周值吉星 人傑神靈 民安物阜 大熟田山

良 月 吉 日 大壁軒推

5-3-34-6　石限尊王安座進庫吉課（年代不詳）

第四帙　鄭爾堂户

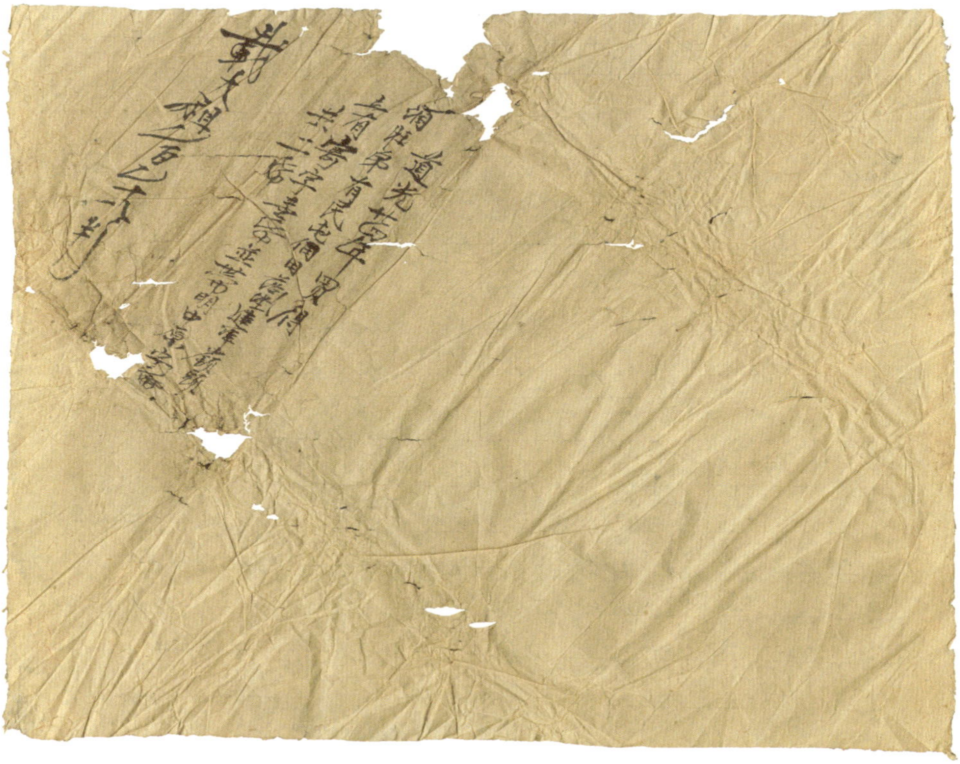

5-4-1-1　包契紙

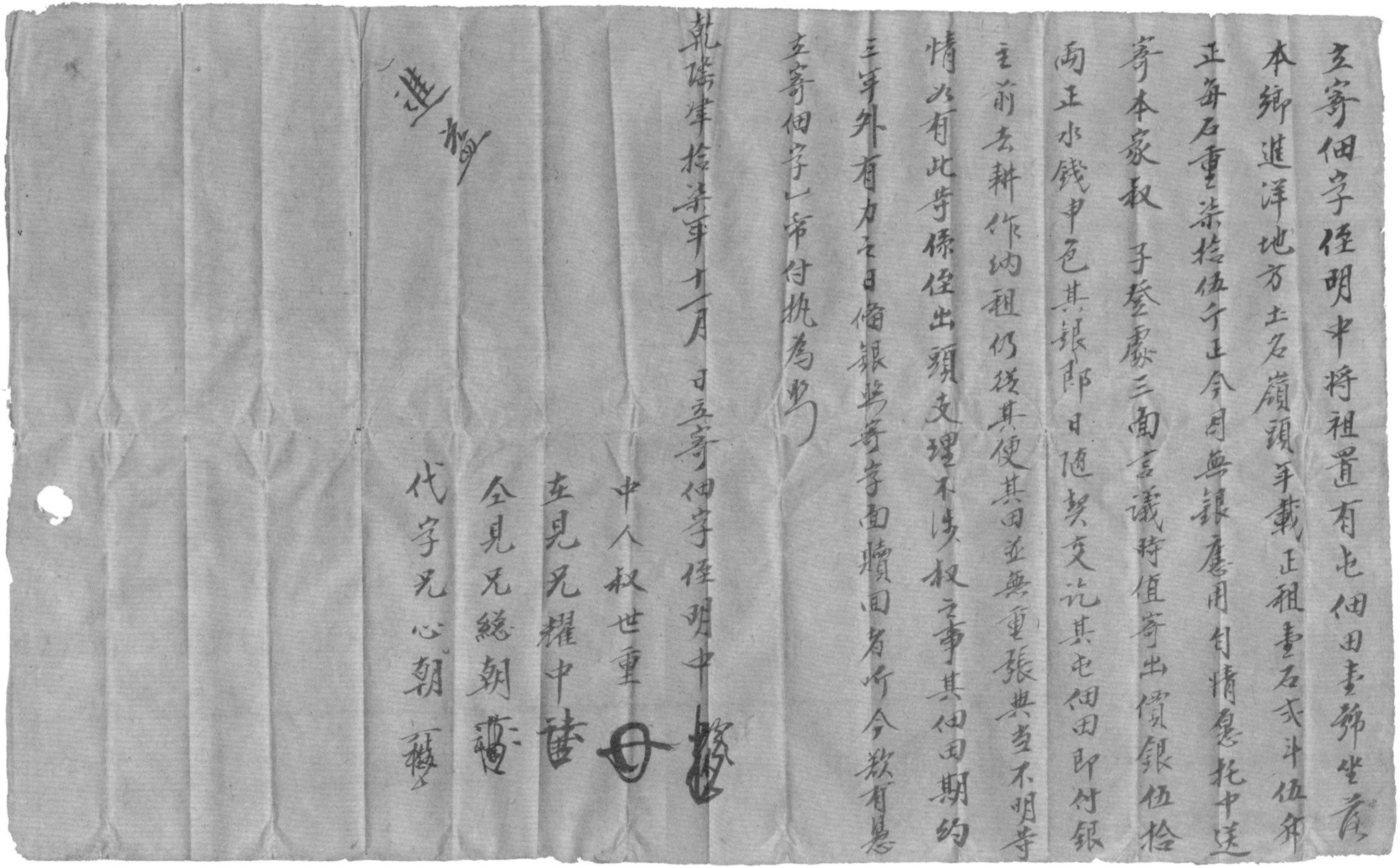

立寄佃字侄明中將祖置有屯佃田壹節坐落
本鄉進洋地方土名嶺頭年載正租壹石弍斗伍升
正每石重柒拾伍斤正今因無銀應用甘情愿托中送
寄本家叔 子登處三面言議時值寄出價銀伍拾
兩正水錢申色其銀即日隨契交訖其屯佃田即付銀
主前去耕作納租仍從其便其田並無重張典查不明等
情如有此等係侄出頭支理不涉叔之事其佃田期約
三年外有力之日備銀照寄字面贖回者㪽今欲有憑
立寄佃字一帋付執為照

乾隆肆拾柒年十一月 日立寄佃字侄明中（押）
中人叔世重（押）
在見兄耀中（押）
仝見兄總朝（押）
代字兄心朝（押）

進壹

5-4-1-2　清乾隆四十七年十一月鄭明中立寄屯佃田字

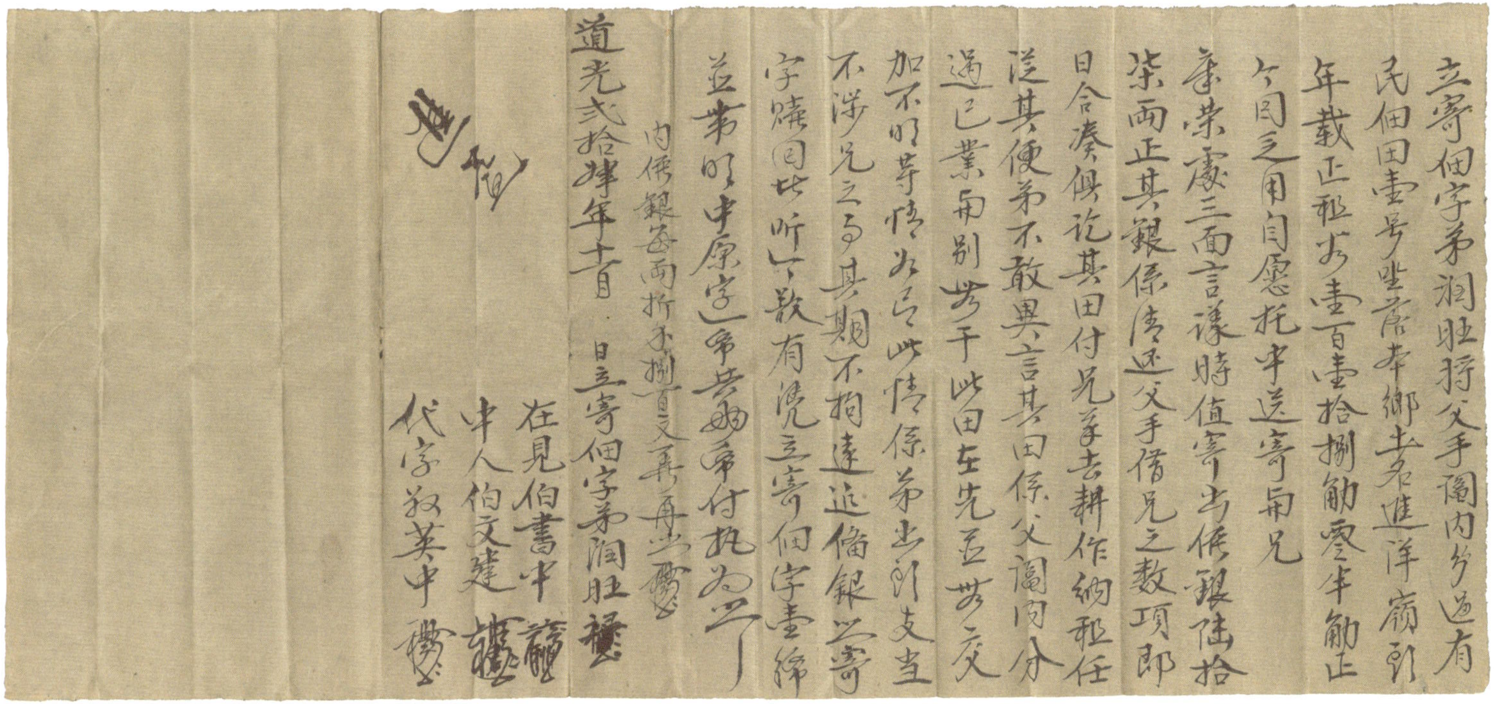
立寄佃字弟潤旺将父手阄内分過有
民佃田壹号坐落本鄉土名進洋嶺頭
年載正租谷壹百壹拾捌觔零半觔正
今因乏用自愿托中送寄与兄
承荣處三面言議時值寄出價銀陸拾
柒兩正其銀係清還父手借兄之數項即
日合凑俱讫其田付兄弟去耕作纳租任
從其便弟不敢異言其田係父阄内分
過己業與别房干此田在先並無交
加不明等情如有此情係弟出頭支當
不涉兄之事其期不拘遠近備銀上寄
字贖回此斯卜欵有憑立寄佃字壹紙
並弟明中原字送與兄收付執為照
内係銀每両折柒捌百文算再照
道光弍拾肆年十一月　日立寄佃字弟潤旺
在見伯書中
中人伯文建
代字叔英中

5-4-1-3　清道光二十四年十一月鄭潤旺立寄民佃田字

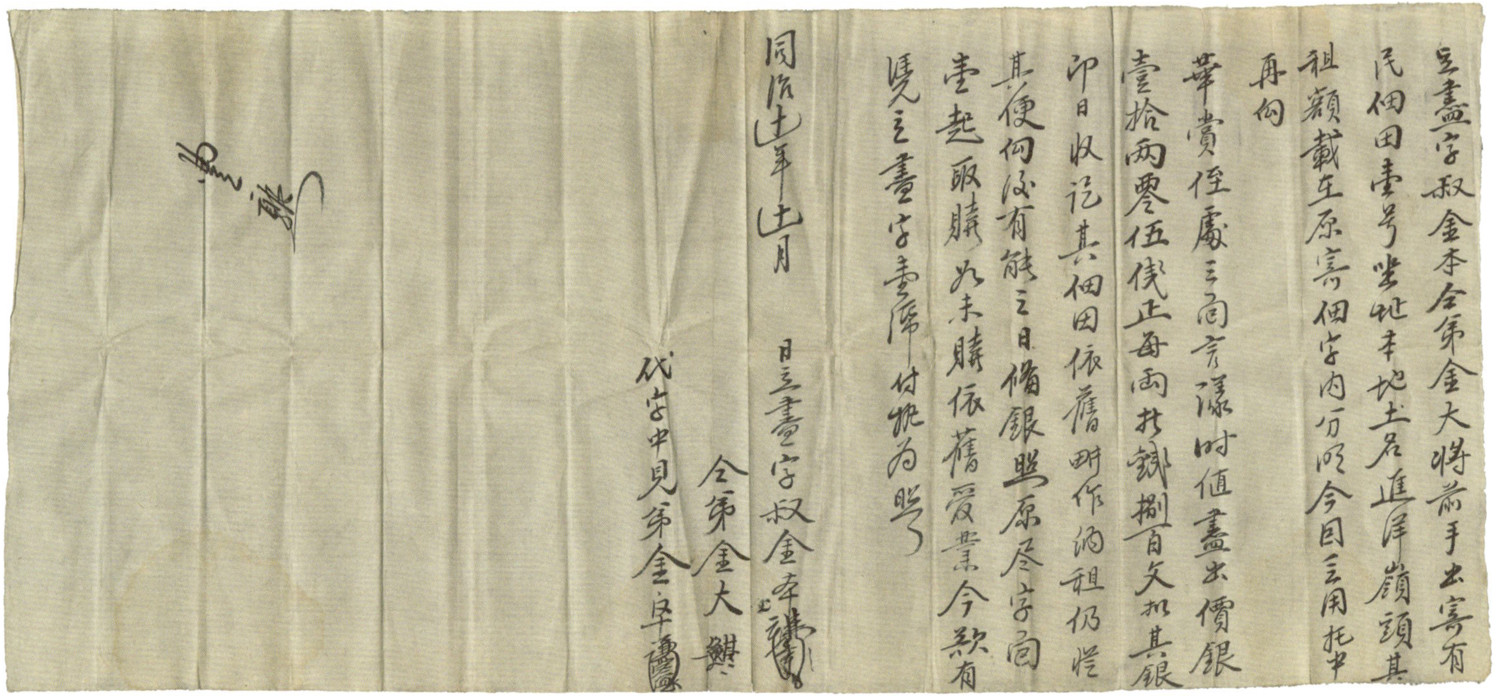
立盡字叔金本仝弟金大將前手出賣有
民佃田壹号坐址本地土名進岸嶺頭其
祖額載在原賣佃字内分明今因乏用托中
再向
華賞侄處三面言議時值盡出價銀
壹拾兩零伍錢正每兩扣錢捌百文扣其銀
即日收訖其佃田依舊聽作納租仍從
其便向後有能之日備銀照原盡字向
壹起取贖如未贖依舊管業今欲有
憑立盡字壹紙付執為照

同治十一年十一月　日立盡字叔金本（押）
仝弟金大（押）
代字中見弟金早（押）

5-4-1-4　清同治十一年十一月鄭金本等立盡民佃田字

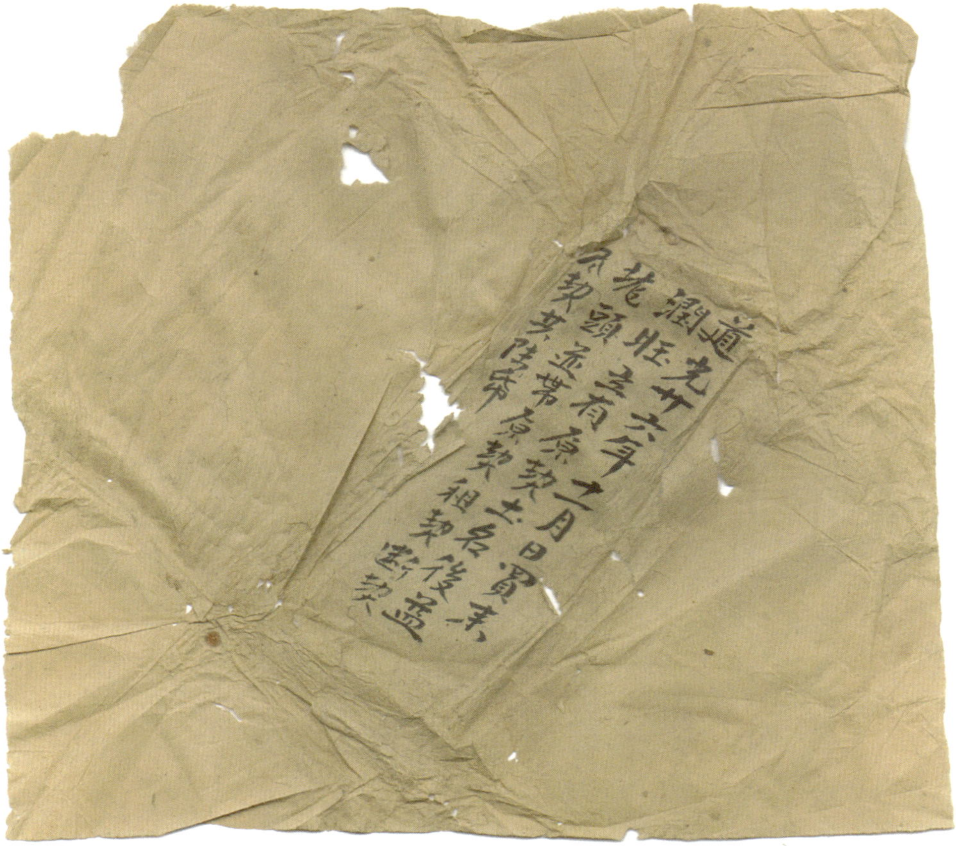

5-4-2-1　包契紙

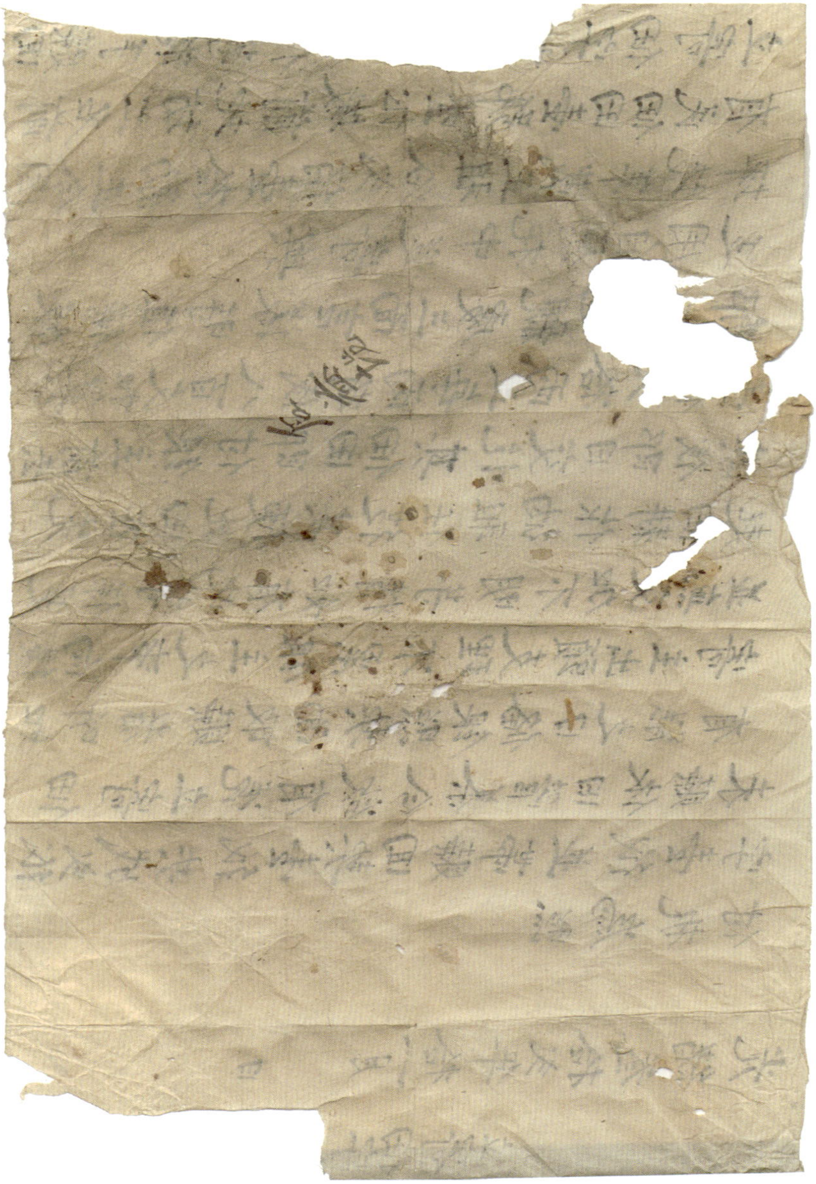

5-4-2-2　包契紙

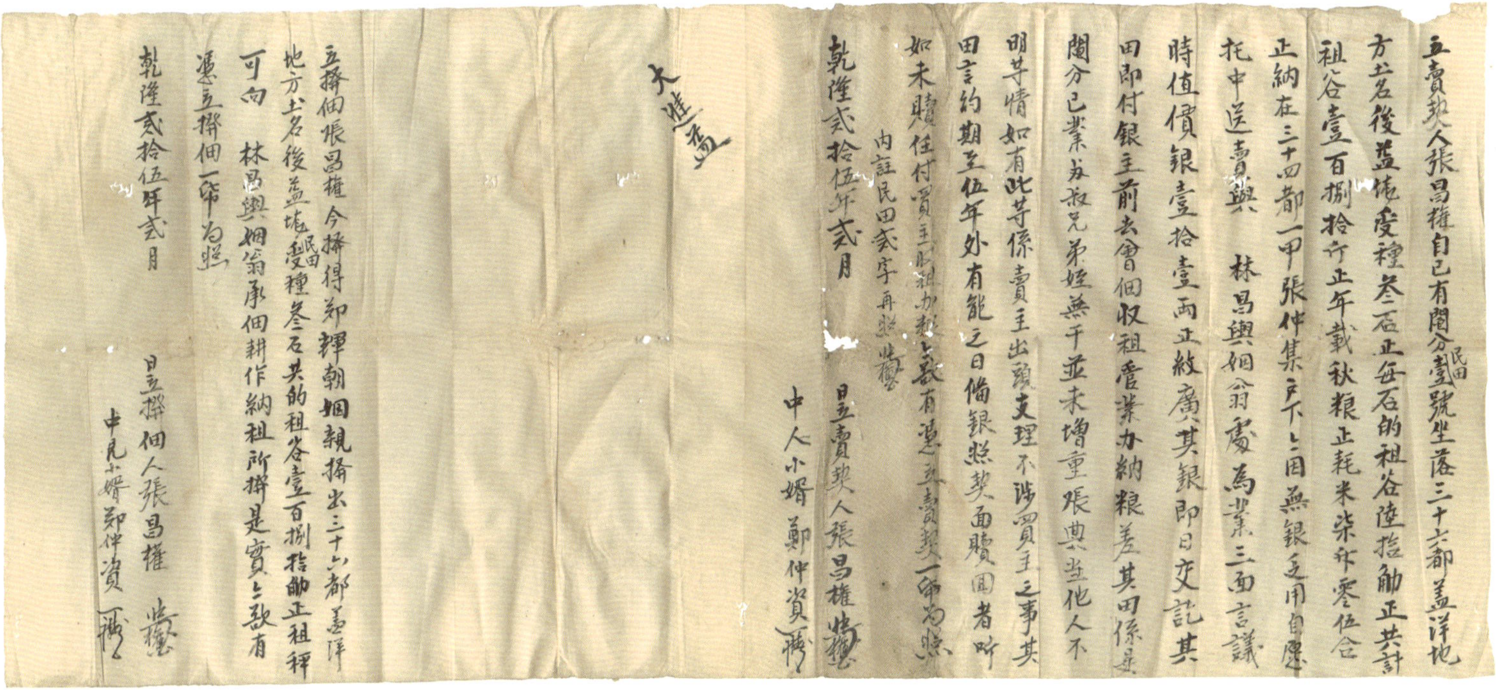
立賣契人張昌權自己有閹分民田壹號坐落三十六都蓋洋地
方土名後蓋墘受種叁石正每石的租谷陸拾觔正共計
租谷壹百捌拾斤正年載秋粮正耗米柒升零伍合
正納在三十四都一甲張仲集戶下今因無銀應用自愿
托中送賣與　林昌興姻翁處為業三面言議
時值價銀壹拾壹兩正紋廣其銀即日交訖其
田即付銀主前去會佃收租管業办納粮差其田係是
閹分己業與叔兄弟姪無干並未增重張典與他人不
明等情如有此等係賣主出頭支理不涉買主之事其
田言約期至伍年外有能之日備銀照契面贖回者聽
如未贖任付買主收租办粮今欲有憑立賣契一紙為照
内註民田貳字再照
乾隆貳拾伍年貳月
日立賣契人張昌權
中人小婿鄭仲資
大進益
立擗佃張昌權今擗得鄭鍕朝姻親擗出三十六都蓋洋
地方土名後蓋墘民田受種叁石其的租谷壹百捌拾觔正租秤
可向　林昌興姻翁承佃耕作納租所擗是實今欲有
憑立擗佃一紙為照
乾隆貳拾伍年貳月
日立擗佃人張昌權
中見小婿鄭仲資

5-4-2-3　清乾隆二十五年二月張昌權立賣民田契

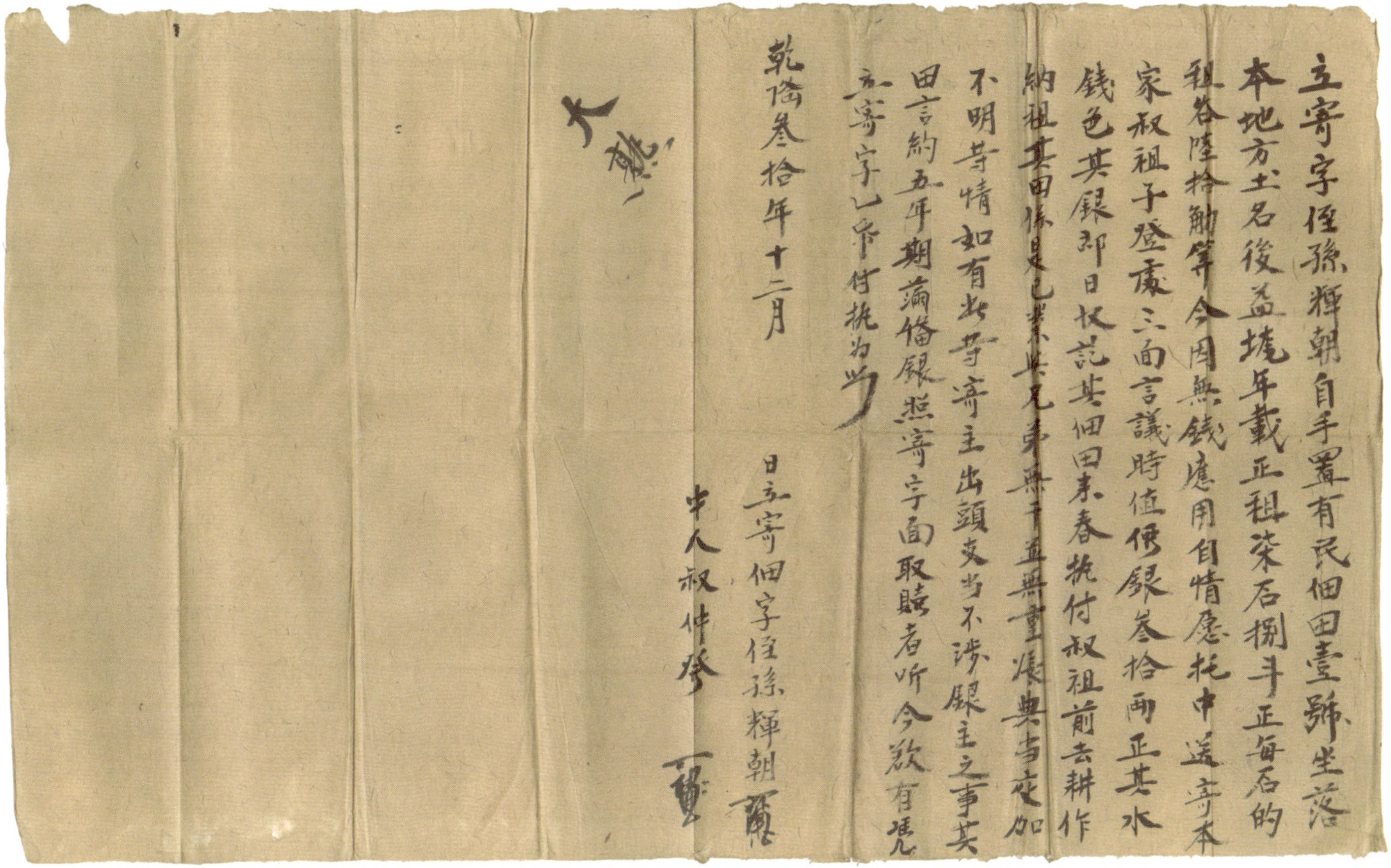
立寄字侄孫輝朝自手置有民佃田壹號坐落
本地方土名後益墘年載正租柒石捌斗正每石的
租谷陸拾觔算今因無錢應用自情愿托中送寄本
家叔祖子登處三面言議時值價銀叁拾兩正其水
錢色其銀即日收訖其佃田来春執付叔祖前去耕作
納租其田係是己業與兄弟無干並無重張典當交加
不明等情如有此等寄主出頭支当不涉銀主之事其
田言約五年期滿備銀照寄字面取贖者听今欲有憑
立寄字一帋付執为照
乾隆叁拾年十二月　日立寄佃字侄孫輝朝（押）
中人叔仲登（押）
大吉

5-4-2-4　清乾隆三十年十二月鄭輝朝立寄民佃田字

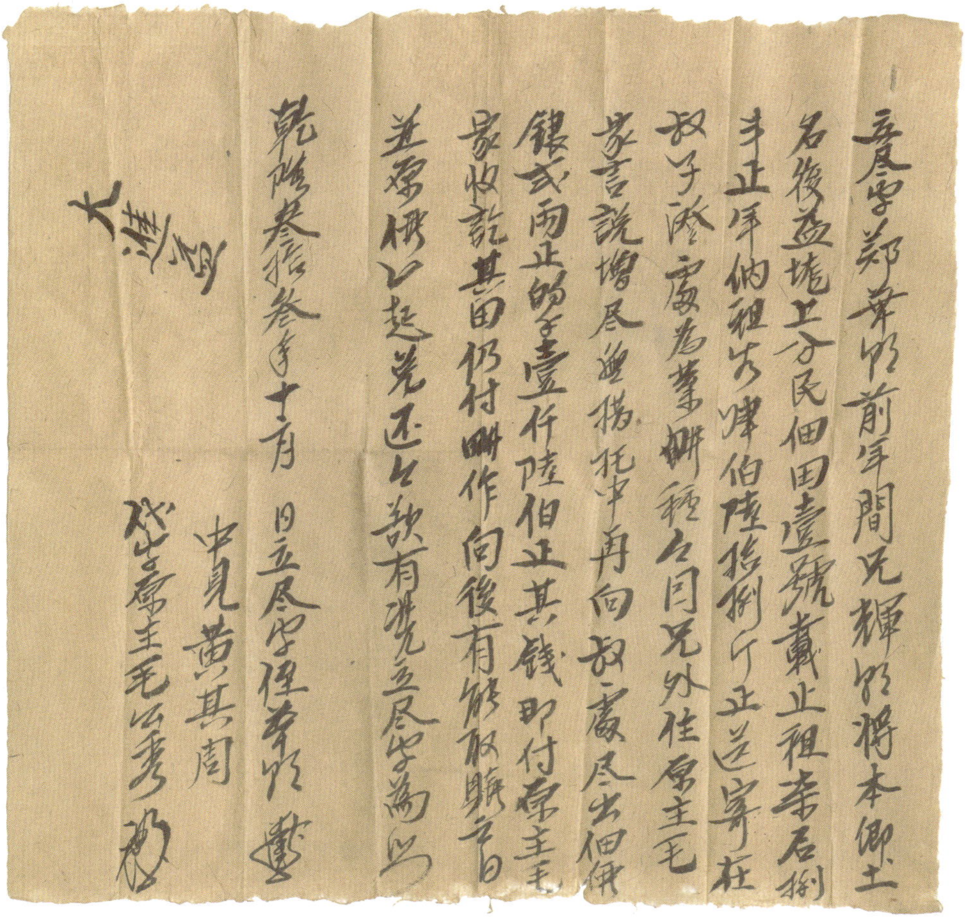
立盡字鄭華朝，前年間兄輝朝將本鄉土
名後溢墘土分民佃田壹號，載正租叁石捌
斗正，年納租谷肆伯陸拾捌斤正，送寄在
叔子澄處爲業耕種。今同兄外往，原主毛
家言說增盡無措，托中再向叔處盡出佃價
銀貳兩正，錢壹仟陸伯正。其錢即付原主毛
家收訖。其田仍付耕作，向後有能取贖之日，
並原價一起先還。此款有憑，立盡字爲照。
乾隆叁拾叁年十二月　日立盡字侄華朝（押）
中見　黃其周
代字原主　毛必秀（押）
大進昌

5-4-2-5　清乾隆三十三年十二月鄭華朝立盡民佃田字

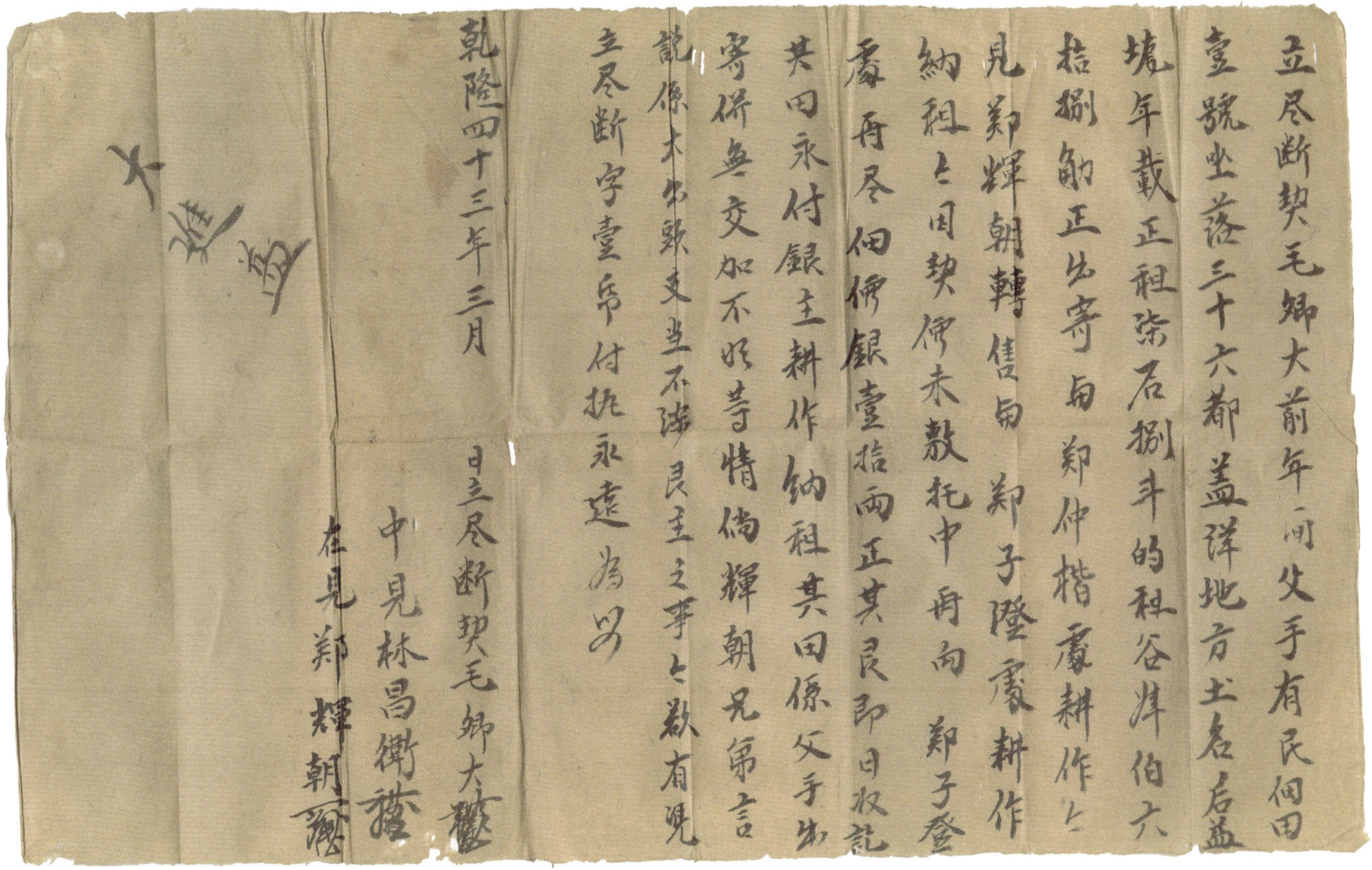
立盡斷契毛卿大前年向父手有民佃田
壹號坐落三十六都蓋洋地方土名后益
墘年載正租柒石捌斗的租谷畔伯六
拾捌斛正出寄與鄭仲楷處耕作々
見鄭輝朝轉售與　鄭子陞處耕作
納租々田契價未敷托中再向　鄭子登
處再盡佃價銀壹拾兩正其艮即日收訖
其田永付銀主耕作納租其田係父手出
寄併無交加不明等情倘輝朝兄弟言
說係本家出頭支當不涉艮主之事々欲有憑
立盡斷字壹帋付執永遠為照
乾隆四十三年三月　　日立盡斷契毛卿大（押）
中見林昌衛（押）
在見鄭輝朝（押）

5-4-2-6　清乾隆四十三年三月毛卿大立盡斷民佃田契

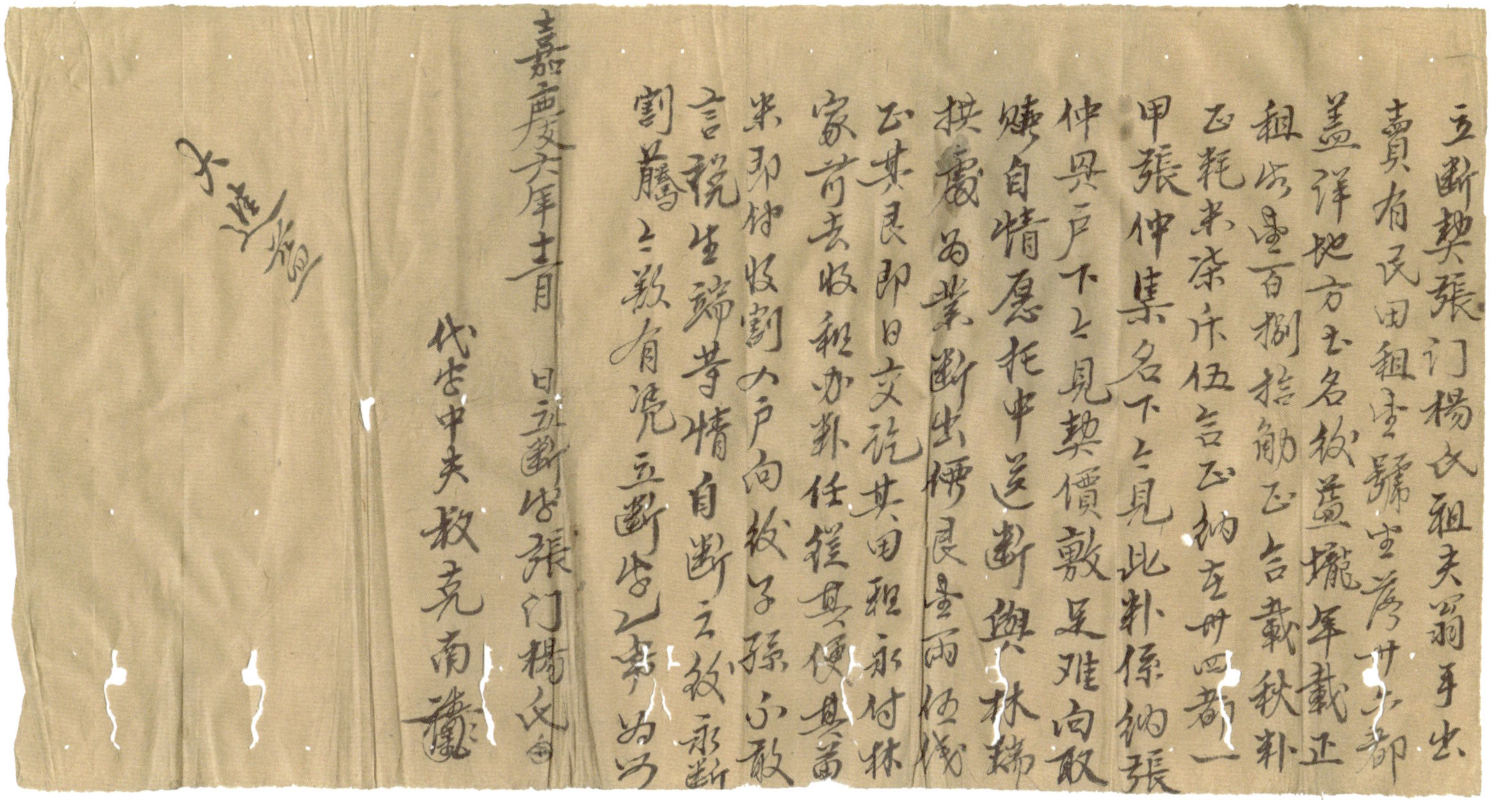
立斷契張门楊氏，祖夫翁手出
賣有民田租，坐落本縣廿六都
蓋洋地方，土名欽蓋壠，年載正
租谷壹百捌拾觔，又載秋租
谷耗米柒斤伍合，又納在卅四都一
甲張仲集名下，上見此租係納張
仲興戶下，上見契價敷足，難向取
贖，自情愿托中送斷與林端
拱處為業，斷出價艮壹兩伍錢
正，其艮即日交訖，其田租永付林
家前去收租办粮，任從其便，其苗
米即付收割入戶向納，子孫不敢
言說生端等情，自斷之後，永斷
割藤，今欲有憑，立斷字一紙為照。
嘉慶六年十二月　日立斷字張门楊氏（押）
代字中人　叔克南（押）

5-4-2-7　清嘉慶六年十二月張門楊氏立斷民田租契

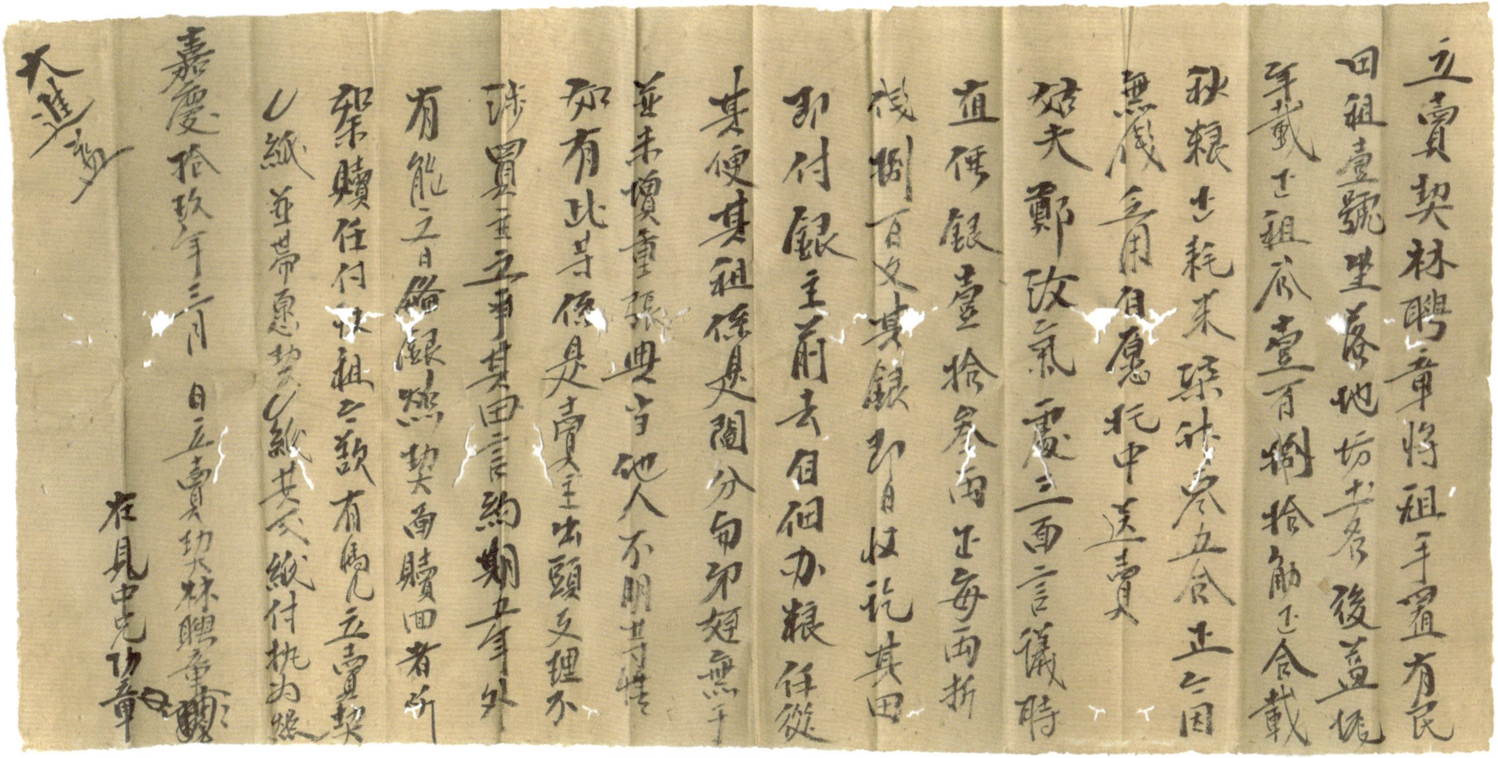
立賣契林聘章將祖手置有民
田租壹號坐落地坊土名後蓋垅
年載大租谷壹百捌拾觔〃仝載
秋粮大耗米柒升叁五合正〃因
無錢應用自愿托中送賣
姑夫鄭玫官處三面言議時
值價銀壹拾叁兩正每兩折
錢捌百文其銀即日收訖其田
即付銀主前去自佃办粮任從
其便其租係是閹分自己物無干
並未曾重張典當他人不明等情
如有此等係是賣主出頭支理不
涉買主之事其田言約期五年外
有能之日備銀照契面贖回者所
架贖任付林祖之款有憑立賣契
一紙並帶原退契一紙共二紙付執為照
嘉慶拾玖年三月　日立賣契人林聘章
在見中兄協章
大進

5-4-2-8　清嘉慶十九年三月林聘章立賣民田租契

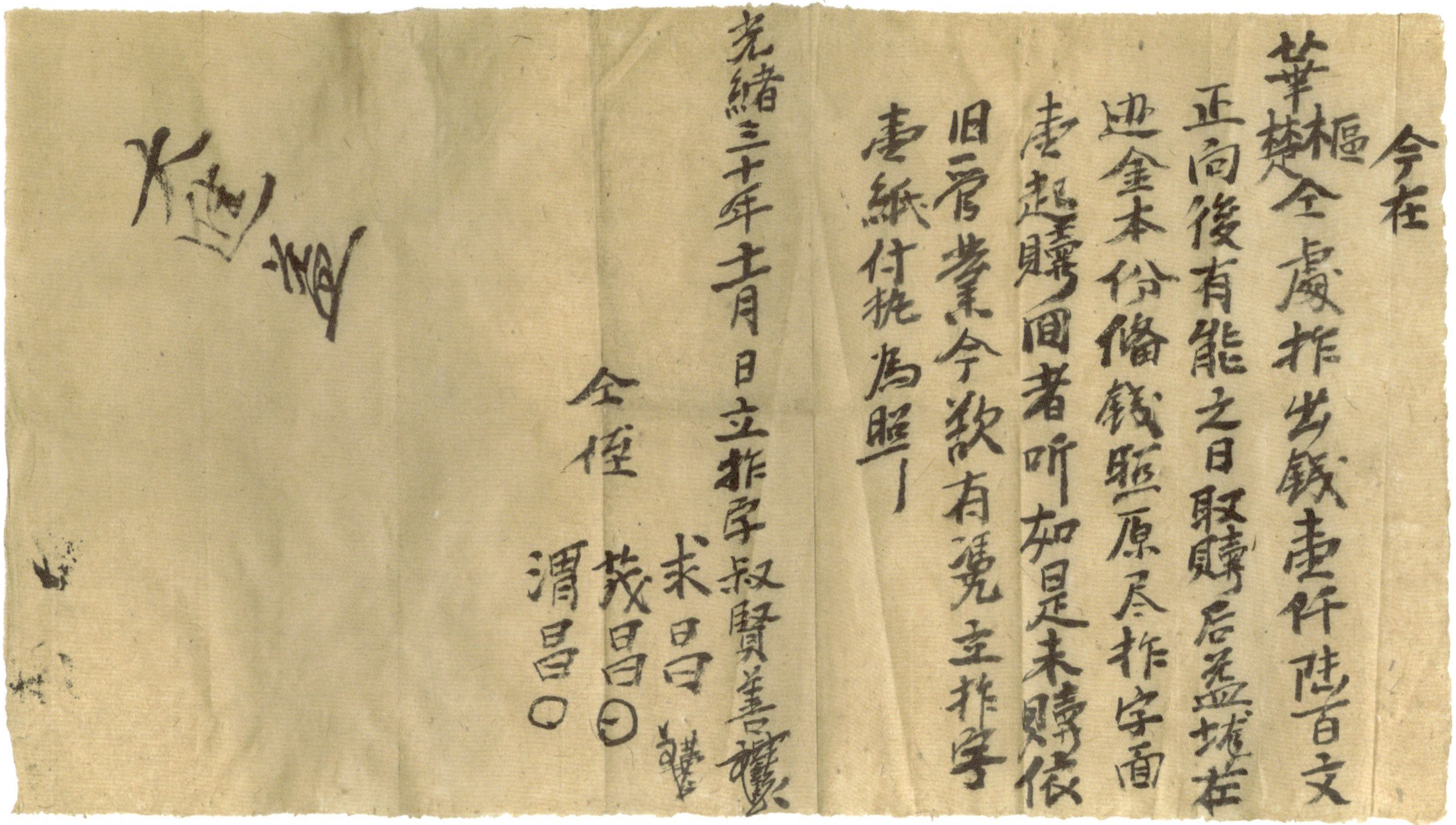

今在
華楚樞仝處作出錢壹仟陸百文
正，向後有能之日取贖，后孟墦若
迎全本份備錢照原尽作字面
壹起贖回者，听加，是未贖依
旧管業。今欲有憑，立作字
壹紙付執為照。

光緒三十年十一月　日立作字叔賢善（押）
求昌（押）
仝侄　茂昌○
渭昌○

5-4-2-9　清光緒三十年十一月鄭賢善等立撮字

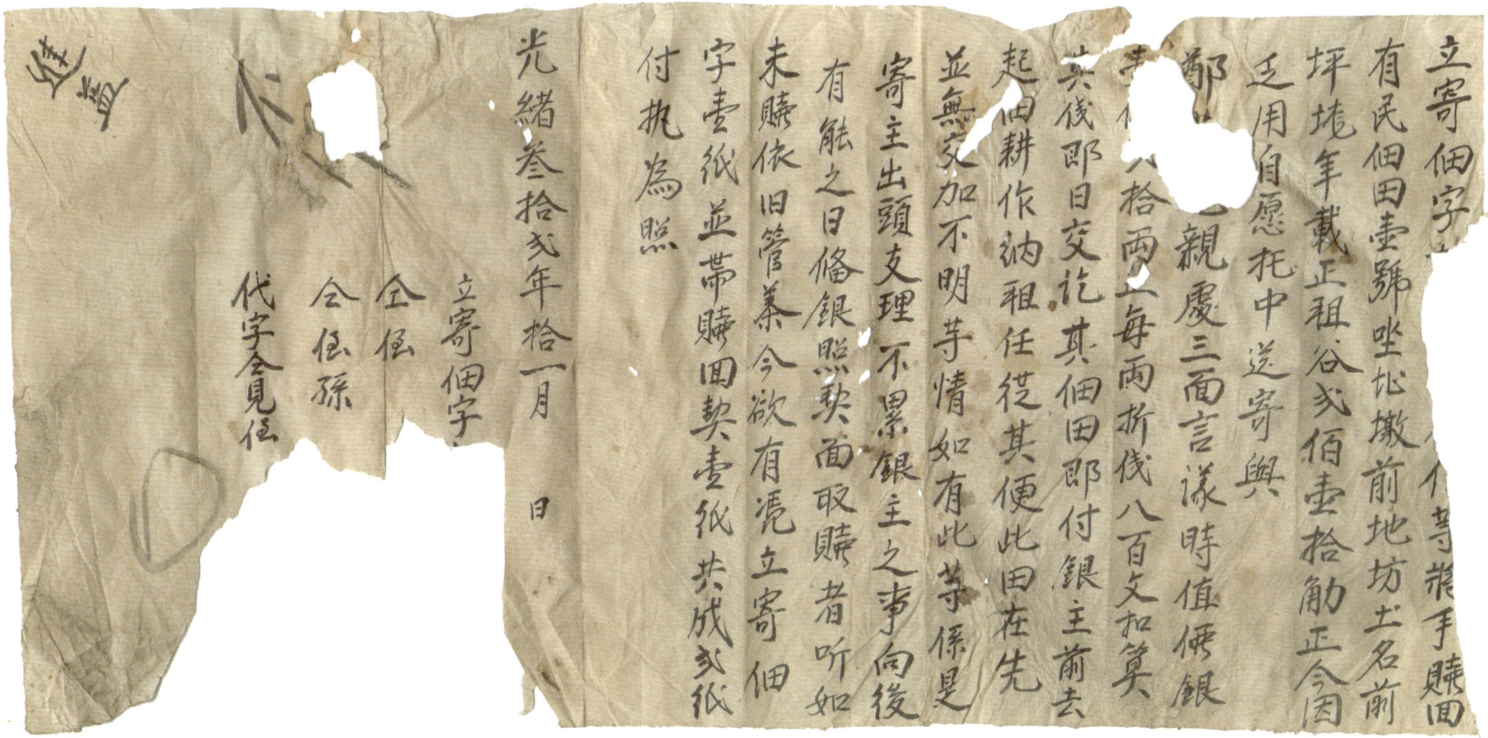
立寄佃字□
有民佃田壹號坐址墩前地坊土名前
坪垅年載正租谷弍佰壹拾觔正今因
乏用自愿托中送寄與
鄭□□親處三面言議時值價銀
□□□拾兩□每兩折伐八百文扣算
共伐即日交訖其佃田即付銀主前去
起佃耕作納租任從其便此田在先
並無交加不明等情如有此等係是
寄主出頭支理不累銀主之事向後
有能之日備銀照契面取贖者听如
未贖依旧管業今欲有憑立寄佃
字壹紙並帶贖田契壹紙共成弍紙
付執為照
□等親手贖田
光緒叁拾弍年拾一月　　日　立寄佃字□
仝侄
仝侄孫
代字仝見侄

5-4-2-10　清光緒三十二年十一月□□□立寄民佃田字（廢契）

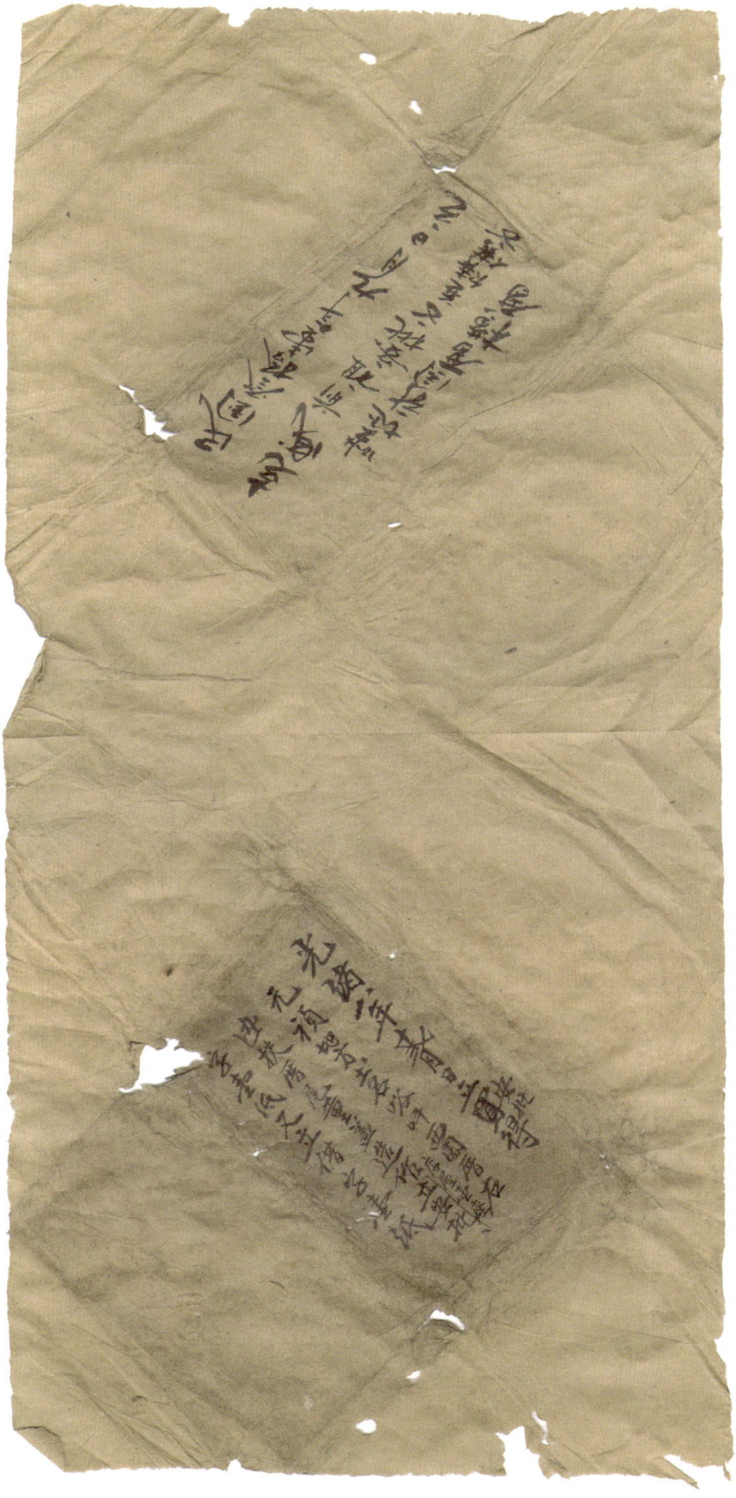

5-4-3-1　包契紙

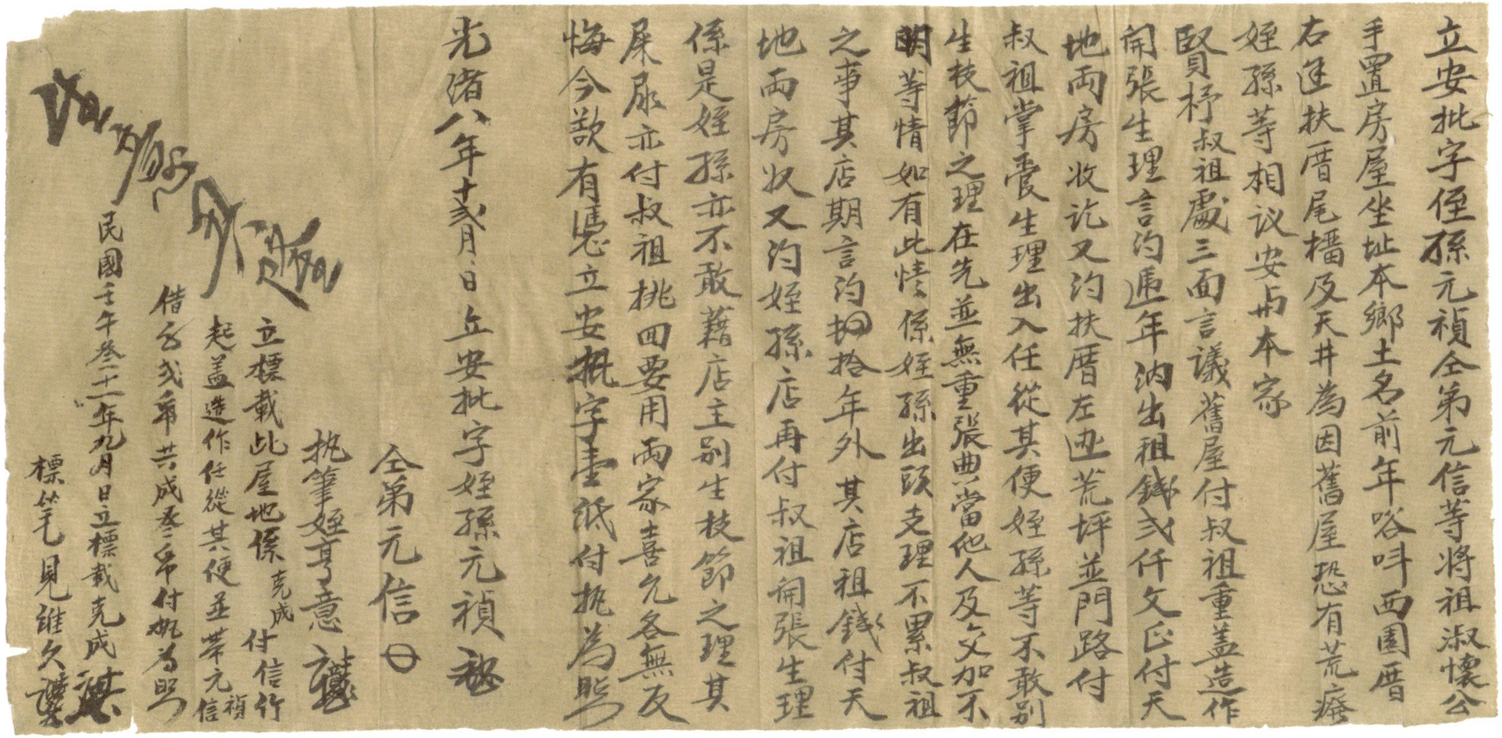
立安批字侄孫元禎仝弟元信等將祖淑懷公
手置房屋坐址本鄉土名前年咯吁西園厝
右廷扶厝尾橺及天井為因舊屋恐有荒廢
姪孫等相议安彤本家
賢村叔祖處三面言議舊屋付叔祖重蓋造作
開張生理言約遞年納出租錢弍仟文正付天
地兩房收讫又約扶厝左邊荒坪並門路付
叔祖掌處生理出入任從其便姪孫等不敢刁
生枝節之理在先並無重張典當他人及文加不
明等情如有此情係姪孫出頭支理不累叔祖
之事其店期言約柳拾年外其店祖錢付天
地兩房收又約姪孫店再付叔祖開張生理
係是姪孫亦不敢藉店主刁生枝節之理其
屎尿亦付叔祖挑回要用兩家喜允各無反
悔今欲有憑立安批字壹紙付批為照
光緒八年十二月　日立安批字姪孫元禎
仝弟元信
執筆姪孫意
立標載此屋地係克成付信行
起蓋造作任從其便並茶元禎元信
借字弍吊共成叁吊付批為照
民國壬午年叁二一年九月　日立標載克成
標筆見雒久

5-4-3-2　清光緒八年十二月鄭元禎等立安批房屋等字

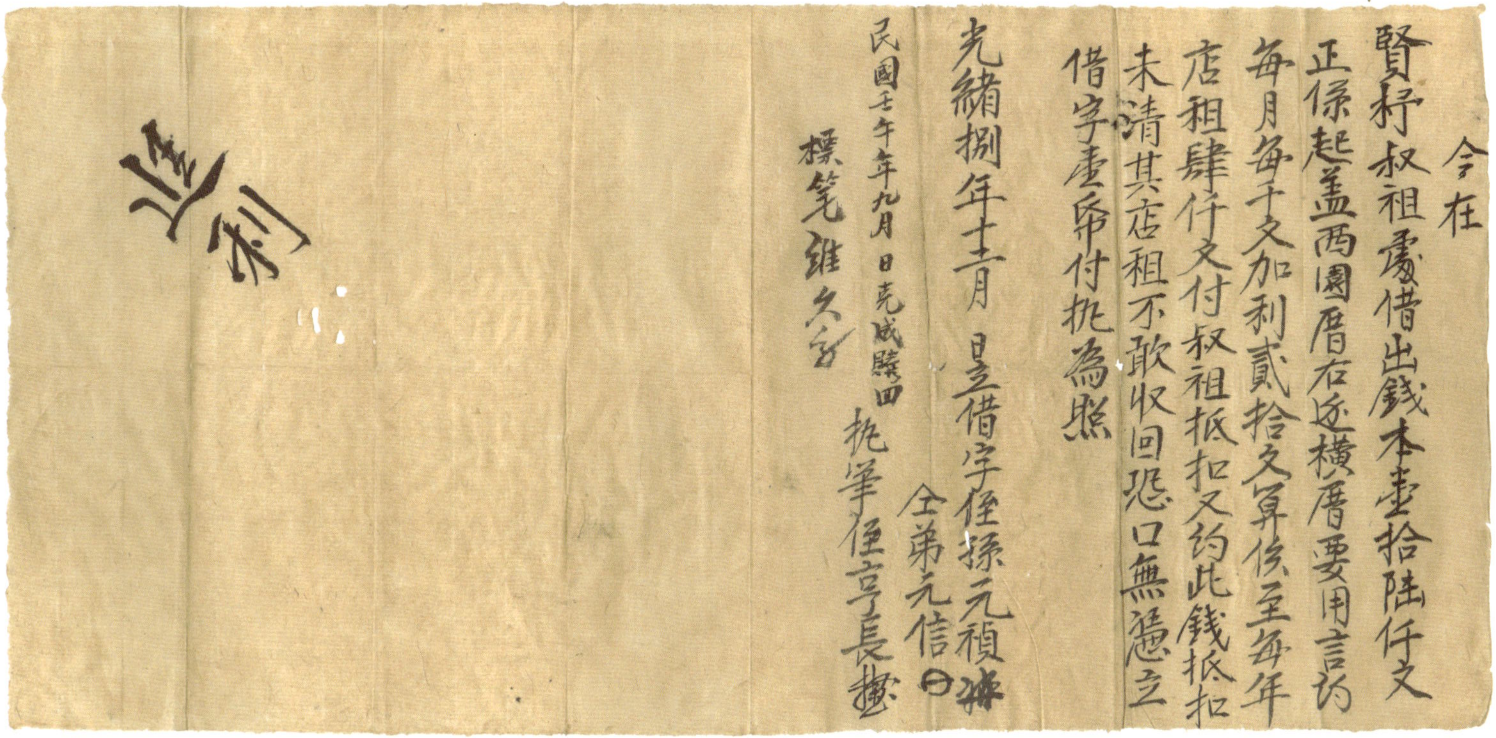

今在
賢猏叔祖處借出錢本壹拾陸仟文
正係起盖西園厝右边横厝要用言約
每月每千文加利貳拾文算俟至每年
店租肆仟文付叔祖抵扣又約此錢抵扣
未清其店租不敢收回恐口無憑立
借字壹帋付执為照
光緒捌年十二月　日立借字侄孫元禎（押）
仝弟元信（押）
执筆侄亨長（押）
民國壬午年九月　日克斌贖回
樸筆維久（押）

5-4-3-3　清光緒八年十二月鄭元禎等立借錢字（一）

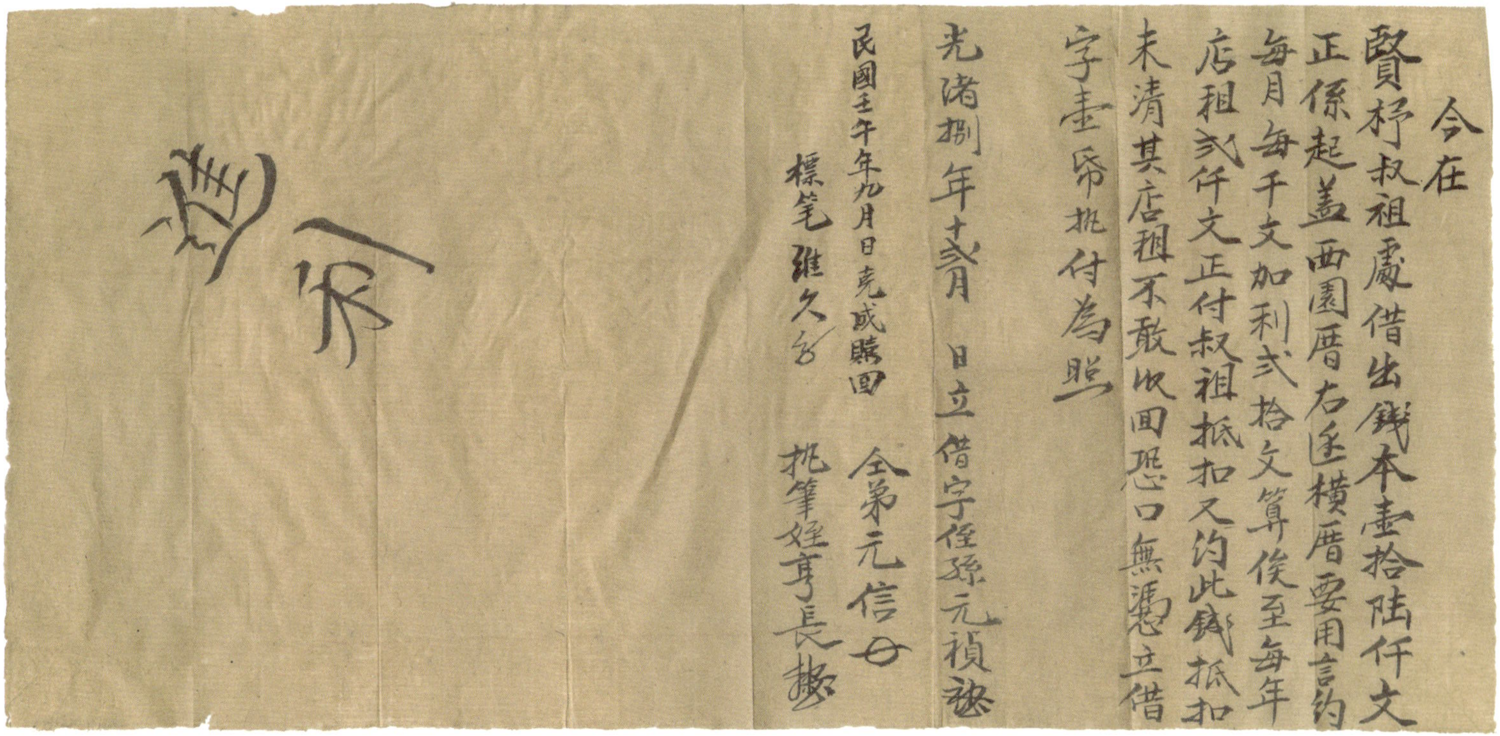

今在
賢杼叔祖處借出錢本壹拾陸仟文
正，係起蓋西園厝右邊橫厝要用，言約
每月每千文加利弍拾文算，俟至每年
店租弍仟文正付叔祖抵扣，又約此錢抵扣
未清，其店租不敢收回，恐口無憑，立借
字壹紙付為照。
光緒捌年十弍月　日立借字侄孫元禎（押）
仝弟元信（押）
執筆姪亨長（押）
民國壬午年九月日堯成贖回
標筆維久（押）
進利

5-4-3-4　清光緒八年十二月鄭元禎等立借錢字（二）

5-4-4-1　包契紙

5-4-4-2　包契紙

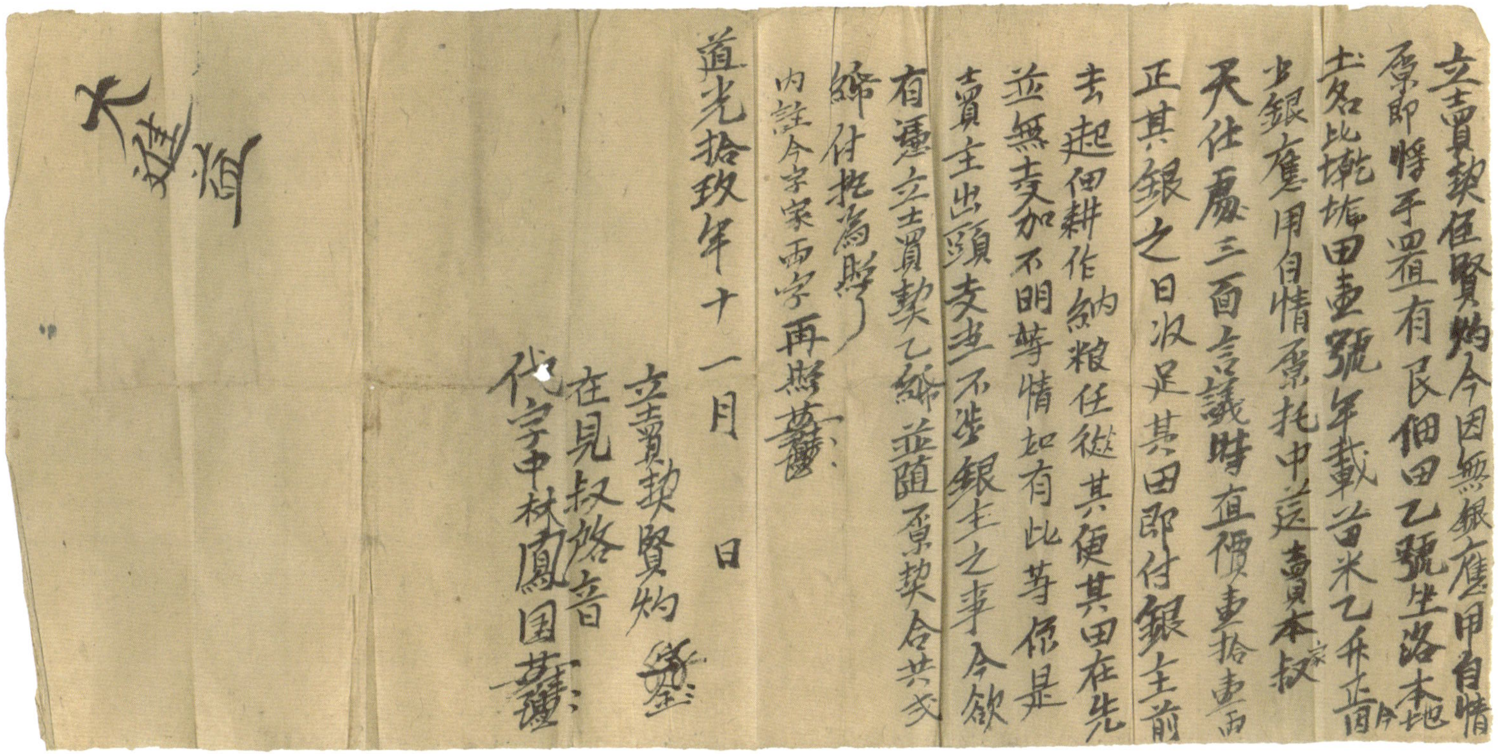

立賣契鄭賢灼，今因無銀應用，自情
愿將手置有民佃田乙號，坐落本地
土名比坑坑田壹號，年載苗米乙升正，今
少銀應用，自情愿托中送賣本家叔
天任處，三面言議時值價壹拾壹両
正，其銀即日收足，其田即付銀主前
去起佃耕作納粮，任從其便。其田在先
並無交加不明等情，如有此等，係是
賣主出頭支當，不涉銀主之事。今欲
有憑，立賣契乙紙，並隨原契合共弍
紙，付執為照。
內註今字宗字两字　再照（押）

道光拾玖年十一月　日

立賣契賢灼（押）
在見叔啓音
代字中林鳳团（押）

大進益

5-4-4-3　清道光十九年十一月鄭賢灼立賣民佃田契

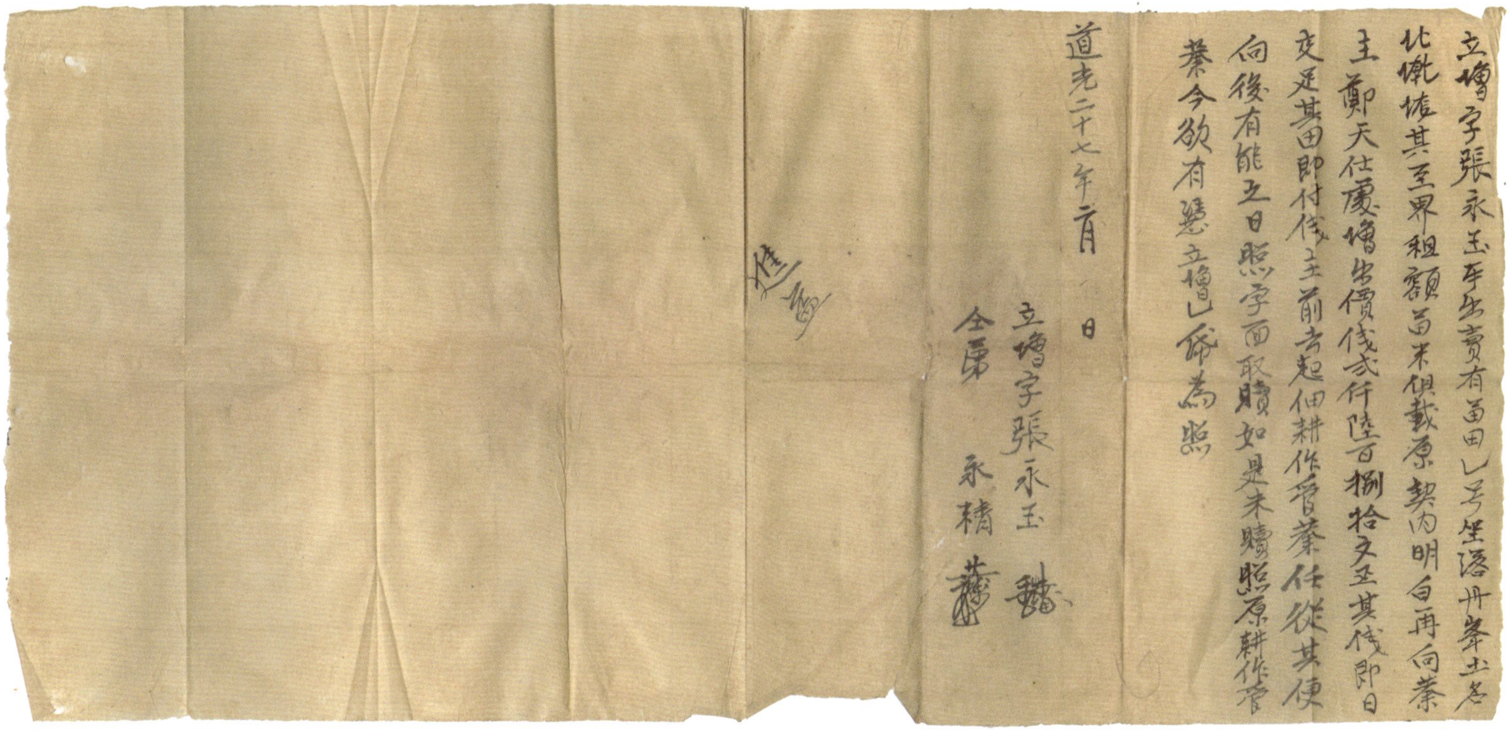
立增字張永玉等，先年賣有苗田乙號，坐落丹峯土名
北墘墘，其四至界、租額、苗米俱載原契內明白。再向蓁
主鄭天仕處增出價錢弍仟陸百捌拾文。其錢即日
交足，其田即付錢主前去起佃耕作管業，任從其便。
向後有能，五日照字面取贖；如是未贖，照原耕作管
業。今欲有憑，立增乙紙為照。
道光二十七年二月　日
立增字張永玉（押）
仝弟　永積（押）
[illegible]

5-4-4-4　清道光二十七年二月張永玉等立增苗田字

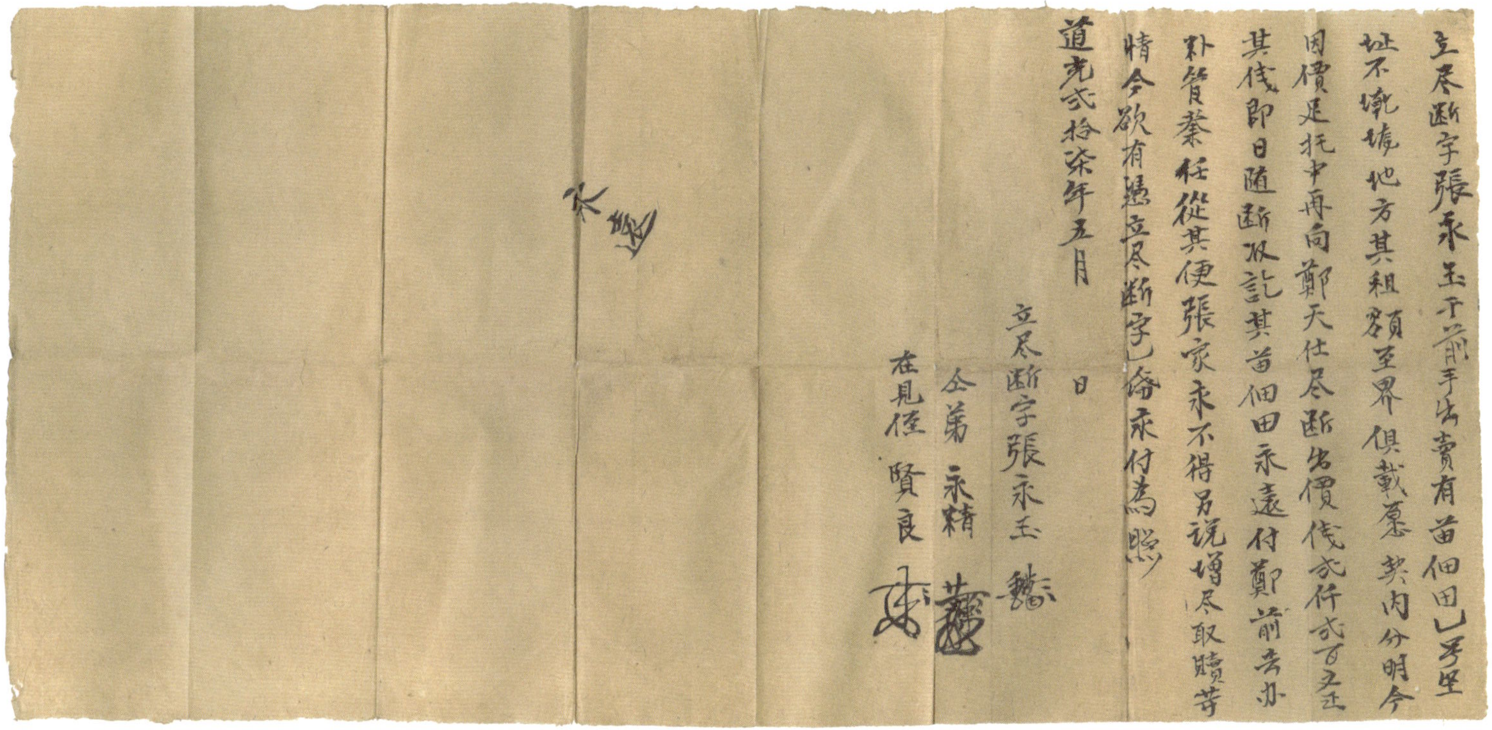

5-4-4-5　清道光二十七年五月張永玉等立盡斷苗佃田字

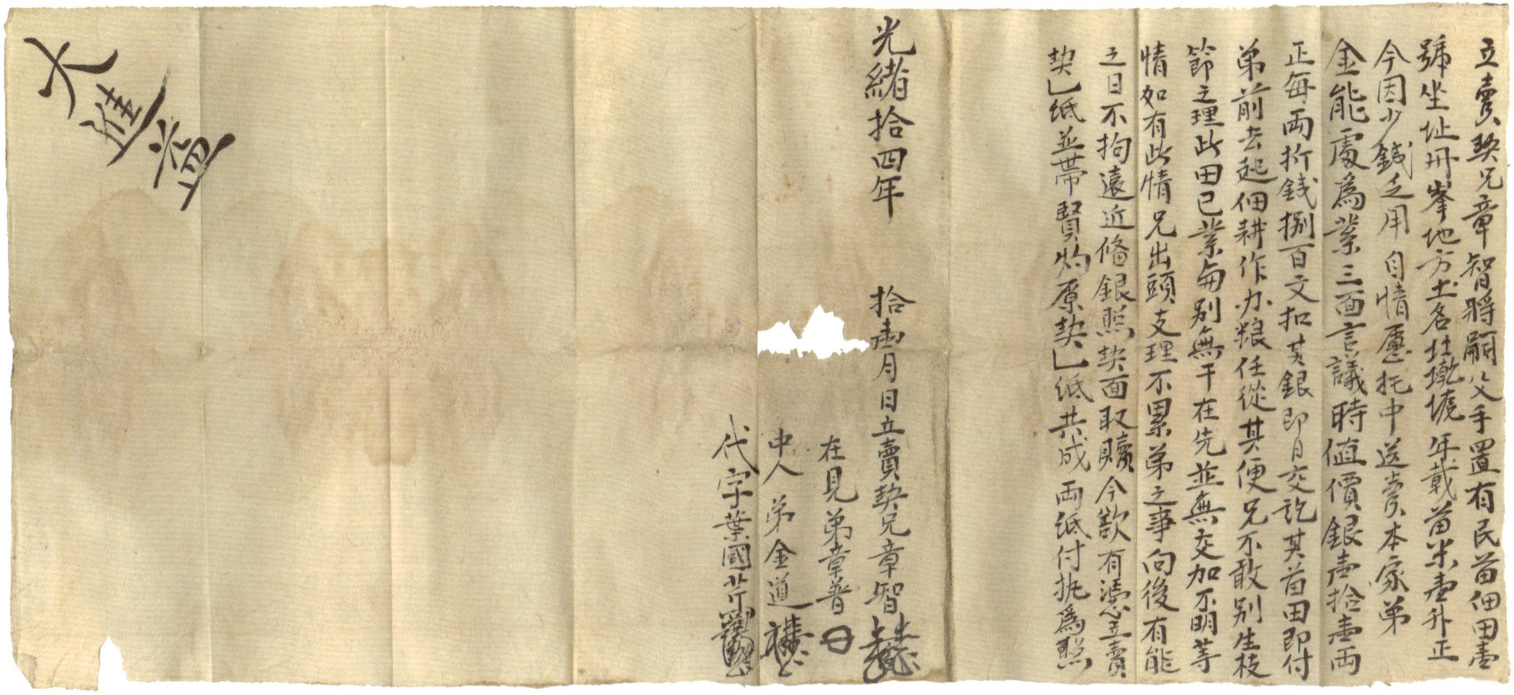

立賣契兄章智將嗣父手置有民苗佃田壹
號坐址卅峯地方土名杜墘坂，年載苗米壹升正。
今因少錢乏用，自情愿托中送賣本家弟
金能處爲業，三面言議時值價銀壹拾壹兩
正，每兩折錢捌百文，扣艾銀即日交訖，其苗田即付
弟前去起佃耕作，办粮任從其便，兄不敢別生枝
節之理。此田已業，與別無干，在先並無交加不明等
情。如有此情，兄出頭支理，不累弟之事。向後有能
之日，不拘遠近，備銀照契面取贖。今欲有憑，立賣
契一紙，並帶買來原契一紙，共成兩紙，付執爲照。

光緒拾四年　拾壹月　日立賣契兄章智（押）
在見弟章普（押）
中人弟金道（押）
代字葉國芹（押）

大進益

5-4-4-6　清光緒十四年十一月鄭章智立賣民苗佃田契

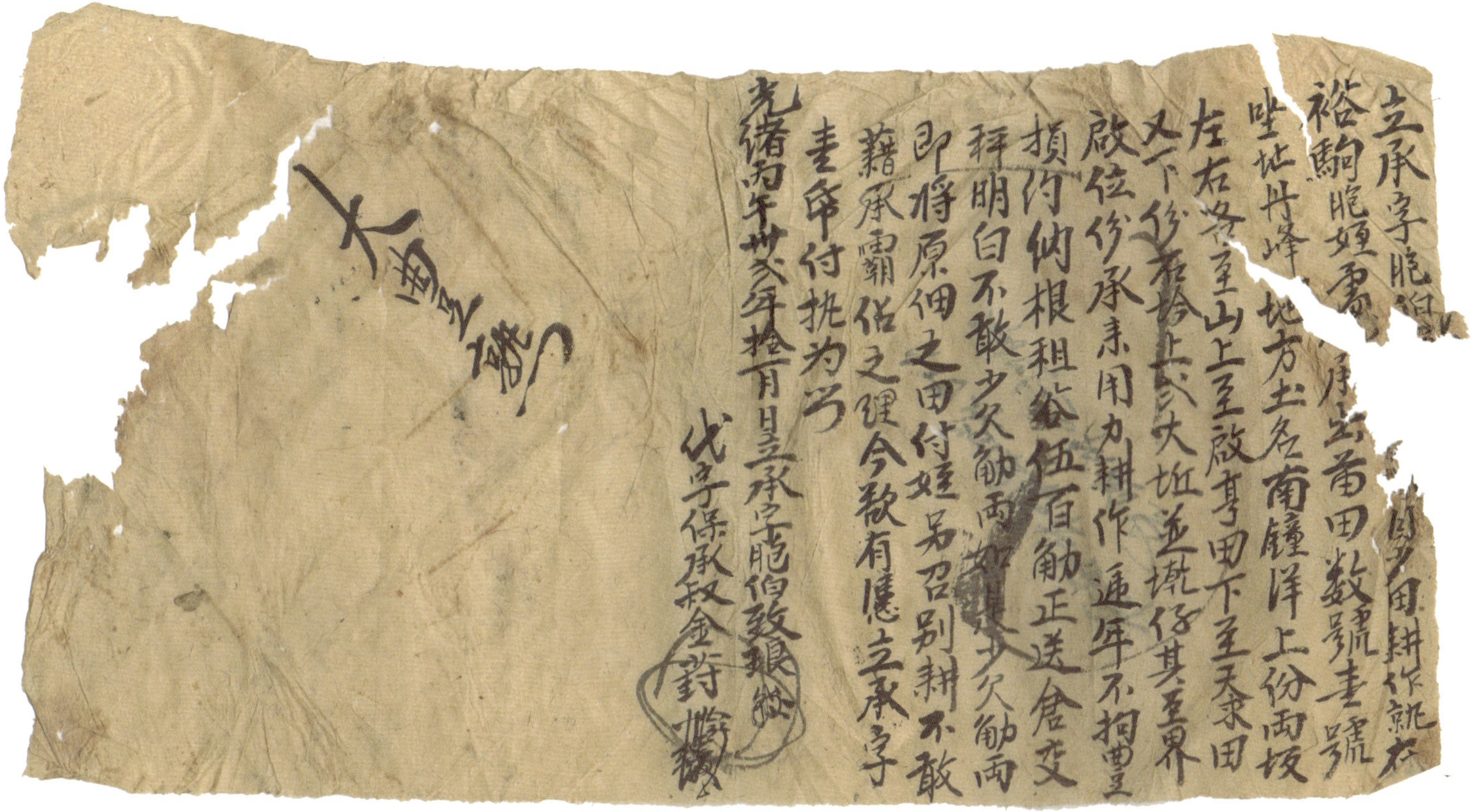

5-4-4-7 清光緒三十二年十一月鄭致琅立承苗田字（廢契）

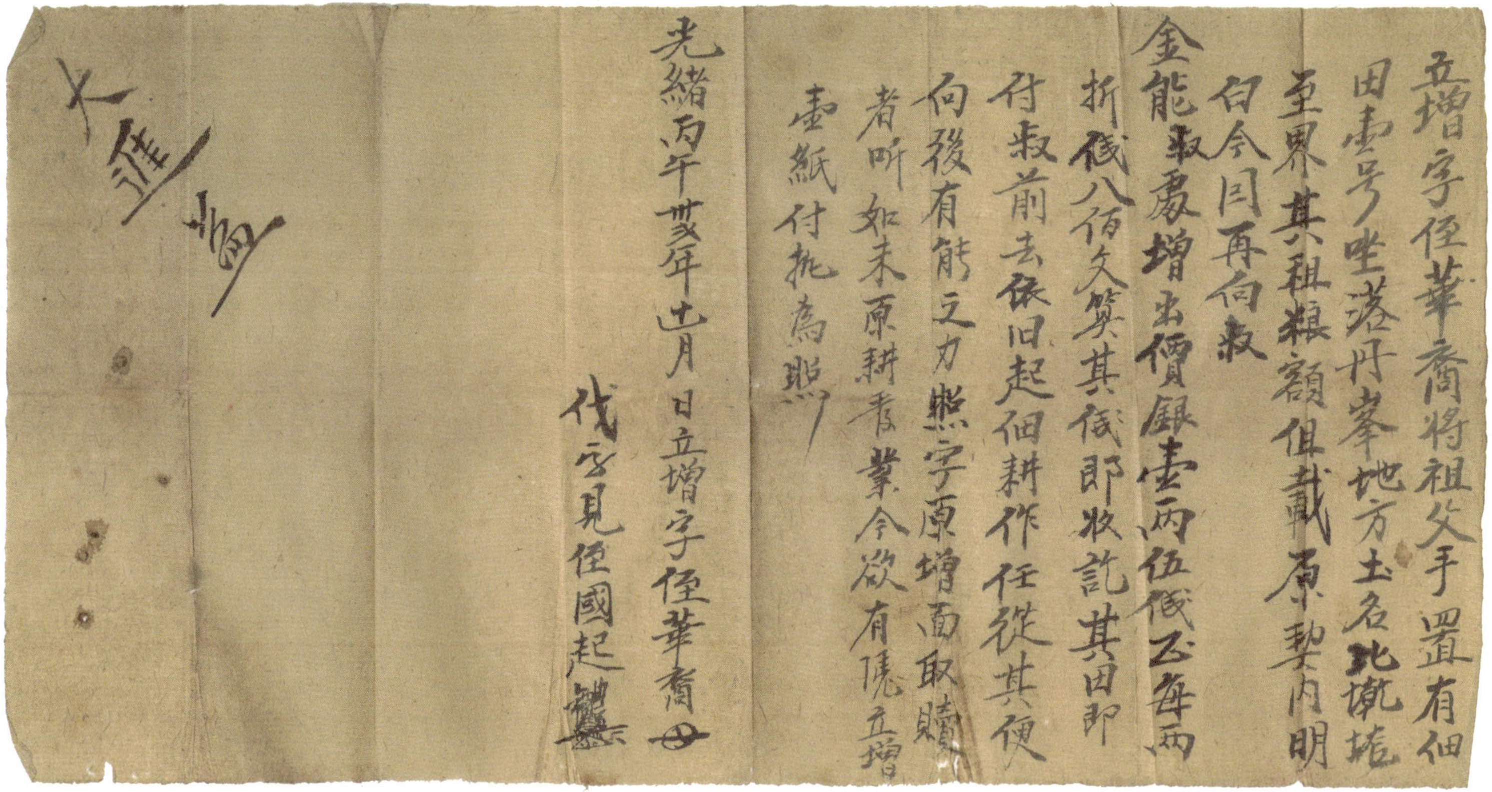
立增字侄華裔將祖父手置有佃
田壹号坐落丹峯地方土名北墘垅
至界其租粮額俱載原契内明
白今因再向叔
金能叔處增出價銀壹兩伍錢正每兩
折錢八佰文筭其錢即收訖其田即
付叔前去依旧起佃耕作任從其便
向後有能力照字原增面取贖
者聽如未原耕者業今欲有憑立增
壹紙付執為照／

光緒丙午叁年十一月日立增字侄華裔（押）
代字見侄國起（押）

大進宜

5-4-4-8　清光緒三十二年十一月鄭華裔立增佃田字

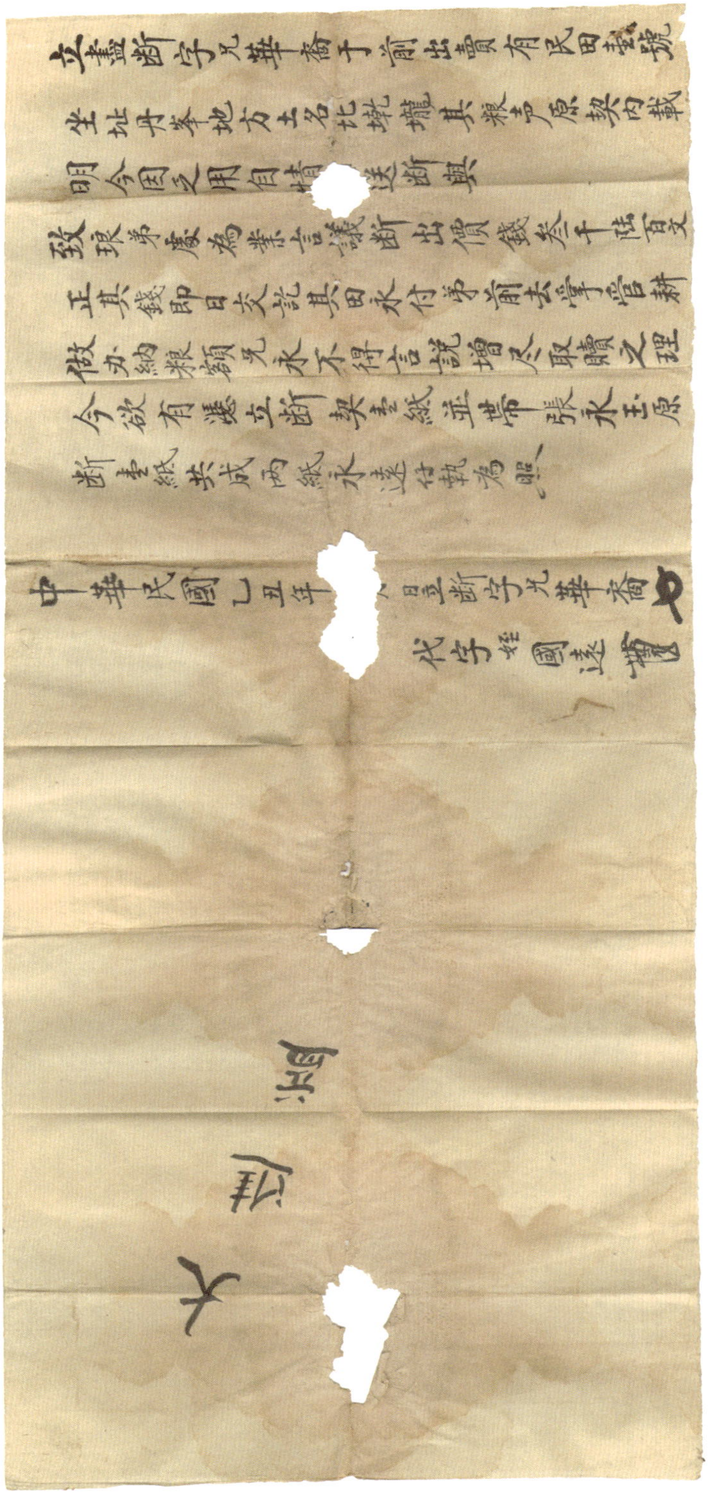
立盡斷字兄華裔于前出賣有民田壹號
坐址丹峯地方土名圪𡋯壠其粮壹户原契内載
明今因乏用自情□送斷與
致琛弟處為業三面言議斷出價錢叁千陸百文
正其錢即日交訖其田永付弟前去掌管耕
做办納粮額兄永不得言説增盡取贖之理
今欲有憑立斷契壹紙並帯張永王原
斷壹紙共成两紙永遠付執為照。
中華民國乙丑年□月　日立斷字兄華裔（押）
代字姪國遠（押）

5-4-4-9　民國十四年□月鄭華裔立盡斷民田字

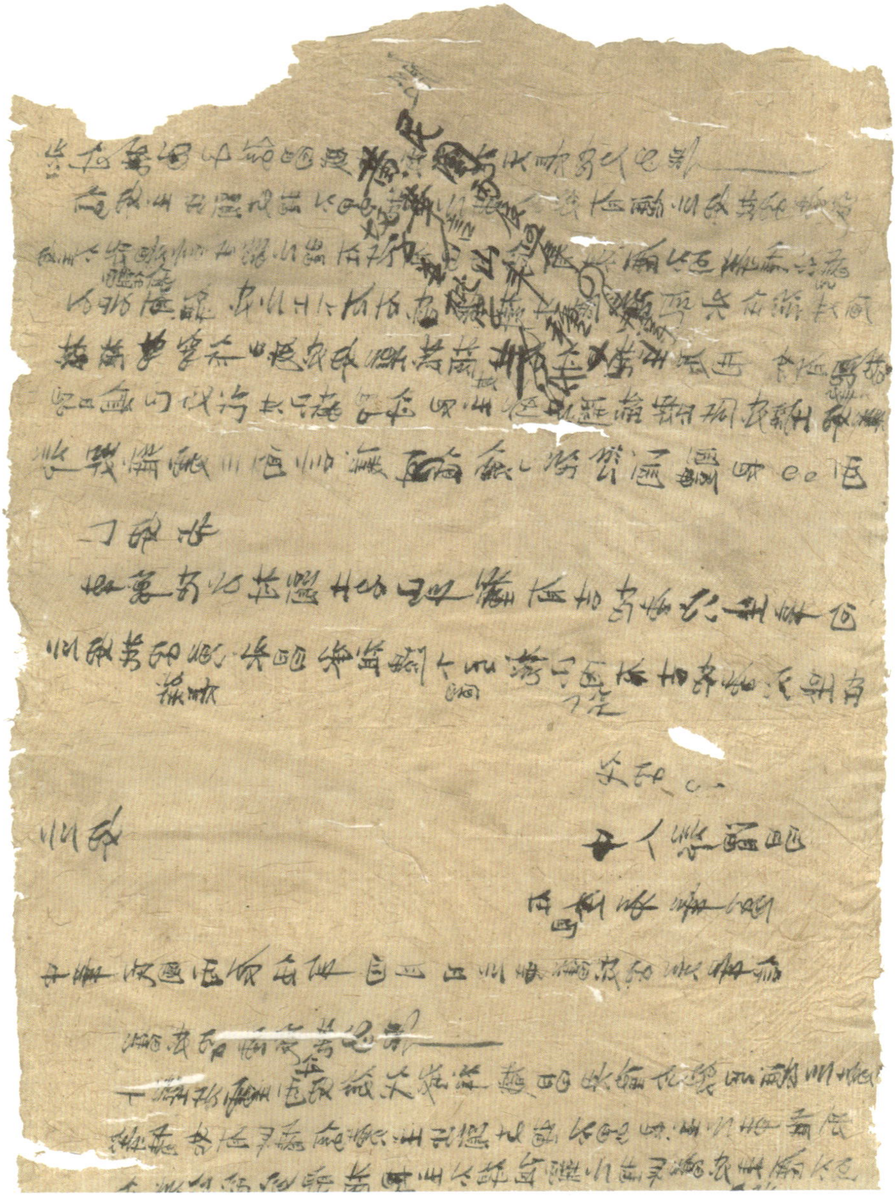

5-4-5-1　包契紙

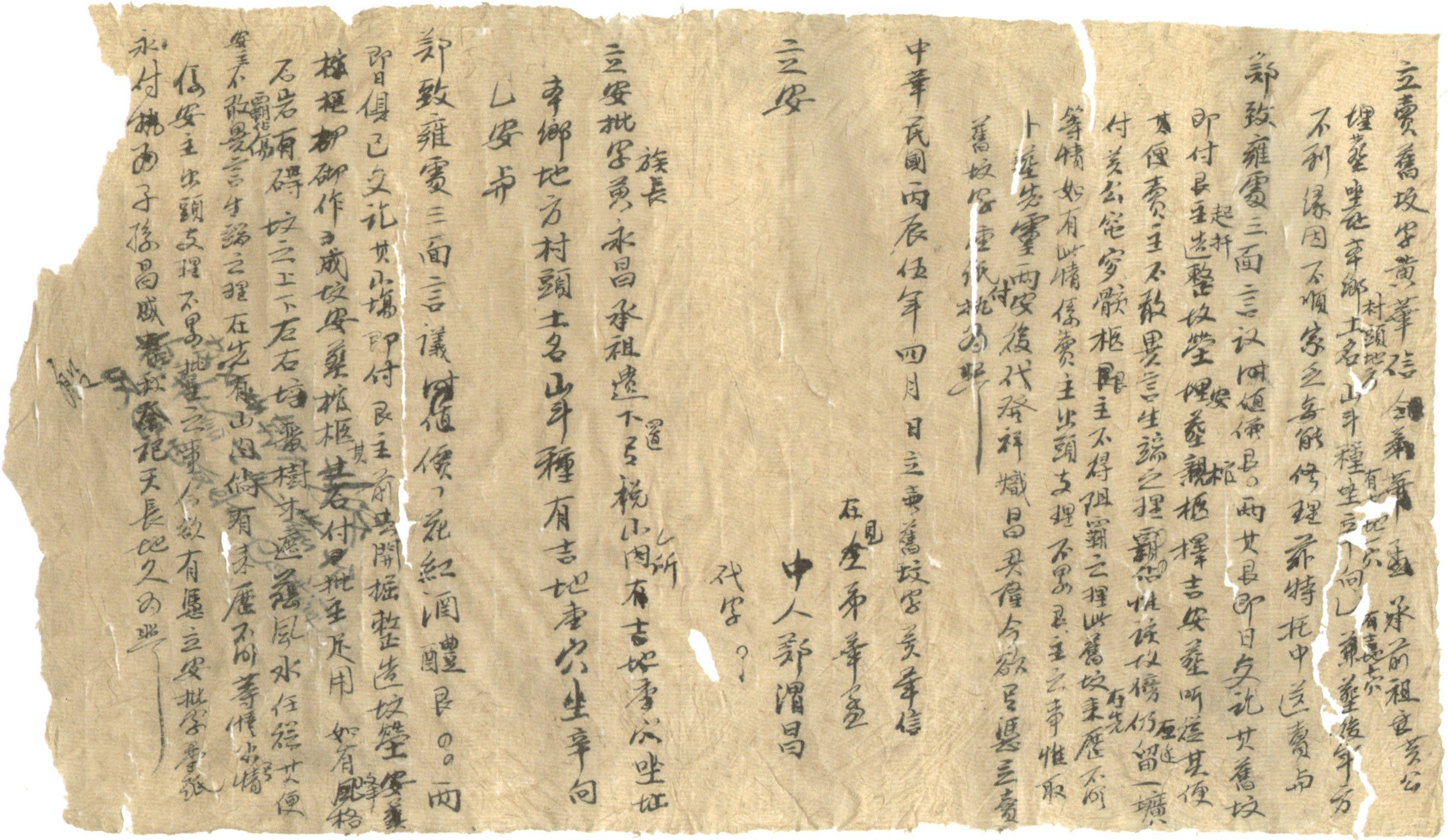

5-4-5-2　民國五年四月黄華信立賣舊墳字（草契）

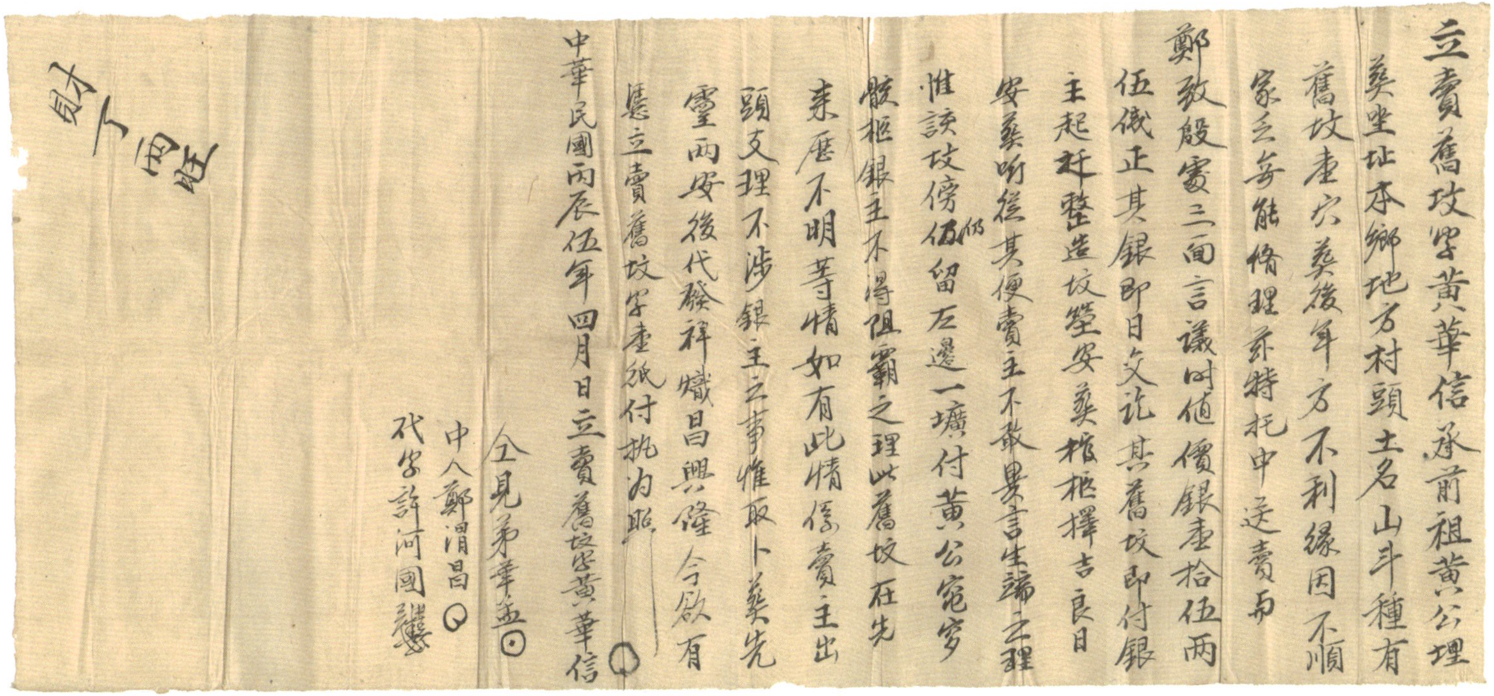
立賣舊坟字黃華信承前祖黃公埋
葬坐址本鄉地方村頭土名山斗種有
舊坟壹穴葬後年方不利緣因不順
家無能修理亦特托中送賣與
鄭致殷處三面言議时值價銀壹拾伍兩
伍錢正其銀即日交訖其舊坟即付銀
主起扦整造坟塋安葬柩擇吉良日
安葬听從其便賣主不敢異言生端之理
惟該坟傍仍留左邊一壙付黃公窀穸
骸柩銀主不得阻霸之理此舊坟在先
來歷不明等情如有此情係賣主出
頭支理不涉銀主之事惟取卜葬先
靈兩安後代發祥熾昌興隆今欲有
憑立賣舊坟字壹紙付執為照
中華民國丙辰伍年四月日立賣舊坟字黃華信
仝見弟華孟
中人鄭渭昌
代字許河國
財丁兩旺

5-4-5-3　民國五年四月黃華信立賣舊墳字

立安批字族長黃永昌承祖遺下置有
稅山壹所坐址本鄉地方村頭土名山
斗種有吉地壹穴坐辛向乙安葬母
鄭致殷處三面言議批紅酒禮銀
陸兩正其銀即日親已交訖其山場
即付銀主前去闢堀整造坟塋為鄭作
成坟安葬稚栖其土石付批主及知
有峰得闊碍坟之上下左右培壅樹
木遮蔭風水從從其便安主不敢
霸佔異言生端之理在先有山內倘
有來歷不明等情如有以情係安
主出頭支理不累批主之事今欲
有憑立安批字壹紙永付子孫日
盛天長地久為照
中華民國丙辰伍年四月日立安批字黃永昌（押）
在見鄭華孟 ⊙
代字鄭河圖（押）

知字鄭網

民國五年四月黃永昌立安吉地山字

5-4-5-4

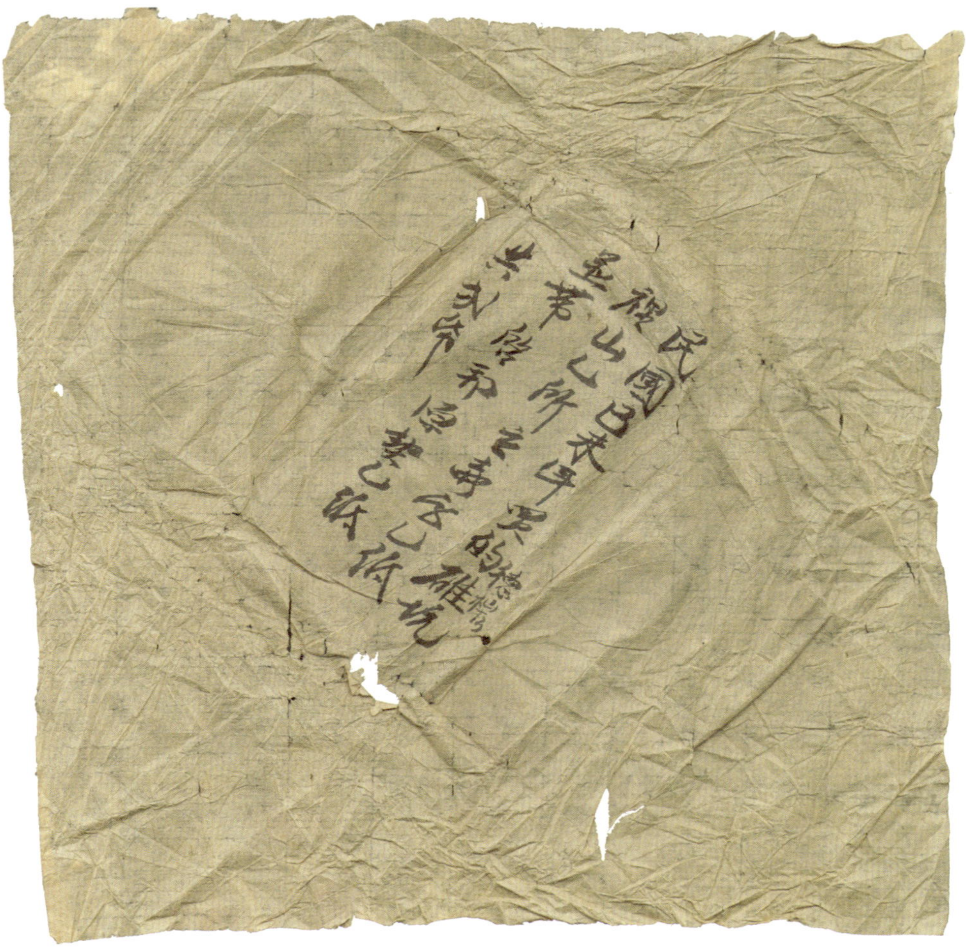
民國己未年買的梧桐雄坑
碇山一所之契字一紙
並帶係弍紙原契一紙
共弍紙

5-4-6-1　包契紙

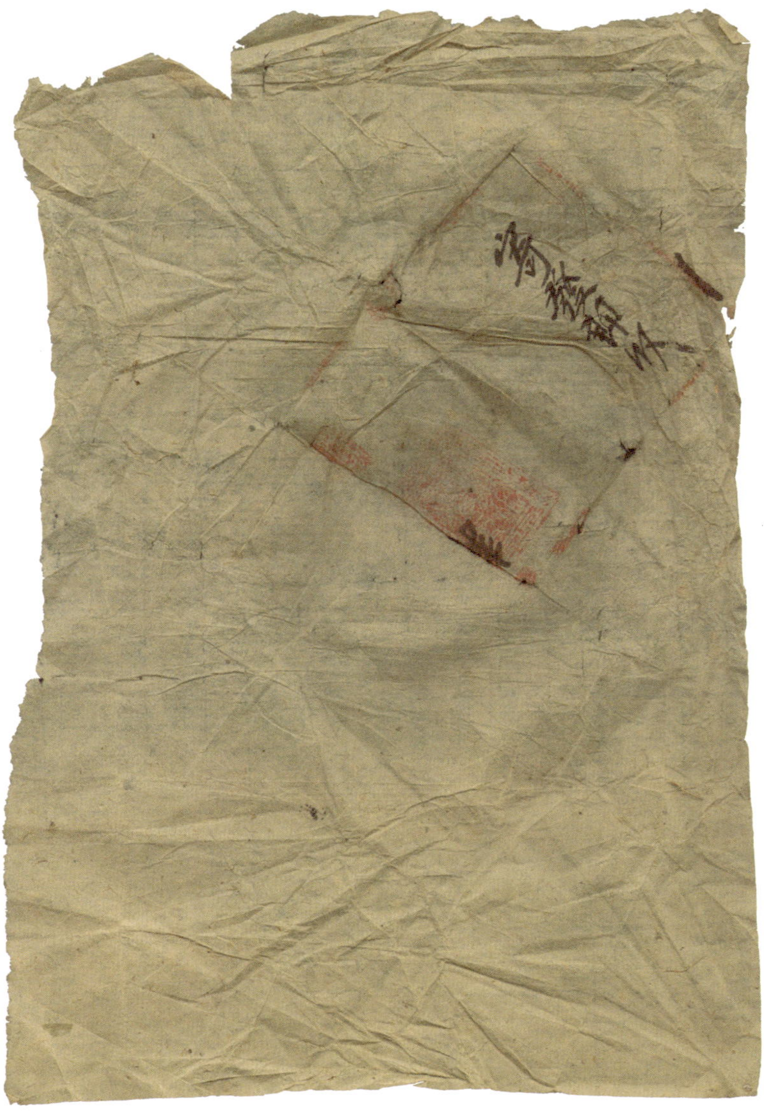

5-4-6-2　包契紙

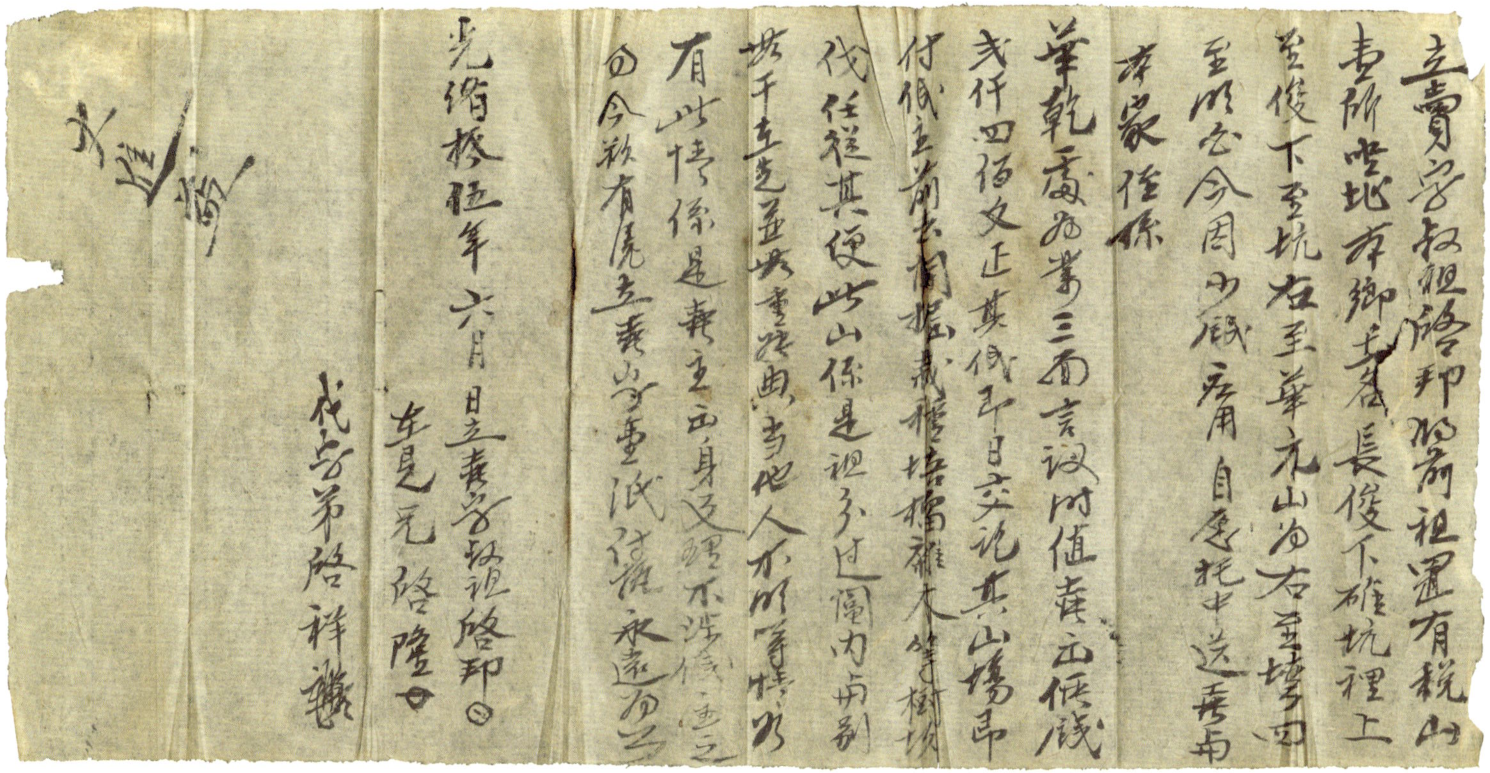

立賣字叔祖啓邦承前祖遺有稅山
壹所坐址本鄉土名長役下碓坑裡上
至役下至坑左至華元山為右至坡田
至明定今因乏錢應用自愿托中送與本
本家侄孫
華乾處為業三面言議時值青出價錢
弍仟四佰文正其錢即日交訖其山場即
付價主前去開掘栽種培植雜木等樹砍
伐任從其便此山係是祖分過闔內承剖
與子孫并無重張典當他人不明等情如
有此情係是賣主出身支理不涉價主之
事今欲有憑立賣山字壹紙付執永遠為照

光緒拾伍年六月 日立賣字叔祖啓邦（押）
在見兄啓隆（押）
代筆弟啓祥（押）

大發

5-4-6-3　清光緒十五年六月鄭啓邦立賣稅山字

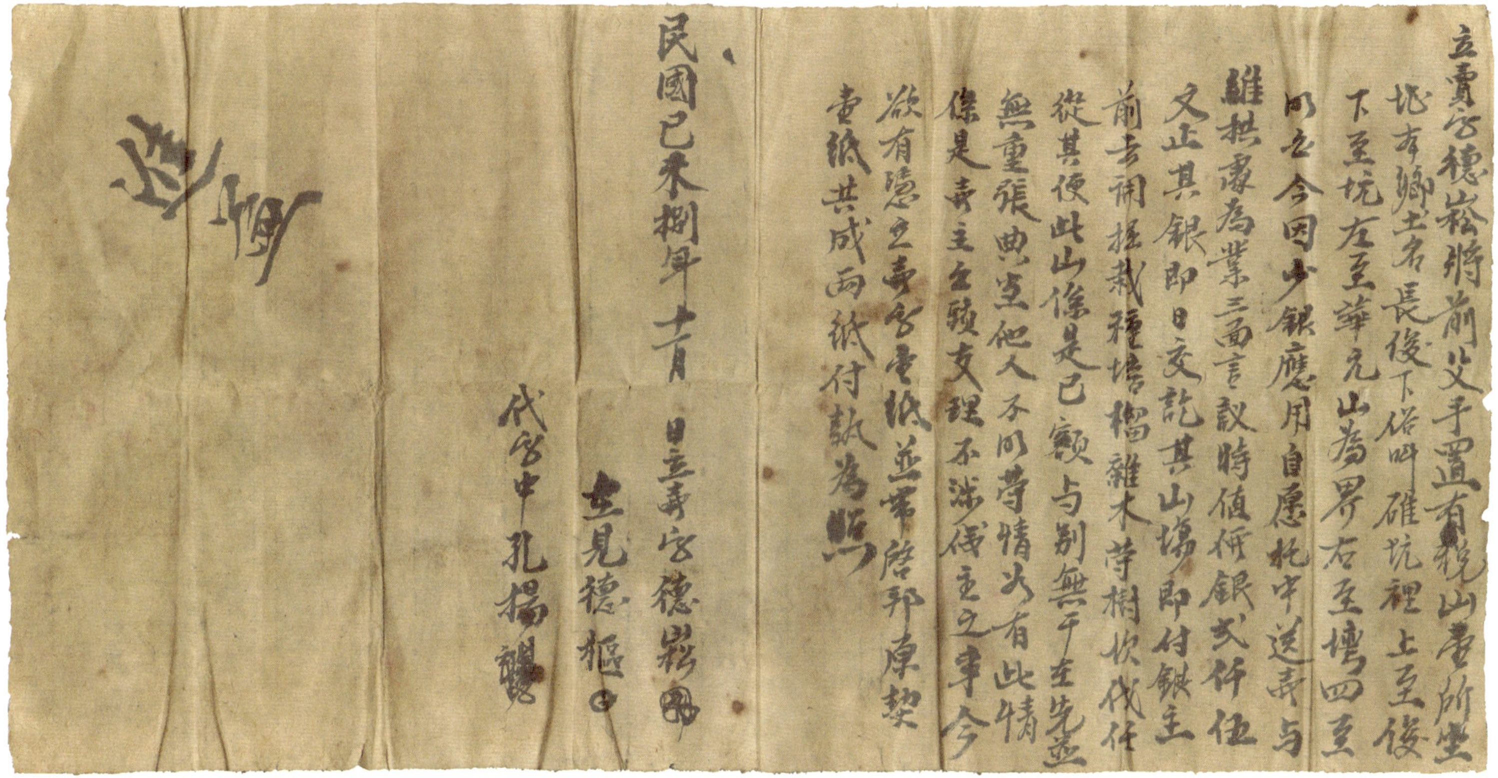

立賣字鄭德崧將前父手置有稅山壹所坐
址本鄉土名長後下俗叫碓坑裡上至後
下至坑左至華允山為界右至墘四至
明白今因少銀應用自愿托中送賣與
維耕處為業三面言議時值價銀弍拾伍
文正其銀即日交訖其山場即付銀主
前去開掘栽種培擋雜木等樹砍伐任
從其便此山係是己額與別無干在先並
無重張典當他人不同房情人有此情
係是賣主出頭支理不涉債主之事今
欲有憑立賣字壹紙並帶啓郭原契
壹紙共成兩紙付執為照

民國己未捌年十一月　日立賣字鄭德崧（押）
在見德樞（押）
代字中孔揚（押）

5-4-6-4　民國八年十一月鄭德崧立賣稅山字

民國[illegible]年十二月贖回國[illegible]前坪大坵[illegible]

伍圓壹元叁角整 租谷[illegible]佰起收[illegible]

銀[illegible]佰[illegible]洋贖回契[illegible]

[illegible]

5-4-7-1　包契紙

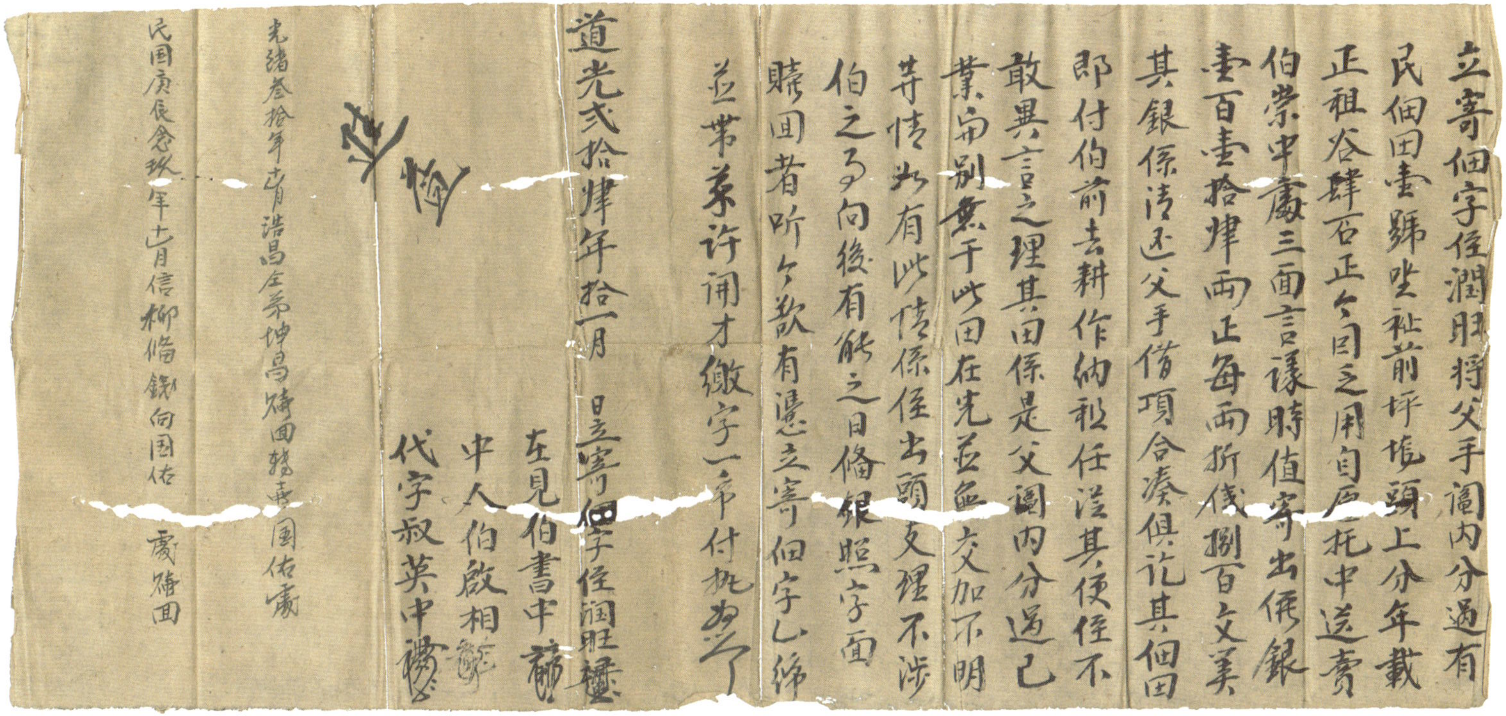
立寄佃字侄潤旺將父手阄內分過有
民佃田壹號坐址前坪墘頭上分年載
正租谷肆石正今因乏用自情托中送賣
伯崇中處三面言議時值寄出佛銀
壹百壹拾肆兩正每兩折錢捌百文美
其銀係清還父手借項合湊俱訖其佃田
即付伯前去耕作納租任從其便侄不
敢異言之理其田係是父阄內分過已
業與別無干此田在先並無交加不明
等情如有此情係侄出頭支理不涉
伯之事向後有能之日備銀照字面
贖回者听今欲有憑立寄佃字乙紙
並帶來許闹才繳字一帋付執為照
道光式拾肆年拾一月　日立寄佃字侄潤旺
在見伯書中
中人伯啟相
代字叔英中
光緒叁拾年十一月浩昌在弟坤昌倚田找去国佑處
民国庚辰念玖年十一月信柳倫錫向国佑處贖回

5-4-7-2　清道光二十四年十一月鄭潤旺立寄民佃田字

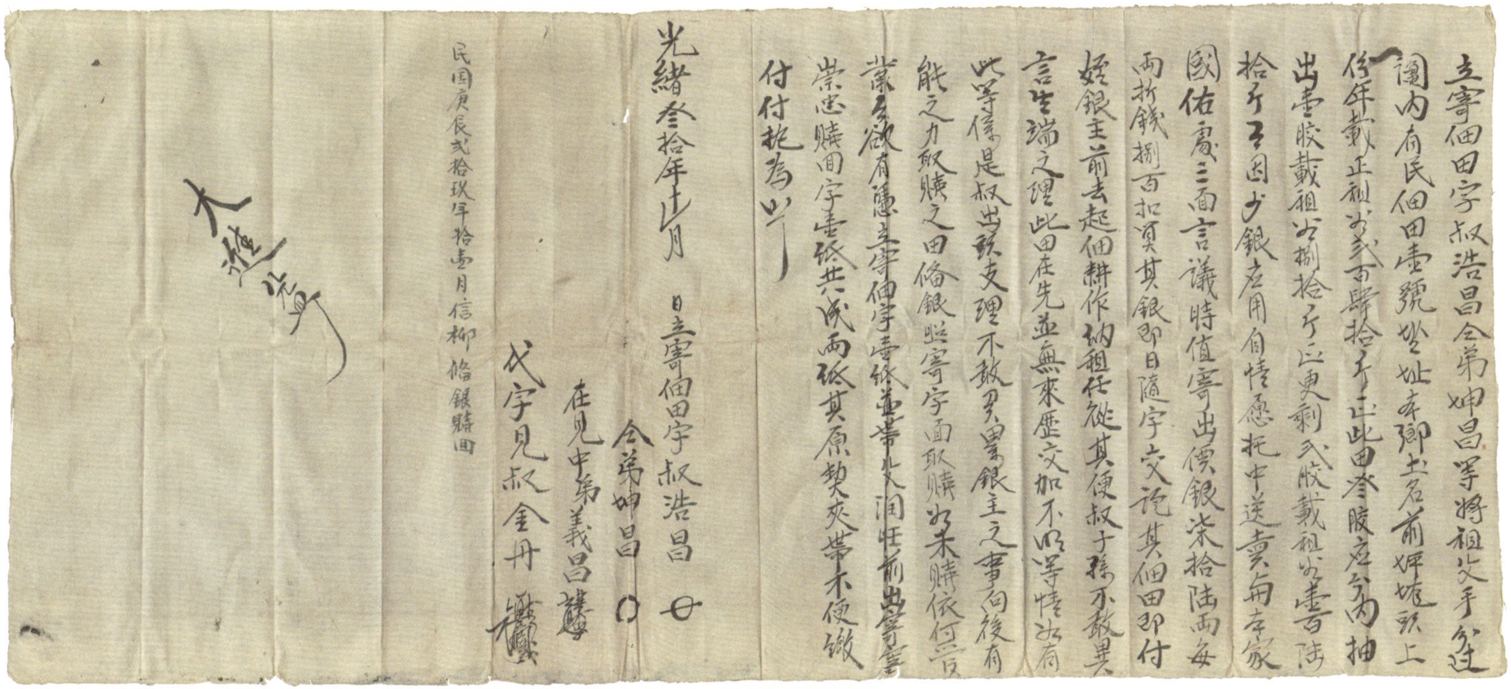

立寄佃田字叔浩昌仝弟坤昌等將祖父手置
園內有民佃田壹號坐址本鄉土名前坪埯頭上
伍年載正租谷弍百肆拾斤正此田叁股應分內抽
出壹股載租谷捌拾斤正更剩弍股載租谷壹百陆
拾斤正因少銀應用自情愿托中送賣與本家
國佑處三面言議時值寄出價銀柒拾陆兩每
兩折錢捌百扣算其銀即日隨字交訖其佃田即付
與銀主前去起佃耕作納租任從其便叔子孫不敢異
言生端之理此田在先並無來歷交加不明等情如有
此等係是叔出頭支理不敢累累銀主之事向後有
能之力取贖之田備銀照寄字面取贖如未贖依付管
業今欲有憑立寄佃字壹紙並帶上手閏性前出寄字
崇忠贖佃字壹紙共成兩紙其原契交帶不便繳
付付執為照｜

光緒叁拾年十一月　日立寄佃田字叔浩昌（押）
仝弟坤昌（押）
在見中弟義昌（押）
代字見叔金丹（押）

民国庚辰弍拾玖年拾壹月信柳備銀贖回

5-4-7-3　清光緒三十年十一月鄭浩昌等立寄民佃田字（一）

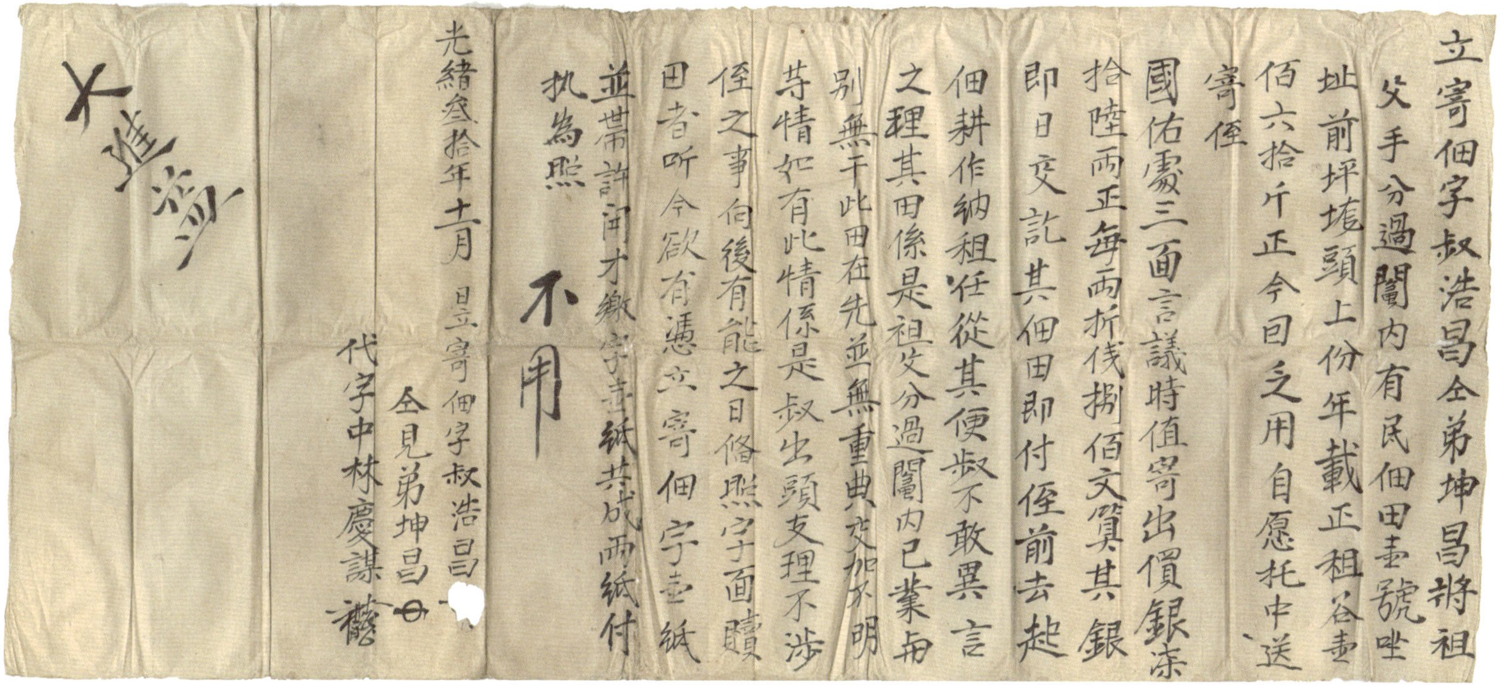
立寄佃字叔浩昌仝弟坤昌將祖
父手分過鬮內有民佃田壹號坐
址前坪墘頭上份年載正租谷壹
佰六拾斤正今因乏用自愿托中送
寄侄
國佑處三面言議時值寄出價銀柒
拾陸兩正每兩折伐捌佰文算其銀
即日交訖其佃田即付侄前去起
佃耕作納租任從其便叔不敢異言
之理其田係是祖父分過鬮內已業再
別無干此田在先並無重典交加不明
等情如有此情係是叔出頭支理不涉
侄之事向後有能之日備照字面贖
田者听今欲有憑立寄佃字壹紙
並帶許閏才鄉字壹紙共成兩紙付
执為照　不用
光緒叁拾年十一月　日立寄佃字叔浩昌（押）
仝見弟坤昌（押）
代字中林慶謀（押）
大進粉

5-4-7-4　清光緒三十年十一月鄭浩昌等立寄民佃田字（二）

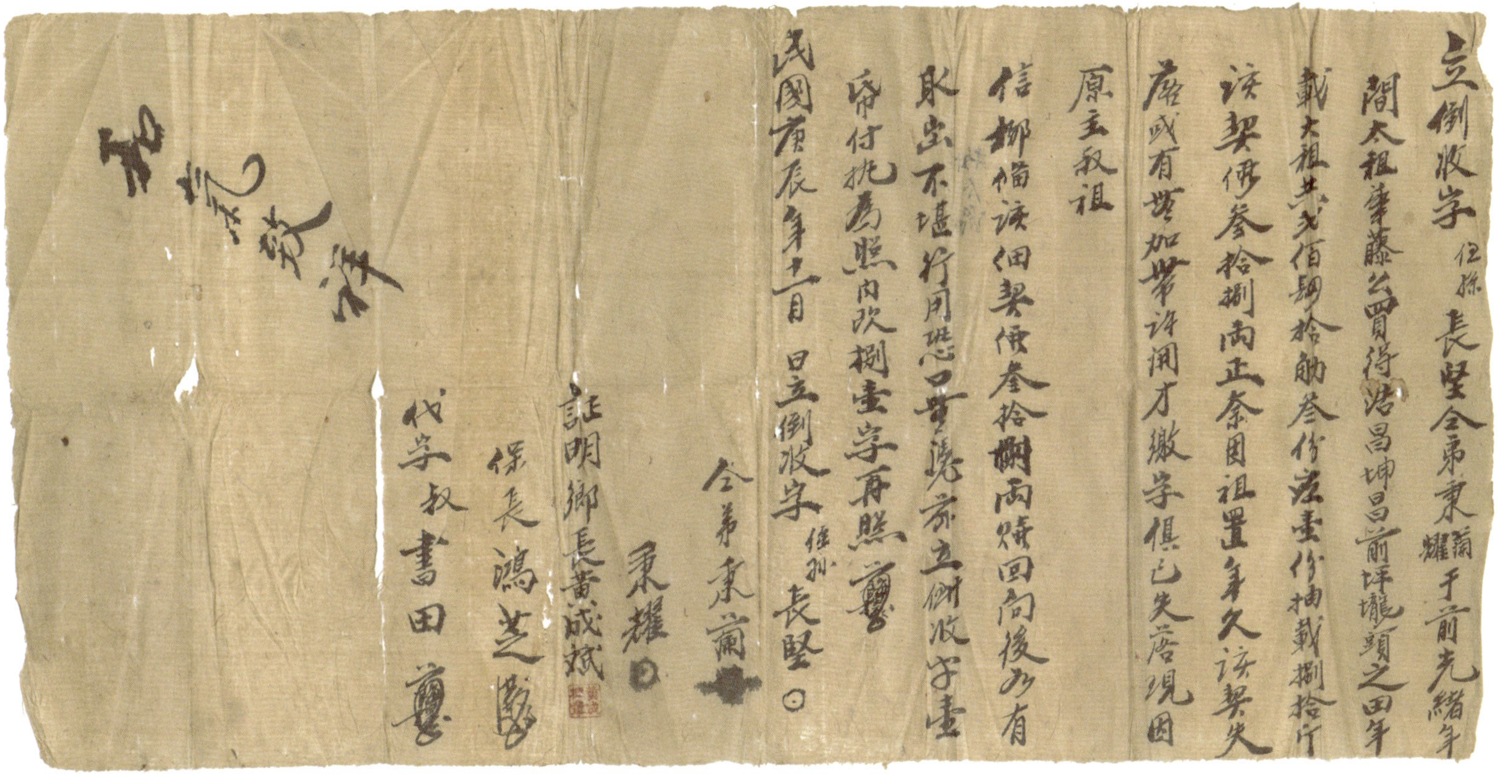
立倒收字侄孫長堅仝弟秉耀、秉蘭，于前光緒年
間太祖肇藤公買得浩昌坤昌前坪壠頭之田，年
載大租共弍佰玖拾觔叁件，茲壹件抽載捌拾斤，
該契價叁拾捌兩正。奈因祖置年久，該契失
落，或有無加無找，許回才繳，字俱已失落，現因
原主叔祖
信鄉偕該佃契價叁拾捌兩贖回，向後如有
取出，不堪行用，恐口無憑，立倒收字壹
帋付執為照。內改捌壹字再照。
民國庚辰年十一月　日立倒收字侄孫長堅
仝弟秉蘭
秉耀
証明鄉長黃成斌
保長鴻芝
代字叔書田

5-4-7-5　民國二十九年十一月鄭長堅等立倒收字

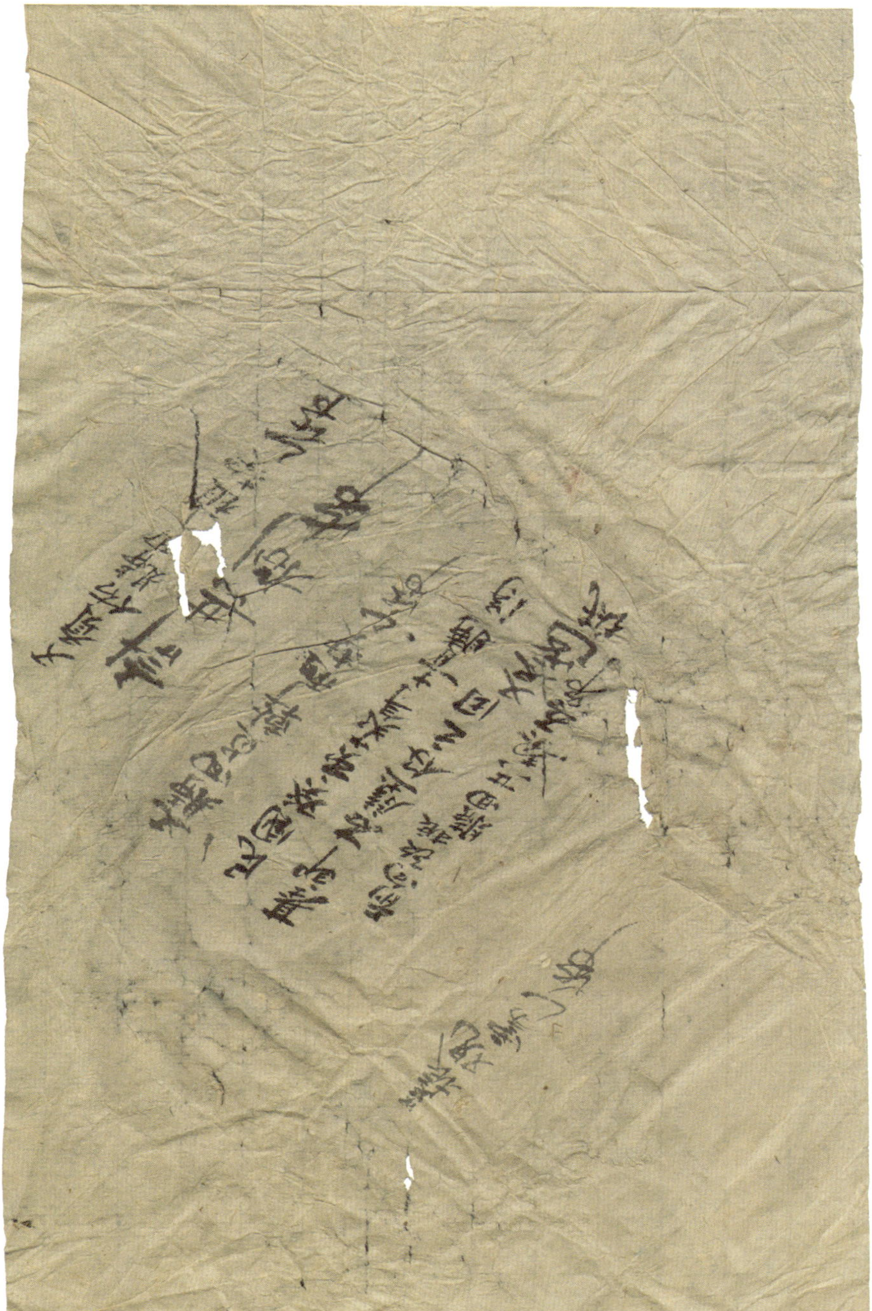

5-4-8-1　包契紙

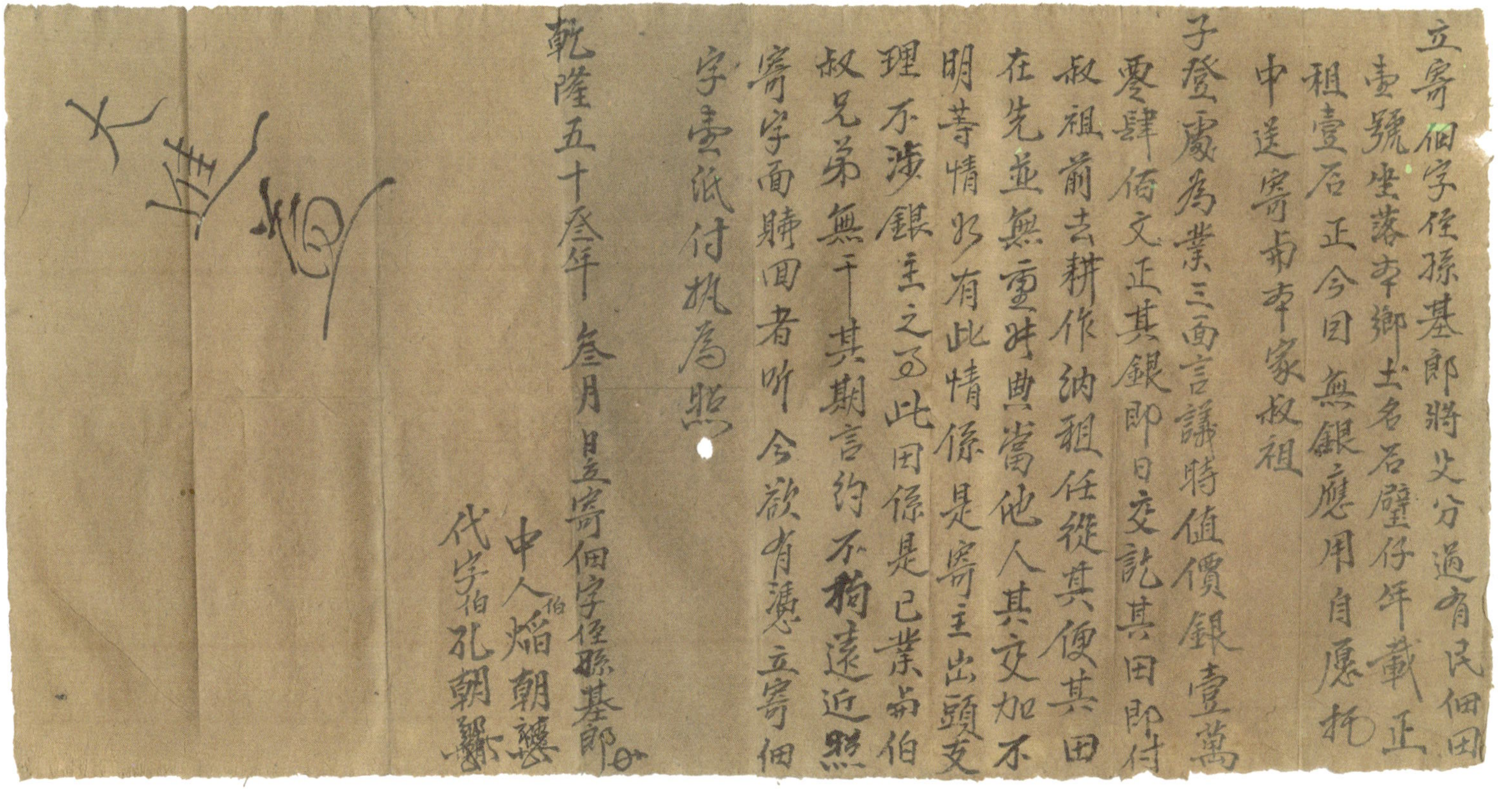

立寄佃字侄孫基郎將父分過有民佃田壹號坐落本鄉土名石壁仔年載正租壹石正今因無銀應用自愿托中送寄本家叔祖子登處爲業三面言議時值價銀壹萬零肆佰文正其銀即日交訖其田即付叔祖前去耕作納租任從其便其田在先並無重財典當他人其交加不明等情如有此情係是寄主出頭支理不涉銀主之事此田係是已業尚伯叔兄弟無干其期言約不拘遠近照寄字面贖回者所今欲有憑立寄佃字壹紙付執爲照

乾隆五十叁年　叁月　日立寄佃字侄孫基郎（押）

中人伯熘朝（押）

代字伯孔朝（押）

5-4-8-2　清乾隆五十三年三月鄭基郎立寄民佃田字（一）

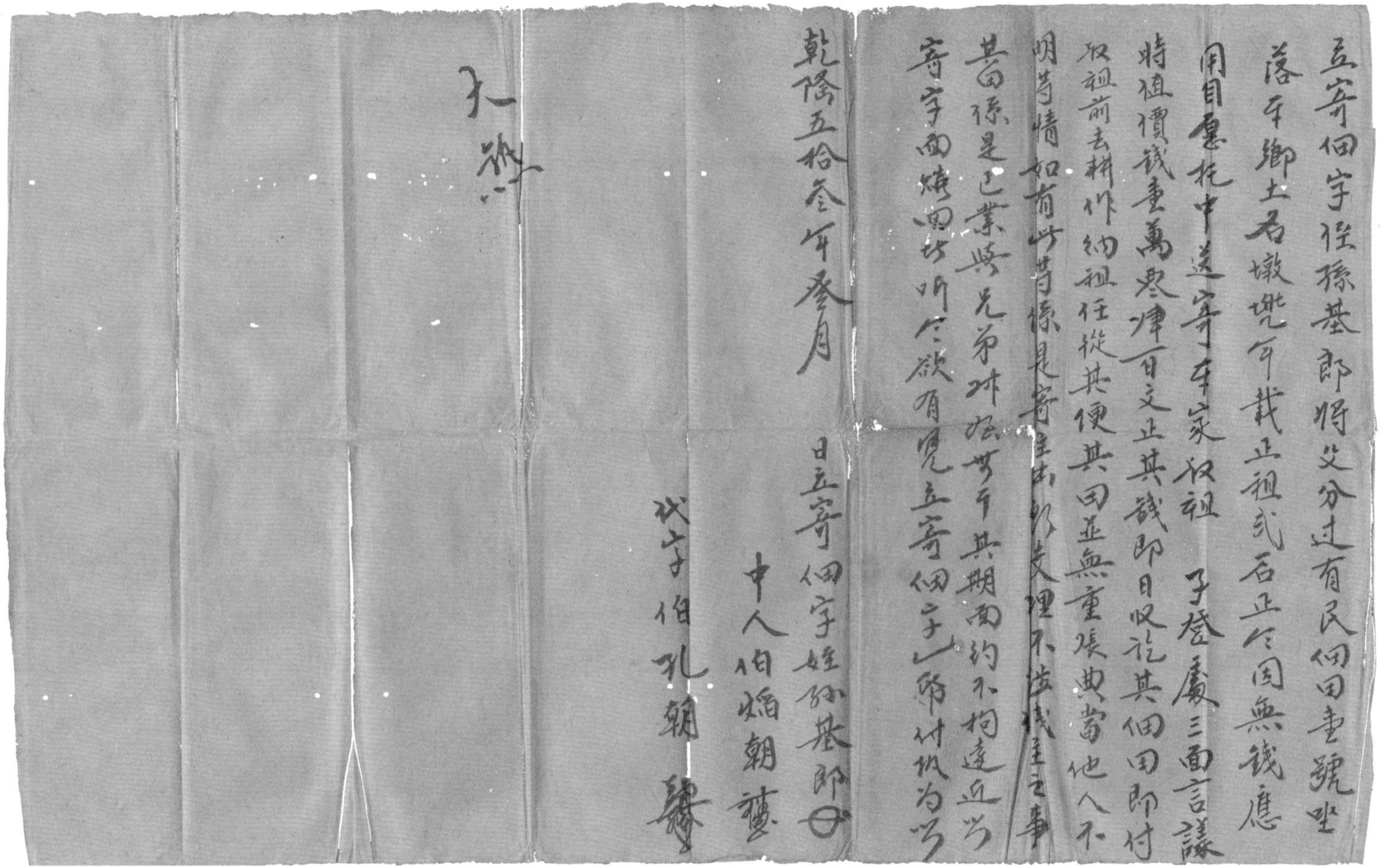
立寄佃字侄孫基郎將父分过有民佃田壹號坐
落本鄉土名墩兜，年載正租弍石正，今因無錢應
用，自愿托中送寄本家叔祖　子登處，三面言議
時值價錢壹萬叁[illegible]一百文正，其錢即日收訖，其佃田即付
叔祖前去耕作納租，任從其便，其田並無重張典當他人不
明等情，如有此等，係是寄主出頭支理，不涉錢主之事。
其田係是己業，與兄弟叔侄無干，其期兩約不拘遠近，以
寄字兩繳，田地听欲。有憑，立寄佃字一紙付執為照。
乾隆五拾叁年叁月　日立寄佃字姪孫基郎（押）
中人伯焰朝（押）
代字伯孔朝（押）
大吉

5-4-8-3　清乾隆五十三年三月鄭基郎立寄民佃田字（二）

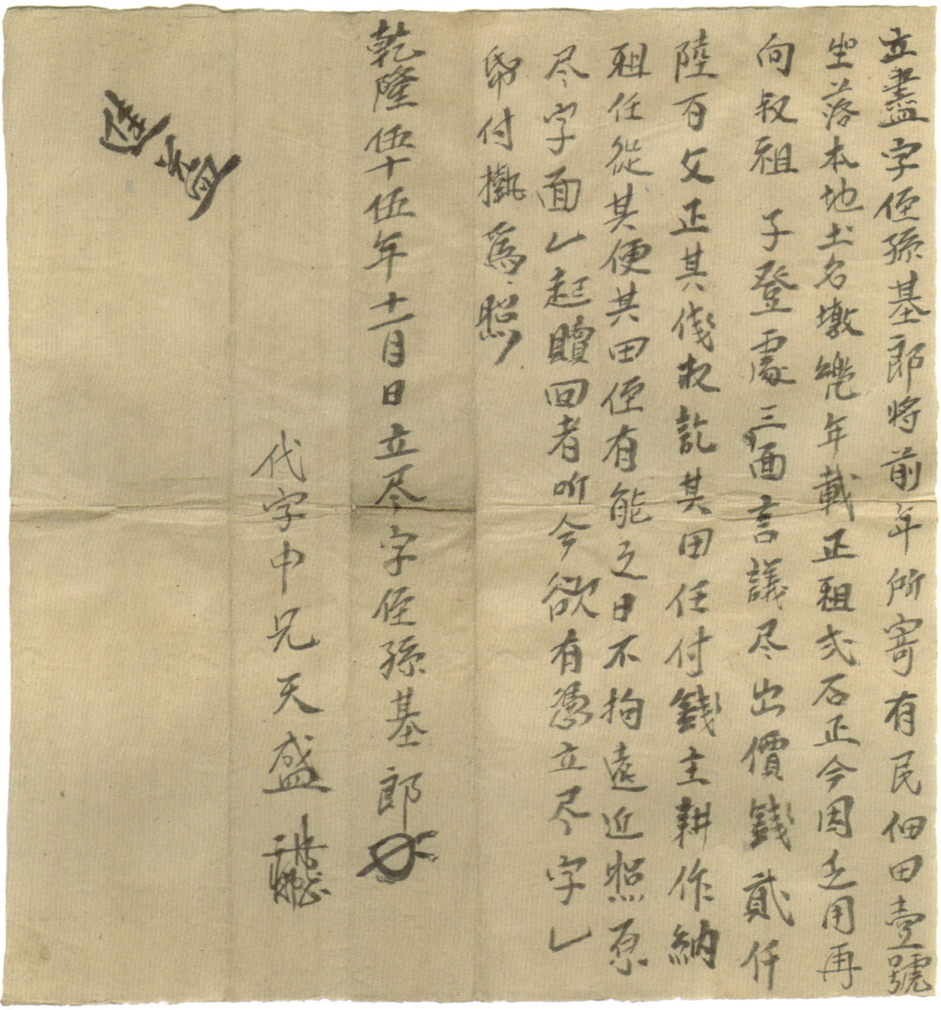
立盡字侄孫基郎將前年所寄有民佃田壹號
坐落本地土名墩垅年載正租弍石正今因乏用再
向叔祖　子登處三面言議盡出價錢貳仟
陸百文正其錢收訖其田任付錢主耕作納
租任從其便其田侄有能之日不拘遠近照原
盡字面乙起贖回者所今欲有憑立盡字乙
帋付執為照
乾隆伍十伍年十一月日立盡字侄孫基郎
代字中兄天盛

5-4-8-4　清乾隆五十五年十一月鄭基郎立盡民佃田字

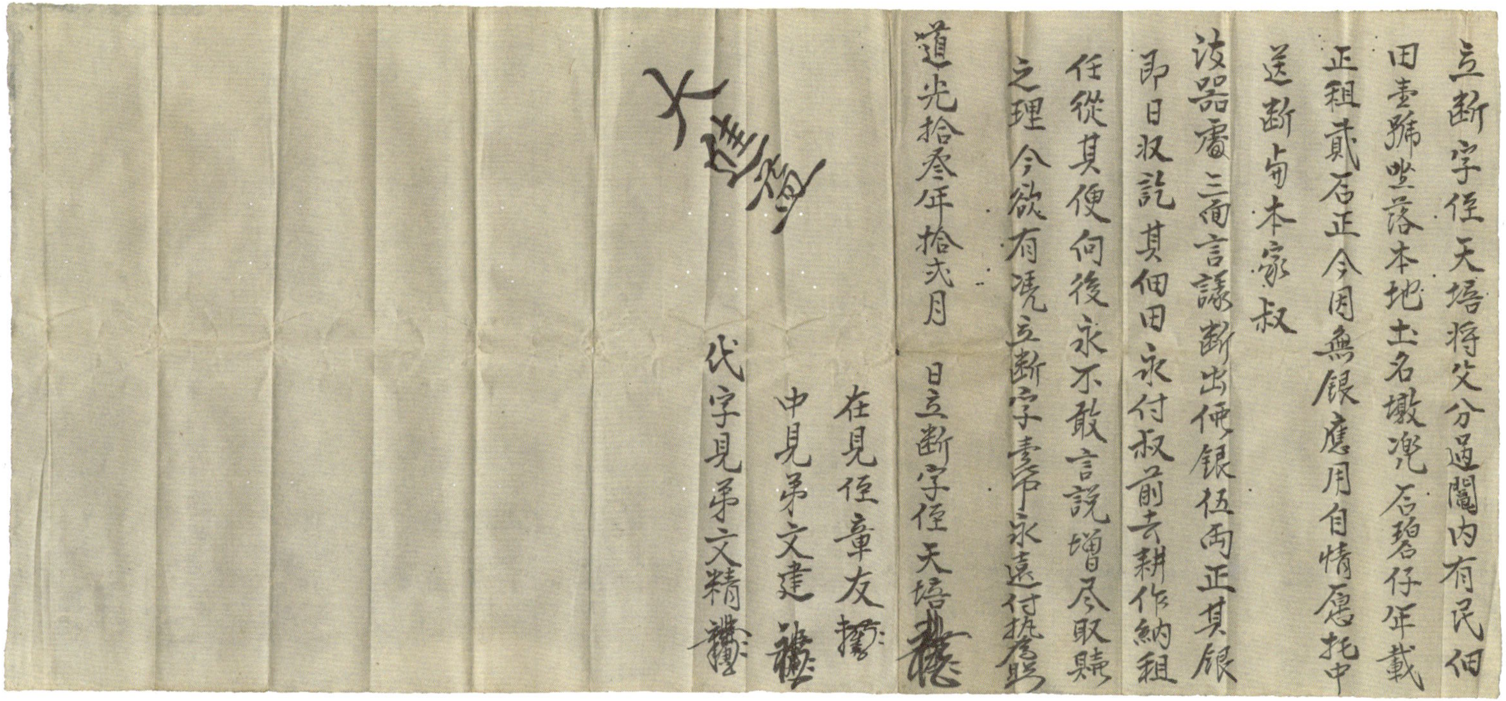
立斷字侄天培將父分已過闔内有民佃
田壹號坐落本地土名墩兜石碧仔年載
正租貳石正今因無銀應用自情愿托中
送斷与本家叔
汝器處三面言議斷出佛銀伍兩正其銀
即日收訖其佃田永付叔前去耕作納租
任從其便向後永不敢言說增盡取贖
之理今欲有憑立斷字壹帋永遠付執存照
道光拾叁年拾弍月　日立斷字侄天培（押）
在見侄章友（押）
中見弟文建（押）
代字見弟文精（押）

5-4-8-5　清道光十三年十二月鄭天培立斷民佃田字

立賣契弟金本將祖父置分過鬮內有
民田租壹號坐址本地土名墩墘年載正
租谷陸拾觔正合配秋粮肆分陸厘陸毛
柒系正庫今因乏銀之用自情愿托中送
賣與兄　賢佑處為業三面言議
時値價銀伍兩伍錢正每兩折錢捌百文
扣其銀即日交訖其田租即付兄自佃收
租办粮任從其便弟不敢覇佔別生枝
節之理此田租係分過已業與別無干
在先並無交加不明等情如有此情係弟
自己出頭支當不累兄之事向後有能
吾其期不拘遠近備銀照賣契取贖如
未贖仍付兄管業其原契夾帯不便繳
付今欲有憑立賣契壹紙付执為照

同治肆年拾壹月　　立賣契弟金本
在見中弟金大
自筆

大[illegible]

5-4-8-6　清同治四年十一月鄭金本立賣民田租契

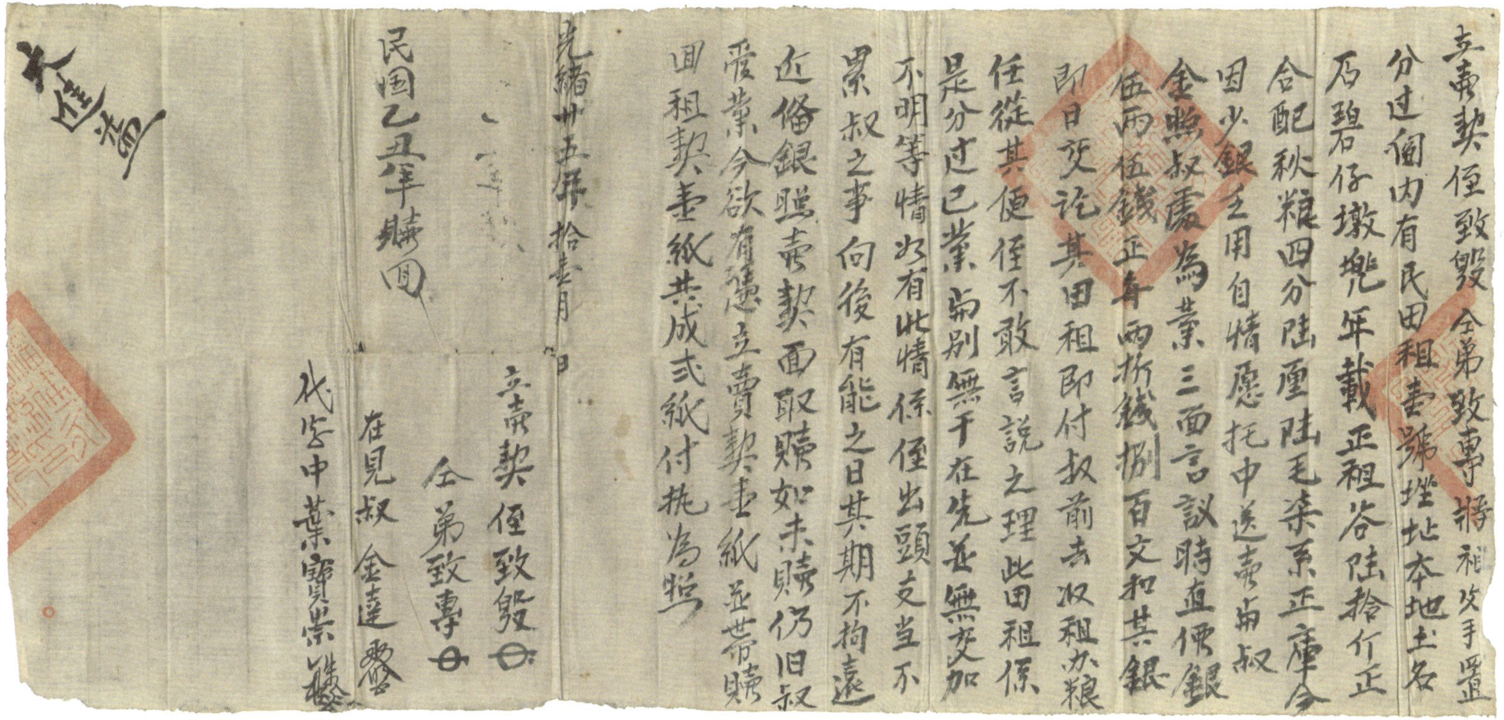
立賣契侄致殷仝弟致專將祖父手置
分过個内有民田租壹號址本地土名
石碧仔墩兜年載正租谷陸拾斤正
合配秋粮四分陸厘陸毛柒系正庫仝
因少銀之用自情愿托中送賣與叔
金照叔處為業三面言議時值價銀
伍兩伍錢正每兩折錢捌百文和其銀
即日交訖其田租即付叔前去收租办粮
任從其便侄不敢言說之理此田租係
是分过已業與别無干在先並無交加
不明等情如有此情係侄出頭支当不
累叔之事向後有能之日其期不拘遠
近備銀照賣契面取贖如未贖仍旧叔
管業今欲有憑立賣契壹紙並帶贖
回租契壹紙共成弍紙付執為照

光緒廿五年拾壹月　日

立賣契侄致殷（押）
仝弟致專（押）
在見叔金蓮（押）
代字中葉寶崇（押）

民国乙丑年贖回

5-4-8-7　清光緒二十五年十一月鄭致殷等立賣民田租契（紅契）

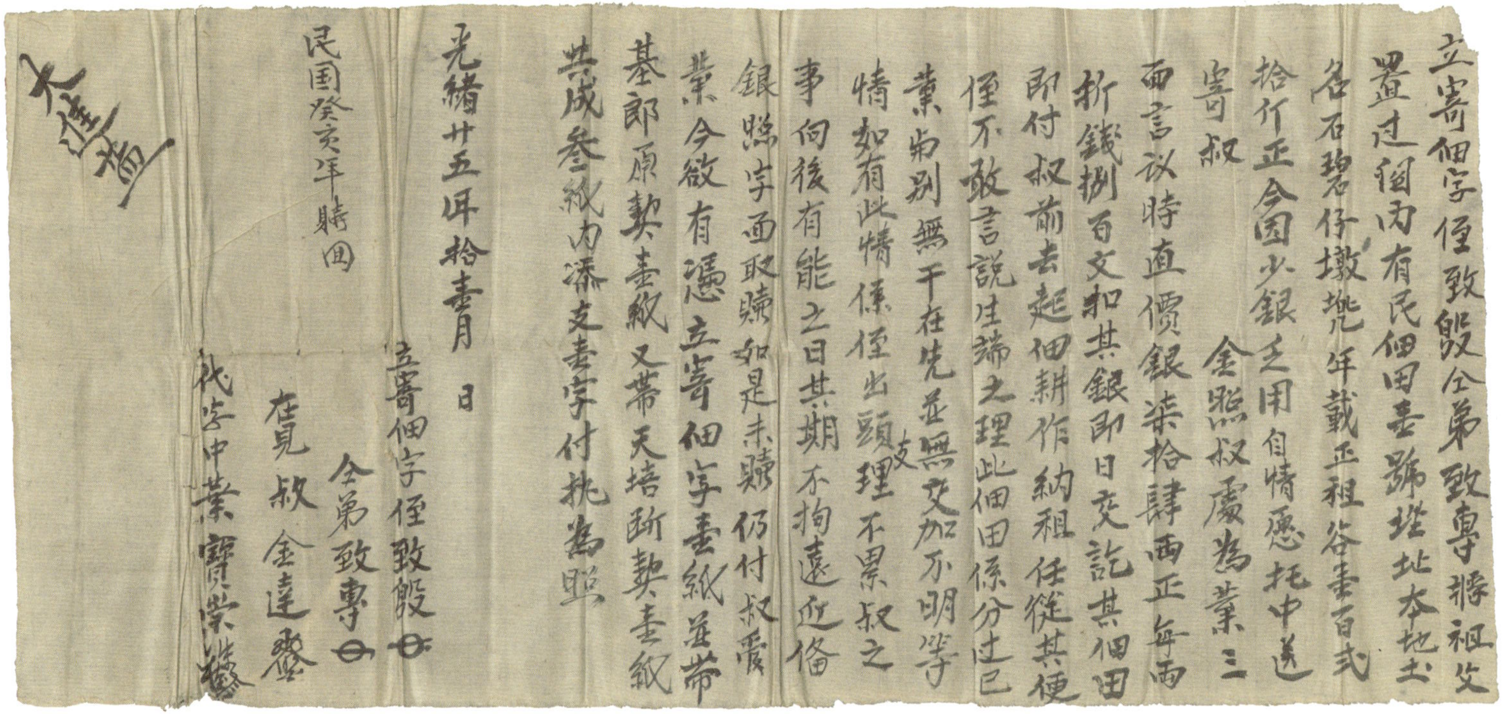

立寄佃字侄致殷仝弟致專將祖父
置过阎内有民佃田壹號坐址本地土
名石碧仔墩址年載正租谷壹百式
拾斤正今因少銀乏用自情愿托中送
寄叔　金照叔、慶為葉三
面言议時直價銀柒拾肆両正每両
折錢捌百文扣其銀即日交訖其佃田
即付叔前去起佃耕作納租任從其便
侄不敢言說生端之理此佃田係分过已
業必別無干在先並無交加不明等
情如有此情係侄出頭支理不累叔之
事向後有能之日其期不拘遠近備
銀照字面取贖如是未贖仍付叔管
業今欲有憑立寄佃字壹紙並帶
基郎原契壹紙又帶天培斷契壹紙
共成叁紙內添支壹字付執為照
光緒廿五年拾壹月　日
立寄佃字侄致殷（押）
仝弟致專（押）
在見叔　金達（押）
代字中　葉寶榮（押）
民国癸亥年贖回

5-4-8-8　清光緒二十五年十一月鄭致殷等立寄民佃田字

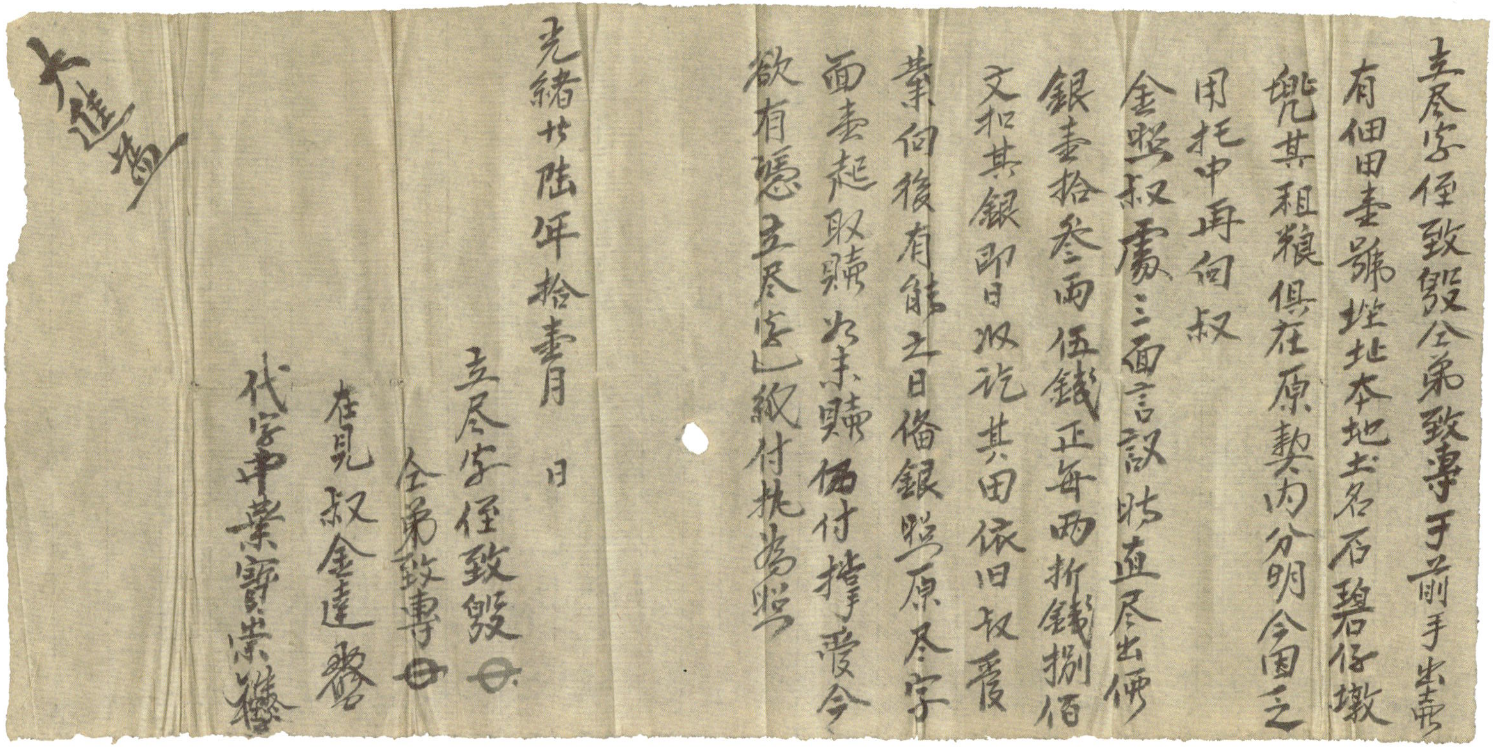
立尽字侄致殷仝弟致專于前手出盡
有佃田壹號坐址本地土名石碧仔墩
兜其租粮俱在原契内分明今因乏
用托中再向叔
金照叔處三面言議時值尽出價
銀壹拾叁兩伍錢正每兩折錢捌佰
文和其銀即日收訖其田依旧叔管
業向後有能之日備銀照原尽字
面壹起取贖如未贖仍付掌管今
欲有憑立尽字一紙付執為照

光緒廿陸年拾壹月　日

立尽字侄致殷（押）
仝弟致專（押）
在見叔金達（押）
代字中業寶崇（押）

大進造

5-4-8-9　清光緒二十六年十一月鄭致殷等立盡佃田字

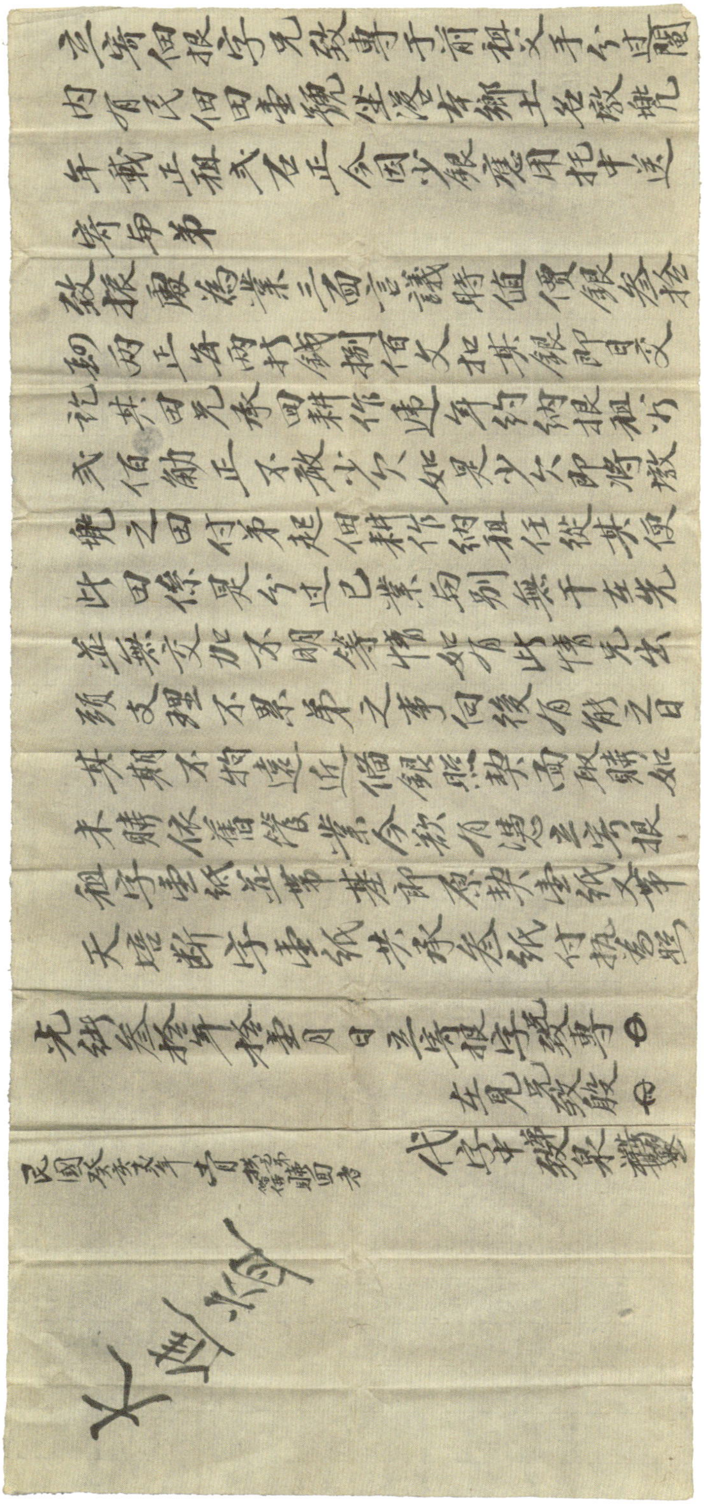

立寄佃根字兄致專，手前抽分過鬮，
內有民佃田壹號，坐落本鄉土名縱嶼，
年載正租弍石正。今因少銀應用，托中送
寄與弟
致振處爲業，三面言議，時值價銀叁拾
勁兩正，每兩折錢捌佰文，其銀即日交
訖。其田兄承回耕作，逐年約納根租冬
弍佰觔正，不敢少欠。如是少欠，即將穀
兄之田付弟起佃耕作，納租任從其便。
此田係兄分過已業，與別無干。在先
並無交加不明等情，如有此情，兄出
頭支理，不累弟之事。向後有價之日，
其穀不得違延，備銀照契面取贖，如
未贖，依舊管業。今欲有憑，立寄佃根
租字壹紙並帶上手即有契壹紙，今
天地斷字壹紙，共承叁紙付執爲照。

光緒叁拾年拾壹月　日立寄佃根字兄致專（押）
在見兄致殿（押）
代字中鄭致泉（押）

民國叁拾弍年十一月 ……

5-4-8-10　清光緒三十年十一月鄭致專立寄民佃田根字

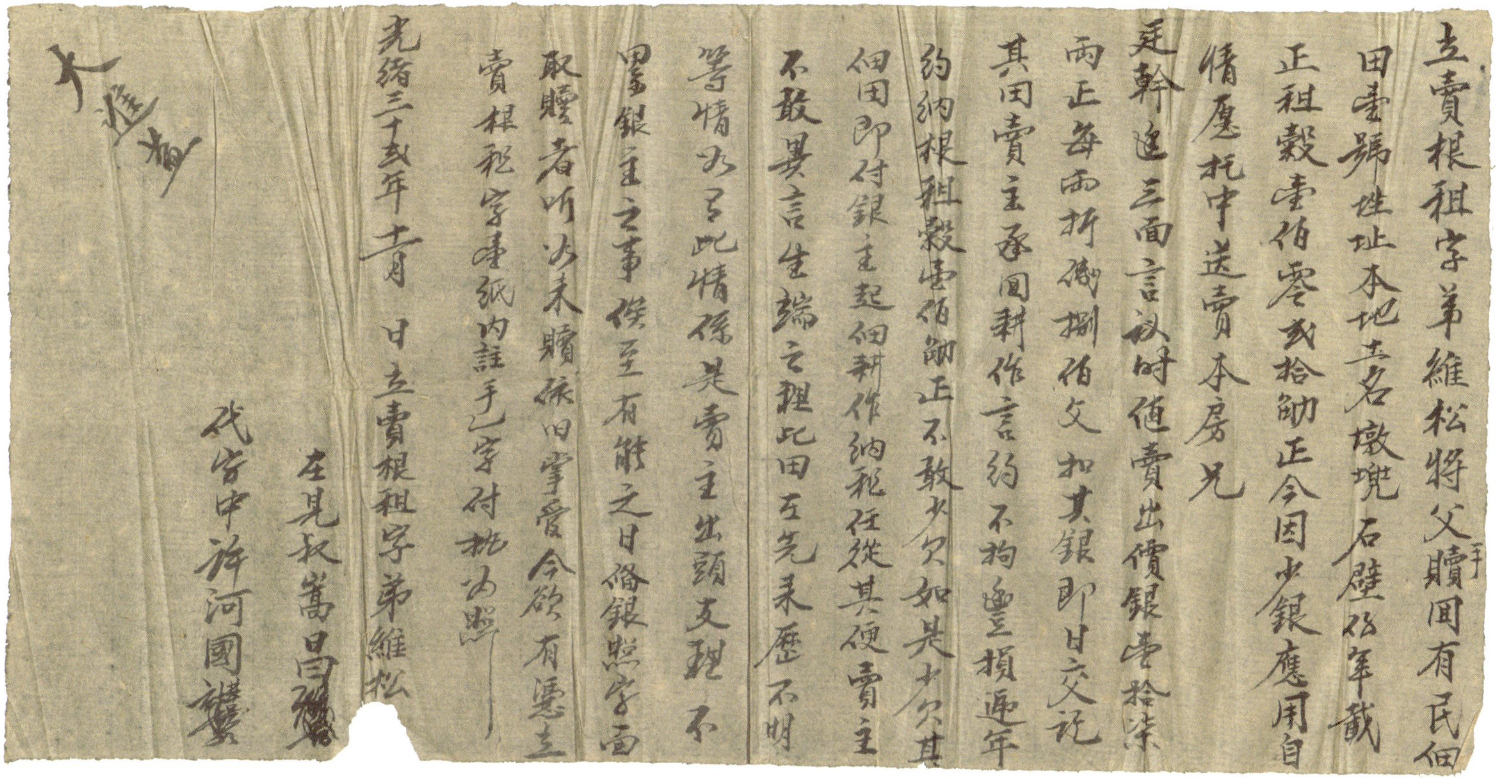

立賣根租字弟維松將父贖手田有民佃
田壹號坐址本地土名墩墘石壁以年載
正租穀壹佰零貳拾觔正今因少銀應用自
情愿托中送賣本房兄
廷幹邊三面言議時值賣出價銀壹拾柒
兩正每兩折錢捌佰文加其銀即日交訖
其田賣主承回耕作言約不拘豐損遞年
約納根租穀壹佰觔正不敢少欠如是少欠其
佃田即付銀主起佃耕作納租任從其便賣主
不敢異言生端之理此田在先未歷不明
等情如有此情係是賣主出頭支理不
累銀主之事俟至有能之日備銀照字面
取贖者听如未贖係旧掌管今欲有憑立
賣根租字壹紙内註手乙字付執為照
光緒三十貳年十一月　日立賣根租字弟維松
在見叔萬昌
代字中許河國
大進壹

5-4-8-11　清光緒三十二年十一月鄭維松立賣民佃田根租字

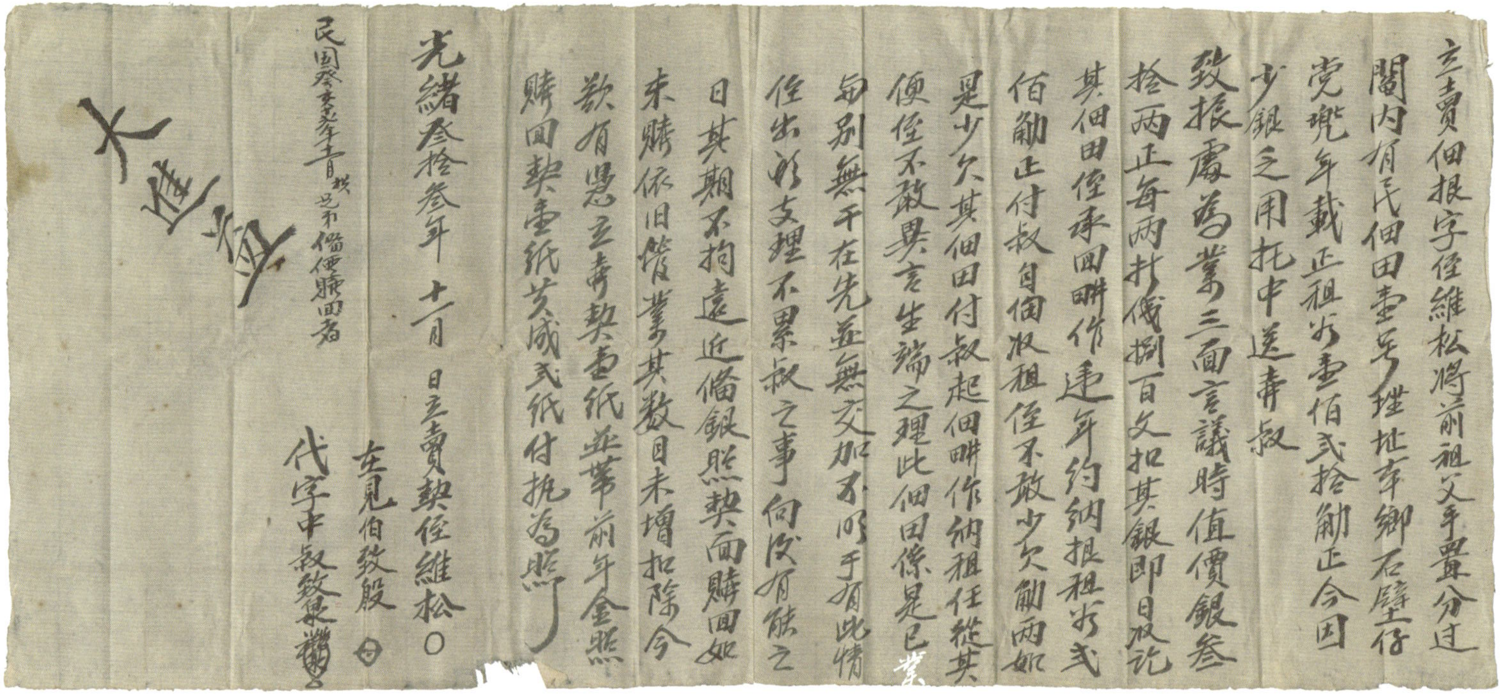
立賣佃根字侄維松將前祖父手置分過
閶內有民佃田壹號坐址本鄉石壁仔
党兜，年載正租谷壹佰式拾觔正。今因
少銀之用，托中送賣叔
致振處為業。三面言議時值價銀叁
拾兩正，每兩扣錢捌百文，扣其銀即日收訖。
其佃田侄承回耕作，逐年約納根租谷式
佰觔正付叔自個收租，侄不敢少欠觔兩。如
是少欠，其佃田付叔起佃耕作、納租，任從其
便，侄不敢異言生端之理。此佃田係是己
份，別無干在先，並無交加不明。于有此情，
侄出首支理，不累叔之事。向後有能之
日，其期不拘遠近，備銀照契面贖回。如
未贖，依旧管業。其數目未增扣除。今
欲有憑，立賣契壹紙，並帶前年全照
贖回契壹紙，共成式紙，付執為照。
光緒叁拾叁年十一月　日立賣契侄維松〇
在見伯致殷〇
代字中叔致梁〇
民國癸亥年十二月　此帋備價贖回者

5-4-8-12　清光緒三十三年十一月鄭維松立賣民佃田根契

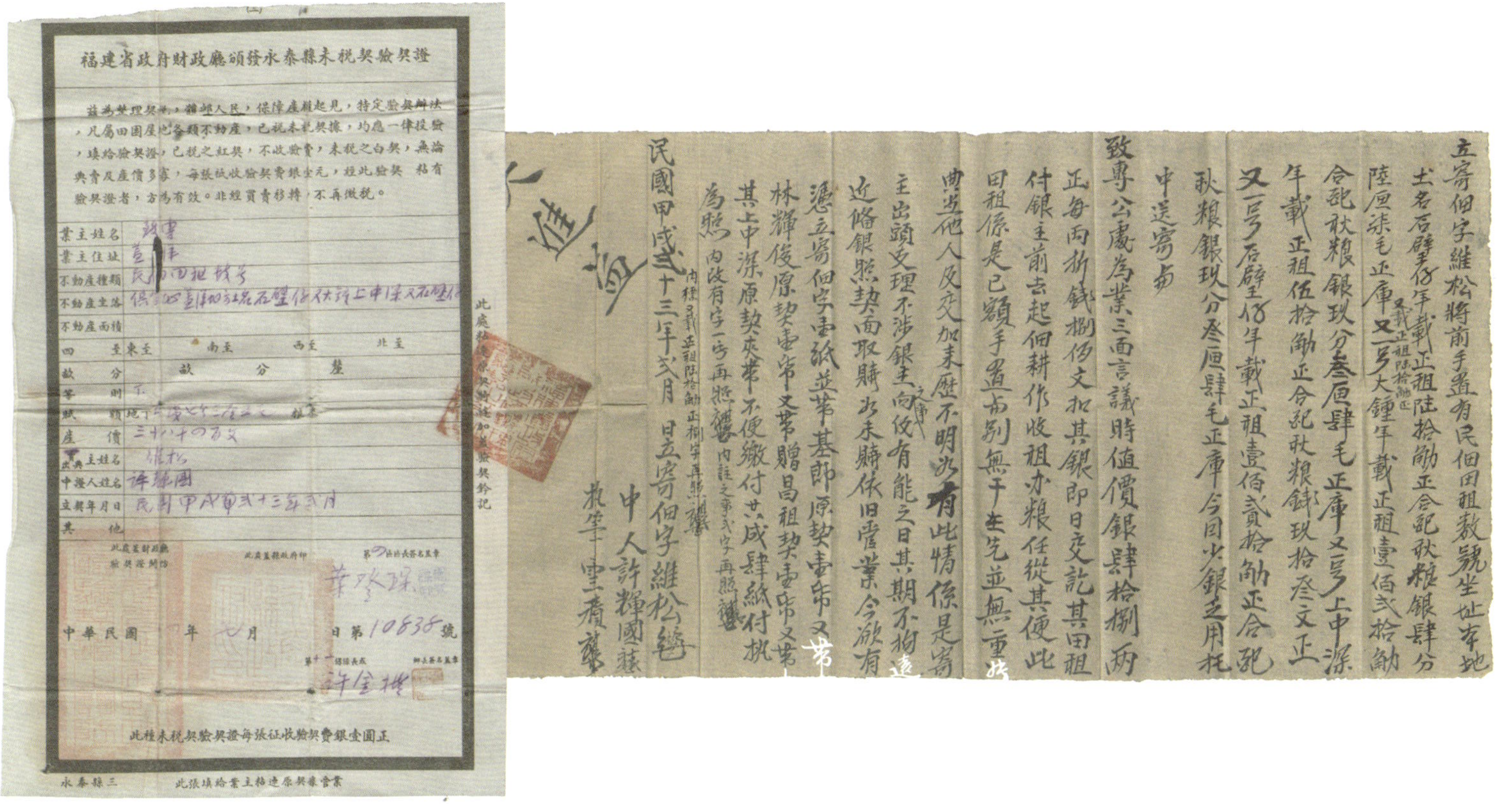

福建省政府財政廳頒發永泰縣未稅契驗契證

茲為整理契稅，體恤人民，保障產權起見，特定驗契辦法，凡屬田園屋地各類不動產，已稅未稅契據，均應一律投驗，填給驗契證，已稅之紅契，不收驗費，未稅之白契，無論典賣及產價多寡，每張祇收驗契費銀壹元，經此驗契　粘有驗契證者，方為有效。非經買賣移轉，不再徵稅。

業主姓名	致專
業主住址	蓋洋
不動產種類	民佃田租
不動產坐落	[illegible]
不動產面積	
四至	東至　南至　西至　北至
畝分	畝　分　釐
等則	
賦額	
產價	三十八千四百文
出典人姓名	維松
中證人姓名	許輝國
立契年月日	民國甲戌年式十三年式月
其他	

中華民國　年　七月　日第10838號

此種未稅契驗契證每張征收驗契費銀壹圓正

永泰縣三　此張填給業主粘連原契保存

立寄佃字維松將前手置有民佃田租數號坐址本地土名石壁仔年載正租陸拾觔正仝配秋粮銀肆分陸厘柒毛正庫又一號大鍾年載正租壹佰式拾觔（又載正租陸拾觔正）仝配秋粮銀玖分叁厘肆毛正庫又一號上中深年載正租伍拾觔正仝配秋粮銀玖拾叁文正又一號石壁仔年載正租壹佰貳拾觔正仝配秋粮銀玖分叁厘肆毛正庫今因少銀乏用托中送寄与

致專公處為業三面言議時值價銀肆拾捌两正每两折錢捌佰文扣其銀即日交訖其田租付銀主前去起佃耕作收租办粮任從其便此田租係是己額手置与别無干涉先並無重典他人及交加來歷不明等情係是寄主出頭支理不涉銀主之事向後有能之日其期不拘遠近備銀照契面取贖如未贖依旧當業今欲有憑立寄佃字壹紙並第基郎原契壹紙又第林輝俊原契壹紙又第贈昌租契壹紙又第其上中深原契壹紙不便繳付共成肆紙付執為照　內改有字一字再照　內註之字式字再照

內推又載正租陸拾觔正捌字再照

民國甲戌年十三年二月　日立寄佃字維松（押）

中人許輝國（押）

執筆雲清（押）

5-4-8-13　民國二十三年二月鄭維松立寄民佃田租字（紅契）

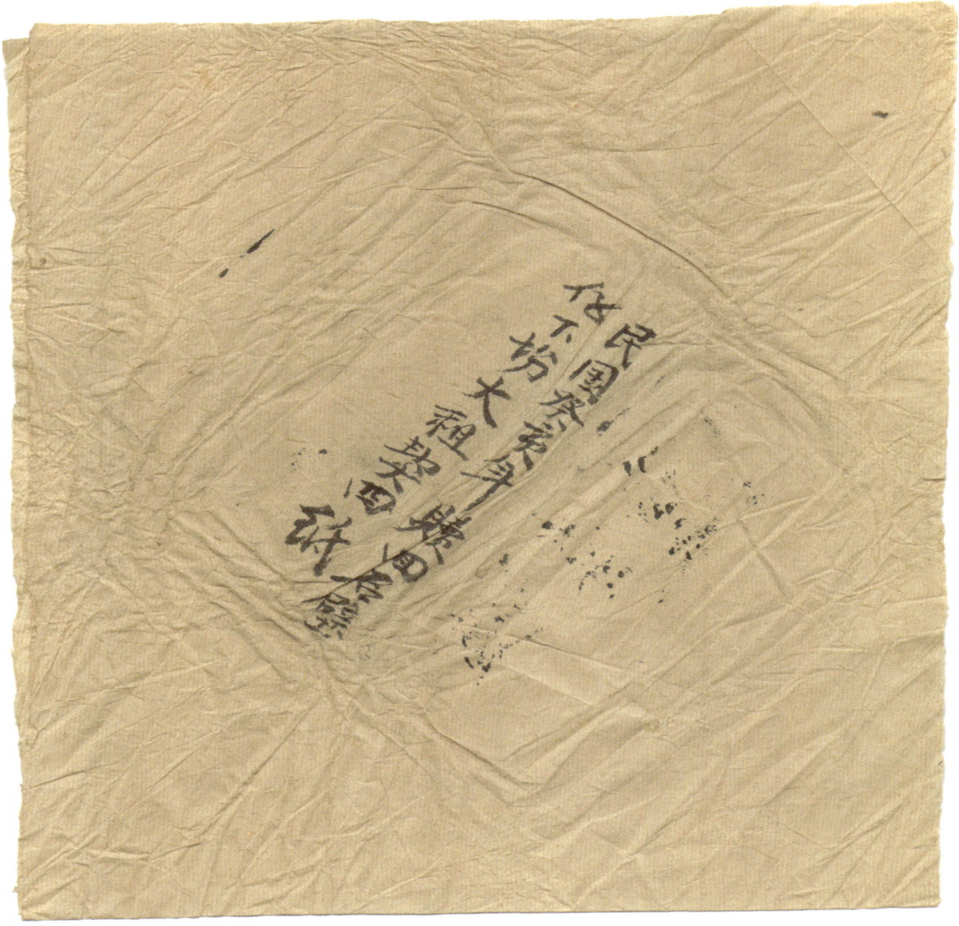

5-4-9-1　包契紙

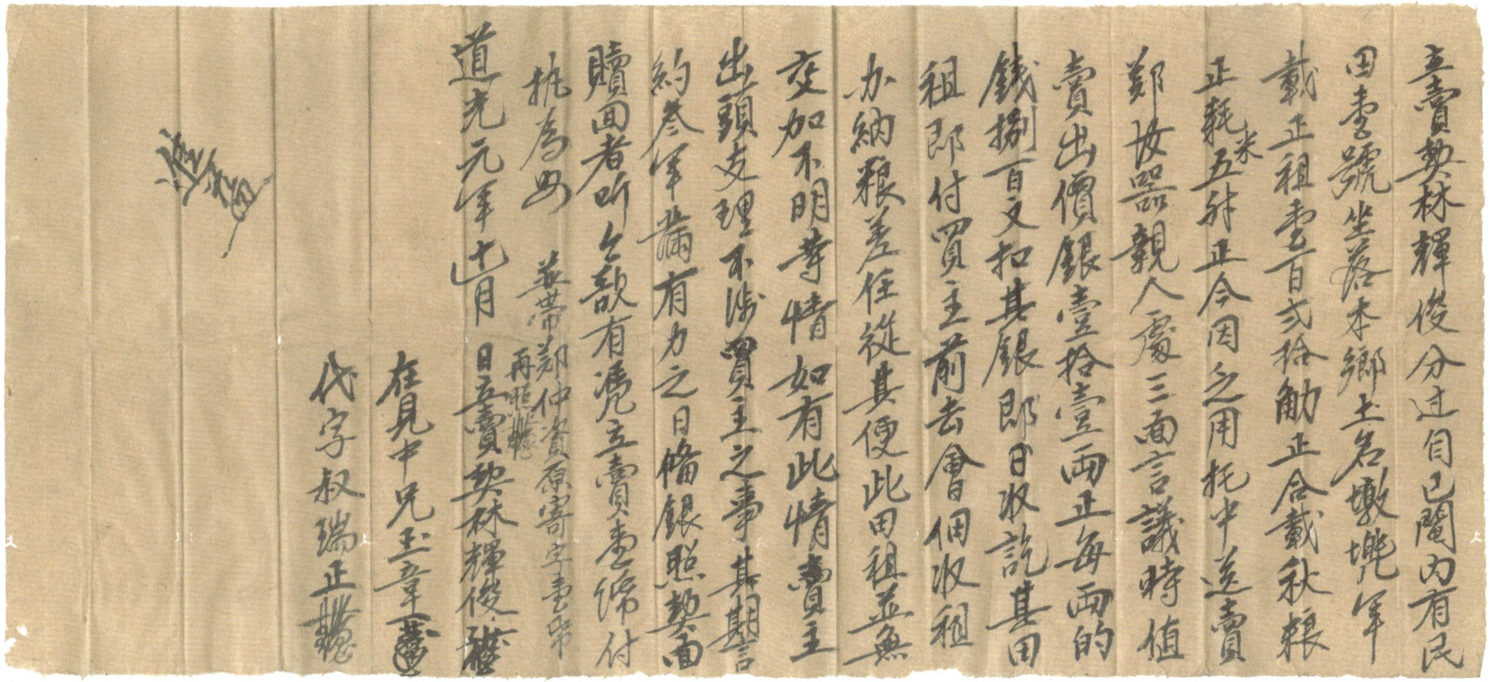
立賣契林輝俊，分过自己閹内有民田壹號，坐落本鄉土名墩墘，年載正租壹百弍拾觔正，合載秋粮正耗米五升正。今因乏用，托中送賣鄭攸器親人處，三面言議時值賣出價銀壹拾壹兩正，每兩的錢捌百文扣，其銀即日收訖，其田租即付買主前去會佃收租，办納粮差，任從其便。此田租並無交加不明等情，如有此情，賣主出頭支理，不涉買主之事。其期言約叁年滿，有力之日備銀照契面贖回者，此乃歀有憑，立賣契壹紙付執為照。

并帶鄭仲賓原寄字壹紙　再照

道光元年十一月　日立賣契林輝俊

在見中兄玉章

代字叔瑞正

5-4-9-2　清道光元年十一月林輝俊立賣民田租契

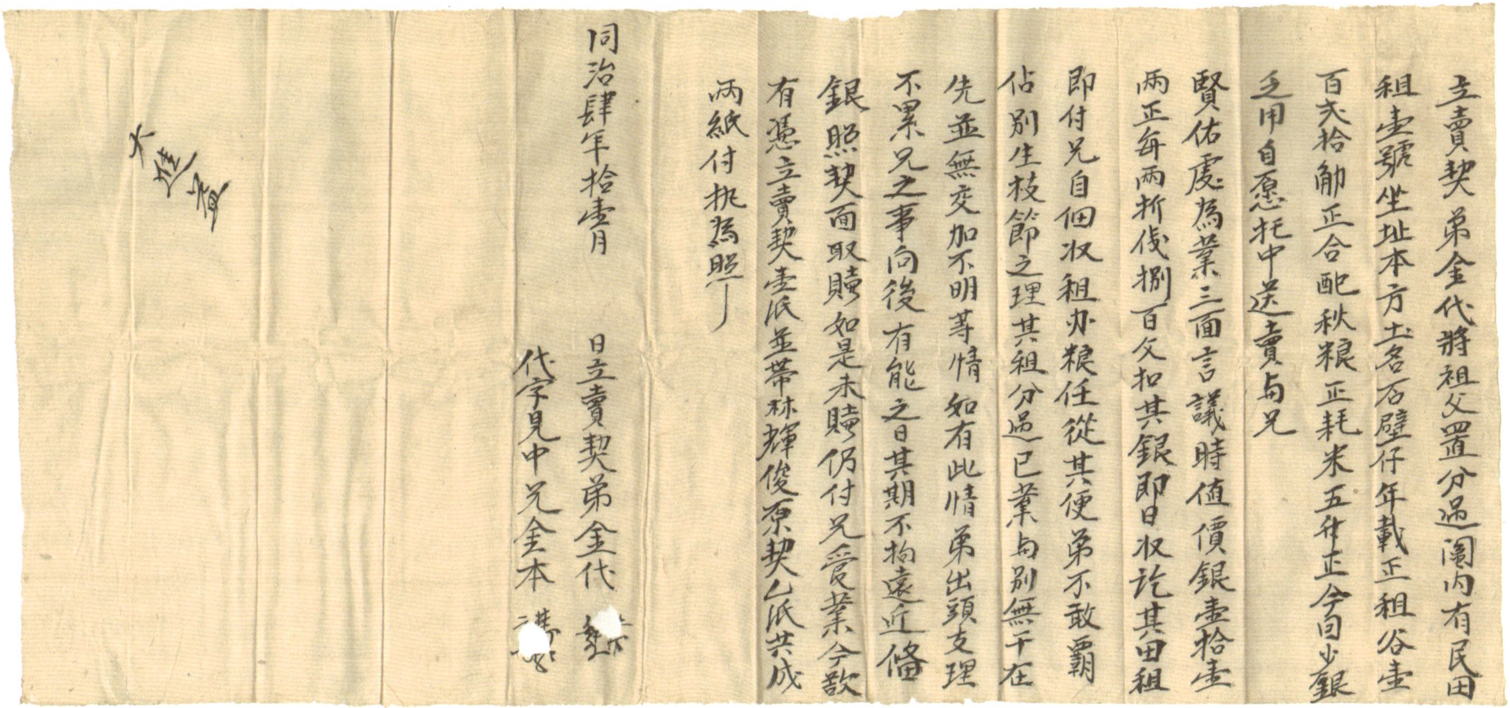

立賣契弟金代將祖父置分過園內有民田
租壹號坐址本方土名石壁仔年載正租谷壹
百大拾觔正合配秋粮正耗米五升正今因乏銀
乏用自愿托中送賣與兄
賢佑處爲業三面言議時值價銀壹拾壹
兩正每兩折伐捌百文扣其銀即日收訖其田租
即付兄自佃收租办粮任從其便弟不敢霸
佔别生枝節之理其租分過已業與别無干在
先並無交加不明等情如有此情弟出頭支理
不累兄之事向後有能之日其期不拘遠近備
銀照契面取贖如是未贖仍付兄管業今欲
有憑立賣契壹紙並帶林輝俊原契乙紙共成
兩紙付執爲照丿

同治肆年拾壹月　日立賣契弟金代（押）
代字見中兄金本（押）

大進宜

5-4-9-3　清同治四年十一月鄭金代立賣民田租契

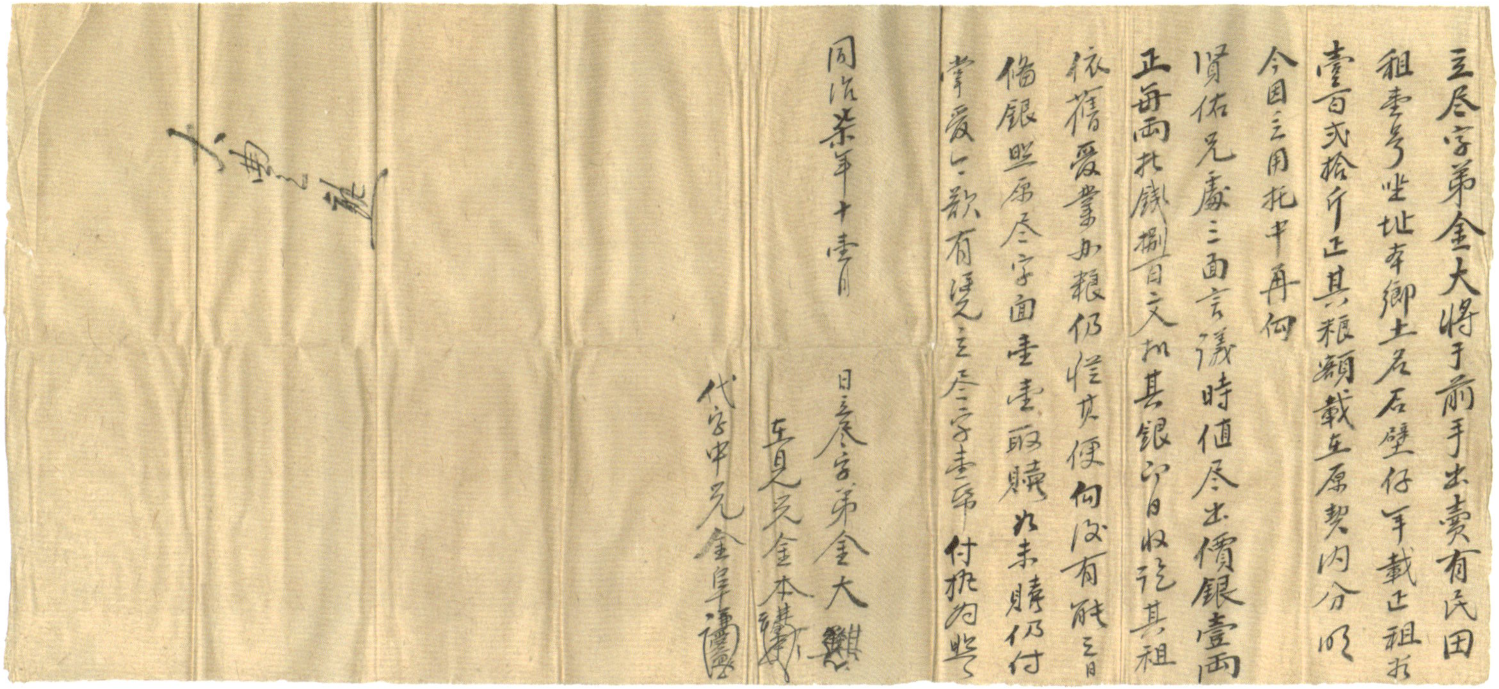

立盡字弟金大將手前手出賣有民田
租壹号坐址本鄉土名石壁仔年載正租米
壹百弍拾斤正其粮額載在原契內分明
今因乏用托中再向
賢佑兄處三面言議時值盡出價銀壹兩
正每兩扣錢捌百文扣其銀即日收訖其租
依舊叔業办粮仍任其便向後有贖之日
備銀照原盡字面壹壹取贖如未贖仍付
掌管亦歉有憑立盡字壹紙付執為照

同治柒年十一月　日立盡字弟金大
在見兄金本
代字中兄金卑

5-4-9-4　清同治七年十一月鄭金大立盡民田租字

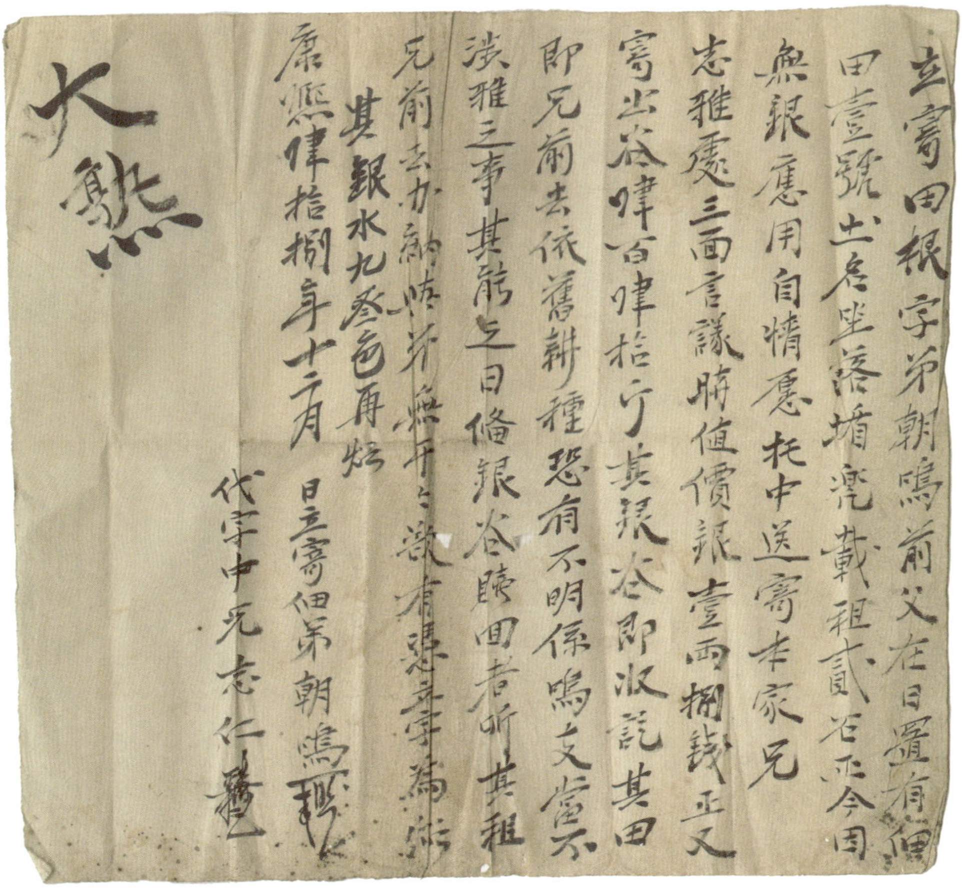

立寄田根字弟朝鳴前父在日置有佃田壹號土名坐落墦湾載租貳石正今因無銀應用自情愿托中送寄本家兄志雅處三面言議時值價銀壹兩捌錢正又寄出谷肆石肆拾斤其銀谷即收訖其田即兄前去依舊耕種恐有不明係鳴支當不涉雅之事其能之日備銀谷贖回者听其租兄前去办納時年無干今欲有憑立字為照

其銀水九叁色再炤

康熙肆拾捌年十二月　日立寄佃弟朝鳴

代字中兄志仁

大熙

5-4-10-1　清康熙四十八年十二月鄭朝鳴立寄佃田根字

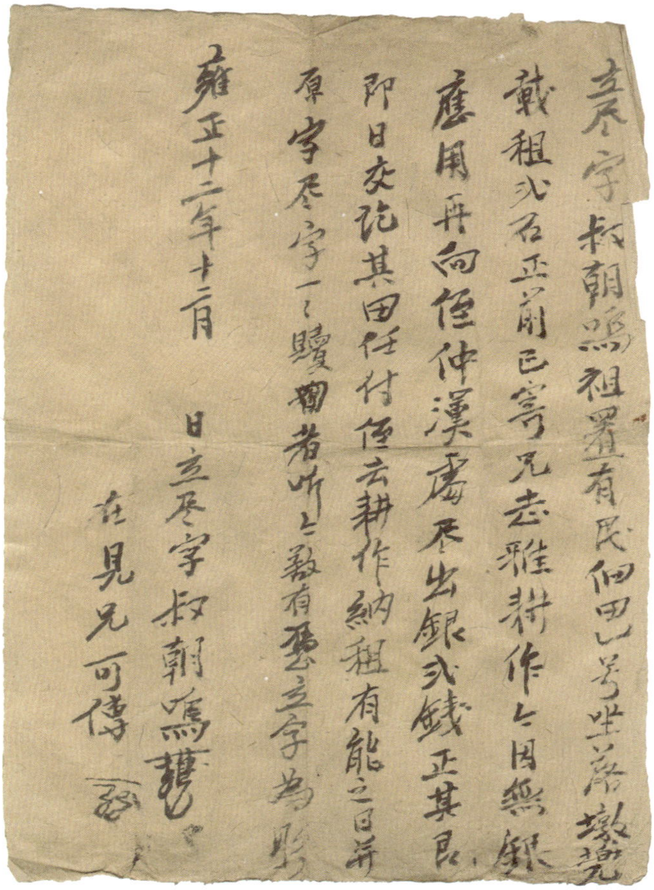

立尽字叔朝鳴祖置有民佃田山號坐落墩兜
載租弍石正前已賣兄去雖耕作今因無銀
應用再向侄仲漢處尽出銀弍錢正其銀
即日交訖其田任付侄去耕作納租有能之日并
原字尽字一一贖回者听之欲有憑立字為照
雍正十二年十二月　日立尽字叔朝鳴（押）
在見兄可傳（押）

5-4-10-2　清雍正十二年十二月鄭朝鳴立盡民佃田字

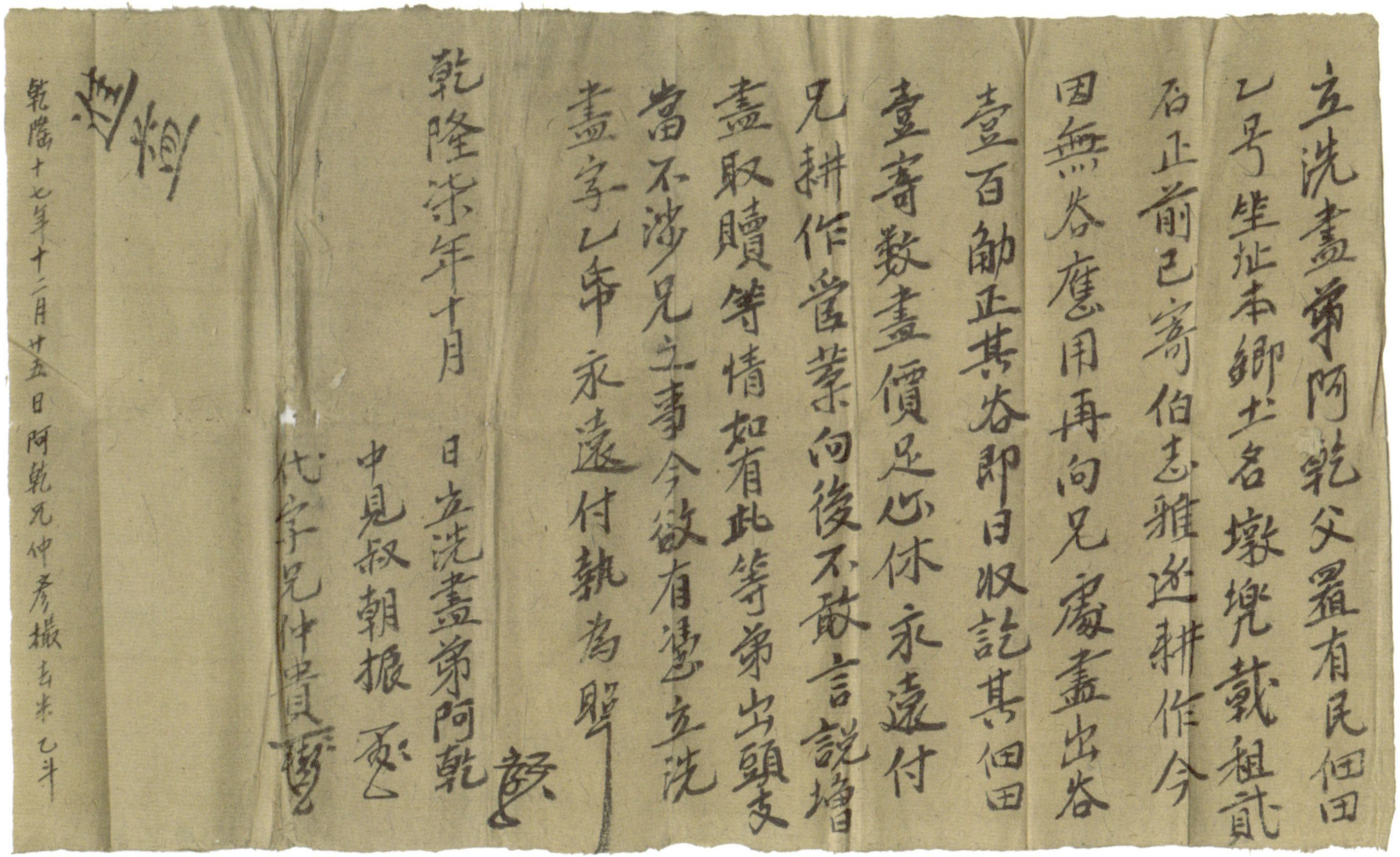

立洗盡弟阿乾父置有民佃田
乙号坐址本鄉土名墩垅載租貳
石正前已寄伯志雅逬耕作今
因無谷應用再向兄處盡出谷
壹百觔正其谷即日收訖其佃田
壹寄數盡價足訖休永遠付
兄耕作管業向後不敢言說增
盡取贖等情如有此等弟出頭支
當不涉兄之事今欲有憑立洗
盡字乙帋永遠付執為照

乾隆柒年十月　日立洗盡弟阿乾
中見叔朝振
代字兄仲貴

乾隆十七年十二月廿五日阿乾兄仲彥撮去米乙斗

5-4-10-3　清乾隆七年十月鄭阿乾立洗盡民佃田契

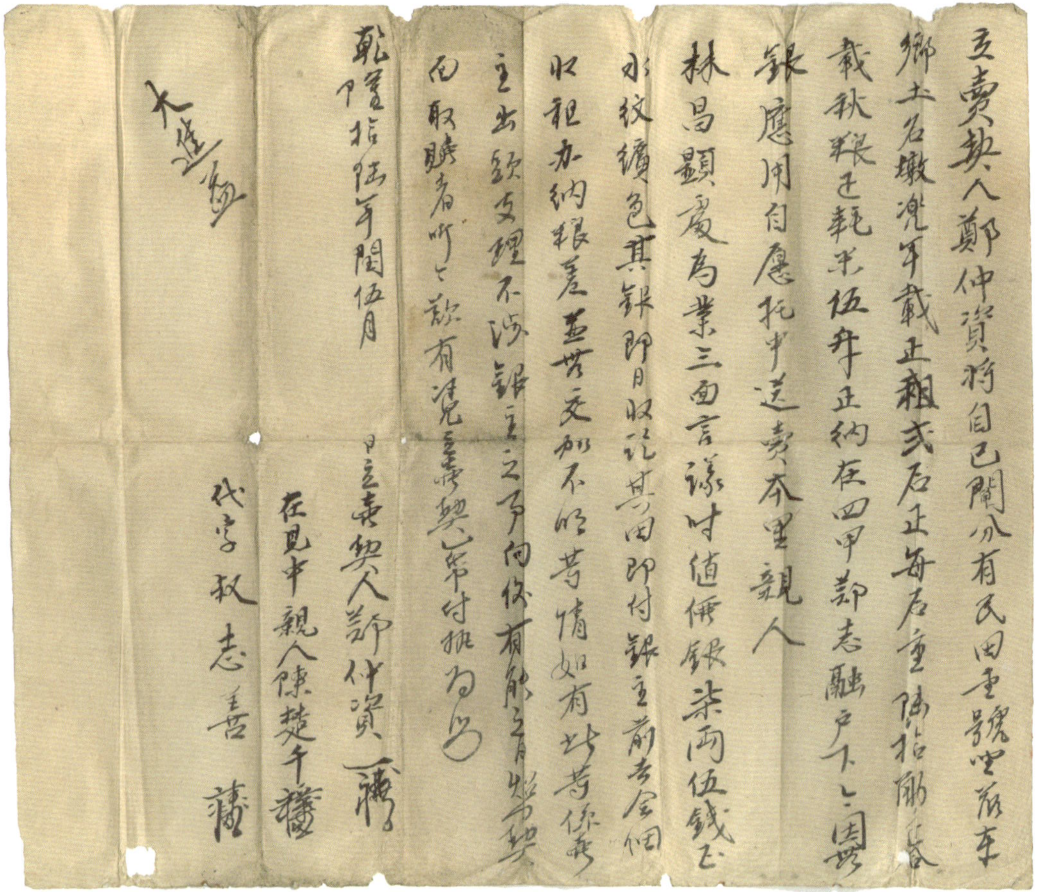

5-4-10-4　清乾隆十六年閏五月鄭仲資立賣民田契

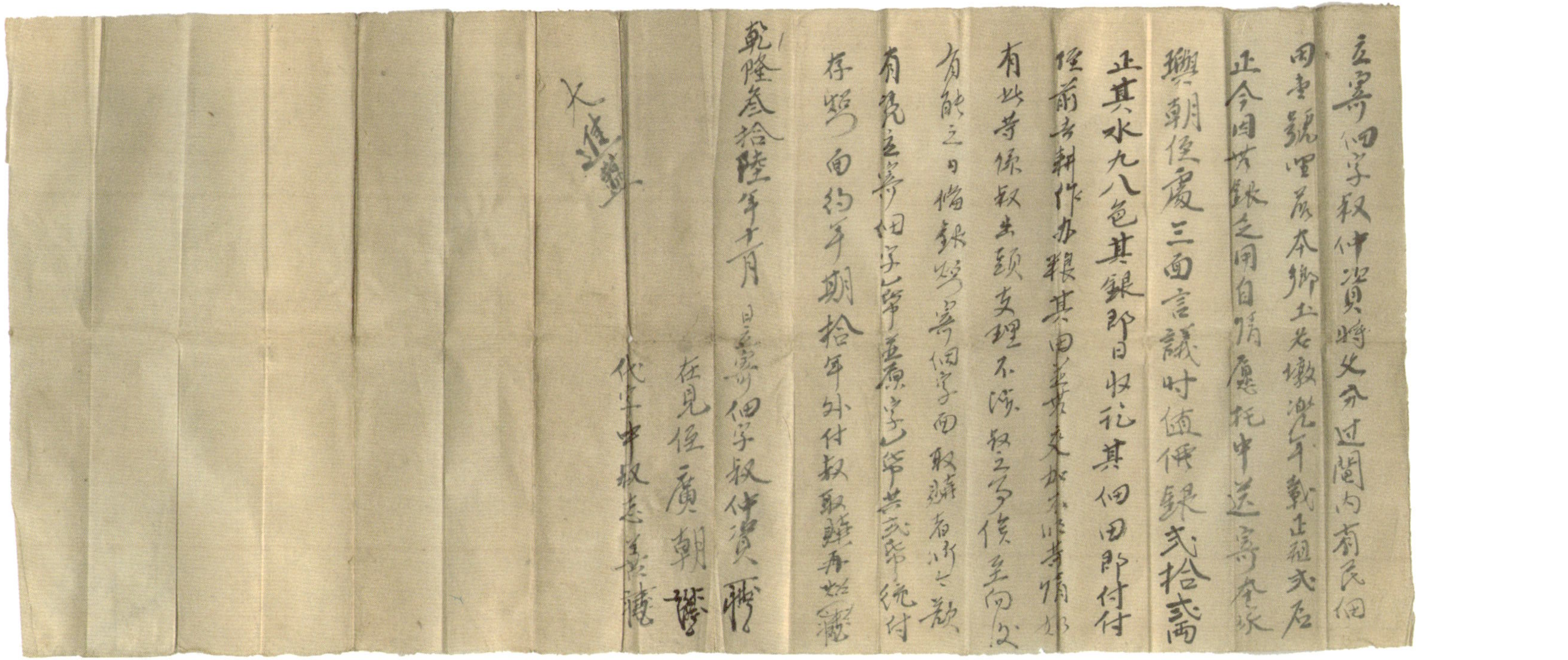

5-4-10-5　清乾隆三十六年十一月鄭仲資立寄民佃田字

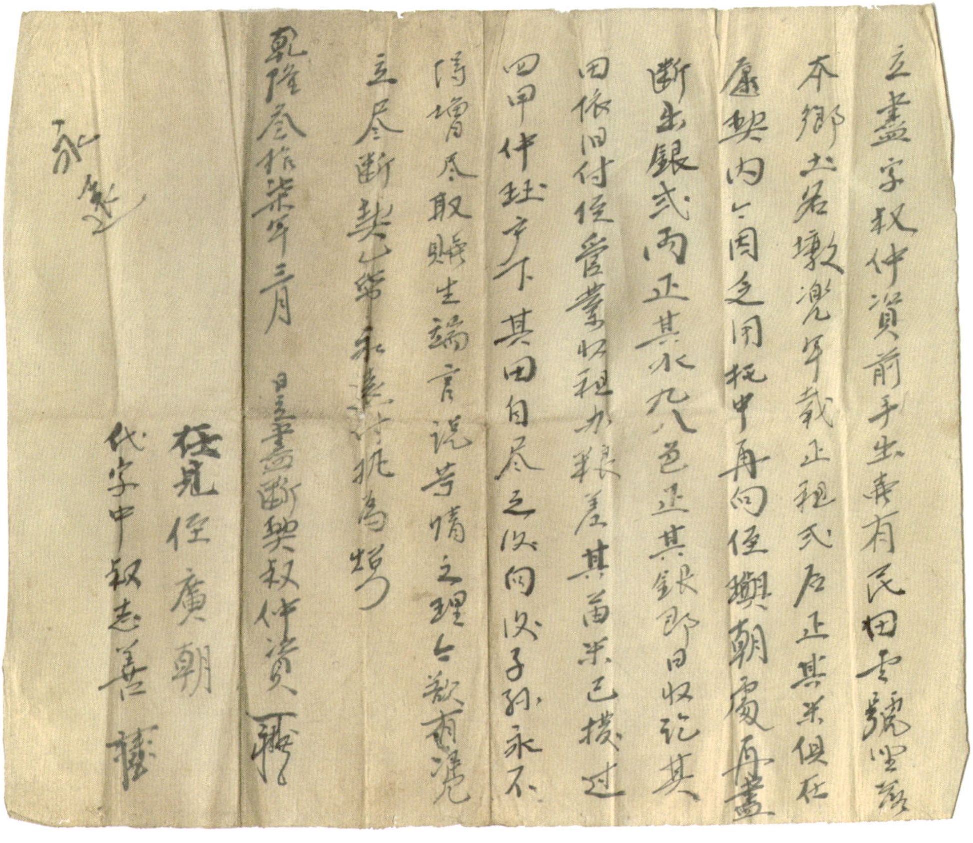

立盡字叔仲資前手出賣有民田壹號坐落
本鄉土名墩澂坪載正租弍石正其米係在
康契内今因乏用托中再向侄璵朝處再盡
斷出銀弍兩正其水九八色正其銀即日收訖其
田依旧付侄管業收租办粮其苗米已撥过
四甲仲廷户下其田自盡之後向後子孫永不
得增盡取贖生端言說等情之理今欲有憑
立盡斷契一紙永遠付執為照
乾隆叁拾柒年三月　日立盡斷契叔仲資（押）
在見侄廣朝
代字中叔志善（押）

5-4-10-6　清乾隆三十七年三月鄭仲資立盡民田字

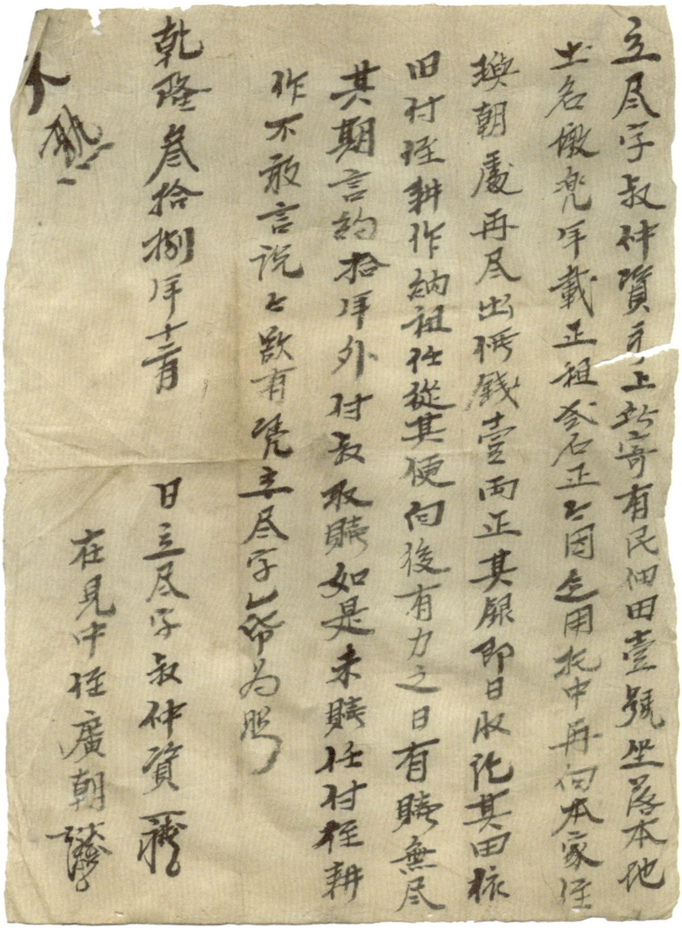

立尽字叔仲資承上父寄有民佃田壹號坐落本地
土名鐵兜平載正租叁石正乙因乏用托中再向本家侄
換朝處再尽出價錢壹兩正其銀即日收訖其田根
田付侄耕作納租任從其便向後有力之日有贖無尽
其期言約拾年外付叔取贖如是未贖任付侄耕
作不敢言說乙歎有凭立尽字乙帋為照
乾隆叁拾捌年十二月　日立尽字叔仲資（押）
在見中侄廣朝（押）

5-4-10-7　清乾隆三十八年十二月鄭仲資立盡民佃田字

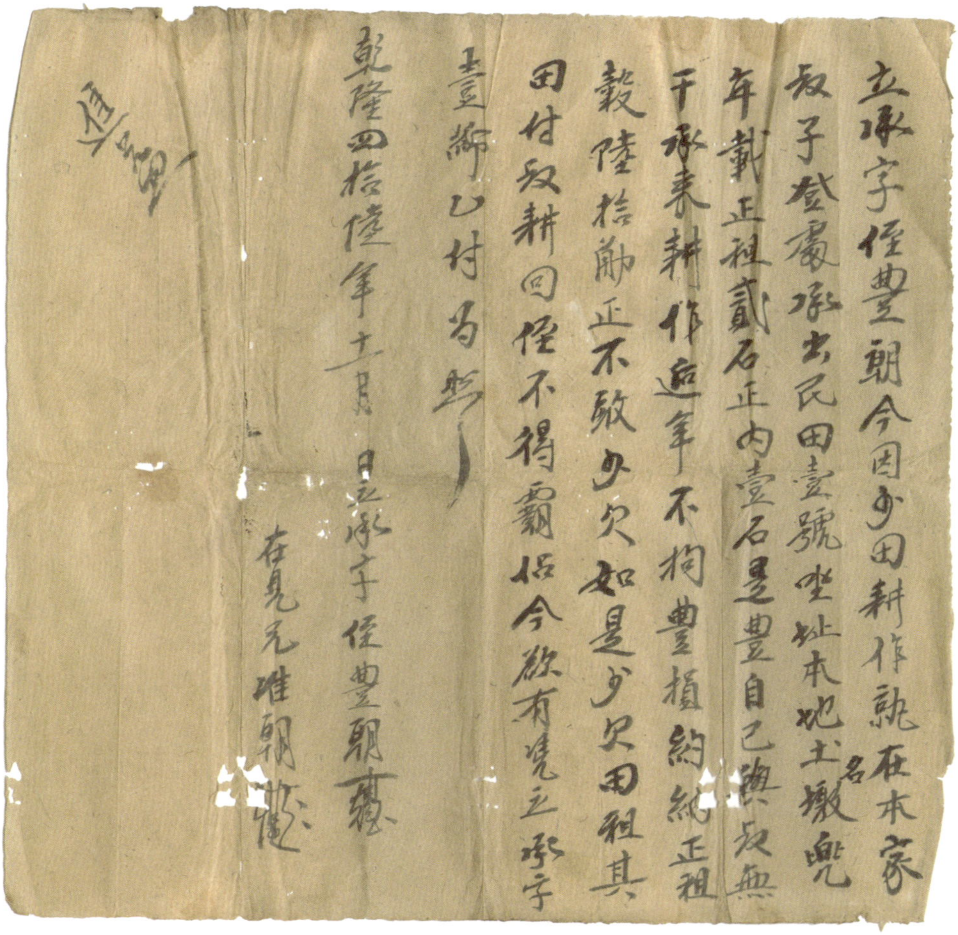

立承字侄豐朝今因少田耕作就在本家
叔子登豪承出民田壹號坐址本地土名墩兜
年載正租貳石正內壹石是豐自己與叔無
干承來耕作逐年不拘豐揹約納正租
穀陸拾觔正不敢少欠如是少欠田租其
田付叔耕回侄不得霸佔今欲有憑立承字
壹紙乙付為照
乾隆四拾陸年十一月 日立承字侄豐朝（押）
在見兄唯朝（押）

5-4-10-8　清乾隆四十六年十一月鄭豊朝立承民田字

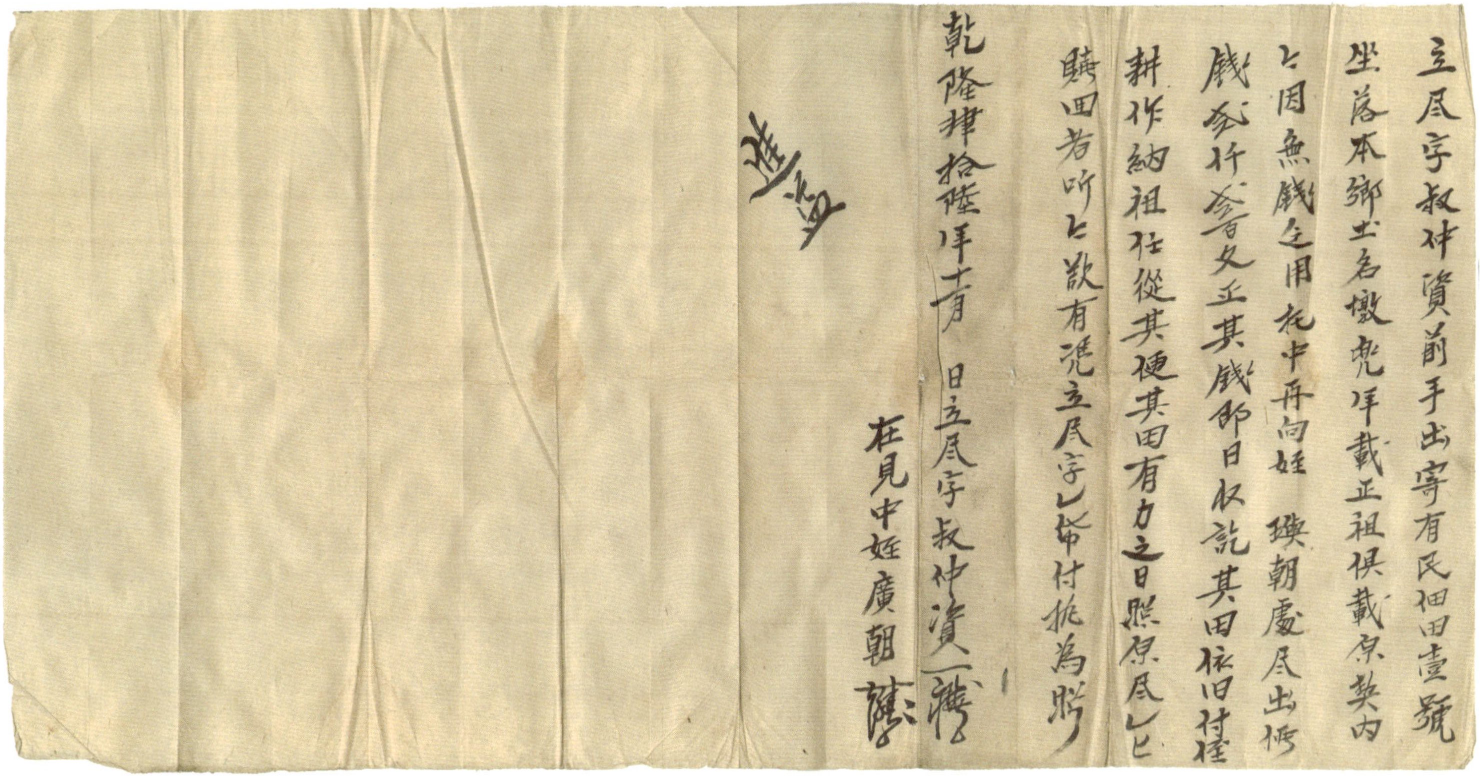
立盡民字叔仲資前手出寄有民佃田壹號
坐落本鄉土名墩兜年載正租俱載原契內
上因無錢乏用托中再向姪　璵朝處盡出價
錢叁仟叁百文正其錢即日收訖其田依旧付侄
耕作納租任從其便其田有力之日照原盡上上
贖回若所上欵有混立盡字乚皆付執為照
乾隆肆拾陸年十一月　日立盡字叔仲資（押）
在見中姪廣朝（押）

5-4-10-9　清乾隆四十六年十一月鄭仲資立盡民佃田字

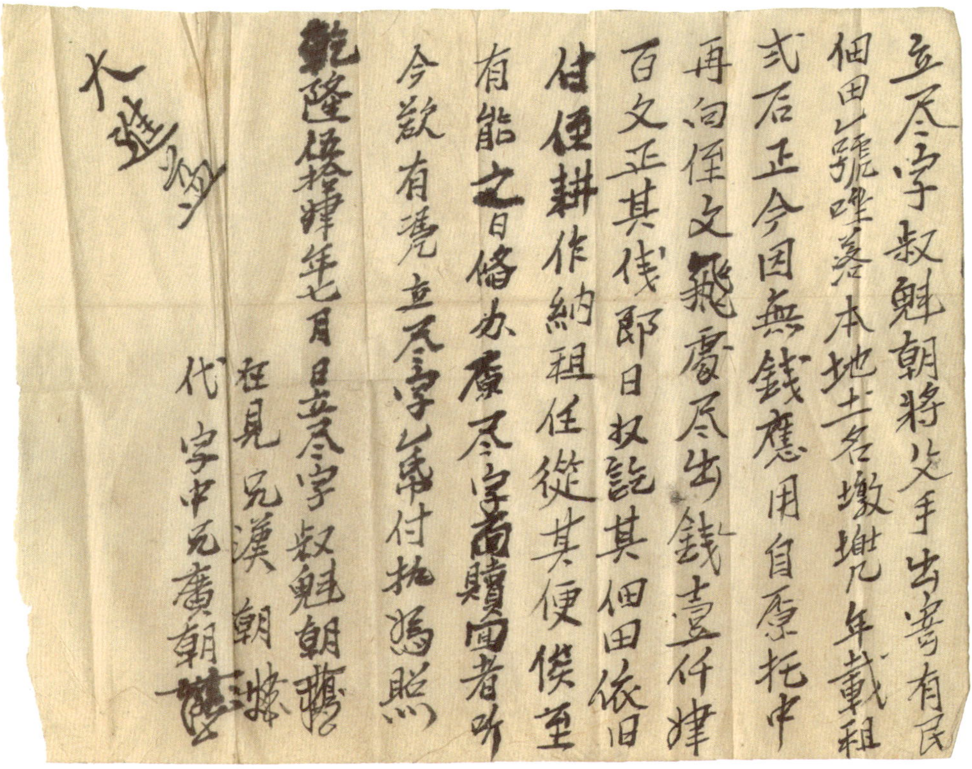
立盡字叔魁朝將父手出□有民
佃田一號址落本地土名墩壠兒年載租
弍石正今因無錢應用自原托中
再向侄文飛處盡出錢壹仟肆
百文正其錢即日收訖其佃田依旧
付侄耕作納租任從其便候至
有能之日備办原盡字面贖回者听
今欲有憑立盡字一紙付执為照
乾隆伍拾肆年七月 日立盡字叔魁朝（押）
在見兄漢朝（押）
代字中兄廣朝（押）

5-4-10-10　清乾隆五十四年七月鄭魁朝立盡民佃田字

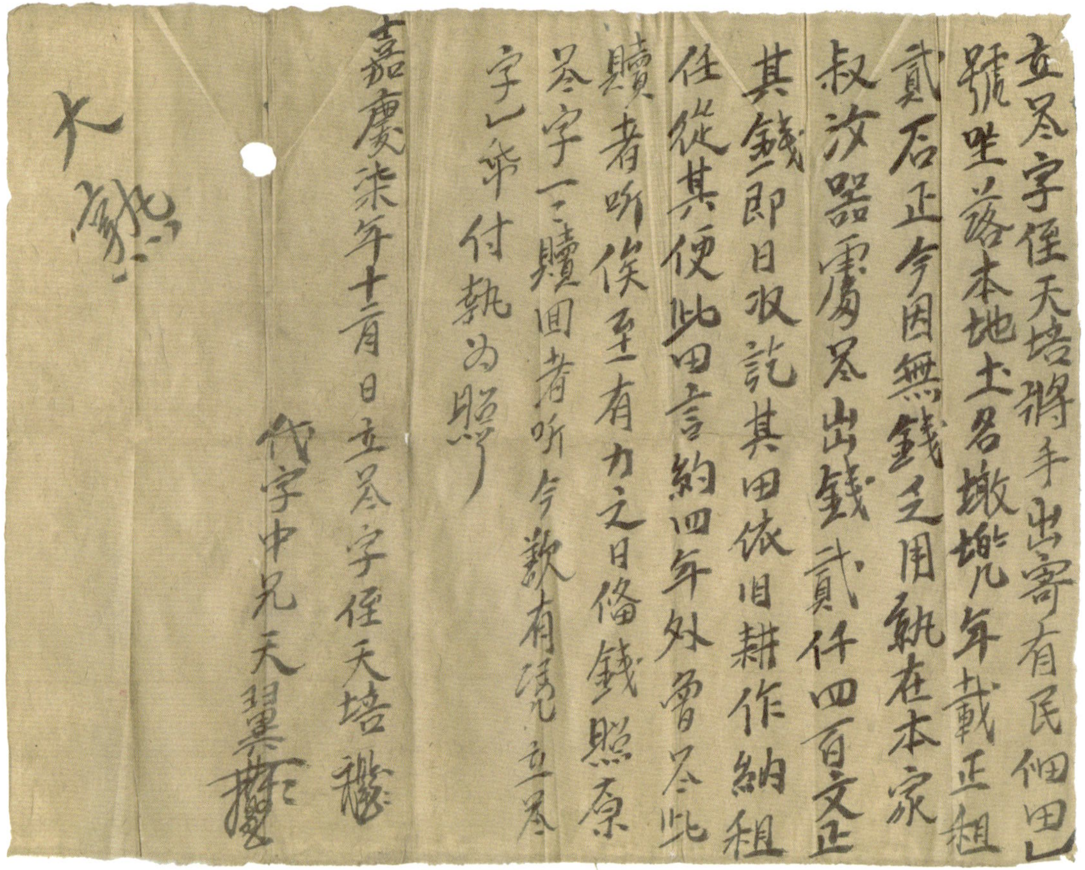
立盡字侄天培將手出寄有民佃田山
號坐落本地土名墩墘九年載正租
貳石正今因無錢乏用執在本家
叔汝器處盡出錢弍貳仟四百文正
其錢即日收訖其田依旧耕作納租
任從其便此田言約四年外曾盡此
贖者听候至有力之日備錢照原
盡字一一贖回者听今欲有憑立盡
字一帋付執為照
嘉慶柒年十二月日立盡字侄天培
代字中兄天望

5-4-10-11　清嘉慶七年十二月鄭天培立盡民佃田字

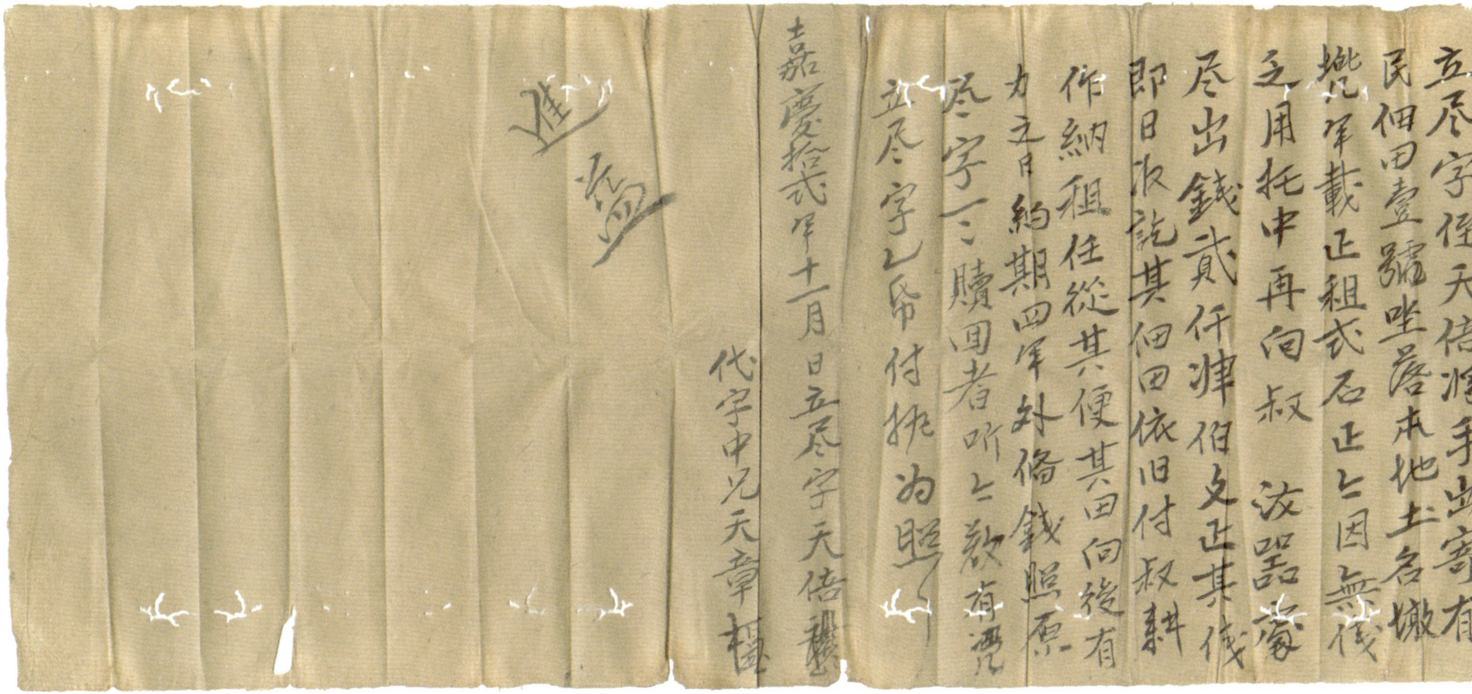

立盡字侄天倍將手出寄有
民佃田壹號坐落本地土名墩
墘年載正租弍石正正因無錢
应用托中再向叔　汝器處
盡出錢貳仟肆伯文正其錢
即日收訖其佃田依旧付叔耕
作納租任從其便其田向後有
力之日約期四年外備錢照原
盡字亡贖回者听亡敢有混
立盡字亡為付執為照
嘉慶拾弍年十一月日立盡字天倍
代字中兄天章

5-4-10-12　清嘉慶十二年十一月鄭天倍立盡民佃田字

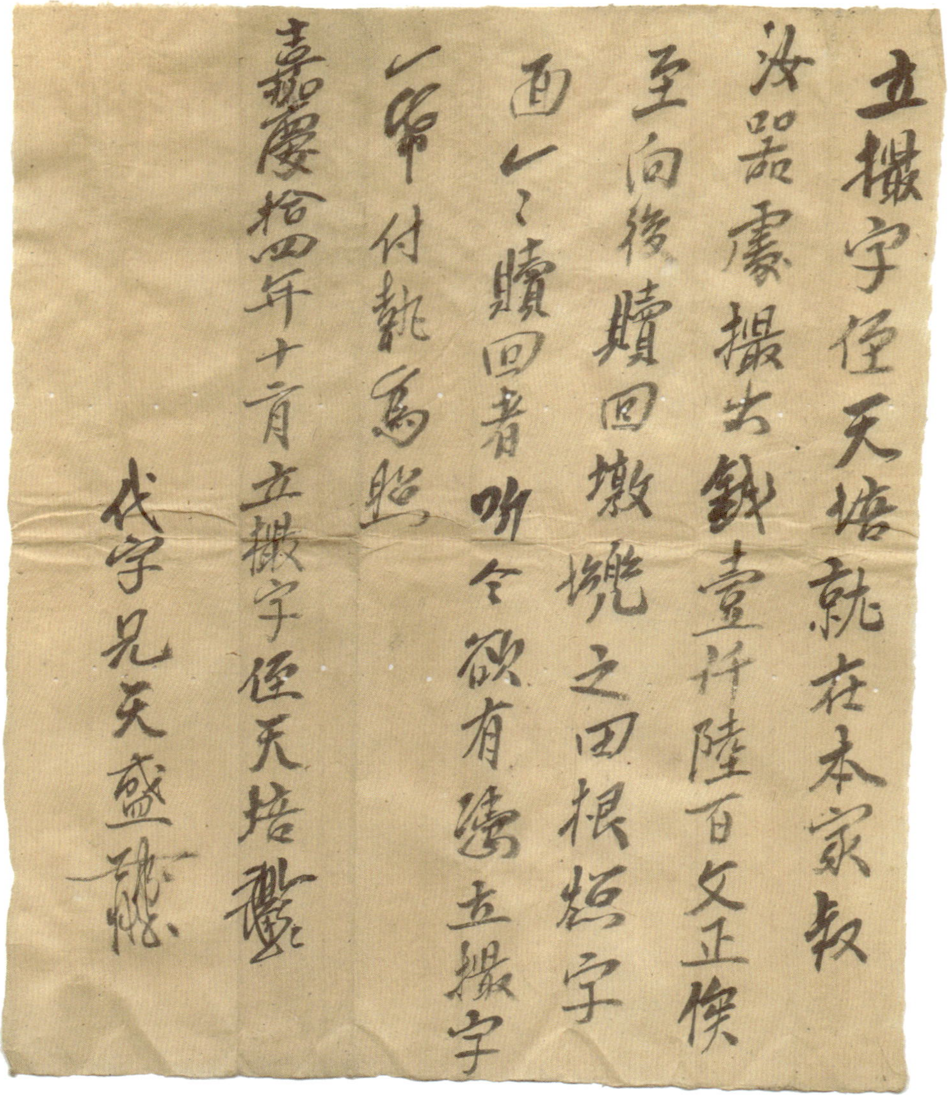

立撮字侄天培就在本家叔
汝器處撮出錢壹仟陸百文正俟
至向後贖回墩墘之田根据字
面一一贖回者聽今欲有憑立撮字
一帋付執為照
嘉慶拾四年十二月立撮字侄天培（押）
代字兄天盛（押）

5-4-10-13　清嘉慶十四年十二月鄭天培立撮字

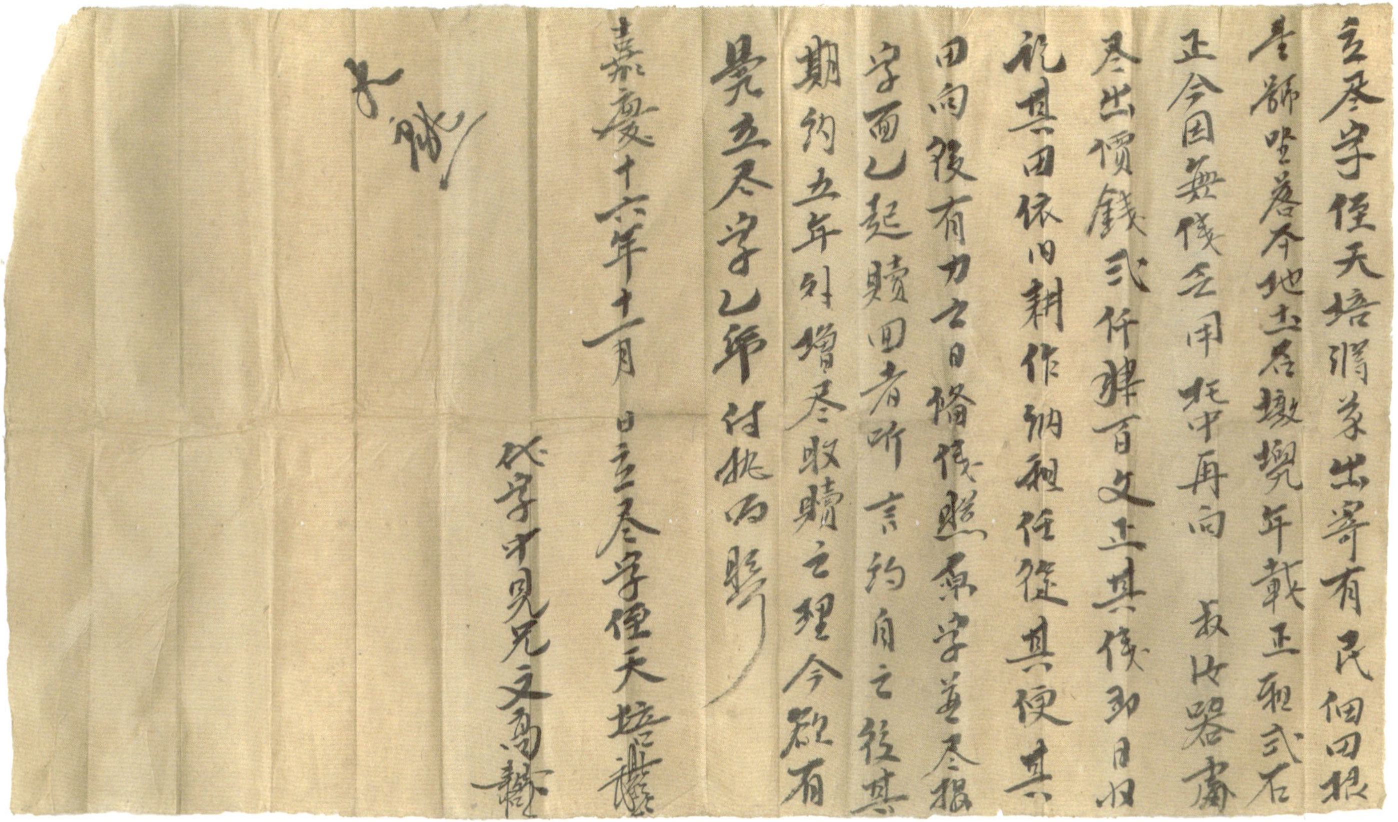
立盡字侄天培將承出寄有民佃田根
壹號坐落本地土名墩垻年載正租弍石
正今因無錢應用托中再向 叔比器處
盡出價錢弍仟肆百文正其錢即日收
訖其田依舊耕作納租任從其便其
田向後有力之日備價照原字並盡根
字面乙起贖回者聽 言約自之後其
期約五年外增盡取贖之理今欲有
憑立盡字乙紙付執為照
嘉慶十六年十一月 日立盡字侄天培（押）
代字中見兄文為（押）

5-4-10-14　清嘉慶十六年十一月鄭天培立盡民佃田根字

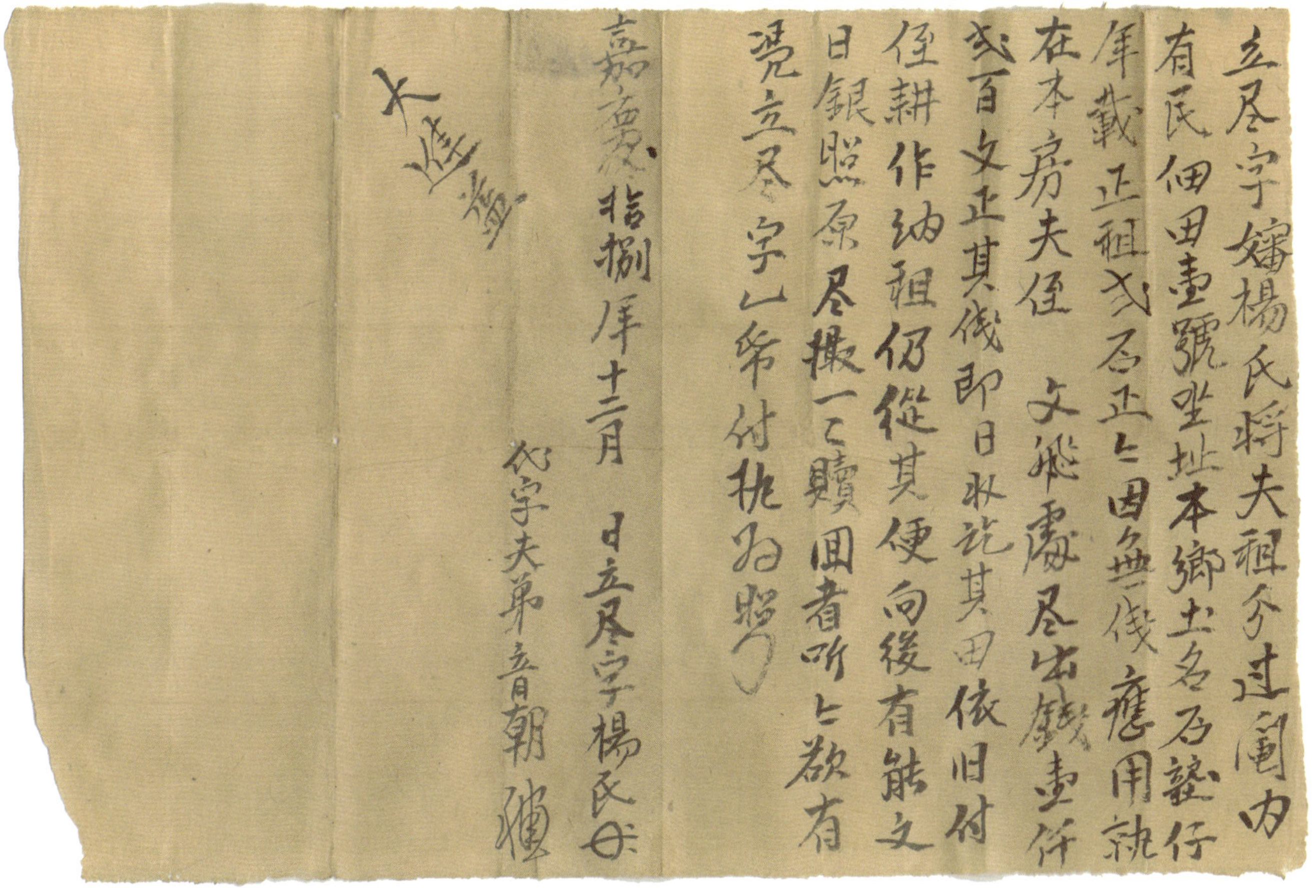
立盡字嬸楊氏將夫祖分过阄内
有民佃田壹號坐址本鄉土名石鏈仔
年載正租弍石正〻因無錢應用執
在本房夫侄　文飛處盡出錢壹仟
弍百文正其錢即日收訖其田依旧付
侄耕作納租仍從其便向後有能之
日銀照原盡撥一〻贖回者听〻欲有
憑立盡字山帋付执為照
嘉慶拾捌年十二月　日立盡字楊氏（押）
代字夫弟章朝（押）

5-4-10-15　清嘉慶十八年十二月楊氏立盡民佃田字

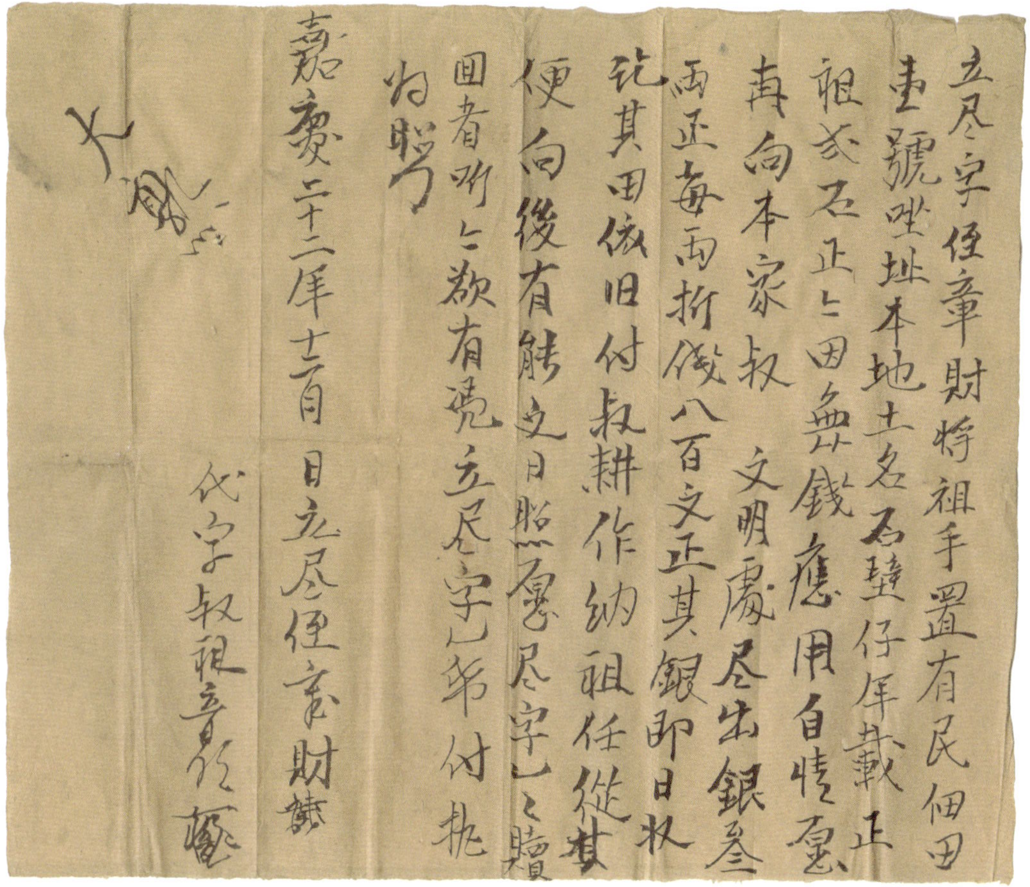

5-4-10-16　清嘉慶二十二年十二月鄭章財立盡民佃田字

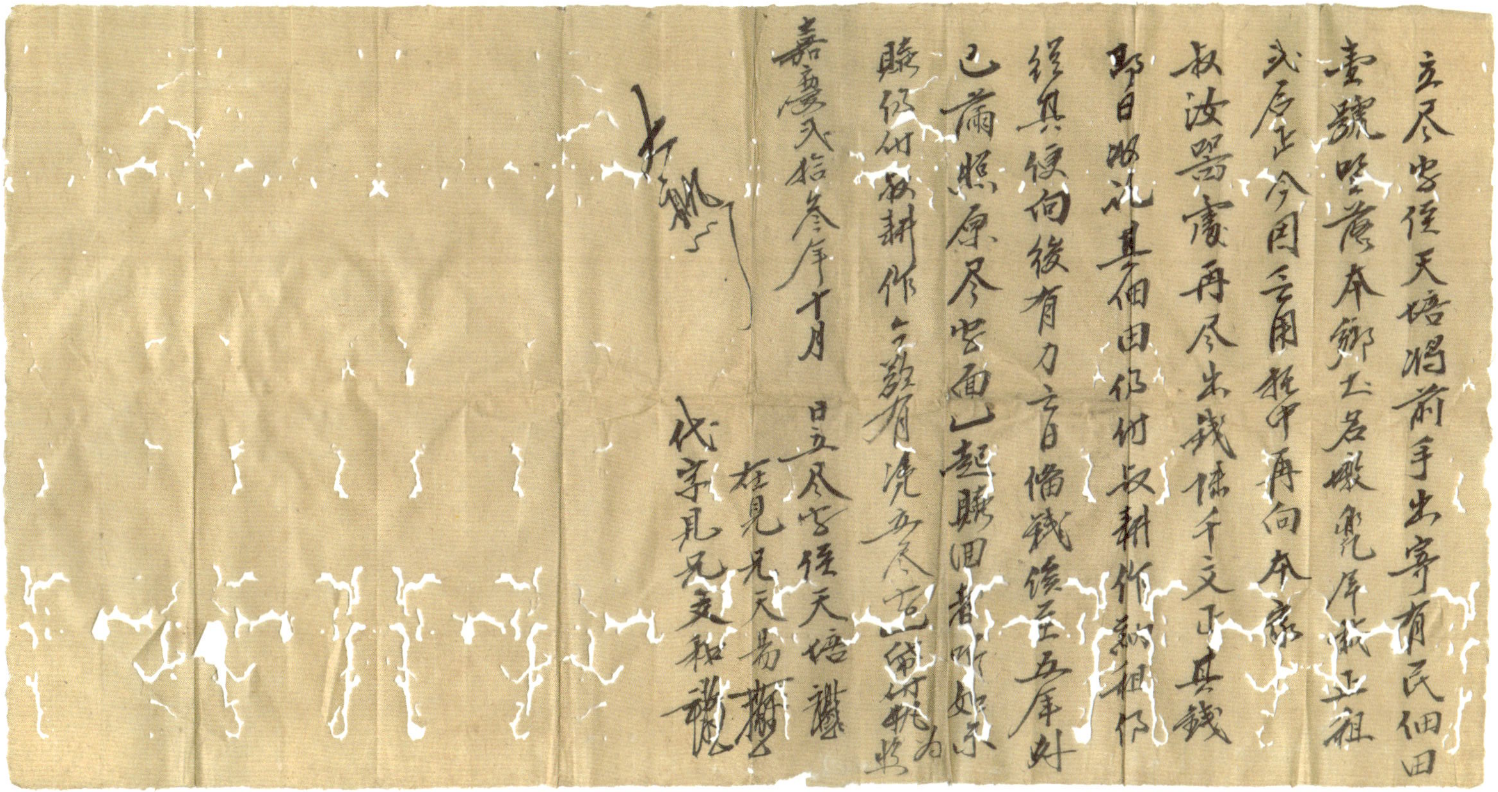

5-4-10-17　清嘉慶二十三年十月鄭天培立盡民佃田字

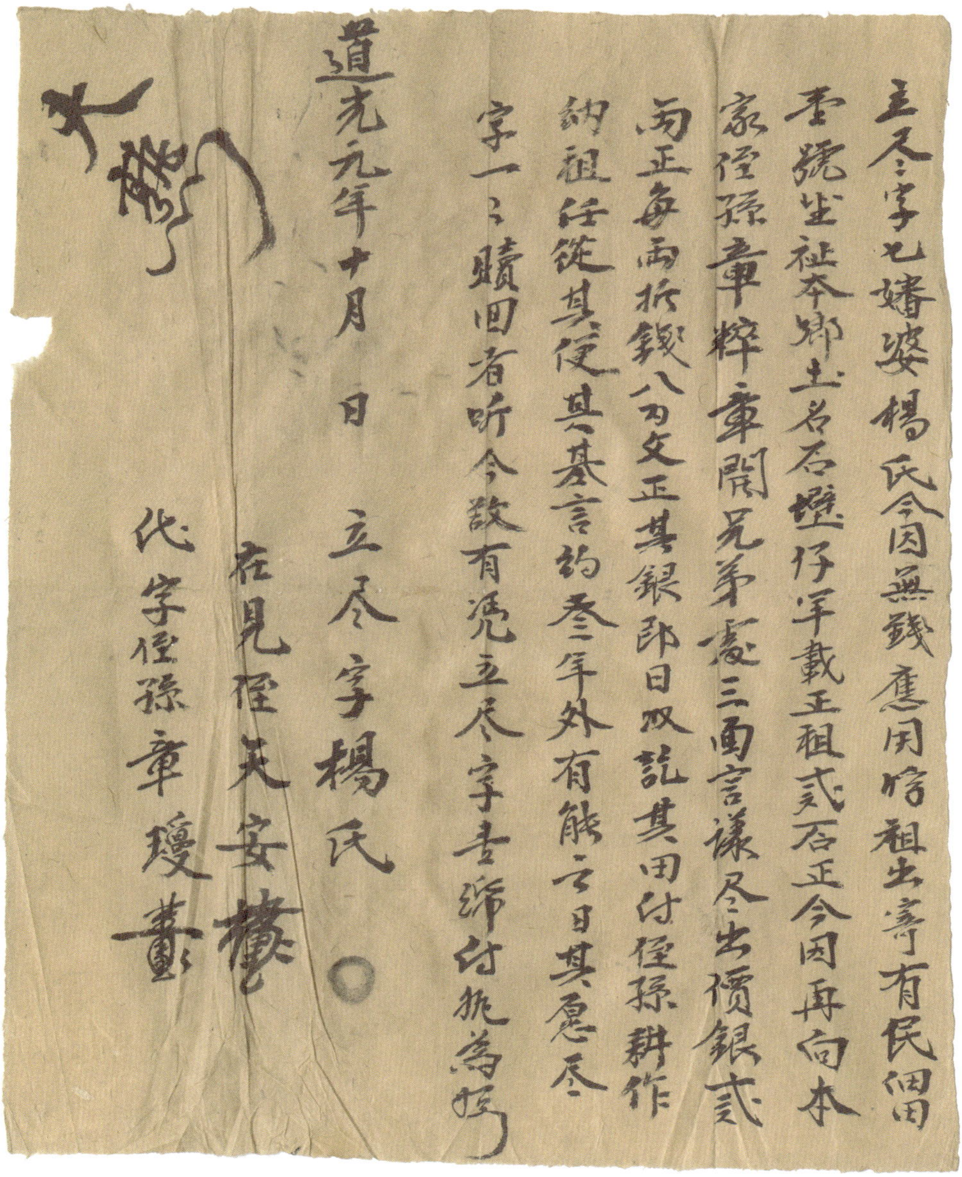
立盡字乜嬸婆楊氏今因無錢應用將祖出寄有民佃田
壹號坐址本鄉土名石壁仔年載王租弍石正今因再向本
家侄孫章粹、章閣兄弟處三面言議盡出價銀弍
兩正每兩折錢八百文正其銀即日收訖其田付侄孫耕作
納租任從其便其基言約叁年外有能之日其愿盡
字一一贖回有听今欲有憑立盡字壹紙付執為照
道光元年十月　日　立盡字楊氏（押）
在見侄天安（押）
代字侄孫章瓊（押）
大發

5-4-10-18　清道光元年十月楊氏立盡民佃田字

立斷字弟章財仝嫂婆楊前祖手出寄有佃
田壹號坐址本鄉土名石盤仔年載正租式石
正今因無錢乏用自情愿托中送斷本房兄
章華兄弟處三面言議斷出價錢柒仟文
正其錢即日收訖其田永付兄前去耕作納租任
從其便其田自斷之後子孫永不得言說增尽
收贖之理々欲有憑立斷字壹帋永遠付執
為照

道光叁年拾壹月　日立斷字弟章財（押）

仝嫂婆楊氏〇

代字見兄章飄（押）

5-4-10-19　清道光三年十一月鄭章財等立斷佃田字

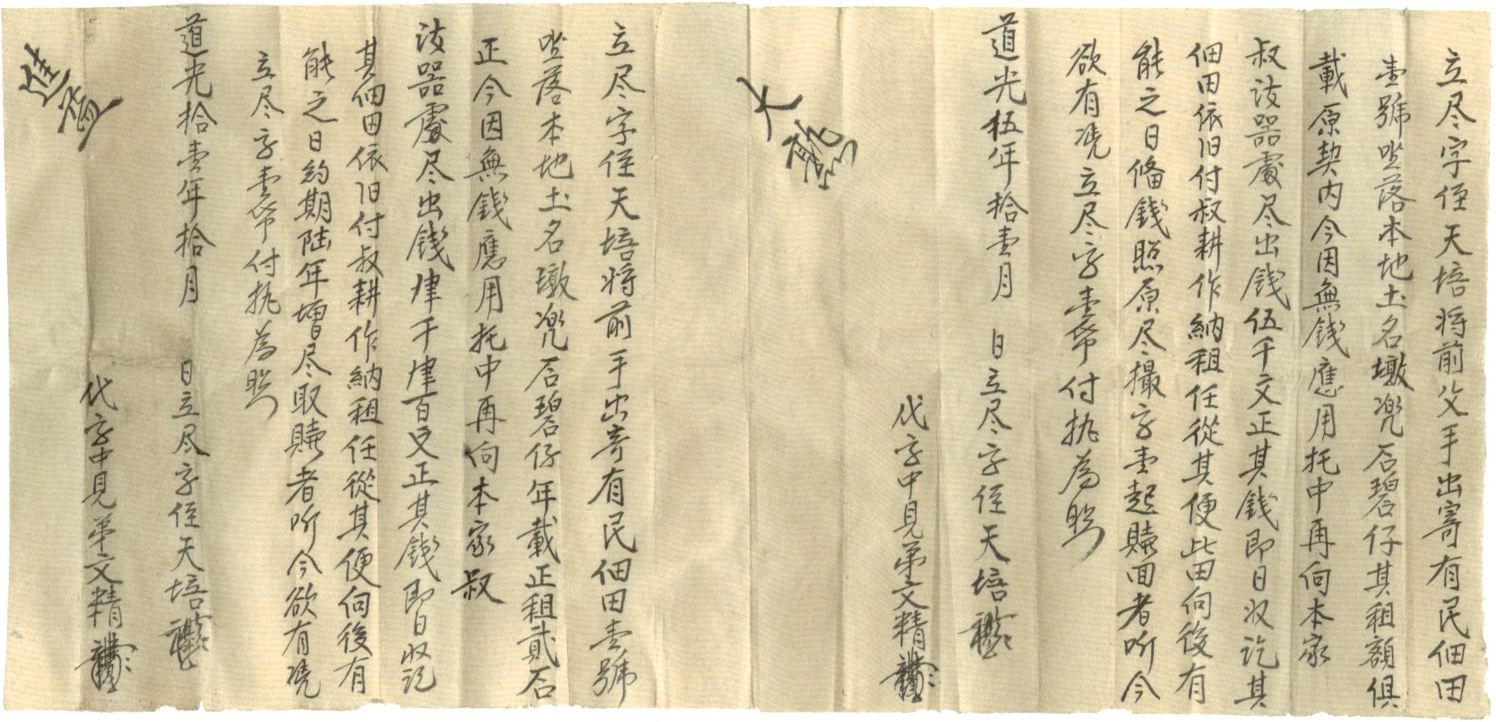

立尽字侄天培将前父手出寄有民佃田
壹號坐落本地土名墩兜石碧仔其租額俱
載原契內今因無錢應用托中再向本家
叔汶器處尽出錢伍千文正其錢即日收訖其
佃田依旧付叔耕作納租任從其便此田向後有
能之日備錢照原尽撥字壹起贖田者听今
欲有凭立尽字壹帋付執為照

道光伍年拾壹月　日立尽字侄天培（押）

代字中見弟文精（押）

立尽字侄天培将前手出寄有民佃田壹號
坐落本地土名墩兜石碧仔年載正租贰石
正今因無錢應用托中再向本家叔
汶器處尽出錢肆千肆百文正其錢即日收訖
其佃田依旧付叔耕作納租任從其便向後有
能之日約期陆年增尽取贖者听今欲有凭
立尽字壹帋付執為照

道光拾壹年拾月　日立尽字侄天培（押）

代字中見弟文精（押）

5-4-10-20　清道光五年十一月鄭天培立盡民佃田字

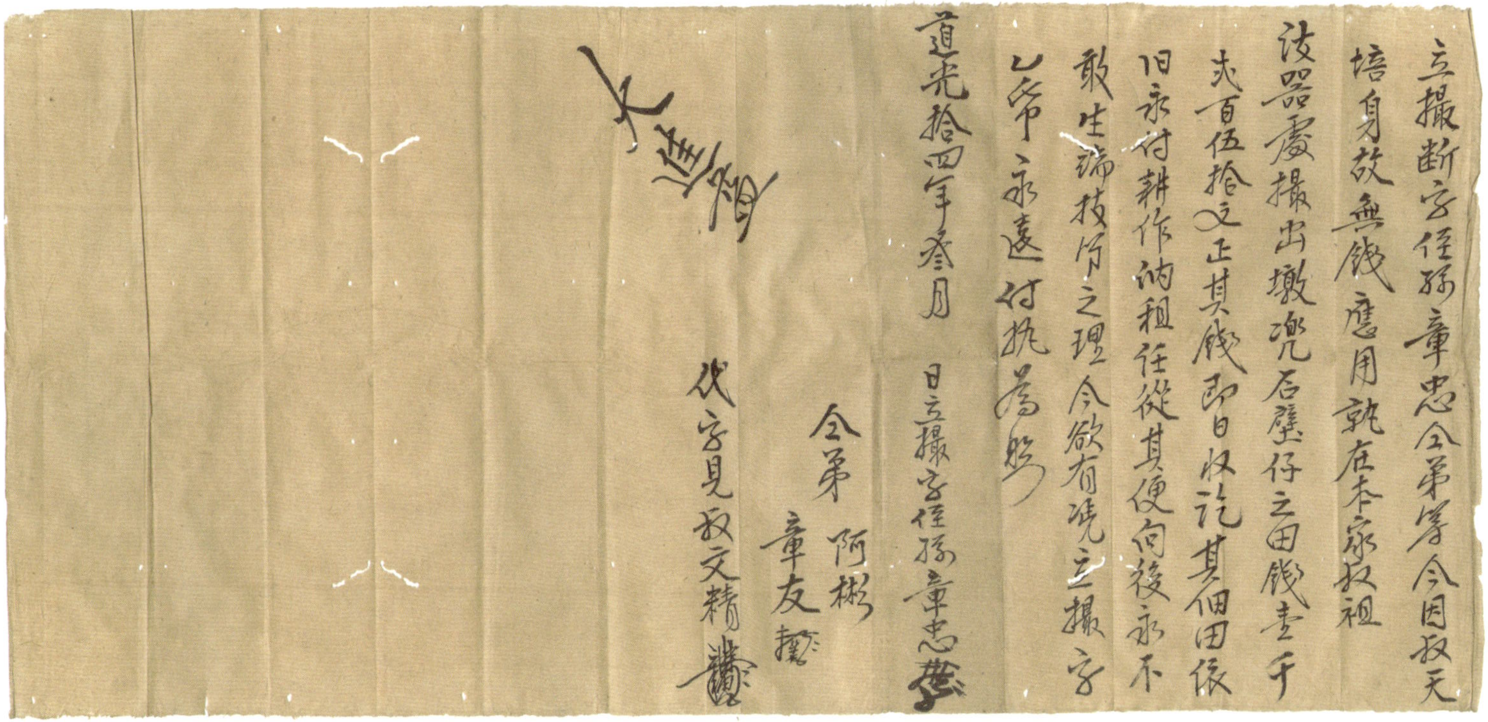
立撥斷字侄孫章忠仝弟等，今因叔天
培身故，無錢應用，就在本家叔祖
汶器處撥出墩兜石壁仔之田錢壹千
貳百伍拾文正，其錢即日收訖，其佃田依
旧永付耕作納租，任從其便，向後永不
敢生端找贖之理。今欲有憑，立撥字
一帋，永遠付執為照。
道光拾四年叁月　日立撥字侄孫章忠（押）
仝弟　阿彬
章友（押）
代字見叔文精（押）
大吉昌

5-4-10-21　清道光十四年三月鄭章忠等立撥字

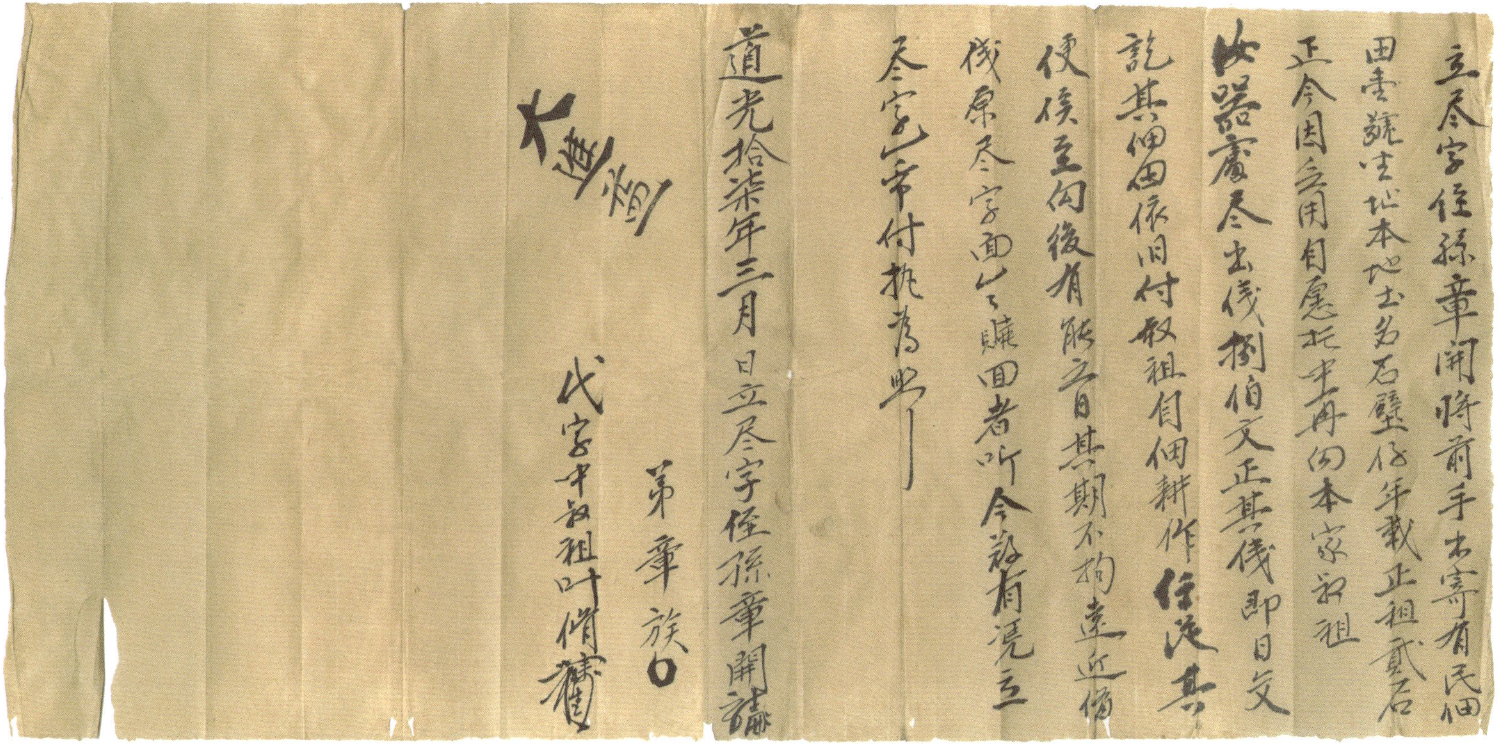
立盡字侄孫章開將前手承寄有民佃
田壹號坐址本地土名石壁仔年載正租貳石
正今因乏用自愿托中再向本家叔祖
此器處盡出錢捌佰文正其錢即日交
訖其佃田依旧付叔祖自佃耕作任從其
便俟至向後有能之日其期不拘遠近備
錢原盡字面（西）取贖田者听令茲有凭立
盡字一帋付執為照

道光拾柒年三月日立盡字侄孫章開

第章族

代字中叔祖叶僧

大進寶

5-4-10-22　清道光十七年三月鄭章開立盡民佃田字

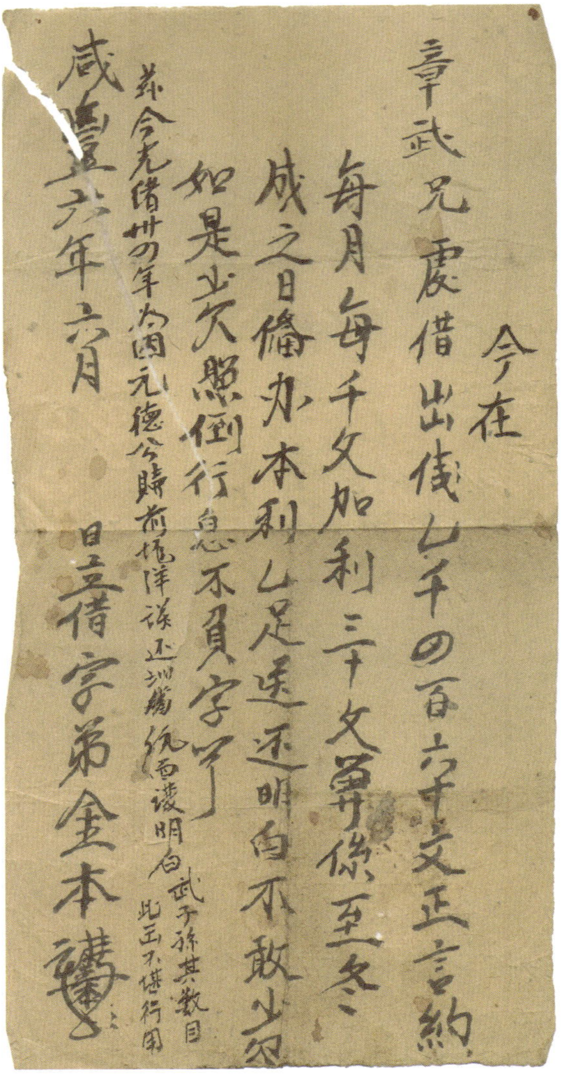
今在
章武兄處借出錢乙千四百六十文正言約
每月每千文加利三十文算係至冬
成之日備办本利乙足送还明白不敢少欠
如是少欠照例行息不負字了
恭今光借卅四年為因元德公時崗伯詳議还訓編紙面議明白
武子孫其數目
此后不堪行用
咸豐六年六月　日立借字弟金本

5-4-10-23　清咸豐六年六月鄭金本立借錢字

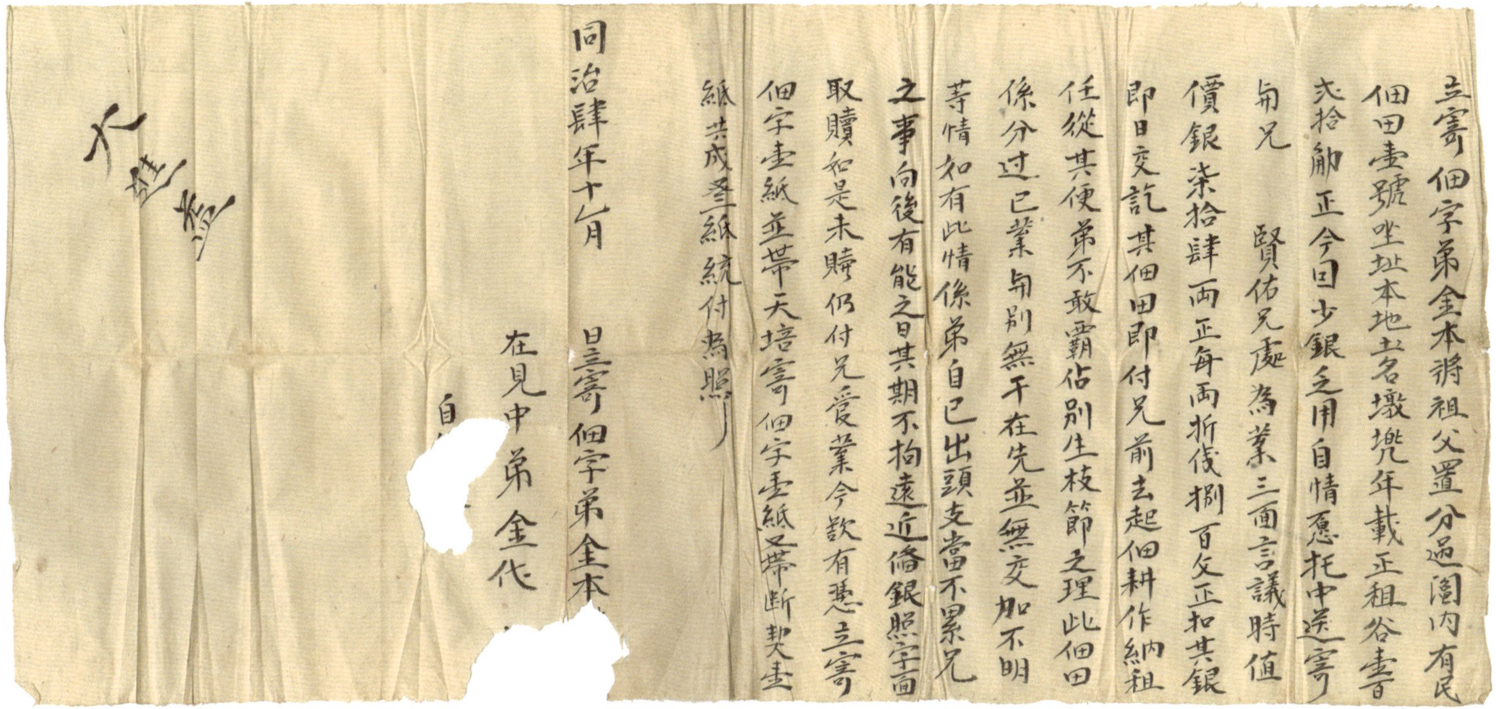

立寄佃字弟金本將祖父置分品過閫內有民
佃田壹號坐址本地土名墩墘凢年載正租谷壹
弍拾觔正今因乏銀乏用自情愿托中送寄
胞兄　賢佑兄處為業三面言議時值
價銀柒拾肆兩正每兩折伐捌百文正扣其銀
即日交訖其佃田即付兄前去起佃耕作納租
任從其便弟不敢霸佔別生枝節之理此佃田
係分过已業與別無干在先並無交加不明
等情如有此情係弟自己出頭支當不累兄
之事向後有能之日其期不拘遠近備銀照字面
取贖如是未贖仍付兄管業今欲有憑立寄
佃字壹紙並帶天培寄佃字壹紙又帶斷契壹
紙共成叁紙統付為照

同治肆年十一月　日立寄佃字弟金本
在見中弟金代
自

不楚

5-4-10-24　清同治四年十一月鄭金本立寄民佃田字

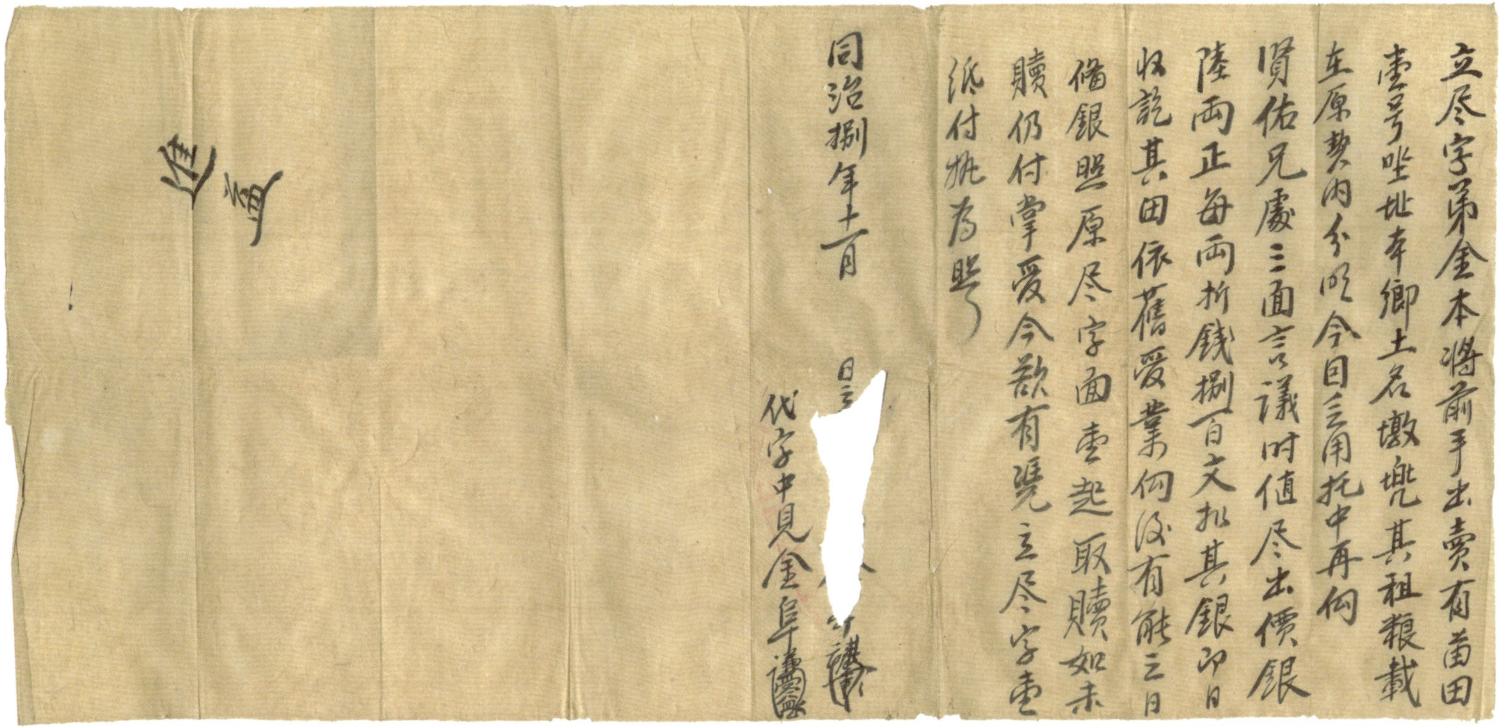
立尽字弟金本將前手出賣有苗田
壹号坐址本鄉土名墩兜其租粮載
在原契内分明今因三甫托中再向
賢佑兄處三面言議时值尽出價銀
陸兩正每兩折錢捌百文扎其銀即日
收訖其田依舊愛業何(候)有能之日
備銀照原尽字面壹起取贖如未
贖仍付掌愛今欲有凴立尽字壹
紙付挑為照
日立[illegible]字押
代字中見金阜押
同治捌年十一月
進盡

5-4-10-25　清同治八年十一月鄭金本立盡苗田字

今在
賢佑兄處撮出錢壹千肆百文正俟
至向后取贖墩兜之田備銀依原尽
撮字面一起取贖今欵有憑立撮
字壹紙付執為照

同治拾年十月　日立撮字弟金本（押）
代字弟金阜（押）

5-4-10-26　清同治十年十月鄭金本立撮字

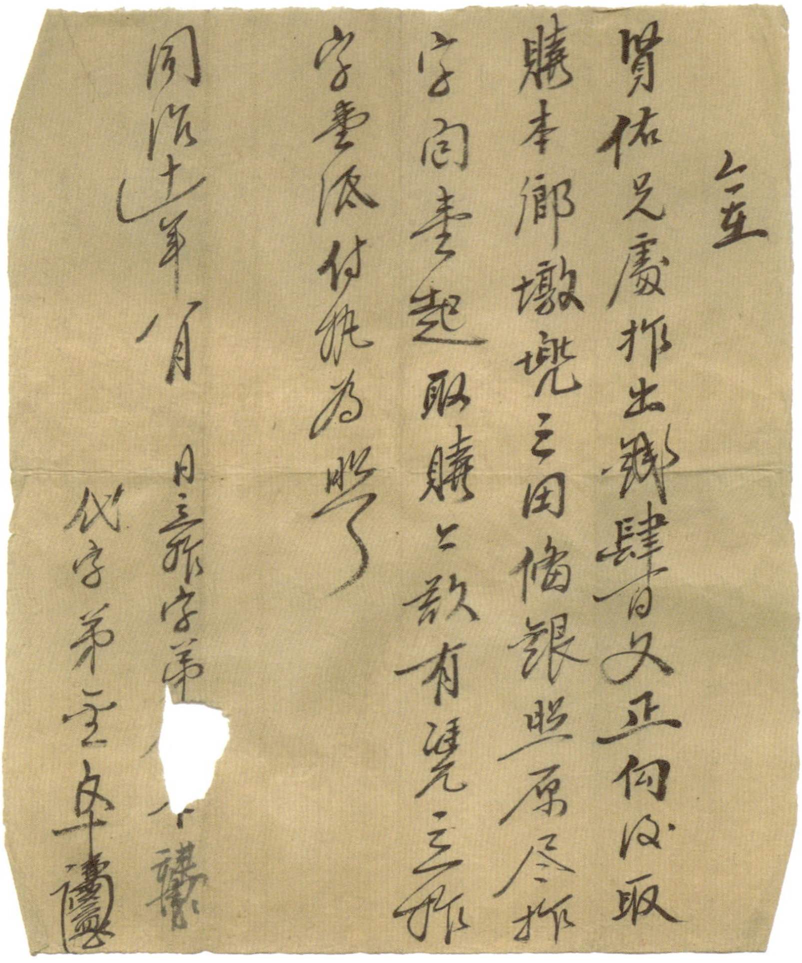

5-4-10-27　清同治十一年八月鄭金本立撮字

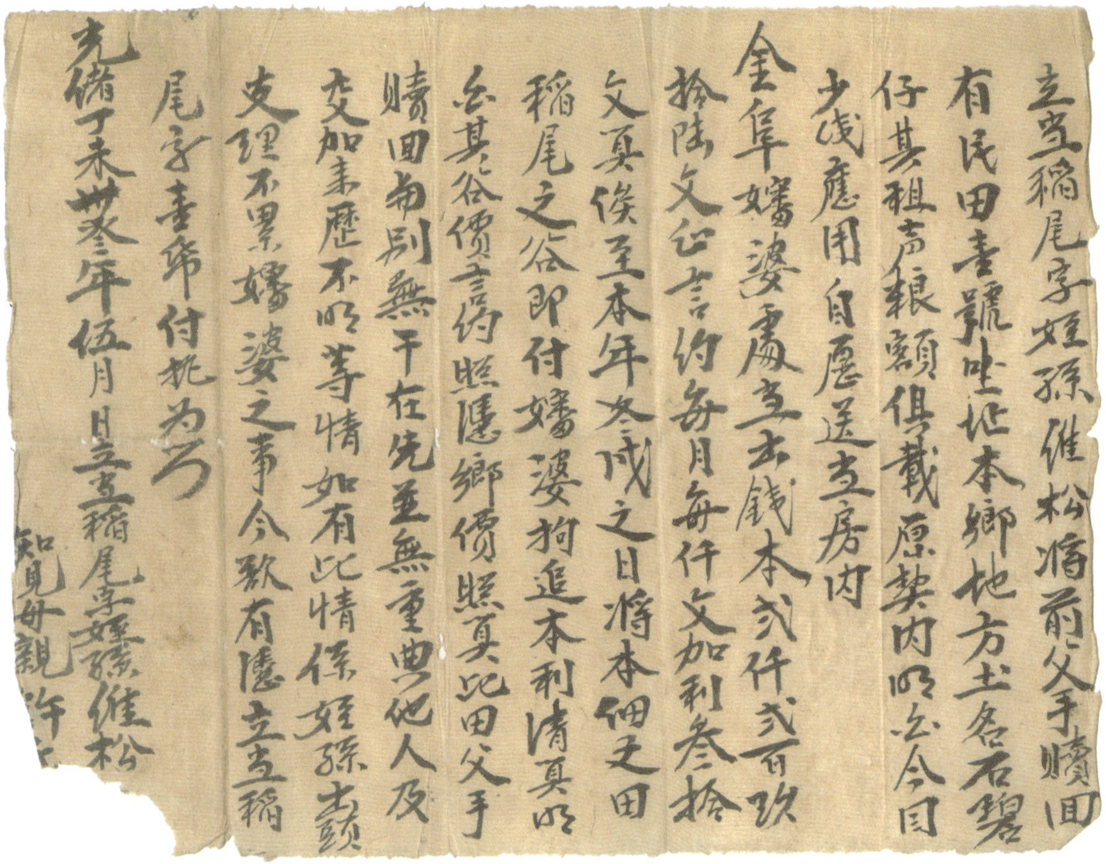

立當稻尾字姪孫維松情前父手贖回
有民田壹號坐址本鄉地方土名石碧
仔其租声粮額俱載原契内明今因
少錢應用自愿送立房内
全卑嬸婆處立出錢本弍仟弍百玖
拾陸文正言約每月每仟文加利叁拾
文算俟至本年冬成之日將本佃之田
稻尾之谷即付嬸婆拘追本利清算明
白其谷價言約照憑鄉價照算此田父手
贖回由則無干在先並無重典他人及
交加來歷不明等情如有此情係姪孫出頭
支理不累嬸婆之事今欲有憑立當稻
尾字壹帋付執為照
光緒丁未卅叁年伍月　日立當稻尾字姪孫維松
知見母親許氏

5-4-10-28　清光緒三十三年五月鄭維松立當稻尾字

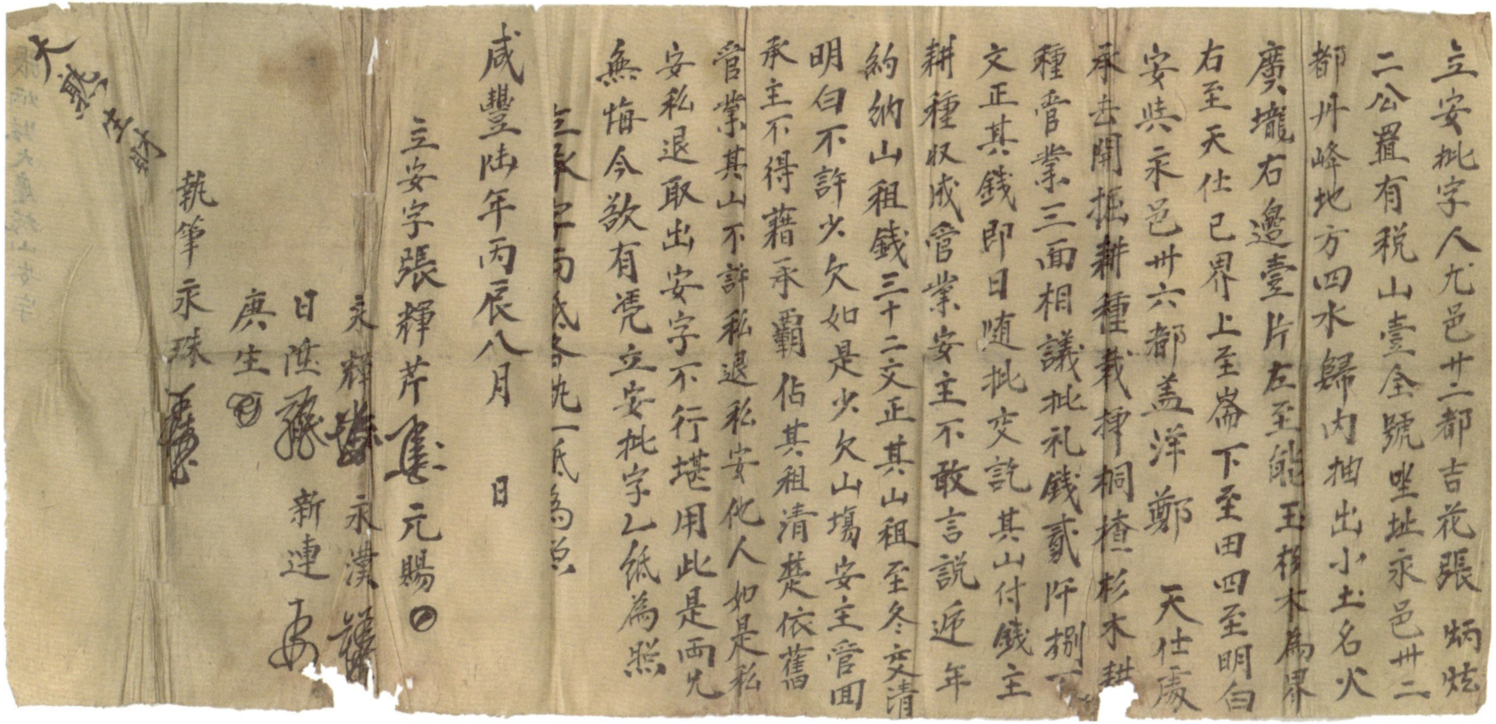
立安批字人尤邑廿二都吉花張 炳炫
二公置有稅山壹全號坐址永邑廿二
都丹峰地方四水歸內抽出小土名火
廣壠右邊壹片左至熊玉移木爲界
右至天仕已界上至崙下至田四至明白
安與永邑卅六都盖洋鄭 天仕處
承去開挖耕種栽桿桐楂杉木耕
種管業三面相議批礼錢貳仟捌佰
文正其錢即日隨批交訖其山付錢主
耕種収成管業安主不敢言説逐年
約納山租錢三十二文正其山租至冬交清
明白不許少欠如是少欠山場安主管回
承主不得藉永霸佔其租清楚依舊
管業其山不許私退私安他人如是私
安私退取出安字不行堪用此是両允
無悔今欲有凴立安批字山紙爲照
立安字両紙各执一紙爲照
咸豐陆年丙辰八月 日
立安字張輝芹（押） 元賜（押）
光輝（押） 永漢（押）
日陞（押） 新連（押）
庚生（押）
執筆永珠（押）
大發其財

5-4-11-1　清咸豐六年八月尤溪張輝芹等立安批稅山字

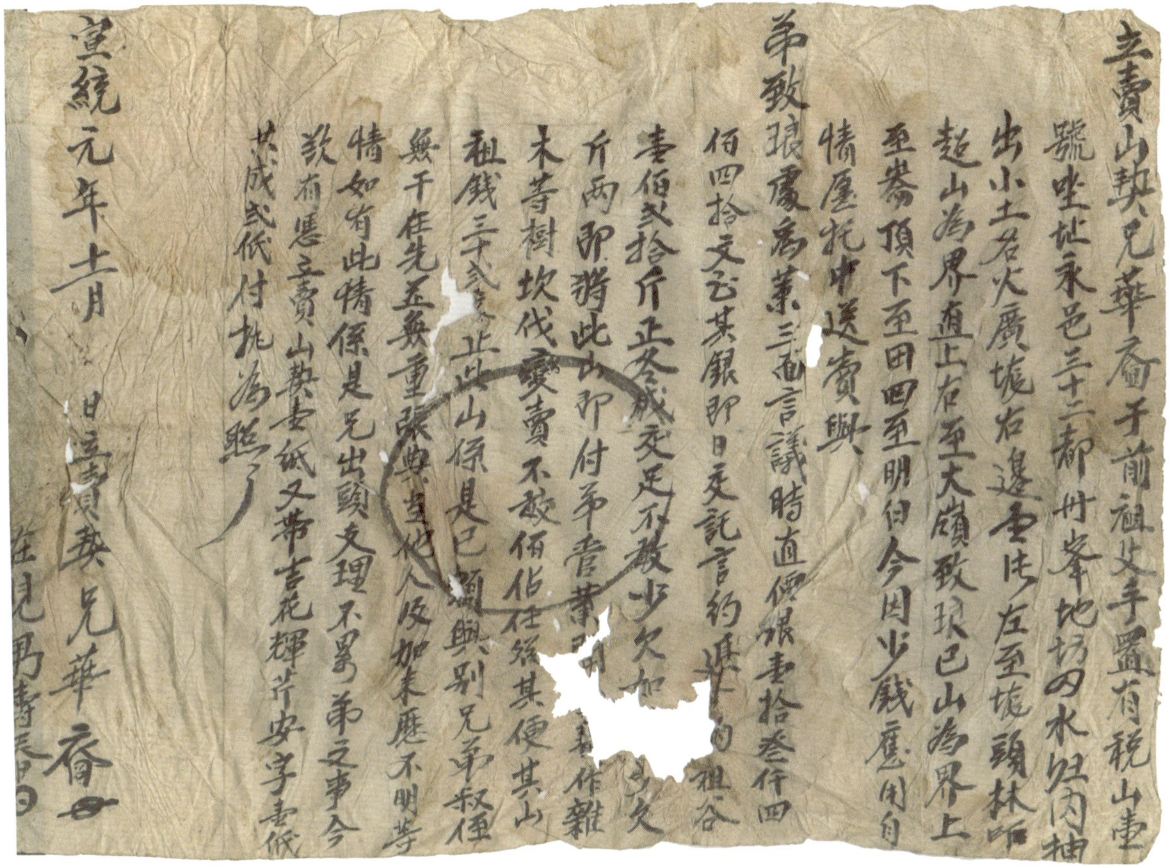
立賣山契兄華裔，于前祖父手置有稅山壹
號，坐址永邑三十二都卅峯地方，土名水缸肉柚
出小土名火廣墘。右邊至垂坑，左至墘頭林岬
起山爲界；直上右至大嶺，致琅己山爲界，上
至崙頂，下至田。四至明白。今因少錢應用，自
情愿托中送賣與
弟致琅處爲業，三面言議，時值價銀壹拾叁仟四
佰四拾文。其銀即日交訖，言約□□祖谷
壹佰貳拾斤正，冬成交足，不敢少欠。如□□文
斤兩，即將此山即付弟壹□□□作雜
木等樹，坎伐變賣，不敢佰佔。任從其便。其山
租錢三十文，此山係是己業，與別兄弟叔侄
無干，在先並無重張典當他人，及加來歷不明等
情。如有此情，係是兄出頭支理，不累弟之事。今
欲有憑，立賣山契壹紙，又帶吉花揮芹安字壹紙，
共成貳紙，付執爲照。
宣統元年十一月　日立賣山契兄華裔（押）
在見男壽長（押）

5-4-11-2　清宣統元年十一月鄭華裔立賣稅山契（廢契）

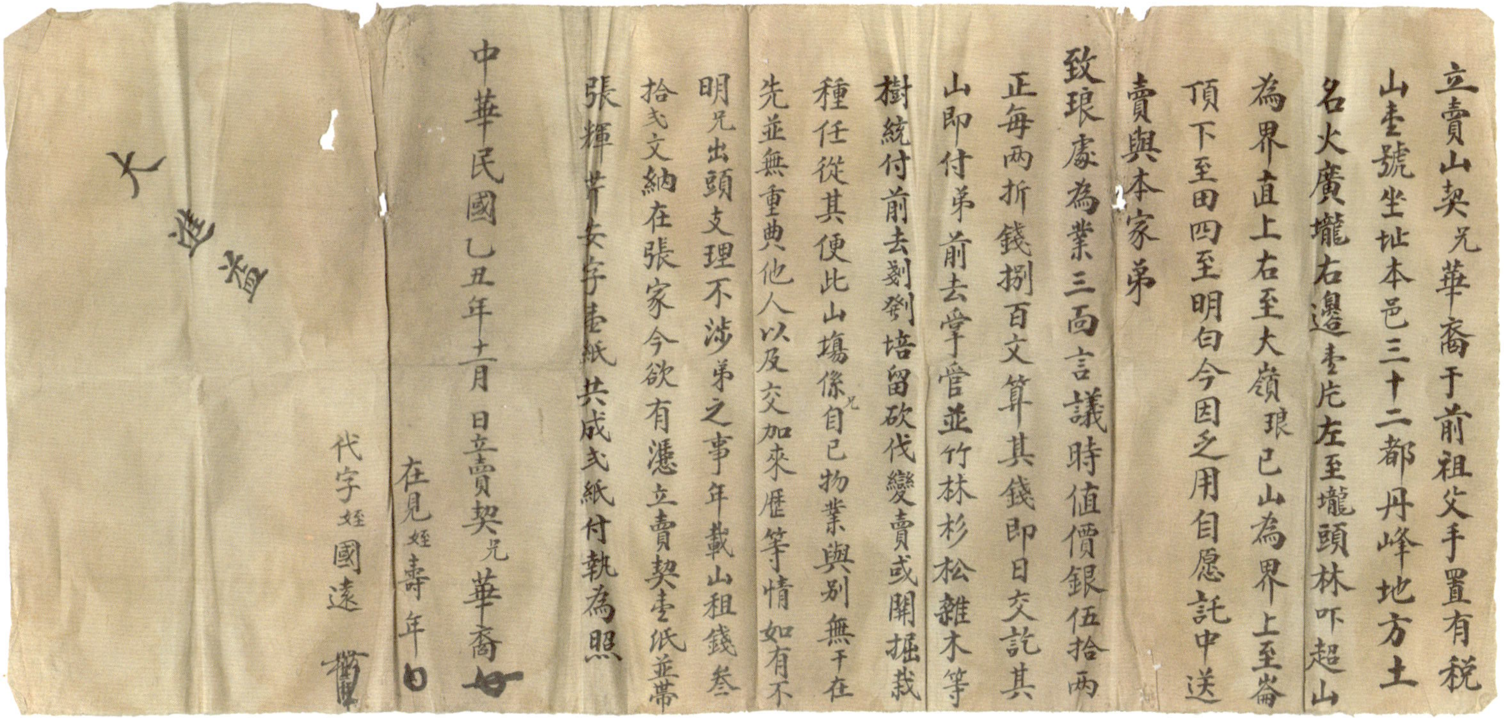

立賣山契兄華裔于前祖父手置有稅
山壹號坐址本邑三十二都丹峰地方土
名火廣壠右邊壹片左至壠頭林吓超山
為界直上右至大嶺垠己山為界上至崙
頂下至田四至明白今因乏用自愿託中送
賣與本家弟
致琅處為業三面言議時值價銀伍拾兩
正每兩折錢捌百文算其錢即日交訖其
山即付弟前去掌管並竹林杉松雜木等
樹統付前去劉培留砍伐變賣或開掘栽
種任從其便此山塲係兄自己物業與別無干在
先並無重典他人以及交加來歷等情如有不
明兄出頭支理不涉弟之事年載山租錢叁
拾式文納在張家今欲有憑立賣契壹紙並帶
張輝昔安字壹紙共成式紙付執為照
中華民國乙丑年十一月　日立賣契兄華裔
在見姪壽年
代字姪國遠

5-4-11-3　民國十四年十一月鄭華裔立賣稅山契

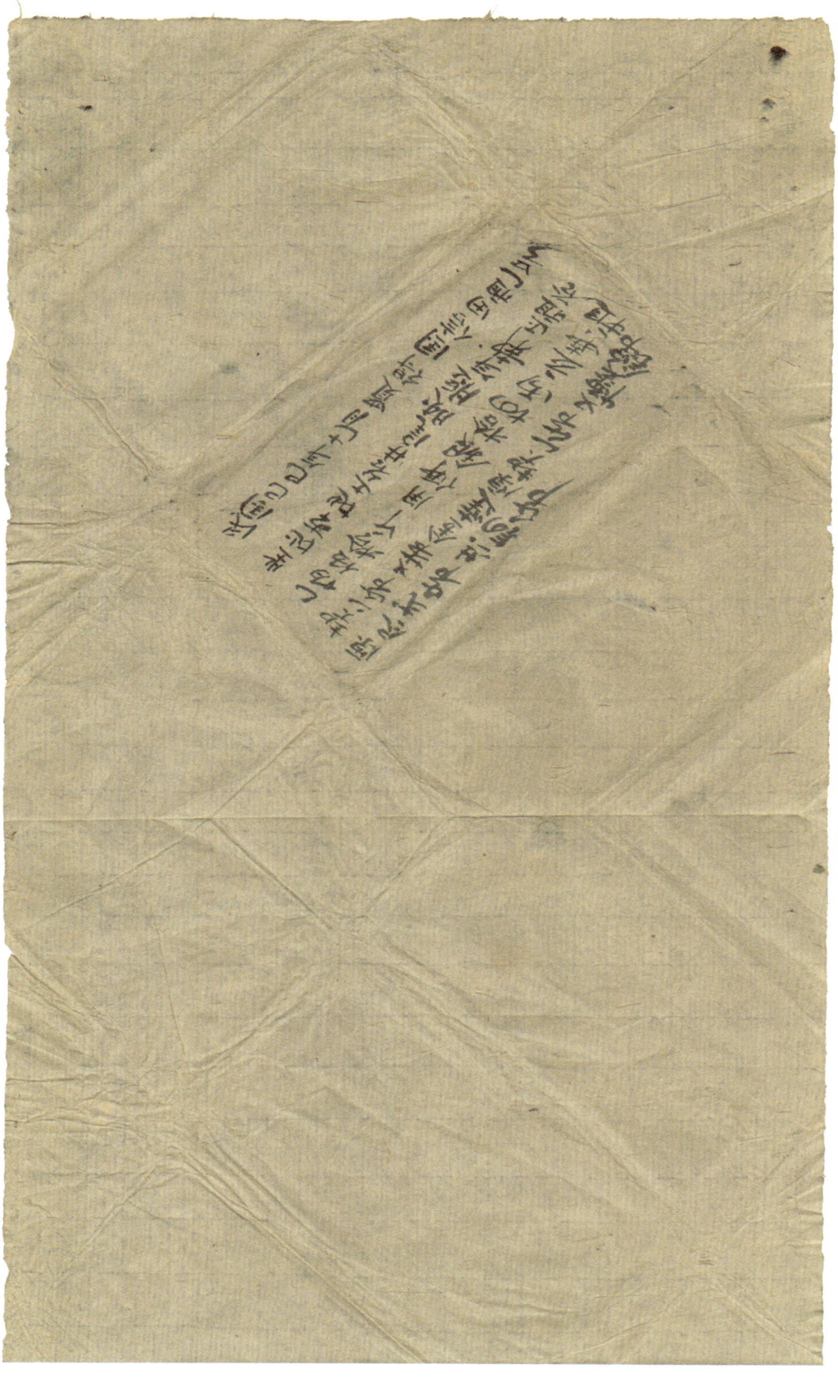

5-4-12-1　包契紙

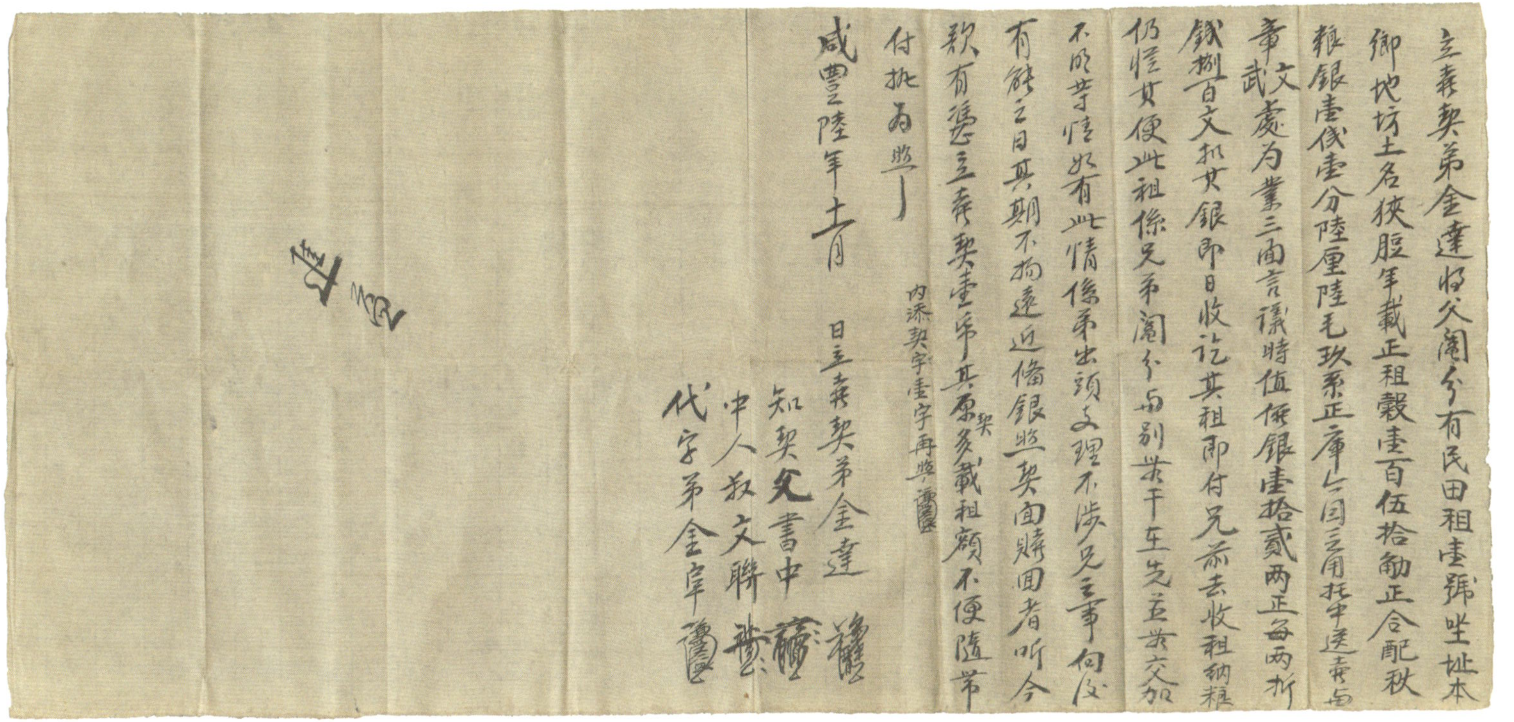

立賣契弟金達將父閹分有民田租壹號坐址本
御地坊土名狹脛年載正租穀壹百伍拾觔正合配秋
粮銀壹錢壹分陸厘陸毛玖系正庫ム回三角托中送賣與
章文武處為業三面言議時值價銀壹拾貳兩正每兩折
錢捌百文扣共銀即日收訖其租即付兄前去收租納粮
仍聽其便此租係兄弟閹分與別無干在先並無交加
不明等情如有此情係弟出頭支理不涉兄之事向後
有餘之日其期不拘遠近備銀照契面贖回者聽今
欲有憑立賣契壹紙其原契多載租額不便隨帶
付執為照∣

内添契字壹字再照

咸豐陸年十一月　日立賣契弟金達

知契兄書中

中人叔文聯

代字弟金宰

5-4-12-2　清咸豐六年十一月鄭金達立賣民田租契

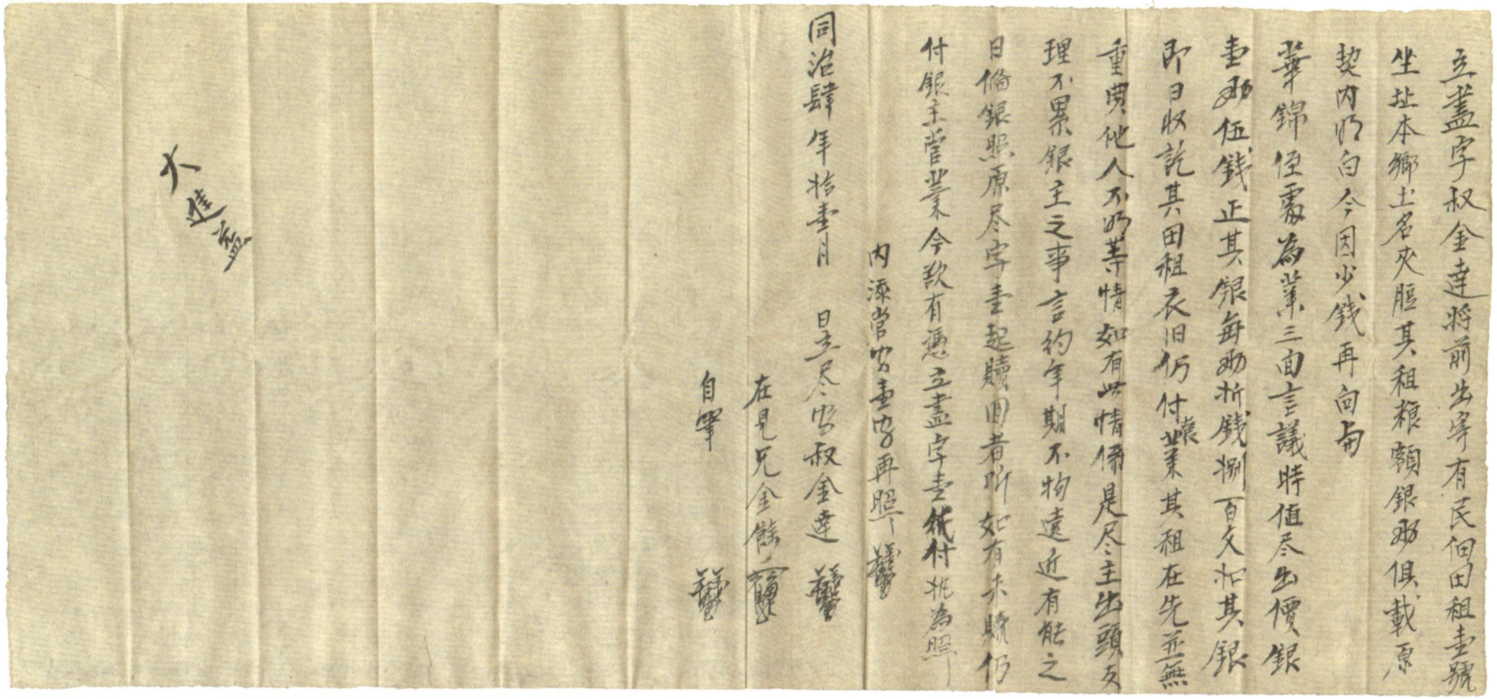

立盡字叔金達將前出字有民佃田租壹號
坐址本鄉土名夾脰其租粮額銀兩俱載原
契內，仍白今因少錢，再向與
華錦侄處為業，三面言議時值盡出價銀
壹兩伍錢正，其銀每兩折錢捌百文，其銀
即日收訖，其田租表旧仍付業其租在先並無
重典他人不明等情，如有此情，係是盡主出頭支
理，不累銀主之事，言約年期不拘遠近，有能之
日備銀照原盡字壹起贖回，者听，如有未贖，仍
付銀主管業。今欲有憑，立盡字壹紙付批為照。
內添當字壹字再照。
同治肆年拾壹月　日立盡字叔金達
在見兄金鰲
自筆

大進盡

5-4-12-3　清同治四年十一月鄭金達立盡民佃田租字

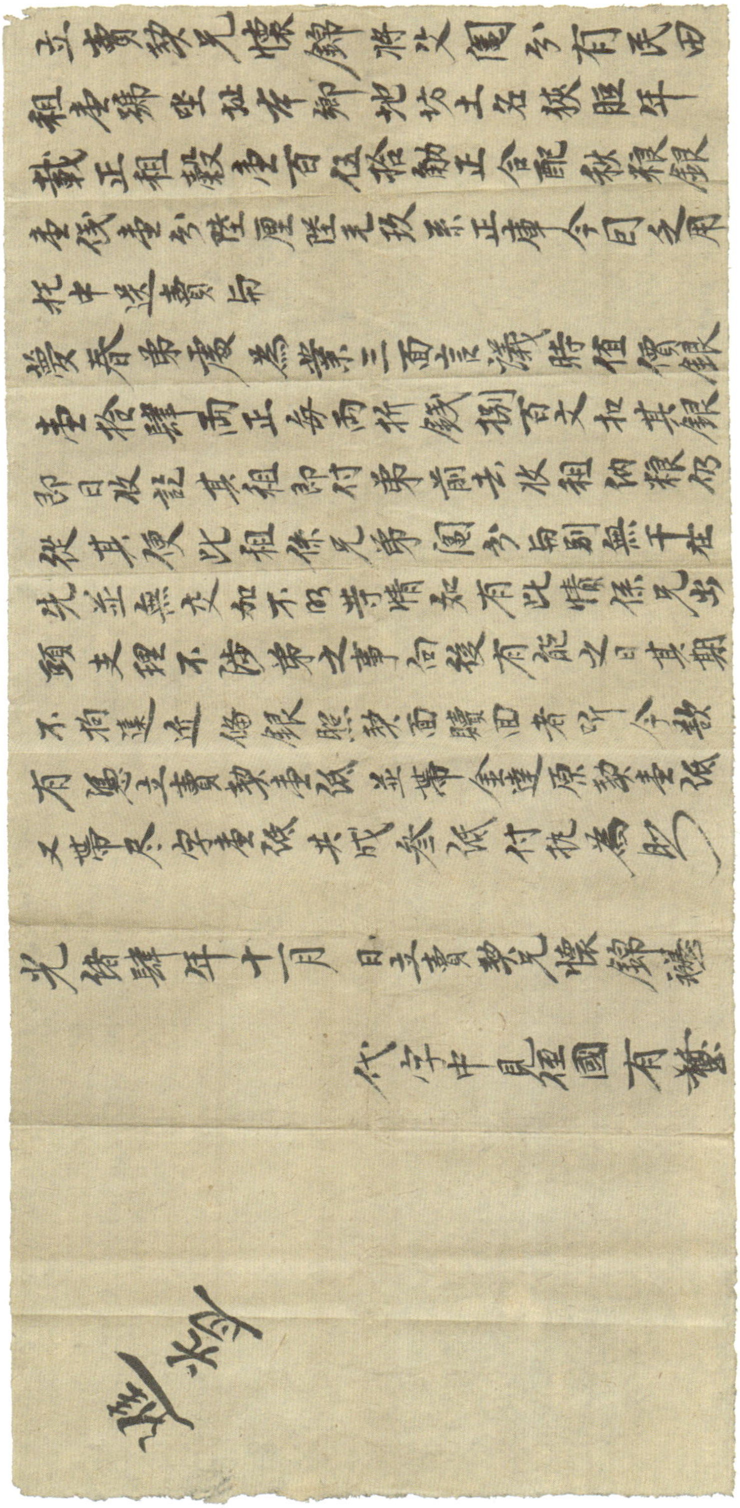
立賣契兄懷錦將父遺分有民田
租壹號坐址本鄉地坊土名猴脛坪
載正租穀壹百伍拾觔正合配秋糧銀
壹錢壹分陸厘陸毛玖系正連今因乏用
托中送賣與
堂弟懷慶為業三面言議時值價銀
壹拾肆兩正每兩折錢壹佰文扣其銀
即日收訖其租即付弟前去收租納糧仍
從其便此租係兄父遺分與別無干在
先並無文加不明等情如有此情係兄出
頭支理不涉弟之事向後有能之日其期
不拘遠近備銀照契面贖回者所今欲
有憑立賣契壹紙並帶全連原契壹紙
又並帶只字壹紙共成叁紙付執為照
光緒肆年十一月　日立賣契兄懷錦（押）
代字中見堂國有（押）

5-4-12-4　清光緒四年十一月鄭懷錦立賣民田租契

立賣契 國信得父手鬮分有民田租壹號
坐址本鄉舶地坊土名狹脰年載正租谷
壹百伍拾正合配秋粮錢壹分陸厘陸毛玖系
正庫今因乏用托中送賣與
信榔處為業三面言議時值價銀壹拾肆
兩正每兩折錢捌百文扣其銀即日收訖其租
即付錢主前去收租納粮仍從其便此租係信
鬮分兄弟無干在先並無交加不明等情如有
此情係賣主出頭支理不涉錢主之向後有能之日
其期不拘遠近備銀照契面贖回者听令歆
有憑立賣契壹紙並帶原契全達壹紙又帶
懷錦又盡字壹紙共成肆紙付批為照
內丹添三字再照
民國拾捌年十一月日立賣字 國信（押）
代字中見作求

5-4-12-5 民國十八年十一月鄭國信立賣民田租契

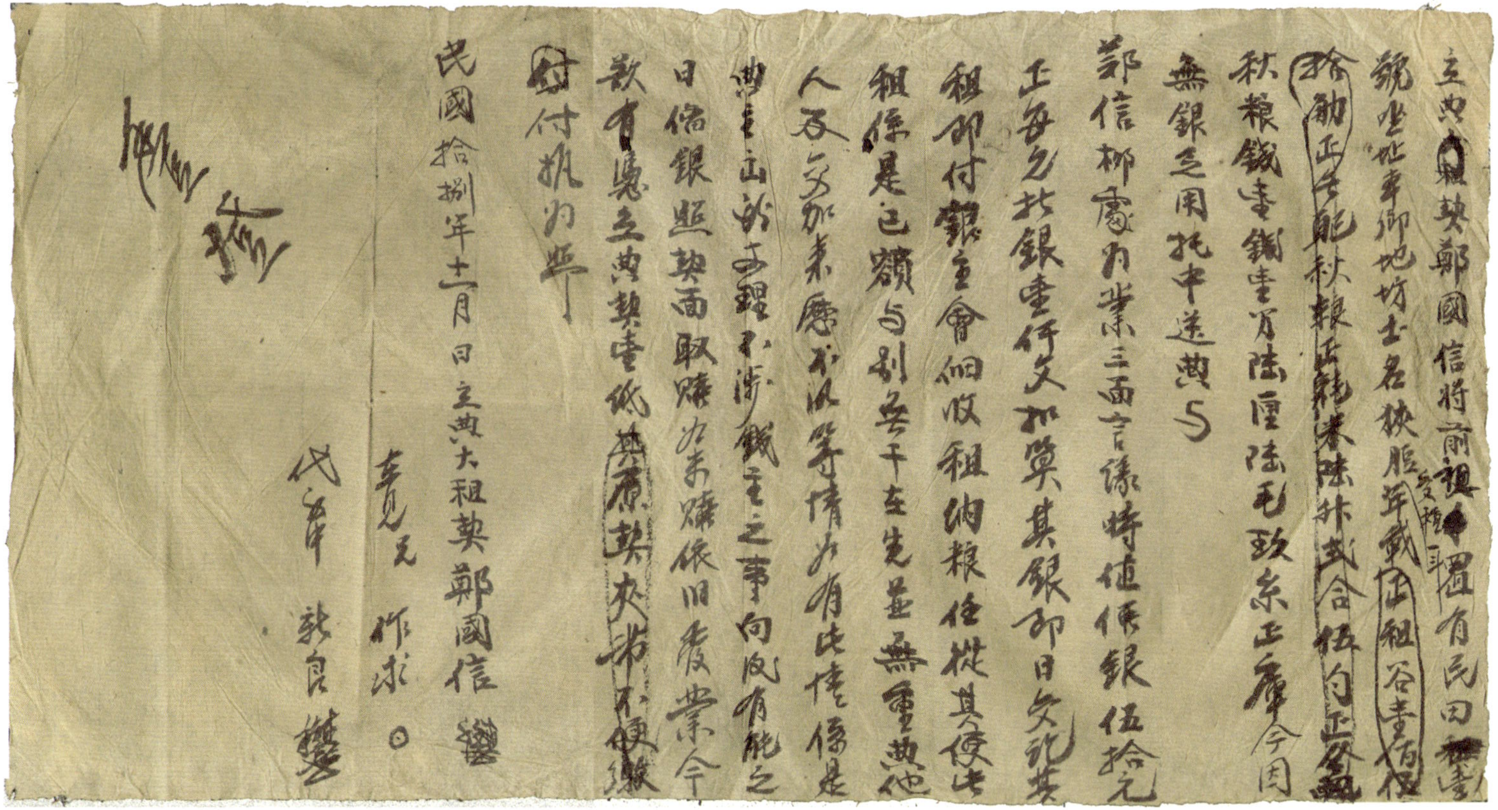
立典[illegible]租契鄭國信將前祖[illegible]置有民田壹
號坐址本鄉地坊土名秧脰垟受種[illegible]斗載正租谷壹佰伍
拾觔正年能秋粮正銀米陸升弍合伍勺正谷[illegible]
秋粮錢壹錢壹百陸厘陸毛玖系正今因
無銀乏用托中送典与
鄭信柳處為業三面言議時值價銀伍拾元
正每元扣銀壹仟文其銀即日交訖其
租即付銀主會佃收租納粮任從其便此
租係是己續与别房伯叔兄弟無重典他
人不明如有來歷不明等情如有此情係是
典主出頭抵理不涉錢主之事向後有能之
日備銀照契面取贖如未贖依旧管業今
欲有憑立典契壹紙共原契[illegible]不便繳
付執為照
民國拾捌年十一月 日 立典大租契鄭國信
見光 作求
代筆 執良

5-4-12-6　民國十八年十一月鄭國信立典民田租契（草契）

民國癸酉廿弍年吉[illegible]日
維讓到頭嶺坑植林一所
用之當、、之謝

5-4-13-1　包契紙

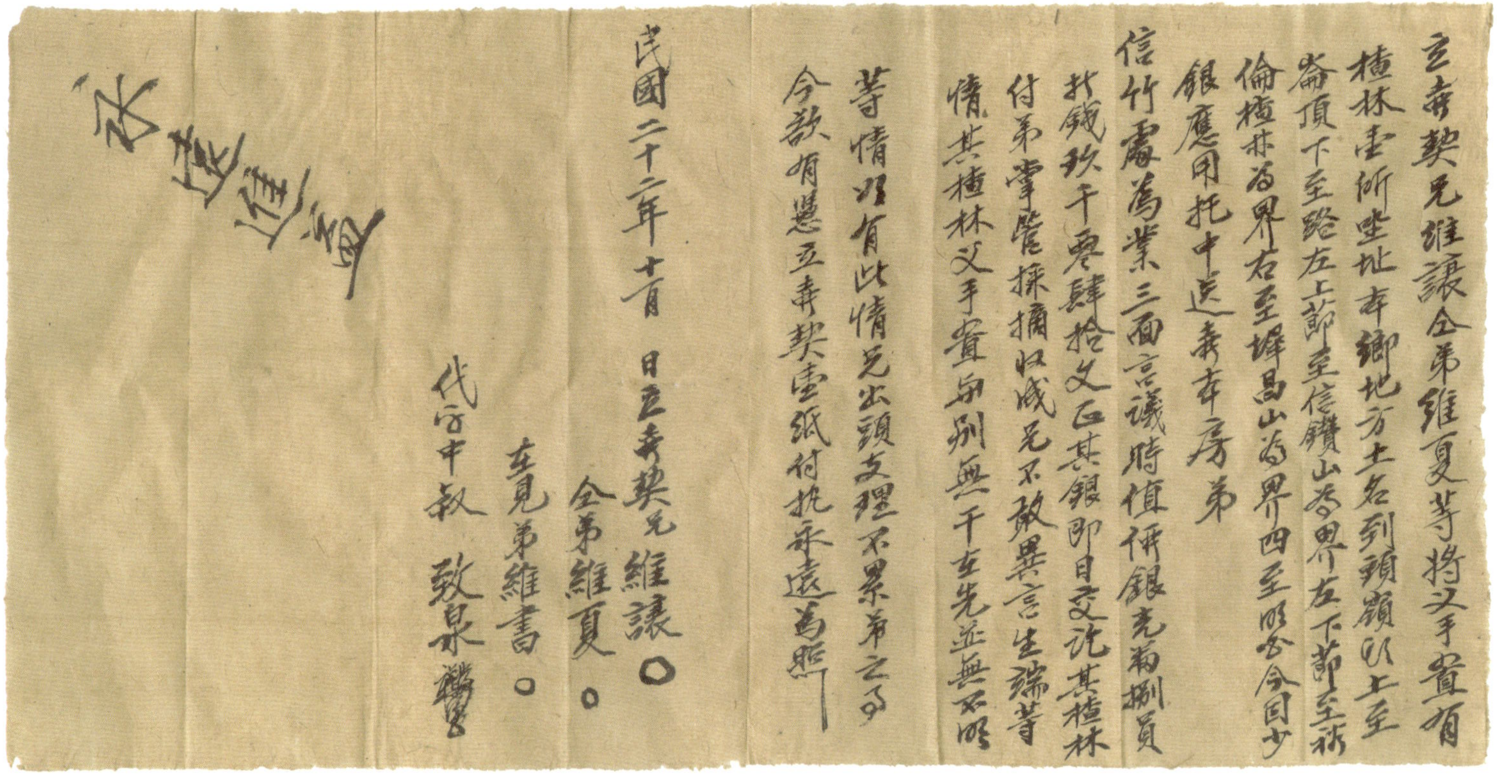

立賣契兄維讓仝弟維夏等將父手置有
楂林壹所坐址本鄉地方土名到頭嶺以上至
崙頂下至路左上節至信鑽山分界左下節至祈
倫楂林爲界右至埒畠山爲界四至明白今因少
銀應用托中送賣本房弟
信竹處爲業三面言議時值價銀光洋捌員
折錢玖千零肆拾文正其銀即日交訖其楂林
付弟掌管採摘收成兄不敢異言生端等
情其楂林父手買分別無干在先並無不明
等情如有此情兄出頭支理不累弟之事
今欲有憑立賣契壹紙付執永遠爲照

民國二十二年十一月　日立賣契兄維讓○
仝弟維夏○
在見弟維書○
代字中叔　致泉押

永遠管業

5-4-13-2　民國二十二年十一月鄭維讓等立賣楂林契

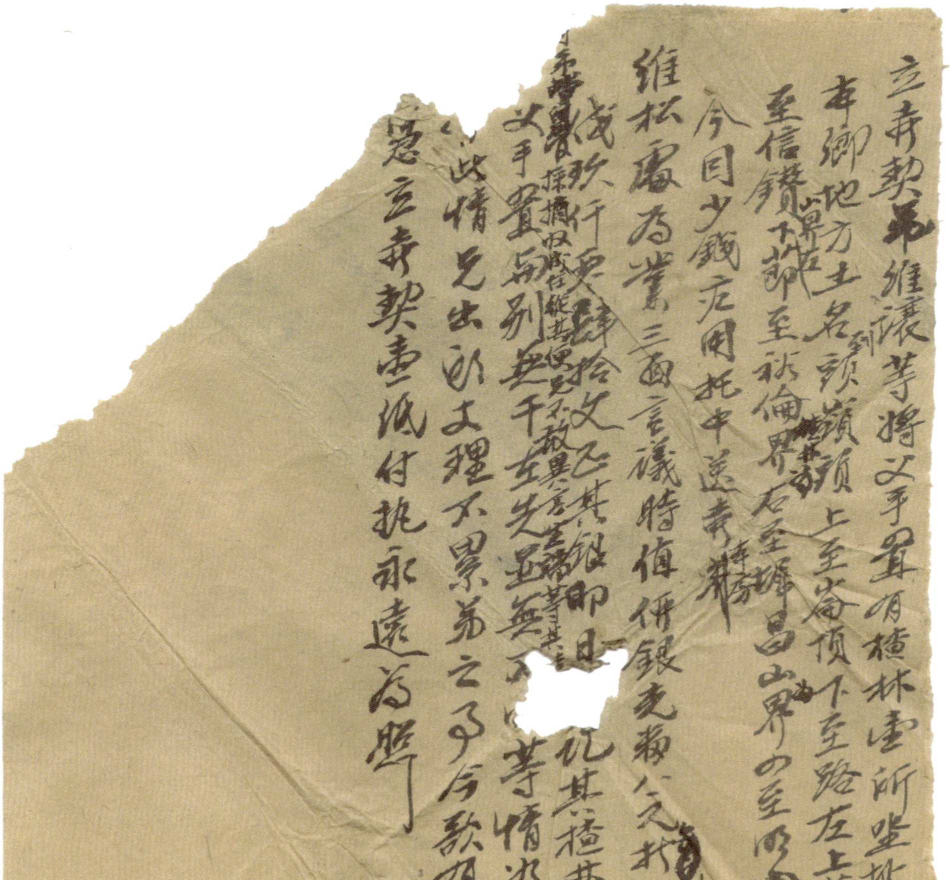

立賣契弟維讓等將父手置有楂林壹所坐址
本鄉地方土名頭嶺頂，上至崙頂，下至路，左上節
至信鑽，下節至秋倫界，右至埔昌山界，四至明白。
今因少錢應用，托中送賣與
維松處為業，三面言議時值價銀變換大錢
錢玖仟肆拾文正，其銀即日□□收訖，其楂林
父手置，與別無干，在先並無□□等情，此
此情是出文理，不累弟之事，今欲有
憑，立賣契壹紙付執，永遠為照。

5-4-13-3　民國時期鄭維讓等立賣楂林契（草契）

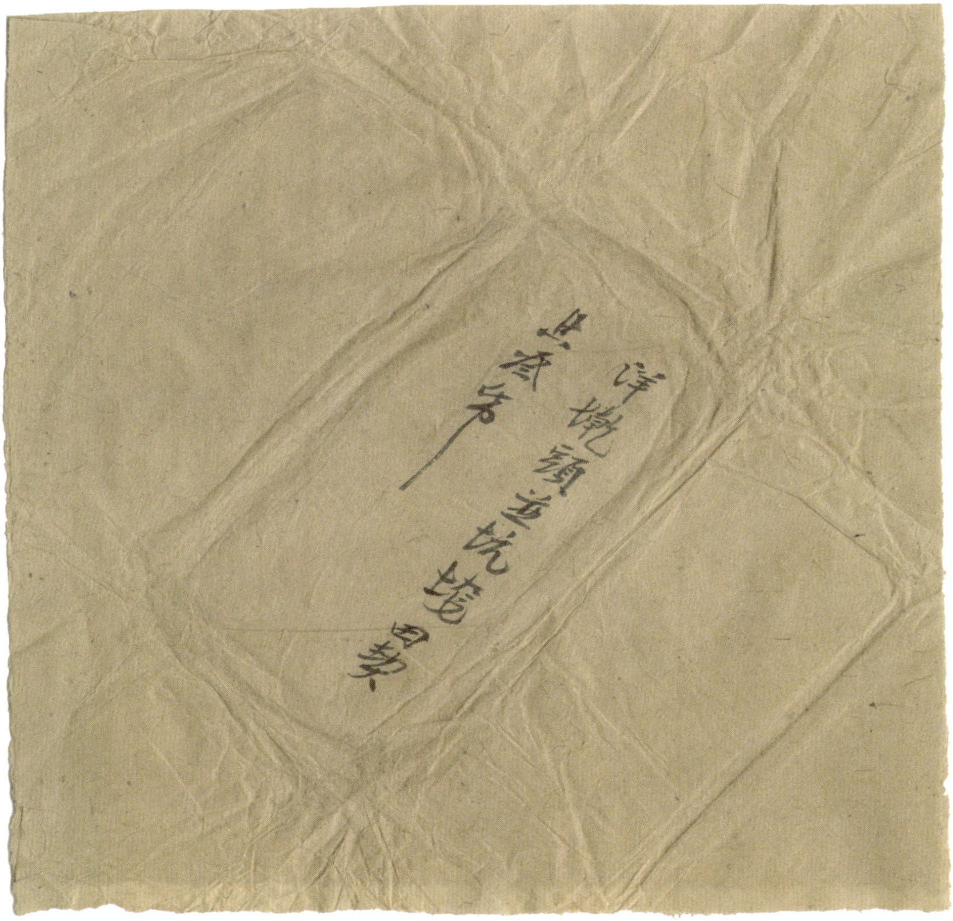

5-4-14-1　包契紙

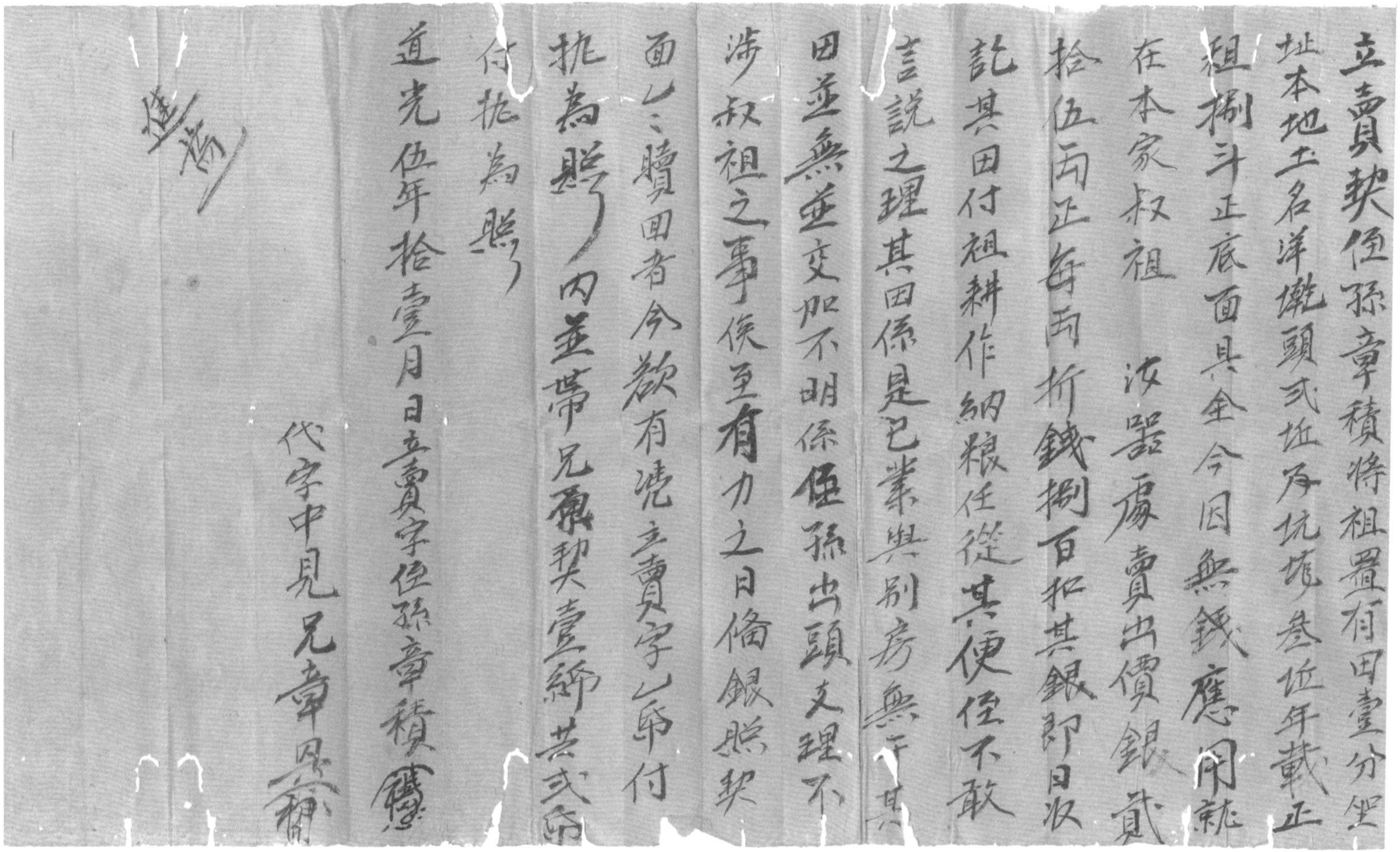

5-4-14-2　清道光五年十一月鄭章積立賣底面全田契

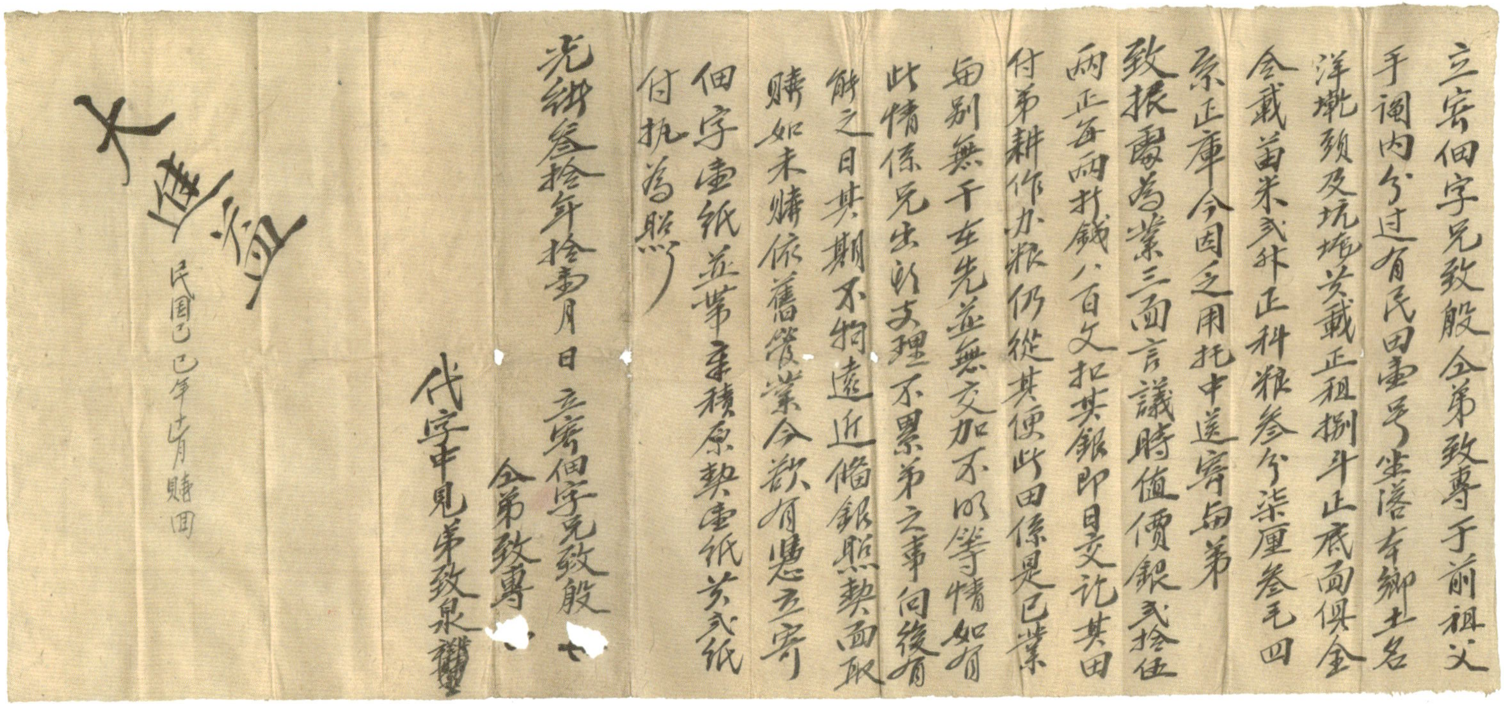

立寄佃字兄致殷仝弟致專于前祖父
手闔內分过有民田壹号坐落本鄉土名
洋墘頭及坑墘共載正租捌斗正底面俱全
仝載苗米弍升正科粮叁分柒厘叁毛四
系正庫今因乏用托中送寄與弟
致振爲業三面言議時值價銀弍拾伍
兩正每兩折錢八百文扣其銀即日交訖其田
付弟耕作办粮仍從其便此田係是己業
與別無干在先並無交加不明等情如有
此情係兄出頭支理不累弟之事向後有
解之日其期不拘遠近備銀照契面取
贖如未贖依舊管業今欲有憑立寄
佃字壹紙並帶來積原契壹紙共弍紙
付執爲照

光緒叁拾年拾壹月　日　立寄佃字兄致殷
仝弟致專
代字中見弟致泉

民國己巳年十月贖回

5-4-14-3　清光緒三十年十一月鄭致殷等立寄佃民田字

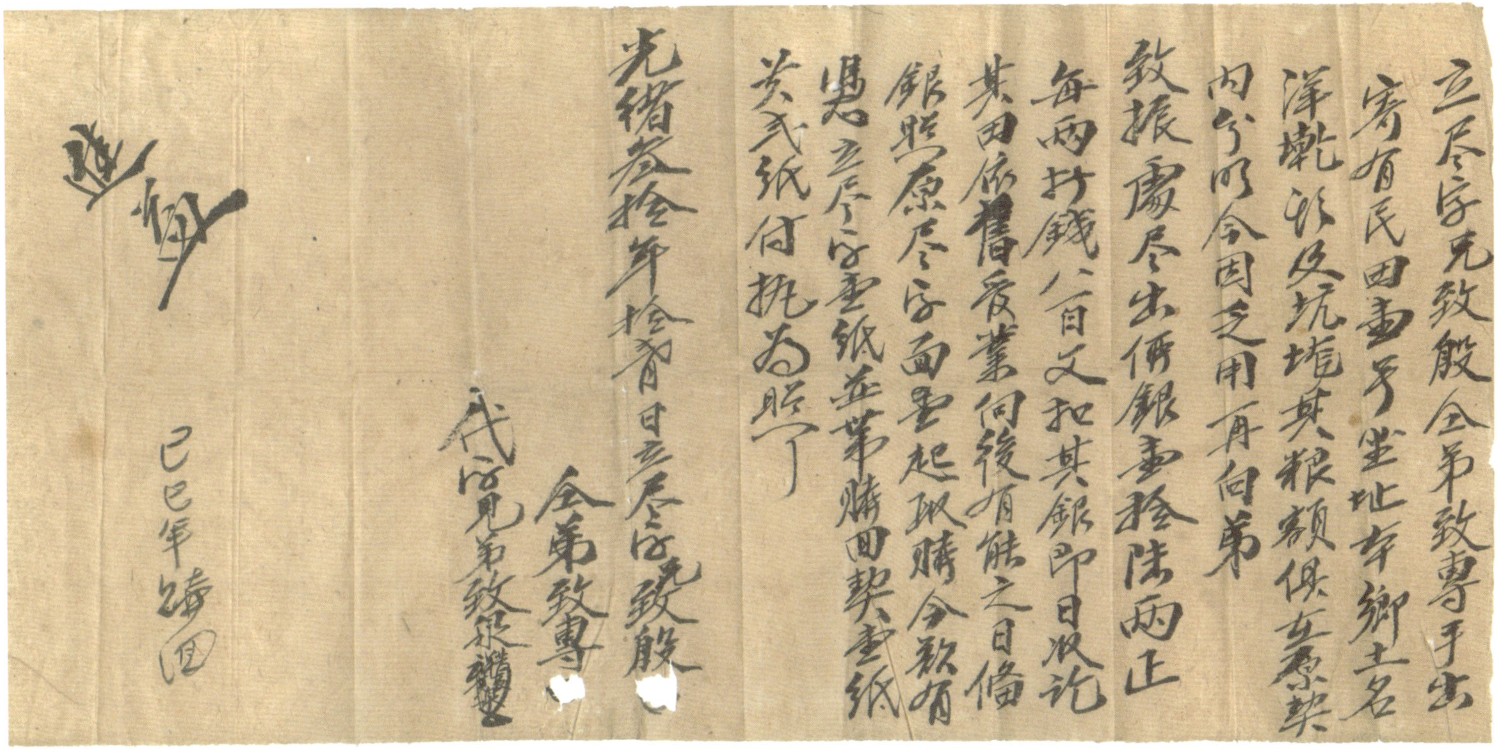
立盡字兄致殷仝弟致專手出
寄有民田壹号，坐址本鄉土名
洋墘外又坑墘，其粮額俱在原契
內分明。今因乏用，再向弟
致振處盡出價銀壹拾陸兩正，
每兩折錢八百文扣，其銀即日收訖。
其田依舊管業，向後有能之日備
銀照原盡字面贖起取贖。今欲有
憑，立盡字壹紙並第賣田契壹紙，
共貳紙付執為照。了

光緒叁拾年拾貳月　日立盡字兄致殷
仝弟致專
代字兄弟致銀

己巳年繳回

5-4-14-4　清光緒三十年十二月鄭致殷等立盡民田字

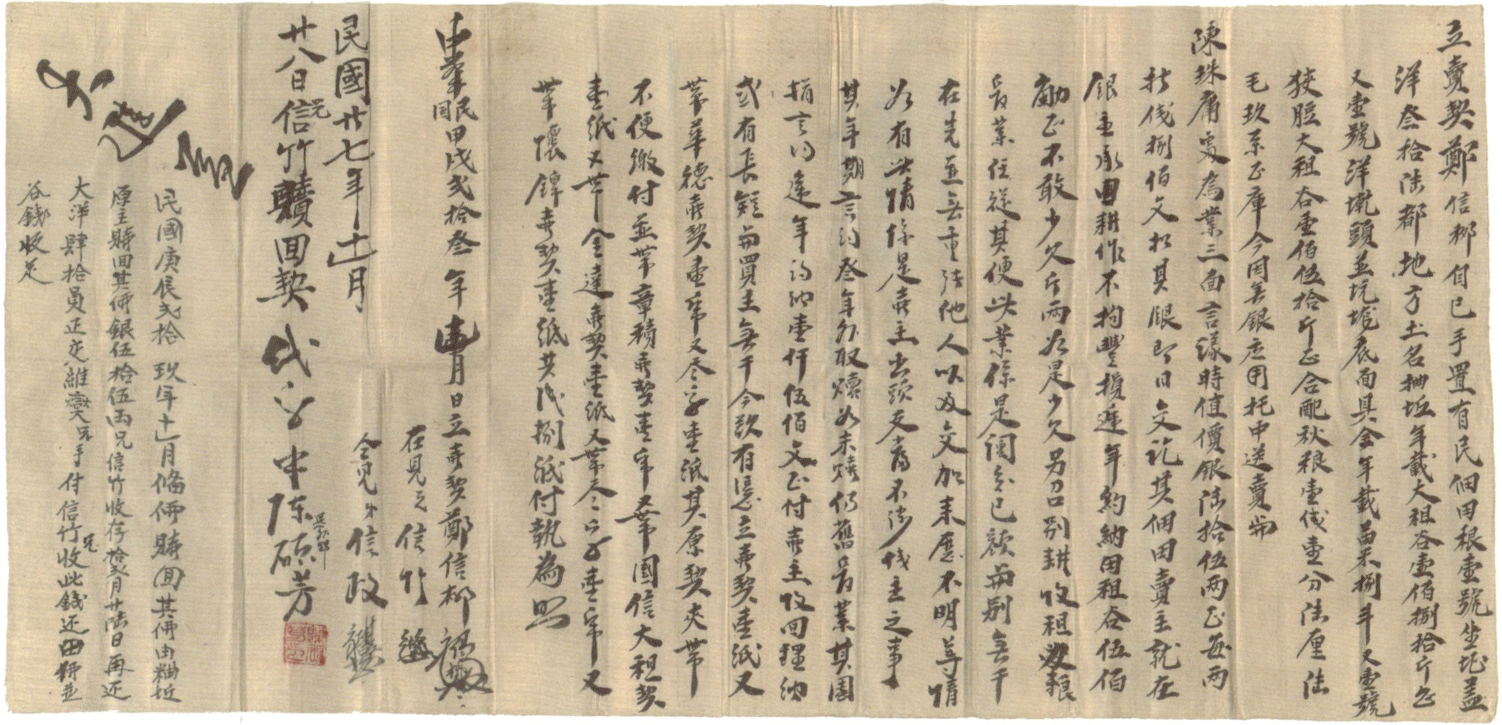

5-4-14-5　民國二十三年十一月鄭信柳立賣民佃田根契

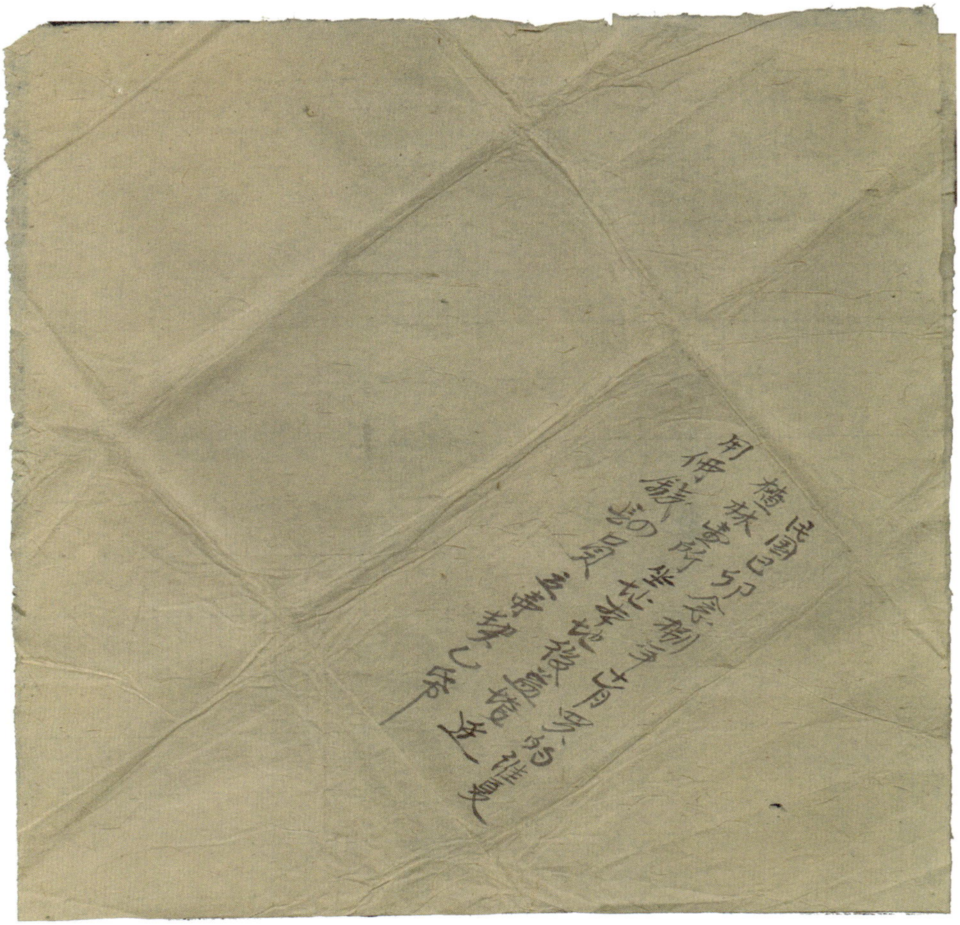

5-4-15-1　包契紙

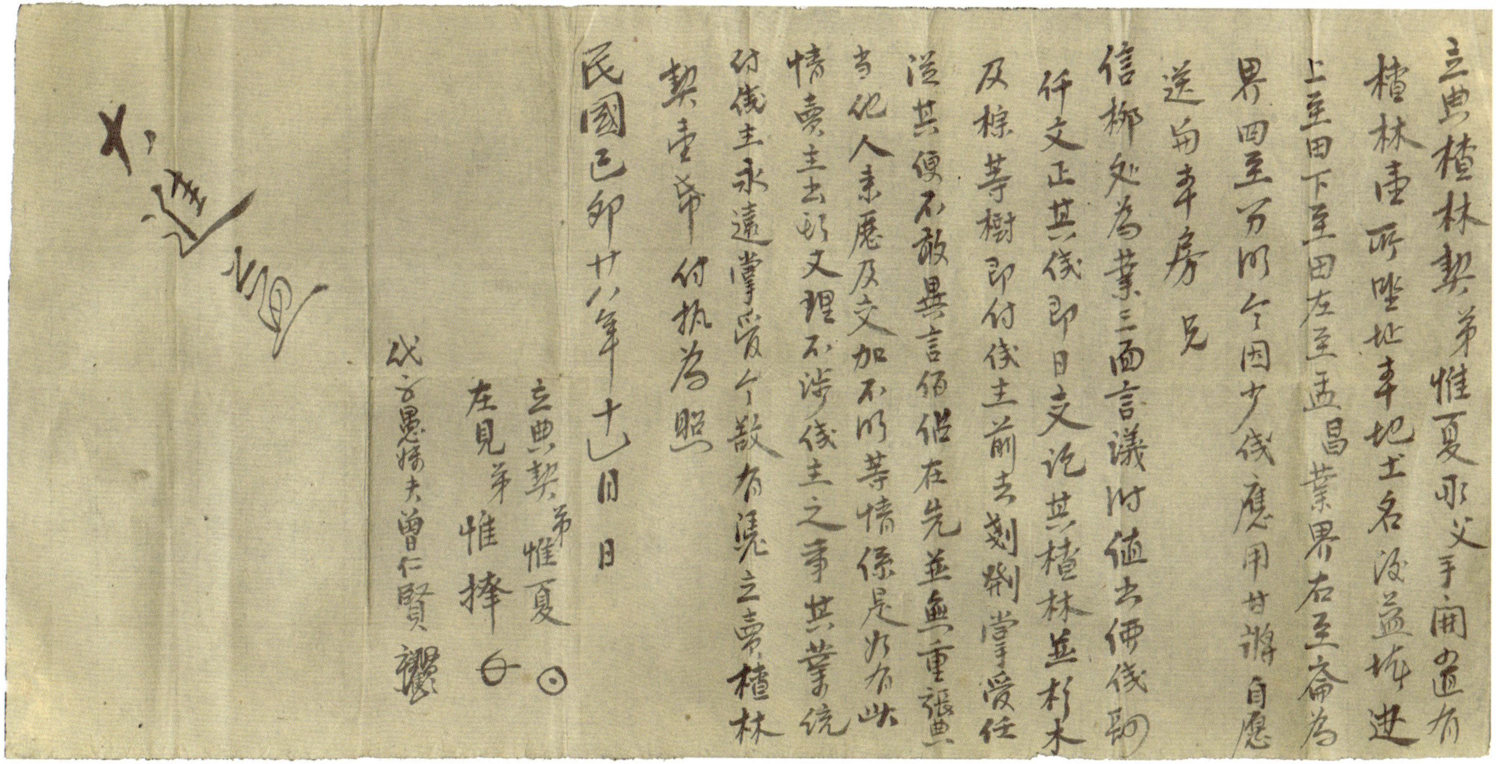
立典楂林契弟惟夏承父手開山造有
楂林壹所坐址本地土名後益坵进
上至田下至田左至孟昌葉界右至裔為
界四至分明今因少錢應用甘將自愿
送與本房兄
信柳処為業三面言議時値出價錢貳
仟文正其錢即日交訖其楂林並杉木
及棕等樹即付錢主前去劉剃掌管任
從其便不敢異言須俗在先並無重張典
當他人來歷及交加不明等情係是如有此
情賣主出頭文理不涉錢主之事其業統
付錢主永遠掌管今欲有憑立典楂林
契壹紙付執為照
民國己卯廿八年十一月 日
立典契弟 惟夏 ⊙
在見弟 惟捧
代筆惠婿夫曾仁賢

5-4-15-2　民國二十八年十一月鄭惟夏立典楂林等契

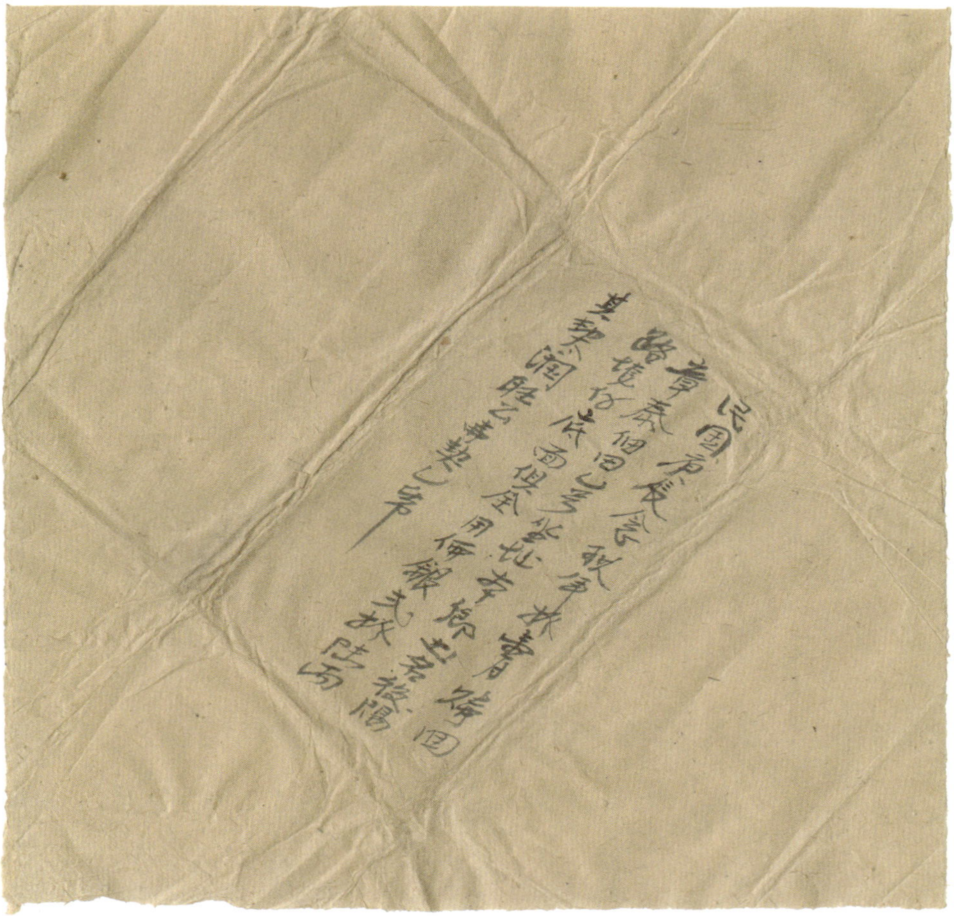

5-4-16-1　包契紙

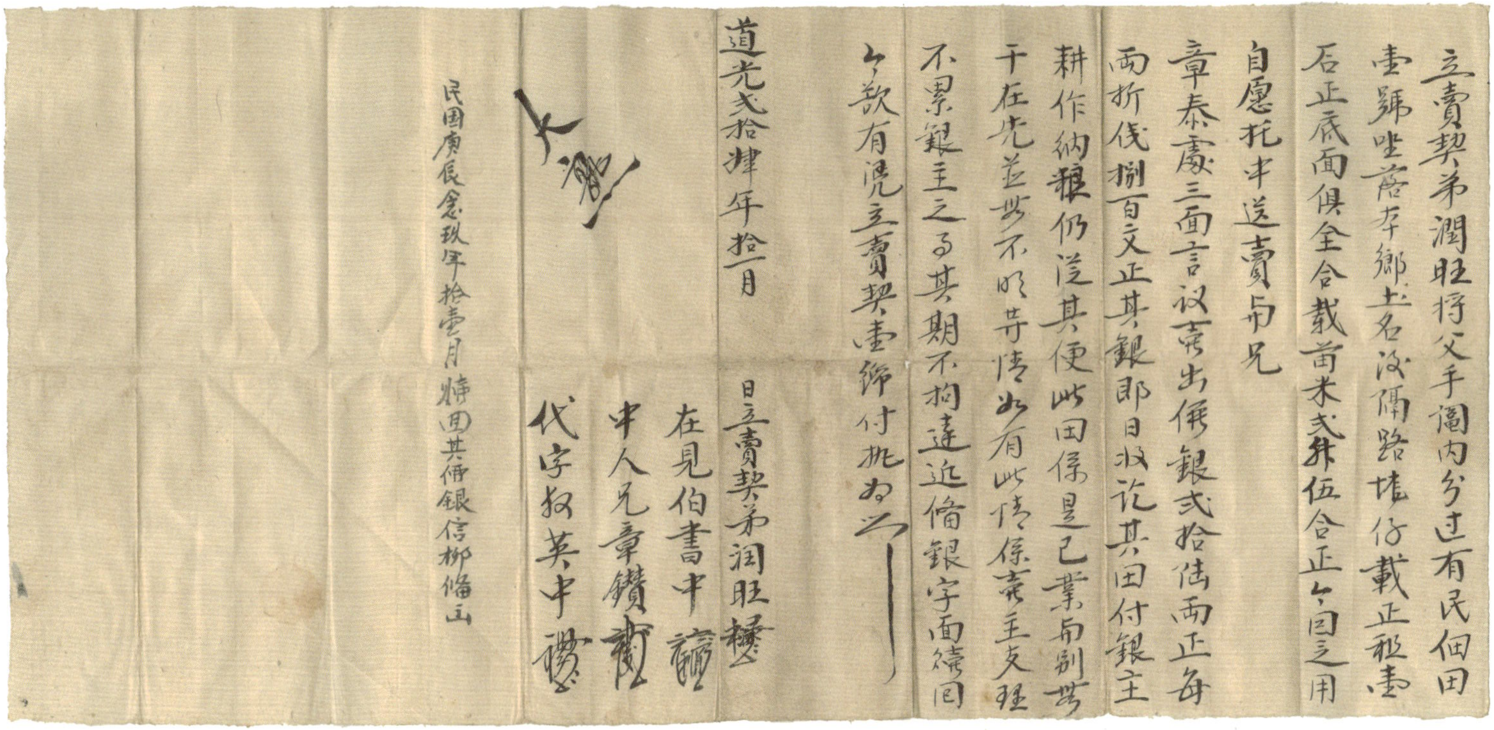
立賣契弟潤旺將父手鬮內分过有民佃田
壹號坐落本鄉土名汶隔路垅仔載正租壹
石正底面俱全合載苗米弍升伍合正今因乏用
自愿托中送賣與兄
章泰處三面言议賣出價銀弍拾陆两正每
两折伐捌百文正其銀即日收讫其田付銀主
耕作納粮仍從其便此田係是己業與别者
干在先並無不明等情如有此情係賣主支理
不累銀主之事其期不拘遠近備銀守面續回
今欲有凭立賣契壹紙付执爲照
道光弍拾肆年拾壹月　日立賣契弟潤旺（押）
在見伯書中（押）
中人兄章鑽（押）
代字叔英中（押）
民国庚辰念玖年拾壹月特田共價銀信柳備山

5-4-16-2　清道光二十四年十一月鄭潤旺立賣民佃田契

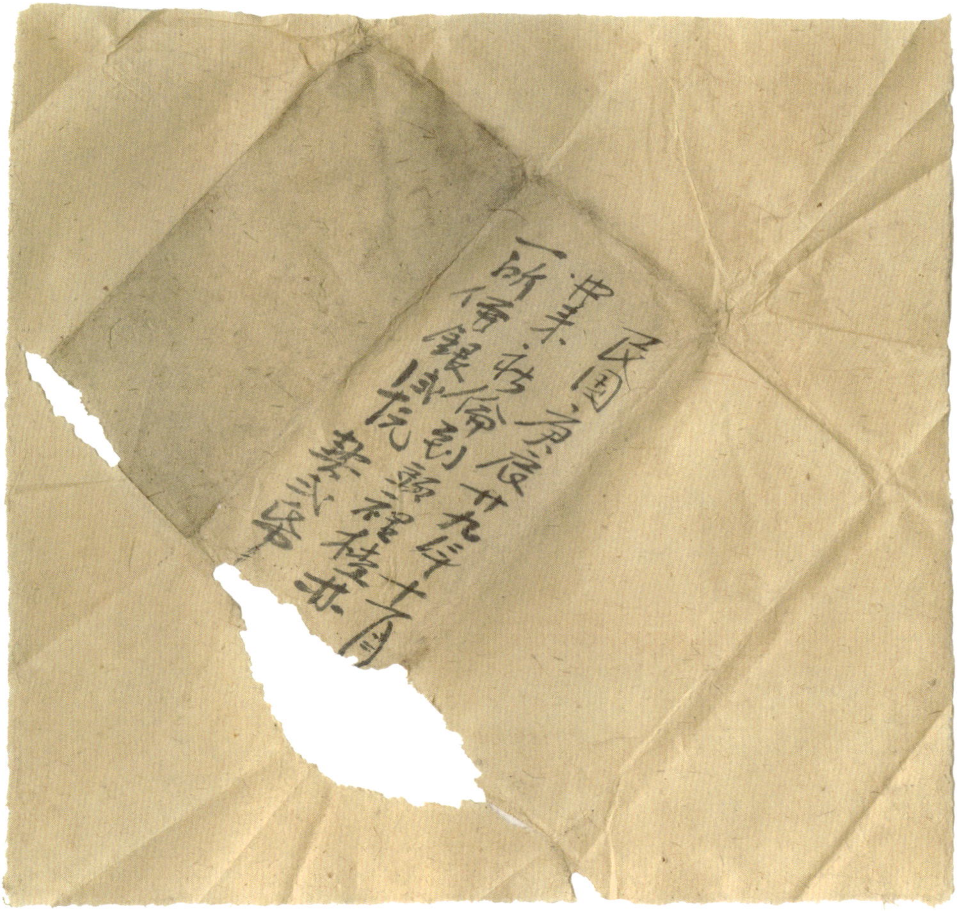

5-4-17-1　包契紙

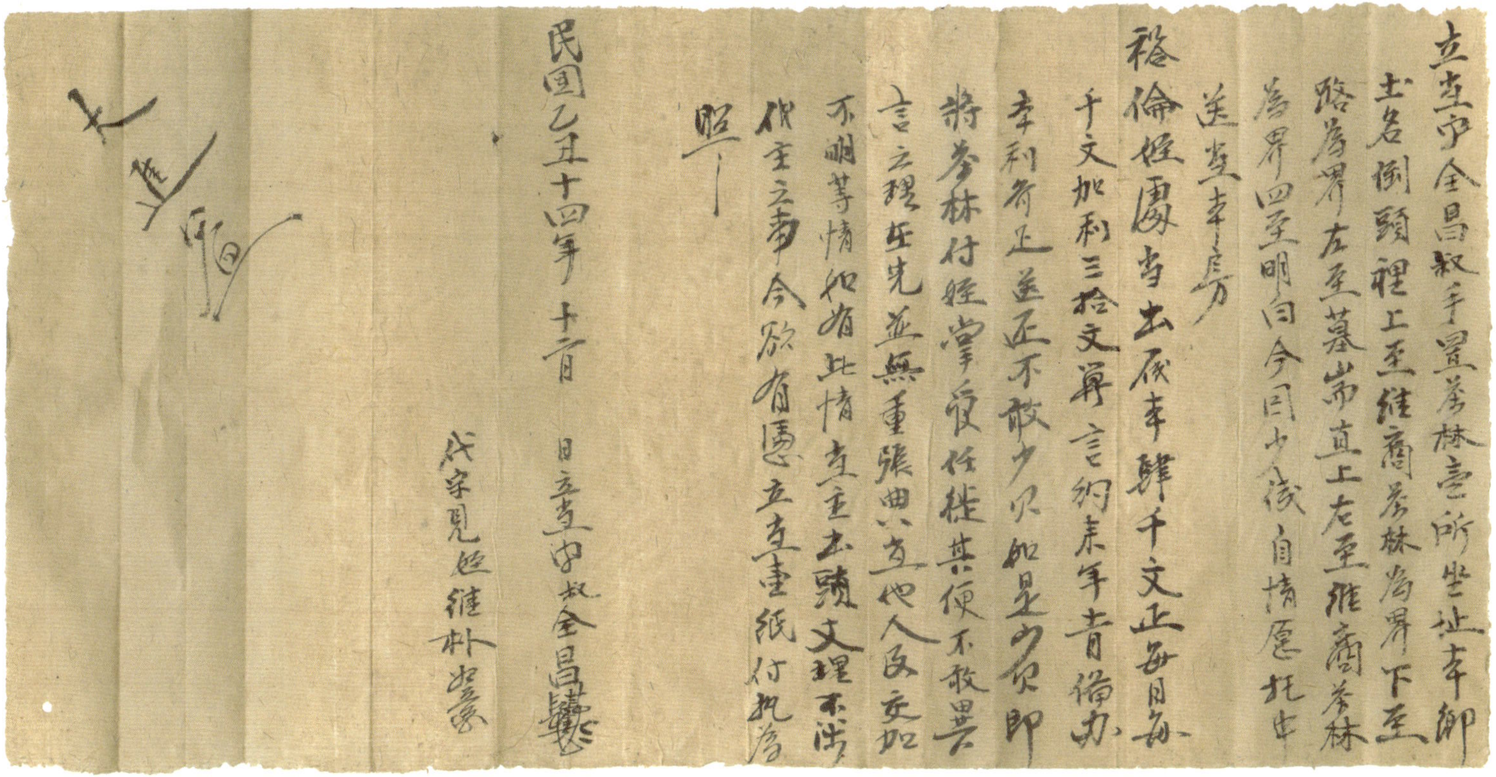
立當字全昌叔手置茶林壹所坐址本鄉
土名倒頭裡上至維商茶林為界下至
路為界左至墓地直上右至維商茶林
為界四至明白今因少錢自情愿托中
送與本房
裕倫侄邊當出錢本肆千文正每月每
千文加利三拾文算言約來年青備办
本利前正送還不敢少欠如是少欠即
將茶林付侄掌管任從其便不敢異
言立理在先並無重張典當他人及交加
不明等情如有此情立當主出頭文理不涉
代主之事今欲有憑立當壹紙付執為
照
民國乙丑十四年十二月　日立當字叔全昌（押）
代字見侄維朴（押）

5-4-17-2　民國十四年十二月鄭全昌立當茶林字

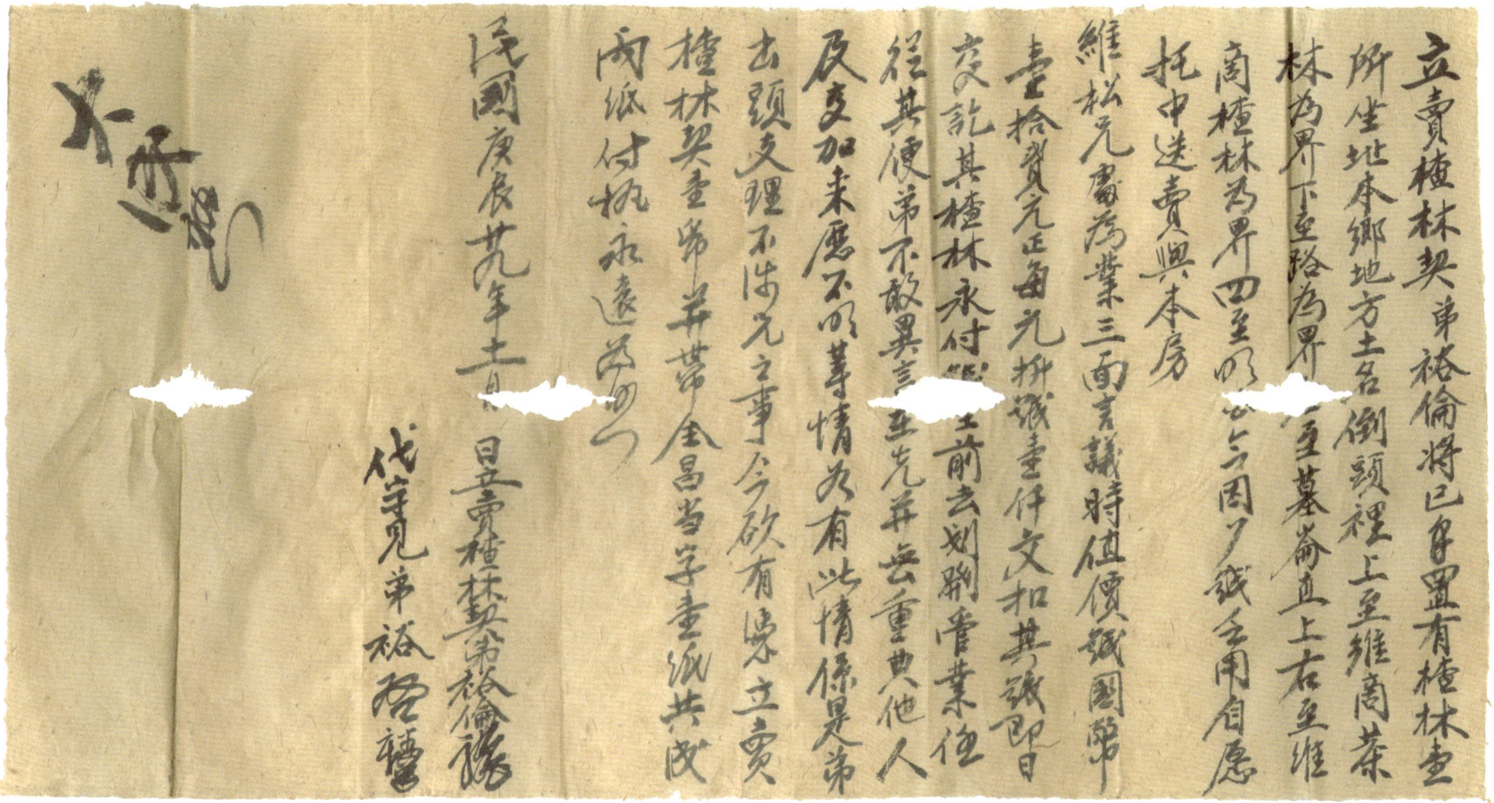
立賣楦林契弟裕倫將己手置有楦林壹
所坐址本鄉地方土名倒頭裡上至雅崗茶
林為界下至路為界□至墓前直上右至雅
崗楦林為界四至明白今因乏錢應用自愿
托中送賣與本房
維松兄處為業三面言議時值價錢國幣
壹拾貳元正每元折錢壹仟文扣其錢即日
交訖其楦林永付□□前去划劉管業任
從其便弟不敢異言並無重典他人
及交加來歷不明等情如有此情係是弟
出頭支理不涉兄之事今欲有憑立賣
楦林契壹紙并帶全局當字壹紙共成
兩紙付執永遠為照
民國庚辰廿九年十一月　日立賣楦林契弟裕倫
代字見弟裕□
大吉

5-4-17-3　民國二十九年十一月鄭裕倫立賣楦林契

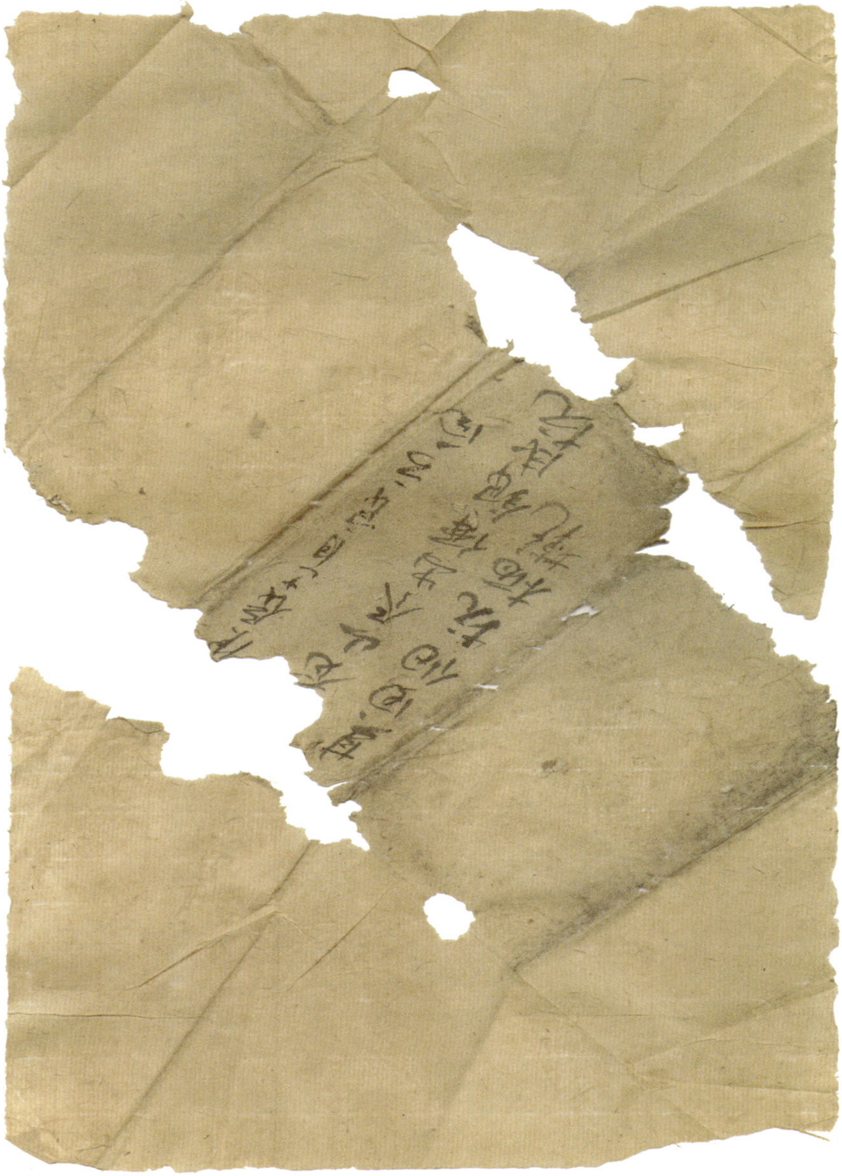

5-4-18-1　包契紙

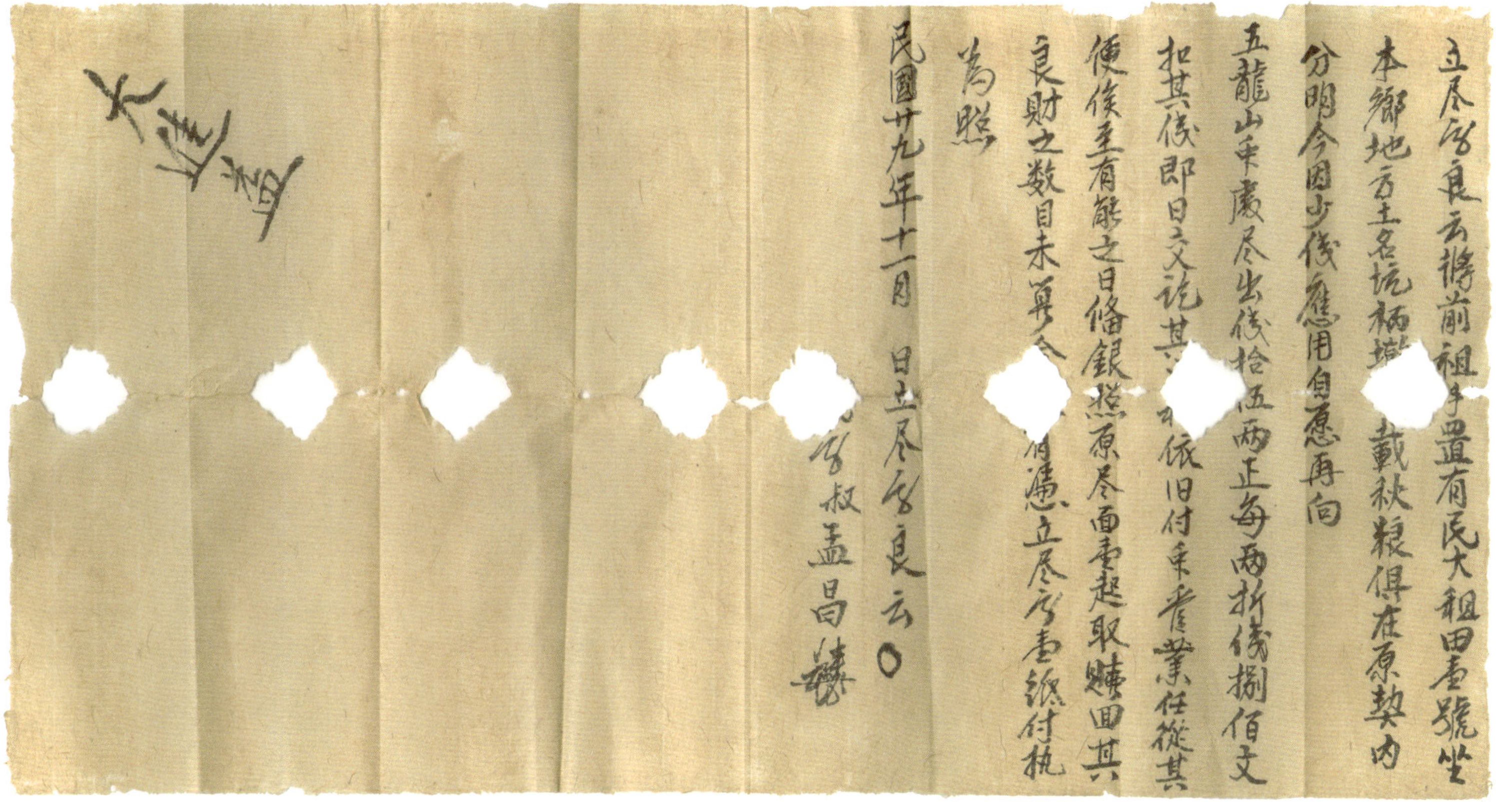
立盡字良云將前祖手置有民大租田壹號坐
本鄉地方土名坑柄墘[illegible]載秋粮俱在原契內
分明今因少錢應用自愿再向
五龍山平處盡出錢拾五兩正每兩折錢捌佰文
扣其錢即日交訖其田依旧付平處管業任從其
便俟至有銀之日備銀照原盡面壹起取贖田其
良財之數目未算分[illegible]有憑立盡字壹紙付執
為照
民國廿九年十一月　日立盡字良云〇
[illegible]字叔盡昌

5-4-18-2　民國二十九年十一月鄭良云立盡民大租田字

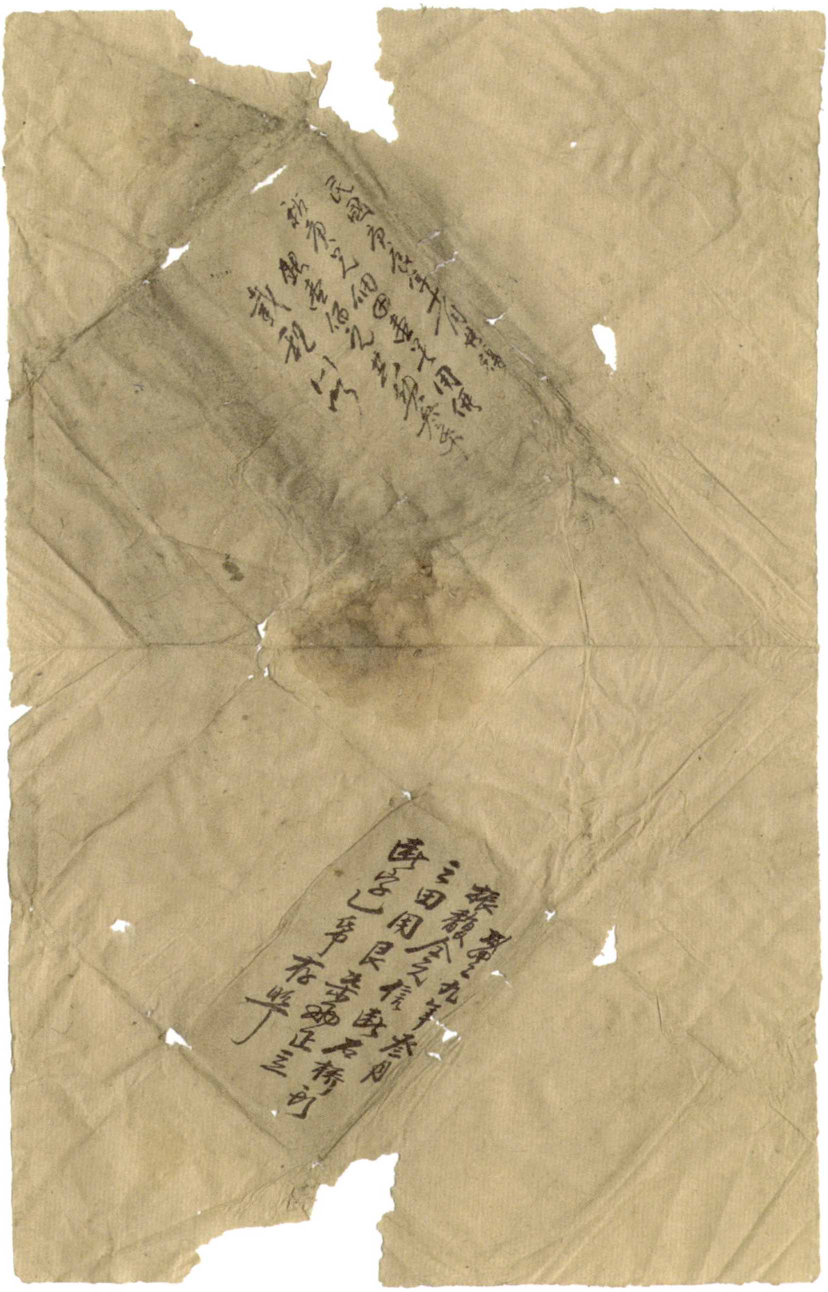

5-4-19-1 包契紙

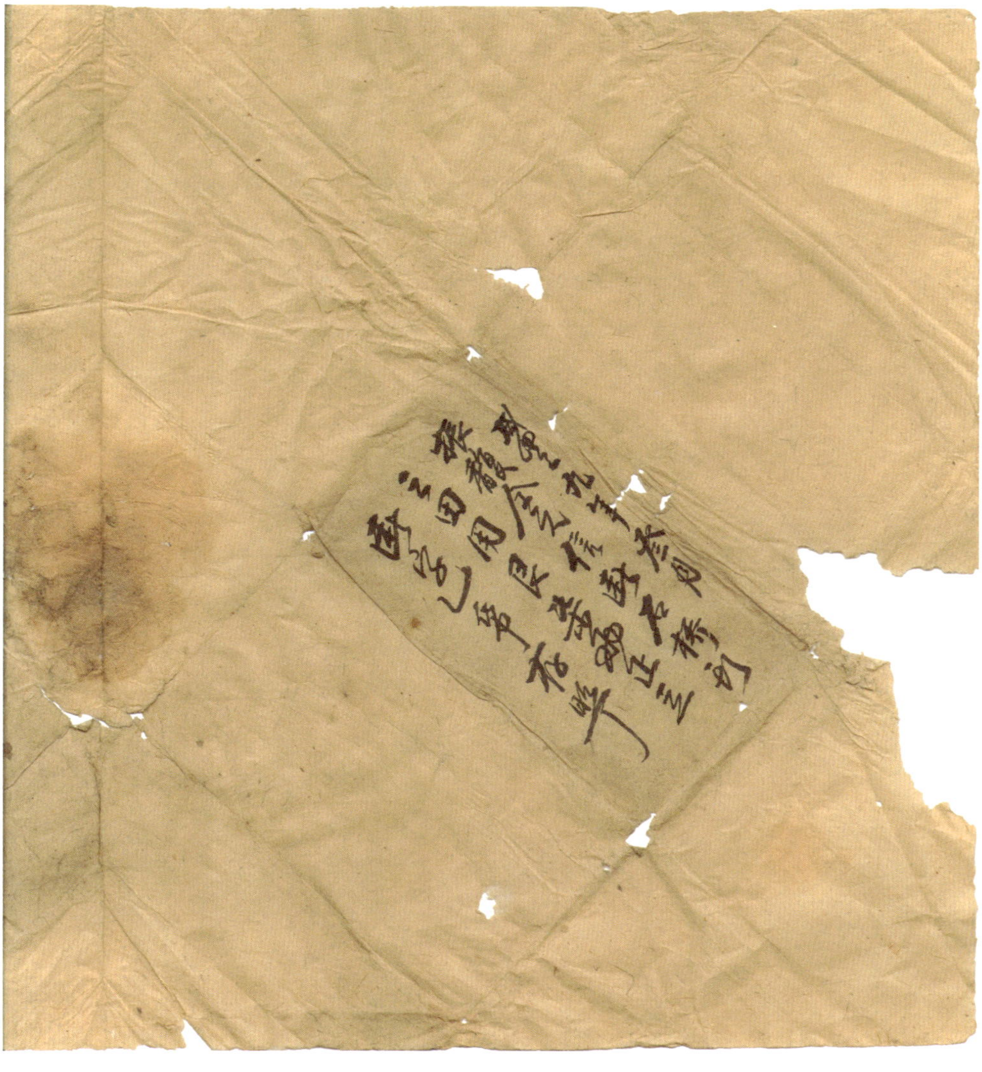

5-4-19-2　包契紙

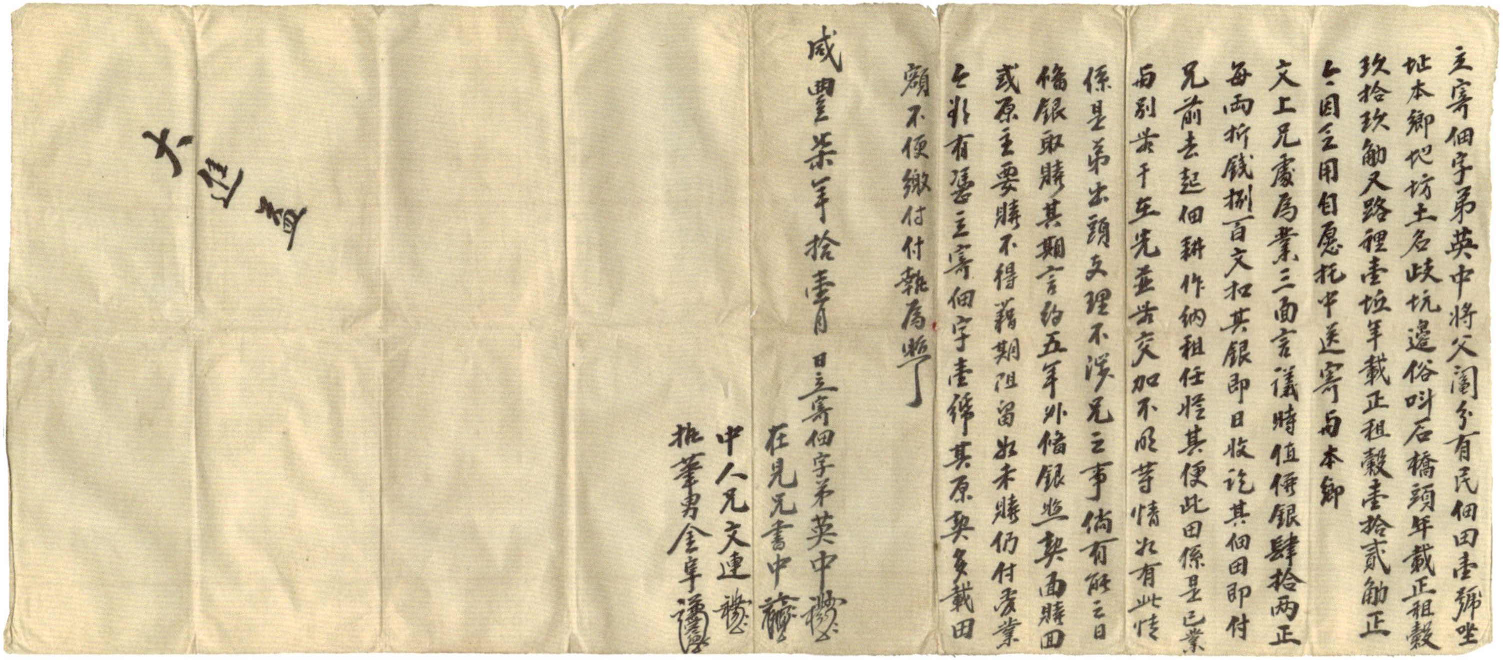
立寄佃字弟英中將父闔分有民佃田壹號坐
址本鄉𣏌坊土名歧坑邊俗叫石橋頭年載正租穀
玖拾玖觔又路裡壹坵年載正租穀壹拾貳觔正
今因乏用自愿托中送寄與本鄉
文上兄處爲業三面言議時值佛銀肆拾兩正
每兩折錢捌百文扣其銀即日收訖其佃田即付
兄前去起佃耕作納租任憑其便此田係是己業
與別房兄弟無干先並無交加不明等情如有此情
係是弟出頭支理不涉兄之事倘有能之日
備銀取贖其期言約五年外備銀照契面贖回
或原主要贖不得藉期阻留如未贖仍付受業
之兆有憑立寄佃字壹紙其原契多載田
額不便繳付付執爲照

咸豐柒年拾壹月 日立寄佃字弟英中
在見兄書中
中人兄文連
執筆男金牟

5-4-19-3　清咸豐七年十一月鄭英中立寄民佃田字

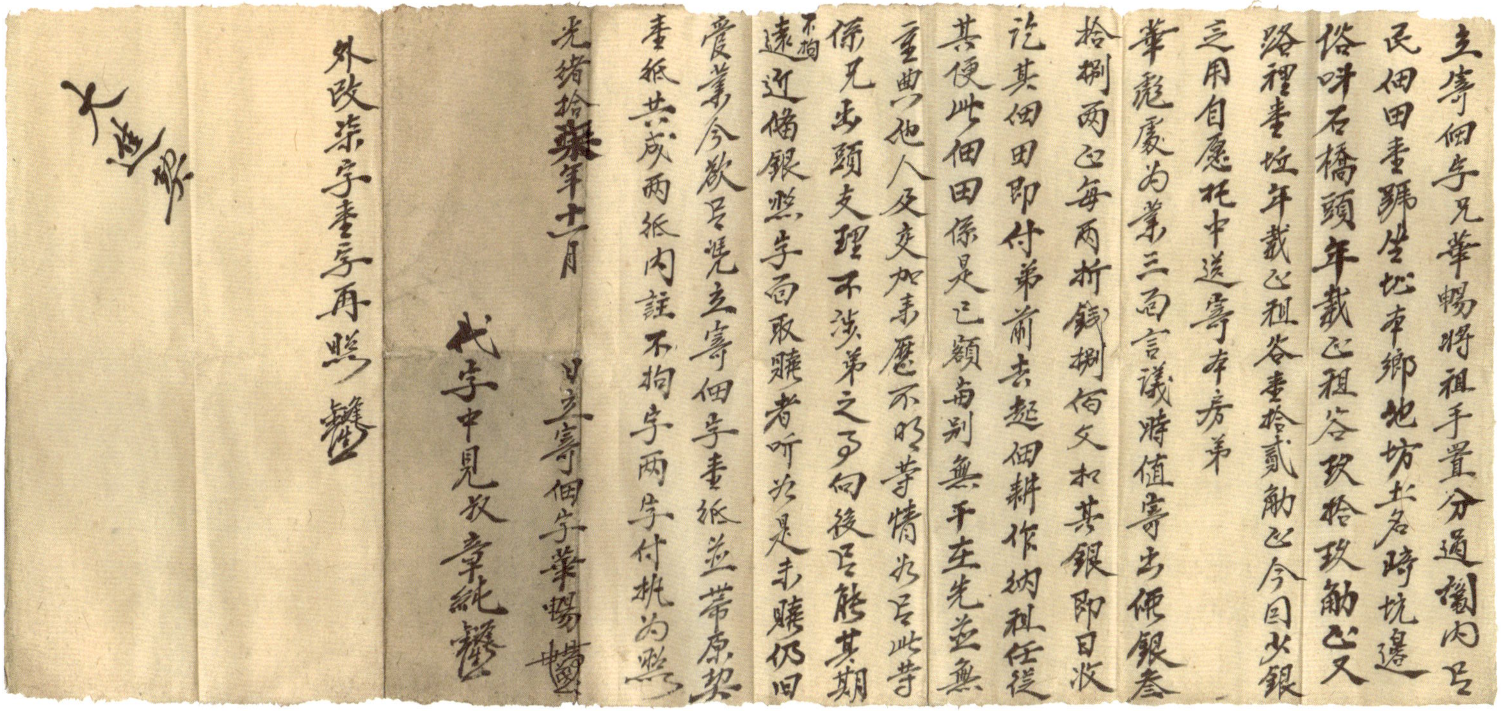

立寄佃字兄華暢將祖手置分過闔內己
民佃田壹號坐址本鄉地方土名時坑邊
俗呼石橋頭年載乙租谷玖拾玖觔乙又
路裡壹坵年載乙租谷壹拾貳觔乙今因乏銀
應用自愿托中送寄本房弟
華彪處為業三面言議時值寄出佛銀叁
拾捌兩乙每兩折錢捌佰文和共銀即日收
訖其佃田即付弟前去起佃耕作納租任從
其便此佃田係是己額與别無干在先並無
重典他人及交加未應不明等情如是此等
係兄出頭支理不涉弟之事向後己能其期
不拘遠近備銀照字面取贖者所如是未贖仍回
管業今欲有憑立寄佃字壹紙並帶原契
壹紙共成兩紙內註不拘字兩字付執為照
光緒拾柒年十一月　日立寄佃字華暢
代字中見叔章純
外收柒字壹字再照
大吉

5-4-19-4　清光緒十七年十一月鄭華暢立寄民佃田字

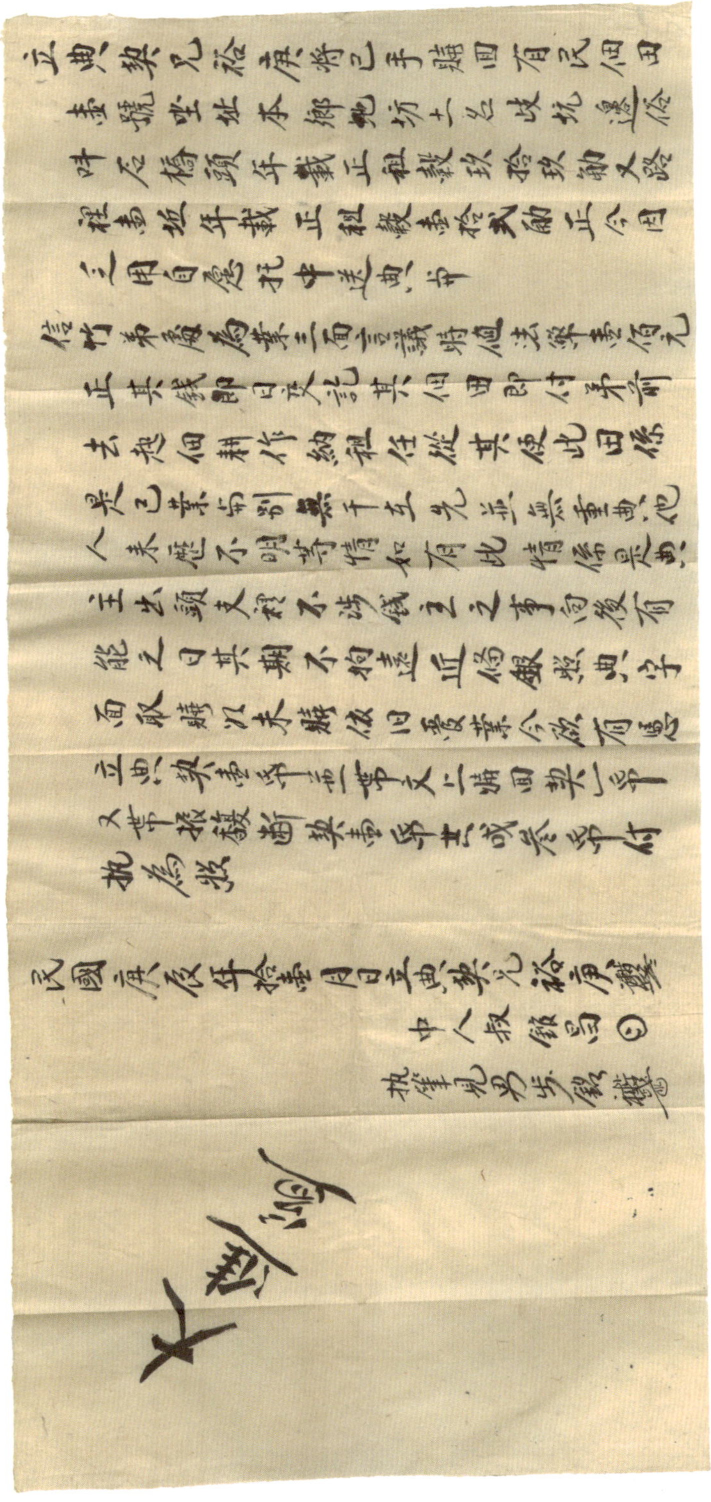

立典契兄裕庚將己手贌田有民佃田
壹號坐址本鄉鮑坊土名岐坑邊俗
叫石橋頭年載正租穀玖拾玖觔又路
程壹拾年載正租穀壹拾貳觔正今因
乏用自愿托中送典與中
信竹弟處為業三面言議時值法幣壹佰元
正其錢即日交訖其佃田即付弟前
去起佃耕作納租任從其便此田係
是己業前別無干兄弟叔重典他
人未歷不明等情如有此情係是典
主出頭支理不涉錢主之事自後有
能之日其期不拘遠近備辦原典字
面取贖以來贖依回原業今欲有憑
立典契壹紙并上手一帋又上贌田契一帋
又帋并撥斷契壹紙共三帋付
批為照

民國庚辰年拾壹月日立典契兄裕庚鄭
中人叔錄旦
執筆見弟步鑾

大吉

5-4-19-5　民國二十九年十一月鄭裕庚立典民佃田契

5-4-20-1　包契紙

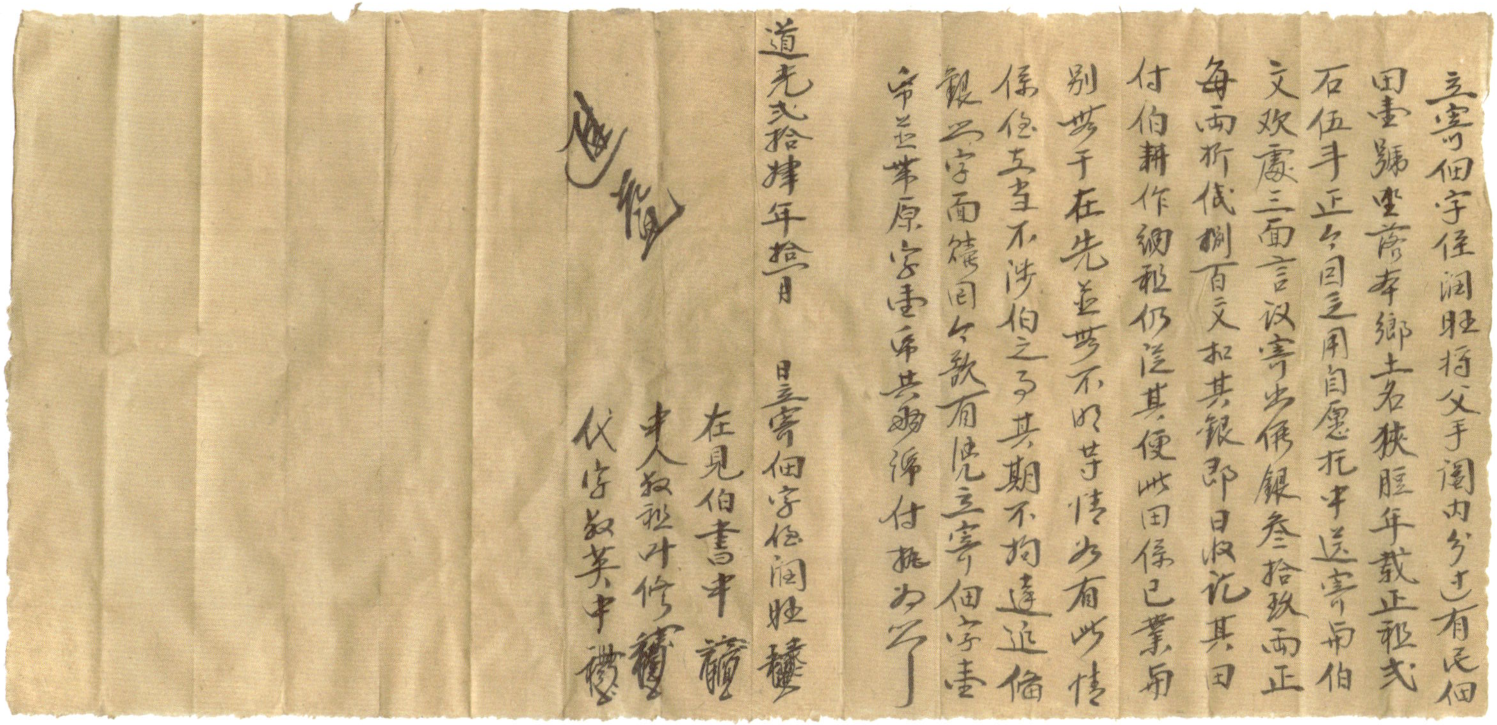
立寄佃字侄潤旺將父手閹内分出有民佃
田壹號坐落本鄉土名狭脛，年載正租弍
石伍斗正。今因乏用，自愿托中送寄與伯
文欢處，三面言议寄出佛銀叁拾玖兩正，
每兩折伐捌百文，扣其銀即日收訖。其田
付伯耕作納租，仍從其便。此田係己業，與
别房兄弟無干，在先並無不明等情，如有此情，
係侄支當，不涉伯之事。其期不拘遠近，备
銀照字面價同今欵。有凭立寄佃字壹
帋並上手原字壹帋共兩紙付執為炤。

道光弍拾肆年拾一月　日立寄佃字侄潤旺（押）
在見伯書中（押）
中人叔祉州修（押）
代字叔英中（押）

5-4-20-2　清道光二十四年十一月鄭潤旺立寄民佃田字

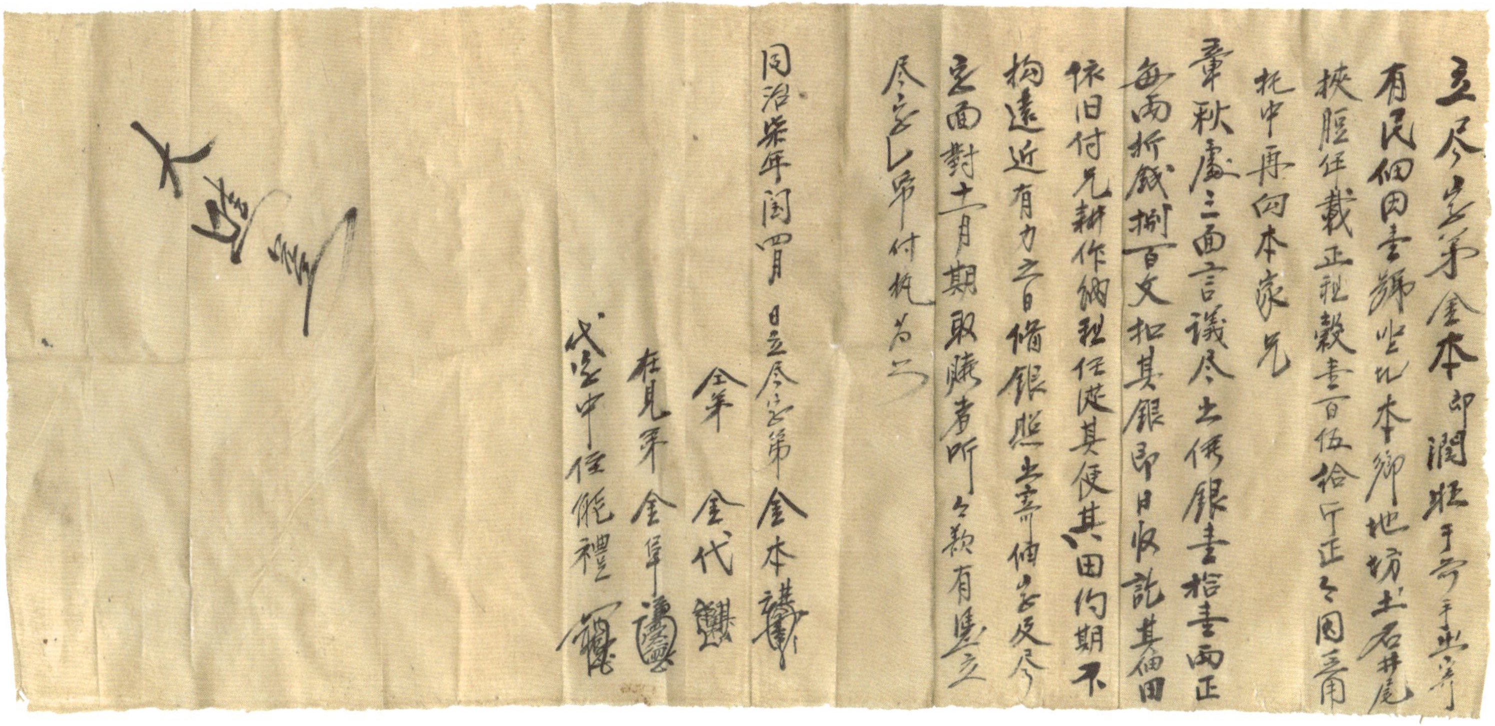
立尽字弟金本、卯、潤、旺、壬亨、壬興等
有民佃田壹號，坐址本鄉地坊，土名井尾
挾脛仔，載正租穀壹百伍拾斤正，又田壹角
托中再向本家兄
章秋處三面言議，尽出佛銀壹拾壹兩正
每兩折錢捌百文，扣其銀即日收訖，其佃田
依旧付兄耕作納租，任從其便，其田約期不
拘遠近，有力之日備銀照出壹佃字反尽
字面對十月期取贖，聽弟听之，欵有憑，立
尽字乙帋付執為照。

同治柒年閏四月　日立尽字弟　金本（押）
仝弟　金代（押）
在見弟　金旺（押）
代筆中　仕能禮（押）

大吉

5-4-20-3　清同治七年閏四月鄭金本等立盡民佃田字

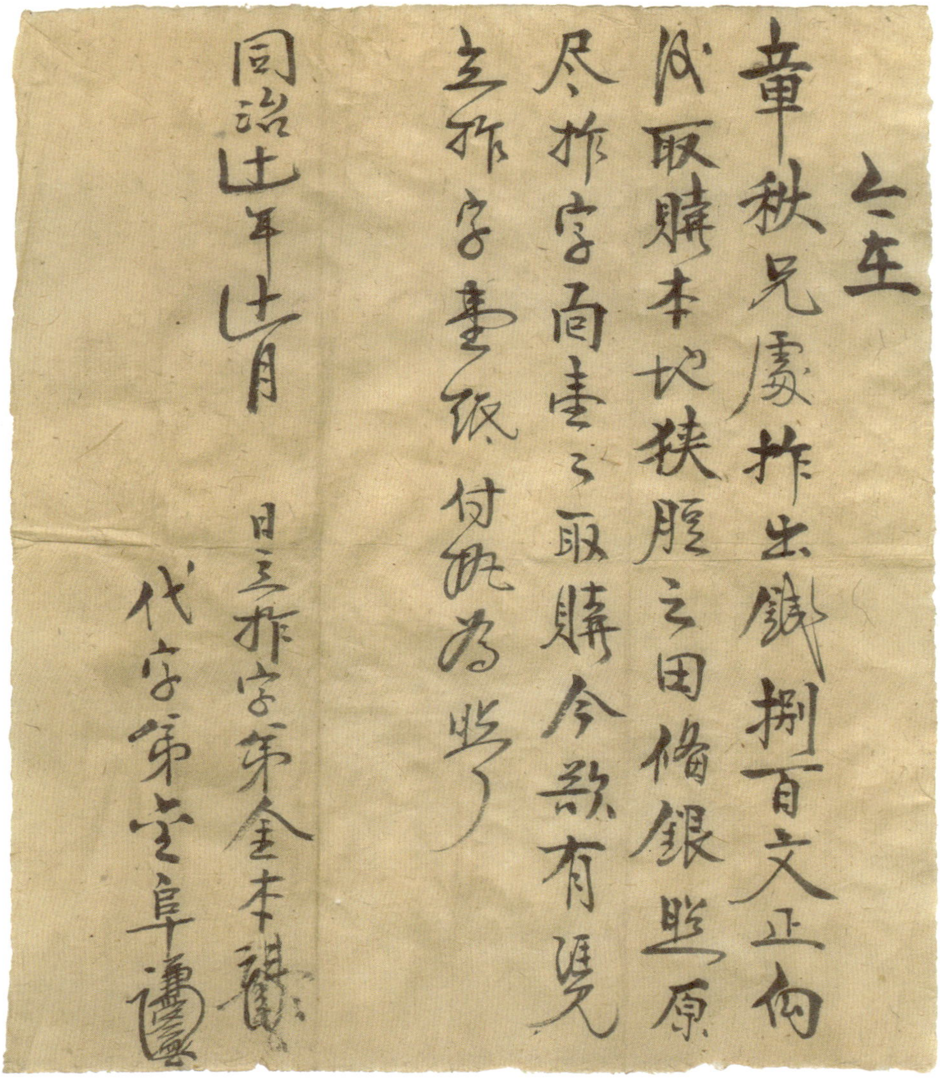
立撮
韋秋兄處撮出錢捌百文正，向
民取贖本地狭脮之田，備銀照原
尽撮字面壹〻取贖，今欲有憑，
立撮字壹紙付執為照。
同治拾壹年拾壹月　日立撮字弟金本（押）
代字弟堂阜（押）

5-4-20-4　清同治十一年十一月鄭金本立撮字

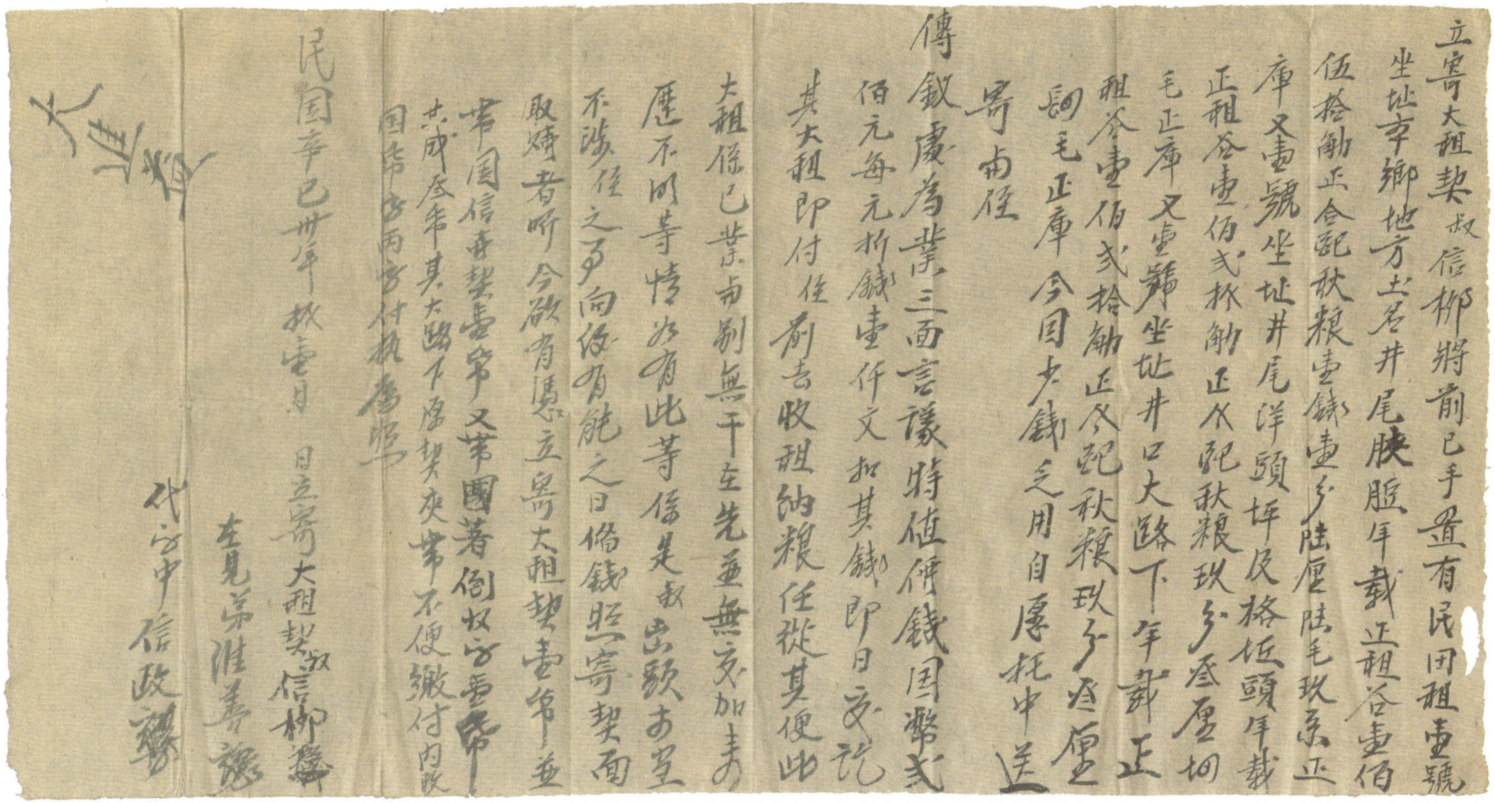

立寄大租契叔信柳將前已手置有民田租壹號
坐址本鄉地方土名井尾胦脰年載正租谷壹佰
伍拾觔正仝配秋粮壹錢壹分陸厘陸毛玖系正
庫又壹號坐址井尾洋頭坪仔格坵頭年載
正租谷壹佰弍拾觔正仝配秋粮玖分叁厘捌
毛正庫又壹號坐址井口大路下年載正
租谷壹佰弍拾觔正仝配秋粮玖分叁厘
捌毛正庫今因乏錢应用自愿托中送
寄南侄
傳
欽處為業三面言議時值價錢国幣弍
佰元每元折錢壹仟文扣其錢即日交訖
其大租即付侄 前去收租納粮任從其便此
大租係己業與別無干在先並無交加來
歷不明等情如有此等係是叔出頭抵当
不涉侄之事向後有能之日備錢照寄契面
取贖者听今欲有憑立寄大租契壹帋並
帯国信壹契壹帋又帯國著倒叔字壹帋
共成叁帋其大路下原契夾帯不便繳付内股
国帋亦再付執爲照
民国辛巳卅年拾壹月 日立寄大租契叔信柳(押)
在見弟湘善(押)
代字中信政(押)
大吉

5-4-20-5 民國三十年十一月鄭信柳立寄民田大租契

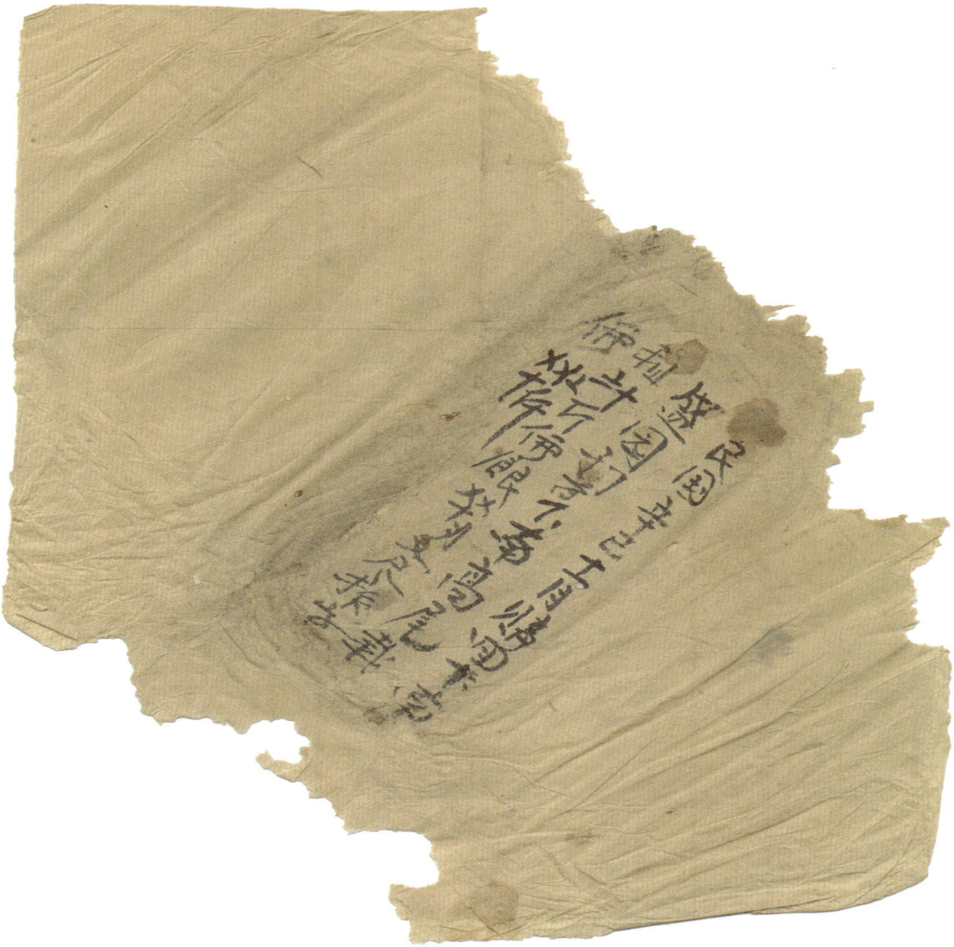

5-4-21-1　包契紙

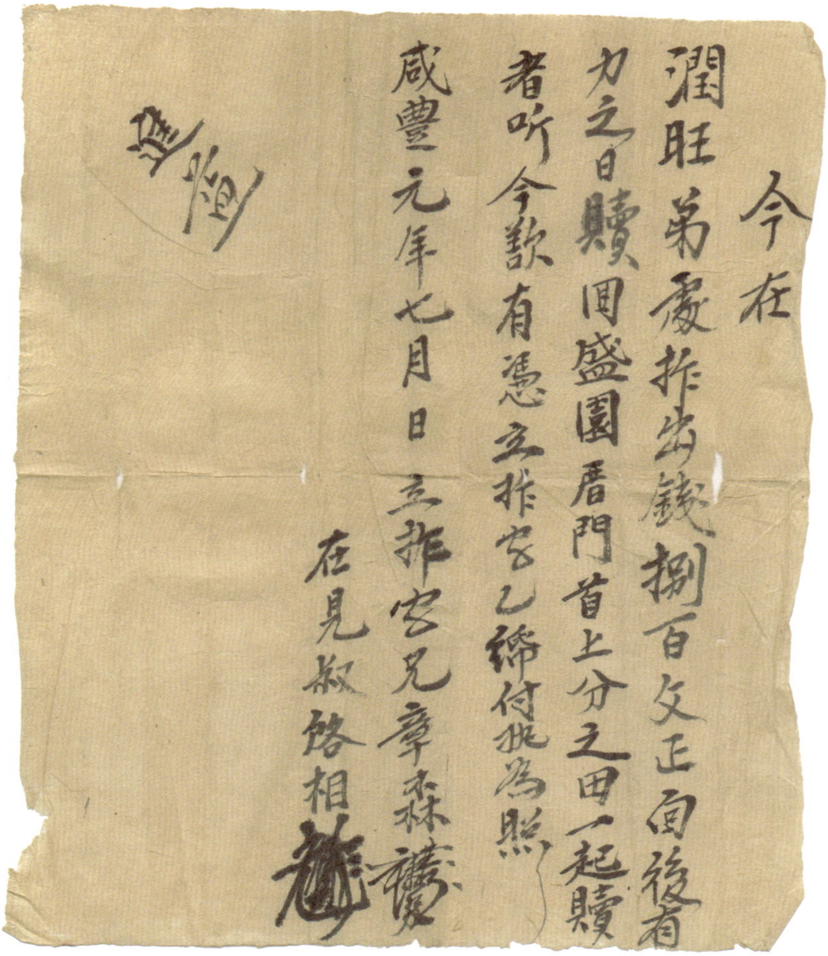
今在
潤旺弟處撮出錢捌百文正，向後有
力之日贖回盛園厝門首上分之田一起贖
者聽，今欲有憑，立撮字乙紙付執為照。
咸豐元年七月　日　立撮字兄章森（押）
在見叔賂相（押）
遂償

5-4-21-2　清咸豐元年七月鄭章森立撮字

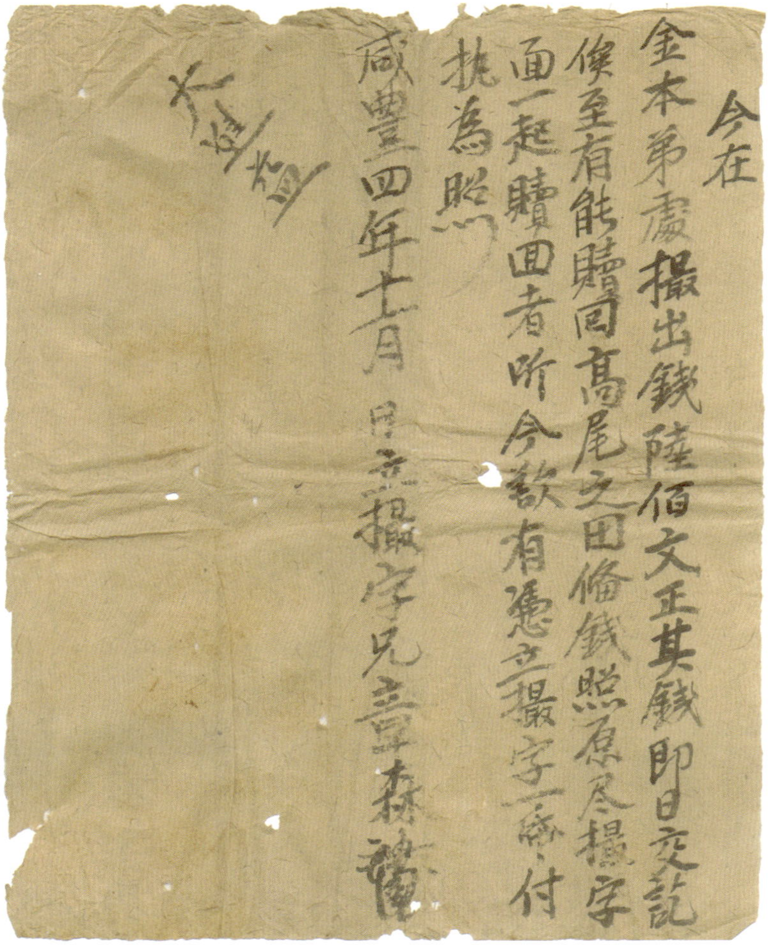
今在
金本弟處撮出錢陸佰文正其錢即日交訖
候至有能贖回高尾之田倫錢照原盡撮字
面一起贖回者昕今欲有憑立撮字一帋付
執為照
咸豐四年十一月　日立撮字兄章森（押）

5-4-21-3　清咸豐四年十一月鄭章森立撮字

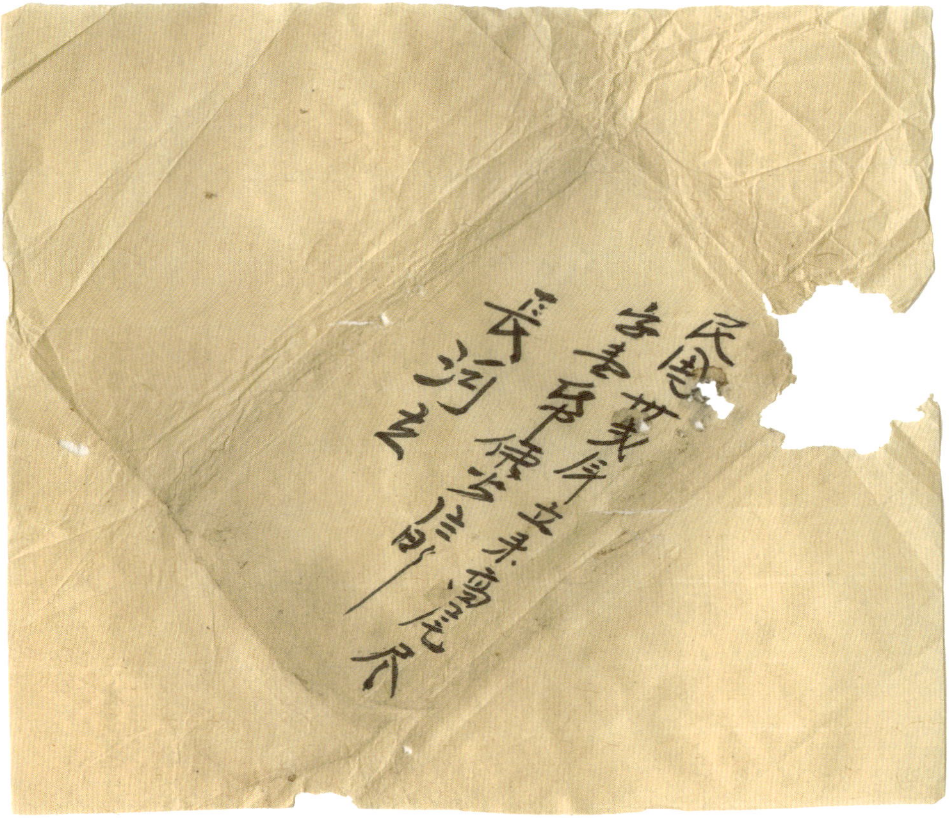

5-4-22-1　包契紙

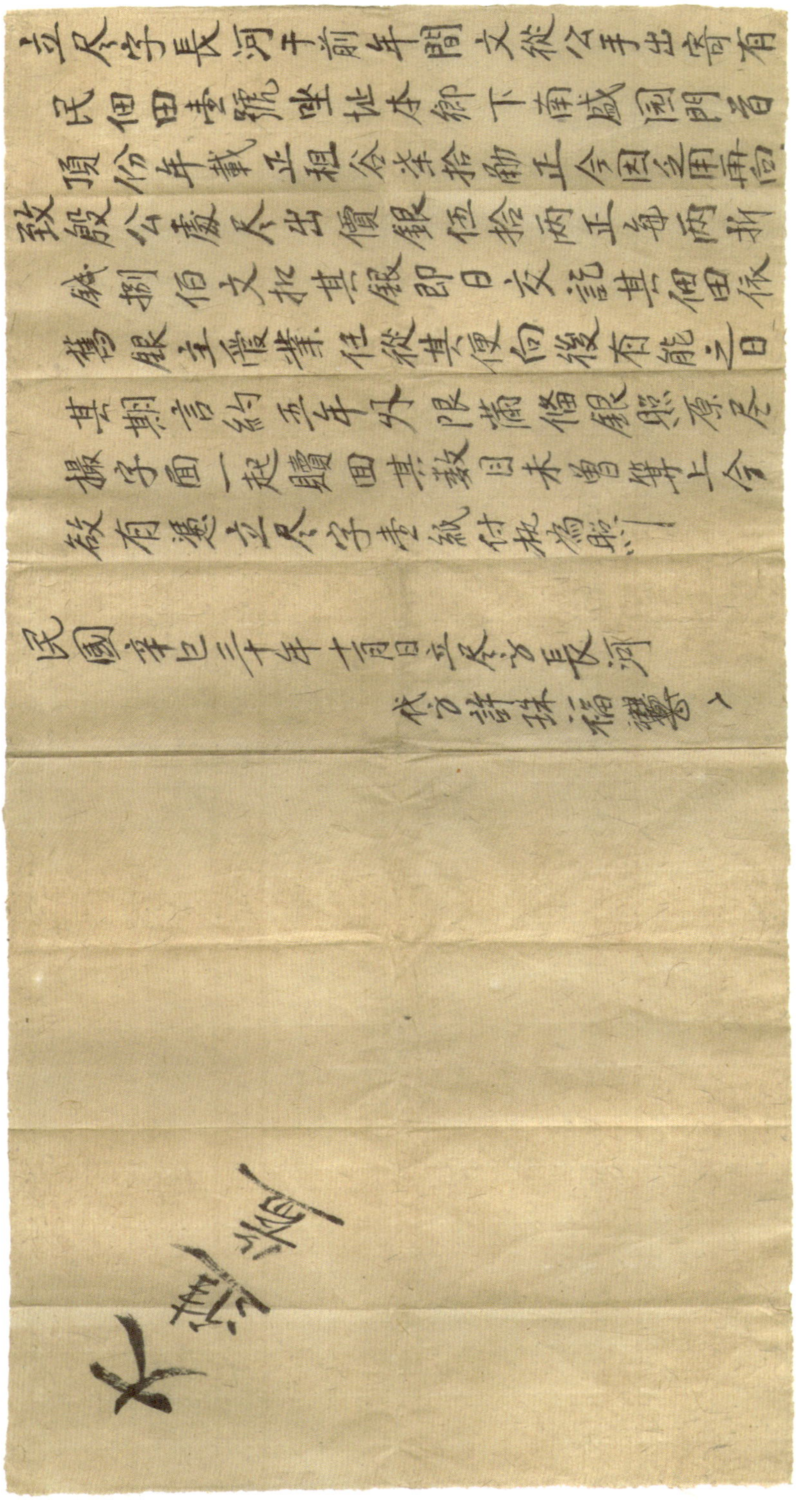

立盡字長河于前年間向文從公手出賣有
民佃田壹號坐址本鄉下甯歲園門口
項份年載正租谷柒拾斤正今因乏用再向
致殷公處盡出價銀伍拾兩正足兩折
錢捌佰文批其銀即日交訖其佃田依
舊銀主管業任從其便向後有能之日
其期言約五年外限滿備銀照原足
價字面一起贖田其數目不得增上今
欲有憑立盡字壹紙付執爲照！

民國辛巳三十年十一月日立盡字長河
代字許球福書

5-4-22-2　民國三十年十一月鄭長河立盡民佃田字（草契）

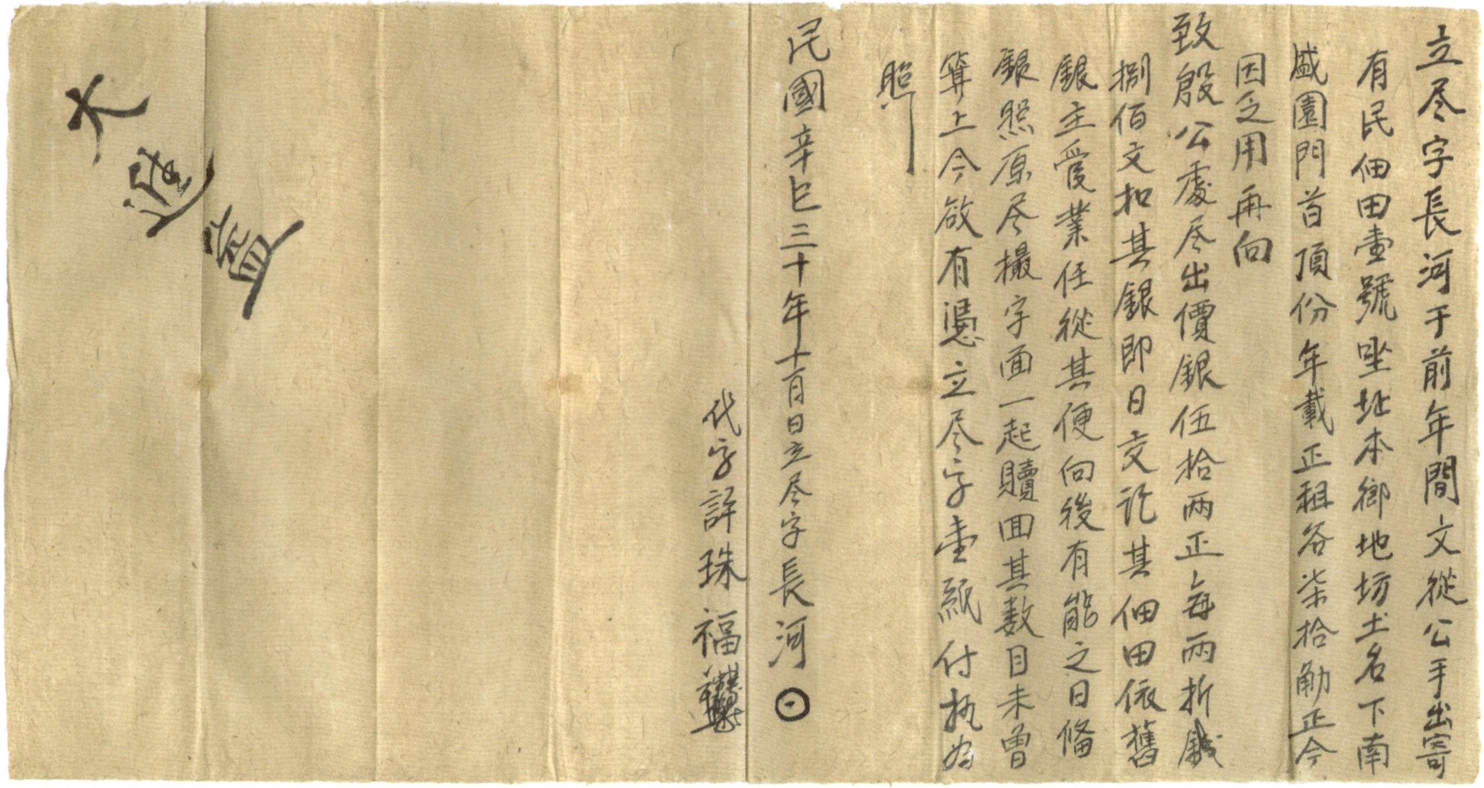

立盡字長河于前年間文從公手出寄
有民佃田壹號坐址本御地坊土名下南
城園門首頂份年載正租谷柒拾觔正今
因乏用再向
致殷公處盡出價銀伍拾兩正每兩折
捌佰文扣其銀即日交訖其佃田依舊
銀主管業任從其便向後有能之日備
銀照原盡據字面一起贖回其數目未曾
算上今欲有憑立盡字壹紙付執為
照
民國辛巳三十年十一月日立盡字長河 ⊙
代字許珠福

5-4-22-3　民國三十年十一月鄭長河立盡民佃田字

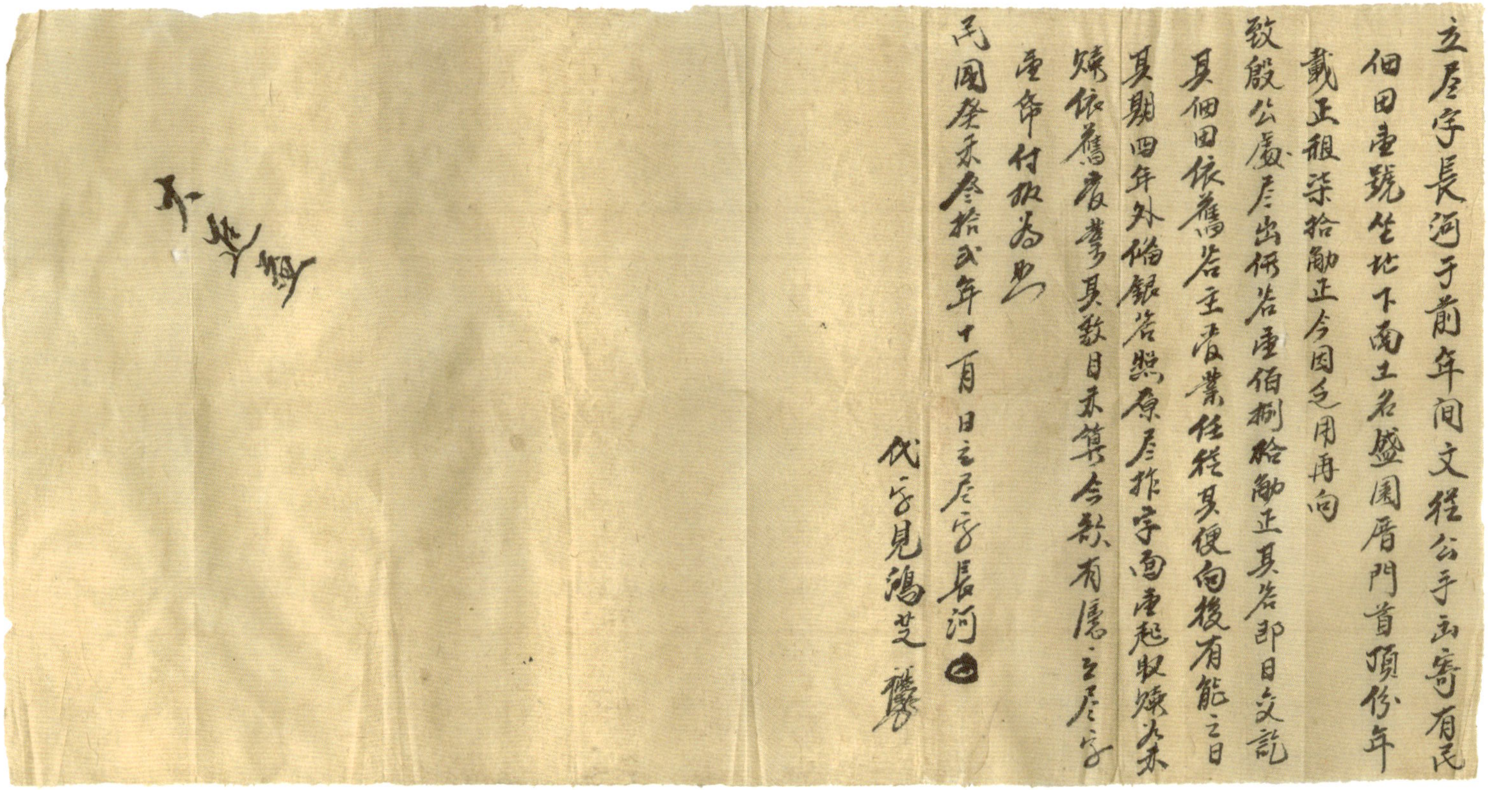
立盡字長河于前年间文程公手承寄有民
佃田壹號坐址下南土名盛園厝門首頂份年
載正租柒拾觔正今因乏用再向
致殷公處盡出佃洋壹佰捌拾觔正其洋即日交訖
其佃田依舊洋主管業任從其便向後有能之日
其期四年外備銀洋照原盡字面壹起取贖如未
贖依舊管業其數目未算合款有憑立盡字
壹紙付收為照
民國叁拾貳年十一月 日立盡字長河（押）
代字見鴻芝（押）
不准贖

5-4-22-4　民國三十二年十一月鄭長河立盡民佃田字

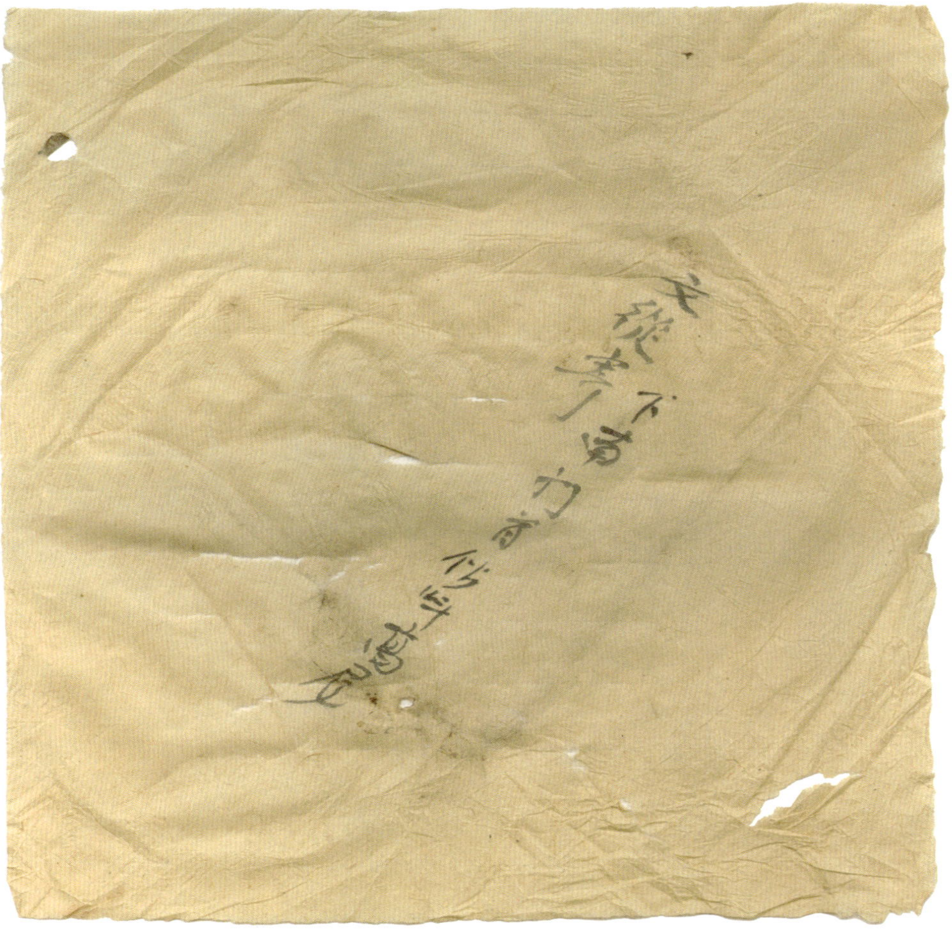

5-4-23-1　包契紙

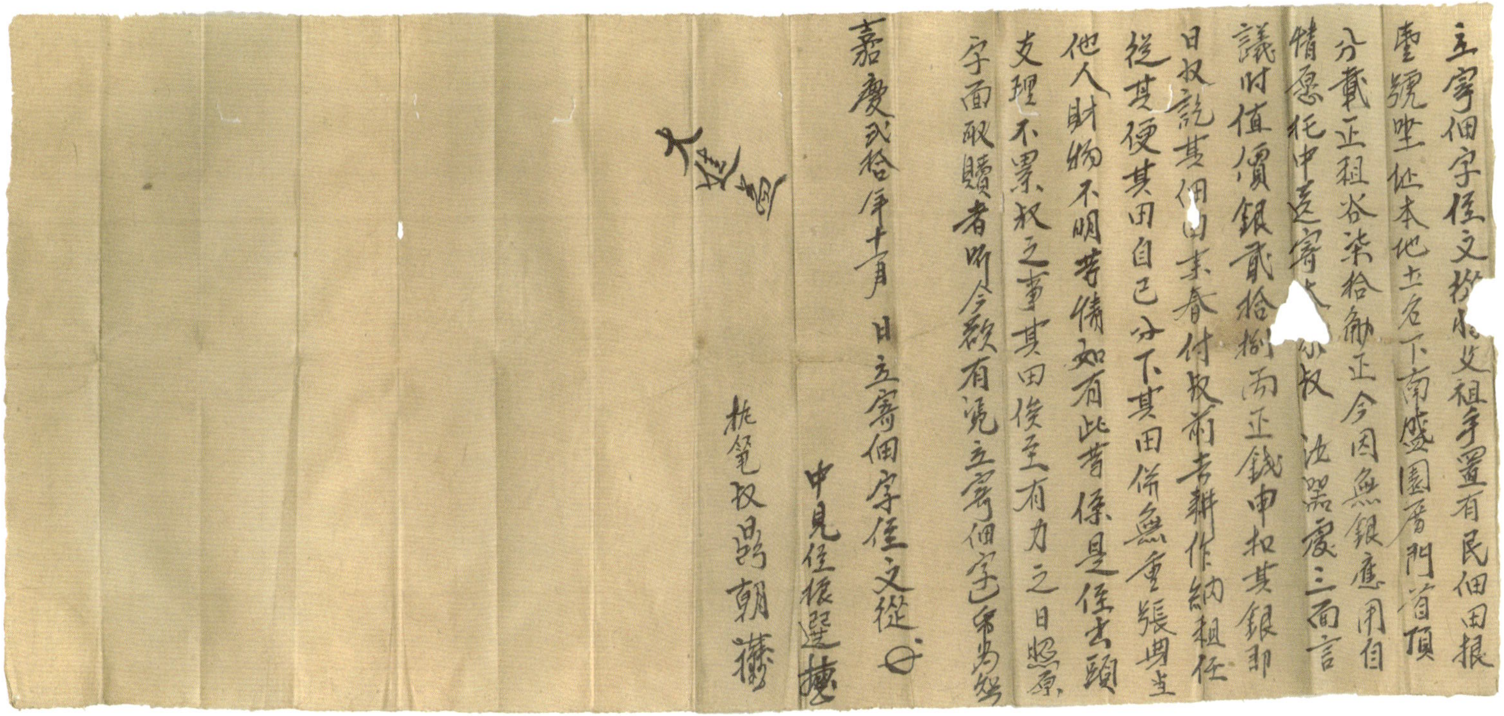

立寄佃字侄文從有父祖手置有民佃田根
壹號坐址本地土名下南盛園厝門首頂
分載正租谷柒拾觔正今因無銀應用自
情愿托中送寄[illegible]叔法器處三面言
議時值價銀貳拾捌兩正錢申扣其銀即
日收訖其佃田來春付叔前去耕作納租任
從其便其田自己分下其田係無重張典掛
他人財物不明等情如有此等係是侄出頭
支理不累叔之事其田俟至有力之日照原
字面取贖者所今欲有憑立寄佃字一紙為照
嘉慶貳拾年十一月　日立寄佃字侄文從（押）
中見侄根選（押）
執筆叔呂朝勝
大吉昌

5-4-23-2　清嘉慶二十年十一月鄭文從立寄民佃田根字

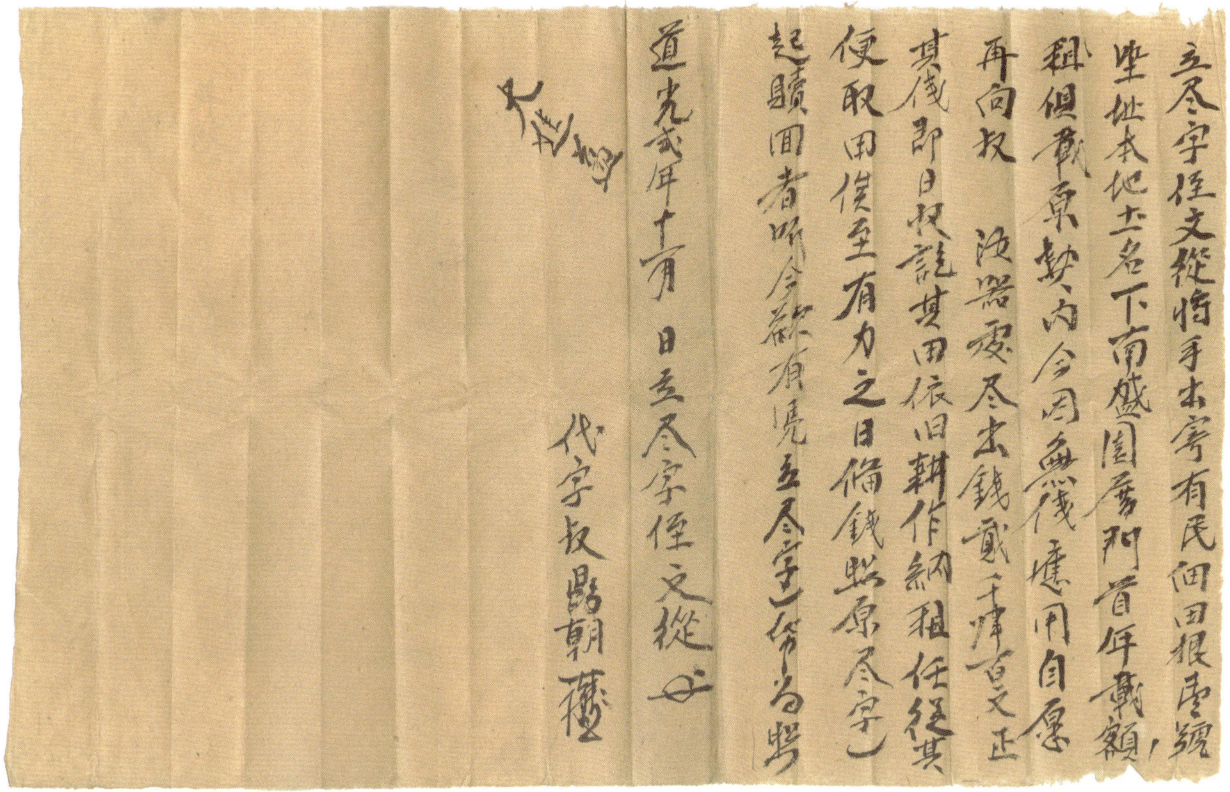

立盡字侄文從將手出賣有民佃田根壹號
坐址本地土名下南盛園旁門首年載額
租佃貳秤，原契內今因無錢應用，自愿
再向叔　汝器處盡出錢貳千肆百文正，
其錢即日收訖，其田依旧耕作納租，任從其
便取田，侯至有力之日備錢照原盡字
起贖回者，恐今欲有憑，立盡字壹紙為照。
大吉昌
道光貳年十一月　日立盡字侄文從（押）
代字叔斟朝（押）

5-4-23-3　清道光二年十一月鄭文從立盡民佃田根字

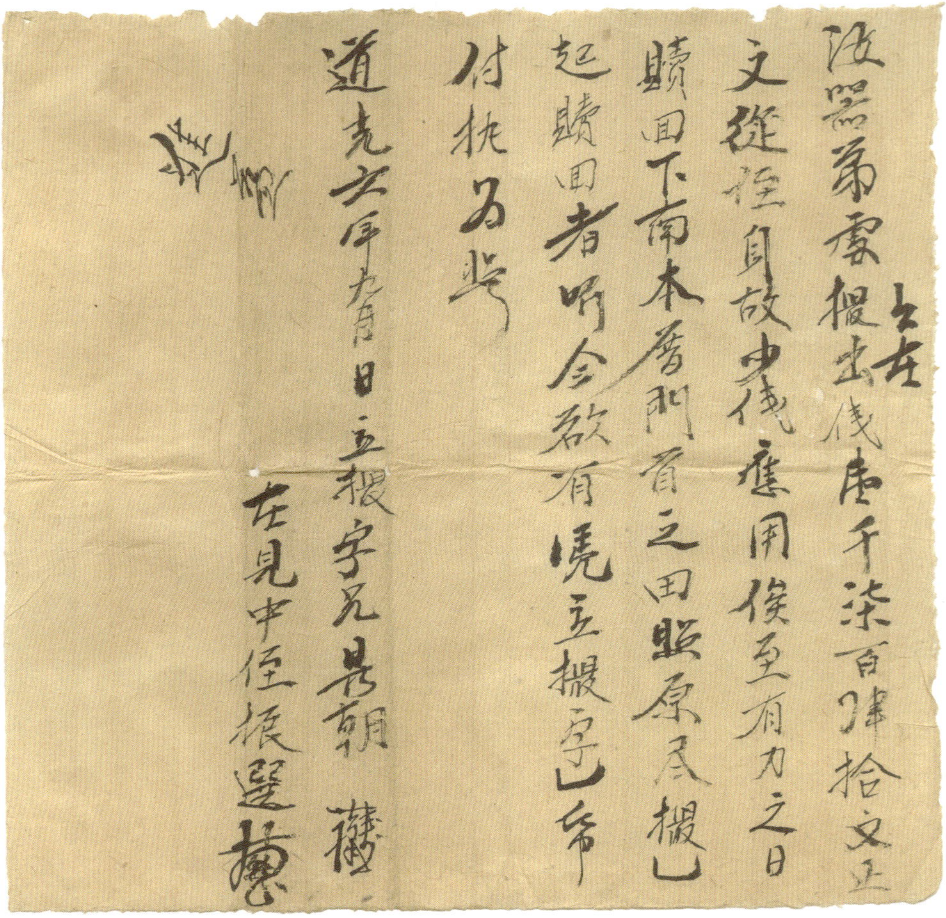

陂器弟處撮出土在錢壹千柒百肆拾文正
文縱侄自故出錢應用候至有力之日
贖回下南本厝門首之田照原尽撮
起贖回者听今欲有憑立撮字一帋
付執為照
道光六年九月 日 立撮字兄鼎朝
在見中侄振選

5-4-23-4　清道光六年九月鄭鼎朝立撮字

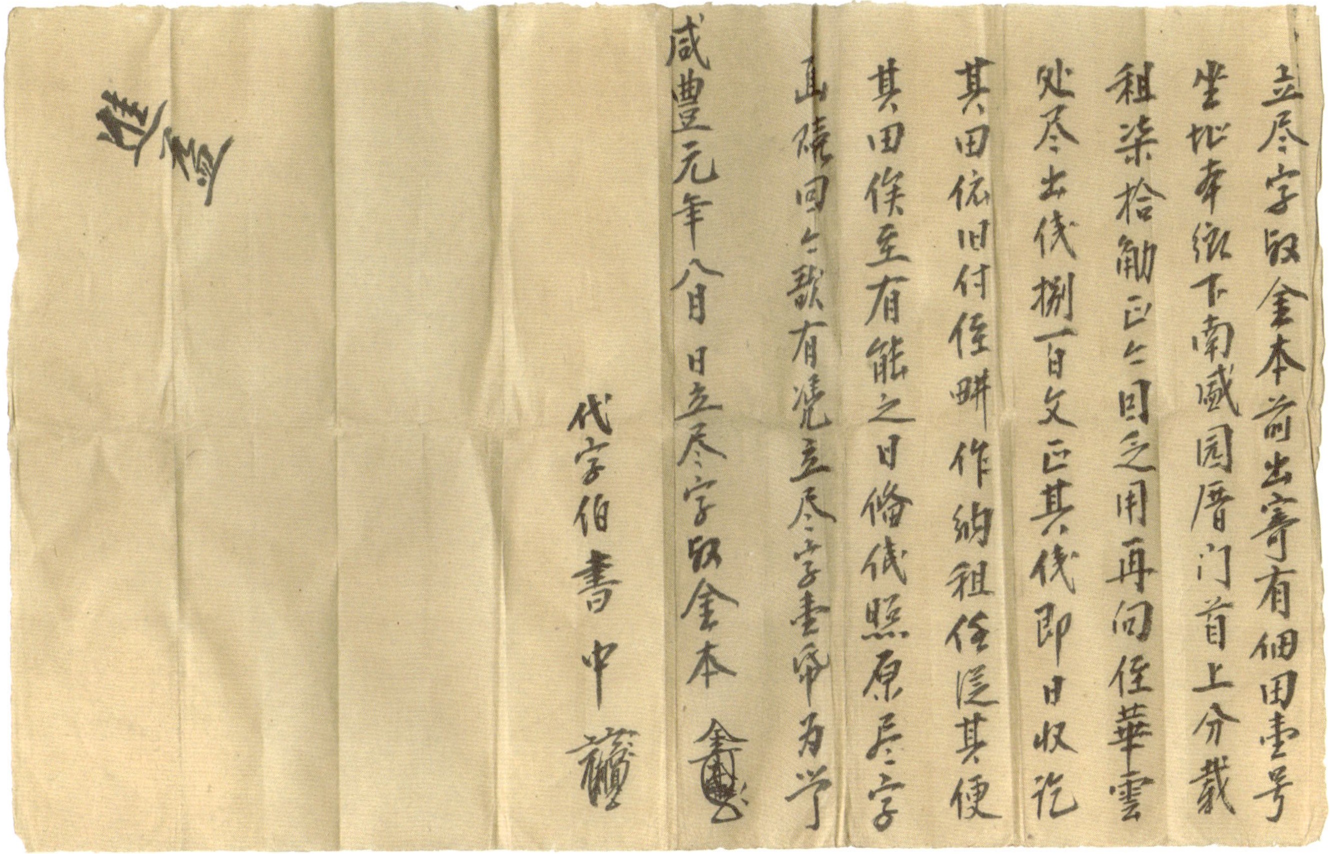

立尽字鄭金本前出寄有佃田壹号，
坐址本縣下南感園厝门首上分，載
租柒拾觔正。今因乏用，再向侄華雲
处尽出钱捌百文正。其钱即日收讫，
其田依旧付侄耕作納租，任從其便。
其田候至有能之日，备钱照原尽字
直贖回，不敢有恡。立尽字壹帋为照。
咸豐元年八月　日立尽字鄭金本（押）
代字伯書中（押）
[illegible]

5-4-23-5　清咸豐元年八月鄭金本立盡佃田字

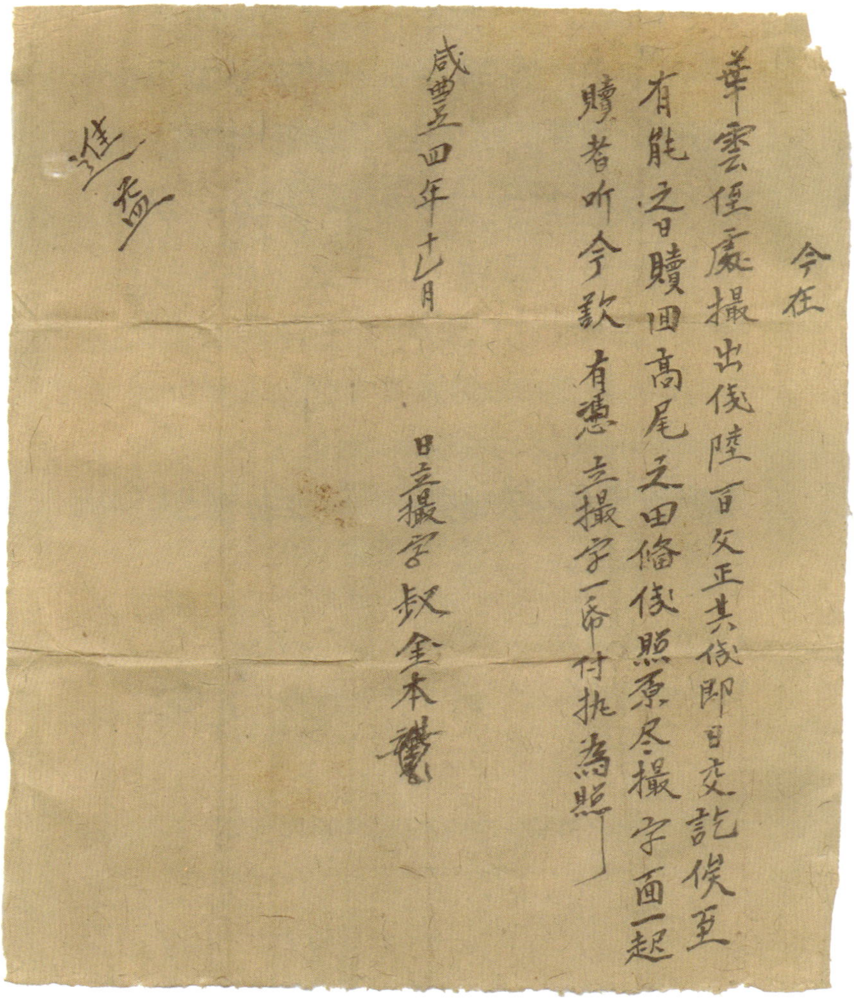

今在

華雲侄處撮出錢陸百文正，其錢即日交訖，俟至

有能之日贖回高尾之田，備錢照原尽撮字面一起

贖者，听今欵。有憑，立撮字一帋付执为照。

咸豐四年十一月　日立撮字　叔金本

進壹

5-4-23-6　清咸豐四年十一月鄭金本立撮字

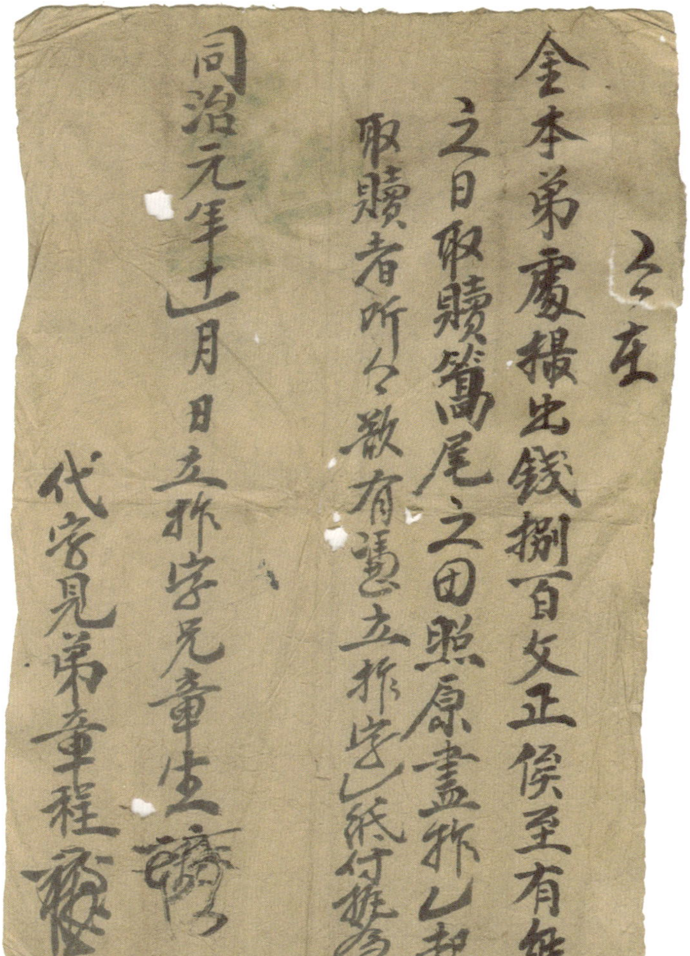

立々在全本弟處撮出錢捌百文正，俟至有能之日取贖篙尾之田，照原盡撮一起取贖者，所今數有憑，立撮字一紙付執為照。

同治元年十一月　日立撮字兄章生（押）

代字見弟章程（押）

5-4-23-7　清同治元年十一月鄭章生立撮字

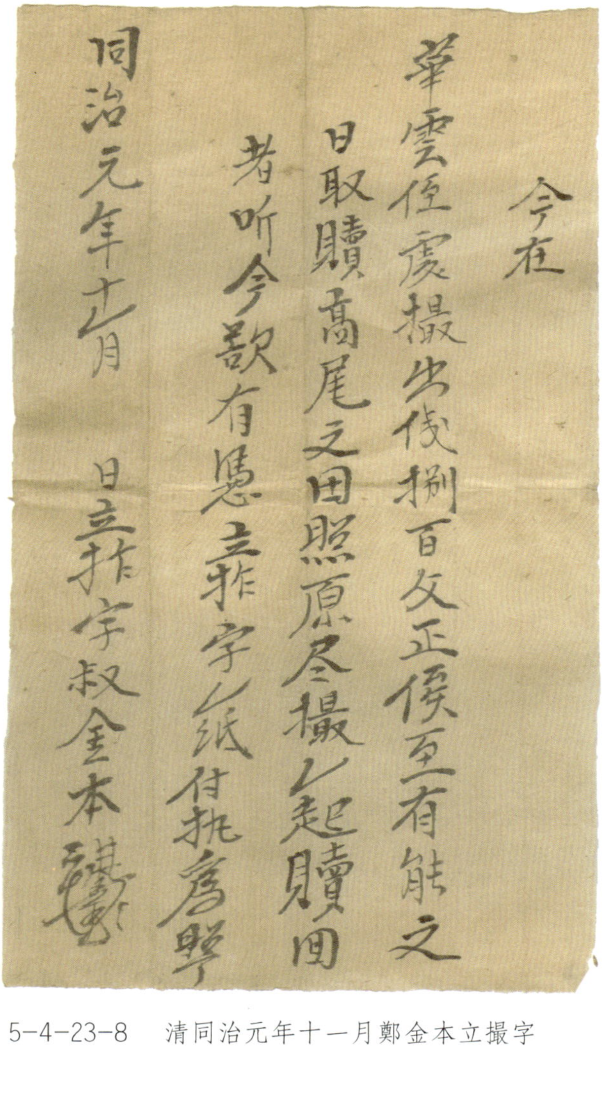
今在
華雲侄處撮出錢捌百文正係至有能之
日取贖高尾之田照原尽撮乙起贖回
者听今欵有憑立撮字乙紙付執爲照
同治元年十一月　日立撮字叔金本

5-4-23-8　清同治元年十一月鄭金本立撮字

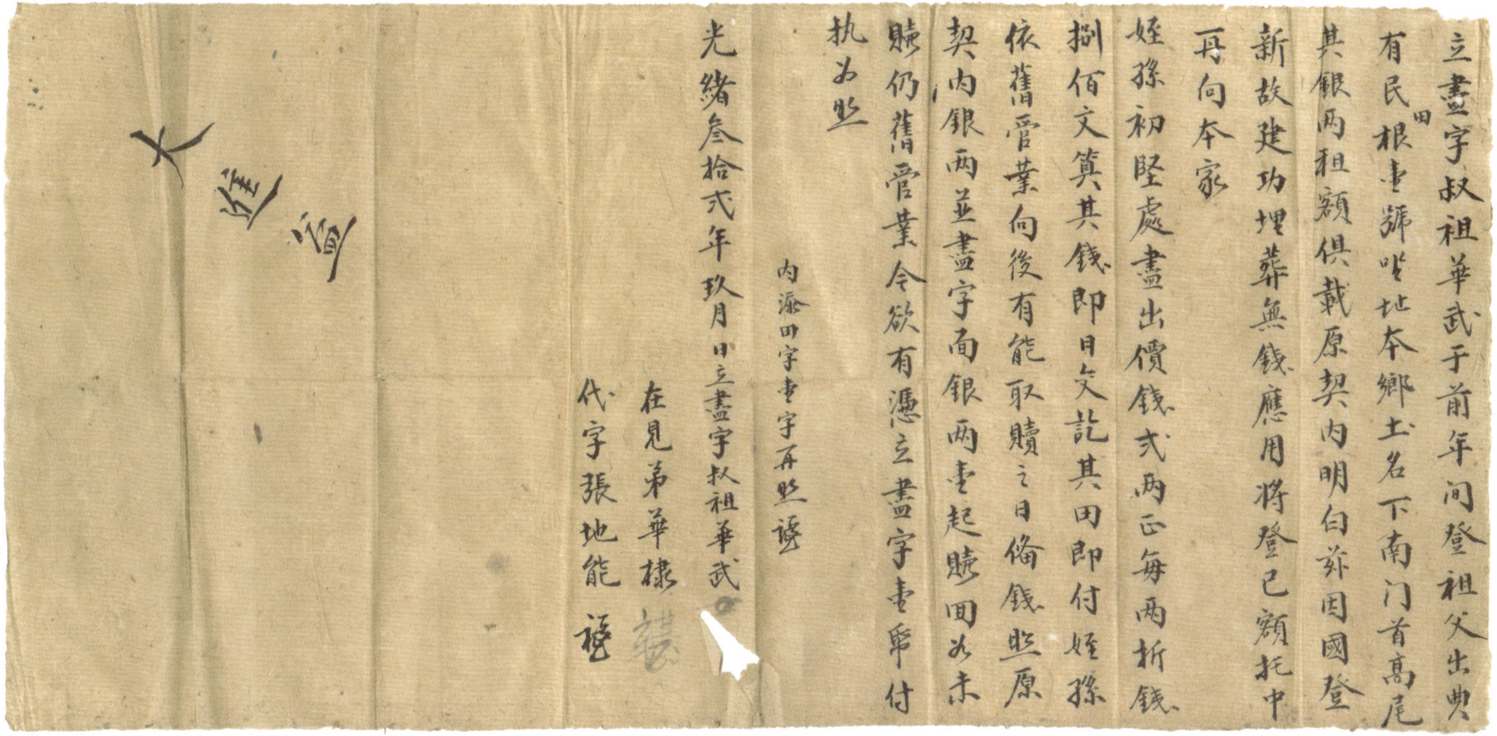

立盡字叔祖華武于前年間登祖父出典
有民田根壹號坐址本鄉土名下南门首高尾
其銀兩租額俱載原契內明白兹因國登
新故建功埋葬無錢應用將登已額托中
再向本家
姪孫初堅處盡出價錢弍兩正每兩折錢
捌佰文算其錢即日交訖其田即付姪孫
依舊管業向後有能取贖之日備錢照原
契內銀兩並盡字內銀兩壹起贖田為未
贖仍舊管業今欲有憑立盡字壹帋付
執為照

内添田字壹字再照

光緒叁拾弍年玖月 日立盡字叔祖華武
在見弟華棣
代字張地能

5-4-23-9 清光緒三十二年九月鄭華武立盡民田根字

5-4-24-1　包契紙

5-4-24-2 民國三十一年八月某某立賣斷扶厝地契（草契）

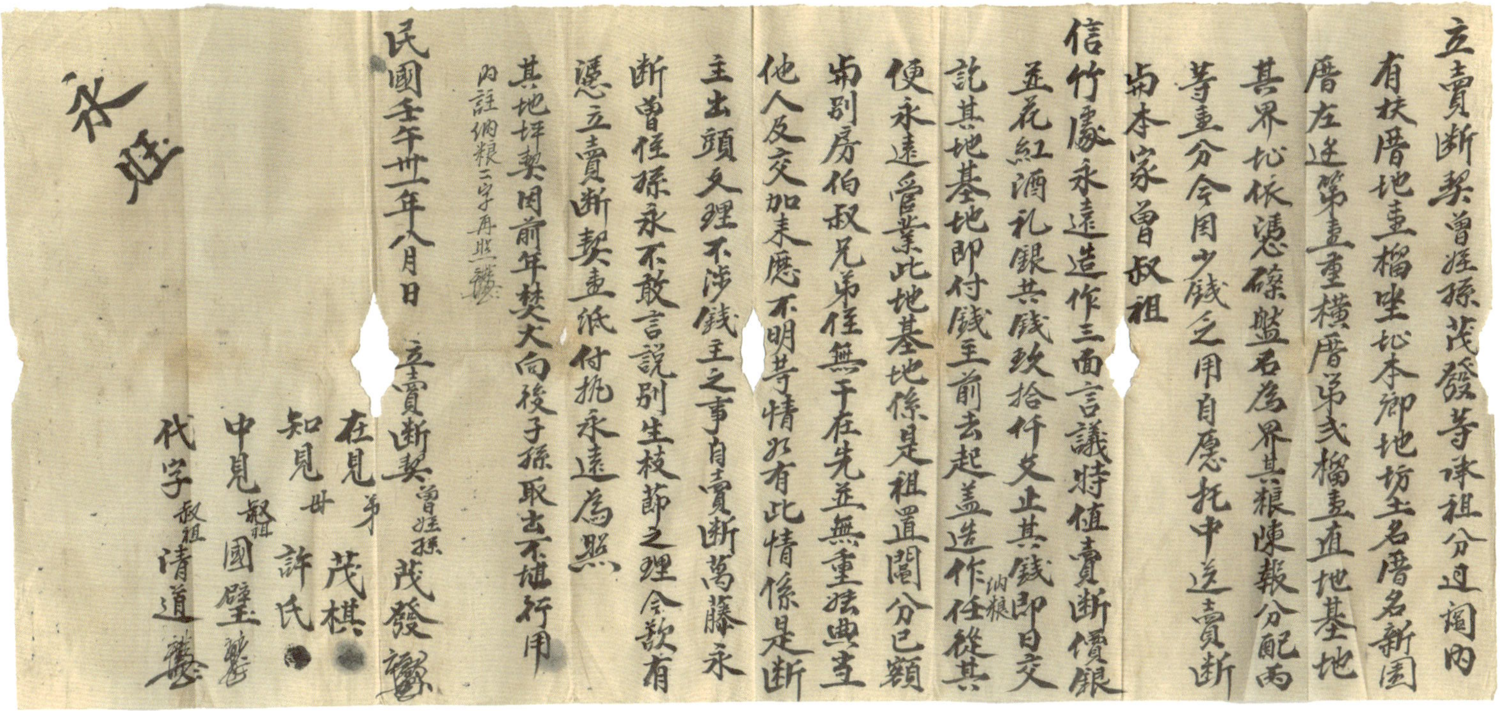

5-4-24-3　民國三十一年八月鄭茂發立賣斷地基契

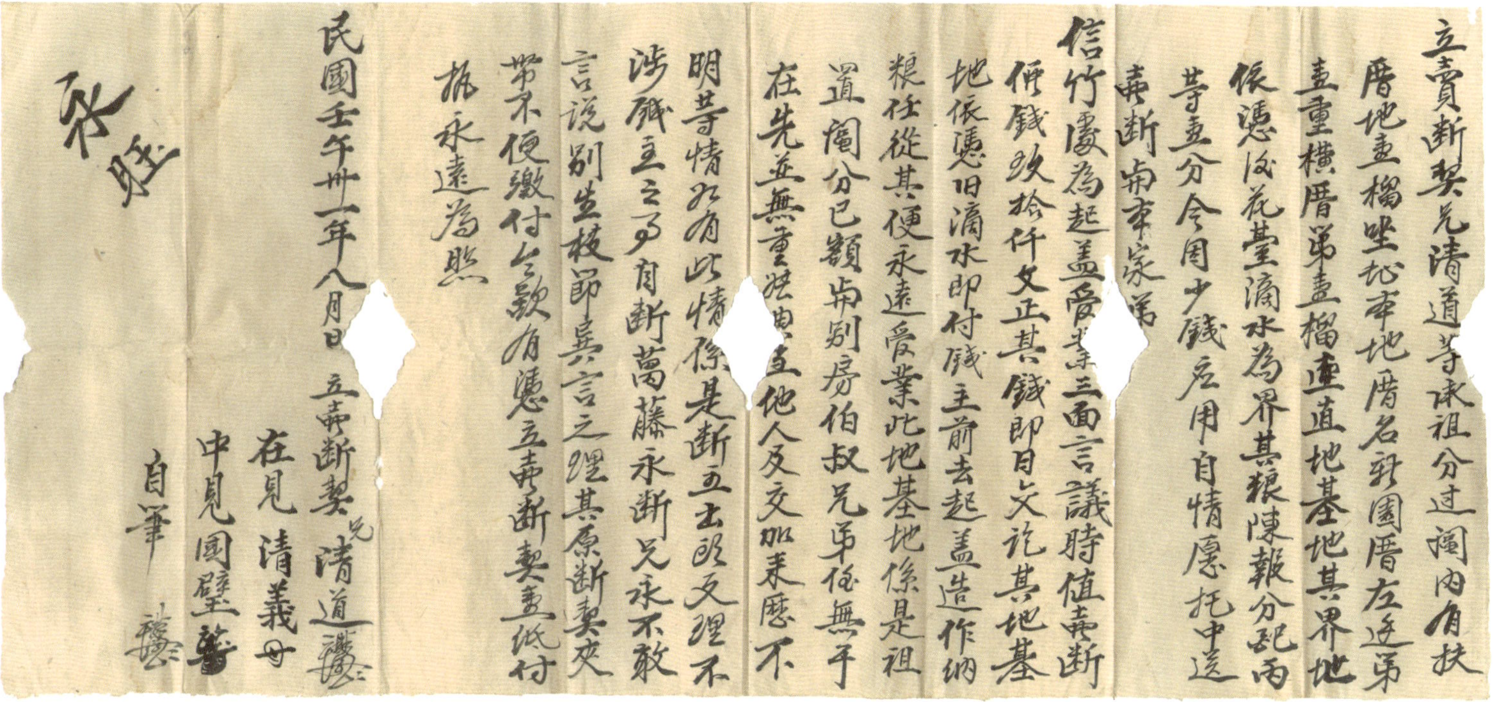

立賣斷契兄清道等承祖分过閹內有扶
厝地壹橺坐於本地厝名新園厝左边第
壹重横厝第壹橺連直地基地其界地
依憑以花墓滴水為界其粮隨報分配丙
等五分今因少錢应用自情愿托中送
賣斷与本家弟
信竹處為𧼈盖管業三面言議時值賣斷
價錢玖拾仟文正其錢即日交訖其地基
地依憑旧滴水即付錢主前去𧼈盖造作納
粮任從其便永遠管業此地基地係是祖
置閹分已額与别房伯叔兄弟侄無干
在先並無重張典当他人及交加未歷不
明等情如有此情係是斷主出頭支理不
涉錢主之事自斷葛藤永斷兄永不敢
言説别生枝節異言之理其原斷契交
带不便繳付以歟有憑立賣斷契壹紙付
執永遠為照

民國壬午卅一年八月日　立賣斷契兄清道（押）
在見　清義（押）
中見　國璧（押）
自筆（押）

永胜

5-4-24-4　民國三十一年八月鄭清道立賣斷地基契

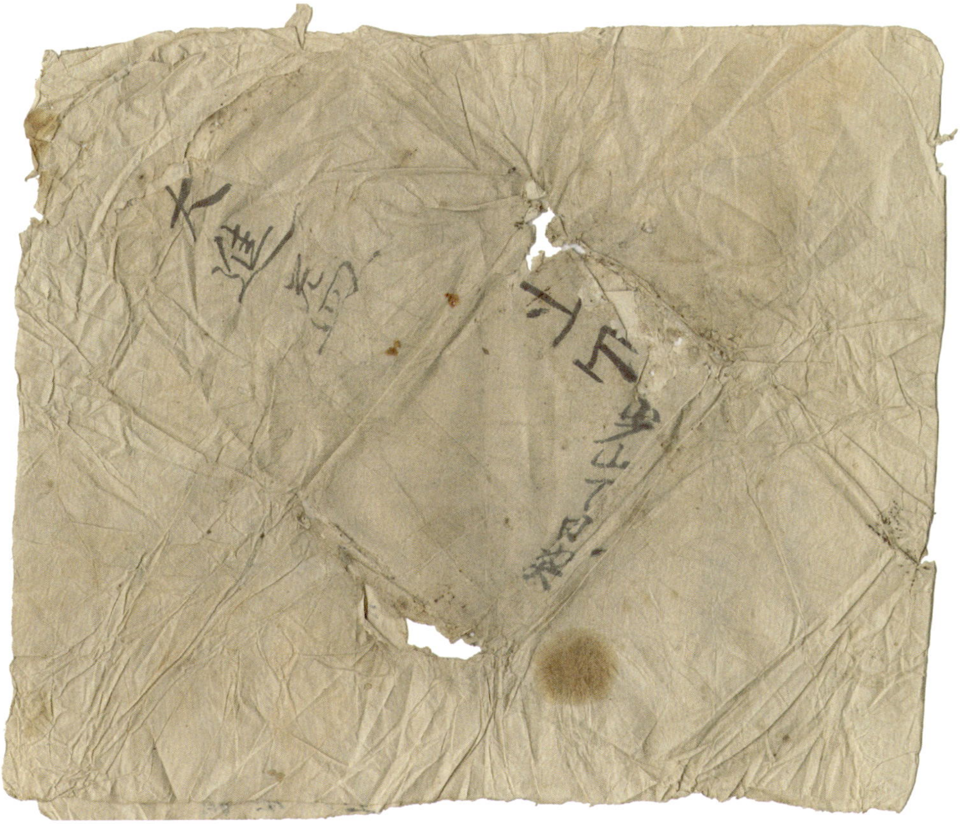

5-4-25-1　包契紙

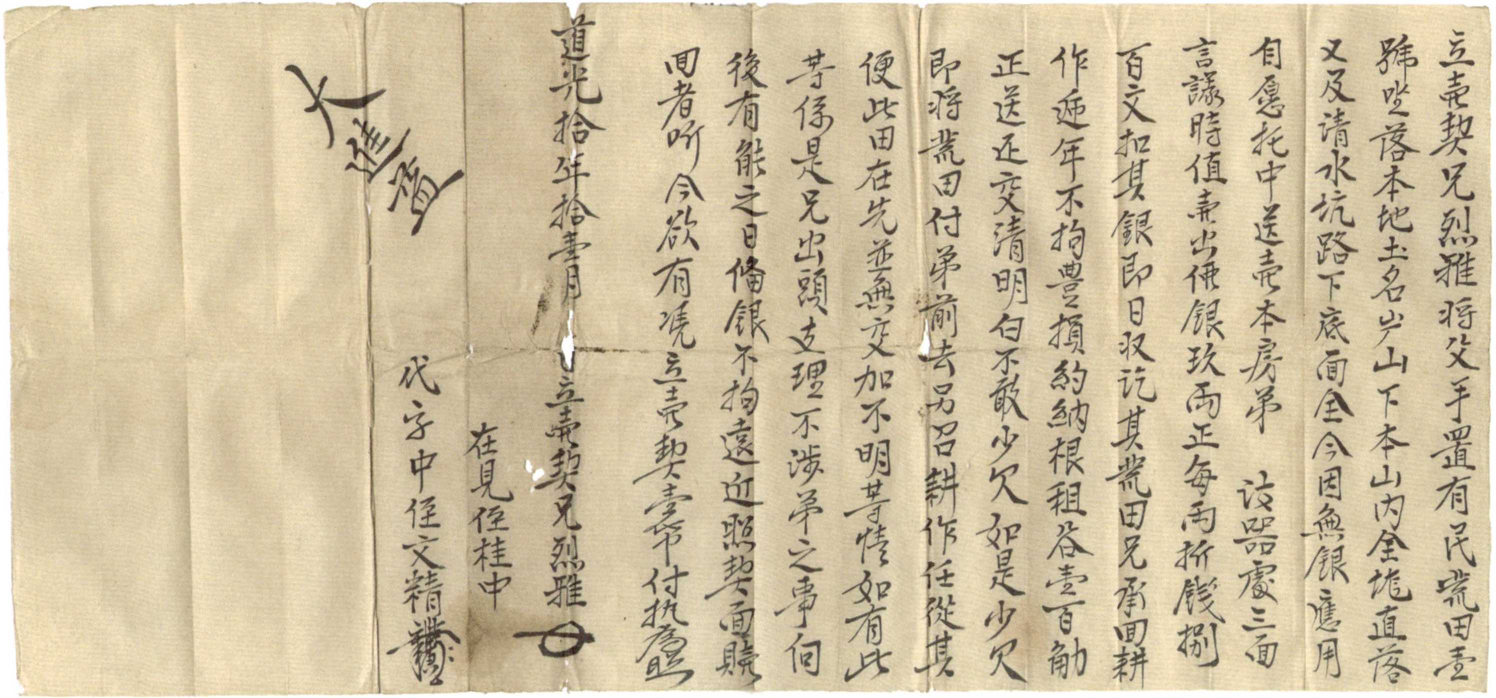

立賣契兄烈雅將父手置有民荒田壹
號坐落本地土名岸山下本山內全坵直落
又及清水坑路下底面全今因無銀應用
自愿托中送賣本房弟　詒器處三面
言議時值賣出佛銀玖両正每両折錢捌
百文扣其銀即日収訖其荒田兄承回耕
作逐年不拘豐損約納根租谷壹百觔
正送还交清明白不敢少欠如是少欠
即將荒田付弟前去另召耕作任從其
便此田在先並無交加不明等情如有此
等係是兄出頭支理不涉弟之事向
後有能之日備銀不拘遠近照契面贖
回者所今欲有憑立賣契壹帋付執爲照
道光拾年拾壹月　日立賣契兄烈雅（押）
在見侄桂中
代字中侄文精（押）
大進寶

5-4-25-2　清道光十年十一月鄭烈雅立賣民荒田契

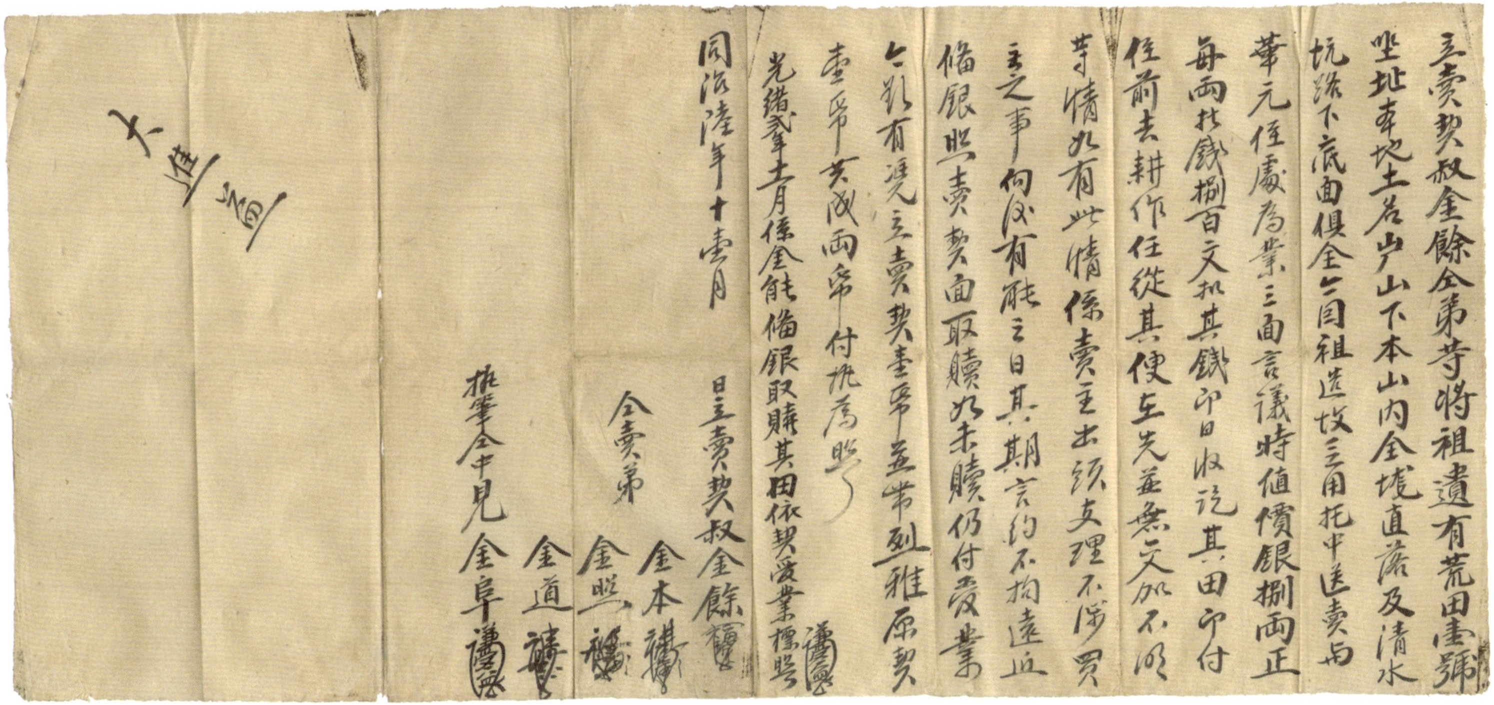
立賣契叔金餘仝弟等將祖遺有荒田壹號
坐址本地土名岸山下本山內全墘直落及清水
坑路下底面俱全，今因祖造坟三角托中送賣與
華元侄處為業，三面言議時值價銀捌兩正，
每兩折錢捌百文，其錢即日收訖，其田即付
侄前去耕作，任從其便，在先並無交加不明
等情，如有此情，係賣主出頭支理，不涉買
主之事。仍有取贖之日，其期言约不拘遠近，
備銀照賣契面取贖，如未贖仍付受業。
今欲有憑，立賣契壹紙並帶到雅原契
壹紙，共成兩紙，付執為照。
光緒貳年十一月係金能備銀取贖其田依契受業標照
同治陸年十壹月　日立賣契叔金餘
全賣弟　金本　金照　金道
代筆仝中見金阜

5-4-25-3　清同治六年十一月鄭金餘等立賣底面全荒田契

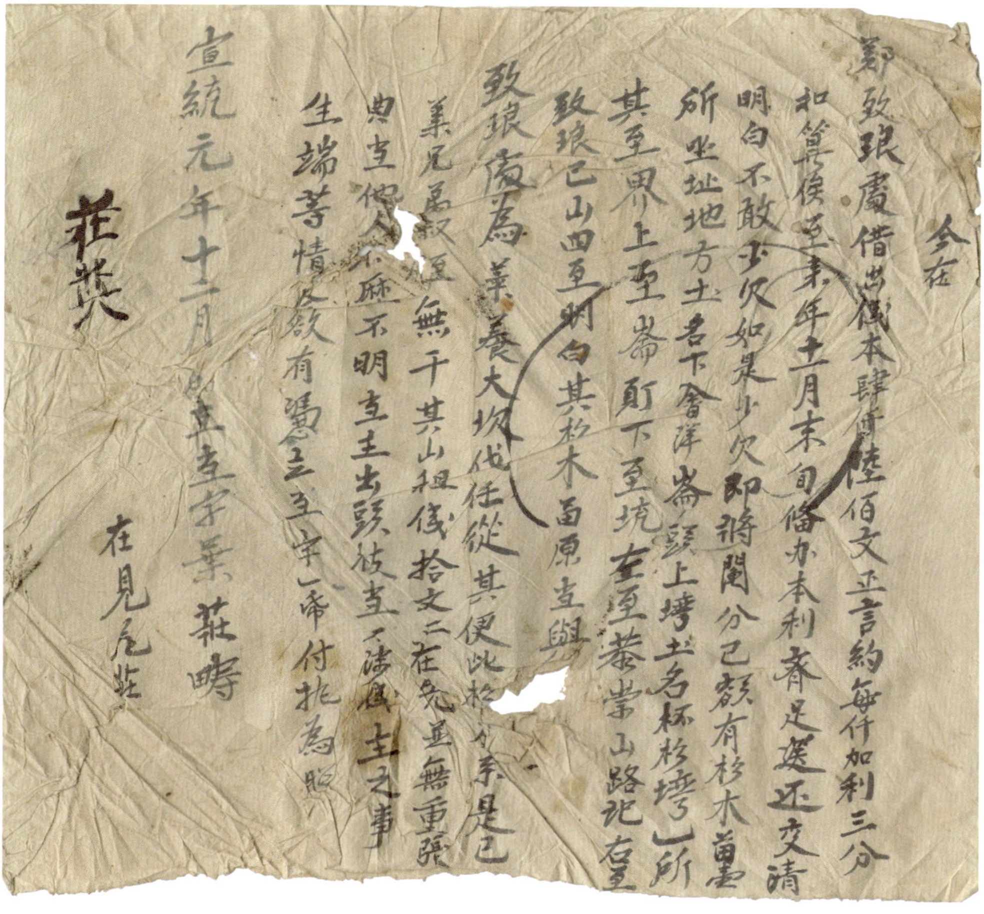
今在
鄭致琅處借出錢本肆仟陸佰文，正言約每仟加利三分
和算，俟至來年十二月末旬備办本利齊足送还交清
明白，不敢少欠。如是少欠，即將閩分己額有杉木苗壹
所，坐址地方土名下舍洋崙頭上墩，土名杯杉墩一所，
其至界：上至崙頂，下至坑，左至[illegible]堂山路，右至
致琅己山，四至明白。其杉木苗原當與
致琅處為業，養大砍伐，任從其便。此杉木系是己
業，兄弟叔侄無干。其山租錢拾文，二在免，並無重張
典當他人，不曆不明，當主出頭，不涉[illegible]主之事
生端等情。今欲有憑，立當字一帋付執為照。
宣統元年十二月 日立當字葉莊疇
在見兄莊
莊[illegible]

5-4-25-4　清宣統元年十二月葉莊疇立當杉木苗字（廢契）

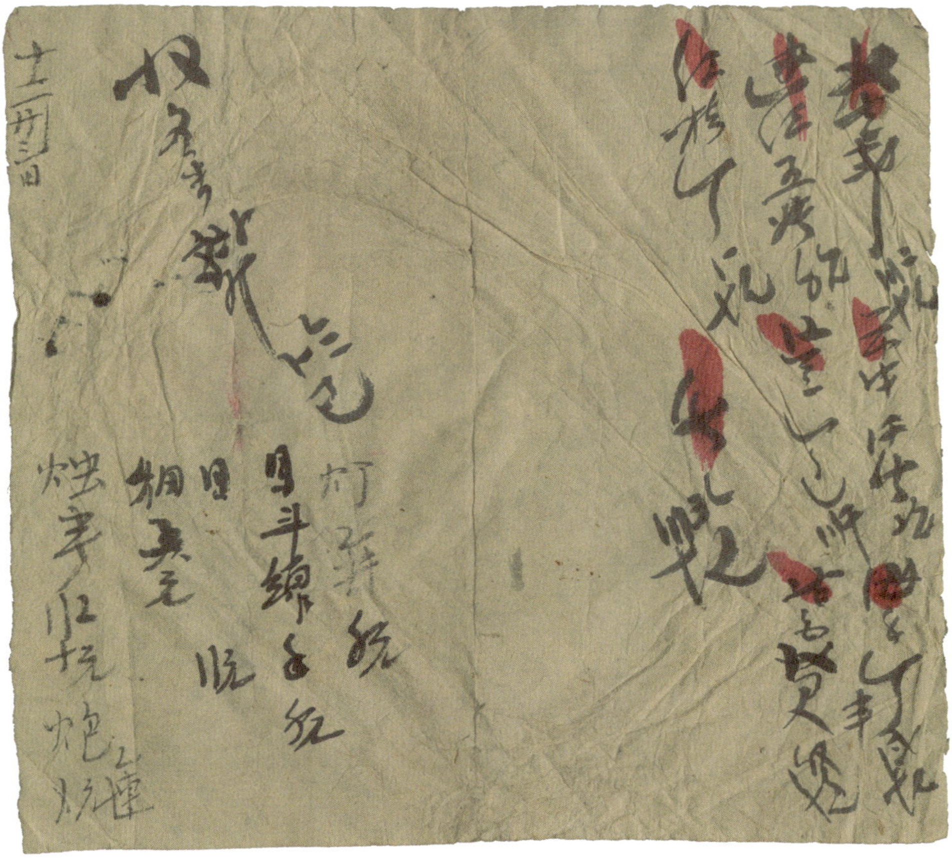

5-4-26-1　包契紙

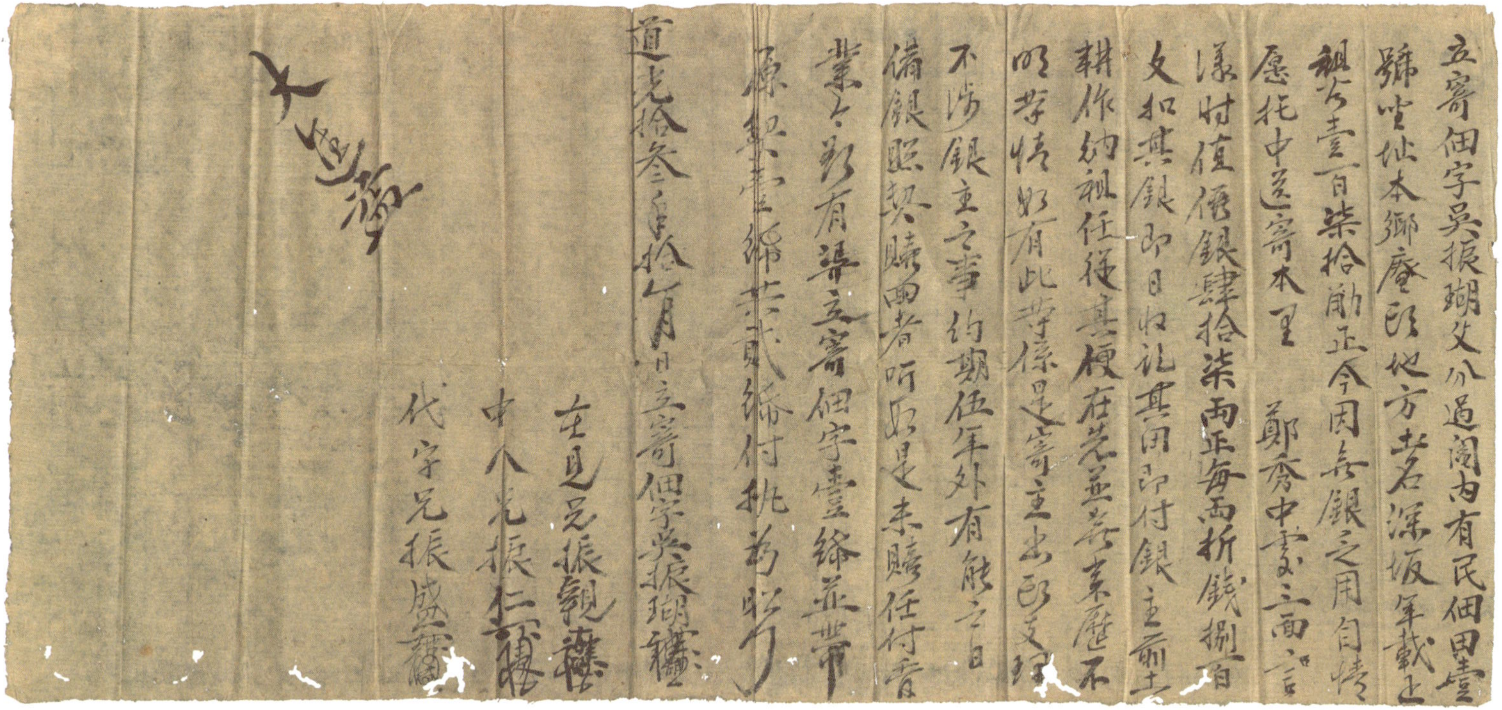

立寄佃字吳振瑚父分過閬内有民佃田壹
號坐址本鄉磨邱地方土名深坂年載上
租谷壹百柒拾觔正今因無銀之用自情
愿托中送寄本里　鄭秀中家三面言
議時值價銀肆拾柒兩正每兩折錢捌百
文扣其銀即日收訖其田即付銀主前去
耕作納租任從其便在先並無[illegible]歷不
明等情如有此等係是寄主出頭支理
不涉銀主之事約期伍年外有能之日
備銀照契贖回者聽取是未贖任付寄
業人永有憑立寄佃字壹紙並帶
原契壹紙共貳紙付執爲照
道光拾叁年拾壹月　日立寄佃字吳振瑚（押）
在見兄振觀（押）
中人兄振仁（押）
代字兄振盛（押）
大[illegible]

5-4-26-2　清道光十三年十一月吳振瑚立寄民佃田字

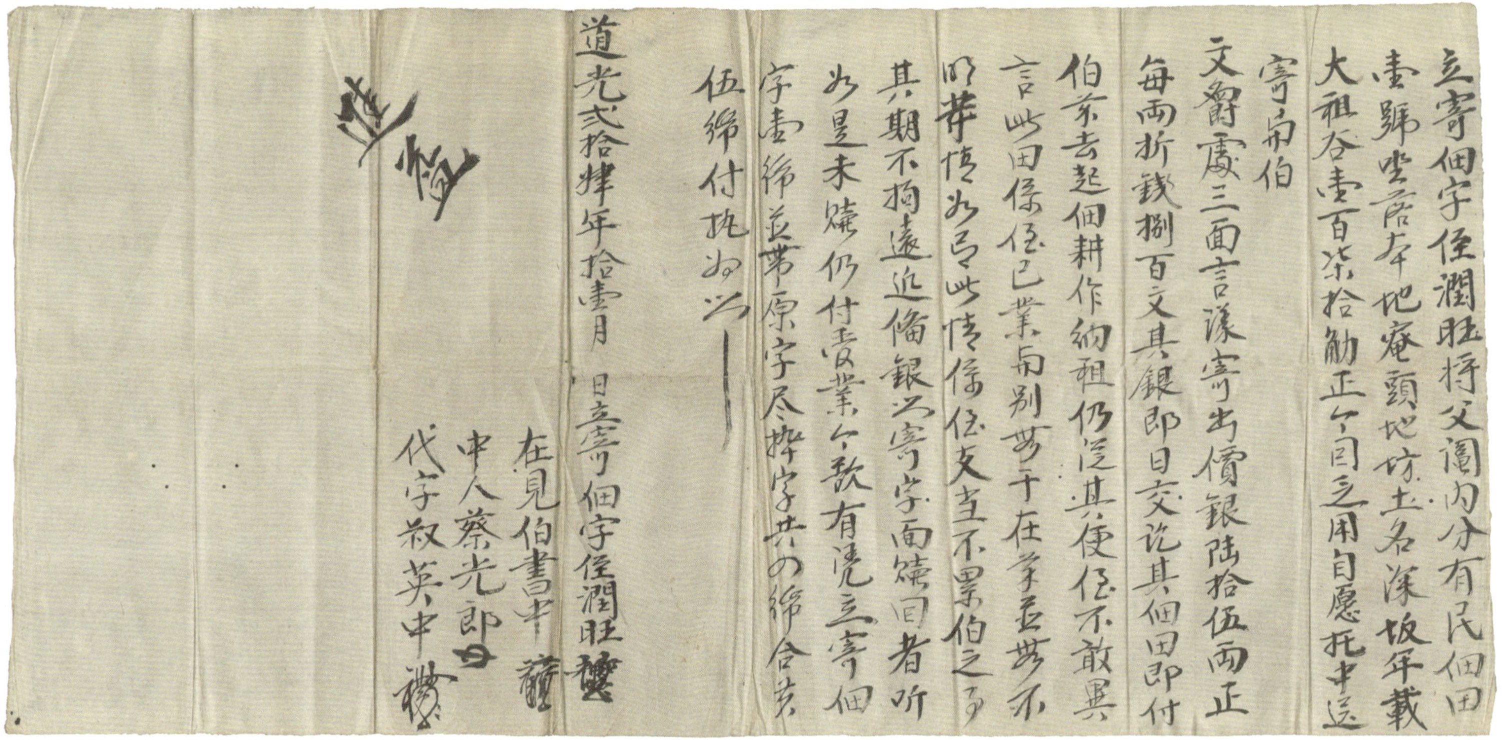
立寄佃字侄潤旺將父鬮内分有民佃田
壹號坐落本地庵頭地坊土名深坂年載
大租谷壹百柒拾觔正今因乏用自愿托中送
寄與帛伯
文爵處三面言議寄出價銀陸拾伍兩正
每兩折錢捌百文其銀即日交訖其佃田即付
伯家去起佃耕作納租仍從其便侄不敢異
言此田係侄己業與別等干在字叔等不
明等情如有此情係侄支當不累伯之事
其期不拘遠近備銀照寄字面贖回者听
如是未贖仍付伯業今欲有憑立寄佃
字壹紙並帶原字尽粹字共四紙合共
伍紙付執為照——

道光弍拾肆年拾壹月　日立寄佃字侄潤旺（押）
在見伯書中（押）
中人蔡光郎（押）
代字叔英中（押）

5-4-26-3　清道光二十四年十一月鄭潤旺立寄民佃田字

5-4-27-1　包契紙

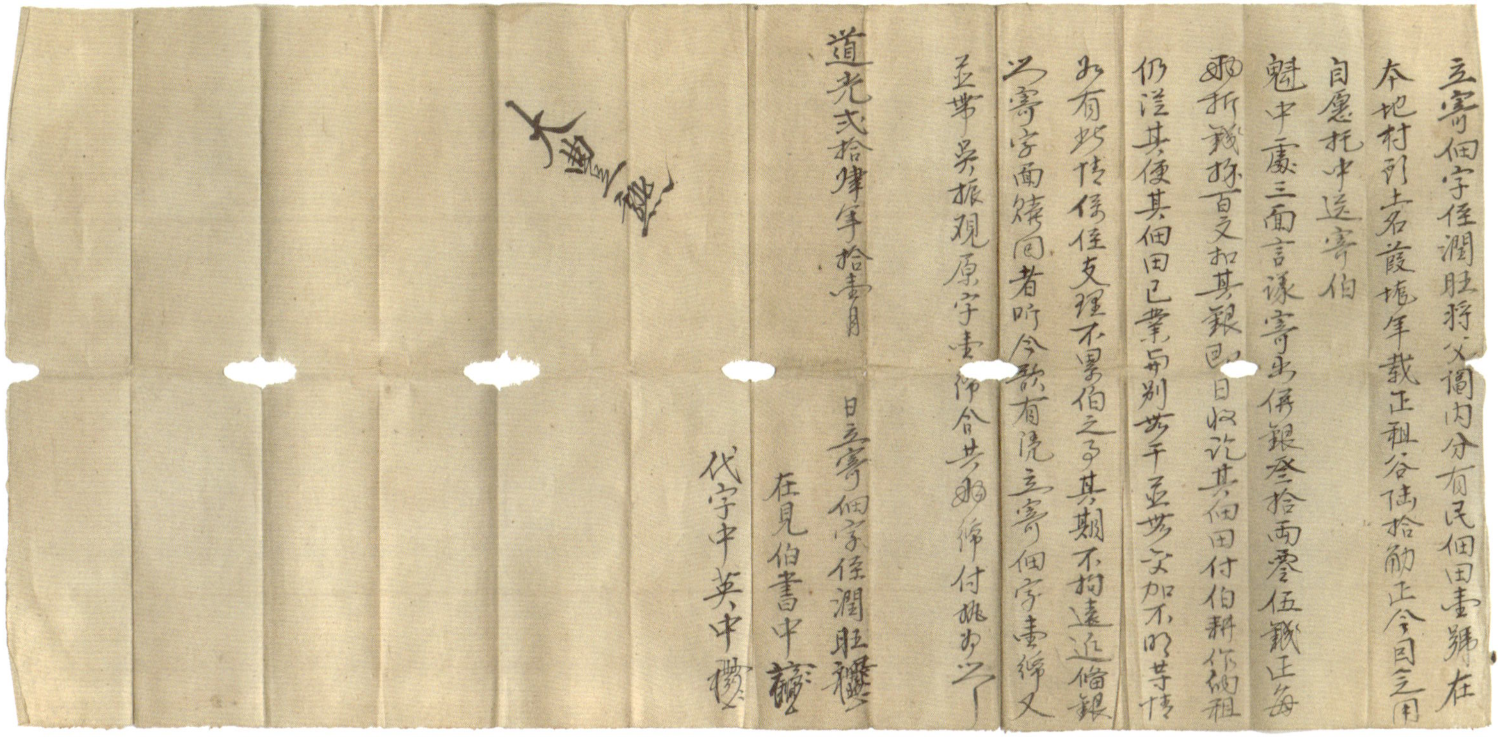

立寄佃字侄潤旺，將父閹內分有民佃田壹號，在
本地村頭土名葭埯，年載正租谷陸拾觔正，今因乏用，
自愿托中送寄伯
魁中處，三面言議寄出價銀叁拾兩零伍錢正，每
兩折錢柒百文，和其銀即日收訖。其佃田付伯耕作納租，
仍從其便。其佃田己業每別甘干並甘交加不明等情，
如有此情，係侄支理，不累伯之事。其期不拘遠近，備銀
照寄字面續回者，聽今贖。有憑，立寄佃字壹紙，又
並帶吳振觀原字壹紙，合共兩紙付執為照。

道光貳拾肆年拾壹月　日立寄佃字侄潤旺（押）
在見伯書中（押）
代字中英中（押）

5-4-27-2　清道光二十四年十一月鄭潤旺立寄民佃田字

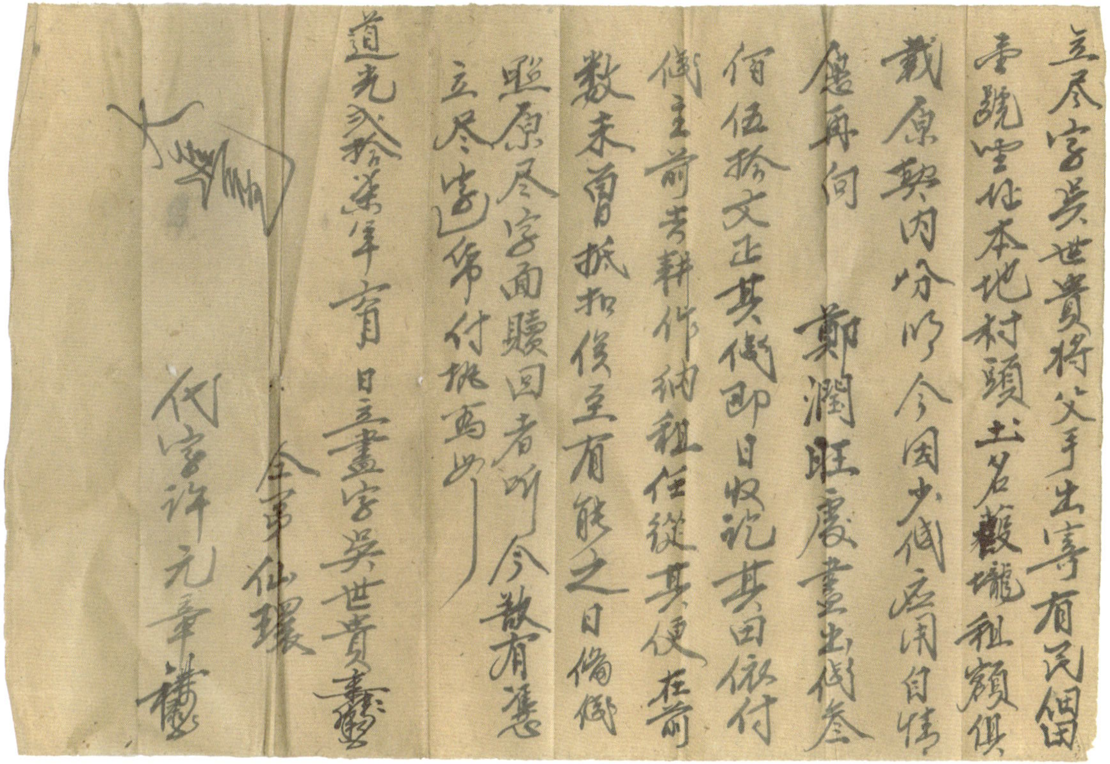
立盡字吴世貴將父手出寄有民佃田
壹號坐址本地村頭土名藪壠租穀俱
載原契内明今因少錢應用自情
愿再向 鄭潤旺處盡出錢叁
佰伍拾文正其錢即日收訖其田依付
錢主前去耕作納租任從其便在前
數未曾抵扣後至有能之日備錢
照原盡字面贖回者明今欲有憑
立盡字付執爲照
道光貳拾柒年六月 日立盡字吴世貴
仝弟 仙環
代字 許元章

5-4-27-3 清道光二十七年六月吴世貴等立盡民佃田字

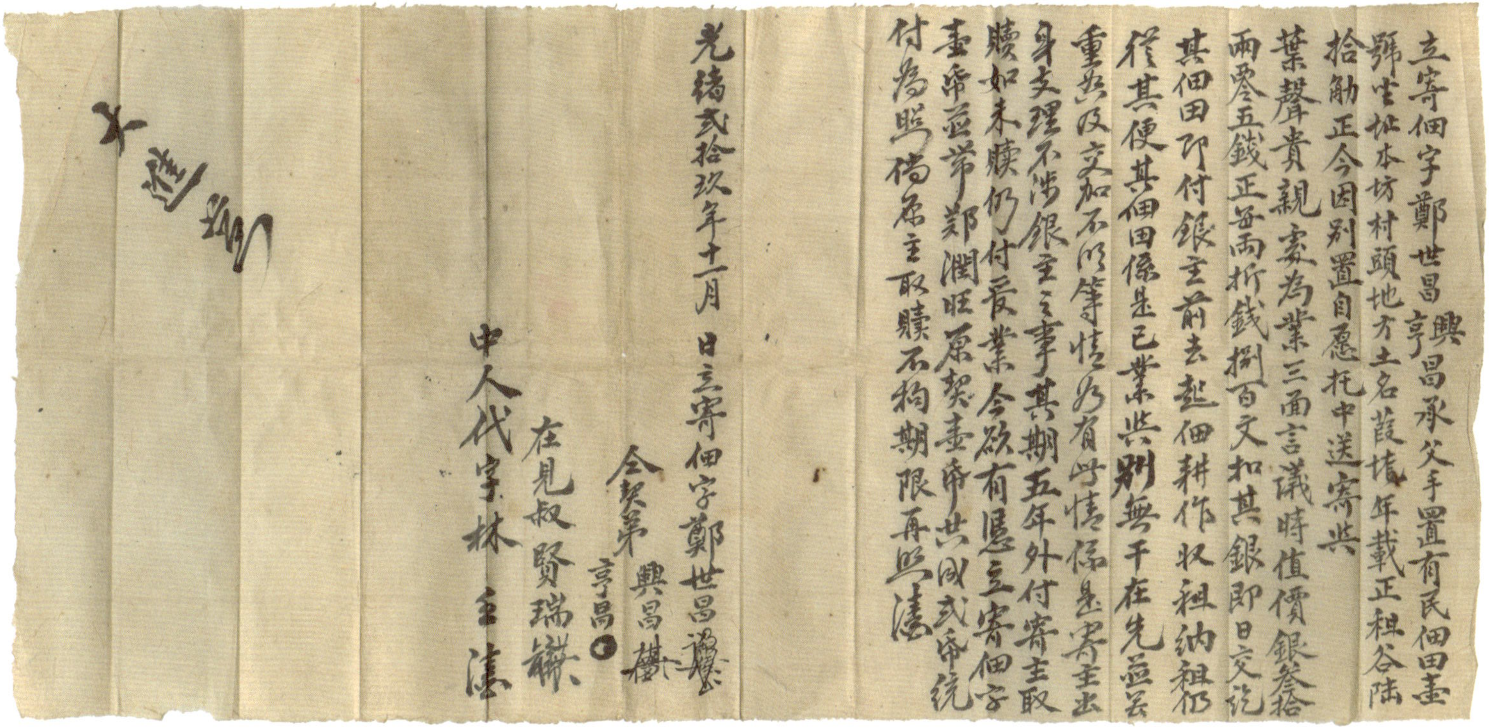
立寄佃字鄭世昌興亨昌承父手置有民佃田壹
號坐址本坊村頭地方土名葭塘年載正租谷陸
拾觔正今因別置自愿托中送寄與
葉聲貴親邊為業三面言議時值價銀叁拾
兩零五錢正每兩折錢捌百文扣其銀即日交訖
其佃田即付銀主前去起佃耕作收租納糧仍
從其便其佃田係是已業與別無干在先並無
重張及交加不明等情如有此情係是寄主出
身支理不涉銀主之事其期五年外付寄主取
贖如未贖仍付受業今欲有憑立寄佃字
壹帋並帶鄭潤旺原契壹帋共成貳帋統
付為照備原主取贖不拘期限再照
光緒貳拾玖年十一月　日立寄佃字鄭世昌
仝契弟　興昌
亨昌
在見叔　賢瑞
中人代字林主

5-4-27-4　清光緒二十九年十一月鄭世昌等立寄民佃田字

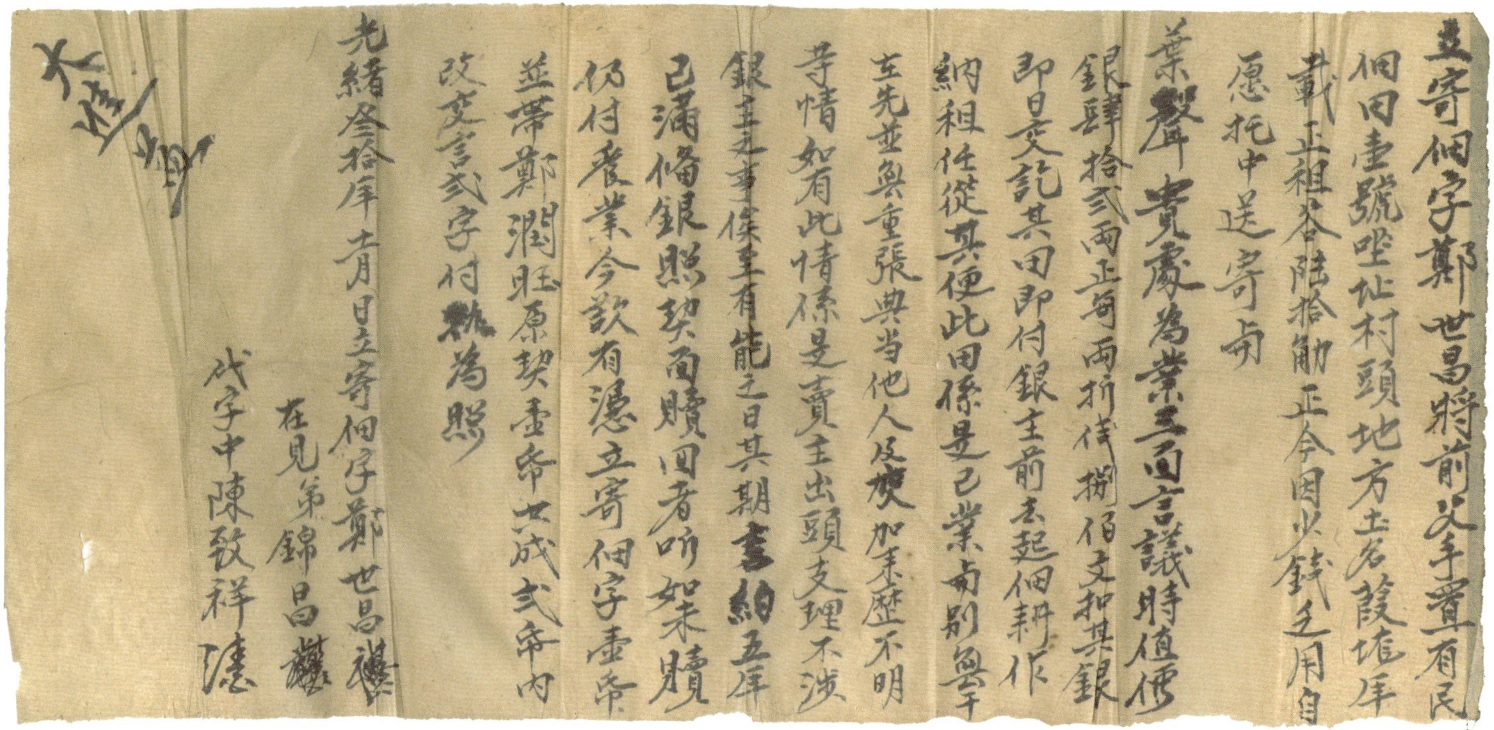
立寄佃字鄭世昌將前父手置有民
佃田壹號坐址村頭地方土名䕺墘年
載正租谷陸拾觔正今因乏錢應用自
愿托中送寄向
葉馨岸貴處為業三面言議時值價
銀肆拾弍兩正每兩折代捌佰文扣其銀
即日交訖其田即付銀主前去起佃耕作
納租任從其便此田係是己業与別無干
在先並無重張典当他人及交加來歷不明
等情如有此情係是賣主出頭支理不涉
銀主之事係主有能之日其期壹約五年
已滿備銀照契面贖回者听如未贖
仍付原業今欲有憑立寄佃字壹帋
並帶鄭潤旺原契壹帋共成弍帋內
改交言弍字付執為照
光緒叁拾年十一月　日立寄佃字鄭世昌（押）
在見弟錦昌（押）
代字中陳敦祥（押）
大吉

5-4-27-5　清光緒三十年十一月鄭世昌立寄民佃田字

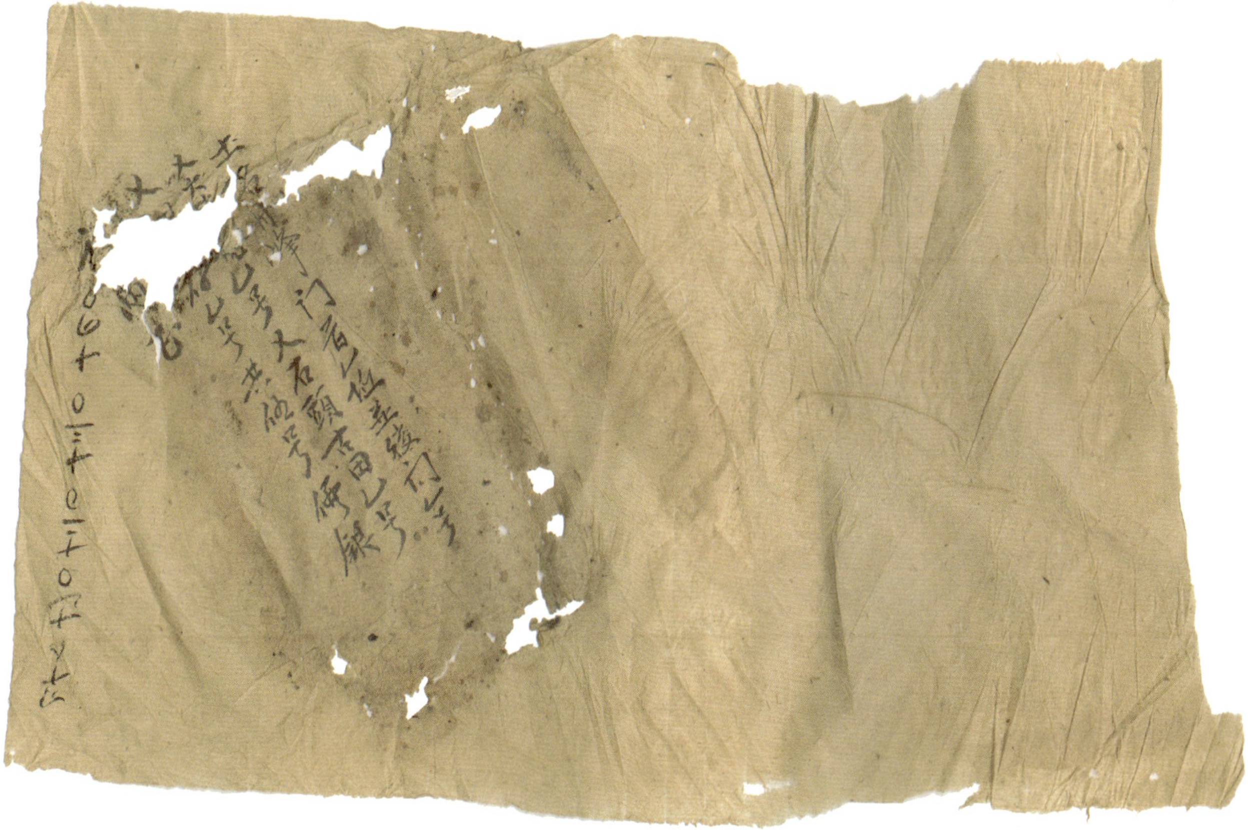

5-4-28-1　包契紙

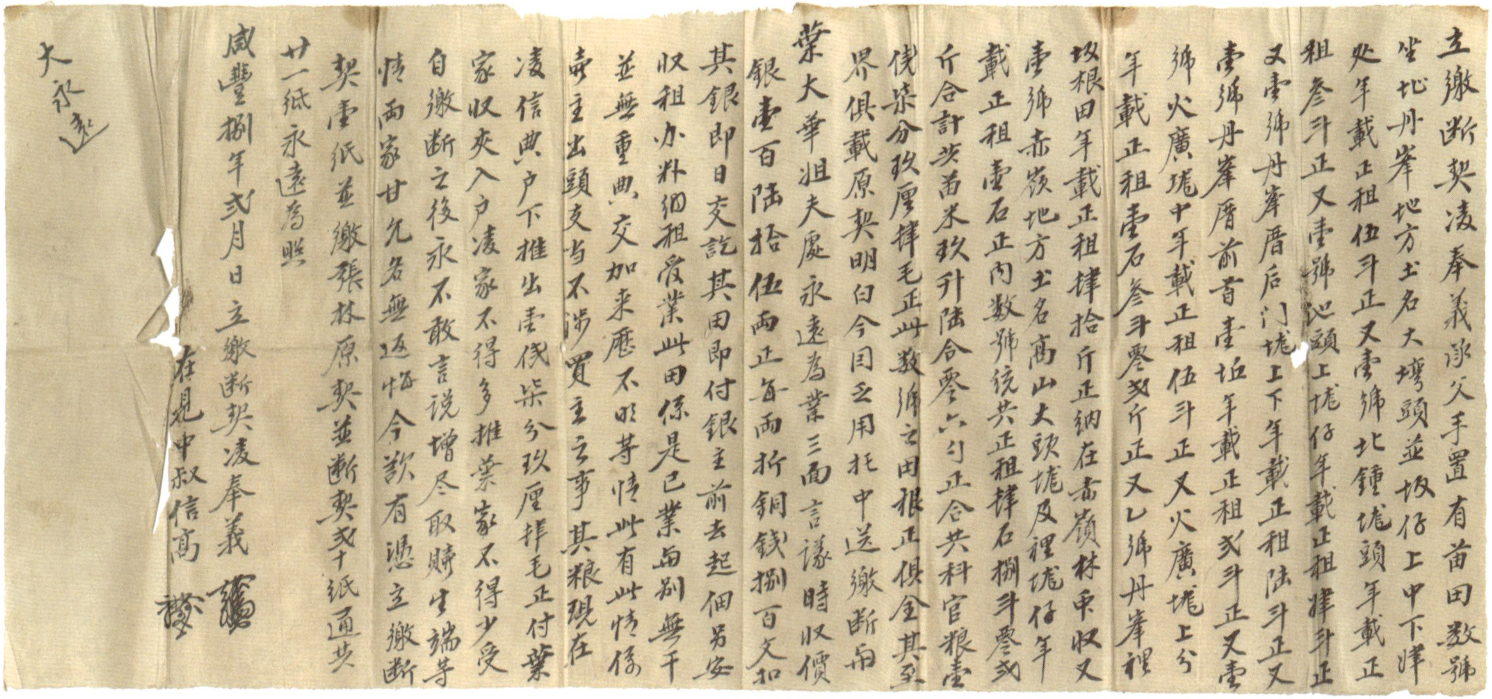

立繳斷契凌奉義承父手置有苗田數號
坐圳丹峯地方土名大墇頭並坂仔上中下洋
坵年載正租伍斗正又壹號北鍾垅頭年載正
租叁斗正又壹號圳頭上垅仔年載正租肆斗正
又壹號丹峯厝后门垅上下年載正租陸斗正又
壹號丹峯厝前首壹坵年載正租弍斗正又壹
號火廣垅中年載正租伍斗正又火廣垅上分
年載正租壹石叁斗零弍斤正又乙號丹峯裡
坂根田年載正租肆拾斤正納在赤嶺林乎收又
壹號赤嶺地方土名高山大頭垅及裡垅仔年
載正租壹石正内數號統共正租肆石捌斗零弍
斤合計共苗米玖升陸合零六勺正今共科官粮壹
錢柒分玖厘肆毛正此數號之田根正俱全其至
界俱載原契明白今因乏用托中送繳斷與
葉大華姐夫處永遠為業三面言議時收價
銀壹百陸拾伍兩正每兩折銅錢捌百文扣
其銀即日交訖其田即付銀主前去起佃另安
收租办料細租管業此田係是己業與别無干
並無重典交加來歷不明等情此有此情係
奉主出頭支当不涉買主之事其粮現在
凌信典户下推出壹錢柒分玖厘肆毛正付葉
家收夾入户凌家不得多推葉家不得少受
自繳斷之後永不敢言說增尽取贖生端等
情兩家甘允各無返悔今欲有憑立繳斷
契壹紙並繳張林原契並斷契弍十紙通共
廿一紙永遠為照
咸豐捌年弍月　日　立繳斷契凌奉義（押）
在見中叔信高（押）
大永遠

5-4-28-2　清咸豐八年二月凌奉義立繳斷苗田契

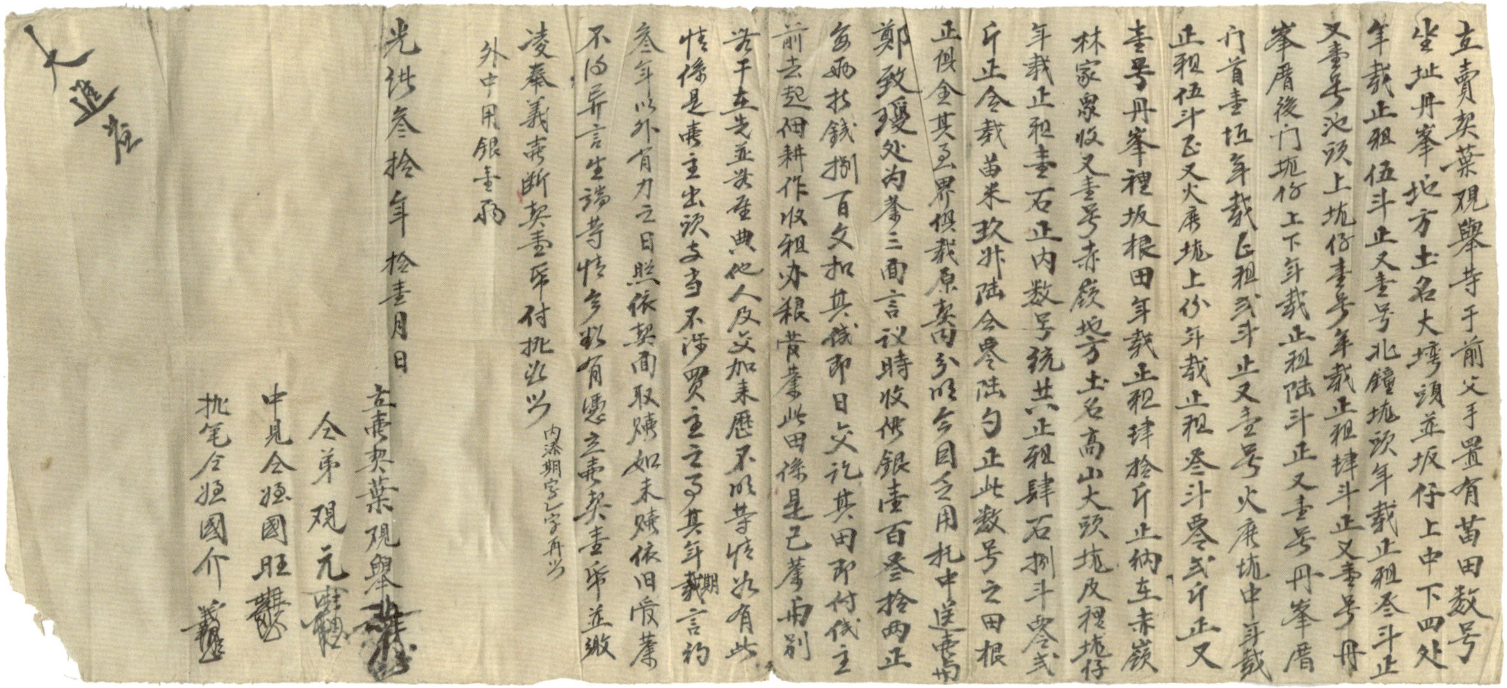
立賣契葉观舉等于前父手置有苗田数号
坐址丹峯坵方土名大墥頭並坂仔上中下四处
年載正租伍斗正又壹号兆鐘坵頭年載正租叁斗正
又壹号池頭上坵仔壹号年載正租肆斗正又壹号丹
峯厝後门坵仔上下年載正租陆斗正又壹号丹峯厝
门首壹坵年載正租弍斗正又壹号火庚坵中年載
正租伍斗正又火庚坵上仱年載正租叁斗零弍斤正又
壹号丹峯裡坂根田年載正租肆拾斤正納左赤嶺
林家泉收又壹号赤嶺坵方土名高山大頭坵及裡坵仔
年載正租壹石正内数号統共正租肆石捌斗零叁弍
斤正全載苗米玖非陆合零陆勺正此数号之田根
正俱全其四至界俱載原契內今因乏用托中送壹与
鄭致瓊处为業三面言议時收价銀壹百叁拾两正
为酒折钱捌百文和其钱即日交讫其田即付钱主
前去起佃耕作收租办粮當差此田係是己業兩别
並于未先並無重典他人及交加來歷不明等情如有此
情係是賣主出頭支当不涉買主之事其年期言约
叁年以外有力之日照依契面取赎如未赎依旧管業
不得异言生端等情今欲有憑立賣契壹帋並繳
凌秦義壽断契壹帋付执為照
内添期字乙字再照
外中用銀壹两
光緒叁拾年拾壹月　日
立賣契葉观舉
仝弟观元
中見仝姪國旺
执笔仝姪國介
大進莊

5-4-28-3　清光緒三十年十一月葉观舉等立賣苗田契

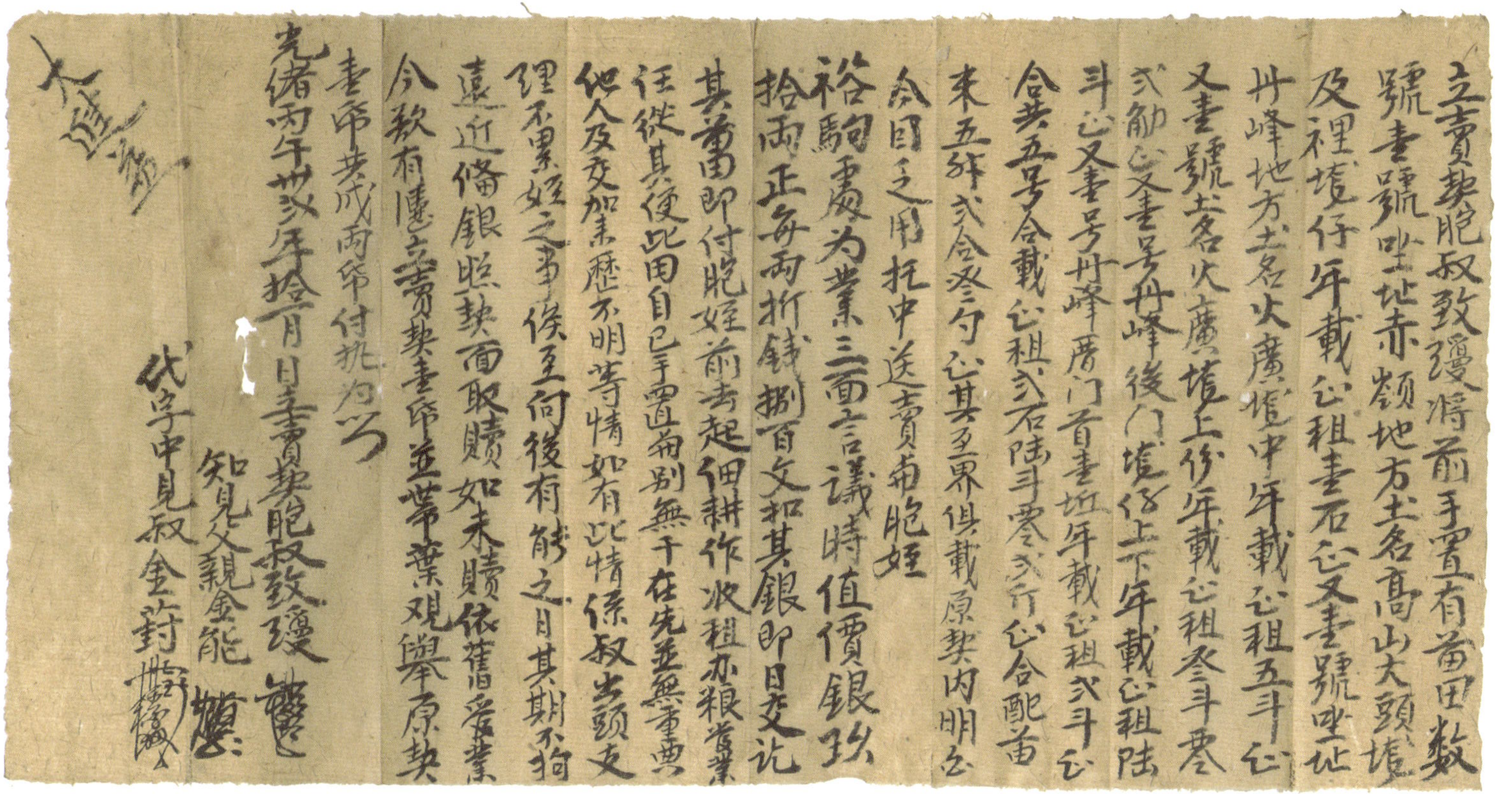
立賣契胞叔致瓊將前手置有苗田數
號壹號坐址赤類地方土名高山大頭墘
及裡墘仔年載租壹石又壹號坐址
廾峰地方土名火廣墘中年載租五斗
又壹號土名火廣墘上份年載租叁斗零
弍觔又壹号廾峰後门墘仔上下年載租陆
斗又壹号廾峰厝门首壹坵年載租弍斗
合共五号合載租弍石陆斗零弍斤合配苗
米五升弍合叁勺其至界俱載原契内明
今因乏用托中送賣與胞侄
裕駒處為業三面言議時值價銀玖
拾兩正每兩折錢捌百文扣其銀即日交訖
其苗田即付胞侄前去起佃耕作收租办粮當業
任從其便此田自己手置产別無干在先並無重典
他人及交加等歷不明等情如有此情係叔出頭支
理不累姪之事候至何後有能之日其期不拘
遠近備銀照契面取贖如未贖依舊管業
今欲有憑立賣契壹帋並帶上手契觀原契
壹帋共成兩帋付执为照
光緒丙午卅弍年拾壹月　日立賣契胞叔致瓊（押）
知見父親金能（押）
代字中見叔金葑（押）

5-4-28-4　清光緒三十二年十一月鄭致瓊立賣苗田契

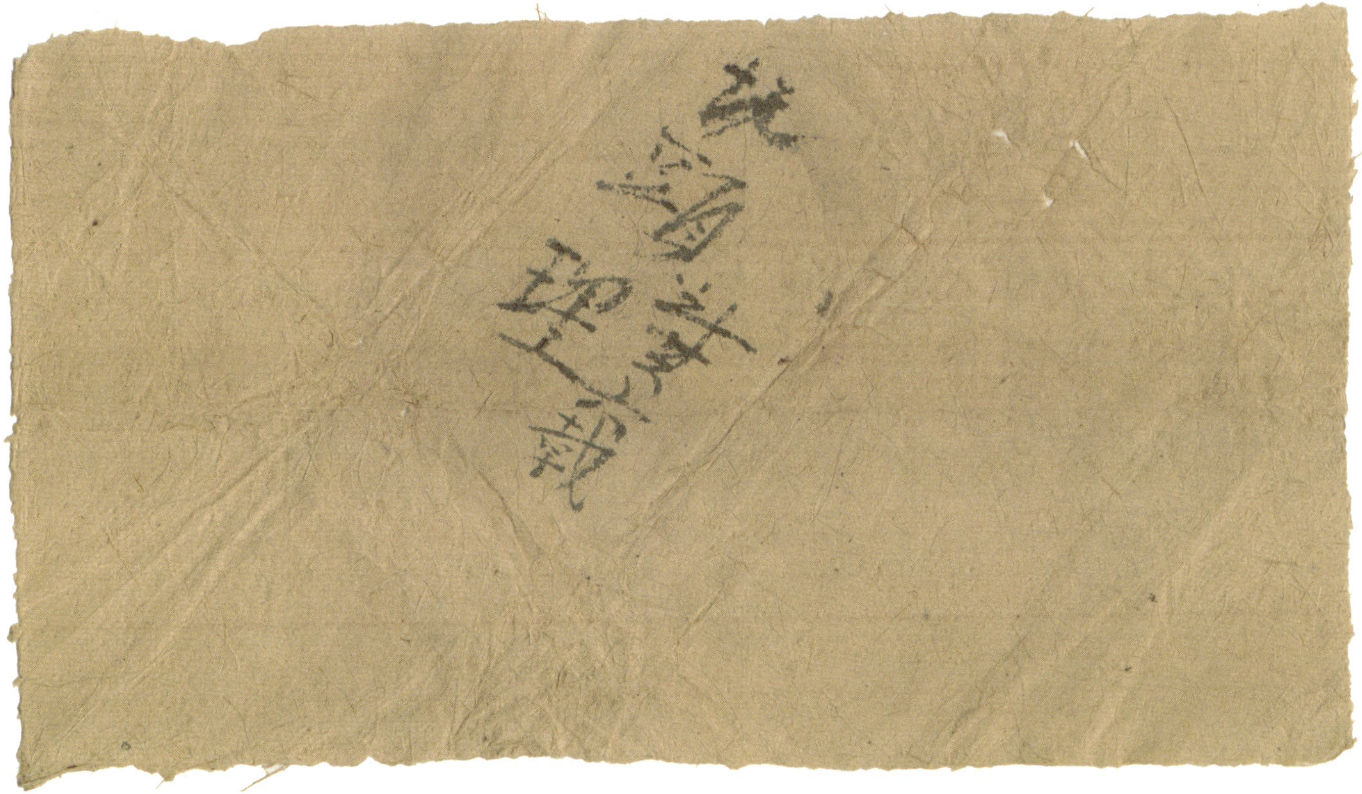

5-4-29-1　包契紙

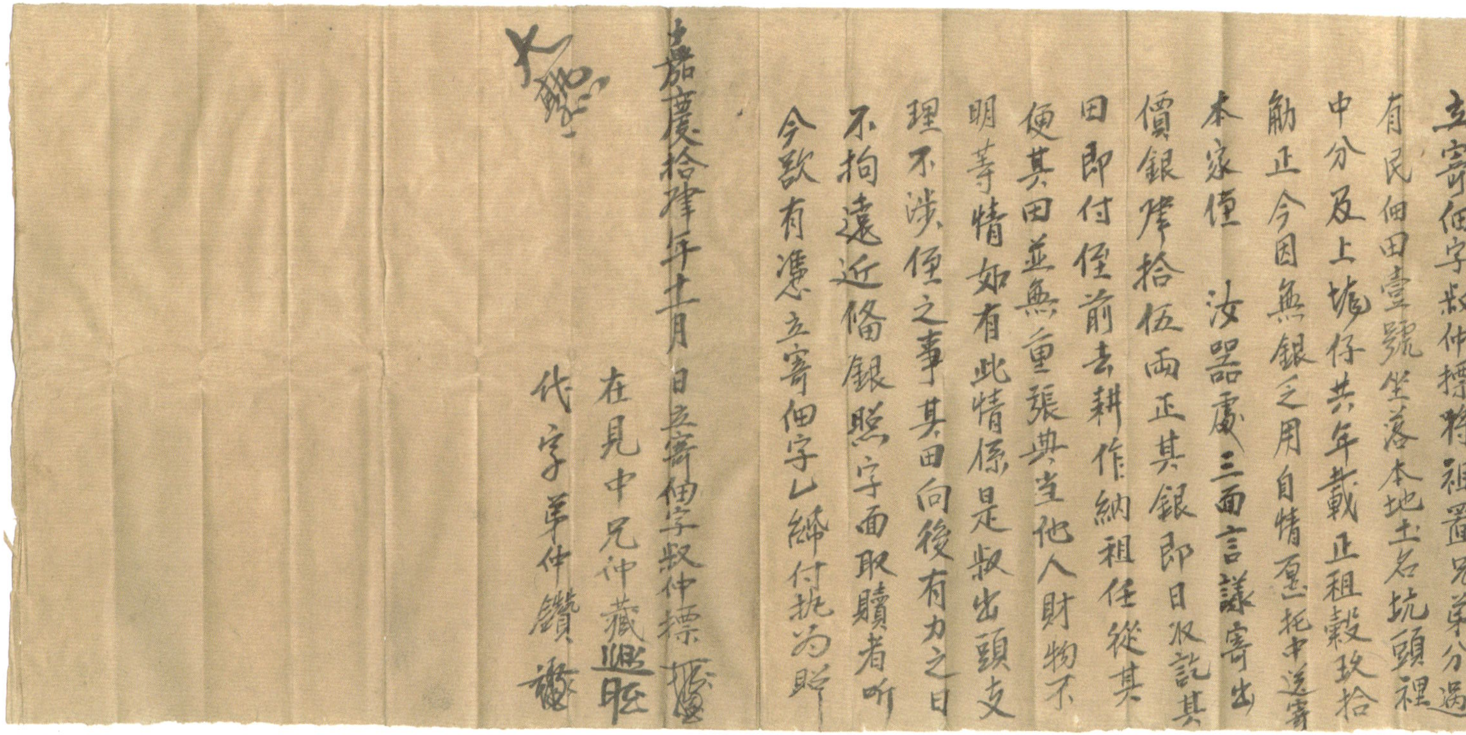
立寄佃字叔仲標將祖置兄弟分過
有民佃田壹號坐落本地土名坑頭裡
中分及上墘仔共年載正租穀玖拾
觔正今因無銀之用自情愿托中送寄
本家侄　汝器處三面言議寄出
價銀肆拾伍兩正其銀即日收訖其
田即付侄前去耕作納租任從其
便其田並無重張典當他人財物不
明等情如有此情係是叔出頭支
理不涉侄之事其田向後有力之日
不拘遠近備銀照字面取贖者聽
今欲有憑立寄佃字一紙付執爲照
嘉慶拾肆年十一月　日立寄佃字叔仲標（押）
在見中兄仲藏（押）
代字弟仲鑽（押）
大吉

5-4-29-2　清嘉慶十四年十一月鄭仲標立寄民佃田字

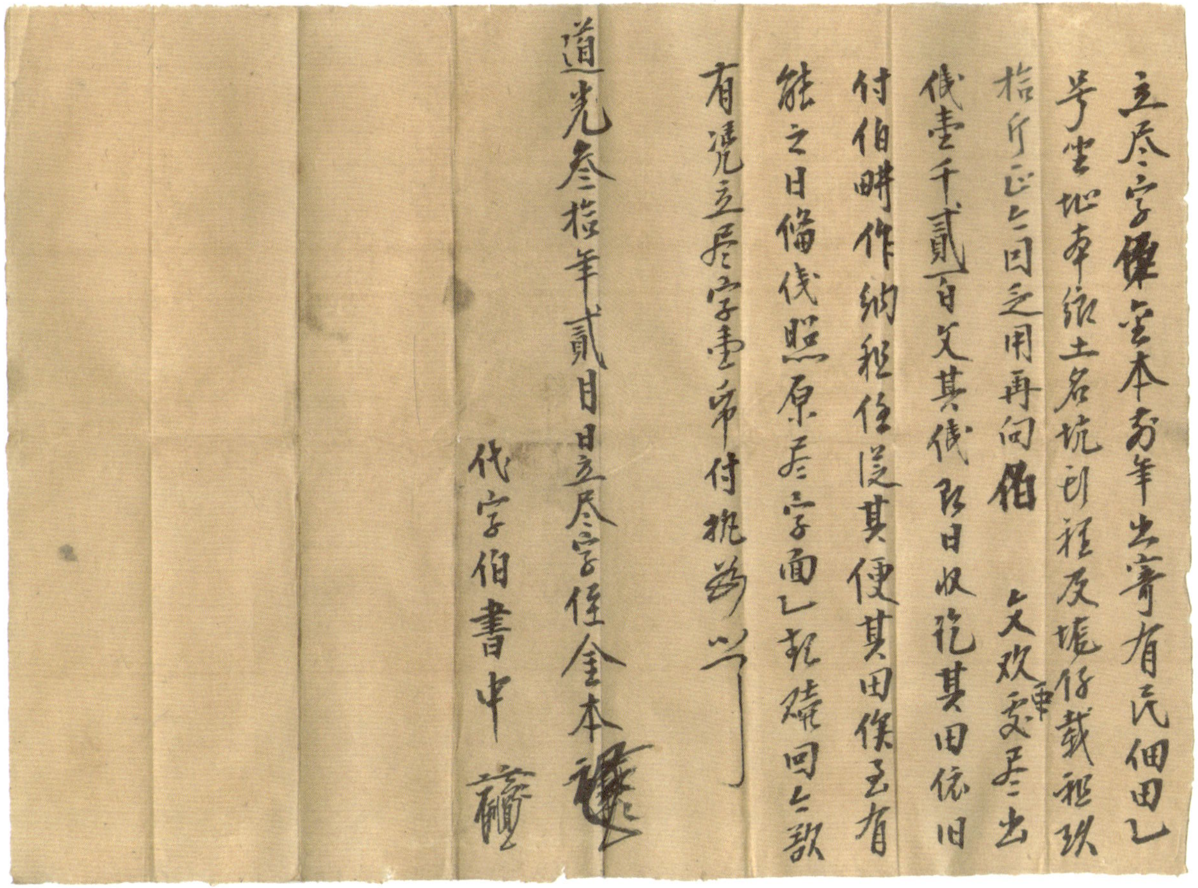
立盡字鄭金本今年出賣有民佃田乙
号坐址本鄉土名坑引程反墟仔載租玖
指斤正，今因乏用再向伯 文欽邊乙盡出
錢壹千貳百文，其錢即日收訖，其田依旧
付伯耕作納租，任從其便。其田係立有
能之日備錢照原盡字面乙訖贖回。今欲
有憑，立盡字壹帋付執為照。
道光叁拾年貳月　日立盡字侄金本（押）
代字伯書中（押）

5-4-29-3　清道光三十年二月鄭金本立盡民佃田字

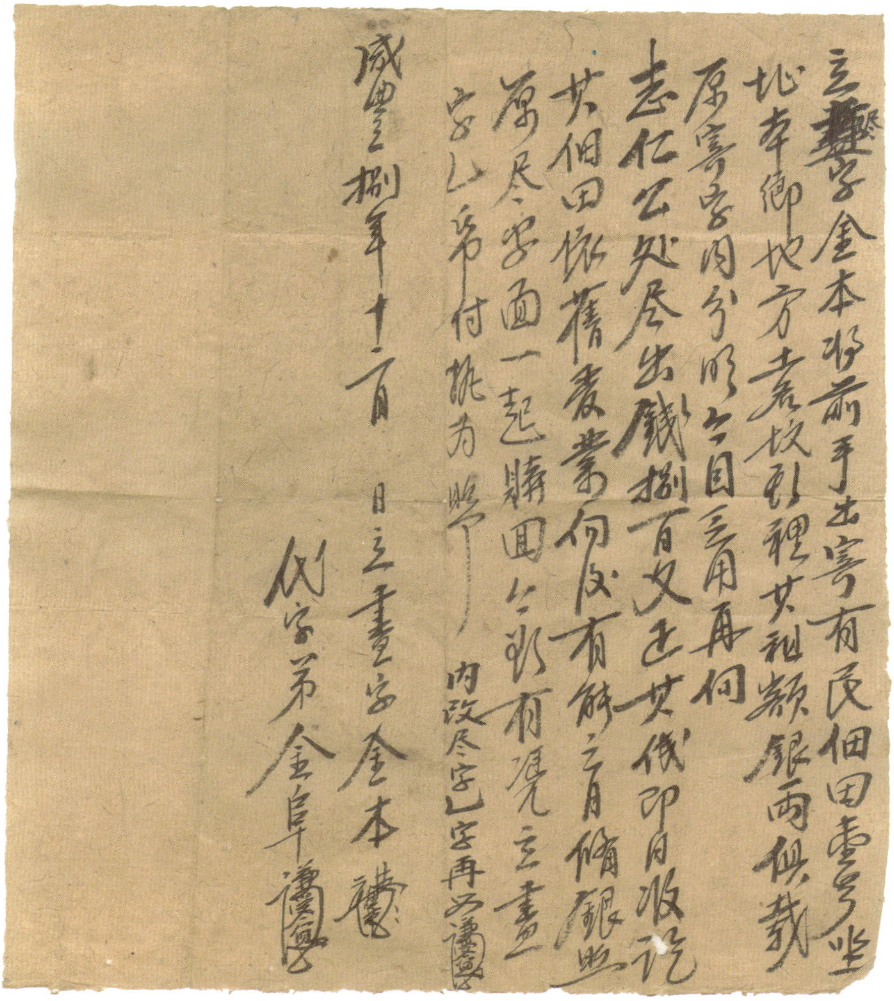
立盡字金本將前手出賣有民佃田壹号坐
址本鄉地方土名坂頭裡其租額銀兩俱載
原賣字內分明今因乏用再向
表伍公處盡出錢捌百文正其錢即日收訖
其佃田依舊耕業向後有餘力備銀照
原盡字面一起贖回今欲有憑立盡
字與弟付執為照
內改盡字一字再照
咸豐捌年十二月　日立盡字金本（押）
代字弟金阜（押）

5-4-29-4　清咸豐八年十二月鄭金本立盡民佃田字

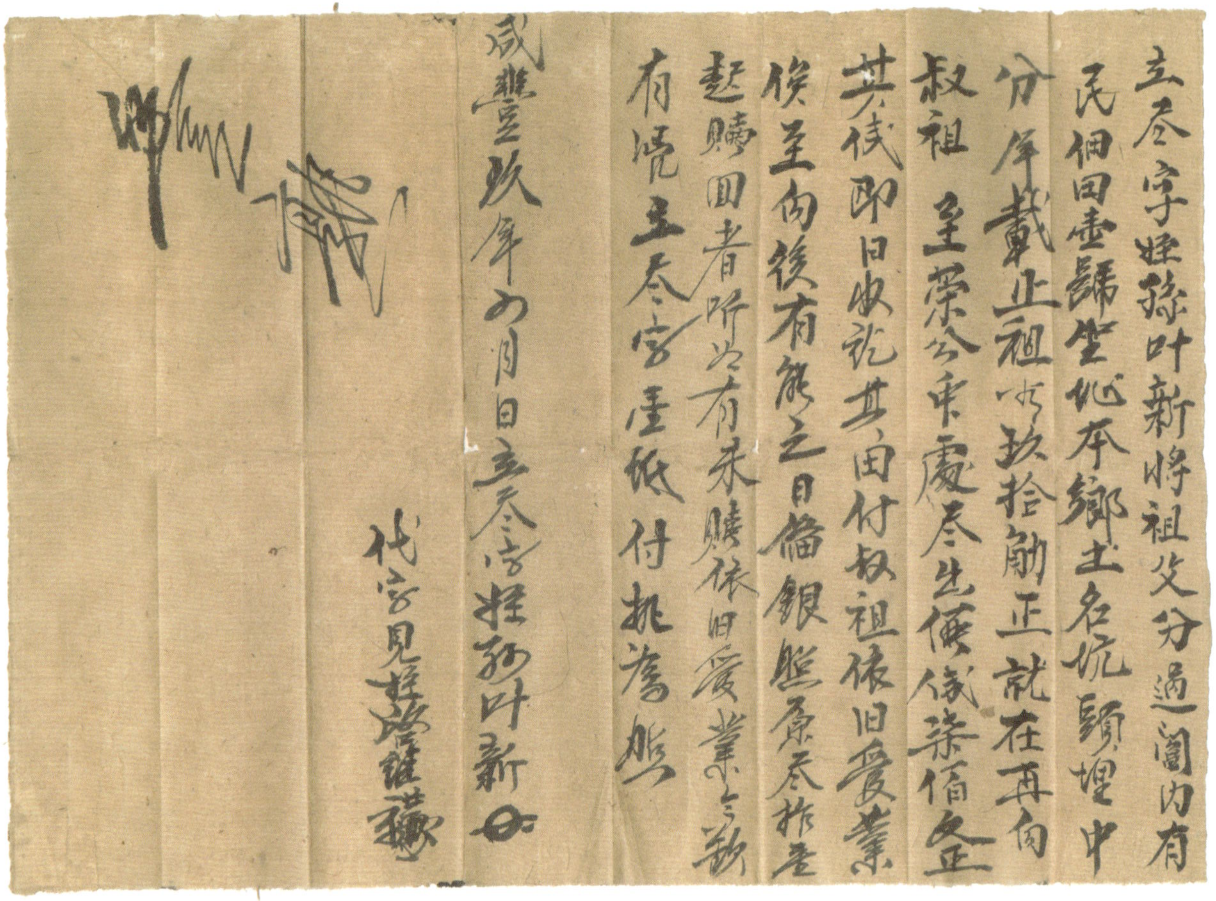

立盡字姪孫叶新將祖父分過闔內有
民佃田壹號坐址本鄉土名坑頭埂中
分年載正租叶玖拾觔正就在再向
叔祖　呈榮公前處盡出價錢柒佰金
其錢即日收訖其田付叔祖依旧管業
候至向後有能之日備銀照原盡[illegible]
起贖田者听其有來贖依旧管業亦
有憑立盡字壹紙付執存照
咸豐玖年四月日立盡字姪孫叶新（押）
代字見姪孫[illegible]

5-4-29-5　清咸豐九年四月鄭叶新立盡民佃田字

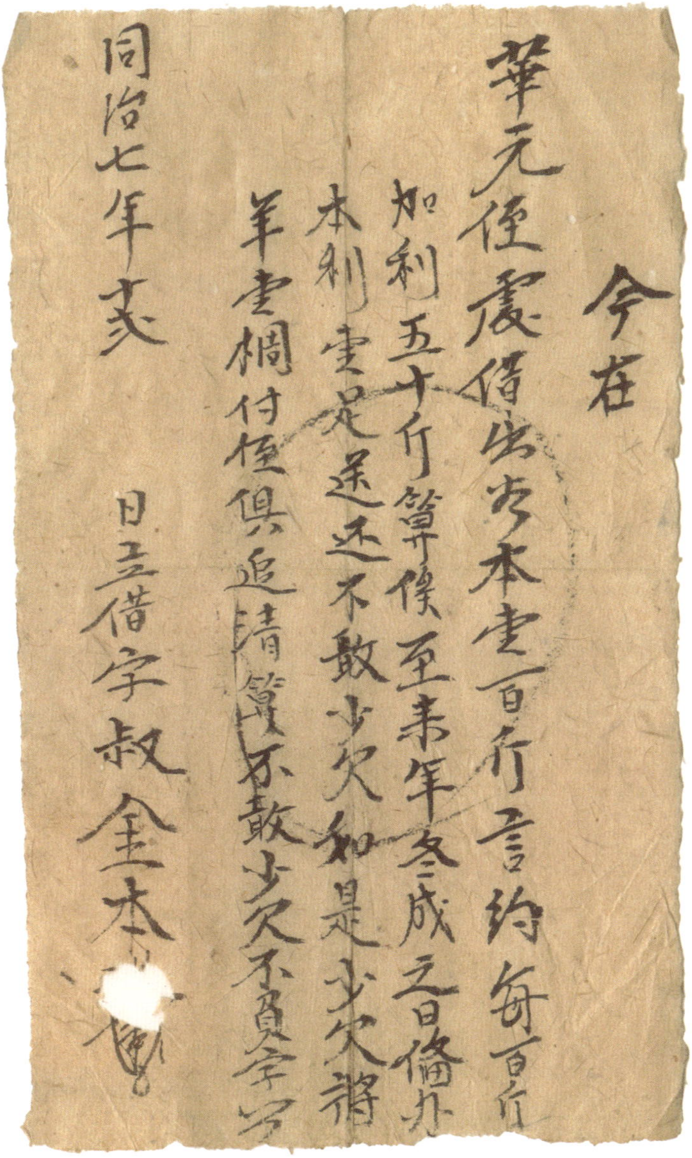
今在
華元侄處借出本壹百斤言約每百斤
加利五十斤算倸至来年冬成之日備办
本利壹足送还不敢少欠如是少欠將
羊壹桐付侄俱追清算不敢少欠不負字号
日立借字叔金本（押）
同治七年冬

5-4-29-6　清同治七年十二月鄭金本立借穀字（廢契）

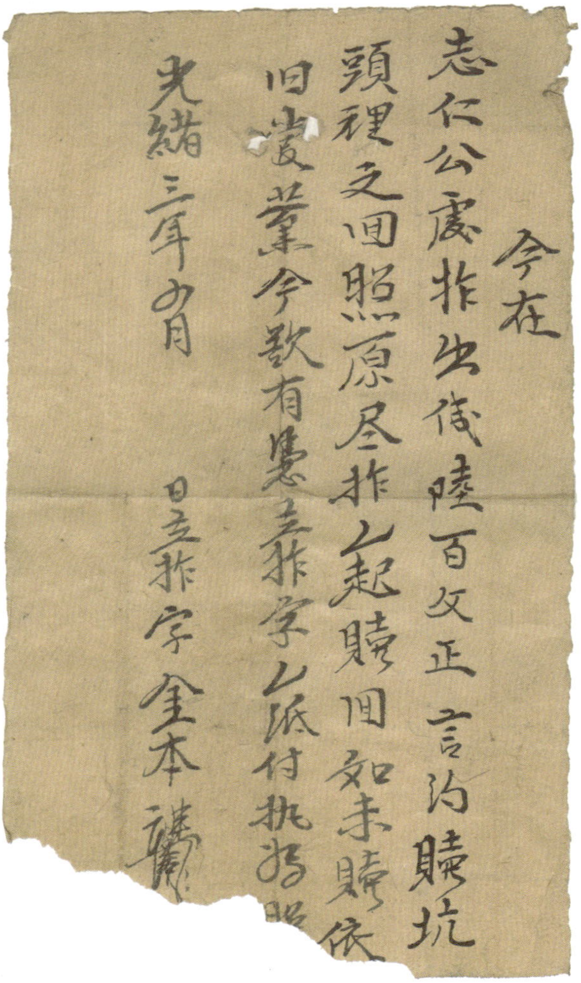

今在
志仁公處撮出錢陸百文正言約贖坑
頭裡之田照原尽撮乙起贖回如未贖依
旧管業今欲有憑立撮字乙紙付执為照
日立撮字金本
光緒三年四月

5-4-29-7　清光緒三年四月鄭金本立撮字

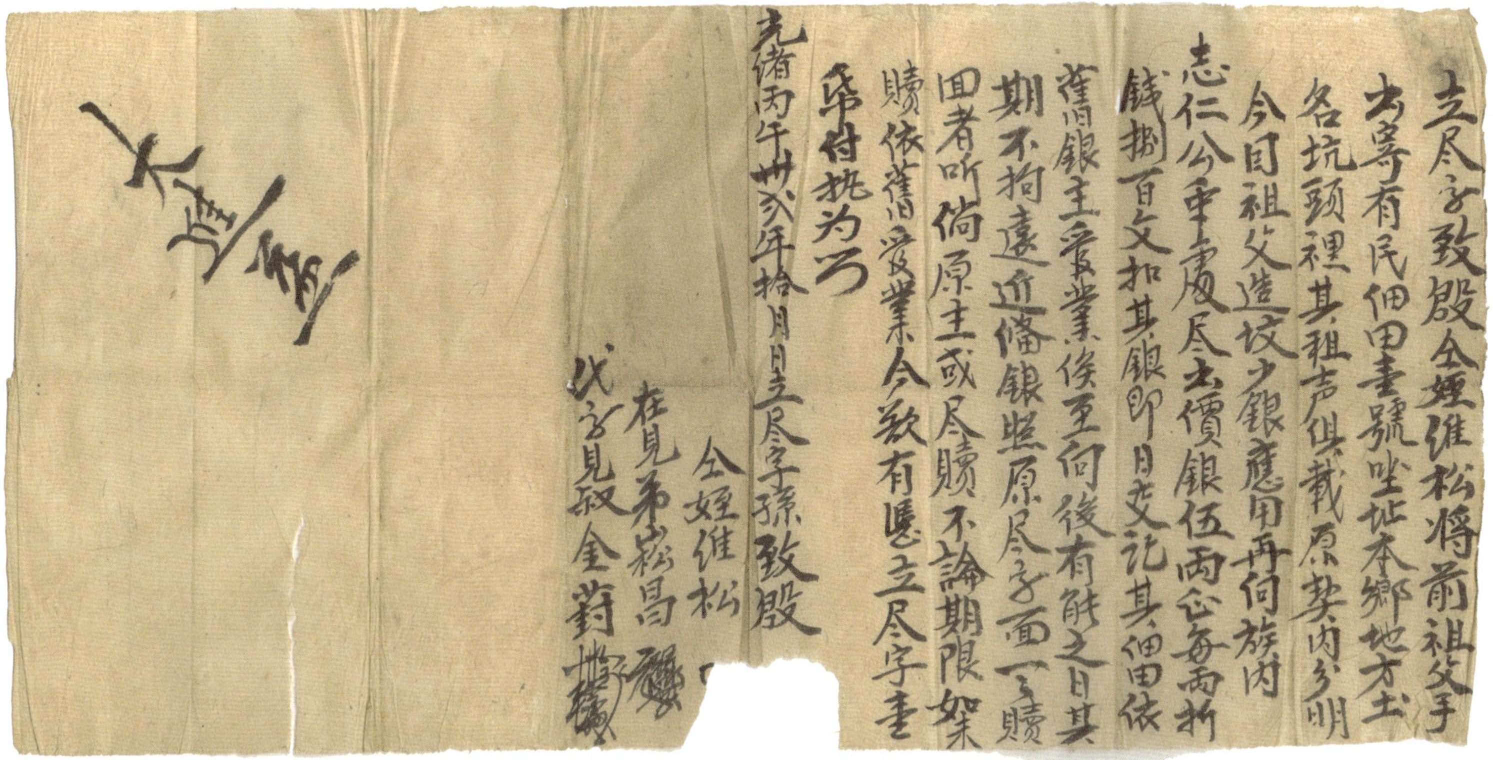

立盡字致殷仝姪維松將前祖父手
出等有民佃田壹號坐址本鄉地方土名
各坑頭裡其租聲俱載原契內分明
今因祖父造坟少銀應用再向族內
志仁公處盡出價銀伍兩正每兩折
錢捌百文扣其銀即日交訖其佃田依
舊銀主管業，後至何後有能之日其
期不拘遠近備銀照原盡字面一下贖
田者聽備原主或盡贖不論期限如無
贖依舊管業。今欲有憑，立盡字壹
帋付執為照

光緒丙午卅弍年拾月　日立盡字孫致殷
仝姪維松
在見弟松昌
代字見叔金萮

大吉

5-4-29-8　清光緒三十二年十月鄭致殷等立盡民佃田字

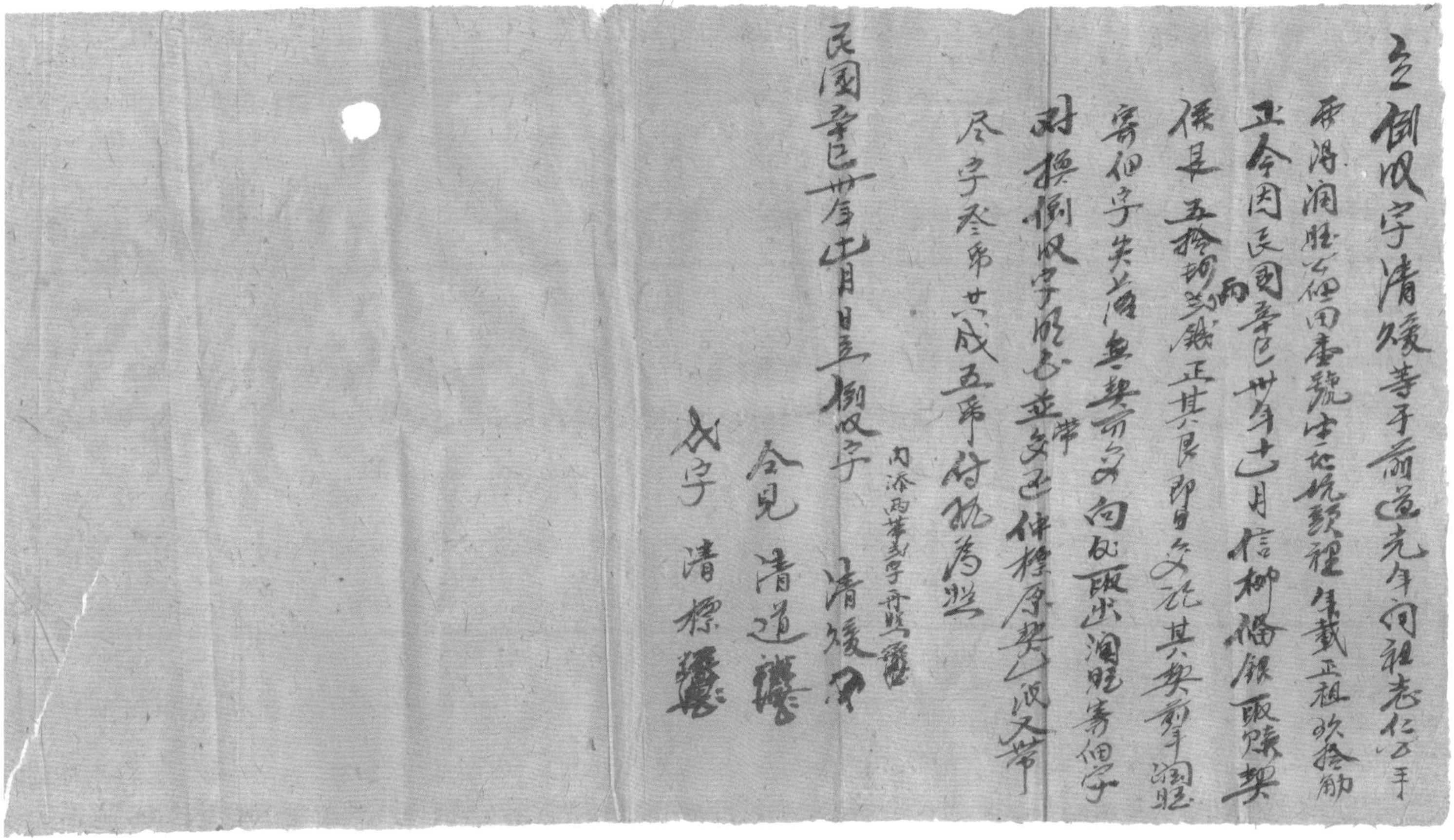

立倒收字清煖等于前道光年间祖志仁公手
承得润胜公佃田壹號土名坑頭裡年載正租玖拾觔
立今因民国辛巳卅年十一月信柳備銀取贖契
係是五拾捌两弍錢正其艮即日交訖其契尋润胜
寄佃字失落無契亦交向收取此润胜寄佃字
對換倒收字收志並帶交還仲標原契收又帶
尽字叁帋共成五帋付執為照
内添两字弍字再照
民国辛巳卅年十一月日立倒收字 清煖
合見 清道
收字 清標

5-4-29-9　民國三十年十一月鄭清煖立倒收字

5-4-30-1　包契紙

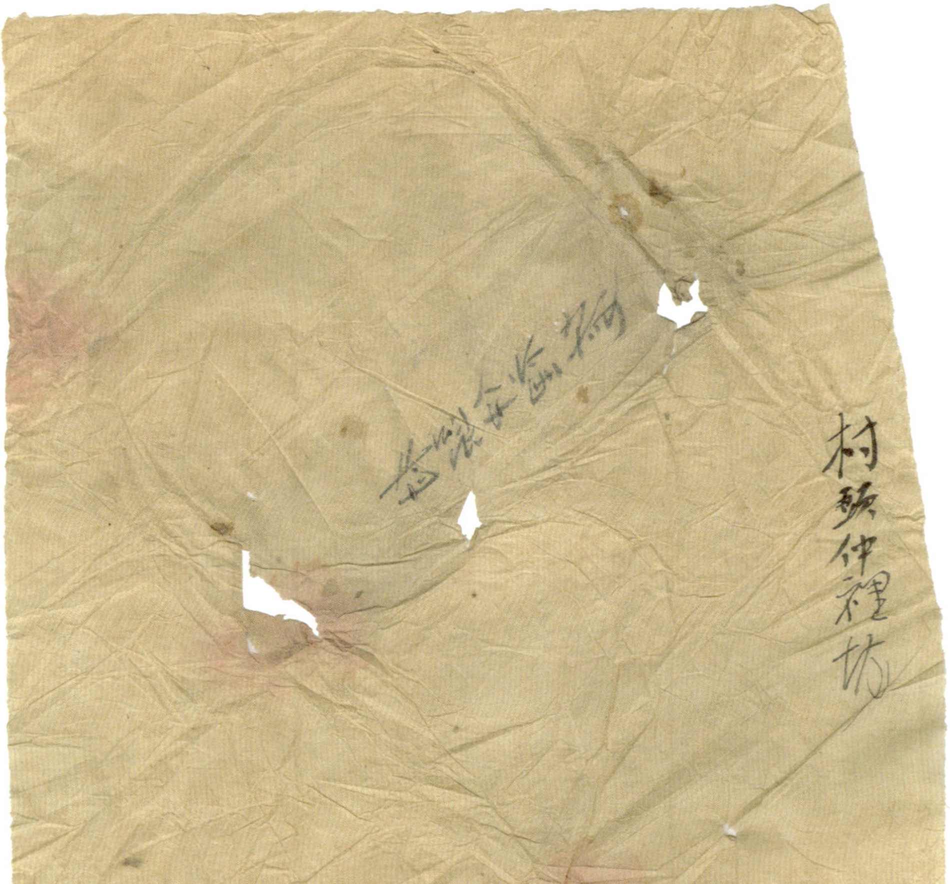

5-4-30-2　包契紙

立寄佃字弟振高祖分過闔内有民佃田壹號坐址
本鄉村頭地方土名仲裡墘道水分尾仔弍坵年載大
租六肆拾觔正今因無銀應用自愿托中送寄與本
房兄　振新邊三面言議時收便銀壹拾柒兩正每
兩扸錢捌百文正其銀即日收訖其田即付銀主前去耕
作納租仍從其便其田並無重張典當他人不明等情
如有取等係是寄主出頭支理不累銀主之事其田
言約期伍年外後至有力之日備便銀照寄字面贖回
者听以是未贖仍付管業今欲有憑立寄佃字壹
紙付執為照」

嘉慶十五年十一月　日

立寄佃字弟振高（押）
仝弟　振擇（押）
振魁（押）
在見中兄振繡（押）
代字兄振斌（押）

5-4-30-3　清嘉慶十五年十一月鄭振高等立寄民佃田字

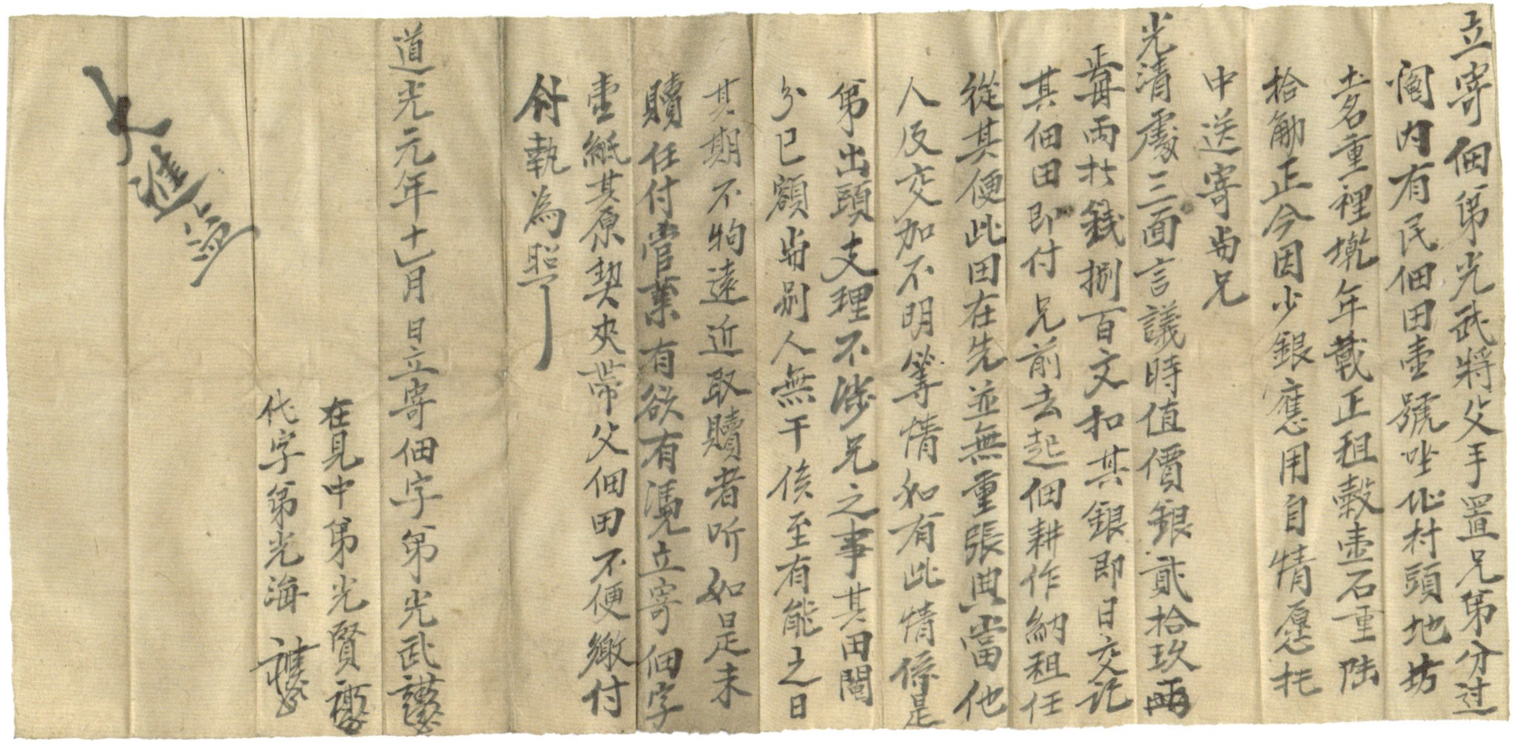

5-4-30-4　清道光元年十一月光武立寄民佃田字

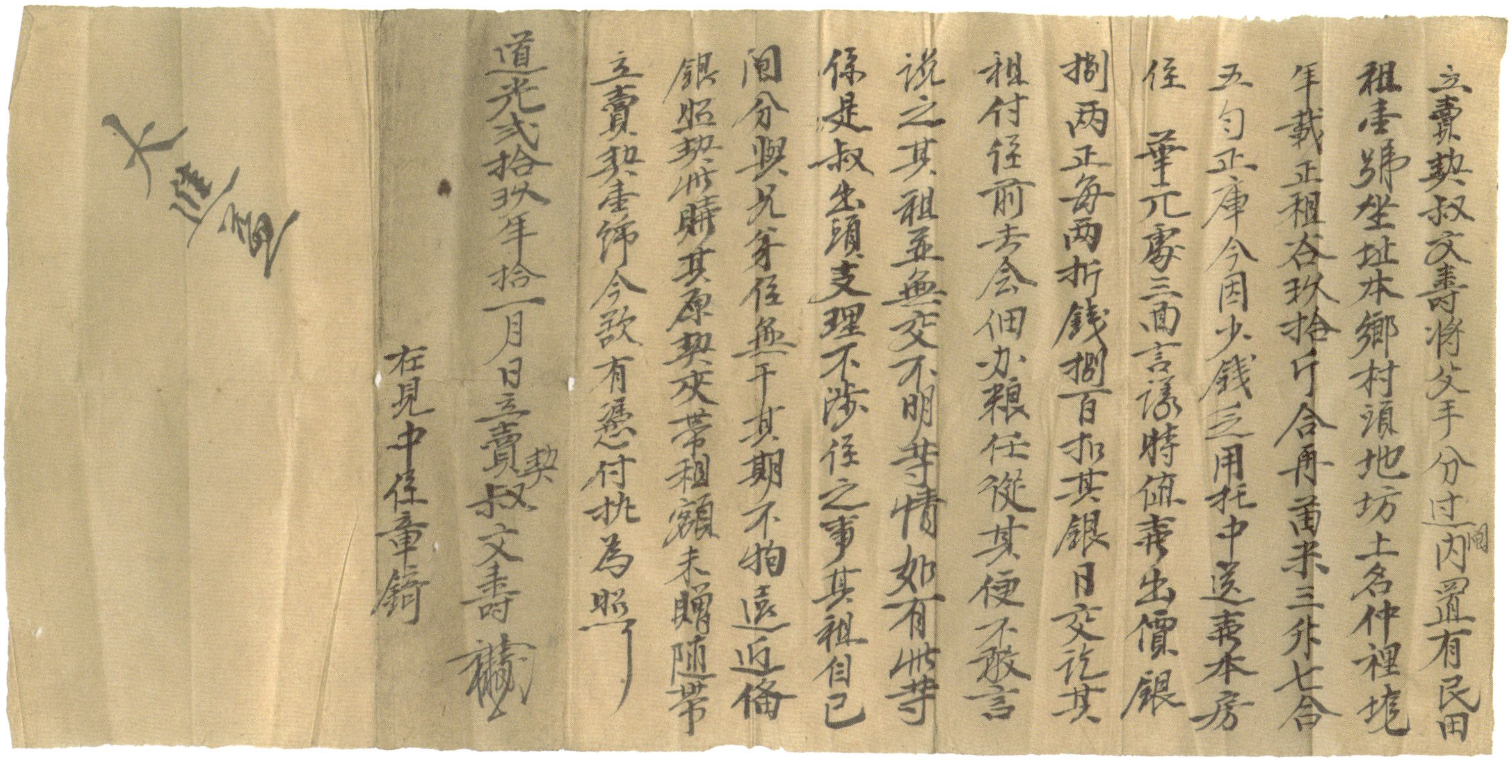
立賣契叔文壽將父手分过阄内置有民田
祖壹號坐址本鄉村頭地坊土名仲裡墘
年載正租谷玖拾斤合再苗米三升七合
五勺正庫今因少錢乏用托中送壹本房
侄　肇元處三面言議時值壹出價銀
捌兩正每兩折錢捌百文其銀日交訖其
祖付侄前去会佃办粮任從其便不敢言
說之其祖並無交不明等情如有此等
係是叔出頭支理不涉侄之事其祖自己
阄分與兄弟侄無干其期不拘遠近備
銀照契价贖其原契交帶租額未贖随带
立賣契壹紙今欲有憑付執為照。
道光弍拾玖年拾一月　日立賣契叔文壽（押）
在見中侄章銪

5-4-30-5　清道光二十九年十一月鄭文壽立賣民田租契

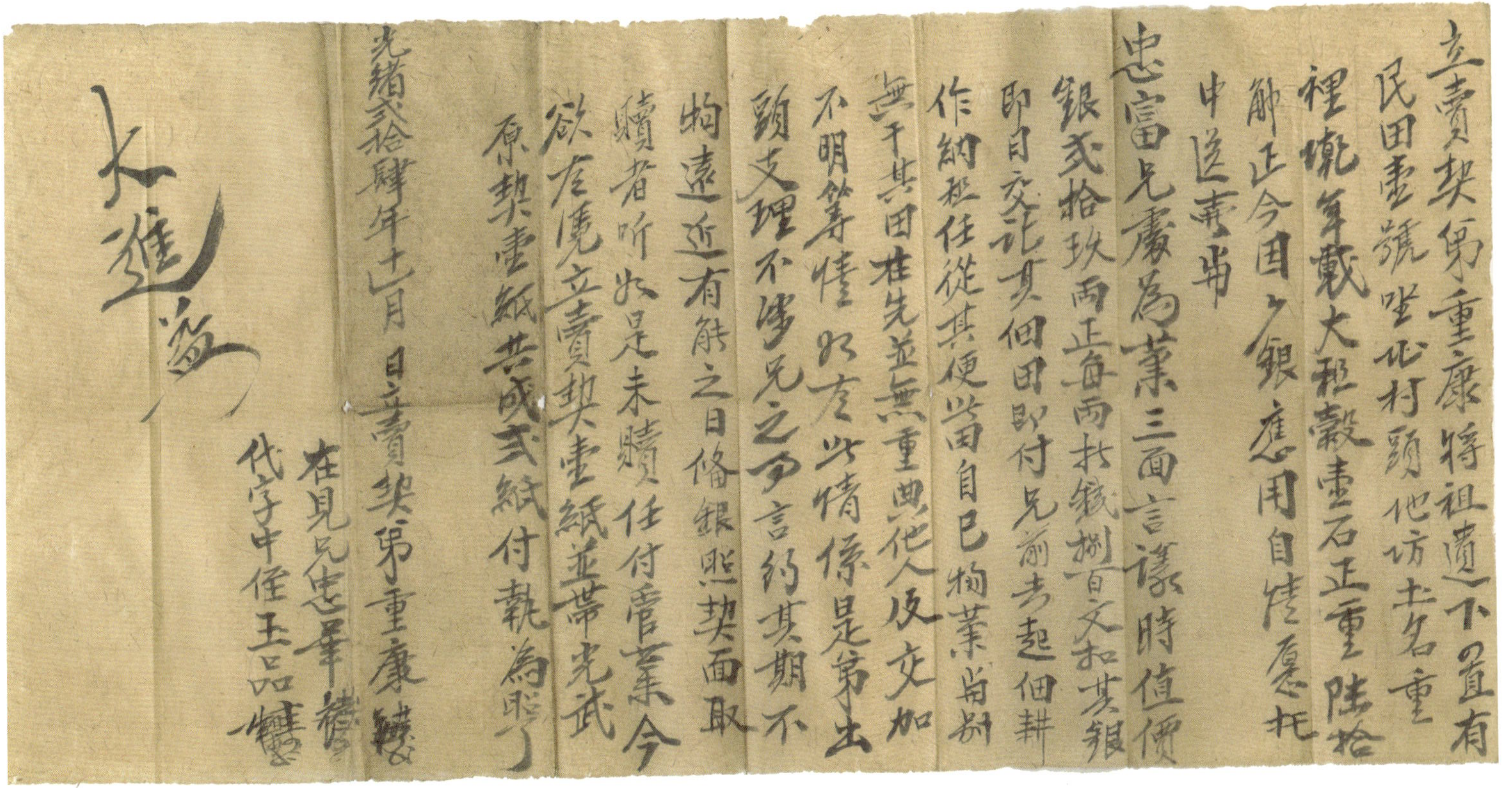

立賣契弟重康將祖遺下の置有民田壹號坐北村頭他坊土名重裡墘年載大租穀壹石正重陸拾觔正今因乏銀應用自情愿托中送賣與
忠富兄處為業三面言議時值價銀貳拾玖兩正每兩扣錢捌百文和其銀即日交訖其佃田即付兄前去起佃耕作納租任從其便此田自己物業與叔無干其田在先並無重典他人及交加不明等情如有此情係是弟出頭支理不涉兄之事言約其期不拘遠近有能之日備銀照契面取贖者聽如是未贖任付管業今欲有憑立賣契壹紙並帶先武原契壹紙共成貳紙付執為照

光緒貳拾肆年十一月　日立賣契弟重康（押）
在見兄忠華（押）
代字中侄玉品（押）

大進益

5-4-30-6　清光緒二十四年十一月吳重康立賣民田契

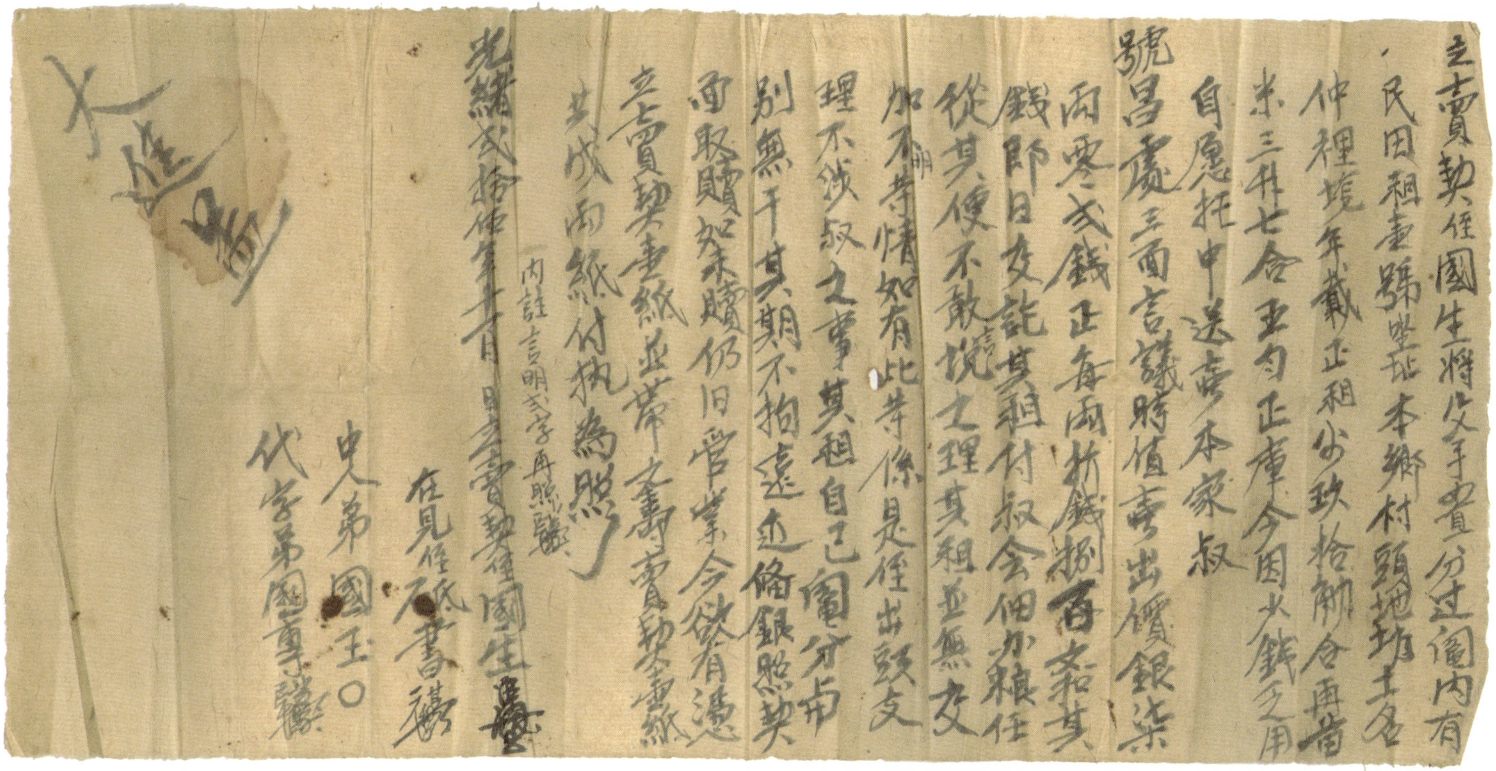
立賣契侄國生將父手置分過閹內有
民田租壹號，坐址本鄉村頭地坊，土名
仲裡墘，年載正租谷玖拾觔，合再當
米三升七合五勺正。今因乏錢應用，
自愿托中送賣本家叔
號昌處，三面言議時值賣出價銀柒
兩零弍錢正，每兩折錢捌百柒拾文，其
錢即日交訖，其租付叔會佃收粮，任
從其便，不敢阻執。其租並無交
加不明等情，如有此等，係是侄出頭支
理，不涉叔之事。其租自己閹分前
別無干，其期不拘遠近，備銀照契
面取贖，如未贖，仍旧管業。今欲有憑，
立賣契壹紙，並帶上手賣契壹紙，
共成兩紙，付執為照。
內註言明弍字再照驗
光緒弍拾伍年十一月　日立賣契侄國生（押）
在見侄孫石書（押）
中人弟國玉〇
代字弟國壽（押）

5-4-30-7　清光緒二十五年十一月鄭國生立賣民田租契

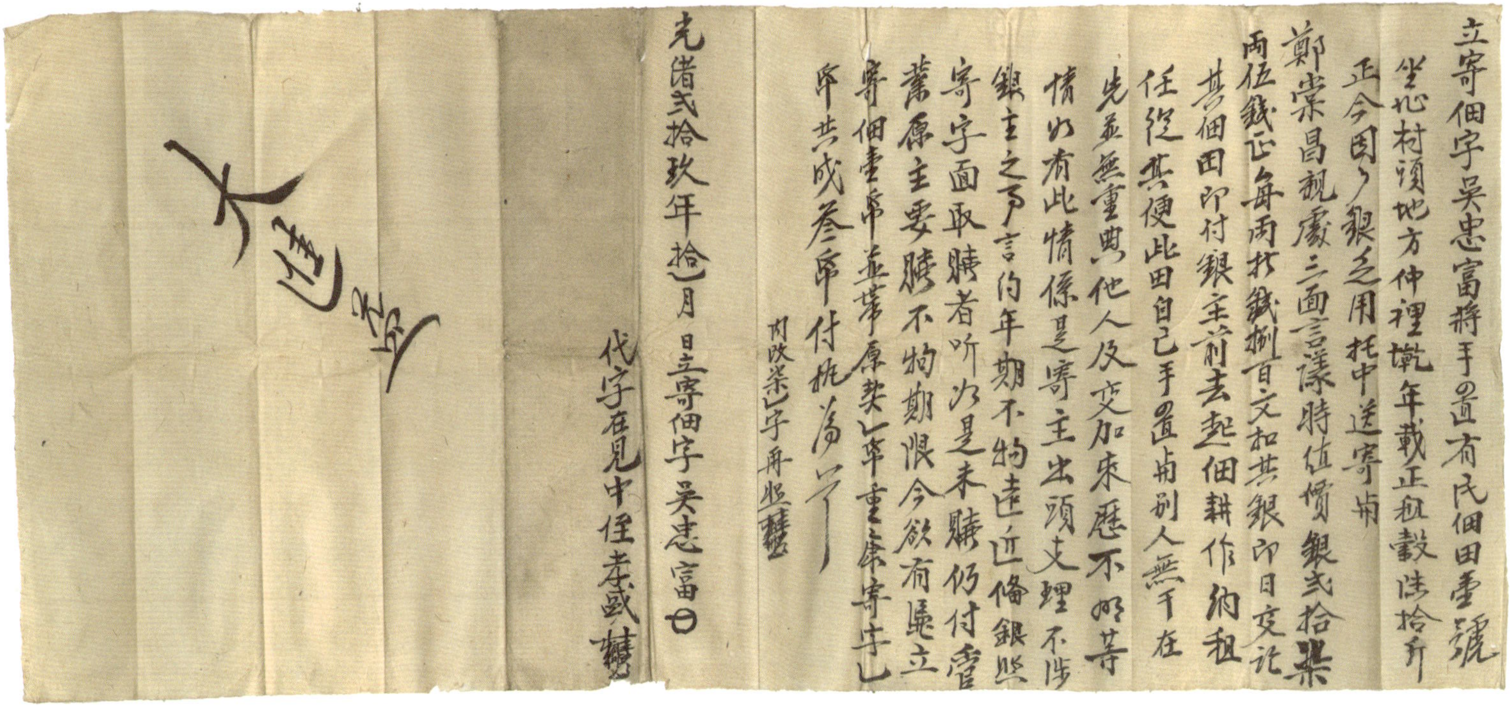

立寄佃字吳忠富將手置有民佃田壹號
坐址村頭地方仲裡墘年載正租穀陸拾斤
正今因乏銀乏用托中送寄與
鄭崇昌親處三面言議時值價銀弍拾柒
兩伍錢正每兩扣錢捌百文和共銀即日交訖
其佃田即付銀主前去起佃耕作納租
任從其便此田自己手置與別人無干在
先並無重典他人及交加來歷不明等
情如有此情係是寄主出頭支理不涉
銀主之事言約年期不拘遠近備銀照
寄字面取贖者聽如是未贖仍付管
業原主要贖不拘期限今欲有憑立
寄佃壹紙並帶原契一紙重寄字一
紙共成叁紙付執為照
內改柒字再照
光緒弍拾玖年拾壹月 日立寄佃字吳忠富
代字在見中侄孝武
大利

5-4-30-8　清光緒二十九年十一月吳忠富立寄民佃田字

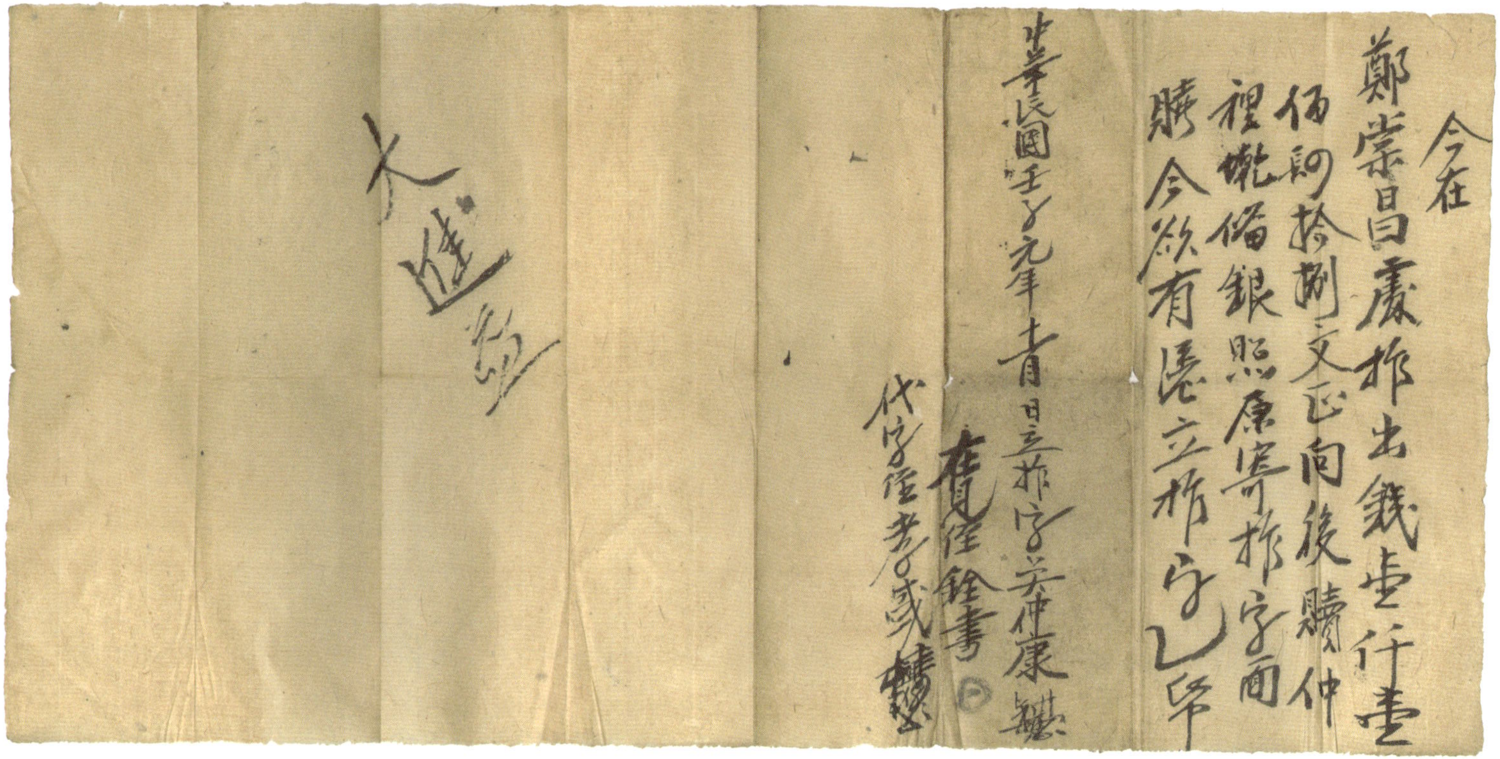

今在
鄭崇昌處摃出錢壹仟壹
佰陸拾捌文正，向後贖仲
禮[illegible]備銀照原寄摃字面
贖，今欲有憑，立摃字乙帋。
民國壬子元年十一月　日立摃字吳仲康（押）
在見侄銓書（押）
代字侄孝威（押）
大進[illegible]

5-4-30-9　民國元年十一月吴仲康立摃字

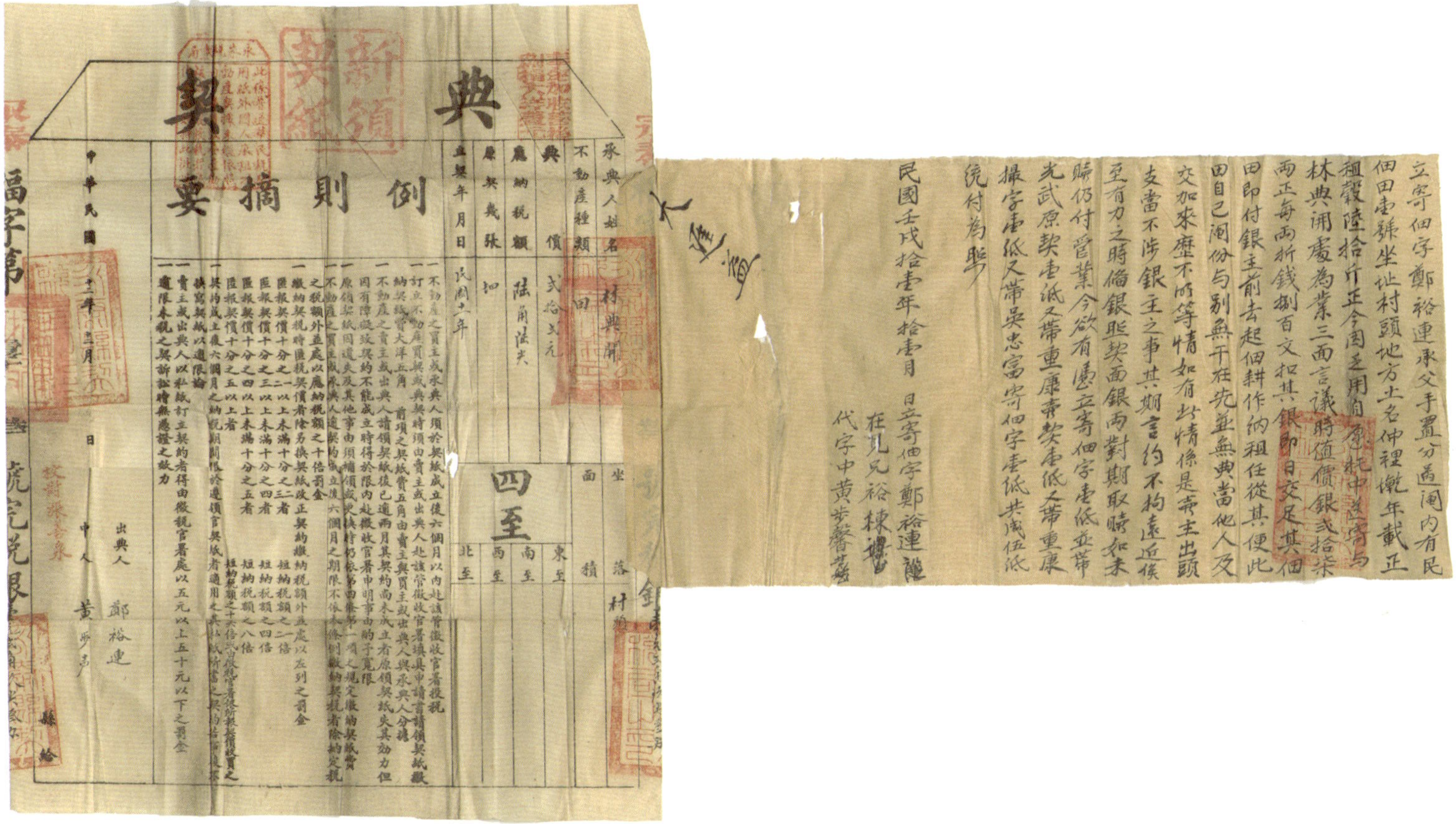

5-4-30-10　民國十一年十一月鄭裕連立寄民佃田字（紅契）

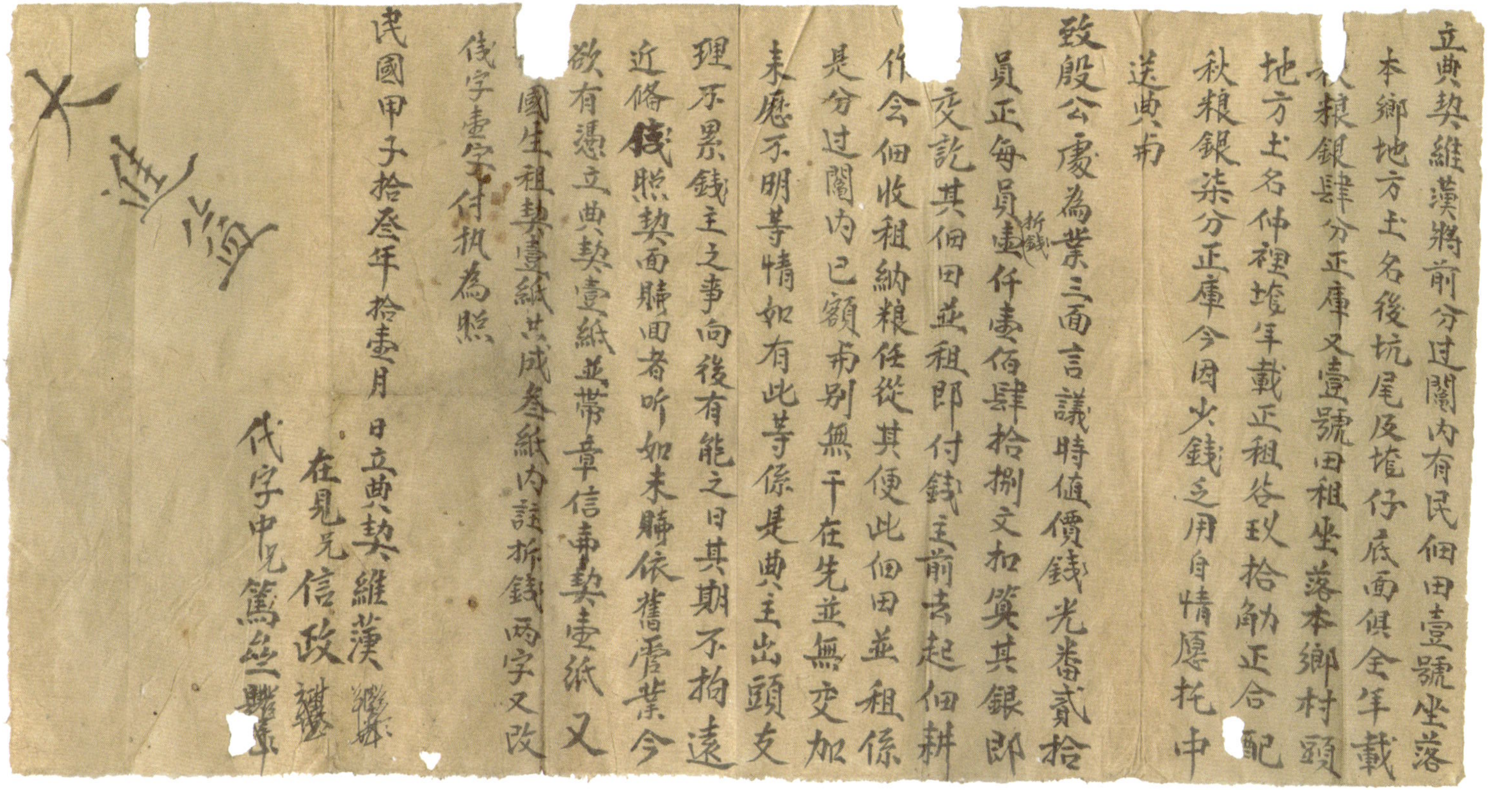

立典契維漢將前分过闔内有民佃田壹號坐落
本鄉地方土名後坑尾及墘仔底面俱全年載
秋粮銀肆分正庫又壹號田租坐落本鄉村頭
地方土名仲裡墘年載正租谷玖拾觔正合配
秋粮銀柒分正庫今因乏錢應用自情愿托中
送典布
致殷公處為業三面言議時値價錢光番貳拾
員正每員折錢壹仟壹佰肆拾捌文和算其銀郎
交訖其佃田並租郎付錢主前去起佃耕
作令佃收租納粮任從其便此佃田並租係
是分过闔内已額布别無干在先並無交加
未應不明等情如有此等係是典主出頭支
理不累錢主之事向後有能之日其期不拘遠
近備錢照契面贖回者听如未贖依舊管業今
欲有憑立典契壹紙並帶章信串契壹紙 又
國生租契壹紙共成叁紙内註折錢兩字又改
伐字壹字付執為照
民國甲子拾叁年拾壹月 日立典契維漢（押）
在見兄信政（押）
代字中兄篤生（押）
大進宜

5-4-30-11 民國十三年十一月鄭維漢立典民佃田契

5-4-31-1　包契紙

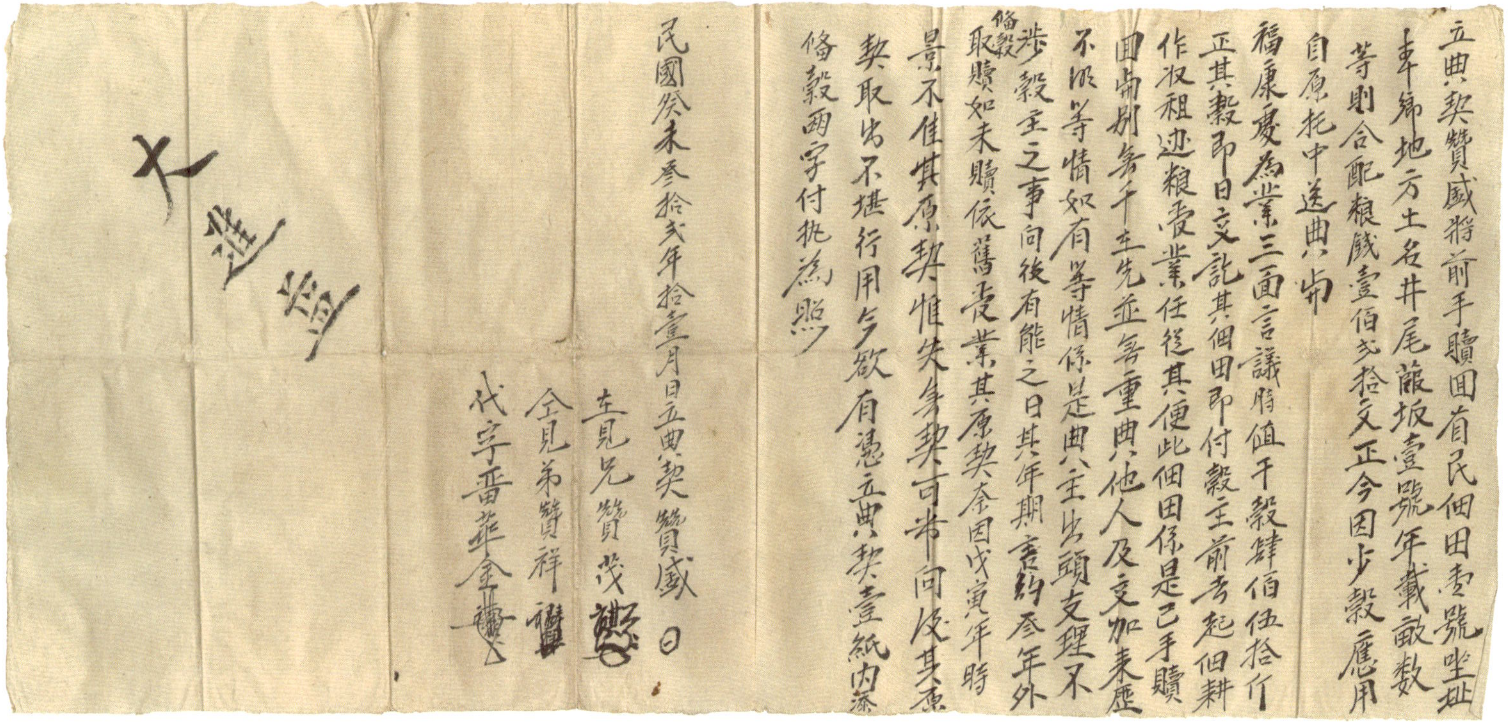

5-4-31-2　民國三十二年十一月鄭贊盛立典民佃田契

立典契贊盛將前手贖回有民佃田壹號坐址
本鄉地方土名井尾龍坂壹號年載畝數
等則合配粮餞壹佰弍拾文正今因少穀應用
自愿托中送典與　宗
福康處爲業三面言議時值干穀肆佰伍拾斤
正其穀即日交訖其佃田即付穀主前去起佃耕
作收租迎粮管業任從其便此佃田係是己手贖
回尚别房千主先并無重典他人及交加來歷
不明等情如有此等情係是典主出頭支理不
涉穀主之事向後有能之日其年期言約叁年外
備穀取贖如未贖依舊管業其原契奁因戊寅年時
景不佳其原契惟失身契可常向及其原
契取出不堪行用乡欲有憑立典契壹紙內添
備穀兩字付執爲照

民國癸未叁拾弍年拾壹月　日立典契贊盛
在見兄贊茂
仝見弟贊祥
代字晋華金

大進登

5-4-32-1　包契紙

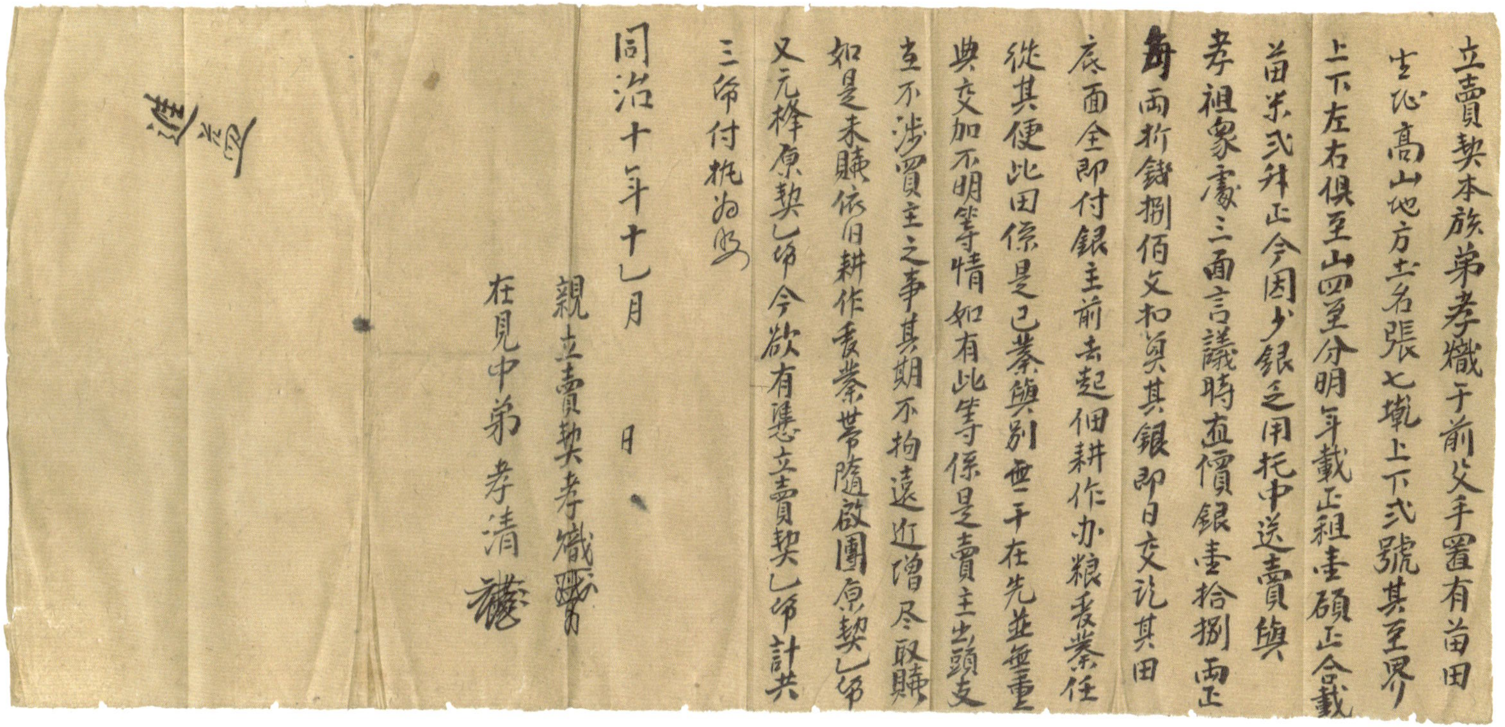

立賣契本族弟孝熾于前父手置有苗田
壹坵坐落高山地方土名張坑上下弍號其至界
上下左右俱至山四至分明年載正租壹碩正今載
苗田米弍升正今因少銀乏用托中送賣與
孝祖邊處三面言議時值價銀壹拾捌兩正
每兩折錢捌佰文和合共其銀即日交訖其田
底面全即付銀主前去起佃耕作辦糧承業任
從其便此田係是己業與别房伯叔兄弟無重
典交加不明等情如有此等係是賣主出頭支
當不涉買主之事其田不拘遠近備足取贖
如是未贖依旧耕作承業世當隨繳團原契乙紙
又一紙并原契乙紙今欲有憑立賣契乙紙并計共
三紙付執為照

同治十年十一月　　日

親立賣契弟孝熾（押）

在見中弟孝清（押）

[illegible]

5-4-32-2　清同治十年十一月林孝熾立賣底面全苗田契

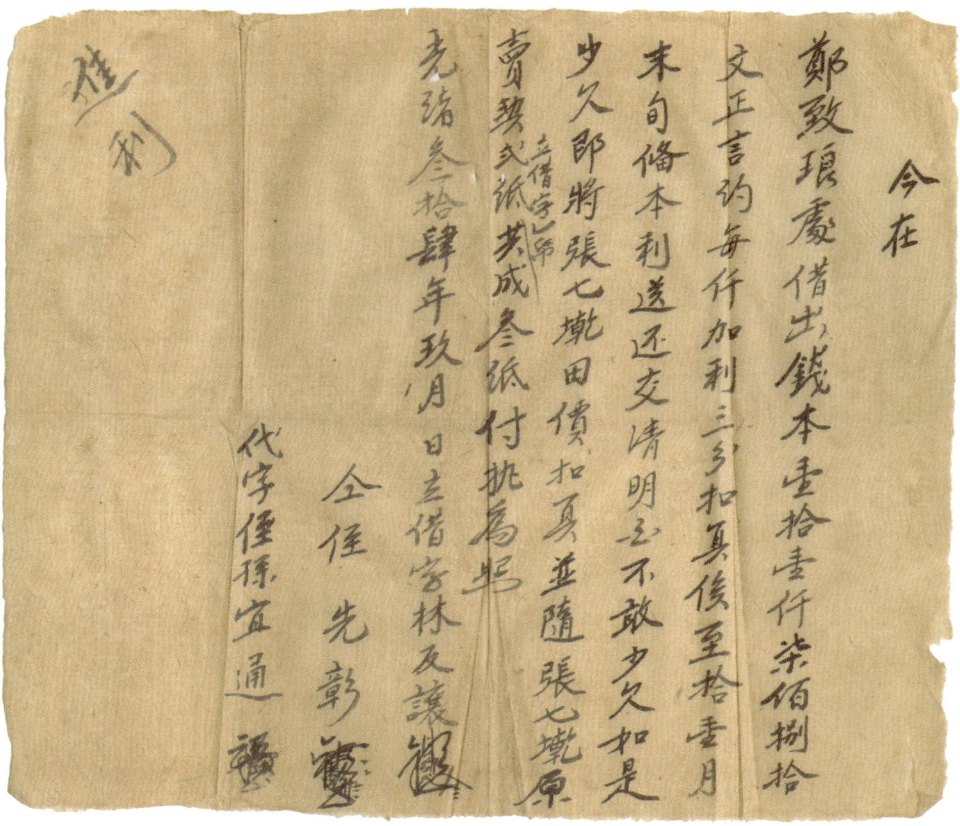

今在
鄭致琅處借出錢本壹拾壹仟柒佰捌拾
文正言約每仟加利三分扣算後至拾壹月
末旬備本利送还交清明白不敢少欠如是
少欠即將張七墘田價扣算並隨張七墘原
賣契弍紙立借字乙帋共成叁紙付執為照
光緒叁拾肆年玖月 日立借字林友讓(押)
仝侄 先彰(押)
代字侄孫宜通(押)
准利

5-4-32-3　清光緒三十四年九月林友讓立借錢字

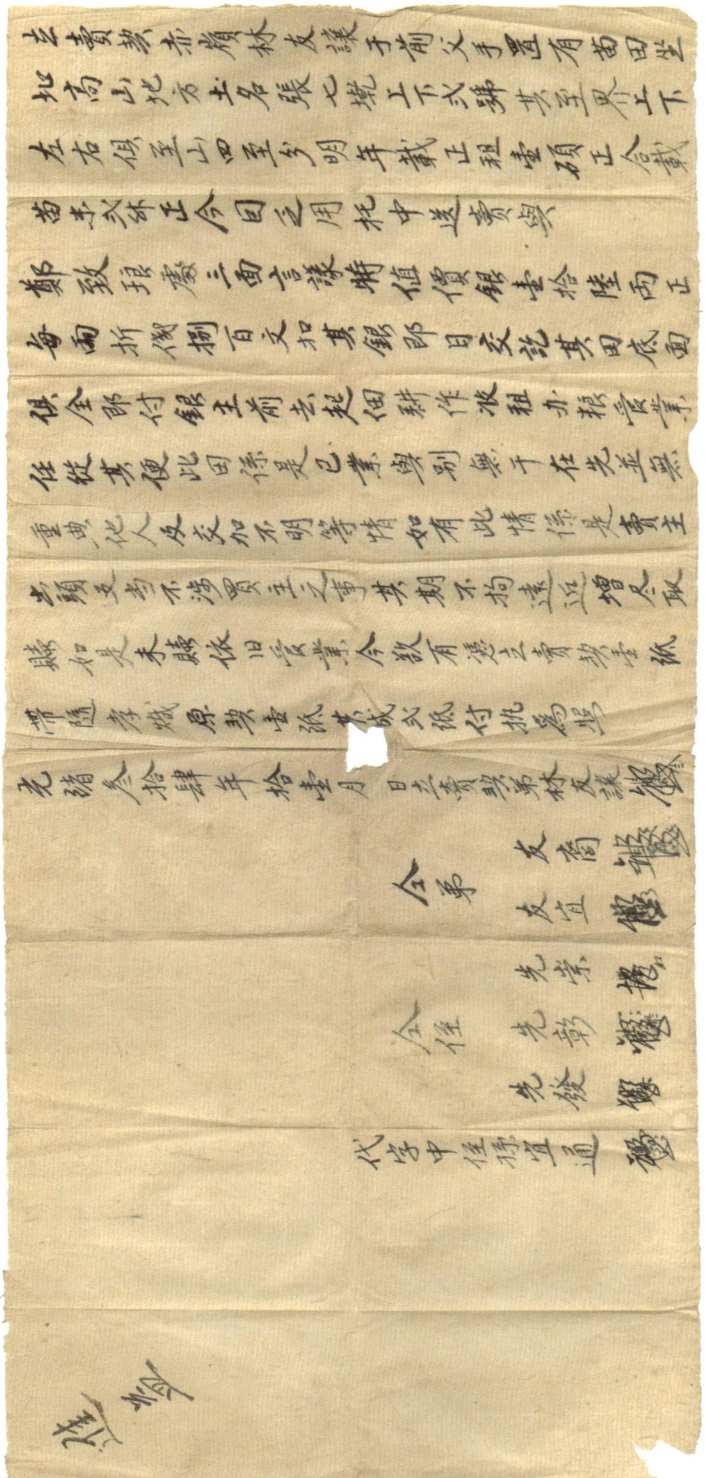
立賣契亦價林友謙承前父手置有苗田坐
址高山坵下土名張七壠上下弍號，其至界上下
左右俱至山田，至各明，年載正租壹碩正，仝載
苗米弍斤正。今因乏用，托中送賣與
鄭致孫處，三面言議，時值價銀壹拾陸兩正，
每兩折錢捌百文扣，其銀即日交訖，其田底面
任全即付銀主前去起佃耕作，收租辦糧管業，
任從其便。此田係是己業，與別無干，在先並無
重典他人及交加不明等情，如有此情，係是賣主
出頭支當，不涉買主之事。其期不拘遠近，增盡取
贖，如是未贖，依舊管業。今欲有憑，立賣契壹紙，
帶隨存契原契壹紙，其不成弍紙，付執為照。
光緒叁拾肆年拾壹月　日立賣契弟林友謙（押）
仝弟　友商（押）
友益（押）
仝侄　先棠（押）
先乾（押）
先發（押）
代字中侄孫宜通（押）

清光緒三十四年十一月林友謙等立賣底面全苗田契

5-4-32-4

立增字赤嶺鄉林先發于前祖置有
苗田前叔友讓手出賣坐址本地方后墘
長即墘壹號其四界苗米租額俱載原
契内分明々因胞叔友宜身故起度功
果少錢應用再向帛　鄭梂文慶增出
價銀陸兩正每兩折錢捌佰文扣其錢即
日交訖其苗田即付錢主前去管業收租
办粮任從其便向後有能之日備錢照原契並
增字面銀兩对月期取贖如是未贖依旧管
業々欲有憑立增字壹紙付執為照内增日
字壹字再照（押）所有數目不在此内再照

民國拾陸年十一月日立增字林先發（押）
弟先財（押）
仝增　侄登杞（押）
侄登基（押）
代字弟先全（押）

進宣

5-4-32-5　民國十六年十一月林先發等立增苗田字

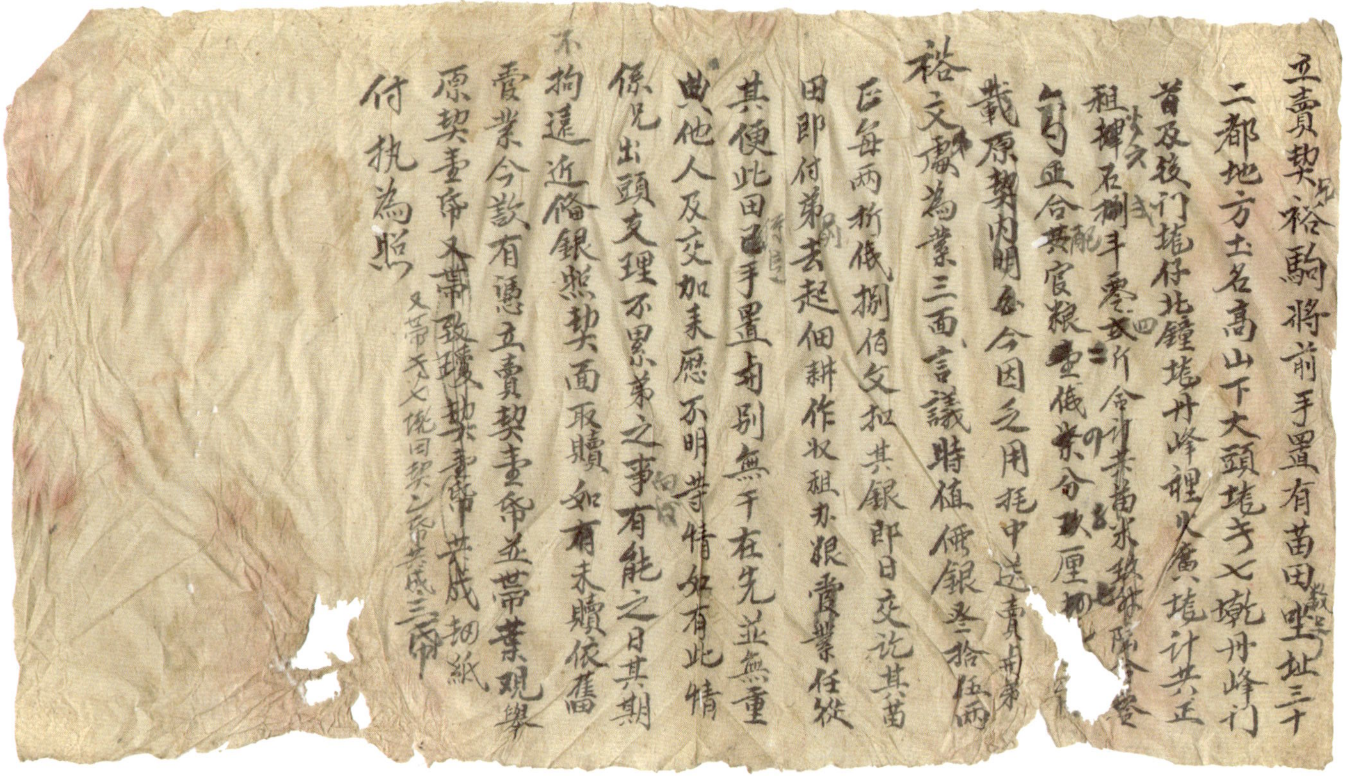
立賣契兄裕駒將前手置有苗田數址三十
二都地方土名高山下大頭垅考七墩丹峰门
首及後门垅仔北鐘垅丹峰裡火廣垅計共正
租捭石捌斗零四斤合計其苗米玖斗
𠀤並合其官粮壹二俵柒合玖厘
載原契內明白，今因乏用，托中送賣與弟
裕文處為業，三面言議時值價銀叁拾伍兩
正，每兩折價捌佰文扣，其銀即日交訖，其苗
田即付弟去起佃耕作收租办粮賣業任從
其便，此田係手置物，别無干在先並無重
典他人及交加未歷不明等情，如有此情
係兄出頭支理，不累弟之事。有能之日其期
不拘遠近，備銀照契面取贖，如有未贖依舊
賣業。今欲有憑，立賣契壹帋並帶業現舉
原契壹帋，又帶致瓊契壹帋共成捌紙
付執為照
又帶六七墩同契乙帋共成三帋

5-4-32-6　民國時期鄭裕駒立賣苗田契（草契）

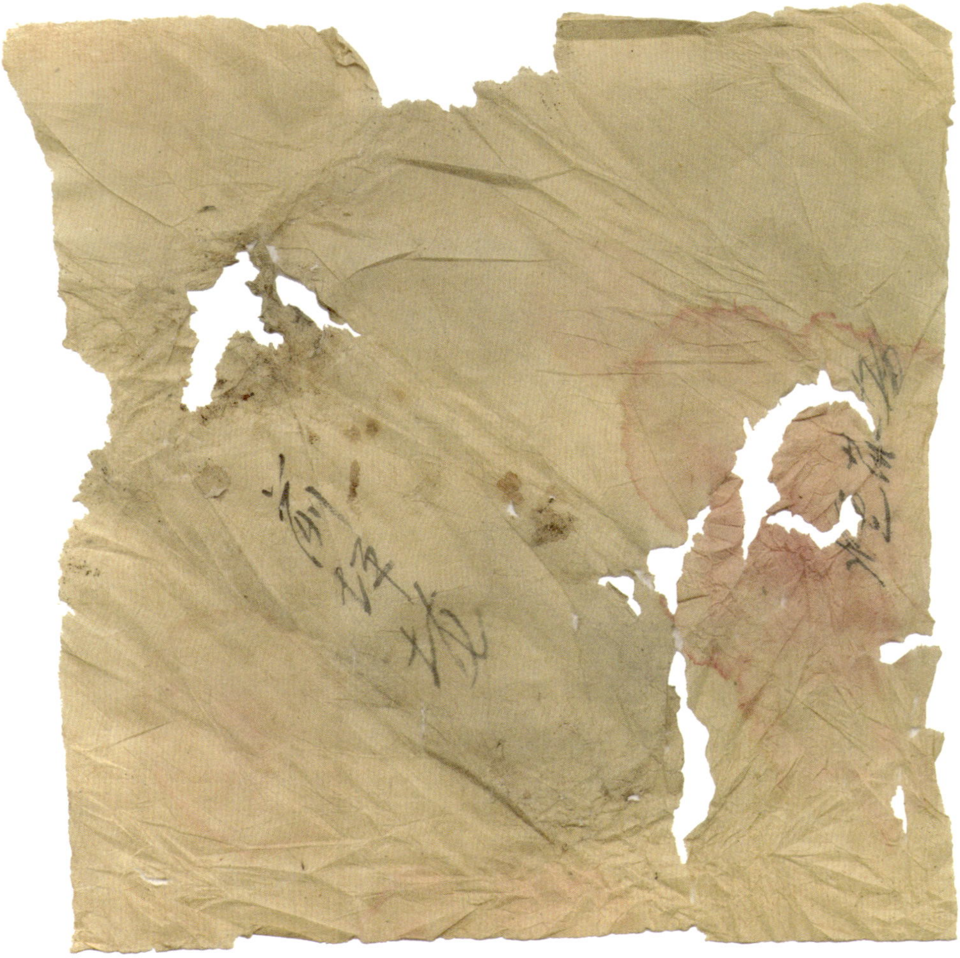

5-4-33-1　包契紙

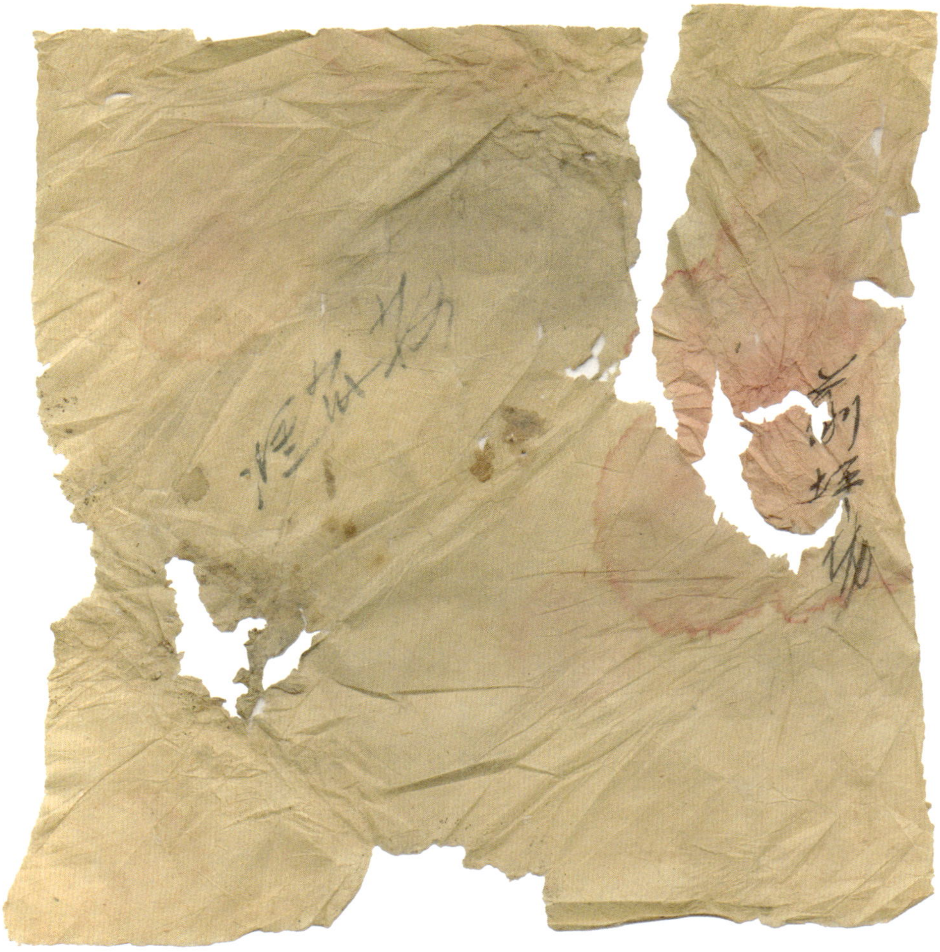

5-4-33-2　包契紙

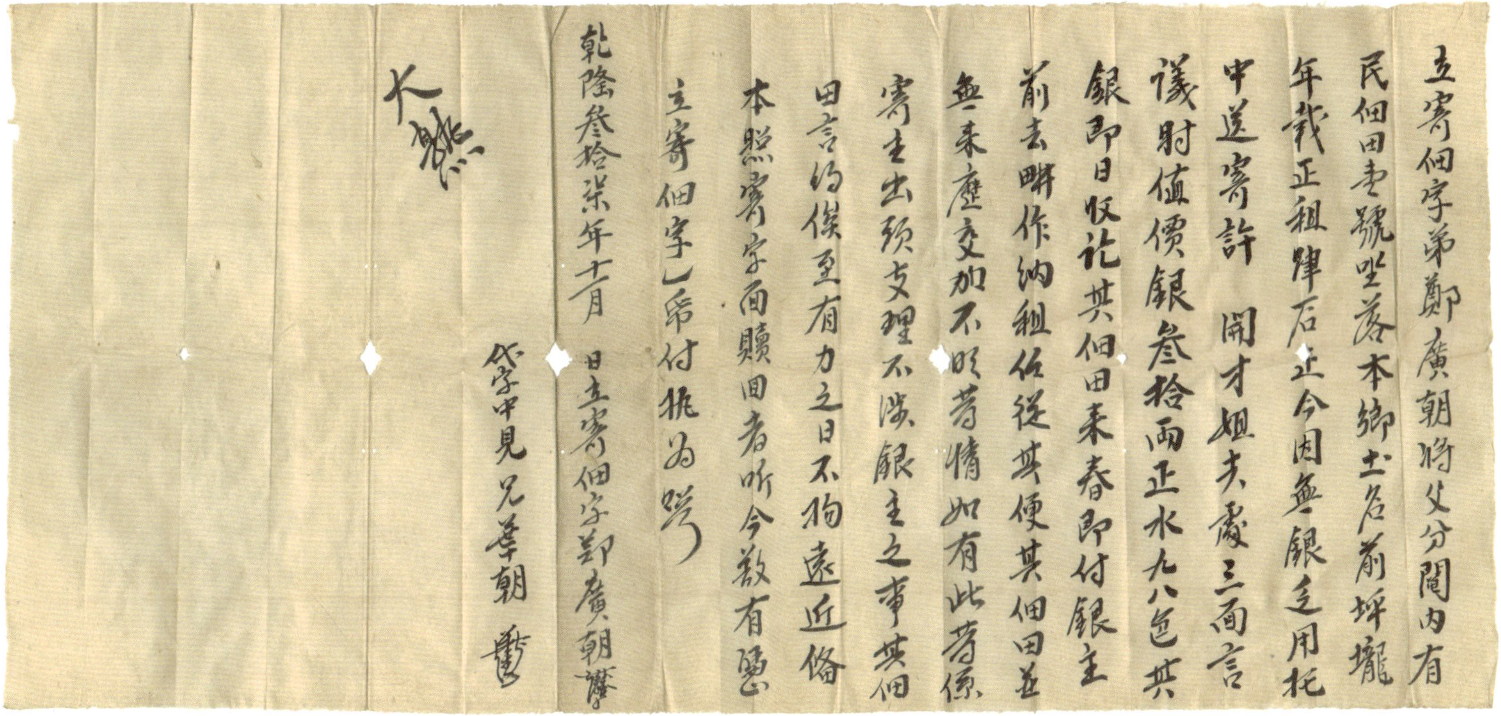

5-4-33-3　清乾隆三十七年十一月鄭廣朝立寄民佃田字

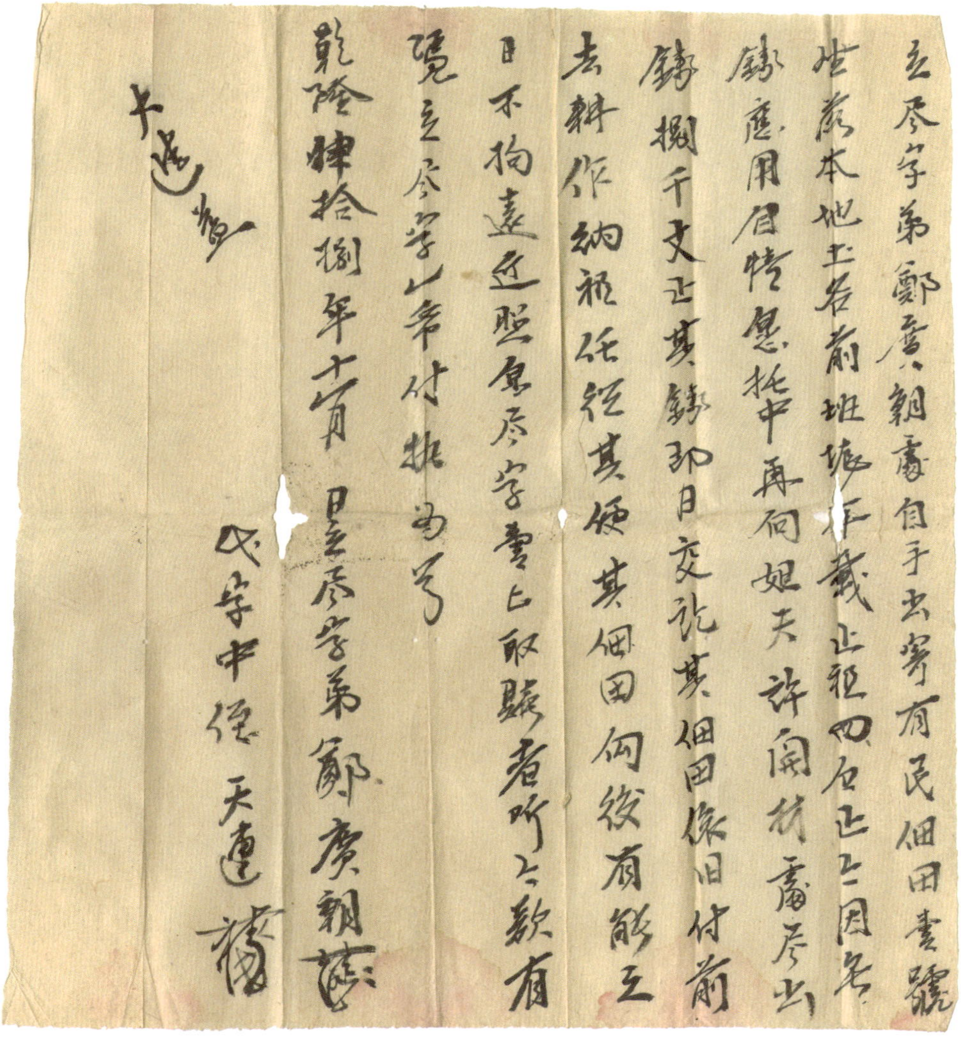
立盡字弟鄭廣朝壽自手出寄有民佃田壹號
坐落本地土名前班墘年載正租四石正，今因乏
錢應用，自情愿托中再向姐夫許開林壽盡出
錢捌千文正，其錢即日交訖，其佃田依旧付前
去耕作納租，任從其便。其佃田向後有能立
日不拘遠近照原盡字壹〻取贖，者所〻欵有
憑，立盡字壹帋付執為照。
乾隆肆拾捌年十一月　日立盡字弟鄭廣朝（押）
代字中保　天連（押）
大進益

5-4-33-4　清乾隆四十八年十一月鄭廣朝立盡民佃田字

立盡字兄廣朝將前手出尋有民佃田壹
號坐落本地土名前坪壠年載正租穀貳
百肆拾觔正今因無錢乏用托中再向弟
汝器處盡出錢壹仟陸百文正其錢即
日收訖其田依旧付弟耕作納租任從其
便其田俟至有能之日不拘遠近照原
盡字一一贖回者听今欲有憑立盡字一紙
付執爲照

嘉慶六年十一月　日　立盡字兄廣朝（押）
代字中弟錦朝（押）

大進宜

5-4-33-5　清嘉慶六年十一月鄭廣朝立盡民佃田字

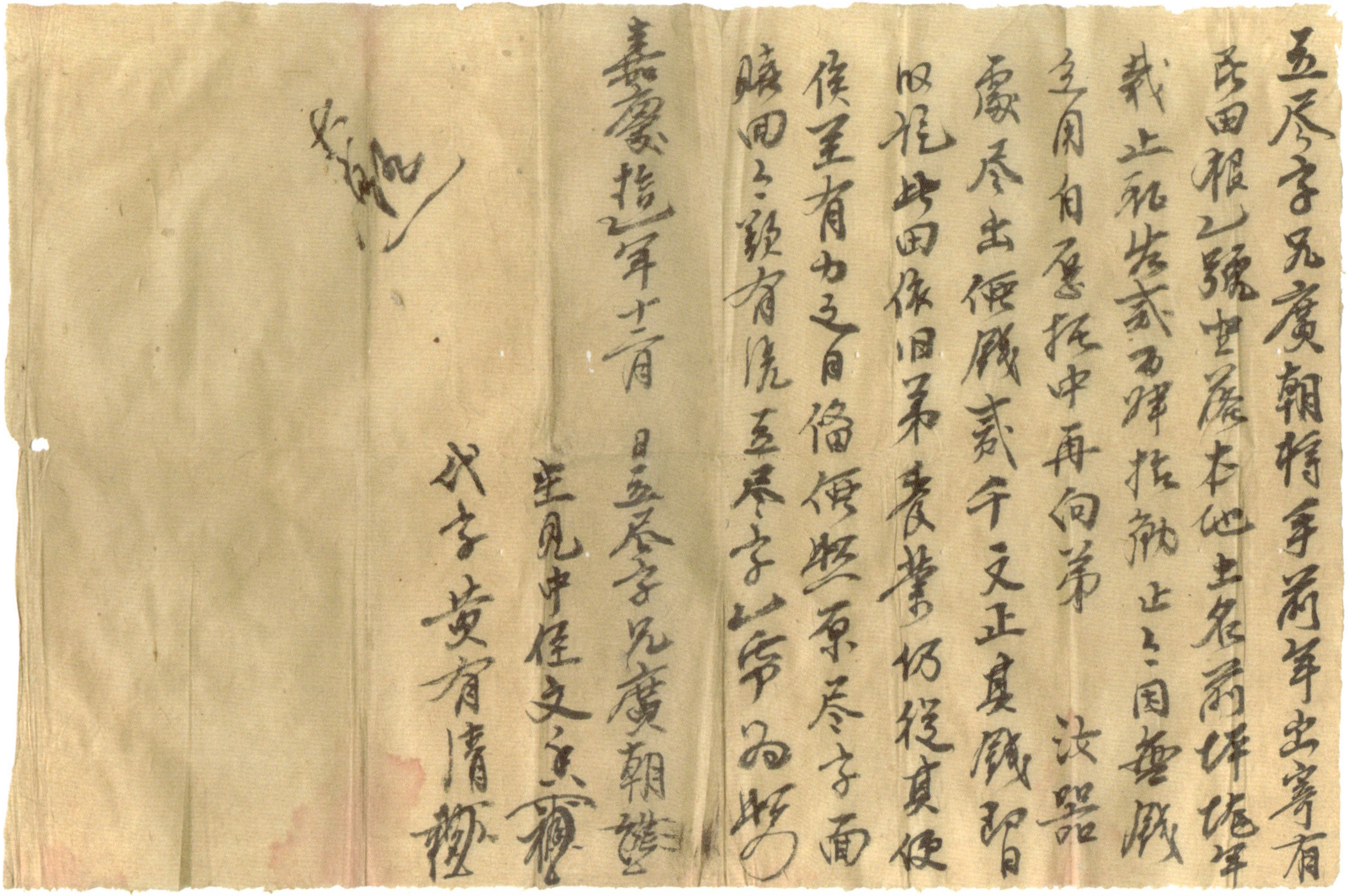

立盡字兄廣朝特手前年出寄有
民田根一號，坐落本地土名前洋垅半
截上租谷貳石，理就正。今因無錢
乏用，自愿托中再向弟 汝器
處盡出價錢貳千文正，其錢即
日收訖，此田依旧兄耕業，仍從其使
佃，至有力之日備價照原盡字面
贖回，二願有憑，立盡字一帋為照。
嘉慶拾壹年十二月　日立盡字兄廣朝（押）
見中侄文炎（押）
代字黄有清（押）

5-4-33-6　清嘉慶十一年十二月鄭廣朝立盡民田根字

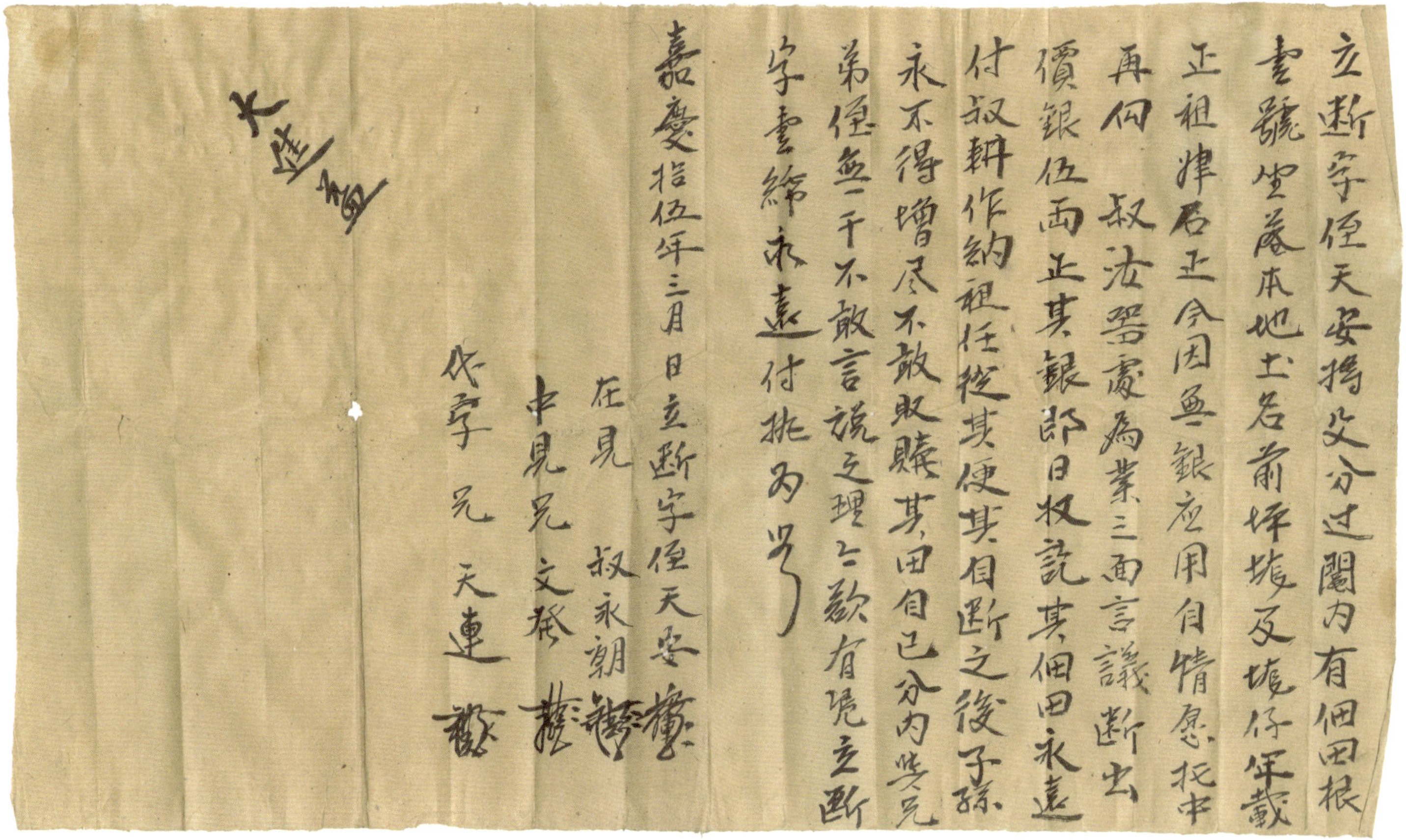
立斷字侄天安將父分过閬内有佃田根
壹號坐落本地土名前坪塆及塆仔年載
正租肆石正，今因無銀应用，自情愿托中
再向　叔法器處為業，三面言議斷出
價銀伍兩正，其銀即日收訖。其佃田永遠
付叔耕作納租，任從其便。其自斷之後，子孫
永不得增尽，不敢取贖。其田自己分内兄
弟侄無干，不敢言說之理。二欵有凭，立斷
字壹紙，永遠付批为照。

嘉慶拾伍年三月　日立斷字侄天安（押）
在見　叔永朝（押）
中見兄文桊（押）
代字兄　天連（押）

5-4-33-7　清嘉慶十五年三月鄭天安立斷佃田根字

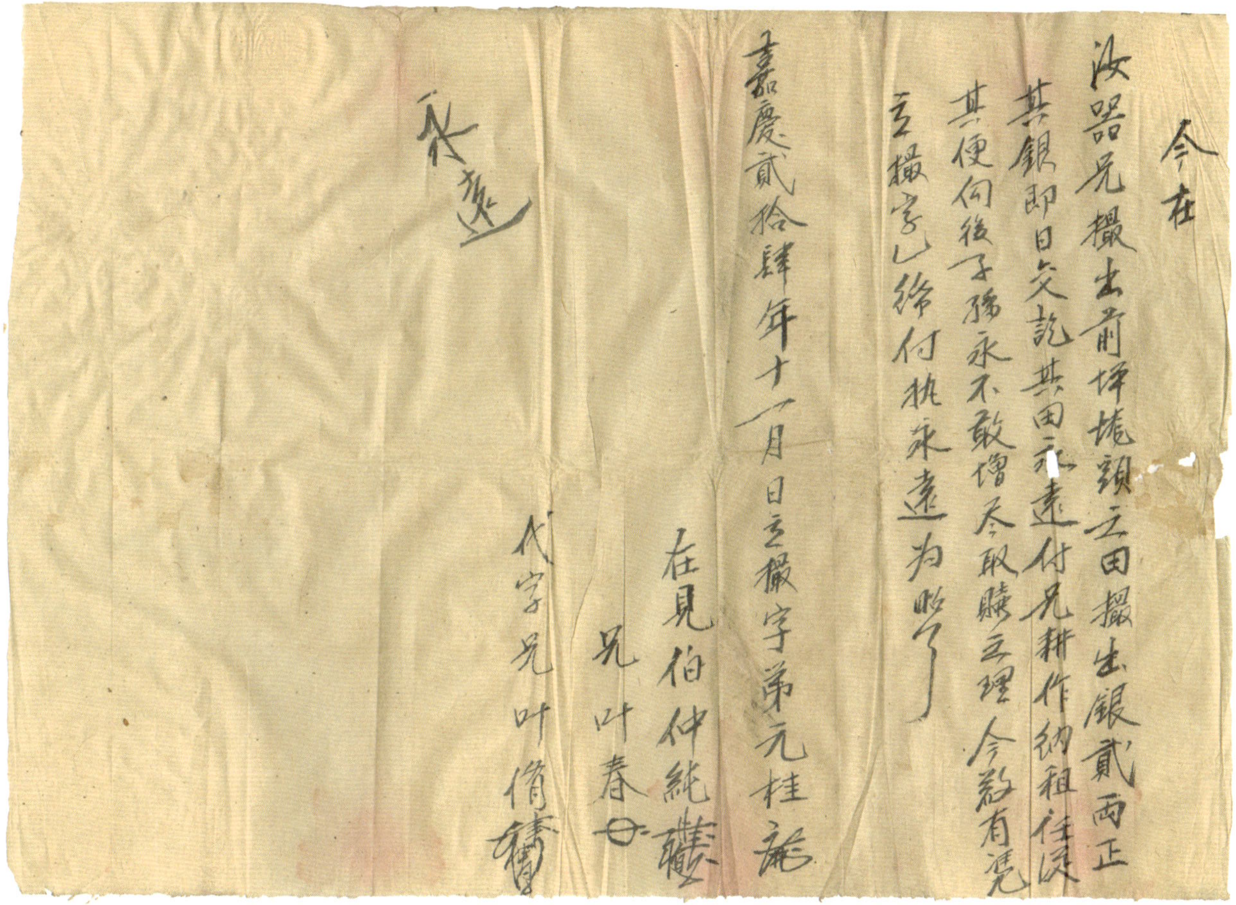

今在
汝器兄撮出前坪垅頭之田撮出銀貳兩正
其銀即日交訖其田永遠付兄耕作納租任從
其便向後子孫永不敢增添取贖之理 今欲有憑
立撮字乙紙付執永遠為照
嘉慶貳拾肆年十一月 日立撮字弟元桂(押)
在見伯 仲純(押)
兄 叶春(押)
代字兄 叶儔(押)
永遠

5-4-33-8 清嘉慶二十四年十一月鄭元桂立撮字

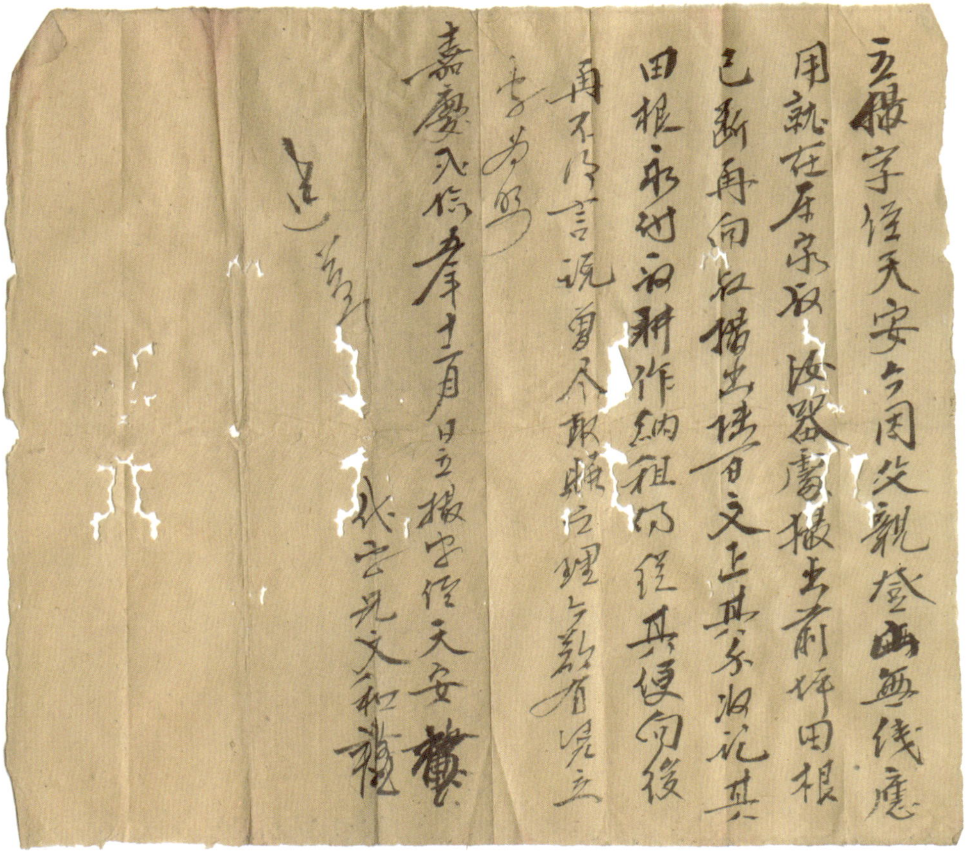

立撮字侄天安今因乏親叔出無錢應
用就在本家叔淡器處撮出前坪田根
已斷再向叔撮出錢百文正其錢收訖其
田根永付叔耕作納租仍從其侄向後
再不得言說多取贖之理今欲有憑立
撮字為照
嘉慶廿五年十二月 日立撮字侄天安（押）
代字 兄文和（押）
在見

5-4-33-9　清嘉慶二十五年十二月鄭天安立撮字

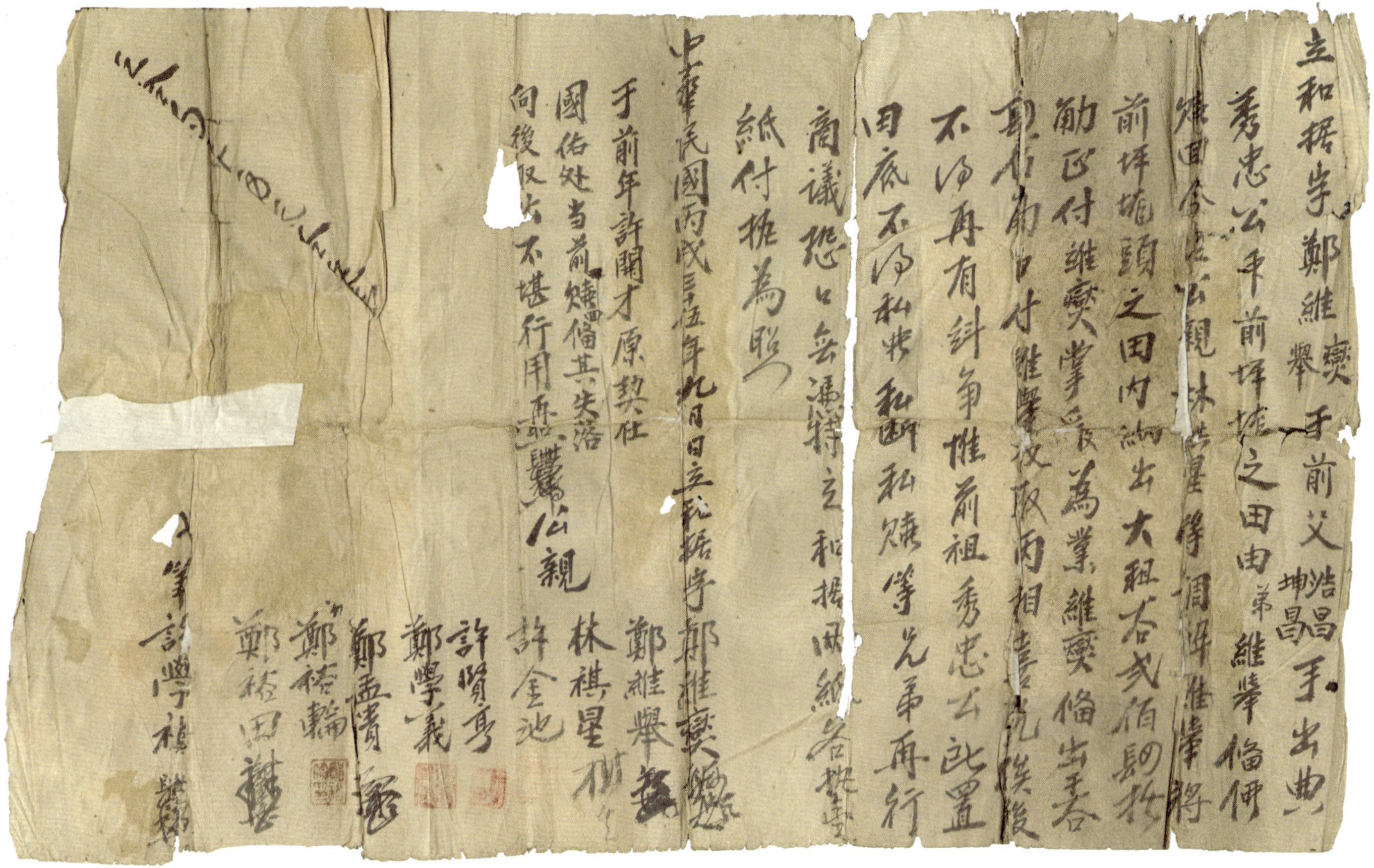

立和據字鄭維燮、舉，于前父浩昌、坤昌手出典
秀忠公手前坪堆之田，由弟維舉、倫俩
燁田合在公親林崇星得調坪，維舉將
前坪堆頭之田內納出大租谷貳佰觔扒
勸正付維燮掌管為業，維燮、倫出其谷
鄭石前日付維舉收取，兩相清楚，此後
不得再有糾爭。惟前祖秀忠公所置
田底，不得私典私斷私贖，等兄弟再行
商議。恐口無憑，特立和據兩紙，各執壹
紙付執為照。
中華民國丙戌叁拾伍年九月　日立和據字　鄭維燮
于前年許開才原契仕
國佑处当前鍾偏其失落
向後取出不堪行用再照
公親　鄭維舉
林祺星
許金池
許賢勇
鄭學義
鄭孟貴
鄭禧輪
鄭禧田
代筆　許學禎

5-4-33-10　民國三十五年九月鄭維燮等立和據字（一）

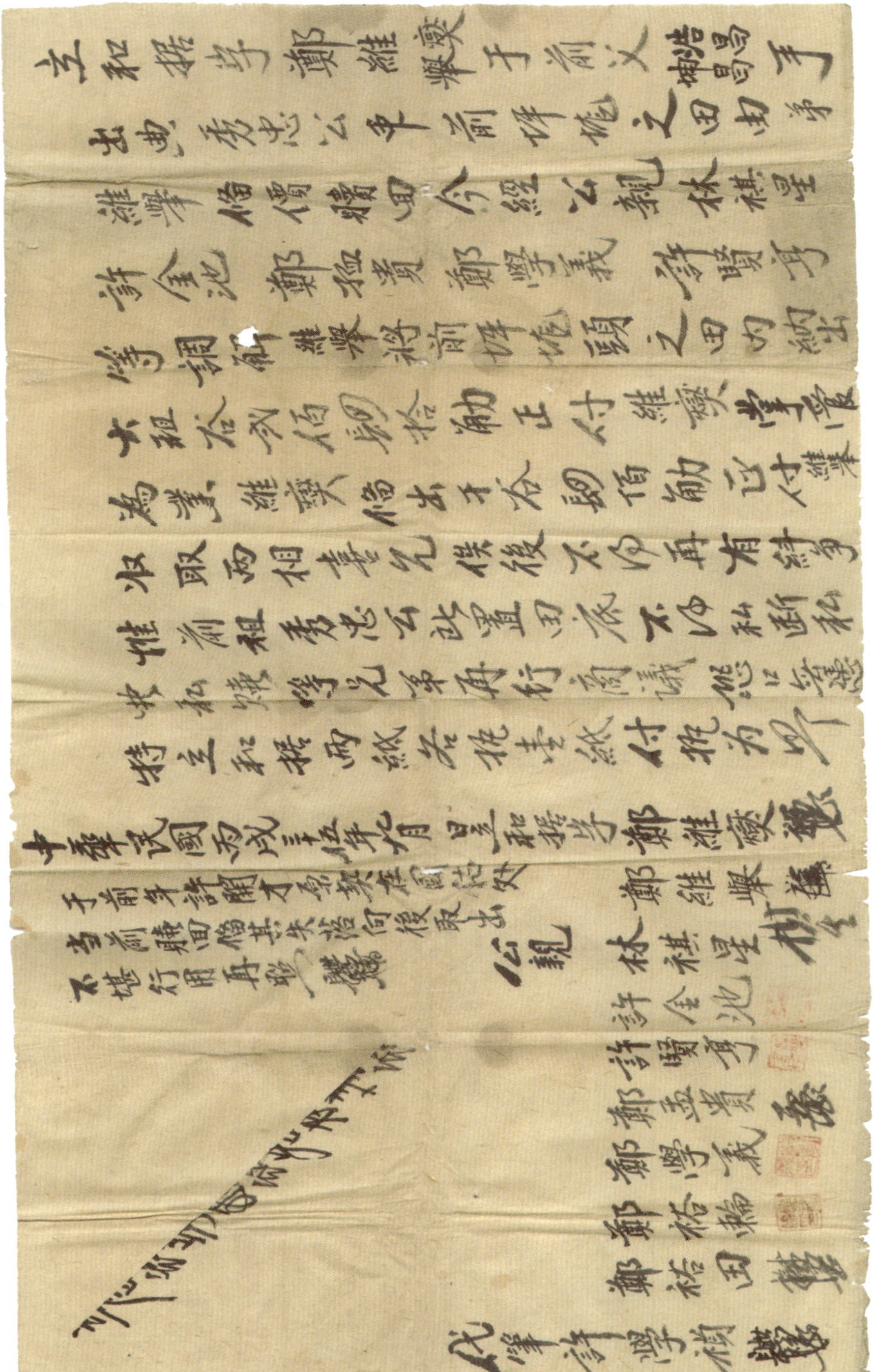
立和据字鄭維燮、
舉，于前父浩昌手
出典秀忠公手前坪塘之田由弟
維舉備價贖回，今經公親林祺星
許金池、鄭孟貴、鄭學義、許賢亨
等調解，維舉將前坪塘頭之田內納出
大租谷弍佰捌拾觔正付維燮掌管
為業，維燮備出干谷捌佰觔正付維舉
收取，兩相喜允，俟後不得再有糾爭。
惟前祖秀忠公所置田底不得私斷私
典私贖，燮兄弟再行商議。恐口無憑，
特立和据兩紙，各執壹紙，付執為照。
于前年許開才原契在國結處，
当前贖田備其失落，向後取出
不堪行用，再照。
中華民國丙戌三十五年九月　日立和据字鄭維燮
鄭維舉
公親　林祺星
許金池
許賢亨
鄭孟貴
鄭學義
鄭裕輪
鄭裕田
代筆許學禎

5-4-33-11　民國三十五年九月鄭維燮等立和據字（二）

八闽文库

八閩文庫

專題彙編

第二種

福建民間契約文書

厦門大學民間歷史文獻研究中心 編

鄭振滿 主編

23

海峽出版發行集團
THE STRAITS PUBLISHING & DISTRIBUTING GROUP
福建人民出版社

本册目録

第五卷　永泰縣蓋洋鄉蓋峰村鄭氏契約文書（五）

第四帙　鄭爾堂户

第五卷　永泰縣蓋洋鄉蓋峰村鄭氏契約文書（五）

本卷主編　高晨焜

第四帙　鄭爾堂户

5-4-34-1　包契紙

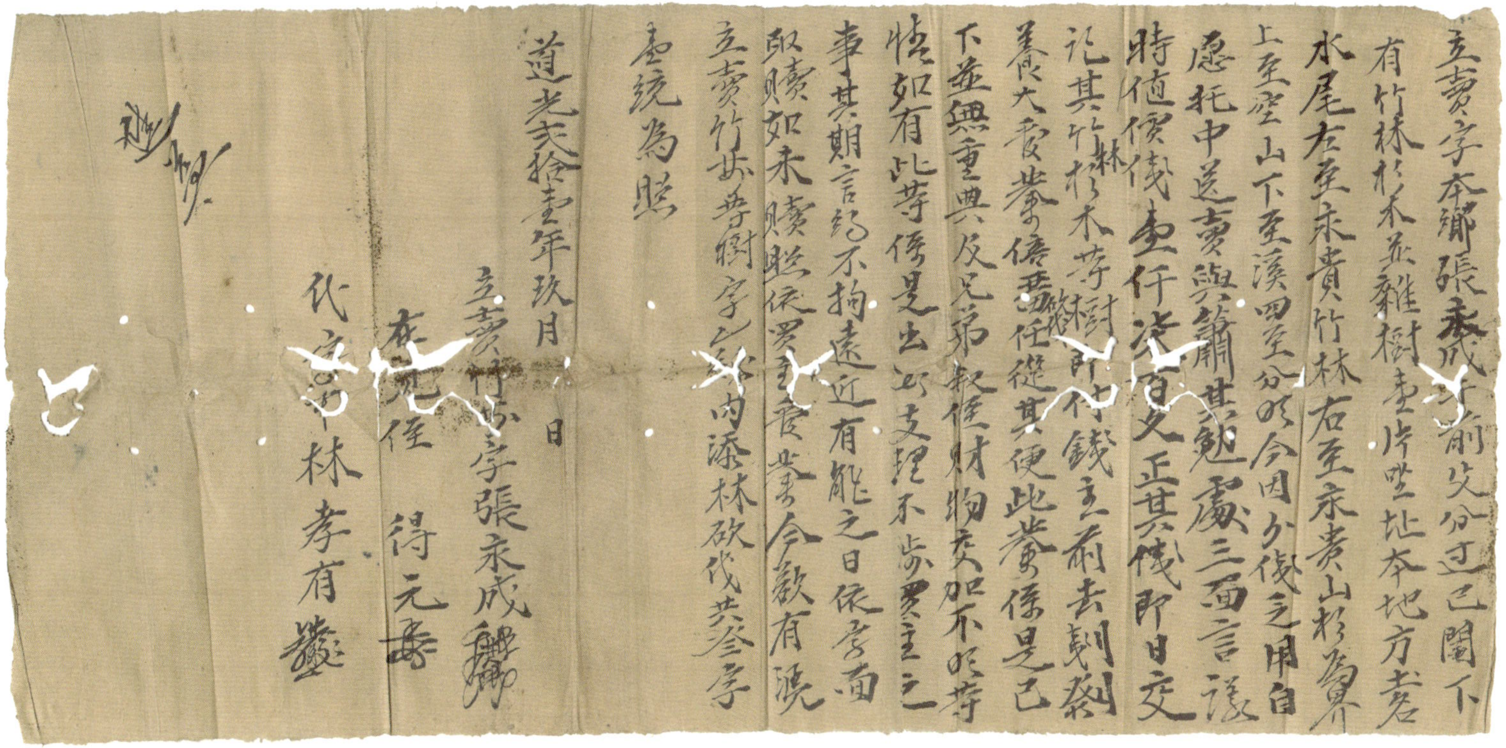
立賣字本鄉張永成[illegible]前父分过己閫下
有竹林杉木並雜樹壹片坐址本地方老
水尾左至永貴竹林右至永貴山杉為界
上至壟山下至溪四至分明今因乏錢之用自
愿托中送賣與蕭其勉處三面言議
時值價錢壹仟[illegible]文正其錢即日交
訖其竹林杉木等樹[illegible]錢主前去剝裂
養大其業係[illegible]任從其便此業係是己
下並無重典及兄弟叔侄財物交加不明等
情如有此等係是出筆支理不涉買主之
事其朗言約不拘遠近有能之日依原面
取贖如未贖照依買業管業今欲有憑
立賣竹林等樹字[illegible]付與蕭林收代共叁字
壹統為照
道光貳拾壹年玖月　日
立賣竹林字張永成
在見侄　得元
代字　林孝有

5-4-34-2　清道光二十一年九月張永成立賣竹林等字

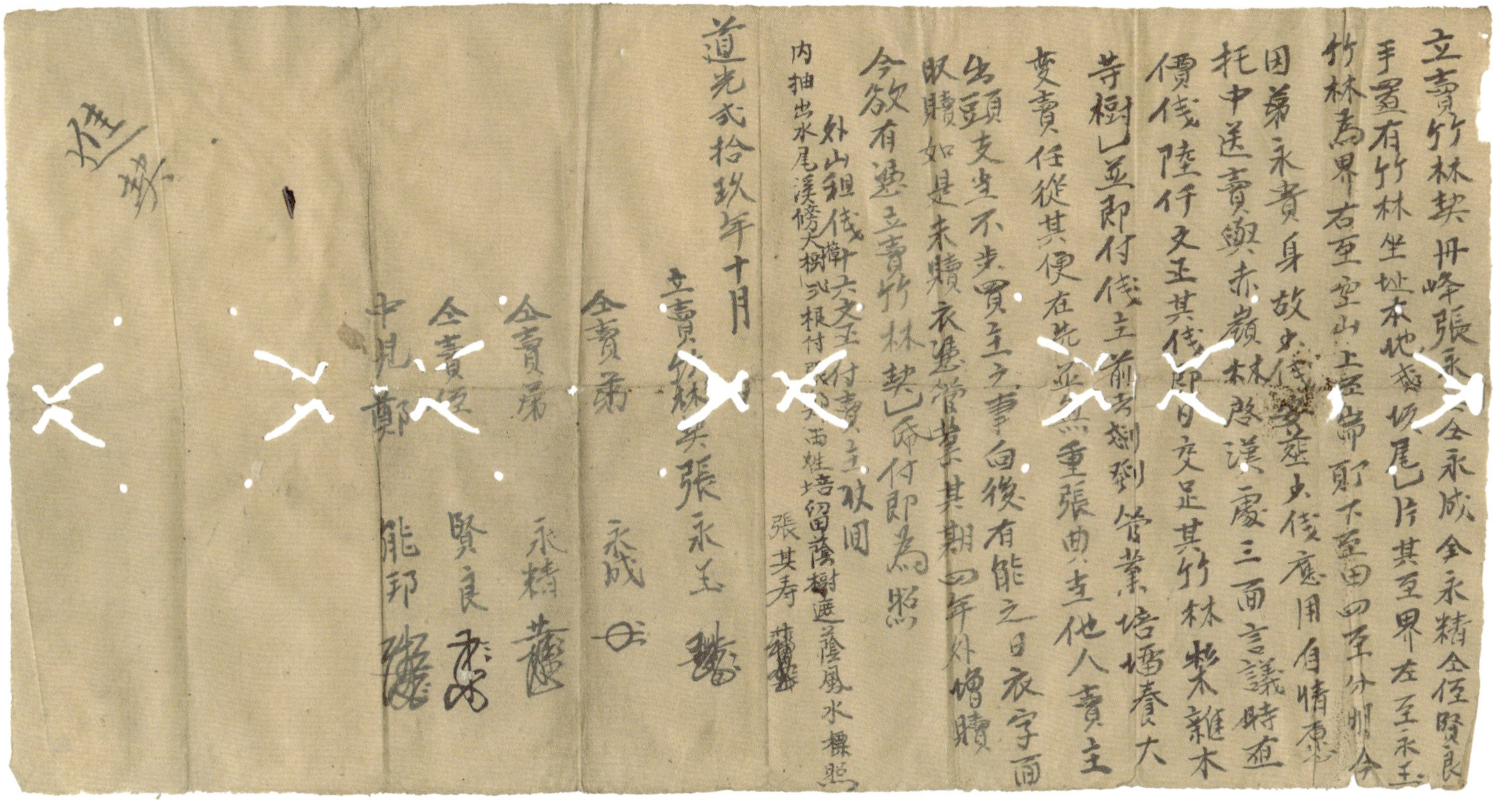

立賣竹林契卅峰張永[illegible]仝永成仝永精仝侄賢良
手置有竹林坐址本地土名坑尾山片，其至界左至永玉
竹林為界，右至空山，上至崗頂，下至田，四至分明。今
因弟永貴身故，乏錢應用，自情愿
托中送賣與赤嶺林啟漢處，三面言議時值
價錢陸仟文，其錢即日交足，其竹林柴雜木大
寺樹山並即付錢主前去[illegible]管業，培[illegible]養大
變賣，任從其便，在先並無重張典去他人，賣主
出頭支當，不涉買主之事。自後有能之日，依字面
取贖，如是未贖，依遠管業，其期四年外備贖。
今欲有憑，立賣竹林契一紙，付即為照。
外山租錢[illegible]六文，玉付賣主收回。
內抽出水尾溪傍大樹弍根付[illegible]兩姓培留蔭樹，遮蔭風水[illegible]照
張其寿 [illegible]

道光弍拾玖年十月　立賣竹林契張永玉（押）
仝賣弟　永成（押）
仝賣侄　永精（押）
仝賣侄　賢良（押）
中見鄭　能邨（押）

5-4-34-3　清道光二十九年十月張永玉等立賣竹林等契

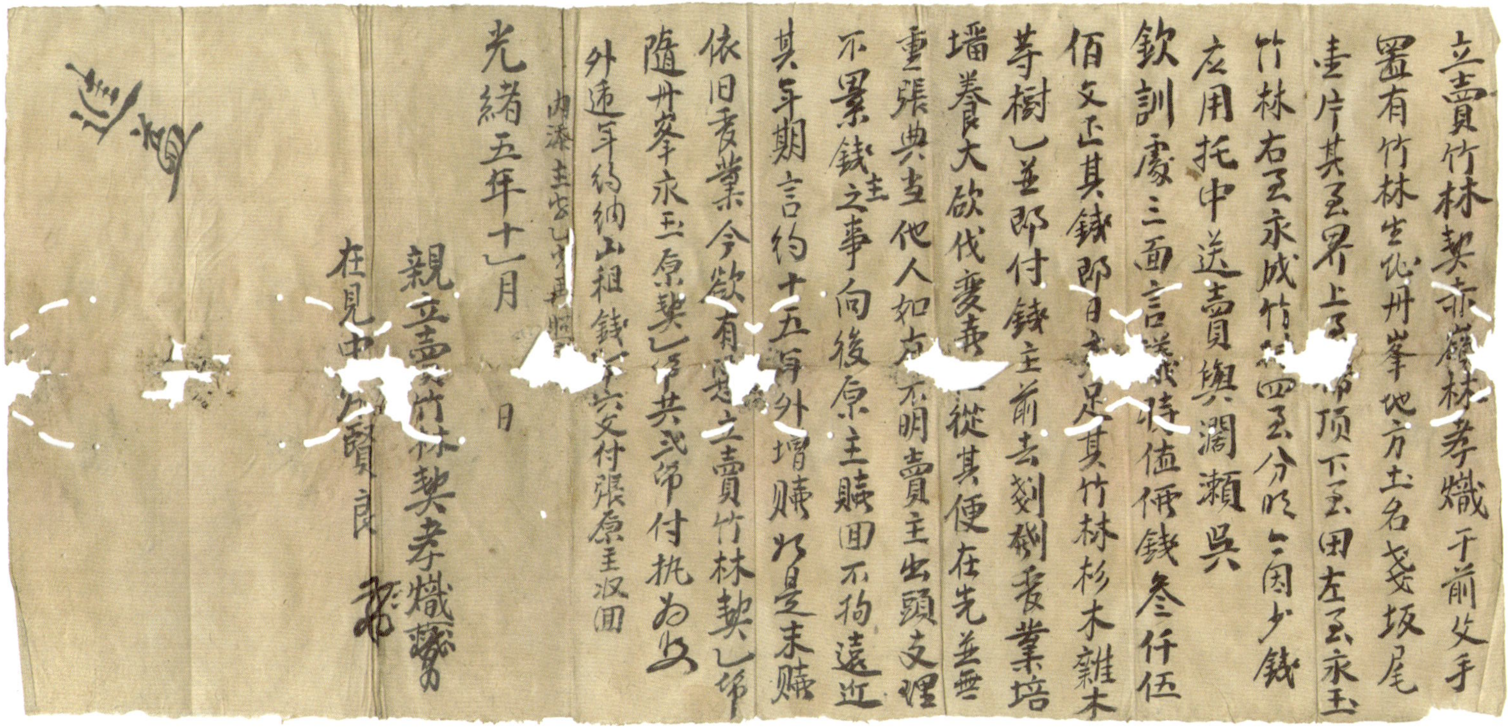

5-4-34-4　清光緒五年十一月林孝熾立賣竹林等契

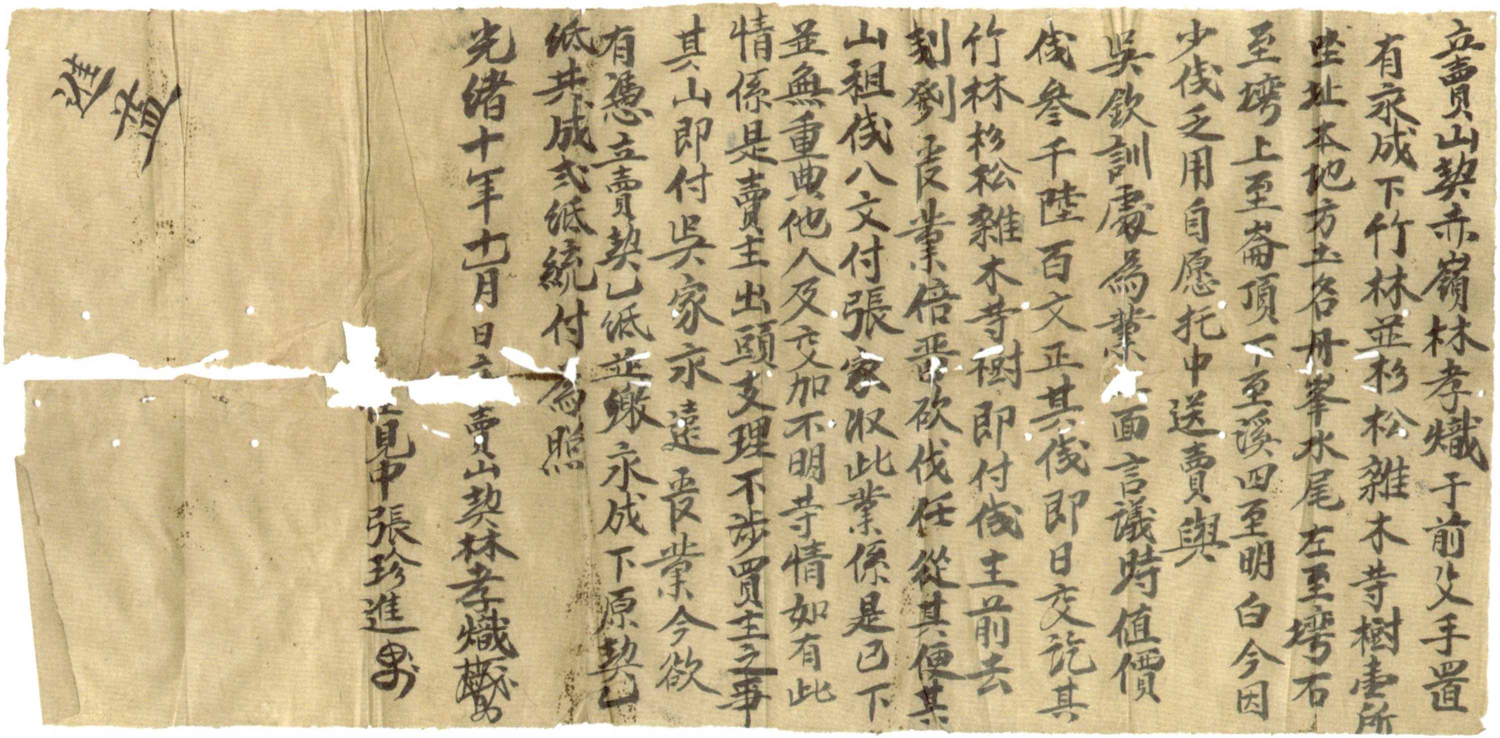

立賣山契赤嶺林孝熾，于前父手置
有永成下竹林並杉松雜木等樹壹所，
坐址本地方土名丹峯水尾，左至磡石
至磡，上至崙頂，下至溪，四至明白。今因
少錢乏用，自愿托中送賣與
吳欽訓處爲業，當面言議時值價
錢叁千陸百文正。其錢即日交訖。其
竹林杉松雜木等樹即付錢主前去
劉管業，倍晉砍伐，任從其便。其
山祖錢八文付張家收。此業係是己下，
並無重典他人，及交加不明等情。如有此
情，係是賣主出頭支理，不涉買主之事。
其山即付吳家永遠管業。今欲
有憑，立賣契山紙並繳永成下原契山
紙共成弍紙，繳付爲照。
光緒十年十一月　日立賣山契林孝熾（押）
見中張珍進（押）

5-4-34-5　清光緒十年十一月林孝熾立賣竹林等契

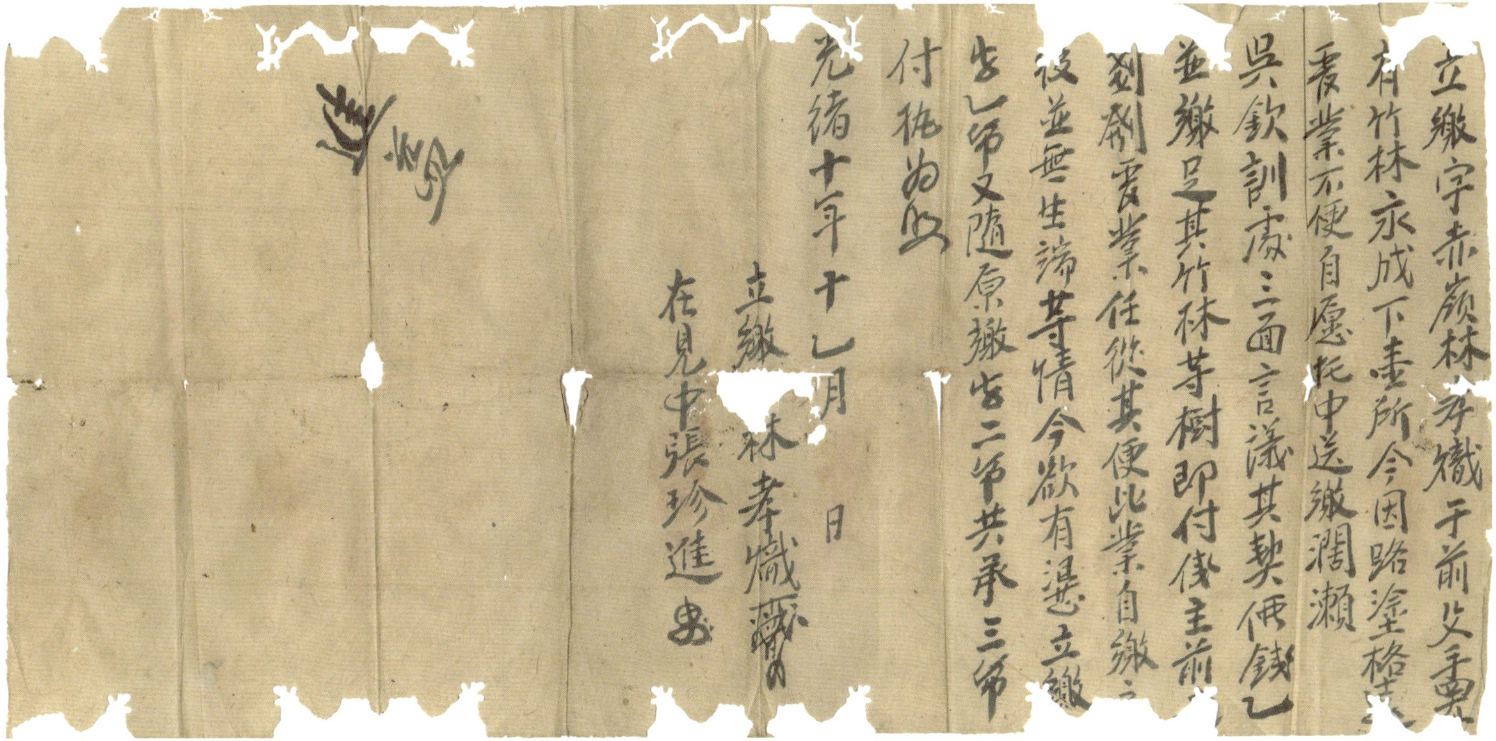

立繳字赤岭林孝熾于前父手置
有竹林永成下壟所今因路途格去
覆業不便自愿托中送繳潤瀨
吳欽訓處三面言議其契價錢乙
並繳足其竹林等樹即付衆主前
到劄覆業任從其便此業自繳之
後並無生端等情今欲有憑立繳
字乙紙又隨原繳字二紙共承三紙
付執為照

光緒十年十一月　日　立繳　林孝熾

在見中　張珍進

5-4-34-6　清光緒十年十一月林孝熾立繳竹林等契

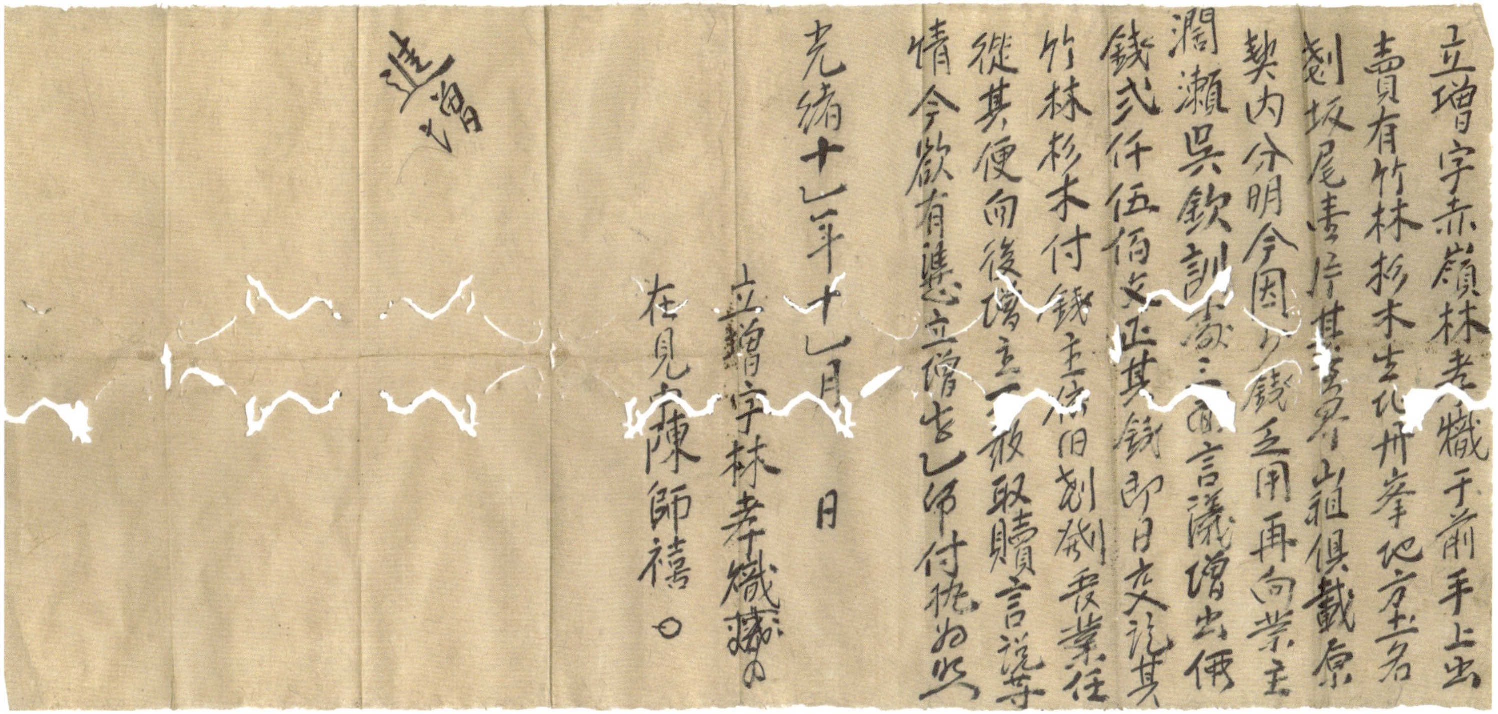
立增字亦嶺林孝熾于前手上出
賣有竹林杉木土北卅峯地方土名
劃坂尾青岸其山界址俱載原
契內分明今因少錢應用再向業主
濶瀨吳欽訓處言議增出佛
錢弍仟伍佰文正其錢即日交訖其
竹林杉木付錢主依旧劃剝管業任
從其便向後增主一概取贖言說等
情今欲有憑立增字一紙付執為照
光緒十一年十一月　日
立增字林孝熾（押）
在見人陳師禧（押）

5-4-34-7　清光緒十一年十一月林孝熾立增竹林等字

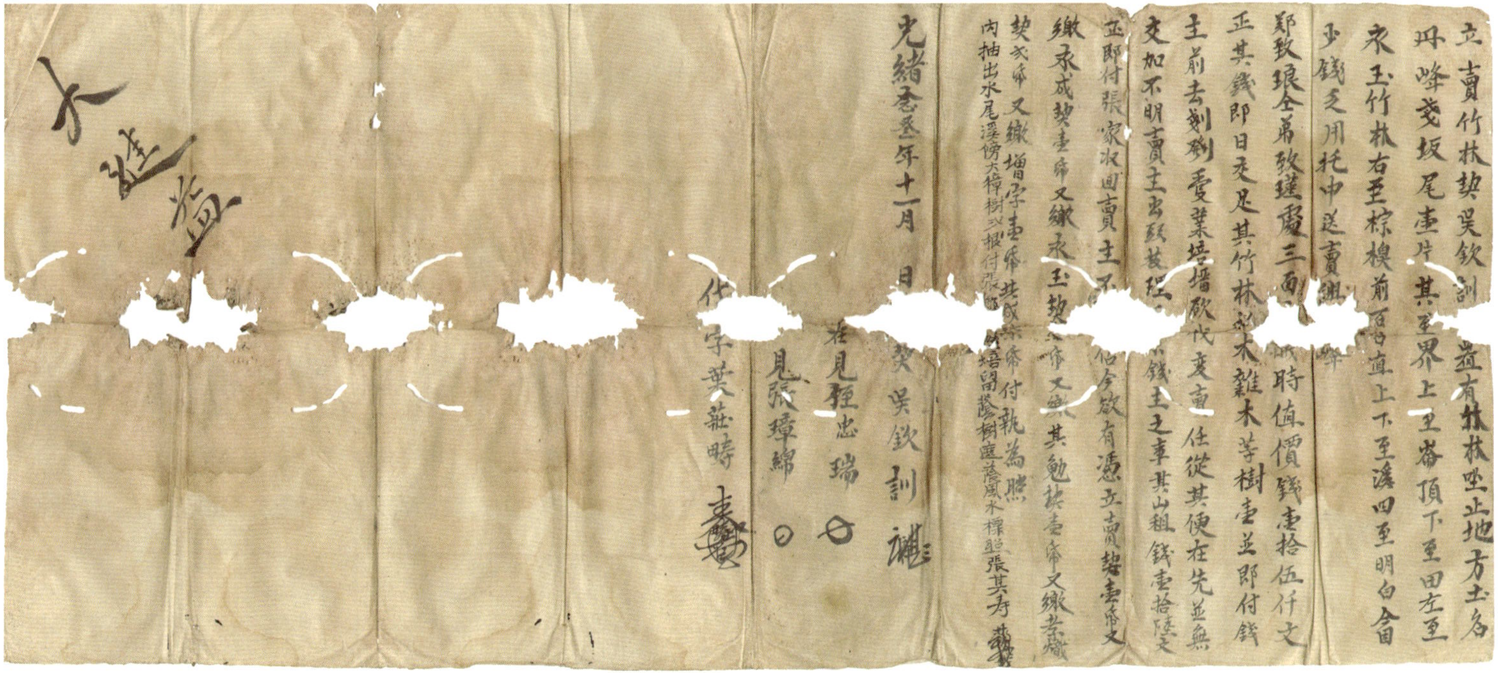

5-4-34-8　清光緒二十三年十一月吳欽訓立賣竹林契

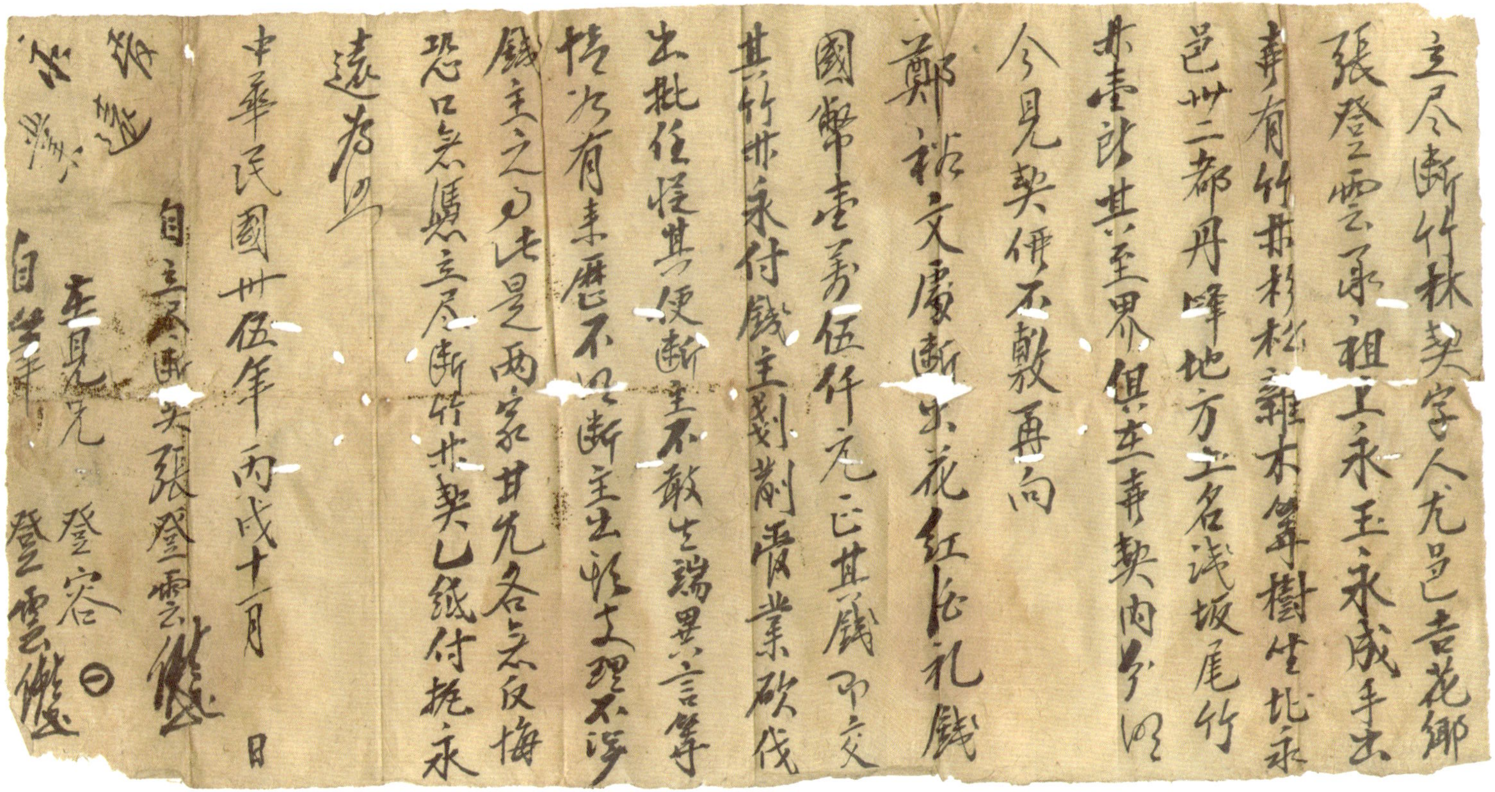

立盡斷竹林契字人尤邑吉花鄉
張登雲承祖上永玉、永成手出
弃有竹林杉松雜木等樹坐址永
邑卅二都丹峰地方土名浅坂尾竹
林壹所，其至界俱在弃契內分明
今見契價不敷，再向
鄭裕文處斷出花紅酒禮錢
國幣壹萬伍仟元正，其錢即交
其竹林永付錢主剳割管業砍伐
出批，任從其便，斷主不敢生端異言等
情，次有來歷不明，斷主出頭抵當，不涉
錢主之事，此是兩家甘允，各無反悔，
恐口無憑，立盡斷竹林契一紙付執，永
遠為照。
中華民國卅伍年丙戌十一月　日
自立盡斷契張登雲（押）
在見兄　登容
自筆　登雲（押）

5-4-34-9　民國三十五年十一月尤溪張登雲立盡斷竹林等契

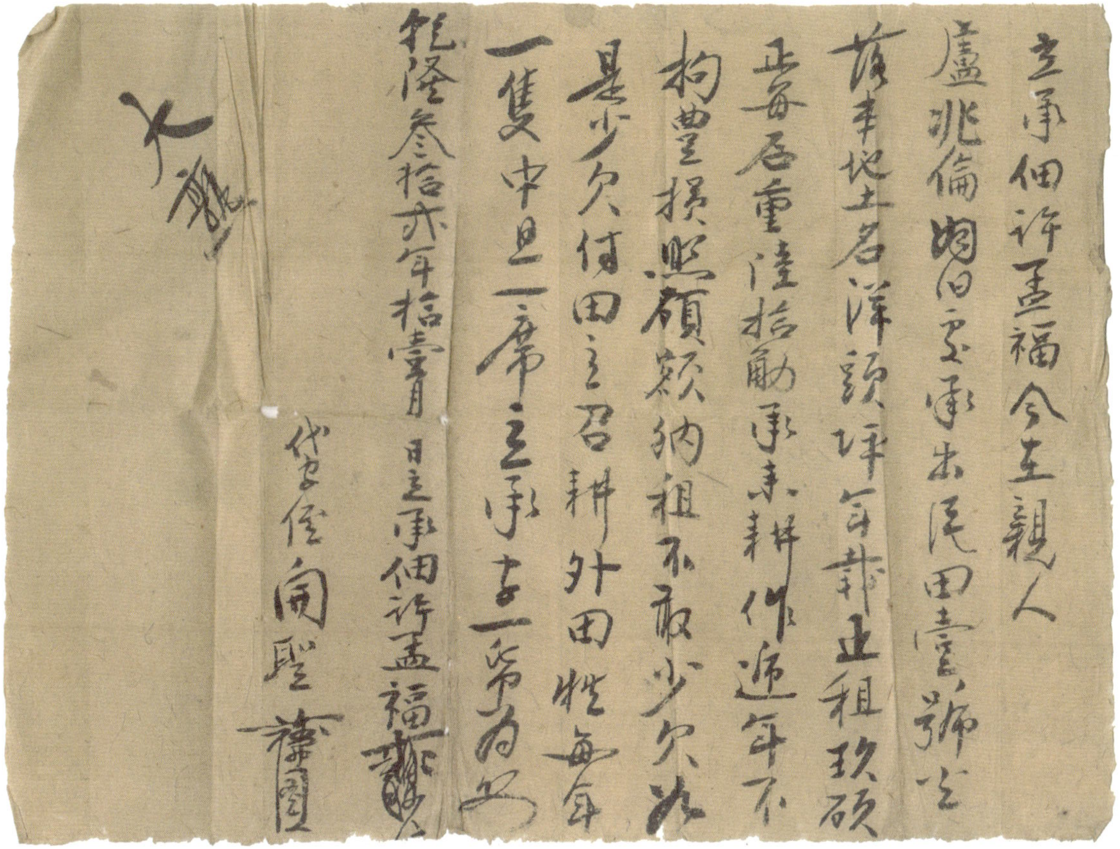
立承佃許孟福，今在親人
盧兆倫邊承出民田壹號，坐
落本地土名洋頭坪，年載正租玖碩
正，每石重佳拾觔，承來耕作。逐年不
拘豐損，照額納租，不敢少欠。如
是少欠，付田主召耕外，田牲每年
一隻，中旦一席。立承字一帋為照。
乾隆叁拾貳年拾壹月　日立承佃許孟福
代書侄　甸聖

5-4-35-1　清乾隆三十二年十一月許孟福立承佃民田字

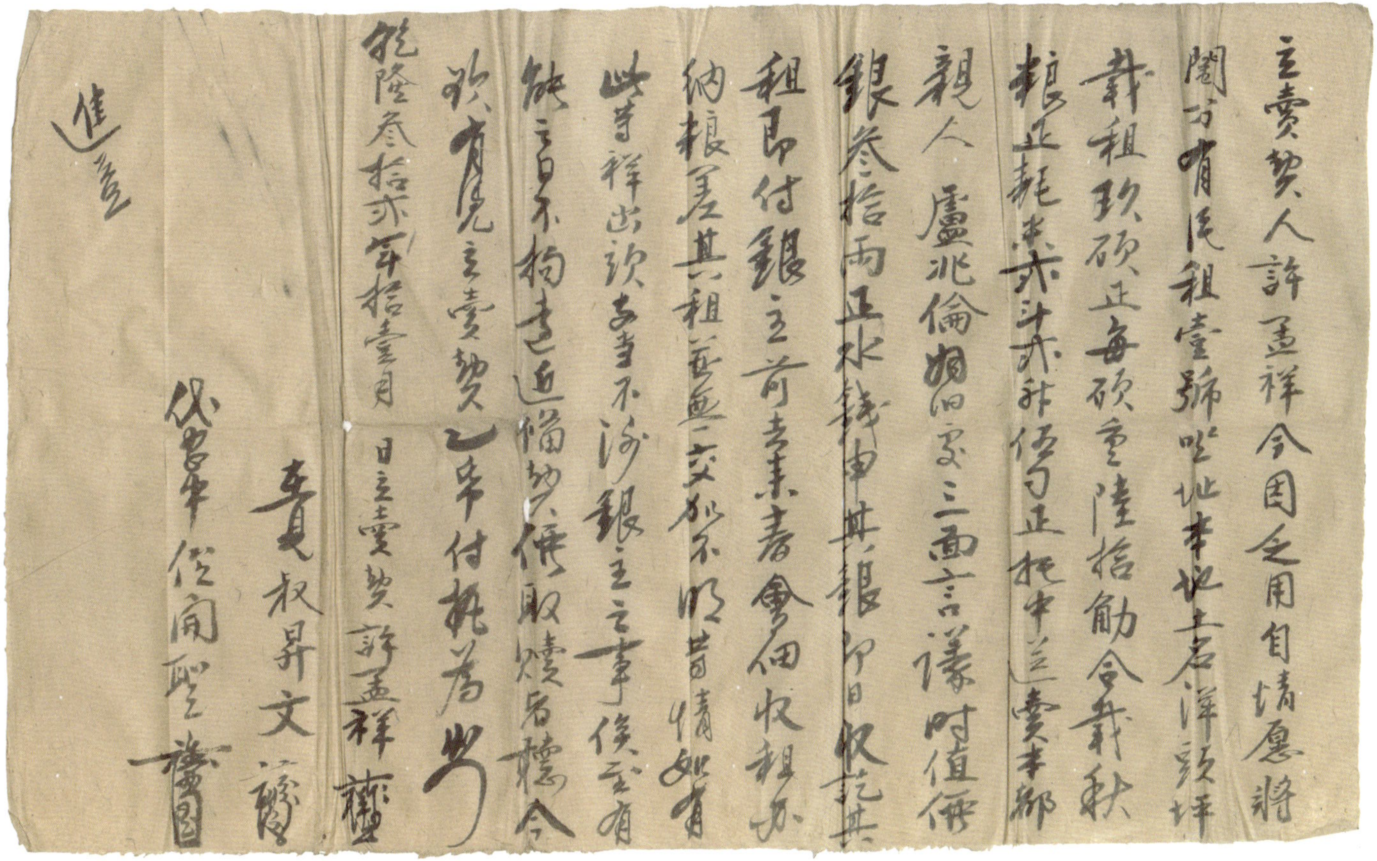

立賣契人許孟祥今因乏用自情愿將
閩分有民租壹號坐址本地土名洋頭坪
載租玖碩正每碩重陸拾觔今載秋
粮正耗米弍斗弍升伍合正托中送賣本鄉
親人盧兆倫姻[illegible]三面言議時值價
銀叁拾兩正水錢串其銀即日收訖其
租即付銀主前去管業會佃收租辦
納粮差其租並無重張交加不明等情如有
此係孟祥出頭支當不涉銀主之事後至有
錢之日不拘遠近備契價取贖[illegible]今
欲有憑立賣契一紙付執為照
乾隆叁拾弍年拾壹月　日立賣契許孟祥（押）
見叔昇文（押）
代筆侄開聖（押）
進益

5-4-35-2　清乾隆三十二年十一月許孟祥立賣民租契

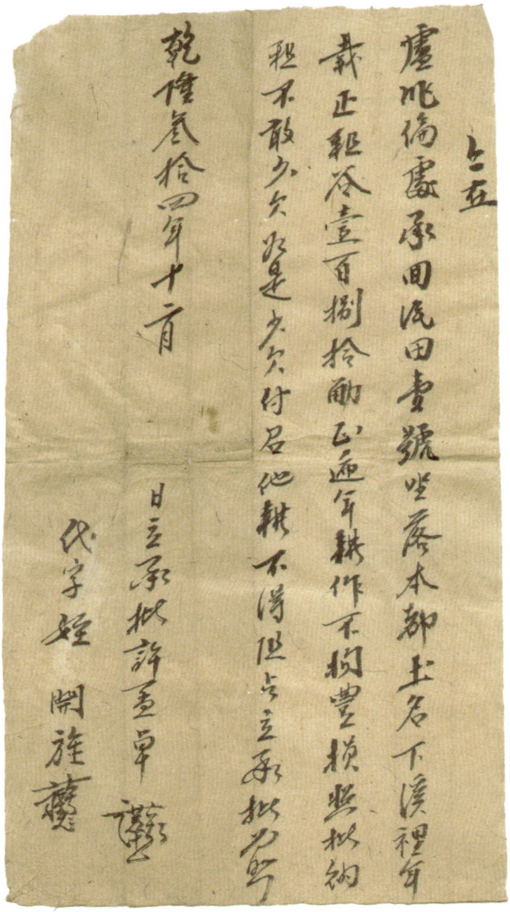

立在
盧兆偏處承田民田壹號坐落本都土名下溪裡年
載正租谷壹百捌拾觔正遞年耕作不拘豐損照批納
租不敢少欠如是少欠付居佃耕不得阻立承批為照
乾隆叁拾四年十二月　日立承批許孟卓（押）
代字姪　開旌（押）

5-4-35-3　清乾隆三十四年十二月許孟卓立承批民田字

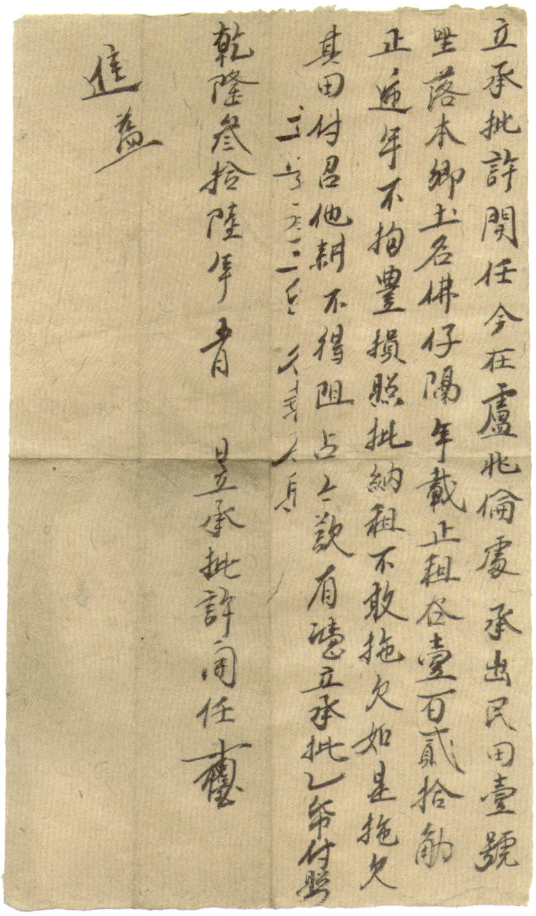
立承批許開任今在盧批倫處承出民田壹號
坐落本鄉土名佛仔陽年載正租谷壹百貳拾觔
正遞年不拘豐損照批納租不敢拖欠如是拖欠
其田付呂他耕不得阻占之款有憑立承批一紙付照
[illegible]
乾隆叁拾陸年　月　日立承批許開任
進益

5-4-35-4　清乾隆三十六年五月許開任立承批民田字

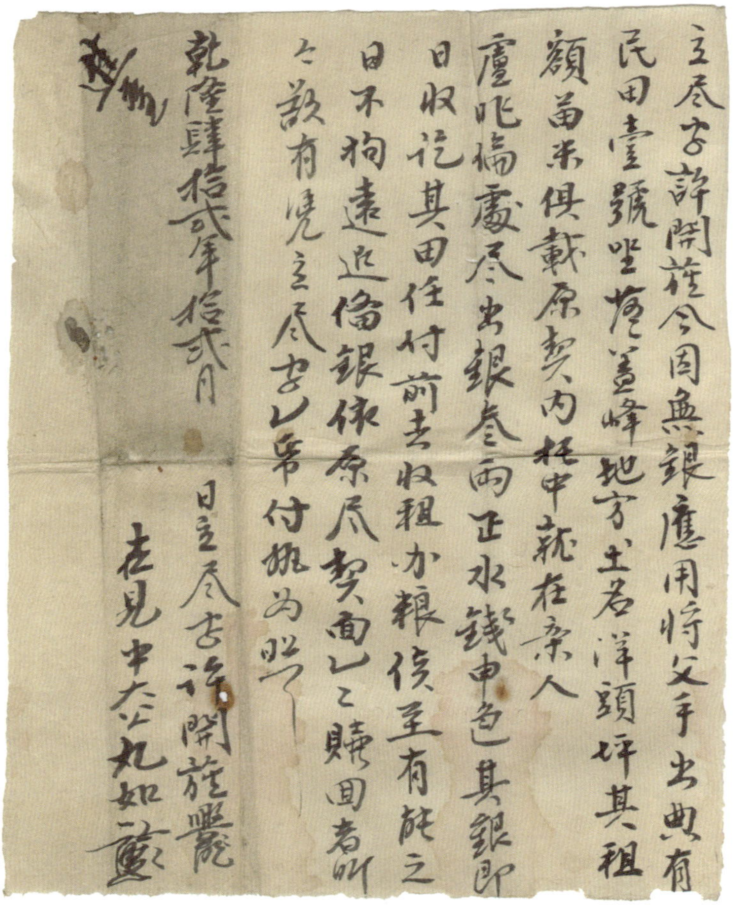
立盡字許開旌今因無銀應用將父手出典有
民田壹號坐落蓬峰地方土名洋頭坪其租
額苗米俱載原契內托中就在原人
厘叱偏處盡出銀叁兩正水錢申色其銀即
日收訖其田任付前去收租办粮倘至有能之
日不拘遠近備銀依原盡契面𠃑之贖田者所
之數有憑立盡字𠃑帋付執為照
乾隆肆拾貳年拾貳月　日立盡字許開旌（押）
在見中大公丸如（押）

5-4-35-5　清乾隆四十二年十二月許開旌立盡民田字

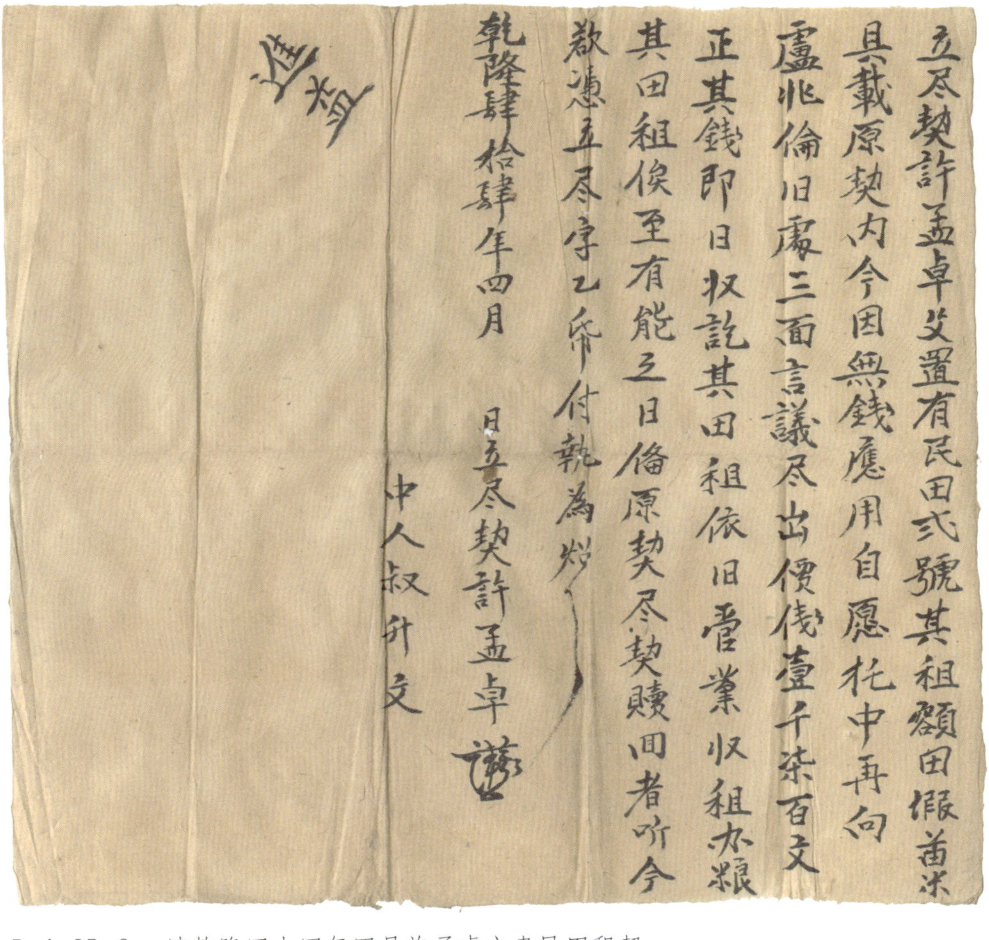

立尽契許孟卓父置有民田弍號其租額田假苗米
具載原契內今因無錢應用自愿托中再向
盧兆倫旧處三面言議尽出價錢壹千柒百文
正其錢即日收訖其田租依旧管業收租办粮
其田租俟至有能之日倫原契尽契贖回者听今
欲憑立尽字乙帋付執為炤
乾隆肆拾肆年四月　日立尽契許孟卓
中人叔升文

5-4-35-6　清乾隆四十四年四月許孟卓立盡民田租契

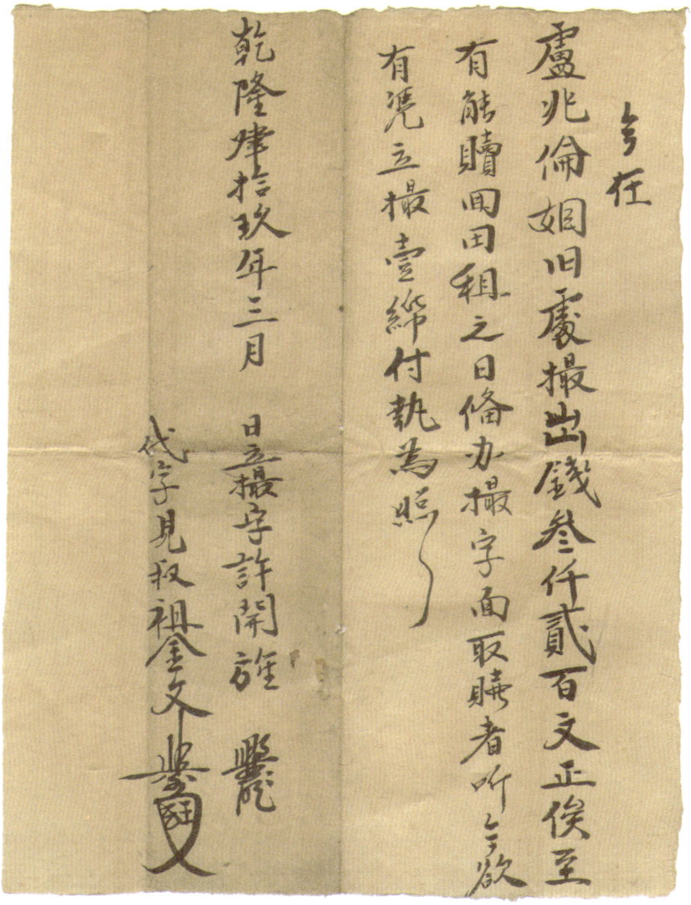

今在盧兆倫姻旧處撮出錢叁仟貳百文正，俟至有能贖回田租之日，倫办撮字面取贖者，听从欲有憑，立撮壹紙付執為照。

乾隆肆拾玖年三月　日立撮字許開旌（押）

代字見叔祖全文（押）

5-4-35-7　清乾隆四十九年三月許開旌立撮字

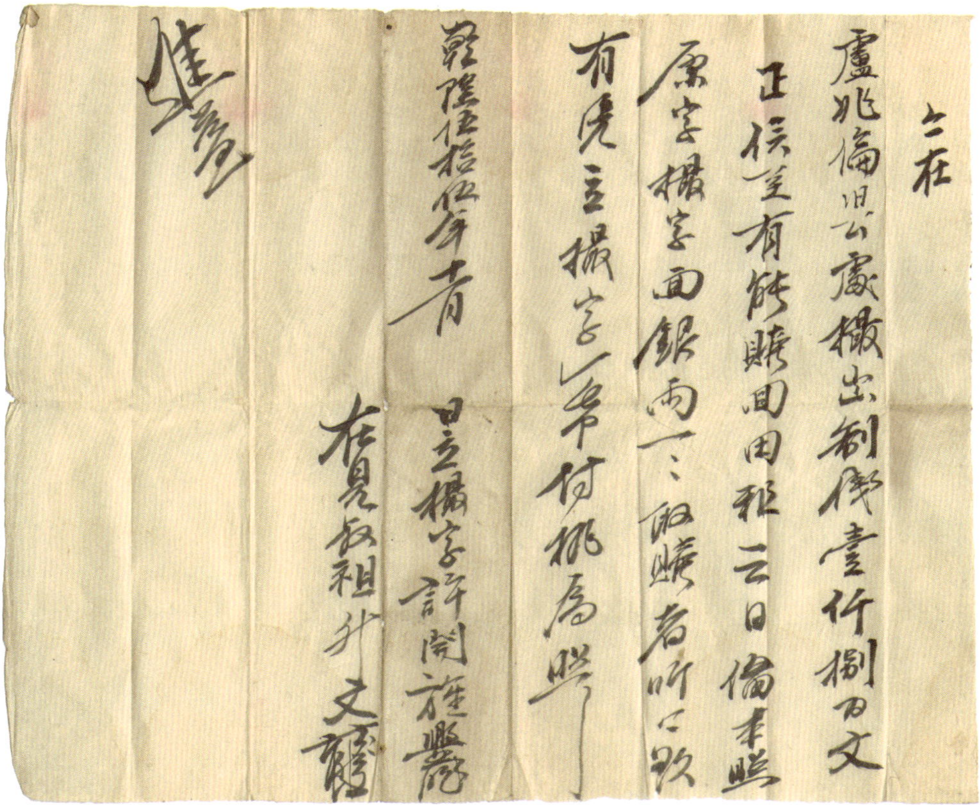

仝在
盧兆倫公處撮出銅錢壹仟捌百文
正侯至有能贖回田租之日倫本照
原字撮字面銀兩一一取贖者所不敢
有凭立撮字一帋付執爲照
乾隆伍拾伍年十一月 日立撮字許開旌
在見叔祖升文
佳音

5-4-35-8　清乾隆五十五年十一月許開旌立撮字

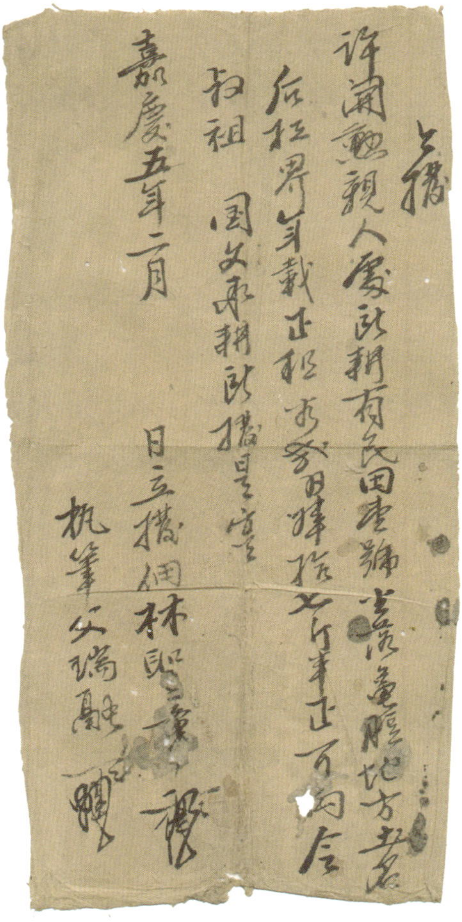

立撥
許閩兹親人處贌耕有民田壹號坐落蘆隴地方土名
后杜界等載正租米谷肆拾斤半正　今因合
就祖　因父承耕贌撥是實
嘉慶五年二月　日立撥佃林聖章
執筆父瑞融

5-4-35-9　清嘉慶五年二月林聖章立撥佃民田字

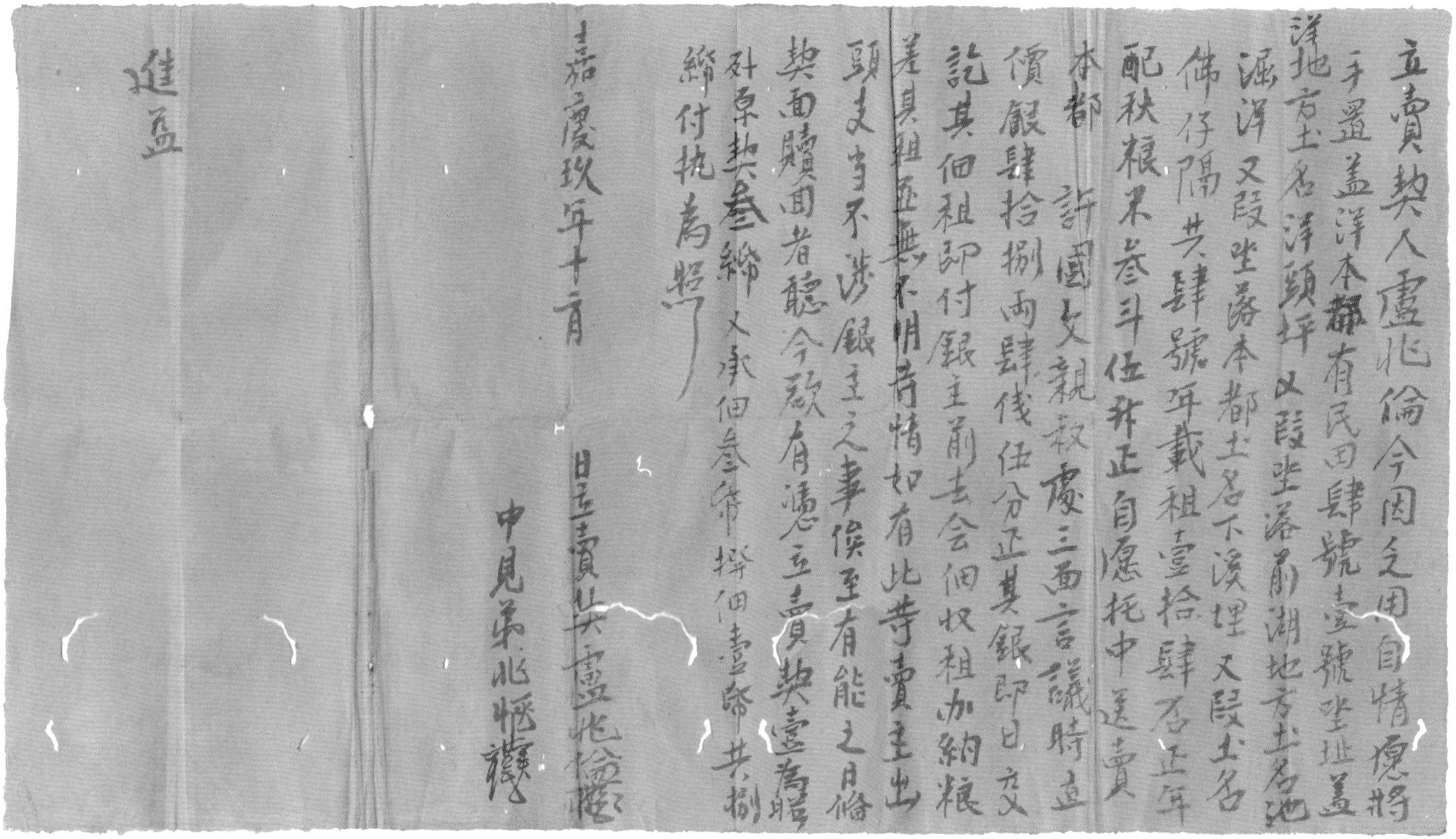

立賣契人盧兆倫今因乏用自情愿將
手置蓋洋本都有民田肆號壹號坐址蓋
洋地方土名洋頭坪　又段坐落前湖地方土名池
漈洋　又段坐落本都土名下溪埋　又段土名
佛仔陽　共肆號年載租壹拾肆石正年
配秋粮米叁斗伍升正　自愿托中送賣
本都　許國文親叔　處　三面言議時值
價銀肆拾捌兩肆錢伍分正　其銀即日交
訖　其佃租即付銀主前去会佃收租办納粮
差　其租並無不明　如有此等　賣主出
頭支当　不涉銀主之事　候至有能之日備
契面贖回者聽　今欲有憑　立賣契壹紙為照
外泉契叁紙　又承佃叁紙　撥佃壹紙　共捌
紙　付執為照

嘉慶玖年十二月　　日立賣契　盧兆倫（押）

中見弟　兆悃（押）

進益

5-4-35-10　清嘉慶九年十二月盧兆倫立賣民田契

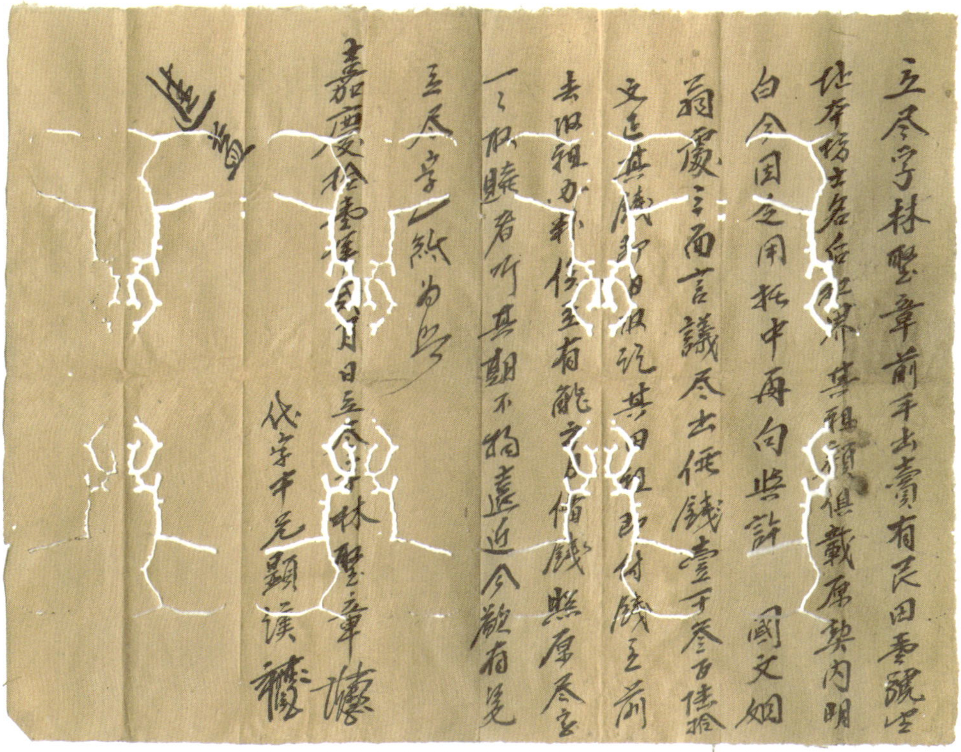

立盡字林聖章前年出賣有民田壹號坐
址本坊土名后壯界其租額俱載原契內明
白，今因乏用，托中再向與許國文姻
翁處三面言議盡出價錢壹千叁百陸拾
文正，其錢即日收訖，其田仍即付錢主前
去收租办粮，候至有能之日備錢照原盡字
一了取贖，若所其期不拘遠近，今欲有憑，
立盡字一紙為照。
嘉慶拾壹年貳月　日立盡字林聖章（押）
代字中見顯漠（押）
送　畫

5-4-35-11　清嘉慶十一年二月林聖章立盡民田字

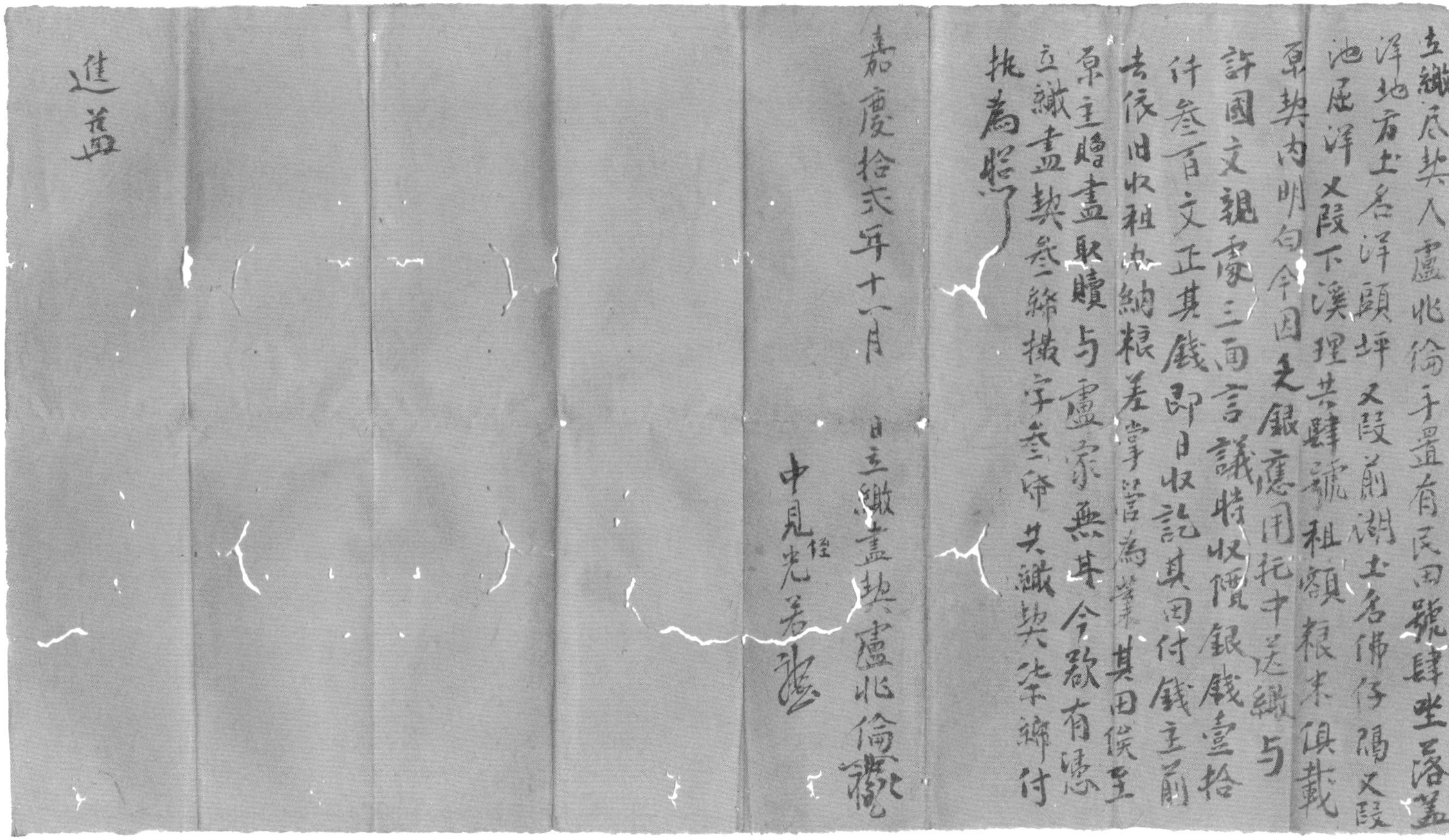
立繳盡契人盧兆倫，手置有民田號肆坐落蓋
洋地方土名洋頭坪乙段，崩湖土名佛仔隔乙段，
池尾洋乙段，下溪理共肆號，租額粮米俱載
原契內明白。今因乏銀應用，托中送繳与
許國文親處，三面言議，時收價銀錢壹拾
仟叁百文正。其錢即日收訖，其田付錢主前
去依旧收租納粮，差當營為業，其田侯至
原主贖盡取贖与盧家無干。今欲有憑，
立繳盡契叁紙，撥字叁命，共繳契柒紙付
執為照。

嘉慶拾弍年十一月　日立繳盡契盧兆倫（押）
中見侄光善（押）

進益

5-4-35-12　清嘉慶十二年十一月盧兆倫立繳盡民田契

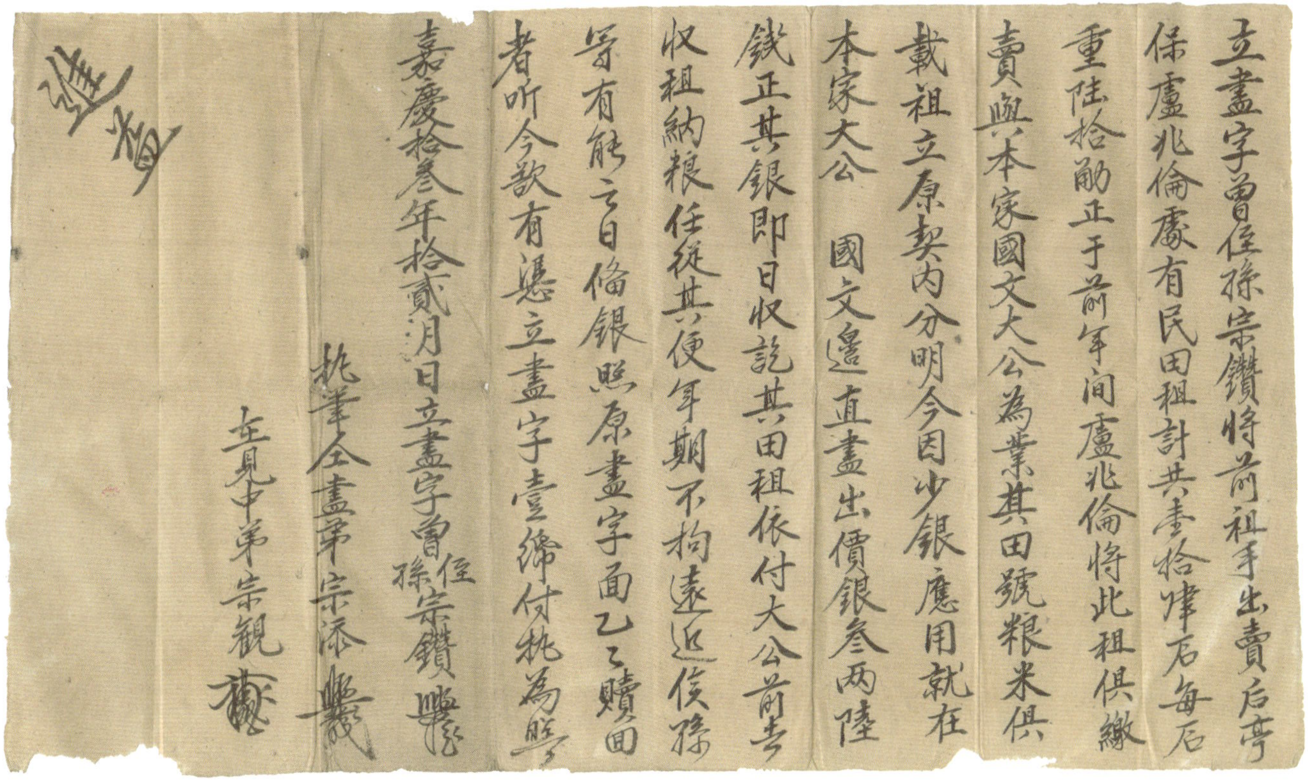
立盡字曾侄孫宗鑽將前祖手出賣后亭
保盧兆倫處有民田租計共壹拾肆石每石
重陸拾觔正于前年间盧兆倫將此租俱繳
賣與本家國文大公為業其田號粮米俱
載祖立原契内分明今因少銀應用就在
本家大公　國文邊直盡出價銀叁兩陸
錢正其銀即日收訖其田租依付大公前去
收租納粮任從其便年期不拘遠近侯孫
等有能自備銀照原盡字面乙乙贖回
者听今欲有憑立盡字壹紙付執為照
嘉慶拾叁年拾貳月日立盡字曾侄孫宗鑽
執筆仝盡弟宗添
在見中弟宗観
達意

5-4-35-13　清嘉慶十三年十二月許宗鑽立盡民田租字

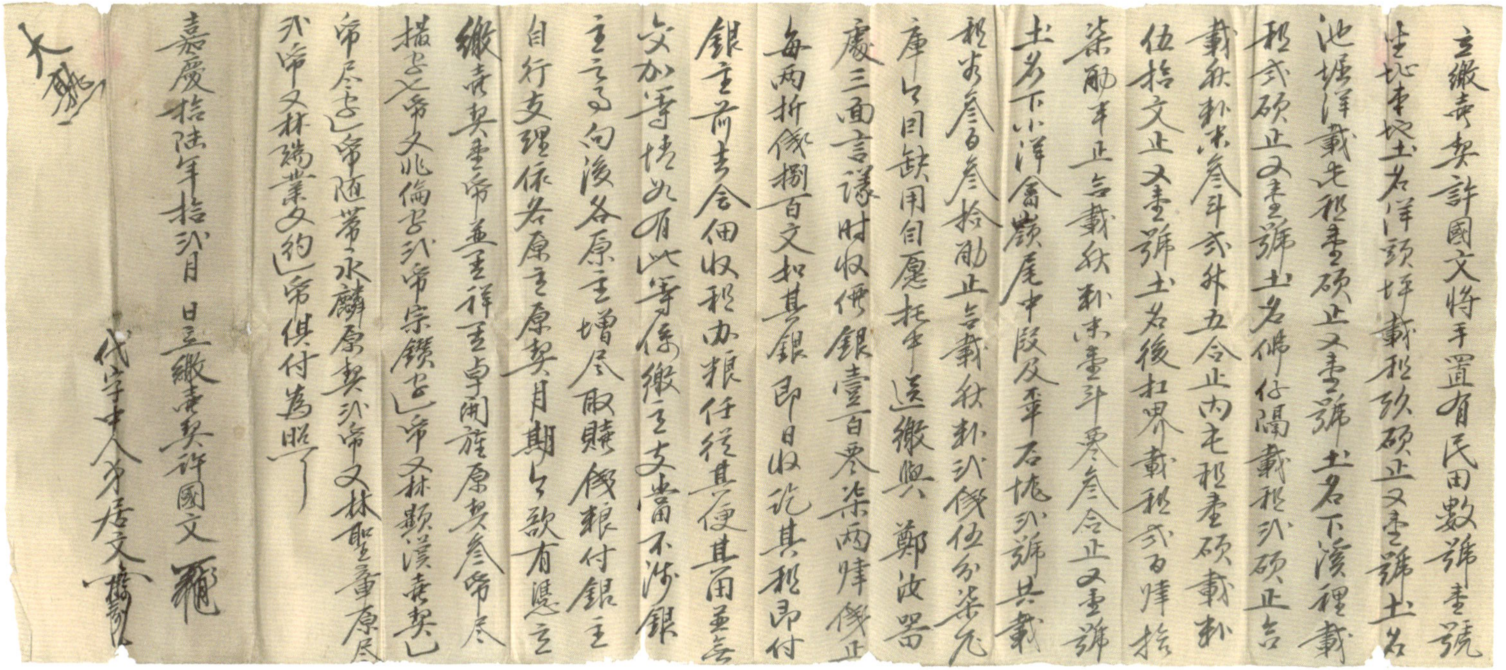

立繳賣契許國文將手置有民田數號壹號
坐址本處土名洋頭坪載租玖碩正又壹號土名
池塅洋載屯租壹碩正又壹號土名下溪裡載
租貳碩正又壹號土名佛仔隔載租玖碩正白
載秋米叁斗貳升五合正內屯租壹碩載米
伍拾文正又壹號土名後牀界載租貳百肆拾
柒觔半正白載秋米壹斗叁合正又壹號
土名下小洋當嶺尾中段及平石坑貳號共載
租當叁百叁拾觔正白載秋米貳錢伍分柒厘
庫今因缺用自愿托中送繳與　鄭汝器
處三面言議時收價銀壹百零柒兩肆錢正
每兩折錢捌百文扣其銀即日收訖其租即付
銀主前去合佃收租辦粮任從其便其田并無
文加等情此有此等係繳主支當不涉銀
主之事向後各原主增尽取贖錢粮付銀主
自行支理係各原主原契月期[illegible]款有[illegible]立
繳賣契壹帋并王祥王卓閩旋原契叁帋尽
描出乙帋文兆倫出貳帋宗鎖出乙帋文林顯漢賣契乙
帋尽出乙帋随帶永麟原契貳帋文林聖章原尽
貳帋文林瑞業文約乙帋俱付為照。

嘉慶拾陸年拾貳月　日立繳賣契許國文（押）
代字中人方居文（押）

5-4-35-14　清嘉慶十六年十二月許國文立繳賣民田契

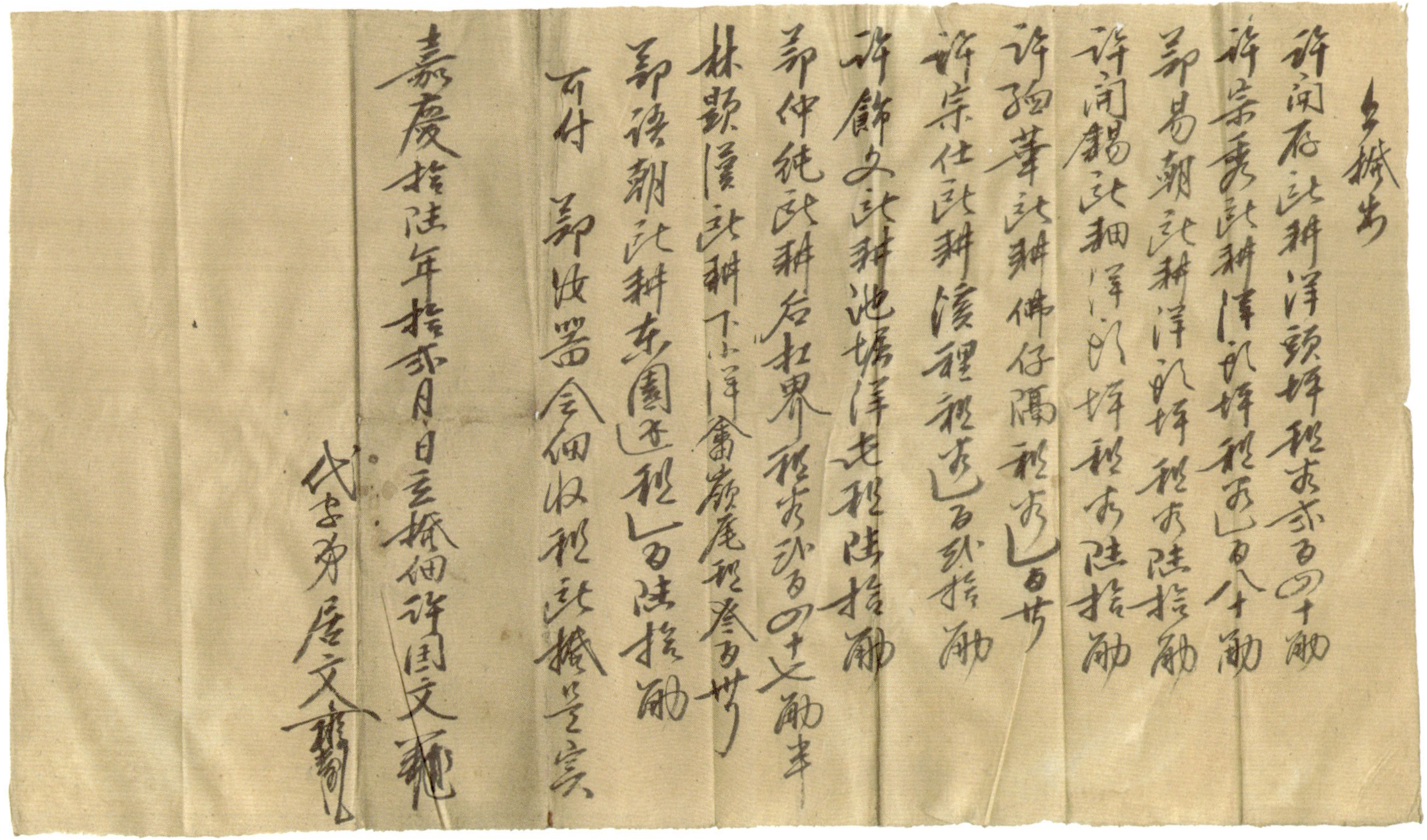

立撥出

許閔存計耕洋頭坪租谷貳百四十觔

許宗秀計耕洋頭坪租谷七百八十觔

鄭易朝計耕洋頭坪租谷陸拾觔

許閔錫計耕洋頭坪租谷陸拾觔

許強華計耕佛仔隔租谷七百廿

許宗仕計耕濱裡租谷七百弍拾觔

許飾文計耕池塘洋屯租陸拾觔

鄭仲純計耕石杜界租谷弍百四十七觔半

林顯潢計耕下小洋崙嶺尾租叁百廿

鄭德朝計耕東園仔租七百陸拾觔

付鄭汝器仝佃收租計撥是實

嘉慶拾陸年拾貳月　日立撥佃許国文（押）

代字房居文（押）

5-4-35-15　清嘉慶十六年十二月許国文立撥佃字

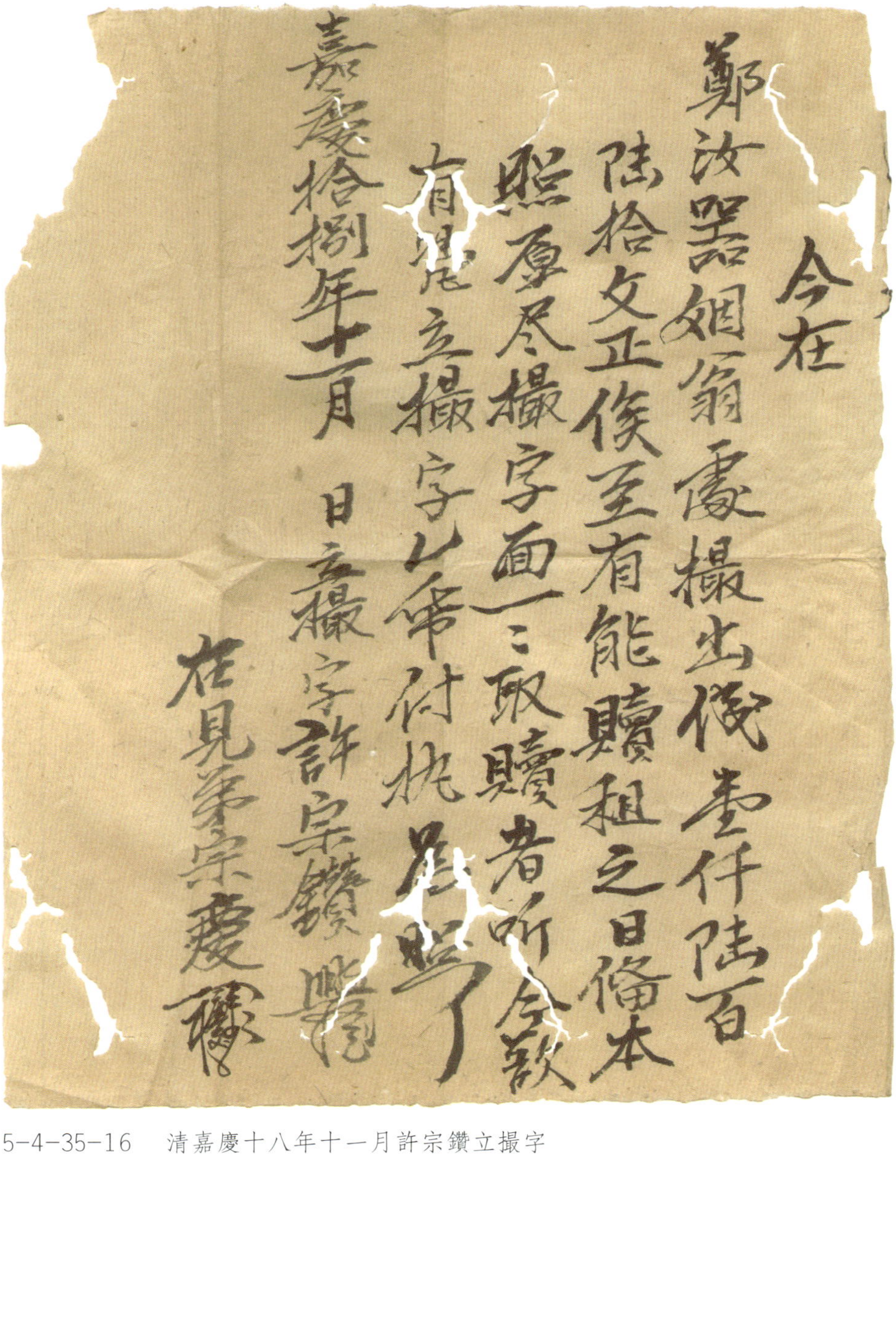

今在
鄭汝器姻翁處撮出佛壹仟陸百
陸拾文正，候至有能贖租之日，備本
照原盡撮字面一一取贖者，所今欲
有憑，立撮字山帋付執為照。
嘉慶拾捌年十一月　日立撮字許宗鑽（押）
在見弟宗慶（押）

5-4-35-16　清嘉慶十八年十一月許宗鑽立撮字

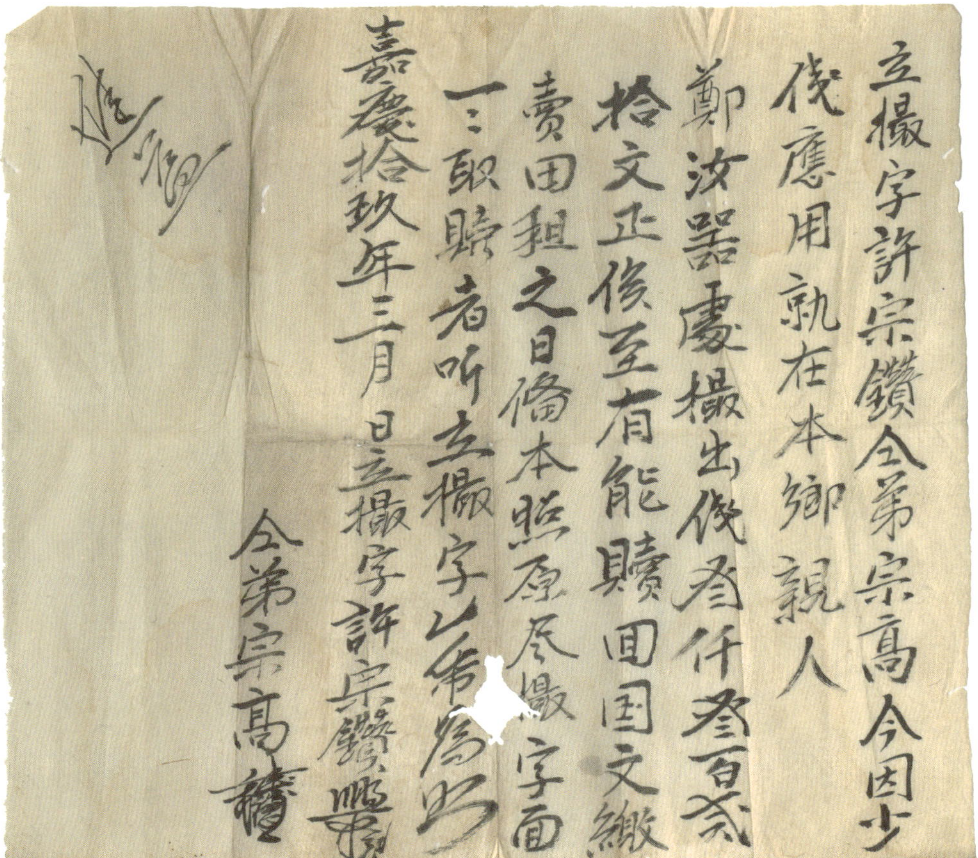

立撮字許宗鑽仝弟宗高今因乏
銭應用就在本鄉親人
鄭汝器處撮出銭叁仟叁百貳
拾文正後至有能贖回田文繳
賣田租之日倫本照原盡撮字面
一二取贖者听立撮字一帋為照
嘉慶拾玖年三月 日立撮字許宗鑽
仝弟宗高

5-4-35-17　清嘉慶十九年三月許宗鑽等立撮字

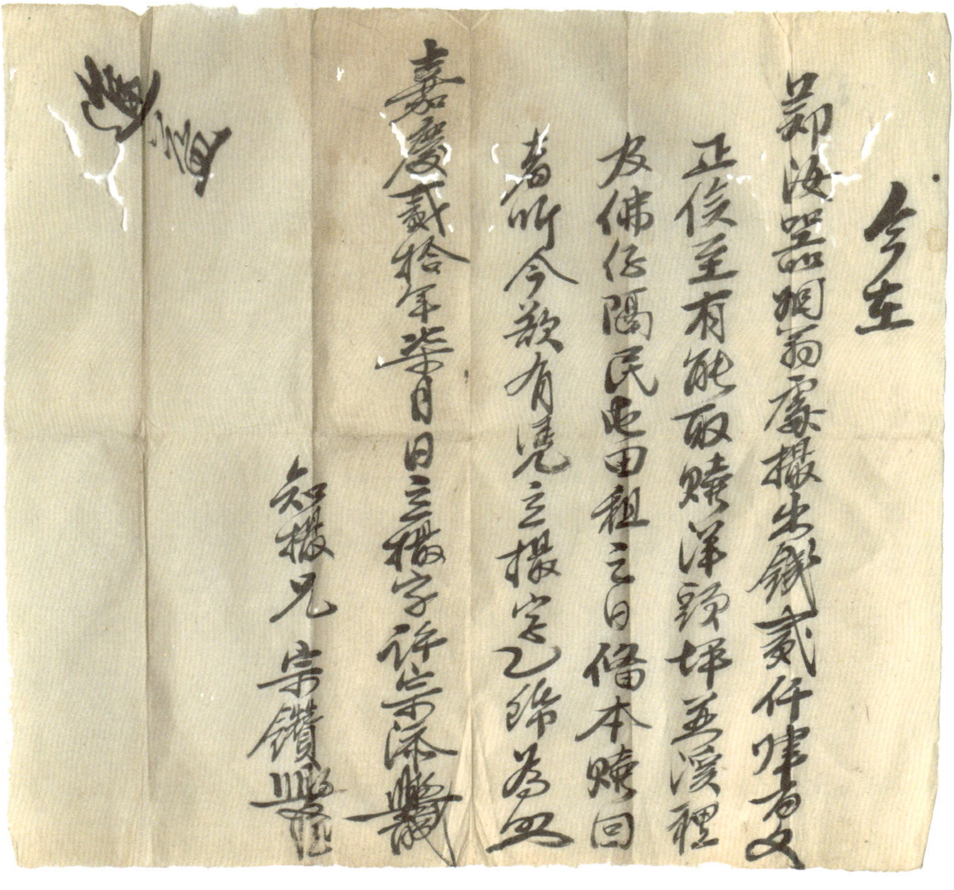

今在
鄭海器姻兄處撮出錢貳仟肆百文
正後至有能取贖洋頭坪並溪裡
友佛依陽民屯田租之日備本贖回
當所今欲有憑立撮字乙紙為照
嘉慶貳拾年柒月　日立撮字許宗添
知撮兄　宗鑽

5-4-35-18　清嘉慶二十年七月許宗添立撮字

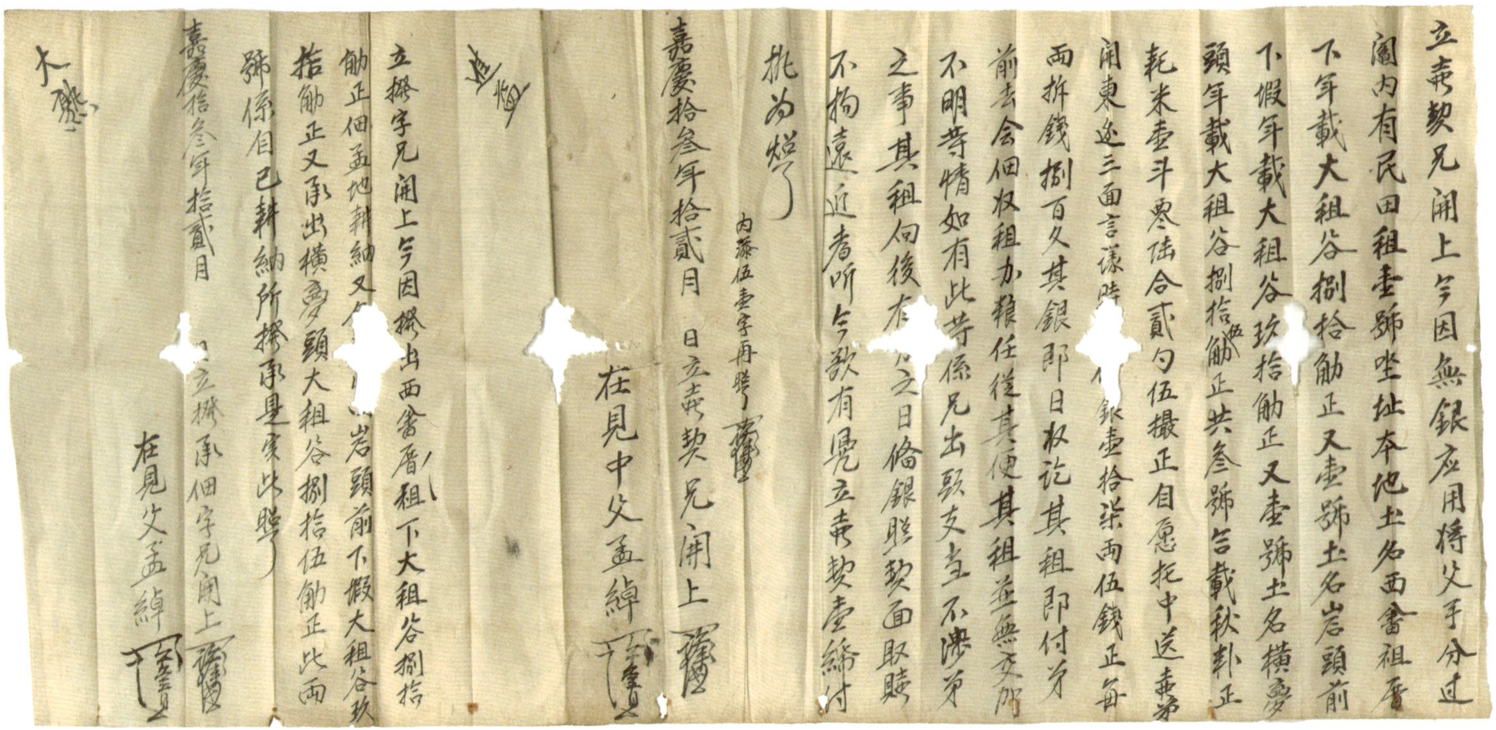

立賣契兄開上今因無銀應用將父手分过
閬內有民田租壹號坐址本地土名西畬祖厝
下年載大租谷捌拾觔正又壹號土名岩頭前
下假年載大租谷玖拾觔正又壹號土名横廖
頭年載大租谷捌拾伍觔正共叁號合載秋斛正
耗米壹斗叁升陆合貳勺伍撮正自愿托中送賣弟
開東边三面言議時值價銀壹拾柒兩伍錢正每
兩折錢捌百文其銀即日收訖其租即付弟
前去会佃收租办粮任從其便其租並無交加
不明等情如有此等係兄出頭支当不涉弟
之事其租向後本年之日倫銀照契面取贖
不拘遠近者所今欲有憑立賣契壹紙付
批为照
内添伍壹字再照
嘉慶拾叁年拾貳月　日立賣契兄開上
在見中父孟緯
退佃
立撥字兄開上今因撥出西畬厝租下大租谷捌拾
觔正佃孟地耕納又承出岩頭前下假大租谷玖
拾觔正又承出横廖頭大租谷捌拾伍觔正此两
號係自己耕納所撥承是実此照
嘉慶拾叁年拾貳月　日立撥承佃字兄開上
在見父孟緯
大魁

5-4-36-1　清嘉慶十三年十二月許開上立賣民田租契

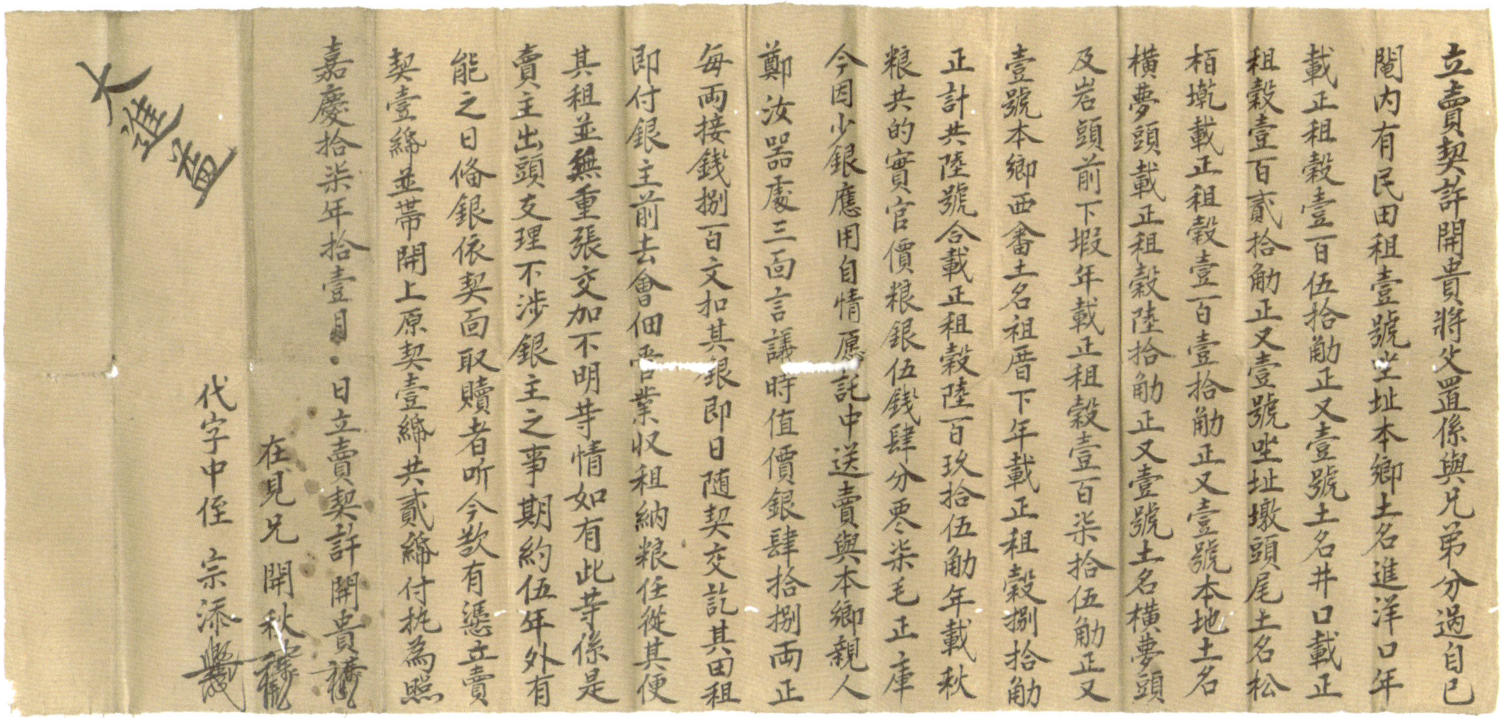

立賣契許開貴將父置係與兄弟分過自己
閬内有民田租壹號坐址本鄉土名進洋口年
載正租穀壹百伍拾觔正又壹號土名井口載正
租穀壹百貳拾觔正又壹號坐址墩頭尾土名松
柏墘載正租穀壹百壹拾觔正又壹號本地土名
横夢頭載正租穀陸拾觔正又壹號土名横夢頭
及岩頭前下堁年載正租穀壹百柒拾伍觔正又
壹號本鄉西畬土名祖厝下年載正租穀捌拾觔
正計共陸號合載正租穀陸百玖拾伍觔年載秋
粮共的實官價粮銀伍錢肆分零柒毛正庫
今因少銀應用自情愿託中送賣與本鄉親人
鄭汝器處三面言議時值價銀肆拾捌兩正
每兩接錢捌百文扣其銀即日隨契交訖其田租
即付銀主前去會佃管業収租納粮任從其便
其租並無重張交加不明等情如有此等係是
賣主出頭支理不涉銀主之事期約伍年外有
能之日備銀依契面取贖者听今欲有憑立賣
契壹紙並帶開上原契壹紙共貳紙付執為照
嘉慶拾柒年拾壹月 日立賣契許開貴（押）
在見兄 開秋（押）
代字中侄 宗添（押）
大進

5-4-36-2　清嘉慶十七年十一月許開貴立賣民田租契

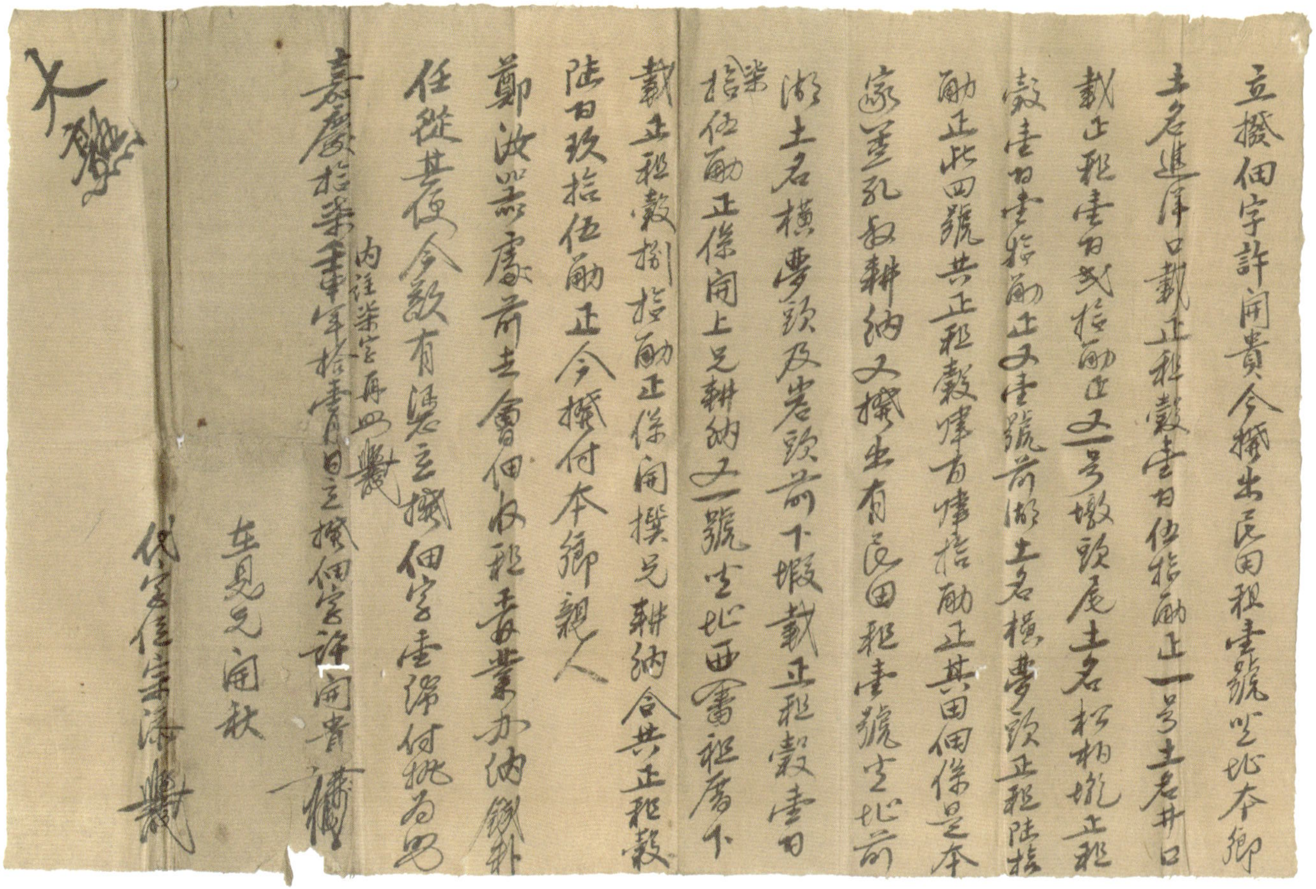

立撥佃字許開貴，今撥出民田租壹號，坐北本鄉土名進庫口，載正租穀壹百伍拾觔正；一号土名井口，載正租壹百弍拾觔正；又一号墩頭尾土名松柏坑，正租穀壹百壹拾觔正；又壹號前㳇土名横夢頭，正租陆拾觔正。此四號共正租穀肆百肆拾觔正，其田佃係是本家蓮孔叔耕納。又撥出有民田租壹號，坐北前㳇土名横夢頭及岩頭前下墩，載正租穀壹百柒拾伍觔正，係向上兄耕納；又一號坐北西雷租屑下，載正租穀捌拾觔正，係向撰兄耕納。合共正租穀陆百玖拾伍觔正，今撥付本鄉親人鄭汝器處前去會佃收租，永遠為業，办納錢粮，任從其便。今欲有憑，立撥佃字壹紙付執為照。

內注柒字再照（押）

嘉慶拾柒年拾壹月　日立撥佃字許開貴（押）

在見兄　開秋

代字侄　宗添（押）

大發

5-4-36-3　清嘉慶十七年十一月許開貴立撥佃民田租字

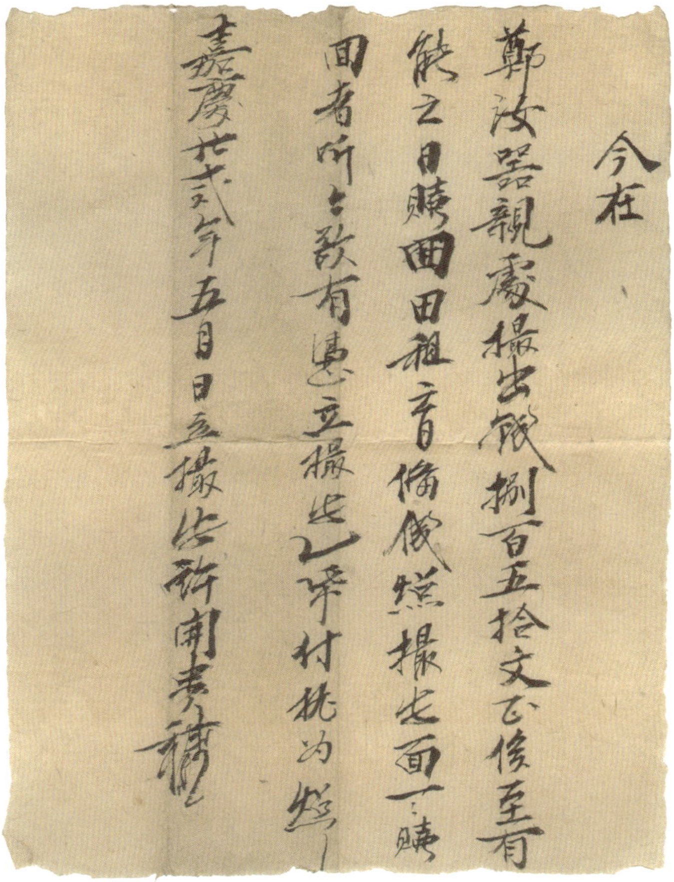
今在
鄭汝器親處撮出錢捌百五拾文正，候至有
能之日贖回田租，音備錢照撮出面一〻贖
回者，所亡致有憑，立撮此一帋付執為照。
嘉慶廿弍年五月　日立撮字許開貴

5-4-36-4　清嘉慶二十二年五月許開貴立撮字

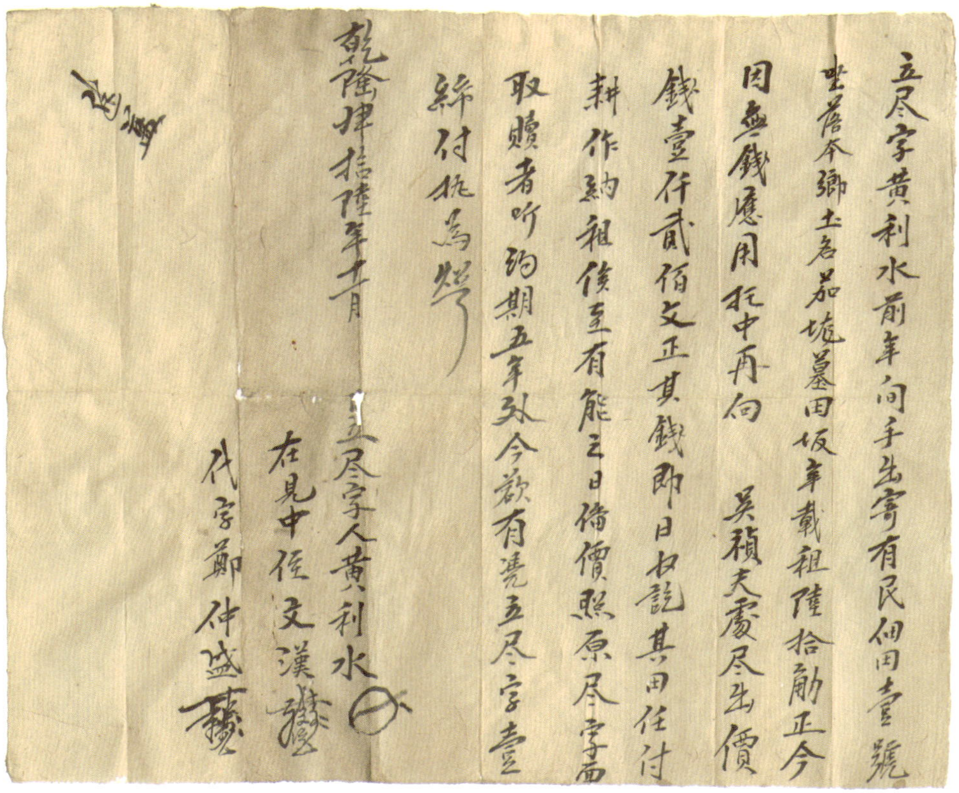
立盡字黄利水前年向手出賣有民佃田壹號
坐落本鄉土名茄墘墓田坂年載租陸拾觔正今
因無錢應用托中再向　吴積大處盡出價
錢壹仟貳佰文正其錢即日收訖其田任付
耕作納租後至有能之日備價照原盡字面
取贖者听約期五年外今欲有憑立盡字壹
紙付執為照
乾隆肆拾陸年十一月　　立盡字人黄利水
在見中侄文漢
代字鄭仲盛

5-4-37-1　清乾隆四十六年十一月黄利水立盡民佃田字

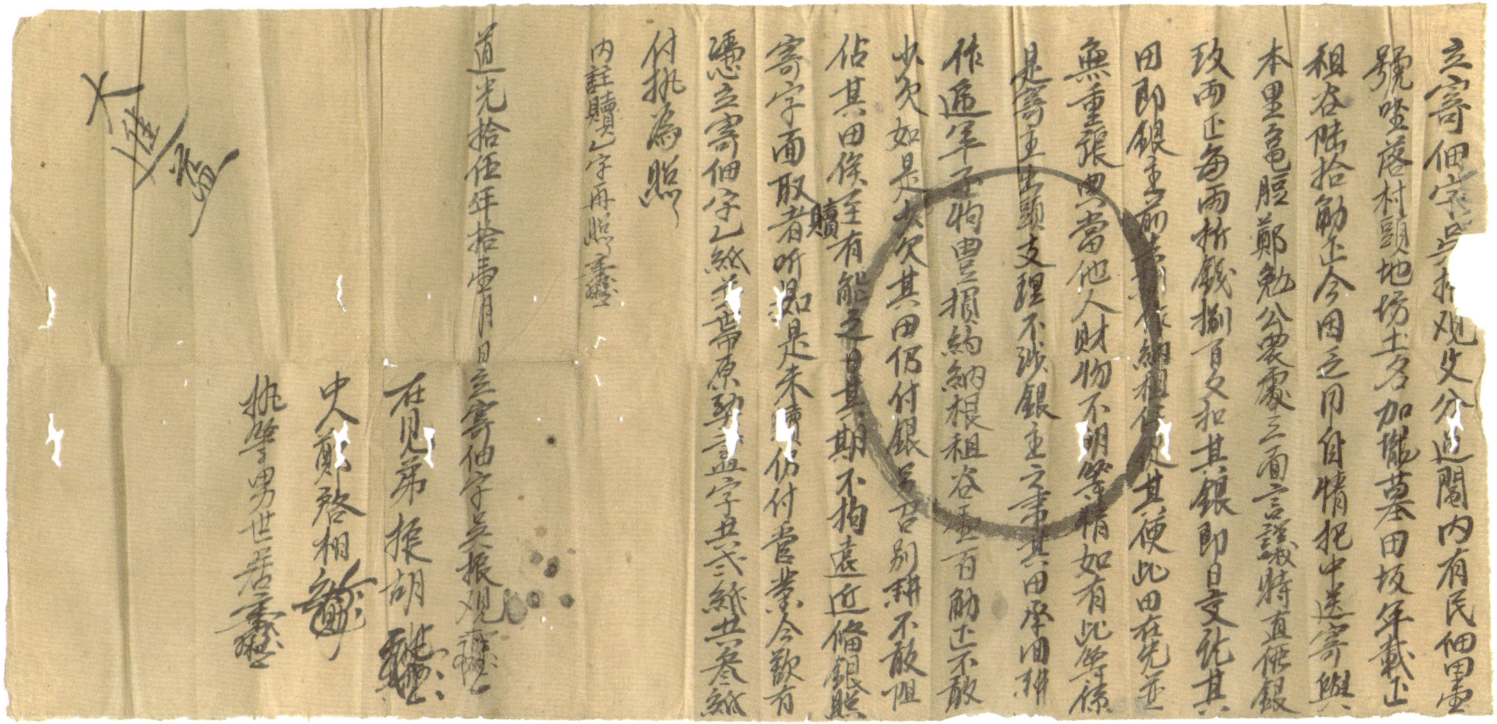
立寄佃字吳振观，父分遺闔內有民佃田壹
號，坐落村頭地方，土名加憔墓田坂，年載止
租谷陸拾觔正。今因乏用，自情托中送寄與
本里亀腔鄭勉公衆處，三面言議，時值佛銀
玖兩正，每兩折錢捌百文，和其銀即日交訖，其
田即銀主前去[illegible]納租，[illegible]其便。此田在先並
無重張典當他人財物，不明等情，如有此等係
是寄主出頭支理，不涉銀主之事。其田承佃耕
作，逐年子納豊損納根租谷五百觔正，不敢
少欠。如是少欠其田，仍付銀主另召別耕，不敢阻
佔。其田係主有能之日，其期不拘遠近，備銀照
寄字面取贖，者聽。如是未贖，仍付管業，今欲有
憑，立寄佃字山絲并帶原契壹字，共弍紙，共叁紙
付執為照。
內註贖山字再照。
道光拾伍年拾壹月　日立寄佃字吳振观
在見弟　振胡
中人　鄭啓相
執筆男　世君
大吉

5-4-37-2　清道光十五年十一月吳振观立寄民佃田字（廢契）

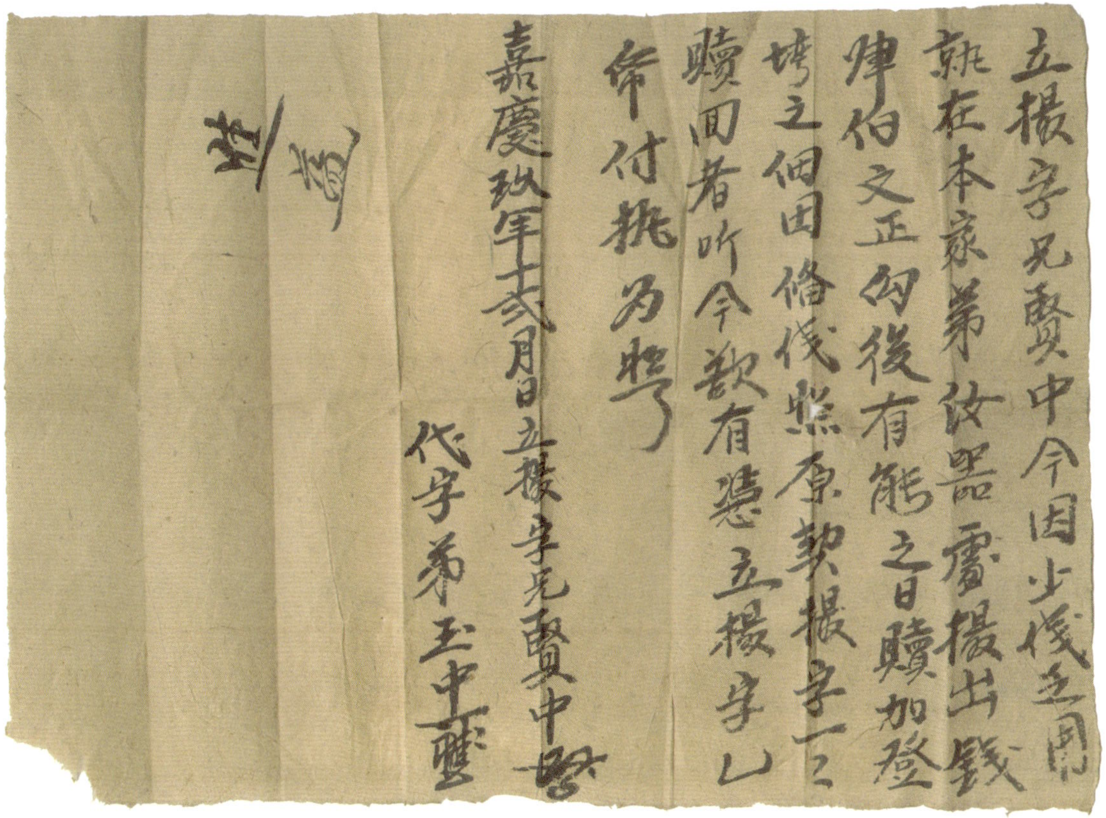

立撮字兄賢中今因少錢乏用
就在本家弟玟器處撮出錢
肆伯文正，的後有能之日贖加登
坮之佃田倫伐照原契撮字一一
贖回，看听今欲有憑，立撮字山
爲付執爲炤了
嘉慶玖年十弍月日立撮字兄賢中
代字弟玉中

5-4-38-1　清嘉慶九年十二月鄭賢中立撮字

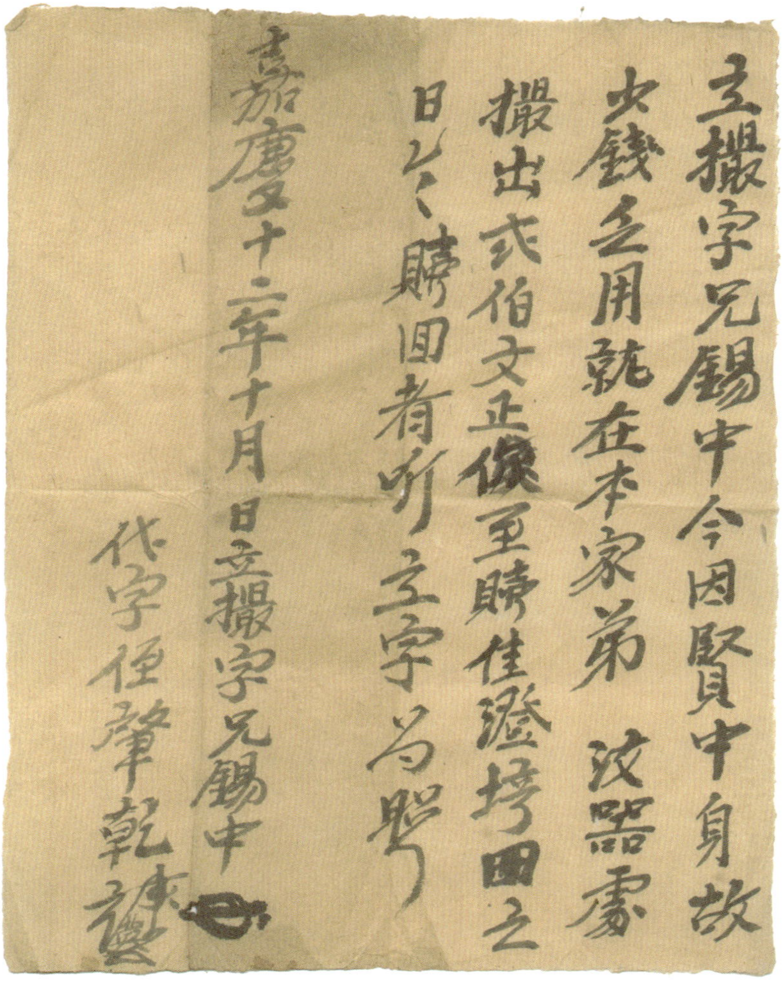
立撥字兄錫中今因賢中身故
少錢乏用就在本家弟 汶器處
撥出弍佰文正係至贖佳瀓坪田之
日之、贖回有所立字為照
嘉慶十二年十月 日立撥字兄錫中
代字侄聲乾筆

5-4-38-2　清嘉慶十二年十月鄭錫中立撥字

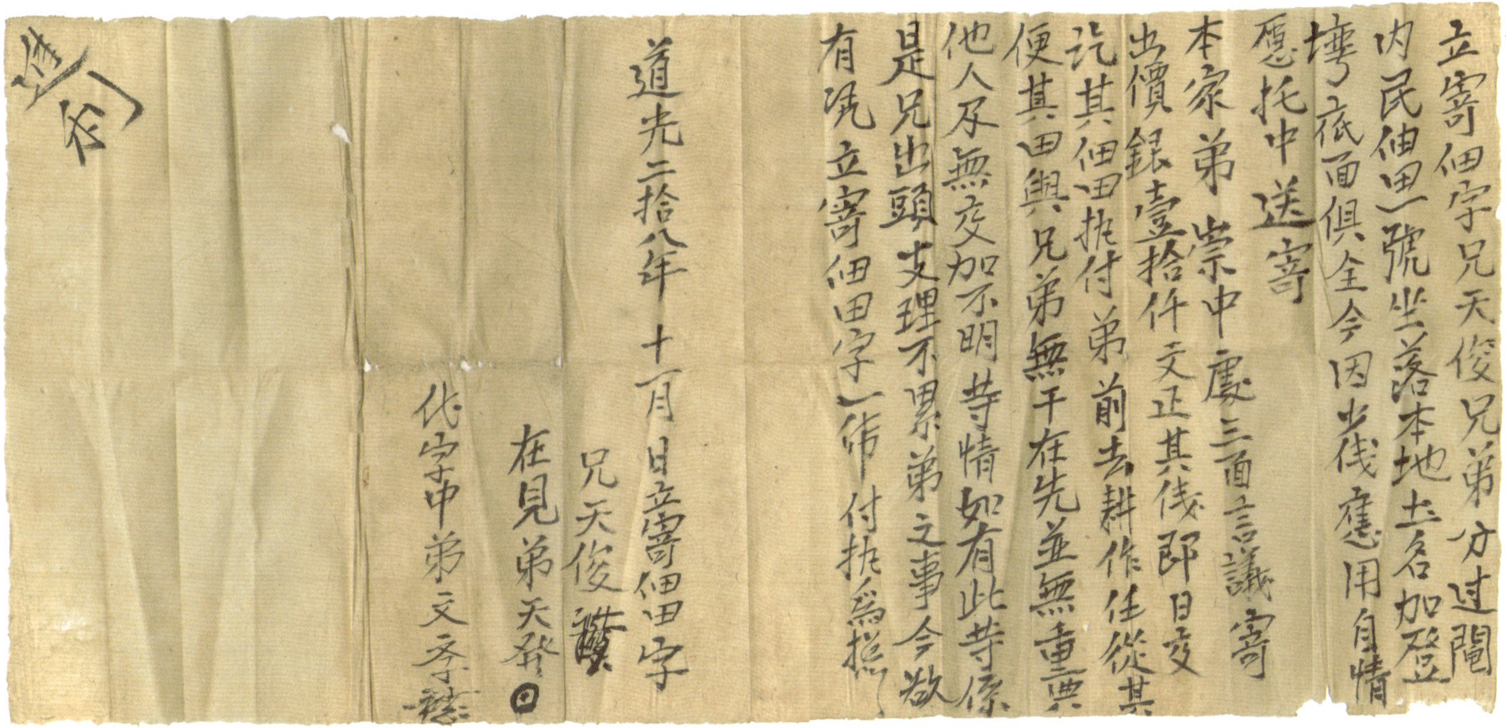

5-4-38-3　清道光二十八年十一月鄭天俊立寄民佃田字

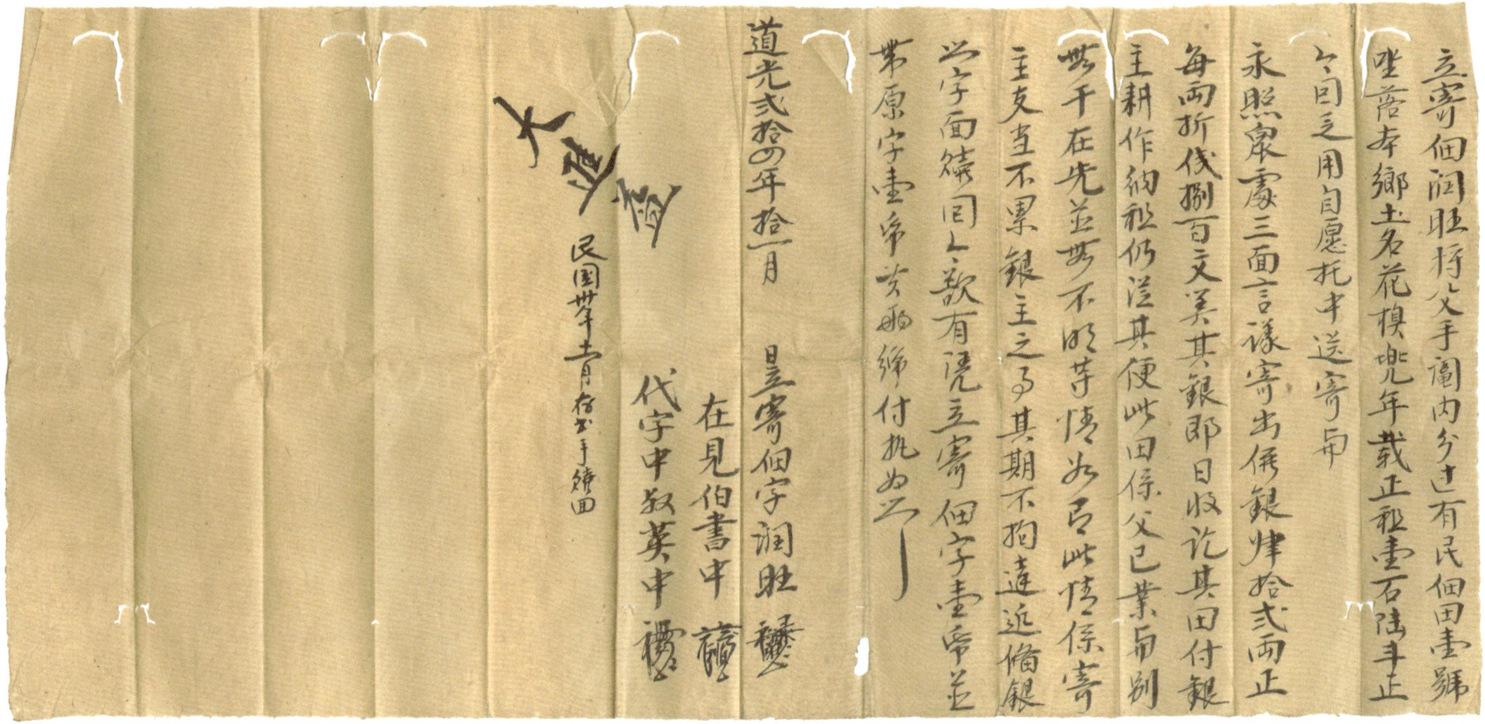

立寄佃田字人閏旺，將父手鬮內分過有民佃田壹號，
坐落本鄉土名花模兜，年載正租壹石陸斗正。
今因乏用，自愿托中送寄與
永照家處，三面言議，寄出佛銀肆拾弍兩正，
每兩折代捌百文，算其銀，即日收訖。其田付銀
主耕作納租，仍從其便。此田係父己業，與別
房無干，在先並無不明等情；如有此情，係寄
主支當，不累銀主之事。其期不拘遠近，備銀
照字面贖回，二家有凭，立寄佃字壹帋並
帶原字壹帋，共兩紙，付執為照。

道光弍拾四年拾一月　日　立寄佃字閏旺（押）
在見伯書中（押）
代字中叔英中（押）

大吉

民国廿年十二月存五手贖回

5-4-39-1　清道光二十四年十一月鄭潤旺立寄民佃田字

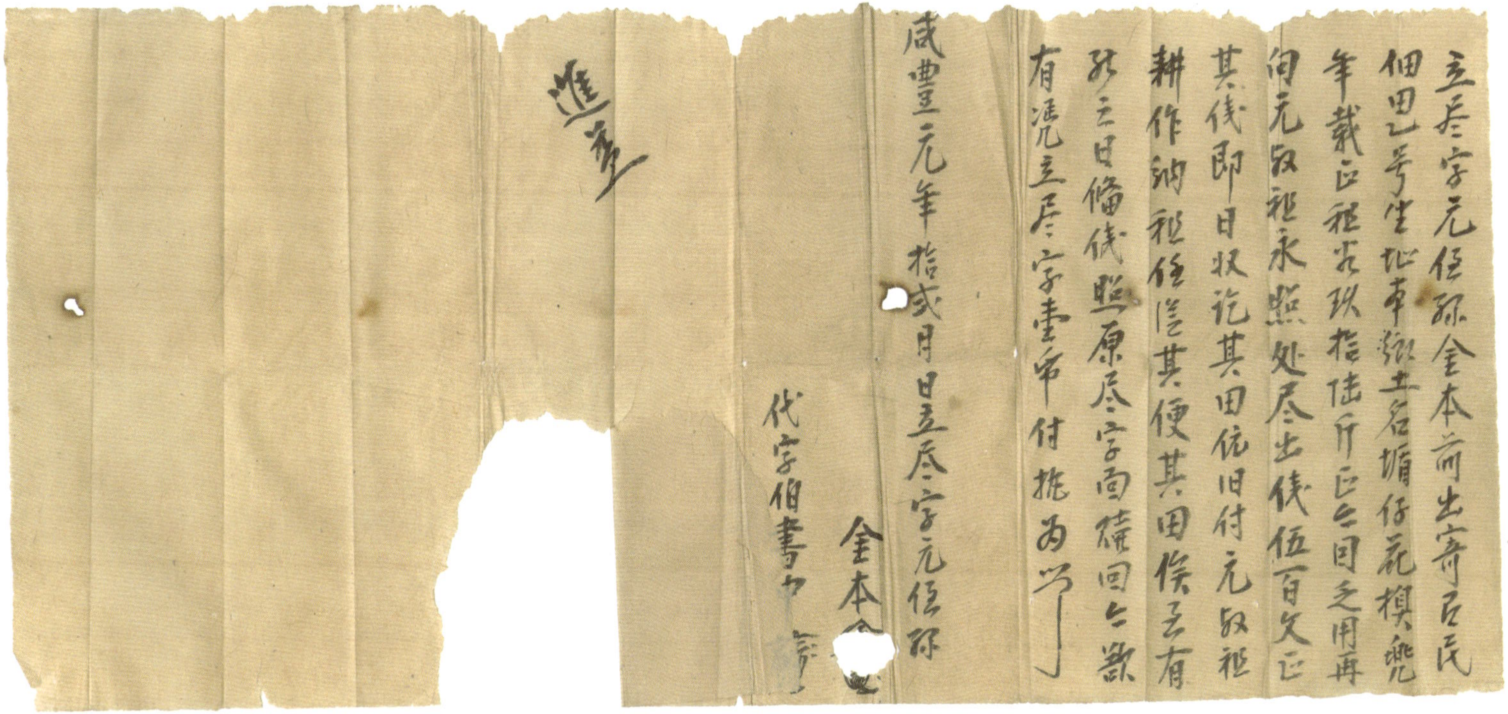

5-4-39-2　清咸豐元年十二月鄭金本立盡民佃田字

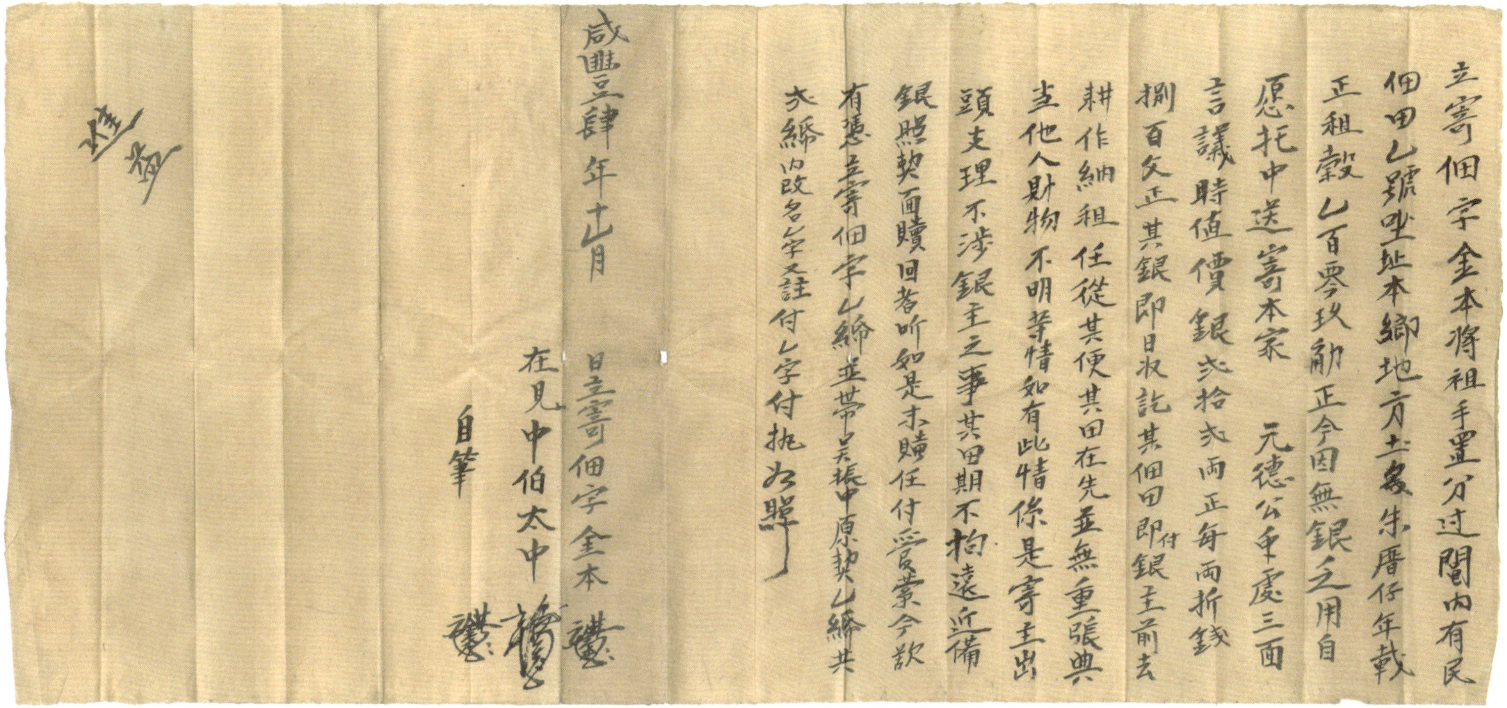
立寄佃字金本將祖手置分过闇内有民
佃田乙號坐址本鄉地方土名朱厝仔年載
正租穀乙百零玖觔正今因無銀乏用自
愿托中送寄本家　元德公手處三面
言議時值價銀弍拾弍兩正每兩折錢
捌百文正其銀即日收訖其佃田即付銀主前去
耕作納租任從其便其田在先並無重張典
当他人財物不明等情如有此情係是寄主出
頭支理不涉銀主之事其田期不拘遠近備
銀照契面贖回者听如是未贖任付管業今欲
有憑立寄佃字乙紙並帶上手原契乙紙共
叁紙内改名乙字又註付乙字付执为照

咸豐肆年十一月　日立寄佃字金本（押）
在見中伯太中（押）
自筆（押）

5-4-40-1　清咸豐四年十一月鄭金本立寄民佃田字（一）

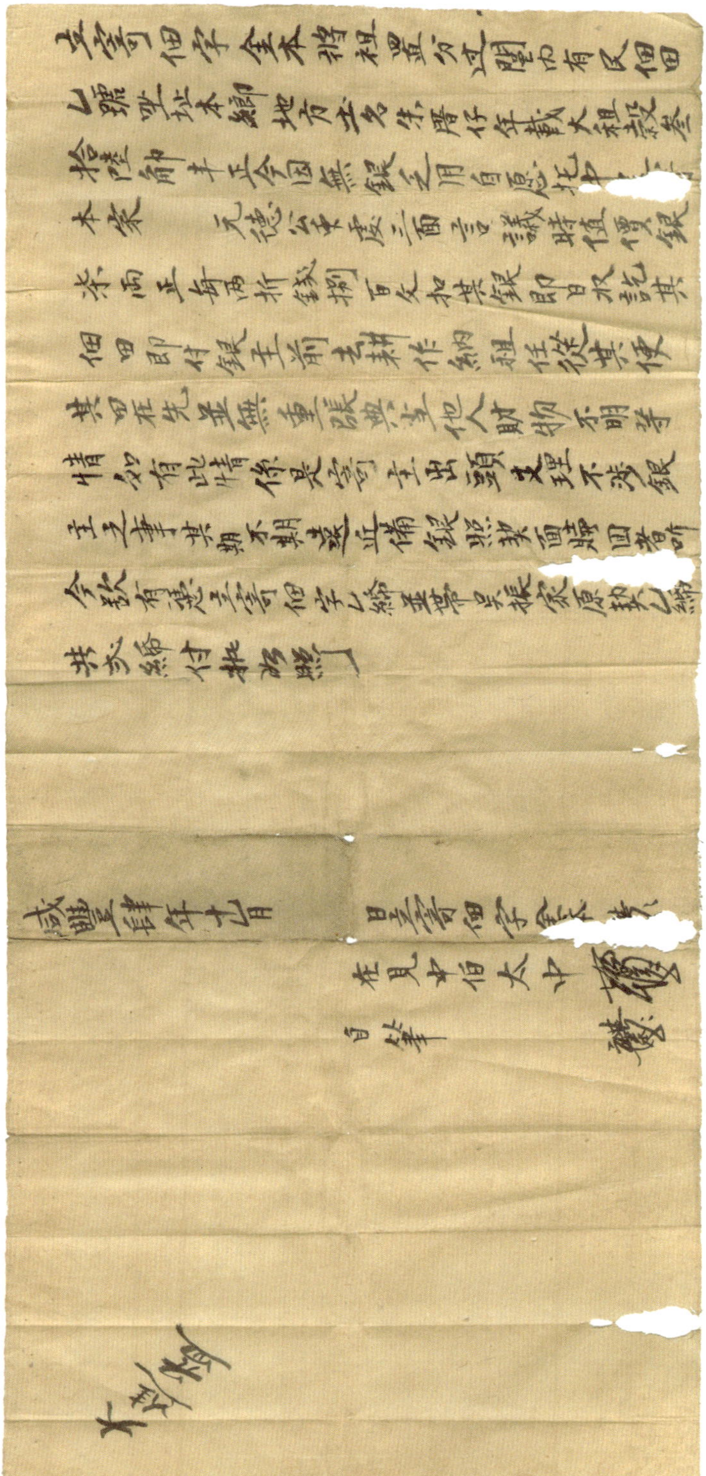
立寄佃字金本將祖置分丈闔內有民佃田
乙號，坐址本鄉地方土名朱厝仔，年載大租穀叁
拾陸觔半正。今因無銀乏用，自願托中□□
本家　　元德公衆處三面言議，時值價銀
柒兩正，每兩折錢捌百文，扣其銀即日收訖。其
佃田即付銀主前去耕作，納租任從其便。
其田在先並無重張典掛他人財物，不明等
情。如有此情，係是寄佃主出頭支理，不涉銀
主之事。其期不拘遠近，備銀照契面對期回贖，叫
合歡有憑，立寄佃字乙紙並[illegible]字乙張，交原契乙紙
共叁紙付執為照。

咸豐肆年十一月　日立寄佃字金本（押）
在見中伯太中（押）
自壯筆
大利順

5-4-40-2　清咸豐四年十一月鄭金本立寄民佃田字（二）

立賣契侄章㧞將前兄手置有杉木苗
壹所坐伯壟根坐址本地土名嶺邊石壁仔
上至章心山股為界下至路左至章元山崙
中值上右至文淵山值上四至明白今因乏錢
乏用自情愿托中送賣與叔
文淵為業三面言議時值賣出價錢壹仟
貳佰文正其錢即日交訖其杉木苗批付叔
剗掌管任從其便係是自己物業與別
兄弟侄無干向後杉木砍明付還侄掌管
並先並無重張典當他人以及來歷不明等
情如有此等係是侄出頭支理不累叔之
事今欲有憑立賣杉木契壹紙付執為
照 內立契字山底再照

同治柒年九月 日立賣杉木契侄章㧞
在見兄章木
中人侄華養

5-4-41-1 清同治七年九月鄭章㧞立賣杉木苗契

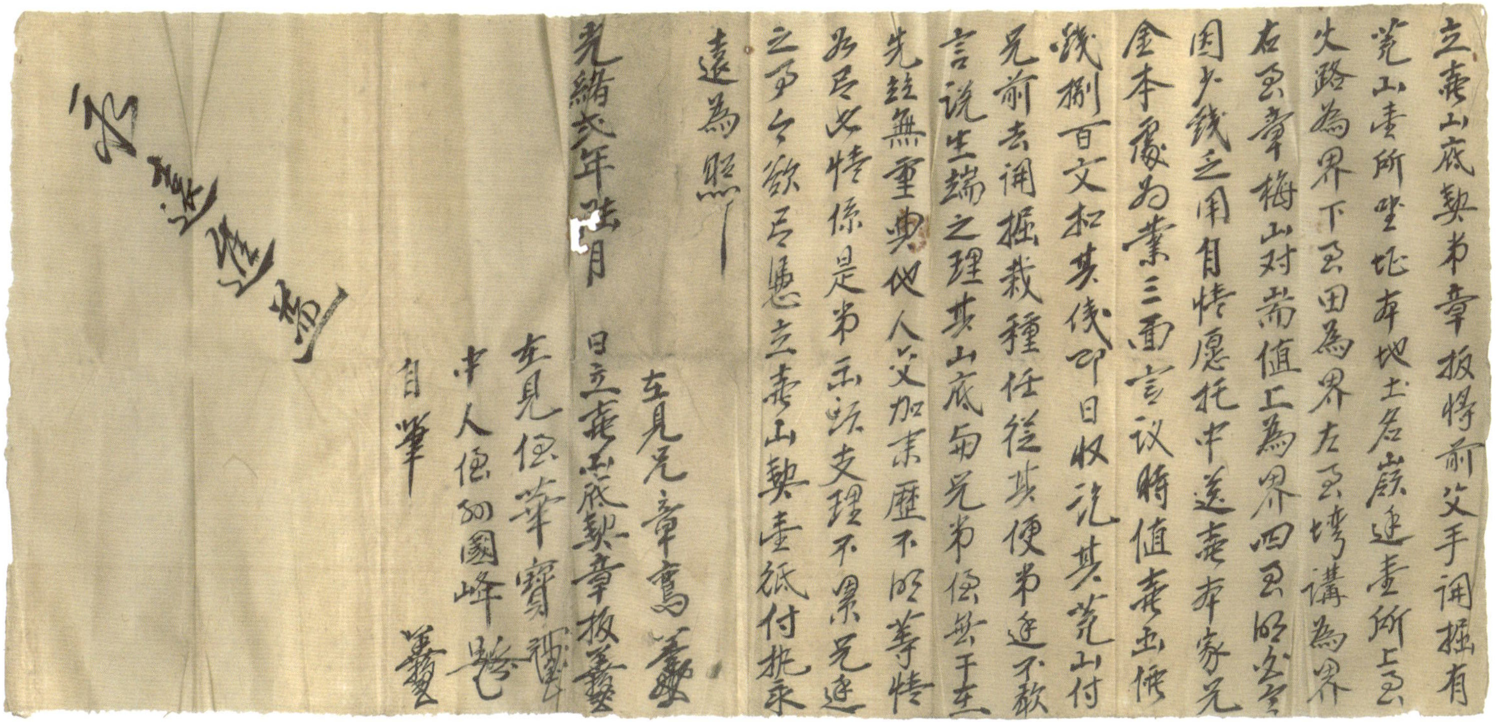

立賣山底契弟章扳將前父手開掘有
荒山壹所坐址本地土名嶺迷壹所上至
大路為界下至田為界左至塝溝為界
右至章梅山對嵛值工為界四至明白今
因乏錢應用自情愿托中送賣本家兄
金本處為業三面言議時值賣出價
錢捌百文扣其錢即日收訖其荒山付
兄前去開掘栽種任從其便弟迷不敢
言說生端之理其山底自兄弟係無干坐
先並無重典他人文加來歷不明等情
如有此情係是弟出頭支理不累兄迷
之事今欲有憑立賣山契壹紙付執永
遠為照

光緒弍年陸月　日立賣山底契章扳
在見兄章鳳
在見侄華寶
中人侄加國峰
自筆

5-4-41-2　清光緒二年六月鄭章扳立賣荒山底契

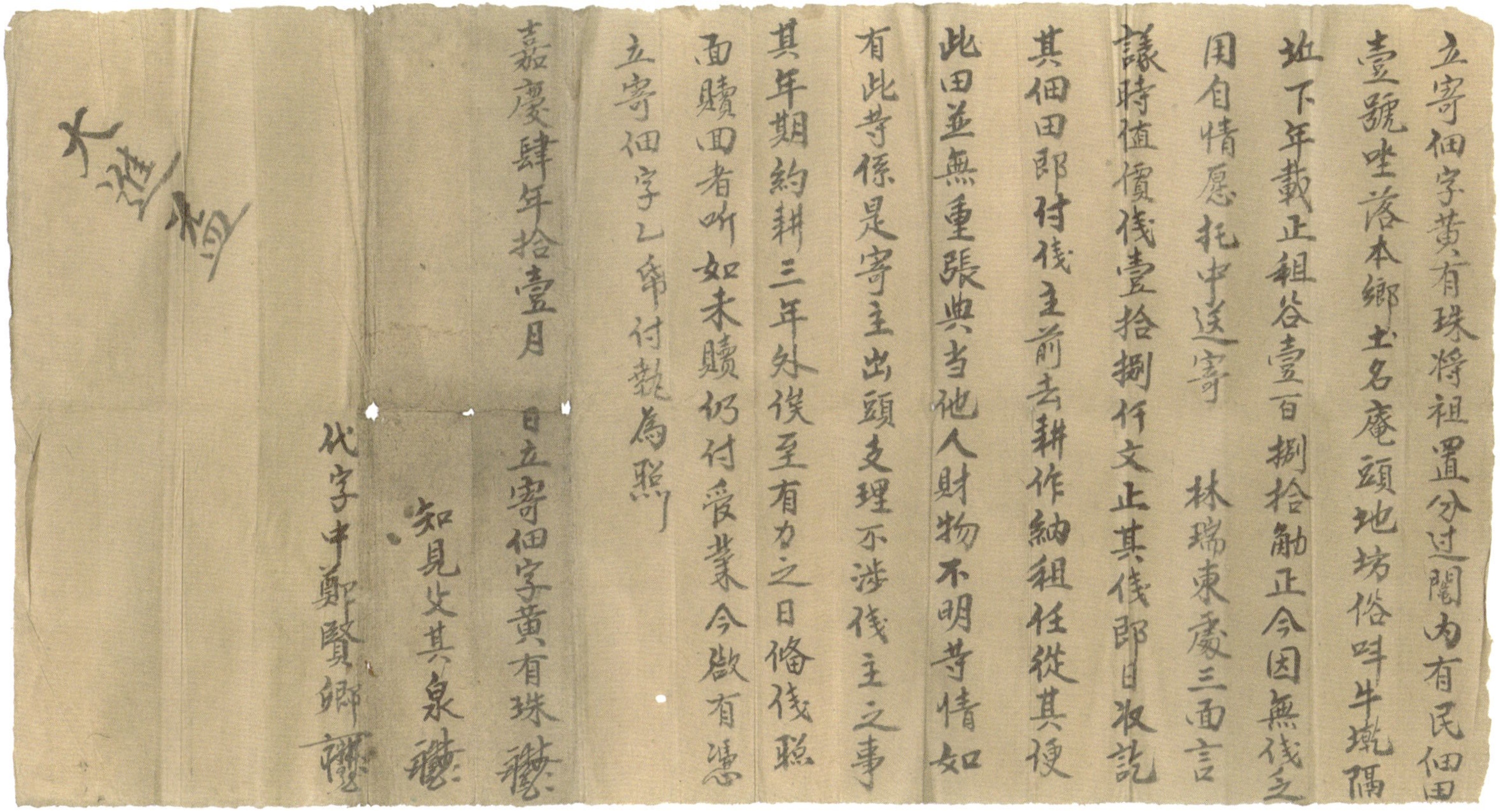

立寄佃字黄有珠將祖置分过閹內有民佃田
壹號坐落本鄉土名庵頭地坊俗呌牛壠隔
坵下年載正租谷壹百捌拾觔正今因無钱乏
用自情愿托中送寄　林瑞東處三面言
議時值價钱壹拾捌仟文止其钱即日收訖
其佃田即付钱主前去耕作納租任從其便
此田並無重張典当他人財物不明等情如
有此等係是寄主出頭支理不涉钱主之事
其年期約耕三年外後至有力之日備钱聪
面贖田者听如未贖仍付良業今欲有憑
立寄佃字乙帋付執為照

嘉慶肆年拾壹月　日立寄佃字黄有珠（押）
知見丈其泉（押）
代字中鄭賢卿（押）

大進壹

5-4-42-1　清嘉慶四年十一月黄有珠立寄民佃田字

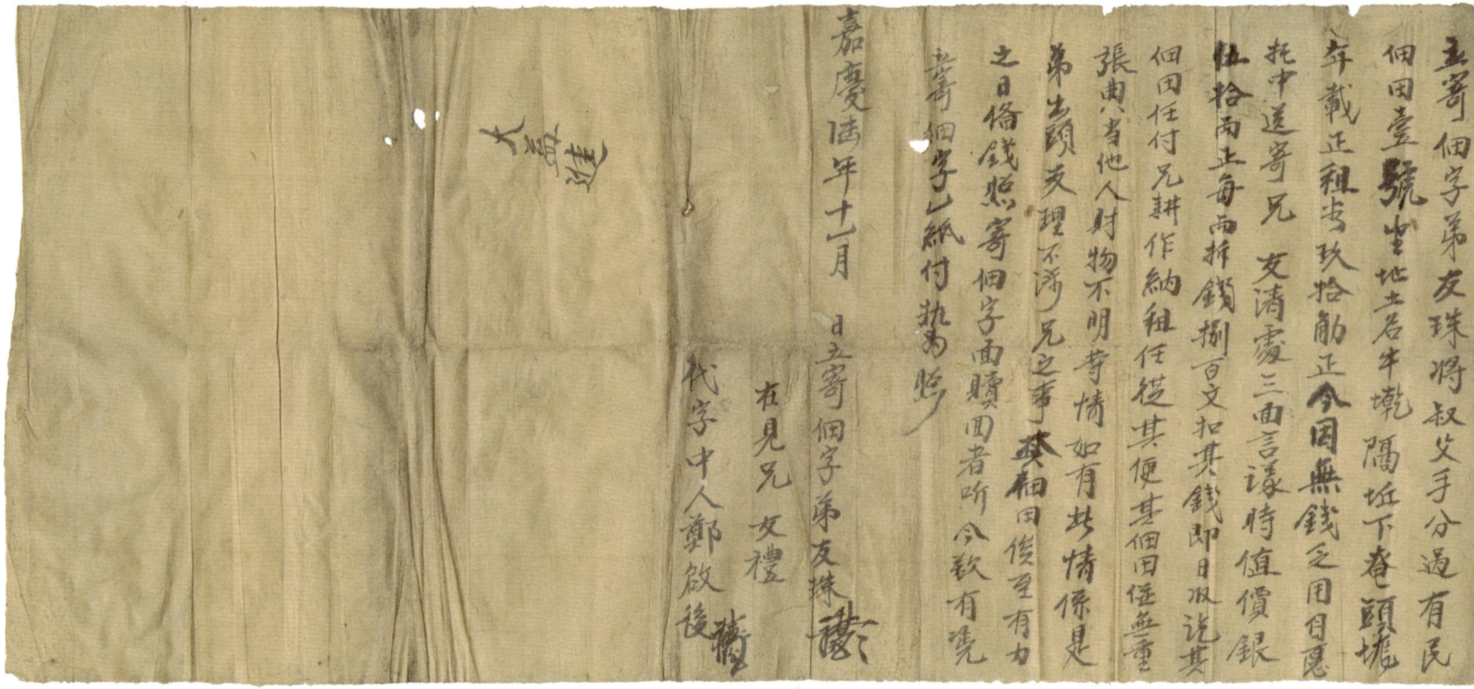

立寄佃字弟友珠將叔父手分過有民
佃田壹號坐址土名牛墘隔坵下奄頭墘
年載正租米玖拾觔正今因無錢乏用自愿
托中送寄兄　友清處三面言議時值價銀
伍拾両正每両折錢捌百文扣其錢即日收訖其
佃田任付兄耕作納租任從其便其佃田係無重
張典當他人財物不明等情如有此情係是
弟出頭支理不涉兄之事其佃田候至有力
之日備錢照寄佃字面贖田者听今欲有憑
立寄佃字壹紙付執為照
嘉慶陸年十一月　日立寄佃字弟友珠（押）
在見兄　友禮
代字中人鄭啟後（押）

5-4-42-2　清嘉慶六年十一月黃友珠立寄民佃田字

立寄佃字吳振瑚將父手置有民佃田
壹號坐落本鄉前龍洋土名梨㮌墘上分
載租谷玖拾觔正又壹號土名不沙坵年載
正租谷叁拾觔正合共弍號今因無銀應用
自愿托中送寄本里親人
鄭秀中處三面言議時值價銀伍拾伍兩
正每兩折錢捌百文扣其錢即日收訖其佃
田即付銀主前去耕作納租任從其便此田
在先並無重張典當他人財物不明等
情如有此等係是寄主出頭支理不涉銀
主之事俟至有能之日其期不拘遠近
備銀照契面贖回者听如是未贖仍付管
業今欲有憑立寄佃字壹紙付执爲照

道光拾柒年拾壹月 日立寄佃字吳振瑚（押）
在見兄振琨（押）
代字中侄兆和（押）

大進益

5-4-43-1 清道光十七年十一月吴振瑚立寄民佃田字

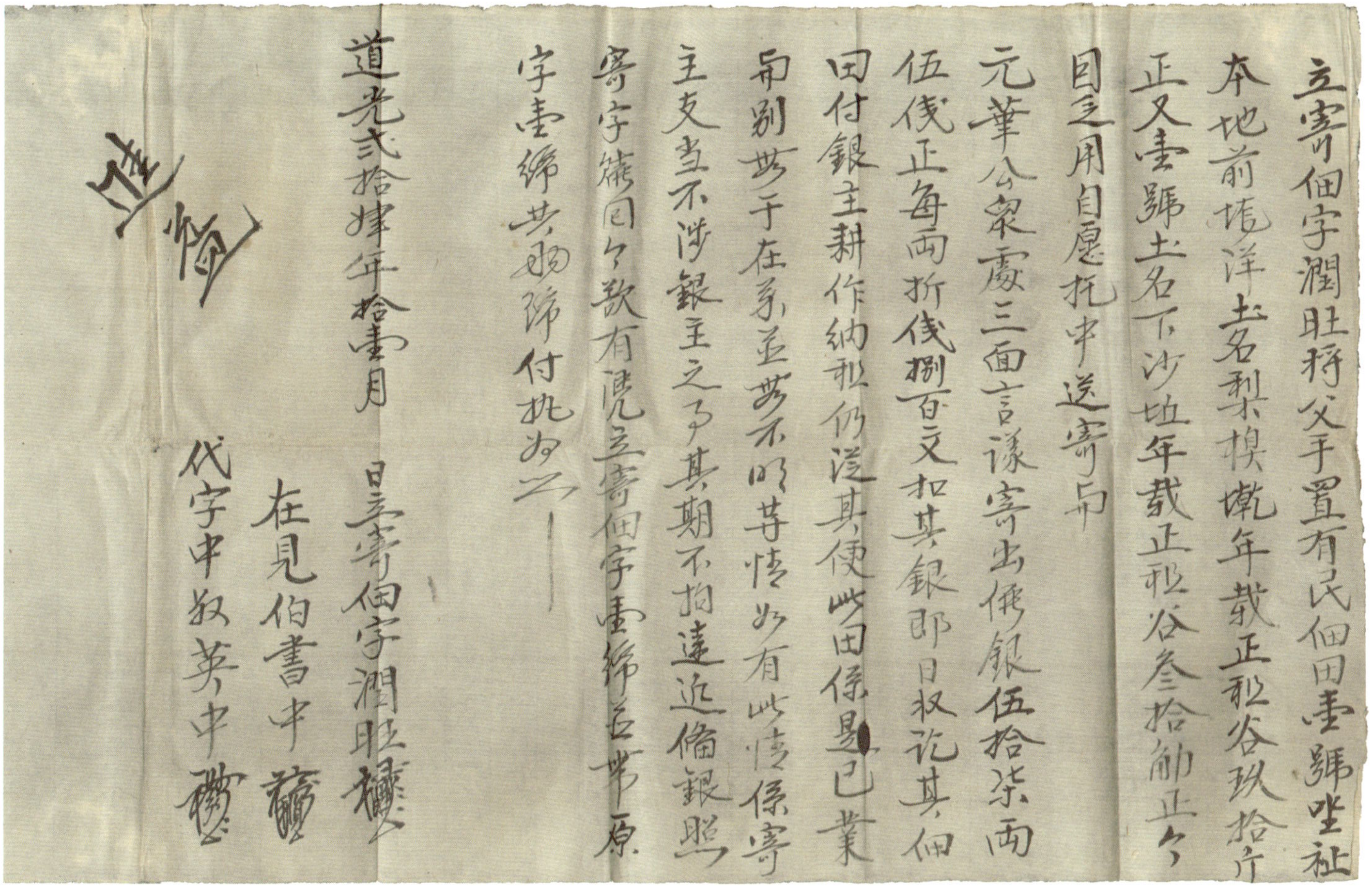

立寄佃字潤旺将父手置有民佃田壹號坐址本地前塘洋土名梨模墘年載正租谷玖拾斤正又壹號土名下沙坵年載正租谷叁拾觔正今因乏用自愿托中送寄与元華公衆處三面言議寄出佛銀伍拾柒兩伍钱正每兩折钱捌百文扣其銀即日收訖其佃田付銀主耕作納租仍從其便此田係是已業与别房兄弟無干並無不明等情如有此情係寄主支当不涉銀主之事其期不拘遠近備銀照寄字贖回今欲有憑立寄佃字壹紙並帶原字壹紙共两紙付执為照

道光弍拾肆年拾壹月　日立寄佃字潤旺（押）
在見伯書中（押）
代字中叔英中（押）

5-4-43-2　清道光二十四年十一月鄭潤旺立寄民佃田字

立盡字雲侄孫金本前年出賣有民佃田山
號坐址前垅洋土名梨樸垅并下沙墘年
載正租弍石正，今因乏用再向元華公重盡
盡出價貳仟山百文正，其價即日交訖，其田依舊
耕作納租，任從其便。其田俟至有能之日
備價照原盡字山起贖回，今欲有憑，立盡
字山帋付執爲照。

咸豐柒年十二月　日立盡字雲侄孫金本（押）
仝弟金大（押）
自筆本（押）

[illegible]

5-4-43-3　清咸豐七年十二月鄭金本立盡民佃田字

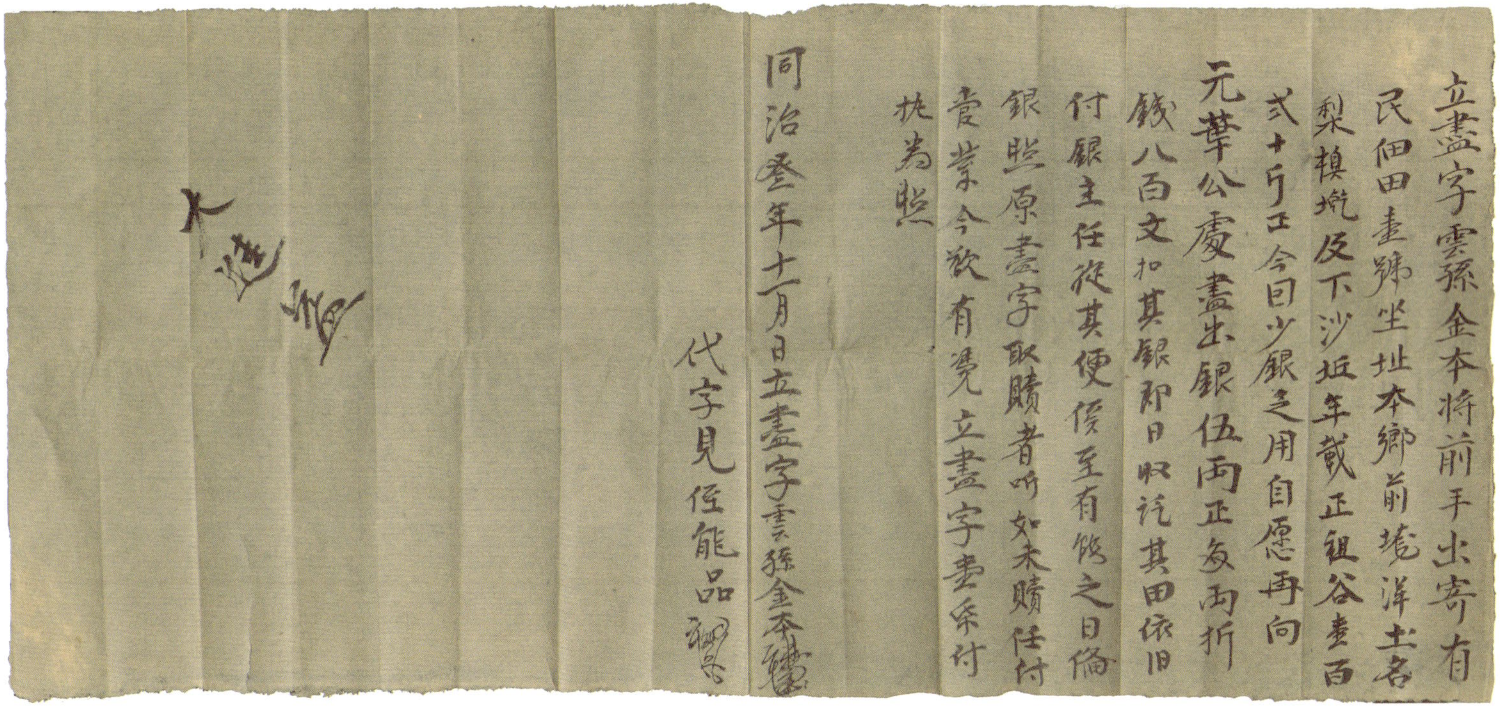

立盡字鄭孫金本將前手出賣有
民佃田壹號坐址本鄉土名港洋土名
梨頭坑仔下沙坵年載正租谷壹百
弍十勺正今因乏銀之用自愿再向
元華公處盡出銀伍兩正每兩折
錢八百文加其銀即日收訖其田依旧
付銀主經從其便管至有限之日備
銀照原賣字取贖者明如未贖任付
壹良業主今欲有憑立盡字壹紙付
執為照

同治叁年十一月日立盡字鄭孫金本（押）

代字見侄能吕（押）

5-4-43-4 清同治三年十一月鄭金本立盡民佃田字

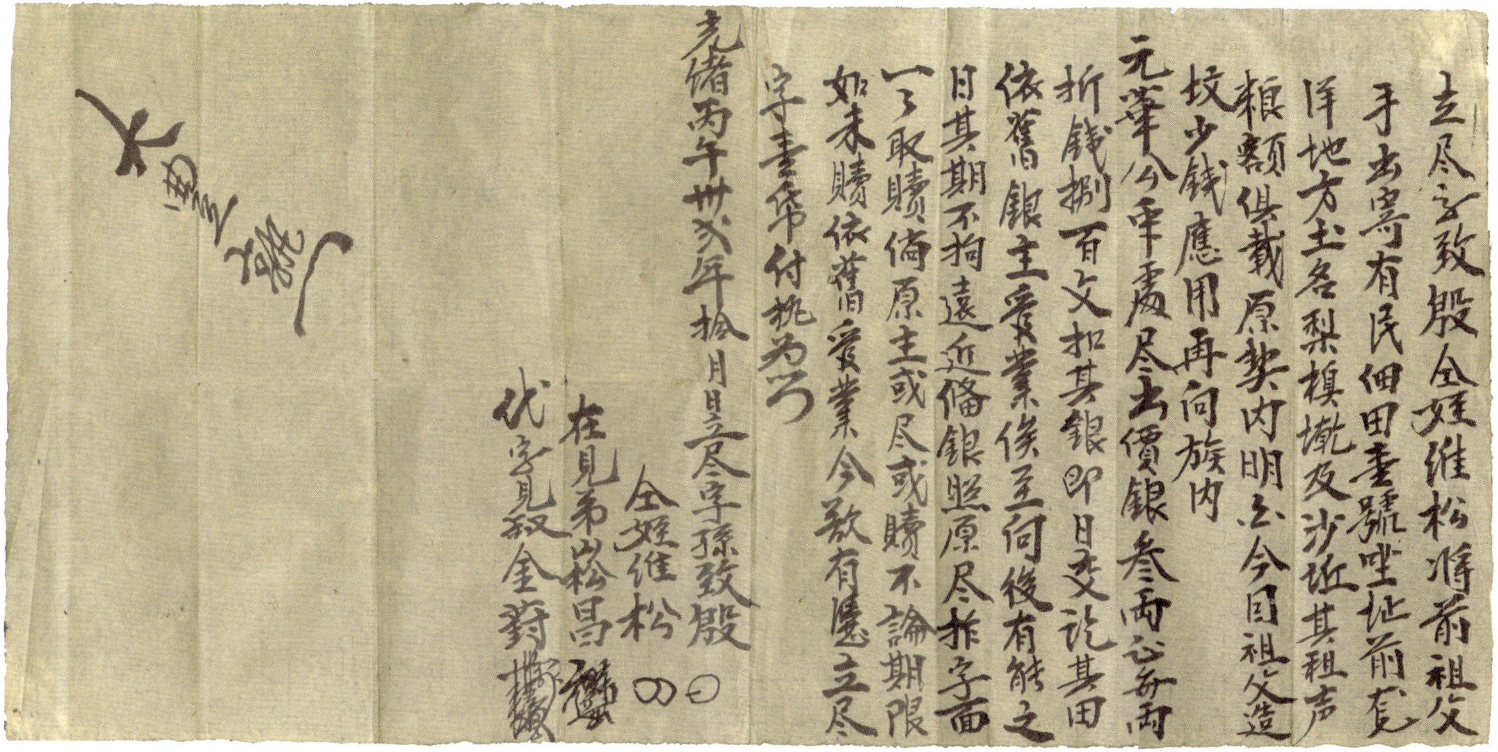

立尽字致殷仝姪維松將前祖父
手出嵩有民佃田壹號坐址前苍
洋地方土名梨模墘及沙垅其租声
粮額俱載原契内明，今因祖父造
坟少錢應用，再向族内
元峯公手處尽出價銀叁両正，每両
折錢捌百文，扣其銀即日交訖，其田
依舊銀主管業，侯至何後有能之
日，其期不拘遠近，備銀照原尽推字面
一下取贖，倚原主或尽或贖，不論期限。
如未贖，依舊管業。今欲有憑，立尽
字壹帋付執為照。
光緒丙午卅弍年拾月 日立尽字孫致殷 ㊞
仝姪維松 ㊞
在見弟嵩昌
代字見叔金對

5-4-43-5 清光緒三十二年十月鄭致殷等立盡民佃田字

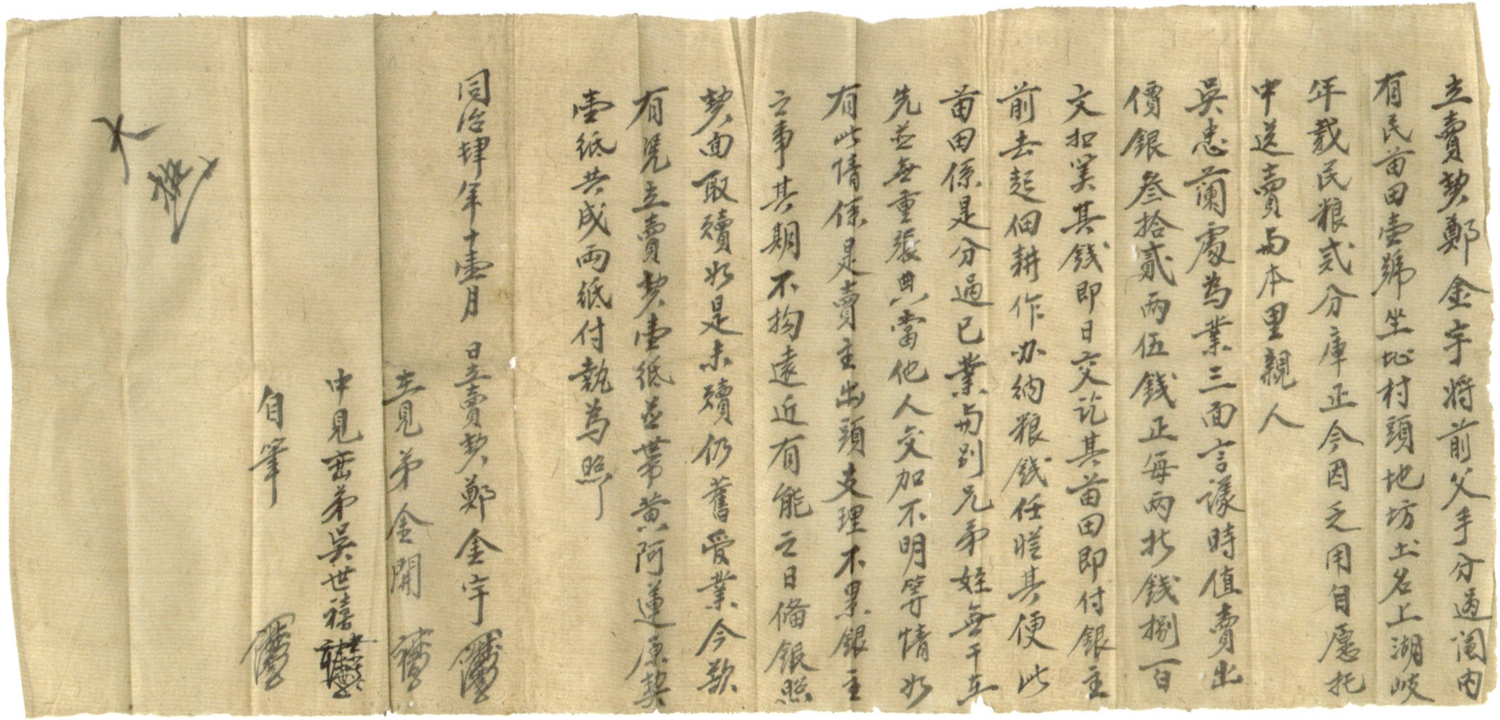

立賣契鄭金宇將前父手分過閩内
有民苗田壹號坐圯村頭地坊土名上湖岐
年載民粮貳分庫正今因乏用自愿托
中送賣與本里親人
吴志蘭處為業三面言議時值賣出
價銀叁拾貳兩伍錢正每兩折錢捌百
文扣筭其錢即日交訖其苗田即付銀主
前去起佃耕作办納粮錢任從其便此
苗田係是分過已業與别兄弟姪無干互
先並無重張典當他人交加不明等情如
有此情係是賣主出頭支理不累銀主
之事其期不拘遠近有能之日備銀照
契面取贖如是未贖仍舊管業今欲
有憑立賣契壹紙並帶黄阿蓮原契
壹紙共成兩紙付執為照
同治肆年十壹月　日立賣契鄭金宇（押）
在見弟金開（押）
中見舍弟吴世禧（押）
自筆（押）

5-4-44-1　清同治四年十一月鄭金宇立賣民苗田契

今在
三益社衆處撮出銀捌両五
錢正，每両折錢八百文扣供
至贖上湖岐田之日並撮字
面一起贖回。今欲有憑，立
撮字乙帋付執為照。
光緒弍拾七年十一月　日立撮字吴重康（押）
在見兄忠富（押）
代字葉淩銘

大道回

5-4-44-2　清光緒二十七年十一月吴重康立撮字

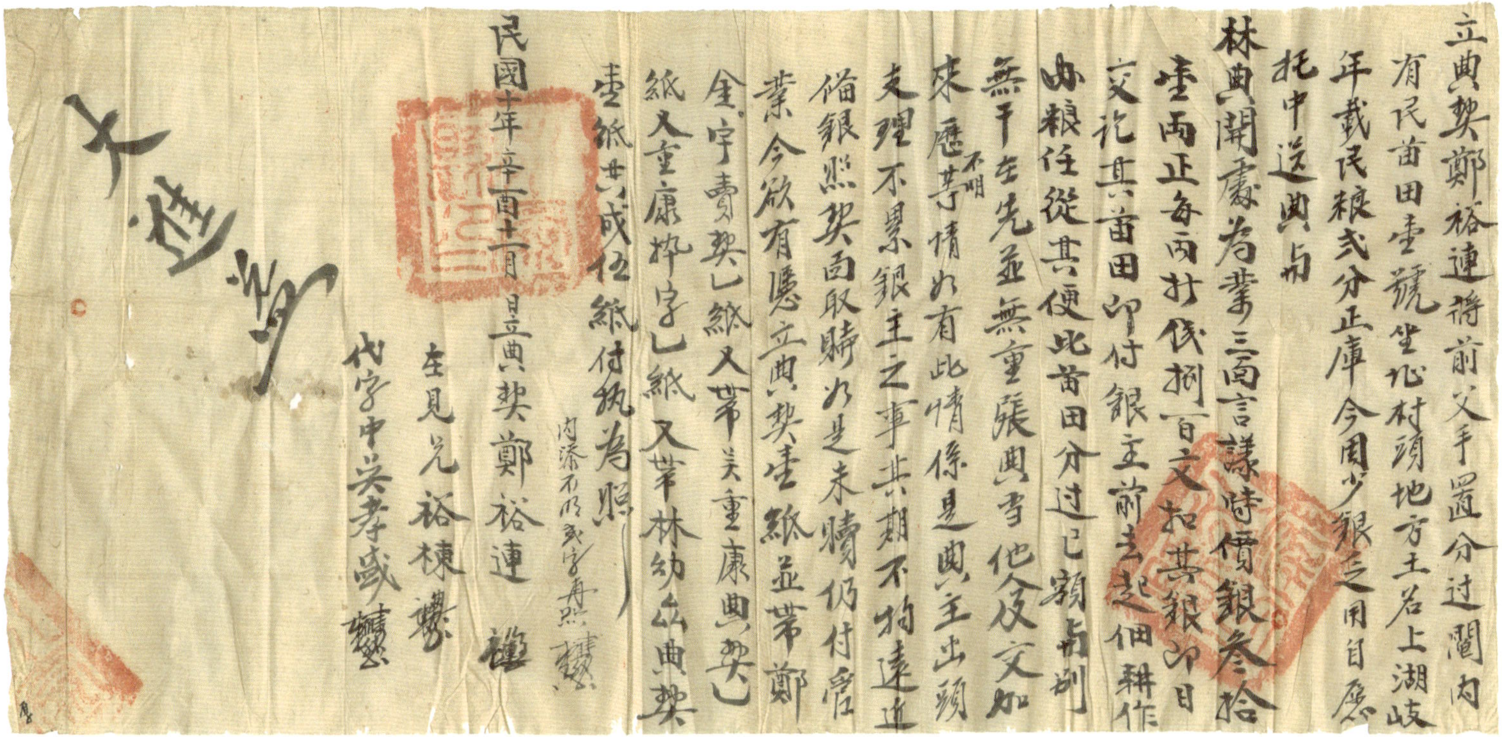

立典契鄭裕連將前父手置分过閫內
有民苗田壹號坐北村頭地方土名上湖岐
年載民粮弍分正庫今因少銀乏用自愿
托中送典與
林典閧處為業三面言議時價銀叁拾
壹兩正每兩折錢捌百文扣其銀即日
交訖其苗田即付銀主前去起佃耕作
收粮任從其便此苗田分过已額與別
無干在先並無重張典當他人及交加
來歷不明等情如有此情係是典主出頭
支理不累銀主之事其期不拘遠近
備銀照契面取贖如是未贖仍付管
業今欲有憑立典契壹紙並帶鄭
全字賣契乙紙又帶美重康典契乙
紙又重康拚字乙紙又帶林幼山典契
壹紙共成伍紙付執為照
內添不明貳字再照 書
民國十年辛酉十一月 日立典契鄭裕連
在見兄裕棟
代字中吳孝盛
大吉

5-4-44-3　民國十年十一月鄭裕連立典民苗田契（紅契）

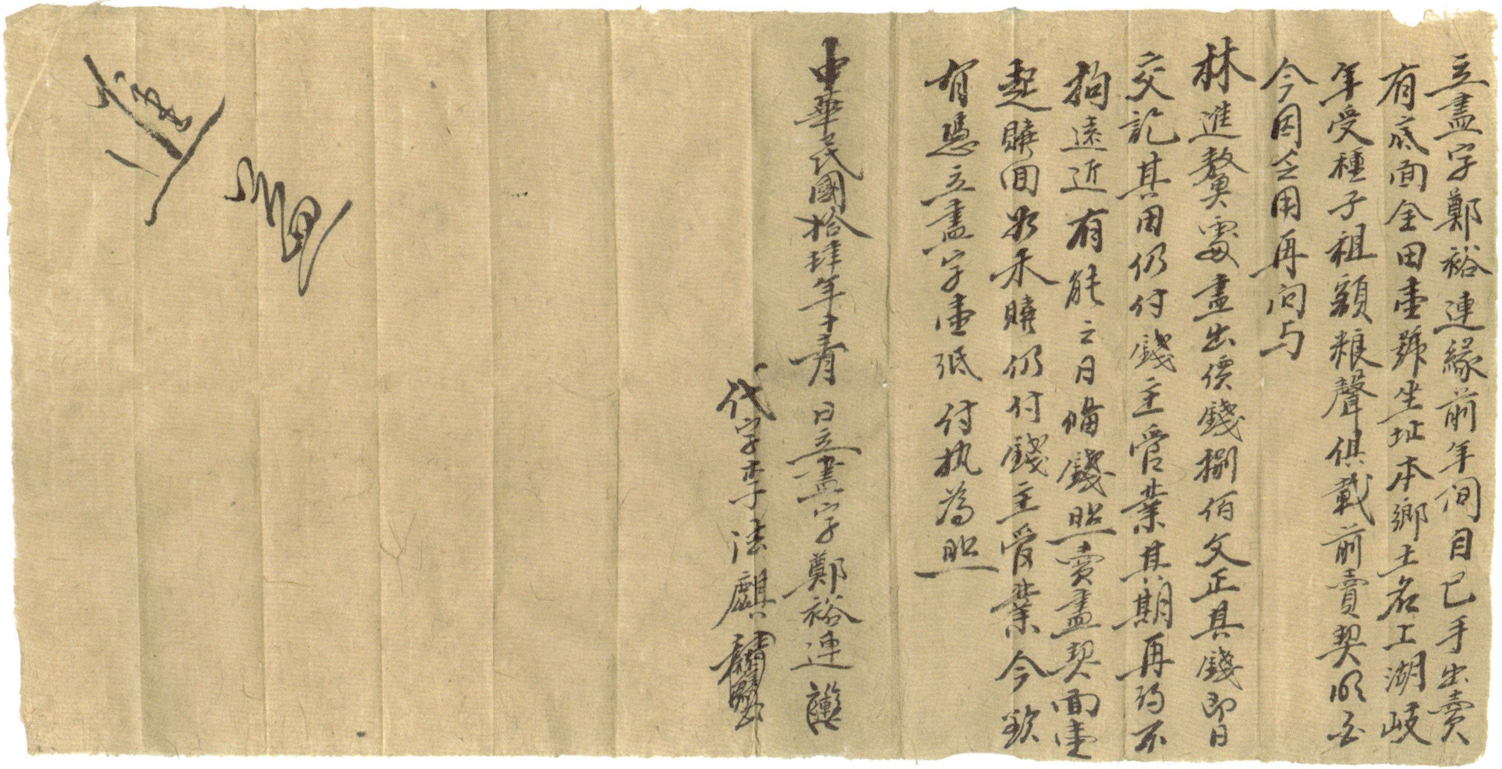

立盡字鄭裕連緣前年間自己手出賣
有底面全田壹號坐址本鄉土名上湖岐
年受種子柤額粮聲俱載前賣契明云
今因乏用再向与
林進發處盡出價錢捌佰文正其錢即日
交訖其田仍付錢主管業其期再約不
拘遠近有能之日備錢照賣盡契面連
起贖田如未贖仍付錢主管業今欲
有憑立盡字壹紙付執為照

中華民國拾肆年十二月　日立盡字鄭裕連（押）
代字李法麒（押）

5-4-44-4　民國十四年十二月鄭裕連立盡底面全田字

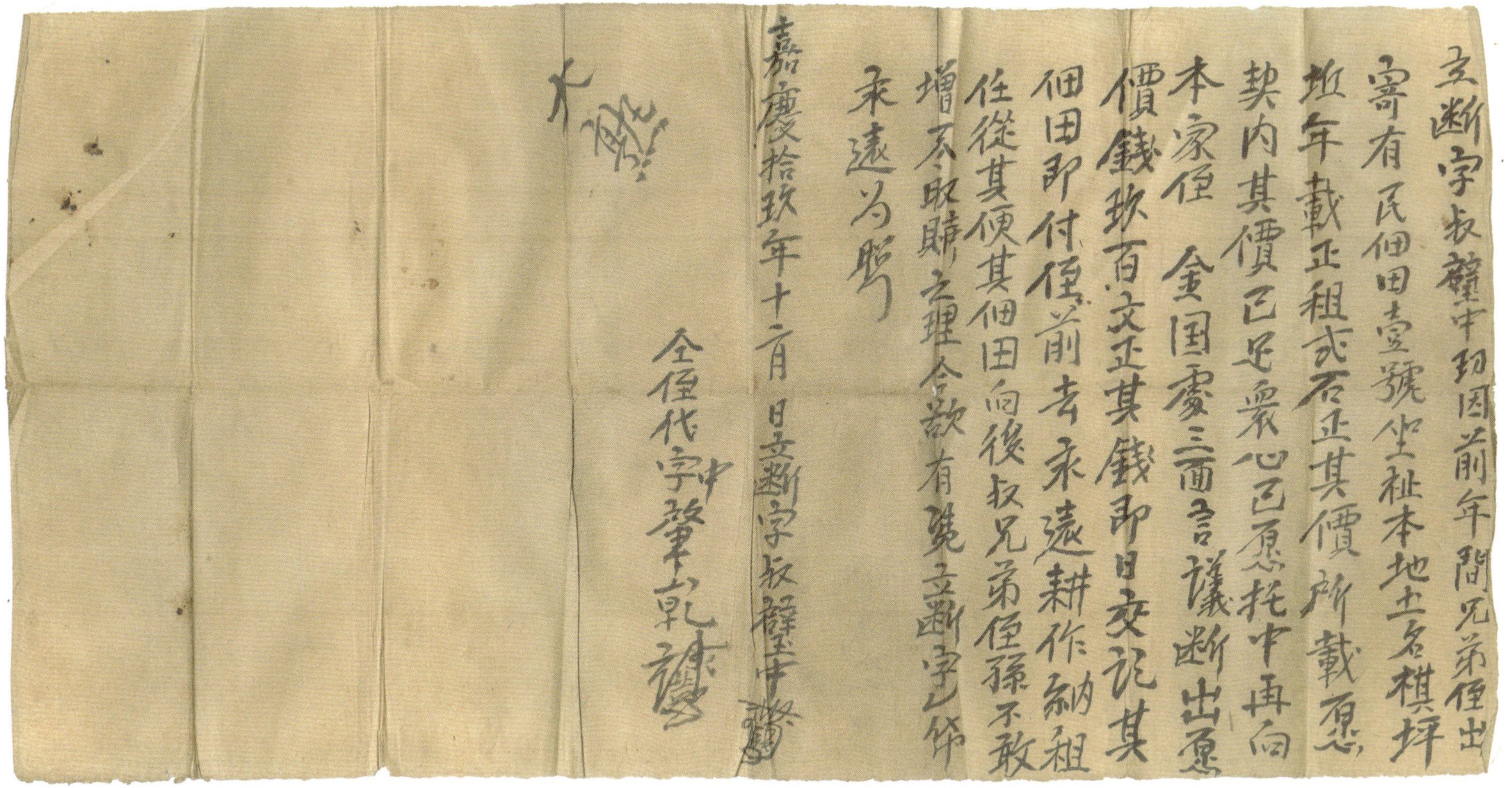

立斷字叔鄭璧中，切因前年間兄弟侄出
寄有民佃田壹號，坐址本地土名棋坪
坵，年載正租弍石正，其價所載原
契內，其價已足，衆心已愿，托中再向
本家侄 金国處三面言議，斷出原
價錢玖百文正，其錢即日交訖，其
佃田即付侄前去永遠耕作納租，
任從其便，其佃田向後叔兄弟侄孫不敢
增添取贖之理，今欲有憑，立斷字一紙
永遠為照。
嘉慶拾玖年十二月 日立斷字叔鄭璧中（押）
仝侄代字筆 乾禮（押）
大□

5-4-45-1　清嘉慶十九年十二月鄭璧中立斷民佃田字

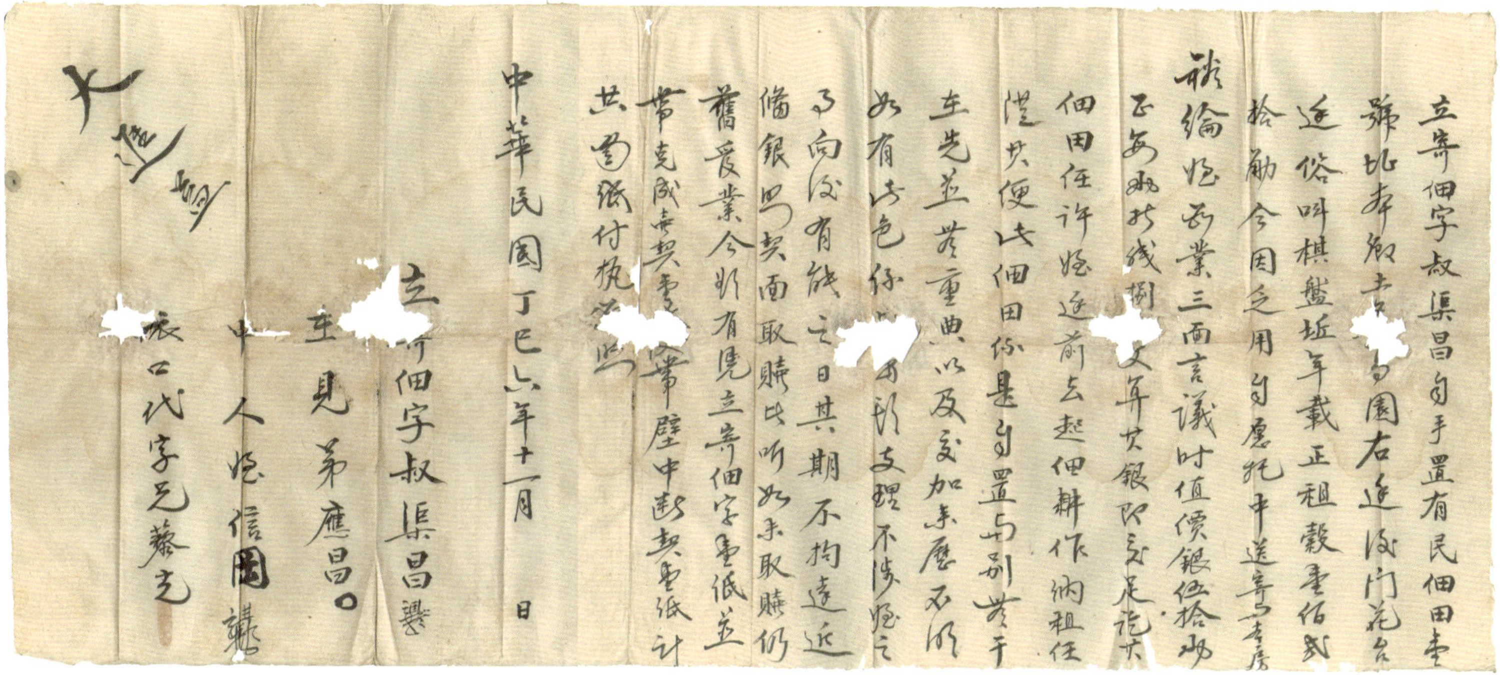

立寄佃字叔渠昌自手置有民佃田壹
號址本鄉土名□園右邊後門花台
邊俗呌棋盤坵年載正租穀壹佰貳
拾觔，今因乏用，自愿托中送寄與本房
族綸煌爲業，三面言議，時值價銀伍拾兩
正，每兩折錢□文算，其銀即日足訖，其
佃田任許煌邊前去起佃耕作，納租任
從其便。此佃田係是自置與别房干
去先並無重典，以及交加來歷不明，
如有此色，係□□支理，不涉煌之
事。向後有錢之日，其期不拘遠近，
備銀照契面取贖，此所如來取贖，仍
舊管業。今欲有憑，立寄佃字壹紙並
帶克成寄契壹紙、□常壁中斷契壹紙，計
共叁紙，付執爲照。

中華民國丁巳六年十一月　日

立寄佃字叔渠昌（押）

在見弟應昌（押）

中人煌信（押）議

依口代字兄藜光

大進

5-4-45-2　民國六年十一月鄭渠昌立寄民佃田字

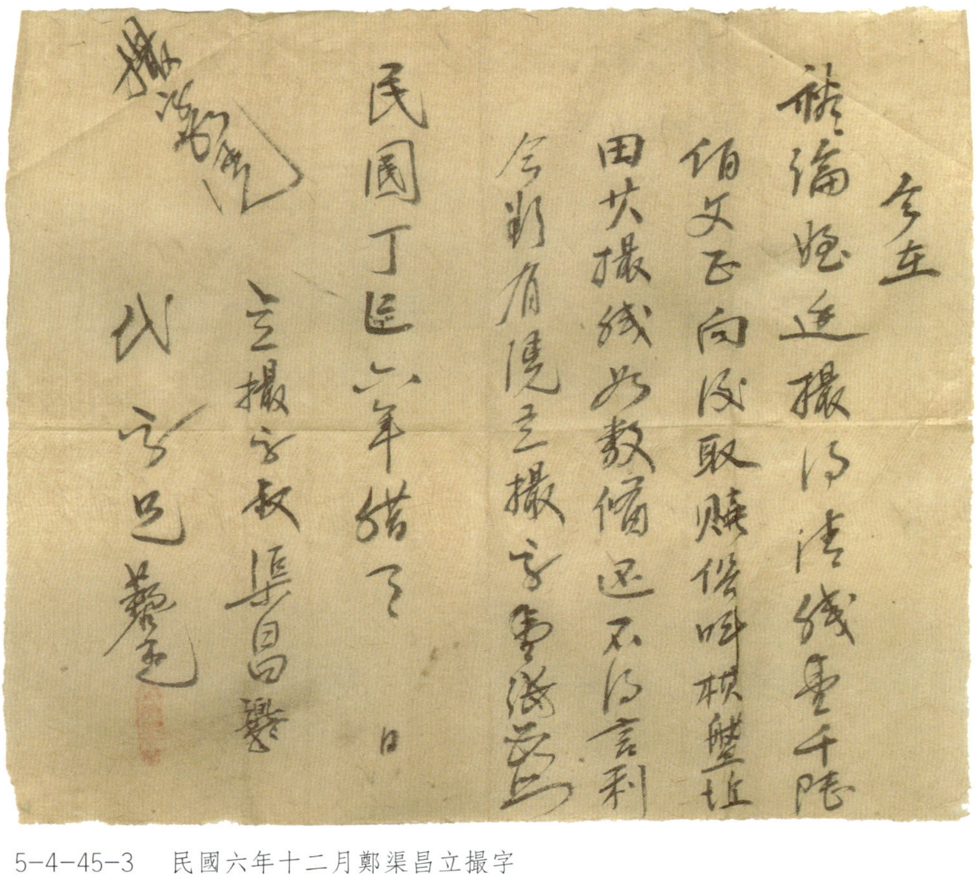

今在
族論塘邊撮得清錢壹千陸
佰文正，向後取贖，估時柸盤址
田共撮錢如數備還，不得言利，
今欲有憑，立撮字壹紙爲照。
民國丁巳六年腊月　日
立撮字叔　渠昌（押）
代字兄　藝（押）

5-4-45-3　民國六年十二月鄭渠昌立撮字

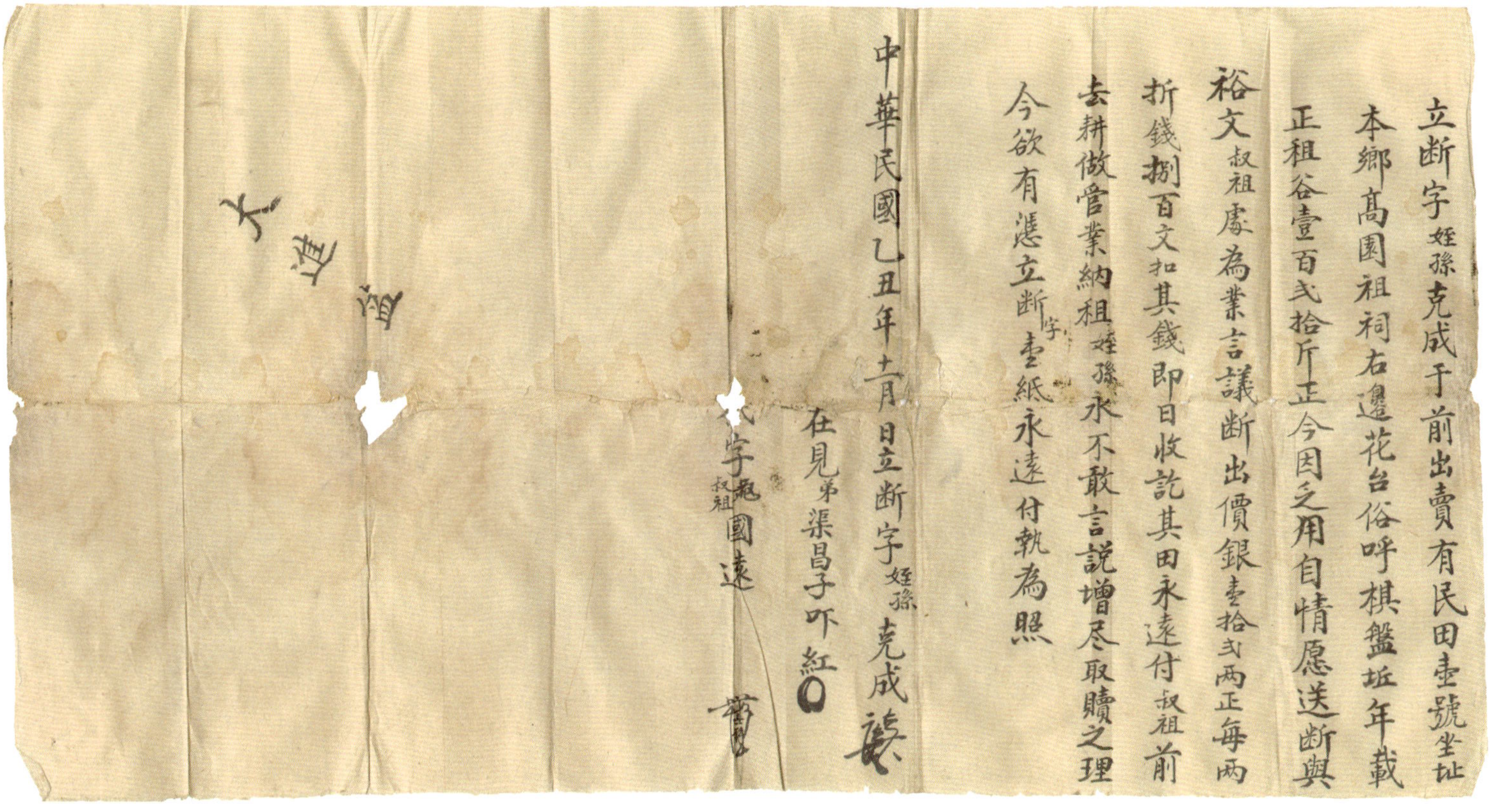
立断字姪孫克成于前出賣有民田壹號坐址
本鄉高園祖祠右邊花台俗呼棋盤垅年載
正租谷壹百弍拾斤正今因乏用自情愿送断與
裕文叔祖處為業言議断出價銀壹拾弍两正每两
折錢捌百文扣其錢即日收訖其田永遠付叔祖前
去耕做管業納租姪孫永不敢言説增尽取贖之理
今欲有憑立断字壹紙永遠付執為照
中華民國乙丑年十一月　日立断字姪孫克成（押）
在見弟渠昌子吓紅〇
代字叔祖國遠（押）
大進益

5-4-45-4　民國十四年十一月鄭克成立斷民田字

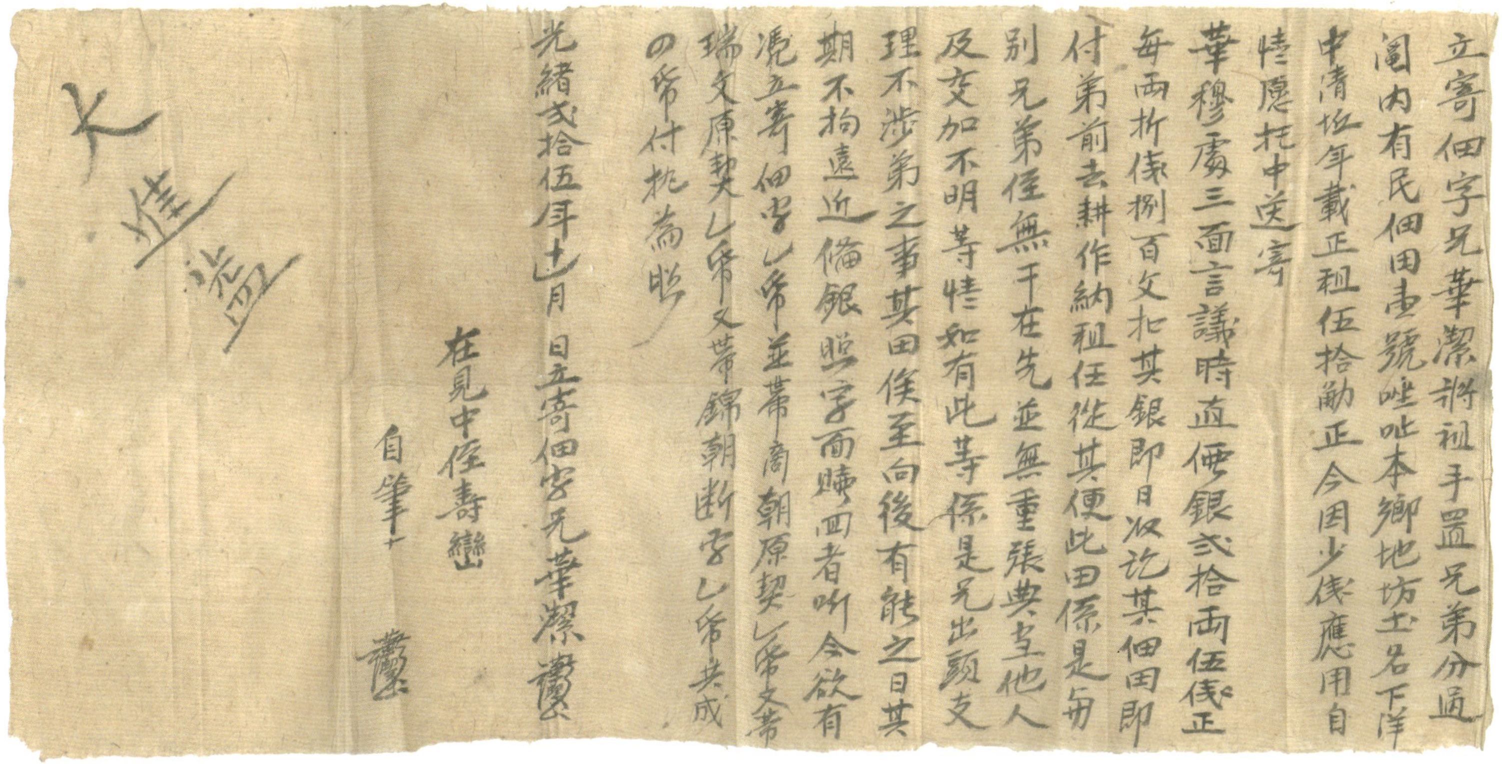

立寄佃字兄華潔將祖手置兄弟分过
阄内有民佃田壹號，坐址本鄉地坊土名下洋
中清坵，年載正租伍拾觔正。今因少錢應用，自
情愿托中送寄
華穆處，三面言議時值價銀弍拾両伍錢正，
每両折錢捌百文扣，其銀即日收訖。其佃田即
付弟前去耕作納租，任從其便。此田係是兄
別兄弟侄無干，在先並無重張典当他人
及交加不明等情，如有此等，係是兄出頭支
理，不涉弟之事。其田從至向後，有能之日，其
期不拘遠近，備銀照字而贖回者，听令。欲有
凴，立寄佃字乙帋，並帶商朝原契乙帋，又帶
瑞文原契乙帋，又帶錦朝斷字乙帋，共成
四帋，付執為照。

光緒弍拾伍年十一月　日立寄佃字兄華潔（押）

在見中侄壽戀

自筆（押）

大進發

5-4-46-1　清光緒二十五年十一月黃華潔立寄民佃田字

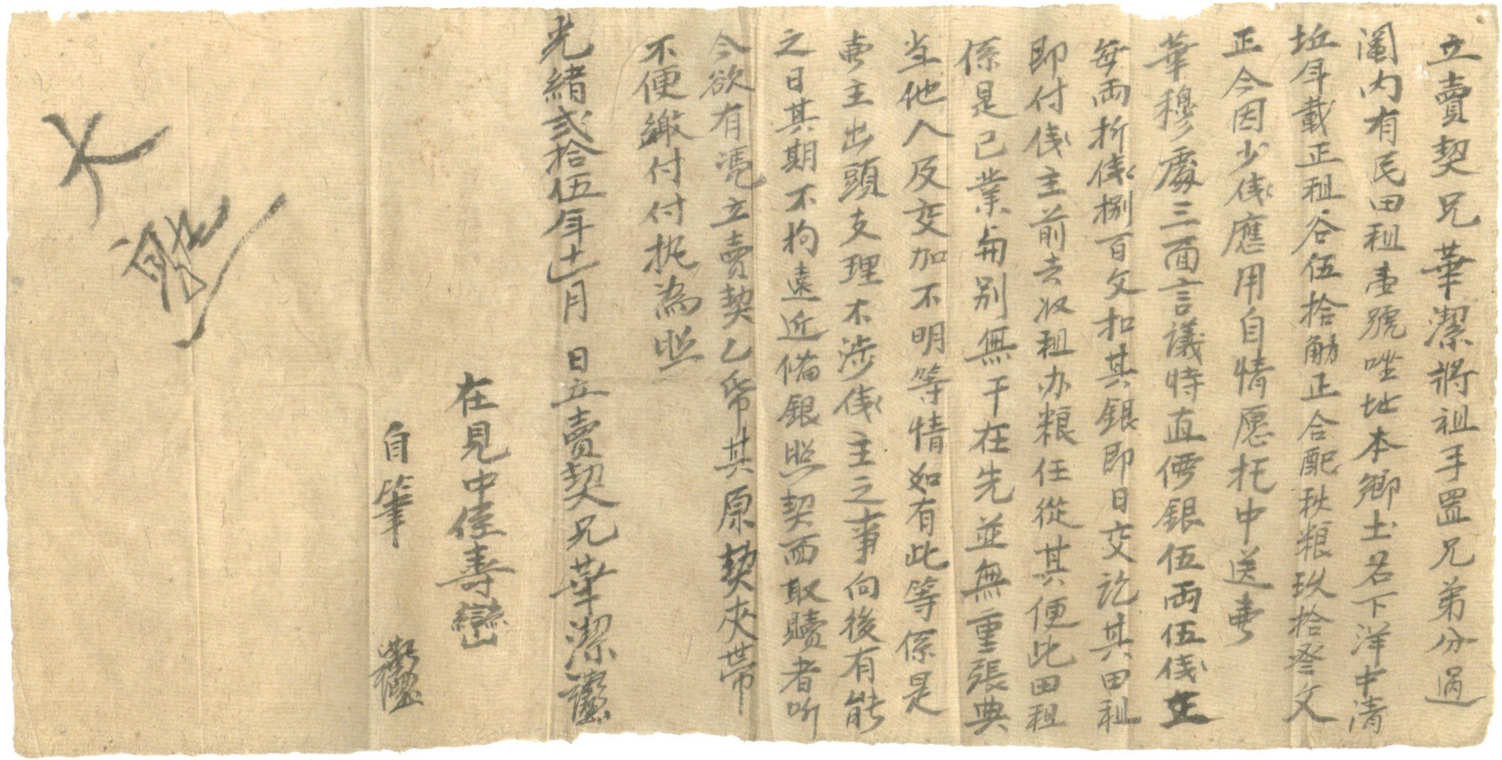
立賣契兄華潔將祖手置兄弟分過
鬮內有民田租壹號坐址本鄉土名下洋中清
坵年載正租谷伍拾觔正合配秋粮玖拾叁文
正今因少錢應用自情愿托中送賣
華穆處三面言議時值價銀伍兩伍錢正
每兩折錢捌百文扣其銀即日交訖其田租
即付錢主前去收租办粮任從其便此田租
係是己業與別無干在先並無重張典
當他人及交加不明等情如有此等係是
賣主出頭支理不涉錢主之事向後有能
之日其期不拘遠近備銀照契面取贖者听
今欲有凴立賣契乙帋其原契夾帶
不便繳付付批為照
光緒貳拾伍年十一月 日立賣契兄華潔
在見中侄壽鑾
自筆

5-4-46-2 清光緒二十五年十一月黃華潔立賣民田租契

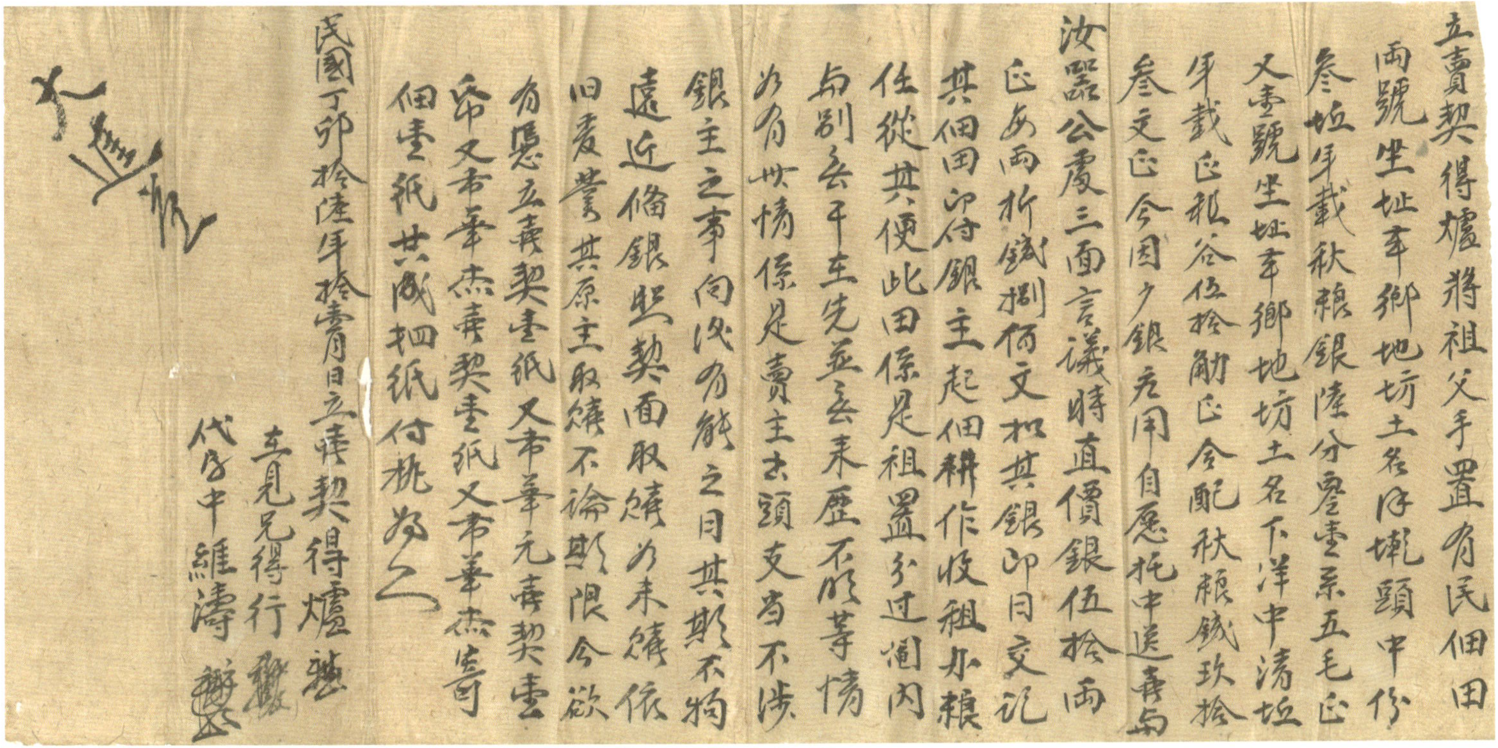

立賣契得爐將祖父手置有民佃田
兩號坐址本鄉地坊土名仔墘頭中份
叁坵年載秋粮銀陸分壹厘五毛正
又壹號坐址本鄉地坊土名下洋中濤坵
年載正租谷伍拾斛正仝配秋粮錢玖拾
叁文正今因乏銀充用自愿托中送賣與
汝器公處三面言議時直價銀伍拾兩
正每兩折錢捌佰文扣其銀即日交訖
其佃田即付銀主起佃耕作收租办粮
任從其便此田係是祖置分过闔內
與别房千生先並無來歷不明等情
如有此情係是賣主出頭支当不涉
銀主之事向後如有能之日其期不拘
遠近備銀照契面取贖如未贖依
旧受業其原主取贖不論期限今欲
有憑立賣契壹紙又本年華元賣契壹
帋又本年華杰賣契壹紙又本年華杰寄
佃壹紙共成捌紙付執為照
民國丁卯拾陸年拾壹月日立賣契得爐
在見兄得行
代字中維濤
大進

5-4-46-3　民國十六年十一月鄭得爐立賣民佃田契

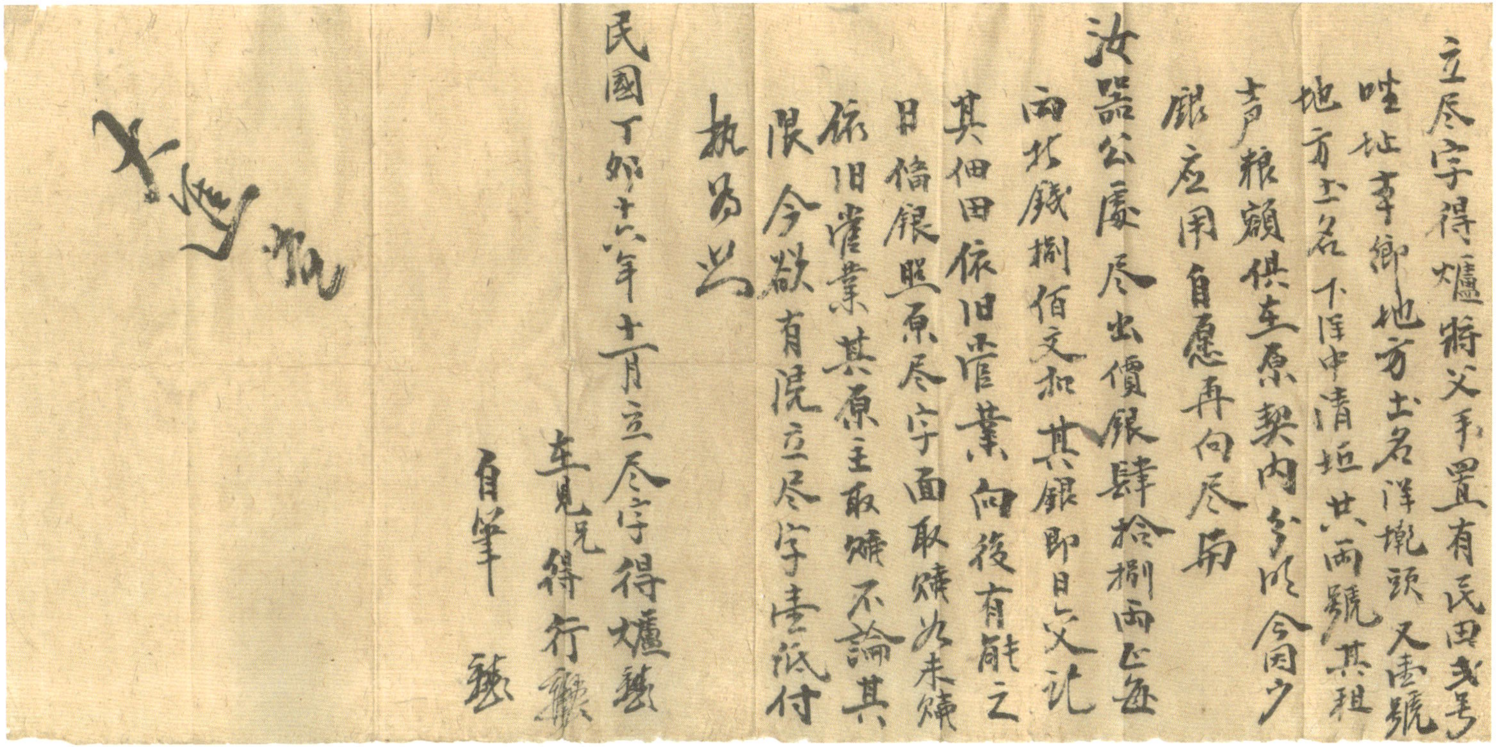
立盡字得爐將父手置有民田弍号
坐址亭鄉地方土名洋墘頭又壹號
地方土名下洋中清垣共兩號其租
声粮額俱在原契內分明今因乏
銀應用自愿再向盡與
汝器公處盡出價銀肆拾捌兩正並
兩收錢捌佰文和其銀即日交訖
其佃田依旧管業向後有能之
日備銀照原盡字面取贖次未贖
依旧管業其原主取贖不論其
限今欲有憑立盡字壹紙付
執為照
民國丁卯十六年十一月　立盡字得爐　押
在見兄　得行　押
自筆　押

5-4-46-4　民國十六年十一月鄭得爐立盡民田字

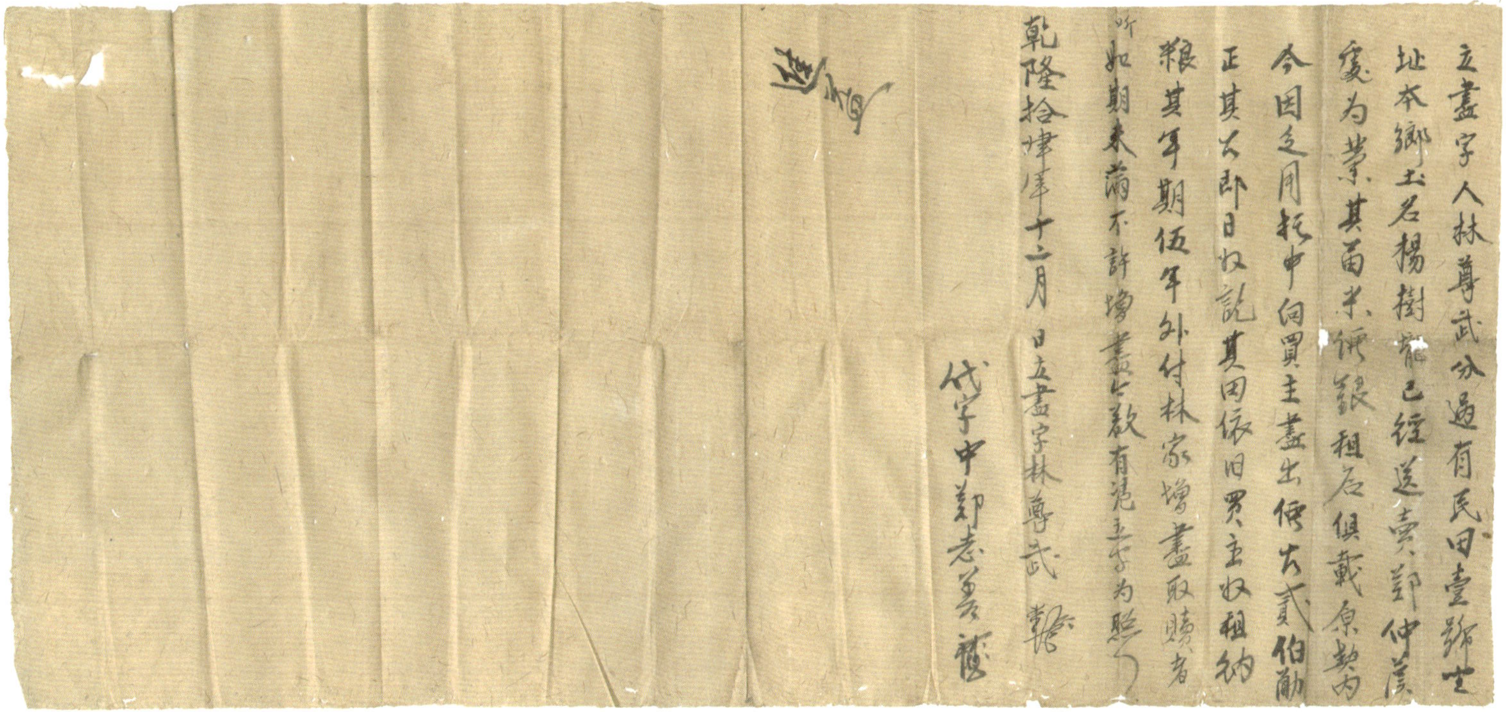
立盡字人林尊武分過有民田壹號土
址本鄉土名楊樹□已經送賣鄭仲蒼
處為業，其苗米、佃銀租石俱載原契內。
今因乏用，托中向買主盡出佛銀弍伯觔
正，其銀即日收訖，其田依旧買主收租納
粮。其年期伍年外，付林家增盡取贖；者
所如期未滿，不許增盡。此欵有憑，立字為照。
乾隆拾肆年十二月　日立盡字林尊武（押）
代字中鄭志義（押）

5-4-47-1　清乾隆十四年十二月林尊武立盡民田字

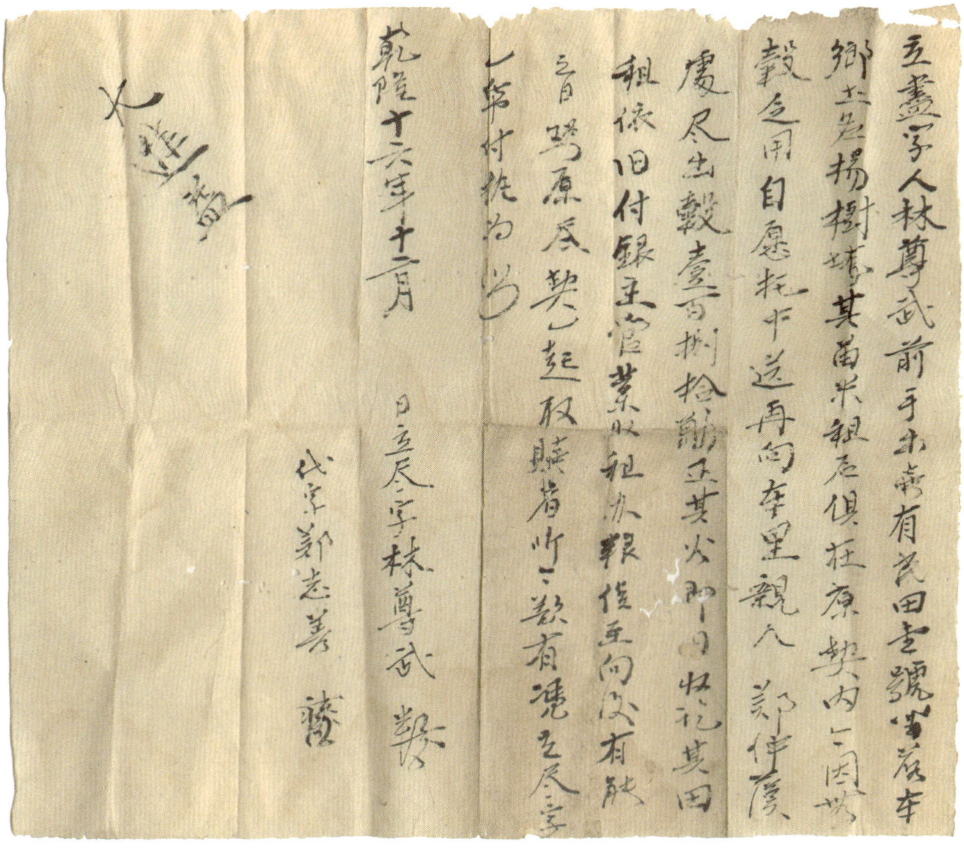

立盡字人林尊武前手承爺有民田壹號坐落本
鄉土名楊樹墘其苗米租石俱在原契内今因缺
穀乏用自愿托中送再向本里親人鄭伴廣
處盡出穀壹百捌拾斤正其穀即日收訖其田
租依旧付銀主管業收租辦粮任其向後有能
之日照原盡契起取贖皆听之欲有憑立盡字
一紙付執為照
乾隆十六年十二月
日立盡字林尊武
代字鄭志善

5-4-47-2　清乾隆十六年十二月林尊武立盡民田字

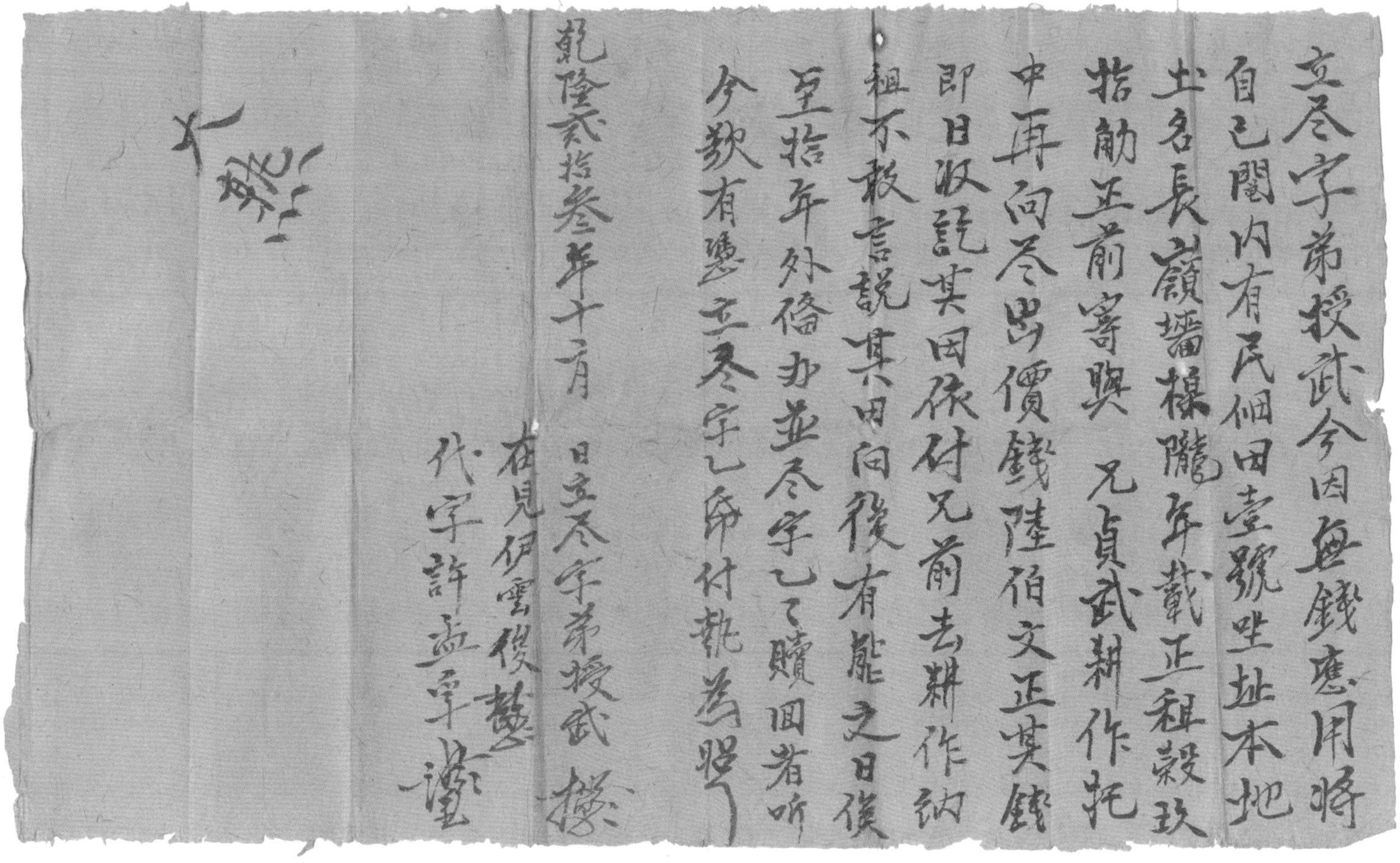
立盡字弟授武今因無錢應用將
自己閣内有民佃田壹號坐址本地
土名長嶺墻棣隴年載正租穀玖
擔前正前寄與　兄貞武耕作托
中再向盡出價錢陸佰文正其錢
即日收訖其田依付兄前去耕作納
租不敢言說其田向後有能之日僕
至拾年外倍办並盡字乙了贖回者听
今欲有憑立盡字乙帋付執為照
乾隆贰拾叁年十二月　日立盡字弟授武
在見伊雲俊
代字許孟章

5-4-47-3　清乾隆二十三年十二月林授武立盡民佃田字

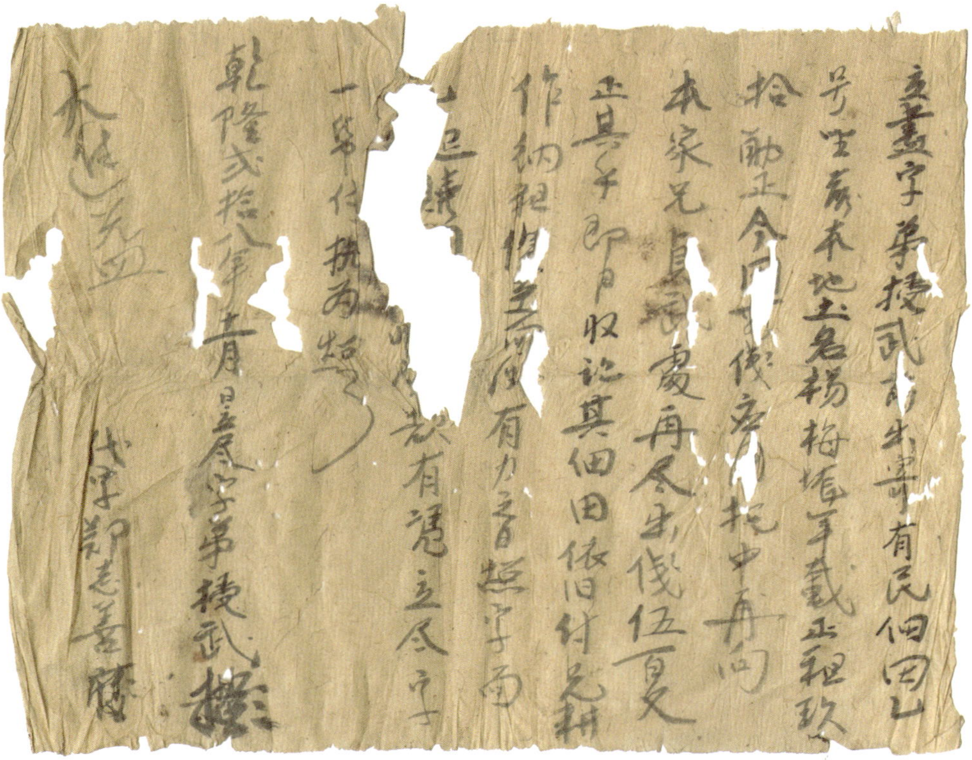

立盡字弟授武有[illegible]有民佃田山
号坐落本地土名楊梅垅年載正租玖
拾觔正今因乏錢應用托中再向
本家兄[illegible]處再盡出錢伍百文
正其錢即日收訖其佃田依旧付兄耕
作納租[illegible]立盡[illegible]有力者照字爲
[illegible]退贖[illegible]
[illegible]有憑立盡字
一紙付執爲照

乾隆弍拾八年十一月日立盡字弟授武

代字鄭志[illegible]

本[illegible]兄立

5-4-47-4　清乾隆二十八年十一月林授武立盡民佃田字

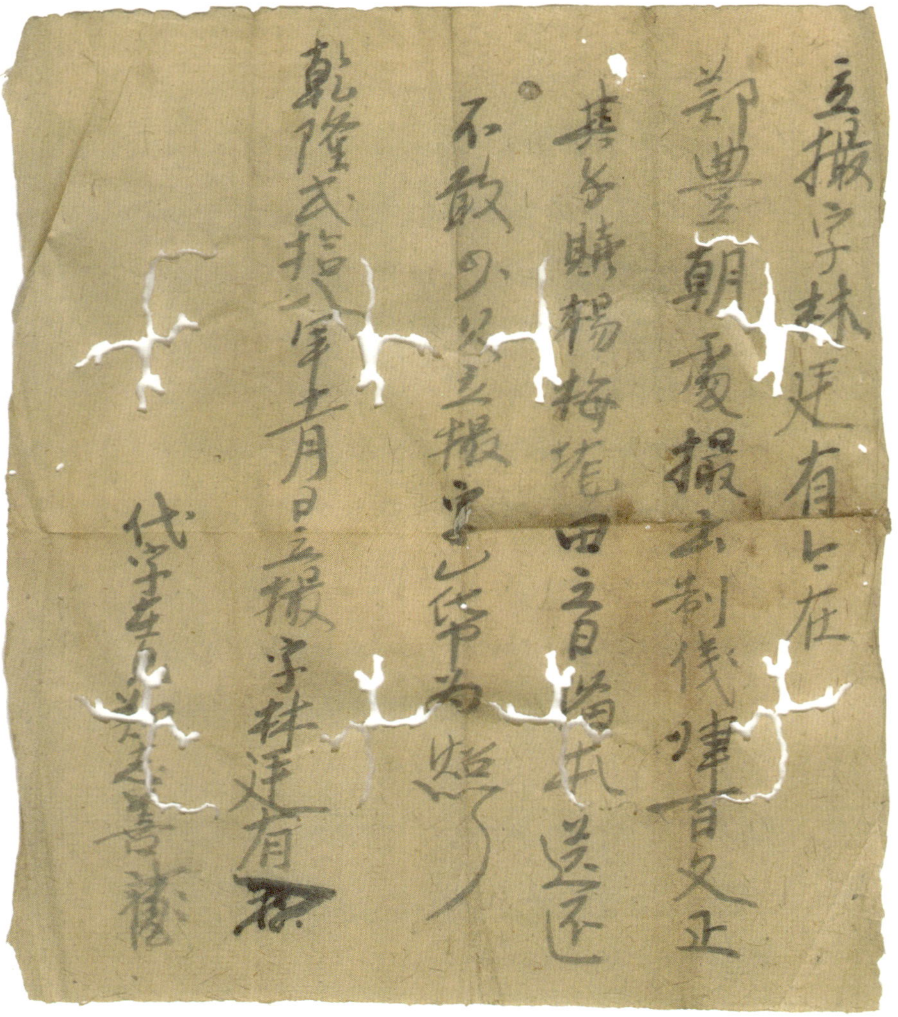

立撮字林廷有今在
鄭豐朝處撮去制錢肆百文正
其子賰楊梅垅田首當抵送还
不敢少欠立撮字為照
乾隆式拾八年十一月　日立撮字林廷有
代字[illegible]善[illegible]

5-4-47-5　清乾隆二十八年十一月林廷有立撮字

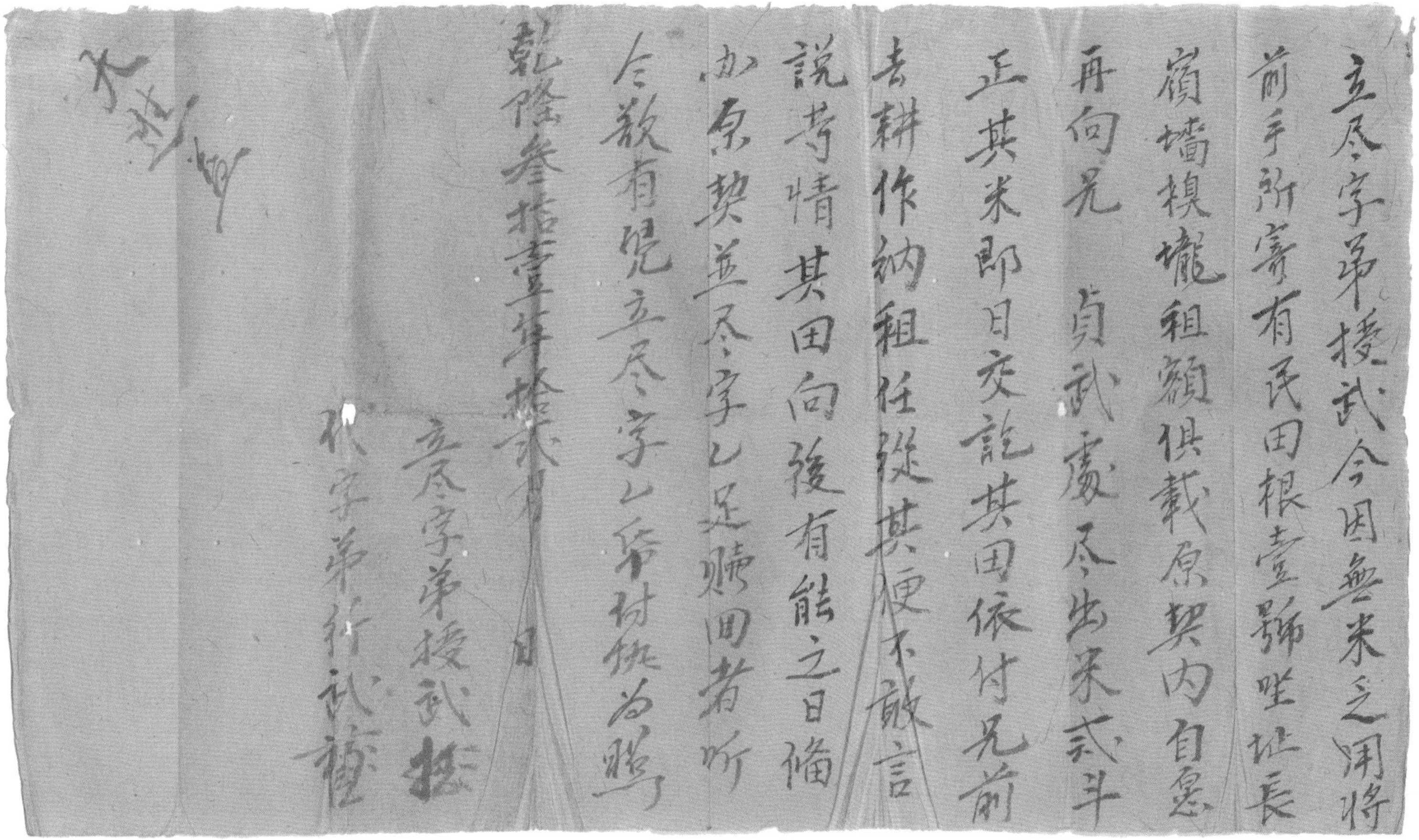

立盡字弟授武今因無米之用將
前手所寄有民田根壹號坐址長
嶺墻模壠租額俱載原契內自愿
再向兄　貞武處盡出米弍斗
正其米即日交訖其田依付兄前
去耕作納租任從其便不敢言
說等情其田向後有能之日備
加原契並盡字乙足贖回者听
今欲有憑立盡字乙帋付執為照
乾隆叁拾壹年拾弍月　日
立盡字弟授武（押）
代字弟行武（押）

5-4-47-6　清乾隆三十一年十二月林授武立盡民田根字

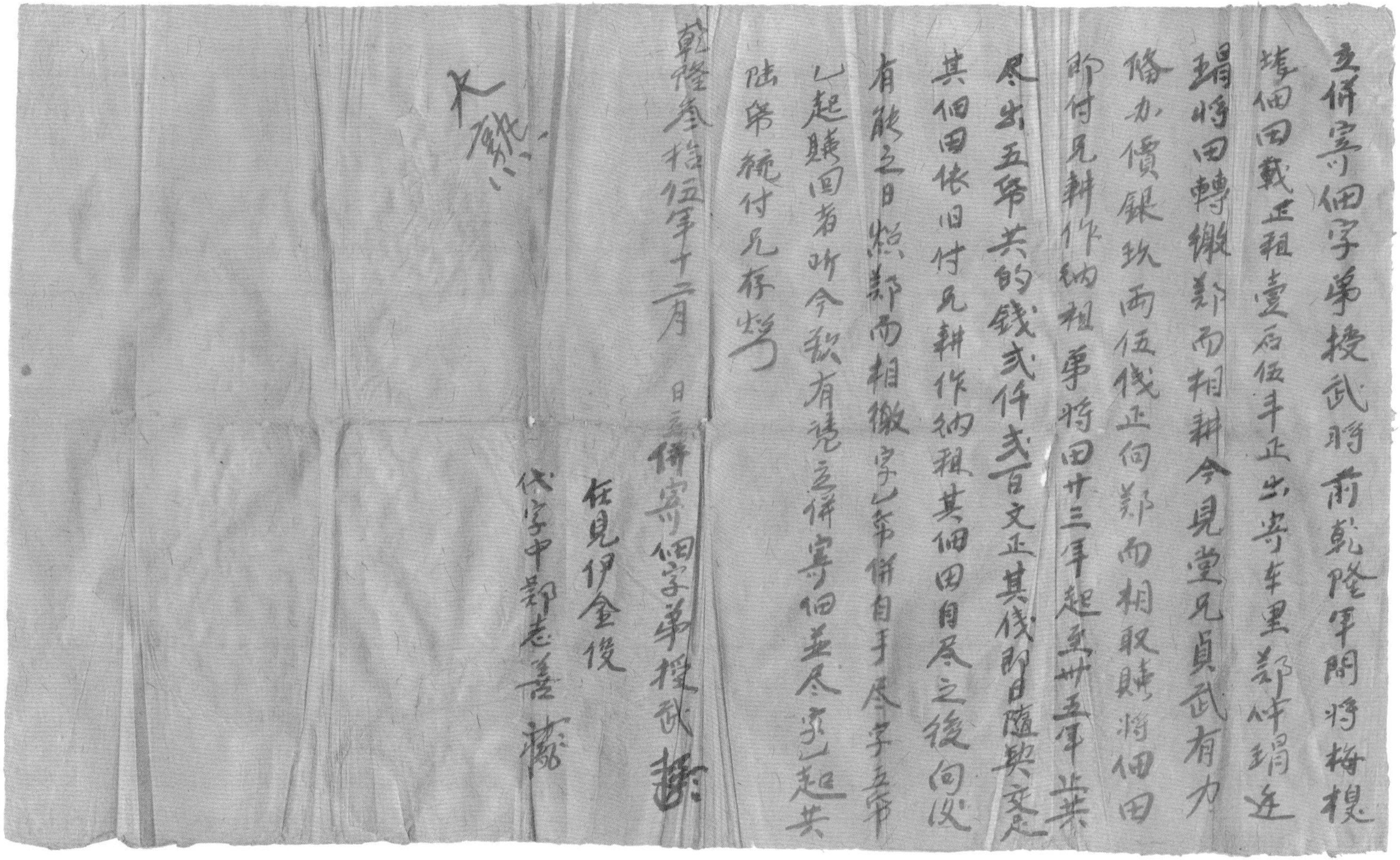
立併寄佃字弟授武將前乾隆年間將梅根
墘佃田載正租壹石伍斗正出寄本里鄭侍琄邊
琄將田轉繳鄭而相耕今見堂兄貞武有力
備办價銀玖兩伍錢正向鄭而相取贖將佃田
即付兄耕作納租弟將田廿三年起至卅五年共
尽出五年共的錢貳仟貳百文正其錢即日隨契交足
其佃田依旧付兄耕作納租其佃田自尽之後向後
有能之日照鄭而相繳字乙帋併自手尽字乙帋
乙起贖回者听今欲有憑立併寄佃並尽字乙起共
陸帋繳付兄存炤

乾隆叁拾伍年十二月　日立併寄佃字弟授武（押）

在見伊金俊

代字中鄭志善（押）

不贖

5-4-47-7　清乾隆三十五年十二月林授武立併寄佃田字

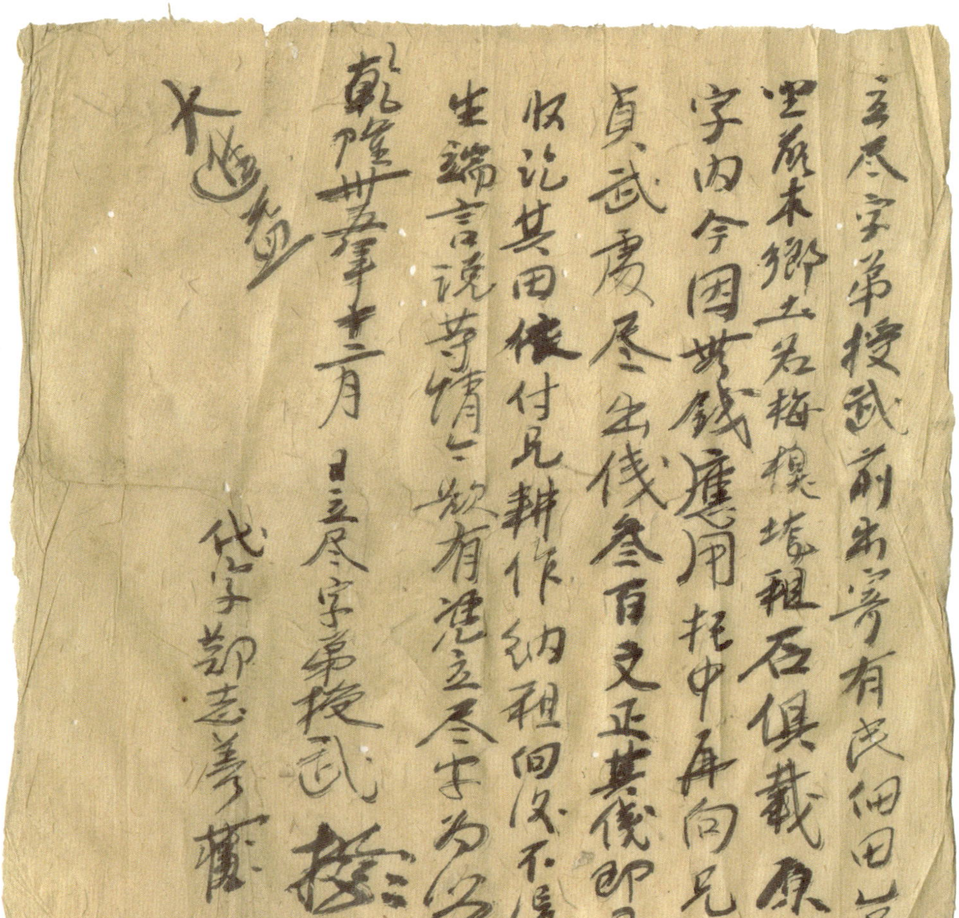

立尽字弟授武前出賣有民佃田壹号坐落本鄉土名梅樸墘租石俱載原字內今因無錢應用托中再向兄貞武處尽出錢叁百文正其錢即日收訖其田依付兄耕作納租向後不得生端言說等情之欲有憑立尽字為照

乾隆卅五年十二月　日立尽字弟授武（押）

代字鄭志善（押）

大[illegible]

5-4-47-8　清乾隆三十五年十二月林授武立盡民佃田字

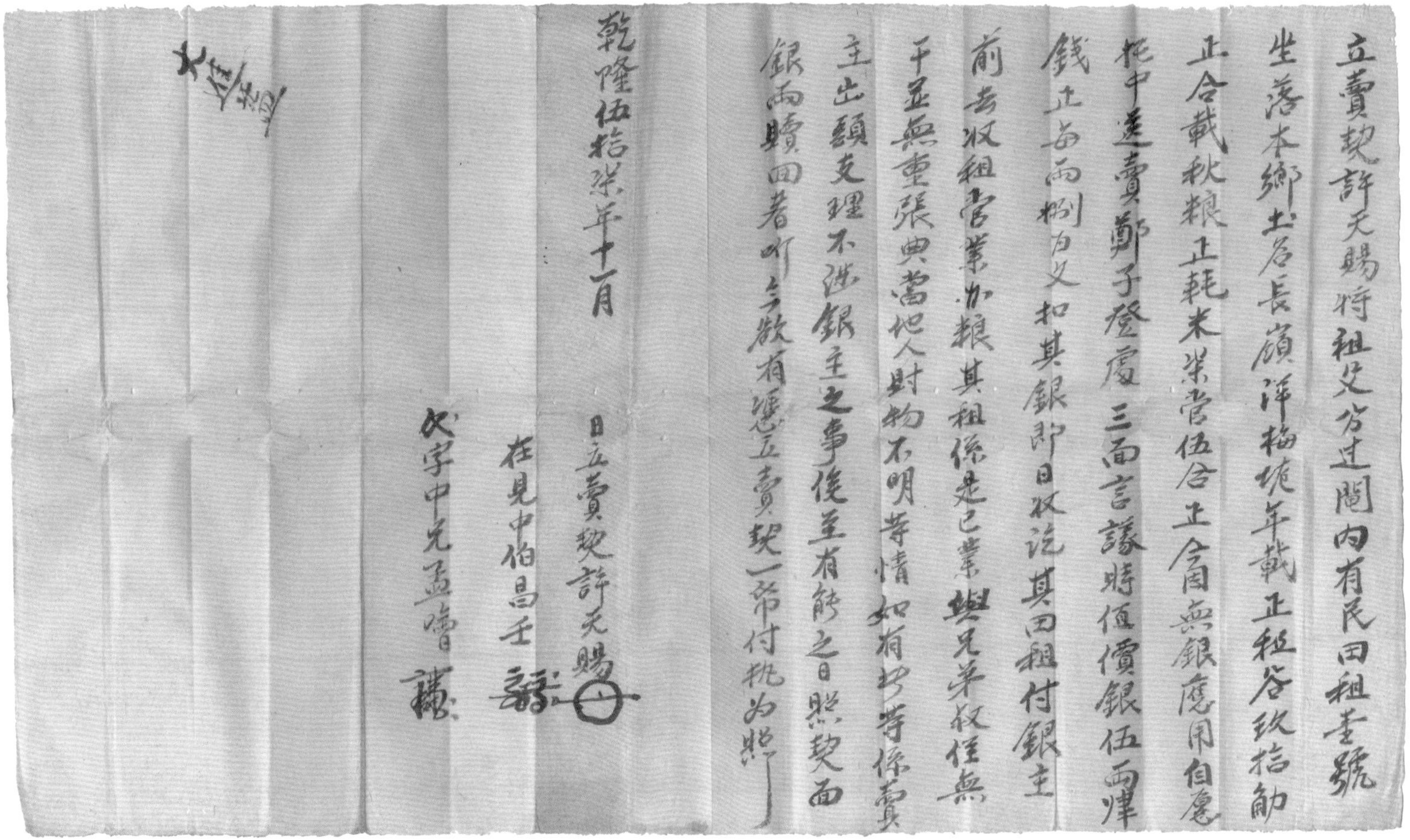
立賣契許天賜將祖父分過閩內有民田租壹號
坐落本鄉土名長嶺洋梅坵年載正租谷玖拾觔
正合載秋粮正耗米柒勺伍合正今因無銀應用自愿
托中送賣鄭子登處三面言議時值價銀伍兩肆
錢正每兩捌戥又扣其銀即日收訖其田租付銀主
前去收租管業办粮其租係是已業與兄弟叔侄無
干並無重張典當他人財物不明等情如有此等係賣
主出頭支理不涉銀主之事後並有能之日照契面
銀兩贖回者听之歒有憑立賣契一帋付執為照
乾隆伍拾柒年十一月　日立賣契許天賜
在見中伯昌壬
代字中兄孟曾

5-4-47-9　清乾隆五十七年十一月許天賜立賣民田租契

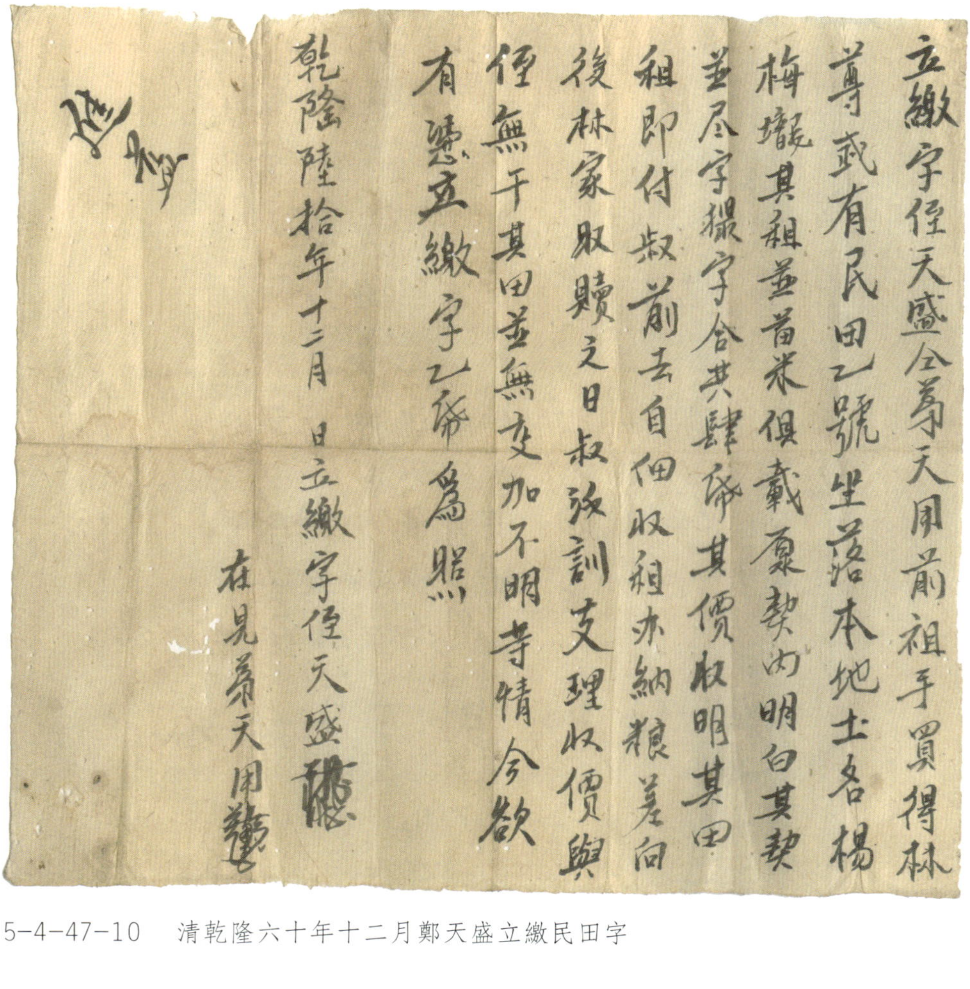
立繳字侄天盛仝弟天用前祖手買得林
荨武有民田乙號坐落本地土名楊
梅壠其租並苗米俱載原契內明白其契
並尽字撮字合共肆帋其價收明其田
租即付叔前去自佃收租亦納粮差向
後林家取贖之日叔該訓支理收價與
侄無干其田並無交加不明等情今欲
有憑立繳字乙帋爲照
乾隆陸拾年十二月　日立繳字侄天盛（押）
在見弟天用（押）

5-4-47-10　清乾隆六十年十二月鄭天盛立繳民田字

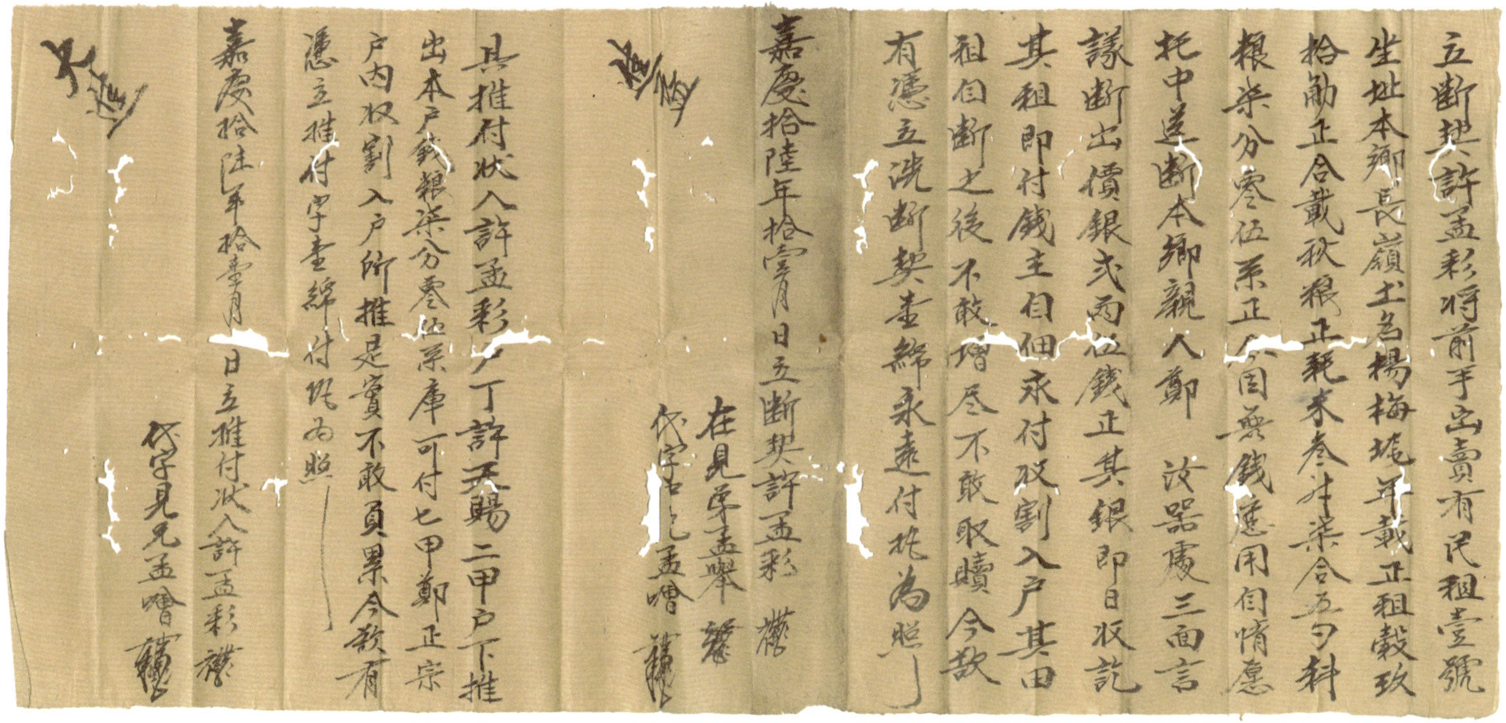

立斷契許孟彩將前手出賣有民租壹號
坐址本鄉長嶺土名楊梅坑，𥁞載正租穀玖
拾觔正，合載秋粮正耗米叁升柒合五勺，科
粮柒分零伍系正。今因無錢應用，自情愿
托中送斷本鄉親人鄭汝器處，三面言
議斷出價銀弍兩伍錢正，其銀即日收訖，
其租即付錢主自佃來付，收割入戶，其田
租自斷之後，不敢增添，不敢取贖。今欲
有憑，立洗斷契壹紙，永遠付執為照。
嘉慶拾陸年拾壹月　日立斷契許孟彩（押）
在見弟孟舉（押）
代字兄孟噌（押）

具推付狀人許孟彩，戶丁許天賜，二甲戶下推
出本戶載粮柒分零伍系，庫可付七甲鄭正宗
戶內收割入戶，所推是實，不敢負累。今欲有
憑，立推付字壹紙付執為照。
嘉慶拾陸年拾壹月　日立推付狀人許孟彩（押）
代字見兄孟噌（押）

5-4-47-11　清嘉慶十六年十一月許孟彩立斷民租契

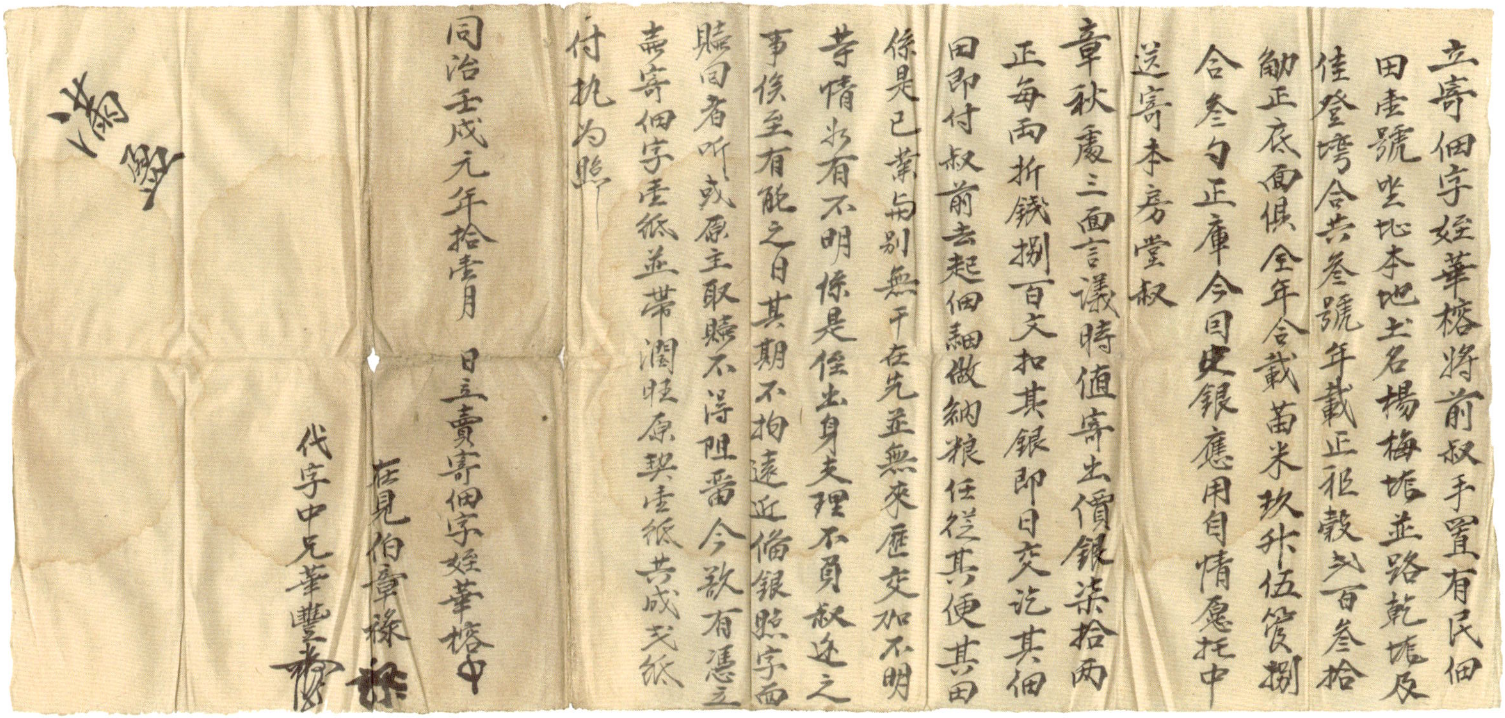

立寄佃字姪華榕將前叔手置有民佃
田壹號坐址本地土名楊梅垅並路乾垅皮
佳登墘合共叁號年載正租穀弍百叁拾
觔正帶面俱全年合載苗米玖升伍合捌
合叁勺正庫今因乏銀應用自情愿托中
送寄本房堂叔
章秋處三面言議時值寄出價銀柒拾兩
正每兩折錢捌百文扣其銀即日交訖其佃
田即付叔前去起佃耕作納粮任從其便其田
係是己業與別無干在先並無來歷交加不明
等情如有不明係是侄出身支理不負叔之
事侯至有能之日其期不拘遠近備銀照字面
贖回者听或原主取贖不得阻留今欲有憑立
壹寄佃字壹紙並帶闔畦原契壹紙共成弍紙
付執為照
同治壬戌元年拾壹月　日立賣寄佃字姪華榕（押）
在見伯章祿（押）
代字中兄華豐（押）

5-4-47-12　清同治元年十一月鄭華榕立賣寄民佃田字

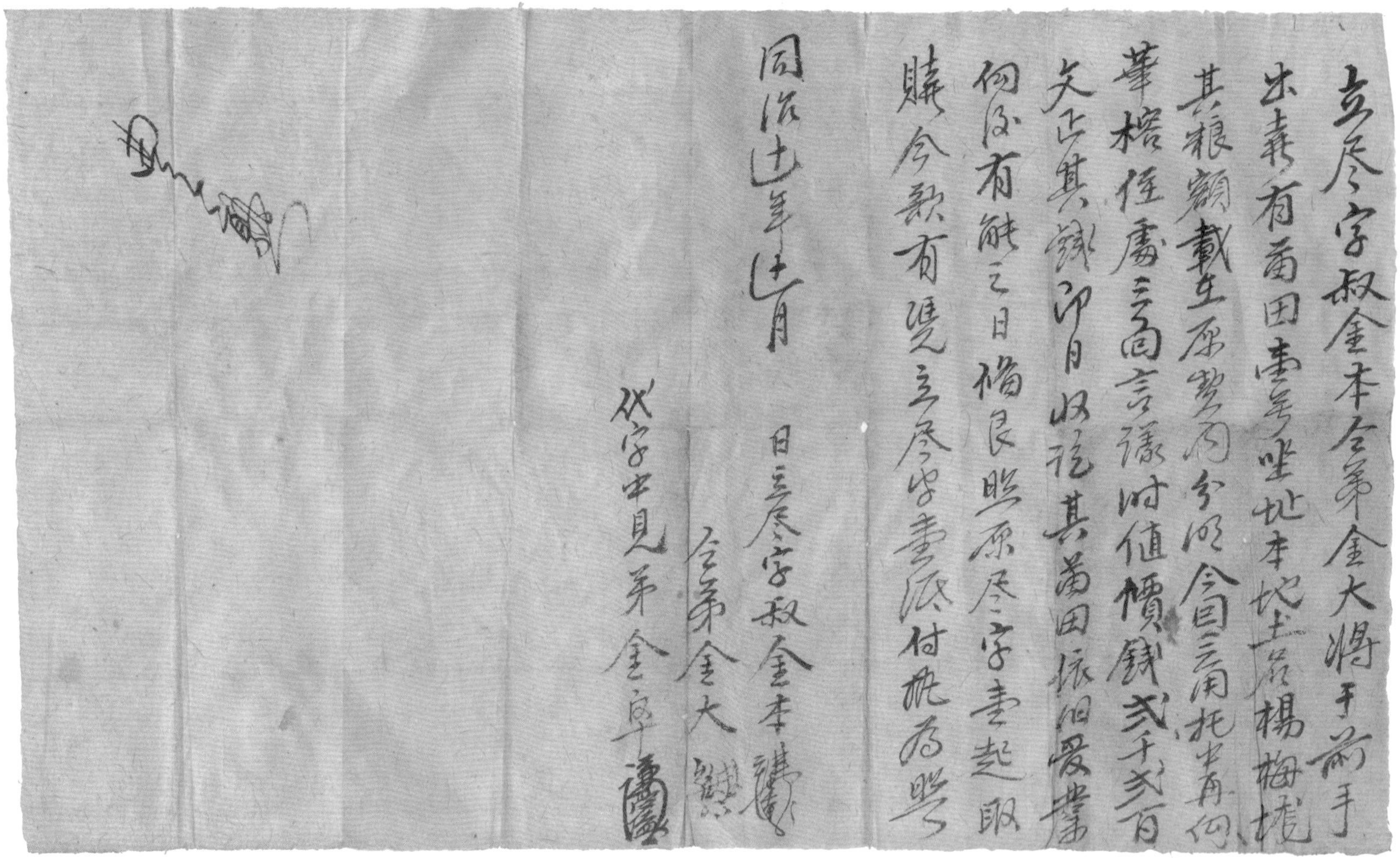

立尽字叔金本仝弟金大將手前手
出來有苗田壹号坐址本地土名楊梅撬
其粮額載土原契内分明今因乏用托中再向
葉榕住處三面言議時值價錢弍千叁百
文正其錢即日收訖其苗田係伯管業
向后有能之日備艮照原尽字壹起取
贖今欲有憑立尽字壹紙付執為照

同治十一年十一月

日立尽字叔金本

仝弟金大

代字中見弟金亨

5-4-47-13　清同治十一年十一月鄭金本等立盡苗田字

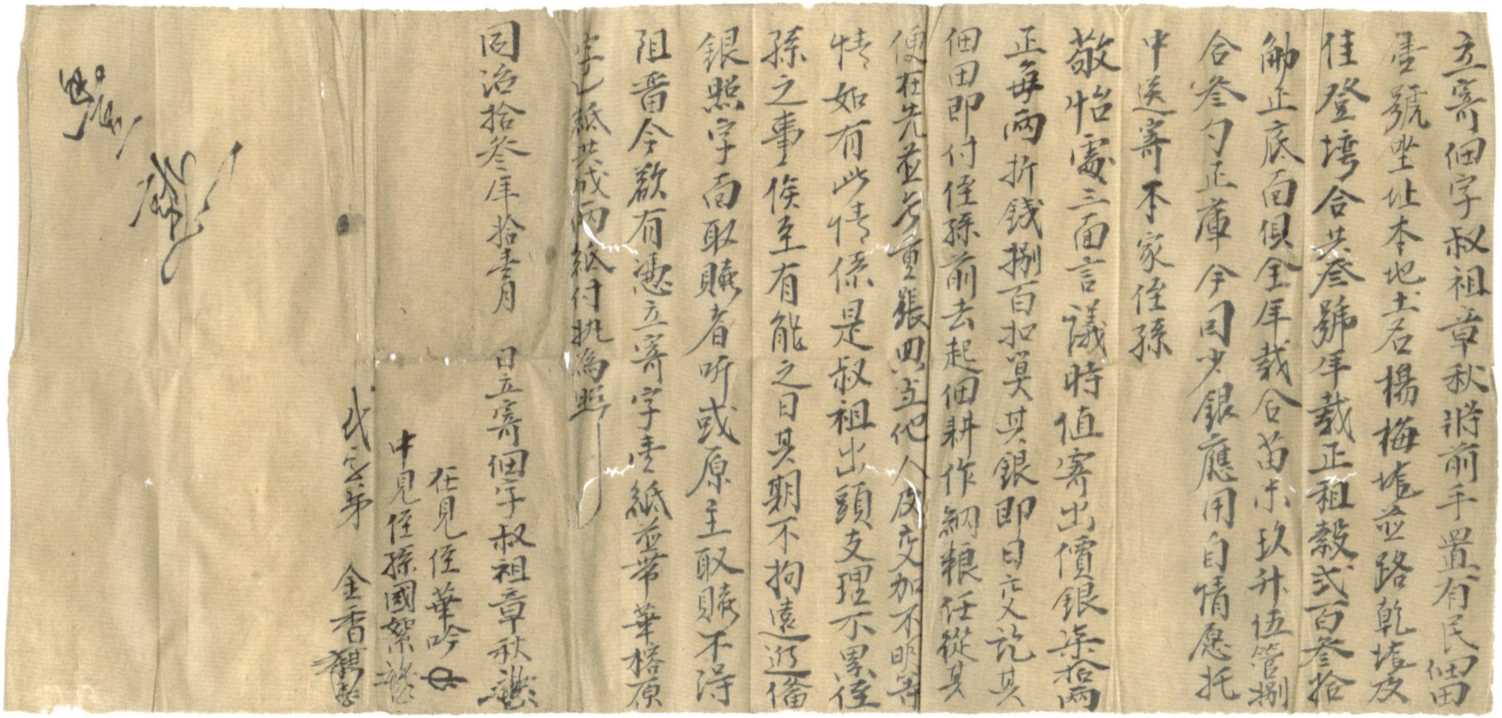
立寄佃字叔祖章秋將前手置有民田
壹號坐址本地土名楊梅墘並路乾墘及
住登墘合共叁號年載正租穀弍百叁拾
觔正底面俱全年載谷苗米玖升伍管捌
合叁勺正庫今因乏銀應用自情愿托
中送寄本家侄孫
敬怡處三面言議時值寄出價銀柒拾肆
正每两折錢捌百扣算其銀即日交訖其
佃田即付侄孫前去起佃耕作納粮任從其
便在先並無重張典並他人及交加不明等
情如有此情係是叔祖出頭支理不累侄
孫之事候至有能之日其期不拘遠近備
銀照字面取贖者聽或原主取贖不得
阻留今欲有憑立寄字壹紙並帯筆楷原
字壹紙共成兩紙付執為照
同治拾叁年拾壹月　日立寄佃字叔祖章秋（押）
在見侄華吟（押）
中見侄孫國粲（押）
代字弟　金香（押）

5-4-47-14　清同治十三年十一月鄭章秋立寄民佃田字

立繳字侄敬怡將手置買有民佃田壹號坐址本地土名楊梅垤並路墘垤及住厝塆合共叁號年載正租穀弍百叁拾觔正衣面俱全合載苗米玖升伍管捌合叁勺正庫今因少銀應用自情愿托中送繳與

能發伯處為業三面言議繳出價銀柒拾兩正每兩折錢捌百文扣其銀即日交訖其佃田即付銀主前去起佃耕作納粮任從其便其佃田係是自己手置與別無干在先並無交加来歷不明等情如有此情係是繳主支理不累銀主之事倘原主或盡或贖與繳主無干今欲有憑立繳字壹紙並帶原契壹紙又帶章華榕契壹紙共成叁紙繳付執為照

光緒乙亥元年十一月　日立繳字侄敬怡（押）

在見兄敬成

代字中叔能登（押）

大進財

5-4-47-15　清光緒元年十一月鄭敬怡立繳民佃田字

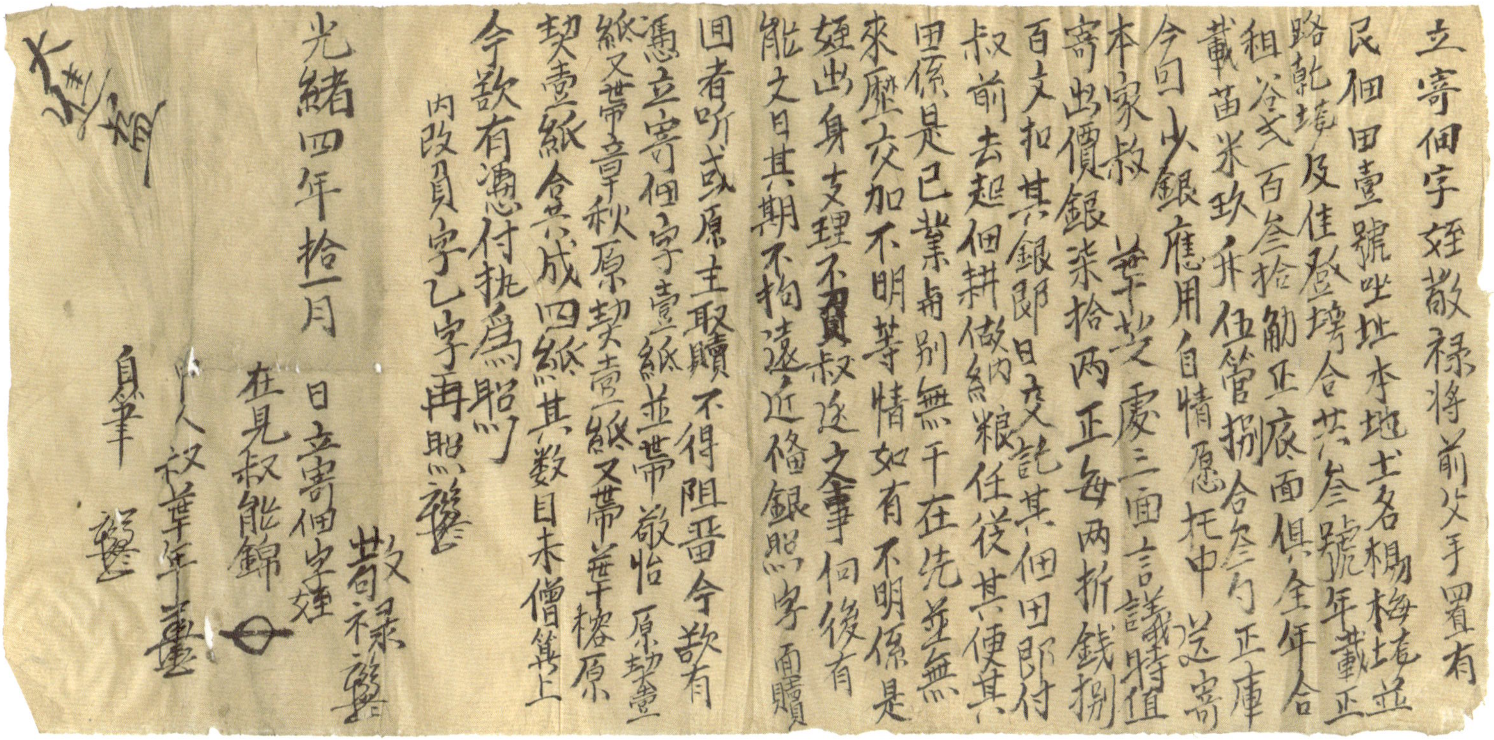
立寄佃字侄敬禄將前父手置有
民佃田壹號坐址本地土名楊梅𡋾並
路乾𡋾及佳𡋾壋合共叁號年載正
租谷弍百叁拾觔正底面俱全年合
載苗米玖升伍管捌合叁勺正庫
今因少銀應用自情愿托中送寄
本家叔　華芝處三面言議時值
寄出價銀柒拾兩正每兩折錢捌
百文扣其銀即日交訖其佃田即付
叔前去起佃耕做納粮任從其便其
田係是己業尚別無干在先並無
來歷交加不明等情如有不明係是
侄出身支理不涉叔之事向後有
能之日其期不拘遠近備銀照字面贖
回者听或原主取贖不得阻留今欲有
憑立寄佃字壹紙並帶敬怡原契壹
紙又帶章秋原契壹紙又帶華芝椮原
契壹紙合共成四紙其數目未曾篆上
今欲有憑付執為照
内改貝字乙字再照□

光緒四年拾一月　日立寄佃字侄敬禄□
在見叔能錦
中人叔華年
自筆
大吉

5-4-47-16　清光緒四年十一月鄭敬禄立寄民佃田字

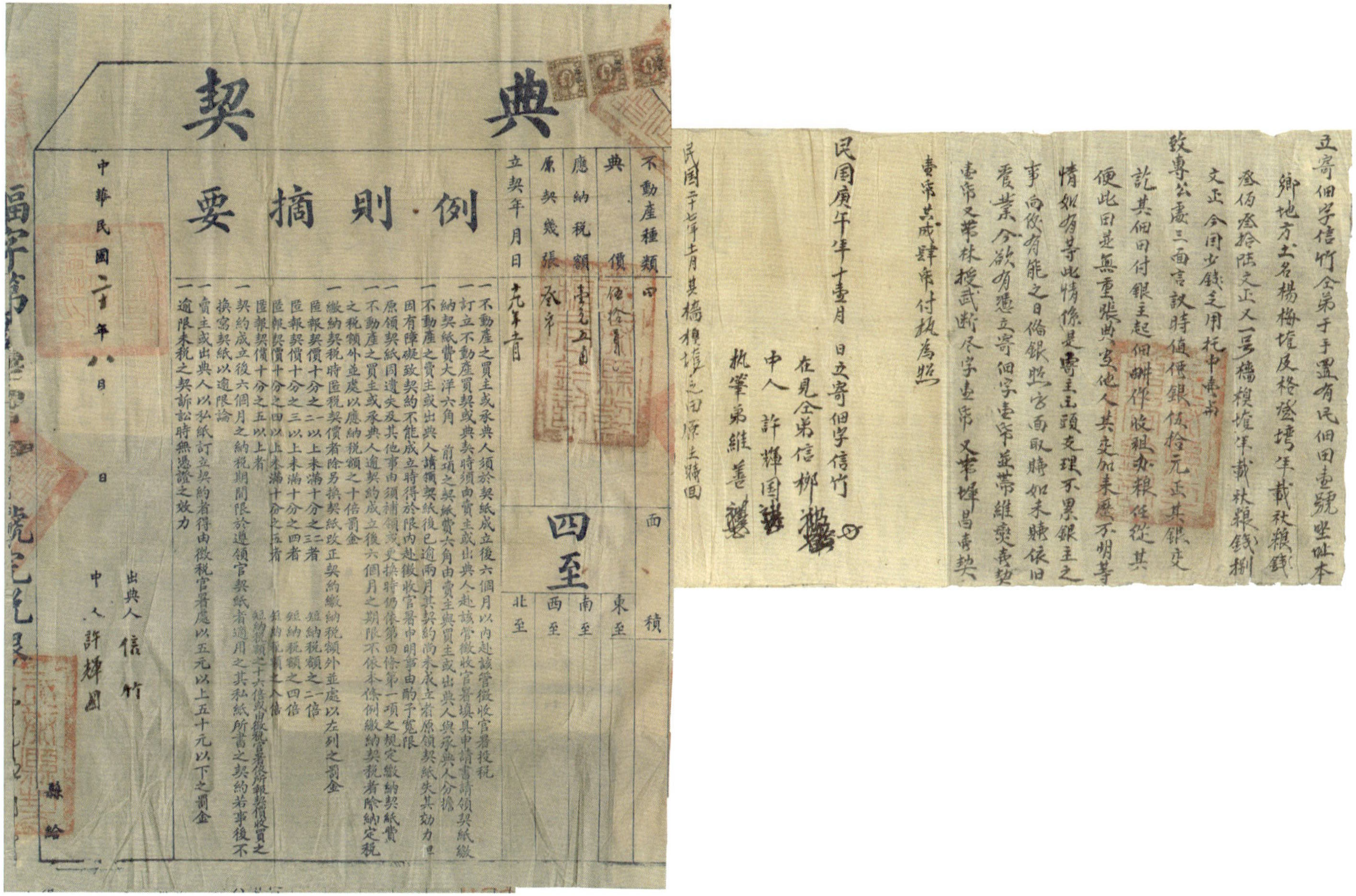

5-4-47-17　民國十九年十一月鄭信竹立寄民佃田字（紅契）

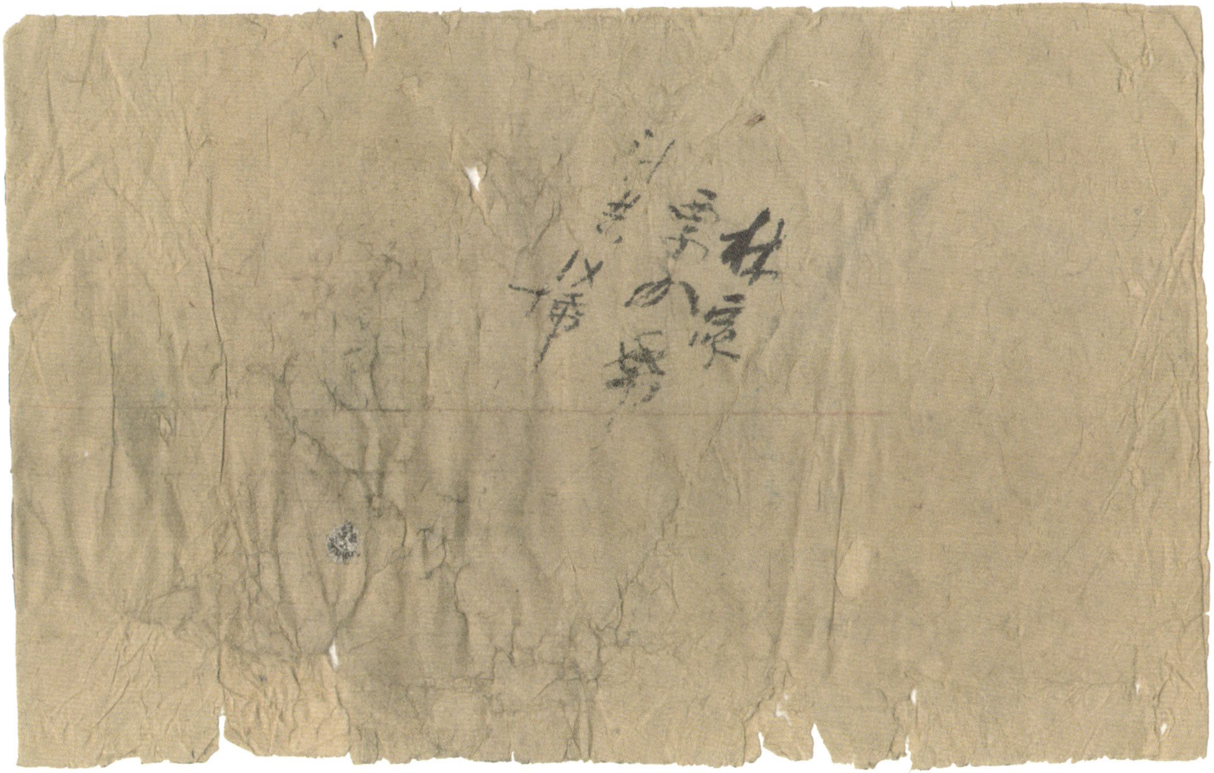

5-4-48-1　包契紙

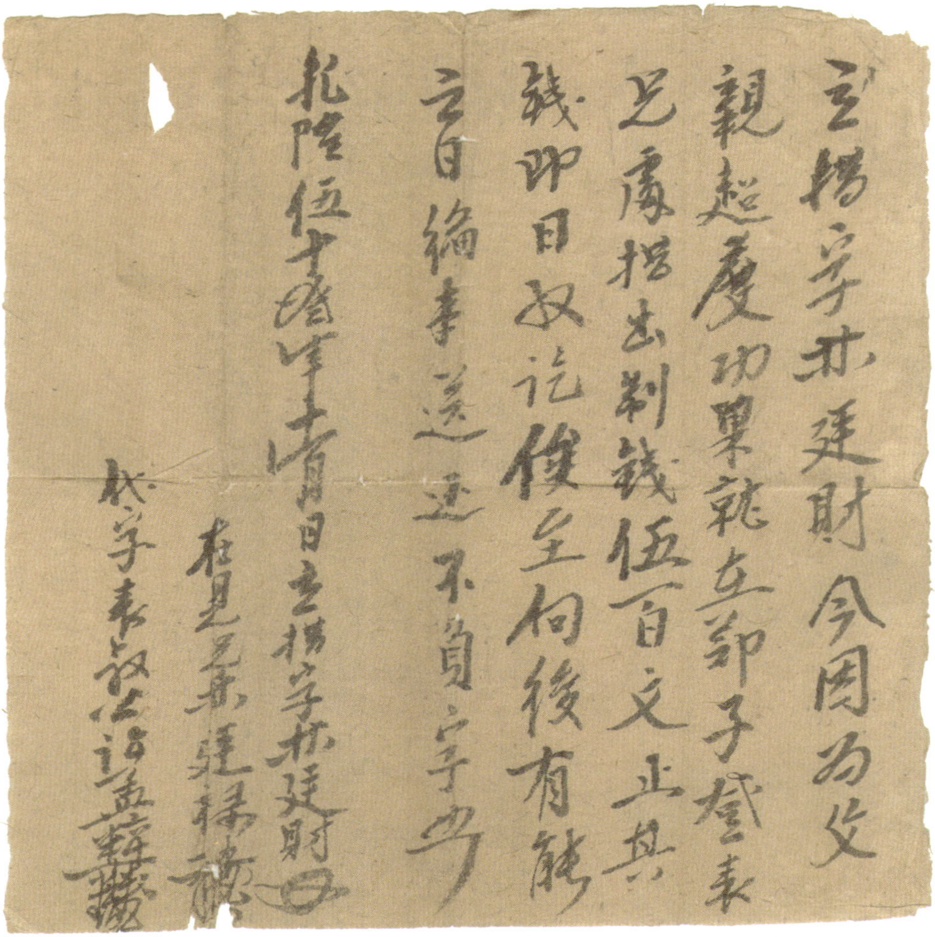

立借字林廷財，今因為父
親超度功果，就在鄭子登表
兄處借出制錢伍百文正，其
錢即日收訖，候至何後有能
之日備本送還，不負字也。
乾隆伍十叁年十一月　日立借字林廷財（押）
在見兄弟廷祿（押）
代字表叔伍諒孟（押）

5-4-48-2　清乾隆五十三年十一月林廷財立借錢字

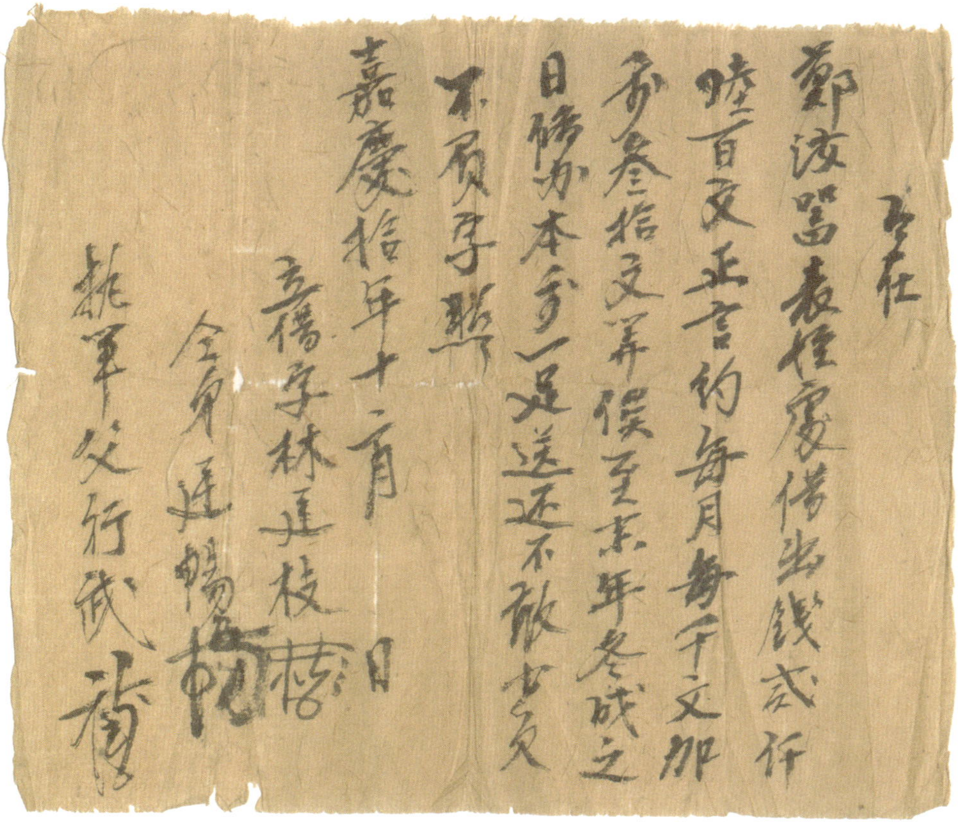

今在
鄭波嵩表侄處借出錢貳仟
肆百文正，言約每月每千文加
利叁拾文算，俟至來年冬成之
日將利本錢一足送還，不敢少欠。
不[illegible]字照。
嘉慶拾年十二月　　日
立借字林廷枝（押）
仝弟廷暢（押）
執筆父行武（押）

5-4-48-3　清嘉慶十年十二月林廷枝立借錢字

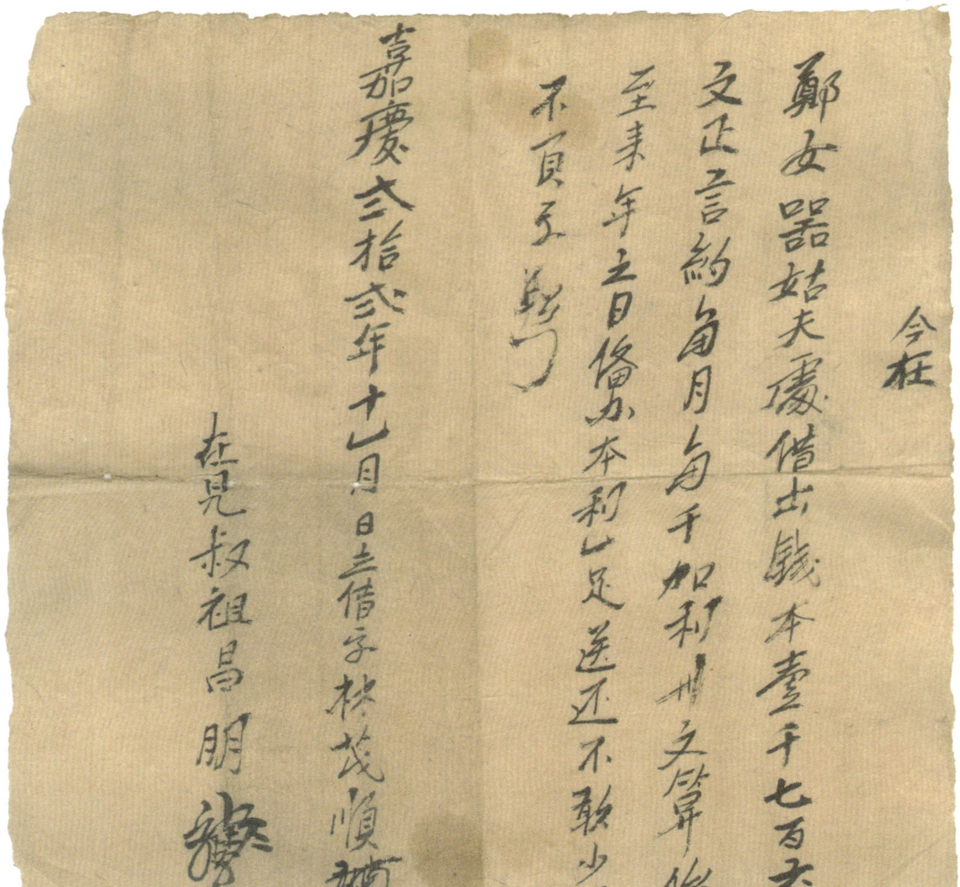
今在
鄭女器姑夫處借出錢本壹千七百六十
文正，言約每月每千加利卅文算，俟
至來年五月備辦本利一足送還，不敢少欠，
不負字照。
嘉慶二十二年十一月　日立借字林茂順（押）
在見叔祖昌朋（押）

5-4-48-4　清嘉慶二十二年十一月林茂順立借錢字

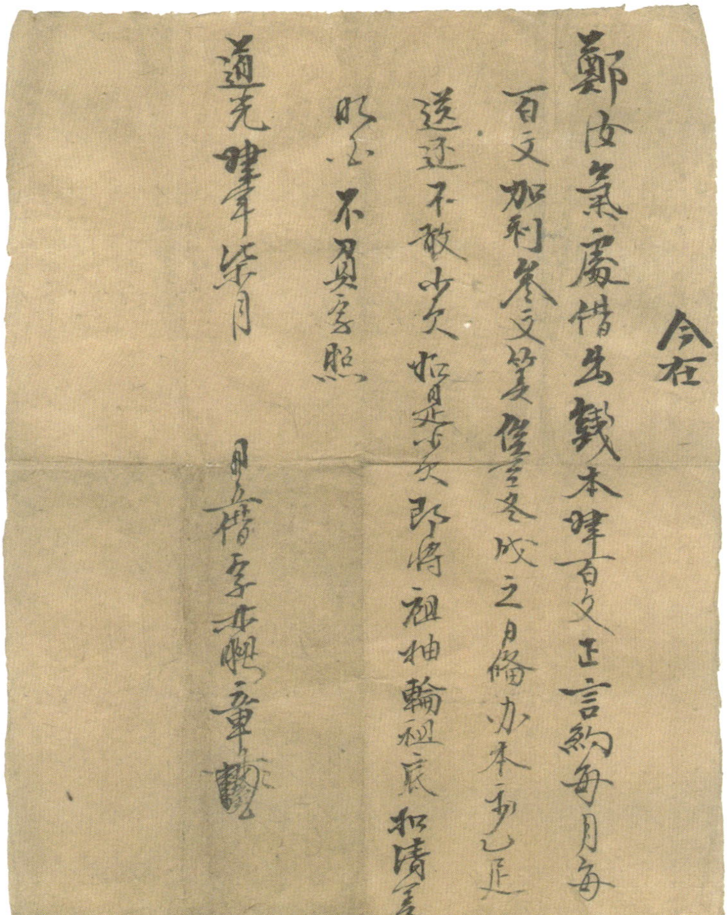
今在
鄭安榮處借出錢本肆百文正言約每月每
百文加利叁文算俟至冬成之月備办本利足
送还不敢少欠如有少欠即將祖柚輪租底扣清算
明白不負字照
道光肆年柒月　日立借字林聘章（押）

5-4-48-5　清道光四年七月林聘章立借錢字

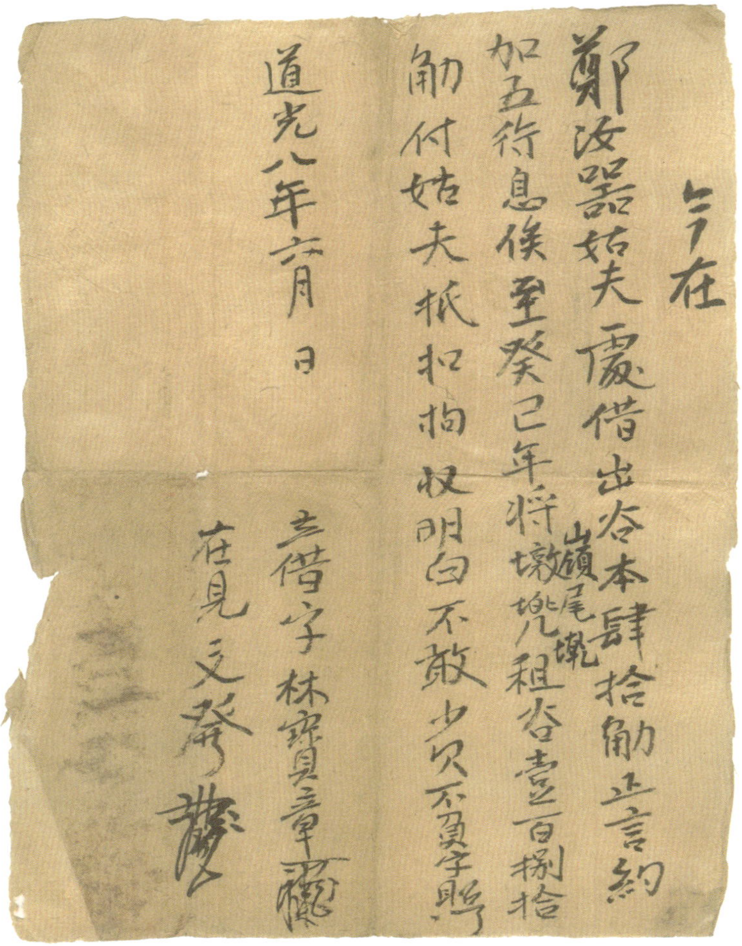

今在
鄭汝器姑夫處借出谷本肆拾觔正言約
加五行息俟至癸巳年將山嶺尾墩墩垱兜租谷壹百捌拾
觔付姑夫抵扣掏收明白不敢少欠不負字照
立借字林寶章（押）
道光八年六月　日
在見丈發（押）

5-4-48-6　清道光八年六月林寶章立借穀字

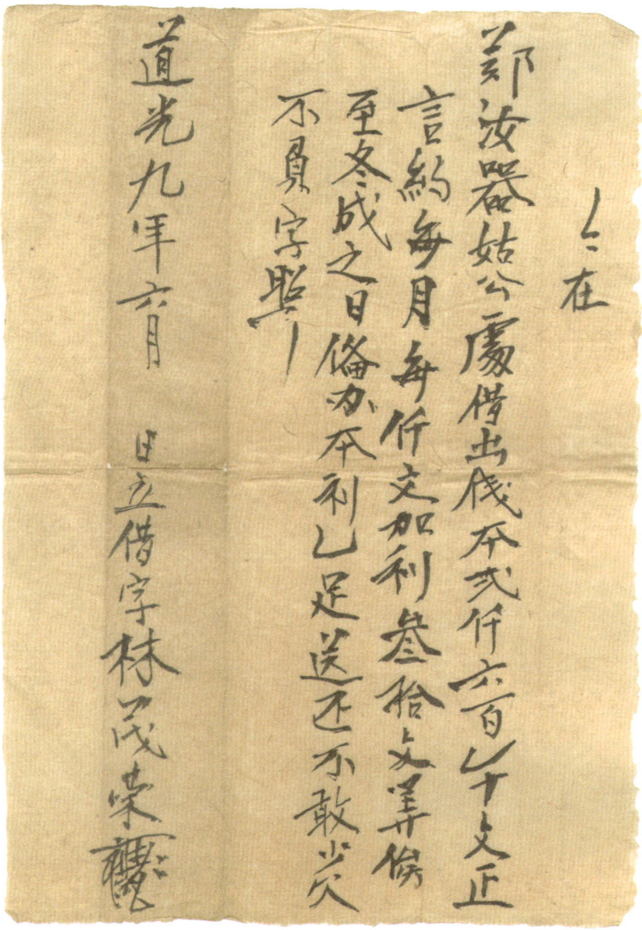
ㄥ〻在
鄭汝器姑公處借出錢本貳仟六百ㄥ十〻文正
言約每月每仟文加利叁拾〻文算并備
至冬成之日備办本利〻足送还不敢少欠
不負字照〻
道光九年六月　　日立借字林茂榮（押）

5-4-48-7　清道光九年六月林茂榮立借錢字

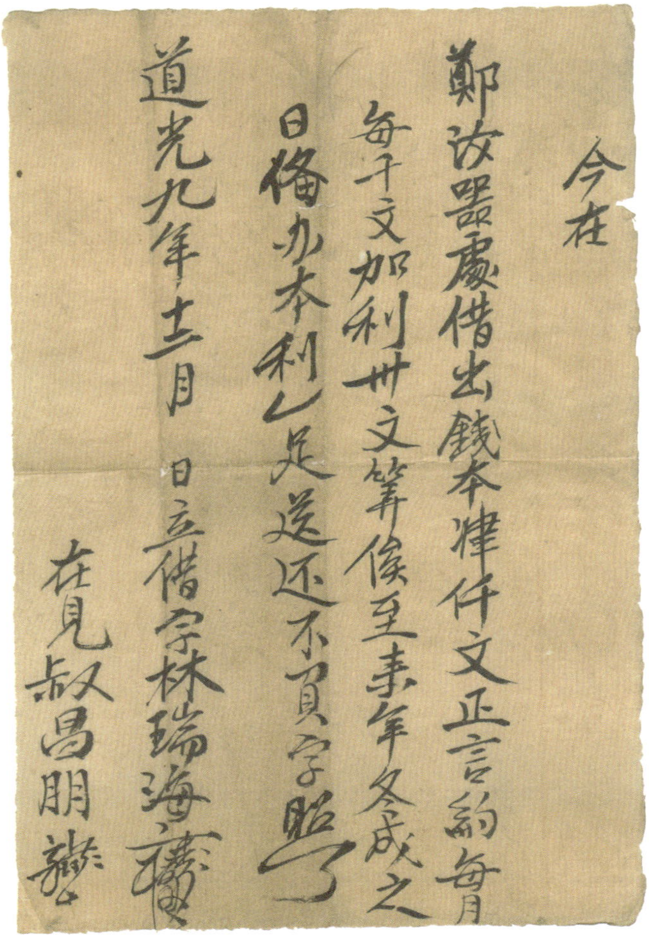
今在
鄭汝器處借出錢本肆仟文正，言約每月每千文加利卅文算，係至來年冬成之日備办本利一足送还，不負。字照。
道光九年十二月　日立借字林瑞海（押）
在見叔昌朋（押）

5-4-48-8　清道光九年十二月林瑞海立借錢字

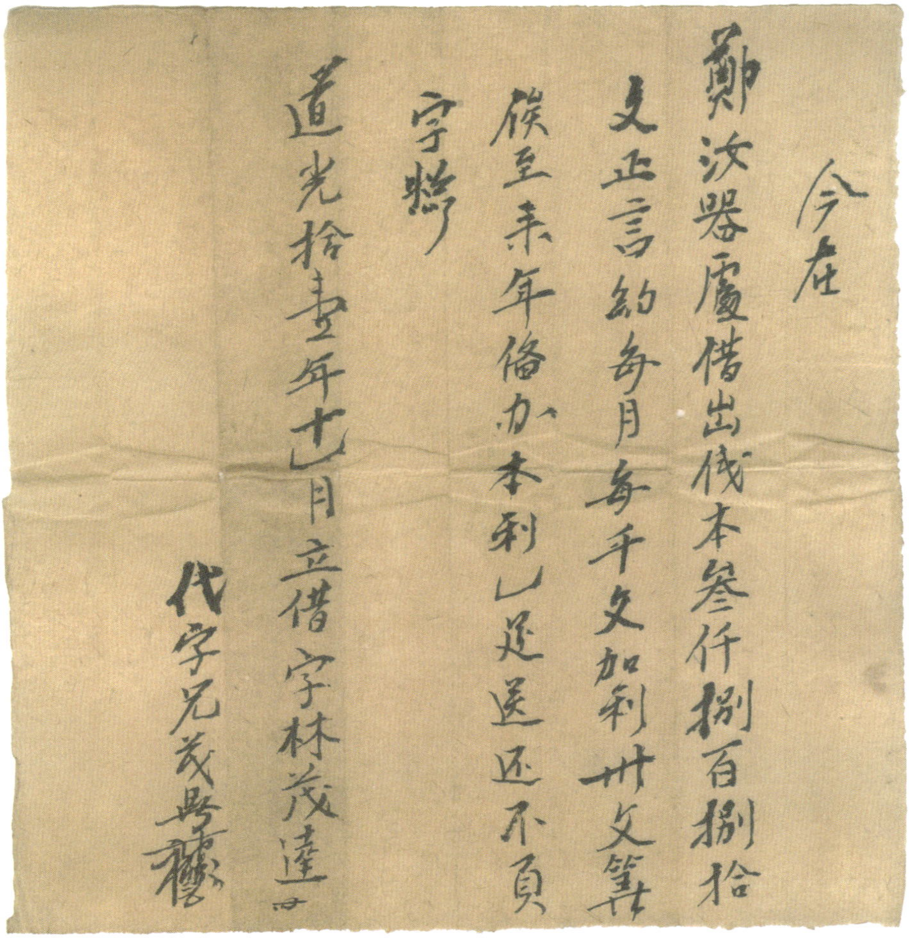
今在
鄭汝器處借出錢本叁仟捌百捌拾
文正言約每月每千文加利卅文算
俟至来年備办本利一足送还不負
字憑
道光拾壹年十一月立借字林茂達
代字兄義興

5-4-48-9　清道光十一年十一月林茂達立借錢字

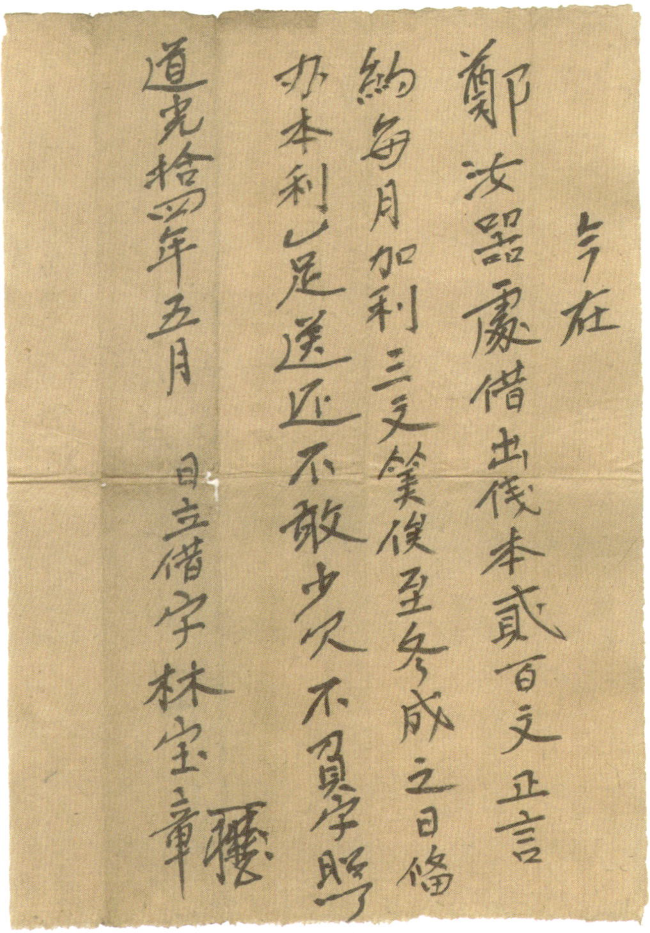
今在
鄭汝器處借出錢本貳百文，立言
約每月加利三文算，俟至冬成之日備
办本利乚足送还，不敢少欠，不負字照。
道光拾四年五月　日立借字林宝章

5-4-48-10　清道光十四年五月林宝章立借錢字

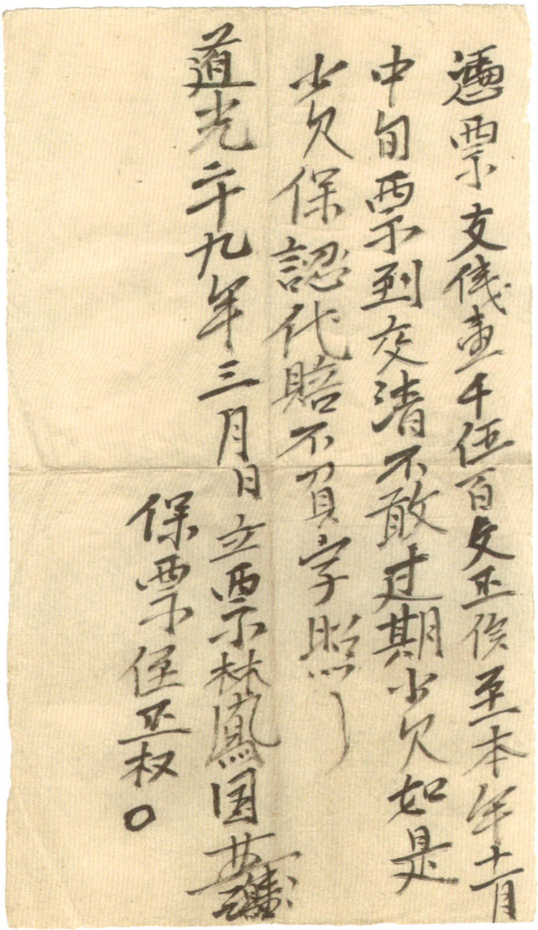
憑票支錢壹千伍百文正候至本年十月
中旬票到交清不敢过期少欠如是
少欠保認代賠不買字照
道光廿九年三月 日 立票林鳳国（押）
保票侄丕权 〇

5-4-48-11　清道光二十九年三月林鳳国立支錢憑票（一）

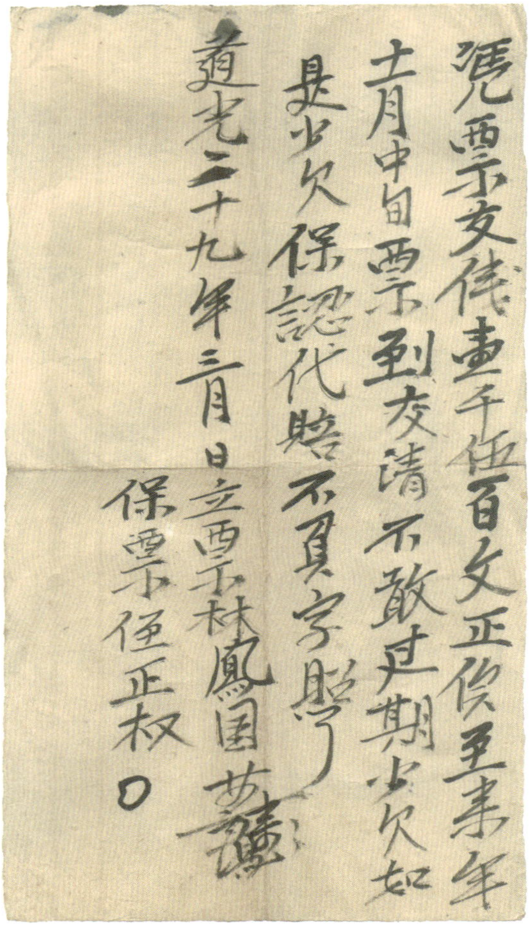
凴票支錢壹千伍百文正俟至来年
十二月中旬票到支清不敢过期少欠如
是少欠保認代賠不負字照
道光二十九年三月 日立票林鳳国 書
保票侄正叔 〇

5-4-48-12　清道光二十九年三月林鳳国立支錢憑票（二）

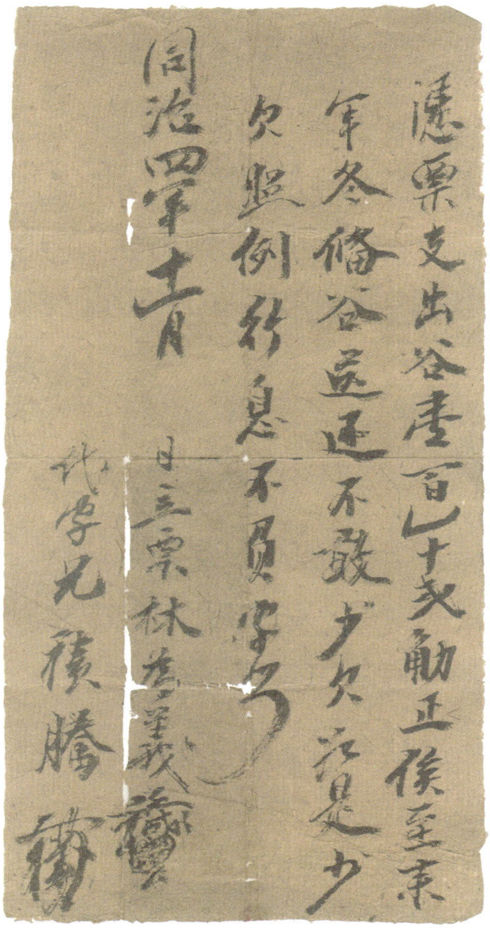
憑票支出谷壹百乚十叒觔正，俟至來年冬備谷送還，不敢少欠。如是少欠，照例行息。不負字句。

同治四年十一月　日立票林為義（押）

代字兄積騰（押）

5-4-48-13　清同治四年十一月林爲義立支穀憑票

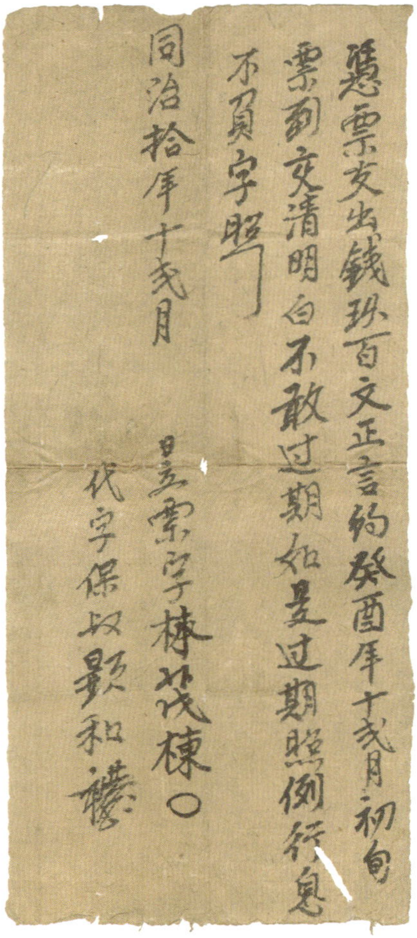

憑票支出錢玖百文正言約癸酉年十弍月初旬
票到交清明白不敢过期如是过期照例行息
不負字照
同治拾年十弍月
日立票字林茂棟〇
代字保叔劉和謙

5-4-48-14　清同治十年十二月林茂棟立支錢憑票（一）

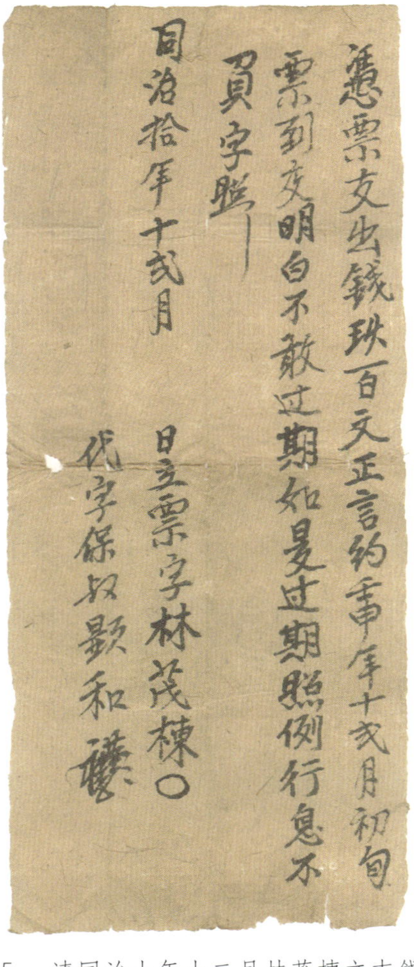

憑票支出錢玖百文正言約壬申年十弍月初旬
票到支明白不敢过期如是过期照例行息不
負字照——
同治拾年十弍月　日立票字林茂棟〇
代字保叔顯和（押）

5-4-48-15　清同治十年十二月林茂棟立支錢憑票（二）

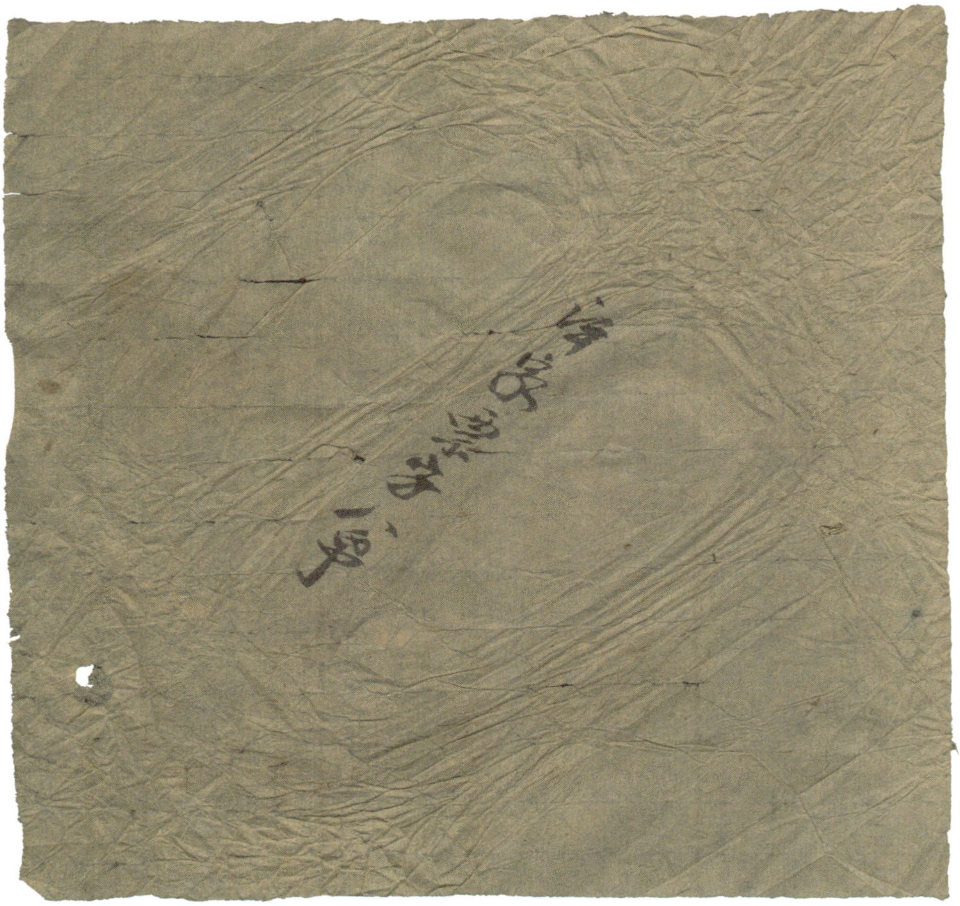

5-4-49-1　包契紙

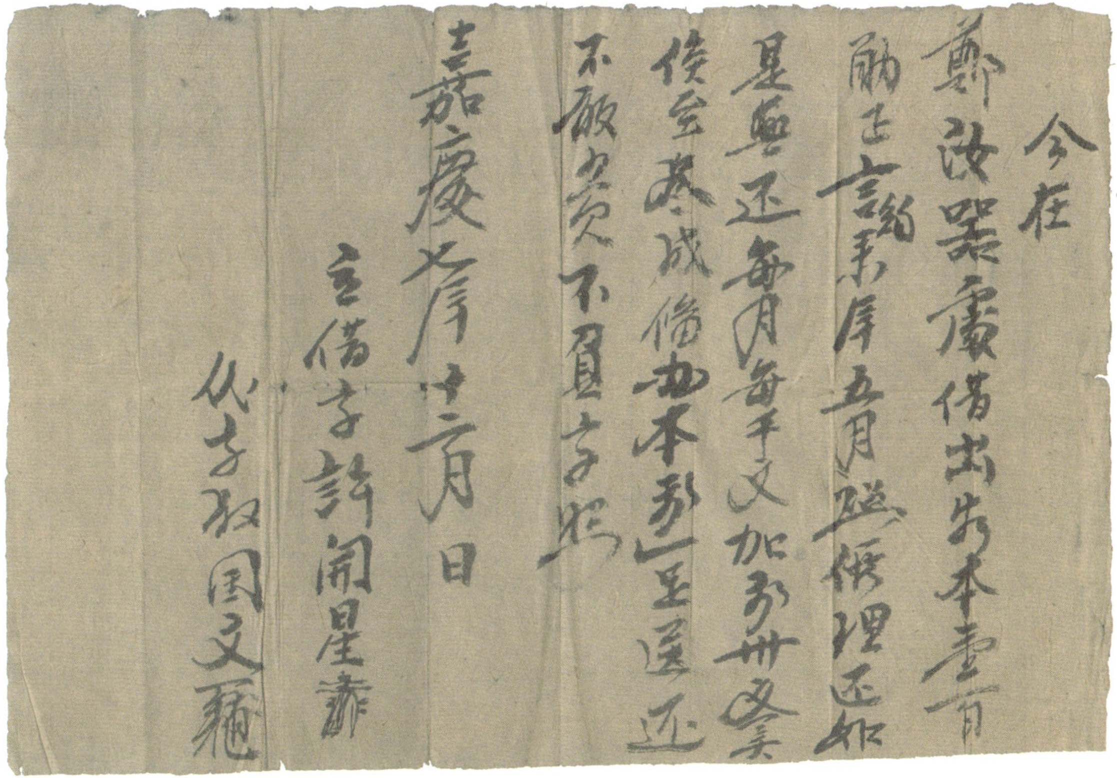
今在
鄭汝榮處借出谷本壹百
觔正，言約来年五月照依理還，如
是無還，每月每千文加利卅文算，
候至本成，備出本利一足送還，
不敢少欠，不得言說。
嘉慶七年十二月　日
立借字許開星（押）
代字叔國文（押）

5-4-49-2　清嘉慶七年十二月許開星立借穀字

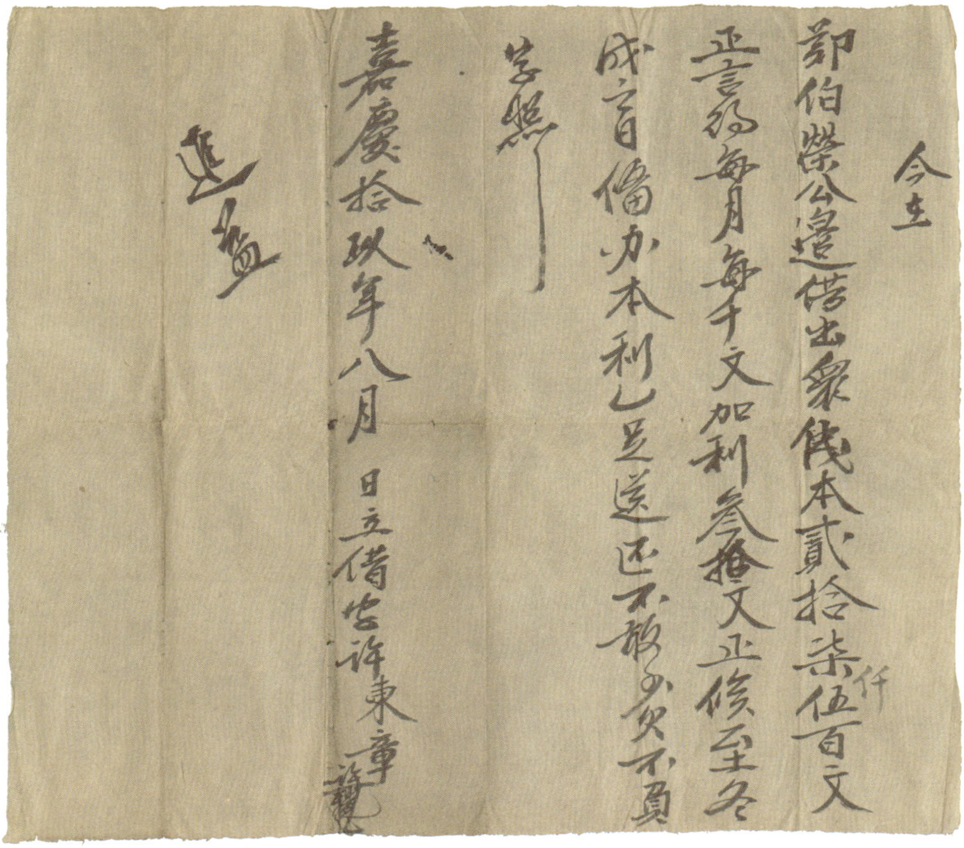

今立
鄭伯棨公邊借出衆錢本貳拾柒仟伍百文
正言約每月每千文加利叁拾文正候至冬
成自備办本利一足送还不敢少欠不負
字照
嘉慶拾玖年八月 日立借字許東章
進孟

5-4-49-3 清嘉慶十九年八月許東章立借錢字

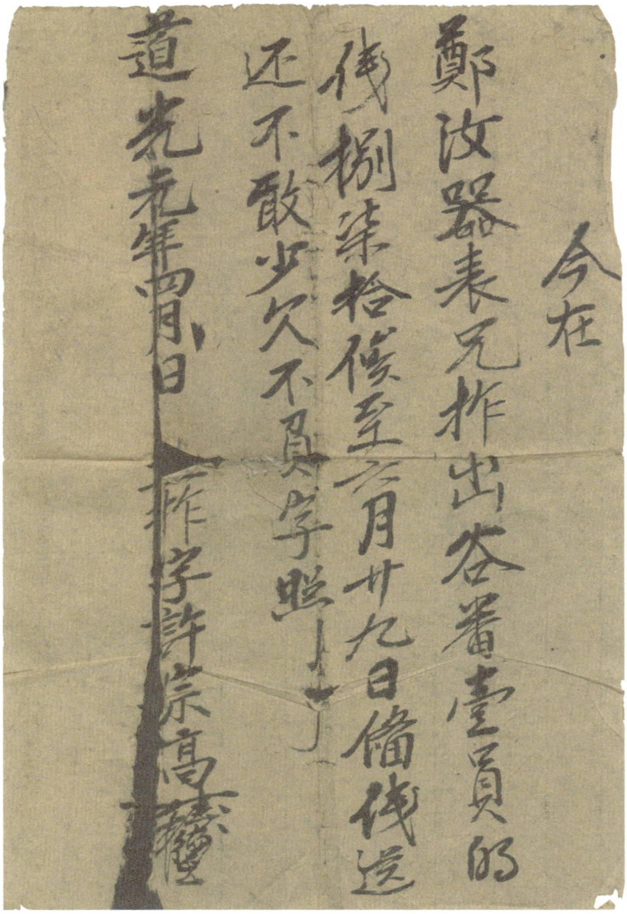
今在
鄭汝器表兄作出谷番壹員的
錢捌柒拾候至六月廿九日備錢送
还不敢少欠不負字照
道光元年四月　日　作字許宗高

5-4-49-4　清道光元年四月許宗高立撮字

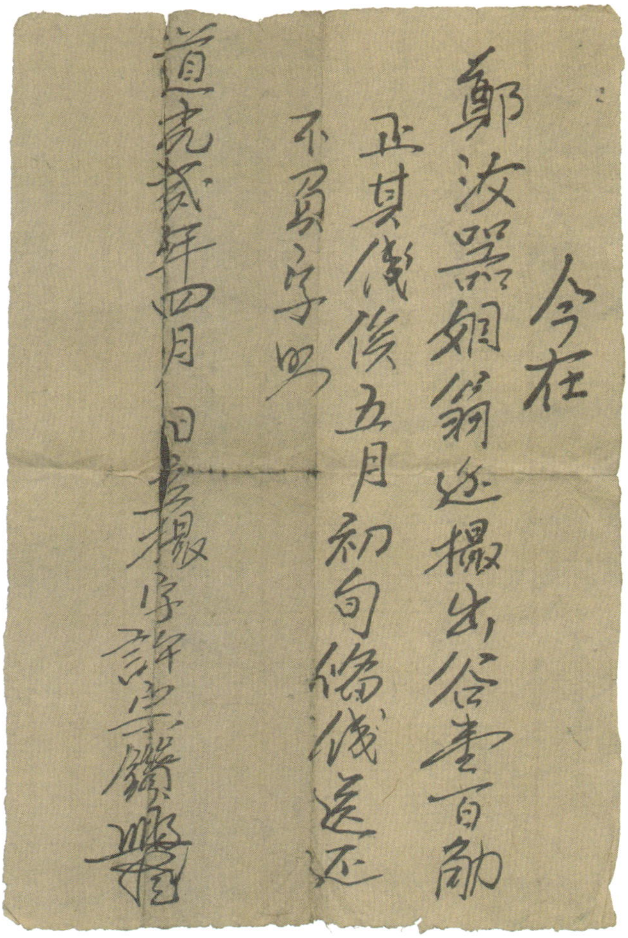

今在
鄭汝器姻翁邊撮出谷壹百觔
正其價俟五月初旬備價送还
不負字照
道光貳年四月　日立撮字許宗鑽（押）

5-4-49-5　清道光二年四月許宗鑽立撮字

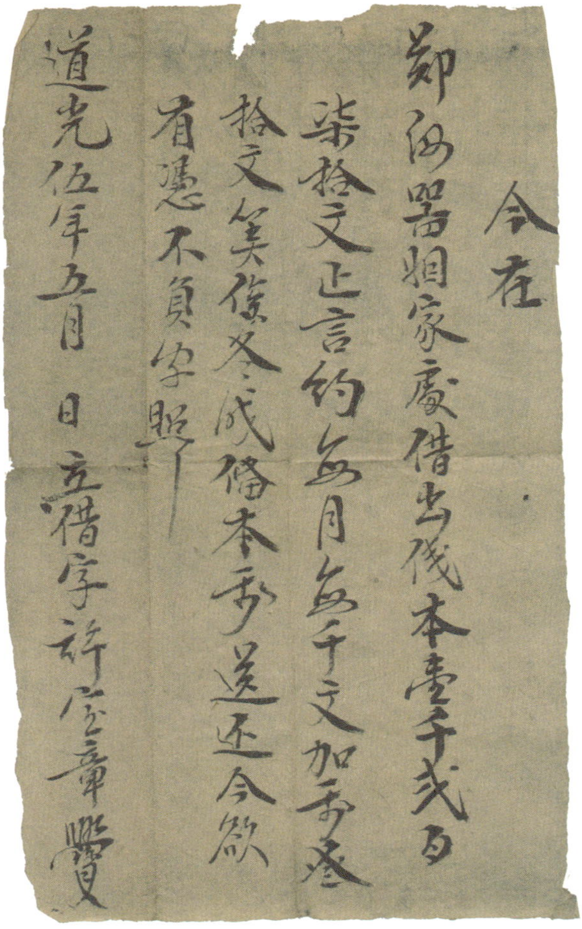

仝在
鄭阿器姻家處借出錢本壹千弍百
柒拾文正，言約每月每千文加利叁
拾文算，候冬成備本利送还。今欲
有憑，不負字照。
道光伍年五月　日立借字許宝章（押）

5-4-49-6　清道光五年五月許宝章立借錢字

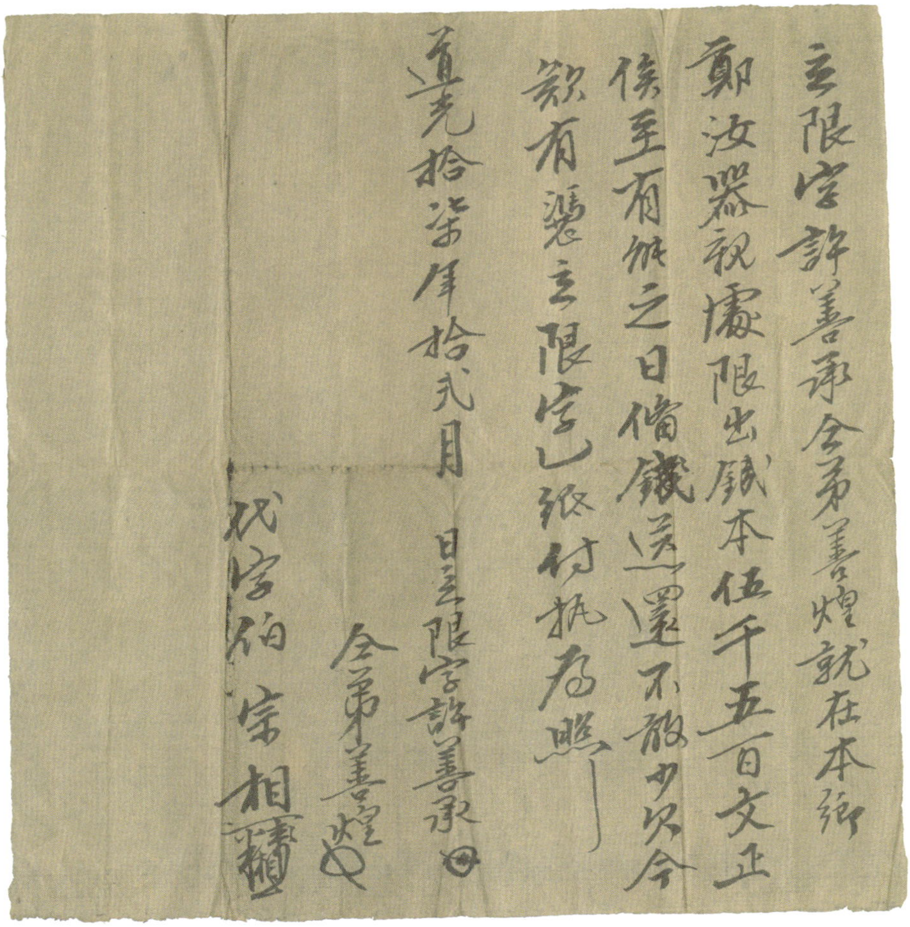

立限字許善承仝弟善煌就在本鄉
鄭汝器親處限出錢本伍千五百文正
候至有銀之日備錢送還不敢少欠今
欲有憑立限字一紙付執為照
道光拾柒年拾弍月　日立限字許善承（押）
仝弟善煌（押）
代字伯　宗相（押）

5-4-49-7　清道光十七年十二月許善承等立限字

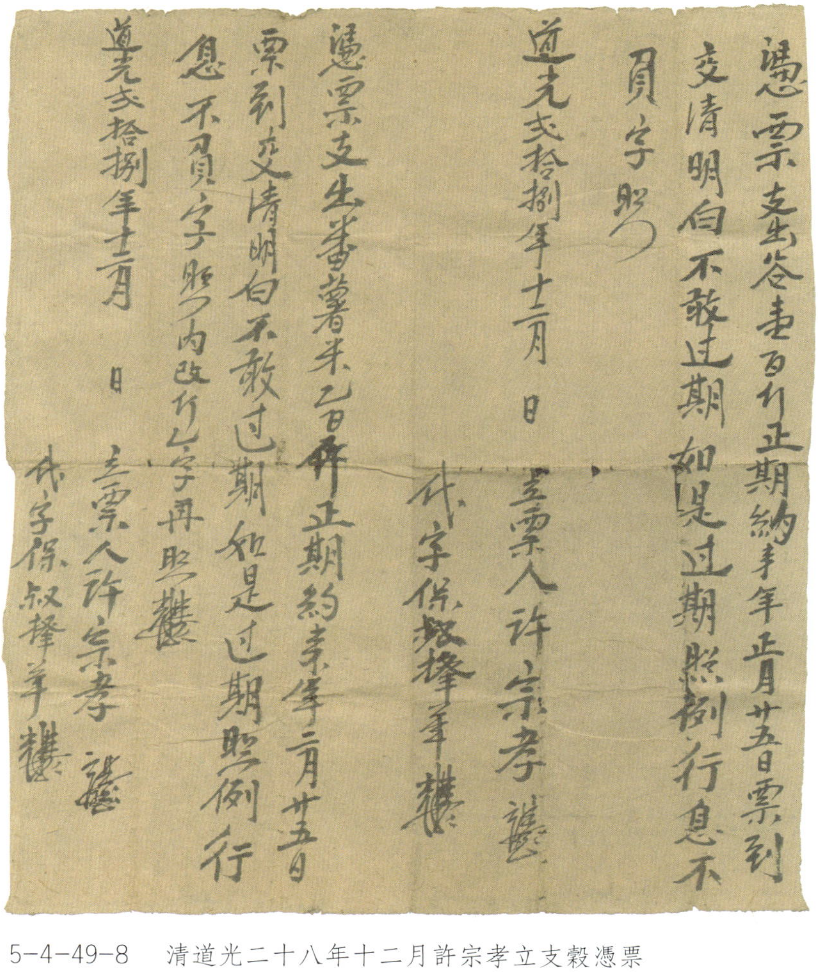

憑票支出谷壹百斤正期約來年正月廿五日票到
交清明白不敢过期如是过期照例行息不
負字照
道光弍拾捌年十二月　日　立票人許宗孝（押）
代字保叔摓羊（押）

憑票支生番薯米乙百斤正期約來年二月廿五日
票到交清明白不敢过期如是过期照例行
息不負字照内改行乙字再照（押）
道光弍拾捌年十二月　日　立票人許宗孝（押）
代字保叔摓羊（押）

5-4-49-8　清道光二十八年十二月許宗孝立支穀憑票

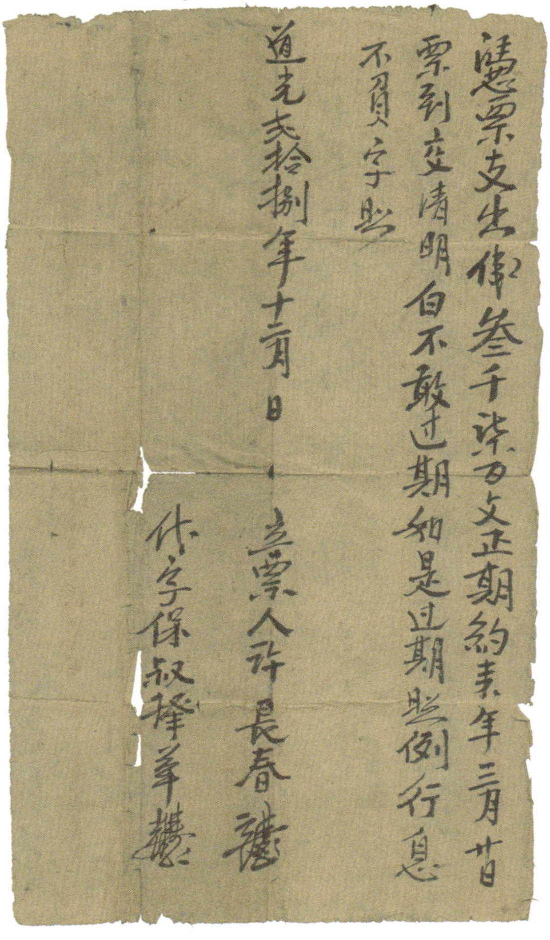
憑票支出偉〻叁千柒百文正期約來年三月廿日
票到立清明白不敢過期如是過期照例行息
不得負字照
道光貳拾捌年十二月　日
立票人許長春（押）
代字保叔擇華（押）

5-4-49-9　清道光二十八年十二月許長春立支錢憑票

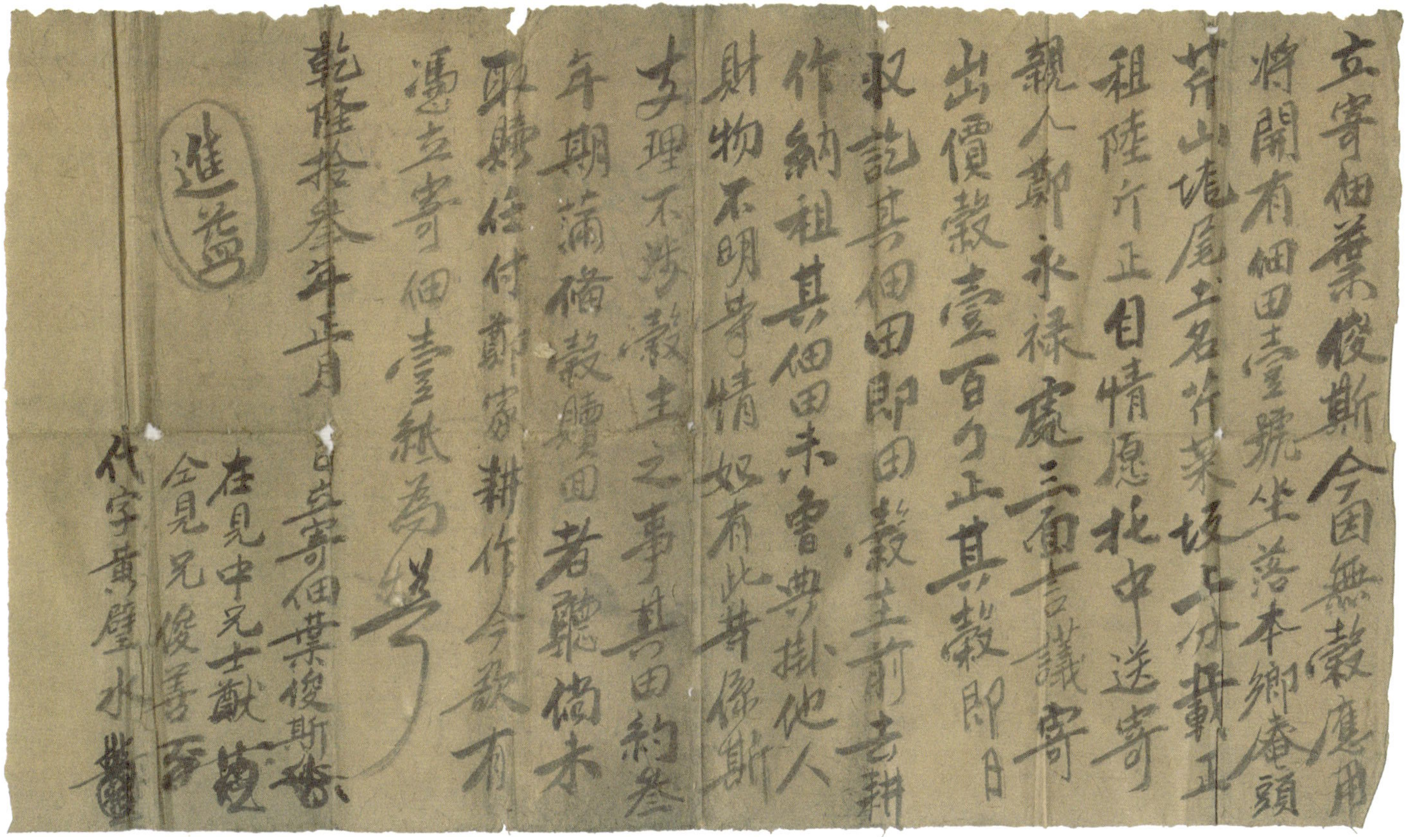

立寄佃葉俊斯今因無穀應用
將閑有佃田壹號坐落本鄉庵頭
芹山墘尾土名竹菜坂上分載正
租陸斤正自情愿托中送寄
親人鄭永祿處三面言議寄
出價穀壹百斤正其穀即日
收訖其佃田即田穀主前去耕
作納租其佃田未曾與掛他人
財物不明等情如有此等係斯
支理不涉穀主之事其田約叁
年期滿備穀贖田者聽備未
取贖任付鄭家耕作今欲有
憑立寄佃壹紙為照
乾隆拾叁年正月 日立寄佃葉俊斯
在見中兄士猷
仝見兄俊善
代字黄壁水

5-4-50-1 清乾隆十三年正月葉俊斯立寄佃田字

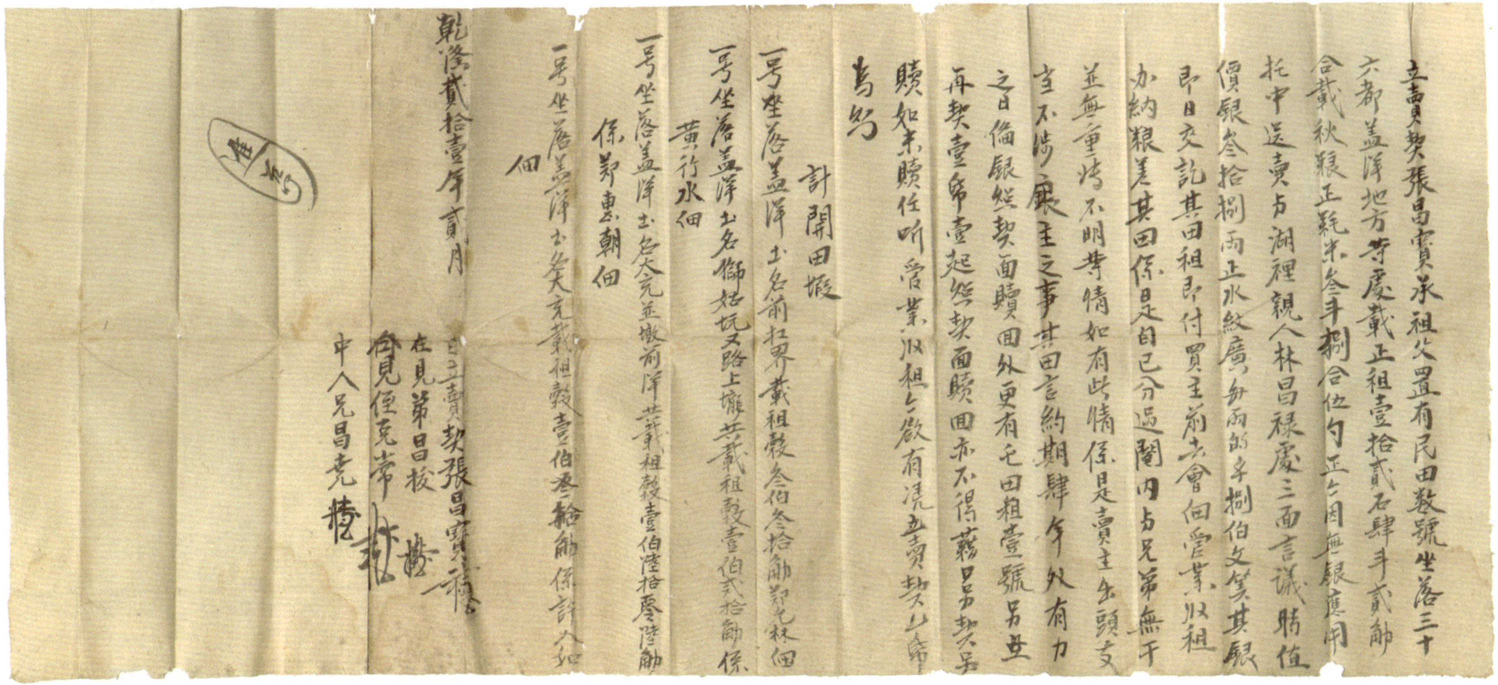
立賣契張昌寶承祖父置有民田數號坐落三十
六都蓋洋地方等處載正租壹拾貳石肆斗貳斛
合載秋糧正耗米叁升捌合伍勺正今因無銀應用
托中送賣與湖裡親人林昌祿處三面言議時值
價銀叁拾捌兩正水紋廣每兩鈔子捌伯文算其銀
即日交訖其田租即付買主前去會佃管業收租
辦納糧差其田係是自己分過鬮內與兄弟無干
並無重張不明等情如有此情係是賣主出頭支
當不涉買主之事其田言約期肆年外有力
之日備銀照契面贖回外更有乇田租壹號另立
再契壹帋壹起照契面贖回亦不得藉口另契另
贖如未贖任聽管業收租今欲有憑立賣契一紙為
照
計開田坵
一號坐落蓋洋土名前杜界載租穀叁伯叁拾觔鄭乇林佃
一號坐落蓋洋土名御姑坑又路上壠共載租穀壹伯貳拾觔係黃行水佃
一號坐落蓋洋土名大元並墩前洋共載租穀壹伯陸拾叁陸觔係鄭惠朝佃
一號坐落蓋洋土名大元載租穀壹伯叁拾觔係許入知佃
乾隆貳拾壹年貳月　日立賣契張昌寶
在見弟昌极
代見侄克常
中人兄昌克

5-4-50-2　清乾隆二十一年二月張昌寶立賣民田契

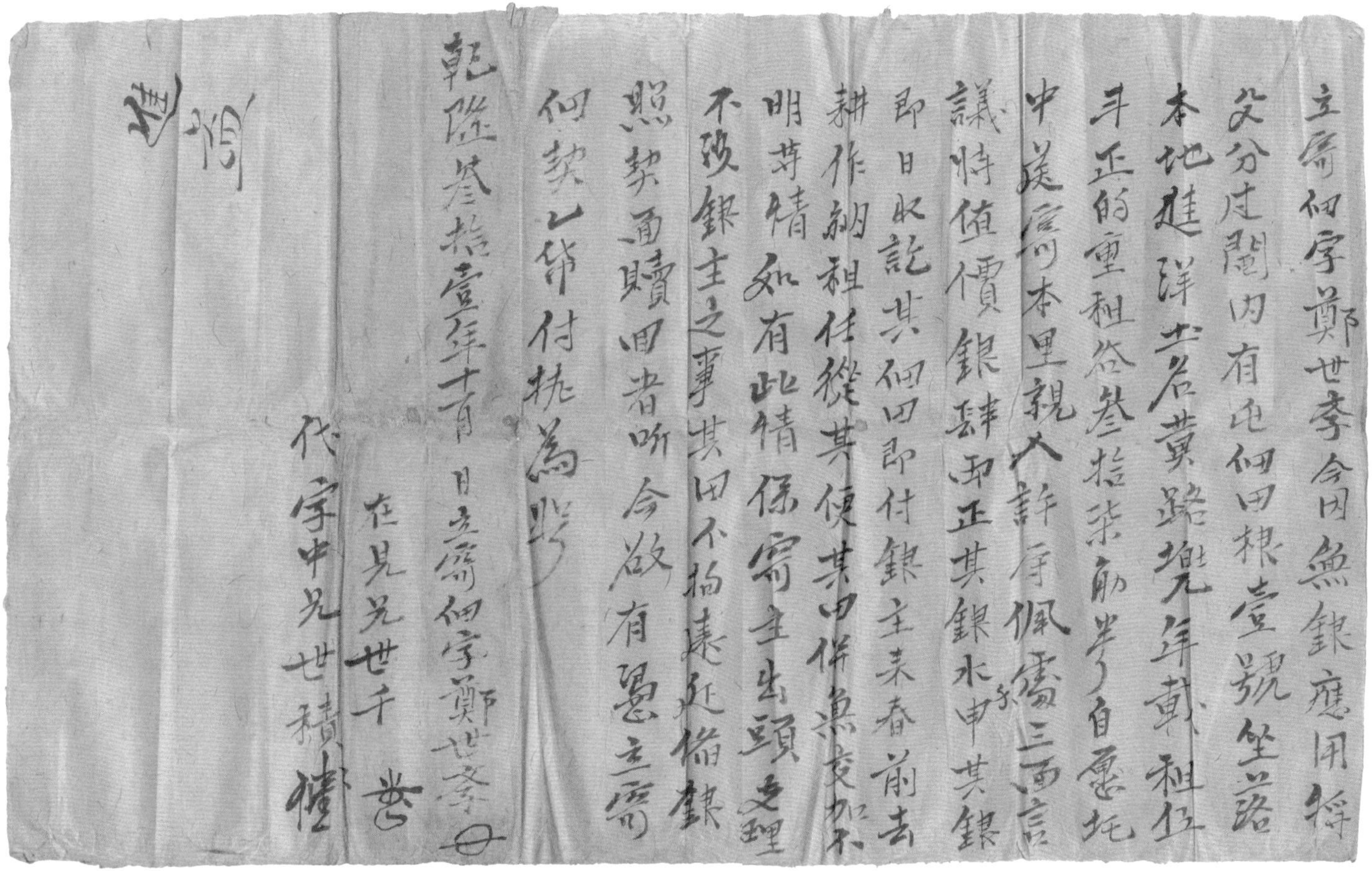

5-4-50-3　清乾隆三十一年十一月鄭世李立寄屯佃田根字

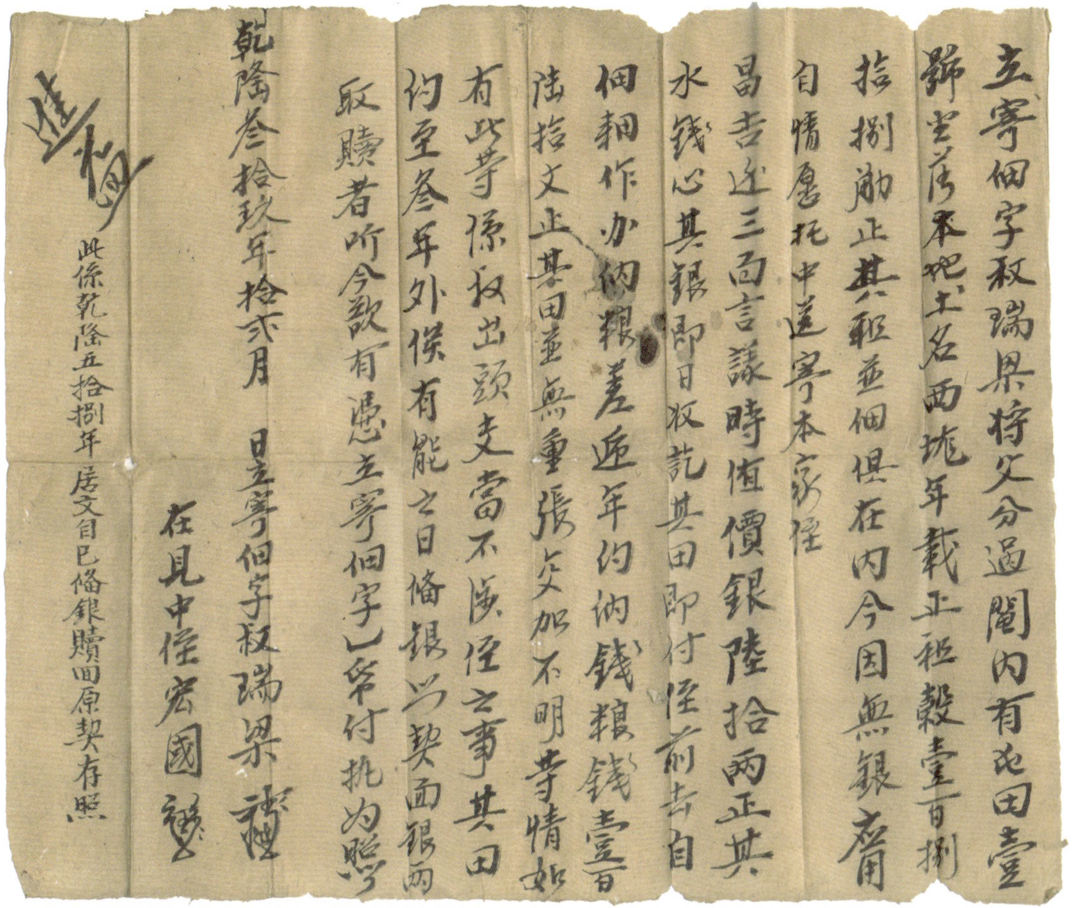
立寄佃字叔瑞梁，將父分過閩內有屯田壹
號，坐落本地土名西塘，年載正租穀壹百捌
拾捌觔正，其租並佃俱在內。今因無銀應用，
自情愿托中送寄本家侄
昌吉边，三面言議時值價銀陸拾兩正，其
水錢心其銀即日收訖，其田即付侄前去自
佃耕作，办納粮差，逐年約納錢粮錢壹百
陆拾文正。其田並無重張交加不明等情，如
有此等，係叔出頭支當，不涉侄之事。其田
約至叁年外，係有能之日備銀照契面銀兩
取贖者听。今欲有憑，立寄佃字一紙付执為照。
乾隆叁拾玖年拾弍月 日立寄佃字叔瑞梁（押）
在見中侄宏國（押）
[illegible]
此係乾隆五拾捌年居文自己備銀贖回原契存照

5-4-50-4 清乾隆三十九年十二月鄭瑞梁立寄佃屯田字

立寄佃字鄭志豪父置有民佃田壹號，坐落本鄉土名鹿壠壠，逐年載正租穀陸拾觔正。今因無錢應用，自情愿托中送寄與本鄉吳禎夫處，三面言議時值寄出價錢玖仟叁佰文正。其錢即日交訖，其佃田即付錢主前去耕作納租，任從其便。其田並無重張典當他人財物不明，如有此等，係是寄主出頭支當，不涉錢主之事。其田任付吳家耕作，鄭家不敢霸佔生端等情。言約期肆年。今欲有立寄佃字乙紙付執爲照。

乾隆肆拾年拾一月　日立寄佃字鄭志豪（押）

在見中侄浩朝

代字　侄仲波（押）

5-4-50-5　清乾隆四十年十一月鄭志豪立寄民佃田字

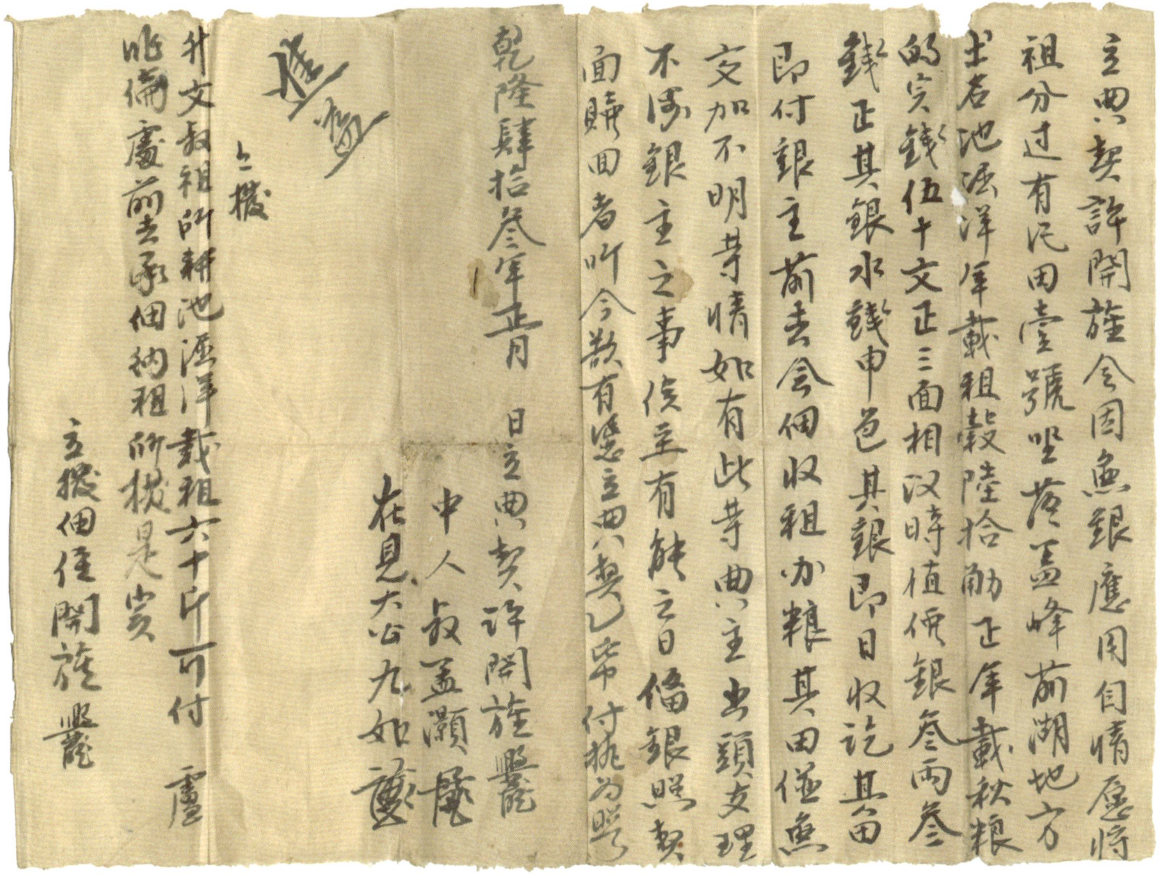

立典契許開旌今因急銀應用自情愿將
祖分过有民田壹號坐落蓋峰前湖地方
土名池漈洋年載租穀陸拾觔正年載秋粮
的實錢伍十文正三面相议時值佛銀叁兩叁
錢正其銀水錢串色其銀即日收訖其田
即付銀主前去会佃收租办粮其田僅典
交加不明等情如有此等典主出頭支理
不涉銀主之事彼此有能之日備銀照契
面贖田者听今欲有憑立典契一帋付執為照

乾隆肆拾叁年正月　日立典契許開旌（押）
中人　叔孟灝（押）
在見　大公九如（押）

上批
升文叔祖所耕池漈洋載租六十斤可付（押）
收備處前去承佃納租所批是實
立批佃侄開旌（押）

5-4-50-6　清乾隆四十三年正月許開旌立典民田契

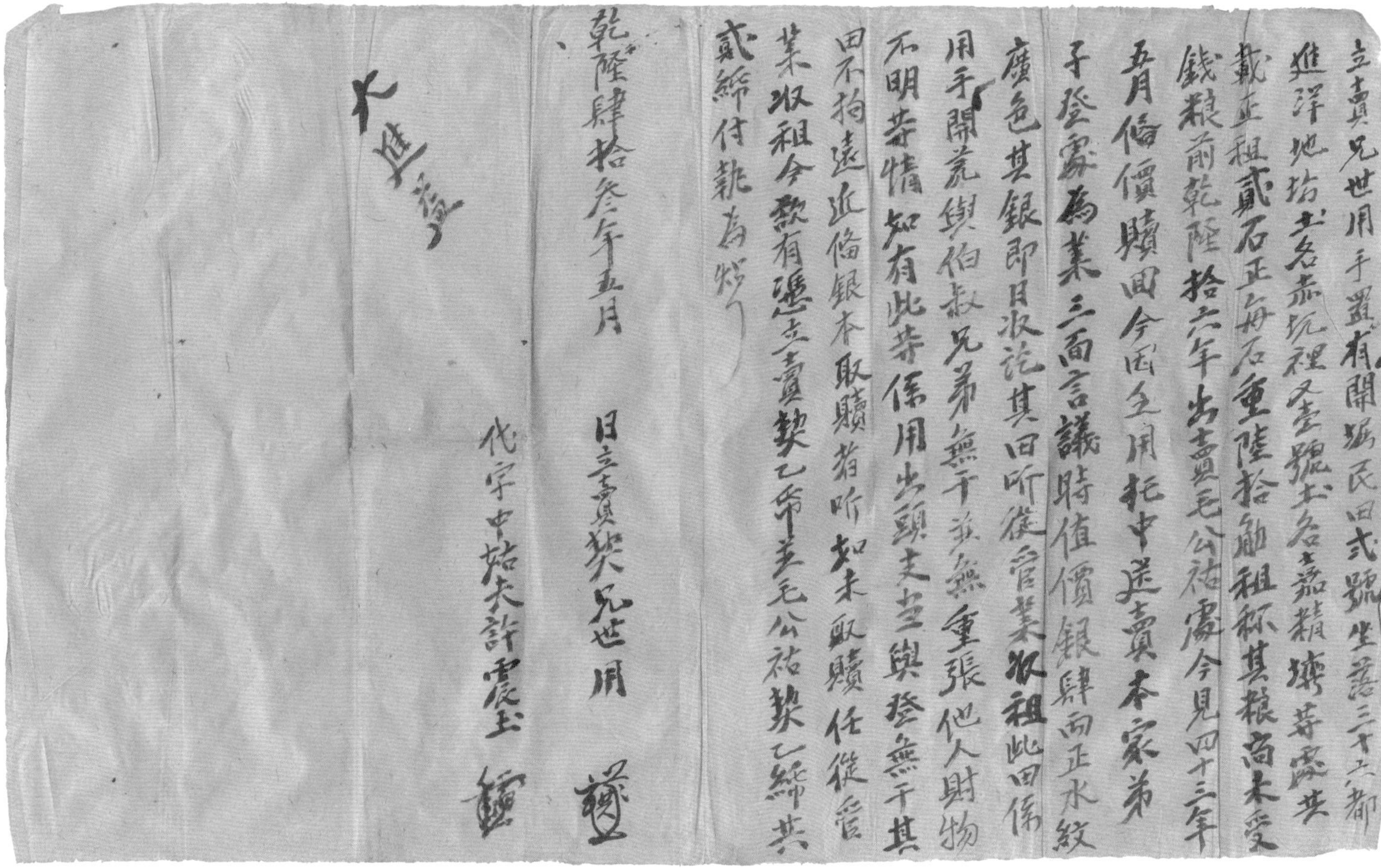
立賣契兄世用手置有開墾民田弍號坐落二十六都
進洋地坊土名赤坑裡又壹號土名嘉積墩等處共
載正租貳石正每石重陸拾觔租稱其粮向未受
錢粮前乾隆拾六年出賣毛公祐處今見四十三年
五月備價贖回今因乏用托中送賣本家弟
子登處爲業三面言議時值價銀肆两正水紋
廣色其銀即日收訖其田所從管業收租此田係
用手開荒與伯叔兄弟無干並無重張他人財物
不明等情如有此等係用出頭支當與登無干其
田不拘遠近備銀本取贖者听如未取贖任從管
業收租今欲有憑立賣契乙帋並毛公祐契乙綵共
貳綵付執爲炤

乾隆肆拾叁年五月　日立賣契兄世用（押）
代字中姑夫許震玉（押）
大進益

5-4-50-7　清乾隆四十三年五月鄭世用立賣民田契

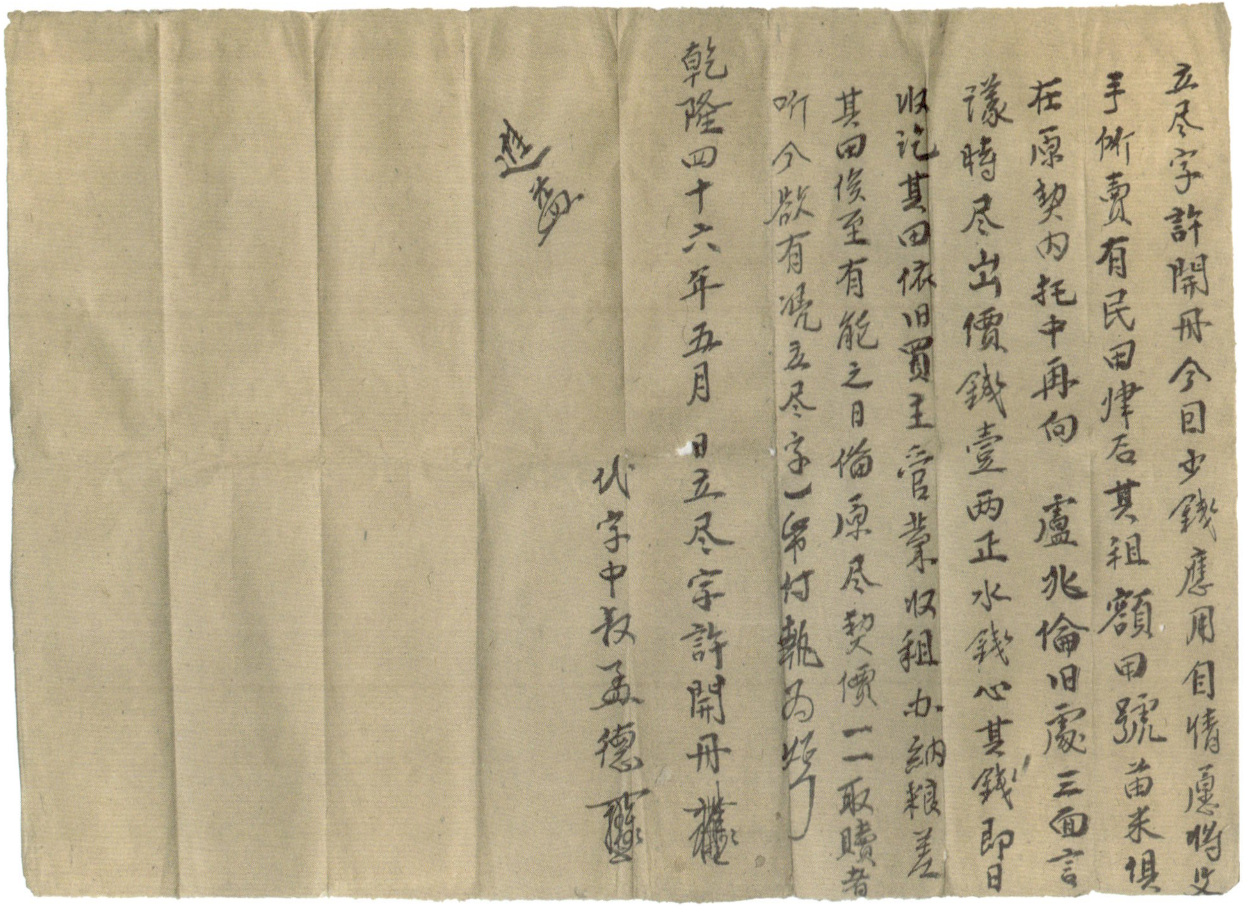

立盡字許開丹今因乏錢應用自情愿將父
手所買有民田肆石其租額田號苗米俱
在原契內托中再向　盧兆倫旧處三面言
議將盡出價錢壹兩正水錢心其錢即日
收訖其田依旧買主管業收租办納粮差
其田後至有能之日倫原盡契價一一取贖者
听今欲有憑立盡字一紙付執為照

乾隆四十六年五月　日立盡字許開丹（押）
代字中叔孟德（押）

進益

5-4-50-8　清乾隆四十六年五月許開丹立盡民田字

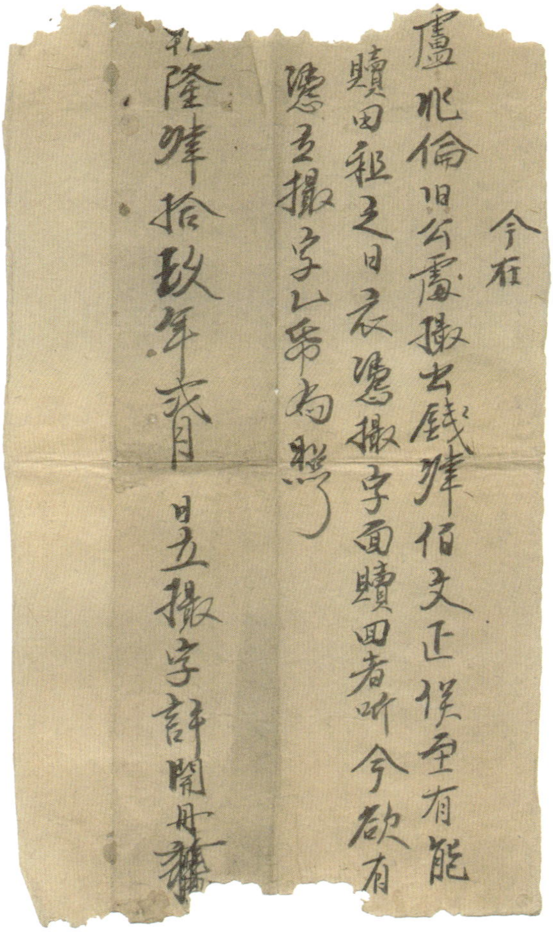

今在
盧兆倫伯公處撤出錢肆佰文正，俟至有能
贖田租之日，衣憑撤字面贖回者听。今欲有
憑，立撤字乙帋為照。
乾隆肆拾玖年貳月　日立撤字許開丹（押）

5-4-50-9　清乾隆四十九年二月許開丹立撤字

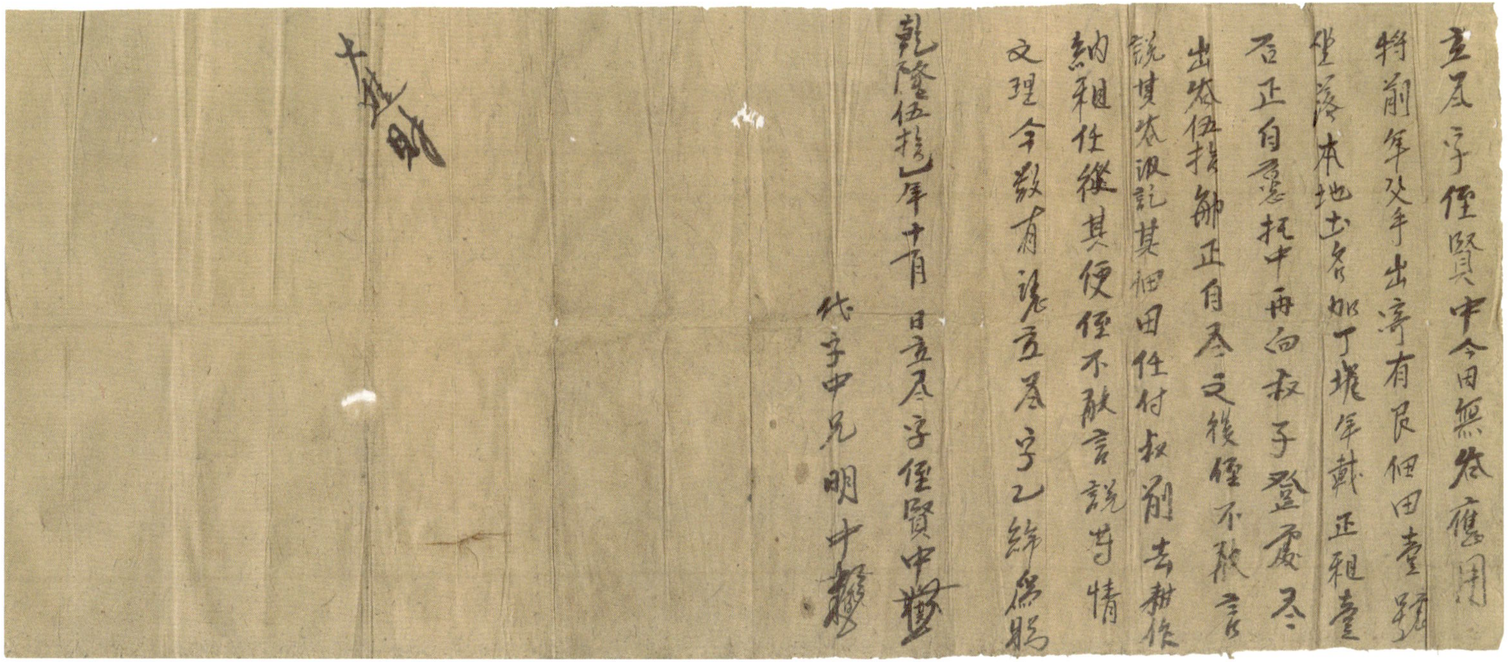
立盡字侄賢中今因無錢應用
將前年父手出濟有民佃田壹號
坐落本地土名加丁垅年載正租壹
石正自愿托中再向叔子登處盡
出錢伍拾餘正自盡之後侄不敢言
說其錢汲訖其佃田任付叔前去耕作
納租任從其便侄不敢言說苛情
文理今欲有憑立盡字乙紙爲照
乾隆伍拾乙年十一月　日立盡字侄賢中（押）
代字中兄明升（押）

5-4-50-10　清乾隆五十一年十一月鄭賢中立盡民佃田字

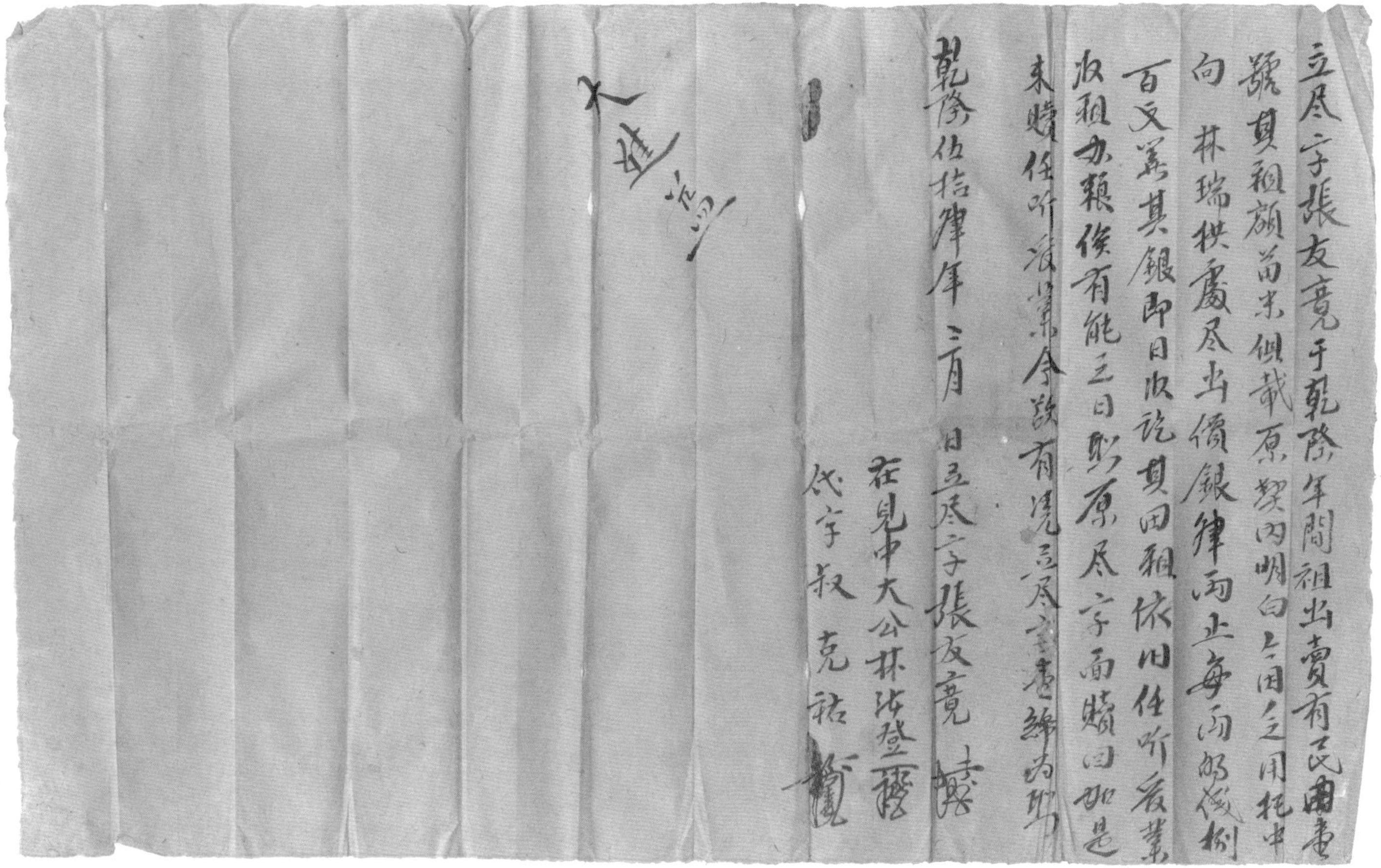

立盡字張友竟于乾隆年間祖出賣有民田壹
號其租額苗米併載原契内明白今因乏用托中
向林瑞拱處盡出價銀肆兩正每兩[illegible]
百文算其銀即日收訖其田租依旧任听管業
收租办粮後有能之日照原盡字面贖回如是
未贖任听永遠管業今欲有憑立盡字一紙為照
乾隆伍拾肆年三月　日立盡字張友竟（押）
在見中大公林孫登（押）
代字叔　克祜（押）

5-4-50-11　清乾隆五十四年三月張友竟立盡民田字

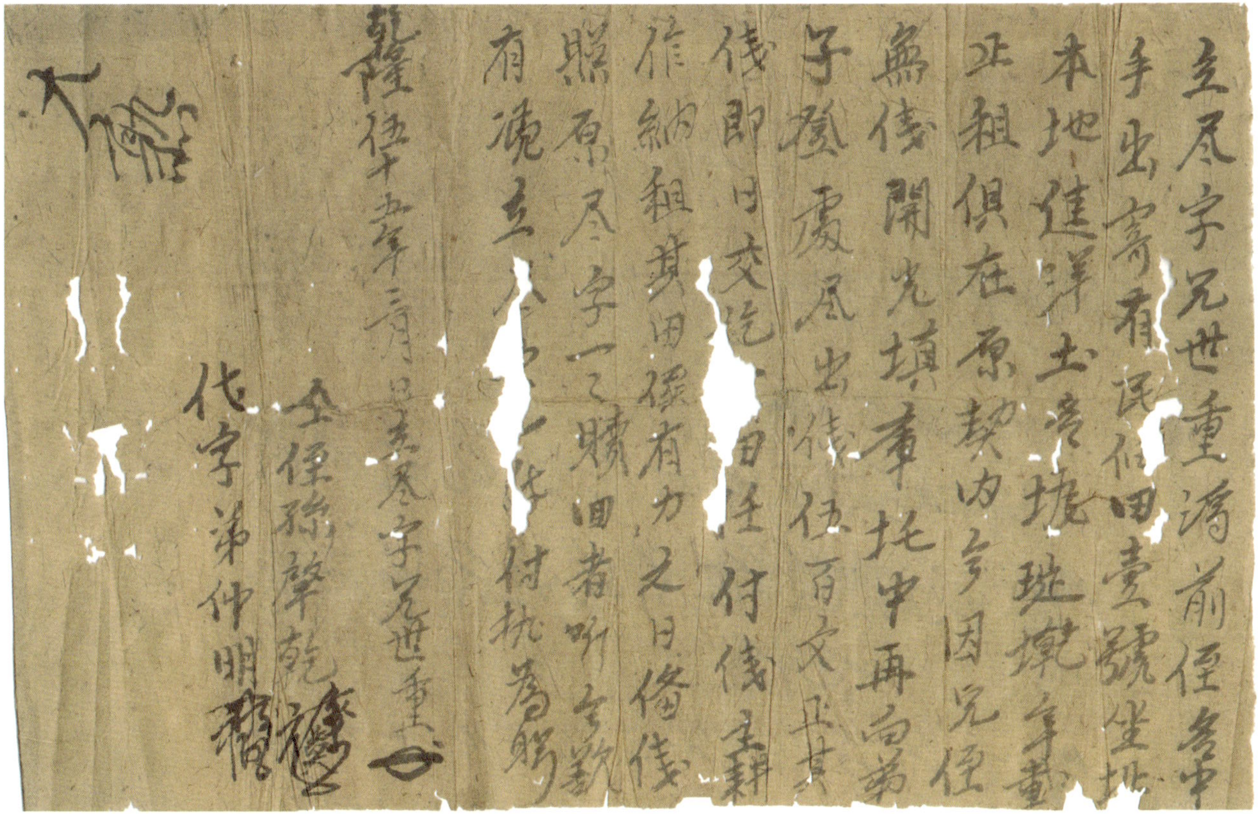

立盡字兄世重將前侄[illegible]
手出寄有民佃田壹號坐址
本地佳洋土名[illegible]坵[illegible]
正租俱在原契內今因兄侄
無[illegible]開先填[illegible]托中再向弟
子孫處盡出[illegible]伍百文正其
錢即日交訖[illegible]田任[illegible]耕
作納租其田係有力之日備[illegible]
照原盡字一[illegible]贖回者聽[illegible]
有憑立[illegible]付執為照
乾隆伍十五年三月　日立盡字兄世重
仝侄孫肇乾
代字弟仲明

5-4-50-12　清乾隆五十五年三月鄭世重立盡民佃田字

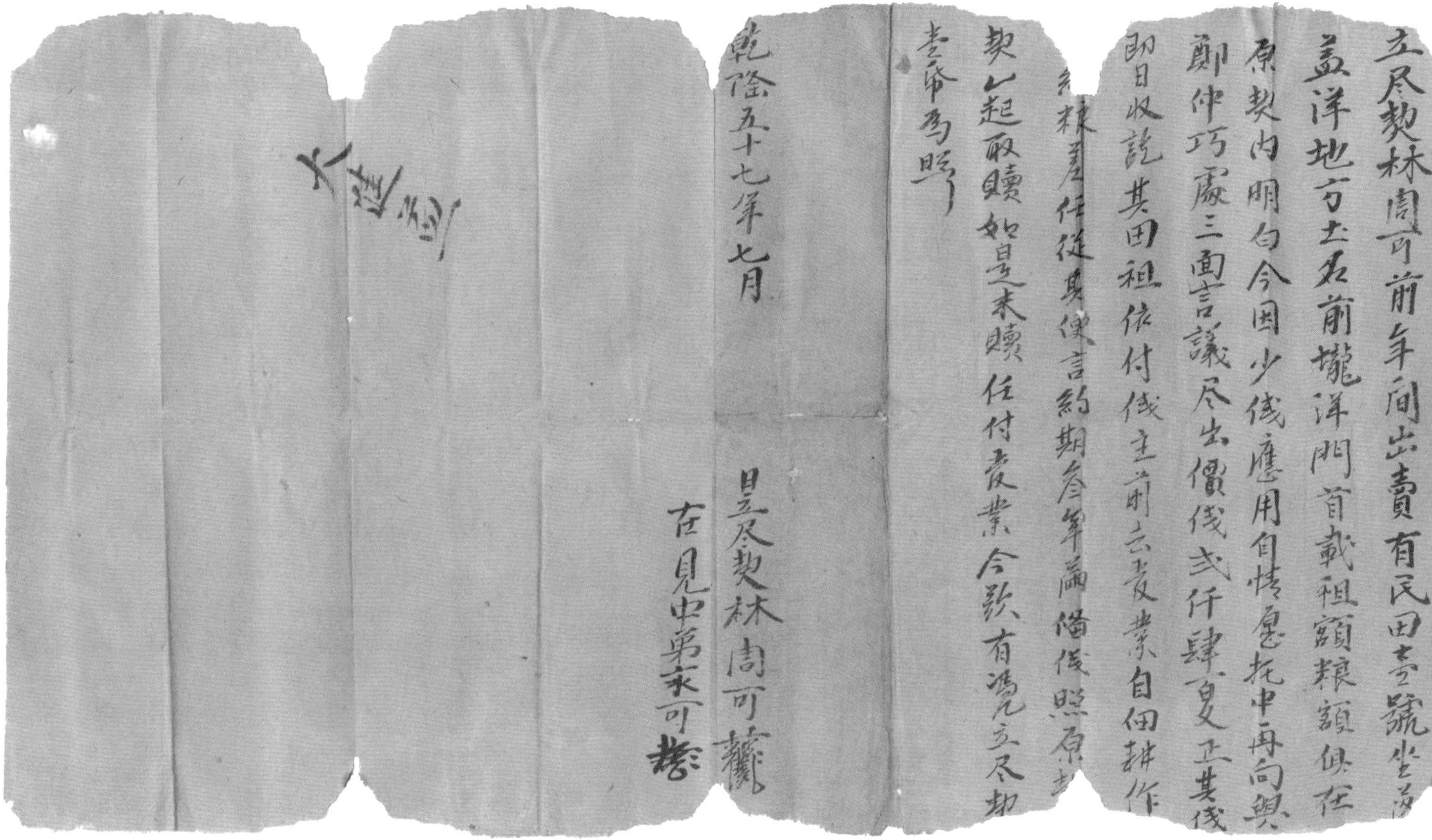

立尽契林周可前年間出賣有民田壹號坐落
蓋洋地方土名前壠洋門首載租額粮額俱在
原契內明白今因少錢應用自情愿托中再向與
鄭仲巧處三面言議尽出價錢弍仟肆百文正其錢
即日收訖其田租依付錢主前去衣業自佃耕作
紀粮差任從其便言約期叁年滿備價照原
契乙起取贖如是未贖任付衣業今欲有憑立尽契
壹帋為照

乾隆五十七年七月

尽契林周可
在見中弟叔可

5-4-50-13　清乾隆五十七年七月林周可立盡民田契

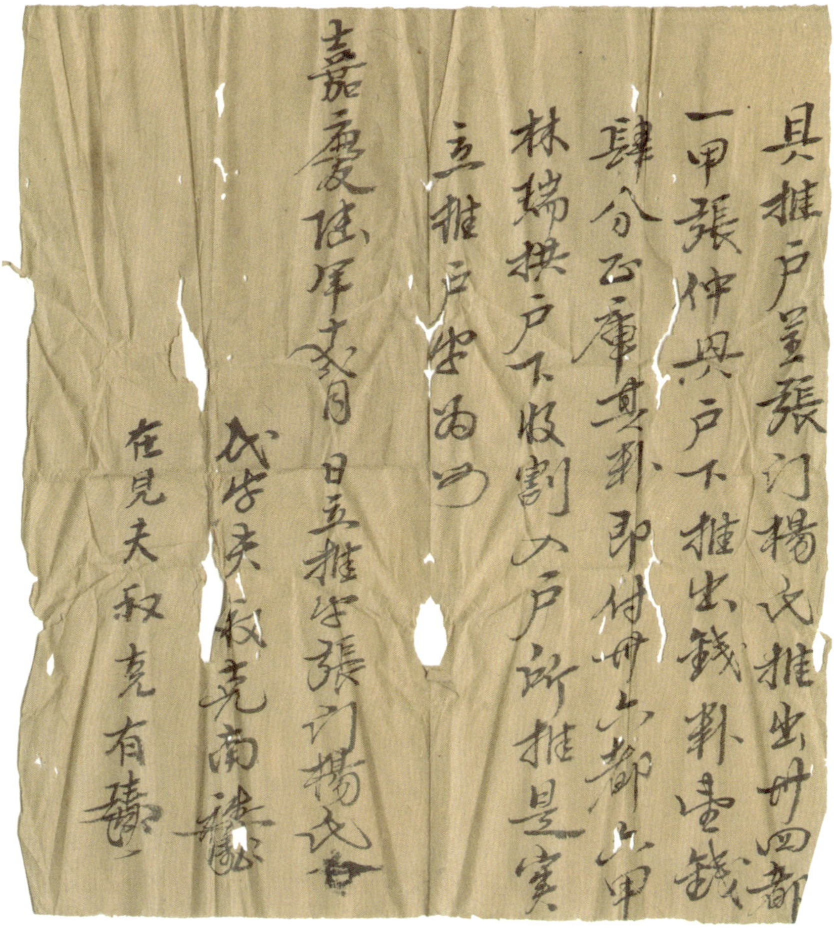

具推戶呈張门楊氏推出廿四都
一甲張仲興戶下推出錢糧壹錢
肆分正庫其糧即付廿六都六甲
林瑞拱戶下收割入戶所推是實
立推戶字為照
嘉慶陸年十二月 日立推字張门楊氏（押）
代字夫叔克南（押）
在見夫叔克有（押）

5-4-50-14　清嘉慶六年十二月楊氏立推户字

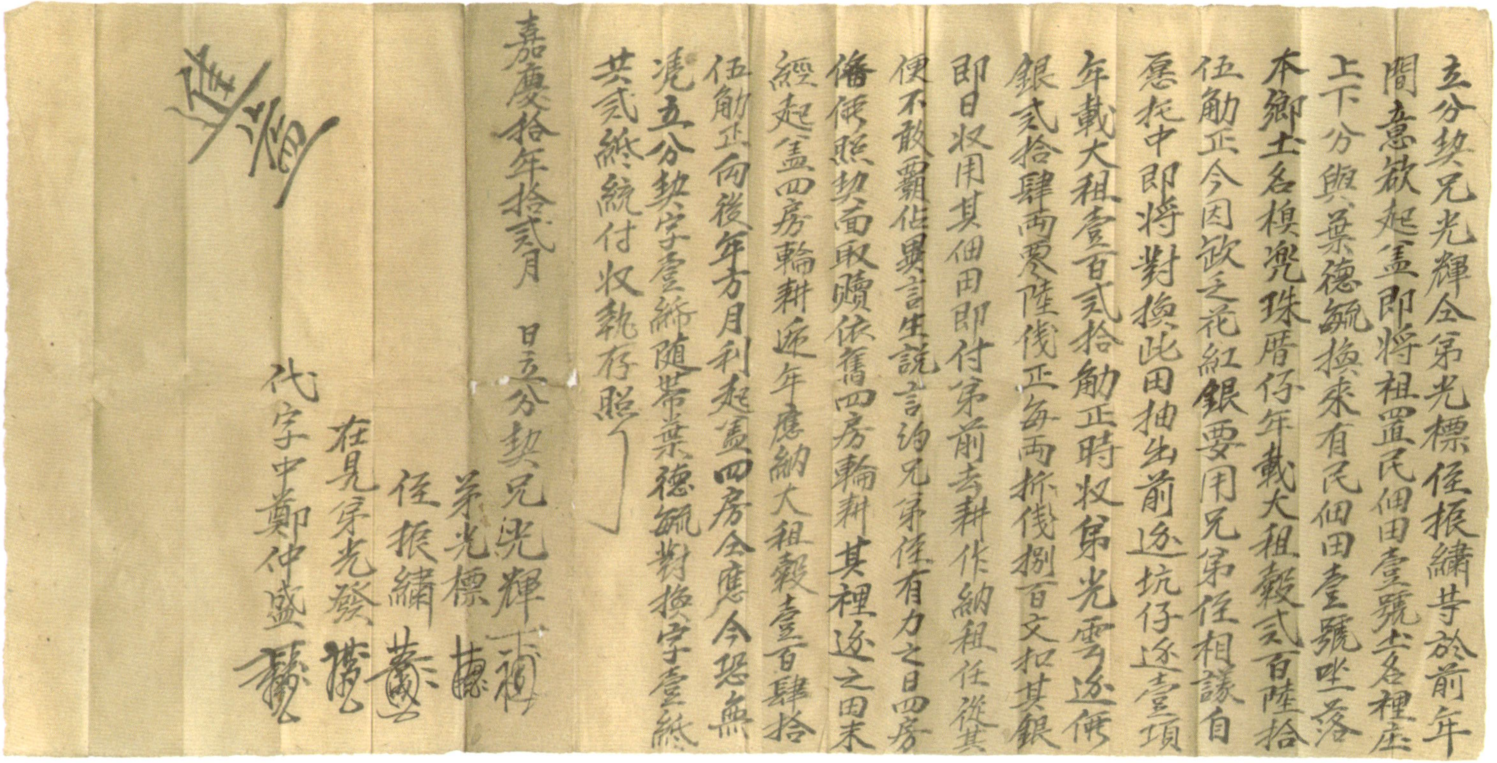
立分契兄光輝仝弟光標侄振繡等於前年
間意欲起盖即將祖置民佃田壹號土名裡庄
上下分與葉德毓換來有民佃田壹號坐落
本鄉土名楻兜珠厝仔年載大租穀貳百陸拾
伍觔正今因欲乏花紅銀要用兄弟侄相議自
愿托中即將對換此田抽出前逘坑仔逘壹項
年載大租壹百貳拾觔正時收弟光雲逘価
銀貳拾肆兩叁陸戔正每兩折戔捌百文扣其銀
即日收用其佃田即付弟前去耕作納租任從其
便不敢霸佔異言生說言約兄弟侄有力之日四房
備価照契面取贖依舊四房輪耕其裡逘之田未
經起盖四房輪耕逐年應納大租穀壹百肆拾
伍觔正向後年方月利起盖四房全應今恐無
凴立分契字壹紙隨帶葉德毓對換字壹紙
共貳紙繳付收執存照
嘉慶拾年拾貳月　日立分契兄光輝
弟光標
侄振繡
在見弟光發
代字中鄭仲盛

5-4-50-15　清嘉慶十年十二月光輝等立分民佃田契

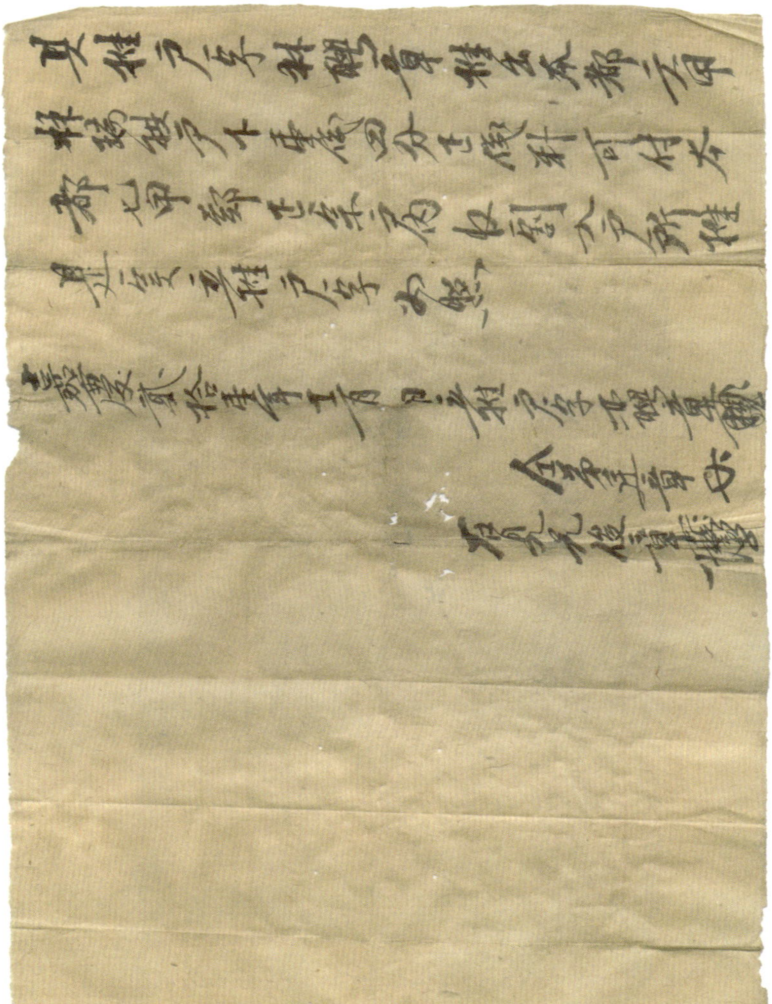
立推户字林聘章林立承鄭三自
恐口無憑立推户字為照
嘉慶貳拾壹年十二月 日立推户字林聘章

5-4-50-16　清嘉慶二十一年十二月林聘章等立推户字

立盡字許開貴將前手所寄有民佃田租
數號，其租穀俱載原契內明白，今因乏錢運
用，自愿再向本鄉親人鄭彼罡處盡出價銀
錢參千肆百捌拾文正，其錢即日收訖，其田租係
付錢主收租納糧，任從其便，其租向後寄主要
贖之日，其錢照銀由均分。今欲有憑，立盡字
壹紙付執爲照。

嘉慶二十五年十二月　日立盡字許開貴（押）
在見兄開達（押）

大吉利

5-4-50-17　清嘉慶二十五年十二月許開貴立盡民佃田租字

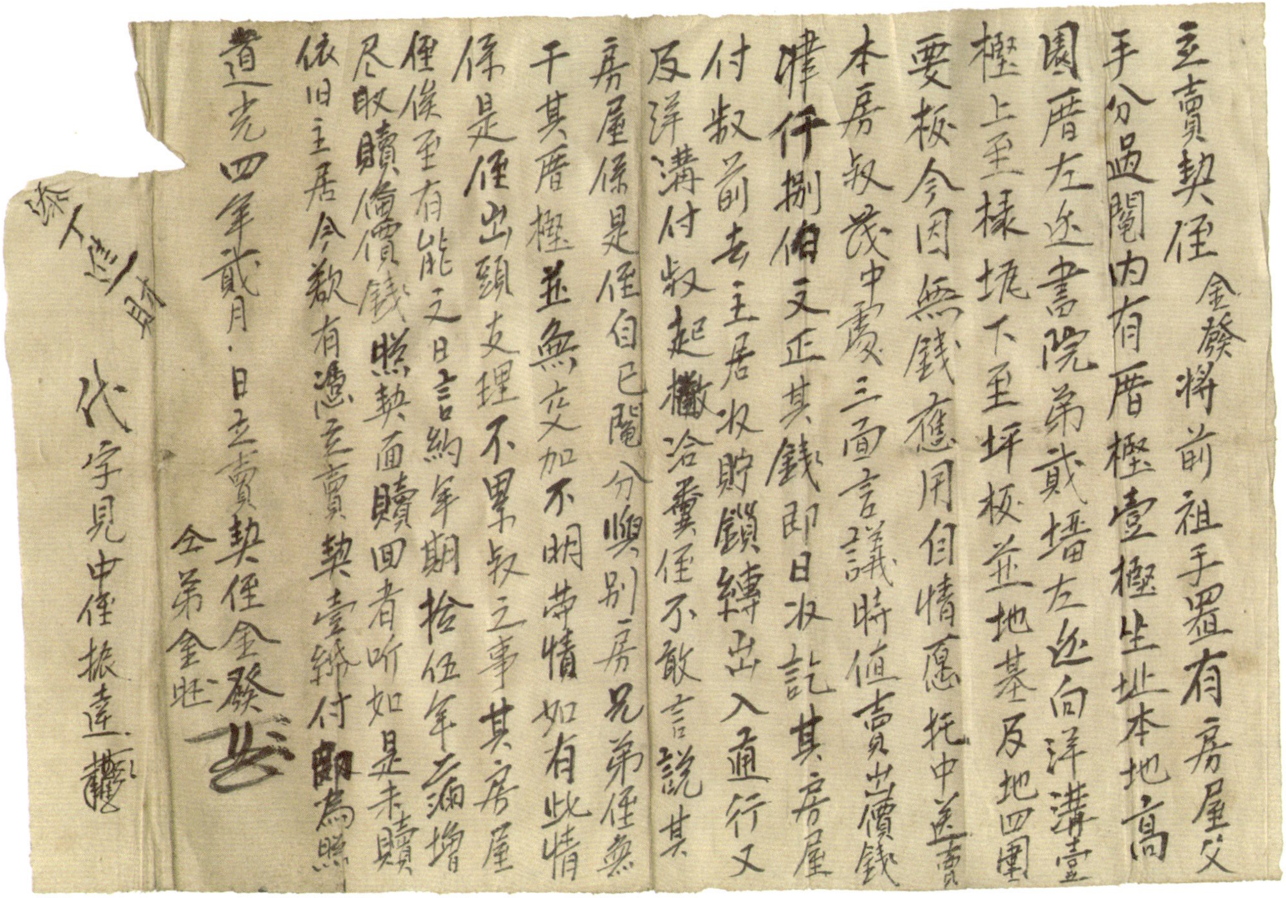
立賣契侄金發將前祖手置有房屋父
手分過鬮內有厝壹座坐址本地高
園厝左邊書院弟貳壇左邊向洋溝壹
座上至棟桷下至坪板並地基及地四圍
要板今因無錢應用自情愿托中送賣
本房叔茂中處三面言議時值賣出價錢
肆仟捌伯文正其錢即日收訖其房屋
付叔前去主居收貯鎖鑰出入通行又
及洋溝付叔起𢬵洽葺侄不敢言說其
房屋係是侄自己鬮分與別房兄弟侄無
干其厝並無交加不明帶情如有此情
係是侄出頭支理不累叔之事其房屋
侄係至有能之日言約年期拾伍年滿增
尽取贖倫價錢照契面贖回者听如是未贖
依旧主居今欲有憑立賣契壹紙付叔為照
道光四年貳月　日立賣契侄金發（押）
全弟金旺
代字見中侄振達（押）
添入迠一字

5-4-50-18　清道光四年二月鄭金發等立賣房屋契

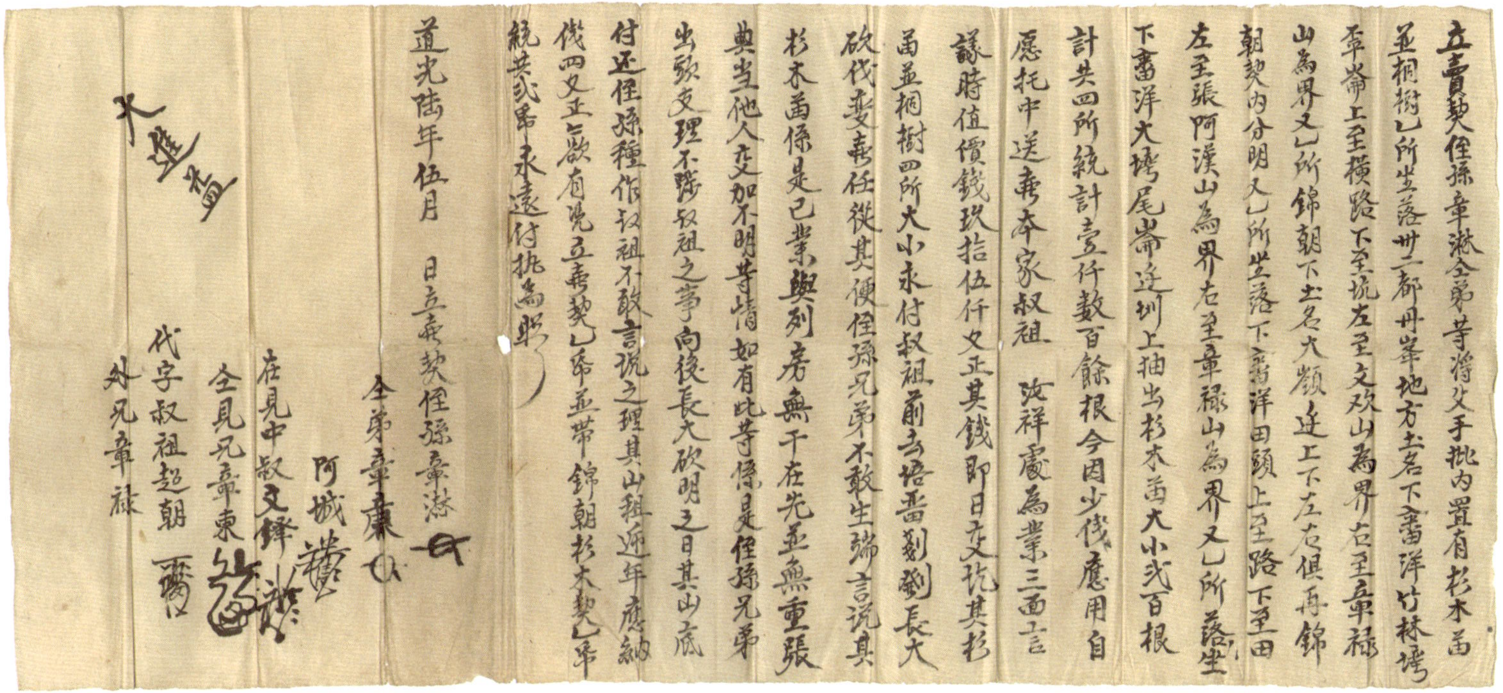

立賣契人侄孫章淋仝弟章滸等將父手批內置有杉木苗
並桐樹乙所坐落卅二都卅峯地方土名下畬洋竹林墘
牽崙上至橫路下至坑左至文欢山為界右至章祿
山為界又乙所錦朝下土名大嶺迳上下左右俱再錦
朝契內分明又乙所坐落下畬洋田頭上至路下至田
左至張阿漢山為界右至章祿山為界又乙所落坐
下畬洋大墘尾崙迳圳上抽出杉木苗大小弍百根
計共四所統計壹仟數百餘根今因乏錢應用自
愿托中送賣本家叔祖　汝祥處為業三面言
議時值價錢玖拾伍仟文正其錢即日交訖其杉
苗並桐樹四所大小永付叔祖前去培晝剗劉長大
砍伐變賣任從其便侄孫兄弟不敢生端言說其
杉木苗係是己業與別房無干在先並無重張
典當他人交加不明等情如有此等係是侄孫兄弟
出頭支理不涉叔祖之事向後長大砍明之日其山底
付還侄孫種作叔祖不敢言說之理其山租逐年應納
錢四文正亦有憑立賣契乙紙並帶錦朝杉木契乙紙
統共弍紙永遠付執為照

道光陸年伍月　日立賣契侄孫章淋（押）
仝弟章康（押）
阿城（押）
在見中叔文鋒（押）
仝見兄章東（押）
代字叔祖超朝（押）
外兄章祿

大進財

5-4-50-19　清道光六年五月鄭章淋等立賣杉木苗等契

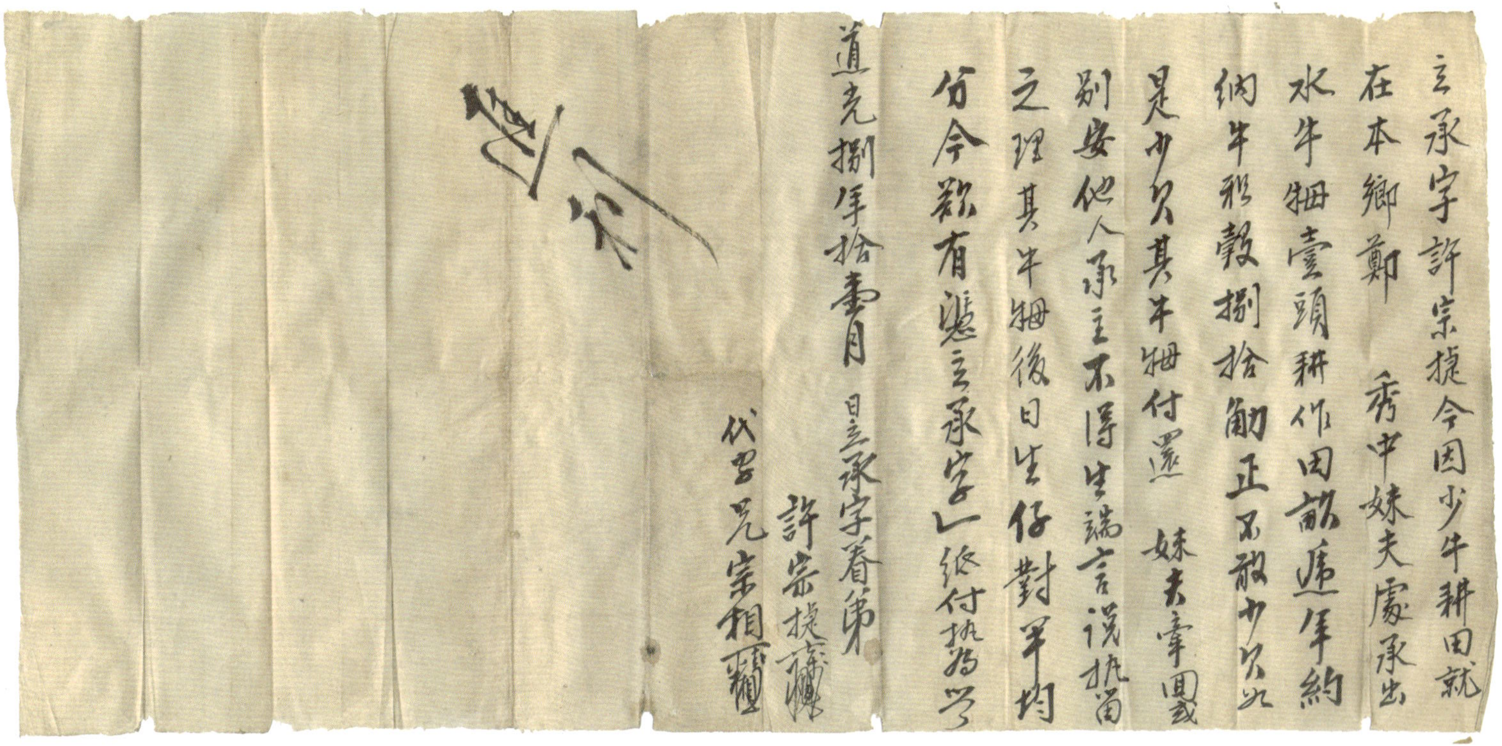
立承字許宗捷今因少牛耕田就
在本鄉鄭　秀中妹夫處承出
水牛牳壹頭耕作田畝逐年約
納牛租穀捌拾觔正不敢少欠如
是少欠其牛牳付還　妹夫拿回
別安他人承主不得生端言說執留
之理其牛牳後日生仔對半均
分今欲有憑立承字一紙付執為照
道光捌年拾壹月　日立承字耆弟　許宗捷（押）
代書兄宗相（押）
進利

5-4-50-20　清道光八年十一月許宗捷立承水牛牳字

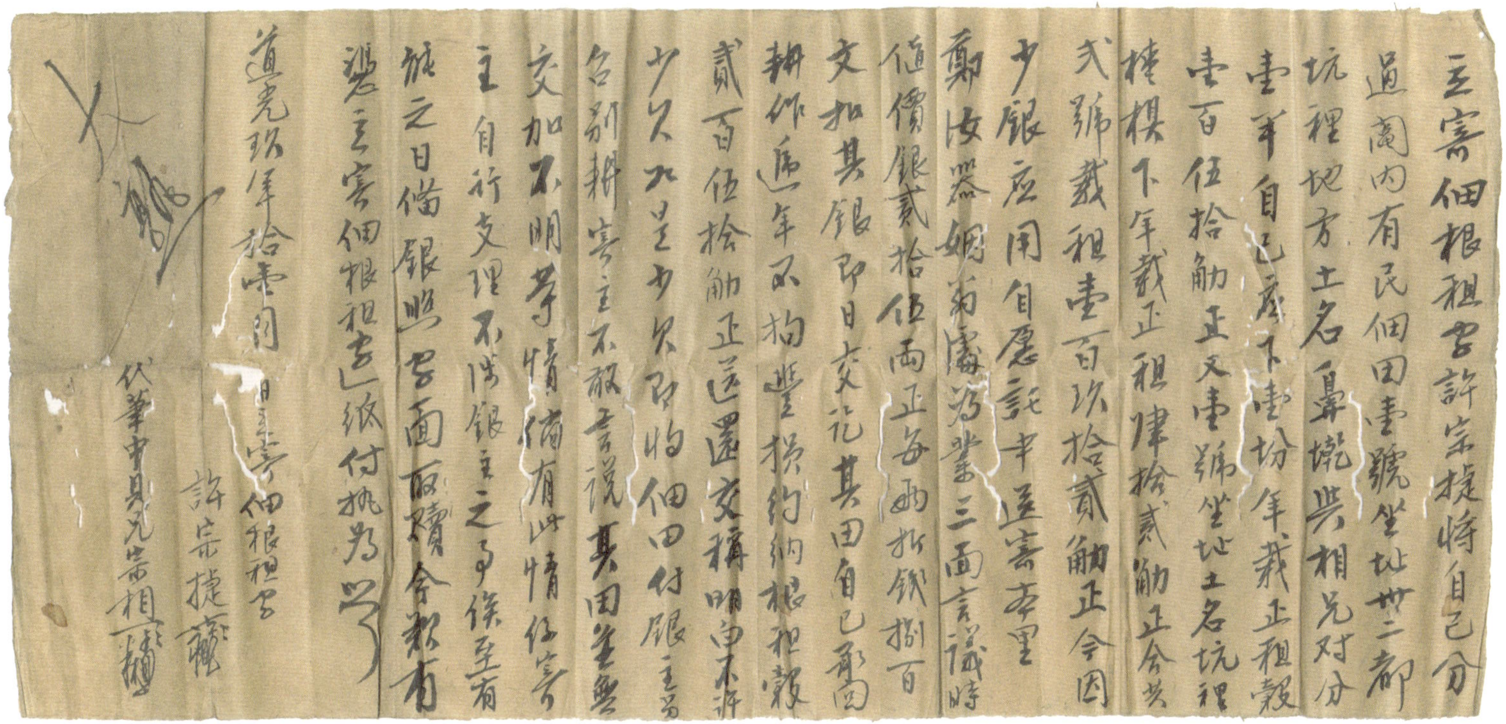
立寄佃根租字許宗捷將自己分
遍園內有民佃田壹號坐址廿二都
坑裡地方土名鼻墘與相兄对分
壹半自己應下壹份年載正租穀
壹百伍拾觔正又壹號坐址土名坑裡
樓棋下年載正租肆拾貳觔正合共
弍號載租壹百玖拾貳觔正今因
少銀應用自愿託中送寄本里
鄭汝器嫂前廣沿業三面言議時
值價銀貳拾伍兩正每兩折錢捌百
文扣其銀即日交訖其田自己承回
耕作遞年不拘豐歉約納根租穀
貳百伍拾觔正送還交稱明白不許
少欠升合如是少欠即將佃田付銀主另
召別耕寄主不敢言說其田並無
交加不明等情倘有此情係寄
主自行支理不涉銀主之事俟至有
艙之日備銀照字面取贖今欲有
憑立寄佃根租字壹紙付執為照
道光玖年拾壹月　日立寄佃根租字　許宗捷
代筆中見兄宗相

5-4-50-21　清道光九年十一月許宗捷立寄民佃田根租字

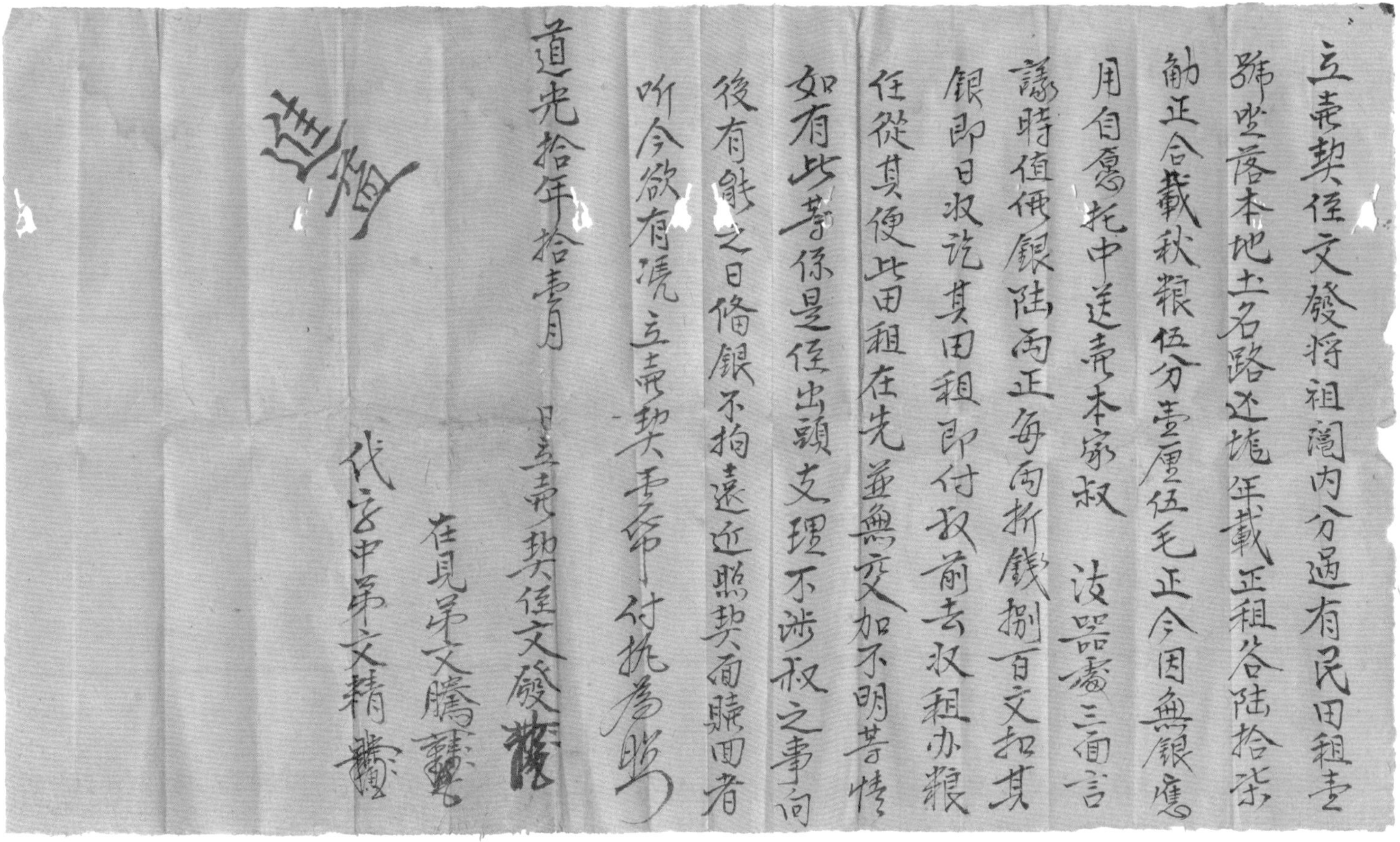

立賣契侄文發將祖閹內分過有民田租壹
號坐落本地土名路边墘年載正租谷陆拾柒
觔正合載秋粮伍分壹厘伍毛正今因無銀應
用自愿托中送賣本家叔 汝器處三面言
議時值價銀陆两正每两折錢捌百文扣其
銀即日收訖其田租即付叔前去收租办粮
任從其便此田租在先并無交加不明等情
如有此等係是侄出頭支理不涉叔之事向
後有餘之日倫銀不拘遠近照契面贖回者
吓今欲有凭立賣契壹帋付執為照
道光拾年拾壹月　日立賣契侄文發（押）
在見弟文騰（押）
代字中弟文精（押）
進[illegible]

5-4-50-22　清道光十年十一月鄭文發立賣民田租契

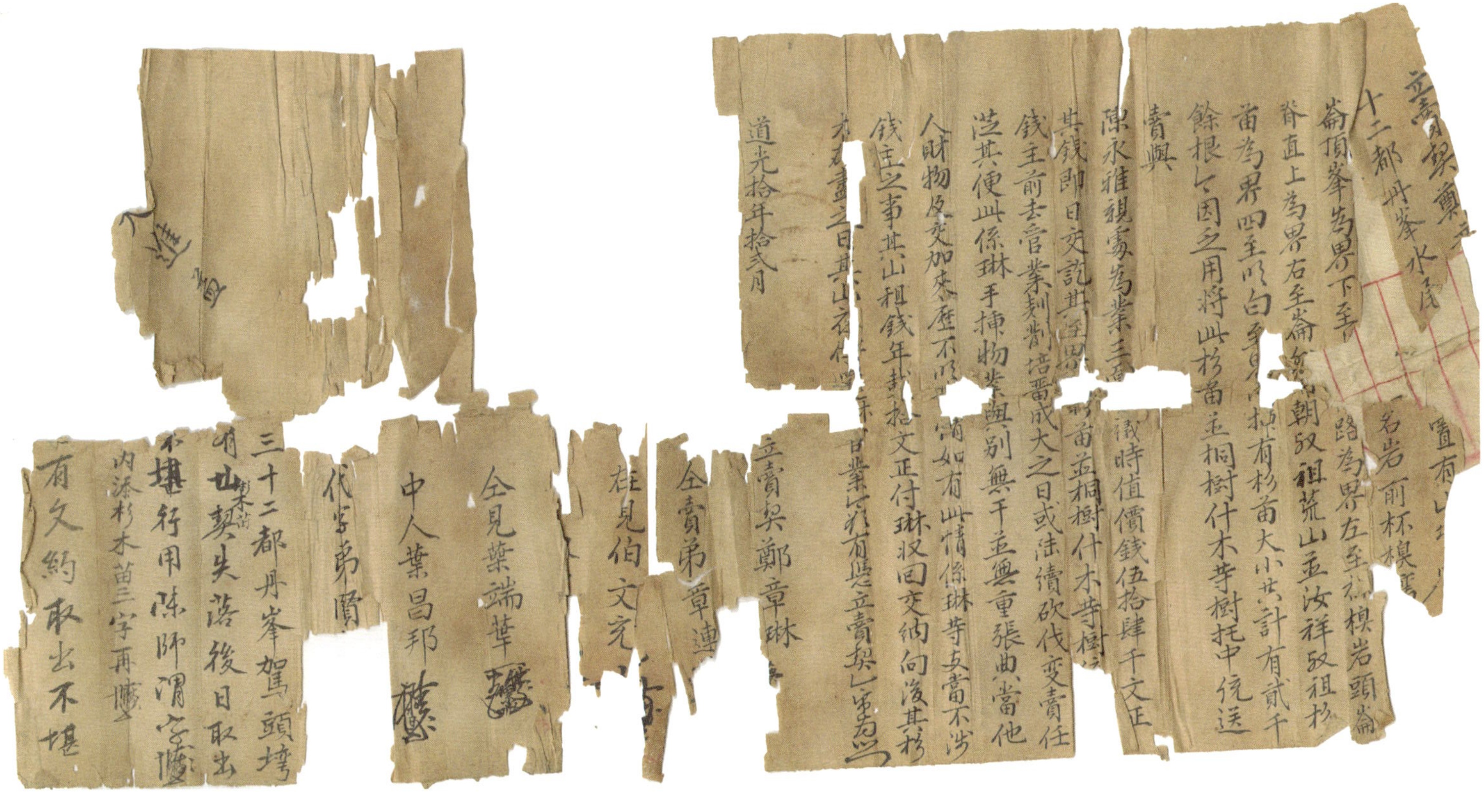

5-4-50-23　清道光十年十二月鄭章琳等立賣山場契

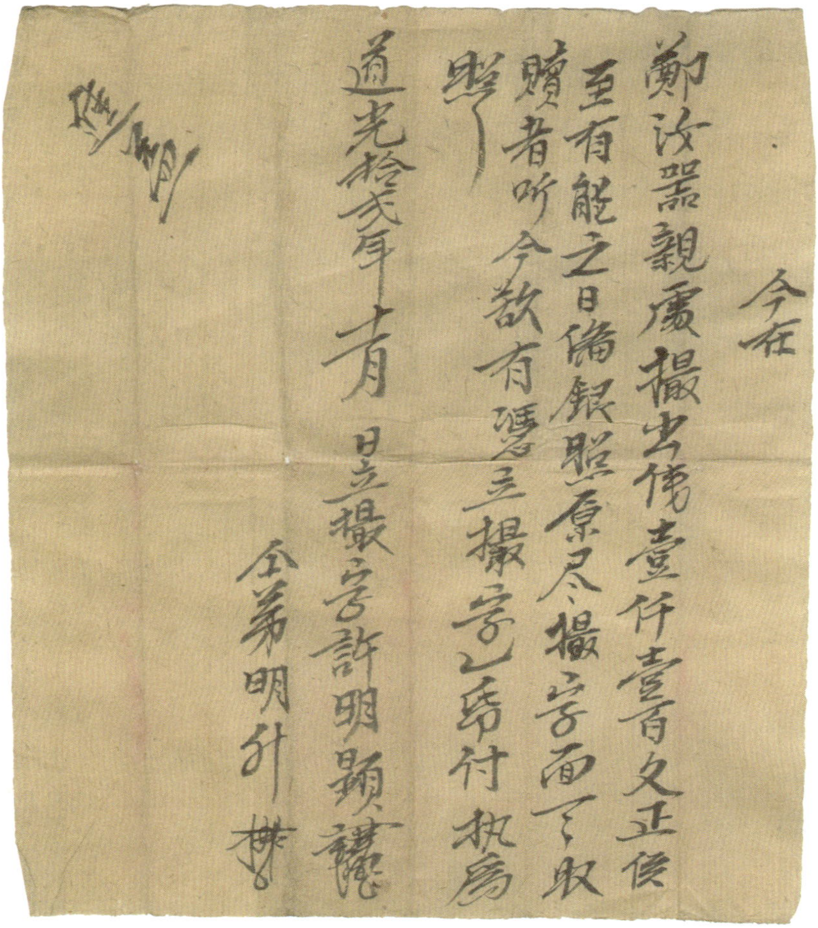

今在

鄭汝器親處撮出佛壹仟壹百文正，俟

至有能之日備銀照原盡撮字面下取

贖者，所今欲有憑，立撮字乙紙付執為

照。

道光拾弍年十一月　日立撮字許明顯（押）

仝弟明升（押）

5-4-50-24　清道光十二年十一月許明顯等立撮字

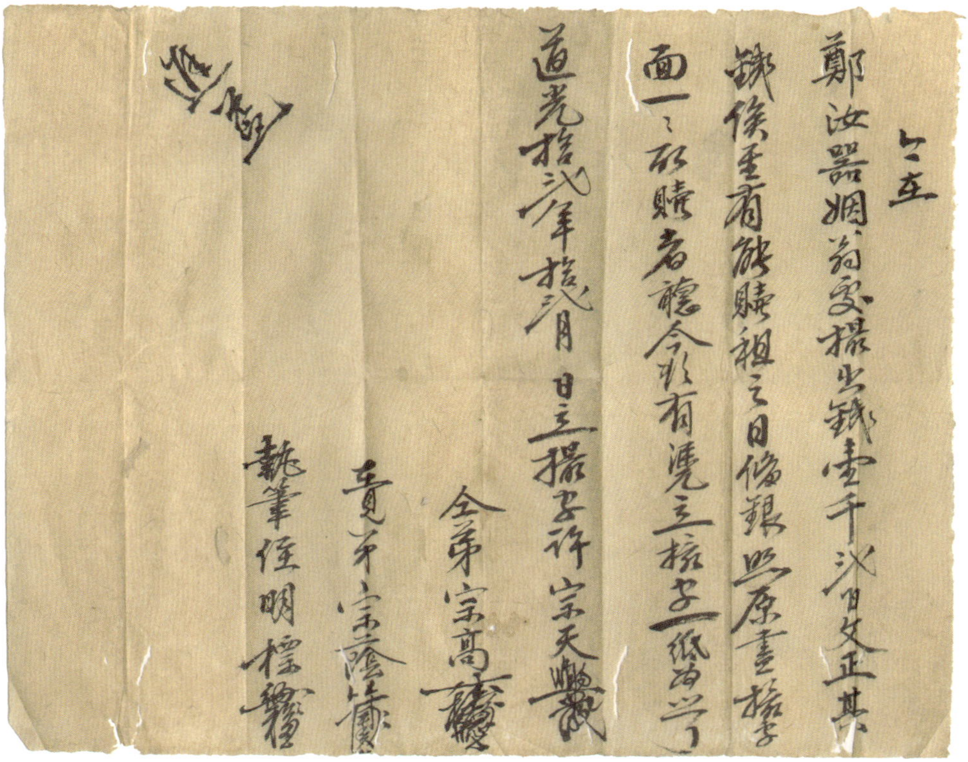

仝立
鄭汝器姻翁處撮出錢壹千貳百文正其
錢係要有能贖祖之日備銀照原壹撮
面一一取贖當聽今欲有憑立撮字一紙為照
道光拾貳年拾貳月　日立撮字許宗天（押）
仝弟宗高（押）
在見弟宗蔭（押）
執筆侄明標（押）

5-4-50-25　清道光十二年十二月許宗天等立撮字

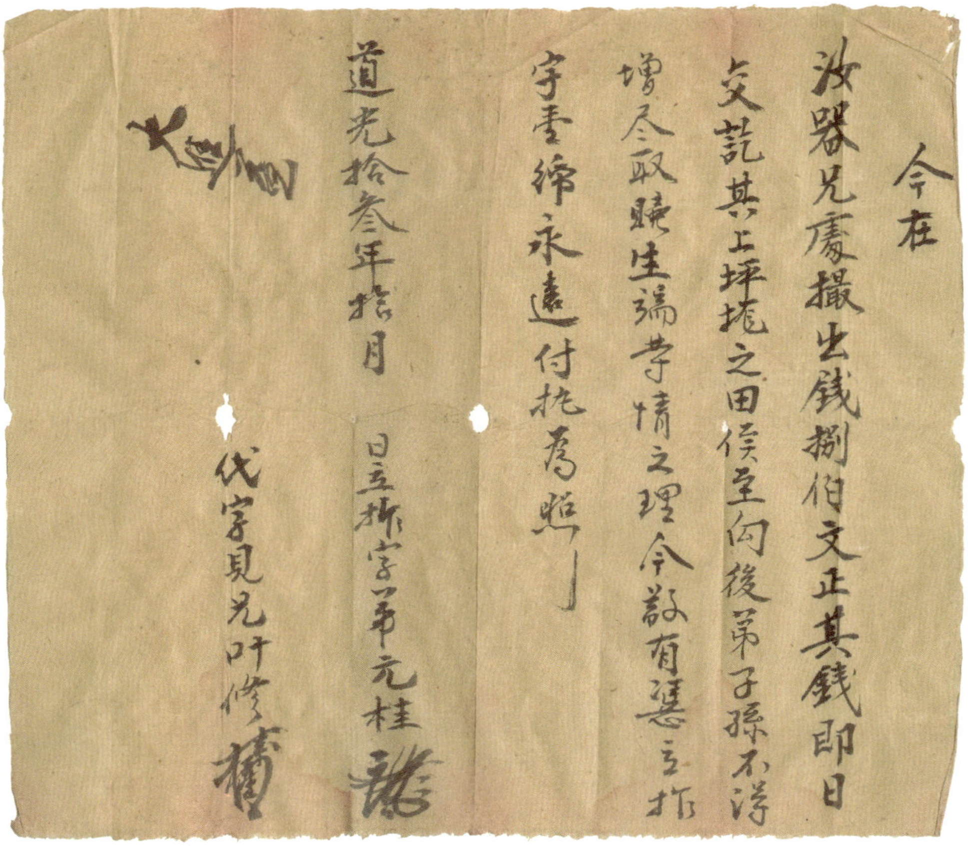
今在
汝器兄處撮出錢捌伯文正其錢即日
交訖其上坪𡋡之田從今向後弟子孫不得
增找取贖生端等情之理今欲有憑立撮
字壹紙永遠付执為照
道光拾叁年拾月　日立撮字弟元桂
代字見兄叶修

5-4-50-26　清道光十三年十月鄭元桂立撮字

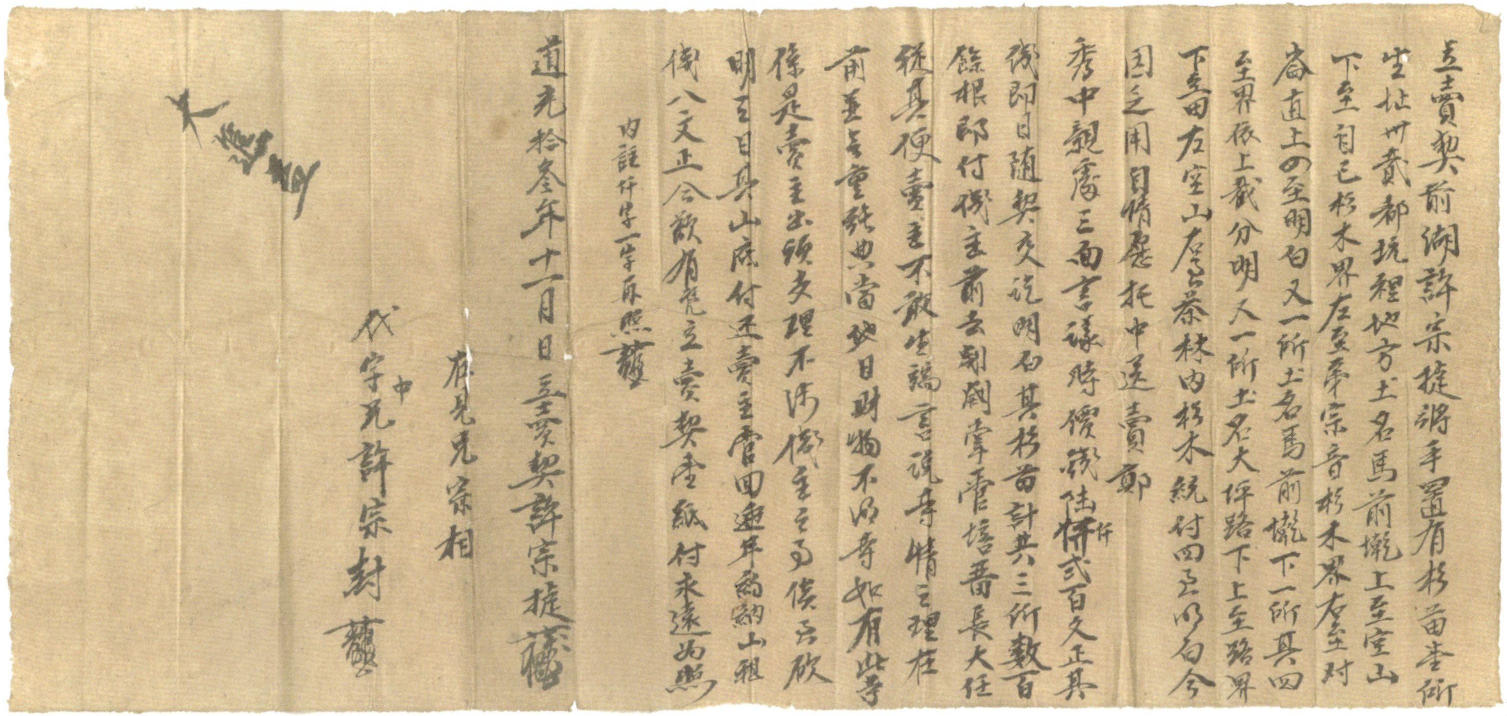
立賣契前㴘許宗捷將手置有杉苗壹所
坐址卄貳都坑程地方土名馬前墘上至室山
下至自己杉木界左至本宗音杉木界右至对
畬直上四至明白又一所土名馬前墘下一所其四
至界依上載分明又一所土名大坪路下上至路界
下至田左至山右至蔡林内杉木統討四至明白今
因乏用自情愿托中送賣鄭
秀中親處三面言議時價錢陸仟貳百文正其
錢即日隨契交訖明白其杉苗計共三所數百
餘根即付錢主前去剷除掌管培養長大任
從其便賣主不敢生端言說等情之理在
前並無重張典當於日財物不明等如有此等
係是賣主出頭支理不涉錢主之事其砍
明之日其山底付還賣主管回逐年爲納山租
錢八文正今欲有憑立賣契壹紙付永遠為照
內註仟字一字再照
道光拾叁年十一月日立賣契許宗捷
在見兄宗相
代字中兄許宗封

5-4-50-27　清道光十三年十一月許宗捷立賣杉苗契

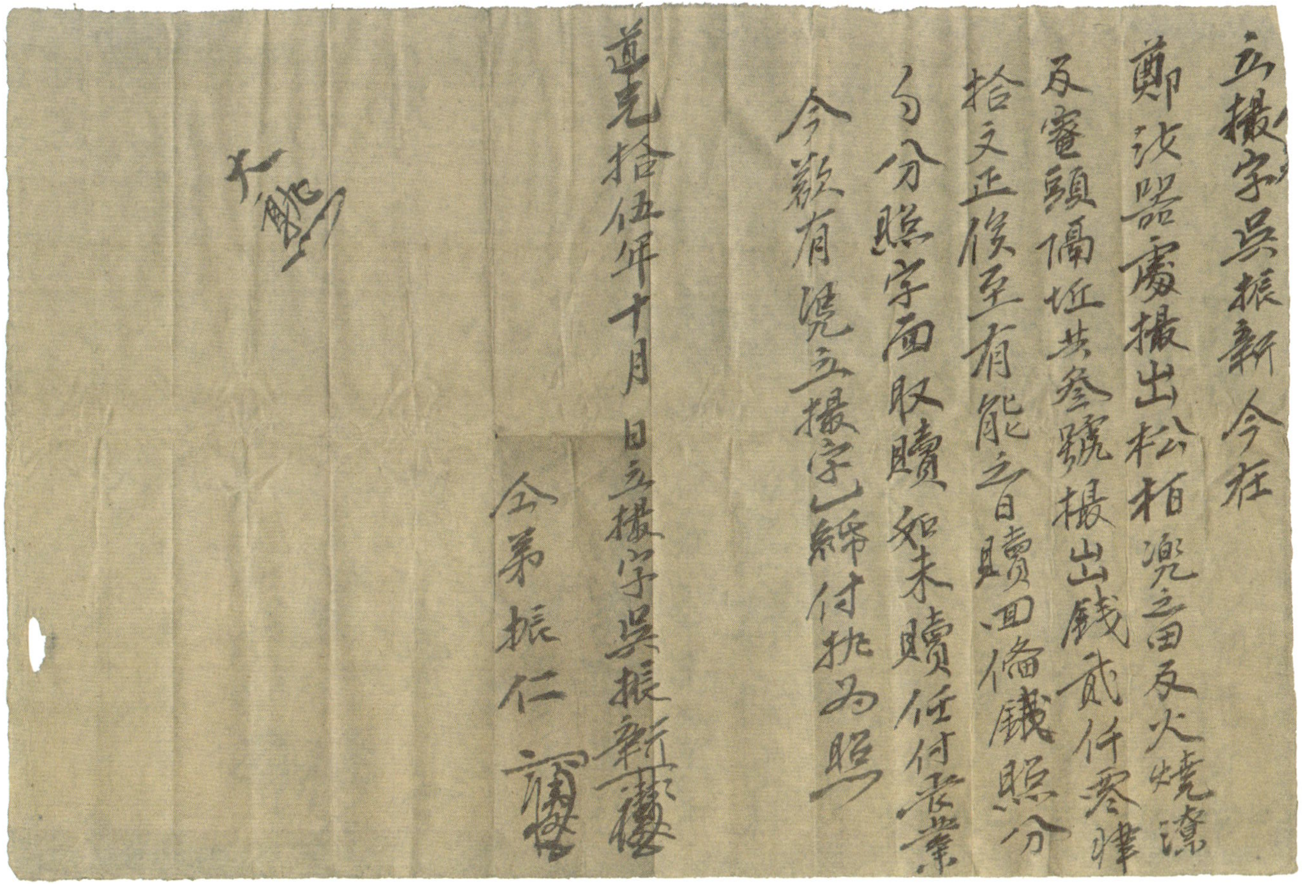

立撮字吳振新今在
鄭坟器處撮出松柏兜之苗及火燒潦
及竃頭偏坵共叁號撮出錢貳仟零肆
拾文正，後至有能之日贖回倫錢照分
自分照字面取贖，如未贖，任付衆業
今欲有憑，立撮字一紙付執為照。
道光拾伍年十月　日立撮字吳振新（押）
仝弟　振仁（押）

5-4-50-28　清道光十五年十月吳振新等立撮字

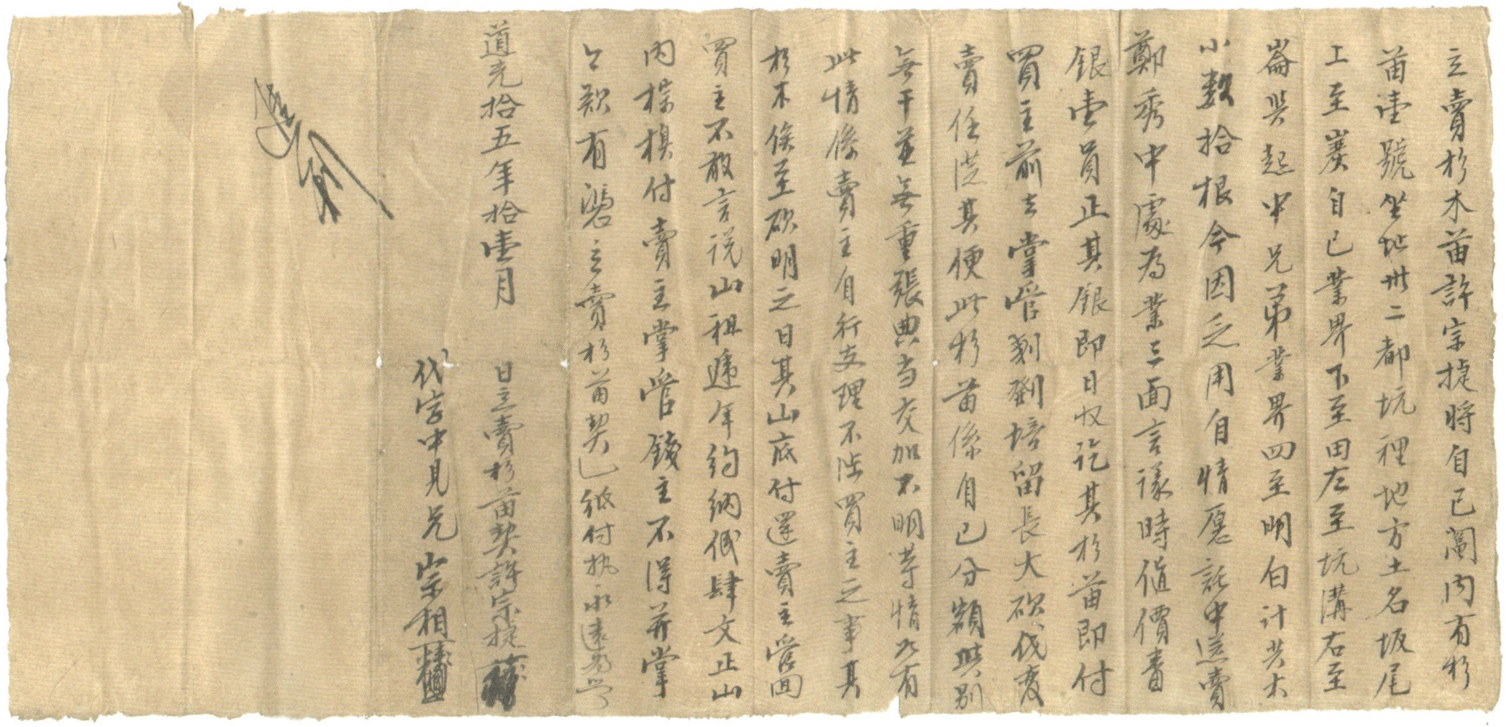

立賣杉木苗許宗捷將自己閫內有杉
苗壹號坐址卅二都坑裡地方土名坂尾
上至廣自己業界下至田左至坑溝右至
崙頭起中兄弟業界四至明白計共大
小數拾根今因乏用自情愿託中送賣
鄭秀中處為業三面言議時值價書
銀壹員正其銀即日收訖其杉苗即付
買主前去掌管剗劉培留長大砍伐變
賣任從其便此杉苗係自己分額與別
無干並無重張典當交加不明等情如有
此情係賣主自行出理不涉買主之事其
杉木係至砍明之日其山底付還賣主管回
買主不敢言說山租逐年納錢肆文正山
內樣樣付賣主掌管錢主不得爭掌
今欲有憑立賣杉苗契乙紙付執永遠為照

道光拾五年拾壹月 日立賣杉苗契許宗捷（押）

代字中見兄 宗相（押）

5-4-50-29 清道光十五年十一月許宗捷立賣杉木苗契

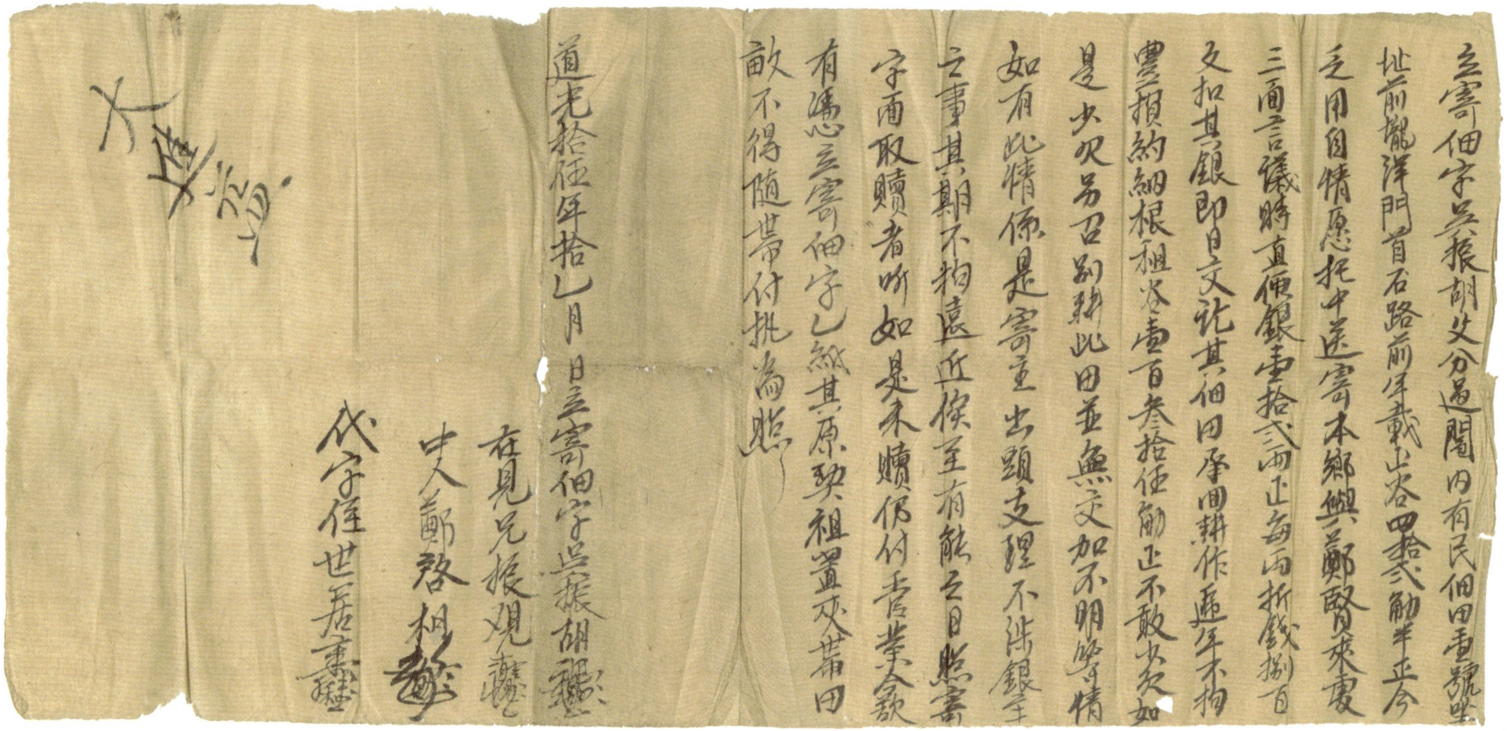
立寄佃字吴振胡丈分過闔內有民佃田壹號坐
址前龍洋門首石路前年載山谷四拾弍觔半正今
乏用自情愿托中送寄本鄉與鄭賢來處
三面言議時直價銀壹拾弍兩正每兩折錢捌百
文扣其銀即日交訖其佃田承回耕作逐年不拘
豐歉約納根租谷壹百叁拾伍觔正不敢少欠如
是少欠另召别耕此田並無交加不明等情
如有此情係是寄主出頭支理不涉銀主
之事其期不拘遠近俟至有能之日照寄
字面取贖者听如是未贖仍付耆業今欲
有憑立寄佃字乙紙其原契祖置交帶田
畝不得隨帶付批為照

道光拾伍年拾乙月　日立寄佃字吴振胡（押）
在見兄振觀（押）
中人鄭啓相（押）
代字侄世居書（押）

大吉

5-4-50-30　清道光十五年十一月吴振胡立寄民佃田字

立当杉苗字許宗捷將手開墾有
杉苗乙所，坐落坑理廿二都地方，土名塞
仔下，上至宗波弟田界，下至開雖叔杉苗
界，左至宗拒弟杉苗值上界，右至空山
界，四至明白。今因無錢乏用，自情愿
托中送当本鄉親人鄭秀中處
為業，三面言議当出錢本捌百文正，
言約每月每百文加利叁拾文，其後至
冬成之日，備办本利一足送还，不敢少欠。
如是少欠，執將杉苗付錢主前去掌
管，培蓄任從其便。此杉苗在先並無重
張典当他人，亦加不明等情，如有此等，
係是当主自行支理，不累錢主之事。
今欲有憑，立当杉苗字乙紙付執為照。

道光拾柒年貳月　日　立当杉苗字許宗捷

在見中兄宗相

進利

5-4-50-31　清道光十七年二月許宗捷立當杉苗字

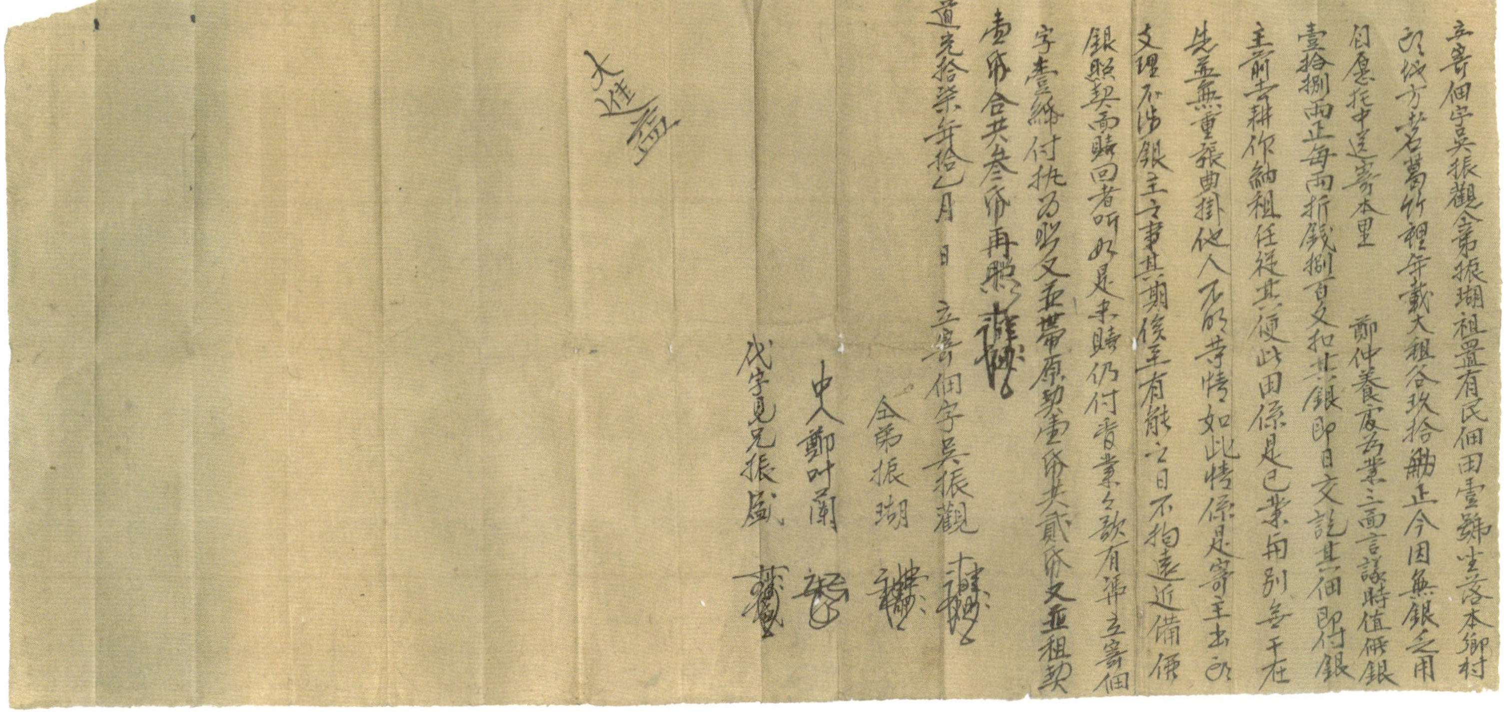
立寄佃字吳振觀仝弟振翔祖置有民佃田壹號坐落本鄉村
頭坑方岩萬竹裡年載大租谷玖拾觔正今因無銀乏用
自愿托中送寄本里　鄭仲養處為業三面言議時值價銀
壹拾捌兩正每兩折錢捌百文和共銀即日交訖其佃即付銀
主前去耕作納租任從其便此田係是己業與別房無干在
先並無重張典掛他人不明等情如此情係是寄主出頭
支理不涉銀主之事其田期後至有能之日不拘遠近備價
銀照契面贖回者所此是求贖仍付管業今欲有憑立寄佃
字壹紙付執為照又並帶原契壹紙共貳紙又並租契
壹紙合共叁紙再照
道光拾柒年拾乙月　日　立寄佃字吳振觀
仝弟振翔
中人鄭叶蘭
代字見兄振盛
大進益

5-4-50-32　清道光十七年十一月吳振觀等立寄民佃田字

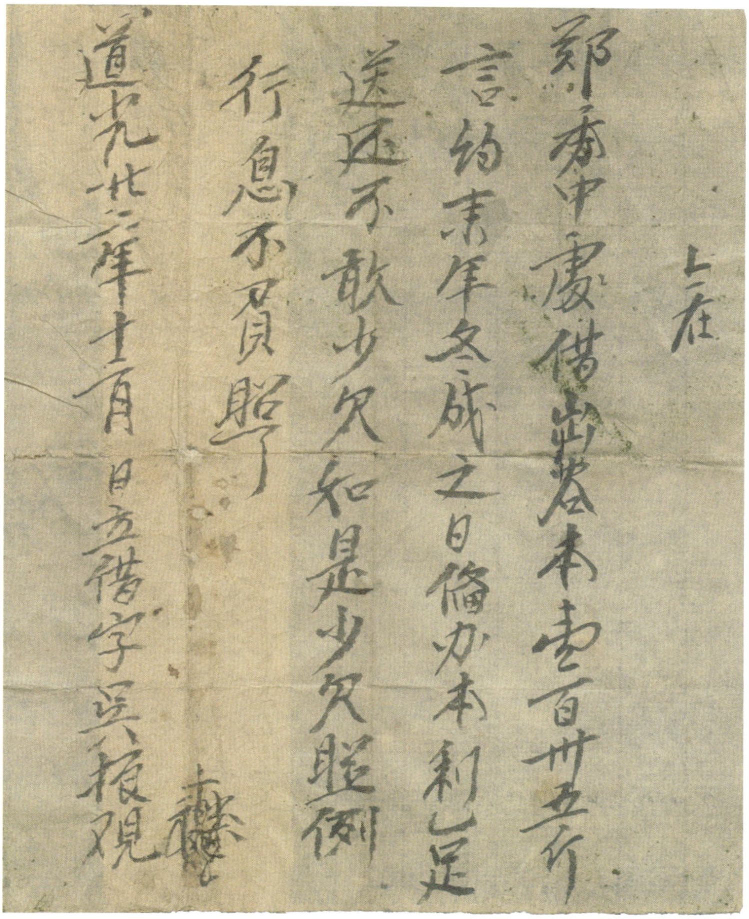

上在
鄭秀中處借出谷本壹百卅五斤
言約來年冬成之日備办本利足
送还不敢少欠知是少欠照例
行息不負照
道光廿二年十二月 日立借字吳振觀

5-4-50-33　清道光二十二年十二月吴振观立借穀字

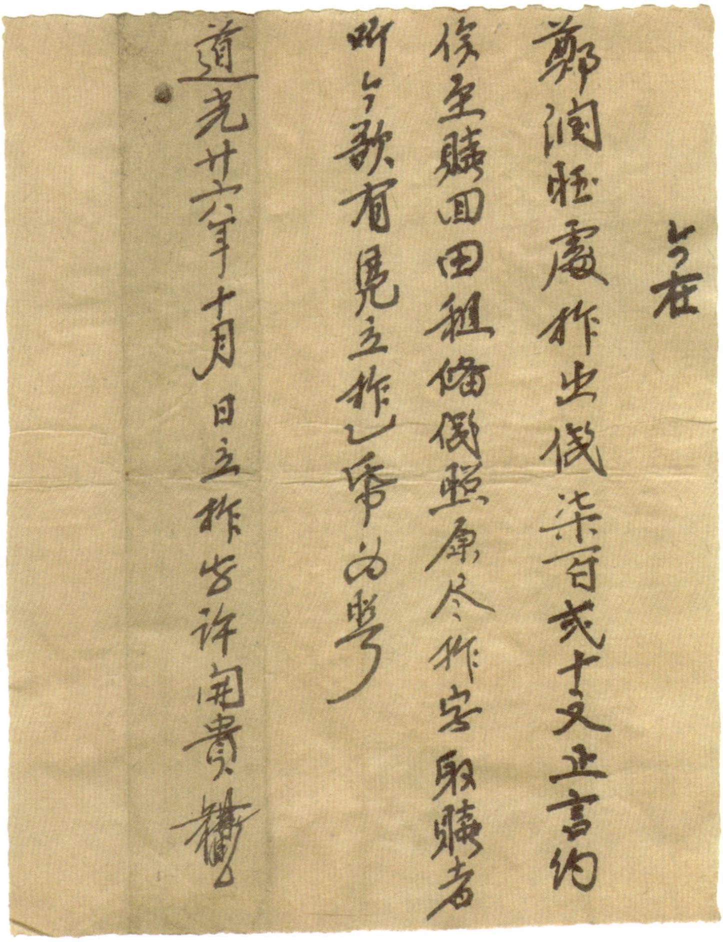
今在
鄭潤枢處撮出錢柒百貳十文正，言約
候至贖回田租備錢照原尽撮完取贖者，
所今欲有憑，立撮字為照。
道光廿六年十月　日立撮字許開貴

5-4-50-34　清道光二十六年十月許開貴立撮字

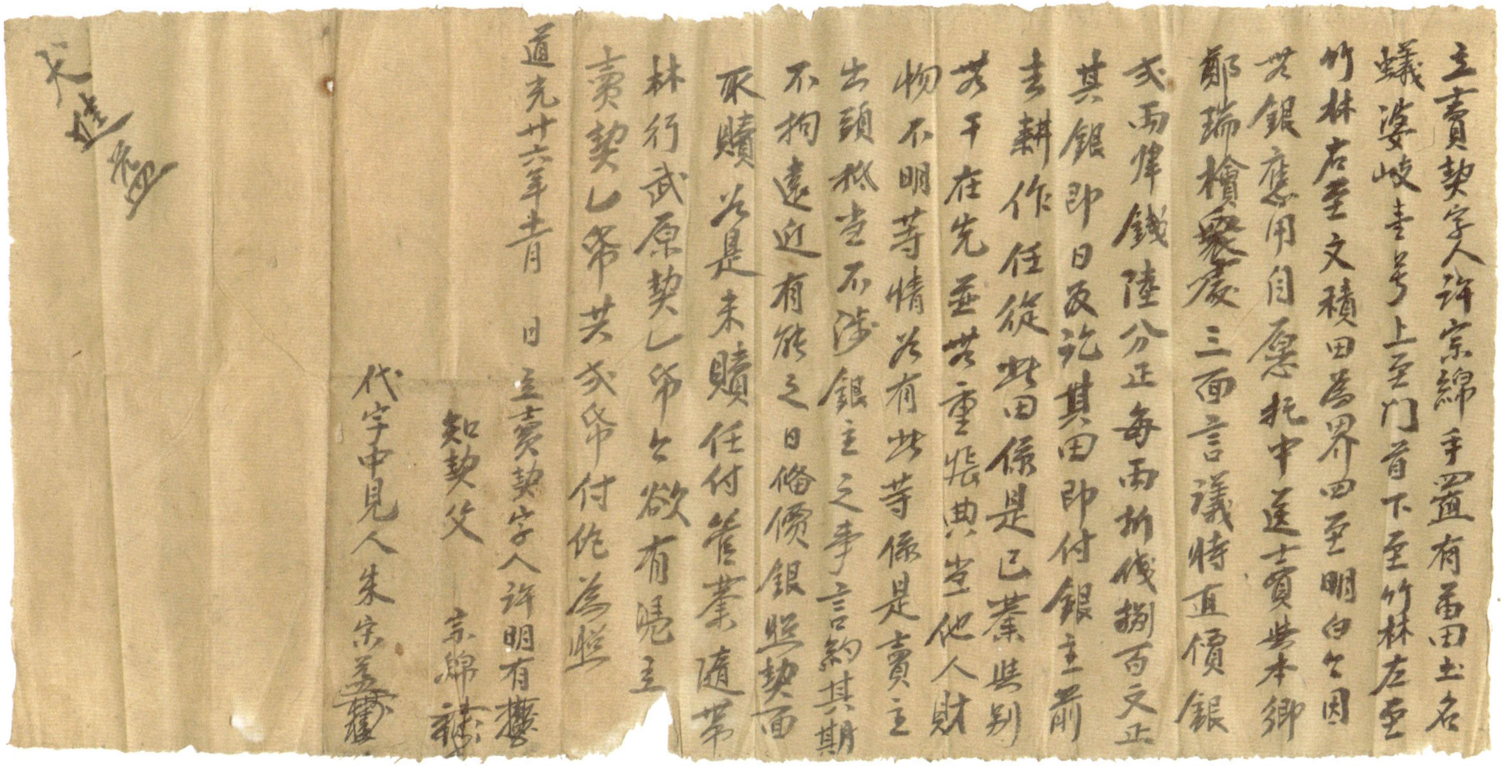

立賣契字人許宗綿手置有苗田土名
蟻婆岐土號上至門首下至竹林左至
竹林右至文積田為界四至明白今因
乏銀應用自愿托中送賣與本鄉
鄭瑞檜紫茂三面言議時直價銀
弍兩伴錢陸分正每兩折錢捌百文正
其銀即日交訖其田即付銀主前
去耕作任從此田係是己業與別
房干在先並無重張典當他人財
物不明等情如有此等係是賣主
出頭抵當不涉銀主之事言約其期
不拘遠近有銀之日備價銀照契面
取贖如是未贖任付管業遞苐
林行武原契乙帋今欲有憑立
賣契乙帋共弍帋付執為照
道光廿六年十一月　日　立賣契字人許明有
知契父　宗綿
代字中見人朱宗

5-4-50-35　清道光二十六年十一月許明有立賣苗田契

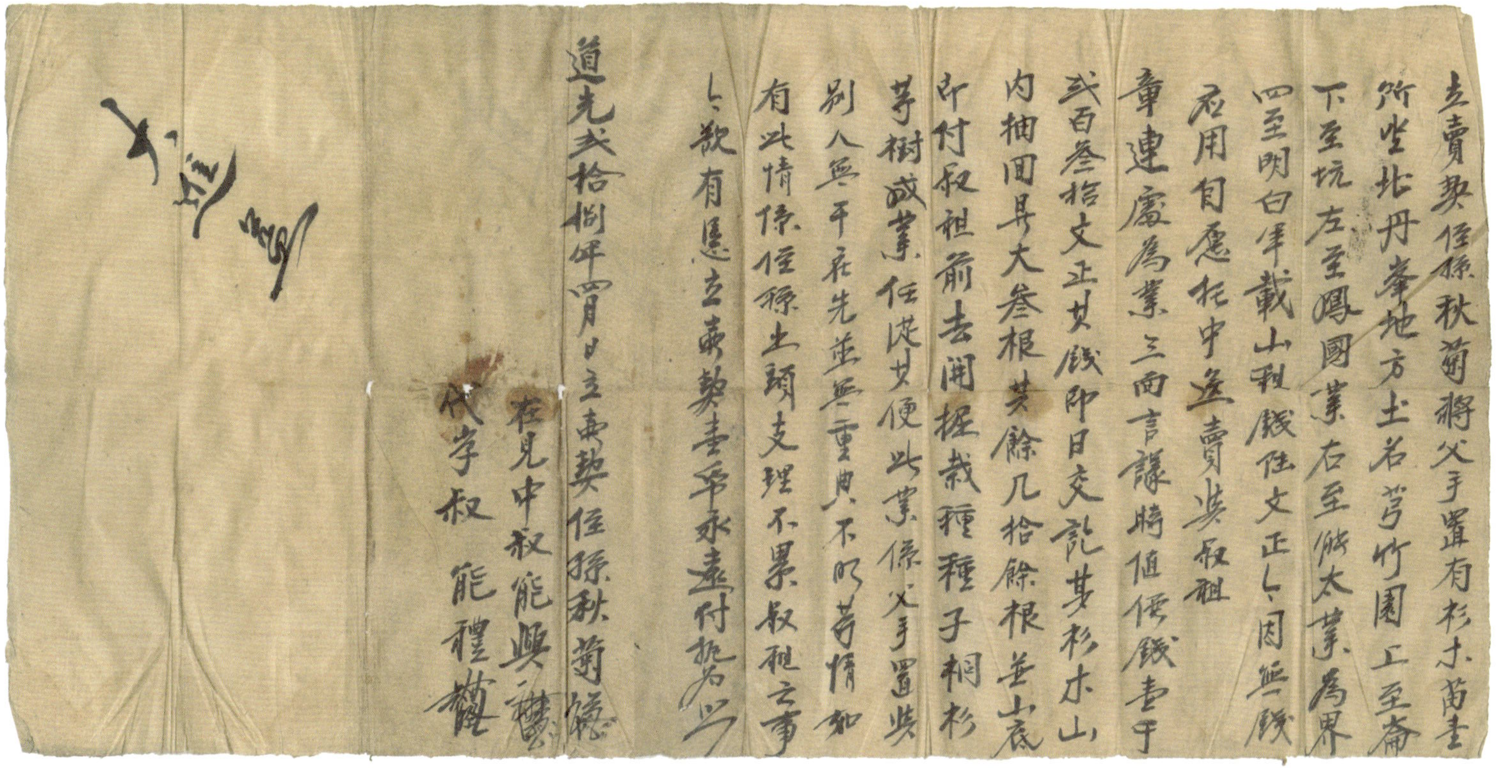
立賣契侄孫秋菊將父手置有杉木苗壹
所坐北丹峯地方土名苧竹園上至崙
下至坑左至鳳國業右至俶太業為界
四至明白年載山租錢仕文正々因無錢
應用自愿托中送賣與叔祖
章連處為業三面言議時值價錢壹千
貳百叁拾文正其錢即日交訖其杉木山
內抽回其大叁根其餘几拾餘根并山底
听付叔祖前去開插栽種種子桐杉
等樹成業任從其便此業係父手置與
別人無干在先並無重典不明等情如
有此情係侄孫出頭支理不累叔祖之事
々欲有憑立賣契壹帋永遠付执為照
道光貳拾捌年四月日立賣契侄孫秋菊
在見中叔能興
代字叔 能禮
大吉

5-4-50-36　清道光二十八年四月鄭秋菊立賣杉木苗契

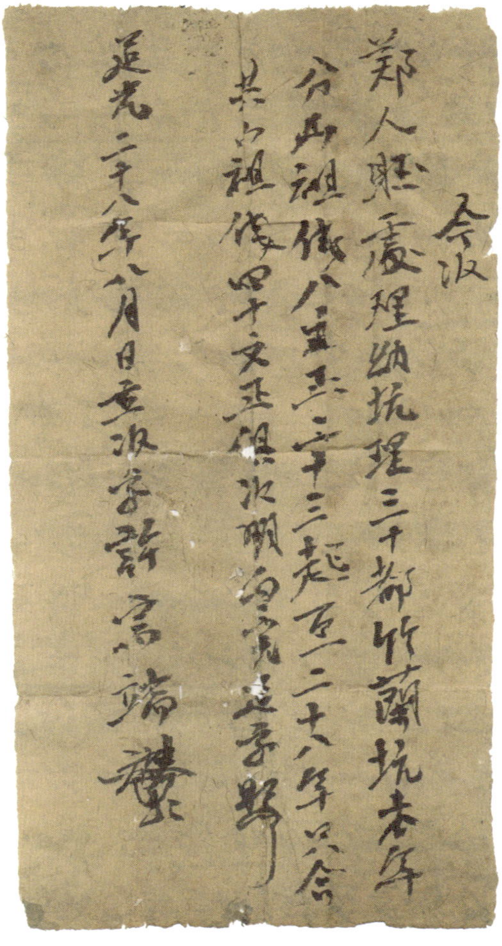

今收
鄭人照處理納坑理三十都竹蘭坑本年
分山租錢八百五二十三起至二十八年只合
共山租錢四十文正俱收明白完足字照
道光二十八年八月日立收字許富端（押）

5-4-50-37　清道光二十八年八月許富端立收山租錢字

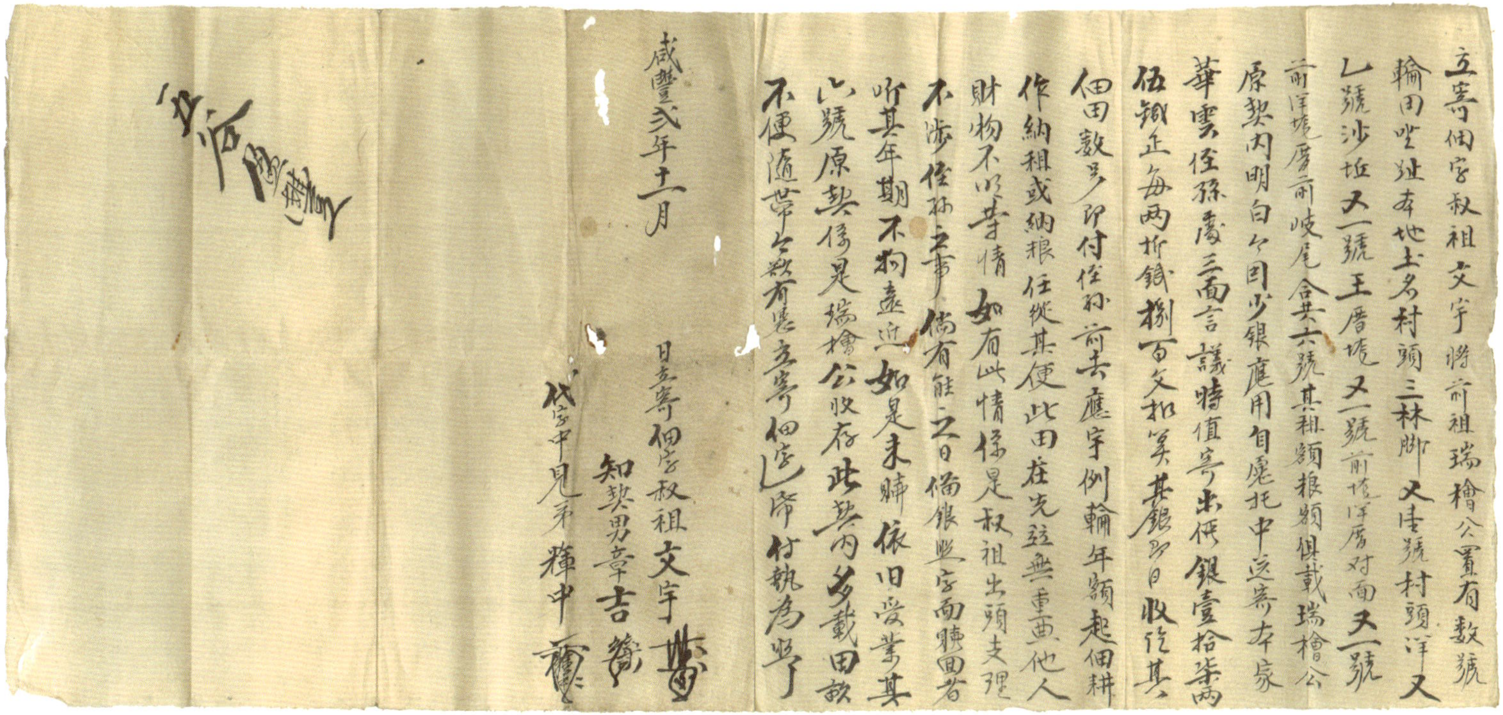
立寄佃字叔祖文宇將前祖瑞檜公置有數號
輪田坐址本地土名村頭三林脚 又壹號村頭洋 又
乙號沙垅 又一號王厝墘 又一號前墘洋厝对面 又一號
前洋墘厝前岐尾 合共六號 其租額粮額俱載瑞檜公
原契內明白 今因少銀應用 自愿托中送寄本家
華雲侄孫處 三面言議 時值寄出佃銀壹拾柒兩
伍錢正 每兩折錢捌百文扣算 其銀即日收訖 其
佃田數号 即付侄孫前去應宇例輪年額起佃耕
作納租或納粮 任從其便 此田在先並無重典他人
財物不明等情 如有此情 係是叔祖出頭支理
不涉侄孫之事 倘有能〻之日 備銀照字面贖回 若
听其年期不拘遠近 如是未贖 依旧管業 其
六號原契係是瑞檜公收存 此契內多載田畝
不便遁帶 今欲有憑 立寄佃字乙帋 付執為照
咸豐弍年十一月 日立寄佃字叔祖 文宇
知契男 章吉
代字中見弟 輝中
收回贖契

5-4-50-38　清咸豐二年十一月鄭文宇立寄佃輪田字

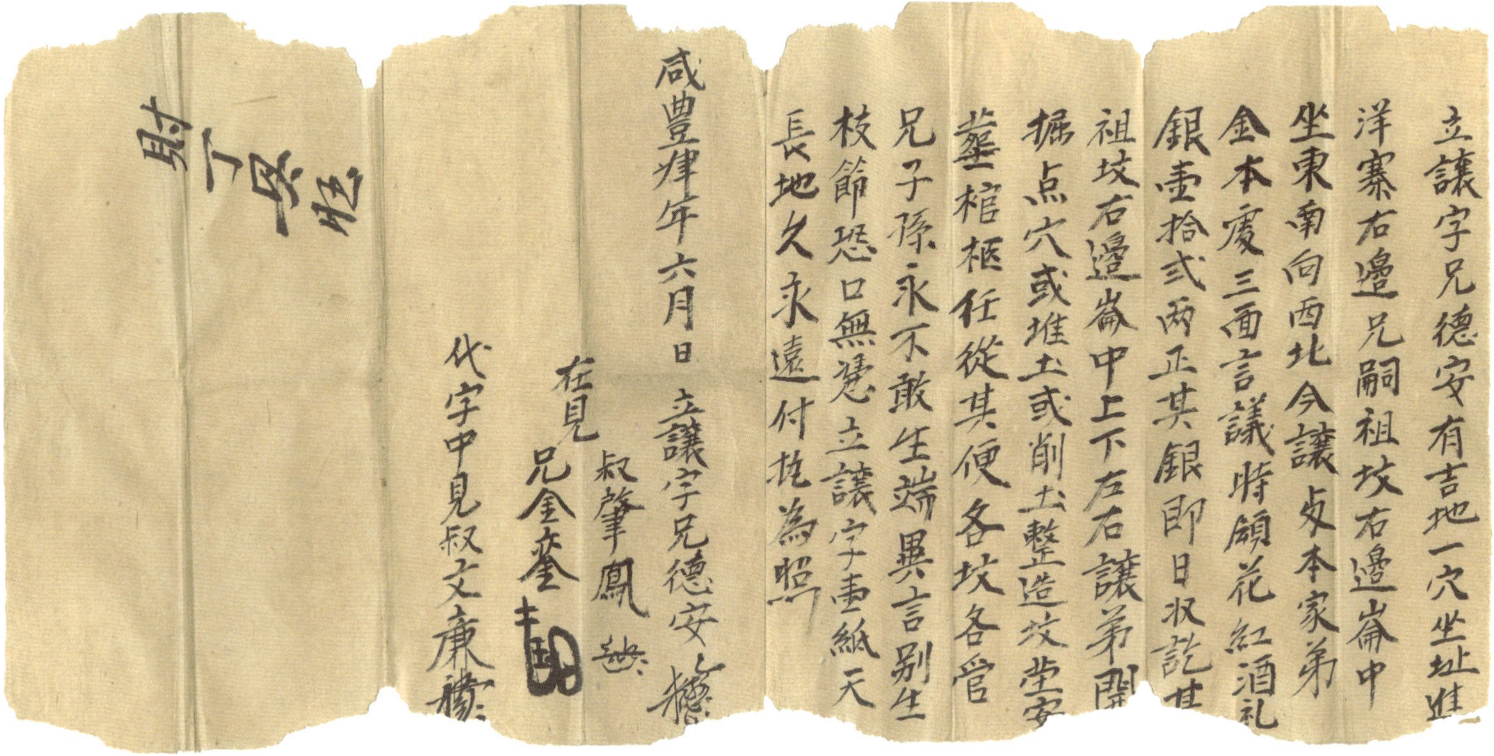

立讓字兄德安有吉地一穴坐址[illegible]
洋寨右邊兄嗣祖坟右邊崙中
坐東南向西北今讓與本家弟
金本處三面言議將頭花紅酒礼
銀壹拾弍兩正其銀即日収訖其
祖坟右邊崙中上下左右讓弟開
掘点穴或堆土或削土整造坟堂安
葬棺柩任從其便各坟各管
兄子孫永不敢生端異言别生
枝節恐口無憑立讓字壹紙天
長地久永遠付執為照

咸豐肆年六月　日　立讓字兄德安（押）
叔肇鳳（押）
在見　兄金奎（押）
代字中見叔文康（押）

財丁發旺

5-4-50-39　清咸豐四年六月鄭德安立讓吉地字

立寄佃兄美中將前手置有民佃田
壹號坐址本鄉土名傍邊洋井口年載
正租壹石伍斗正今因無銀應用自愿托
中送寄與本房
英中弟處三面言議時值寄出價銀
伍拾捌兩伍錢正每兩折錢捌百文扣算
其銀即日交訖其佃田即付弟前去起
佃耕作納租任從其便此田係是自己物業
與別兄弟侄無干在先並無重典他人財
物不明等情如有此情係是兄出頭支理
不累弟之事倘有能之日取贖之田其期
不拘遠近備銀照寄字面贖回若或要贖
原主取贖不得藉期阻留今欲有憑立寄
佃字壹紙並帶瀏旺原字一紙共成貳
紙付執為照

咸豐柒年十一月　日立寄佃字兄美中（押）
在見侄金浦（押）
中見兄啓相（押）
代字見弟輝中（押）

大發

5-4-50-40　清咸豐七年十一月鄭美中立寄民佃田字

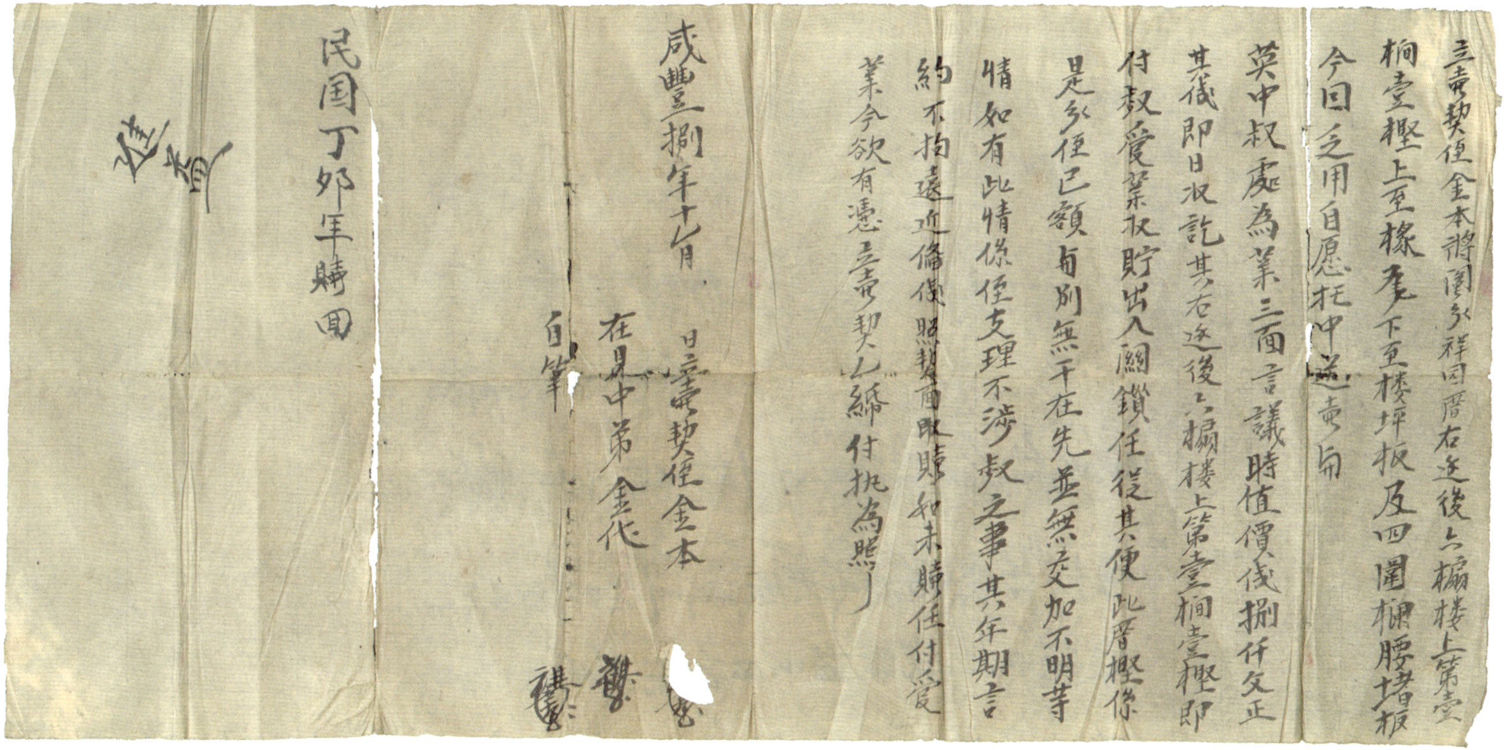
立賣契侄金本將鬮分祥同厝右邊後片橺樓上第壹
椆壹椏上至椽桷下至樓坪板及四圍欄腰堵板
今因乏用自愿托中送賣與
英中叔處為業三面言議時值價錢捌仟文正
其錢即日收訖其厝右邊後片橺樓上第壹椆壹椏即
付叔管業收貯出入關鎖任從其便此厝椏係
是侄已額自則無干在先並無交加不明等
情如有此情係侄支理不涉叔之事其年期言
約不拘遠近備價照契面取贖和未贖任付管
業今欲有憑立賣契一紙付執為照

咸豐捌年十一月　日立賣契侄金本
在見中弟金化
自筆

民国丁卯年贖回

5-4-50-41　清咸豐八年十一月鄭金本立賣厝椆契

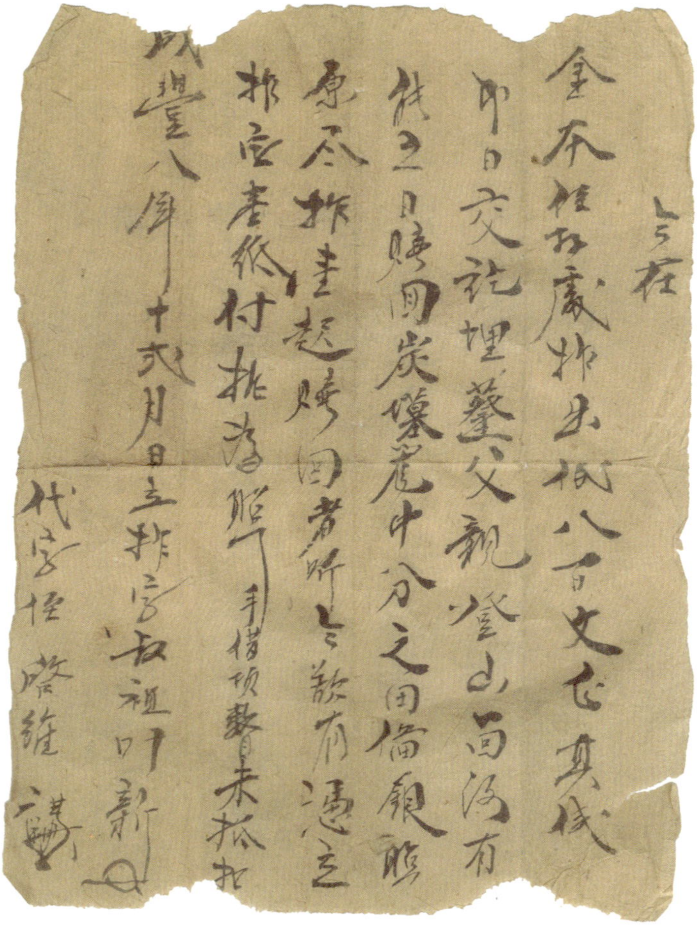
今在
金石栓叔處撥出錢八百文正，其錢
即日交訖。埋葬父親墳山，面說有
钱之日贖回，炭窯并中分之田備銀贖
原石撥差起贖回，當時二比欲有憑，立
撥字壹紙付執為照。 手借項數目未拾批
咸豐八年 十弍月 日立撥字叔祖叶新
代字侄 啓維

5-4-50-42　清咸豐八年十二月鄭叶新立撥字

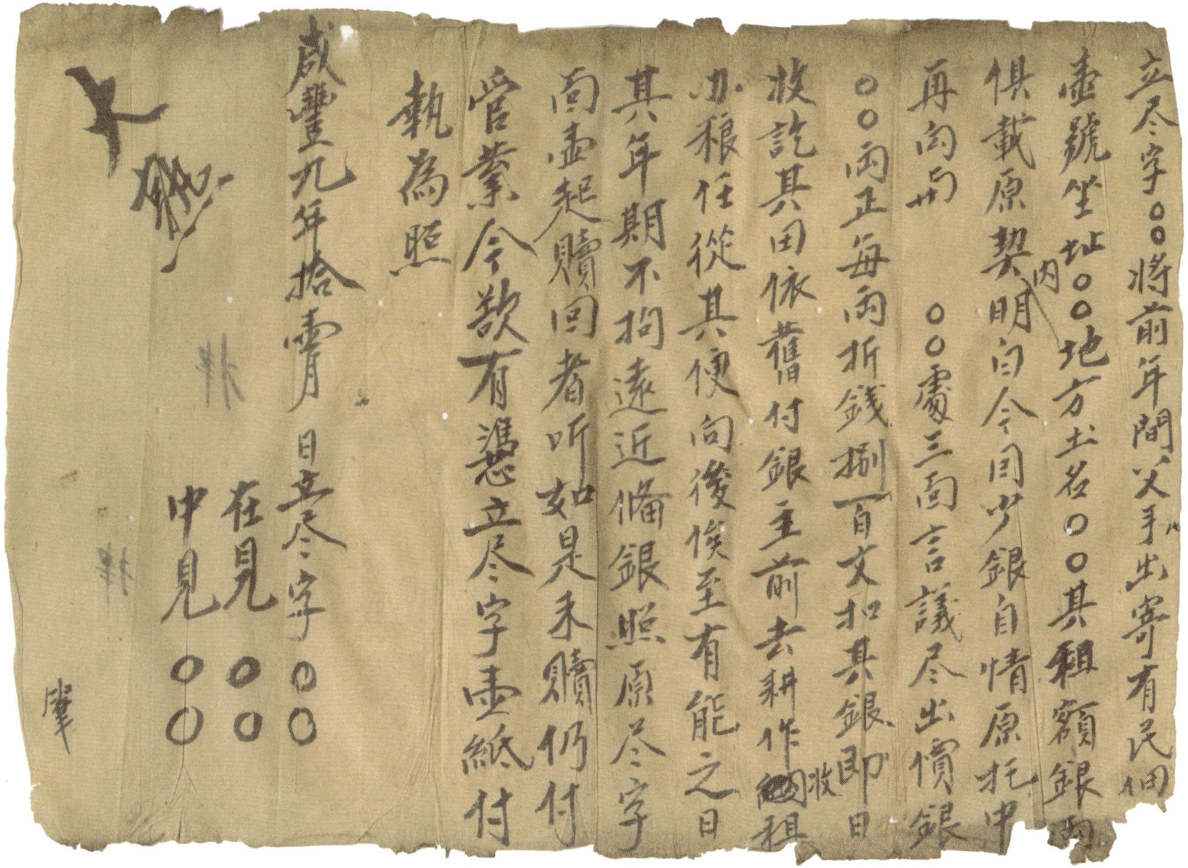
立盡字○○將前年間父手出寄有民佃
壹號坐址○○地方土名○○其租額銀兩
俱載原契明白今因少銀自情原托中
再向內○○處三面言議盡出價銀
○○兩正每兩折錢捌百文扣其銀即日收
收訖其田依舊付銀主前去耕作收租
辦粮任從其便向後俟至有能之日
其年期不拘遠近備銀照原盡字
向盡起贖回者聽如是未贖仍付
管業今欲有憑立盡字壹紙付
執為照
咸豐九年拾壹月　日立盡字○○
在見○○
中見○○
筆

5-4-50-43　清咸豐九年十一月立盡民佃田字（草契）

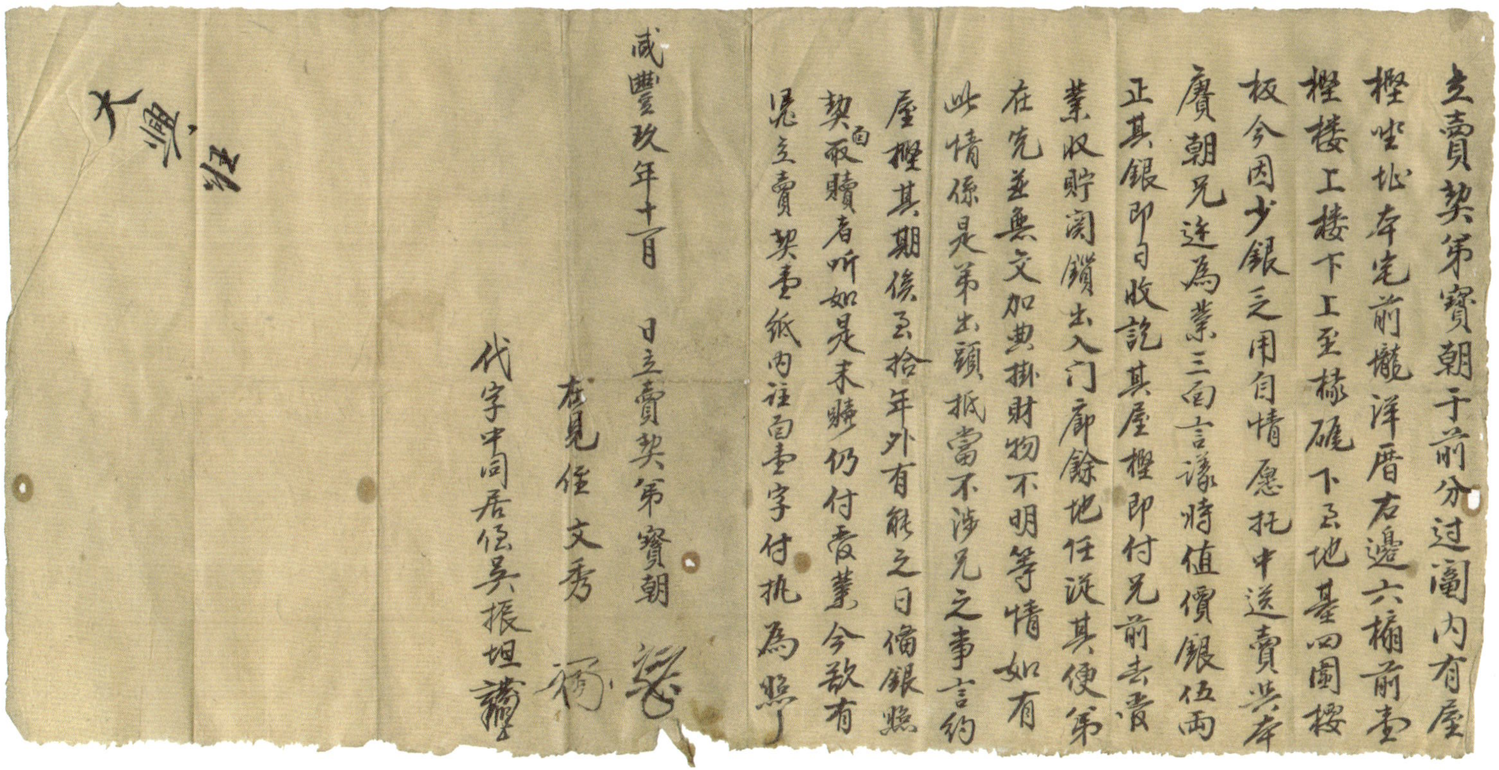
立賣契弟寶朝，于前分过阉内有屋
樫坐址本宅前壠洋厝右邊六榀前畫
樫樓工樓下工至椽碇下至地基四圍樓
板，今因少銀乏用，自情愿托中送賣與本
房寶朝兄边為業，三面言議時值價銀伍兩
正，其銀即日收訖，其屋樫即付兄前去賣
業收貯，閉鎖出入门廊，餘地任從其便，弟
在先並無文加典掛財物不明等情，如有
此情係是弟出頭抵當，不涉兄之事。言約
屋樫其期係至拾年外有能之日，備銀照
契面取贖，看所如是未贖，仍付管業。今欲有
憑，立賣契壹紙，內注面壹字，付執為照。

咸豐玖年十一月　日立賣契弟寶朝（押）
在見侄　文秀（押）
代字中同居侄吳振坦（押）
大興旺

5-4-50-44　清咸豐九年十一月鄭寶朝立賣屋樫契

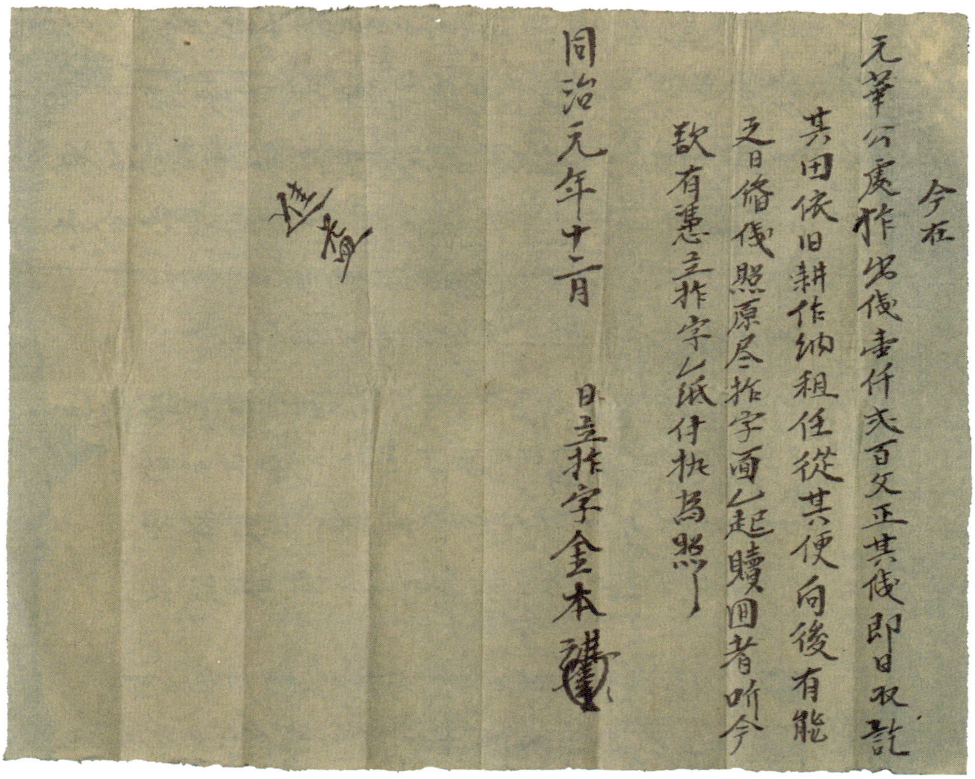
今在元華公處撮出佃錢壹仟弍百文正其錢即日收訖其田依旧耕作納租任從其便向後有能之日備錢照原撮字面一起贖回者听今欲有憑立撮字一紙付執為照
同治元年十二月　日立撮字金本（押）

5-4-50-45　清同治元年十二月鄭金本立撮字

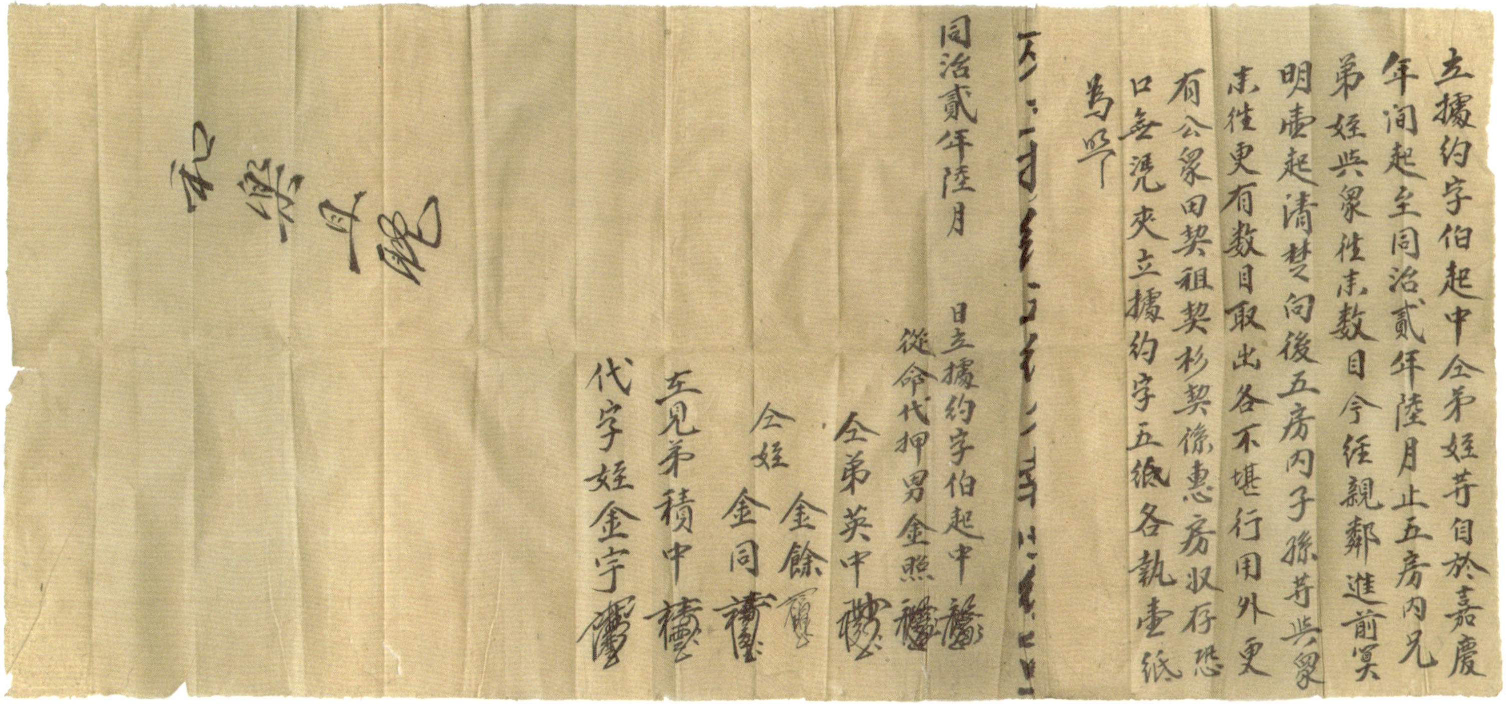
立據約字伯起中仝弟姪等自於嘉慶
年間起至同治貳年陸月止五房內兄
弟姪興家往來數目今經親鄭進前算
明壹起清楚向後五房內子孫等興家
來往更有數目取出各不堪行用外更
有公家田契租契杉契係惠房收存恐
口無憑爰立據約字五紙各執壹紙
為照

同治貳年陸月　日立據約字伯起中
從命代押男金照
仝弟英中
金餘
仝姪　金同
在見弟積中
代字姪金宇

5-4-50-46　清同治二年六月鄭起中等立據約字

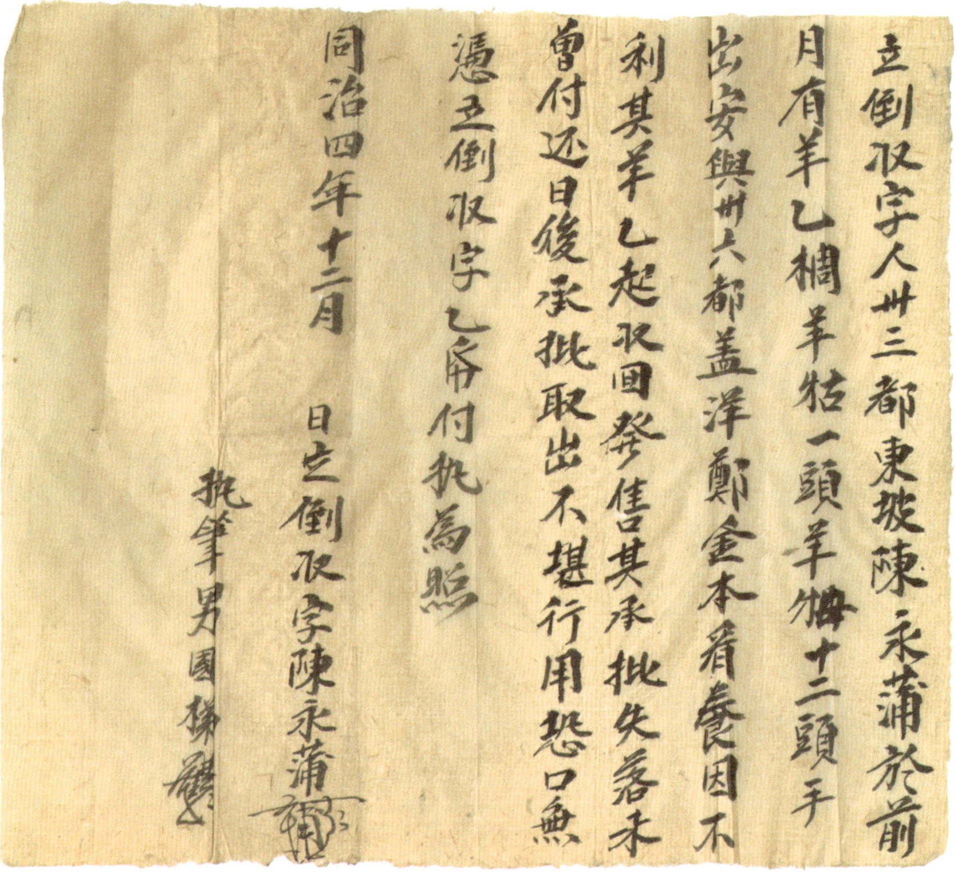

立倒收字人廿三都東坂陳永蒲於前
月有羊乙欄羊牯一頭羊牳十二頭手
出安與卅六都蓋洋鄭金本看養因不
利其羊乙起收回發售其承批失落未
曾付还日後承批取出不堪行用恐口無
憑立倒收字乙帋付執為照

同治四年十二月　日立倒收字陳永蒲（押）

批筆男國梯（押）

5-4-50-47　清同治四年十二月陳永蒲立倒收字

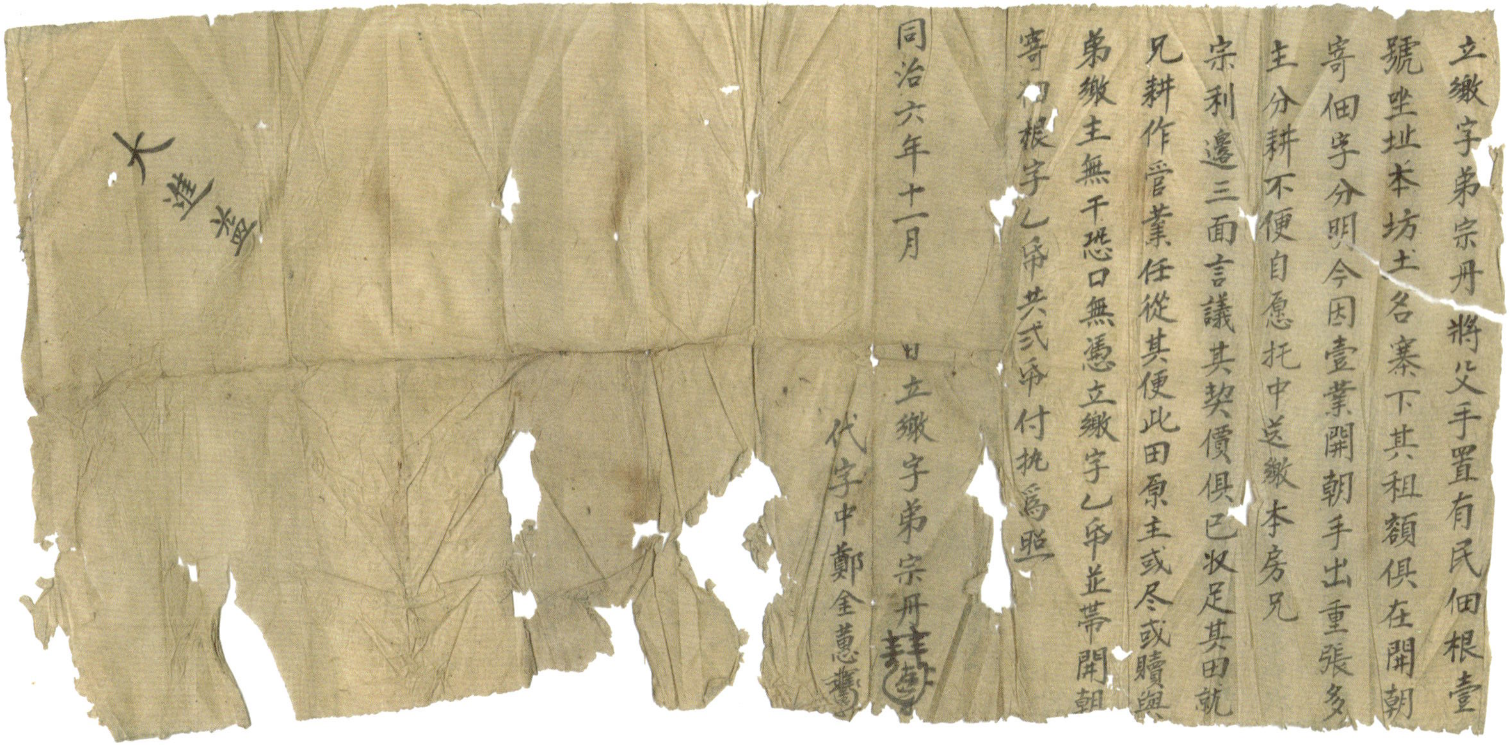
立缴字弟宗丹將父手置有民佃根壹
號坐址本坊土名寨下共租額俱在開朝
寄佃字分明今因壹業開朝手出重張多
主分耕不便自愿托中送缴本房兄
宗利邊三面言議其契價俱已收足其田就
兄耕作管業任從其便此田原主或尽或贖與
弟缴主無干恐口無憑立缴字乙帋並帶開朝
寄佃根字乙帋共弍帋付執爲照
同治六年十一月　日立缴字弟宗丹（押）
代字中鄭金蕙（押）
大進堂

5-4-50-48　清同治六年十一月許宗丹立缴民佃根字

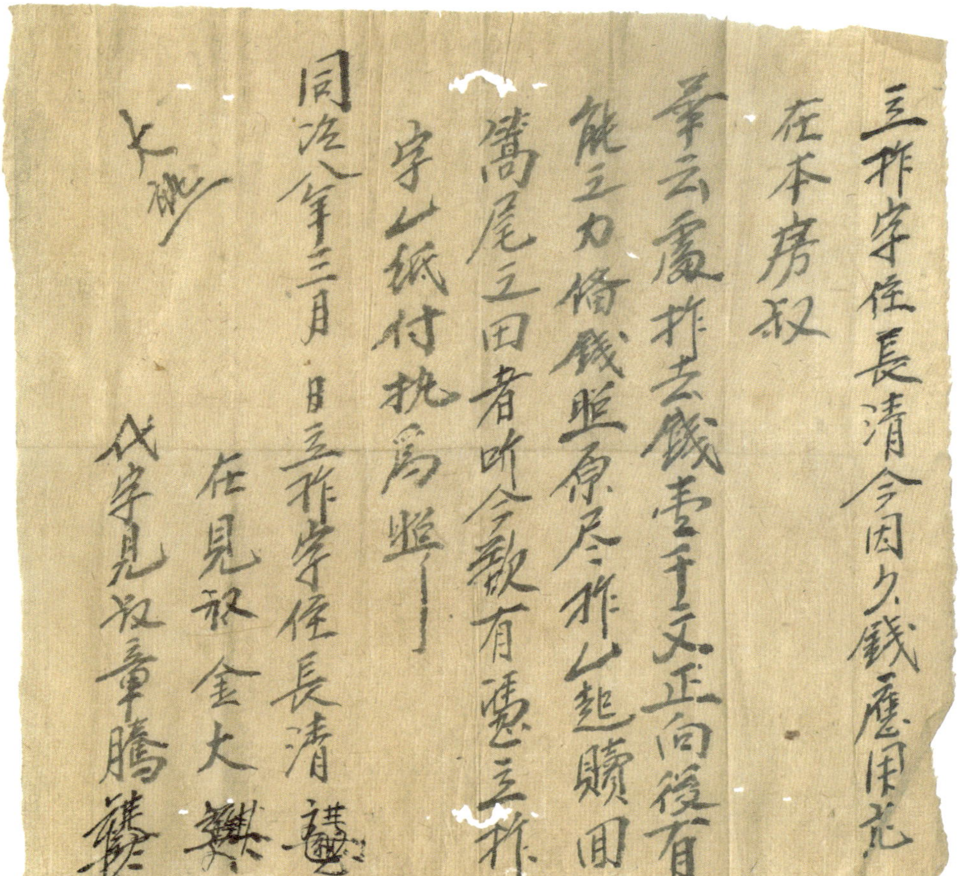
三撮字侄長清今因乏錢應用无
在本房叔
華云處撮去錢壹千文正，向後有
能之力備錢照原盡撮山起贖田
滿尾之田者，听今歎有憑，立撮
字山紙付執為照。
同治八年三月　日立撮字侄長清（押）
在見叔金大（押）
代字見叔華騰（押）
大吉

5-4-50-49　清同治八年三月鄭長清立撮字

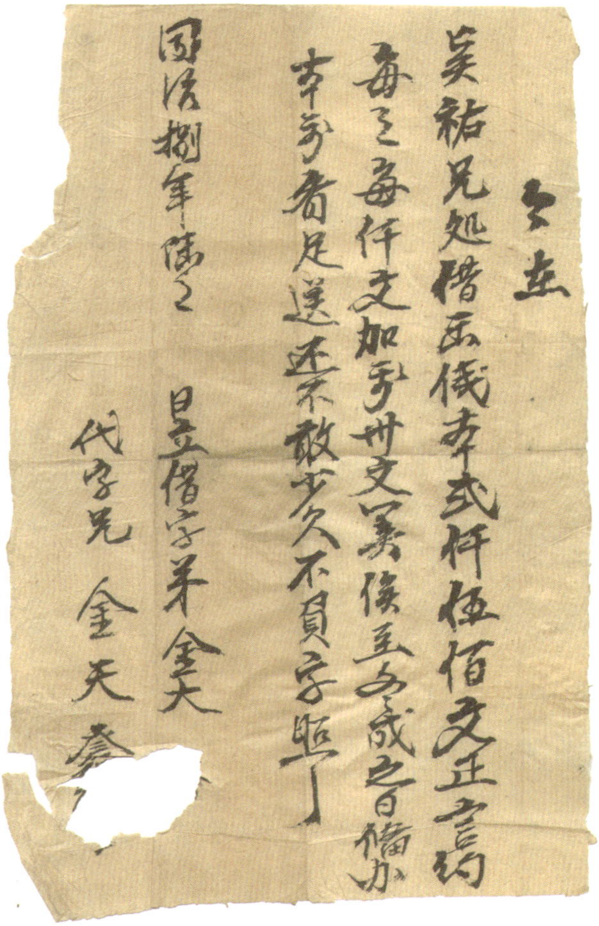
仝立
吳祐兄處借出錢本貳仟伍佰文正，言約
每月每仟文加利廿文，其錢係至本年六月之日備办
本利齊足送還，不敢少欠，不負字照。
同治捌年陸月　日立借字弟金大
代字兄金天參

5-4-50-50　清同治八年六月鄭金大立借錢字

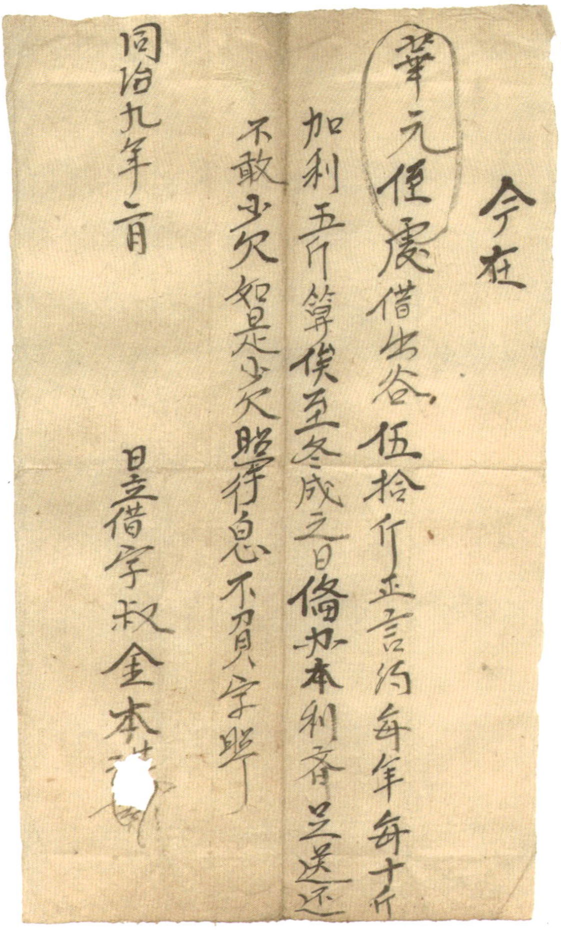
今在
華元侄處借出谷伍拾斤正言約每年每十斤
加利五斤算俟至冬成之日備办本利齊足送还
不敢少欠如是少欠照行息不負字照
日立借字叔金本
同治九年二月

5-4-50-51　清同治九年二月鄭金本立借穀字（廢契）

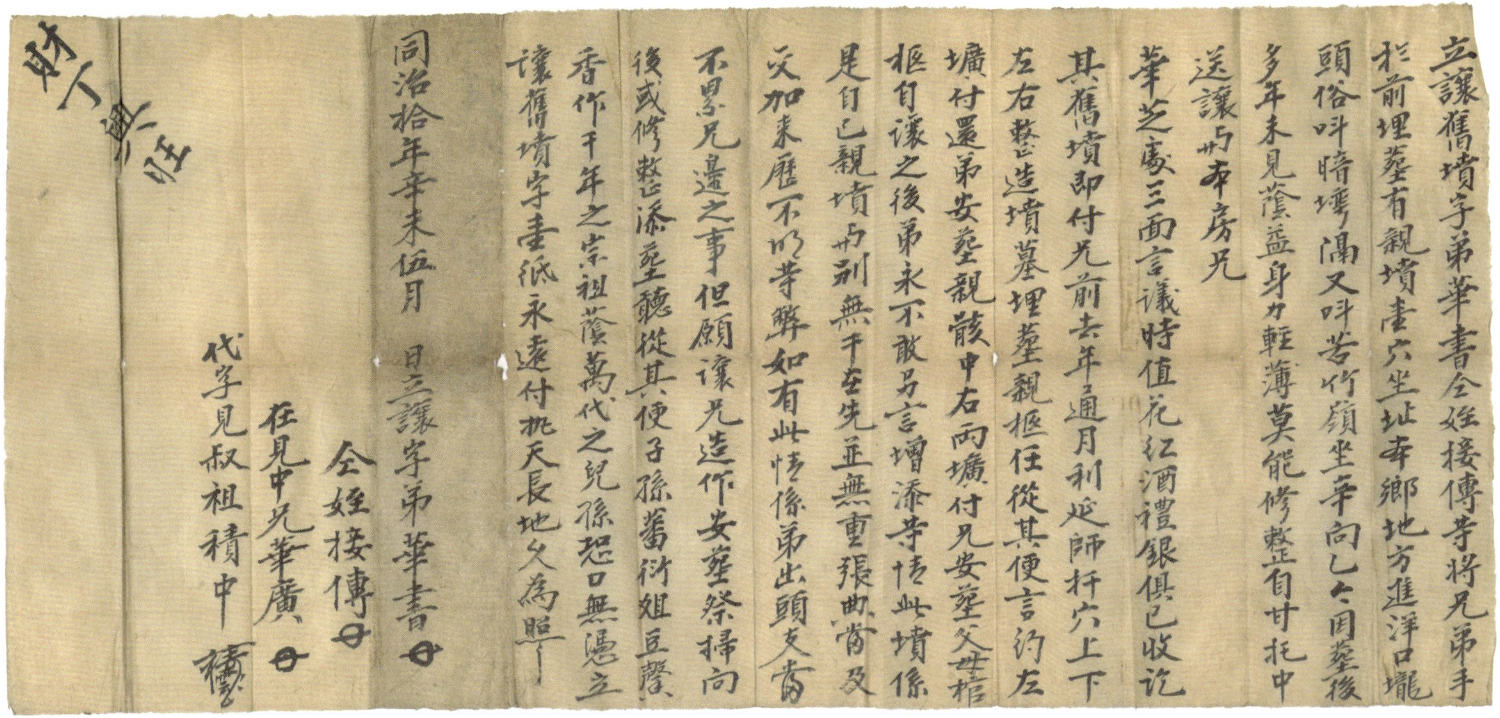

財丁興旺

立讓舊墳字弟華書仝侄接傳等將兄弟手
於前埋葬有親墳壹穴坐址本鄉地方進洋口壠
頭俗呌暗壙隔又呌苦竹嶺坐辛向乙之因墓後
多年未見蔭益身力輕薄莫能修整自甘托中
送讓與本房兄
華芝處三面言議時值花紅酒禮銀俱已收訖
其舊墳即付兄前去年通月利延師扦穴上下
左右整造墳墓埋葬親柩任從其便言約左
壙付還弟安葬親骸中右兩壙付兄安葬父母棺
柩自讓之後弟永不敢另言增添等情此墳係
是自己親墳與別無干在先並無重張典當及
交加來歷不明等弊如有此情係弟出頭支當
不累兄邊之事但願讓兄造作安葬祭掃向
後或修整添葬聽從其便子孫蕃衍姐豆聲
香作千年之宗祖蔭萬代之兒孫恐口無憑立
讓舊墳字壹紙永遠付執天長地久為照｜

同治拾年辛未伍月　日立讓字弟華書（押）
仝侄接傳（押）
在見中兄華廣（押）
代字見叔祖積中（押）

5-4-50-52　清同治十年五月鄭華書等立讓舊墳字

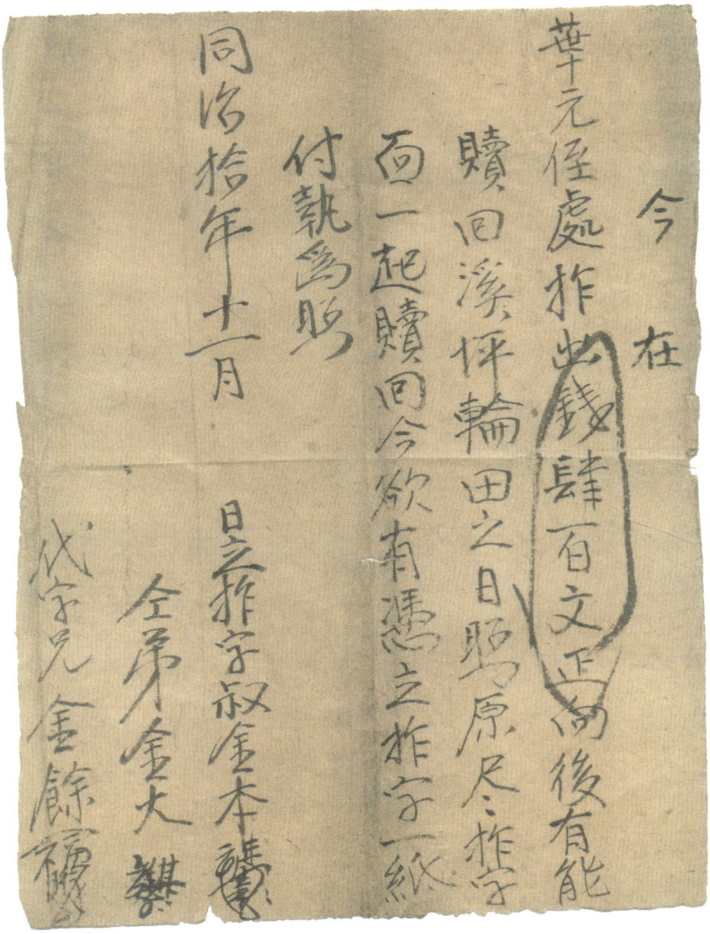

今在
華元侄處撮出錢肆百文正，向後有能
贖回溪坪輪田之日，照原尽撮字
面一起贖回。今欲有憑，立撮字一紙
付執為照。
同治拾年十一月　日立撮字叔金本（押）
仝弟金大（押）
代字兄金餘（押）

5-4-50-53　清同治十年十一月鄭金本等立撮字（廢契）

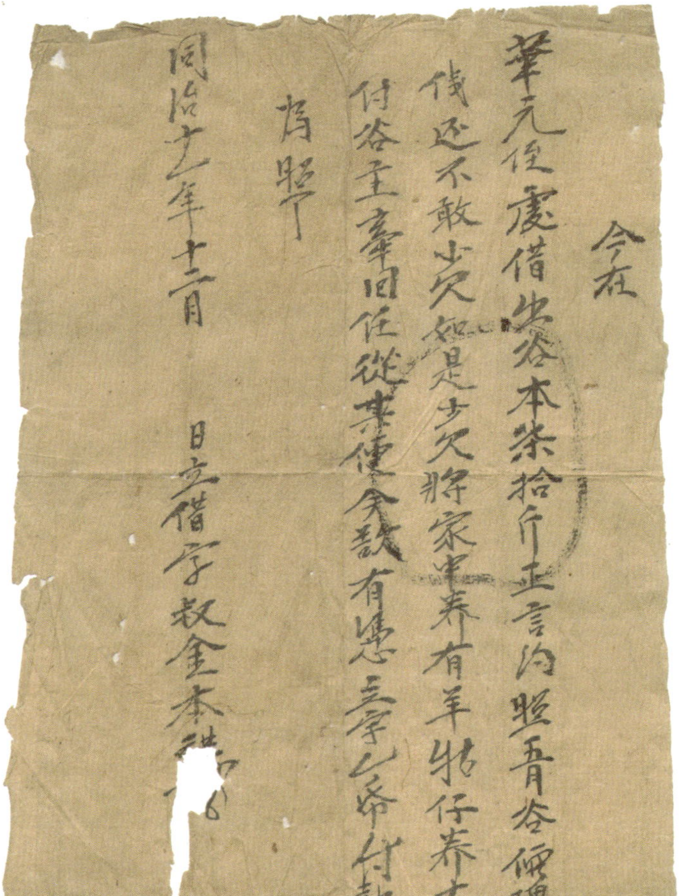
今在
華元侄處借出谷本柒拾斤正，言約照五月谷價理
銭還，不敢少欠。如是少欠，將家中畜有羊牯仔畜大
付谷主牽回，任從其便。今欲有憑，立字乙紙付執
為照
同治十一年十二月　日立借字叔金本[illegible]

5-4-50-54　清同治十一年十二月鄭金本立借穀字（廢契）

立賣契叔金大將祖遺及父鬮分有
厝檉壹榴坐址本鄉祥園厝右邊橫
厝第壹榴壹榴上至椽尾下至地基四
圍腰板俱全今因乏用自愿托中送賣
與本鄉
懷鏜侄處三面言議時值價錢叁
千文正其錢即日收訖其厝檉叔承
回住居遞年約冬成之日備納根稅
叁拾觔正每年不敢少欠如是
少欠即將此厝屋付侄開鎖仍從其便
叔不敢阻佔之款有憑立賣字壹紙
付執為照言約有贖之日其期不拘遠
近備錢照契面取贖如未贖仍付侄
掌業再照

同治十叁年十一月　日立賣契叔金大（押）
在見中兄金本（押）
代字兄定卓謙（押）

5-4-50-55　清同治十三年十一月鄭金大立賣厝樫契

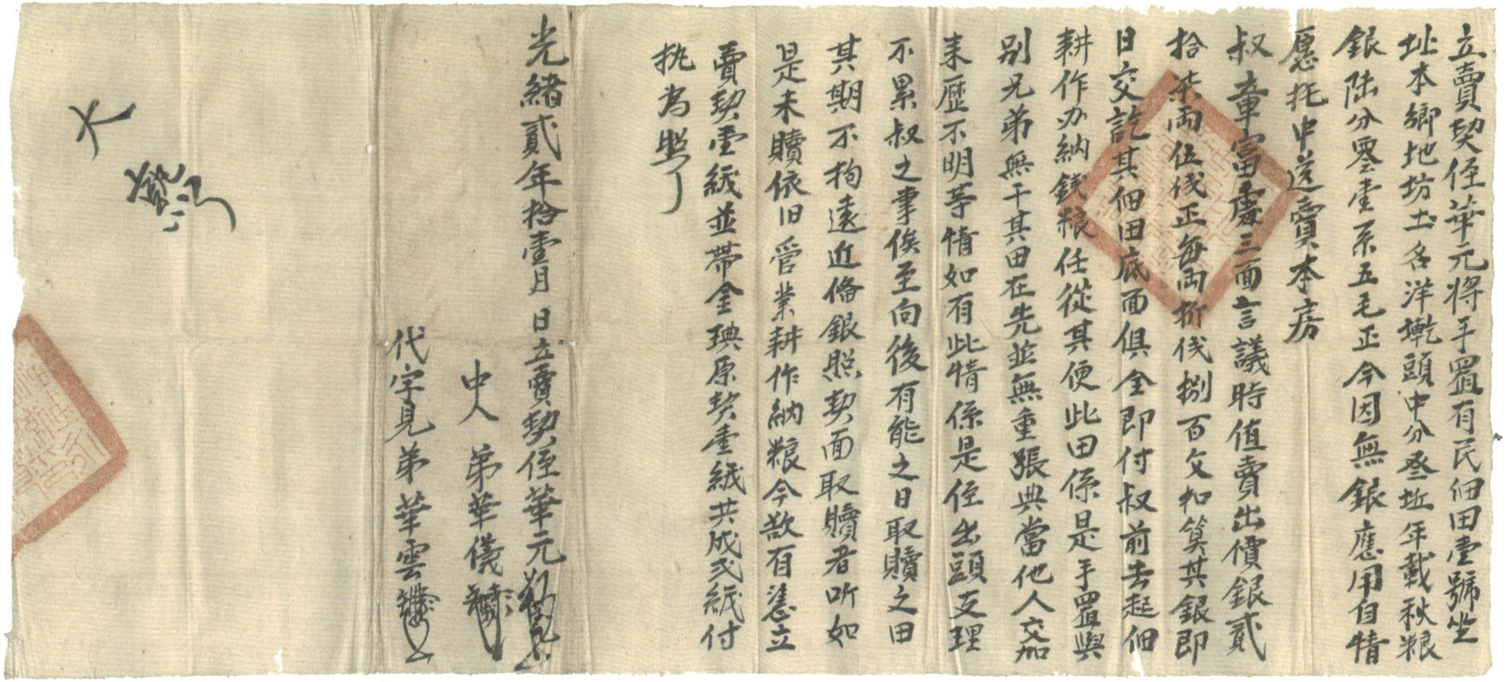

5-4-50-56　清光緒二年十一月黃華元立賣民佃田契（紅契）

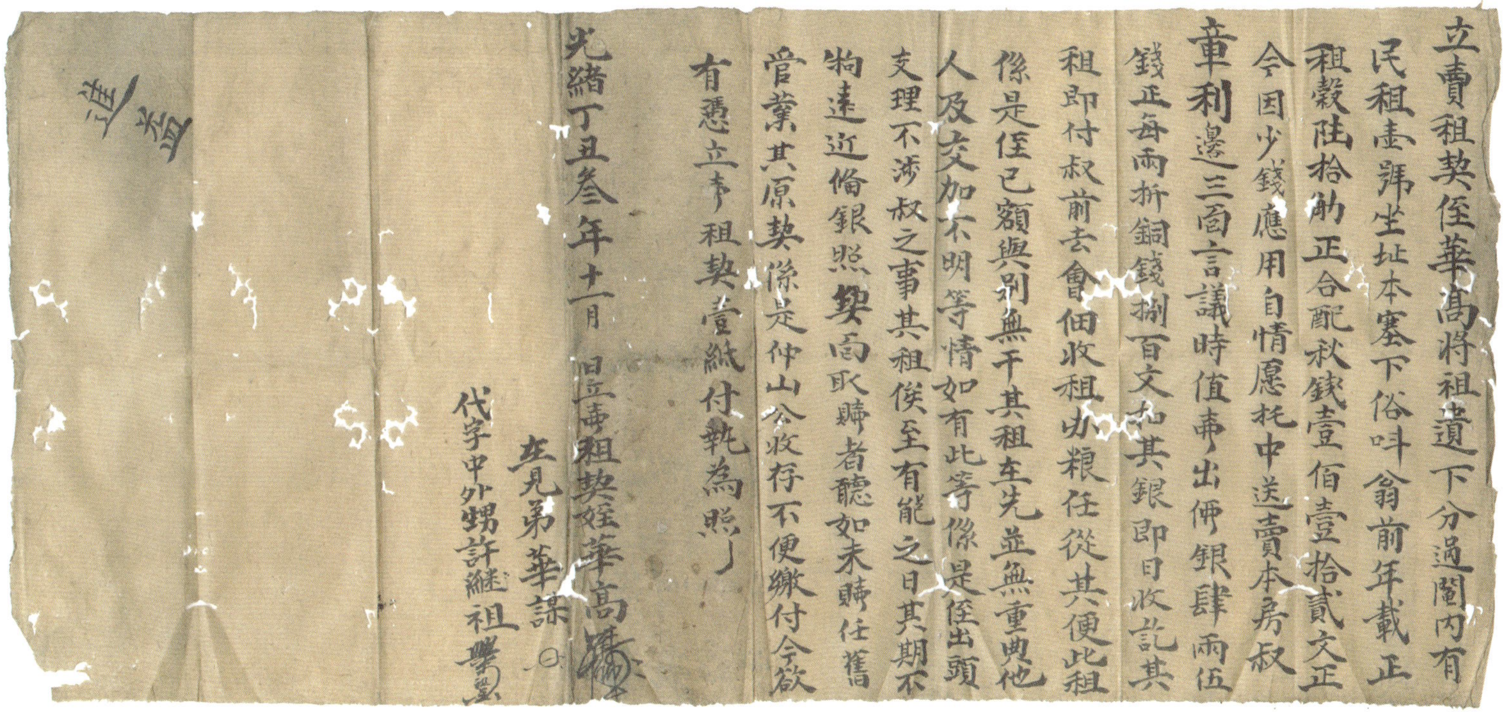

立賣租契侄華高将祖遺下分過閫内有
民租壹號坐址本塞下俗叫翁前年載正
租穀陆拾觔正合配秋錢壹佰壹拾貳文正
今因少錢應用自情愿托中送賣本房叔
章利邊三面言議時值賣出価銀肆兩伍
錢正每兩折銅錢捌百文加其銀即日收訖其
租即付叔前去會佃收租办粮任從其便此租
係是侄己額與別無干其租在先並無重典他
人及交加不明等情如有此等係是侄出頭
支理不涉叔之事其祖侯至有能之日其期不
拘遠近備銀照契面取贖者聽如未贖任舊
管業其原契係是仲山公收存不便繳付今欲
有憑立賣租契壹紙付執為照。
光緒丁丑叁年十一月　日立賣租契侄華高（押）
在見弟華謀（押）
代字中外甥許繼祖（押）

5-4-50-57　清光緒三年十一月鄭華高立賣民田租契

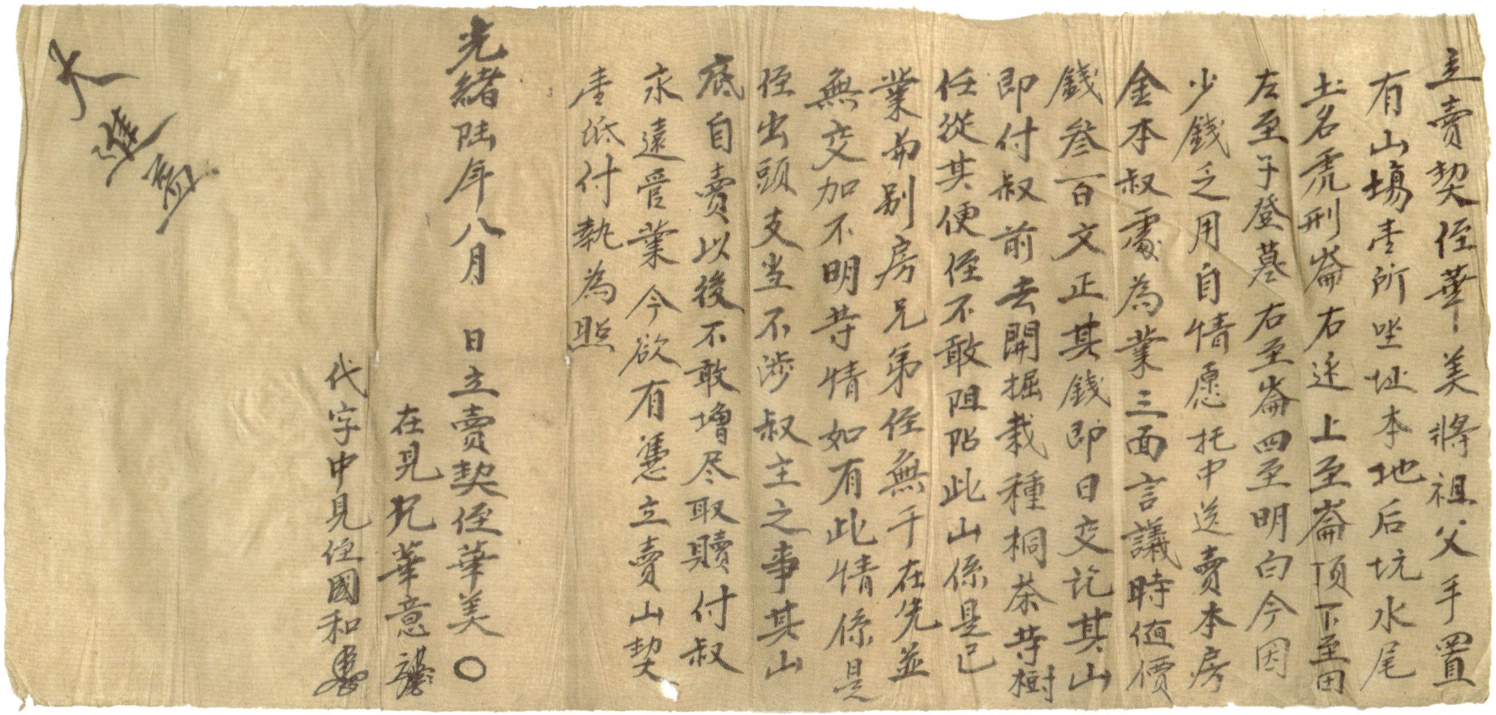

立賣契侄華美將祖父手置
有山場壹所坐址本地后坑水尾
土名荒刑崙右迭上至崙頂下至田
左至子𡶼墓右至崙四至明白今因
少錢之用自情愿托中送賣本房
金本叔處為業三面言議時值價
錢叁百文正其錢即日交訖其山
即付叔前去開掘栽種桐茶苛樹
任從其便侄不敢阻阻此山係是已
業弟別房兄弟侄無干在先並
無交加不明苛情如有此情係是
侄出頭支当不涉叔主之事其山
底自賣以後不敢增尽取贖付叔
永遠管業今欲有憑立賣山契
壹紙付執為照

光緒陸年八月　日立賣契侄華美〇
在見兄華意
代字中見侄國和

大進賣

5-4-50-58　清光緒六年八月鄭華美立賣山場契

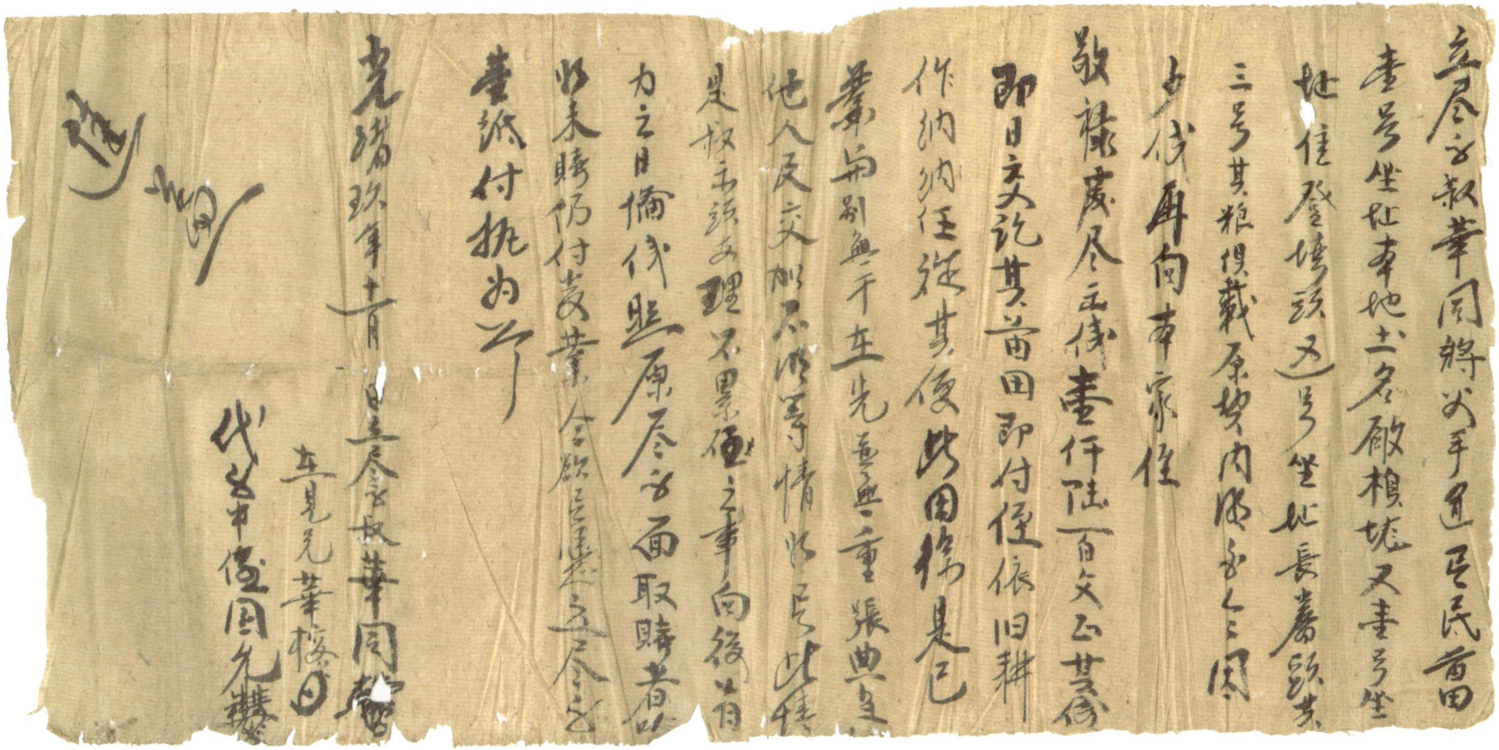
立盡字叔華同將父手置過民苗田
壹号坐址本地土名廠根垅又壹号坐
址住屋墘頭又壹号坐址長壽頭共
三号其粮俱載原契内照分之關
出代再向本家侄
敬祿處盡出價壹仟陆百文正其價
即日交訖其苗田即付侄依旧耕
作納納任從其便此田係是已
業與别無干在先並無重張典當
他人及交加不明等情如有此情
是叔一力支理不累侄之事向後如有
力之日備代照原盡字面取贖者以
以未贖仍付發業今欲有憑立盡字
壹紙付執為照
光緒玖年十一月　日立盡字叔華同
在見兄華樑
代字中侄國光

5-4-50-59　清光緒九年十一月鄭華同立盡民苗田字

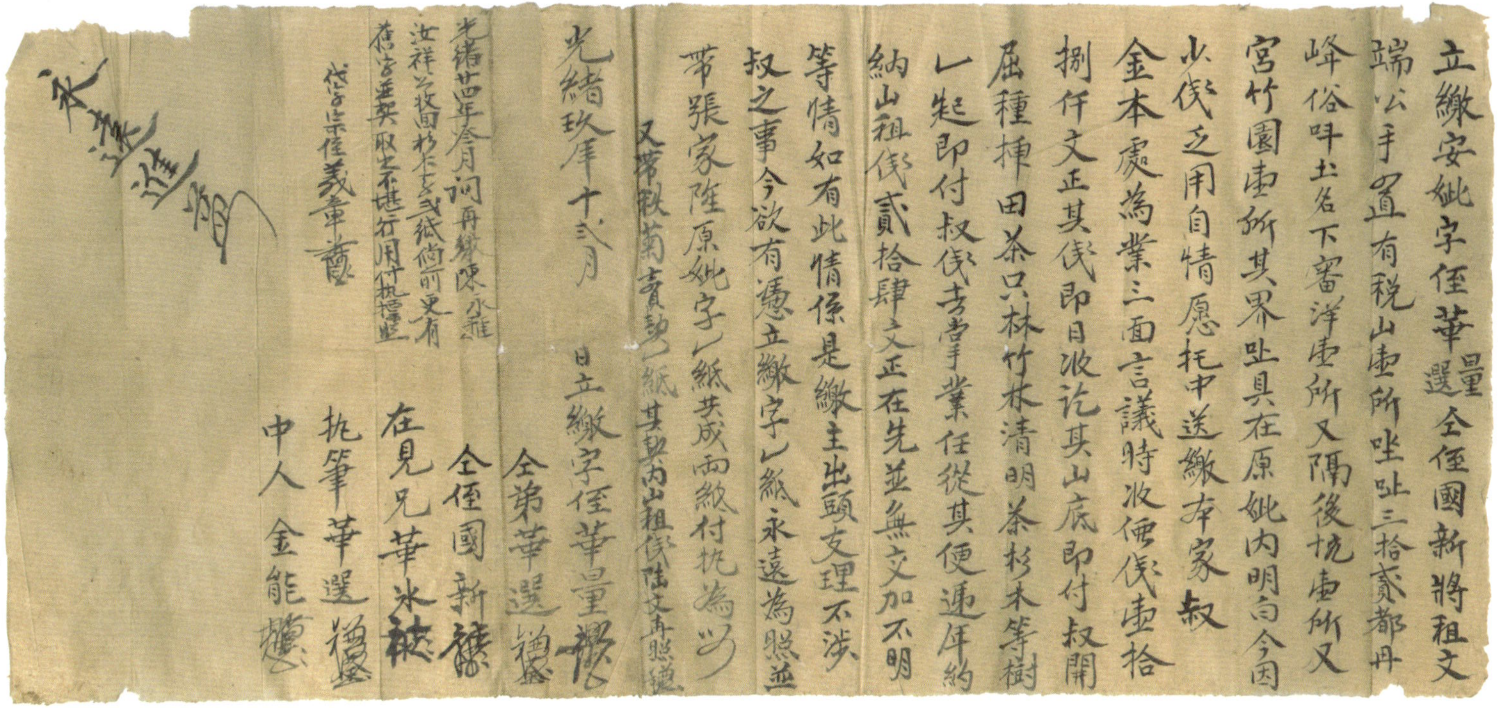
立繳安批字侄華量、選仝侄國新，將祖文
端公手置有稅山壹所，坐址三拾貳都丹
峰，俗呼土名下審洋壹所，又隔後坑壹所，又
宮竹園壹所，其界址具在原批內明白。今因
少錢乏用，自情愿托中送繳本家叔
金本處為業，三面言議時收價錢壹拾
捌仟文正，其錢即日收訖，其山底即付叔開
屆種插田茶只林竹林清明茶杉木等樹
一起，即付叔錢去管業，任從其便，遞年約
納山租錢貳拾肆文正，在先並無文加不明
等情，如有此情，係是繳主出頭支理，不涉
叔之事。今欲有憑，立繳字一紙，永遠為照，並
帶張家陞原批字一紙，共成兩紙，付執為照。
又帶敦菊賣契一紙，其契內山租錢陸文，再照據。
光緒玖年十二月　日立繳字侄華量（押）
仝弟華選（押）
仝侄國新（押）
在見兄華冰（押）
執筆華選（押）
中人金能（押）
光緒廿四年仝月問再繳陳永雍、汝祥二收田杉木二式紙，尚前更有舊字並契取出不堪行用，付執存照。
代字侄義章（押）
永遠管

5-4-50-60　清光緒九年十二月鄭華量等立繳安批税山字

立繳字林善忱將買有清明茶植林並
厰屋及田畝雜業等項其他方土名至
界俱載原契內明白今因隔遠掌管不
及自愿托中繳與
張孔元親處永遠爲業三面言議時值
價錢陸拾仟文正其錢即日交訖其原
繳諸凡物業即付錢主前去掌管任從
其便不敢別生枝節異說之理在先
並無重張典當來歷不明等情如有
此等繳主出頭支理不累錢主之事其
未斷之田原主或盡或贖張家自行支
當與林姓無関兩家喜允各無後言
今欲有憑立繳字壹紙並繳山及田原
契柒紙又隨繳[illegible]紙共[illegible]
拾壹紙付執永遠爲照

光緒拾叁年叁月　日立繳字林善忱（押）

在見叔華封（押）

中人柯星拔（押）

代字兄善幹（押）

大[illegible]

5-4-50-61　清光緒十三年三月林善忱立繳清明茶植林等字

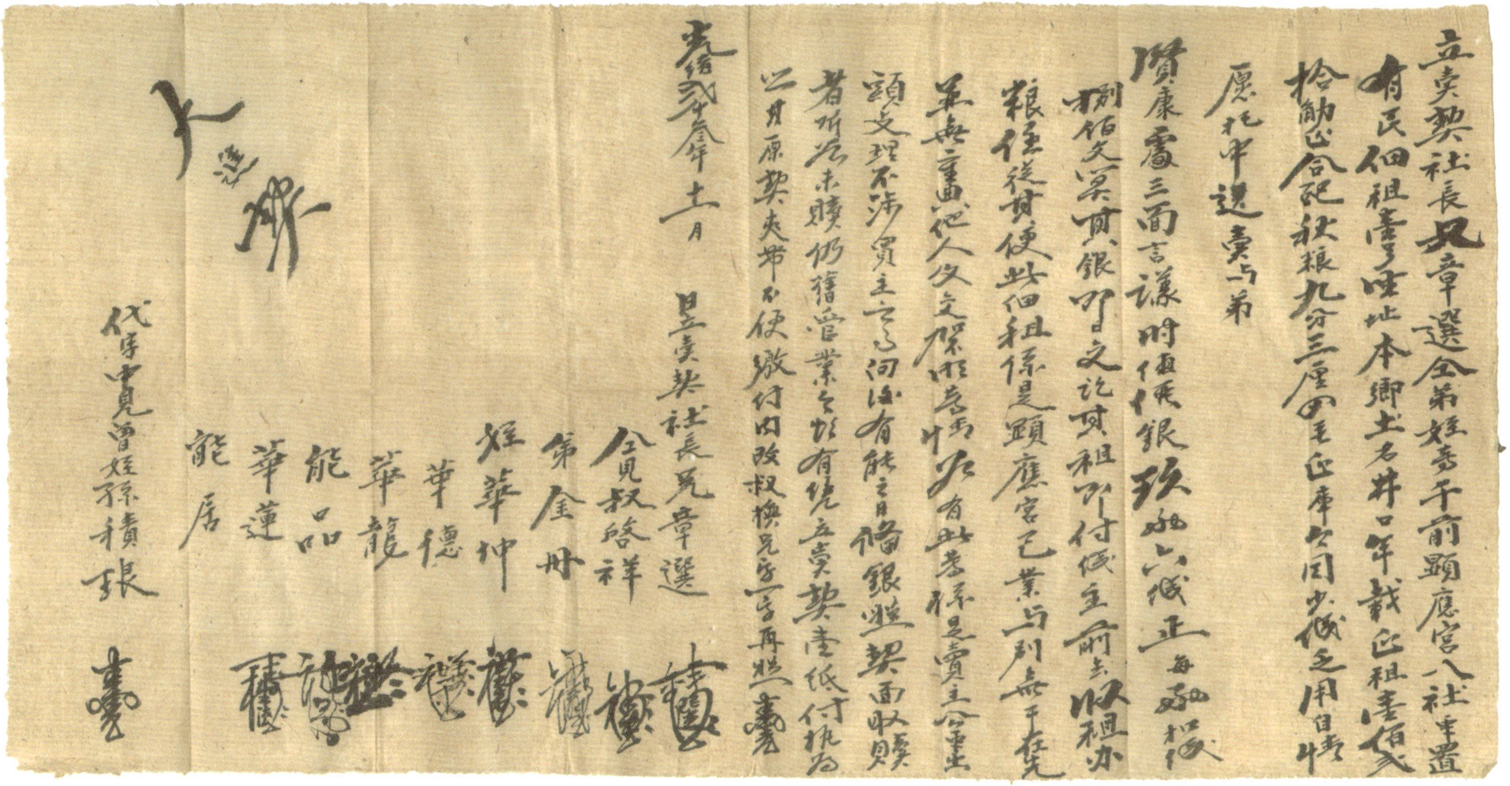

5-4-50-62　清光緒二十三年十一月鄭章選等立賣民佃租契

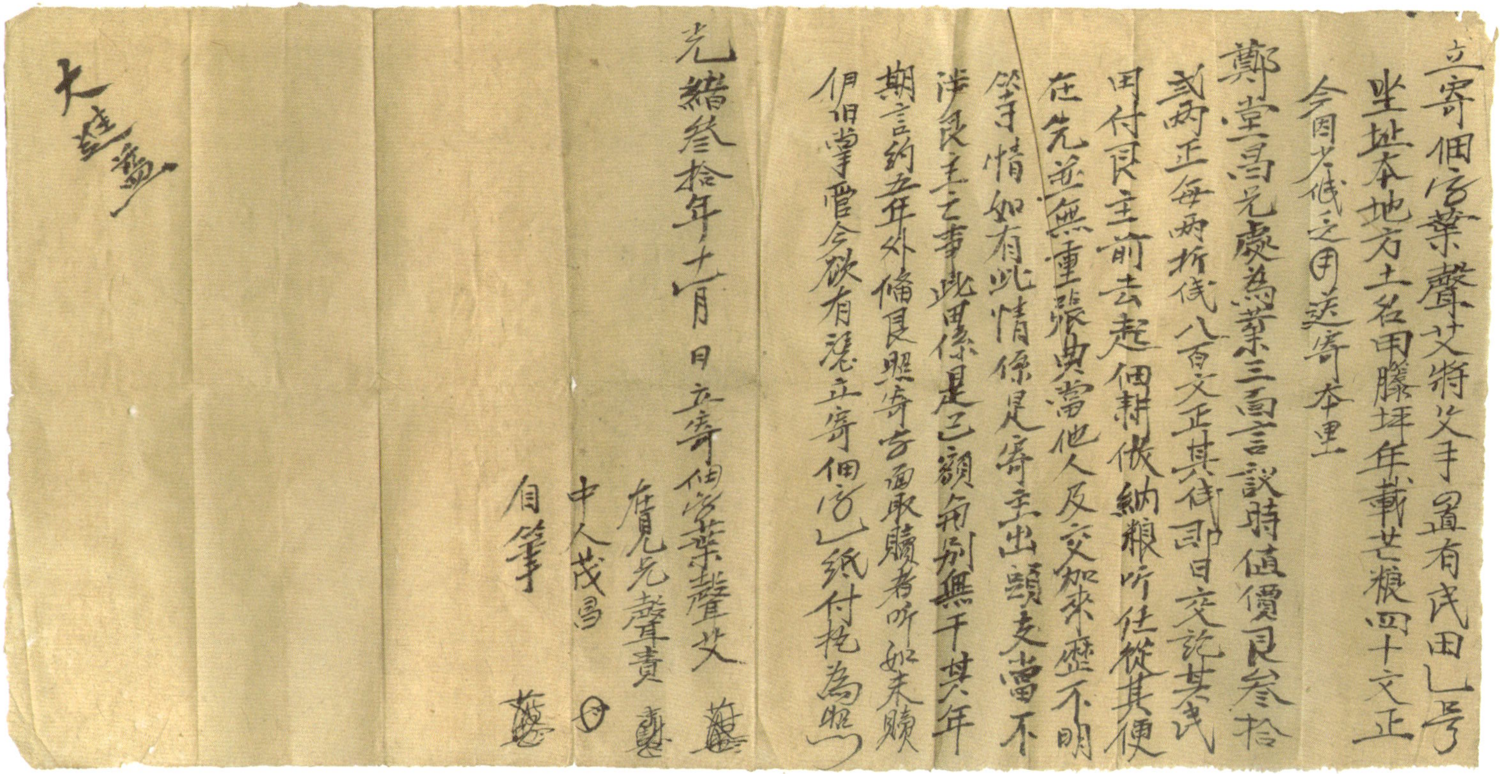
立寄佃字葉聲艾將父手置有民田乙号
坐址本地方土名田滕坪年載芒粮四十文正
今因乏錢乏用送寄本里
鄭堂爲、先慶爲業三面言議時值價艮叁拾
貳兩正每兩折錢八百文正其錢即日交訖其民
田付艮主前去起佃耕作納粮听任從其便
在先並無重張典當他人及交加來歷不明
等情如有此情係是寄主出頭支當不
涉艮主之事此田係是乙額兩別無干其年
期言約五年外備艮照寄字面取贖者听如未贖
仍旧掌管今欲有憑立寄佃字乙紙付執為照

光緒叁拾年十一月　日立寄佃字葉聲艾（押）
在見兄聲貴（押）
中人茂昌（押）
自筆（押）

大吉昌

5-4-50-63　清光緒三十年十一月葉聲艾立寄佃民田字

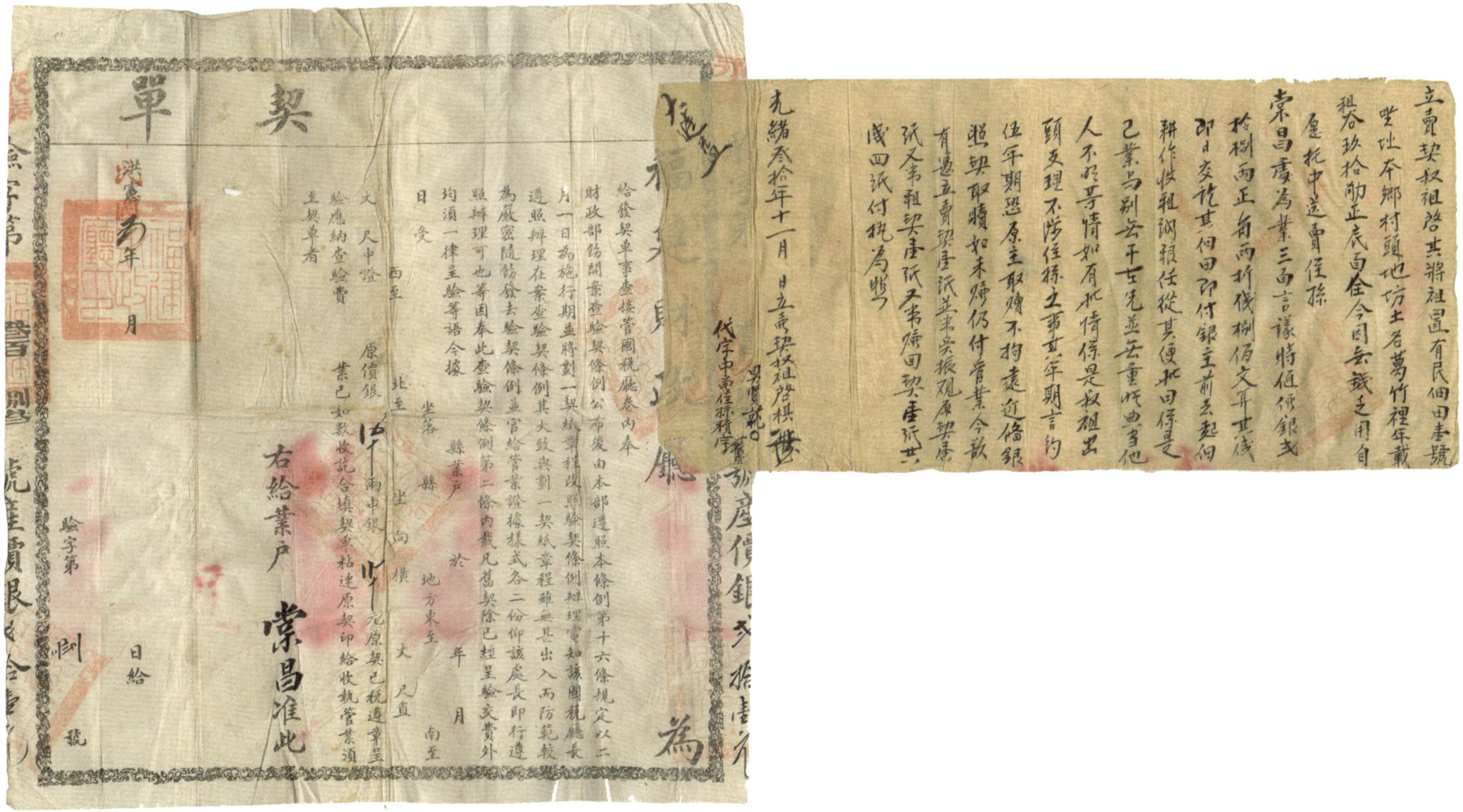

5-4-50-64　清光緒三十年十一月鄭啓棋立賣民佃田契（紅契）

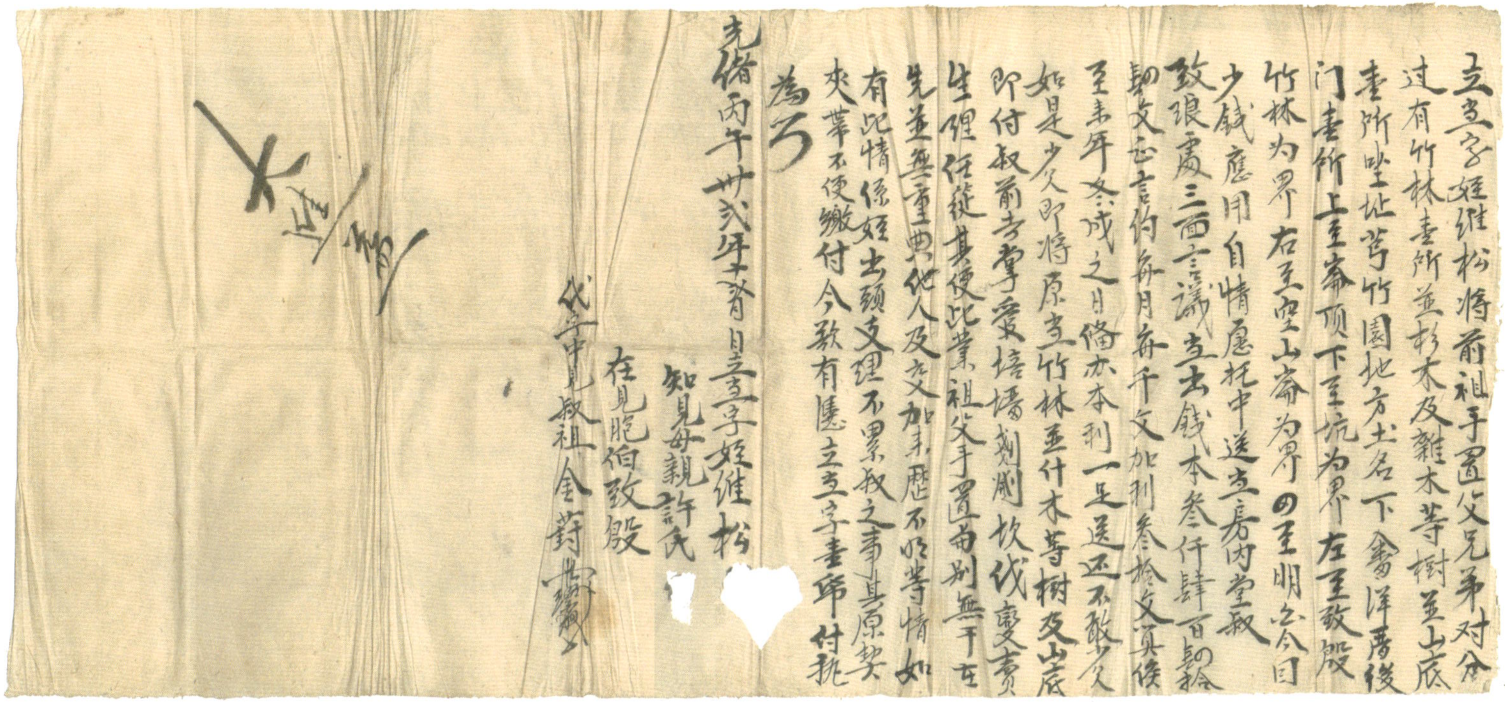
立当字姪維松將前祖手置父兄弟对分
过有竹林壹所并杉木及雜木等樹並山底
壹所坐址苦竹園地方土名下蓋洋厝後
门壹所上至崙顶下至坑为界左至致殷
竹林为界右至空山崙为界四至明白今因
少錢應用自情愿托中送当房内堂叔
致琅處三面言議当出錢本叁仟肆百捌拾
捌文正言约每月每千文加利叁拾文算
至未年冬成之日備办本利一足送还不敢少欠
如是少欠即將原当竹林並什木等樹及山底
即付叔前去掌管培植砍伐變賣
生理任從其便此業祖父手置并別無干在
先並無重典他人及交加未歷不明等情　如
有此情係姪出頭支理不累叔之事其原契
夾業不便繳付今欲有憑立当字壹帋付執
為照
光緒丙午卅弍年十二月　日立当字姪維松
知見母親許氏
在見胞伯致殷
代字中見叔祖金蔚

5-4-50-65　清光緒三十二年十二月鄭維松立當竹林等字

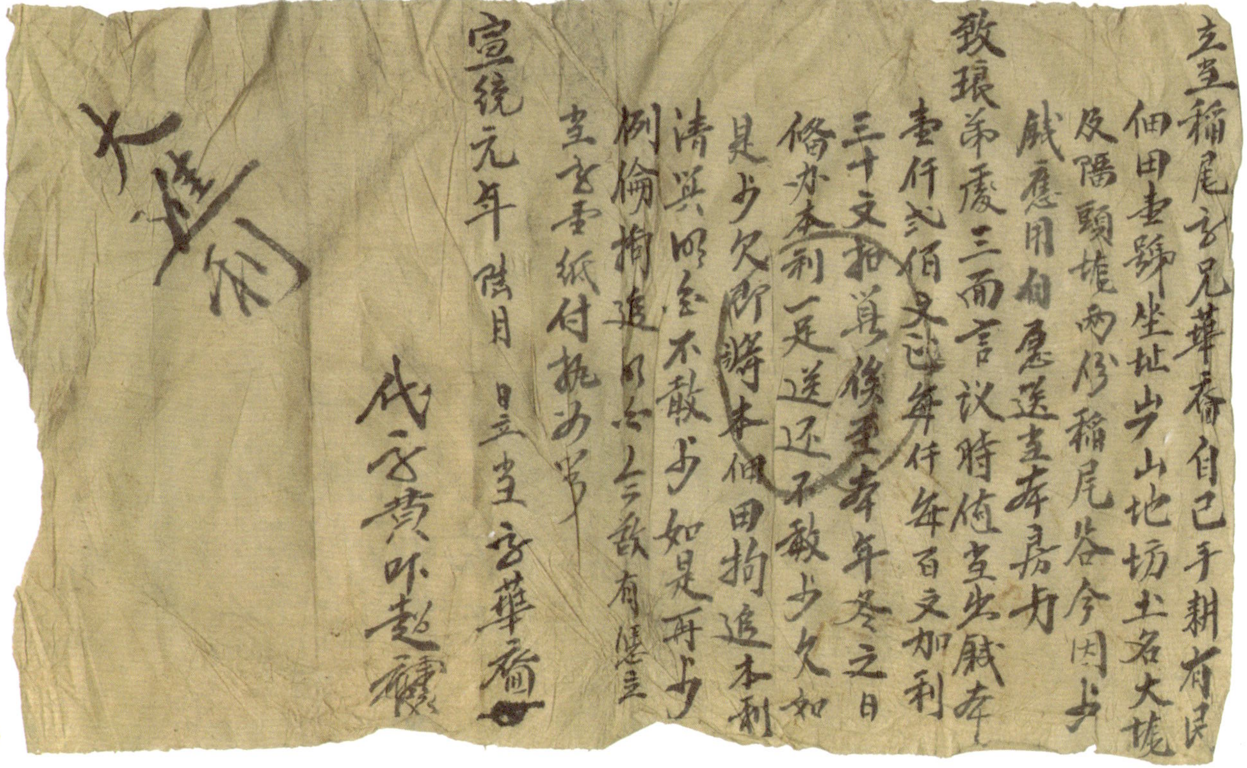
立當稻尾字兄華裔自己手耕有民
佃田壹號坐址山地坊土名大垅
及隔頭垅兩倍稻尾谷今因乏
錢應用自愿送當本房力
致琅弟處三面言议時值当出錢本
壹仟弍佰文足每仟每百文加利
三十文扣算係至本年冬之日
備办本利一足送还不敢少欠如
是少欠所將本佃田拘追本利
清異所全不敢少如是再少
例倫拘追所念今欲有憑立
立當壹紙付執为照
宣統元年陆月　日立當字華裔（押）
代字黃[illegible]

5-4-50-66　清宣統元年六月鄭華裔立當稻尾字（廢契）

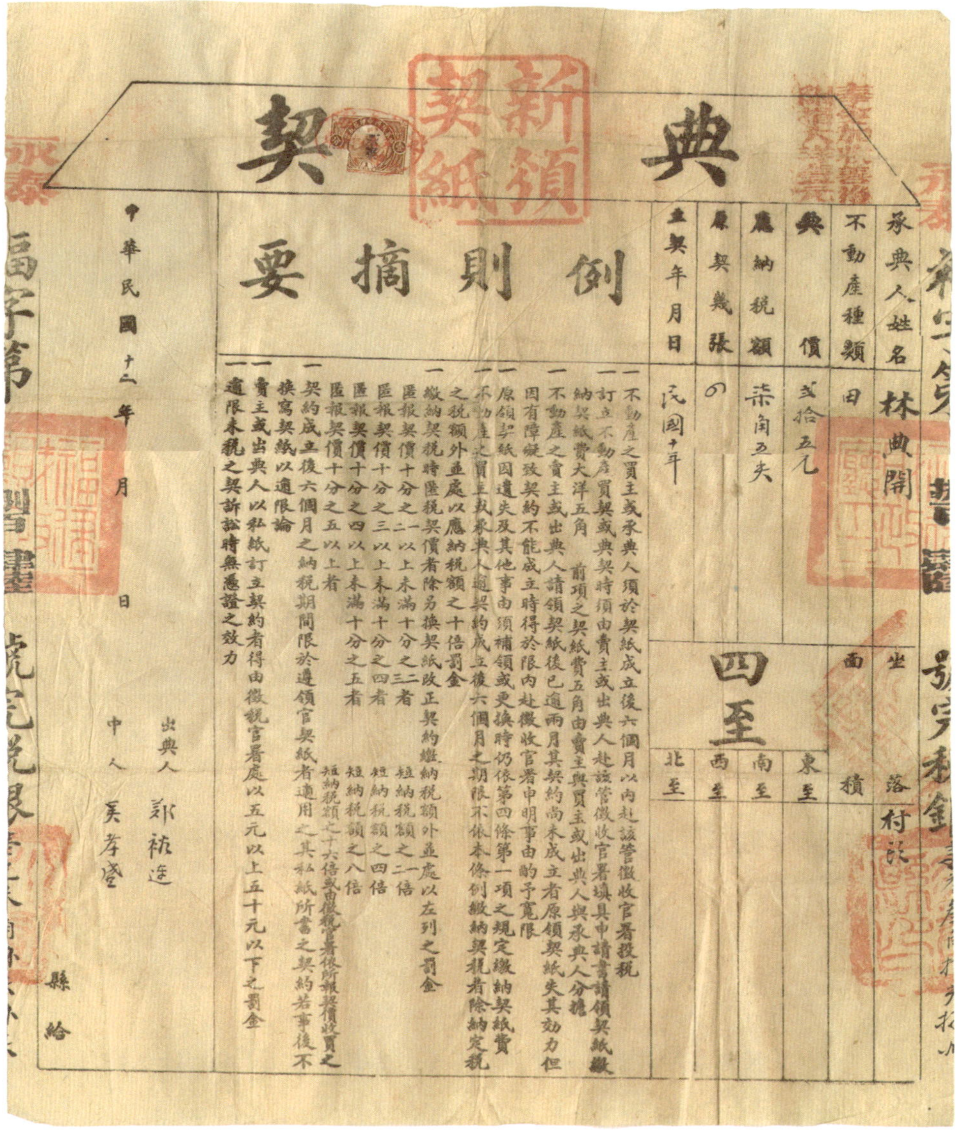

典契

新領契紙

例則摘要

一 不動產之買主或承典人須於契紙成立後六個月以內赴該管徵收官署投稅

一 訂立不動產買契或典契時須由賣主或出典人赴該管徵收官署填具申請書請領契紙繳納契紙費大洋五角　前項之契紙費五角由賣主與買主或出典人與承典人分擔

一 不動產之賣主或出典人請領契紙後已逾兩月其契約尚未成立者原領契紙失其効力但因有障礙致契約不能成立時得於限內赴徵收官署申明事由酌予寬限

一 原領契紙因遺失及其他事由須補領或更換時仍依第四條第一項之規定繳納契紙費

一 不動產之買主或承典人逾契約成立後六個月之期限不依本條例繳納契稅者除納定稅之稅額外並處以應納稅額之十倍罰金

一 繳納契稅時匿稅契價者除另換契紙改正契約繳納稅額外並處以左列之罰金

匿報契價十分之一以上未滿十分之二者　短納稅額之一倍

匿報契價十分之二以上未滿十分之三者　短納稅額之二倍

匿報契價十分之三以上未滿十分之四者　短納稅額之四倍

匿報契價十分之五以上者　短納稅額之八倍

一 契約成立後六個月之納稅期間限於遵領官契紙者適用之其私紙所書之契約若事後不換寫契紙以逾限論　短納稅額之十六倍或由徵稅官署依所報契價收買之

一 賣主或出典人以私紙訂立契約者得由徵稅官署處以五元以上五十元以下之罰金

一 逾限未稅之契訴訟時無憑證之效力

承典人姓名	不動產種類	典價	應納稅額	原契幾張	立契年月日
林典開	田	弍拾五元	柒角五尖	〇	民國十年

坐落 村

面積

四至

東至　南至　西至　北至

中華民國十二年　月　日

出典人　鄭祯逵

中人　吳孝瑩

縣給

5-4-50-67　民國十二年林典開户典契紙

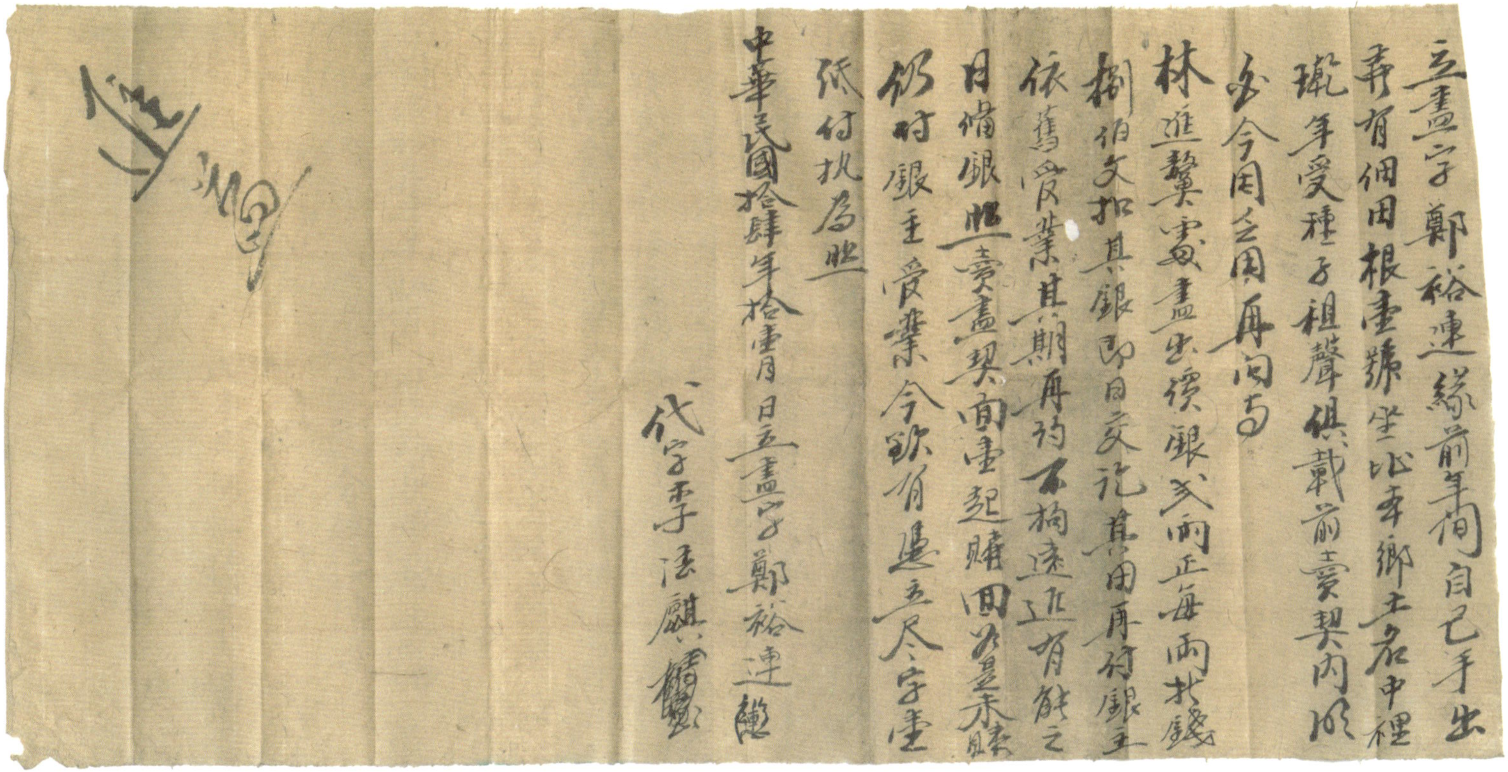
立盡字鄭裕連，緣前年間自己手出
賣有佃田根壹號，坐址本鄉土名中裡
壠，年受種子租聲俱載前賣契內明
白，今因乏用再向與
林進鑾處盡出價銀貳兩正，每兩扣錢
捌伯文，扣其銀即日交訖。其田再約銀主
依舊管業，其期再約不拘遠近，有錢之
日備銀照壹盡契面壹起贖回，如是未贖
仍付銀主管業。今欲有憑，立盡字壹
紙付執為照。
中華民國拾肆年拾壹月　日立盡字鄭裕連（押）
代字李法麟（押）

5-4-50-68　民國十四年十一月鄭裕連立盡佃田根字

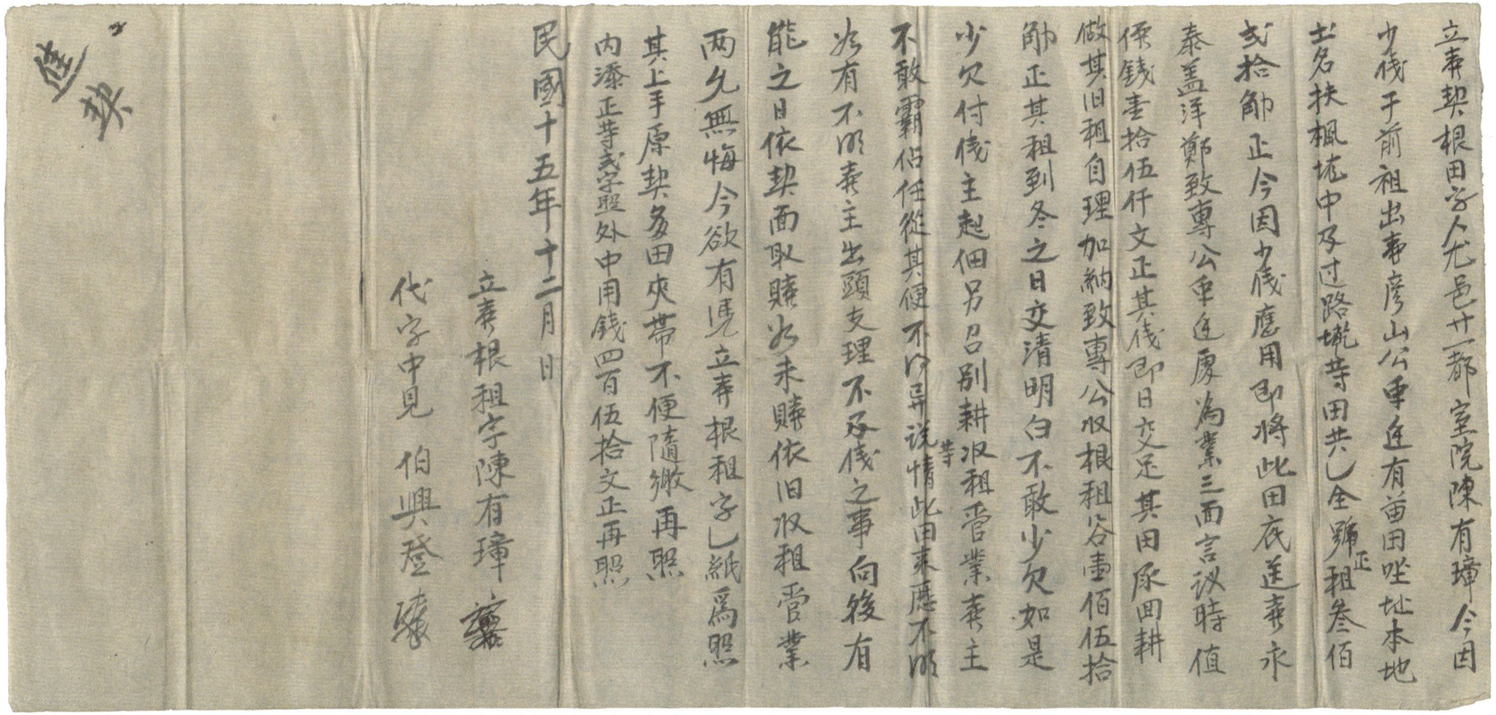
立賣契根田字人尤邑廿一都室院陳有璋今因
少錢于前祖出賣彥山公手延有苗田坐址本地
土名扶楓墘中ㄗ过路墘等田共乚全號正租叁佰
貳拾斤正今因少錢應用即將此田底送賣永
泰蓋洋鄭致專公手延處為業三面言议時值
價錢壹拾伍仟文正其錢即日交迄其田係田耕
做其旧租自理加納致專公收根租谷壹佰伍拾
斤正其租到冬之日交清明白不敢少欠如是
少欠付錢主起佃另召別耕收租管業賣主
不敢霸佔任從其便不得异说等情此田來歷不明
如有不明賣主出頭支理不干錢主之事向後有
能之日依契面取贖如未贖依旧收租管業
兩允無悔今欲有憑立賣根租字乚紙為照
其上手原契多田夾帶不便隨繳再照
內添正等貳字照外中用錢四百伍拾文正再照
民國十五年十二月 日
立賣根租字陳有璋
代字中見 伯興登
遂契

5-4-50-69 民國十五年十二月尤溪陳有璋立賣苗田根租字

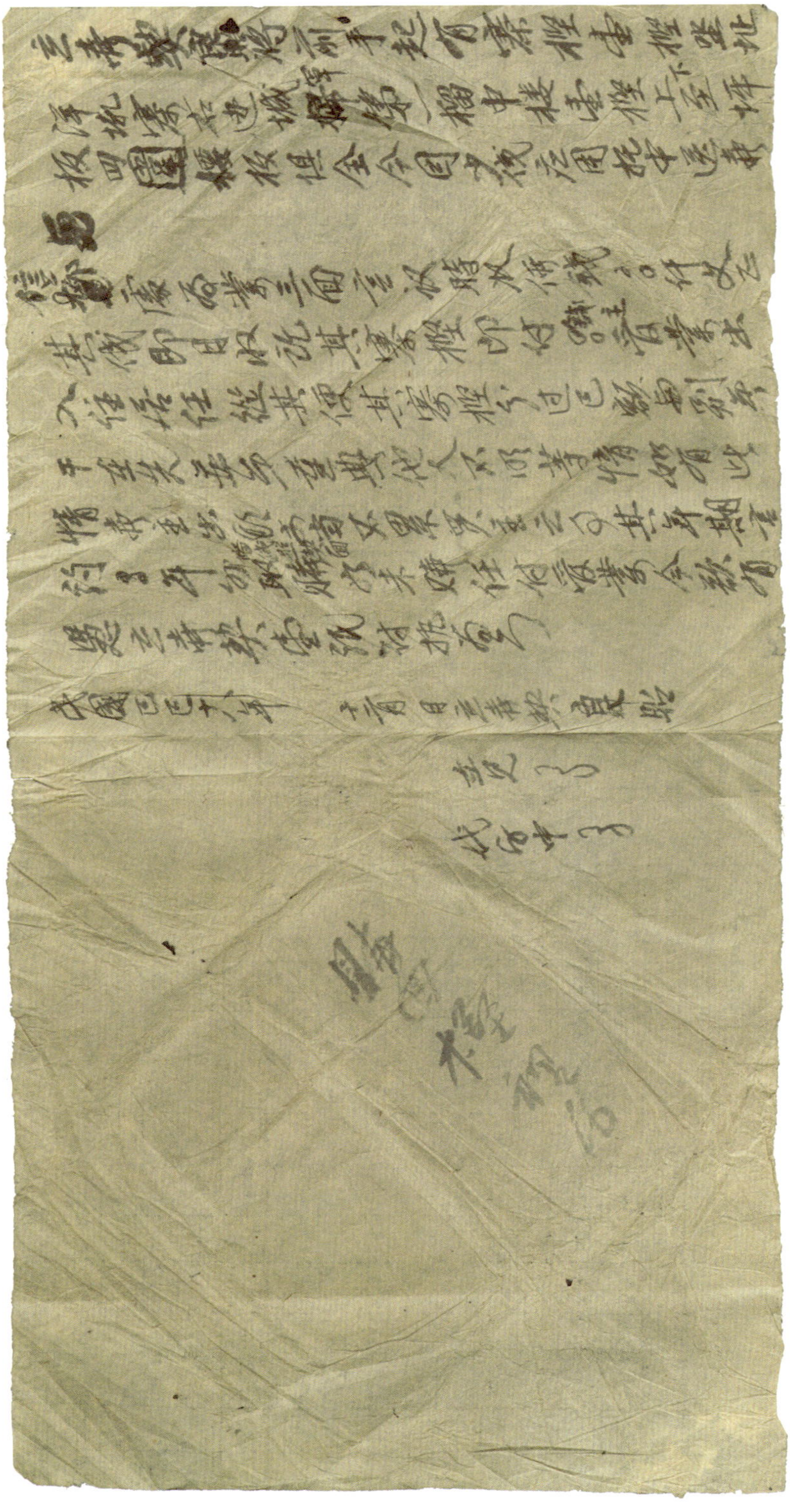

5-4-50-70　民國十八年十二月鄭良昭立賣寨樫字（草契）

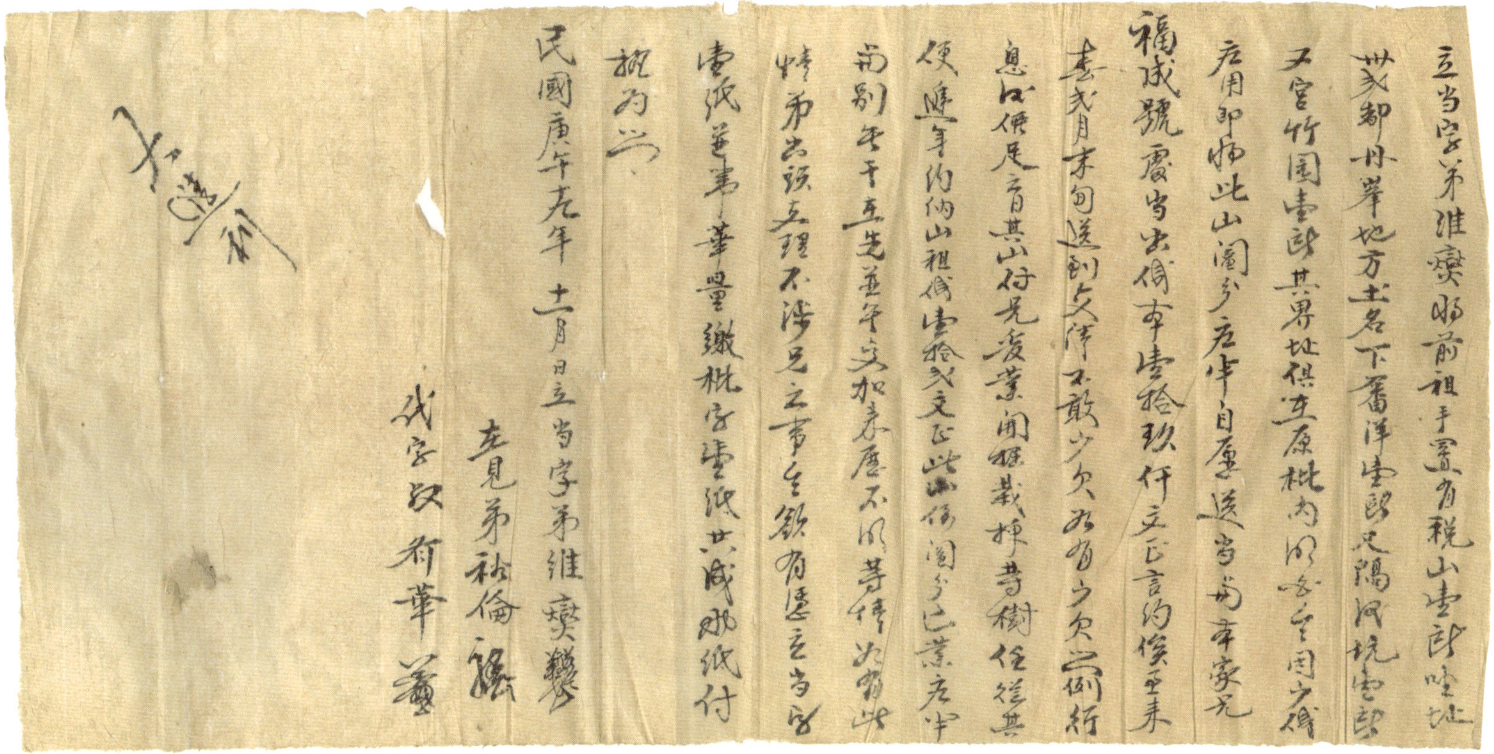
立当字人弟維燮，將前祖手置有稅山壹所，坐址
廿一都丹峯地方，土名下蕃洋壹所，又鷄冠坑壹所，
又官竹園壹所，其界址俱在原契內明。今因乏錢
應用，即將此山閣分應得一半，自愿送當與本家兄
福誠號處，當出錢本壹拾玖仟文正。言約俟至來
春弍月末旬送到文件，不敢少欠；如有少欠，照例行
息。此係是[illegible]，其山任兄凌業開掘栽插杉樹，任從其
便。迨至來年內將山祖價錢壹拾弍文正，此山依閣分已業應一半
兩刻各干，並無先年典加兼應不明等情，此係
情弟出頭直理，不涉兄之事。今欲有憑，立當字
壹紙，並帶華墨繳稅字壹紙，共貳紙付
執為照。
民國庚午元年　十一月　日立當字弟維燮（押）
在見弟秋倫（押）
代字叔有華（押）

5-4-50-71　民國十九年十一月鄭維燮立當稅山字

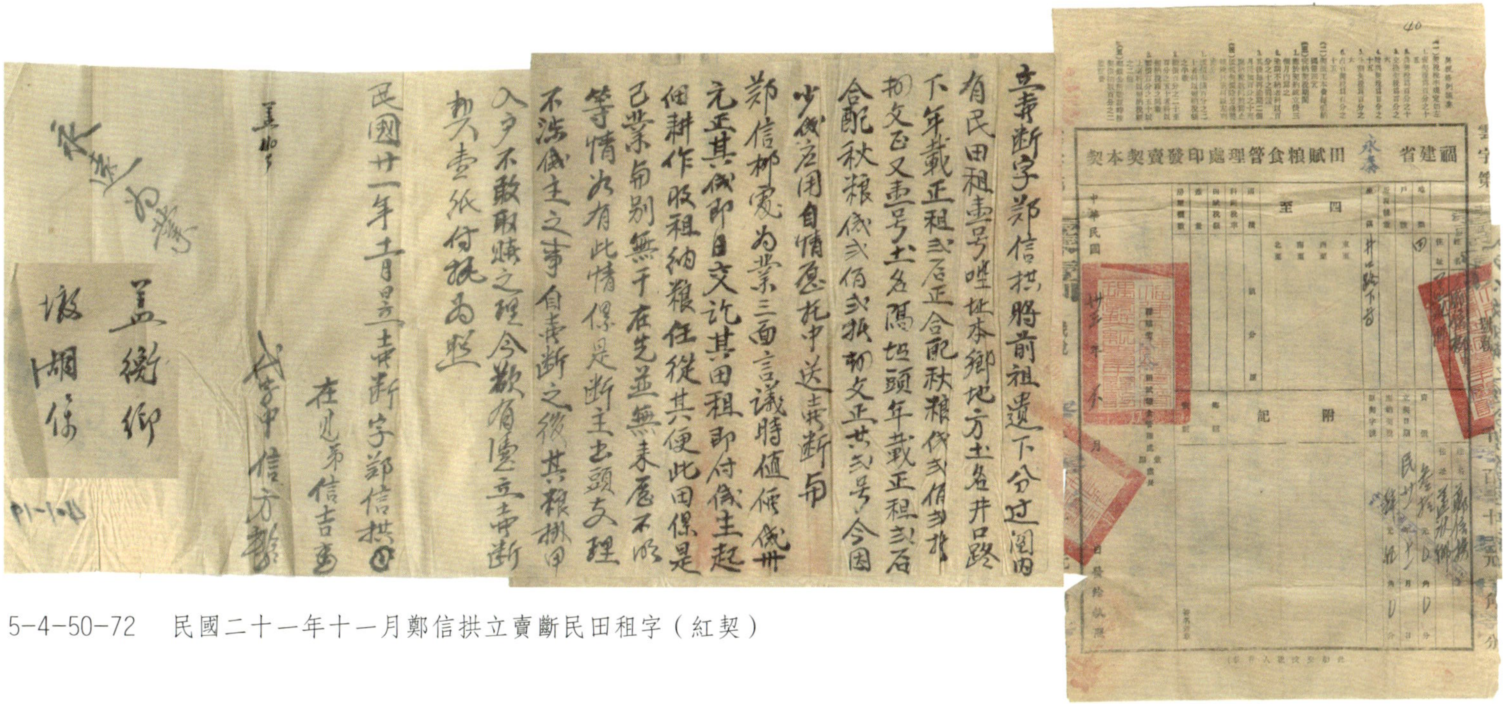

福建省 永泰 田賦糧食管理處印發賣契本契

立賣斷字鄭信拱，將前祖遺下分过閹田
有民田租壹号，坐址本鄉地方土名井口路
下，年載正租弍石正，合配秋粮伐弍伯弍拾
捌文正，又壹号土名隔坵頭，年載正租弍石
合配秋粮伐弍伯弍拾捌文正，共弍号。今因
少錢应用，自情愿托中送賣斷與
鄭信柳處為業，三面言議時值價錢卅
元正，其錢即日交訖，其田租即付錢主起
佃耕作收租納粮，任從其便。此田保是
己業，與别無干，在先並無來歷不明
等情，如有此情，保是断主出頭支理，
不涉錢主之事。自賣断之後，其粮推田
入户，不敢取贖之理。今欲有憑，立賣断
契壹紙付執為照。

民國廿一年十一月　日立賣断字鄭信拱（押）
在見弟信吉（押）
代字中信方（押）

5-4-50-72　民國二十一年十一月鄭信拱立賣斷民田租字（紅契）

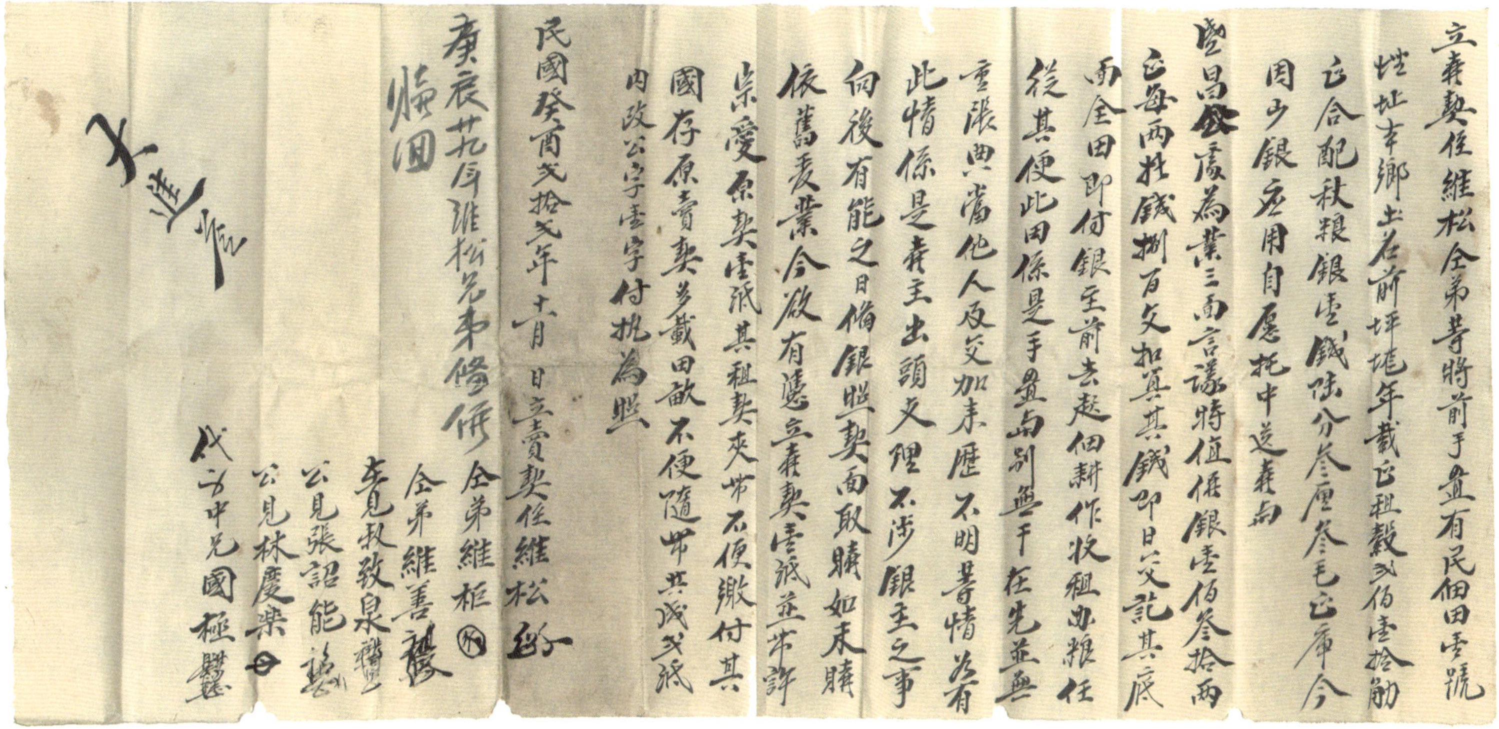
立賣契佺維松仝弟善將前手置有民佃田壹號
坐址本鄉土名前坪墘年載正租穀弍佰壹拾觔
正合配秋粮銀壹錢陆分叁厘叁毛正庫令
因乏銀應用自愿托中送賣與
鄭昌銓處為業三面言議特值佛銀壹佰叁拾兩
正每兩折錢捌百文扣算其錢即日交訖其㡳
面全田即付銀主前去起佃耕作收租办粮任
從其便此田係是手置與别房無干在先並無
重張典當他人及交加未歷不明等情如有
此情係是賣主出頭料理不涉銀主之事
向後有能之日備銀照契面取贖如未贖
依舊長業今欲有憑立賣契壹紙並帶許
崇愛原契壹紙其租契夾帶不便繳付其
國存原賣契多載田畝不便隨帶其戊弍紙
内政公字壹字付执為照
民國癸酉弍拾弍年十一月　日立賣契佺維松
仝弟維柾
仝弟維善
在見叔致泉
公見張詔能
公見林慶樂
代字中兄國樞
庚辰花月維松兄弟備價
贖回

5-4-50-73　民國二十二年十一月鄭維松等立賣民佃田契

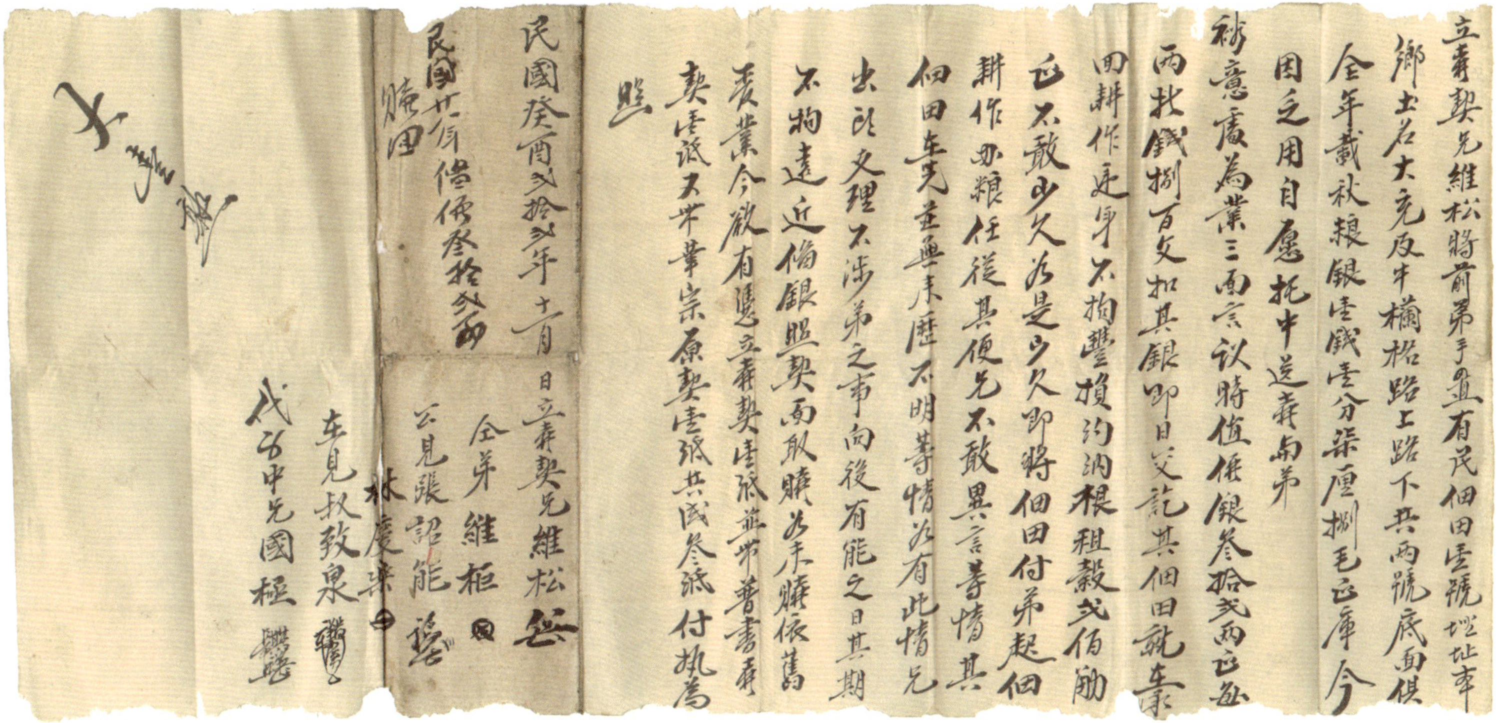

立賣契兄維松將前弟手置有民佃田壹號坐址本
鄉土名大充反中橋格路上路下共兩號底面俱
全年載秋粮銀壹錢壹分柒厘捌毛正庫今
因乏用自愿托中送賣與弟
福意處爲業三面言議時值價銀叁拾弍兩正面
兩比錢捌百文扣其銀即日交訖其佃田就賣
回耕作逐年不拘豐撿約納根租穀弍佰觔
正不敢少欠如是少欠即將佃田付弟起佃
耕作毋粮任從其便兄不敢異言等情其
佃田先並無來歷不明等情如有此情兄
出頭支理不涉弟之事向後有能之日其期
不拘遠近備銀照契面取贖弟[illegible]依舊
表業今欲有憑立賣契壹紙並帶舊書賣
契壹紙不帶業宗原契壹張共貳叁紙付執為
照

民國癸酉弍拾弍年十一月　日立賣契兄維松

全弟　維桓

公見　張詔能

林慶樑

在見叔　致泉

代筆中兄　國樞

民國廿八年備價叁拾弍兩贖回

5-4-50-74　民國二十二年十一月鄭維松立賣底面全民佃田契

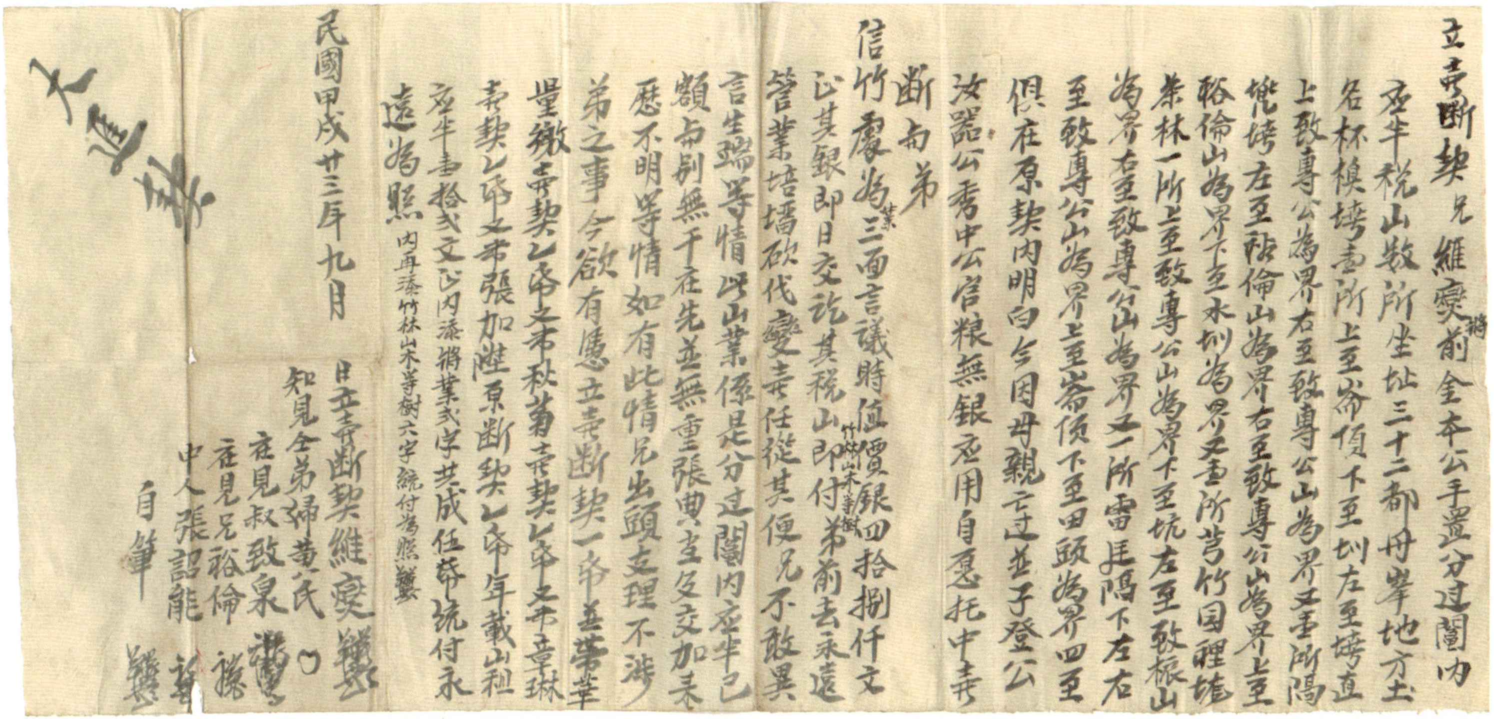
立賣斷契兄維燮前全本公手置分過閫內
庄半稅山數所坐址三十二都毋峯地方土
名杯模塆壹所上至崙頂下至圳左至塆直
上致專公為界右至致專公山為界又壹所陽
坑塆左至裕倫山為界右至致專公山為界上至
裕倫山為界下至水圳為界又壹所苦竹㘭裡墘
柴林一所上至致專公山為界下至坑左至致椒山
為界右至致專公山為界又一所雷厝隔下左右
至致專公山為界上至崙頂下至田頭為界四至
俱在原契內明白今因母親亡過並子登公
汝器公秀中公官粮無銀應用自愿托中賣
斷與弟
信竹處為業三面言議時值價銀四拾捌仟文
正其銀即日交訖其稅山竹林山木等樹即付弟前去永遠
管業培墻砍伐變賣任從其便兄不敢異
言生端等情此山業係是分過閫內庄半已
額與別無干在先並無重張典當及交加來
歷不明等情如有此情兄出頭支理不涉
弟之事今欲有憑立賣斷契一帋並帶華
量繳賣契一帋又帋秋萬賣契一帋又帋章琳
賣契一帋又帋張加灶原斷契一帋年載山租
庄半壹拾弍文正內添將業弍字共成伍帋統付永
遠為照　內再添竹林山木等樹六字統付為照

民國甲戌廿三年九月　日立賣斷契維燮
知見全弟婦黃氏
在見叔致泉
在見兄裕倫
中人張詔能
自筆

5-4-50-75　民國二十三年九月鄭維燮立賣斷稅山契

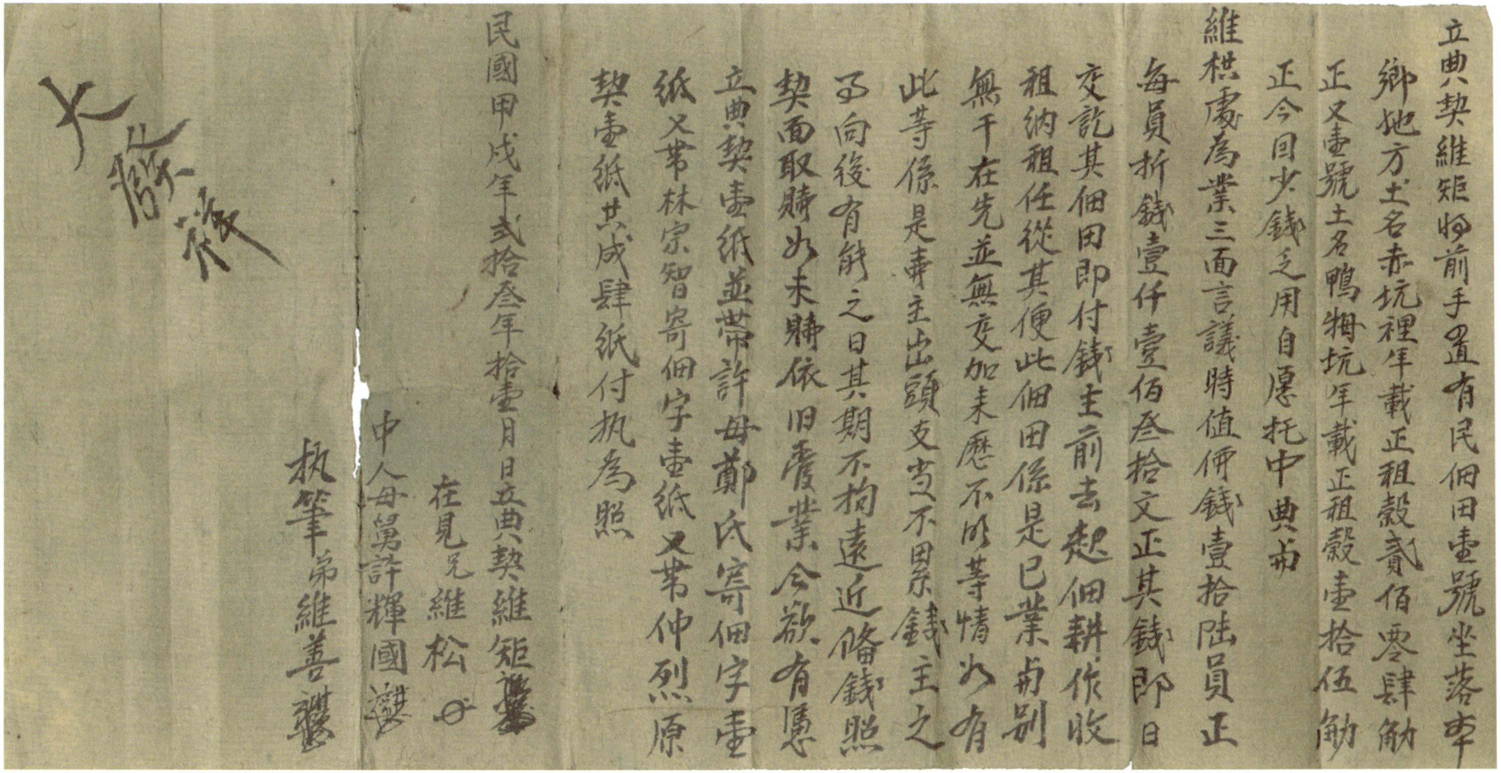

立典契維矩㧾前手置有民佃田壹號坐落本
鄉地方土名赤坑裡年載正租穀貳佰零肆觔
正又壹號土名鴨㟁坑年載正租穀壹拾伍觔
正今因少錢乏用自愿托中典與
維柑處為業三面言議時值價錢壹拾陸員正
每員折錢壹仟壹佰叁拾文正其錢即日
交訖其佃田即付錢主前去起佃耕作收
租納租任從其便此佃田係是已業與别
無干在先並無交加未歷不明等情如有
此等係是本主出頭支當不累錢主之
事向後有能之日其期不拘遠近脩錢照
契面取贖如未贖依旧為業今欲有憑
立典契壹紙並帶許母鄭氏寄佃字壹
紙又弟林宗智寄佃字壹紙又弟仲烈原
契壹紙共成肆紙付執為照
民國甲戌年貳拾叁年拾壹月日立典契維矩
在見兄維松
中人母舅許輝國
執筆弟維善
大發祥

5-4-50-76　民國二十三年十一月鄭維矩立典民佃田契

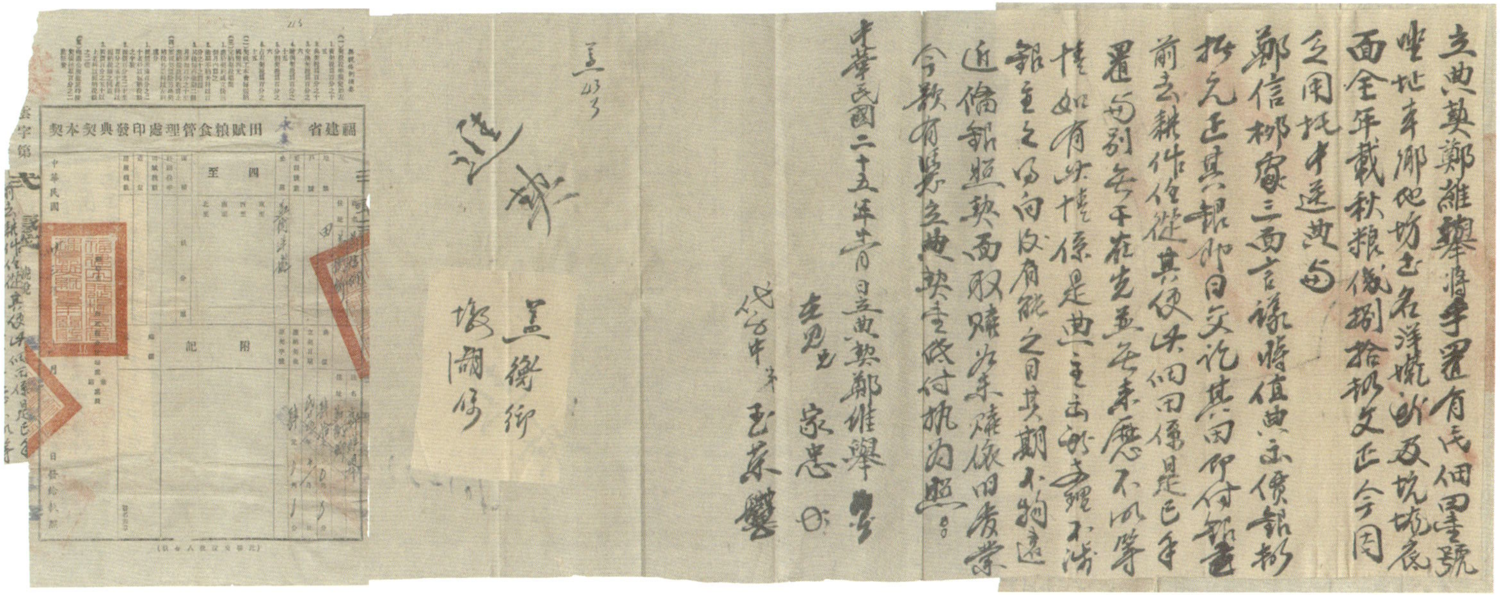
立典契鄭維舉將手置有民佃田壹號
坐址本鄉地坊土名洋墘下坑墘底
面全年載秋粮儀捌拾捌文正今因
乏用托中送典與
鄭信柳官三面言議時值典價銀捌
拾元正其銀即日交訖其田即付銀主
前去耕作佃種其佃田係是己手
置的別無干在先並無未應不明等
情如有此情係是典主出頭不涉
銀主之事向後有能之日其期不拘遠
近備銀照契面取贖此系照依田青棠
今欲有憑立典契壹紙付執為照。

中華民國二十五年十二月　日立典契鄭維舉（押）
在見　家忠（押）
代字中人　玉

5-4-50-77　民國二十五年十二月鄭維舉立典民佃田契（紅契）

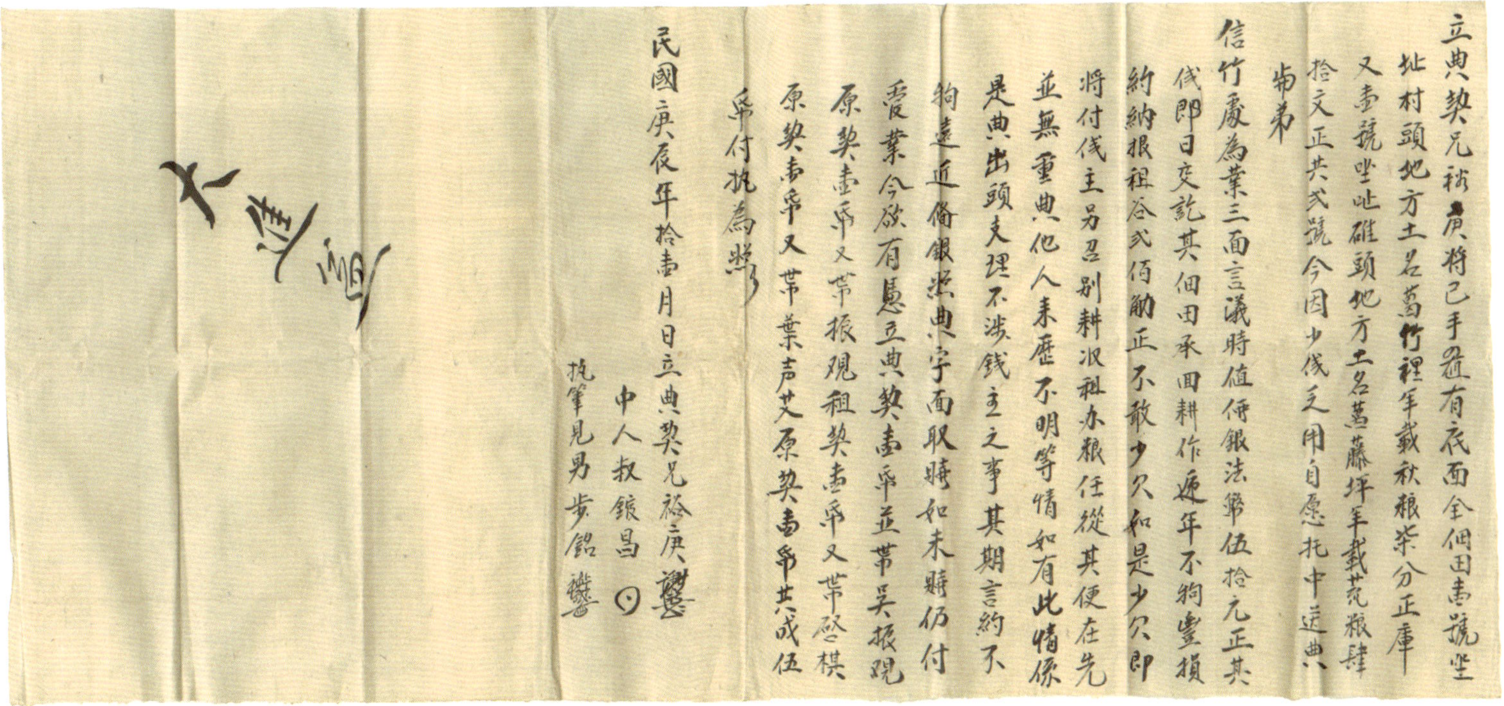

5-4-50-78　民國二十九年十一月鄭裕庚立典底面全佃田契

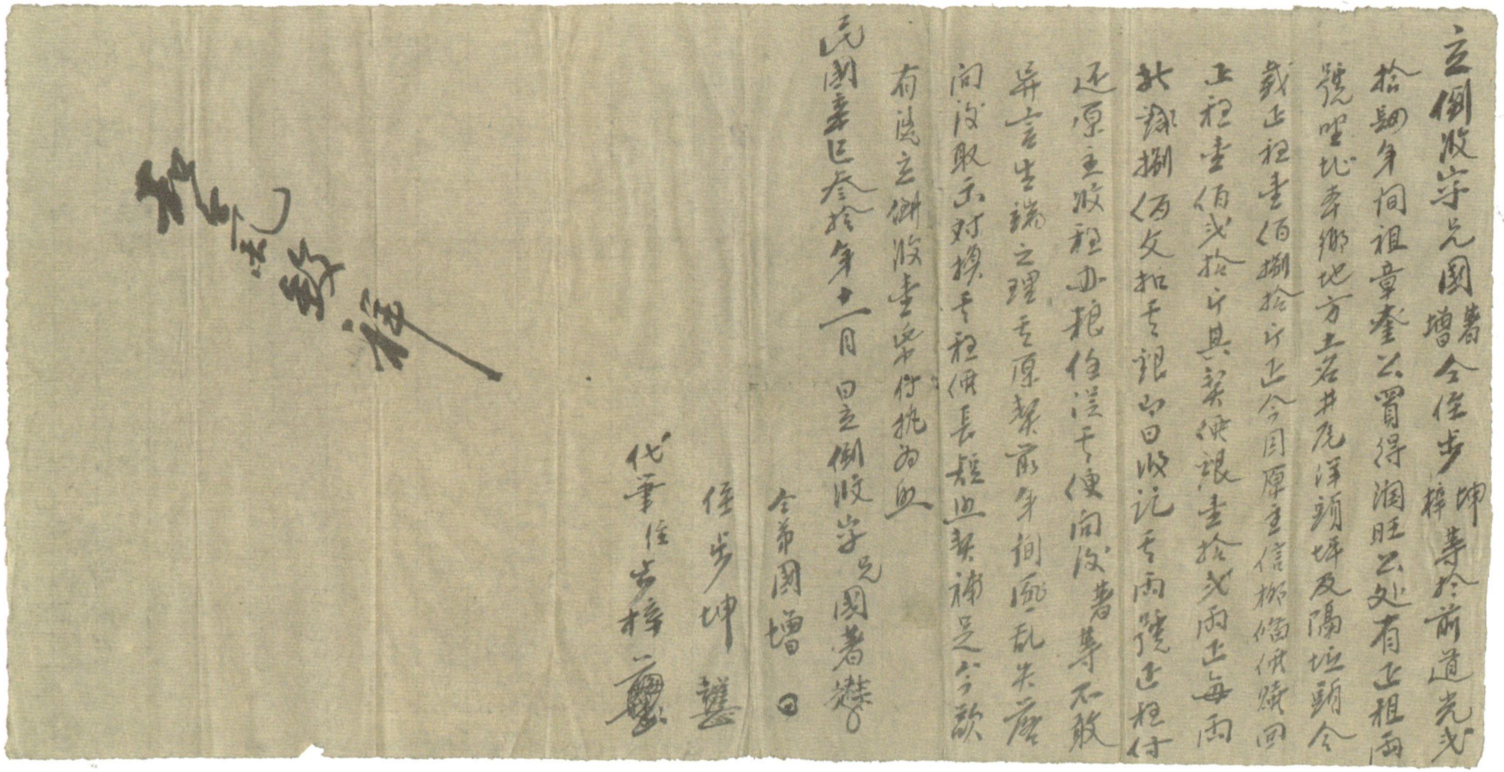

立倒收字兄國著、增，全侄步坤、梓等，於前道光戊
拾捌年間祖章奎公買得潤旺公處有正租兩
號，坐址本鄉地方土名井尾洋頭坪及陽垣頭，今
載正租壹佰捌拾斤正。今因原主信鄉儲供續回
正租壹佰弍拾斤，具契價銀壹拾弍兩正，每兩
扣錢捌佰文，扣去銀六回收記去兩號正租付
還原主收租办粮，任從其便。向後著等不敢
異言生端之理，至原契前年間遺亂失落，
向後取出對換，其租係長毯無契補足之款。
有憑立倒收壹紙付執為照。
民國叁拾年十一月　日立倒收字兄國著（押）
仝弟國增（押）
侄步坤（押）
代筆侄步梓（押）

5-4-50-79　民國三十年十一月鄭國著等立倒收字

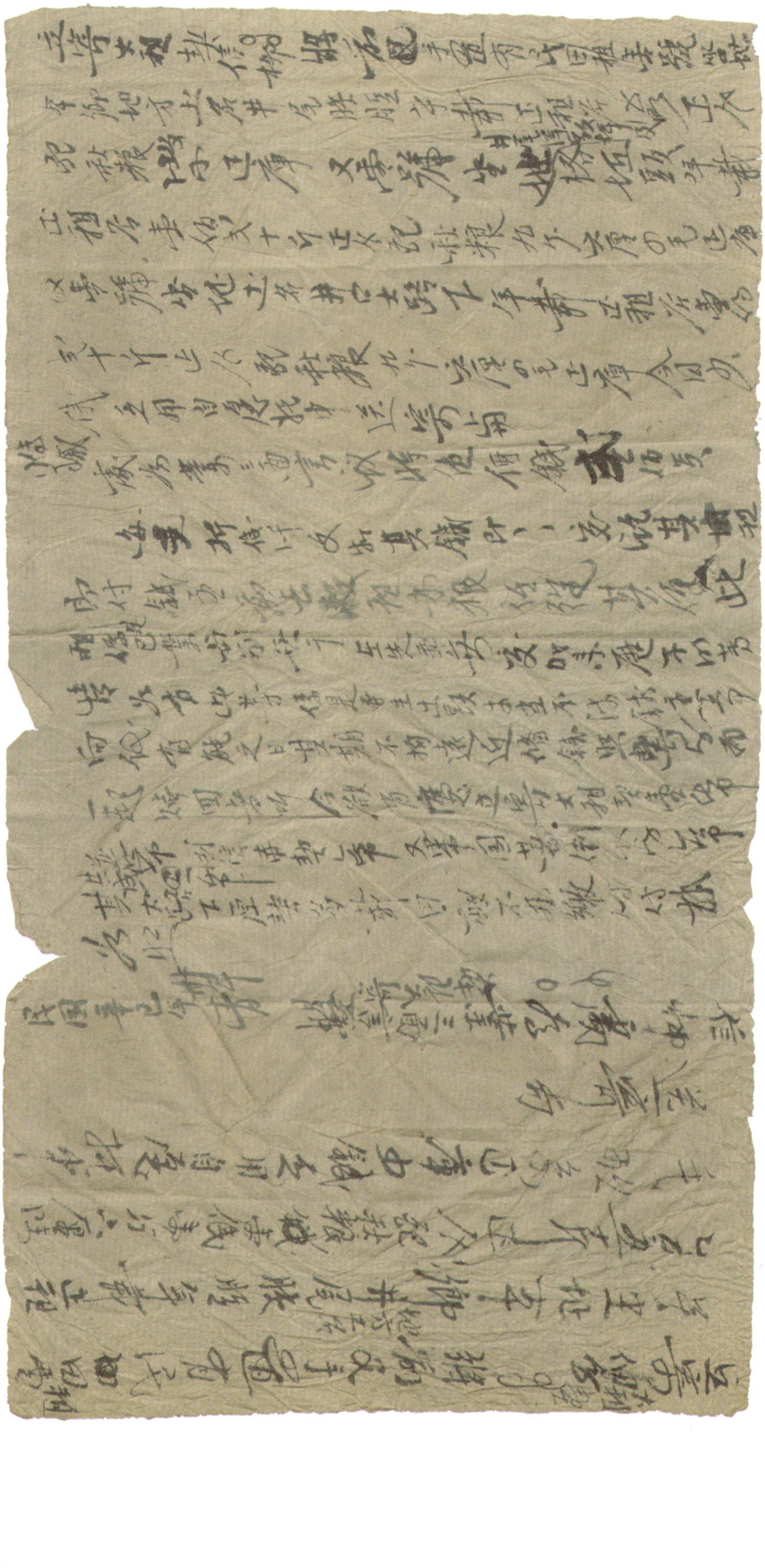

5-4-50-80　民國三十年十一月鄭信柳立寄民田租契（草契）

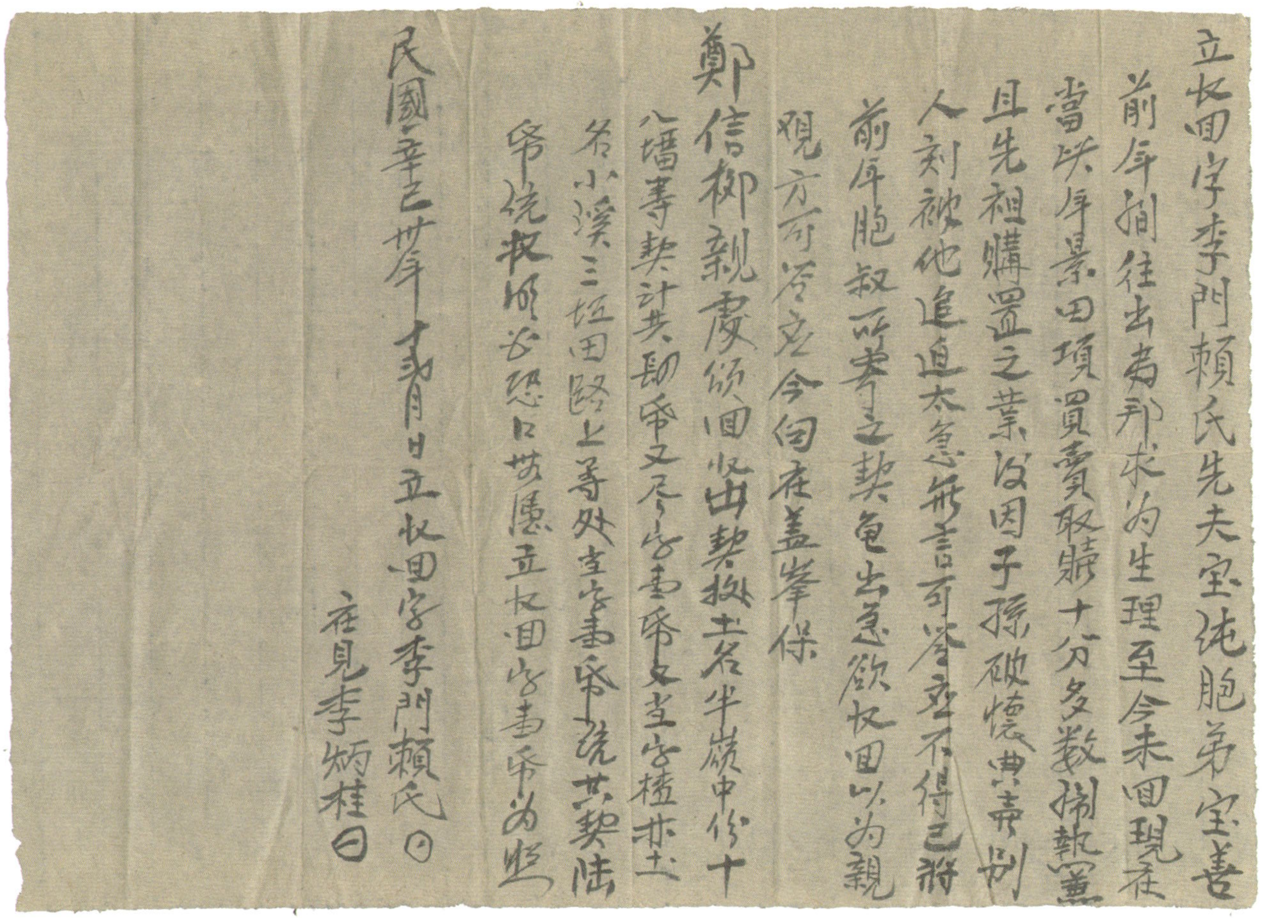

立收回字李門賴氏先夫室纯胞弟室善
前年捐往出外求為生理至今未回現在
當茨年景田項買賣取贖十分多數擱執業
且先祖購置之業後因子孫破壞典賣別
人刻被他追迫太急無言可答迫不得已將
前年胞叔所寄之契色出急欲收回以為親
覌方可答之今向在蓋峰保
鄭信柳親處領回收出契拱土名半嶺中伀十
八壇壽契計共聯帋文尽字壹帋又壹字楂址土
名小溪三垣田路上等處壹字壹帋帋號共契陆
帋統收俱各恐口無憑立收回字壹帋為照
民國辛巳卅年十二月廿日立收回字李門賴氏（押）
在見李炳桂（押）

5-4-50-81　民國三十年十二月賴氏立收回契據字

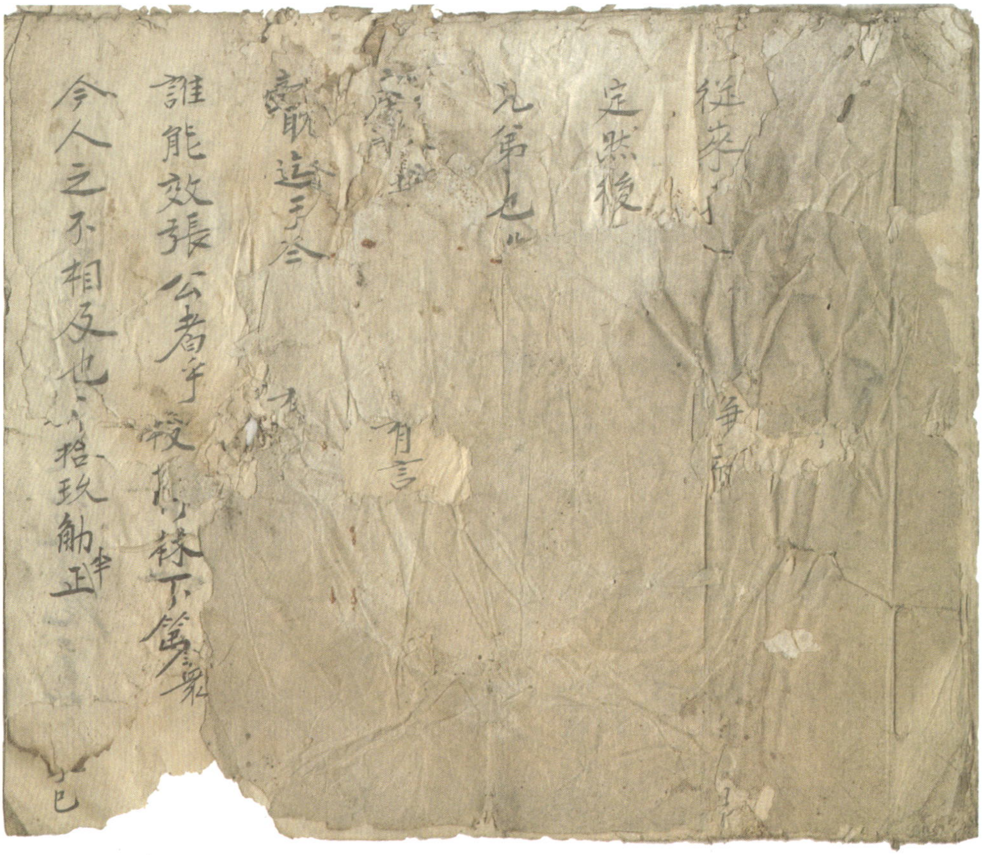
從來
定然後
兄弟也
觀近于今
誰能效張公者乎
今人之不相及也

5-4-51-1　清乾隆十四年鄭允麟立元亨利貞四房鬮書（一）

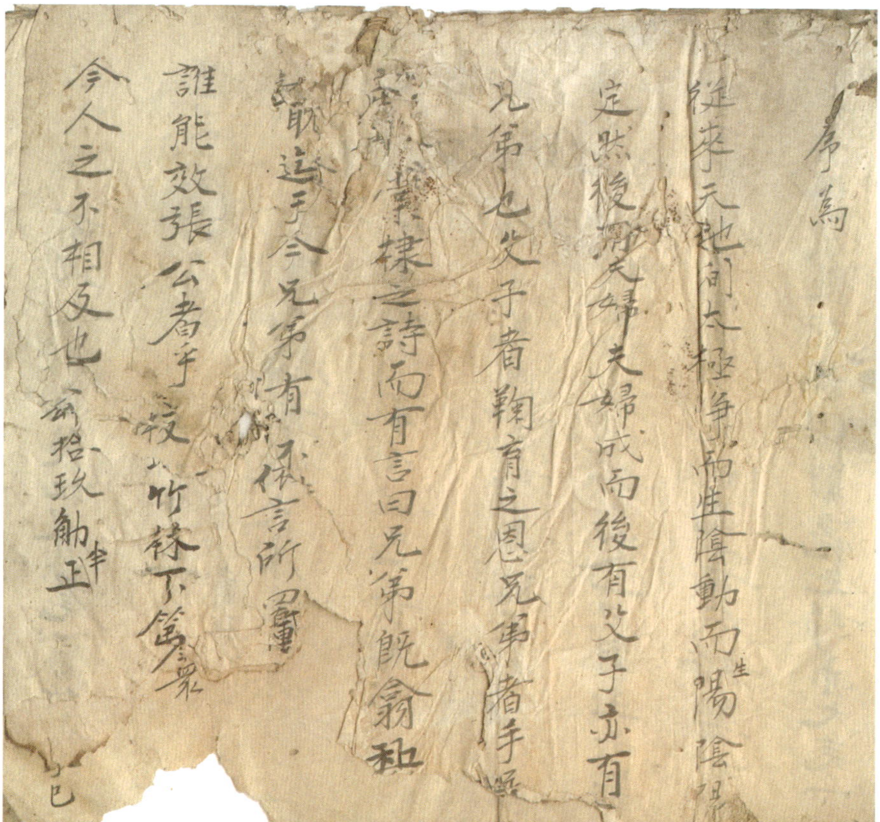
序爲
從來天地剖太極爭而生陰動而陽生陰陽
定然後有夫婦夫婦成而後有父子亦有
兄弟也父子者鞠育之恩兄弟者手足
棠棣之詩而有言曰兄弟既翕和
耽迄于今兄弟有不依言所囑
誰能效張公者乎效竹林下箕裘
今人之不相反也 拾玖觔正 已

5-4-51-2　清乾隆十四年鄭允麟立元亨利貞四房鬮書（二）

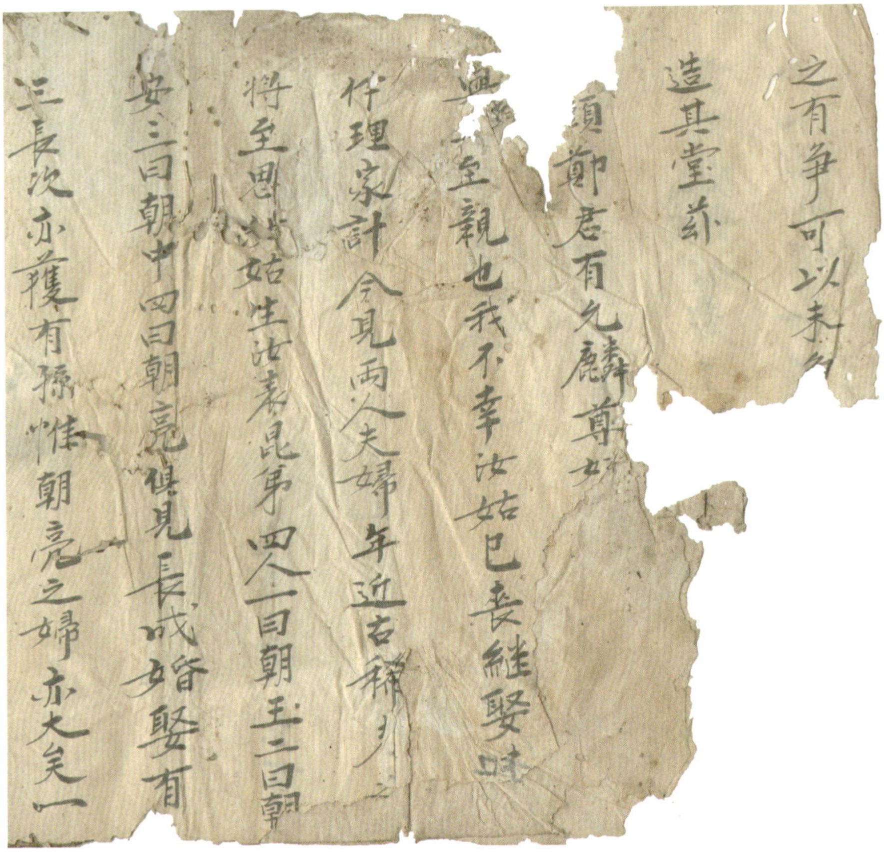
之有爭可以來[illegible]
造其堂奧
須鄭君有允麟尊妣
無[illegible]至親也我不幸汝姑已喪繼娶時
代理家計令見兩人夫婦年近古稀矣
將至恩[illegible]姑生汝表昆弟四人一曰朝王二曰朝
安三曰朝中四曰朝亮俱見長成婚娶有
汪長次亦獲有孫惟朝亮之婦亦大矣一

5-4-51-3　清乾隆十四年鄭允麟立元亨利貞四房鬮書（三）

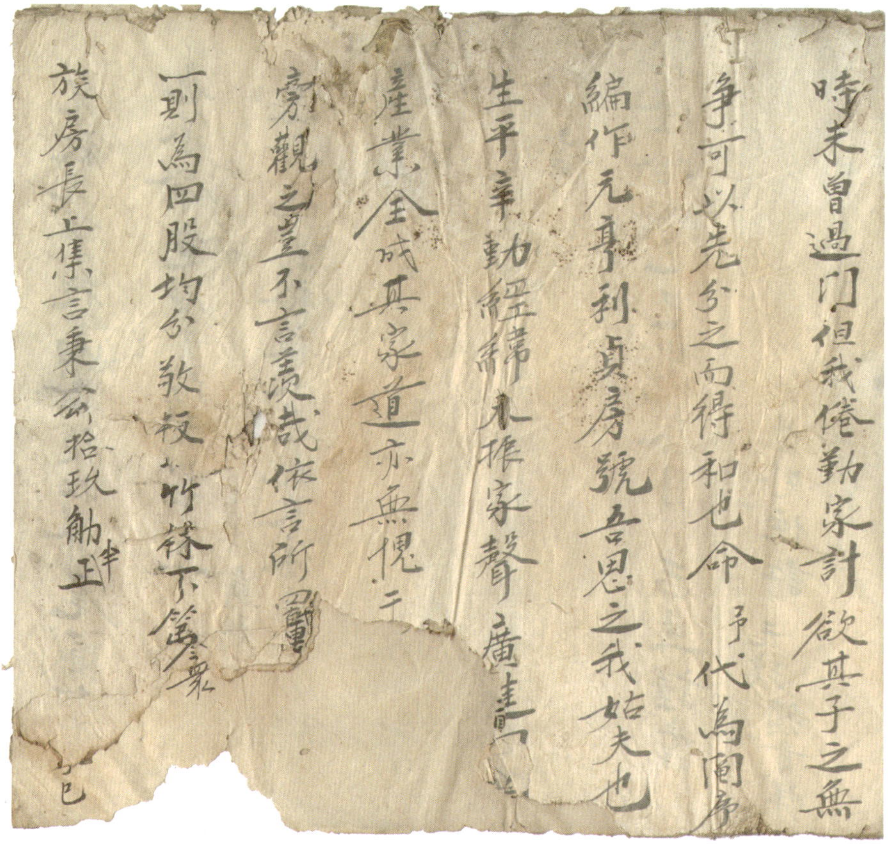
時未曾過门但我倦勤家計欲其子之無
爭可以先分之而得和也命 予 代爲鬮序
編作元亨利貞房號吾思之我姑夫也
生平辛勤經緯以振家聲廣𡋯
產業以全成其家道亦無愧二
旁觀之豈不言羨哉依言所鬮
一則爲四股均分敦叔以竹籙下筆衆
族房長亡集言秉公拾玖觔正
已

5-4-51-4　清乾隆十四年鄭允麟立元亨利貞四房鬮書（四）

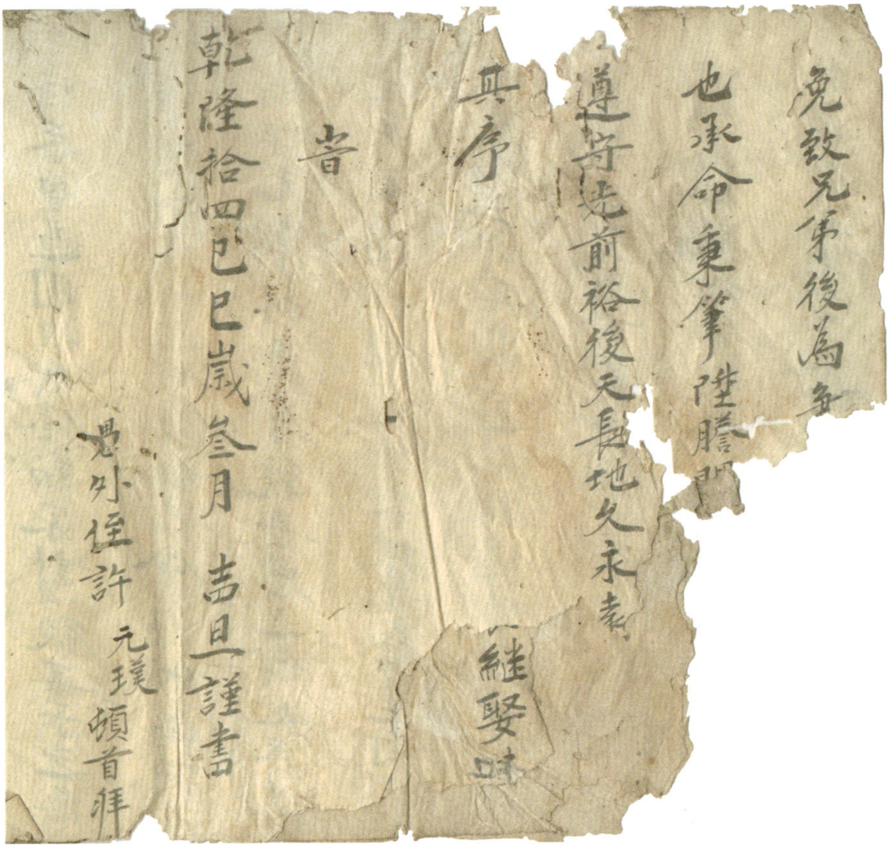
免致兄弟後爲爭
也承命秉筆陞謄
遵守先前裕後天長地久永袁
其序
継娶
旨
乾隆拾四己巳歲叁月 吉旦謹書
愚外侄許 元璲 頓首拜

5-4-51-5　清乾隆十四年鄭允麟立元亨利貞四房鬮書（五）

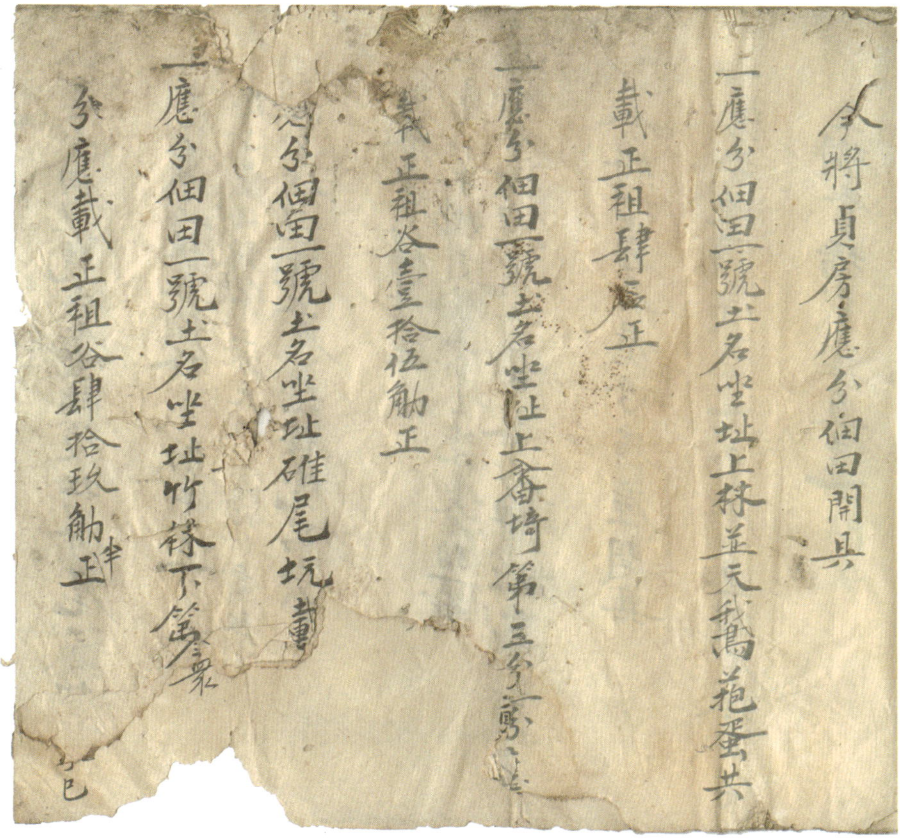
今將貞房應分佃田開具
一應分佃田一號土名坐址上林並天鵞苞蛋共
載正租肆石正
一應分佃田一號土名坐址上畲埼第三分[illegible]
載正租谷壹拾伍觔正
一應分佃田一號土名坐址碓尾坑[illegible]
一應分佃田一號土名坐址竹林下[illegible]
分應載正租谷肆拾玖觔正

5-4-51-6　清乾隆十四年鄭允麟立元亨利貞四房鬮書（六）

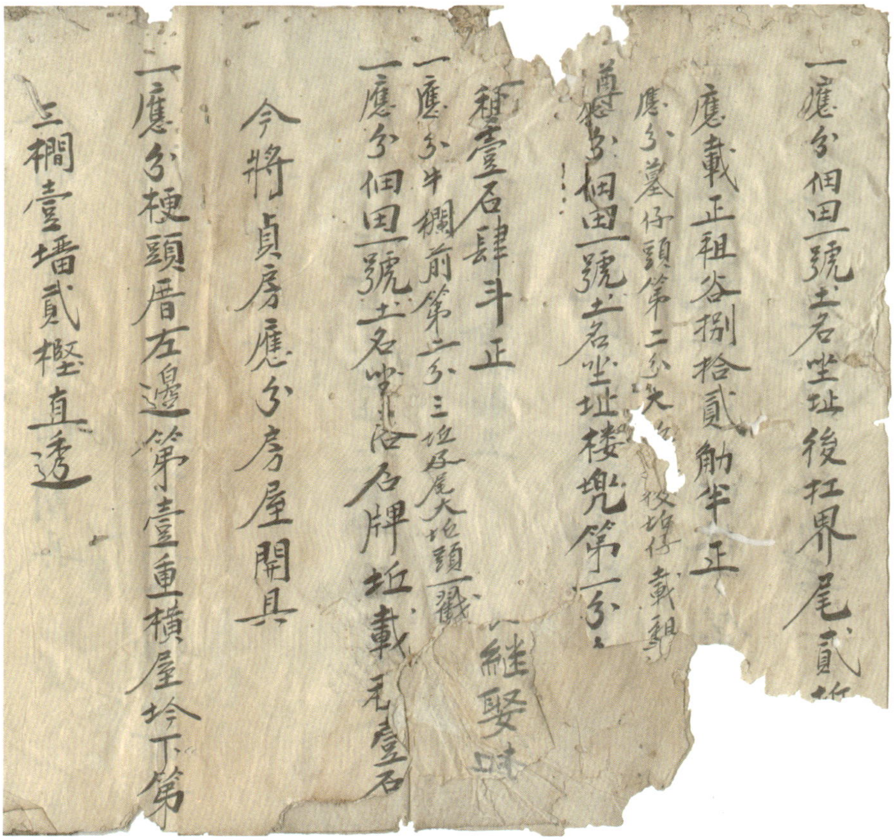

一應分佃田一號土名坐址後扛界尾貳坵
應載正租谷捌拾貳觔半正
應分墓仔頭第二坵大坵[illegible]役埠仔載租[illegible]
一應分佃田一號土名坐址樓兜第一坵
租壹石肆斗正
一應分牛欄前第二坵三坵及尾大地頭一截
一應分佃田一號土名坐北洛石牌坵載毛壹石
繼娶時
今將貞房應分房屋開具
一應分梗頭厝左邊第壹重橫屋拴下第
三櫚壹墻貳樫直透

5-4-51-7　清乾隆十四年鄭允麟立元亨利貞四房鬮書（七）

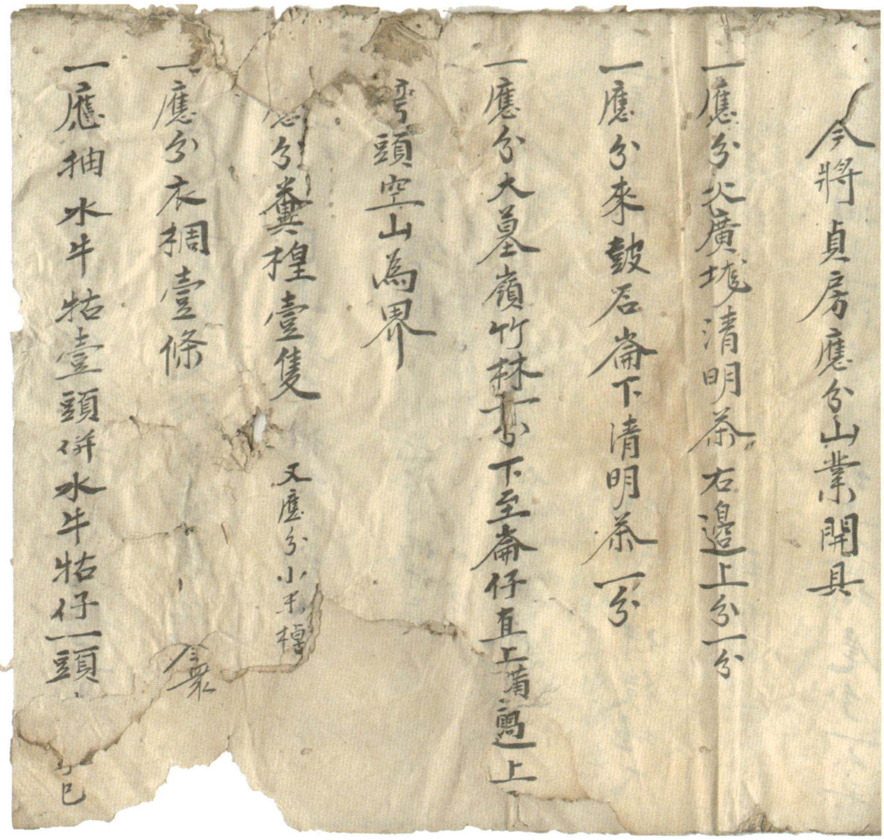

今將貞房應分山業開具
一應分尖廣墘清明茶右邊上分一分
一應分來鼓石崙下清明茶一分
一應分大墓嶺竹林一分下至崙仔直上蒲[illegible]邊上[illegible]
彎頭空山為界
[illegible]應分糞[illegible]壹隻
又應分小[illegible]樽
一應分衣裍壹條
一應抽水牛牸壹頭併水牛牸仔一頭
衆
已

5-4-51-8　清乾隆十四年鄭允麟立元亨利貞四房鬮書（八）

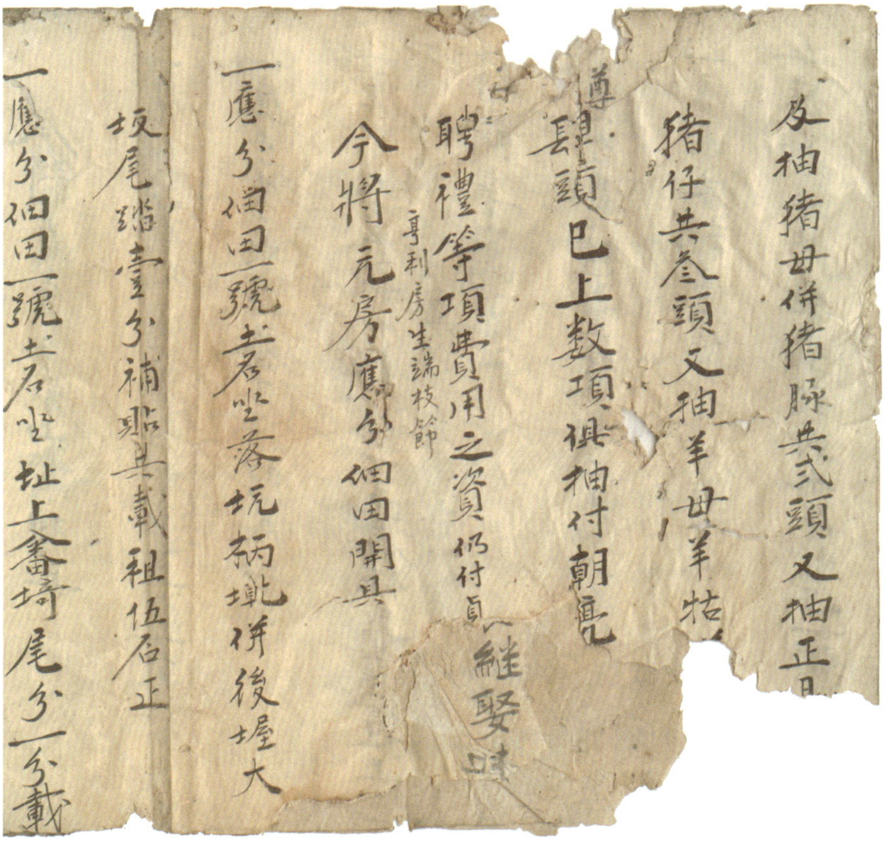

及柚猪毋併猪豚共弍頭又柚正日
猪仔共叁頭又柚羊毋羊牯
尊長肆頭已上数項俱柚付朝亮
聘禮等項費用之資仍付貞繼娶時
亨利房生端枝節
今將元房應分佃田開具
一應分佃田一號土名坐蓀坑柄墘併後屋堪大
坂尾踏壹分補賠并載租伍石正
一應分佃田一號土名坐址上畬埼尾分一分載

5-4-51-9　清乾隆十四年鄭允麟立元亨利貞四房鬮書（九）

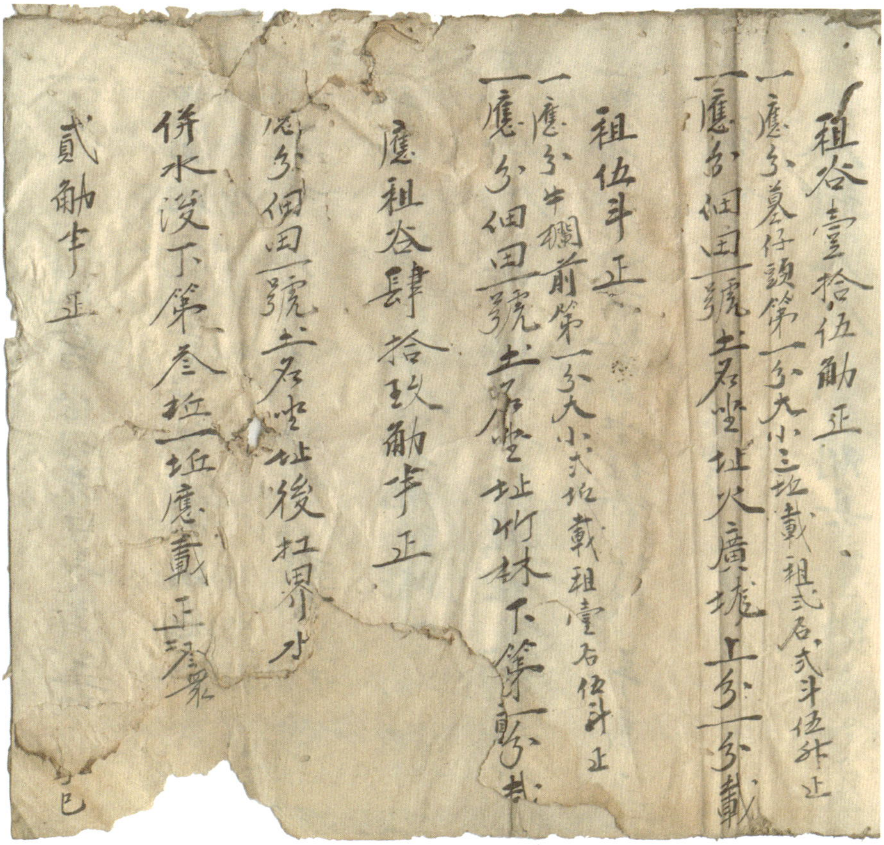

一租谷壹拾伍斛正
一應分墓仔頭第一分大小三坵載租弍石弍斗伍升正
一應分佃田一號土名坐址大廣垅上分一分載
租伍斗正
一應分牛欄前第一分大小弍坵載租壹石伍斗正
一應分佃田一號土名坐址竹林下第一分載
應租谷肆拾玖斛半正
應分佃田一號土名坐址後杜界水
併水漈下第叁坵一坵應載正[illegible]
貳斛半正

5-4-51-10　清乾隆十四年鄭允麟立元亨利貞四房鬮書（一〇）

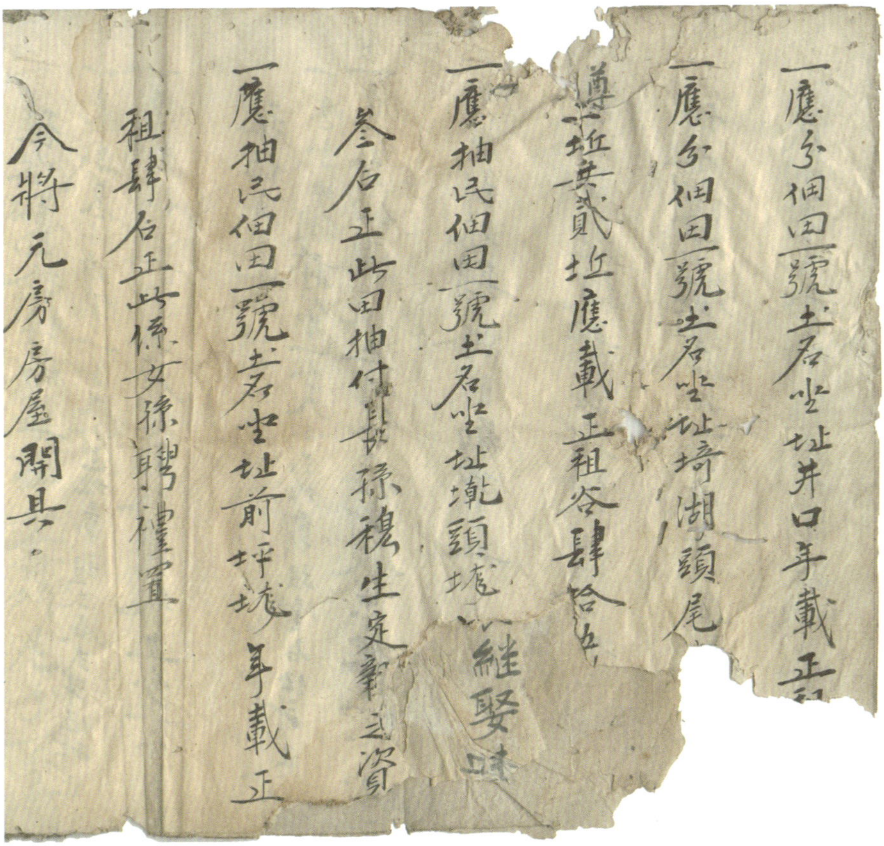
一應分佃田一號土名坐址井口年載正
一應分佃田一號土名坐址埼湖頭尾
遵坵共貳坵應載正租谷肆拾五
一應抽民佃田一號土名坐址墘頭墘
繼娶時
叁石正此田抽付長孫穆生定親之資
一應抽民佃田一號土名坐址前坪墘年載正
租肆石正此係女孫聘禮置
今將元房房屋開具。

5-4-51-11　清乾隆十四年鄭允麟立元亨利貞四房鬮書（一一）

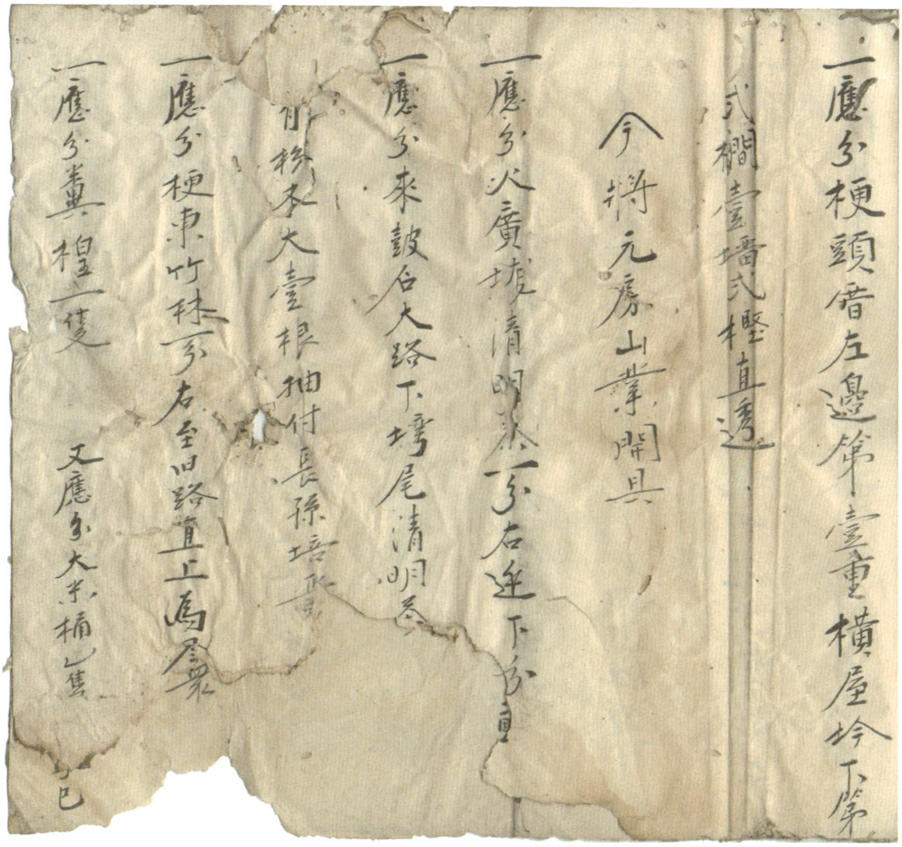

一應分梗頭厝左邊第壹重橫屋崎下第
弍間壹墻弍壁柱直透
今將元房山業鬮具
一應分火黄垅清明叅一分右邊下分重
一應分來鼓石大路下壋尾清明叅
前杉木大壹根抽付長孫培玉
一應分梗東竹林一分右至旧路直上爲界
一應分黄楻一隻
又應分大米桶一隻
己

5-4-51-12　清乾隆十四年鄭允麟立元亨利貞四房鬮書（一二）

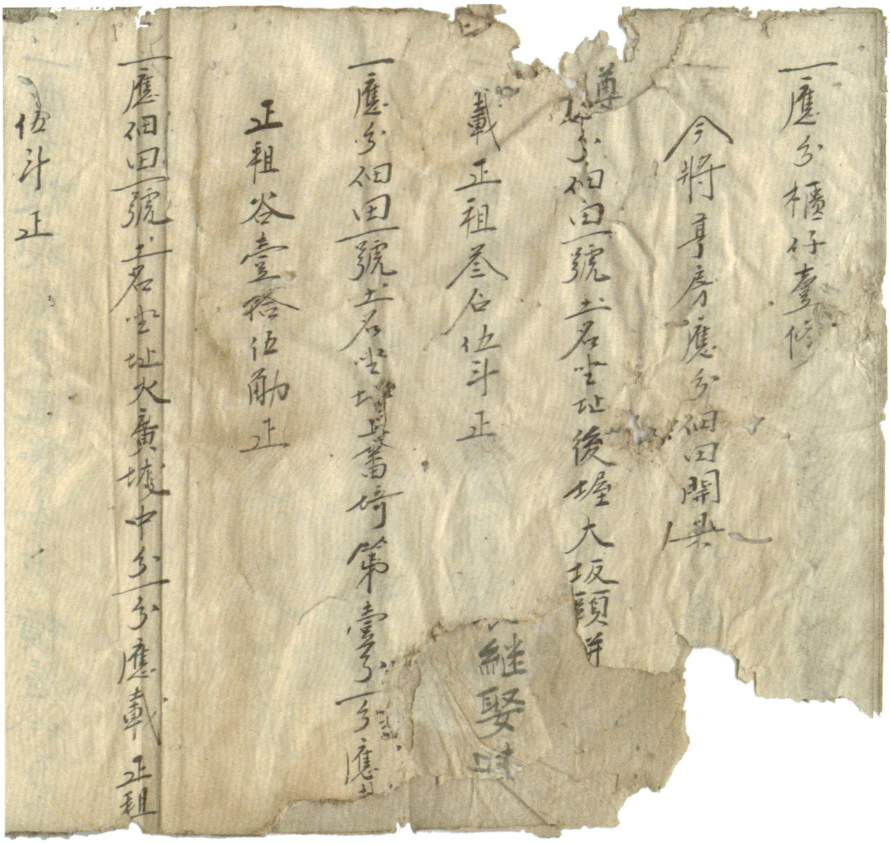

一應分櫃仔壹坵

今將亨房應分佃田開具

遵應分佃田一號土名坐址後壟大坂頭并

載正租叁石伍斗正

一應分佃田一號土名坐址上蕃㙮第壹分一分應

正租谷壹拾伍觔正

一應佃田一號土名坐址大廣墘中分一分應載正租

伍斗正

繼娶

5-4-51-13　清乾隆十四年鄭允麟立元亨利貞四房鬮書（一三）

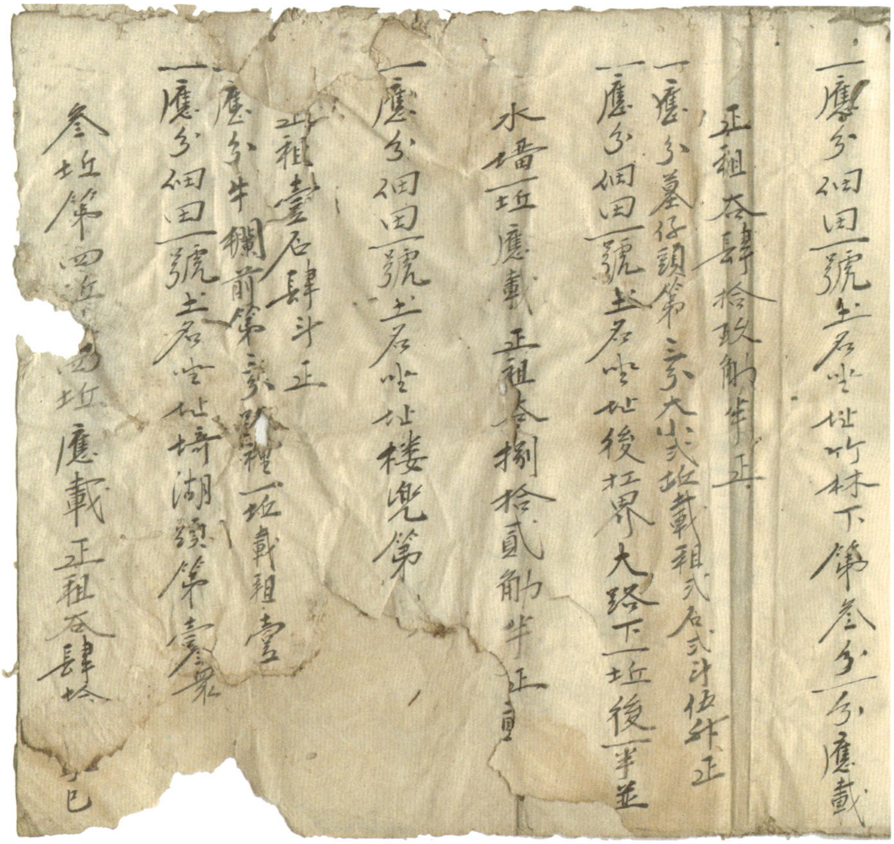
一處分佃田一號土名坐址竹林下第叁分一分應載
正租叁肆拾玖觔半正
一處分墓仔頭第一分大小弍坵載租弍石弍斗伍升正
一處分佃田一號土名坐址後垅界大路下一坵後一半並
水壋一坵應載正租叁捌拾貳觔半正
一處分佃田一號土名坐址樓兜第
正租壹石肆斗正
一處分牛欄前第
一坵載租壹
一處分佃田一號土名坐址埼湖頭第壹
叁坵第四
四坵應載正租叁肆拾
已

5-4-51-14　清乾隆十四年鄭允麟立元亨利貞四房鬮書（一四）

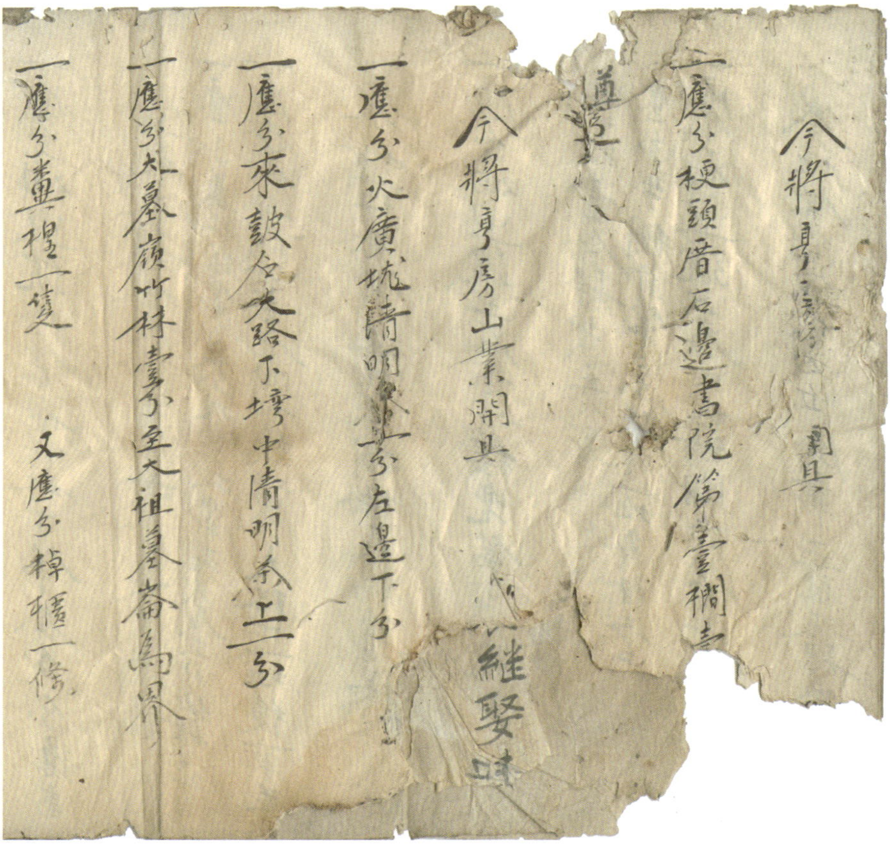

今將亨房[illegible]鬮具

一應分梗頭厝石邊書院節壹[illegible]

道[illegible]

今將亨房山業鬮具

一應分火廣坑𫕥明[illegible]上壹分左邊下分

一應分來鼓仑大路下壋中清明分上一分

一應分大墓嶺竹林壹分至大祖墓崙為界

一應分畫桯一隻

又應分棹櫃一條

繼娶

5-4-51-15　清乾隆十四年鄭允麟立元亨利貞四房鬮書（一五）

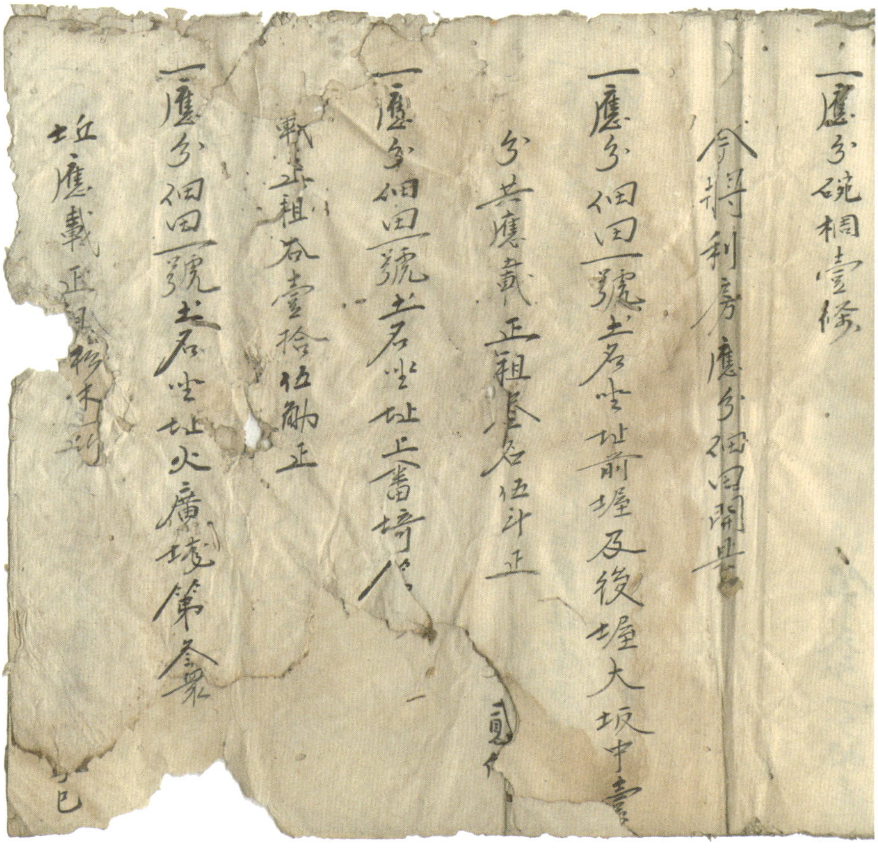

一應分碗桐壹條

今將利房應分佃田開具

一應分佃田一號土名坐址前墘及後墘大坂中壹[illegible]

分共應載正租叁石伍斗正 貳[illegible]

一應分佃田一號土名坐址上畓墘[illegible]

載正租谷壹拾伍觔正

一應分佃田一號土名坐址火燒墘第叁[illegible]

址應載正租杉木[illegible]

[illegible]已

5-4-51-16　清乾隆十四年鄭允麟立元亨利貞四房鬮書（一六）

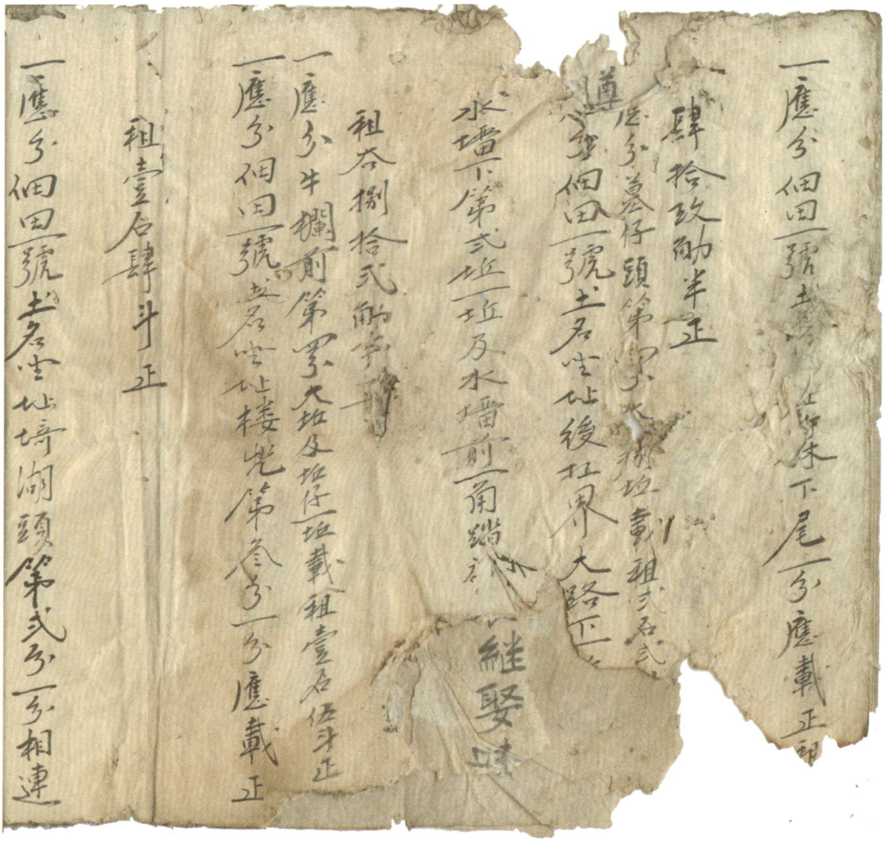

一應分佃田一號土名[illegible]朱下尾一分應載正租
肆拾玖觔半正
一應分墓仔頭第[illegible]水[illegible]坵載租弍石弍
導
一應分佃田一號土名坐址後杜界大路下正
水壋下第弍坵一坵及水壋前一角緇名
繼娶
租谷捌拾弍觔半
一應分牛欄前第叁大坵及坵仔一坵載租壹石伍斗正
一應分佃田一號土名坐址樓兇第叁分一分應載正
租壹石肆斗正
一應分佃田一號土名坐址埼湖頭第弍分一分相連

5-4-51-17　清乾隆十四年鄭允麟立元亨利貞四房鬮書（一七）

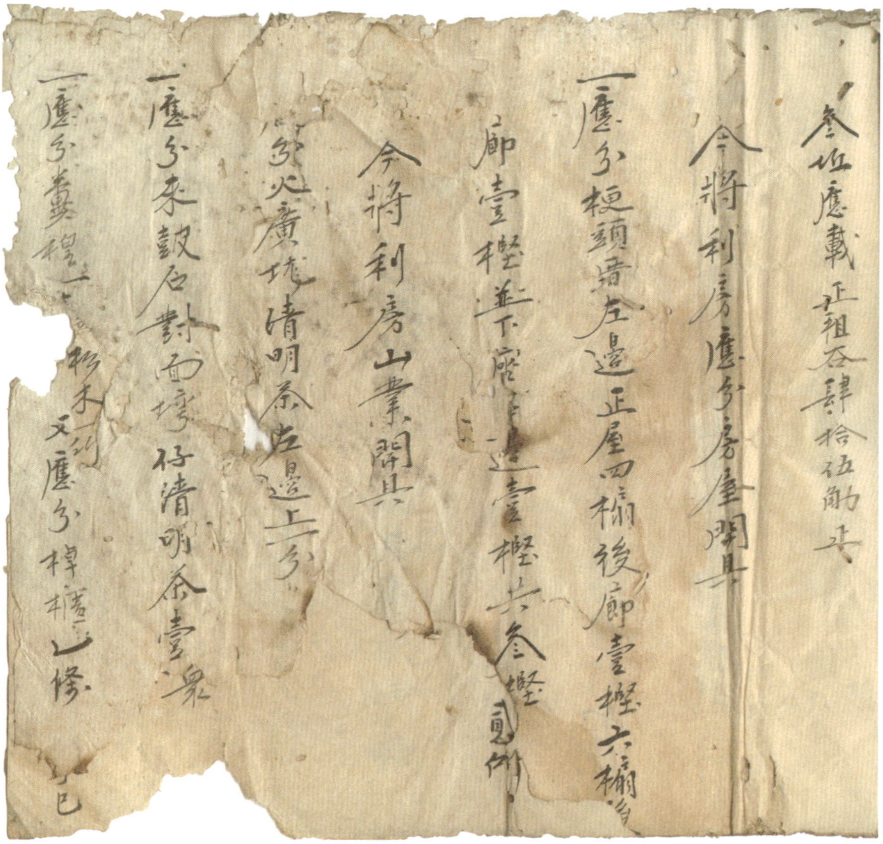

叁伍應載正租谷肆拾伍觔正

今將利房應分房屋開具

一應分樓頭厝左邊正屋四椼後廊壹植六椼後

廊壹植并下座左邊壹植共叁植貳間

今將利房山業開具

一應分火廣坑清明茶右邊上分

一應分來鼓石對面墩仔清明茶壹泉

一應分蓋[illegible]埕一[illegible]杉木一所

又應分樟樹[illegible]山場

[illegible]已

5-4-51-18　清乾隆十四年鄭允麟立元亨利貞四房鬮書（一八）

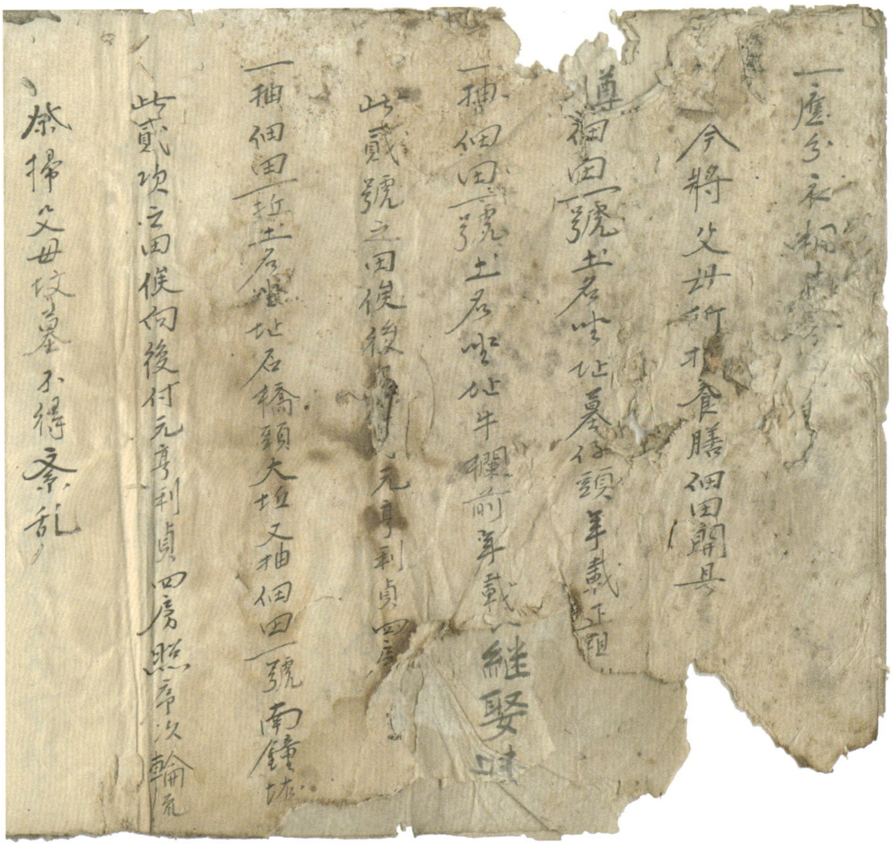

一應分衣[illegible]
今將父母所抽食膳佃田開具
一佃田一號土名坐址墓仔頭年載正租
一抽佃田一號土名坐址牛欄前年載
繼娶時
此貳號之田俟後付元亨利貞四房
一抽佃田一號土名坐址石橋頭大坵又抽佃田一號南鍾坑
此貳坵之田俟伺後付元亨利貞四房照序次輪流
祭掃父母坟墓不得紊亂

5-4-51-19　清乾隆十四年鄭允麟立元亨利貞四房鬮書（一九）

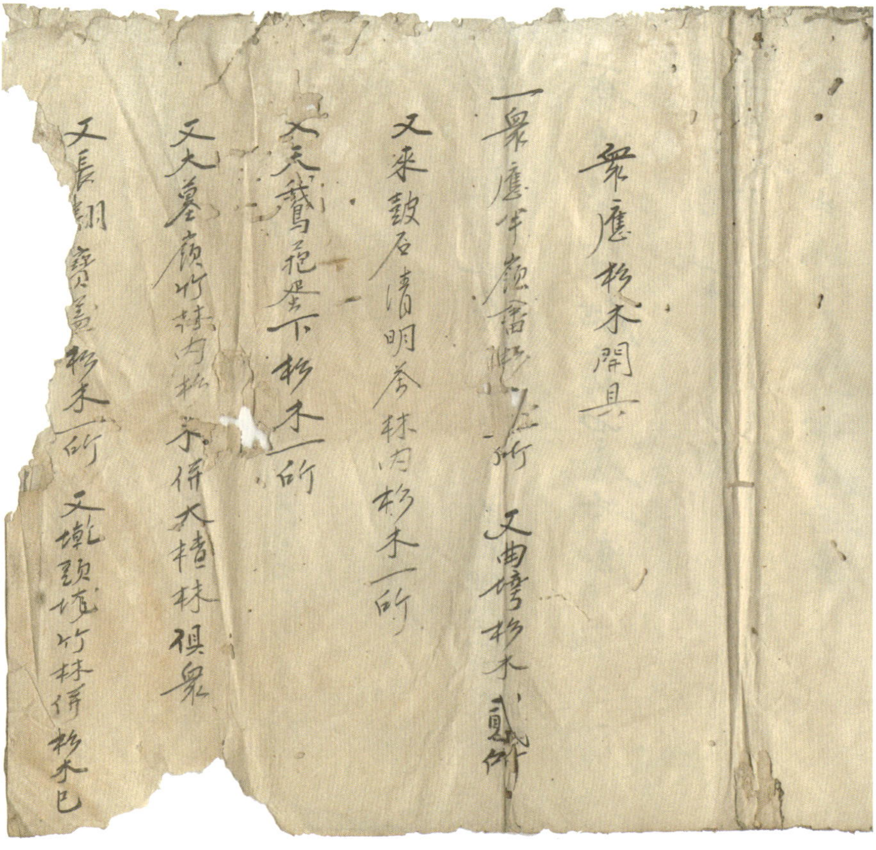
眾應杉木開具
一眾應坪嶺當[illegible]杉一所　又曲塆杉木貳所
又來鼓石清明茶林內杉木一所
又天鵞苑墓下杉木一所
又大墓嶺竹林內松木併大楂林祖泉
又長嗣賢藎杉木一所　又墘頭墘竹林併杉木已

5-4-51-20　清乾隆十四年鄭允麟立元亨利貞四房鬮書（二〇）

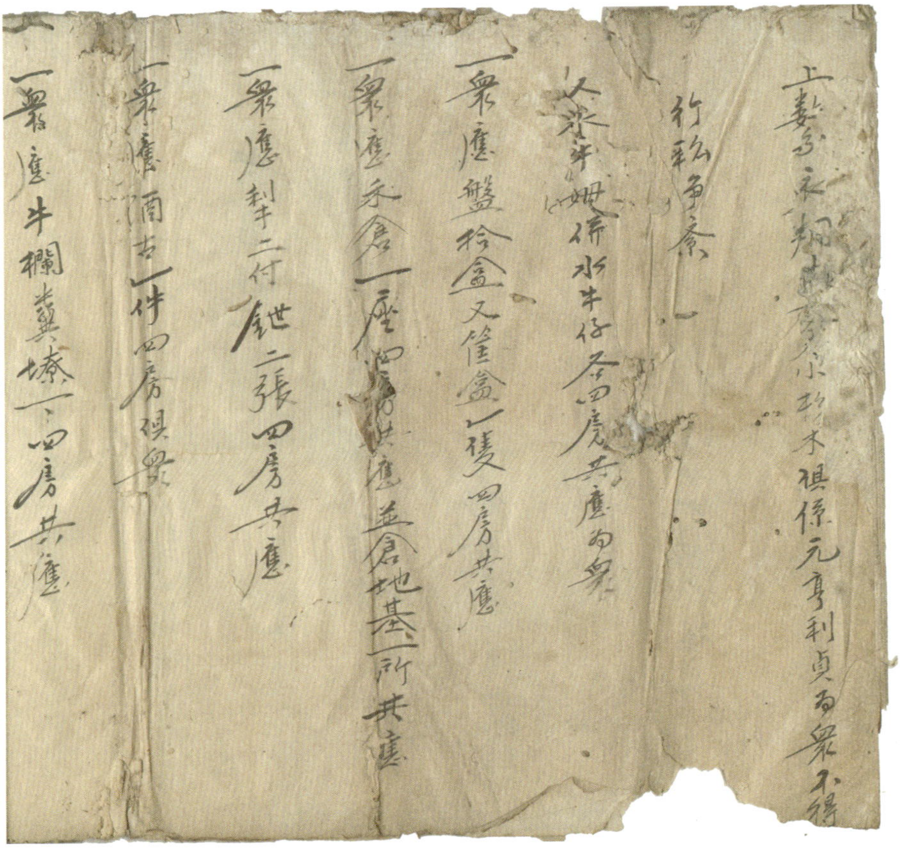
上數永[illegible][illegible][illegible]房余杉木俱係元亨利貞為衆不得
行私爭奪。
又衆牛嫲併水牛仔各四房共應為衆
一衆應盤拾盒又筐盒一隻四房共應
一衆應禾倉一座四[illegible]共應並倉地基一所共應
一衆應犁二付鏵二張四房共應
一衆應酒古一件四房俱衆
一衆應牛欄糞壙一所四房共應

5-4-51-21　清乾隆十四年鄭允麟立元亨利貞四房鬮書（二一）

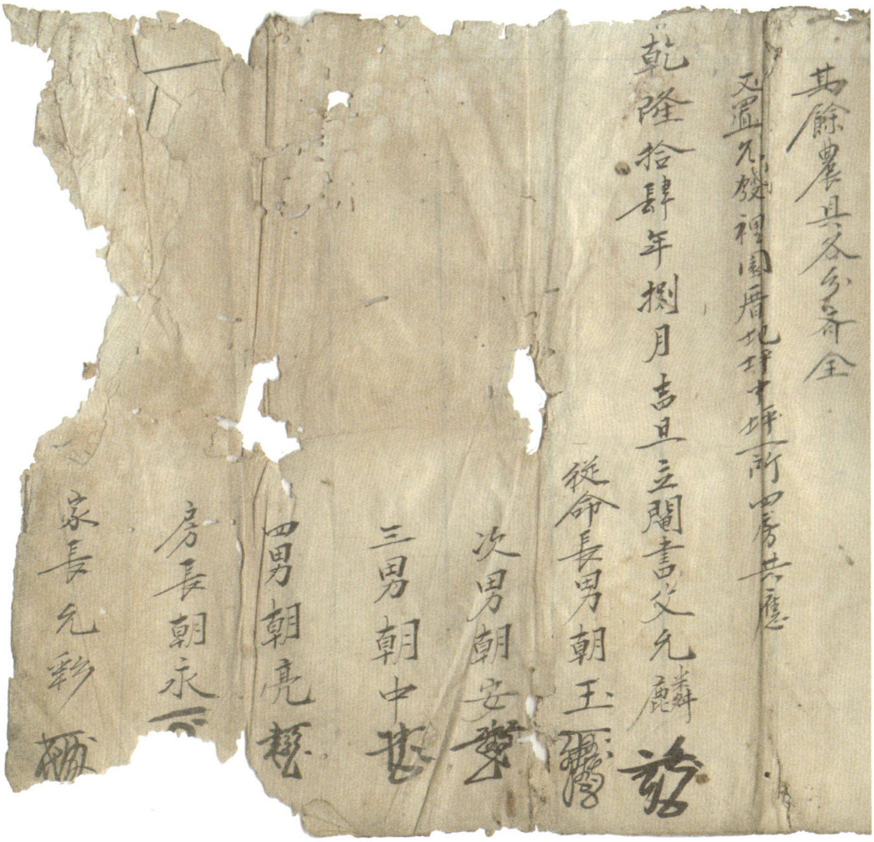
其餘農具各分齊全
又置允發裡園厝地坪中坪一所四房共應
乾隆拾肆年捌月吉旦立鬮書父允麟
從命長男朝玉
次男朝安
三男朝中
四男朝亮
房長朝永
家長允彩

5-4-51-22　清乾隆十四年鄭允麟立元亨利貞四房鬮書（二二）

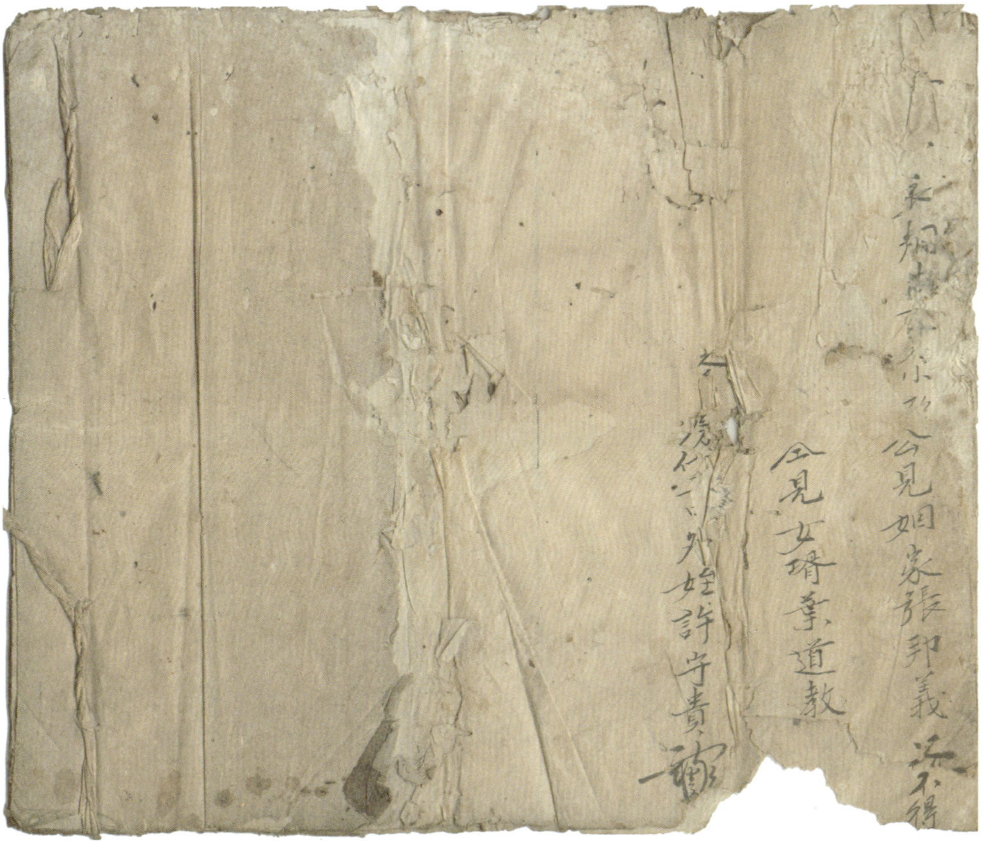

[illegible]小[illegible]　公見姻家張邦義[illegible]不得

公見女壻葉道教

[illegible]代[illegible]外姪許守貴[illegible]

5-4-51-23　清乾隆十四年鄭允麟立元亨利貞四房鬮書（二三）

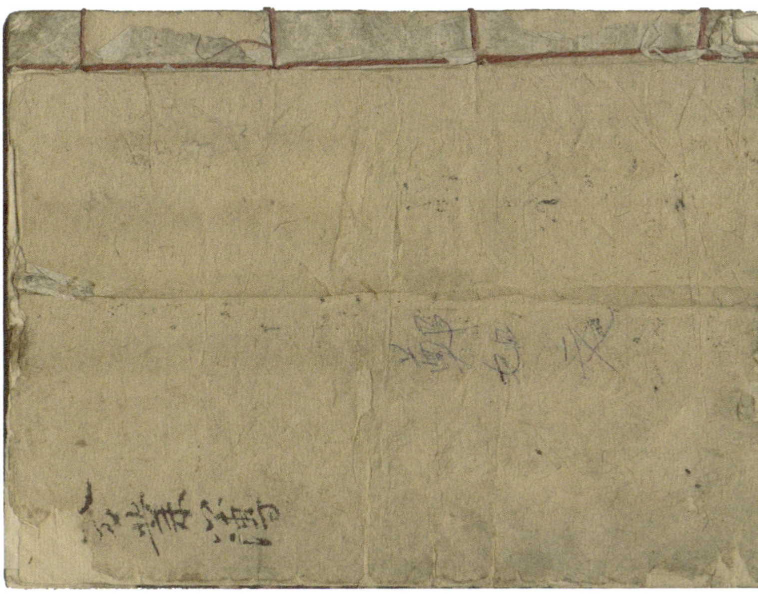

5-4-52-1　民國十五年鄭裕倫等立分業簿（一）

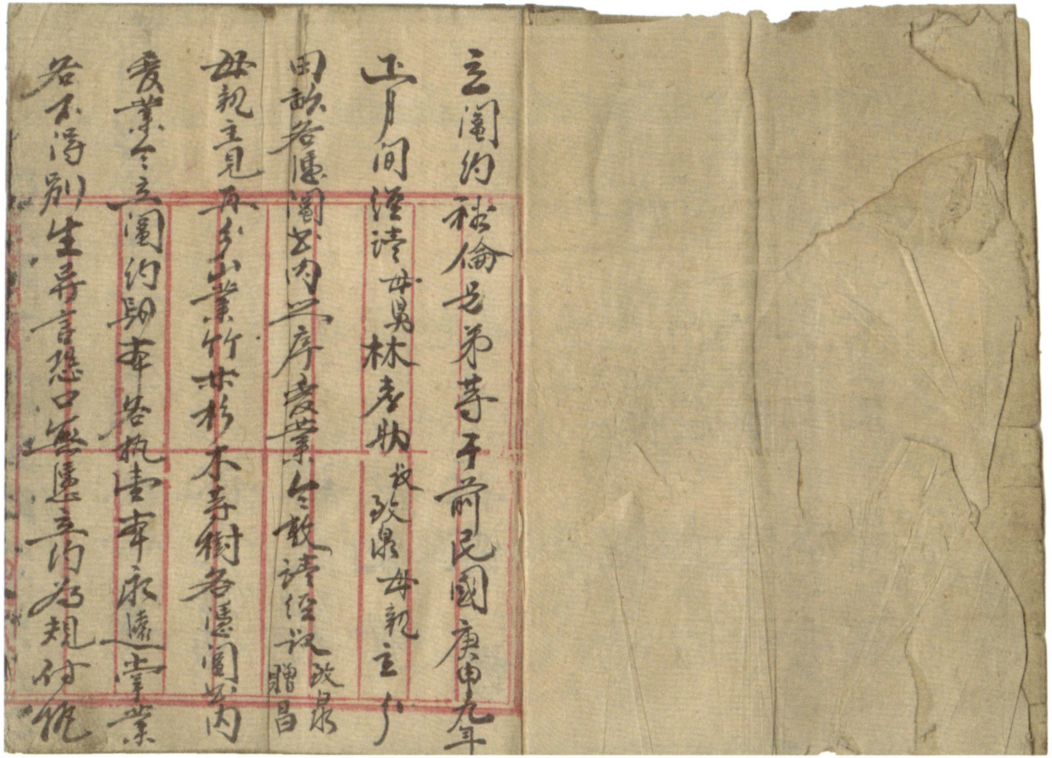

立鬮約裕倫兄弟等于前民國庚申九年
正月間經請母舅林孝助、叔玟泉、母親主分
田畝各憑鬮書內三房管業，今敦請經叔玟泉、贈昌
母親主見，再分山業竹木杉木等樹，各憑鬮書內
管業。今立鬮約與本，各執壹本，永遠掌業，
各不得別生異言，恐口無憑，立約為規付照

5-4-52-2　民國十五年鄭裕倫等立分業簿（二）

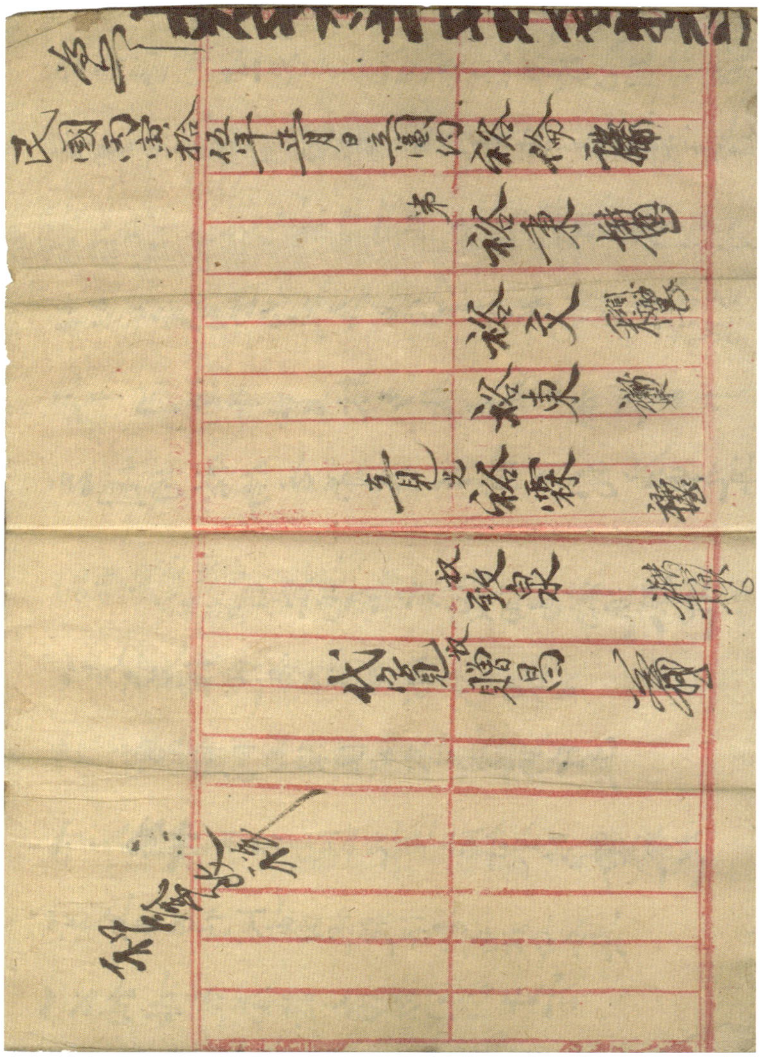

5-4-52-3　民國十五年鄭裕倫等立分業簿（三）

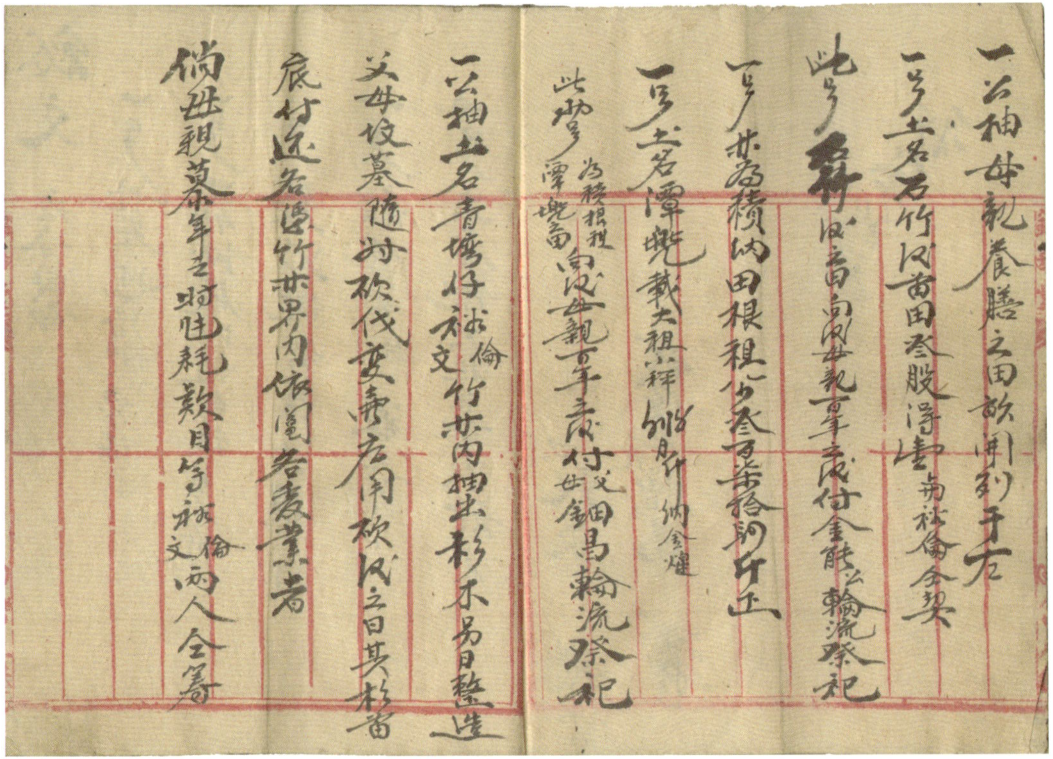
一公抽母親養膳之田開列于左
一號土名石竹內苗田叁股得壹股 與裕倫全契
此號粮以苗向收母親百年之後付全能公輪流祭祀
一號共為積納田根租一十叁石柒拾觔斤正
一號土名潭墘載大祖小祥納仟納金燦
此號為積根租潭墘苗向收母親百年之後付父母田鋪昌輪流祭祀
一公抽土名青塘仔裕倫裕文竹山內抽出杉木另日整造
父母坟墓隨時砍伐変賣應用砍伐之日其杉苗
依付述名處竹山界內依舊為業者
倘母親葬年之時其耗費數目等裕倫裕文兩人仝籌

5-4-52-4　民國十五年鄭裕倫等立分業簿（四）

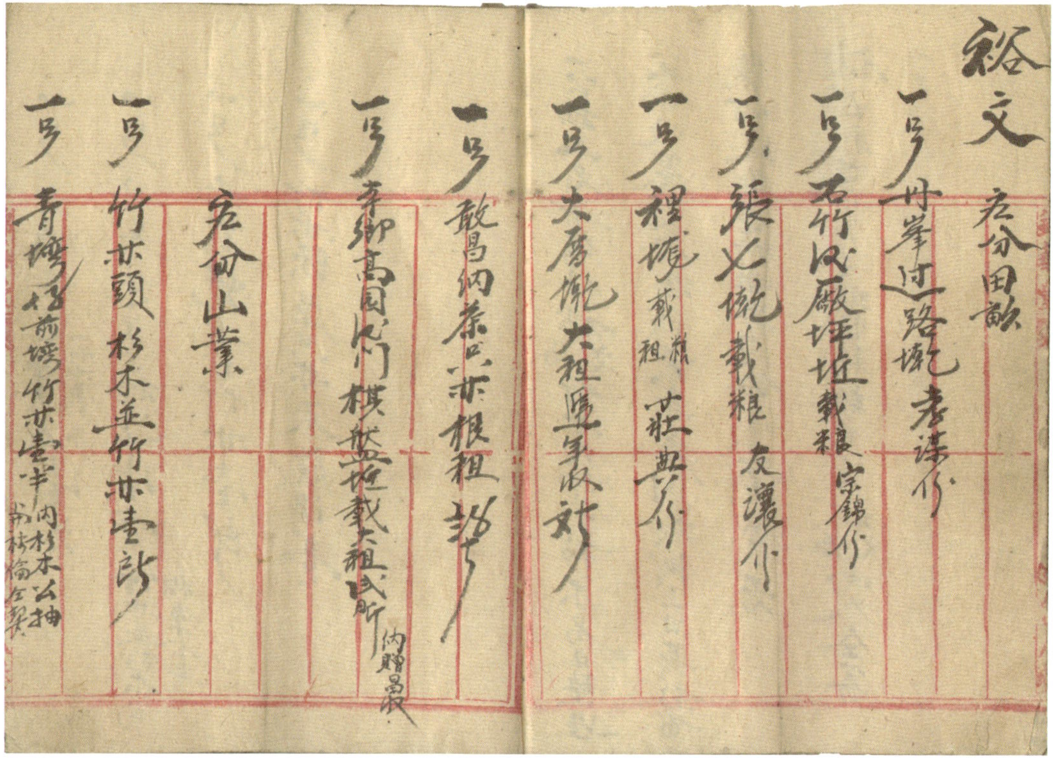

裕文

應分田畝

一號　丹峯過路墘　孝謀佃

一號　石竹風廠坪垃　載粮　宗錦佃

一號　張七墘　載粮　友讓佃

一號　程墘　載粮租　莊興佃

一號　大厝墘　大租壹年收[illegible]

一號　敵昌内茶口林　根租拾斤

一號　李卿高園門　棋盤垃　載大租弍斤　内贈昌取

應分山業

一號　竹林頭　杉木並竹林壹片

一號　青墘後前墘　竹林壹半　内杉木公抽　帰裕倫全契

5-4-52-5　民國十五年鄭裕倫等立分業簿（五）

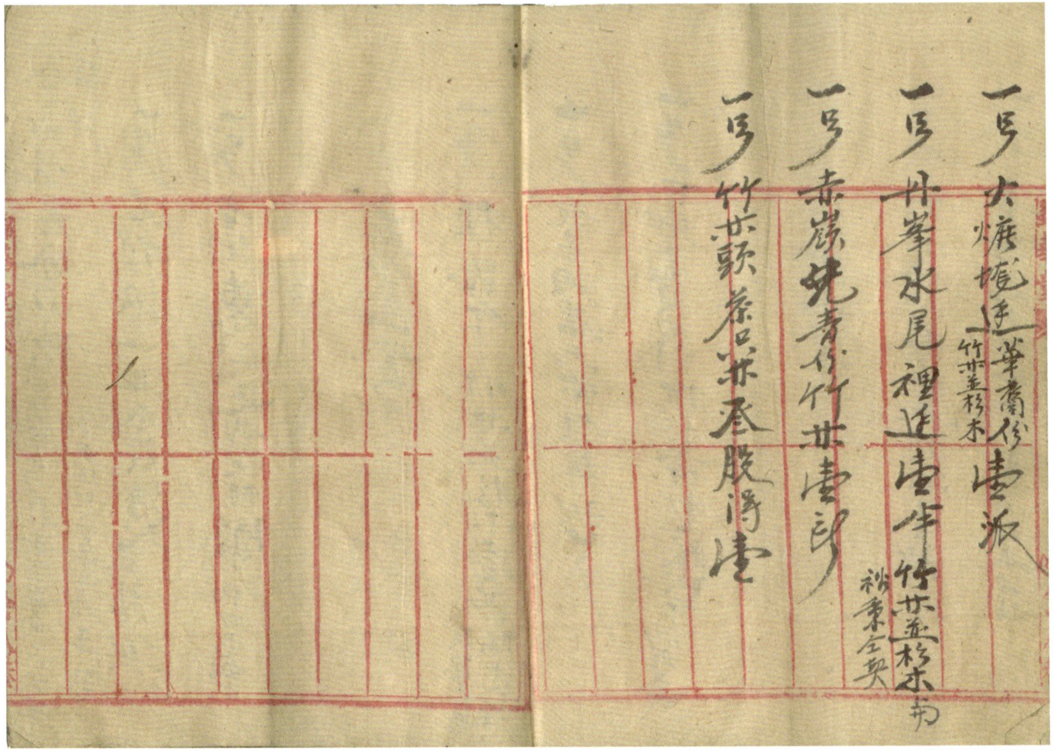
一号大鹿墘逕上峯齊份（竹林並杉木）壹派
一号丹峯水尾裡逕壹半竹林並杉木在內（裕秉全契）
一号赤嶺坑青份竹林壹所
一号竹林頭蔡呂林叁股得壹

5-4-52-6　民國十五年鄭裕倫等立分業簿（六）

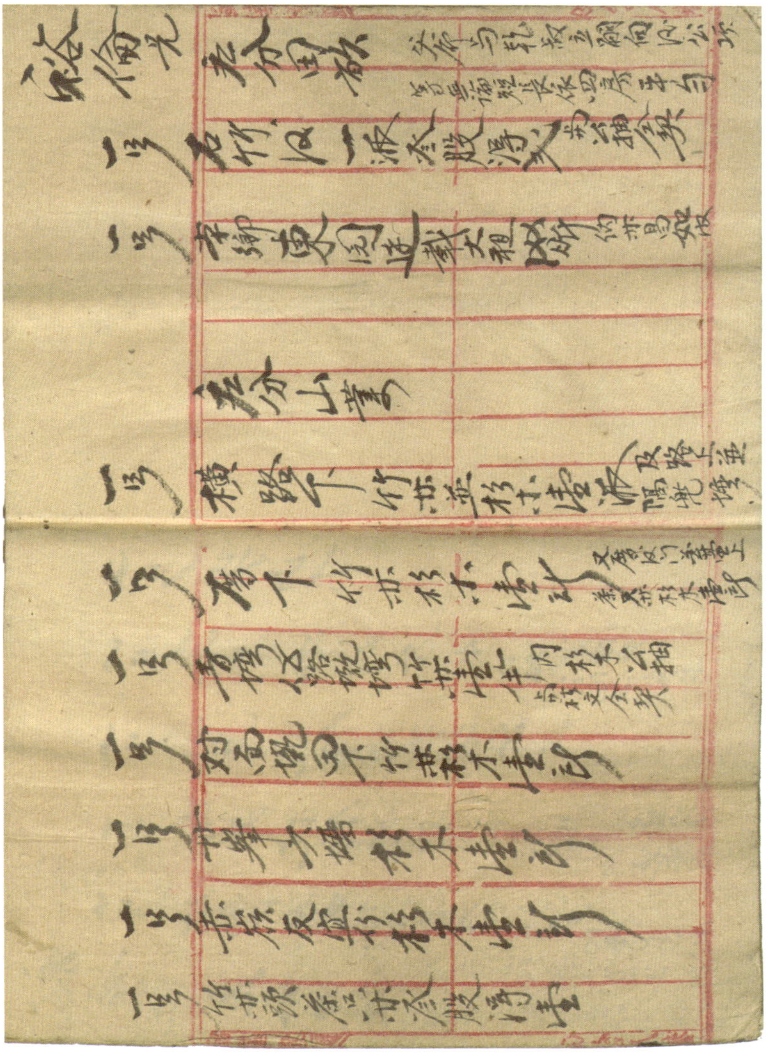

5-4-52-7　民國十五年鄭裕倫等立分業簿（七）

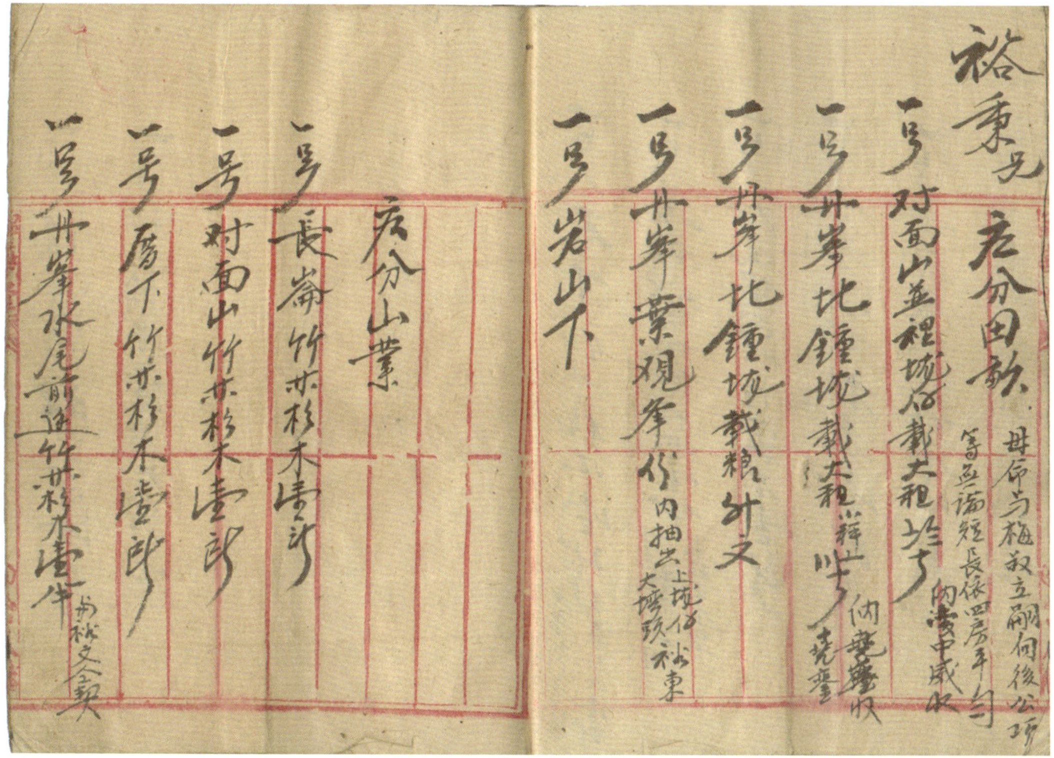

裕秉兄
应分田款
一号对面山並裡垅仔載大租
一号丹峯比鍾垅載大租
一号丹峯比鍾垅載糧廿文
一号丹峯葉覌峯仔
一号岩山下
应分山業
一号長嵛竹林杉木壹片
一号对面山竹林杉木壹片
一号屋下竹林杉木壹片
一号丹峯水尾前边竹林杉木壹半

5-4-52-8　民國十五年鄭裕倫等立分業簿（八）

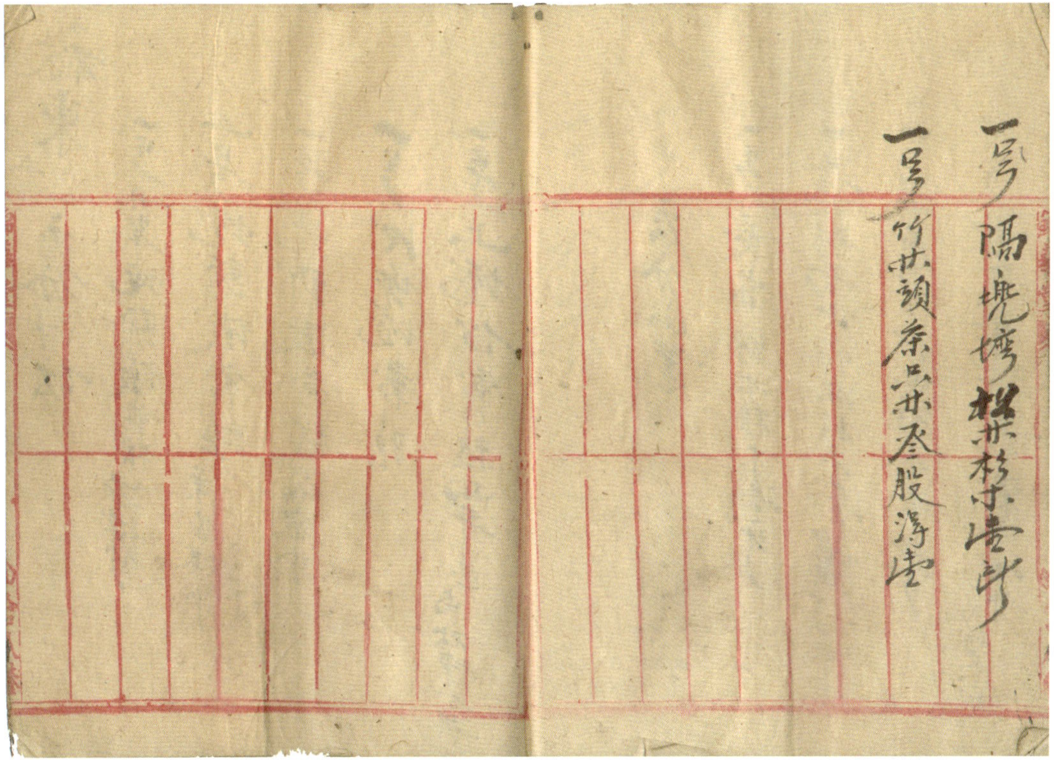

5-4-52-9　民國十五年鄭裕倫等立分業簿（九）

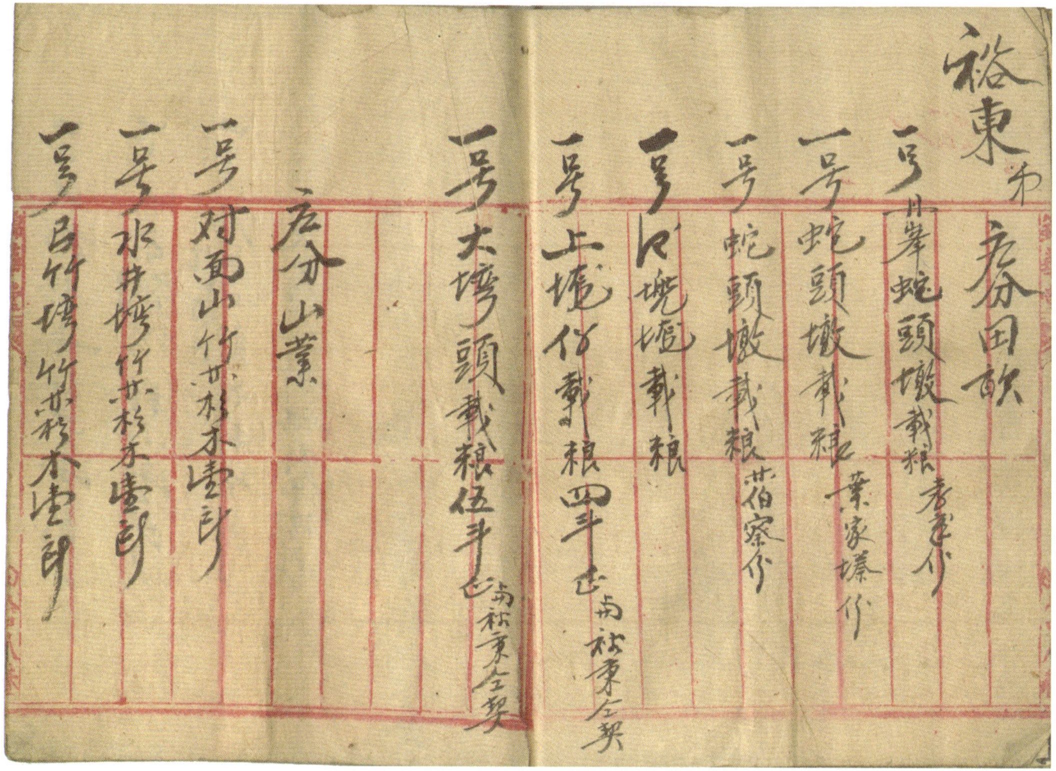
裕東

產分田畝

一号 川峯蛇頭墩 載粮 老虎仔

一号 蛇頭墩 載粮 葉家壕仔

一号 蛇頭墩 載粮 苗伯寮仔

一号 下墘墘 載粮

一号 上墘仔 載粮四斗正 南裕東仝契

一号 大塆頭 載粮伍斗正 南裕東仝契

產分山業

一号 对面山 竹木杉木壹節

一号 水井塆 竹木杉木壹節

一号 呂竹塆 竹木杉木壹節

5-4-52-10　民國十五年鄭裕倫等立分業簿（一〇）

一号横路上裡边杉木壹所
一号崙桐塆杉木壹所
一号厝門下左边竹杉壹所
又右边竹排杉木壹所

兄弟相商者議各捐干洋伍拾元以
議增置產業以為
起造曾祖妣輪流祭典

5-4-52-11　民國十五年鄭裕倫等立分業簿（一一）

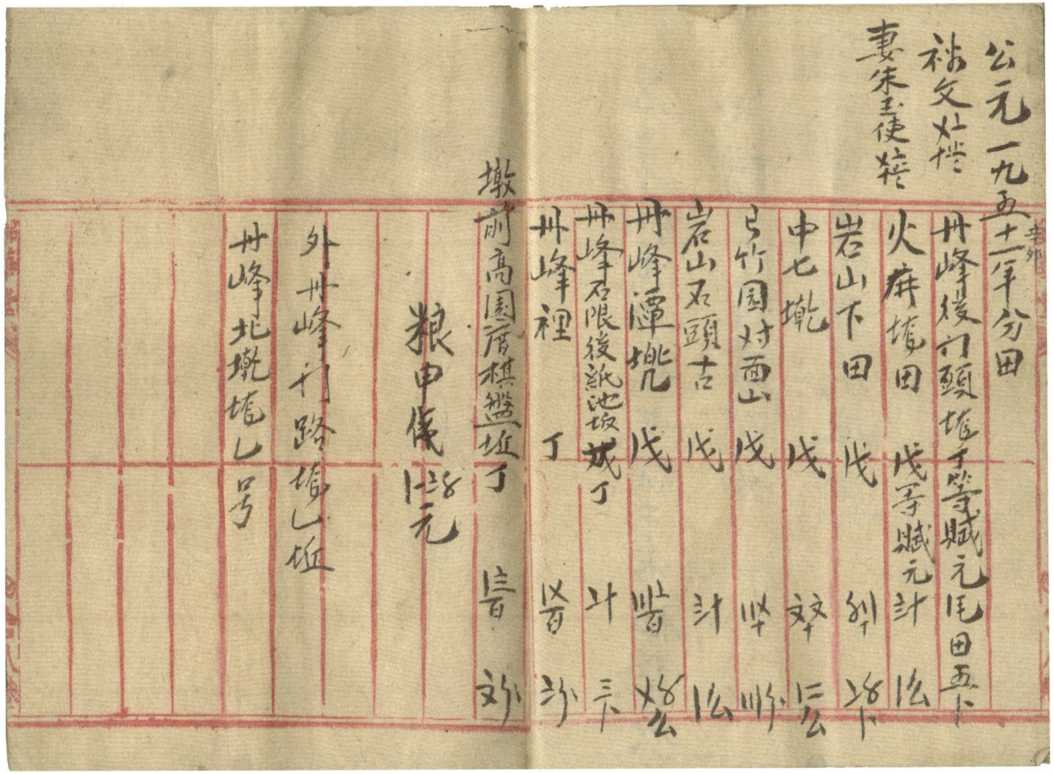

5-4-52-12　民國十五年鄭裕倫等立分業簿（一二）

5-4-52-13　民國十五年鄭裕倫等立分業簿（一三）

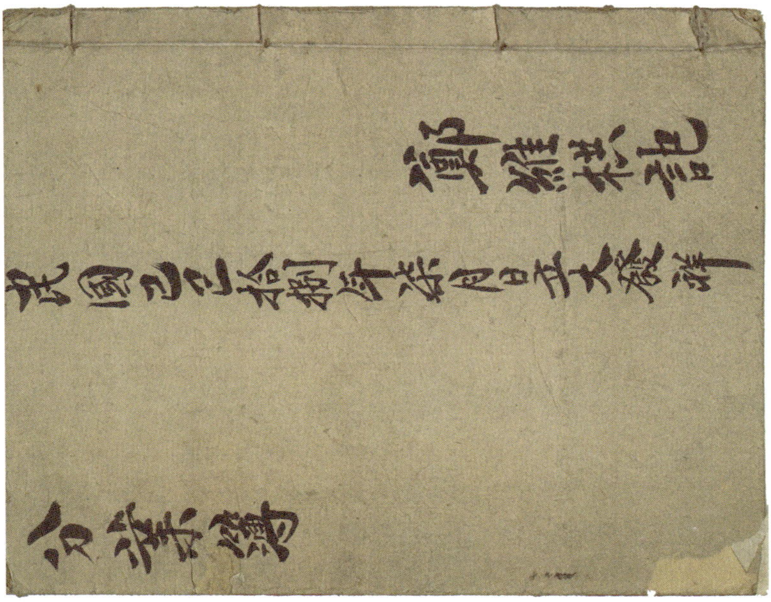

5-4-53-1　民國十八年鄭維棋等記分業簿（一）

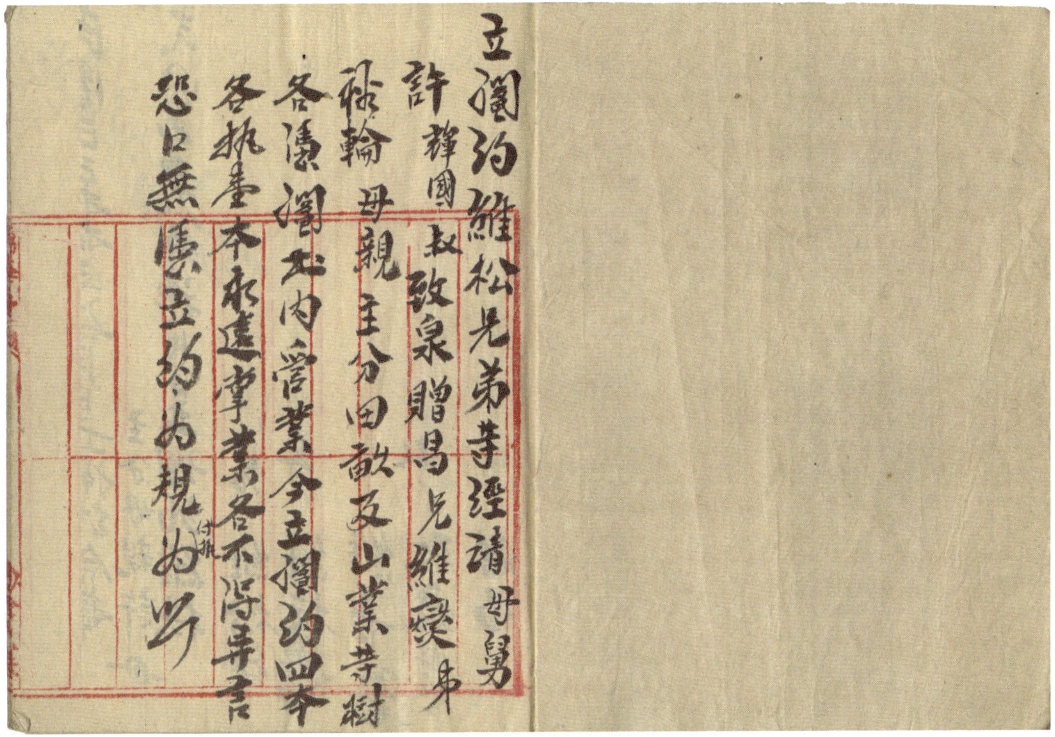
立鬮約維松兄弟等經請母舅
許韡國叔致泉贈昌兄維燮弟
維輪母親主分田畝及山業等樹
各項鬮分內營業，今立鬮約四本，
各執壹本，永遠掌業，各不得異言。
恐口無憑，立約為規，付執為照。

5-4-53-2　民國十八年鄭維棋等記分業簿（二）

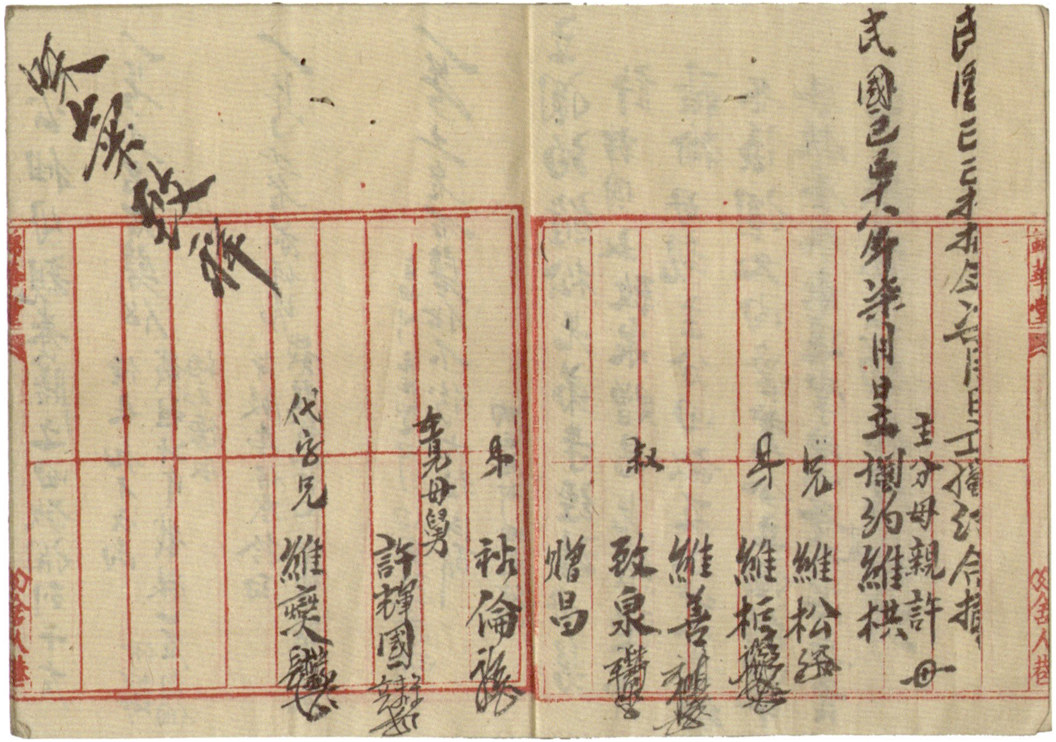
民國己巳年八月廿日立撥約維棋
主分母親許
兄 維松
弟 維柏
維善
叔 致泉
贈昌
弟 秋倫
表兄母舅 許輝國
代字兄 維

5-4-53-3　民國十八年鄭維棋等記分業簿（三）

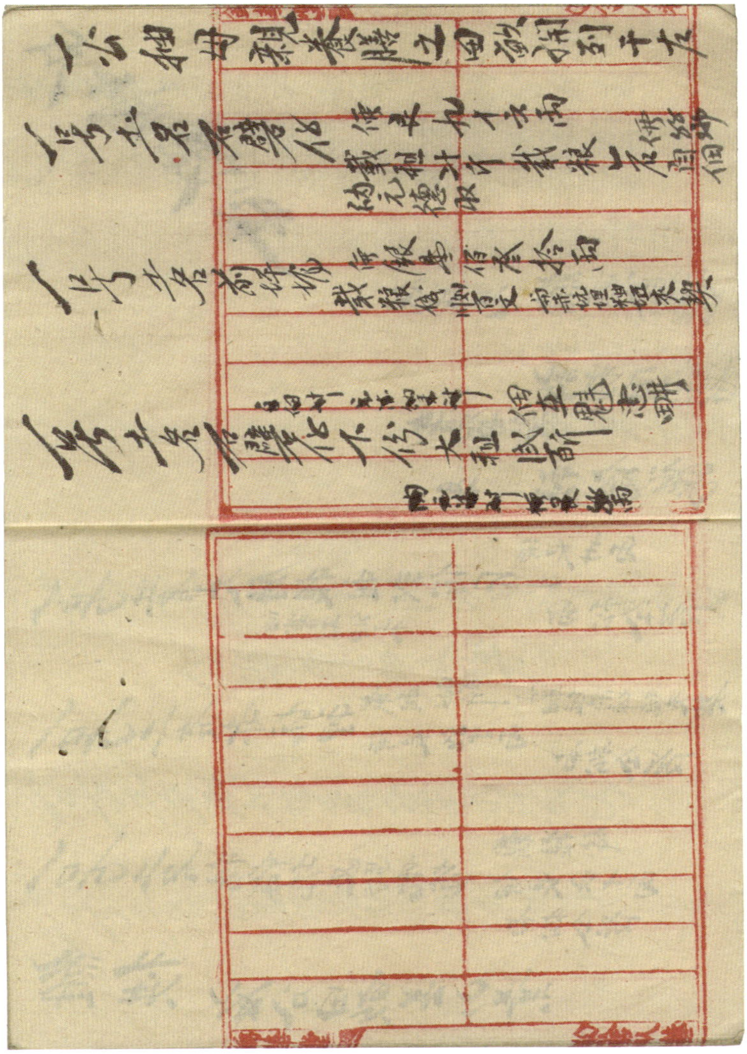

5-4-53-4　民國十八年鄭維棋等記分業簿（四）

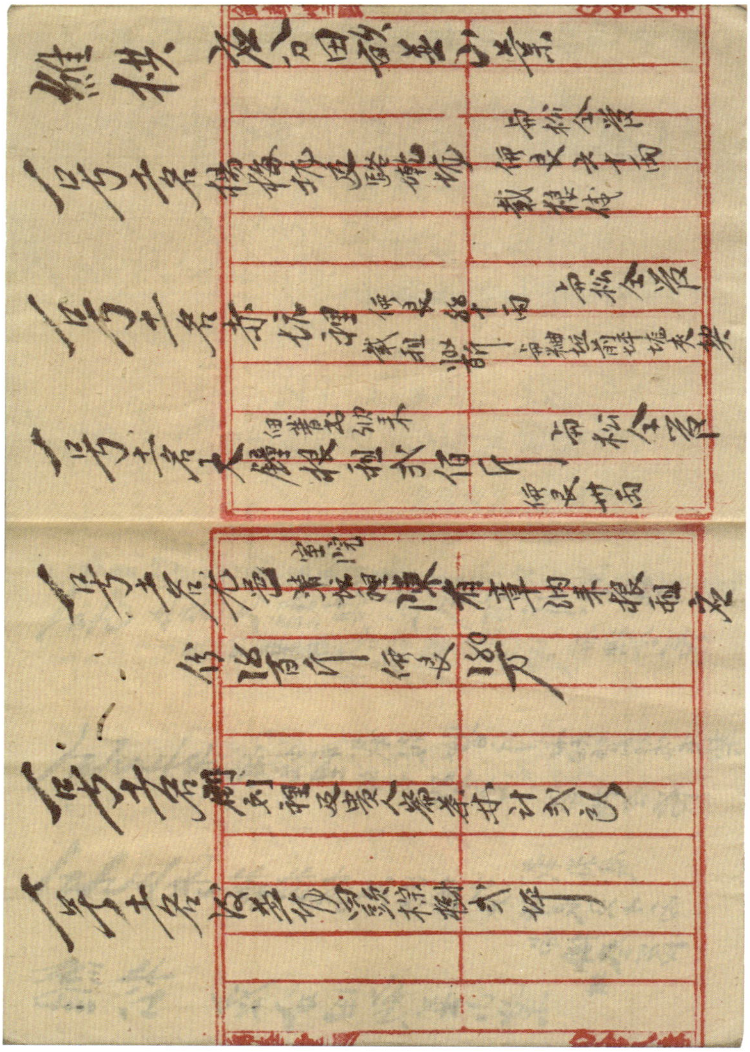

5-4-53-5　民國十八年鄭維棋等記分業簿（五）

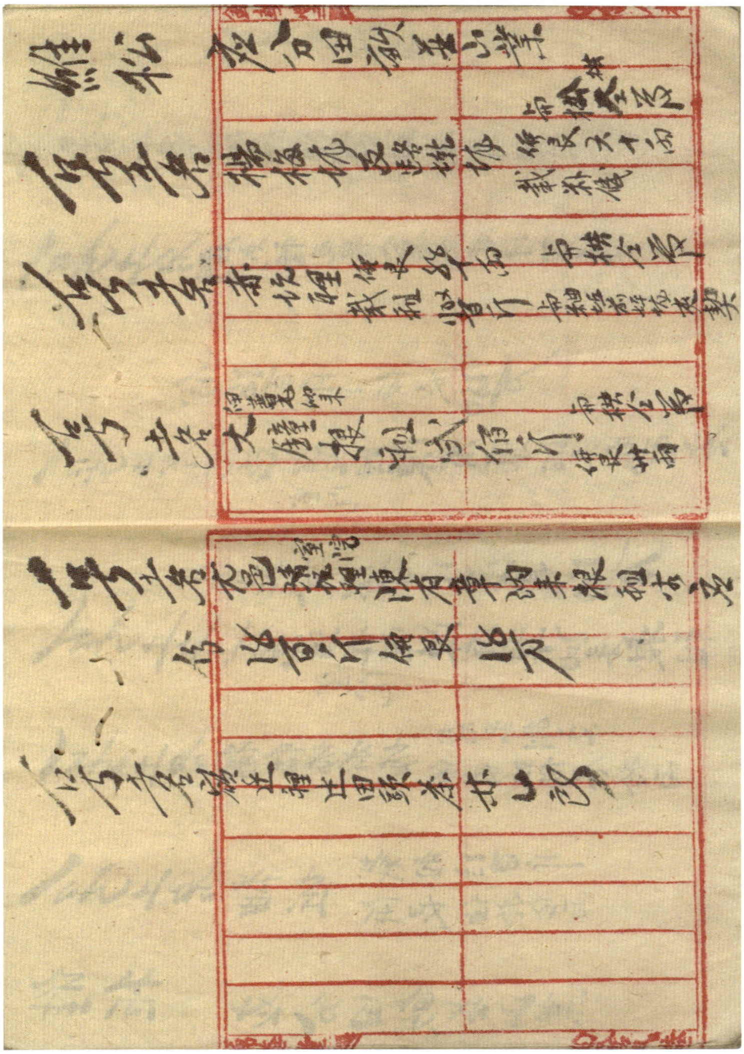

5-4-53-6　民國十八年鄭維棋等記分業簿（六）

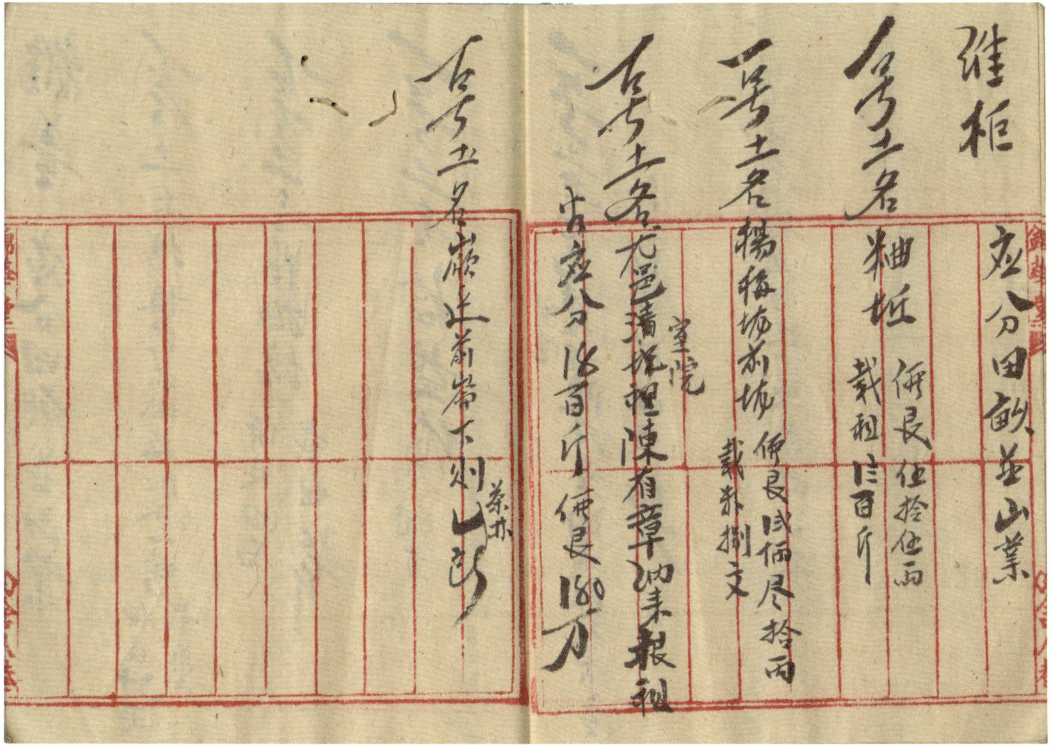
維柜
應分田畝並山業
乙號土名紬坵 價艮伍拾伍両 載租弍百斤
二號土名楊梅坡茶坡 價艮弍佰叁拾両 載茶捌文
三號土名尤邑墻坪埋陳有章山業報租 室院
內摘分18百斤 價艮180万
四號土名嚴邊前常大則山 [illegible] 茶亦

5-4-53-7　民國十八年鄭維棋等記分業簿（七）

5-4-53-8　民國十八年鄭維棋等記分業簿（八）

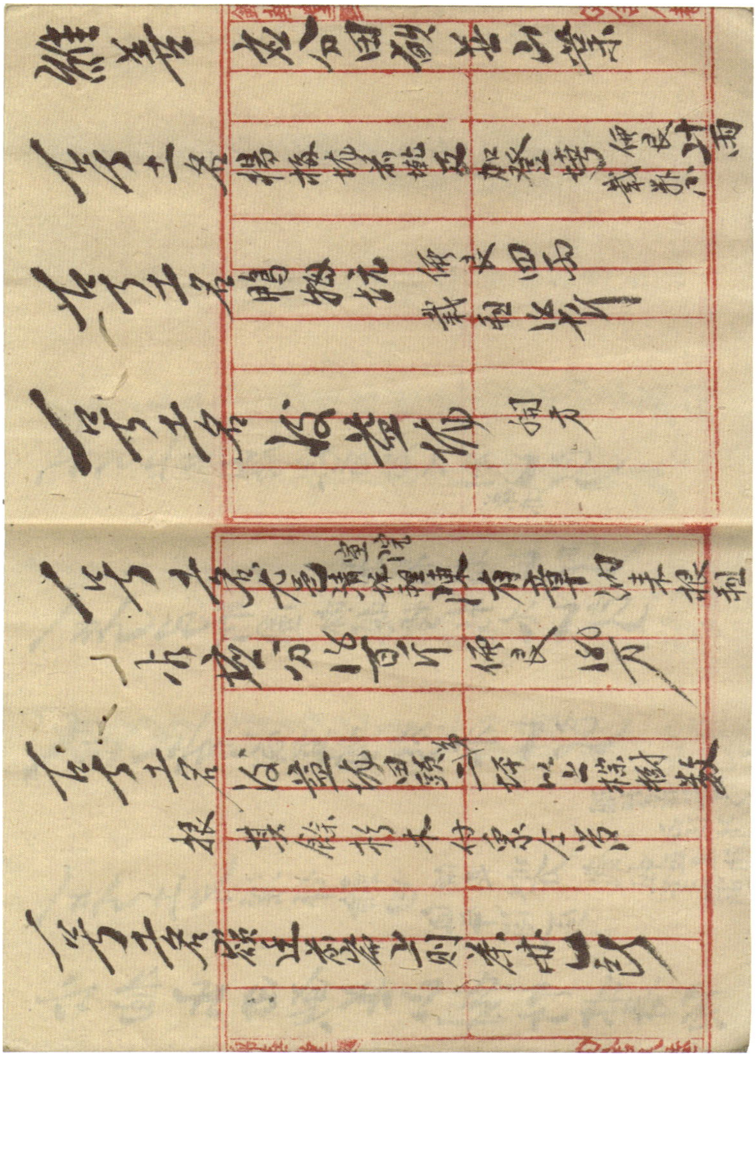

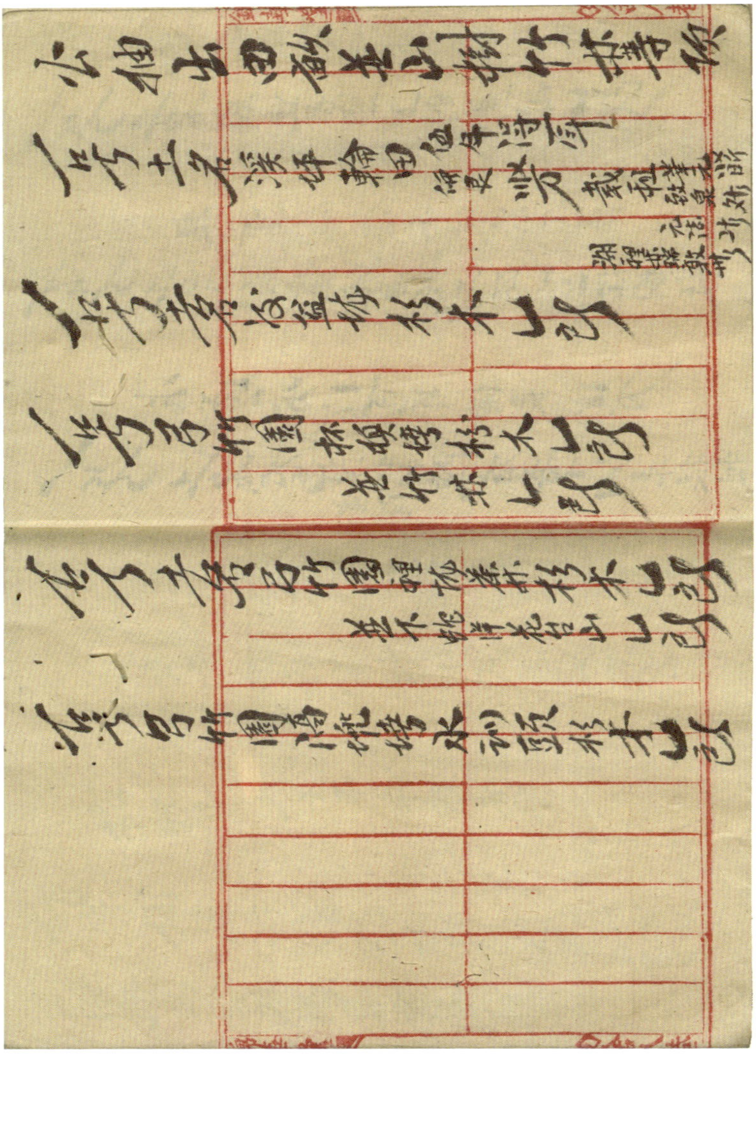

5-4-53-9　民國十八年鄭維棋等記分業簿（九）

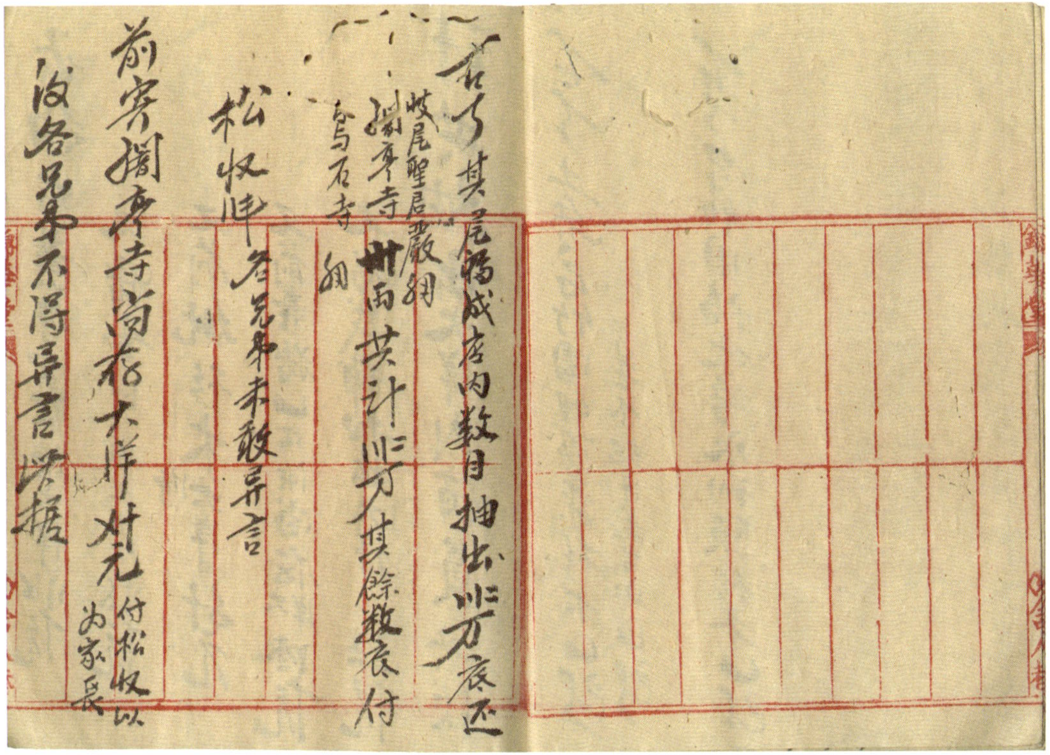
一、衣了其尾隔成店內數目抽出〣〢万底还
收尾壁居巖嚴绸
瑞亭寺卌丙共計〣〢万其餘數底付
烏石寺細
松收肆各兄弟未敢异言
前宾瀾亭寺尚存大洋卅元付松收以為家長
後各兄弟不得异言此據

5-4-53-10　民國十八年鄭維棋等記分業簿（一〇）

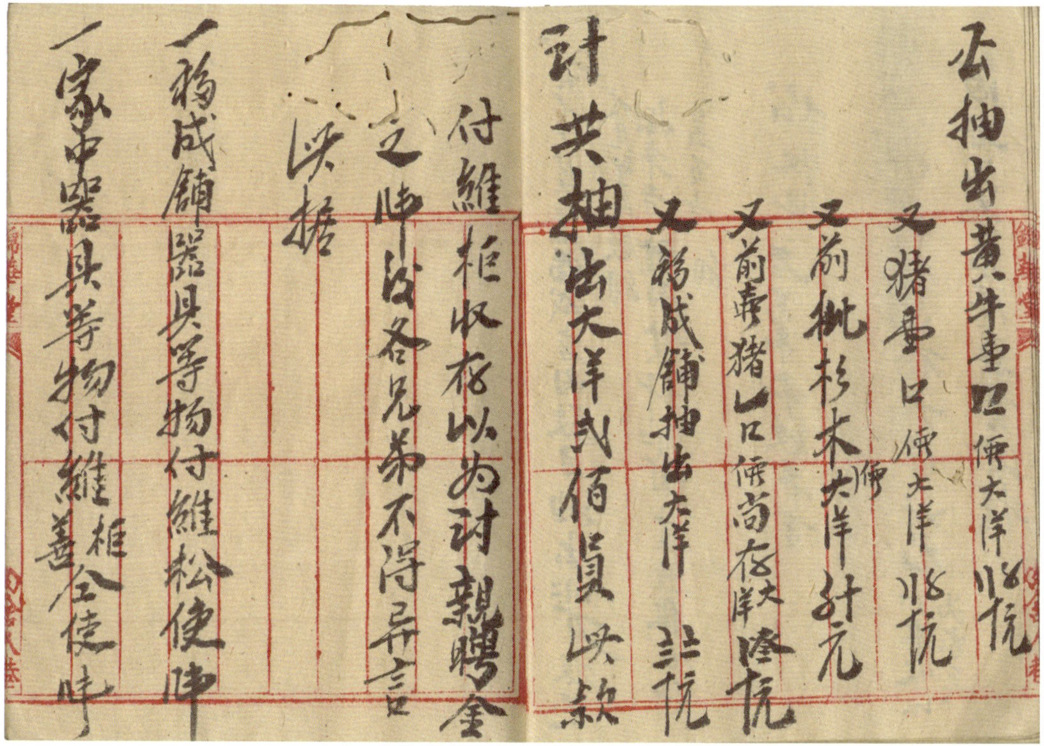

公抽出
又黄牛壹只　係大洋〣〤元
又猪母一口　係大洋〣〤元
又前批杉木　係大洋廿元
又前毒猪山口　係當社大洋陸元
又福成鋪抽出大洋〢〤元
計共抽出大洋弍佰員以款
付維柜收存以為討親聘金
之聘，此各兄弟不得异言
以據
一福成鋪器具等物付維松使用
一家中器具等物付維柜、維善仝使用

5-4-53-11　民國十八年鄭維棋等記分業簿（一一）

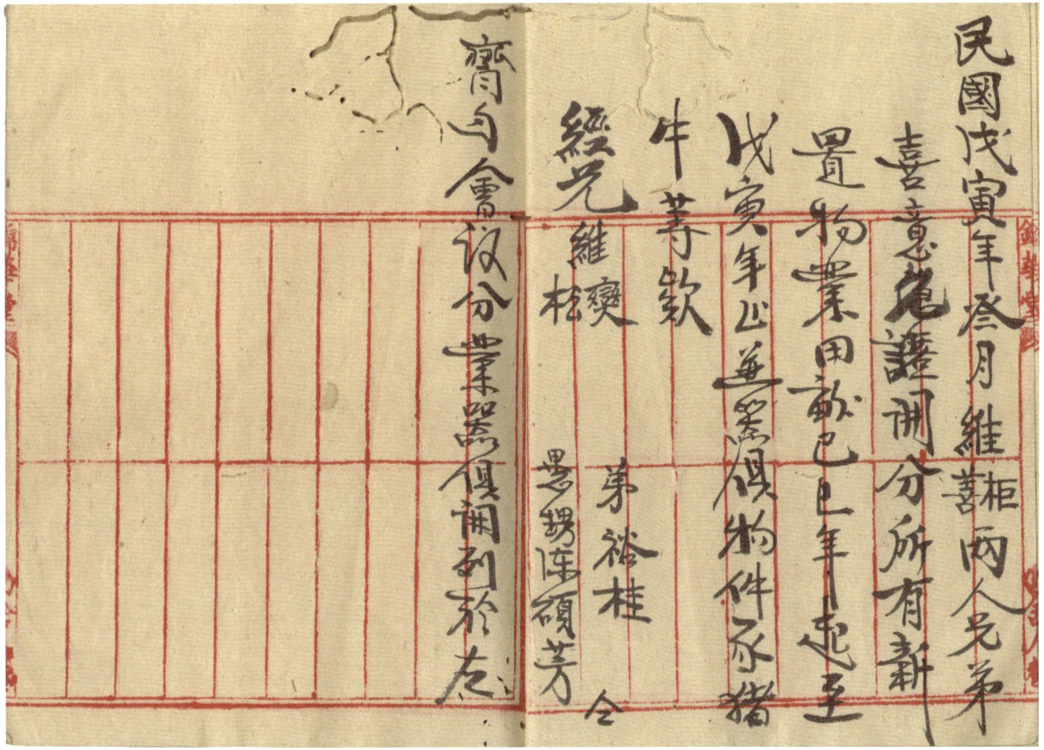

民國戊寅年叁月維喜柜兩人兄弟
喜意邀請開分所有新
置物業田畝己巳年起至
戊寅年止並器傢物件豬
牛等欵
經兄維夔
　　維枨
　　弟裕桂
墨揚陳碩芳　仝
齊向會議分業器傢開列於左

5-4-53-12　民國十八年鄭維枨等記分業簿（一二）

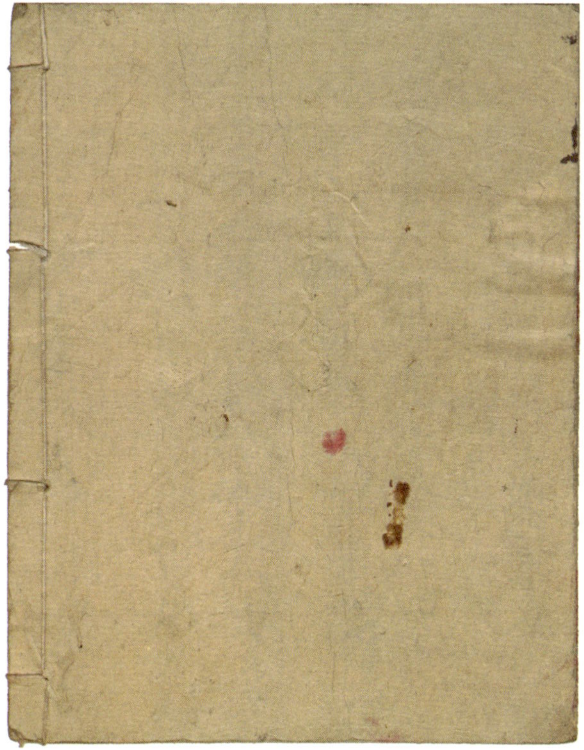

5-4-53-13　民國十八年鄭維栱等記分業簿（一三）

5-4-54-1　民國十八年鄭維柾等立鬮約（一）

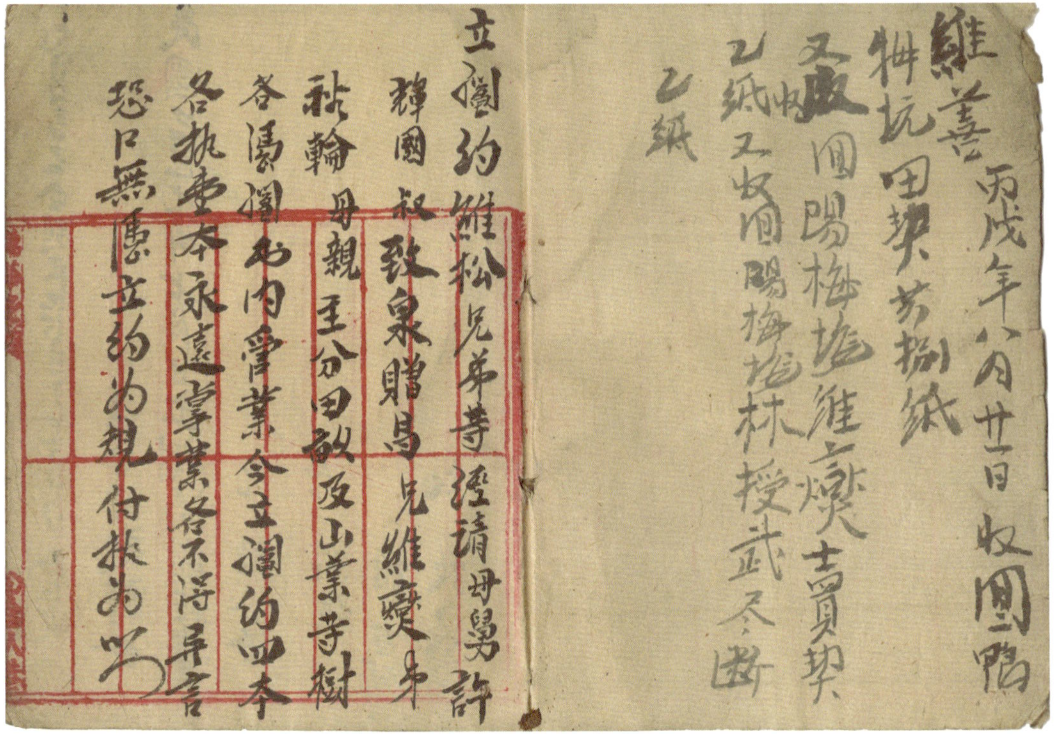

立閹約維松兄弟等經請母舅許
輝圖、叔致泉、贈昌兄、維燮弟
秋輪、母親主分田畝及山業等樹
各湯閹內管業，今立閹約四本，
各執壹本，永遠掌業，各不得异言。
恐口無憑，立約為據，付執為照。

維善丙戌年八月廿一日收回鴨
檞坑田契葉捌紙
又收回陽梅垱維燮士買契
乙紙　又收回陽梅垱林授武只斷
乙紙

5-4-54-2　民國十八年鄭維柜等立閹約（二）

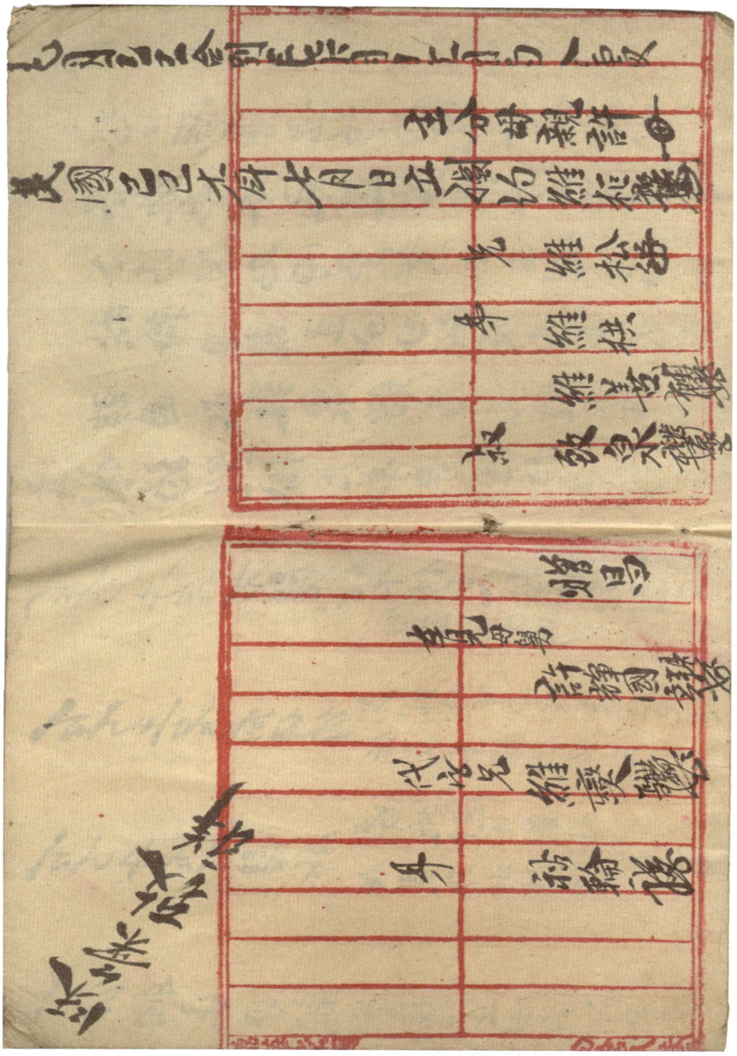

5-4-54-3　民國十八年鄭維柜等立鬮約（三）

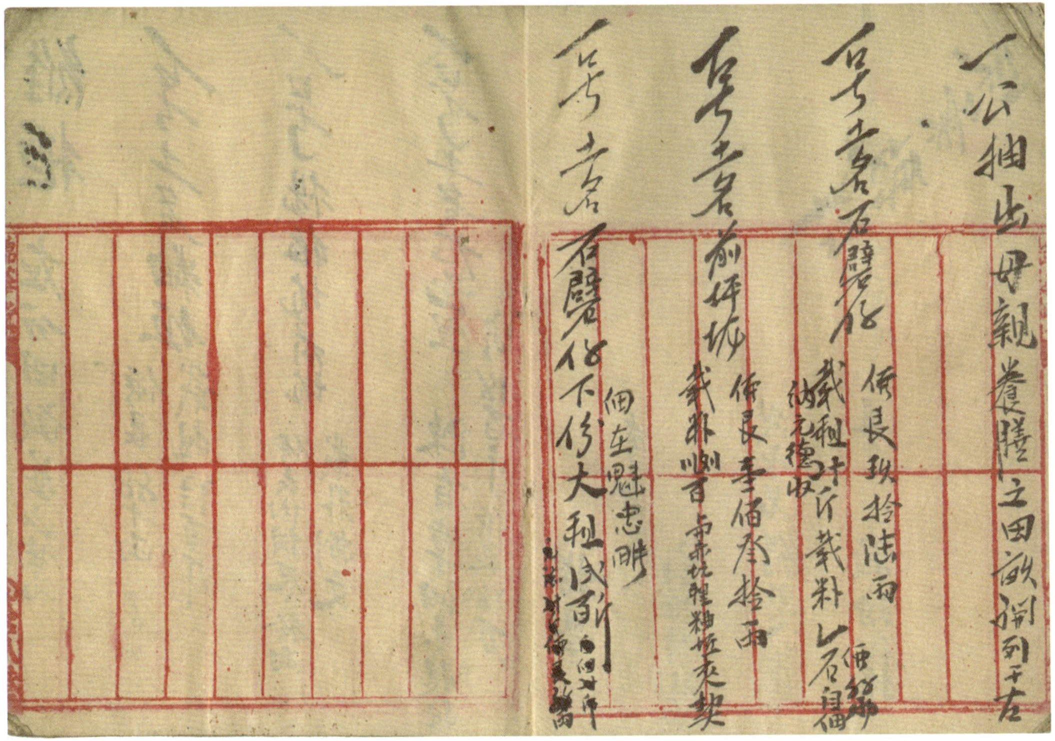

一公抽出母親養贍之田畝開列于左

一處土名石壁後　係長秧拾陸兩　載租十斤載料[illegible]石　佃鄭[illegible]　納元德收

一處土名前坪坵　係長秧壹佰陸拾兩　載料[illegible]

一處土名石壁後下段大租式百斤　佃左魁忠耕

5-4-54-4　民國十八年鄭維柜等立鬮約（四）

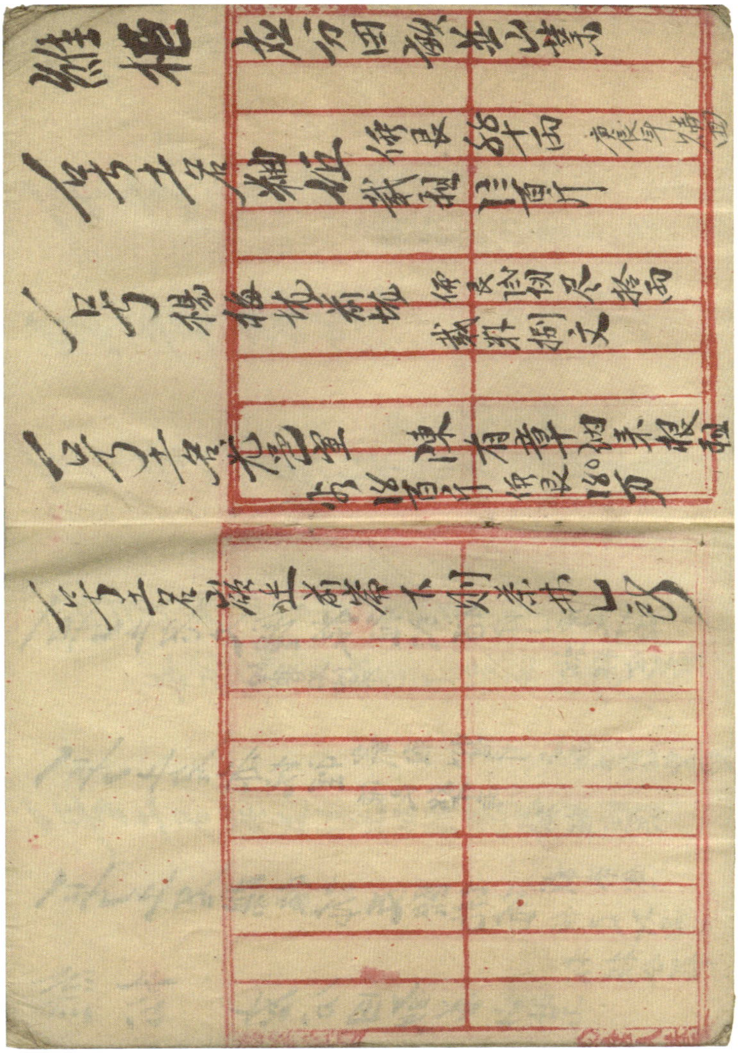

5-4-54-5 民國十八年鄭維柜等立鬮約（五）

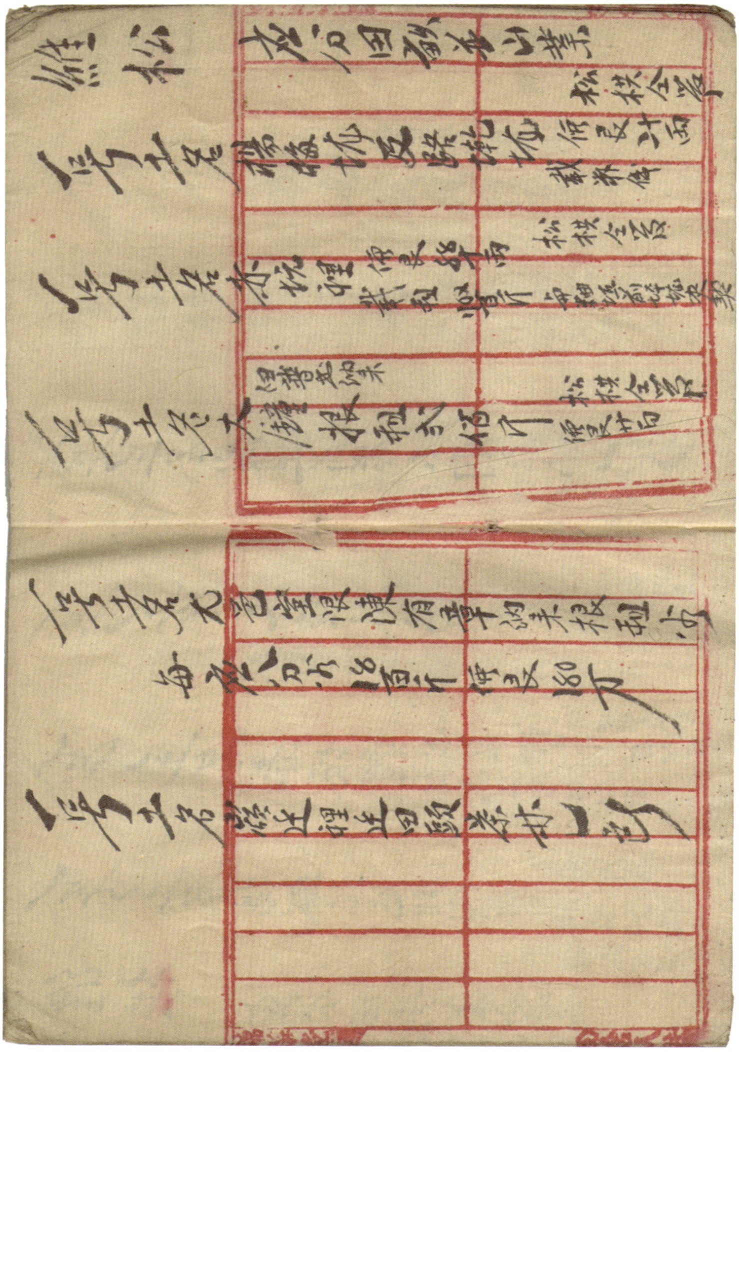

5-4-54-6　民國十八年鄭維柜等立鬮約（六）

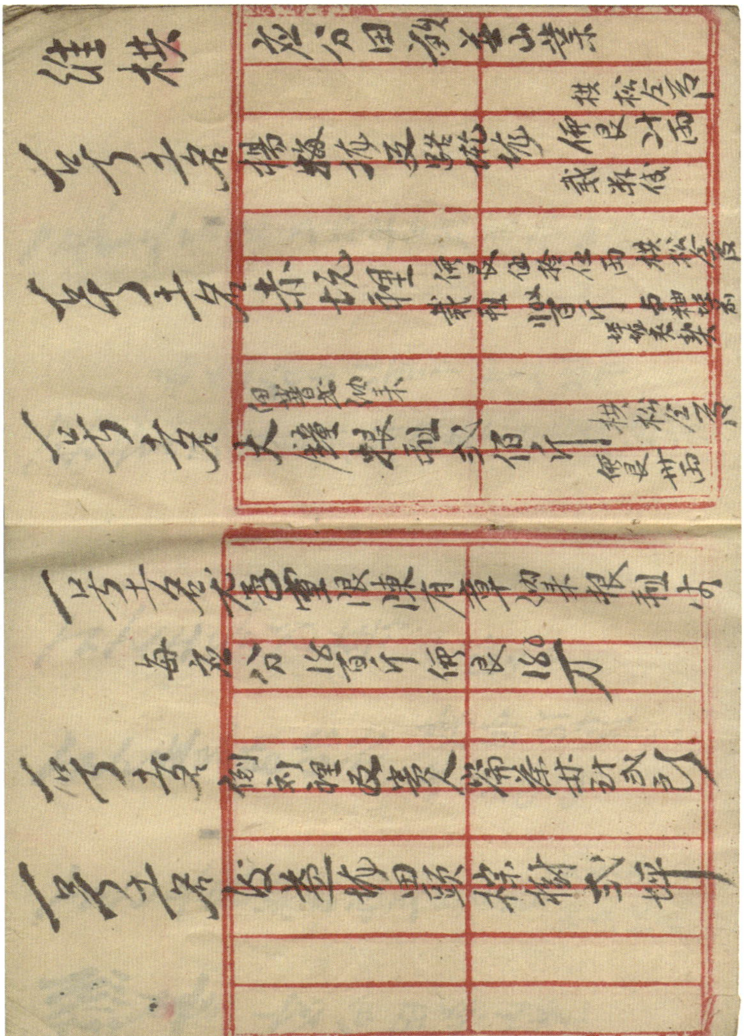

5-4-54-7　民國十八年鄭維柜等立鬮約（七）

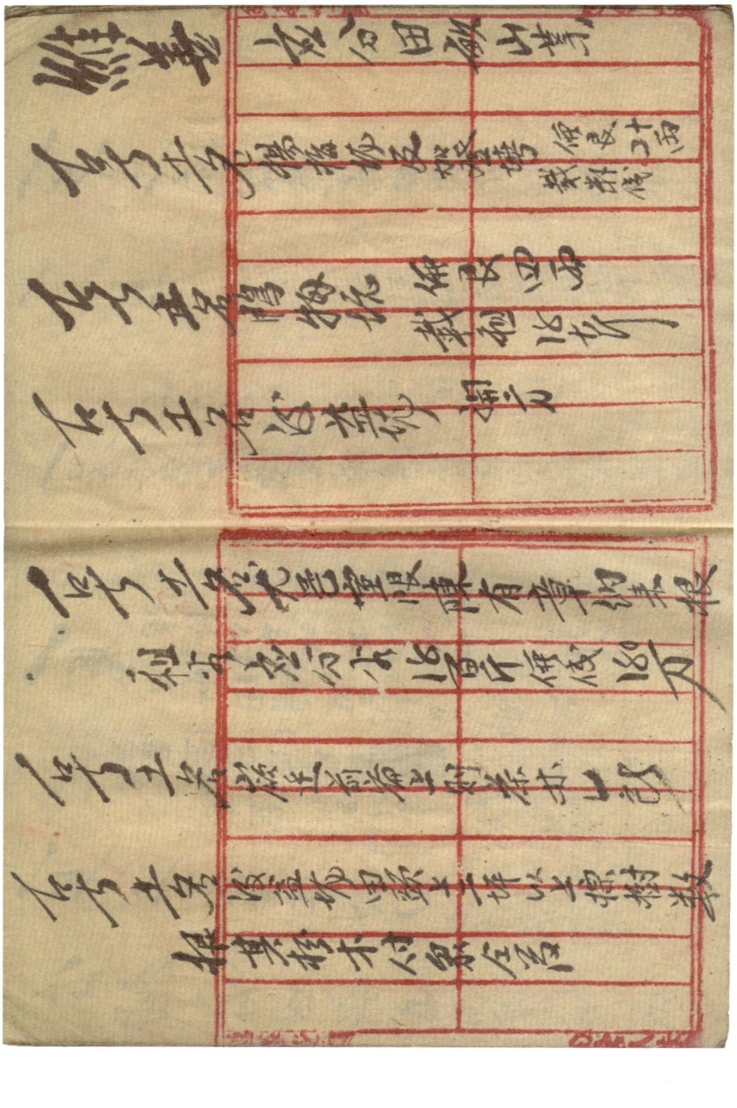

5-4-54-8　民國十八年鄭維柜等立鬮約（八）

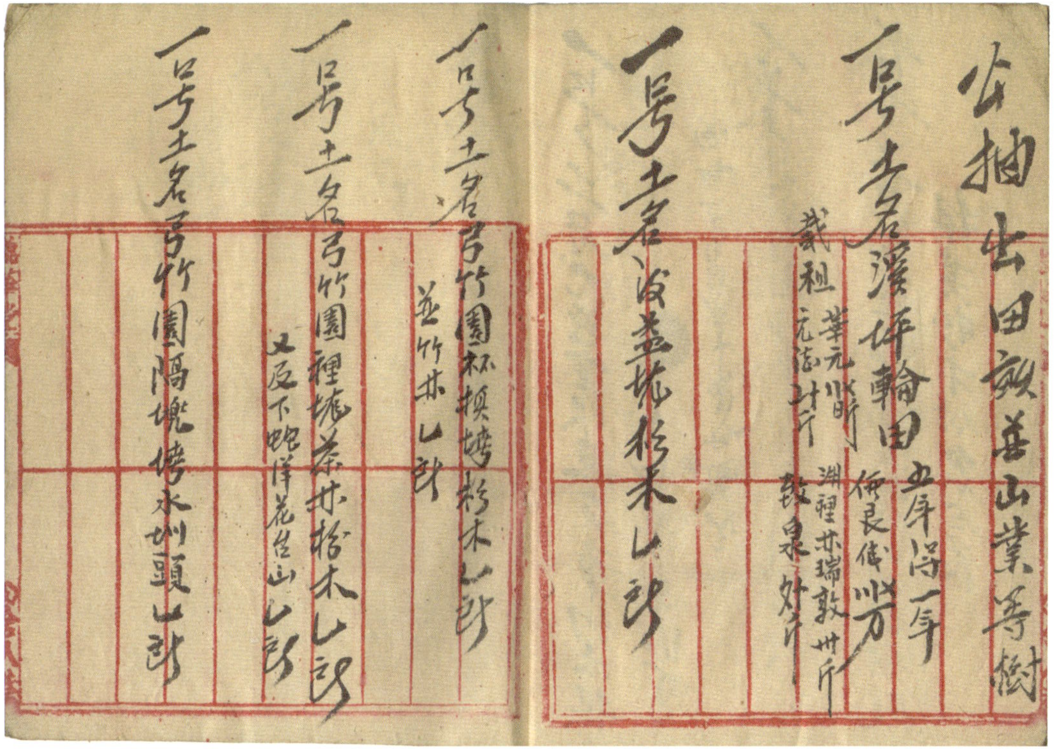
公抽出田畝並山業等樹
一号土名溪坪輪田　五年得一年　佃良俤　卅方
載租　華元　卅斤　元添　廿斤　湖裡　廿　瑞敦　卅斤　致泉　廿斤
一号土名後蓋坑杉木山一片
一号土名竹園杯換塘杉木山一片
並竹林山一片
一号土名竹園裡塘茶林杉木山一片
又及下蛇洋花生山一片
一号土名竹園隔塊傍水圳頭山一片

5-4-54-9　民國十八年鄭維柜等立鬮約（九）

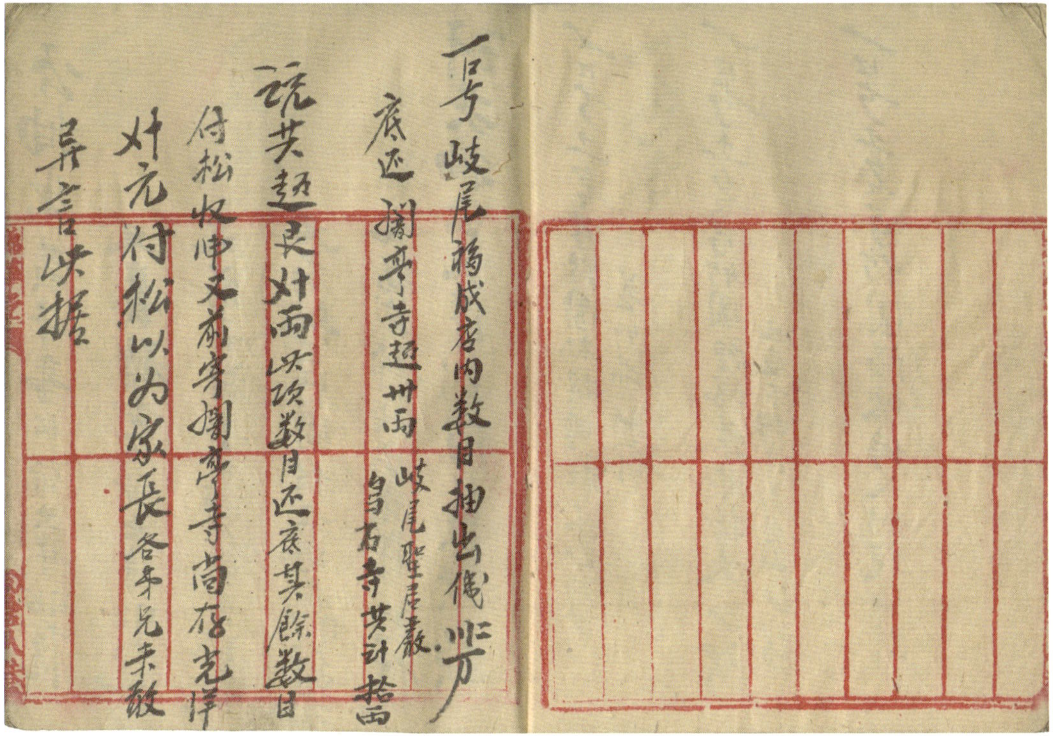
一号岐尾福成店内数目抽出[illegible]方
底还阄弟寺趕卅両 岐尾聖居叢 皇右寺共計拾両
統共趕長对両此項数目还底其餘数目
付松收伸文前寺阄弟寺當存克伴
对元付松以为家長各弟兄未敢
異言此據

5-4-54-10　民國十八年鄭維柜等立鬮約（一〇）

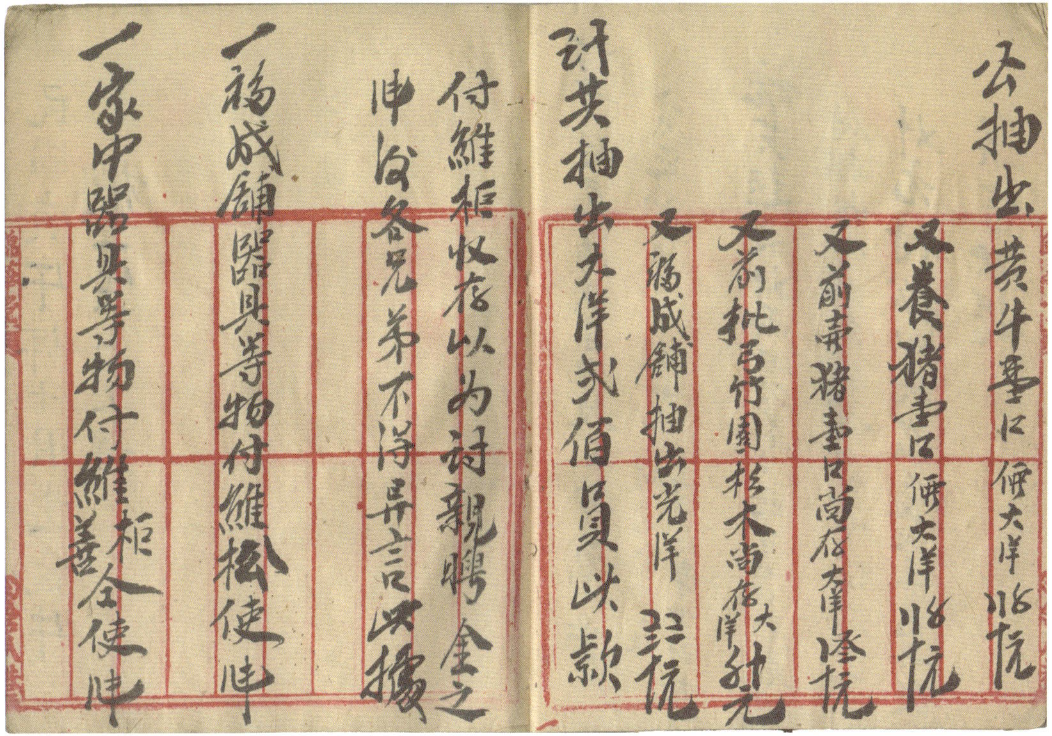
公抽出黄牛壹只 価大洋〡〥元
又養猪壹只 価大洋〡〥元
又前壽猪壹只當㭗大洋叁元
又前桃石竹園杉木當㭗大洋卅元
又福成鋪抽出光洋〣元
討共抽出大洋弍佰〇員以款
付維柜收存以為討親聘金之
用，俗各兄弟不得异言以攘
一福成鋪器具等物付維柜使用
一家中器具等物付維柜、維善仝使用

5-4-54-11 民國十八年鄭維柜等立鬮約（一一）

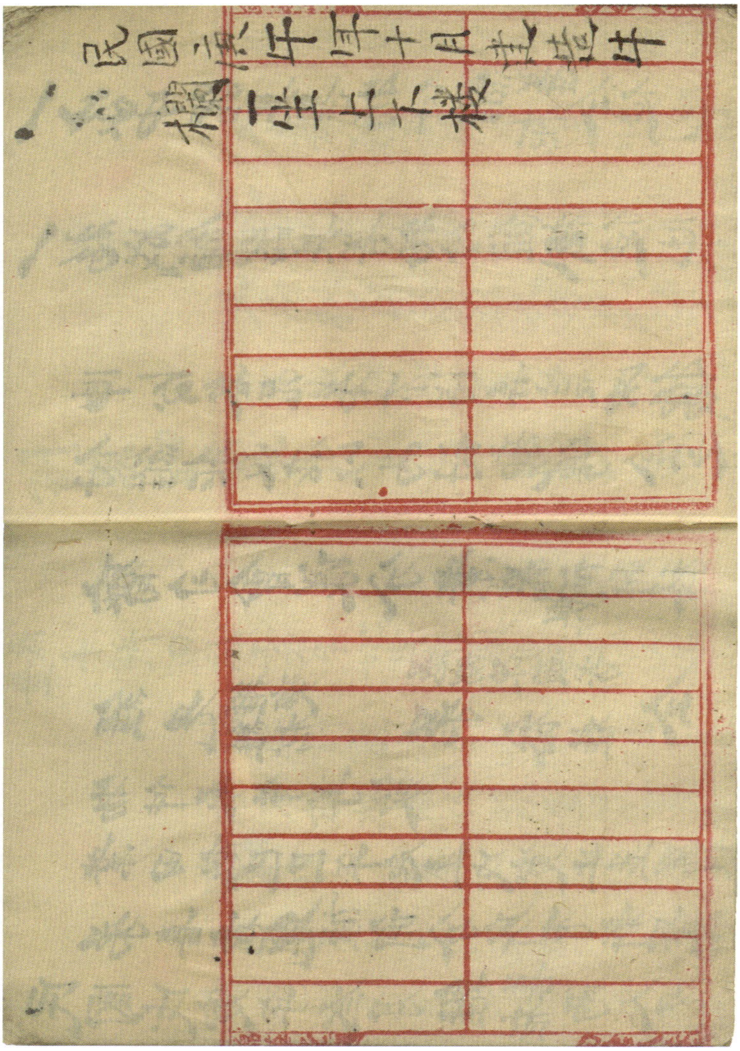

5-4-54-12　民國十八年鄭維柜等立鬮約（一二）

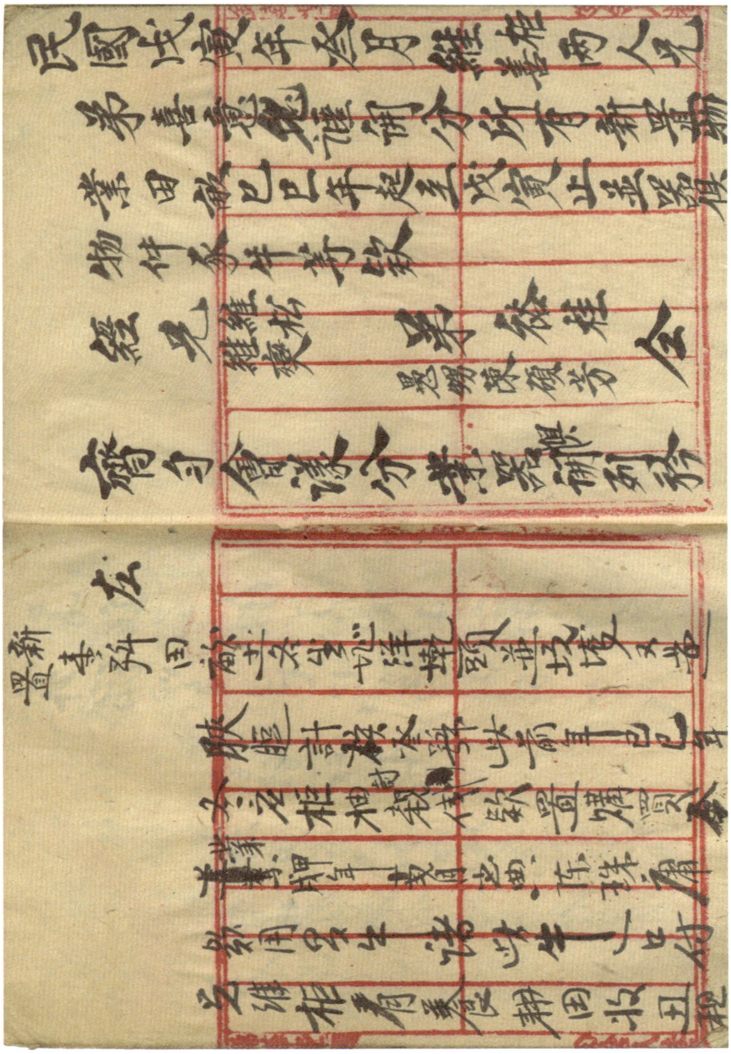

5-4-54-13　民國十八年鄭維枢等立鬮約（一三）

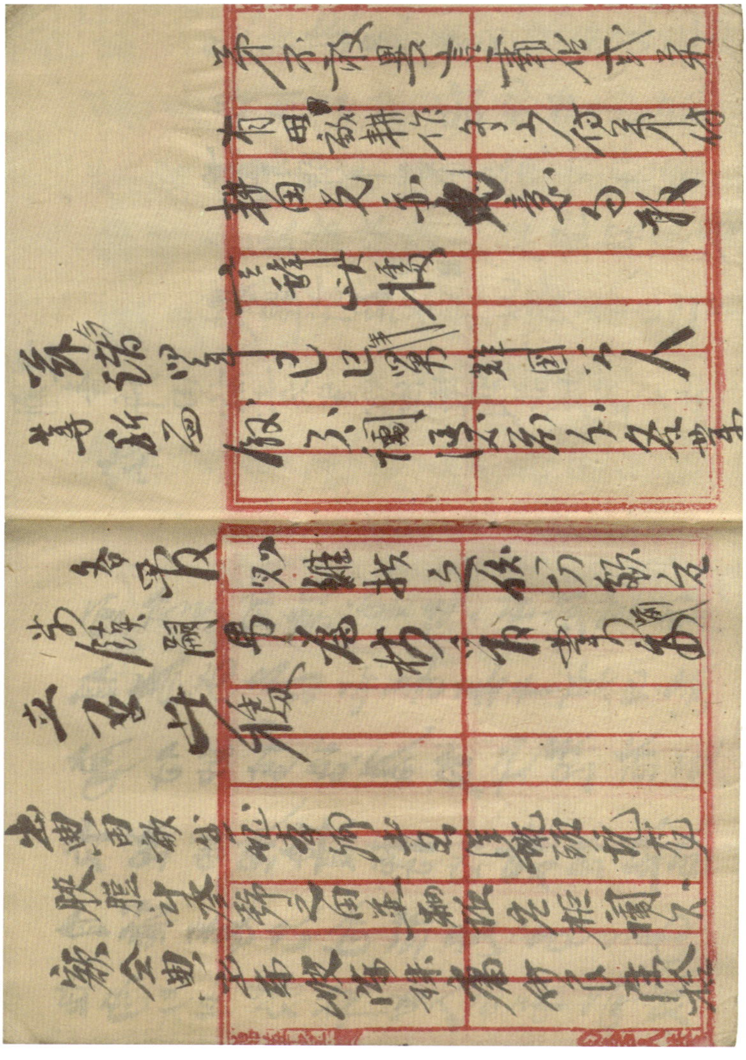

5-4-54-14　民國十八年鄭維柜等立鬮約（一四）

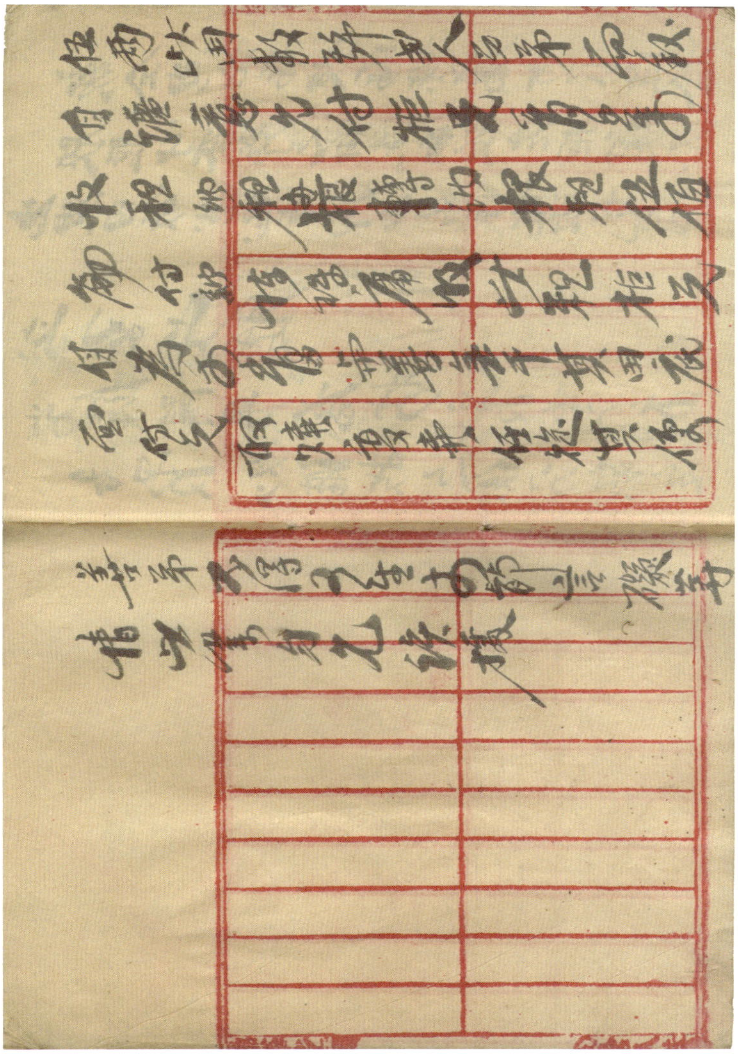

5-4-54-15　民國十八年鄭維柜等立鬮約（一五）

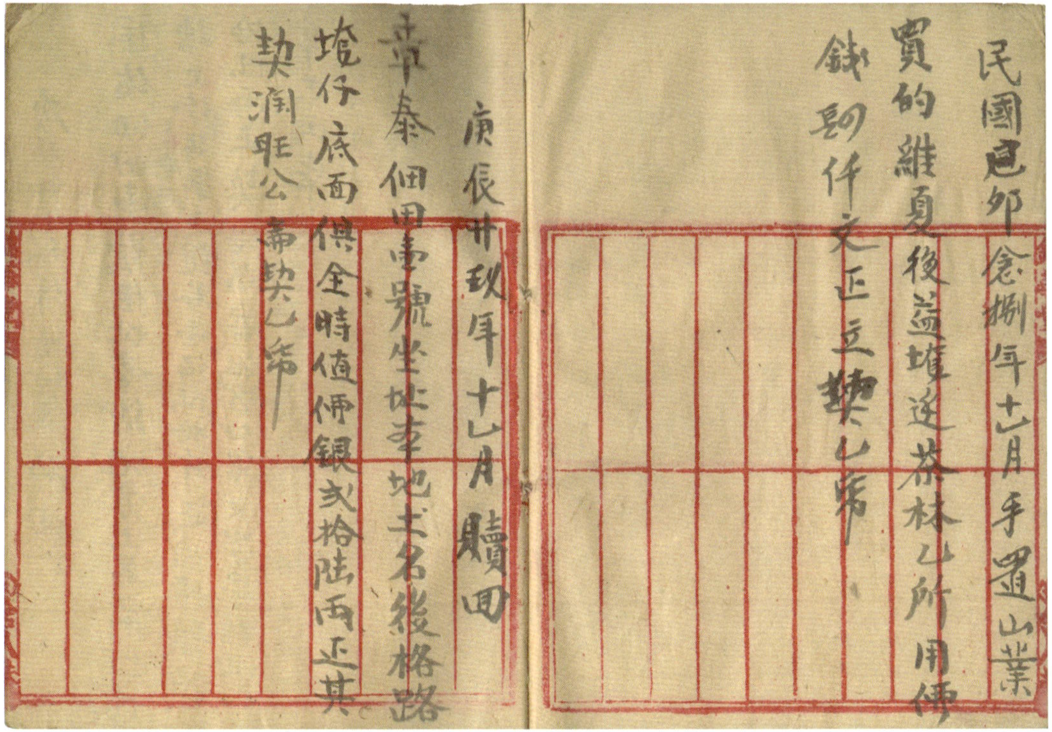

民國己卯念捌年十二月手置山業
買的維夏後這墘迳茶林山所用價
錢貼仟文正立契山帋

庚辰廿玖年十二月贖回
章秦佃田壹號坐址本地土名後格路
墘仔底西俱全時值價銀弍拾陸両正其
契潤駐公帋契山帋

5-4-54-16　民國十八年鄭維柜等立鬮約（一六）

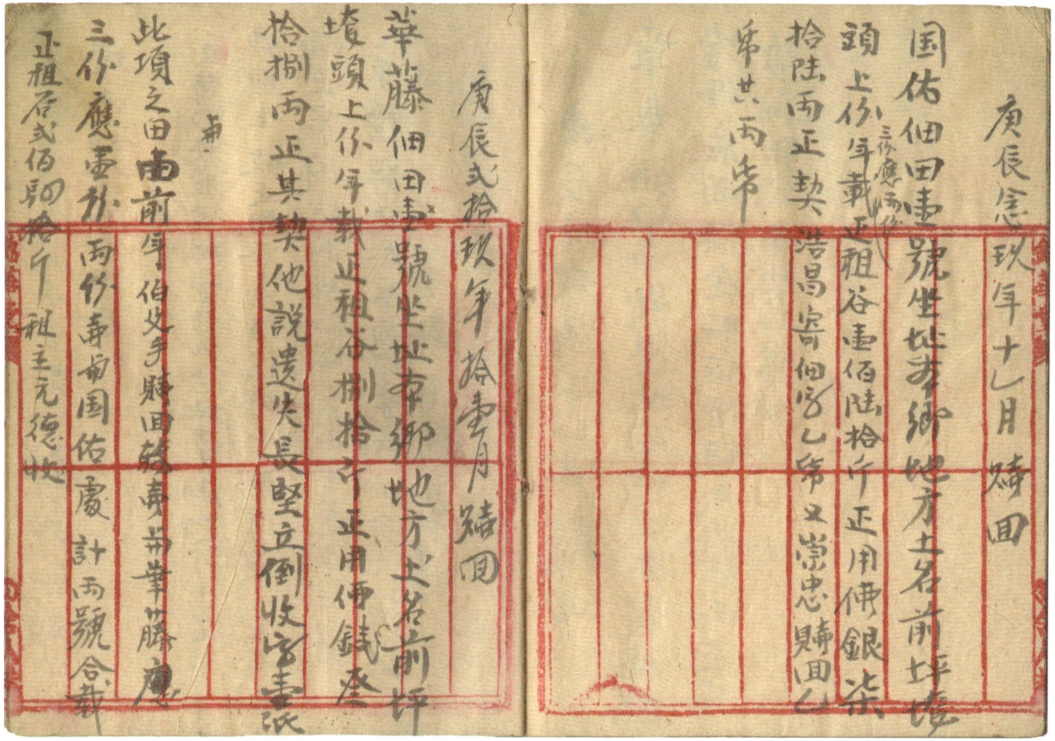
庚辰念玖年十乚月歸田
国佑佃田壹號坐址本鄉地方土名前坪墘
頭上份年載正租谷壹佰陸拾斤正用佛銀柒（三份應得兩份）
拾陸兩正契 浩昌寄佃乚弟又崇忠贖回乚
弟共兩弟

庚辰式拾玖年拾壹月歸回
華藤佃田壹號坐址本鄉地方土名前坪
墘頭上份年載正租谷捌拾斤正用佛錢叁
拾捌兩正其契他說遺失長堅立倒收字壹張
弟
此項之田典前年伯父手贖回歸壹弟華藤應
三份應壹份 兩份壽南国佑處 計兩號合載
正租谷式佰捌拾斤 祖主元德收

5-4-54-17　民國十八年鄭維柜等立鬮約（一七）

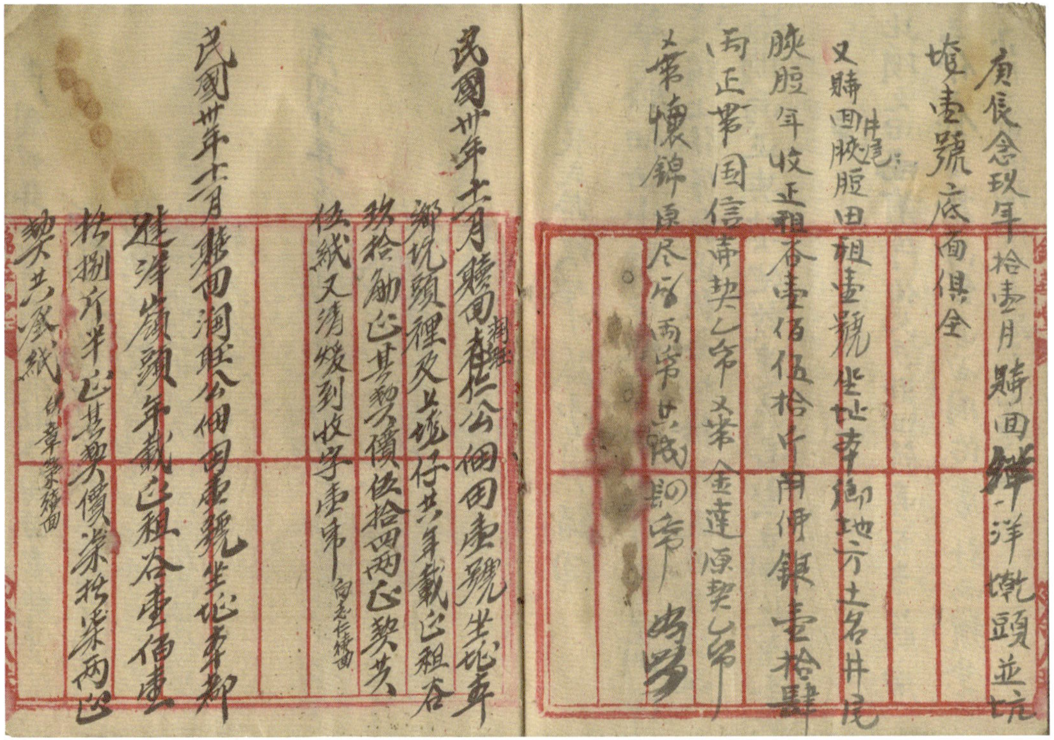

5-4-54-18　民國十八年鄭維柜等立鬮約（一八）

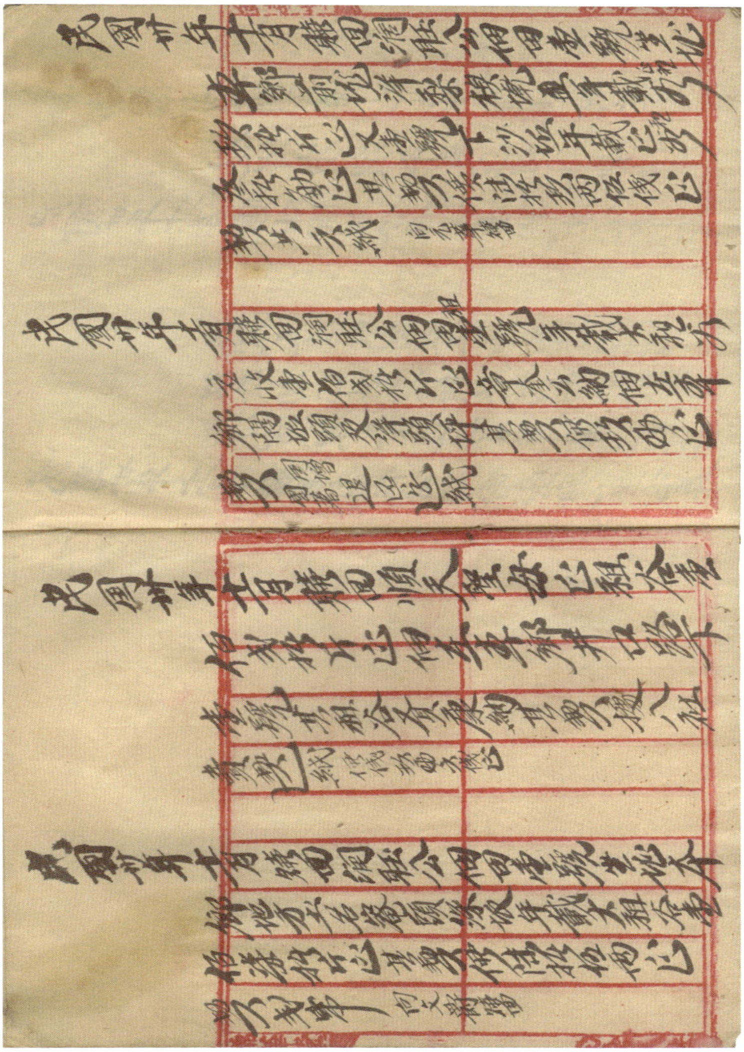

5-4-54-19　民國十八年鄭維柜等立鬮約（一九）

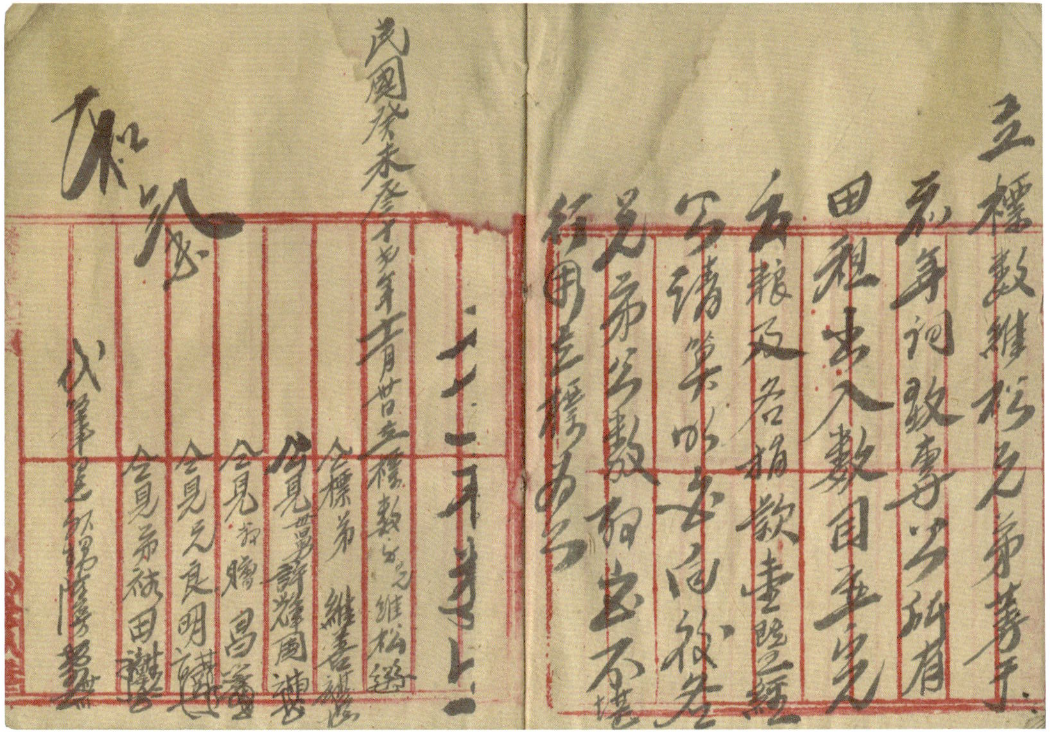
立標數維松兄弟等于
承身祠致壽公所有
田租出入數目并先
年糧及各捐款壹概經
公清算明白日後各
兄弟照數均出不堪
錯用立標數為照
[illegible]
民國[illegible]年十二月廿日立標數兄維松（押）
仝標弟 維善（押）
仝見[illegible] 鏘國（押）
仝見[illegible] 昌[illegible]
仝見兄 良明（押）
仝見弟 祥田（押）
代筆[illegible]
[illegible]

5-4-54-20　民國十八年鄭維柜等立鬮約（二〇）

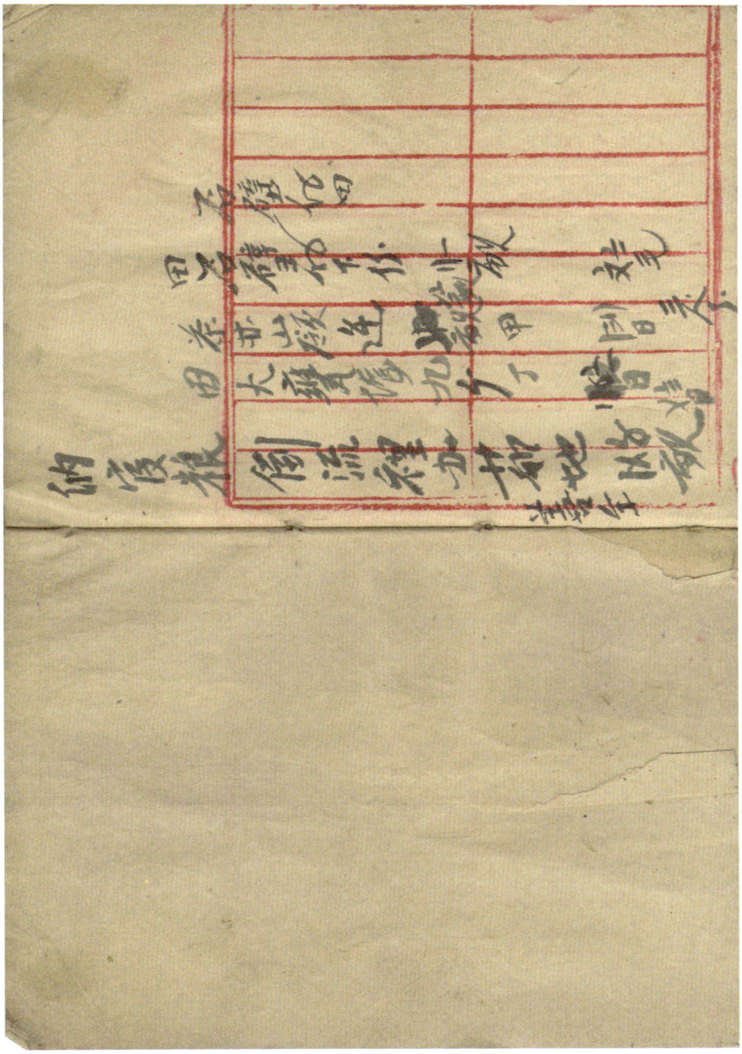

5-4-54-21 民國十八年鄭維柜等立鬮約（二一）

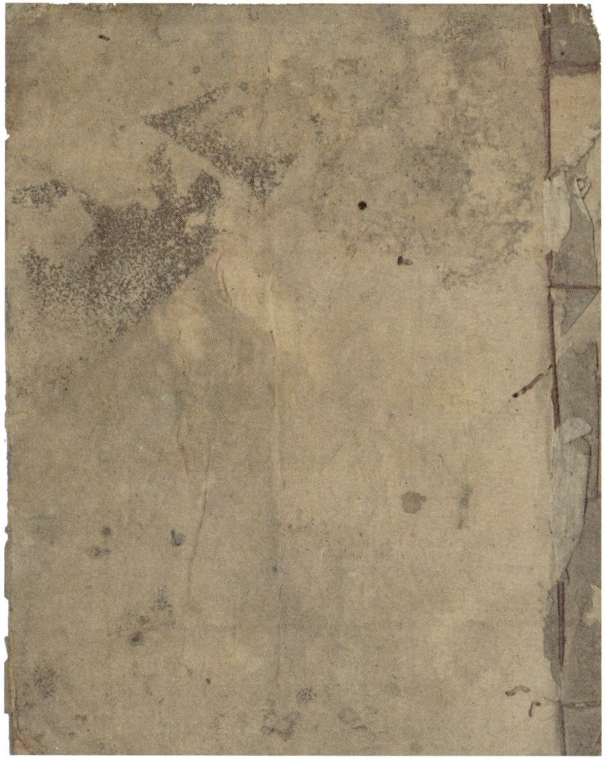

5-4-55-1　民國時期鄭氏收支賬簿（一）

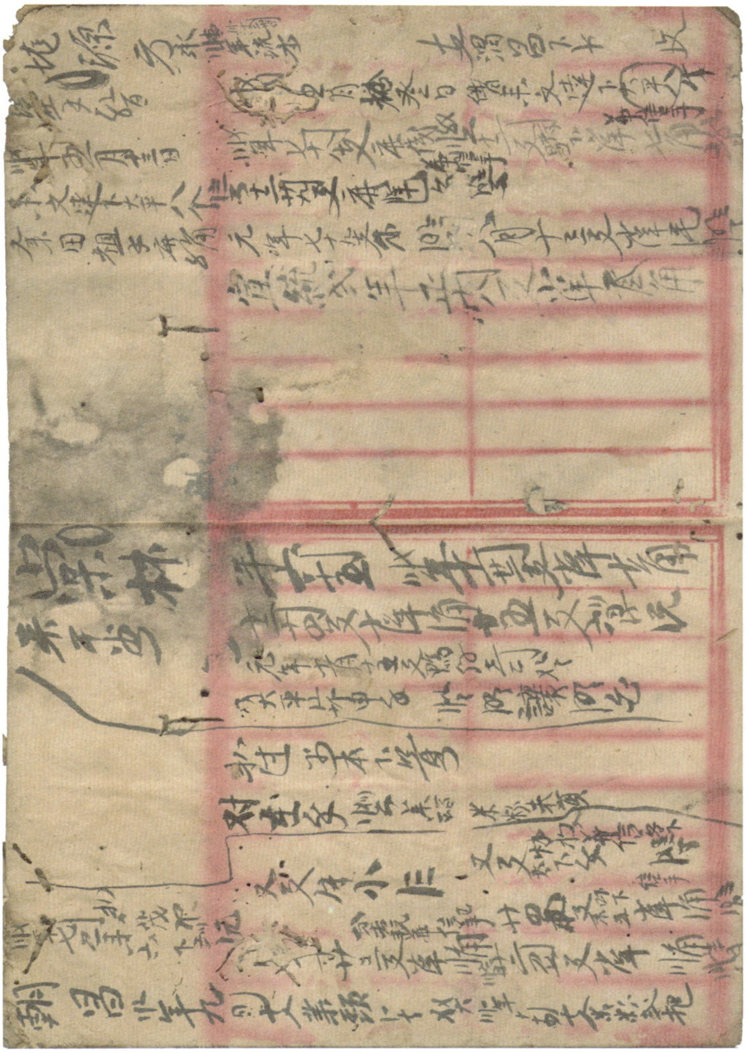

5-4-55-2　民國時期鄭氏收支賬簿（二）

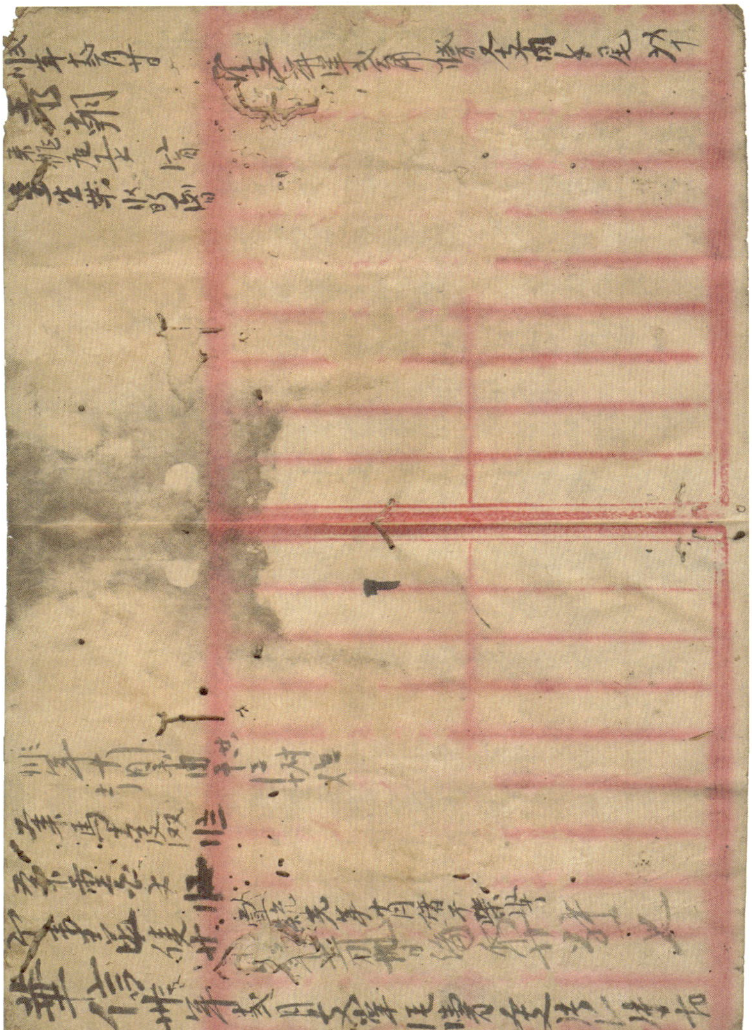

5-4-55-3　民國時期鄭氏收支賬簿（三）

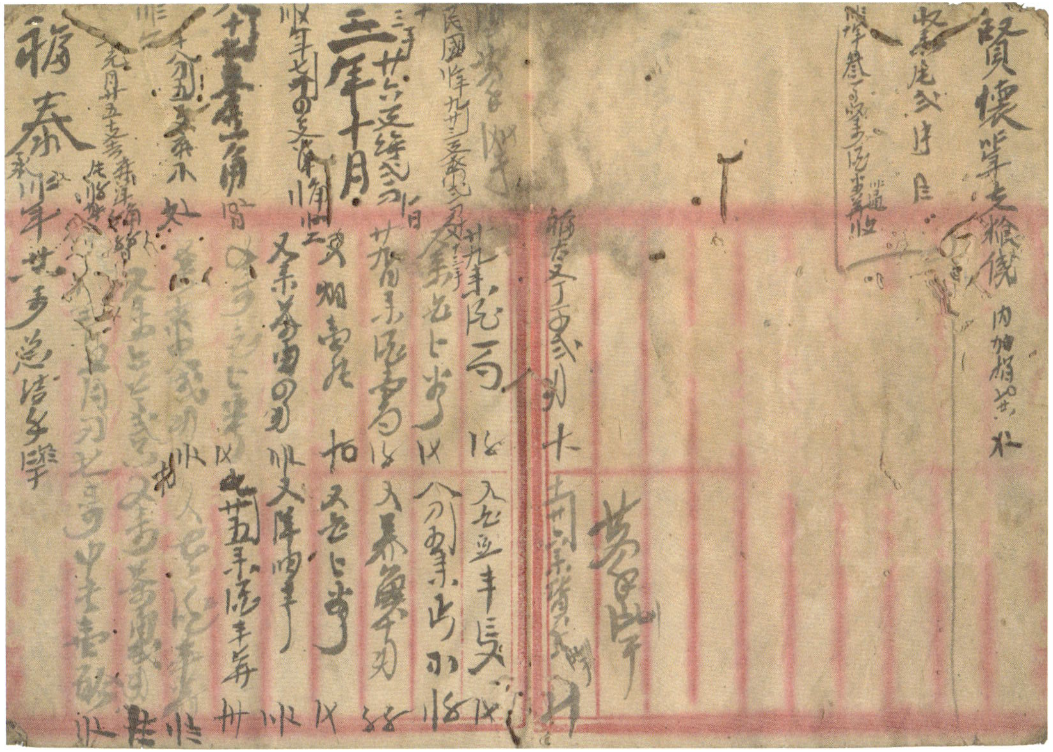

5-4-55-4　民國時期鄭氏收支賬簿（四）

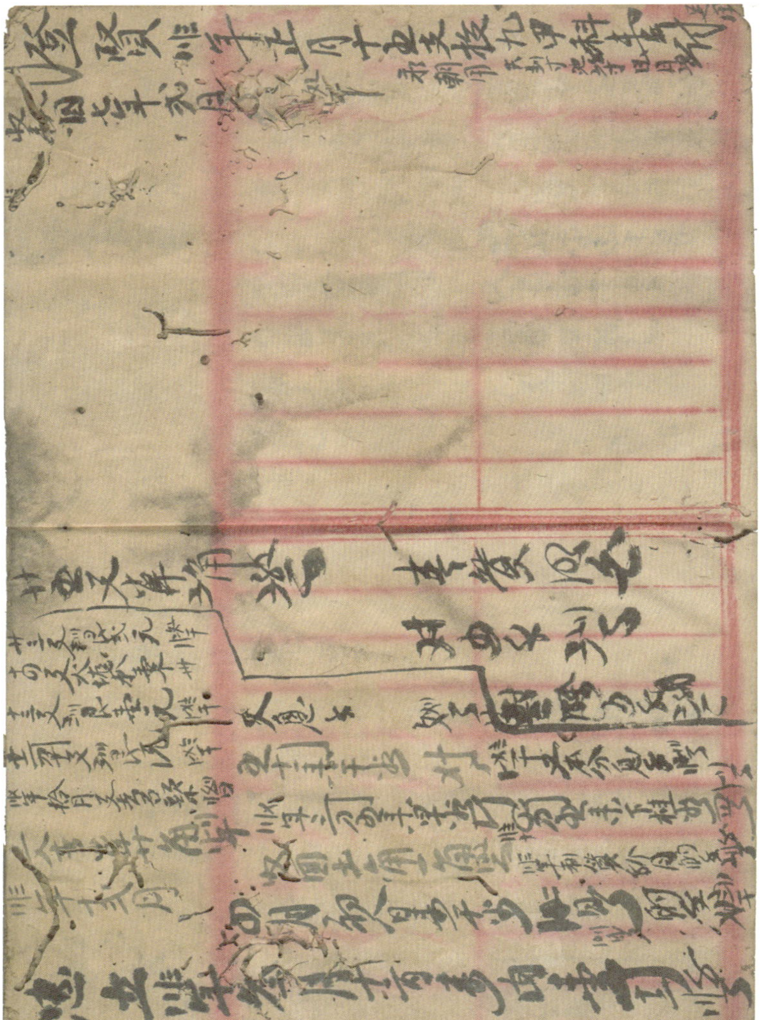

5-4-55-5　民國時期鄭氏收支賬簿（五）

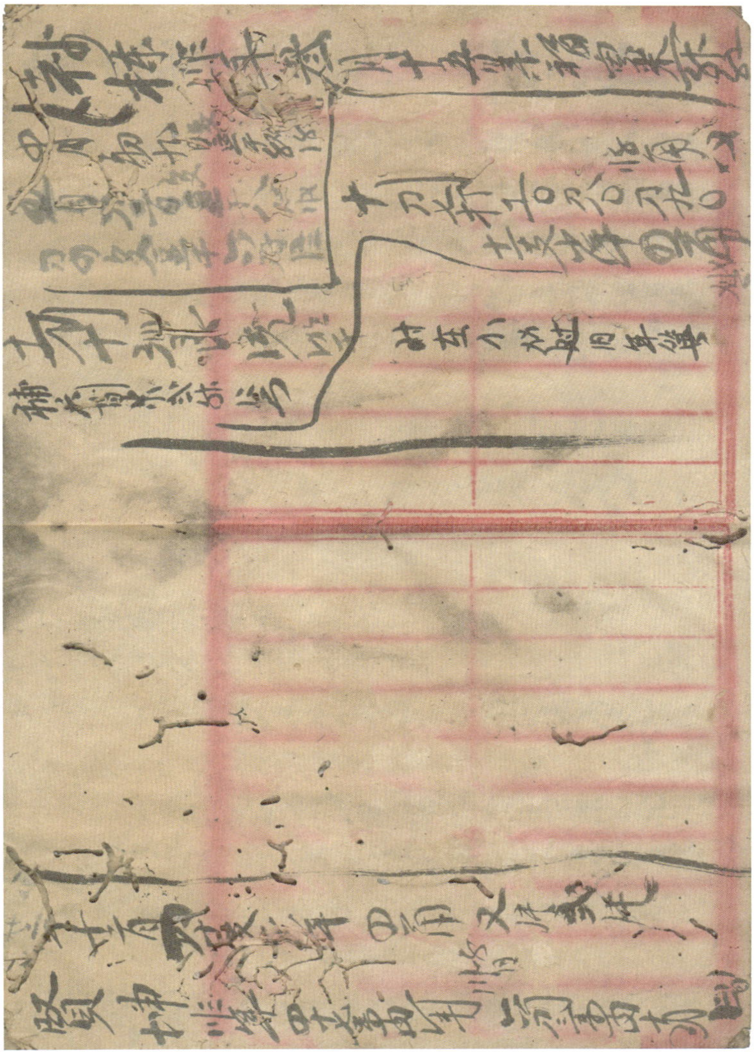

5-4-55-6　民國時期鄭氏收支賬簿（六）

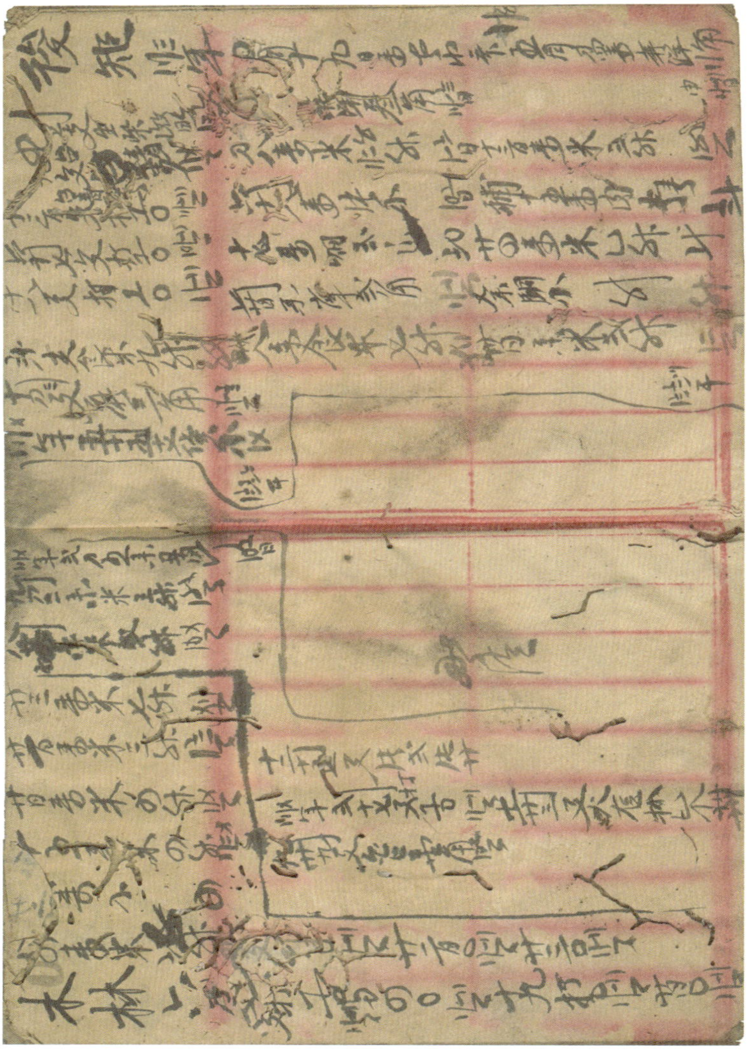

5-4-55-7　民國時期鄭氏收支賬簿（七）

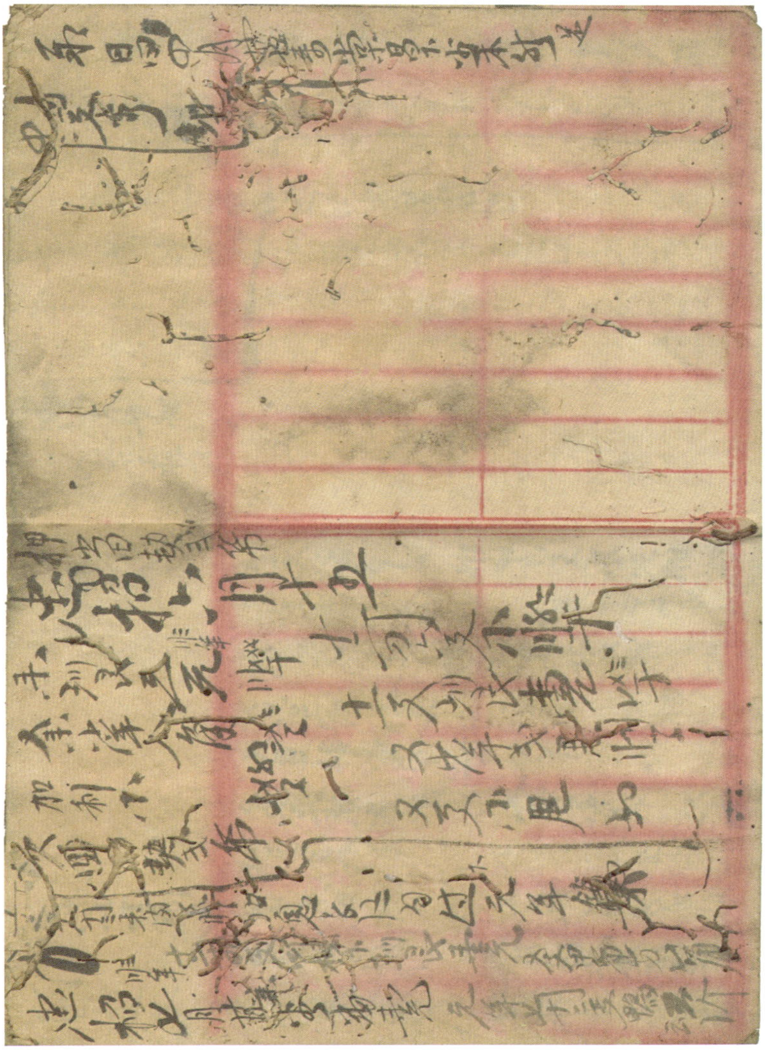

5-4-55-8　民國時期鄭氏收支賬簿（八）

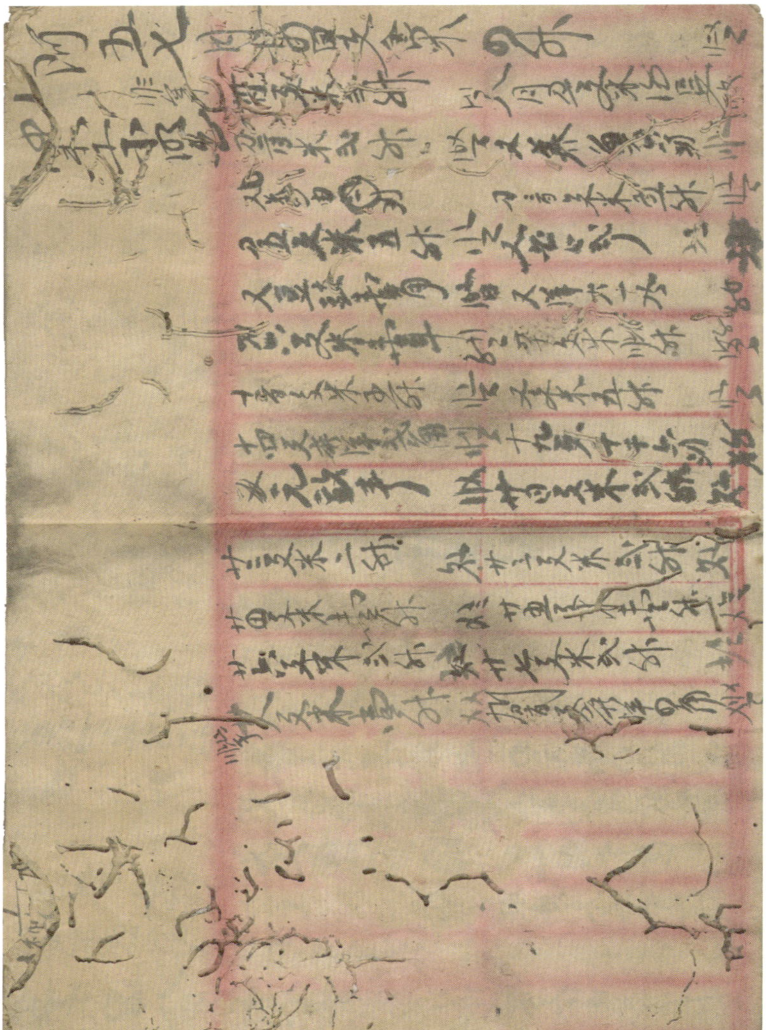

5-4-55-9　民國時期鄭氏收支賬簿（九）

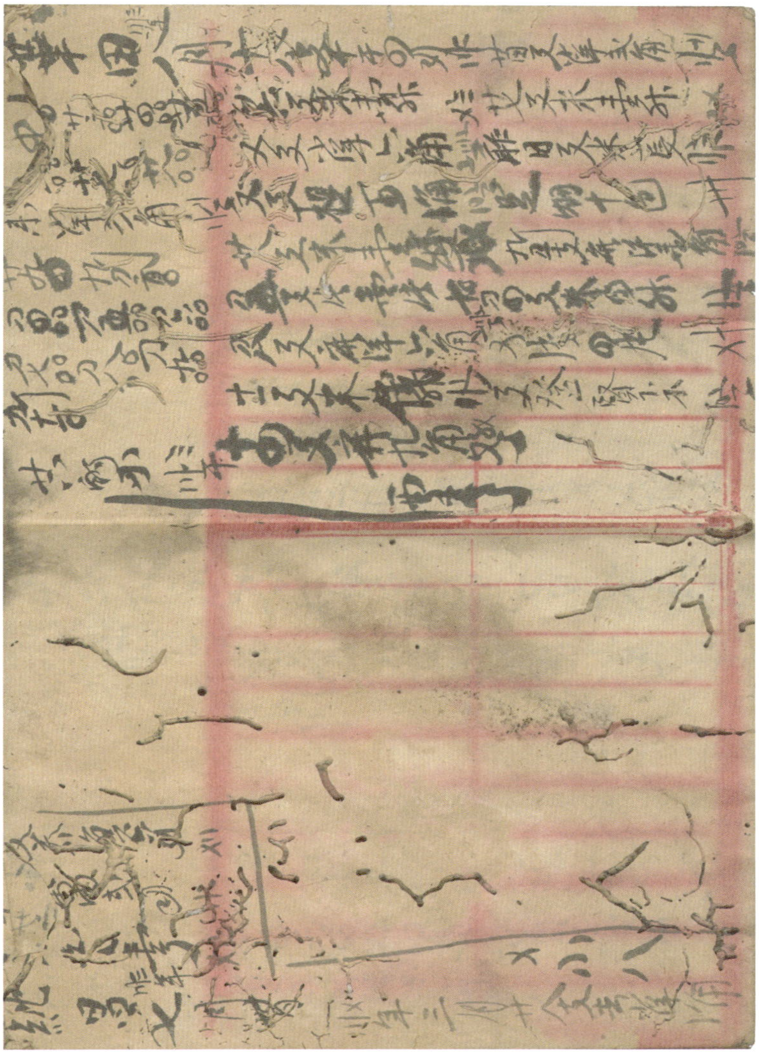

5-4-55-10 民國時期鄭氏收支賬簿（一〇）

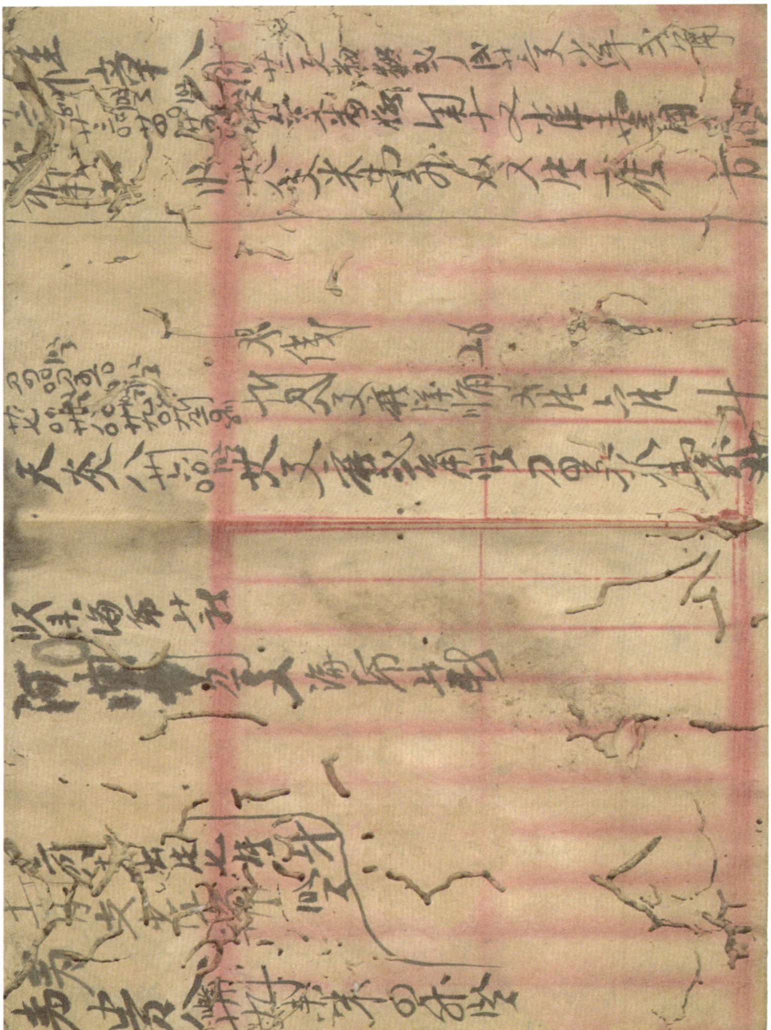

5-4-55-11　民國時期鄭氏收支賬簿（一一）

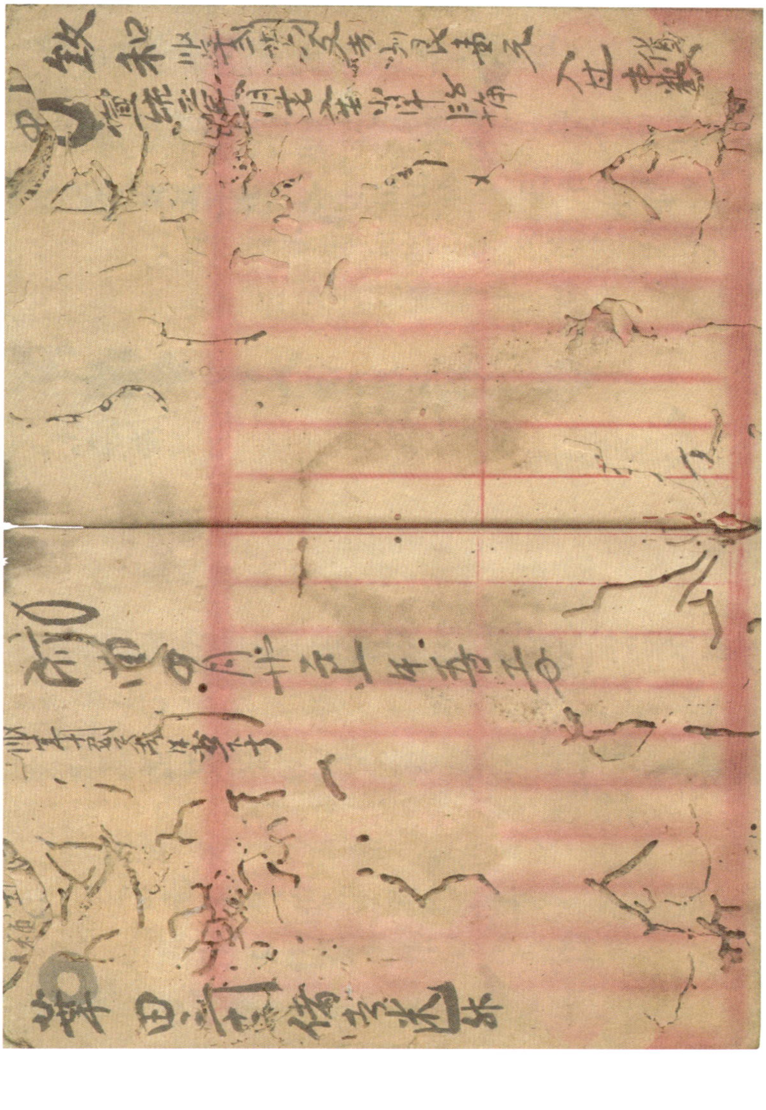

5-4-55-12　民國時期鄭氏收支賬簿（一二）

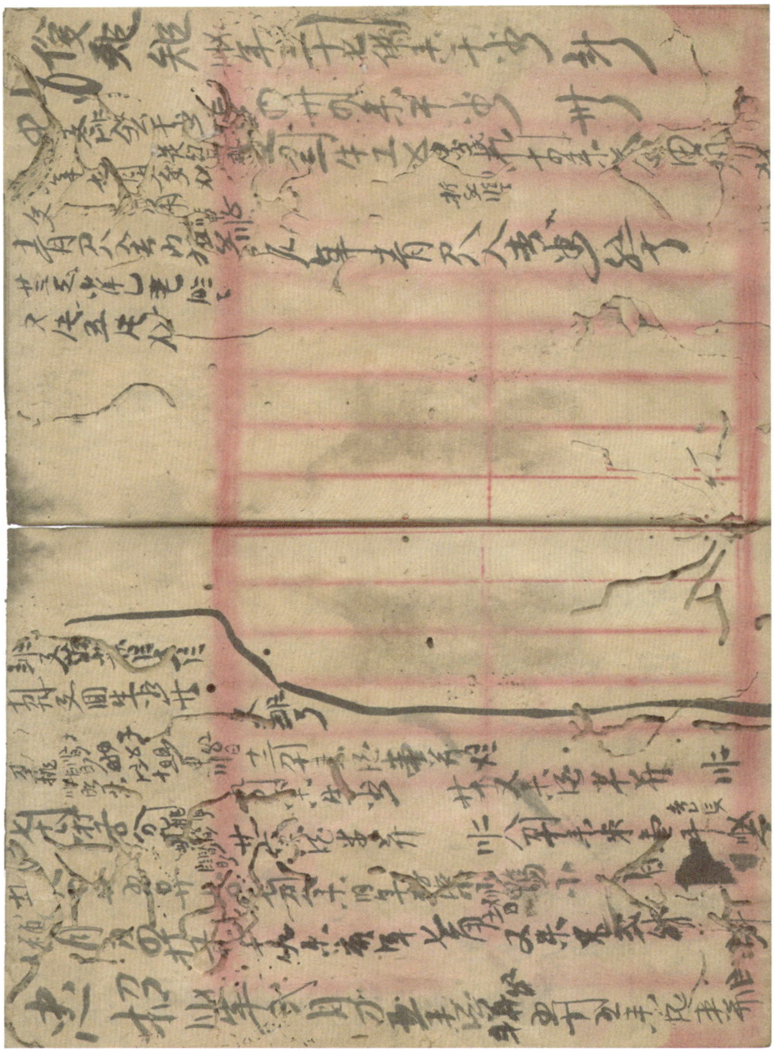

5-4-55-13　民國時期鄭氏收支賬簿（一三）

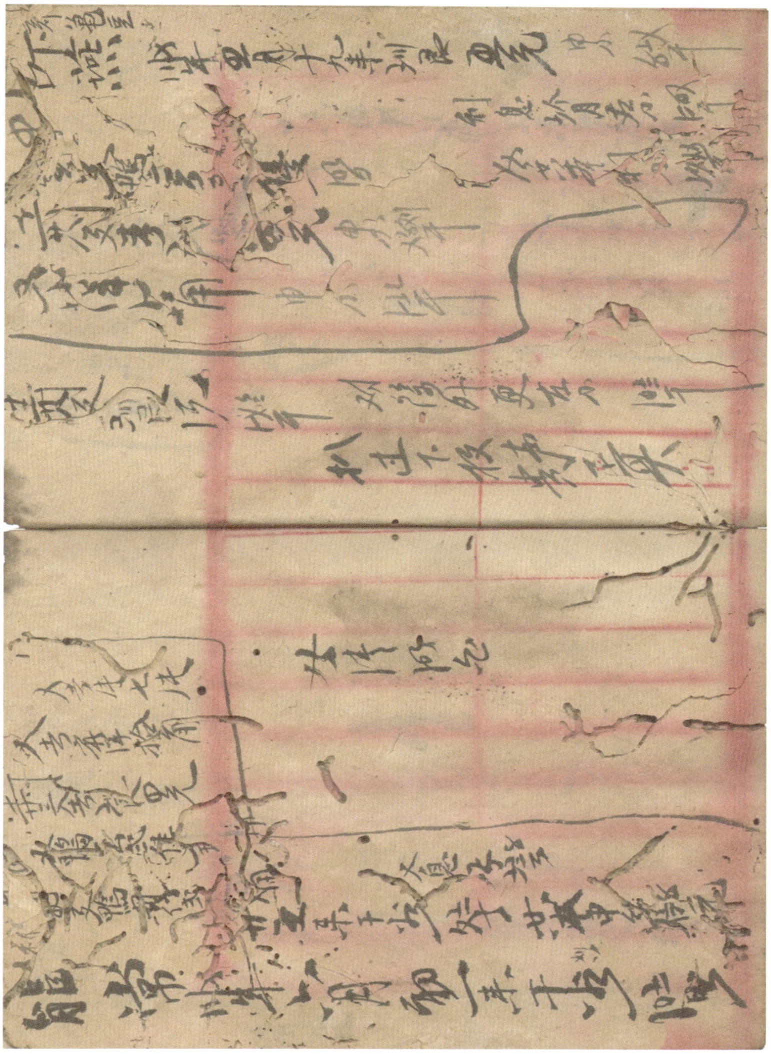

5-4-55-14　民國時期鄭氏收支賬簿（一四）

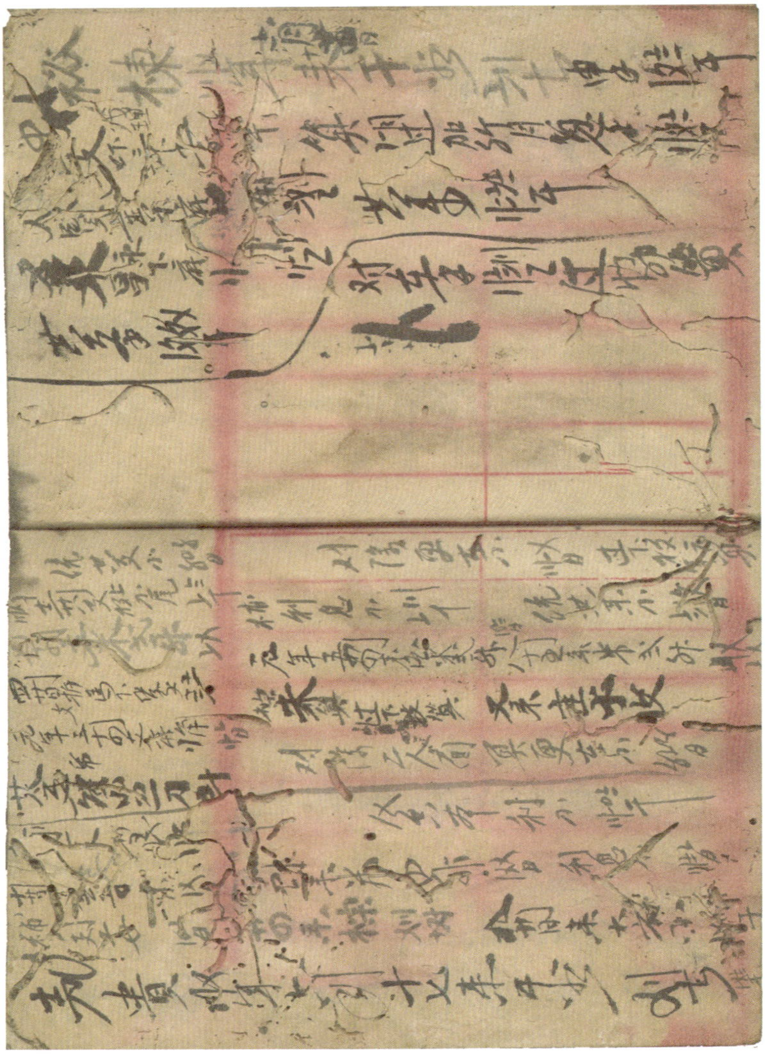

5-4-55-15　民國時期鄭氏收支賬簿（一五）

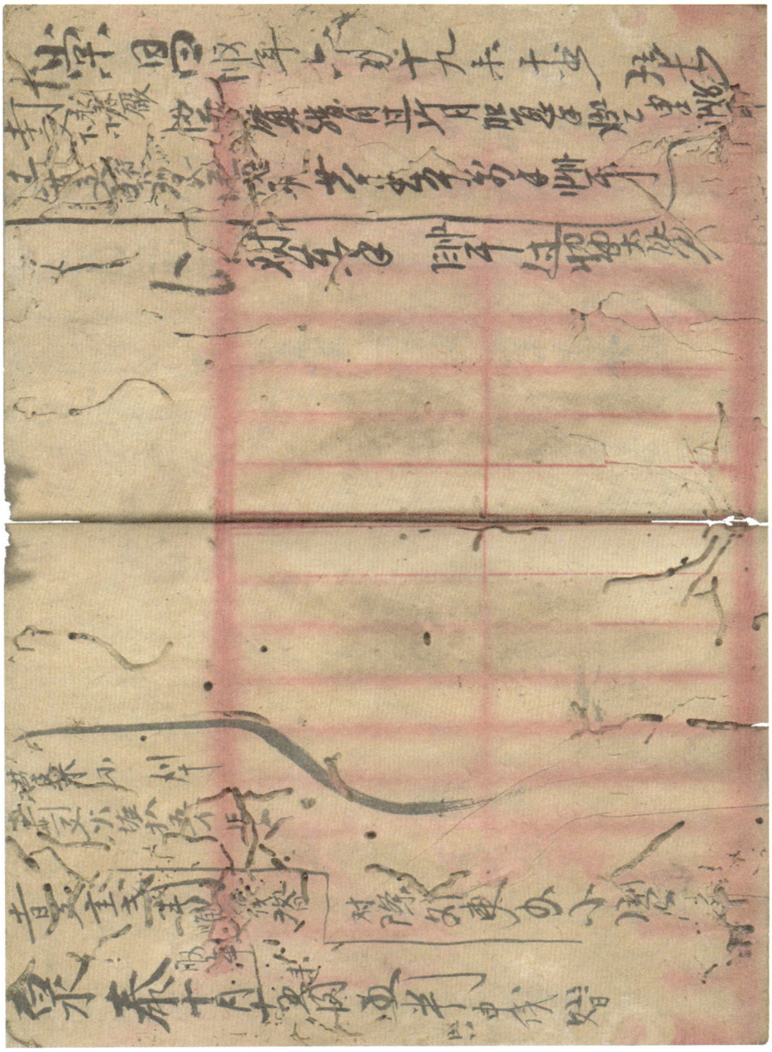

5-4-55-16　民國時期鄭氏收支賬簿（一六）

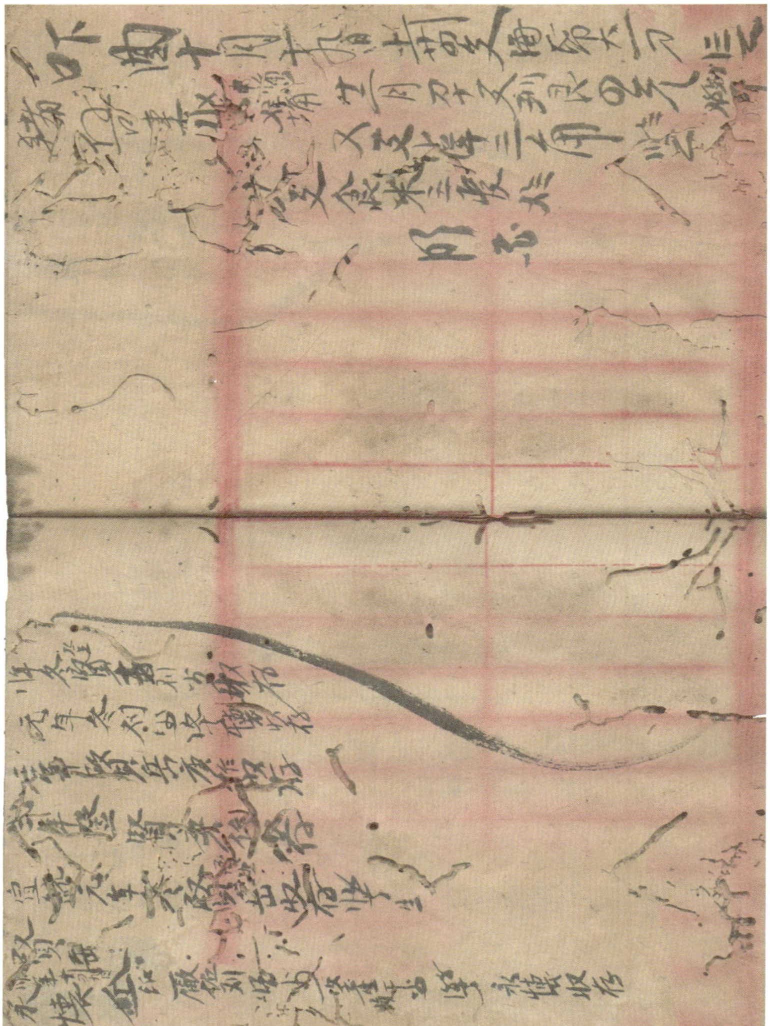

5-4-55-17　民國時期鄭氏收支賬簿（一七）

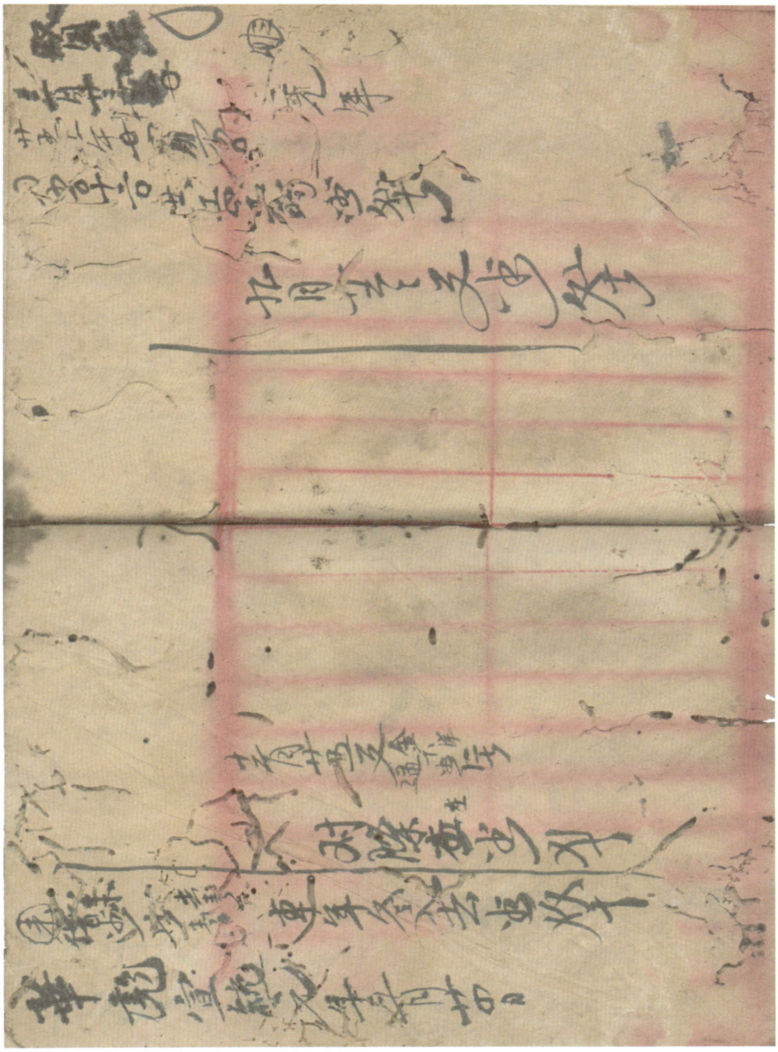

5-4-55-18 民國時期鄭氏收支賬簿（一八）

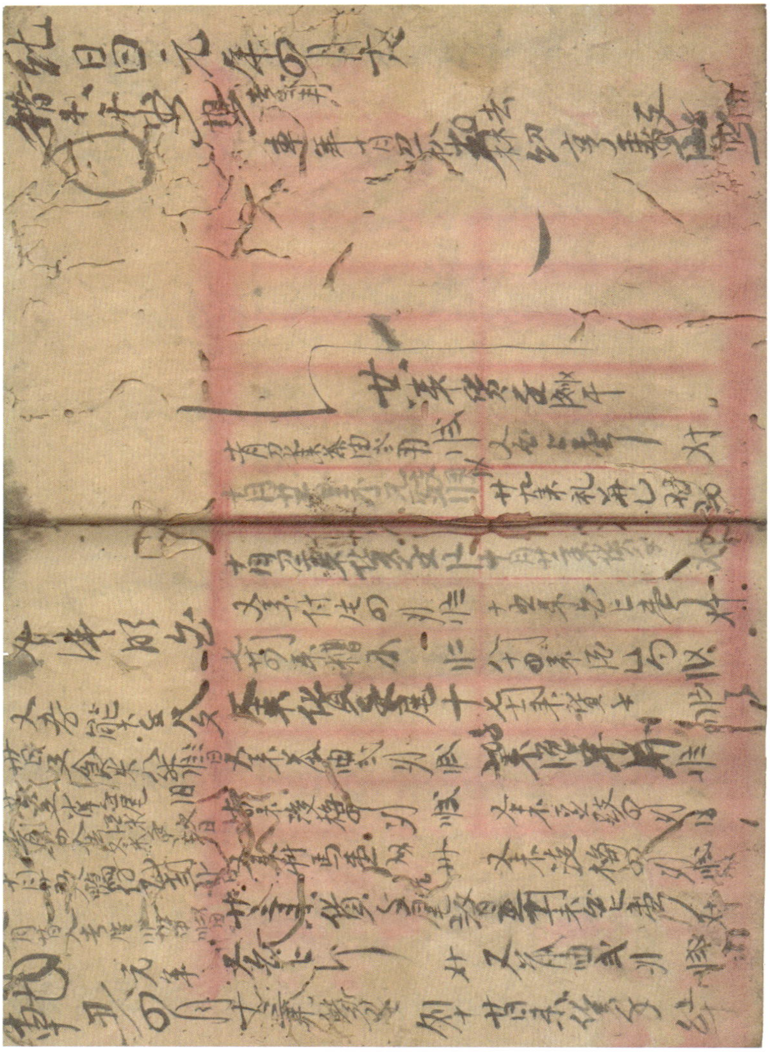

5-4-55-19　民國時期鄭氏收支賬簿（一九）

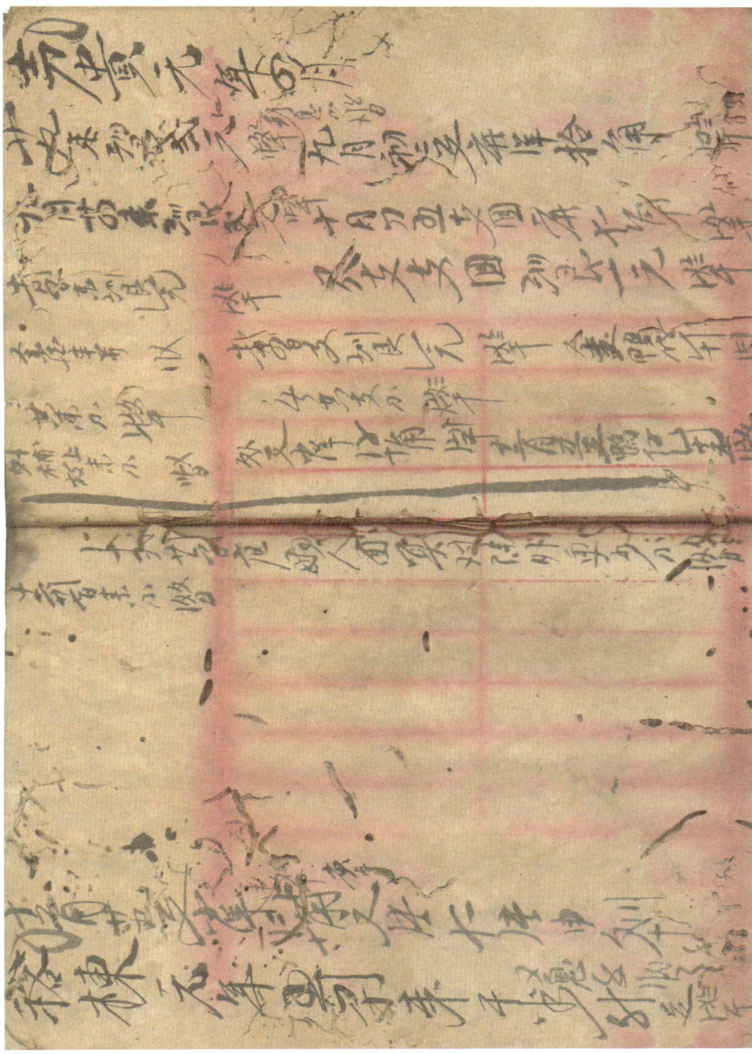

5-4-55-20　民國時期鄭氏收支賬簿（二〇）

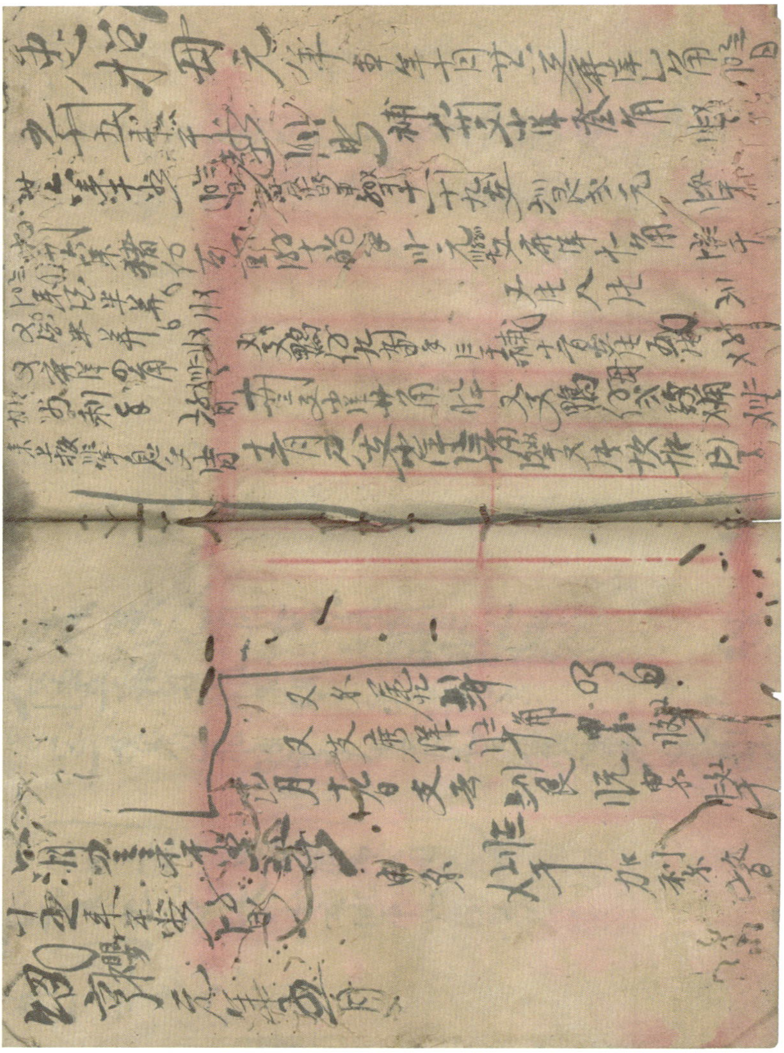

5-4-55-21　民國時期鄭氏收支賬簿（二一）

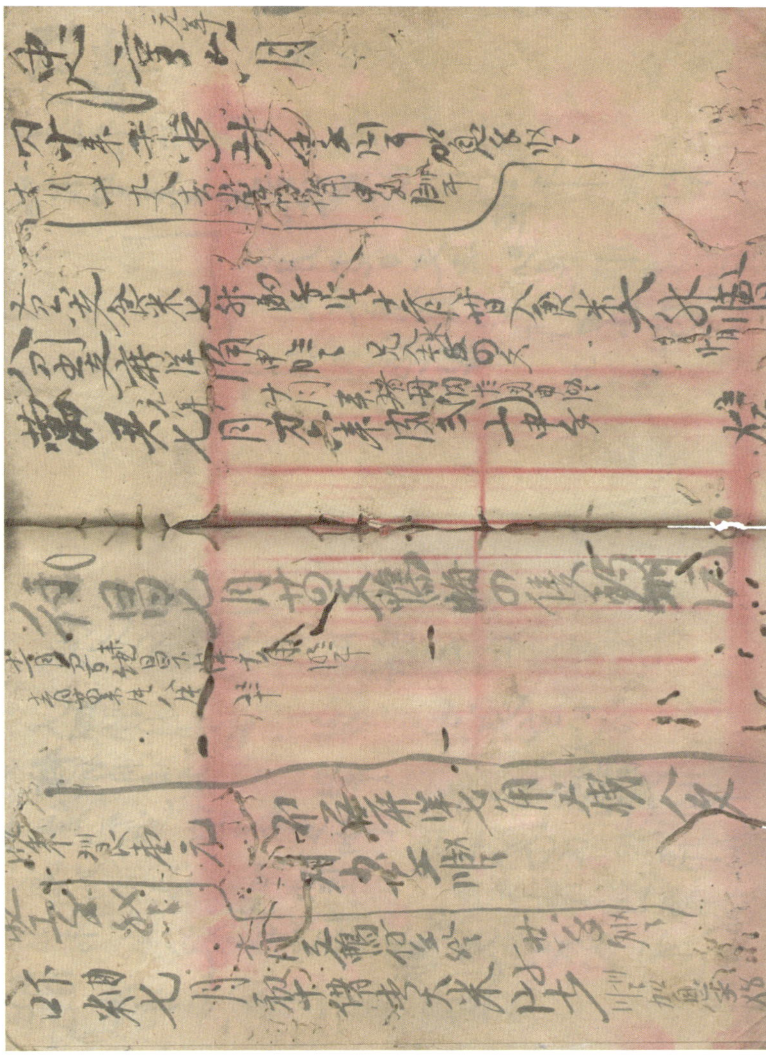

5-4-55-22　民國時期鄭氏收支賬簿（二二）

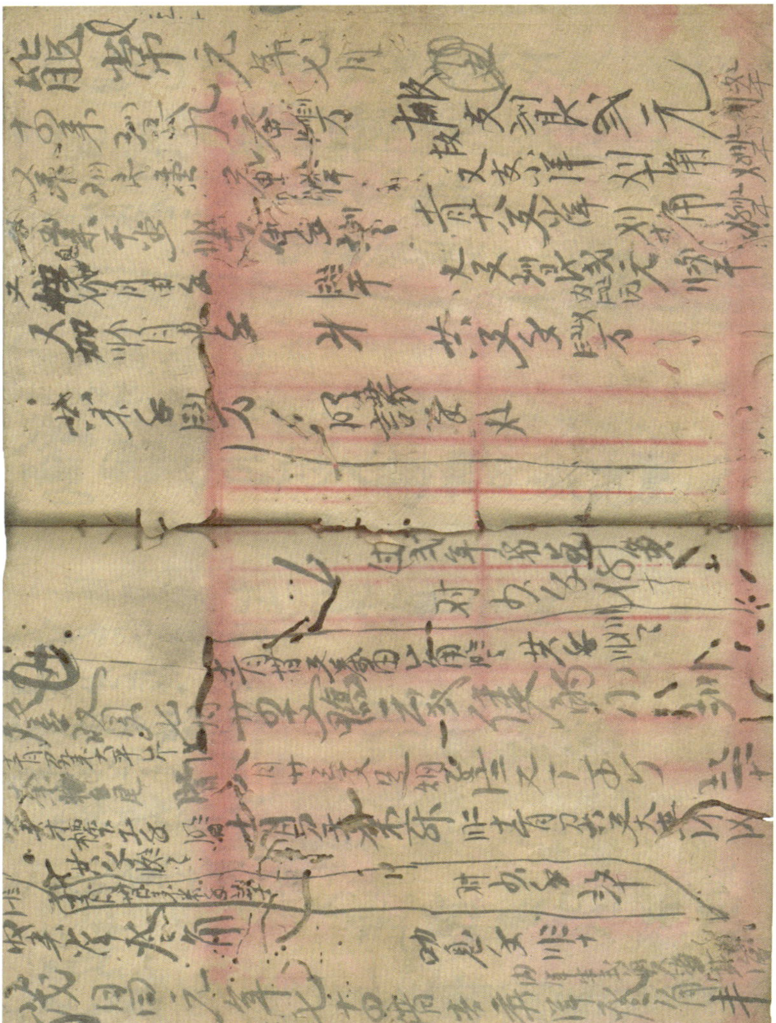

5-4-55-23　民國時期鄭氏收支賬簿（二三）

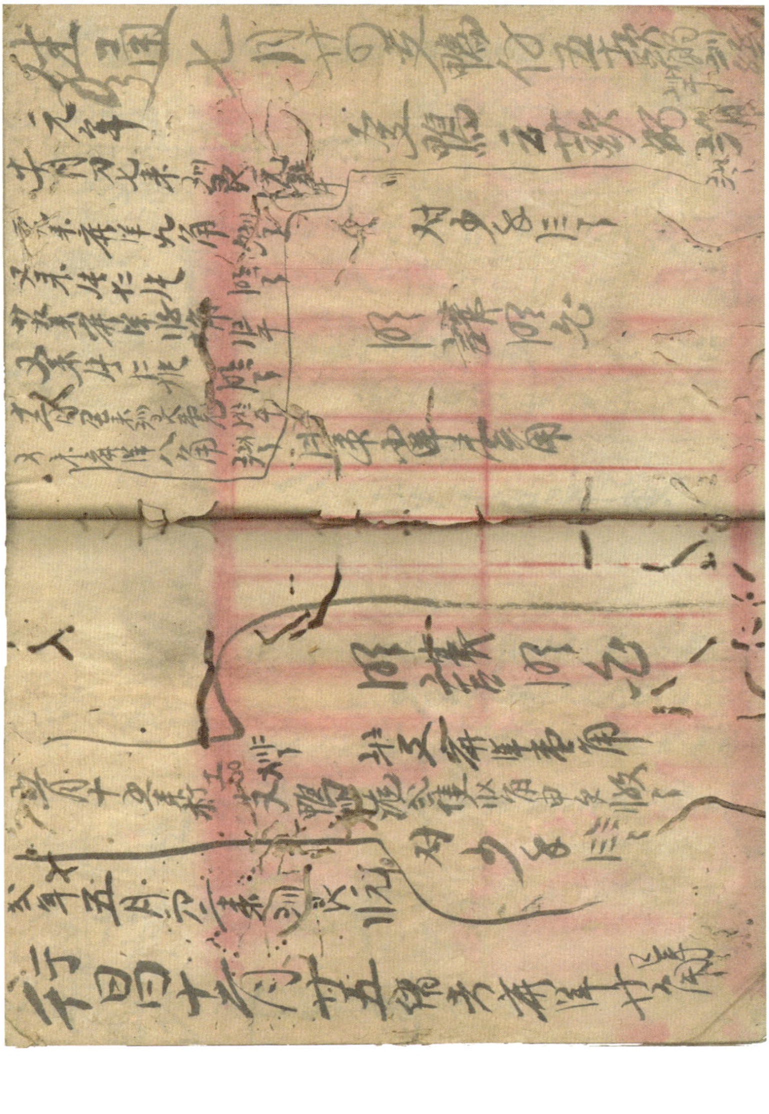

5-4-55-24　民國時期鄭氏收支賬簿（二四）

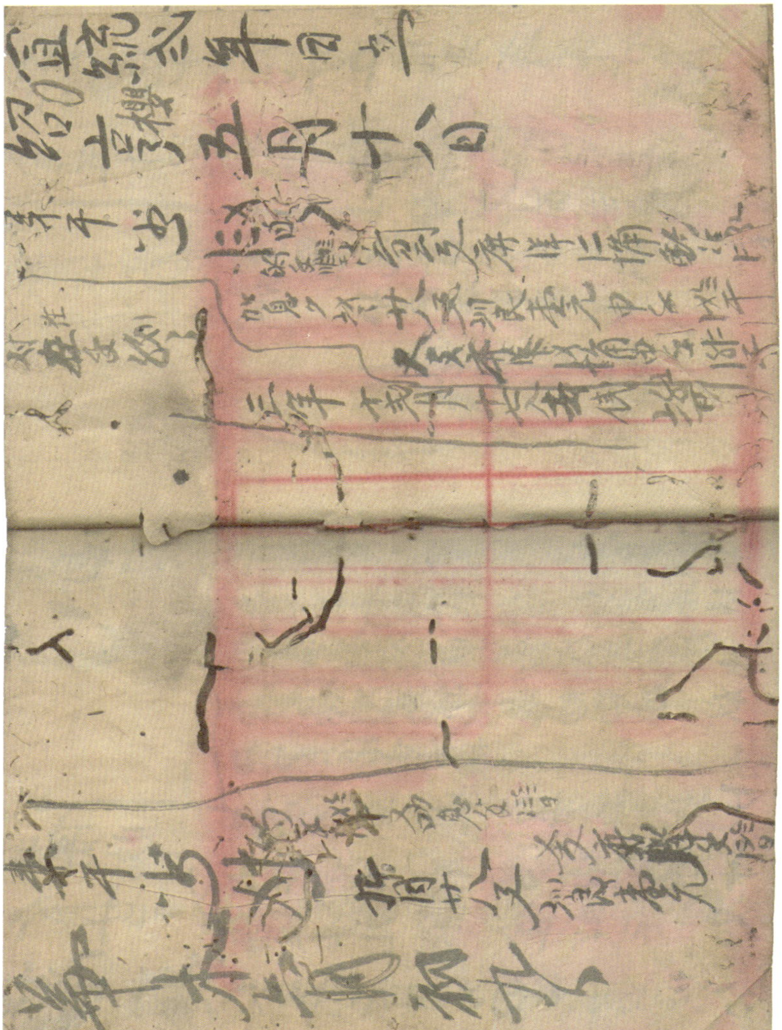

5-4-55-25　民國時期鄭氏收支賬簿（二五）

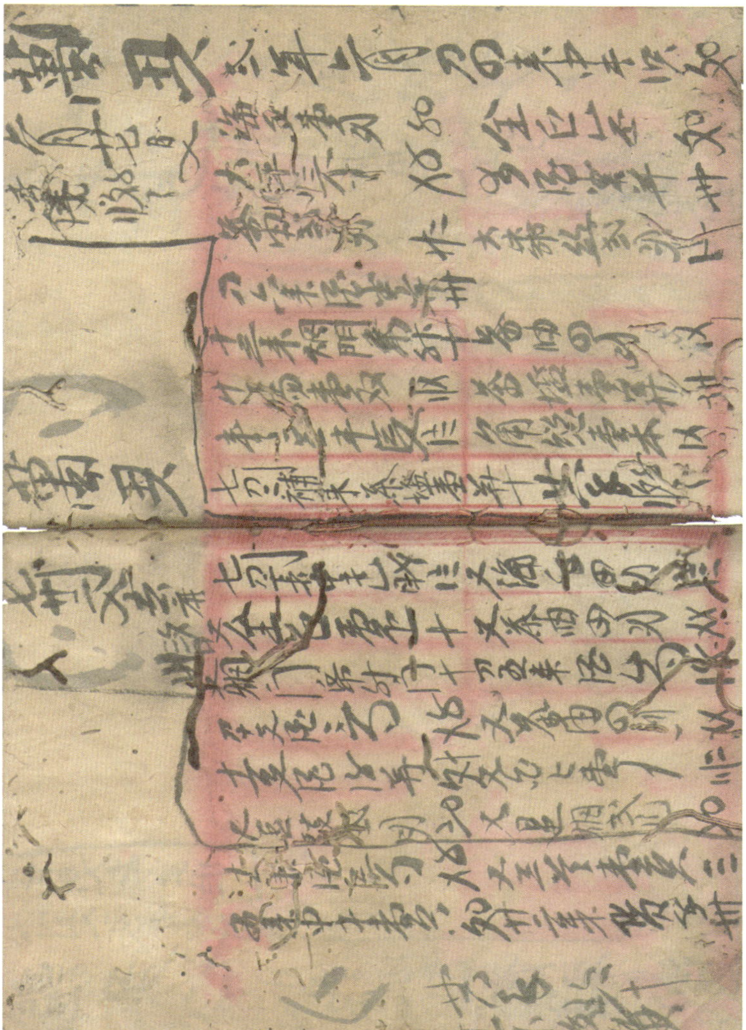

民國時期鄭氏收支賬簿（二六）

5-4-55-26

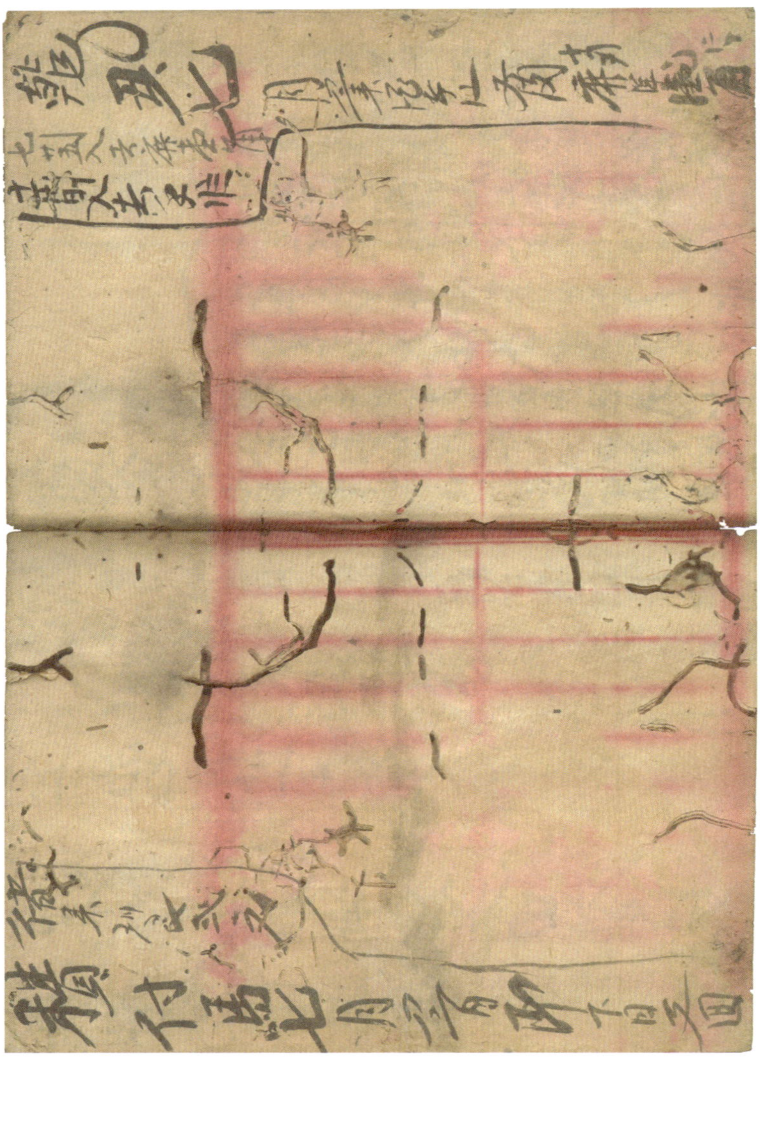

5-4-55-27　民國時期鄭氏收支賬簿（二七）

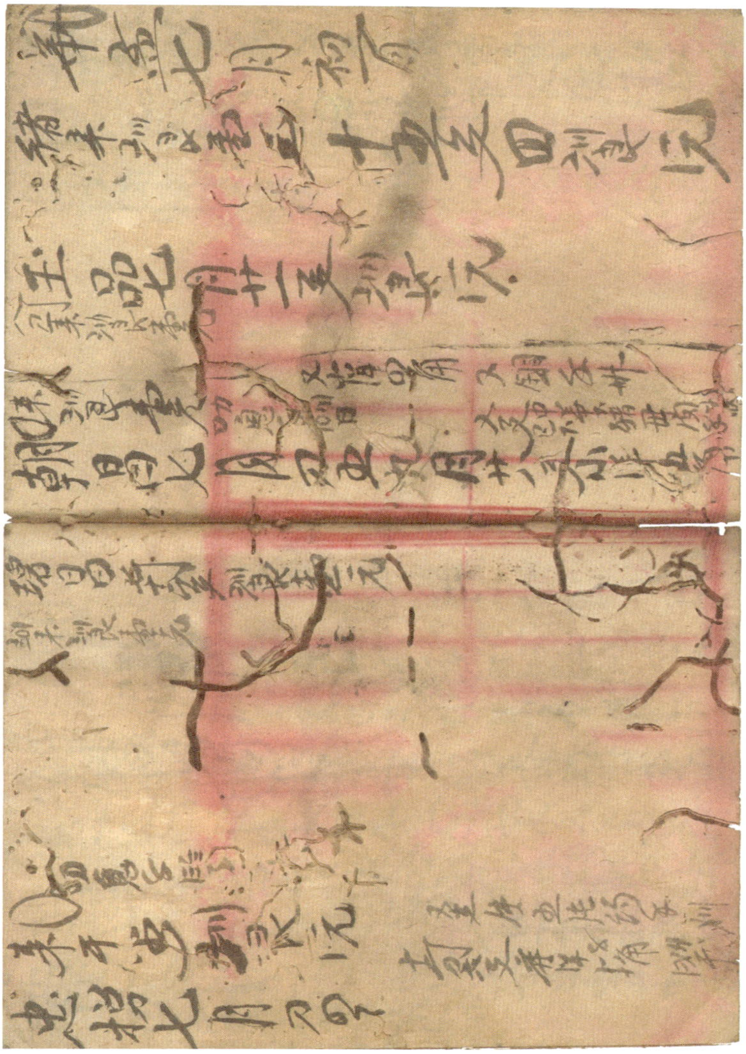

5-4-55-28　民國時期鄭氏收支賬簿（二八）

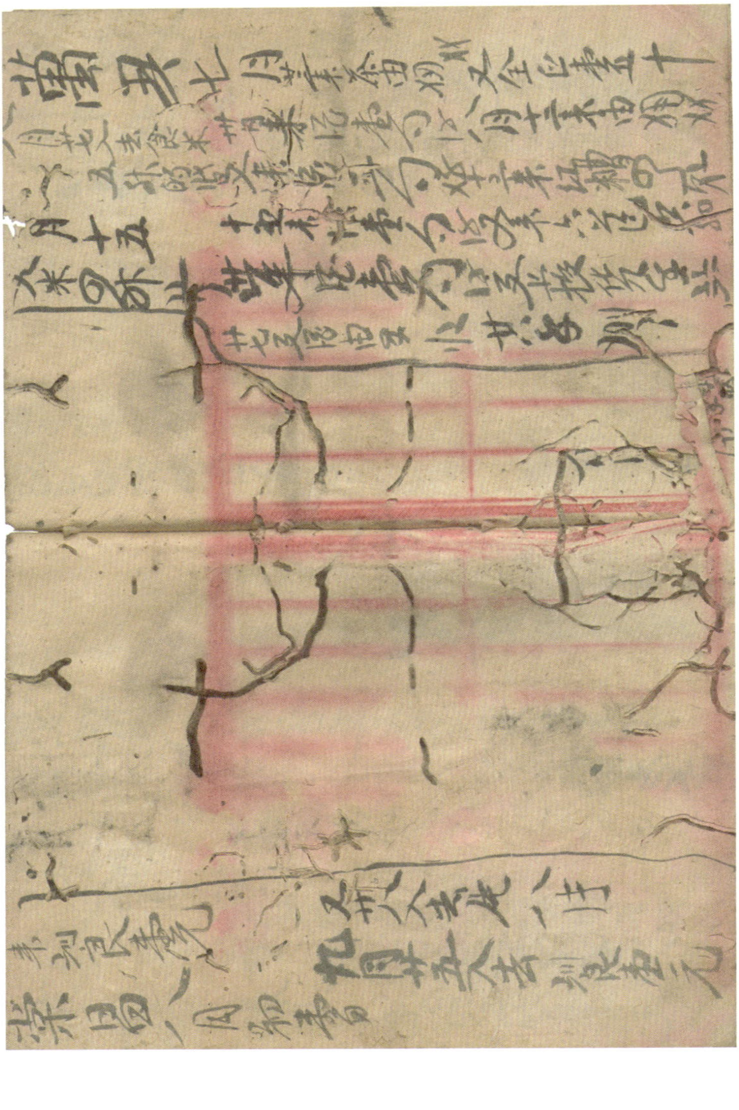

5-4-55-29　民國時期鄭氏收支賬簿（二九）

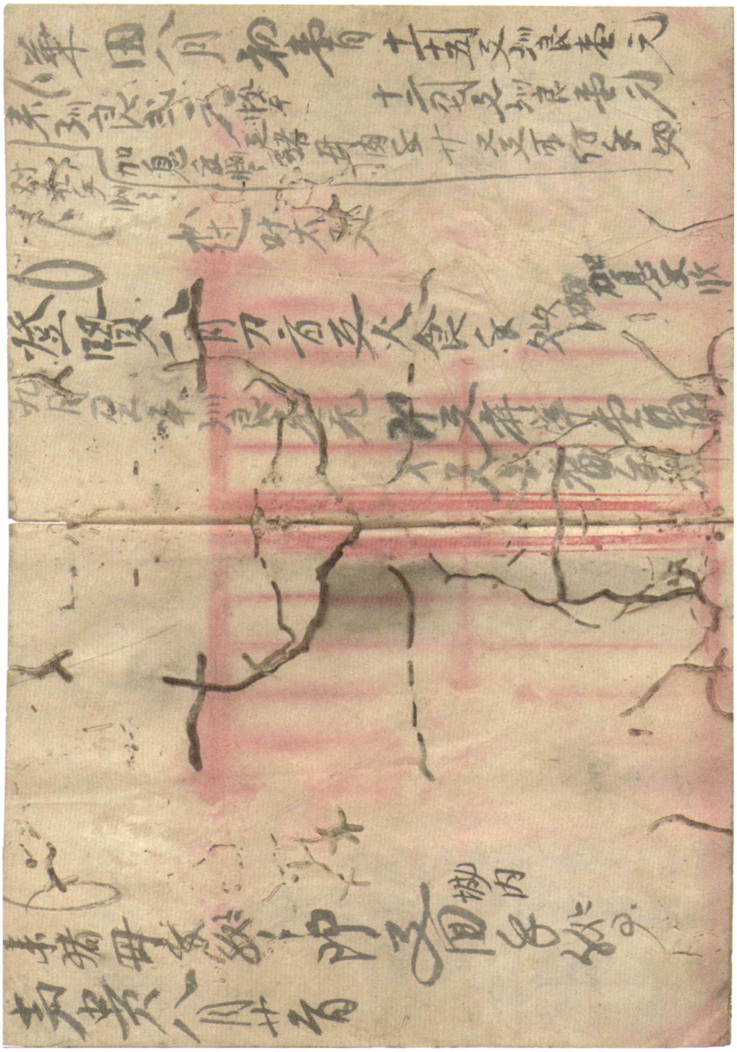

5-4-55-30　民國時期鄭氏收支賬簿（三〇）

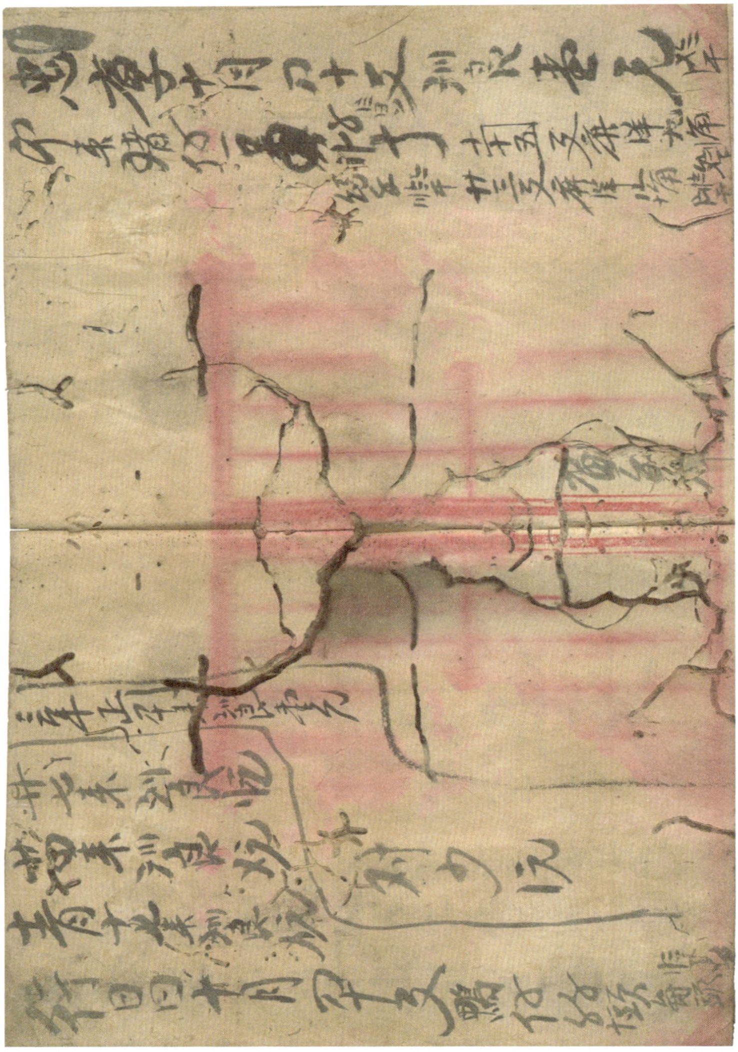

5-4-55-31　民國時期鄭氏收支賬簿（三一）

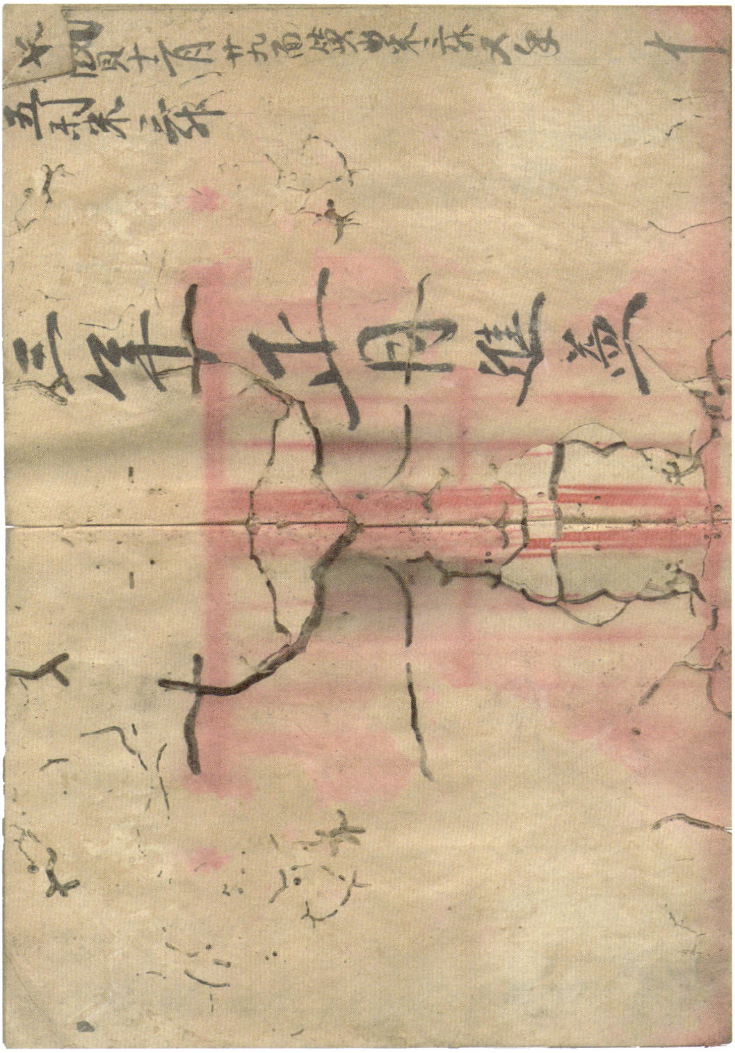

民國時期鄭氏收支賬簿（三二）　5-4-55-32

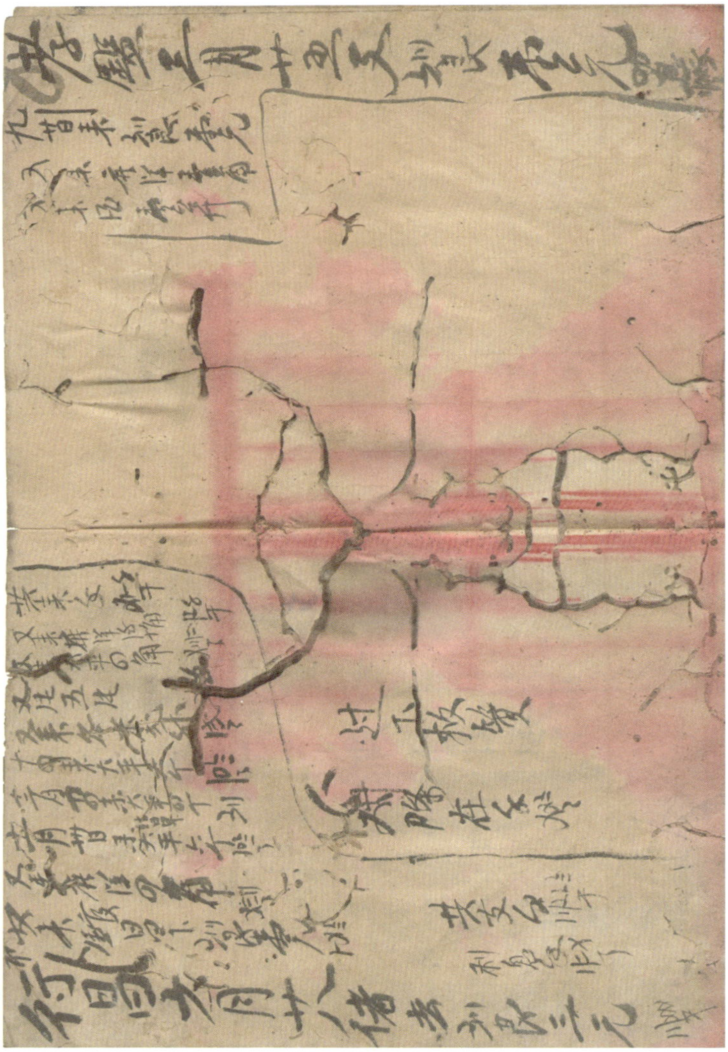

5-4-55-33　民國時期鄭氏收支賬簿（三三）

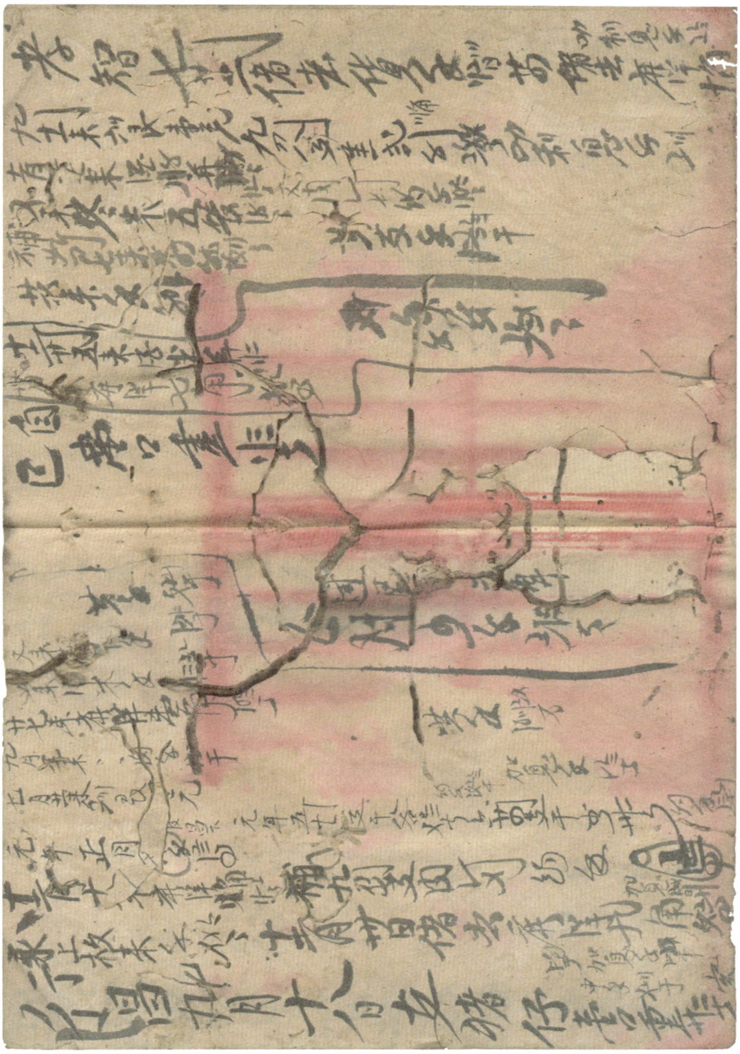

5-4-55-34　民國時期鄭氏收支賬簿（三四）

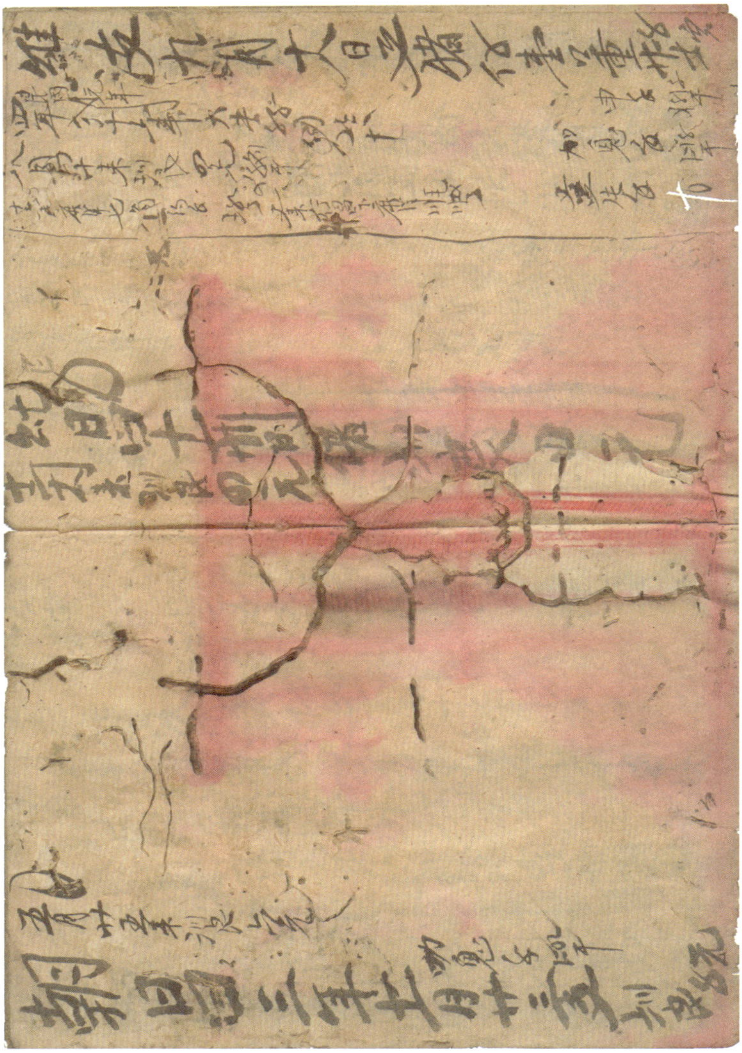

5-4-55-35　民國時期鄭氏收支賬簿（三五）

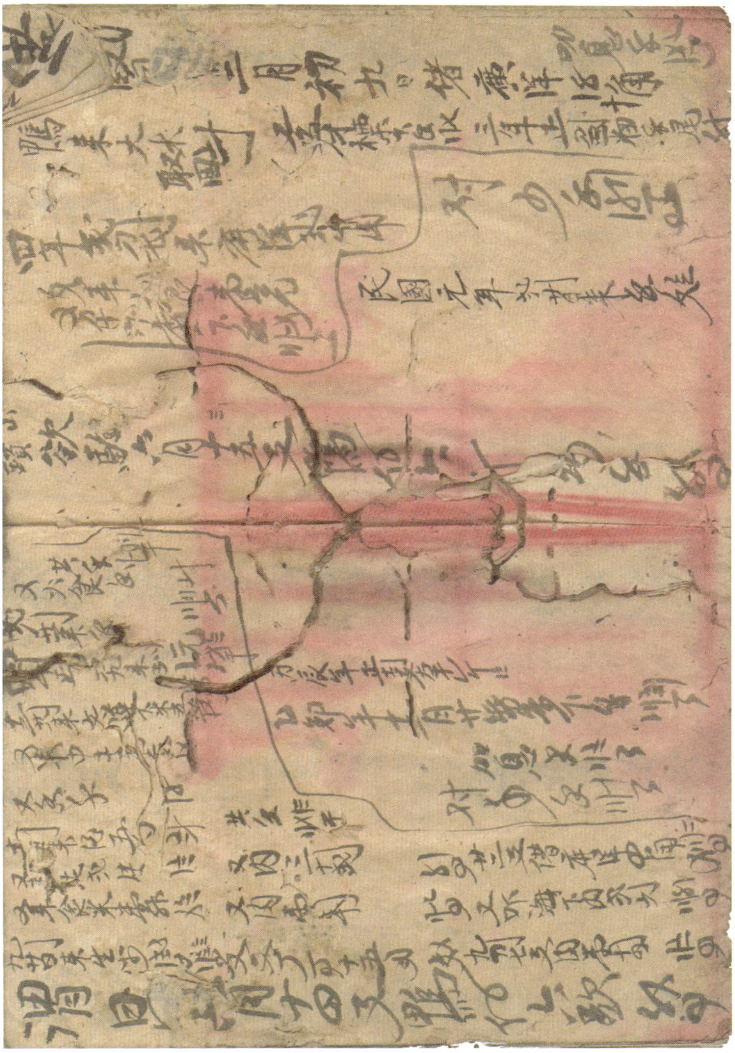

5–4–55–36　民國時期鄭氏收支賬簿（三六）

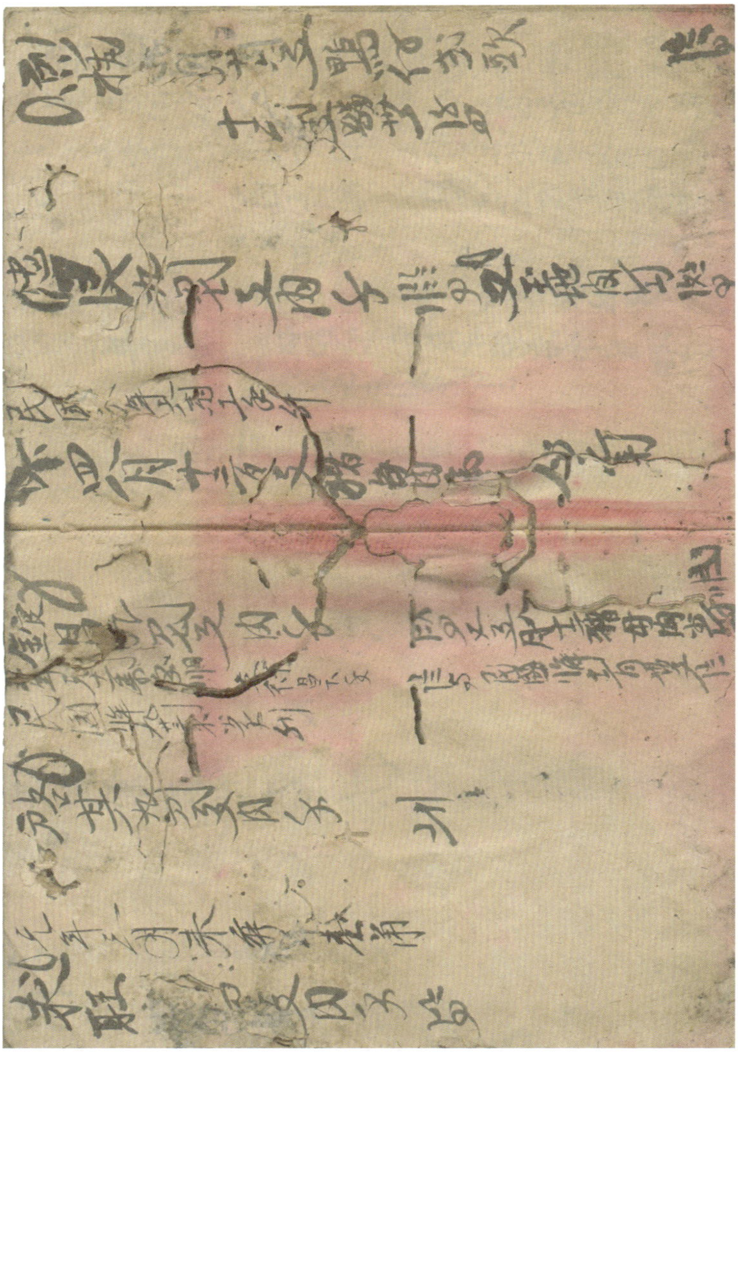

5-4-55-37　民國時期鄭氏收支賬簿（三七）

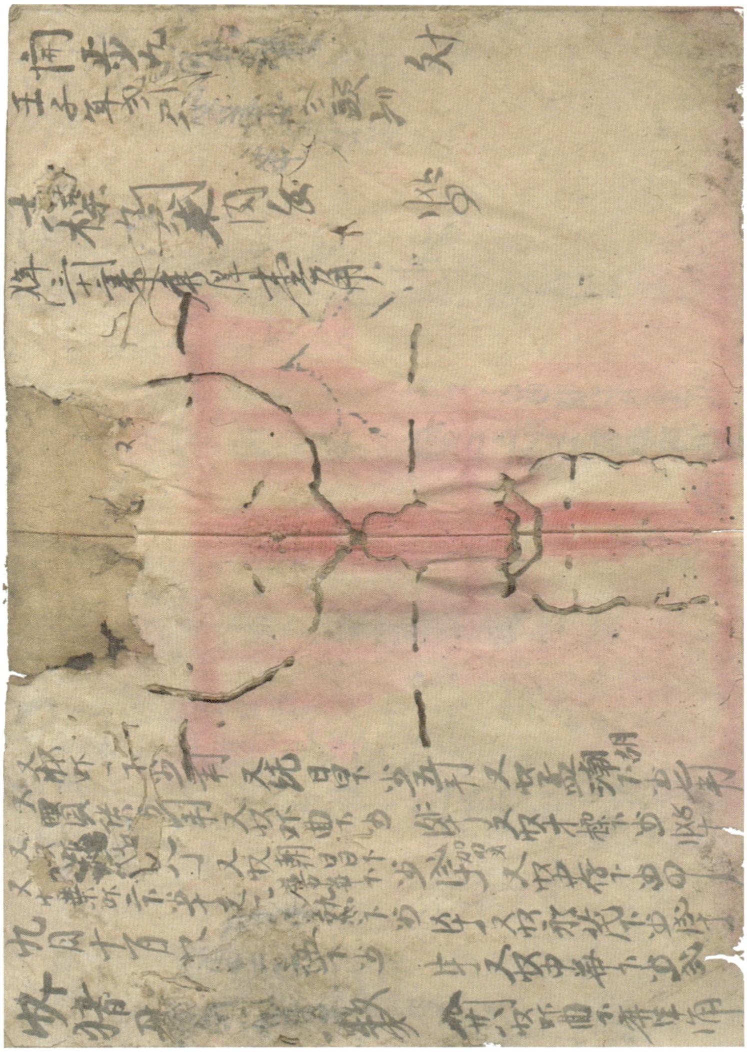

5-4-55-38　民國時期鄭氏收支賬簿（三八）

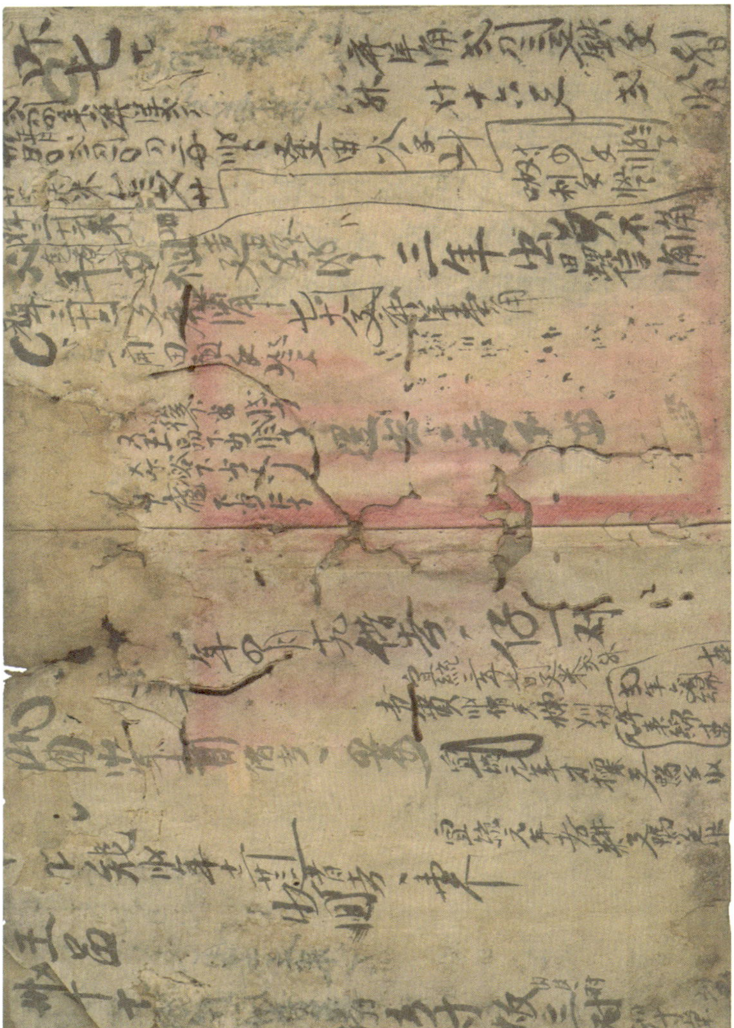

5-4-55-39　民國時期鄭氏收支賬簿（三九）

5-4-55-40　民國時期鄭氏收支賬簿（四〇）

5-4-56-1　清咸豐同治年間鄭氏家族置業簿（一）

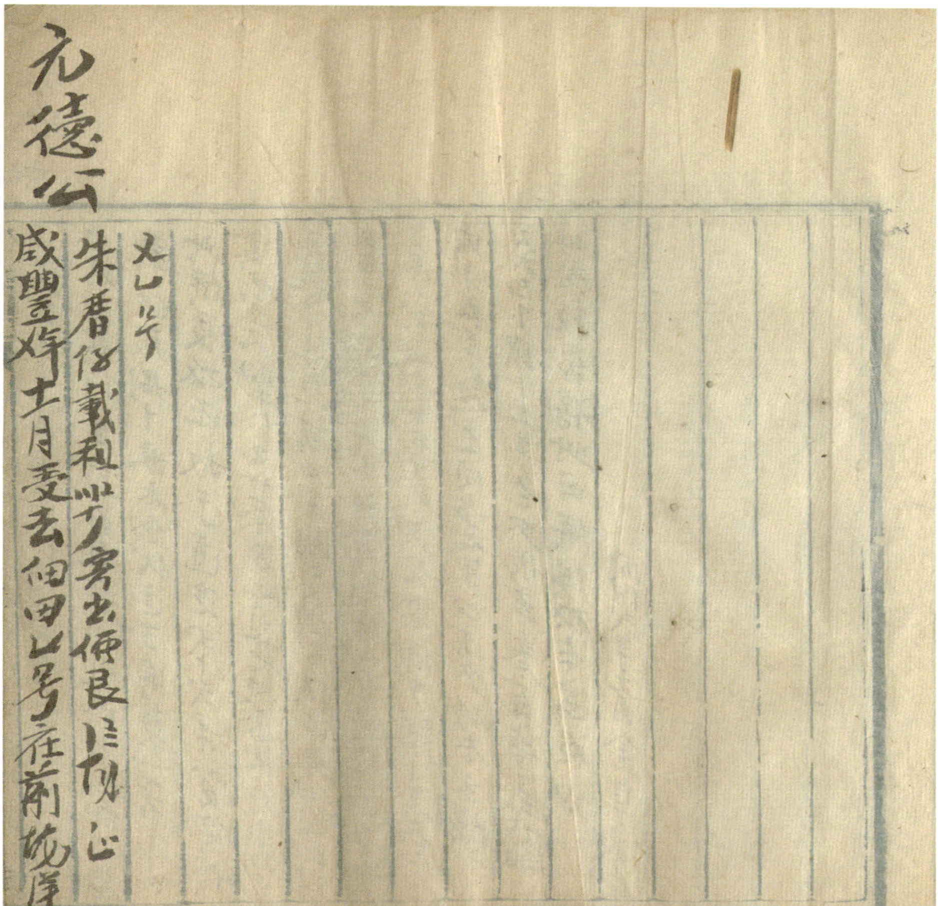

元德公

又一号

朱厝仔載租卅斤寄出價艮三拾兩正

咸豐五年十一月受去佃田一号在前坑岸

5-4-56-2　清咸豐同治年間鄭氏家族置業簿（二）

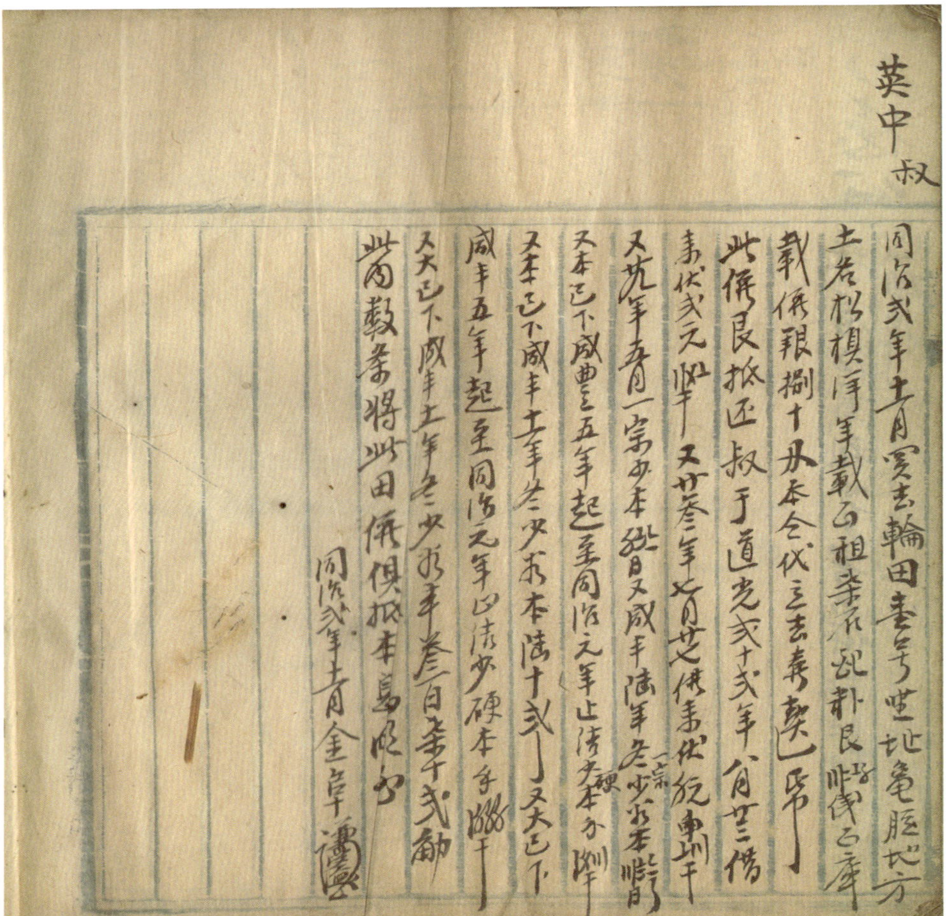
英中叔
同治弍年十一月買去輪田壹号坐址龟脛坵方
土名松模洋年載谷租叁石計秤良价谷库
戴係銀捌十兩本仝代立去壽契係中
此係良抵还叔于道光弍十弍年八月廿三借
来伏弍元對年又廿叁年七月廿七借来伏銀弍元對年
又光年借一宗少本錢日又咸丰陆年冬少本一宗
又本已下咸豐五年起至同治元年止清少硬本分剛
又本已下咸丰十二年冬少本本陆十弍丁又大已下
咸丰五年起至同治元年止清少硬本手
又大已下咸丰十一年冬少利本叁百廿弍斤
此箇數参将此田係俱抵本息明白
同治弍年十一月金卓

5-4-56-3　清咸豐同治年間鄭氏家族置業簿（三）

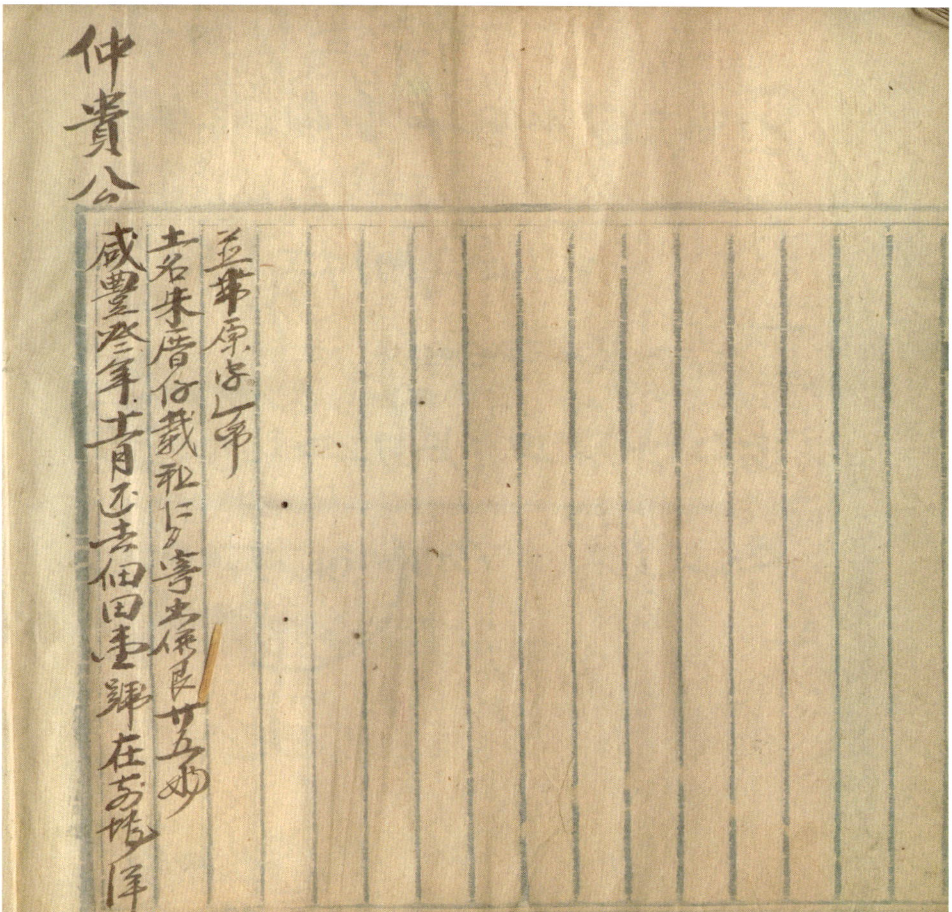
仲貴公
咸豐叁年十二月丕还去佃田壹號在ㄎ坡洋
土名朱厝份栽租仁〻等土係艮廿五兩
並華原字〻第

5-4-56-4　清咸豐同治年間鄭氏家族置業簿（四）

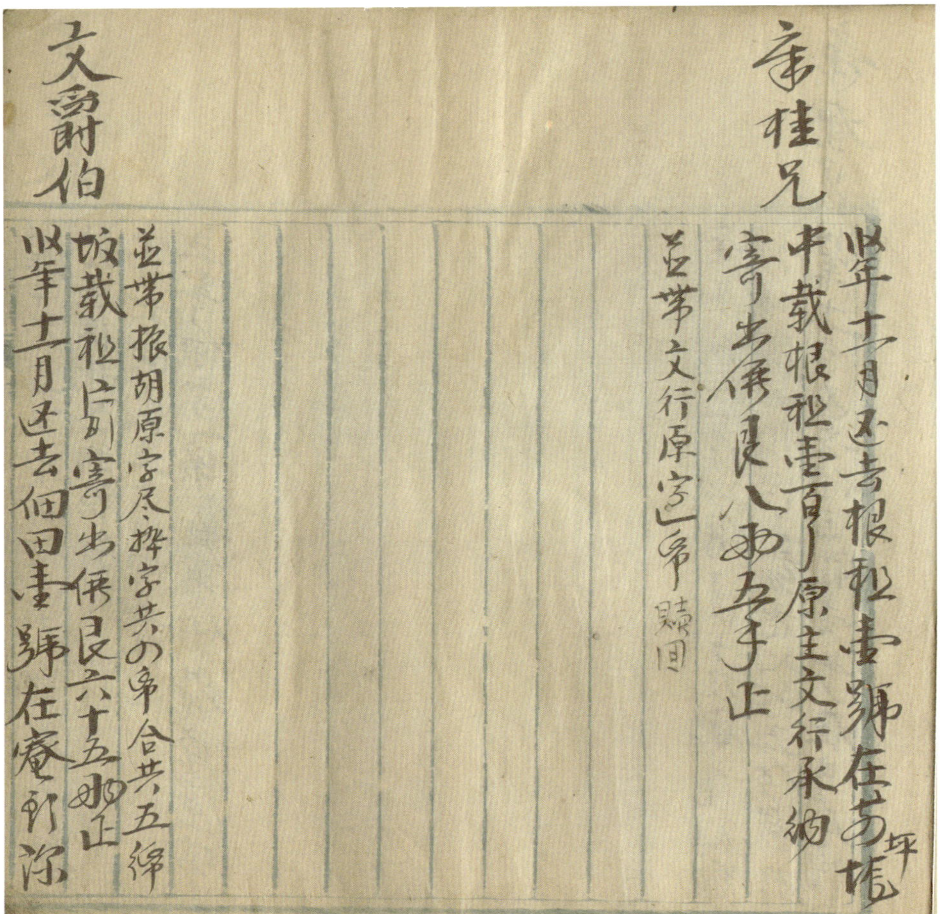

庚桂兄

以年十一月还去根租壹號在古坪垅

中載根租壹百斤原主文行承納

寄出俵艮八兩五錢正

並帶文行原字还弟贖回

文爵伯

以年十一月还去佃田壹號在庵前深

坵載租六斤寄出俵艮六十五兩正

並帶振胡原字盡推字共四帋合共五紙

5-4-56-5　清咸豐同治年間鄭氏家族置業簿（五）

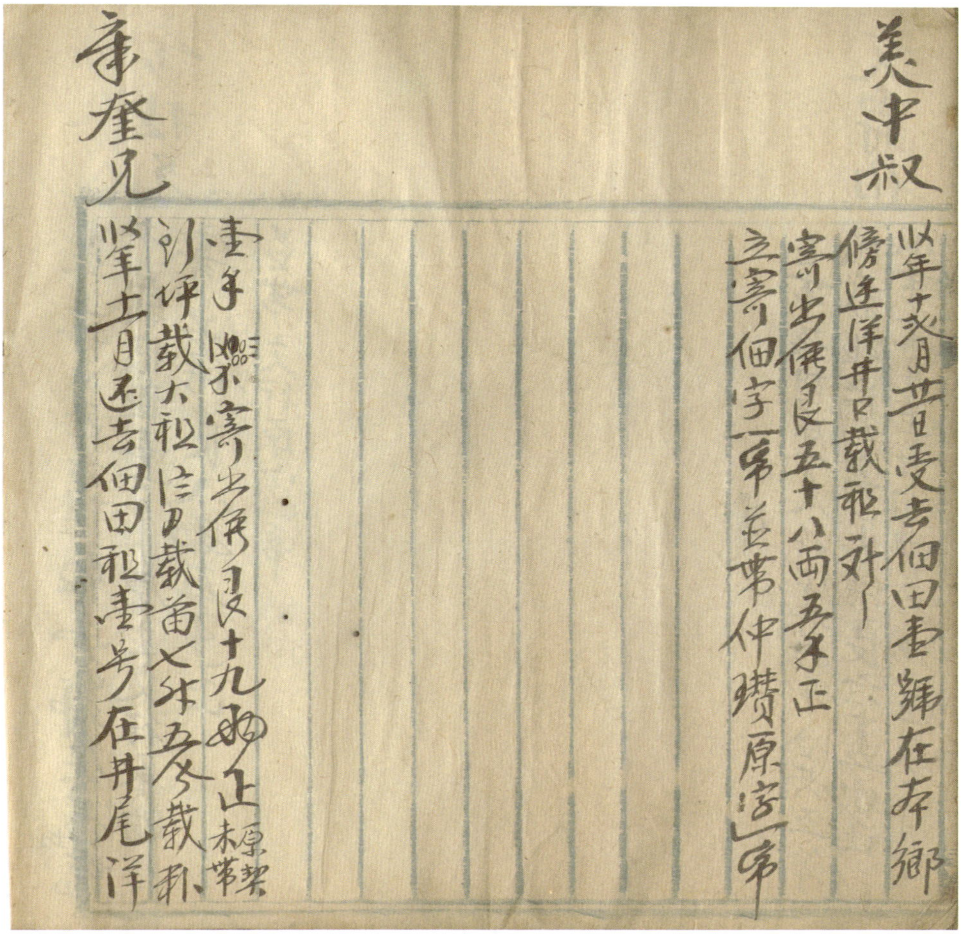
美中叔
以年十二月廿日受去佃田壹號在本鄉
傍逕洋井口載租斗一
寄出價艮五十八兩五錢正
立寄佃字一帋並帶仲瓚原字一帋

庚奎兄
以年十二月退去佃田租壹號在井尾洋
圳坪載大租三碩載苗七斗五升載租
壹斗　照寄出價艮十九兩正　原契未帶

5-4-56-6　清咸豐同治年間鄭氏家族置業簿（六）

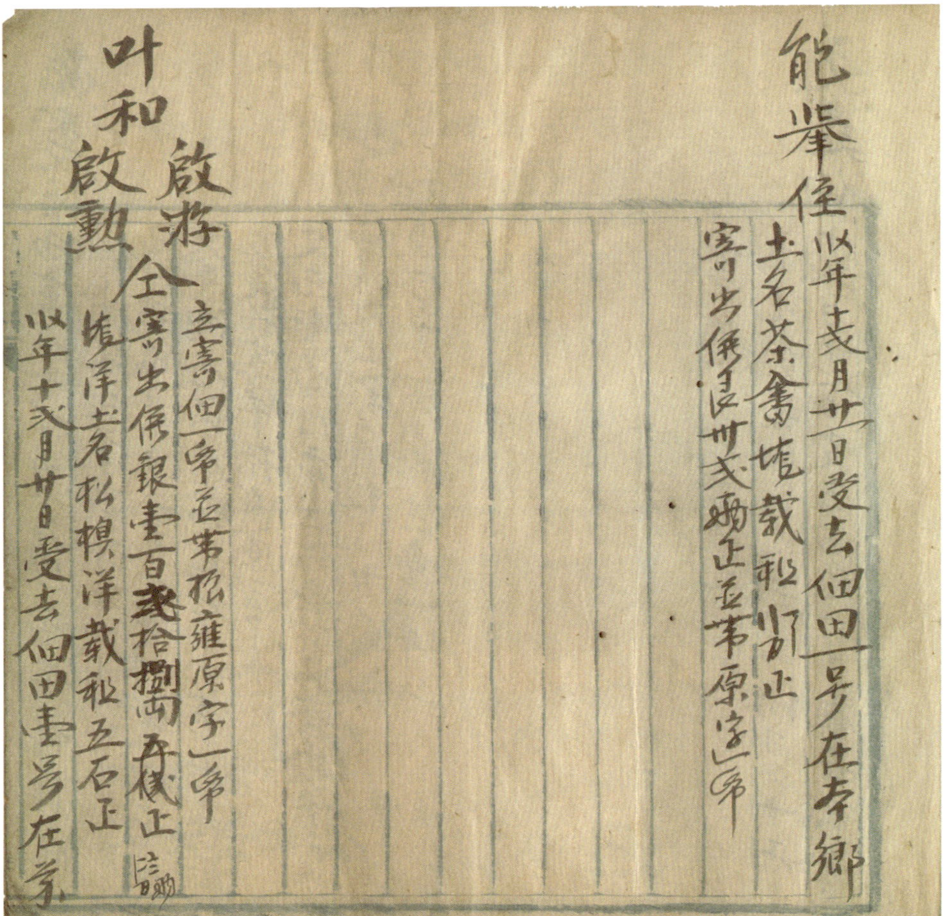

能峯侄 以年叁月廿六日受去佃田一号在本鄉
土名茶畲墘載租肆石正
寄出係銀廿弍两正並苐原字乙帋

啟游
叶和啟勲 仝
立寄佃一帋並苐拾雍原字乙帋
仝寄出係銀壹百弍拾捌両五錢正
墘洋土名松模洋載租五石正
以年十弍月廿日受去佃田壹号在本

5-4-56-7　清咸豐同治年間鄭氏家族置業簿（七）

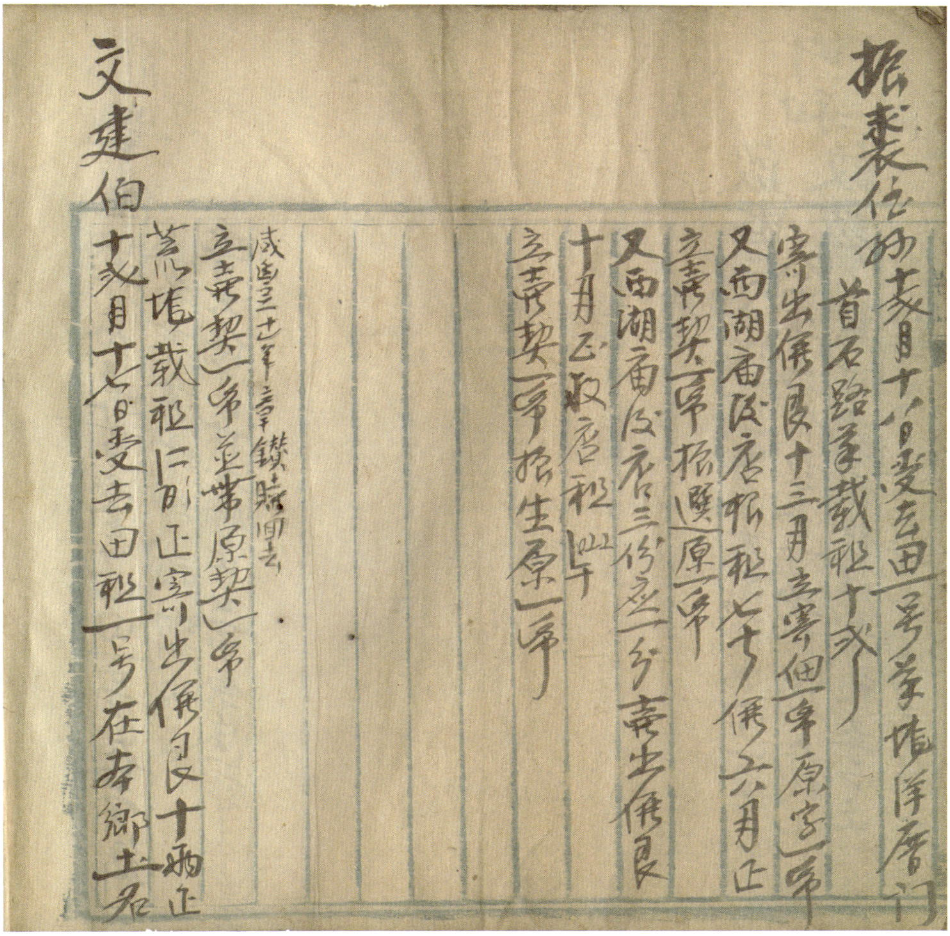
振裘伍叔十二月十六日受去田一號茅墘洋唐門
首石路茅載租十戈
寄出佃銀十三兩，立寄佃一紙，原字一紙
又西湖廟後唐振租七十，佃銀六兩正
立賣契一紙，振選原一紙
又西湖廟後唐三份應一分，賣出佃銀
十兩正收，唐租卅斤
立賣契一紙，振生原一紙
咸豐三十年二月鑽贖回去
立賣契一紙，並帶原契一紙
茅墘載租二百斤，寄出佃銀十兩正
文建伯十二月十六日受去田租一號在本鄉土名

5-4-56-8　清咸豐同治年間鄭氏家族置業簿（八）

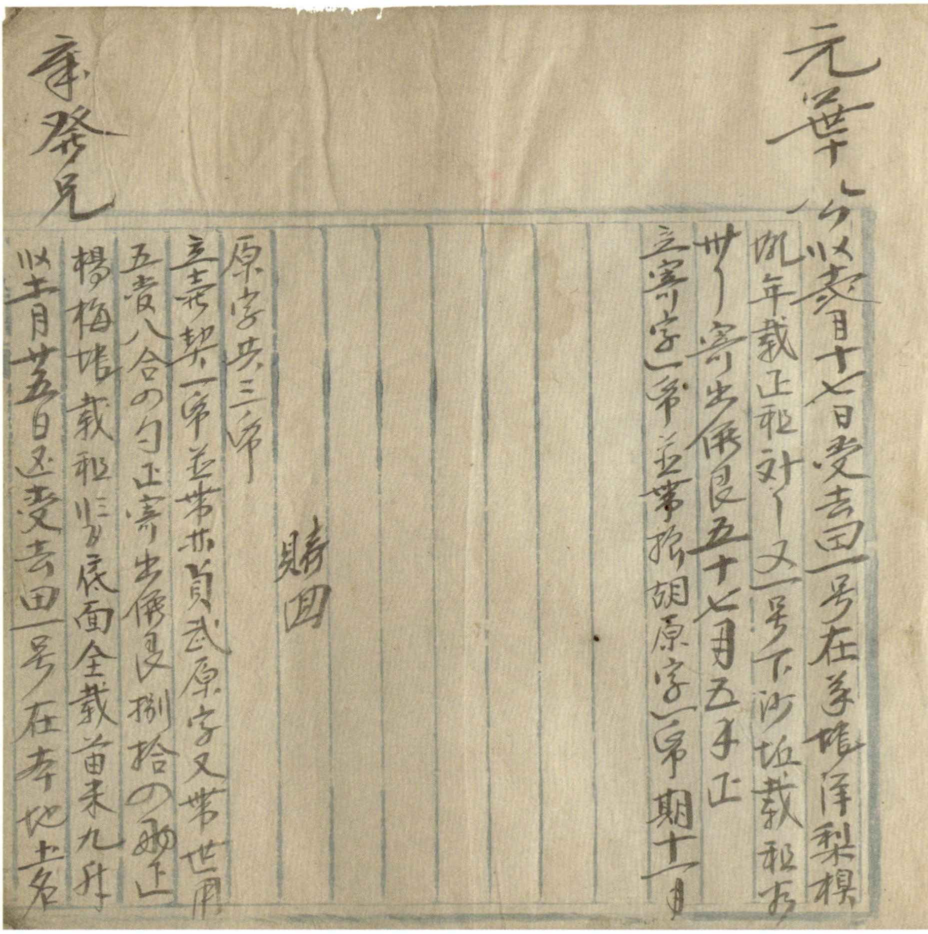

元華乚分以叁月十七日受去田一号在羊墘洋梨模
洲年載正租卅乚文一号下沙坵載租卅
卅乚寄出佛良五十七两五手正
立寄字乚帋並帶捻胡原字乚帋期十一月

贖回

原字共三帋
立寄契一帋並帶老貳武原字又帶世用
五賣八合の勺正寄出佛良捌拾の两正
楊梅墘載租計乚乚底面全載苗米九升
以十一月廿五日退受去田一号在本地土名
庚癸兄

5-4-56-9　清咸豐同治年間鄭氏家族置業簿（九）

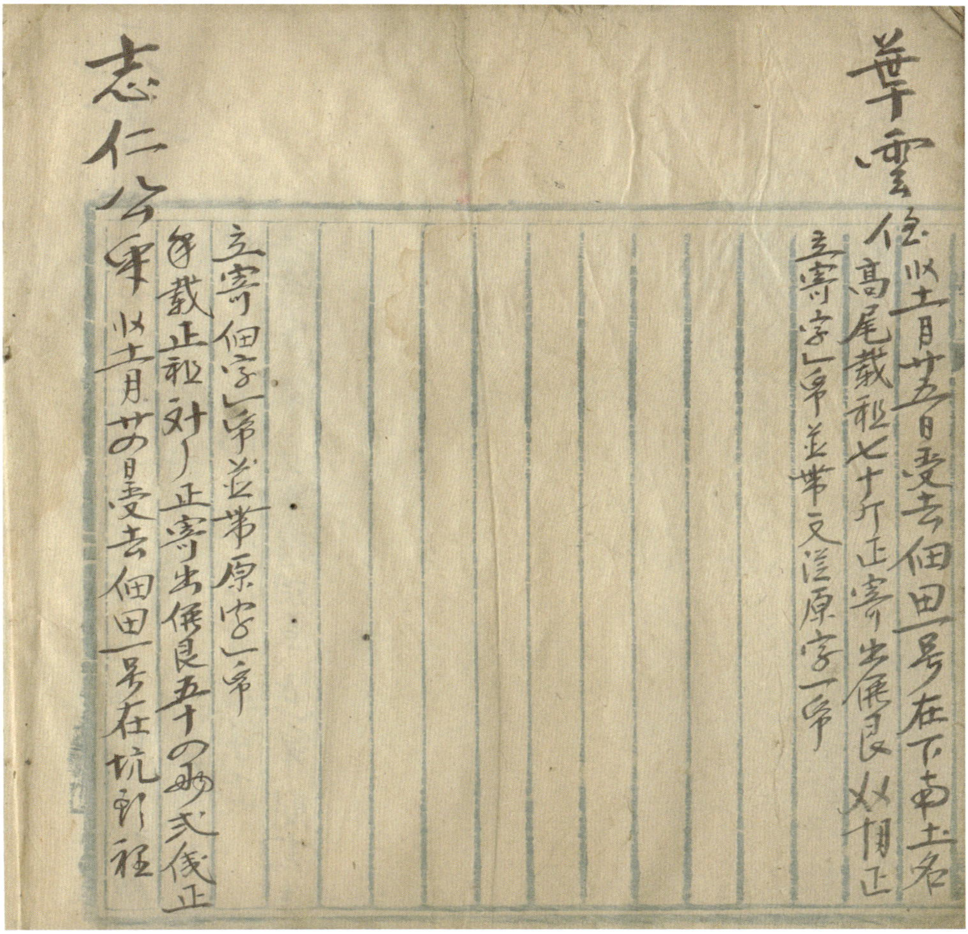

華雲位 以十二月廿五日受去佃田一号在下南土名高尾載租七十斤正寄出佃艮双兩正

立寄字一帋並帶交從原字一帋

志仁公衆 以十二月廿四日受去佃田一号在坑邨程年載正租對半正寄出佃艮五十四兩弍錢正

立寄佃字一帋並帶原字一帋

5-4-56-10　清咸豐同治年間鄭氏家族置業簿（一〇）

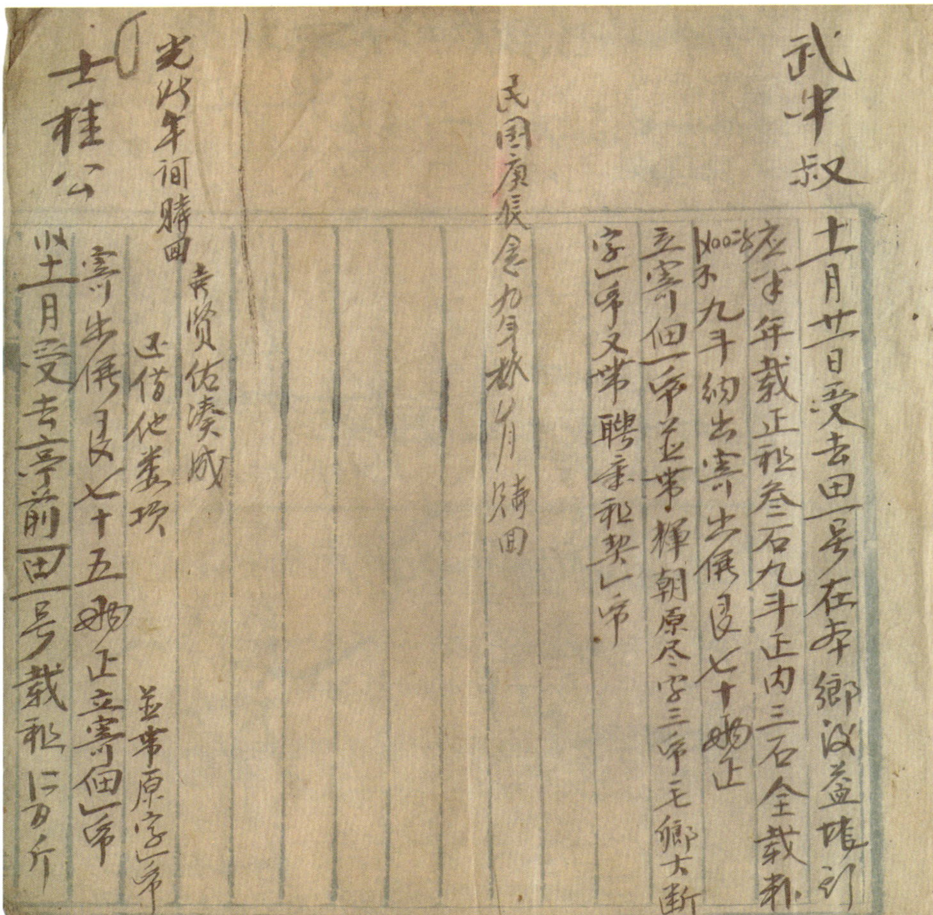
武中叔
十一月廿日受吉田一号在本鄉汶益坑計
座 年載正租叁石九斗正內三石全載本
九斗納出壽出價艮七十兩正
立壽佃一帋並常輝朝原尽字三帋乇鄉大斷
字一帋又常聘來租契一帋
民國庚辰廿九年捌月贖田
光緒年間贖田
黄賢佑凑贼
还借他叢項
壽出價艮七十五兩正立壽佃一帋
並常原字一帋
士桂公
十一月受吉亭前田一号載租二百斤

5-4-56-11　清咸豐同治年間鄭氏家族置業簿（一一）

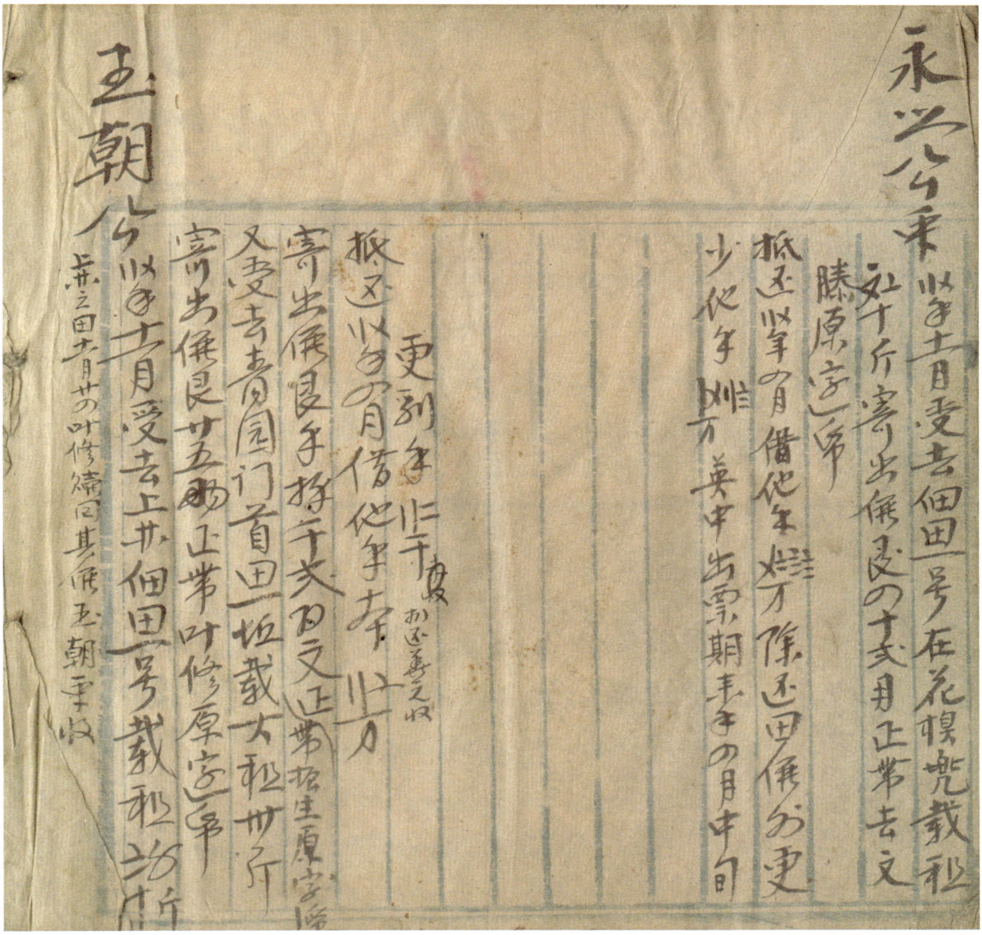

5-4-56-12　清咸豐同治年間鄭氏家族置業簿（一二）

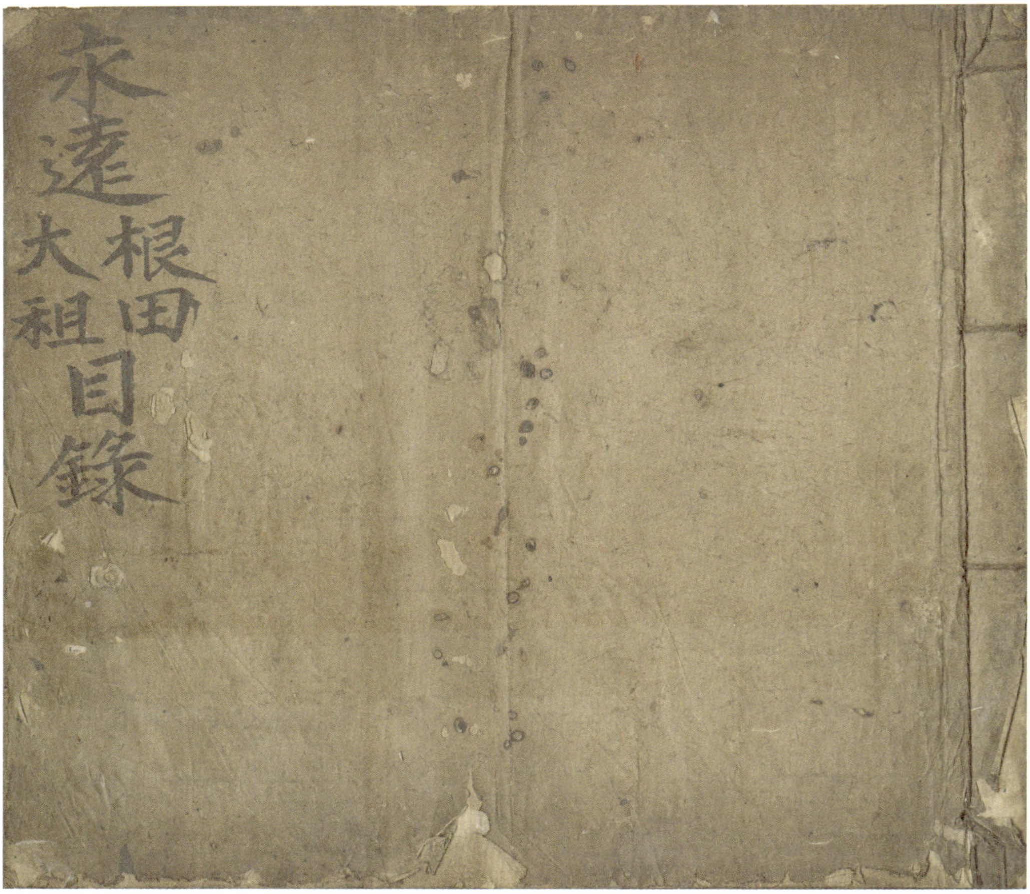

5-4-57-1　清鄭氏家族根田大租目録（一）

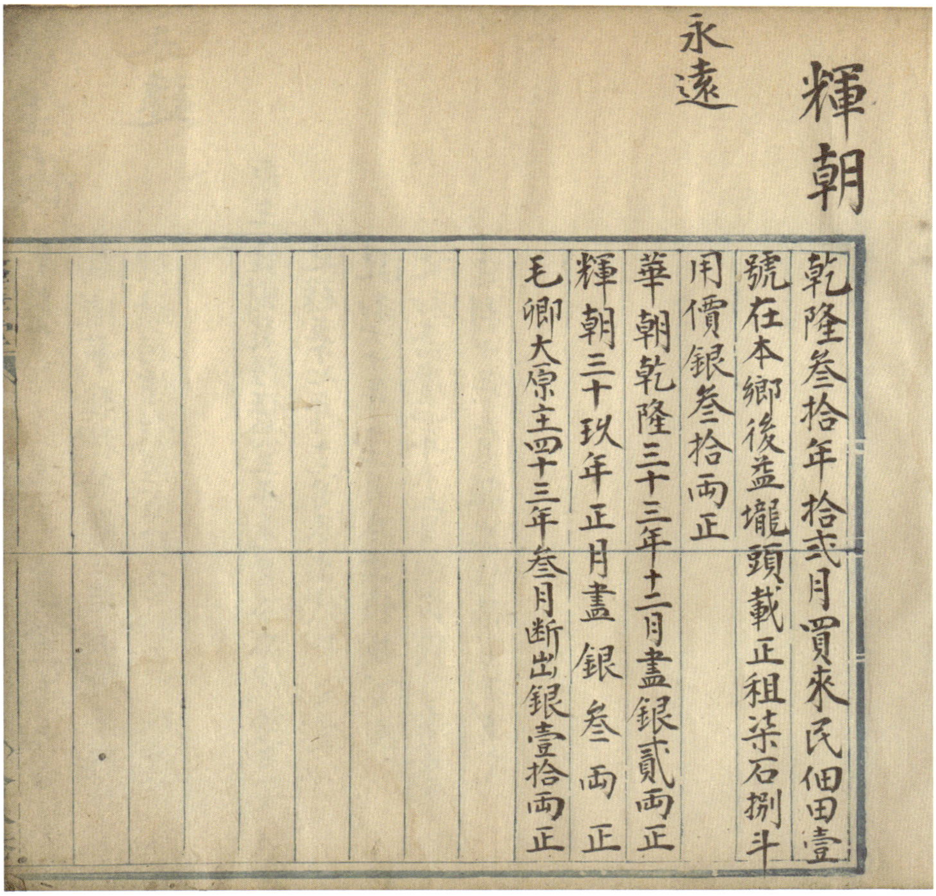

輝朝

永遠

乾隆叁拾年拾弍月買來氏佃田壹
號在本鄉後盂壠頭載正租柒石捌斗
用價銀叁拾兩正
華朝乾隆三十三年十二月盡銀貳兩正
輝朝三十玖年正月盡銀叁兩正
毛卿大原主四十三年叁月断出銀壹拾兩正

5-4-57-2　清鄭氏家族根田大租目録（二）

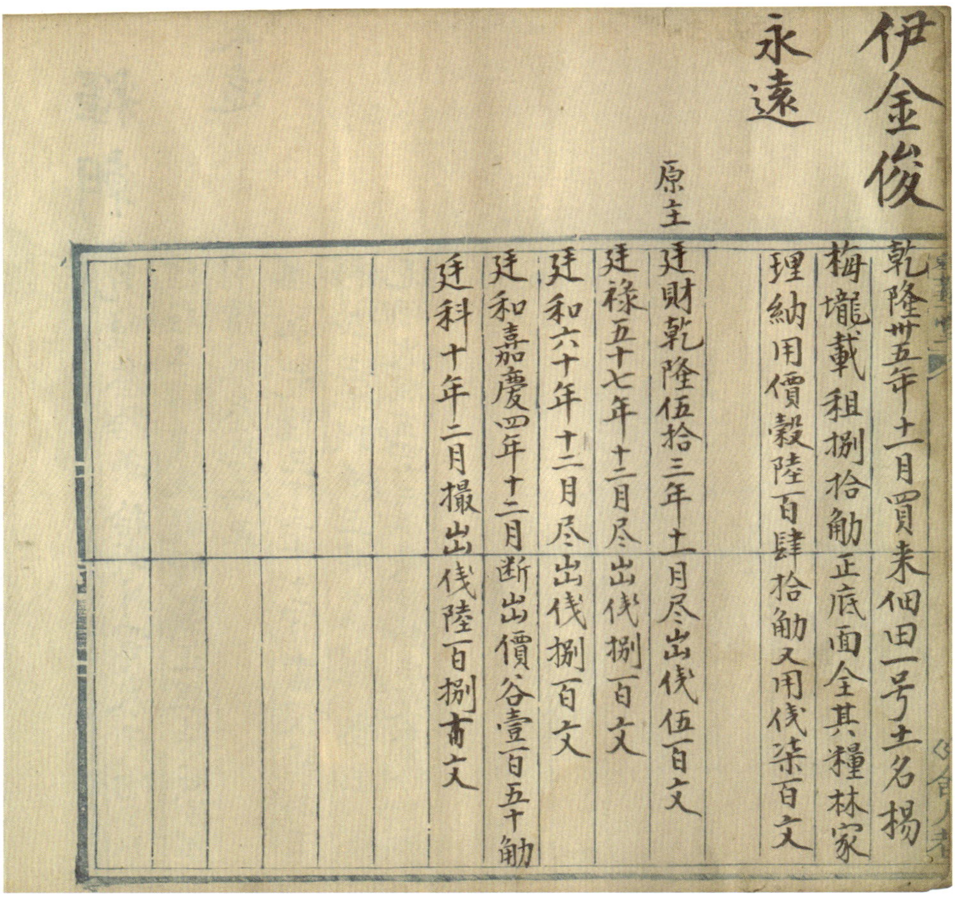
伊金俊
永遠
乾隆卅五年十一月買來佃田一号土名揚
梅壠載租捌拾觔正底面全其糧林家
理納用價穀陸百肆拾觔又用伐柒百文
原主 廷財乾隆伍拾三年十一月尽出伐伍百文
廷祿五十七年十二月尽出伐捌百文
廷和六十年十二月尽出伐捌百文
廷和嘉慶四年十二月断出價谷壹百五十觔
廷科十年二月撮出伐陸百捌甫文

5-4-57-3　清鄭氏家族根田大租目録（三）

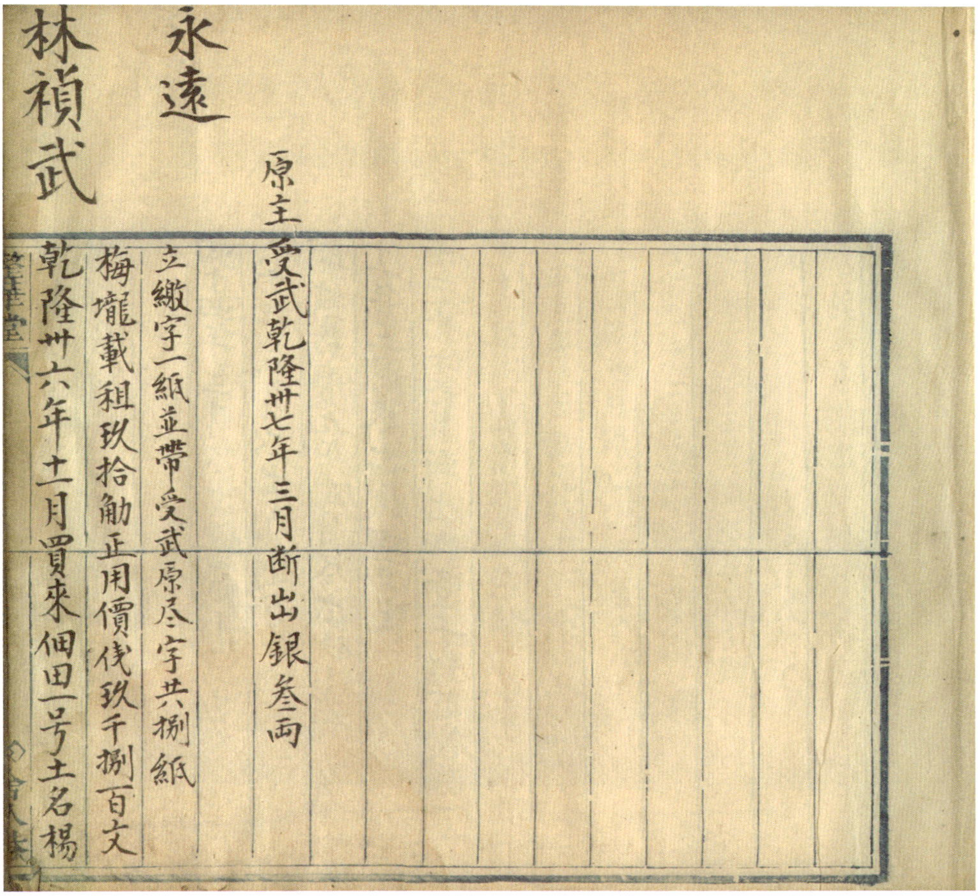
原主受武乾隆卅七年三月断出銀叁両
永遠
立繳字一紙並帶受武原尽字共捌紙
梅壠載租玖拾觔正用價伐玖千捌百文
林禎武
乾隆卅六年十一月買來佃田一号土名楊

5-4-57-4　清鄭氏家族根田大租目録（四）

許盂餘

永遠

道光十二年十一月
此田與文珩兄弟
草坂寮之田換来
起盖

乾隆四十四年十一月買来佃田一号坐址本鄉
土名前坪壠中載租捌拾觔用價伐壹拾貳
千文
五十七年閏四月尽出伐壹千文
六十年五月尽出伐玖百文
嘉慶六年八月尽出伐陸百文
十一年十二月開科尽出伐五百文
十九年十二月開科斷出伐貳千文

5-4-57-5　清鄭氏家族根田大租目録（五）

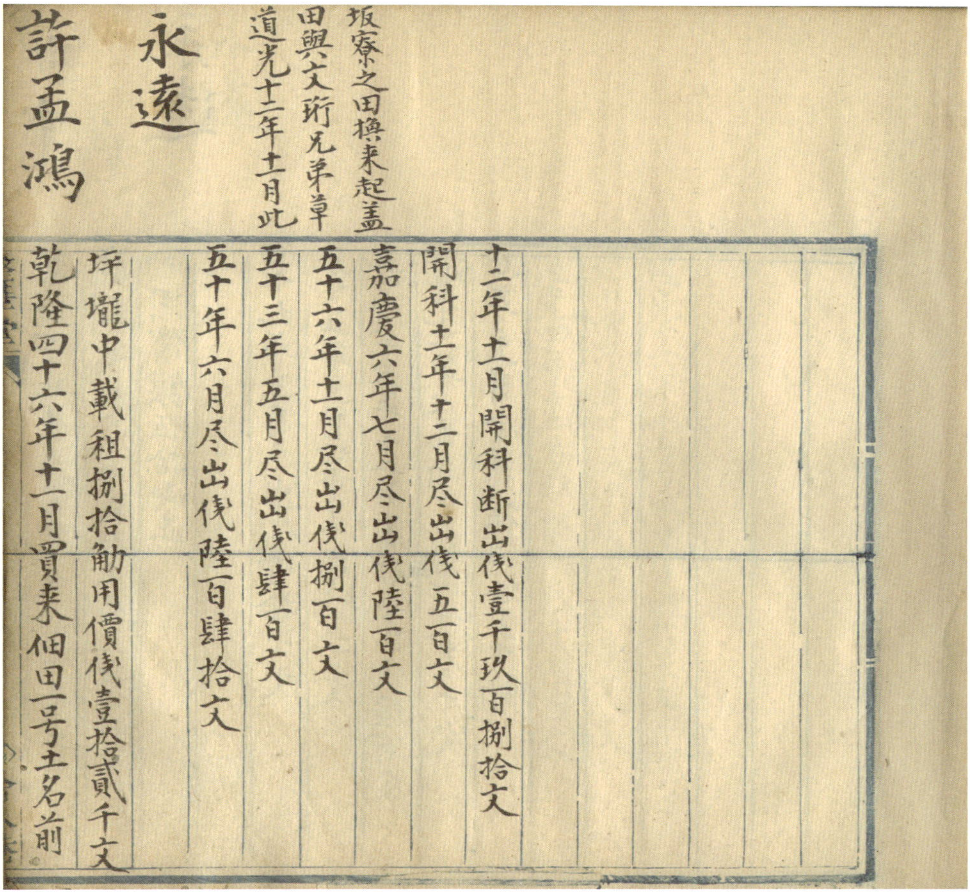

十二年十一月開科斷出佃壹千玖百捌拾文
開科十一年十二月盡出佃五百文
嘉慶六年七月盡出佃陸百文
五十六年十一月盡出佃捌百文
五十三年五月盡出佃肆百文
五十年六月盡出佃陸百肆拾文
坪壠中載租捌拾觔用價佃壹拾貳千文
乾隆四十六年十一月買來佃田一号土名前

坂寮之田換來起蓋
田與文衔兄弟章
道光十二年十一月此
永遠
許孟鴻

5-4-57-6　清鄭氏家族根田大租目録（六）

明中

永遠

乾隆四十七年十一月買来佃田一号土名進洋

嶺頭載租壹石貳斗五升正每石扣谷柒拾五

觔用價銀伍拾兩正

四十九年三月尽出伐壹拾千文

五十五年三月世重尽出伐五百文

嘉慶十五年十二月肇仕尽出伐陸百文

道光二年八月高中尽出伐叁千文

七年十一月金昇撮出谷五十觔

5-4-57-7　清鄭氏家族根田大租目録（七）

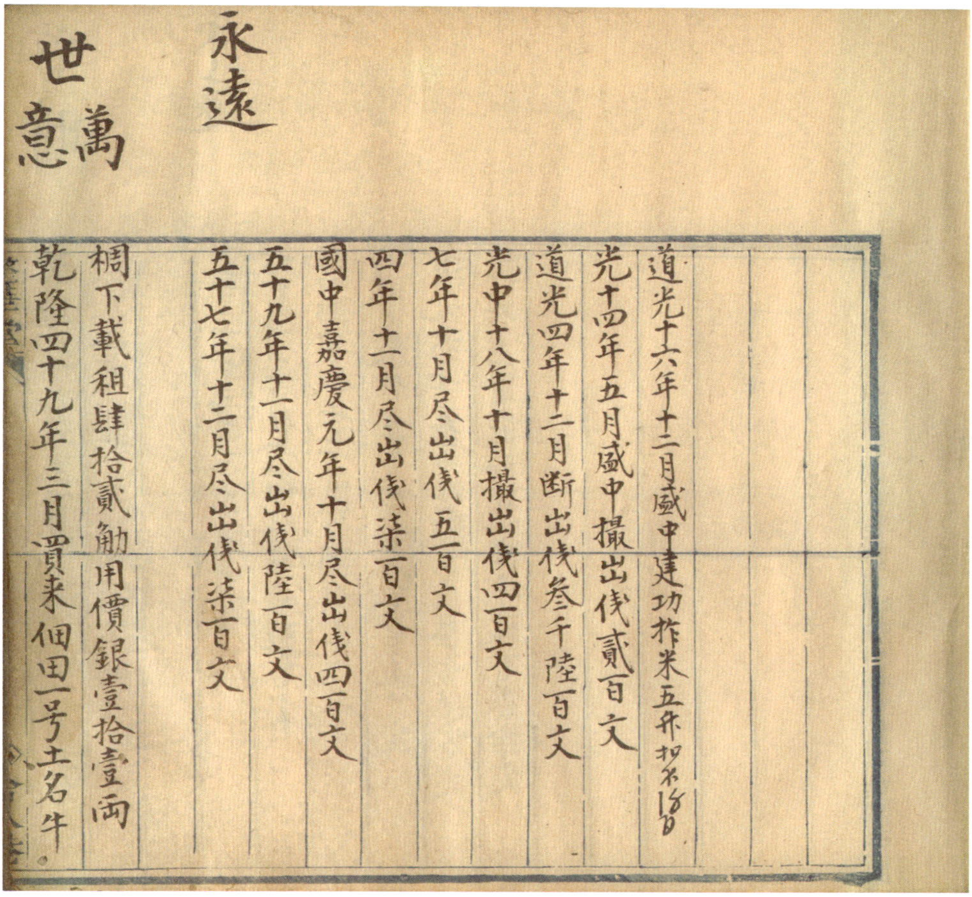

永遠

萬世意

道光十六年十二月盛中建功作米五升扣尽訖

光十四年五月盛中撮出伐貳百文

道光四年十二月断出伐叁千陸百文

光中十八年十月撮出伐四百文

七年十月尽出伐五百文

四年十一月尽出伐柒百文

國中嘉慶元年十月尽出伐四百文

五十九年十一月尽出伐陸百文

五十七年十二月尽出伐柒百文

桐下載租肆拾貳觔用價銀壹拾壹両

乾隆四十九年三月買来佃田一号土名牛

5-4-57-8　清鄭氏家族根田大租目録（八）

啓時

永遠

乾隆四十九年二月買来佃田一号土名前
墩大垣載租貳石正用價伐壹拾千肆百文
五十三年三月尽出伐壹千文
六十年十二月尽出伐壹千陸百文
嘉慶十七年二月賢滿断出伐叁千柒百文
外賢敎作在見撮去伐四百五十文
道光六年五月洗断出伐叁千柒百文
十一年三月能發撮出伐玖百叁拾文

5-4-57-9　清鄭氏家族根田大租目録（九）

永遠
金籌

道光五年六月撮出伐四百文
二十年十二月断出伐四千壹百五十文
十六年十二月撮出伐壹千陸百文
嘉慶二年五月尽出伐捌百文
六十年五月尽出伐壹千文
五十七年四月尽出伐壹千文
五十四年十二月尽出伐壹千文
百文
墩中坵載租柒拾貳觔正用價伐陸千肆
乾隆五十一年十二月買来佃田一号土名前

5-4-57-10　清鄭氏家族根田大租目録（一〇）

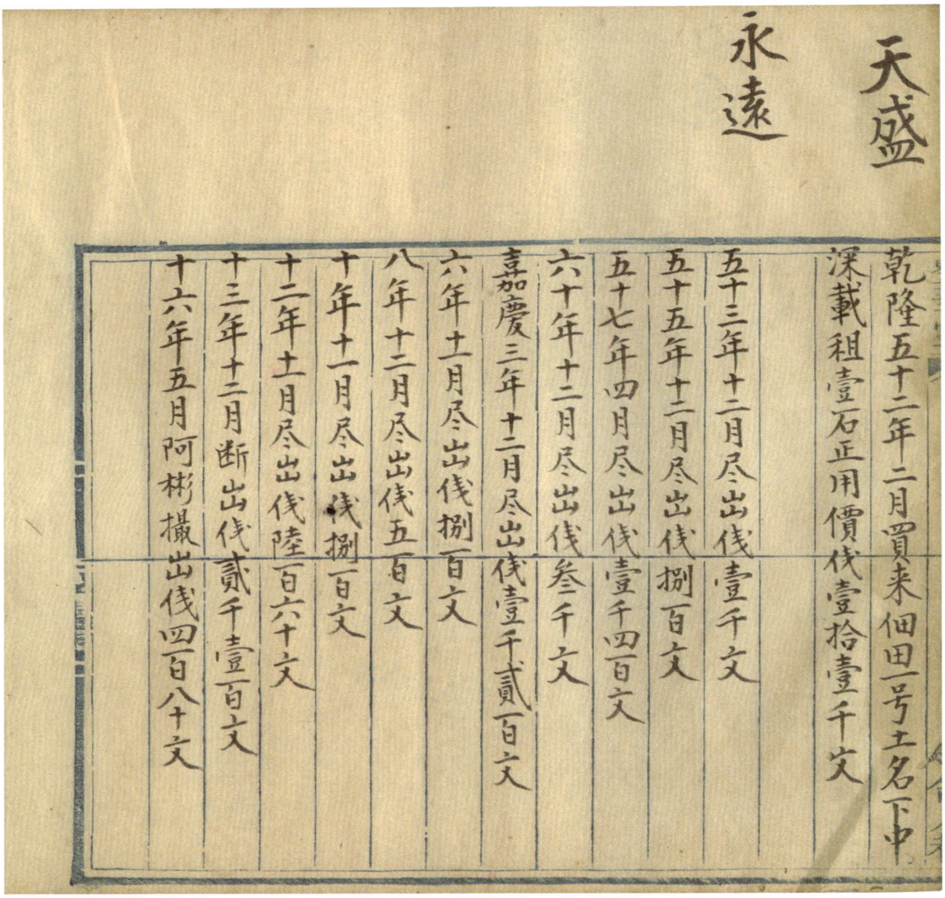

天盛
永遠

乾隆五十二年二月買来佃田一号土名下中
深載租壹石正用價伐壹拾壹千文
五十三年十二月尽出伐壹千文
五十五年十二月尽出伐捌百文
五十七年四月尽出伐壹千四百文
六十年十二月尽出伐叁千文
嘉慶三年十二月尽出伐壹千貳百文
六年十一月尽出伐捌百文
八年十二月尽出伐五百文
十年十一月尽出伐捌百文
十二年十一月尽出伐陸百六十文
十三年十二月断出伐貳千壹百文
十六年五月阿彬撮出伐四百八十文

5-4-57-11　清鄭氏家族根田大租目録（一一）

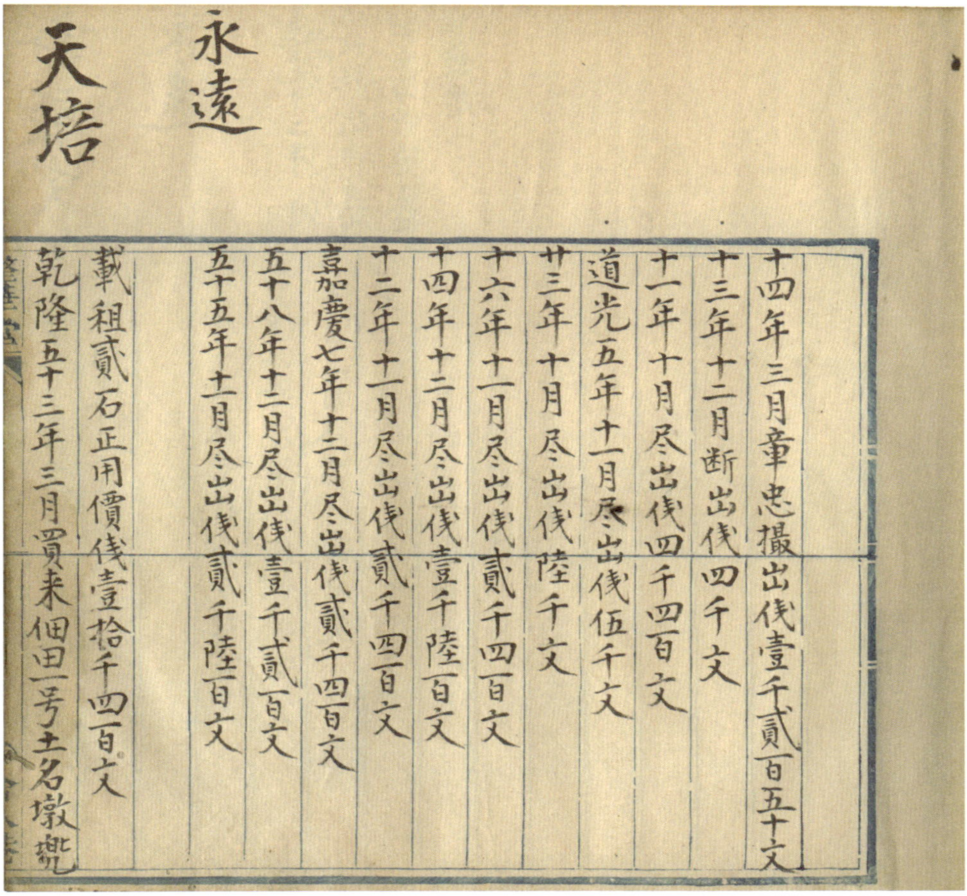

永遠

天培

十四年三月章忠撮出俴壹千貳百五十文
十三年十二月断出俴四千文
十一年十月尽出俴四千四百文
道光五年十一月尽出俴伍千文
廿三年十月尽出俴陸千文
十六年十一月尽出俴貳千四百文
十四年十二月尽出俴壹千陸百文
十二年十一月尽出俴貳千四百文
嘉慶七年十二月尽出俴貳千四百文
五十八年十二月尽出俴壹千貳百文
五十五年十一月尽出俴貳千陸百文

載租貳石正用價俴壹拾千四百文
乾隆五十三年三月買来佃田一号土名墩墘

5-4-57-12　清鄭氏家族根田大租目録（一二）

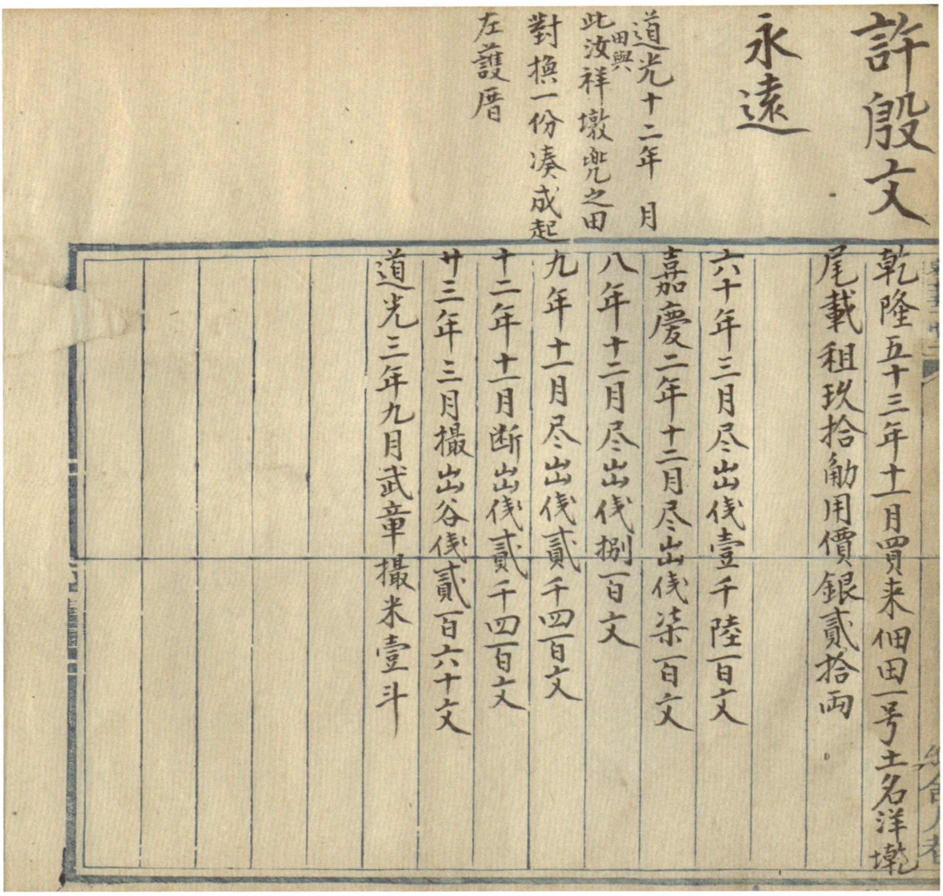

許殷文

永遠

道光十二年　月

此田與汝祥墩兜之田

對換一份湊成起

左護厝

乾隆五十三年十一月買來佃田一号土名洋墘

尾載租玖拾觔用價銀貳拾両

六十年三月尽出佃壹千陸百文

嘉慶二年十二月尽出佃柒百文

八年十二月尽出佃捌百文

九年十一月尽出佃貳千四百文

十二年十一月断出佃貳千四百文

廿三年三月撮出谷佃貳百六十文

道光三年九月武章撮米壹斗

5-4-57-13　清鄭氏家族根田大租目録（一三）

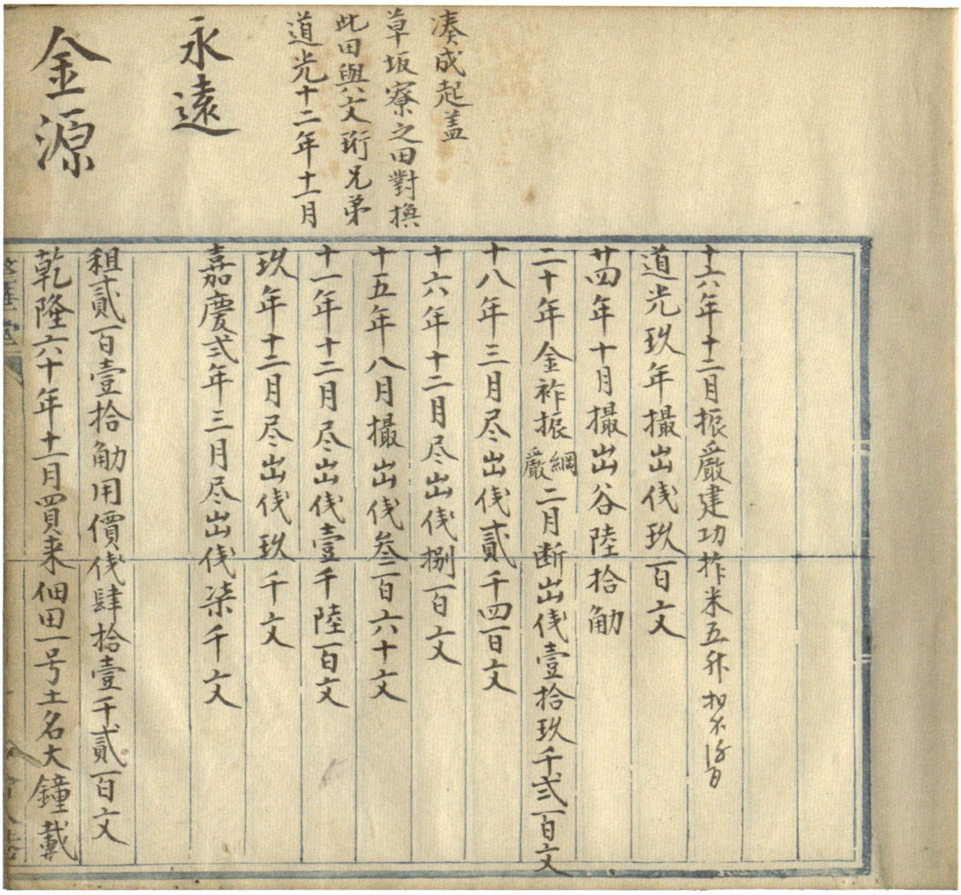

湊成起蓋
草坂寮之田對換
此田與文蔚兄弟
道光十二年十一月
永遠
金源

十六年十二月振嚴建功作米五斤 扣不路
道光玖年撮出伐玖百文
廿四年十月撮出谷陸拾觔
二十年金祚振嚴綱二月斷出伐壹拾玖千弍百文
十八年三月尽出伐貳千四百文
十六年十二月尽出伐捌百文
十五年八月撮出伐叁百六十文
十一年十二月尽出伐壹千陸百文
玖年十二月尽出伐玖千文
嘉慶弍年三月尽出伐柒千文
租貳百壹拾觔用價伐肆拾壹千貳百文
乾隆六十年十一月買來佃田一号土名大鐘戴

5-4-57-14　清鄭氏家族根田大租目録（一四）

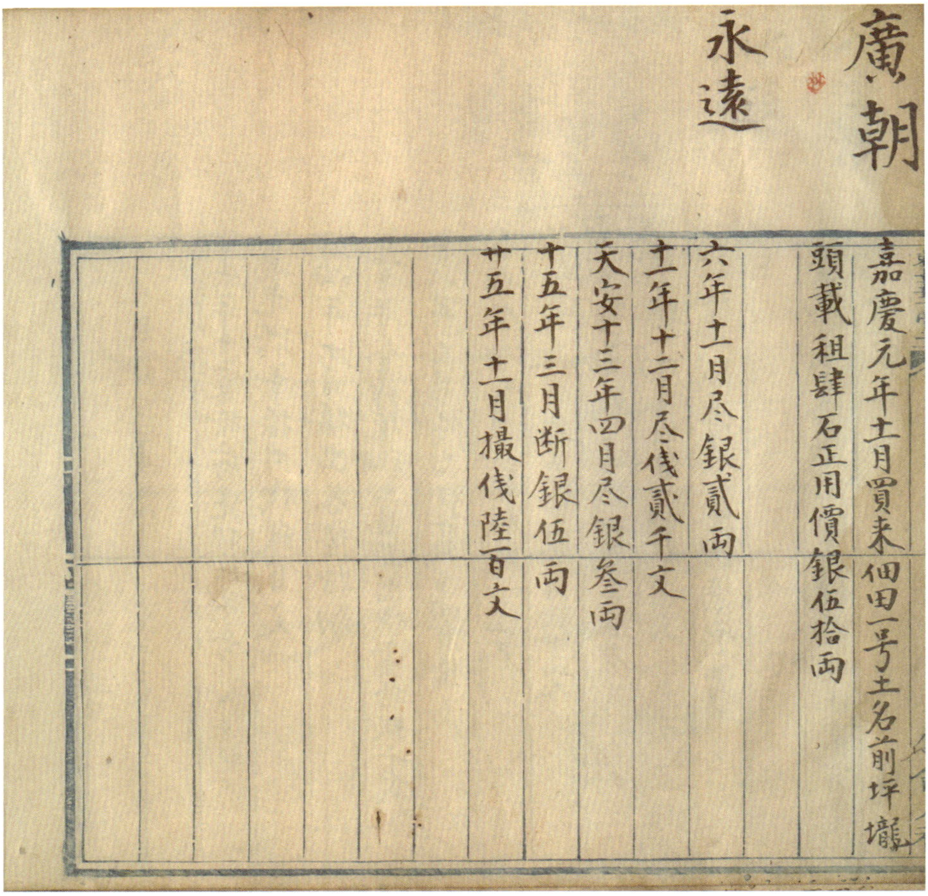
廣朝
永遠
嘉慶元年十一月買來佃田一号土名前坪壠
頭載租肆石正用價銀伍拾两
六年十一月尽銀貳两
十一年十二月尽伐貳千文
天安十三年四月尽銀叁两
十五年三月断銀伍两
廿五年十一月撮伐陸百文

5-4-57-15　清鄭氏家族根田大租目録（一五）

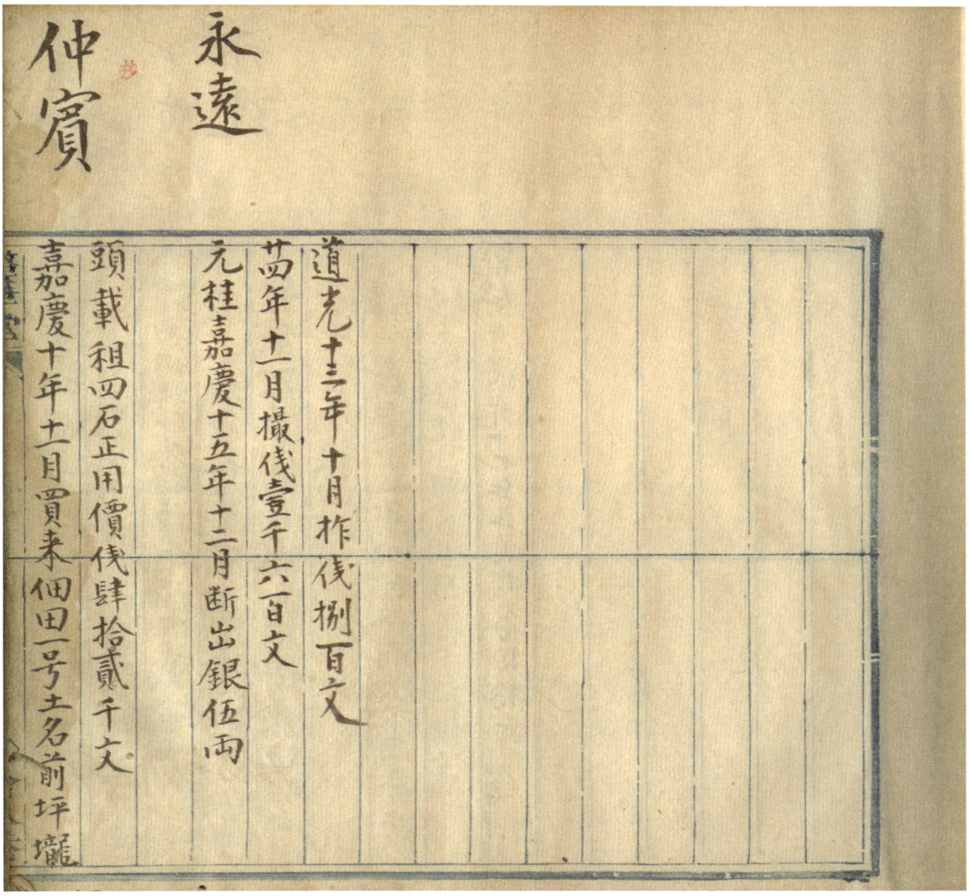

永遠
仲賓

道光十三年十月作伐捌百文
廿四年十二月撮伐壹千六百文
元桂嘉慶十五年十二月断出銀伍両

頭載租四石正用價伐肆拾貳千文
嘉慶十年十二月買来佃田一号土名前坪壠

5-4-57-16　清鄭氏家族根田大租目録（一六）

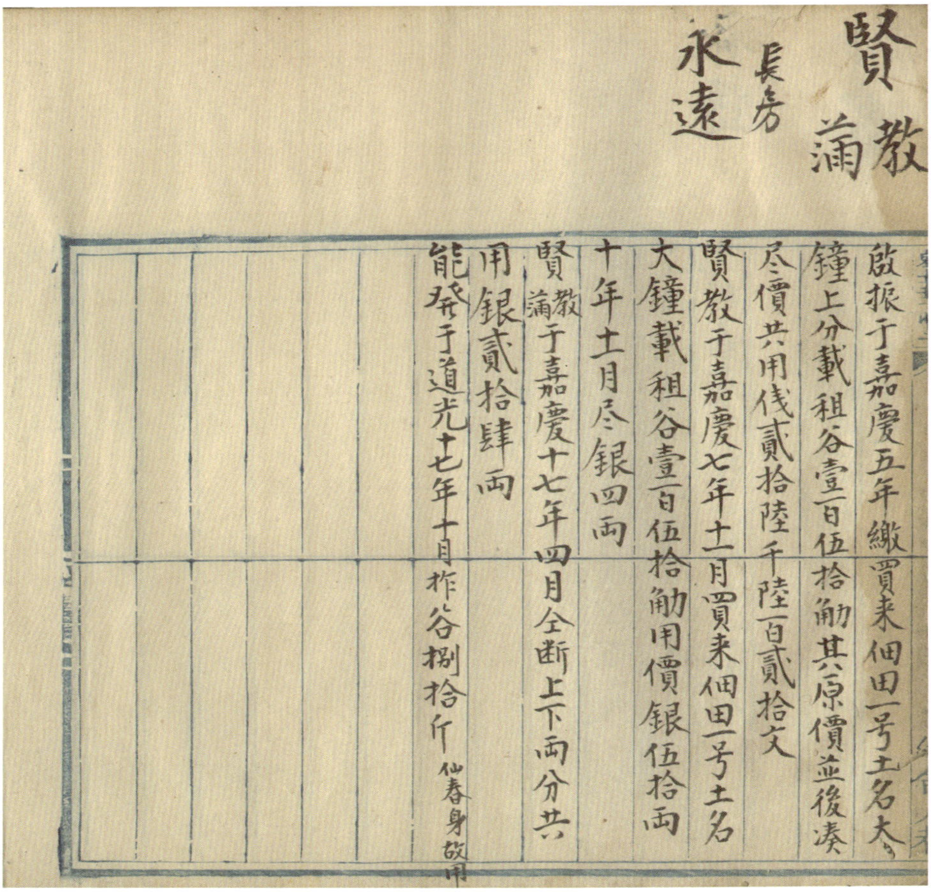
賢教
蒲
長房
永遠

啟振于嘉慶五年繳買来佃田一号土名大
鐘上分載租谷壹百伍拾觔其原價並後凑
尽價共用伐貳拾陸千陸百貳拾文
賢教于嘉慶七年十一月買来佃田一号土名
大鐘載租谷壹百伍拾觔用價銀伍拾両
十年十一月尽銀四両
賢教蒲于嘉慶十七年四月全断上下両分共
用銀貳拾肆両
能癸于道光十七年十月作谷捌拾斤 仙春身故用

5-4-57-17　清鄭氏家族根田大租目録（一七）

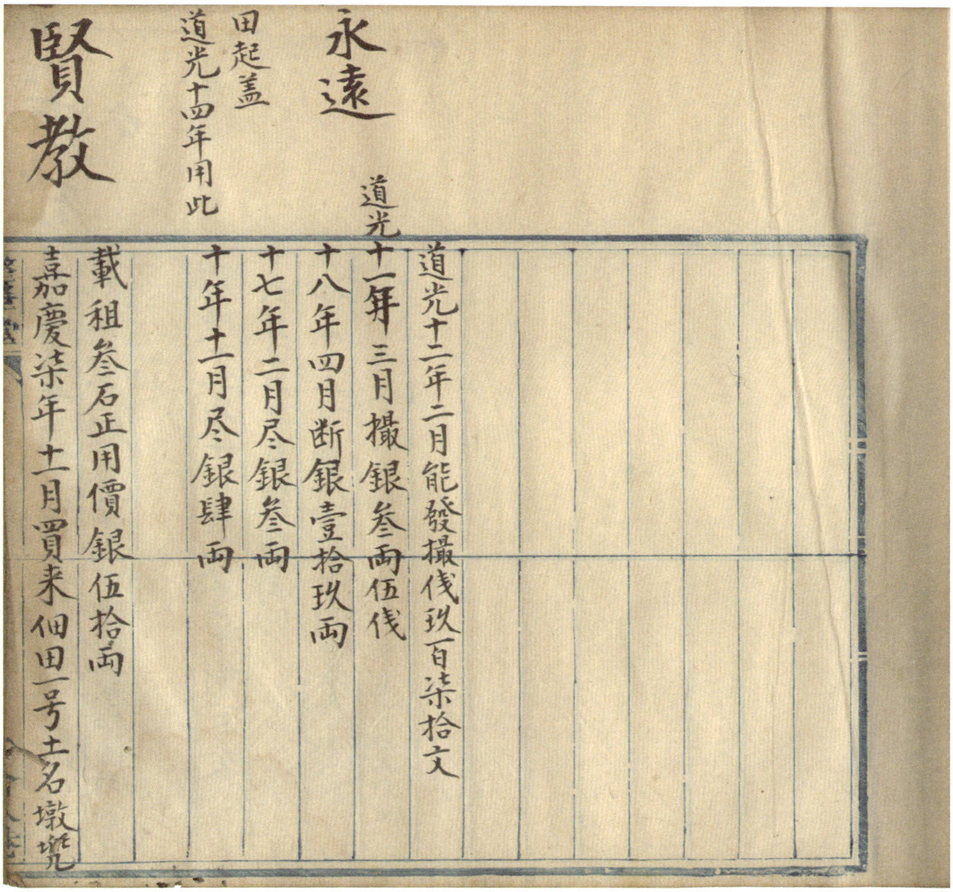

永遠
田起盖
道光十四年用此
賢敎
道光十二年二月能發撮伐玖百柒拾文
道光十一年三月撮銀叁两伍伐
十八年四月断銀壹拾玖两
十七年二月尽銀叁两
十年十二月尽銀肆两
載租叁石正用價銀伍拾两
嘉慶柒年十二月買来佃田一号土名墩墘

5-4-57-18　清鄭氏家族根田大租目録（一八）

黄有禮

长房 遠

嘉慶九年十二月買来佃田一号土名洋前

載租谷壹百叁拾觔用價銀叁拾伍両伍钱

嘉慶十二年十二月尽钱壹千捌百文

十六年十二月尽銀肆両

十七年十二月断钱柒千四百文

5-4-57-19　清鄭氏家族根田大租目録（一九）

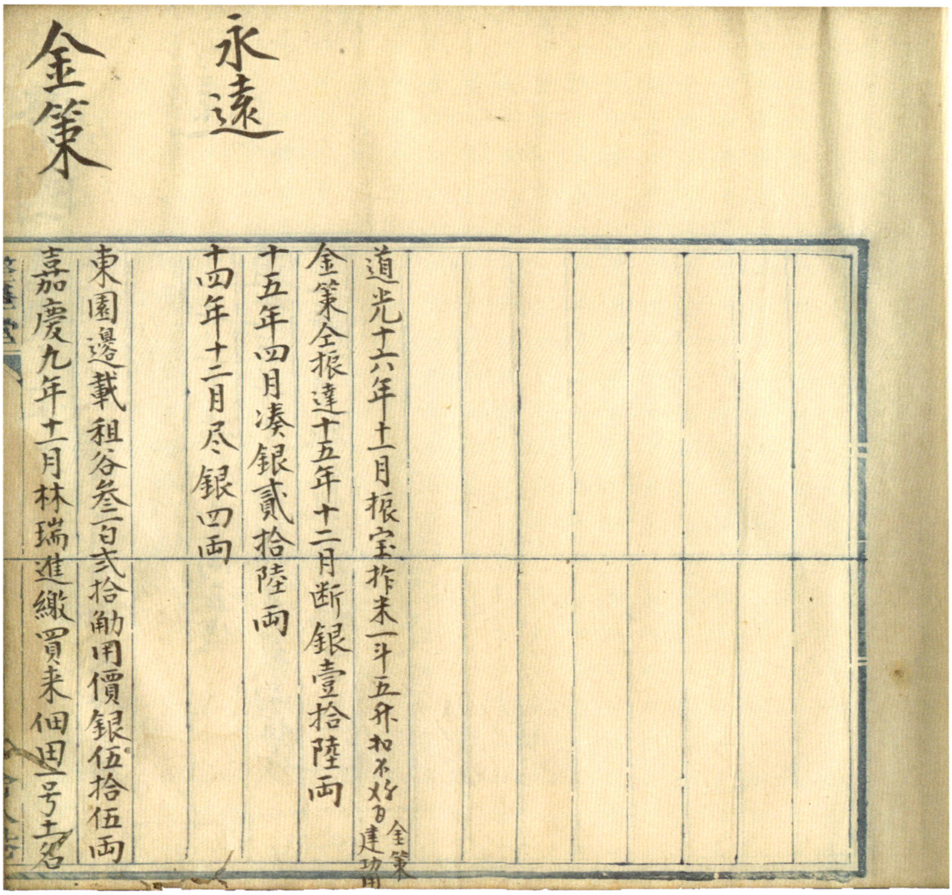

永遠
金策

道光十六年十一月振宝作米一斗五升和不好白
金策
建功用

金策仝振達十五年十二月断銀壹拾陸両

十五年四月湊銀貳拾陸両

十四年十二月尽銀四両

東園邊載租谷叁百弍拾觔用價銀伍拾伍両

嘉慶九年十一月林瑞進繳買来佃田号土名

5-4-57-20　清鄭氏家族根田大租目録（二〇）

鄭賢國

永遠

嘉慶十三年十二月買来佃田一号土名井尾
洋頭坪載租肆石用價銀叁拾捌両両

十七年二月撮銀壹両五伐

道光五年十月断銀壹拾玖両伍伐

十三年三月撮伐玖百柒拾文

5-4-57-21　清鄭氏家族根田大租目録（二一）

永遠

林瑞進

章財六年五月洗断伐弍千六百一十文

道光五年三月断銀壹拾捌両

用價銀陸拾貳両

在本鄉土名井口壠上分載租叁石

嘉慶十三年十一月買来民佃田一号

5-4-57-22　清鄭氏家族根田大租目録（二二）

金岳

贰号

永進

嘉慶十三年十一月振兴缴買来佃田一号土名
北兑壠載租貳石正用價銀貳拾柒兩

振綱于嘉慶十七年二月尽谷六百觔又银壹两
十七年十二月断银叁两

5-4-57-23　清鄭氏家族根田大租目録（二三）

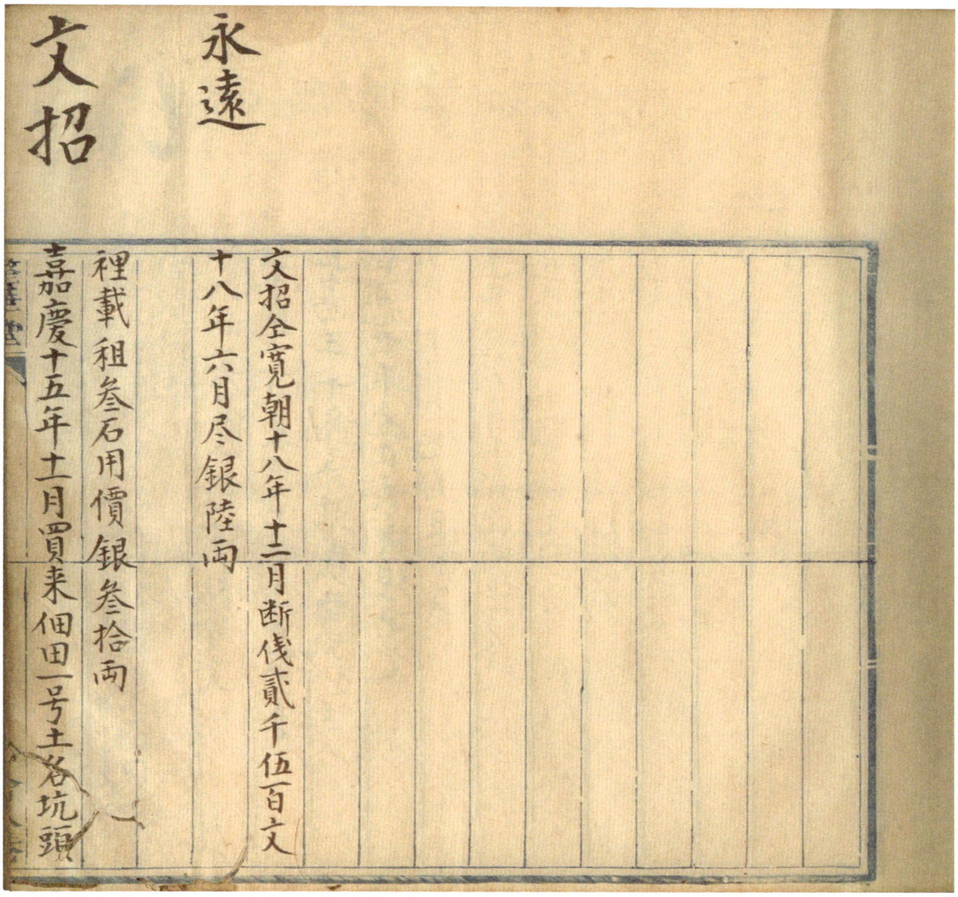

永遠
文招

文招全寬朝十八年十二月断伐贰千伍百文
十八年六月尽銀陸両
裡載租叁石用價銀叁拾両
嘉慶十五年十二月買来佃田一号土名坑頭

5-4-57-24　清鄭氏家族根田大租目録（二四）

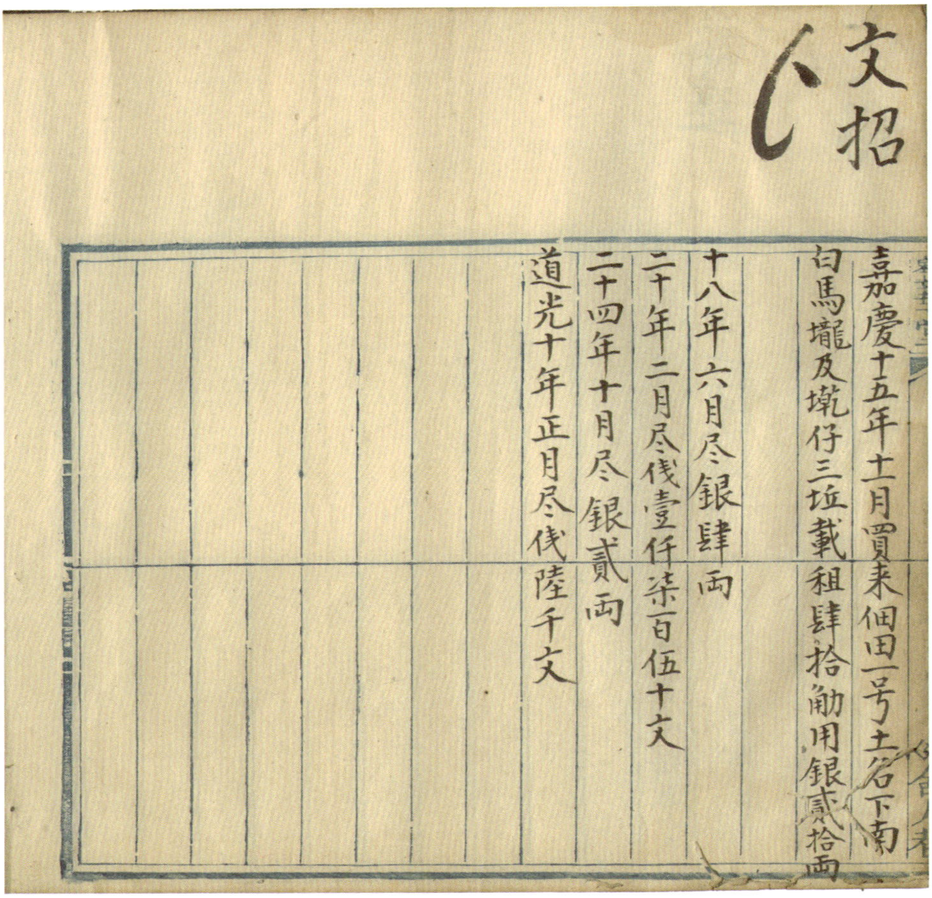

文招

嘉慶十五年十一月買来佃田一号土名下南
白馬壠及墘仔三坵載租肆拾觔用銀貳拾両
十八年六月尽銀肆両
二十年二月尽伐壹仟柒百伍十文
二十四年十月尽銀貳両
道光十年正月尽伐陸千文

5-4-57-25　清鄭氏家族根田大租目録（二五）

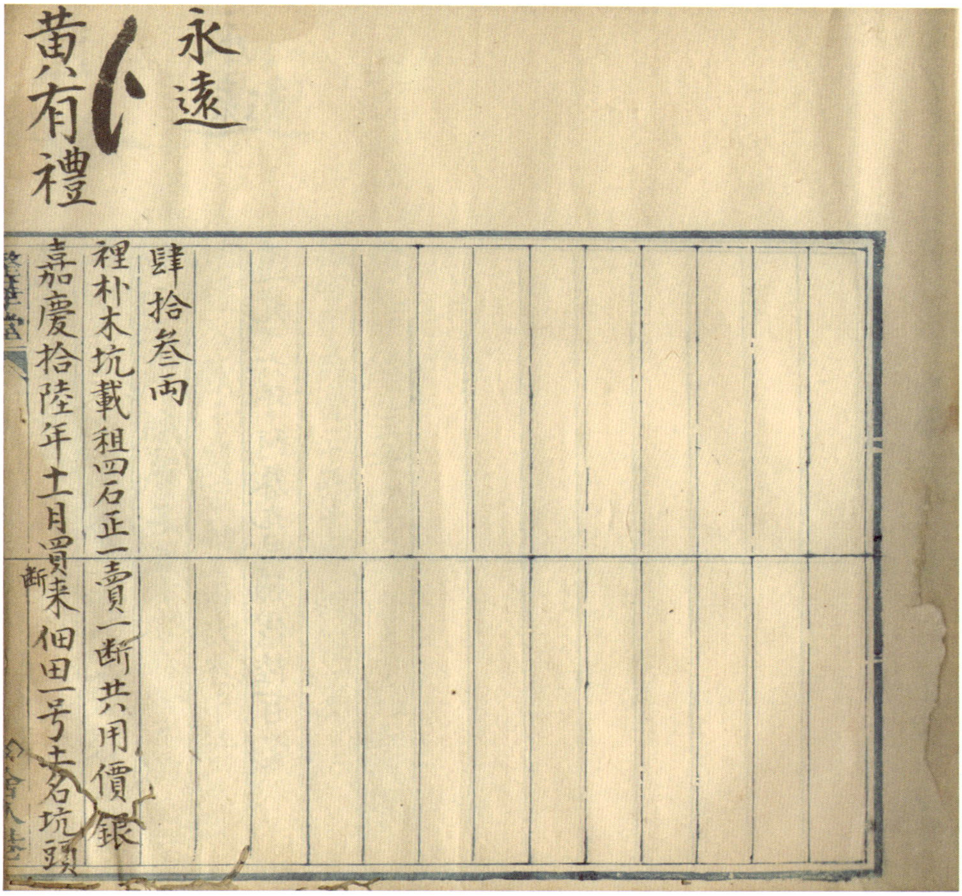
永遠
黃有禮
肆拾叁両
裡朴木坑載租四石正一賣一断共用價銀
嘉慶拾陸年十月買來佃田一号土名坑頭
断

5-4-57-26　清鄭氏家族根田大租目録（二六）

阿彬
春
永遠

嘉慶十六年十一月買断耒佃田一号坐址
本鄉土名下中深一壹一断用價銀伍拾
捌兩正載租貳石正
道光十六年阿春九月撮伐陸百文

5-4-57-27　清鄭氏家族根田大租目録（二七）

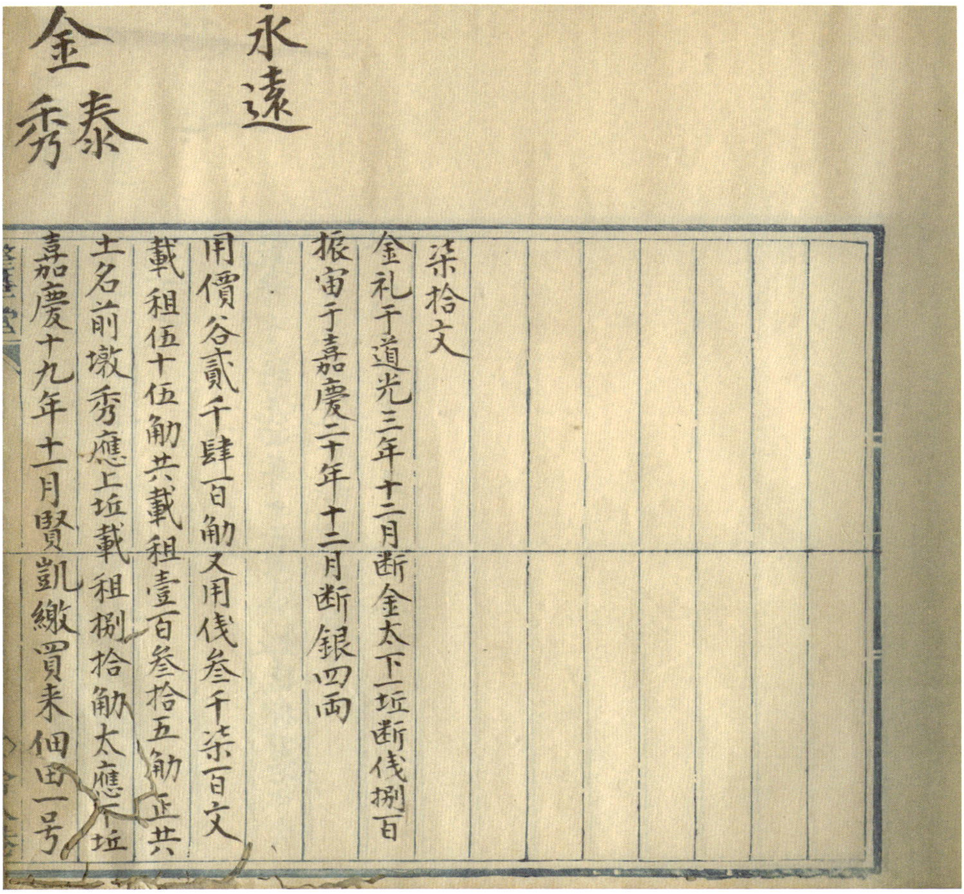
永遠
泰
金秀
柒拾文
金礼于道光三年十二月断金太下一坵断伐捌百
振宙于嘉慶二十年十二月断銀四両
用價谷貳千肆百觔又用伐叁千柒百文
載租伍十伍觔共載租壹百叁拾五觔正共
土名前墩秀應上坵載租捌拾觔太應下坵
嘉慶十九年十一月賢凱繳買來佃田一号

5-4-57-28　清鄭氏家族根田大租目録（二八）

能平

永遠

嘉慶十九年十二月賢教繳買来佃四号土
名約所坪路下載租陸拾觔用價伐柒千
捌百文

能平于道光四年十二月尽銀伐捌百七十文
九年五月能平斷伐玖百文
賢教于道光十年十二月湊出尽價伐壹百卅文

5-4-57-29　清鄭氏家族根田大租目録（二九）

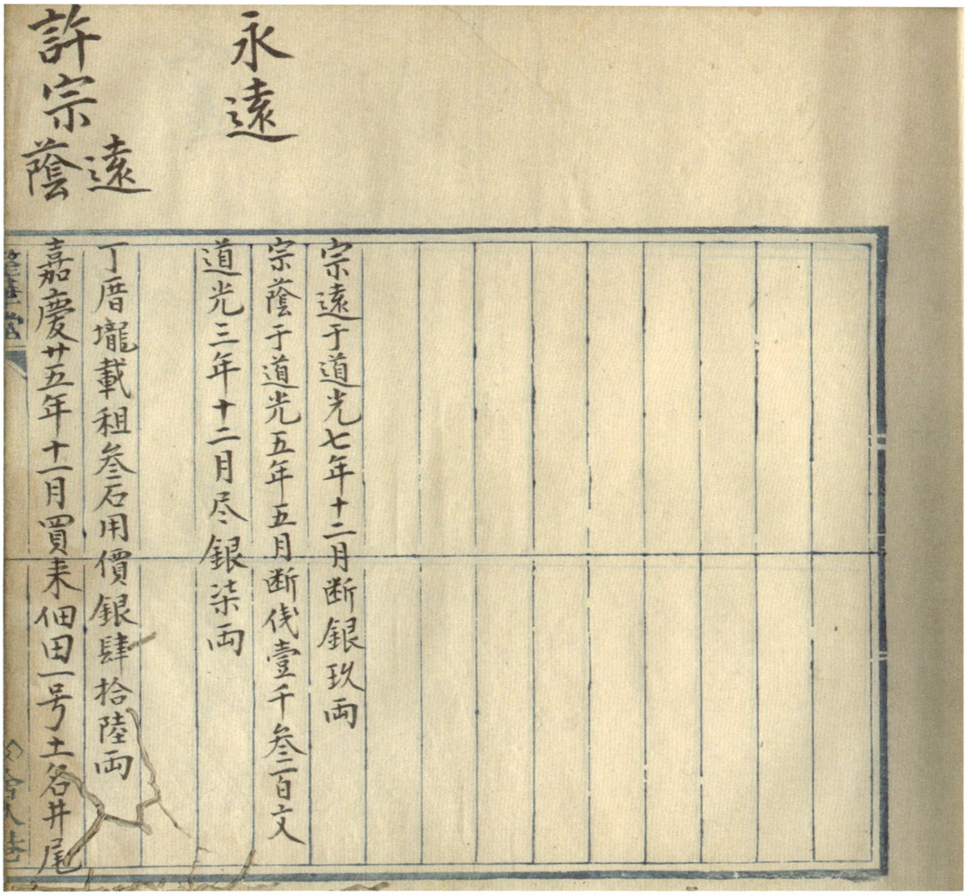
永遠

許宗遠

許宗蔭

宗遠于道光七年十二月断銀玖両

宗蔭于道光五年五月断价壹千叁百文

道光三年十二月尽銀柒両

丁厝壠載租叁石用價銀肆拾陸両

嘉慶廿五年十一月買来佃田一号土名井尾

5-4-57-30　清鄭氏家族根田大租目録（三〇）

許開長

永遠

嘉慶廿五年十一月買來佃田一号土名進洋
下珪壠載租壹百玖拾捌觔用價銀叁拾
陸兩
道光三年十一月断銀捌兩伍伐
原主壁中六年十一月建功撮伐四百文

5-4-57-31　清鄭氏家族根田大租目録（三一）

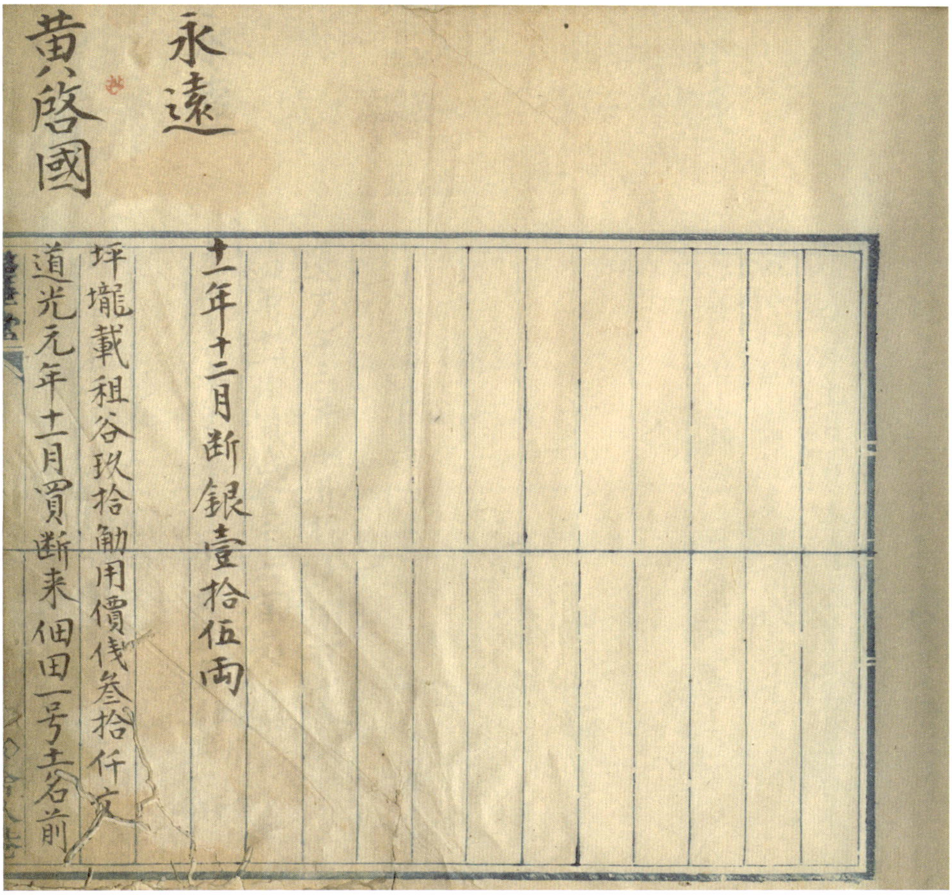
永遠
黄啓國
十一年十二月断銀壹拾伍両
坪壠載租谷玖拾觔用價伐叁拾仟文
道光元年十一月買断来佃田一号土名前

5-4-57-32　清鄭氏家族根田大租目録（三二）

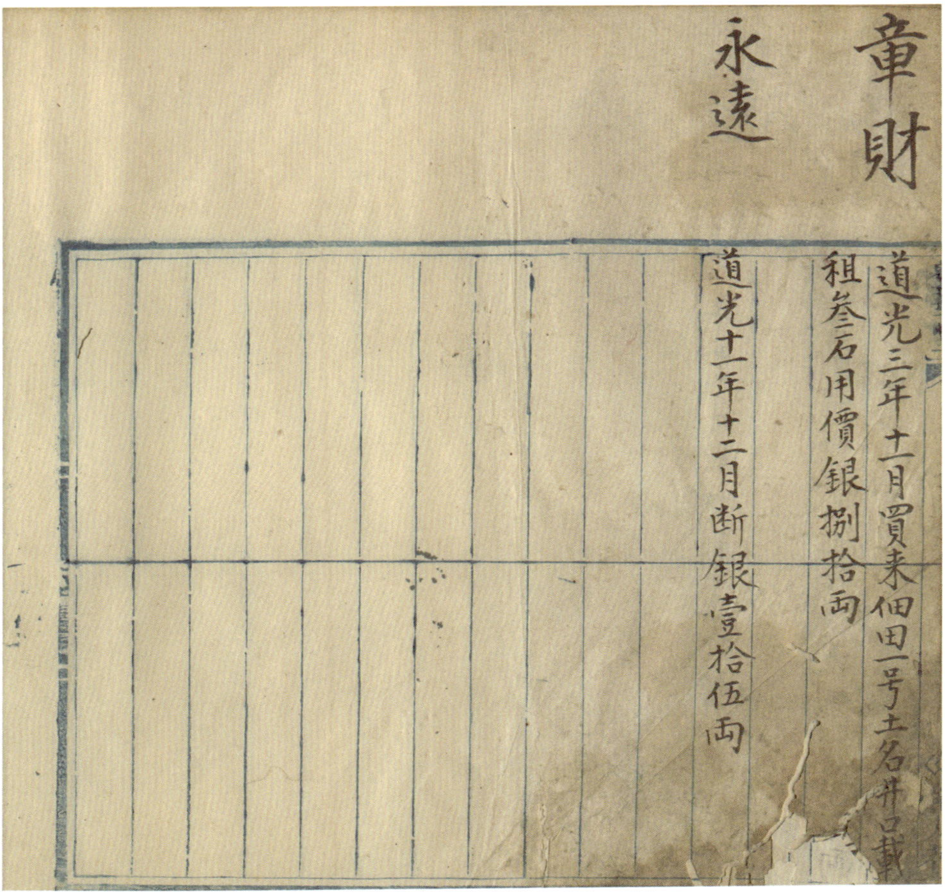
章財
永遠
道光三年十二月買來佃田一号土名井口載
租叁石用價銀捌拾両
道光十一年十二月断銀壹拾伍両

5-4-57-33　清鄭氏家族根田大租目録（三三）

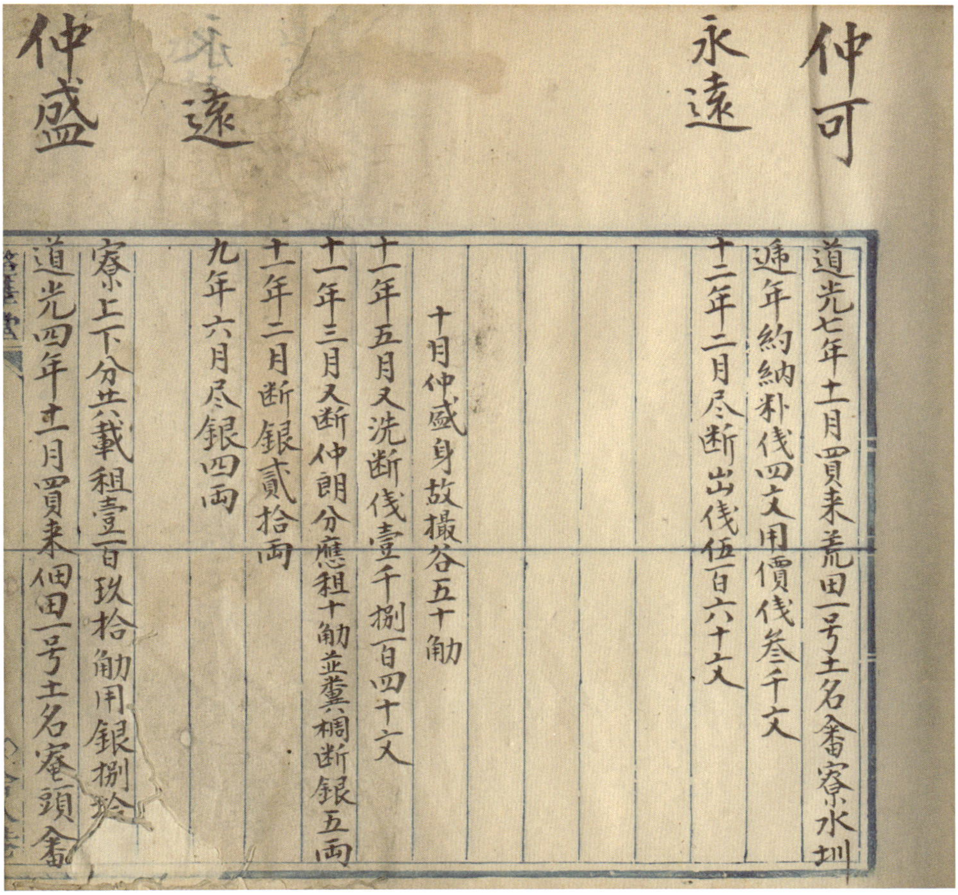

仲可

永遠

永遠

仲盛

道光七年十一月買來荒田一号土名畲寮水圳

遞年約納粮錢四文用價錢叁千文

十二年二月盡斷出錢伍百六十文

十月仲盛身故撮谷五十觔

十一年五月又洗斷錢壹千捌百四十文

十一年三月又斷仲朗分應租十觔並糞桶斷銀五兩

十年二月斷銀貳拾兩

九年六月盡銀四兩

寮下上下分共載租壹百玖拾觔用銀捌拾

道光四年十一月買來佃田一号土名崙頭畲

5-4-57-34　清鄭氏家族根田大租目録（三四）

文飾

永遠

道光四年十二月買来佃田一号土名井尾丁厝

壠載租貳石用價銀肆拾叁两

十年五月斷銀壹拾五两

5-4-57-35　清鄭氏家族根田大租目録（三五）

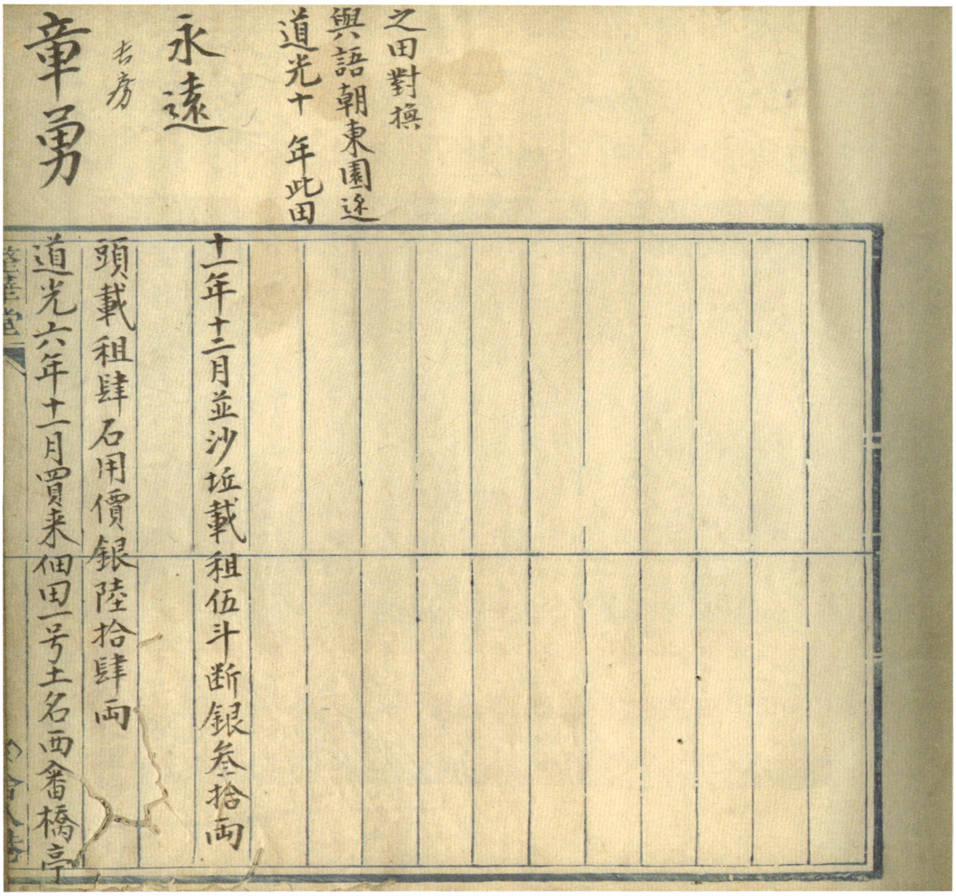
之田對換
與語朝東園逐
道光十 年此田
永遠
去房
章勇
十二年十二月並沙坵載租伍斗斷銀叁拾両
頭載租肆石用價銀陸拾肆両
道光六年十一月買来佃田一号土名西畲橋亭

5-4-57-36　清鄭氏家族根田大租目録（三六）

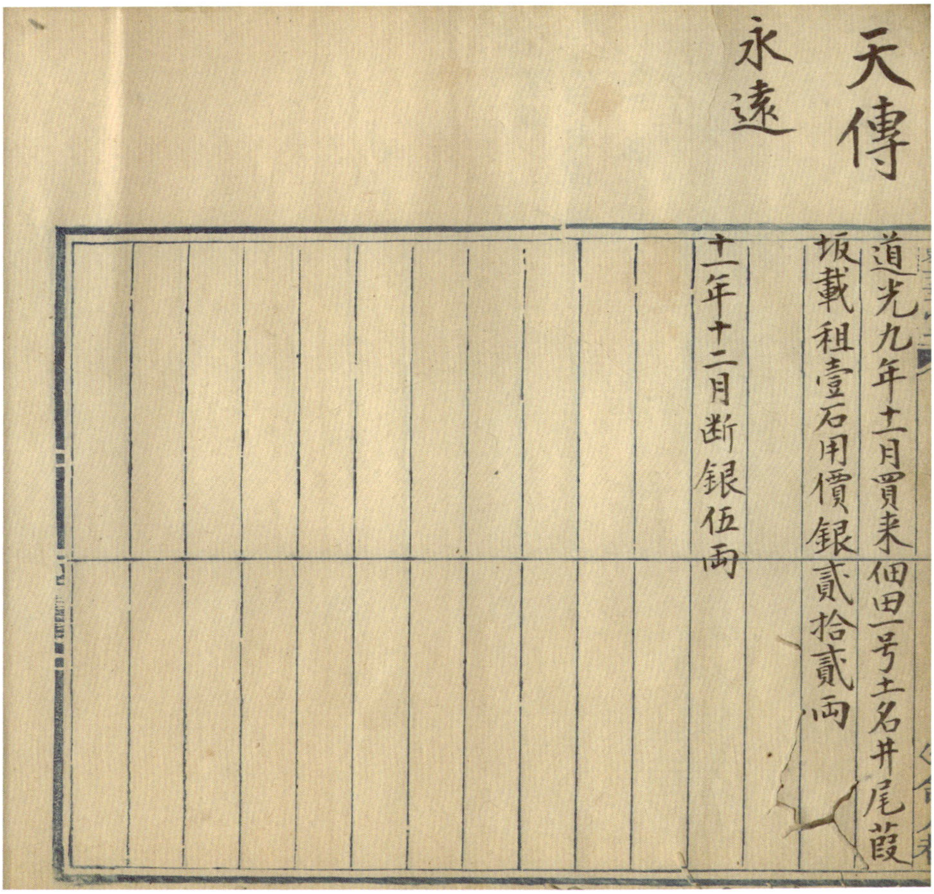

天傳
永遠

道光九年十一月買来佃田一号土名井尾葭
坂載租壹石用價銀貳拾貳兩
十一年十二月斷銀伍兩

5-4-57-37　清鄭氏家族根田大租目録（三七）

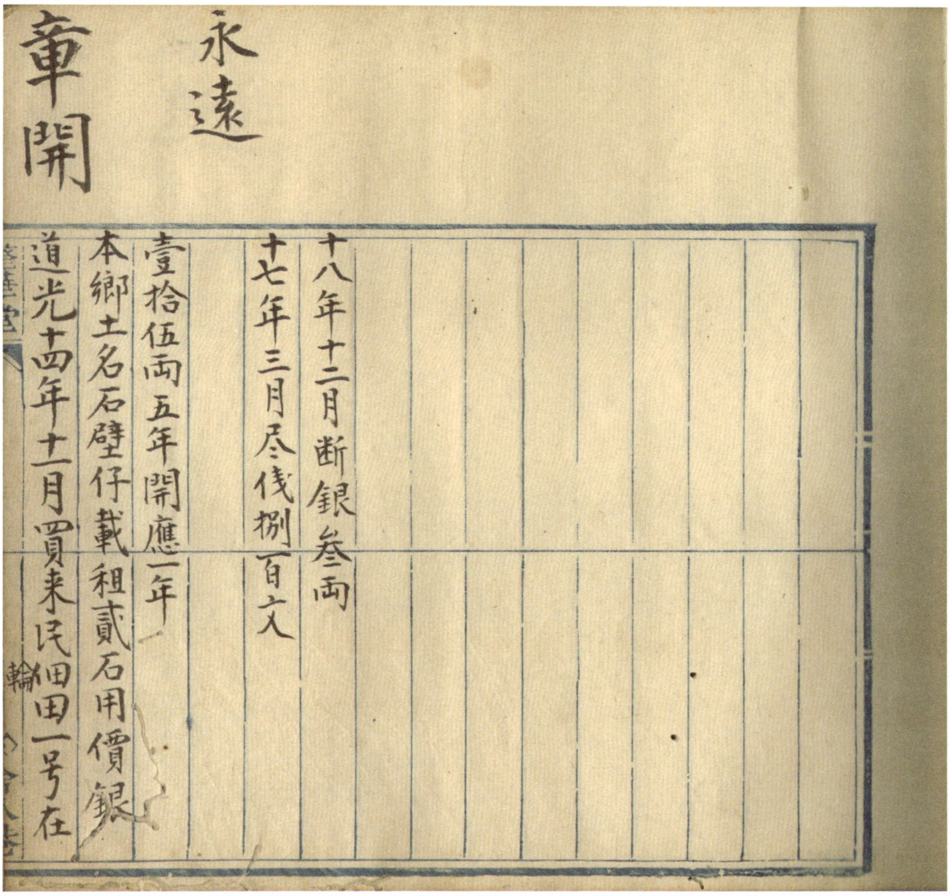
永遠
章開
十八年十二月断銀叁両
十七年三月尽伐捌百文
壹拾伍両五年開應一年
本鄉土名石壁仔載租貳石用價銀
道光十四年十一月買来民田一号在

5-4-57-38　清鄭氏家族根田大租目録（三八）

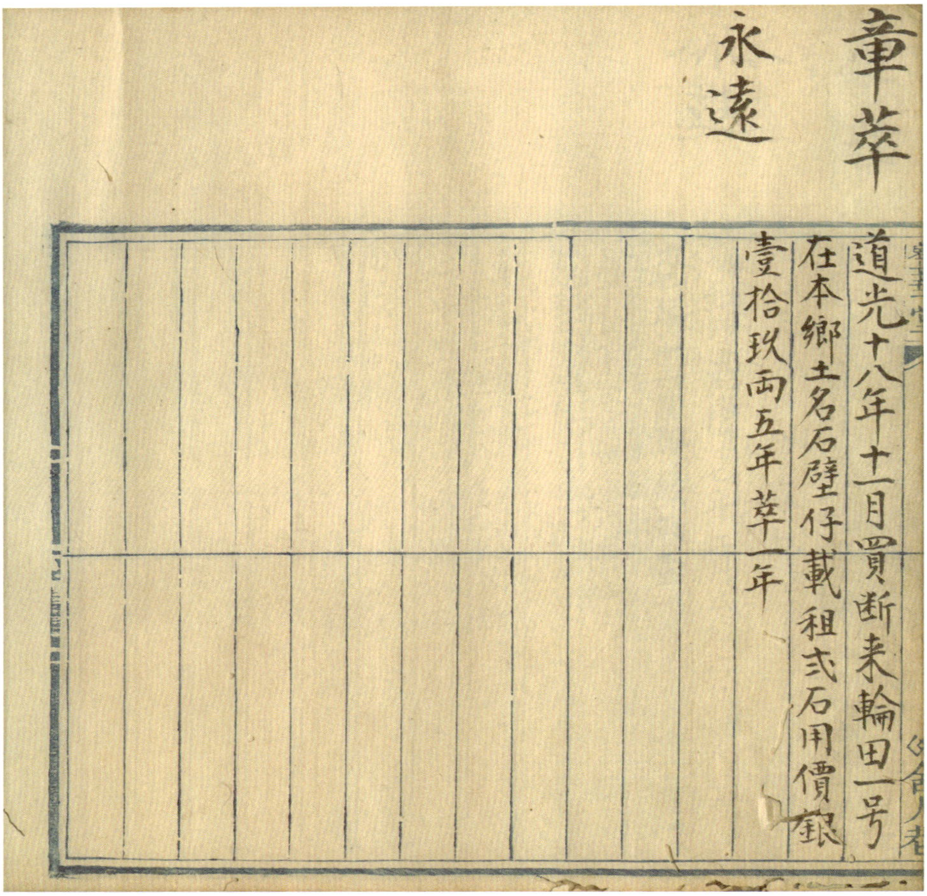

章萃

永遠

道光十八年十二月買断来輪田一号
在本鄉土名石壁仔載租弍石用價銀
壹拾玖兩五年萃一年

5-4-57-39　清鄭氏家族根田大租目録（三九）

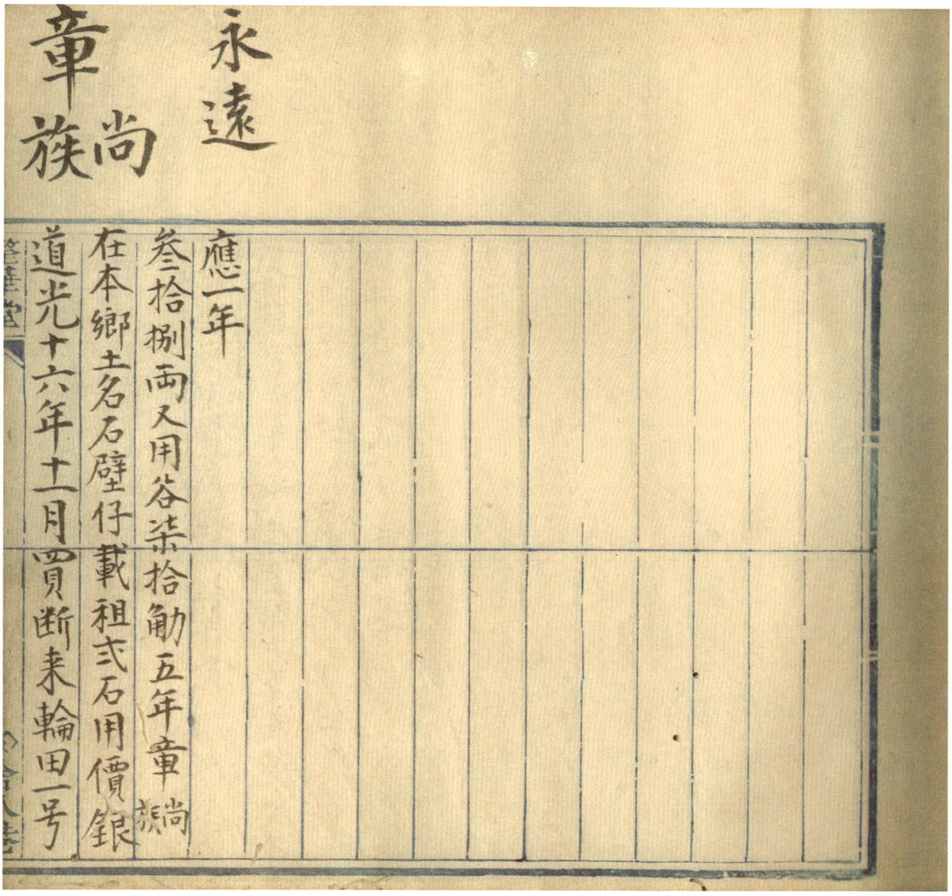
永遠
尚
章族
應一年
叁拾捌両又用谷柒拾觔五年章尚族
在本鄉土名石壁仔載租弍石用價銀
道光十六年十二月買断来輪田一号

5-4-57-40　清鄭氏家族根田大租目録（四〇）

和

章忠

友

永遠

道光十六年十二月買斷朱氏田租二号

一号土名溪州尾載租叁石

一号土名東園邊載租叁石

兩号共租六石載苗米一斗五升配粮貳伐

撥分零五系壹賣一斷用價伐叁拾叁

千叁百柒拾文

5-4-57-41　清鄭氏家族根田大租目録（四一）

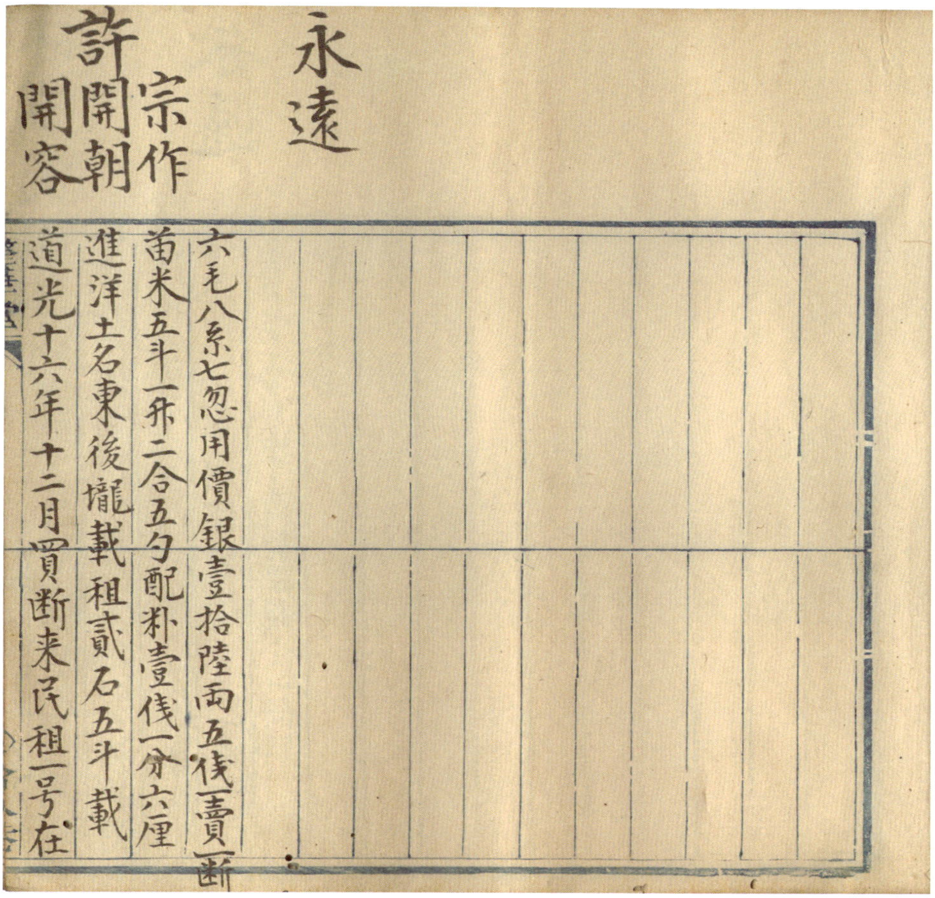
永遠
宗作
許開朝
許開容

六毛八系七忽用價銀壹拾陸兩五錢賣斷
苗米五斗一升二合五勺配粉壹錢一分六厘
進洋土名東後壠載租貳石五斗載
道光十六年十二月買斷来民租一号在

5-4-57-42　清鄭氏家族根田大租目録（四二）

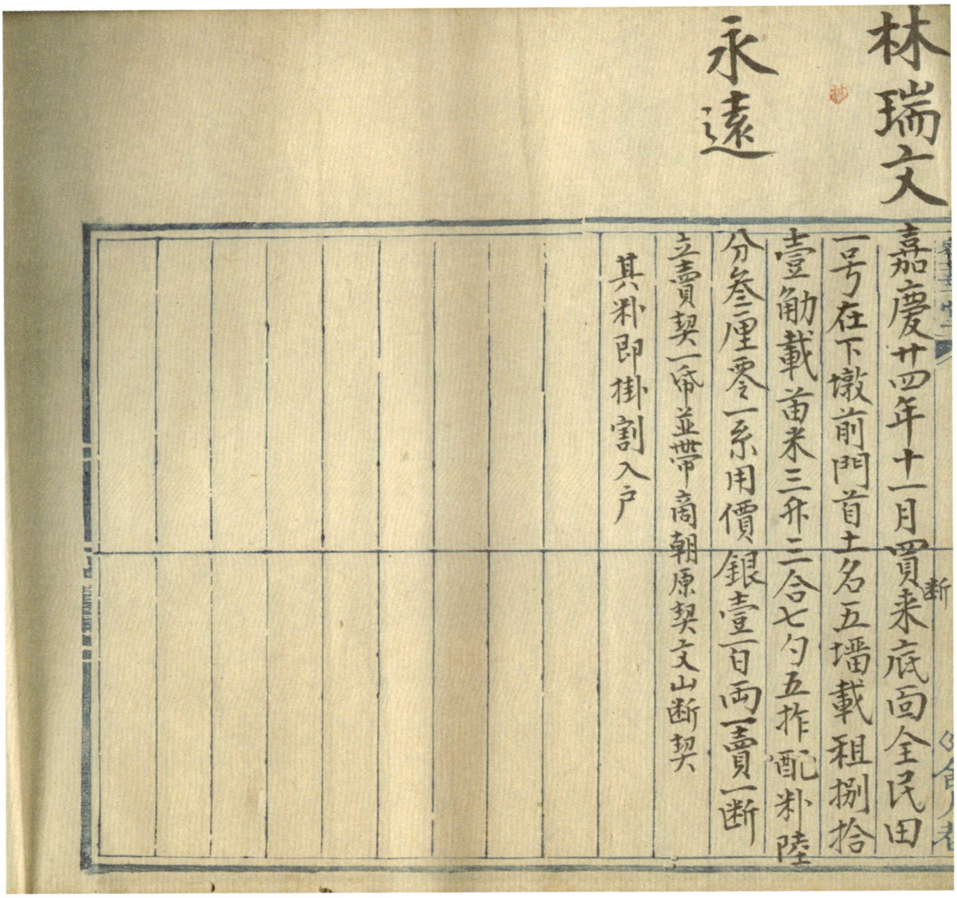
林瑞文

永遠

嘉慶廿四年十一月買来底面全民田
一号在下墩前門首土名五墻載租捌拾
壹觔載苗米三升二合七勺五抄配粮陸
分叁厘零一系用價銀壹百兩一賣一断
立賣契一帋並帶商朝原契文山断契
其粮即掛割入户

5-4-57-43　清鄭氏家族根田大租目録（四三）

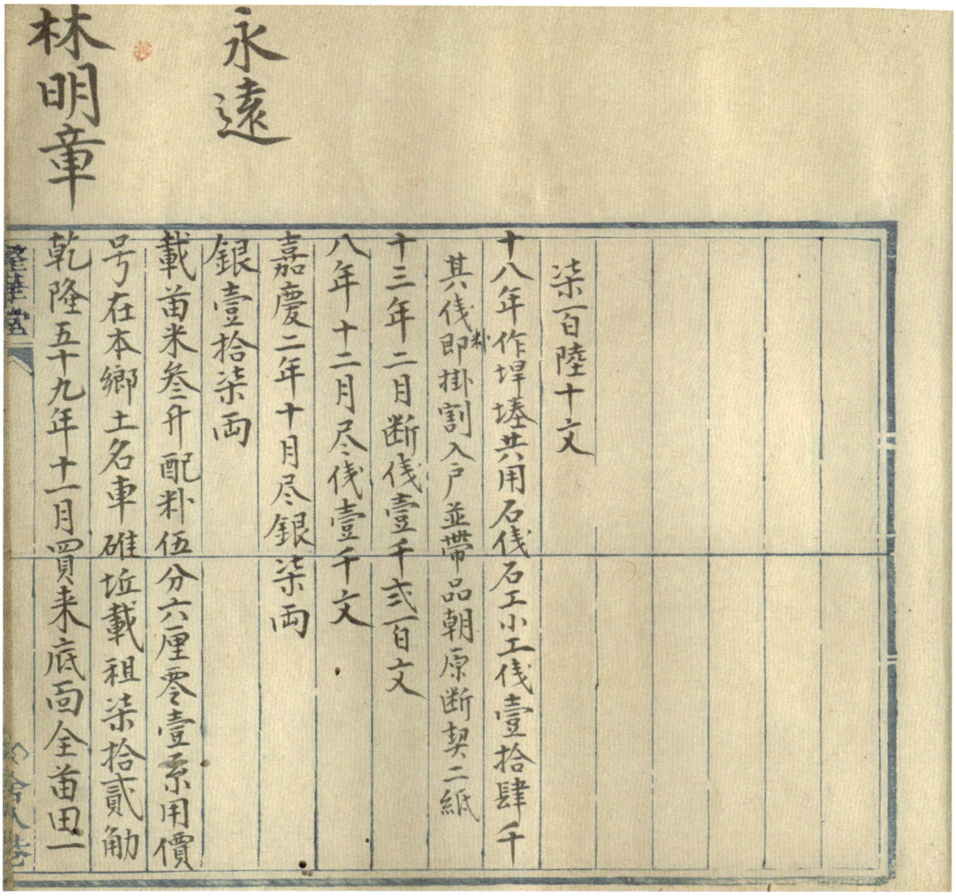

永遠

林明章

柒百陸十文

十八年作埕塍共用石伐石工小工伐壹拾肆千

其伐即掛割入户並帶品朝原斷契二紙

十三年二月斷伐壹千弍百文

八年十二月尽伐壹千文

嘉慶二年十月尽銀柒兩

銀壹拾柒兩

載苗米叁升配料伍分六厘零壹系用價

号在本鄉土名東碓垃載租柒拾貳觔

乾隆五十九年十一月買来底面全苗田一

5-4-57-44　清鄭氏家族根田大租目録（四四）

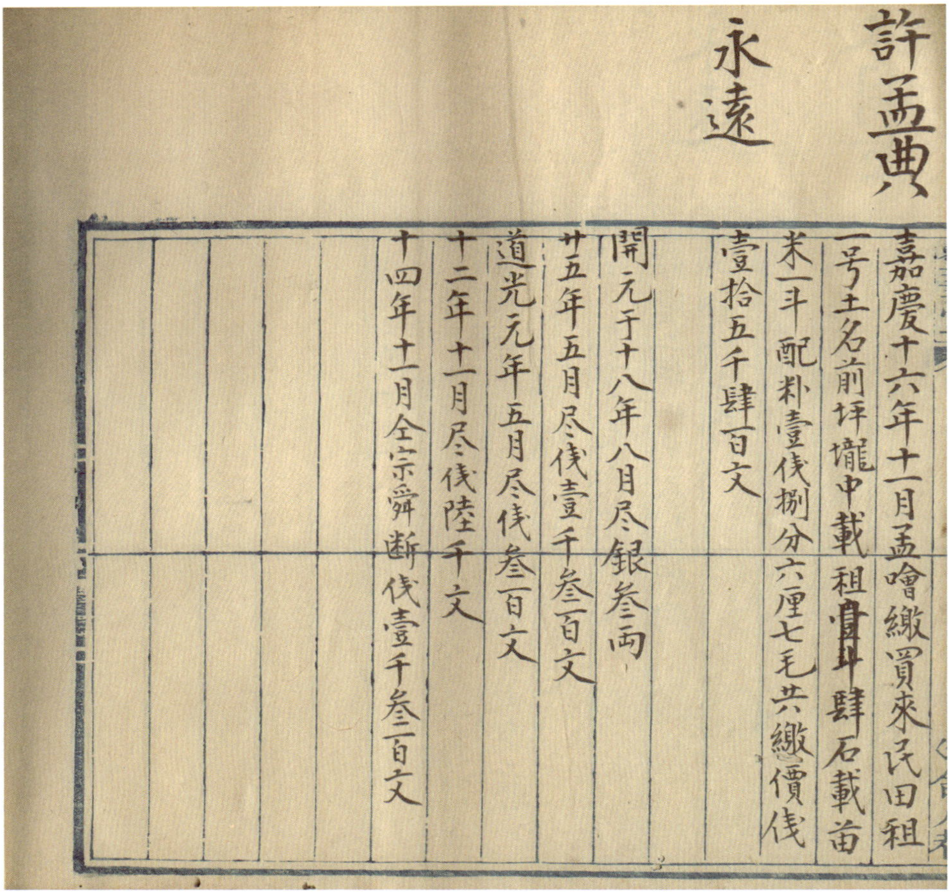

許孟典

永遠

嘉慶十六年十一月孟噲繳買來民田租
一号土名前坪壠中載租貫肆石載苗
米一斗配粁壹伐捌分六厘七毛共繳價伐
壹拾五千肆百文
開元于十八年八月尽銀叁两
廿五年五月尽伐壹千叁百文
道光元年五月尽伐叁百文
十二年十一月尽伐陸千文
十四年十一月全宗舜断伐壹千叁百文

5-4-57-45　清鄭氏家族根田大租目録（四五）

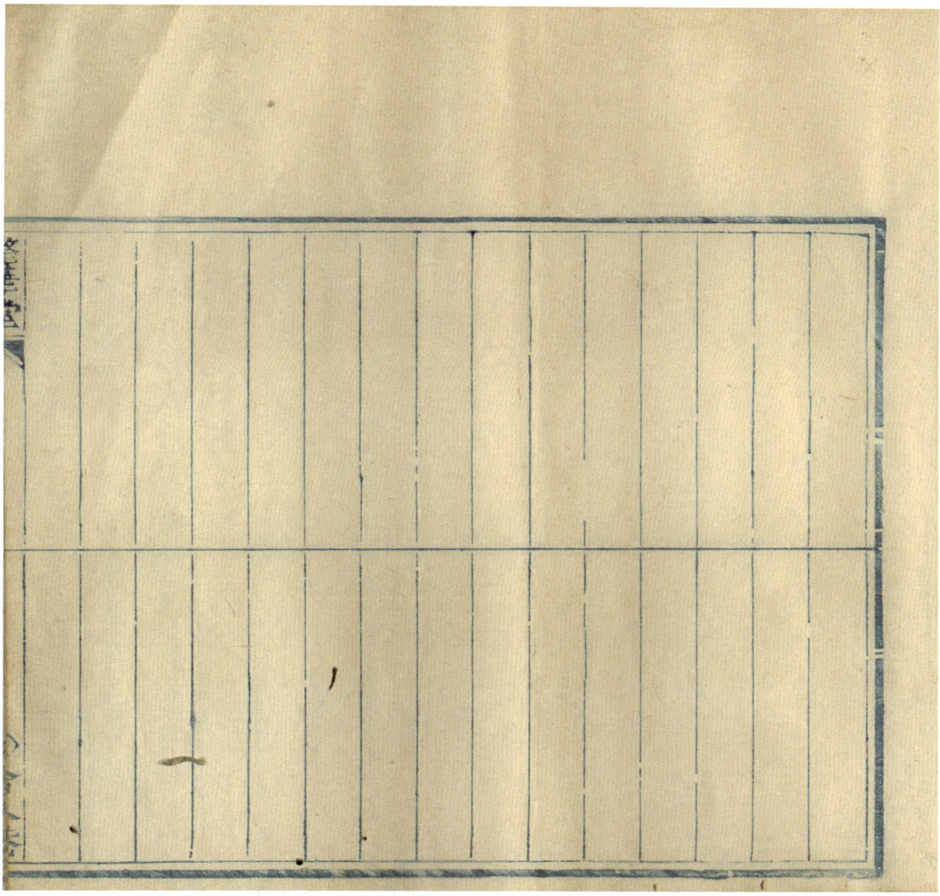

5-4-57-46　清鄭氏家族根田大租目録（四六）

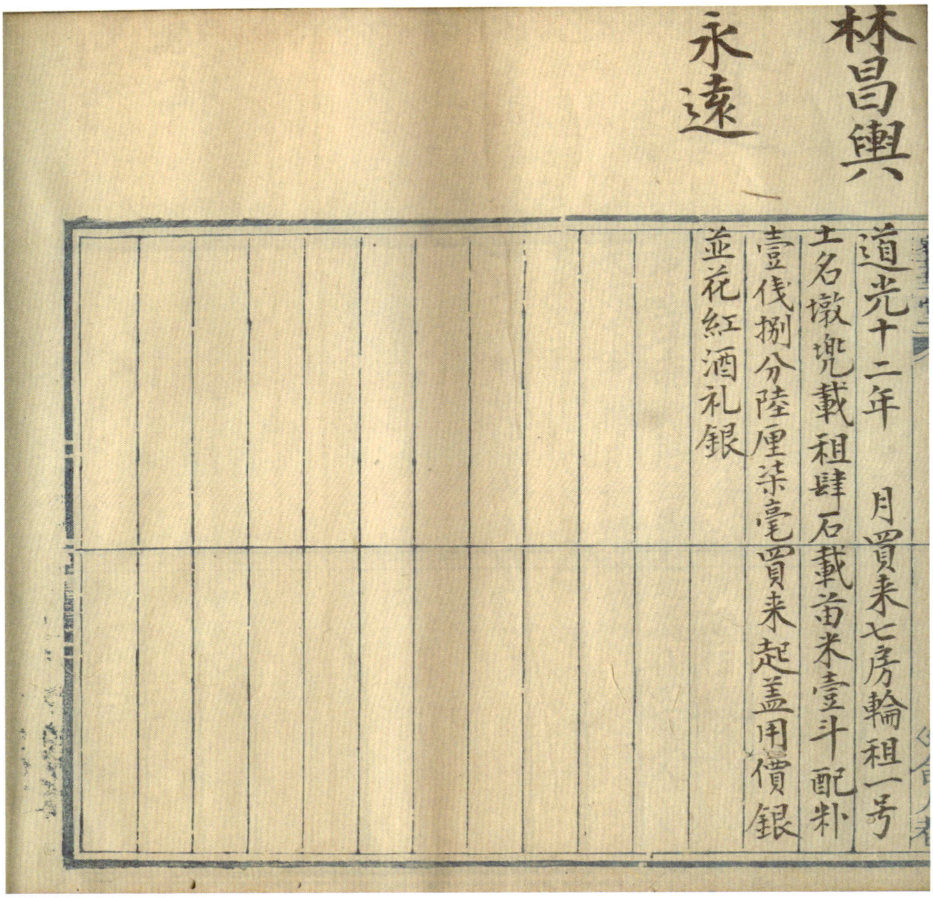

林昌興
永遠
道光十二年　月買来七房輪租一号
土名墩兜載租肆石載苗米壹斗配粁
壹伐捌分陸厘柒毫買来起盖用價銀
並花紅酒礼銀

5-4-57-47　清鄭氏家族根田大租目録（四七）

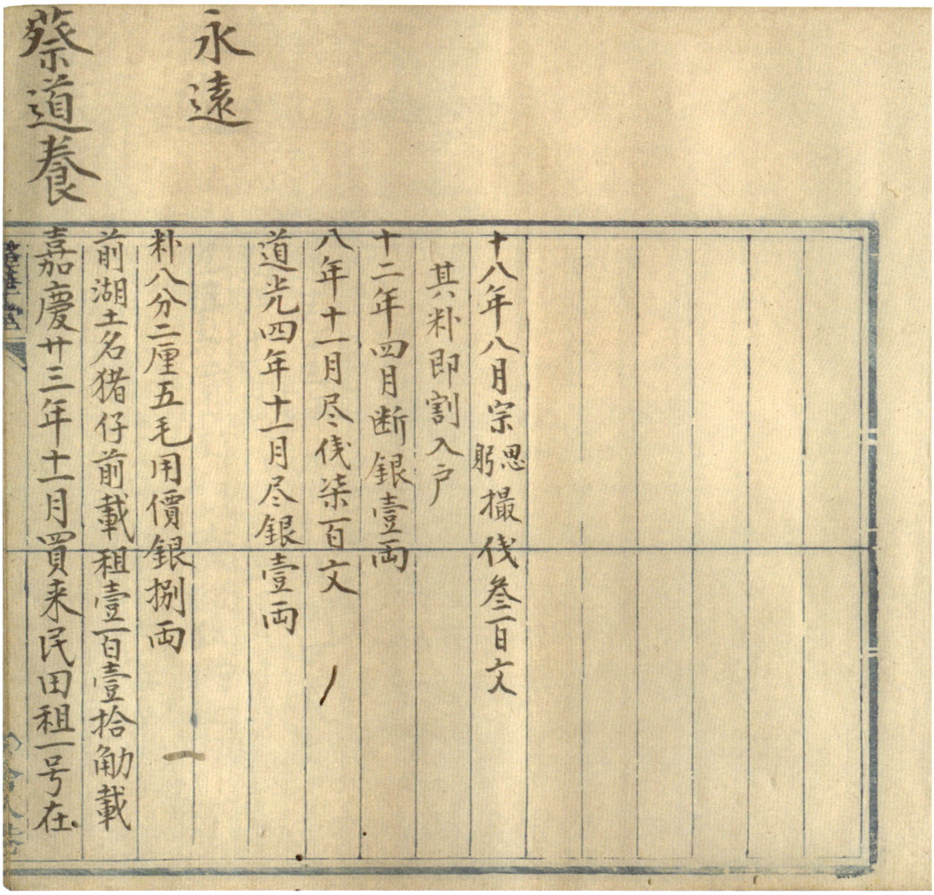

永遠

蔡道養

十八年八月宗恩貼撮伐叁百文

其粁即割入户

十二年四月斷銀壹両

八年十一月尽伐柒百文　/

道光四年十一月尽銀壹両

粁八分二厘五毛用價銀捌両　—

前湖土名猪仔前載租壹百壹拾觔載

嘉慶廿三年十一月買来民田租一号在

5-4-57-48　清鄭氏家族根田大租目録（四八）

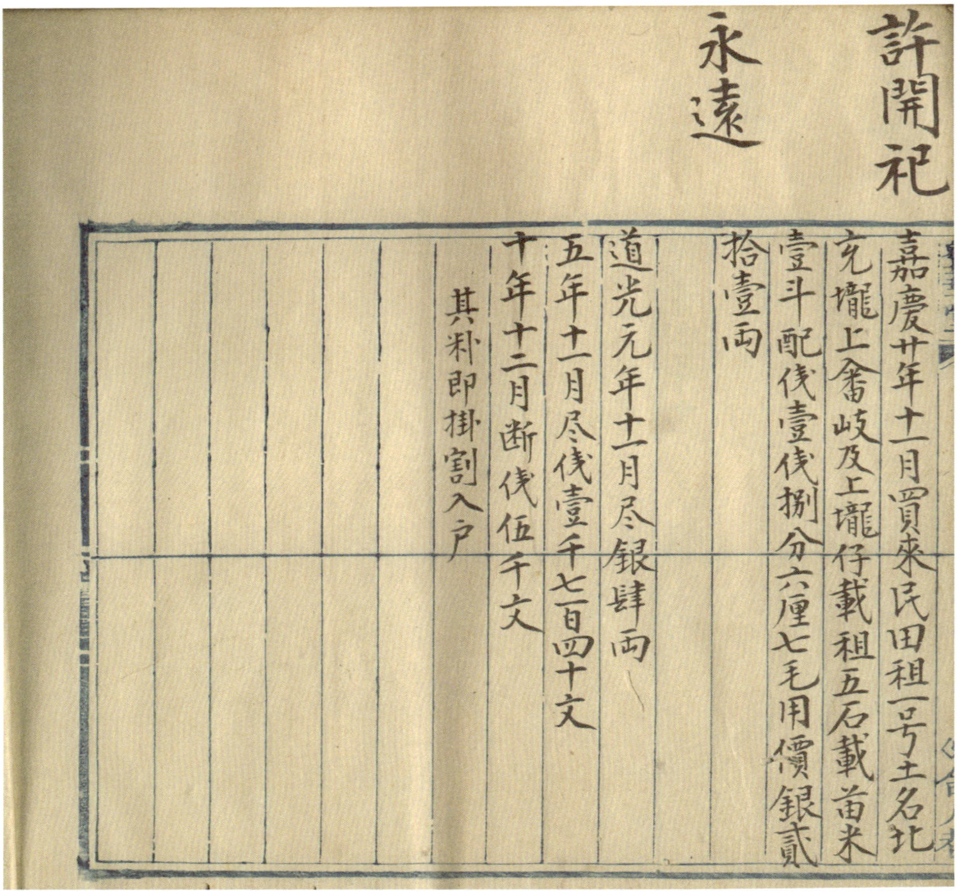

許開祀

永遠

嘉慶廿年十一月買來民田租一号土名圯
充壠上畬岐及上壠仔載租五石載苗米
壹斗配伐壹伐捌分六厘七毛用價銀貳
拾壹両

道光元年十一月尽銀肆両
五年十一月尽伐壹千七百四十文
十年十二月断伐伍千文
其粮即掛割入户

5-4-57-49　清鄭氏家族根田大租目録（四九）

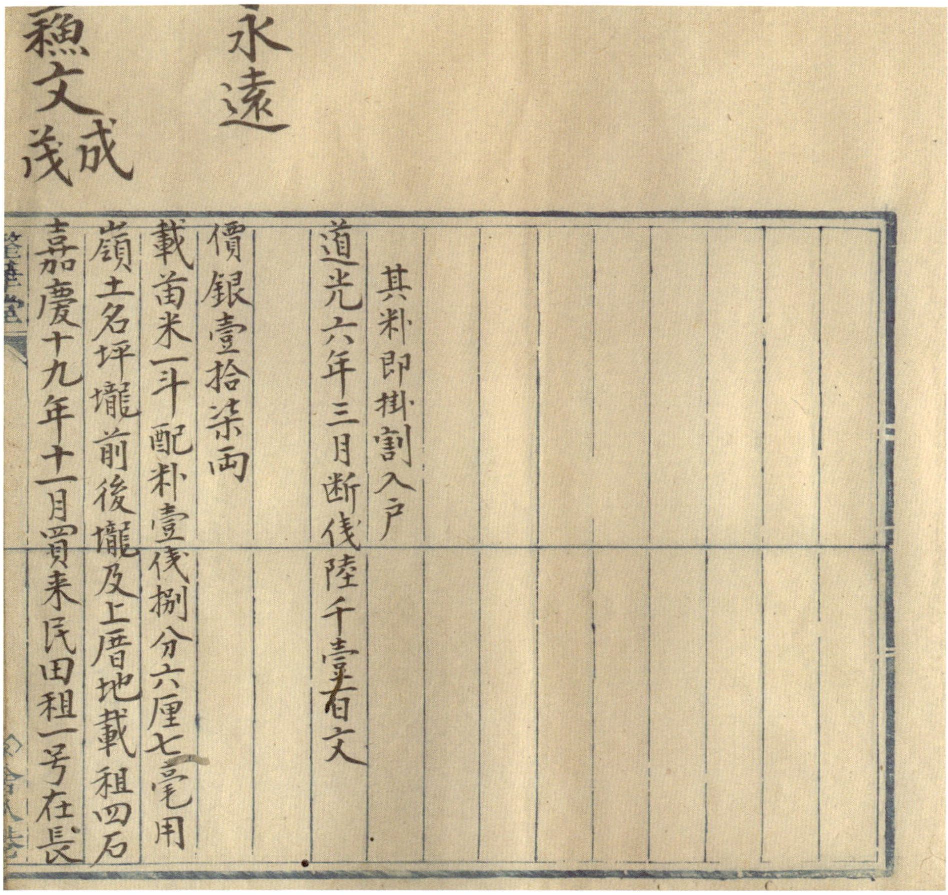
永遠
穊文
成淺
其粮即掛割入户
道光六年三月断伐陸千壹百文
價銀壹拾柒両
載畝米一斗配粮壹伐捌分六厘七毫用
嶺土名坪壠前後壠及上層地載租四石
嘉慶十九年十一月買来民田租一号在長

5-4-57-50　清鄭氏家族根田大租目録（五〇）

林瓊章

永遠

嘉慶十六年十二月許國文纎買来民田
租一号土名東園邊上下両分載租捌西
石載苗米貳斗配糧叁伐七分三厘四毛
用價銀叁拾玖両伍伐

瓊章于嘉慶十七年五月断伐陸千文
其秋即掛割入户

5-4-57-51　清鄭氏家族根田大租目録（五一）

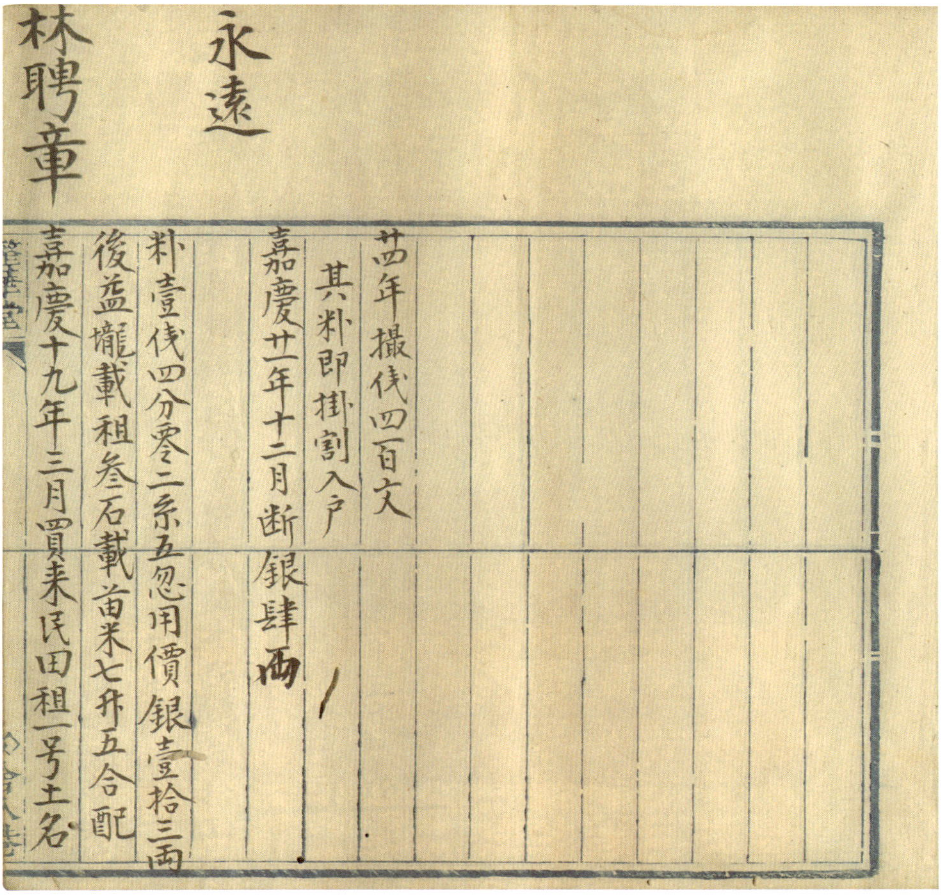
林聘章　永遠

廿四年撮伐四百文
其粁即掛割入户
嘉慶廿一年十二月斷銀肆両
粁壹伐四分零二系五忽用價銀壹拾三両
後盂壠載租叁石載苗米七升五合配
嘉慶十九年三月買耒民田租一号土名

5-4-57-52　清鄭氏家族根田大租目録（五二）

林尊武

永遠

乾隆六十年十二月天盛繳買来民田
租一号在長嶺土名楊梅壠前垅載租
捌拾觔此田係是開荒其伐朴林家自納
用價伐肆百文又用谷伍百捌拾觔
嘉慶四年十二月廷和斷谷壹百五十觔
其朴林家自納

5-4-57-53　清鄭氏家族根田大租目録（五三）

永遠

林瑞融

其粮即掛割入户

十七年二月断銀弍両

十六年五月尽伐叁百文

十二年十二月尽伐肆百文

廸章于嘉慶七年十二月尽伐陸百文

三系用價銀玖両

米四合一勺六撮七抄配粮壹伐零一厘一毛

壁壠葛竹坂載租壹百叁拾觔載苗

乾隆六十年三月買来民田租一号土名石

5-4-57-54　清鄭氏家族根田大租目録（五四）

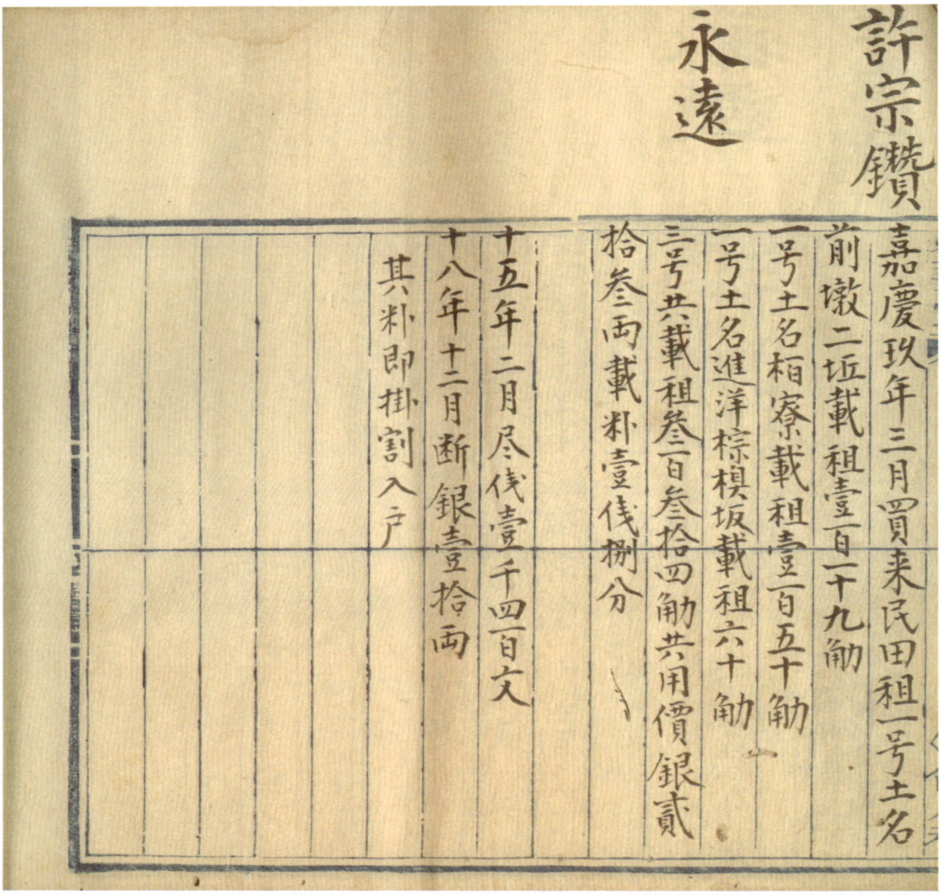
許宗鑽
永遠

嘉慶玖年三月買来民田租一号土名
前墩二坵載租壹百一十九觔
一号土名栢寮載租壹百五十觔
一号土名進洋棕模坂載租六十觔
三号共載租叁百叁拾四觔共用價銀貳
拾叁両載粁壹伐捌分

十五年二月尽伐壹千四百文
十八年十二月断銀壹拾両
其粁即掛割入户

5-4-57-55　清鄭氏家族根田大租目録（五五）

許開旋

乾隆五十八年十二月買来民田租一号土
名前墩路乾坵載租肆拾陸觔載苗米
一弁九合一勺六撮七抄配粁三分五厘七毛八系
四忽用價銀叁両

5-4-57-56　清鄭氏家族根田大租目録（五六）

許孟彩

永遠

乾隆五十七年十一月買來民田租一号在

長嶺土名楊梅壠載租壹石五斗載苗米

叁升七合五勺配粮柒分零弍系用價銀

陸兩四戗

嘉慶十六年十一月斷銀弍兩五戗

其粮即掛割入戸

5-4-57-57　清鄭氏家族根田大租目録（五七）

付器収
壹百捌拾捌文
輪収其伐粁應
付福禄壽三房
谷壹百七十觔
東迯洋中分租
付耀下畊蹇頭
嘉慶七年抽出
永遠
張允尊

十八年二月断銀壹拾陸両
十一年六月允規尽銀柒両
嘉慶八年七月尽銀玖両
六十年二月尽銀銀肆拾両
九厘三毛七系共用價伐柒拾壹千文
共租谷壹拾柒担捌拾伍觔載粁一両一伐四分
一号土名西畲橋頭載租壹石
叁百肆拾觔
一号土名蹇頭東迯洋中分及下棋坪載租
一号土名大坂尾及東迯洋深坂載租四百七十五斤
一号土名蹇頭大坂載租柒百觔
一号土名大鐘載租叁石伍斗
乾隆五十六年三月買来民田租数号

5-4-57-58　清鄭氏家族根田大租目録（五八）

張友端

永遠

乾隆五十六年五月買来民田租一号土名
東園邊載租四石載苗米一斗配粮壹戔
捌分六厘七毫用價銀壹拾叁両弍戔
六十年四月尽戔壹千文
嘉慶九年五月断銀叁両六戔
其粮即掛割入户

5-4-57-59　清鄭氏家族根田大租目録（五九）

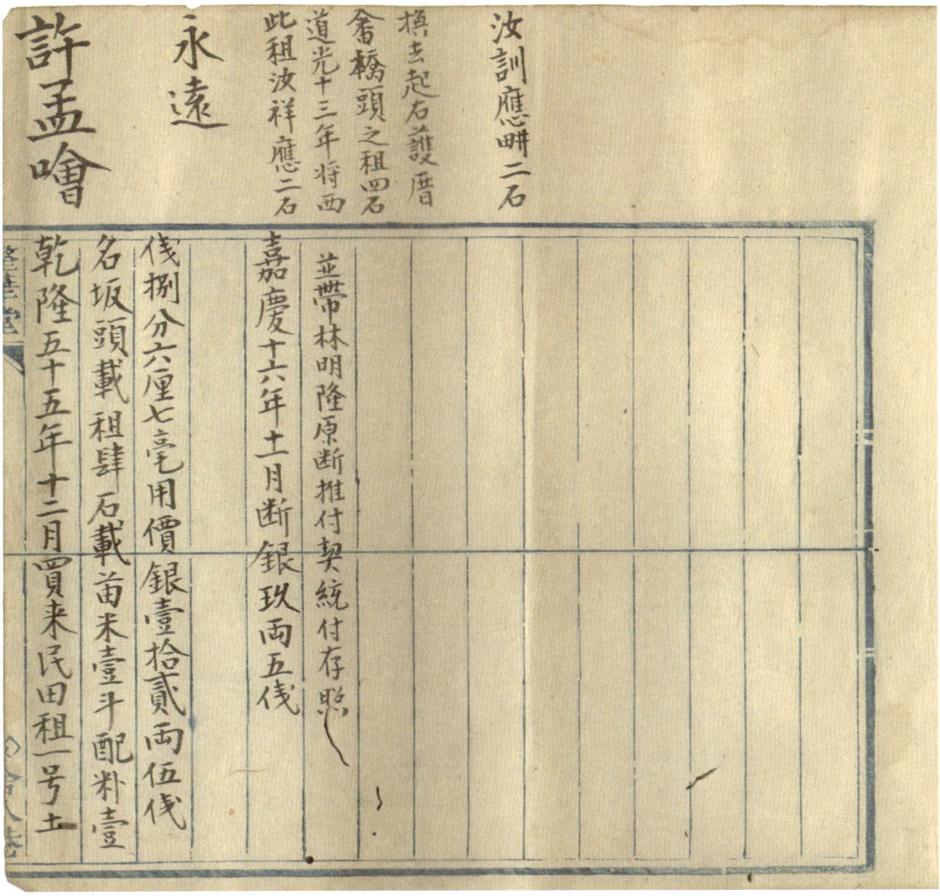
汝訓應𦊆二石
填去起右護厝
畬橋頭之祖四石
道光十三年将西
此祖汝祥應二石
永遠
許孟噲
並帶林明隆原断推付契統付存照
嘉慶十六年十一月断銀玖両五伐
伐捌分六厘七毫用價銀壹拾貳両伍伐
名坂頭載租肆石載苗米壹斗配粁壹
乾隆五十五年十二月買来民田租一号土

5-4-57-60　清鄭氏家族根田大租目録（六〇）

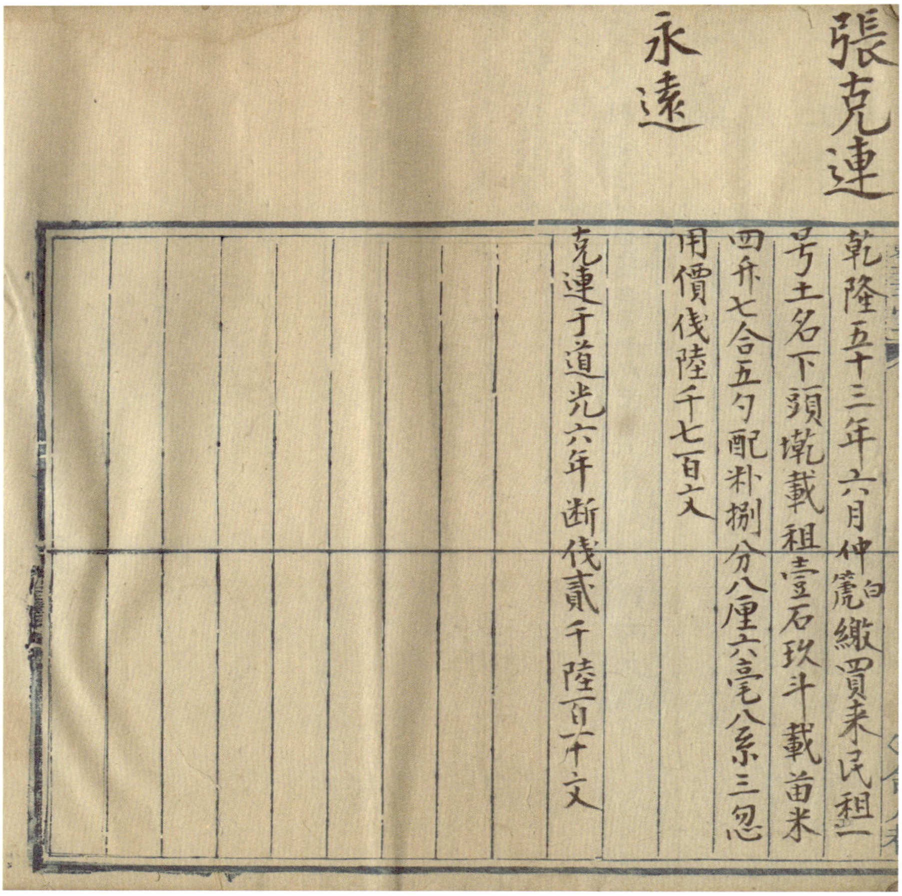

張克連

永遠

乾隆五十三年六月仲篪白繳買来民租一

号土名下頭墘載租壹石玖斗載苗米

四升七合五勺配粃捌分八厘六毫八系三忽

用價伐陸千七百文

克連于道光六年断伐貳千陸百六十文

5-4-57-61　清鄭氏家族根田大租目録（六一）

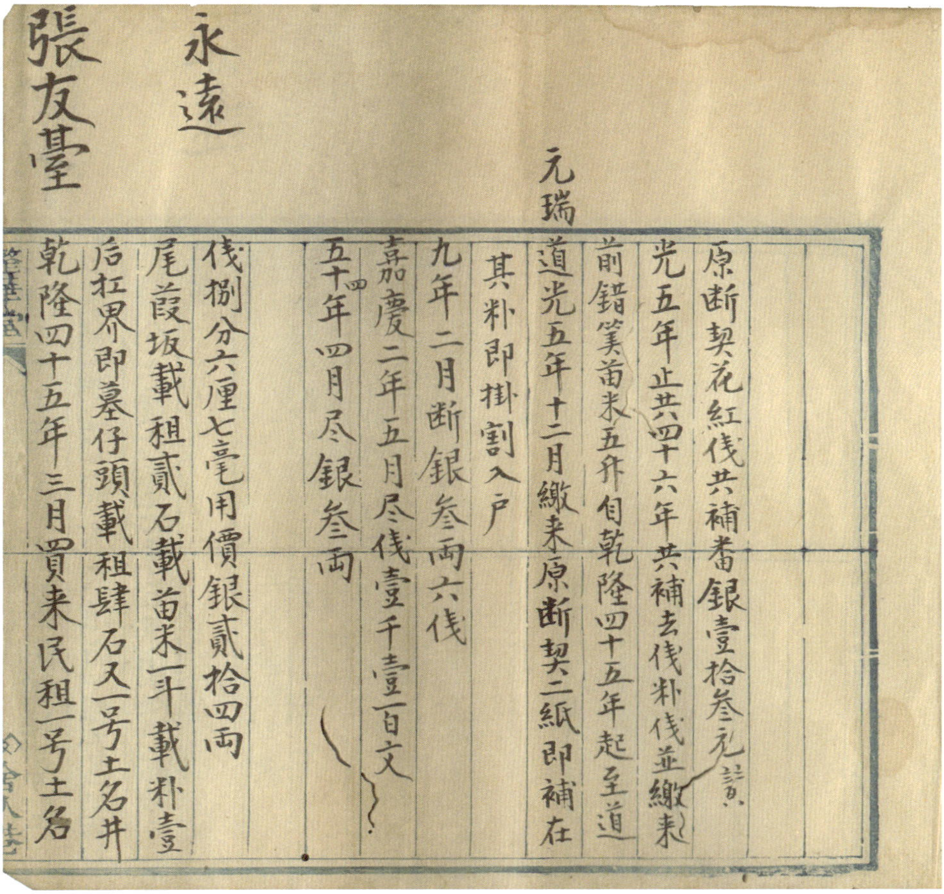
原断契花紅伐共補番銀壹拾叁元
光五年止共四十六年共補去伐粎伐並繳来
前錯筭苗米五弁自乾隆四十五年起至道
元瑞
道光五年十二月繳来原断契二紙即補在
其粎即掛割入户
九年二月断銀叁両六伐
嘉慶二年五月尽伐壹千壹百文
五十四年四月尽銀叁両
伐捌分六厘七毫用價銀貳拾四両
尾葭坂載租貳石載苗米一斗載粎壹
后扛界即墓仔頭載租肆石又一号土名井
乾隆四十五年三月買来民租一号土名
永遠
張友臺

5-4-57-62　清鄭氏家族根田大租目録（六二）

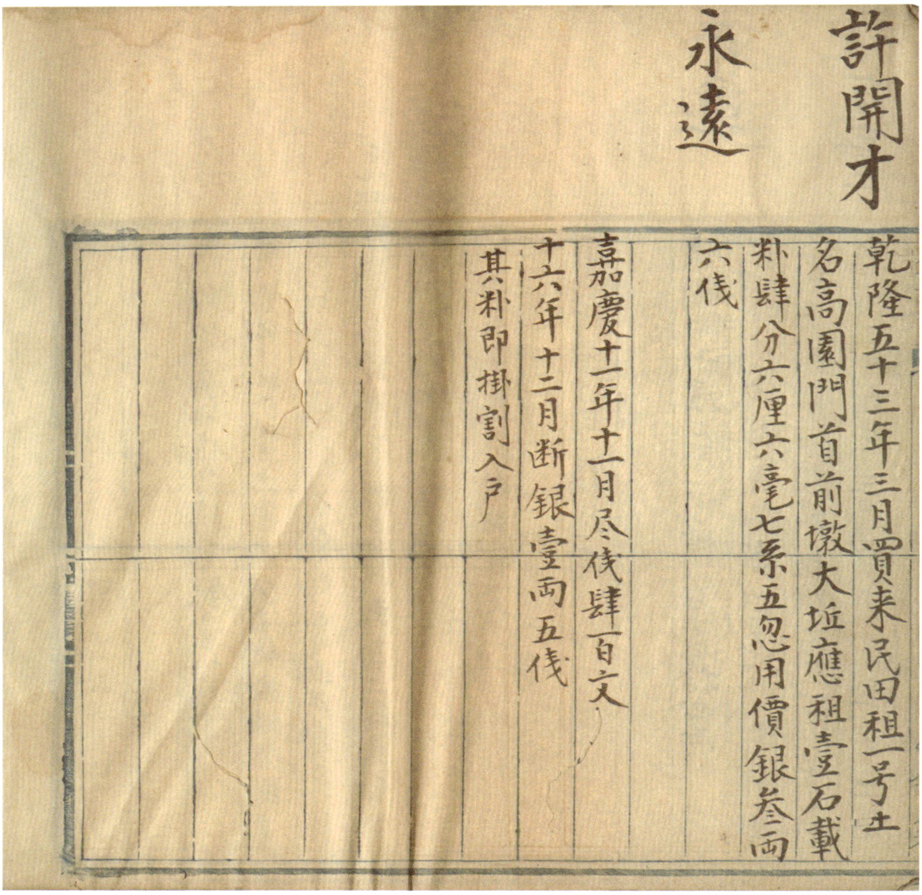

許開才

永遠

乾隆五十三年三月買來民田租一号土

名高園門首前墩大垃應租壹石載

料肆分六厘六毫七系五忽用價銀叁両

六錢

嘉慶十一年十一月尽錢肆百文

十六年十二月断銀壹両五錢

其料即掛割入户

5-4-57-63　清鄭氏家族根田大租目録（六三）

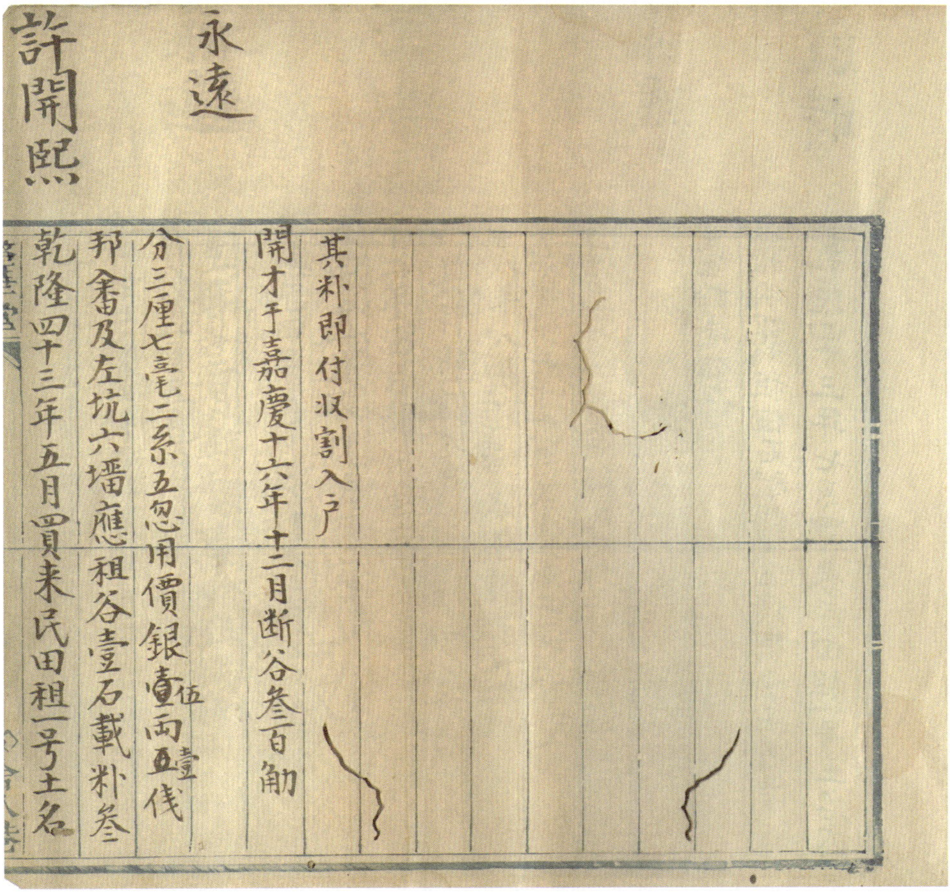

永遠
許開熙

其租即付收割入户
開才于嘉慶十六年十二月斷谷叁百觔
分三厘七毫二系五忽用價銀壹伍兩五壹錢
邦畬及左坑六墻應租谷壹石載粮叁
乾隆四十三年五月買來民田租一号土名

5-4-57-64　清鄭氏家族根田大租目録（六四）

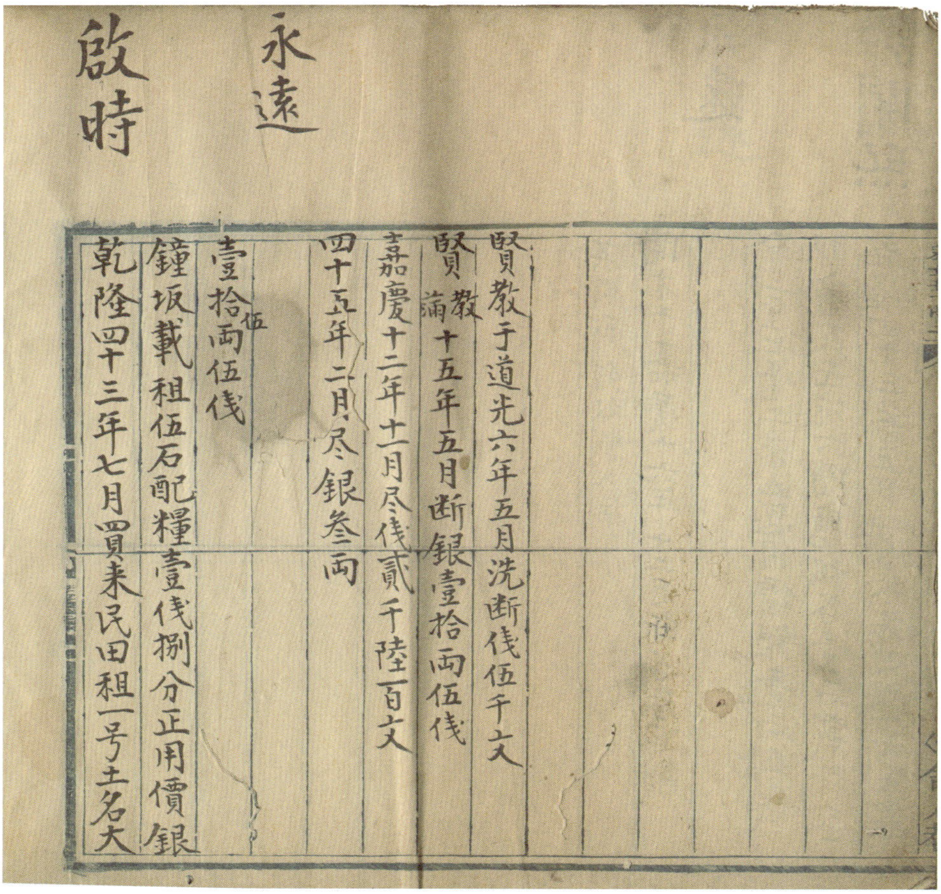
永遠
啟時
賢敎手道光六年五月洗断錢伍千文
賢敎蒲十五年五月断銀壹拾両伍錢
嘉慶十二年十二月尽錢貳千陸百文
四十五年二月尽銀叁両
壹拾両伍錢伍
鐘坂載租伍石配糧壹錢捌分正用價銀
乾隆四十三年七月買耒民田租一号土名大

5-4-57-65　清鄭氏家族根田大租目録（六五）

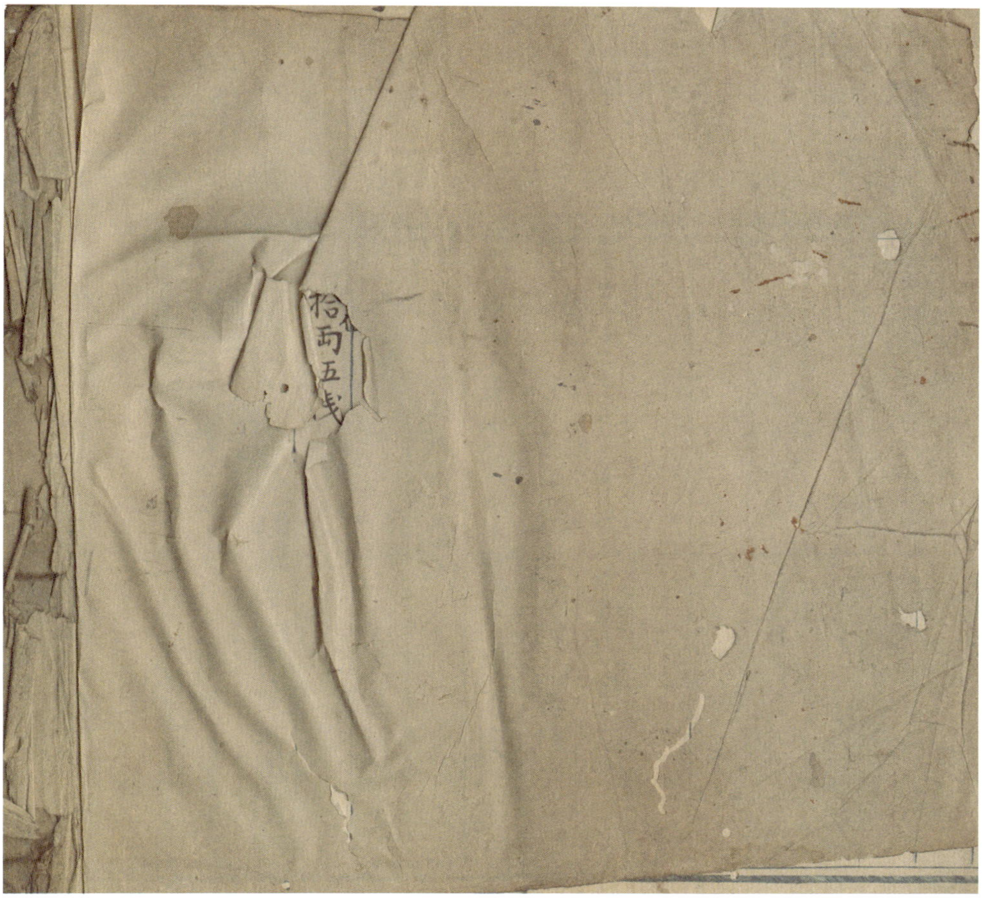

5-4-57-66　清鄭氏家族根田大租目録（六六）

5-4-58-1　清乾隆至道光年間鄭氏家族祭簿（一）

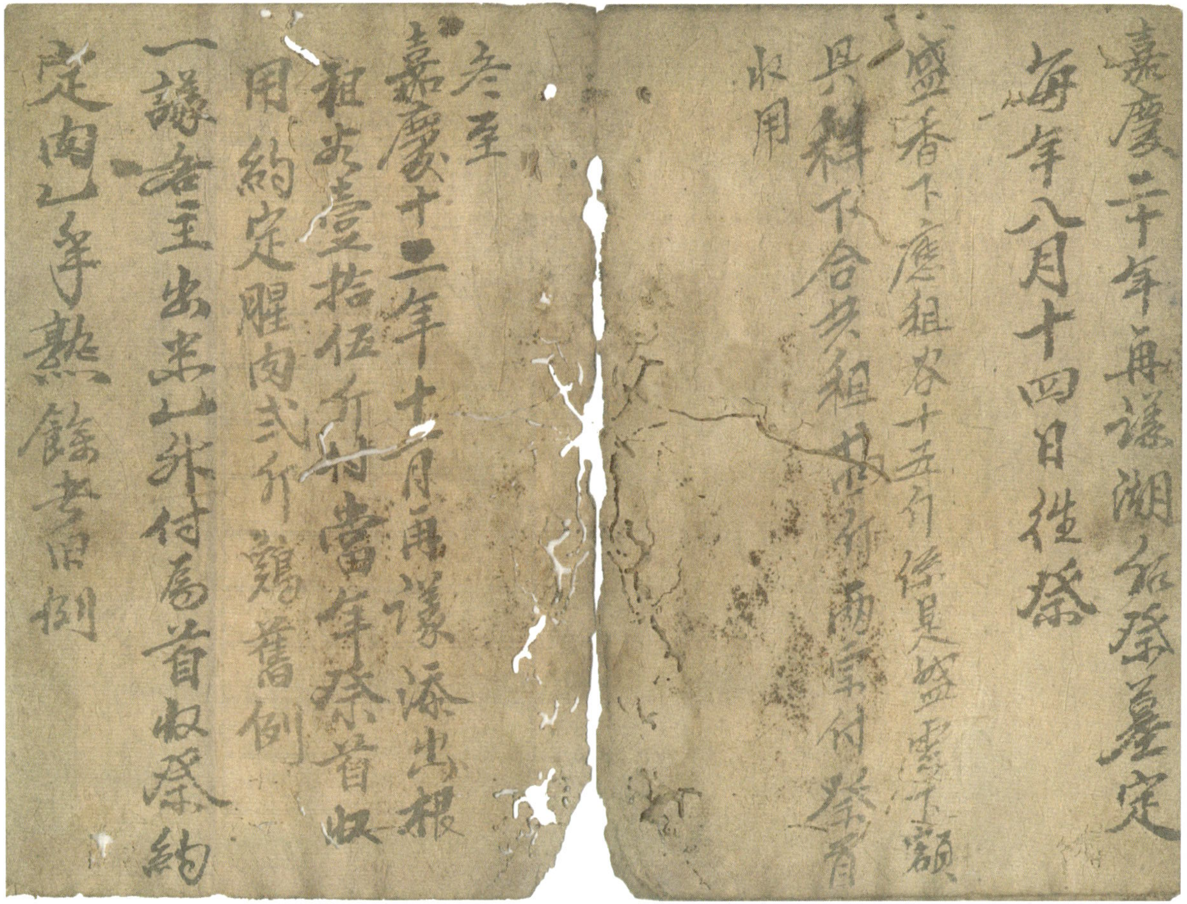
嘉慶二十年再議湖頭祭墓定
每年八月十四日往祭
一盛香下應租谷十五斤係是盛□□額
與料下合共租谷十斤兩家付祭首
收用
冬至
嘉慶十二年十一月再議添出根
租谷壹拾伍斤付當年祭首收
用約定腥肉弍斤鷄舊例
一議每主出米乙升付爲首收祭約
定肉乙斤熟餘者照例

5-4-58-2　清乾隆至道光年間鄭氏家族祭簿（二）

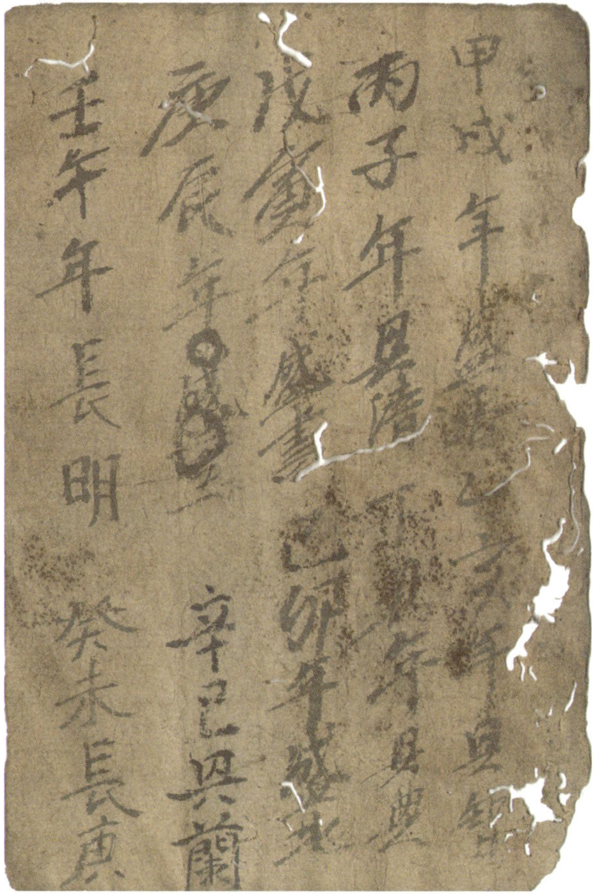
甲戌年[illegible]　乙亥年吳[illegible]
丙子年吳隆　丁丑年吳豐
戊寅年盛書　己卯年盛[illegible]
庚辰年[illegible]　辛巳興蘭
壬午年長明　癸未長貞

5-4-58-4　清乾隆至道光年間鄭氏家族祭簿（三）

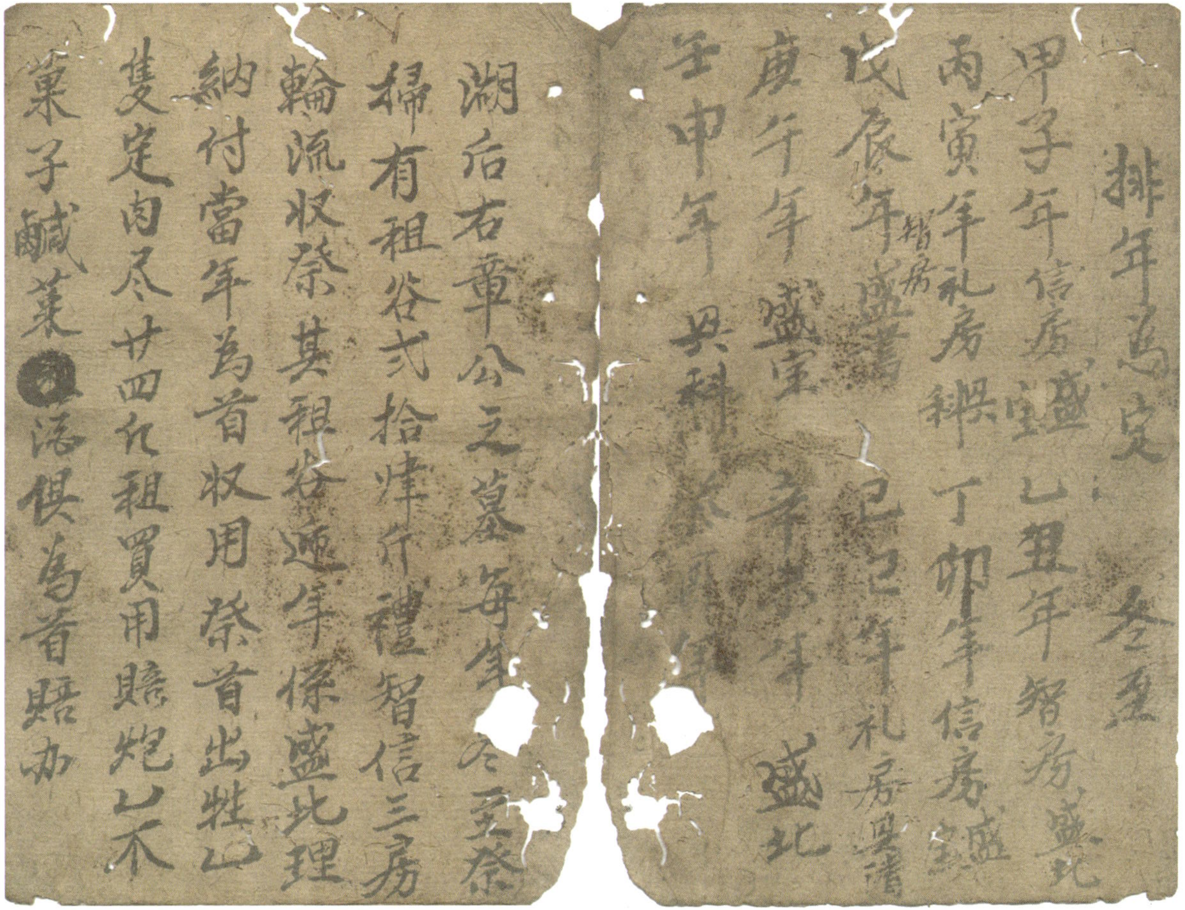

排年為定　冬至
甲子年信房盛北　乙丑年智房盛北
丙寅年礼房[illegible]　丁卯年信房盛[illegible]
戊辰年[illegible]　己巳年礼房[illegible]
庚午年盛[illegible]　辛未年　盛北
壬申年[illegible]

湖后右章公之墓每年冬至祭
掃有租谷弍拾肆斤禮智信三房
輪流收祭其租谷遞年係盛北理
納付當年為首收用祭首出牲山
隻定肉尽廿四[illegible]祖買用賠炮山不
菓子鹹菜[illegible]俱為首賠办

5-4-58-6　清乾隆至道光年間鄭氏家族祭簿（四）

嘉慶廿五年九月初九日
與典入眾錢本並利柒百
陸拾文明白錢與典收存

5-4-58-7　清乾隆至道光年間鄭氏家族祭簿（五）

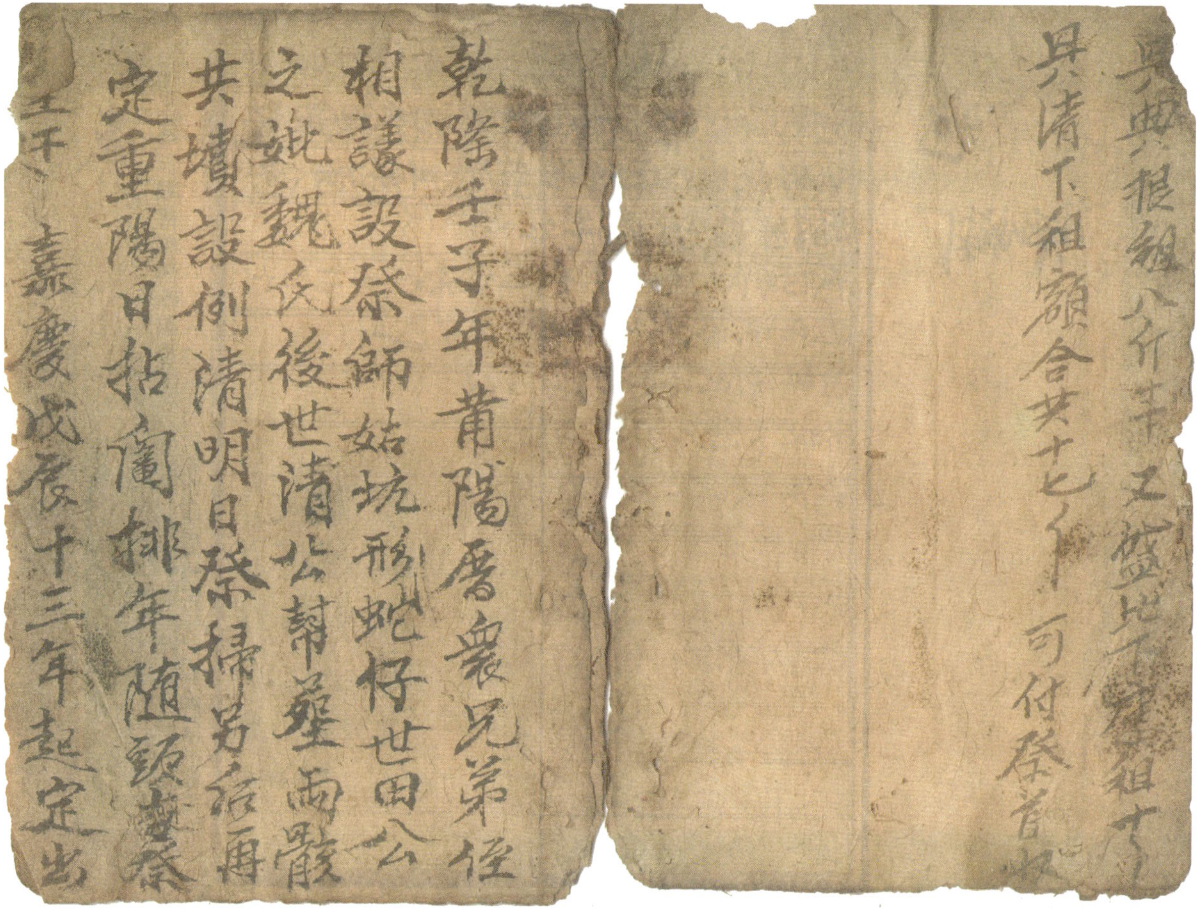

其典根租八斤半王盤坵下[illegible]租十斤
其清下租額合共十七斤　可付祭首收

乾隆壬子年莆陽厝衆兄弟侄
相議設祭師姑坑形蛇仔世田公
之妣魏氏後世清公幇塋兩嚴
共壇設例清明日祭掃另给再
定重陽日拈鬮排年随頭輪祭
壬子　嘉慶戊辰十三年起定出

5-4-58-8　清乾隆至道光年間鄭氏家族祭簿（六）

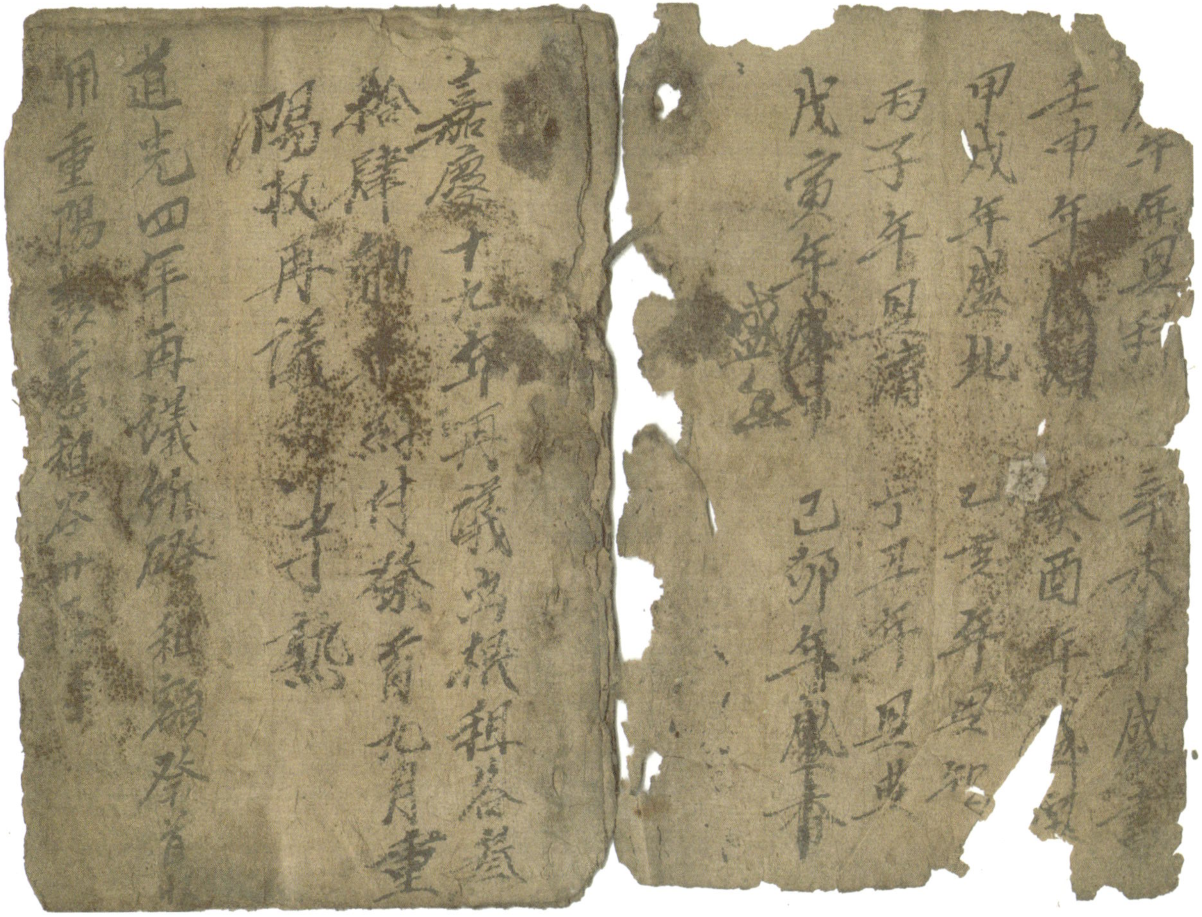

5-4-58-9　清乾隆至道光年間鄭氏家族祭簿（七）

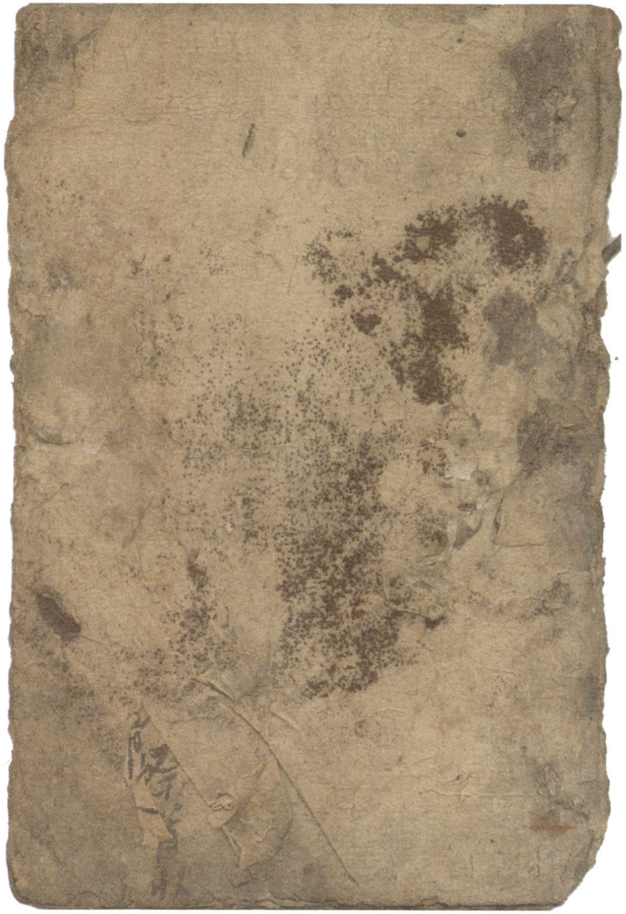

5-4-58-10　清乾隆至道光年間鄭氏家族祭簿（八）

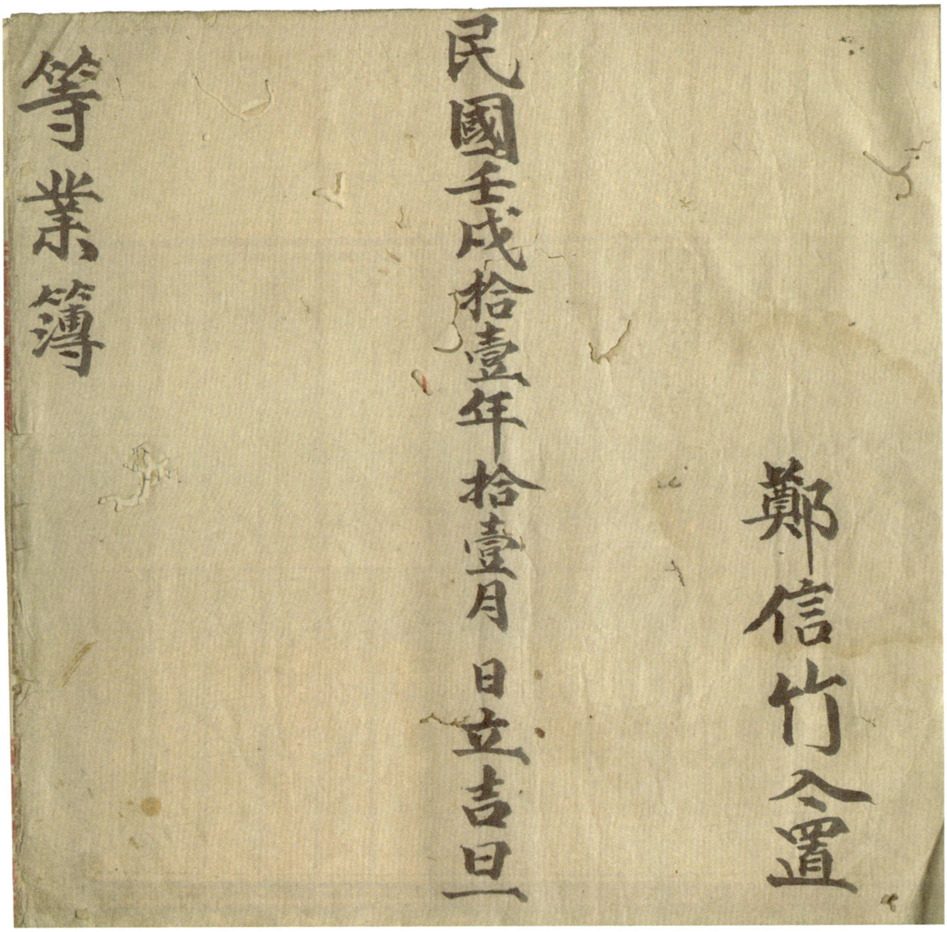

鄭信竹仝置

民國壬戌拾壹年拾壹月　日立吉旦

等業簿

5-4-59-1　民國十一年鄭信竹等置等業簿（一）

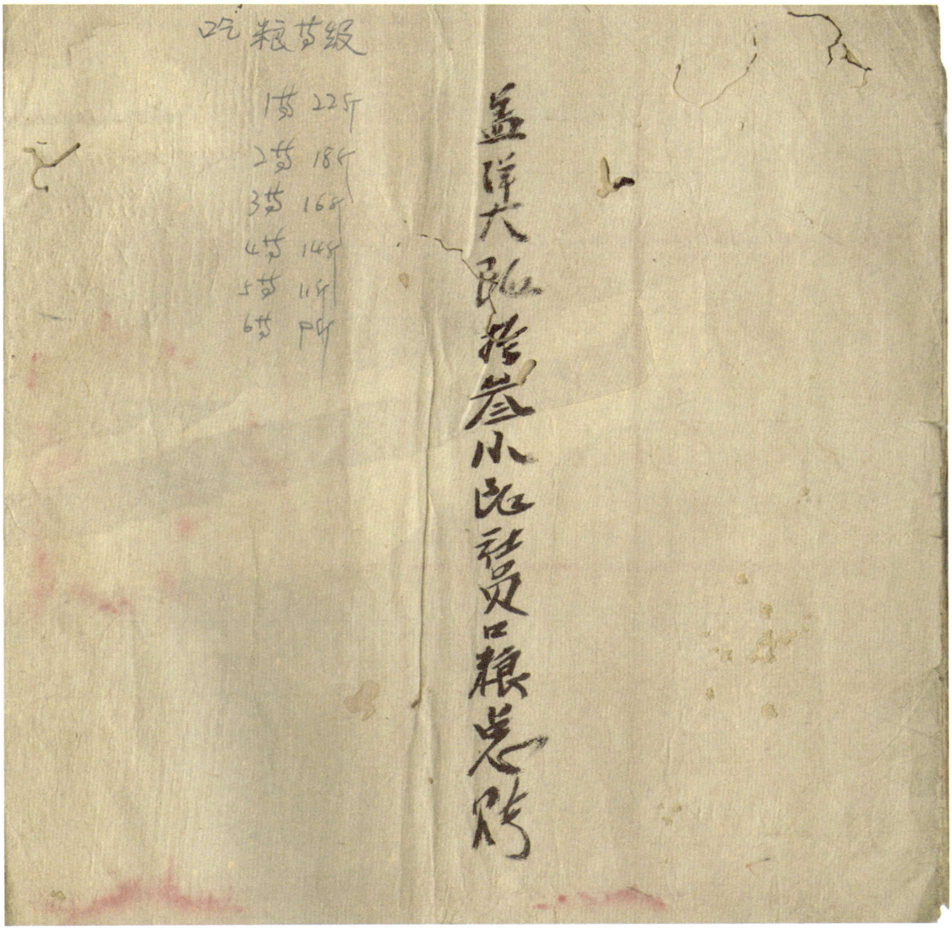

蓋洋大路拾叁小路社叁口糧总帳

吃粮等級

1等 22斤
2等 18斤
3等 16斤
4等 14斤
5等 11斤
6等 [illegible]斤

5-4-59-2　民國十一年鄭信竹等置等業簿（二）

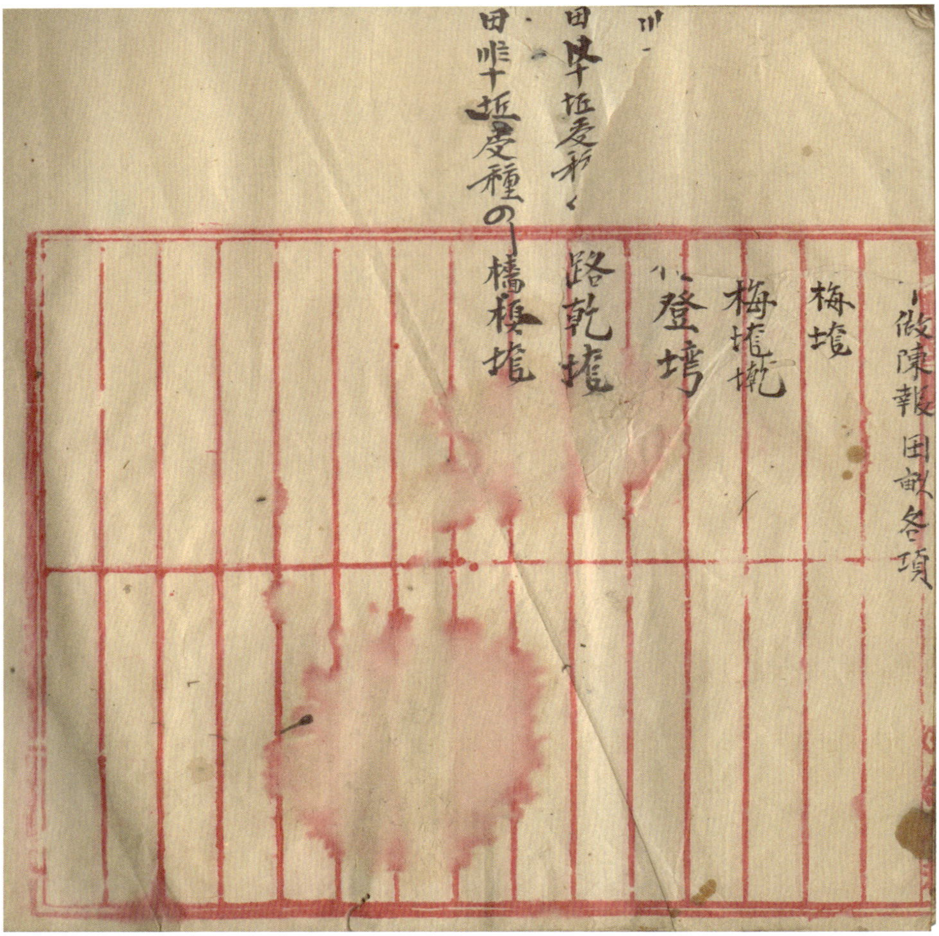

做陳報田畝各項

梅墘

梅墘墘

小登塆

田𠦃十坵受种〻

路乾墘

田𠦃十坵受種の

橋梅墘

5-4-59-3　民國十一年鄭信竹等置等業簿（三）

5-4-59-4　民國十一年鄭信竹等置等業簿（四）

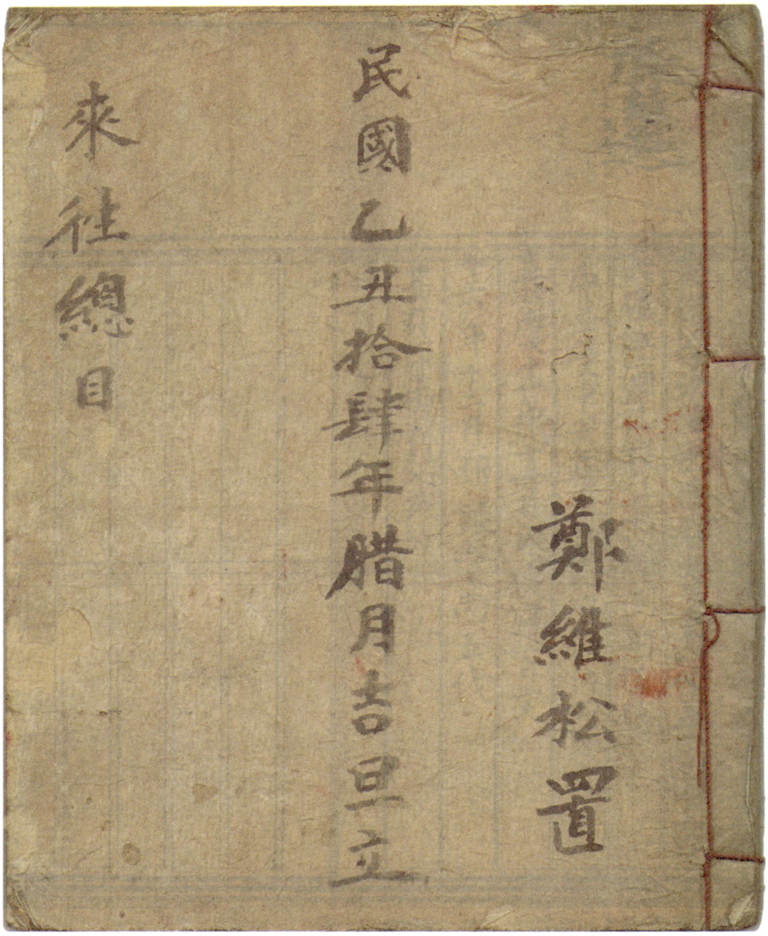
鄭維松置
民國乙丑拾肆年腊月吉旦立
來往總目

5-4-60-1　民國十四年鄭維松置來往總目（一）

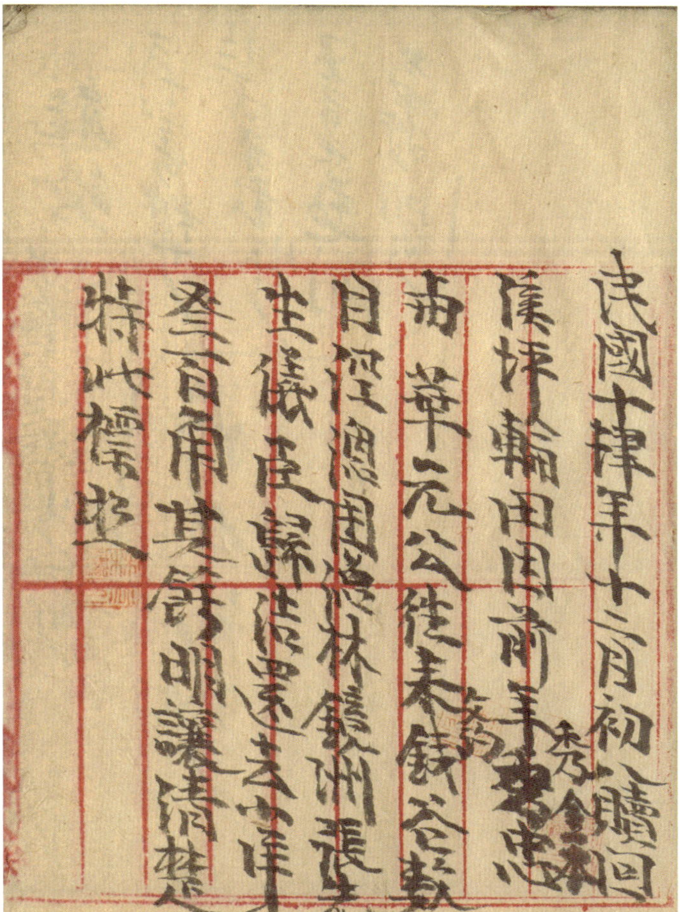
民國十肆年十二月初八贖回
德坪輪田田前手秀金忠
由華元公往來錢谷數為
自從憑同德林鏡洲張先
生儀臣歸結清楚還去之年
叁百角其錢明讓清楚
特此標照

5-4-60-2　民國十四年鄭維松置來往總目（二）

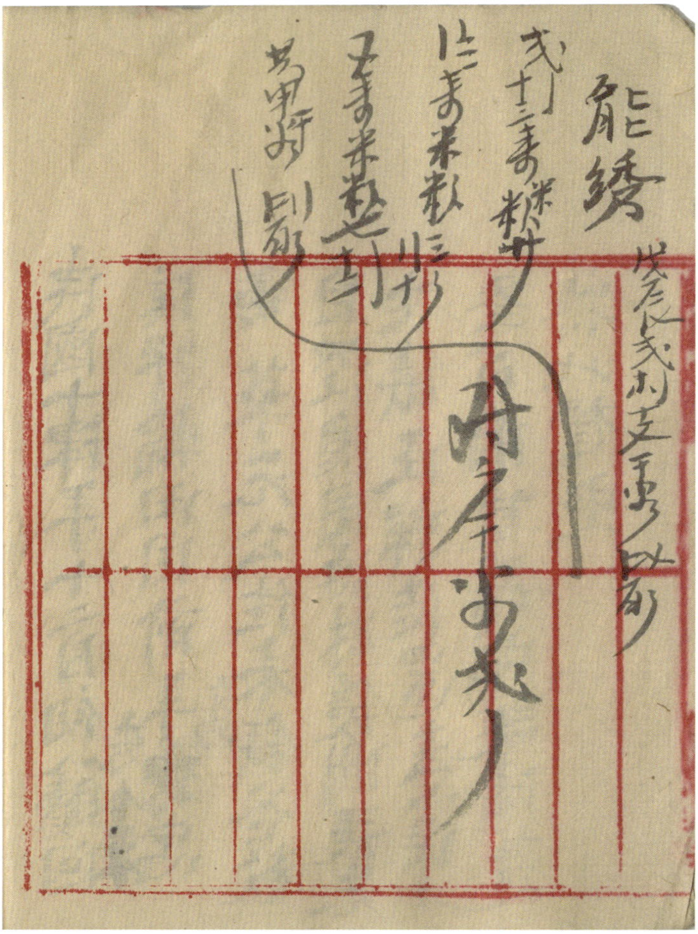
能綉

5-4-60-3　民國十四年鄭維松置來往總目（三）

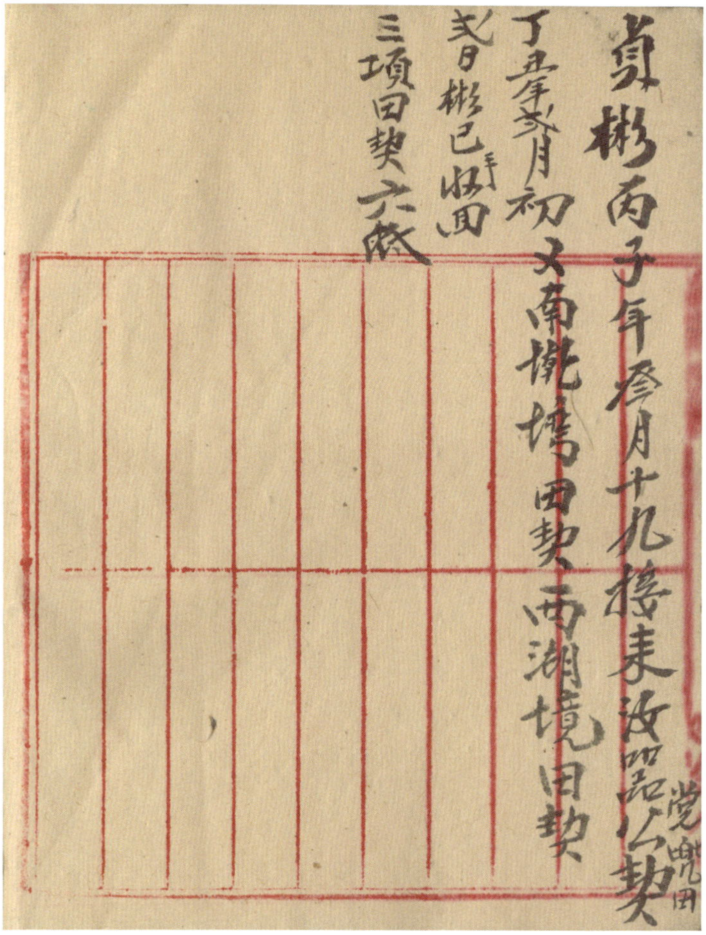
貢彬丙子年叁月十九接來汝器仏契（党兜田）
丁丑年叁月初文南攬墘田契　西湖境田契
叁日彬已手收回
三項田契六紙

5-4-60-4　民國十四年鄭維松置來往總目（四）

5-4-60-5　民國十四年鄭維松置來往總目（五）

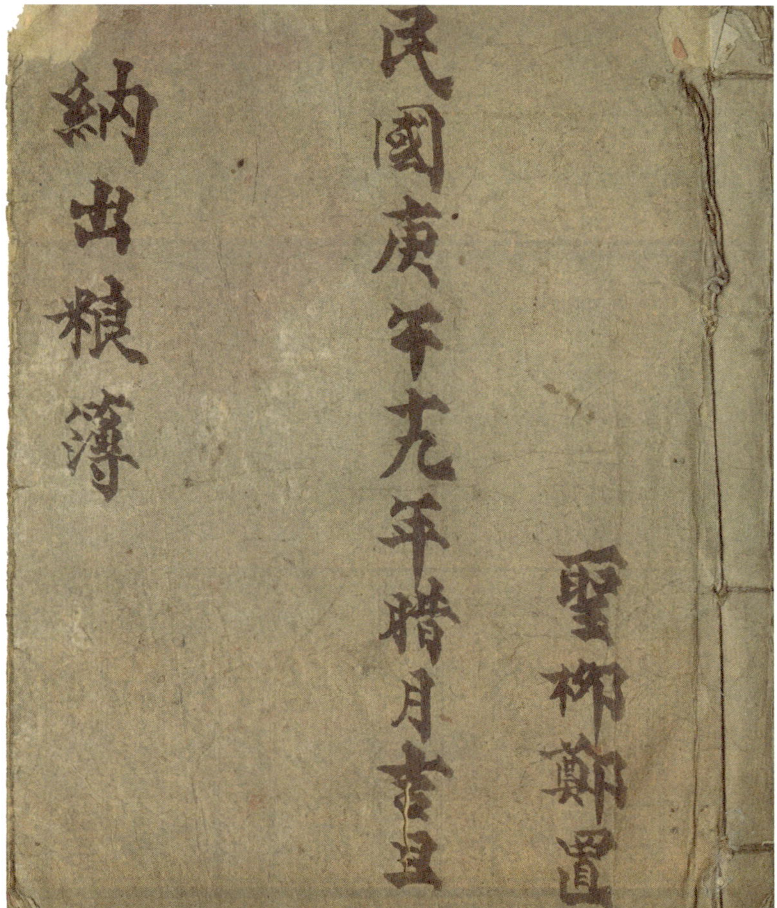

5-4-61-1　民國十九年鄭聖柳置納出糧簿（一）

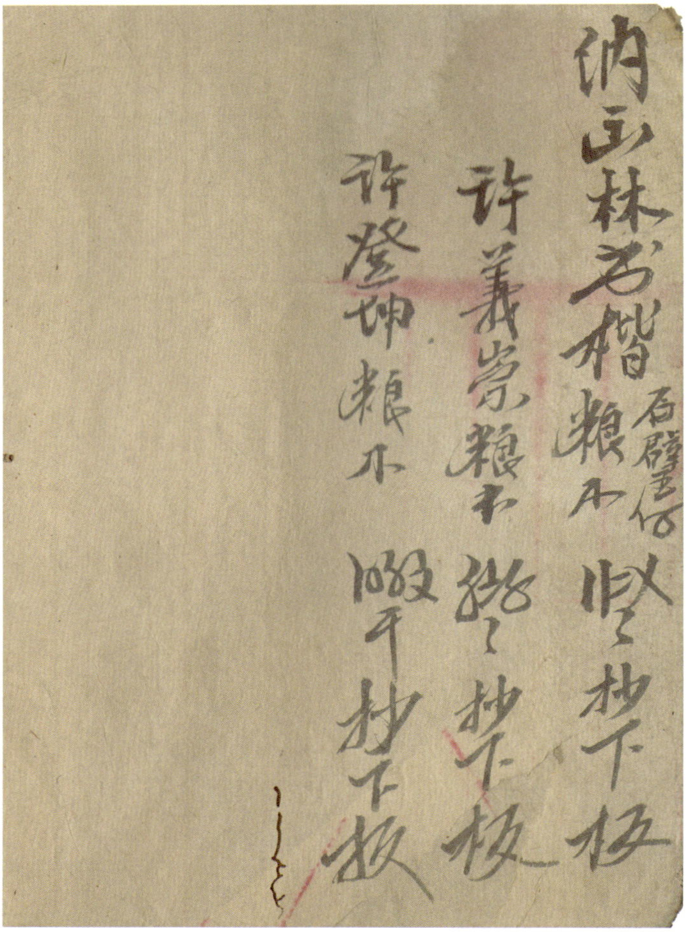

5-4-61-2　民國十九年鄭聖柳置納出糧簿（二）

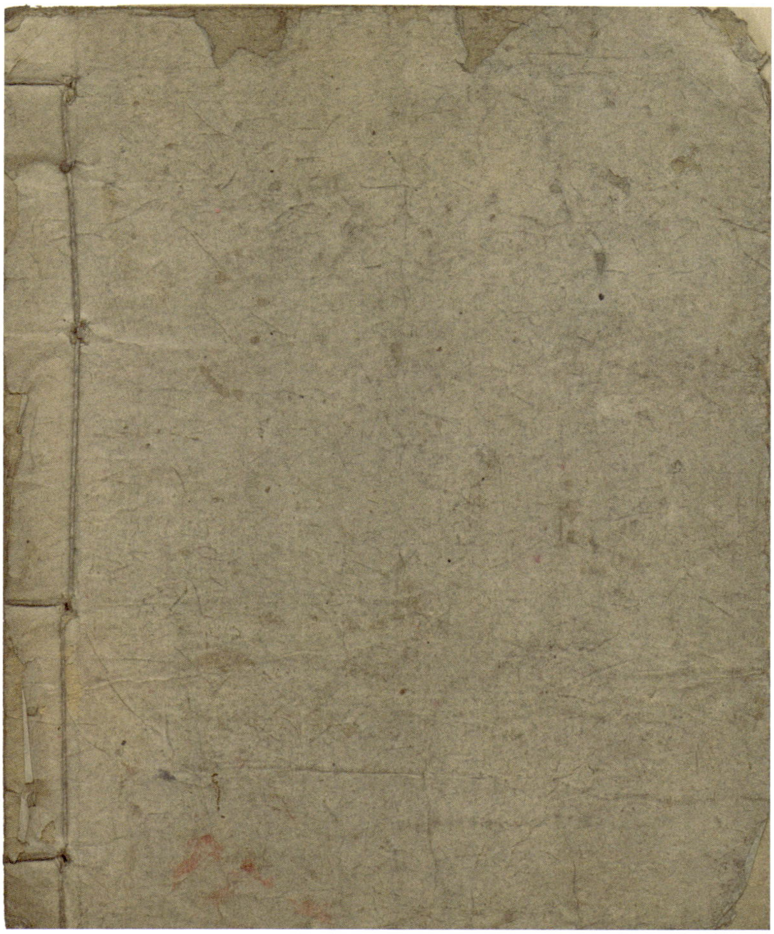

5-4-61-3　民國十九年鄭聖柳置納出糧簿（三）

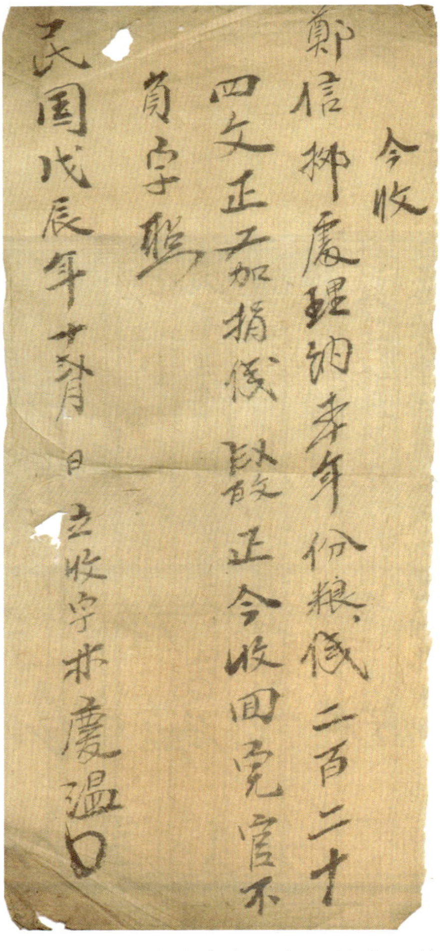

今收

鄭信柳處理納本年份粮錢二百二十

四文正又加捐錢[illegible]正今收回完官不

肖字照

民国戊辰年十一月　日　立收字求慶温

5-4-61-4　民國十九年鄭聖柳置納出糧簿（夾葉一）

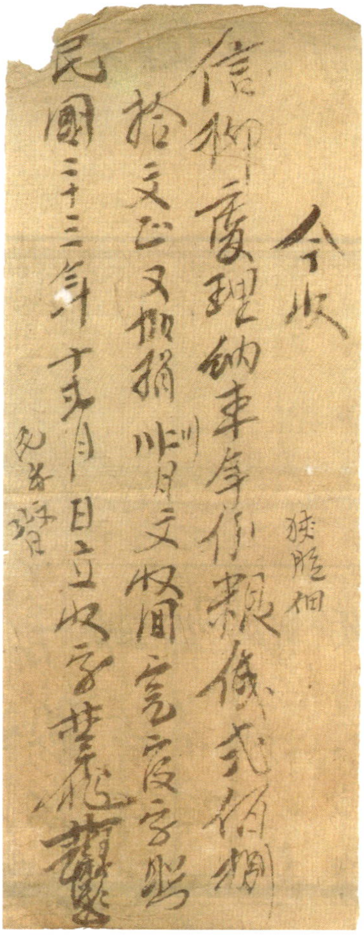

5-4-61-5　民國十九年鄭聖柳置納出糧簿(夾葉二)

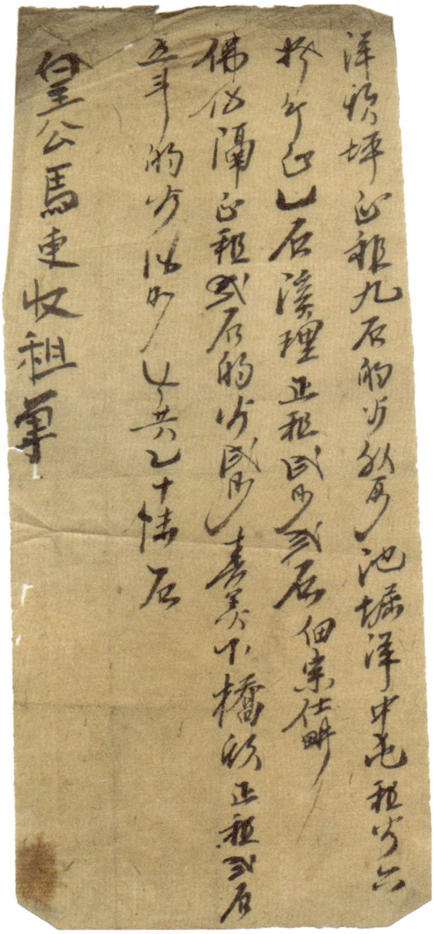

洋頭坪正租九石內谷叁斗池墘洋中毛租谷六
擔外正山后溪理正租四斗叁石佃宗仕耕
佛仔滿正租二石內谷四斗壽美下橋頭正租二石
五斗內谷六斗去共乙十陸石
皇公馬吏收租簿

5-4-61-6　民國十九年鄭聖柳置納出糧簿（夾葉三）

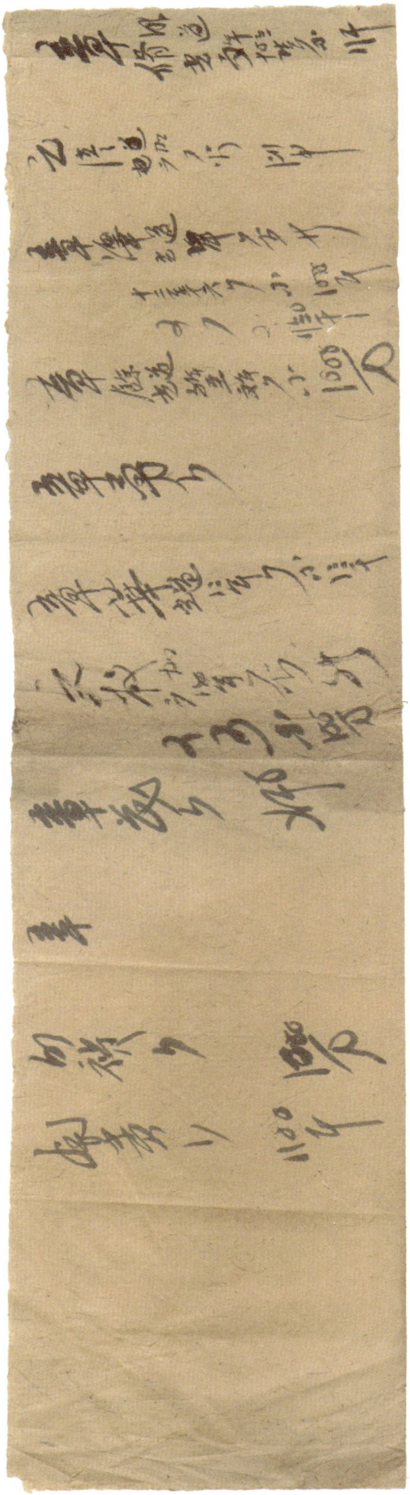

5-4-61-7　民國十九年鄭聖柳置納出糧簿（夾葉四）

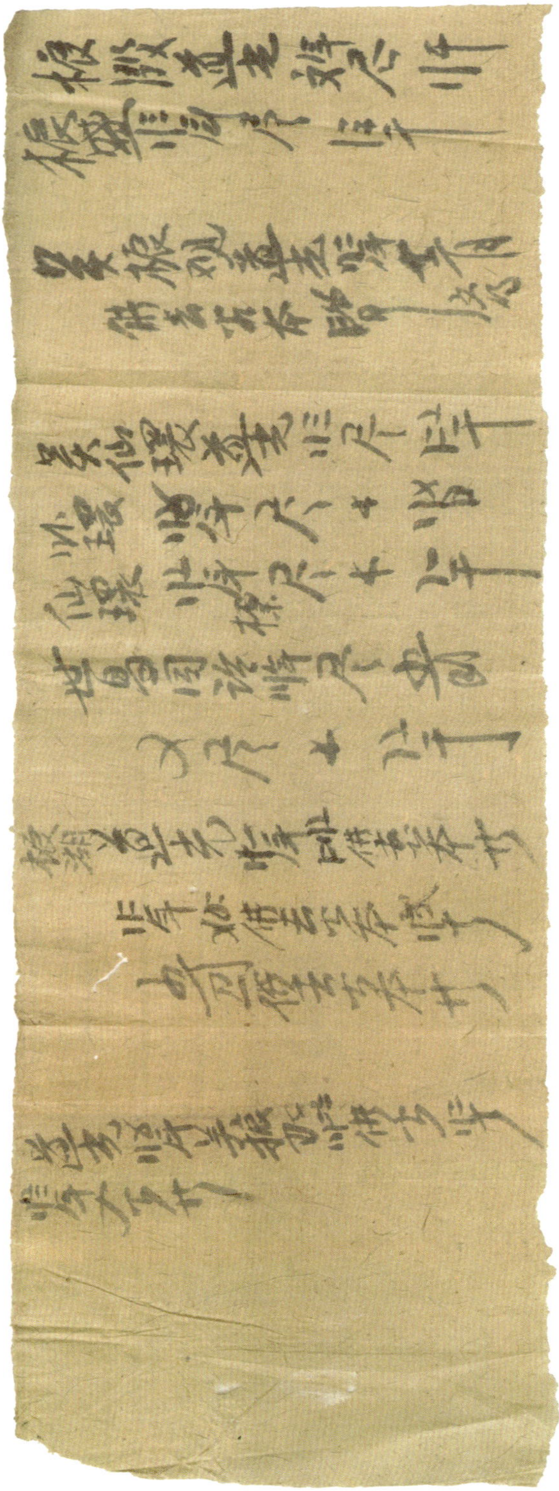

5-4-61-8　民國十九年鄭聖柳置納出糧簿（夾葉五）

5-4-61-9　民國十九年鄭聖柳置納出糧簿（夾葉六）

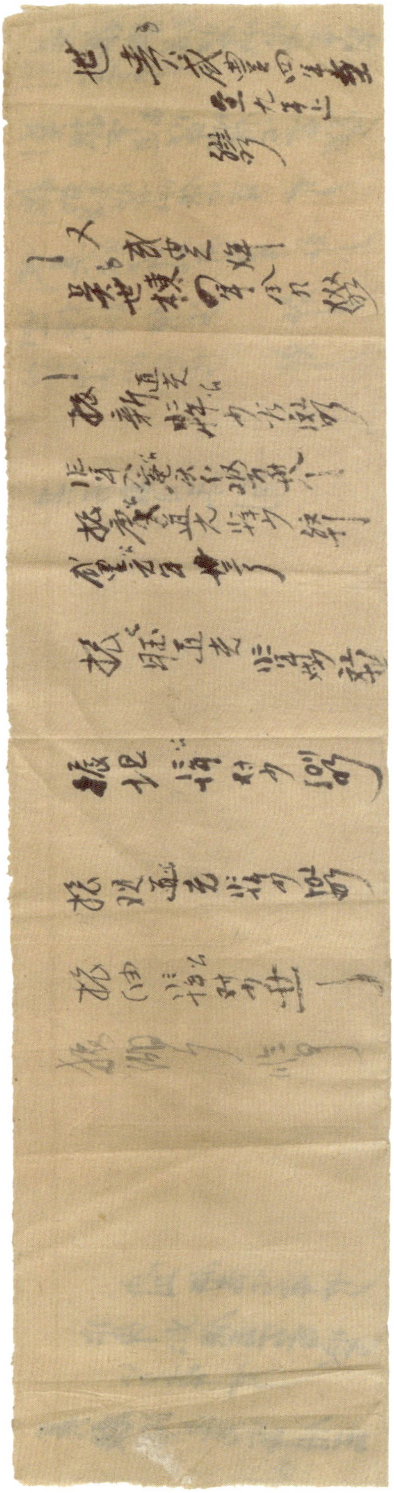

5-4-61-10　民國十九年鄭聖柳置納出糧簿（夾葉七）

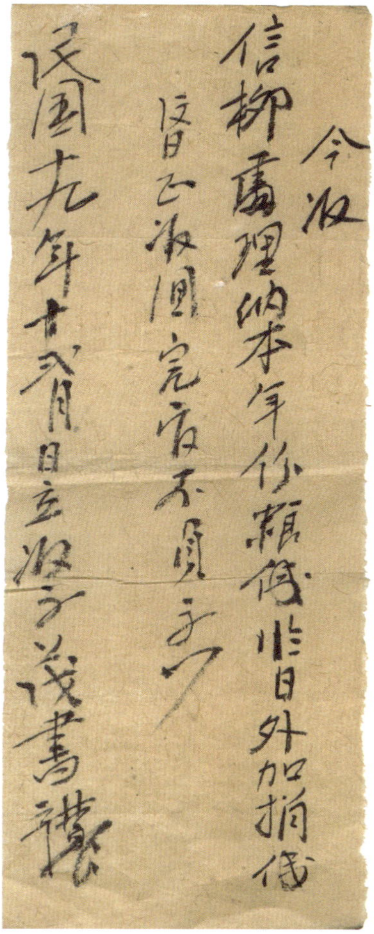

今收
信柳處理納本年份糧餉昨日外加捐餉
皆已收回完官不負字
民國十九年十二月日立收字人茂書謹

5-4-61-11　民國十九年鄭聖柳置納出糧簿（夾葉八）

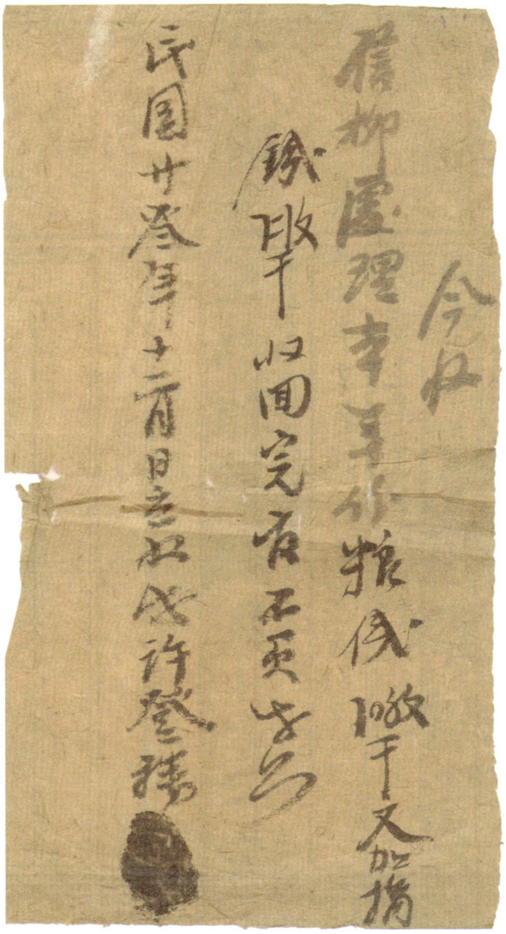

今收
聖柳處理本年份粮代陸千又加捐
錢陸千以回完官不更字也
民國廿叁年十二月日立收人許叁孫

5-4-61-12　民國十九年鄭聖柳置納出糧簿（夾葉九）

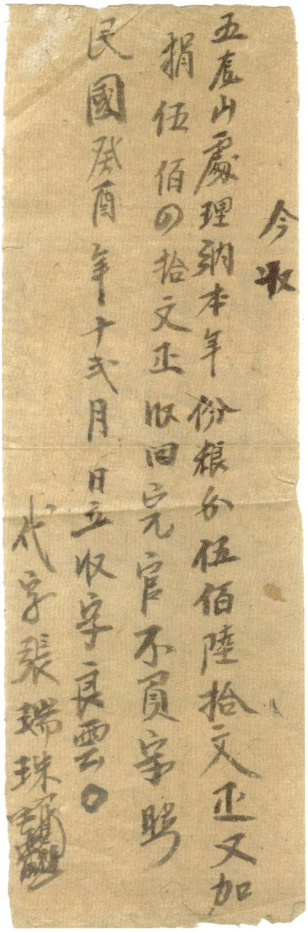
今收
五虎山處理納本年份粮分伍佰陸拾文正又加
捐伍佰四拾文正收回完官不負字照
民國癸酉年十弍月　日立收字　良雲
代字　裴瑞珠

5-4-61-13　民國十九年鄭聖柳置納出糧簿（夾葉一〇）

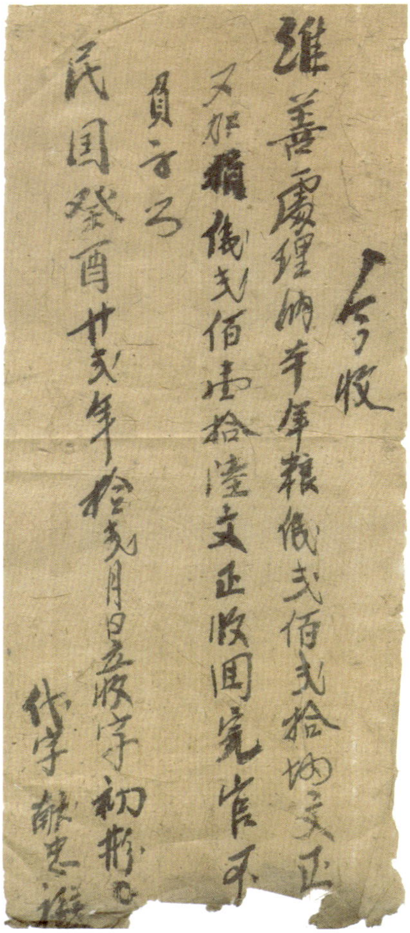

今收
維善處理納本年糧儀弍佰弍拾捌文正
又外糧儀弍佰壹拾陸文正收回完訖不
負言照
民国癸酉廿弍年拾弍月日立收字 初擬
代字 鄭忠攏

5-4-61-14　民國十九年鄭聖柳置納出糧簿（夾葉一一）

5-4-62-1　民國二十一年鄭福昌記本鄉總目（一）

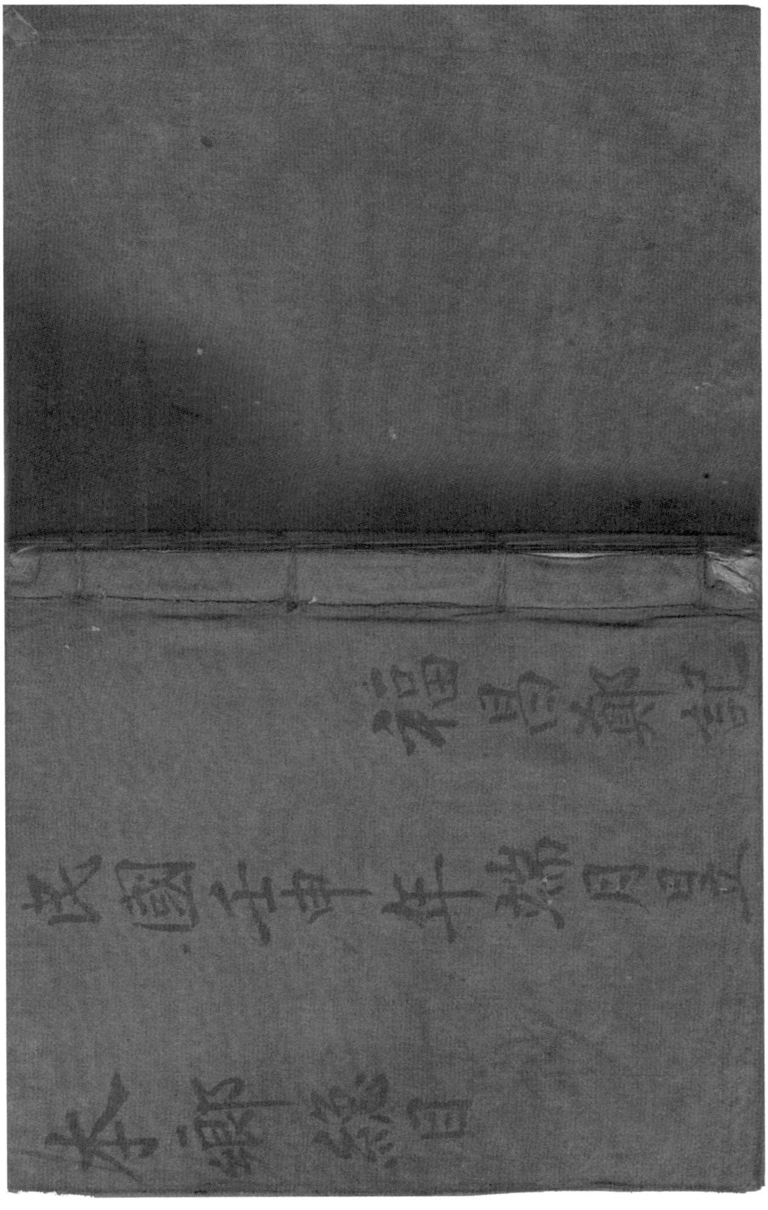

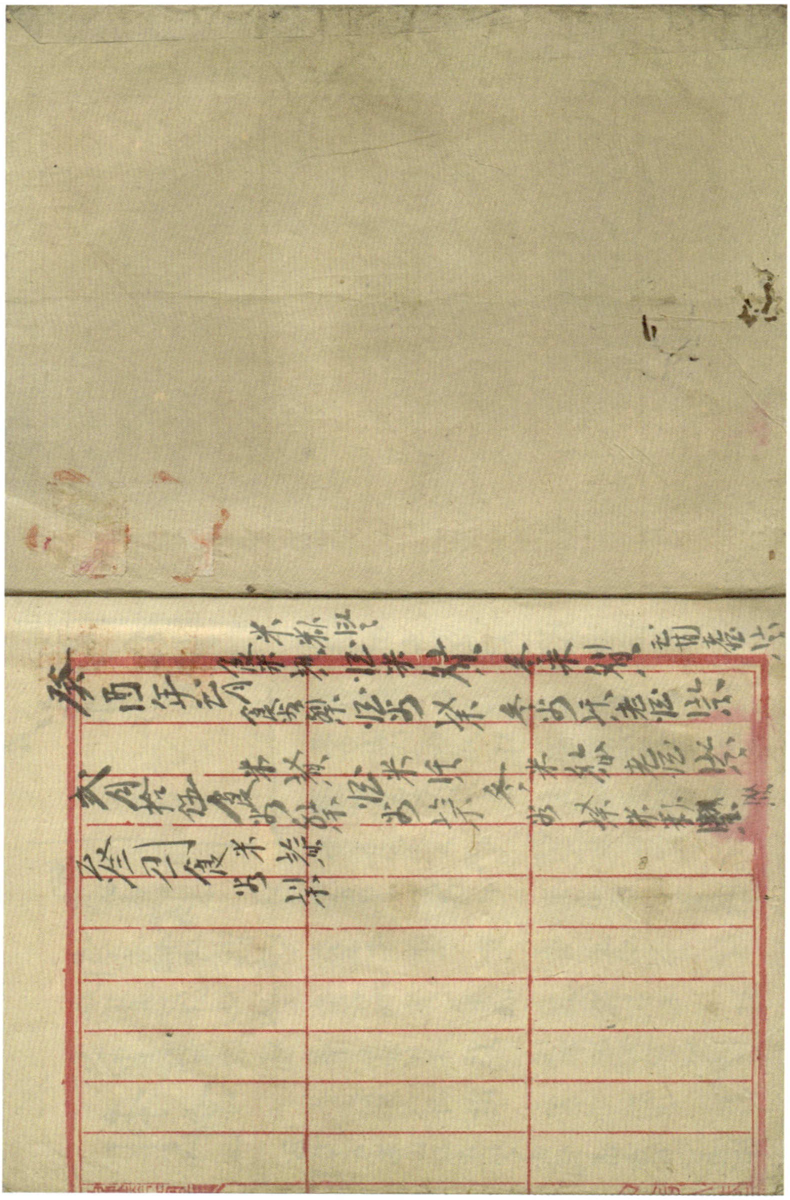

5-4-62-2　民國二十一年鄭福昌記本鄉總目（二）

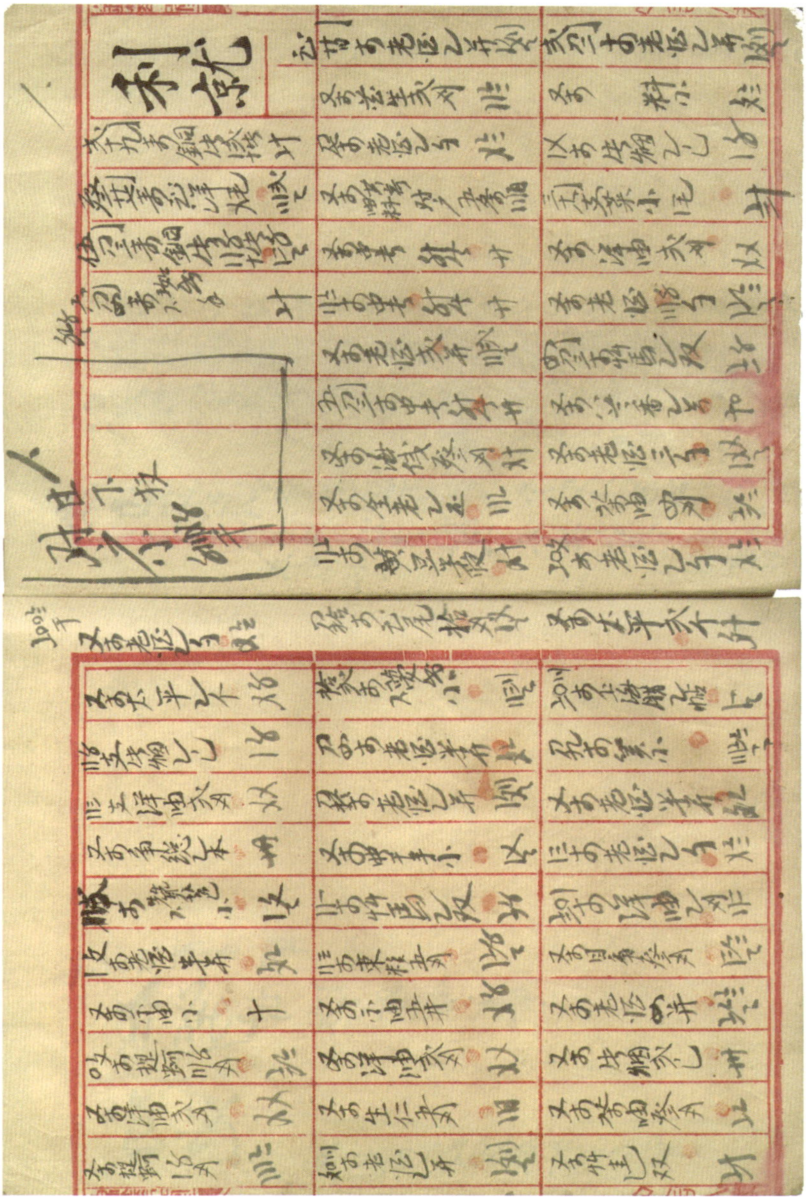

5-4-62-3　民國二十一年鄭福昌記本鄉總目（三）

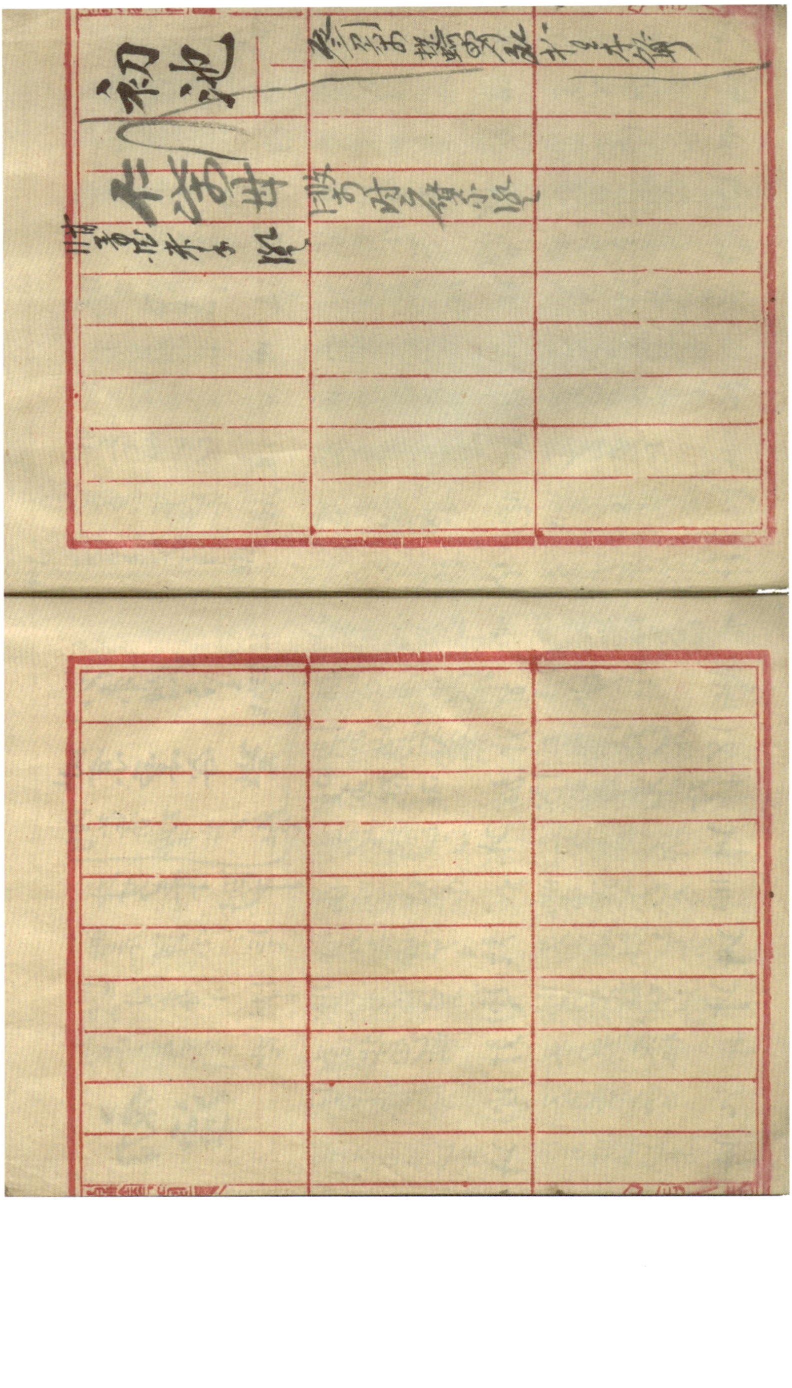
初九

5-4-62-4　民國二十一年鄭福昌記本鄉總目（四）

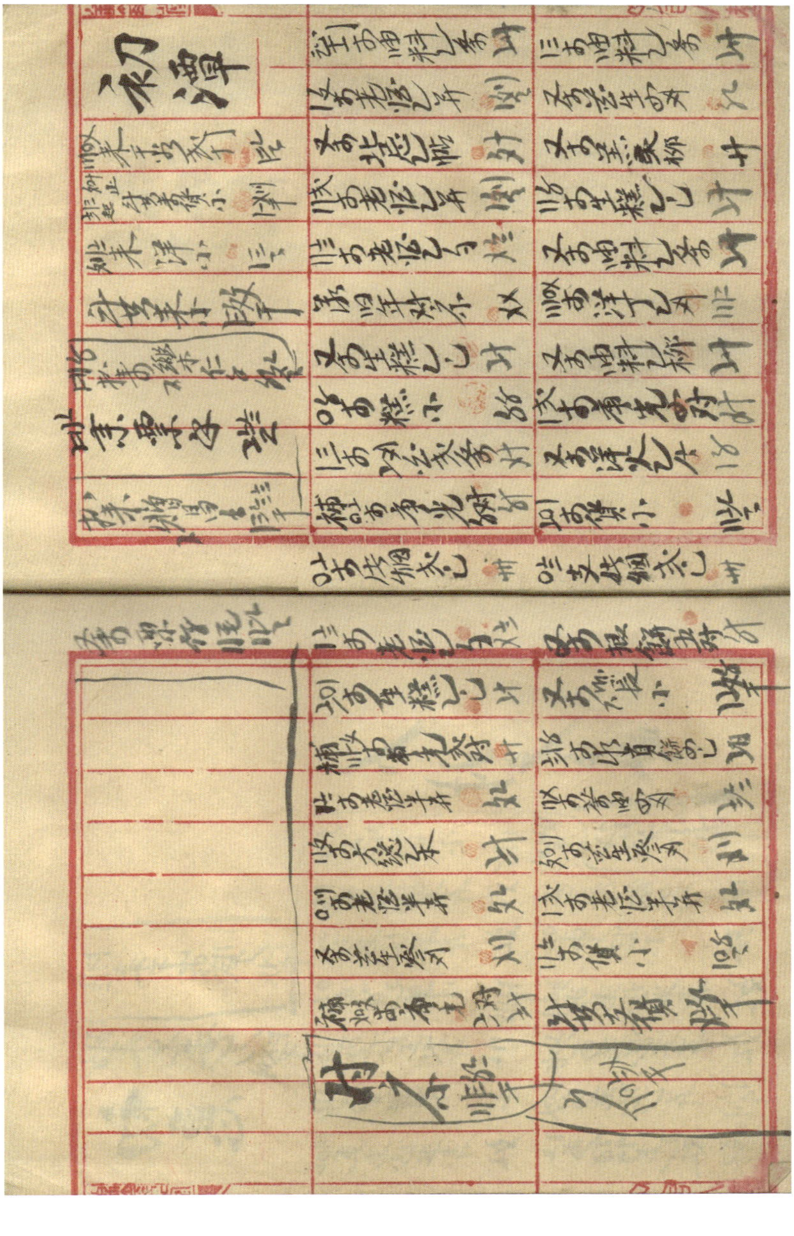

5-4-62-5　民國二十一年鄭福昌記本鄉總目（五）

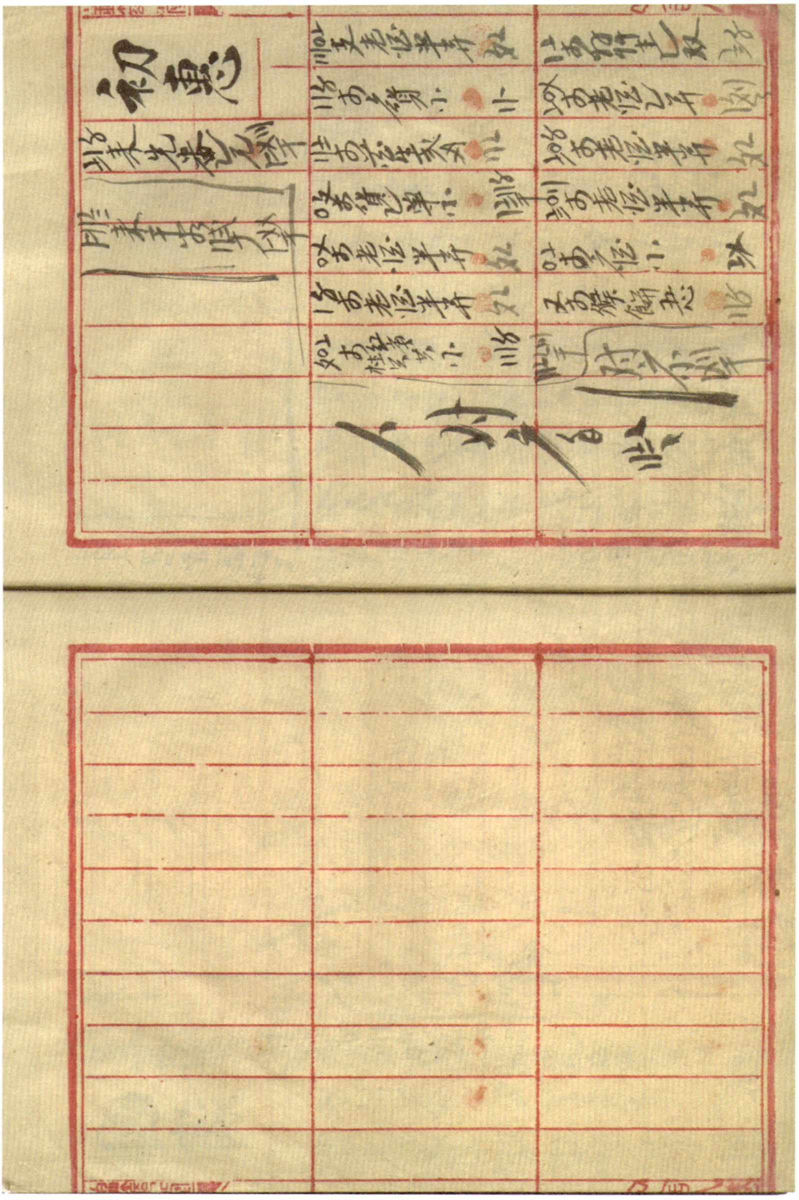

5-4-62-6　民國二十一年鄭福昌記本鄉總目（六）

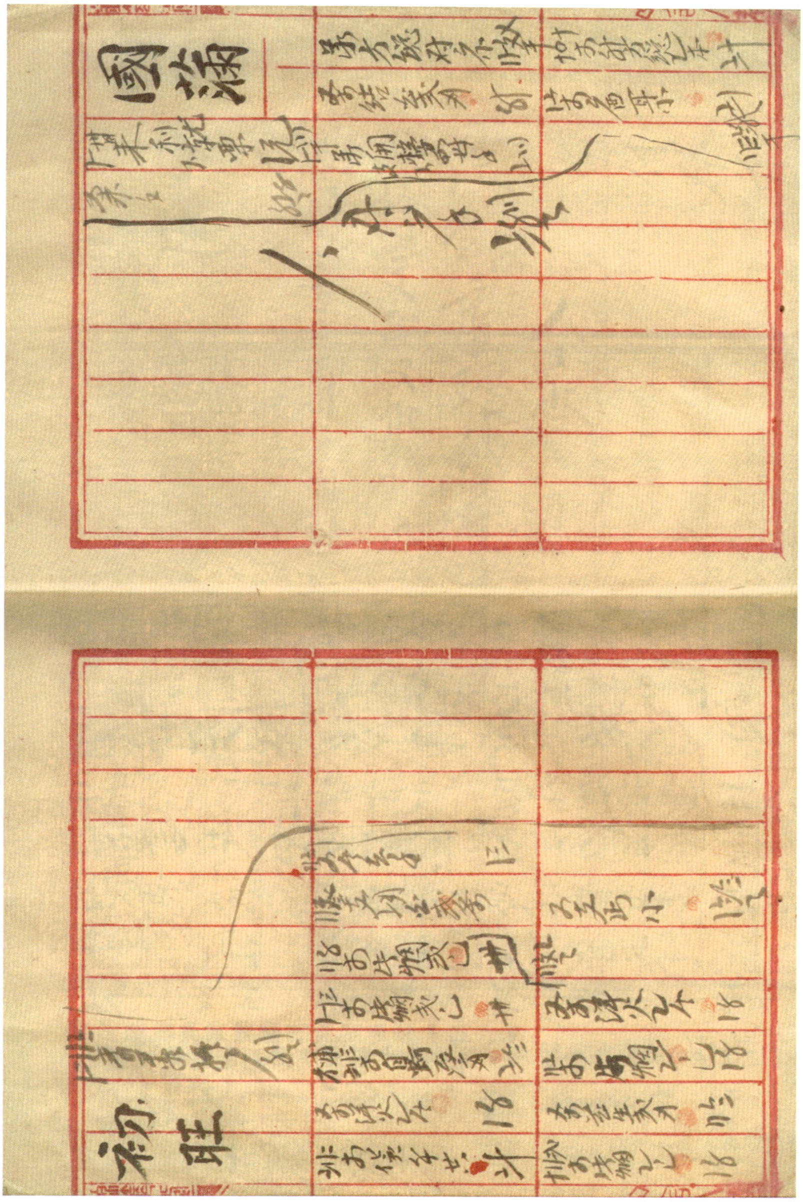

5-4-62-7　民國二十一年鄭福昌記本鄉總目（七）

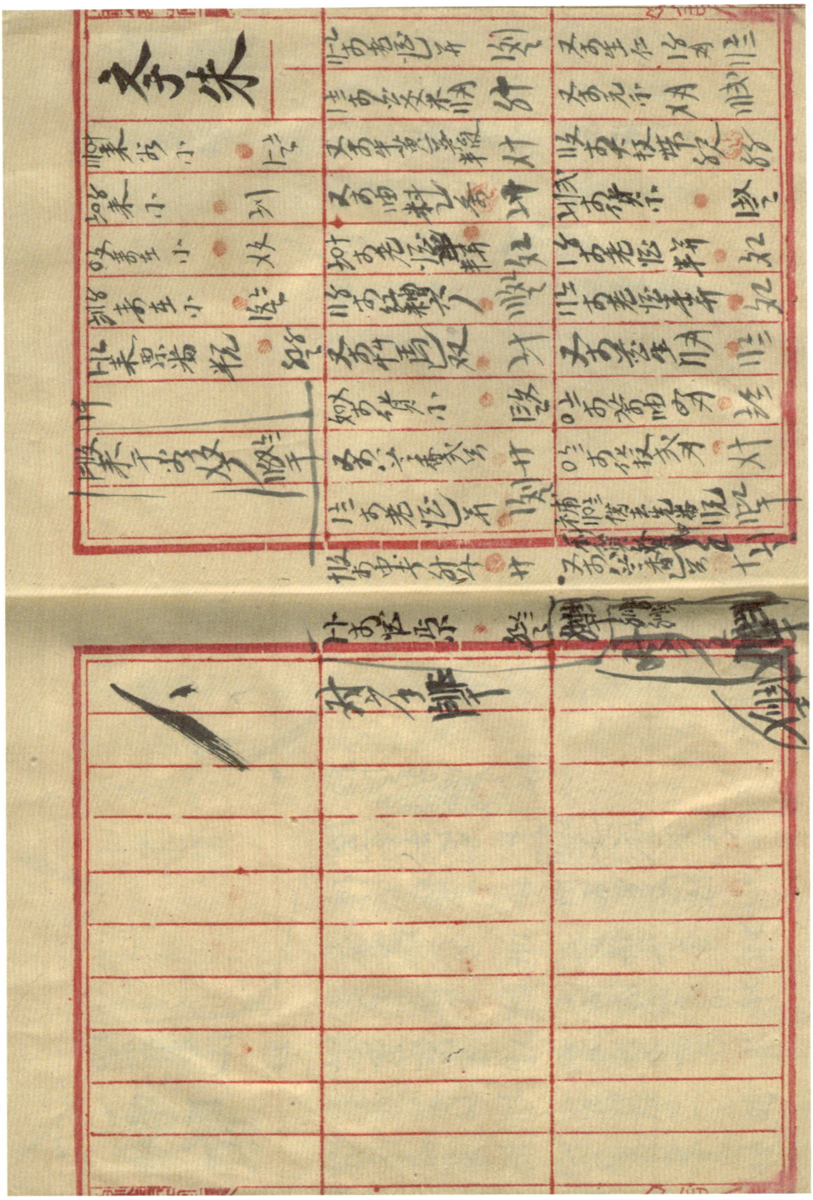

5-4-62-8　民國二十一年鄭福昌記本鄉總目（八）

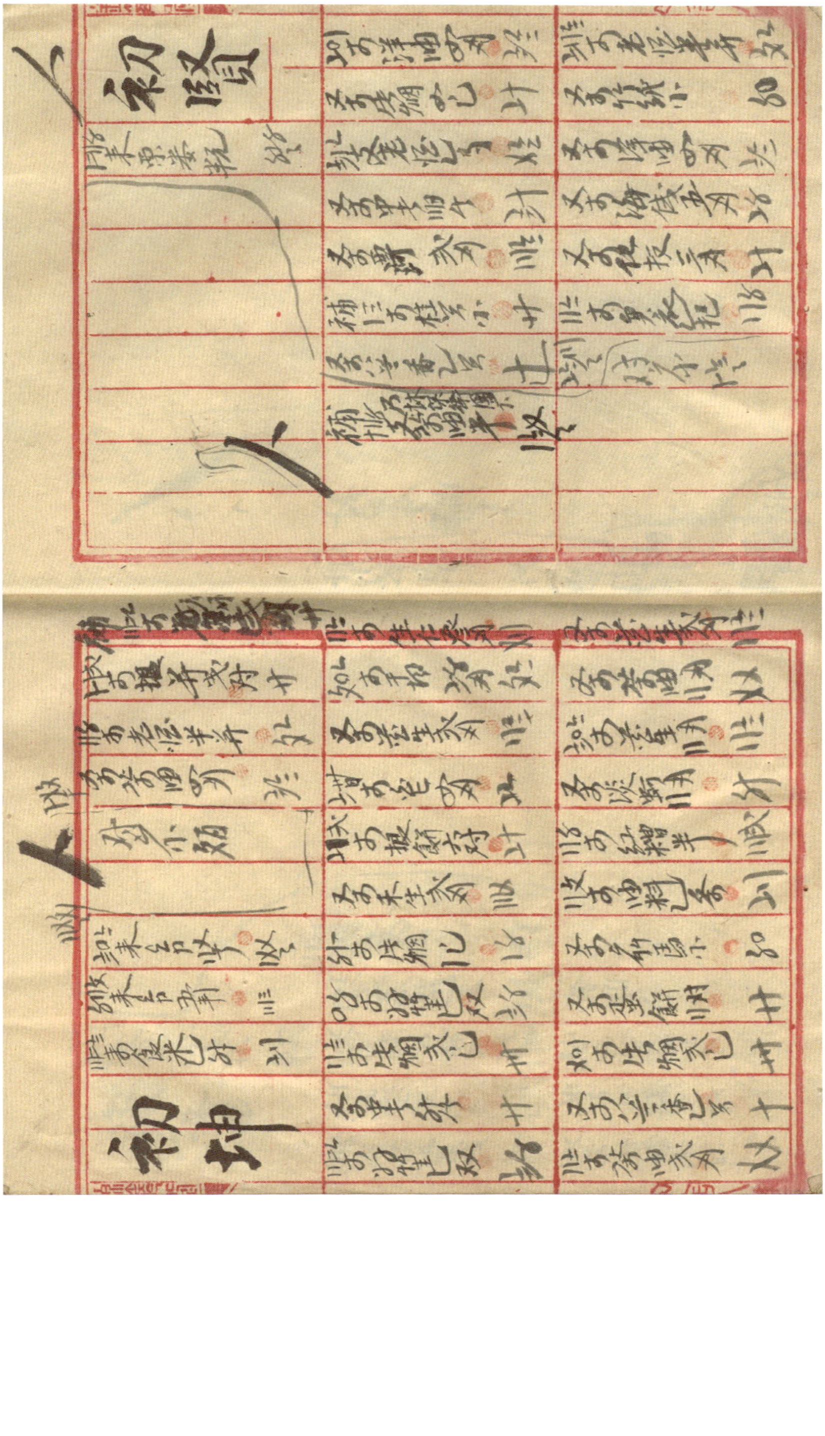

5-4-62-9 民國二十一年鄭福昌記本鄉總目（九）

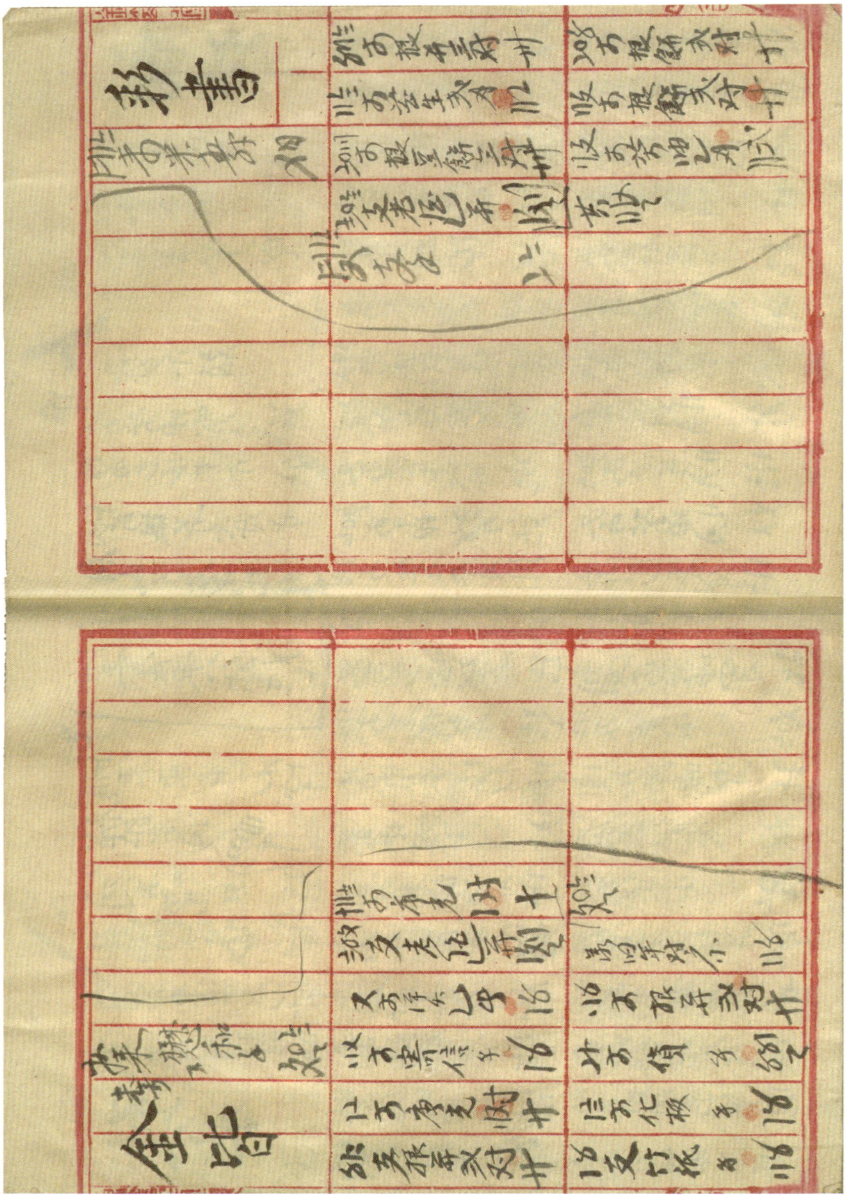

5-4-62-10　民國二十一年鄭福昌記本鄉總目（一〇）

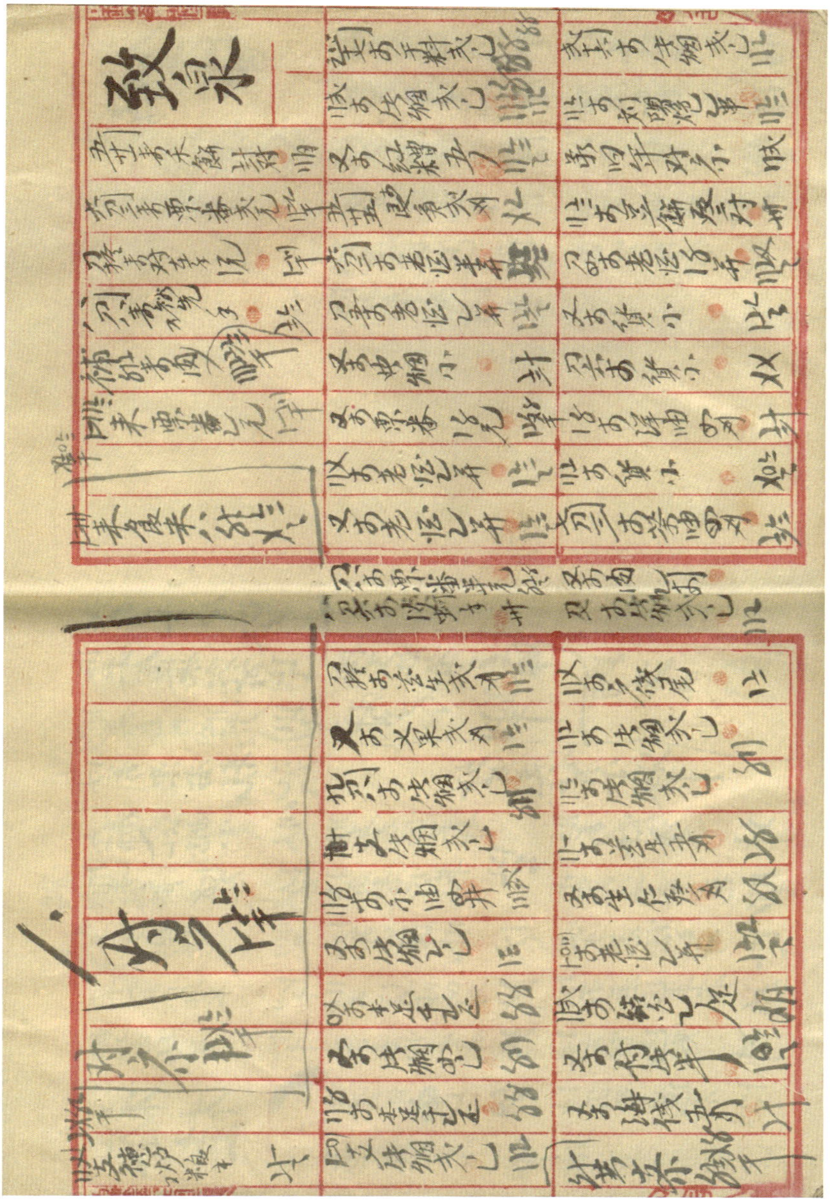

5-4-62-11　民國二十一年鄭福昌記本鄉總目（一一）

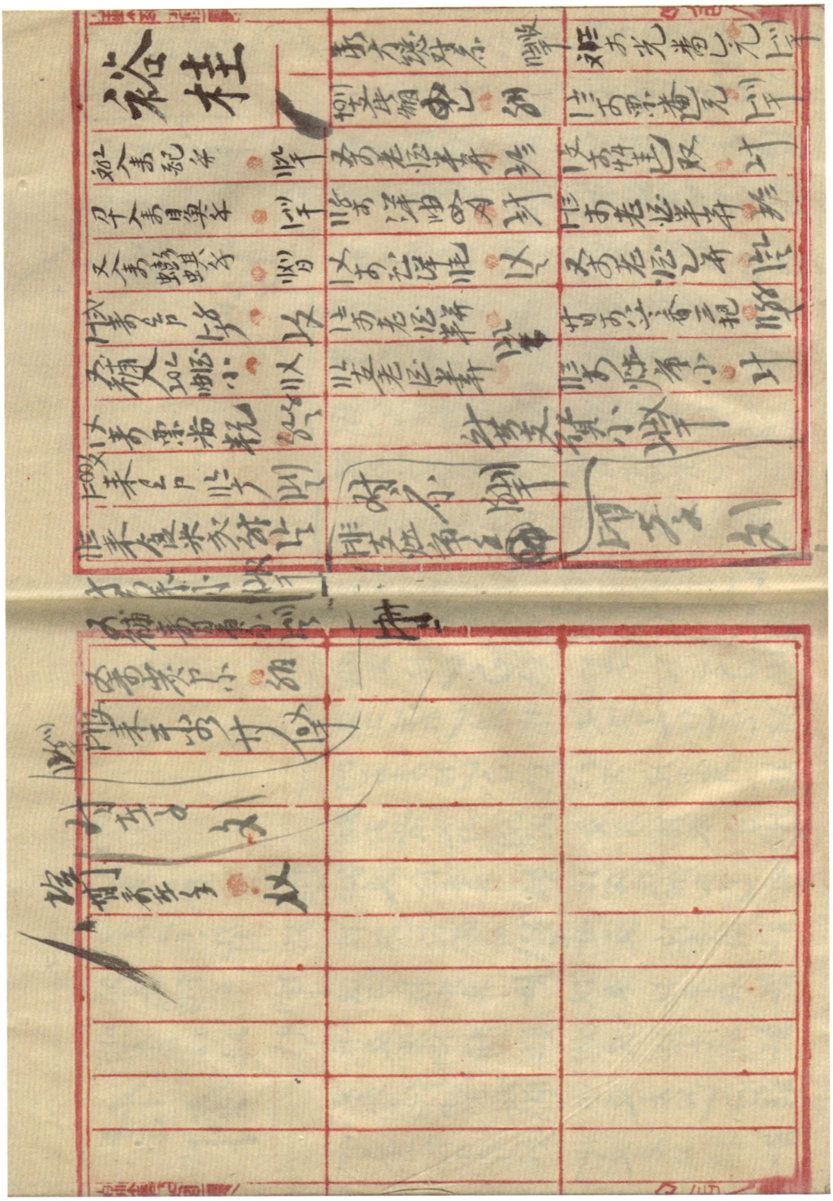

5-4-62-12　民國二十一年鄭福昌記本鄉總目（一二）

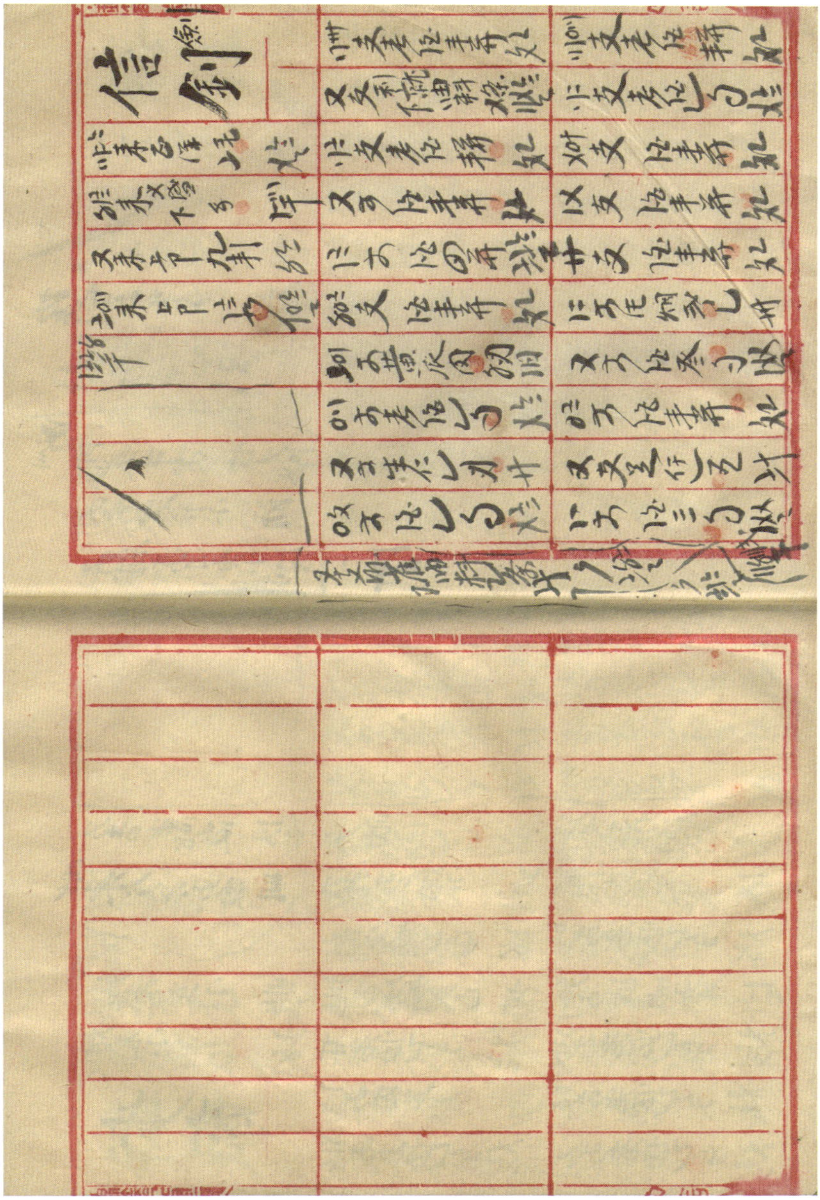

5-4-62-13　民國二十一年鄭福昌記本鄉總目（一三）

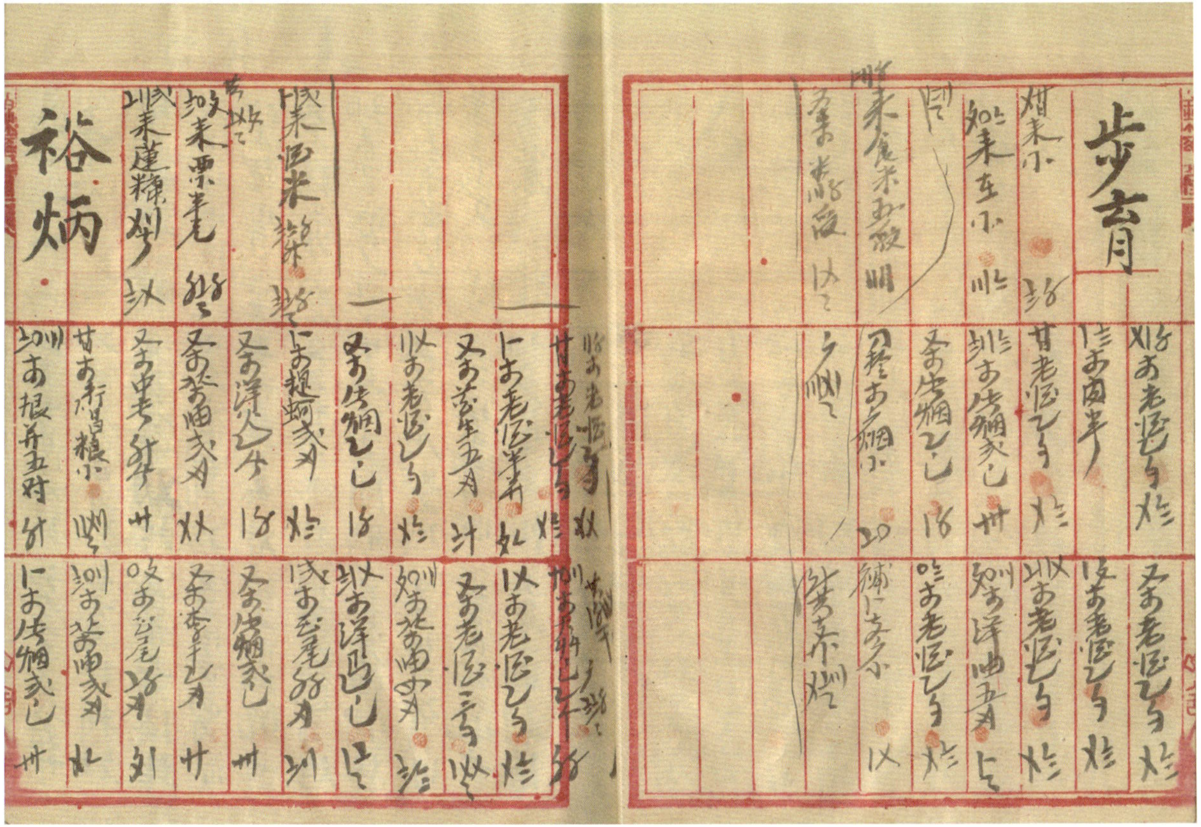

5-4-62-14　民國二十一年鄭福昌記本鄉總目（一四）

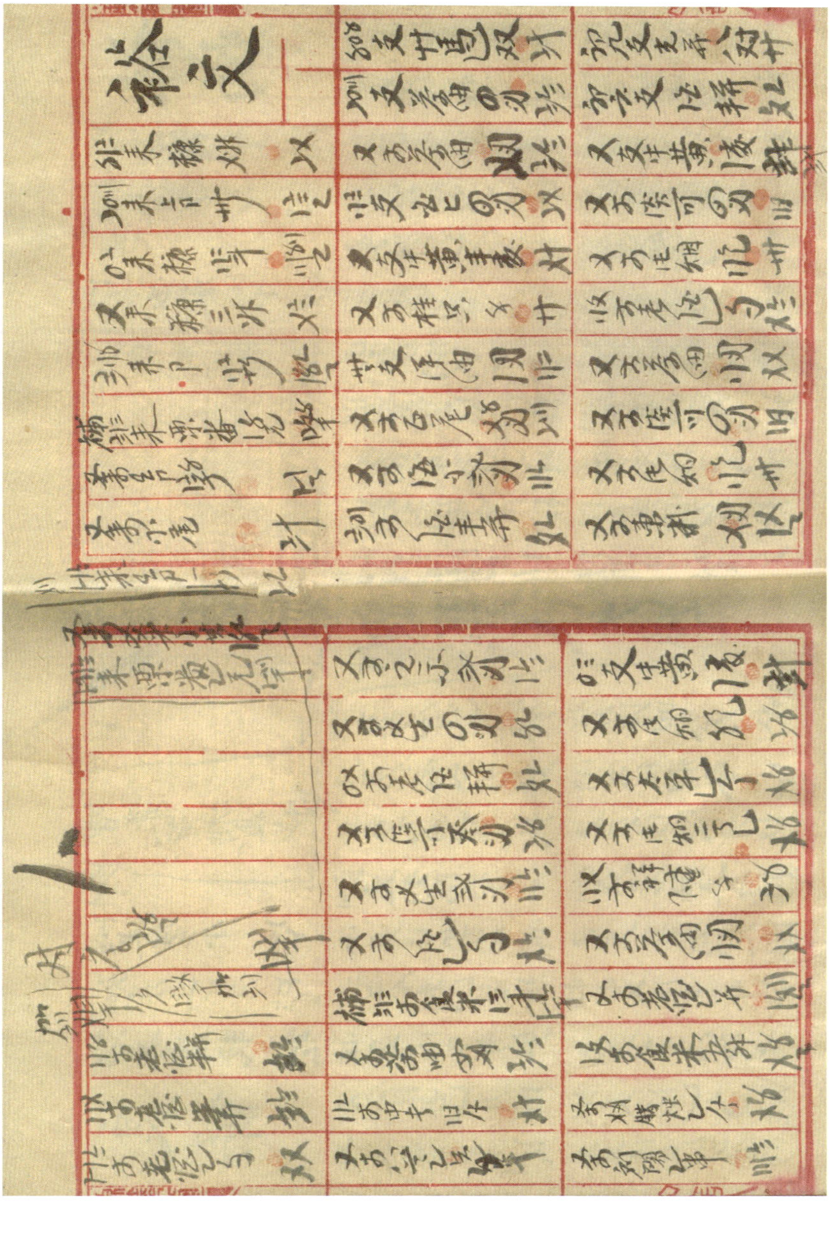

5-4-62-15　民國二十一年鄭福昌記本鄉總目（一五）

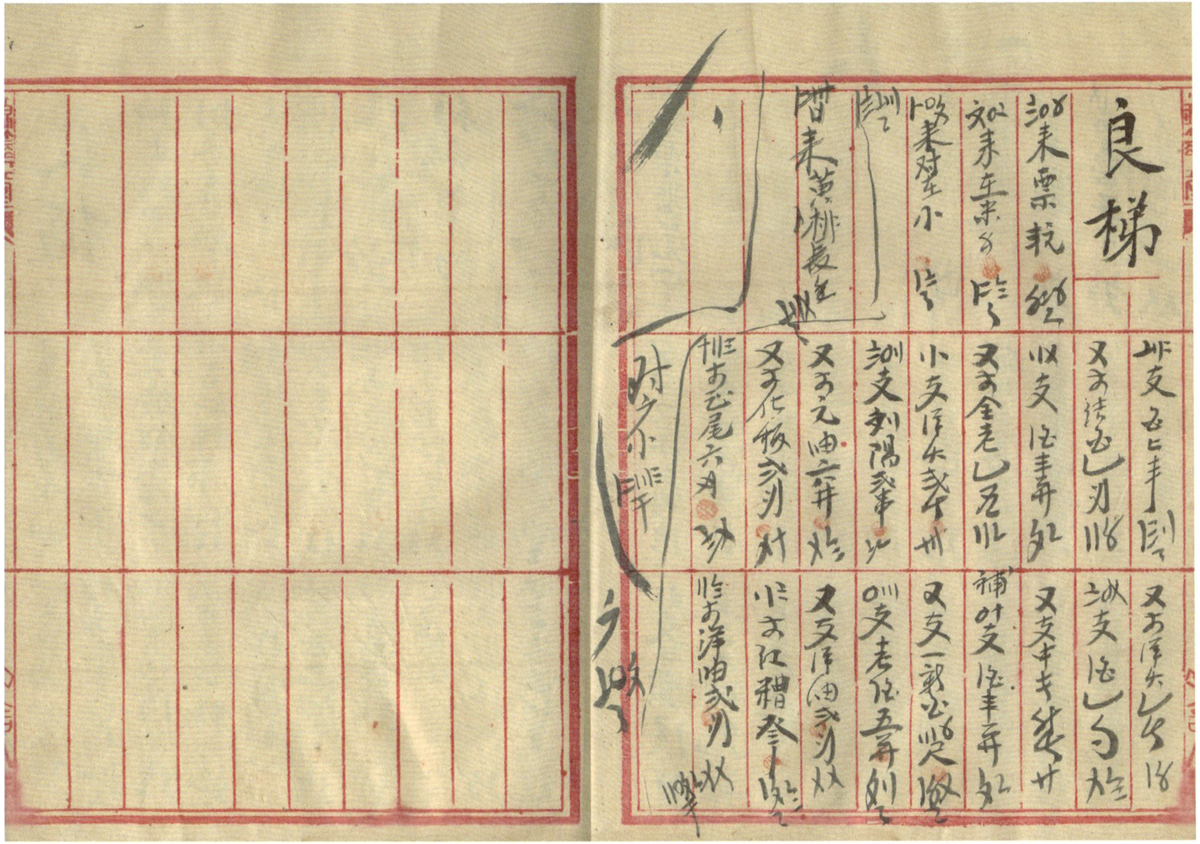

5-4-62-16　民國二十一年鄭福昌記本鄉總目（一六）

5-4-62-17　民國二十一年鄭福昌記本鄉總目（一七）

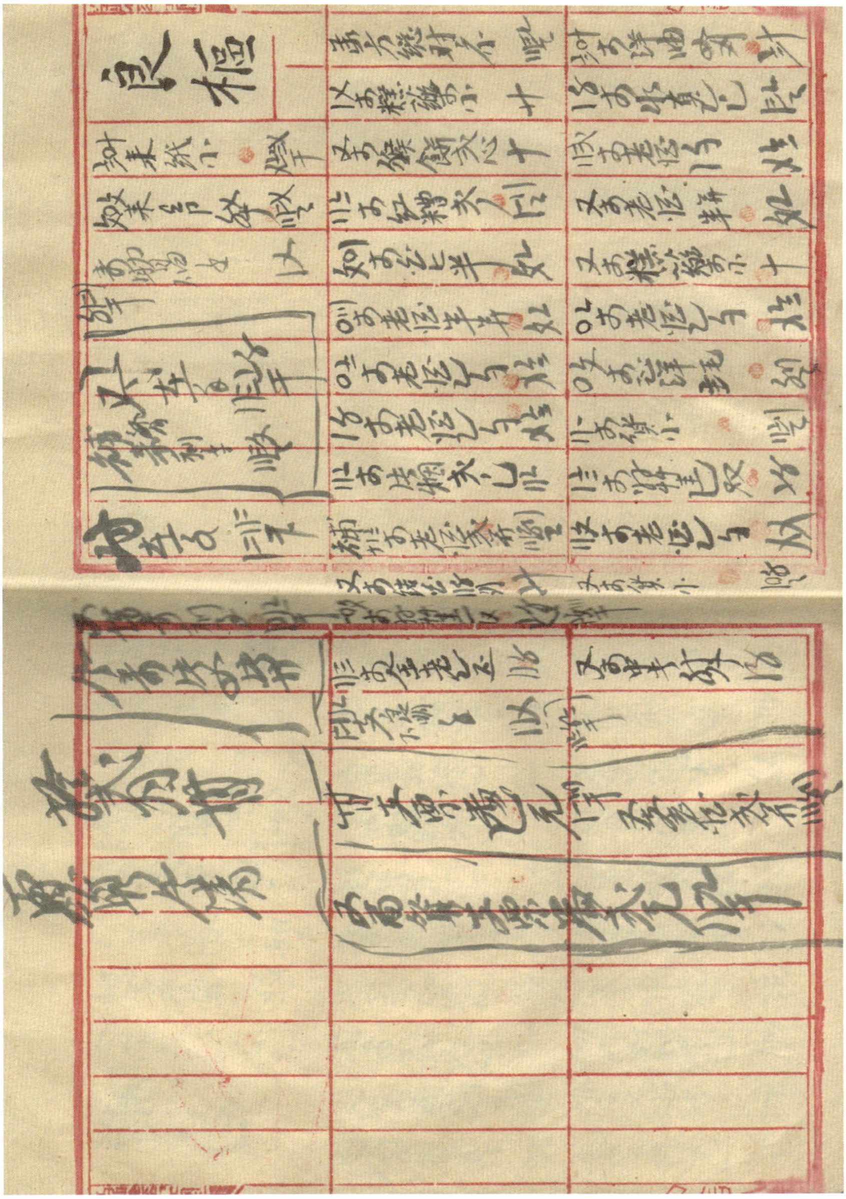

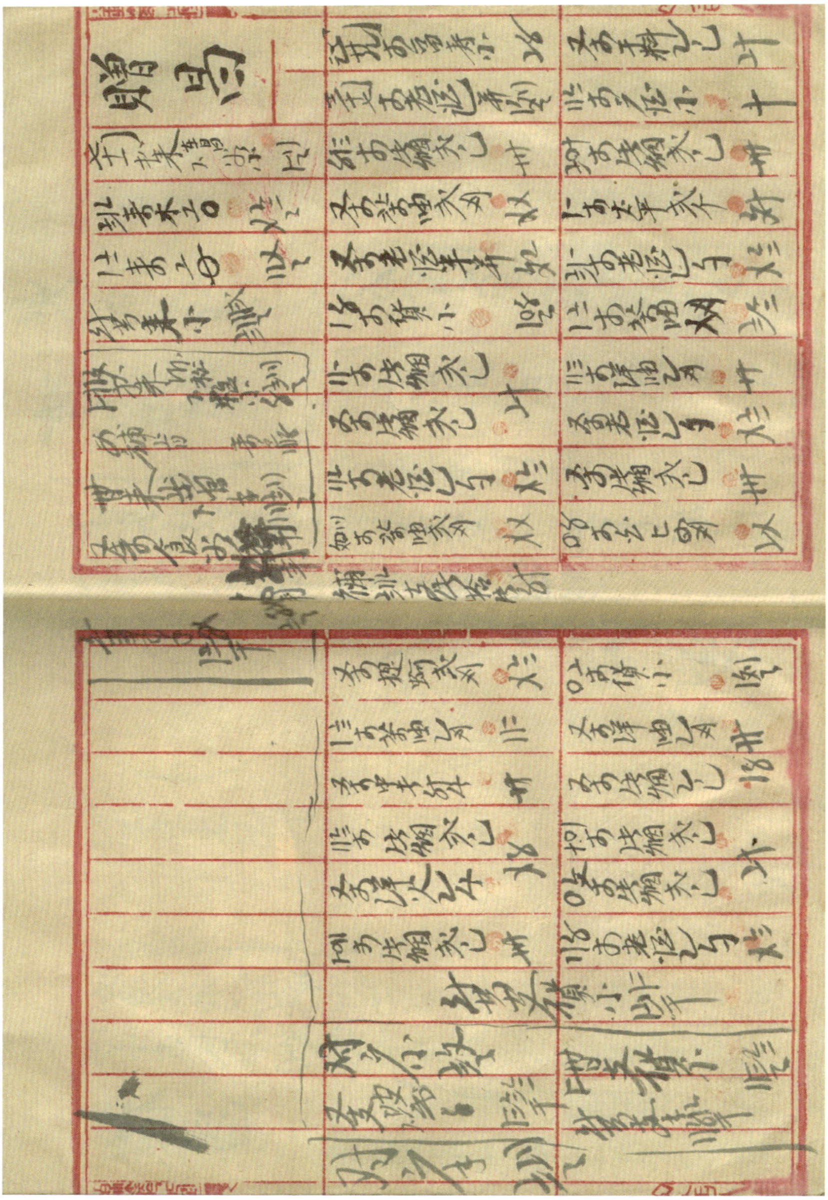

5-4-62-18　民國二十一年鄭福昌記本鄉總目（一八）

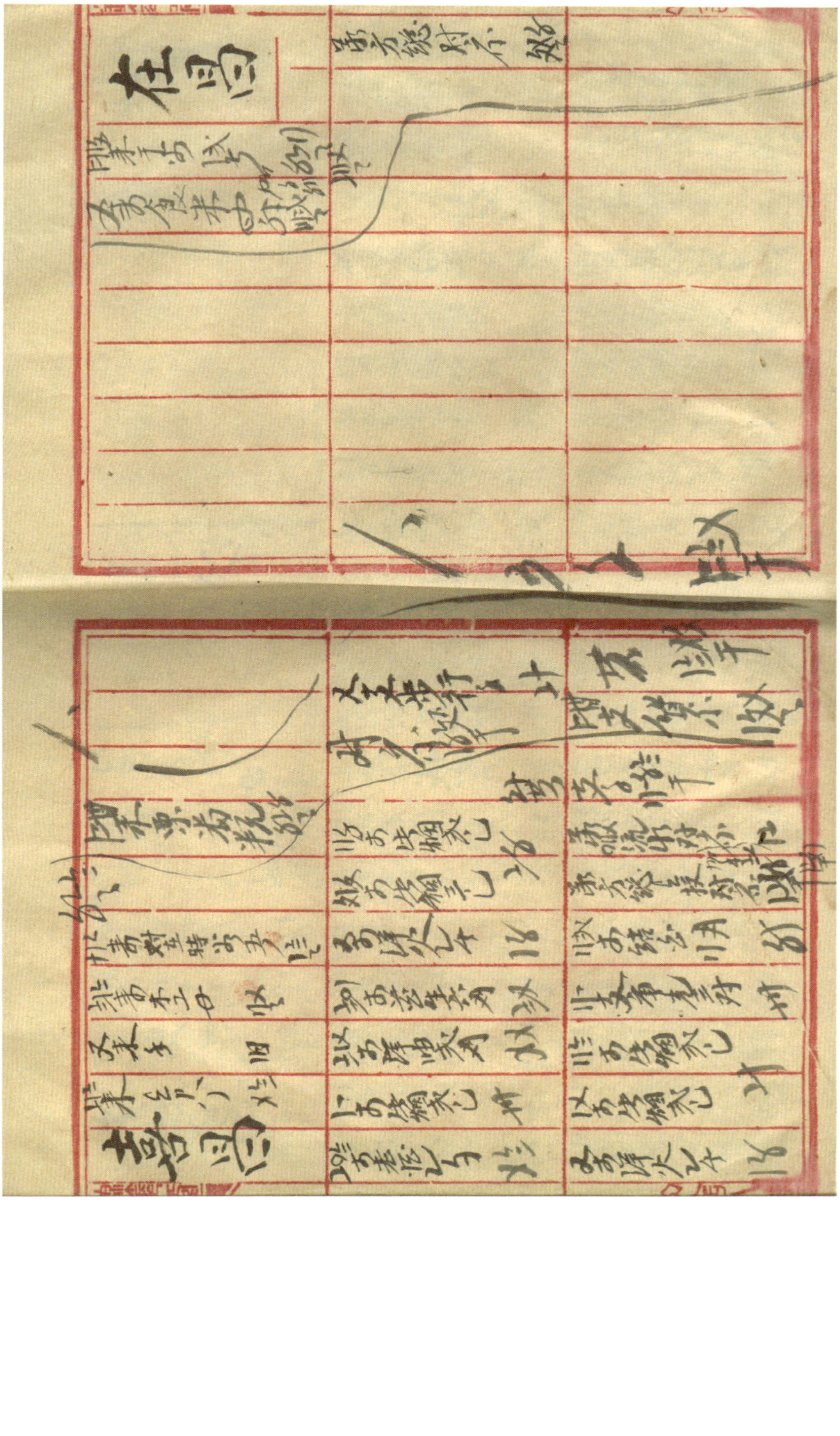

5-4-62-19　民國二十一年鄭福昌記本鄉總目（一九）

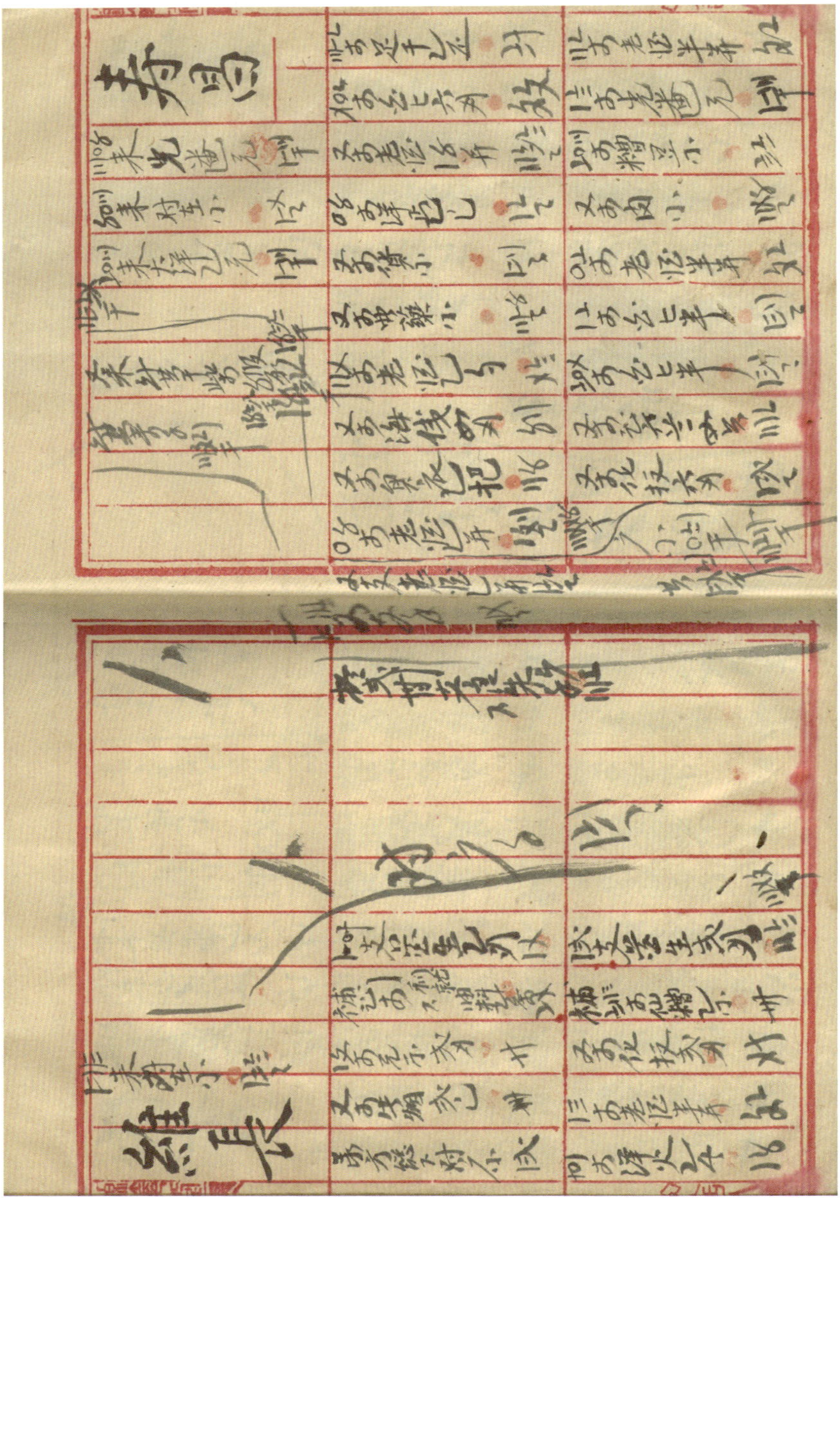

5-4-62-20　民國二十一年鄭福昌記本鄉總目（二〇）

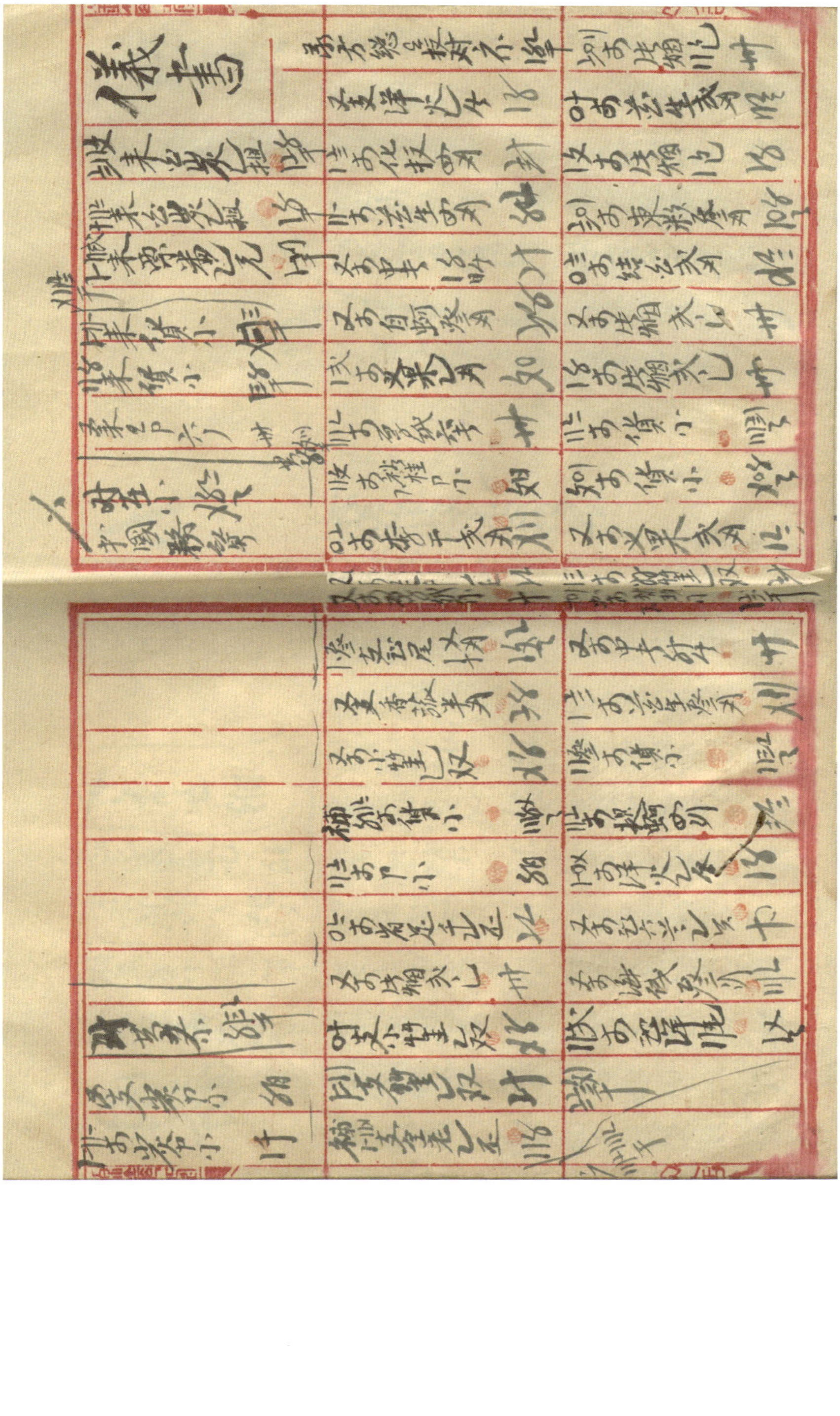

5-4-62-21　民國二十一年鄭福昌記本鄉總目（二一）

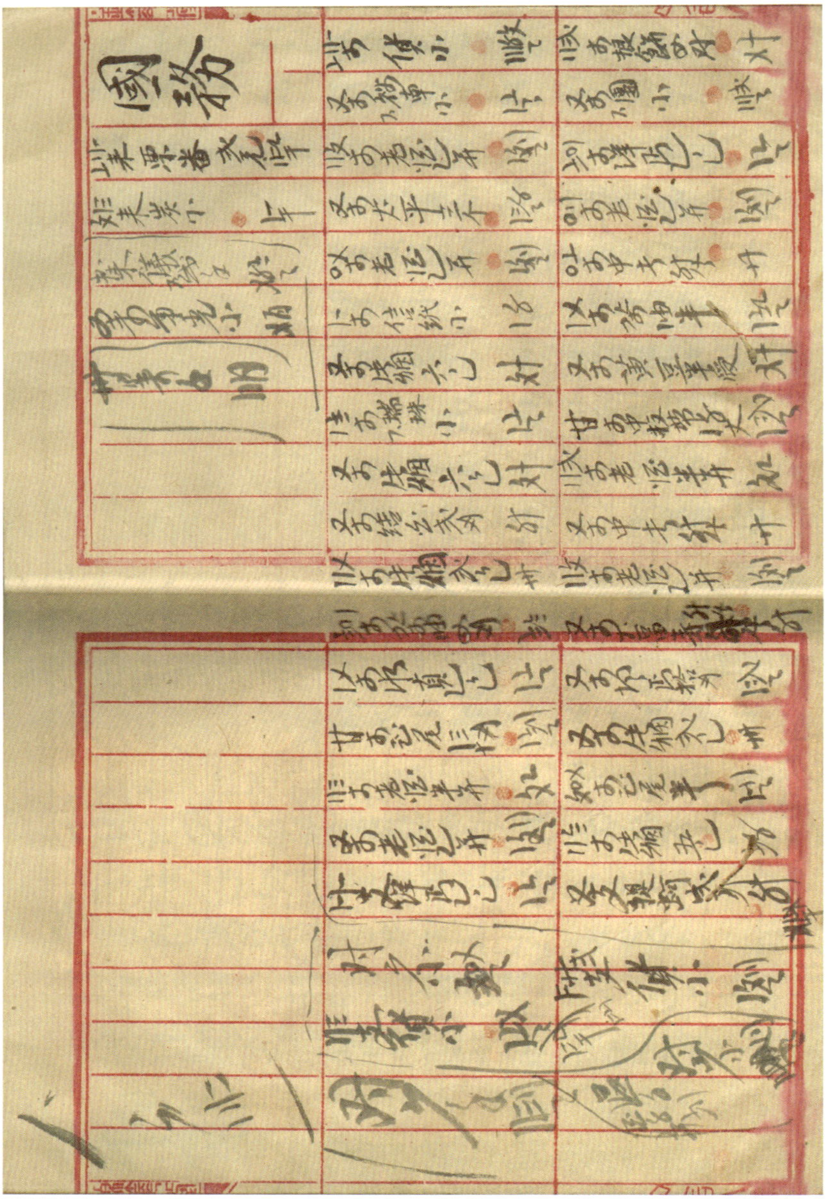

5-4-62-22　民國二十一年鄭福昌記本鄉總目（二二）

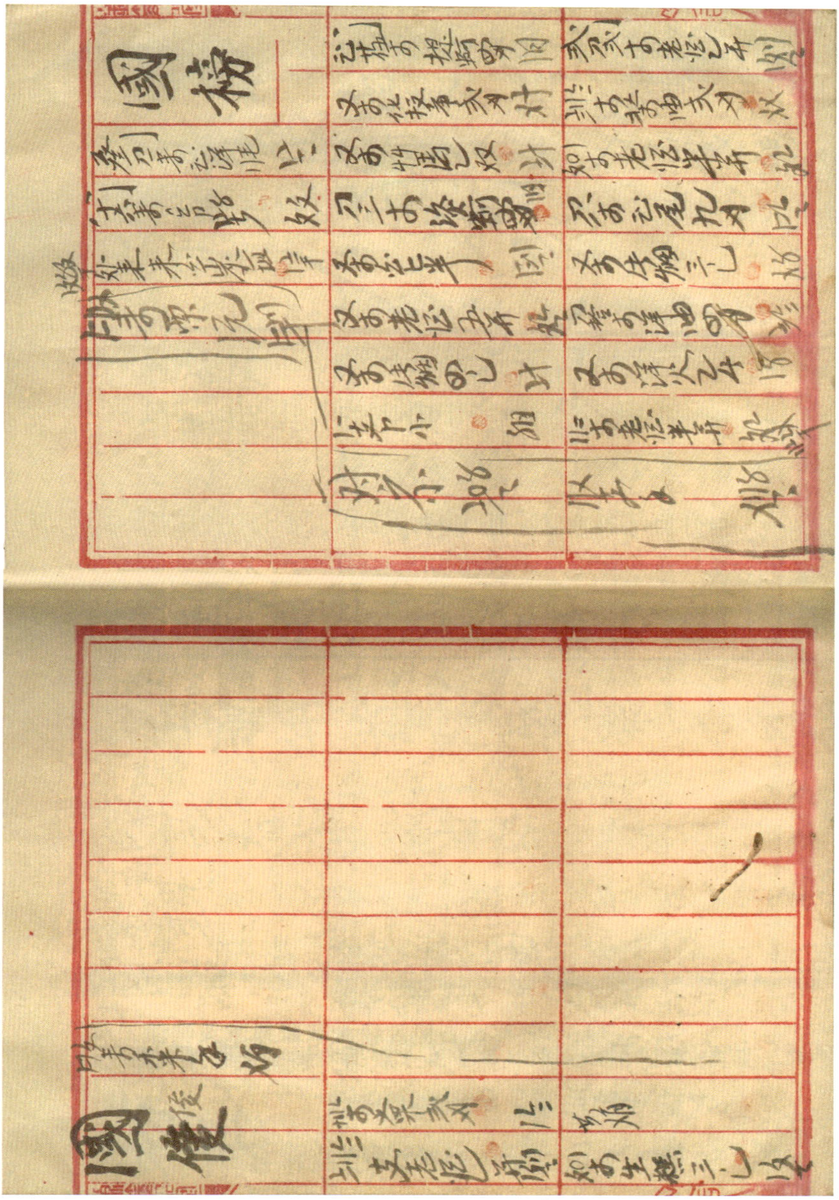

5-4-62-23　民國二十一年鄭福昌記本鄉總目（二三）

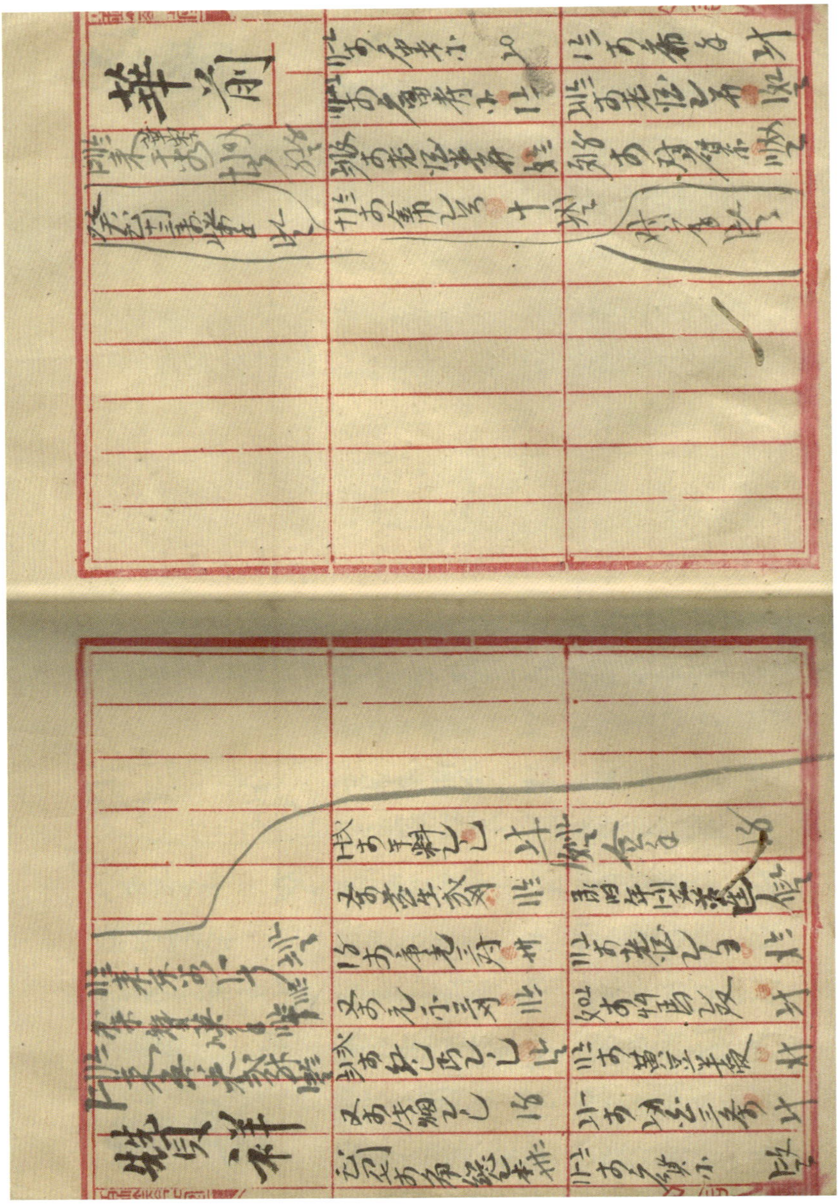

5-4-62-24　民國二十一年鄭福昌記本鄉總目（二四）

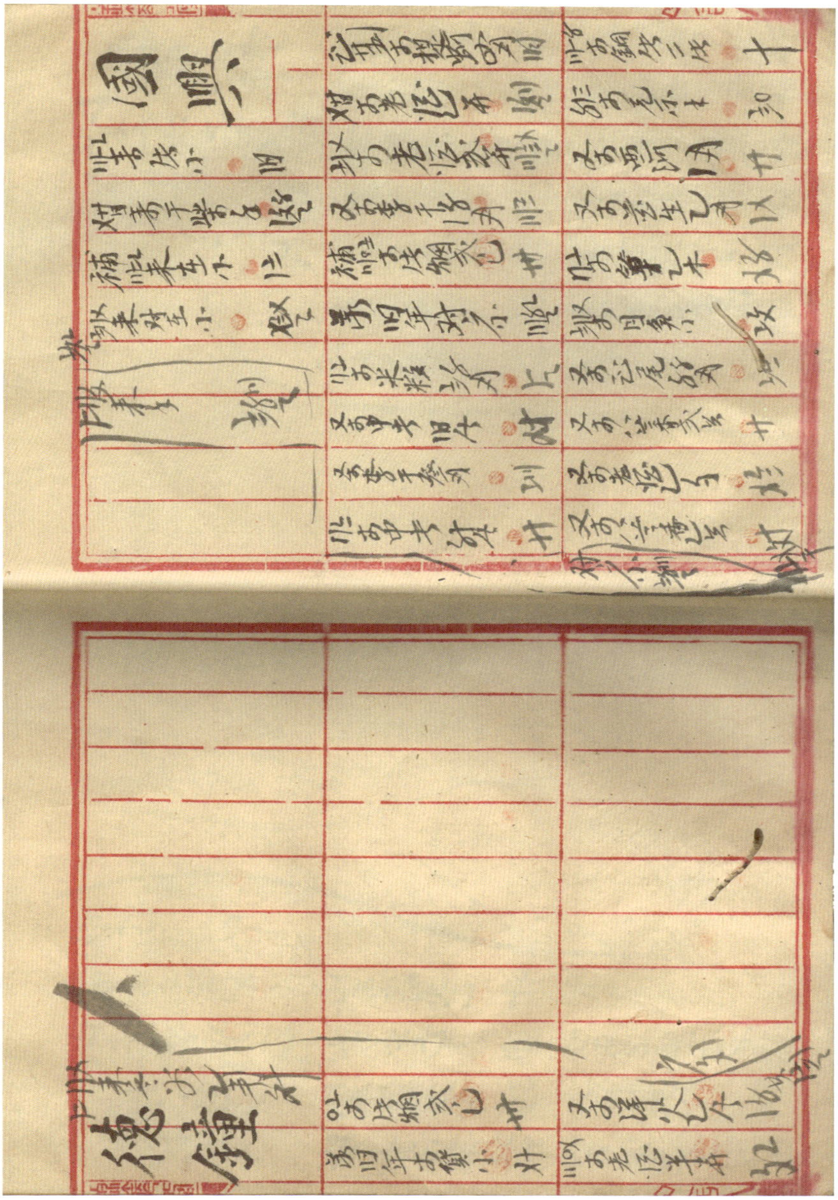

5-4-62-25　民國二十一年鄭福昌記本鄉總目（二五）

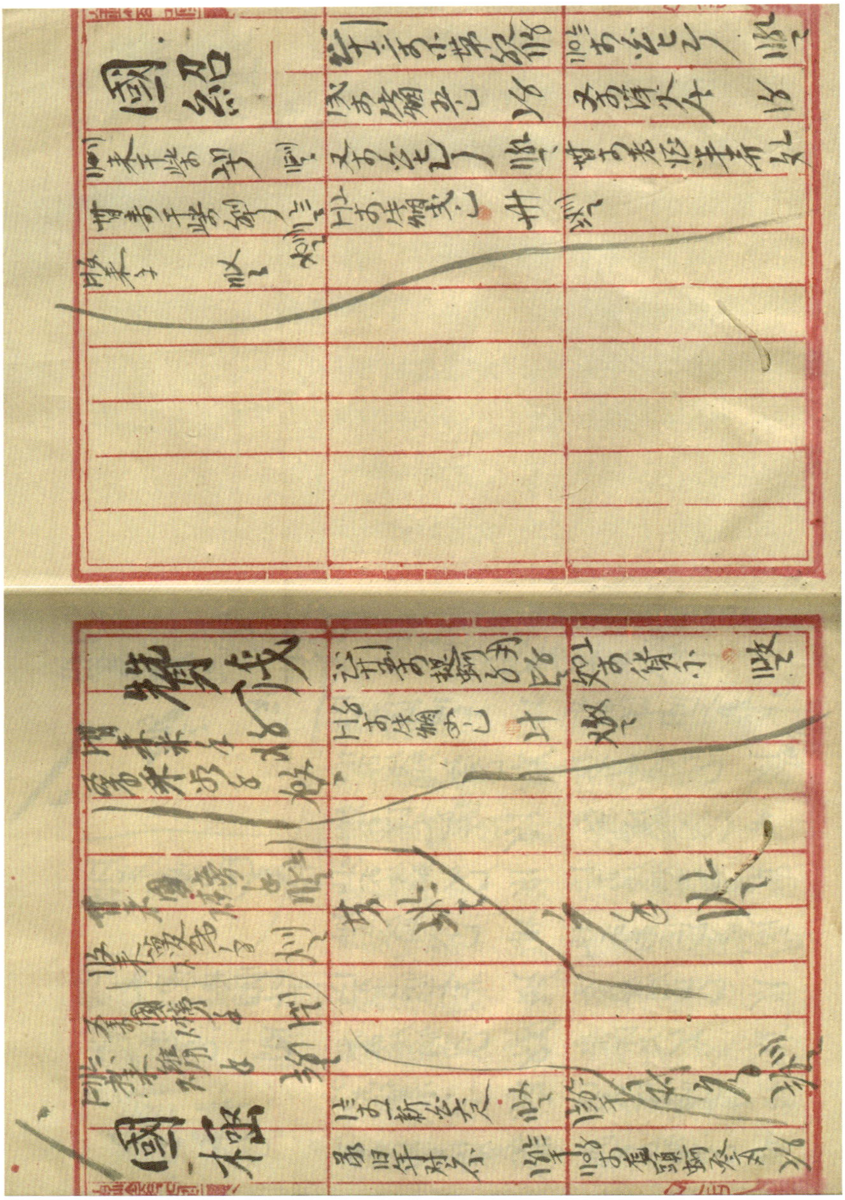

5-4-62-26　民國二十一年鄭福昌記本鄉總目（二六）

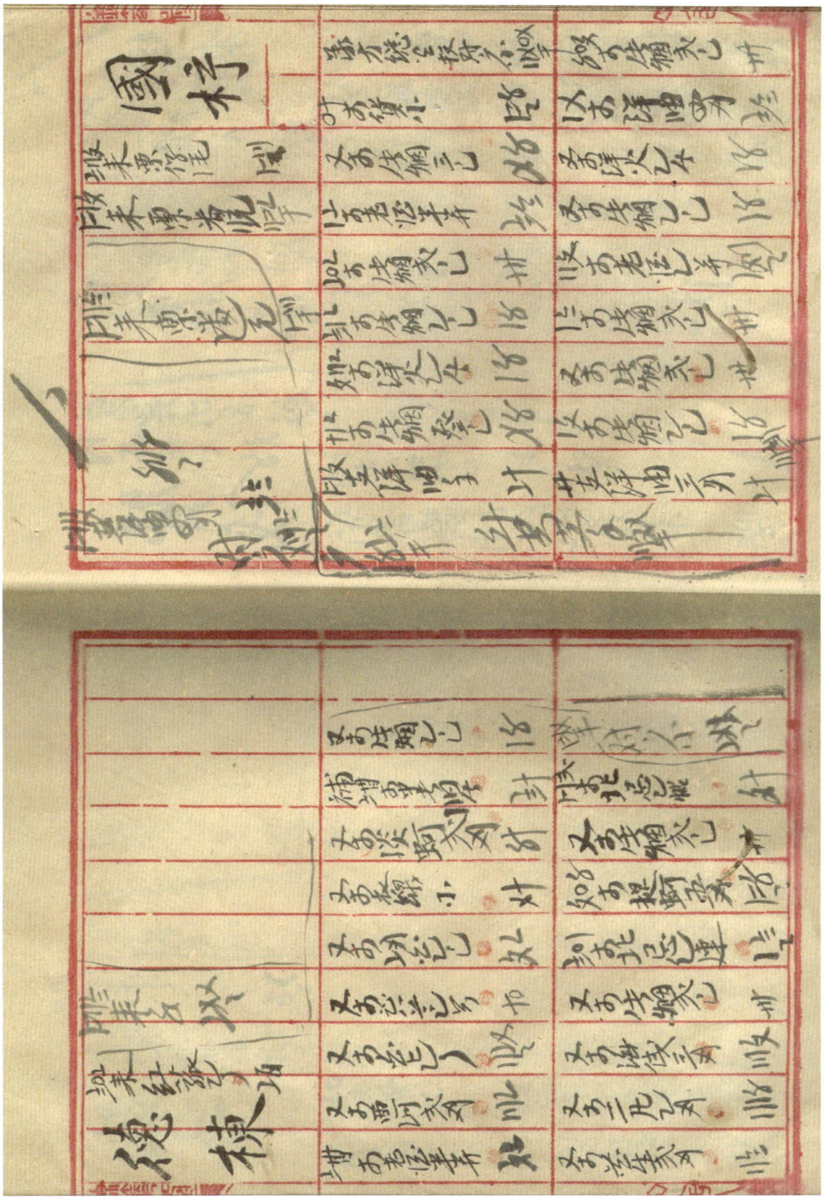

5-4-62-27　民國二十一年鄭福昌記本鄉總目（二七）

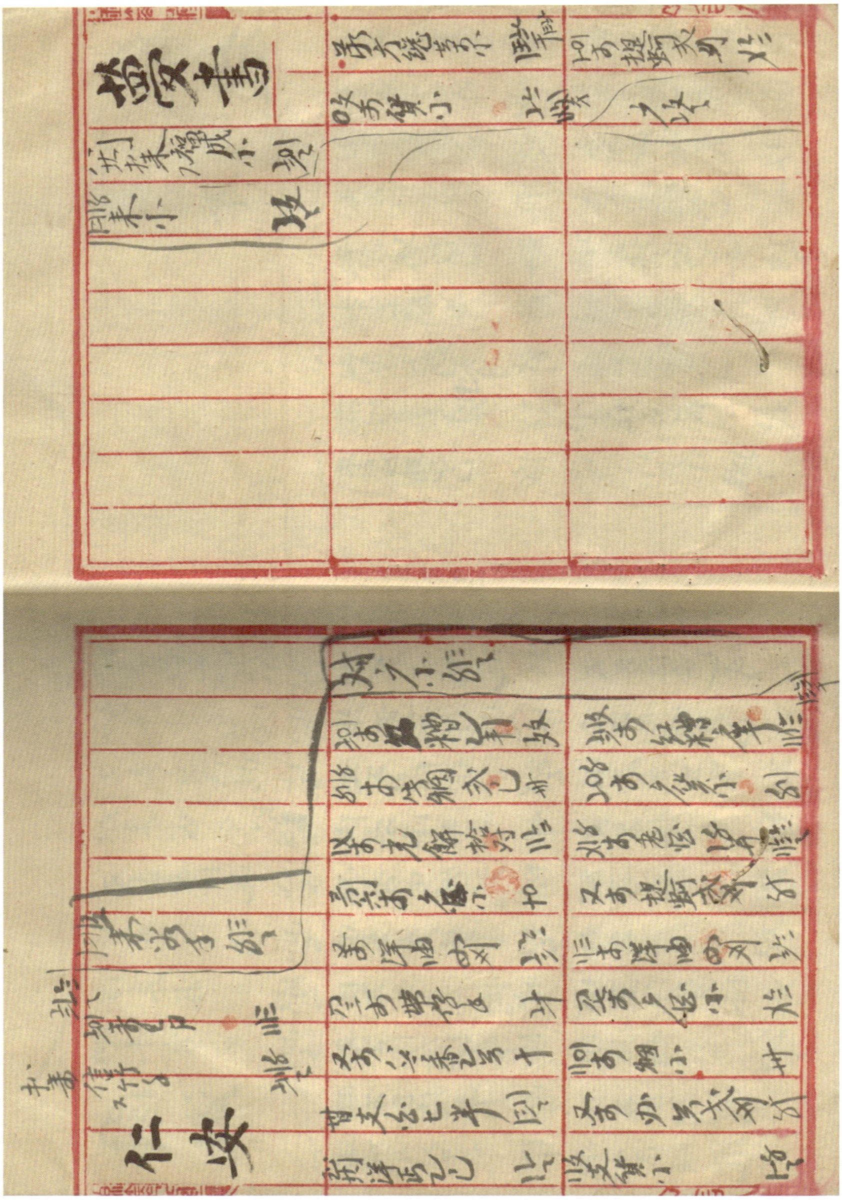

5-4-62-28　民國二十一年鄭福昌記本鄉總目（二八）

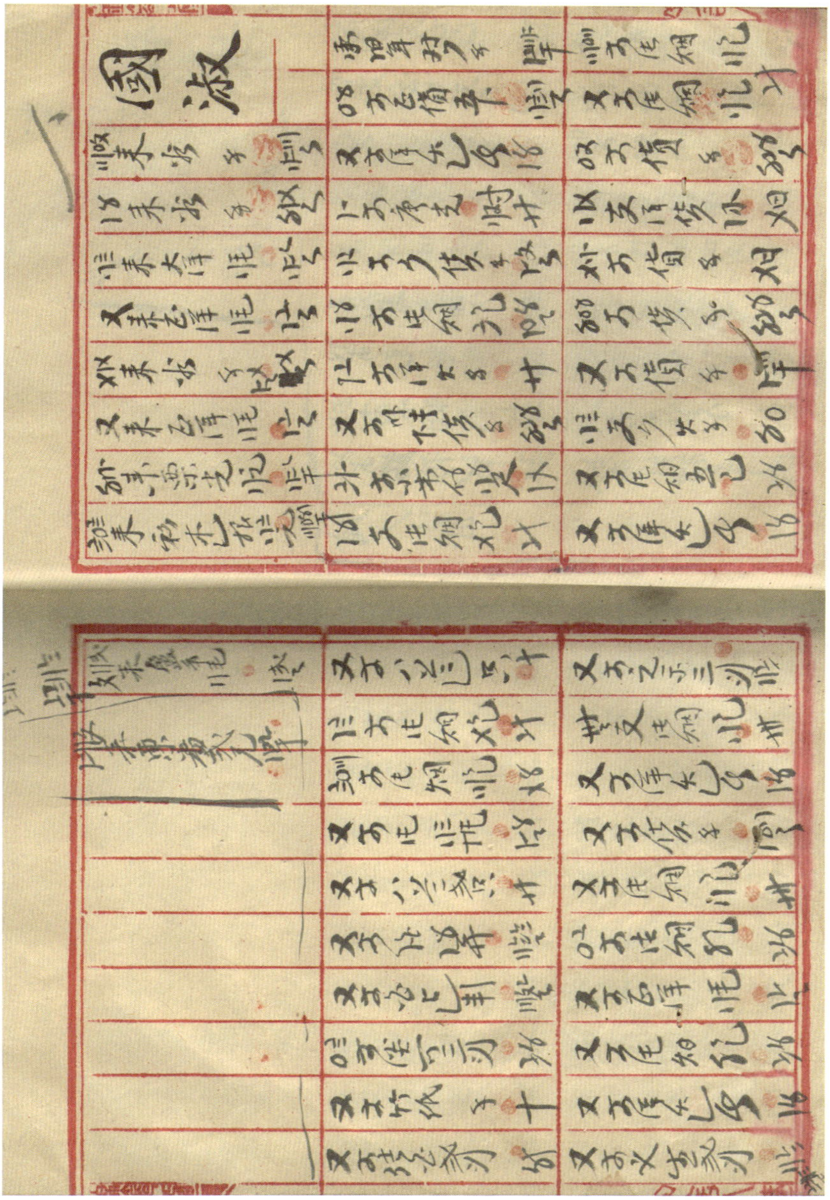

5-4-62-29　民國二十一年鄭福昌記本鄉總目（二九）

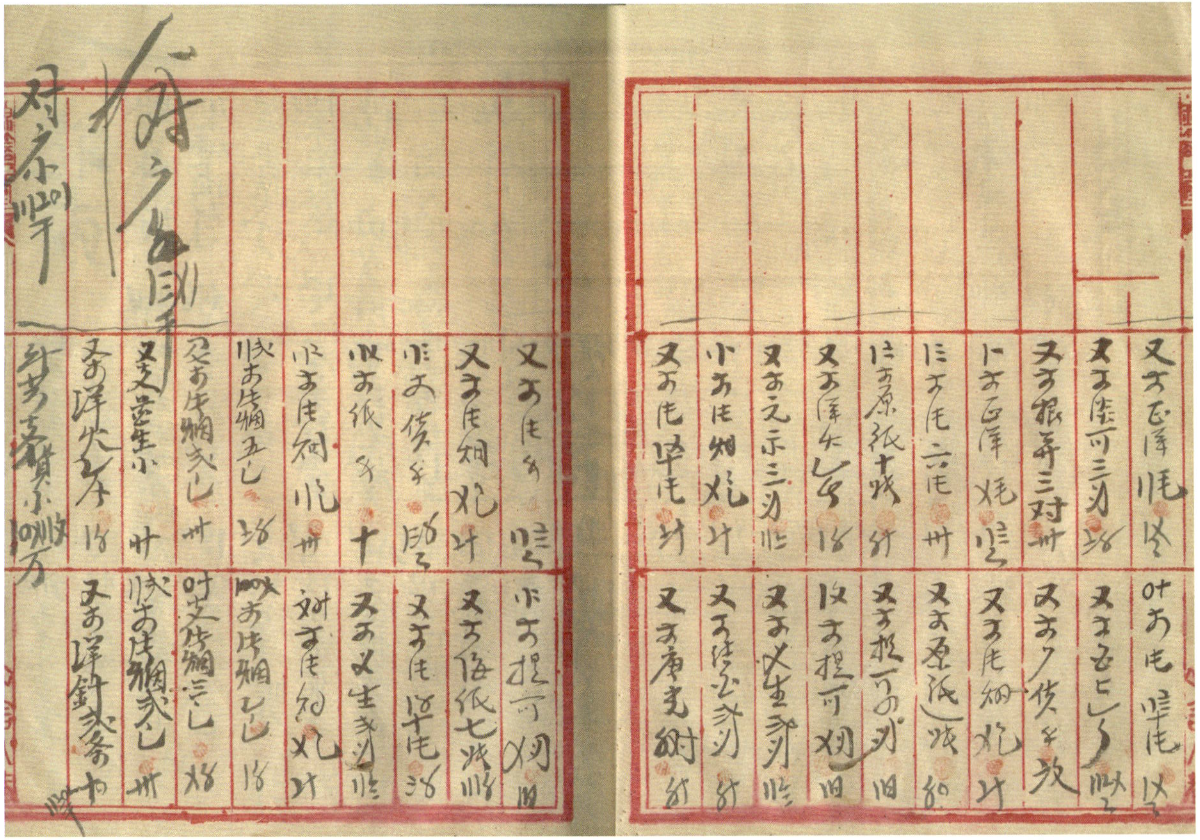

5-4-62-30　民國二十一年鄭福昌記本鄉總目（三〇）

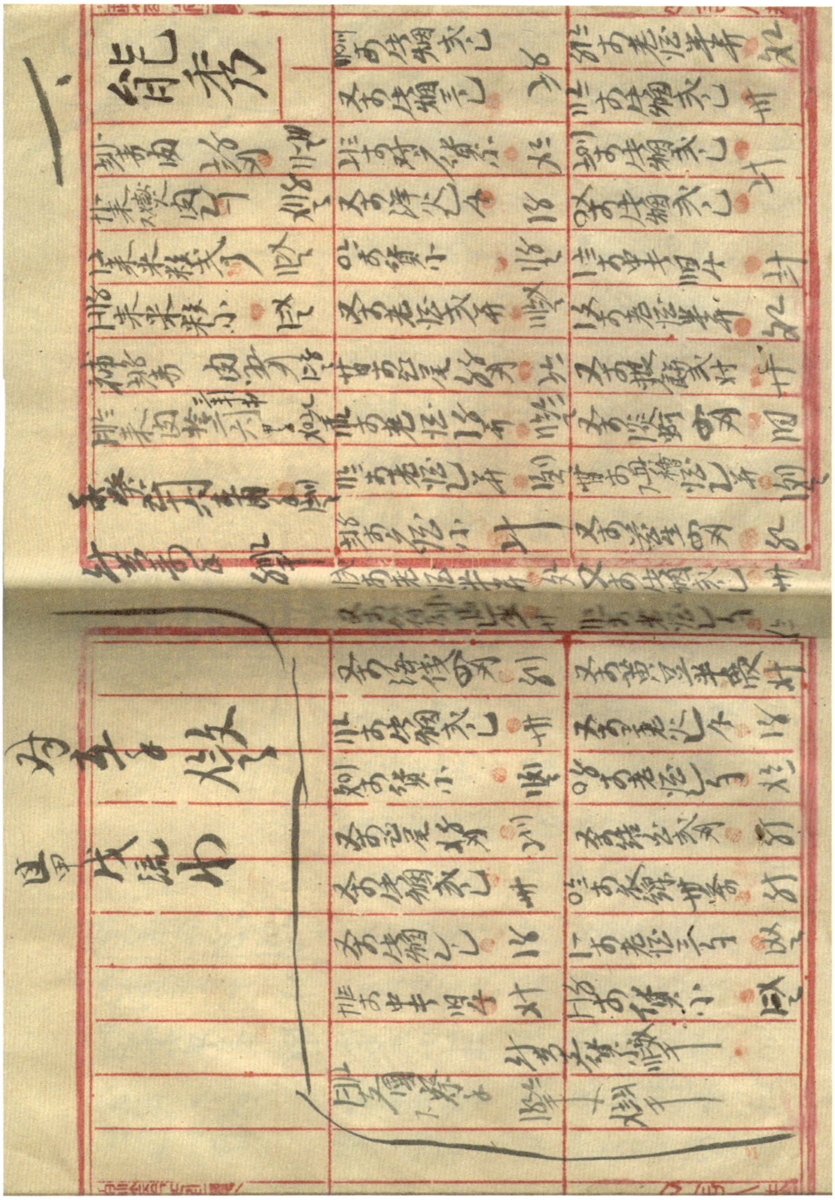

5-4-62-31 民國二十一年鄭福昌記本鄉總目（三一）

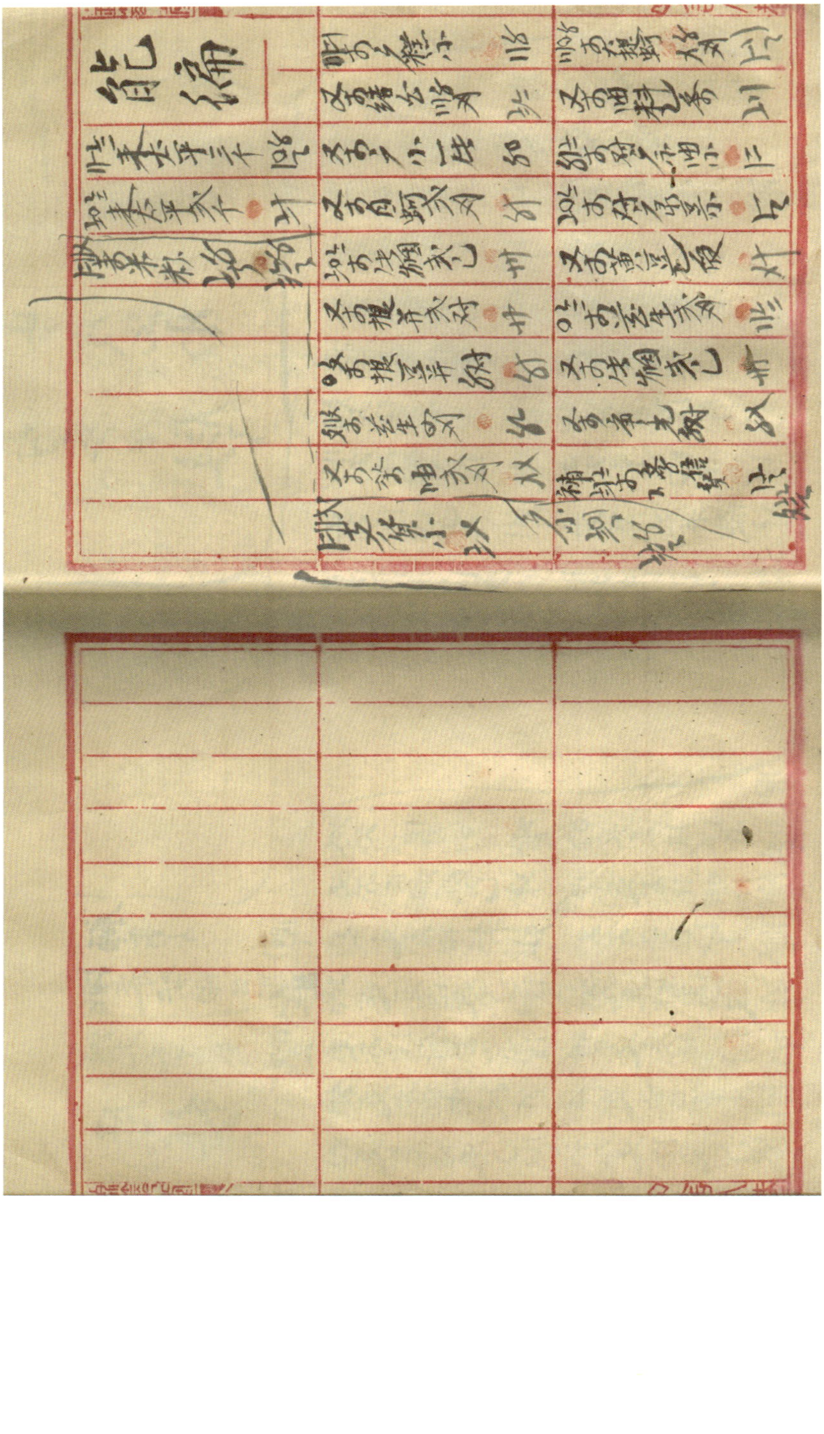

5-4-62-32　民國二十一年鄭福昌記本鄉總目（三二）

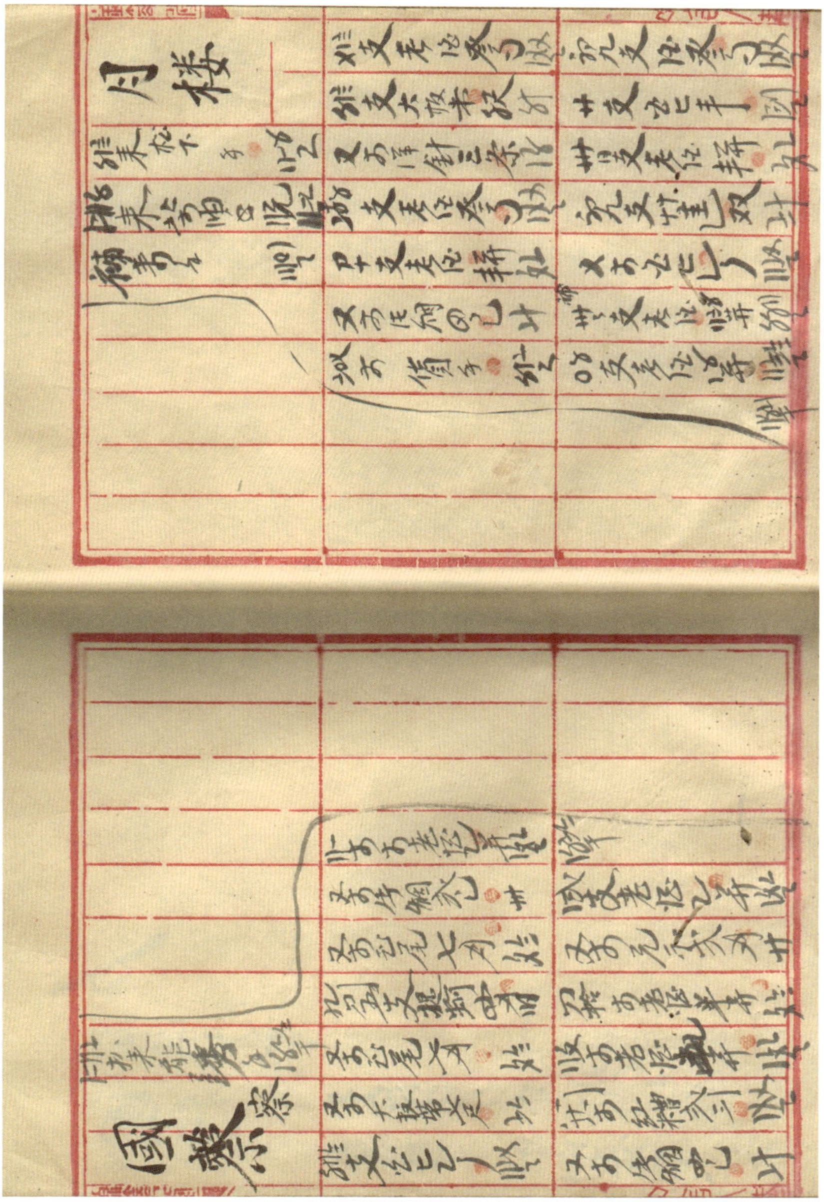

5-4-62-33 民國二十一年鄭福昌記本鄉總目（三三）

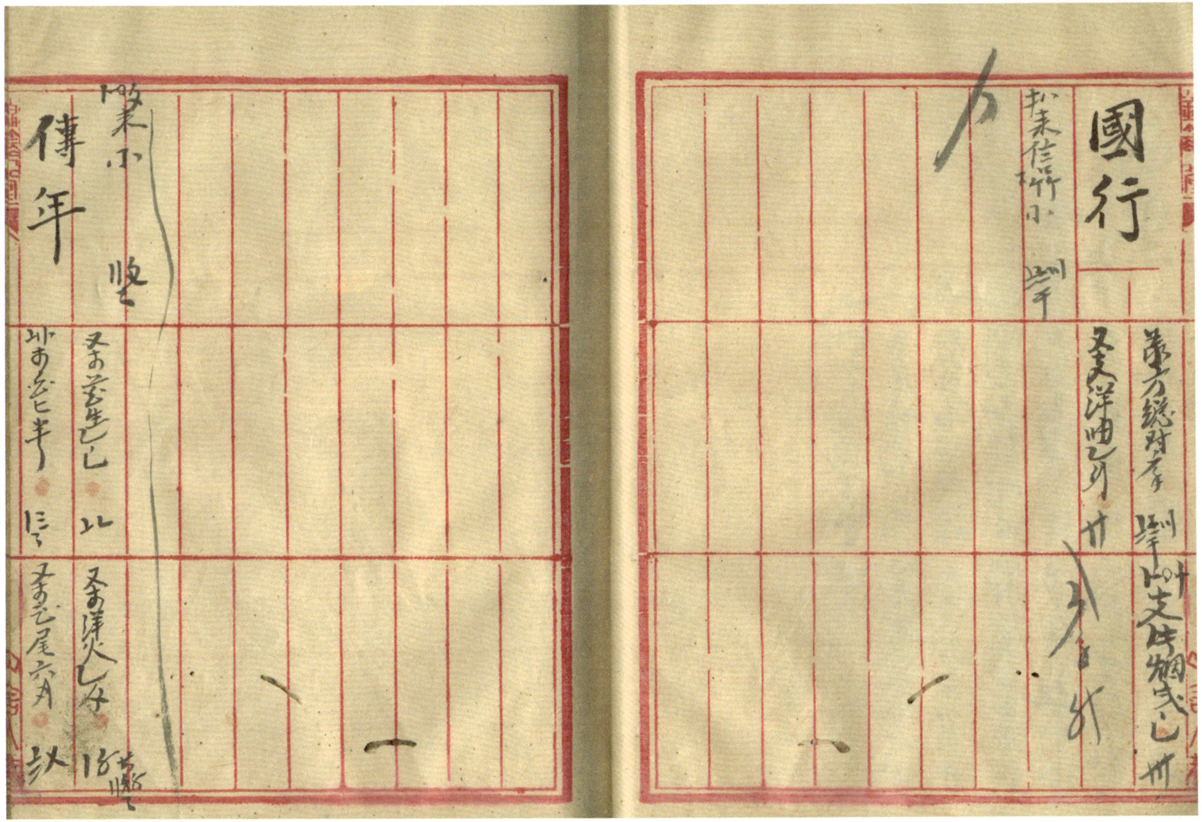

5-4-62-34 民國二十一年鄭福昌記本鄉總目（三四）

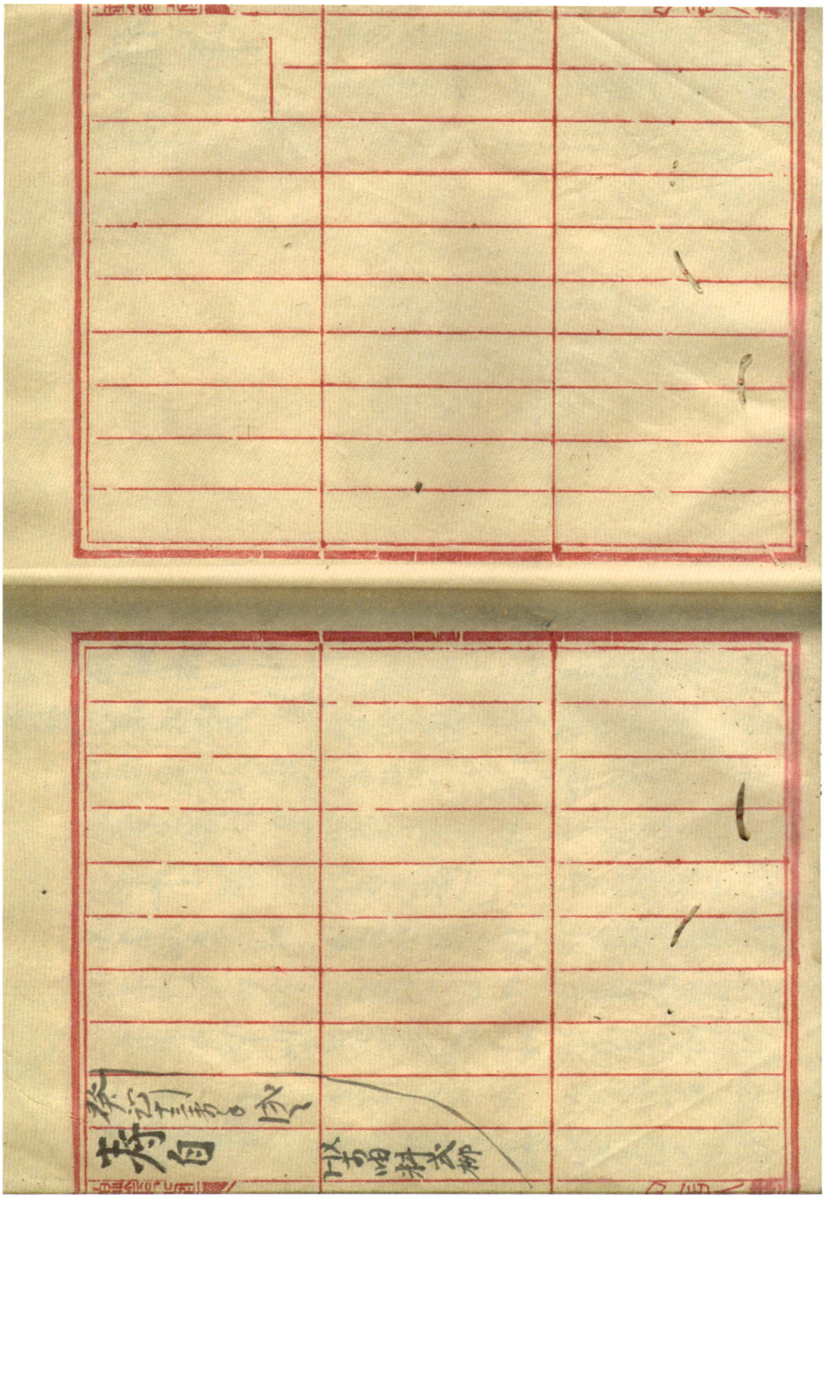

5-4-62-35　民國二十一年鄭福昌記本鄉總目（三五）

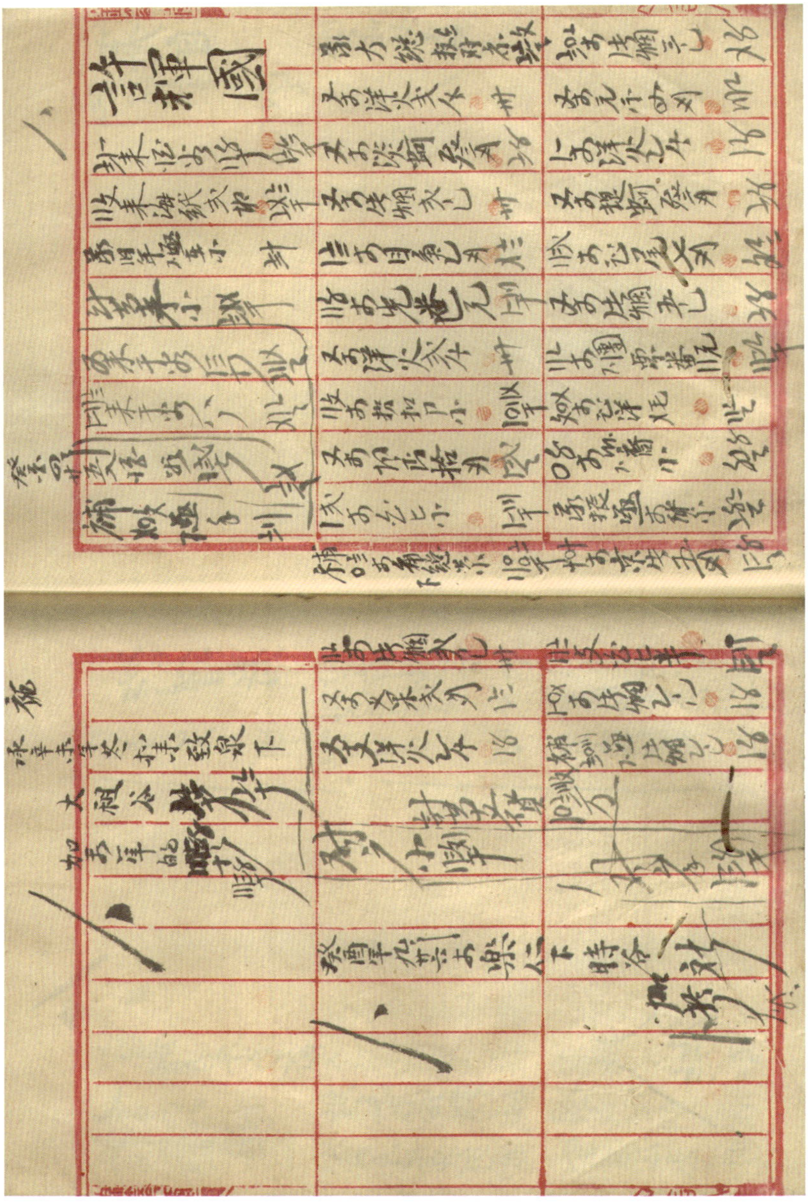

5-4-62-36　民國二十一年鄭福昌記本鄉總目（三六）

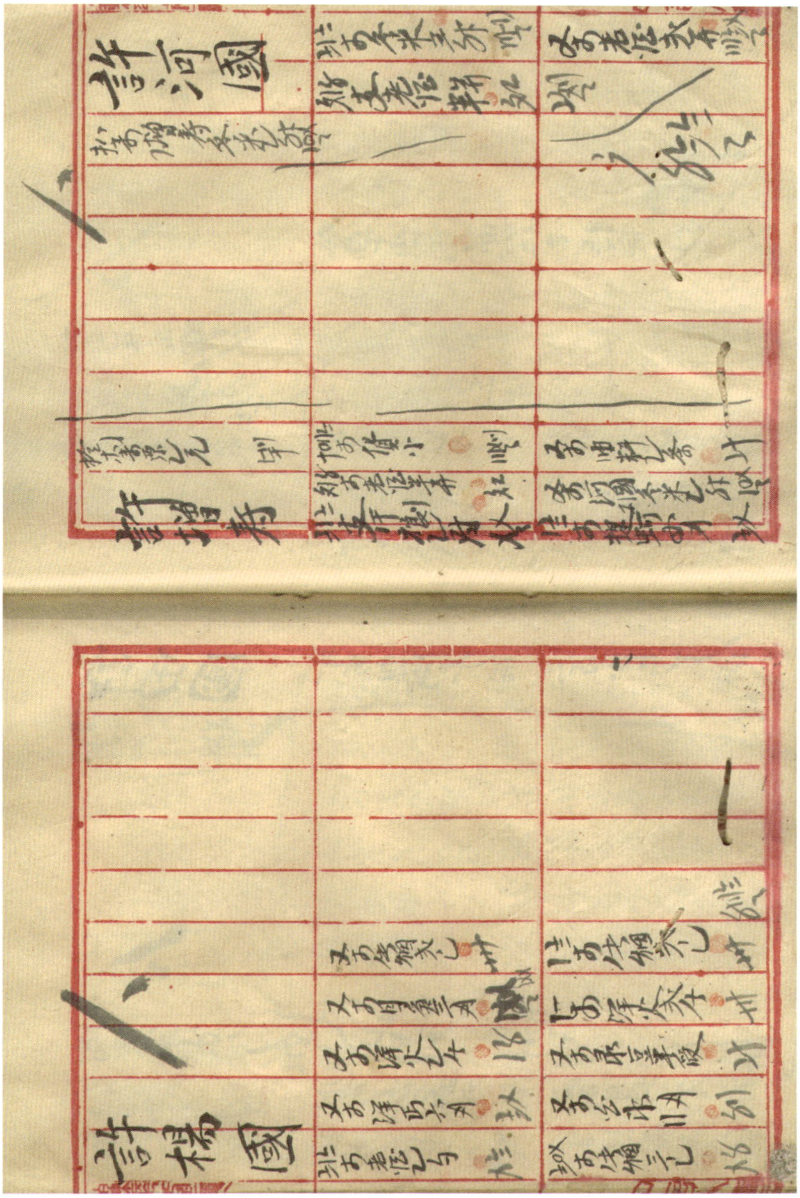

5-4-62-37　民國二十一年鄭福昌記本鄉總目（三七）

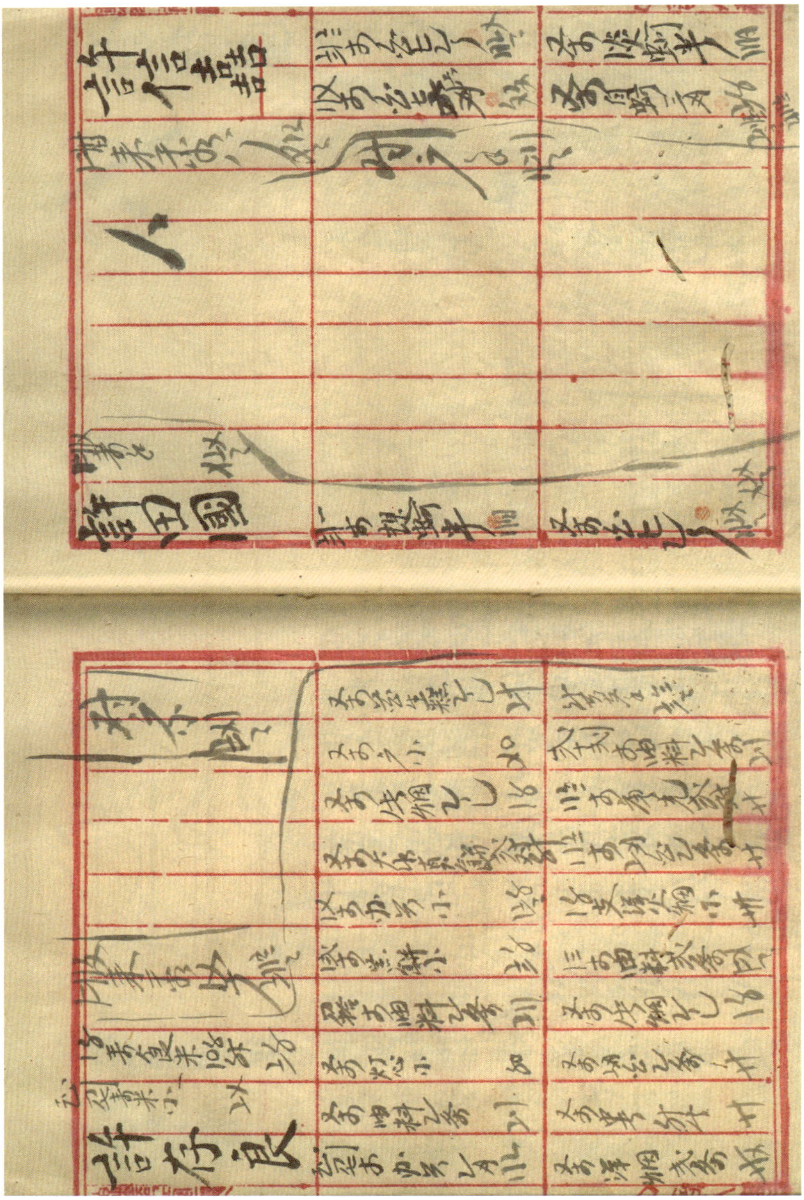

5-4-62-38　民國二十一年鄭福昌記本鄉總目（三八）

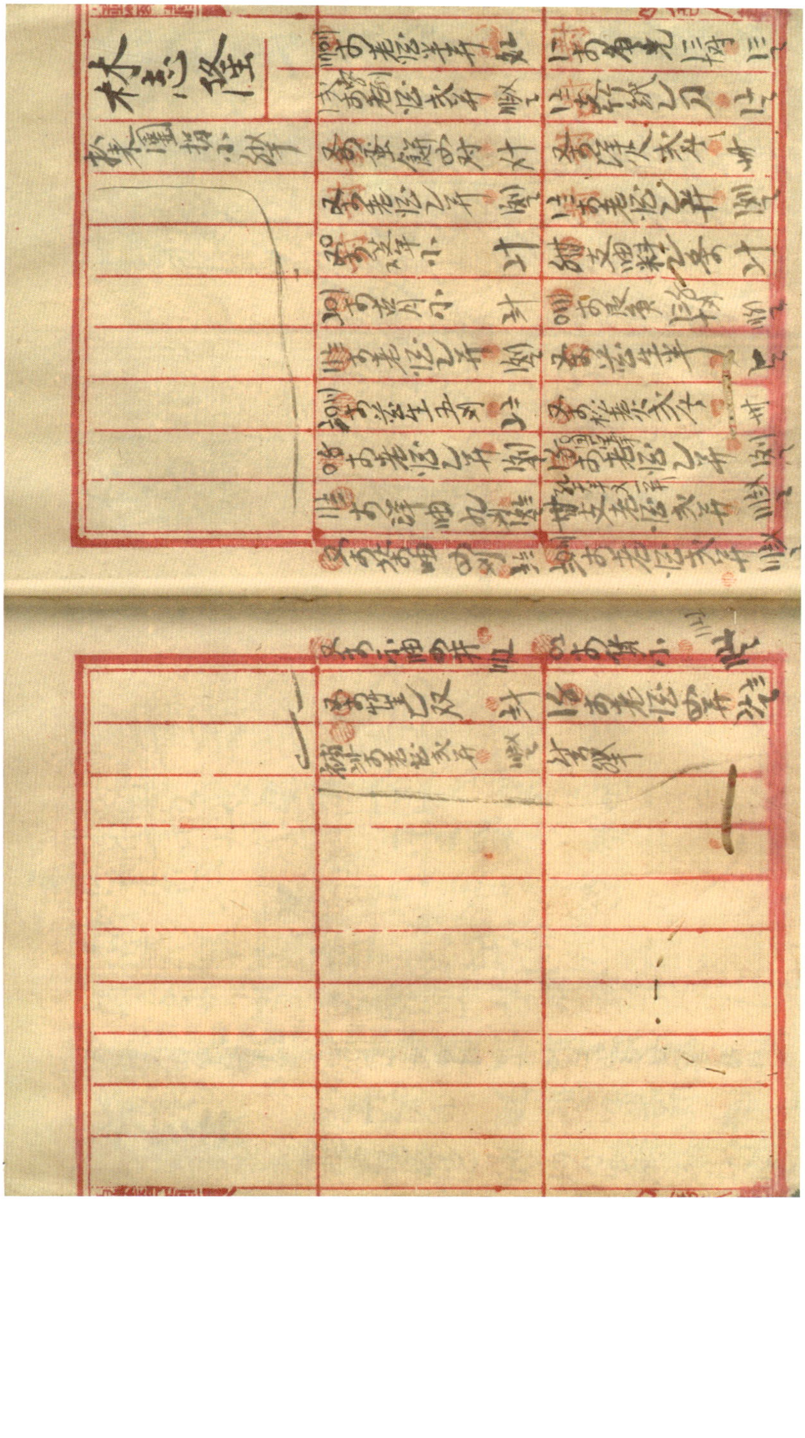

5-4-62-39　民國二十一年鄭福昌記本鄉總目（三九）

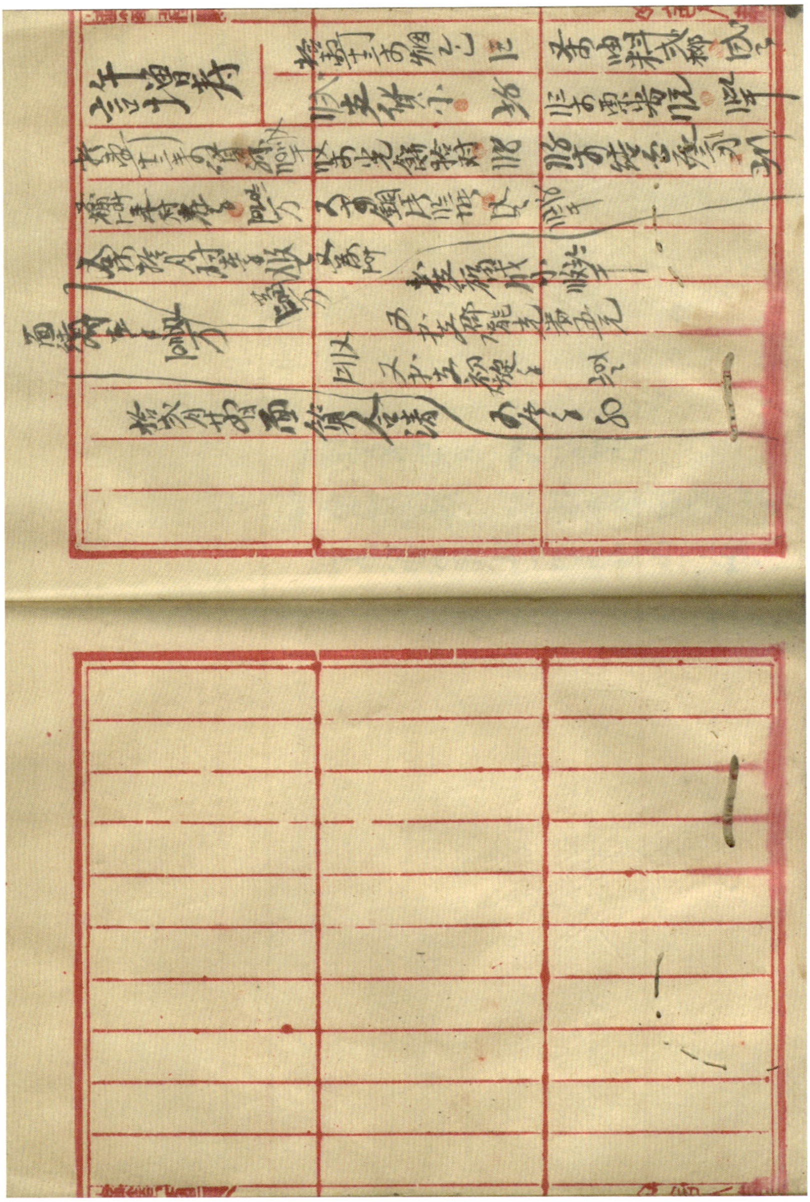

5-4-62-40　民國二十一年鄭福昌記本鄉總目（四〇）

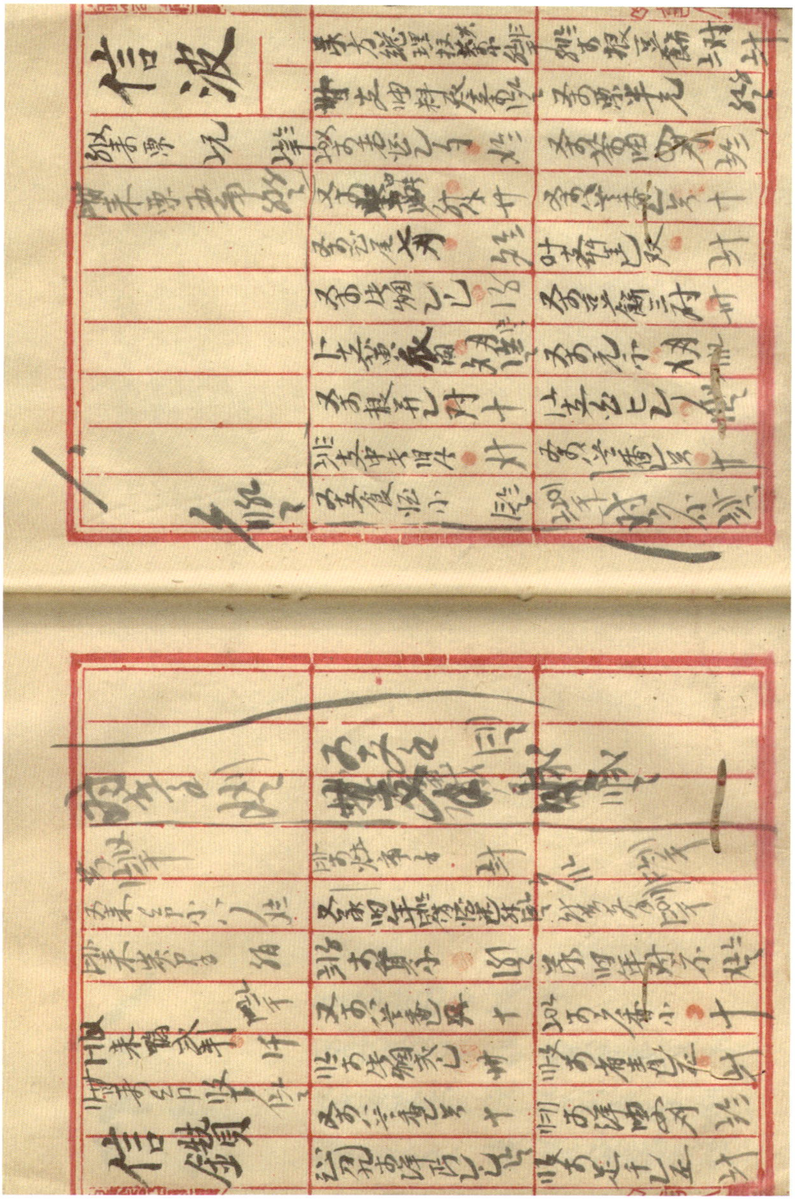

5-4-62-41　民國二十一年鄭福昌記本鄉總目（四一）

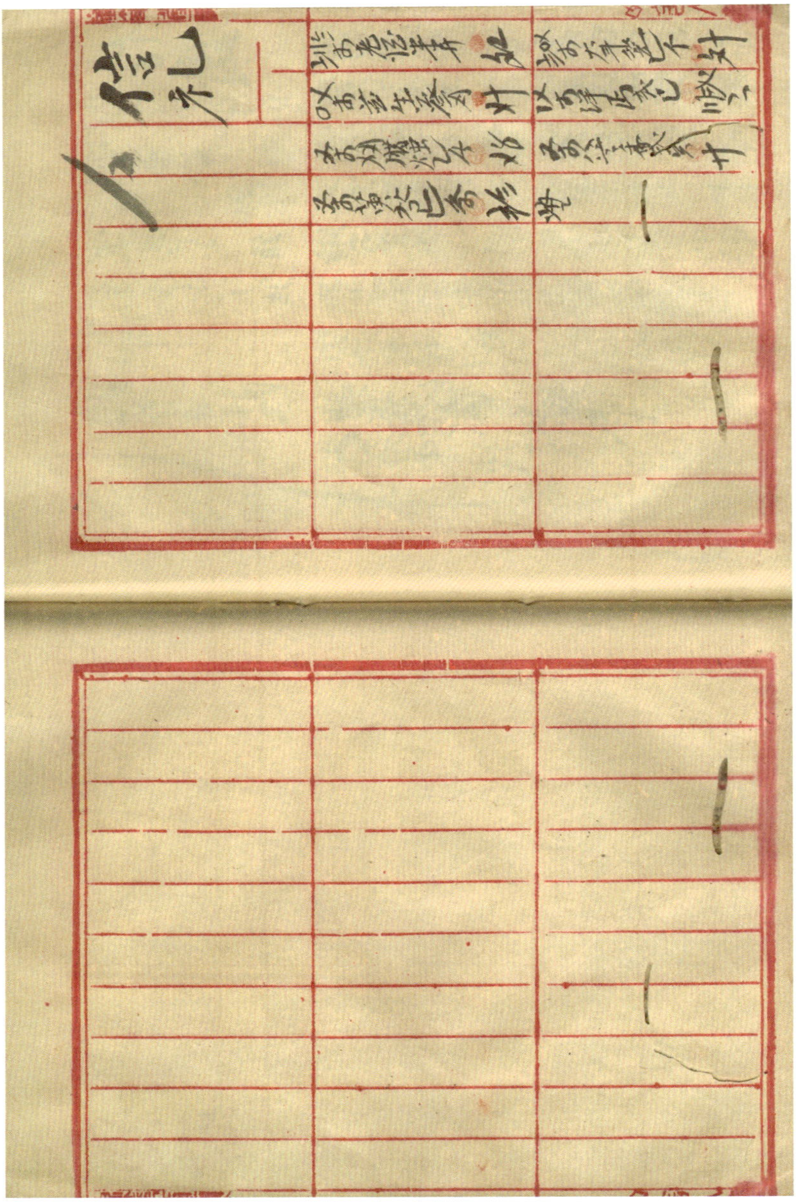

5-4-62-42　民國二十一年鄭福昌記本鄉總目（四二）

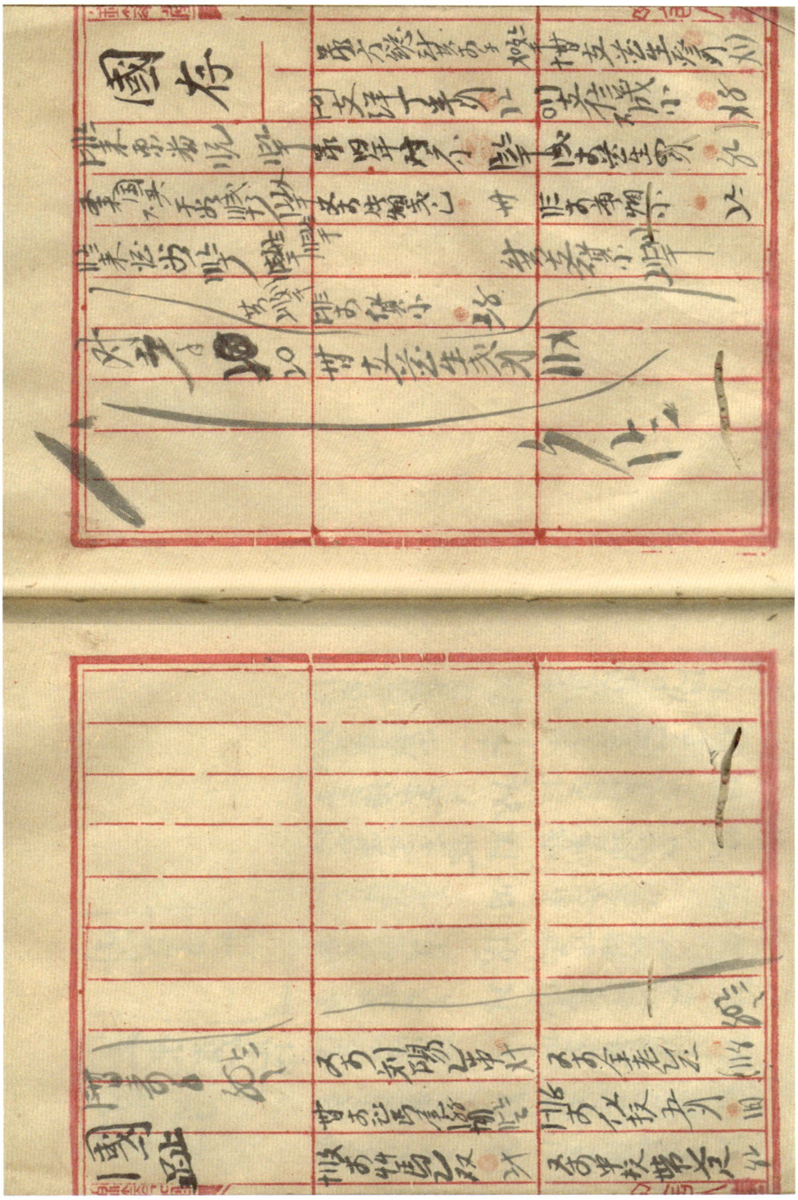

5-4-62-43　民國二十一年鄭福昌記本鄉總目（四三）

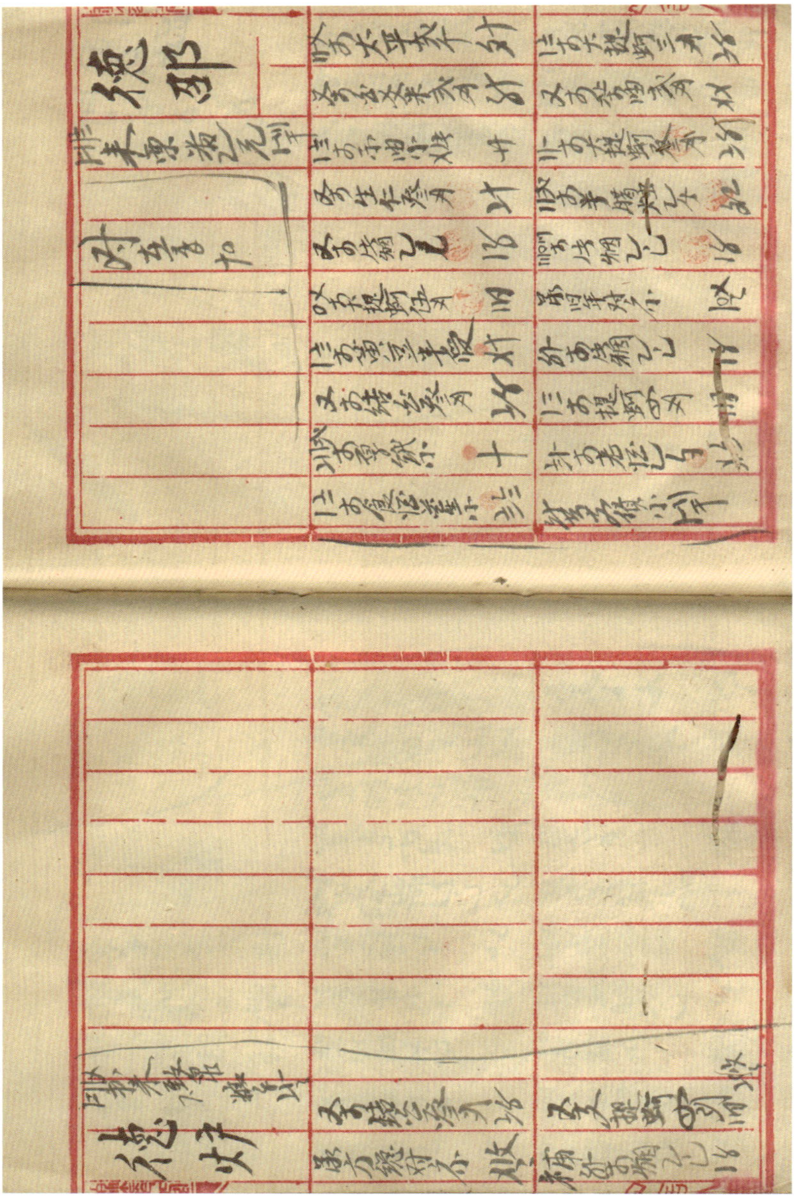

5-4-62-44 民國二十一年鄭福昌記本鄉總目（四四）

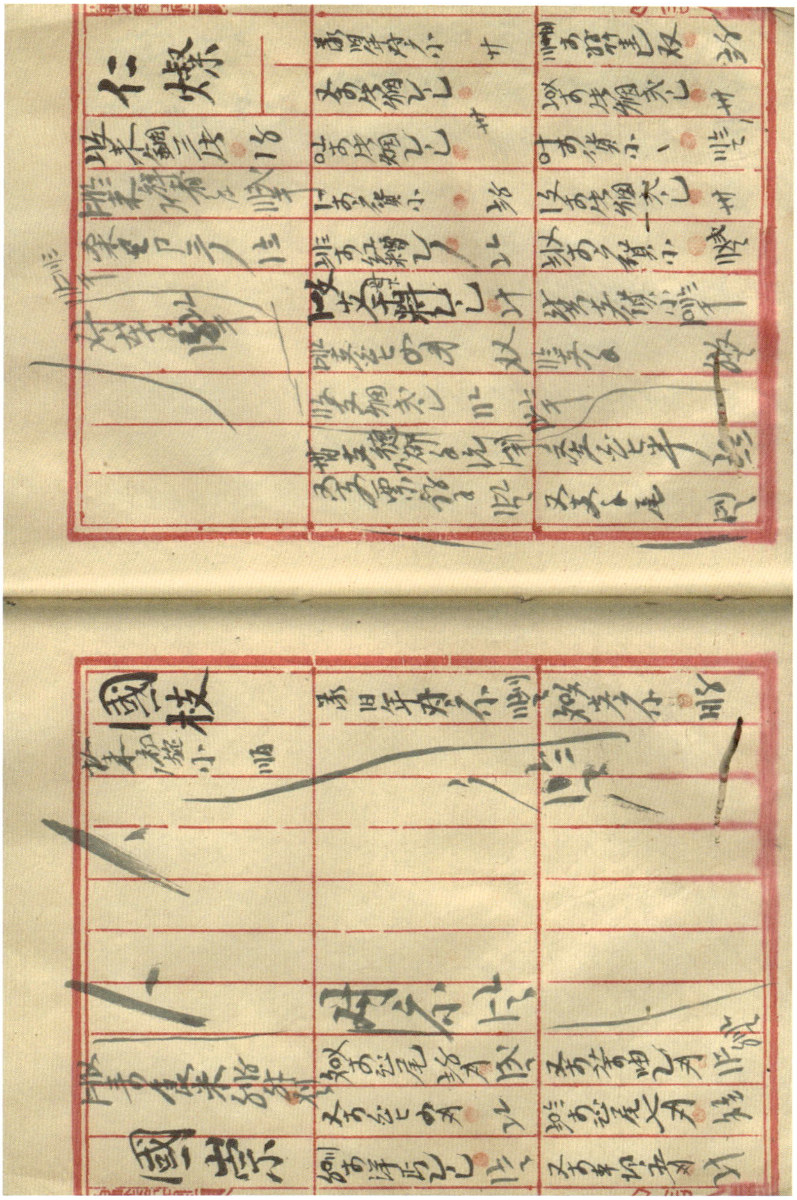

5-4-62-45　民國二十一年鄭福昌記本鄉總目（四五）

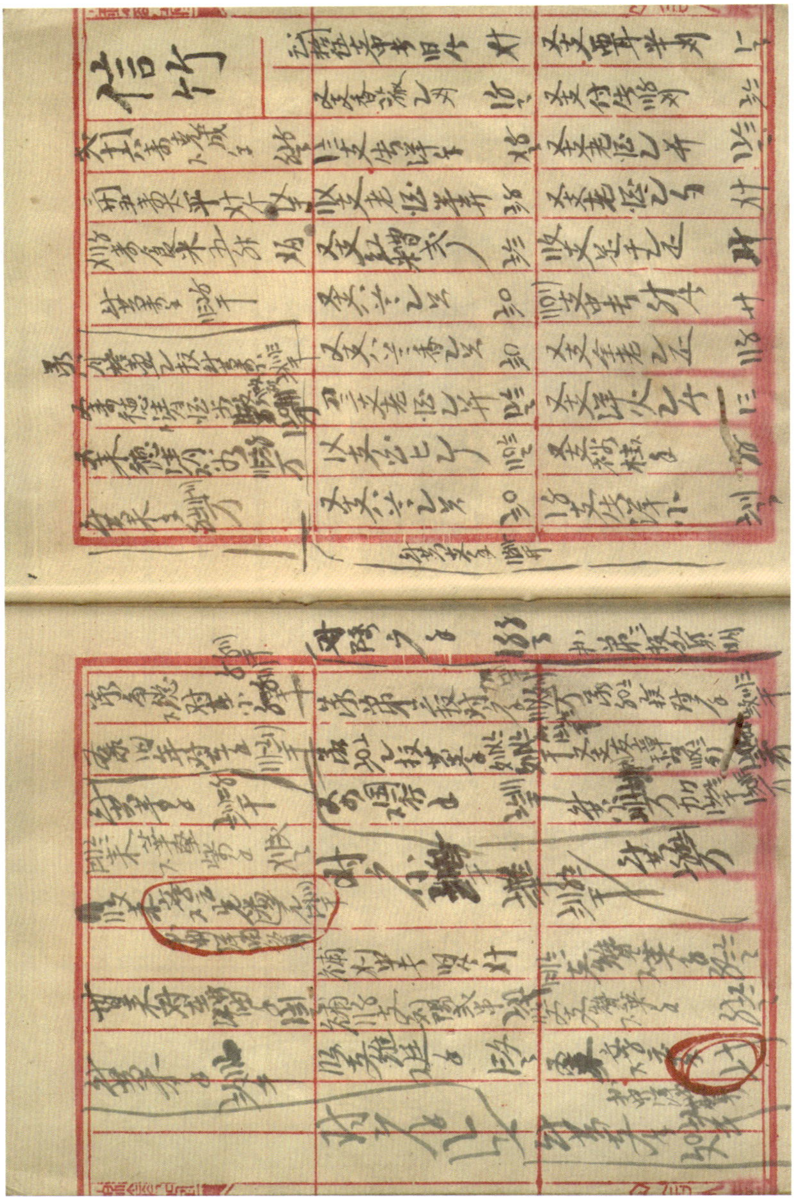

5-4-62-46　民國二十一年鄭福昌記本鄉總目（四六）

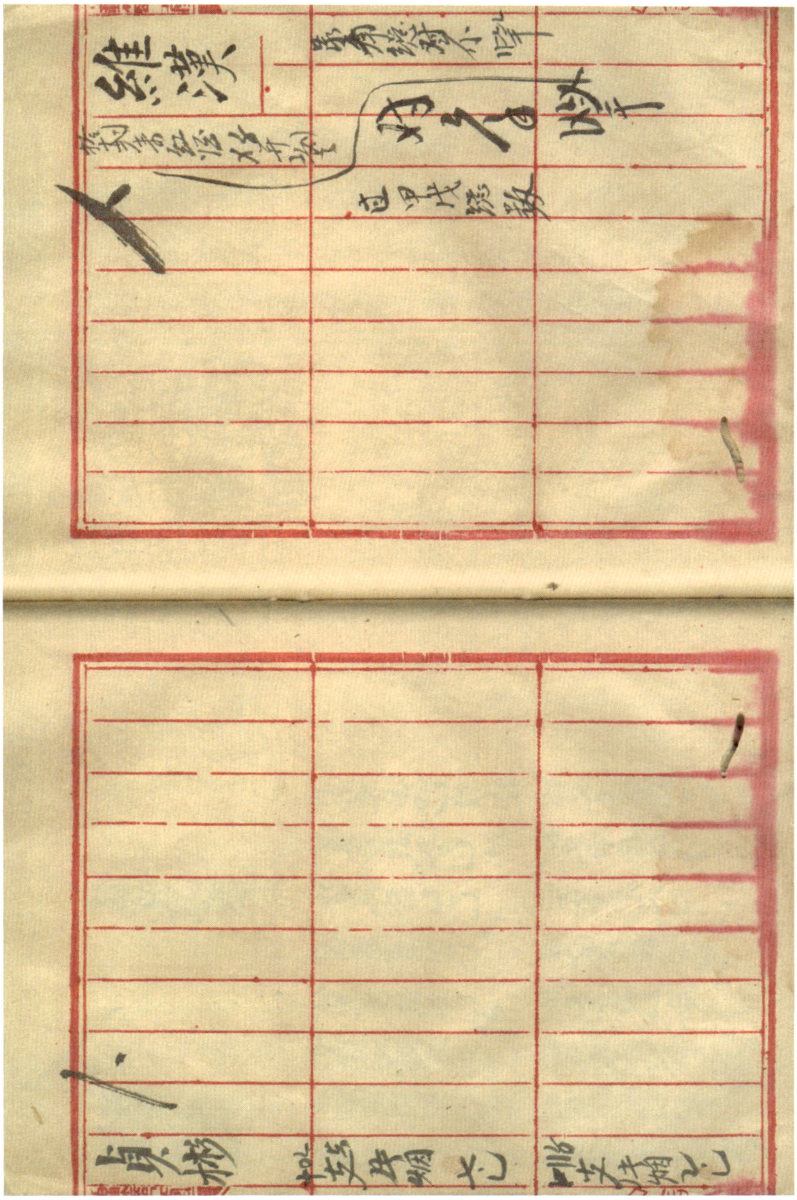

5-4-62-47 民國二十一年鄭福昌記本鄉總目（四七）

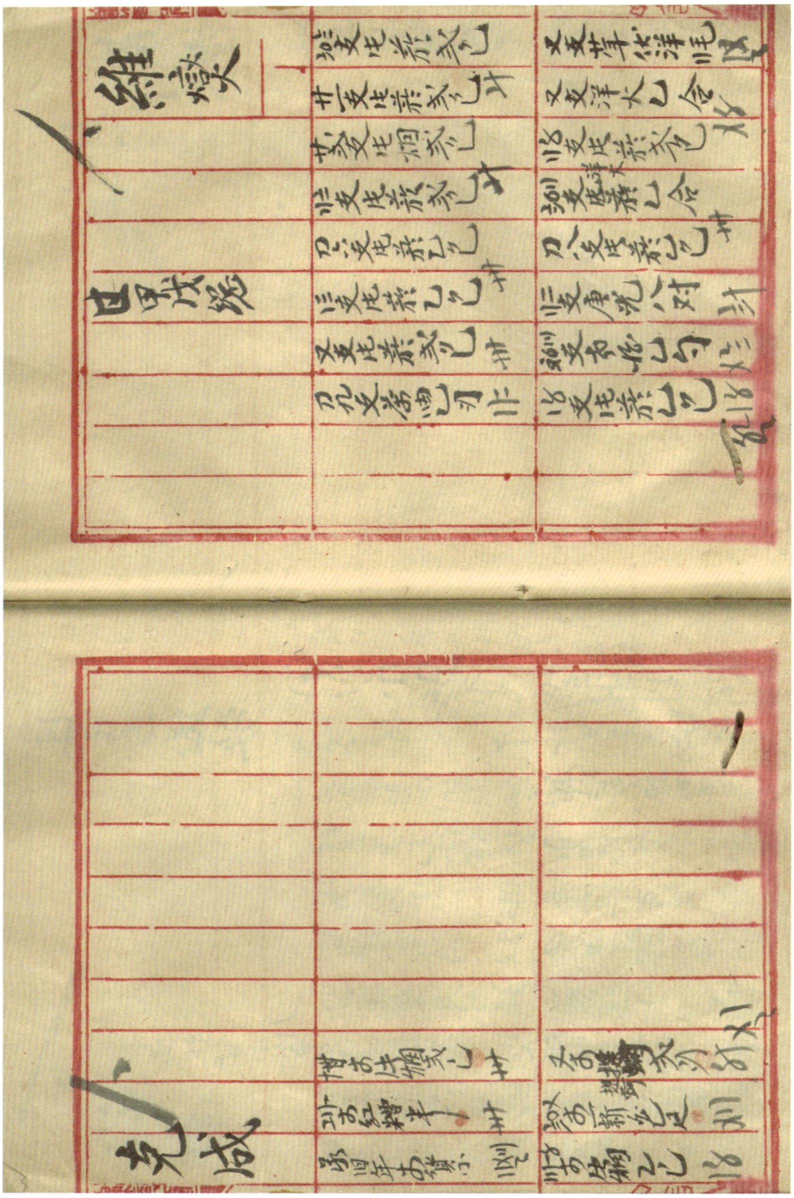

5-4-62-48　民國二十一年鄭福昌記本鄉總目（四八）

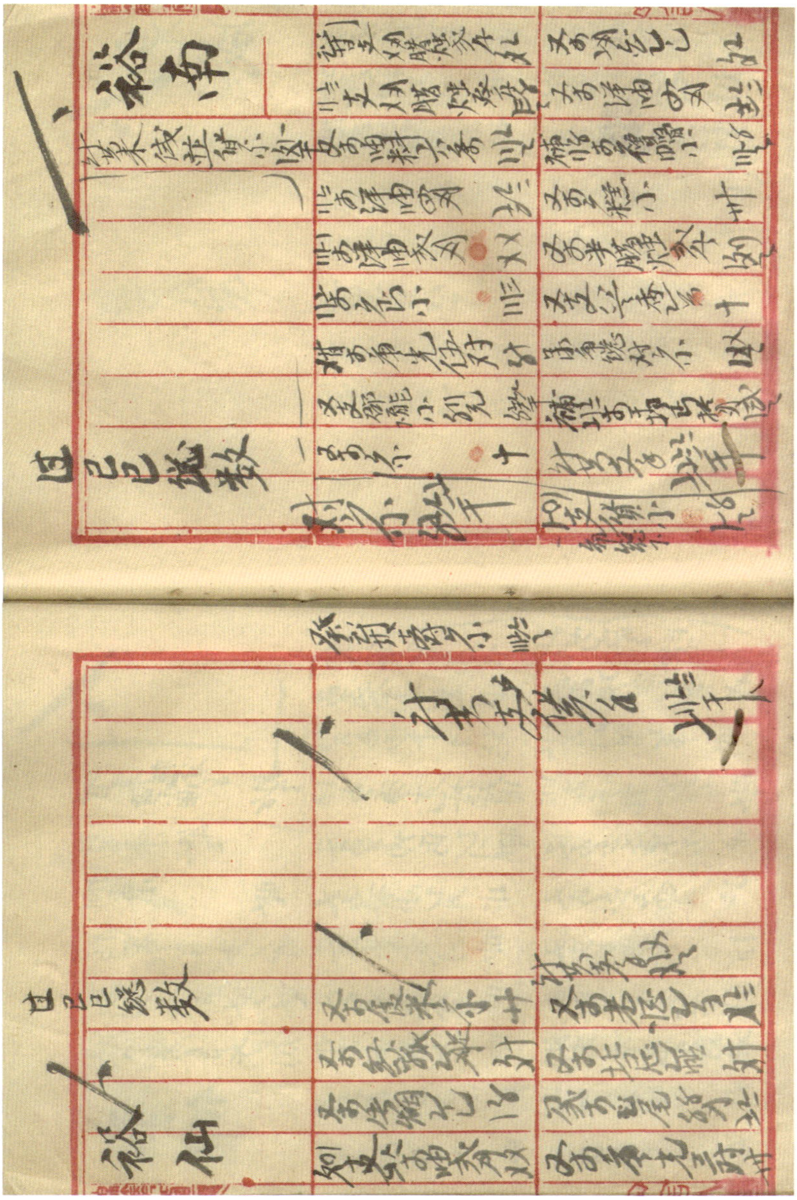

5-4-62-49　民國二十一年鄭福昌記本鄉總目（四九）

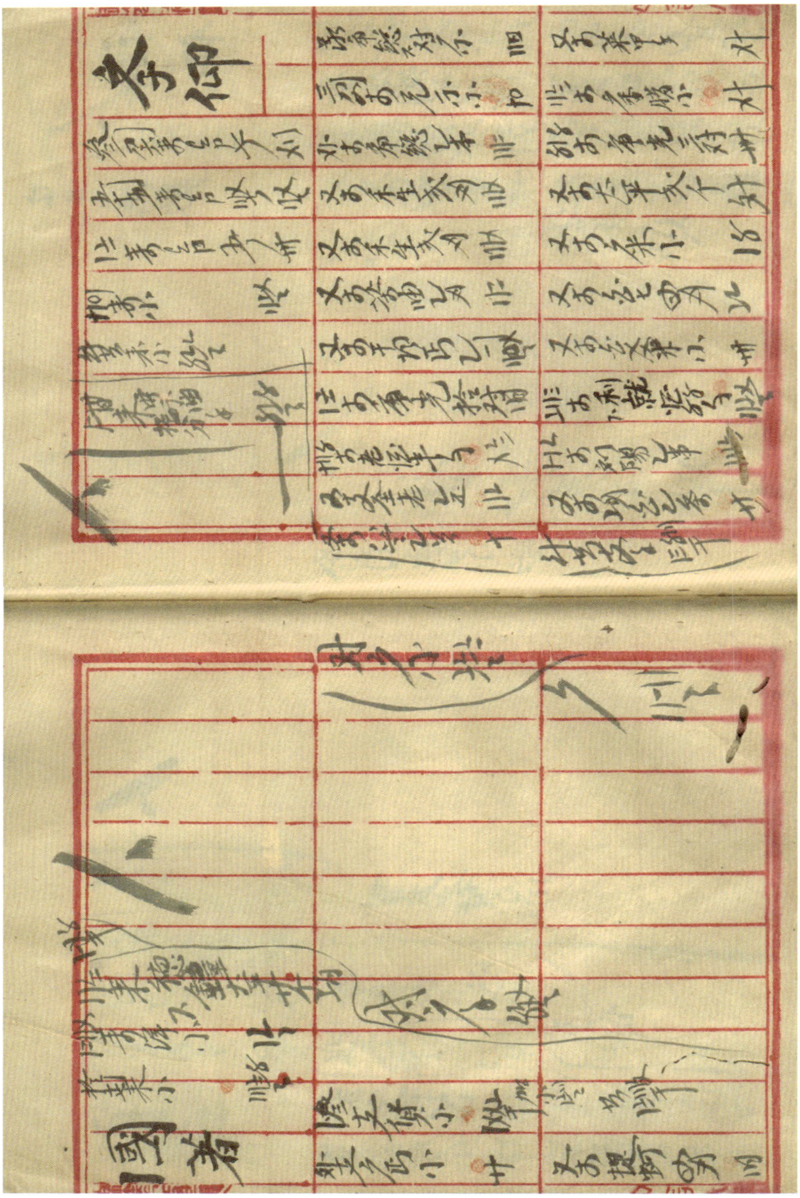

5-4-62-50　民國二十一年鄭福昌記本鄉總目（五〇）

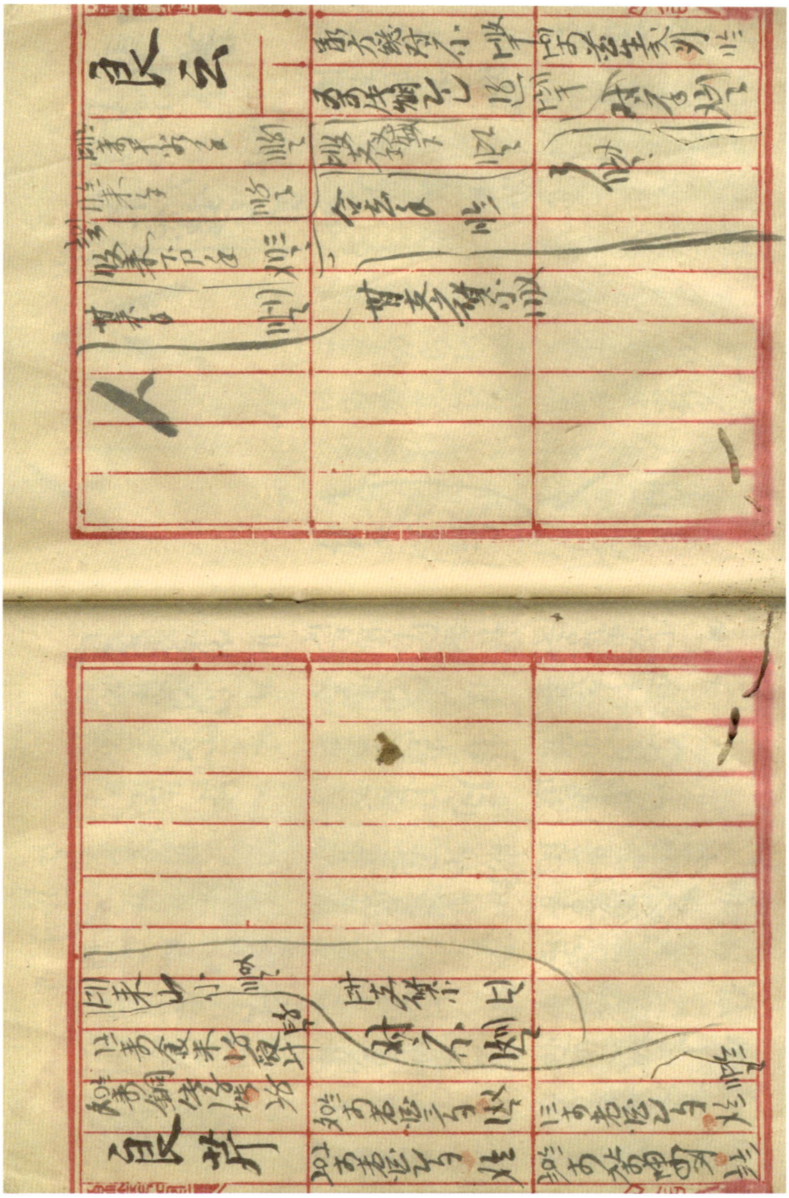

5-4-62-51　民國二十一年鄭福昌記本鄉總目（五一）

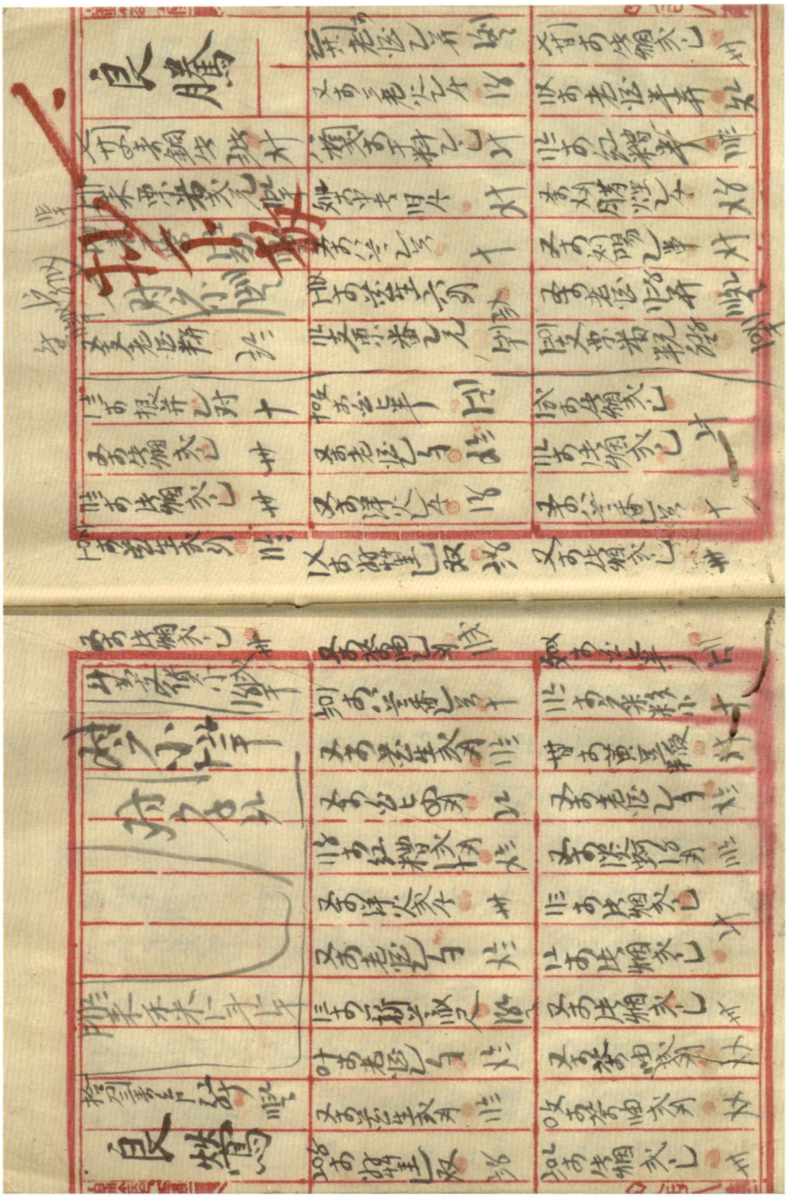

5-4-62-52　民國二十一年鄭福昌記本鄉總目（五二）

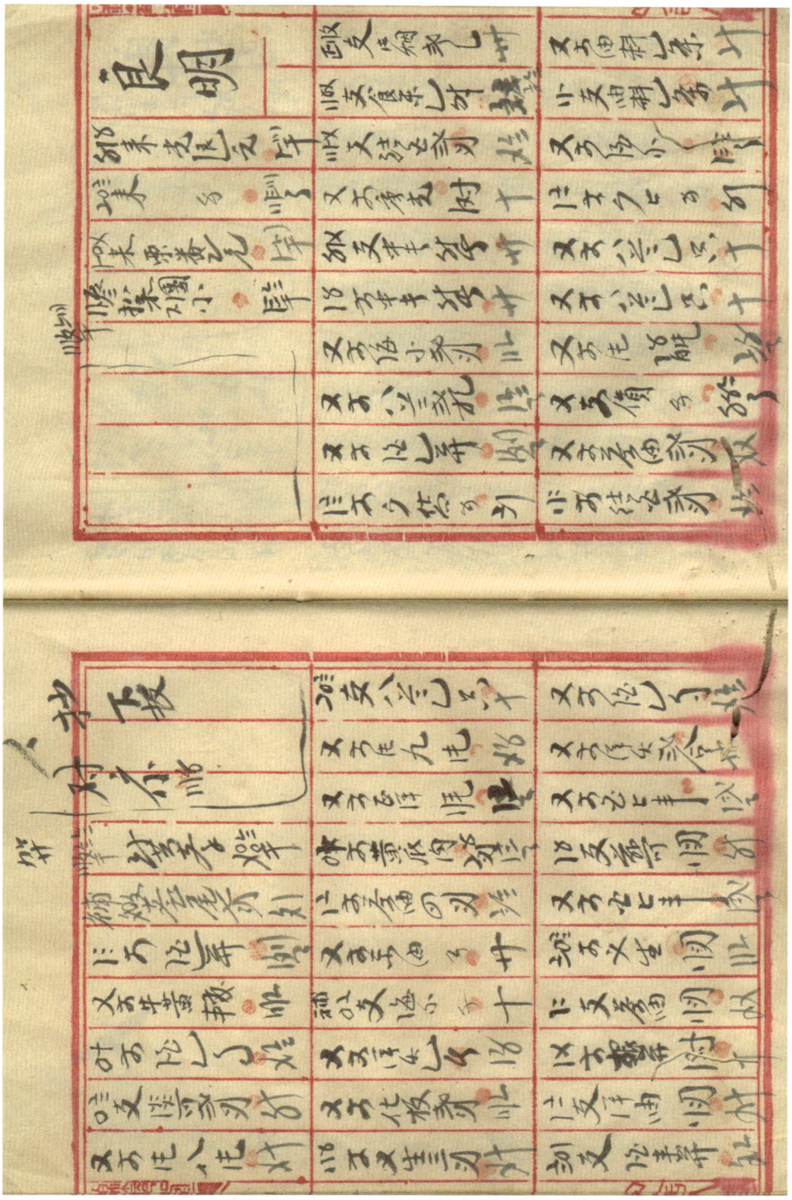
良明
下坂

5-4-62-53　民國二十一年鄭福昌記本鄉總目（五三）

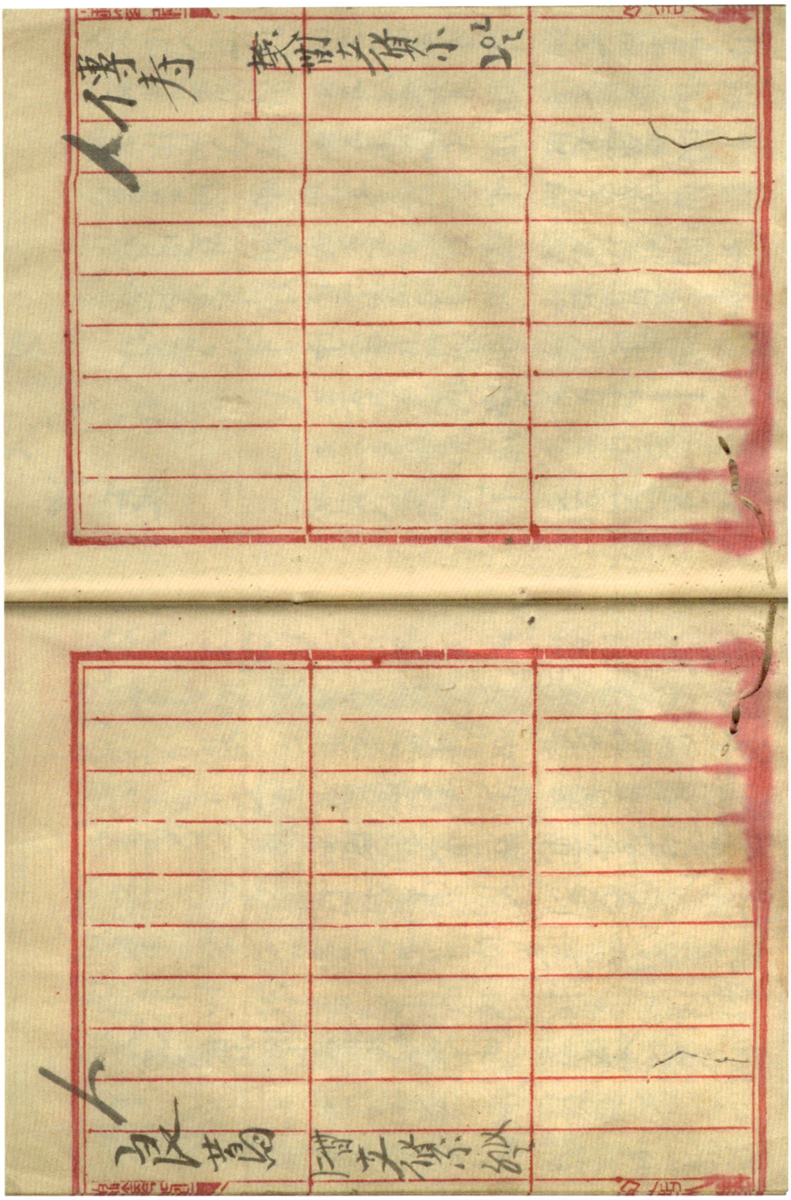

5-4-62-54　民國二十一年鄭福昌記本鄉總目（五四）

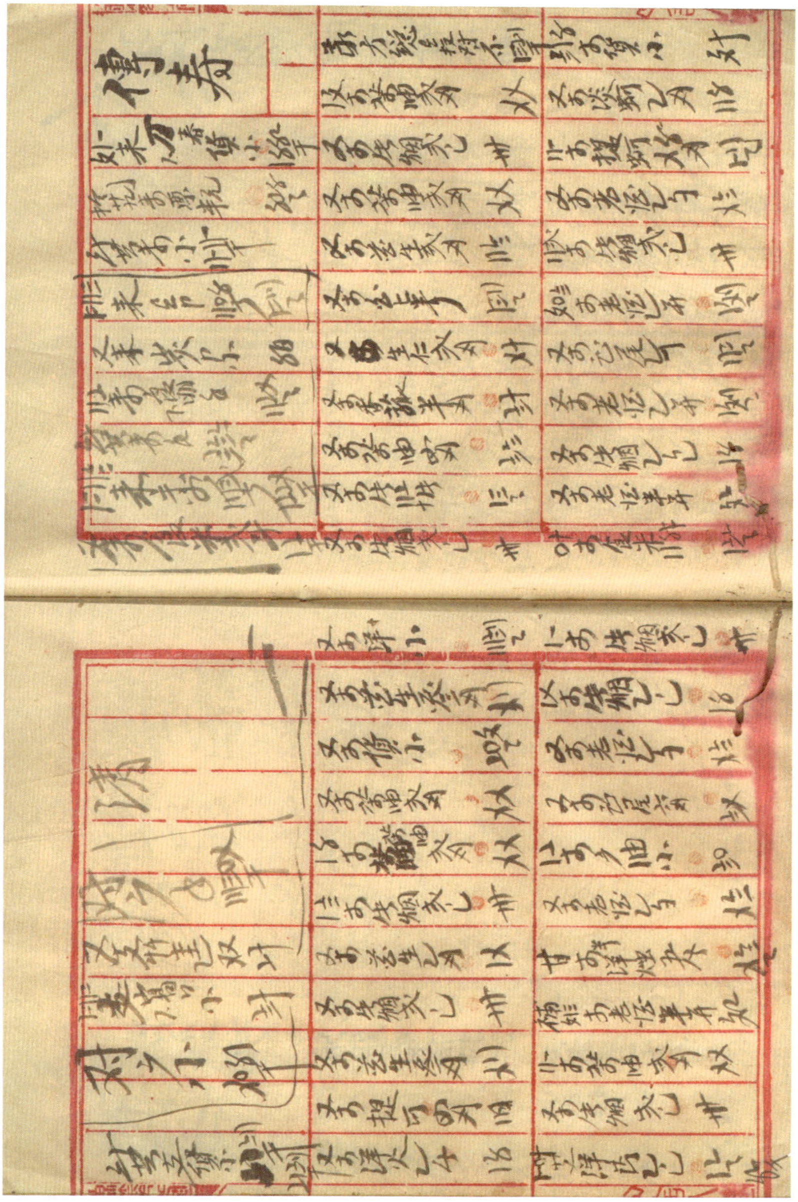

5-4-62-55 民國二十一年鄭福昌記本鄉總目（五五）

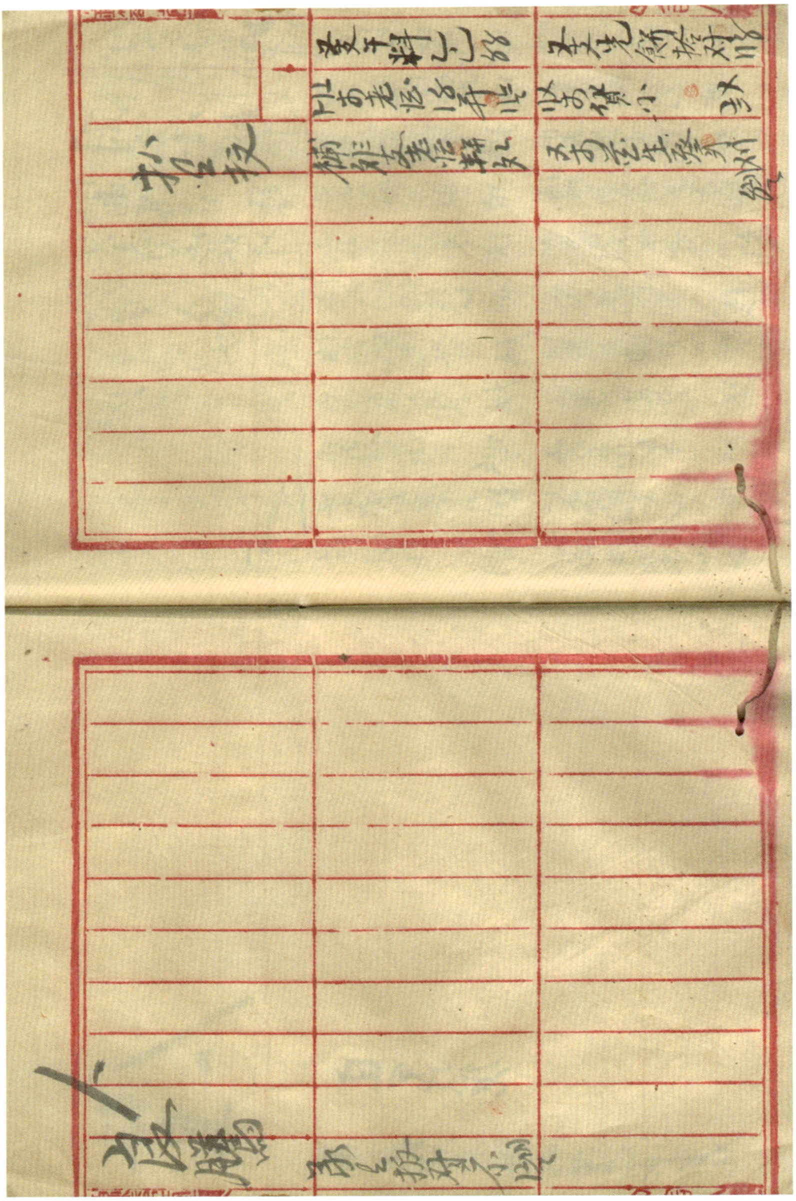

5-4-62-56　民國二十一年鄭福昌記本鄉總目（五六）

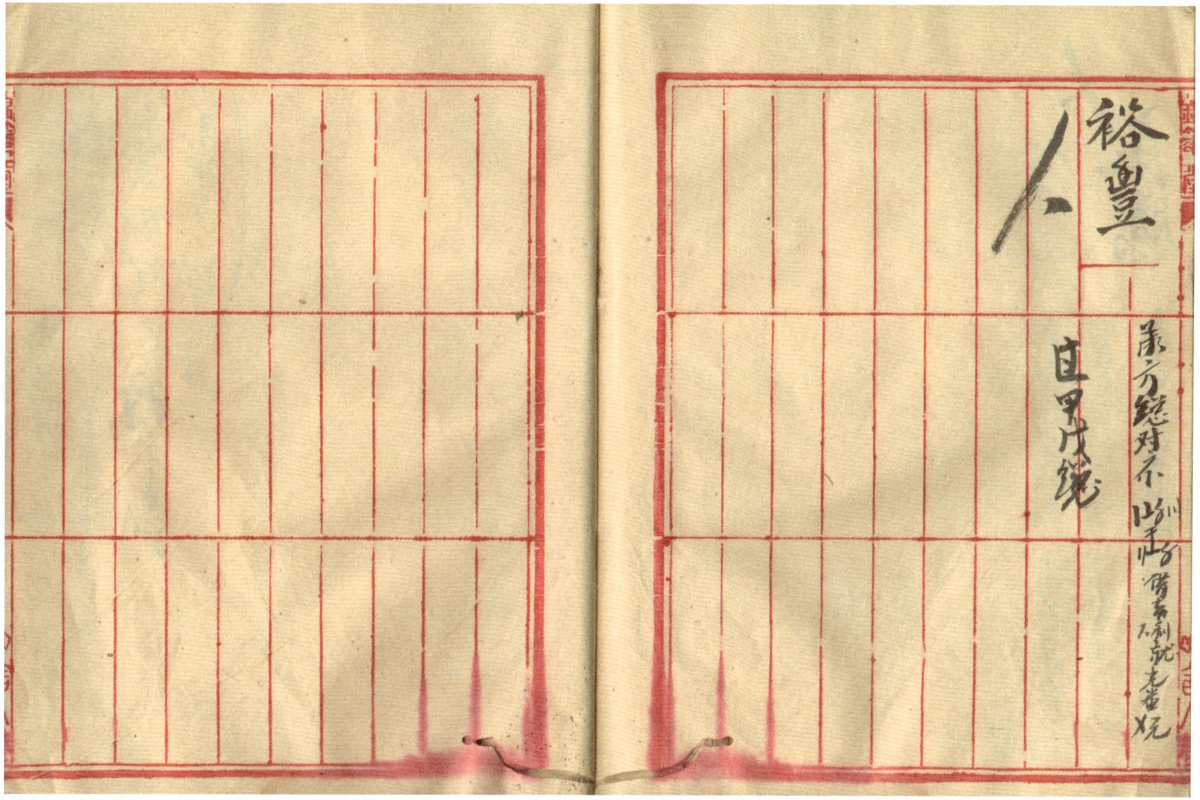

5-4-62-57　民國二十一年鄭福昌記本鄉總目（五七）

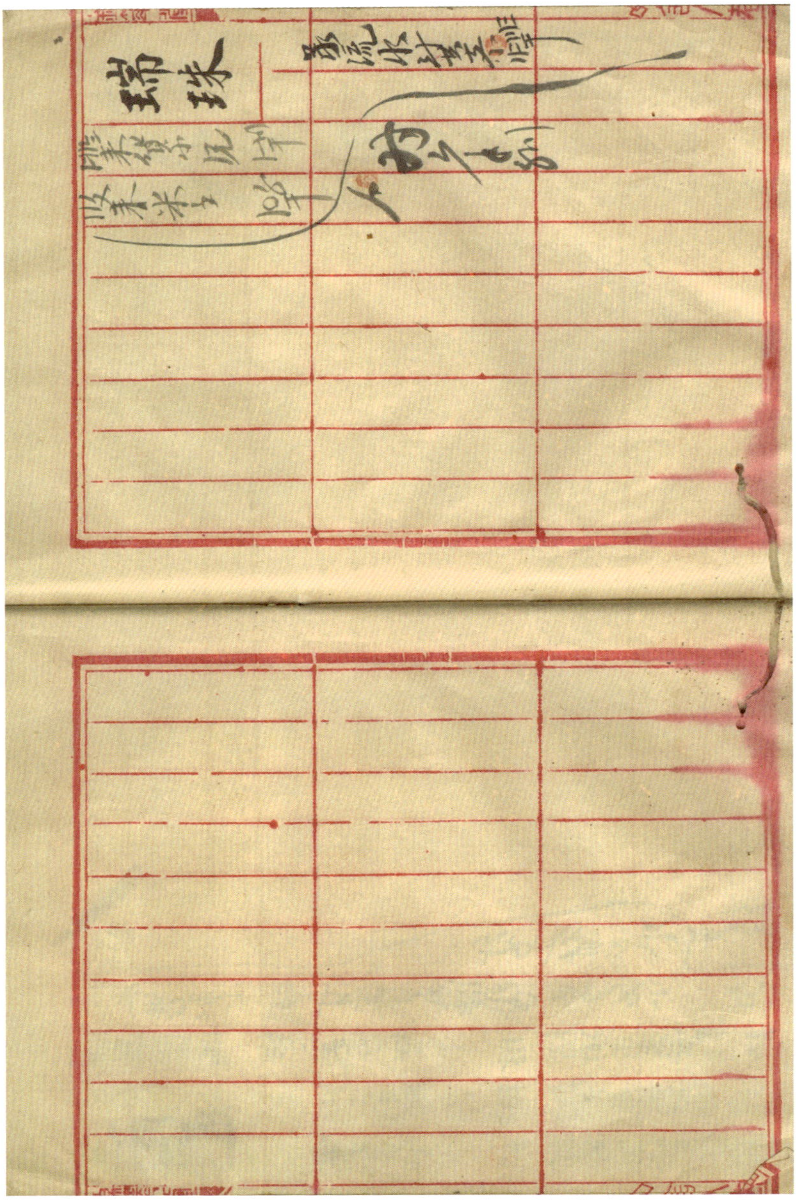

5-4-62-58　民國二十一年鄭福昌記本鄉總目（五八）

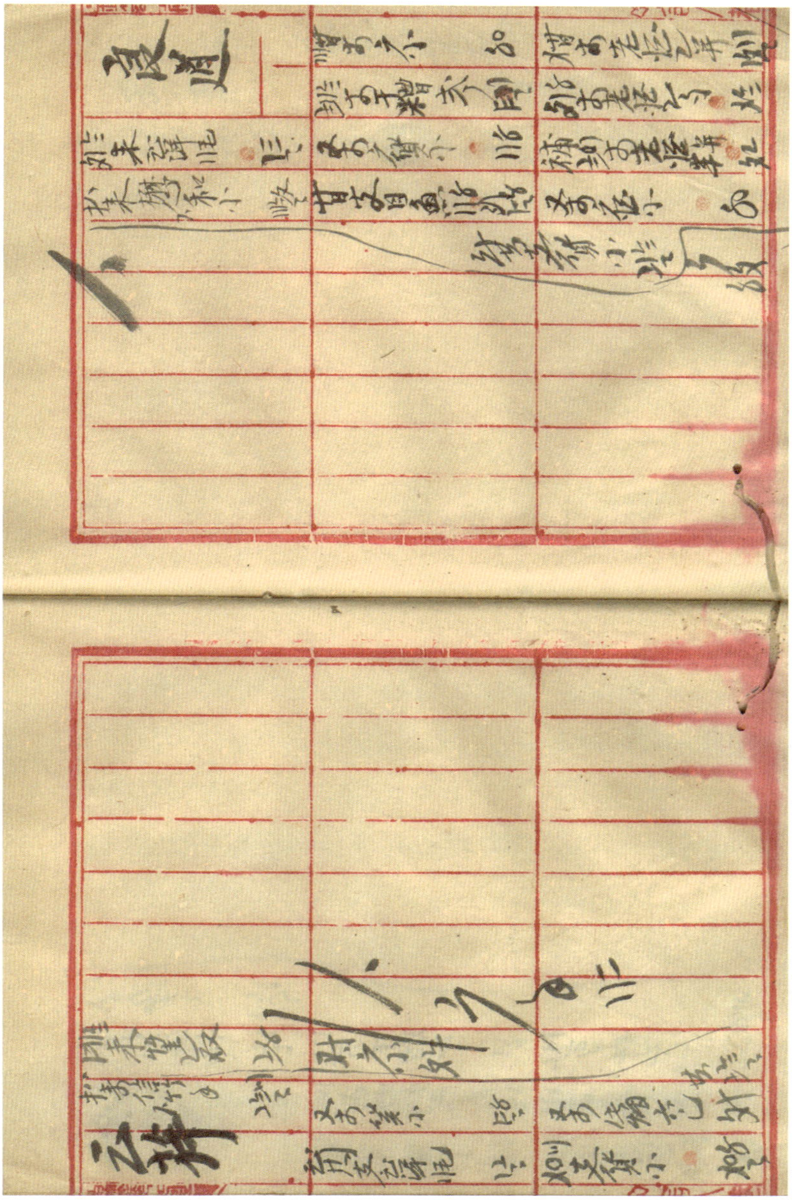

5-4-62-59　民國二十一年鄭福昌記本鄉總日（五九）

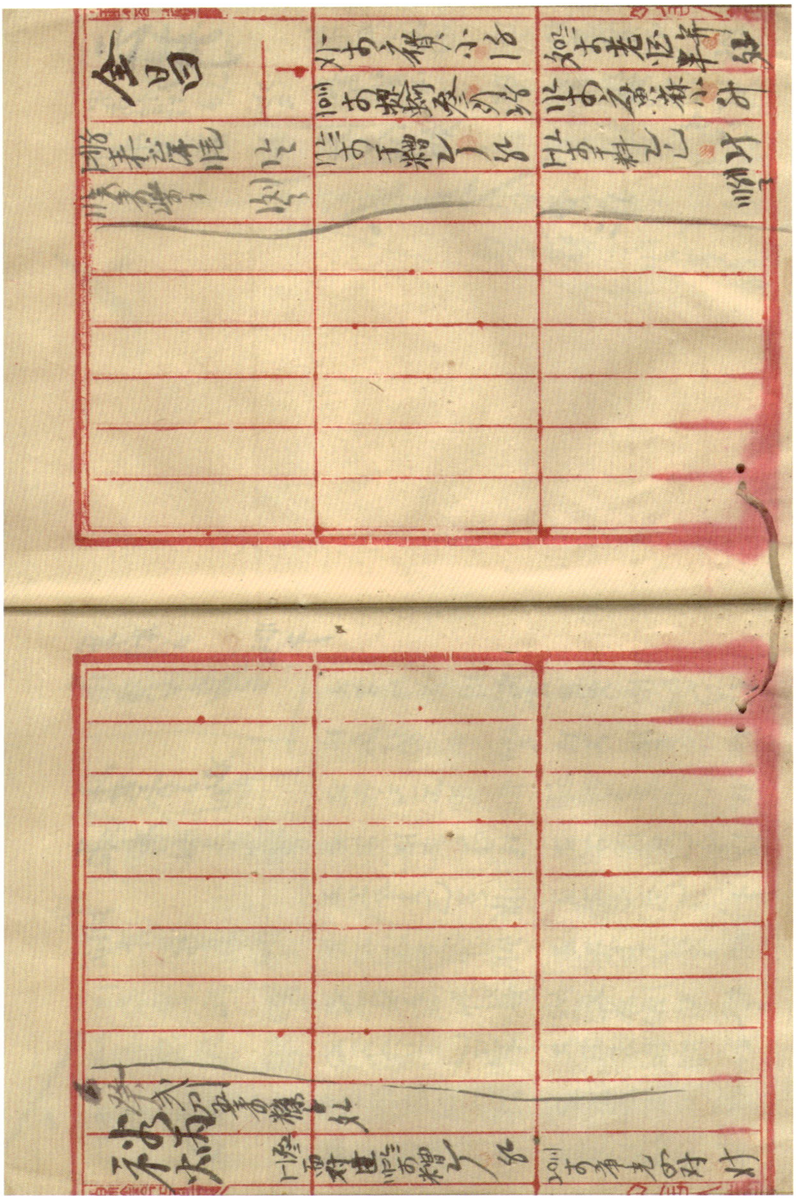

5-4-62-60　民國二十一年鄭福昌記本鄉總目（六〇）

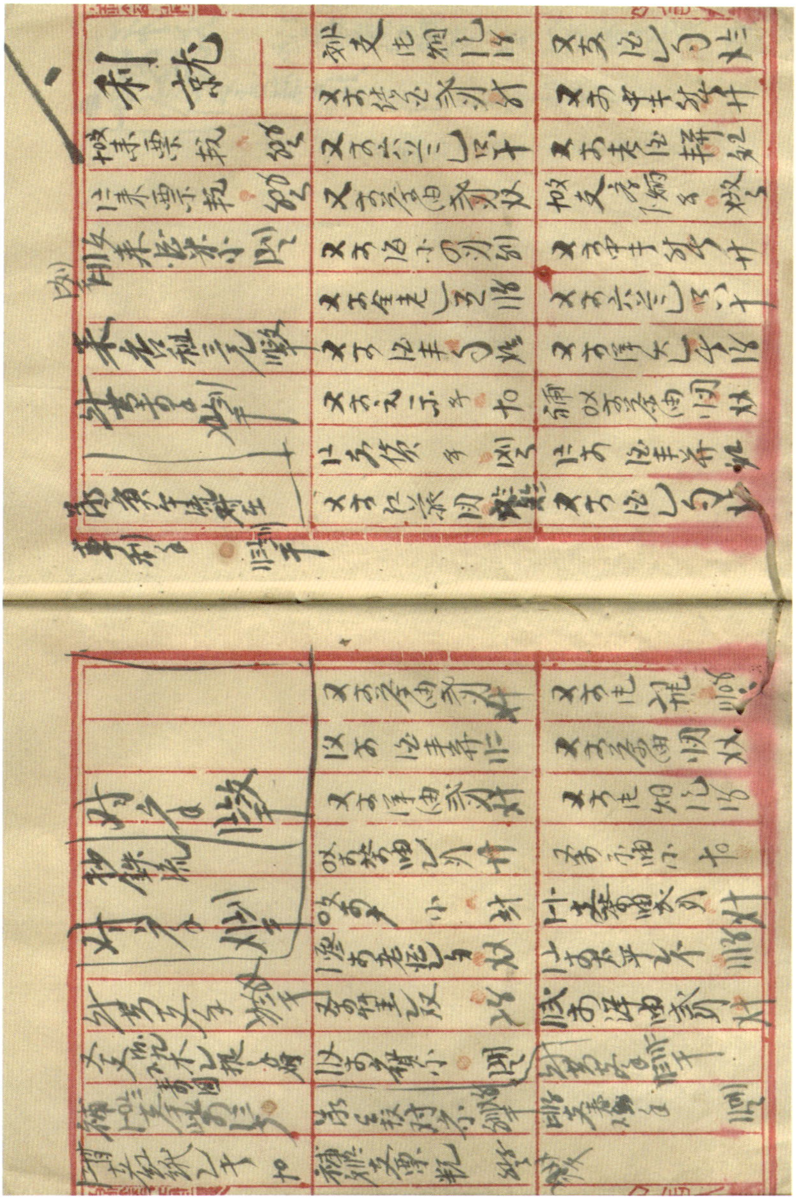

5-4-62-61　民國二十一年鄭福昌記本鄉總目（六一）

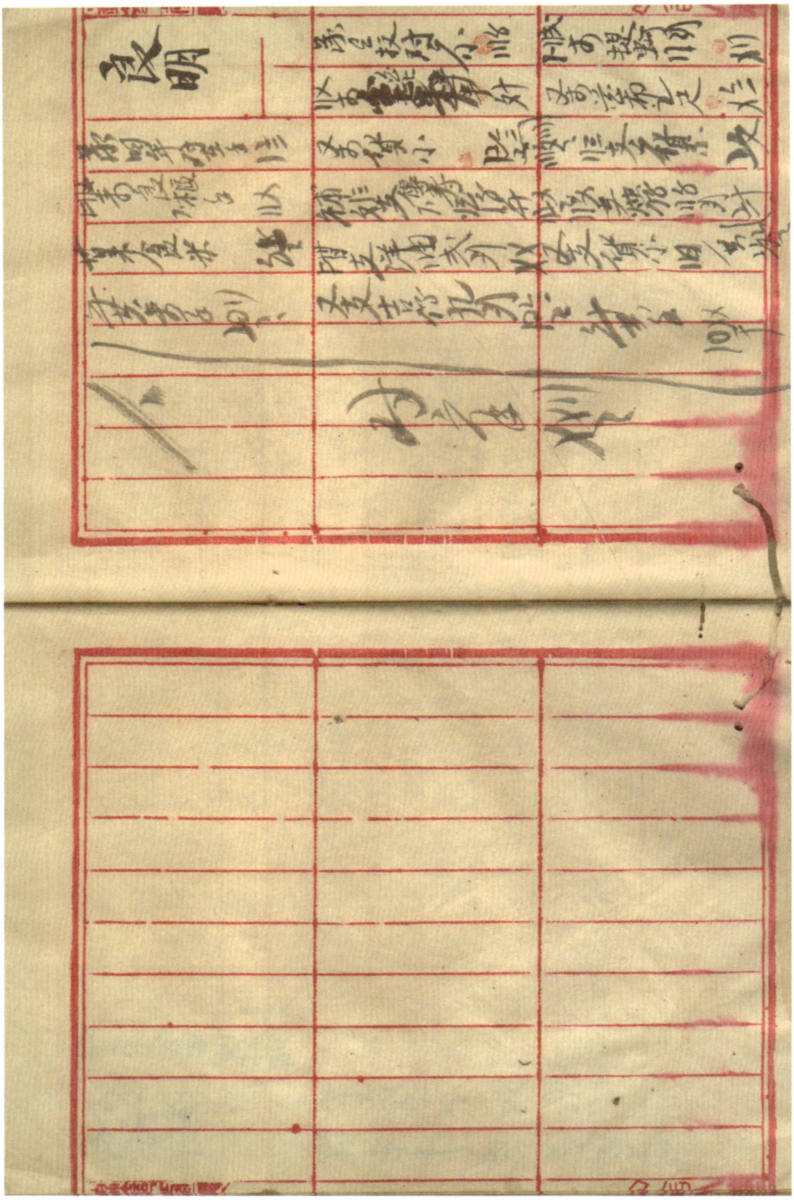

5-4-62-62　民國二十一年鄭福邑記木鄉總目（六二）

5-4-62-63　民國二十一年鄭福昌記本鄉總目（六三）

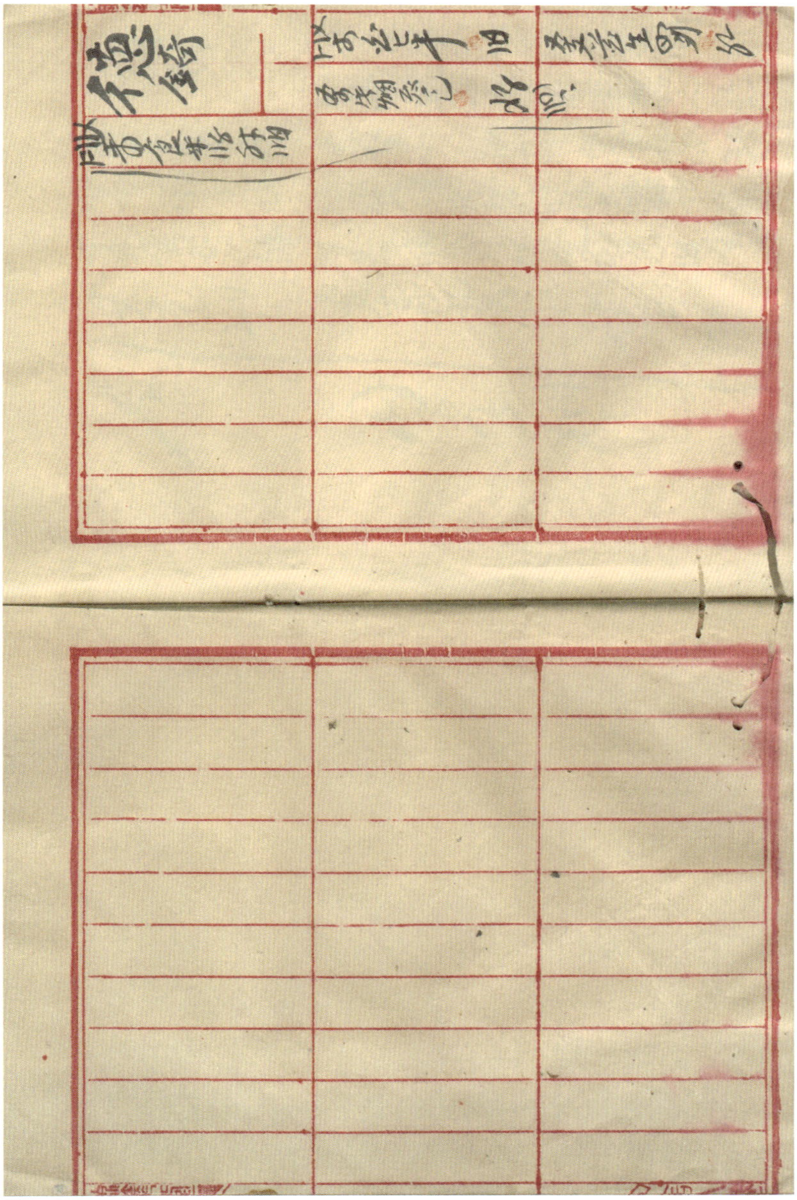

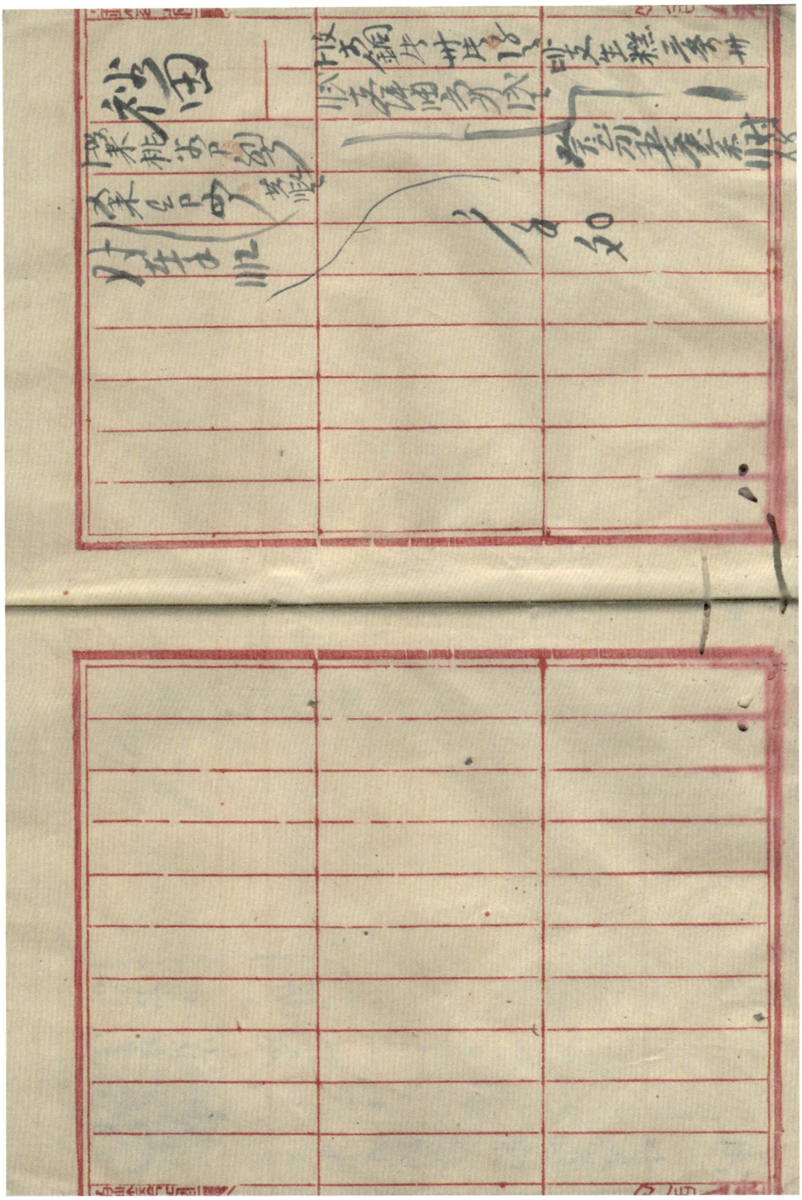

5-4-62-64　民國二十一年鄭福昌記本鄉總目（六四）

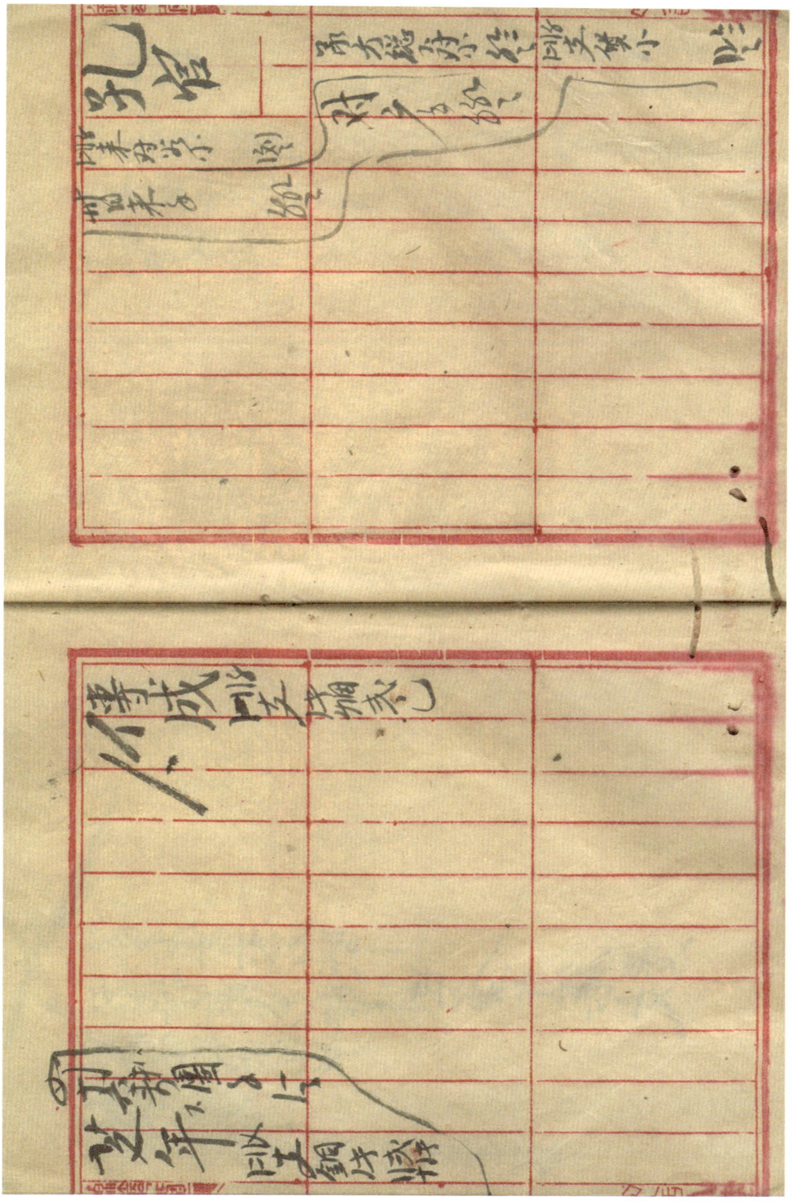

5-4-62-65　民國二十一年鄭福昌記本鄉總目（六五）

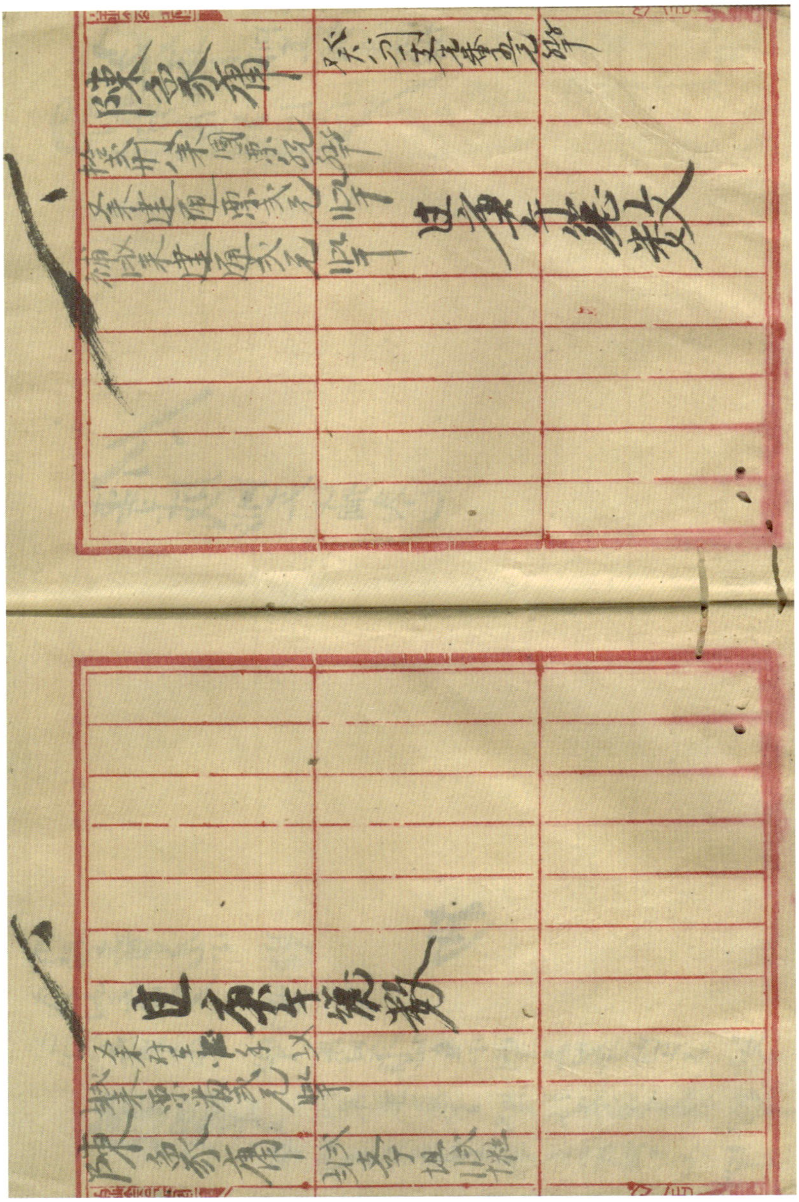

5-4-62-66　民國二十一年鄭福昌記本鄉總目（六六）

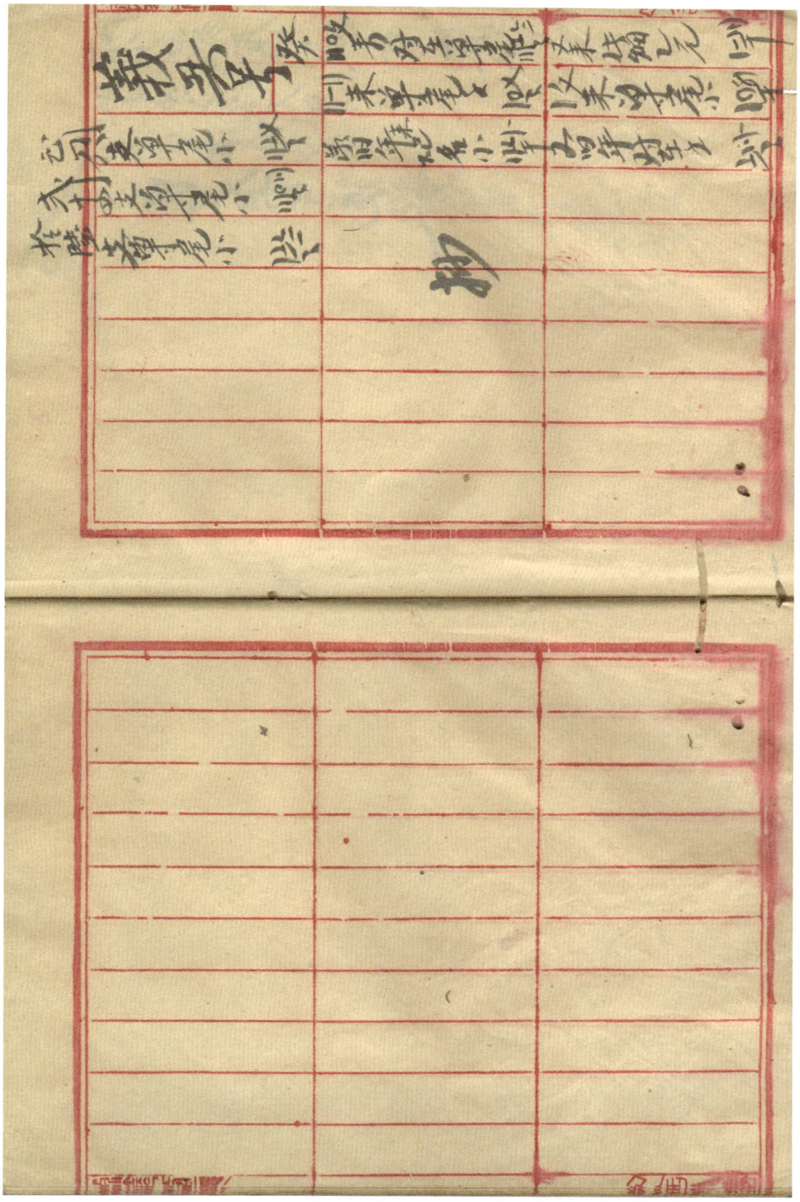

5-4-62-67　民國二十一年鄭福昌記本鄉總目（六七）

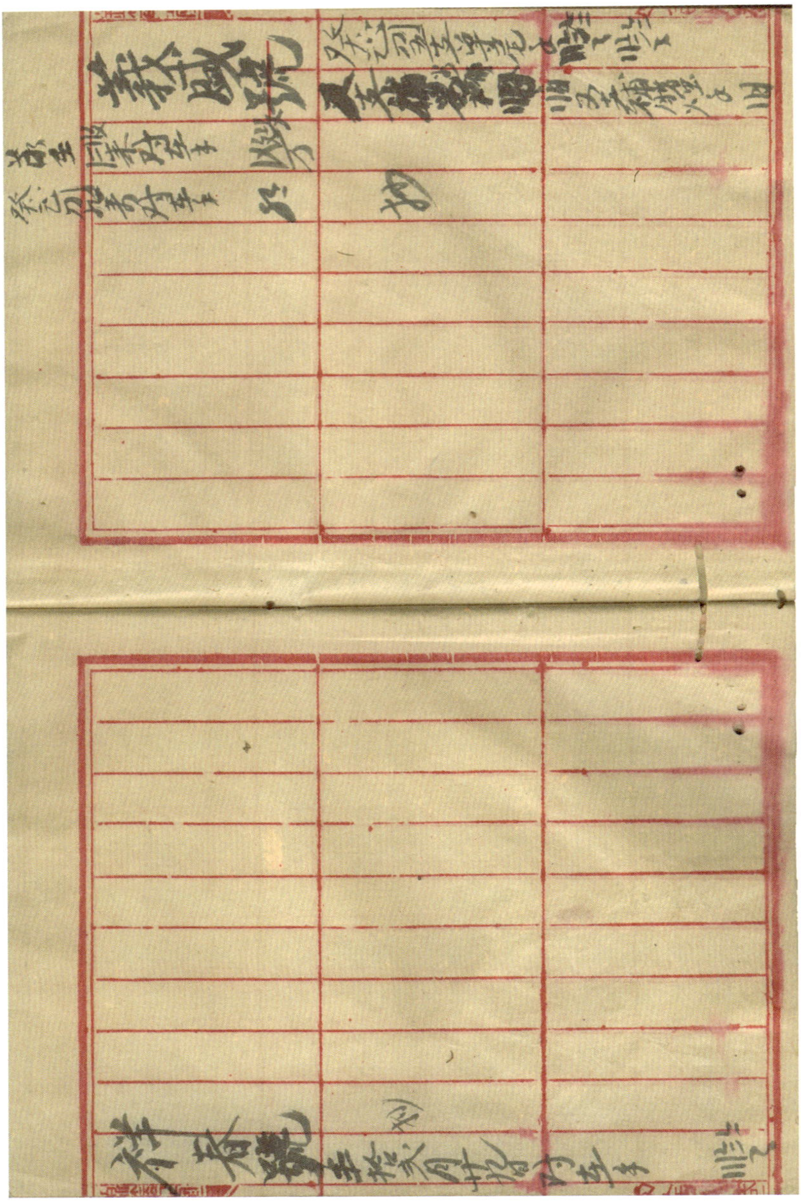

5-4-62-68　民國二十一年鄭福昌記本鄉總目（六八）

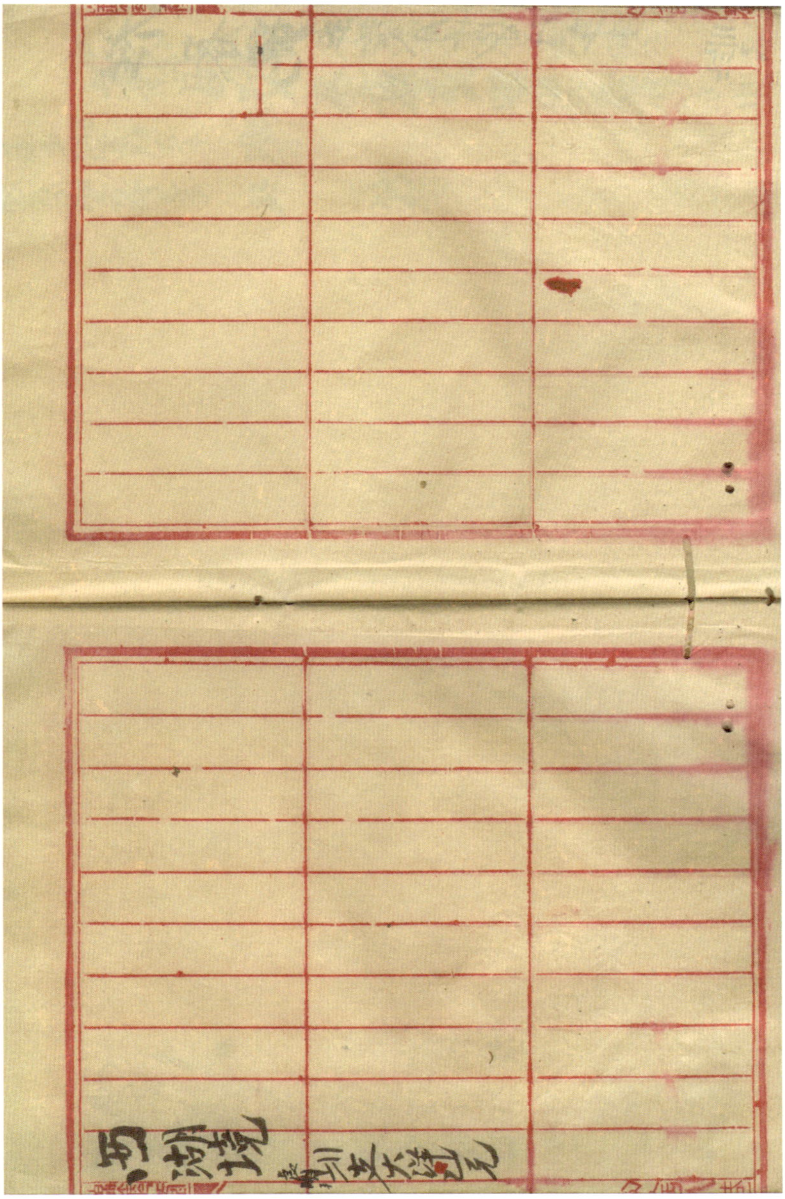

5-4-62-69　民國二十一年鄭福昌記本鄉總目（六九）

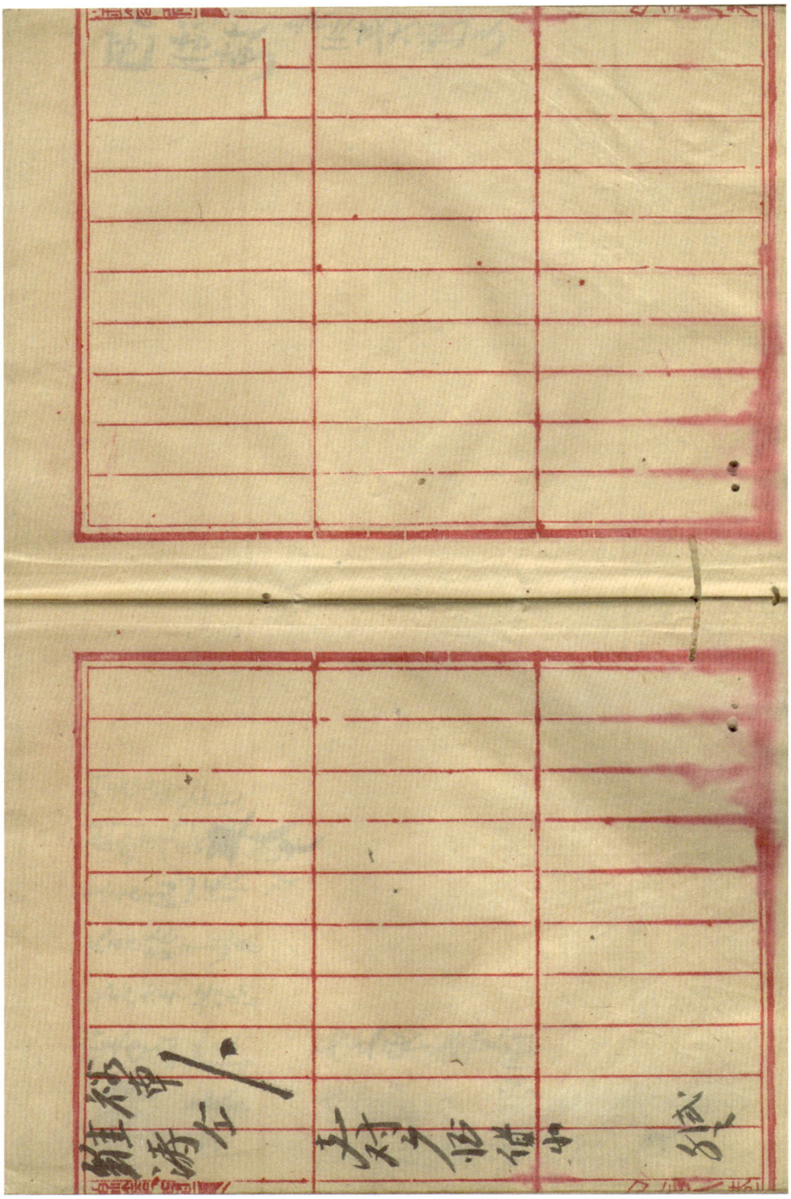

5-4-62-70　民國二十一年鄭福昌記本鄉總目（七〇）

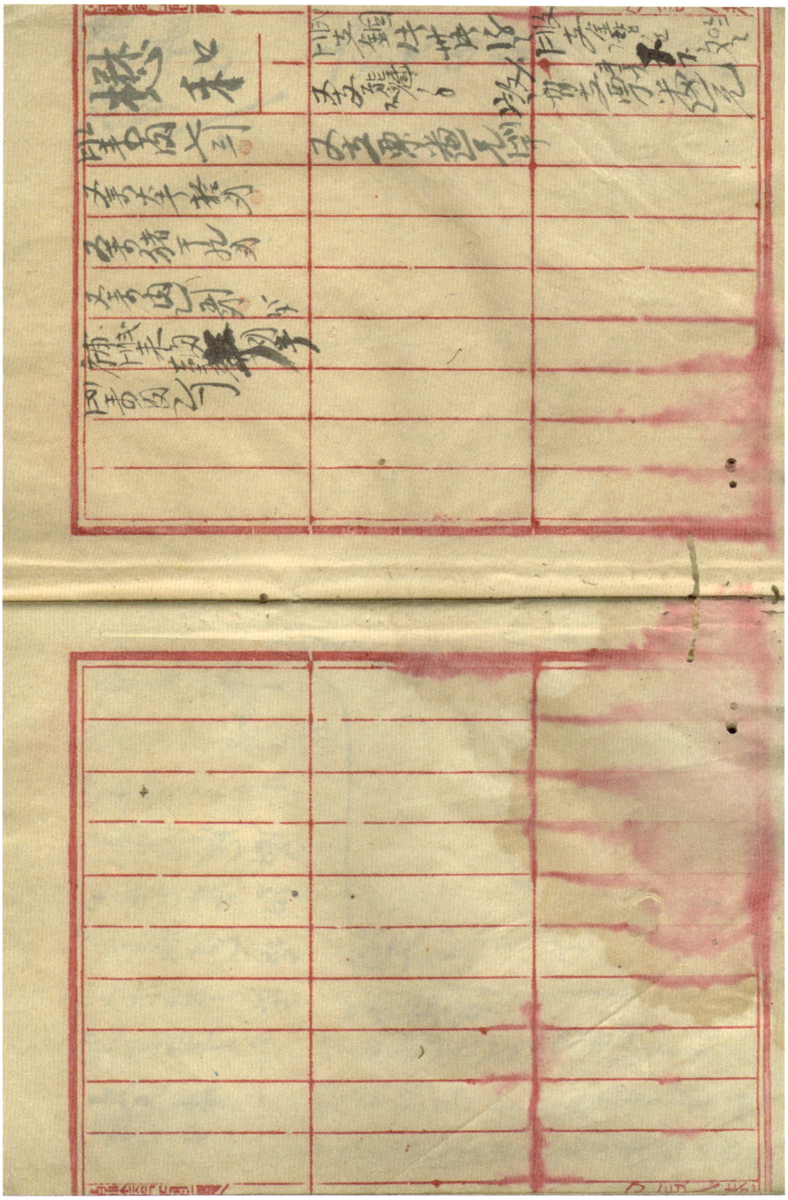

5-4-62-71　民國二十一年鄭福昌記本鄉總目（七一）

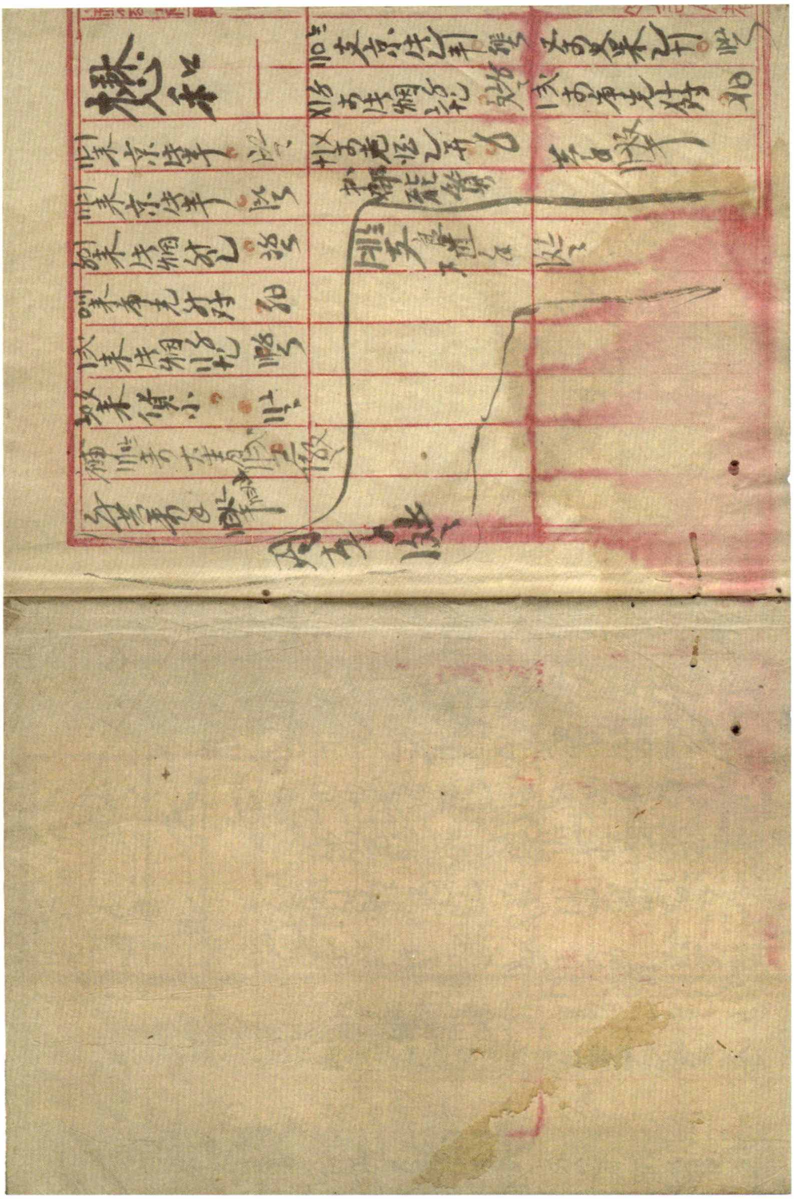

5-4-62-72　民國二十一年鄭福昌記本鄉總目（七二）

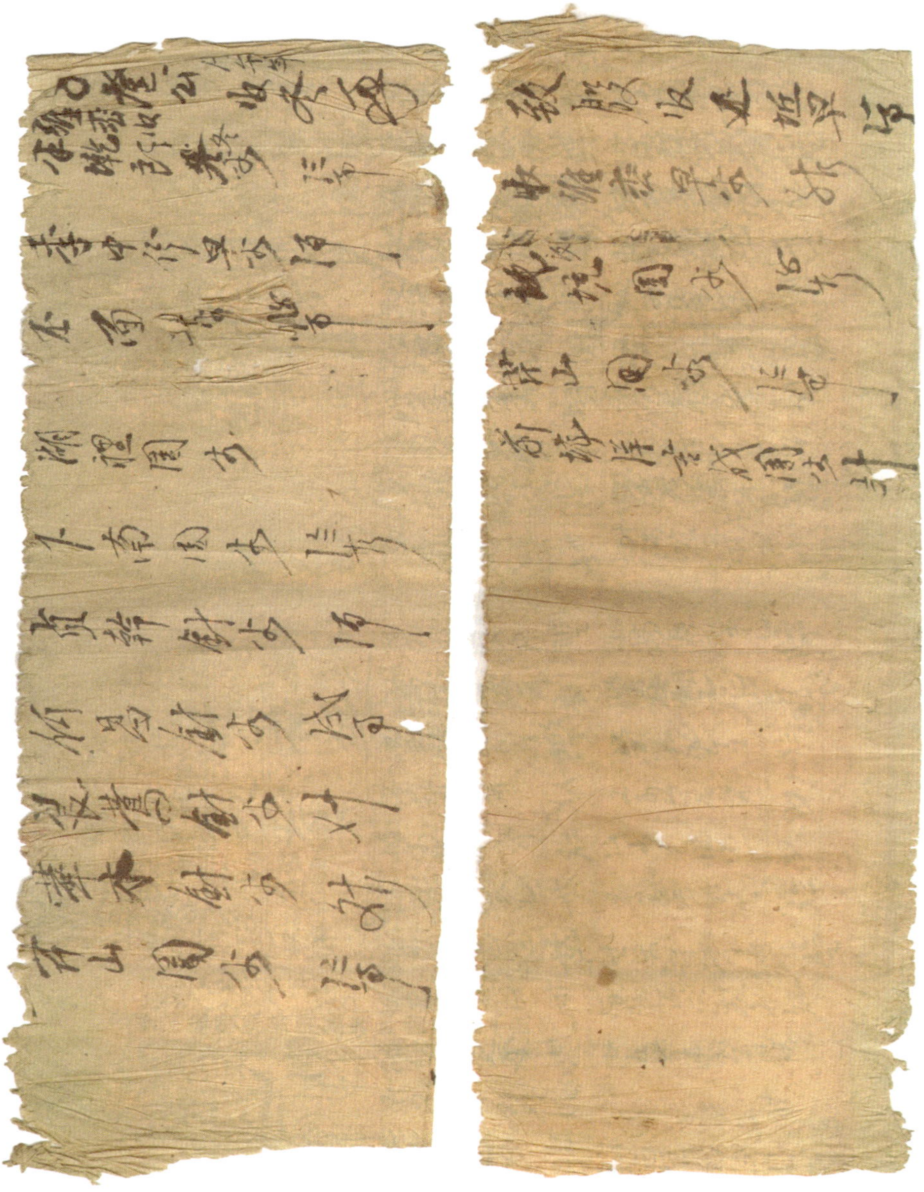

5-4-63-1　清代鄭氏家族收穀賬目

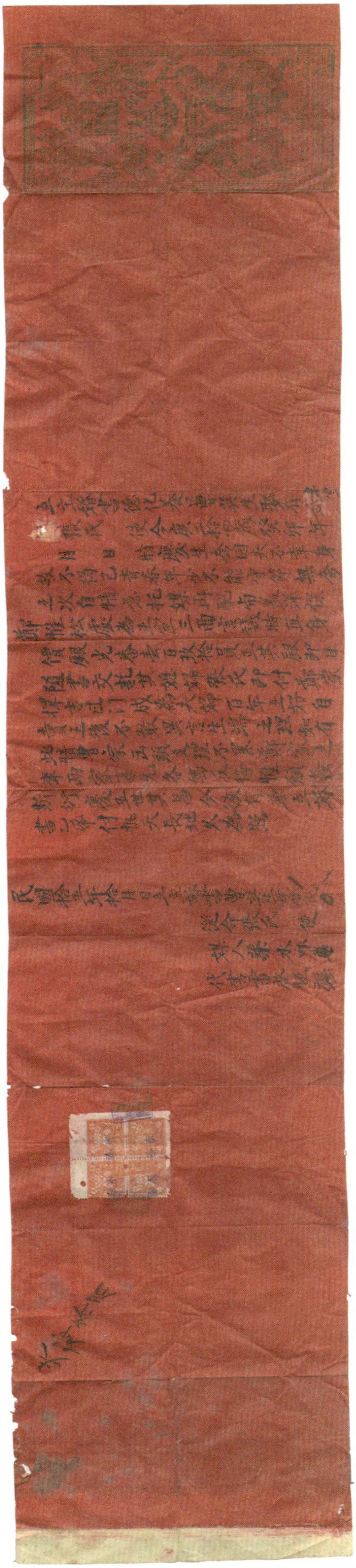

5-4-63-2　民國十五年十月黃氏立婚書

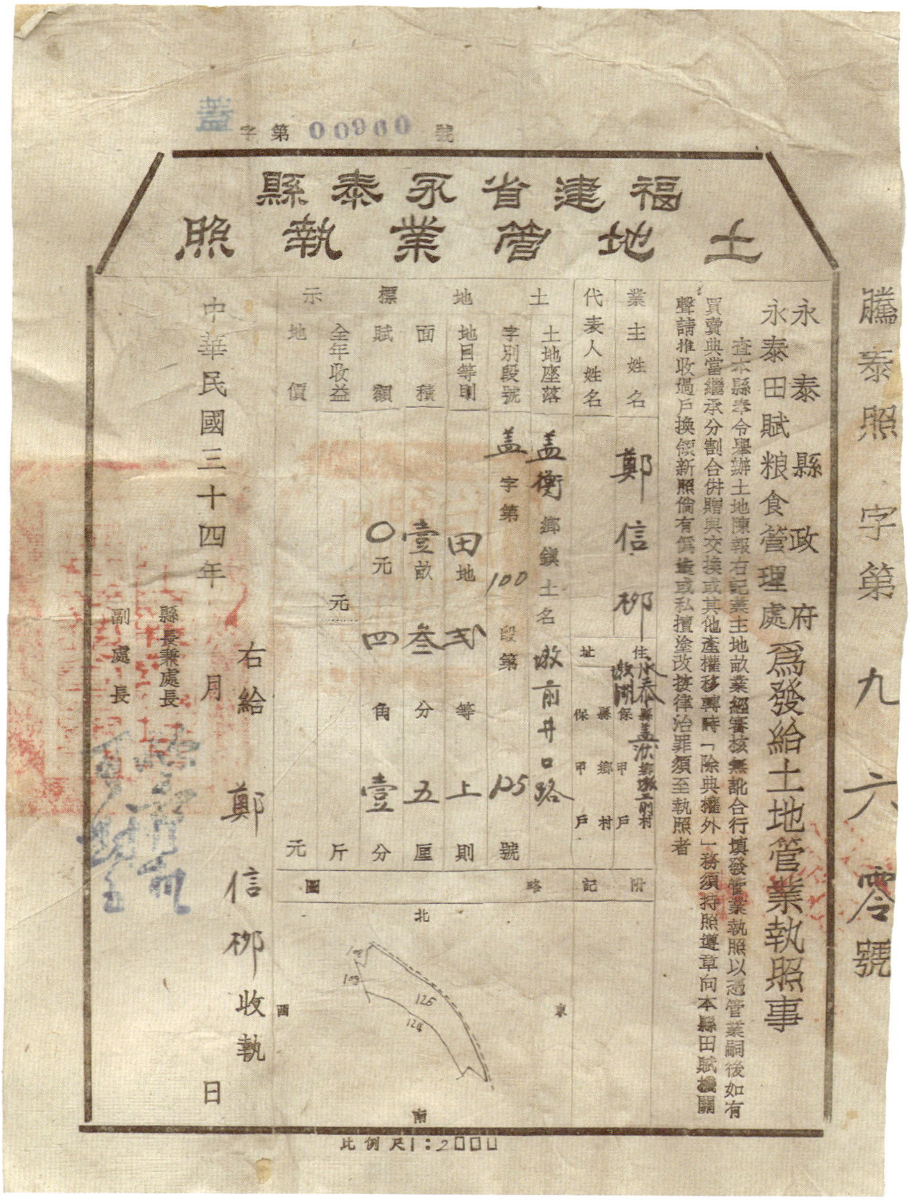
騰泰照字第九六零號

蓋字第00960號

福建省永泰縣
土地管業執照

永泰縣政府
永泰田賦粮食管理處 爲發給土地管業執照事

查本縣奉令舉辦土地陳報右記業主地畝業經審核無訛合行填發管業執照以憑管業嗣後如有買賣典當繼承分割合併贈與交換或其他產權移轉時「除典權外」務須持照遵章向本縣田賦機關聲請推收過戶換領新照倘有僞造或私擅塗改按律治罪須至執照者

業主姓名	鄭信柳	住址 永泰縣蓋洋鄉蓋峰村 保 甲 戶
代表人姓名		住址 縣 鄉 村 保 甲 戶

土地標示	
土地座落	蓋衡 鄉鎮 土名 墩前廿口路
字別段號	蓋 字第 100 段第 125 號
地目等則	田 地 弍 等 上 則
面積	壹 畝 叁 分 五 厘
賦額	0 元 四 角 壹 分
全年收益	元 斤
地價	元

附記

略圖 北 西 東 南

比例尺1:2000

右給 鄭信柳 收執

中華民國三十四年 月 日

縣長兼處長

副處長

5-4-63-3 民國三十四年鄭信柳户土地管業執照（一）

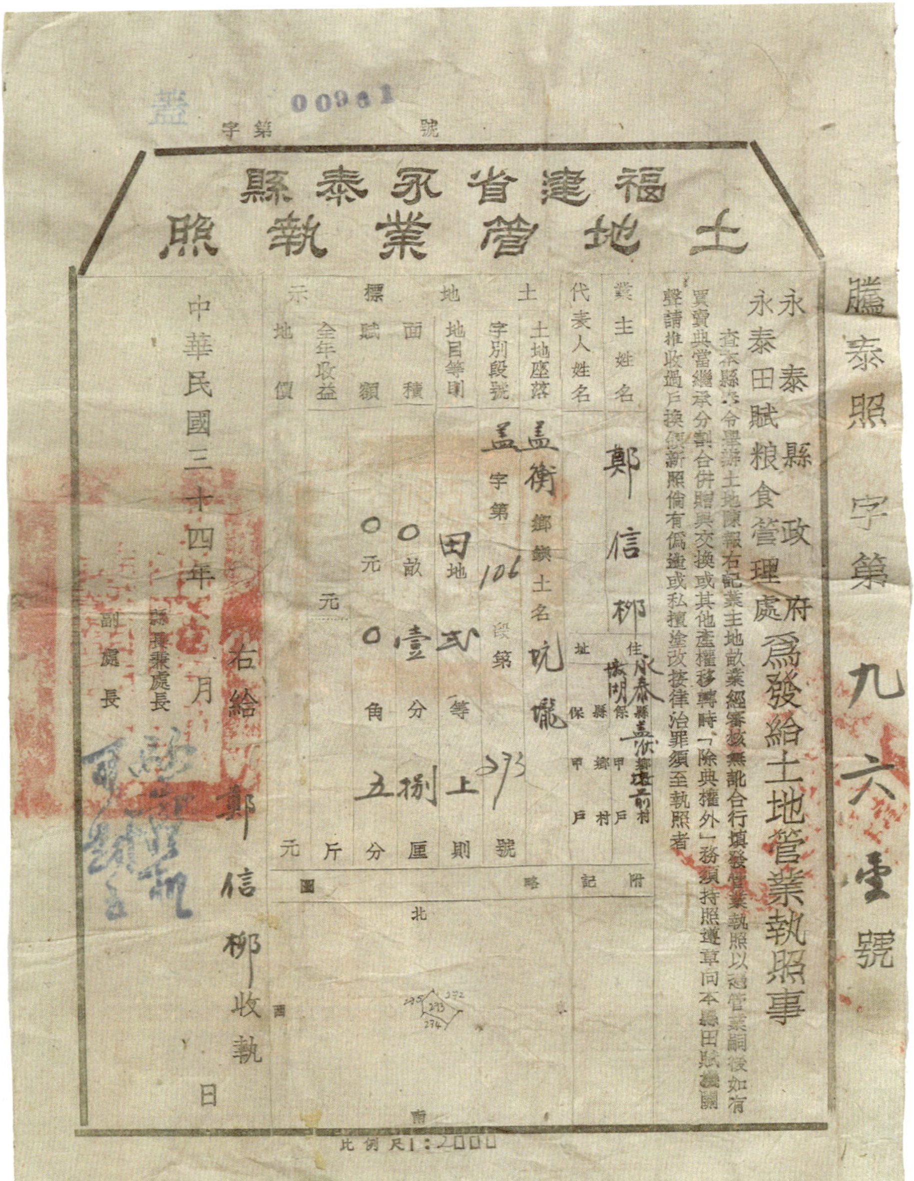

[illegible] 00961 字第 號

福建省永泰縣

土地管業執照

永泰縣政府
永泰田賦粮食管理處 為發給土地管業執照事

查本縣[illegible]令舉辦土地陳報右記業主地畝業經審核無訛合行填發管業執照以憑管業嗣後如有買賣典當繼承分割合併贈與交換或其他產權移轉時「除典權外」務須持照遵章向本縣田賦機關聲請推收過戶換領新照倘有僞造或私擅塗改按律治罪須至執照者

業主姓名	鄭信柳
代表人姓名	
住址	永泰縣盖洋鄉壠前村 保 甲 戶

土地標示	
土地座落	盖衛鄉鎮土名坑[illegible]
字別段號	盖字第106段第273號
地目等則	田地式等上則
面積	〇畝壹分捌厘
賦額	〇元〇角五分
全年收益	元 斤
地價	元

附記

略圖

比例尺 1:2000

右給鄭信柳收執

處長
副處長

中華民國三十四年 月 日

騰泰照字第九六壹號

5-4-63-4　民國三十四年鄭信柳户土地管業執照（二）

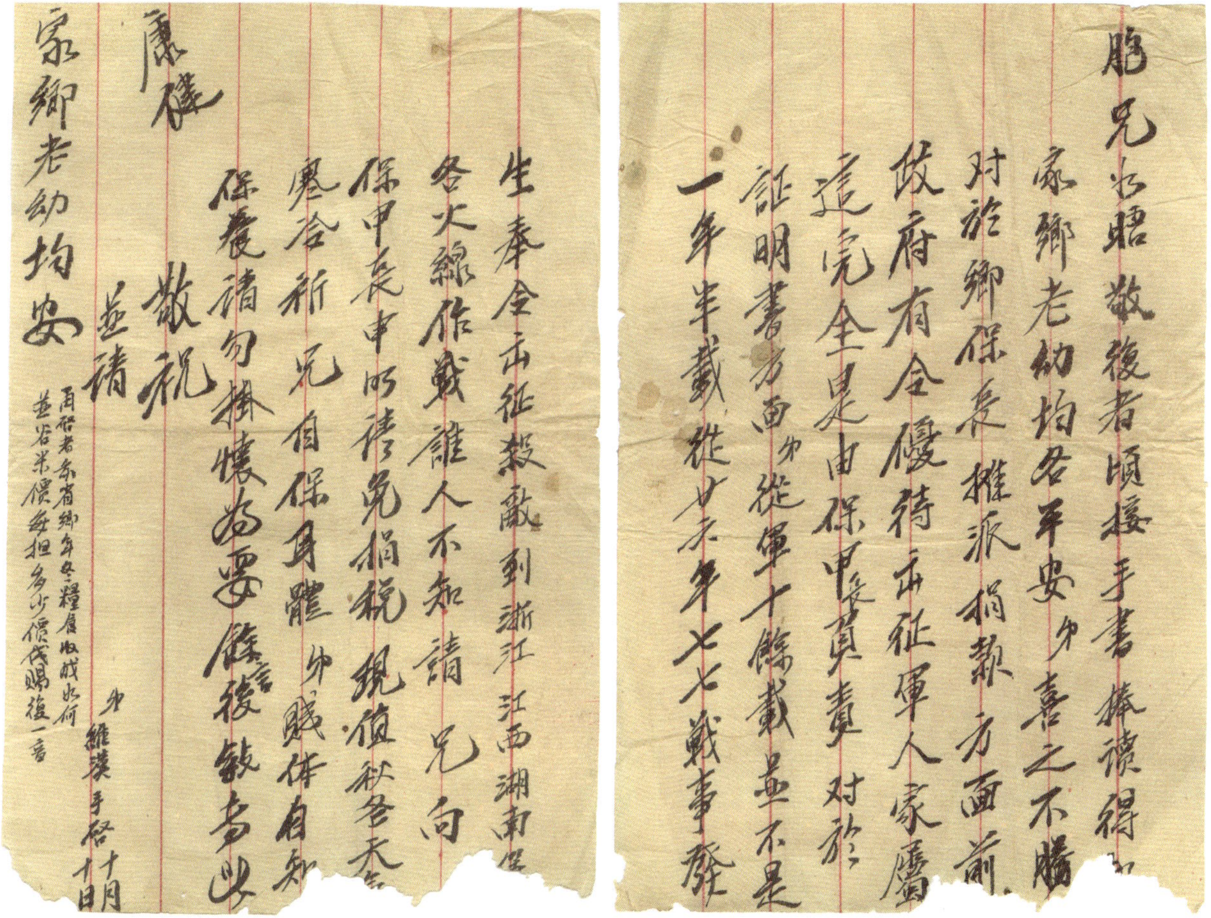

胞兄如晤，敬複者，頃接手書，捧讀得知
家鄉老幼均各平安，弟喜之不勝。
对於鄉保長攤派捐款方面，前
政府有令優待出征軍人家屬，
這完全是由保甲長負責。对於
証明書方面，弟從軍十餘載，並不是
一年半載，從廿六年七七戰事發
生，奉令出征殺敵，到浙江、江西、湖南[illegible]
各大線作戰，誰人不知。請兄向
保甲長申明，請免捐税。現值秋冬天氣
寒冷，祈兄自保身體，弟賤体自知
保養，請勿掛懷為要。餘言後敘，專此
敬祝
康健
並請
家鄉老幼均安
弟 維漢 手啓 十月十日
再啓者，本省鄉年冬糧食收成如何，
並谷米價每担多少價錢，賜復一音。

5-4-63-5　民國時期鄭維漢致胞兄書信

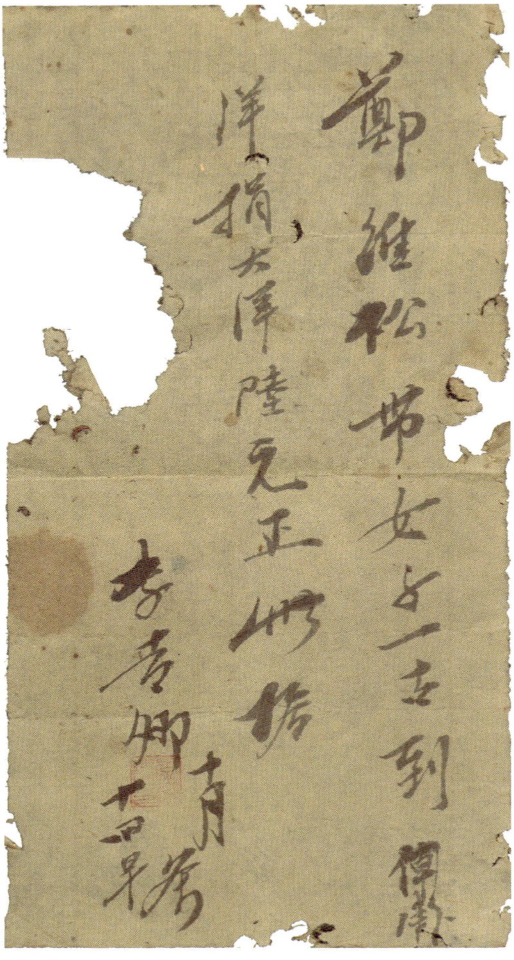
鄭維松帶女子一吉到[illegible]
洋捐大洋陸元正收據
李吉卿
十月十四日具

5-4-63-6　民國時期李吉卿立收大洋字

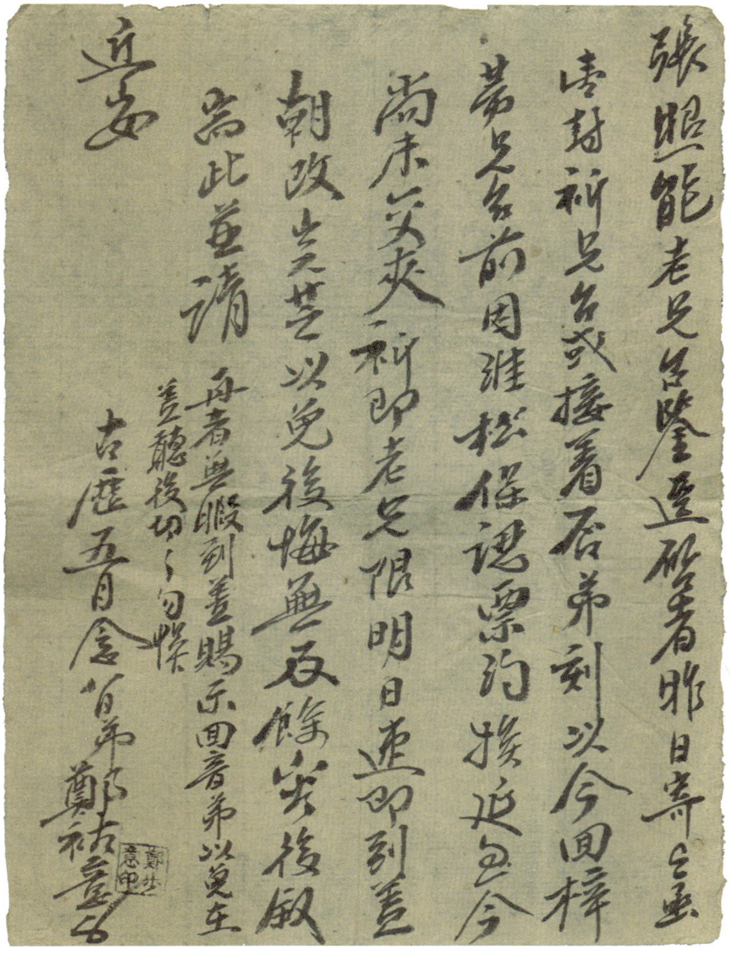

張照能老兄台鑒：逕啟者，昨日寄上一函，諒封祈兄台或接着，啟弟到以今回梓，弟兄台前因維松保證票約挨延至今尚未交來，祈即老兄限明日速即到蓋朝收出來，以免後悔無及。餘容後敘。專此並請
近安
再者無暇到蓋，賜示回音，弟以免走蓋聽候，切切勿誤。
古曆五月念[illegible] 弟鄭祐意 書
鄭祐意印

5-4-63-7　民國時期鄭祐意致張照能書信

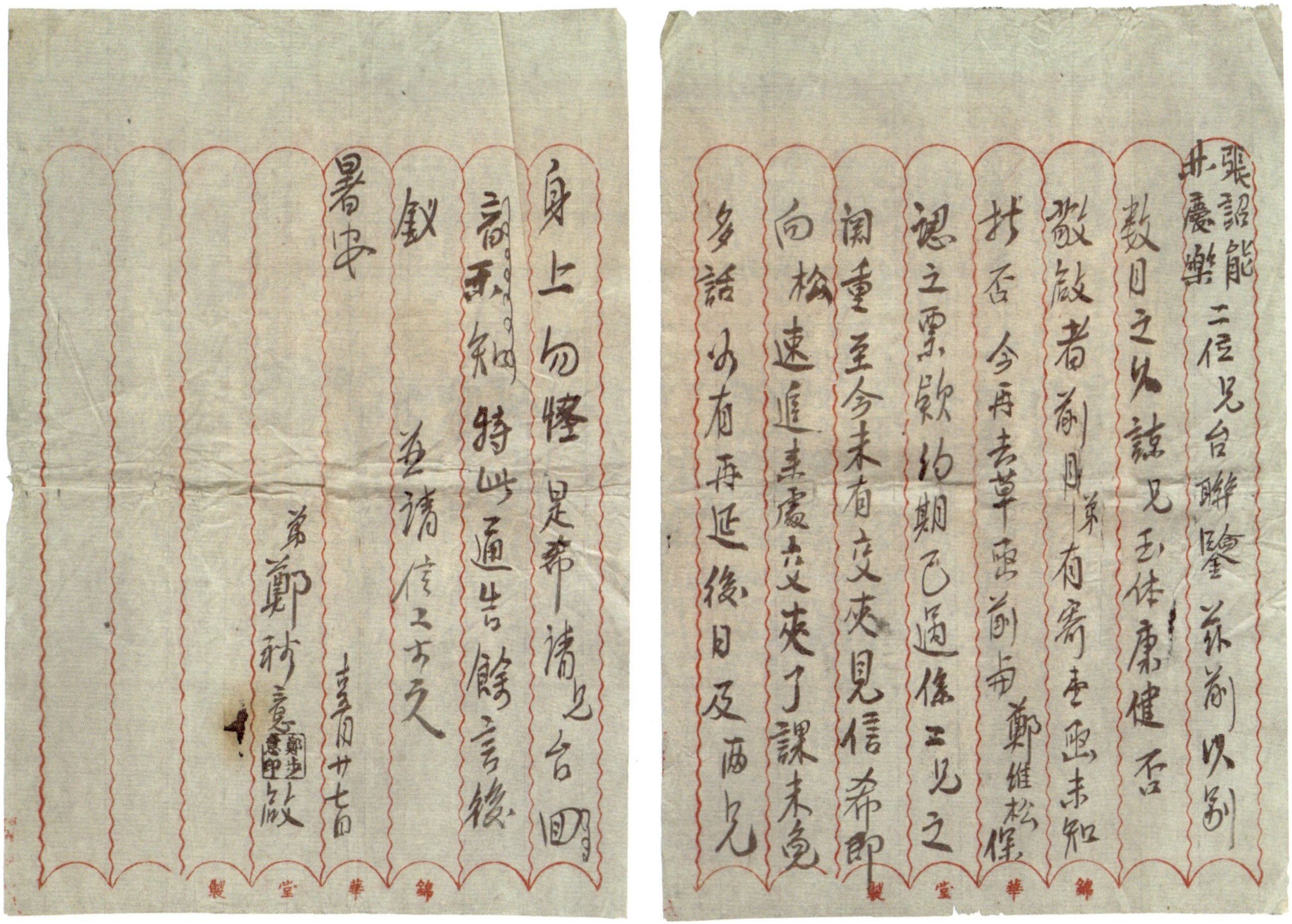

張詔能
慶樂二位兄台聯鑒：茲前以別
數日之久，諒兄玉体康健否？
敬啟者，前日弟有寄函未知
收否？今再去草函前由鄭維松保
認之票款約期已過，係二兄之
關重，至今未有交夾，見信希即
向松速追來處交夾了課，未免
多話。如有再延，後日反兩兄
身上勿怪，是希。請兄台回
示知，特此通告，餘言後
敘。並請信士大安
暑安
七月廿七日
弟鄭裕意（鄭裕意印）啟

5-4-63-8　民國時期鄭裕意致張詔能等書信

八閩文庫

福建民間契約文書

厦門大學民間歷史文獻研究中心 編
鄭振滿 主編

24

八閩文庫
專題彙編
第二種

海峽出版發行集團
THE STRAITS PUBLISHING & DISTRIBUTING GROUP
福建人民出版社

本册目録

第五卷　永泰縣蓋洋鄉蓋峰村鄭氏契約文書（六）

第五帙　鄭立國户

第六帙　鄭忠户

第七帙　鄭梅英户

第八帙　鄭勇藏件

第九帙　鼂脰葉觅厝房

第五卷　永泰縣蓋洋鄉蓋峰村鄭氏契約文書（六）

本卷主編　高晨焜

第五帙　鄭立國户

5-5-1-1　包契紙

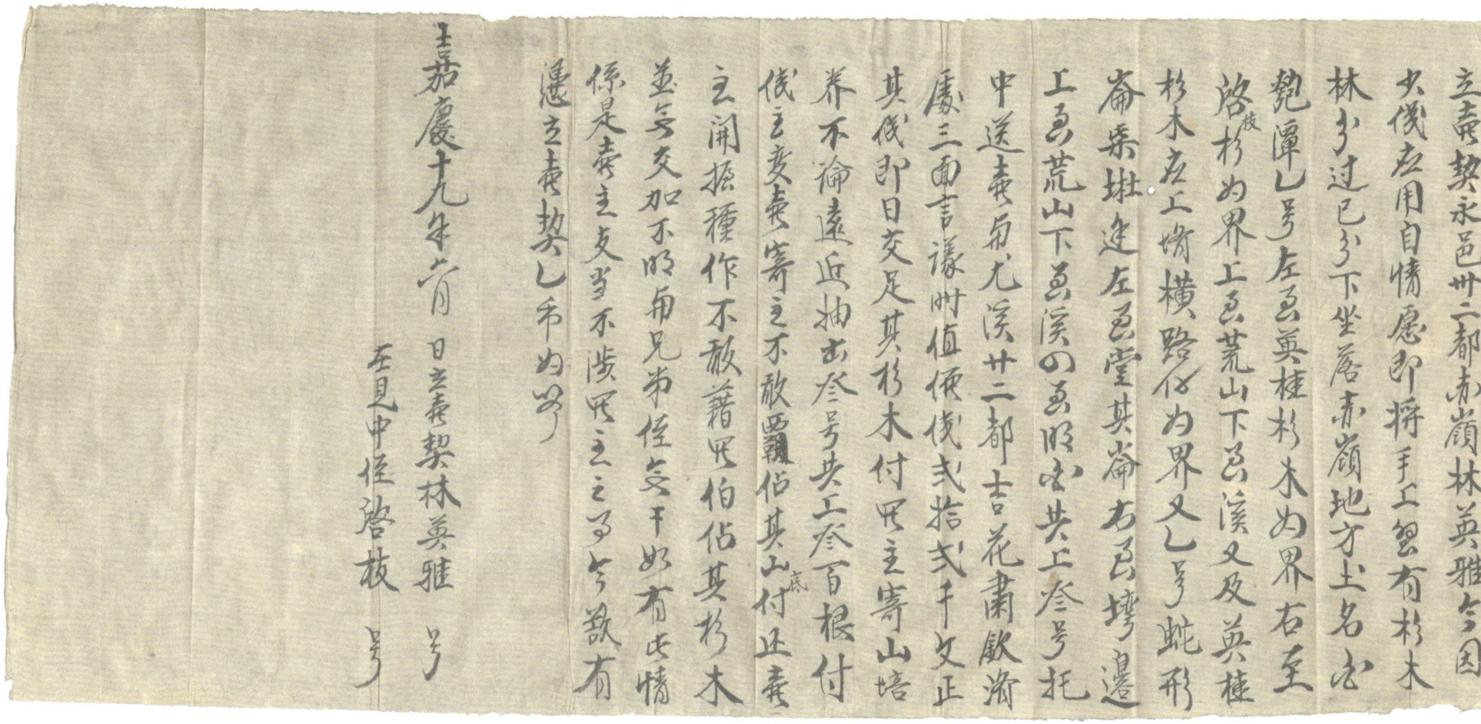
立賣契永邑廿二都赤嶺林英雅今因
乏銀应用，自情愿即將手上置有杉木
林乙所，坐落赤嶺地方，土名水
乾潭乙号，左至英桂杉木为界，右至
路枝杉为界，上至荒山，下至溪，又及英桂
杉木在上，嶺橫路仍为界。又乙号，土名蚍形
崙桒坵，左至堂其崙，右至墵邊，
上至荒山，下至溪。四至明白，共上叁号，托
中送賣与尤溪廿二都吉花肅欽爲
處，三面言議，时值價銀弍拾弍千文正。
其銀即日交足，其杉木付與主寄山培
養，不論遠近，抽出叁号共上叁百根，付
銀主变賣，寄主不敢霸佔。其山底付还賣
主開掘種作，不敢藉兕伯佔。其杉木
並無交加不明，亦兄弟侄無干；如有此情，
係是賣主支当，不涉買主之事。今欲有
憑，立賣契乙紙为照。
嘉慶十九年六月 日立賣契林英雅 号
在見中侄啓枝 号

5-5-1-2　清嘉慶十九年六月林英雅立賣杉木林契

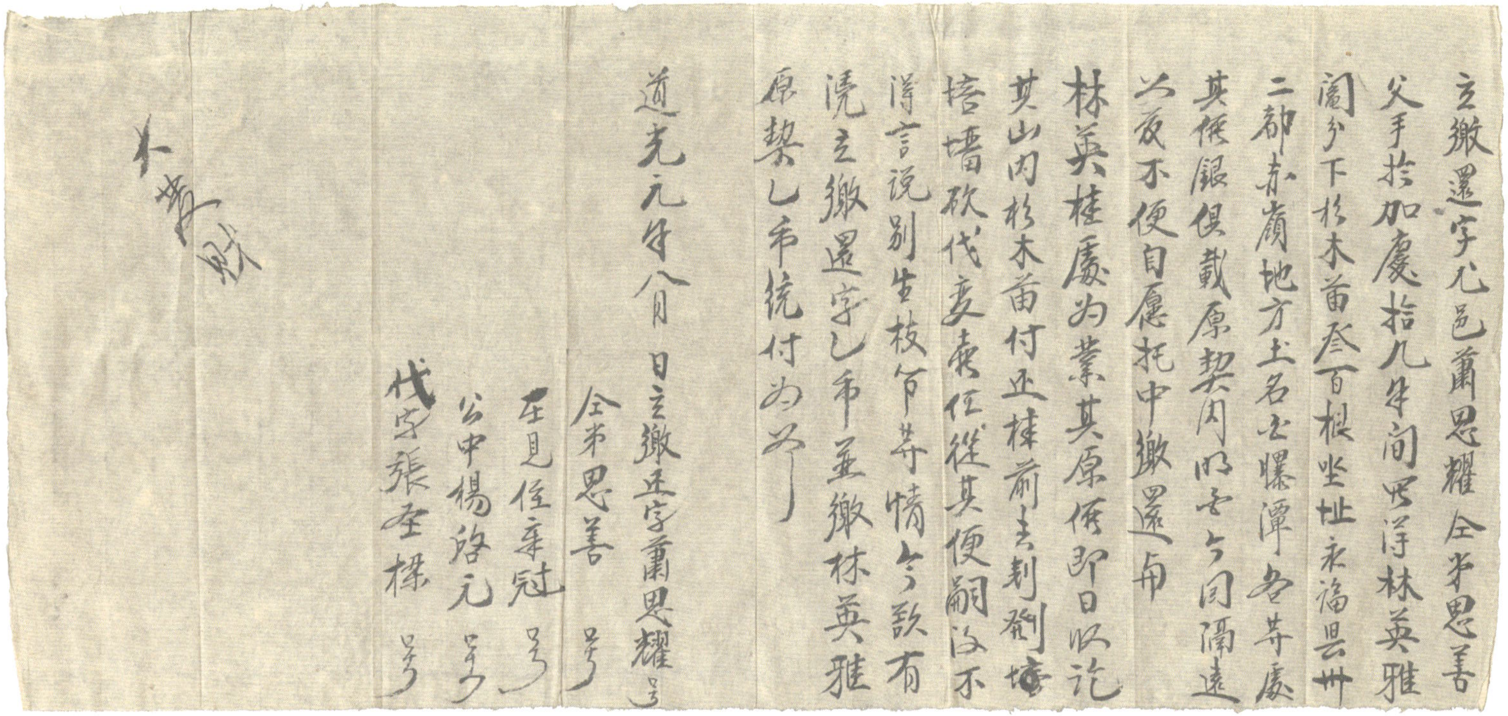

立繳還字尤邑蕭思耀仝弟思善
父手於加慶拾九年間買洋林英雅
闔分下杉木苗叁百根坐址永福县卅
二都赤嶺地方土名出曝潭仔等處
其價銀俱載原契內明今因隔遠
以不便自愿托中繳還與
林英桂處爲業其原價即日收訖
其山內杉木苗付與桂前去割劉壅
培墻砍伐變賣任從其便嗣後不
得言說別生枝節等情今欲有
憑立繳還字一紙并繳林英雅
原契一紙統付爲照

道光元年八月　日立繳還字蕭思耀　号
仝弟思善　号
在見侄辛冠　号
公中楊路元　号
代字張奎樑　号

木契

5-5-1-3　清道光元年八月尤溪蕭思耀等立繳還杉木苗字

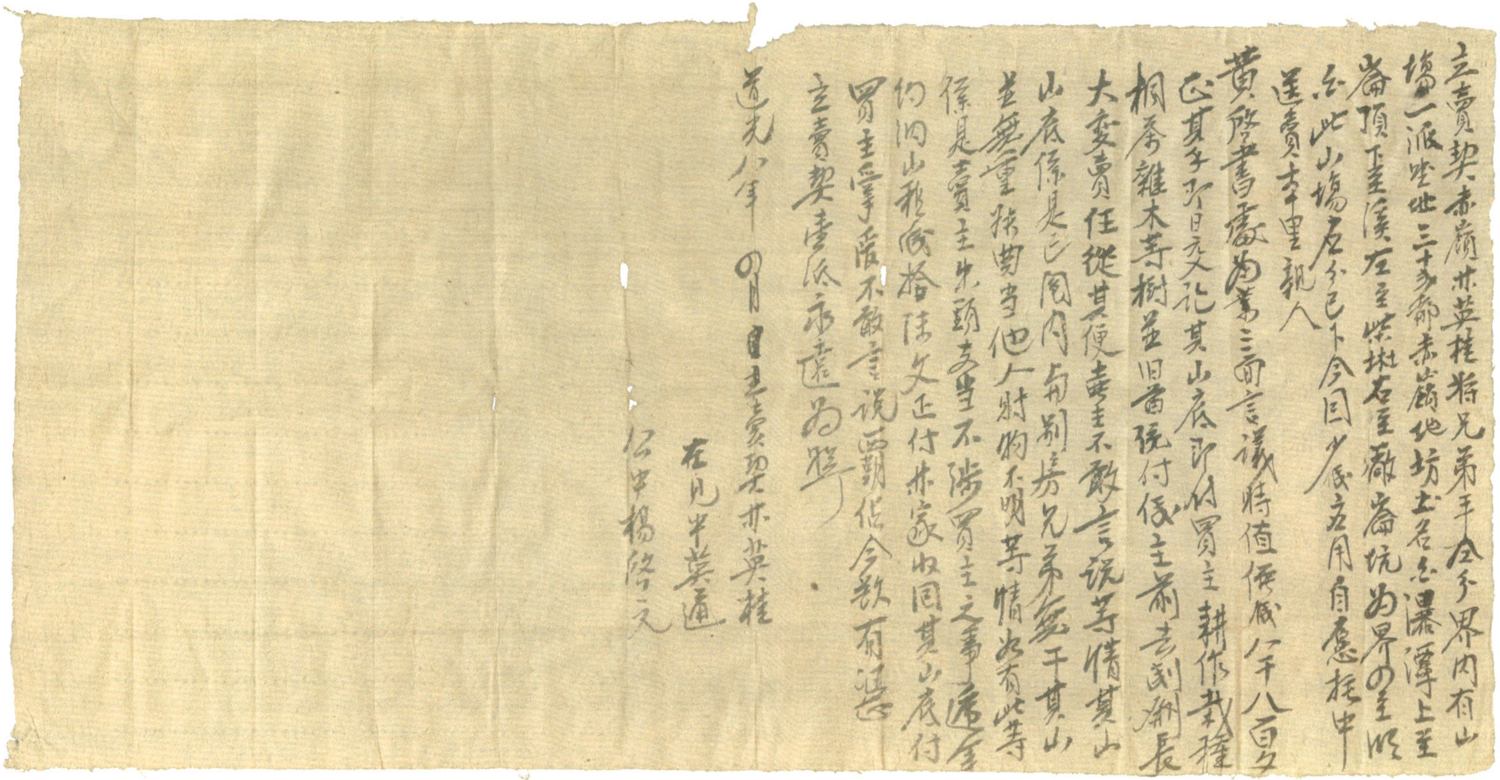

立賣契人林英桂將兄弟手仝分界內有山
場一派坐址三十都赤嶺地坊土名上漈潭上至
崙頂下至溪左至柴址右至蘇崙坑為界四至明
白此山場今分己下今因少欠應用自愿托中
送賣與本里親人
黃啓書處為業三面言議時值價錢八千八百文
正其錢即日交訖其山底即付買主耕作栽種
桐茶雜木等樹並舊留現付與主前去砍斫長
大變賣任從其便賣主不敢言說等情其山
山底係是己關內分別房兄弟無干其山
並無重張典當他人財物不明等情如有此等
係是賣主出頭支當不涉買主之事愿全
付同山租底揩(?)陸文正付林家收回其山底付
買主掌管不敢言說取贖仝(?)數有憑
立賣契一紙永遠為照。
道光八年四月日立賣契人林英桂
在見中英通
代字楊啓文

5-5-1-4　清道光八年四月林英桂立賣山場契

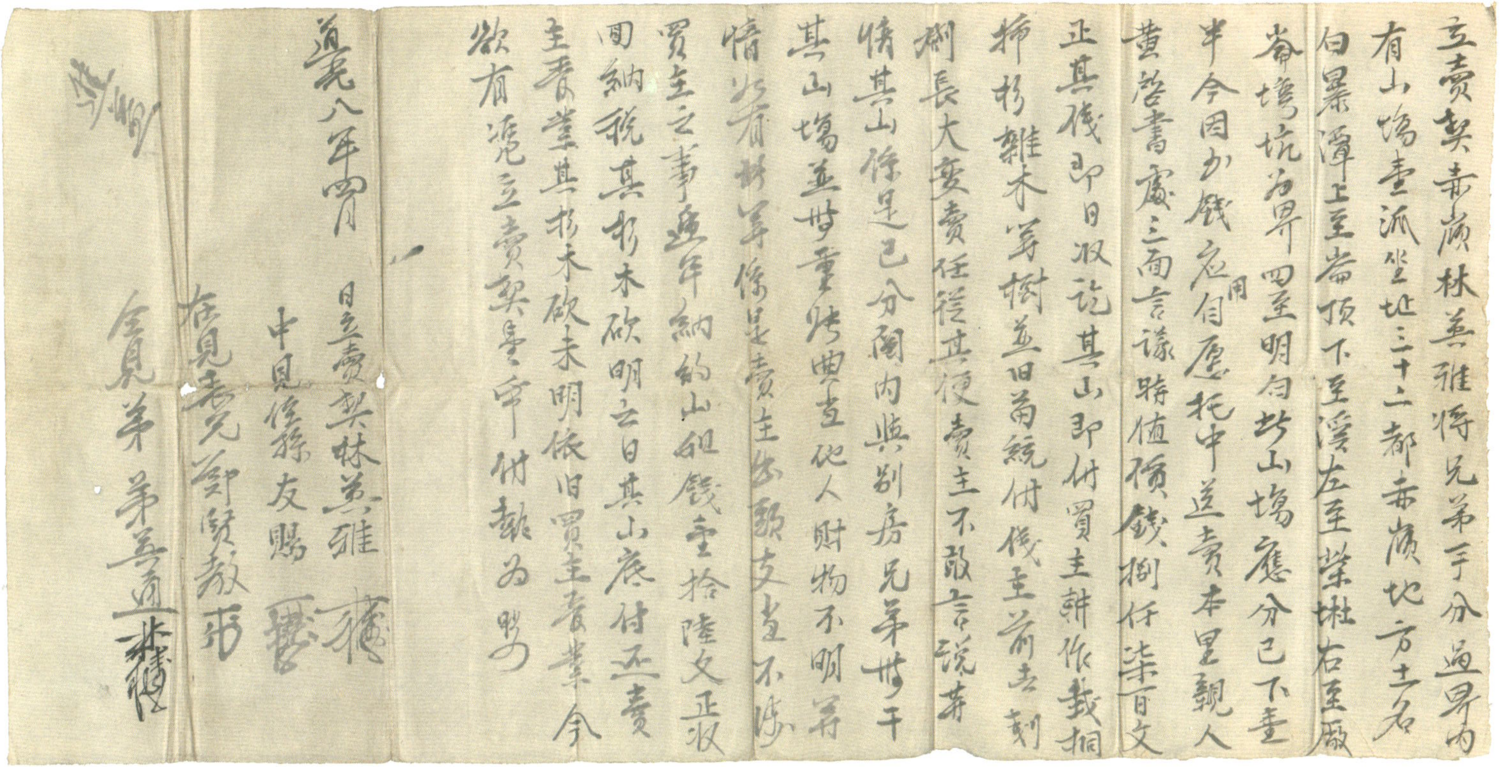

立賣契番廣林英雅將兄弟手分過界內
有山場壹派坐址三十二都番廣地方土名
白果潭上至嵛頂下至溪左至業址右至廠
嵛塆坑為界四至明白此山場應分已下壹
半今因乏錢應用自愿托中送賣本里親人
黃啓書處三面言議時值價錢捌仟柒百文
正其錢即日收訖其山即付買主耕作栽插
杉松雜木等樹並田首統付錢主前去剗
柳長大變賣任從其便賣主不敢言說并
情其山係是己分閹內與别房兄弟無干
其山場並無重張典在他人財物不明等
情如有此等係是賣主出頭支當不涉
買主之事逐年納納山租錢壹拾陸文正收
回納稅其杉木砍明之日其山底付還賣
主管業其杉木砍未明依旧買主管業今
欲有憑立賣契壹帋付執為照

道光八年四月 日立賣契林英雅（押）
中見 侄孫 友賜（押）
在見 表兄 鄭賢敬（押）
全見 弟 英道（押）

5-5-1-5　清道光八年四月林英雅立賣山場契

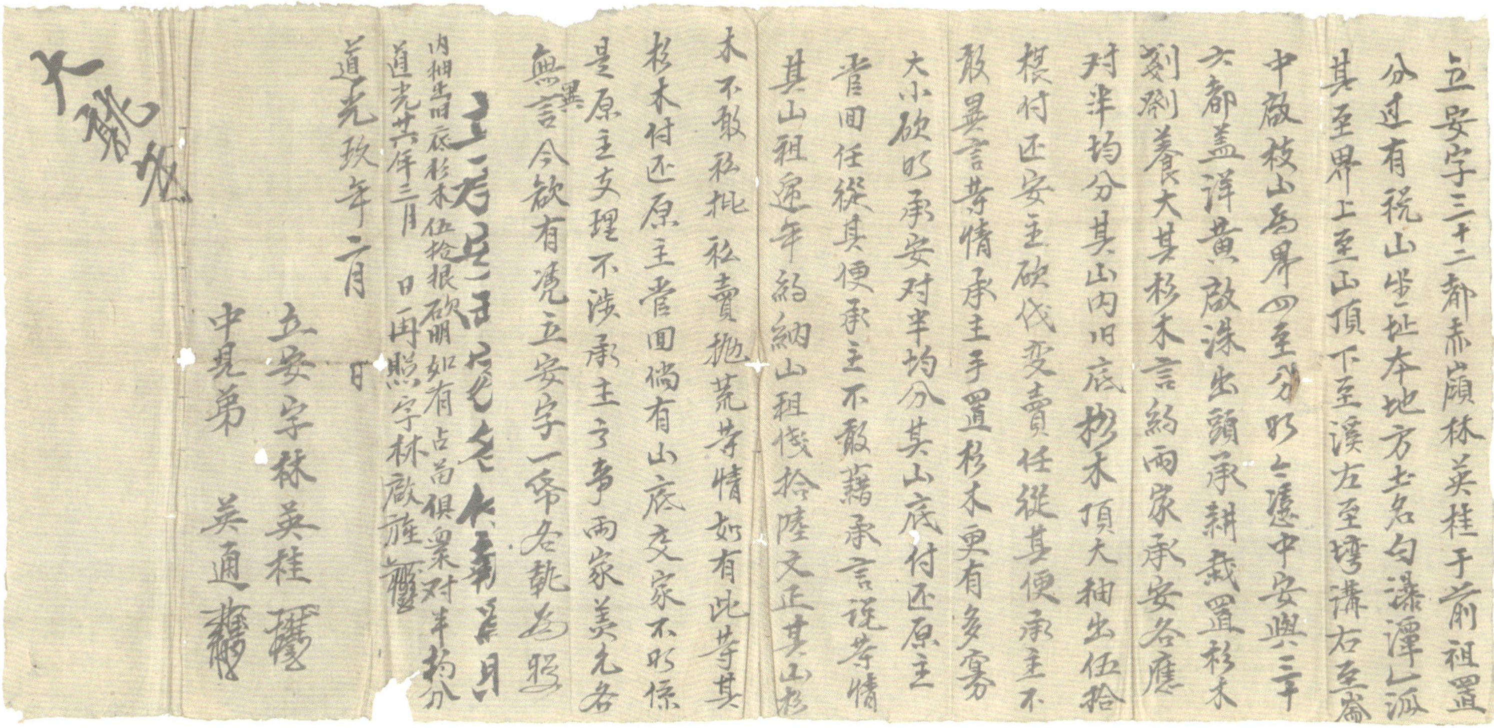

立安字三十二都赤岸林英桂于前祖置
分过有稅山坐址本地方土名勾溆潭山派
其至界上至山頂下至溪左至壜溝右至崙
中敀枝山爲界四至分明，今憑中安與三十
六都盖洋黄啟洙出頭承耕栽置杉木
劉劉養大其杉木言約兩家承安各應
对半均分其山内旧底杉木頂大柚出伍拾
根付还安主砍伐變賣任從其便承主不
敢異言等情承主手置杉木更有多寡
大小砍盼承安对半均分其山底付还原主
管回任從其便承主不敢藉言諉等情
其山租逐年約納山租銭拾陸文正其山杉
木不敢私批私賣拋荒等情如有此等其
杉木付还原主管回倘有山底交家不明係
是原主支理不涉承主之事兩家美允各
無異言今欲有憑立安字一帋各執爲照

内抽出旧底杉木伍拾根砍明如有占苗俱粟对半均分
道光廿年三月　日再照字林啟旌

道光玖年二月　日
立安字林英桂
中見弟　英通

5-5-1-6　清道光九年二月林英桂立安稅山字

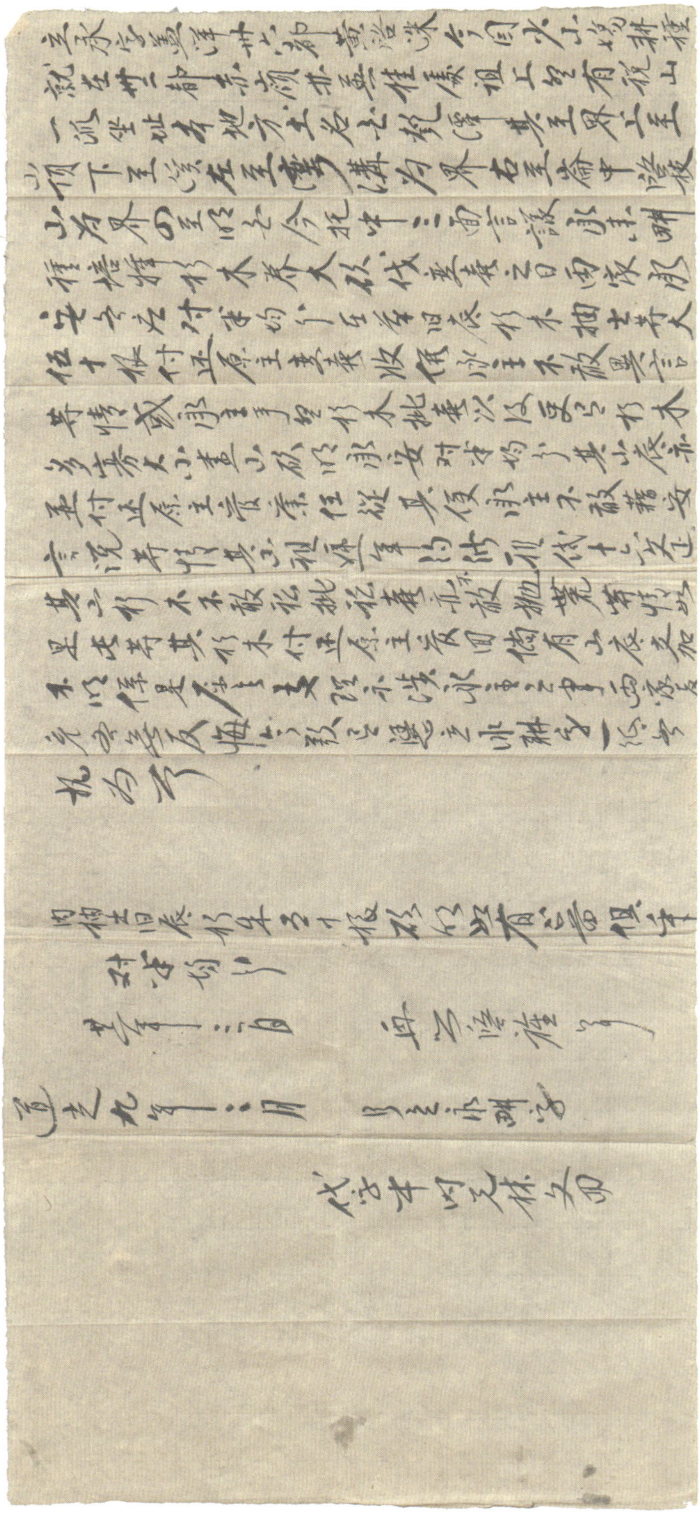

5-5-1-7　清道光九年二月黃啓洪立承稅山字

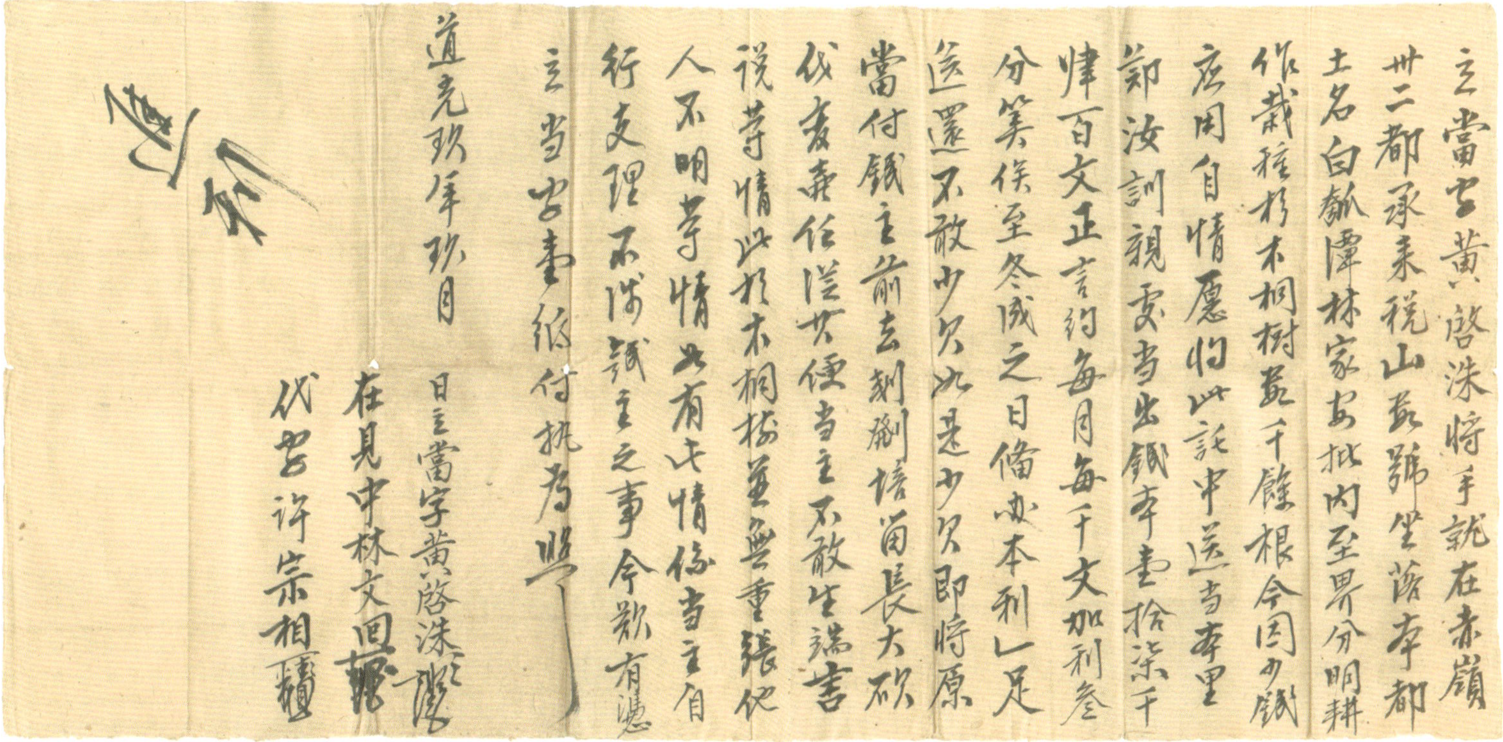

立當字黃啓洙將手就在赤嶺
卅二都承耒稅山壹號坐落本都
土名白鱻潭林家山批內至界分明耕
作栽種杉木桐樹並千餘根今因乏錢
應用自情愿將此託中送當本里
鄭汝訓親邊出錢本壹拾柒千
肆百文正言約每月每千文加利叁
分算俟至冬成之日備出本利一足
送還不敢少欠如是少欠即將原
當付錢主前去割斲培笛長大砍
伐变賣任從錢主不敢生端言
說等情此杉木桐樹並無重張他
人不明等情如有此情係當主自
行支理不涉錢主之事今欲有憑
立當字壹紙付執為照

道光玖年玖月　日立當字黃啓洙（押）
在見中林文回（押）
代筆許宗相（押）

5-5-1-8　清道光九年九月黃啓洙立當稅山字

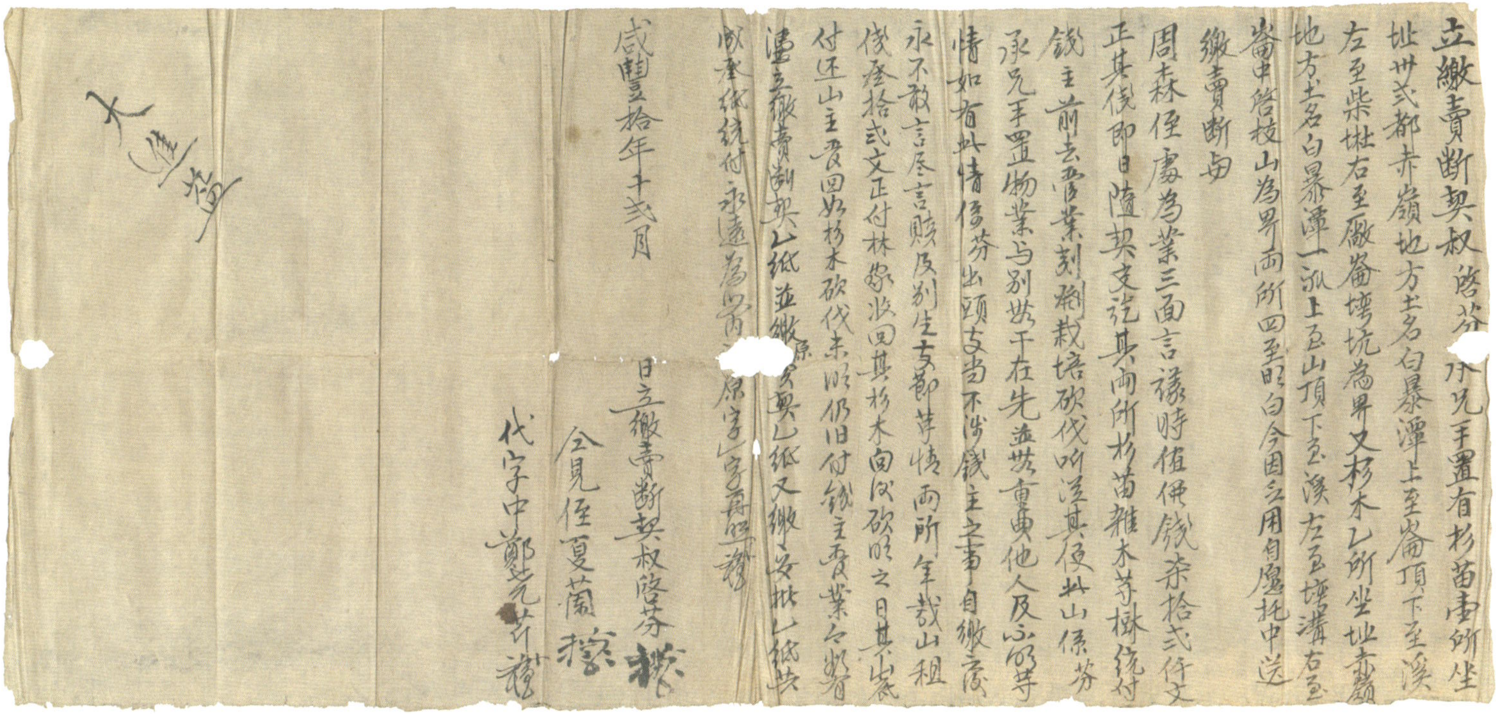
立繳賣斷契叔啓芬仔兄手置有杉苗壹所坐
址卅弍都赤嶺地方土名白暴潭上至崙頂下至溪
左至柴垬右至㕓崙墘坑為界又杉木乙所坐址赤嶺
地方土名白暴潭一泒上至山頂下至溪左至墘溝右至
崙中管枝山為界而所四至明白今因乏用自愿托中送
繳賣斷與
周森侄處爲業三面言議時值佛銀柒拾弍仟文
正其銀即日隨契交訖其兩所杉苗雜木苧樹統付
錢主前去管業剗栽培砍伐听從其便此山係芬
承兄手置物業与别姓干在先並無重典他人及叭明等
情如有此情係芬出頭支當不涉錢主之事自繳意
永不敢言盡言贖及别生支節等情兩所年載山租
錢叁拾弍文正付林家收回其杉木由伊砍明之日其山底
付还山主管回如杉木砍伐未明仍旧付錢主管業合將
這立繳賣斷契山紙並繳原契山紙又繳安批山紙共
成叁紙統付永遠為照

咸豐拾年十弍月　日立繳賣斷契叔啓芬
仝見侄夏蘭
代字中鄭先芹

5-5-1-9　清咸豐十年十二月黃啓芬立繳賣斷杉苗契

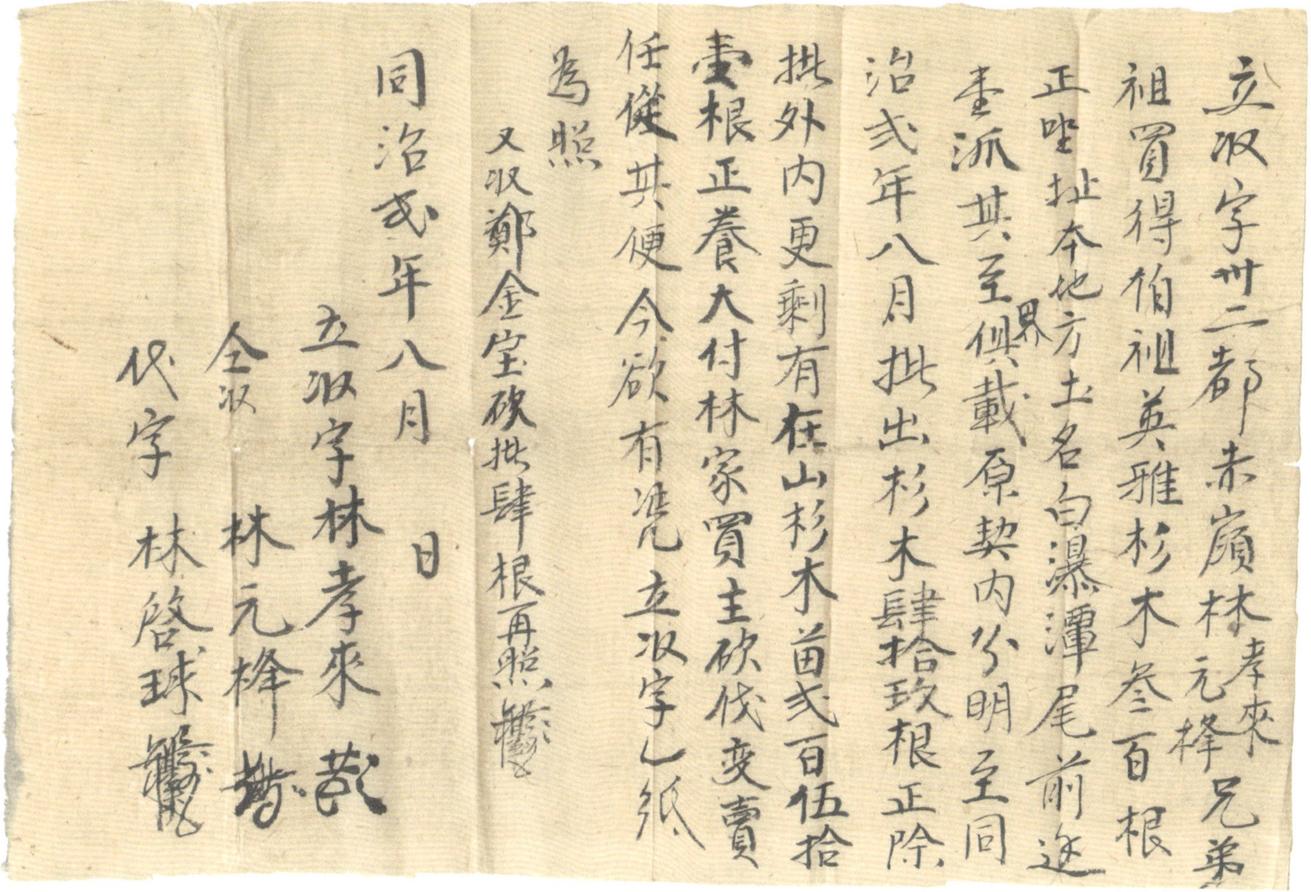
立收字卅二都赤嶺林孝來、元榉兄弟
祖買得伯祖英雅杉木叁百根
正坐址本地方界土名白瀑潭尾前逆
壹派其至俱載原契內分明至同
治弍年八月批出杉木肆拾玖根正除
批外內更剩有在山杉木苗弍百伍拾
壹根正養大付林家買主砍伐變賣
任從其便今欲有憑立收字乙紙
為照
又收鄭金堂砍批肆根再照（押）
同治弍年八月　日　立收字林孝來（押）
仝收　林元榉（押）
代字　林啓球（押）

5-5-1-10　清同治二年八月林孝來等立收杉木字

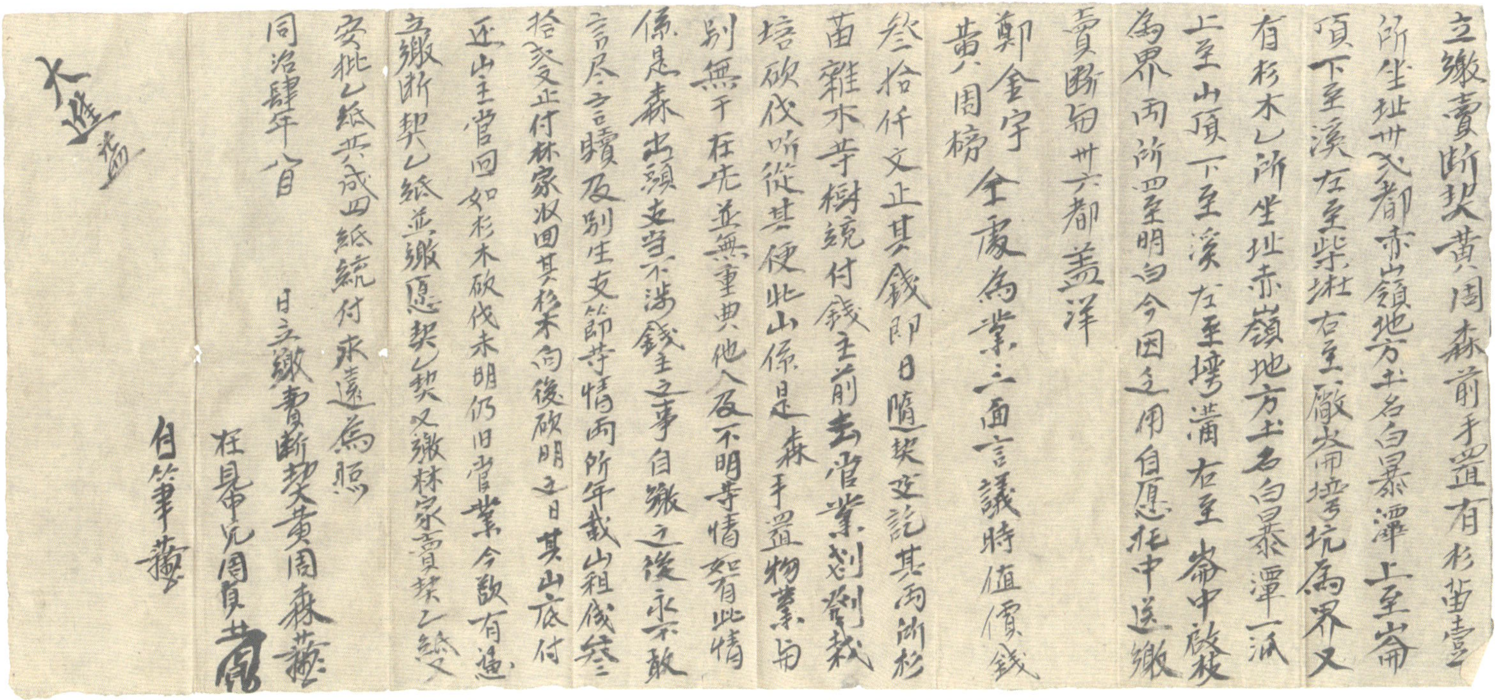
立繳賣斷契人黄周森前手置有杉苗壹
所坐址卅八都赤嶺地方土名白暴潭上至崙
頂下至溪左至柴垬右至廠崙墿坑為界又
有杉木乙所坐址赤嶺地方土名白暴潭一派
上至山頂下至溪左至墿滿右至崙中磜校
為界兩所四至明白今因乏用自愿托中送繳
賣斷與卅六都蓋洋
鄭金宇
黄周榜　仝處為業三面言議時值價錢
叁拾仟文正其錢即日隨契交訖其兩所杉
苗雜木等樹統付錢主前去管業剳劖栽
培砍伐聽從其便此山係是森手置物業與
别無干在先並無重典他人及不明等情如有此情
係是森出頭支當不涉錢主之事自繳之後永不敢
言盡言贖及别生支節等情兩所年載山租錢叁
拾叁文正付林家収回其杉木向後砍明之日其山依付
還山主管回如杉木砍伐未明仍旧管業今欲有憑
立繳斷契乙紙並繳退契乙契又繳林家賣契乙紙
安批乙紙共成四紙統付永遠為照
同治肆年八月　日立繳賣斷契人黄周森（押）
在場兄周貴（押）
自筆（押）
大進益

5-5-1-11　清同治四年八月黄周森立繳賣斷杉苗等契

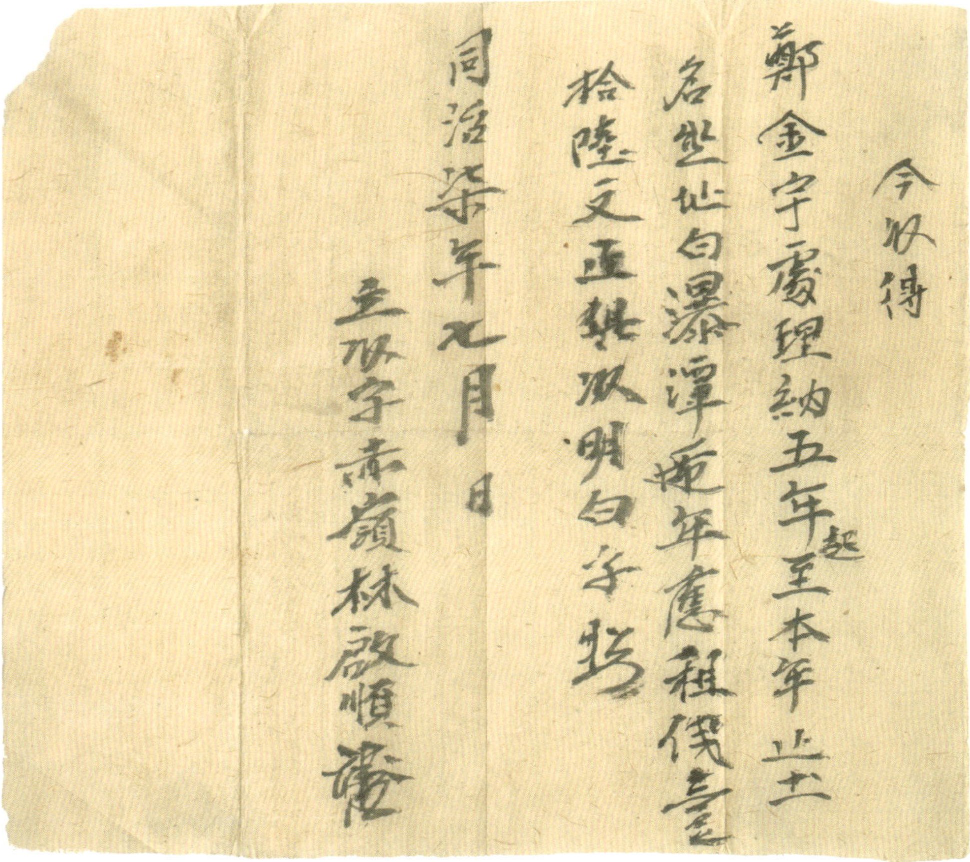
今收得
鄭金宇處理納五年起至本年止十
名坐址白瀑潭埯年應租錢壹
拾陸文正其收明白字照
同治柒年七月　日
立收字赤嶺林啟順押

5-5-1-12　清同治七年七月林啓順立收租錢字

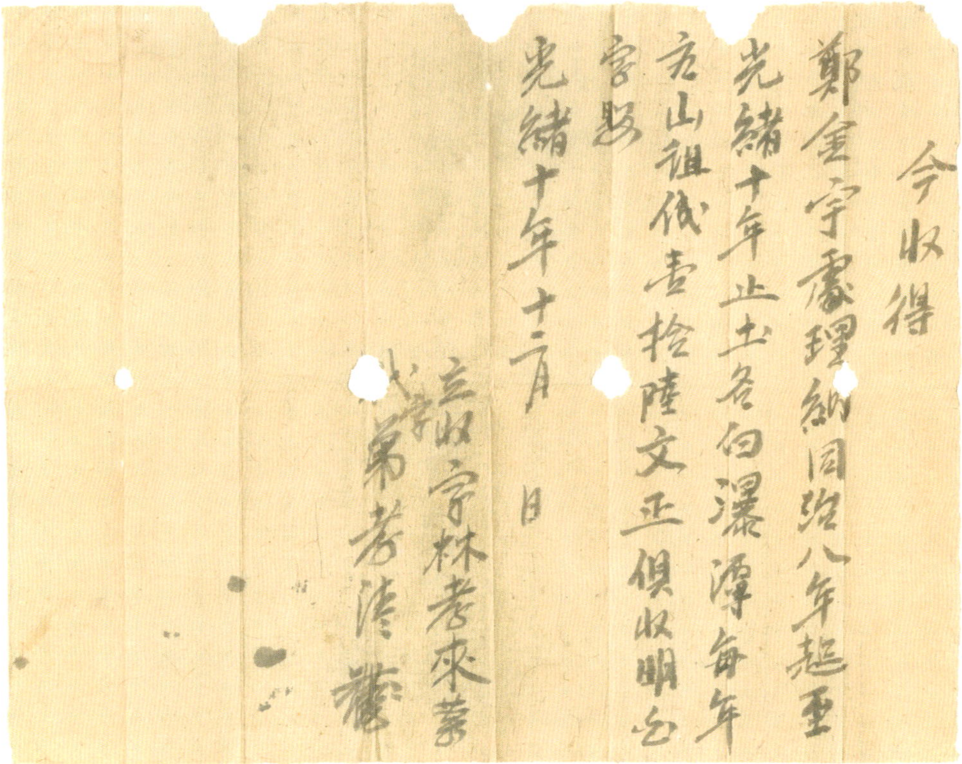

今收得
鄭金宇處理納同治八年起至
光緒十年止土名白瀑潭每年
方山租錢壹拾陸文正俱收明白
字照
光緒十年十二月　日
立收字林孝來
代字弟孝清

5-5-1-13　清光緒十年十二月林孝來立收山租錢字

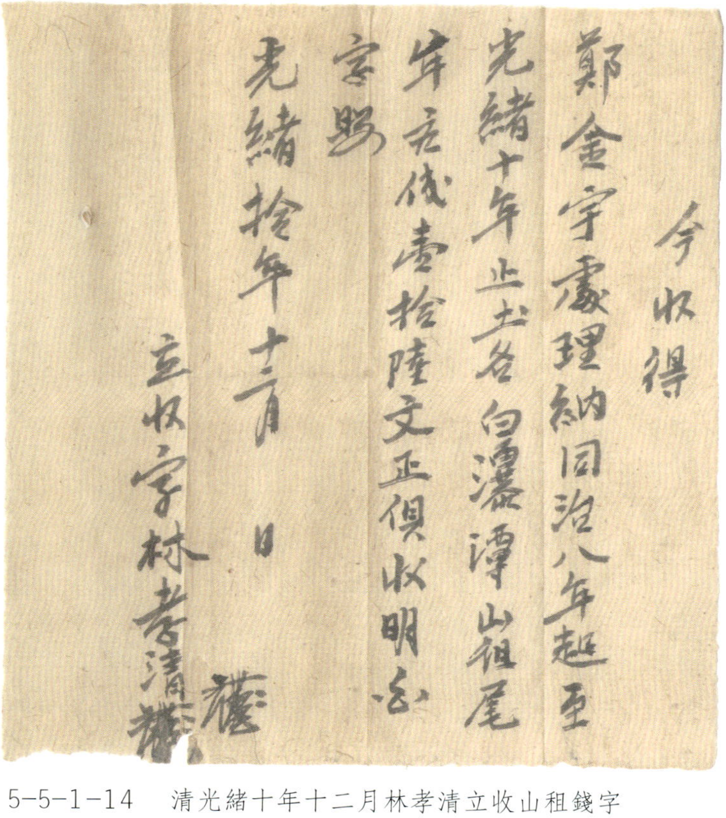

今收得
鄭金字處理納同治八年起至
光緒十年止土名白濓潭山祖尾
年應錢壹拾陸文正俱收明白
字照
光緒拾年十二月　日
立收字林孝清

5-5-1-14　清光緒十年十二月林孝清立收山租錢字

立繳賣斷契人黄周森將前手置有杉
木苗壹所坐址廿八都赤嶺地坊土名白暴
潭上至崙頂下至溪左至嵊坎右至廠
上崙墘坑為界又有杉木壹所坐地赤嶺地
坊土名白暴潭壹流上至山頂下至溪左
至墈滿右至崙中陞枝為界兩併四
至明白今因少錢乏用自愿托中送繳

5-5-1-15　晚清時期黄周森立繳賣斷杉木苗契（草契）

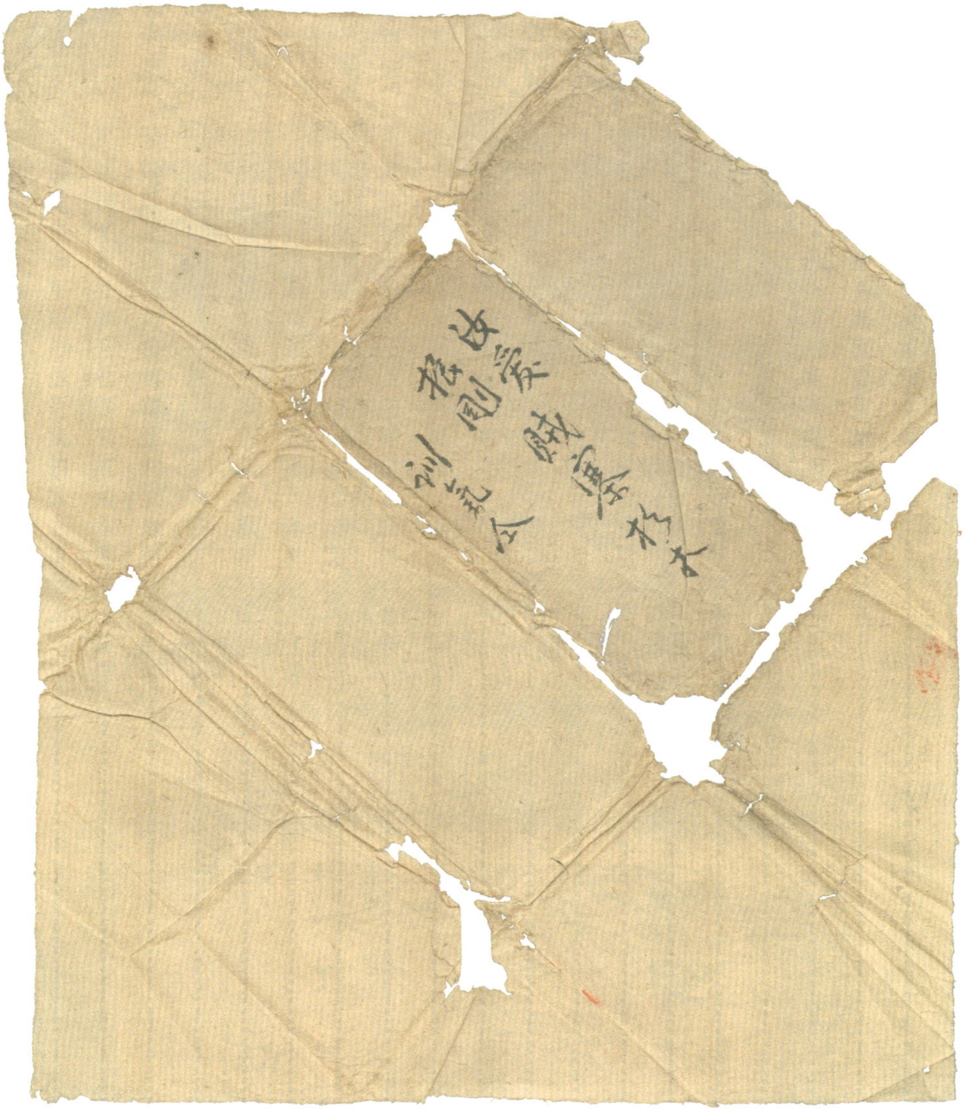

5-5-2-1　包契紙

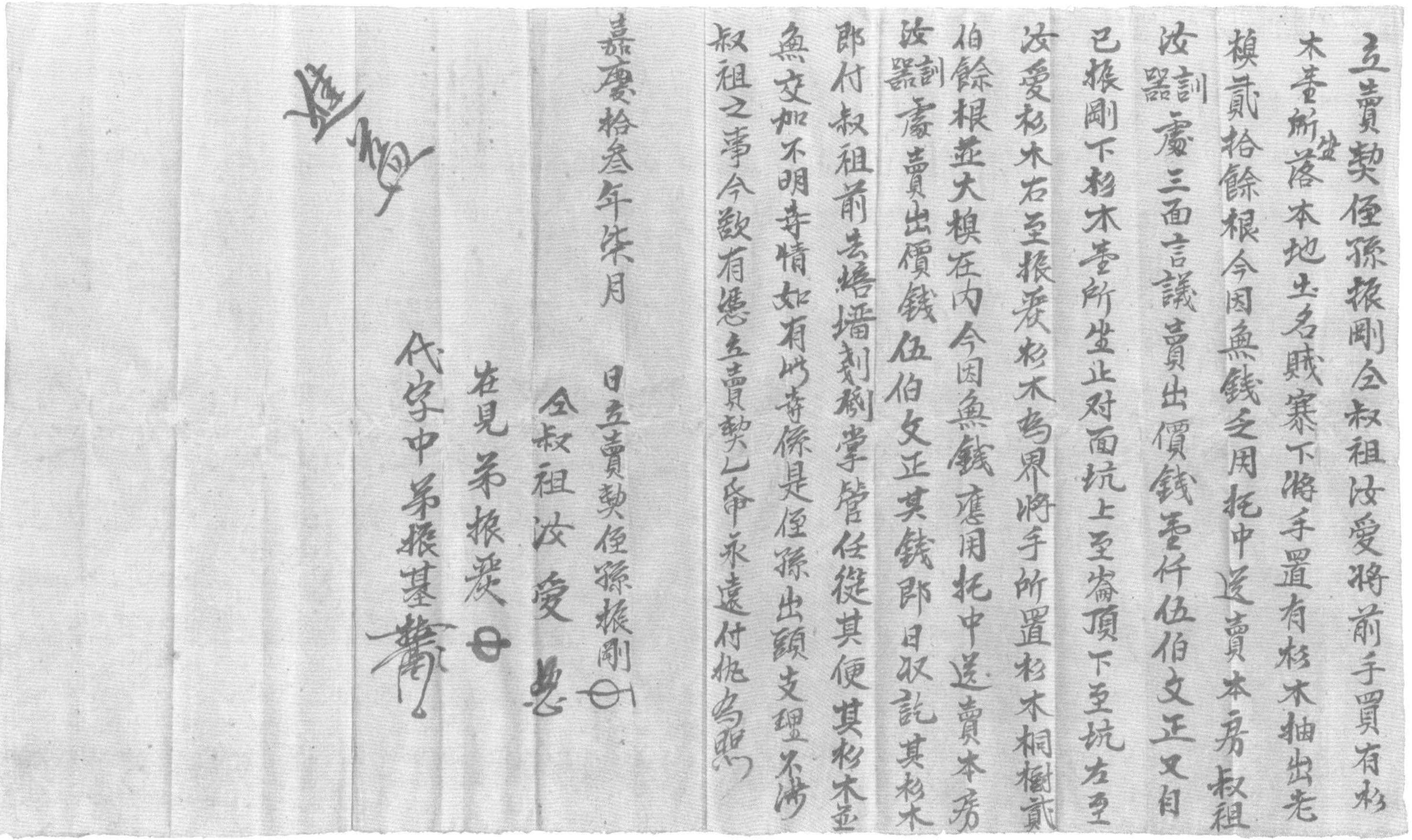

立賣契侄孫振剛仝叔祖汝愛將前手買有杉
木壹所坐落本地土名賊寨下將手置有杉木抽出老
模貳拾餘根今因無錢乏用托中送賣本房叔祖
汝訓器處三面言議賣出價錢壹仟伍伯文正又自
已振剛下杉木壹所坐止对面坑上至崙頂下至坑左至
汝愛杉木右至振淼杉木為界將手所置杉木桐樹貳
伯餘根並大模在內今因無錢應用托中送賣本房
汝訓器處賣出價錢伍伯文正其錢即日收訖其杉木
即付叔祖前去蓓墻刲剎掌管任從其便其杉木並
無交加不明等情如有此等係是侄孫出頭支理不涉
叔祖之事今欲有憑立賣契乙帋永遠付執為照

嘉慶拾叁年柒月 日立賣契侄孫振剛
仝叔祖汝愛
在見弟振淼
代字中弟振基

5-5-2-2 清嘉慶十三年七月鄭振剛等立賣杉木契

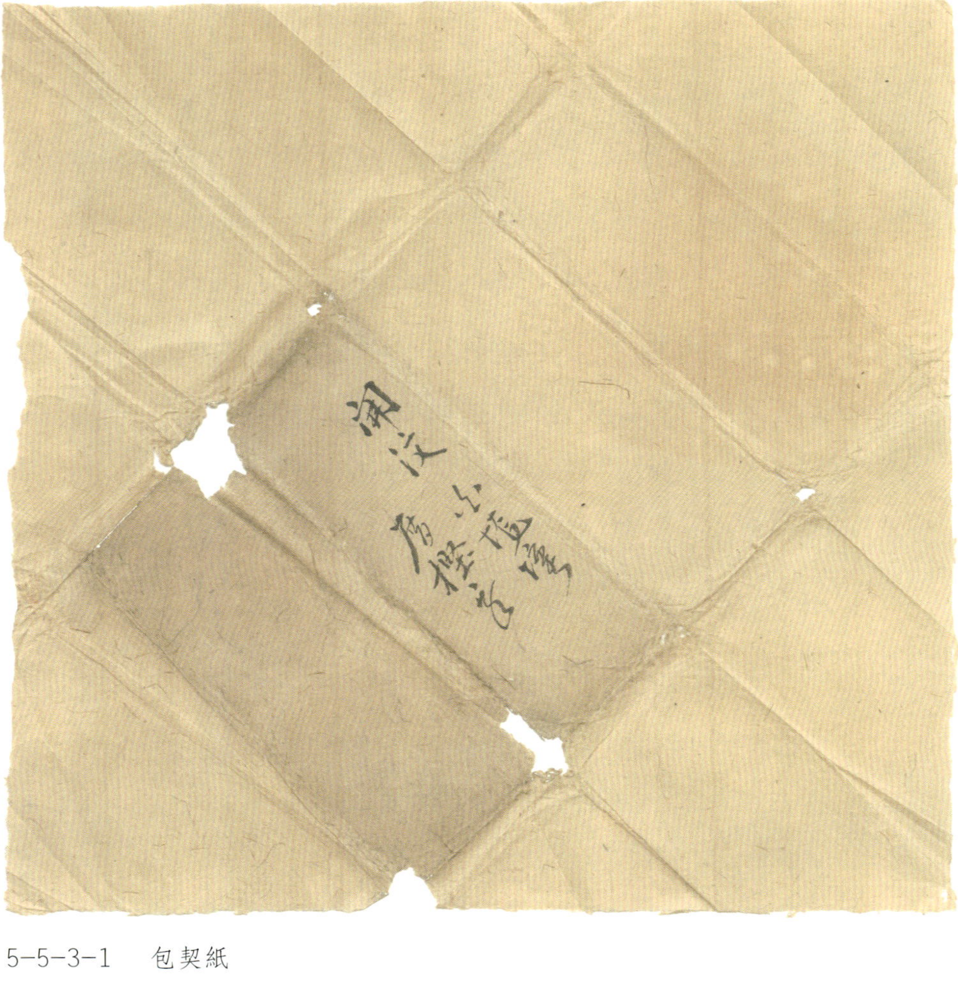

5-5-3-1　包契紙

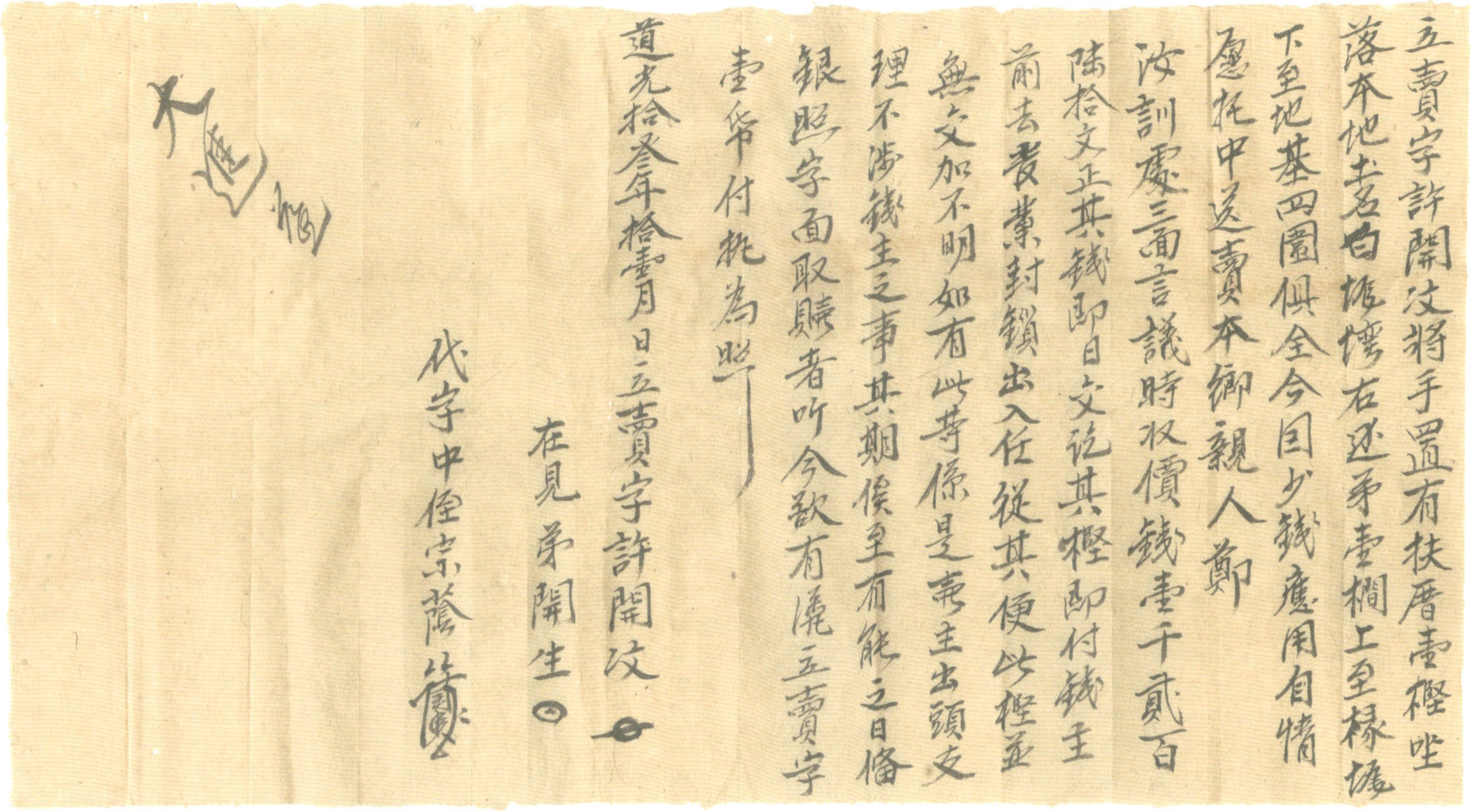
立賣字許開汶將手置有扶厝壹橙坐
落本地土名白坡墘右边第壹橺上至椽墘
下至地基四圍俱全今因少錢應用自情
愿托中送賣本鄉親人鄭
汝訓處三面言議時值價錢壹千貳百
陸拾文正其錢即日交訖其橙即付錢主
前去管業封鎖出入任從其便此橙並
無文加不明如有此等係是賣主出頭支
理不涉錢主之事其期候至有能之日備
銀照字面取贖者听今欲有憑立賣字
壹帋付執為照
道光拾叁年拾壹月　日立賣字許開汶
在見弟開生
代字中侄宗蔭

5-5-3-2　清道光十三年十一月許開汶立賣扶厝字

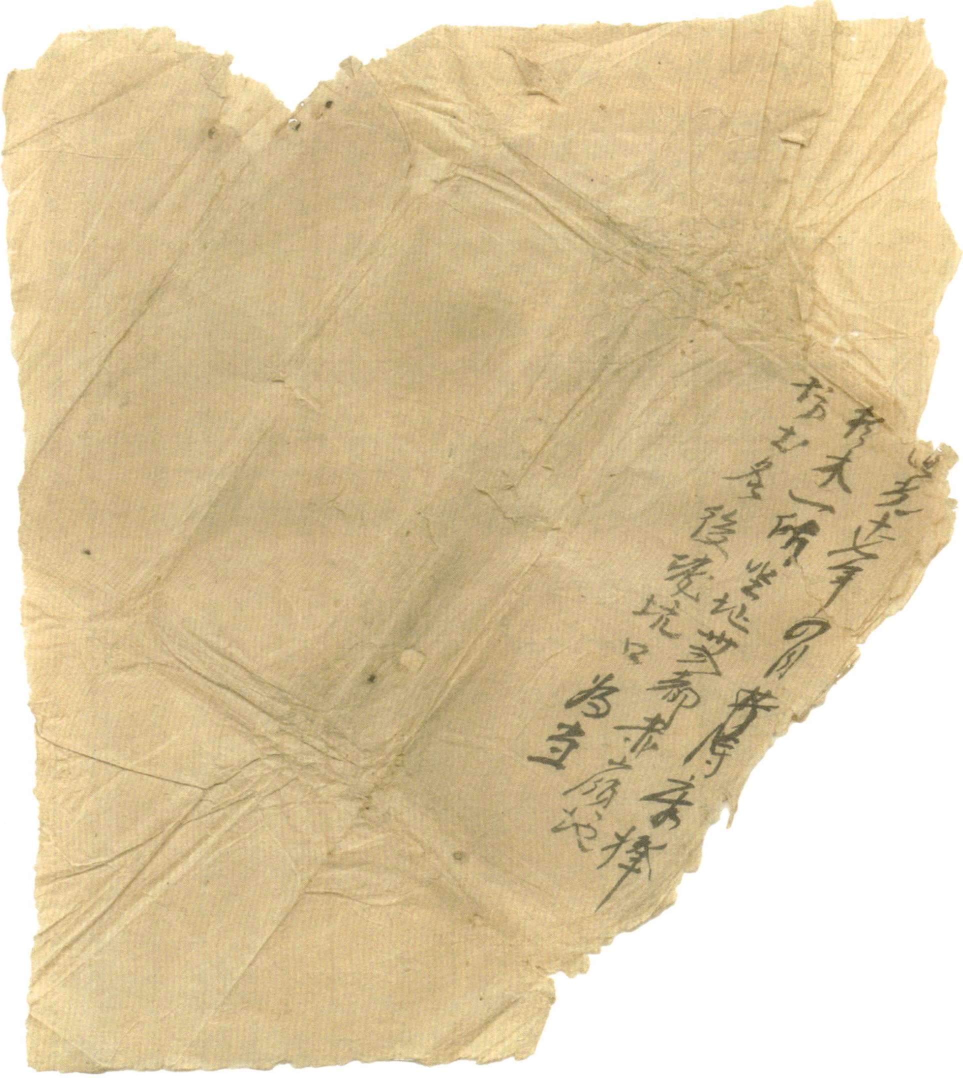

5-5-4-1　包契紙

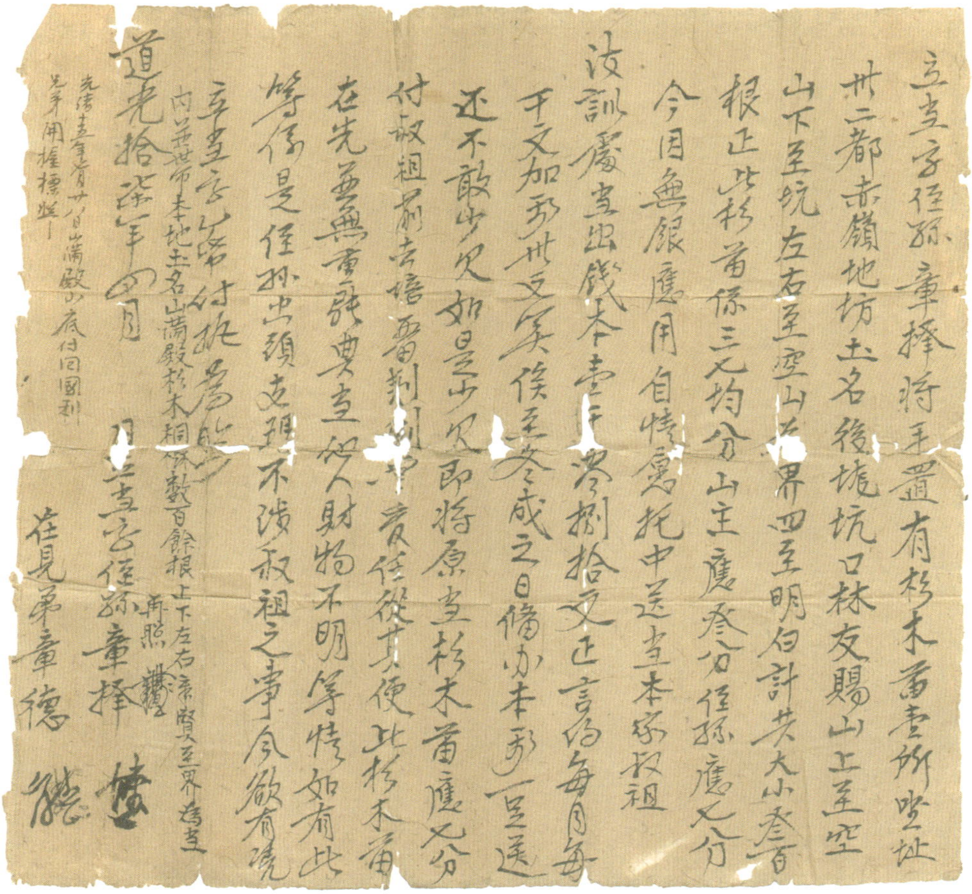
立当字侄孫章擇將手置有杉木苗壹所坐址
卅二都赤嶺地坊土名後墘坑口林友賜山上至空
山下至坑左右至空山為界四至明白計共大小叁百
根正杉木苗係三大均分山主應叁分侄孫應乙分
今因無銀應用自情愿托中送当本家叔祖
汝訓處当出錢本壹千捌拾文正言約每月每
千文加利卅文其侯至冬成之日備办本利一足送
还不敢少欠如是少欠即將原当杉木苗應乙分
付叔祖前去培留[illegible]管任從其便此杉木苗
在先並無重疊典当他人財物不明等情如有此
等係是侄孫出頭支理不涉叔祖之事今欲有憑
立当字一紙付執為照
內并批帶本地土名山滿殿杉木桐栽數百餘根上下左右[illegible]至界為当
道光拾柒年四月　日立当字侄孫章擇（押）
再照（押）
在見弟章德（押）
光緒十五年十一月廿八日山滿殿山底付回圖利
兄弟用權標批

5-5-4-2　清道光十七年四月鄭章擇立當杉木苗字

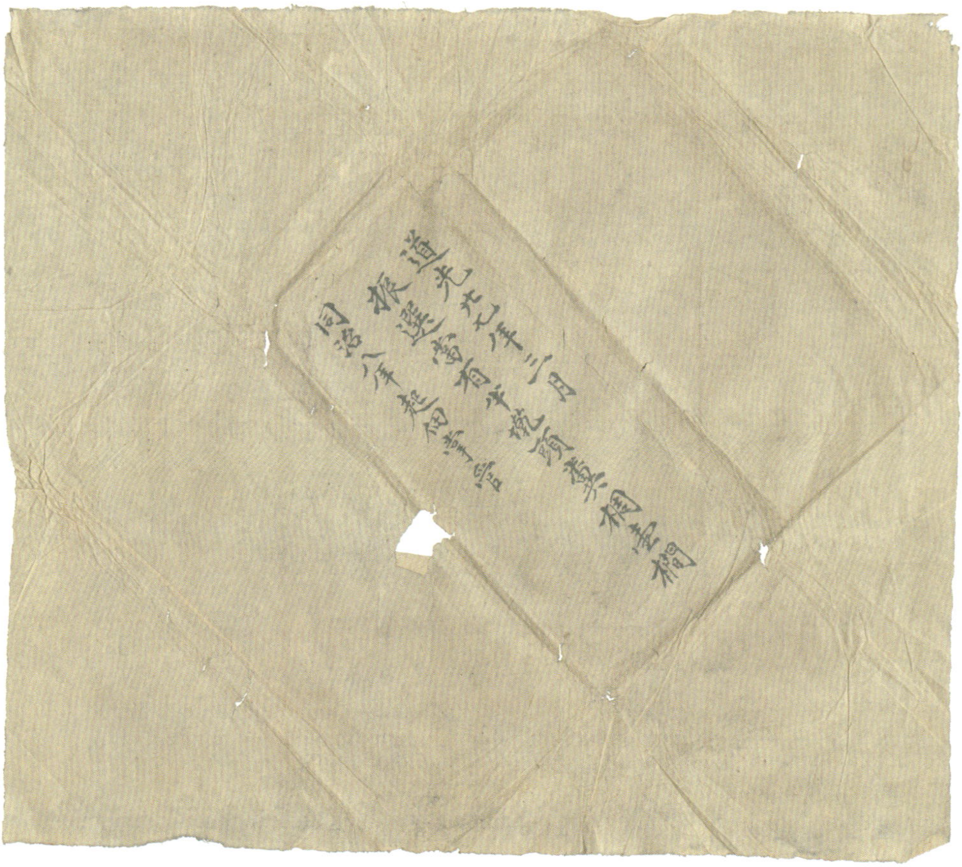

道光廿七年三月
振選當有牛墘頭契稿壹稿
同治八年起佃字壹

5-5-5-1　包契紙

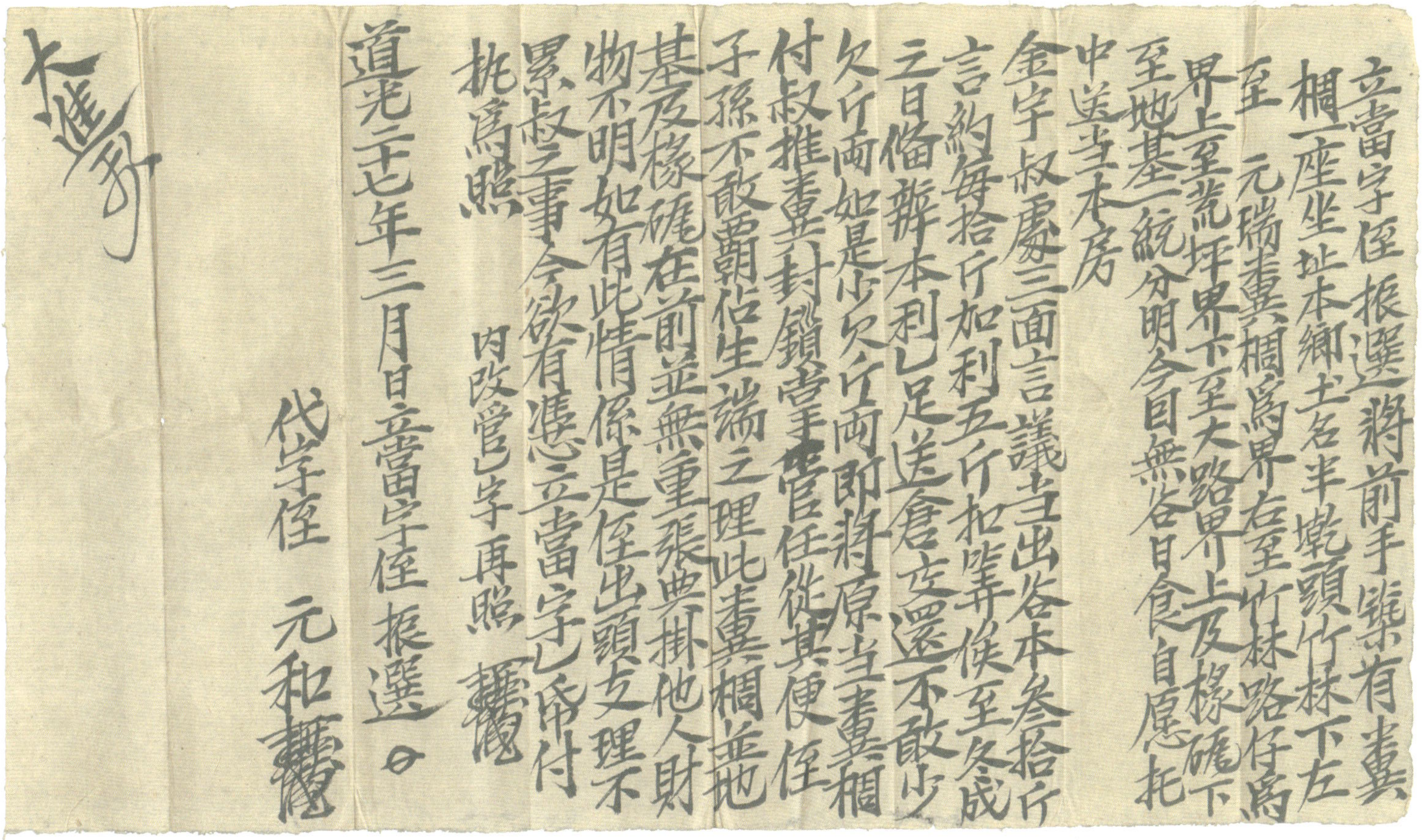
立當字侄振選將前手槳有糞
桶一座坐址本鄉土名半嶺頭竹林下左
至　元瑞糞桶爲界右至竹林路仔爲
界上至荒坪界下至大路界上及椽礎下
至地基一統分明今因無谷日食自愿托
中送立本房
金字叔處三面言議當出谷本叁拾斤
言約每拾斤加利五斤扣等俟至冬成
之日備辦本利足送倉交還不敢少
欠斤兩如是少欠斤兩即將原當糞桶
付叔推糞封鎖掌管任從其便侄
子孫不敢霸佔生端之理此糞桶並地
基及椽礎在前並無重張典掛他人財
物不明如有此情係是侄出頭支理不
累叔之事今欲有憑立當字一帋付
執爲照
内改管一字再照　(押)
道光二十七年三月　日立當字侄振選　(押)
代字侄　元和　(押)
大進

5-5-5-2　清道光二十七年三月鄭振選立當糞桶字

5-5-6-1　包契紙

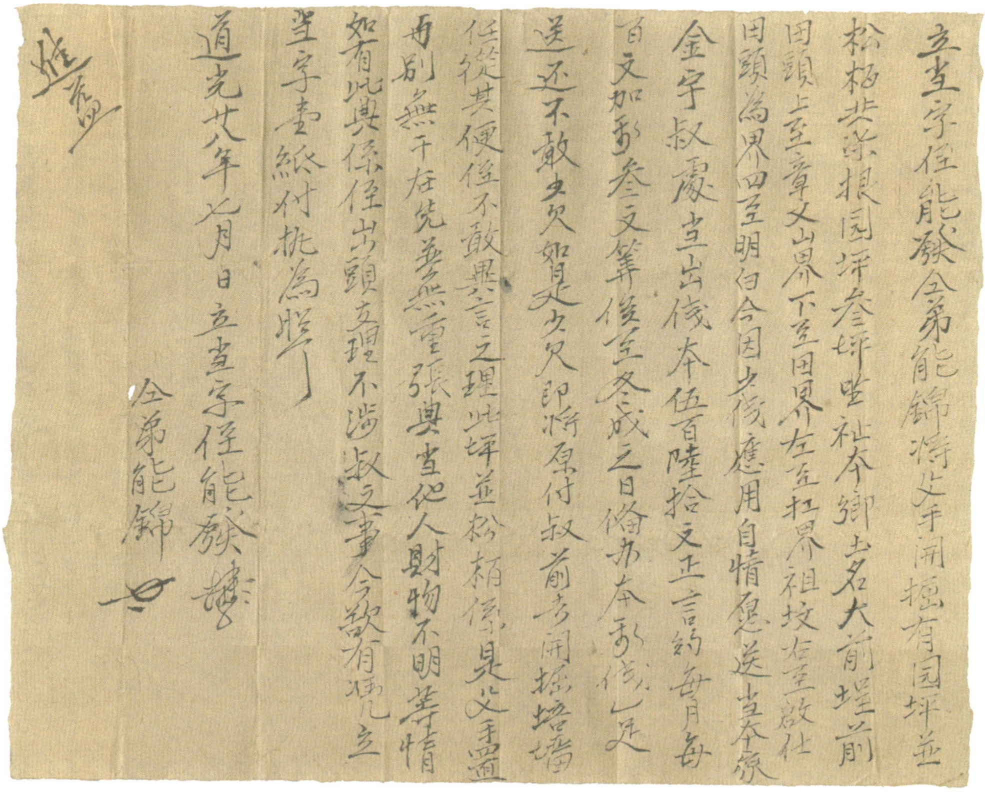

立当字侄能發仝弟能錦將父手開墾有园坪並
松杉共叢根园坪叁坪坐址本鄉土名大前墘前
田頭上至章文山界下至田界左至杠界祖坟右至敬仕
田頭為界四至明白今因乏銭應用自情愿送当本家
金字叔處当出銭本伍百陸拾文正言約每月每
百文加利叁文算侄至冬成之日備办本利銭一足
送还不敢少欠如是少欠即將原付叔前去開墾培塲
任從其便侄不敢異言之理此坪並松杉係是父手遺
留別無干在先並無重張與当他人財物不明等情
如有此與係侄出頭支理不涉叔之事今欲有憑立
当字壹紙付執為照

道光廿八年七月日立当字侄能發（押）
仝弟能錦（押）

姪[illegible]

5-5-6-2　清道光二十八年七月鄭能發等立當園坪等字

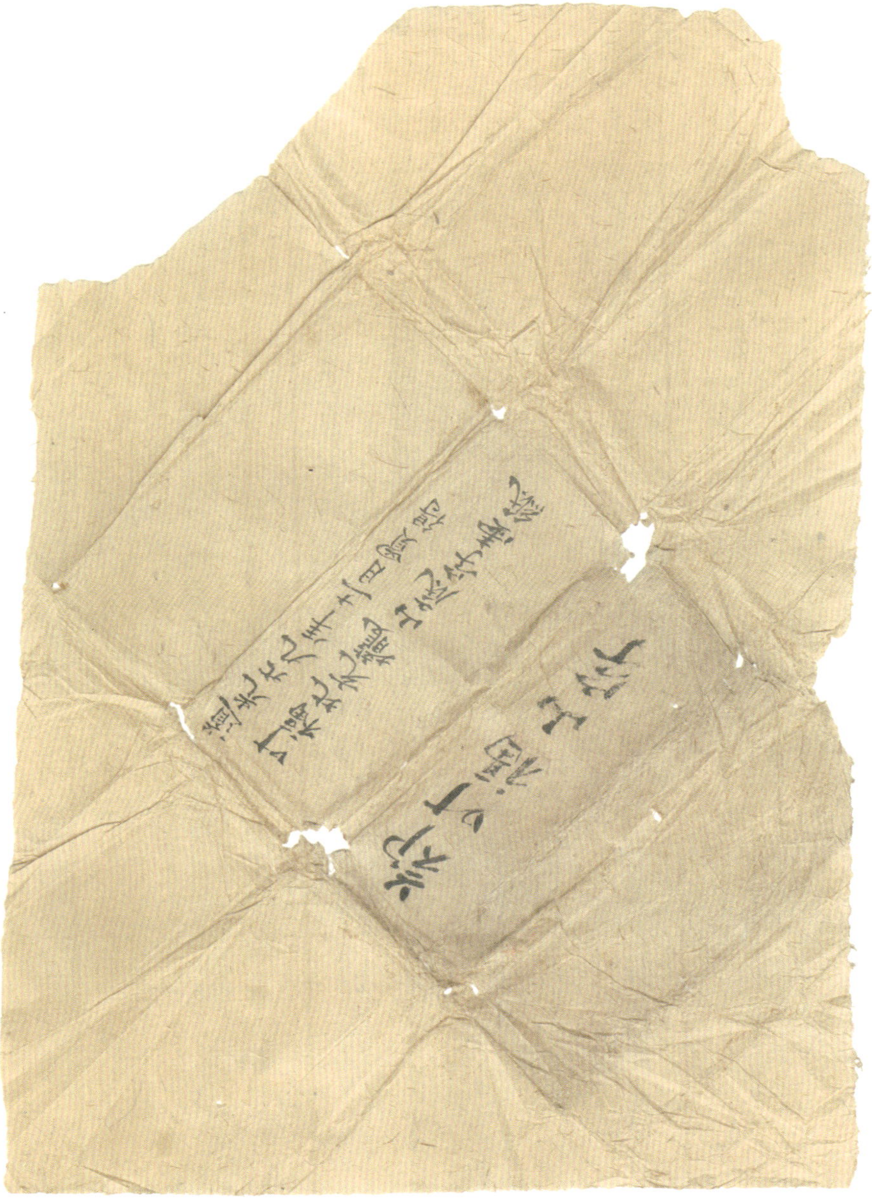

5-5-7-1 包契紙

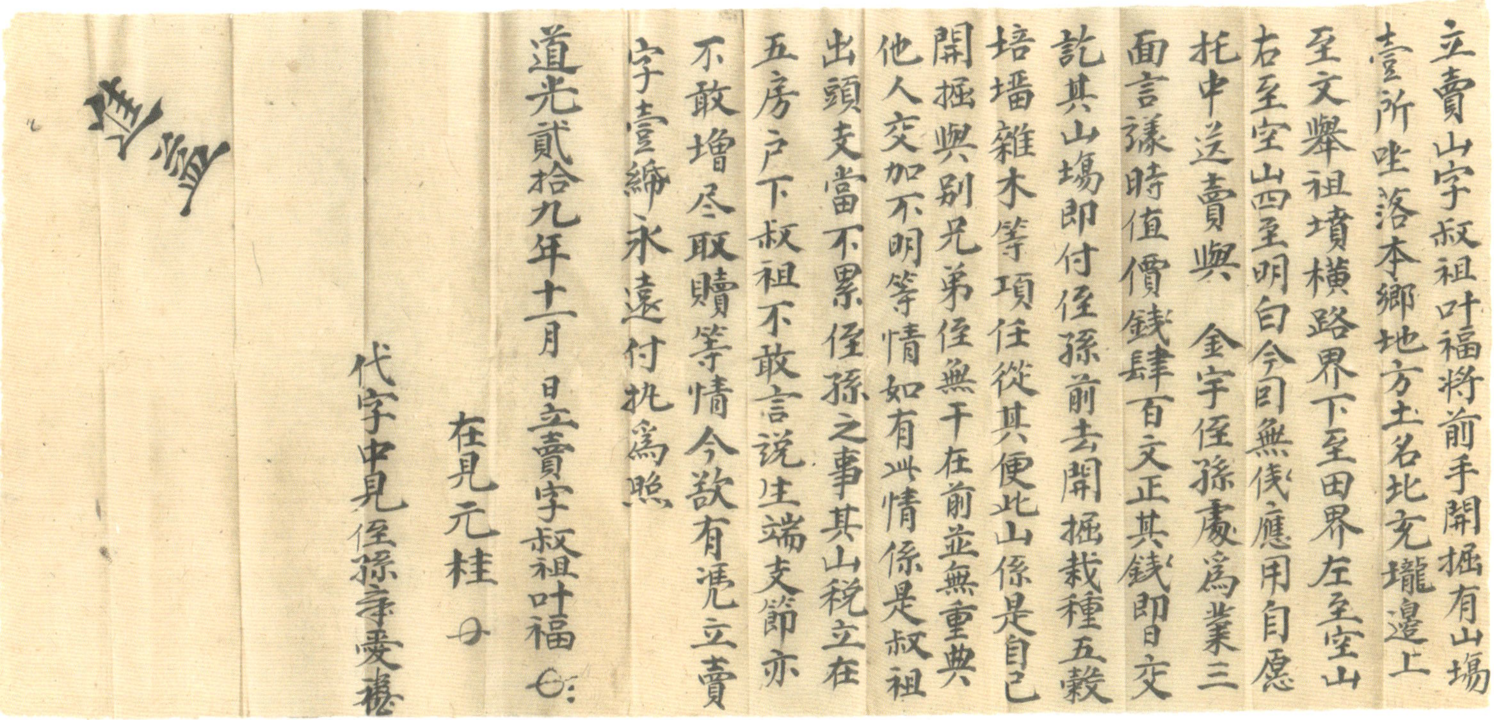
立賣山字叔祖叶福將前手開掘有山場
壹所坐落本鄉地方土名北充壠邊上
至文舉祖墳橫路界下至田界左至空山
右至空山四至明白今因無錢應用自愿
托中送賣與　金宇侄孫處爲業三
面言議時值價錢肆百文正其錢即日交
訖其山場即付侄孫前去開掘栽種五穀
培墻雜木等項任從其便此山係是自己
開掘與別兄弟侄無干在前並無重典
他人交加不明等情如有此情係是叔祖
出頭支當不累侄孫之事其山稅立在
五房户下叔祖不敢言説生端支節亦
不敢增尽取贖等情今欲有凴立賣
字壹紙永遠付執爲照
道光貳拾九年十一月　日立賣字叔祖叶福（押）
在見元桂（押）
代字中見侄孫孝愛穗

5-5-7-2　清道光二十九年十一月鄭叶福立賣山場字

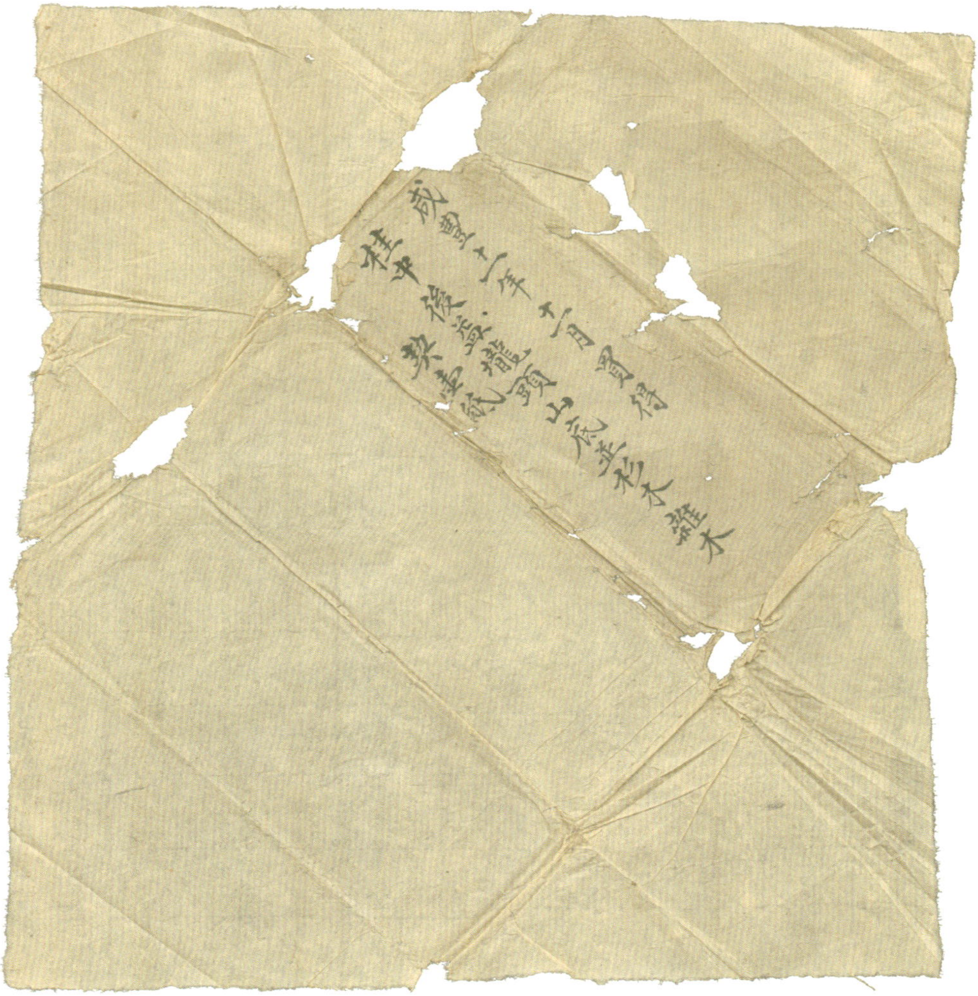

5-5-8-1　包契紙

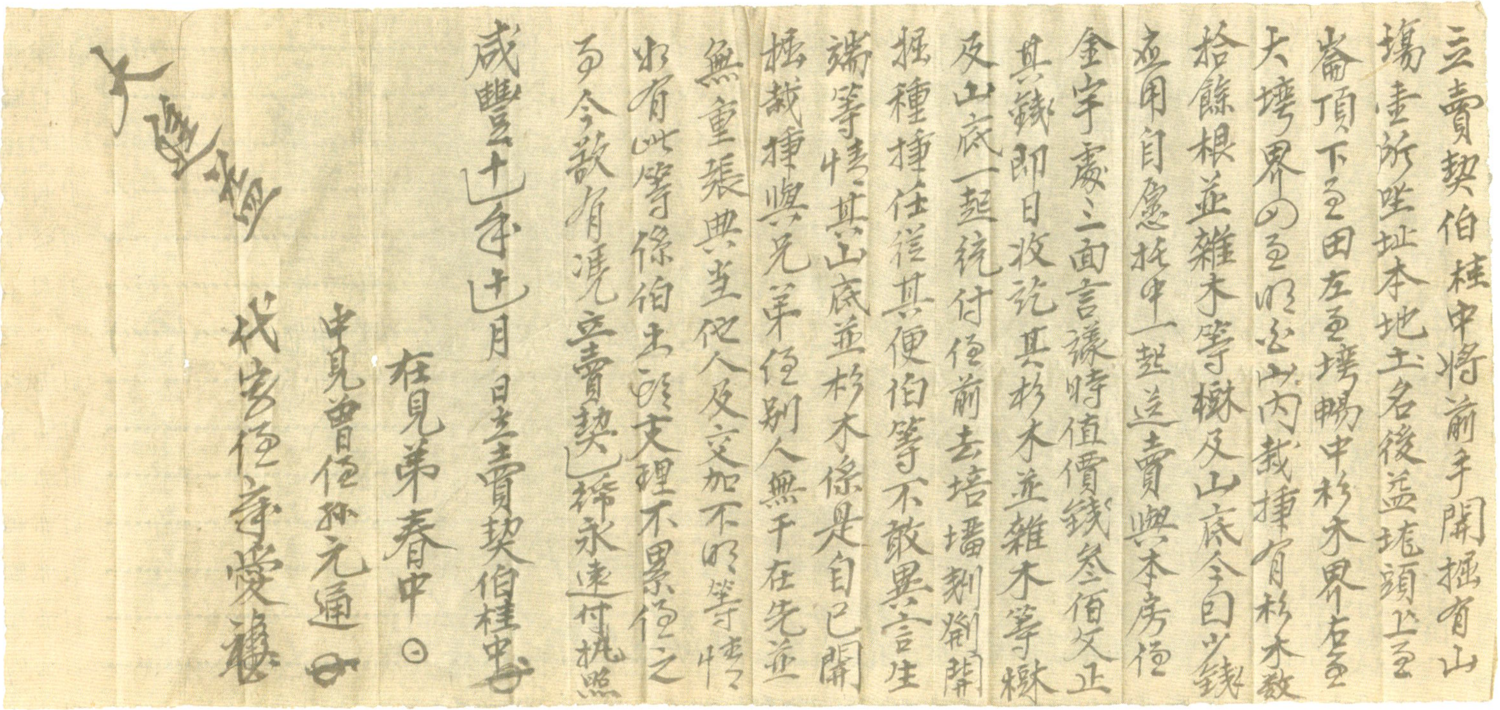

立賣契伯桂中將前手開掘有山
場壹所，坐址本地，土名後盂垅頭，上至
崙頂，下至田，左至塆暢中杉木界，右至
大塆界，內至明，並山內栽插有杉木數
拾餘根並雜木等樹及山底。今因乏錢
應用，自願托中一起送賣與本房侄
金宇處，三面言議時值價錢叁佰文正。
其錢即日收訖，其杉木並雜木等樹
及山底一起統付侄前去培墻剗開
掘種插，任從其便，伯等不敢異言生
端等情。其山底並杉木係是自己開
掘栽插，與兄弟侄別人無干，在先並
無重張典當他人及交加不明等情，
如有此等，係伯出頭支理，不累侄之
事。今欲有憑，立賣契一紙永遠付執照。
咸豐十一年十一月　日立賣契伯桂中（押）
在見弟春中　○
中見曾侄孙元通（押）
代字侄孫愛樓

5-5-8-2　清咸豐十一年十一月鄭桂中立賣山場契

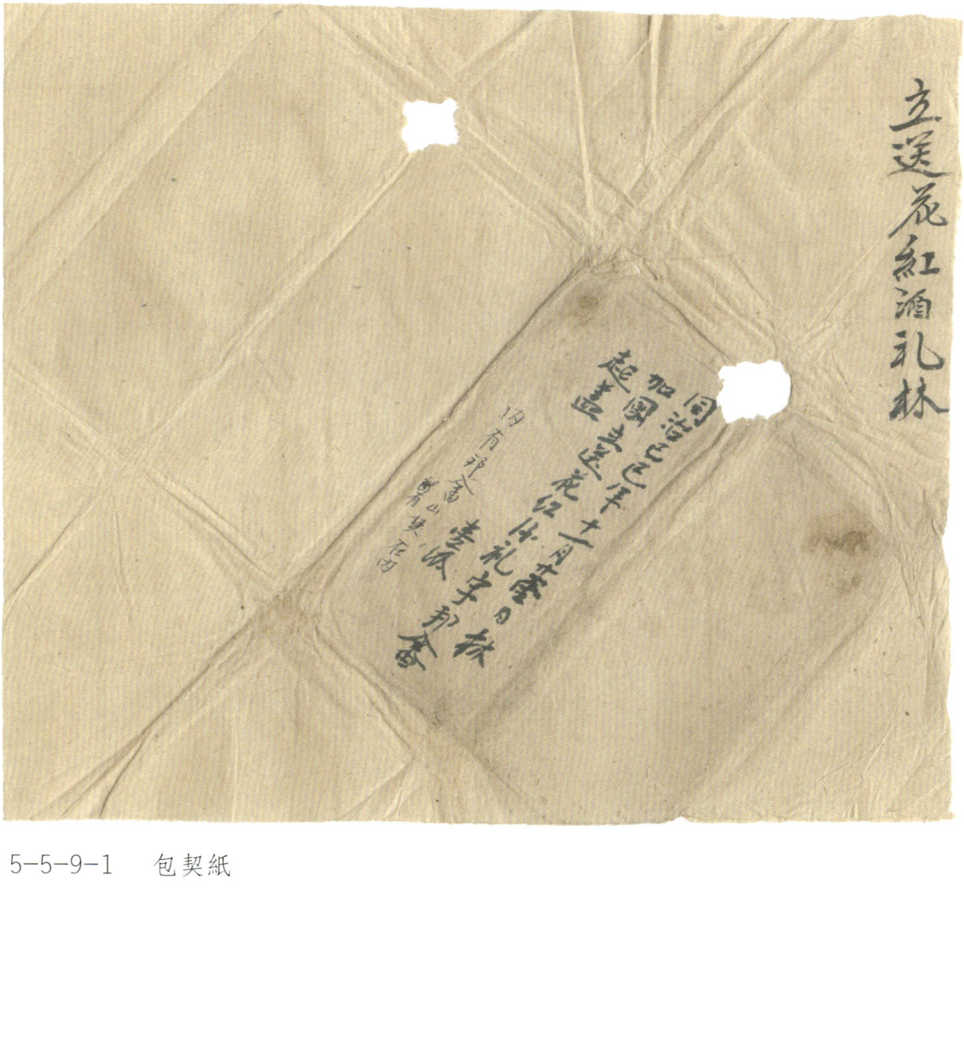

5-5-9-1　包契紙

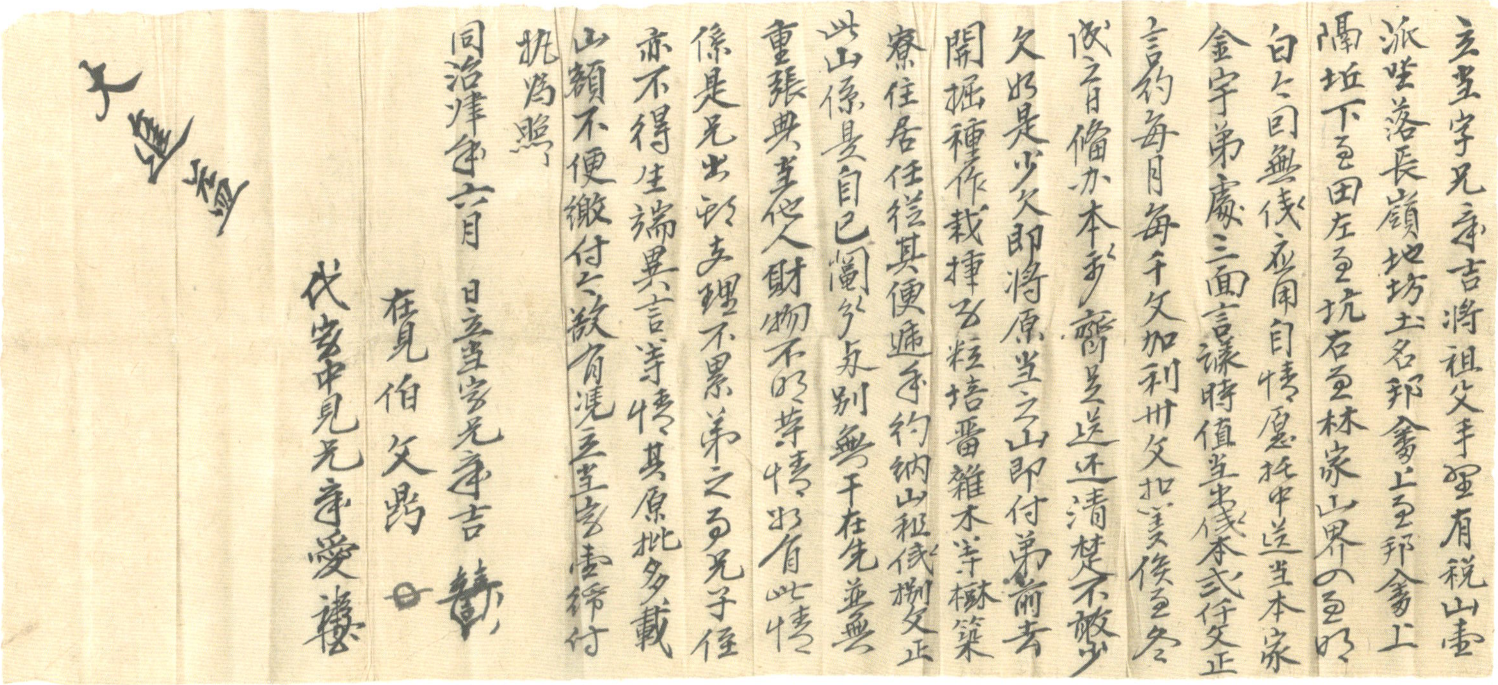

立當字兄章吉將祖父手置有稅山壹
派坐落長嶺地坊土名邦窩上至邦窩上
陽坵下至田左至坑右至林家山界四至明
白，今因無錢應用，自情愿托中送當本家
金字弟處，三面言議時值當出錢本弍仟文正，
言約每月每千文加利卅文扣，递後至冬
成之日備办本利齊足送还清楚，不敢少
欠。如是少欠，即將原當之山即付弟前去
開掘種作栽揷山粒培番雜木等樹築
寮住居，任從其便過手約納山租錢捌文正。
此山係是自己阄分友别無干在先並無
重張典當他人財物不明等情，如有此情
係是兄出頭支理，不累弟之事。兄子侄
亦不得生端異言等情。其原批多載
山額，不便繳付，今欲有憑，立當字壹紙付
執為照。

同治肆年六月　日立當字兄章吉（押）

在見伯　文遇（押）

代字中見兄章愛（押）

大發利

5-5-9-2　清同治四年六月鄭章吉立當稅山字

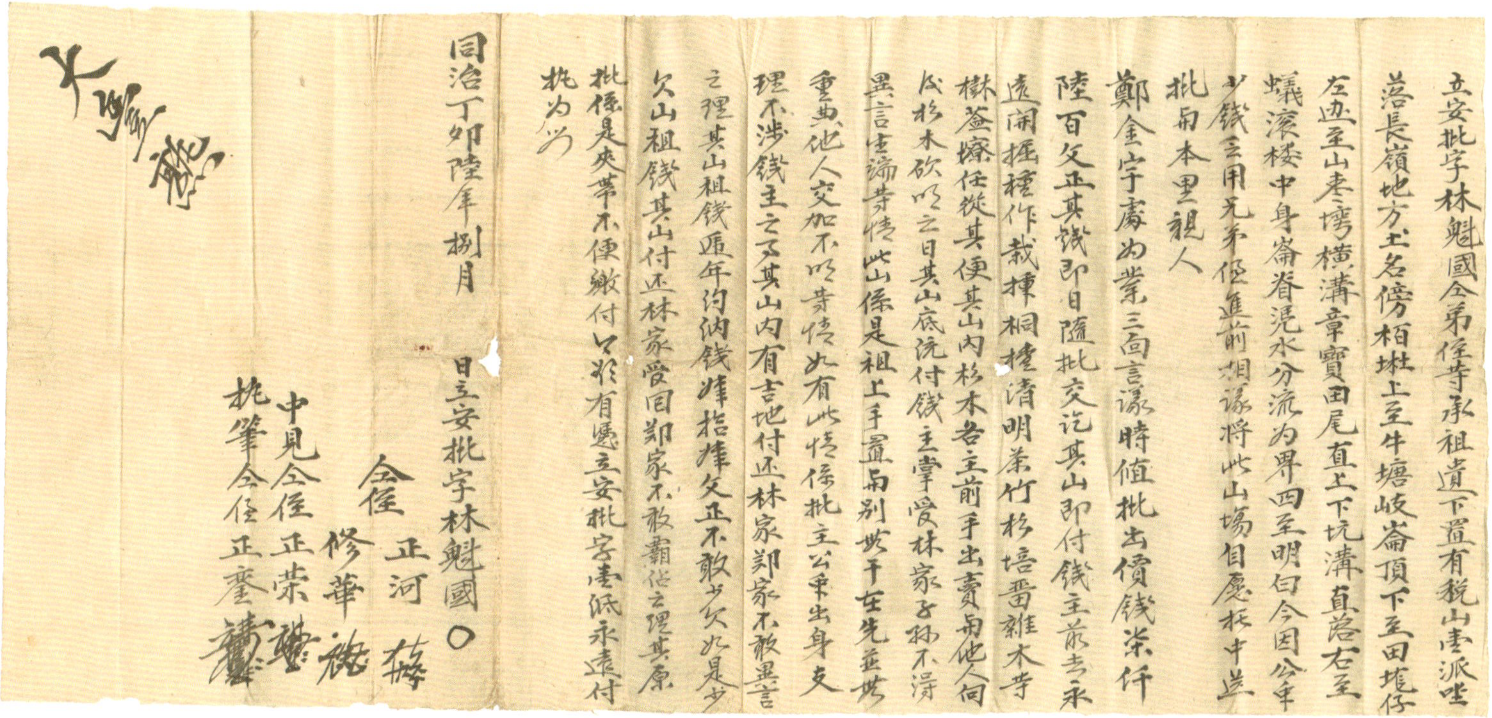
立安批字林魁國仝弟侄等承祖遺下置有稅山壹派坐
落長嶺地方土名傍栢垙上至牛塘岐崙頂下至田堪仔
左边至山壹塆橫溝章寶田尾直上下坑溝直落右至
蟻滾樓中身崙脊混水分流為界四至明白今因公事
少錢應用兄弟侄進前相議將此山場自愿托中送
批與本里親人
鄭金宇處為業三面言議時值批出價錢柒仟
陸百文正其錢即日隨批交訖其山即付錢主前去永
遠開掘種作栽種桐樹清明茶竹杉培番雜木等
樹蓊蓊任從其便其山內杉木各主前手出賣與他人伺
成杉木砍伐之日其山底流付錢主掌管林家子孫不得
異言生端等情此山係是祖上手置與別些干在先並無
重典他人交加不明等情如有此情係批主出身支
理不涉錢主之事其山內有吉地付还林家鄭家不敢異言
之理其山租錢逐年约納錢肆指肆文正不敢少欠如是少
欠山租錢其山付还林家管囬鄭家不敢霸佔之理其原
批係是夾業不便繳付以於有憑立安批字壹紙永遠付
執為照

同治丁卯陸年捌月　日立安批字林魁國○
仝侄　正河（押）
　　　修華（押）
中見仝侄　正崇（押）
執筆仝侄　正奎（押）

大吉

5-5-9-3　清同治六年八月林魁國等立安批稅山字

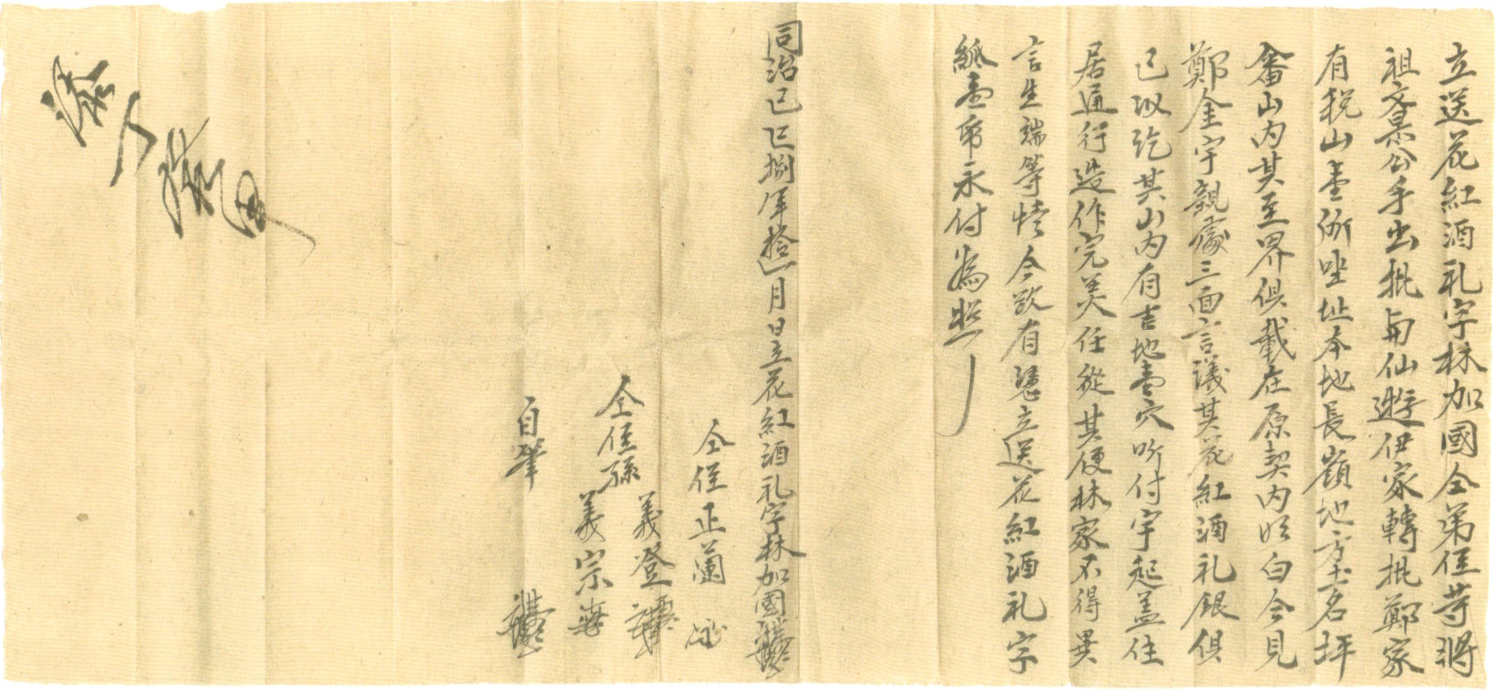
立送花紅酒禮字林加國仝弟侄等將
祖齊熹公手出批與仙遊伊家轉批鄭家
有稅山壹所坐址本地長嶺地方土名坪
畬山內其至界俱載在原契內明白今見
鄭全字親處三面言議其花紅酒禮銀俱
已收訖其山內有吉地壹穴听付字起蓋住
居通行造作完美任從其便林家不得異
言生端等情今欲有憑立送花紅酒禮字
紙壹帋永付為照

同治己巳捌年拾壹月　日立花紅酒禮字林加國（押）
仝侄正蘭（押）
仝侄孫義登（押）
義宗（押）
自筆（押）

5-5-9-4　清同治八年十一月林加國等立送花紅酒禮字

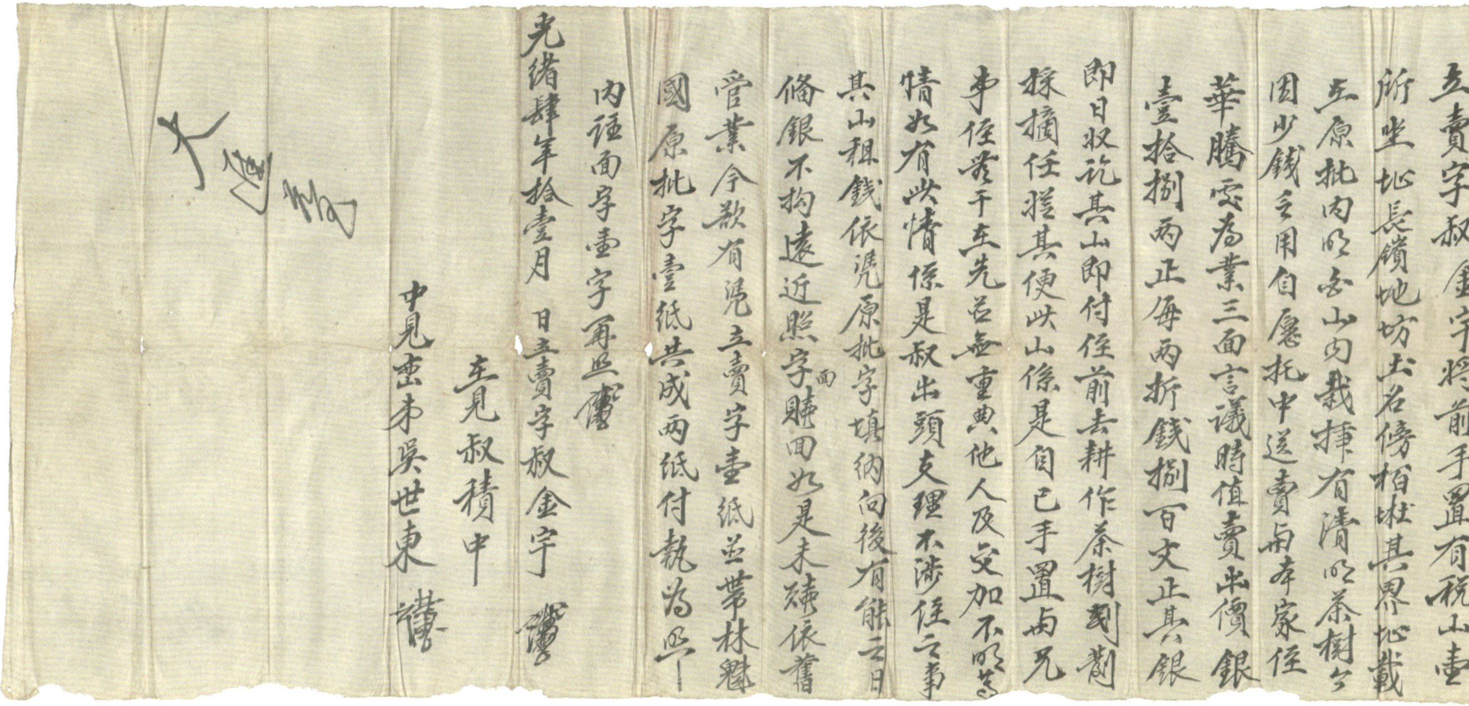
立賣字叔金宇將前手置有稅山壹
所坐址長饒地坊土名傍柏垙其界址載
在原批内明今山内栽插有清明茶樹今
因少錢乏用自愿托中送賣與本家侄
華騰雯為業三面言議時值賣出價銀
壹拾捌兩正每兩折錢捌百文正其銀
即日收訖其山即付侄前去耕作茶樹剗[illegible]
採摘任從其便此山係是自己手置與兄
弟侄輩干在先並無重典他人及交加不明等
情如有此情係是叔出頭支理不涉侄之事
其山租錢依憑原批字填納向後有能之日
備銀不拘遠近照字面贖回如是未贖依舊
管業今欲有憑立賣字壹紙並帶林魁
國原批字壹紙共成兩紙付執為照
内添面字壹字再照（押）
光緒肆年拾壹月　日立賣字叔金宇（押）
在見叔積中
中見董本吳世東（押）

5-5-9-5　清光緒四年十一月鄭金宇立賣稅山字

立承字叔金宇就在本家侄
華騰處承來有稅山壹號坐址長濶
地坊土名傍柏樹其界址依憑林國魁批
字内今將山内栽種有清明茶樹承來
耕作劃割採摘任從其便逐年不拘豐
損約納根租穀壹百伍拾觔正又清明
茶不敢少欠觔兩如是少欠觔兩即將原山並
清明茶樹付還另召别安不敢藉承霸佔
今欲有憑立承字壹紙付執為照
其山租錢賣主自行支理不累買主之事　再照
光緒五年正月　日立承字叔金宇
保承堂弟吳世東
大吉

5-5-9-6　清光緒五年正月鄭金宇立承稅山字

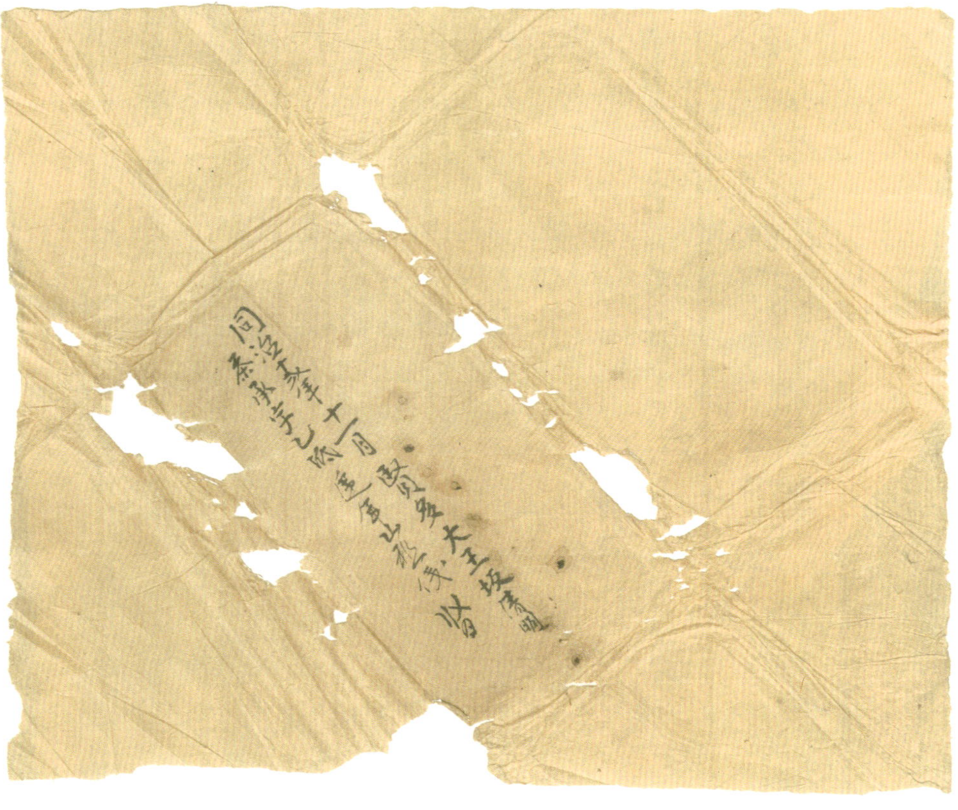

5-5-10-1　包契紙

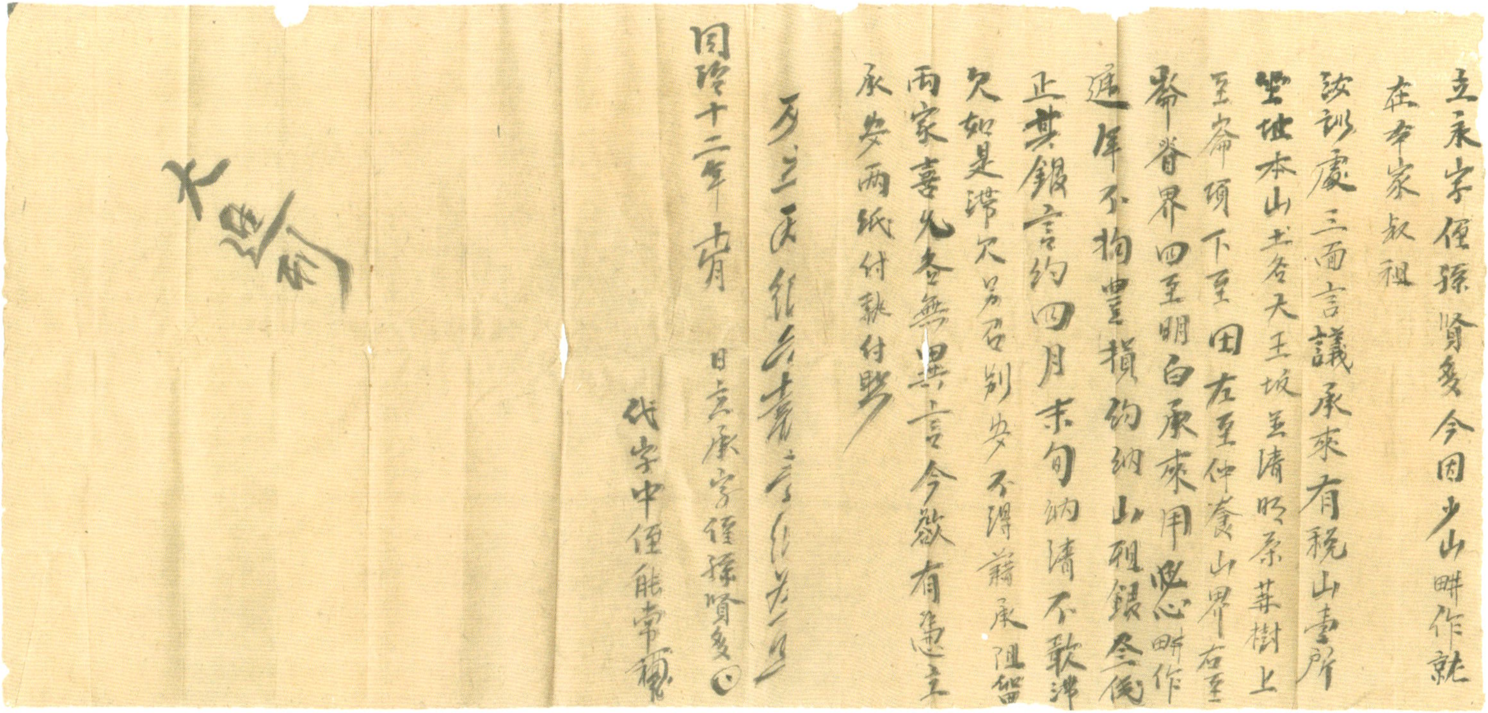

立承字侄孫賢多，今因少山畊作，就
在本家叔祖
汶訓處三面言議承來有稅山壹所，
坐址本山土名大王坂，至清明茶華樹上，
至崙頂，下至田，左至仲養山界，右至
嶺脊界，四至明白。承來用心畊作，
逐年不拘豐損，約納山租銀叁佰
正，其銀言約四月末旬納清，不敢滯
欠。如是滯欠，另召別户，不得藉承阻留。
兩家喜允，各無異言。今欲有憑，立
承字兩紙，付執付照。
[illegible]
同治十二年十一月　日立承字侄孫賢多（押）
代字中侄能常筆
大吉

5-5-10-2　清同治十二年十一月鄭賢多立承稅山字

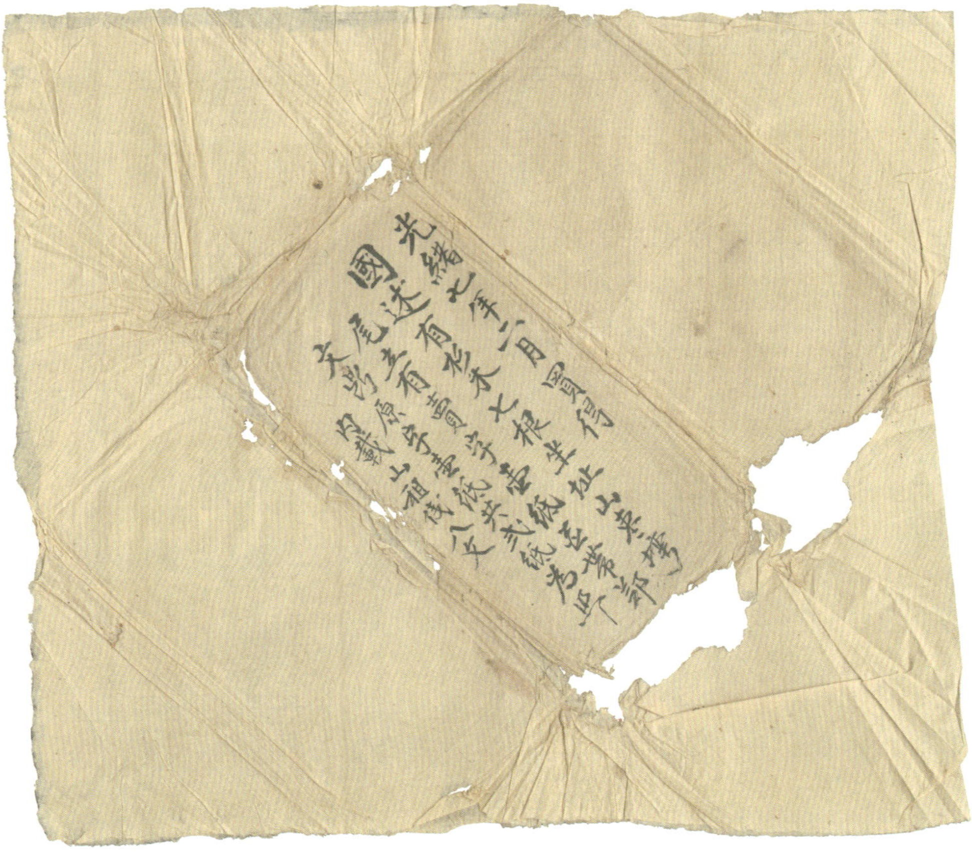

5-5-11-1　包契紙

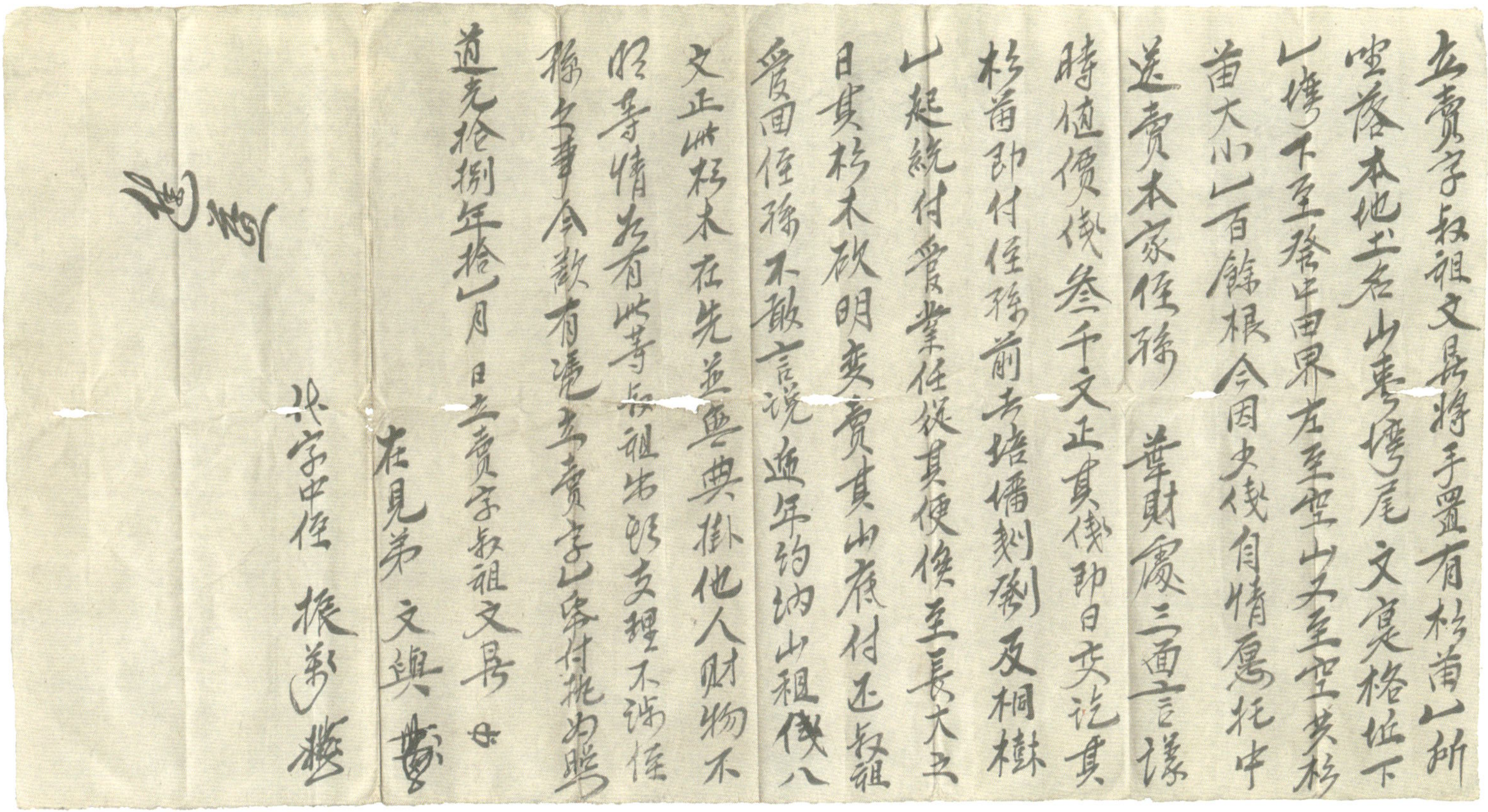

立賣字叔祖文鼎將手置有杉苗山一所
坐落本地土名山棗壋尾文寔格址下
山壋下至矮中田界左至空山又至空共杉
苗大小一百餘根今因乏銭自情愿托中
送賣本家侄孫　華財處三面言議
時值價銭叁千文正其銭即日交訖其
杉苗即付侄孫前去培播剝劉及桐樹
山起統付買業侄從其便候至長大之
日其杉木砍明交賣其山底付还叔祖
管回侄孫不敢言说逓年约納山租銭八
文正此杉木在先並無典掛他人財物不
明等情如有此等叔祖出頭支理不涉侄
孫之事今欲有憑立賣字一紙付執爲照
道光拾捌年拾一月　日立賣字叔祖文鼎（押）
在見弟　文與（押）
代字中侄　根彩（押）

5-5-11-2　清道光十八年十一月鄭文鼎立賣杉苗字

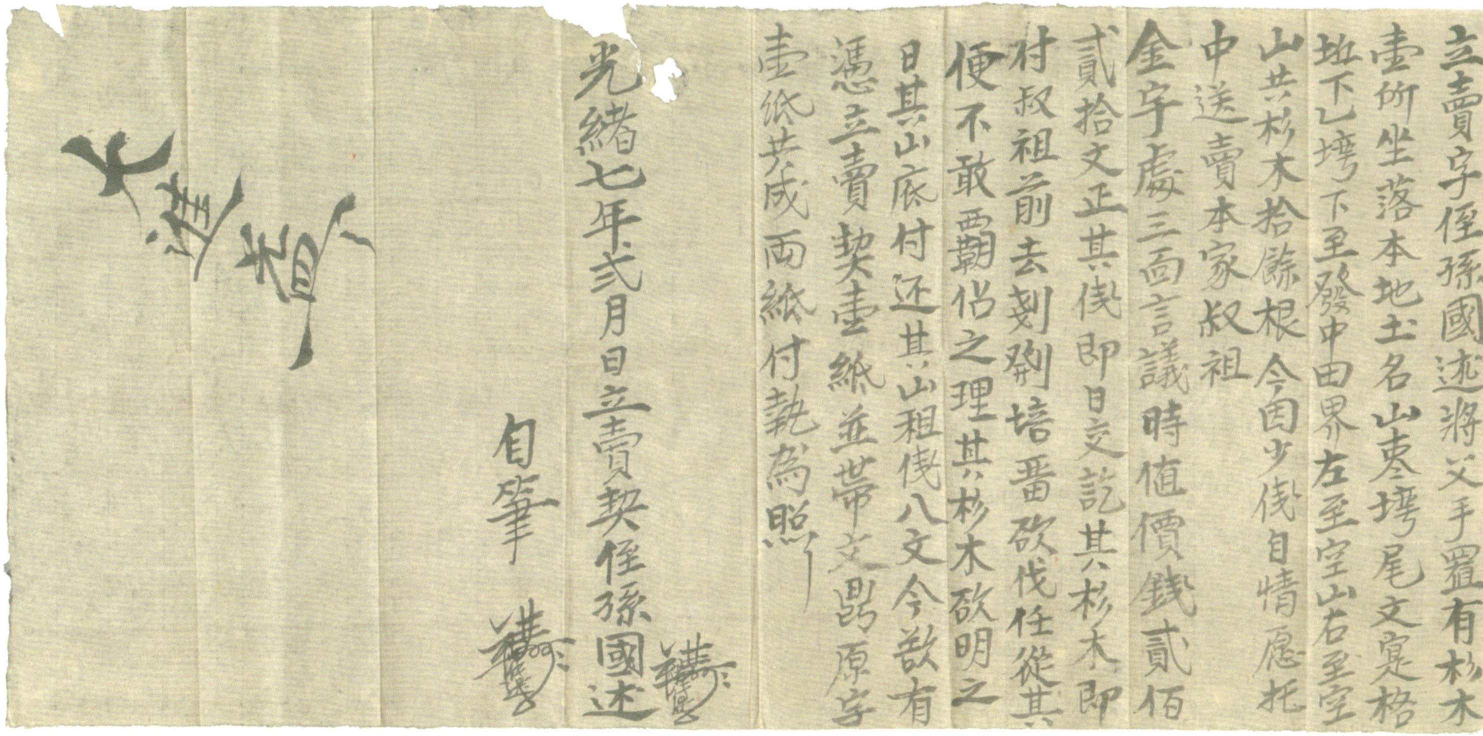

立賣字侄孫國述將父手置有杉木
壹所坐落本地土名山東塆尾文寔格
垱下乚塆下至發中田界左至空山右至空
山共杉木拾餘根今因少錢自情愿托
中送賣本家叔祖
金宇處三面言議時值價錢貳佰
貳拾文正其錢即日交訖其杉木即
付叔祖前去刻剟培番砍伐任從其
便不敢覇佔之理其杉木砍明之
日其山底付还其山租錢八文今欲有
憑立賣契壹紙並帶文契原字
壹紙共成兩紙付執為照
光緒七年弍月日立賣契侄孫國述
自筆

5-5-11-3　清光緒七年二月鄭國述立賣杉木字

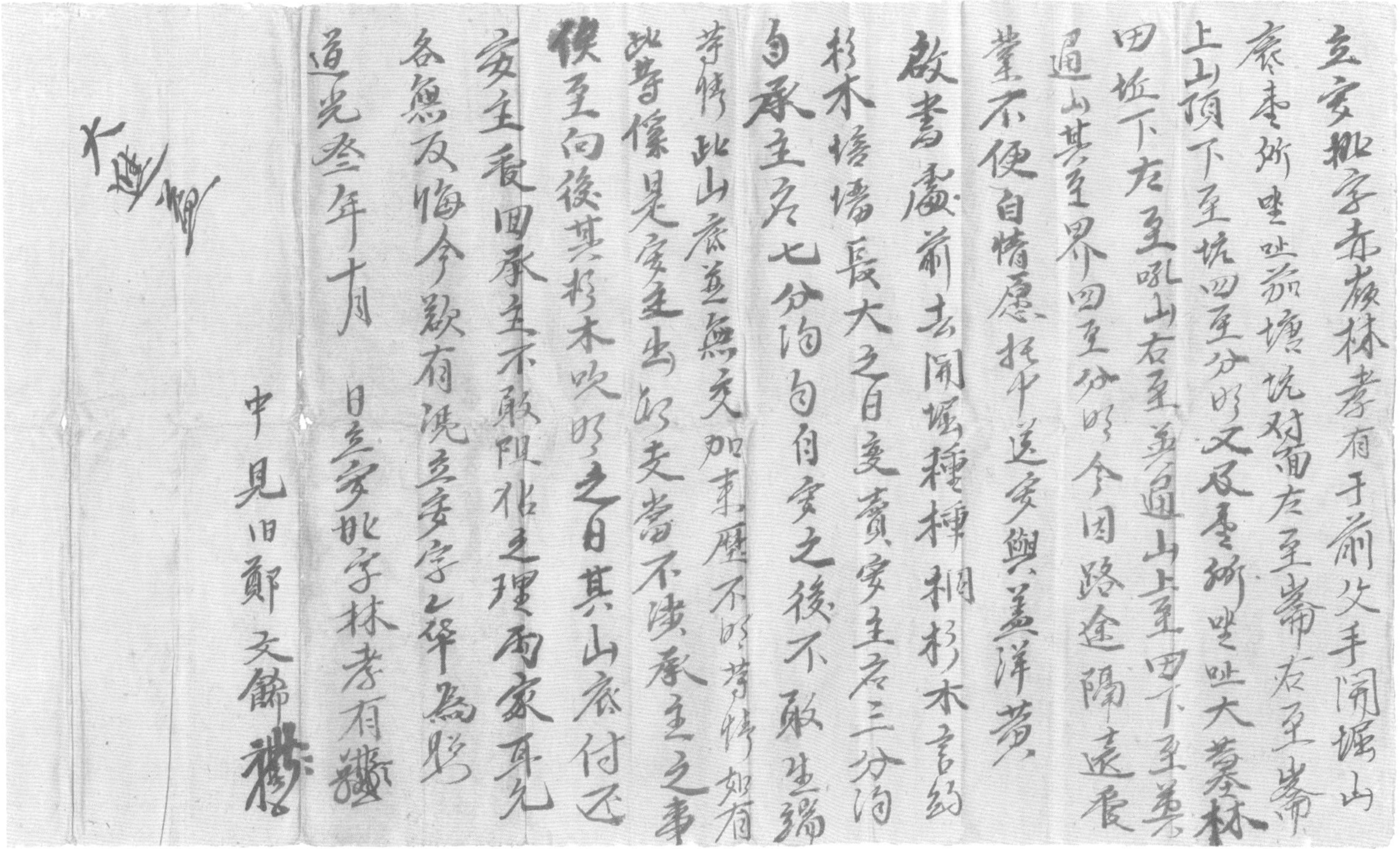
立安批字赤岸林孝有，于前父手開掘山
底壹所，坐址茄塘坑，對面左至崙，右至崙
上山頂，下至坑，四至分明。又及壹所，坐址大墓林
田垅下，左至吼山，右至并過山上，至田下，至并
過山其至界，四至分明。今因路途隔遠，農
業不便，自情愿托中送安與蓋洋黄
啟書處前去開掘，種插杉木言約
杉木培植長大之日，變賣，安主居三分，洵
自承主居七分，洵自賣之後，不敢生端
等情。此山底並無交加，未歷不明，等情，如有
此等情，係是安主出頭支當，不涉承主之事。
俟至向後其杉木吹明之日，其山底付还
安主，承回承主，不敢阻挡之理。两家耳允，
各無反悔。今欲有憑，立安字一紙為照。
道光叁年十月　日立安批字林孝有（押）
中見　舊鄭文錦（押）
大吉

5-5-12-1　清道光三年十月林孝有立安批山底字

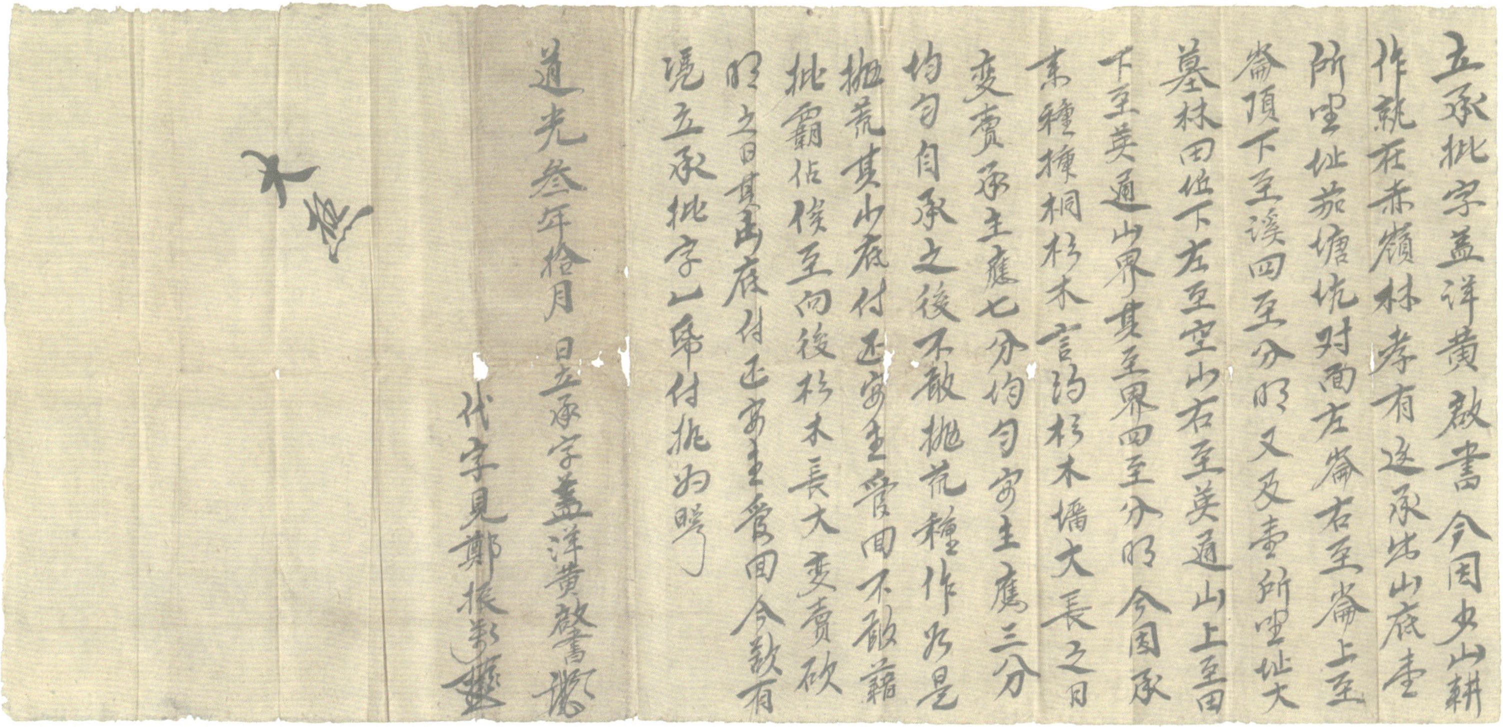
立承批字盖洋黄啟書，今因𡚱山耕
作，就在赤嶺林孝有送承出山底壹
所，坐址茄塘坑对面，左崙右至崙上至
崙頂下至溪，四至分明。又及壹所坐址大
墓林田墘下，左至空山右至美通山，上至田
下至美通山界，其至界四至分明。今因承
来種棟桐杉木，言約杉木播大長之日
変賣，承主應七分，均匀，家主應三分
均匀。自承之後，不敢拋荒，種作必是
拋荒，其山底付还家主管回，不敢藉
批霸佔。俟至向後杉木長大变賣砍
明之日，其山底付还家主管回。今欲有
憑，立承批字一帋付批為照。
道光叁年拾月　日立承字盖洋黄啟書
代字見鄭振彩
大吉

5-5-12-2　清道光三年十月黄啓書立承批山底字

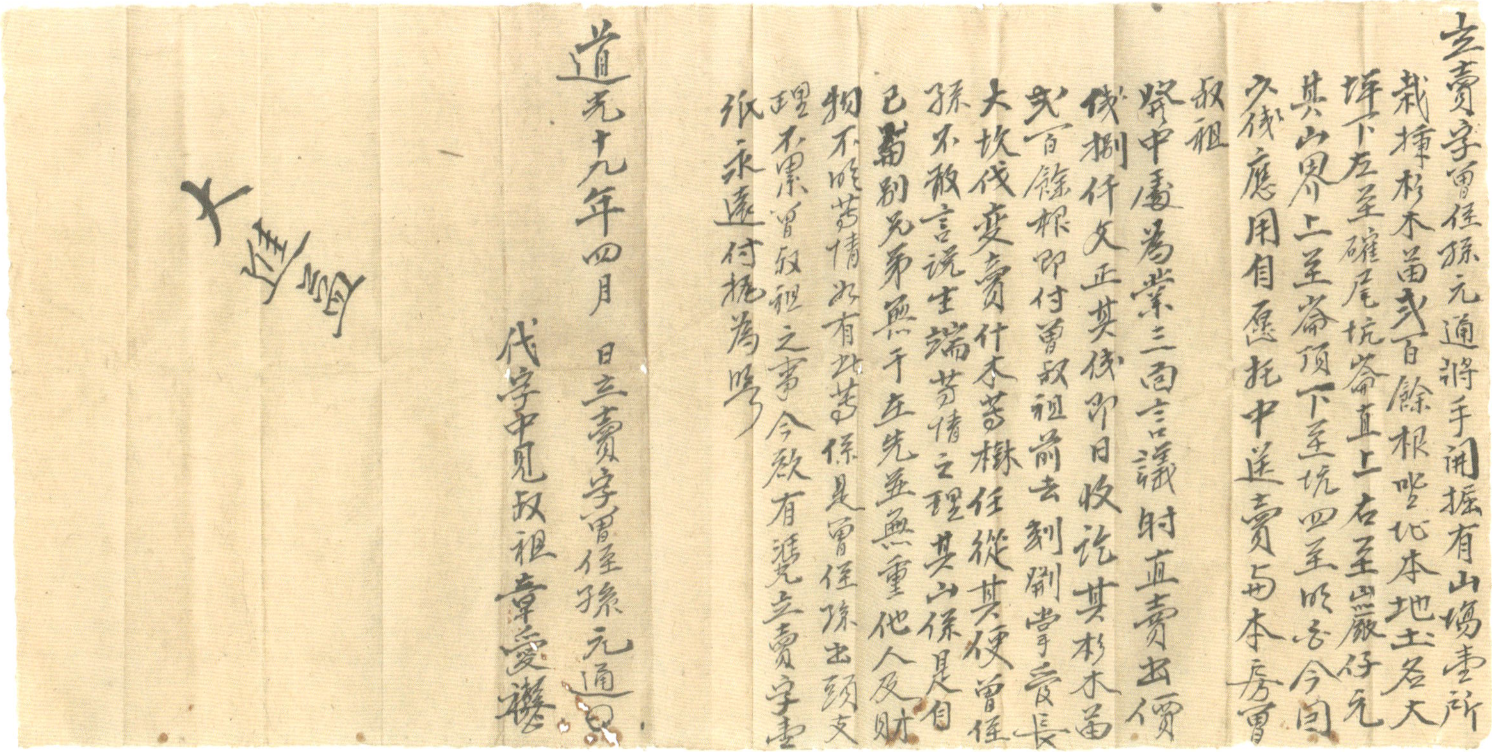

立賣字曾侄孫元通將手開掘有山場壹所
栽種杉木苗貳百餘根，坐址本地土名大
坪下，左至碓尾坑崙直上，右至岩巖仔元
其山界上至崙頂，下至坑，四至明白。今因
乏銭應用，自愿托中送賣與本房曾
叔祖
賢中處為業，三面言議時值賣出價
銭捌仟文正，其銭即日收訖，其杉木苗
貳百餘根即付曾叔祖前去割劉掌受長
大砍伐變賣，什木等樹任從其便，曾侄
孫不敢言説生端等情之理。其山係是自
己鬮到兄弟無干，在先並無重他人及財
物不明等情，如有此等係是曾侄孫出頭支
理，不累曾叔祖之事。今欲有憑，立賣字壹
張，永遠付執為照。

道光十九年四月　日立賣字曾侄孫元通
代字中見叔祖章愛權

5-5-13-1　清道光十九年四月鄭元通立賣山場字

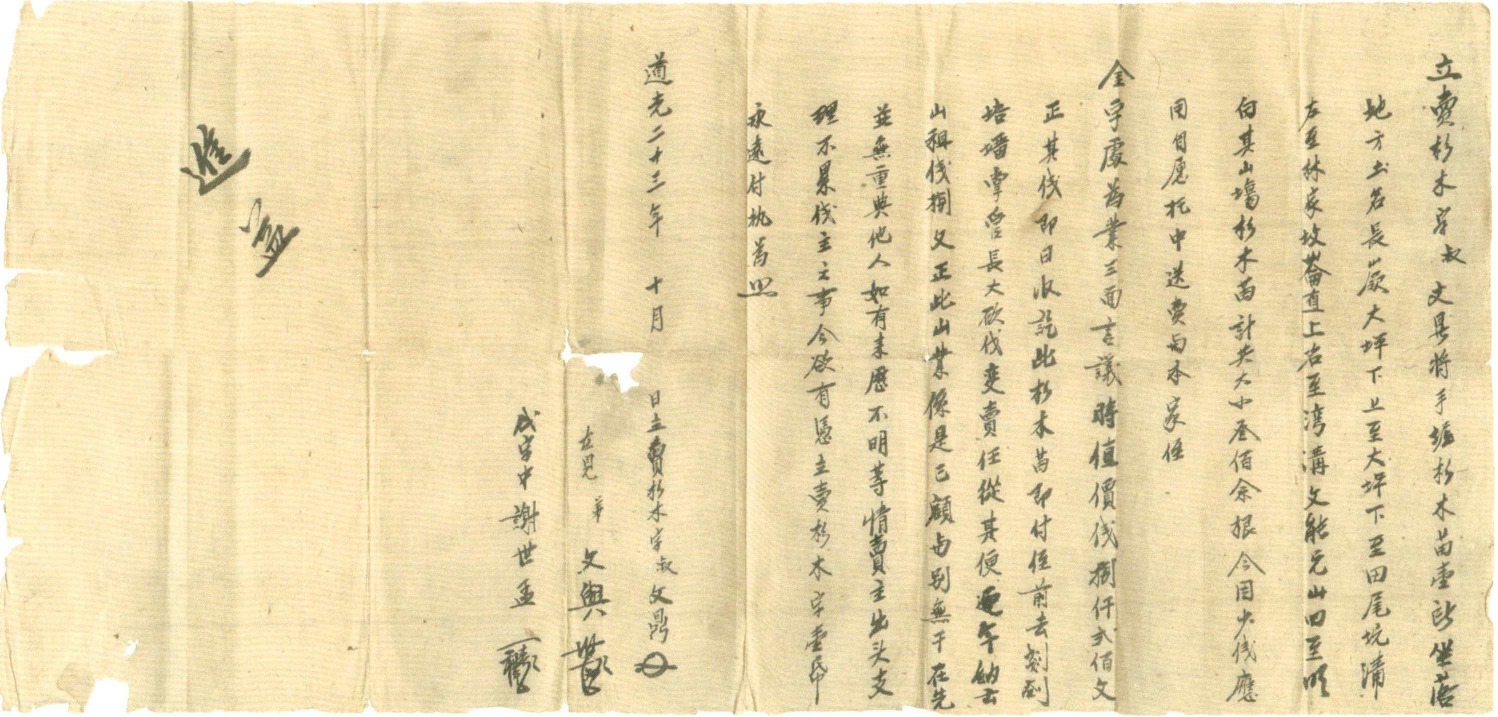

立賣杉木字叔 文鼎將手插杉木苗壹段坐落
地方土名長嶺大坪下 上至大坪下至田尾坑溝
左至林家坟崙直上右至湾溝文能兄山田至明
白其山塲杉木苗計共大小叁佰余根 今因少錢應
用自愿托中送賣与本家侄
全字處爲業三面言議時值價錢捌仟貳佰文
正其錢即日收訖此杉木苗即付侄前去剗刮
培壅管長大砍伐變賣任從其便遞年納去
山租錢捌文正此山業係是已額与别無干 在先
並無重典他人如有来歷不明等情賣主出头支
理不累錢主之事今欲有憑立賣杉木字壹紙
永遠付執爲照
道光二十三年 十月 日立賣杉木字叔 文鼎
在見 弟 文輿
代字中 謝世孟
進益

5-5-13-2　清道光二十三年十月鄭文鼎立賣杉木苗字

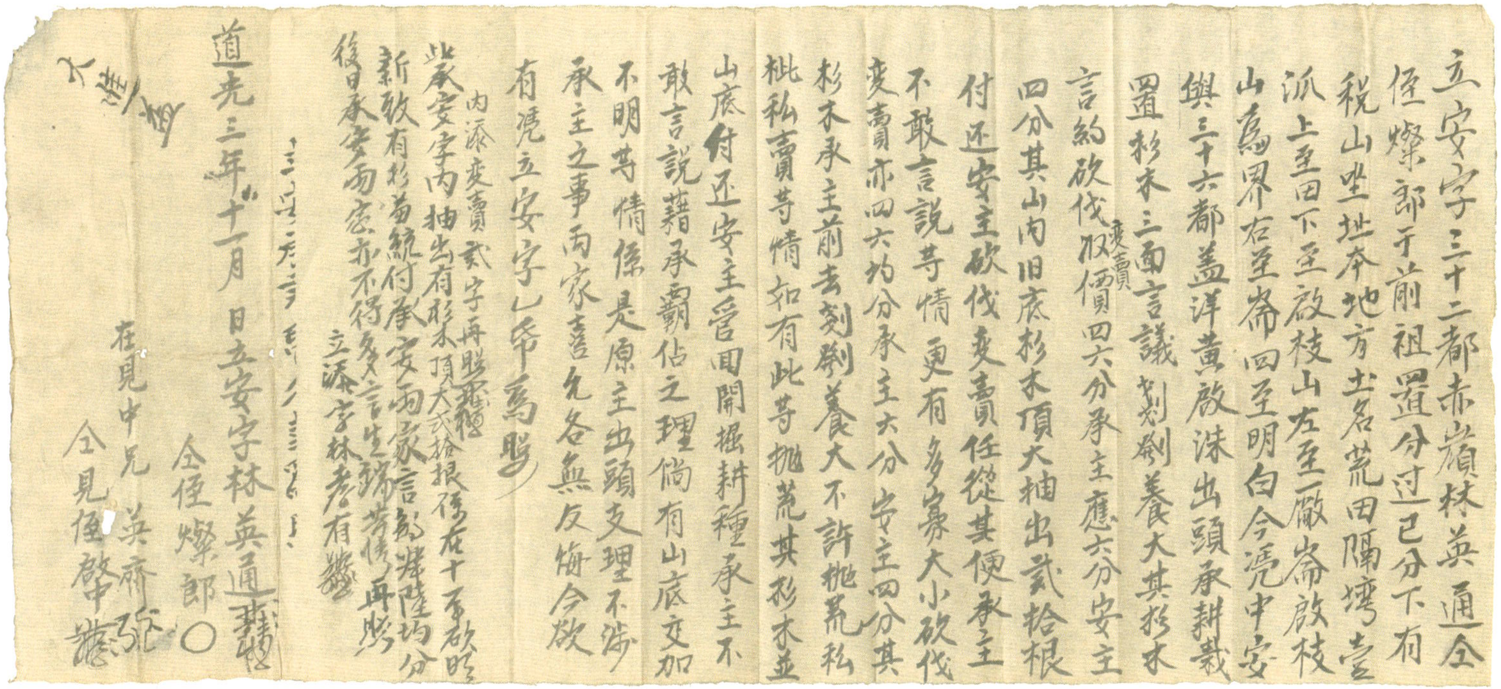

立安字三十二都赤嶺林英通仝
侄燦郎于前祖置分过已分下有
稅山坐址本地方土名荒田隔塆壹
派，上至田，下至啟枝山，左至敞崙啟枝
山為界，右至崙，四至明白。今憑中安
與三十六都蓋洋黃啟沫出頭承耕栽
置杉木，三面言議，割劙養大，其杉木
言約砍伐變賣，價四六分，承主應六分，安主
四分。其山內旧底杉木頂大柚出貳拾根
付还安主砍伐變賣，任從其便，承主
不敢言說等情。更有多寡大小砍伐
變賣，亦四六均分，承主六分，安主四分。其
杉木承主前去割劙養大，不許拋荒私
桃私賣等情，如有此等拋荒，其杉木並
山底付还安主管田闢掘耕種，承主不
敢言說藉承霸佔之理。倘有山底交加
不明等情，係是原主出頭支理，不涉
承主之事。兩家喜允，各無反悔。今欲
有憑，立安字一帋為照。

內添變賣貳字再照

此安字內抽出有杉木頂大貳拾根，侄在十年砍照，
新致有杉苗，統付承安兩家言約，將陸均分，
後日承安兩家亦不得多言生端等情，再照。
立添字林彥有（押）

道光三年十一月　日立安字林英通（押）
仝侄燦郎〇
在見中兄　英齊（押）
仝見侄　啟中（押）

大吉

5-5-14-1　清道光三年十一月林英通等立安稅山字

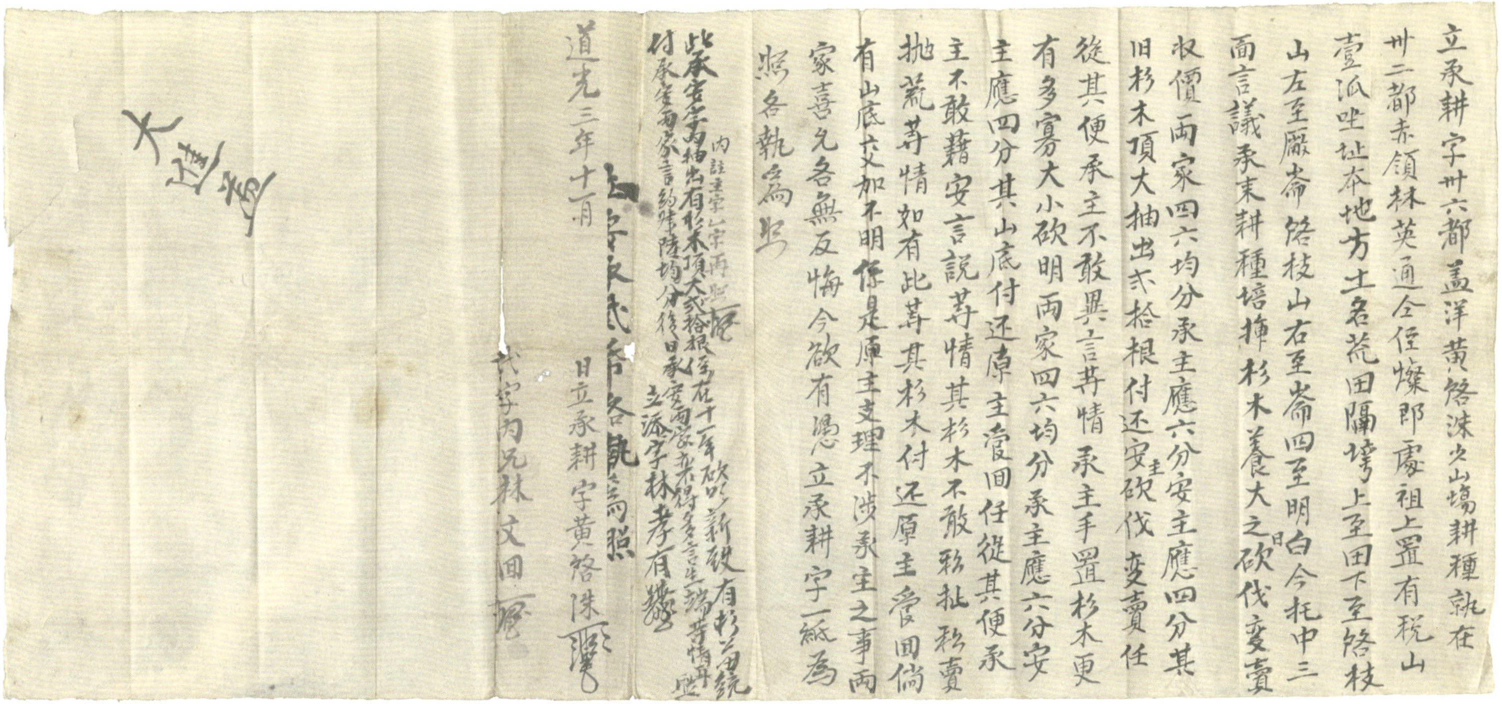
立承耕字卅六都盖洋黃啓洙火山塲耕種就在
卅二都赤領林英通仝侄𤏲郎處祖上置有稅山
壹坵坐址本地方土名荒田隔墘上至田下至路枝
山左至廠崙路枝山右至崙四至明白今托中三
面言議承來耕種培植杉木養大之日砍伐变賣
收價兩家四六均分承主應六分安主應四分其
旧杉木項大抽出弍拾根付还安主砍伐变賣任
從其便承主不敢異言生情承主手置杉木更
有多寡大小欲明兩家四六均分承主應六分安
主應四分其山底付还原主管回任從其便承
主不敢藉安言說生情其杉木不敢私扯私賣
抛荒生情如有此生其杉木付还原主管回倘
有山底交加不明係是原主支理不涉承主之事兩
家喜允各無反悔今欲有憑立承耕字一紙為
照各執為照
此承宅字內抽出有杉木項大弍拾根係在十一年砍伐新有杉苗繞
付承宅兩家言約肆陸均分後日承宅兩家亦不得多言生端生情再照
內註主字山字兩照
立添字林孝有押
立字承弍各執為照
道光三年十一月　日立承耕字黃啓洙押
代字內兄林文田押
大進喜

5-5-14-2　清道光三年十一月黃啓洙立承耕稅山字

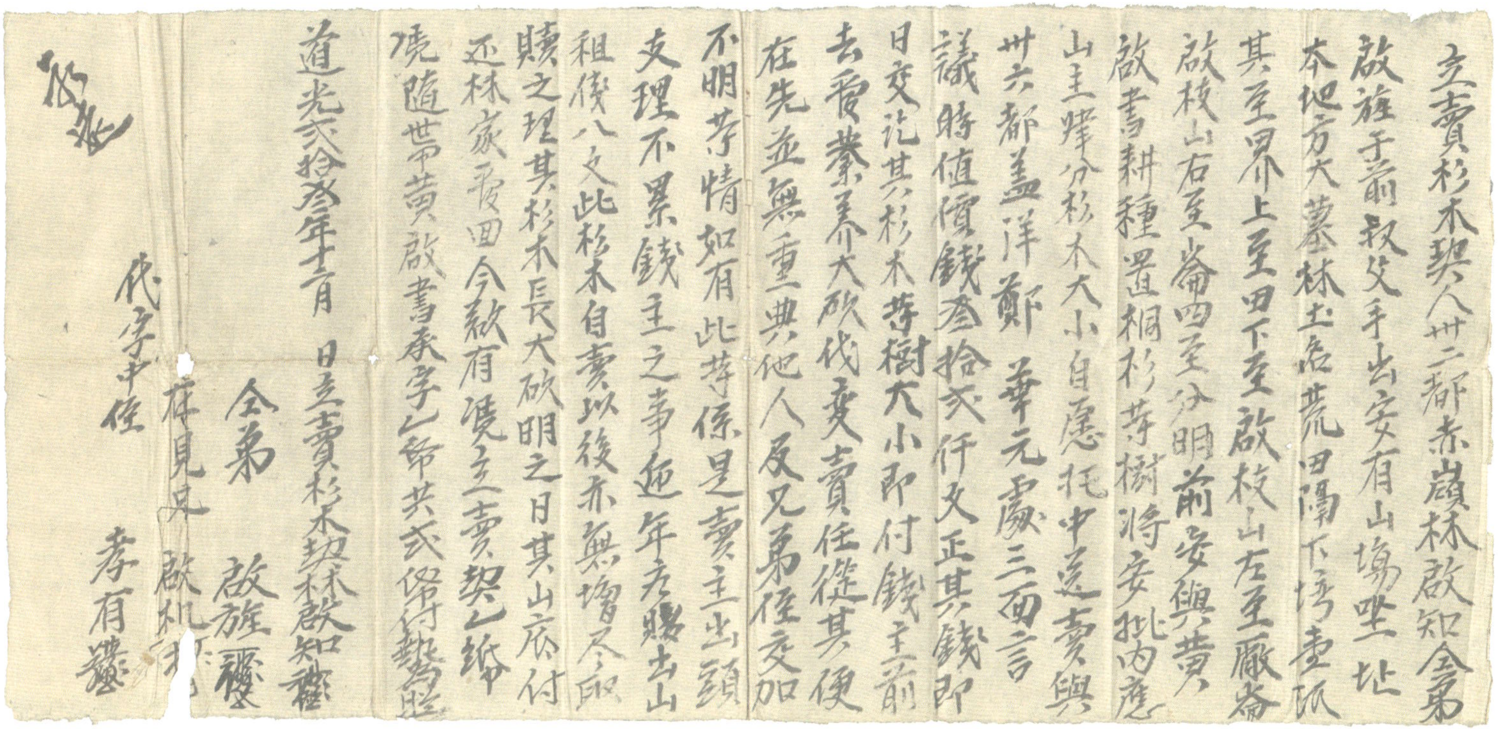
立賣杉木契人卅二都赤岩林啓知仝弟
啓旌手前叔父手出安有山場坐址
本地方大墓林土名荒田陽下坪壹瓜
其至界上至田下至啓枝山左至廠崙
啓枝山右至崙四至分明前安與黄
啓書耕種置桐杉苗樹將安批內應
山主嗶分杉木大小自愿托中送賣與
卅六都蓋洋鄭華元處三面言
議時值價錢叁拾弍仟文正其錢即
日交訖其杉木苗樹大小即付錢主前
去發蓄砍伐變賣任從其便
在先並無重典他人及兄弟侄交加
不明等情如有此等係是賣主出頭
支理不累錢主之事延年存賬出山
租錢八文此杉木自賣以後亦無增添取
贖之理其杉木長大砍明之日其山底付
還林家祖田今欲有憑立賣契一紙
付隨世黃啓書承字山節共弍紙付執為照
道光弍拾叁年十二月　日立賣杉木契林啓知（押）
仝弟　啓旌（押）
在見兄　啓机（押）
代字中侄　孝有（押）

5-5-14-3　清道光二十三年十二月林啓知等立賣杉木契（一）

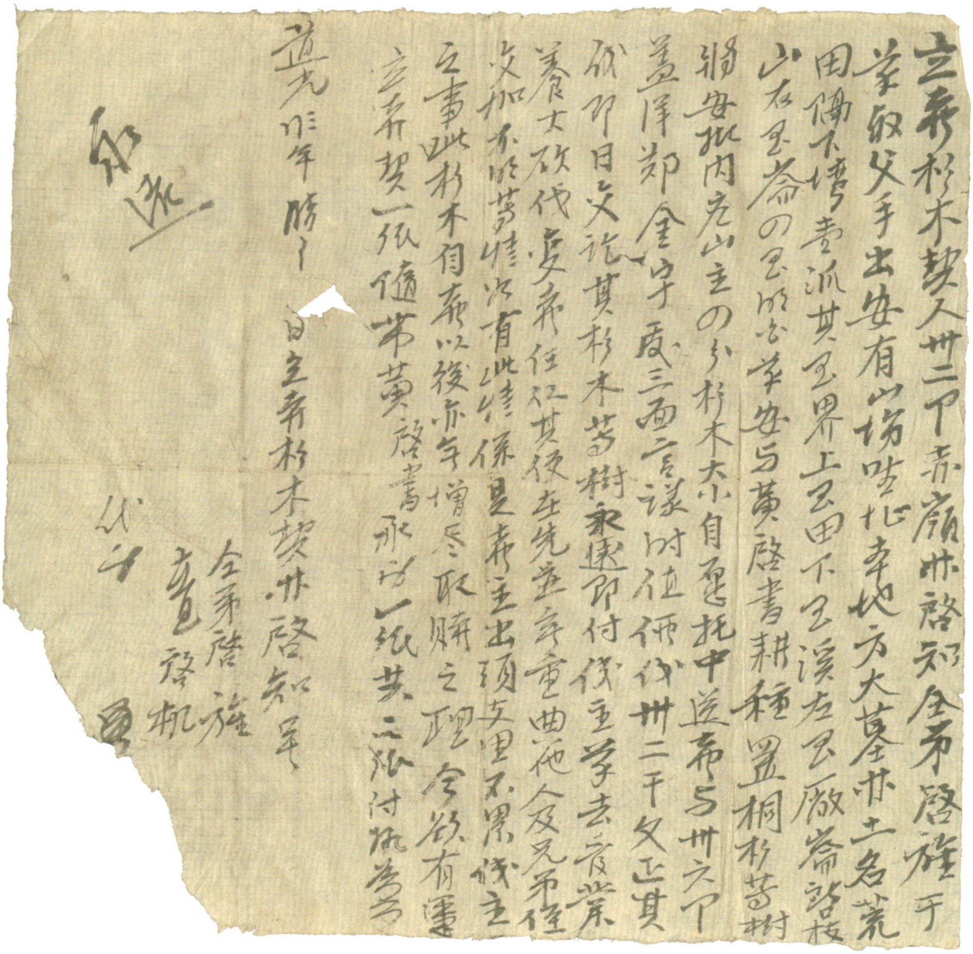

立賣杉木契人卅二下赤嶺林啓知仝弟啓旌于
承叔父手出安有山場坐址本地方大墓林土名荒
田陽下傍壹派其至界上至田下至溪左至廠嵛路枝
山右至嵛四至明白承安与黄啓書耕種置桐杉苗樹
將安批内應山主四分杉木大小自愿托中送賣与卅六下
黄澤郊全宗處三面言議時值價錢卅二千文正其
錢即日交訖其杉木苗樹永遠即付錢主承去管業
養大砍伐變賣任从其便在先並無重典他人兄弟侄
次加不明等情倘有此情係是賣主出頭支理不累錢主
之事此杉木自賣以後亦無增添取贖之理今欲有憑
立賣契一紙隨帶黄啓書承佃一紙共二紙付執為照

道光廿三年臘月　日立賣杉木契林啓知（押）

仝弟啓旌

[illegible]啓机

代筆[illegible]

永遠

5-5-14-4　清道光二十三年十二月林啓知等立賣杉木契（二）

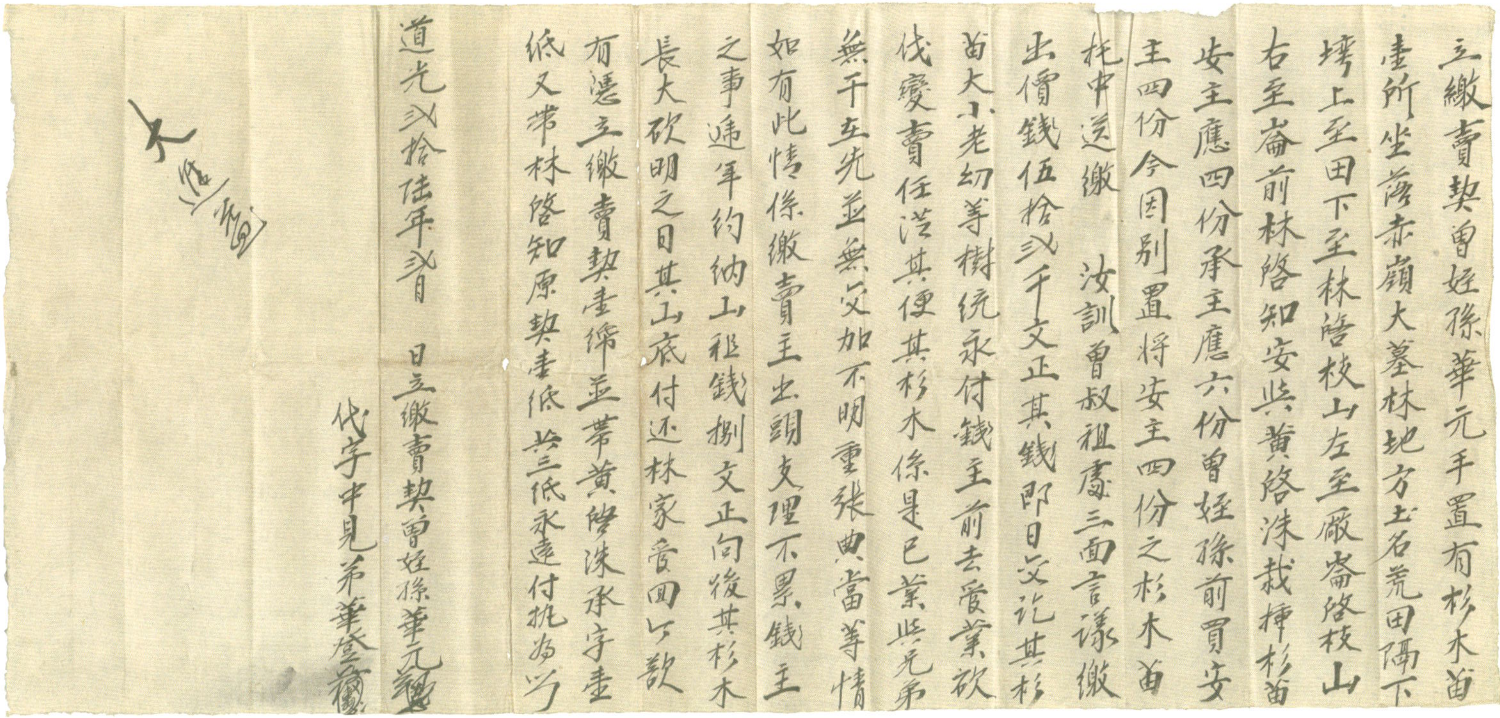
立繳賣契曾姪孫華元手置有杉木苗
壹所坐落赤嶺大墓林地方土名荒田隔下
墘上至田下至林塘枝山左至廠崙路枝山
右至崙前林路知安兴黄路洙栽插杉苗
安主應四份承主應六份曾姪孫前買安
主四份今因别置将安主四份之杉木苗
托中送繳　汝訓曾叔祖處三面言議繳
出價钱伍拾弍千文正其钱即日交讫其杉
苗大小老幼等樹统永付钱主前去管業砍
伐变賣任從其便其杉木係是已業與兄弟
無干在先並無交加不明重張典當等情
如有此情係繳賣主出頭支理不累钱主
之事逓年约纳山租钱捌文正向後其杉木
長大砍明之日其山底付还林家管回下款
有憑立繳賣契壹帋並帶黄學洙承字壹
帋又帶林路知原契壹帋共三帋永遠付执為炤
道光弍拾陆年弍月　日立繳賣契曾姪孫華元(押)
代字中見弟華登(押)

5-5-14-5　清道光二十六年二月鄭華元立繳賣杉木苗契

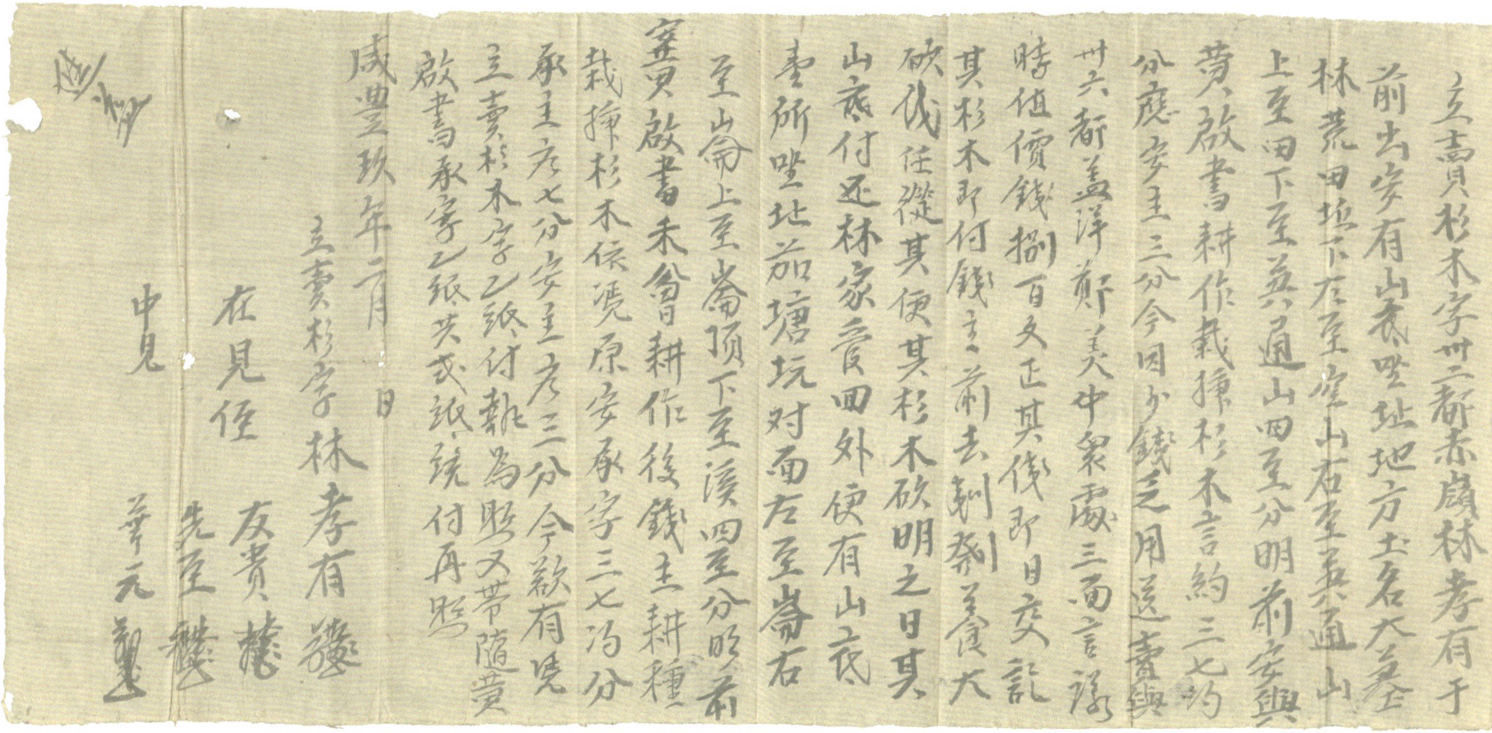

立賣杉木字卅二都赤嶺林孝有于
前出安有山底坐址地方土名大岔全
林荒田坵下左至安山右至其通山
上至田下至其通山田至分明前安與
黄啟書耕作栽插杉木言約三七均
分應安主三分今因乏錢乏用送賣與
卅六都益洋新美中衆處三面言議
時值價錢捌百文正其錢即日交訖
其杉木即付錢主前去剃剃養大
砍伐任從其便其杉木砍明之日其
山底付还林家管田外使有山底
壹所坐址茄塘坑对面右至嶺右
至嶺上至嶺頂下至溪田至分明前
黄啟書未曾耕作後錢主耕種
栽插杉木依憑原安承字三七均分
承主應七分安主應三分今欲有憑
立賣杉木字乙紙付執為照又帯隨賣
啟書承字乙紙共弍紙繳付再照
咸豐玖年二月　日
立賣杉木字　林孝有
在見侄　友貴
先全
中見　華元

5-5-14-6　清咸豐九年二月林孝有立賣杉木字

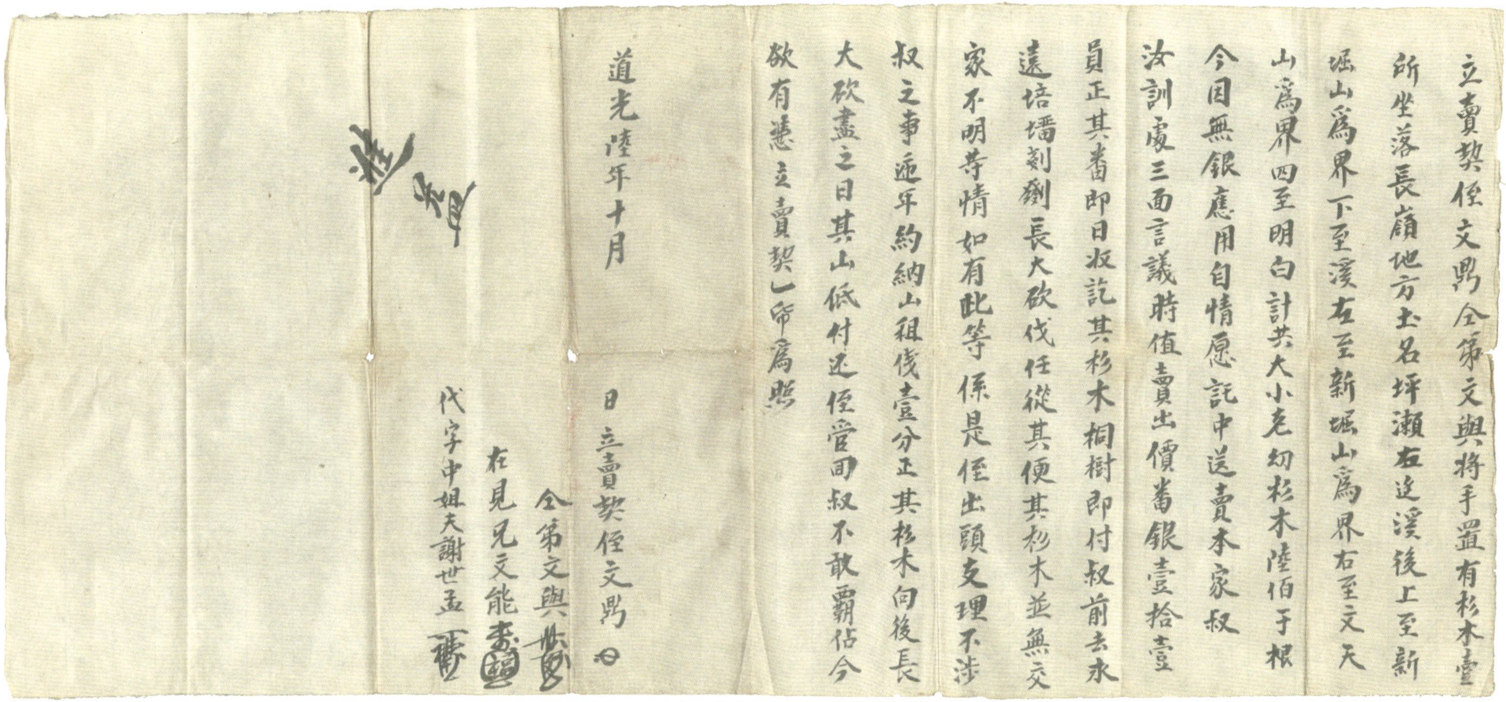

立賣契侄文鼎仝弟文興將手置有杉木壹
所坐落長嶺地方土名坪瀨右邊溪後上至新
墟山爲界下至溪左至新墟山爲界右至文天
山爲界四至明白計共大小老幼杉木陸佰于根
今因無銀應用自情愿託中送賣本家叔
汝訓處三面言議時值賣出價番銀壹拾壹
員正其番即日收訖其杉木桐樹即付叔前去永
遠培墻剷劉長大砍伐任從其便其杉木並無交
家不明等情如有此等係是侄出頭支理不涉
叔之事逐年約納山租錢壹分正其杉木向後長
大砍盡之日其山依付还侄管回叔不敢霸佔今
欲有憑立賣契一紙爲照

道光陸年十月　日立賣契侄文鼎（押）
仝弟文興（押）
在見兄文能（押）
代字中姐夫謝世玉（押）

5-5-15-1　清道光六年十月鄭文鼎等立賣杉木契

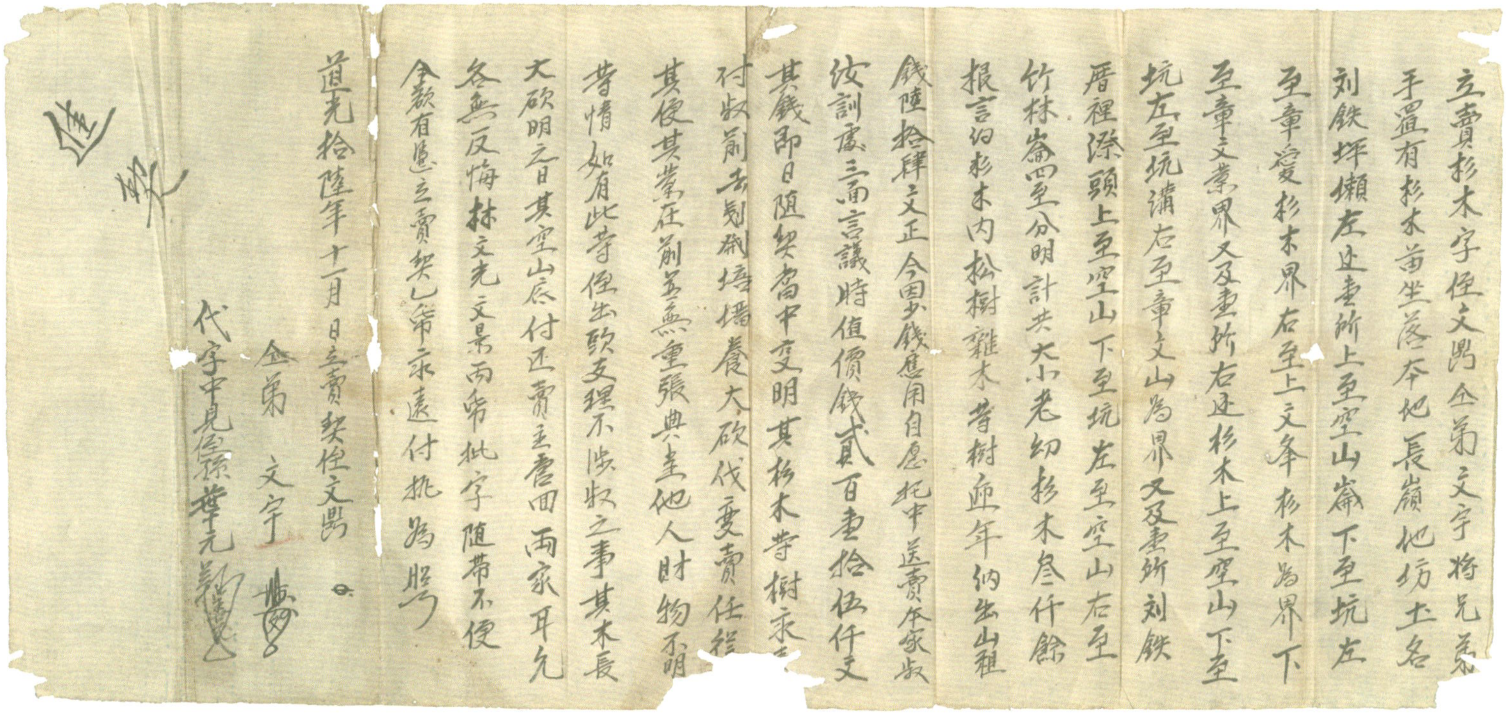

5-5-15-2　清道光十六年十一月鄭文鼎等立賣杉木苗字

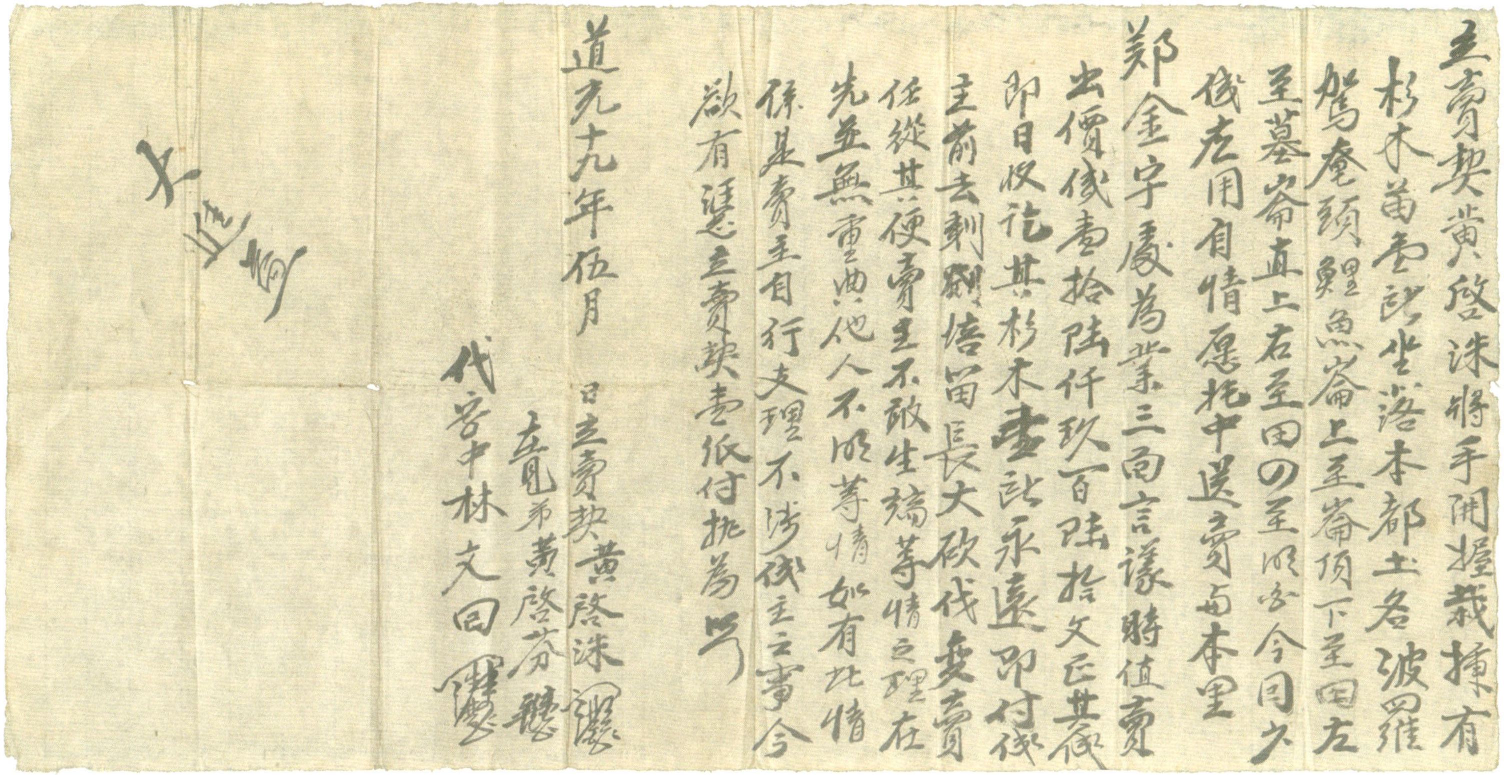

立賣契黃啓洙將手開握栽插有
杉木苗壹號坐落本鄉土名波羅
鴛庵頭鯉魚崙上至崙頂下至田左
至墓崙直上右至田四至明白今因乏
錢応用自情愿托中送賣與本里
鄭金字處為業三面言議時值賣
出價錢壹拾陸仟玖百陸拾文正其錢
即日收訖其杉木壹號永遠即付錢
主前去剃劉培留長大砍伐變賣
任從其便賣主不敢生端等情之理在
先並無重典他人不明等情如有此情
係是賣主自行支理不涉錢主之事今
欲有憑立賣契壹紙付執為照
道光十九年伍月　日立賣契黃啓洙（押）
在見弟黃啓芬（押）
代書中林文回（押）

5-5-15-3　清道光十九年五月黄啓洙立賣杉木苗契

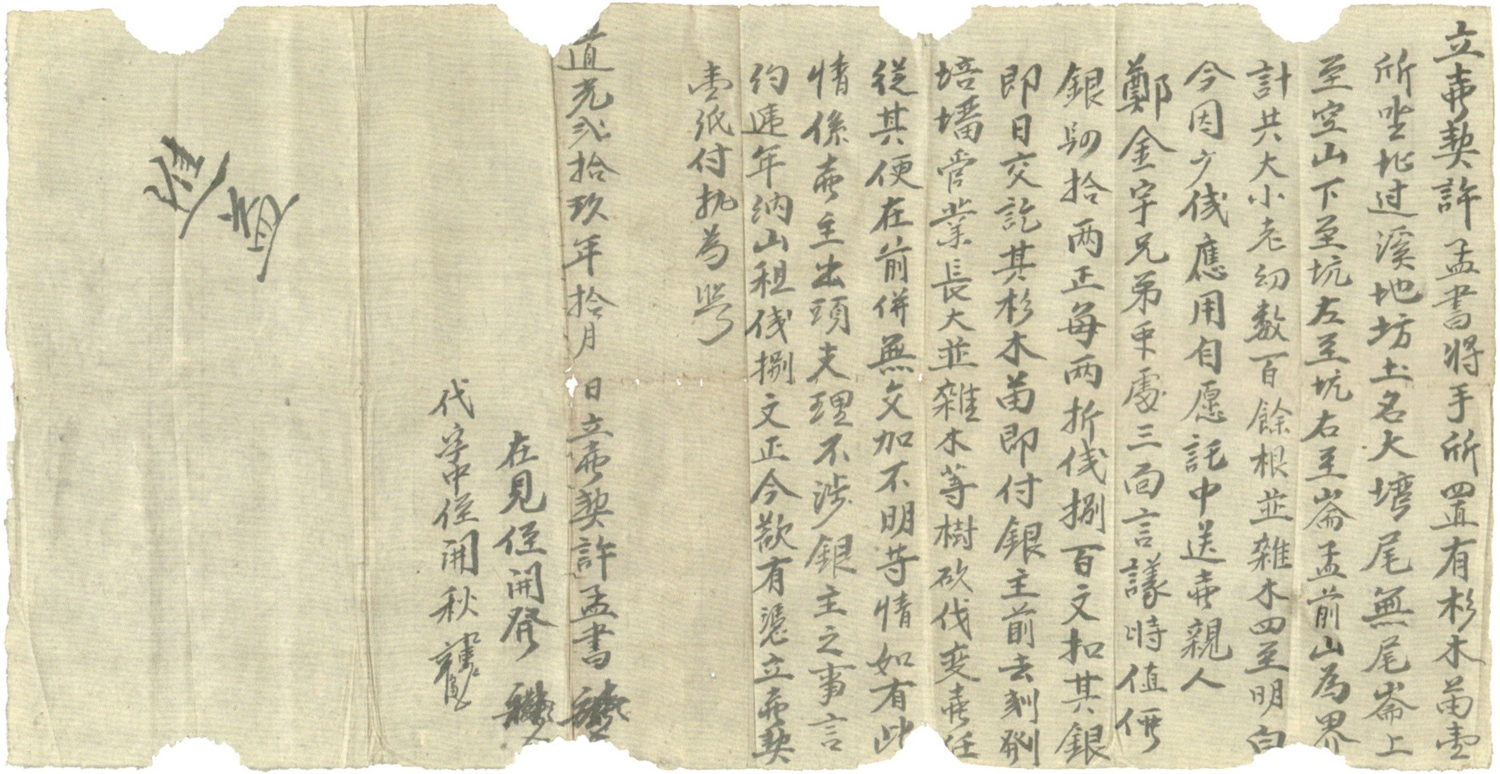
立賣契許孟書將手所置有杉木苗壹
所坐北过溪地坊土名大塘尾無尾崙上
至空山下至坑左至坑右至崙孟前山為界
計共大小老幼數百餘根並雜木四至明白
今因乏錢應用自愿託中送賣親人
鄭金字兄弟爭處三面言議時值價
銀叁拾兩正每兩折錢捌百文扣其銀
即日交訖其杉木苗即付銀主前去剃劉
培墻營業長大並雜木等樹砍伐變賣任
從其便在前併無文加不明等情如有此
情係賣主出頭支理不涉銀主之事言
約延年納山租錢捌文正今欲有憑立賣契
壹紙付執為照
道光弍拾玖年拾月　日立賣契許孟書（押）
在見侄開贊（押）
代字中侄開秋（押）

5-5-15-4　清道光二十九年十月許孟書立賣杉木苗契

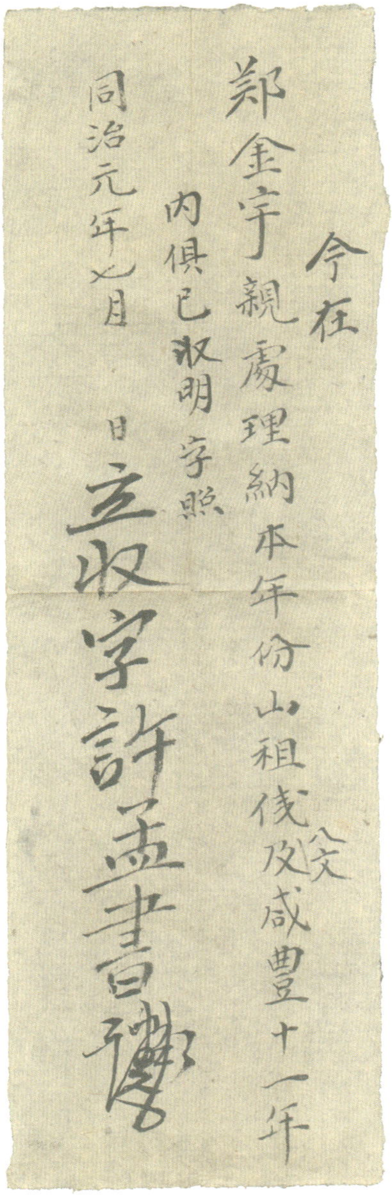
今在
鄭金宇親處理納本年份山租錢文及咸豐十一年
内俱已收明字照
同治元年七月　日立收字許孟書（押）

5-5-15-5　清同治元年七月許孟書立收山租錢字

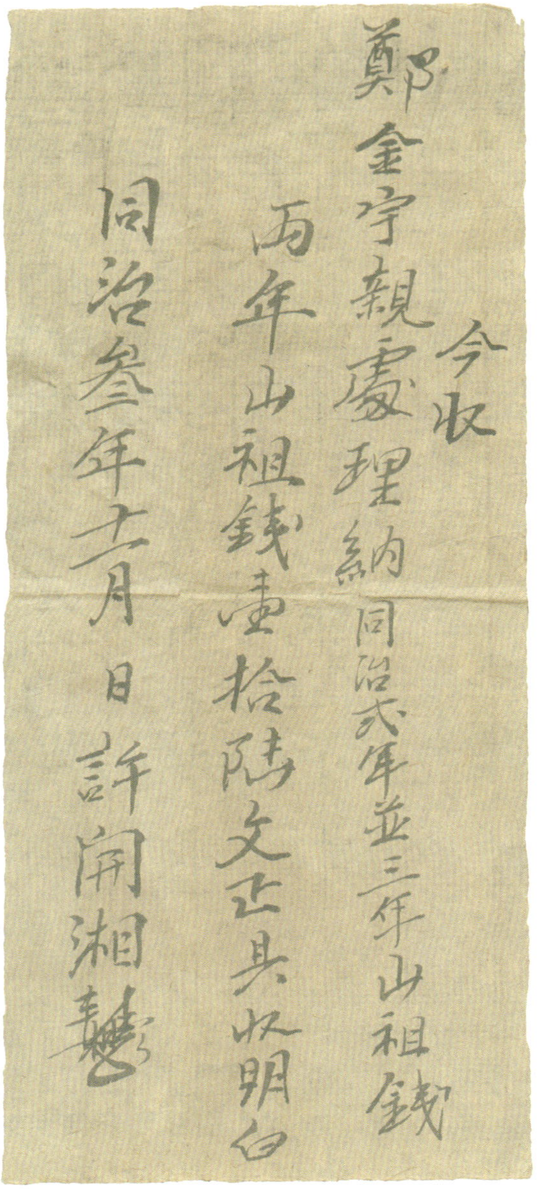
今收
鄭金宇親處理納同治弍年並三年山祖錢
兩年山祖錢壹拾陸文正具收明白
同治叁年十一月 日 許開湘

5-5-15-6　清同治三年十一月許開湘立收山租錢字

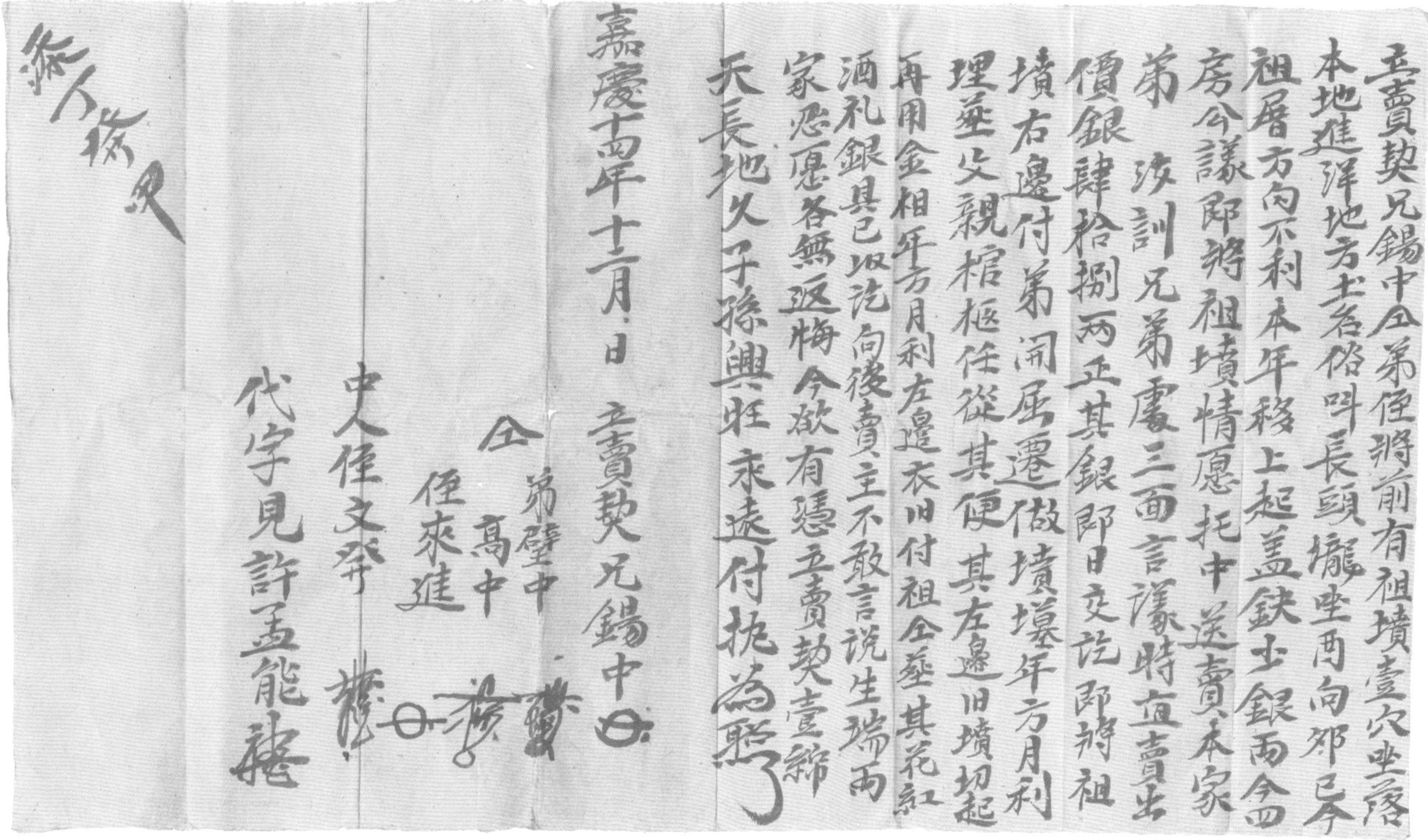

立賣契兄錫中仝弟侄將前有祖墳壹穴坐落
本地進洋地方土名俗叫長頭壠坐西向卯乙辛
祖層方向不利本年移上起蓋鈇土銀兩合四
房公議即將祖墳情愿托中送賣本家
弟 淡訓兄弟處三面言議時值賣出
價銀肆拾捌兩正其銀即日交訖即將祖
墳右邊付弟開屈遷做墳墓年方月利
理葬安親棺柩任從其便其左邊舊墳切起
再用金相年方月利左邊衣舊付祖仝葬其花紅
酒礼銀具已收訖向後賣主不敢言說生端兩
家恐愿各無返悔今欲有憑立賣契壹紙
天長地久子孫興旺永遠付執為照。

嘉慶十四年十二月　日　立賣契兄錫中（押）
仝　弟璧中（押）
高中（押）
侄來進（押）
中人侄文斧（押）
代字見許孟能（押）

添入孫見

5-5-16-1　清嘉慶十四年十二月鄭錫中等立賣祖墳契

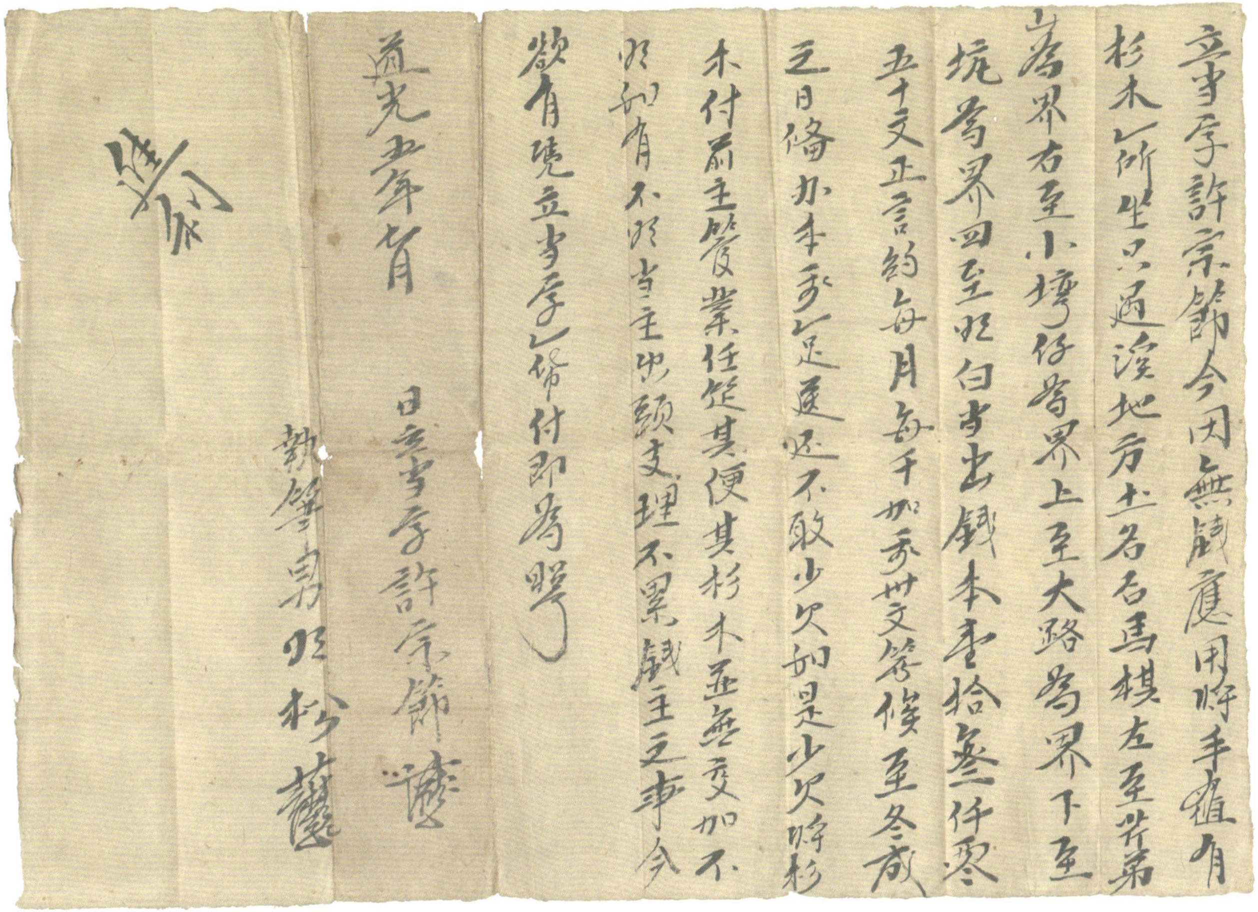

立當字許宗節今因無錢應用將手植有
杉木一所坐只過溪地方土名石馬棋左至芹弟
山為界右至小塆仔為界上至大路為界下至
坑為界四至明白當出錢本壹拾叁仟零
五十文正言約每月每千加[illegible]廿文等候至冬成
三日備办本利一足送還不敢少欠如是少欠將杉
木付前主管業任從其便其杉木並無交加不
明如有不明當主出頭支理不累錢主之事今
欲有憑立當字一紙付即為照

道光五年七月　日立當字許宗節（押）

執筆弟明杉（押）

[illegible]

5-5-16-2　清道光五年七月許宗節立當杉木字

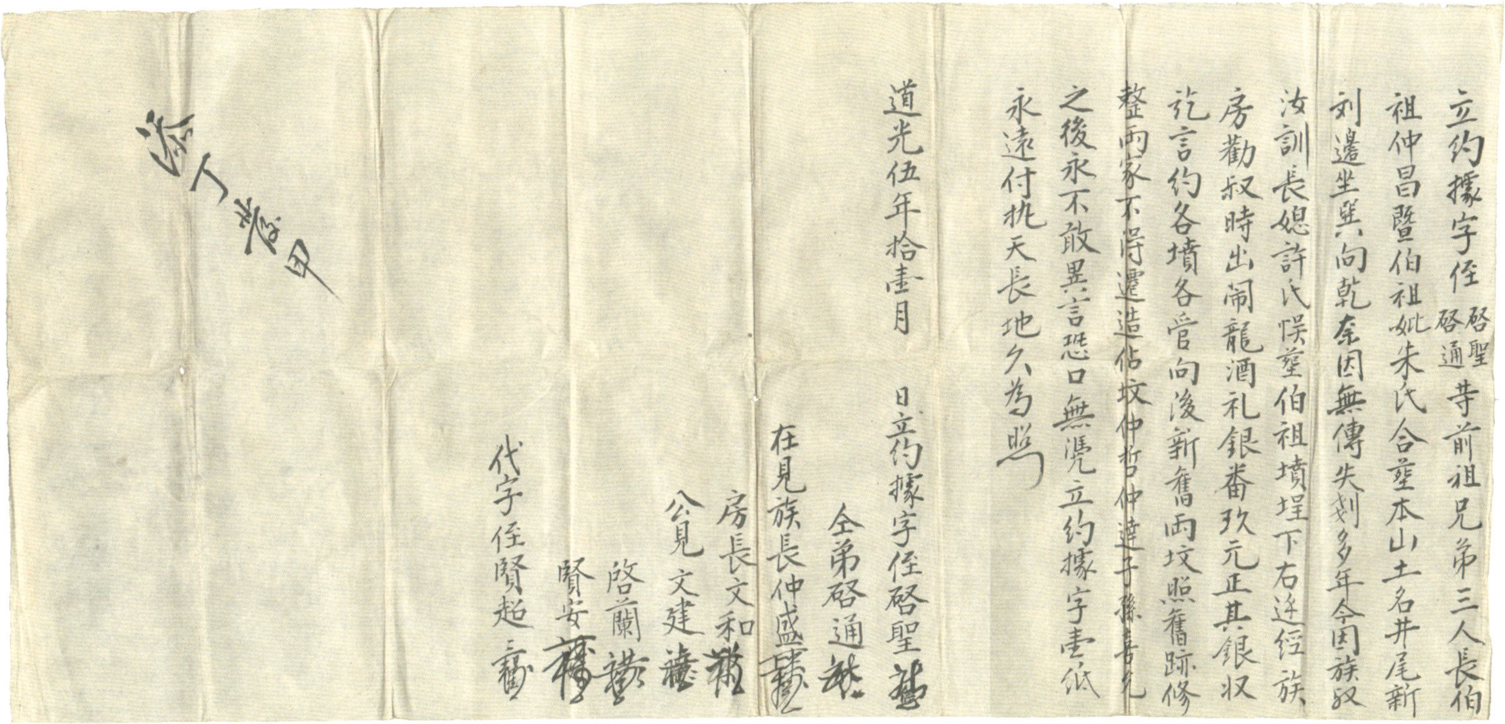
立約據字侄啓聖、啓通等前祖兄弟三人長伯
祖仲昌暨伯祖妣朱氏合葬本山土名井尾新
刘邊坐巽向乾奈因無傳失刬多年今因族叔
汝訓長媳許氏悞葬伯祖墳埕下右邊經族
房勸叔時出鬧龍酒礼銀番玖元正其銀叔
訖言約各墳各管向後新舊兩坟照舊跡修
整兩家不得遷造佔坟仲哲仲進子孫春元
之後永不敢異言恐口無憑立約據字壹紙
永遠付執天長地久為照

道光伍年拾壹月　日立約據字侄啓聖（押）
全弟啓通（押）
在見族長仲盛（押）
房長文和（押）
公見文建（押）
啓蘭（押）
賢安（押）
代字侄賢超（押）

5-5-16-3　清道光五年十一月鄭啓聖等立約據字

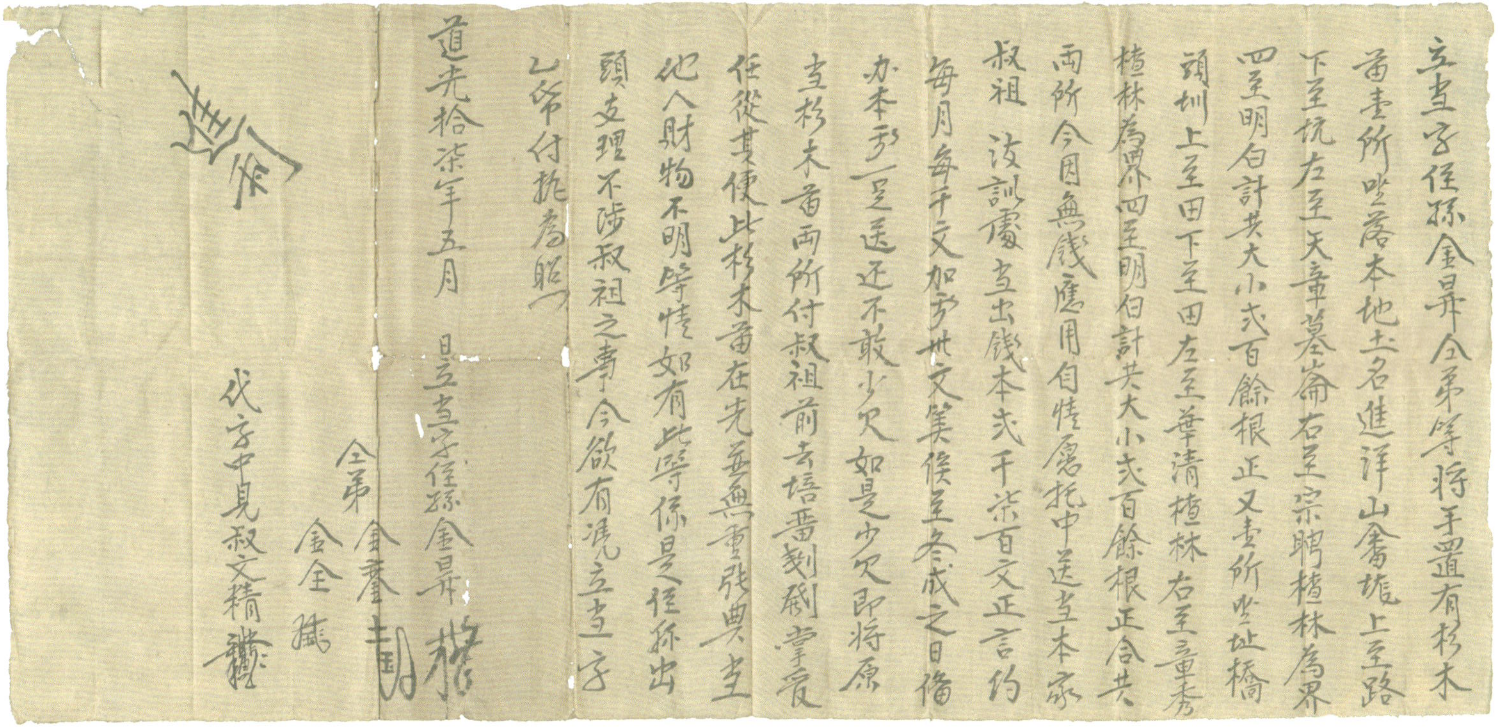
立當字侄孫金昇仝弟等將手置有杉木
苗壹所坐落本地土名進洋山禽堀上至路
下至坑左至天章墓崙右至宗聘植林為界
四至明白計共大小弍百餘根正又壹所坐址橋
頭圳上至田下至田左至華清植林右至章秀
植林為界四至明白計共大小弍百餘根正合共
兩所今因無錢應用自情愿托中送當本家
叔祖 汝訓處當出錢本弍千柒百文正言約
每月每千文加平卅文筭候至冬成之日備
办本平一足送还不敢少欠如是少欠即將原
當杉木苗兩所付叔祖前去培蓄刴劉掌管
任從其便此杉木苗在先並無重張典當
他人財物不明等情如有此等係昇侄孫出
頭支理不涉叔祖之事今欲有憑立當字
一紙付執為照
道光拾柒年五月　日立當字侄孫金昇
仝弟金養
金全
代字中見叔文精

5-5-16-4　清道光十七年五月鄭金昇等立當杉木苗字

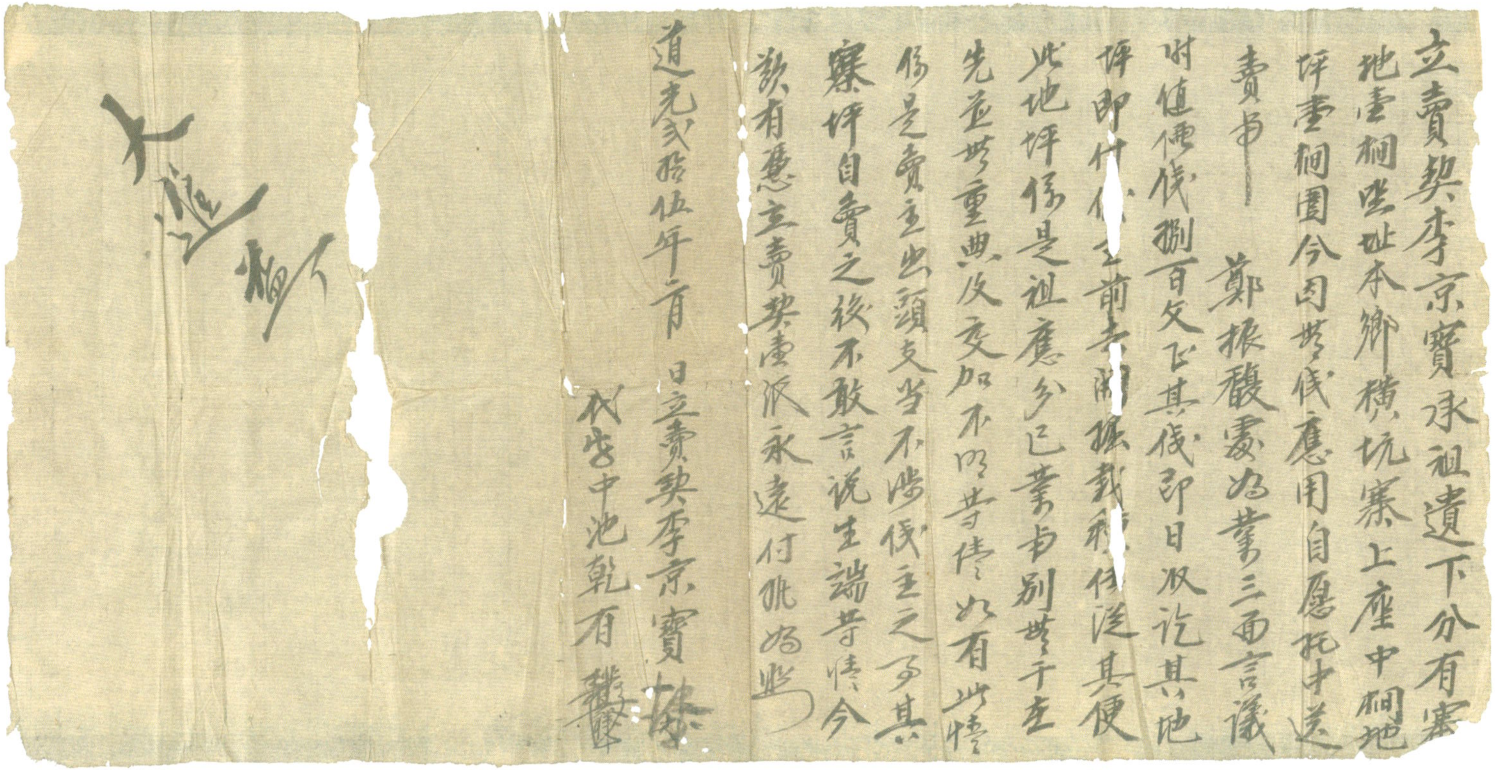

立賣契李京寶承祖遺下分有寨
地壹桐坐址本鄉橫坑寨上座中桐地
坪壹桐園今因無錢應用自願托中送
賣與
鄭振馥處為業三面言議
时值價錢捌百文正其錢即日收訖其地
坪即付□主前去開掘栽種任從其便
此地坪係是祖應分己業與別無干在
先並無重典及交加不明等情如有此情
係是賣主出頭支當不涉錢主之事其
寨坪自賣之後不敢言說生端等情今
欲有憑立賣契壹紙永遠付照為照
道光弍拾伍年二月　日立賣契李京寶（押）
代字中池乾有（押）
大[illegible]

5-5-16-5　清道光二十五年二月李京寶立賣寨地坪契

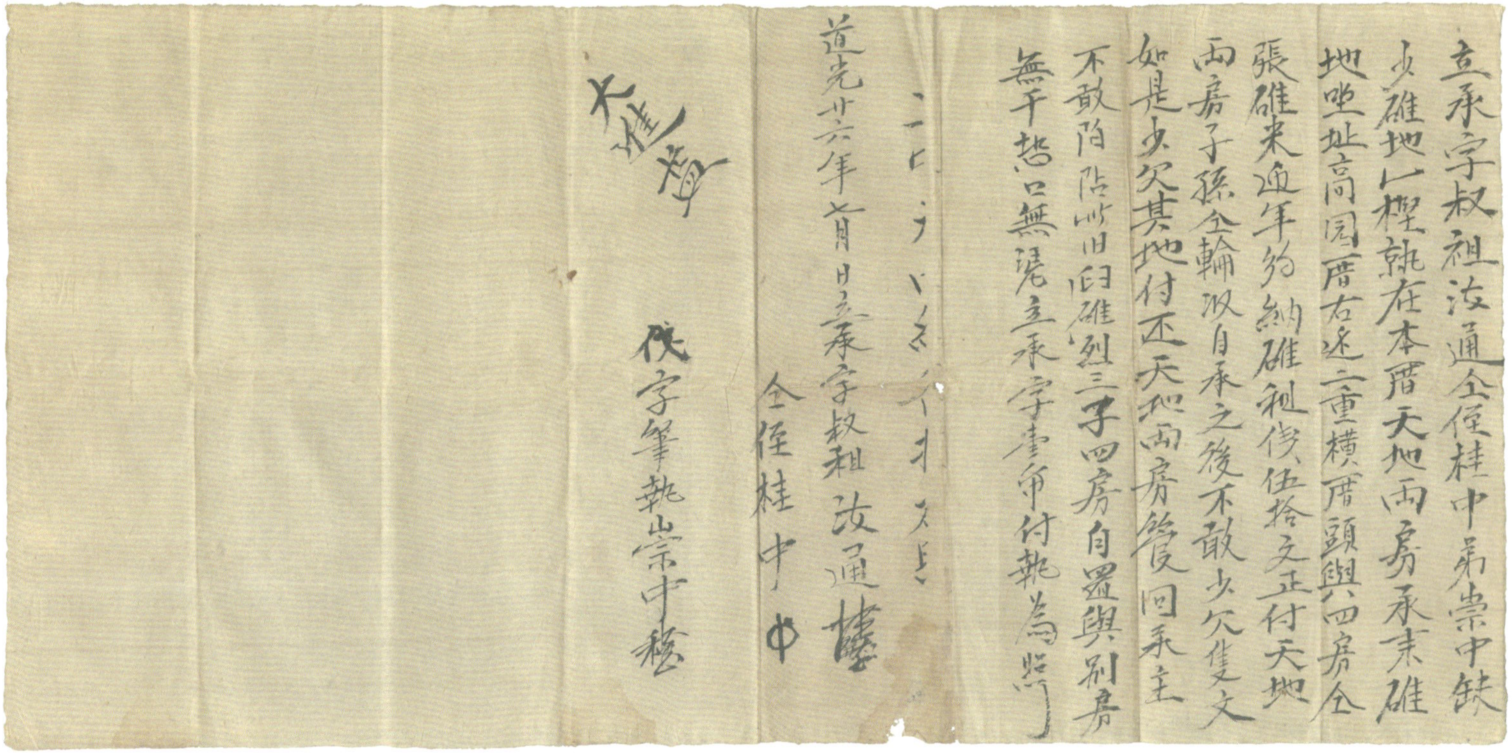
立承字叔祖汝通仝侄桂中弟崇中鈇
少碓地一糰就在本厝天地兩房承來碓
地坐址高岡厝右邊二重横厝頭與四房仝
張碓來逐年納碓租錢伍拾文正付天地
兩房子孫仝輪收自承之後不敢少欠隻文
如是少欠其地付還天地兩房管回承主
不敢陷占此田歸碓烈三子四房自置與別房
無干恐口無憑立承字壹帋付執為照
道光廿六年七月　日立承字叔祖汝通（押）
仝侄桂中（押）
代字筆執崇中（押）

5-5-16-6　清道光二十六年七月鄭汝通等立承碓地字

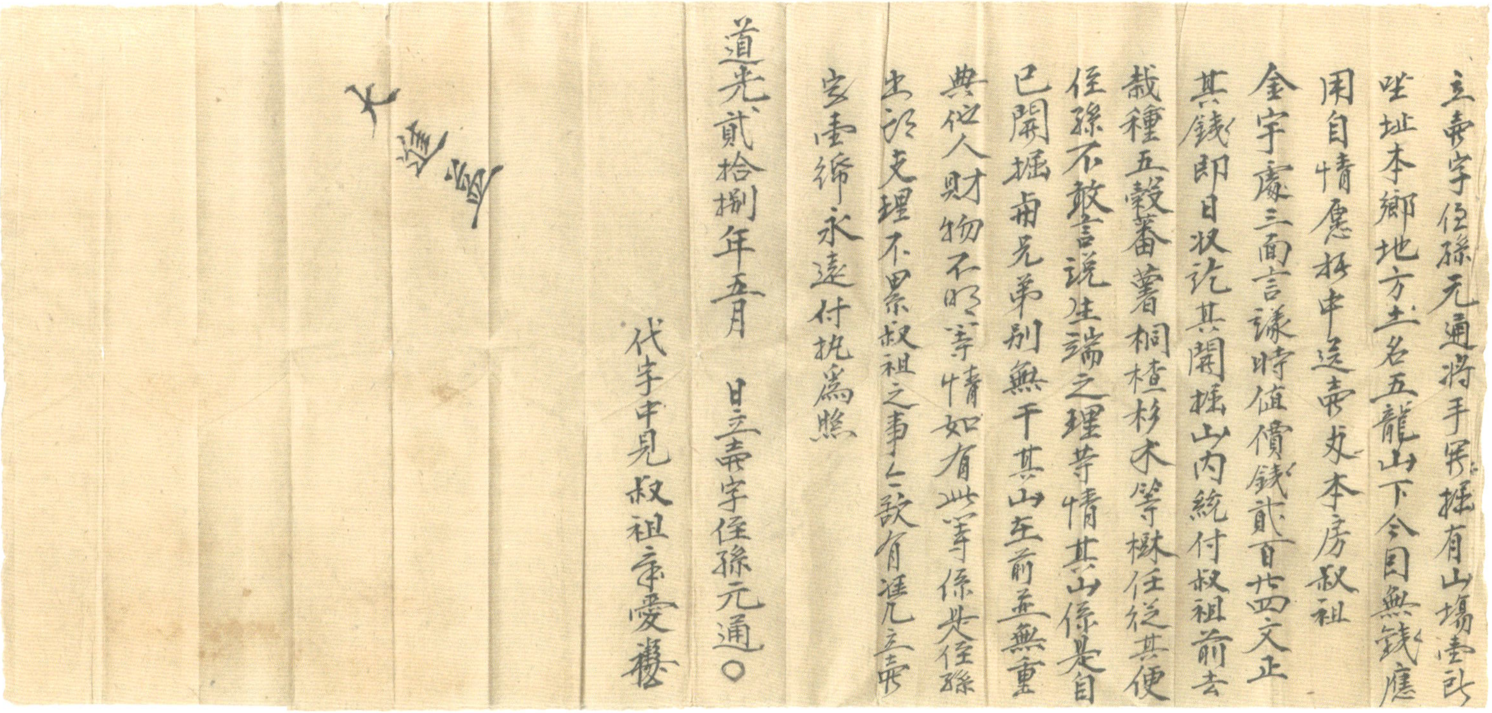
立賣字侄孫元通將手開有山場壹所
坐址本鄉地方土名五龍山下今因無錢應
用自情愿托中送賣与本房叔祖
金宇處三面言議時值價錢貳百卌四文正
其錢即日收訖其開掘山內統付叔祖前去
栽種五穀蕃薯桐楂杉木等樹任從其便
侄孫不敢言說生端之理并情其山係是自
已開掘與兄弟別無干其山左前並無重
典他人財物不明等情如有此等係其侄孫
出頭支理不累叔祖之事今欲有憑立賣
字壹紙永遠付执爲照
道光貳拾捌年五月　日立賣字侄孫元通○
代字中見叔祖帝愛㸃
大吉

5-5-16-7　清道光二十八年五月鄭元通立賣山場字

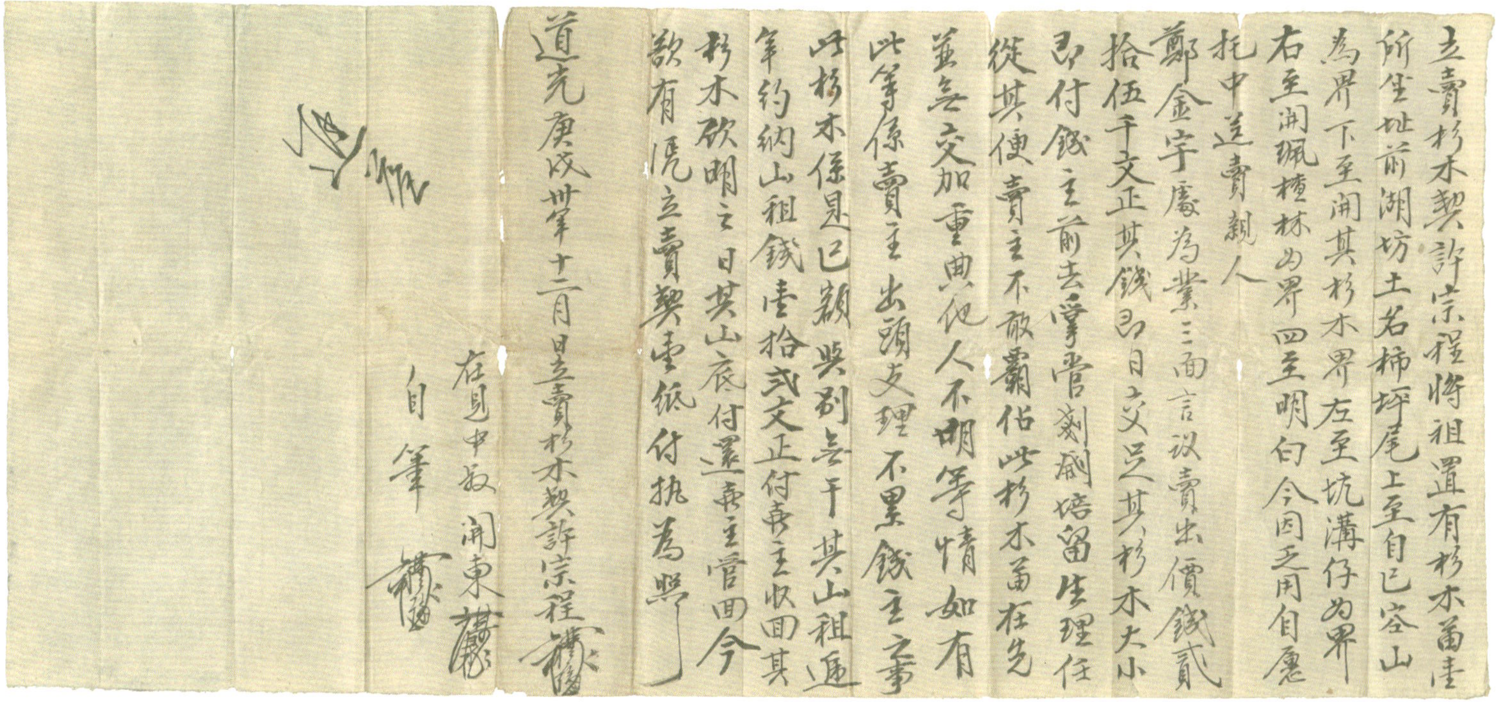
立賣杉木契許宗程，將祖置有杉木苗壹
所，坐址前湖坊土名柿坪尾，上至自己峑山
為界，下至湖其杉木界，左至坑溝仔為界，
右至湖珮植林為界，四至明白。今因乏用，自愿
托中送賣親人
鄭金字處為業，三面言議賣出價錢貳
拾伍千文正，其錢即日交足，其杉木大小
即付錢主前去掌管、剷劀、培留、生理，任
從其便，賣主不敢霸佔。此杉木苗在先
並無交加重典他人不明等情，如有
此等，係賣主出頭支理，不累錢主之事。
此杉木係是已親，與別無干。其山租逓
年約納山租錢壹拾弍文正，付業主收回。其
杉木砍明之日，其山底付還業主管回。今
欲有憑，立賣契壹紙，付執為照。
道光庚戌卅年十二月　日立賣杉木契許宗程（押）
在見中叔　湖東（押）
自筆（押）

5-5-16-8　清道光三十年十二月許宗程立賣杉木苗契

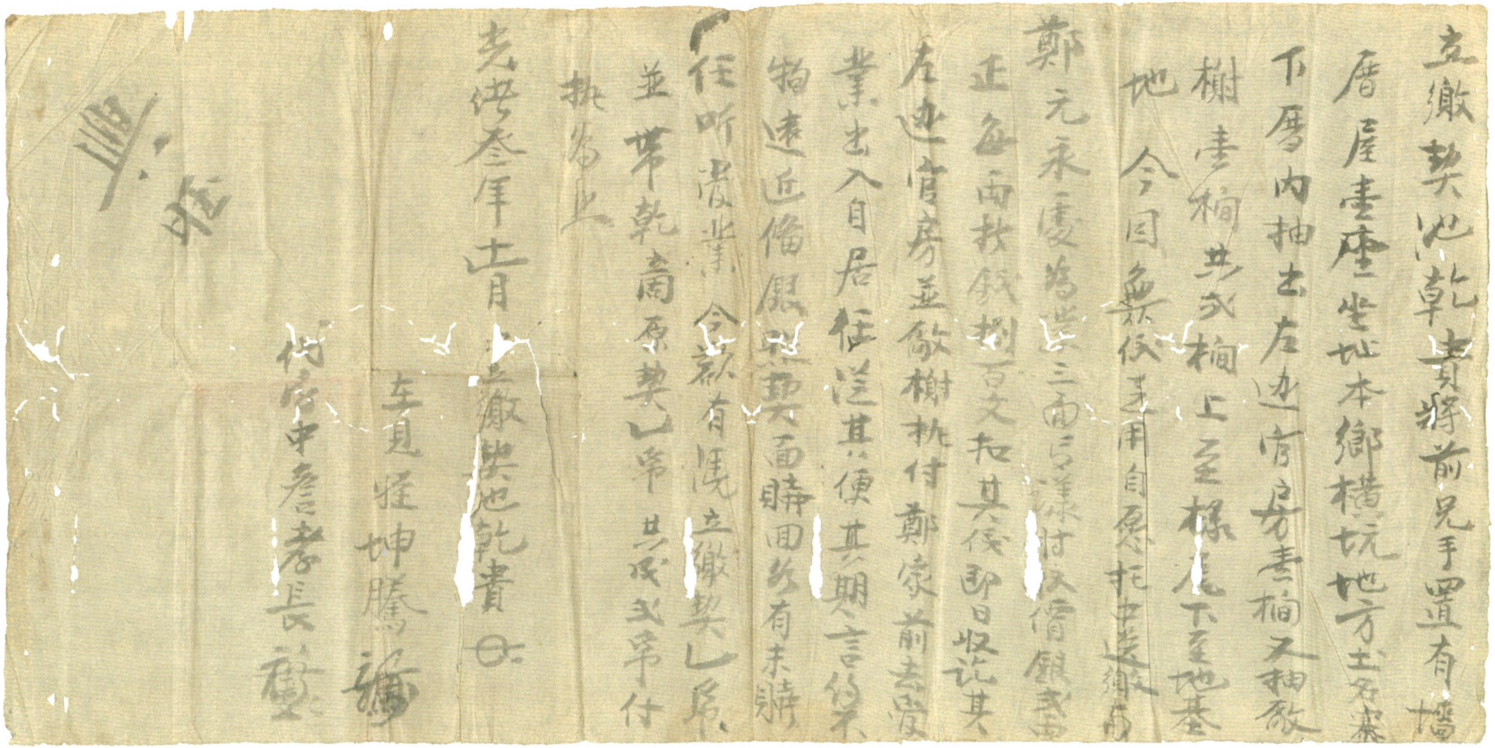
立繳契池乾貴將前兄手置有擋
厝屋壹座坐址本鄉橫坑地方土名秦
下厝內抽出左邊房壹間又抽敵
樹壹間共成間上至椽瓦下至地基
地今因無錢用自愿托中送繳與
鄭元禾處爲業三面言議時價銀貳番
正每番折錢捌百文知其錢即日收訖其
左邊房並敵樹執付鄭家前去管
業出入自居任從其便其期言約不
物遠近偹價照契面贖回如有未贖
任听管業今欲有憑立繳契一紙
並帶乾翁原契一帋共成貳帋付
執爲照
光緒叁年十一月　日立繳契池乾貴（押）
在見侄坤騰（押）
代字中詹孝長（押）

5-5-16-9　清光緒三年十一月池乾貴立繳賣厝屋等契

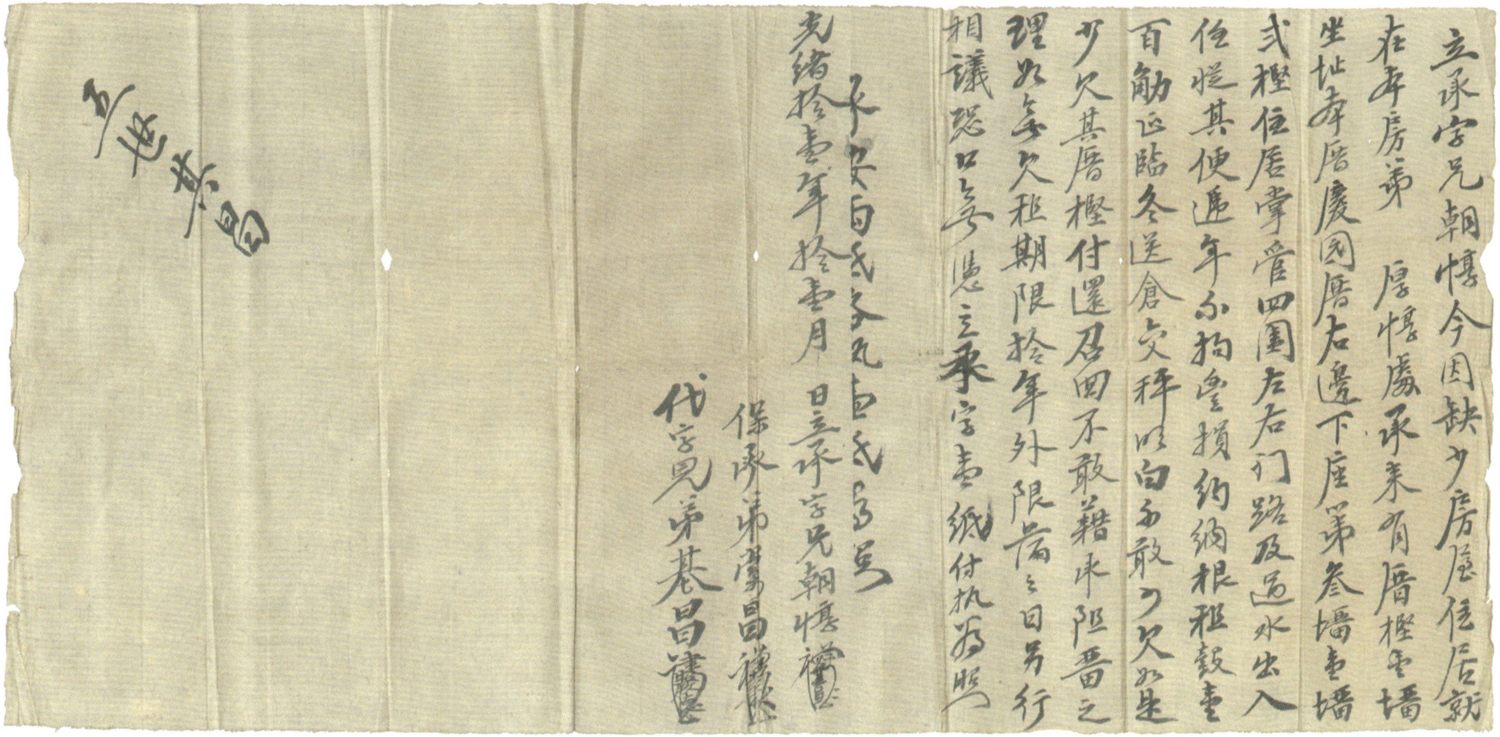

5-5-16-10　清光緒十一年十一月鄭朝惇立承房屋字

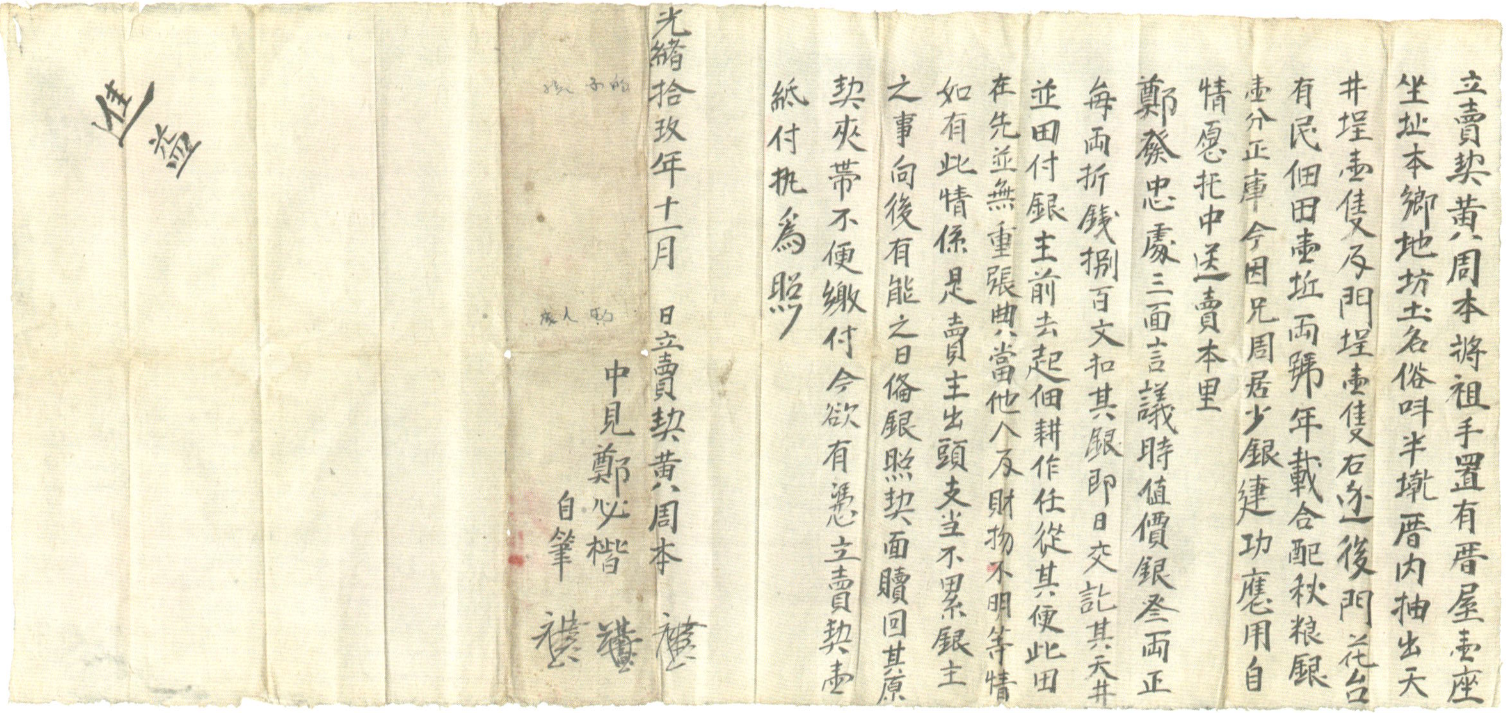
立賣契黃周本將祖手置有厝屋壹座
坐址本鄉地坊土名俗呌半墈厝内抽出天
井埕壹隻及門埕壹隻右邊後門花台
有民佃田壹坵兩號年載合配秋粮銀
壹分正庫今因兄周居少銀建功應用自
情愿托中送賣本里
鄭發忠處三面言議時值價銀叁兩正
每兩折錢捌百文和其銀即日交訖其天井
並田付銀主前去起佃耕作任從其便此田
在先並無重張典當他人及財物不明等情
如有此情係是賣主出頭支当不累銀主
之事向後有能之日備銀照契面贖回其原
契夾帶不便繳付今欲有憑立賣契壹
紙付執為照
光緒拾玖年十一月　日立賣契黃周本
中見鄭必楷
自筆

5-5-16-11　清光緒十九年十一月黃周本立賣厝屋契

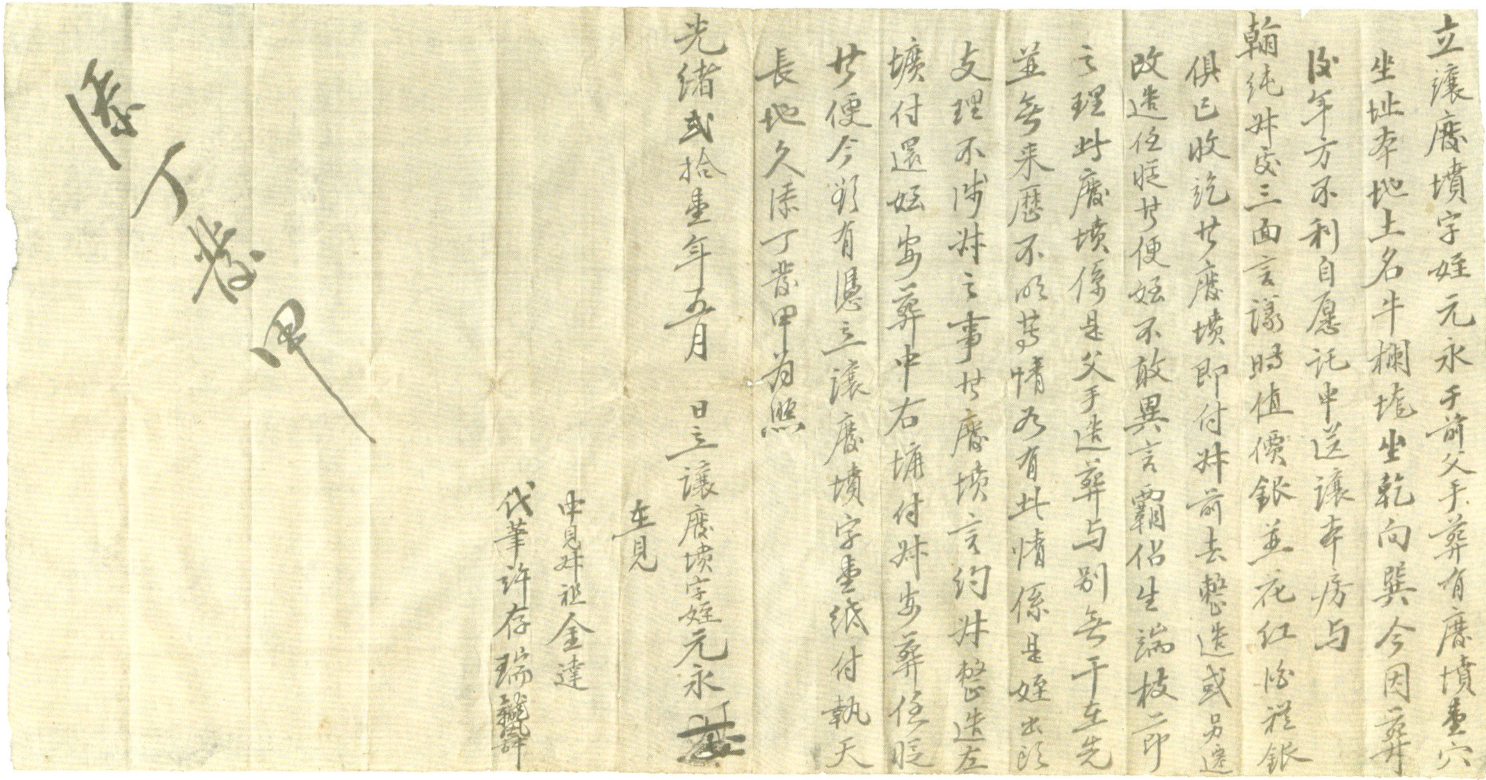
立讓廢墳字姪元永，于前父手葬有廢墳壹穴，
坐址本地土名牛欄墘，坐乾向巽，今因葬
後年方不利，自愿托中送讓本房与
翰純邊出三面言議，時值價銀並花紅、酒禮銀
俱已收訖，其廢墳即付邊前去整造，或另遷
改造，任從其便，姪不敢異言霸佔生端枝節
之理。此廢墳係是父手造葬，与别房于先
並無來歷不明等情，如有此情，係是姪出頭
支理，不涉邊之事。其廢墳言約邊整造，左
壙付還姪安葬，中右壙付邊安葬，任從
其便。今欲有憑，立讓廢墳字壹紙付執，天
長地久，添丁發甲為照。
光緒貳拾壹年五月　日立讓廢墳字姪元永（押）
在見
中見房祖金達
代筆許存瑞
添丁發甲

5-5-16-12　清光緒二十一年五月鄭元永立讓廢墳字

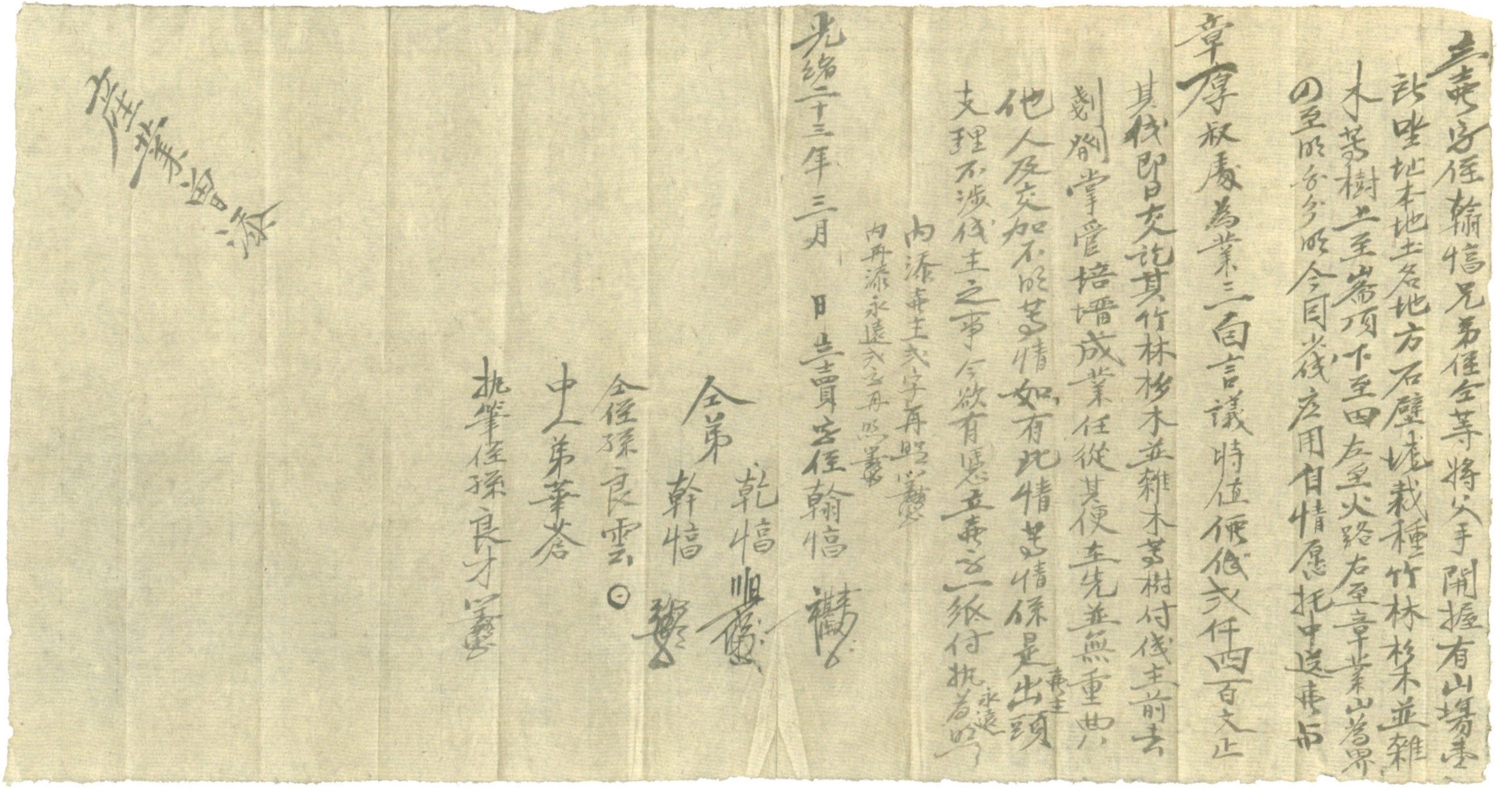
立賣字侄翰信兄弟侄仝等，將父手開掘有山場壹
訖，坐址本地土名地方石壁墘，栽種竹林杉木並雜
木等樹。上至崙頂，下至田，左至火路，右至章業山爲界，
四至明白分明。今因乏錢應用，自情愿托中送賣与
章厚叔處爲業，三面言議，時值價錢弍仟四百文正。
其錢即日交訖，其竹林杉木並雜木等樹付錢主前去
劉削掌管，培增成業，任從其便。去先並無重典
他人，及交加不明等情。如有此情，其情係是出頭（賣主）
支理，不涉錢主之事。今欲有憑，立賣字一紙付執（永遠）爲照。
內添「賣主」弍字再照（押）
內再添「永遠」弍字再照（押）

光緒二十三年三月　日立賣字侄翰信（押）
乾信（押）
仝弟　幹信（押）
仝侄孫良雲 ⊙
中人弟葉蒼
执筆侄孫良才（押）

産業[illegible]照

5-5-16-13　清光緒二十三年三月鄭翰信等立賣山場字

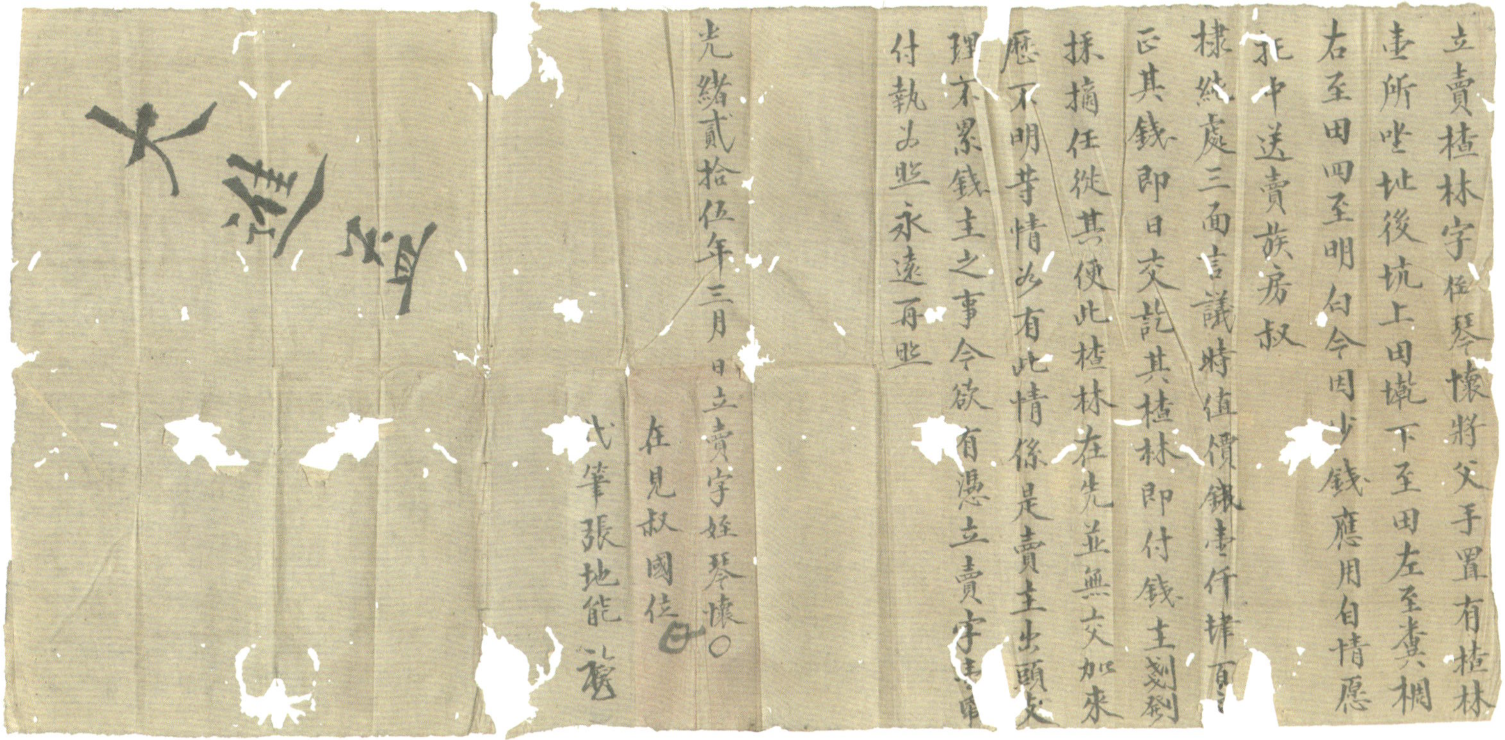

5-5-16-14　清光緒二十五年三月鄭琴懷立賣楂林字

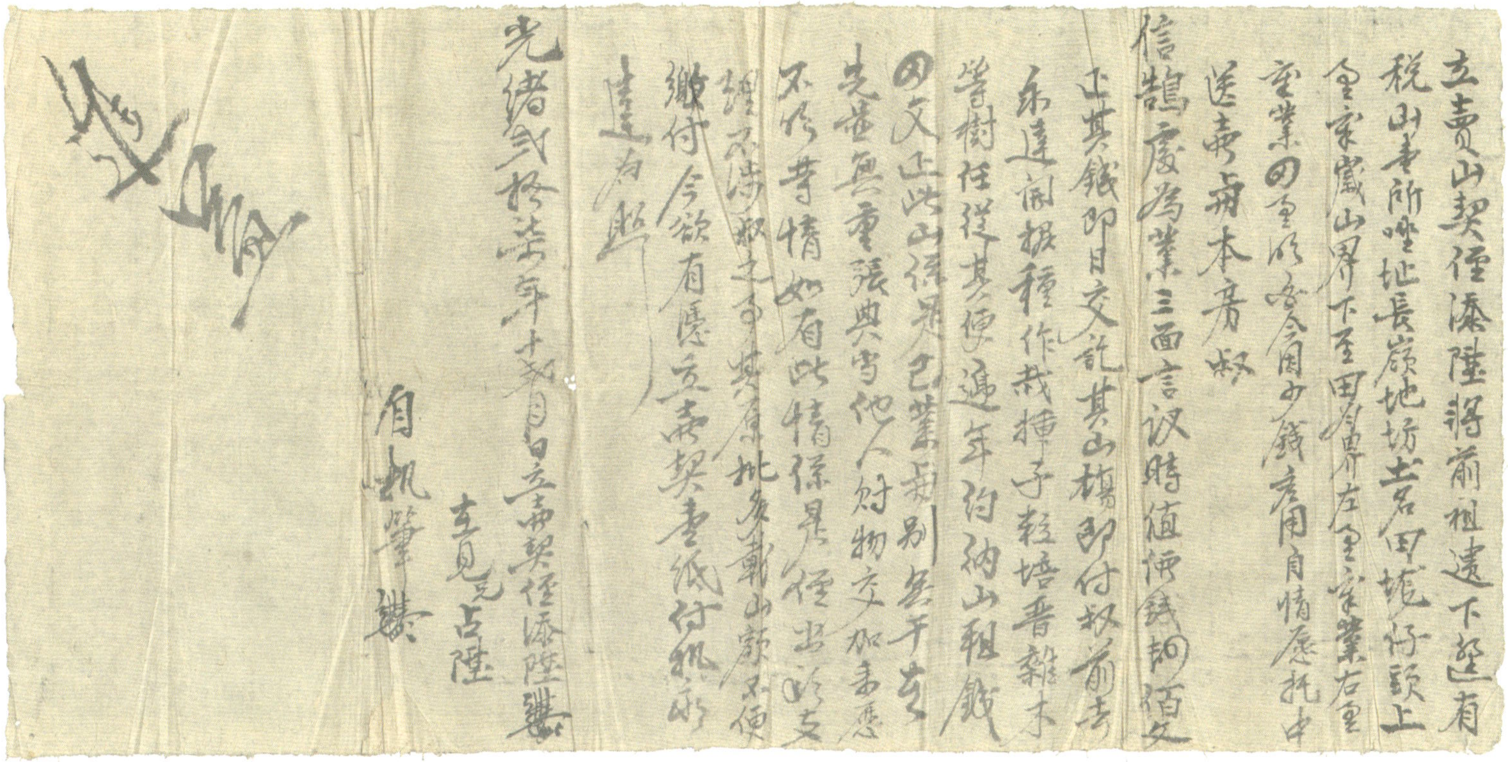

立賣山契侄添陞將前祖遺下經有
稅山壹所，坐址長嶺地坊，土名田墘仔頭上，
全家歲山界，下至田為界，左至全家業，右至
全業，四至明白。今因乏錢應用，自情愿托中
送賣與本房叔
信鵠處為業，三面言議時值價錢捌佰文
正。其錢即日交訖，其山聽即付叔前去
永遠開掘種作，栽插子粒，培養雜木
等樹，任從其便。遞年約納山租錢
四文正。此山係是己業，無別房干支，
先無重張典當他人財物交加等患
不明等情。如有此情，係是侄出頭支
理，不涉叔之事。其原批及載山契不便
繳付。今欲有憑，立賣契壹紙付執永
遠為照。

光緒貳拾柒年十貳月　日立賣契侄添陞（押）
在見兄占陞
自執筆（押）

5-5-16-15　清光緒二十七年十二月鄭添陞立賣稅山契

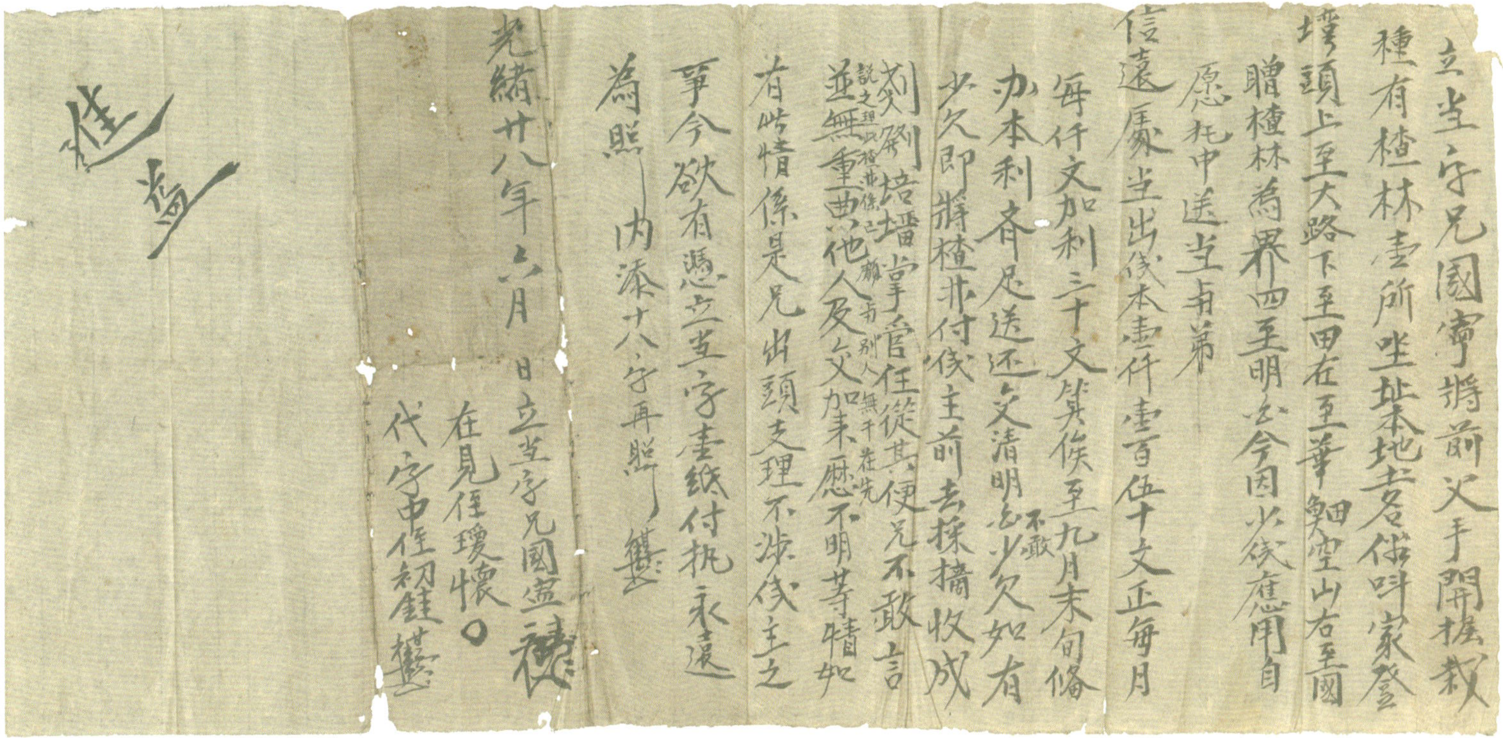
立當字兄國寧將前父手開掘栽
種有楂林壹所坐址本地土名俗呌家岔
壋頭上至大路下至田右至華鉶空山右至國
贈楂林為界四至明白今因少錢應用自
愿托中送當與弟
信遠處當出錢本壹仟壹百伍十文正每月
每仟文加利三十文算俟至九月末旬備
办本利齊足送還文清明白不敢少欠如有
少欠即將楂林付錢主前去採摘收成
刈割培壋掌管任從其便兄不敢言說之理
並無重典他人及文加未歷不明等情如
有此情係是兄出頭支理不涉錢主之
事今欲有憑立當字壹紙付執永遠
為照 內添十八字再照 鑒
光緒廿八年六月 日立當字兄國寧
在見侄瓊懷
代字中侄初鏈 鑒
楂壹

5-5-16-16　清光緒二十八年六月鄭國寧立當楂林字

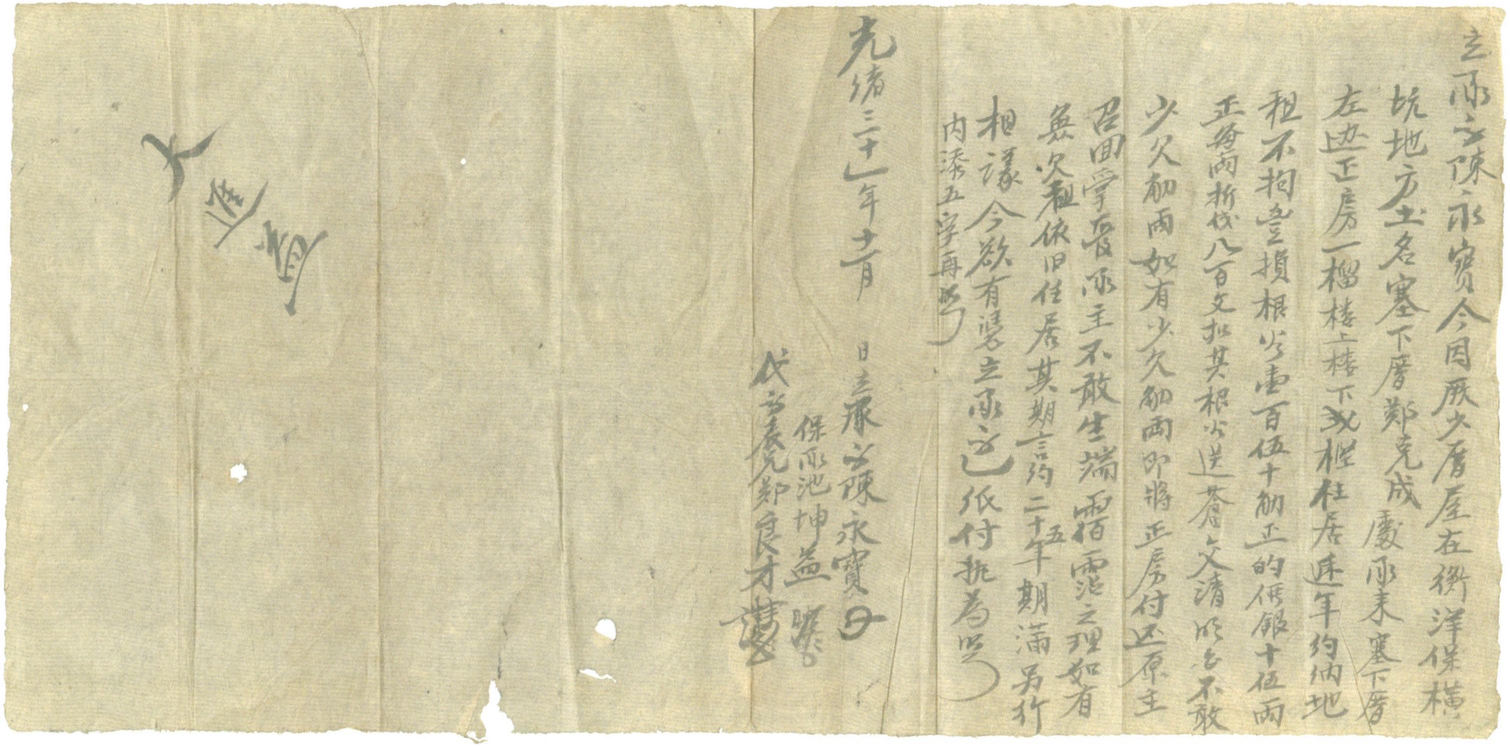

立承字人陳永寶，今因厥少屋在衡洋保横
坑地方，土名塞下厝，鄭克成處承來塞下厝
左边正房一榴，樓上樓下，又樫柱居住，年約納地
租不拘，壹損根必壹百伍十個，正的佛銀十伍兩
正，每兩折錢八百文，扯其根必送蒼文清收，不敢
少欠個兩。如有少欠個兩，即將正房付还原主
召佃掌管，承主不敢生端需索之理。如有
無欠租，依旧住居，其期言約二十五年，期滿另行
相議。今欲有憑，立承字一紙，付執為照。
內添五字再照。

光緒三十一年十一月　日立承字人陳永寶（押）
保承　池坤益（押）
代筆　秦兒鄭良才（押）

5-5-16-17　清光緒三十一年十一月陳永寶立承厝屋字

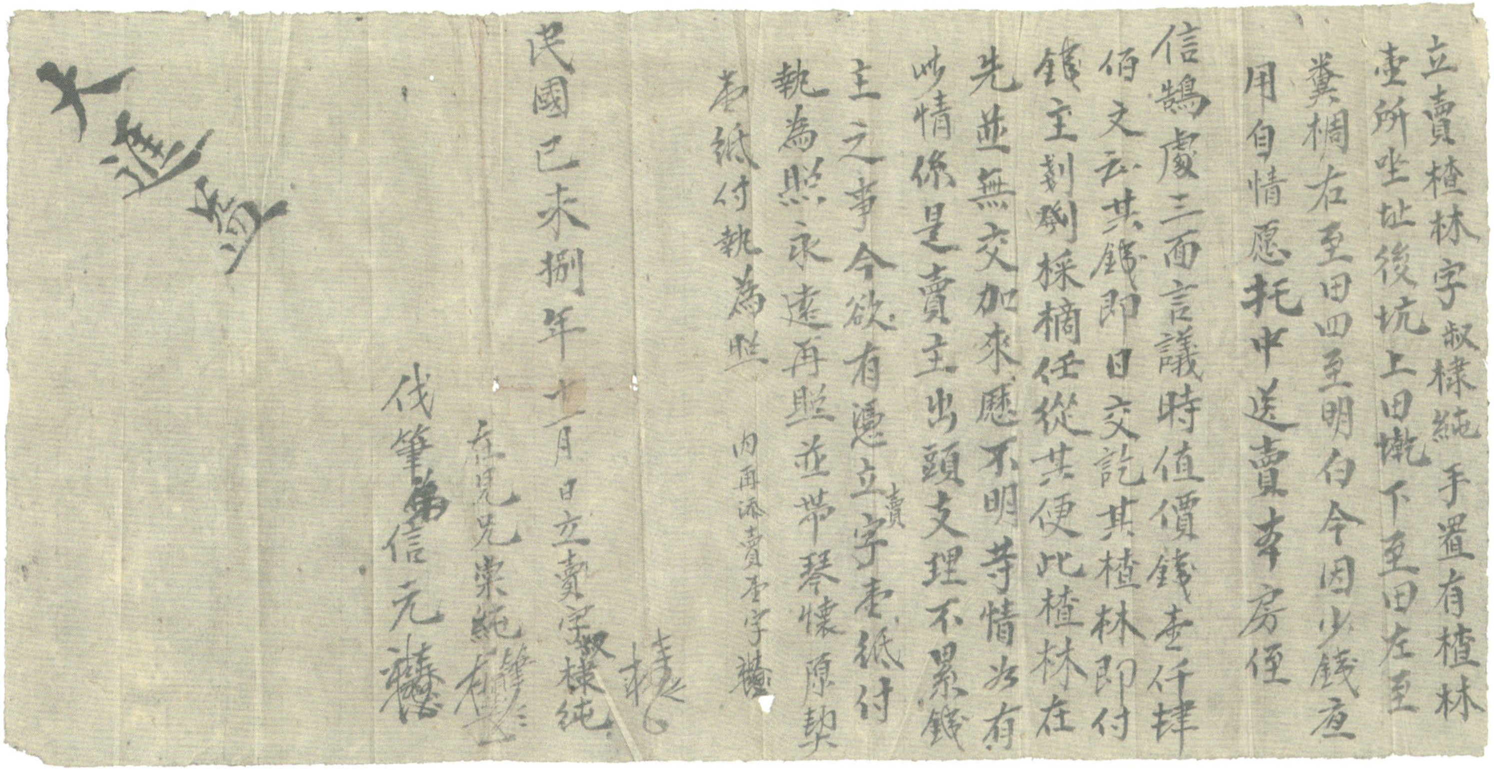
立賣楂林字叔棣純手置有楂林
壹所坐址後坑上田墘下至田左至
糞桐右至田四至明白今因少錢應
用自情愿托中送賣本房侄
信鵠處三面言議時值價錢壹仟肆
佰文云其錢即日交訖其楂林即付
錢主刋剝採摘任從其便此楂林在
先並無交加來歷不明等情如有
此情係是賣主出頭支理不累錢
主之事今欲有憑立賣字壹紙付
執為照永遠再照並帯琴懐原契
壹紙付執為照
内再添賣壹字
民國己未捌年十一月　日立賣字叔棣純
在見兄秉純
代筆弟信元
大進發

5-5-16-18　民國八年十一月鄭棣純立賣楂林字

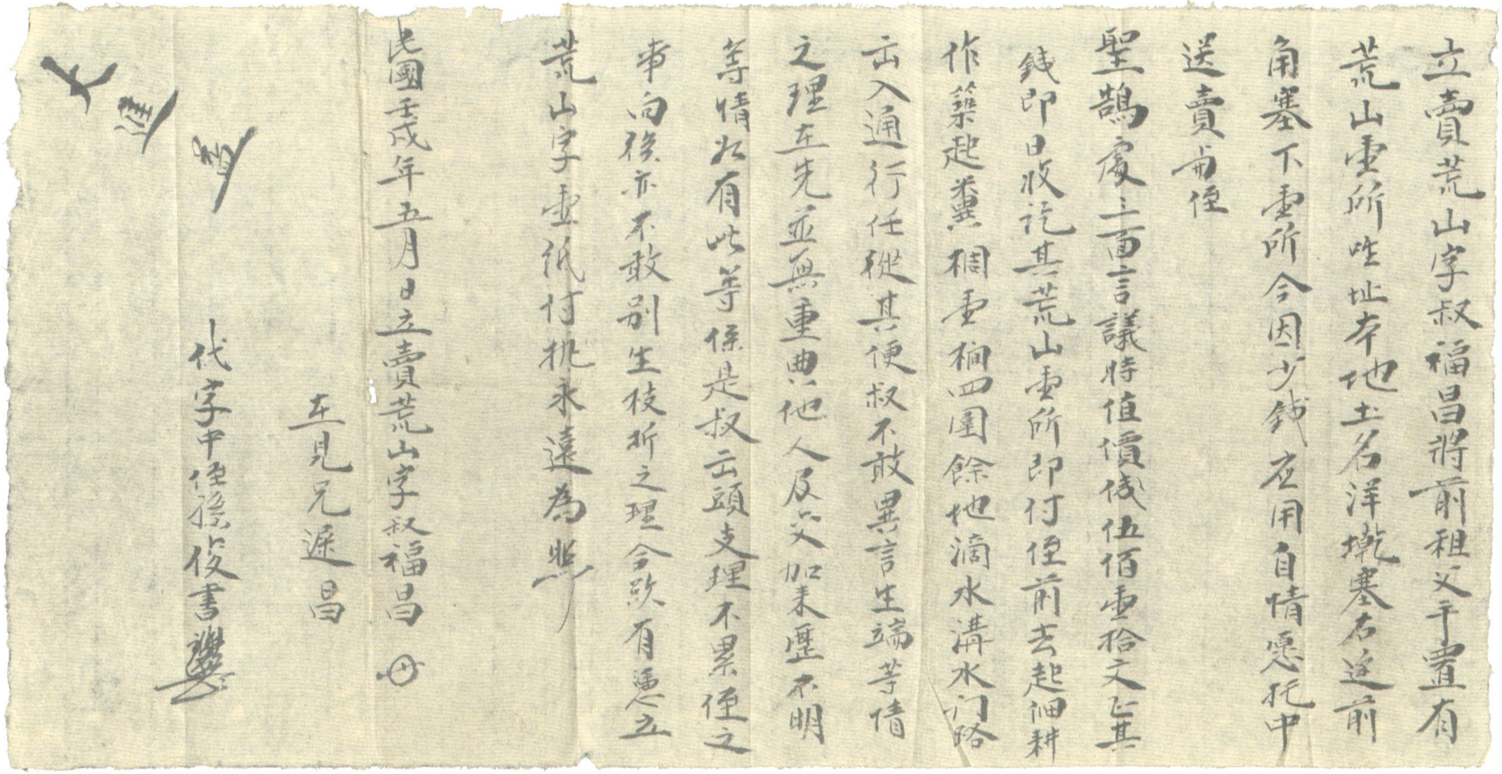
立賣荒山字叔福昌將前租又手置有
荒山壹所坐址本地土名洋墘塞右边前
角塞下壹所今因乏錢応用自情愿托中
送賣与侄
聖鵠處三面言議時值價錢伍佰壹拾文正其
錢即日收訖其荒山壹所即付侄前去起佃耕
作築起糞裯壹桐四園餘地滴水溝水门路
出入通行任從其便叔不敢異言生端等情
之理在先並無重典他人及交加未歷不明
等情如有此等係是叔出頭支理不累侄之
事向後亦不敢刷生枝折之理今欲有憑立
荒山字壹紙付執永遠為照
民國壬戌年五月　日立賣荒山字叔福昌（押）
在見兄遜昌
代字中侄孫俊書（押）
大吉

5-5-16-19　民國十一年五月鄭福昌立賣荒山字

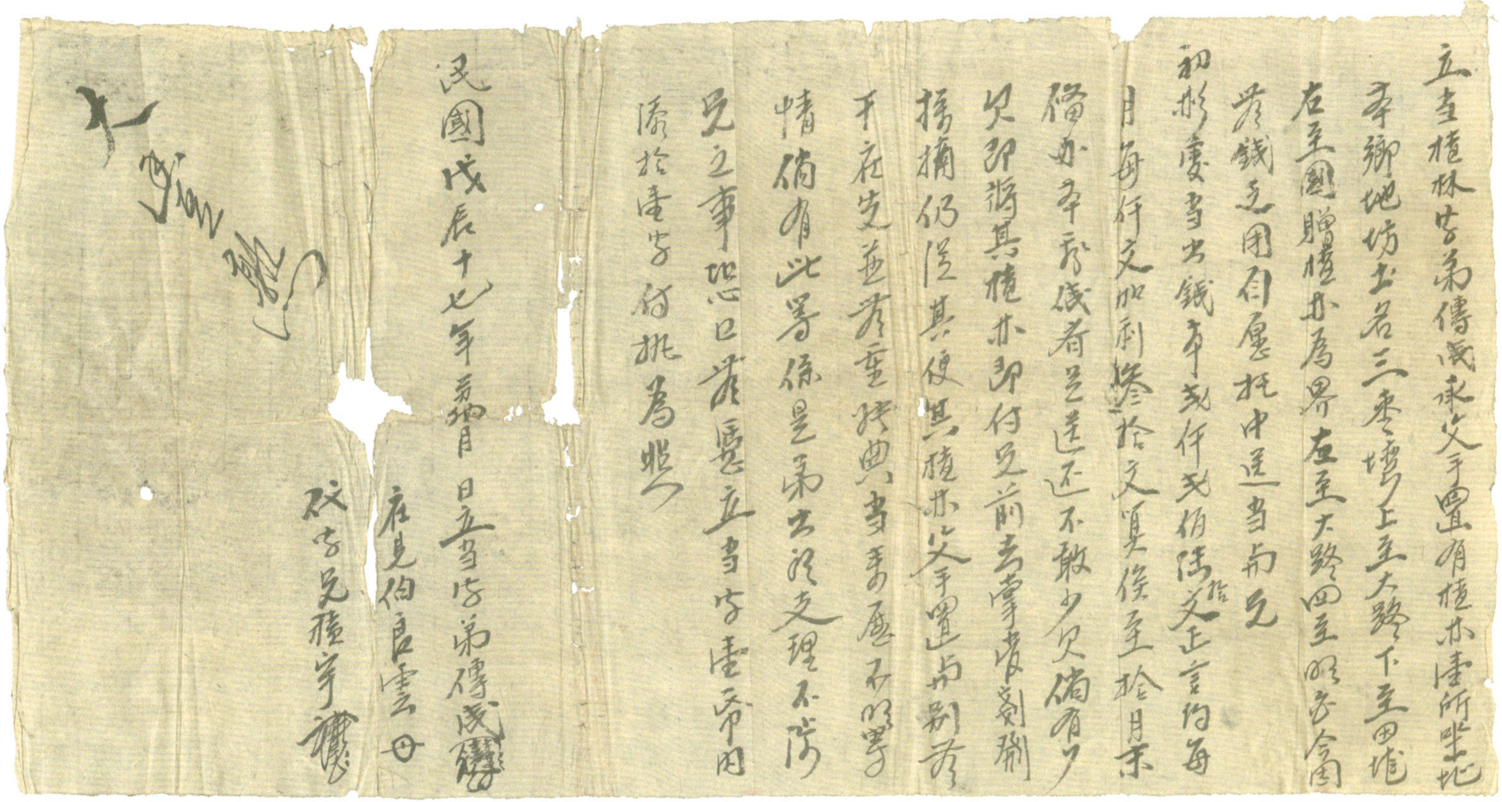

立當楂林字弟傳成,承父手置有楂木壹所,坐地
本鄉地坊,土名三峯塆,上至大路,下至田塝,
左至園塍楂木為界,右至大路,四至明白。今因
要錢乏用,自愿托中送當與兄
初彬處,當出錢本伍仟伍伯陸拾文正,言約每
月每仟文加利錢參拾文算,從至拾月末
備办本利錢,若是送還不敢少欠。備有少
欠,即將其楂木即付與前去掌管剝削
採摘,仍從其便。其楂木父手置與弟,前
未在先並無重張典當等歷不明等
情。倘有此等,係是弟出頭支理,不涉
兄之事。恐口難憑,立當字壹帋,付
添於當字付執為照。
民國戊辰十七年六月　日立當字弟傳成(押)
在見伯良雲(押)
代字兄植芳(押)

5-5-16-20　民國十七年六月鄭傳成立當楂林字

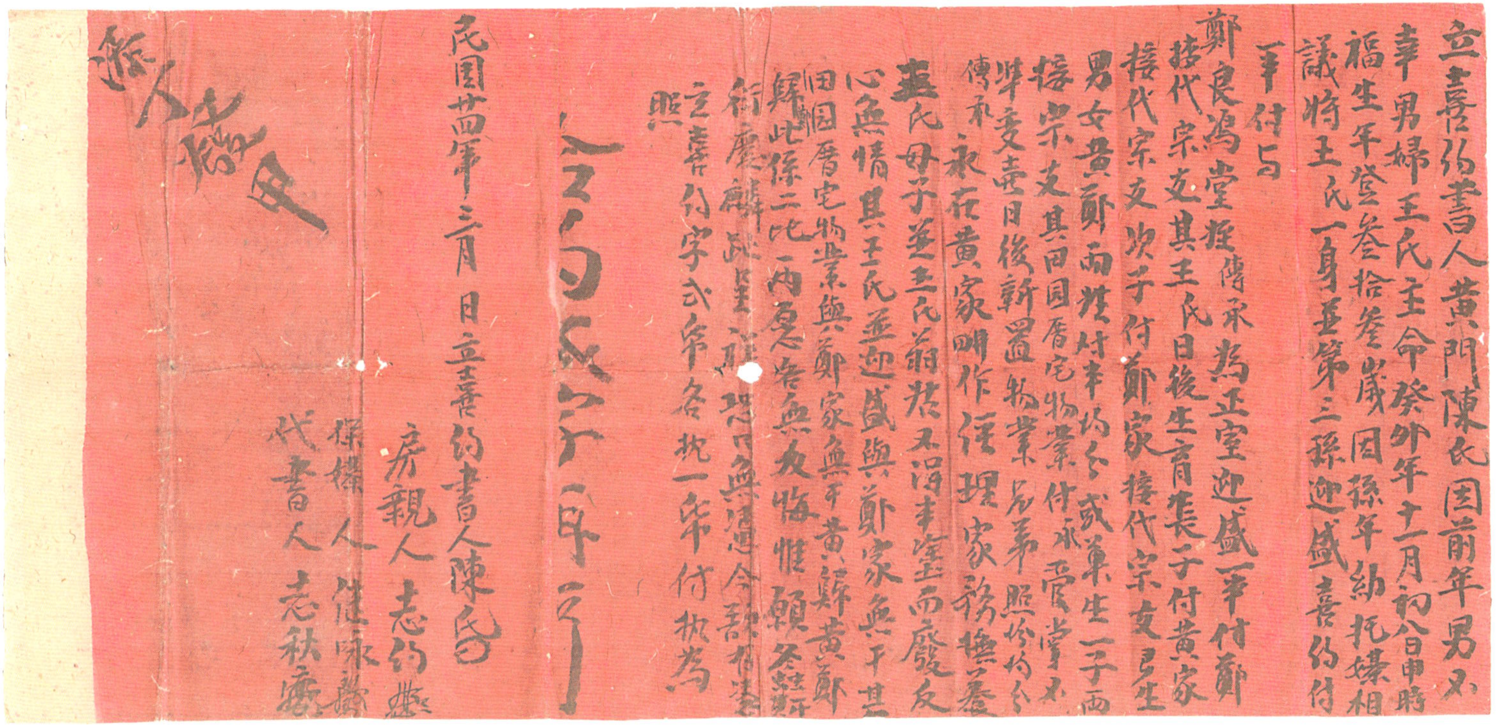

立喜約書人黃門陳氏因前年男夭
幸男婦王氏主命癸卯年十一月初八日申時
福生年登叁拾叁歲因孫年幼托媒相
議將王氏一身並第三孫迎盛喜約付
手付与
鄭良鴻堂權傳承為正室迎盛一手付鄭
接代宗支其王氏日後生育長子付黃家
接代宗支次子付鄭家接代宗支另生
男女黃鄭兩姓付半均分　或單生一子兩
接宗支其田園厝宅物業付承管掌不
得變賣日後新置物業兄弟照份均分
傳承　永在黃家助作經理家務撫養
黃氏母子並王氏翁於不得半途而廢反
心無情其王氏並迎盛與鄭家無干其
田園厝宅物業與鄭家無干黃鄭
歸此係二比兩愿各無反悔惟願[illegible]
衍慶麟趾呈祥恐口無憑今欲有憑
立喜約字弍帋各執一帋付執為
照

民國廿四年三月　日立喜約書人陳氏
房親人　志約
保媒人　[illegible]
代書人　志秋

5-5-16-21　民國二十四年三月陳氏立喜約書

第六帙　鄭忠户

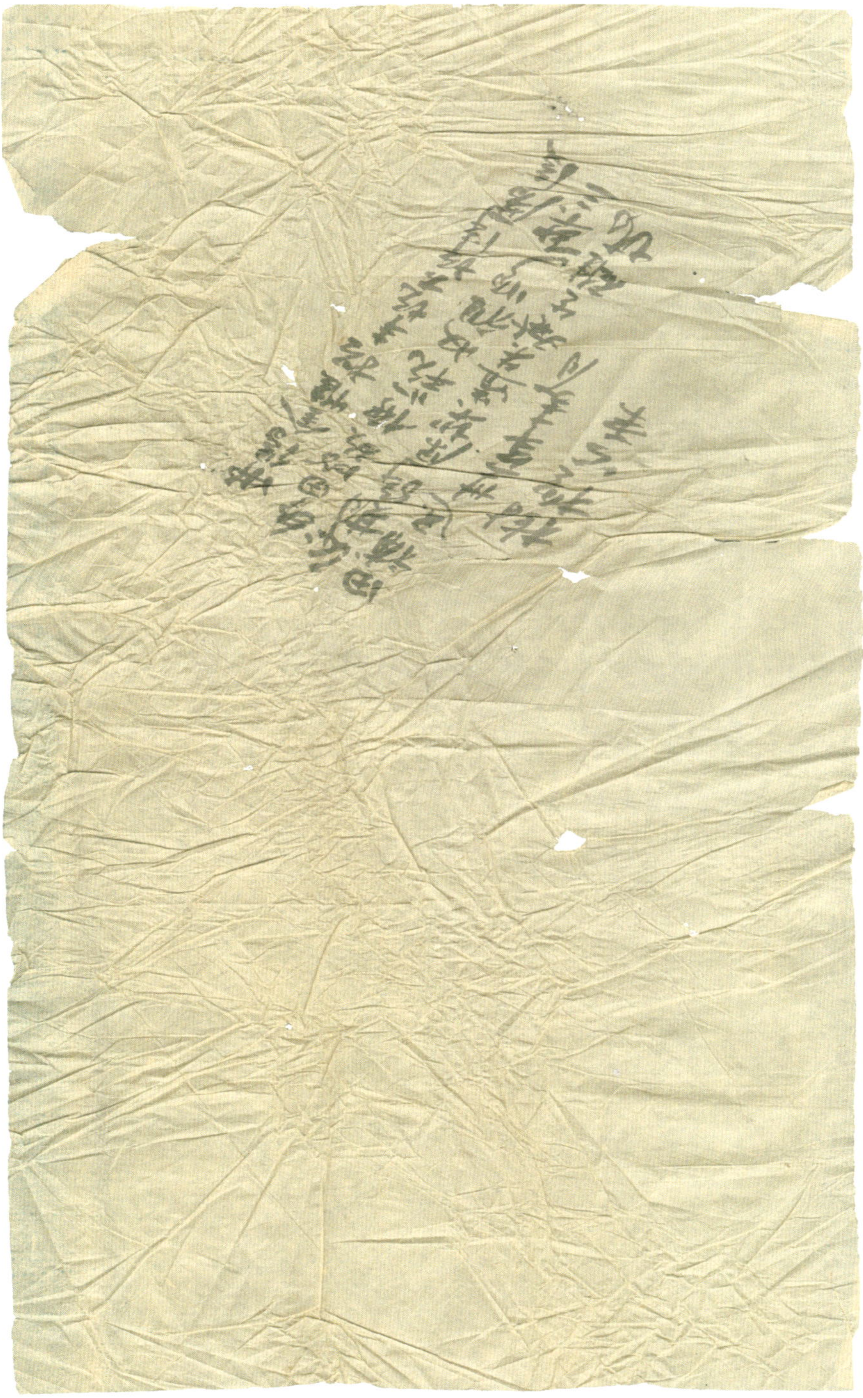

5-6-1-1　包契紙

5-6-1-2　包契紙

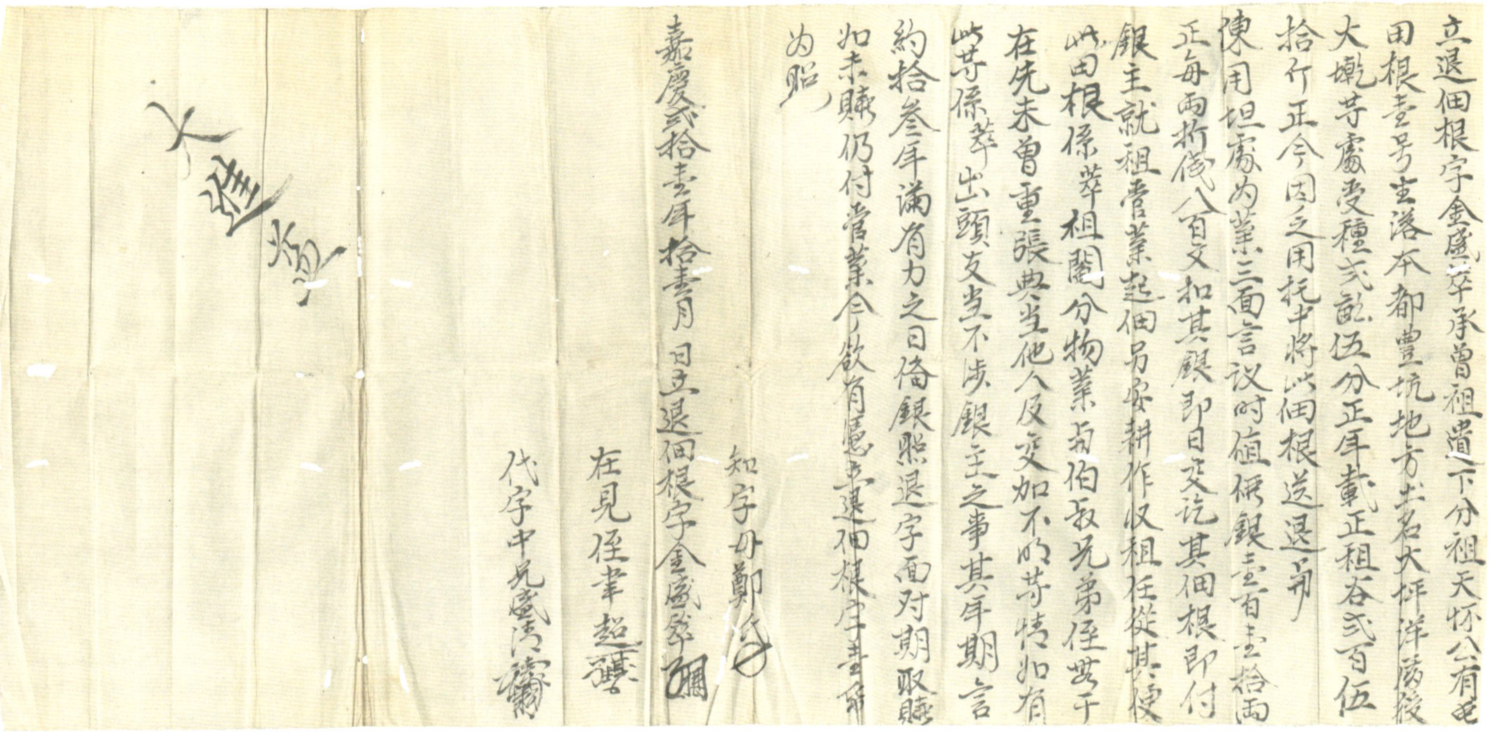
立退佃根字金盛萃承曾祖遺下分祖天怀公有屯
田根壹号坐落本都豐坑地方土名大坪洋磡[illegible]
大墘等處受種弍畝伍分正年載正租谷弍百伍
拾斤正今因乏用托中將此佃根送退与
陳閏坦處為業三面言议時值價銀壹百壹拾兩
正每兩折錢八百文扣其銀即日交訖其佃根即付
銀主就租耆業起佃另安耕作收租任從其便
此田根係萃祖閹分物業与伯叔兄弟侄無干
在先未曾重張典當他人反交加不明等情如有
此等係萃出頭支当不涉銀主之事其年期言
約拾叁年滿有力之日備銀照退字面对期取贖
如未贖仍付管業今欲有憑立退佃根字壹紙
為照
知字母鄭氏（押）
嘉慶弍拾壹年拾壹月 日立退佃根字金盛萃（押）
在見侄聿超（押）
代字中見盛淸（押）
[illegible]

5-6-1-3　清嘉慶二十一年十一月金盛萃立退屯田根字

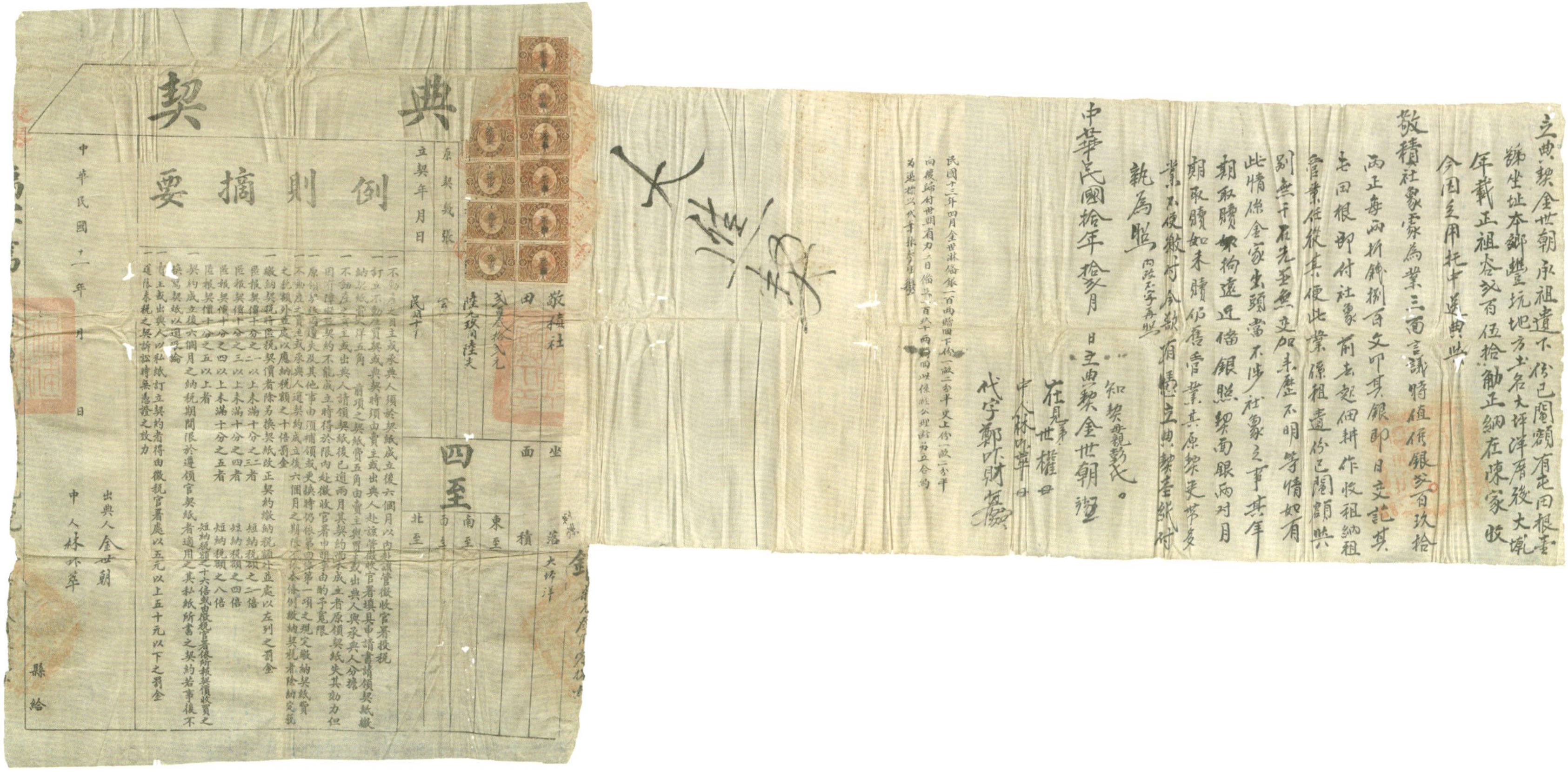
立典契金世朝，承祖遺下份已闔額有屯田根壹
號，坐址本鄉豐坑地方，土名大坪洋厝後大塅，
年載正租谷貳百伍拾觔正，納在陳家收。
今因乏用，托中送典與
敬積社家為業，三面言議時值佛銀叁百玖拾
兩正，每兩折錢捌百文，即其銀即日交訖。其
屯田根即付社家前去起佃耕作，收租納租
管業，任從其便。此業係祖遺份已闔額，與
別無干，在先並無交加未歷不明等情。如有
此情，係金家出頭當，不涉社家之事。其年
期取贖，不拘遠近，備銀照契面銀兩對月
取贖。如未贖，仍舊管業。其原契更帶多
業，不便繳付。今欲有憑，立典契壹紙，付
執為照。（內改二字再照）

民國十三年四月金世淋備銀一百兩贖回下份一畝二分半，又上份一畝二分半向後歸付世朝，有力之日備足一百六十兩贖回，此係姓公理認為立合約為憑。

中華民國拾年拾貳月　日立典契金世朝
知契母親鄭氏
在見弟世權
中人林叭華
代字鄭叭財

典契
例則摘要
中華民國十一年　月　日
出典人金世朝
中人林叭華
縣給

5-6-1-4　民國十年十二月金世朝立典屯田根契（紅契）

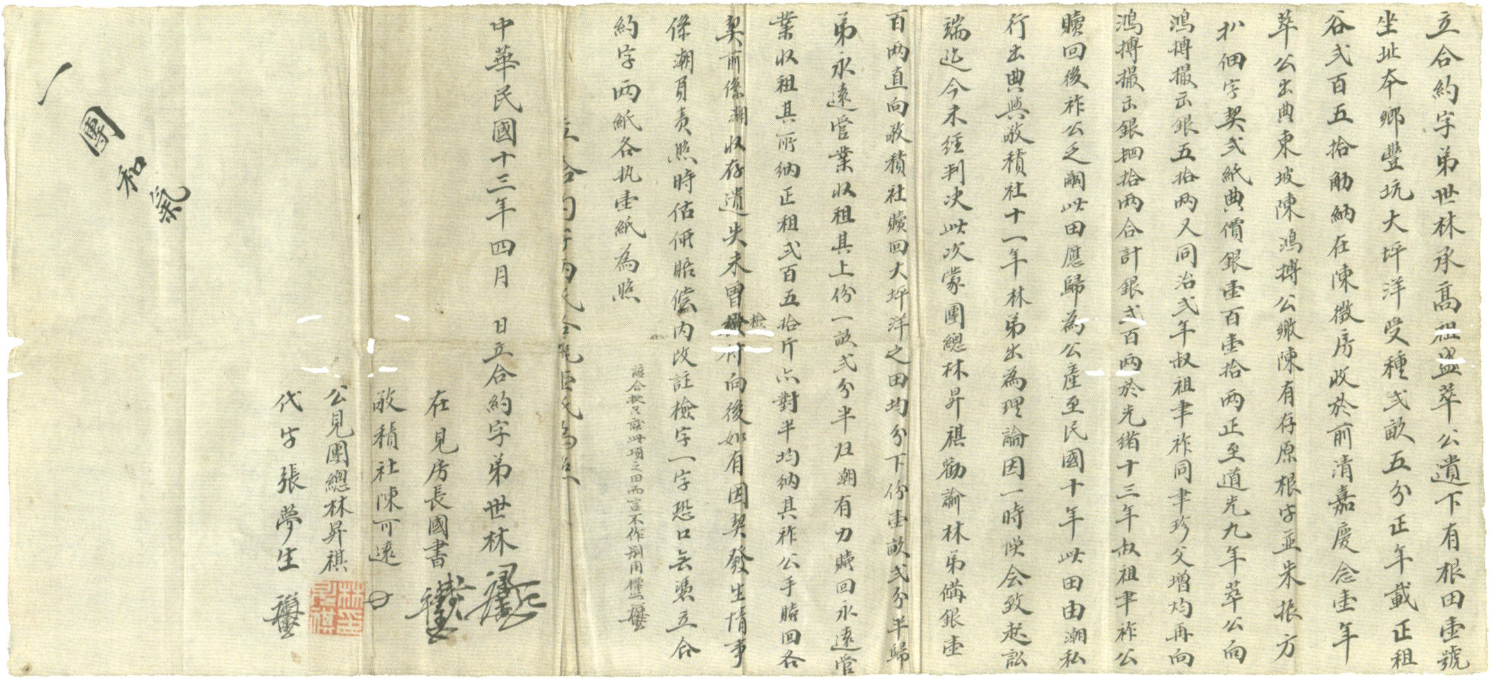

立合約字弟世林承高祖盛萃公遺下有根田壹號坐址本鄉豐坑大坪洋受種弍畝五分正年載正租谷弍百五拾觔納在陳徵房收於前清嘉慶念壹年萃公出典東坡陳鴻搏公鄉陳有存原根字並米根方扒佃字契弍紙典價銀壹百壹拾兩正至道光九年萃公向鴻搏撮出銀五拾兩又同治弍年叔祖聿祚同聿珍父增均再向鴻搏撮出銀捌拾兩合計銀弍百兩於光緒十三年叔祖聿祚公贖回後祚公乏嗣此田應歸為公產至民國十年此田由潮私行出典與敬積社十一年林弟出為理論因一時誤会致起訟端迄今未經判決此次蒙團總林昇祺勸諭林弟備銀壹百兩直向敬積社贖回大坪洋之田均分下份壹畝弍分半歸弟永遠管業收租其上份一畝弍分半任潮有力贖回永遠管業收租其所納正租弍百五拾斤六對半均納其祚公手贖回各契前係潮收存遺失未曾檢出向後如有因契發生情事係潮負責照時估價賠償內改註檢字一字恐口無憑立合約字兩紙各執壹紙為照

該合批只議此項之田而言不作別用

[illegible]

中華民國十三年四月　日立合約字弟世林

在見房長國書

敬積社陳可遠

公見團總林昇祺

代字張夢生

一團和氣

5-6-1-5　民國十三年四月金世林立合約字

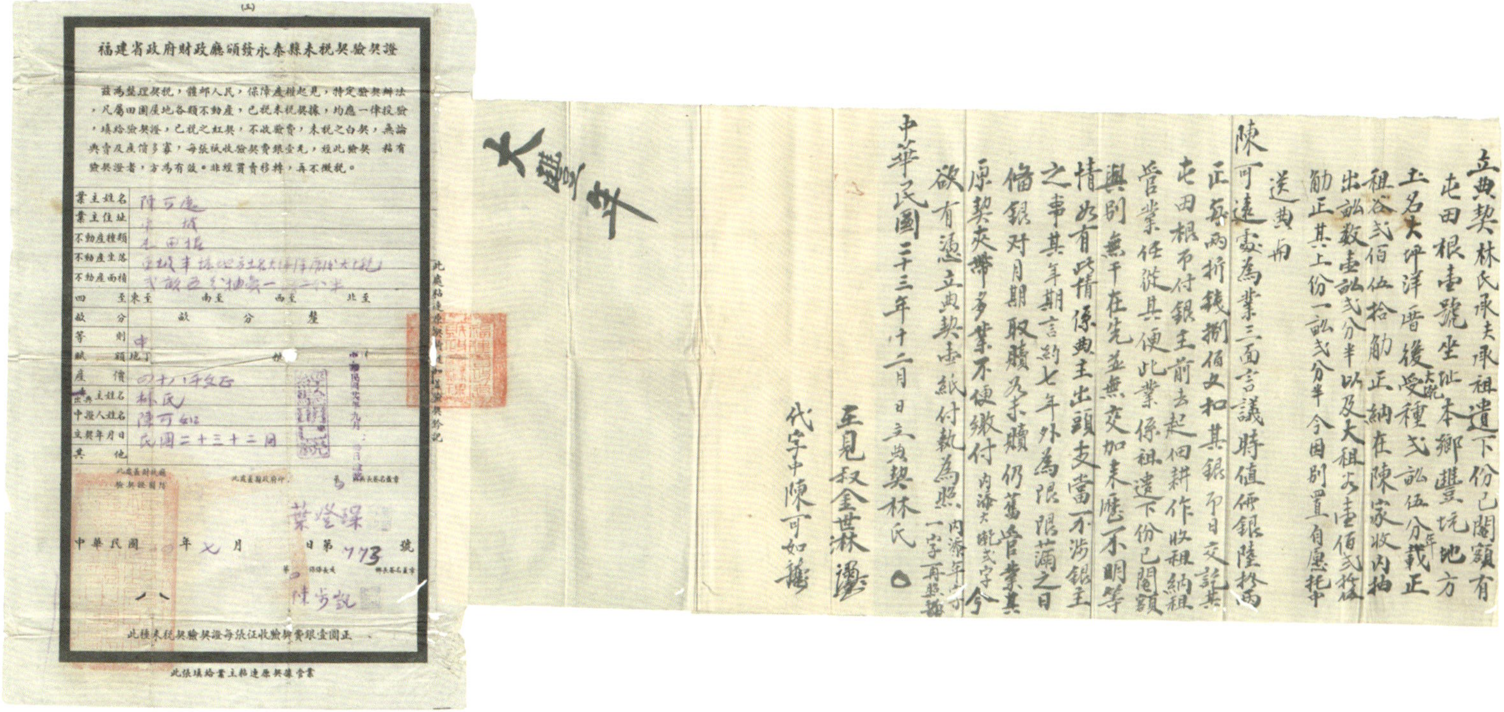

5-6-1-6　民國二十三年十二月林氏立典屯田根契（紅契）

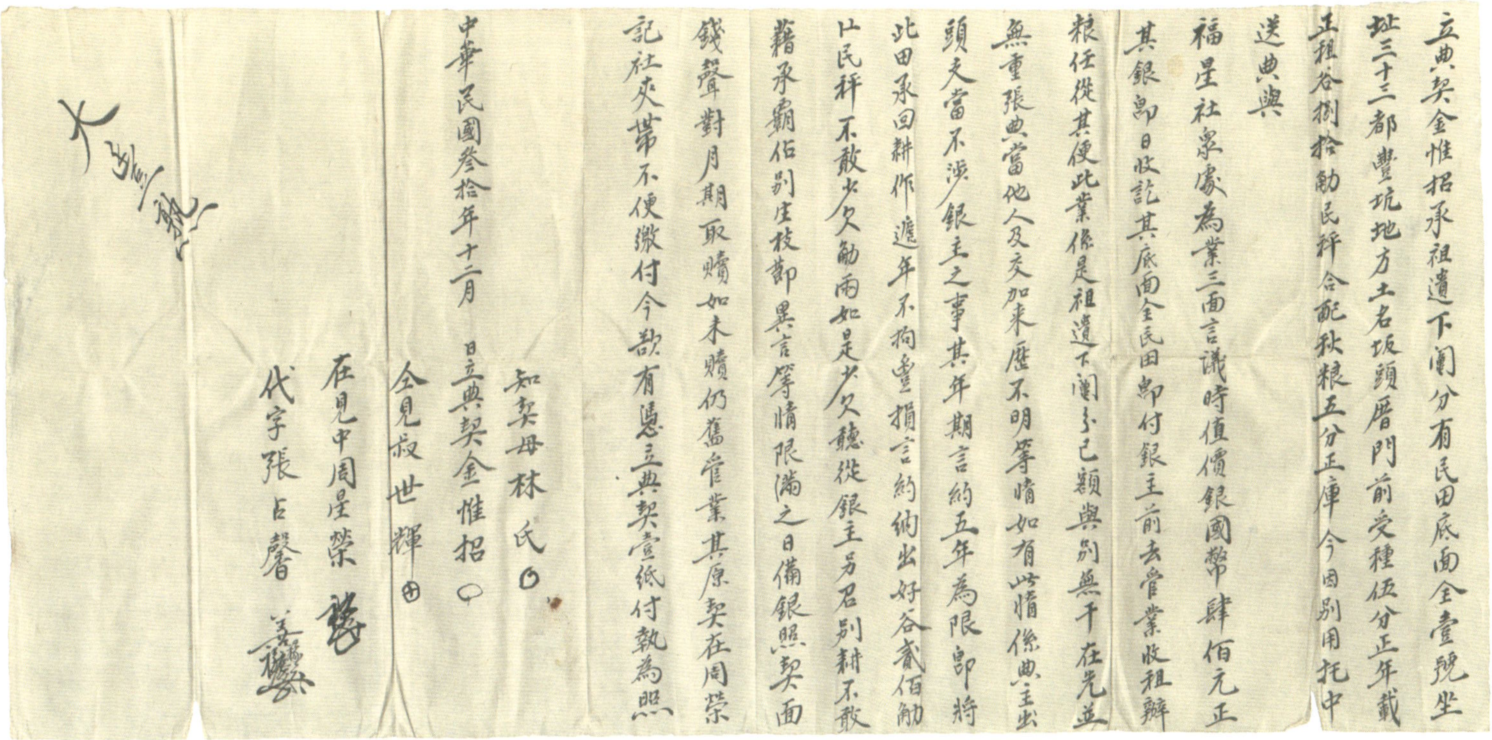

立典契金惟招承祖遺下鬮分有民田底面全壹號坐
址三十三都豐坑地方土名坂頭厝門前受種伍分正年載
正租谷捌拾觔民秤合配秋粮五分正庫今因別用托中
送典與
福星社衆處為業三面言議時值價銀國幣肆佰元正
其銀即日收訖其底面全民田即付銀主前去管業收租辦
粮任從其便此業係是祖遺下鬮分己額與別無干在先並
無重張典當他人及交加來歷不明等情如有此情係典主出
頭支當不涉銀主之事其年期言約五年為限即將
此田承回耕作遞年不拘豐損言約納出好谷貳佰觔
山民秤不敢少欠觔兩如是少欠聽從銀主另召別耕不敢
藉承霸佔別生枝節異言等情限滿之日備銀照契面
錢聲對月期取贖如未贖仍舊管業其原契在周榮
記社夾帶不便繳付今欲有憑立典契壹紙付執為照

如契母林氏〇

中華民國叁拾年十二月　日立典契金惟招〇

仝見叔世輝㊞

在見中周星榮

代字張占馨

5-6-1-7　民國三十年十二月金惟招立典底面全民田契

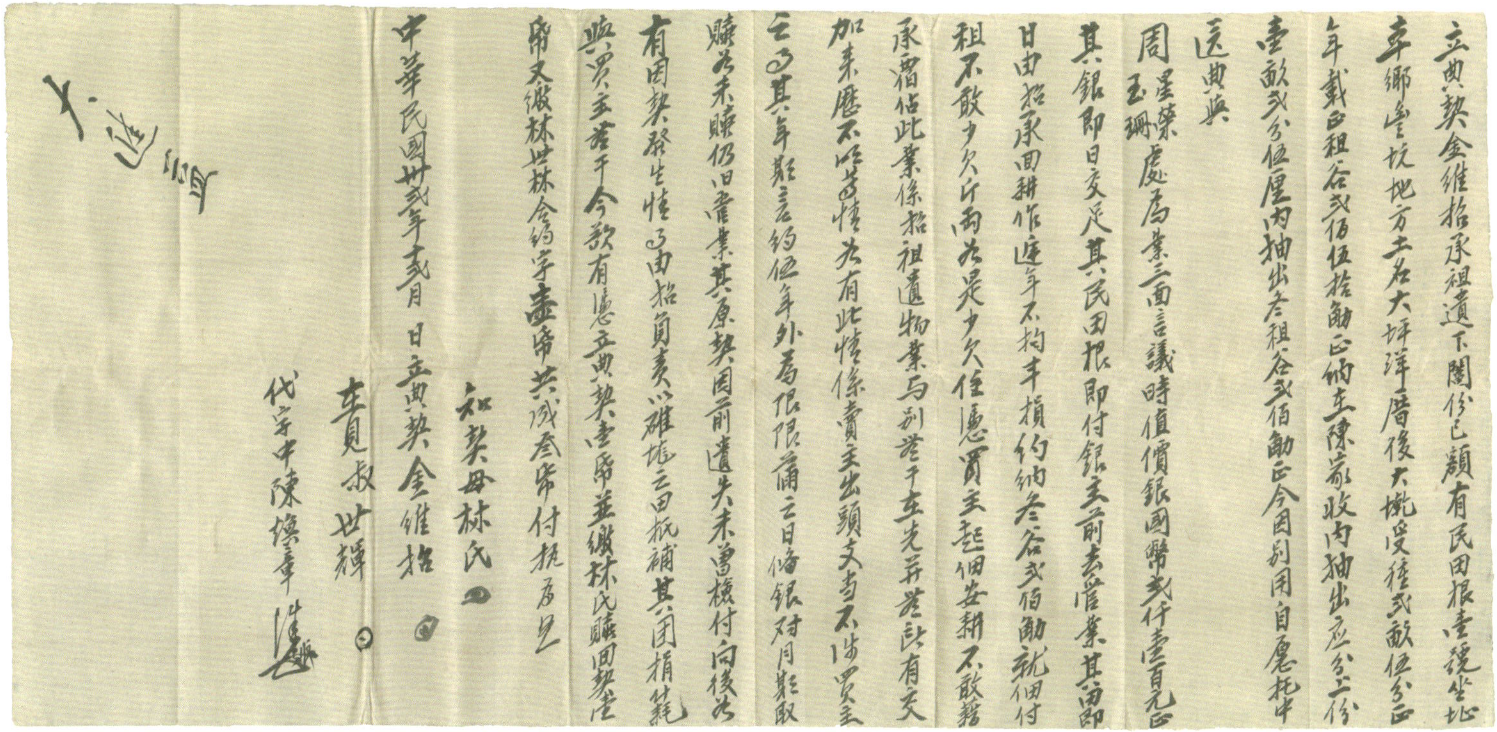
立典契金維招承祖遺下鬮份已額有民田根壹號坐址
本鄉壟坑地方土名大坪洋厝後大墈受種貳畝伍分正
年載正租谷貳佰伍拾觔正納主陳蔚收內抽出應分之份
壹畝貳分伍厘內抽出叁租谷貳佰觔正今因乏用自愿托中
送典與
周星榮 玉珊 處為業三面言議時值價銀國幣貳仟壹百元正
其銀即日交足其民田根即付銀主前去管業其田即
日由招承佃耕作逐年不拘丰損約納叁谷貳佰觔就佃付
租不敢少欠斤兩如是少欠任憑買主起佃安耕不敢藉
承霸佔此業係招祖遺物業與别房叔侄無干在先并無[illegible]有文
加來歷不明等情如有此情係賣主出頭支當不涉買主
之事其年限言約伍年外為限限滿之日備銀對月贖取
贖如未贖仍舊管業其原契因前遺失未曾檢付向後如
有因契發生情弊由招負責以雜據之田抵補其田捐税
與買主無干今欲有憑立典契壹紙並繳林氏贖田契壹
紙又繳林世林合約字壹紙共成叁紙付執為照
知契母林氏（押）
中華民國卅貳年十貳月 日立典契金維招（押）
在見叔世輝（押）
代字中陳壎章（押）

5-6-1-8 民國三十二年十二月金維招立典民田根契

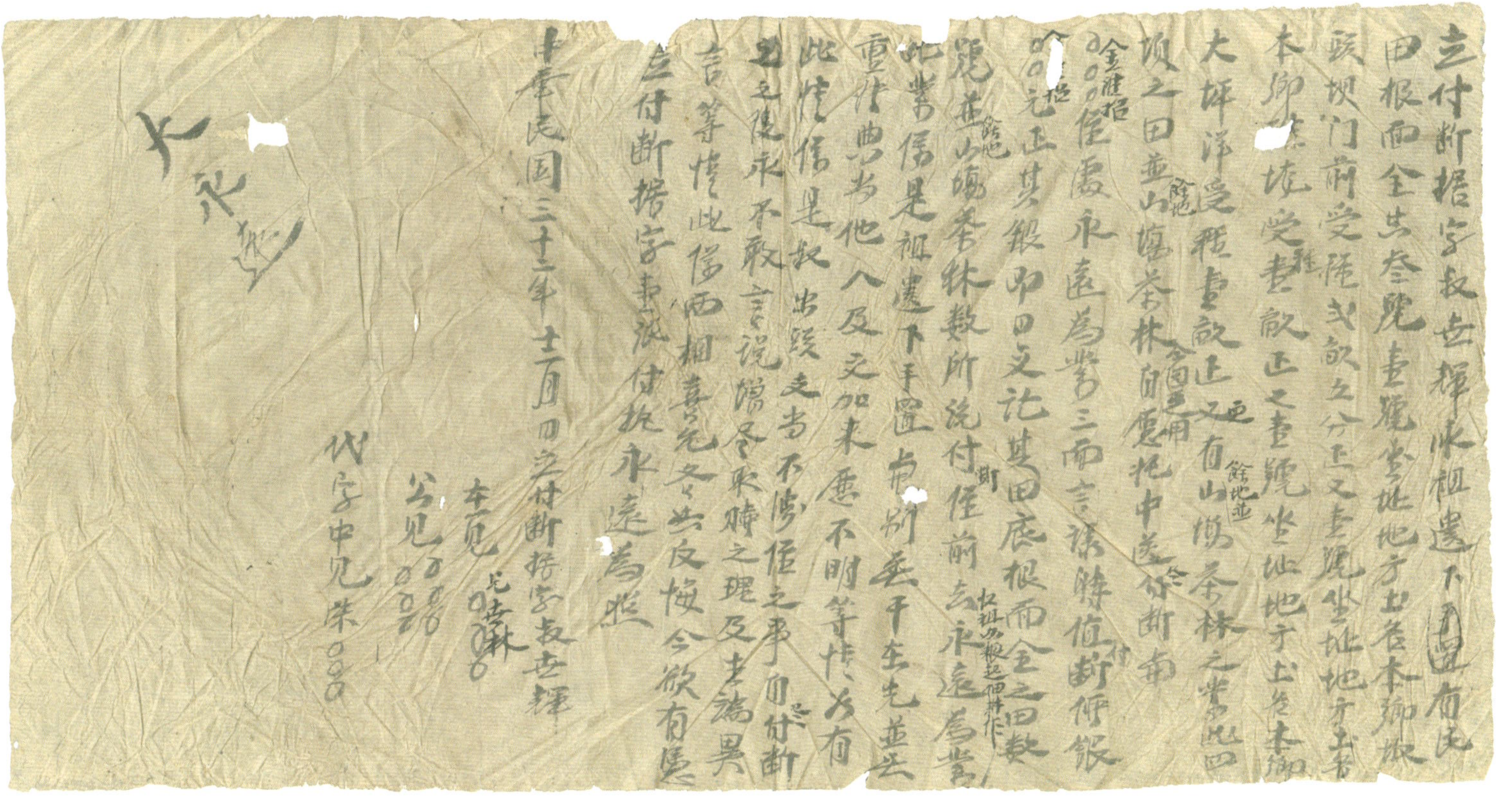

立付斷据字叔金世輝承祖遺下民田有民
田根面全坐叁號壹號坐址地方土名本鄉坝
頭坝门前受種弍畝五分正又壹號坐址地方土名
本鄉[illegible]坑受種壹畝正又壹號坐址地方土名本鄉
大坪洋受種壹畝正又有山場茶林之業此四
項之田並山場茶林自愿托中送付斷弟
[illegible]侄處永遠為業三面言議時值斷價銀
○○○元正其銀即日交訖其田底根面全之田數
號並山場茶林數所說付侄前去永遠為業
此業係是祖遺下手置與別無干在先並無
重借典當他人及交加來歷不明等情如有
此情係是叔出頭支當不涉侄之事自付斷
之後永不敢言說贖及取贖之理及生端異
言等情此係兩相喜允各無反悔今欲有憑
立付斷据字壹紙付執永遠為照

中華民國三十二年十二月日立付斷据字叔金世輝

本見 ○○○
公見 ○○○ ○○○
代字中見 朱○○○

5-6-1-9　民國三十二年十二月金世輝立付斷民田根據字（草契）

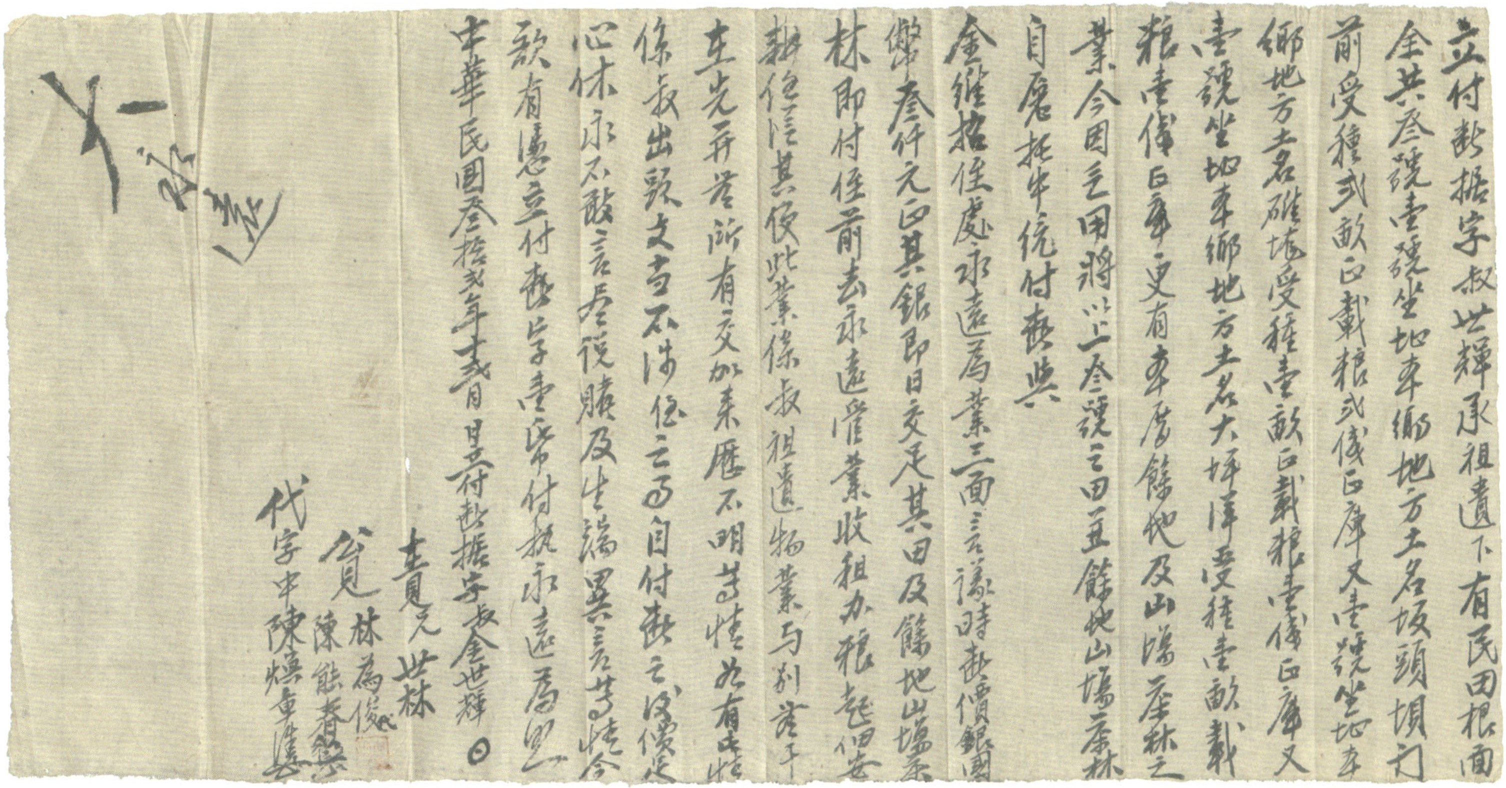
立付斷根據字叔世輝承祖遺下有民田根面
全共叁號 壹號坐址本鄉地方土名坂頭墘口
前受種弍畝正載粮弍錢正庫 又壹號坐址本
鄉地方土名碓坑受種壹畝正載粮壹錢正庫 又
壹號坐址本鄉地方土名大坪洋受種壹畝載
粮壹錢正庫 更有本厝餘地及山場茶林之
業 今因乏用 將此叁號之田並餘地山場茶林
自愿托中統付姪興
全纔招佳處永遠爲業 三面言議時値價銀國
幣叁仟元正 其銀即日交足 其田及餘地山場茶
林即付姪前去永遠管業收租办粮起佃安
耕 自後其便 此業係叔祖遺物業與别房子
並兄弟等所有交加來歷不明等情 如有此情
係叔出頭支當 不涉姪之事 自付斷之後 價足
心休 永不敢言及找贖及生端異言等情 今
欲有憑 立付斷根據字壹紙付執永遠爲照
中華民國叁拾弍年十弍月 日立付斷根據字叔金世輝 ㊞
在見兄 世林
見 林爲俊
陳能春
代字中 陳煥章

5-6-1-10　民國三十二年十二月金世輝立付斷民田根據字

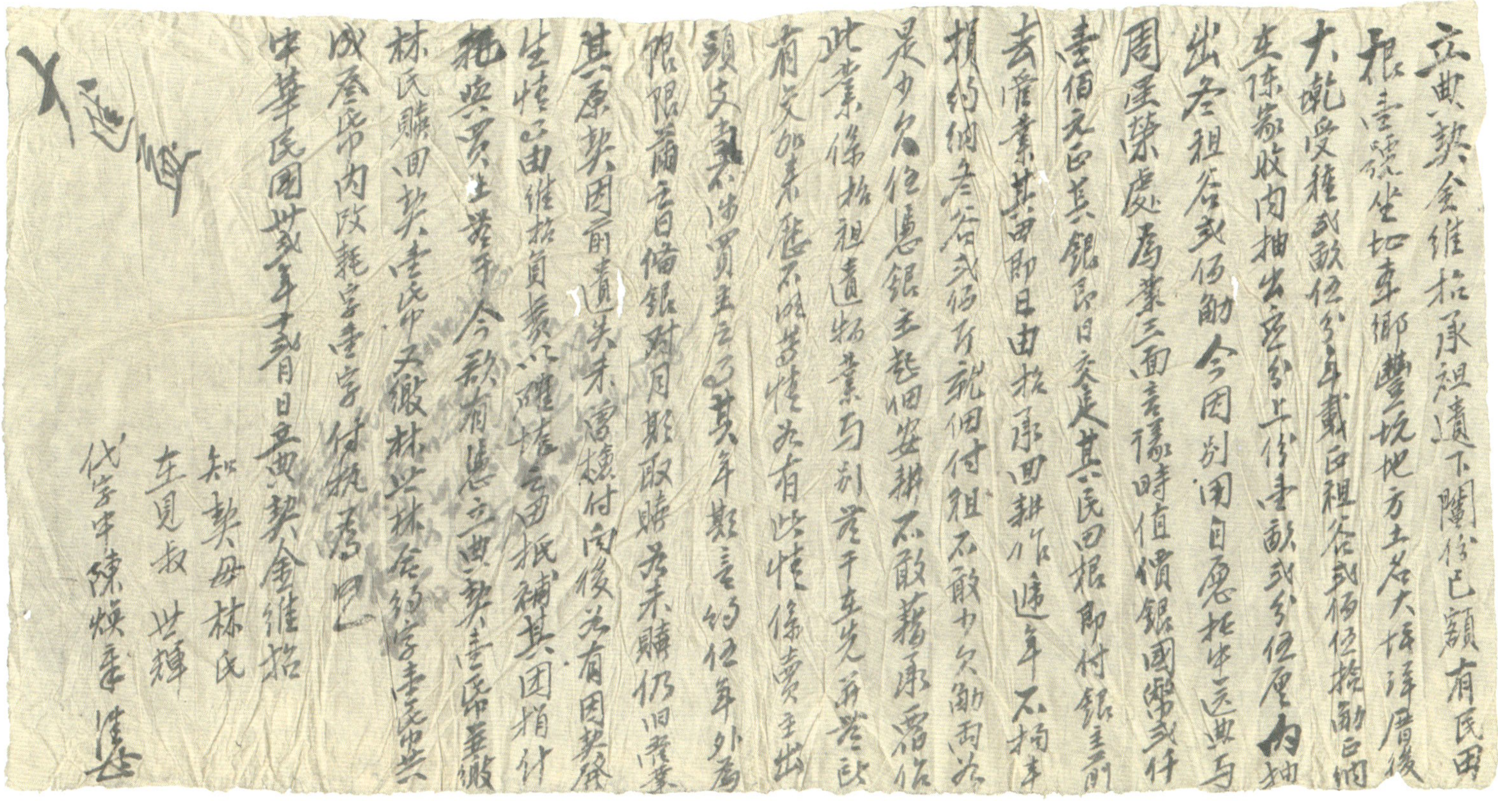
立典契金維招承祖遺下鬮份已額有民田
根壹號坐址本鄉豐坑地方土名大坪洋厝後
大坵受種弍畝伍分年載正租谷弍佰伍拾觔正內
在陳家收內抽出座分上保壹畝弍分伍厘內抽
出冬租谷弍佰觔今因別用自愿托中送典与
周厦榮處爲業三面言議時值價銀國幣弍仟
壹佰元正其銀即日交足其民田根即付銀主前
去管業其田即日由於承田耕作遞年不拘豐
損約納冬谷弍佰斤就佃付租不敢少欠觔兩若
是少欠任憑銀主起佃安耕不敢藉端留佔
此業係於祖遺物業與別房叔兄弟侄無干
有交加未曾不明等情如有此情係典主出
頭支當不涉買主之事其年限言約伍年外爲
限限滿之日備銀對月照取贖如未贖仍舊管業
其原契因前遺失未曾檢付向後如有因契發
生情事由維招負責理據民田抵補其團捐付
耗與買主管年今欲有憑立典契壹紙並繳
林氏贖回契壹紙又繳林世林兩紙字壹紙共
成叁紙內改耗字壹字付執爲照
中華民國卅弍年拾弍月日立典契金維招
知契母林氏
在見叔世輝
代字中陳煥章

5-6-1-11　民國三十二年十二月金維招立典民田根契

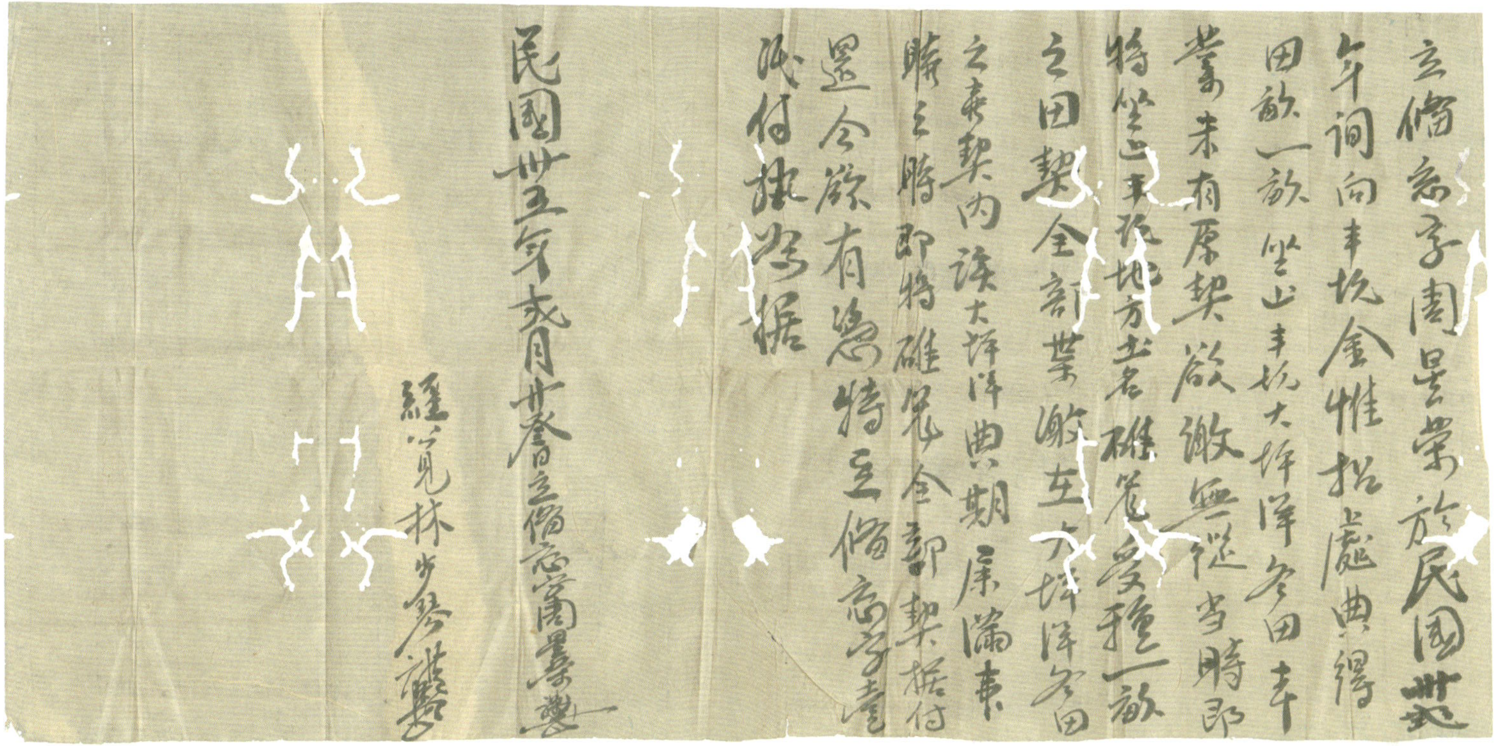

立備忘字周星榮，於民國卅五年間向本坑金惟招處典得田畝一畝，坐址本坑大坪洋名田業，未有原契，欲繳無從。當時即將坐址地方土名雖筆受種一畝之田契全部業繳在大坪洋名田之來契內。該大坪洋典期屆滿，來贖之時，即將雖筆全部契據付還。今欲有憑，特立備忘字壹紙付執爲據。

民國卅五年貳月廿叁日立備忘字周星榮（押）

經覓林步琴（押）

5-6-1-12　民國三十五年二月周星荣立備忘字

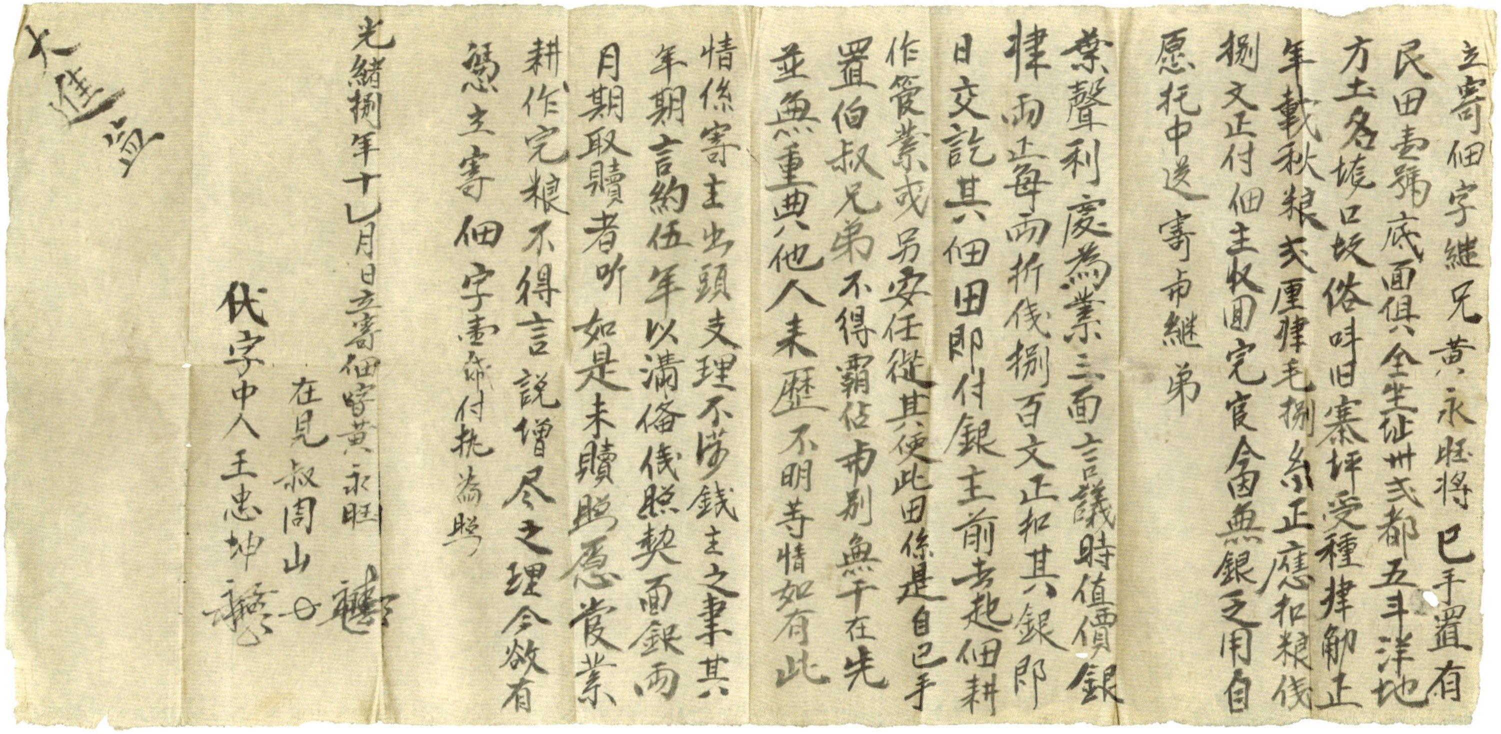

立寄佃字繼兄黄永旺將已手置有
民田壹號底面俱全坐址卅弍都五斗洋地
方土名壋口坂俗呌旧寨坪受種肆觔止
年載秋粮弍厘肆毛捌系正應扣粮钱
捌文正付佃主收回完官今因無銀乏用自
愿托中送寄本繼弟
葉聲利處為業三面言議時值價銀
肆兩正每兩折钱捌百文正扣其銀即
日交訖其佃田即付銀主前去起佃耕
作管業或另安任從其便此田係是自己手
置伯叔兄弟不得霸佔本別無干在先
並無重典他人來歷不明等情如有此
情係寄主出頭支理不涉錢主之事其
年期言約伍年以滿備钱照契面銀兩
月期取贖者听如是未贖聽愿管業
耕作完粮不得言説增尽之理今欲有
憑立寄佃字壹紙付執為照

光緒捌年十一月　日立寄佃字黄永旺（押）
在見叔周山（押）
代字中人王忠坤（押）

大進壹

5-6-2-1　清光緒八年十一月黄永旺立寄佃底面全民田字

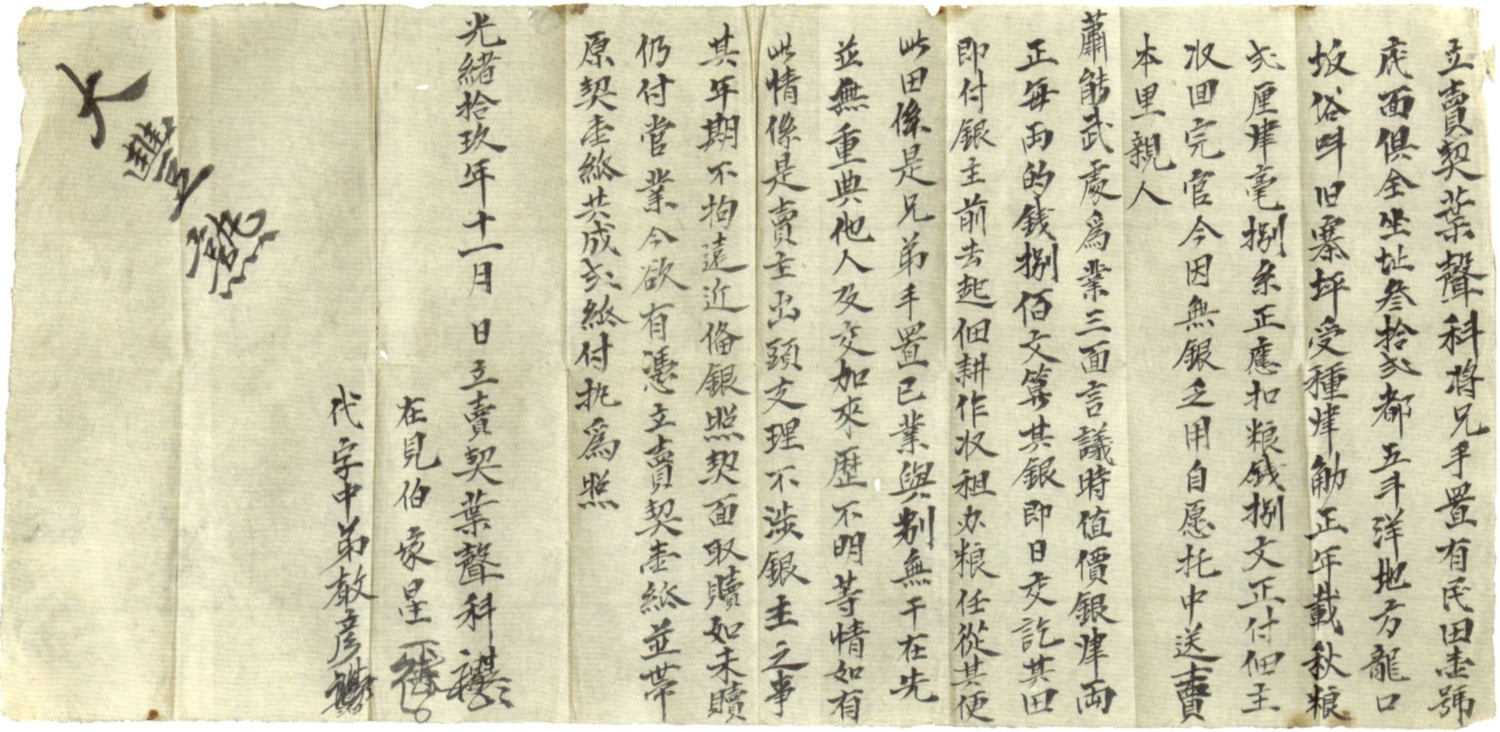
立賣契葉聲科將兄手置有民田壹號
底面俱全坐址叁拾弍都五斗洋地方龍口
坂俗叫旧寨坪受種肆觔正年載秋粮
弍厘肆毫捌糸正應扣粮錢捌文正付佃主
収回完官今因無銀乏用自愿托中送賣
本里親人
蕭館武處爲業三面言議時值價銀肆兩
正每兩的錢捌佰文算其銀即日交訖其田
即付銀主前去起佃耕作収租办粮任從其便
此田係是兄弟手置已業與剏無干在先
並無重典他人及交加來歷不明等情如有
此情係是賣主出頭支理不涉銀主之事
其年期不拘遠近倫銀照契面取贖如未贖
仍付當業今欲有憑立賣契壹紙並帶
原契壹紙共成弍紙付執爲照
光緒拾玖年十一月　日立賣契葉聲科
在見伯　家星
代字中弟　敏彥

5-6-2-2　清光緒十九年十一月葉聲科立賣底面全民田契

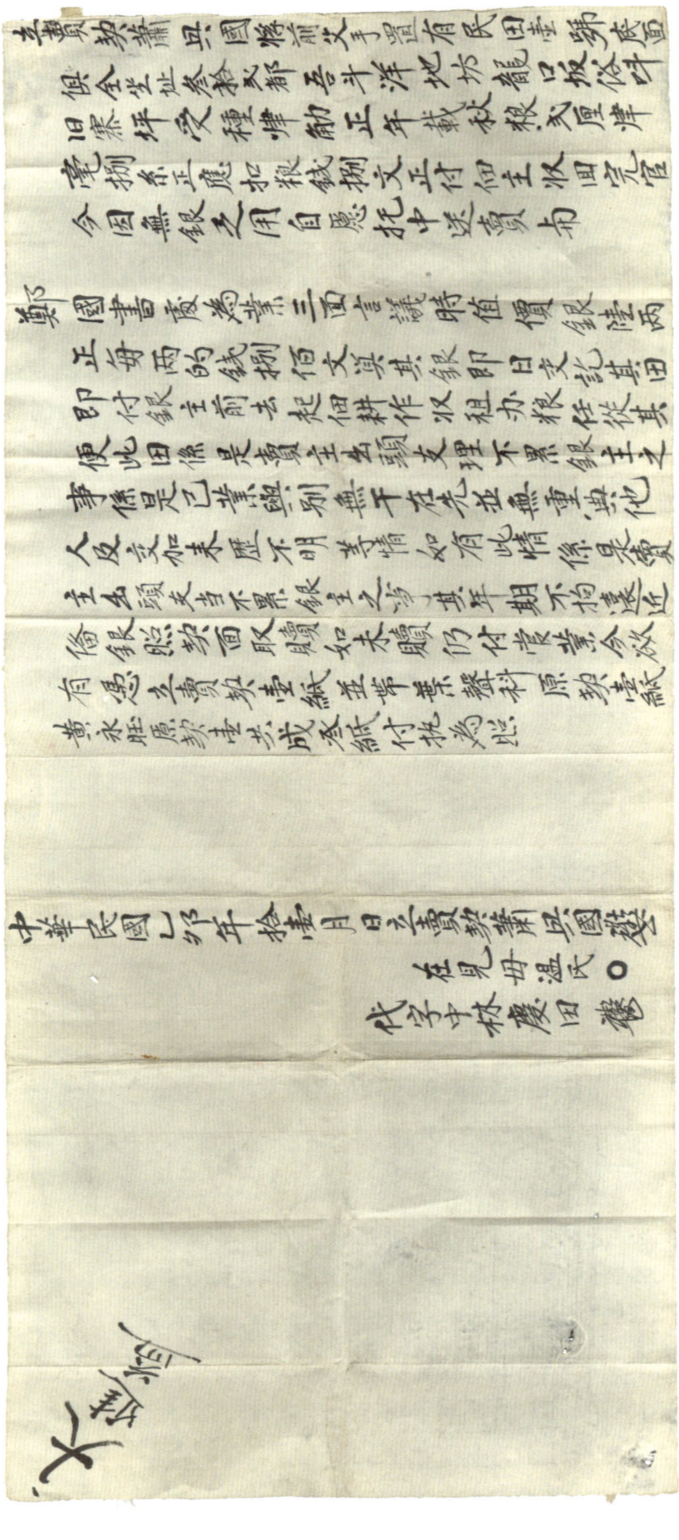

立賣契蕭興國，將前父手置有民田壹號，底面俱全，坐址叁拾貳都吾斗洋地坊，土名龍口板洛叶旧寨坪，受種肆斛正，年載秋粮貳厘肆毫捌系正，底扣粮錢捌文正，付佃主收回完官。今因無銀乏用，自愿托中送賣与布

鄭國豊處為業，三面言議，時值價銀陸兩正，每兩的錢捌佰文足。其銀即日交訖，其田即付銀主前去起佃耕作，收租办粮，任從其便。此田係是賣主出頭支理，不累銀主之事。係是己業，與別無干，在先並無重典他人及交加未歷不明等情，如有此情，係是賣主出頭支当，不累銀主之事。其年期不拘遠近，備銀照契面取贖，如未贖，仍付管業。今欲有憑，立賣契壹紙，並帶[illegible]原契壹紙，黄永旺原契壹，共成叁紙，付執為照。

中華民國乙卯年拾壹月　日立賣契蕭興國（押）

在見　母温氏○

代字中　林慶回（押）

民國四年十一月蕭興國立賣底面全民田契

5-6-2-3

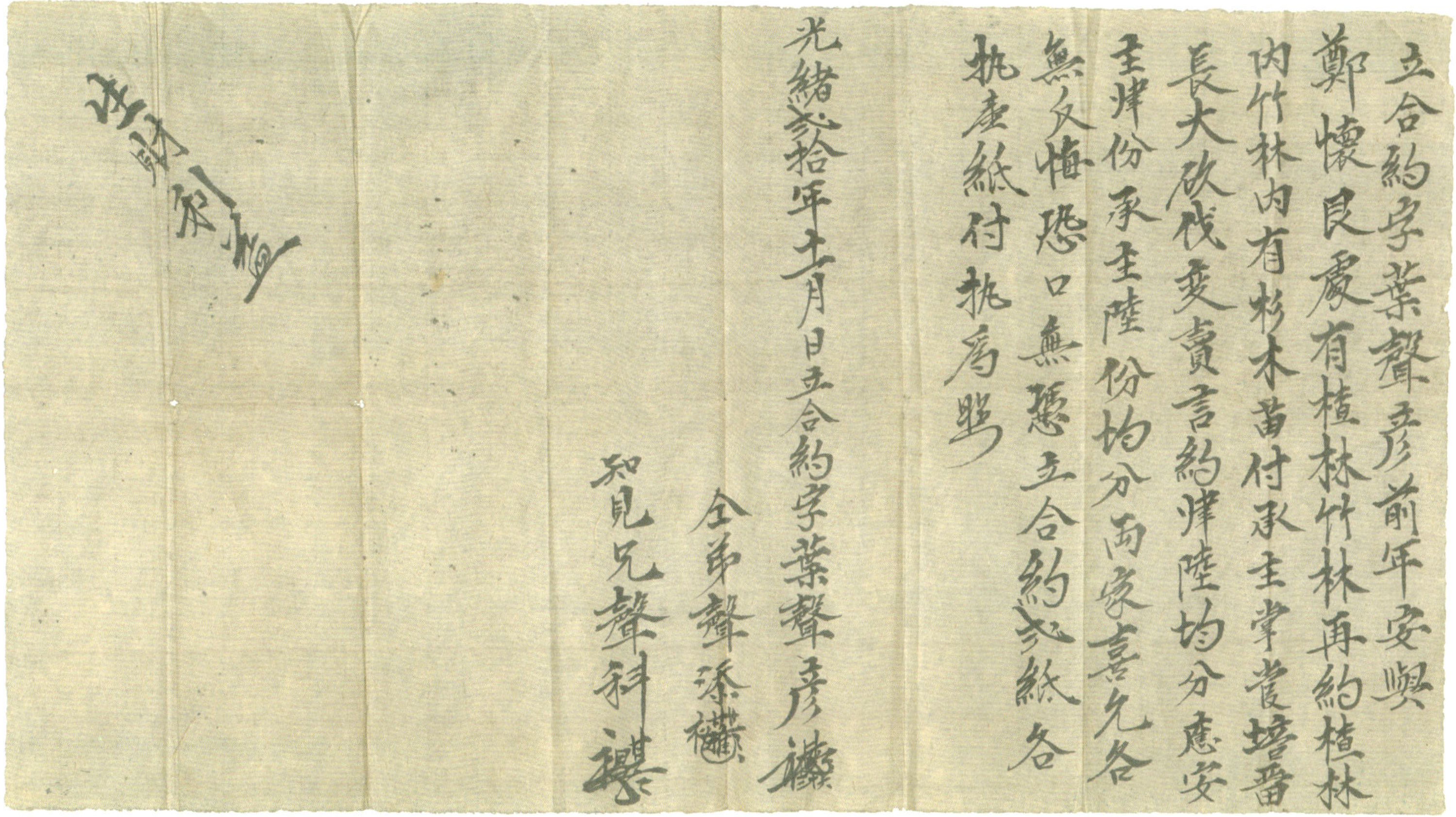
立合約字葉聲彦前年安與
鄭懷良處有植林竹林再約植林
內竹林內有杉木苗付承主掌管培番
長大砍伐變賣言約肆陸均分應安
主肆份承主陸份均分兩家喜允各
無反悔恐口無憑立合約弍紙各
執壹紙付執爲照
光緒弍拾年十一月日立合約字葉聲彦
仝弟聲添
知見兄聲科

5-6-3-1　清光緒二十年十一月葉聲彦等立合約字

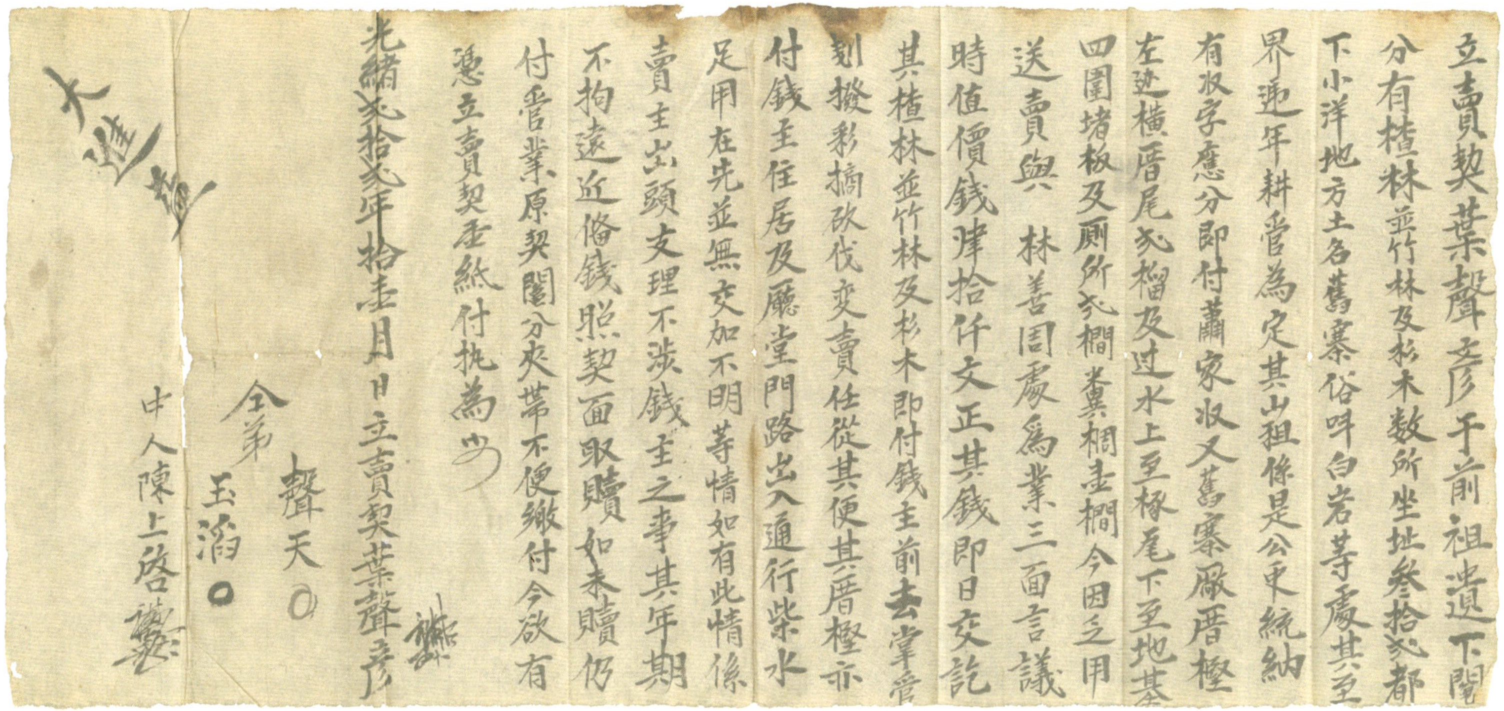

立賣契葉聲彦于前祖遺下閭
分有植林並竹林及杉木數所坐址叁拾叁都
下小洋地方土名舊寨俗呼白岩等處其至
界逐年耕管為定其山租係是公東統納
有𠬝字應分即付蕭家𠬝又舊寨廠厝樫
左边橫厝尾叁榴及过水上至椽尾下至地基
四圍堵板及厠所叁櫊糞櫊壹櫊今因乏用
送賣與 林善同處為業三面言議
時值價錢肆拾仟文正其錢即日交訖
其植林並竹林及杉木即付錢主前去掌管
剗撥彩摘砍伐变賣任從其便其厝樫亦
付錢主住居及廳堂門路出入通行柴水
足用在先並無交加不明等情如有此情係
賣主出頭支理不涉錢主之事其年期
不拘遠近備錢照契面取贖如未贖仍
付管業原契閹分夾帶不便繳付今欲有
憑立賣契壹紙付執為照
光緒貳拾貳年拾壹月 日立賣契葉聲彦
仝弟 聲天 玉滔
中人陳上啓
大進益

5-6-3-2 清光緒二十二年十一月葉聲彦等立賣植林等契

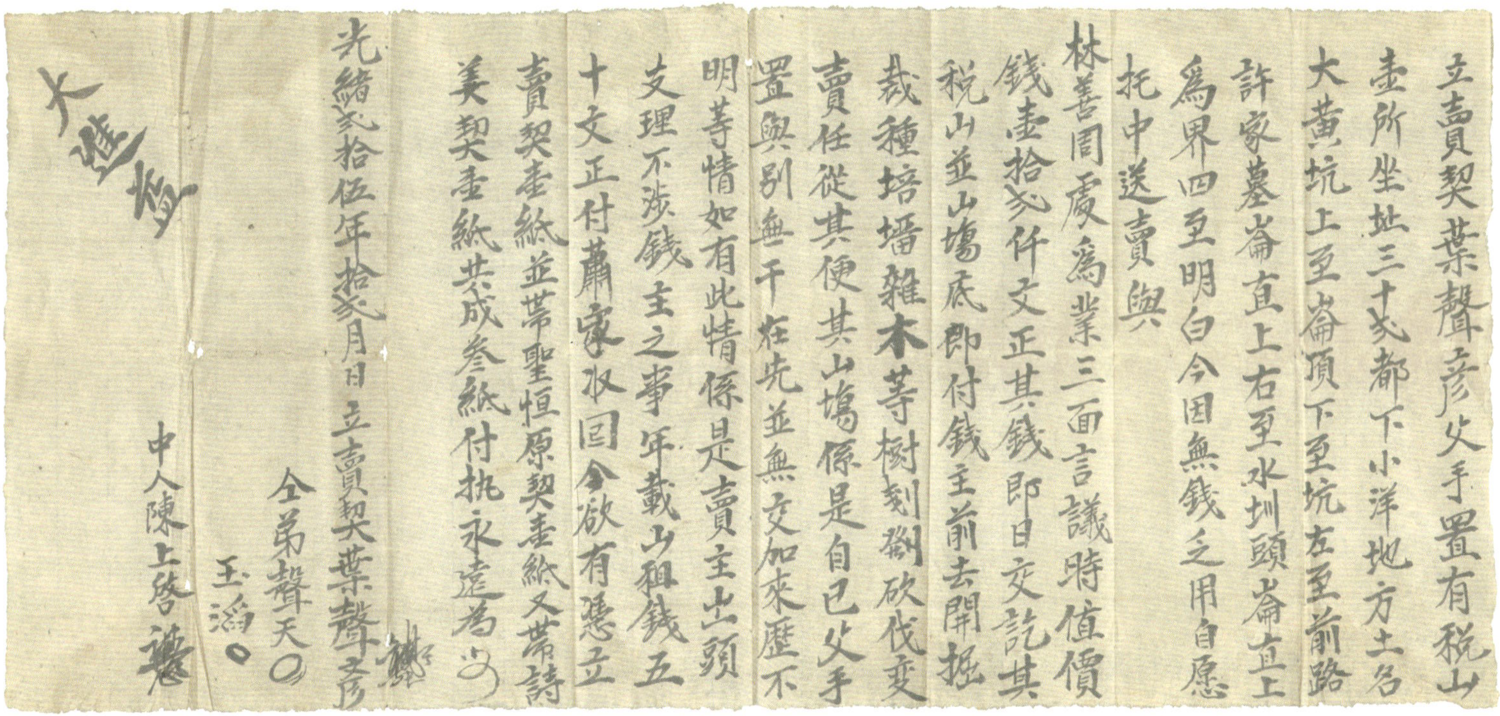
立賣契葉聲彥父手置有稅山
壹所坐址三十弎都下小洋地方土名
大黃坑上至崙頂下至坑左至前路
許家墓崙直上右至水圳頭崙直上
為界四至明白今因無錢乏用自愿
托中送賣與
林善同處為業三面言議時值價
錢壹拾弎仟文正其錢即日交訖其
稅山並山塲底即付錢主前去開掘
栽種培墻雜木等樹刻劉砍伐変
賣任從其便其山塲係是自己父手
置與別無干在先並無交加來歷不
明等情如有此情係是賣主出頭
支理不涉錢主之事年載山租錢五
十文正付蕭家收回今欲有憑立
賣契壹紙並帯聖恒原契壹紙又帯詩
美契壹紙共成叄紙付执永遠為照
光緒弎拾伍年拾弎月　日立賣契葉聲彥
仝弟聲天〇
玉滔〇
中人陳上啓
大進壹

5-6-3-3　清光緒二十五年十二月葉聲彥等立賣稅山契

立賣契林慶通承父手置有楂林並竹林及
杉木數所坐址廿弍都下小洋地方土名舊
寨俗叫白岩等處及大垂坑壹所其至
界逓年耕管為定其山租捌拾捌文仰在
蕭家收回今因無錢應用自愿托中送
賣與
鄭國書處永遠為業三面言議時直價錢
壹拾捌仟文正其錢即日交訖其楂林並
竹林雜木等樹即付錢主前去掌管劉
擬開掘栽種培播砍伐變賣任從其便
在先並無重張典當他人及交加來歷不
明等情如有此情係是賣主出頭支理不
涉錢主之事自賣斷之後永不敢增盡
取贖並帶原契壹紙立賣契壹紙共
成弍紙付執永遠為照

民國叁年十弍月　日立賣契林慶通（押）
在見中兄慶田（押）
代字蕭明道（押）

大進財

5-6-3-4　民國三年十二月林慶通立賣楂林等契

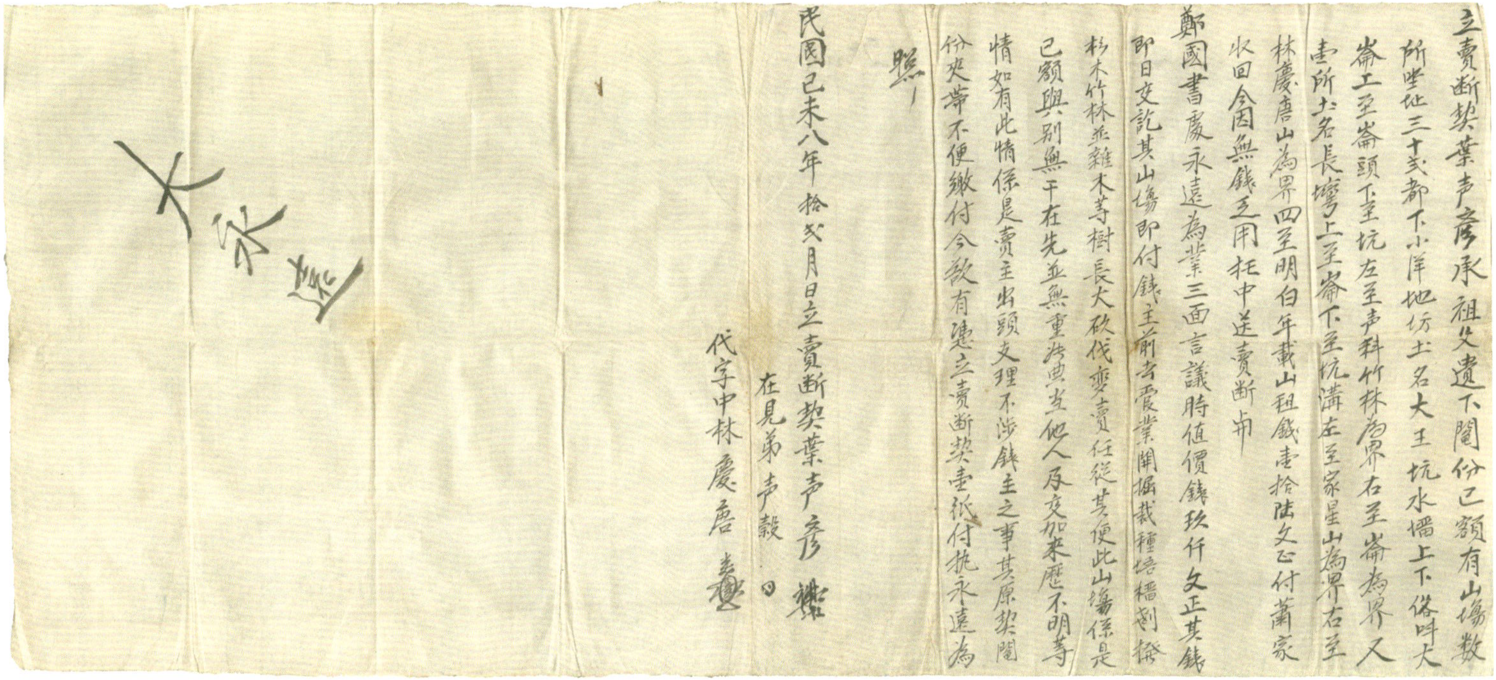
立賣斷契葉声彥承祖父遺下鬮份已額有山場數
所坐仕三十弍都下小洋地方土名大王坑水𡒄上下俗呼大
崙上至崙頭下至坑左至声科竹林為界右至崙為界又
壹所土名長壪上至崙下至坑溝左至家星山為界右至
林慶唐山為界四至明白年載山租錢壹拾陆文正付蕭家
收回今因無錢應用托中送賣斷与
鄭國書處永遠為業三面言議時值價錢玖仟文正其錢
即日交訖其山場即付錢主前去管業開掘栽種培𡒄割採
杉木竹林并雜木等樹長大砍伐變賣任從其便此山場係是
已額與別無干在先並無重張典當他人及交加來歷不明等
情如有此情係是賣主出頭支理不涉錢主之事其原契鬮
份夾帶不便繳付今欲有憑立賣斷契壹紙付執永遠為
照。

民國己未八年拾弍月日立賣斷契葉声彥（押）
在見弟声穀（押）
代字中林慶唐（押）

大永遠

5-6-3-5　民國八年十二月葉声彦立賣斷山場契

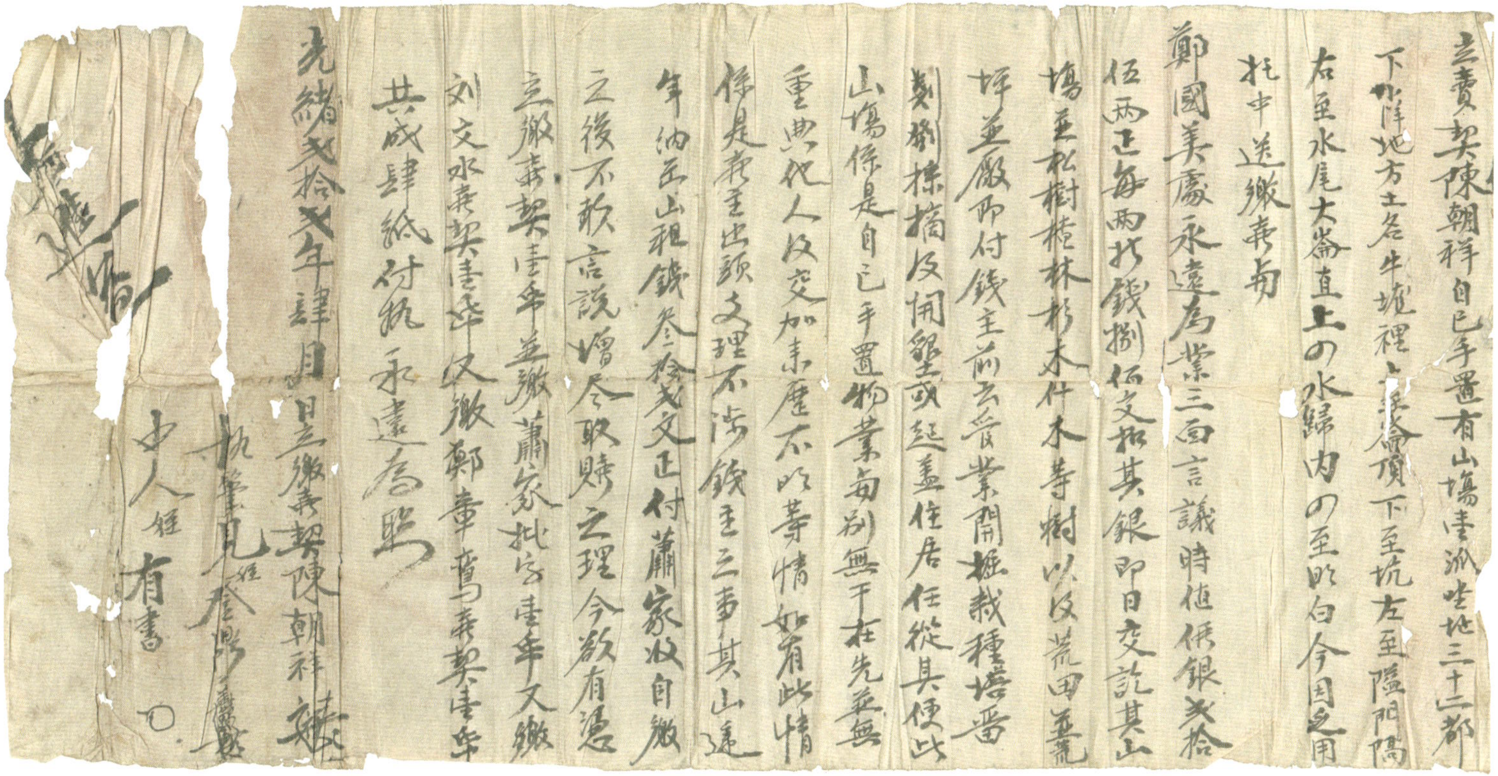
立賣契陳朝祥自己手置有山場壹派，坐址三十三都
下洋地方，土名牛坡裡，上至崙頂，下至坑，左至隔門隔，
右至水尾大崙直上，四水歸內，四至明白。今因乏用，
托中送與本房
鄭國美處承邊為業，三面言議，時值價銀叁拾
伍兩正，每兩折錢捌佰文，其銀即日交訖。其山
場並松樹、楂林、杉木、竹木等樹，以及荒田並竜
坪並廠，即付錢主前去管業，開墾栽種，培蓄
剗樑摘及開墾或起蓋住居，任從其便。此
山場係是自己手置物業，與房親無干，在先並無
重典他人以及交加未歷不明等情。如有此情，
係是賣主出頭支理，不涉錢主之事。其山遞
年納正山租錢叁拾文正，付蕭家收。自繳
之後不敢言說增添取贖之理。今欲有憑，
立繳賣契壹紙，并繳蕭家批字壹紙，又繳
劉文水賣契壹紙，又繳鄭章萬賣契壹紙，
共成肆紙付執，永遠為照。
光緒貳拾貳年肆月　日立繳賣契陳朝祥（押）
執筆見侄[illegible]（押）
中人侄有書（押）

5-6-4-1　清光緒二十二年四月陳朝祥立賣山場契

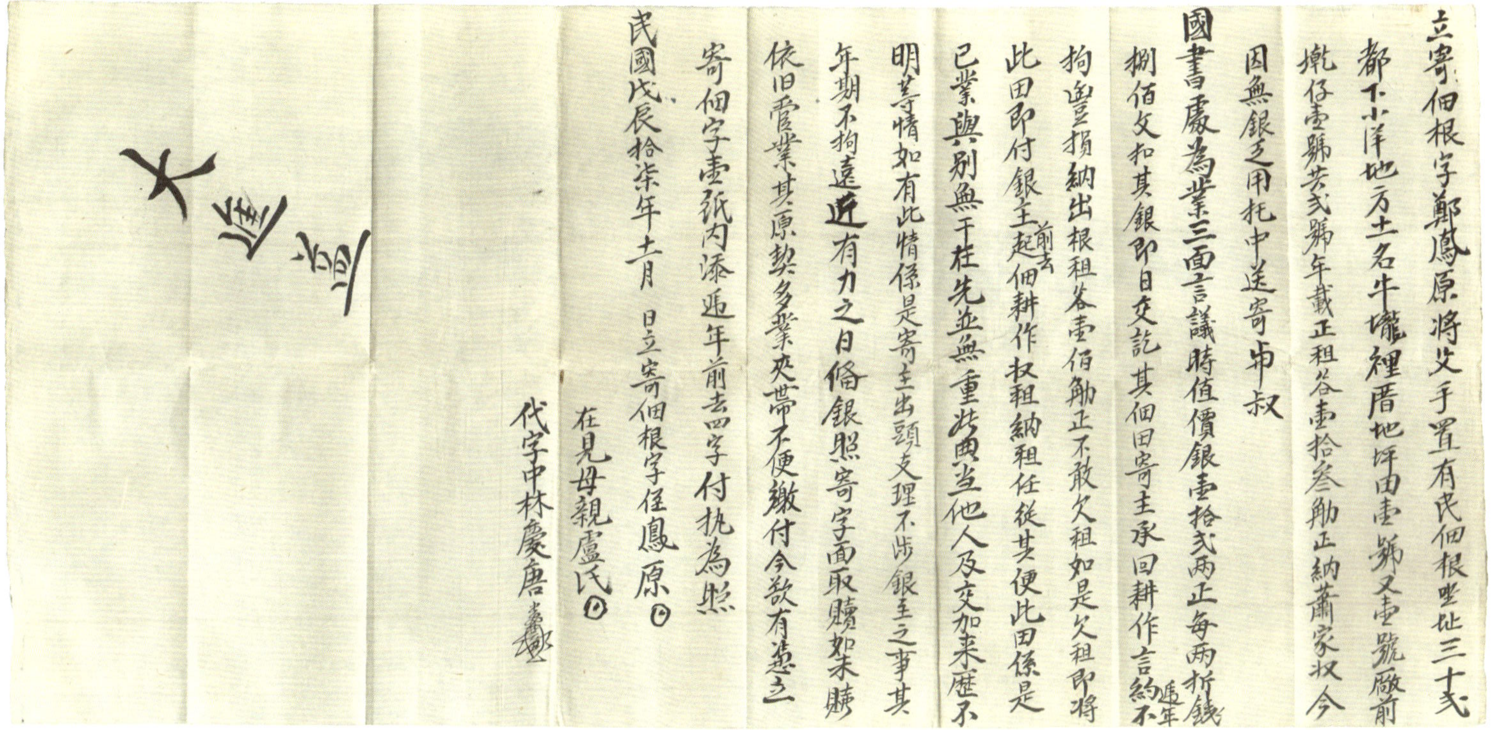
立寄佃根字鄭鳳原將父手置有民佃根坐址三十弍
都下小洋地方土名牛壠裡厝地坪田壹號，又壹號廠前
墘仔壹號，共弍號，年載正租谷壹拾叁觔正，納蕭家收，今
因無銀乏用，托中送寄本叔
國書處為業，三面言議，時值價銀壹拾弍兩正，每兩折錢
捌佰文，和其銀即日交訖，其佃田寄主承回耕作，言約逓年不
拘豐歉，納出根租谷壹佰觔正，不敢欠租，如是欠租，即將
此田即付銀主前去起佃耕作，收租納租，任從其便，此田係是
已業，與別無干，在先並無重張典當他人及交加來歷不
明等情，如有此情，係是寄主出頭支理，不涉銀主之事，其
年期不拘遠近，有力之日，備銀照寄字面取贖，如未贖
依旧管業，其原契多業夾帶不便繳付，今欲有憑，立
寄佃字壹紙，內添逓年前去四字，付執為照。
民國戊辰拾柒年十一月　日立寄佃根字侄鳳原（押）
在見母親盧氏（押）
代字中林慶唐（押）
大達宜

5-6-4-2　民國十七年十一月鄭鳳原立寄民佃根字

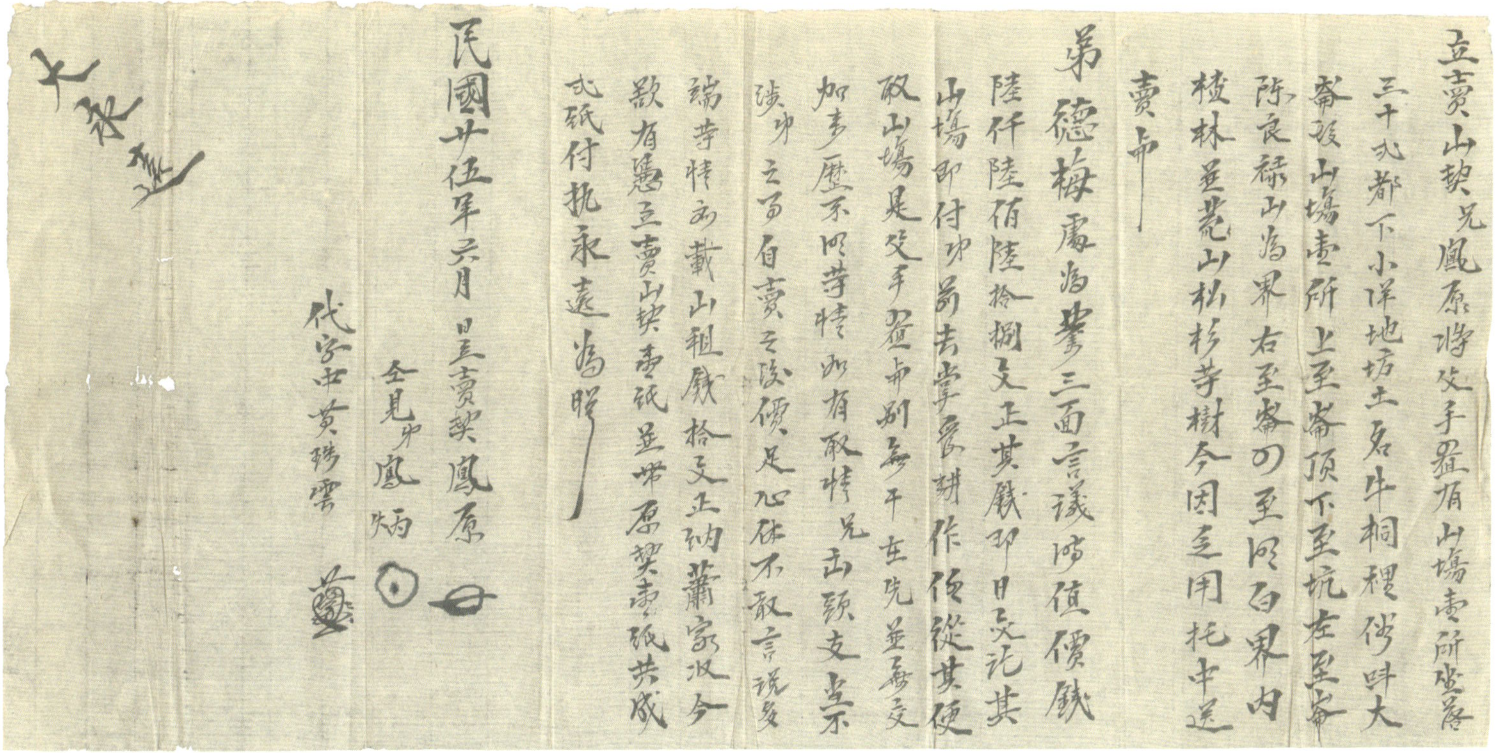

立賣山契兄鳳原將父手置有山場壹所坐落
三十弍都下小洋地方土名牛桐裡俗叫大
崙坂山場壹所上至崙頂下至坑左至崙
陈良禄山為界右至崙乃至冈石界内
枝林並茂山松杉等樹今因乏用托中送
賣弟
弟德梅處為業三面言議時值價錢
陸仟陸佰陸拾捌文正其錢即日交訖其
山場即付弟前去掌管耕作任從其便
叔山場是父手置弟別無干在先並無交
加重疊不明等情如有取情兄出頭支當不
涉弟之事自賣之後價足心休不敢言說多
端等情而載山租錢拾文正納蕭家收今
欲有憑立賣山契壹紙並帶原契壹紙共成
弍紙付執永遠為照

民國廿伍年六月 日立賣契兄鳳原
仝見弟鳳炳
代字中黄瑞雲

大吉利

5-6-4-3 民國二十五年六月鄭鳳原立賣山場契

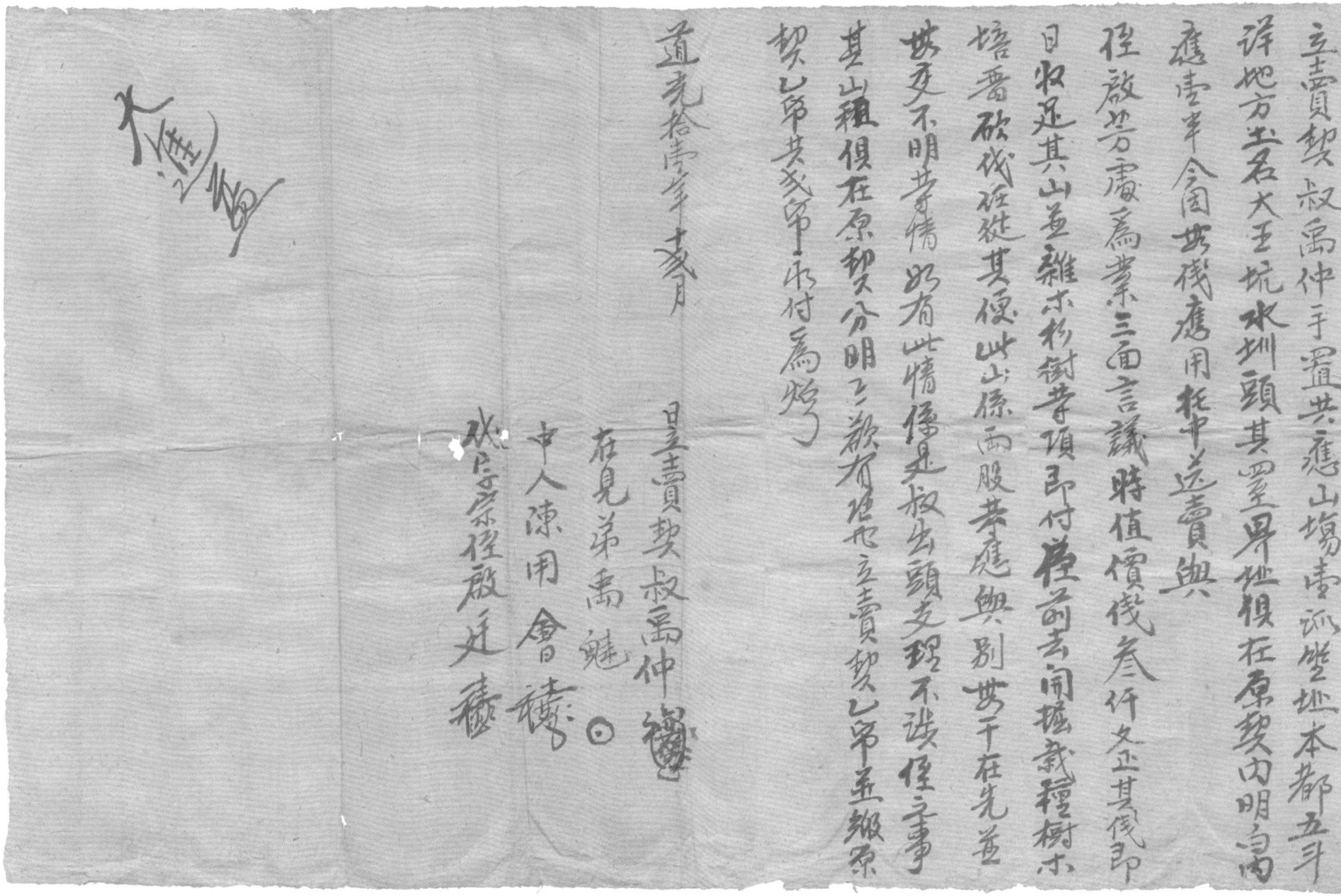

立賣契叔禹仲手置共應山場壹所坐址本都五斗洋地方土名大王坑水圳頭其四至界址俱在原契內明白開載今因無錢應用托中送賣與侄啟芳處為業三面言議時值價錢叁仟文正其錢即日收足其山並雜木杉樹等項即付侄前去開墾栽種樹木培養砍伐任從其便此山係兩股共應與別無干在先並無交不明等情如有此情係是叔出頭支理不涉侄之事其山租俱在原契分明今欲有憑立賣契乙紙並繳原契乙紙共貳紙付為照

道光拾壹年十二月

立賣契叔禹仲（押）

在見弟禹魁

中人陳用會（押）

代字宗侄啟廷（押）

5-6-5-1　清道光十一年十二月禹仲立賣山場契

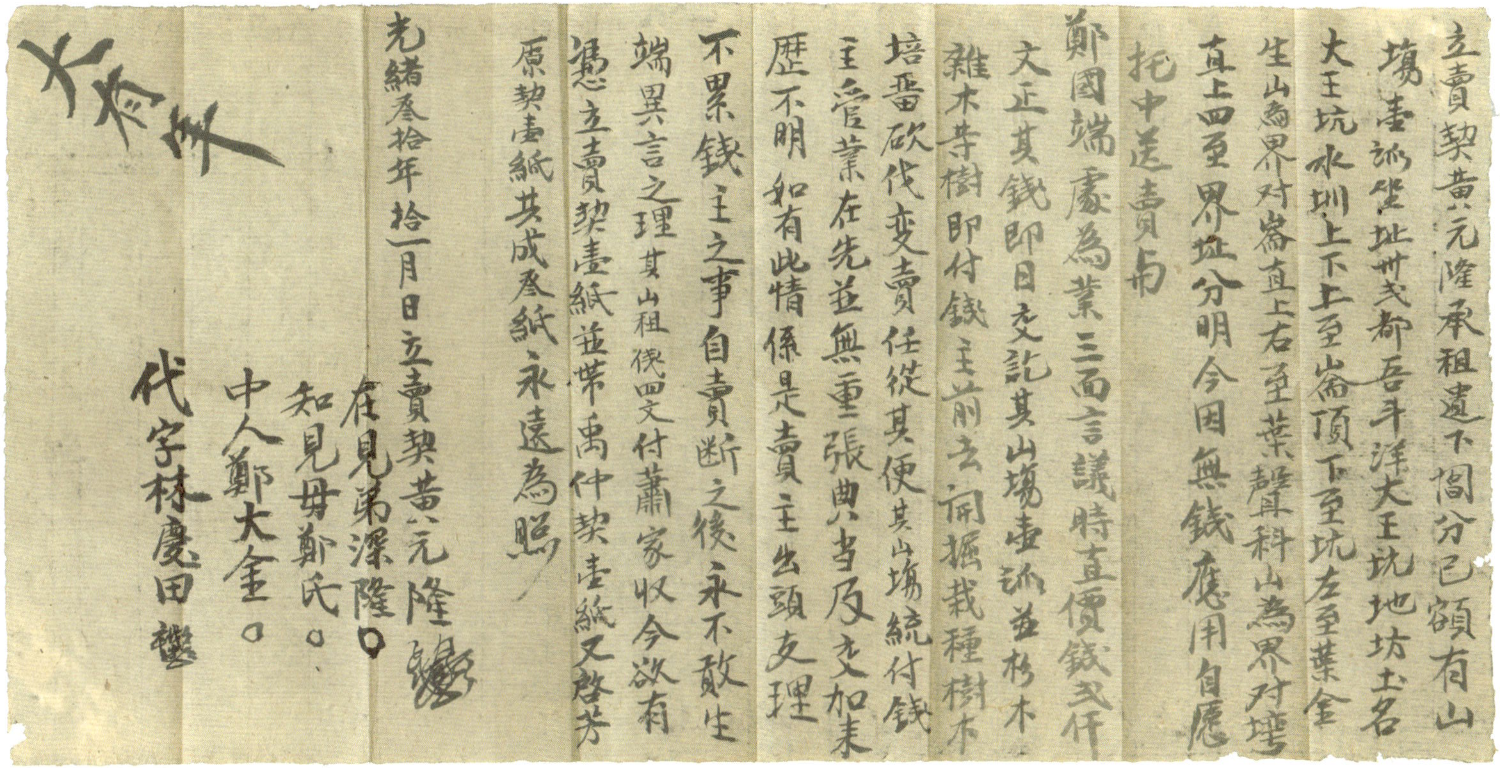

立賣契黄元隆承祖遺下閪分已額有山
場壹號坐址卄弍都吾牛洋大王坑地坊土名
大王坑水圳上下上至崙頂下至坑左至葉金
生山為界对崙直上右至葉聲科山為界对壆
直上四至界址分明今因無钱應用自愿
托中送賣与
鄭國端處為業三面言議時直價钱弍仟
文正其钱即日交訖其山場壹號並杉木
雜木等樹即付钱主前去開掘栽種樹木
培番砍伐变賣任從其便其山場統付钱
主管業在先並無重張典当及交加未
歷不明如有此情係是賣主出頭支理
不累钱主之事自賣斷之後永不敢生
端異言之理其山租侎四文付蕭家收今欲有
憑立賣契壹紙並帶禹仲契壹紙又啓芳
原契壹紙共成叁紙永遠為照

光緒叁拾年拾一月日立賣契黄元隆
在見弟深隆○
知見母鄭氏○
中人鄭大金○
代字林慶田

大有年

5-6-5-2　清光緒三十年十一月黄元隆立賣山場契

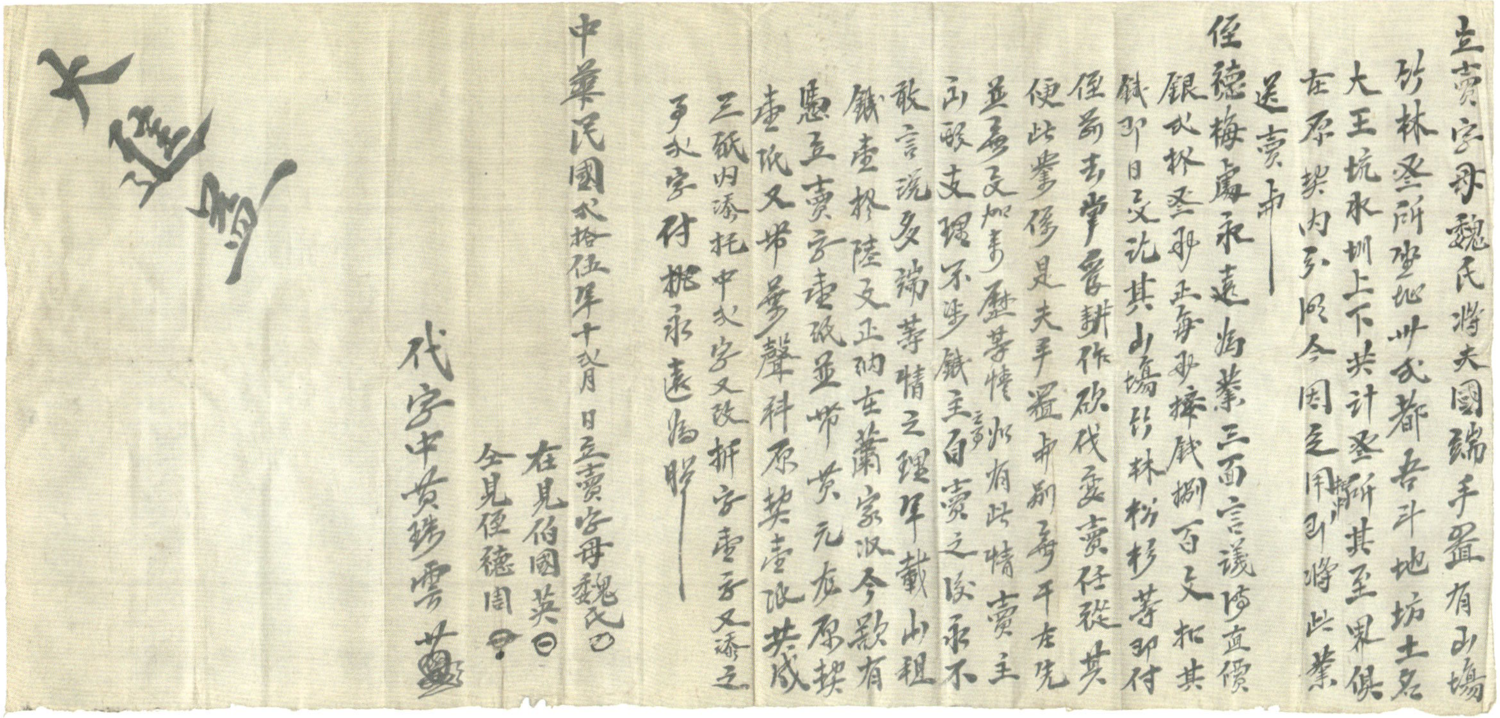

5-6-5-3　民國二十五年十二月魏氏立賣山場竹林字

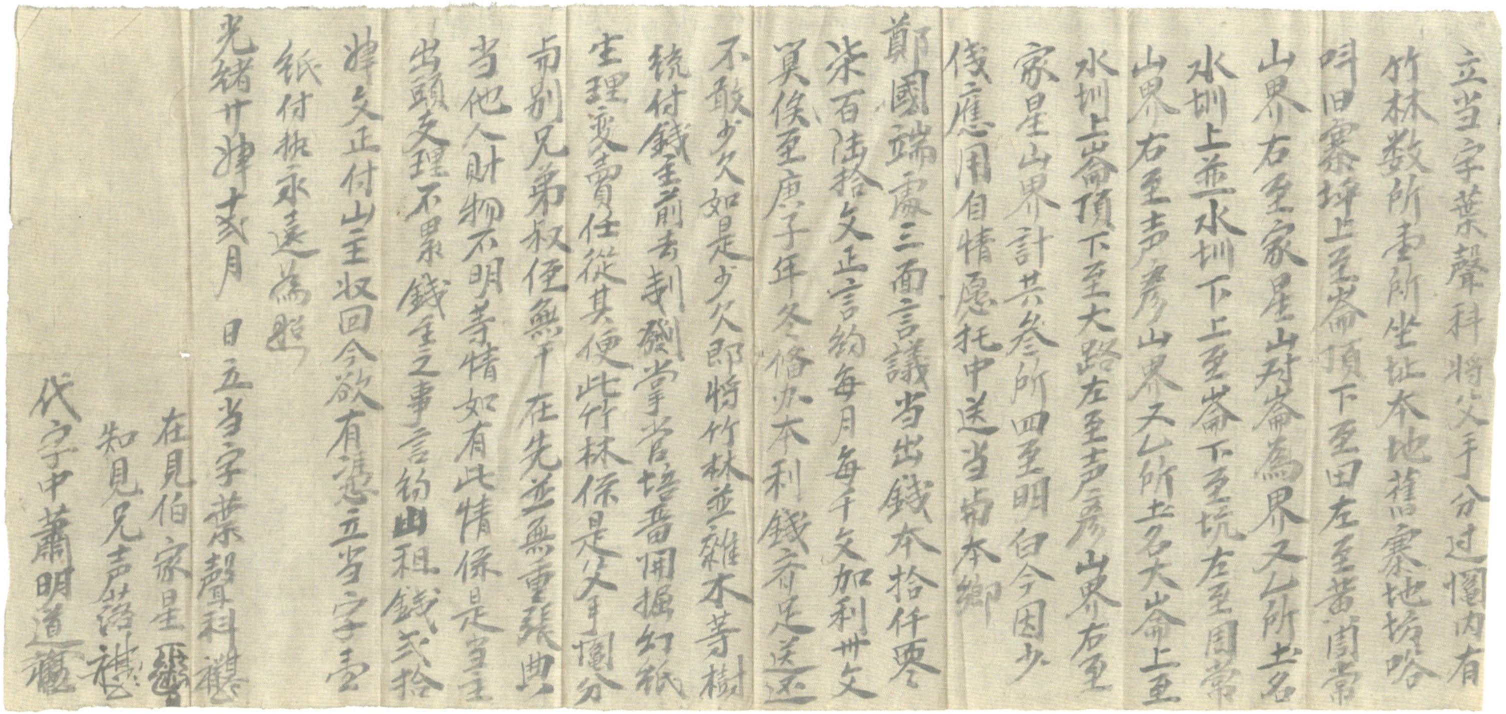
立当字葉聲科將父手分过阄内有
竹林数所壹所坐址本地舊寮地坑哈
吁旧寮坪上至崙頂下至田左至黄周常
山界右至家星山对崙爲界又一所土名
水圳上并水圳下上至崙下至坑左至周常
山界右至声彦山界又一所土名大崙上至
水圳上崙頂下至大路左至声彦山界右至
家星山界計共叁所四至明白今因乏
錢應用自情愿托中送当与本鄉
鄭國端處三面言議当出錢本拾仟文
柒百陆拾文正言約每月每千文加利卅文
算俟至庚子年冬備办本利錢齐足送还
不敢少欠如是少欠即將竹林并雜木等樹
統付錢主前去判發掌管培蓄開掘幼秭
生理變賣任從其便此竹林係是父手阄分
而别兄弟叔侄無干在先並無重張典
当他人財物不明等情如有此情係是当主
出頭支理不累錢主之事言約山租錢弍拾
肆文正付山主收回今欲有憑立当字壹
紙付執永遠爲照
光緒廿肆年十弍月　日立当字葉聲科（押）
在見伯家星（押）
知見兄声彦（押）
代字中蕭明道（押）

5-6-6-1　清光緒二十四年十二月葉聲科立當竹林字

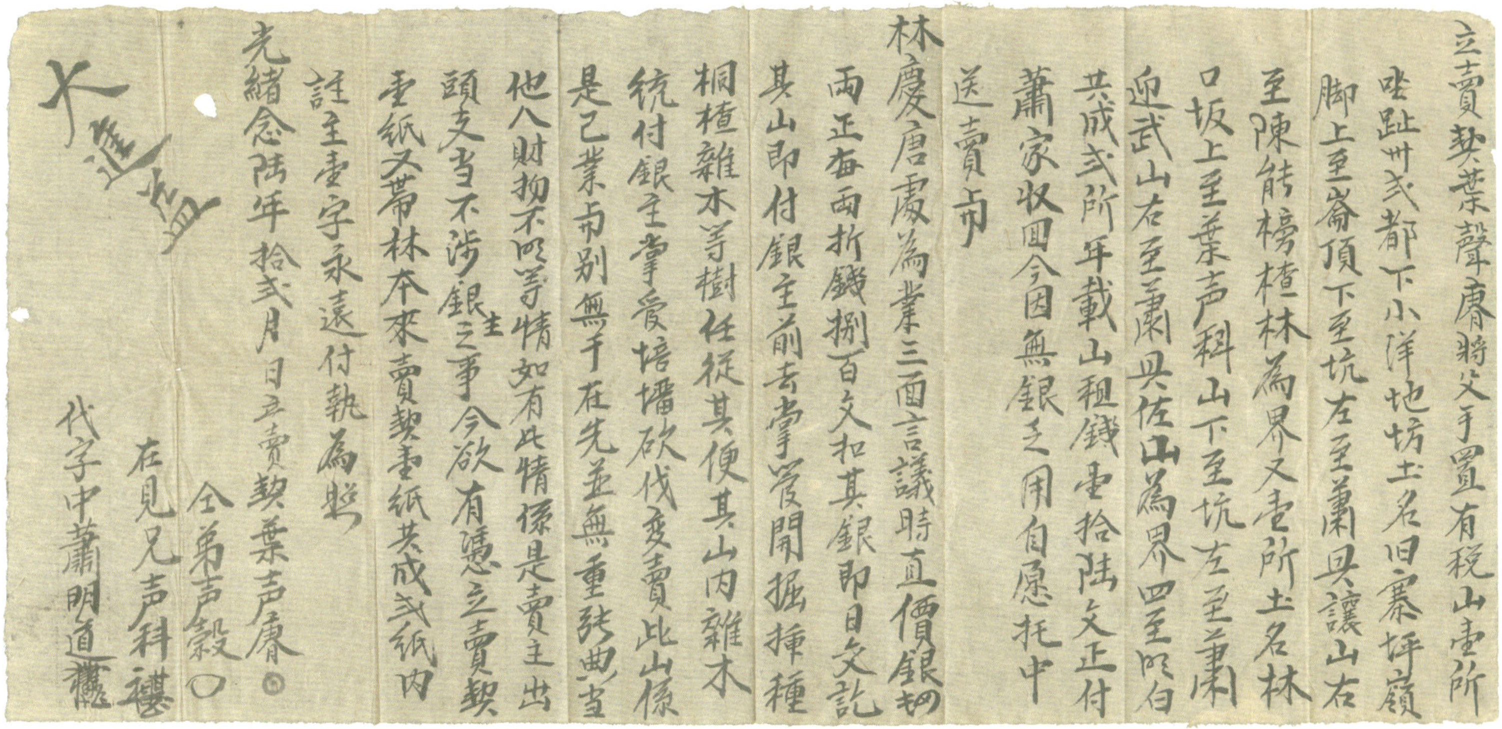
立賣契葉聲賡將父手置有稅山壹所
坐趾卅弍都下小洋地坊土名旧寨坪嶺
脚上至崙頂下至坑左至蕭興讓山右
至陳鋕榜楂林為界又壹所土名林
口坂上至葉声科山下至坑左至蕭
迎武山右至蕭興佐山為界四至明白
共成弍所年載山租錢壹拾陸文正付
蕭家收回今因無銀乏用自愿托中
送賣与
林慶唐處為業三面言議時直價銀柒
兩正每兩折錢捌百文扣其銀即日交訖
其山即付銀主前去掌管開掘插種
桐楂雜木等樹任從其便其山內雜木
統付銀主掌管培播砍伐变賣此山係
是己業与別無干在先並無重張典当
他人財物不明等情如有此情係是賣主出
頭支当不涉銀主之事今欲有憑立賣契
壹紙又帶林本來賣契壹紙共成弍紙內
註主壹字永遠付執為照
光緒念陸年拾弍月日立賣契葉声賡
仝弟声穀
在見兄声科
代字中蕭明道

5-6-6-2　清光緒二十六年十二月葉聲賡等立賣稅山契

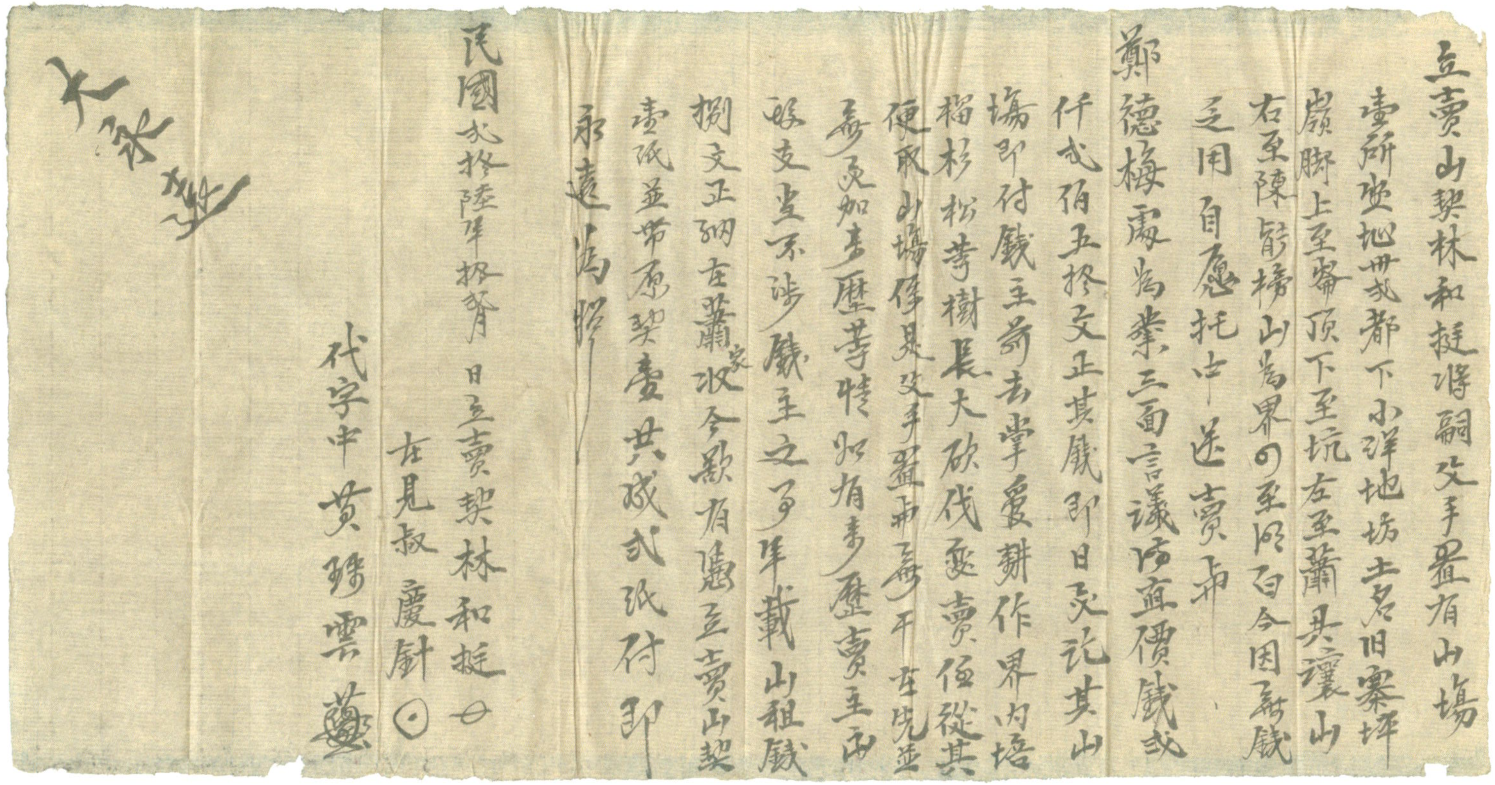

5-6-6-3　民國二十六年十二月林和挺立賣山場契

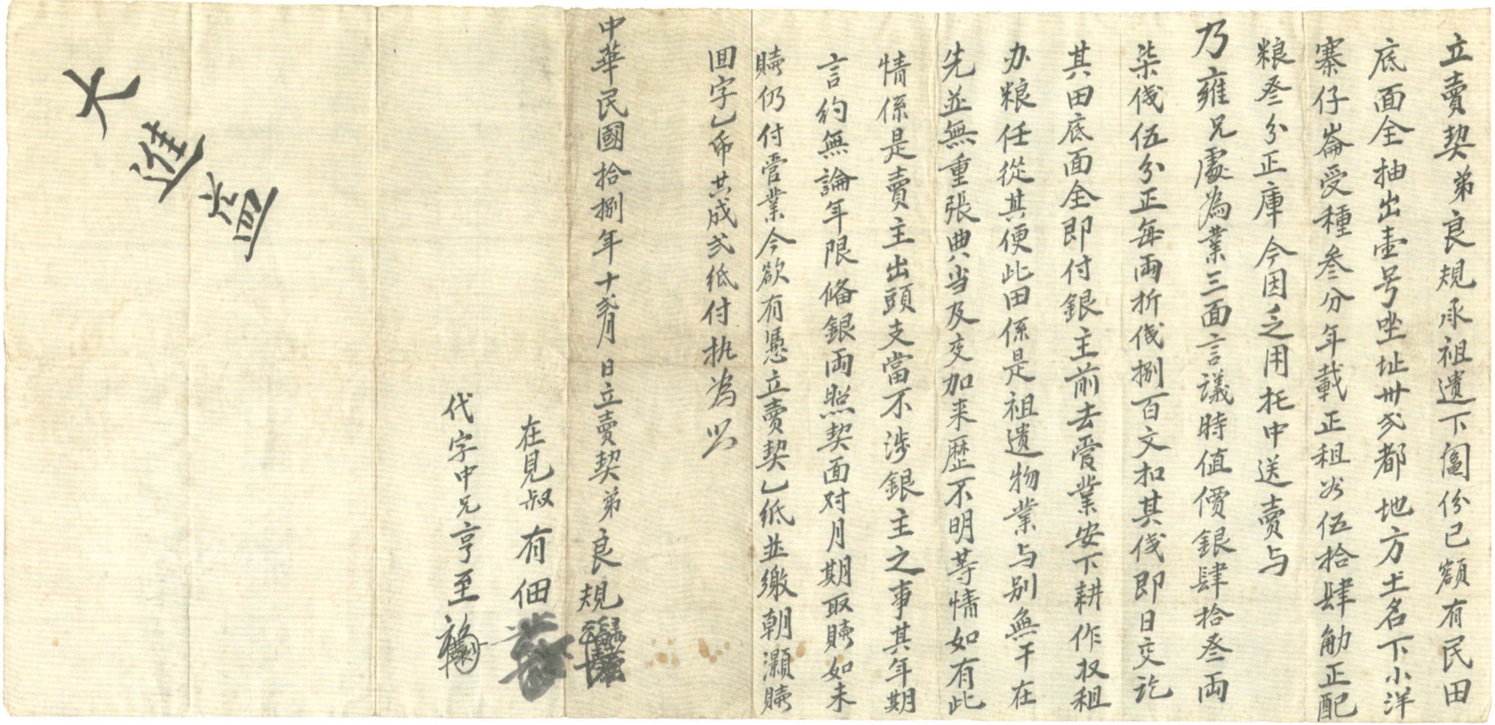
立賣契弟良規承祖遺下阄份已額有民田
底面全抽出壹号坐址卅叁都地方土名下小洋
寨仔崙受種叁分年載正租米伍拾肆觔正配
粮叁分正庫今因乏用托中送賣与
乃雍兄處爲業三面言議時值價銀肆拾叁两
柒伐伍分正每两折伐捌百文和其伐即日交訖
其田底面全即付銀主前去管業安下耕作收租
办粮任從其便此田係是祖遺物業与别無干在
先並無重張典当及交加來歷不明等情如有此
情係是賣主出頭支當不涉銀主之事其年期
言約無論年限備銀两照契面对月期取贖如未
贖仍付管業今欲有憑立賣契乙紙並繳朝灝贖
回字乙紙共成弍紙付執爲照
中華民國拾捌年十弍月　日立賣契弟良規
在見叔有佃
代字中兄亨至
大進益

5-6-7-1　民國十八年十二月陳良規立賣底面全民田契

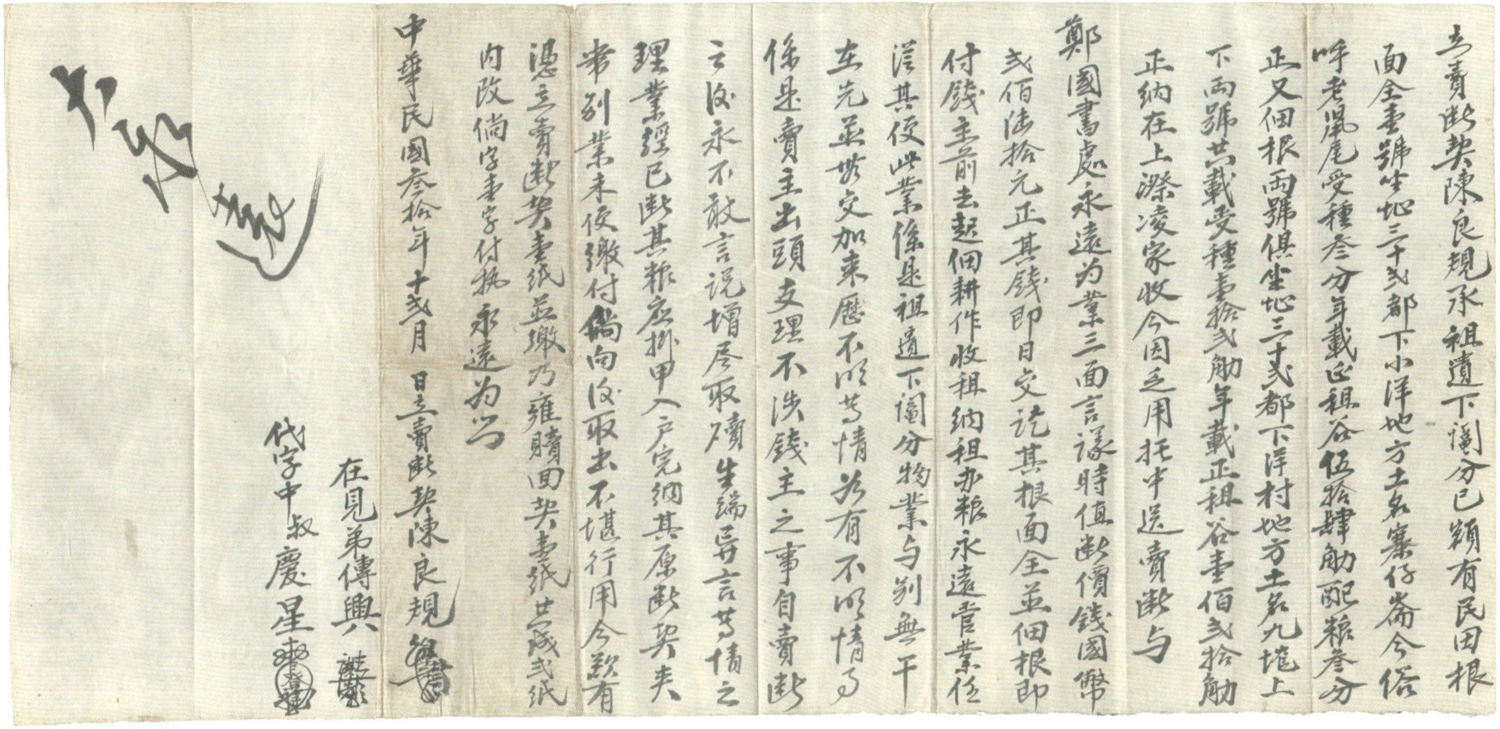
立賣斷契陳良規承祖遺下鬮分已額有民田根
面全壹號坐址二十一都下小洋地方土名寨仔崙今從
呼老鼠尾受種叁分年載正租谷伍拾肆觔配粮叁分
正又佃根兩號俱坐址二十一都下洋村地方土名九坵上
下兩號共載受種壹拾弍觔年載正租谷壹佰弍拾觔
正納在上漈凌家收今因乏用托中送賣斷與
鄭國書處永遠為業三面言議時值斷價錢國幣
弍佰陸拾元正其錢即日交訖其根面全並佃根即
付錢主前去起佃耕作收租納租办粮永遠管業任
從其役此業係是祖遺下鬮分物業與別無干
在先並未交加來歷不明等情如有不明情弊
係是賣主出頭支理不涉錢主之事自賣斷
之後永不敢言說增添取贖生端異言等情之
理業經已斷其粮在折甲入户完納其原斷契夫
串別業未便繳付倘向後取出不堪行用今欲有
憑立賣斷契壹紙並繳乃雍睛田契壹紙共成弍紙
內改倘字壹字付執永遠為照
中華民國叁拾年十弍月 日立賣斷契陳良規
在見弟傳興
代字中叔慶星

5-6-7-2 民國三十年十二月陳良規立賣斷民田根契

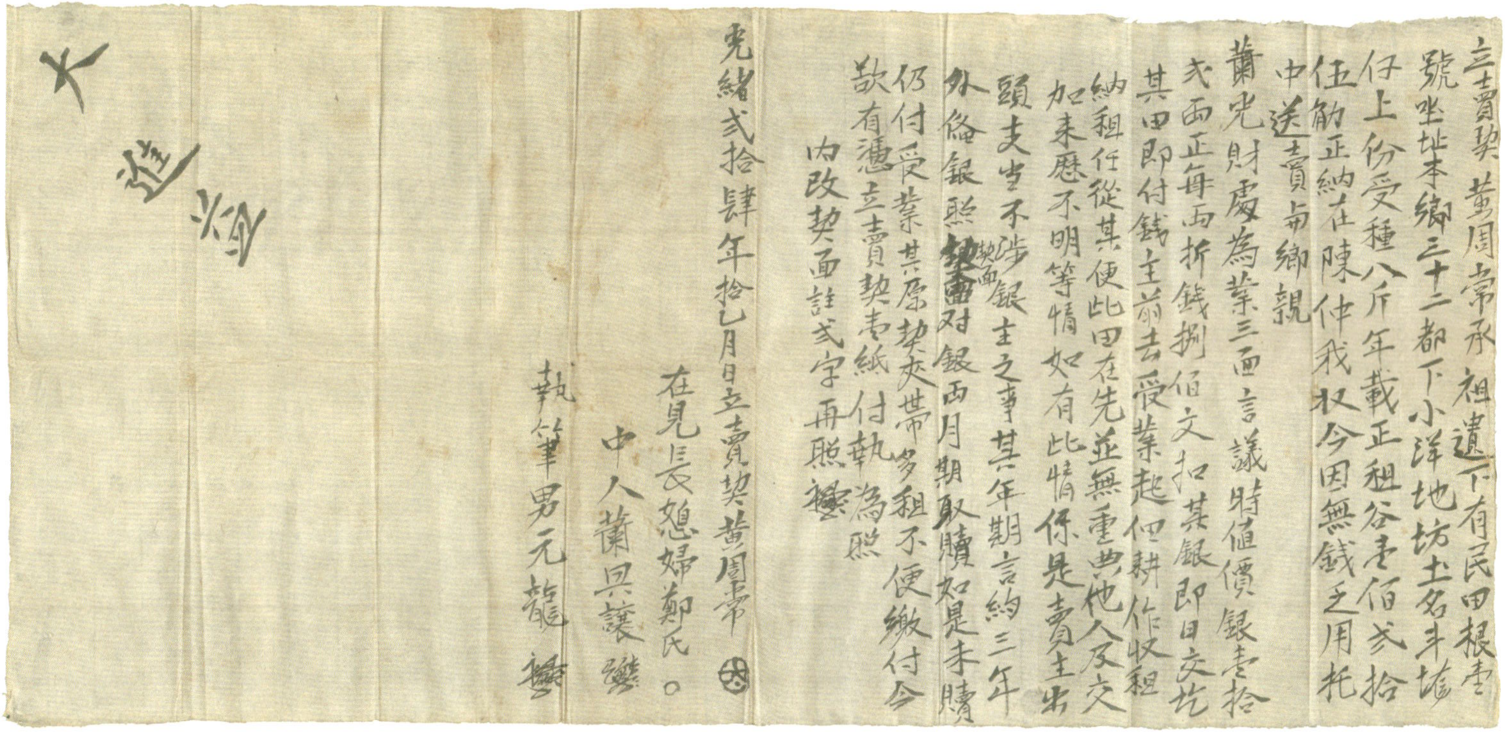

立賣契黄周常承祖遺下有民田根壹
號坐址本鄉三十二都下小洋地坊土名井墘
仔上份受種八斤年載正租谷壹佰弍拾
伍觔正納在陳仲我收今因無錢乏用托
中送賣與鄉親
黄光財處為業三面言議時値價銀壹拾
弍兩正每兩折錢捌佰文扣其銀即日交訖
其田即付錢主前去受業起佃耕作收租
納租任從其便此田在先並無重典他人反交
加來歷不明等情如有此情係是賣主出
頭支当不涉銀主之事其年期言約三年
外備銀照契面對銀兩月期取贖如是未贖
仍付受業其原契夾帯多租不便繳付今
欲有憑立賣契壹紙付執為照
内改契面註弍字再照（押）

光緒弍拾肆年拾乙月日立賣契黄周常（押）
在見長媳婦鄭氏 ○
中人黄具讓（押）
執筆男元龍（押）

大進益

5-6-8-1　清光緒二十四年十一月黄周常立賣民田根契

立盡佃字黄文起，己手置有佃田壹號，闔內己額
坐址廿弍都下洋地方，土名斗枋仔，粮身租額
俱載原契內分明。今因無銀應用，托中再
向戶內
蕭儒武處爲盡，三面言議，盡出價銀捌兩
正，每兩折錢捌百文，其銀即日交訖，其田
即付蕭家掌管耕作，納租收租，任從其便，係是
己業，與門內外人等無干，在先並無重張典當
他人及字句交加手歷不明，如有此情，係
是盡主出頭支理，不涉錢主之事。其年限
言約伍年外，備辦價銀照原契面並盡字
面取贖，如未贖，照原管業。內注鐵字
壹字，合欲有憑，立盡字壹紙付執為
照。內注錢主兩字再照。

民國乙卯肆年十一月　日立盡字黄文起
在見男春梅
代字中許宗泰

5-6-8-2　民國四年十一月黄文起立盡佃田字

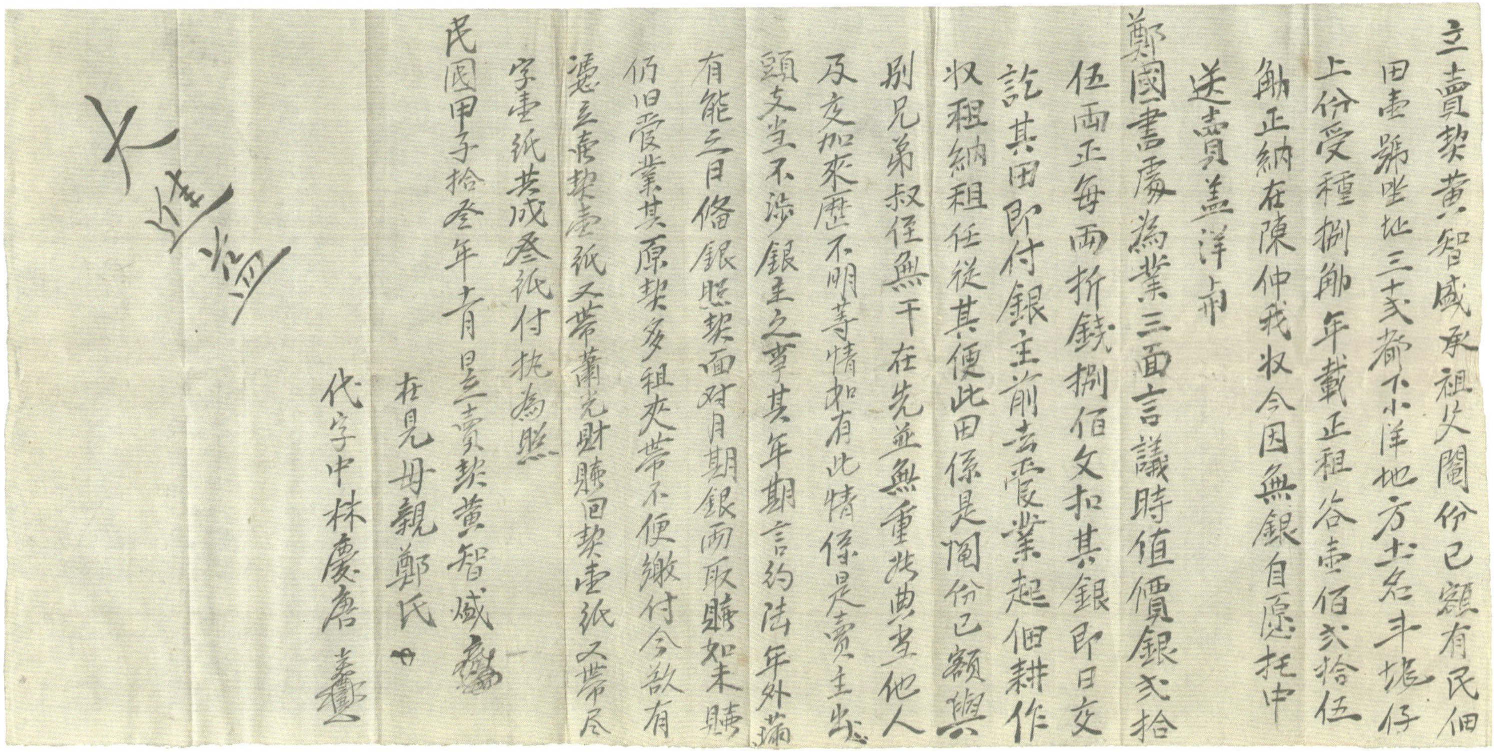

5-6-8-3　民國十三年十一月黃智盛立賣民佃田契

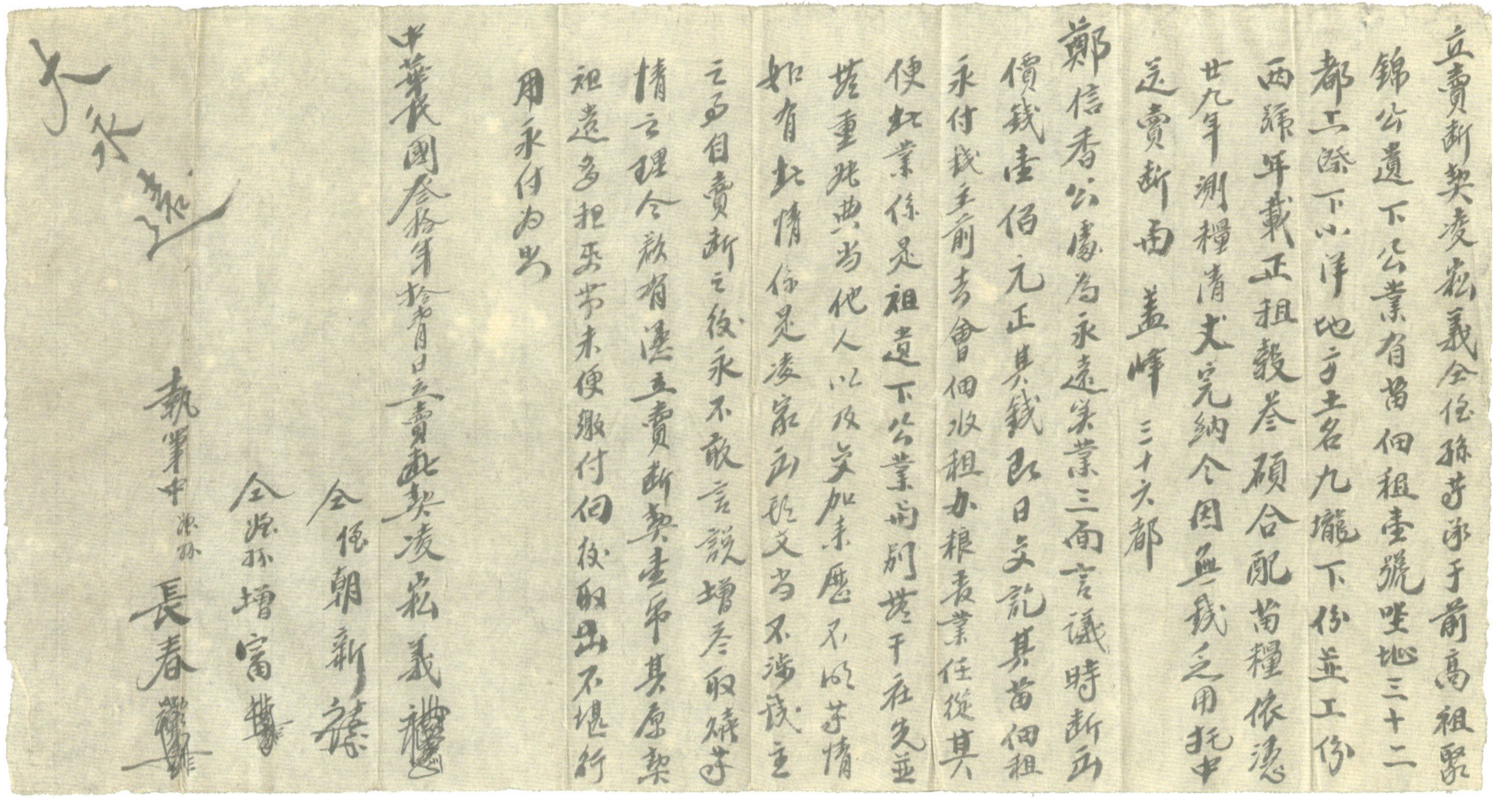
立賣斷契凌崧義仝侄孫等承手前高祖駿
錦公遺下公業有苗佃租壹號坐址三十二
都土添下小洋地方土名九壠下俗並工份
西路年載正租穀叁碩合配苗糧依憑
廿九年測糧清丈完納今因無錢乏用托中
送賣斷與 蓋峰 三十六都
鄭信香公處為永遠祭業三面言議時斷出
價錢壹佰元正其錢即日交訖其苗佃租
永付錢主前去會佃收租办粮表業任從其
便此業係是祖遺下公業與別房于在先並
無重張典當他人以及交加未歷不明等情
如有此情係是凌家出頭支當不涉錢主
之事自賣斷之後永不敢言贖增找取贖等
情今理今欲有憑立賣斷契壹帋并其原契
祖遺多相兵帋未便繳付佃後取出不堪行
用永付為照
中華民國叁拾年拾貳月日立賣斷契凌崧義（押）
仝侄朝新（押）
仝侄孫增富（押）
執筆中 侄孫 長春（押）

5-6-8-4 民國三十年十二月凌崧義等立賣斷苗佃租契

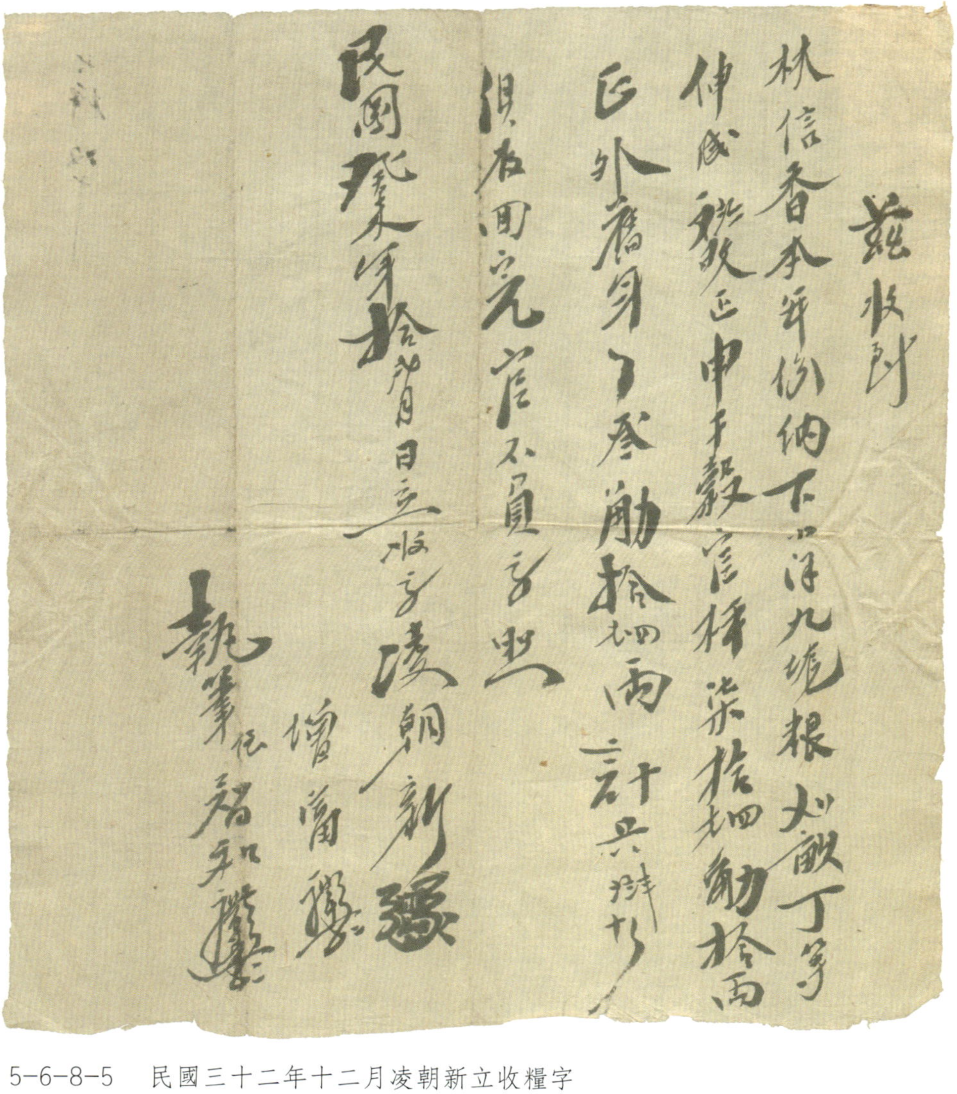

茲收到
林信香本年份納下洋九坵根刈畝丁等
仲成秋穀正中斗穀官秤柒拾肆觔拾兩
正外舊身丁叁觔拾肆兩 計共拾捌
俱在田完官不負字照
民國卅二年拾貳月 日立收字 凌朝新
憑 曾
執筆 代 羅

5-6-8-5　民國三十二年十二月凌朝新立收糧字

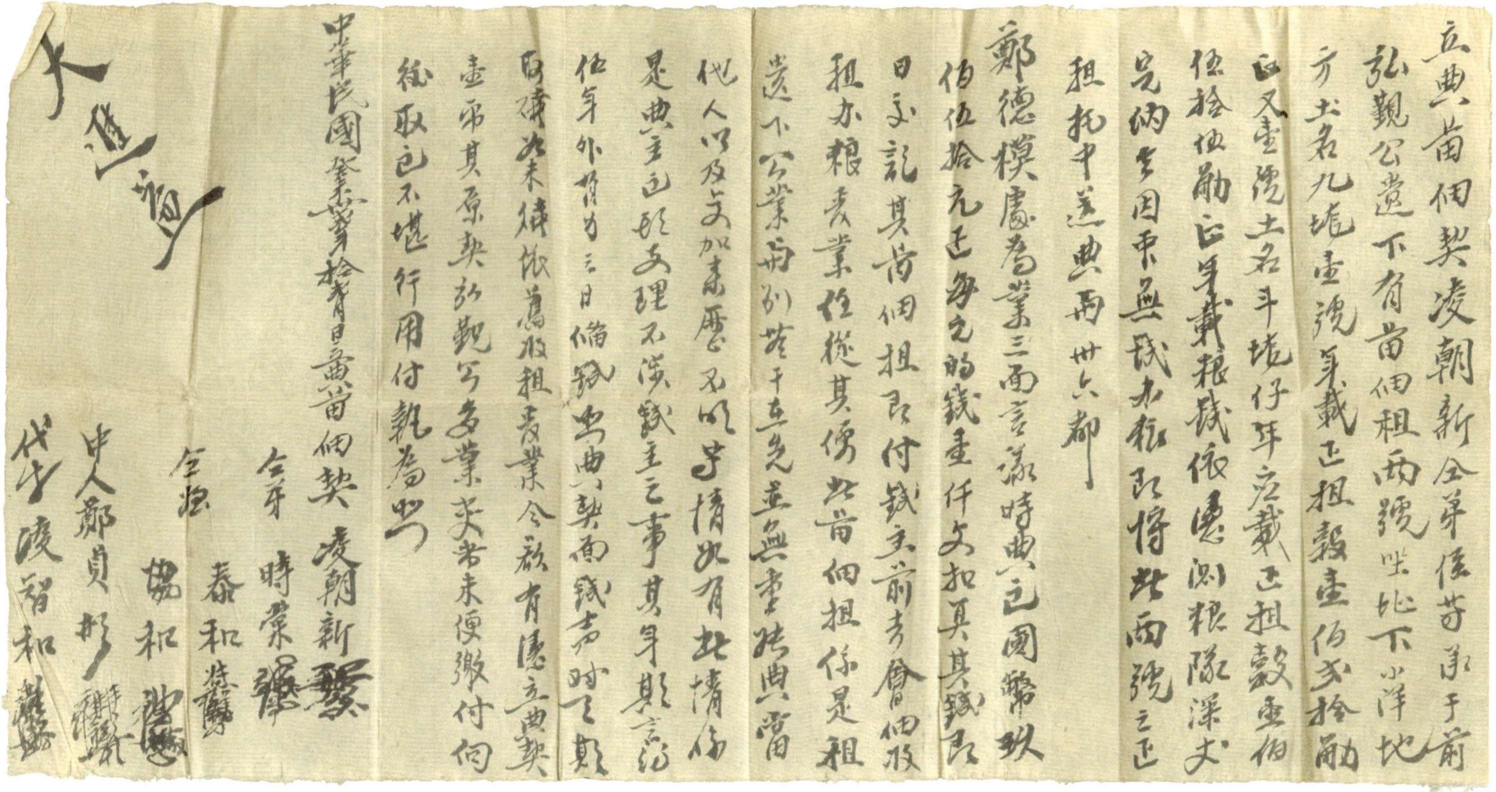

立典苗佃契凌朝新仝弟任芳、滋、于前
弘觀公遺下有苗佃租兩號，坐址下小洋地
方土名九堘壹號，年載正租穀壹佰弍拾觔
正，又壹號土名斗堘仔，年應載正租穀壹佰
伍拾伍觔正，年載根錢依照粮隊深丈
完納，出田東無錢，亦在任將此兩號之正
租托中送典與丗六都
鄭德模處爲業，三面言議，時典過國幣玖
佰伍拾元正，每元的錢壹仟文，扣其其錢即
日交訖，其苗佃租即付錢主前去會佃收
租办粮，表業任從其便，此苗佃租係是祖
遺下公業，兩別并無重張典當
他人，以及文加未歷不明等情，如有此情，係
是典主自能支理，不涉錢主之事，其年限言約
伍年外，措有三日備錢出典，契面錢声明对贖，
取贖本業，儘依舊收租表業，今欲有憑，立典契
壹帋，其原契弘觀公多業，尚未便繳付，向
後取出不堪行用，付執爲照。

中華民國叁拾貳年拾貳月　日立典苗佃契　凌朝新
仝弟　時棠
仝姪　春和
協和
中人鄭貞彬
代筆　凌智和

大進通

5-6-8-6　民國三十二年十二月凌朝新等立典苗佃租契

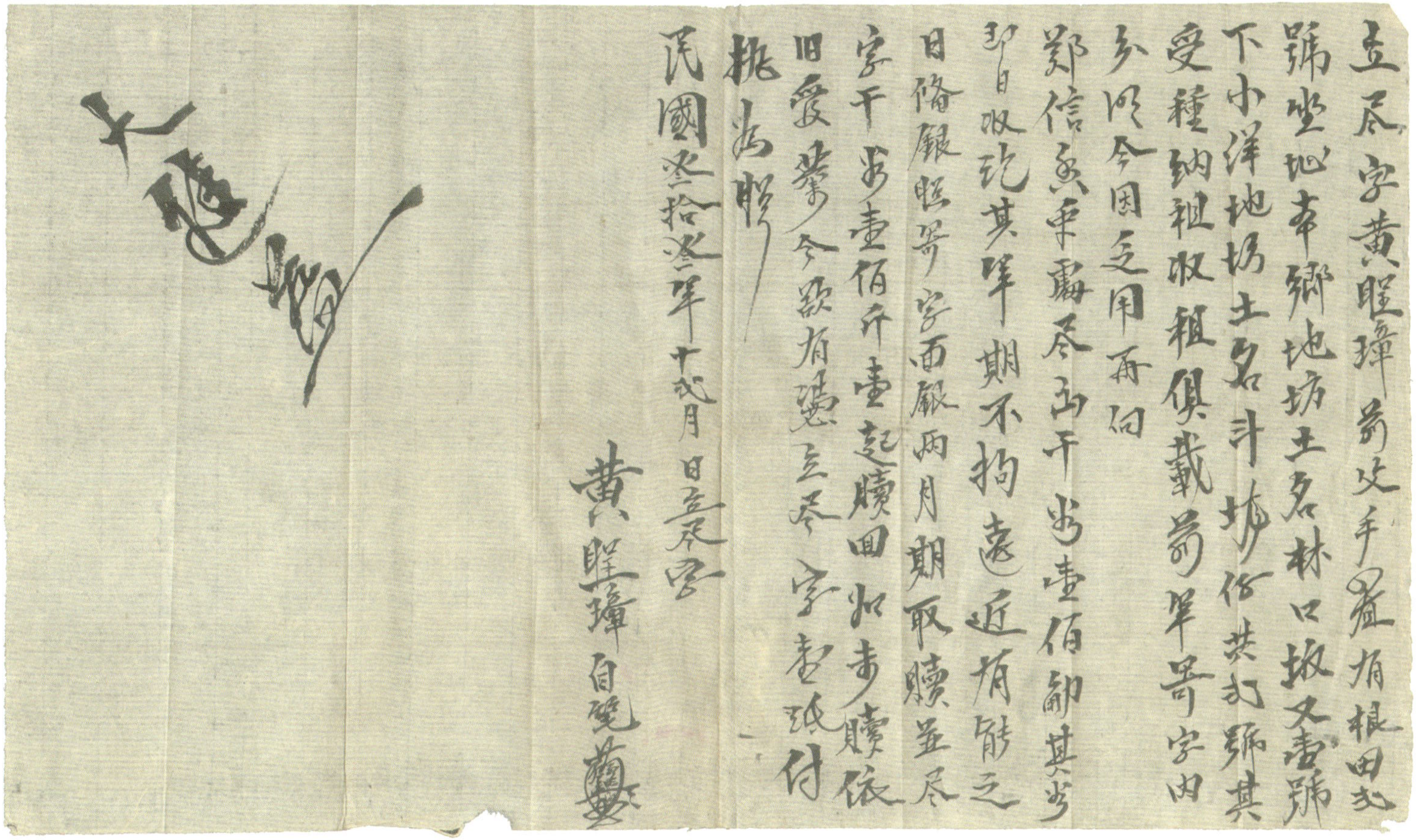

立盡字黃聖璋前丈手置有根田弍
號坐址本鄉地坊土名林口坂又壹號
下小洋地坊土名斗坵仔共弍號其
受種納租收租俱載前單字內
分明今因乏用再向
鄭信炎承霸盡出干谷壹佰觔其谷
即日收訖其單期不拘遠近有能之
日備銀照前字面銀兩月期取贖並盡
字干谷壹佰斤壹起贖回如未贖依
旧管業今欲有憑立盡字壹紙付
執為照
民國叁拾叁年十弍月　日立盡字
黃聖璋自筆（押）
大吉

5-6-8-7　民國三十三年十二月黃聖璋立盡根田字

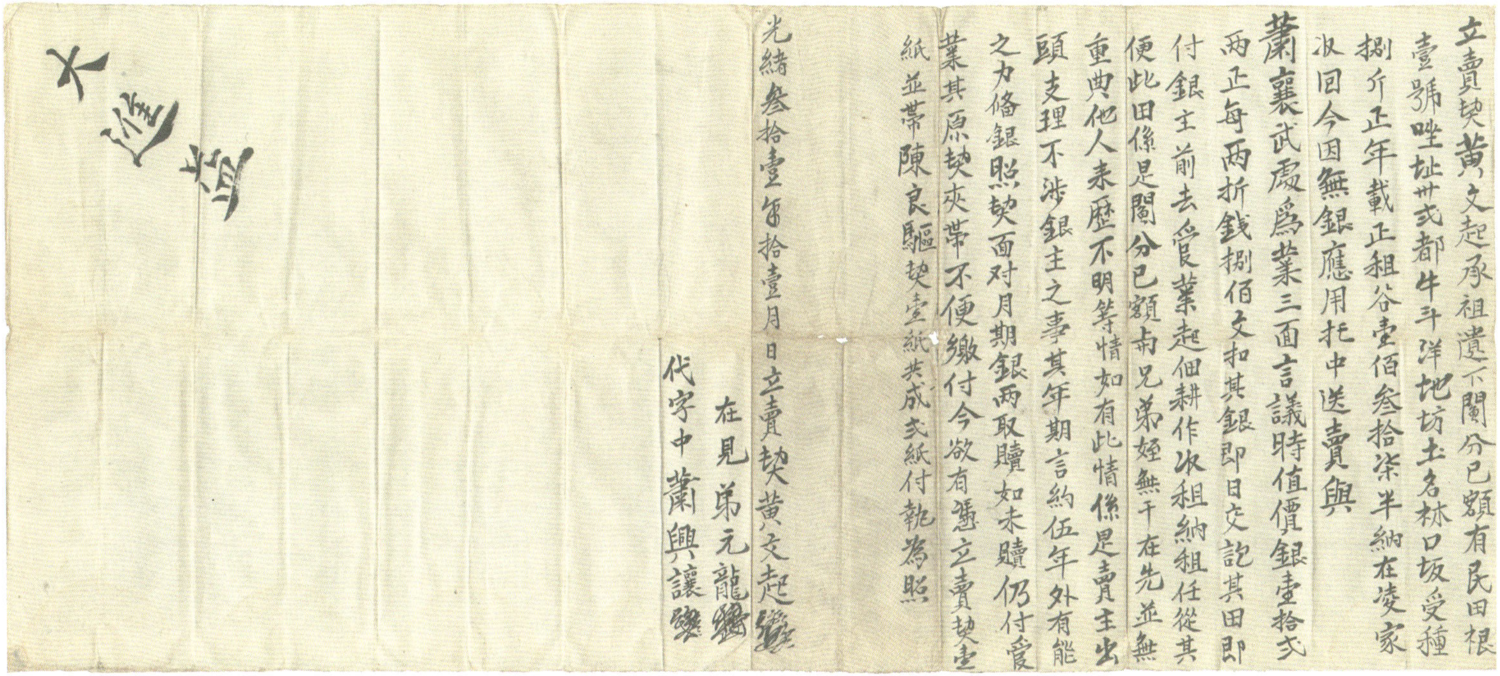

立賣契黄文起承祖遺下閫分已額有民田根
壹號，坐址卅弍都牛斗洋地坊，土名林口坂，受種
捌斤正，年載正租谷壹佰叁拾柒半，納在凌家
收回。今因無銀應用，托中送賣與
蕭襄武處爲業，三面言議時值價銀壹拾弍
兩正，每兩折錢捌佰文扣。其銀即日交訖，其田即
付銀主前去管業，起佃耕作收租納粮，任從其
便。此田係是閫分已額，與兄弟姪無干，在先並無
重典他人、來歷不明等情。如有此情，係是賣主出
頭支理，不涉銀主之事。其年期言約伍年外有能
之力，備銀照契面对月期銀兩取贖，如未贖，仍付管
業。其原契夾帶不便繳付，今欲有憑，立賣契壹
紙，並帶陳良驅契壹紙，共成弍紙，付執爲照。

光緒叁拾壹年拾壹月　日立賣契黄文起（押）
在見弟元龍（押）
代字中蕭興讓（押）

大進益

5-6-9-1　清光緒三十一年十一月黄文起立賣民田根契

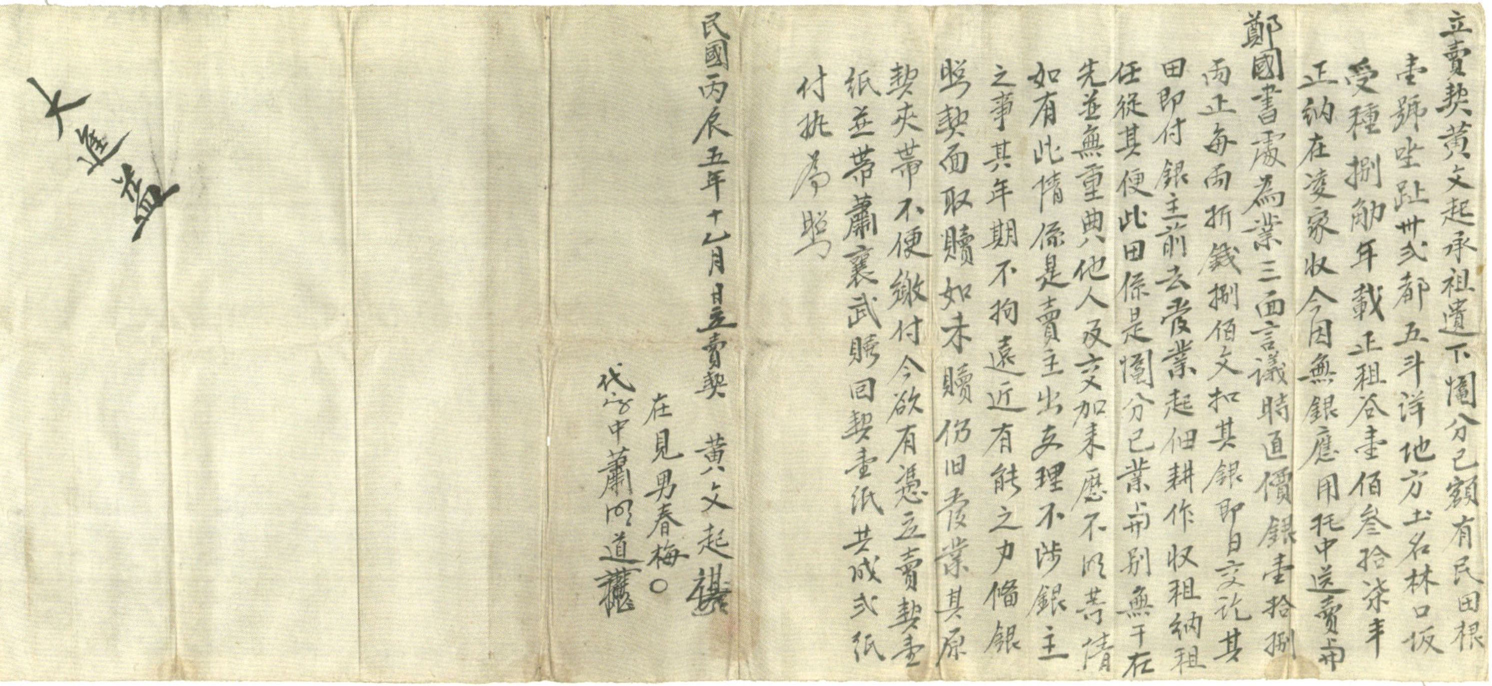

立賣契黄文起承祖遺下閹分己額有民田根
壹號坐趾卅弍都五斗洋地方土名林口坂
受種捌舫年載正租谷壹佰叁拾柒斗
正納在凌家收今因無銀應用托中送賣與
鄭國書處爲業三面言議時值價銀壹拾捌
兩正每兩折錢捌佰文扣其銀即日交訖其
田即付銀主前去管業起佃耕作收租納租
任從其便此田係是閹分己業與别無干在
先並無重典他人及交加來歷不明等情
如有此情係是賣主出身理不涉銀主
之事其年期不拘遠近有能之力備銀
照契面取贖如未贖仍旧管業其原
契夾帶不便繳付今欲有憑立賣契壹
紙並帶蕭襄武賣回契壹紙共成弍紙
付執爲照

民國丙辰五年十一月　日立賣契　黄文起（押）

在見男春梅〇

代字中蕭冋道（押）

大進益

5-6-9-2　民國五年十一月黄文起立賣民田根契

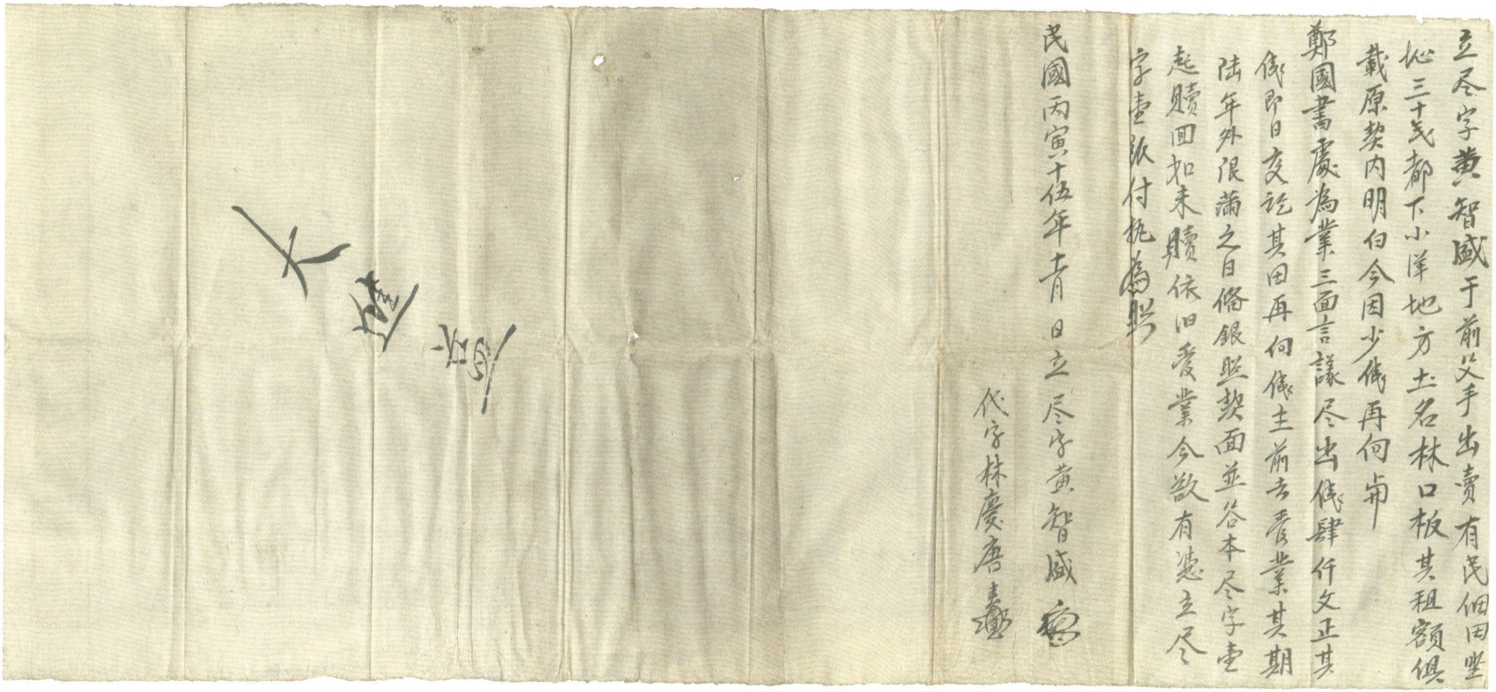

立尽字黄智盛于前父手出賣有民佃田坐
址三十九都下小洋地方土名林口板其租額俱
載原契内明白今因少錢再向常
鄭國書處為業三面言議尽出錢肆仟文正其
錢即日交訖其田再向錢主前去管業其期
陆年外限滿之日备銀照契面並各本尽字壹
起贖回如未贖依旧管業今欲有憑立尽
字壹紙付執為照

民國丙寅十伍年十一月　日立尽字黄智盛

代字林慶唐

5-6-9-3　民國十五年十一月黄智盛立盡民佃田字

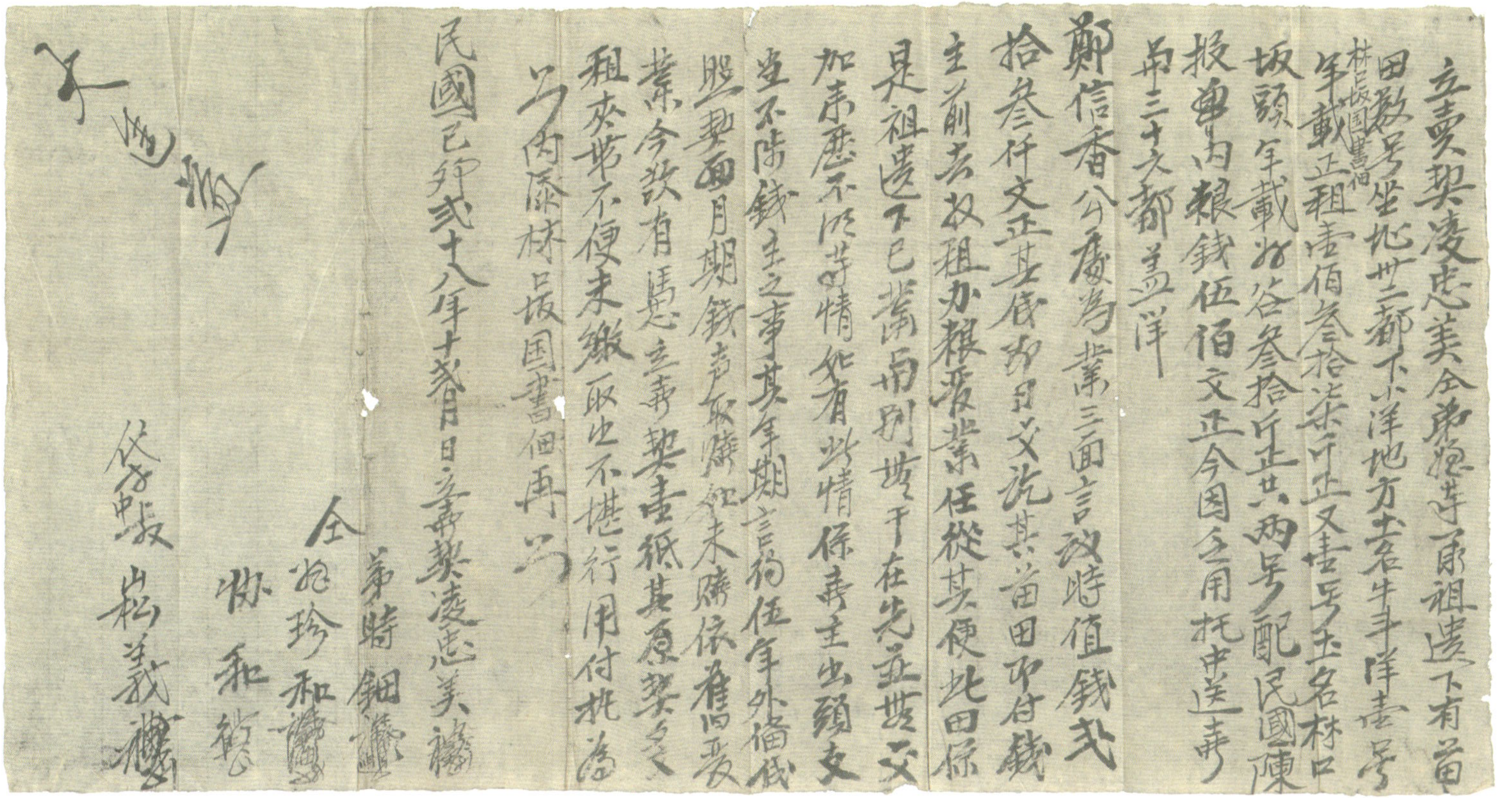
立賣契凌忠美仝弟德等，承祖遺下有苗
田數號，坐地廿二都下小洋地方，土名牛車洋壹號，
林長坂國書佃
年載正租壹佰叁拾柒斤正；又壹號，土名林口
坂頭，年載租谷叁拾斤正，共兩號，配民國陳
报內糧錢伍佰文正。今因乏用，托中送賣
與三十六都蓋洋
鄭信香公處為業，三面言議，時值錢弍
拾叁仟文正，其錢即日交訖，其苗田即付錢
主前去收租辦糧管業，任從其便。此田係
是祖遺下已業，與別房伯叔兄弟無干，在先並無文
加來歷不明等情，如有此情，係賣主出頭支
當，不涉錢主之事。其年期言約任年外備錢
照契面月期錢聲取贖，如未贖，依舊管
業。今欲有憑，立賣契壹紙，其原契交
租夾帶不便，未繳，取出不堪行用，付執為
照。內係林長坂國書佃再照。
民國己卯弍十八年十弍月 日立賣契凌忠美
弟 時鋼
仝 兆珍 和
欽 和
代字中 松 義

5-6-9-4　民國二十八年十二月凌忠美等立賣苗田契

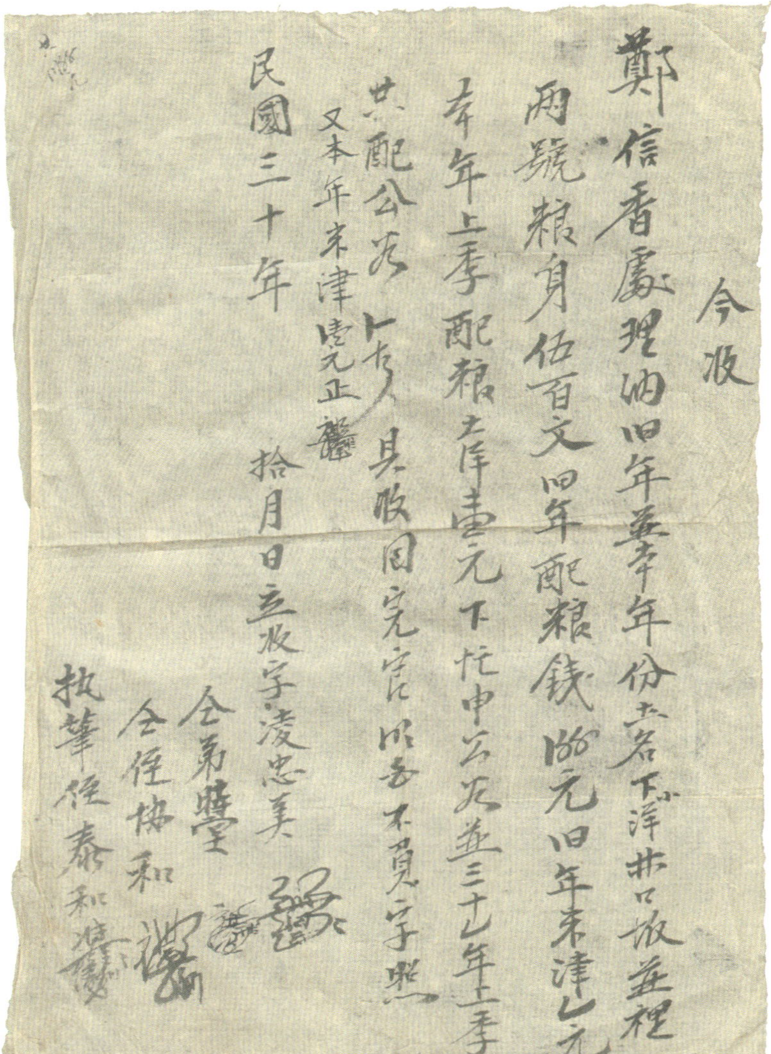
今收
鄭信香處理納廿年並本年份土名下小洋廿口坂并裡
兩號粮身伍百文廿年配粮錢四元廿年末津乙元
本年上季配粮大洋壹元下忙中公欠並三十乙年上季
共配公欠 具收回完完以后不覓字照
又本年末津壹元正
民國三十年
拾月日立收字凌忠美
仝弟□□
仝侄協和
執筆侄泰和

5-6-9-5　民國三十年十月凌忠美等立收糧錢字

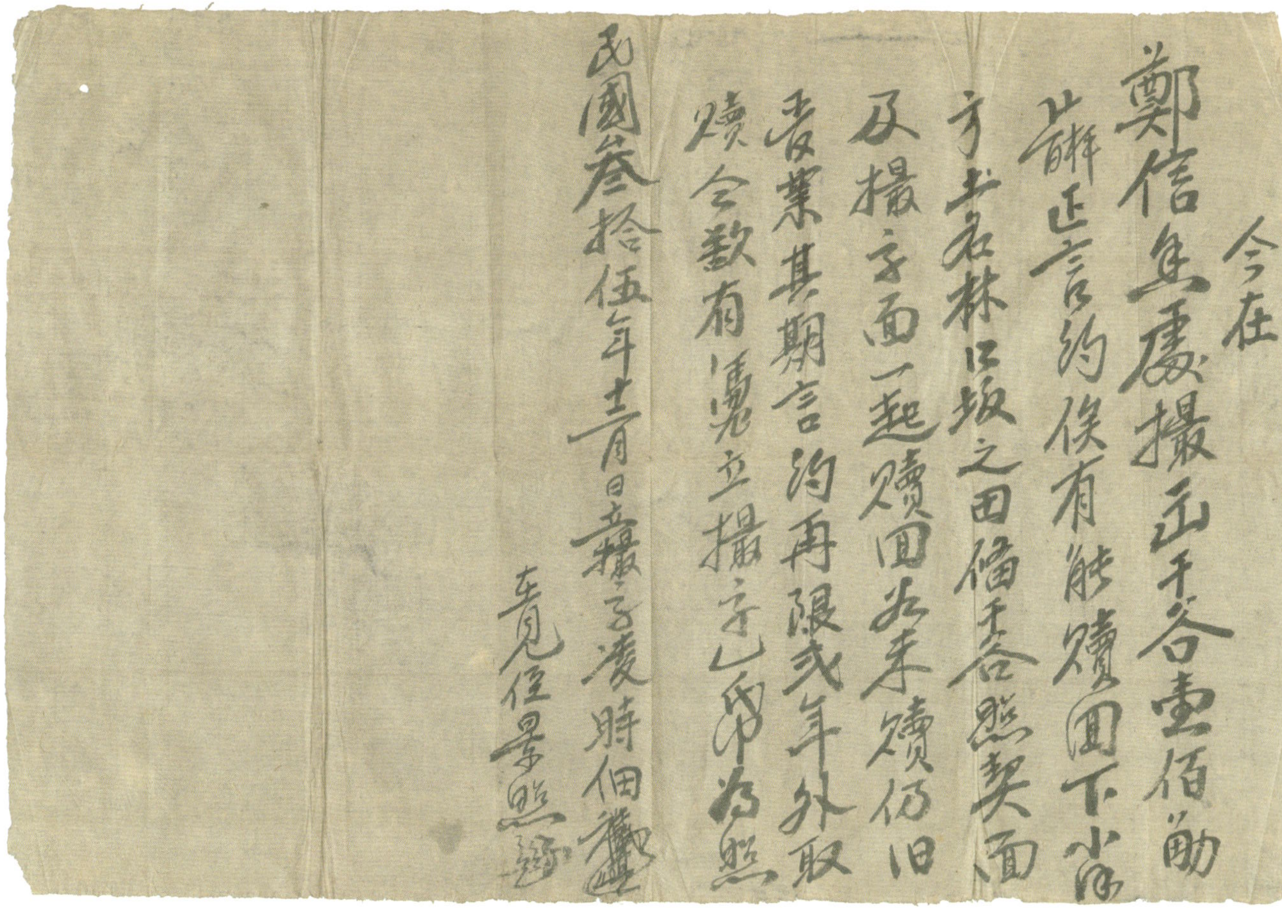
今在
鄭信良處撮出千谷壹佰觔
岦畔正言約後有能贖回下小名
方出名林口坂之田備千谷照契面
及撮字面一起贖回出來贖仍旧
耕業其期言約再限弍年外取
贖今欲有憑立撮字乙帋為照
民國叁拾伍年十二月日立撮字凌時佃
在見侄昇照

5-6-9-6　民國三十五年十二月凌時佃立撮字

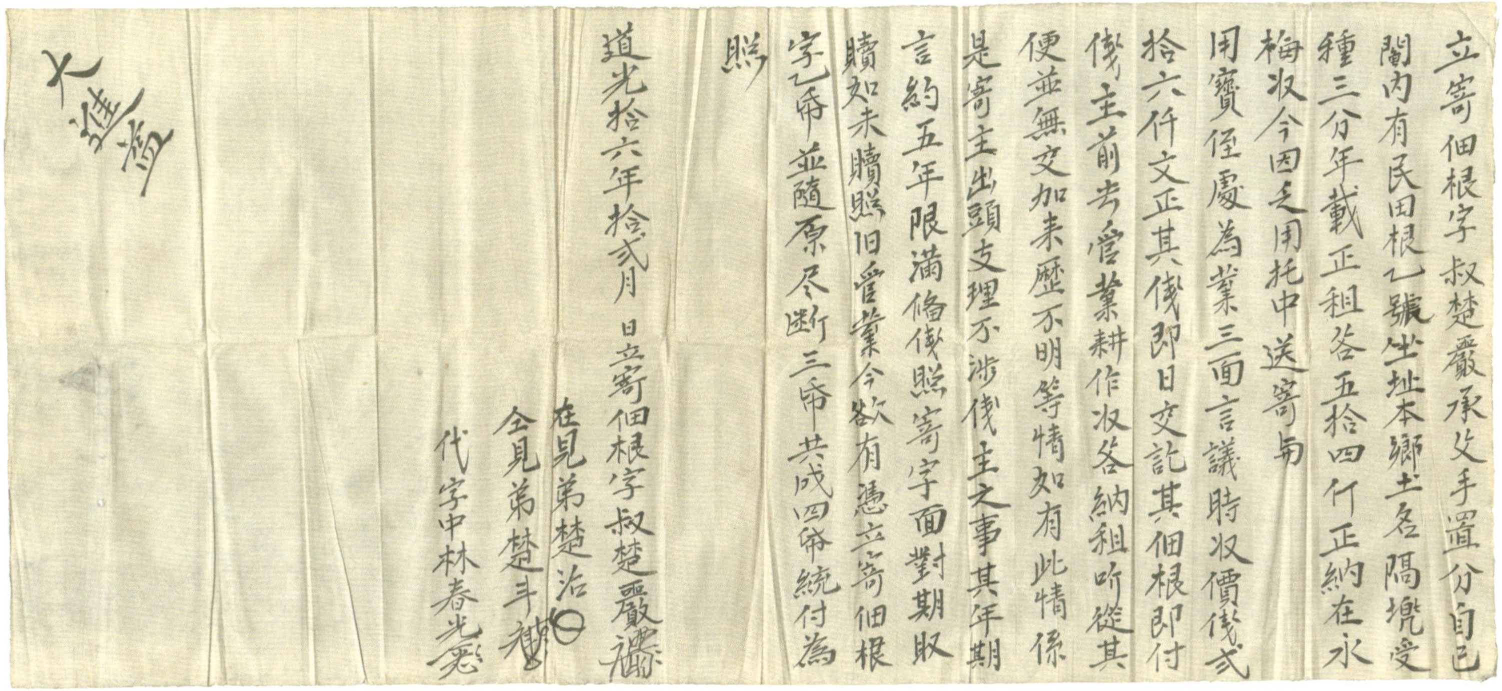

立寄佃根字叔楚嚴承父手置分自己
閫內有民田根乙號坐址本鄉土名隔墘受
種三分年載正租谷五拾四斤正納在永
梅收今因乏用托中送寄與
用寶侄處為業三面言議時收價錢弍
拾六仟文正其錢即日交訖其佃根即付
錢主前去管業耕作收谷納租听從其
便並無交加來歷不明等情如有此情係
是寄主出頭支理不涉錢主之事其年期
言約五年限滿備錢照寄字面對期取
贖如未贖照旧管業今欲有憑立寄佃根
字乙帋並隨原尽斷三帋共成四帋統付為
照

道光拾六年拾弍月　日立寄佃根字叔楚嚴

在見弟楚治

仝見弟楚斗

代字中林春光

大進益

5-6-10-1　清道光十六年十二月楚嚴立寄佃民田根字

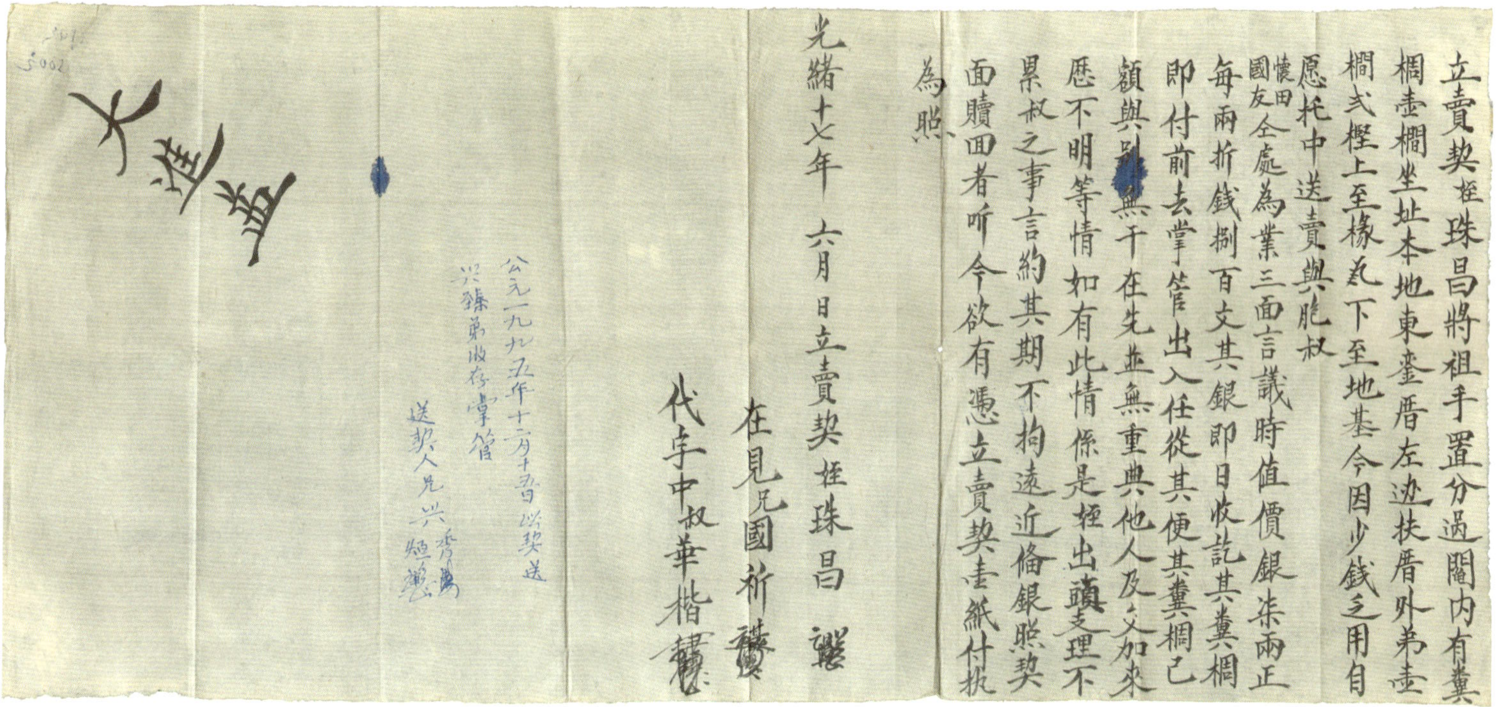

立賣契姪珠昌將祖手置分過閣內有糞
桶壹桶坐址本地東臺厝左邊扶厝外弟壹
桶式樫上至椽瓦下至地基今因乏錢應用自
愿托中送賣與胞叔
懷田國友仝處為業三面言議時值價銀柒兩正
每兩折錢捌百文其銀即日收訖其糞桶
即付前去掌管出入任從其便其糞桶已
額與別無干在先並無重典他人及文加來
歷不明等情如有此情係是姪出頭支理不
累叔之事言約其期不拘遠近備銀照契
面贖田者听今欲有憑立賣契壹紙付執
為照。

光緒十七年　六月　日立賣契姪珠昌（押）
在見兄國祈（押）
代字中叔華楷（押）

公元一九九五年十二月十五日以契送
兴鏢弟收存掌管
送契人兄兴秀煙（押）

大進益

5-6-10-2　清光緒十七年六月鄭珠昌立賣糞桶契

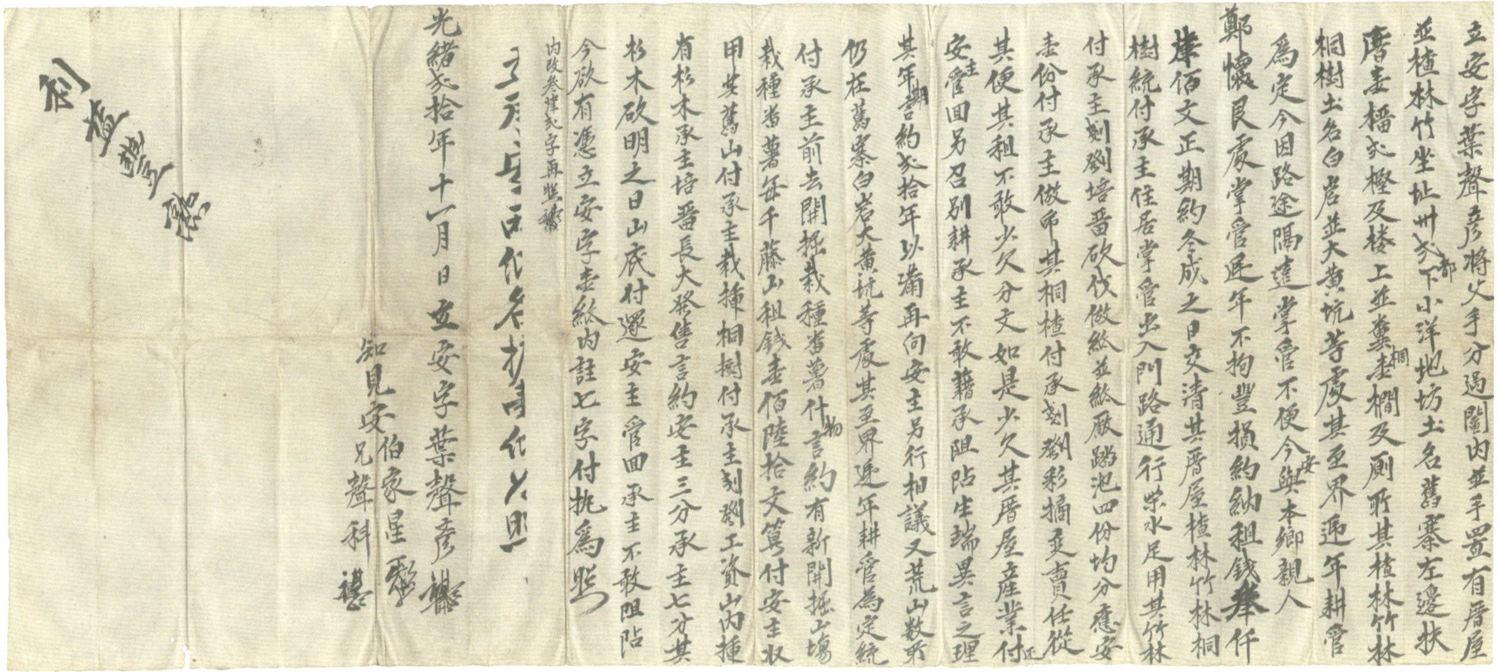

立安字葉聲彥將父手分過鬮内並手置有厝屋
並植林竹坐址卅弍[都]下小洋地坊土名舊寨左邊扶
厝壹植弍樘及楼上並糞[桶]壹欄及厠所其植林竹林
桐樹土名白岩並大黃坑等處其至界遞年耕管
為定今因路途隔遠掌管不便今[安]與本鄉親人
鄭懷良處掌管遞年不拘豐損約納租錢肆仟
肆佰文正期約冬成之日交清其厝屋植林竹林桐
樹統付承主住居掌管出入門路通行柴水足用其竹林
付承主剗劉培番砍伐做紙並紙廠踏池四份均分應安
主份付承主做用其桐植付承剗劉彩摘並賣任從
其便其租不敢少欠分文如是少欠其厝屋產業付[还]
安[主]管回另召別耕承主不敢藉承阻阽生端異言之理
其年[期]約弍拾年以滿再向安主另行相議又荒山數所
仍在舊寨白岩大黃坑等處其至界遞年耕管為定統
付承主前去開掘栽種番薯什[物]言約有新開掘山場
栽種番薯每千藤山租錢壹佰陸拾文算付安主收
用其舊山付承主栽插桐樹付承主剗劉工資山内插
有杉木承主培番長大發售言約安主三分承主七分其
杉木砍明之日山底付還安主管回承主不敢阻阽
今欲有憑立安字壹紙内註七字付執為照
内改叁肆弍字再照

[illegible]

光緒弍拾年十一月　日　立安字葉聲彥

知見　安伯　家星
兄　聲科

[illegible]

5-6-10-3　清光緒二十年十一月葉聲彥立安厝屋等字

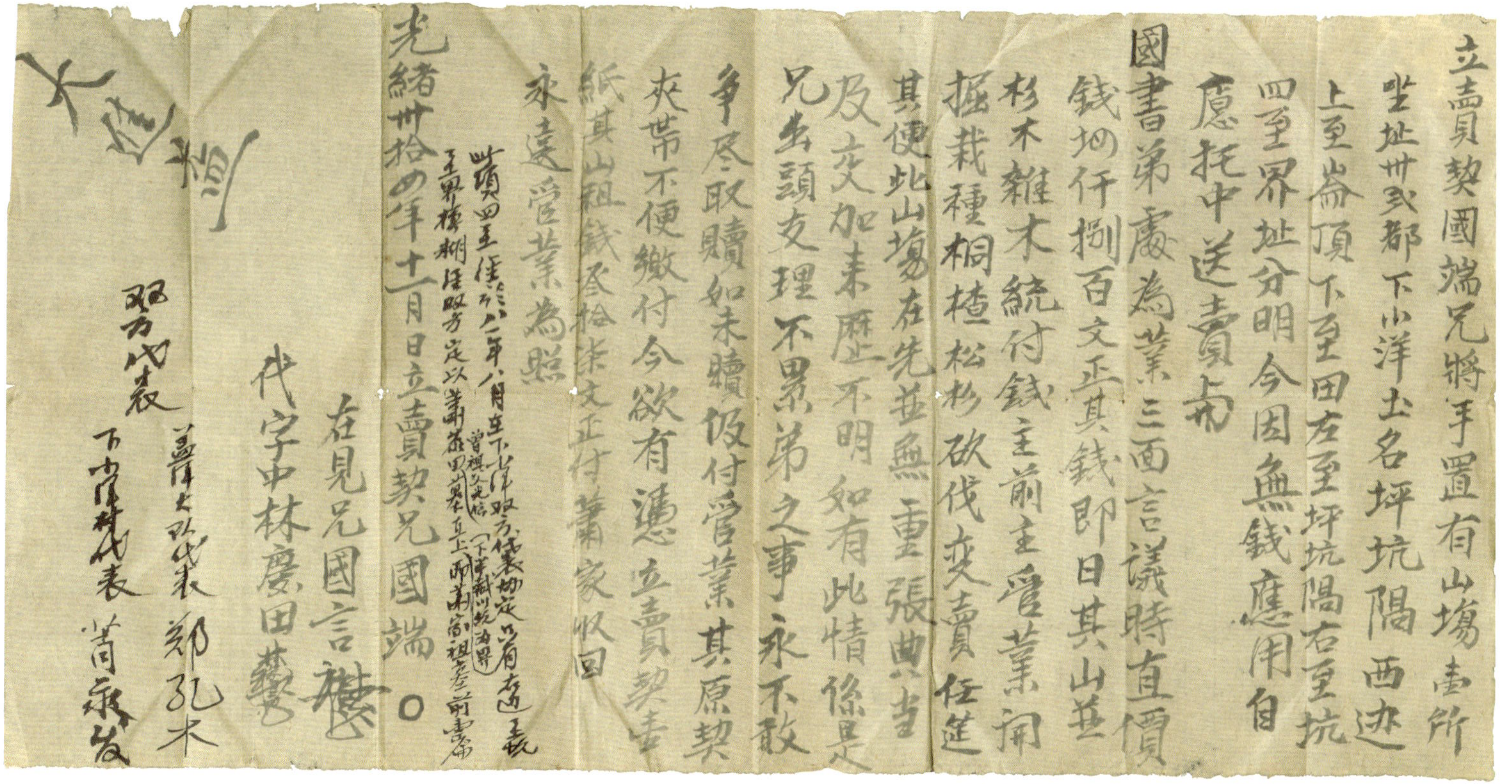
立賣契國端兄將手置有山場壹所
坐址卅弍都下山洋土名坪坑陽西迹
上至崙頂下至田左至坪坑陽右至坑
四至界址分明今因無錢應用自
愿托中送賣與
國書弟處為業三面言議時值價
錢柒仟捌百文正其錢即日其山並
杉木雜木統付錢主前去管業開
掘栽種桐樝松杉砍伐变賣任從
其便此山場在先並無重張典当
及交加来歷不明如有此情係是
兄出頭支理不累弟之事永不敢
争尽取贖如未贖仮付管業其原契
夾带不便缴付今欲有憑立賣契壹
紙其山租錢叁拾柒文正付蕭家收回
永遠管業為照
光緒卅拾四年十一月日立賣契兄國端 ○
在見兄國言
代字中林慶田

5-6-10-4　清光緒三十四年十一月鄭國端立賣山場契

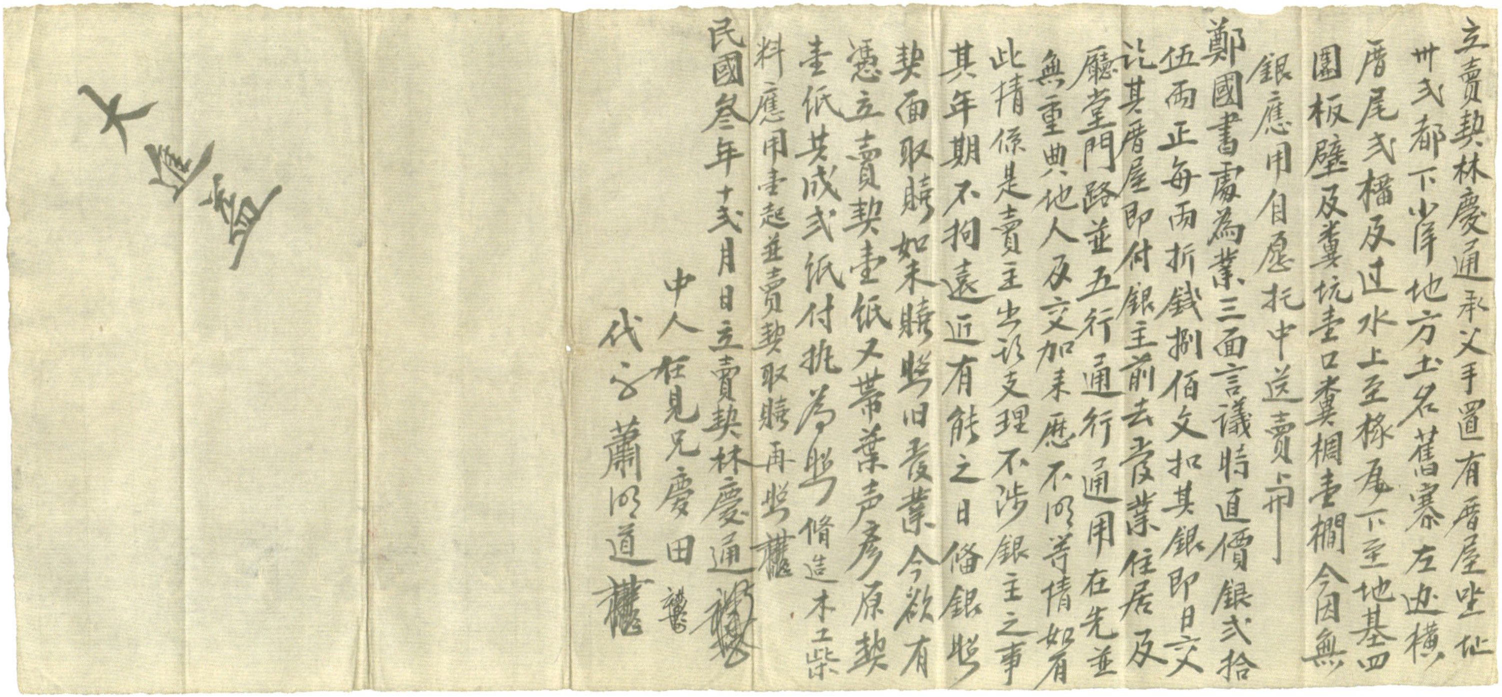
立賣契林慶通承父手置有厝屋坐址
卅弍都下岸地方土名舊寨左边横
厝尾弍橺及过水上至椽瓦下至地基四
圍板壁及糞坑壹口糞桶壹橺今因無
銀應用自愿托中送賣与
鄭國書處為業三面言議時值價銀弍拾
伍兩正每兩折錢捌佰文扣其銀即日交
訖其厝屋即付銀主前去管業住居及
廳堂門路並五行通行通用在先並
無重典他人及交加未歷不明等情如有
此情係是賣主出頭支理不涉銀主之事
其年期不拘遠近有能之日備銀照
契面取贖如未贖照旧管業今欲有
憑立賣契壹紙又帶葉声彦原契
壹紙共成弍紙付執為照　備造木工柴
料應用壹起並賣契取贖再照
民國叁年十弍月日立賣契林慶通
中人　在見兄慶田
代字　蕭阿道
大吉

5-6-10-5　民國三年十二月林慶通立賣厝屋契

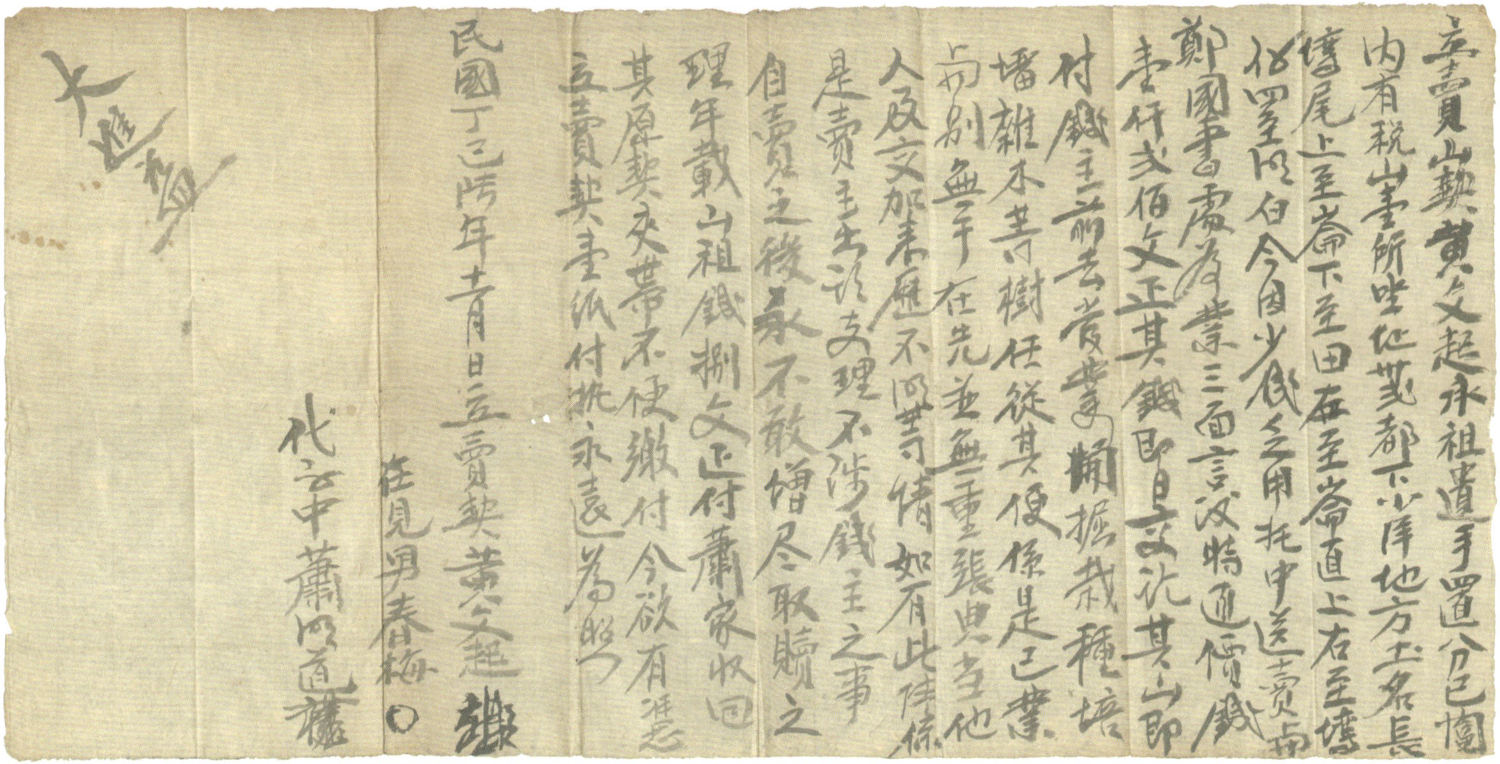

立賣山契黄文起承祖遺下手置有分已園
内有稅山壹所坐址茲都下小岸地方土名長
塘尾上至崙下至田左至崙直上右至塘斗
仔四至明白今因少錢乏用托中送賣與
鄭國書處爲業三面言议時值價錢
壹仟弍佰文正其錢即日交訖其山即
付錢主前去管業掘栽種培
播雜木苦樹任從其便係是已業
與别無干在先並無重張典当他
人及文加未歷不明等情如有此係
是賣主出頭支理不涉錢主之事
自賣之後永不敢增尽取贖之
理年載山祖錢捌文正付蕭家收回
其原契交帶不便繳付今欲有憑
立賣契壹紙付執永遠爲照

民國丁巳陸年十一月　日立賣契黄文起
在見男春梅
代筆中蕭鸣道

5-6-10-6　民國六年十一月黄文起立賣稅山契

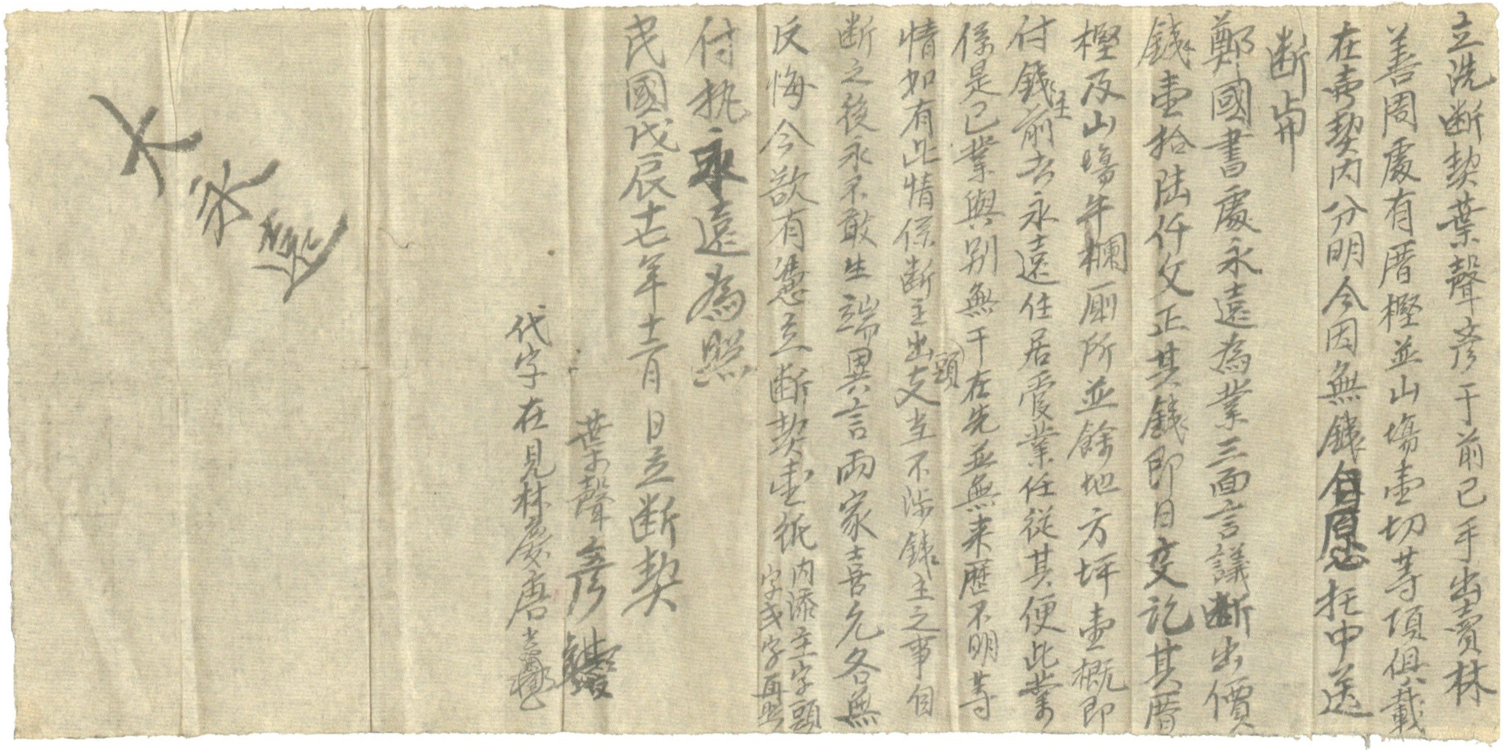
立洗斷契葉聲彥于前已手出賣林
善周處有厝樫並山塲壹切等項俱載
在壹契内分明，今因無錢，自愿托中送
斷與
鄭國書處永遠為業，三面言議斷出價
錢壹拾陸仟文正，其錢即日交訖，其厝
樫及山塲牛欄廁所並餘地方坪壹概即
付錢主前去永遠住居管業，任從其便，此業
係是己業，與别無干，在先並無來歷不明等
情，如有此情，係斷主出頭支當，不涉錢主之事。自
斷之後，永不敢生端異言，兩家喜允，各無
反悔。今欲有憑，立斷契壹紙，内添主字、頭字，戊字再照，
付執永遠為照。
民國戊辰十七年十二月　日立斷契　葉聲彥（押）
代字在見林慶唐（押）

大家發

5-6-10-7　民國十七年十二月葉聲彥立洗斷厝樫等契

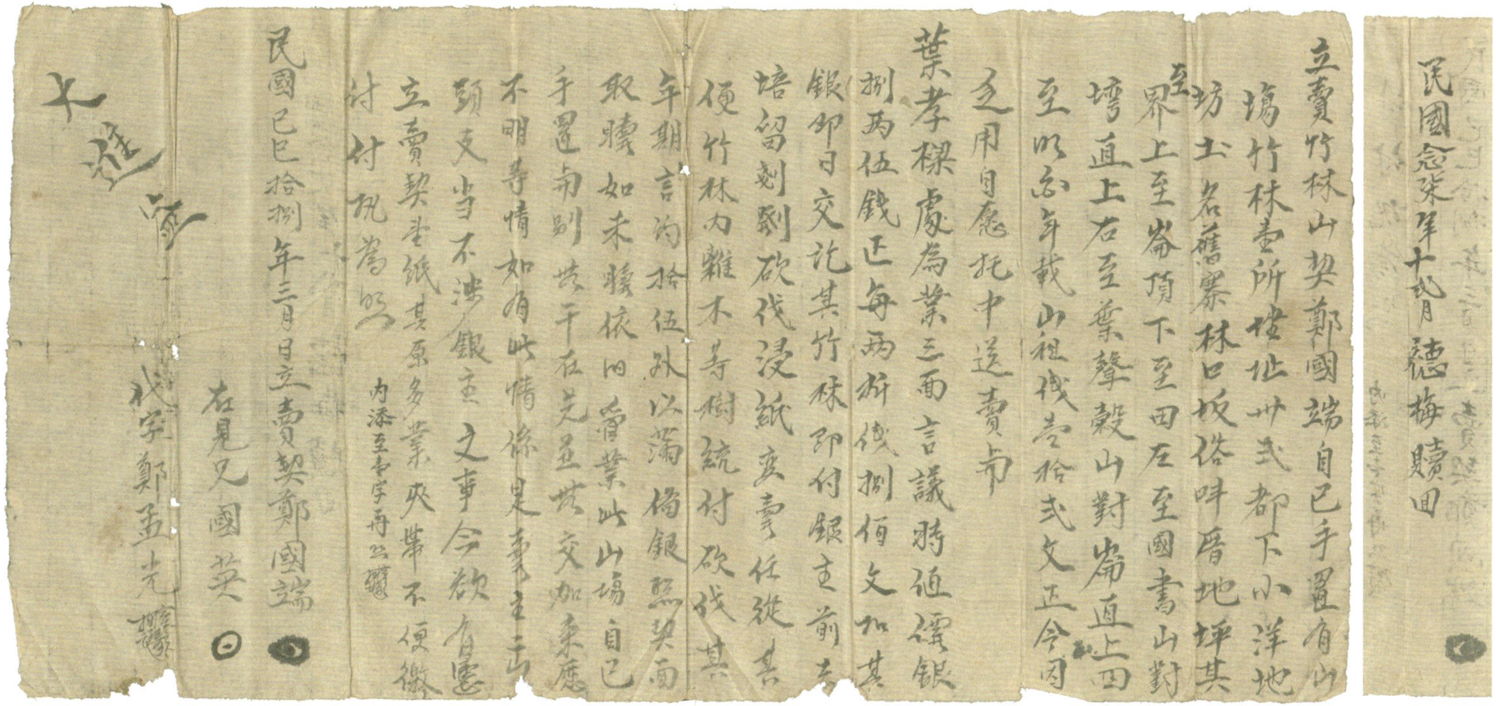
立賣竹林山契鄭國端自己手置有山
場竹林壹所坐址卅弍都下小洋地
坊土名舊寨林口板塔咩唇地坪其
界上至崙頂下至田左至國書山對
壟直上右至葉聲穀山對崙直上田
至明年載山租伐叁拾弍文正今因
乏用自愿托中送賣与
葉孝棵處為業三面言議時值價銀
捌兩伍錢正每兩折伐捌佰文加其
銀即日交訖其竹林即付銀主前去
培留剗砍伐浸紙賣任從其
便竹林內雜木等樹統付砍伐其
年期言約拾伍年以滿備銀照契面
取贖如未贖依舊管業此山場自己
手置未別房兄弟叔侄並無干礙交加來歷
不明等情如有此情係是賣主一力
頭支當不涉銀主之事今欲有憑
立賣契一紙其原多業契夾帶不便繳
付付執為照
內添五字再照
民國己巳拾捌年三月　日立賣契鄭國端
在見兄國英
代字鄭孟光
大吉
民國念柒年十弍月德梅贖田

5-6-10-8　民國十八年三月鄭國端立賣山場竹林契

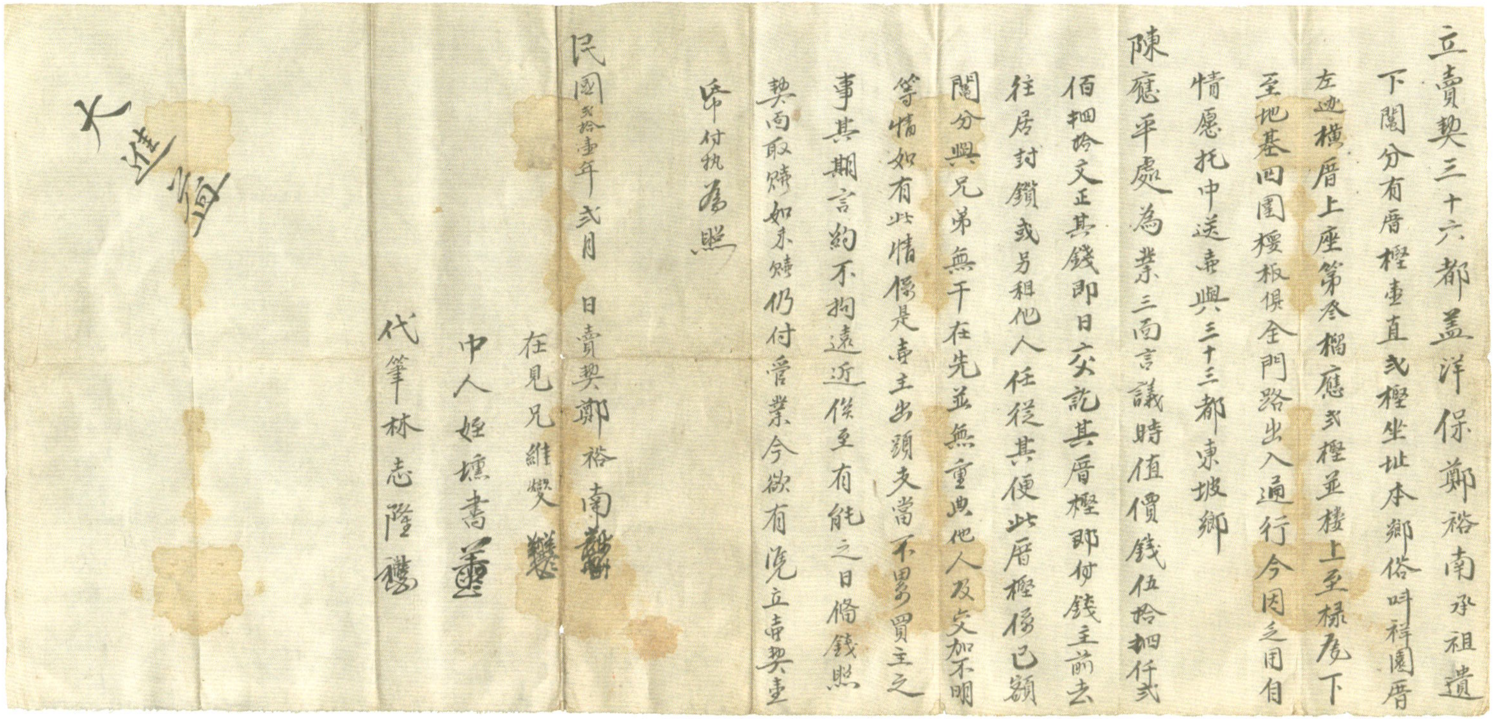
立賣契三十六都盖洋保鄭裕南承祖遺
下閹分有厝樫壹直弍樫坐址本鄉俗呌祥園厝
左边橫厝上座第叁榴廳弍樫並樓上至椽瓦下
至地基四圍樱板俱全門路出入通行今因乏用自
情愿托中送賣與三十三都東坡鄉
陳癒平處為業三面言議時值價錢伍拾捌仟弍
佰捌拾文正其錢即日交訖其厝樫即付錢主前去
住居封鎖或另租他人任從其便此厝樫係已額
閹分興兄弟無干在先並無重典他人及交加不明
等情如有此情係是賣主出頭支當不累買主之
事其期言約不拘遠近併至有能之日備錢照
契面取贖如未贖仍付管業今欲有憑立賣契壹
帋付執為照

民國弍拾壹年弍月　日賣契鄭裕南

在見兄維燮

中人姪壎書

代筆林志隆

大進益

5-6-10-9　民國二十一年二月鄭裕南立賣厝樫契

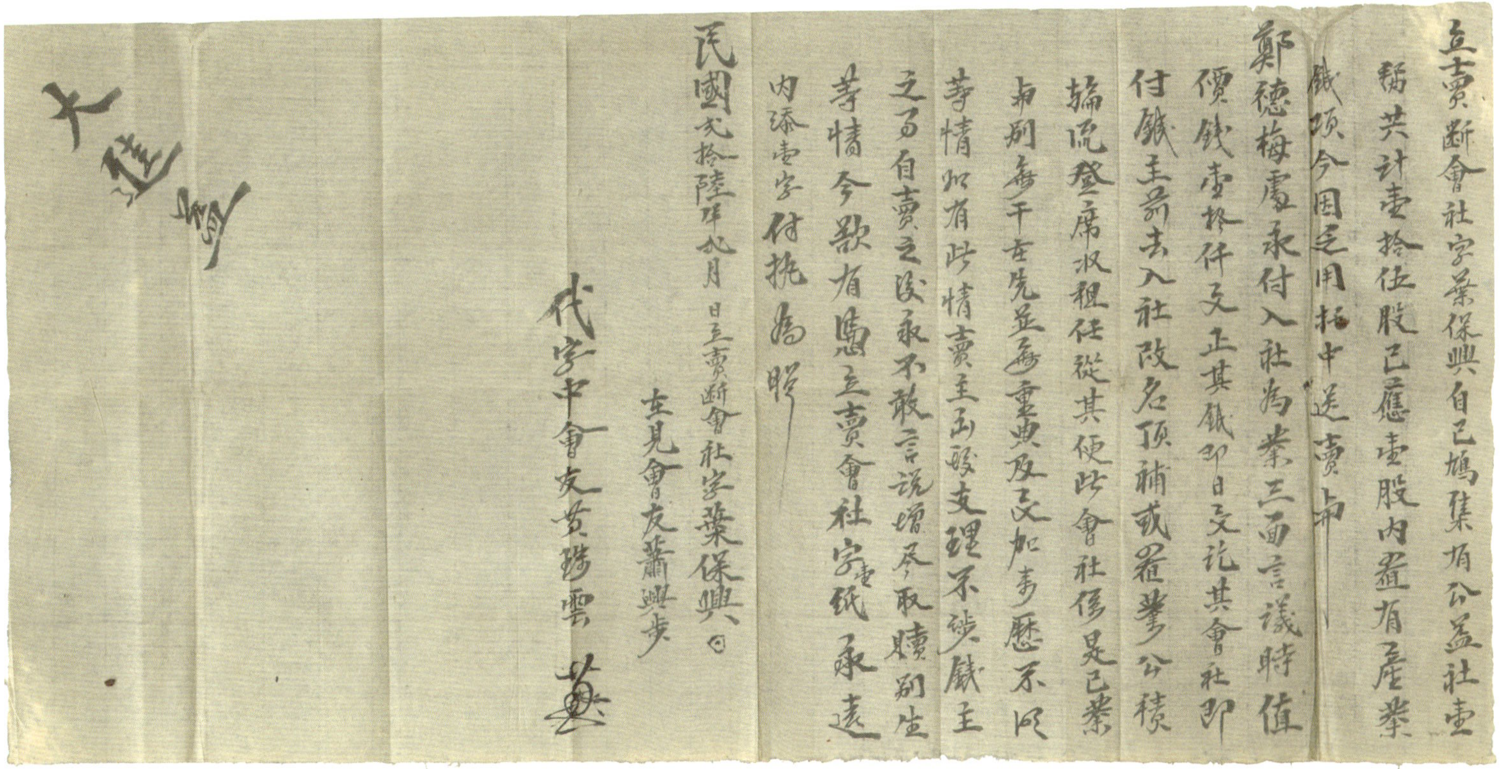

立賣斷會社字葉保興，自己鳩集有公益社壹
份，共計壹拾伍股，己應壹股，內蓋有產業
錢項。今因乏用，托中送賣與
鄭德梅處承付入社，為業，三面言議，時值
價錢壹拾仟文正，其錢即日交訖，其會社即
付錢主前去入社改名頂補，或罷業公積，
輪流登席收租，任從其便。此會社係是己業，
與房無干，在先並無重典及交加事歷不明
等情，如有此情，賣主出頭支理，不涉錢主
之事。自賣之後，永不敢言說增添取贖，別生
等情。今欲有憑，立賣會社字壹紙，永遠
內添壹字，付執為照。

民國弍拾陸年弍月　日立賣斷會社字葉保興（押）
在見會友蕭興步
代字中會友黃勝雲（押）

大進寶

5-6-10-10　民國二十六年二月葉保興立賣斷會社股份字

立賣斷會社字伯姆魏氏夫國端手鳩集
有公益社會壹韶共計壹拾叁股正應
壹股內置有產業錢項今因乏用托中
送賣斷與
徑德梅處永付入社為業三面言議時
值價錢玖仟文正其錢即日交訖其會
社即付徑前去入社改名頂補或置業分積
輪流登席收租任從其便此會社係是
已業與別房干無先並無重典以及交
加未歷不明等情如有此情賣主出頭支
理不涉買主之事自賣斷之後永不得言
說增添取贖刷生枝節等情今欲有
憑立賣斷會社字壹紙永遠為照
民國廿陸年六月　日立賣斷會社字伯姆魏氏（押）
在見伯國英（押）
在見會友蕭興同（押）
代字中會友黃瑞雲（押）

5-6-10-11　民國二十六年六月魏氏立賣斷會社股份字

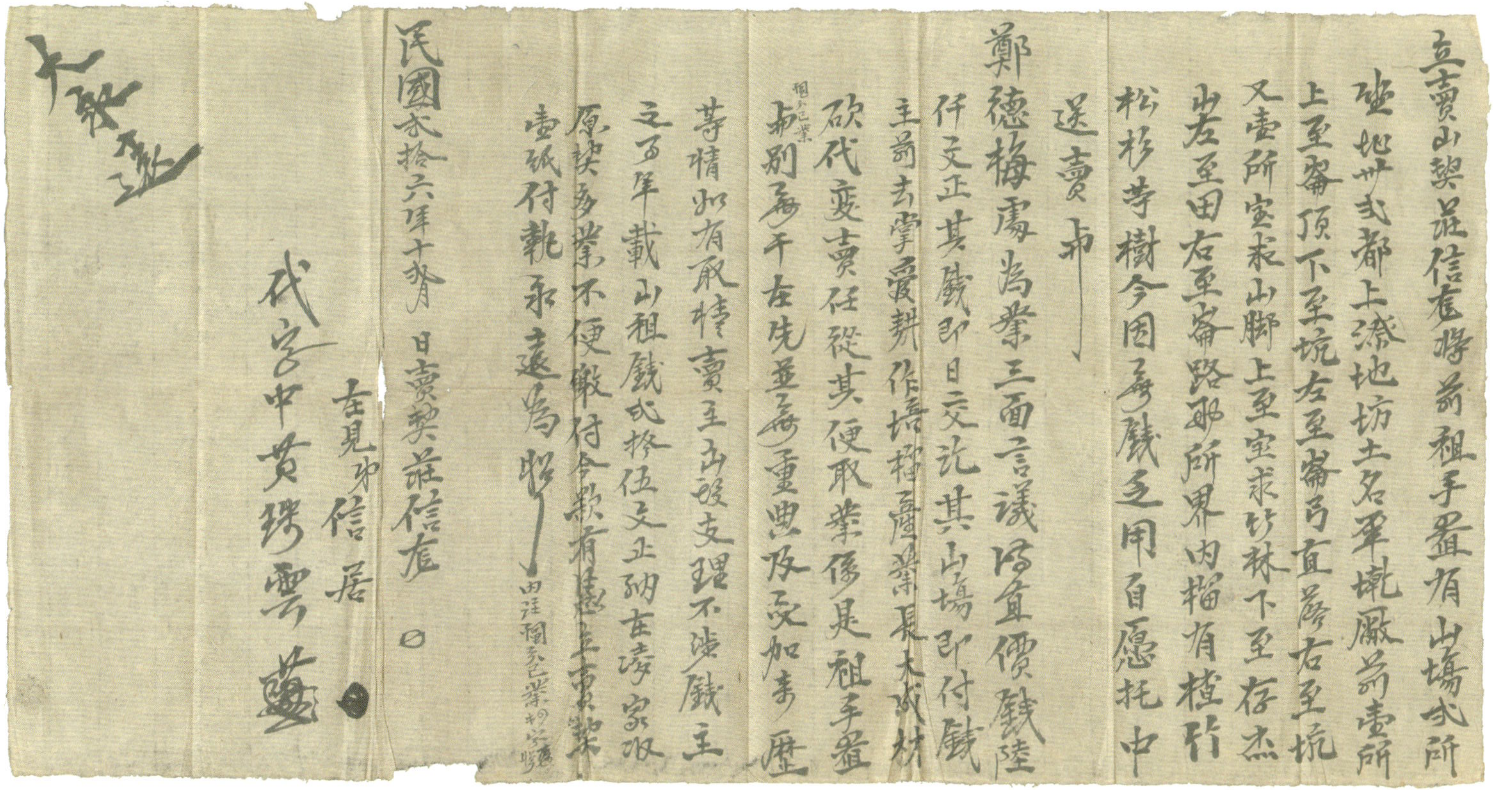

立賣山契莊信龙將前祖手置有山場弍所
坐址卄弍都上漈地坊土名羊墘廠前壹所
上至崙頂下至坑左至崙弓直落右至坑
又壹所安求山腳上至安求竹林下至存杰
山左至田右至崙路爲所界內摺有植竹
松杉等樹今因乏錢應用自愿托中
送賣與
鄭德梅處爲業三面言議時值價錢陸
仟文正其錢即日交訖其山場即付錢
主前去掌管耕作培摺蓄養長大成材
砍伐變賣任從其便取業係是祖手置
相與已業
兩別房干在先並無重典及交加未歷
等情如有取情賣主自支理不涉錢主
之事年載山租錢弍拾伍文正納在彥家收
原契多業不便繳付今欲有憑立賣契
壹紙付執永遠爲照
田莊個與已業物字照
民國弍拾六年十弍月　日賣契莊信龙 ◎
在見叔　信居
代字中　黃瑞雲 ◎
大發達

5-6-10-12　民國二十六年十二月莊信龙立賣山場契

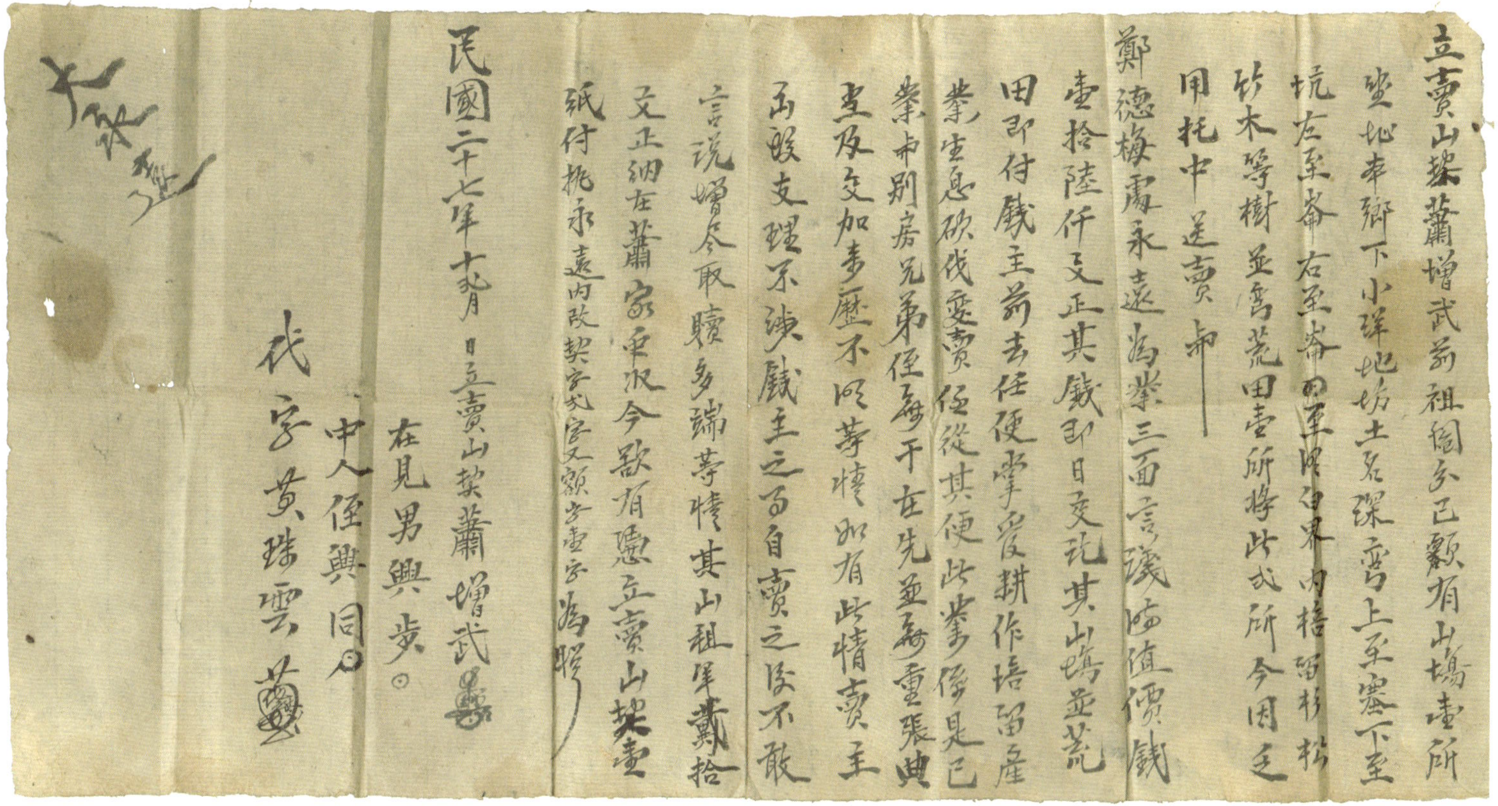

立賣山場蕭增武有祖閫分已額有山場壹所
坐址本鄉下小洋地坊土名深窩上至塞下至
坑左至崙右至崙四至明白為界內插留杉松
竹木等樹並窩荒田壹所將此式所今因乏
用托中送賣本
鄭德梅處永遠為業三面言議時值價錢
壹拾陸仟文正其錢即日交訖其山場並荒
田即付錢主前去任便掌管耕作插留產
業生息砍伐變賣任從其便此業係是已
業與別房兄弟侄無干在先並無重張典
當及交加來歷不明等情如有此情賣主
出頭支理不涉錢主之事自賣之後不敢
言說增價取贖多端等情其山租年貳拾
文正納在蕭家乘收今欲有憑立賣山契壹
紙付執永遠內改契字式字又額字壹字為照

民國二十七年十二月 日立賣山契蕭增武（押）
在見男興步○
中人侄興同（押）
代字黃珠雲（押）

5-6-10-13 民國二十七年十二月蕭增武立賣山場契

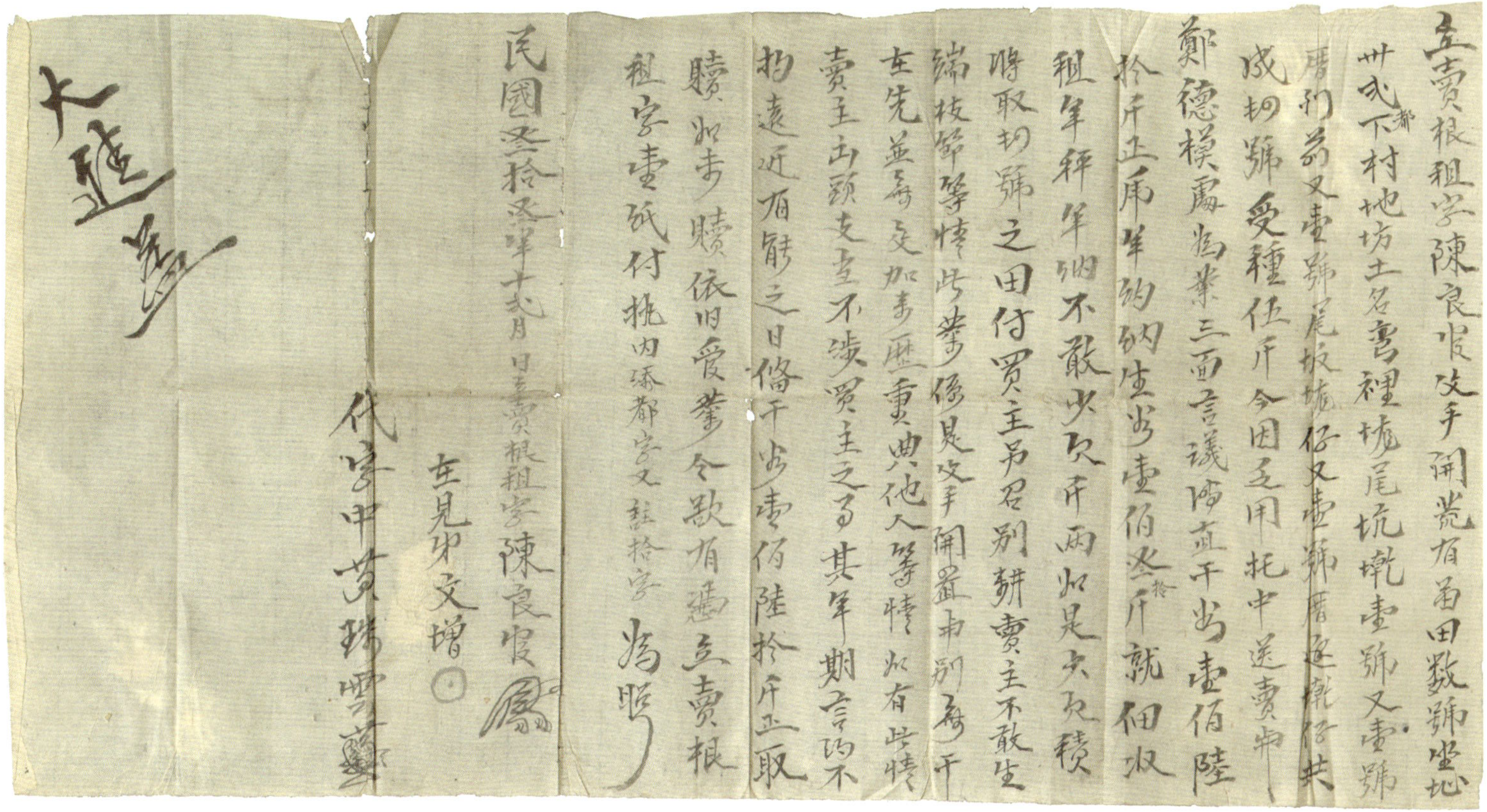

立賣根租字陳良官，父手開荒有苗田数號，坐址
廿弍都下村地坊土名亭裡壙尾坑壠壹號，又壹號
厝門前又壹號尾坂壠仔，又壹號厝邊壠仔，共
成叁號，受種伍斤。今因乏用，托中送賣與
鄭德模處為業，三面言議時值千出壹佰陸
拾斤正，每年約納生出壹佰叁拾斤，就佃收
租，每秤每年納不敢少欠斤兩，如是欠少積
將取切號之田付買主另召別耕，賣主不敢生
端枝節等情。此業係是父手開置物業，別房干
在先並無交加重疊典他人等情，如有此情，
賣主出頭支當，不涉買主之事。其年期言約不
拘遠近，有能之日備千出壹佰陸拾斤正，取
贖。如未贖，依舊管業。今欲有憑，立賣根
租字壹紙付執為照。内添都字，又註拾字。

民國叁拾叁年十弍月　日立賣根租字陳良官（押）
在見兄弟文增（押）
代字中黄瑞雲（押）

5-6-10-14　民國三十三年十二月陳良官立賣苗田根租字

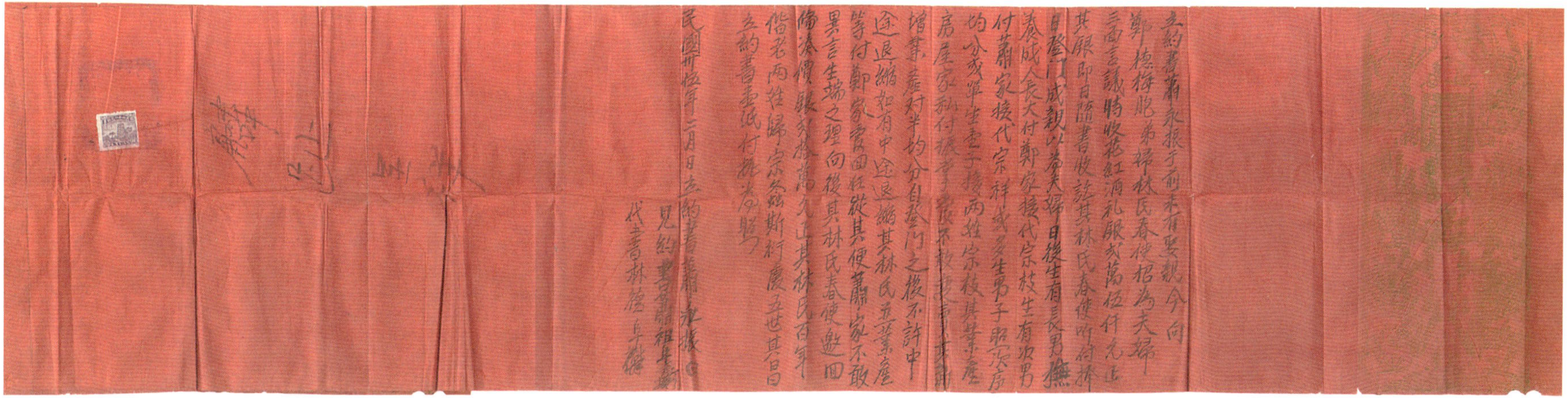

立約書蕭永振子前未有娶親，今向
鄭德梅胞弟婦林氏春使招爲夫婦，
三面言議，時收花紅酒礼銀弍萬伍仟元正，
其銀即日隨書收訖。其林氏春使所付林[illegible]
日登門成親以後，夫婦日後生有長男撫
養成人，長大付鄭家接代宗枝；生有次男
付蕭家接代宗祧；或多生弟子，照次序
均分；或單生壹子，接兩姓宗枝。其業產
房屋家私付[illegible]子[illegible]，不敢[illegible]
增業產，對半均分。自登門之後，不許中
途退縮。如有中途退縮，其林氏并業產
等付鄭家管回，任從其便，蕭家不敢
異言生端之理。向後其林氏春使與回
備湊價銀[illegible]，其林氏百年
偕老，兩姓歸宗，[illegible]衍慶，五世其昌。
立約書壹紙，付執爲照。

民國卅伍年二月　日立約書蕭永振

見約　舅[illegible]蕭祖[illegible]

代書　林[illegible]

5-6-10-15　民國三十五年二月蕭永振立約書

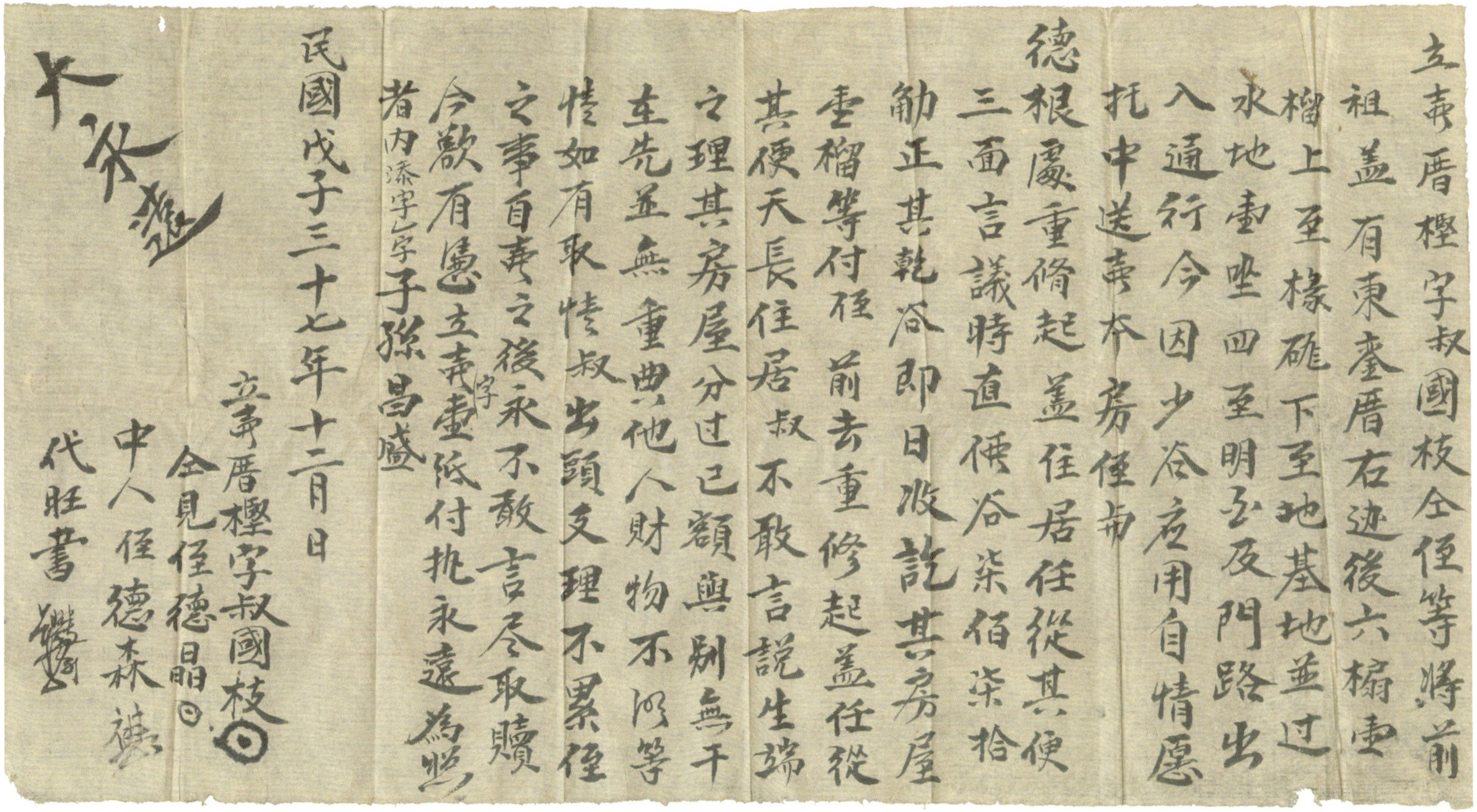
立賣厝楃字叔國枝仝侄等將前
祖蓋有東臺厝右迹後六榀壹
榀上至椽碓下至地基地並过
水地壹坐四至明白及門路出
入通行今因少谷應用自情愿
托中送賣本房侄弟
德根處重脩起蓋住居任從其便
三面言議時值價谷柒佰柒拾
觔正其乾谷即日收訖其房屋
壹榀等付侄 前去重修起蓋任從
其便天長住居 叔不敢言說生端
之理其房屋分过已額與别無干
查先並無重典他人財物不明等
情如有取情叔出頭支理不累侄
之事自賣之後永不敢言取贖
今歡有憑立賣字壹紙付執永遠為照
者内添字乙字 子孫昌盛

民國戊子三十七年十二月 日

立賣厝楃字叔國枝（押）

仝見侄德晶（押）

中人 侄德森（押）

代脏書（押）

大吉遂

5-6-10-16　民國三十七年十二月鄭國枝等立賣厝楃字

第七帙 鄭梅英户

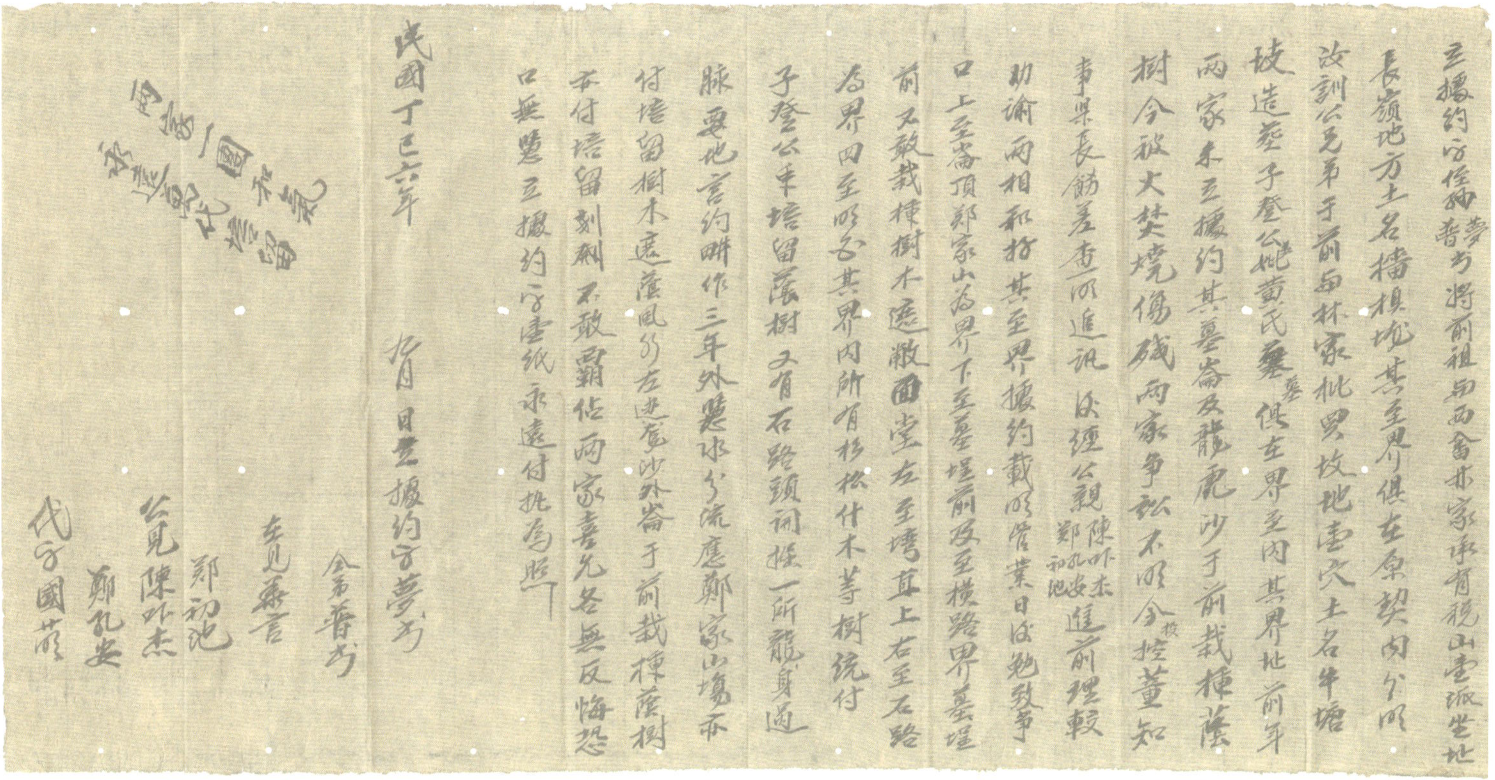

立據約字人林夢書、普書，今將前祖由西畬林家承買杉山壹派，坐址長嶺地方，土名擂槙垅，其至界俱在原契內分明。汝訓公兄弟子前由林家批買坟地壹穴，土名牛塘坟，造葬子登公妣黃氏墓。墓俱在界至內，其界址前年兩家未立據約，其墓崙及龍虎沙，于前栽種蔭樹。今被大焚燒傷殘，兩家爭訟不明。今投董知事眾長，飭差查明進訊。後經公親陳吓杰、鄭孔安、鄭初池進前理較，劝諭兩相和好，其至界據約載明，管業日後勉致爭口。上至崙頂鄭家山為界，下至墓堤前及至橫路界墓堤前不敢栽種樹木遮蔽墓堂，左至壋直上，右至石路為界，四至明白。其界內所有杉松什木等樹，統付子登公手培留蔭樹。又有石路頭祠堂一所，龍身過脉要地，言約晰作三年外聽从分流底鄭家山場亦付培留樹木遮蔭風水，左邊崙沙外崙于前栽種蔭樹亦付培留，剝削不敢霸佔，兩家喜允，各無反悔，恐口無憑，立據約字壹紙，永遠付執為照。

民國丁巳六年　九月　日立據約字人夢書

仝普書

在見蔡言

公見陳吓杰

鄭初池

鄭孔安

代字國藩

5-7-1-1　民國六年九月林梦書等立據約字

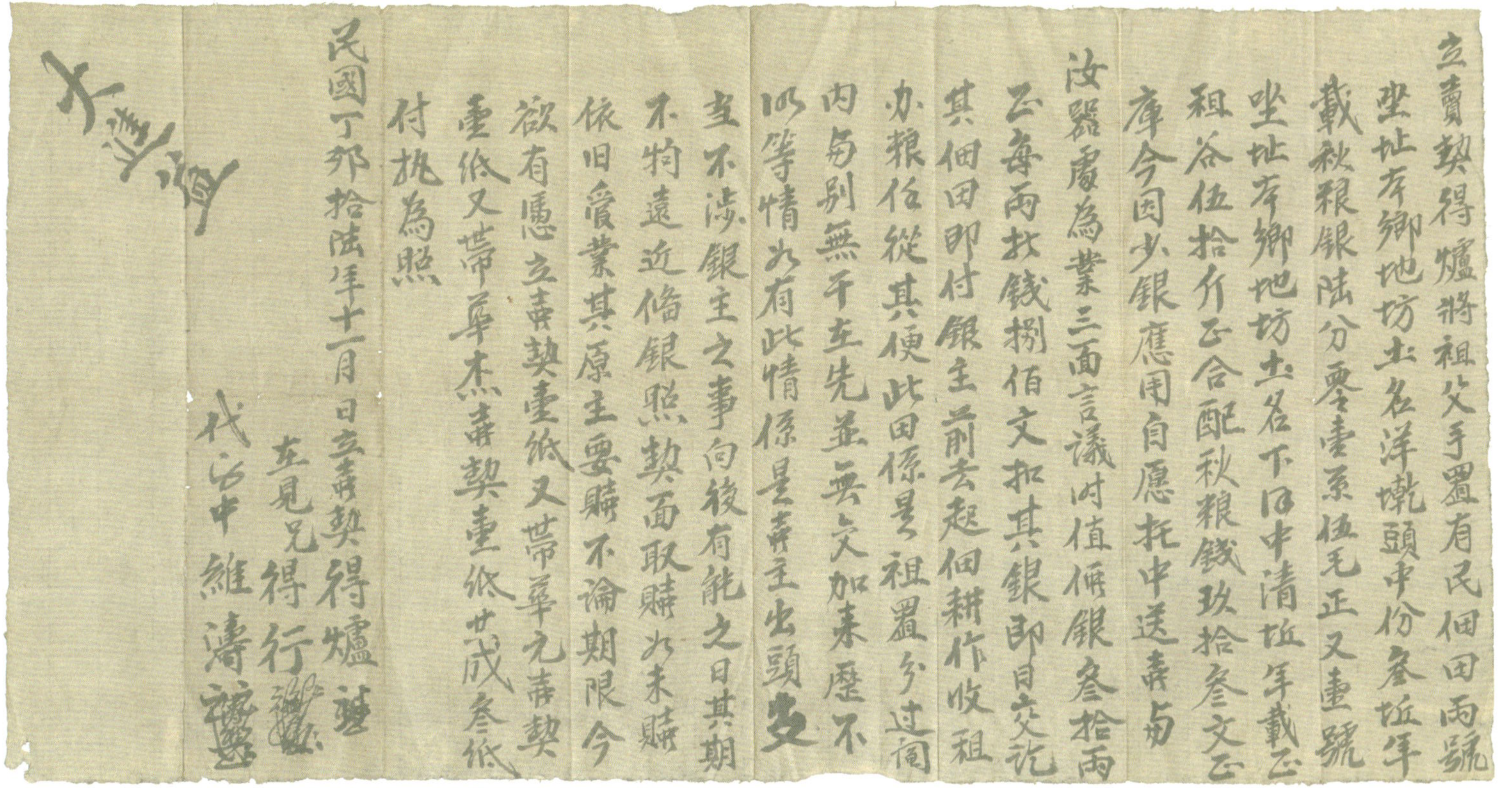
立賣契得爐將祖父手置有民佃田兩號
坐址本鄉地坊土名洋墘頭中份叁拾年
載秋粮銀陸分零壹錢伍毛正又壹號
坐址本鄉地坊土名下路中清拾年載正
租谷伍拾斤正合配秋粮錢玖拾叁文正
庫今因少銀應用自愿托中送賣與
汝器處為業三面言議时值價銀叁拾兩
正每兩扣錢捌佰文扣其銀即日交訖
其佃田即付銀主前去起佃耕作收租
办粮任從其便此田係是祖置分过閬
内兄弟別無干在先並無交加来歷不
明等情如有此情係是賣主出頭支
當不涉銀主之事向後有能之日其期
不拘遠近備銀照契面取贖如未贖
依旧管業其原主要贖不論期限今
欲有憑立賣契壹紙又帶草元賣契
壹紙又帶草杰賣契壹紙廿戍叁紙
付執為照
民國丁卯拾陸年十一月日立賣契得爐
在見兄得行
代筆中維濤

5-7-1-2　民國十六年十一月鄭得爐立賣民佃田契

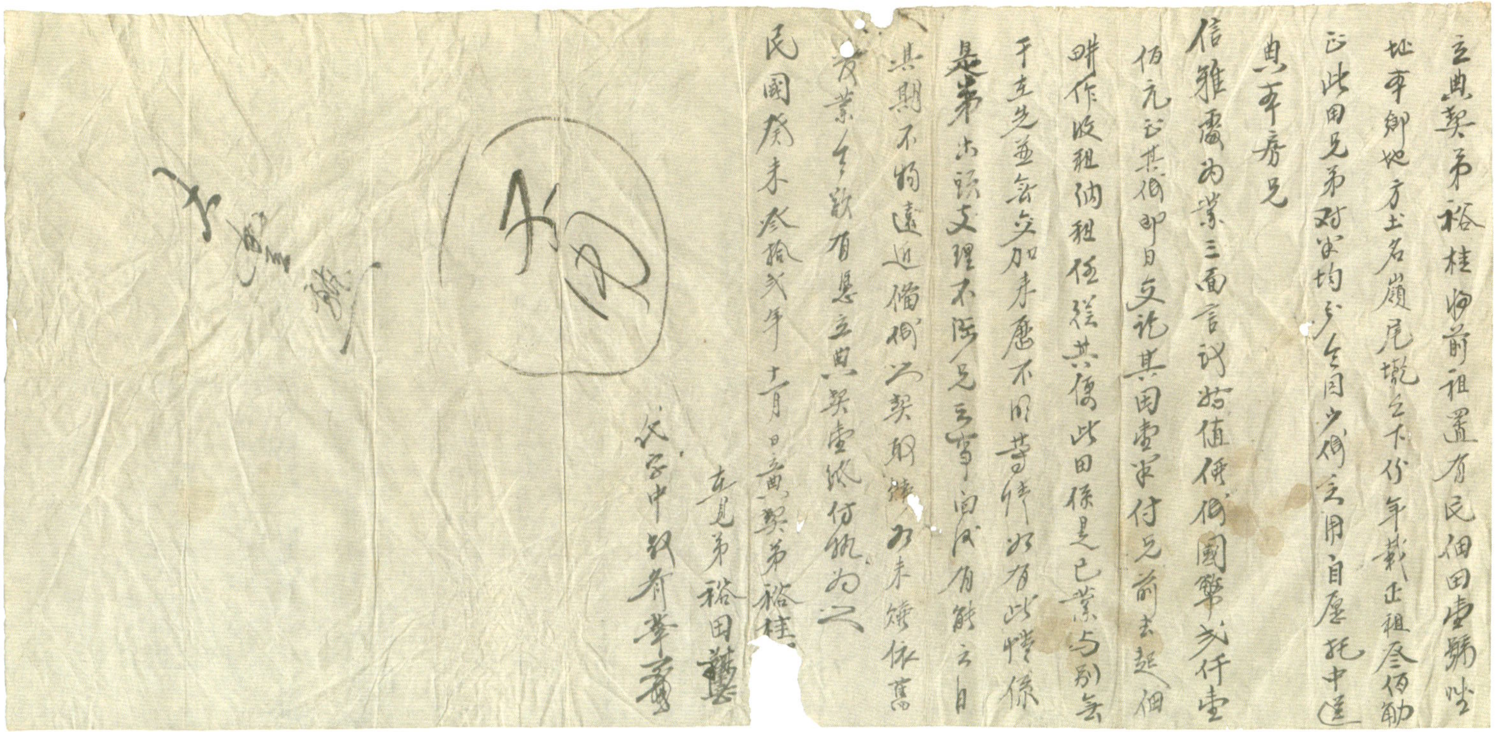

立典契弟裕桂承前祖置有民佃田壹號，坐
址本鄉地方，土名嶺尾墘下，併年載正租叁佰觔
正。此田兄弟對半均分，今因乏銀應用，自愿托中送
典本房兄
信雅處爲業，三面言議，時值價國幣叁仟壹
佰元正。其價即日交訖，其田壹半付兄前去起佃
耕作、收租、納租，任從其便。此田係是己業，与別無
干，未典之先並無文加未應不明等件。如有此情，係
是弟出頭支理，不涉兄之事。向後有錢之日
其期不拘遠近，備價之契取贖，如未贖依舊
管業。今欲有憑，立典契壹紙付執爲照。
民國癸未叁拾弍年十一月　日立典契弟裕桂
在見弟裕田
代字中　叔有華

5-7-1-3　民國三十二年十一月鄭裕桂立典民佃田契

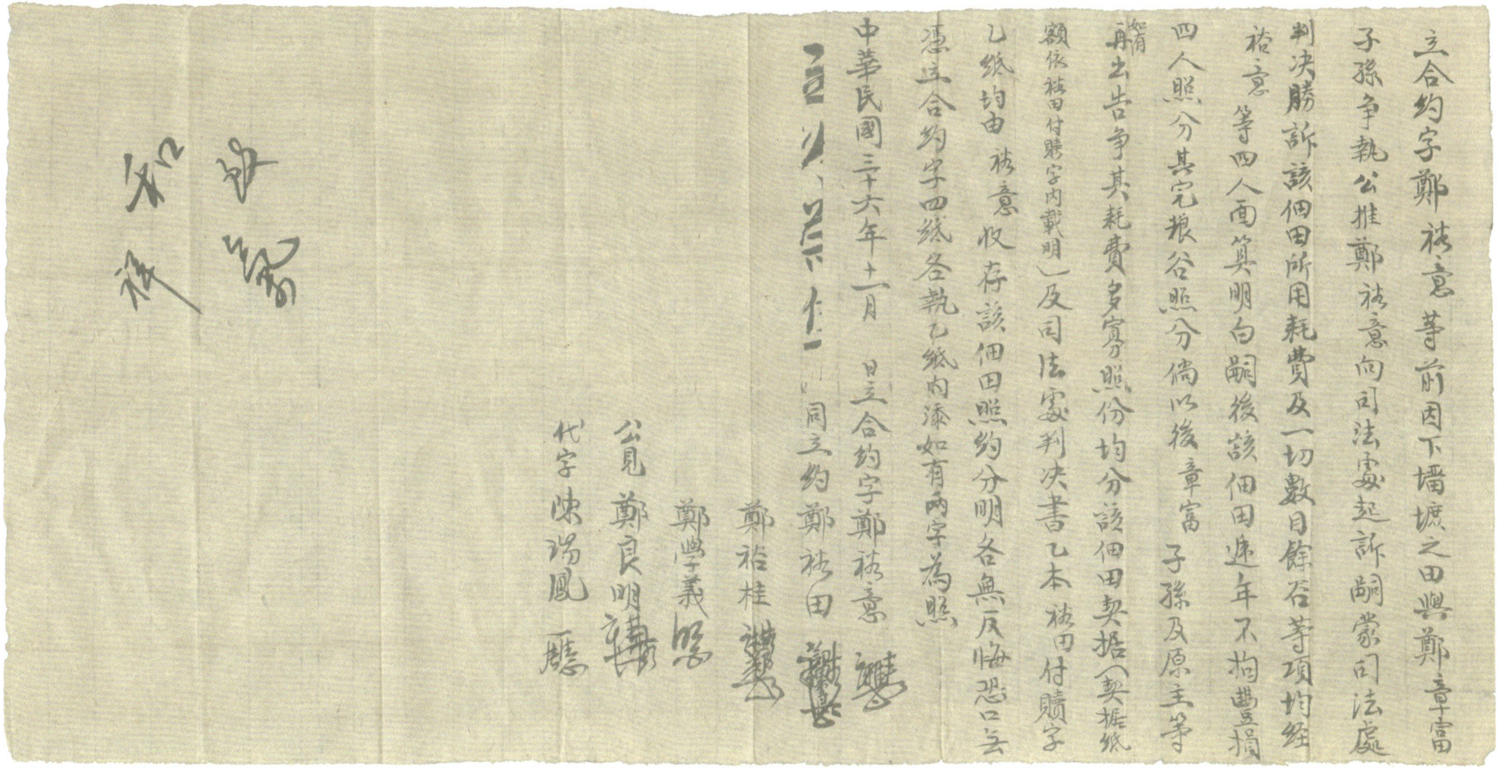

立合約字鄭裕意等前因下墻壢之田與鄭章富
子孫爭執公推鄭裕意向司法處起訴蒙司法處
判決勝訴該佃田所用耗費及一切數目餘谷等項均經
裕意等四人面算明白嗣後該佃田逐年不拘豐損
四人照分其完粮谷照分備以後章富子孫及原主等
再出告爭其耗費多寡照份均分該佃田契据（契据紙
額依裕田付贖字內載明）及司法處判決書乙本裕田付贖字
乙紙均由裕意收存該佃田照約分明各無反悔恐口無
憑立合約字四紙各執乙紙內添如有兩字為照
中華民國三十六年十一月　日立合約字鄭裕意（押）
同立約鄭裕田（押）
鄭裕桂（押）
鄭學義（押）
公見鄭良明（押）
代字陳瑞鳳（押）

5-7-1-4　民國三十六年十一月鄭裕意等立合約字

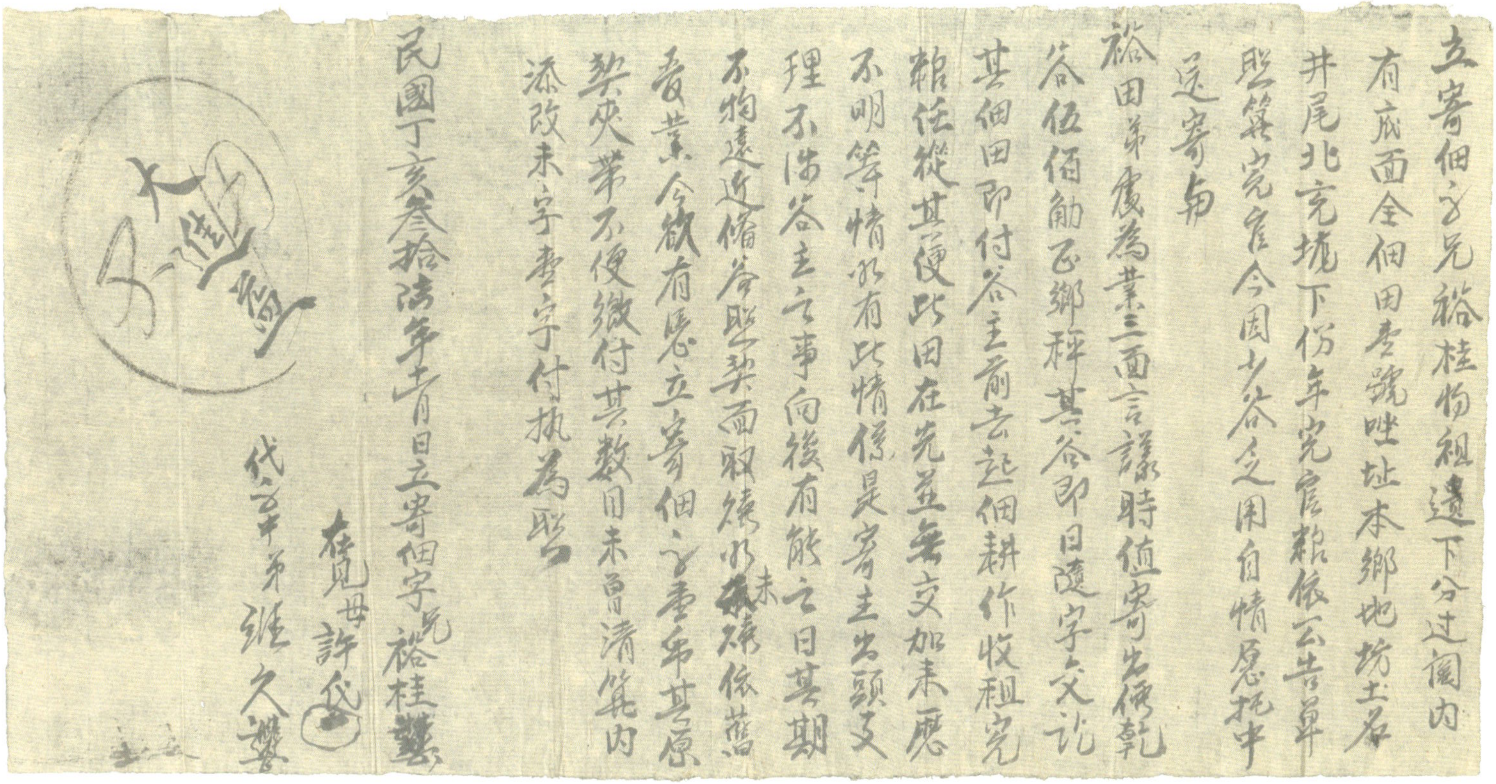
立寄佃字兄裕桂物祖遺下分过閫内
有底面全佃田壹號坐址本鄉地坊土名
井尾北壳墘下份，年完官粮依公告单
照纳完官，今因乏谷乏用，自情愿托中
送寄与
裕田弟處為業，三面言議，時值寄出佃乾
谷伍佰斤正，鄉秤，其谷即日隨字交訖。
其佃田即付谷主前去起佃耕作收租完
粮，任從其便。此田在先並無交加未應
不明等情，如有此情，係是寄主出頭支
理，不涉谷主之事。向後有能之日，其期
不拘遠近，備谷照契面取續，如未續，依舊
管業。今欲有憑，立寄佃之壹本，其原
契夾帶不便繳付，其數目未曾清筆内
添改未字壹字，付执為照。
民國丁亥叁拾陆年十一月　日立寄佃字兄裕桂（押）
在見母許氏（押）
代字弟繼久（押）

5-7-1-5　民國三十六年十一月鄭裕桂立寄底面全佃田字

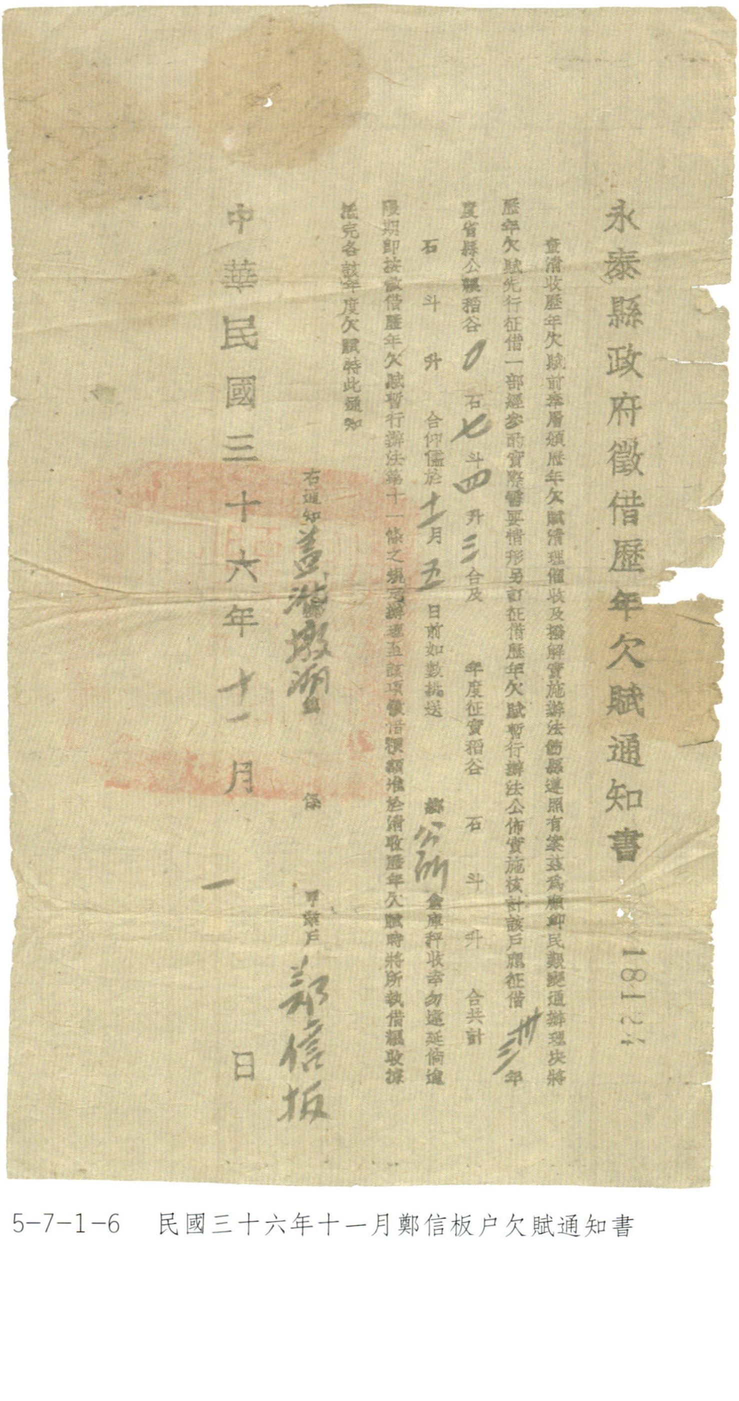
永泰縣政府徵借歷年欠賦通知書

No. 18124

查清收歷年欠賦前奉層頒歷年欠賦清理催收及撥解實施辦法飭縣遵照有案茲爲顧卹民艱變通辦理決將歷年欠賦先行征借一部經參酌實際需要情形另訂征借歷年欠賦暫行辦法公佈實施核計該戶應征借卅三年度省縣公糧稻谷0石七斗四升三合及　年度征實稻谷　石　斗　升　合共計　石　斗　升　合仰儘於十二月五日前如數挑送鄉公所倉庫秤收幸勿違延倘逾限期即按徵借歷年欠賦暫行辦法第十一條之規定辦理並該項徵借稻額准於清收歷年欠賦時將所執借據收抵征完各該年度欠賦特此通知

右通知 [illegible] 鄉　保　甲糧戶 鄭信板

中華民國三十六年十一月一日

5-7-1-6　民國三十六年十一月鄭信板户欠賦通知書

5-7-2-1　民國十七年鄭裕桂等立鬮書（一）

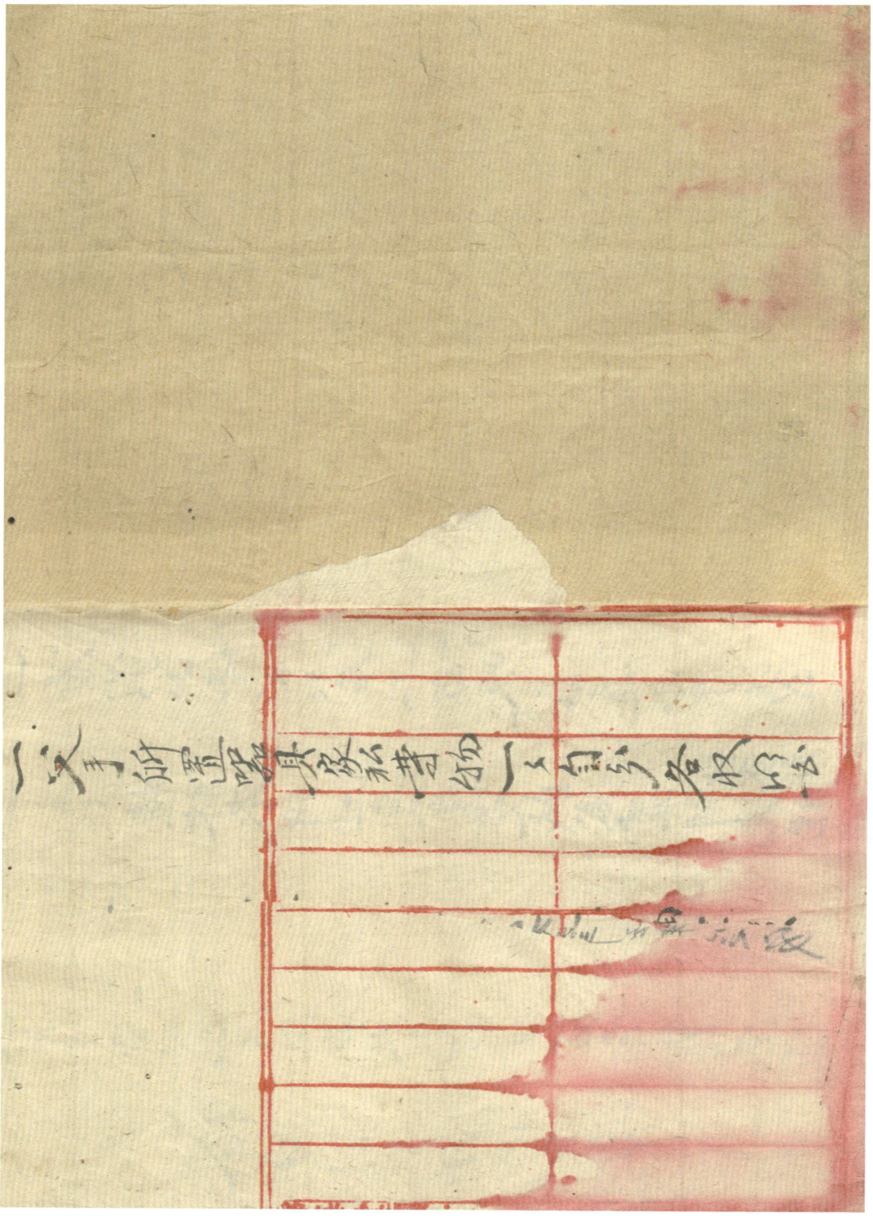

5-7-2-2　民國十七年鄭裕桂等立鬮書（二）

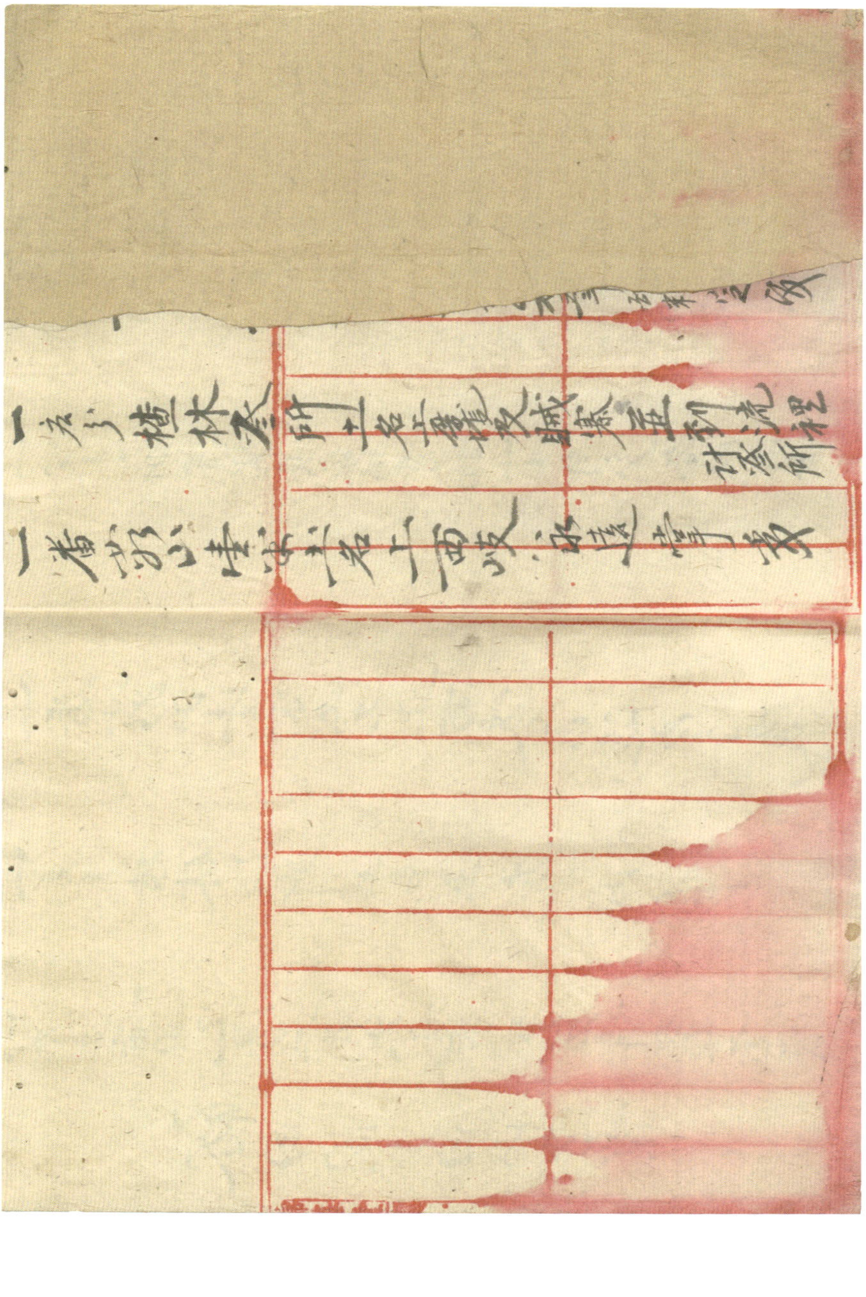

5-7-2-3　民國十七年鄭裕桂等立鬮書（三）

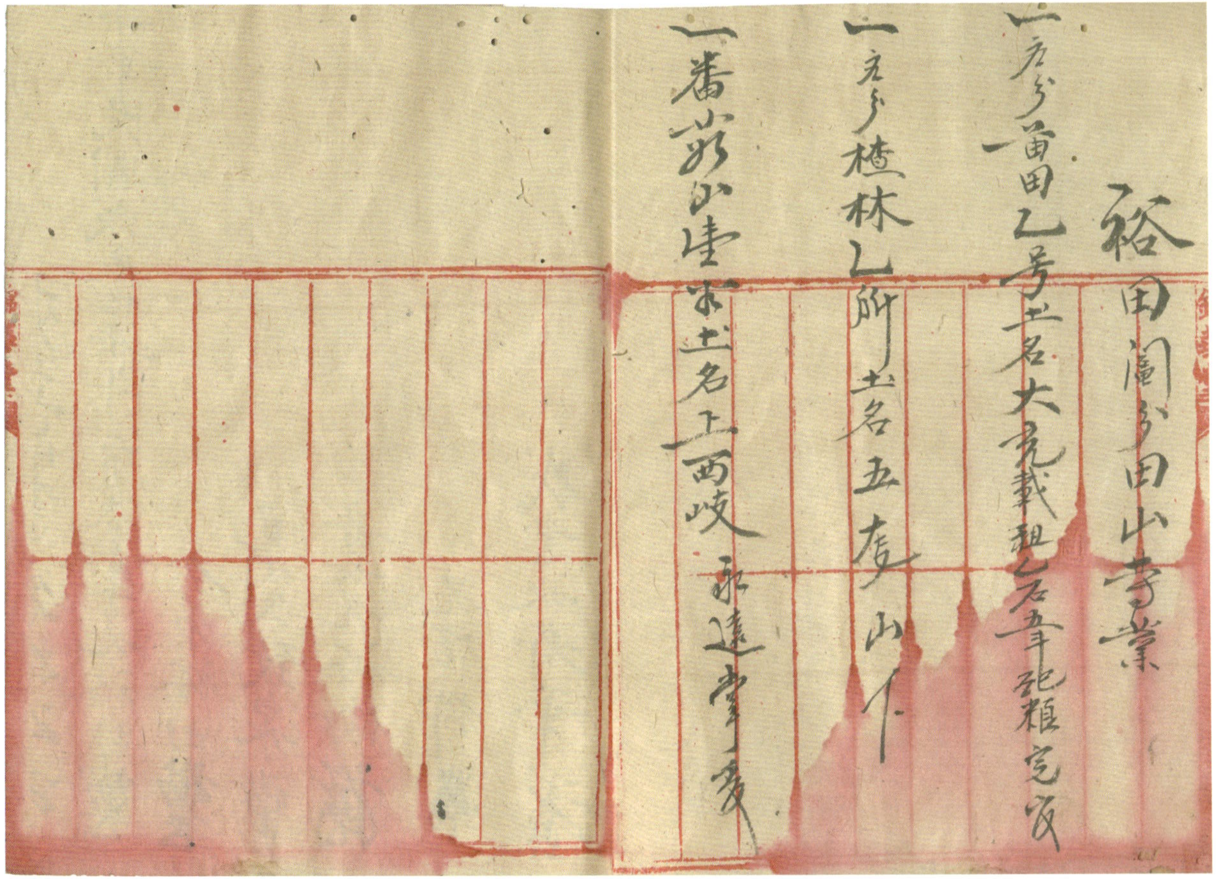
裕田鬮分田山等業
一房分畨田乙号土名大丸載租乙石五斗租粗完成
一房分植林乙所土名五虎山下
一畨嶺山埋米土名上西岐 永遠掌受

5-7-2-4　民國十七年鄭裕桂等立鬮書（四）

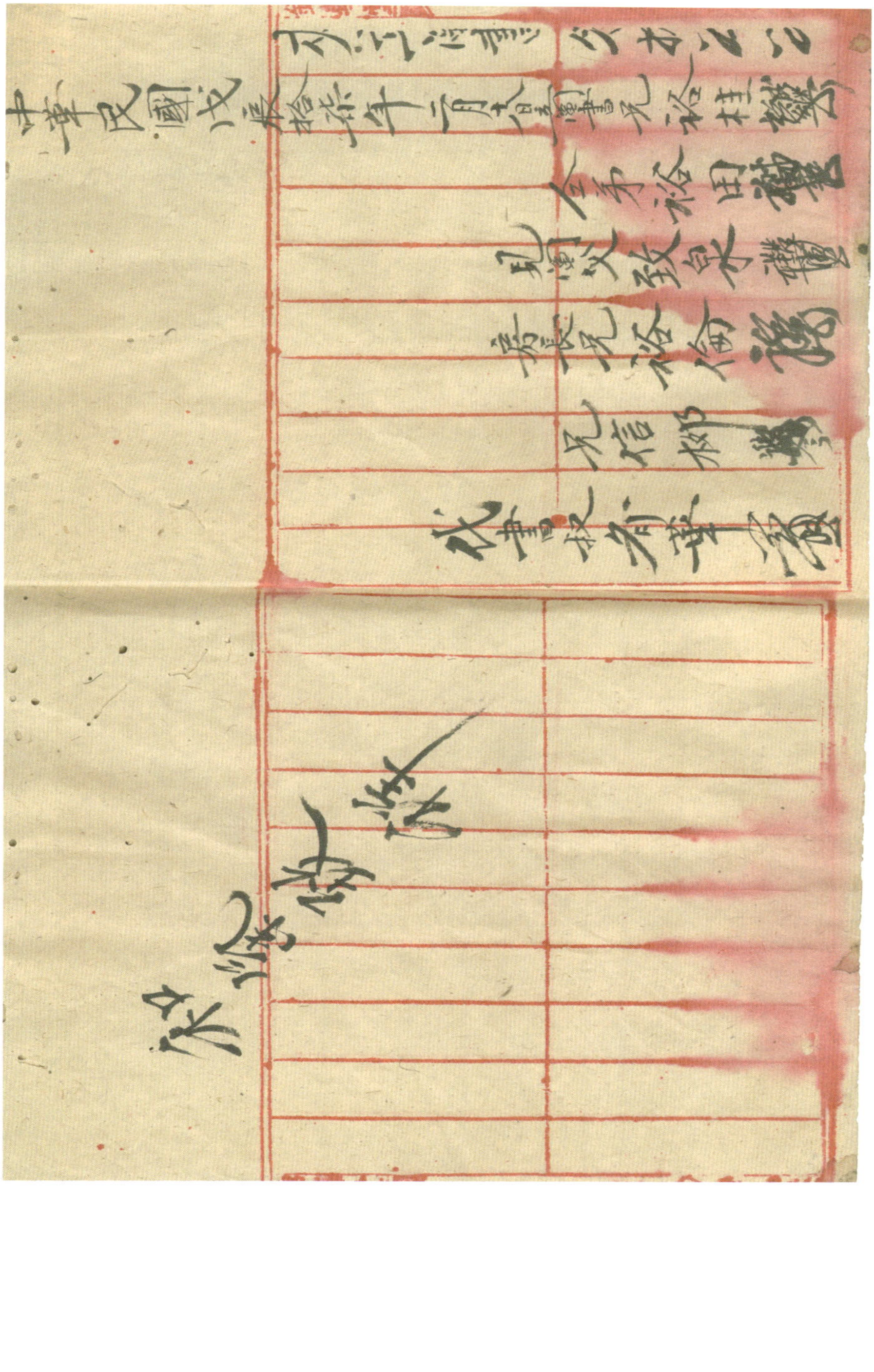

5-7-2-5　民國十七年鄭裕桂等立鬮書（五）

5-7-2-6　民國十七年鄭裕桂等立鬮書（六）

5-7-2-7　民國十七年鄭裕樁等立鬮書（七）

5-7-2-8　民國十七年鄭裕桂等立鬮書（八）

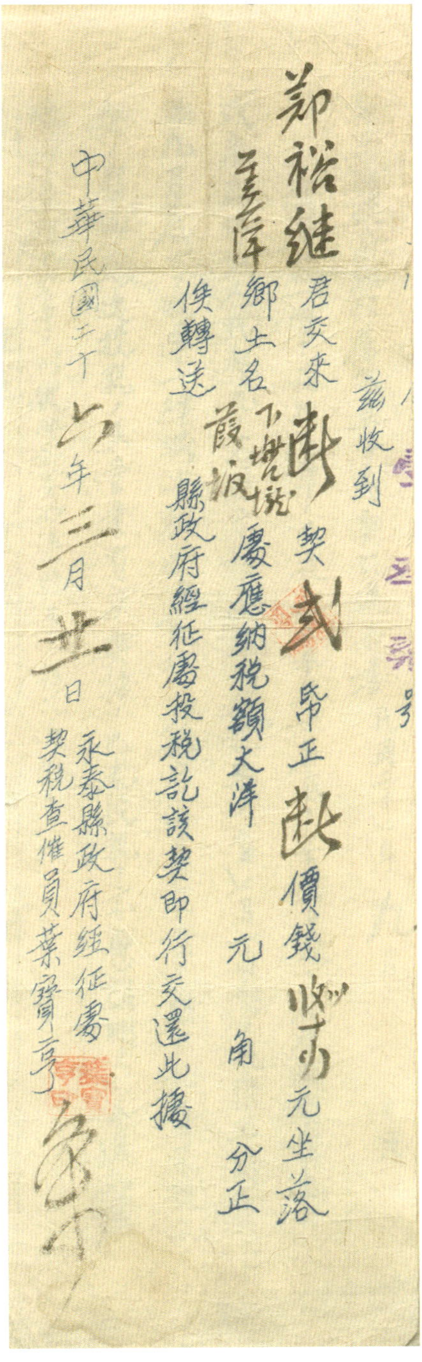

茲收到

鄭裕繼君交來断契弍帋正断價錢陸拾元坐落

蓋洋鄉土名下塔垅葭坂處應納稅額大洋　元　角　分正

俟轉送

縣政府經征處投稅訖該契即行交還此據

中華民國二十六年三月廿日

永泰縣政府經征處

契稅查催員葉寶亭

5-7-3-1　民國二十六年三月鄭裕繼户契稅收據

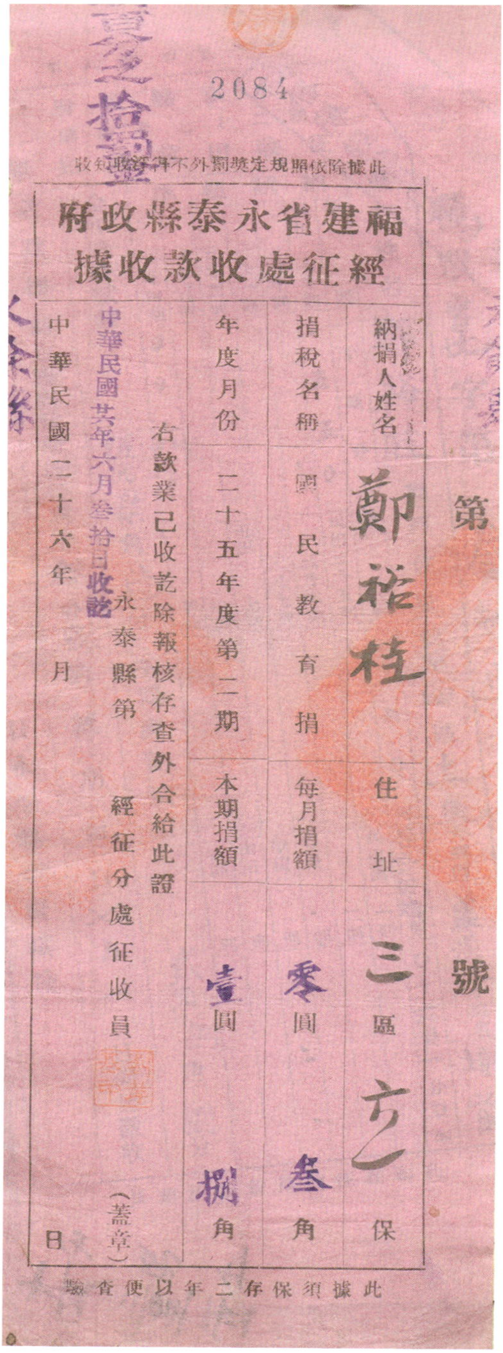

2084

此據除依照規定獎罰外不許浮收短收

福建省永泰縣政府
經征處收款收據

第　　號

納捐人姓名	鄭裕桂	
住址	三區六保	
捐稅名稱	國民教育捐	
每月捐額	零圓叁角	
年度月份	二十五年度第二期	
本期捐額	壹圓捌角	

右款業已收訖除報核存查外合給此證

永泰縣第　　經征分處征收員　　（蓋章）

中華民國廿六年六月叁拾日收訖

中華民國二十六年　　月　　日

此據須保存二年以便查驗

5-7-3-2　民國二十六年六月鄭裕桂户經徵處收款收據

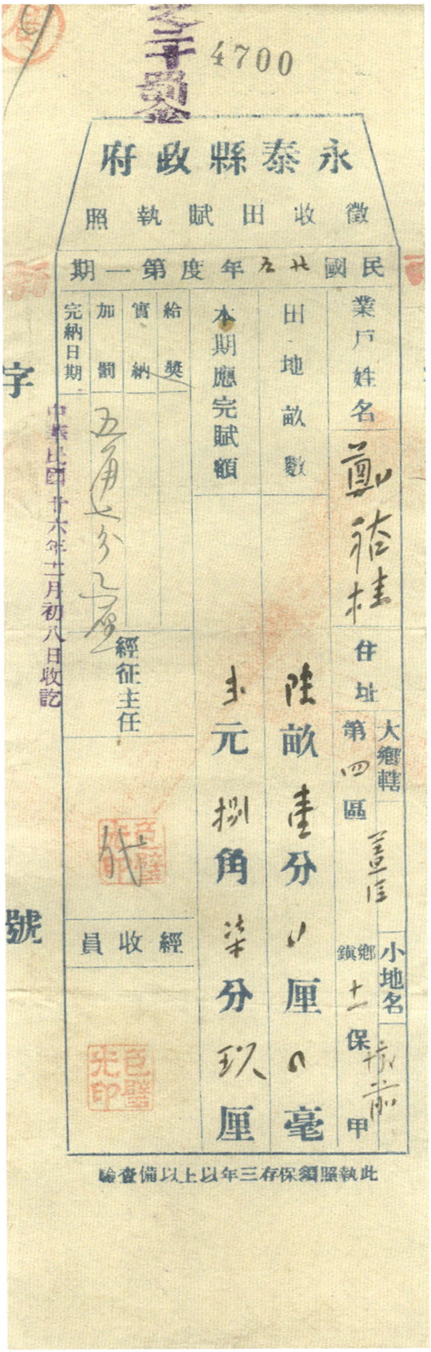

4700

永泰縣政府

徵收田賦執照

民國廿六年度第一期

業户姓名	田地畝數	本期應完賦額	給獎	實納	加罰	完納日期
鄭裕桂	陸畝叁分〡釐〇毫	壹元捌角柒分玖釐		[illegible]		中華民國二十六年十一月初八日收訖

住址：第四區 大鄉轄 蓋洋 鄉鎮 十一保 小地名 [illegible] 甲

經征主任

經收員

此執照須保存三年以上以備查驗

字 號

5-7-3-3　民國二十六年十一月鄭裕桂户徵收田賦執照（一）

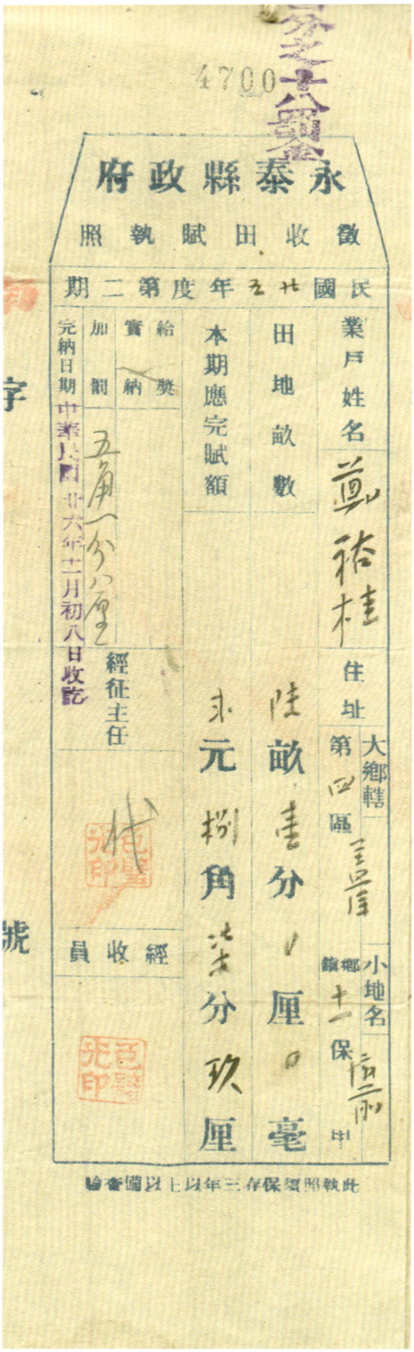

4700

永泰縣政府

徵收田賦執照

民國廿五年度第二期

業户姓名	鄭裕桂
住址	第四區 王崖 大鄉轄 　十一保 恒和 小地名 鄉鎮
田地畝數	陸畝壹分〇釐〇毫
本期應完賦額	求元捌角柒分玖釐
給獎	
實納	
加罰	五角一分八厘
完納日期	中華民國廿六年十一月初八日收訖
經征主任	
經收員	

此執照須保存三年以上以備查驗

5-7-3-4　民國二十六年十一月鄭裕桂户徵收田賦執照（二）

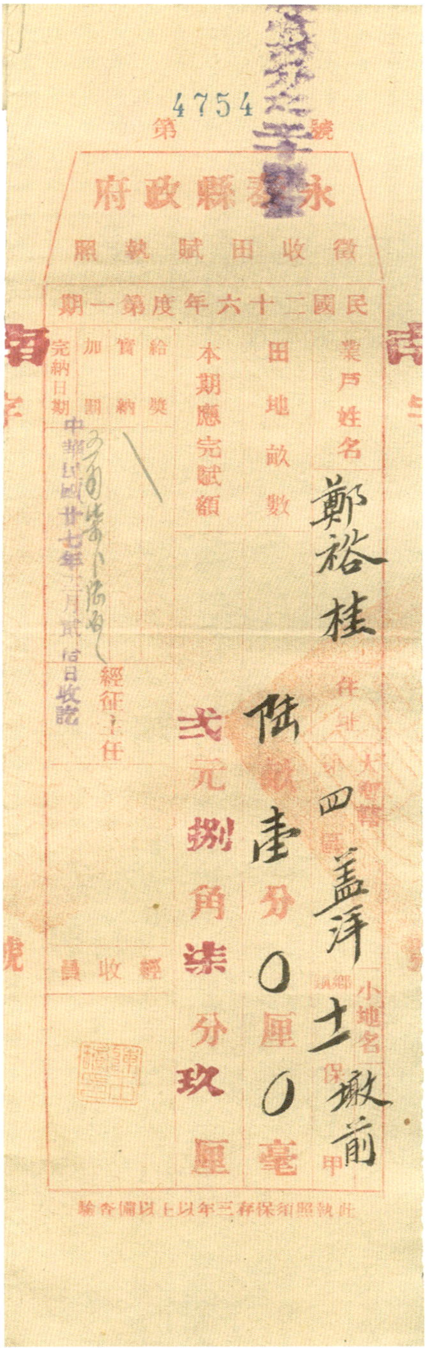

第4754號

永泰縣政府

徵收田賦執照

民國二十六年度第一期

業戶姓名 鄭裕桂

住址 大樟轄 四區 蓋洋 鄉鎮 保 甲

小地名 土墩前

田地畝數 陸畝壹分〇厘〇毫

本期應完賦額 弍元捌角柒分玖厘

給獎

實納

加罰

完納日期 中華民國廿七年十二月貳拾日收訖

經征主任

經收員

此執照須保存三年以上以備查驗

5-7-3-5　民國二十七年十二月鄭裕桂户徵收田賦執照（一）

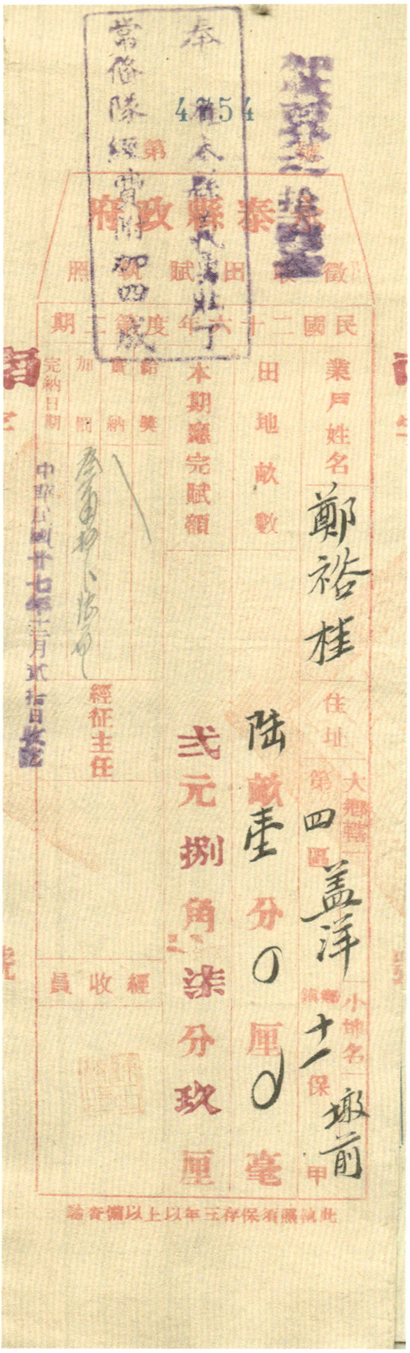
永泰縣政府
徵收田賦執照
民國二十六年度第二期
4454
業戶姓名 鄭裕桂
田地畝數 陆畝壹分〇厘〇毫
本期應完賦額 弍元捌角柒分玖厘
住址 第四區 蓋洋 鄉鎮 十八 保 墩前 甲
經征主任
經收員
完納日期 中華民國廿七年十二月貳拾日收訖
此執照須保存三年以上以備查驗

5-7-3-6　民國二十七年十二月鄭裕桂户徵收田賦執照（二）

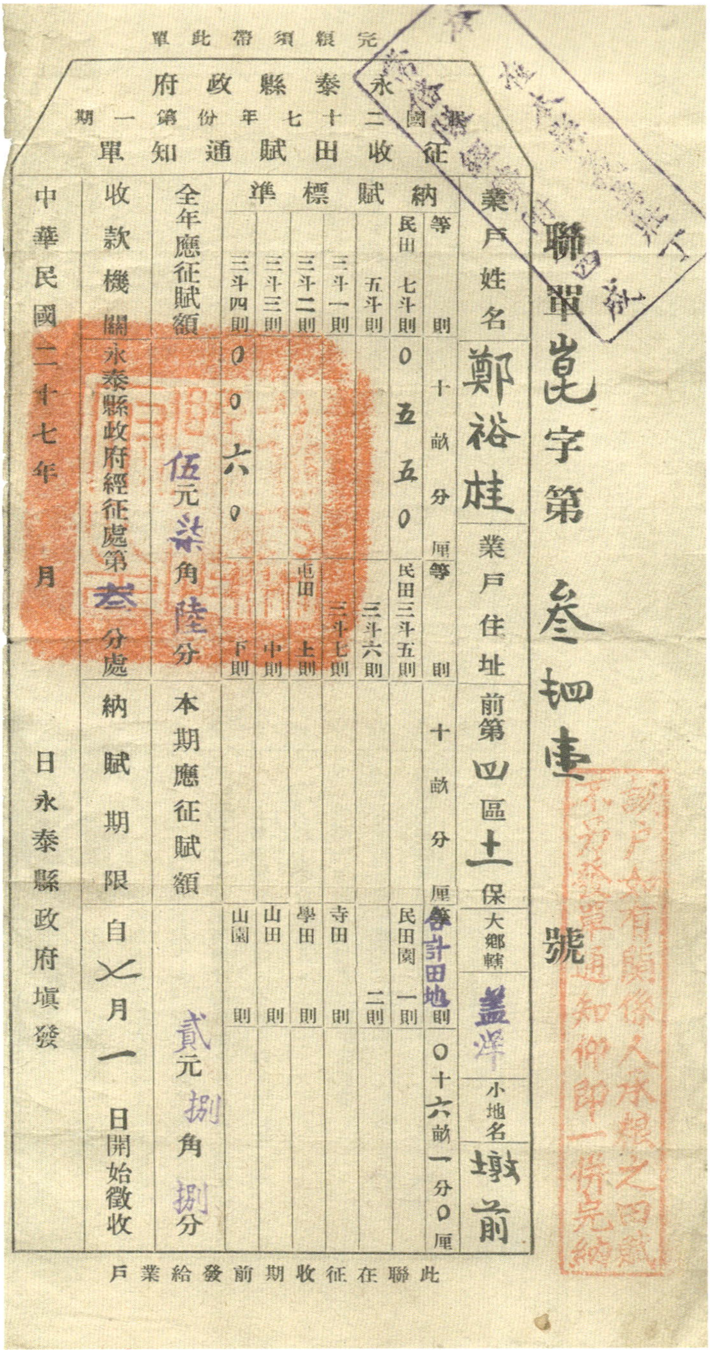

完糧須帶此單

永泰縣政府

民國二十七年份第一期

征收田賦通知單

聯單崑字第叁卌連號

業戶姓名：鄭裕桂

業戶住址：前第四區十一保 大鄉鎮：蓋洋 小地名：墩前

納賦標準

等則	十畝分厘	等則	十畝分厘	等則	十畝分厘
民田七斗則	〇五五〇	民田三斗五則		民田園一則	
五斗則		三斗六則		二則	
三斗一則		三斗七則		寺田則	
三斗二則		屯田上則		學田則	
三斗三則		中則		山田則	
三斗四則	〇〇六〇	下則		山園則	

合計田地 〇十六畝一分〇厘

全年應征賦額：伍元柒角陸分

本期應征賦額：貳元捌角捌分

收款機關：永泰縣政府經征處第叁分處

納賦期限：自七月一日開始徵收

中華民國二十七年　月　日永泰縣政府塡發

此聯在征收期前發給業戶

該戶如有關係人承粮之田賦不另發單通知仰即一併完納

5-7-3-7　民國二十七年鄭裕桂户徵收田賦通知單

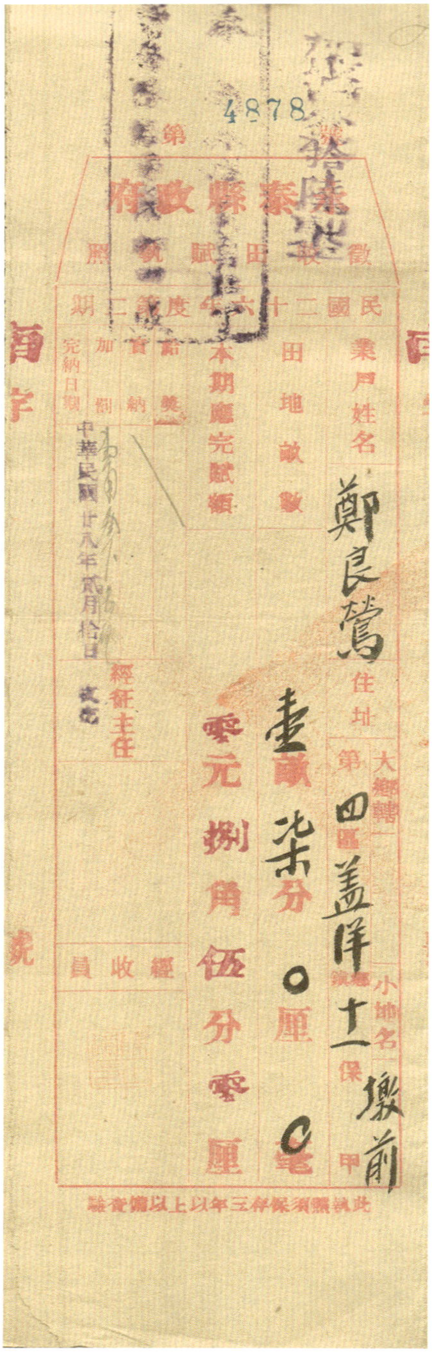

第 4878 號

永泰縣政府

徵收田賦執照

民國二十八年度第二期

業户姓名 鄭良鶯 住址

大鄉鎮 第四區 盖洋 小地名 坂前 十二保 甲

田地畝數 壹畝柒分〇厘〇毫

本期應完賦額 零元捌角伍分零厘

節費

實納

加罰

完納日期 中華民國廿八年貳月拾日

經征主任

經收員

此執照須保存三年以上以備查驗

5-7-3-8　民國二十八年二月鄭良鶯户徵收田賦執照(一)

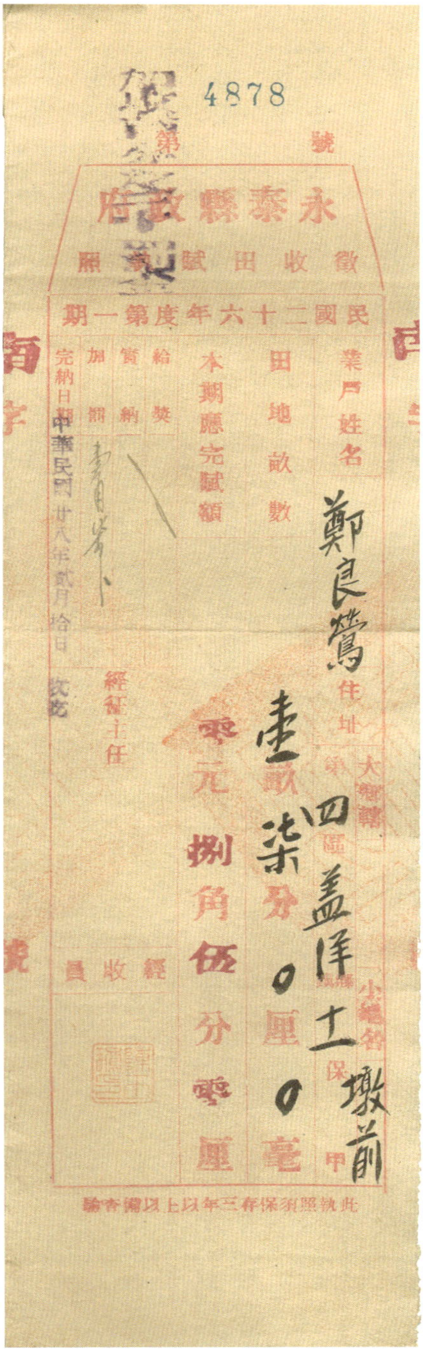
4878

第 號

永泰縣政府

徵收田賦執照

民國二十六年度第一期

業戶姓名 鄭良鶯

住址 大樟轄 四區 蓋洋鄉（鎮） 小地名 土墩前 保 甲

田地畝數 壹畝柒分0厘0毫

本期應完賦額 零元捌角伍分零厘

給獎

實納

加罰

完納日期 中華民國廿八年貳月拾日 收訖

經征主任

經收員

此執照須保存三年以上以備查驗

5-7-3-9　民國二十八年二月鄭良鶯户徵收田賦執照（二）

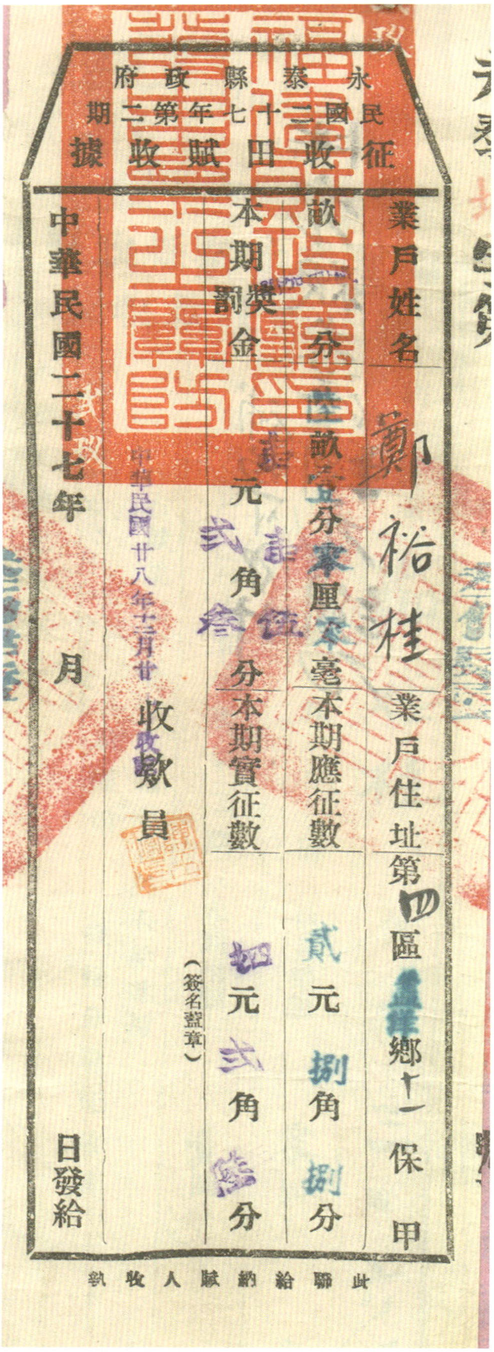
永泰縣政府
民國二十七年第二期
征收田賦收據

業戶姓名 鄭裕桂
業戶住址第四區　鄉十一保　甲
畝分　畝　分　厘　毫　本期應征數 貳元捌角捌分
本期獎罰金　元式角叁分　本期實征數　元式角　分
中華民國二十七年　月　日發給
中華民國廿八年十二月廿
收款員
（簽名蓋章）
此聯給納賦人收執

5-7-3-10　民國二十八年十二月鄭裕桂户徵收田賦收據（一）

永泰縣政府
民國二十七年第一期
征收田賦收據

業戶姓名 鄭裕桂
業戶住址 第四區盖洋鄉十一保 甲
征收畝分 畝 分 畝 分零釐零毫
本期應征數 弍元捌角捌分
田本期獎罰金 元 角 分
本期實征數 四元弍角 分
收欵員（簽名蓋章）
中華民國二十柒年 月 日發給
此聯給納賦人收執

5-7-3-11　民國二十八年十二月鄭裕桂户徵收田賦收據（二）

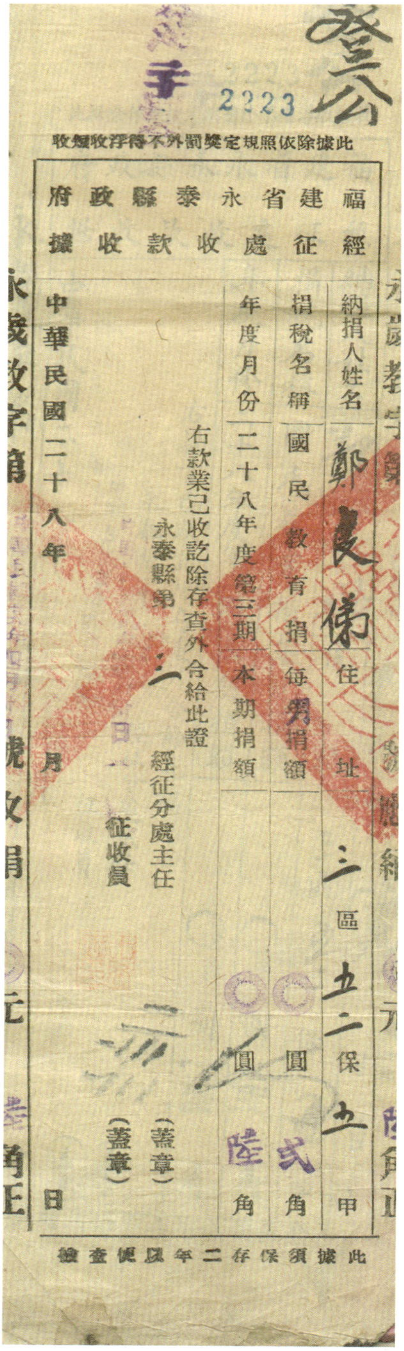

登公

2223

此據除依照規定獎罰外不得浮收短收

福建省永泰縣政府
經征處收款收據

納捐人姓名	鄭良俤　住址　三區五二保五甲
捐稅名稱	國民教育捐　每月捐額　　圓弍角
年度月份	二十八年度第三期　本期捐額　　圓陸角

右款業已收訖除存查外合給此證

永泰縣第三經征分處主任（蓋章）

征收員（蓋章）

中華民國二十八年　月　日

此據須保存二年以便查驗

5-7-3-12　民國二十九年四月鄭良俤户納捐收據

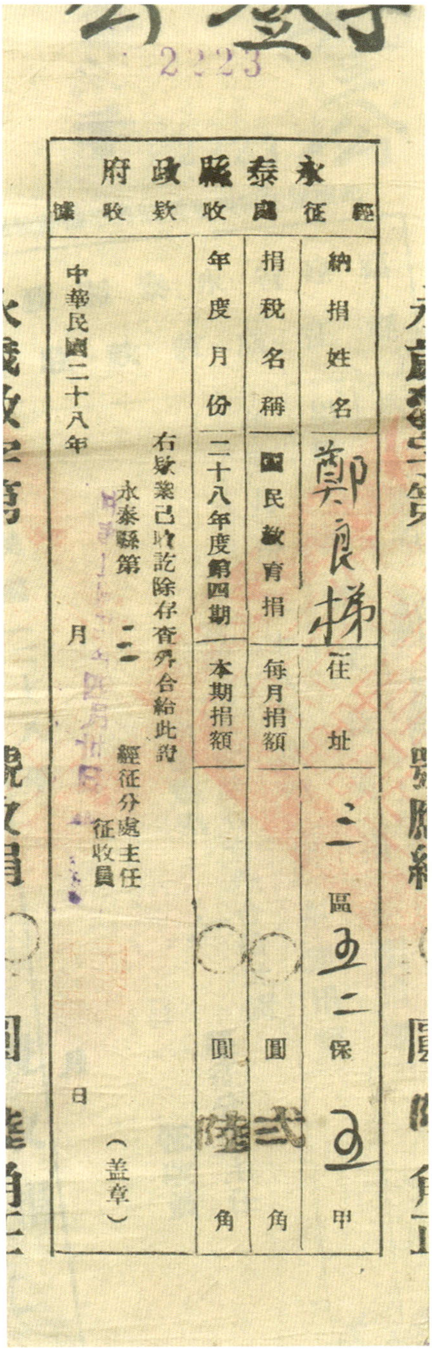
2223

永泰縣政府
經征處收款收據

納捐姓名	鄭良梯
住址	二區五二保五甲
捐稅名稱	國民教育捐
每月捐額	圓貳角
年度月份	二十八年度第四期
本期捐額	圓陸角

右款業已收訖除存查外合給此證

永泰縣第二區經征分處主任 征收員 （蓋章）

中華民國二十八年 月 日

5-7-3-13　民國二十九年四月鄭良梯户納捐收據（一）

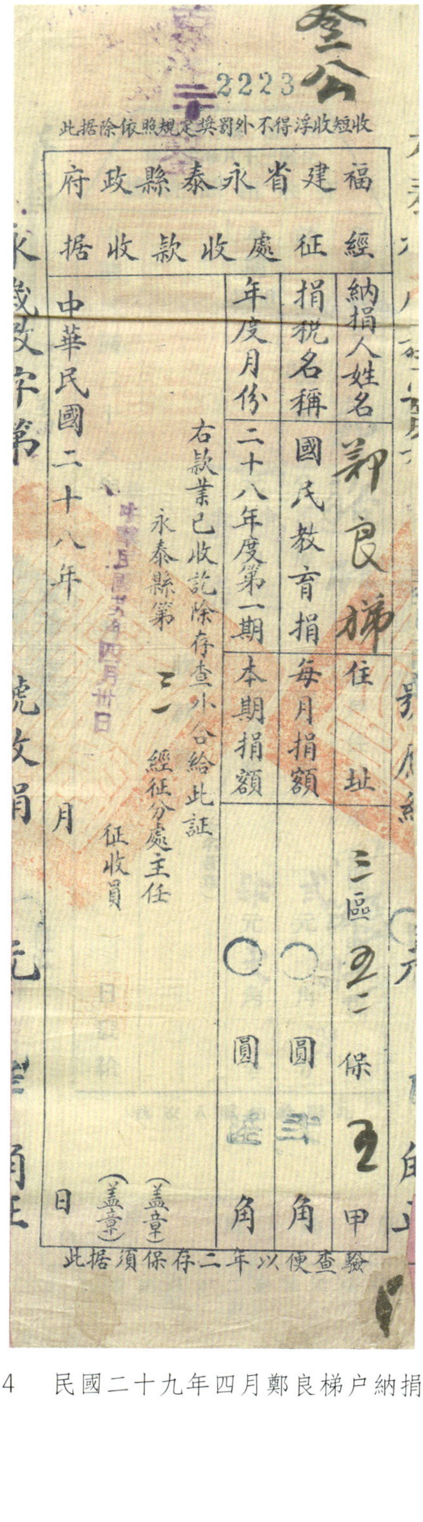

叁公

2223

此据除依照規定奬罰外不得浮收短收

福建省永泰縣政府

經征處收款收据

納捐人姓名	鄭良梯
住址	三區五二保五甲
捐税名稱	國民教育捐
每月捐額	○圓叁角
年度月份	二十八年度第一期
本期捐額	○圓陸角

右款業已收訖除存查外合給此証

永泰縣第 三 經征分處主任（蓋章）

征收員（蓋章）

中華民國二十八年　月　日

中華民國廿九年四月廿日

此据須保存二年以便查驗

5-7-3-14　民國二十九年四月鄭良梯户納捐收據（二）

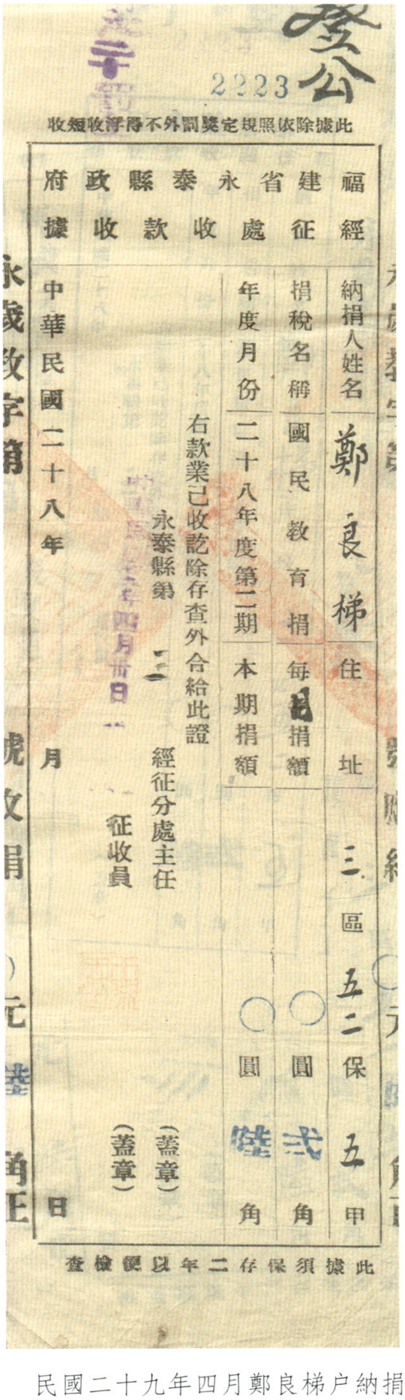
公娄
2223
此據除依照規定獎罰外不得浮收短收

福建省永泰縣政府
經征處收款收據

納捐人姓名	鄭良梯
住址	三區五二保五甲
捐税名稱	國民教育捐
每月捐額	○圓弍角
年度月份	二十八年度第二期
本期捐額	○圓陸角

右款業已收訖除存查外合給此證

永泰縣第三經征分處主任（蓋章）

征收員（蓋章）

二十九年四月廿日

中華民國二十八年　月　日

此據須保存二年以便檢查

5-7-3-15　民國二十九年四月鄭良梯户納捐收據（三）

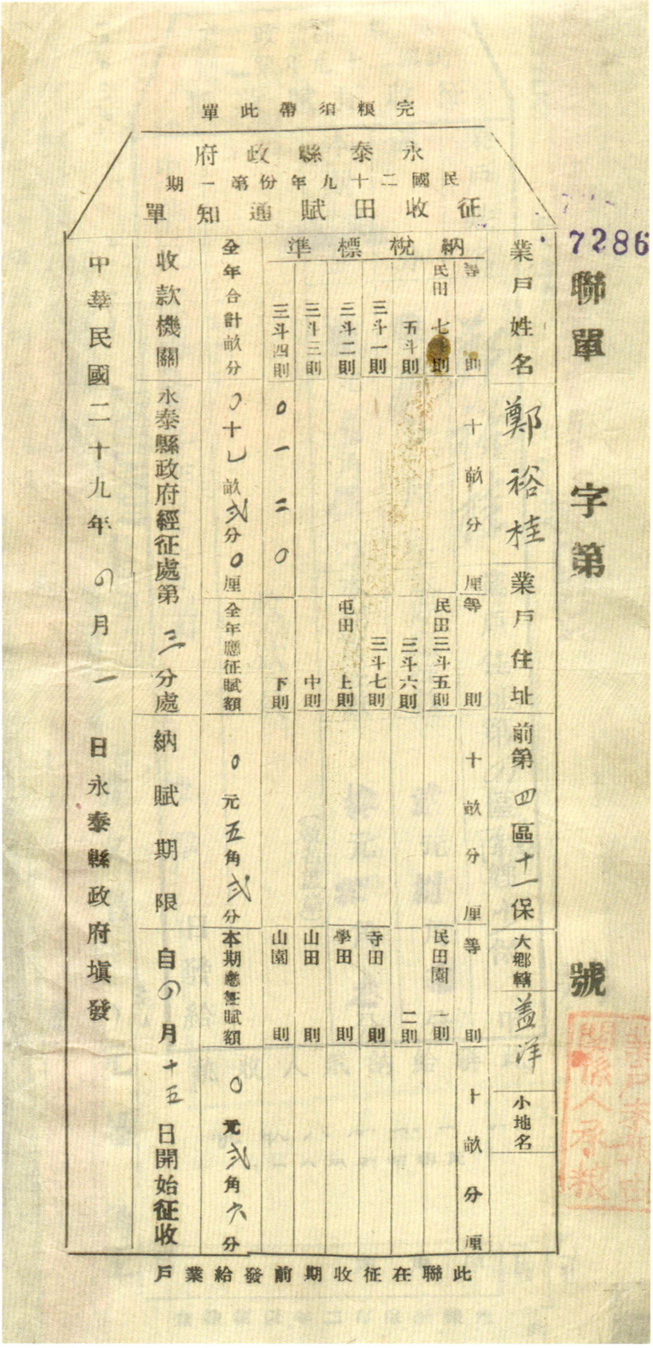

完糧須帶此單

永泰縣政府
民國二十九年份第一期
征收田賦通知單

7286
聯單　字第　號

業戶姓名：鄭裕桂
業戶住址：前第四區十一保大鄉轄盖洋
小地名

納稅標準：
等則：十畝分厘；等則：十畝分厘等；則：十畝分厘
民田七則、五斗則、三斗一則、三斗二則、三斗三則、三斗四則：0一二0
民田三斗五則、三斗六則、三斗七則、屯田上則、中則、下則
民田園一則、二則、寺田則、學田則、山田則、山園則

全年合計畝分：0十七畝弍分0厘
全年應征賦額：0元五角弍分
本期應征賦額：0元弍角六分

收款機關：永泰縣政府經征處第三分處
納賦期限：自四月十五日開始征收

中華民國二十九年四月一日永泰縣政府填發

此聯在征收期前發給業戶

5-7-3-16　民國二十九年四月鄭裕桂户徵收田賦通知單

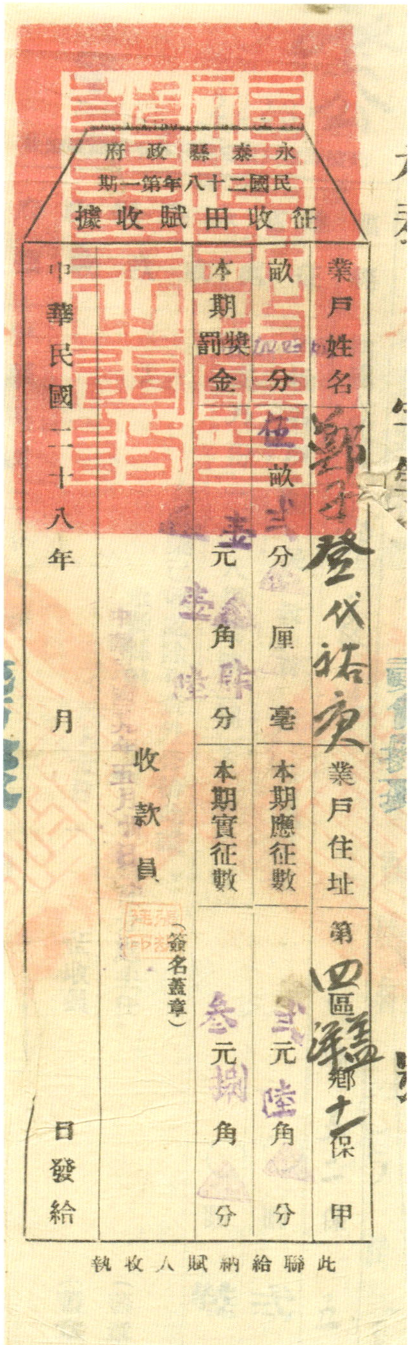
永泰縣政府
民國二十八年第一期
征收田賦收據

業戶姓名 鄭子登代裕庚
業戶住址 第四區洋[illegible]鄉十保 甲
畝分 伍畝三分 厘 毫
本期應征數 式元陸角 分
本期罰奬金 壹元 角 分
本期實征數 叁元捌角 分
收款員 （簽名蓋章）
中華民國二十八年 月 日發給
此聯給納賦人收執

5-7-3-17　民國二十九年五月鄭子登代鄭裕庚户徵收田賦收據（一）

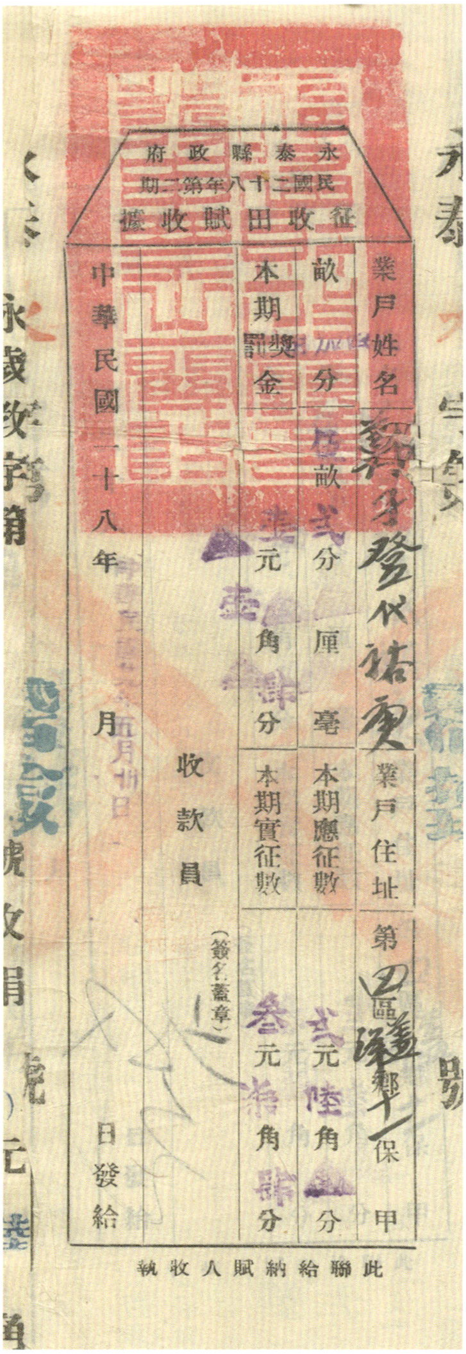

永泰縣政府
民國二十八年第二期
徵收田賦收據

業戶姓名	鄭子登代裕庚
畝分	畝 分 釐 毫
本期獎金	元 角 分
業戶住址	第四區 鄉 保 甲
本期應征數	弍元陸角 分
本期實征數	叁元 角 分

收款員（簽名蓋章）

中華民國二十八年 月 日發給

此聯給納賦人收執

5-7-3-18　民國二十九年五月鄭子登代鄭裕庚户徵收田賦收據（二）

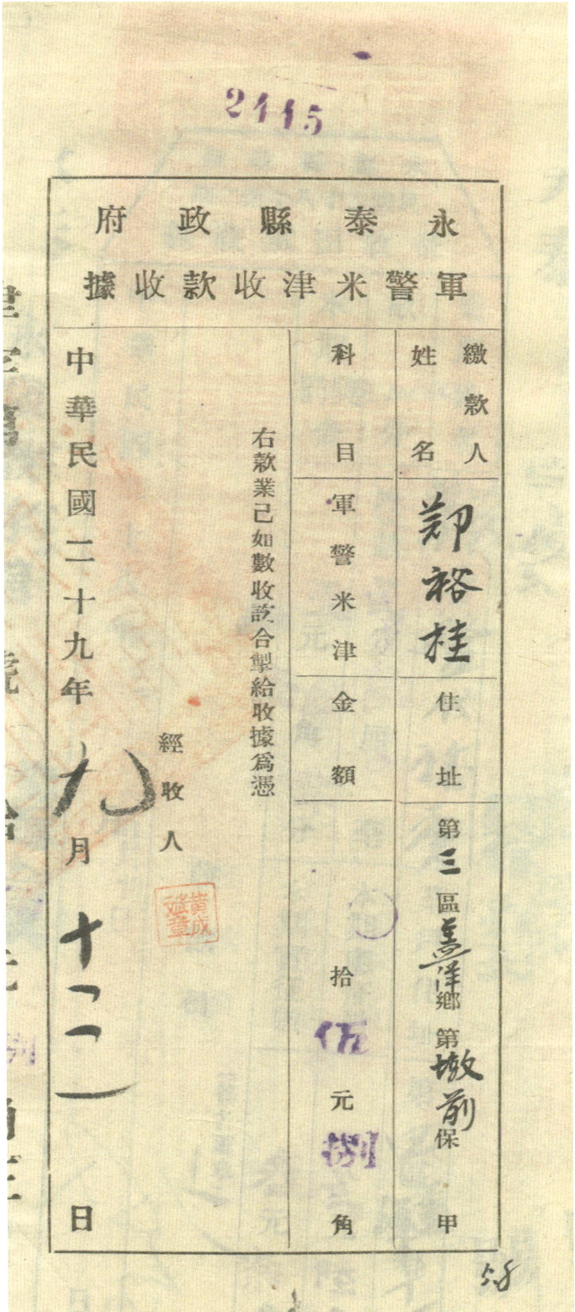

2115

永泰縣政府

軍警米津收款收據

繳款人姓名	鄭裕桂
住址	第三區盖洋鄉第墩前保　甲
科目	軍警米津
金額	拾伍元捌角

右款業已如數收訖合製給收據爲憑

經收人

中華民國二十九年九月十二日

58

5-7-3-19　民國二十九年九月鄭裕桂户軍警米津收款收據

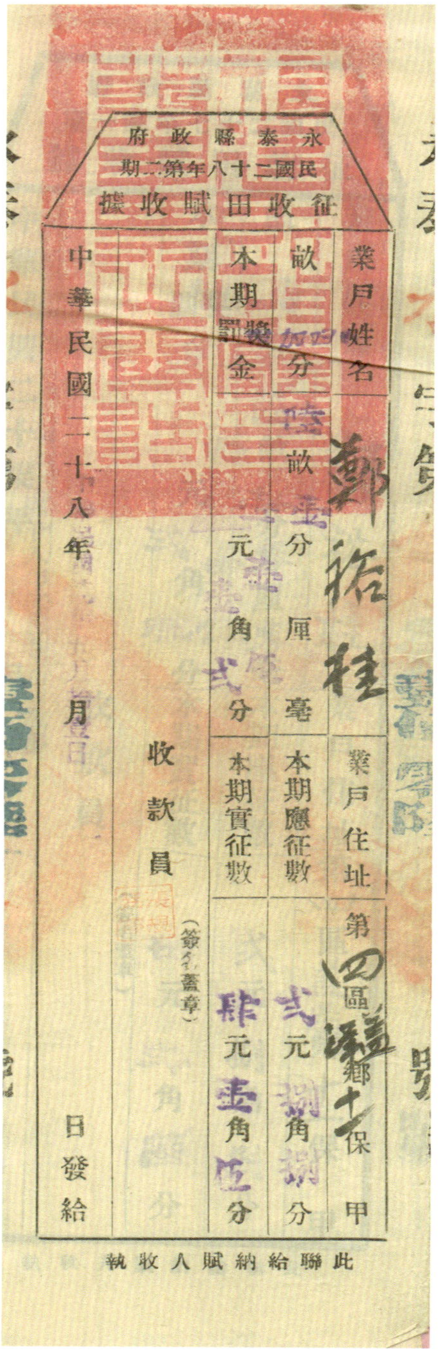
永泰縣政府
民國二十八年第二期
征收田賦收據

業戶姓名 鄭裕桂
畝分 陸畝 壹分 厘 毫
本期罰款金 元 壹角 式分
業戶住址 第四區 鄉 十保 甲
本期應征數 式元 捌角 捌分
本期實征數 肆元 壹角 伍分
收款員 （簽名蓋章）
中華民國二十八年 月 日發給
此聯給納賦人收執

5-7-3-20　民國二十九年五月鄭裕桂户徵收田賦收據

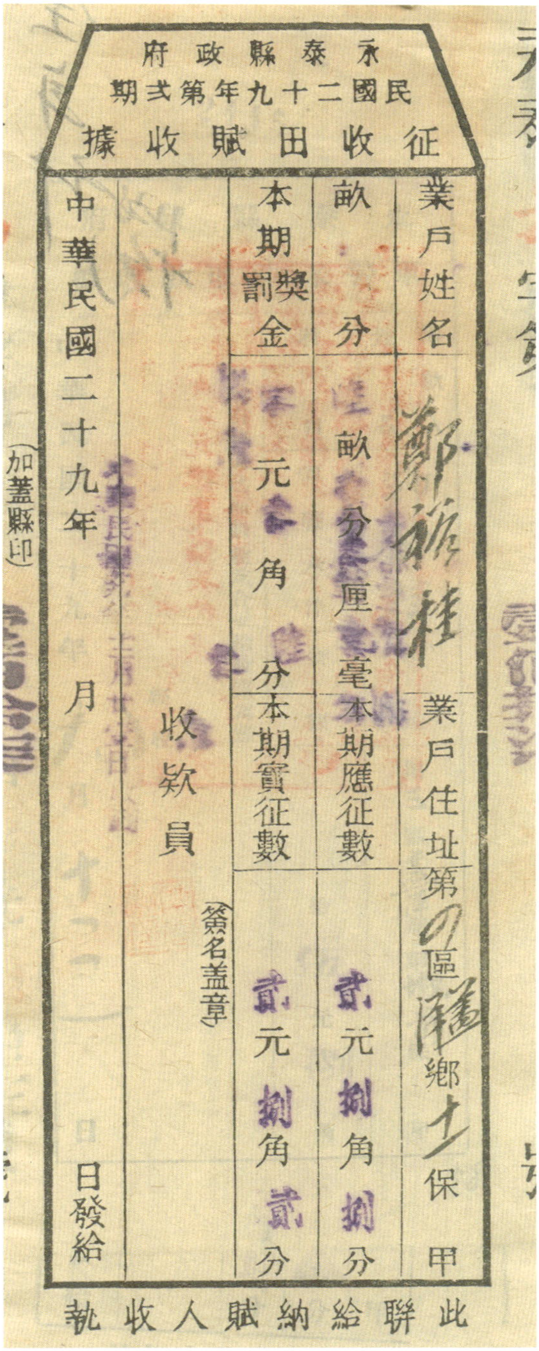

永泰縣政府
民國二十九年第弍期
征收田賦收據

業戶姓名 鄭裕桂
業戶住址第の區[illegible]鄉十保 甲
畝分 畝 分 釐 毫
本期應征數 貳元捌角捌分
本期獎罰金 元 角 分
本期實征數 貳元捌角貳分
收款員（簽名蓋章）
中華民國二十九年 月 日發給
（加蓋縣印）
此聯給納賦人收執

5-7-3-21　民國二十九年十二月鄭裕桂户徵收田賦收據（一）

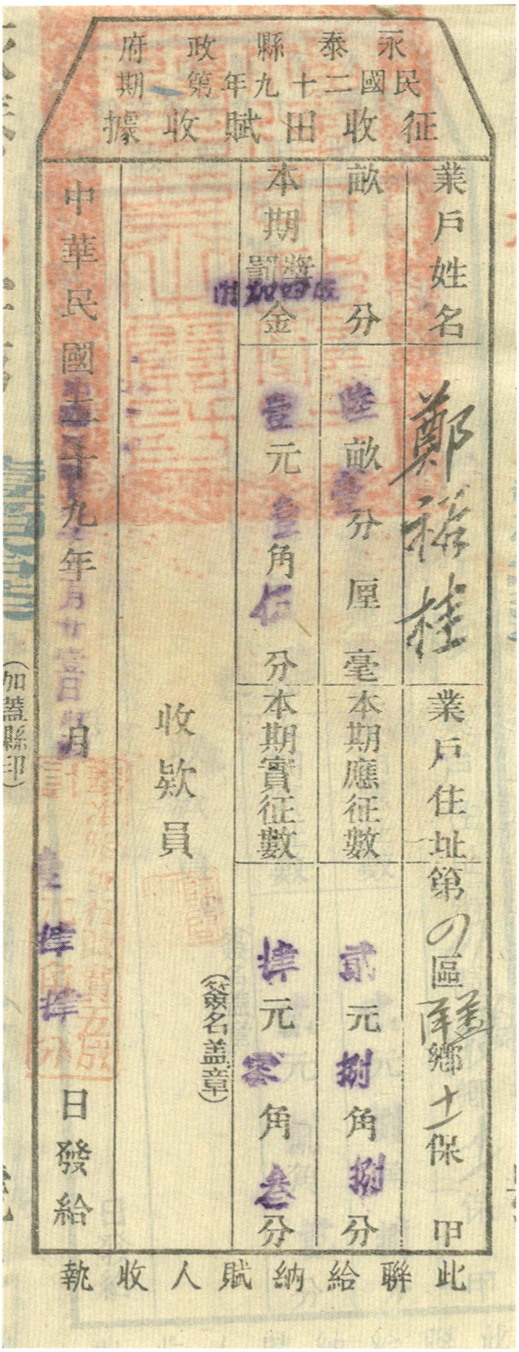

永泰縣政府
民國二十九年第一期
征收田賦收據

業戶姓名：鄭裕桂
畝分：陸畝壹分　厘　毫
本期罰獎金：壹元叁角伍分（附加四成）
業戶住址：第○區陳鄉十保　甲
本期應征數：貳元捌角捌分
本期實征數：肆元柒角叁分
收款員（簽名蓋章）
中華民國二十九年十二月廿壹日發給
（加蓋縣印）
此聯給納賦人收執

5-7-3-22　民國二十九年十二月鄭裕桂户徵收田賦收據（二）

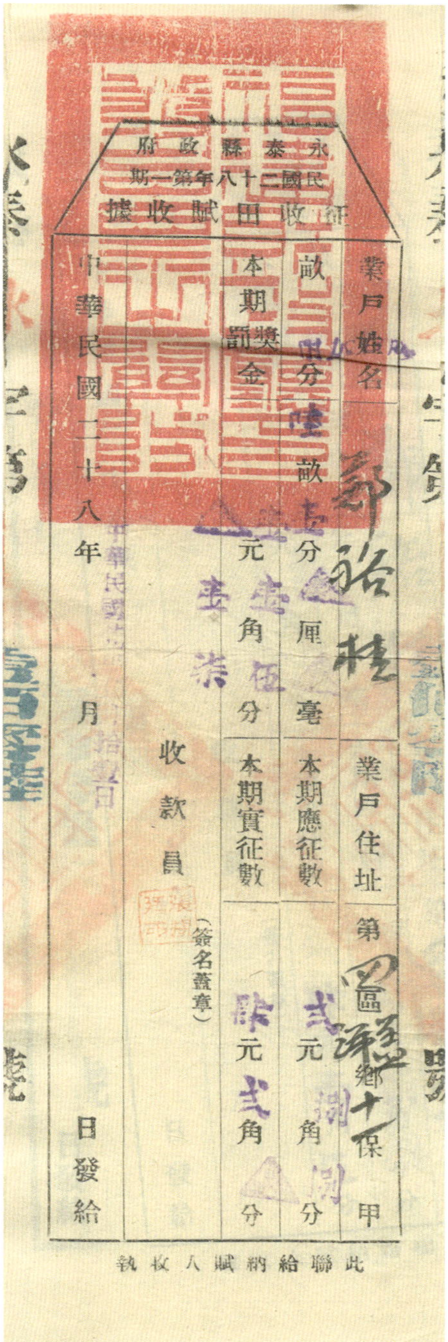

永泰縣政府
民國二十八年第一期
征收田賦收據

業户姓名 鄭裕桂

畝分 畝 分 厘 毫

本期奬罰金 元 角 分

業户住址 第 區 鄉 保 甲

本期應征數 元 角 分

本期實征數 元 角 分

收款員（簽名蓋章）

中華民國二十八年 月 日發給

此聯給納賦人收執

5-7-3-23　民國二十九年鄭裕桂户徵收田賦收據

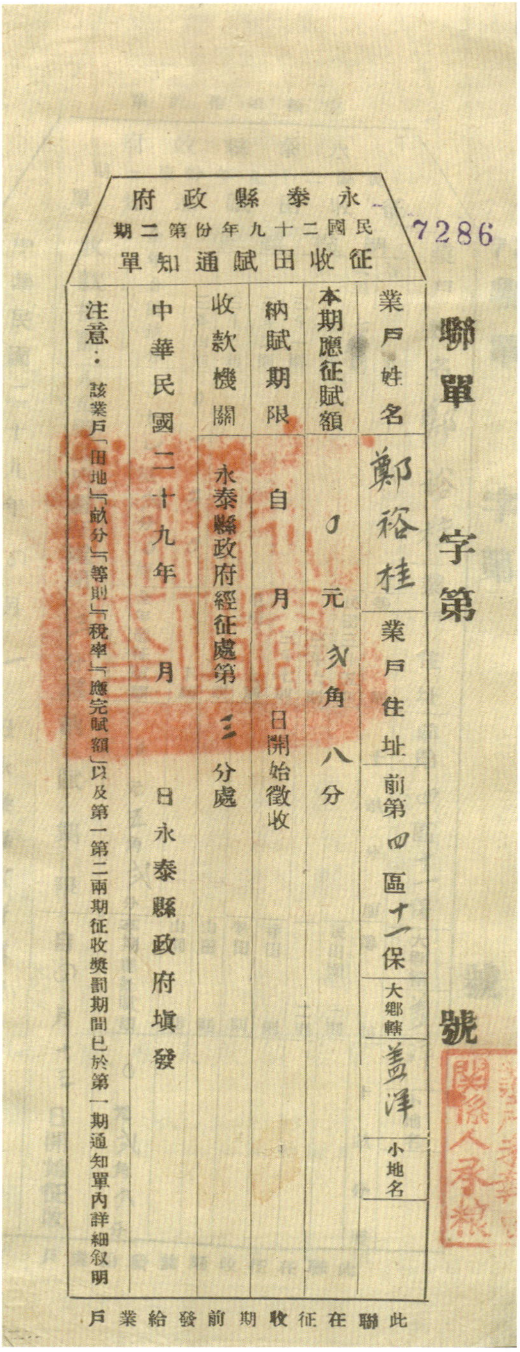
永泰縣政府

民國二十九年份第二期

征收田賦通知單

7286

聯單　字第　號

業戶姓名	業戶住址	本期應征賦額	納賦期限	收款機關
鄭裕桂	前第四區十一保 大鄉轄 盖洋 小地名	0元〤角八分	自　月　日開始徵收	永泰縣政府經征處第三分處

中華民國二十九年　月　日永泰縣政府填發

注意：該業戶「田地」「畝分」「等則」「稅率」「應完賦額」以及第一第二兩期征收獎罰期間已於第一期通知單內詳細敘明

此聯在征收期前發給業戶

5-7-3-24　民國二十九年鄭裕桂户徵收田賦通知單（一）

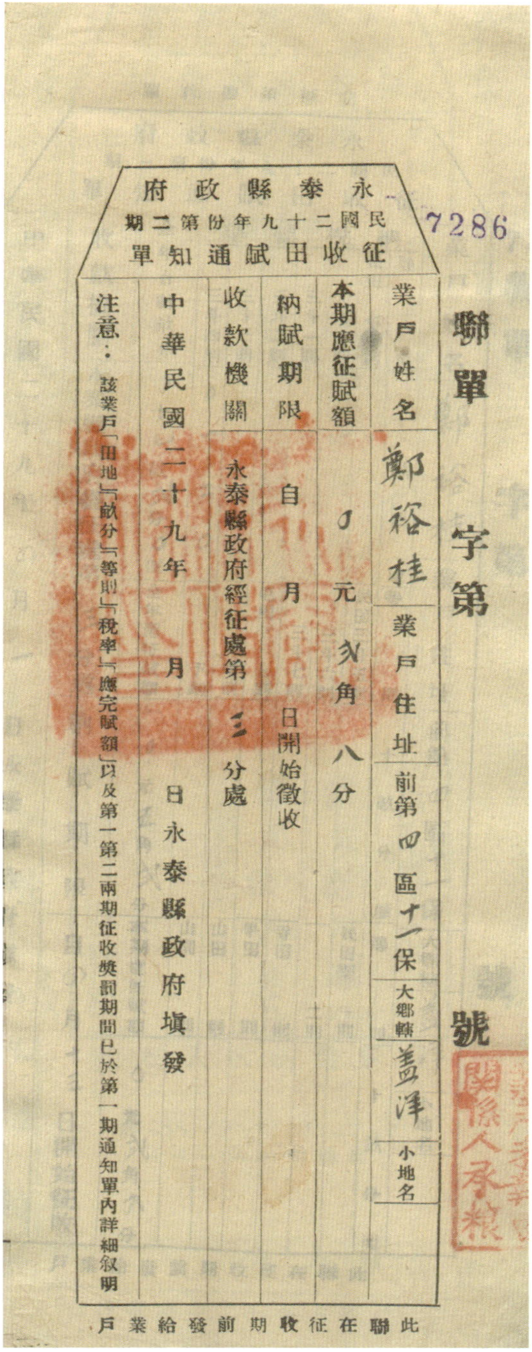
聯單 字第 號

7286

永泰縣政府

民國二十九年份第二期

征收田賦通知單

業戶姓名 鄭裕桂

業戶住址 前第四區十一保 大鄉轄 蓋洋 小地名

本期應征賦額 〇元叁角八分

納賦期限 自 月 日開始徵收

收款機關 永泰縣政府經征處第三分處

中華民國二十九年 月 日永泰縣政府填發

注意：該業戶「田地」「畝分」「等則」「稅率」「應完賦額」以及第一第二兩期征收獎罰期間已於第一期通知單內詳細敘明

此聯在征收期前發給業戶

關係人承糧

5-7-3-25 民國二十九年鄭裕桂户徵收田賦通知單（二）

復丈復核過怠金收據

復字第　號

永泰縣土地陳報辦事處今據業户鄭裕桂聲請復丈核第三區　鄉鎮

第108段第28號坐落塘前地方田地　坵公告地積計0畝

柒分遵照復丈復核規則繳納復丈核過怠金0元貳角合給

收據爲証　經收員　（蓋章）

中華民國卅年六月十六日

5-7-3-26　民國三十年六月鄭裕桂户復丈復核過怠金收據

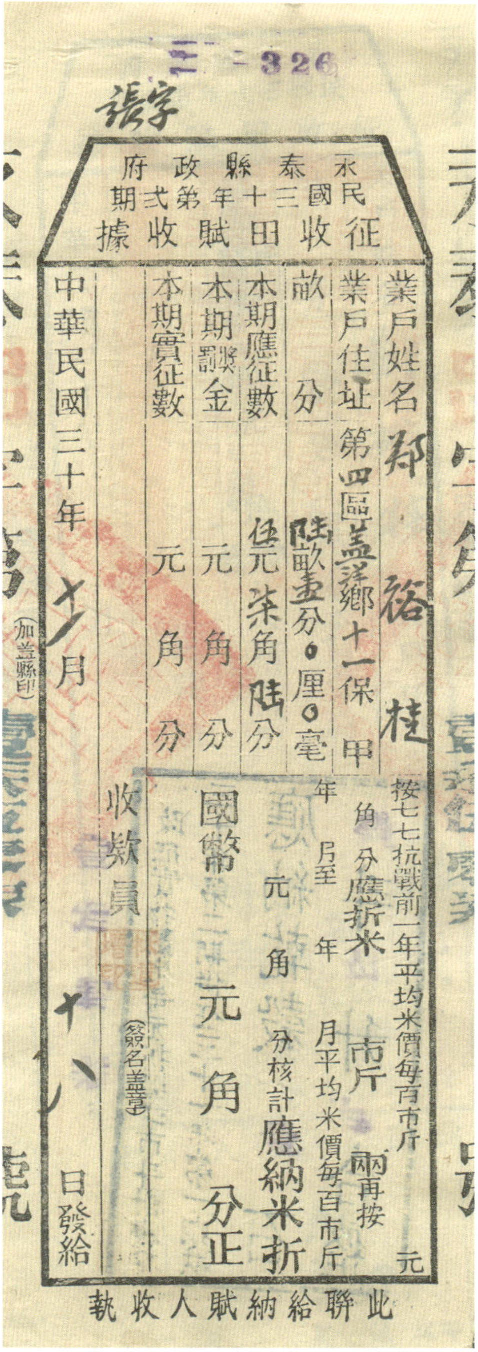

張字 326

永泰縣政府
民國三十年第弍期
征收田賦收據

業戶姓名 鄭 裕 桂
業戶住址 第四區蓋洋鄉十一保 甲
畝 分 陸畝壹分0厘0毫
本期應征數 伍元柒角陸分
本期罰金 元 角 分
本期實征數 元 角 分
中華民國三十年十一月十八日發給（加蓋縣印）
收款員（簽名蓋章）

按七七抗戰前一年平均米價每百市斤 元 角 分應折米 市斤 兩再按 年 月至 年 月平均米價每百市斤 元 角 分核計應納米折國幣 元 角 分正

此聯給納賦人收執

5-7-3-27　民國三十年十一月鄭裕桂户徵收田賦收據

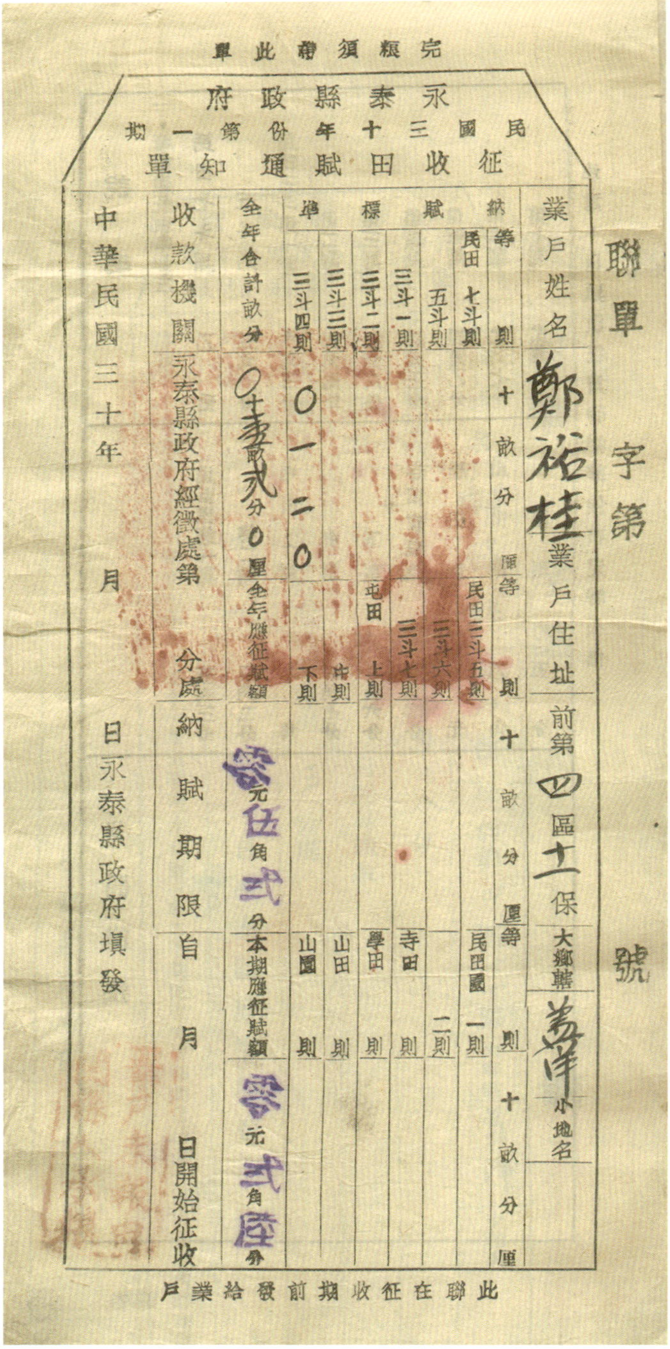
完糧須將此單

永泰縣政府

民國三十年份第一期

征收田賦通知單

聯單　字第　號

業戶姓名　鄭裕桂

業戶住址　前第四區十一保大鄉轄萬洋小地名

納賦標準

等　則　十　畝　分　厘
民田七斗則　五斗則　三斗一則　三斗二則　三斗三則　三斗四則
全年合計畝分　0十畝貳分0厘　0一二0

等　則　十　畝　分　厘
民田二斗五則　三斗六則　三斗七則　屯田上則　中則　下則
全年應征賦額　零元伍角弍分

等　則　十　畝　分　厘
民田園一則　二則　寺田則　學田則　山田則　山園則
本期應征賦額　零元弍角陸分

收款機關　永泰縣政府經徵處第　分處

納賦期限自　月　日開始征收

中華民國三十年　月　日永泰縣政府塡發

此聯在征收期前發給業戶

5-7-3-28　民國三十年鄭裕桂户徵收田賦通知單

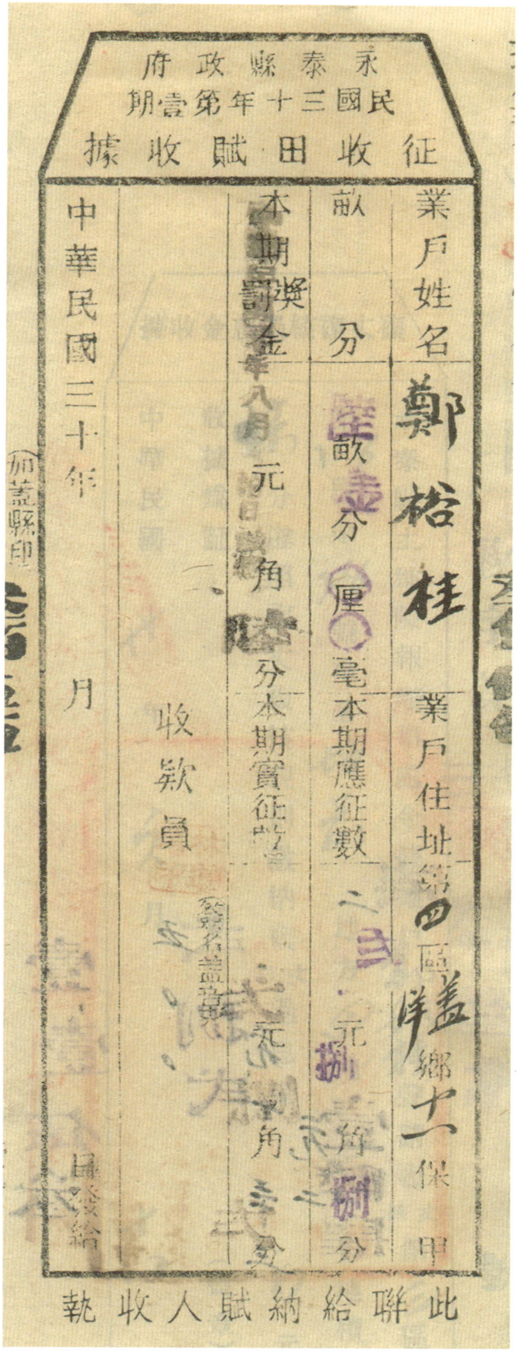

永泰縣政府
民國三十年第壹期
征收田賦收據

業戶姓名 鄭裕桂

畝分 畝 分 厘 毫

業戶住址第四區蓋洋鄉十一保 甲

本期應征數 元 角 分

本期奬罰金 元 角 分

本期實征數 元 角 分

收款員

中華民國三十年 月 日發給

加蓋縣印

此聯給納賦人收執

5-7-3-29　民國三十年鄭裕桂户徵收田賦收據

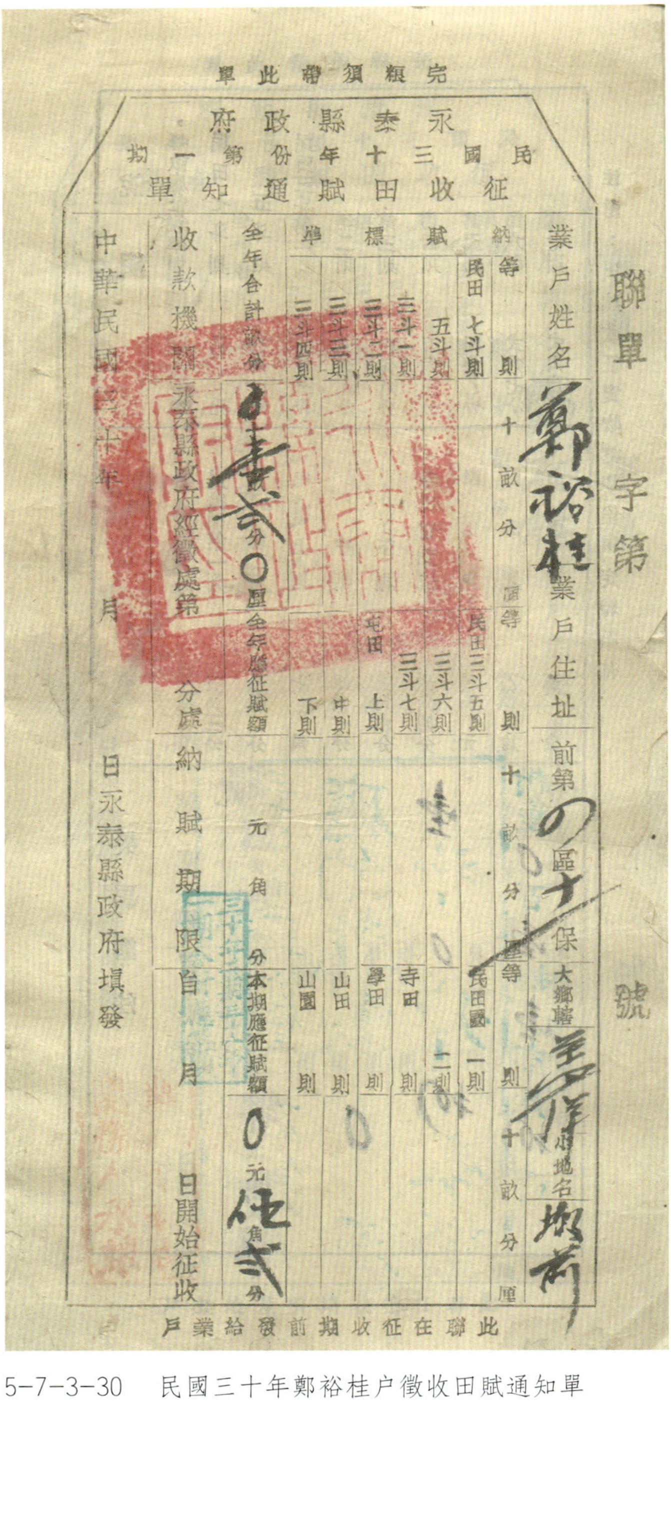

完糧須繳此單

永泰縣政府

民國三十年份第一期

征收田賦通知單

聯單　字第　號

業戶姓名　鄭裕桂

業戶住址　前第四區十保　大鄉轄 [illegible]　小地名 [illegible]

納等　則　十畝　分　釐

賦標準：民田七斗則、五斗則、三斗一則、三斗二則、三斗三則、三斗四則；民田三斗五則、三斗六則、三斗七則、屯田上則、中則、下則；民田園一則、二則、寺田則、學田則、山田則、山園則

全年合計畝分

全年應征賦額　元　角　分

本期應征賦額　元　角　分

收款機關　永泰縣政府經徵處第　分處

納賦期限自　月　日開始征收

中華民國三十年　月　日永泰縣政府填發

此聯在征收期前發給業戶

5-7-3-30　民國三十年鄭裕桂户徵收田賦通知單

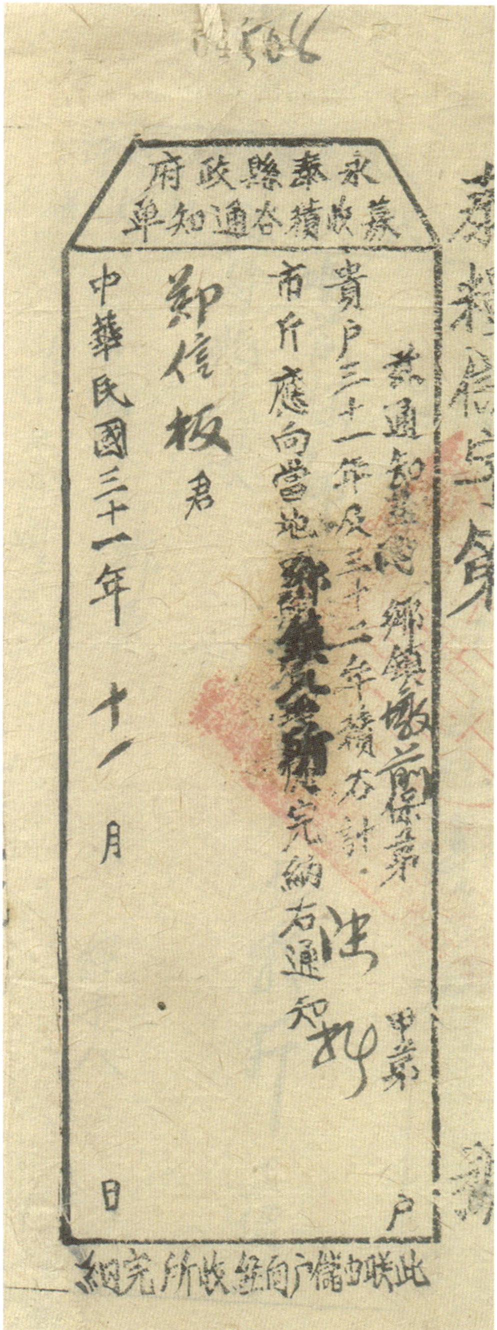

永泰縣政府
募收積谷通知單

茲通知蓋洋鄉鎮蓋前保第　甲第　戶
貴戶三十一年度三十二年積谷計　法
市斤應向當地鄉[illegible]完納右通知
鄭信板君
中華民國三十一年十一月　日
此联由備户向経收所完納

5-7-3-31　民國三十一年十一月鄭信板户募收積穀通知單

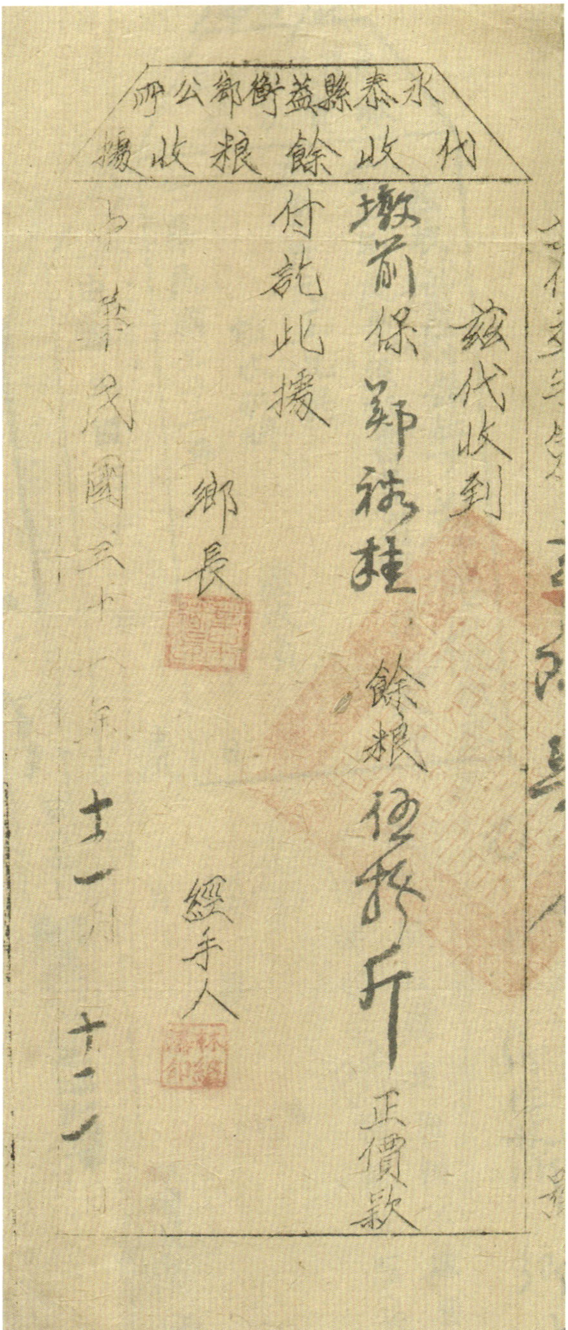

永泰縣益衡鄉公所
代收餘粮收據

茲代收到
墩前保鄭裕桂
餘粮伍拾斤正價款
付訖此據
鄉長
經手人
中華民國三十一年十二月　日

5-7-3-32　民國三十一年十二月鄭裕桂户代收餘糧收據

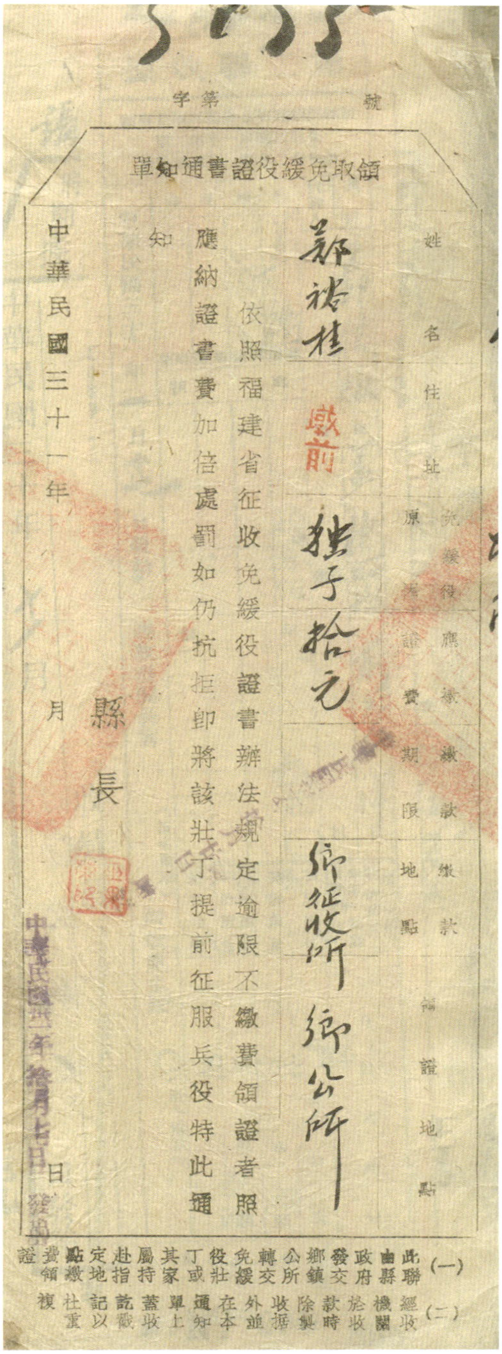

5035

第　字　號

領取免緩役證書通知單

姓名	鄭裕桂
住址	敞前
免緩役原因	独子
應繳證書費	拾元
繳費期限	
繳款地點	鄉征收所
領證地點	鄉公所

依照福建省征收免緩役證書辦法規定逾限不繳費領證者照應納證書費加倍處罰如仍抗拒即將該壯丁提前征服兵役特此通知

縣長

中華民國三十一年　月　日

中華民國卅一年捌月七日發出

(一)此聯由縣政府發交鄉鎮公所轉交免緩役壯丁或其家屬持赴指定地點繳費領證

(二)此聯經收機關於收款時除掣收據外並在本通知單上蓋收訖戳記以杜重複

5-7-3-33　民國三十一年鄭裕桂户領取免緩役證書通知單

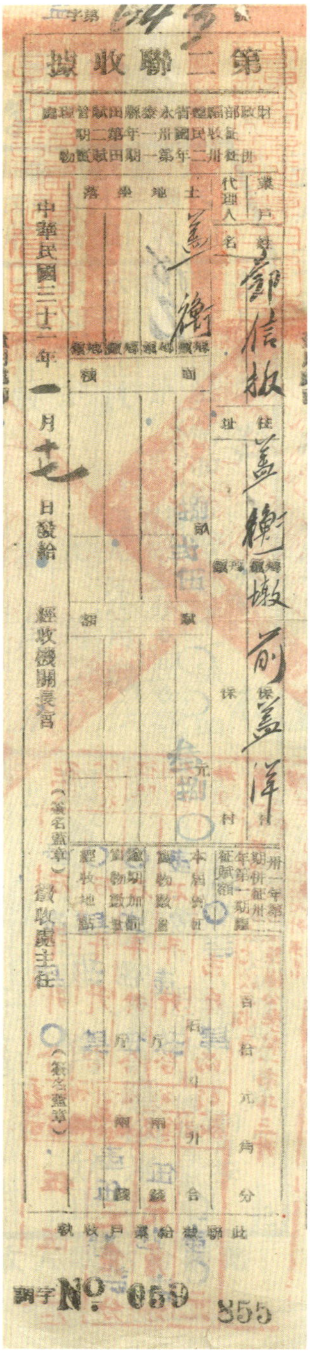
第二聯收據

財政部福建省永泰縣田賦管理處
征收民國卅一年第二期
併征卅二年第一期田賦實物

業户姓名 鄭信板

住址 蓋德鄉墩前

中華民國三十二年一月廿七日發給

經收機關長官

徵收處主任

此聯給業户收執

5-7-3-34　民國三十二年一月鄭信板户徵收田賦實物收據

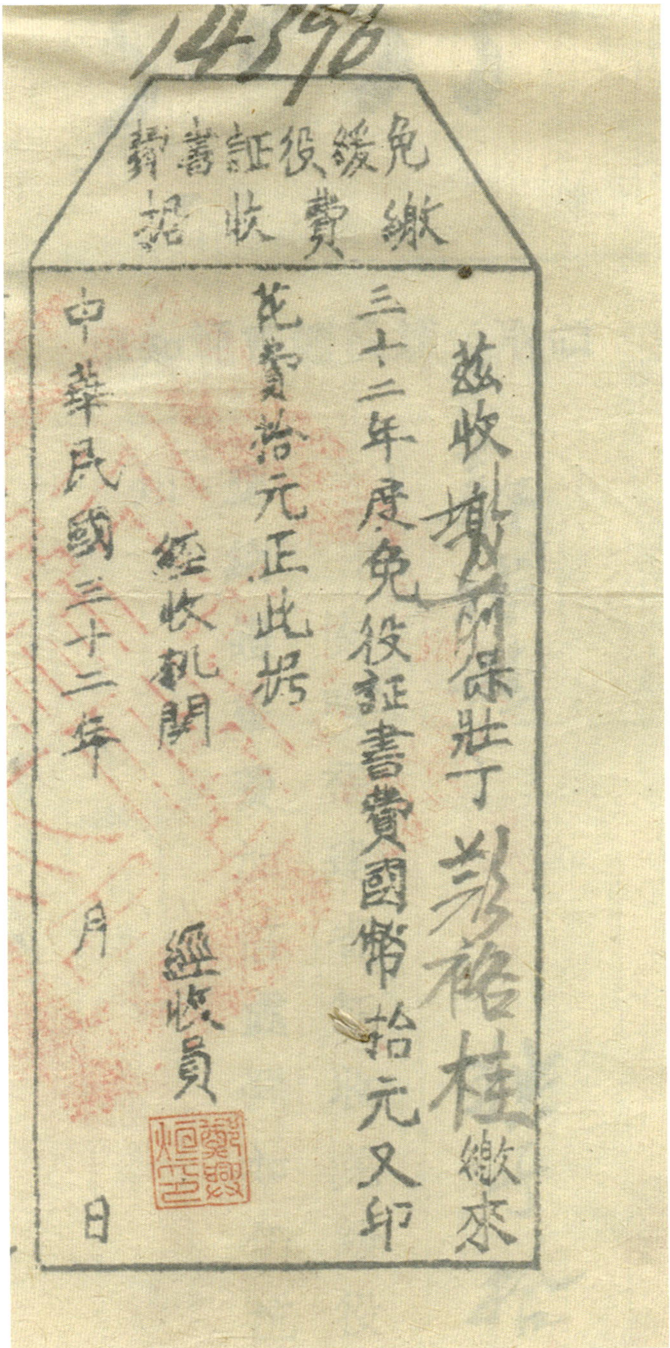
14590
免緩役証書費
繳費收據
茲收增坪保壯丁鄭裕桂繳來
三十二年度免役証書費國幣拾元又印
花費拾元正此據
經收機關
中華民國三十二年　月　日
經收員

5-7-3-35　民國三十二年鄭裕桂户免緩役證書費繳費收據

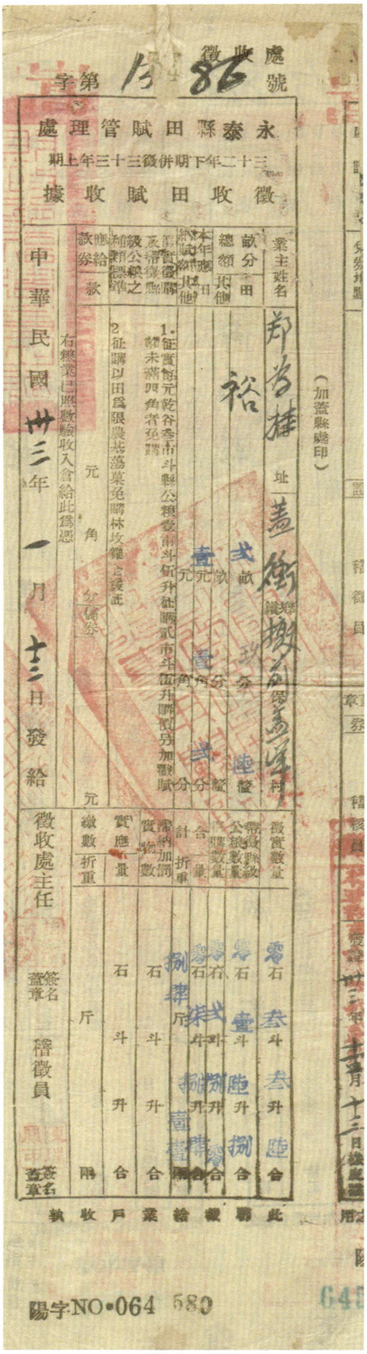
徵收處 字第 1586 號

永泰縣田賦管理處

三十二年下期併徵三十三年上期

徵收田賦收據

業主姓名 鄭裕桂 址 蓋衛鄉鎮撥角保蓋洋村

畝分 田 貳畝玖分陸釐 其他 畝 分 釐

本年應納賦額 田 壹元壹角貳分 其他 元 角 分

徵實徵購及帶徵縣級公糧之標準

1.征實每元乾谷叁市斗縣公糧壹市斗伍升征購貳市斗伍升購價另加賦額未滿兩角者免購

2.征購以田爲限農林蕩墓免購林坟雜之錢征

應給款券 元 角 分 備券 元

徵實數量 零石 叁斗 叁升 陸合

帶徵縣級公糧數量 零石 壹斗 陸升 捌合

徵購數量 零石 貳斗 捌升 合

合計 量 石 斗 升 合 折 斤 兩

實應納加罰數 石 斗 升 合

實應量 石 斗 升 合

繳數 折重 斤 兩

右糧業已照數驗收入倉給此爲憑

中華民國卅三年一月十三日發給

徵收處主任 簽名蓋章

稽徵員 簽名蓋章

此聯發給業戶收執

陽字NO•064 580

5-7-3-36　民國三十三年一月鄭裕桂户徵收田賦收據

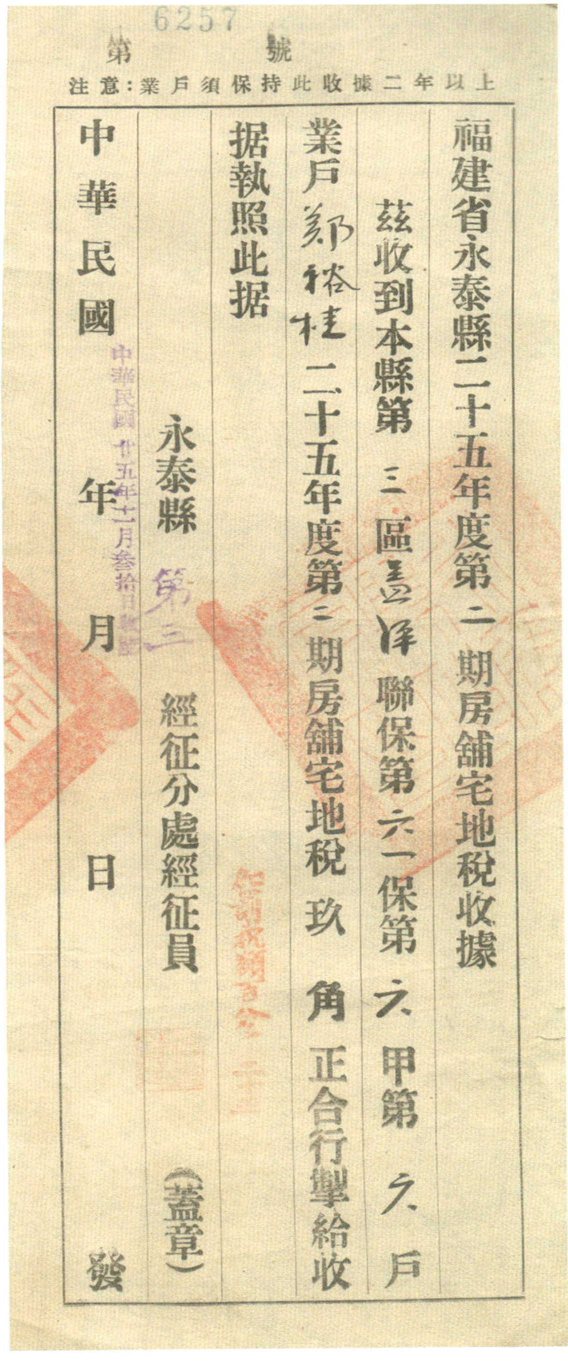

第 6257 號

注意：業戶須保持此收據二年以上

福建省永泰縣二十五年度第二期房舖宅地稅收據

茲收到本縣第三區蓋洋聯保第六一保第六甲第六戶

業戶鄭裕桂二十五年度第二期房舖宅地稅玖角正合行掣給收

据執照此据

永泰縣第三經征分處經征員（蓋章）

中華民國　年　月　日發

中華民國廿五年十一月叁拾日收訖

5-7-4-1　民國二十五年十一月鄭裕桂户房舖宅地稅收據

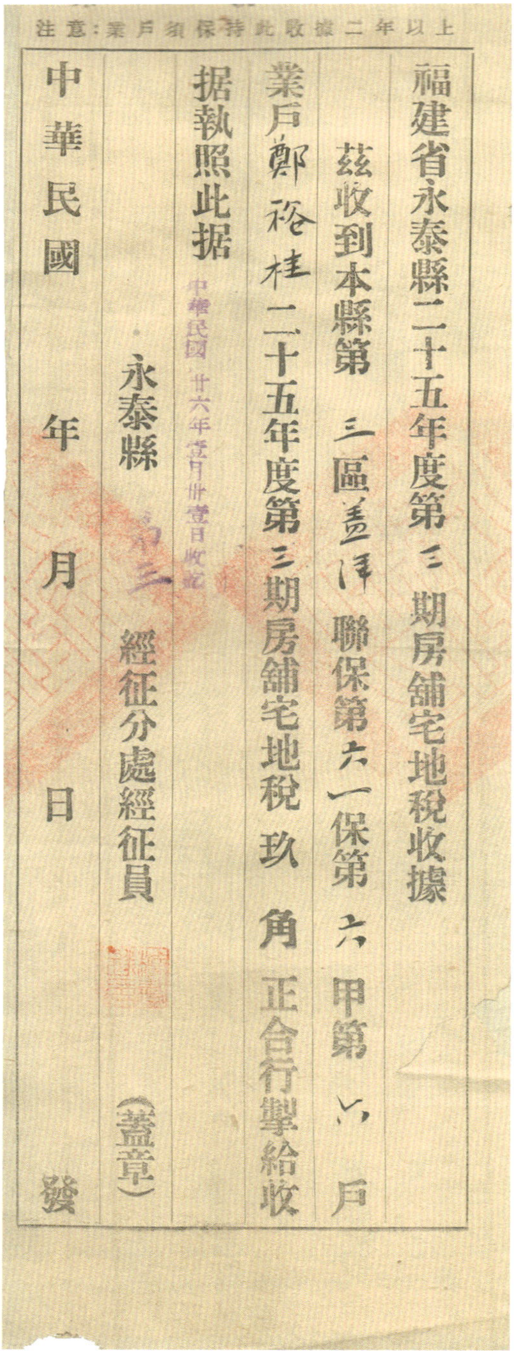

注意：業戶須保持此收據二年以上

福建省永泰縣二十五年度第三期房鋪宅地稅收據

茲收到本縣第三區盖洋聯保第六一保第六甲第六戶

業戶鄭裕桂二十五年度第三期房鋪宅地稅玖角正合行掣給收

据執照此据

中華民國廿六年壹月卅壹日收訖

永泰縣　　經征分處經征員（蓋章）

中華民國　年　月　日　發

5-7-4-2　民國二十六年一月鄭裕桂户房鋪宅地稅收據

6117

注意：凡納款時須隨帶此單

永泰縣二十六年度第一期房舖宅地稅通知單

業戶姓名：鄭裕桂　住址：第三區蓋洋聯保第六一保第六甲　戶

稅率等級：乙等一級　稅額：〇圓叁角〇分

本期稅額　〇圓玖角〇分正

仰即持單前往高口經征分處

完納幣單安業違則處罰特此通知

中華民國二十六年七月　日

永泰縣政府發

（1）本[illegible]

（2）本稅年分四季徵收本年秋季爲第一期冬季爲第二期次年春季爲第三期夏季爲第四期。

（3）[illegible]

5-7-4-3　民國二十六年七月鄭裕桂户房舖宅地稅通知單

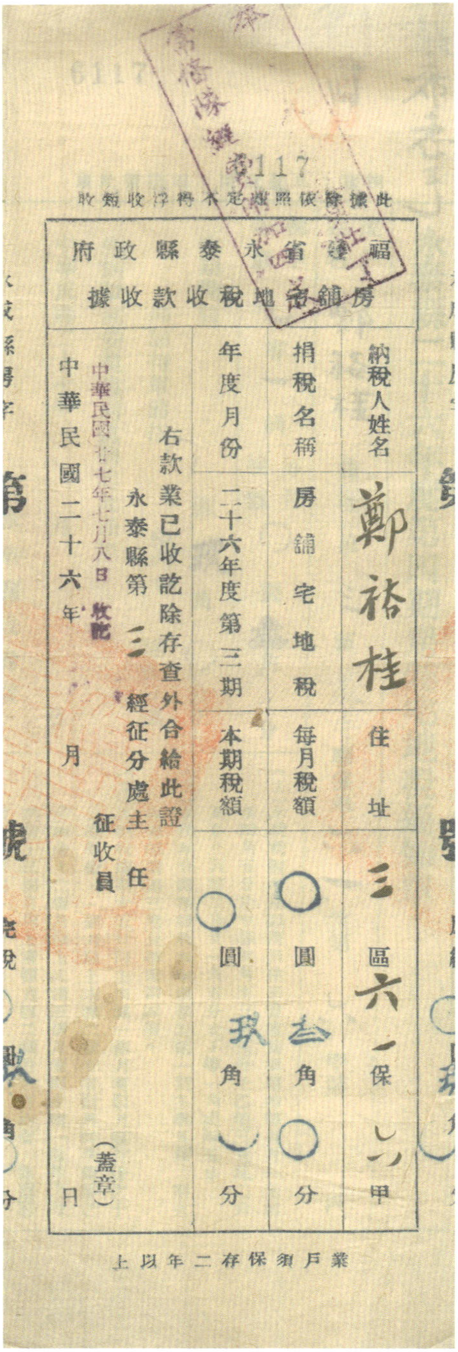

6117

此據係依照規定不得浮收短收

福建省永泰縣政府

房舖宅地稅收款收據

納稅人姓名	鄭裕桂
住址	三區六保[illegible]甲
捐稅名稱	房舖宅地稅
每月稅額	○圓叁角○分
年度月份	二十六年度第三期
本期稅額	○圓玖角〇分

右款業已收訖除存查外合給此證

永泰縣第三經征分處主任

征收員（蓋章）

中華民國廿七年七月八日收訖

中華民國二十六年 月 日

業戶須保存二年以上

5-7-4-4　民國二十七年七月鄭裕桂户房舖宅地稅收款收據

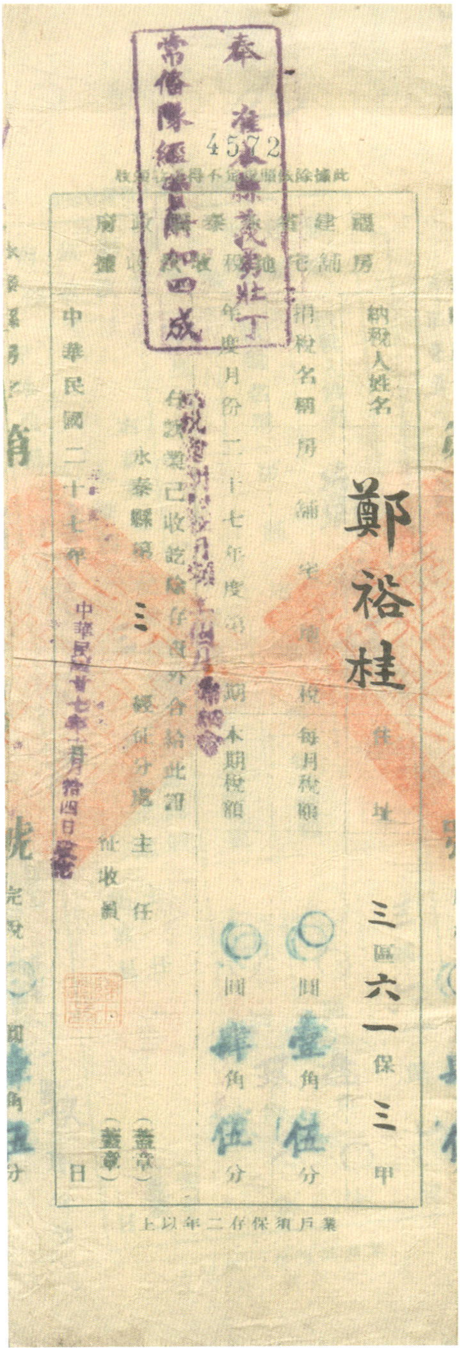
奉 准永泰縣蓋洋鄉壯丁
常備隊經費附加四成
4572
此據除[illegible]不得[illegible]

福建省永泰縣政府
房舖宅地稅收款收據

納稅人姓名 鄭裕桂
住址 三區六一保三甲
捐稅名稱 房舖宅地稅
每月稅額 ○圓壹角伍分
年度月份 二十七年度第 期
本期稅額 ○圓肆角伍分
右款業已收訖除存根外合給此證
永泰縣縣長 三
經征分處主任 （蓋章）
征收員 （蓋章）
中華民國二十七年 月 日
中華民國廿七年十二月拾四日
業戶須保存二年以上

5-7-4-5　民國二十七年十二月鄭裕桂户房鋪宅地稅收款收據（一）

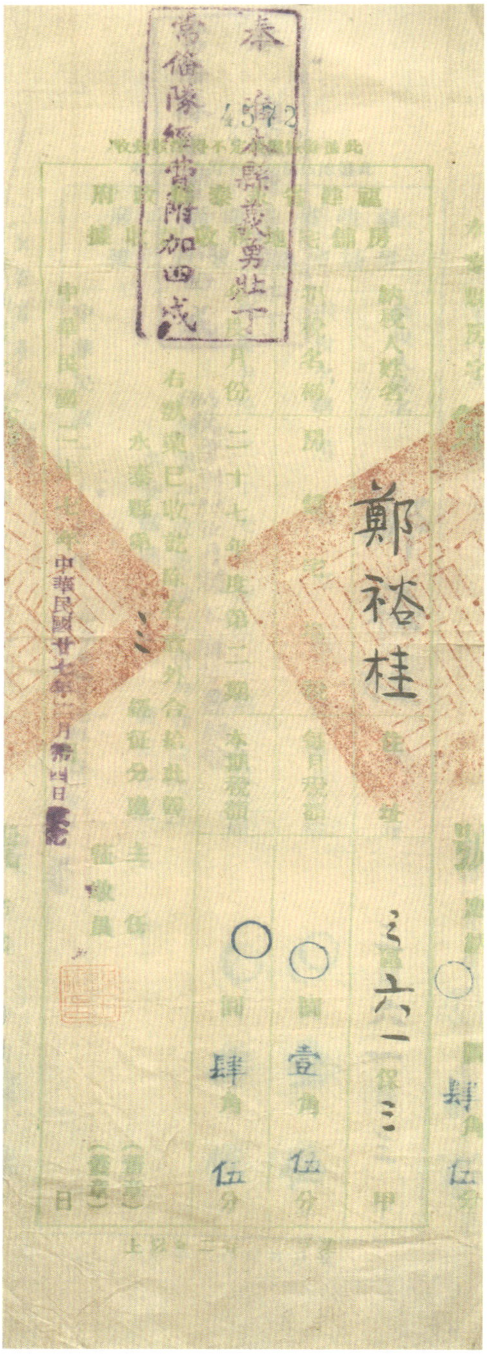

5-7-4-6　民國二十七年十二月鄭裕桂户房舖宅地税收款收據（二）

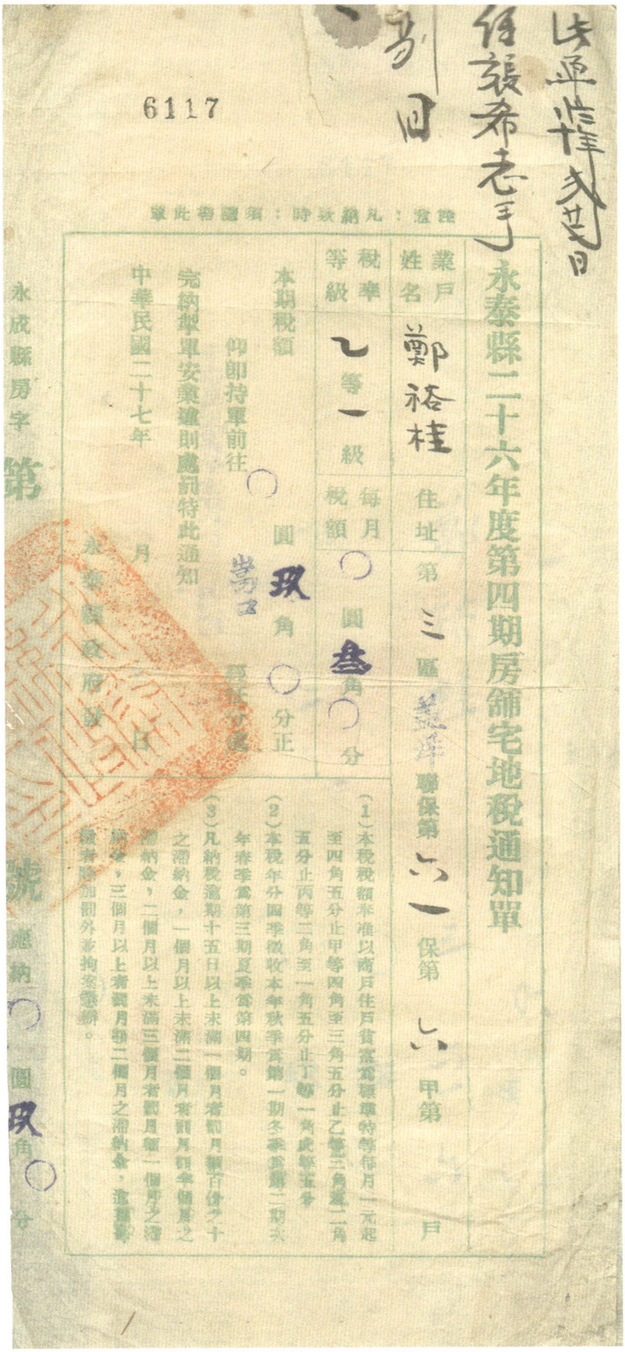

6117

注意：凡繳款時，須證將此單

永泰縣二十六年度第四期房舖宅地稅通知單

業戶姓名　鄭裕桂　住址　第三區蓋洋聯保第六一保第六甲第　戶

稅率等級　乙等一級　每月稅額　〇圓叁角〇分

本期稅額　〇圓玖角〇分正

仰即持單前往　當日　經征分處

完納掣單，毋得違延，以免處罰，特此通知

中華民國二十七年　月　日

永泰縣政府

(1)本稅稅額係準以商戶住戶貧富爲標準，特等每月一元起至四角五分止，甲等四角至三角五分止，乙等三角至二角五分止，丙等二角至一角五分止，丁等一角或五分。

(2)本稅年分四季徵收，本年秋季爲第一期，冬季爲第二期，次年春季爲第三期，夏季爲第四期。

(3)凡納稅逾期十五日以上未滿一個月者，罰月額百分之十之滯納金；一個月以上未滿二個月者，罰月額百分之[illegible]之滯納金；二個月以上未滿三個月者，罰月額一個月之滯納金；三個月以上者，罰月額二個月之滯納金，[illegible]加罰外兼拘案懲辦。

永成縣房字第　號　應納〇圓玖角〇分

5-7-4-7　民國二十七年鄭裕桂户房舖宅地税通知單

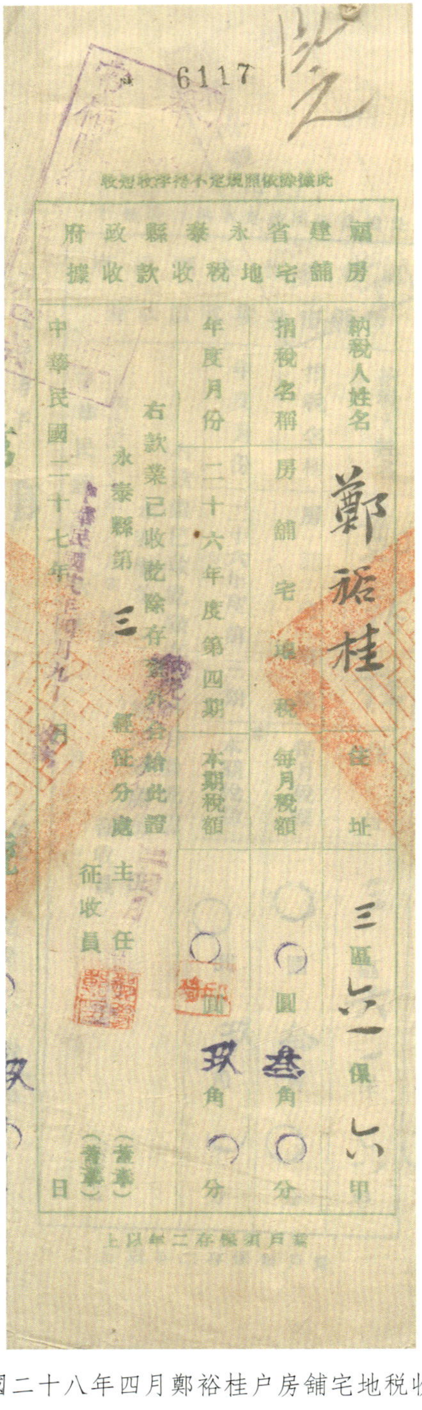

6117

此據除依照規定不得浮收短收

福建省永泰縣政府
房舖宅地稅收款收據

納稅人姓名	鄭裕桂
住址	三區六一保六甲
捐稅名稱	房舖宅地稅
每月稅額	〇圓叁角〇分
年度月份	二十六年度第四期
本期稅額	〇圓玖角〇分

右款業已收訖除存根外合給此證

永泰縣第三經征分處主任（蓋章）

征收員（蓋章）

中華民國二十七年　月　日

業戶須保存二年以上

5-7-4-8　民國二十八年四月鄭裕桂户房舖宅地税收款收據（一）

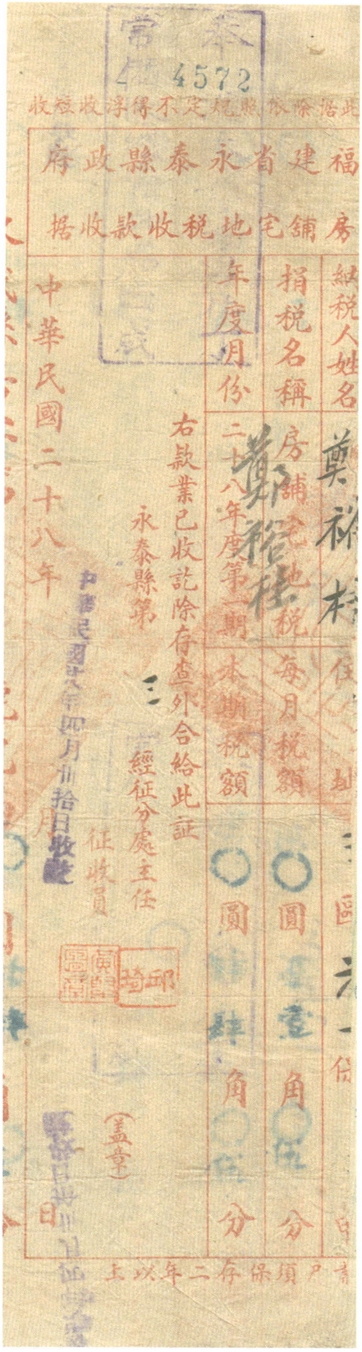
此據除於縣規定不得浮收短收
福建省永泰縣政府
房舖宅地稅收款收據
納稅人姓名 鄭裕桂
捐稅名稱 房舖宅地稅
年度月份 二十八年度第一期
每月稅額 ○圓壹角○分
本期稅額 ○圓肆角○分
右款業已收訖除存查外合給此証
永泰縣第三經征分處主任
征收員
（蓋章）
中華民國二十八年 月 日
4572
戶書民國廿八年四月廿拾日收訖

5-7-4-9　民國二十八年四月鄭裕桂户房舖宅地稅收款收據（二）

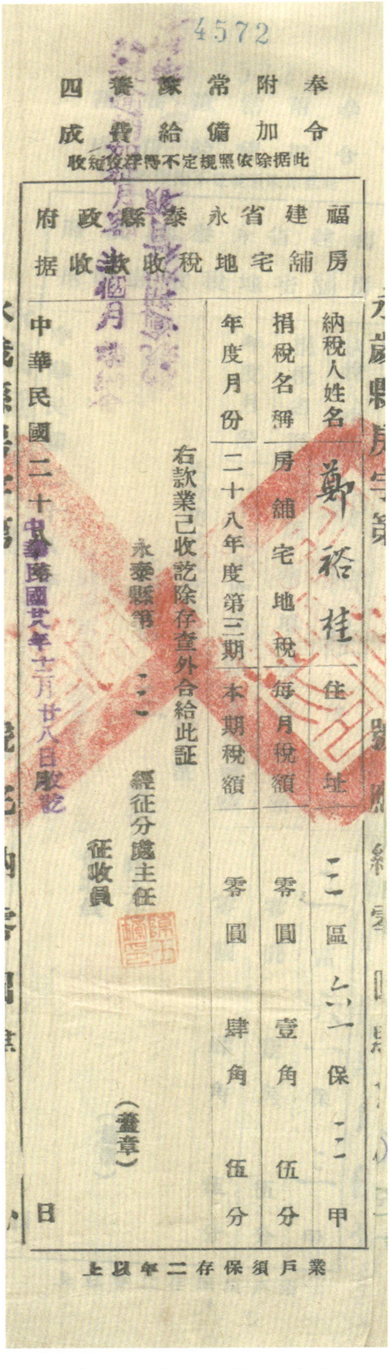
4572

奉令附加常備隊給養費四成

此据除依照規定不得浮收短收

福建省永泰縣政府

房舖宅地稅收款收据

納稅人姓名	鄭裕桂
住址	二區六一保二甲
捐稅名稱	房舖宅地稅
每月稅額	零圓壹角伍分
年度月份	二十八年度第三期
本期稅額	零圓肆角伍分

右款業已收訖除存查外合給此証

永泰縣第二二經征分處主任

征收員 （蓋章）

中華民國二十　年　月　日

中華民國廿八年十二月廿八日收訖

業戶須保存二年以上

5-7-4-10　民國二十八年十二月鄭裕桂户房舖宅地稅收款收據

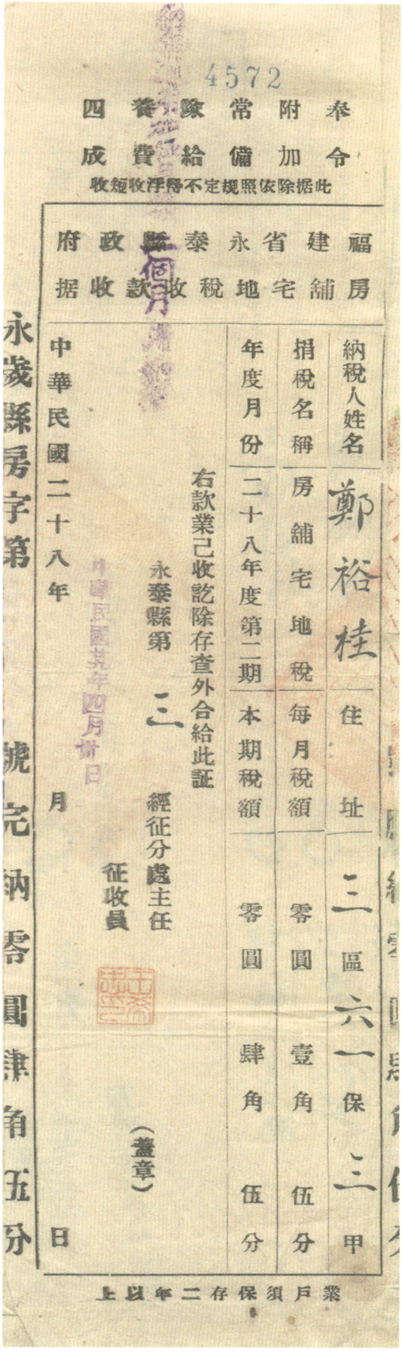
4572

奉令附加常備隊給養費四成

此据除依照規定不得浮收短收

福建省永泰縣政府
房舖宅地税收款收据

納税人姓名	鄭裕桂	
住址	三區六一保三甲	
捐税名稱	房舖宅地税	
每月税額	零圓壹角伍分	
年度月份	二十八年度第二期	
本期税額	零圓肆角伍分	

右款業已收訖除存查外合給此証

永泰縣第 三 經征分處主任

征收員 （蓋章）

中華民國二十八年 月 日

永泰縣房字第 號宅納零圓肆角伍分

業戶須保存二年以上

5-7-4-11 民國二十九年四月鄭裕桂户房舖宅地税收款收據（一）

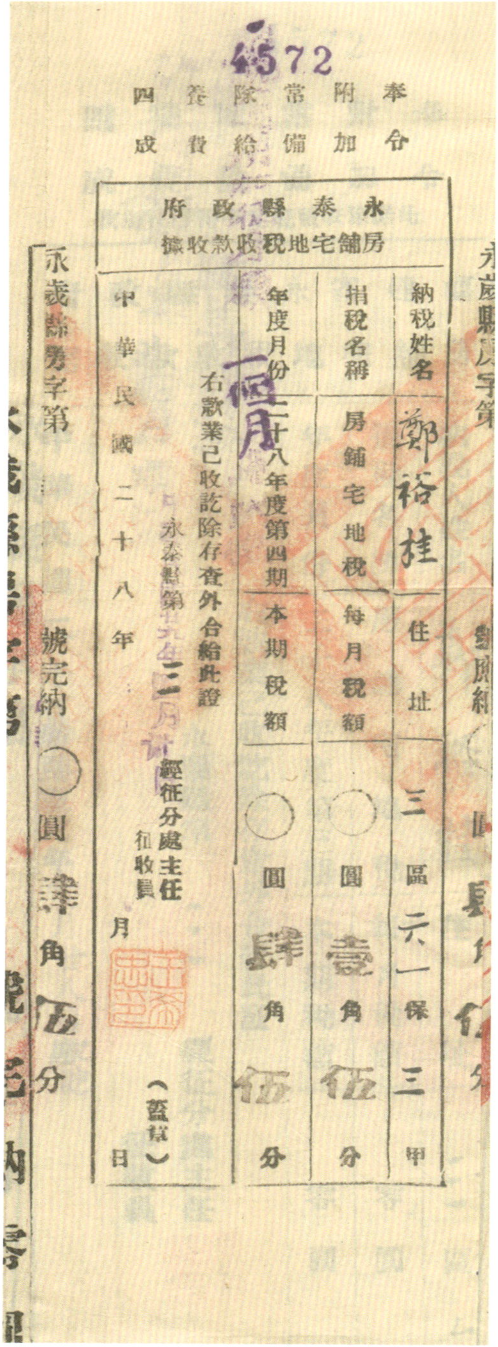
4572

奉令附加常備除給養費四成

永泰縣政府

房舖宅地稅收款收據

納稅姓名 鄭裕桂

捐稅名稱 房舖宅地稅

年度月份 二十八年度第四期

住址 三區六一保三甲

每月稅額 ○圓壹角伍分

本期稅額 ○圓肆角伍分

右款業已收訖除存查外合給此證

永泰縣第 經征分處主任 征收員 （蓋章）

中華民國二十八年 月 日

永泰縣房字第 號完納○圓肆角伍分

5-7-4-12　民國二十九年四月鄭裕桂户房舖宅地稅收款收據（二）

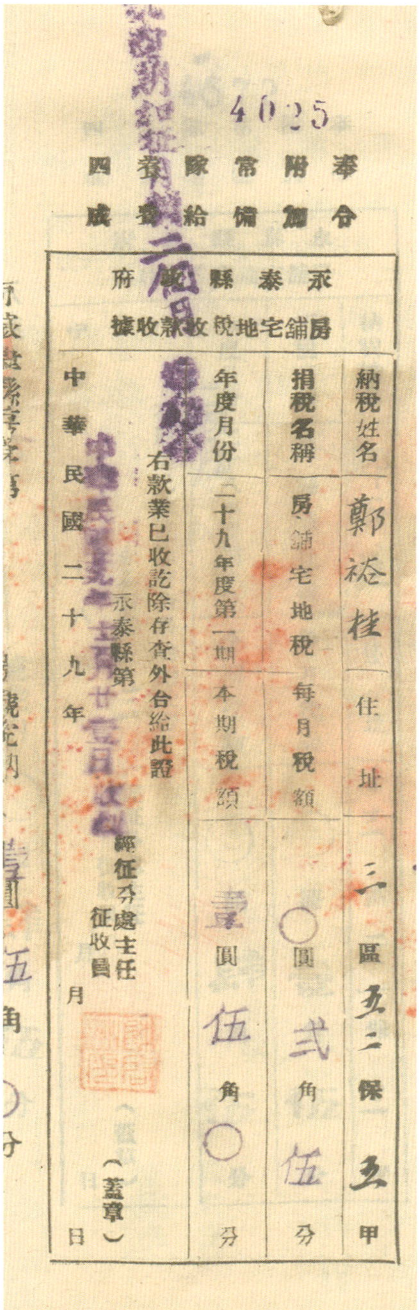
4025

奉令附加常備隊給養費四成

永泰縣政府

房舖宅地稅收款收據

納稅姓名	鄭裕桂
住址	三區五二保五甲
捐稅名稱	房舖宅地稅
每月稅額	〇圓貳角伍分
年度月份	二十九年度第一期
本期稅額	壹圓伍角〇分

右款業已收訖除存查外合給此證

永泰縣第　鄉征分處主任

征收員

（蓋章）

中華民國二十九年　月　日

中華民國二十九年十二月廿三日收訖

5-7-4-13　民國二十九年十二月鄭裕桂户房舖宅地稅收款收據（一）

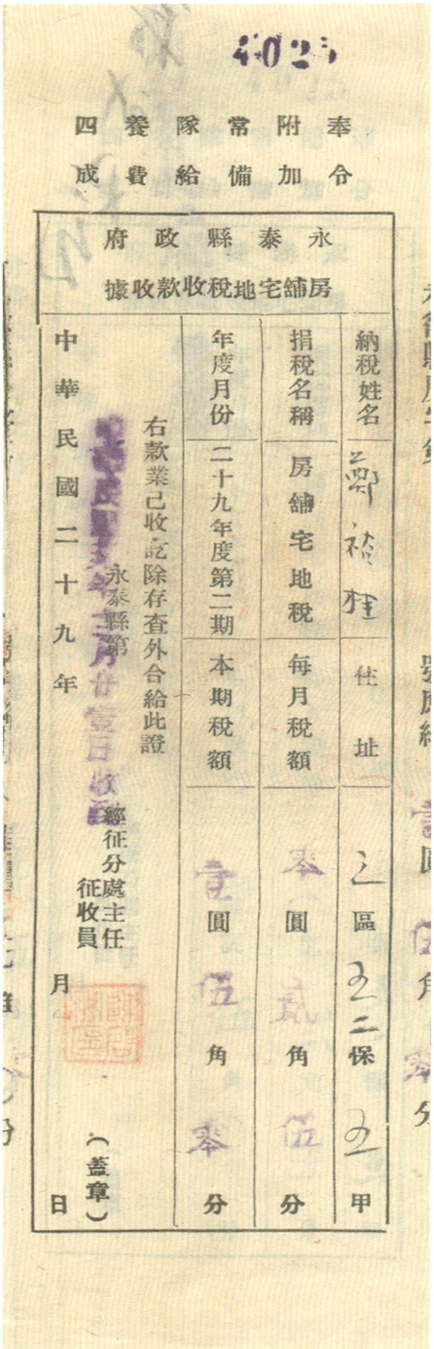
4025

奉令附加常備隊給養費四成

永泰縣政府

房舖宅地稅收款收據

納稅姓名	捐稅名稱	年度月份
鄭裕桂	房舖宅地稅	二十九年度第二期
住址	每月稅額	本期稅額
三區五二保五甲	叁圓貳角伍分	壹圓伍角叁分

右款業已收訖除存查外合給此證

永泰縣第　總征分處主任

征收員

（蓋章）

民國廿九年十二月廿壹日收訖

中華民國二十九年　月　日

5-7-4-14　民國二十九年十二月鄭裕桂户房舖宅地稅收款收據（二）

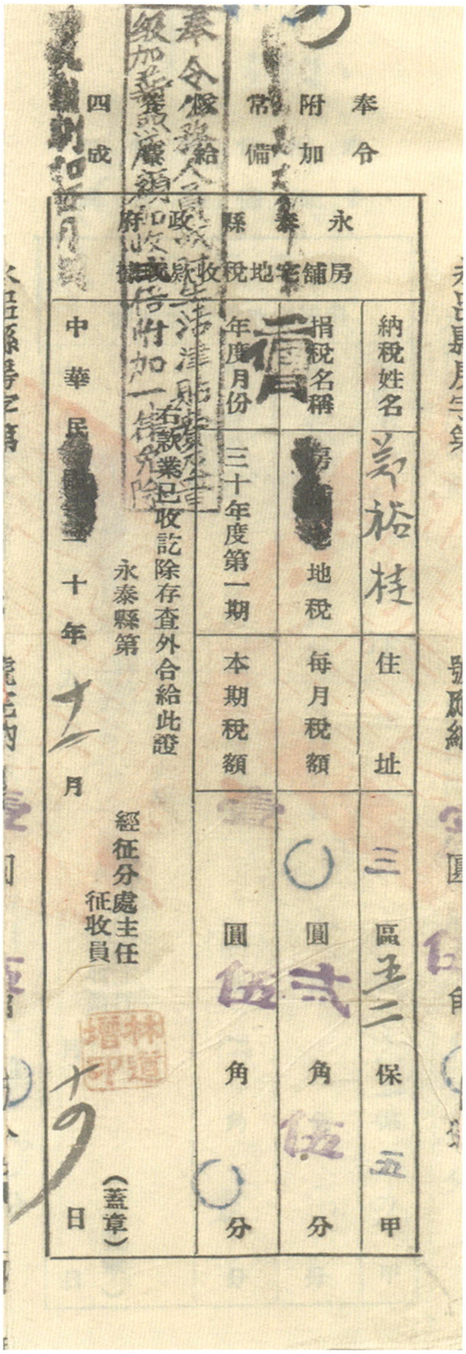

5-7-4-15　民國三十年十一月鄭裕桂户房鋪宅地稅收款收據（一）

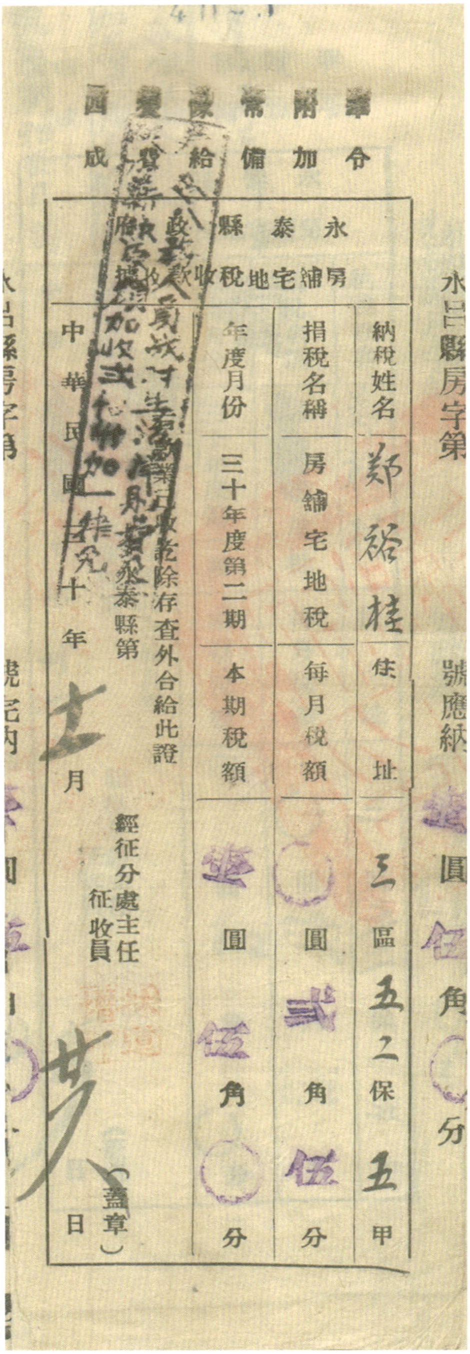
奉令附加常備隊給養費圓成

永泰縣

房鋪宅地稅收款收據

納稅姓名	捐稅名稱	年度月份
鄭裕桂	房鋪宅地稅	三十年度第二期
住址	每月稅額	本期稅額
三區五之保五甲	圓貳角伍分	圓伍角分

收訖除存查外合給此證

永泰縣第

經征分處主任
征收員
（蓋章）

中華民國三十年十一月廿二日

永吕縣房字第　號應納　圓伍角　分

5-7-4-16　民國三十年十一月鄭裕桂户房鋪宅地稅收款收據（二）

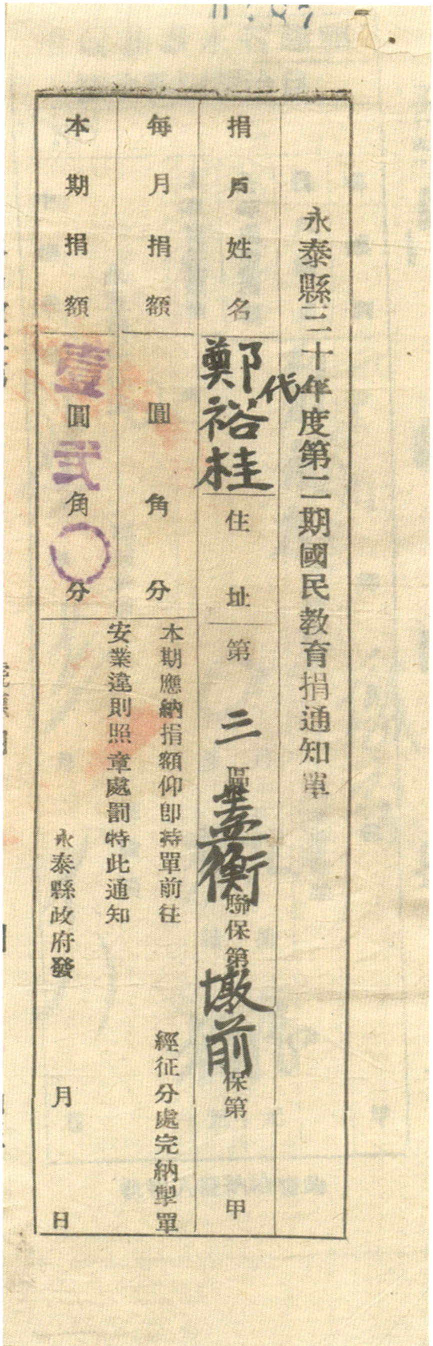

永泰縣三十年度第二期國民教育捐通知單

捐户姓名 鄭裕桂 代

住址第 三 區 蓋衡 聯保第 墩前 保第 甲

每月捐額 圓 角 分

本期捐額 壹 圓 弍 角 〇 分

本期應納捐額仰即持單前往 經征分處完納掣單

安業違則照章處罰特此通知

永泰縣政府發 月 日

5-7-4-17 民國三十年鄭裕桂户國民教育捐通知單（一）

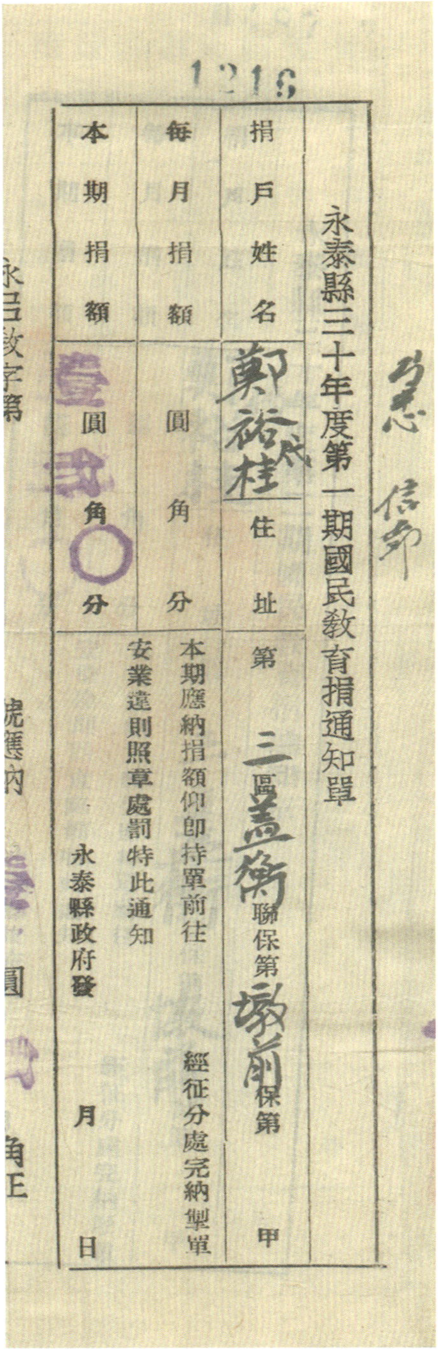

1216

永泰縣三十年度第一期國民教育捐通知單

捐戶姓名	鄭裕桂氏	住址第三區盖衛聯保第墩前保第　甲
每月捐額	圓　角　分	
本期捐額	壹圓貳角〇分	

本期應納捐額仰即持單前往　　經征分處完納製單

安業違則照章處罰特此通知

永泰縣政府發　　月　　日

永字第　　號應納　　圓　　角正

5-7-4-18　民國三十年鄭裕桂户國民教育捐通知單（二）

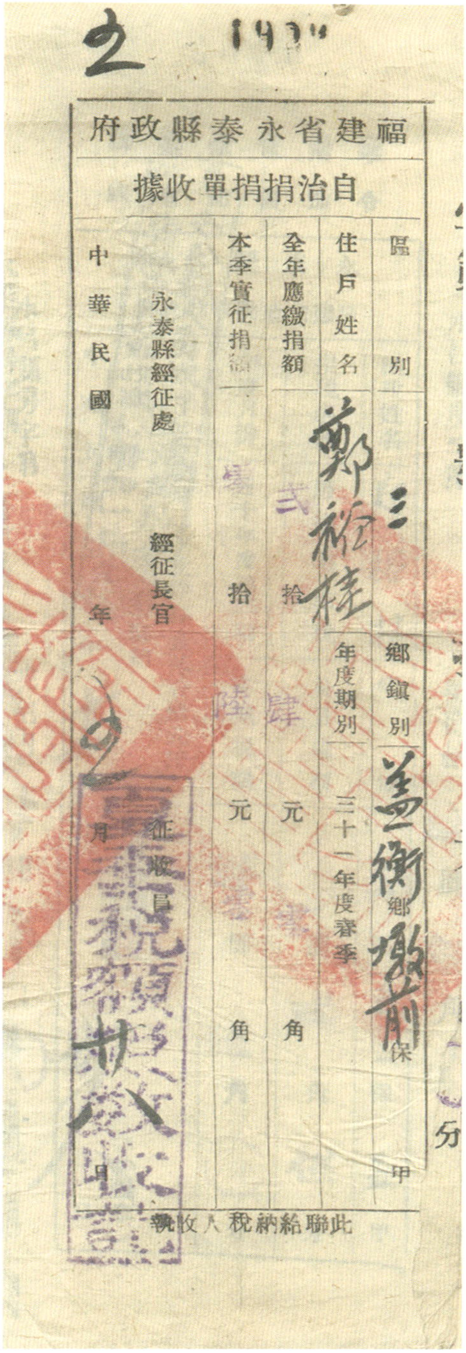

福建省永泰縣政府

自治捐捐單收據

區別 三 鄉鎮別 蓋衛鄉 墩前保 甲

住戶姓名 鄭裕桂 年度期別 三十一年度春季

全年應繳捐額 貳拾肆元角

本季實征捐額 壹拾陸元角

永泰縣經征處 經征長官 征收員

中華民國 年 5 月 廿八 日

此聯給納稅人收執

5-7-4-19　民國三十一年五月鄭裕桂户自治捐捐單收據

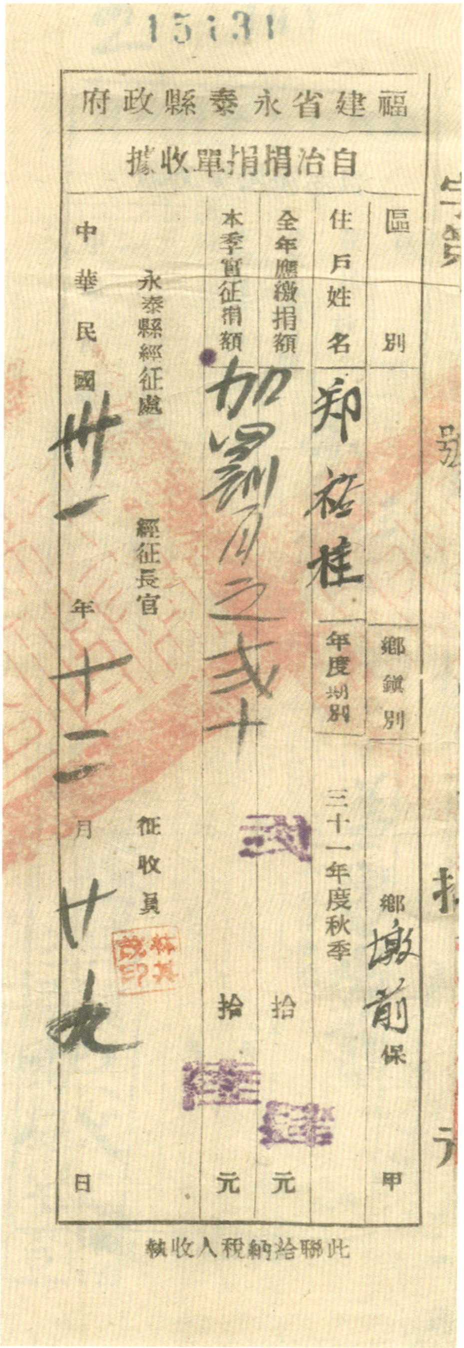

15131

福建省永泰縣政府

自治捐捐單收據

區別

住戶姓名 郑裕桂

鄉鎮別

年度期別 三十一年度秋季

鄉 墩前 保 甲

全年應繳捐額 拾 元

本季實征捐額 加劃百之弍十 拾 元

永泰縣經征處 經征長官 征收員

中華民國卅一年十二月廿九日

此聯給納稅人收執

5-7-4-20　民國三十一年十二月鄭裕桂户自治捐捐單收據

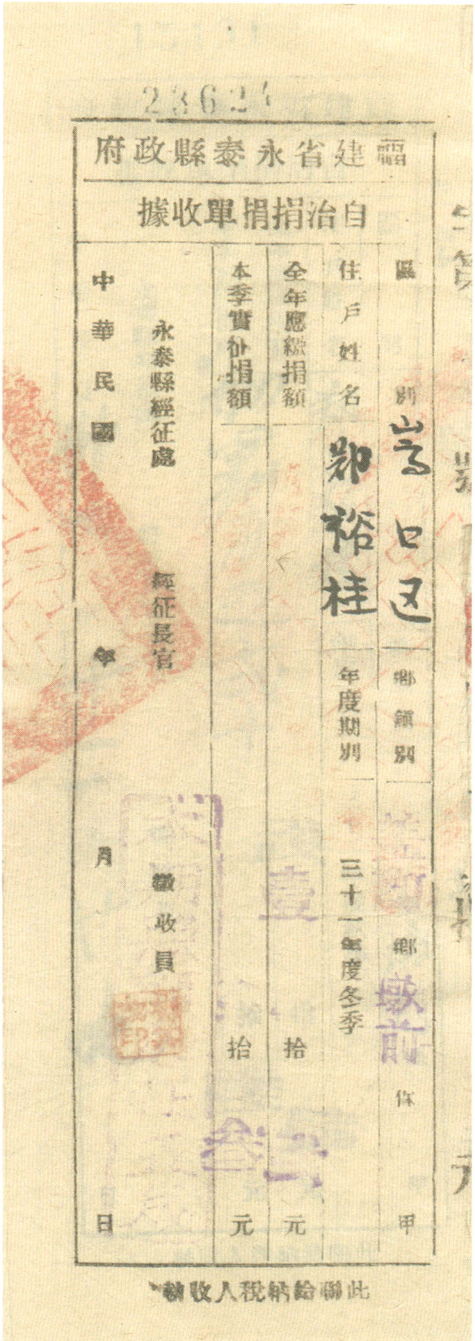
23624

福建省永泰縣政府

自治捐捐單收據

區別 嵩口区
鄉鎮別 鄉 保 甲
住戶姓名 鄭裕桂
年度期別 三十一年度冬季
全年應繳捐額 拾 元
本季實征捐額 拾 元

永泰縣經征處
經征長官
徵收員

中華民國 年 月 日

此聯給納稅人收執

5-7-4-21　民國三十一年冬季鄭裕桂户自治捐捐單收據

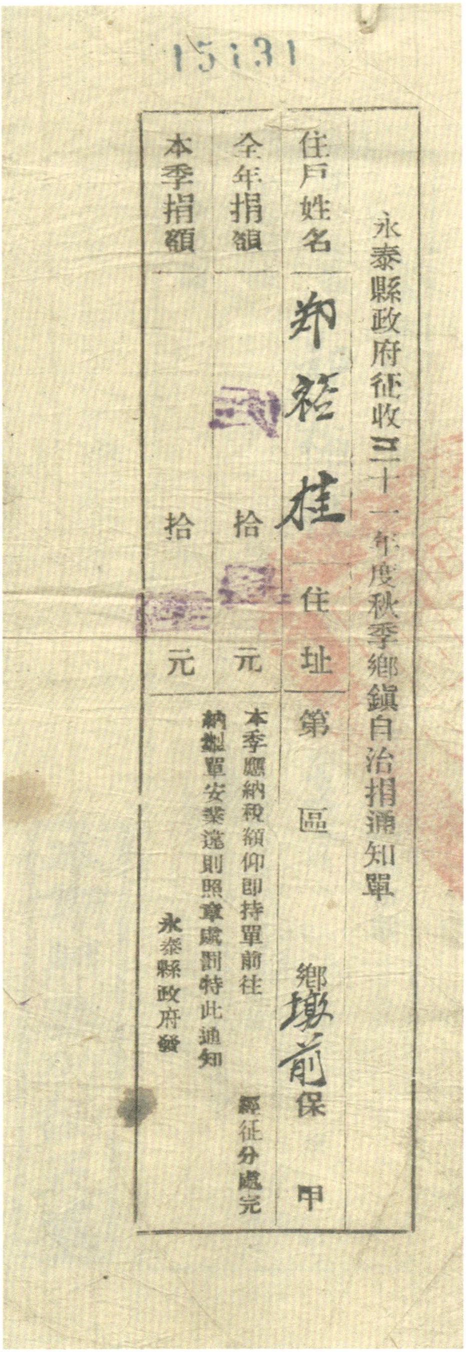

15131

永泰縣政府征收三十一年度秋季鄉鎮自治捐通知單

住戶姓名	鄭裕桂
住址	第　區　鄉　塆前　保　甲
全年捐額	拾　元
本季捐額	拾　元

本季應納稅額仰即持單前往　經征分處完
納繳單安業違則照章處罰特此通知

永泰縣政府發

5-7-4-22　民國三十一年秋季鄭裕桂户鄉鎮自治捐通知單

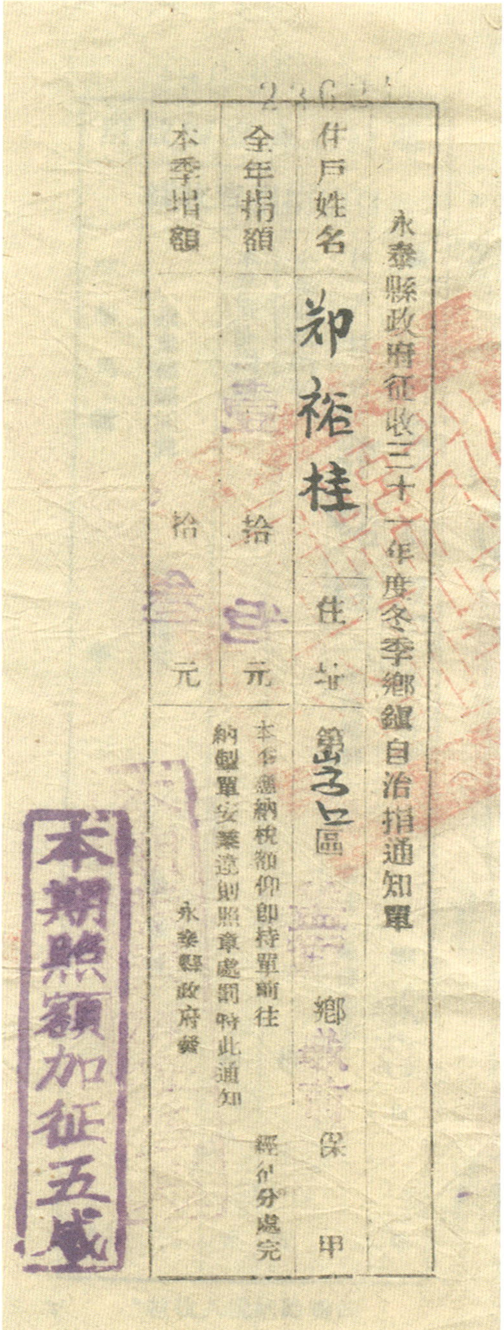

永泰縣政府征收三十一年度冬季鄉鎮自治捐通知單

付戶姓名 鄭裕桂 住址 第二區 鄉 村 保 甲

全年捐額 拾 元

本季捐額 拾 元

本季應納稅額仰即持單前往 經征分處完納製單妥善違則照章處罰特此通知

永泰縣政府發

本期照額加征五成

5-7-4-23　民國三十一年冬季鄭裕桂户鄉鎮自治捐通知單

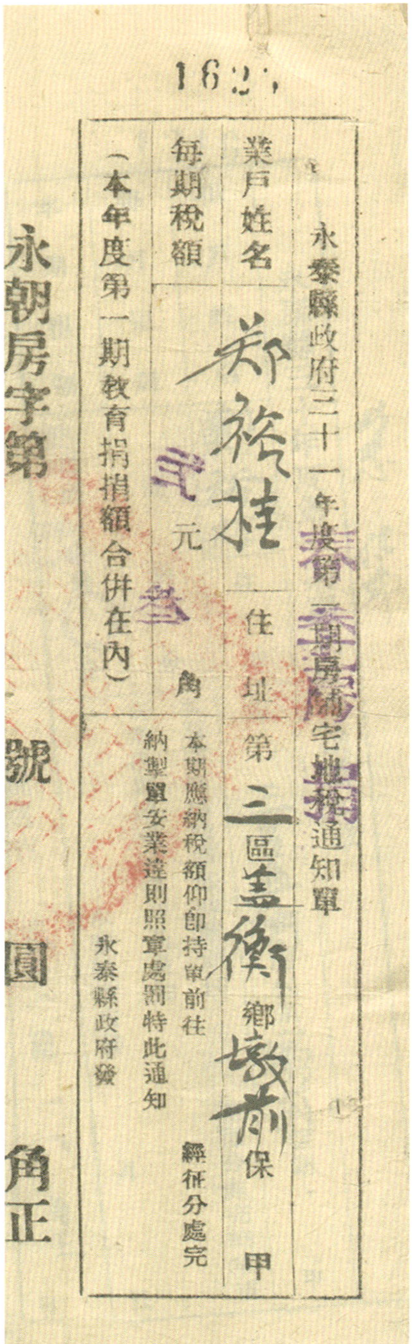

162[illegible]

永泰縣政府三十一年度第一期房舖宅地捐通知單

業戶姓名 鄭裕桂

住址 第三區盖衡鄉墩莉保 甲

每期稅額 贰元叁角

（本年度第一期教育捐捐額合併在內）

本期應納稅額仰卽持單前往 經征分處完納製單安業違則照章處罰特此通知

永泰縣政府發

永朝房字第 號 圓 角正

5-7-4-24　民國三十一年鄭裕桂户房鋪宅地稅通知單（一）

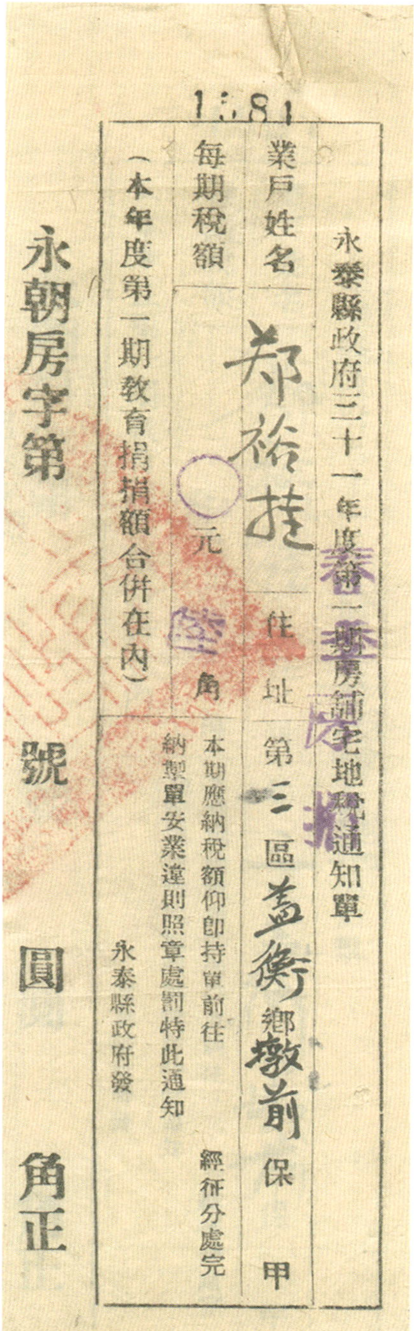

1381

永泰縣政府三十一年度第一期房舖宅地税通知單

業戶姓名 郑裕桂

住址 第三區蓋衡鄉墩前保 甲

每期税額 ○元○角

本期應納税額仰卽持單前往經征分處完納製單安業違則照章處罰特此通知

永泰縣政府發

（本年度第一期教育捐捐額合併在內）

永朝房字第 號 圓 角正

5-7-4-25　民國三十一年鄭裕桂户房舖宅地税通知單（二）

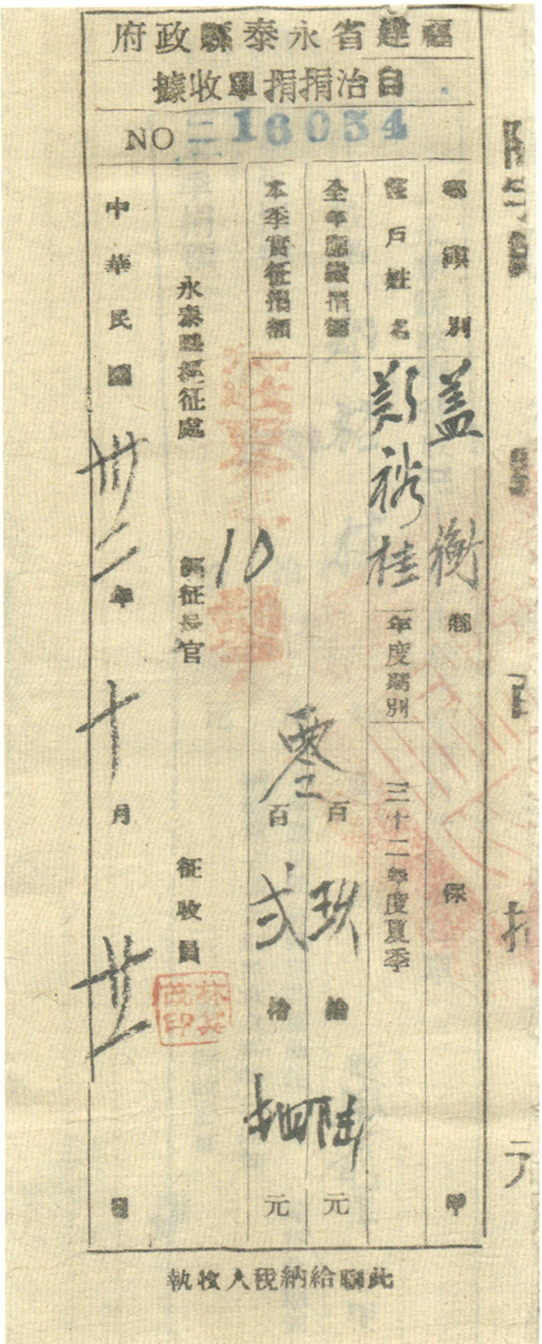

福建省永泰縣政府
自治捐捐單收據
NO 二16034

鄉鎮別 盖漈 鄉 保 甲
戶主姓名 鄭裕桂 年度期別 三十二年度夏季
全年應徵捐額 零百玖拾陸元
本季實征捐額 10 百貳拾捌元
永泰縣稽征處 兼征總官 征收員（印：林英印）
中華民國 卅二 年 十 月 廿 日
此聯給納稅人收執

5-7-4-26　民國三十二年十月鄭裕桂户自治捐捐單收據

34706

福建省永泰縣政府
自治捐捐單收據
NO

鄉鎮別	蓋洋鄉	保	甲
納戶姓名	鄭裕桂	年度期別	三十二年度秋季
全年應繳捐額	百 拾 元		
本期實征額	20 百 拾 元		

永泰縣經征處
稽征主任
征收員

中華民國 卅二 年 十二 月 廿八 日

此聯給納稅人收執

5-7-4-27　民國三十二年十二月鄭裕桂户自治捐捐單收據

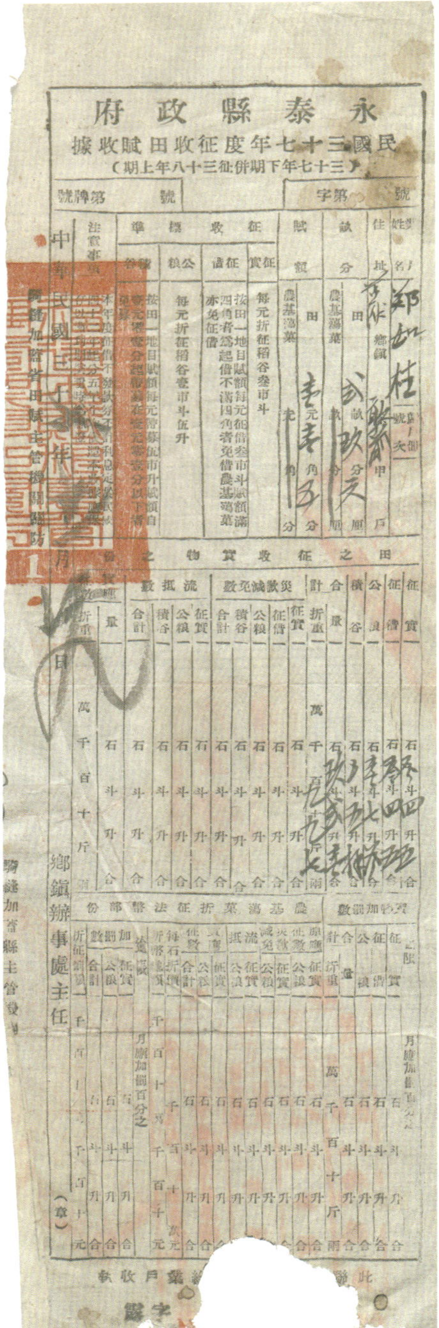
永泰縣政府

民國三十七年度征收田賦收據

（三十七年下期併征三十八年上期）

字第　號

姓名　郑如桂

住址

畝分

賦額

征收標準

征實　每元折征稻谷叁市斗

征借　按田賦額每元征借叁市斗

公粮　每元折征稻谷壹市斗伍升

田賦征收實物之

中華民國　年　月　日

鄉鎮辦事處主任

農基薦業折征法幣部份

5-7-4-28　民國三十七年鄭如桂户徵收田賦收據

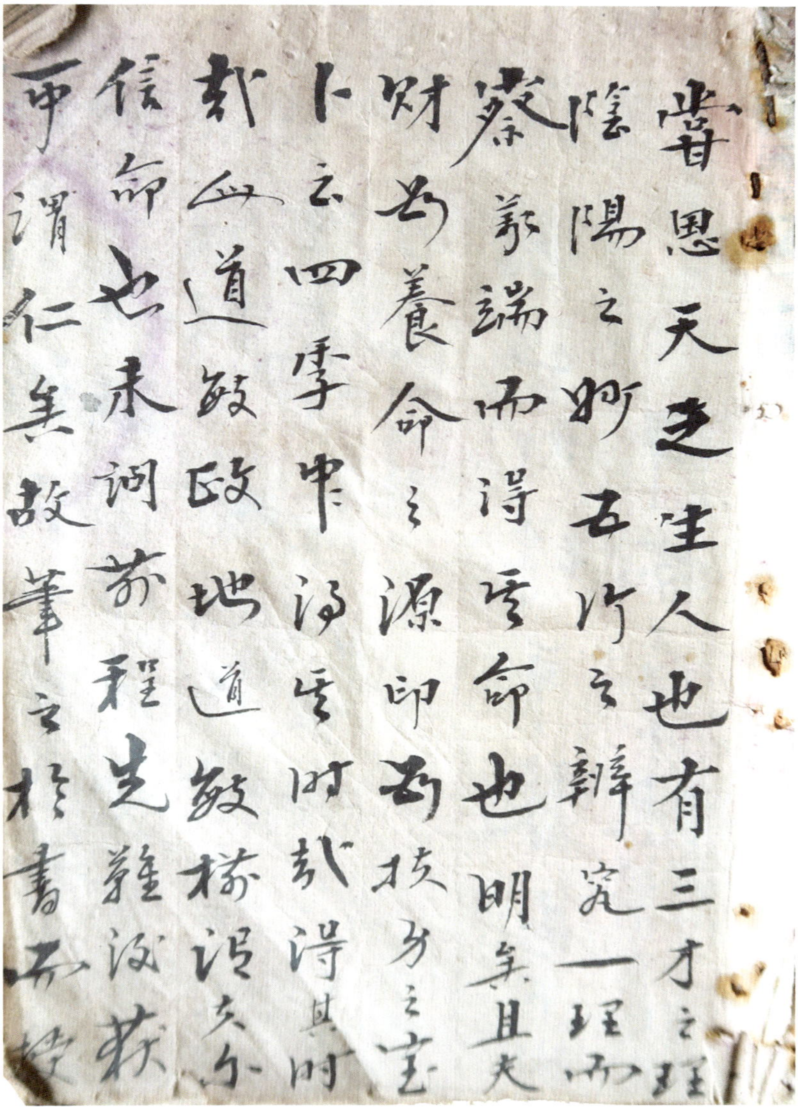
嘗思天之生人也有三才之理
陰陽之妙在衍之辨究一理而
參義端而得其命也明矣且夫
財爲養命之源即爲救身之寶
卜之四季中須其時哉得其時
哉無道致政地道致術謂奈何
信命也未詢前程生難設獲
所謂仁矣故筆之於書而授

5-7-5-1　民國四年鄭梅英家流年簿（一）

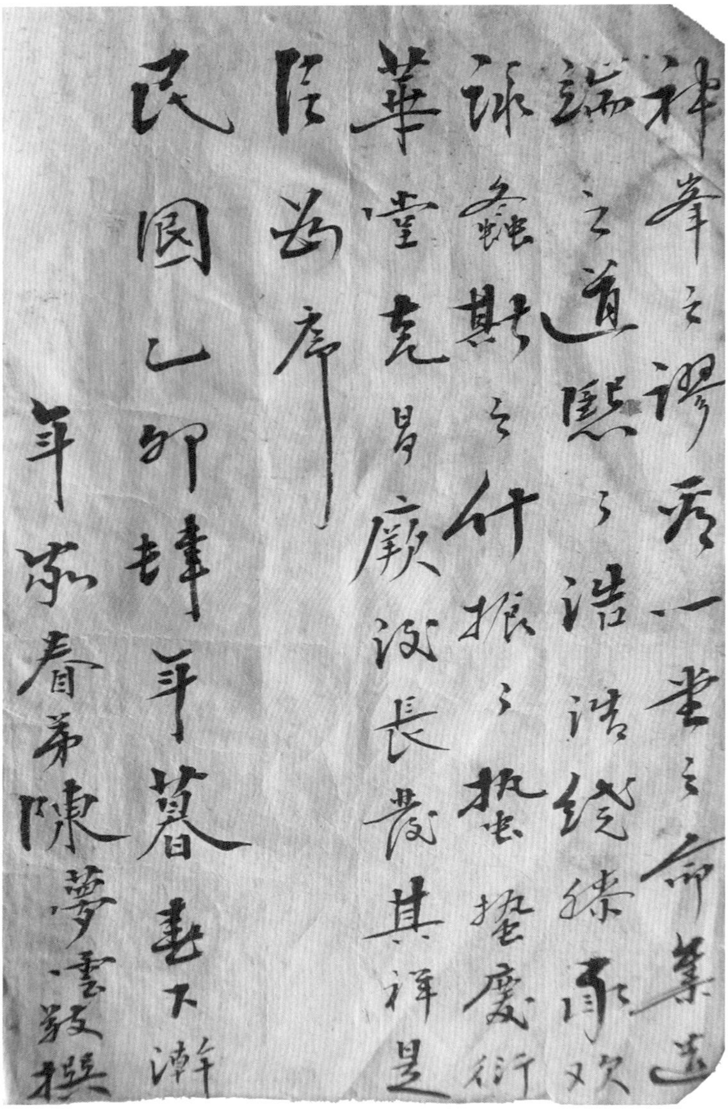

祥峯之繆秀一堂之命集造
端之道懸之浩浩綫綫欢
詠鑫斯之竹振之摯摯慶衍
華堂堯昌厥波長發其祥是遠
聊為序
民國乙卯肆年暮春大瀚
年家春弟陳夢雲敬撰

5-7-5-2　民國四年鄭梅英家流年簿（二）

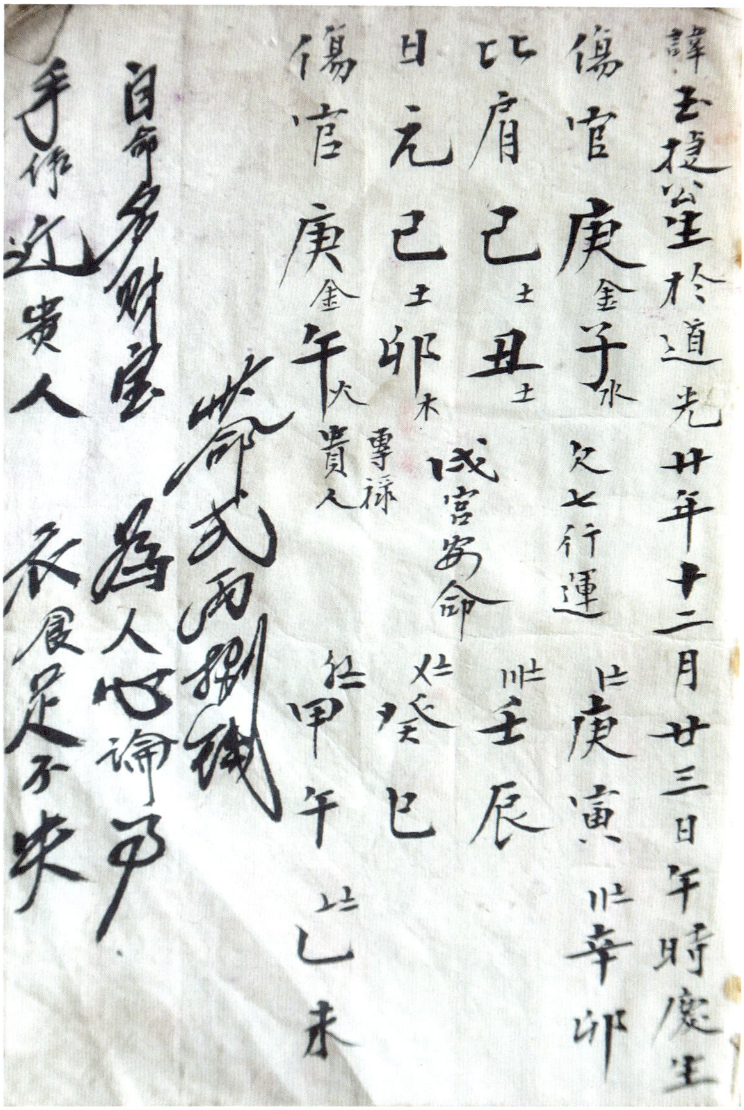

諱玉椗公生於道光廿年十二月廿三日午時慶生
傷官庚金子水 父七行運 比庚寅 比辛卯
比肩己土丑土 比壬辰
日元己土卯木 戊宮安命 比癸巳
傷官庚金午火 貴人 專祿 比甲午 比乙未
此命式丙捌織
自命多財星 為人心論事
手作近貴人 衣食足不缺

5-7-5-3　民國四年鄭梅英家流年簿（三）

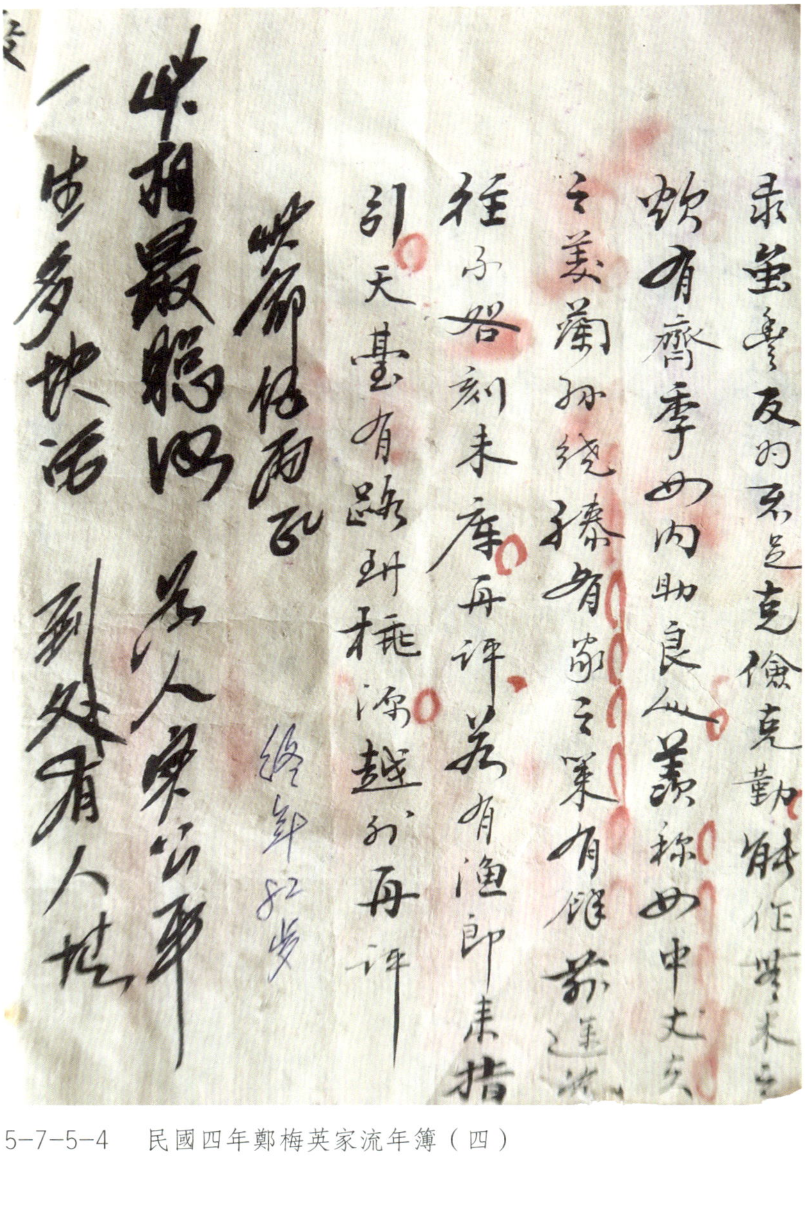

5-7-5-4　民國四年鄭梅英家流年簿（四）

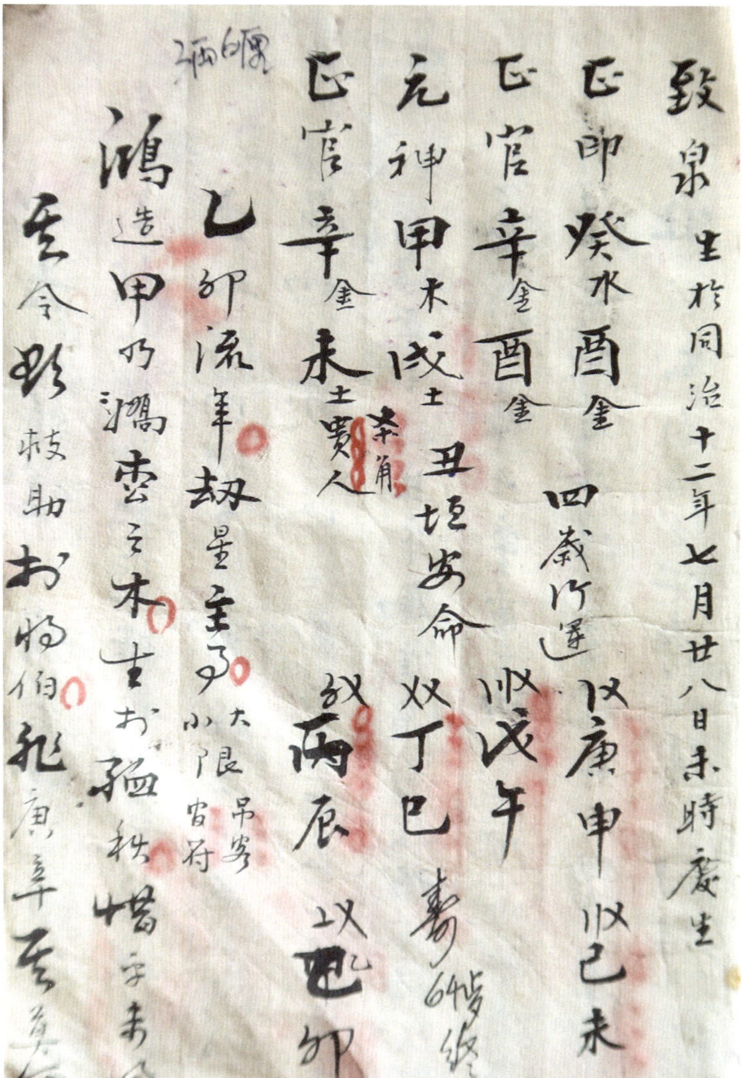

致泉生於同治十二年七月廿八日未時慶生
正印癸水酉金　四歲行運　以庚申　以己未
正官辛金酉金　以戊午
元神甲木戊土　丑垣安命　以丁巳　壽64歲終
正官辛金未土貴人　以丙辰　以乙卯
乙卯流年劫星主刃　大限吊客　小限官符
鴻造甲乃鴻雲之木生於孤秋

5-7-5-5　民國四年鄭梅英家流年簿（五）

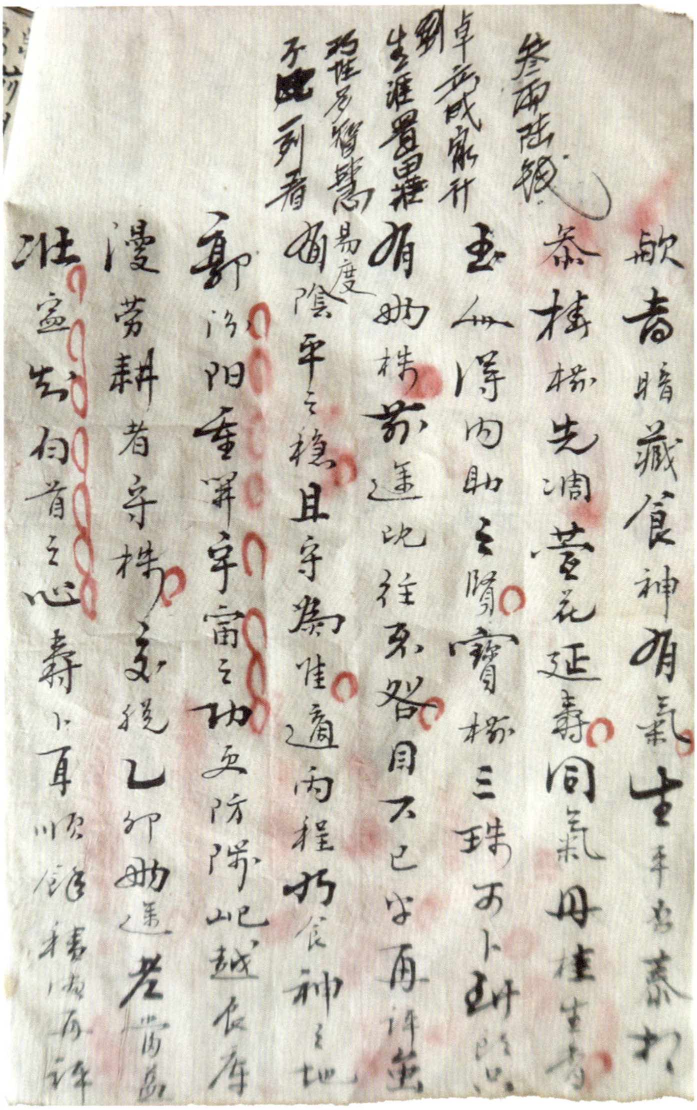

5-7-5-6　民國四年鄭梅英家流年簿（六）

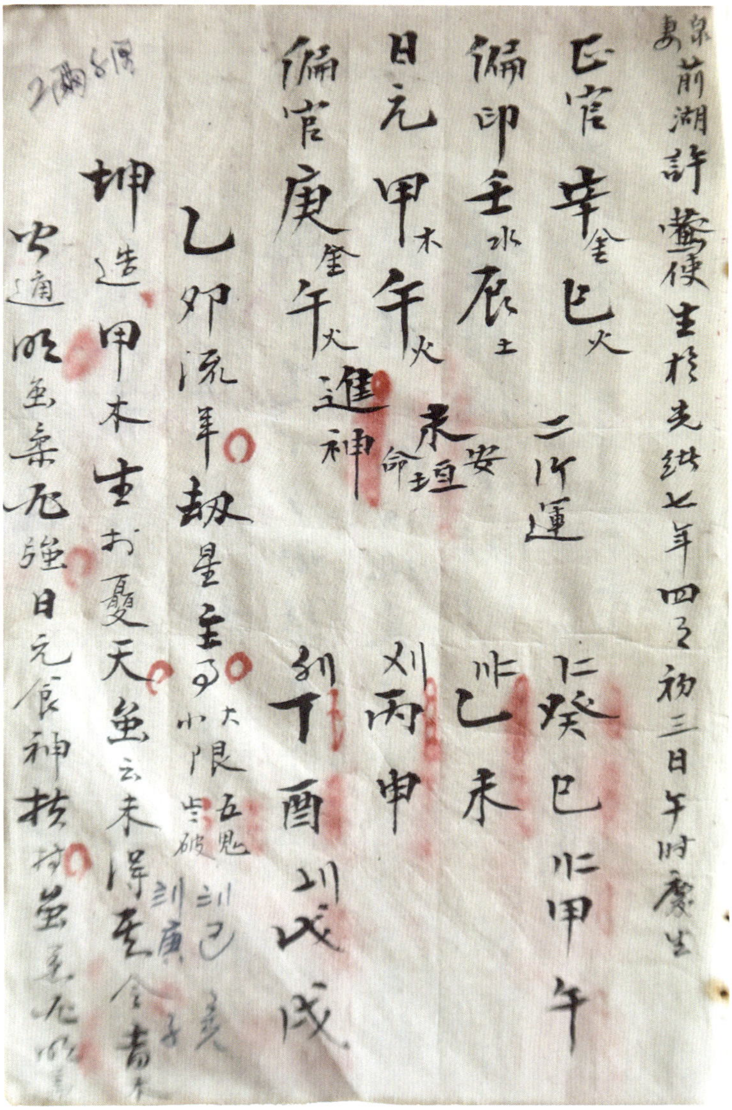
東泉前湖許鸞使生於光緒七年四月初三日午時[illegible]生
正官 辛金 巳火 二行運 仁癸巳 仁甲午
偏印 壬水 辰土 乍乙未
日元 甲木 午火 命 未垣 安 刈丙申
偏官 庚金 午火 進神 剅丁酉 刂戊戌
乙卯流年劫星主子 大限 小限 五鬼 官破 訓己亥
坤造 甲木 生於夏天 無雲未得 訓庚子 全書
身逢明 無棄 花 強 日元 食神 [illegible]

5-7-5-7　民國四年鄭梅英家流年簿（七）

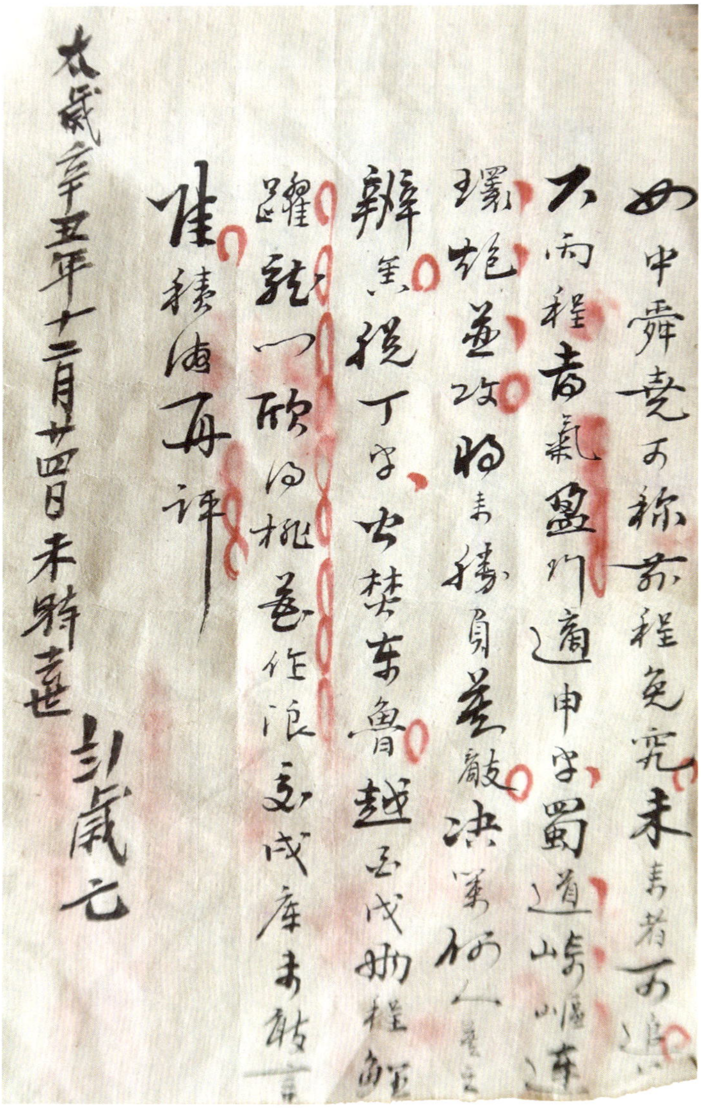

5-7-5-8　民國四年鄭梅英家流年簿（八）

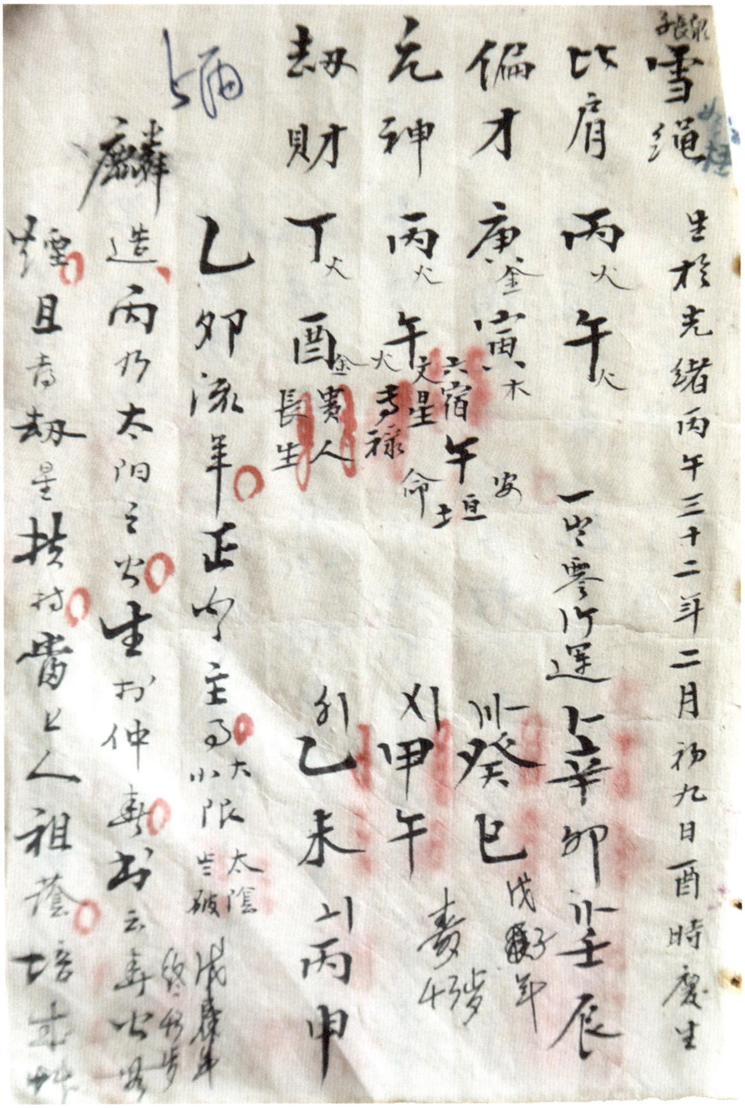

5-7-5-9　民國四年鄭梅英家流年簿（九）

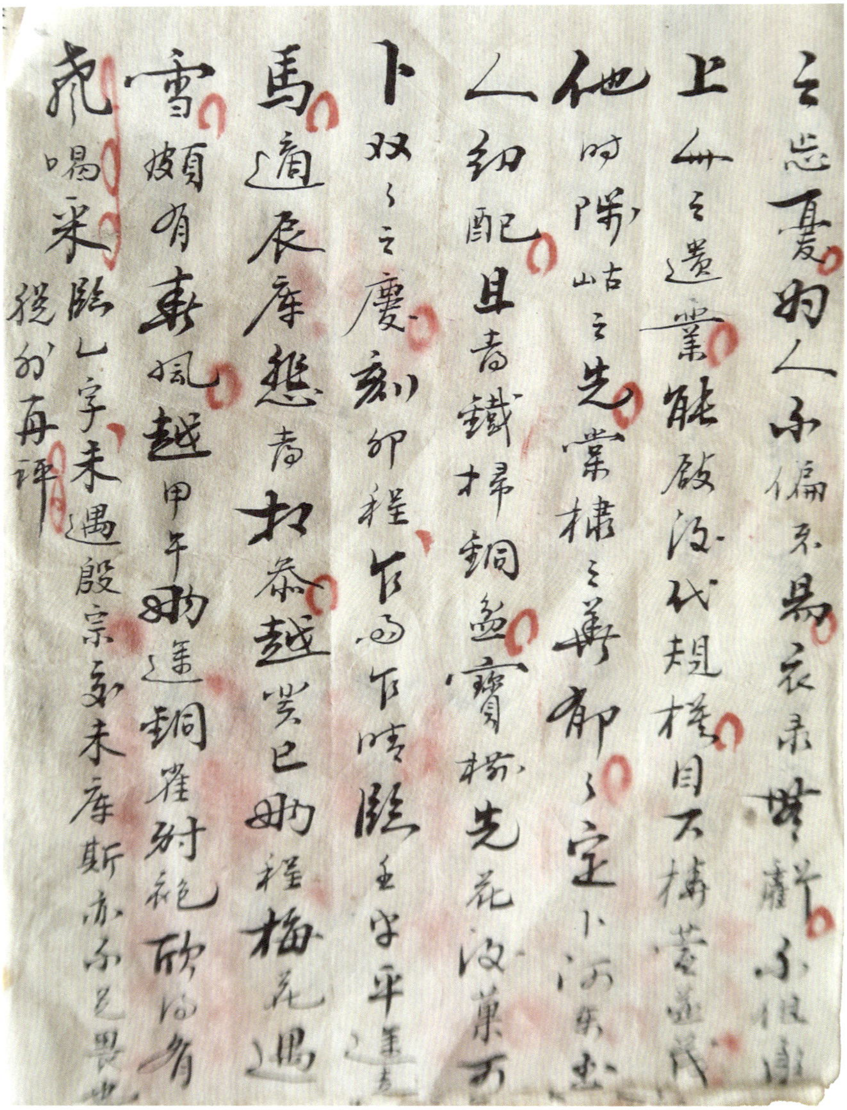

5-7-5-10　民國四年鄭梅英家流年簿（一〇）

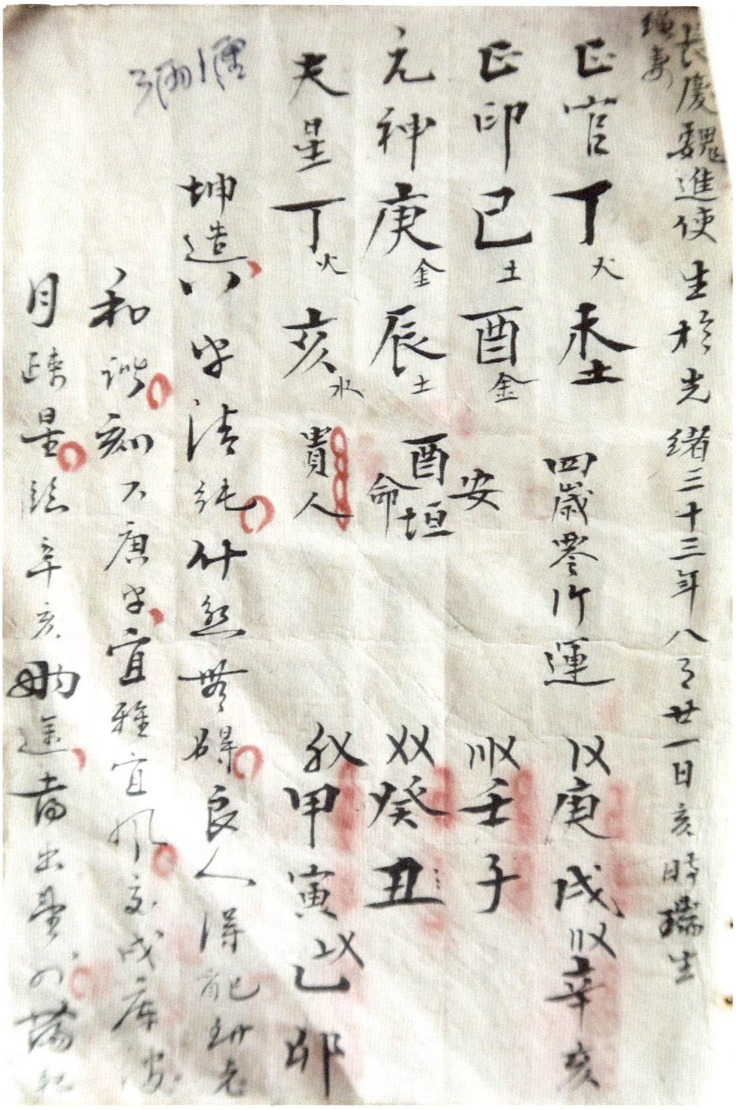
長庚魁進使　生於光緒三十三年八月廿一日亥時瑞生

正官　丁未　四歲零行運　以庚戌　以辛亥

正印　己酉　安　以壬子

元神　庚辰　酉垣命　以癸丑

天星　丁亥　貴人　以甲寅　以乙卯

坤造八字清純

5-7-5-11　民國四年鄭梅英家流年簿（一一）

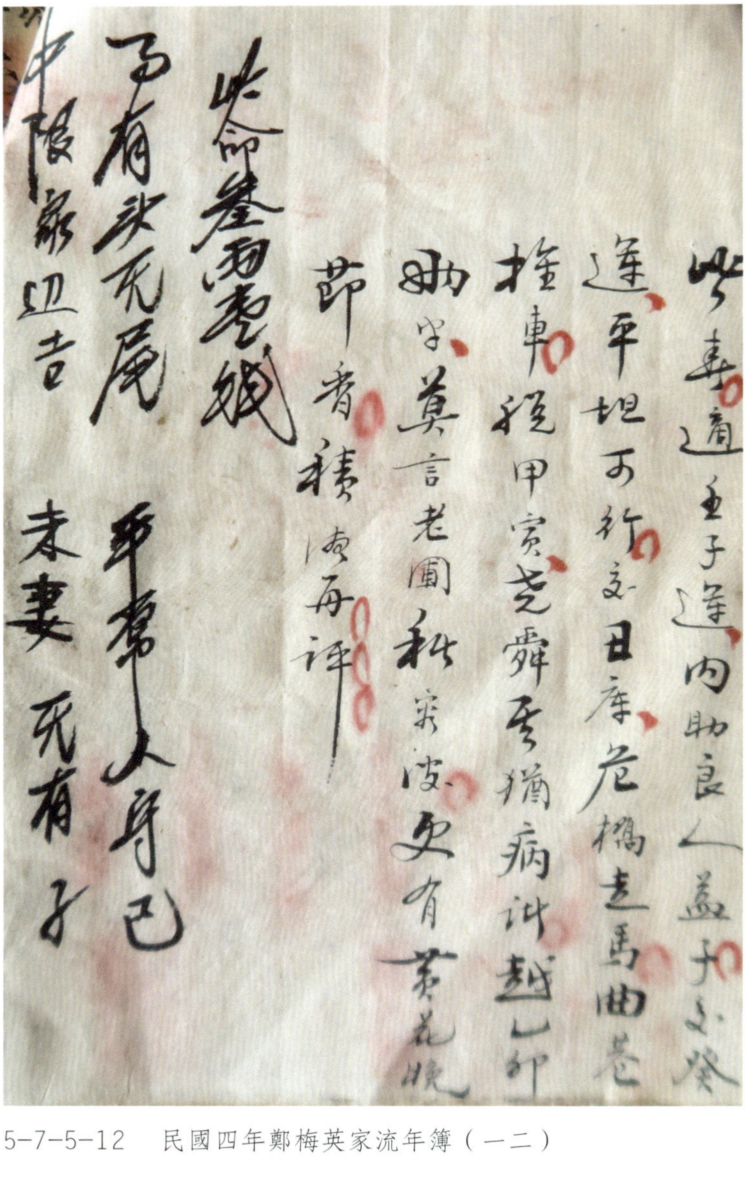

5-7-5-12　民國四年鄭梅英家流年簿（一二）

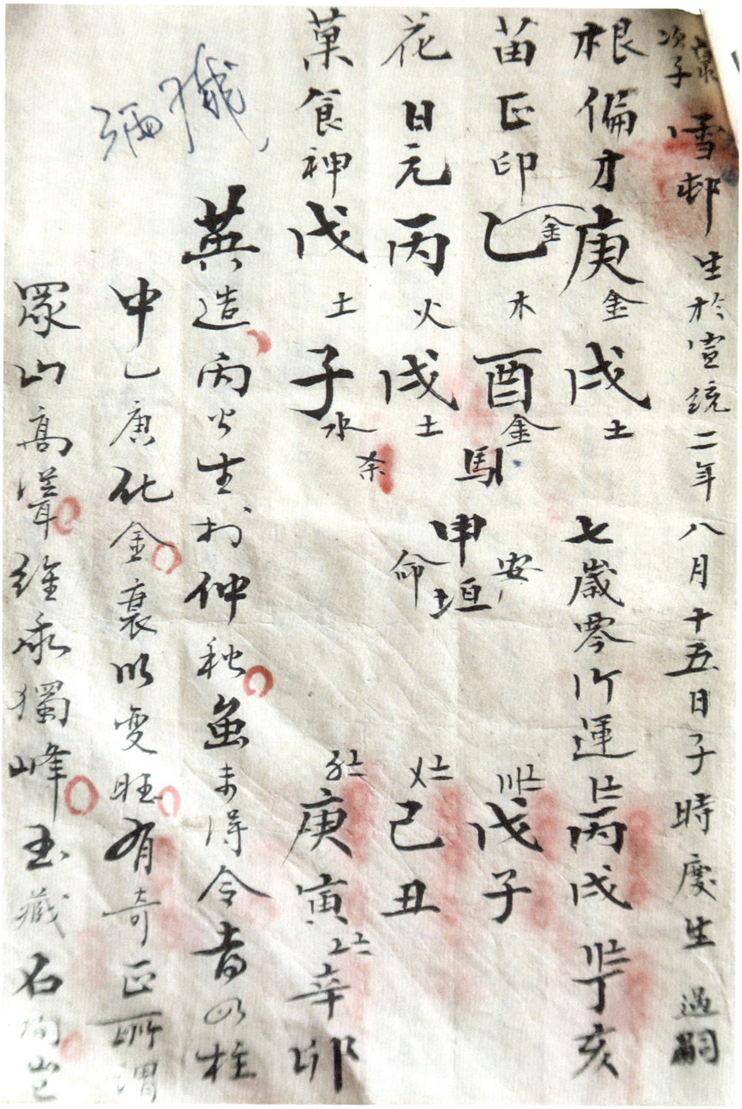

次子雪邨生於宣統二年八月十五日子時慶生過嗣
根 偏才 庚金 戌土 七歲零个運 丙戌 丁亥
苗 正印 乙木 酉金 馬 安 戊子
花 日元 丙火 戌土 申 垣 命 己丑
菓 食神 戊土 子水 庚寅 辛卯
英造丙火生於仲秋魚未得令春以桂
中乙庚化金衰以變旺有奇正
眾山高峯維秀獨峰玉藏石

5-7-5-13　民國四年鄭梅英家流年簿（一三）

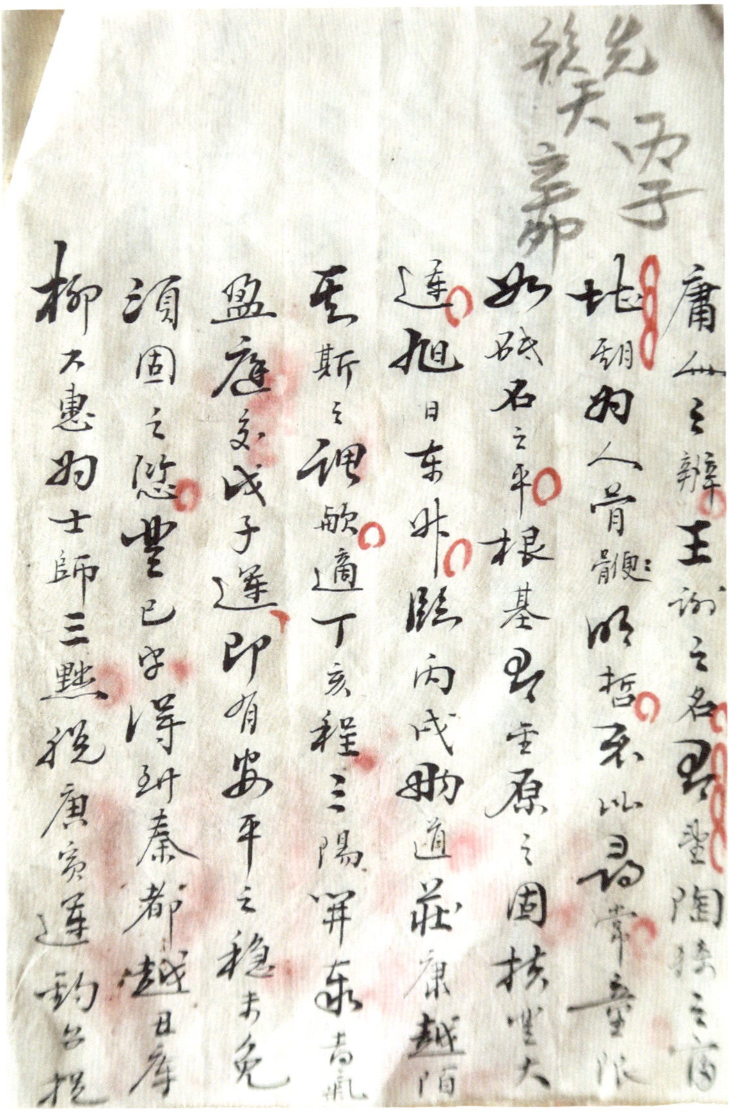

5-7-5-14　民國四年鄭梅英家流年簿（一四）

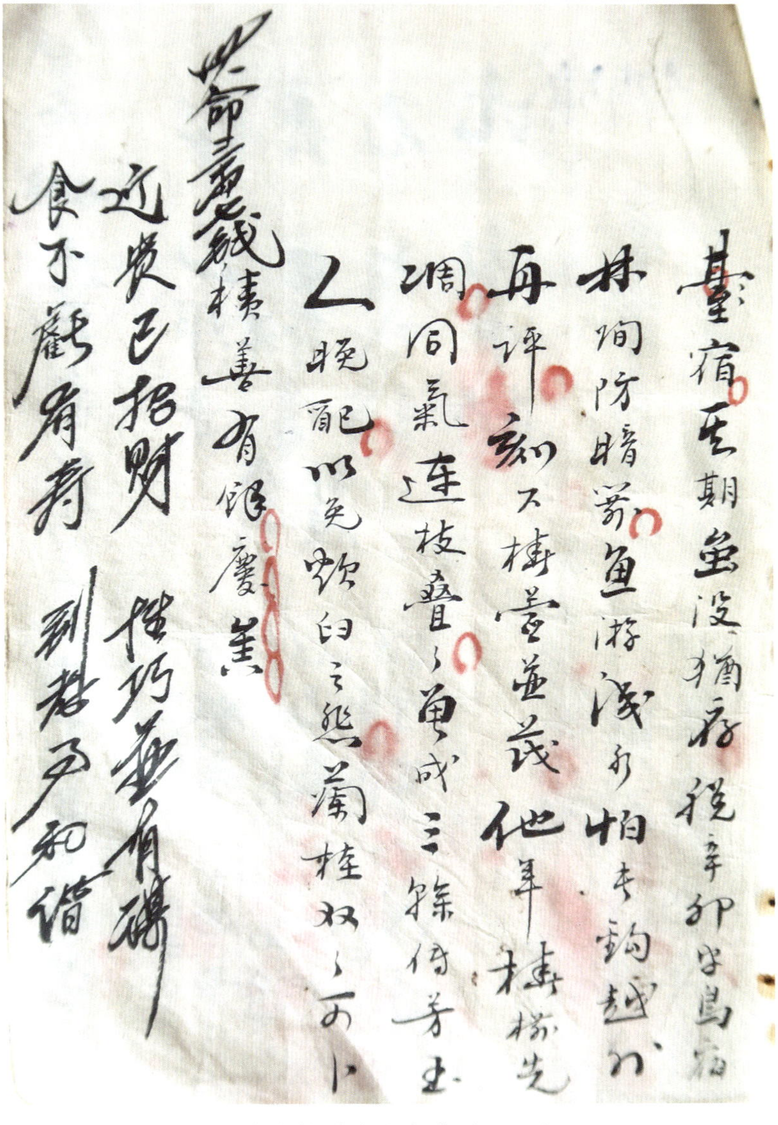

5-7-5-15　民國四年鄭梅英家流年簿（一五）

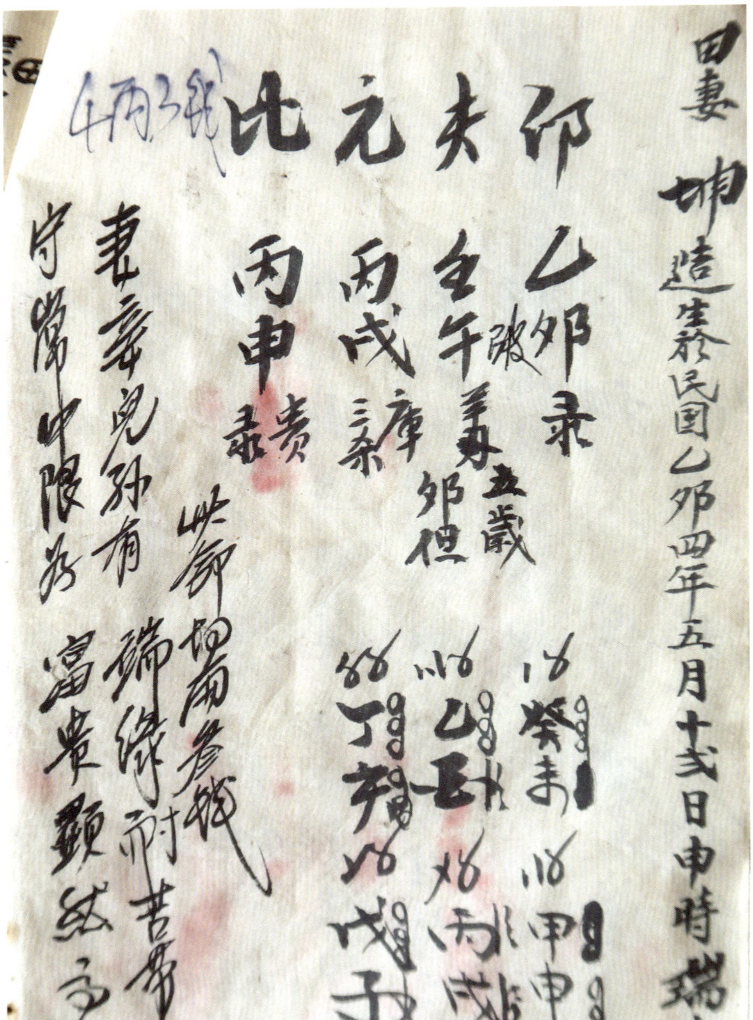

田妻
坤造生於民国乙卯四年五月十二日申時瑞生
印 乙卯 禄
夫 壬午 陂 羊刃 五歲 卯但
元 丙戌 庫 三杀
比 丙申 贵 杀
此命相兩叁钱
妻宫兒孙有 瑞綿耐苦帶
守常中限於 富貴顯然多

5-7-5-16　民國四年鄭梅英家流年簿（一六）

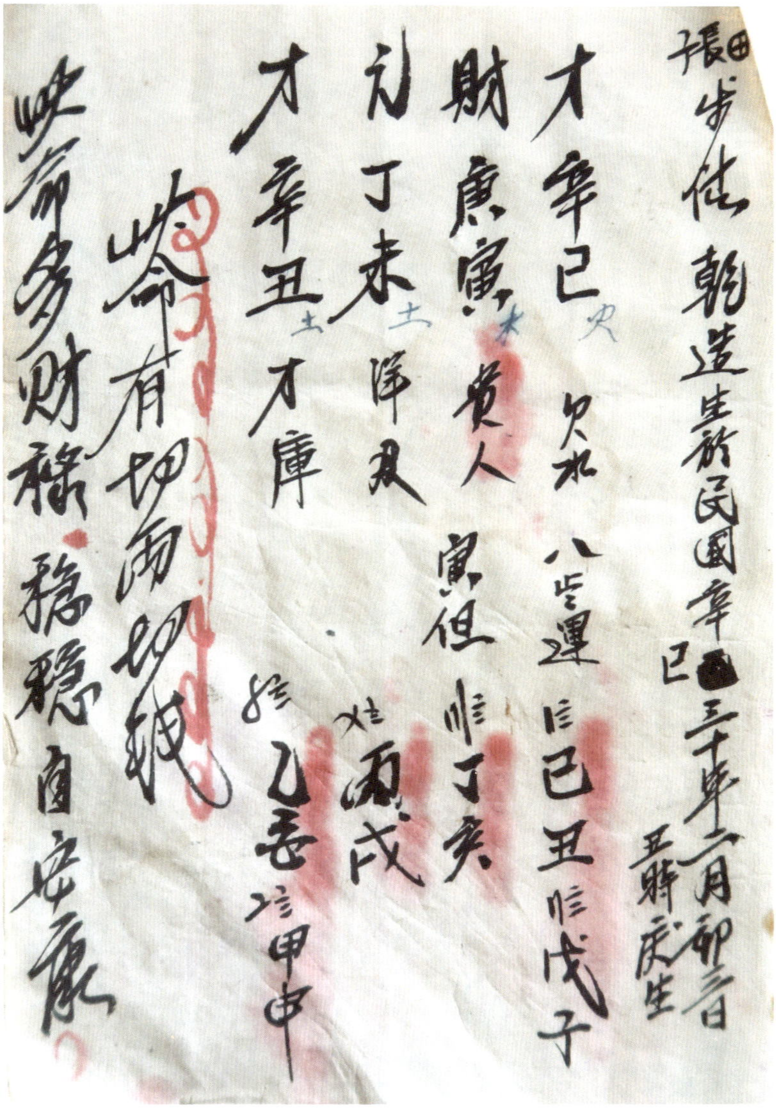

5-7-5-17　民國四年鄭梅英家流年簿（一七）

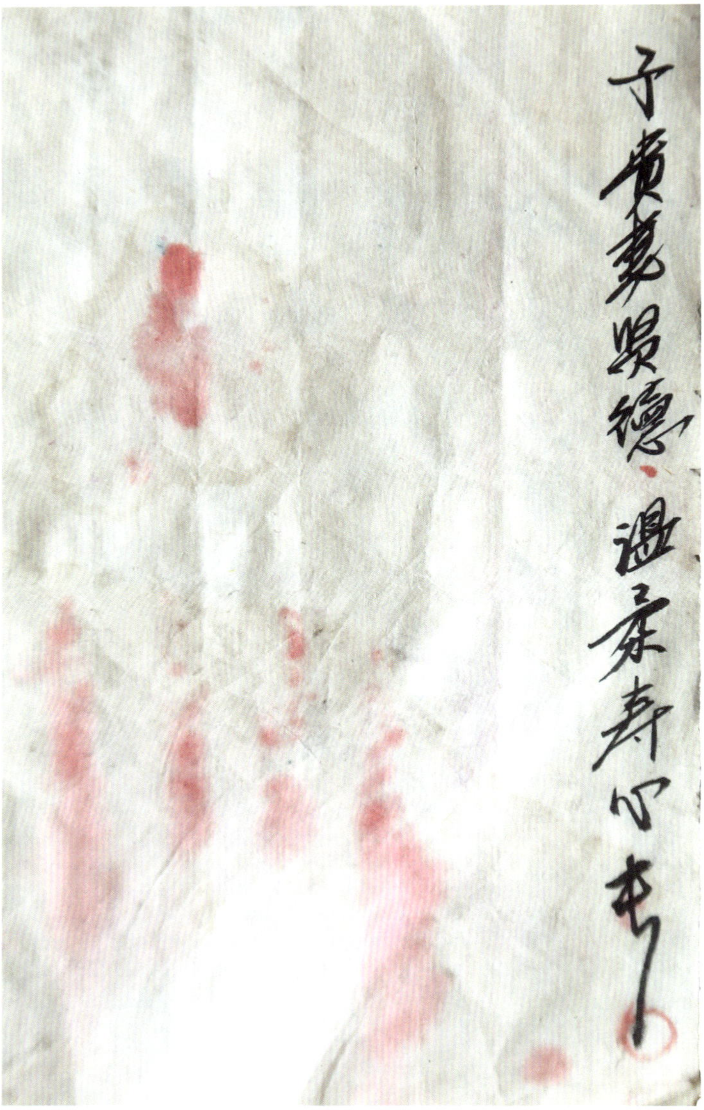

5-7-5-18　民國四年鄭梅英家流年簿（一八）

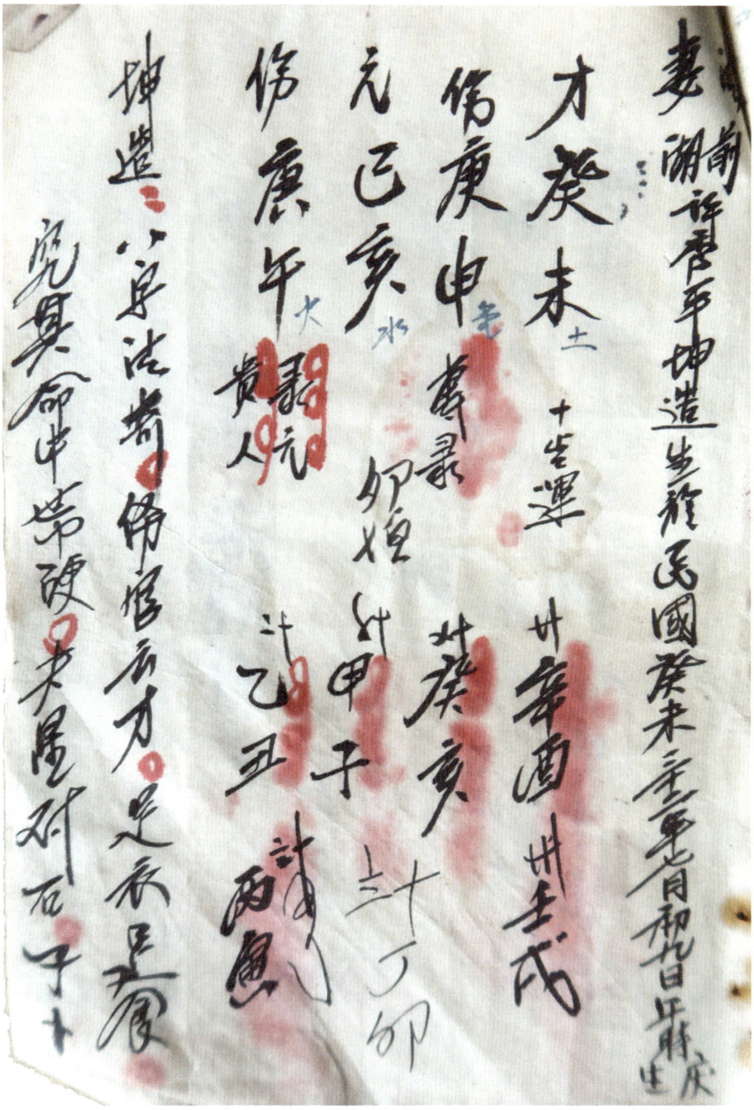

妻湖前許秀平坤造生於民國癸未年二月初九日午時生

才癸未 土 十生運 廿辛酉 卅壬戌

傷庚申 金 壽祿 廿癸亥 上十丁卯

元己亥 水 卯煌 廿甲子

傷庚午 火 貴人 驛元 廿乙丑 計 丙寅

坤造八字活斷 傷官傷才 是衰是虛

況其命中帶破 大星剋 石子十

5-7-5-19　民國四年鄭梅英家流年簿（一九）

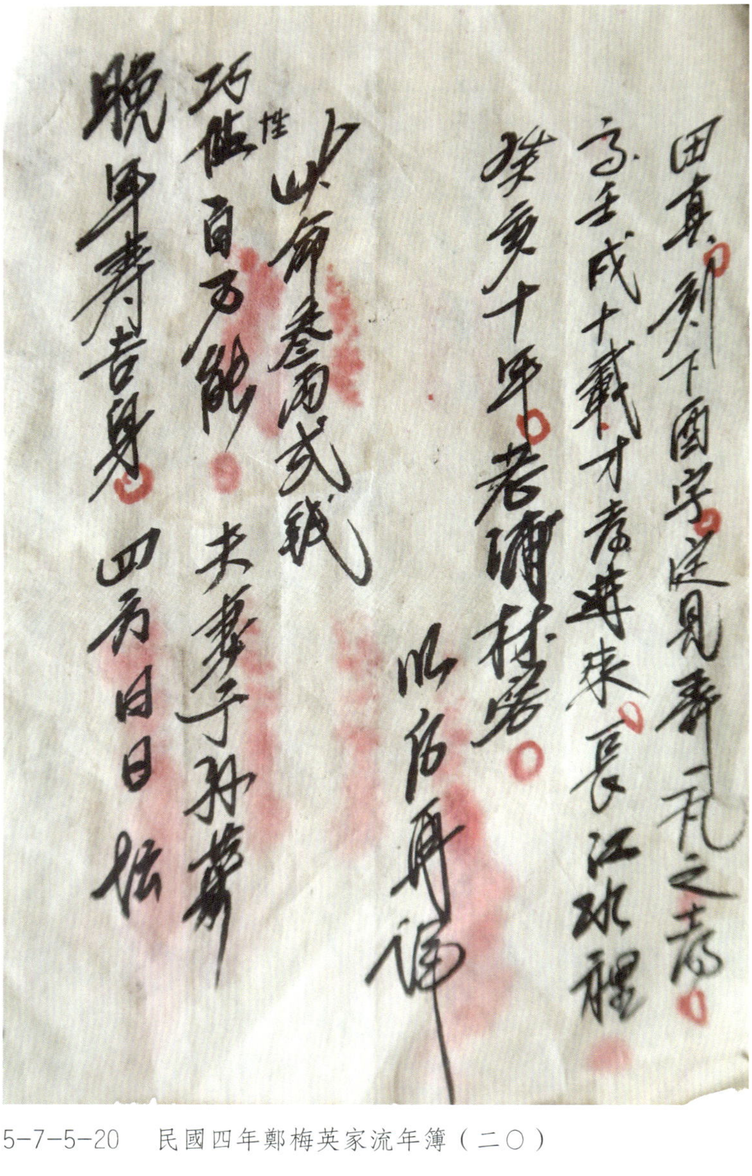
田真，剋下國學，從見壽元之志，
高壬戌十載才春，毋來長江琢醒，
癸亥十年，若酒林落，
以后再論
此命叁兩弍錢
巧性百分能，夫妻子孫榮
晚年壽老身，四月日日伝

5-7-5-20　民國四年鄭梅英家流年簿（二〇）

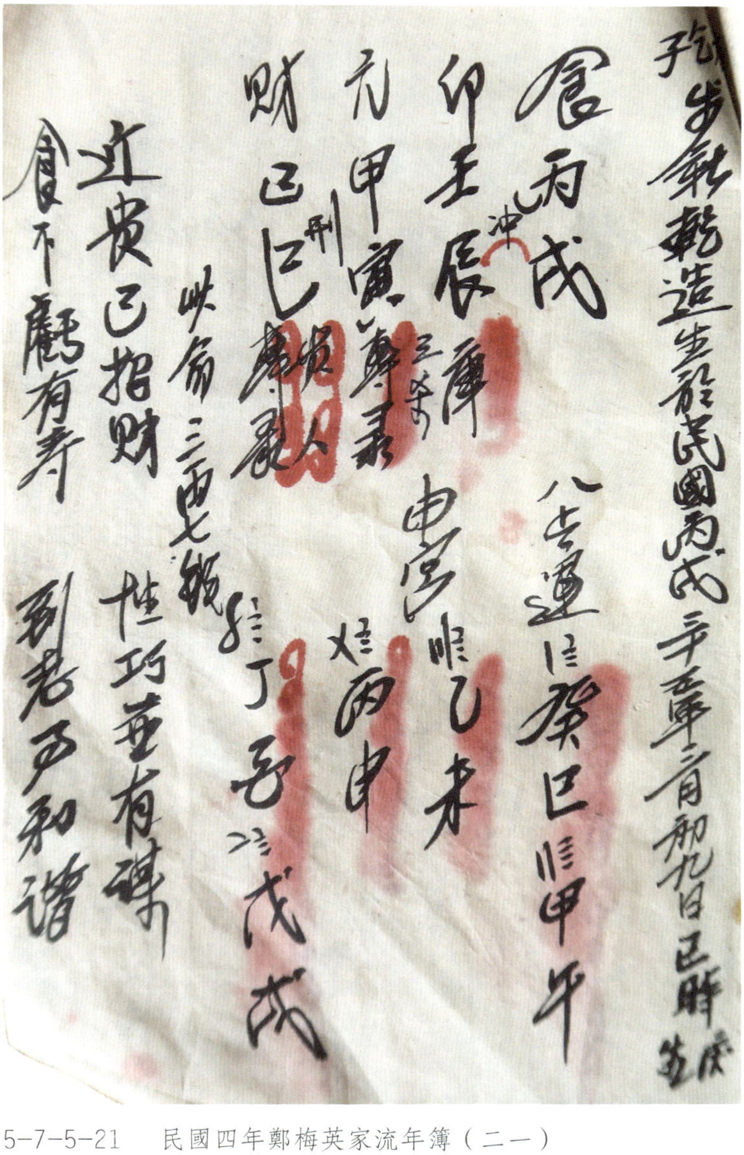

5-7-5-21　民國四年鄭梅英家流年簿（二一）

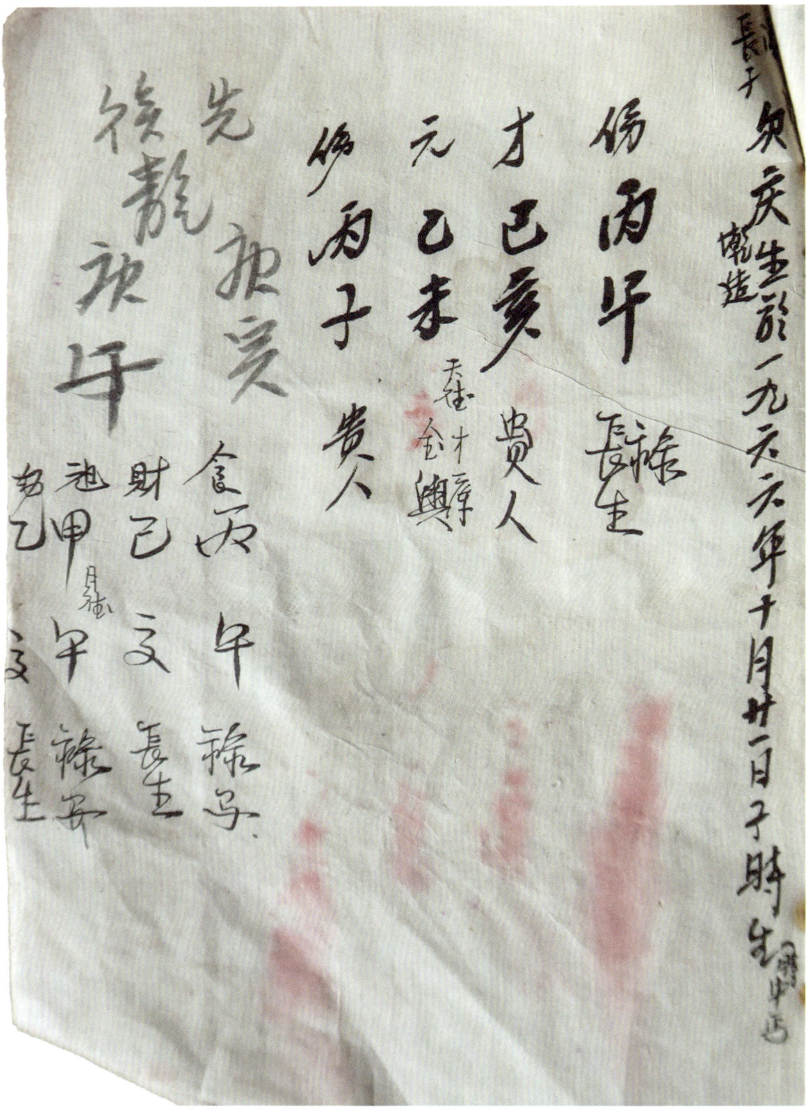

5-7-5-22　民國四年鄭梅英家流年簿（二二）

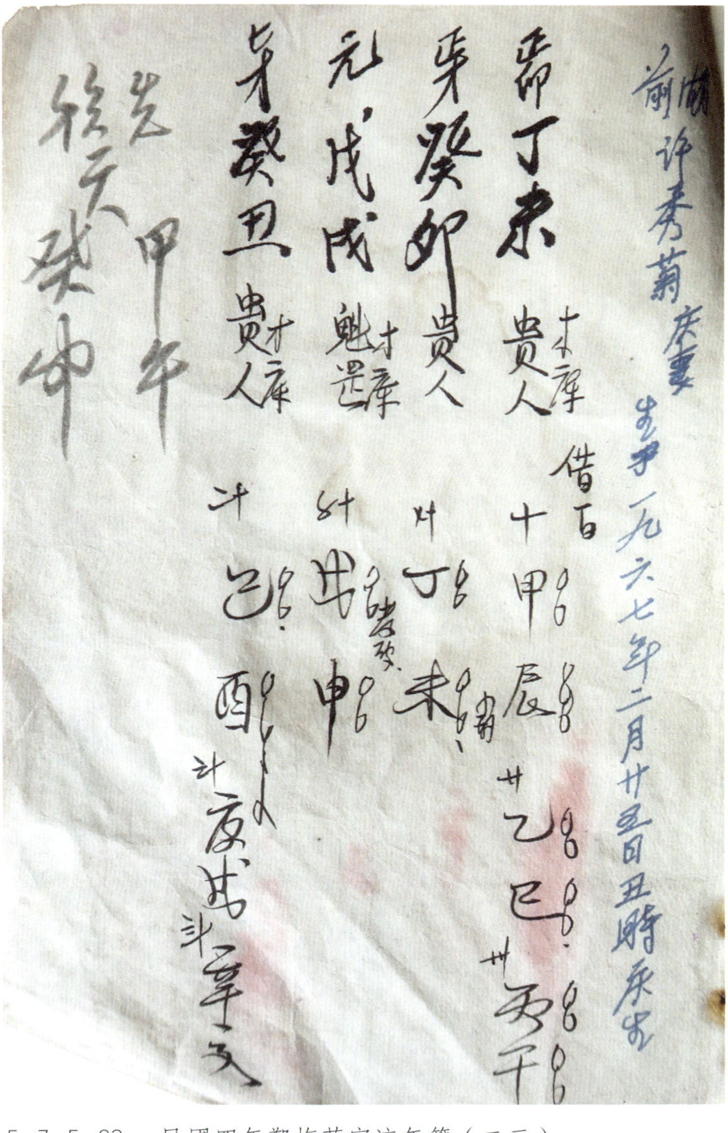

前補許秀菊庚妻
生于一九六七年二月廿五日丑時庚生
命丁未 貴人 木庫
胎癸卯 貴人
元戊戌 魁罡 才庫
身癸丑 貴人 才庫
光甲午
絡元癸巳中

借百
十 甲辰
廿 乙巳
卅 丙午
卌 丁未
五十 戊申
六十 己酉
計 庚戌
斗 辛亥

5-7-5-23　民國四年鄭梅英家流年簿（二三）

5-7-5-24　民國四年鄭梅英家流年簿（二四）

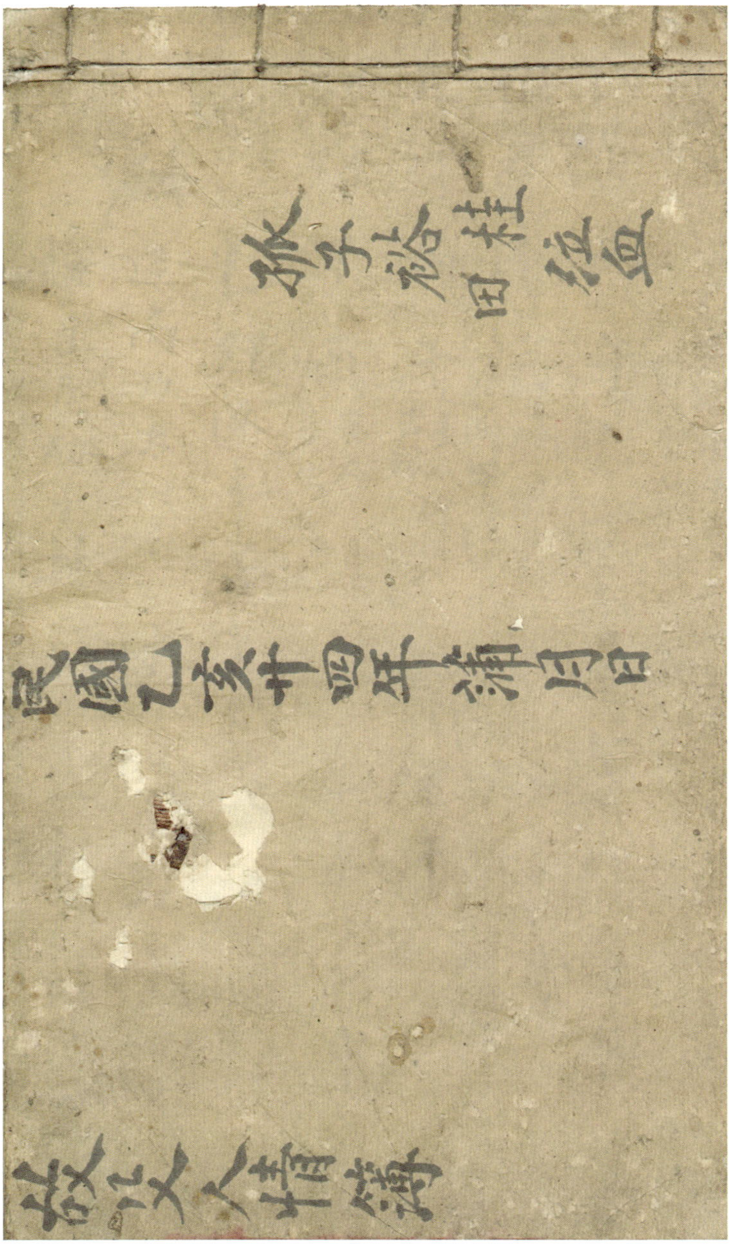
故父人情簿
民國乙亥廿四年蒲月日
孫子裕桂、裕田

5-7-6-1 民國二十四年鄭裕桂等立故父人情簿（一）

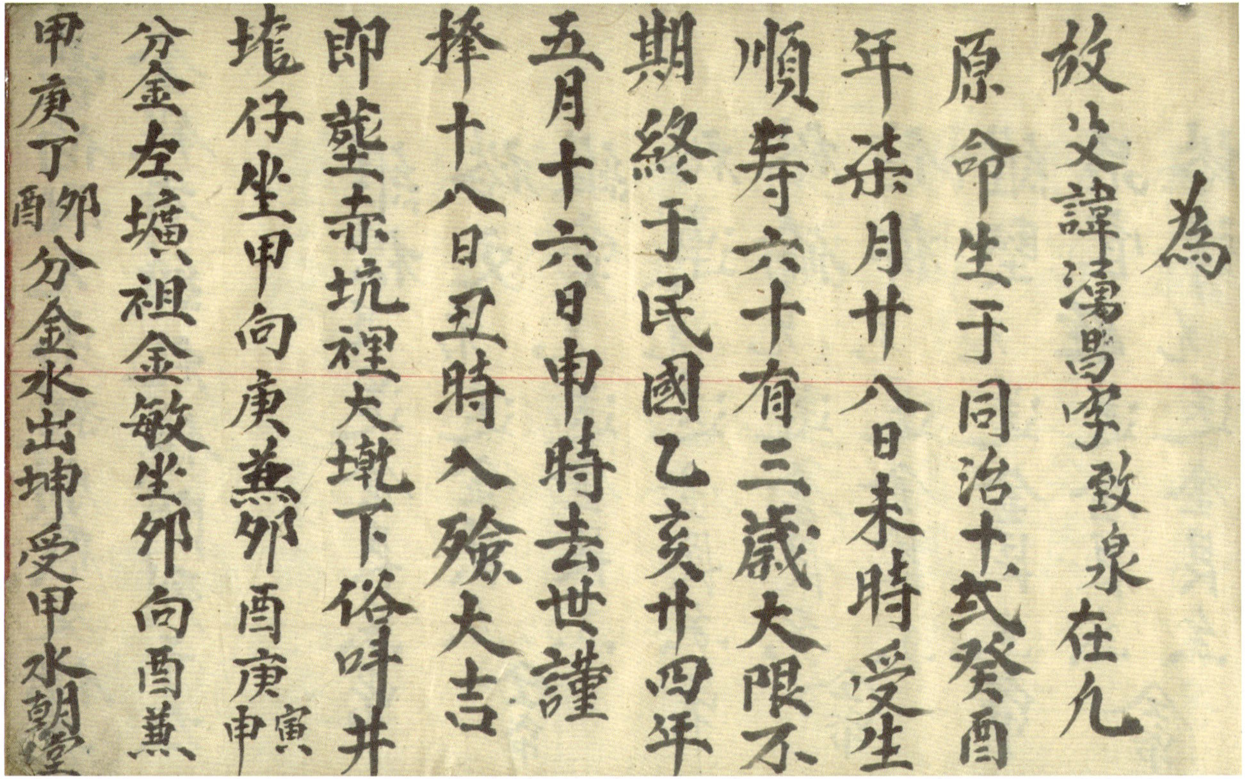
為
故父諱湯昌字致泉在九
原命生于同治十弍癸酉
年柒月廿八日未時受生
順寿六十有三歲大限不
期終于民國乙亥廿四年
五月十六日申時去世謹
擇十八日丑時入殮大吉
即壟赤坑裡大墩下俗呼井
墘仔坐甲向庚兼卯酉庚寅申
分金左壙祖金敏坐卯向酉兼
甲庚丁卯酉分分金水出坤受甲水朝堂

5-7-6-2　民國二十四年鄭裕桂等立故父人情簿（二）

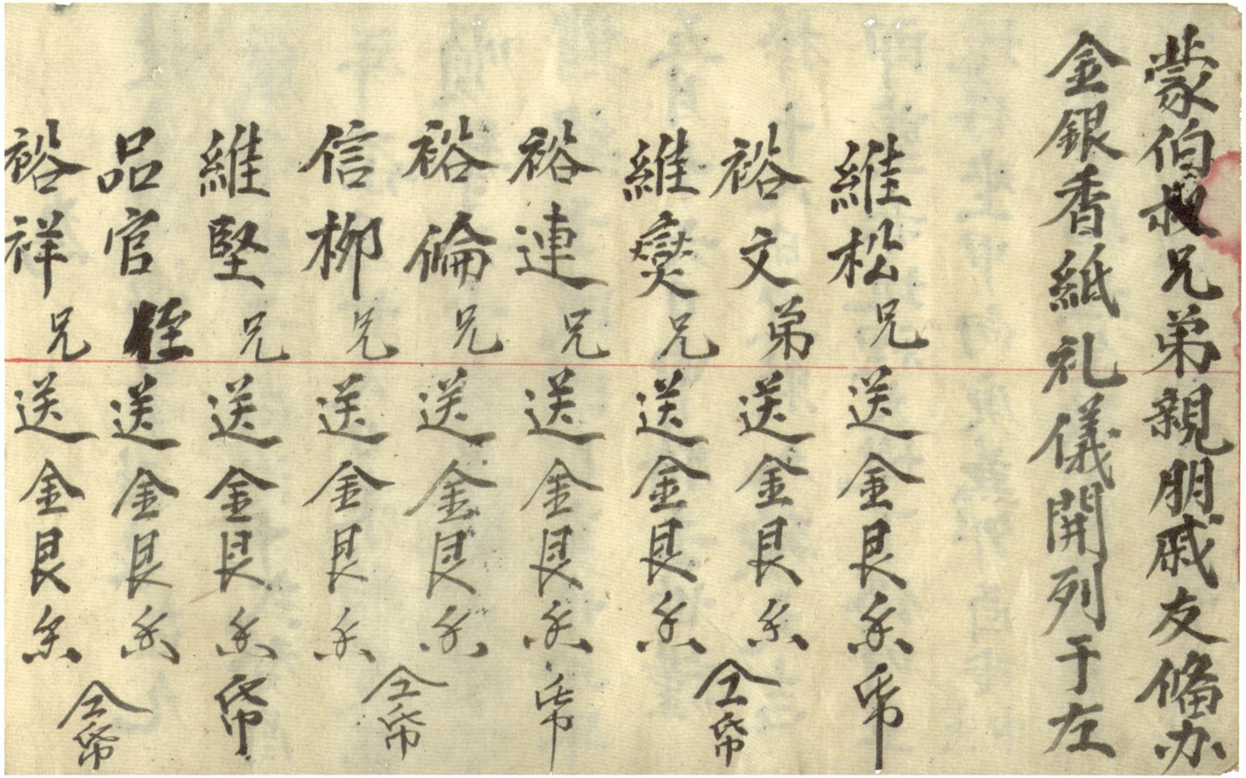
蒙伯叔兄弟親朋戚友備办
金銀香紙礼儀開列于左
維松兄送金艮系帋
裕文弟送金艮系仝帋
維燮兄送金艮系
裕連兄送金艮系帋
裕倫兄送金艮系
信柳兄送金艮系仝帋
維堅兄送金艮系帋
品官桂送金艮系
裕祥兄送金艮系仝帋

5-7-6-3　民國二十四年鄭裕桂等立故父人情簿（三）

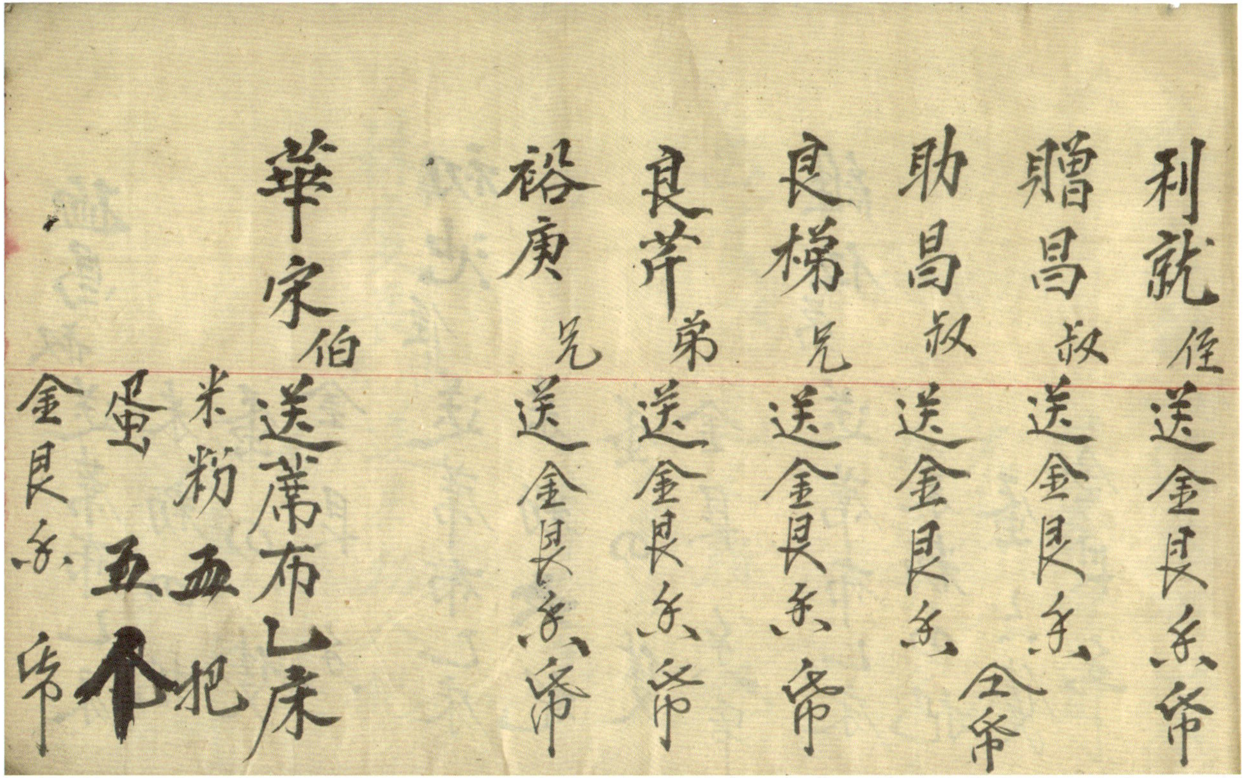

利就侄送金艮乐帋

贈昌叔送金艮乐 仝帋

助昌叔送金艮乐

良梯兄送金艮乐帋

良芹弟送金艮乐帋

裕庚兄送金艮乐帋

華宗伯送蓆布乙床

米粉五把

蛋五个

金艮乐帋

5-7-6-4　民國二十四年鄭裕桂等立故父人情簿（四）

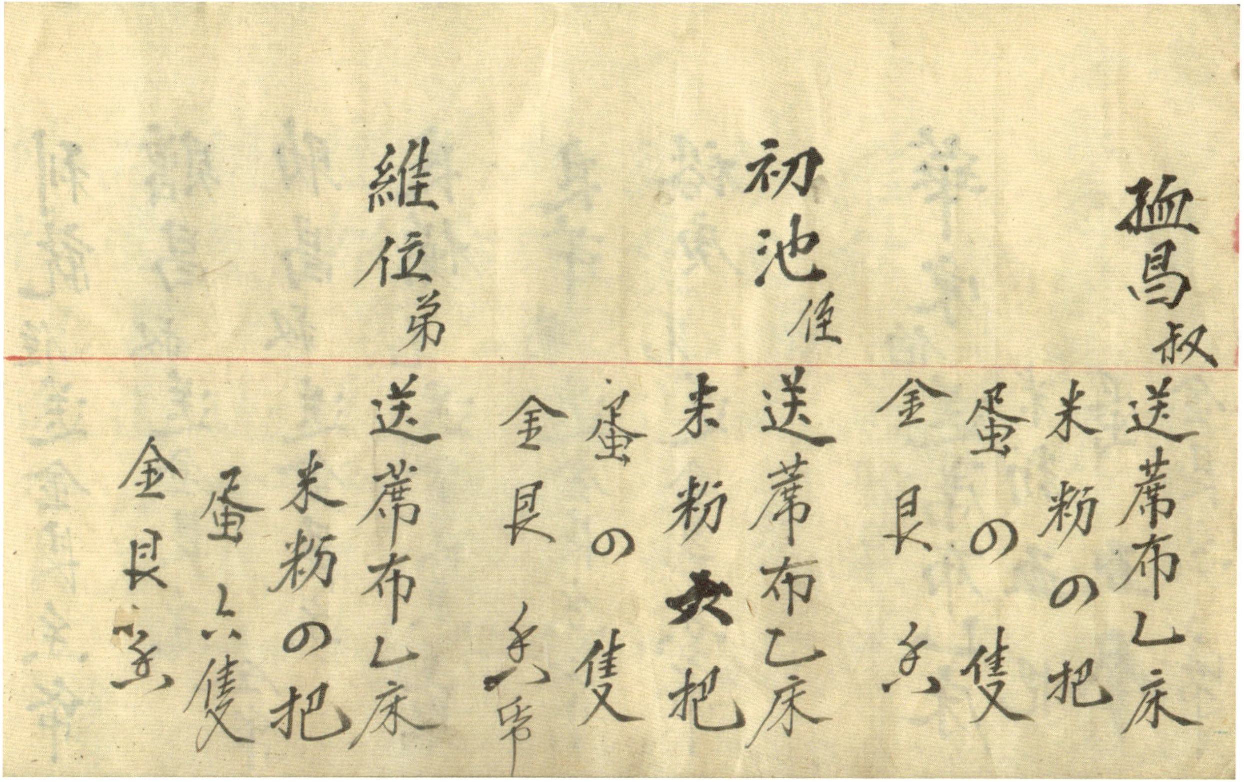
拯馬叔　送蓆布乙床　米粉〥把　蛋〥隻　金艮〤

初池侄　送蓆布乙床　米粉大把　蛋〥隻　金艮〤角

維位弟　送蓆布乙床　米粉〥把　蛋〦隻　金艮〤

5-7-6-5　民國二十四年鄭裕桂等立故父人情簿（五）

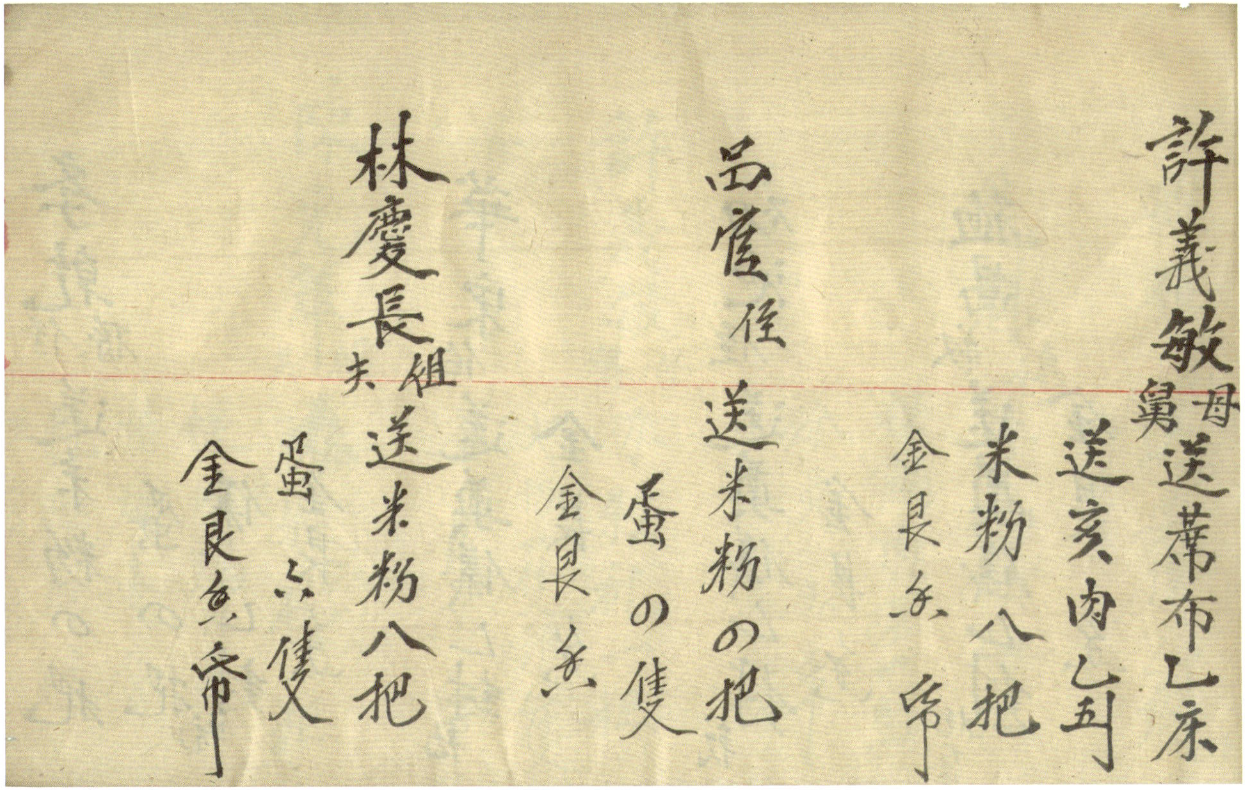
許義敏母舅
送蓆布乙床
送豕肉乙斤五
米粉八把
金艮〤〤千

品店侄
送米粉〇把
蛋〇隻
金艮〤〤

林慶長祖夫
送米粉八把
蛋〤隻
金艮〤〤千

5-7-6-6　民國二十四年鄭裕桂等立故父人情簿（六）

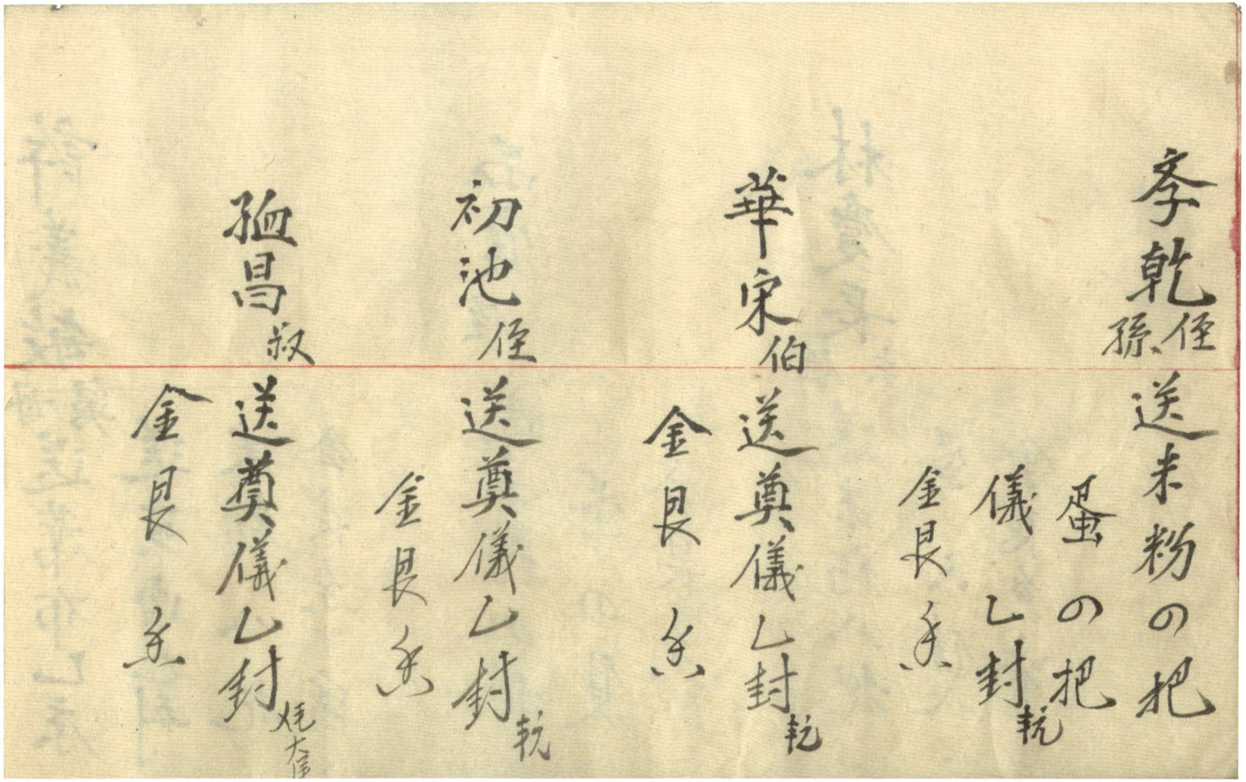

李乾孫侄
送米粉〇把
蛋〇把
儀乙封訖
金貝〤〆

華宗伯
送奠儀乙封訖
金貝〤〆

初池侄
送奠儀乙封訖
金貝〤〆

祖同叔
送奠儀乙封炬𠇗
金貝〤〆

5-7-6-7　民國二十四年鄭裕桂等立故父人情簿（七）

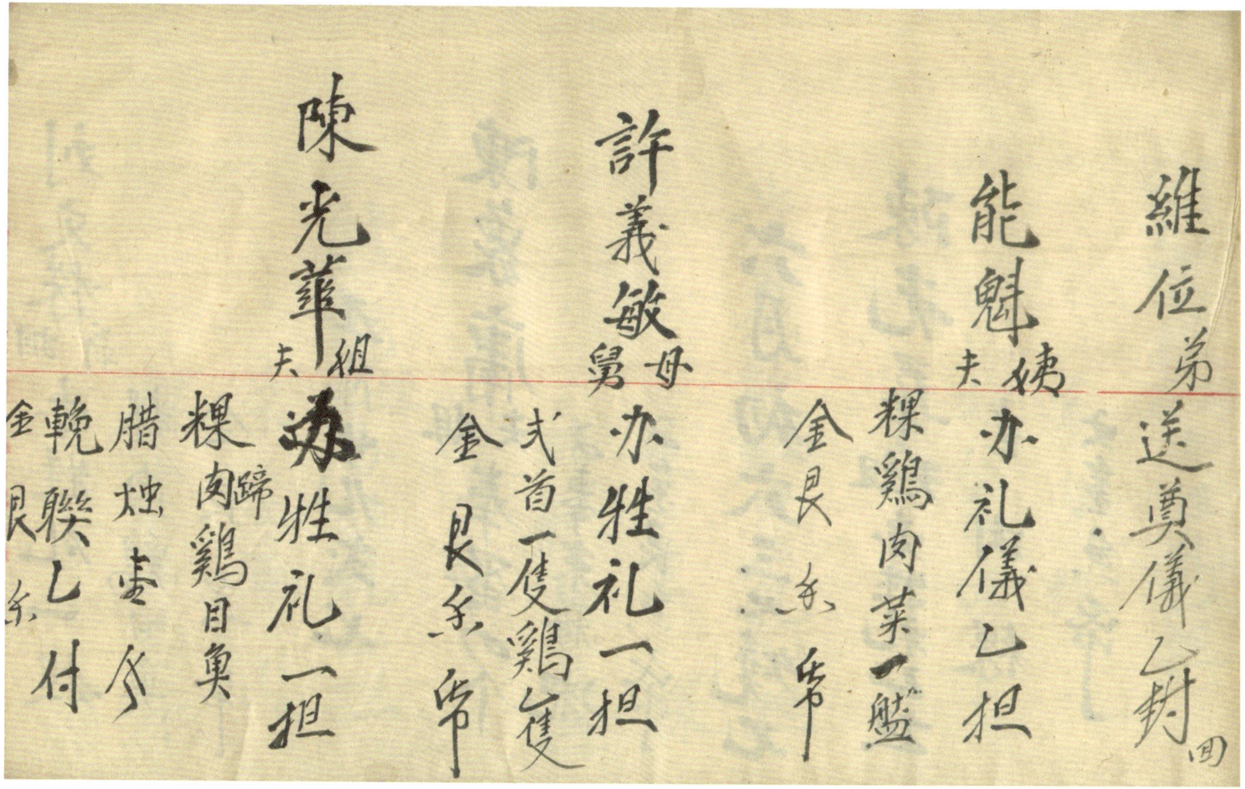

5-7-6-8　民國二十四年鄭裕桂等立故父人情簿（八）

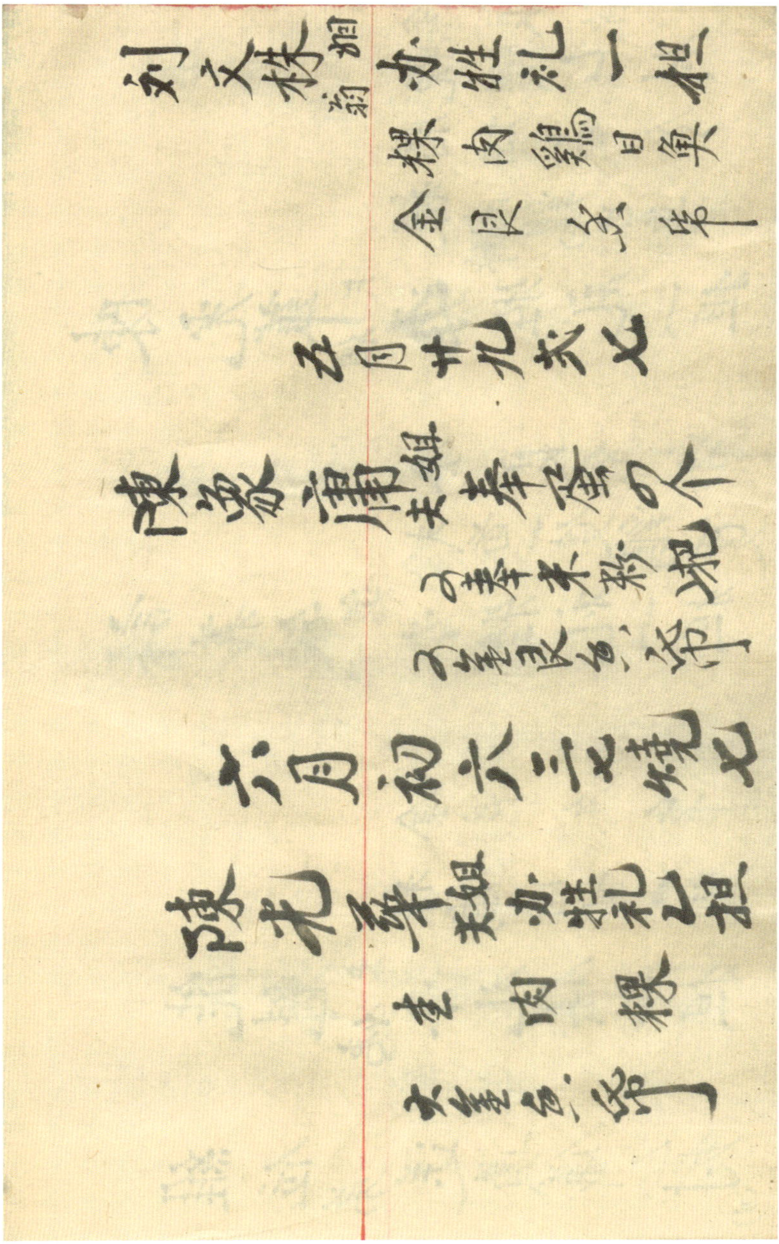

5-7-6-9　民國二十四年鄭裕桂等立故父人情簿（九）

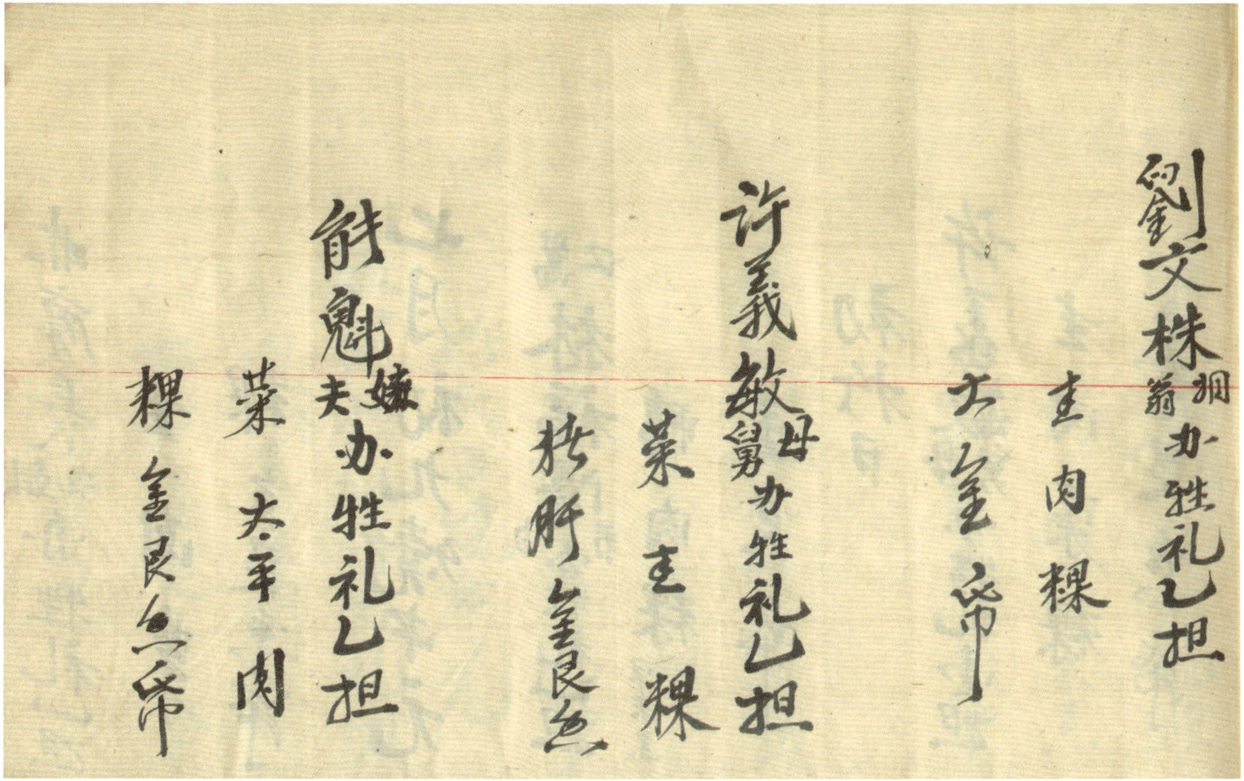
劉文株姻翁办牲礼乙担
圭肉粿
大金帘一
許義敏母舅办牲礼乙担
菜圭粿
[illegible]肝金艮包一
鮒魁嫌夫办牲礼乙担
菜太平肉
粿金艮包帘

5-7-6-10　民國二十四年鄭裕桂等立故父人情簿（一〇）

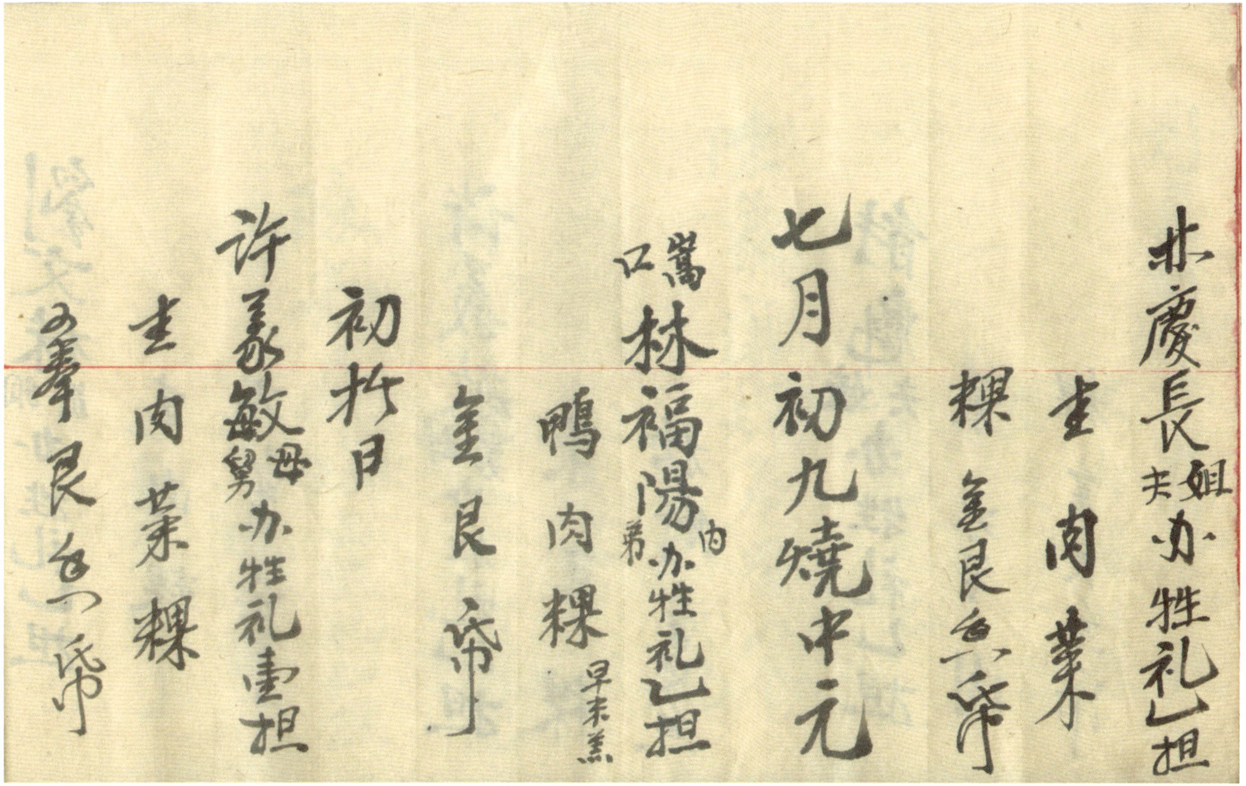
林慶長姐夫办牲礼一担
圭肉菜粿
七月初九燒中元
林福陽内弟办牲礼一担
鴨肉粿
初拾日
許義敏母舅办牲礼壹担
圭肉菜粿

5-7-6-11　民國二十四年鄭裕桂等立故父人情簿（一一）

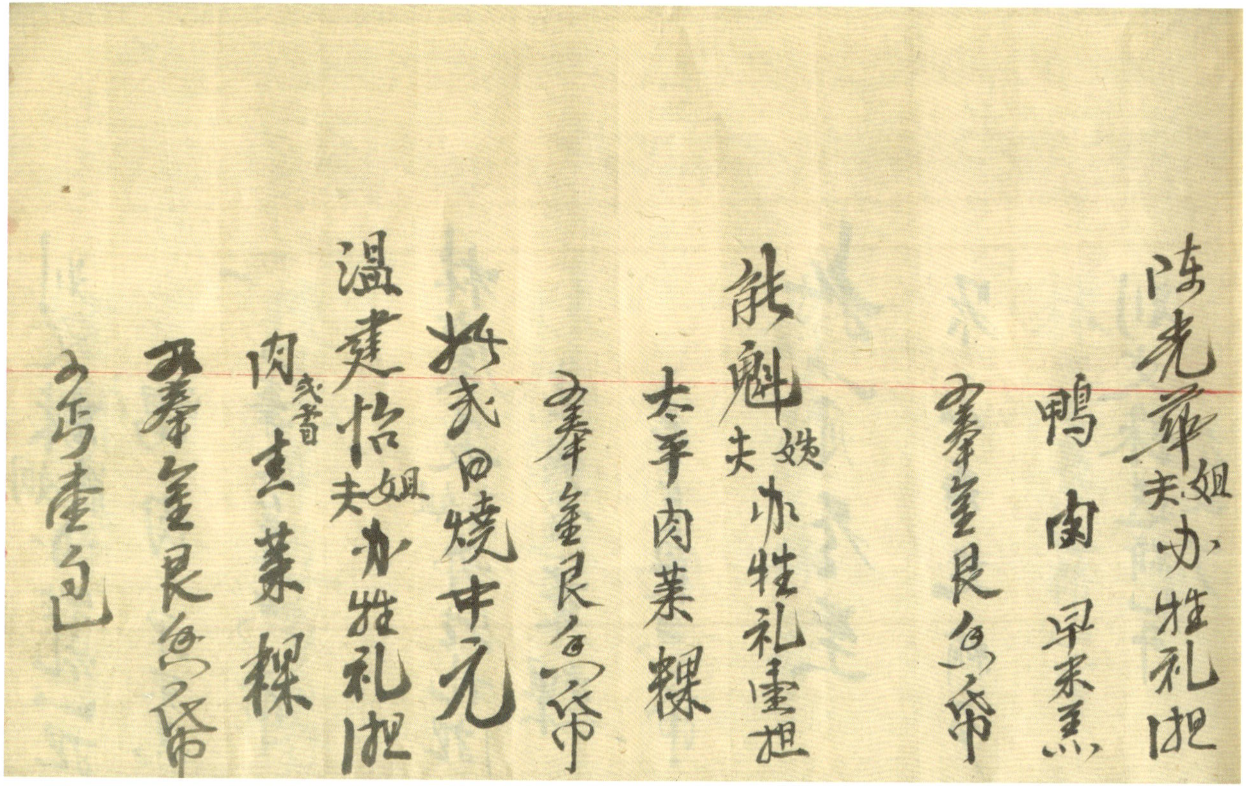
陳光華姐夫办牲礼担
鴨　肉　早米羔
奉金艮包帋
熊魁姨夫办牲礼壹担
太平肉菜粿
奉金艮包帋
姑表四燒中元
溫建怡姐夫办牲礼担
內戚眷主菜粿
奉金艮包帋
又亏壹包

5-7-6-12　民國二十四年鄭裕桂等立故父人情簿（一二）

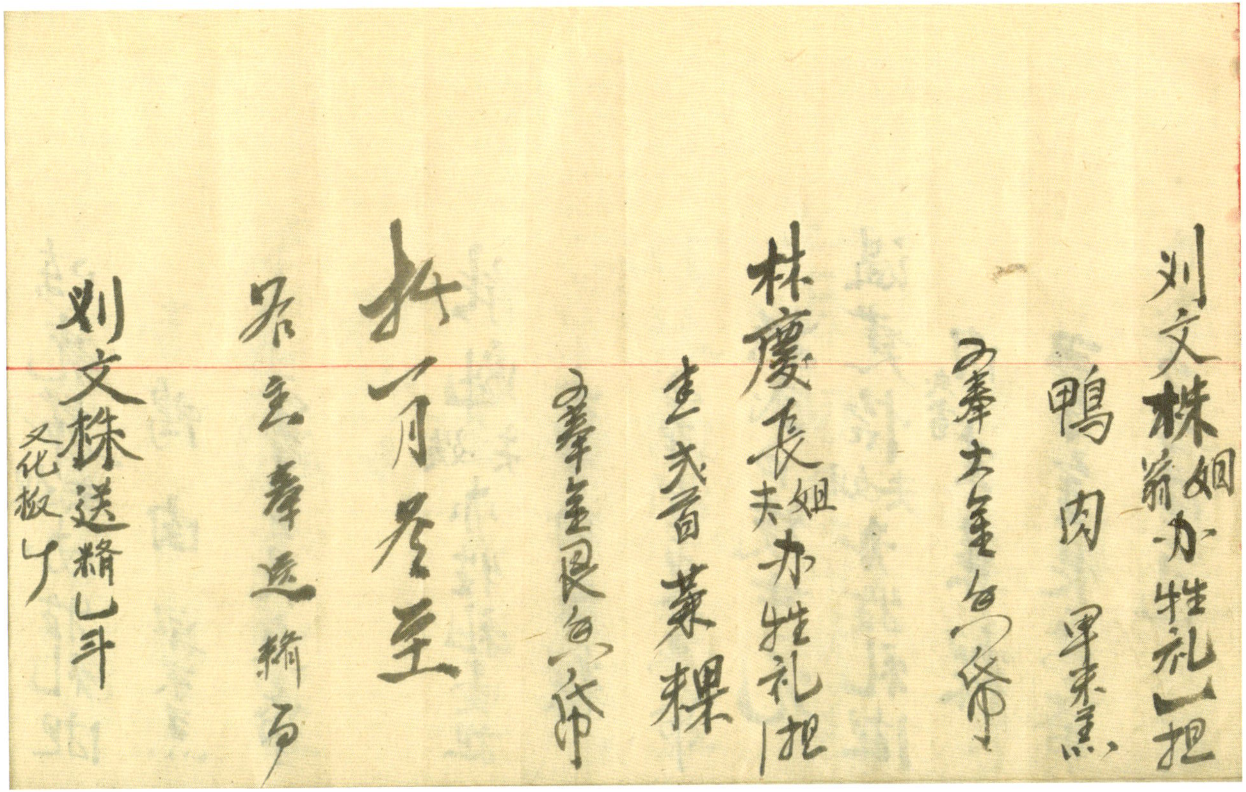
刘文株姻翁办牲礼一担
鸭　肉　果[illegible]
又奉大金白[illegible]帋
林慶長姻夫办牲礼一担
麦[illegible]　[illegible]　菜粿
又奉金银白[illegible]帋
[illegible]一月[illegible]至
另[illegible]奉送精[illegible]
刘文株送精[illegible]斗
又化[illegible]丁

5-7-6-13　民國二十四年鄭裕桂等立故父人情簿（一三）

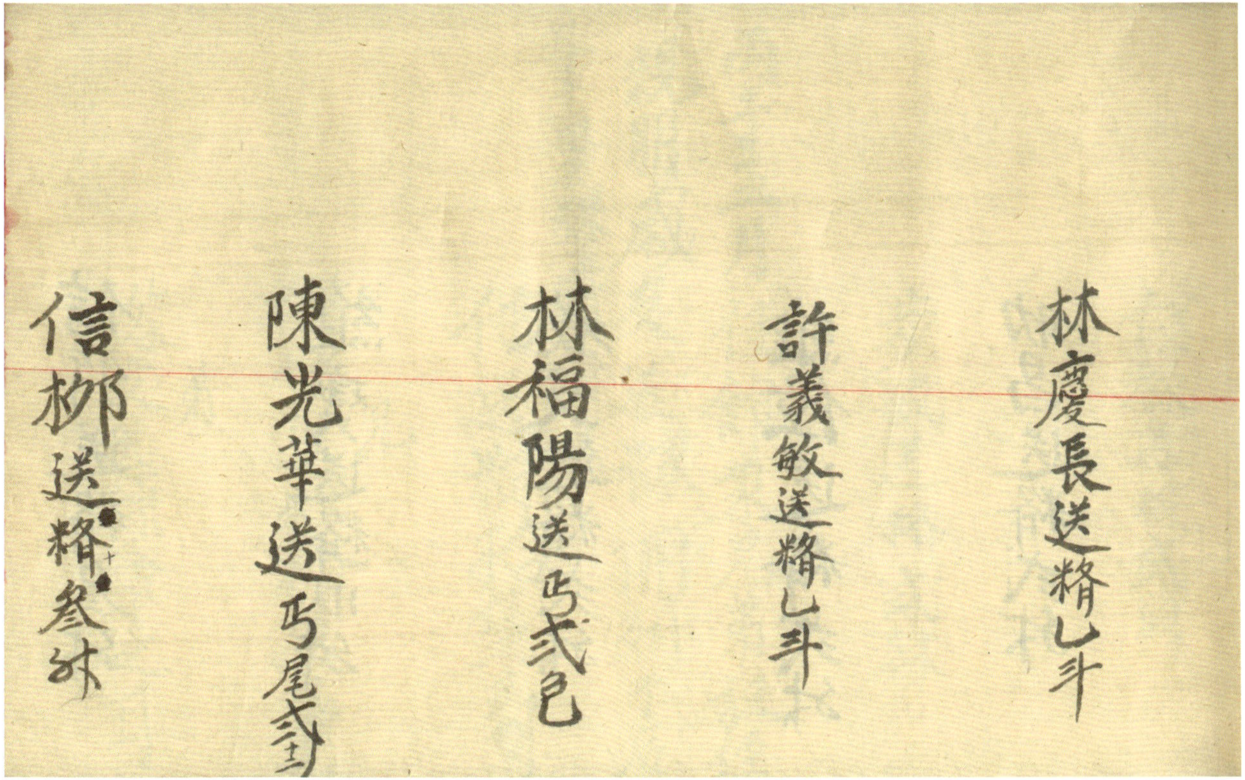

5-7-6-14　民國二十四年鄭裕桂等立故父人情簿（一四）

信竹送糈叁觔

維燮送糈以觔

裕文送糈弍觔

維位送糈弍觔

助昌送糈弍觔

5-7-6-15　民國二十四年鄭裕桂等立故父人情簿（一一五）

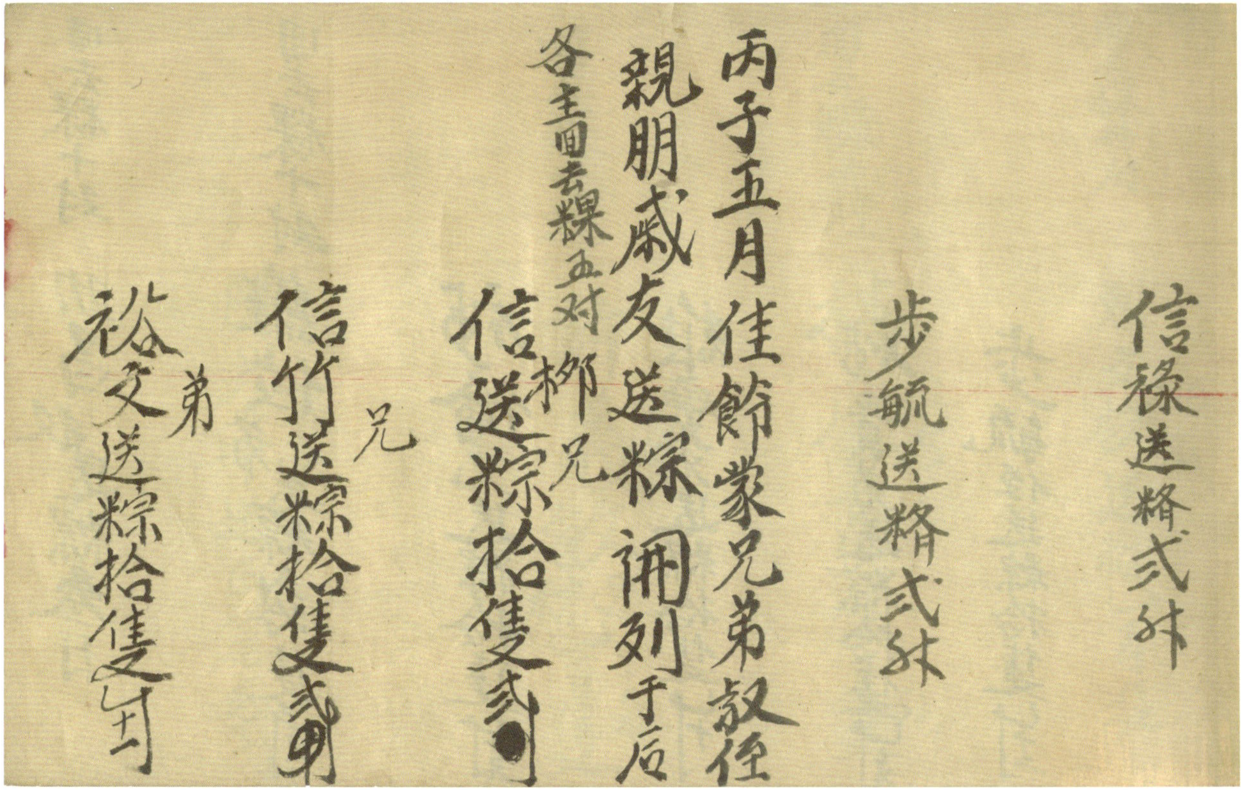
信祿送粩弍斤
步航送粩弍斤
丙子五月佳節蒙兄弟叔侄
親朋戚友送粽開列于后
各主回去粿五对
信柳兄送粽拾隻弍封
信竹兄送粽拾隻弍封
裕文弟送粽拾隻一封

5-7-6-16　民國二十四年鄭裕桂等立故父人情簿（一六）

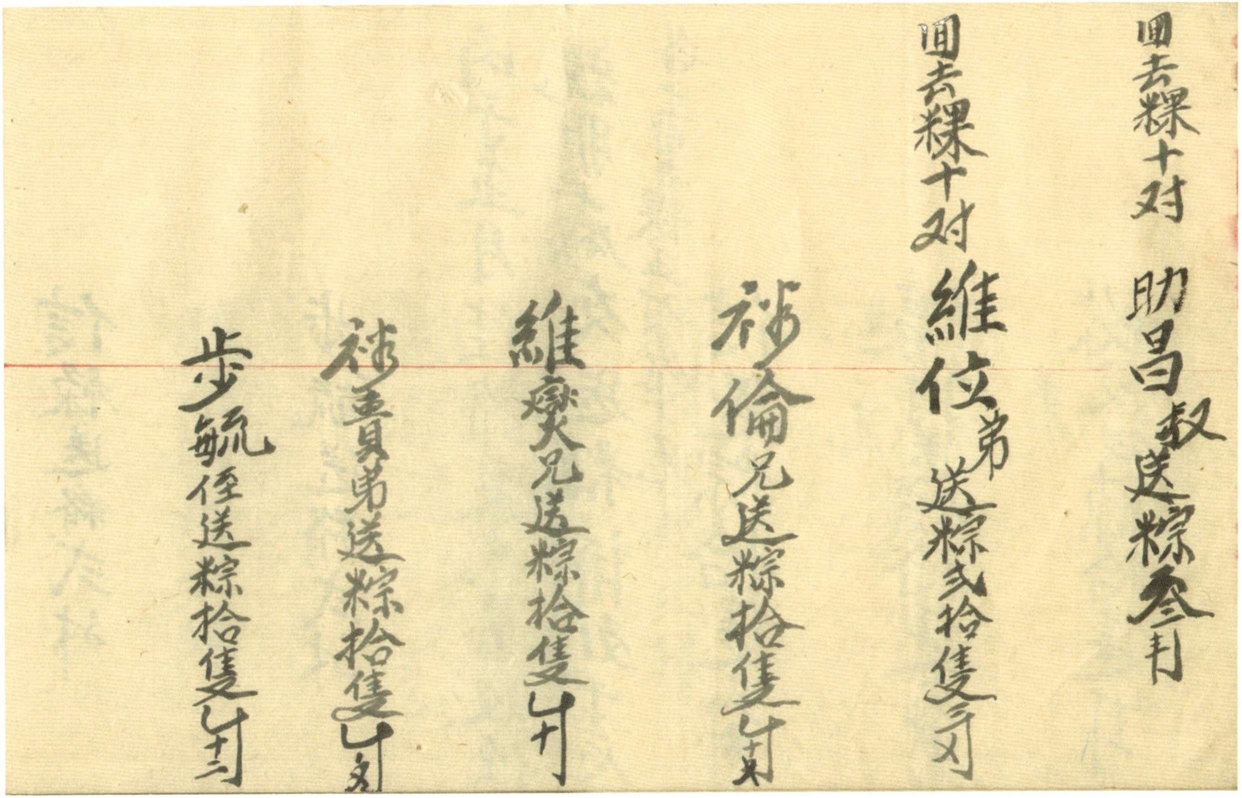
回去粿十对
助昌叔送粽叁廿
回去粿十对
維位弟送粽贰拾隻刈
祊倫兄送粽拾隻廿對
維燮兄送粽拾隻廿
祊賁弟送粽拾隻廿刈
步毓侄送粽拾隻廿刈

5-7-6-17　民國二十四年鄭裕桂等立故父人情簿（一七）

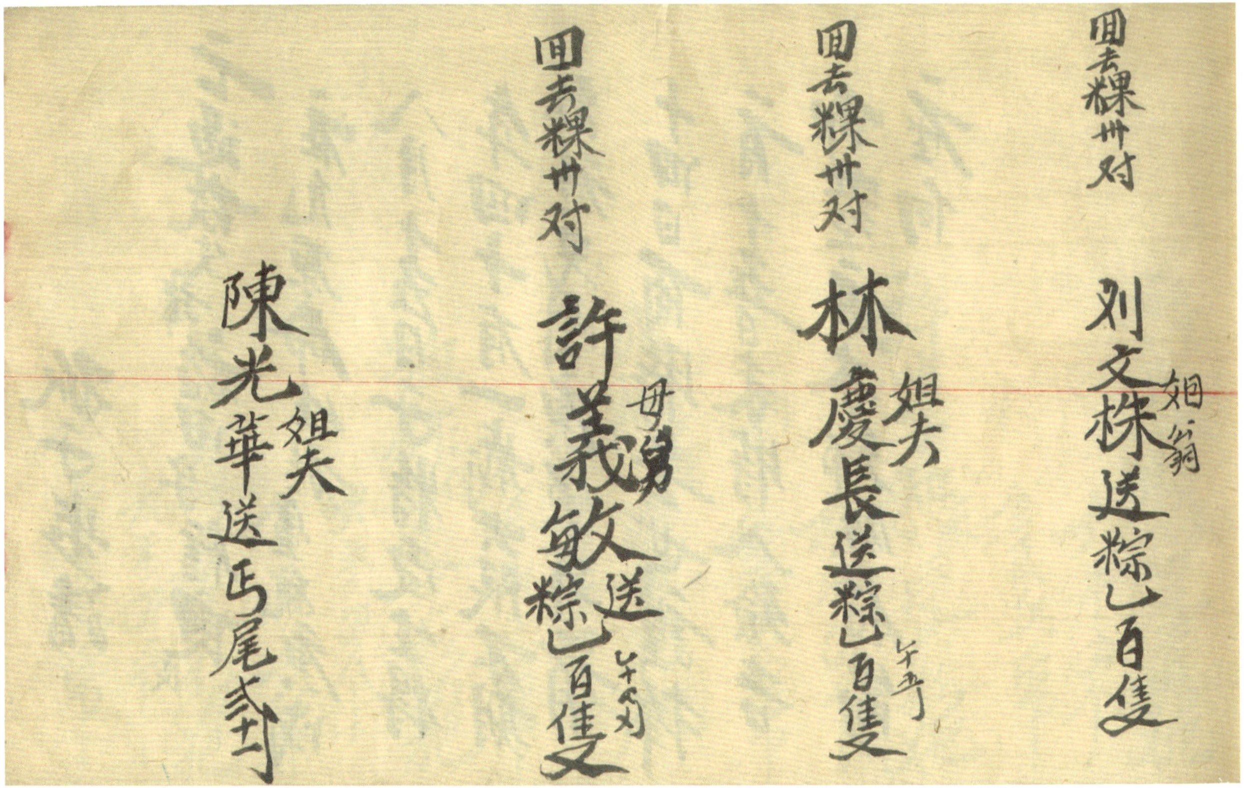
刘文株（姻翁）送粽百隻
回去粿卅对
林慶長（姻夫）送粽百隻
回去粿卅对
許義敏（母舅）送粽百隻
回去粿卅对
陳光華（姻夫）送馬尾式封

5-7-6-18　民國二十四年鄭裕桂等立故父人情簿（一八）

孤子步清
亡過故父諱裕田字信良良
在凡原命生於宣統庚戌
八月十五日子時受生得
年四十有一歲大限不期
終於民國庚寅年二月
十四日酉時去世謹擇
月十五日未時入殮吉
即葬在本鄉缺仔崙
座向

5-7-6-19　民國二十四年鄭裕桂等立故父人情簿（一九）

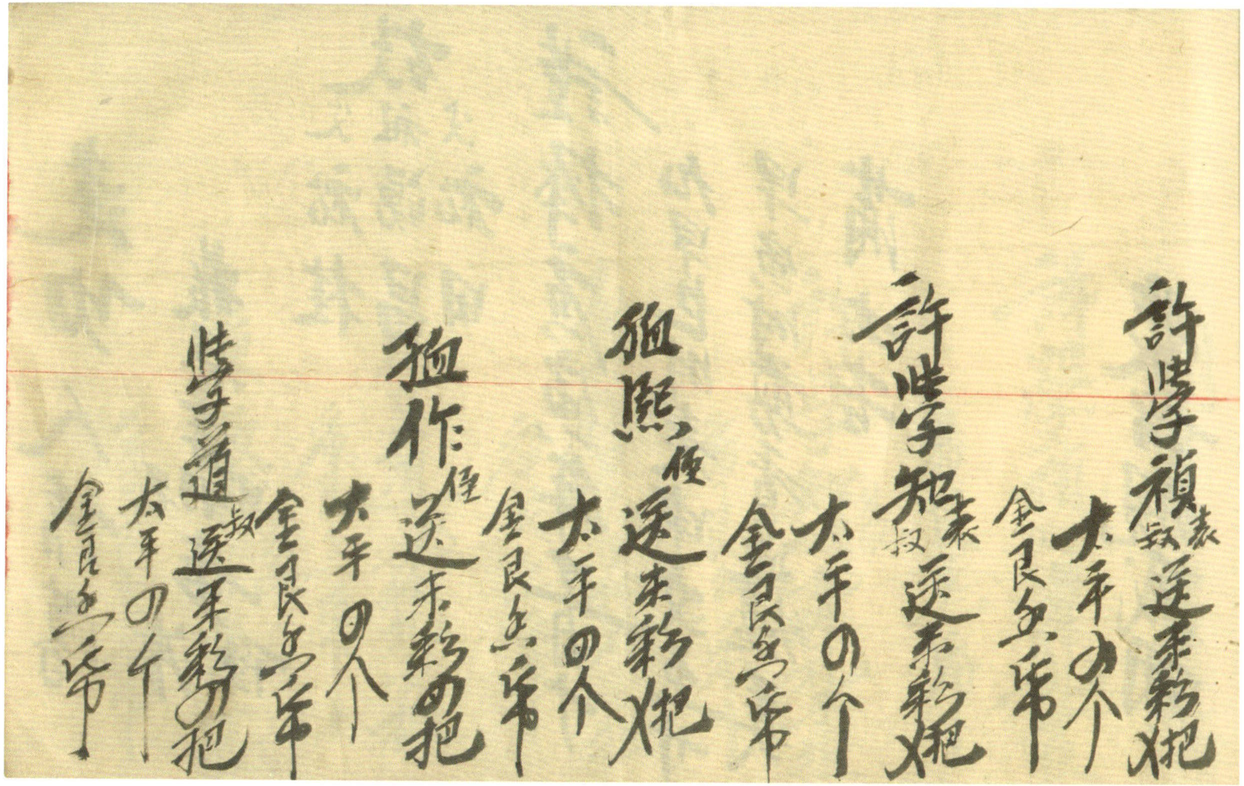
許學禎表叔送來彩〤把
太平〥个〡
金良〥〡吊
許學知表叔送來彩〤把
太平の个〡
金良〥〡吊
孤熙侄送來彩〤把
太平の个
金良〥吊
孤作侄送來彩〥把
太平の个
金良〥〡吊
許學道叔送來彩〥把
太平の个〡
金良〥〡吊

5-7-6-20　民國二十四年鄭裕桂等立故父人情簿（二〇）

建功人情薄

蘇恩孝男　孫男步清　男步隆

故父裕桂　祖父裕湯昌　父裕田

謹擇庚寅年十月十九早巳時添表申文至廿早寅時薦香過爐美滿大吉

蒙諸親戚冊

5-7-6-21　民國二十四年鄭裕桂等立故父人情簿（二一）

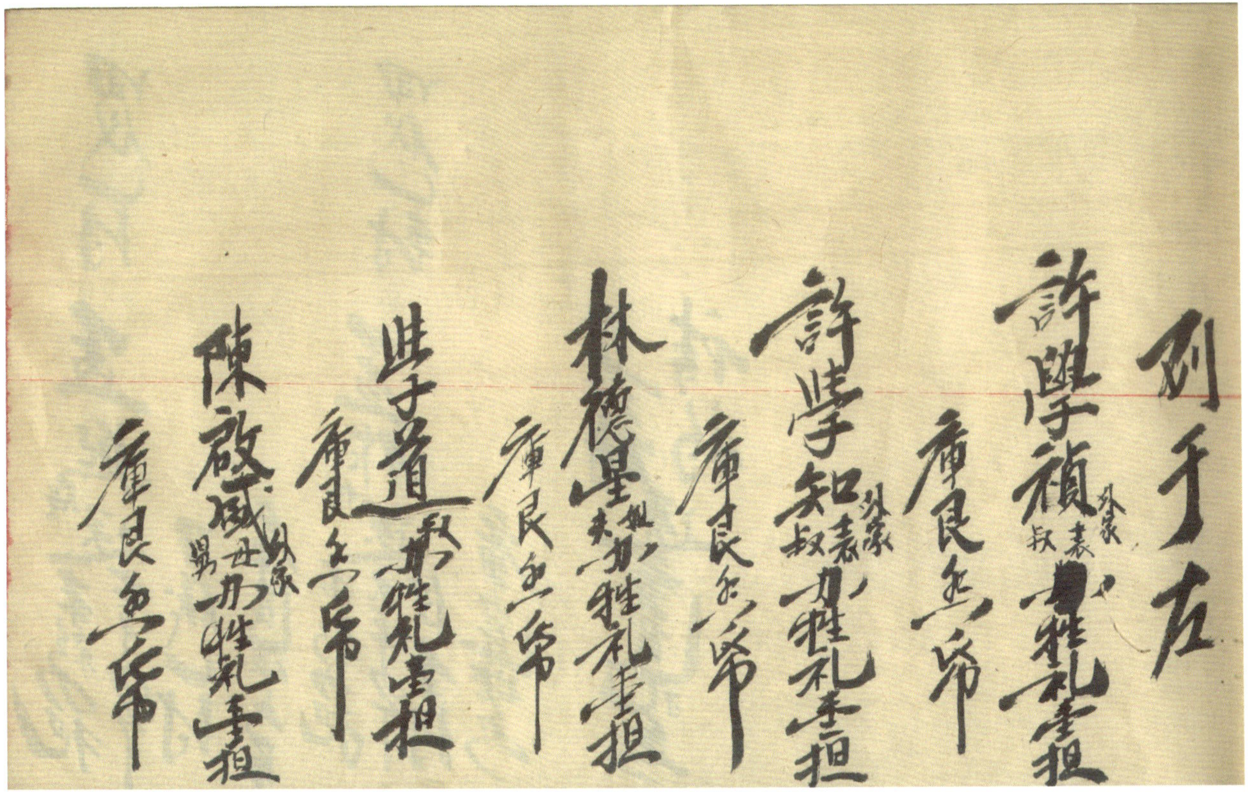

5-7-6-22　民國二十四年鄭裕桂等立故父人情簿（二二）

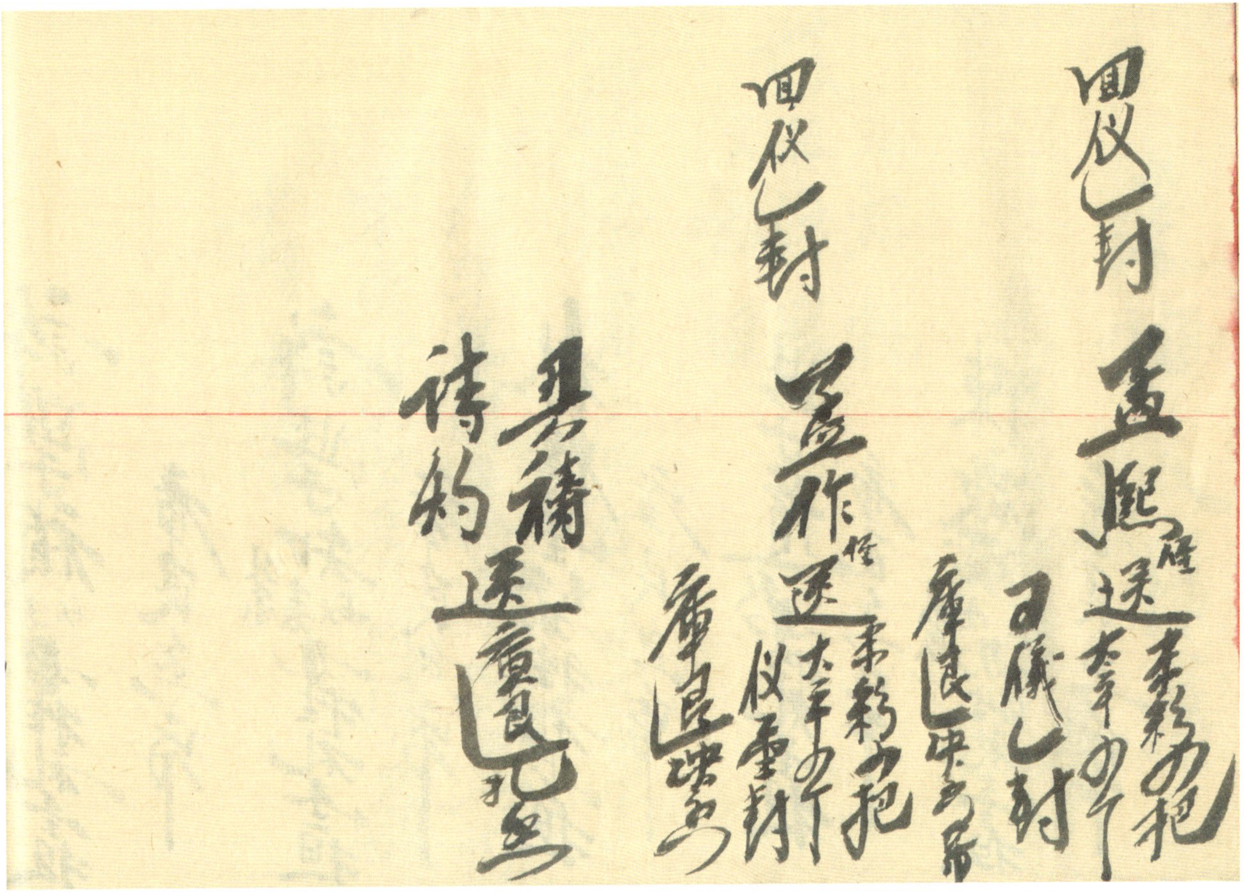

5-7-6-23　民國二十四年鄭裕桂等立故父人情簿（二三）

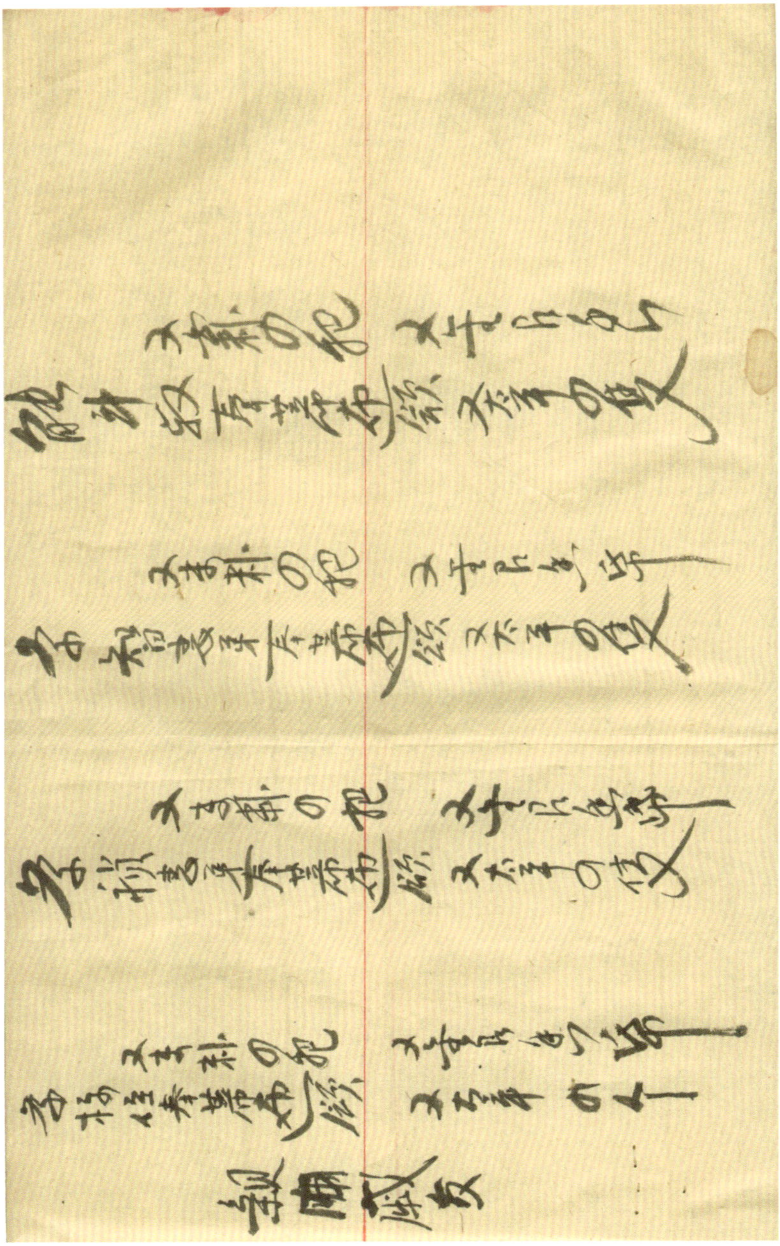

5-7-6-24　民國二十四年鄭裕桂等立故父人情簿（二四）

5-7-6-25　民國二十四年鄭裕桂等立故父人情簿（二五）

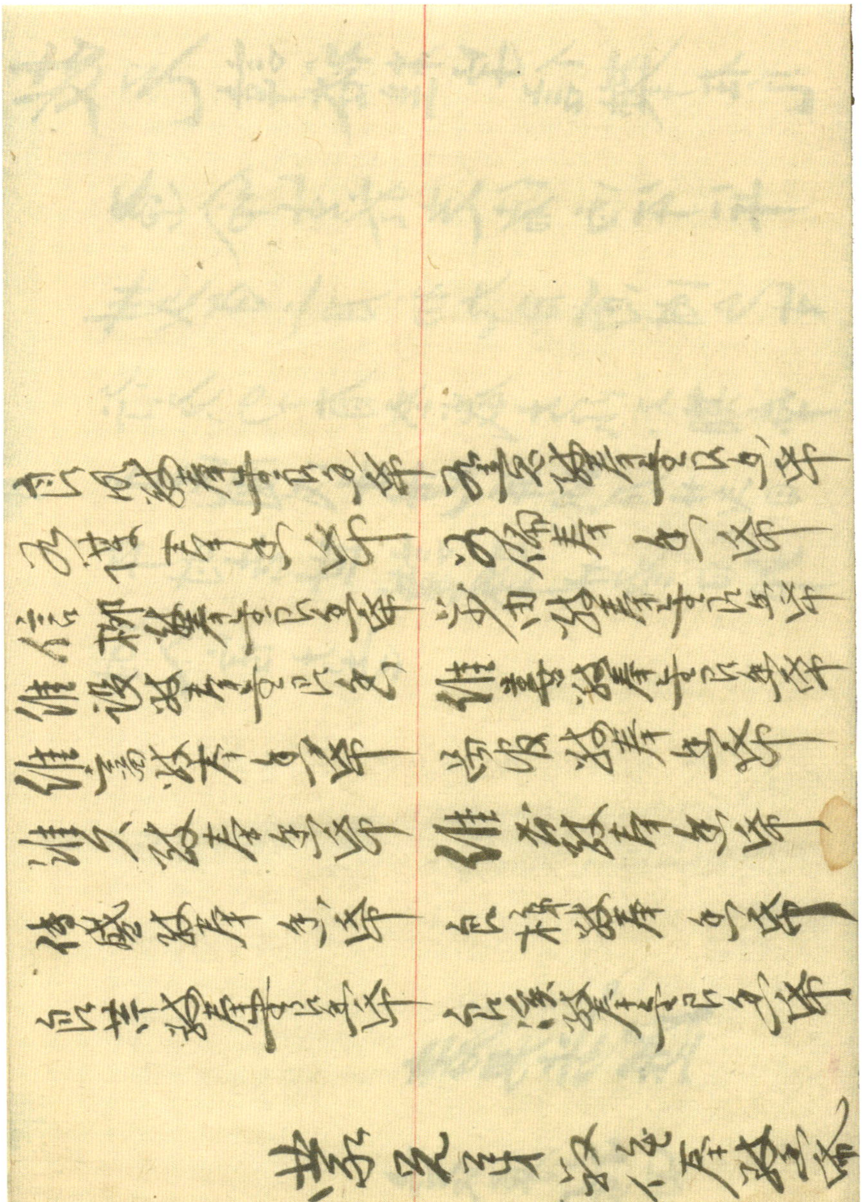

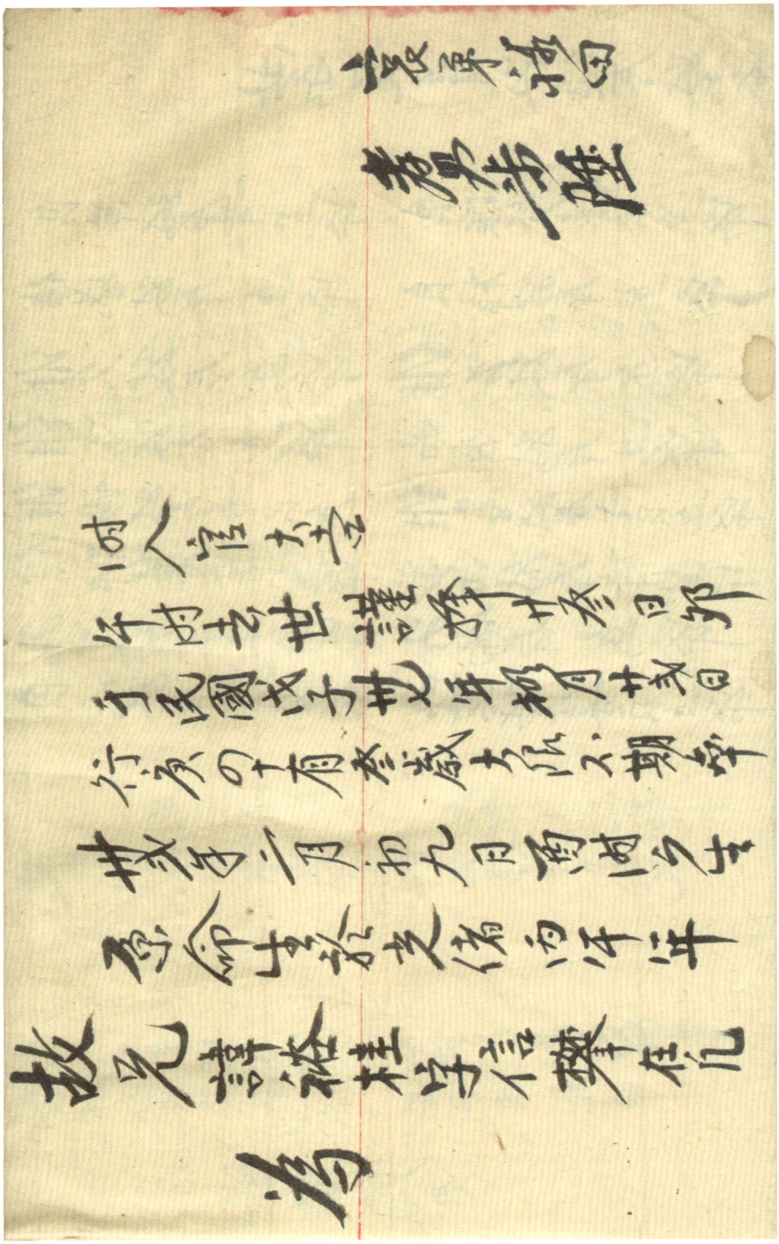

為

故兄諱裕桂字信攀在凡
原命生於光緒丙午年
卅貳年二月初九日酉時得生
行庚の十有叁歲大限不期命
于民國戊子卅七年梅月廿貳日
午時去世　謹擇廿叁日卯
時入官大吉

哀弟裕田
孝男步陞

5-7-6-26　民國二十四年鄭裕桂等立敀父人情簿（二六）

5-7-6-27 民國二十四年鄭裕桂等立故父人情簿（二七）

第八帙　鄭勇藏件

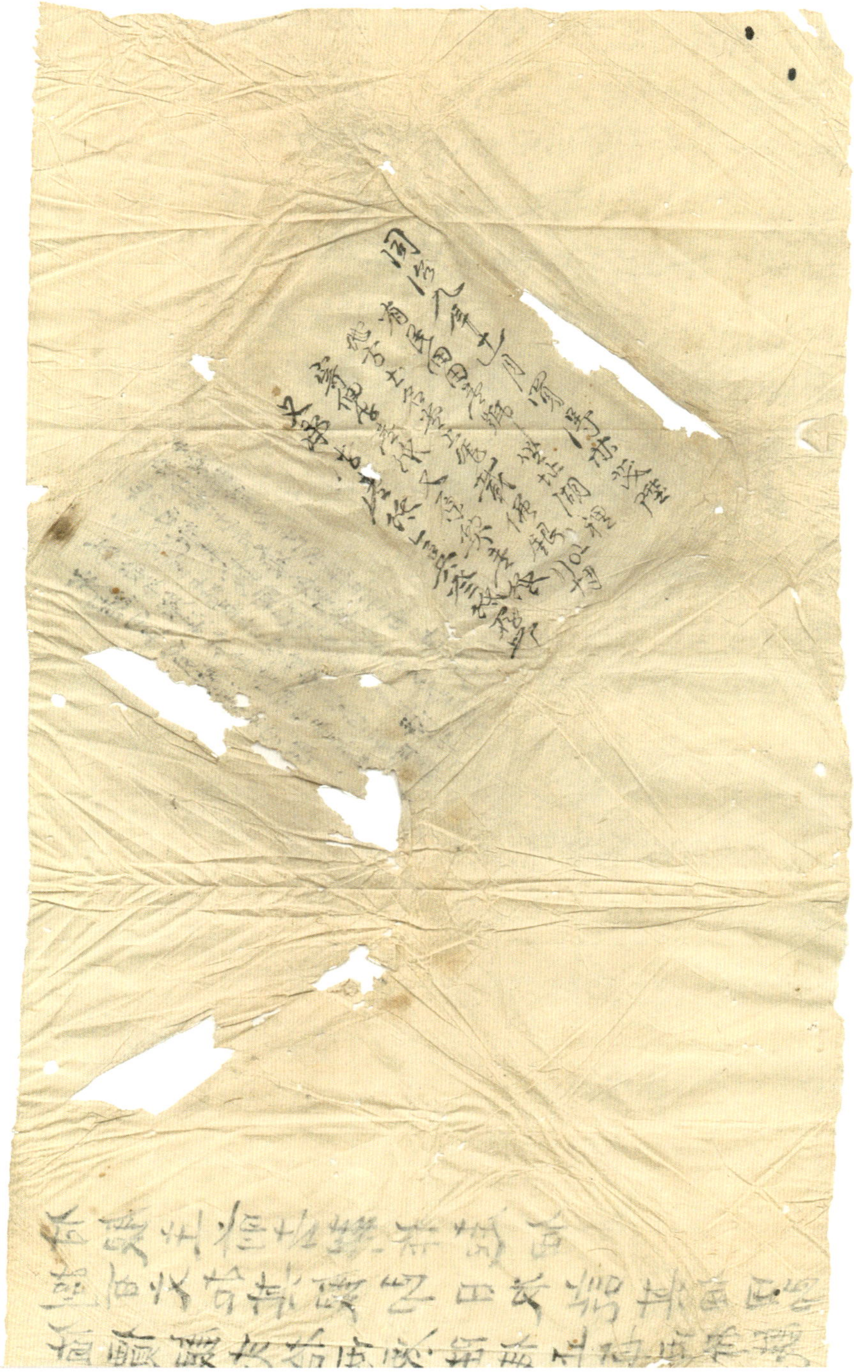

5-8-1-1　包契紙

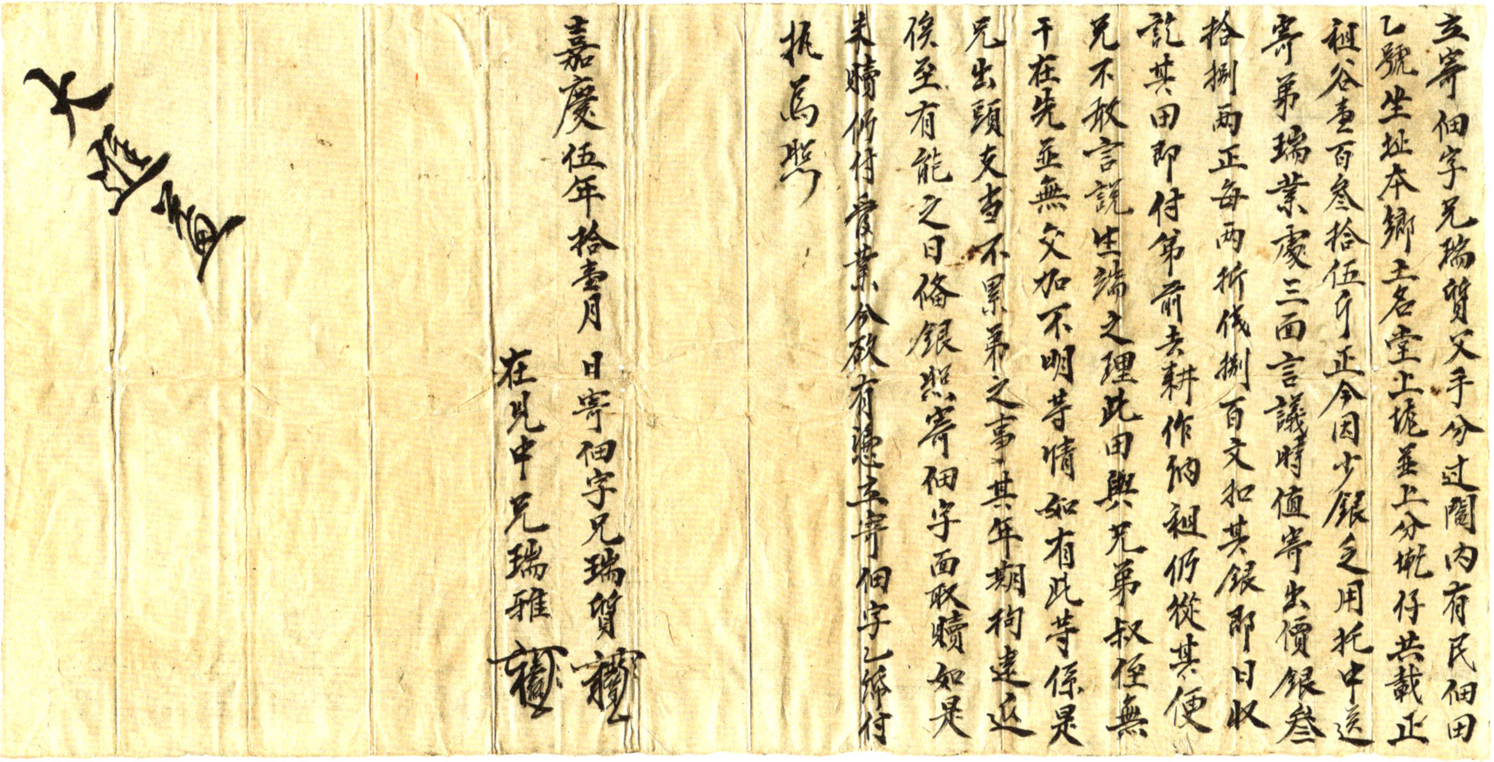
立寄佃字兄瑞質父手分过閣内有民佃田
乙號坐址本鄉土名堂上墟基上分坵仔共載正
租谷壹百叁拾伍斤正今因少銀乏用托中送
寄弟瑞業處三面言議時值寄出價銀叁
拾捌兩正每兩折伐捌百文扣其銀即日收
訖其田即付弟前去耕作納租仍從其便
兄不敢言說生端之理此田與兄弟叔侄無
干在先並無交加不明等情如有此等係是
兄出頭支当不累弟之事。其年期約遠近
後至有能之日備銀照寄佃字面取贖如是
未贖仍付賞業分收有憑立寄佃字一紙付
执為照

嘉慶伍年拾壹月　日寄佃字兄瑞質（押）
在見中兄瑞雅（押）

5-8-1-2　清嘉慶五年十一月林瑞質立寄民佃田字

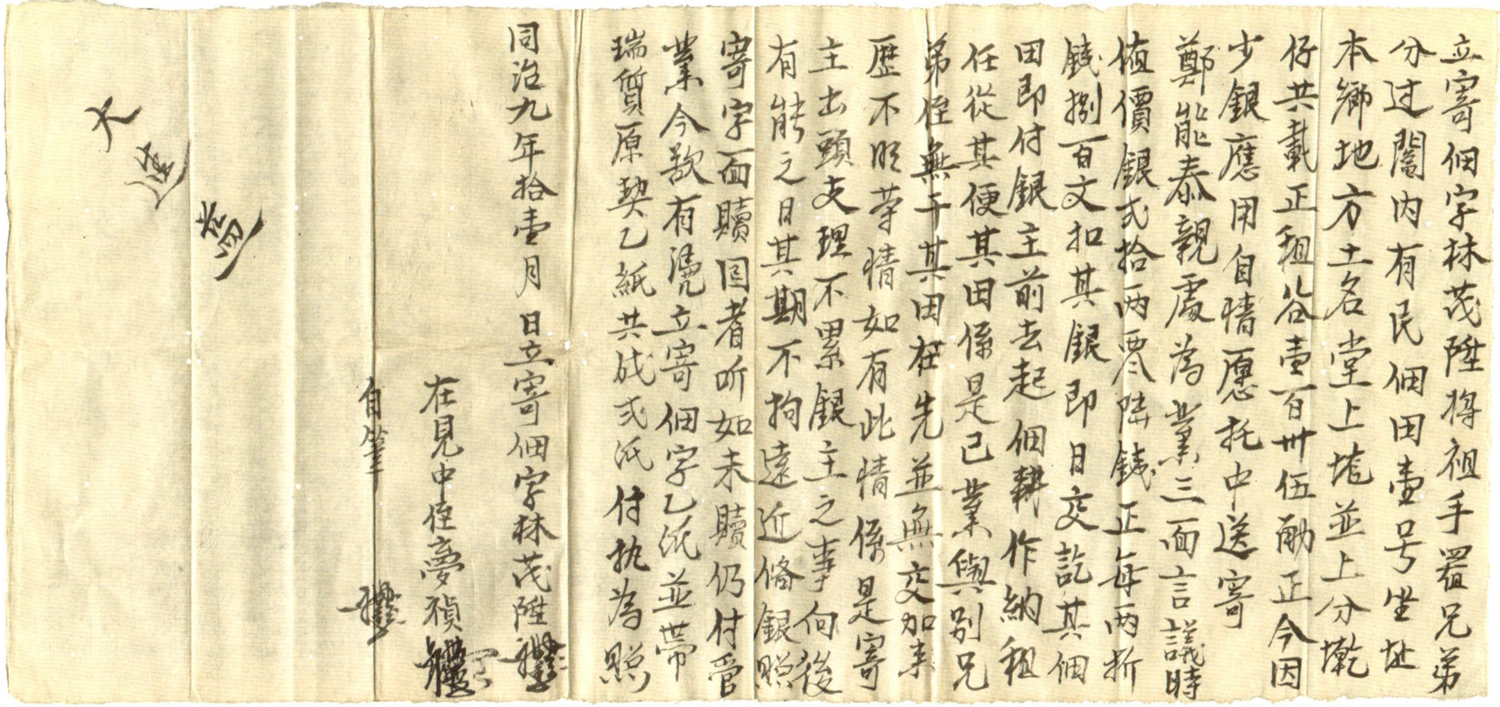

5-8-1-3　清同治九年十一月林茂陞立寄民佃田字

立寄佃字林茂陞將祖手置兄弟
分过閹内有民佃田壹号坐址
本鄉地方土名堂上墘並上分墘
仔共載正租谷壹百卅伍斤正今因
少銀應用自情愿托中送寄
鄭能泰親處爲業，三面言議時
值價銀弍拾两零陆錢正每两折
錢捌百文扣其銀即日交訖其佃
田即付銀主前去起佃耕作納租
任從其便其田係是已業與別兄
弟侄無干其田在先並無交加未
歷不明等情如有此情係是寄
主出頭支理不累銀主之事向後
有能之日其期不拘遠近備銀照
寄字面贖回者听如未贖仍付管
業今欲有憑立寄佃字乙紙並帶
瑞質原契乙紙共成弍紙付執爲照

同治九年拾壹月　日立寄佃字林茂陞（押）
在見中侄夢禎（押）
自筆（押）

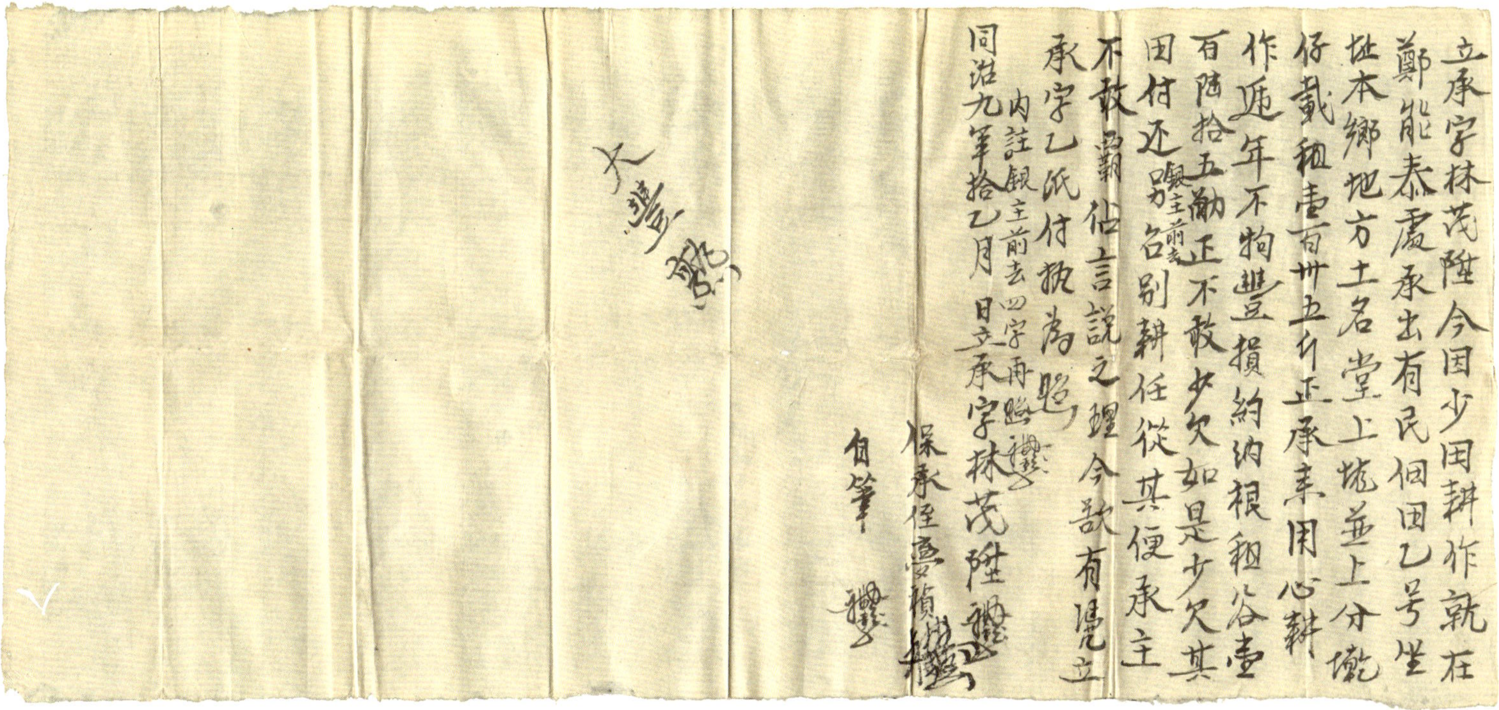

立承字林茂陞今因少田耕作就在
鄭能泰處承出有民佃田乙号坐
址本鄉地方土名堂上垅並上分墘
仔貳坵租壹百卅五斤正承來用心耕
作逐年不拘豐歉約納根租谷壹
百陆拾五觔正不敢少欠如是少欠其
田付还銀主前去另召别耕任從其便承主
不敢霸佔言說之理今欲有憑立
承字乙紙付執為照
內註銀主前去四字再照
同治九年拾乙月　日立承字林茂陞
保承侄𠂇禎
自筆

5-8-1-4　清同治九年十一月林茂陞立承民佃田字

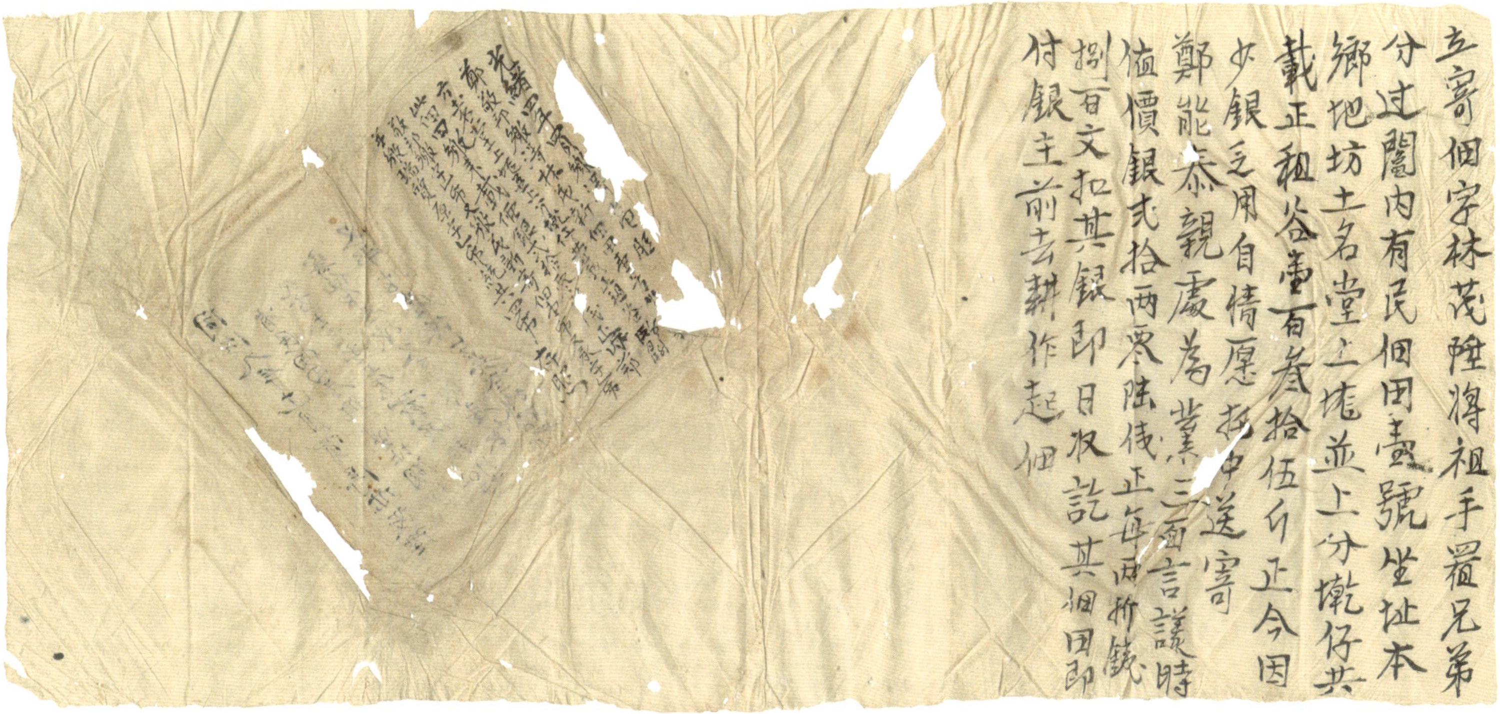

立寄佃字林茂陞將祖手置兄弟
分过閹内有民佃田壹號坐址本
鄉地坊土名堂エ墘並上分墘仔共
載正租谷壹百叁拾伍斤正今因
少銀乏用自情愿托中送寄
鄭能恭親處爲業三面言議時
値價銀弍拾兩叁陆伐正每两折錢
捌百文扣其銀即日収訖其佃田即
付銀主前去耕作起佃

5-8-1-5　清咸豐同治年間林茂陞立寄民佃田字（草契）

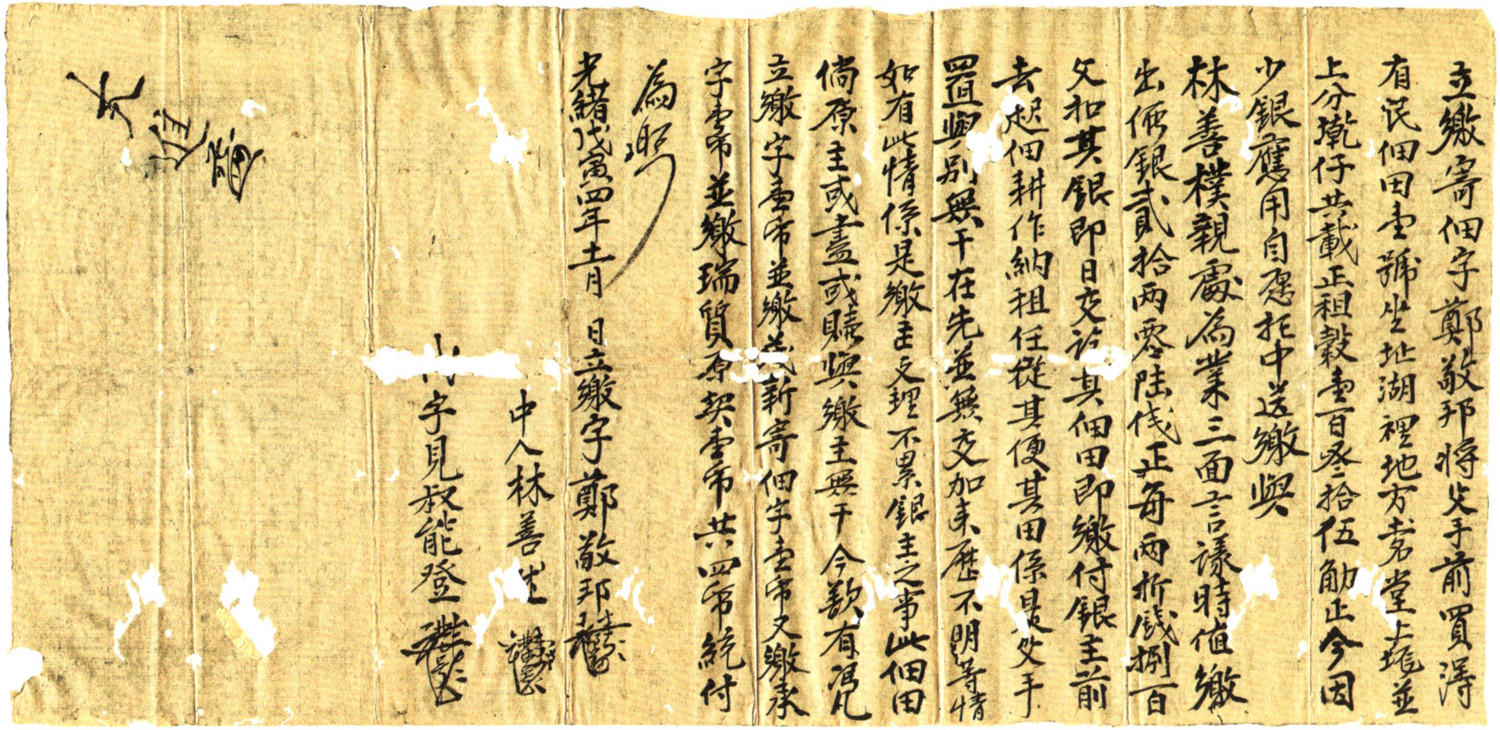

立繳寄佃字鄭敬邦，將父手前買得
有民佃田壹號，坐址湖裡地方，土名堂上墘，並
上分墘仔共載正租穀壹百叁拾伍觔正。今因
少銀應用，自愿托中送繳與
林善樸親處為業，三面言議時值繳
出佛銀貳拾兩零陸錢正，每兩折錢捌百
文，和其銀即日交訖，其佃田即繳付銀主前
去起佃耕作納租，任從其便。其田係是父手
置，與別無干，在先並無交加來歷不明等情，
如有此情，係是繳主之理，不累銀主之事。此佃田
倘原主或盡或贖，與繳主無干。今欲有憑，
立繳字壹帋，並繳新寄佃字壹帋，又繳來
字壹帋，並繳瑞質原契壹帋，共四帋，統付
為照。
光緒戊寅四年十一月　日立繳字鄭敬邦（押）
中人林善生（押）
代字見叔能登（押）

5-8-1-6　清光緒四年十一月鄭敬邦立繳寄民佃田字

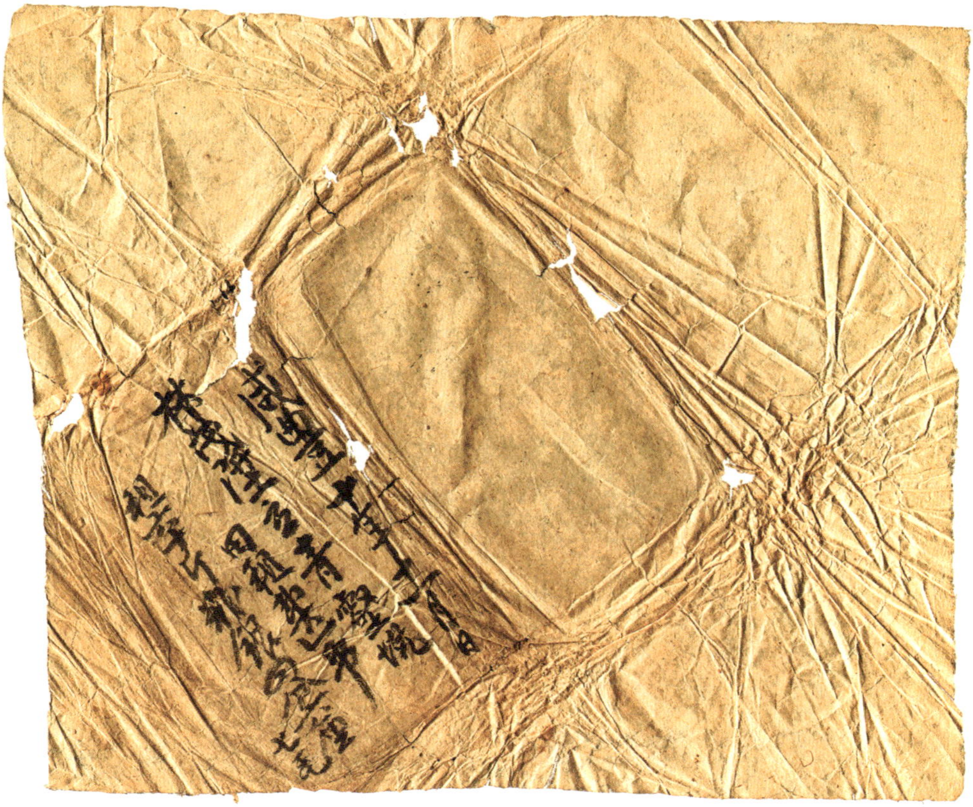

5-8-2-1　包契紙

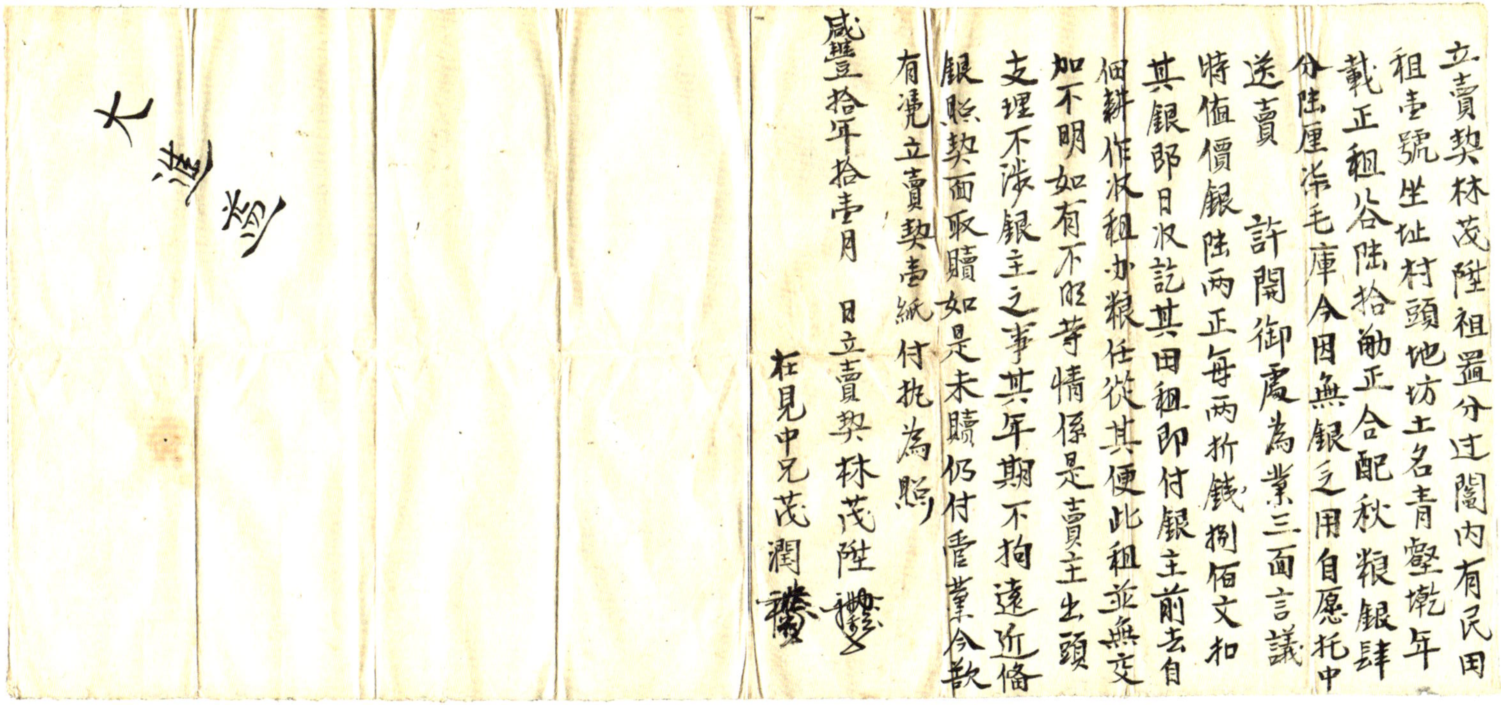

立賣契林茂陞祖置分过閶内有民田
租壹號坐址村頭地方土名青壑墘年
載正租谷陸拾觔正合配秋粮銀肆
分陸厘柒毛庫今因無銀乏用自愿托中
送賣　許閣御處為業三面言議
時值價銀陸兩正每兩折錢捌佰文和
其銀即日收訖其田租即付銀主前去自
佃耕作收租办粮任從其便此租並無交
加不明如有不明等情係是賣主出頭
支理不涉銀主之事其年期不拘遠近備
銀照契面取贖如是未贖仍付管業今欲
有憑立賣契壹紙付执為照

咸豐拾年拾壹月　日立賣契林茂陞（押）
在見中兄茂潤（押）

大進（押）

5-8-2-2　清咸豐十年十一月林茂陞立賣民田租契

5-8-3-1　包契紙

立當稍尾字許義利將祖手置有輪田壹
號坐址本地村頭地坊土下鮑洋半載大租谷
壹百叁拾觔正其祖並佃半載粮錢壹百捌
拾弍文正其輪田詁年應得壹年癸巳年
年分今因少銀自情愿托送至本鄉親人
鄭龍叢處三面言議當出谷本壹百觔正言約
每年每百行加利伍拾觔其谷俟至本年冬成
之日備齊本租齊足送還不敢少欠如謹(?)
少欠願將原壹土名下鮑洋癸巳年春之田
听付當主起佃耕作怕進前業租無少欠連輪付
當主耕作任從其便當主不敢言說之理係是輪
己年額與利兄弟叔侄無干在先並無來歷重
典他人寸物不明等情當主出頭支當不涉當主之
事今欲有憑立當稍尾字其輪田原契不便繳帶(?)
付執為照|

光緒壬辰拾捌年柒月 日立當字許義利(押)
在見兄義綏(押)
代字中林加國(押)

大[illegible]

5-8-3-2　清光緒十八年七月許義利立當稍尾字

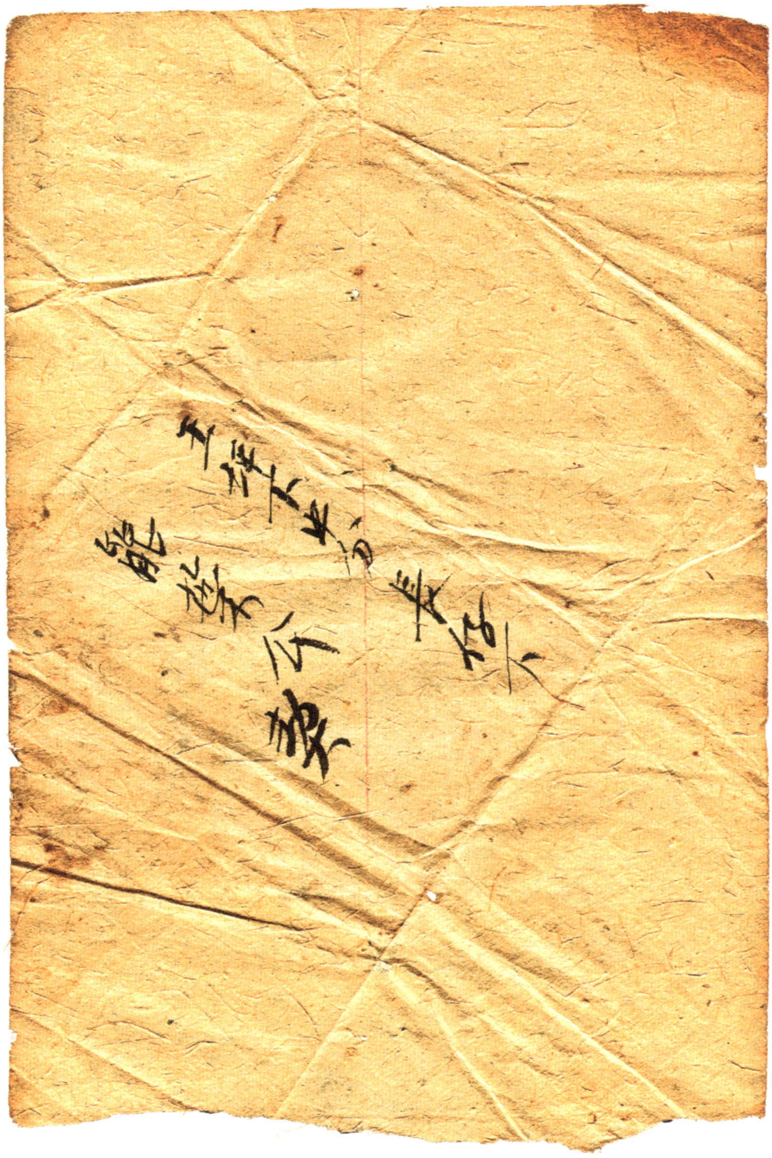

5-8-4-1　包契紙

5-8-4-2　包契紙

立賣契伯宗泰將祖父手抽有民田乙号
坐落本坊土名王坪门首下中坵年載
正租谷叁拾觔正年載秋粁正耗米
壹升零半夌正乙因父叔手買墓頭
紹東之田原主取贖缺少價錢兄弟
侄相議托中送賣侄　孔謀處內業
三面言議時値價錢壹仟柒百文正
其錢即日收訖其田即付侄自佃耕作
收納粁差任從其便不敢言説生端
等情之理其田約期不拘遠近照契
面取贖者明乙欲有憑立賣契乙紙
付執爲照

嘉慶貳拾肆年十一月日立賣契伯宗泰

仝叔　宗如
　　　宗根

中見黃啟廷

大進富

5-8-4-3　清嘉慶二十四年十一月鄭宗泰等立賣民田契

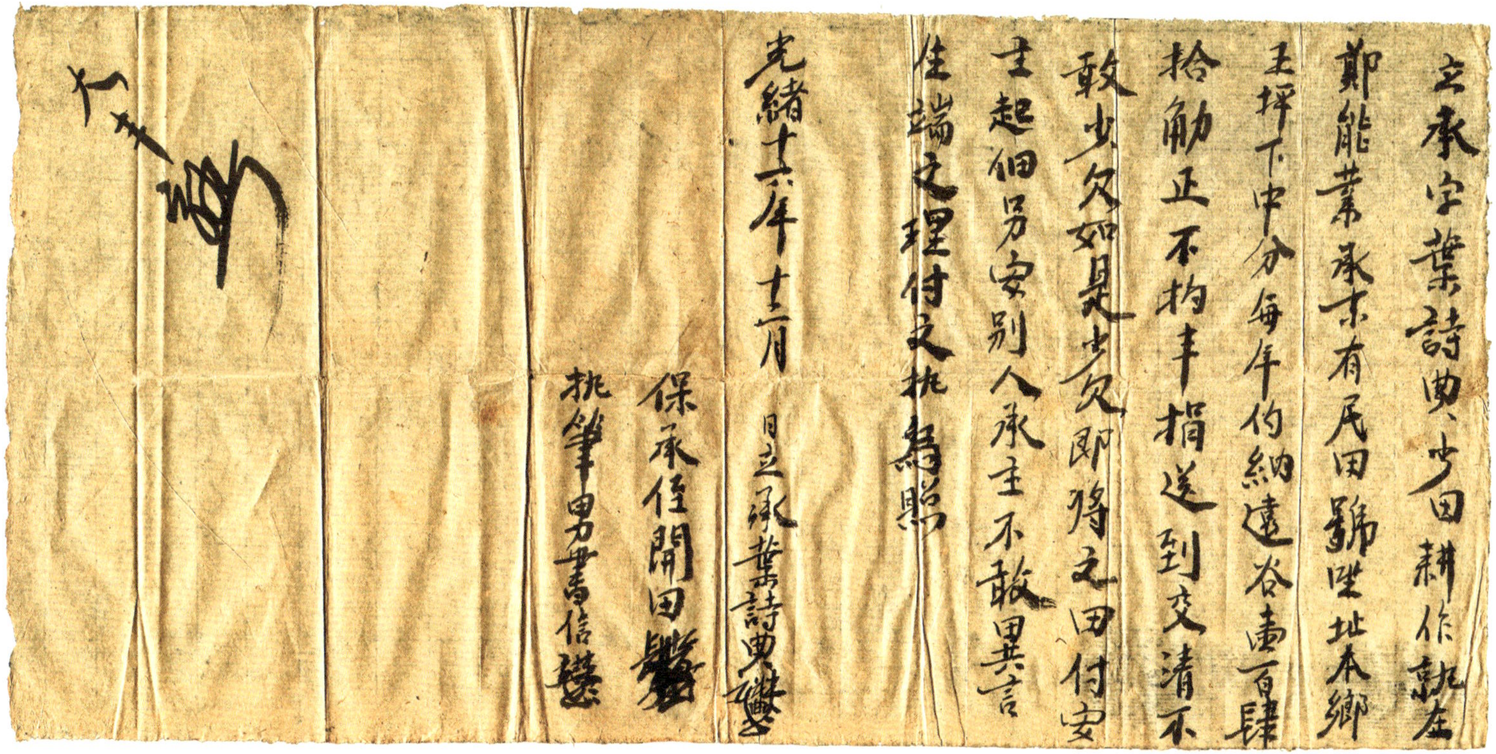

立承字葉詩典，少田耕作缺左，
鄭能業承去有民田壹坵，坐址本鄉
王坪下中分，每年約納還谷壹百肆
拾觔正，不拘丰指送到交清，不
敢少欠。如是少欠，即將之田付安
主起佃，另安別人承去，主不敢異言。
住端之理，付之執為照。
光緒十六年十二月　日立承葉詩典
保承侄開田
執筆男書信

5-8-4-4　清光緒十六年十二月葉詩典立承民田字

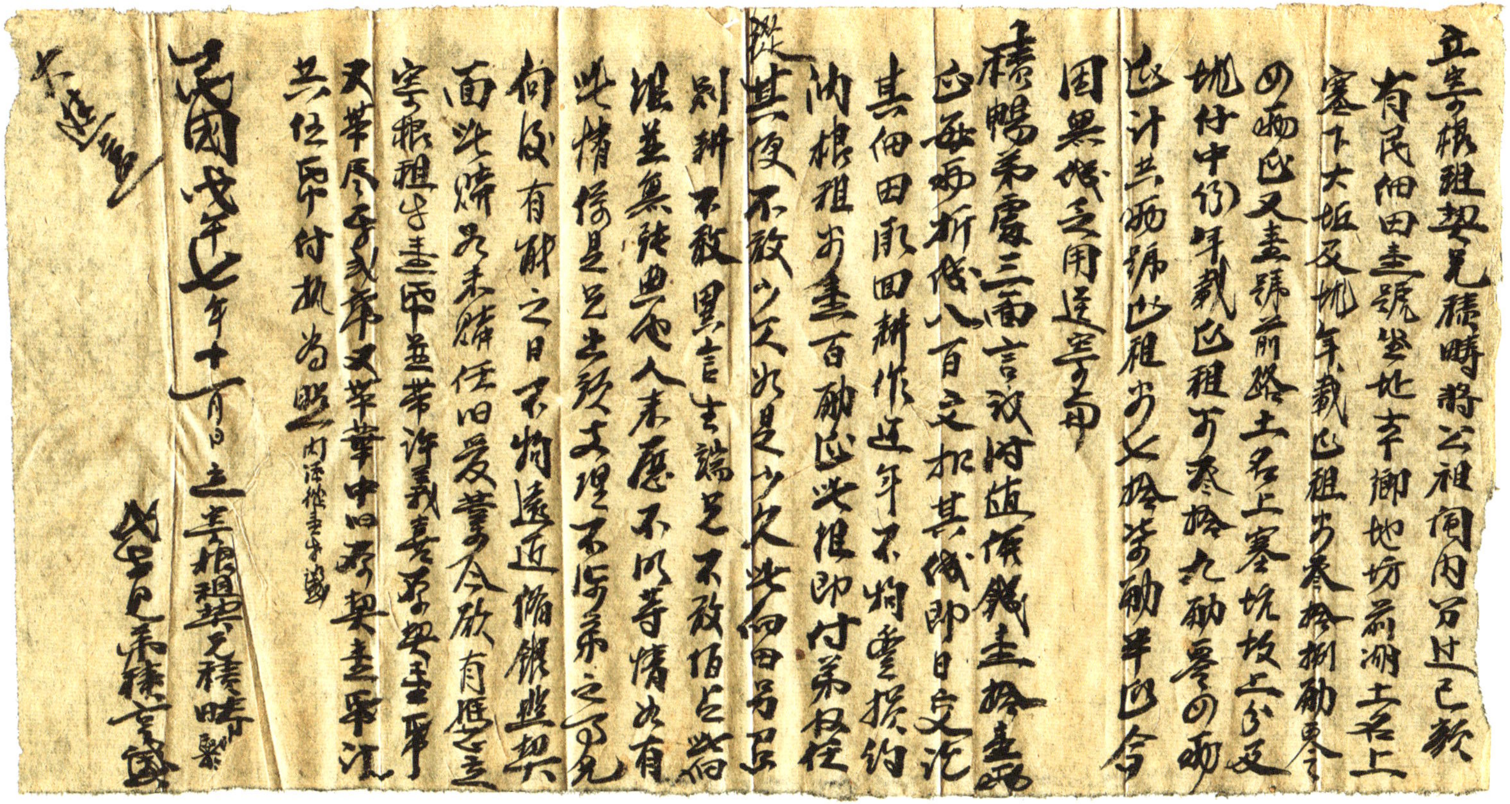

5-8-4-5　民國七年十一月鄭積畤立寄民佃田根租契

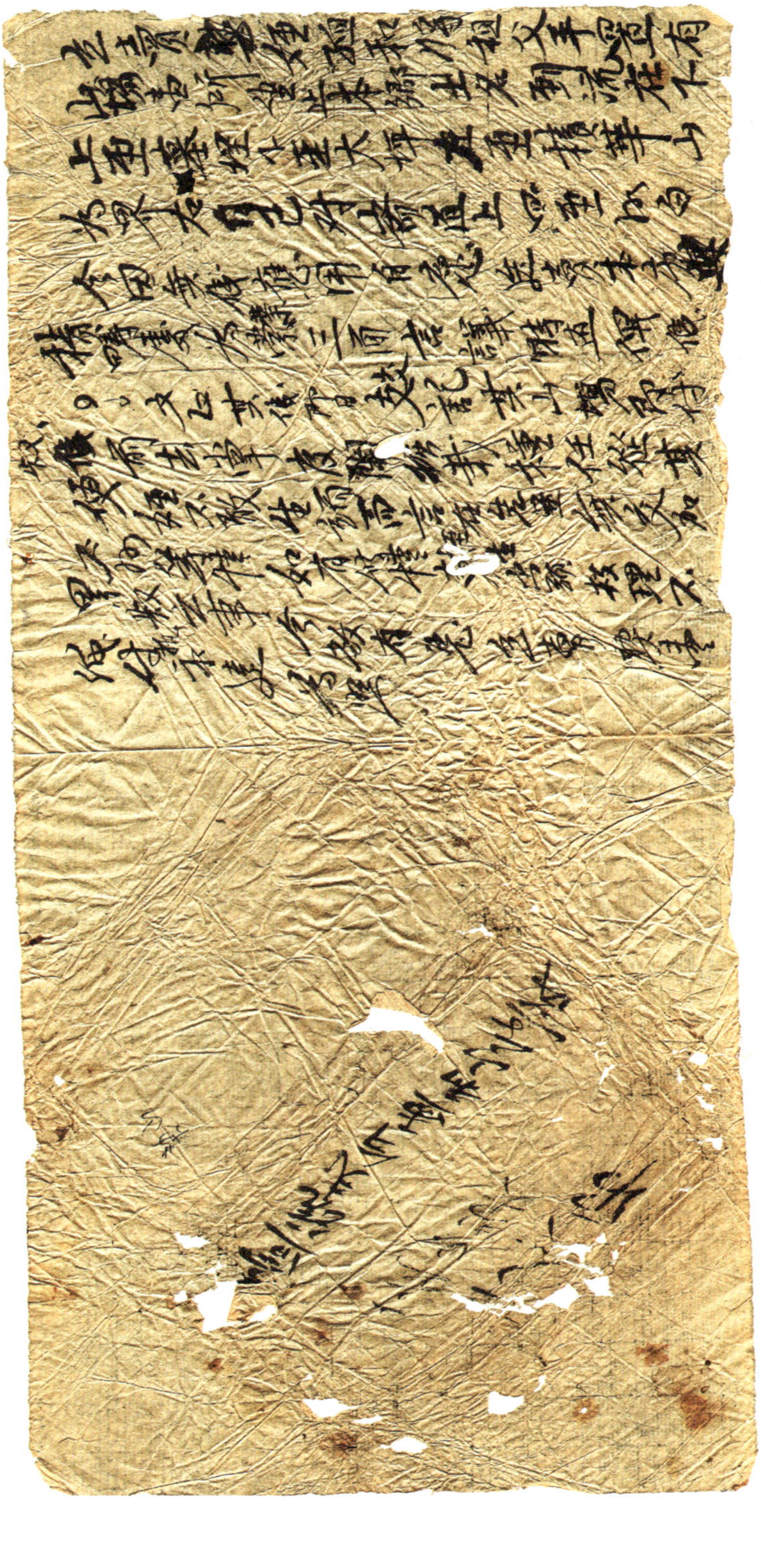

5-8-5-1　清宣統二年許孟和立賣山場契（草契）

立賣契侄孟和將祖父手置有山場
壹所坐址本鄉土名列流在下上至基
埕下至大坪左至積華山為界右至
自己山對崙直上四至明白今因無錢
應用自愿送賣與叔
孔田處為業三面言議時價大
文正其銀即日交訖其山場即付叔
前去掌管任從其便開掘栽種
培流山業任從其便侄永不敢阻
占生端而言在先無負更加不找
等情如有此情侄出頭抵理不累
叔之事今欲有憑立賣契壹紙
付執為照

內改前壹字 批照

宣統弍年弍月　日立賣契侄孟和（押）

代字邦華（押）

5-8-5-2　清宣統二年二月許孟和立賣山場契

5-8-6-1　包契紙

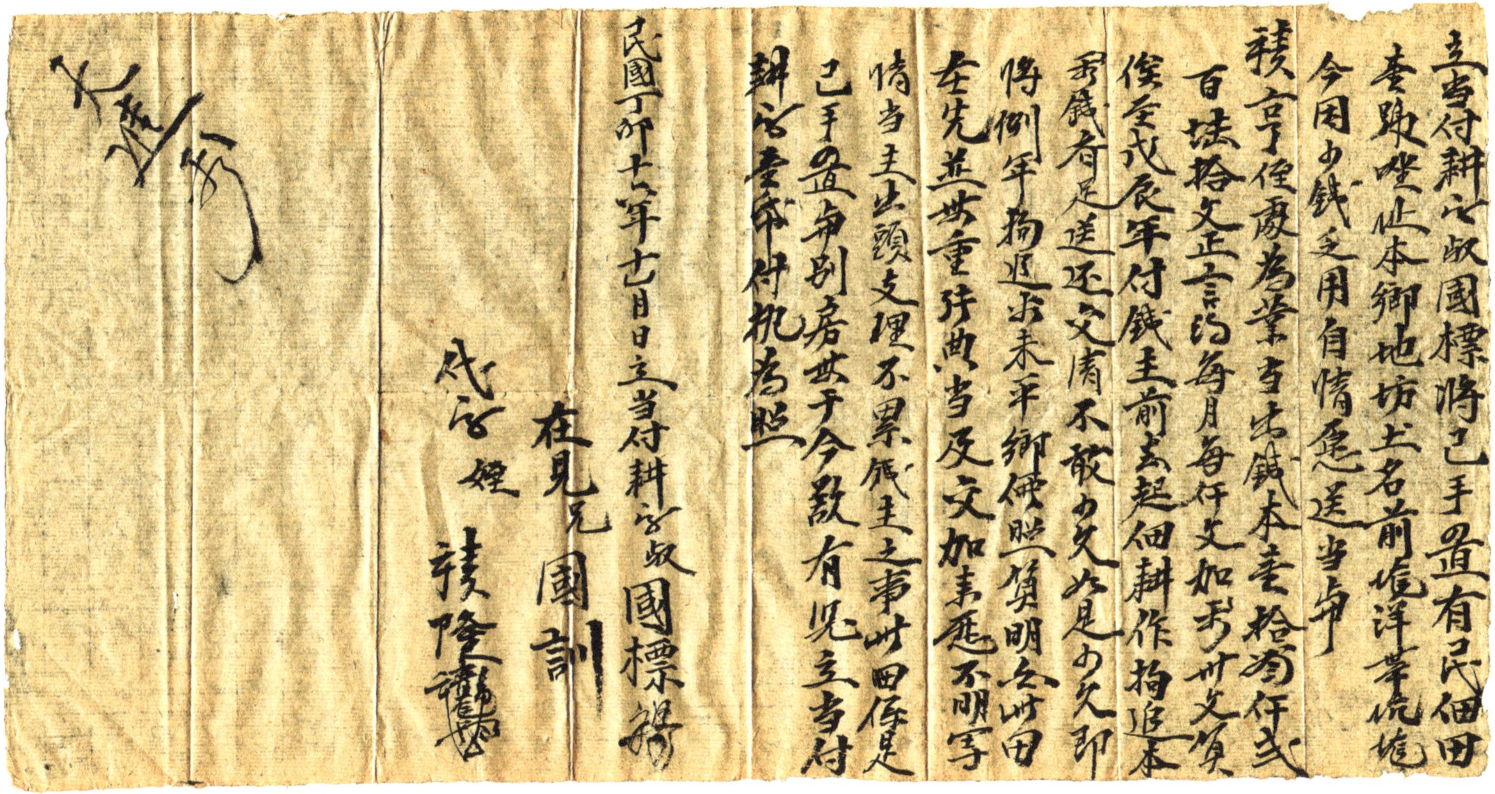
立当付耕心叔國標將己手置有民佃田
壹號坐址本鄉地坊土名前垅洋草坑墘
今因少錢乏用自情愿送当與
積亨侄處為業當出錢本壹拾肆仟弍
百陆拾文正言約每月每仟文加弍廿文算
係至戊辰年付錢主前去起佃耕作掯退本
利錢有足送還文清不敢少欠如是少欠即
將例年掯退未平鄉例照算明今此田
全先並無重張典當及文加未愿不明等
情当主出頭支理不累錢主之事此田係是
己手置并別房無干今欲有憑立当付
耕字壹帋付執為照
民國丁卯十六年十一月日立当付耕心叔　國標（押）
在見兄　國訓
代字姪　積隆（押）

5-8-6-2　民國十六年十一月鄭國標立當付耕民佃田字

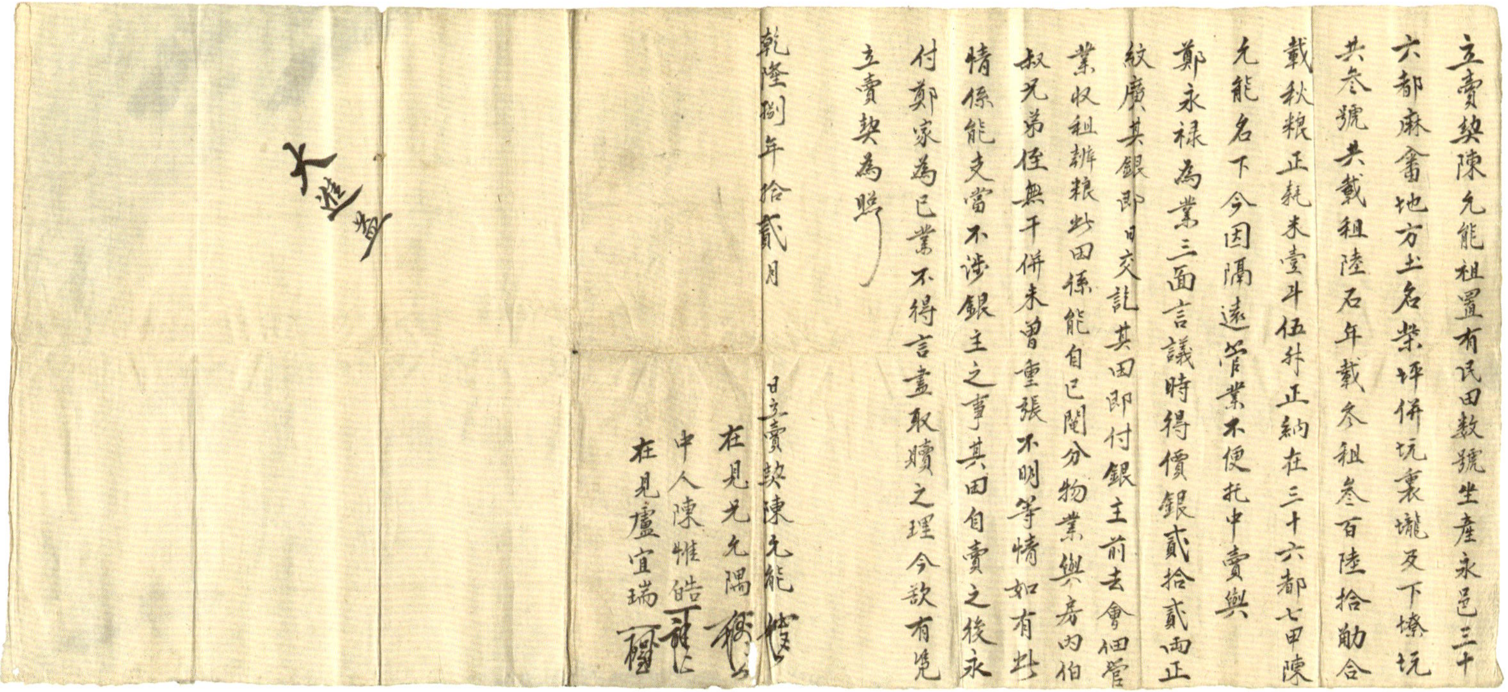

立賣契陳允能祖置有民田數號坐產永邑三十
六都麻畲地方土名柴坪併坑裏墘及下墘坑
共叁號共載租陸石年載冬租叁百陸拾觔合
載秋粮正耗米壹斗伍升正納在三十六都七甲陳
允能名下今因隔遠管業不便托中賣與
鄭永祿為業三面言議時得價銀貳拾貳両正
紋廣其銀即日交訖其田即付銀主前去會佃管
業收租辦粮此田係能自己閻分物業與房内伯
叔兄弟侄無干併未曾重張不明等情如有此
情係能支當不涉銀主之事其田自賣之後永
付鄭家為己業不得言盡取贖之理今欲有憑
立賣契為照

乾隆捌年拾貳月　日立賣契陳允能（押）
在見兄允陽（押）
中人陳惟皓（押）
在見盧宜端（押）

大進益

5-8-7-1　清乾隆八年十二月陳允能立賣民田契

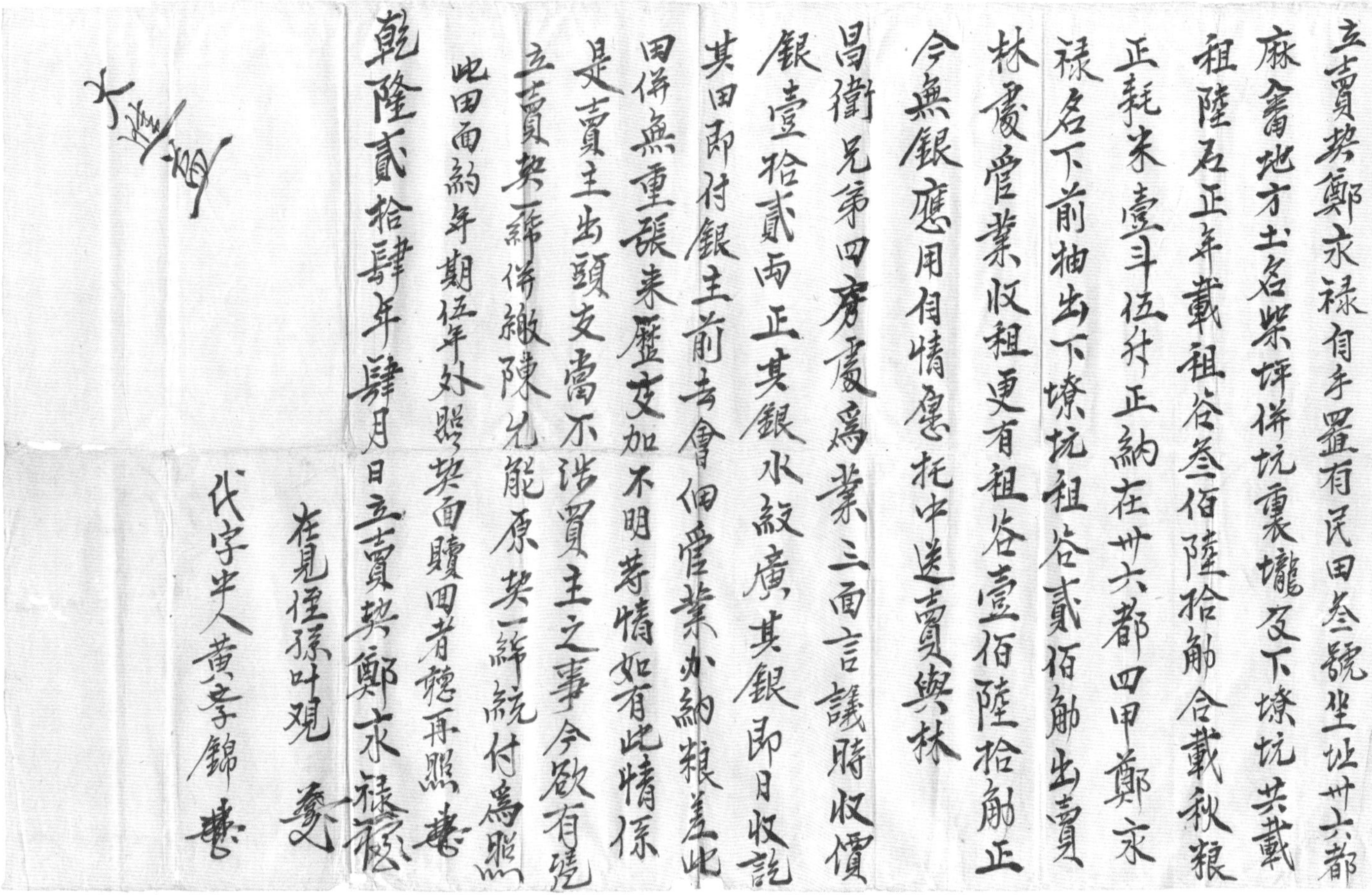

立賣契鄭永禄自手置有民田叁號坐址廿六都
麻會地方土名柴坪併坑裏壠及下墩坑共載
租陸石正年載租谷叁佰陸拾觔合載秋粮
正耗米壹斗伍升正納在廿六都四甲鄭永
禄名下前抽出下墩坑租谷貳佰觔出賣
林處管業收租更有租谷壹佰陸拾觔正
今無銀應用自情愿托中送賣與林
昌衛兄弟四房處爲業三面言議時價
銀壹拾貳両正其銀水紋廣其銀即日收訖
其田即付銀主前去會佃管業办納粮差此
田係無重張來歷交加不明等情如有此情係
是賣主出頭支當不涉買主之事今欲有憑
立賣契一紙併繳陳光能原契一紙統付爲照
此田面約年期伍年外照契面贖回者聽再照
乾隆貳拾肆年肆月日立賣契鄭永禄
在見侄孫叶覌
代字中人黄亨錦
大吉

5-8-7-2　清乾隆二十四年四月鄭永禄立賣民田契

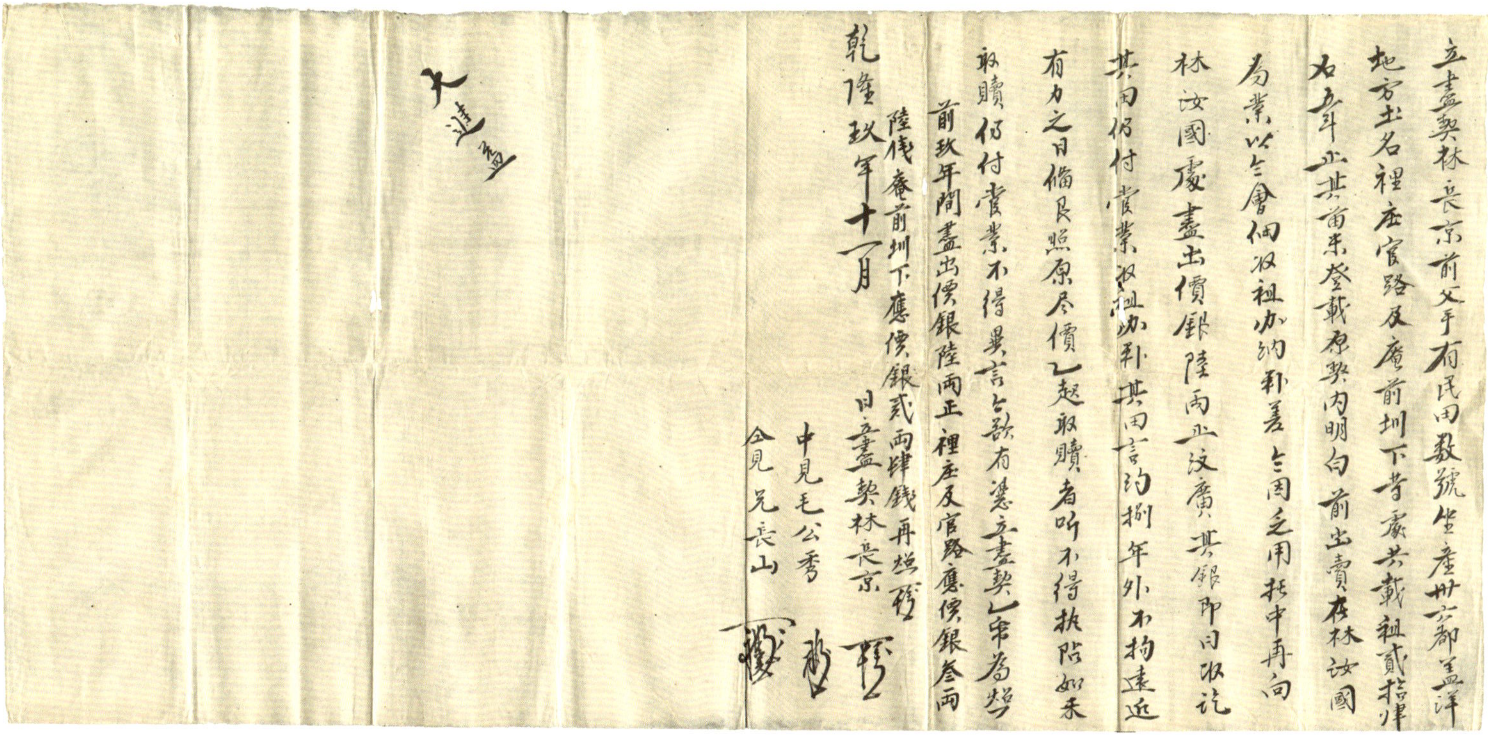

立盡契林長京前父手有民田數號坐產卅六都王洋地方土名裡庄官路及庵前圳下等處共載租貳拾肆石年正共苗米登載原契內明白前出賣在林汝國爲業以上會佃收租办納粮差今因乏用托中再向林汝國處盡出價銀陸兩正汝廣其銀即日收訖其田仍付買業收租办粮其田言約捌年外不拘遠近有力之日備足照原本價乙起取贖者听不得执阻如未取贖仍付買業不得異言今欲有憑立盡契乙帋爲照

前玖年間盡出價銀陸兩正裡庄及官路應價銀叁兩陸錢庵前圳下應價銀貳兩肆錢再照

乾隆玖年十一月　日立盡契林長京（押）

中見毛公秀（押）

仝見兄長山（押）

大進查

5-8-8-1　清乾隆九年十一月林長京立盡民田契

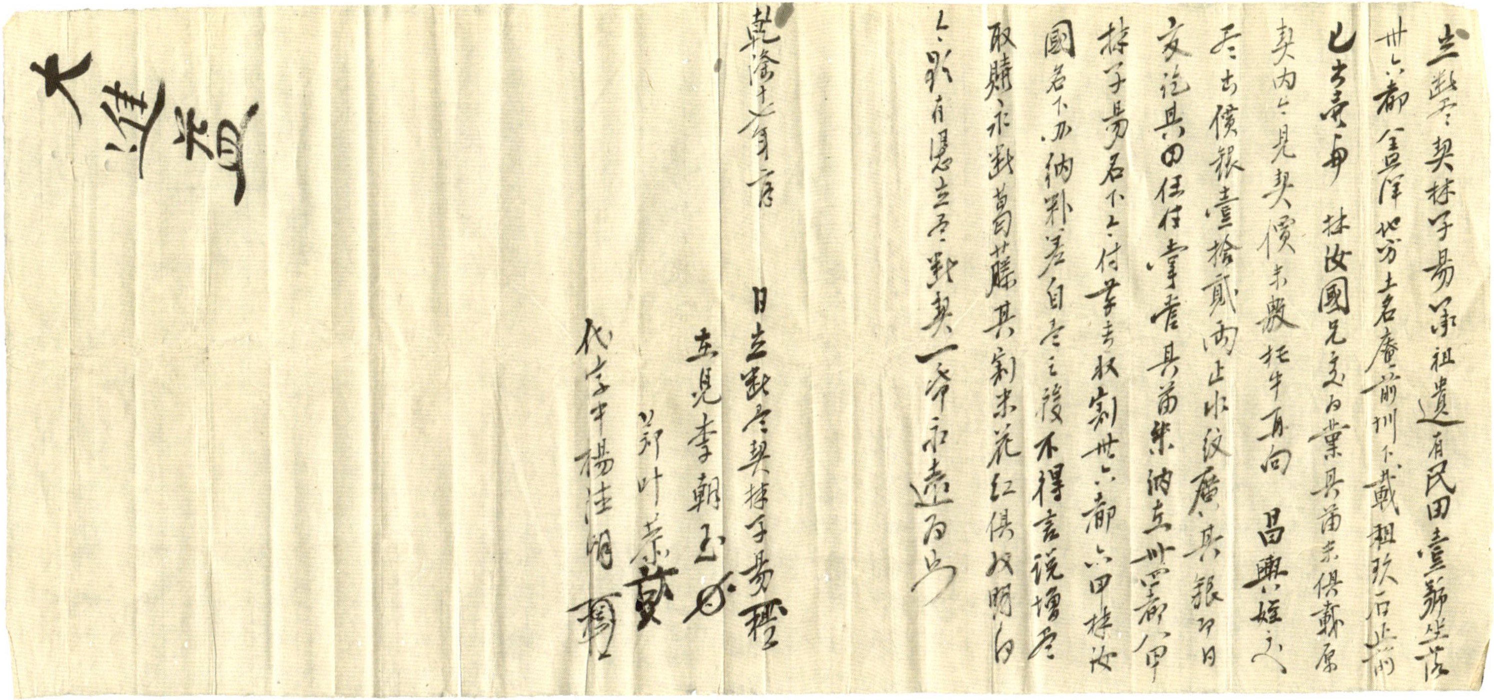
立斷契林子易承祖遺有民田壹號坐落
廿六都盖洋地方土名庵前圳下，載租玖石正，前
已出賣與 林汝國兄邊爲業，其田畝俱載原
契內，今見契價未敷，托中再向 昌興姪邊
再出價銀壹拾貳兩正，收紋廣，其銀即日
交訖，其田任從掌管，其苗米納在廿四都□甲
林子易名下，今付本主收割，廿六都六甲林汝
國名下办納，料若自今之後，不得言說增添
取贖，永斷葛藤，其割米花紅俱收明白，
今欲有憑，立斷契一紙，永遠爲照。

乾隆十七年二月 日立斷契林子易（押）
在見李朝玉（押）
鄭叶恭（押）
代字中楊注明（押）

5-8-8-2　清乾隆十七年二月林子易立斷民田契

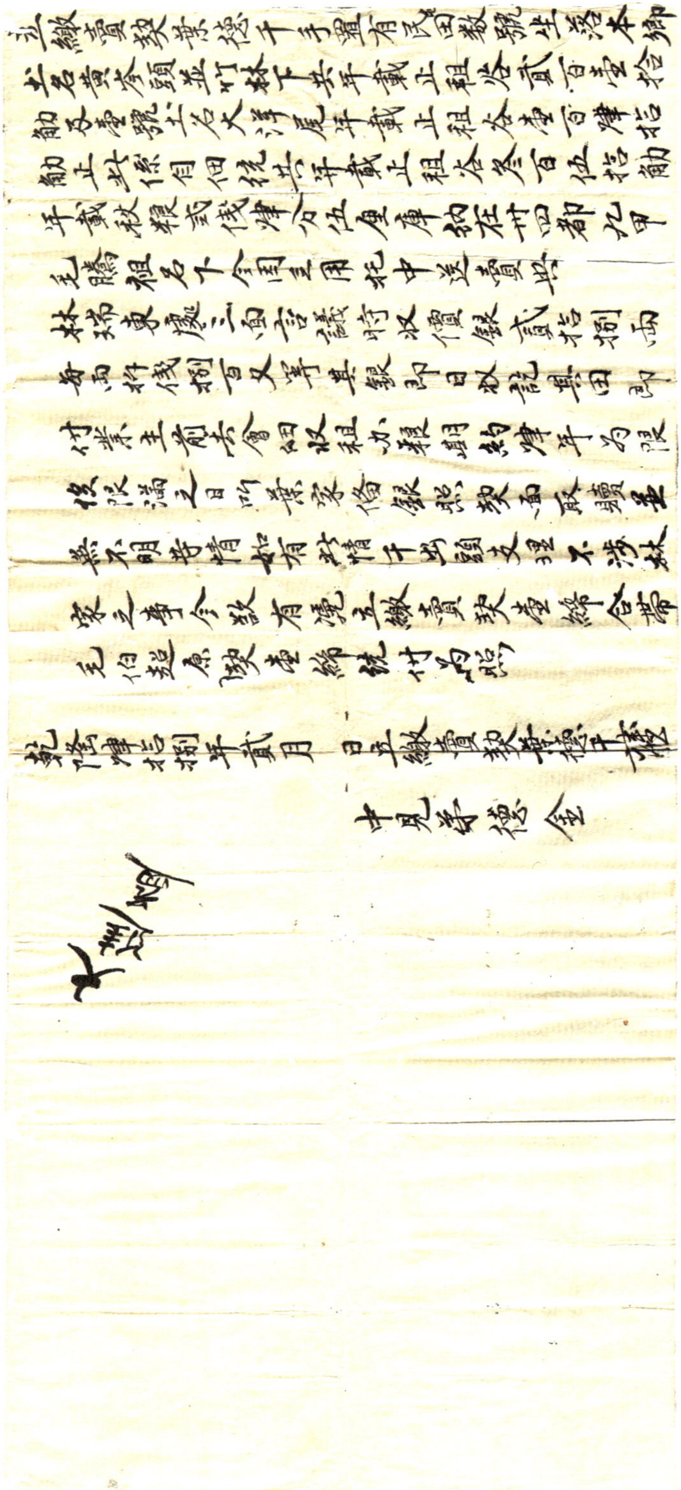

立繳賣契葉德千手置有民田数號坐落本鄉
土名黃苓頭並竹林下共年載正租谷貳百壹拾
觔及壹號土名大洋尾年載正租谷壹百肆拾
觔正此係自佃統共年載正租谷叁百伍拾觔
年載秋粮式伐肆分伍厘庫納在卅四都九甲
毛騰祖名下今因乏用托中送賣與
林瑞東處三面言議時収價銀貳拾捌兩
每兩扣伐捌百文筭其銀即日収訖其田即
付業主前去會佃収租办粮約肆年為限
後限滿之日听葉家備銀照契面取贖並
無不明等情如有此情千出頭支理不涉林
家之事今欲有憑立繳賣契壹紙合帶
毛伯超原契壹紙統付為照
乾隆肆拾捌年貳月　日立繳賣契葉德千
中見葉德金

5-8-9-1　清乾隆四十八年二月葉德千立繳賣民屯田契

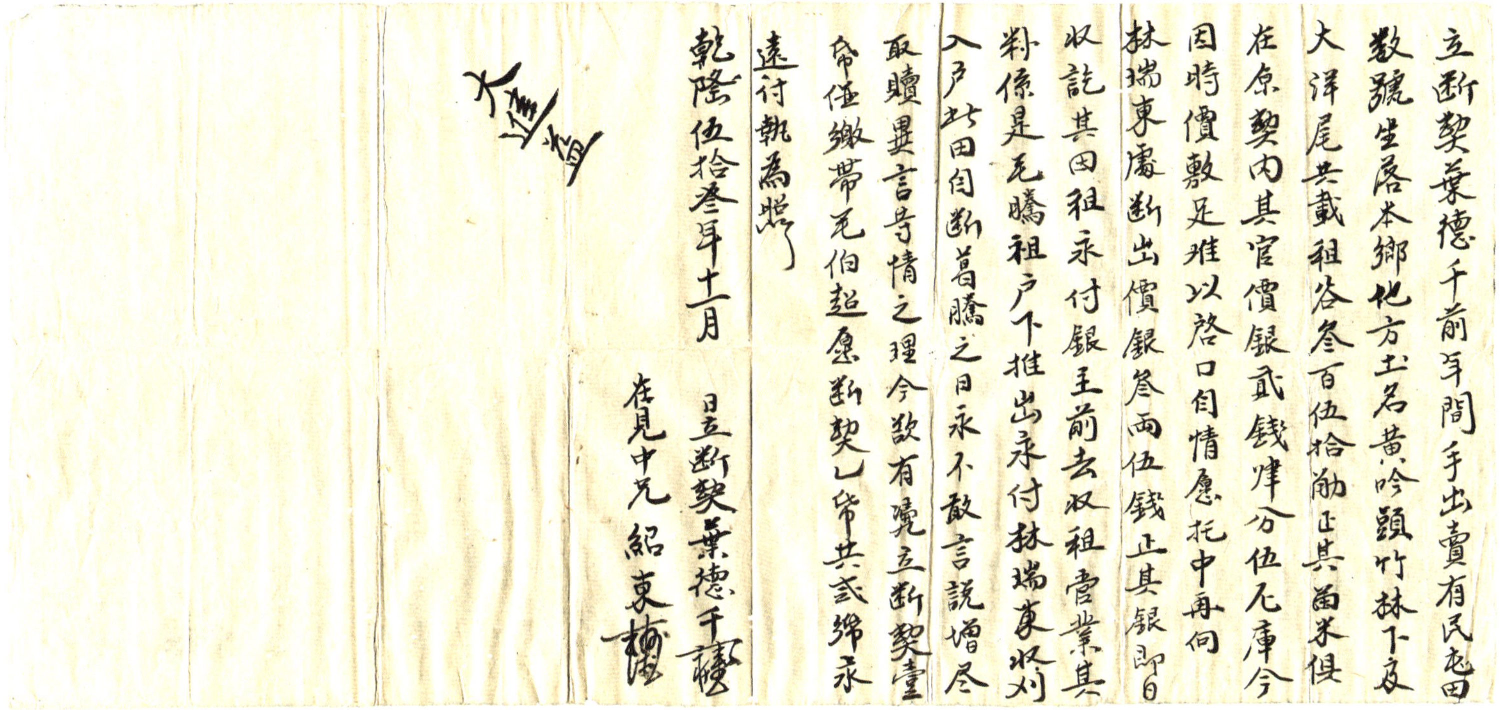
立斷契葉德千前年間手出賣有民屯田
數號坐落本鄉地方土名黃吟頭竹林下及
大洋尾共載租谷叁百伍拾觔正其苗米俱
在原契內其官價銀貳錢肆分伍厘庫今
因時價數足推以啓口自情愿托中再向
林瑞東處斷出價銀叁兩伍錢正其銀即日
收訖其田租永付銀主前去收租耕業其
糧係是元騰祖戶下推出永付林瑞東收納
入戶此田自斷葛騰之日永不敢言說增盡
取贖異言等情之理今欲有憑立斷契壹
帋付繳帶元伯超愿斷契乙帋共貳帋永
遠付執為照
乾隆伍拾叁年十一月
立斷契葉德千（押）
在見中兄紹東（押）

5-8-9-2　清乾隆五十三年十一月葉德千立斷民屯田契

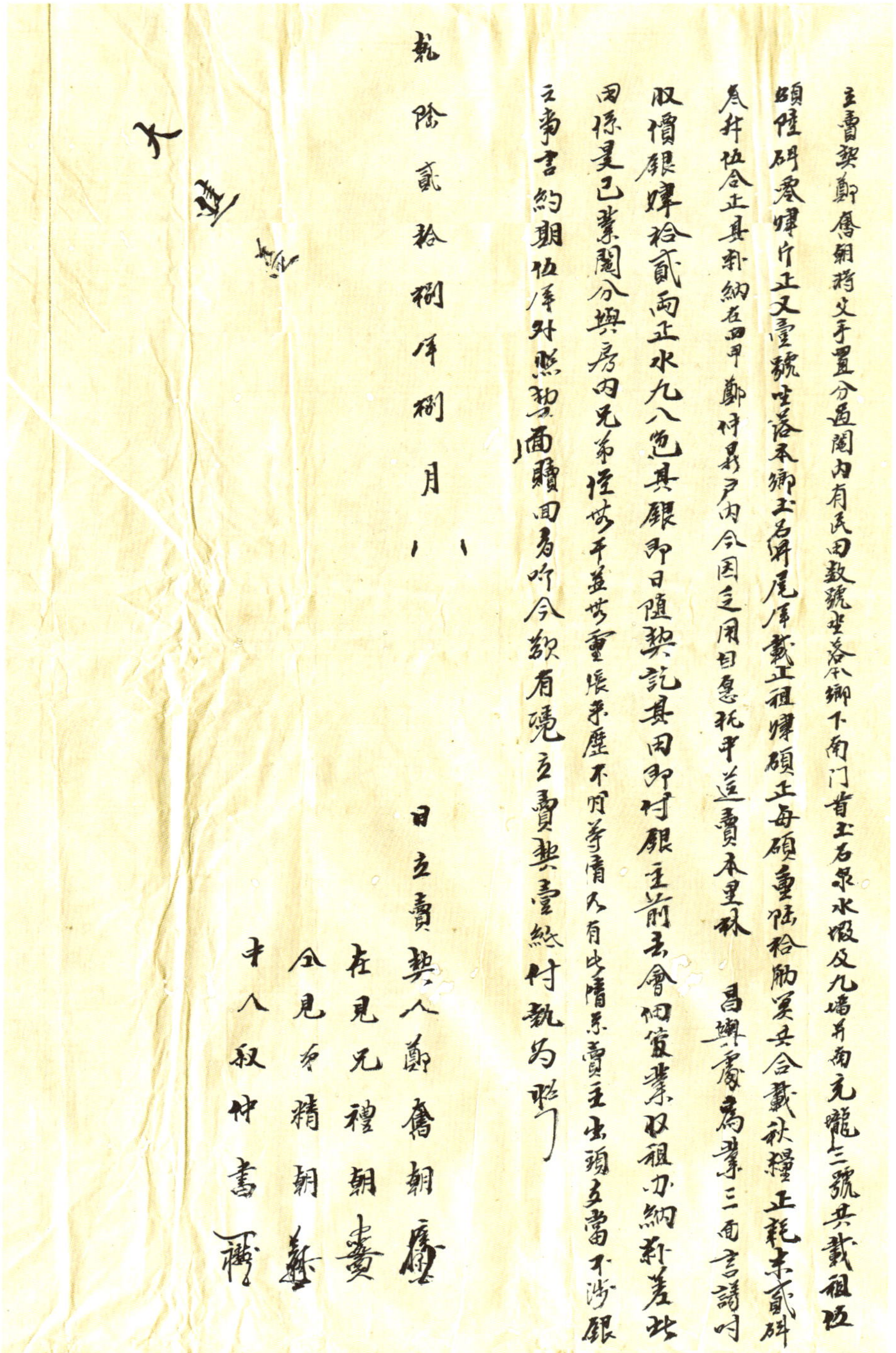

立賣契鄭奮朝將父手置分過鬮內有民田數號，坐落本鄉下南門背土名泉水墘及九墻并南充壠上二號，共載租伍碩陸斫零肆斤正；又壹號坐落本鄉土名屏尾，原載正租肆碩正，每碩重陸拾觔，冥共合載秋糧正耗米貳升叁升伍合正，其米納在四甲鄭時泰戶內。今因乏用，甘愿托中送賣本里林昌興處為業，三面言議時取價銀肆拾貳兩正，水九八色，其銀即日隨契訖，其田即付銀主前去會佃管業，收租办納糧差。此田係是己業鬮分，與房內兄弟侄無干，并無重張來歷不明等情，及有此情，係賣主出頭支當，不涉銀主之事。言約期伍年外，照契面贖田。為此今欲有憑，立賣契壹紙付執為照。

乾隆貳拾捌年捌月　　日立賣契人鄭奮朝

在見兄禮朝

仝見弟精朝

中人叔仲書

大吉

5-8-10-1　清乾隆二十八年八月鄭奮朝立賣民田契

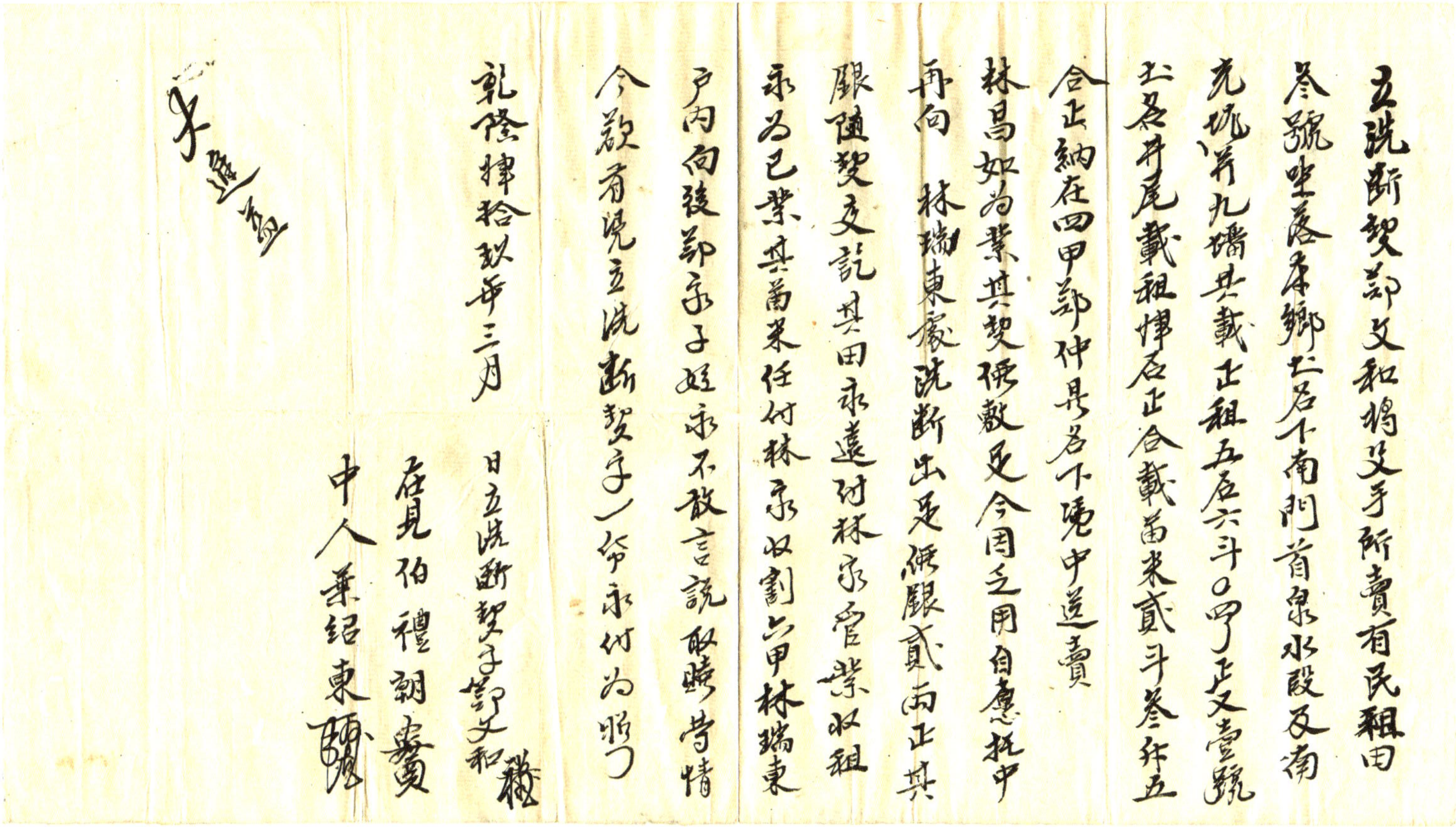

立洗斷契鄭文和將父手所賣有民租田
叁號，坐落本鄉土名下南門首泉水段及南
充垅、并九墙共載正租五石六斗○四正，又壹號
土名井尾載租肆石正，合載苗米貳斗叁升五
合正，納在四甲鄭仲具名下，俱中送賣
林昌如為業，其契價數足。今因乏用，自愿托中
再向　林瑞東家洗斷出足價銀貳兩正，其
銀隨契交訖，其田永遠付林家管業收租，
永為己業，其苗米任付林家收割六甲林瑞東
戶內。向後鄭家子姪永不敢言說取贖等情，
今欲有憑，立洗斷契字一紙，永付為照。

乾隆肆拾玖年三月　日立洗斷契字鄭文和（押）
在見伯　禮朝（押）
中人　葉紹東（押）

[illegible]

5-8-10-2　清乾隆四十九年三月鄭文和立洗斷民租田契

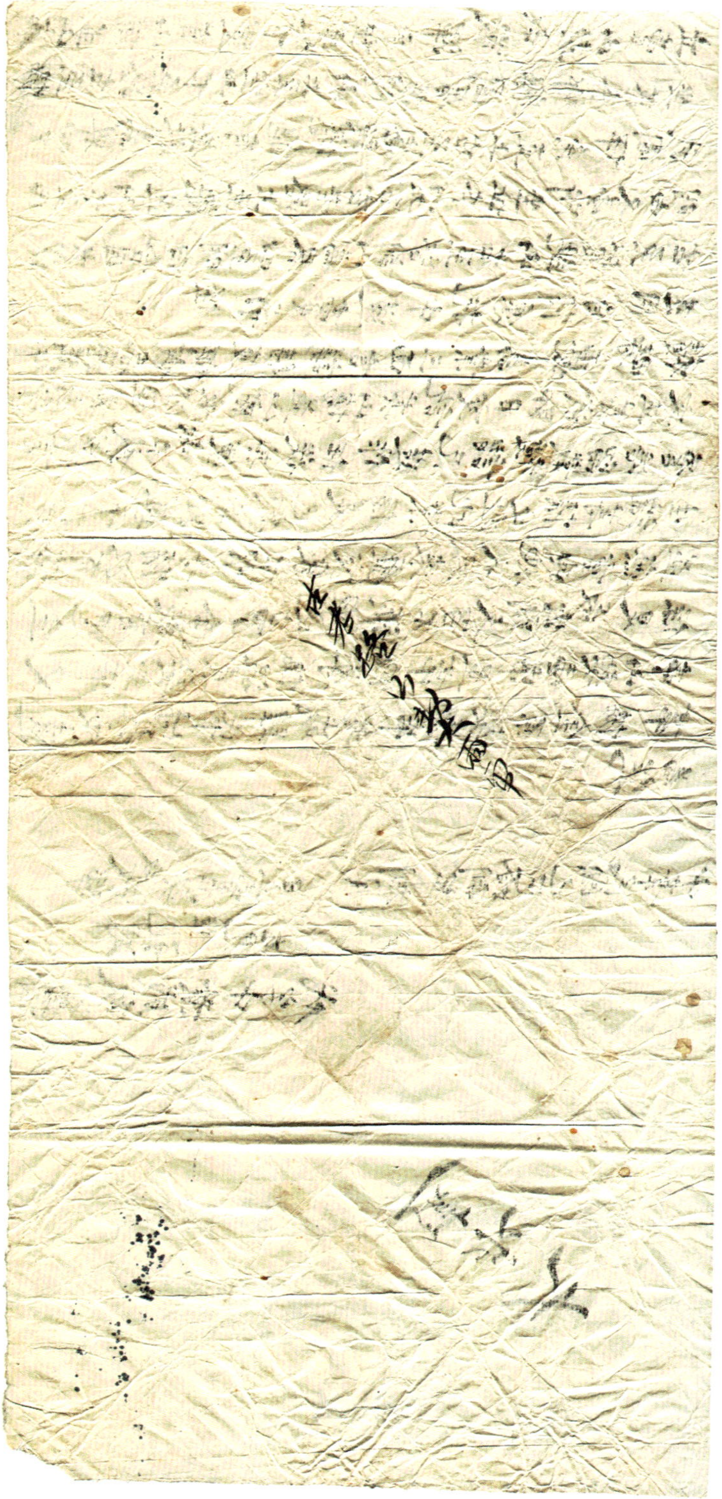

5-8-11-1　包契紙

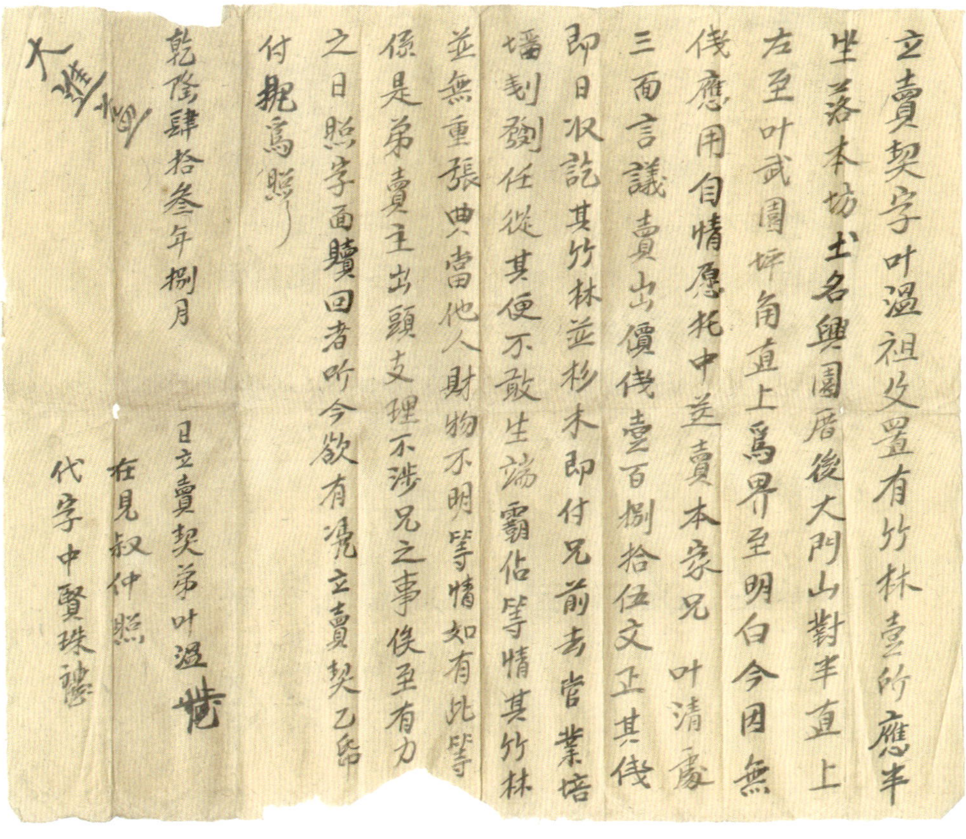
立賣契字叶温祖父置有竹林壹所應半
坐落本坊土名興園厝後大門山對半直上
左至叶武園坪角直上爲界至明白今因無
錢應用自情愿托中送賣本家兄 叶清處
三面言議賣出價錢壹百捌拾伍文正其錢
即日收訖其竹林並杉木即付兄前去管業培
播劄劉任從其便不敢生端霸佔等情其竹林
並無重張典當他人財物不明等情如有此等
係是弟賣主出頭支理不涉兄之事後至有力
之日照字面贖回者吋今欲有憑立賣契乙帋
付執爲照
乾隆肆拾叁年捌月 日立賣契弟叶温（押）
在見叔仲照
代字中賢珠（押）

5-8-11-2　清乾隆四十三年八月鄭叶温立賣竹林契

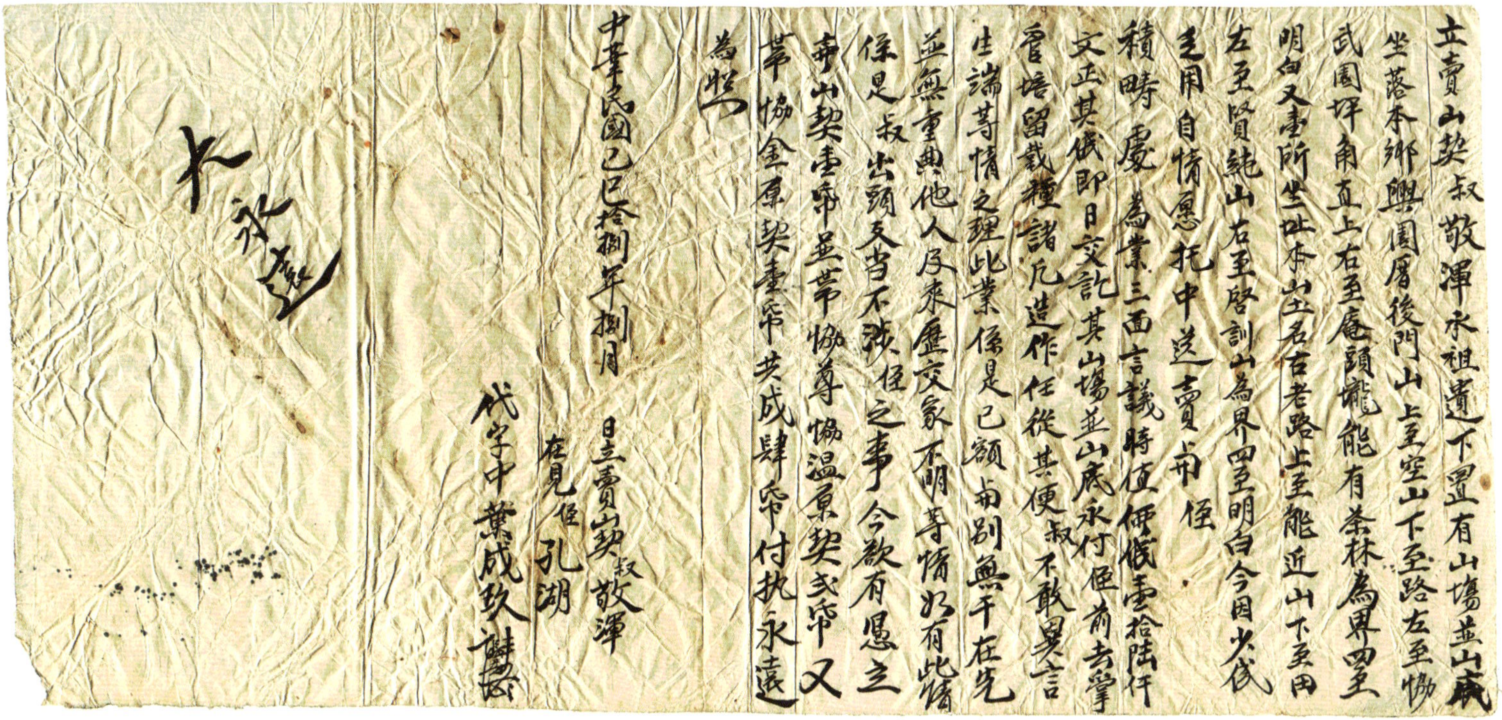
立賣山契叔敬渾承祖遺下置有山塲並山底
坐落本鄉興園厝後門山上至空山下至路左至協
武園坪角直上右至庵頭壠能有茶林為界四至
明白又壹所坐址本坐名古老路上至能近山下至田
左至賢純山右至啓訓山為界四至明白今因乏錢
乏用自情愿托中送賣與侄
積疇處為業三面言議時值價錢壹拾陸仟
文正其錢即日交訖其山塲並山底永付侄前去掌
管培留栽種諸凡造作任從其便叔不敢異言
生端等情之理此業係是己額與别無干在先
並無重典他人及來歷交加不明等情如有此情
係是叔出頭支当不涉侄之事今欲有憑立
賣山契壹帋並帶協尊協温原契弍帋又
帶協金原契壹帋共成肆帋付執永遠
為照
中華民國己巳拾捌年捌月　日立賣山契叔敬渾
在見侄孔湖
代字中葉成玖謝
大永遠

5-8-11-3　民國十八年八月鄭敬渾立賣山場等契

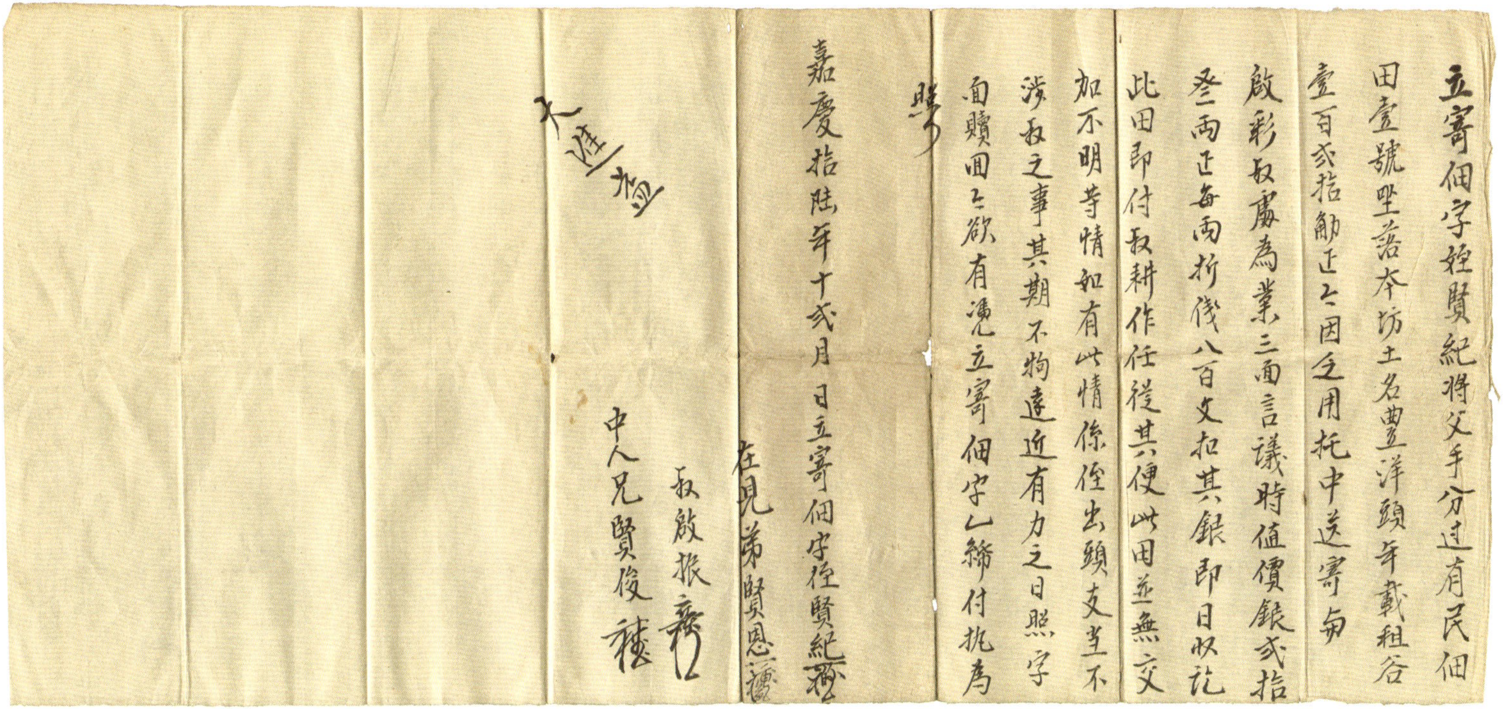

立寄佃字姪賢紀將父手分過有民佃
田壹號坐落本坊土名蓋洋頭年載租谷
壹百貳拾觔正今因乏用托中送寄与
啟彩叔處為業三面言議時值價銀貳拾
叁兩正每兩折錢八百文扣其銀即日收訖
此田即付叔耕作任從其便此田並無文
加不明等情如有此情係侄出頭支當不
涉叔之事其期不拘遠近有力之日照字
面贖田今欲有憑立寄佃字一紙付執為
照
嘉慶拾陸年十貳月 日立寄佃字侄賢紀（押）
在見弟賢恩（押）
叔啟振（押）
中人兄賢俊（押）
大進（押）

5-8-12-1 清嘉慶十六年十二月鄭賢紀立寄民佃田字

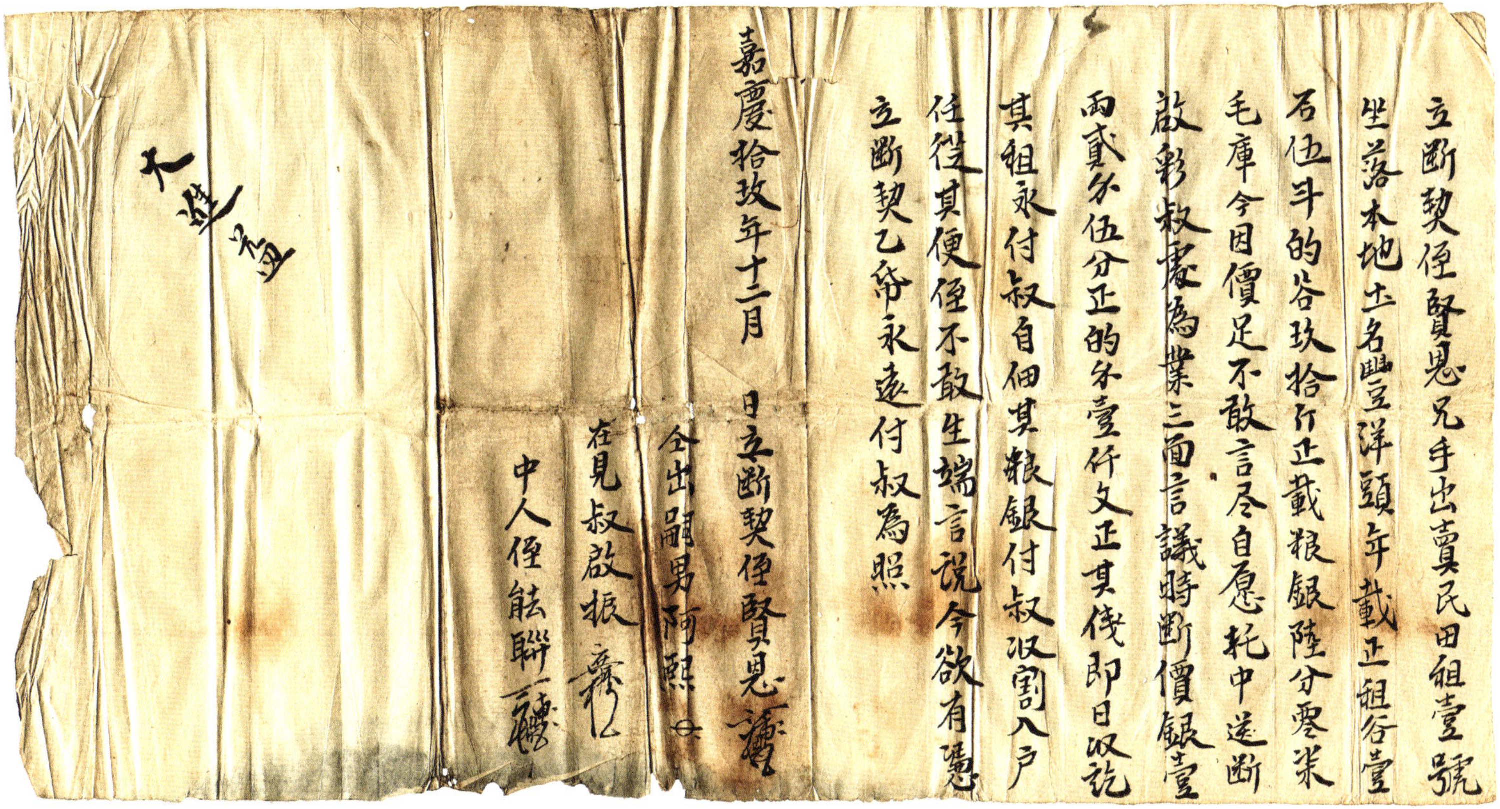
立斷契侄賢恩兄手出賣民田租壹號
坐落本地土名豐豆洋頭年載正租谷壹
石伍斗的谷玖拾斤正載粮銀陸分零米
毛庫今因價足不敢言盡自愿托中送斷
啟彩叔處為業三面言議時斷價銀壹
兩貳分伍分正的尒壹仟文正其錢即日收訖
其租永付叔自佃其粮銀付叔收割入戶
任從其便侄不敢生端言說今欲有憑
立斷契乙帋永遠付叔為照
嘉慶拾玖年十二月　日立斷契侄賢恩
仝出關男阿照
在見叔啟振
中人侄紘聯

5-8-12-2　清嘉慶十九年十二月鄭賢恩等立斷民田租契

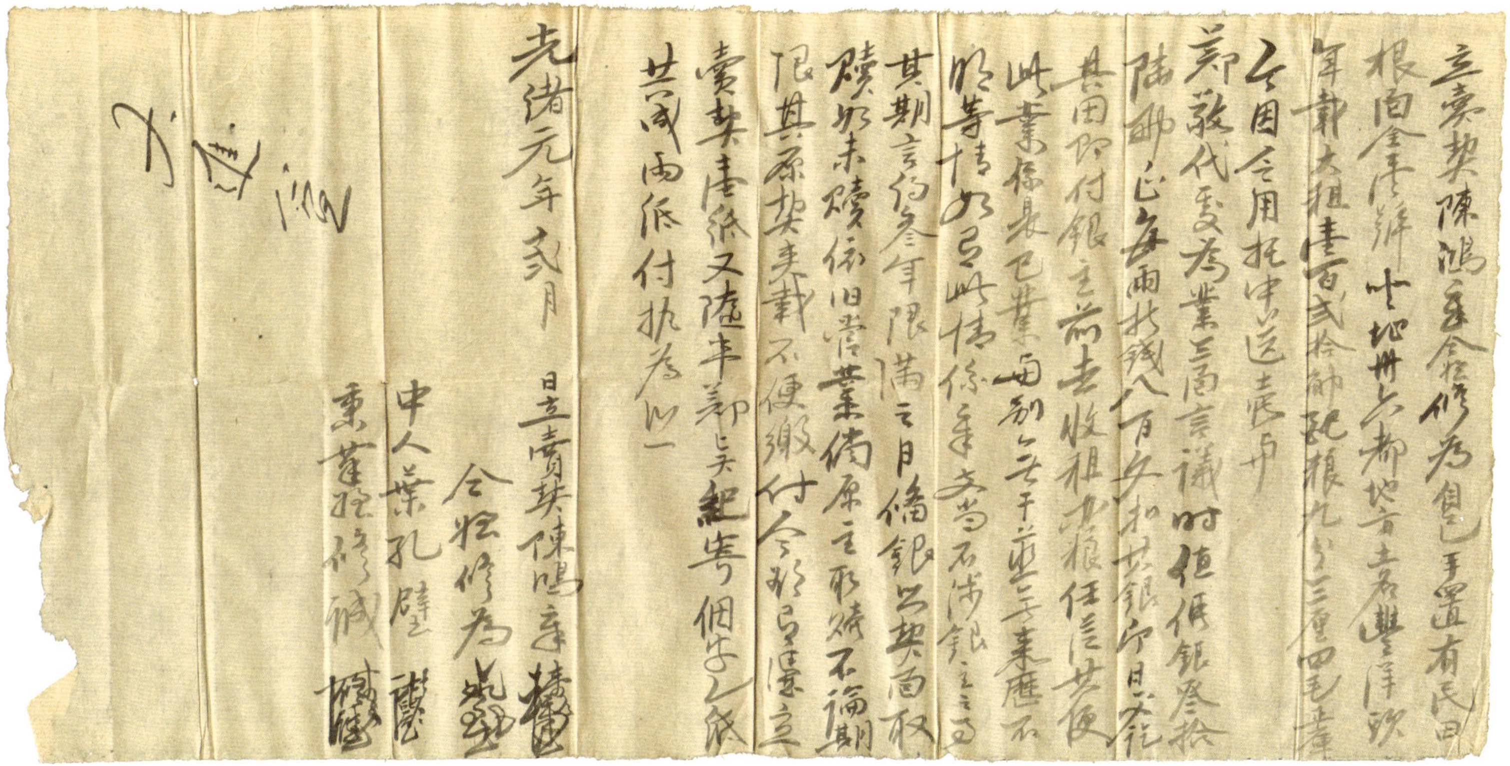
立賣契陳鴻章仝侄修為自己手置有民田
根面全號坐址卅六都地方土名蓋洋頭
年載大租壹百貳拾觔配糧九分三厘四毛正
今因乏用托中送賣與
鄭敬代處為業三面言議時值價銀叁拾
陸兩正每兩折錢八百文其銀即日收訖
其田即付銀主前去收租納糧任從其便
此業係是己業與別人無干並無重張來歷不
明等情如有此情係章自當不涉銀主之事
其期言約叁年限滿之月備銀照契面取
贖如未贖依旧管業倘原主取贖不論期
限其原契未載不便繳付今欲有憑立
賣契壹紙又隨帶鄭家紀專佃字乙紙
共成兩紙付執為照
光緒元年亥月　日立賣契陳鴻章
仝侄修為
中人葉孔璧
秉筆葉桂誠

5-8-12-3　清光緒元年十二月陳鴻章等立賣根面全民田契

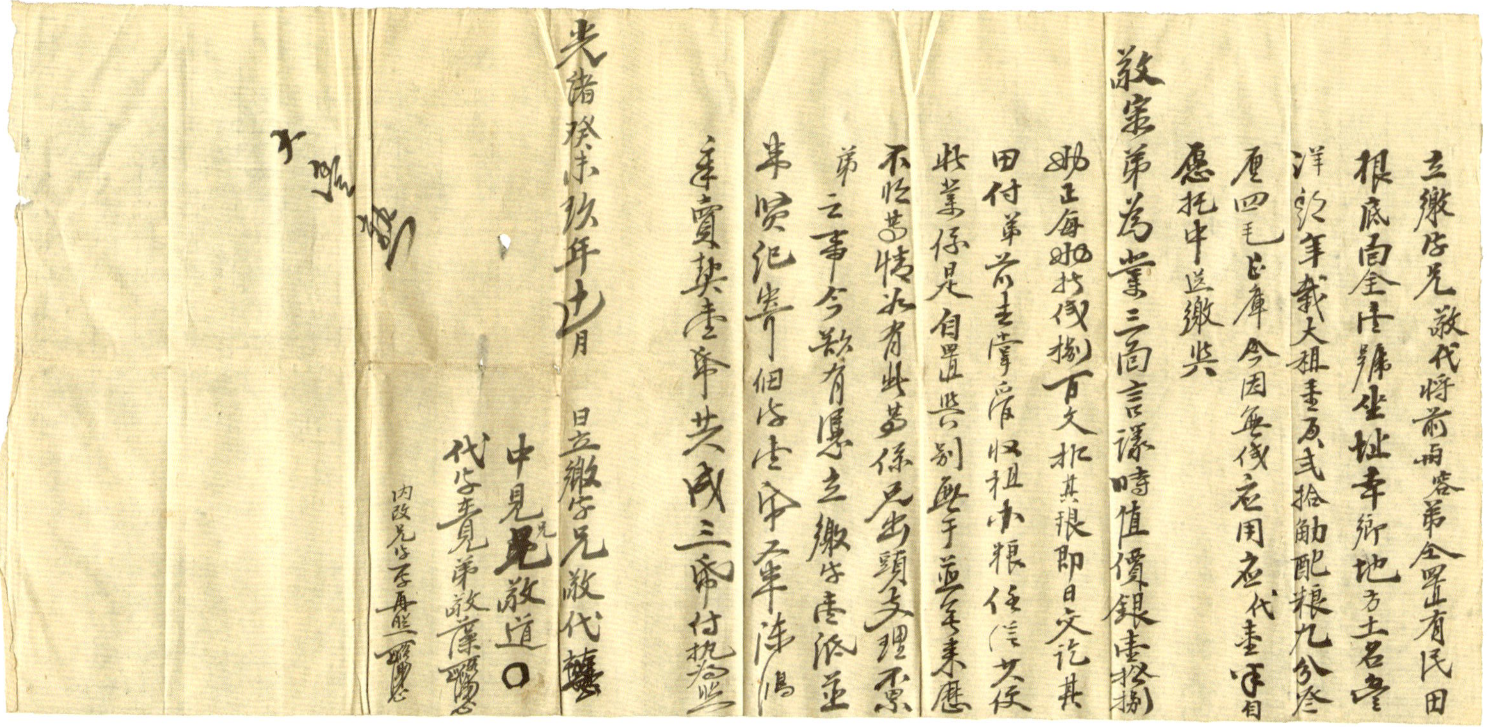
立繳字兄敬代將前兩房弟仝置有民田
根底面全一號坐址本鄉地方土名[illegible]
洋[illegible]年載大租壹百貳拾觔配糧九分叁
厘四毛正庫今因無錢應用應代壹手自
愿托中送繳與
敬宗弟為業三面言議時值價銀壹拾捌
兩正每兩折錢捌百文批其銀即日交訖其
田付弟前去掌管收租完糧任從其便
此業係是自置與別房兄弟並無來歷
不明等情如有此等係兄出頭支理不累
弟之事今欲有憑立繳字壹紙並
帶[illegible]字佃字仝中交[illegible]
并賣契壹紙共成三紙付執為照
光緒癸未玖年十一月　日立繳字兄敬代（押）
中見兄敬道（押）
代字堂見弟敬藻（押）
內改兄字壹個（押）

5-8-12-4　清光緒九年十一月鄭敬代立繳底面全民田根字

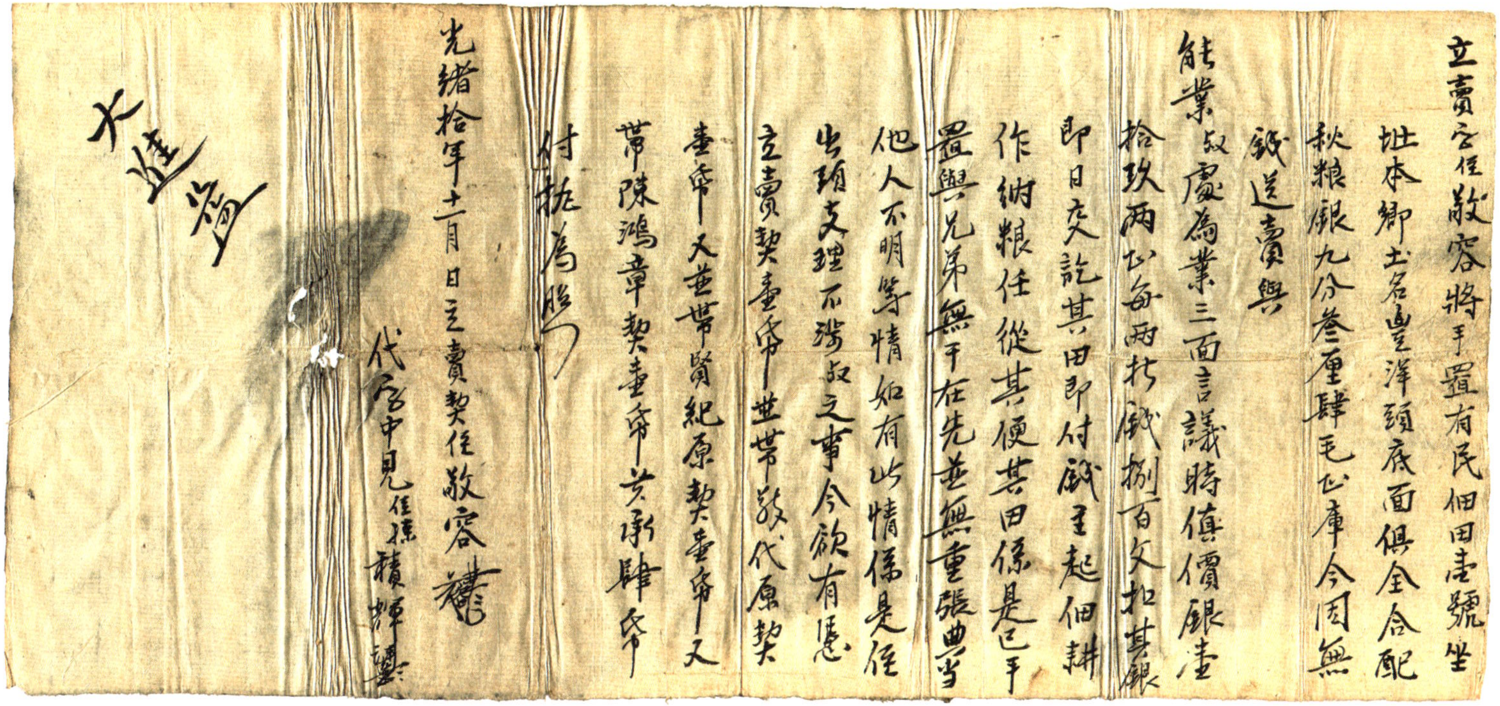

立賣字侄敬容將手置有民佃田壹號坐
址本鄉土名蓋洋頭底面俱全，合配
秋粮銀九分叁厘肆毛乙庫。今因無
錢，送賣與
能業叔處爲業，三面言議時值價銀壹
拾玖兩乙，每兩扣錢捌百文，扣其銀
即日交訖。其田即付錢主起佃耕
作納粮，任從其便。其田係是已手
置與兄弟無干，在先並無重張典當
他人不明等情。如有此情，係是侄
出頭支理，不涉叔之事。今欲有憑，
立賣契壹紙，并帶敬代原契
壹紙，又並帶賢紀原契壹紙，又
帶陳鴻章契壹紙，共承肆紙，
付叔爲照。

光緒拾年十一月　日立賣契侄敬容（押）
代字中見侄 標 積 輝（押）

大進洞

5-8-12-5　清光緒十年十一月鄭敬容立賣民佃田字

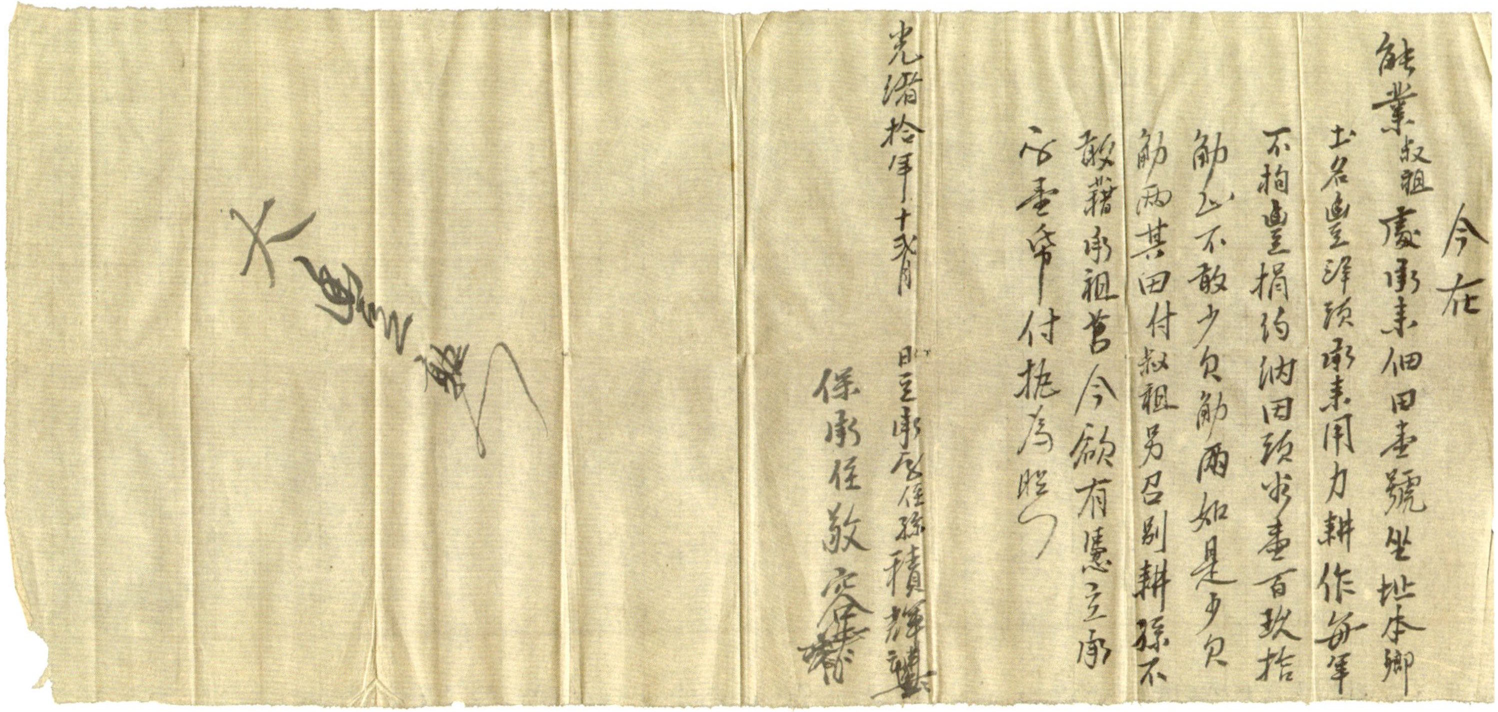
今在
能業叔祖處承耒佃田壹號坐址本鄉
土名邉垄洋頭承耒用力耕作每年
不拘邉垄捐約納田頭米壹百玖拾
觔正不敢少欠觔兩如是少欠
觔兩其田付叔祖另召別耕孫不
敢藉承祖耉今欲有憑立承
佃壹帋付執為照
光緒拾年十弍月　日立承佃侄孫積輝
保承侄敬安

5-8-12-6　清光緒十年十二月鄭積輝立承佃田字

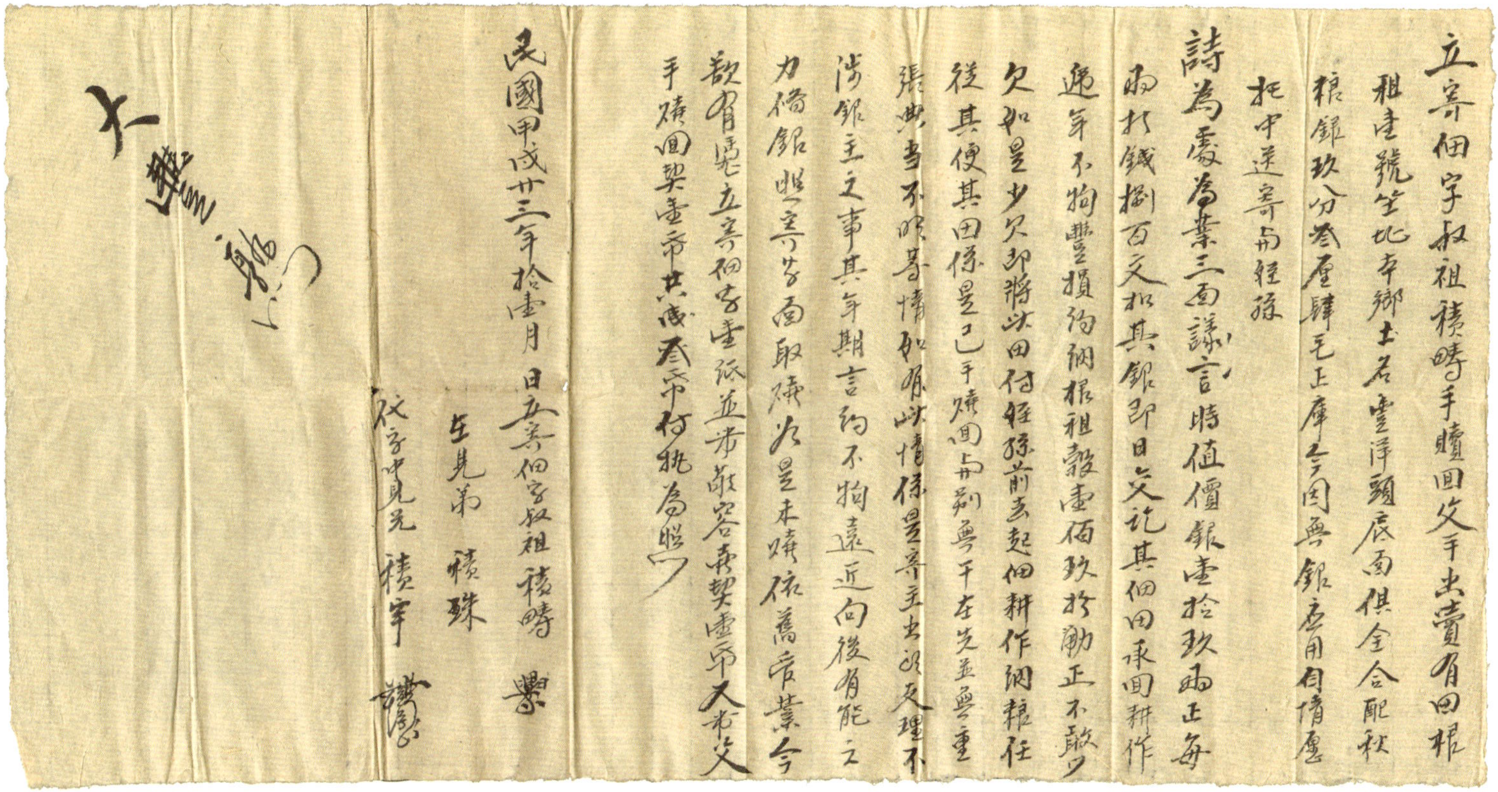

立寄佃字叔祖積時手贖回父手出賣有田根
租壹號坐化本鄉土名壹洋頭底面俱全合配秋
粮銀玖分叁厘肆毛正庫今因無銀應用自情愿
托中送寄與姪孫
詩爲處爲業三面議言時值價銀壹拾玖兩正每
兩折錢捌百文扣其銀即日交訖其佃田承回耕作
逓年不拘豐損佃納根租穀壹佰玖拾觔正不敢少
欠如是少欠即將此田付姪孫前去起佃耕作納粮任
從其便其田係是己手贖回與别無干在先並無重
張典當不明等情如有此情係是寄主出頭支理不
涉銀主之事其年期言約不拘遠近向後有能之
力備銀照寄字面取贖決是未贖依舊管業今
欲有憑立寄佃字壹紙並帶[illegible]契壹帋大[illegible]父
手贖回契壹帋共成叁帋付執爲照
民國甲戌廿三年拾壹月　日立寄佃字叔祖積時（押）
在見弟　積珠
代字中見兄　積寧（押）

5-8-12-7　民國二十三年十一月鄭積時立寄佃田根租字

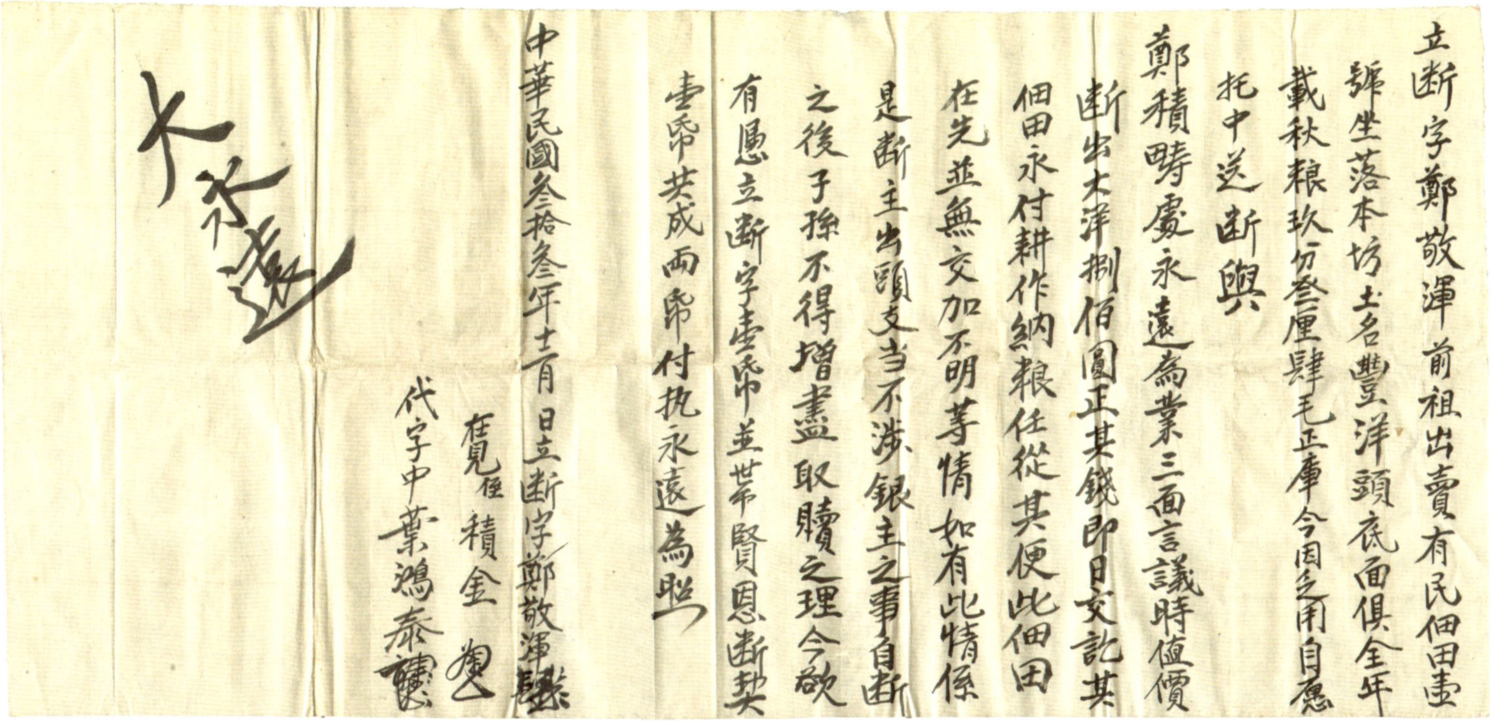
立斷字鄭敬渾前祖出賣有民佃田壹
號坐落本坊土名豐洋頭底面俱全年
載秋粮玖勺叁厘肆毛正庫今因乏用自愿
托中送斷與
鄭積疇處永遠為業三面言議時值價
斷出大洋捌佰圓正其錢即日交訖其
佃田永付耕作納粮任從其便此佃田
在先並無交加不明等情如有此情係
是斷主出頭支当不涉銀主之事自斷
之後子孫不得增盡取贖之理今欲
有憑立斷字壹紙并世帶賢恩斷契
壹紙共成兩紙付执永遠為照
中華民國叁拾叁年十二月　日立斷字鄭敬渾（押）
在見侄　積金（押）
代字中　葉鴻泰（押）

5-8-12-8　民國三十三年十二月鄭敬渾立斷底面全民佃田字

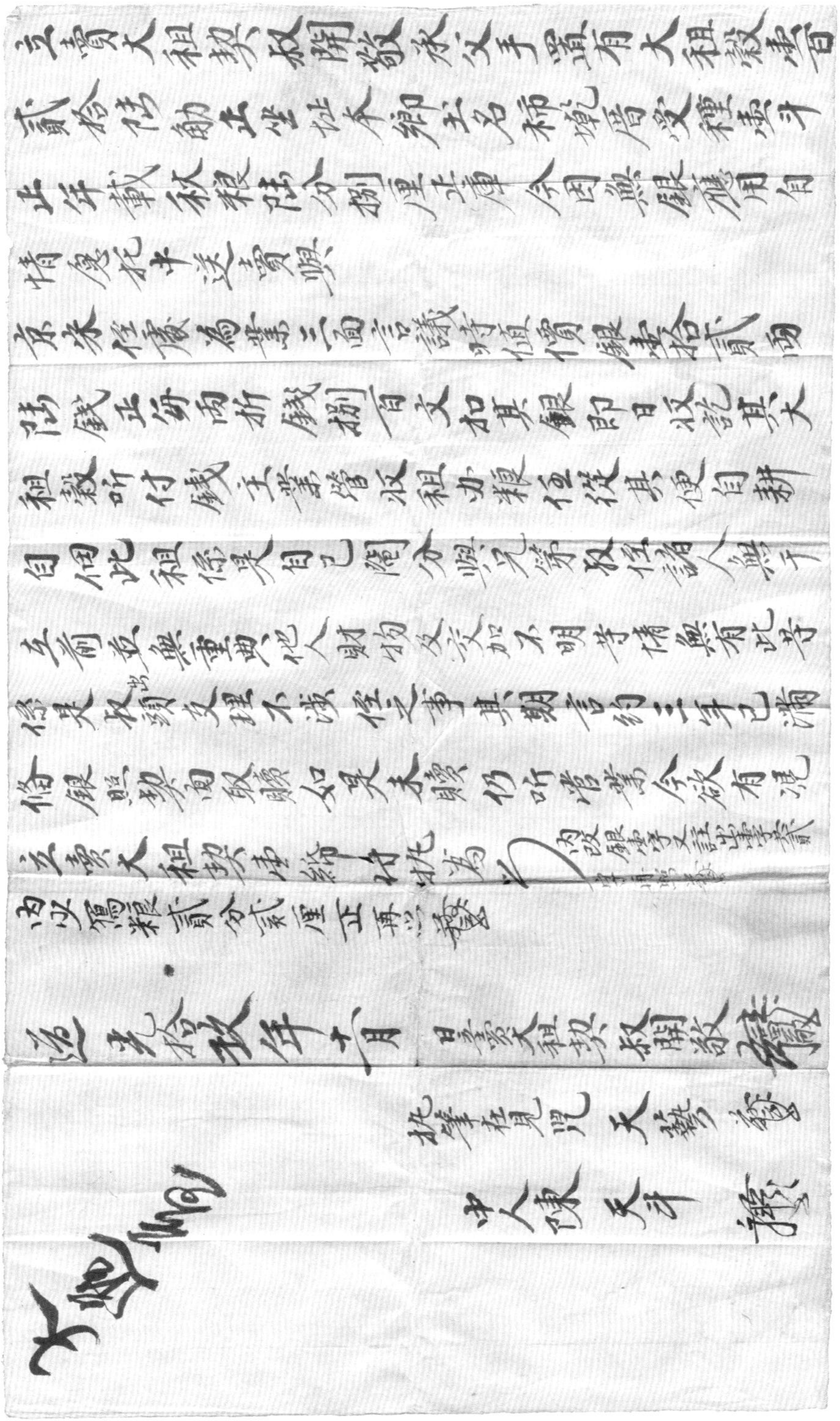

立賣大租契叔閑敬承父手置有大租穀壹百
貳拾肆觔正坐址本鄉土名祢乾后受種壹斗
正年載秋穀陸分例運正房今因無銀應用自
情愿托中送賣與
房叔侄康為業三面言議時值價銀壹拾貳兩
陸錢正每兩折錢捌百文加其銀即日收訖其大
租穀听付錢主業掌管收租办糧任從其便自耕
自佃此租係是自己闔分與兄弟叔侄諸人無干
亦無前後重典他人財物及交加不明等情如有此等
情是叔出頭支理不干錢主之事其期言約三年已滿
備銀照契面取贖如是未贖仍听管業今欲有憑
立賣大租契壹紙付執為照
內改銀壹字又註此壹字
內收穀租貳分貳厘正再照
道光拾玖年十一月　日立賣大租契叔閑敬
批筆在見胞兄天
中人陳天才
大吉利

5-8-13-1　清道光十九年十一月許開敬立賣大租契

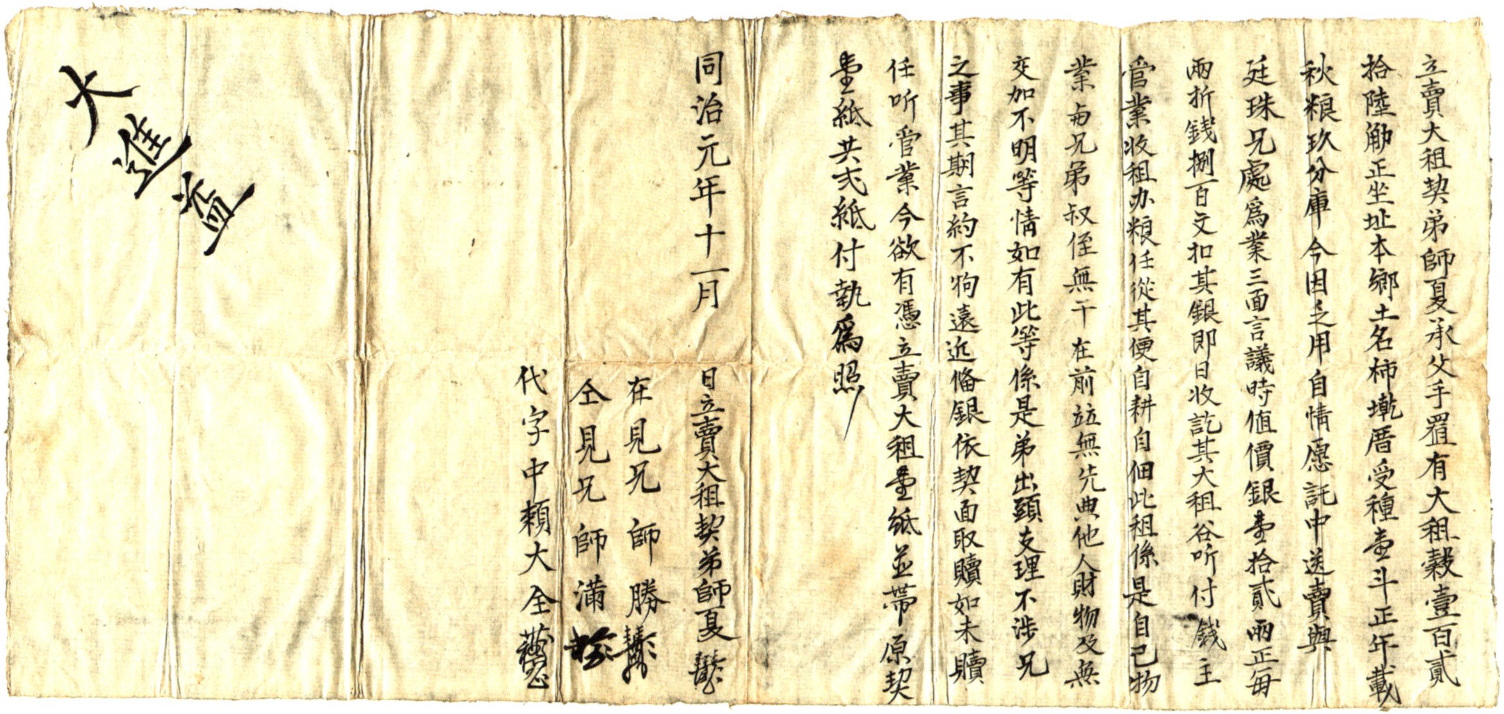
立賣大租契弟師夏承父手置有大租粟壹百貳
拾陸觔正坐址本鄉土名柿墘厝受種壹斗正年載
秋糧玖分庫今因乏用自情愿託中送賣與
廷珠兄處爲業三面言議時值價銀壹拾貳兩正每
兩折錢捌百文扣其銀即日收訖其大租谷听付錢主
管業收租办糧任從其便自耕自佃此租係是自己物
業與兄弟叔侄無干在前並無先典他人財物及無
交加不明等情如有此等係是弟出頭支理不涉兄
之事其期言約不拘遠近備銀依契面取贖如未贖
任听管業今欲有憑立賣大租壹紙並帶原契
壹紙共弍紙付執爲照

同治元年十一月　日立賣大租契弟師夏（押）
在見兄師勝（押）
仝見兄師滿（押）
代字中賴大全（押）

大進／壹

5-8-13-2　清同治元年十一月許師夏立賣大租契

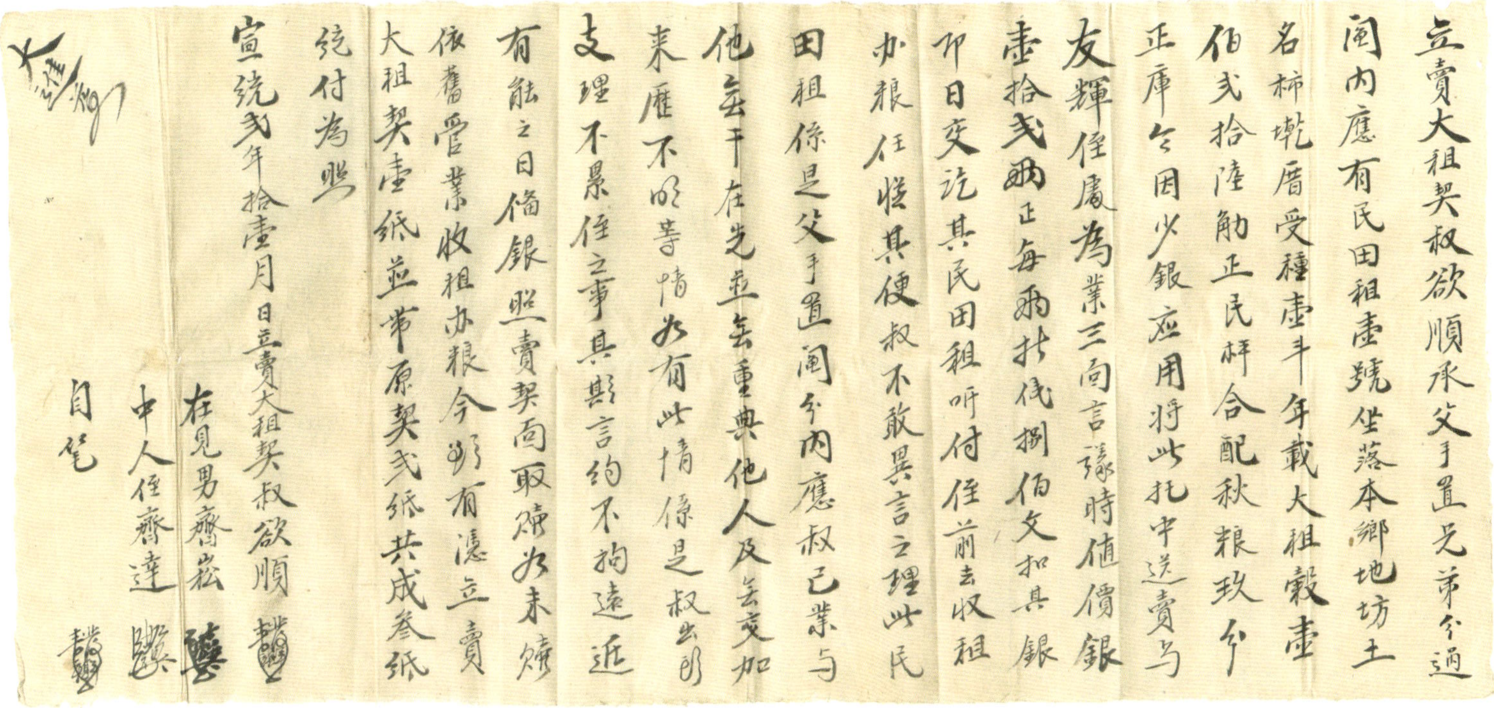
立賣大租契叔欲順承父手置兄弟分過
閩內應有民田租壹號坐落本鄉地坊土
名柿墘厝受種壹斗年載大租穀壹
伯弍拾陸觔正民秤合配秋粮玖分
正庫今因少銀應用將此托中送賣与
友輝侄處為業三面言議時值價銀
壹拾弍兩正每兩扣伐捌伯文扣其銀
即日交訖其民田租听付侄前去收租
办粮任憑其便叔不敢異言之理此民
田租係是父手置闔分內應叔己業与
他無干在先並無重典他人及無交加
來歷不明等情如有此情係是叔出頭
支理不累侄之事其契言约不拘遠近
有能之日備銀照賣契面取贖如未贖
依舊管業收租办粮今欲有憑立賣
大租契壹紙並帶原契弍紙共成叁紙
繳付為照
宣統弍年拾壹月　日立賣大租契叔欲順（押）
在見男齊崧（押）
中人侄齊達（押）
自筆（押）
大吉

5-8-13-3　清宣統二年十一月許欲順立賣民田大租契

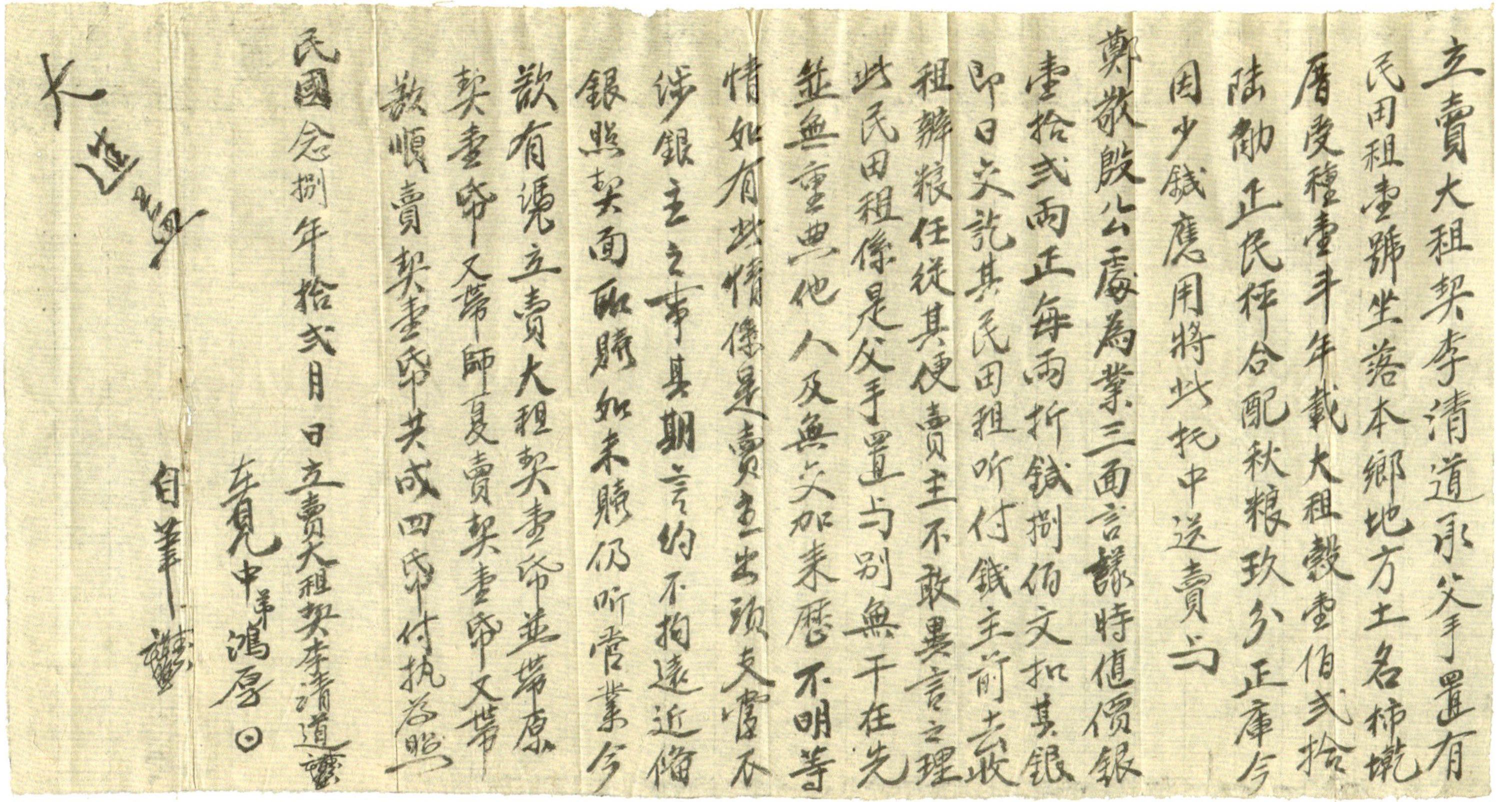
立賣大租契李清道承父手置有
民田租壹號坐落本鄉地方土名柿坵
厝後種壹斗年載大租穀壹佰弍拾
陸觔正民秤合配秋粮玖分正庫今
因少錢應用將此托中送賣與
鄭敬殷公嘗爲業三面言議時值價銀
壹拾弍兩正每兩折錢捌佰文扣其銀
即日交訖其民田租听付錢主前去收
租辦粮任從其便賣主不敢異言之理
此民田租係是父手置與別無干在先
並無重典他人及無交加来歷不明等
情如有此情係是賣主出頭支當不
涉銀主之事其期言約不拘遠近備
銀照契面取贖如未贖仍听管業今
欲有憑立賣大租契壹紙并帶原
契壹紙又帶師夏賣契壹紙又帶
數順賣契壹紙共成四紙付執爲照
民國念捌年拾弍月　日立賣大租契李清道（押）
在見中弟鴻厚 ○
自筆（押）
大進通

5-8-13-4　民國二十八年十二月李清道立賣民田大租契

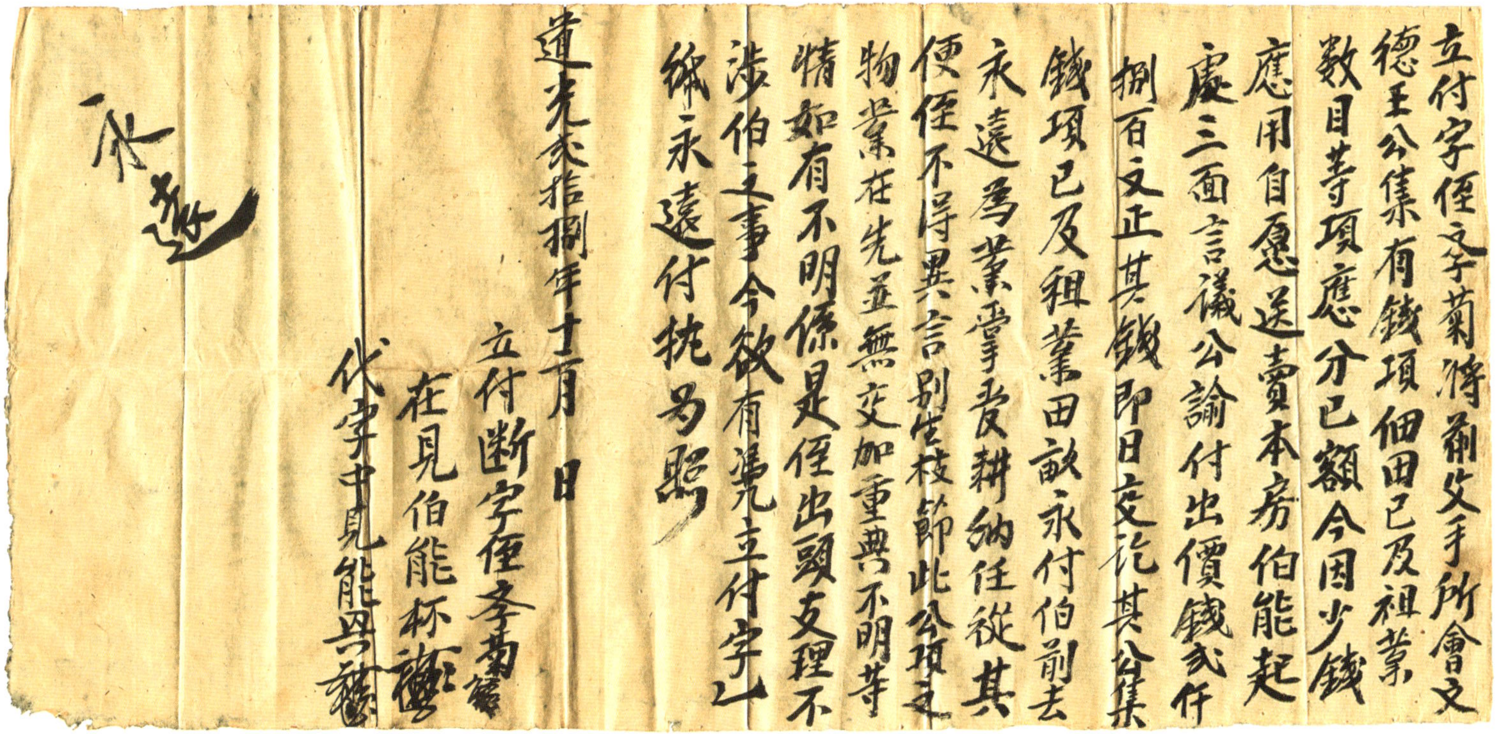
立付字侄文孛菊將蒲文手所會文
德王公集有錢項佃田已及祖業
數目等項應分已額今因乏錢
應用自愿送賣本房伯能起
處三面言議公諭付出價錢弍仟
捌百文正其錢即日交訖其公集
錢項已及租業田畝永付伯前去
永遠為業掌管耕納任從其
便侄不得異言別生枝節此公項之
物業在先並無交加重典不明等
情如有不明係是侄出頭支理不
涉伯之事今欲有憑立付字乙
紙永遠付執為照
道光弍拾捌年十二月　日
立付斷字侄孛菊
在見伯能杯
代字中見能興
永遠

5-8-14-1　清道光二十八年十二月鄭孛菊立付斷錢項等字

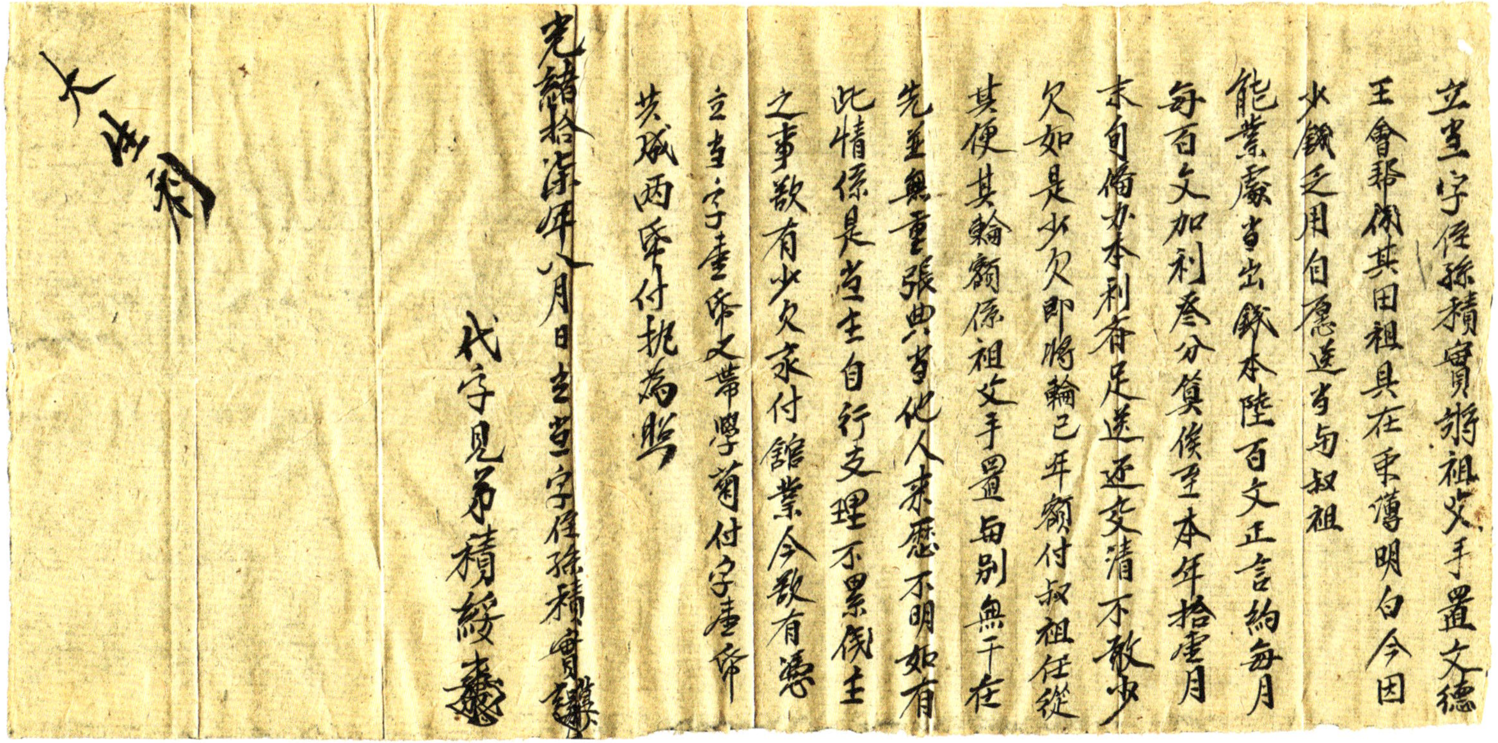

5-8-14-2　清光緒十七年八月鄭積實立當會幫輸田租字

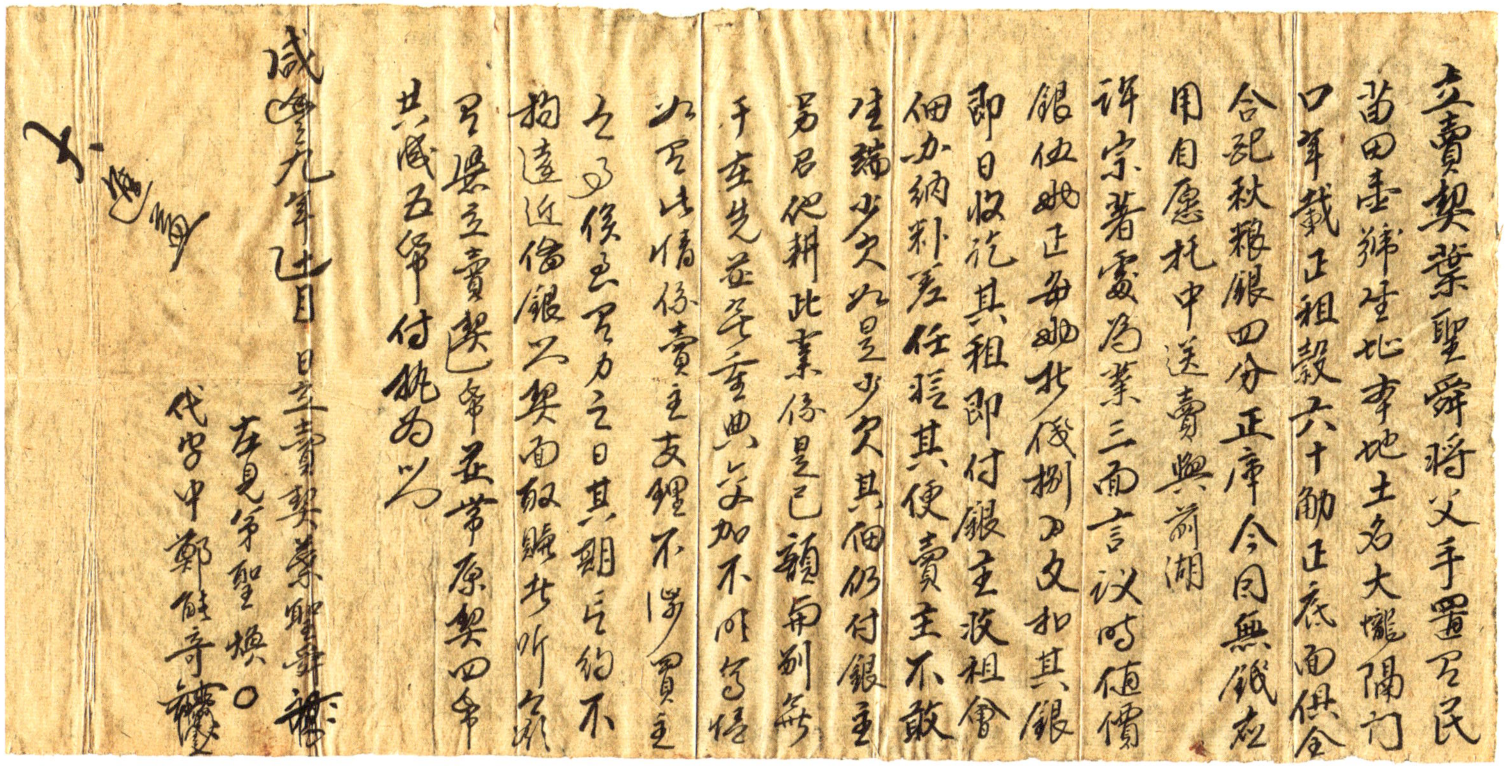
立賣契葉聖舜將父手置有民
苗田壹號，坐址本地，土名大壠陽门
口，年載正租穀六十觔正，係面供合
合配秋粮銀四分正庫。今因無錢應
用，自愿托中送賣與前湖
許宗蕃處為業，三面言議時值價
銀伍两正，每两折錢捌百文，扣其銀
即日收訖。其租即付銀主收租會
佃办納，补差任從其便，賣主不敢
生端少欠。如是少欠，其佃仍付銀主
另召他耕。此業係是己額，與別房
兄弟在先並無重典字加不明等情，
如有此情，係賣主支理，不涉買主
之事。係是不力之日，其銀照約不
拘遠近，備銀以契面取贖，比听不流。
口恐無憑，立賣契一帋並帶原契四帋，
共成五帋付執為照。
咸豐九年十一月 日立賣契葉聖舜（押）
在見弟聖煥〇
代字中鄭䞑奇（押）

5-8-15-1 清咸豐九年十一月葉聖舜立賣民苗田契

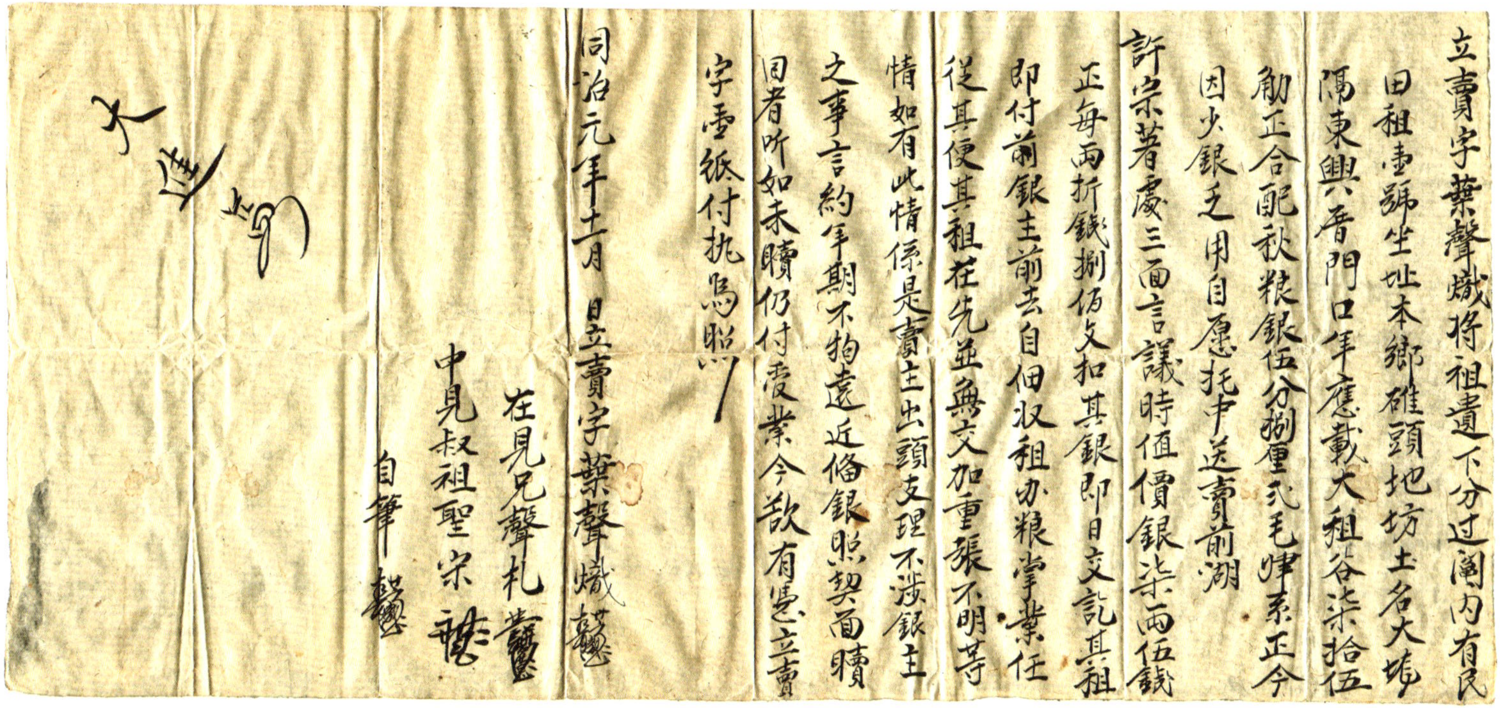

立賣字葉聲熾將祖遺下分过鬮內有民
田租壹號坐址本鄉碓頭地坊土名大坪
隔東興香門口年應載大租谷柒拾伍
觔正合配秋粮銀伍分捌厘弍毛肆系正今
因乏銀乏用自愿托中送賣前湖
許宗著處三面言議時值價銀柒兩伍錢
正每兩折錢捌佰文扣其銀即日交訖其租
即付前銀主前去自佃收租办粮掌業任
從其便其租在先並無交加重張不明等
情如有此情係是賣主出頭支理不涉銀主
之事言約年期不拘遠近備銀照契面贖
回者听如未贖仍付受業今欲有憑立賣
字壹紙付執爲照／

同治元年十一月　日立賣字葉聲熾（押）

在見兄聲札（押）

中見叔祖聖宗（押）

自筆（押）

5-8-15-2　清同治元年十一月葉聲熾立賣民田租字

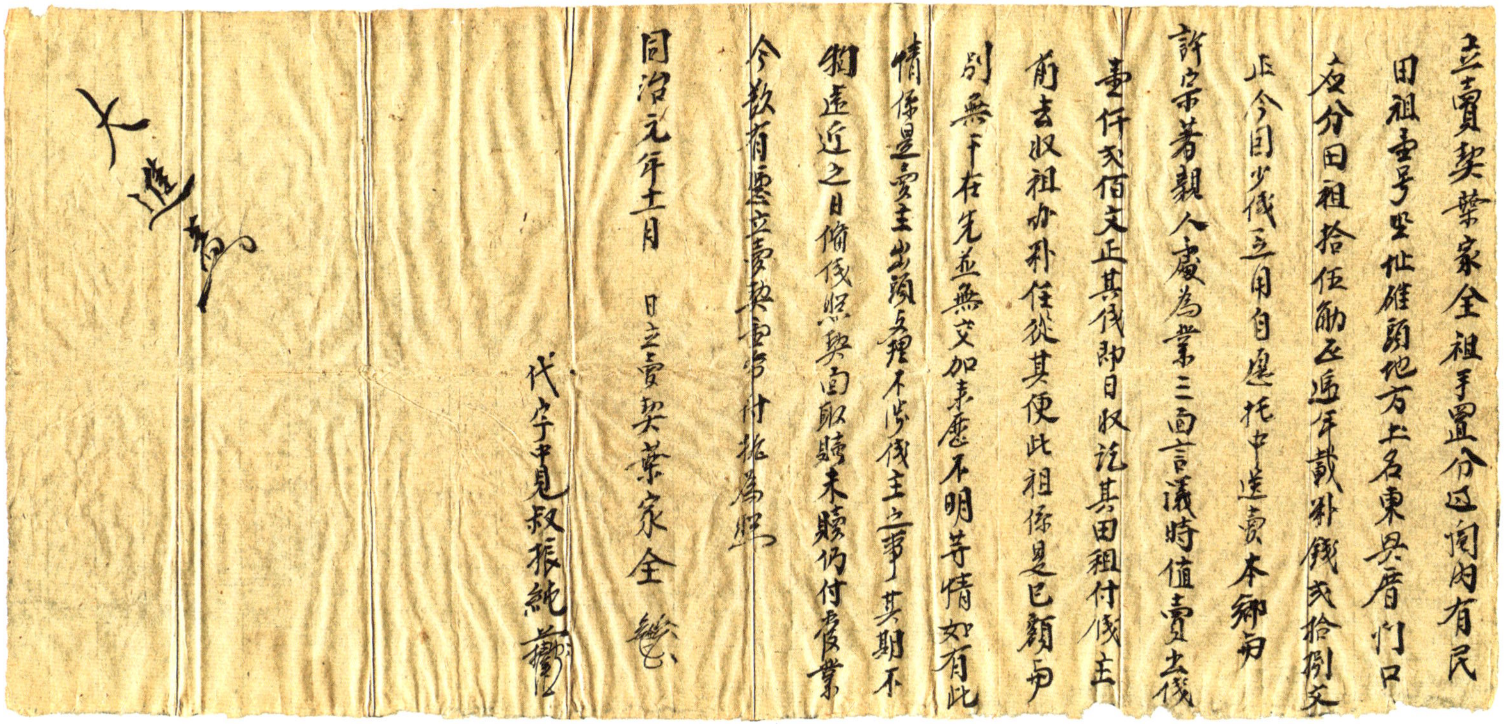
立賣契葉家全祖手置分退閩內有民
田租壹号坐址離關地方土名東吳厝门口
交分田租拾伍觔正遞年載租錢弍拾捌文
正今因乏錢正用自愿托中送賣本鄉鄭
許宗着親人處為業三面言議時值賣出錢
壹仟弍佰文正其錢即日收訖其田租付錢主
前去收租办納任從其便此租係是己額與
别無干在先並無交加來歷不明等情如有此
情係是賣主出頭支理不涉錢主之事其期不
拘遠近之日備錢照契面取贖未贖仍付賣業
今欲有憑立賣契壹帋付執為照
同治元年十一月　日立賣契葉家全（押）
代字中見叔振純（押）

5-8-15-3　清同治元年十一月葉家全立賣民田租契

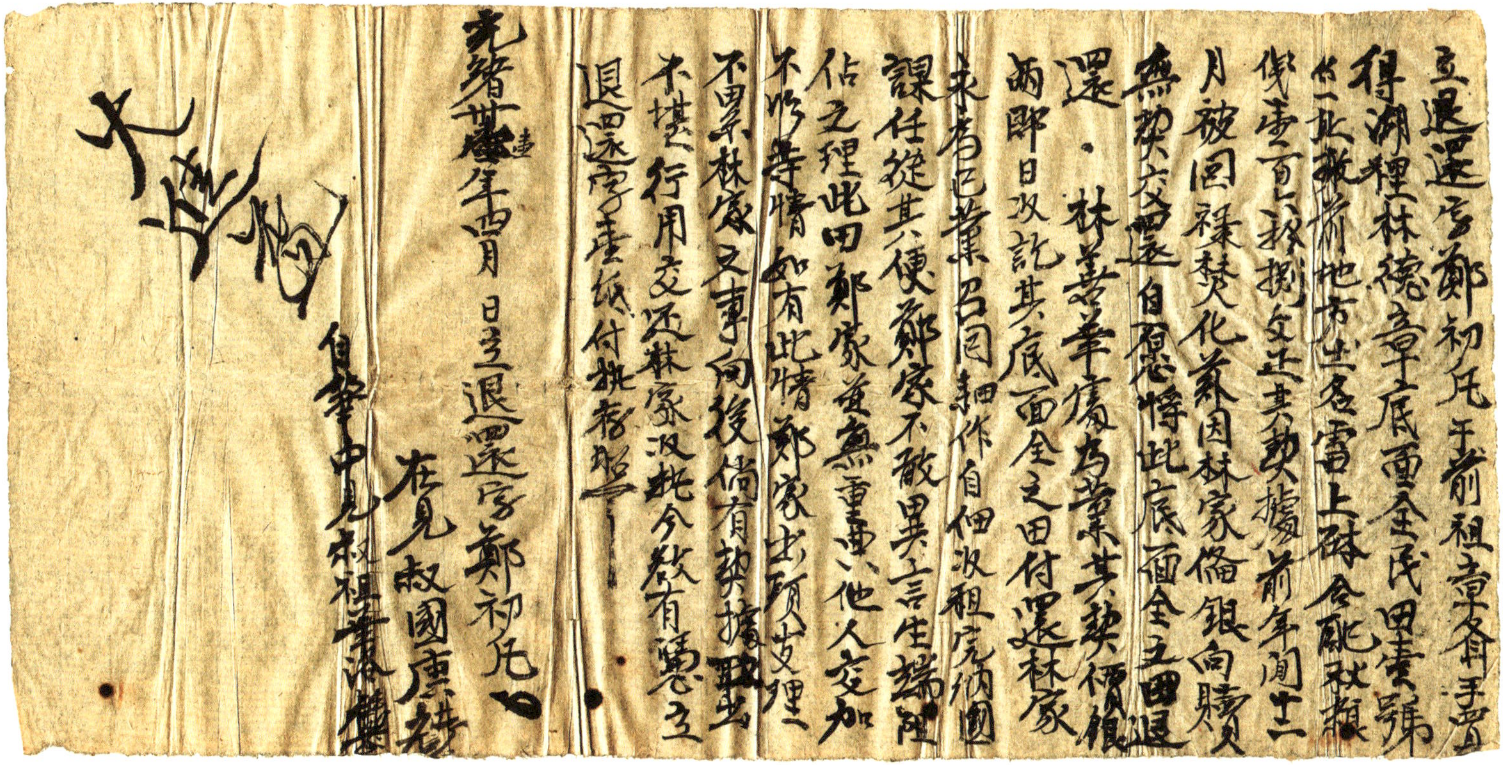
立退還字鄭初凡，于前祖章參手置得湖裡林總章之底面全民田壹號，坐址本都南地方，土名雷上路，今配秋租谷壹百六拾捌斤正。其契據前年間十二月被回祿焚化。前系因林家備銀向贖，無契交還。自願將此底面全之田退還。林善華備為業，其契價銀兩即日收訖。其底面全之田付還林家永為己業，召佃耕作，自佃收租完納國課，任從其便，鄭家不敢異言生端阻佔之理。此田鄭家並無重張典他人交加不明等情。如有此情，鄭家出頭支理，不累林家之事。向後倘有契據取出，不堪行用，交還林家收執。今欲有憑，立退還字壹紙，付執存照。

光緒卅壹年四月　日立退還字鄭初凡（押）

在見叔國庚（押）

自筆中見叔祖蒼洛（押）

5-8-16-1　清光緒三十一年四月鄭初凡立退還底面全民田字

立退還字鄭初凡，于前祖章齊公手
買得湖裡林德章底面全民田壹號，
坐址墩前地坊，土名雷上砵反尾塍，
坵頭合載大祖谷捌拾觔正，合配秋粮
銀陆分弍厘弍毛弍系弍忽正。其契據因前
年間十二月被回祿大焚化，茲因林家備銀
向贖。茲契交還，自愿抑此底面全之田
付還林家善華為業，其契價銀兩
即日收訖。其底面全之田付還林家永
為己業，召田耕作，自佃收租完納國課，
任從其便。鄭家不敢異言生端阻佔之
理。此田鄭家並未重典他人，交加不明
等情。如有此情，鄭家支理，不累林家之
事。向後倘有契據取出，不堪行用。交還
林家收執。今欲有憑，立退還字壹帋
付执存照。

再爲中改註壹字書壹字載照

光緒卅壹年十一月　日立退還字鄭初凡（押）

在見叔國庚

仝見叔祖華滋（押）

代字叔國遠（押）

大壹湖

5-8-16-2　清光緒三十一年十一月鄭初凡立退還底面全民田字

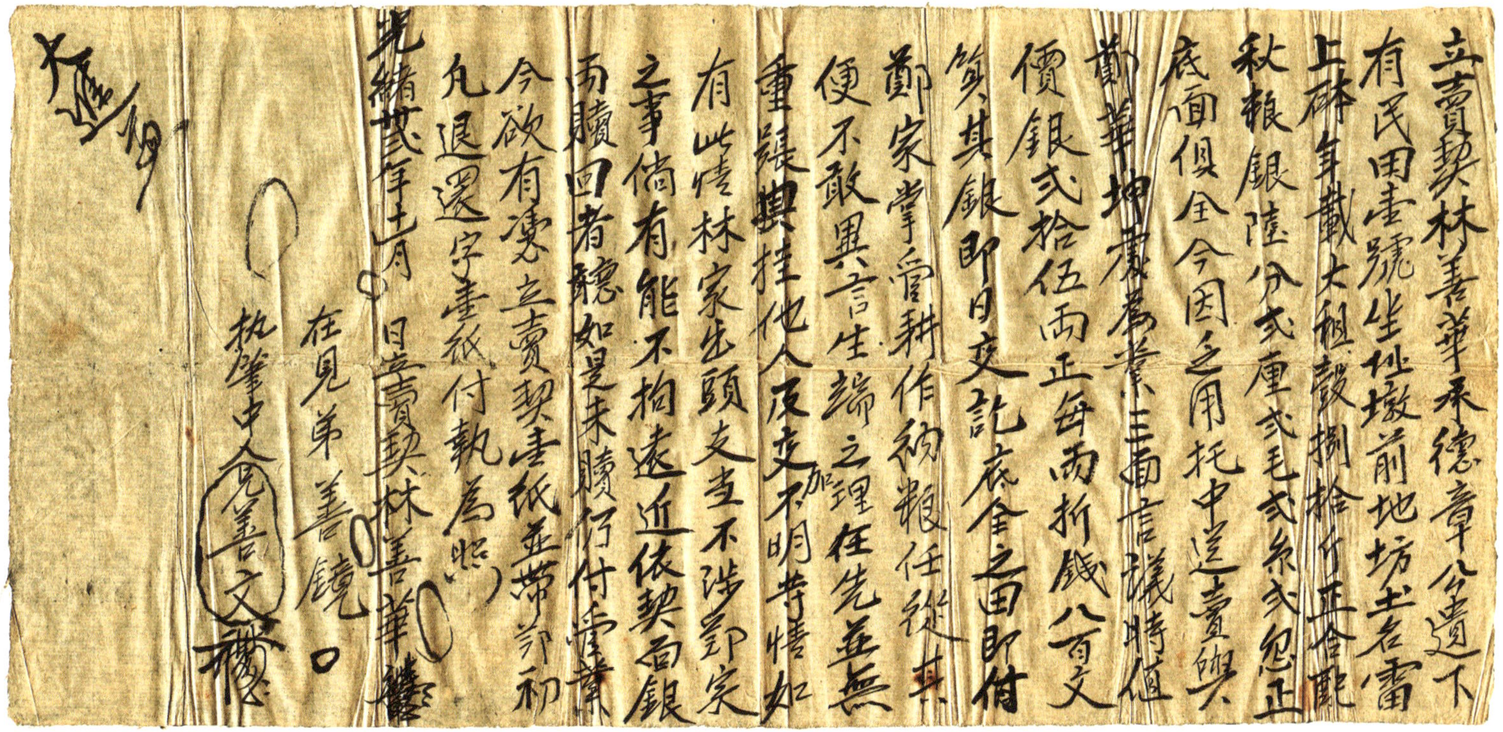
立賣契林善華承德章公遺下
有民田壹號坐址墩前地坊土名雷
上硃年載大租穀捌拾斤正合耗
秋粮銀陸分弍厘弍毛弍系弍忽正
底面俱全今因乏用托中送賣與
鄭華坤處爲業三面言議時值
價銀弍拾伍両正每両折錢八百文
算其銀即日交訖底全之田即付
鄭家掌管耕作納粮任從其
便不敢異言生端之理任先並無
重疊典挂他人及交加不明等情如
有此情林家出頭支当不涉鄭家
之事倘有能不拘遠近依契面銀
両贖回者聽如是未贖仍付管業
今欲有憑立賣契壹紙並帶□初
凡退還字壹紙付執爲照
光緒卅弍年十一月 日立賣契林善華
在見弟善鏡
執筆中人兄善文
大進□

5-8-16-3　清光緒三十二年十一月林善華立賣民田契

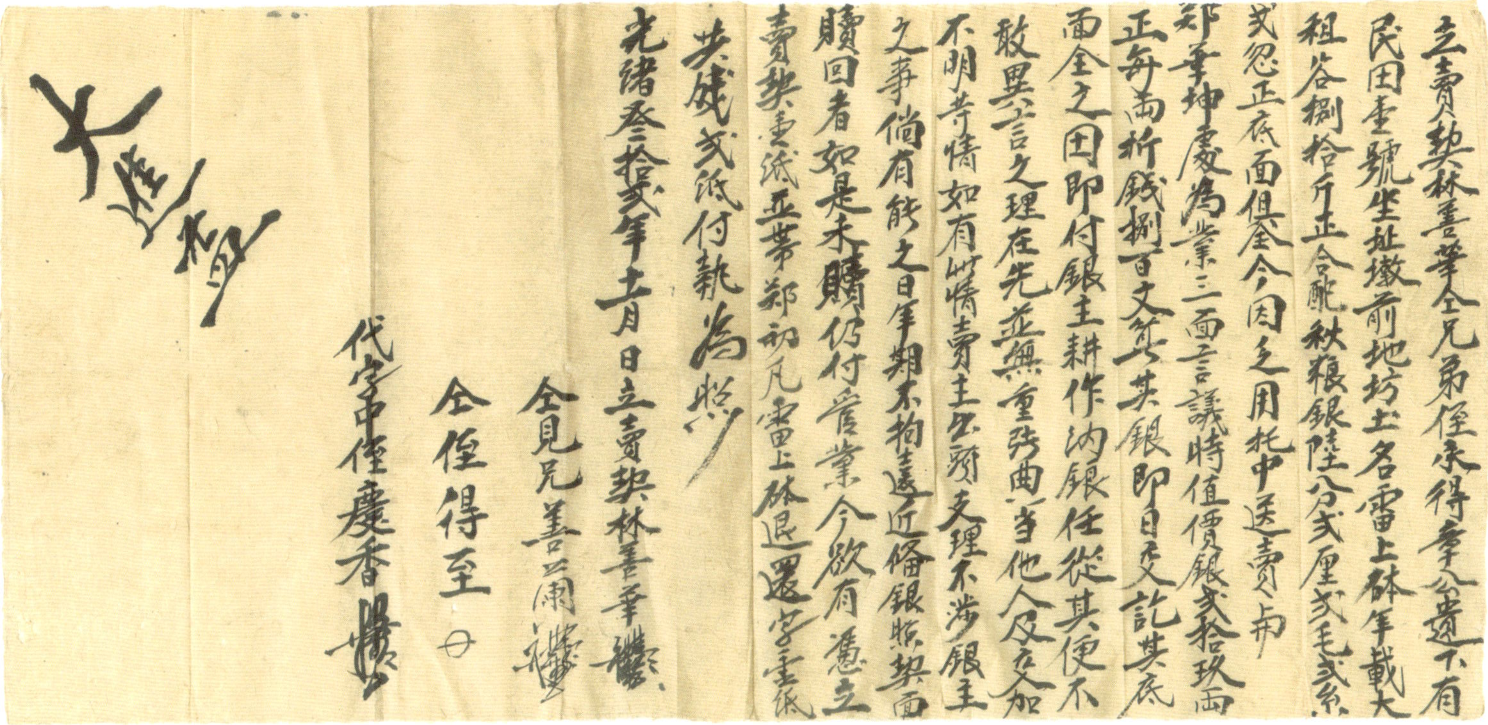

立賣契林善華仝兄弟侄承得父公遺下有
民田壹號坐址墩前地坊土名雷上林年載大
租谷捌拾斤正，今配秋粮銀陸分弍厘弍毛弍系
弍忽正，底面俱全。今因乏用，托中送賣與
鄭華坤處為業，三面言議時值價銀弍拾玖兩
正，每兩折錢捌百文，其銀即日交訖，其底
面全之田即付銀主耕作納粮，任從其便，不
敢異言之理。在先並無重張典當他人及文加
不明等情，如有此情，賣主出頭支理，不涉銀主
之事。倘有能之日，年期不拘遠近，備銀照契面
贖回。若如是未贖，仍付管業。今欲有憑，立
賣契壹紙，並帶鄭初凡雷上林退還字壹紙，
共成弍紙，付執為照。
光緒叁拾弍年十一月　日立賣契林善華（押）
仝見兄善蘭（押）
仝侄得至（押）
代字中侄慶香（押）

5-8-16-4　清光緒三十二年十一月林善華等立賣民田契

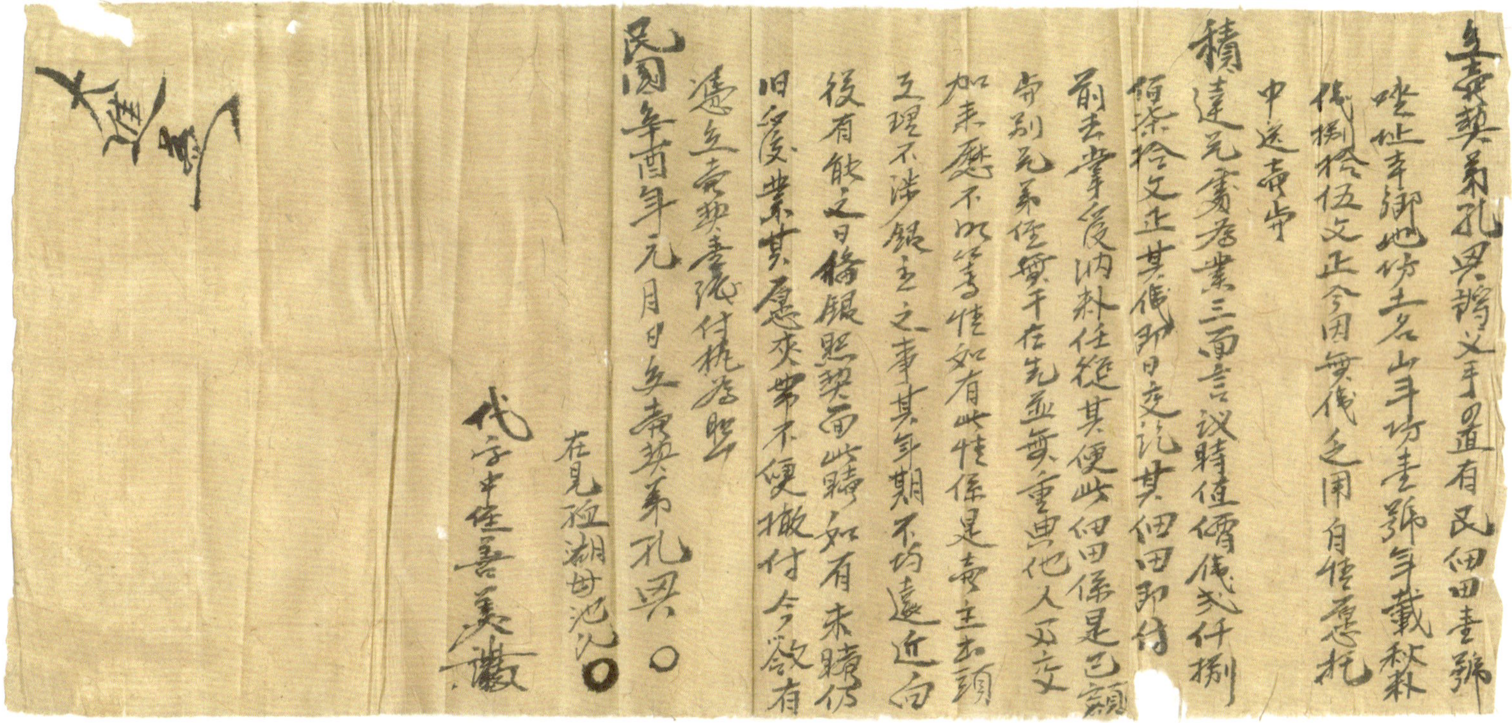

立賣契弟孔興，承父手置有民佃田壹號，
坐址本鄉地方土名山羊坊，壹號年載秋[?]
代捌拾伍文正，今因無錢乏用，自情愿托
中送賣與
積遠兄邊承買為業，三面言議時值價錢弍仟捌
佰柒拾文正，其錢即日交訖，其佃田即付
前去掌管納租，任從其便。此佃田係是己額，
家別兄弟侄無干，在先並無重典他人，不交
如未歷不明等情，如有此情，係是賣主出頭
支理，不涉銀主之事。其年期不拘遠近，向
後有能之日，備銀照契面收贖，如有未贖，仍
旧管業，其愿夾[?]常不便撤付，今欲有
憑，立賣契壹紙付執為照。
民國十年酉年元月　日立賣契弟孔興〇
在見祖湖母沈氏〇
代字中佳善美[?]押
大吉[?]

5-8-17-1　民國十年元月鄭孔興立賣民佃田契

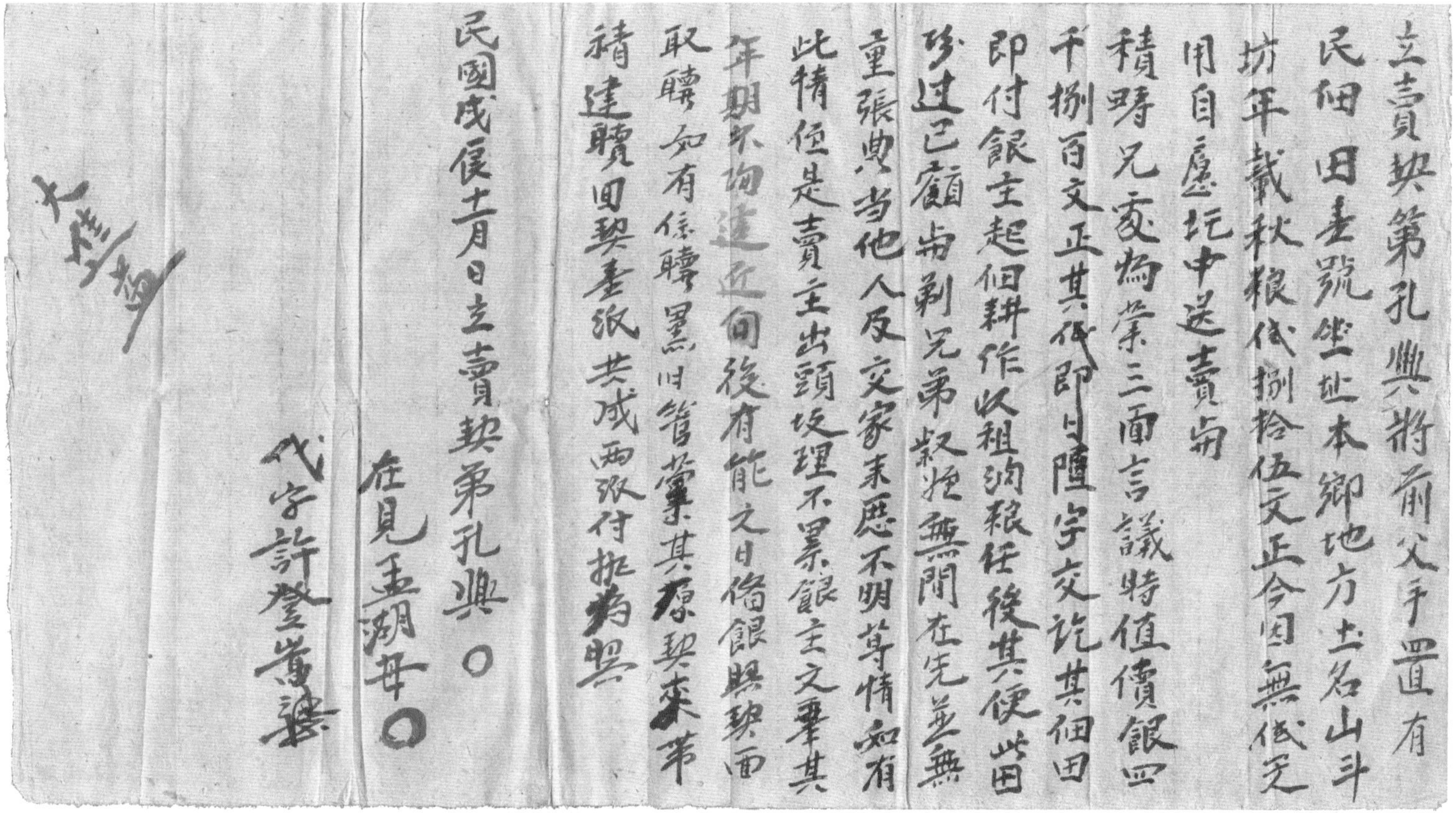
立賣契第孔興將前父手置有
民佃田壹號坐址本鄉地方土名山斗
坊年載秋粮代捌拾伍文正今因無錢
用自愿托中送賣與
積踦兄處爲業三面言議時值價銀四
千捌百文正其錢即日隨字交訖其佃田
即付銀主起佃耕作收租納粮任從其便此田
係是己額與剩兄弟叔姪無干在先並無
重張典當他人及交家來歷不明等情如有
此情係是賣主出頭抵理不累銀主之事其
年期不拘遠近何後有能之日備銀照契面
取贖如有依贖罣旧管業其原契來弟
積建贖回契壹紙共成兩紙付批爲照
民國戊辰十一月日立賣契第孔興 ○
在見玉湖母 ○
代字許登嵩
大[illegible]契

5-8-17-2　民國十七年十一月鄭孔興立賣民佃田契

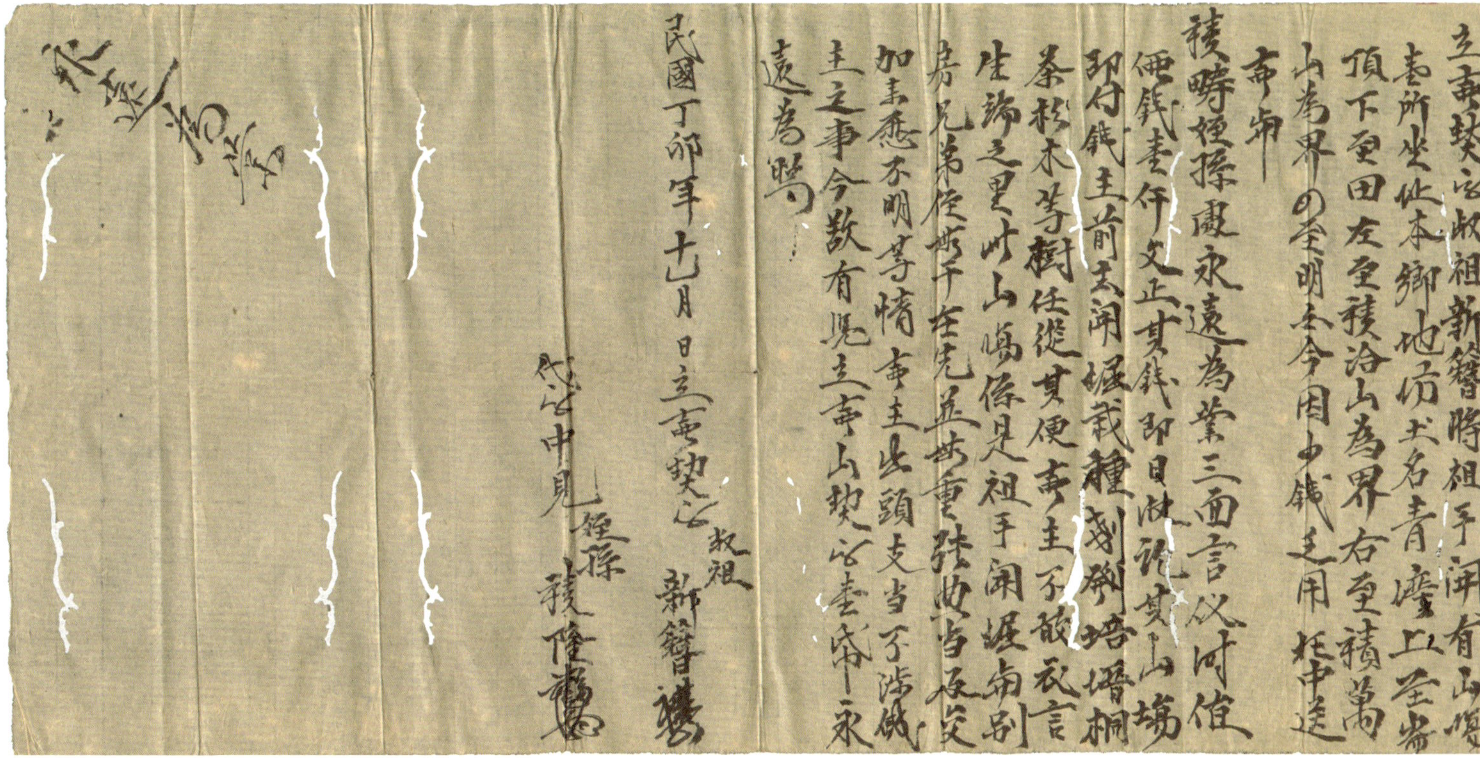

立賣契叔祖新簪，將祖手開有山場壹所，坐址本鄉地方，土名青潭上，至崙頂，下至田，左至積洽山為界，右至積萬山為界，四至明白。今因中錢乏用，托中送
賣與
積疇姪孫處永遠為業，三面言議時值
價錢壹仟文正，其錢即日收訖，其山場
即付錢主前去開掘栽種，或杉培播桐
茶杉木等樹，任從其便，賣主不敢執言
生端之理。此山場係是祖手開掘，與別
房兄弟侄無干，在先並無重張典當及交
加來歷不明等情，賣主出頭支當，不涉錢
主之事。今欲有憑，立賣山契壹紙，付永
遠為照。
民國丁卯年十一月　日立賣契叔祖　新簪（押）
代筆中見姪孫　積隆（押）
永遠管業

5-8-18-1　民國十六年十一月鄭新簪立賣山場契

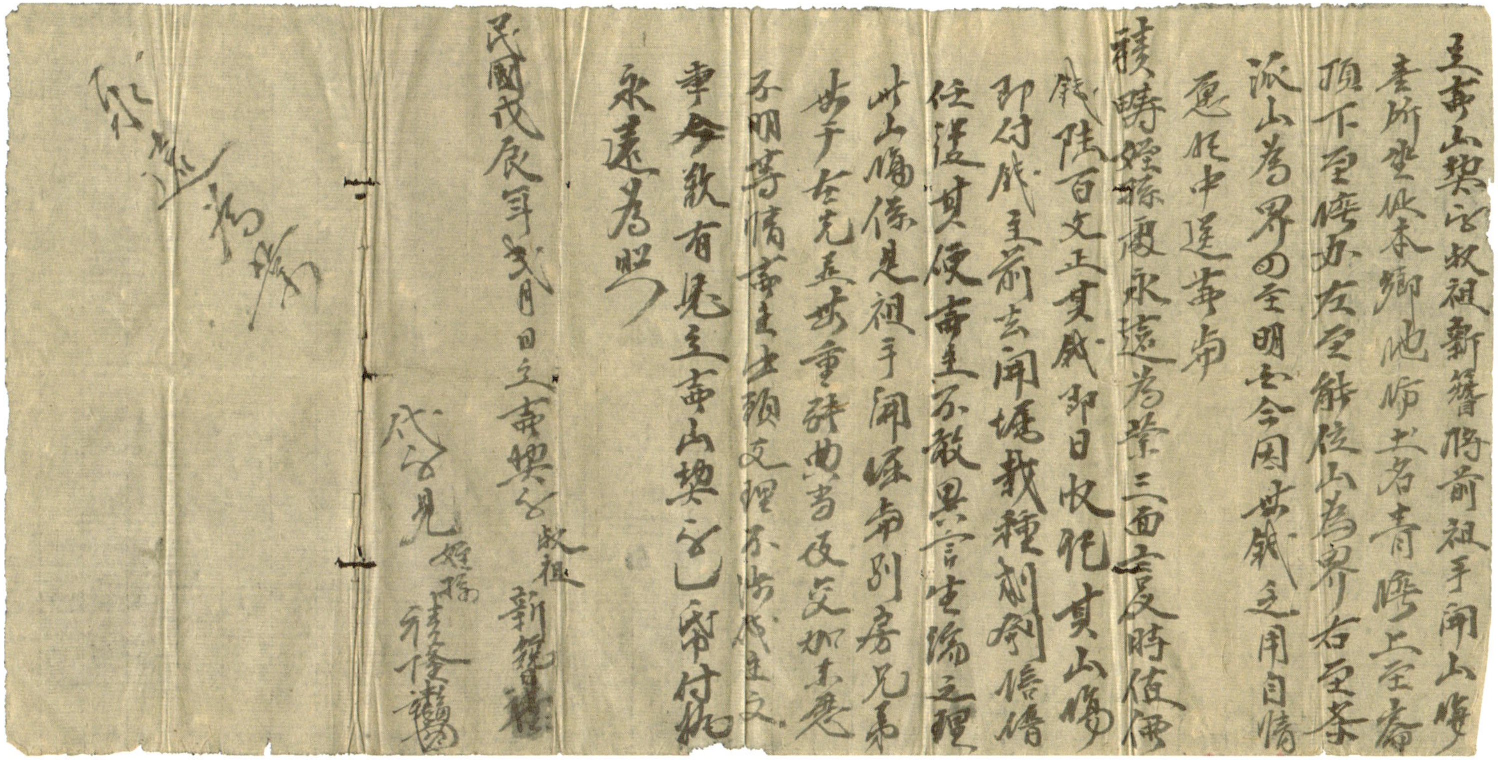

立賣山契人叔祖新簪，將前祖手開山場一
處，所坐址本鄉地方土名青隴上，上至崙
頂，下至隴坎，左至能位山為界，右至李
派山為界，四至明白。今因無錢乏用，自情
願托中送賣與
積晴姪孫處永遠為業，三面言定時值價
錢陸百文正，其錢即日收訖，其山場
即付錢主前去開墾栽種割刈修管，
任從其便，賣主不敢異言生端之理。
此山場係是祖手開墾，與別房兄弟
無干，在先未曾重張典當，及交加未
明等情，賣主出頭支理，不涉錢主之
事。今欲有憑，立賣山契一紙，付執
永遠為照。

民國戊辰年貳月　日立賣契人叔祖新簪（押）

代筆見姪孫清修（押）

[illegible]

5-8-18-2　民國十七年二月鄭新簪立賣山場契

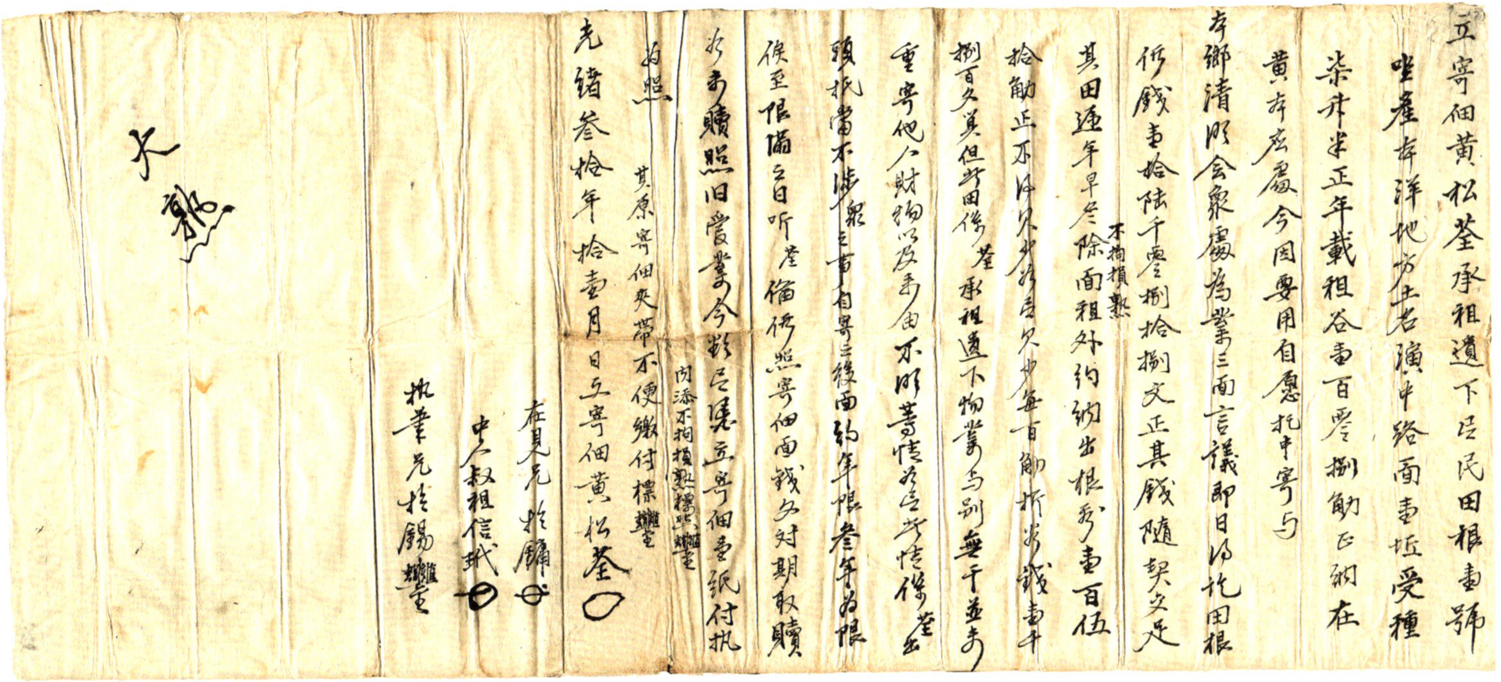
立寄佃黃松荃承祖遺下民田根壹號，
坐産本洋地方，土名潢中路面壹坵，受種
柒升半正，年載租谷壹百零捌斤正，納在
黃本家處。今因要用，自愿托中寄與
本鄉清明會衆處爲業。三面言議，即日得訖田根
价錢壹拾陸千零捌拾捌文正，其錢隨契交足。
其田遞年早冬除面租外，约纳出根穀（不拘損熟）壹百伍
拾斤正，不得欠少，每百斤折錢壹千
捌百文算。但此田係荃承祖遺下物業，與别無干，並未
重寄他人財物，以及來歷不明等情。如有此情，係荃出
頭抵當，不涉衆之事。自寄之後，面約叁年爲限，
俟至限滿之日，听荃備价照寄佃面錢，不得取贖；
如未贖，照旧管業。今欲有憑，立寄佃壹紙付執
爲照。
內添不拘損熟標照
其原寄佃契帶不便繳付標
光緒叁拾年拾壹月　日立寄佃黃松荃
在見兄松鏞
中人叔祖信斌
執筆兄松錫

5-8-19-1　清光緒三十年十一月黃松荃立寄佃民田根字

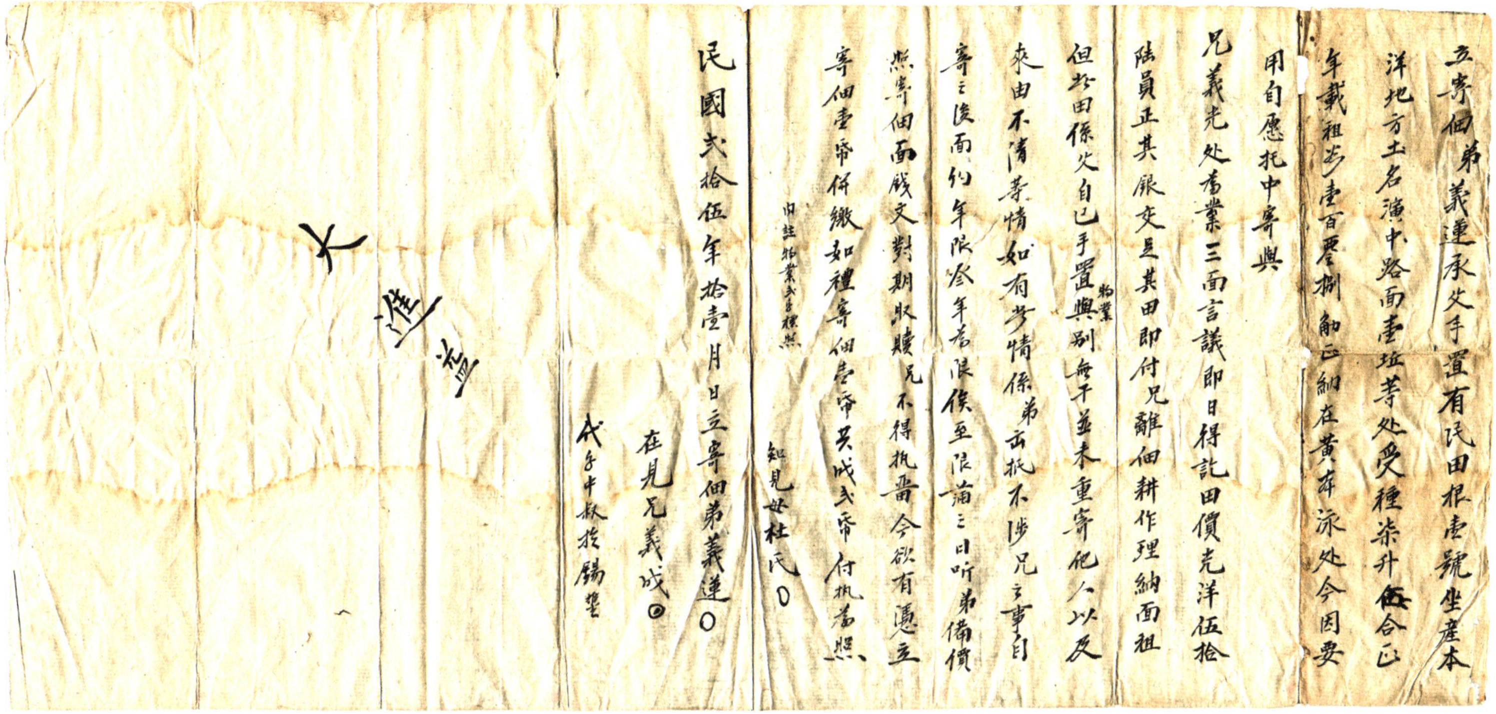

立寄佃弟義蓮承父手置有民田根壹號坐産本
洋地方土名瀨中路面壹坵等处受種柒升伍合正
年載租谷壹百零捌觔正納在黃厝派处今因要
用自愿托中寄與
兄義光处為業三面言議即日得訖田價光洋伍拾
陸員正其銀交足其田即付兄離佃耕作理納面租
但此田係父自己手置物業與別無干並未重寄他人以及
來由不清等情如有此情係弟出抵不涉兄之事自
寄之後面约年限叁年為限候至限滿之日听弟備價
照寄佃面錢文對期取贖兄不得执留今欲有憑立
寄佃壹帋併繳如禮寄佃壹帋共成弍帋付执為照、
内註物業弍字標照
知見母杜氏〇
民國弍拾伍年拾壹月日立寄佃弟義蓮〇
在見兄義成〇
代字中叔挍錫璧
大准吉

5-8-19-2　民國二十五年十一月黃義蓮立寄佃民田根字

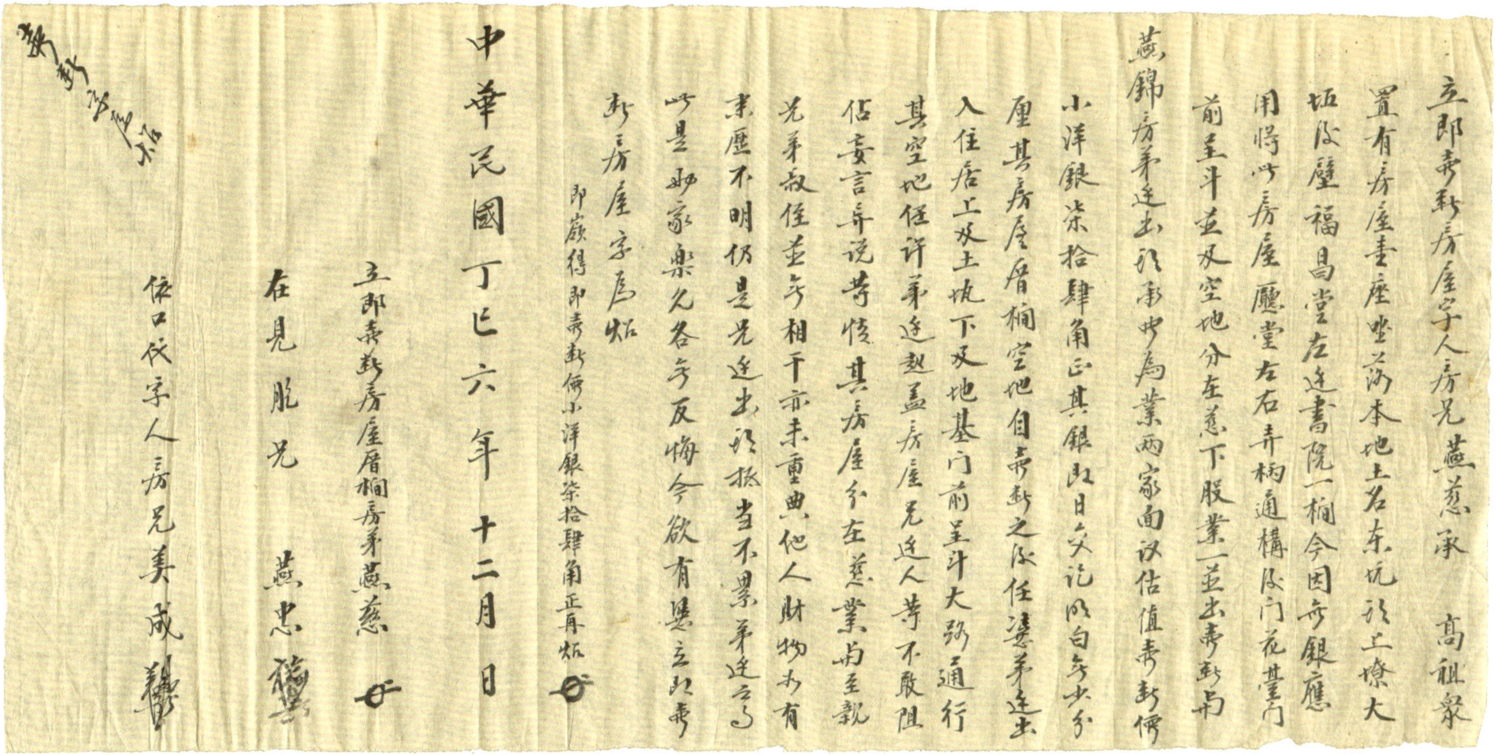
立即賣斷房屋字人房兄燕慈承　高祖家
置有房屋壹座坐落本地土名东坑頂上寮大
垣段壁福昌堂左边書院一桶今因乏銀應
用將此房屋廳堂左右弍柄通構段门花葉门
前呈斗並及空地分在慈下股業一並出賣断与
燕錦房弟边出頭承買為業兩家面议估值賣断價
小洋銀柒拾肆角正其銀即日交訖收白無少分
厘其房屋瘖桶空地自賣斷之后任憑弟边出
入住居工及上坎下及地基门前呈斗大路通行
其空地任许弟边起盖房屋兄边人等不敢阻
估妄言异说等情其房屋系在慈業內並无
兄弟叔侄並無相干亦未重典他人財物亦有
来歷不明仍是兄边出頭抵当不累弟边之事
此是兩家樂允各無反悔今欲有憑立此賣
斷房屋字為炤
即歲得即賣斷價小洋銀柒拾肆角正再炤
中華民國丁巳六年十二月　日
立即賣斷房屋瘖桶房弟燕慈
在見胞兄　燕忠
依口代字人房兄美成
燕錦房屋炤

5-8-20-1　民國六年十二月鄭燕慈立即賣斷房屋字

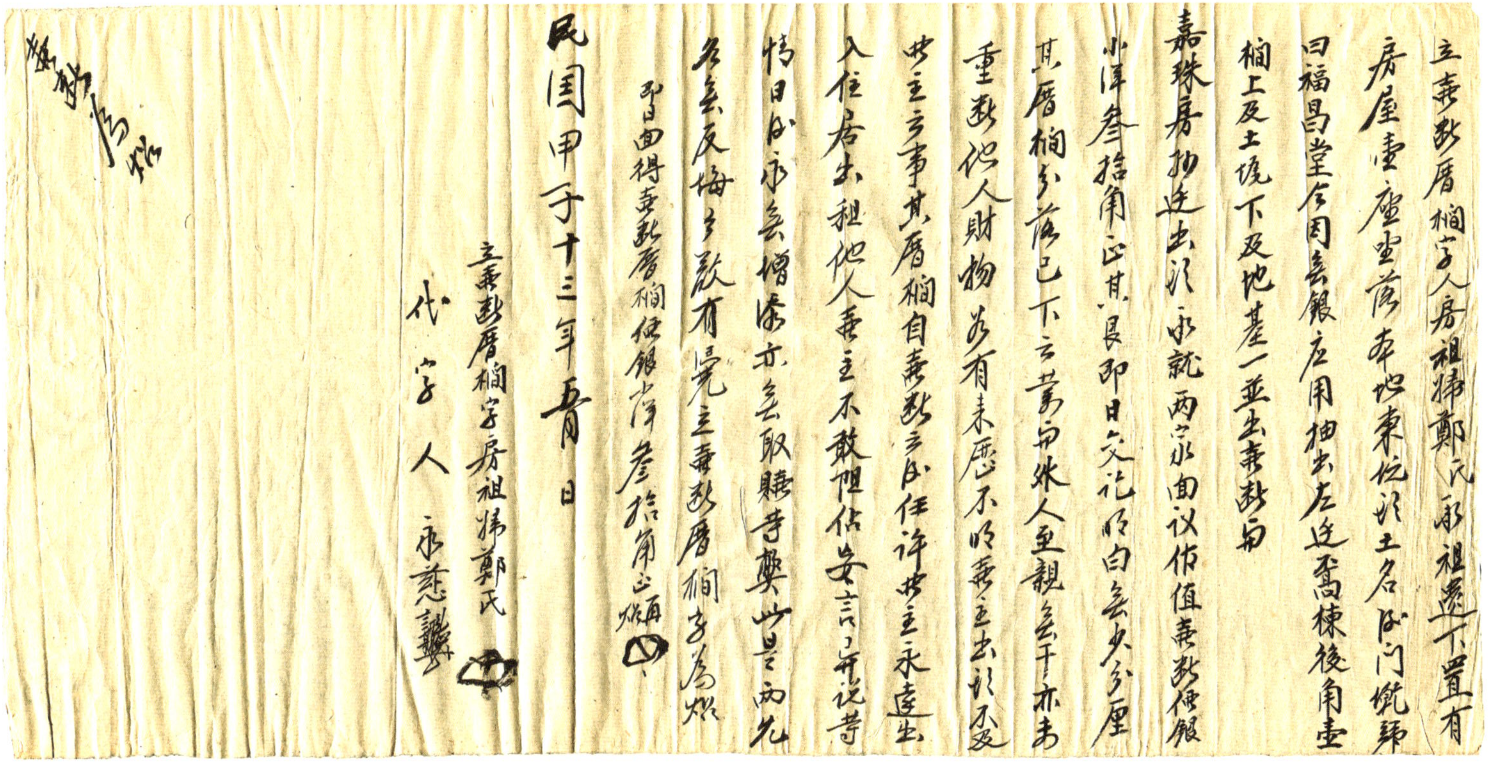
立賣斷厝榻字人房祖歸鄭氏承祖遺下置有
房屋壹座坐落本地東坑洋土名路门[illegible]
回福昌堂今因無銀应用抽出左边高棟後角壹
榻上及土墘下及地基一並出賣斷與
嘉琳房[illegible]边出洋承就兩家面议作值賣斷價銀
小洋叁拾角正其銀即日交訖明白無欠分厘
其厝榻未賣已下亦無外人至親無干亦未
重典他人財物如有未歷不明賣主出頭抵[illegible]不涉
買主之事其厝榻自賣斷之后任許買主永遠出
入住居出租他人賣主不敢阻佔[illegible]
情日後亦無增添亦無取贖等弊此是兩允
各無反悔今欲有憑立賣斷厝榻字為照
即日收得賣斷厝榻價銀小洋叁拾角正照
民国甲子十三年五月　日
立賣斷厝榻字房祖歸鄭氏
代字人　永[illegible]

5-8-20-2　民國十三年五月鄭氏立賣斷厝榻字

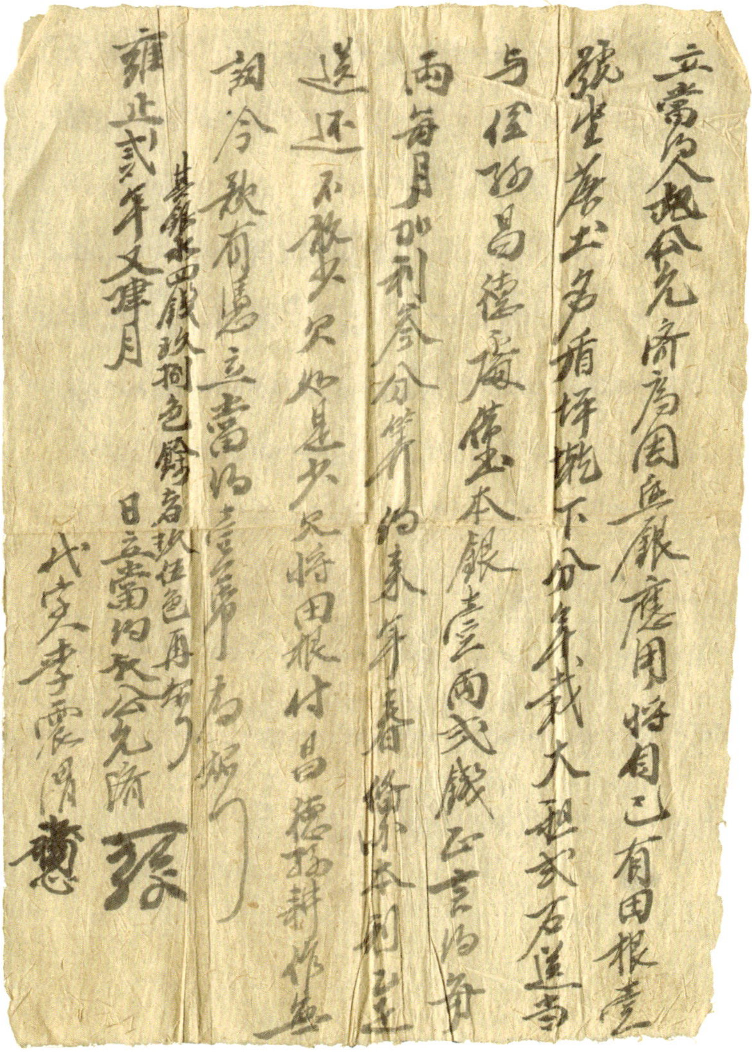

立當契人鄭允濟為因無銀應用，將自己有田根壹
號，坐落土名塘坪垅下，今年載大租貳石，送當
與侄孫昌德處，當出本銀壹兩貳錢正，言約每
兩每月加利叁分算，約來年春備辦本利完足
送还，不敢少欠。如是少欠，將田根付昌德掌耕作無
詞。今欲有憑，立當約壹紙為照。
其銀水四錢玖捌色，餘當批任色再照。
雍正弍年又肆月　日立當約人鄭允濟（押）
代字人李震澤（押）

5-8-21-1　清雍正二年閏四月鄭允濟立當田根約

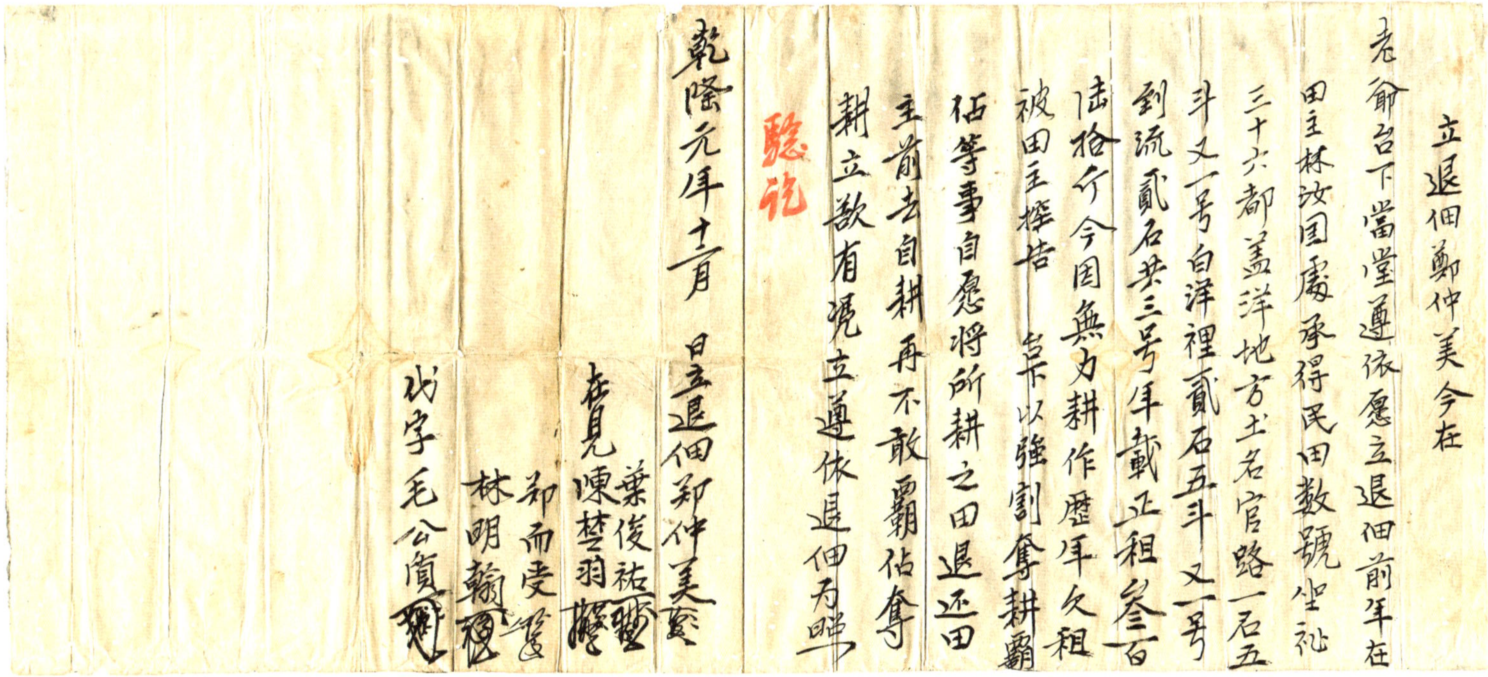
立退佃鄭仲美今在
老爺台下當堂遵依愿立退佃前年在
田主林汝国處承得民田数號坐社
三十六都蓋洋地方土名官路一石五
斗又一号白洋裡貳石五斗又一号
刘流貳石共三号年載正租叁百
陆拾斤今因無力耕作歷年欠租
被田主控告 台下以強割奪耕霸
佔等事自愿將所耕之田退还田
主前去自耕再不敢霸佔奪
耕立款有憑立遵依退佃存照
驗訖
乾隆元年十二月 日立退佃鄭仲美（押）
在見 葉俊祐（押） 陳楚羽（押） 鄭而受（押） 林明翰（押）
代字 毛公實（押）

5-8-21-2 清乾隆元年十二月鄭仲美立退佃契

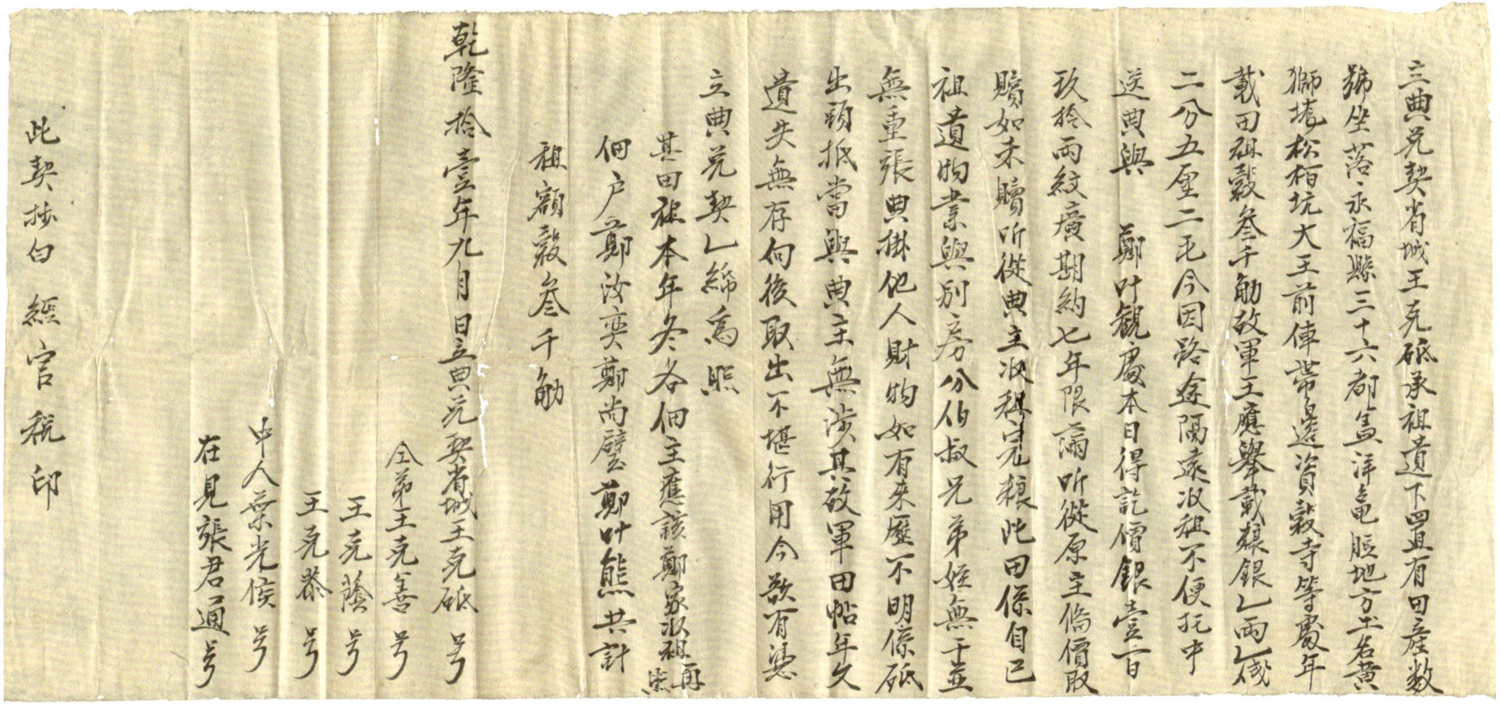
立典兑契省城王克砥承祖遺下置有田産數
號坐落永福縣三十六都盖洋邑眼坵方土名黄
獅塆松柏坑大王前俾帶遂資穀寺等處年
載田租穀叁千觔故軍王應鑿載粮銀乚兩乚錢
二分五厘二毛今因路途隔遠汲祖不便托中
送典與 鄭叶観處本日得訖價銀壹百
玖拾兩紋廣期約七年限滿聽從原主備價取
贖如未贖聽從典主汲稅完粮此田係自己
祖遺物業與別房分伯叔兄弟侄無干並
無重張典掛他人財物如有來歷不明係砥
出頭抵當與典主無涉其故軍田帖年久
遺失無存向後取出不堪行用今欲有憑
立典兑契乚紙為照
其田租本年冬各佃主應該鄭家汲租 再批
佃户鄭汝英鄭尚璧鄭叶熊共計
祖額穀叁千觔
乾隆拾壹年九月 日立典兑契省城王克砥 号
仝弟王克善 号
王克蔭 号
王克綮 号
中人葉光侯 号
在見張君迫 号
此契據白 經官稅印

5-8-21-3　清乾隆十一年九月省城王克砥等立典兑田契（抄契）

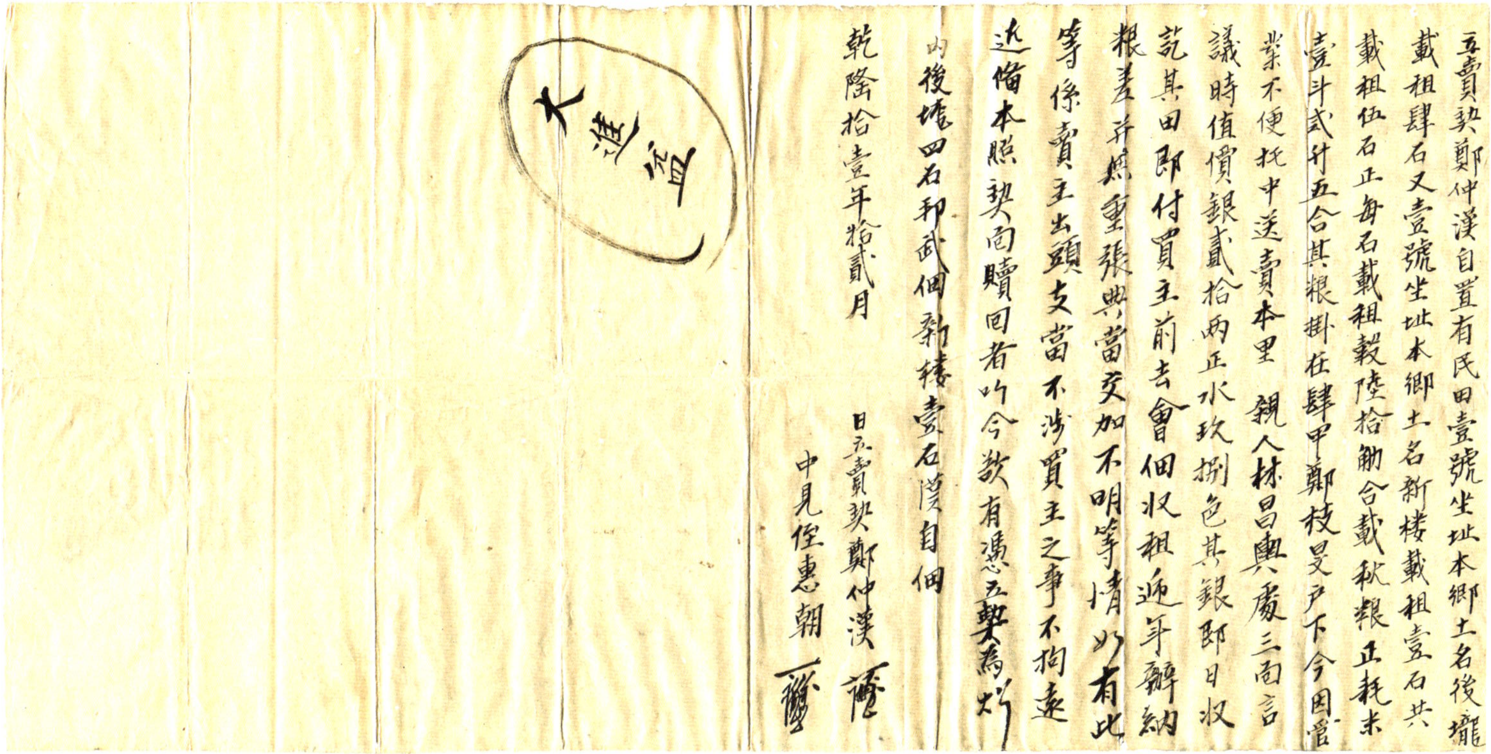
立賣契鄭仲漢自置有民田壹號，坐址本鄉土名後壠，
載租肆石；又壹號坐址本鄉土名新楼，載租壹石，共
載租伍石正，每石載租穀陸拾觔，合載秋粮正耗米
壹斗貳升五合，其粮掛在肆甲鄭枝旻户下。今因管
業不便，托中送賣本里 親人林昌輿處，三面言
議時值價銀貳拾兩正，水玖捌色，其銀即日收
訖，其田即付買主前去會佃收租，逐年辦納
粮差。并無重張典當交加不明等情，以有此
等，係賣主出頭支當，不涉買主之事，不拘遠
近，備本照契面贖回者，今欲有憑，立賣契為炤。
内後垅四石和貳佃，新楼壹石陞自佃
乾隆拾壹年拾貳月　日立賣契鄭仲漢（押）
中見侄惠朝（押）

5-8-21-4　清乾隆十一年十二月鄭仲漢立賣民田契

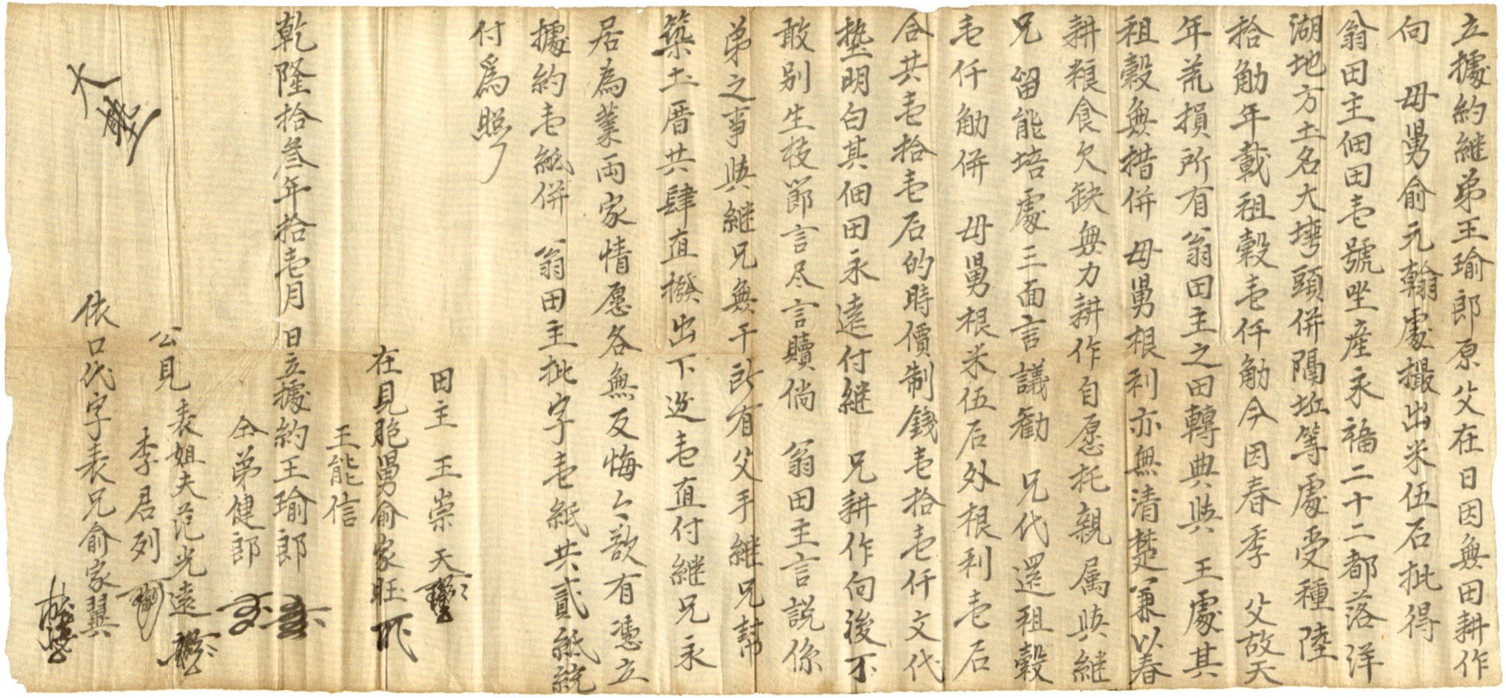

立據約繼弟王瑜郎原父在日因無田耕作
向　母舅俞元翰處撥出米伍石批得
翁田主佃田壹號坐産永福二十二都落洋
湖地方土名大塆頭併隔坵等處受種陸
拾觔年載租穀壹仟觔今因春季　父故天
年荒損所有翁田主之田轉典與　王處其
租穀無措併　母舅根利亦無清楚兼以養
耕粮食欠缺無力耕作自愿托親屬與繼
兄留能培處三面言議勸　兄代還租穀
壹仟觔併　母舅根米伍石外根利壹石
合共壹拾壹石的時價制錢壹拾壹仟文代
墊明白其佃田永遠付繼　兄耕作向後不
敢別生枝節言尽言贖倘　翁田主言說係
弟之事與繼兄無干此有父手繼兄葬
築土厝共肆直撥出下逆壹直付繼兄永
居爲業两家情愿各無反悔之歒有憑立
據約壹紙併　翁田主批字壹紙共貳紙統
付爲照。

田主　王崇天（押）
在見胞舅俞家旺（押）
王能信
乾隆拾叁年拾壹月　日立據約王瑜郎（押）
仝弟健郎（押）
公見表姐夫范光遠（押）
李君列（押）
依口代字表兄俞家巽（押）

大吉

5-8-21-5　清乾隆十三年十一月王瑜郎等立據約字

立分盡契許孟修前典得楊能基屯田數號
坐落三十六都土名芹山及庵頭地方等處
其租額錢粮俱載在原典契内々楊能
送向許家盡出銀壹拾捌兩正前分典
林昌興此屯田租穀肆伯貳拾玖觔半
々就在　昌興處應分盡出銀肆兩叁
錢正每兩係錢捌伯文算其銀即日收
訖交付楊家收用其屯租依原林家收
租費業其錢粮依旧楊家收回納
官期約五年外聽楊家取贖倘五年外
增盡依旧照租石均匀々款有凭立分
盡契壹紙付執為照
内添處字壹字再照
乾隆貳拾年三月　日立分盡契許孟修（押）
執筆弟孟侯（押）

大吉

5-8-21-6　清乾隆二十年三月許孟修立分盡屯田契

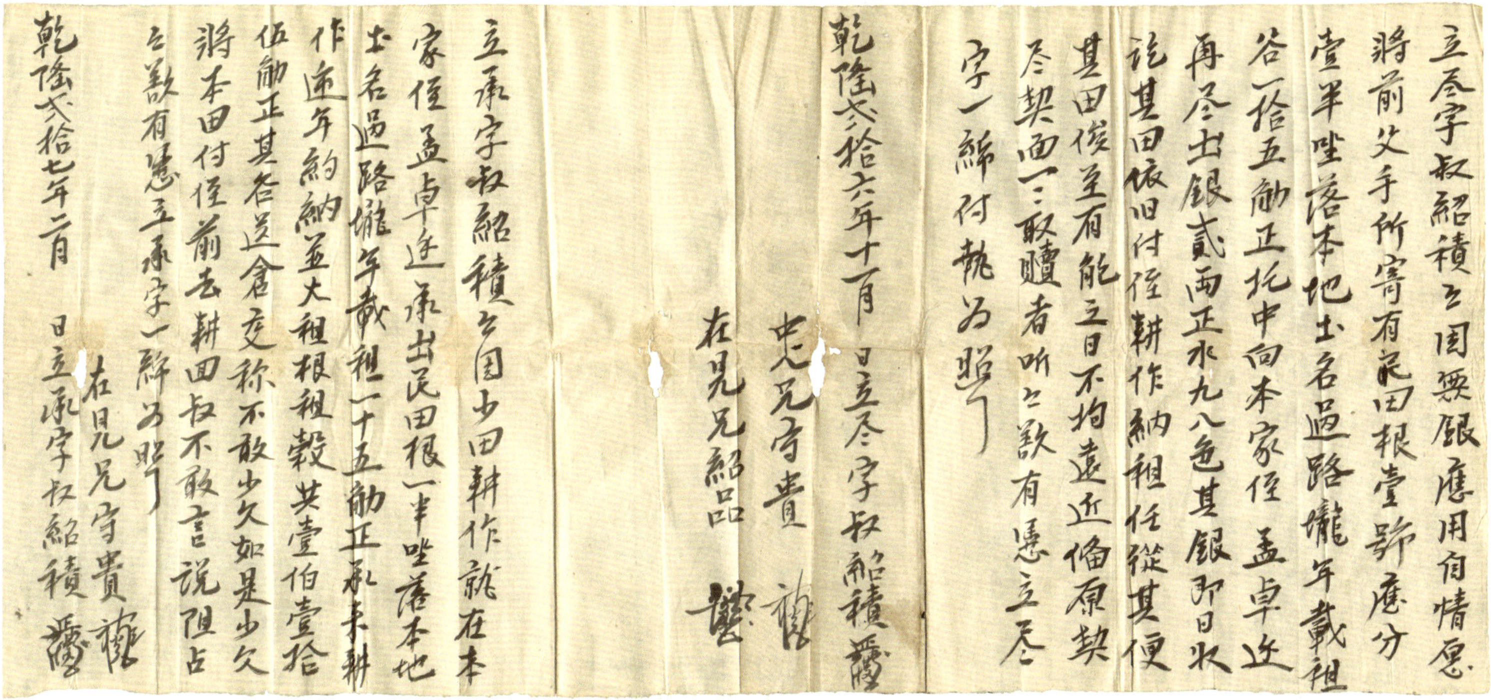

立盡字叔紹積今因要銀應用自情愿
將前父手所寄有民田根壹號應分
壹半坐落本地土名過路墘年載租
谷一拾五觔正托中向本家侄 孟卓边
再盡出銀貳兩正水九八色其銀即日收
訖其田依旧付侄耕作納租任從其便
其田侄至有能之日不拘遠近備原契
盡契面銀取贖者听今欲有憑立盡
字一紙付執為照

乾隆二拾六年十一月　日立盡字叔紹積（押）
中見兄守貴（押）
在見兄紹品（押）

立承字叔紹積今因少田耕作就在本
家侄孟卓边承出民田根一半坐落本地
土名過路墘年載租一十五觔正承来耕
作逐年約納孟大租根租穀共壹伯壹拾
伍觔正其谷送倉交称不敢少欠如是少欠
將本田付侄前去耕田叔不敢言說阻占
今欲有憑立承字一紙為照

乾隆二拾七年二月　日立承字叔紹積（押）
在見兄守貴（押）

5-8-21-7　清乾隆二十六年十一月許紹積立盡民田根字

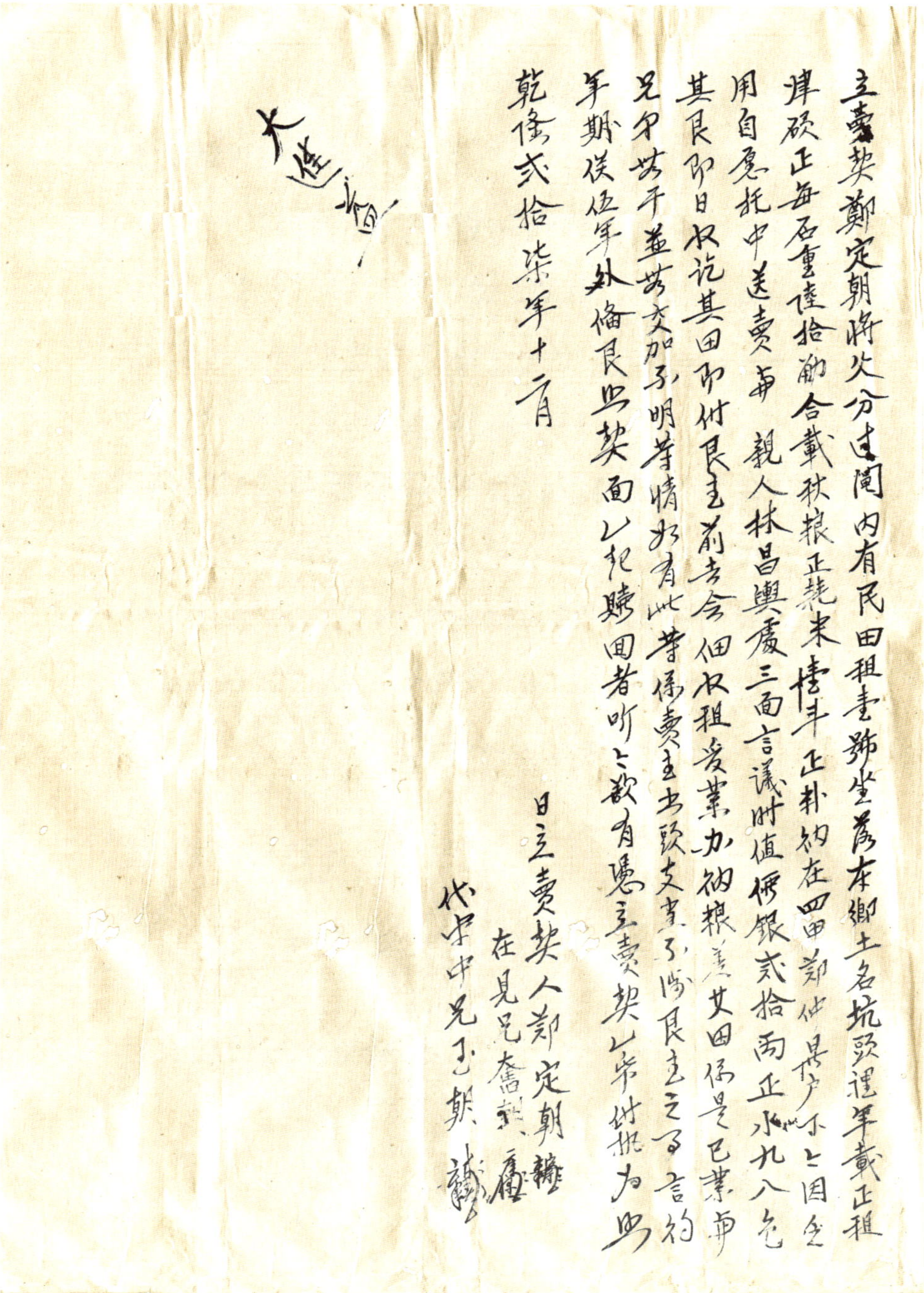
立賣契鄭定朝將父分过閩內有民田租壹號坐落本鄉土名坑頭裡罕載正租
肆碩正每石重陸拾觔合載秋粮正耗米□斗正升約在四甲鄭仕具戶下上因乏
用自愿托中送賣與 親人林昌興處三面言議时值價銀貳拾兩正水九八色
其艮即日收訖其田即付艮主前去會佃收租管業办納粮差其田係是已業與
兄弟無干並無交加不明等情如有此等係賣主出頭支當不涉艮主之事言約
年期從伍年外備艮照契面工紀贖田者听之欲有憑立賣契工帝付執為照
乾隆貳拾柒年十二月 日立賣契人鄭定朝
在見兄 奮朝
代字中兄 玉朝
大進□

5-8-21-8 清乾隆二十七年十二月鄭定朝立賣民田租契

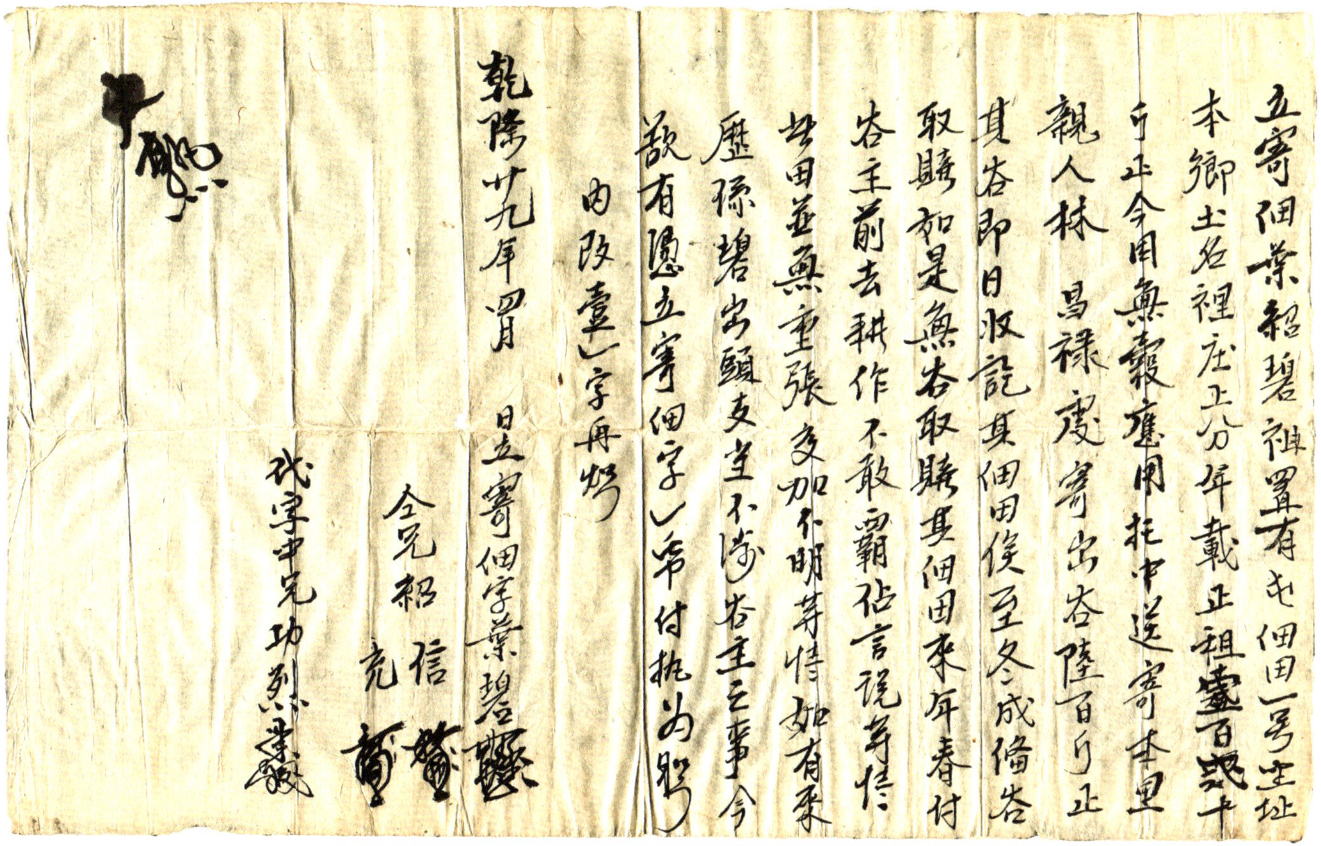

立寄佃葉紹碧祖買有屯佃田一號坐址
本鄉土名裡庄上分年載正租壹百[illegible]十
斤正今因無銀應用托中送寄本里
親人林　昌祿處寄出谷陸百斤正
其谷即日收訖其佃田俟至冬成備谷
取贖如是無谷取贖其佃田來年春付
谷主前去耕作不敢霸佔言說等情
其田並無重張多加不明等情如有來
歷係碧出頭支當不涉谷主之事今
欲有憑立寄佃字一帋付執為照
內改壹字再炤

乾隆廿九年四月　日立寄佃字葉紹碧
仝兄　紹信
　　　兄
代字中兄　功烈

5-8-21-9　清乾隆二十九年四月葉紹碧等立寄屯佃田字

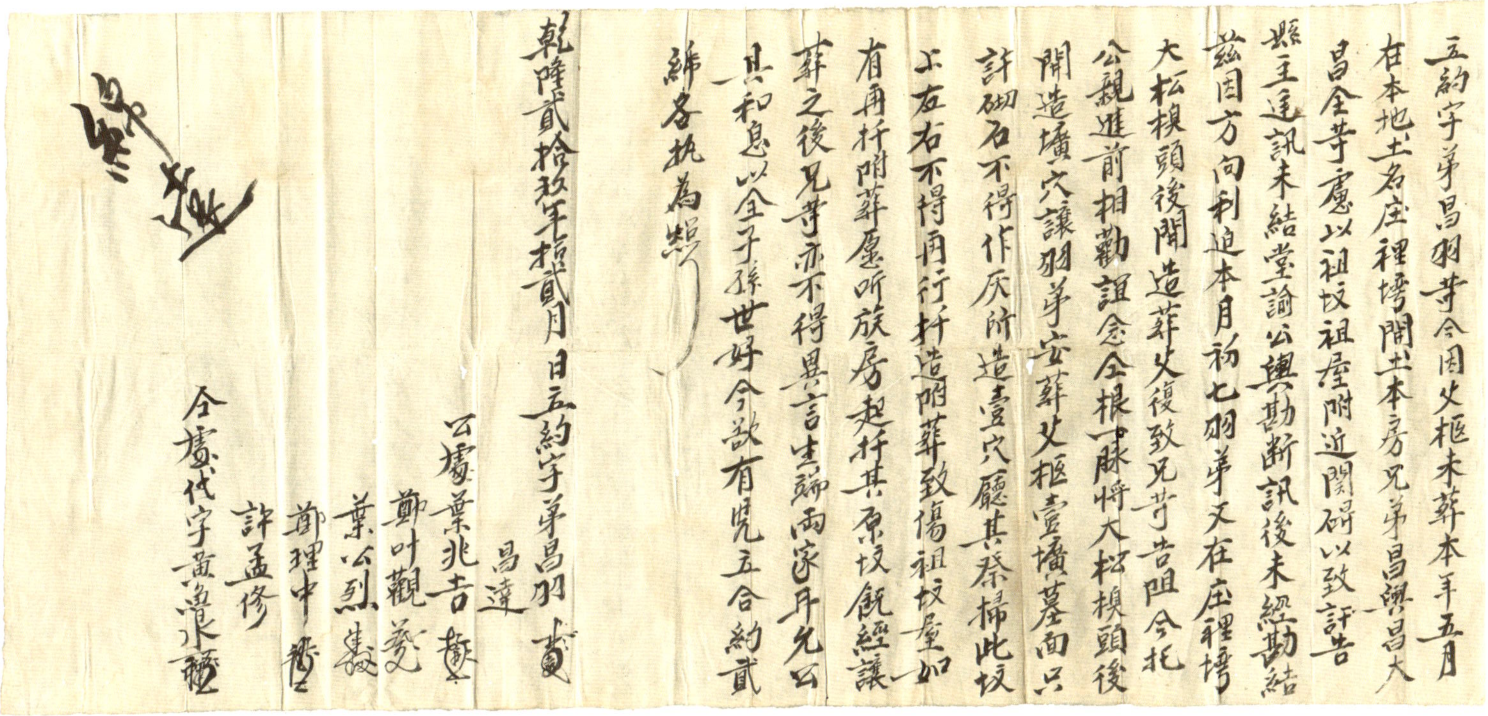
立約字弟昌羽等今因父柩未葬本年五月
在本地土名庄裡墎開土本房兄弟昌與昌大
昌全等慮以祖坟祖屋附近閑碍以致訐告
縣主遶訊未結堂諭公與勸斷訊後未經勸結
茲因方向利迫本月初七羽弟又在庄裡墎
大松模頭後開造葬父復致兄等吉阻今托
公親進前相勸誼念全根一脉将大松模頭後
開造壙穴讓羽弟安葬父柩壹壙墓面只
許砌石不得作灰所造壹穴聽其祭掃此坟
上左右不得再行扦造附葬致傷祖坟屋如
有再扦附葬處听族房起扦其原坟既經讓
葬之後兄等亦不得異言生端兩家甘允公
具和息以全子孫世好今欲有憑立合約貳
紙各執為照

乾隆貳拾玖年拾貳月　日立約字弟昌羽
昌達
公親葉兆吉
鄭叶觀
葉以烈
鄭理中
許孟修
仝場代字黃漁永

5-8-21-10　清乾隆二十九年十二月林昌羽等立約字

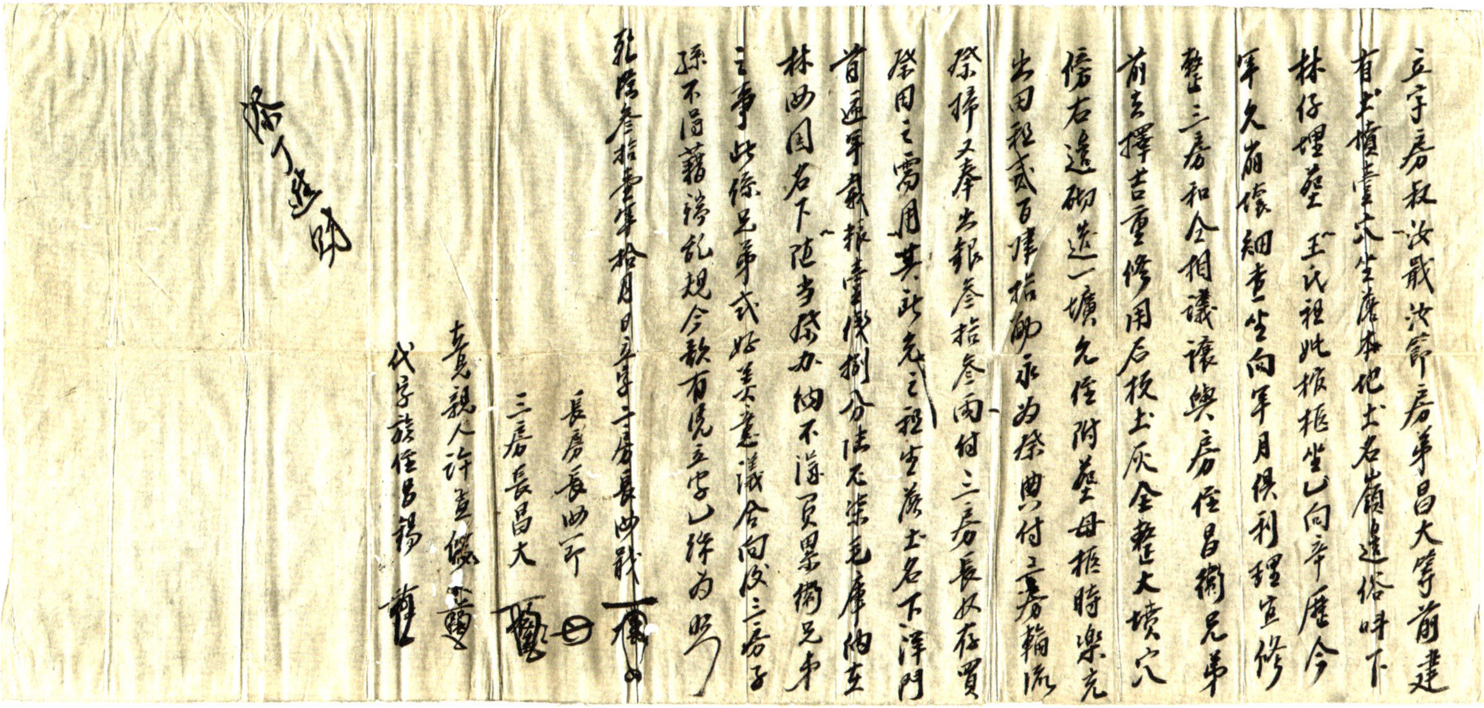
立字房叔汝戢、汝節，房弟昌大等，前建
有山墳壹穴，坐唐林地，土名嶺邊，俗呼下
林仔，埋葬王氏祖妣。據坐山向辛庚，今
年久崩壞，細查坐向、年月俱利，理宜修
整。三房和合相議，讓與房侄昌衛兄弟
前去擇吉重修，用石板、土灰全整大墳穴。
墳右邊砌造一壙，允侄附葬母柩。時樂充
出田租貳百肆拾觔，永為祭典，付三房輪流
祭掃。又奉出銀叁拾叁兩，付三房長收在買
祭田之需，用其銀之租坐產，土名下洋門
首，遞年載租壹佰捌拾觔，不染毛耗，庫納在
林四同名下，隨當糧办納，不得負累衛兄弟
之事。此係兄弟式好，善意議合，向後三房子
孫不得藉端起規。今欲有憑，立字乙紙為照。
乾隆叁拾壹年拾月　日立字房長汝戢（押）
長房長汝節（押）
三房長昌大（押）
在見親人許直儀（押）
代字族侄昌福（押）
添丁進財

5-8-21-11　清乾隆三十一年十月林汝戢等立合約字

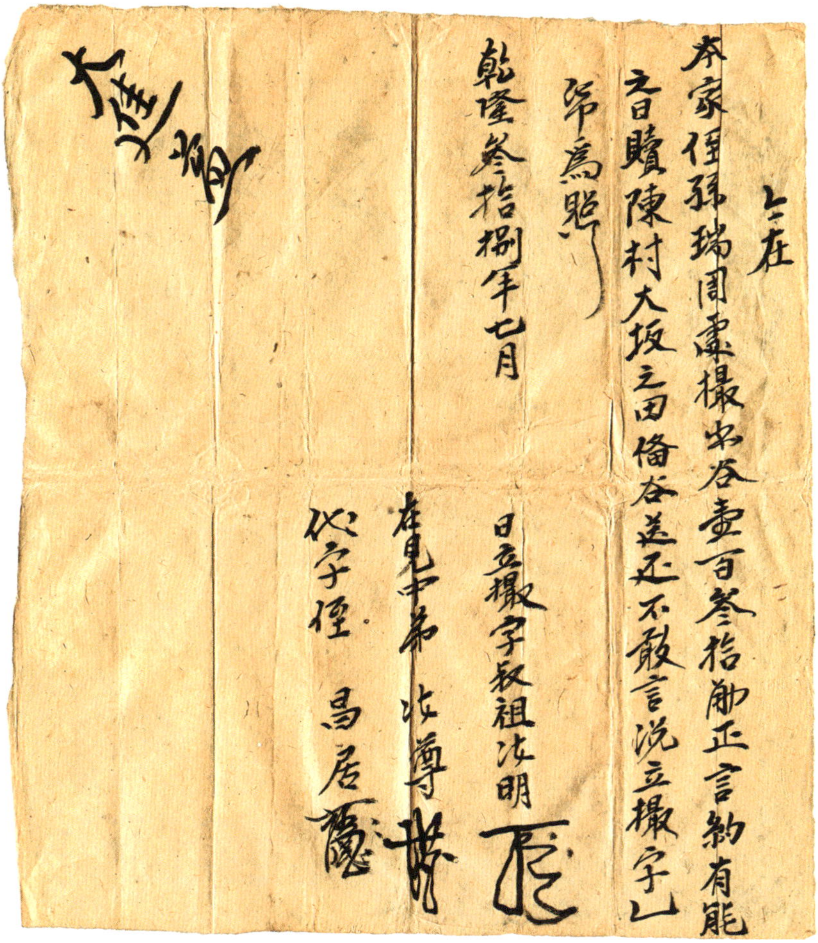
大進喜

上〻在
本家侄孫瑞同處撮出谷壹百叁拾觔正，言約有能
之日贖陳村大坂之田倫谷送还，不敢言說，立撮字乙
帋為照。
乾隆叁拾捌年七月　日立撮字叔祖汝明（押）
在見中弟汝尊（押）
代字侄昌居（押）

5-8-21-12　清乾隆三十八年七月林汝明立撮字

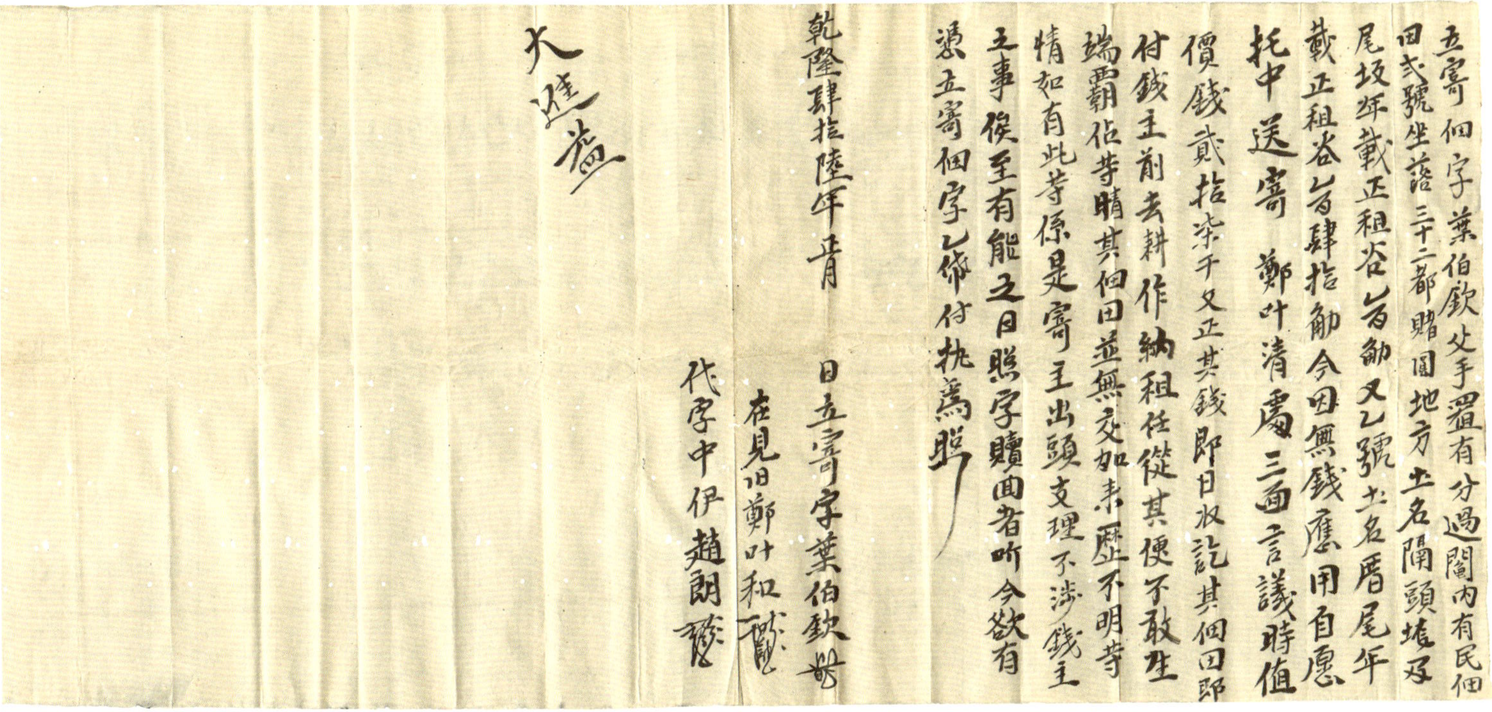

立寄佃字葉伯欽父手置有分過閩內有民佃
田弍號坐落三十二都賭圍地方土名隔頭堘孖
尾坂垾載正租谷乙石勈又乙號土名厝尾垾
載正租谷乙石肆拾勈今因無錢應用自愿
托中送寄　鄭叶清處三面言議時值
價錢貳拾柒千文正其錢即日收訖其佃田即
付錢主前去耕作納租任從其便不敢生
端覇佔等情其佃田並無交加來歷不明等
情如有此等係是寄主出頭支理不涉錢主
之事後至有能之日照字贖回者聽今欲有
憑立寄佃字乙帋付執為照

乾隆肆拾陸年正月　日立寄字葉伯欽（押）
在見佃鄭叶和（押）
代字中伊趙朗（押）

大進益

5-8-21-13　清乾隆四十六年正月葉伯欽立寄民佃田字

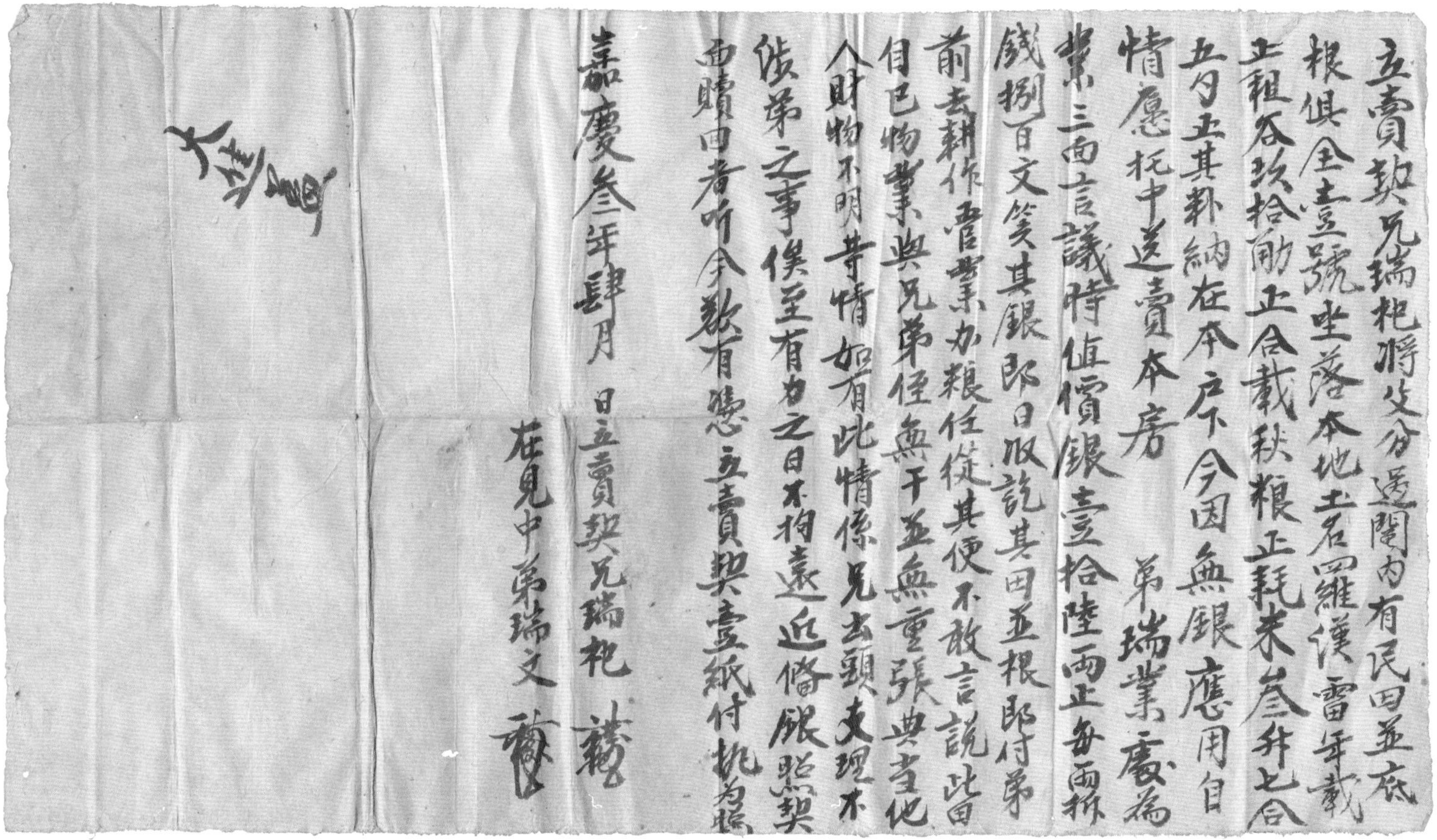

立賣契兄瑞杞將父分遺鬮內有民田並底
根俱全壹號坐落本地土名羅漢當年載
正租谷玖拾觔正合載秋粮正耗米叁升七合
五勺正其粮納在本戶下今因無銀應用自
情愿托中送賣本房　弟瑞業處爲
業三面言議時值價銀壹拾陸兩正每兩折
錢捌百文筭其銀即日收訖其田並根即付弟
前去耕作管業办粮任從其便不敢言說此田
自己物業與兄弟侄無干並無重張典當他
人財物不明等情如有此情係兄出頭支理不
涉弟之事俟至有力之日不拘遠近備價照契
取贖回者听今欲有憑立賣契壹紙付執為照

嘉慶叁年肆月　日立賣契兄瑞杞（押）
在見中弟瑞文（押）

5-8-21-14　清嘉慶三年四月林瑞杞立賣底根全民田契

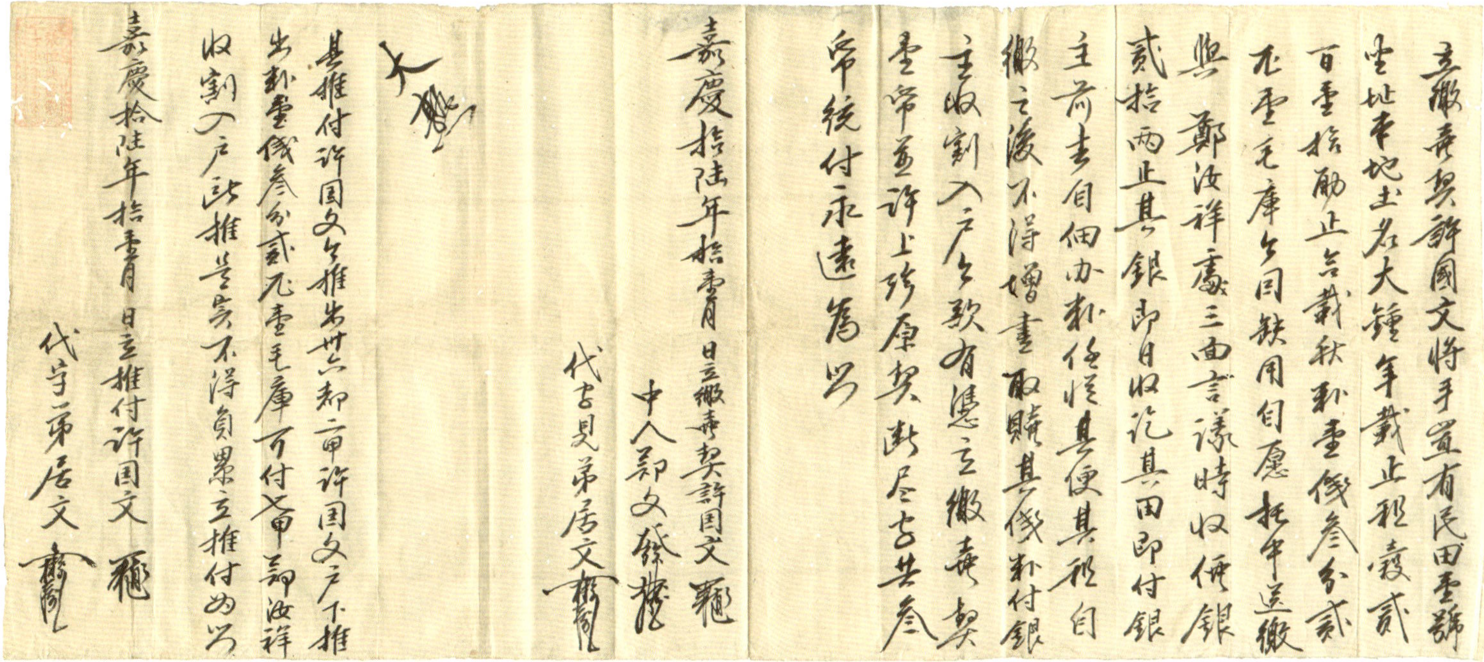

5-8-21-15　清嘉慶十六年十一月許國文立繳賣民田契

立賣斷契人葉廷舉承祖有山場一數大號坐址十八都土名仁
厚村等處東西南北四圍上至山頂分水下至下隔等處至紅漈
頭大天玉山上至山頂直透大窟后門等處上至山頂下至羅經心大溪
爲界直落古積口龍潭面直出東邊坪崙直上崎頂分水中至山內
龍船坑裰鼻朝坑又崎后等處仙亭崙直透仁厚四圍上至山坪下至大
溪又號山場土名大漈對面月邊山高坪天玉嶺東坑隔馬尾崎直入
黄大宕瀨爲界分前至飛鳳古書坑口直上和尚山蝙蝠坑刈瀨漈
面直上至羅漈山頂分水下至吉后坑崙直落大溪爲界又號山場
土名東坑洋楊坑等處四圍上至山頂下至小溪黄嶺尾直入二溪兩
岈至東坑圍等處東西南北中町崙孟后崙新嶺四圍上至崎頂直
透羅漈山上坑棕漈坑等處上坑厝后門四圍上至崎頂直出蛇大坑
大安墓等處楊坑山坪爲界又號山場土名隔坪后至楊林隔
大路四圍俱至田至溪爲界又號地坪土名黄大宕渡船頭路后前后
數片又號山場土名楊坑四水歸內上至山頂下至小溪后至張宅山前
至張宅山爲界又號山場土名古積口大坋等處東西南北坑頭漈坑
四圍上至羅漈山分水下至大溪后至吉后坑崙直上崎頂直透龍尾
山上村等處東西南北四圍上至山坪下至小溪兩岈直出古積口爲界
中至吳村崎后墓坑井角坪中心崙吳宅山爲界后畲坑等處至湖
秋溪龍潭坑等處爲界至大柏山等處四圍上至山坪下溪直透水尾
等處四圍上至山坪至坂面上坂頭等處后隔等處東西南北四圍上至
山坪下至大溪直上古積口爲界又號山場土名坂面等處東西南北四
圍上至山坪下至大溪半山坑徐坑等處四圍上至山坪下至溪其數號
山內土名號多難以盡載我葉宅祖書有六拾捌號山場今因家用
欠少將自己三房推應自願托中將祖書六拾捌號抽出本房一
大股山場寸土在內盡行出斷與鄭山面　號目記公衆爲邊承買今
三面言議斷價紋銀壹拾陸兩其銀即日交訖明白其山出賣
號山及葉宅祖書六拾捌號山場寸土俱要不內悉斷之后任聽鄭家正邊
蓄栽杉松樹雜木竹等項收成還爲己業從今不敢阻占生端
混爭如有來歷不明葉宅自理與鄭家無涉比日后不敢私贖霸占
取贖此是兩心各願各無反悔今欲有憑立賣斷契存照
當日收訖契價紋銀壹拾陸兩正再照

嘉慶丁丑年十月　日　立賣斷契人葉廷舉（押）

永遠管業

代字　中見　地保人　徐葉時茂宗律

5-8-21-16　清嘉慶二十二年十月葉廷舉立賣斷山場契

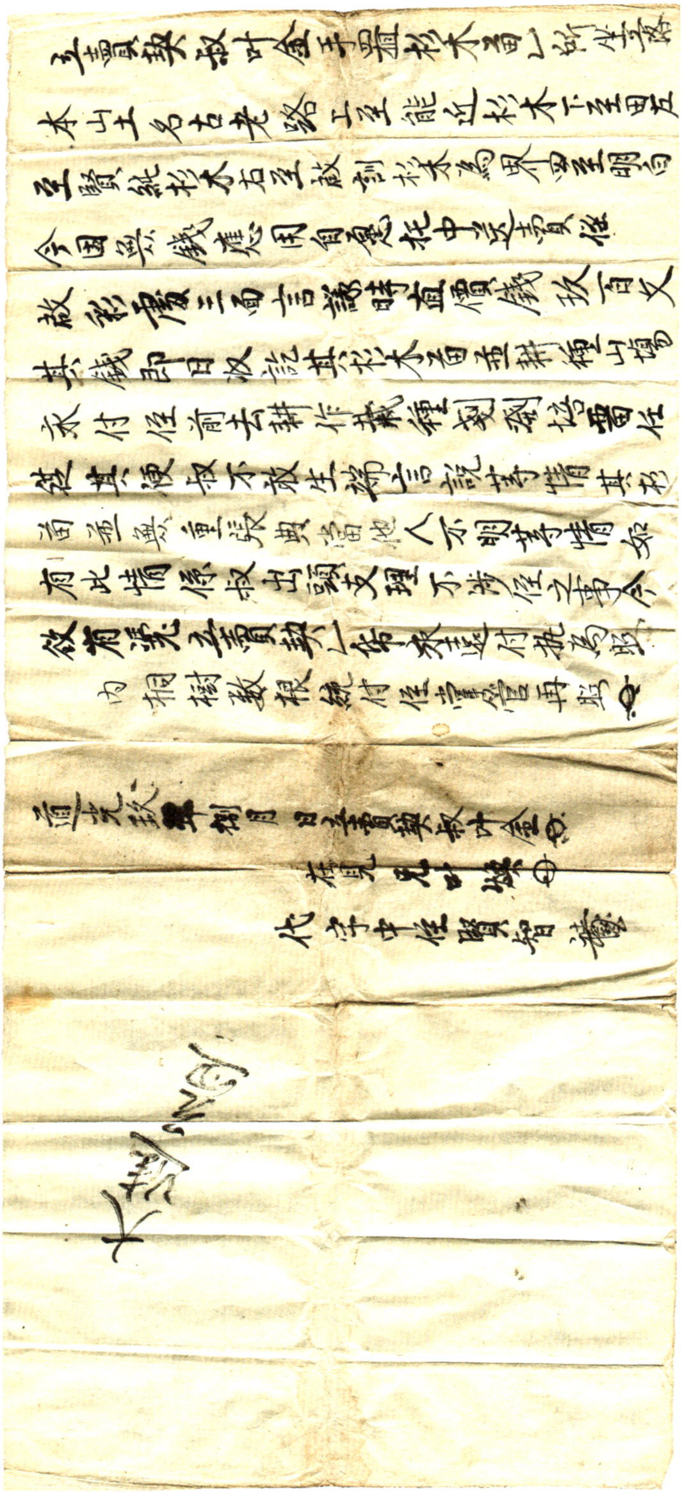
立賣契叔叶金手置杉木苗山一所坐落
本山土名古老路上至龍边杉木下至田左
至賢鈋杉木右至叔刘杉木為界四至明白
今因無錢應用自愿托中立賣與侄
叔彩康三面言議時值價錢玖百文
其錢即日收訖其杉木苗並耕種山場
永付侄前去耕作栽種砍剡留任
從其便叔不敢生端言說等情其杉
苗兩無重張典當他人不明等情如
有此情係叔出頭支理不涉侄之事今
欲有憑立賣契一紙永遠付執為照
內桐樹數根付侄管業再照
道光玖年捌月　日立賣契叔叶金
在見兄叶臻
代字中侄賢智

5-8-21-17　清道光九年八月鄭叶金立賣杉木苗契

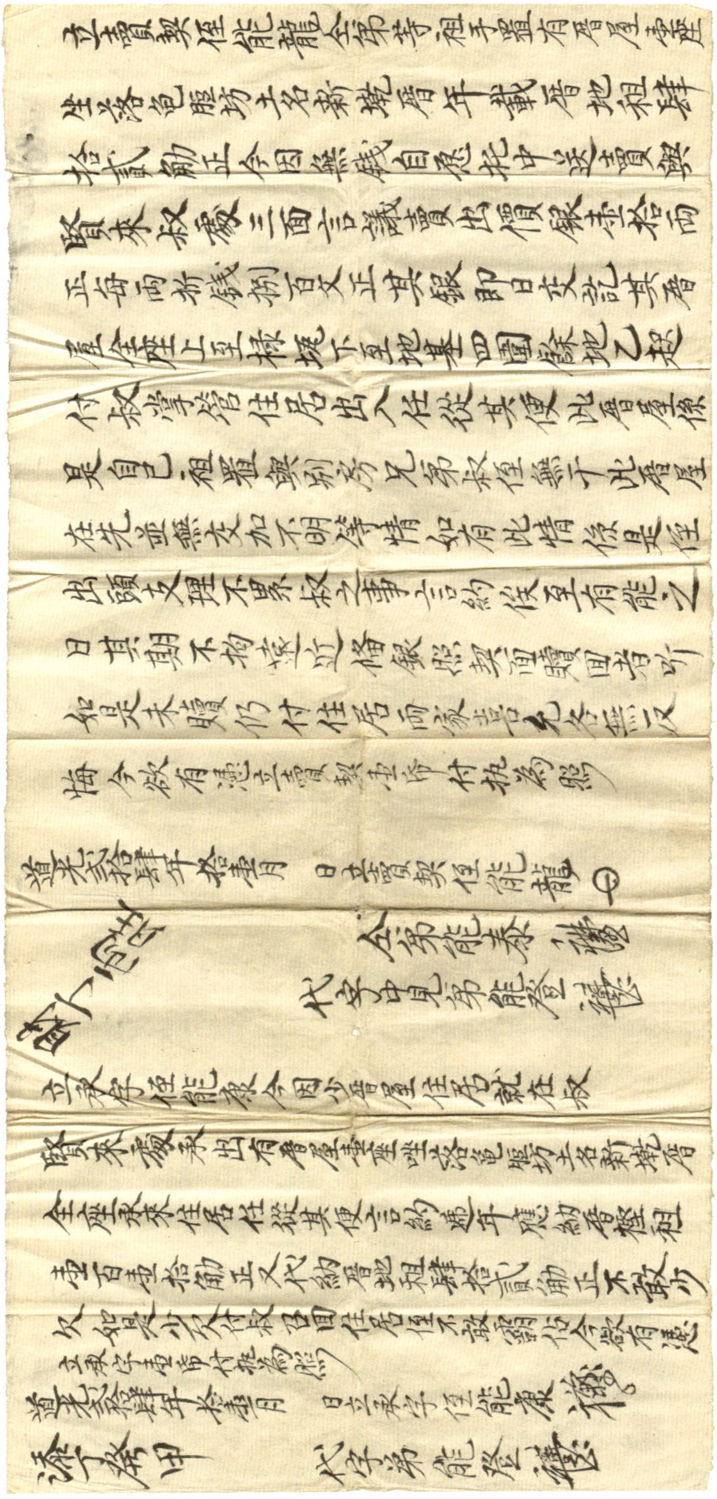

立賣契侄能龍仝弟等祖手置有厝屋壹座
坐落宅脈坊土名新墘厝年載厝地租肆
拾貳觔正今因無錢自愿托中送賣與
賢叔叔處三面言議賣出價錢壹拾兩
正每兩折錢捌百文正其銀即日交訖其厝
屋全座上至椽桷下至地基四圍餘地乙起
付叔掌管住居出入任從其便此厝屋係
是自己祖置與别房兄弟叔侄無干此厝屋
在先並無交加不明等情如有此情係自出
出頭支理不累叔之事言約係至有能之
日其期不拘遠近備銀照契面贖回若
如是未贖仍付住居兩家甘允各無反
悔今欲有憑立賣契壹紙付執為照
道光貳拾肆年拾壹月　日立賣契侄能龍
仝弟能泰
代字中見弟能瑩

立承字侄能泰今因少厝屋住居就在叔
賢叔處承出有厝屋壹座坐落宅脈坊土名新墘厝
全座承來住居任從其便言約遞年應納厝屋租
壹百壹拾觔正又代納厝地租肆拾貳觔正不敢少
欠如是少欠任叔召回住居侄不敢霸佔今欲有憑
立承字壹紙付執為照
道光貳拾肆年拾壹月　日立承字侄能泰
代字弟能瑩
添丁發甲

5-8-21-18　清道光二十四年十一月鄭能龍等立賣厝屋契

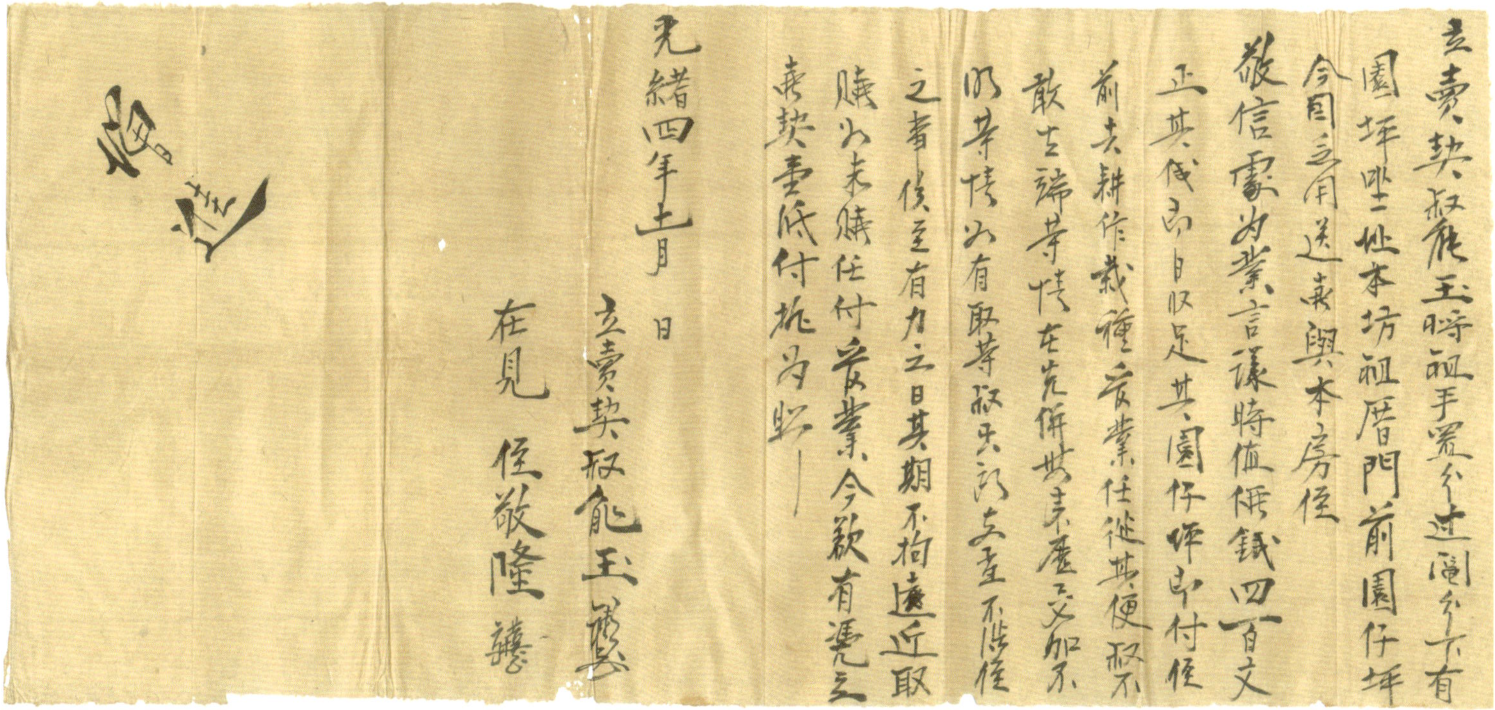
立賣契叔能玉，將祖手置分過鬮分下有
園坪壹址，本坊祖厝門前園仔坪
今因乏用，送與本房侄
敬信處為業，言議時值價錢四百文
正，其錢即日收足，其園仔坪即付侄
前去耕作栽種管業，任從其便，不
敢生端等情。在先併無未歷交加不
明等情，如有取等叔出頭支當，不涉侄
之事。後至有力之日，其期不拘遠近，取
贖如未贖，任付管業。今欲有憑，立
賣契壹紙，付執為照。
光緒四年十一月　日　立賣契叔能玉（押）
在見　侄敬隆（押）

5-8-21-19　清光緒四年十一月鄭能玉立賣園坪契

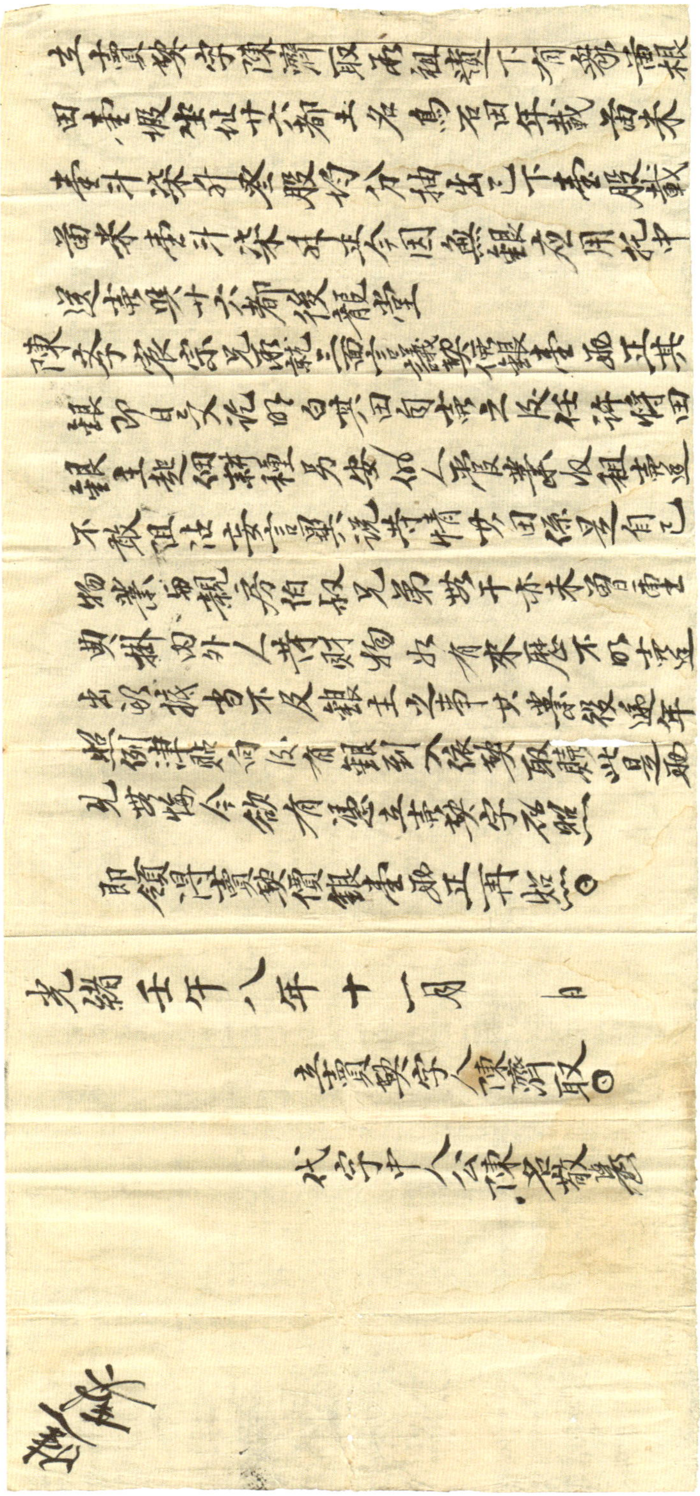

立賣契字陳濟取承祖遺下有衆苗根
田壹段，坐址廿六都，土名烏石田坪，載苗米
壹斗柒升，叁股均分，抽出己下壹股，載
苗米壹斗柒升五合，因無銀應用，托中
送賣與廿六都後龍堂
陳孝字家宗兄邊，就三面言議，時價銀壹拾五兩正，其
銀即日交訖明白，其田自賣之後，任聽買田
銀主起佃耕種，另召他人，管業收租，賣主
不敢阻執，亦言明其情，此田係是自己
物業，與親房伯叔兄弟無干，亦未曾重
典掛內外人等財物，如有來歷不明，賣主
出頭抵當，不及銀主之事。其業限遞年
照例津貼，向後有銀到日，係契取贖，此是兩
允無悔，今欲有憑，立賣契字爲照。
即領得賣契價銀壹拾五兩正，再照。

光緒壬午八年十一月　日
立賣契字人陳濟取（押）
代字中人公陳[illegible]書

5-8-21-20　清光緒八年十一月陳濟取立賣衆苗根田契

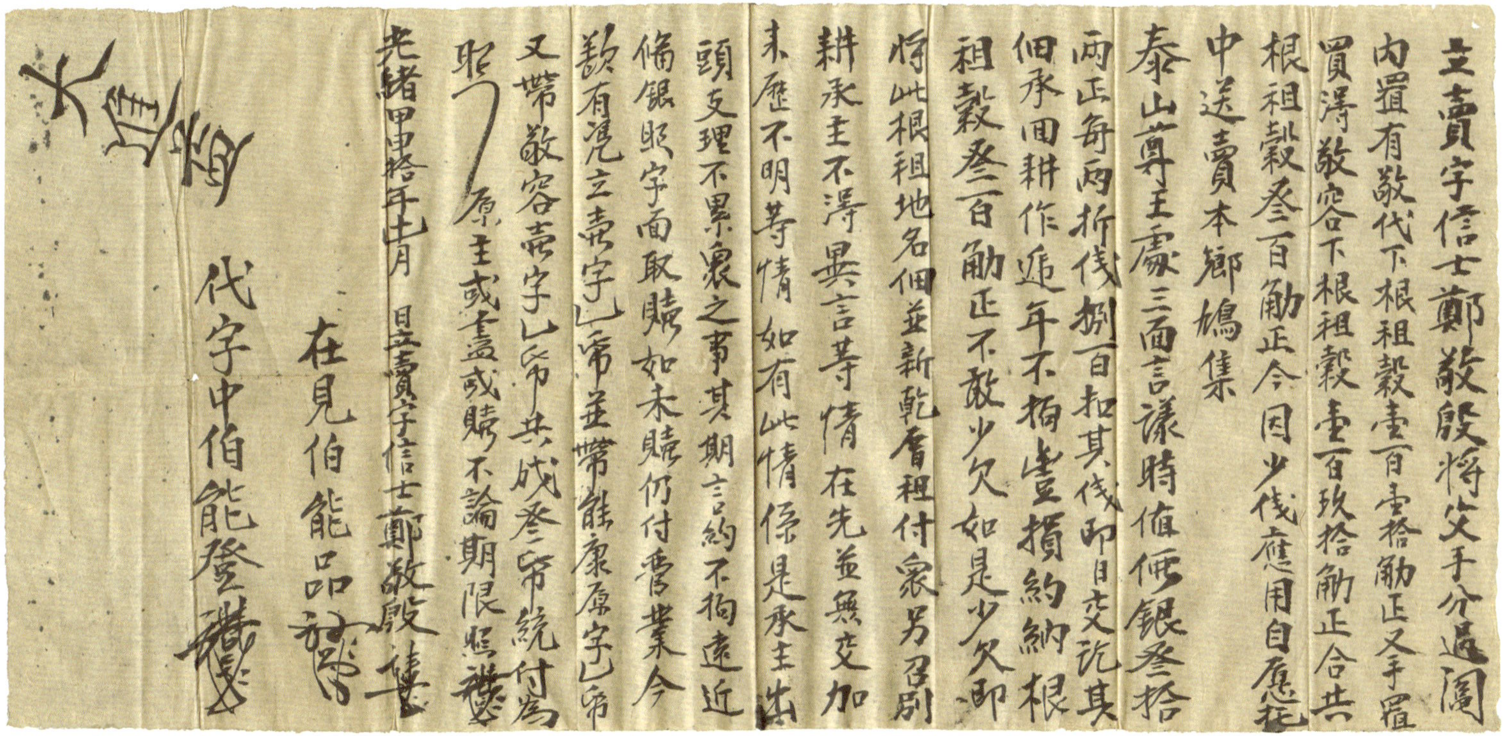
立賣字信士鄭敬殷將父手分過閩
內買有敬代下根租穀壹百壹拾觔正又手買
買得敬容下根租穀壹百玖拾觔正合共
根租穀叁百觔正今因少錢應用自愿托
中送賣本鄉鳩集
泰山尊王處三面言議時值價銀叁拾
兩正每兩折錢捌百扣其錢即日交訖其
佃承田耕作逐年不拘豐歉約納根
租穀叁百觔正不敢少欠如是少欠即
將此根租地名佃並新乾會租付眾另召別
耕承主不得異言等情在先並無交加
未歷不明等情如有此情係是承主出
頭支理不累眾之事其期言約不拘遠近
備銀照字面取贖如未贖仍付管業今
欲有憑立賣字乙帋並帶熊康原字乙帋
又帶敬容賣字乙帋共成叁帋統付為
照 原主或盡或贖不論期限照樣
光緒甲申拾年十一月 日立賣字信士鄭敬殷
在見伯能品
代字中伯能登
大吉

5-8-21-21　清光緒十年十一月鄭敬殷立賣根租穀字

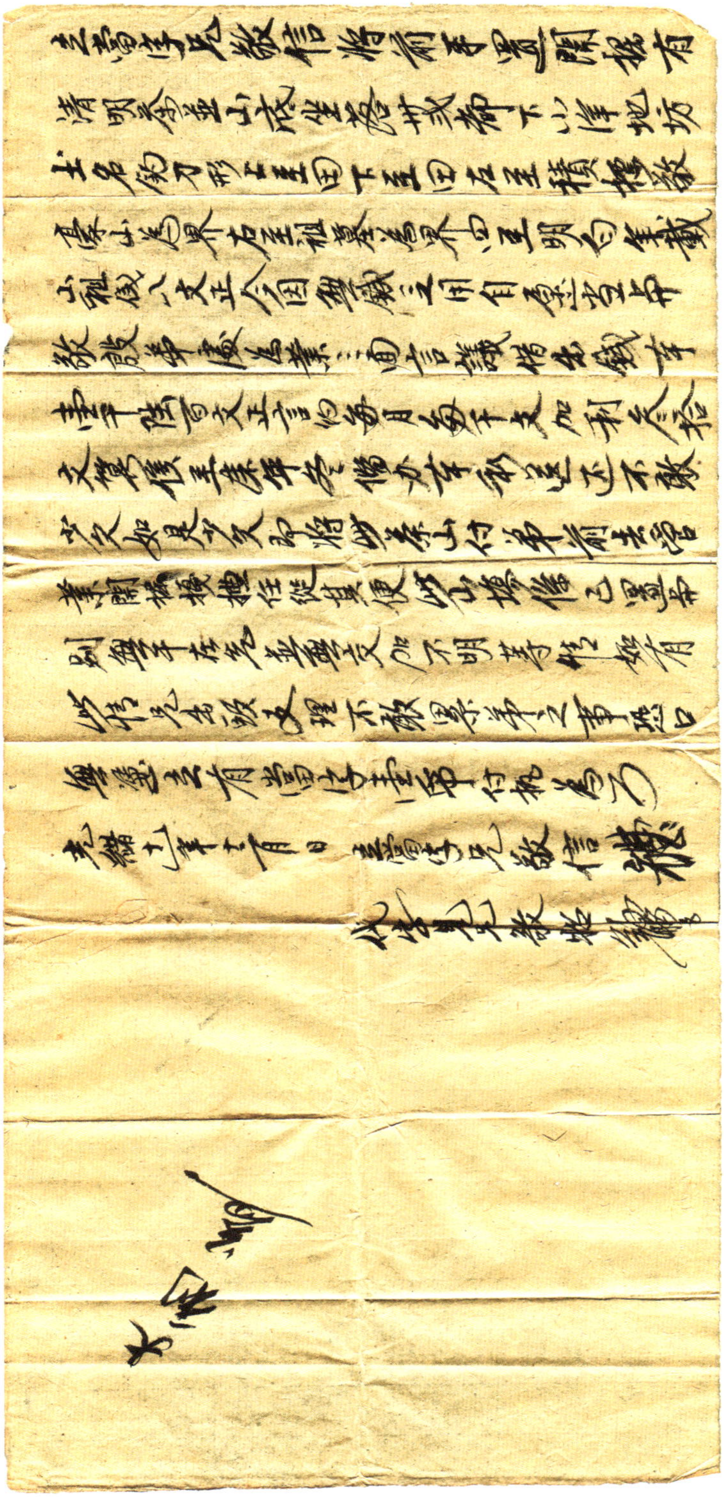

立當字兄敬信將前手置買闔掘有
清明茶並山底坐落廿弍都下山洋地坊
土名釣刀形上至田下至田左至積穗𡎺
豪山為界右至祖墓為界四至明白俱載
山租錢八文正今因無錢應用自愿當與
敬戲弟處為業，三面言議借出錢本
壹千陸百文正，言約每月每千文加利叁拾
文算，俟至來年冬備辦本利送还，不敢
少欠，如是少欠，即將此茶山付弟前去管
業開掘摘拙，任從其便。此山場係已置業，
别無手在兄，並無交加不明等情。如有
此情，兄出頭支理，不敢累弟之事。恐口
無憑，立有當字壹紙付執為照。

光緒十一年十二月　日　立當字兄敬信（押）

代字見兄敬[illegible]（押）

大吉

5-8-21-22　清光緒十一年十二月鄭敬信立當清明茶等字

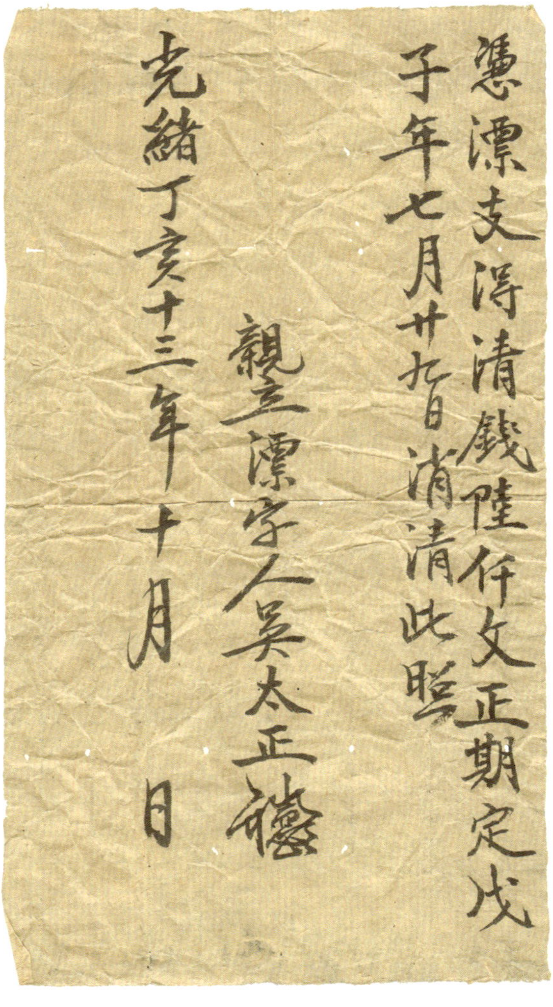

憑漂支得清錢陸仟文正期定戊
子年七月廿九日消清此照
親立漂字人吴太正
光緒丁亥十三年十月　日

5-8-21-23　清光緒十三年十月吴太正立支錢憑票

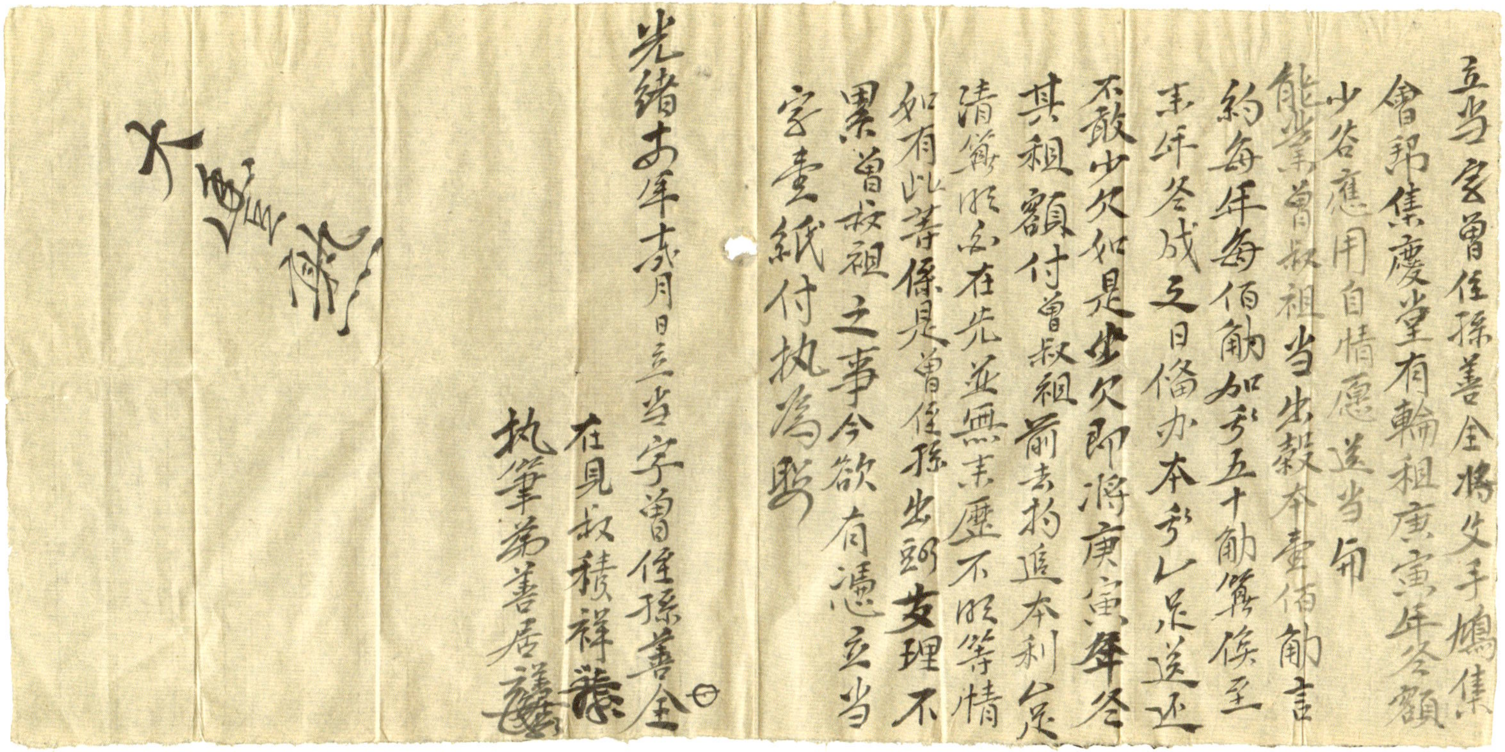

立当字曾侄孫善全將父手鳩集
會邦集慶堂有輪租庚寅年冬額
少谷應用自情愿送当俞
能棠曾叔祖当出穀本壹佰觔言
約每年每佰觔加予五十觔算係至
末年冬成之日備办本予乚足送还
不敢少欠如是少欠即將庚寅年冬
其租額付曾叔祖前去約追本利足
清楚此谷在先並無来歷不明等情
如有此等係是曾侄孫出頭支理不
累曾叔祖之事今欲有憑立当
字壹紙付执為照

光緒十四年十二月　日立当字曾侄孫善全㊞
在見叔積祥
执筆弟善居

大[illegible]

5-8-21-24　清光緒十四年十二月鄭善全立當會幫輪租字

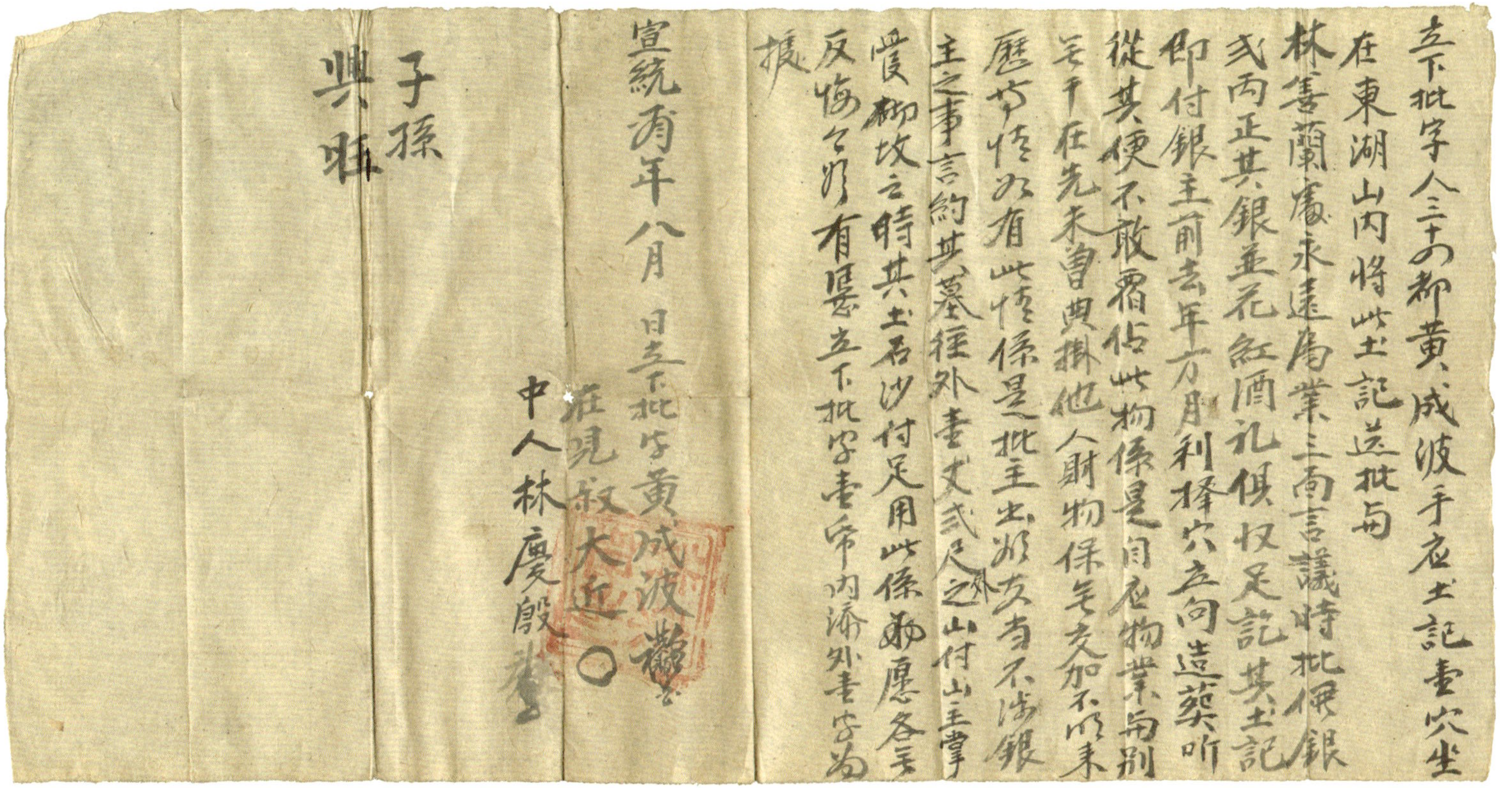
立下批字人三十の都黄成波手底土記壹穴坐
在東湖山内將此土記送批與
林善蘭處永遠為業，三面言議時批價銀
式兩正，其銀並花紅酒礼俱收足訖，其土記
即付銀主前去擇年月利擇穴立向造葬，聽
從其便，不敢霸佔。此物係是自己物業，與別
兄弟在先未曾典掛他人財物，係無交加不明來
歷，如有此情，係是批主出頭支當，不涉銀
主之事。言約其墓徑外畫丈式尺之外山付山主掌
管，掘坟之時，其土石沙付足用。此係兩愿，各無
反悔，今欲有憑，立下批字壹紙，內添外畫字為
據。
宣統叁年八月　日立下批字黄成波（押）
在見叔大近○
中人林慶殷（押）
子孫興旺

5-8-21-25　清宣統三年八月黄成波立下批土記字

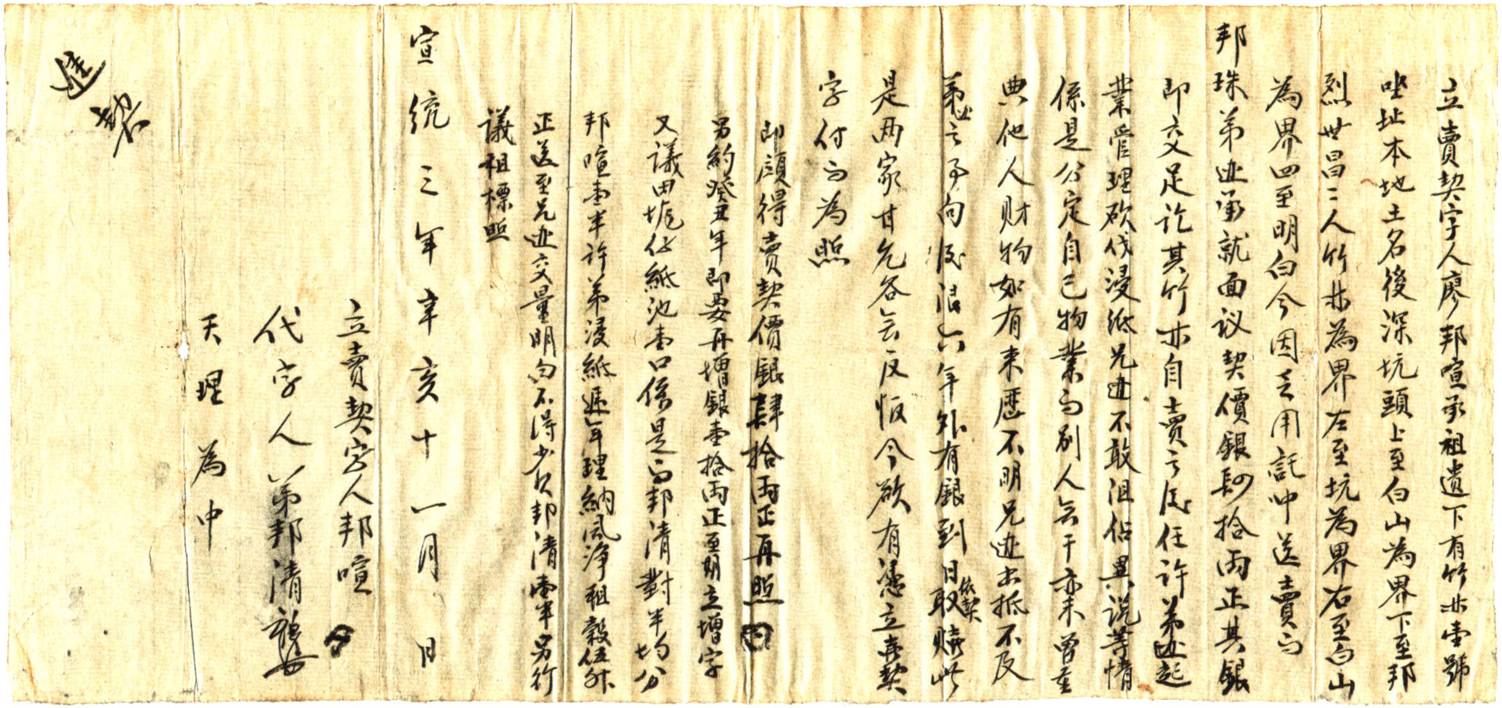
立賣契字人廖邦喧承祖遺下有竹山壹號
坐址本地土名後深坑頭上至白山為界下至邦
烈、世昌二人竹山為界左至坑為界右至白山
為界四至明白今因乏用託中送賣與
邦珠弟邊就面议契價銀肆拾兩正其銀
即交足訖其竹山自賣之后任許弟邊起
業管理砍伐浸紙兄邊不敢阻佔異說等情
係是公定自己物業與別人無干亦未曾重
典他人財物如有來歷不明兄邊出抵不及
弟邊之事向後限六年外有銀到日依契取贖此
是兩家甘允各無反悔今欲有憑立賣契
字付與為照
即日領得賣契價銀肆拾兩正再照
另約癸丑年即要再增銀壹拾兩正至期立增字
又議田坵紙池壹口係是與邦清對半均分
邦喧壹半許弟浸紙逐年理納風淨租穀伍斤
正送至兄邊交量明白不得少欠邦清壹半另行
議租標照
宣統三年辛亥十一月　日
立賣契字人邦喧（押）
代字人弟邦清（押）
天理為中
退契

5-8-21-26　清宣統三年十一月廖邦喧立賣竹林契

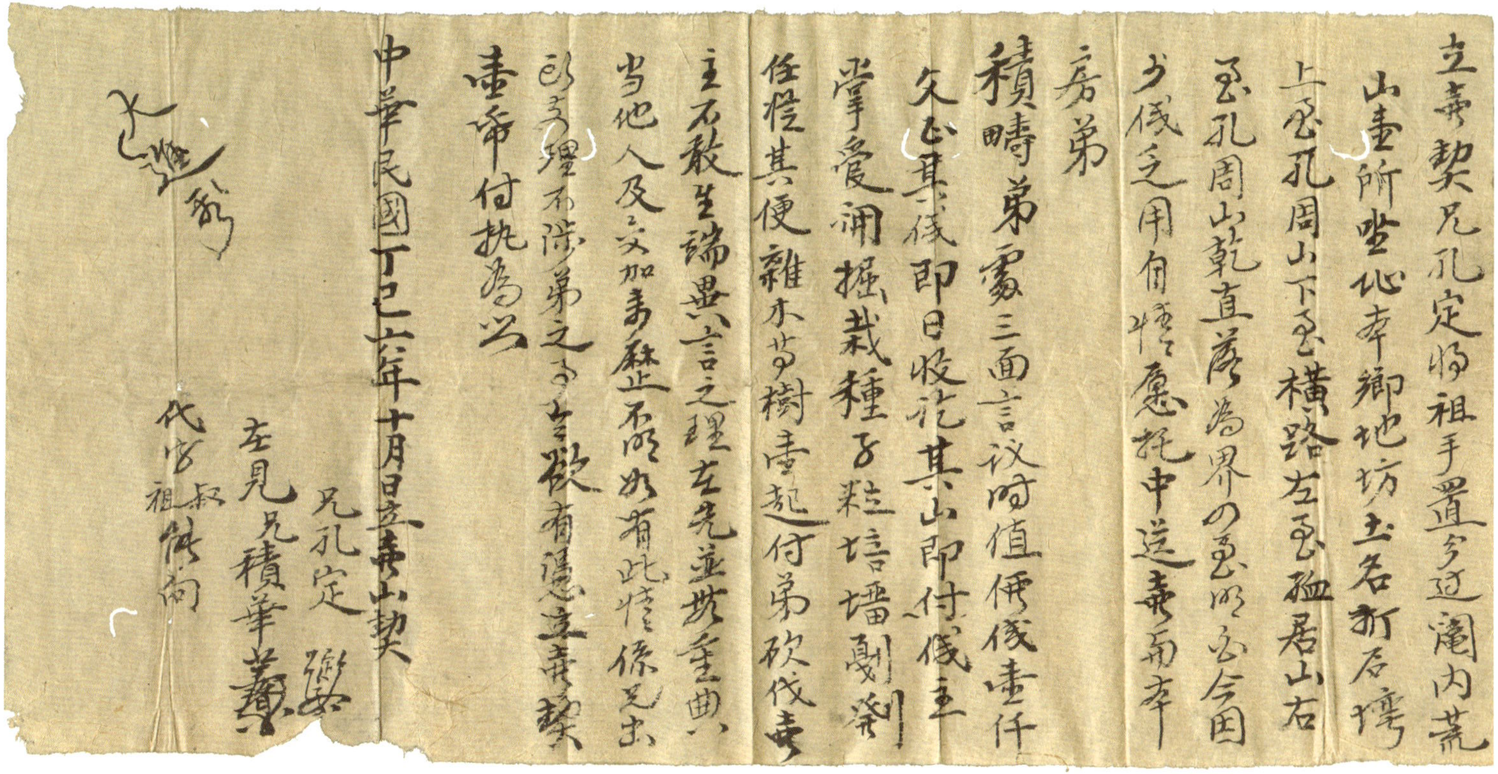
立賣契兄孔定將祖手置步近灑內荒
山壹所坐址本鄉地坊土名新厝塆
上至孔周山下至橫路左至孤居山右
至孔周山乾直落為界四至明白今因
乏錢乏用自情愿托中送賣與本
房弟
積疇弟處三面言議時值價錢壹仟
文正其錢即日收訖其山即付錢主
掌管開掘栽種子粒培墻剷剝
任從其便雜木竹樹賣起付弟砍伐賣
主不敢生端異言之理在先並無重曲，
與他人交加未歷不明如有此情係兄出
頭之理不涉弟之事今欲有憑立賣契
壹紙付執為照
中華民國丁巳六年十月日立賣山契
兄孔定（押）
在見兄積華（押）
代筆叔祖傚向

5-8-21-27　民國六年十月鄭孔定立賣荒山契

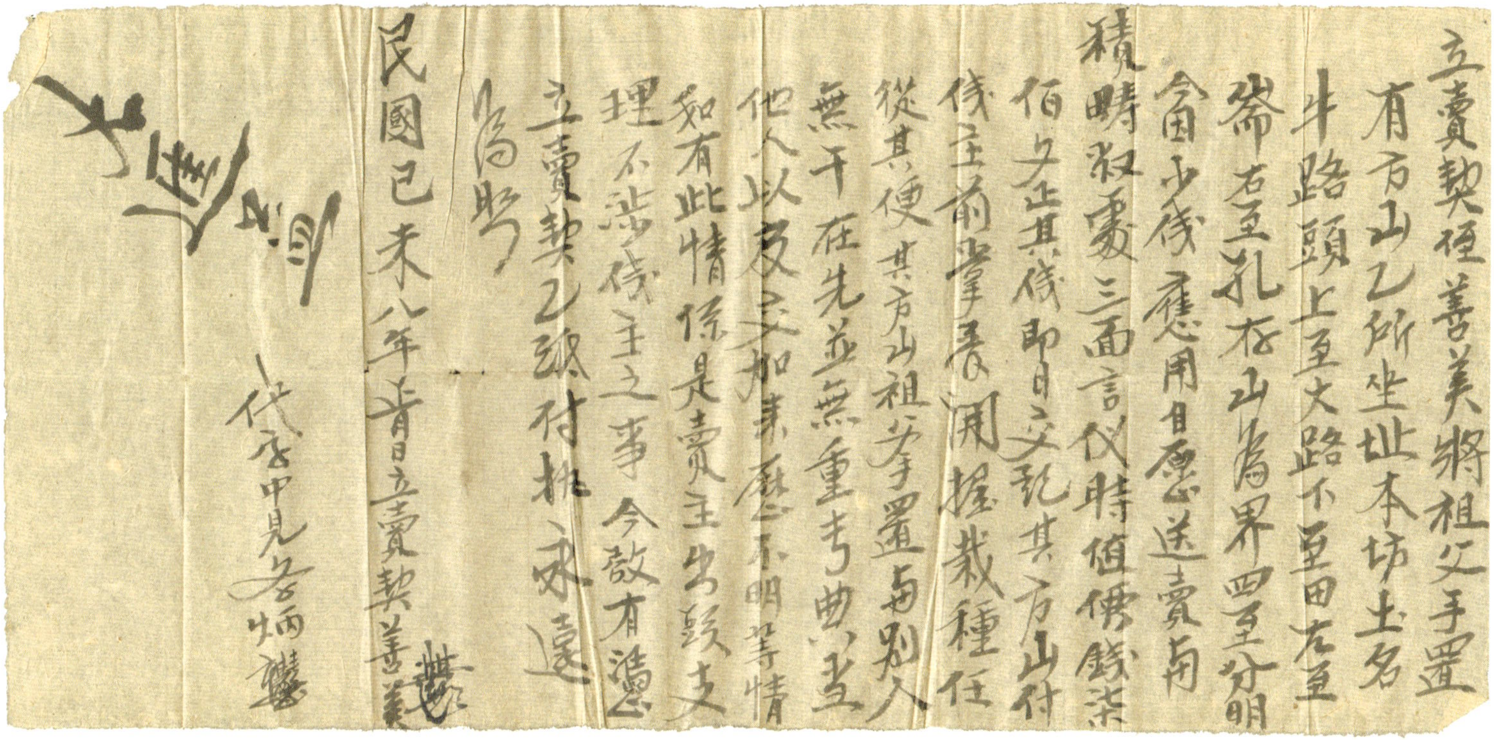

立賣契侄善美將祖父手置
有方山乙所坐址本坊土名
牛路頭上至大路下至田左至
崙右至孔林山為界四至分明
今因少錢應用自愿送賣與
積時叔處三面言議時值價錢柒
佰文正其錢即日交訖其方山付
錢主前掌管開掘栽種任
從其便其方山祖父手置與別人
無干在先並無重張典當
他人以及交加來歷不明等情
知有此情係是賣主出頭支
理不涉錢主之事今欲有憑
立賣契乙紙付執永遠
為照
民國己未八年正月日立賣契侄善美（押）
代字中見房嫡（押）

5-8-21-28　民國八年正月鄭善美立賣方山契

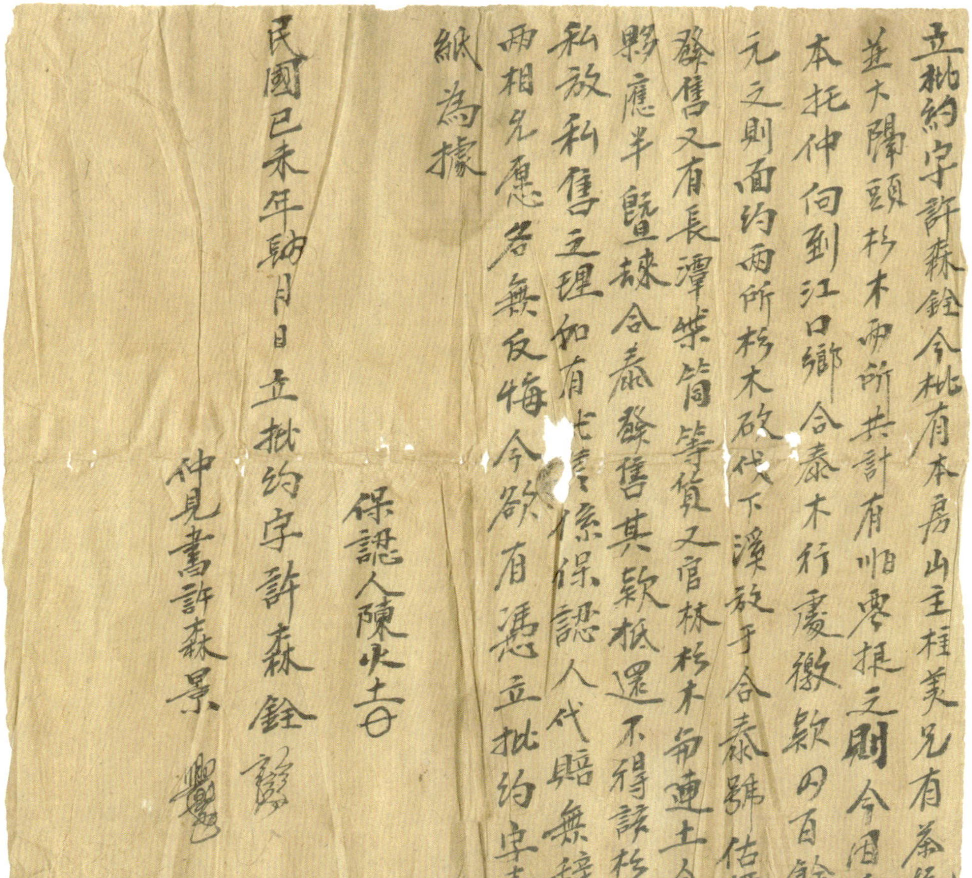

立批約字許森銓今批有本房山主桂美兄有茶坑
並大陽頭杉木兩所共計有帽零根之剛今因主
本托仲向到江口鄉合泰木行處徵款四百餘
元之則面約兩所杉木砍伐下溪放于合泰號估價
發售又有長潭業筍等貨又官林杉木帝連土合
夥應半暨諫合泰發售其款抵還不得該杉木
私放私售之理如有此等情保認人代賠無辭
兩相允愿各無反悔今欲有憑立批約字壹
紙為據

保認人陳火土（押）

民國己未年肆月日立批約字許森銓（押）

仲見書許森景（押）

5-8-21-29　民國八年四月許森銓立批約字

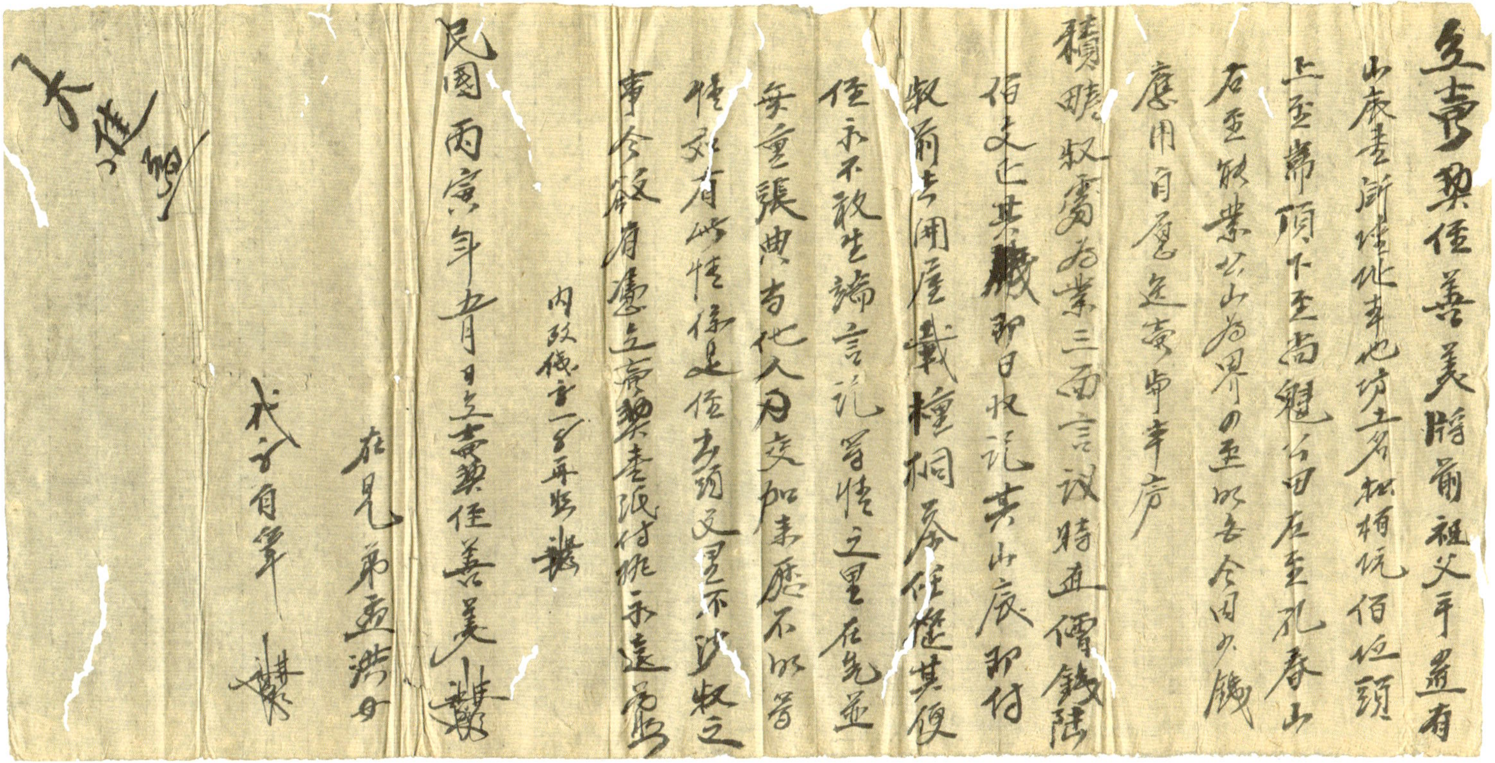
立賣契侄善美將前祖父手置有
山底壹所址坐本地坊土名松柄坑佰坵頭
上至鼎頂下至尚魁公田左至孔春山
右至欽崇公山為界四至明白今因乏錢
應用自愿立賣與本房
積聘叔處為業三面言議時值價錢陸
佰文正其錢即日收訖其山底即付
叔前去開墾栽種桐茶任從其便
侄永不敢生端言說此係兩情之甘願在先並
無重張典當他人財交加未歷不明等
情如有此情係是侄出頭支理不涉叔之
事今欲有憑立賣契壹紙付與永遠為照
內改錢字一字再照
民國丙寅年五月　日立賣契侄善美（押）
在見弟孟洪（押）
代字自筆（押）
大進[illegible]

5-8-21-30　民國十五年五月鄭善美立賣山底契

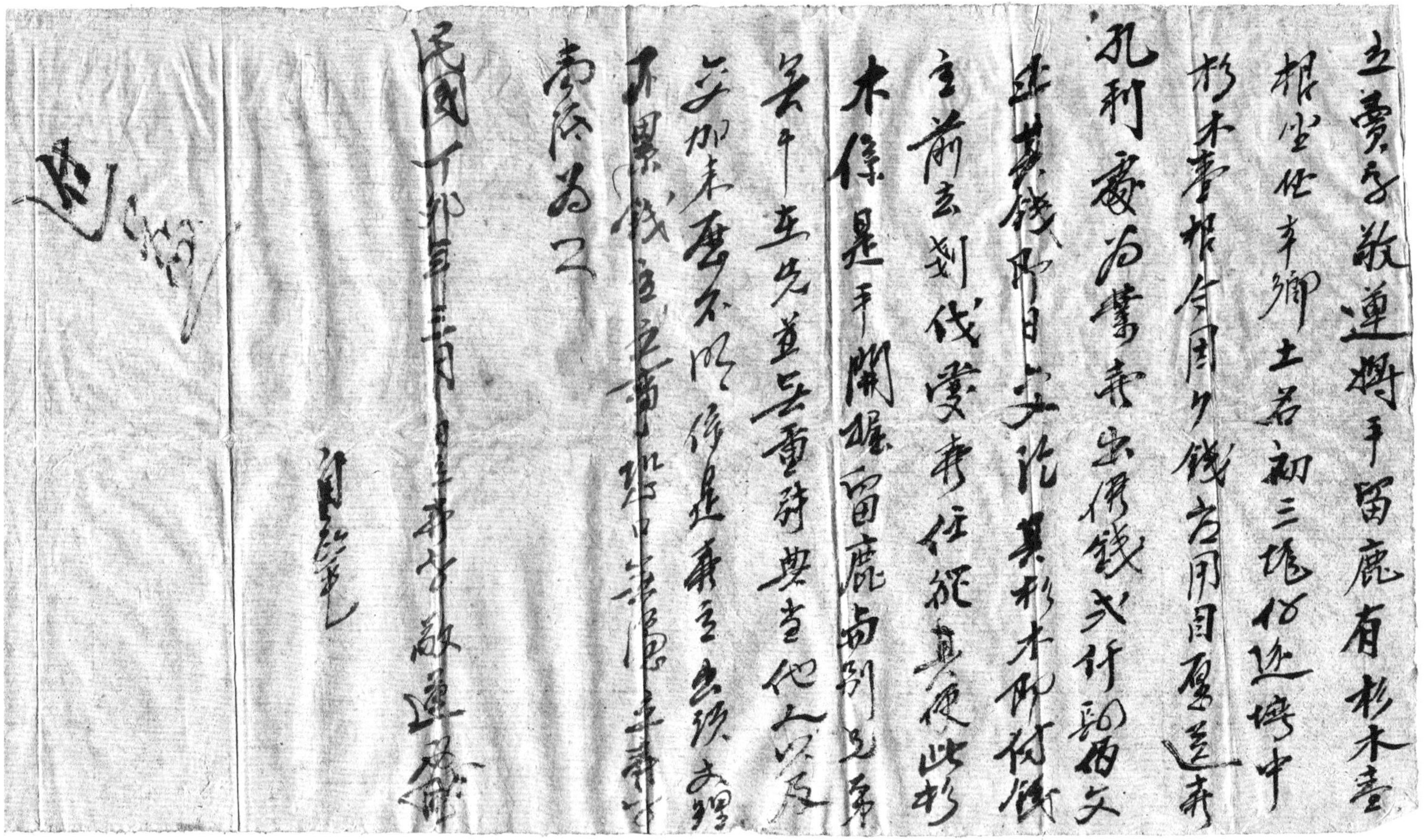

5-8-21-31　民國十六年三月鄭敬蓮立賣杉木字

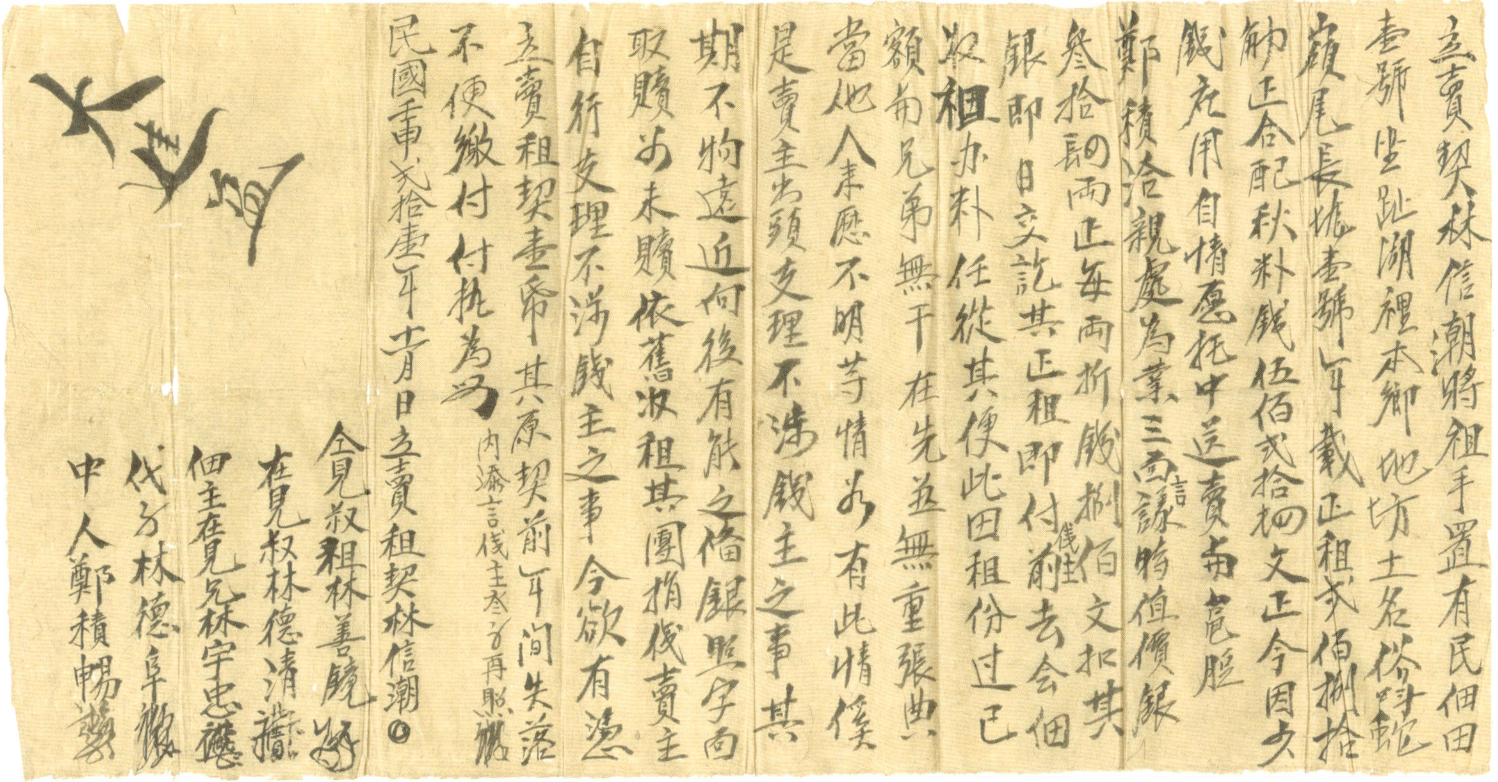
立賣契林信潮將祖手置有民佃田
壹號坐址湖裡本鄉地坊土名榕樹蛇
嶺尾長坵壹號年載正租弍佰捌拾
觔正合配秋粁錢伍佰弍拾捌文正今因乏
錢應用自情愿托中送賣與苞脰
鄭積洽親處為業，三面言議時值價銀
叁拾肆兩正每兩折錢捌伯文扣其
銀即日交訖其正租即付錢主前去会佃
收租亦粁任從其便此田租份过已
額與兄弟無干在先並無重張典
當他人來歷不明等情如有此情僕
是賣主出頭支理不涉錢主之事其
期不拘遠近向後有能之備銀照字面
取贖如未贖依舊收租其團捐錢賣主
自行支理不涉錢主之事今欲有憑
立賣租契壹帋其原契前年間失落
不便繳付付執為照
内添言錢主叁字再照
民國壬申弍拾壹年十一月日立賣租契林信潮
仝見叔祖林善饒
在見叔林德清
佃主在見兄林宇忠
代字林德阜
中人鄭積暢
大吉昌

5-8-21-32　民國二十一年十一月林信潮立賣民佃田租契

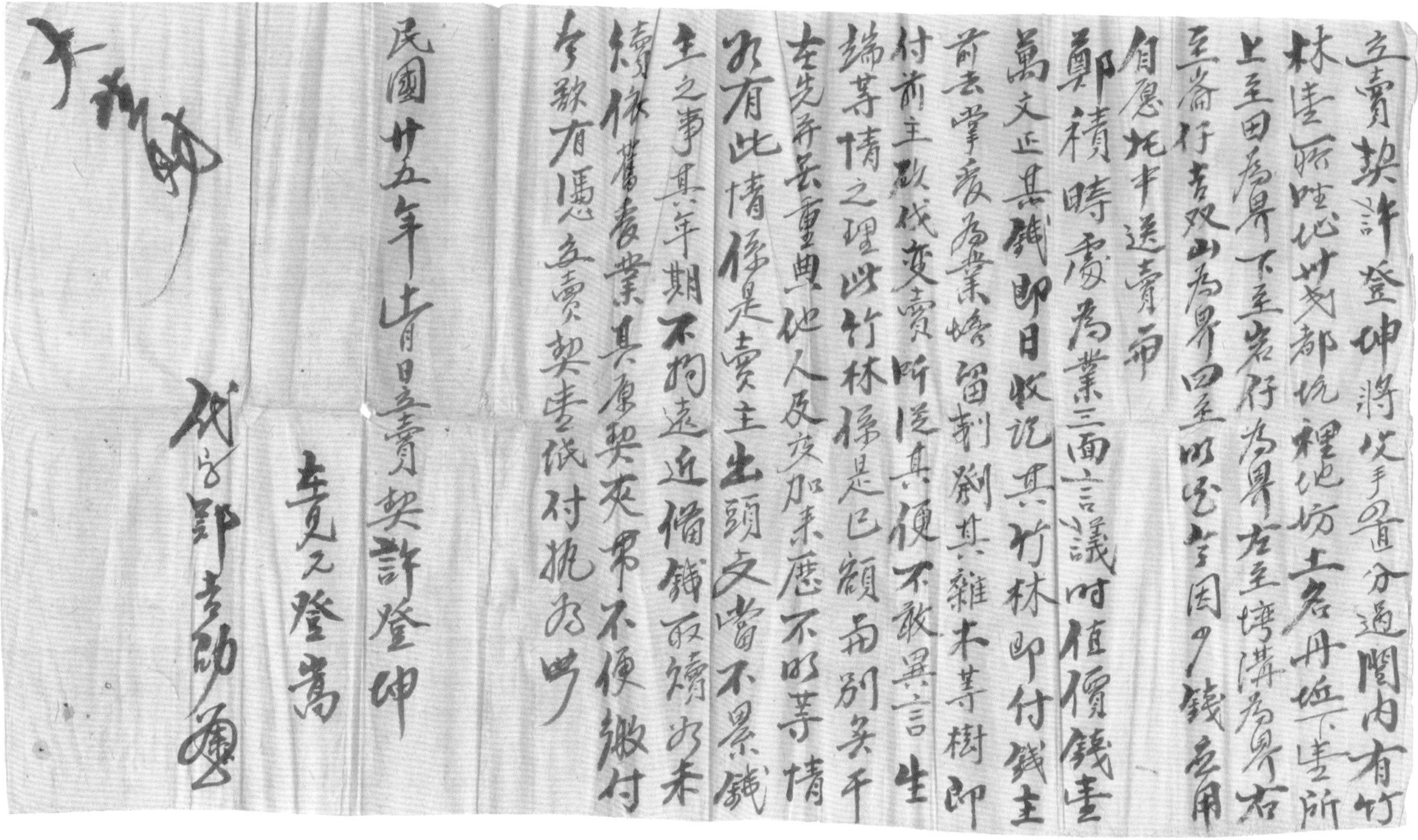
立賣契許登坤，將父手置分過閣内有竹林壹所，址在本都坑裡地坊，土名丹坵下，壹所上至田為界，下至岩仔為界，左至壢溝為界，右至崙仔吉双山為界，四至明白。今因乏錢應用，自愿托中送賣與鄭積時處為業，三面言議，時值價錢壹萬文正。其錢即日收訖，其竹林即付錢主前去掌管為業，蓄留劏劉其雜木等樹，即付前主砍伐變賣，所從其便，不敢異言生端等情之理。此竹林係是已額，與別無干，在先并無重典他人及交加來歷不明等情。如有此情，係是賣主出頭支當，不累錢主之事。其年期不拘遠近，備錢取贖，如未贖，依舊為業。其原契夾帶不便繳付。今欲有憑，立賣契壹紙付執為照。

民國廿五年十一月　日立賣契許登坤

在見兄登萬

代字鄭志勛

大利

5-8-21-33　民國二十五年十一月許登坤立賣竹林契

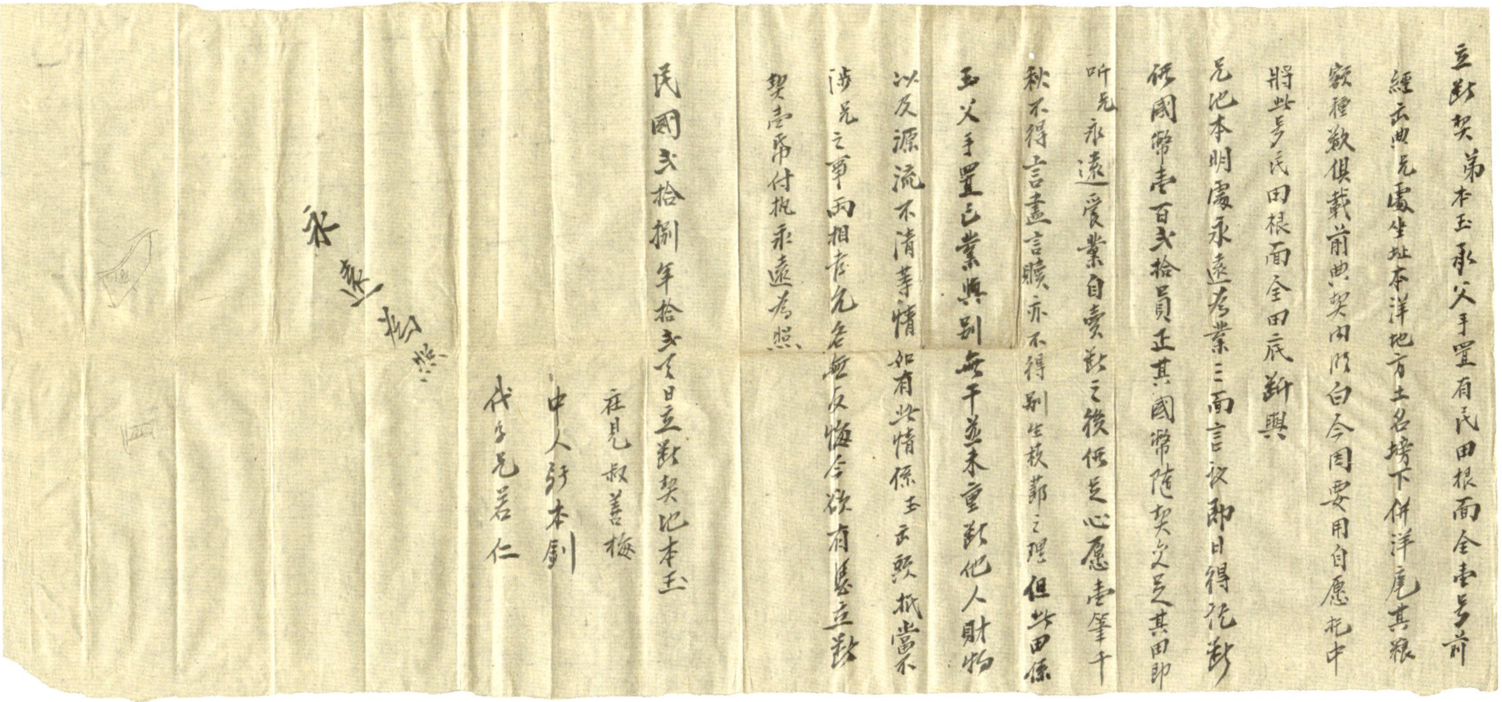
立斷契弟本玉承父手置有民田根面全壹号，前
經出典兄處，坐址本洋地方，土名塆下併洋尾，其糧
額種數俱載前典契內明白。今因要用，自愿托中
將此号民田根面全田底斷與
兄池本明處永遠為業，三面言议，即日得花斷
價國幣壹百弍拾員正，其國幣隨契交足，其田即
听兄永遠管業自賣，斷之後任兄心愿，壹筆千
秋，不得言盡言贖，亦不得别生枝節之理。但此田係
玉父手置己業，與别無干，並未重斷他人財物
以及源流不清等情，如有此情，係玉出頭抵當，不
涉兄之事。两相甘允，各無反悔。今欲有憑，立斷
契壹帋付執，永遠為照。
民國弍拾捌年拾弍月　日立斷契池本玉
在見叔善梅
中人鄭本釗
代字兄若仁
永遠執照

5-8-21-34　民國二十八年十二月池本玉立斷根面全民田契

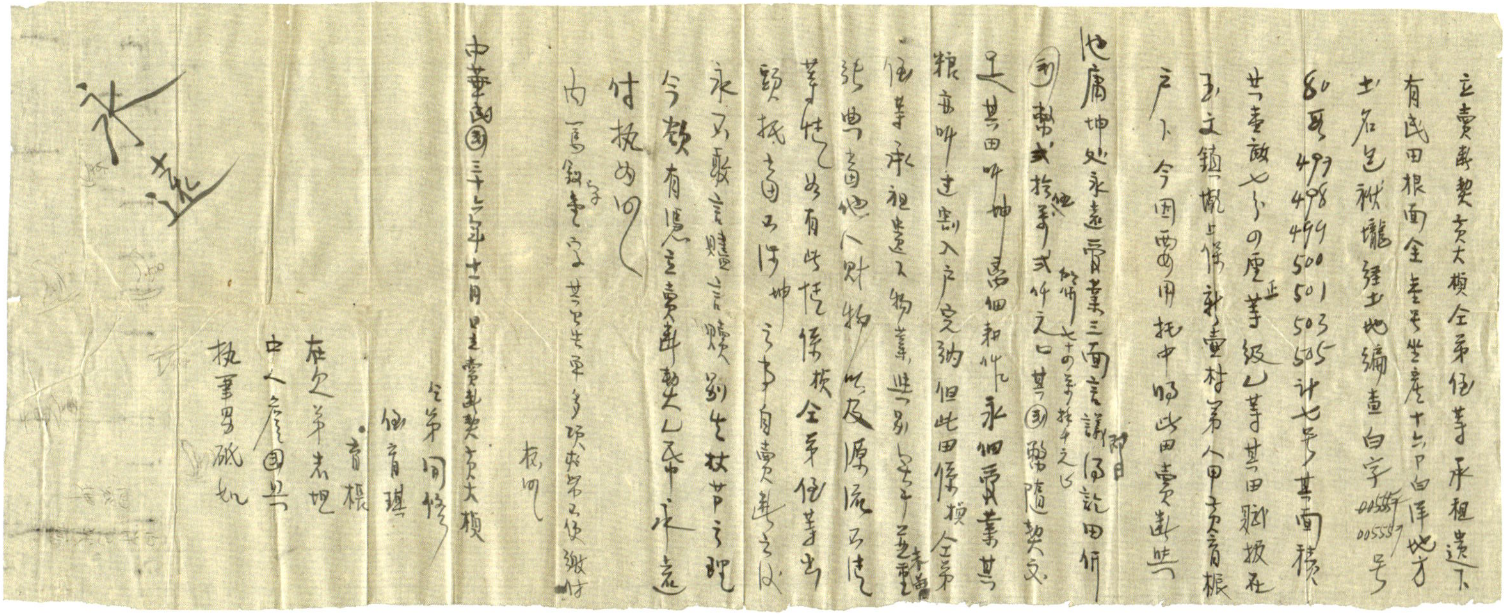

5-8-21-35　民國三十六年十一月黄大楨等立賣斷根面全民田契

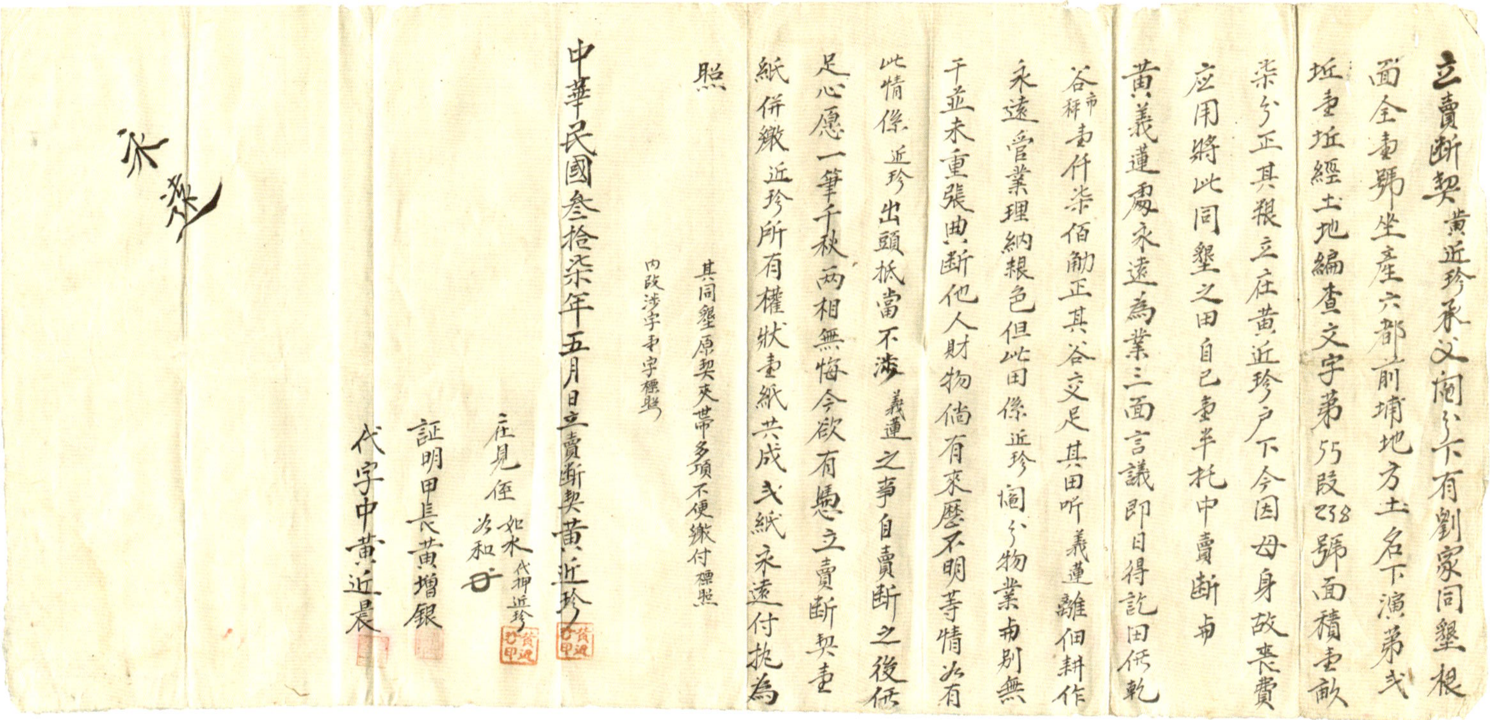

立賣斷契黃近珍承父闔分下有劉家同墾根
面全壹號坐產六都前埔地方土名下瀨第弍
坵壹坵經土地編查文字第55段238號面積壹畝
柒分正其粮立在黃近珍戶下今因母身故喪費
應用將此同墾之田自己壹半托中賣斷與
黃義蓮處永遠為業三面言議即日得訖田價乾
谷市秤壹仟柒佰觔正其谷交足其田听義蓮離佃耕作
永遠管業理納粮色但此田係近珍闔分物業並別無
干並未重張典斷他人財物倘有來歷不明等情必有
此情係近珍出頭抵當不涉義蓮之事自賣斷之後係
足心愿一筆千秋兩相無悔今欲有憑立賣斷契壹
紙併繳近珍所有權狀壹紙共成弍紙永遠付執為
照

其同墾原契夾帶多項不便繳付標照

內改涉字壹字標照

中華民國叁拾柒年五月日立賣斷契黃近珍

在見侄 如水 代押近珍
必和

證明甲長黃增銀

代字中黃近晨

永契

5-8-21-36　民國三十七年五月黃近珍立賣斷根面全民田契

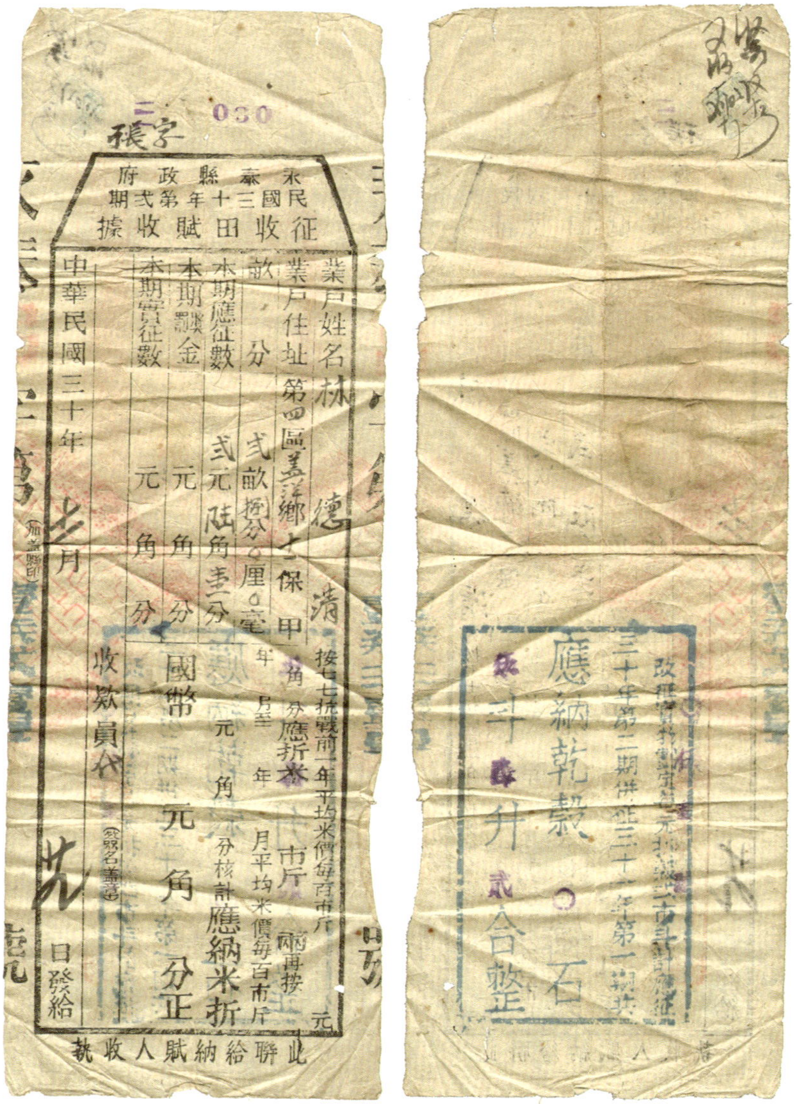
二 030
張字
永泰縣政府
民國三十年第弍期
征收田賦收據
業戶姓名 林德清
業戶住址 第四區盖洋鄉 保 甲
畝分 弍畝捌分〇厘〇毫
本期應征數 弍元陸角叁分
本期滯納金 元 角 分
本期實征數 元 角 分
按七七抗戰前一年平均米價每百市斤 元 角 分應折米 市斤 兩再按 年 月至 年 月平均米價每百市斤 元 角 分核計應納米折 元
國幣 元 角 分正
中華民國三十年十一月 日發給
收款員 （簽名蓋章）
此聯給納賦人收執
三十年第二期併征三十一年第一期共
應納乾穀 〇石
斗 升 貳合整

5-8-22-1 民國三十年十一月林德清户徵收田賦收據

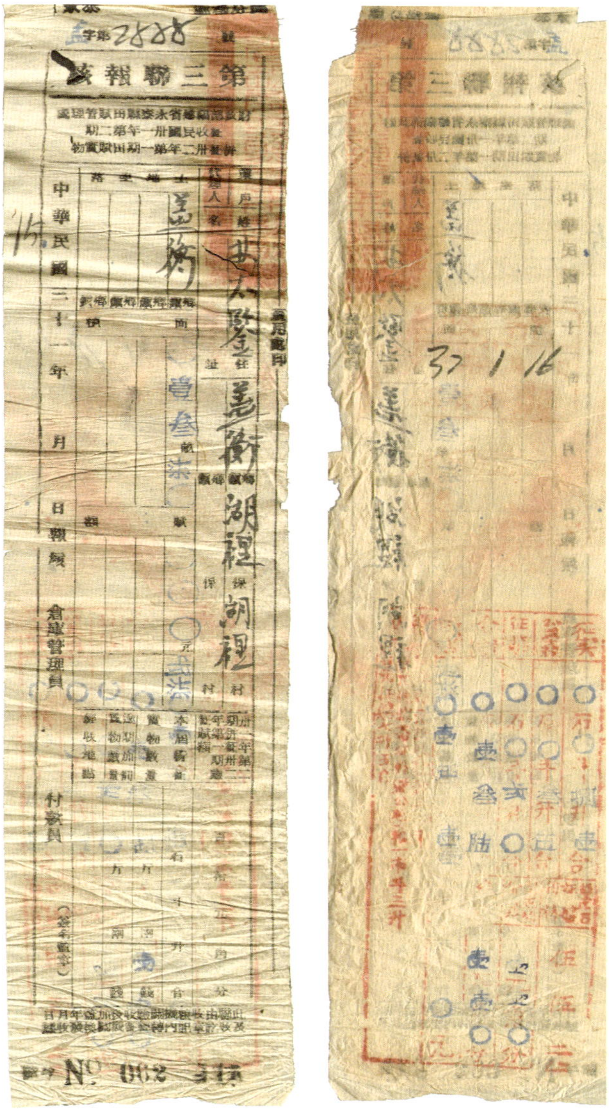

第三聯報核

中華民國三十一年 月 日填發

倉庫管理員

付款員

5-8-22-2　民國三十一年林太鑒户徵收田賦實物收據

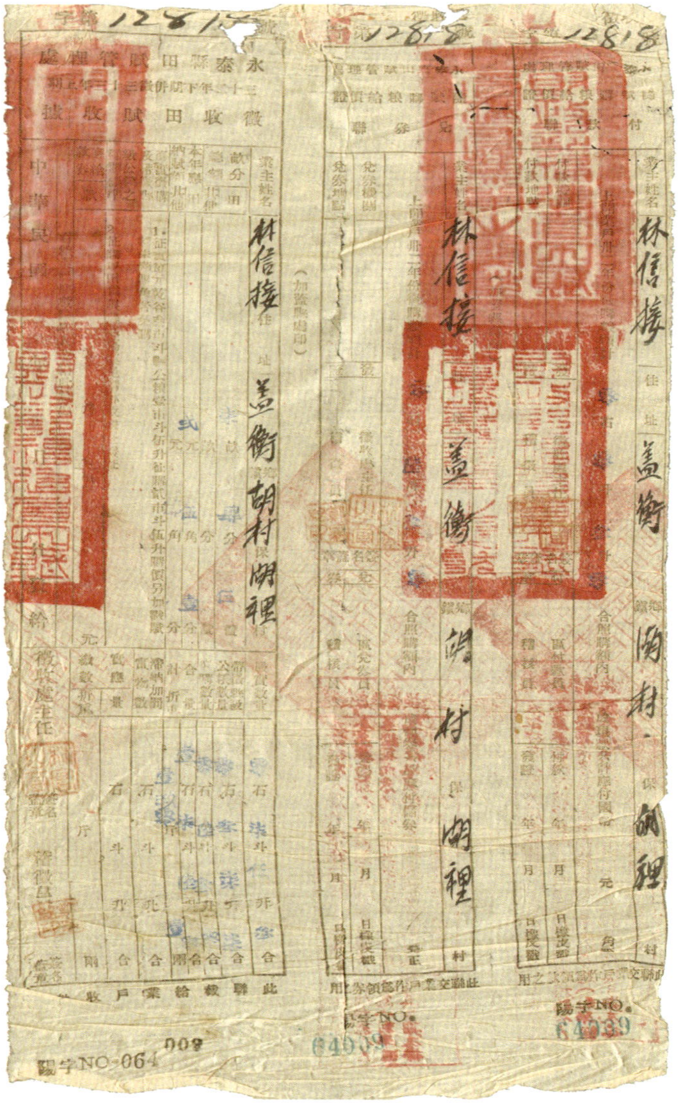

5-8-22-3　民國三十二年林信接户徵收田賦收據

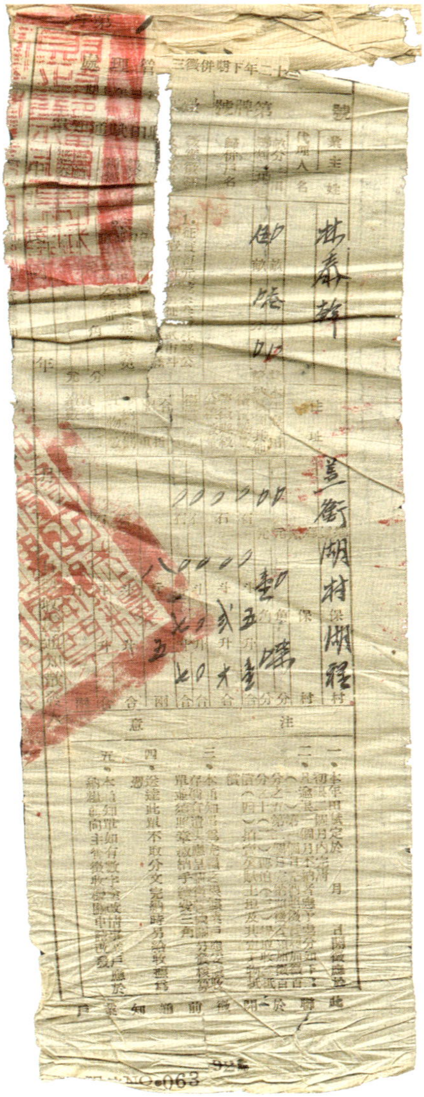

5-8-22-4　民國三十二年林泰幹户徵收田賦通知單

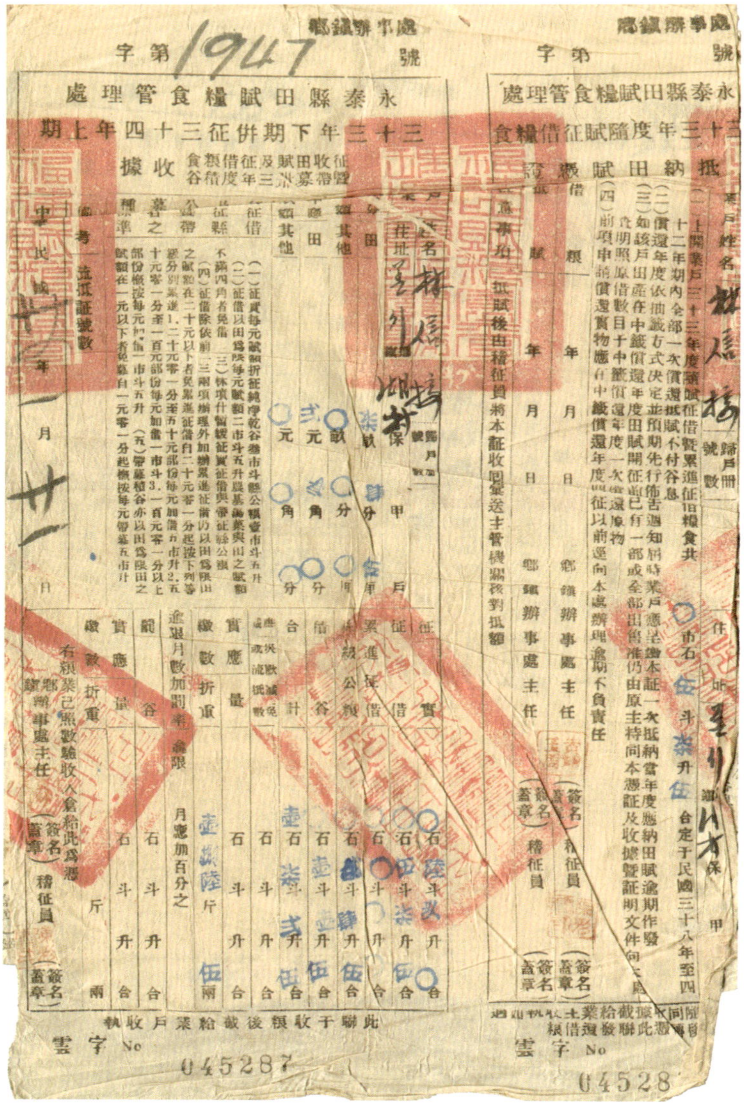

5-8-22-5　民國三十四年一月林信接户徵收田賦及徵借糧食暨帶募積穀收據

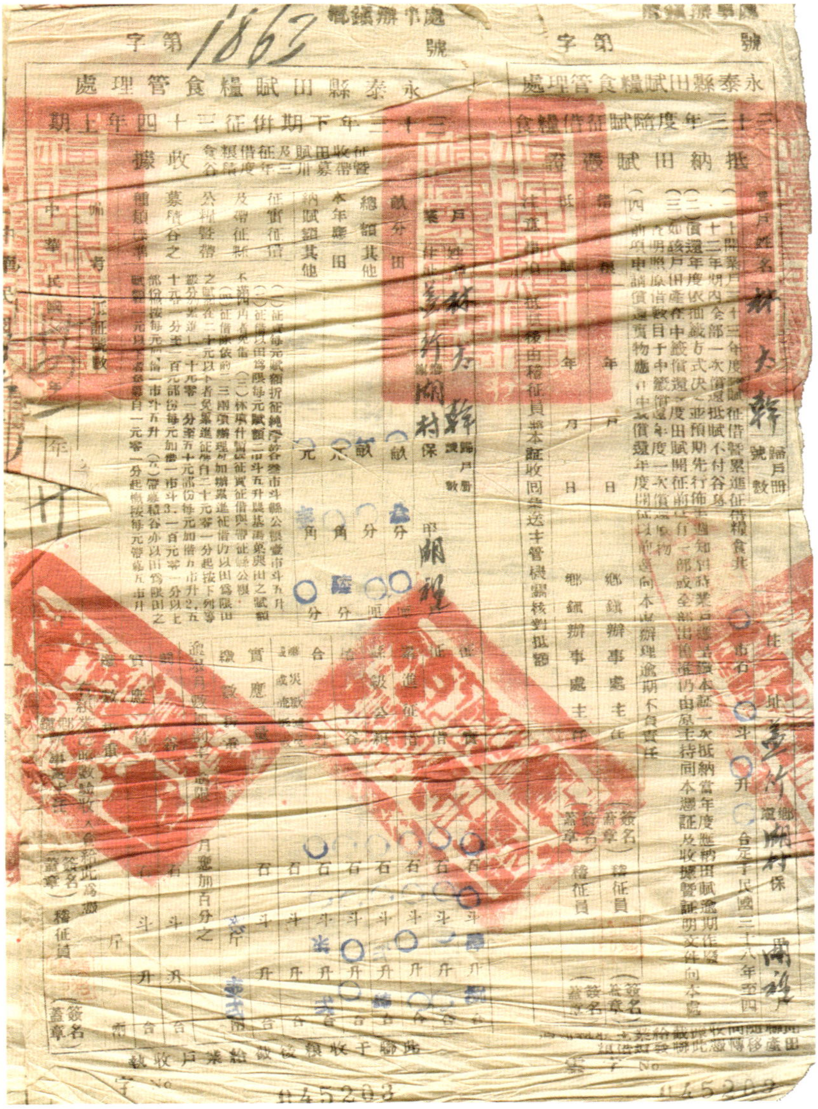
永泰縣田賦糧食管理處
三十四年上期征借下年期……收據
永泰縣田賦糧食管理處
三十三年度隨賦征借糧食抵納田賦證
林太幹
1863
No. 045208

5-8-22-6　民國三十四年二月林太幹户徵收田賦及徵借糧食暨帶募積穀收據

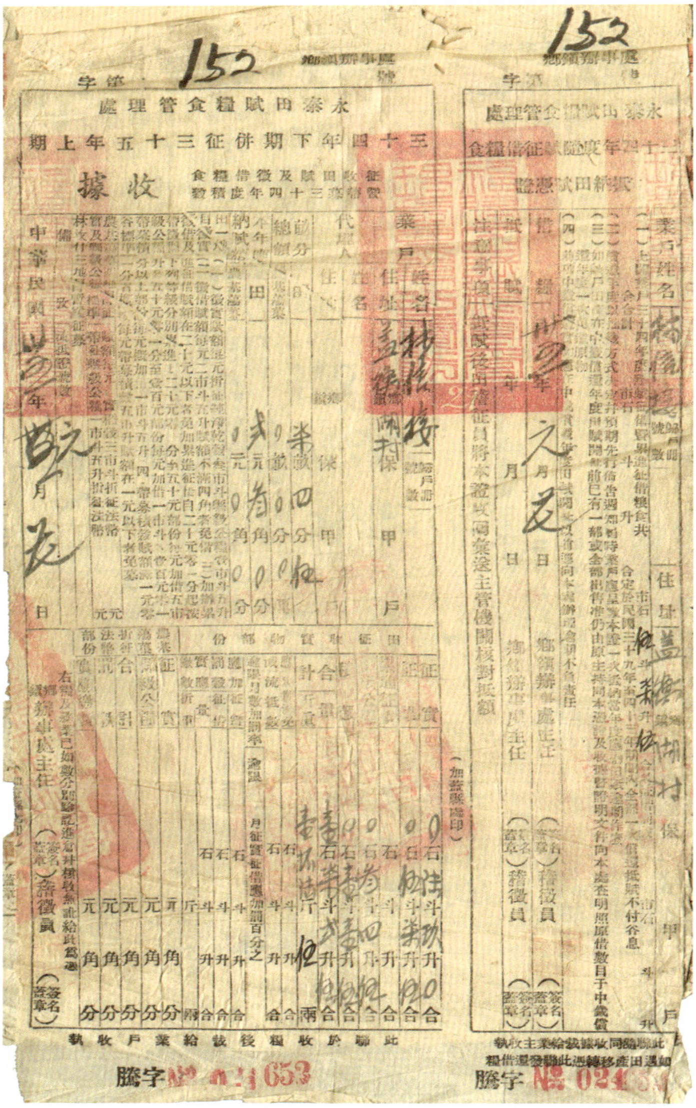

5-8-22-7　民國三十五年元月林信接户徵收田賦及徵借糧食暨帶募積穀收據

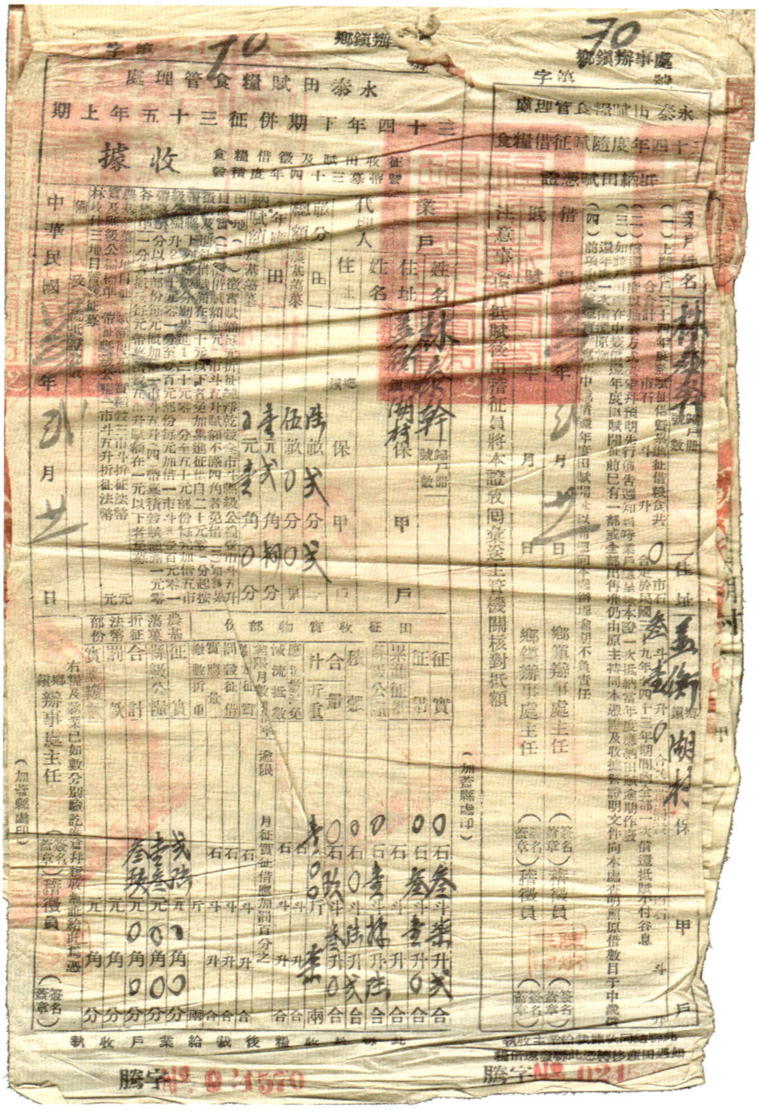
永泰田賦糧食管理處
三十四年下期併征三十五年上期
征收田賦及徵借糧食暨帶募三十四年度積穀
收據
鄉鎮辦事處 第 字 號 70
中華民國 年 月 日
鄉鎮辦事處主任 稽徵員
（加蓋縣章印）
永泰田賦糧食管理處
三十四年度隨賦征借糧食
征借田賦憑證
鄉鎮辦事處主任 稽徵員
（加蓋縣章印）
騰字No. 0

5-8-22-8　民國三十五年二月林泰幹户徵收田賦及徵借糧食暨帶募積穀收據（一）

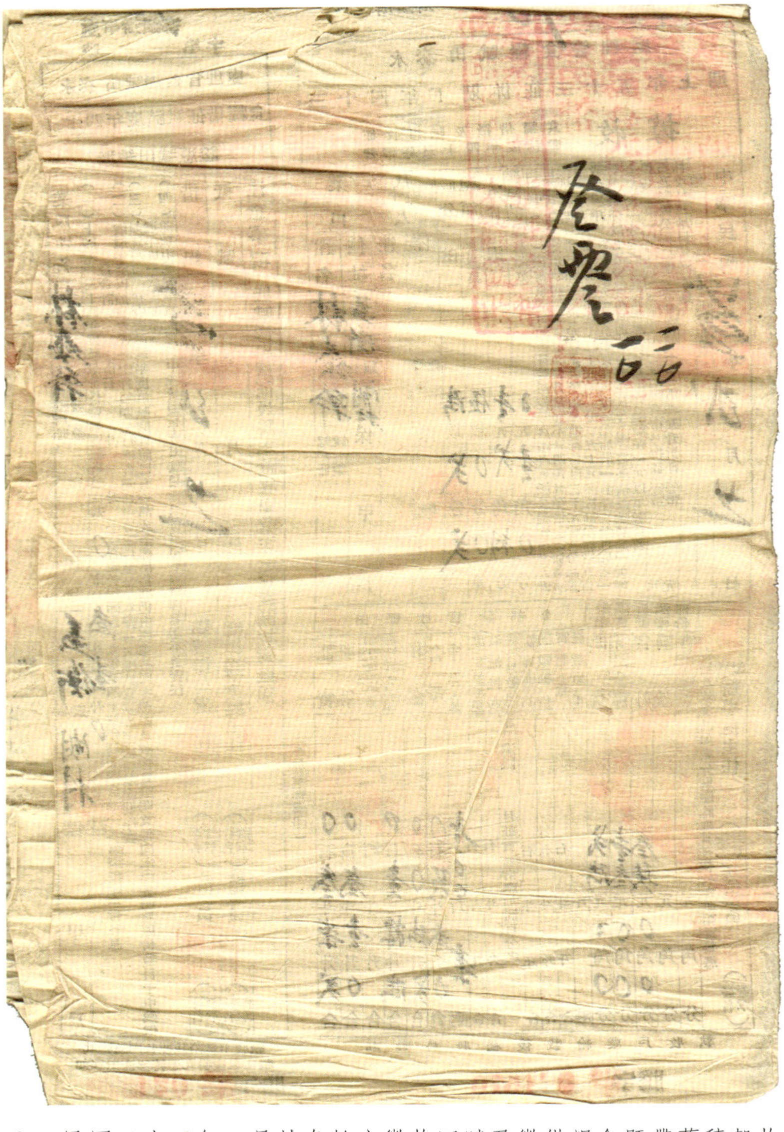

5-8-22-9　民國三十五年二月林泰幹户徵收田賦及徵借糧食暨帶募積穀收據（二）

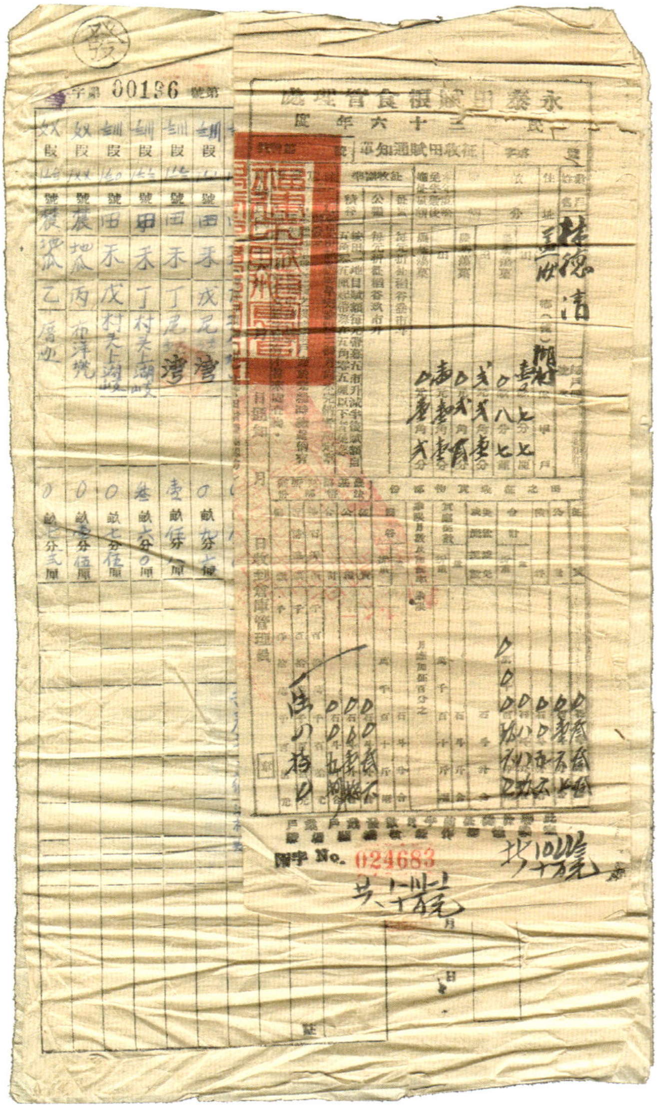

5-8-22-10　民國三十六年林德清户徵收田賦通知單（一）

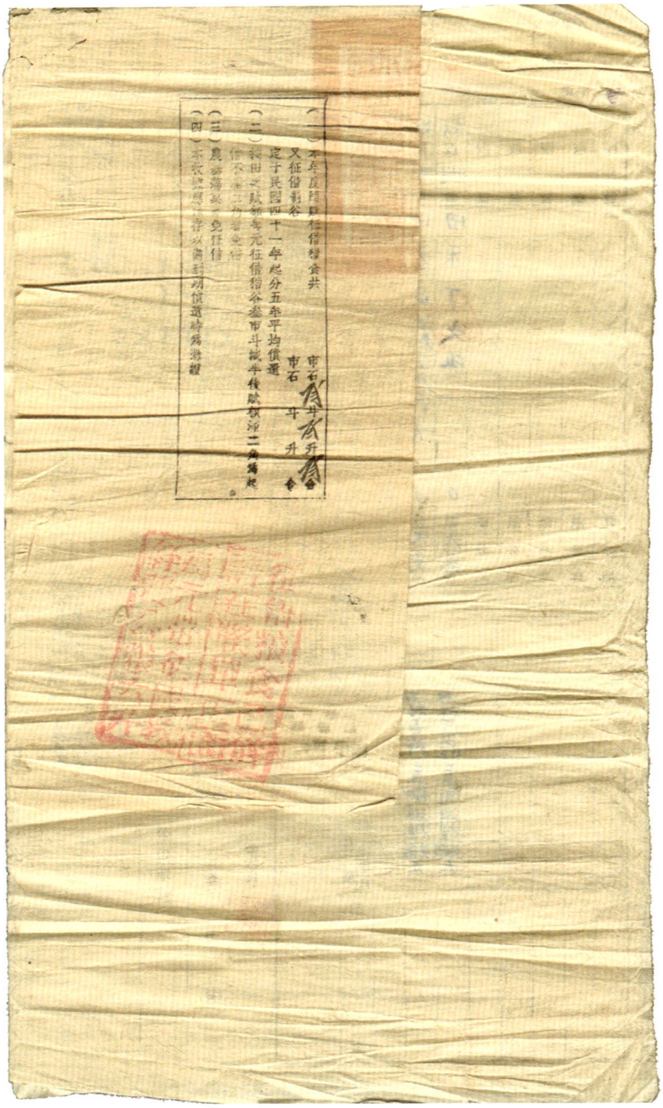

(一)本年度隨賦征借糧食共　市石　斗　升　合
又征借[illegible]谷　市石　斗　升　合
定于民國四十一年起分五年平均償還
(二)按田之賦額每元征借稻谷叁市斗[illegible]賦額滿二角爲起
借不滿二角者免借
(三)農[illegible]免征借
(四)本收據應[illegible]存以備到期償還時爲憑證

5-8-22-11　民國三十六年林德清户徵收田賦通知單(二)

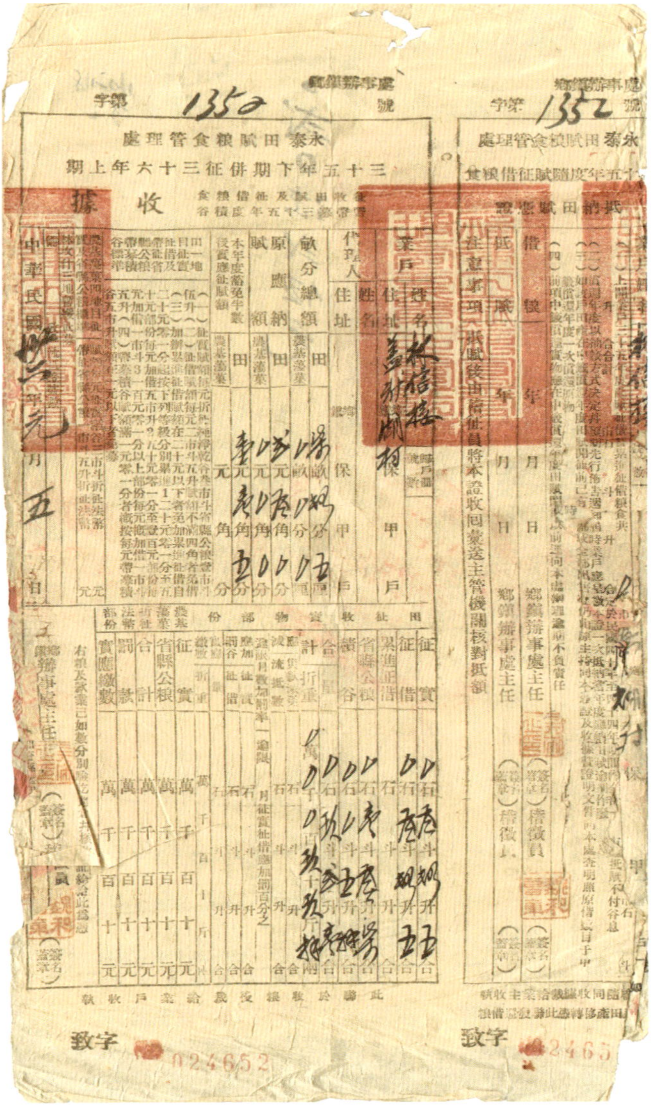

永泰田賦糧食管理處

三十五年下期併征三十六年上期

徵收田賦及征借糧食暨帶募三十五年度積谷

收據

業戶 姓名 林信接

中華民國卅六年元月五日

5-8-22-12　民國三十六年元月林信接户徵收田賦及徵借糧食暨帶募積穀收據（一）

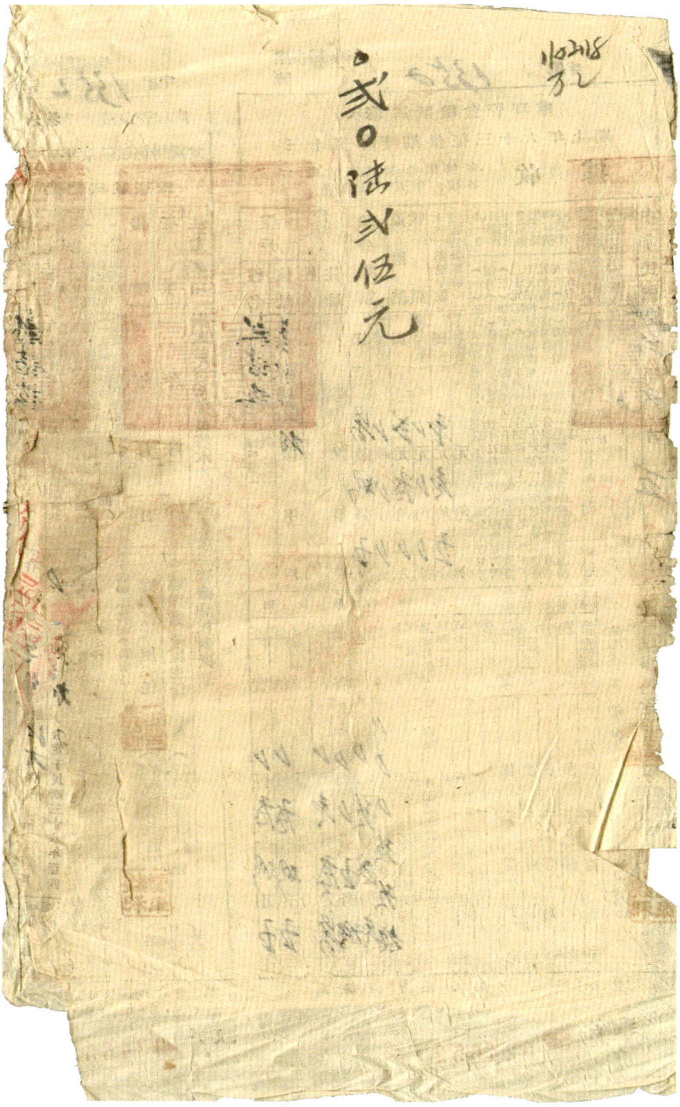
貳〇陸貳伍元

5-8-22-13　民國三十六年元月林信接户徵收田賦及徵借糧食暨帶募積穀收據（二）

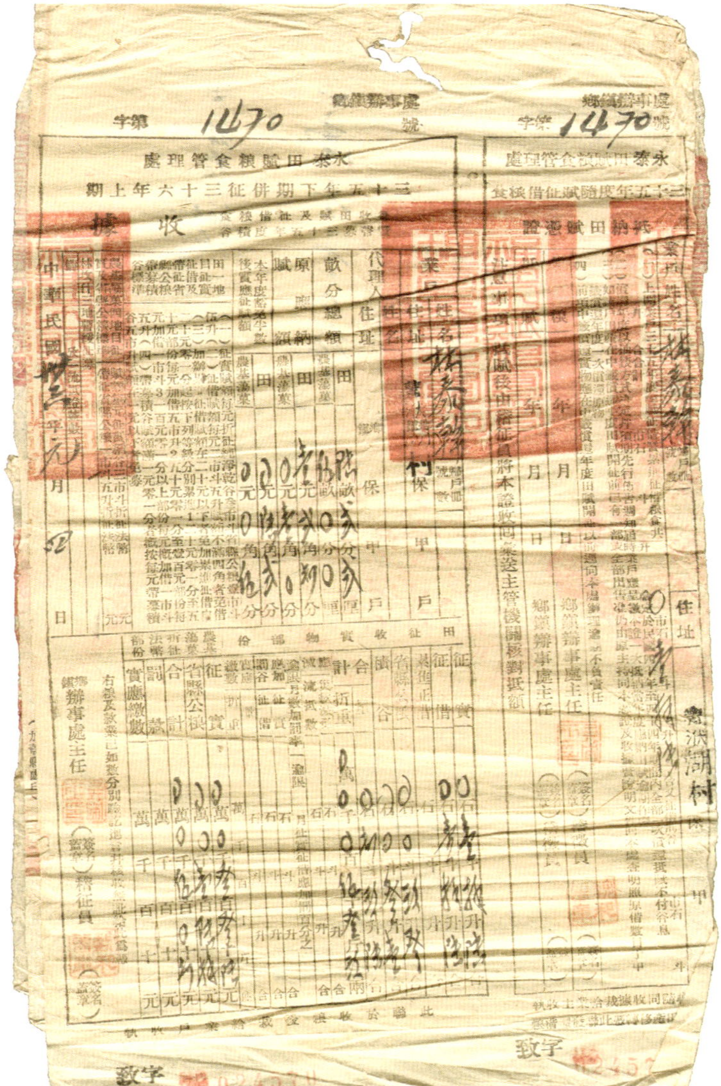
永泰田賦糧食管理處
三十五年下期併征三十六年上期
收據
字第 1470 號

5-8-22-14　民國三十六年元月林泰幹户徵收田賦及徵借糧食暨帶募積穀收據（一）

5-8-22-15　民國三十六年元月林泰幹户徵收田賦及徵借糧食暨帶募積穀收據（二）

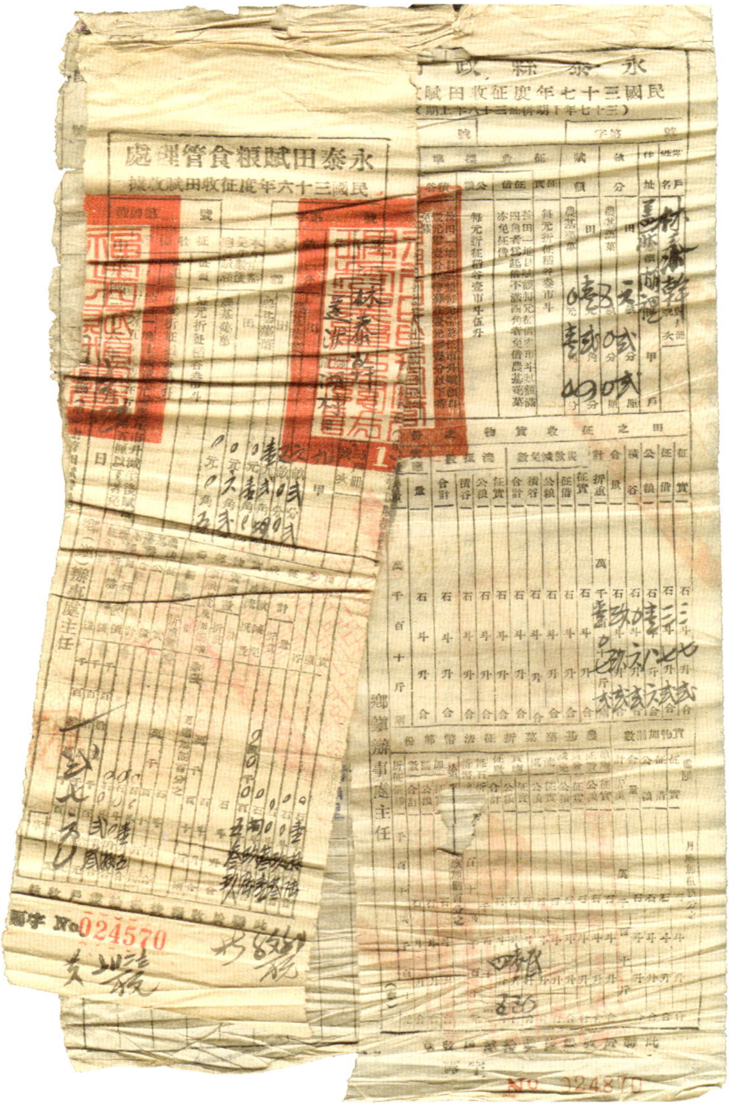
永泰田賦糧食管理處
民國三十六年度征收田賦收據
永泰縣政府
民國三十七年度征收田賦
鄉鎮辦事處主任
No 024570
No 024870

5-8-22-16　民國三十六年十一月林泰幹户徵收田賦收據（一）

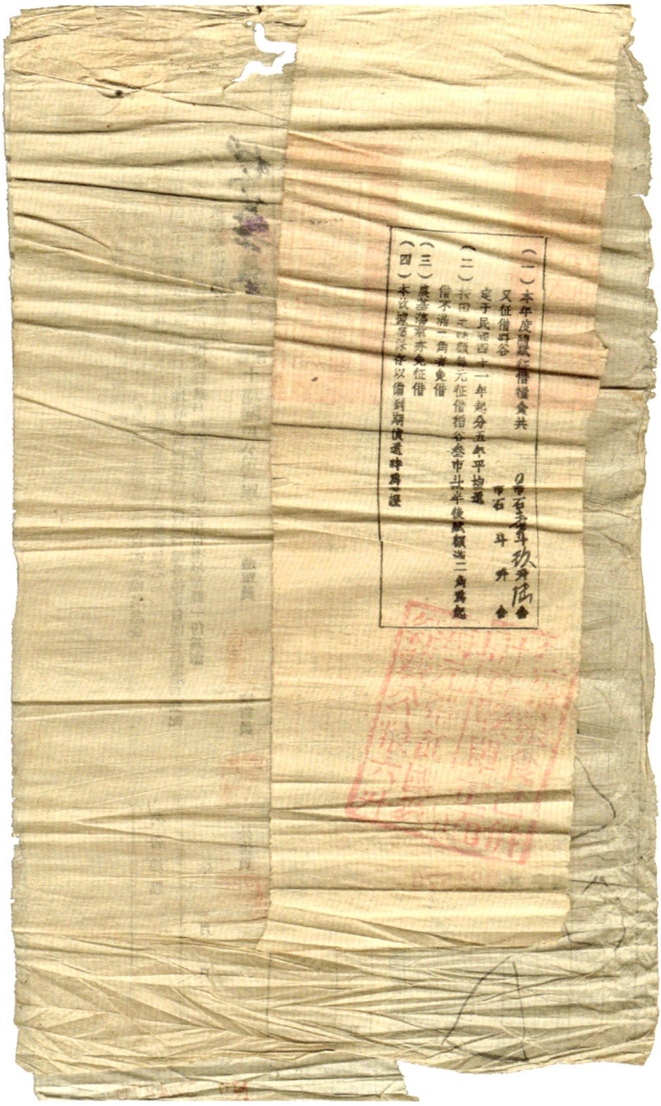
（一）本年度隨賦征借糧食共　市石　斗　升　合
又征借糧谷　市石　斗　升　合
定于民國四十一年起分五年平均攤還
（二）按田[illegible]額每元征借稻谷叁市斗[illegible]賦額滿二角爲起
借不滿二角者免借
（三）[illegible]亦免征借
（四）本收據妥爲保存以備到期償還時爲憑證

5-8-22-17　民國三十六年十一月林泰幹户徵收田賦收據（二）

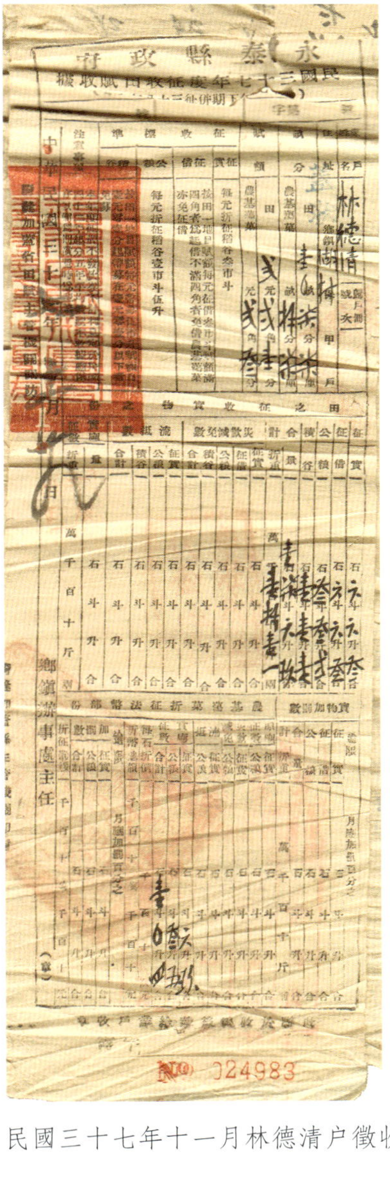

永泰縣政府

民國三十七年度征收田賦收據

戶名 林德清

No 024983

5-8-22-18　民國三十七年十一月林德清户徵收田賦收據（一）

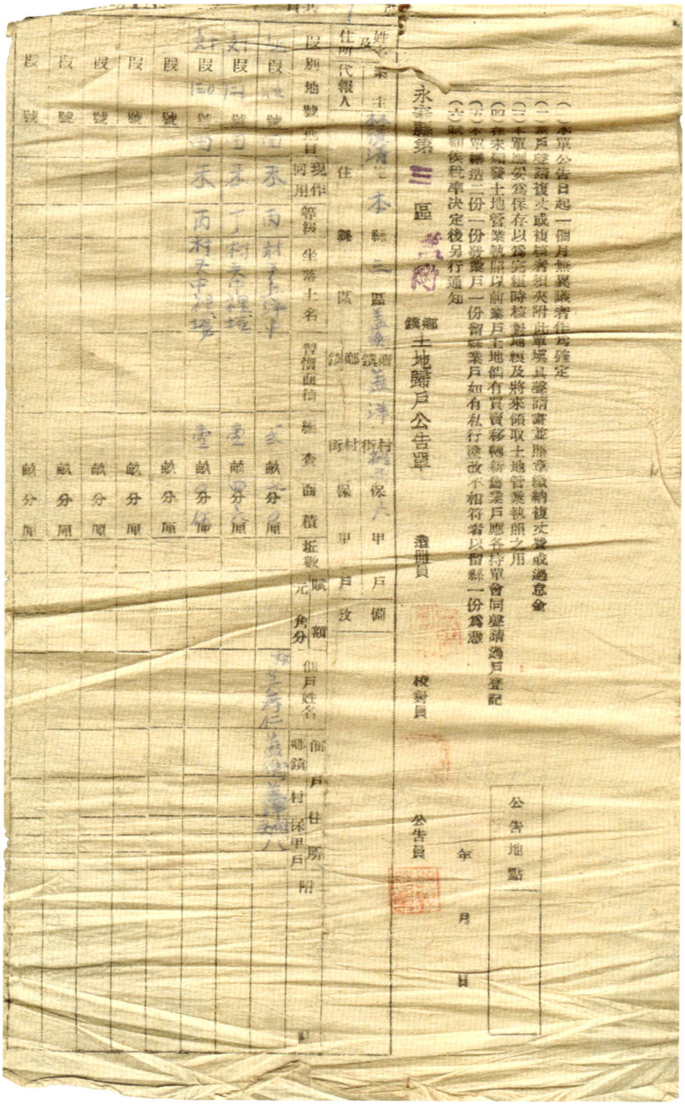

(一)本單公告日起一個月無異議者作為確定
(二)業戶聲請複丈或複核者須夾附此單填具聲請書並依章繳納複丈費或過怠金
(三)本單應妥為保存以為完糧時核對地糧及將來領取土地管業執照之用
(四)在未頒發土地管業執照以前業戶土地倘有買賣移轉新舊業戶應各持單會同聲請過戶登記
(五)本單繕造二份一份發業戶一份留縣業戶如有私行塗改不相符者以留縣一份為憑
(六)賦額俟稅率決定後另行通知

永春縣第三區 鄉鎮土地歸戶公告單

姓名及業主 林德清 住本縣二區 鄉鎮 村街 保 甲 戶 備
住所代報人 住 縣 區 鄉鎮 村街 保 甲 戶 攷

段別地號 地目 現作何用 等級 坐落土名 習慣面積 編查面積 坵數 賦額 元角分 佃戶姓名 佃戶住所 鄉鎮村保甲戶 附

段 號 畝 分 厘
段 號 畝 分 厘
段 號 畝 分 厘
段 號 畝 分 厘
段 號 畝 分 厘
段 號 畝 分 厘
段 號 畝 分 厘
段 號 畝 分 厘

造冊員 校對員 公告員
年 月 日
公告地點

5-8-22-19　民國三十七年十一月林德清户徵收田賦收據（二）

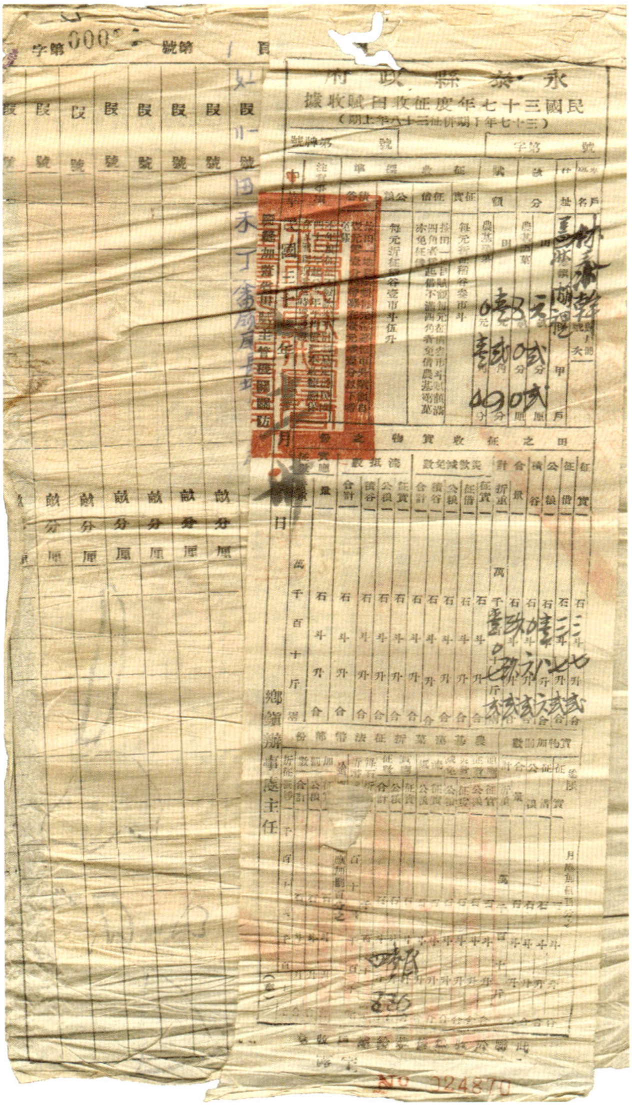

5-8-22-20　民國三十七年十一月林泰幹户徵收田賦收據（一）

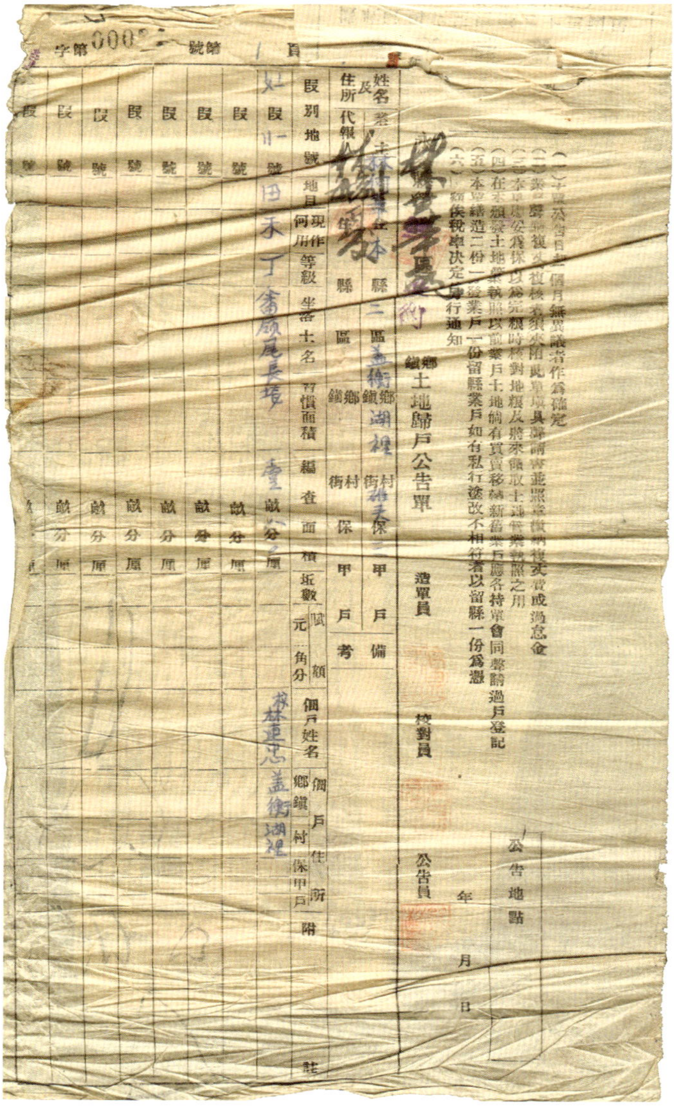

5-8-22-21　民國三十七年十一月林泰幹户徵收田賦收據（二）

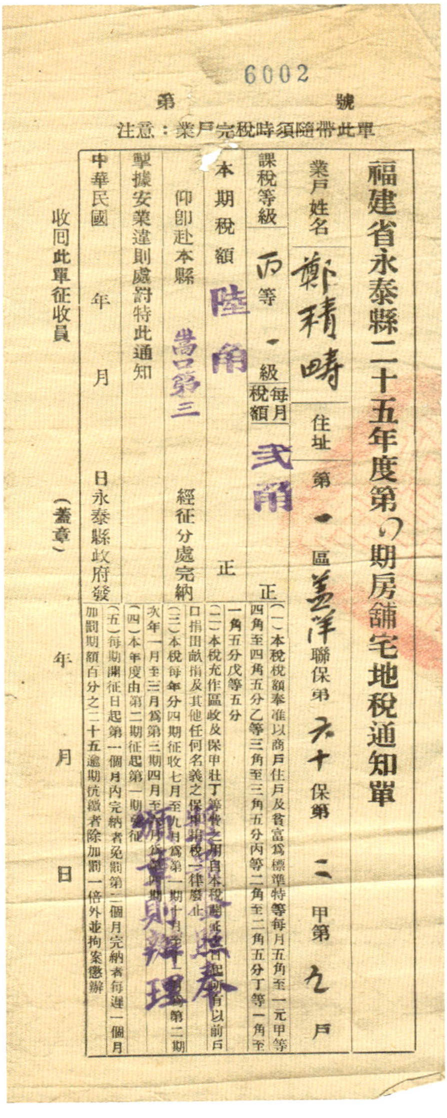
第 6002 號

注意：業戶完稅時須隨帶此單

福建省永泰縣二十五年度第四期房鋪宅地稅通知單

業戶姓名 鄭積畤

住址 第一區蓋洋聯保第六十保第二甲第九戶

課稅等級 丙等一級

每月稅額 弍角

本期稅額 陸角 正

仰即赴本縣蓋洋第三經征分處完納 正

掣據安業違則處罰特此通知

中華民國 年 月 日永泰縣政府發

收回此單征收員 （蓋章） 年 月 日

（一）本稅稅額奉准以商戶住戶及貧富爲標準特等每月五角至一元甲等四角至四角五分乙等三角至三角五分丙等二角至二角五分丁等一角至一角五分戊等五分

（二）本稅充作區收及保甲壯丁等經費之用自本稅開征之日起所有以前戶口捐田畝捐及其他任何名義之保甲捐稅一律廢止

（三）本稅每年分四期征收七月至九月爲第一期十月至十二月爲第二期次年一月至三月爲第三期四月至六月爲第四期

（四）本年度由第二期征起第一期免征

（五）每期開征日起第一個月內完納者免罰第二個月完納者每遲一個月加罰期額百分之二十五逾期抗繳者除加罰一倍外並拘案懲辦

5-8-23-1　民國二十五年鄭積畤户房鋪宅地税通知單

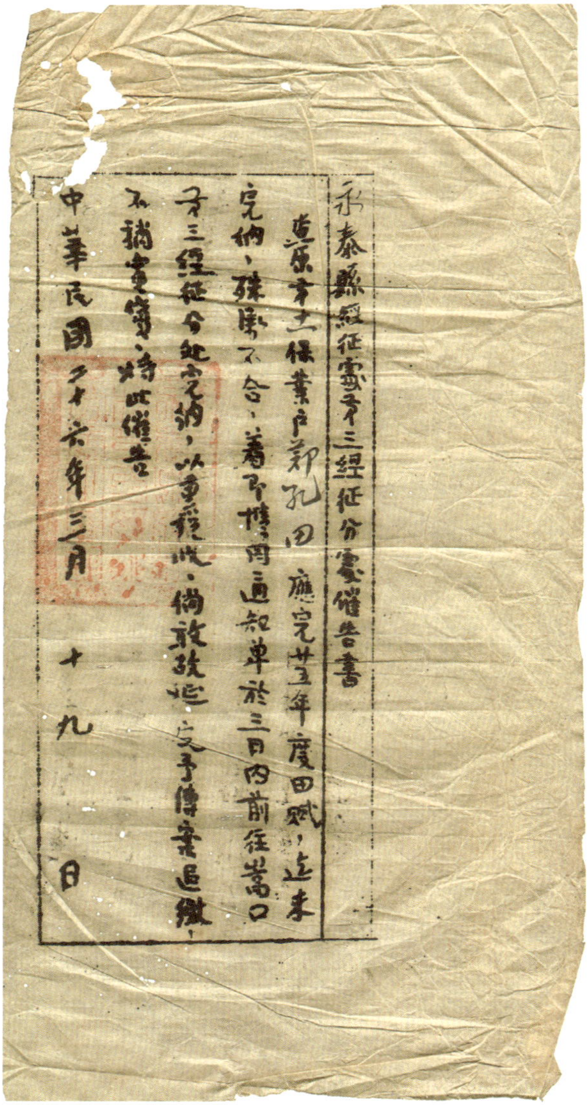

永泰縣經征處第十三經征分處催告書

查原第十一保業户鄭孔田應完廿五年度田賦，迄未完納，殊屬不合，着即携同通知单於三日內前往嵩口第十三經征分處完納，以重稅收，倘敢玩延，定予傳案追繳，不稍寬貸，特此催告

中華民國廿六年三月十九日

5-8-23-2　民國二十六年三月鄭孔田户田賦催告書

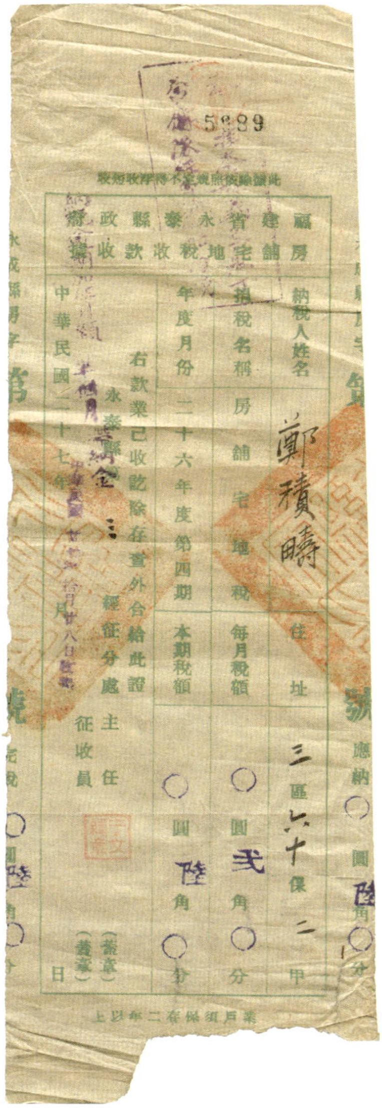

5889

此證驗依照規定不得浮收短欵

福建省永泰縣政府房舖宅地稅收款收據

納稅人姓名	鄭積疇	
住址	三區六十保二甲	
捐稅名稱	房舖宅地稅	
每月稅額	〇圓弍角〇分	
年度月份	二十六年度第四期	
本期稅額	〇圓陸角〇分	

右款業已收訖除存查外合給此證

永泰縣徵收分處主任（蓋章）

經征征收員（蓋章）

中華民國二十七年　月　日

業戶須保存二年以上

永成縣房字第　號　應納〇圓陸角〇分

5-8-23-3　民國二十七年十月鄭積疇户房舖宅地稅收款收據

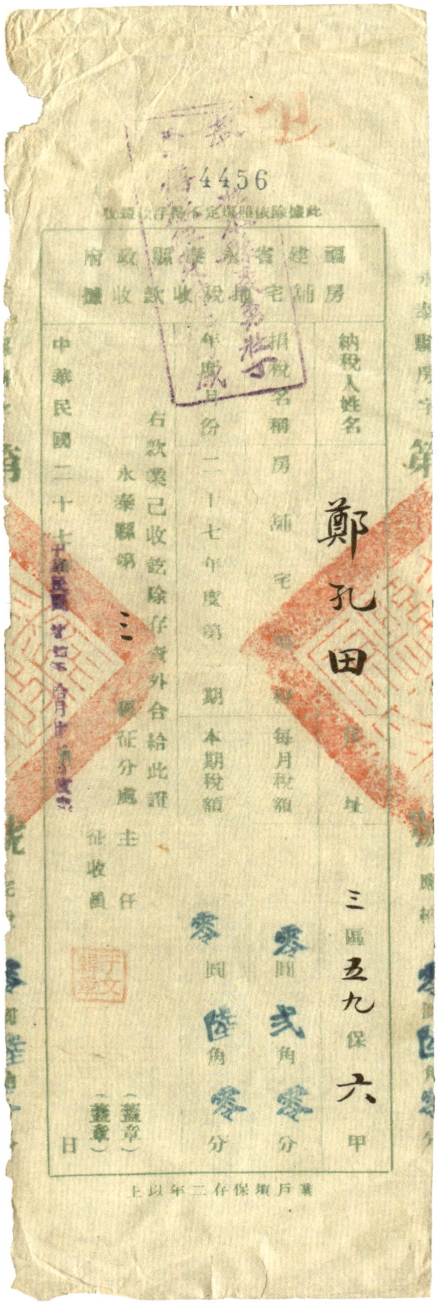
4456

福建省永泰縣政府
房舖宅地稅收款收據

納稅人姓名　鄭孔田　住址　三區五九保六甲
捐稅名稱　房舖宅地　每月稅額　零圓貳角零分
年月份　二十七年度第一期　本期稅額　零圓陸角零分
右款業已收訖除存查外合給此證
永泰縣第三區征收分處主任（蓋章）
征收員（蓋章）
中華民國二十七年　月　日
業戶須保存二年以上

5-8-23-4　民國二十七年十月鄭孔田户房舖宅地稅收款收據

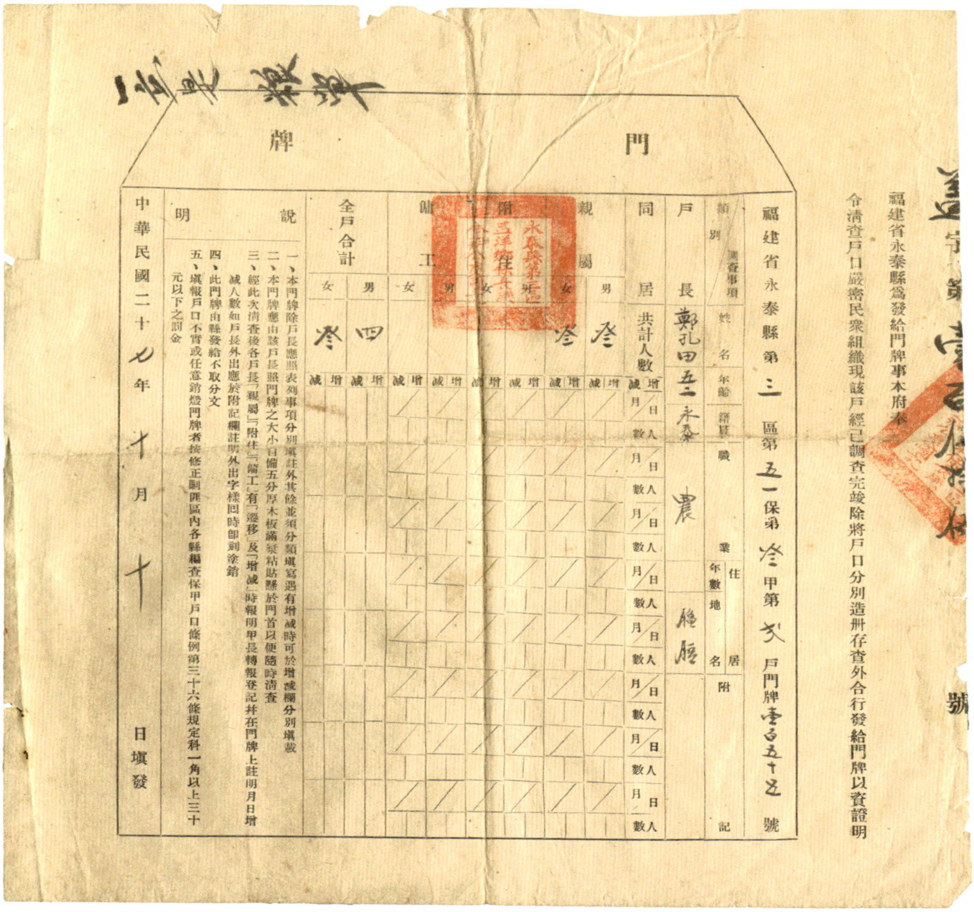

蓋字第壹百伍拾伍號

福建省永泰縣爲發給門牌事本府奉
令清查戶口嚴密民衆組織現該戶經已調查完竣除將戶口分別造册存查外合行發給門牌以資證明

門牌

福建省永泰縣第三區第五一保第叁甲第玖戶門牌壹百五十五號

調查事項	姓名	年齡	籍貫	職業	住居年數	附記
戶長	鄭孔田	五二	永泰	農		胞腔

同居	親屬 男	親屬 女	附住 男	附住 女	傭工 男	傭工 女	全戶合計 男	全戶合計 女
共計人數	叁	叁					四	叁

說明
一、本門牌除戶長應照表列事項分別填註外其餘並須分類填寫遇有增減時可於增減欄分別填載
二、本門牌應由該戶長照門牌之大小自備五分厚木板滿漿粘貼懸於門首以便隨時清查
三、經此次清查後各戶長「親屬」「附住」「傭工」有「遷移」及「增減」時報明甲長轉報登記并在門牌上註明月日增減人數如戶長外出應於附記欄註明外出字樣回時即刻塗銷
四、此門牌由縣發給不取分文
五、填報戶口不實或任意銷燬門牌者按修正剿匪區內各縣編查保甲戶口條例第三十六條規定科一角以上三十元以下之罰金

中華民國二十七年十月十日填發

5-8-23-5　民國二十七年十月鄭孔田戶門牌

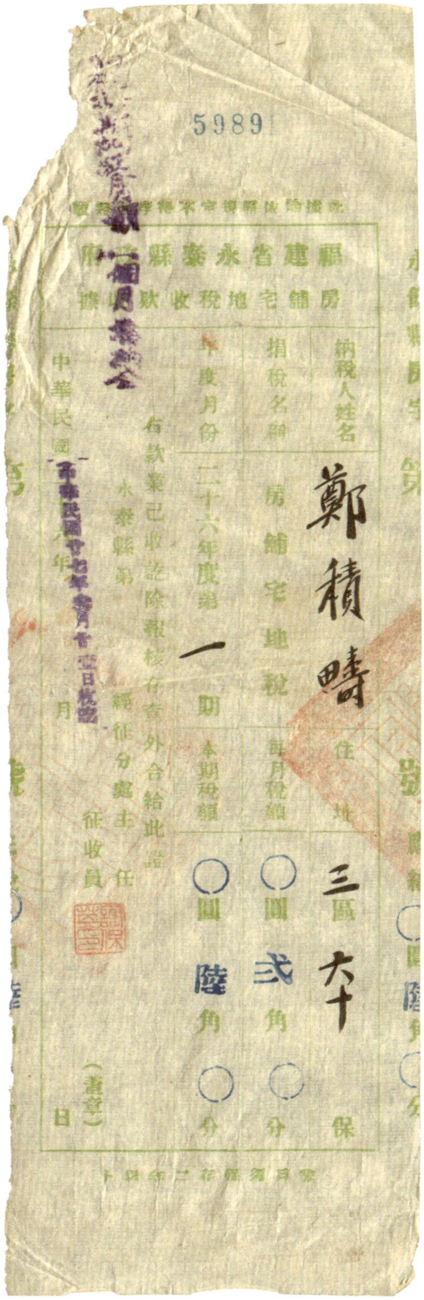
5989

福建省永泰縣政府

房舖宅地稅收款收據

納稅人姓名	鄭積疇	住址	三區 六十 保
捐稅名稱	房舖宅地稅	每月稅額	○圓 弍角 ○分
年度月份	二十六年度第 一 期	本期稅額	○圓 陸角 ○分

右款業已收訖除報核存查外合給此證

永泰縣第 經征分處主任

征收員 （簽章）

中華民國 年 月 日

中華民國廿七年壹月廿壹日收訖

5-8-23-6　民國二十七年鄭積疇户房舖宅地税收款收據

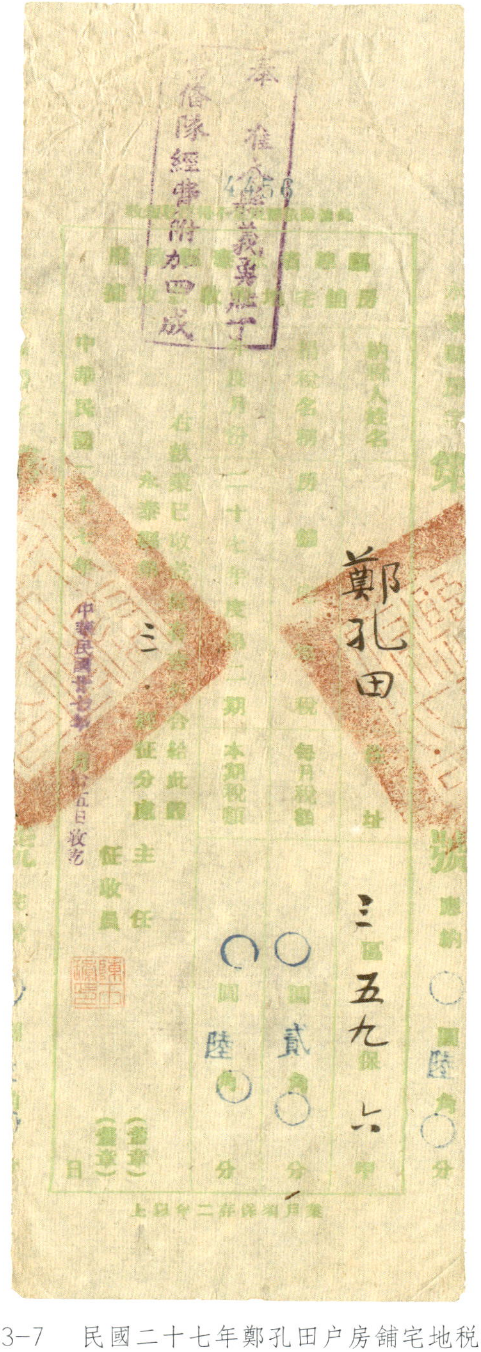

5-8-23-7　民國二十七年鄭孔田户房舖宅地税收款收據

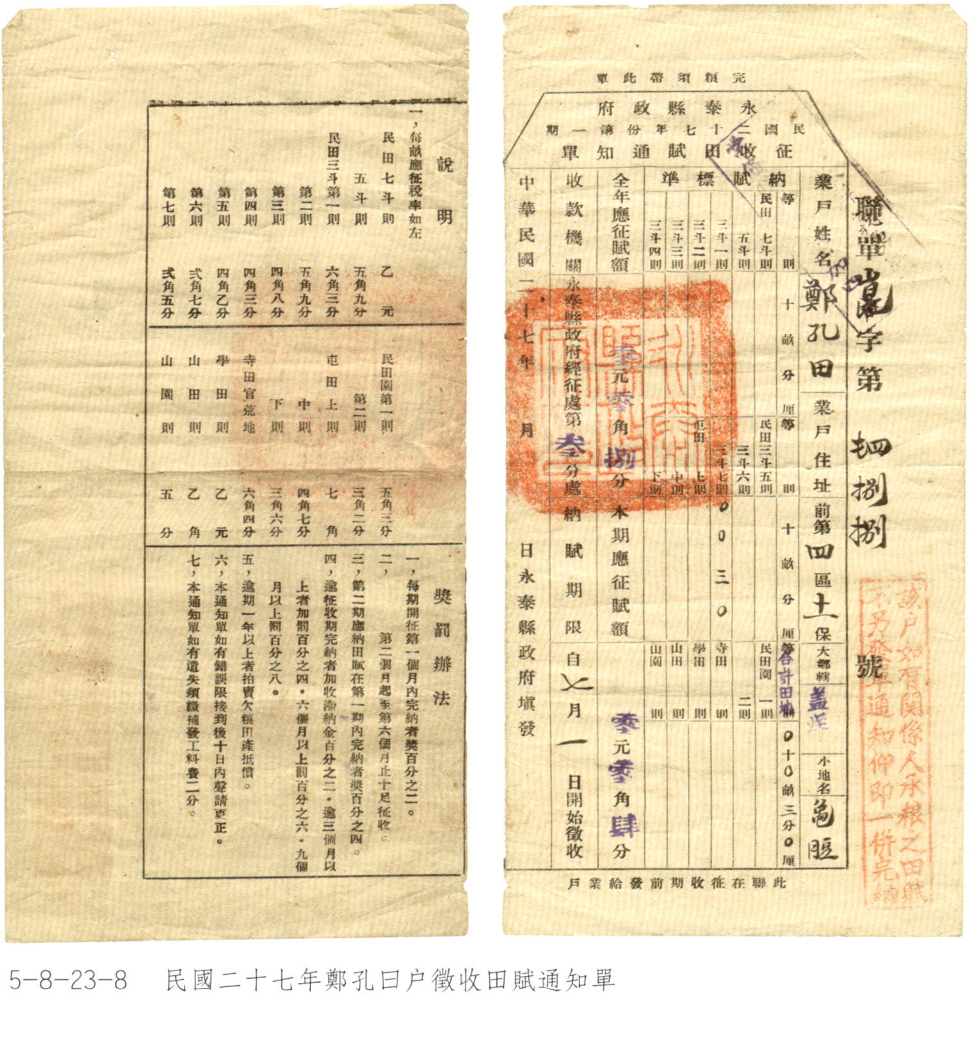
完糧須帶此單

永泰縣政府

民國二十七年份第一期

征收田賦通知單

聯單㠯字第捌捌捌號

業戶姓名：鄭孔田

業戶住址：前第四區十保

大鄉村：盖洋

小地名：亀脰

納賦標準

等則：民田七斗則、五斗則、三斗一則、三斗二則、三斗三則、三斗四則　十畝分厘

等則：民田三斗五則、三斗六則、三斗七則、屯田上則、中則、下則　十畝分厘 〇〇三〇

等則：民田園一則、二則、寺田則、學田則、山田則、山園則

合計田地 〇十〇畝三分〇厘

全年應征賦額：叁元叁角捌分

本期應征賦額：叁元叁角肆分

收款機關：永泰縣政府經征處第叁分處

納賦期限：自七月一日開始徵收

中華民國二十七年　月　日永泰縣政府填發

該戶如有關係人承粮之田賦不另發單通知仰即一併完納

此聯在征收期前發給業戶

說明

一，每畝應征稅率如左

民田七斗則	乙元	民田園第一則	五角三分
五斗則	五角九分	第二則	三角二分
民田三斗第一則	六角三分	屯田上則	七角
第二則	五角九分	中則	四角七分
第三則	四角八分	下則	三角六分
第四則	四角三分	寺田官荒地	六角四分
第五則	四角乙分	學田則	乙元
第六則	弍角七分	山田則	乙角
第七則	弍角五分	山園則	五分

獎罰辦法

一，每期開征第一個月內完納者獎百分之二。

二，第二個月起至第六個月止十足征收。

三，第二期應納田賦在第一期內完納者獎百分之四。

四，逾征收期完納者加收滯納金百分之二。逾三個月以上者加罰百分之四。六個月以上罰百分之六。九個月以上罰百分之八。

五，逾期一年以上者拍賣欠糧田產抵償。

六，本通知單如有錯誤限接到後十日內聲請更正。

七，本通知單如有遺失須繳補發工料費二分。

5-8-23-8　民國二十七年鄭孔田户徵收田賦通知單

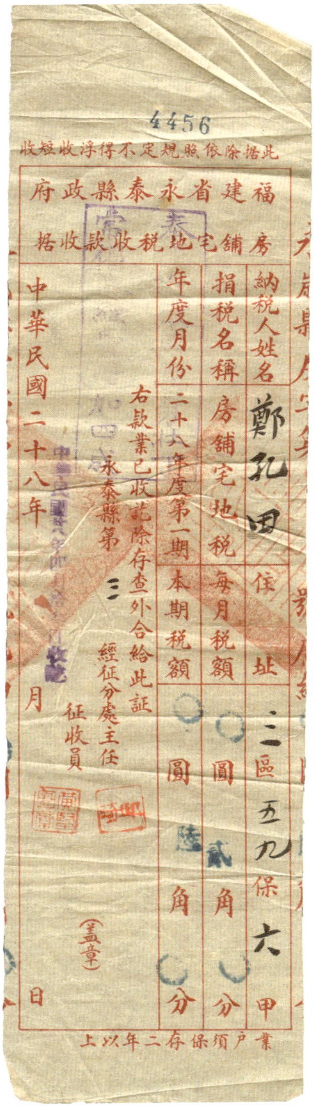
4456

此据除依照規定不得浮收短收

福建省永泰縣政府
房舖宅地稅收款收据

納稅人姓名	鄭孔田	住址	三區五九保六甲
捐稅名稱	房舖宅地稅	每月稅額	圓貳角分
年度月份	二十八年度第一期	本期稅額	圓陸角分

右款業已收訖除存查外合給此証

永泰縣第三經征分處主任

征收員 （蓋章）

中華民國二十八年 月 日

業戶須保存二年以上

5-8-23-9　民國二十八年四月鄭孔田户房舖宅地税收款收據

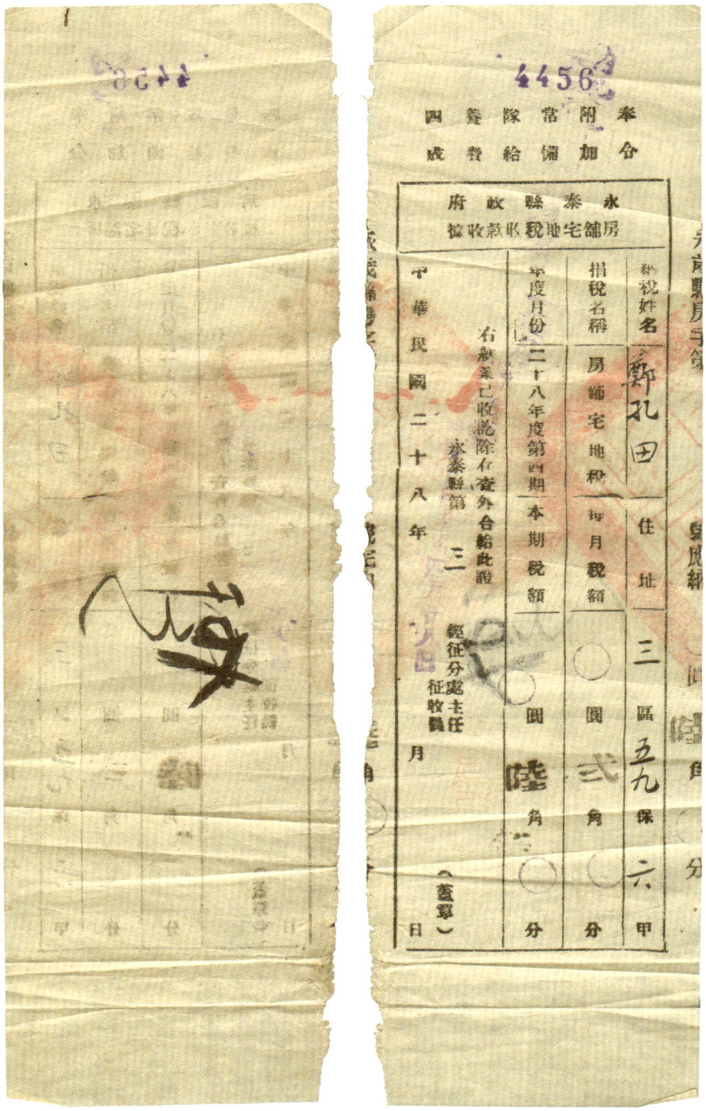
4456

奉令附加常備隊給養費四成

永泰縣政府
房舖宅地稅收款收據

納稅姓名	鄭孔田	住址	三區五九保六甲
捐稅名稱	房舖宅地稅	每月稅額	〇圓弍角〇分
年度月份	二十八年度第四期	本期稅額	〇圓陸角〇分

右納業已收訖除存查外合給此證

永泰縣第 三 經征分處主任 征收員 （蓋章）

中華民國二十八年 月 日

5-8-23-10　民國二十八年鄭孔田户房舖宅地稅收款收據

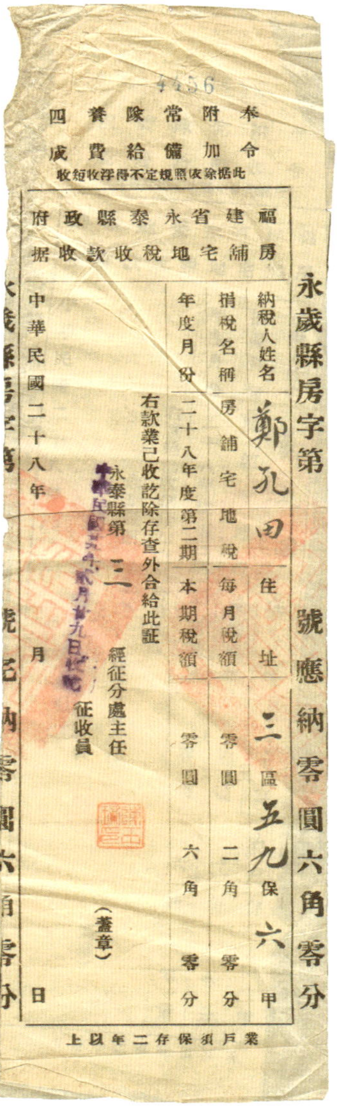
4456

奉令附加常備隊給養費四成

此据除依照規定不得浮收短收

福建省永泰縣政府

房舖宅地稅收款收据

永泰縣房字第　號應納零圓六角零分

納稅人姓名	鄭孔田	住址	三區五九保六甲
捐稅名稱	房舖宅地稅	每月稅額	零圓二角零分
年度月分	二十八年度第二期	本期稅額	零圓六角零分

右款業已收訖除存查外合給此証

永泰縣第三經征分處主任

征收員（蓋章）

中華民國廿九年貳月廿九日收訖

中華民國二十八年　月　日

業戶須保存二年以上

永泰縣房字第　號已納零圓六角零分

5-8-23-11　民國二十九年二月鄭孔田户房舖宅地稅收款收據（一）

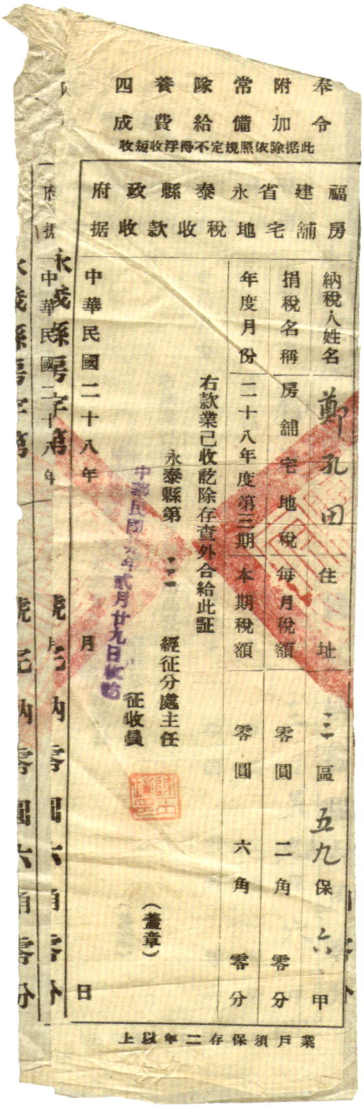
奉令附加常備隊給養費四成
此据除依照規定不得浮收短收

福建省永泰縣政府
房舖宅地税收款收据

納税人姓名	鄭孔田	住址	二區五九保六甲
捐税名稱	房舖宅地税	每月税額	零圓二角零分
年度月份	二十八年度第三期	本期税額	零圓六角零分

右款業已收訖除存查外合給此証
永泰縣第一經征分處主任
征收員
（蓋章）
中華民國二十八年　月　日
業戶須保存二年以上

5-8-23-12　民國二十九年二月鄭孔田户房舖宅地税收款收據（二）

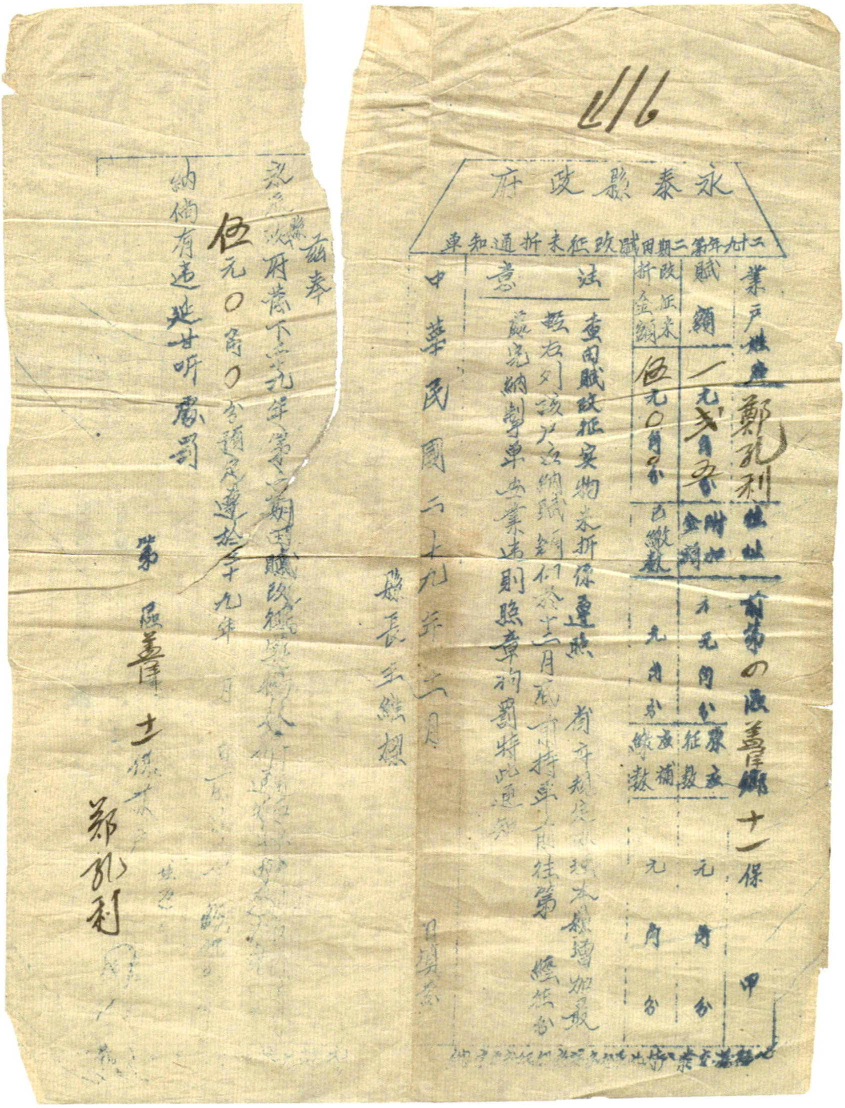

5-8-23-13　民國二十九年十一月鄭孔利户田賦改徵米折通知單

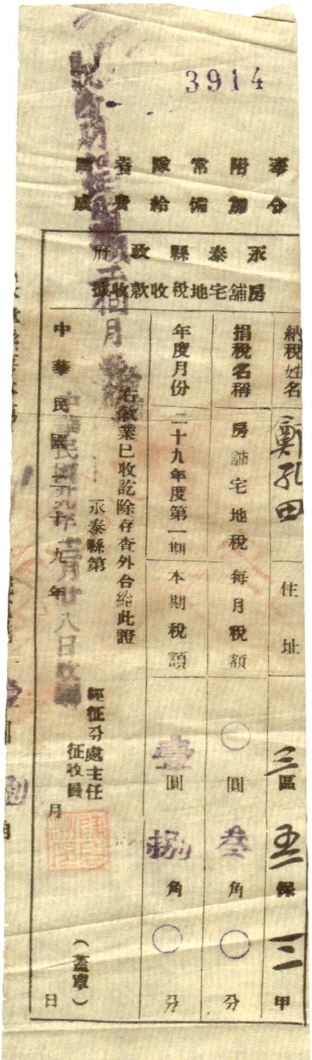
3914

奉令附加常備隊給養費[illegible]成

永泰縣政府

房舖宅地稅收款收據

納稅姓名	鄭孔田	住址	三區五保三甲
捐稅名稱	房舖宅地稅	每月稅額	○圓叁角○分
年度月份	二十九年度第一期	本期稅額	壹圓捌角○分

右款業已收訖除存查外合給此證

永泰縣第　經征分處主任

征收員　（蓋章）

中華民國廿九年十二月廿八日收訖

5-8-23-14　民國二十九年十二月鄭孔田户房舖宅地稅收款收據（一）

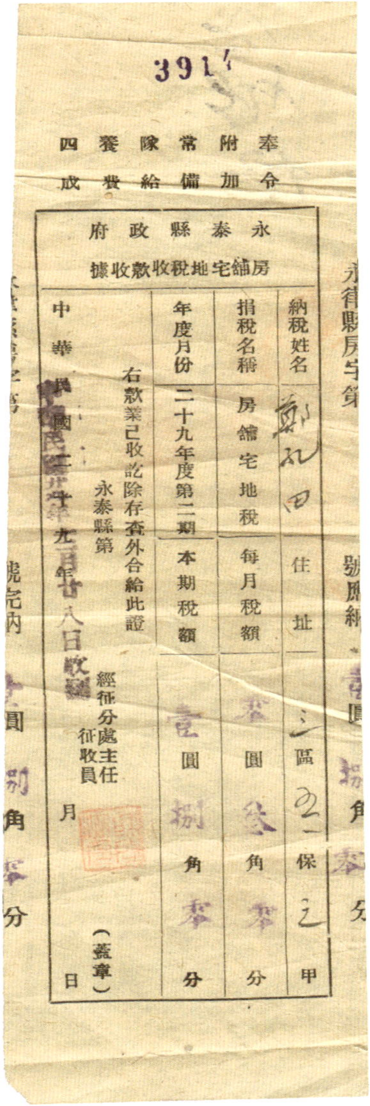

3914

奉令附加常備隊給養費四成

永泰縣政府

房舖宅地稅收款收據

納稅姓名	鄭孔田	
住址	三區五一保三甲	
捐稅名稱	房舖宅地稅	
每月稅額	叁圓叁角零分	
年度月份	二十九年度第二期	
本期稅額	壹圓捌角零分	

右款業已收訖除存查外合給此證

永泰縣第　經征分處主任　征收員（蓋章）

中華民國二十九年十二月廿八日收訖

5-8-23-15　民國二十九年十二月鄭孔田户房舖宅地稅收款收據（二）

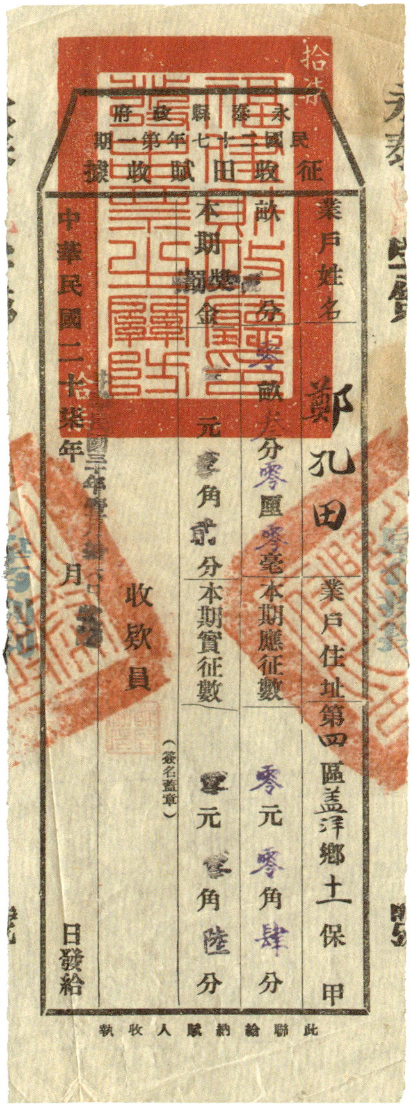
永泰縣政府
民國二十七年第一期
征收田賦收據
業戶姓名 鄭孔田
業戶住址第四區盖洋鄉土保甲
本期應征數 零元零角肆分
本期實征數
本期獎罰金
收款員
（簽名蓋章）
中華民國二十七年 月 日發給
此聯給納賦人收執

5-8-23-16　民國三十年一月鄭孔田户徵收田賦收據（一）

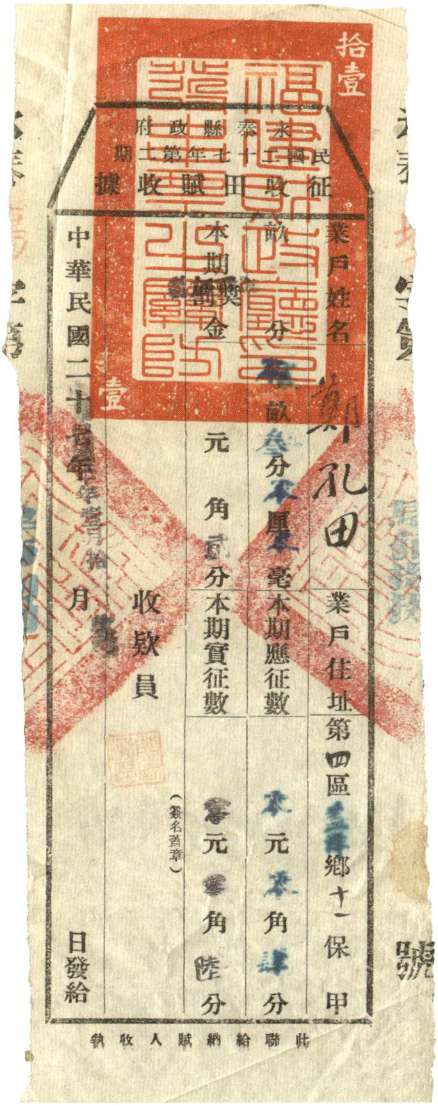

拾壹

永泰縣政府民國三十年第一期田賦收據

業戶姓名 鄭孔田

業戶住址 第四區 蓋洋鄉 十一保 甲

分 畝 叁分 厘 毫 本期應征數 元 角 分

本期獎金 元 角 貳分 本期實征數 元 角 陸分

收款員 （簽名蓋章）

中華民國三十年壹月拾 日發給

此聯給納賦人收執

5-8-23-17　民國三十年一月鄭孔田户徵收田賦收據（二）

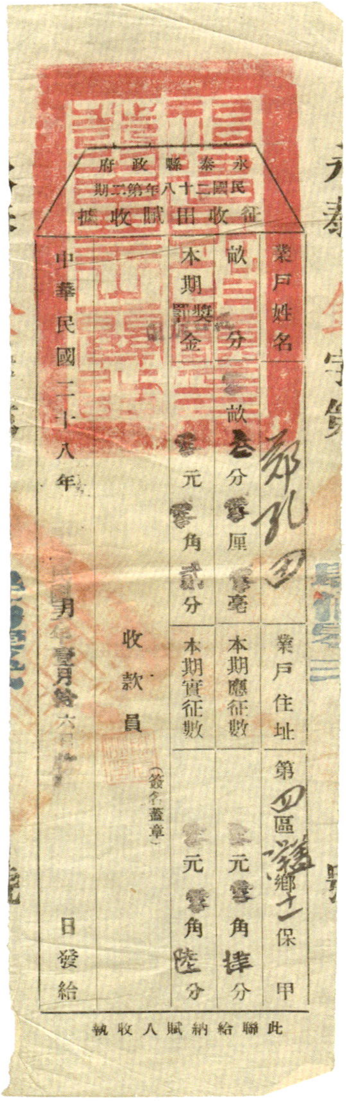
永泰縣政府
民國二十八年第三期
征收田賦收據

業戶姓名 鄭孔田
畝分 畝 分
本期罰獎金 零元 零角 貳分
業戶住址 第四區 鄉十一保 甲
本期應征數 元 零角 肆分
本期實征數 零元 零角 陸分
收款員（簽名蓋章）
中華民國二十八年 月 日發給
此聯給納賦人收執

5-8-23-18　民國三十年一月鄭孔田户徵收田賦收據（三）

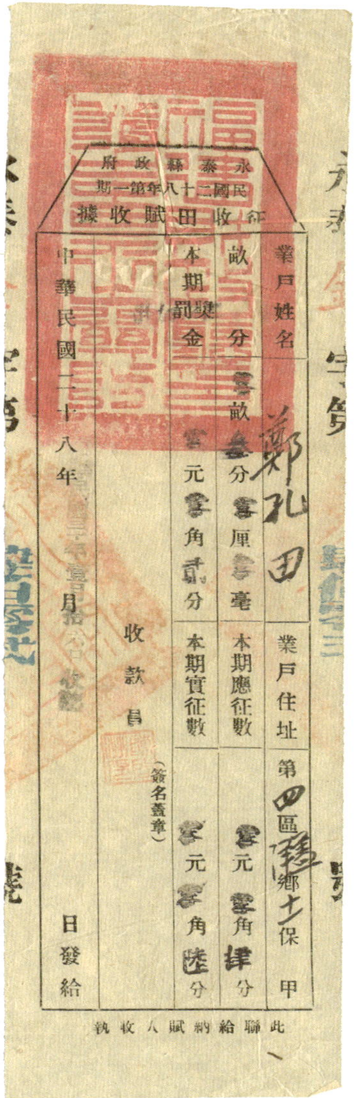

永泰縣政府
民國二十八年第一期
征收田賦收據

業戶姓名	鄭孔田	業戶住址	第四區[illegible]鄉十保　甲
畝分	零畝叁分零厘零毫	本期應征數	零元零角肆分
本期罰獎金	零元零角貳分	本期實征數	零元零角陸分

收款員（簽名蓋章）

中華民國二十八年　月　日發給

此聯給納賦人收執

5-8-23-19　民國三十年一月鄭孔田户徵收田賦收據（四）

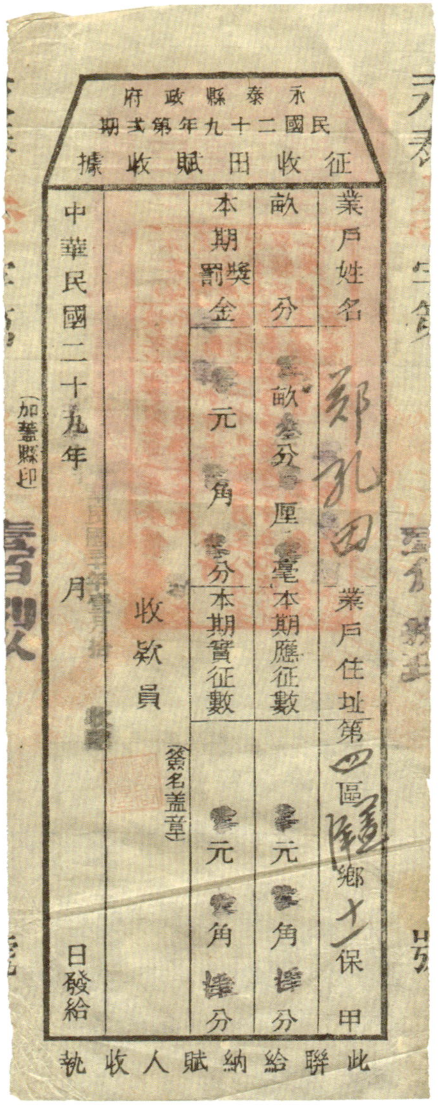
永泰縣政府
民國二十九年第弍期
征收田賦收據

業戶姓名 鄭孔田
畝分 畝 分 厘 毫
本期罰獎金 元 角 分
業戶住址第四區　鄉十保　甲
本期應征數 元 角 分
本期實征數 元 角 分
收款員（簽名蓋章）
中華民國二十九年　月　日發給
（加蓋縣印）
此聯給納賦人收執

5-8-23-20　民國三十年一月鄭孔田户徵收田賦收據（五）

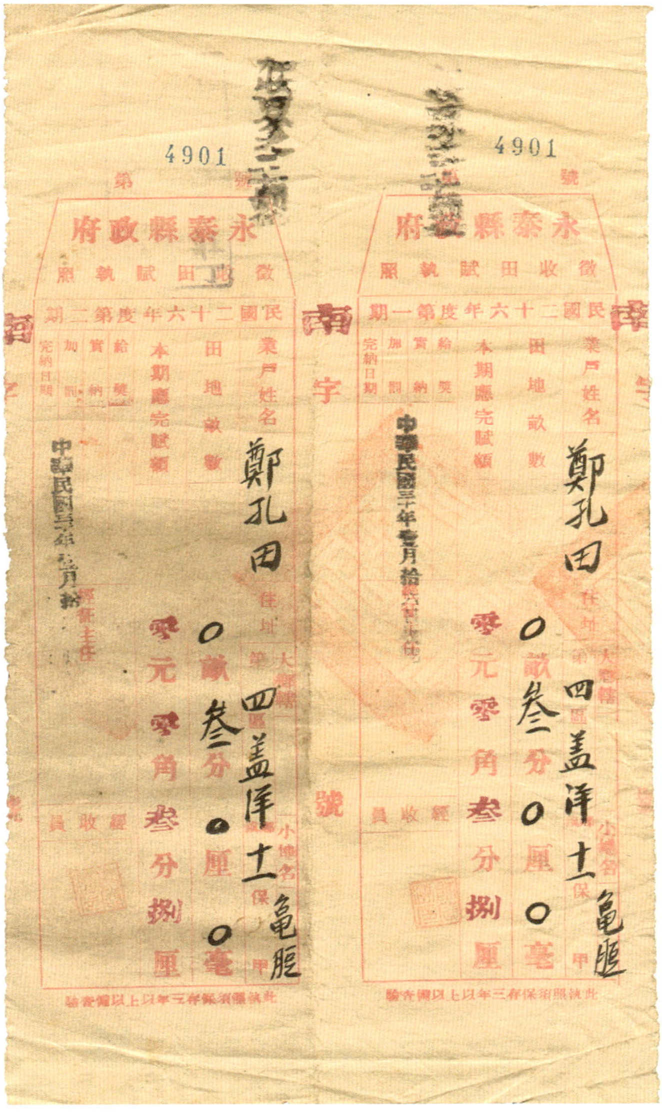

5-8-23-21　民國三十年一月鄭孔田户徵收田賦執照（一）

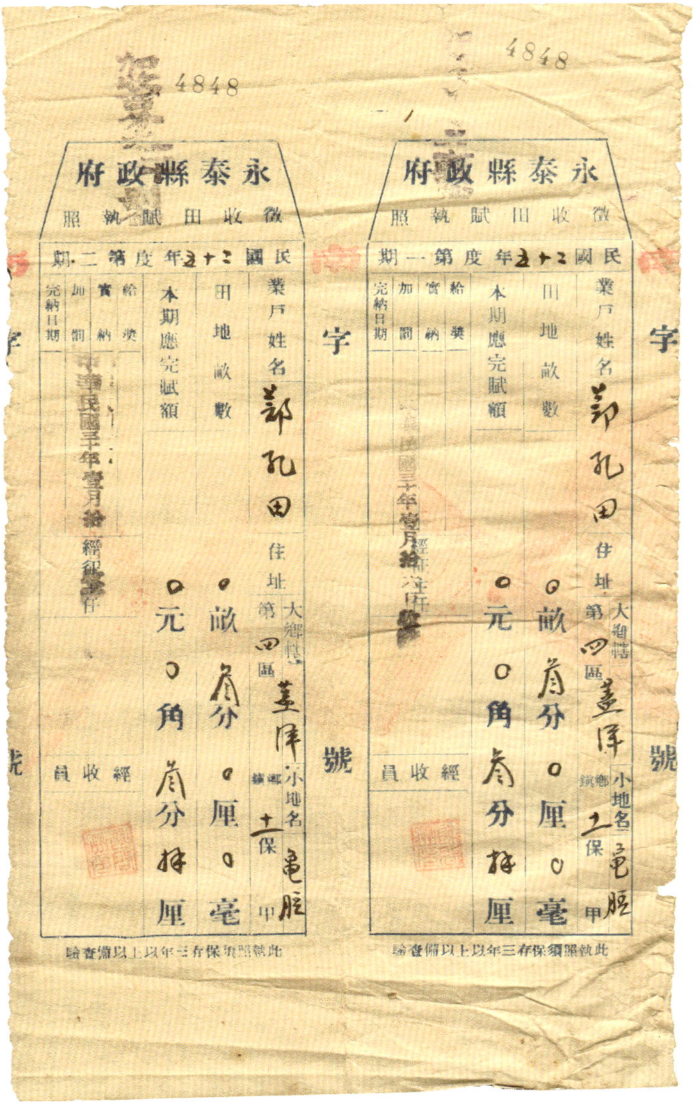

4848

永泰縣政府

徵收田賦執照

民國三十年度第一期

字　號

業戶姓名：鄭孔田

住址：第四區大鄉轄蓋洋鄉鎮十保　甲　小地名：亀脏

田地畝數：〇畝肴分〇厘〇毫

本期應完賦額：〇元〇角肴分柒厘

給獎

實納

加罰

完納日期：中華民國三十年壹月拾　日

經收員

此執照須保存三年以上以備查驗

5-8-23-22　民國三十年一月鄭孔田户徵收田賦執照（二）

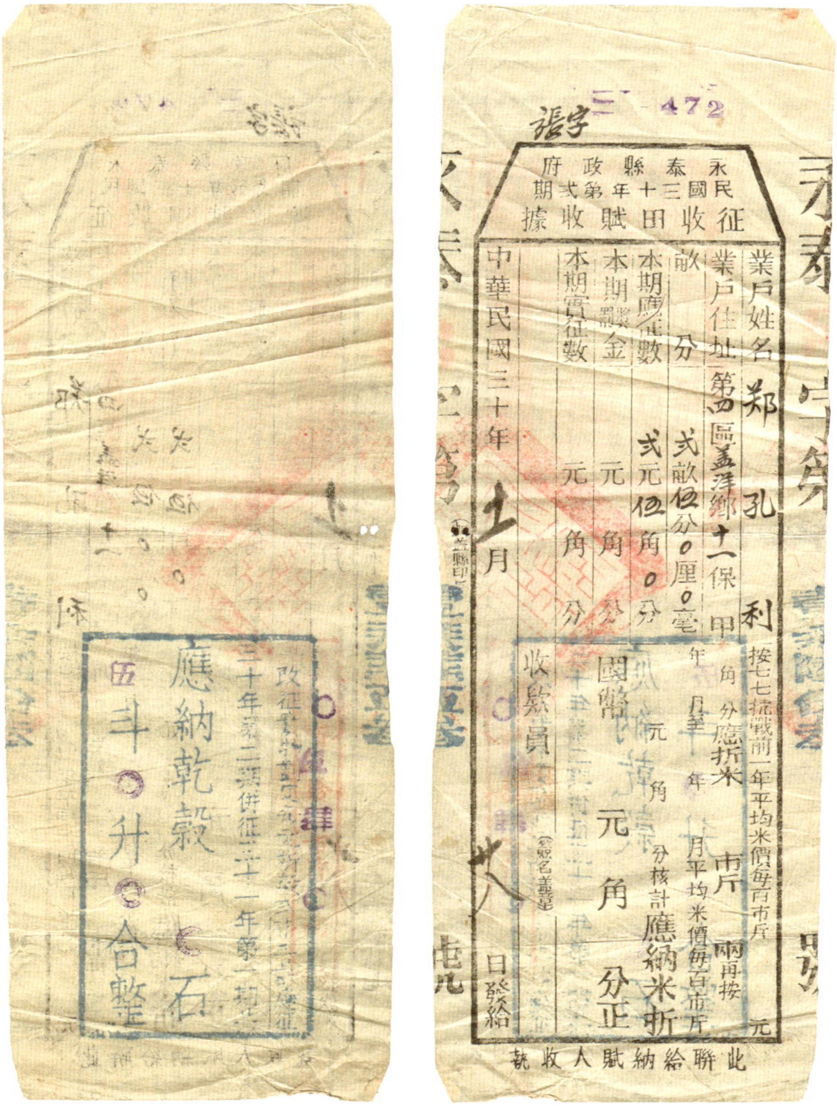

5-8-23-23　民國三十年十一月鄭孔利户徵收田賦收據

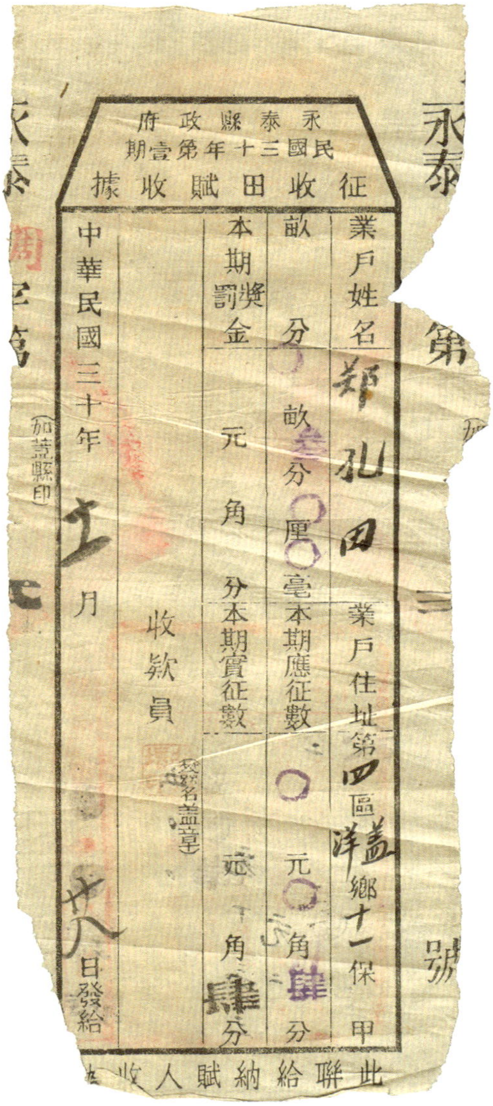

永泰縣政府
民國三十年第壹期
征收田賦收據

業戶姓名 鄭孔田
畝分 ○畝叁分○厘○毫
本期奬罰金 元 角 分
業戶住址第四區洋蓋鄉十一保 甲
本期應征數 ○元○角肆分
本期實征數 元 角 肆分
收款員 （簽名蓋章）
中華民國三十年十一月廿八日發給
（加蓋縣印）
此聯給納賦人收執

5-8-23-24　民國三十年十一月鄭孔田户徵收田賦收據

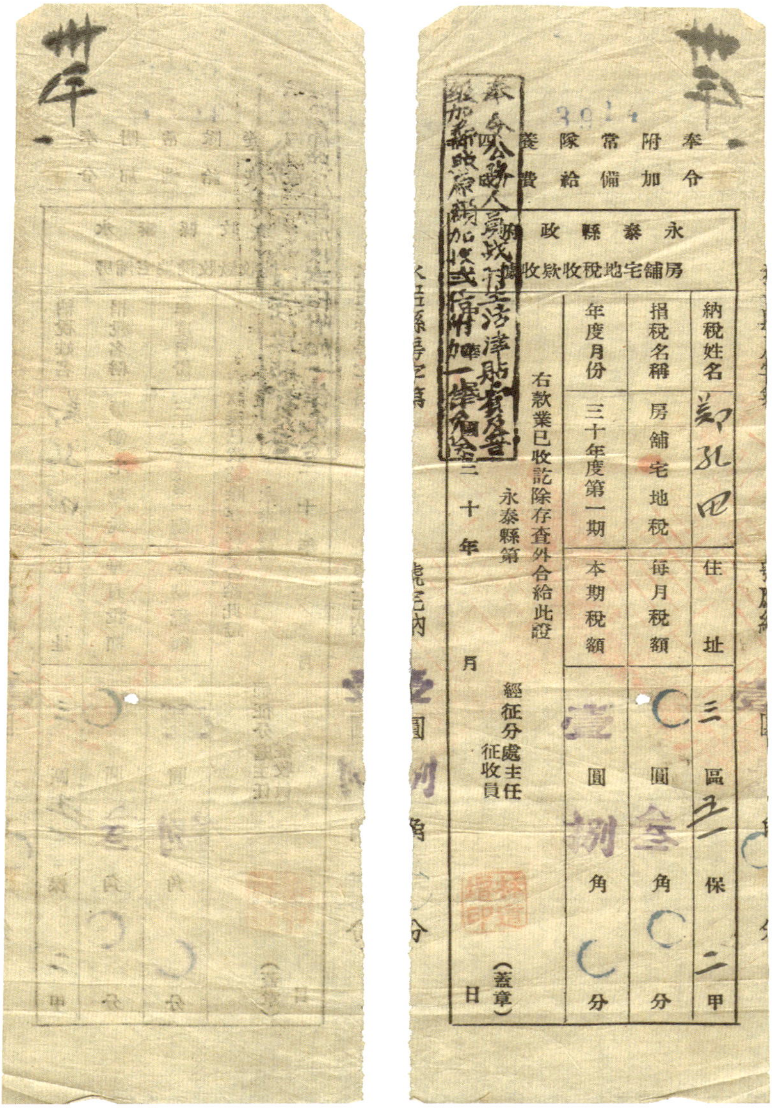

奉令附加常備隊給養費

永泰縣政府

房舖宅地稅收款收據

納稅姓名	鄭孔田
住址	三區三保二甲
捐稅名稱	房舖宅地稅
每月稅額	○圓叁角○分
年度月份	三十年度第一期
本期稅額	壹圓捌角○分

右款業已收訖除存查外合給此證

永泰縣第　經征分處主任　征收員（蓋章）

三十年　月　日

5-8-23-25　民國三十年鄭孔田户房舖宅地稅收款收據

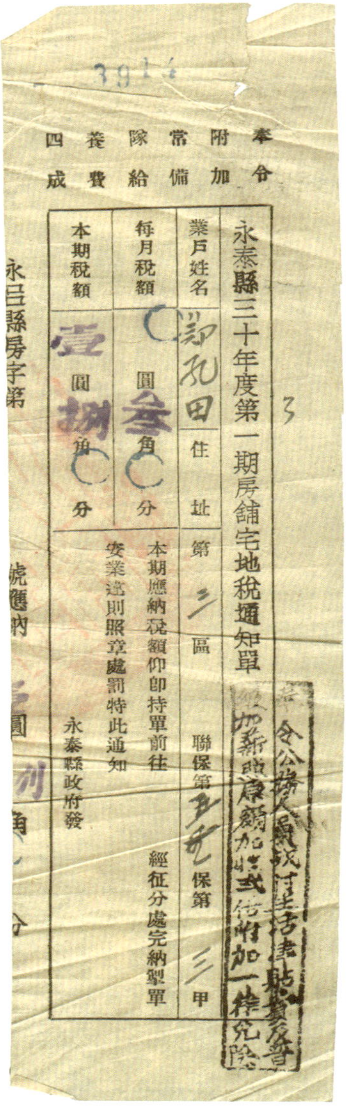

3914

奉令附加常備隊給養費四成

永泰縣三十年度第一期房舖宅地稅通知單

業戶姓名	鄭孔田	住址	第三區聯保第五保第三甲
每月稅額	〇圓叁角〇分		
本期稅額	壹圓捌角〇分		

本期應納稅額仰即持單前往經征分處完納製單

妥業違則照章處罰特此通知

永泰縣政府發

永吕縣房字第　號應納　圓捌角　分

5-8-23-26　民國三十年鄭孔田户房舖宅地稅通知單

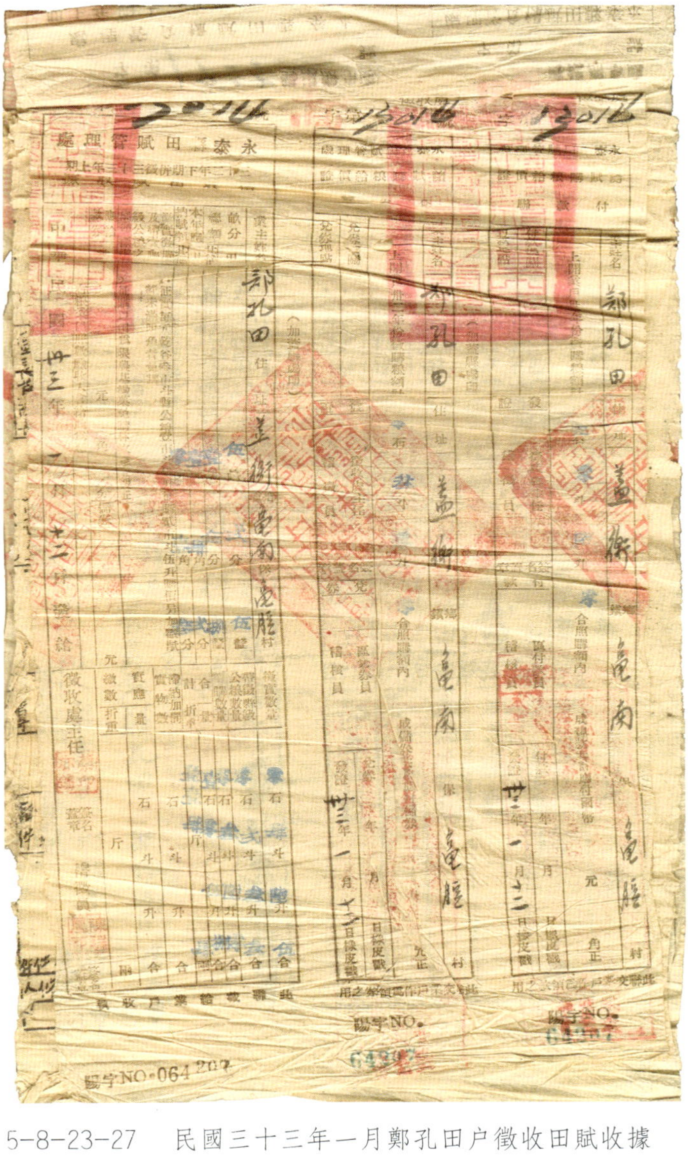

5-8-23-27　民國三十三年一月鄭孔田户徵收田賦收據

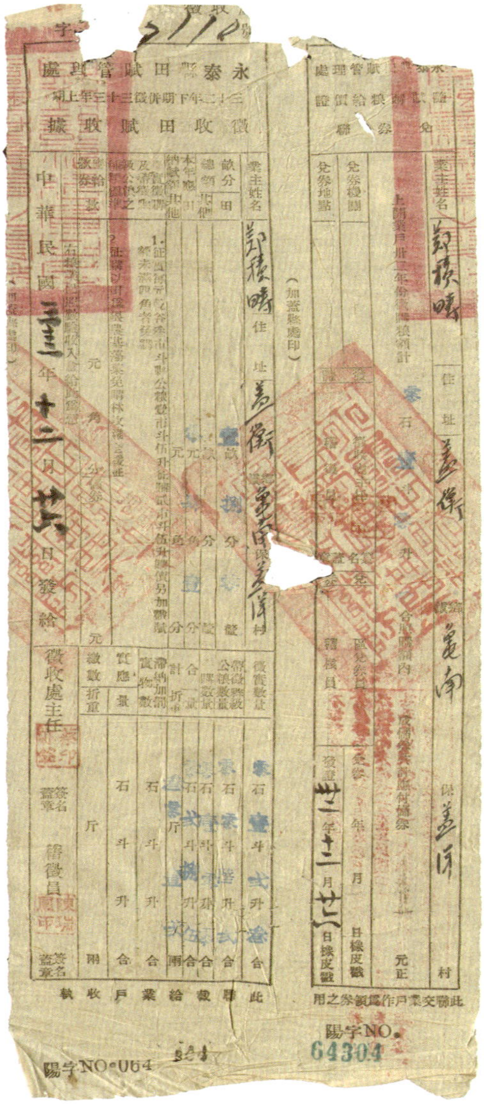

永泰縣田賦管理處

三十三年下期併徵三十三年上期

徵收田賦收據

業主姓名 鄭積疇 住址 盖衛

中華民國三十三年十二月廿六日發給

徵收處主任

此聯交業戶作領券之用

此聯截給業戶收執

陽字NO.64304

陽字NO.064

5-8-23-28　民國三十三年十二月鄭積疇户徵收田賦收據

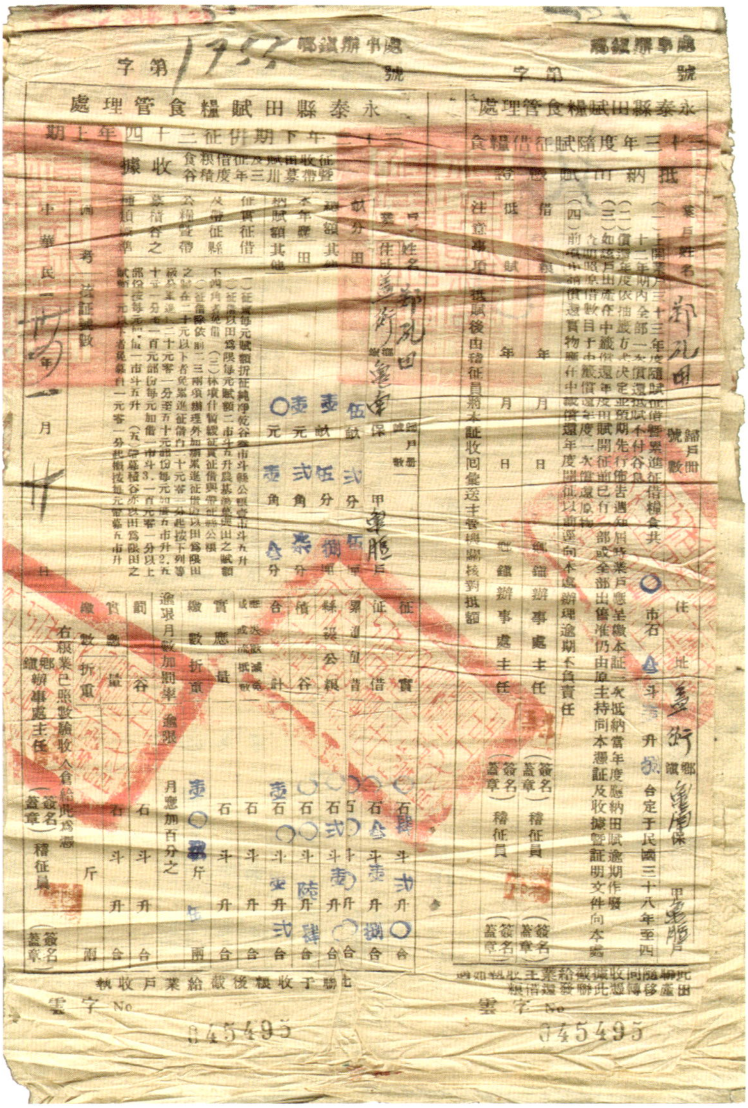
鄉鎮辦事處　第　字　號
永泰縣田賦糧食管理處
三十三年度隨賦征借糧食抵納田賦證
業户姓名　鄭孔田
住址　蓋洋
鄉鎮辦事處主任
稽征員

鄉鎮辦事處　第1755字　號
永泰縣田賦糧食管理處
征收田賦征借糧食暨帶募積穀收據
業户姓名　鄭孔田
住址　蓋洋
中華民國三十四年一月廿日
雲字No 045495

5-8-23-29　民國三十四年一月鄭孔田户徵收田賦及徵借糧食暨帶募積穀收據（一）

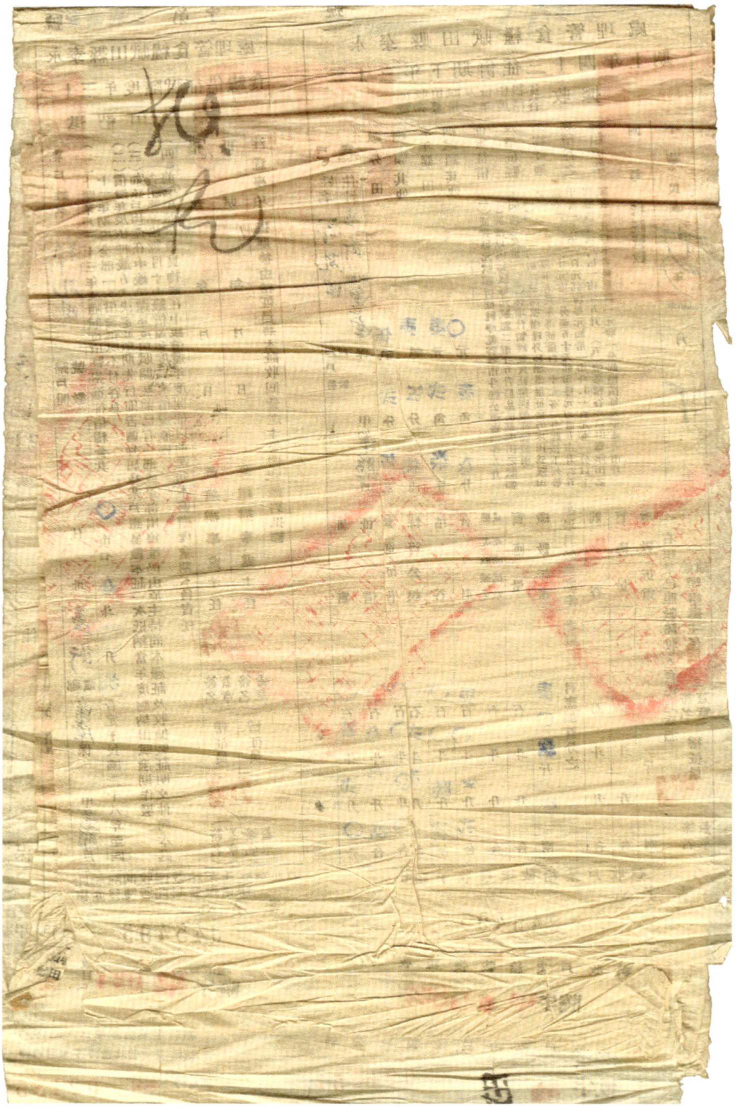

5-8-23-30　民國三十四年一月鄭孔田户徵收田賦及徵借糧食暨帶募積穀收據（二）

5-8-23-31　民國三十四年鄭積晦户徵收田賦及徵借糧食暨帶募積穀收據

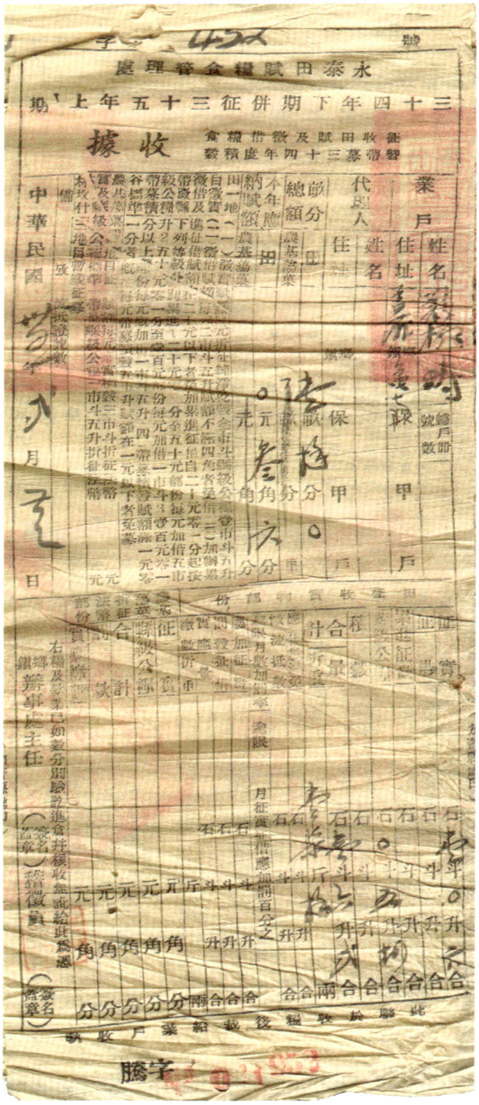
永泰田賦糧食管理處

三十四年下期併征三十五年上期

征收田賦及徵借糧食暨帶募三十四年度積穀

收據

5-8-23-32　民國三十五年二月鄭積晦户徵收田賦及徵借糧食暨帶募積穀收據

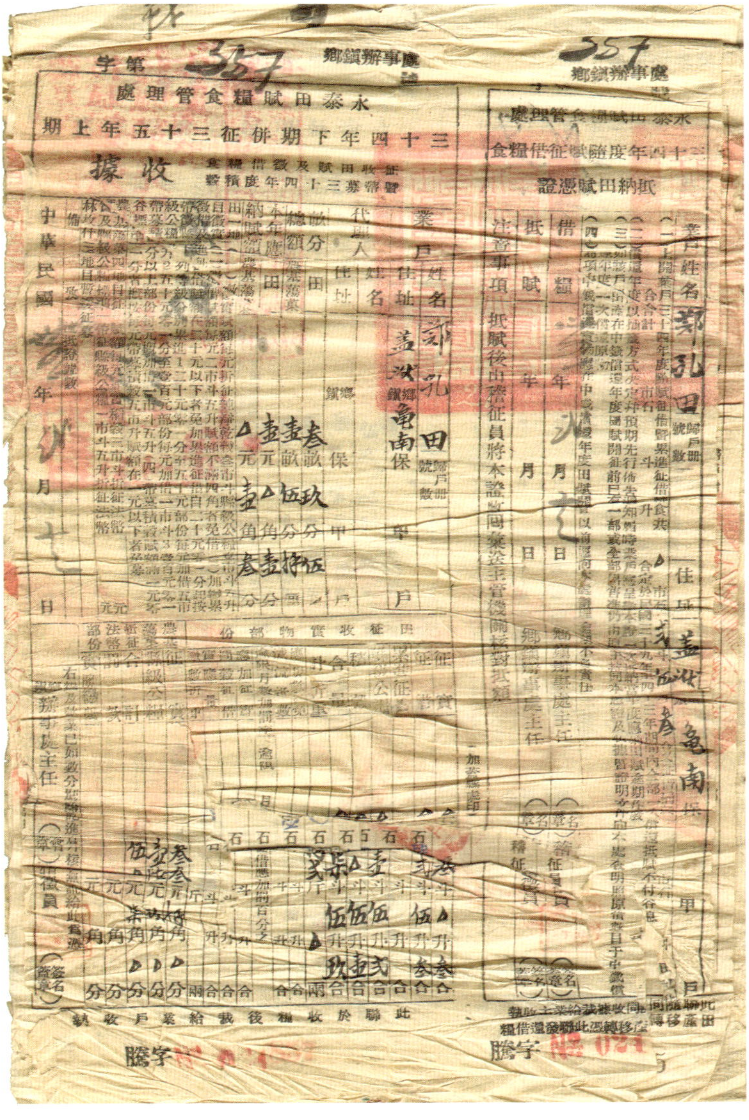

永泰田賦糧食管理處

三十四年下期併征三十五年上期

收據

永泰田賦糧食管理處

三十四年度隨賦征借糧食

抵納田賦憑證

5-8-23-33　民國三十五年二月鄭孔田户徵收田賦及徵借糧食暨帶募積穀收據（一）

5-8-23-34　民國三十五年二月鄭孔田户徵收田賦及徵借糧食暨帶募積穀收據（二）

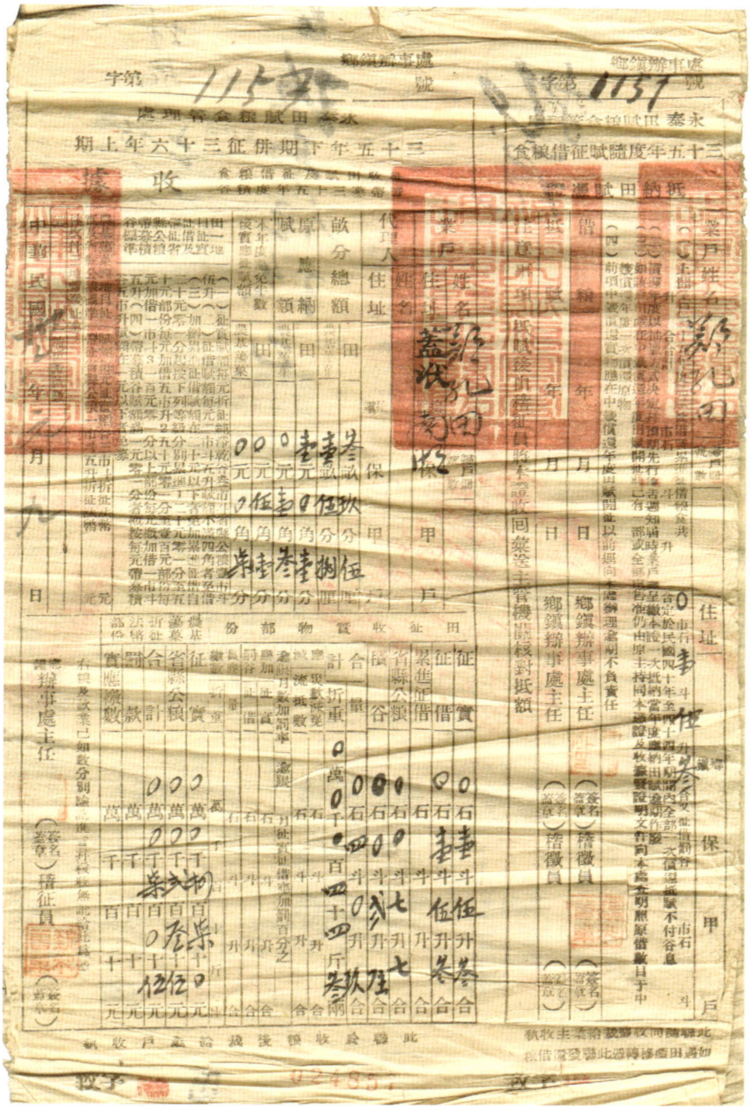

5-8-23-35　民國三十六年元月鄭孔田户徵收田賦及徵借糧食暨帶募積穀收據（一）

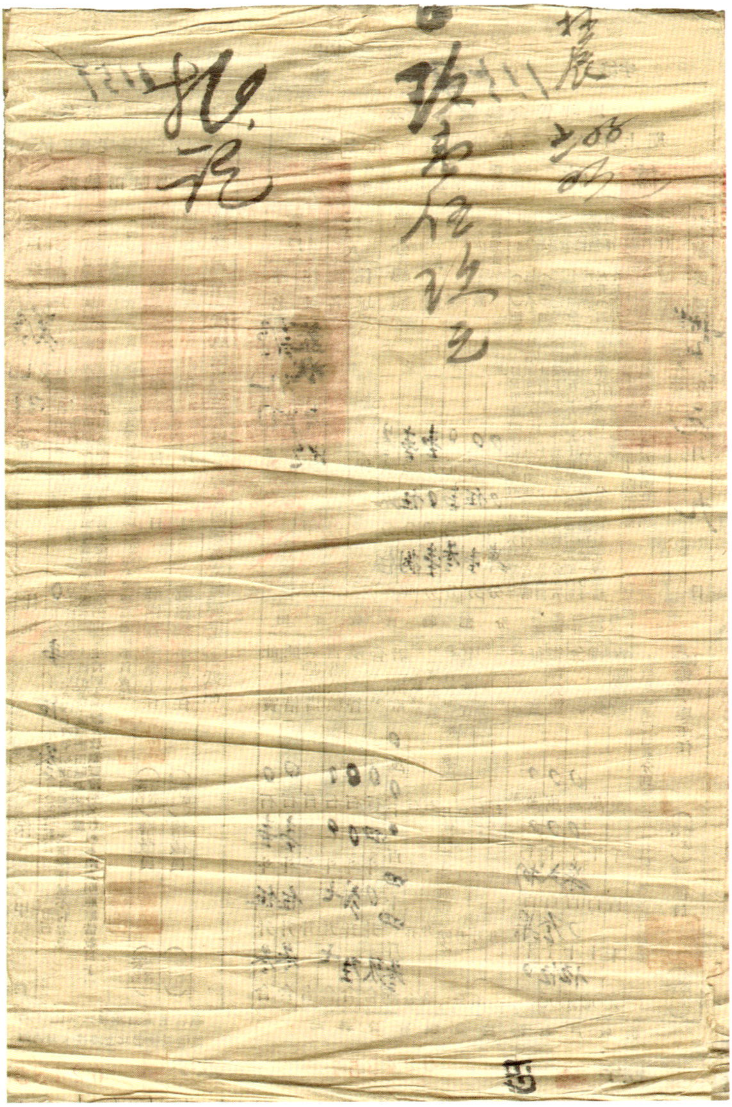

5-8-23-36　民國三十六年元月鄭孔田户徵收田賦及徵借糧食暨帶募積穀收據（二）

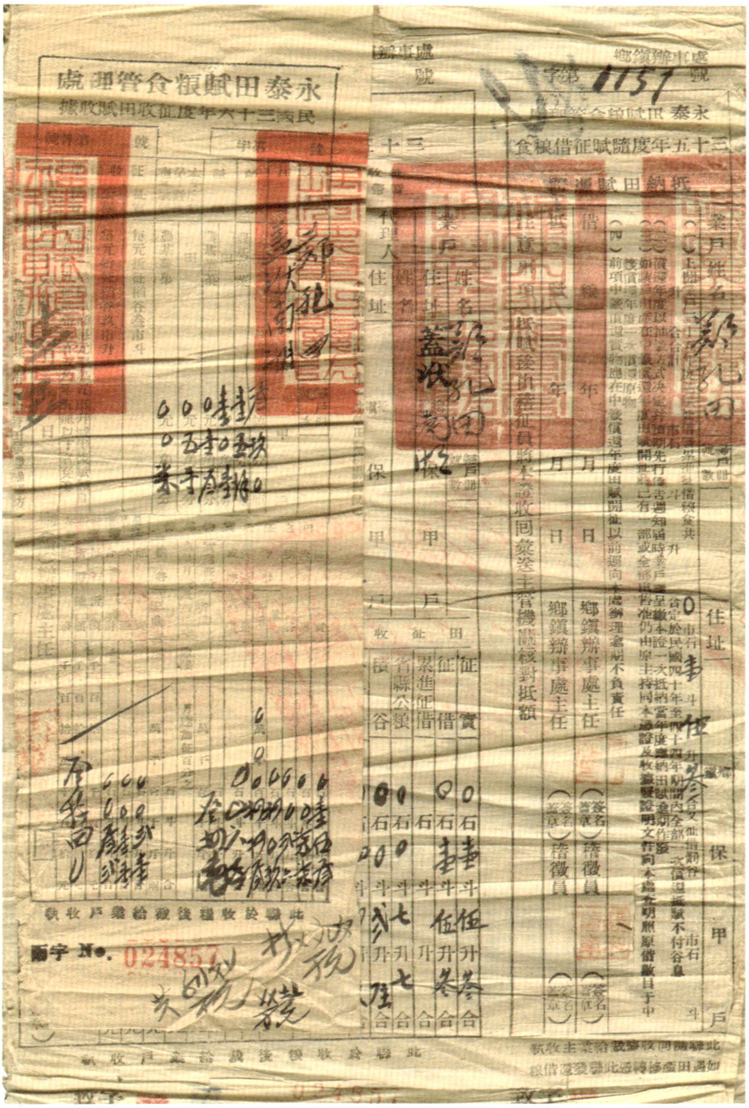
永泰田賦糧食管理處
民國三十六年度征收田賦收據
三十五年度隨賦征借糧食

5-8-23-37 民國三十六年十二月鄭孔田户徵收田賦收據（一）

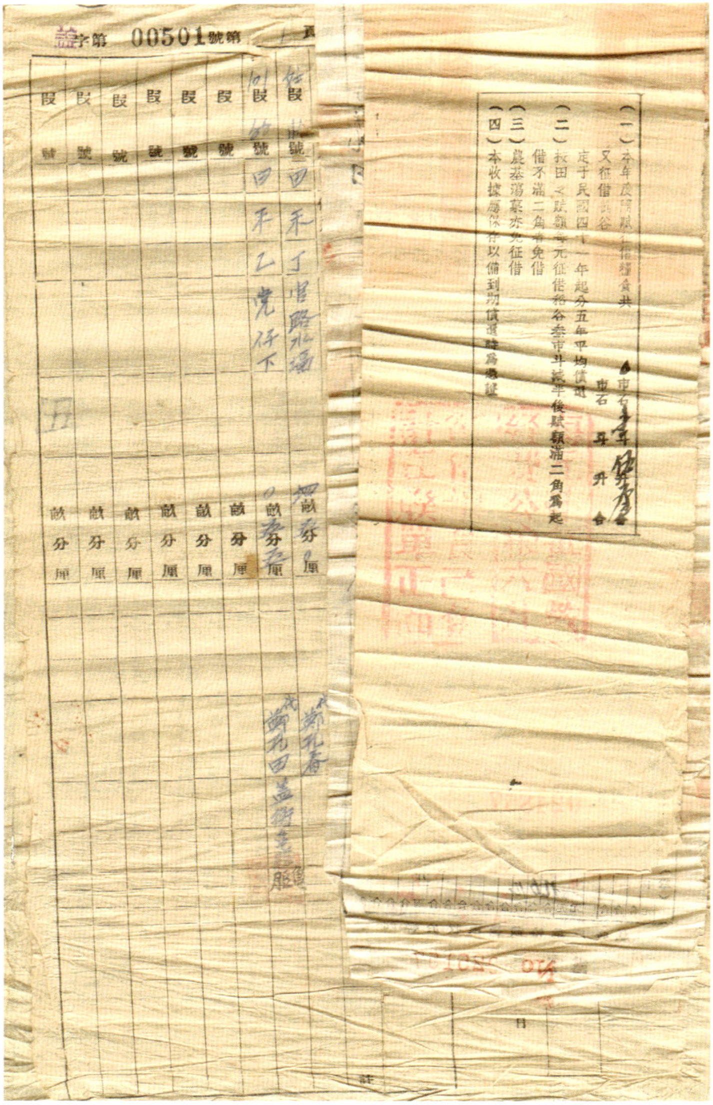
證字第 00501 號

（一）本年度隨賦征借糧食共　市石　斗　升　合
又征借稻谷　市石　斗　升　合
定于民國四十一年起分五年平均償還
（二）按田賦額每元征借稻谷叁市斗該年後賦額滿二角爲起借不滿二角者免借
（三）農墾蕩墾亦免征借
（四）本收據應保存以備到期償還時爲憑證

5-8-23-38　民國三十六年十二月鄭孔田户徵收田賦收據（二）

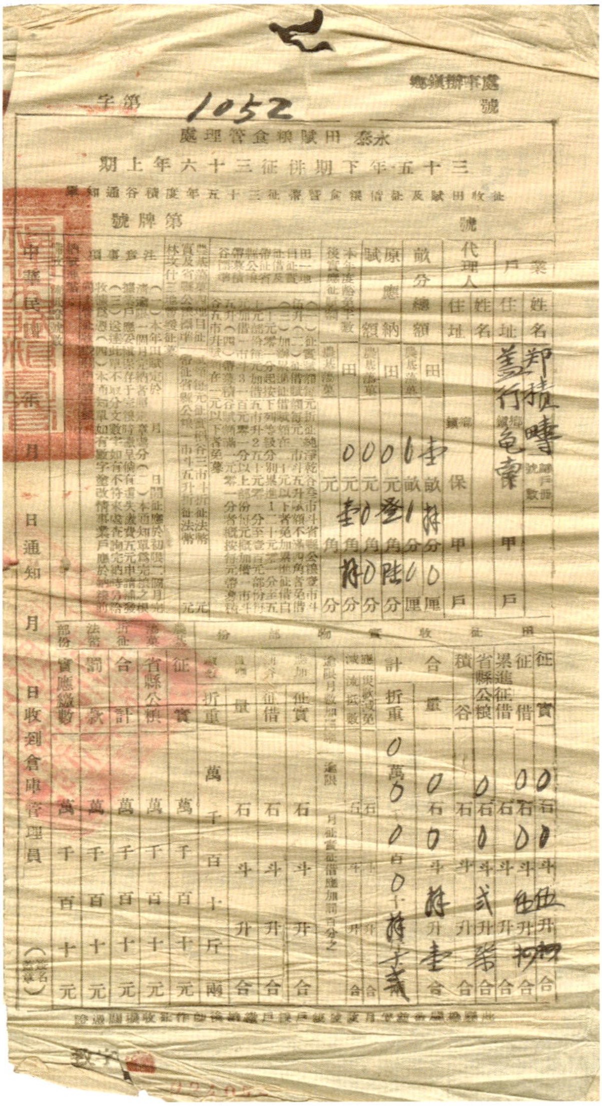
第 1052 號
永泰田賦糧食管理處
三十五年下期併征三十六年上期
征收田賦及借糧食暨帶征三十五年度積谷通知單
姓名 鄭積疇
住址 蓋洋鄉

5-8-23-39　民國三十六年鄭積疇户徵收田賦及徵借糧食暨帶徵積穀通知單

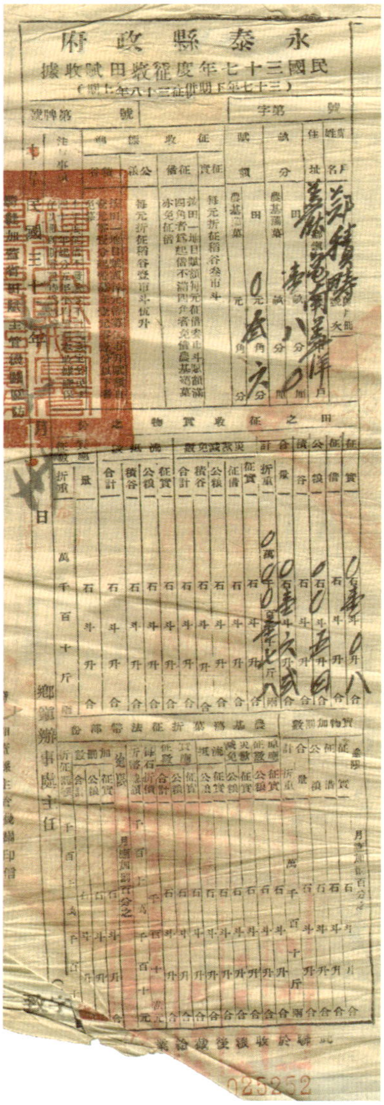

永泰縣政府

民國三十七年度徵收田賦收據

（三十七年下期併征三十八年上期）

5-8-23-40　民國三十七年一月鄭積疇户徵收田賦收據

永泰縣政府
民國三十七年度征收田賦收據
（三十七年下期併征三十八年上期）
鄭孔田
永泰田賦糧食管理處
三十五年度隨賦征借糧食
No 026157

5-8-23-41　民國三十七年十一月鄭孔田户徵收田賦收據

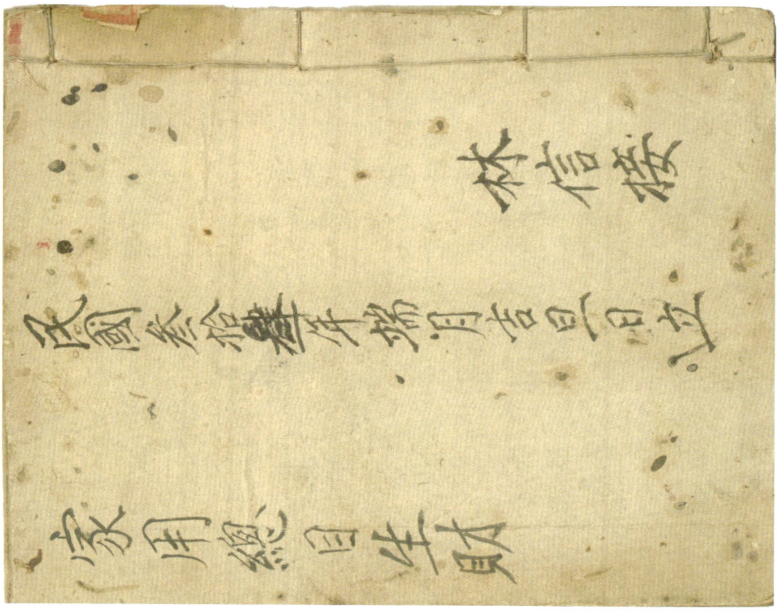
民國叁拾叁年捌月吉日立
家用總目生財
林信接

5-8-24-1 民國三十三年林信接立家用總目（一）

5-8-24-2　民國三十三年林信接立家用總目（二）

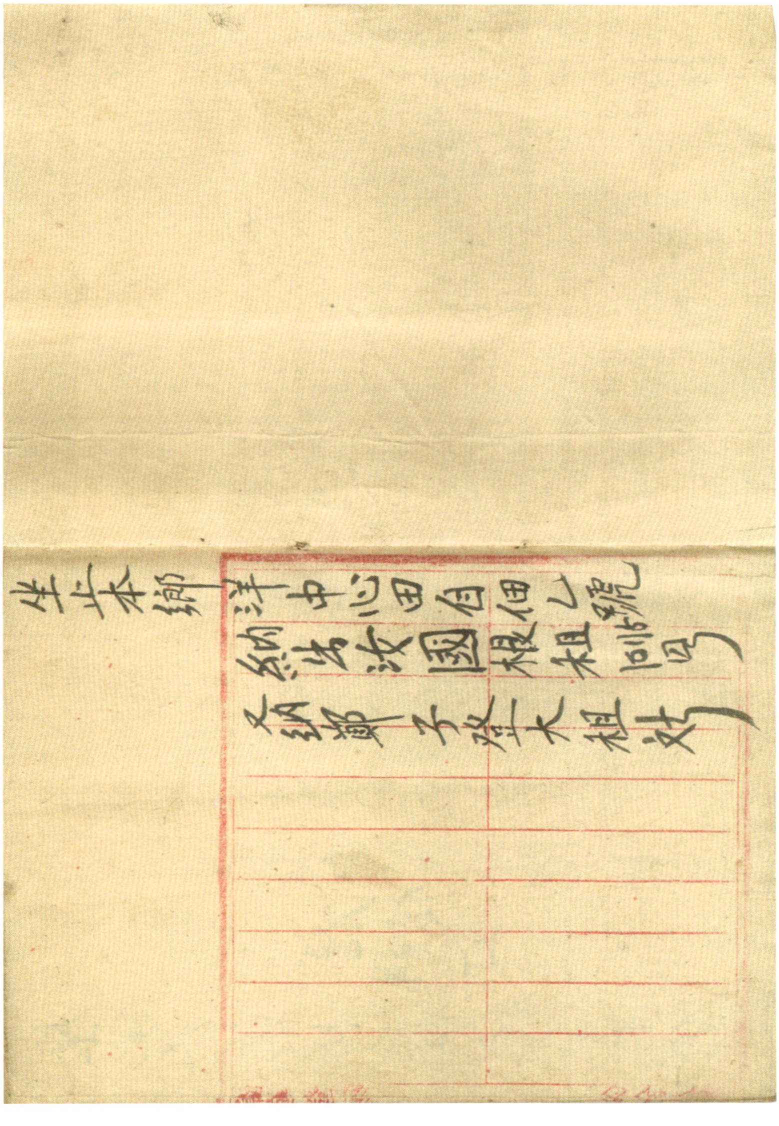

坐址本鄉洋中心田自佃乚號
納出坑園根租150號
交納鄭子發大租對

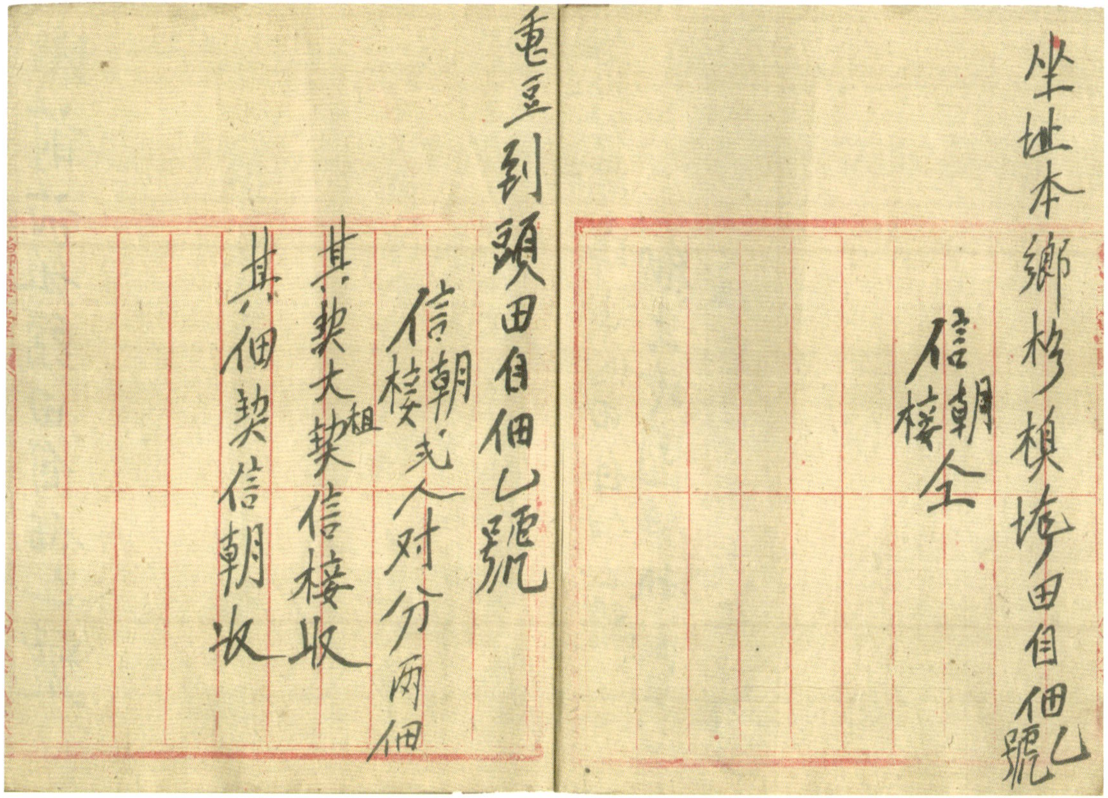

5-8-24-3　民國三十三年林信接立家用總目（三）

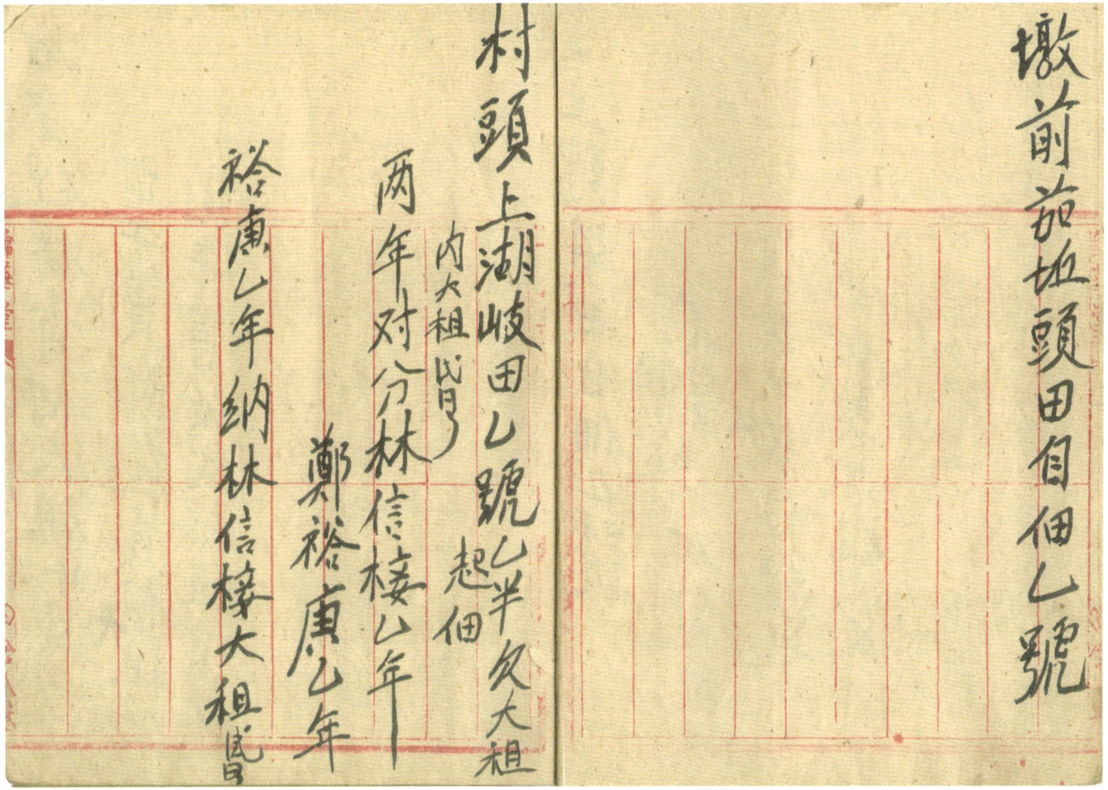

墩前茄坵頭田乙號

村頭上湖岐田乙號乙半欠大祖

内大祖留 起佃

两年对分林信樓乙年

鄭裕庚乙年

裕庚乙年納林信樓大祖谷

5-8-24-4　民國三十三年林信接立家用總目（四）

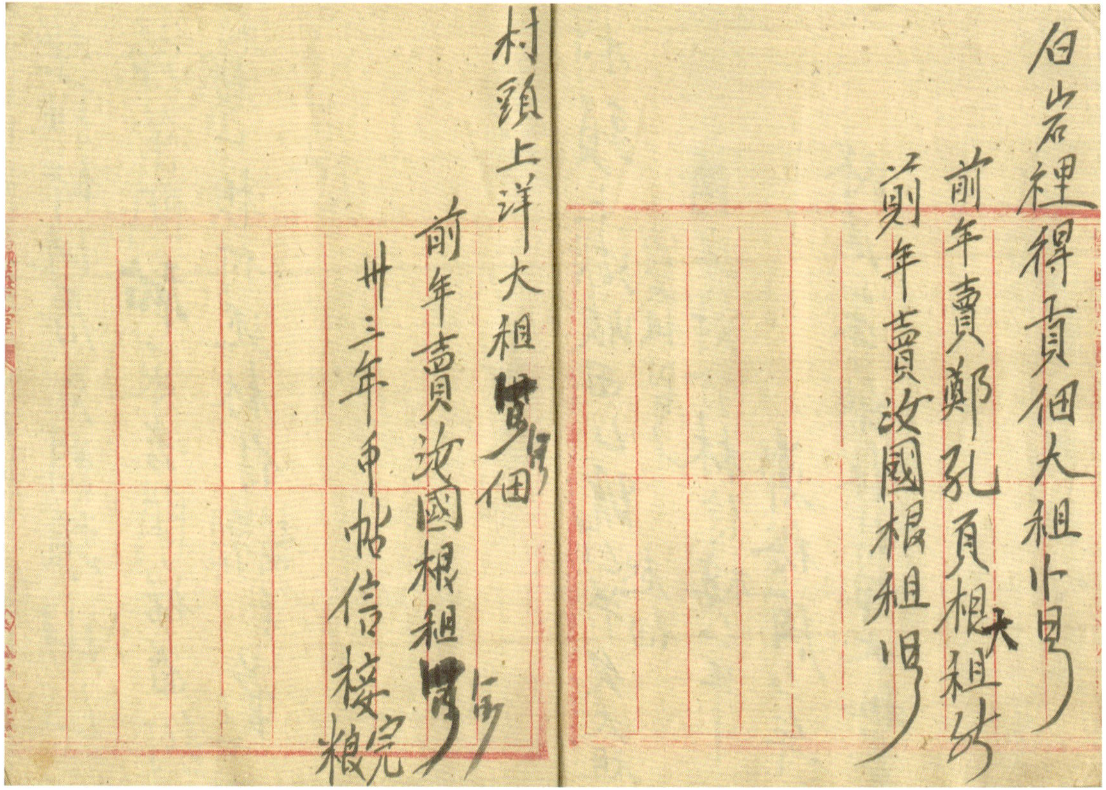
白岩裡
得貢佃大租[illegible]
前年賣鄭孔貢根大租[illegible]
前年賣汝國根租[illegible]
村頭上洋大租[illegible]佃
前年賣汝國根租[illegible]
卅三年由帖信接完粮

5-8-24-5　民國三十三年林信接立家用總目（五）

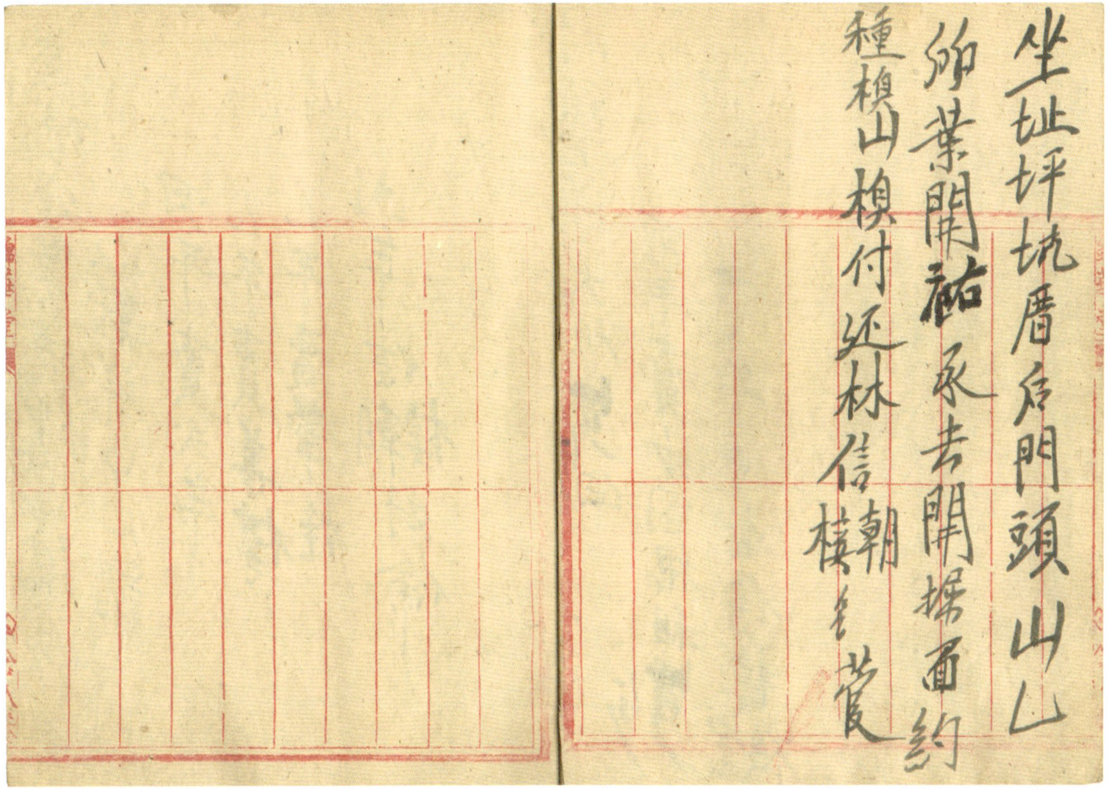

坐址坪坑厝后門頭山山
卯葉開酤承去開据面約
種椇山椇付延林信朝椇乞發

5-8-24-6　民國三十三年林信接立家用總目（六）

昌祿公田下流裡乙號
蘇洋中乙號
四年賣弍年
乙年賣善樓
乙年賣華桂
弍年信朝樓对倫

湖裡
書濟下田乙号乙年室來
乙年信朝樓仝

5-8-24-7　民國三十三年林信接立家用總目（七）

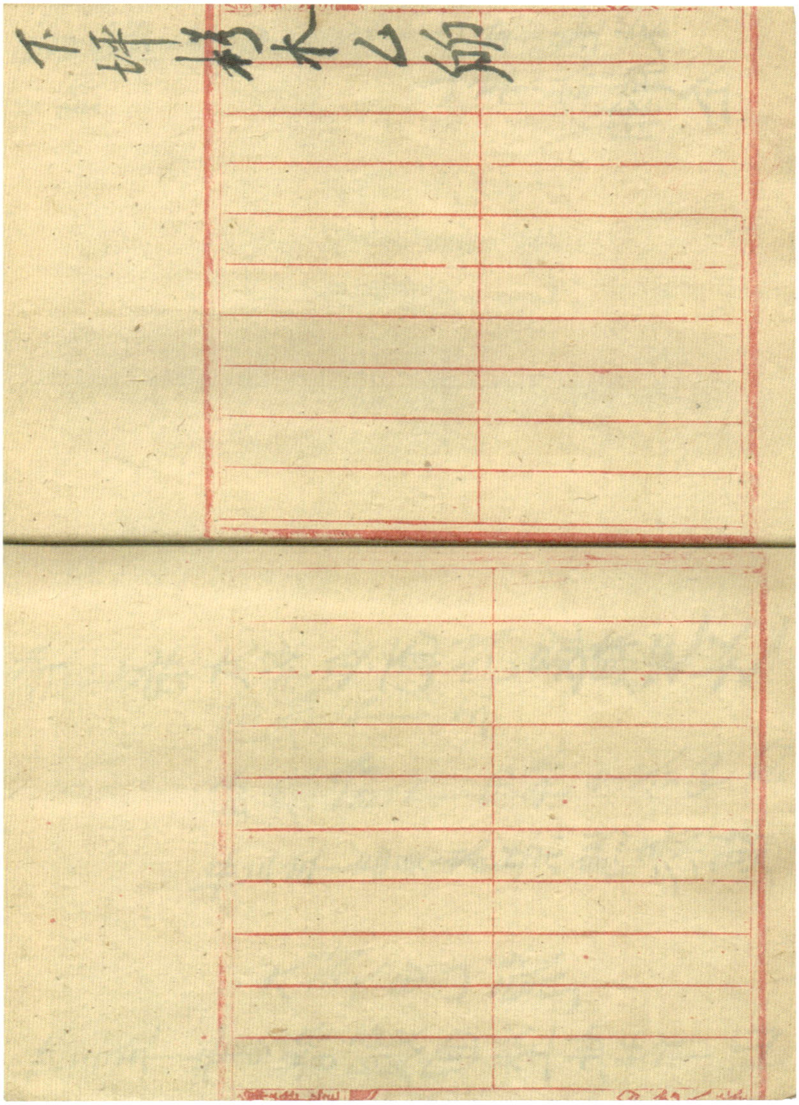

5-8-24-8　民國三十三年林信接立家用總目（八）

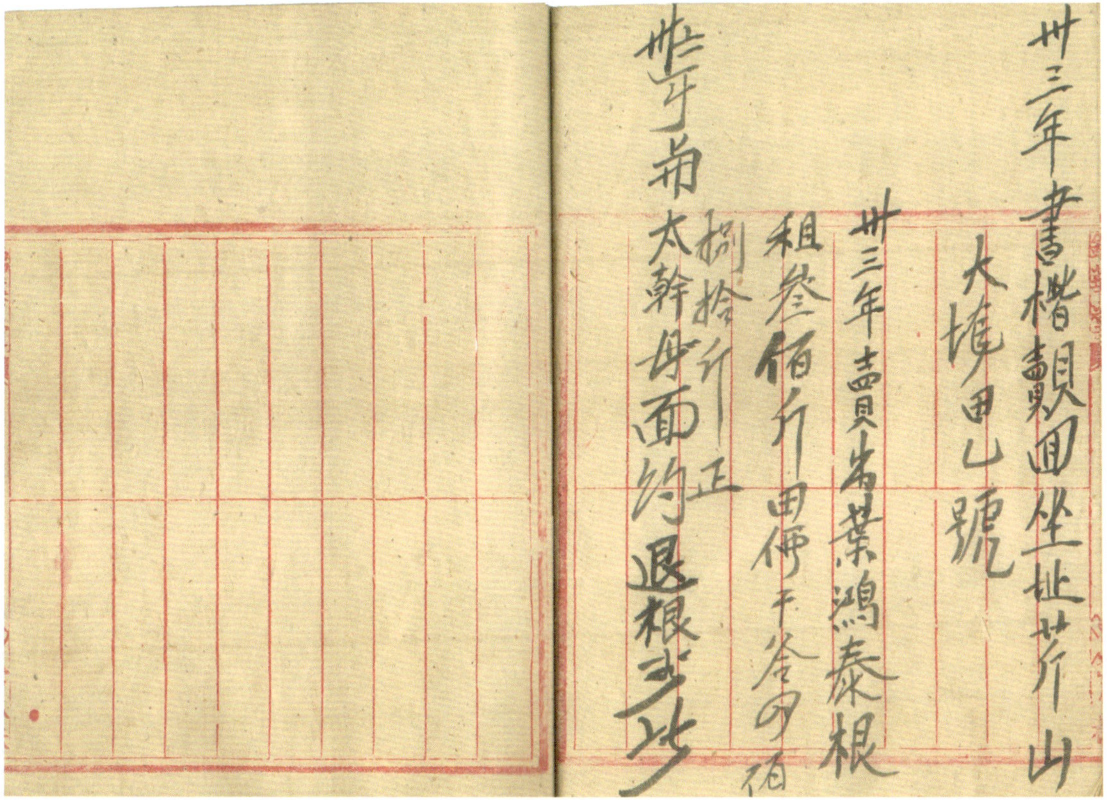
卅三年十二月書楷觀田坐址芹山
大塆田山號
卅三年十二月出葉鴻泰根
租叁佰斤田價千叁內佰
捌拾斤正
卅三年十二月太幹母面約退根式步

5-8-24-9　民國三十三年林信接立家用總目（九）

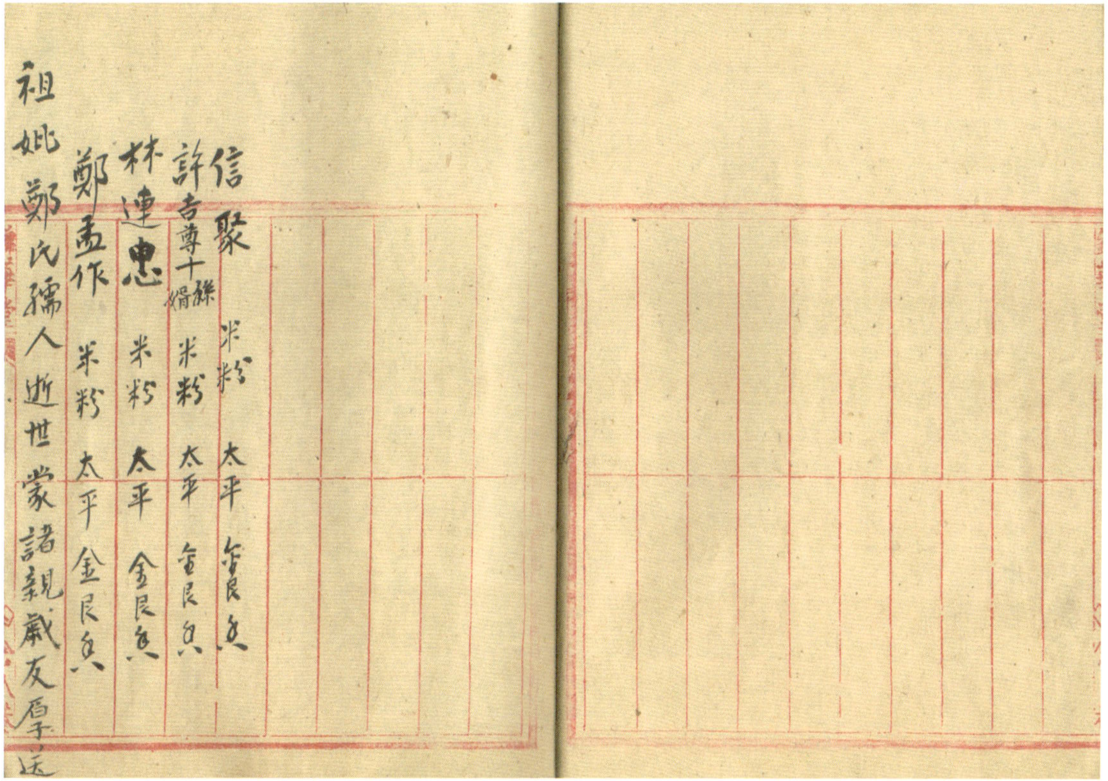

信聚 米粉 太平 金艮包
許吉尊十絹條 米粉 太平 金艮包
林連忠 米粉 太平 金艮包
鄭孟作 米粉 太平 金艮包
祖妣鄭氏孺人逝世蒙諸親戚友厚手送

5-8-24-10　民國三十三年林信接立家用總目（一〇）

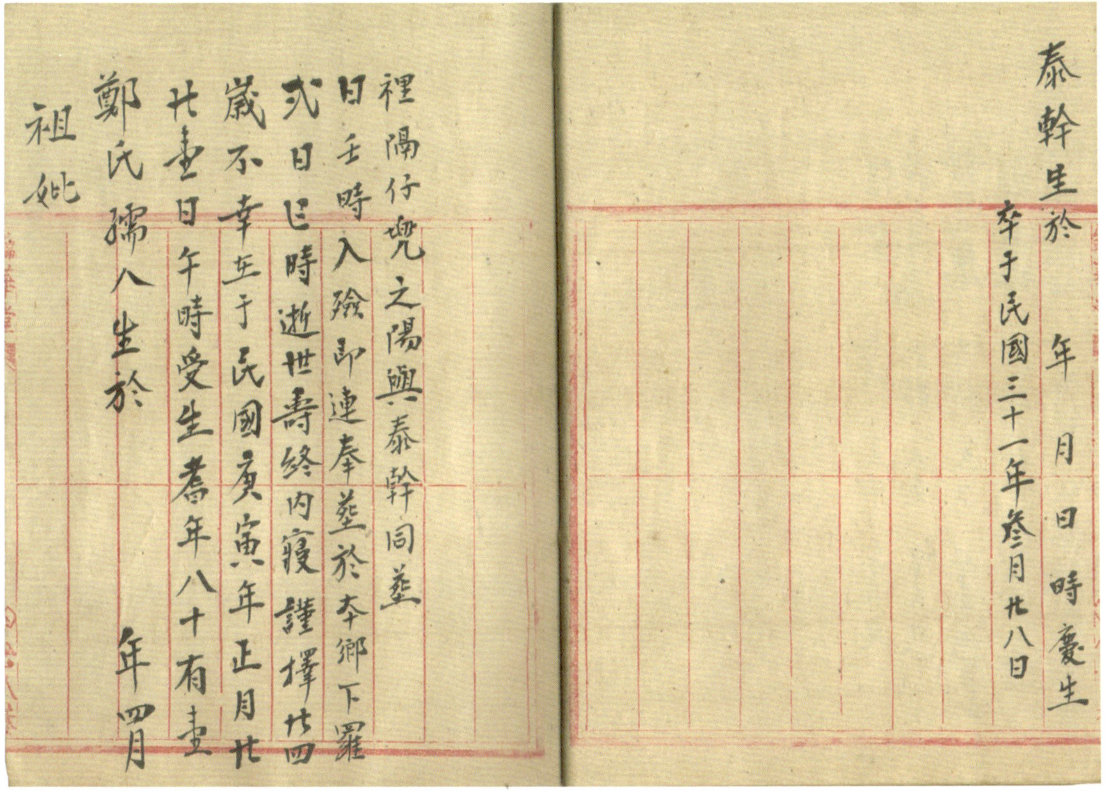
泰幹生於　年　月　日　時慶生
辛于民國三十一年叁月廿八日
裡陽仔兜之陽與泰幹同塟
日壬時入殮即連奉塟於本鄉下羅
弍日巳時逝世壽終内寢謹擇廿四
歲不幸卒于民國庚寅年正月廿
廿壹日午時受生壽年八十有壹
鄭氏孺人生於　年四月
祖妣

5-8-24-11　民國三十三年林信接立家用總目（一一）

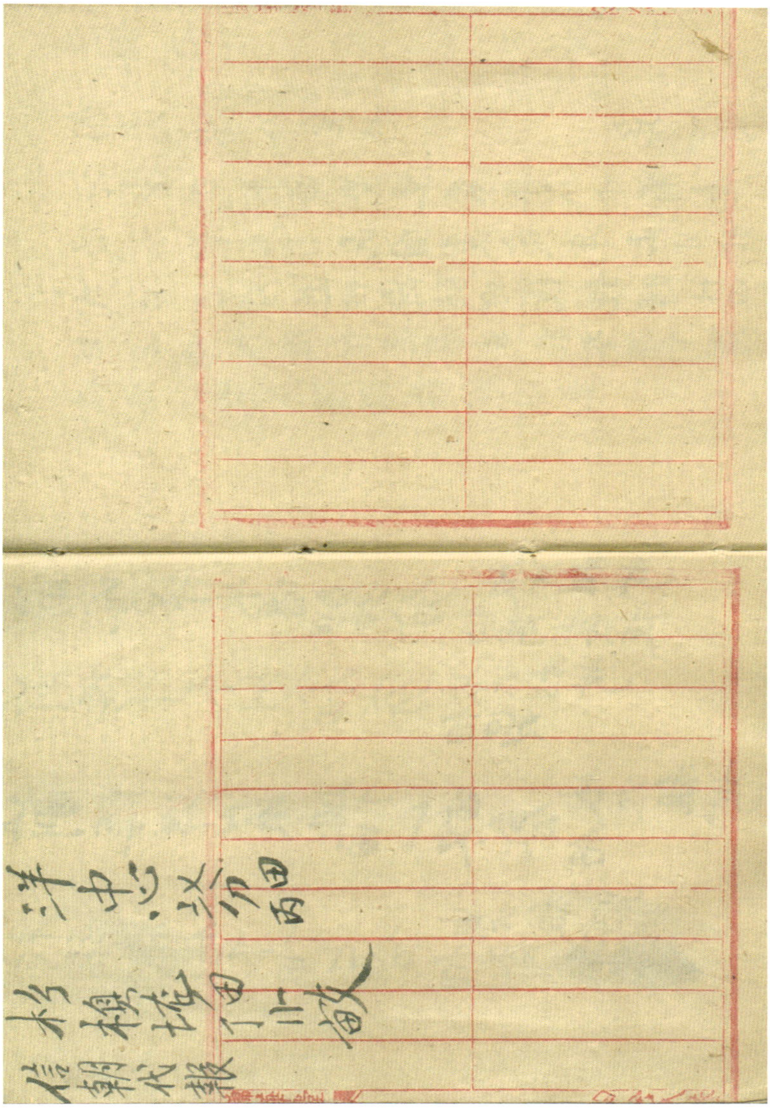

5-8-24-12　民國三十三年林信接立家用總目（一二）

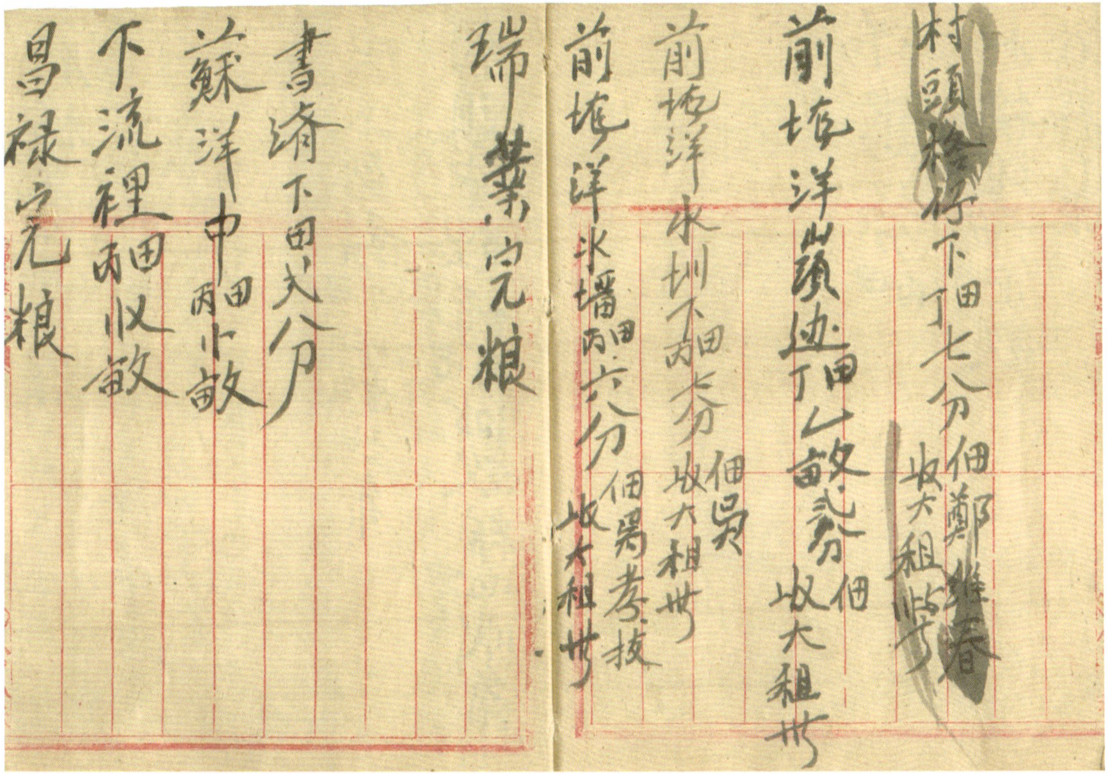

5-8-24-13　民國三十三年林信接立家用總目（一三）

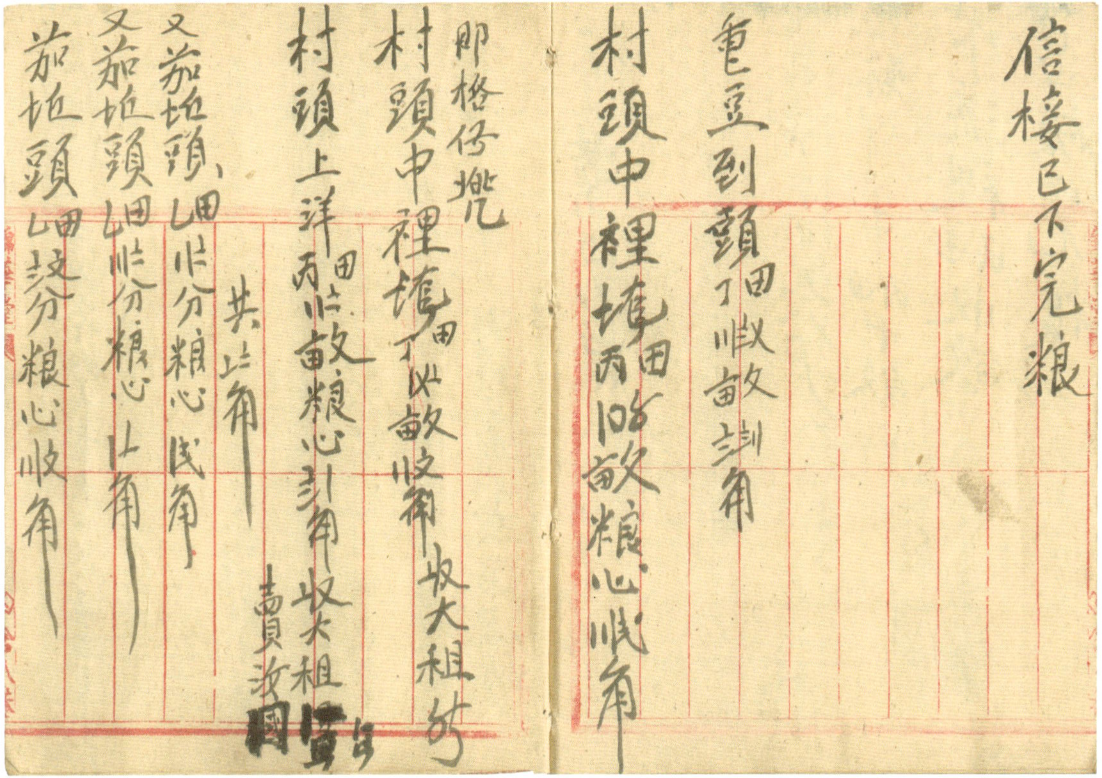

信樓已下完粮

重豆到頭田[illegible]畝[illegible]角

村頭中裡墘田丙[illegible]畝粮心[illegible]角

即格仔墘

村頭中裡墘田[illegible]畝收[illegible]角　收大租谷

村頭上洋田丙[illegible]畝粮心[illegible]角　收大租　黃汝[illegible]

共[illegible]角

又茄坵頭、田[illegible]分粮心[illegible]角

又茄坵頭田[illegible]分粮心[illegible]角

茄坵頭田[illegible]分粮心[illegible]角

5-8-24-14　民國三十三年林信接立家用總目（一四）

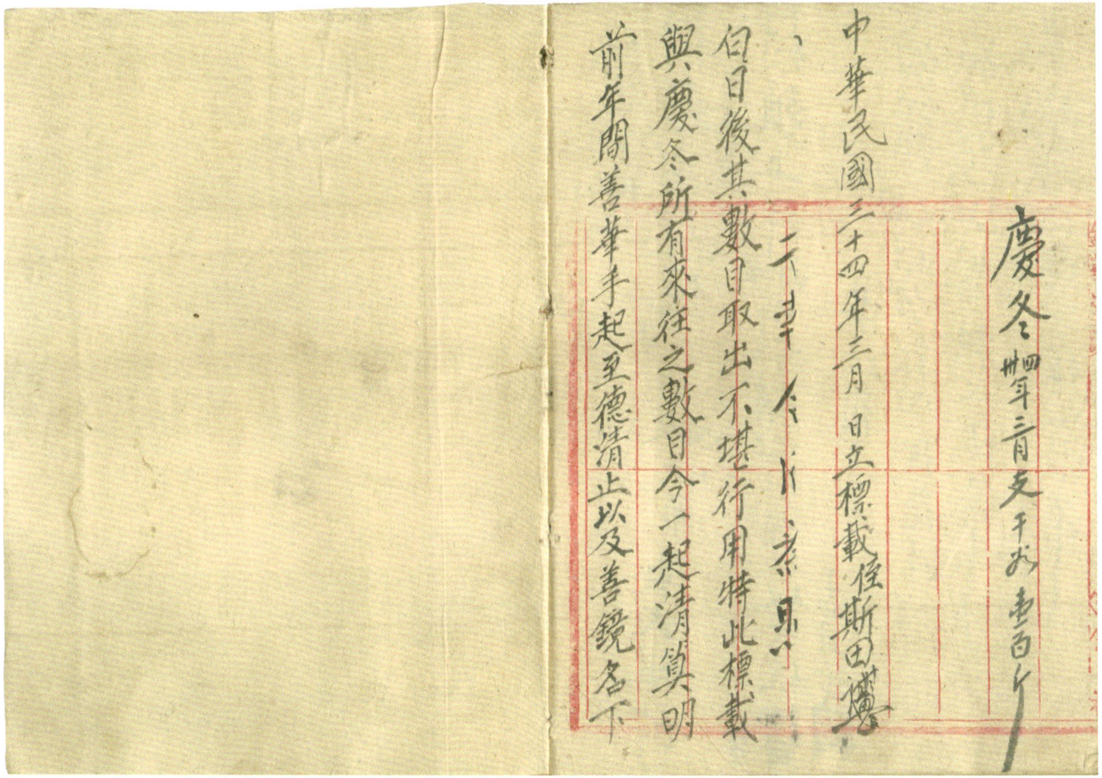
慶冬 卅四年三月支千 壹百 斤

中華民國三十四年三月　日立標載侄斯田

、一千　斤

旧日後其數目取出不堪行用特此標載

與慶冬所有來往之數目今一起清算明

前年間善華手起至德清止以及善鏡名下

5-8-24-15　民國三十三年林信接立家用總目（一五）

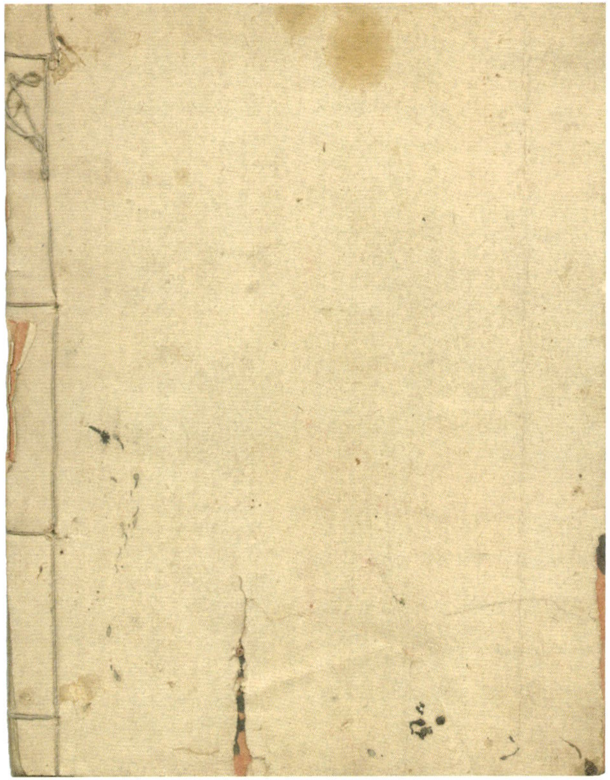

5-8-24-16　民國三十三年林信接立家用總目（一六）

第九帙 龜脰葉观厝房

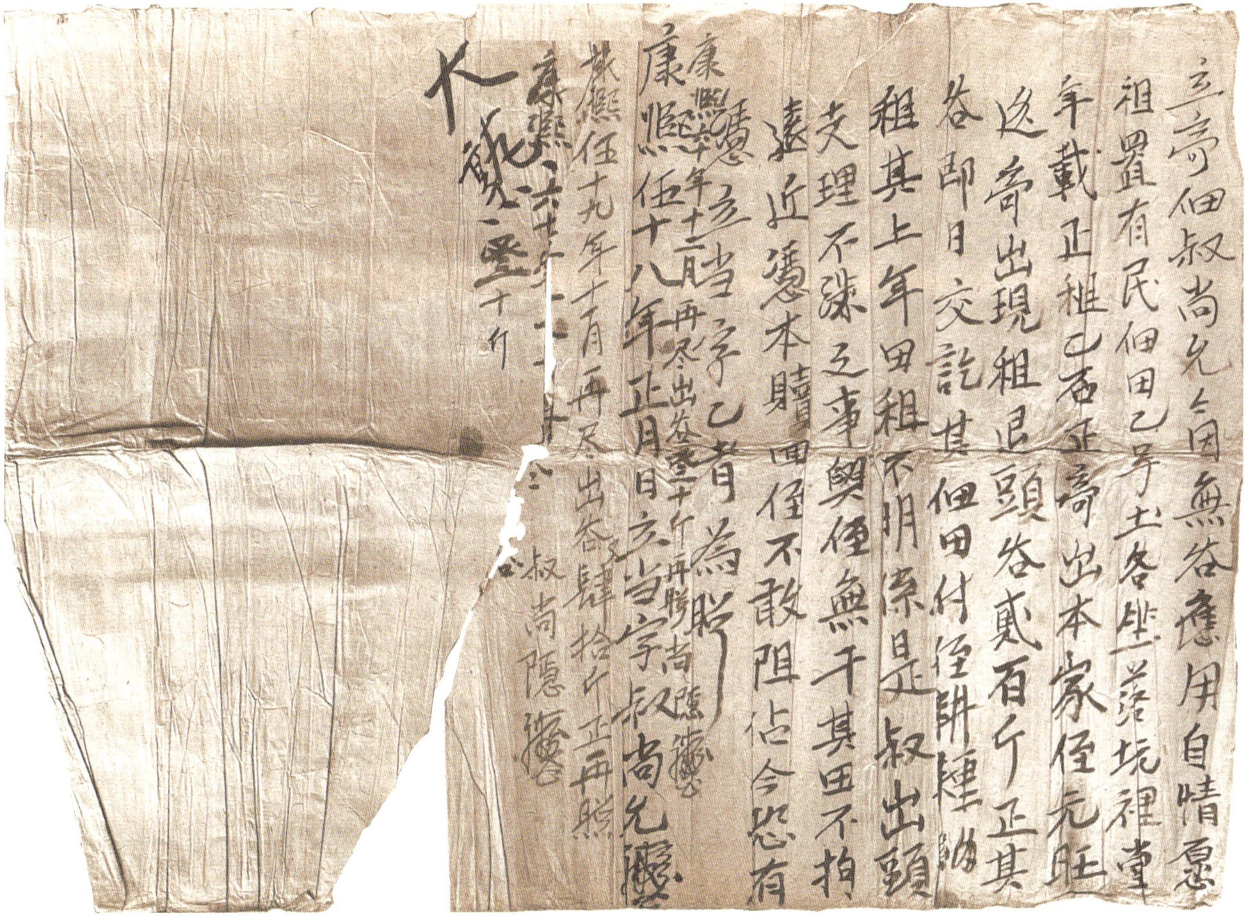

立寄佃叔尚允，今因無銀應用，自情愿
祖置有民佃田乙号，土名坐落坑裡壹
年載正租乙石正，寄出本家侄元旺
邊寄出現租艮頭銀貳百斤正，其
銀即日交訖，其佃田付侄耕種納
租。其上年田租不明，係是叔出頭
支理，不涉之事，與侄無干。其田不拘
遠近，憑本贖回，侄不敢阻佔。今恐有
憑，立寄字乙帋為照。
康熙五十八年十二月再尽出銀壹十斤，再照。尚隱（押）
康熙伍十八年正月　日立寄字叔尚允（押）
康熙伍十九年十月再尽出銀肆拾斤正，再照。叔尚隱（押）
康熙六十年[illegible]
大[illegible]壹十斤

5-9-1-1　清康熙五十八年正月鄭尚允立寄佃民佃田字

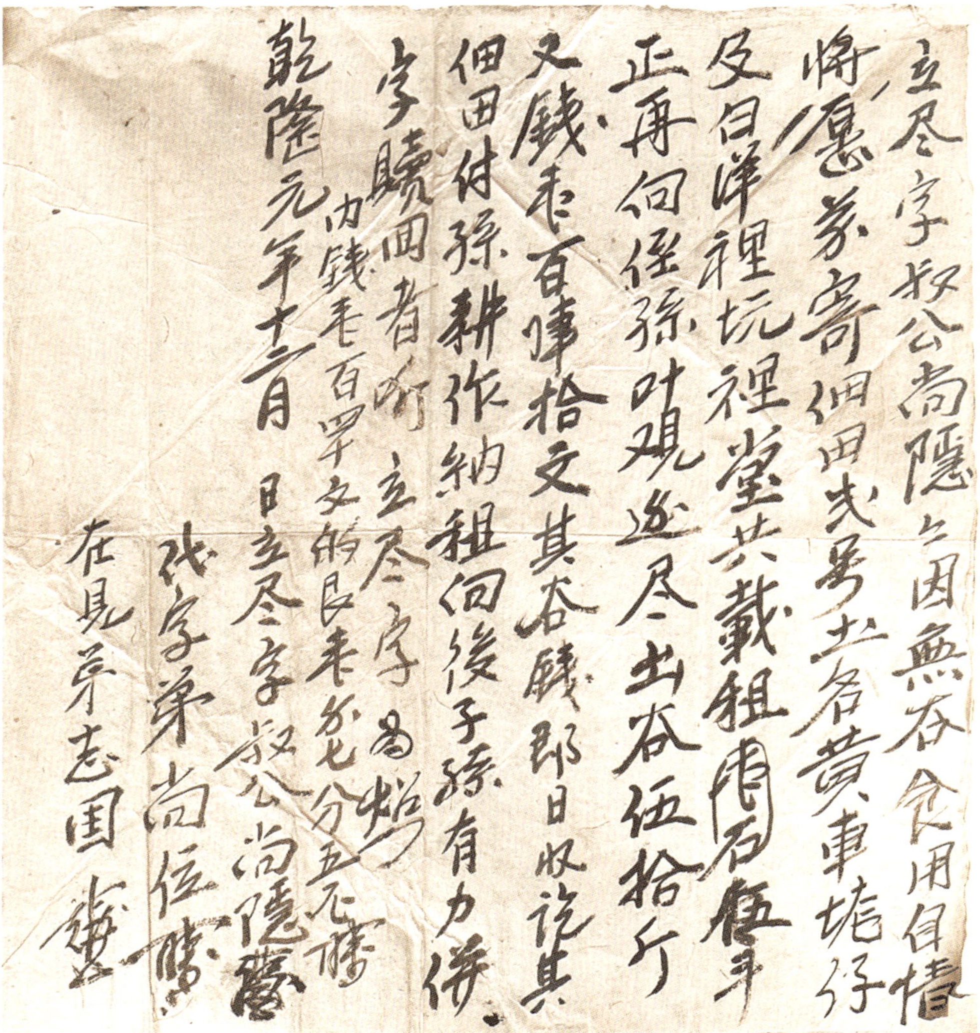

立尽字叔公尚隱，今因無谷食用，自情
將應分寄佃田弍號，土名黄車垅仔
及白洋裡坑裡堂，共載租[illegible]石伍斗
正，再向侄孫叶觀邊尽出谷伍拾斤，
又錢壹百肆拾文，其谷錢即日收訖，其
佃田付孫耕作納租，向後子孫有力併
字贖回者聽。立尽字為炤
加錢壹百四十文，的艮壹錢七分五厘
乾隆元年十二月 日立尽字叔公尚隱（押）
代字弟尚位（押）
在見弟志国（押）

5-9-1-2 清乾隆元年十二月鄭尚隱立盡佃田字

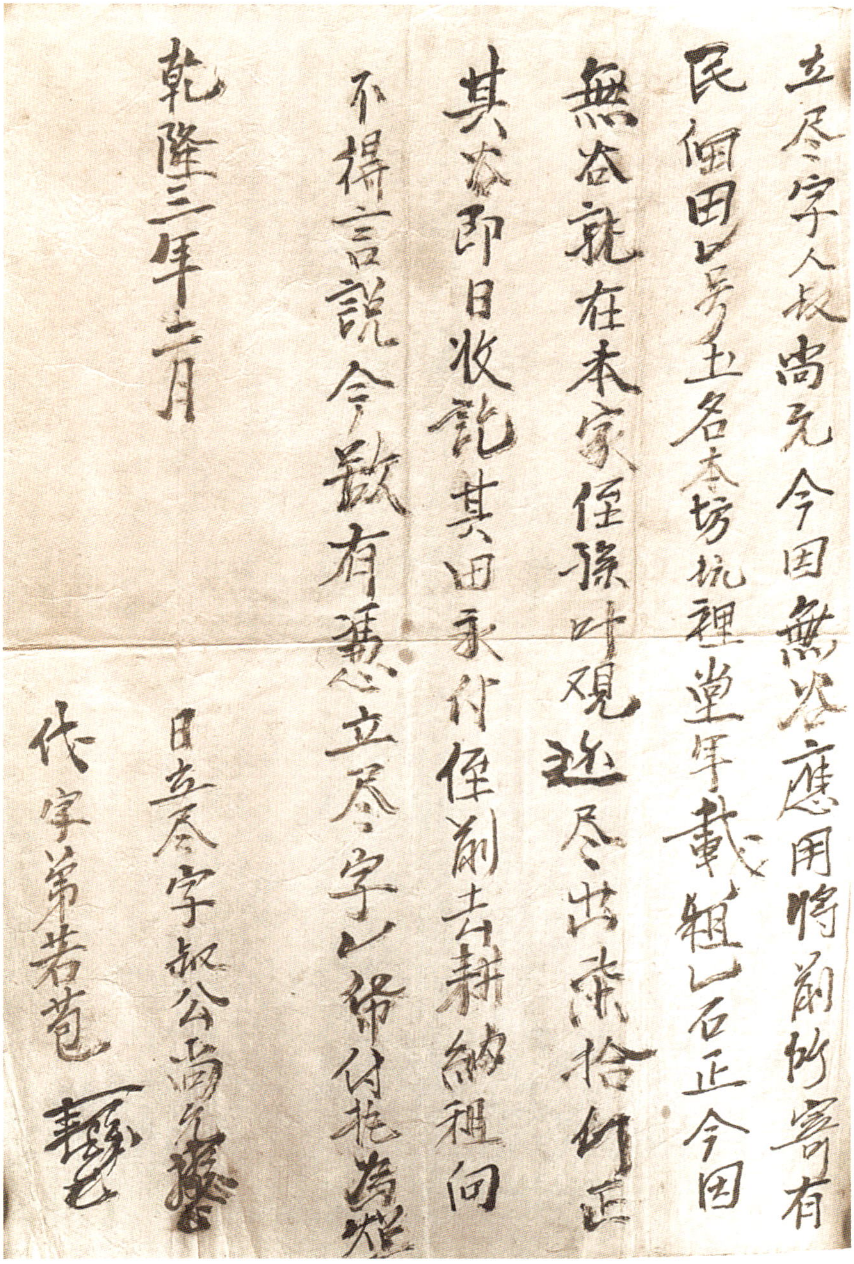
立尽字人叔尚允今因無銀應用將前所寄有
民佃田一号土名奉坊坑裡塆等載租一石正今因
無銀就在本家侄孫叶观边尽出柒拾仟正
其銀即日收訖其田永付侄前去耕納租向
不得言說今欲有憑立尽字一紙付執為炤
乾隆三年二月
日立尽字叔公尚允（押）
代字弟若苞（押）

5-9-1-3　清乾隆三年二月鄭尚允立盡民佃田字

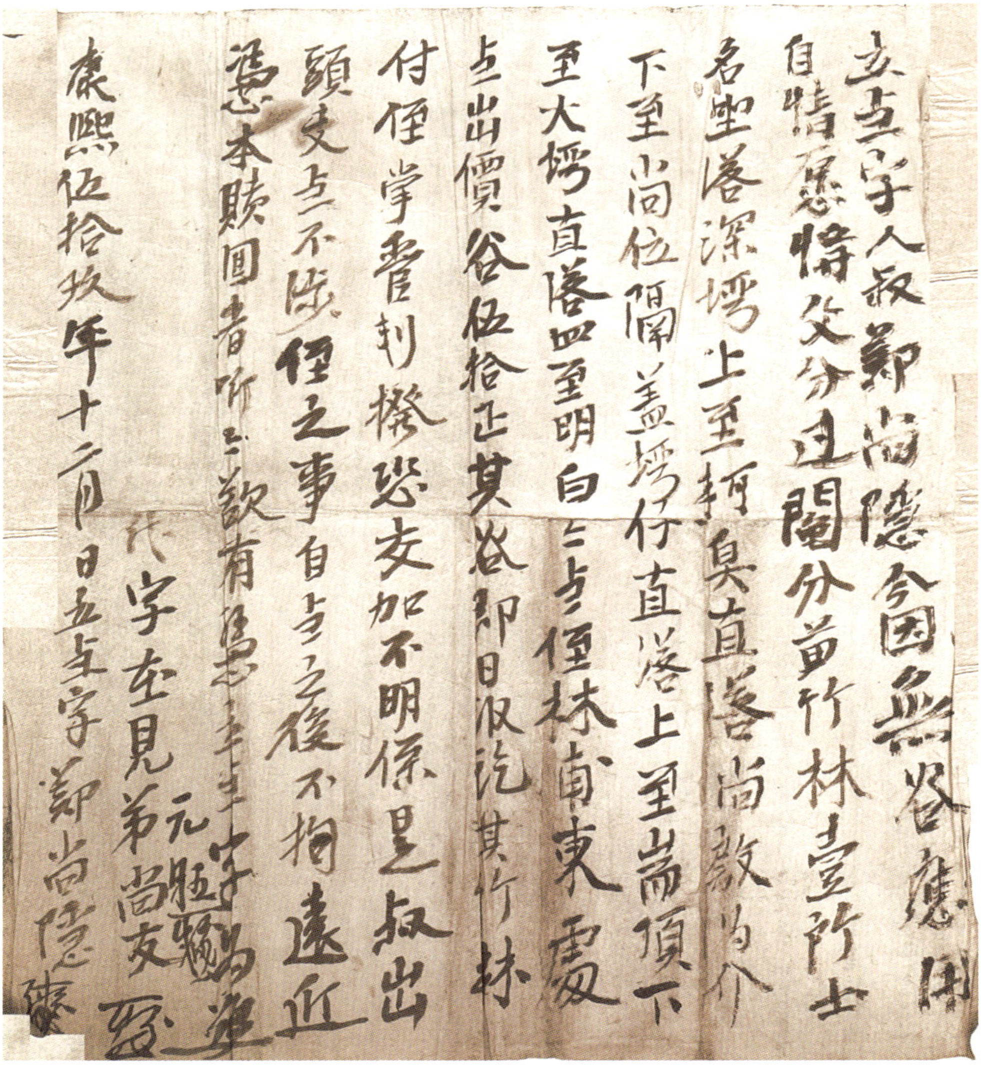

立当字人叔鄭尚隱，今因無谷應用，自情愿將父分过閹分苗竹林壹所，土名坐落深坪，上至柯臭直落尚敎为介，下至尚伍隔盖坪仔直落，上至尚頂，下至大坪直落，四至明白，立与侄林甫東處，立当出價谷伍拾正，其谷即日收訖，其竹林付侄掌管刬㩳。恐𡘙加不明，係是叔出頭支当，不涉侄之事。自当之後，不拘遠近，憑本贖回，者听之。欲有憑，立当字为照。

代字在見弟尚友（押）　元貼(?)

康熙伍拾玖年十二月　日立当字　鄭尚隱（押）

5-9-2-1　清康熙五十九年十二月鄭尚隱立當苗竹林字

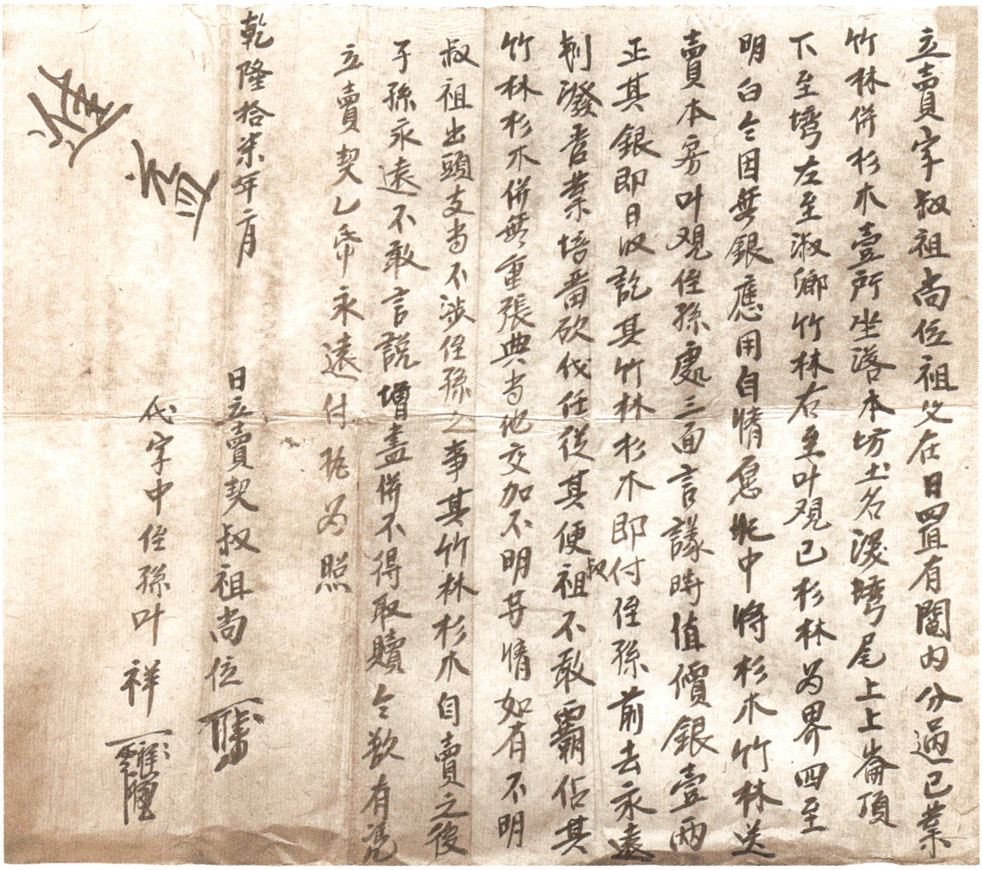
立賣字叔祖尚位祖父在日買有閣内分過已業
竹林併杉木壹所坐落本坊土名溪墘尾上上崙頂
下至墘左至淑鄉竹林右至叶覌已杉林為界四至
明白今因無銀應用自情愿托中將杉木竹林送
賣本房叶覌侄孫處三面言議時值價銀壹兩
正其銀即日收訖其竹林杉木即付侄孫前去永遠
判發管業培養砍伐任從其便祖叔不敢霸佔其
竹林杉木併無重張典當他交加不明等情如有不明
叔祖出頭支當不涉侄孫之事其竹林杉木自賣之後
子孫永遠不敢言說增盡併不得取贖今欲有憑
立賣契乙帋永遠付執為照
乾隆拾柒年二月　日立賣契叔祖尚位
代字中侄孫叶祥

5-9-2-2　清乾隆十七年二月鄭尚位立賣竹林等字

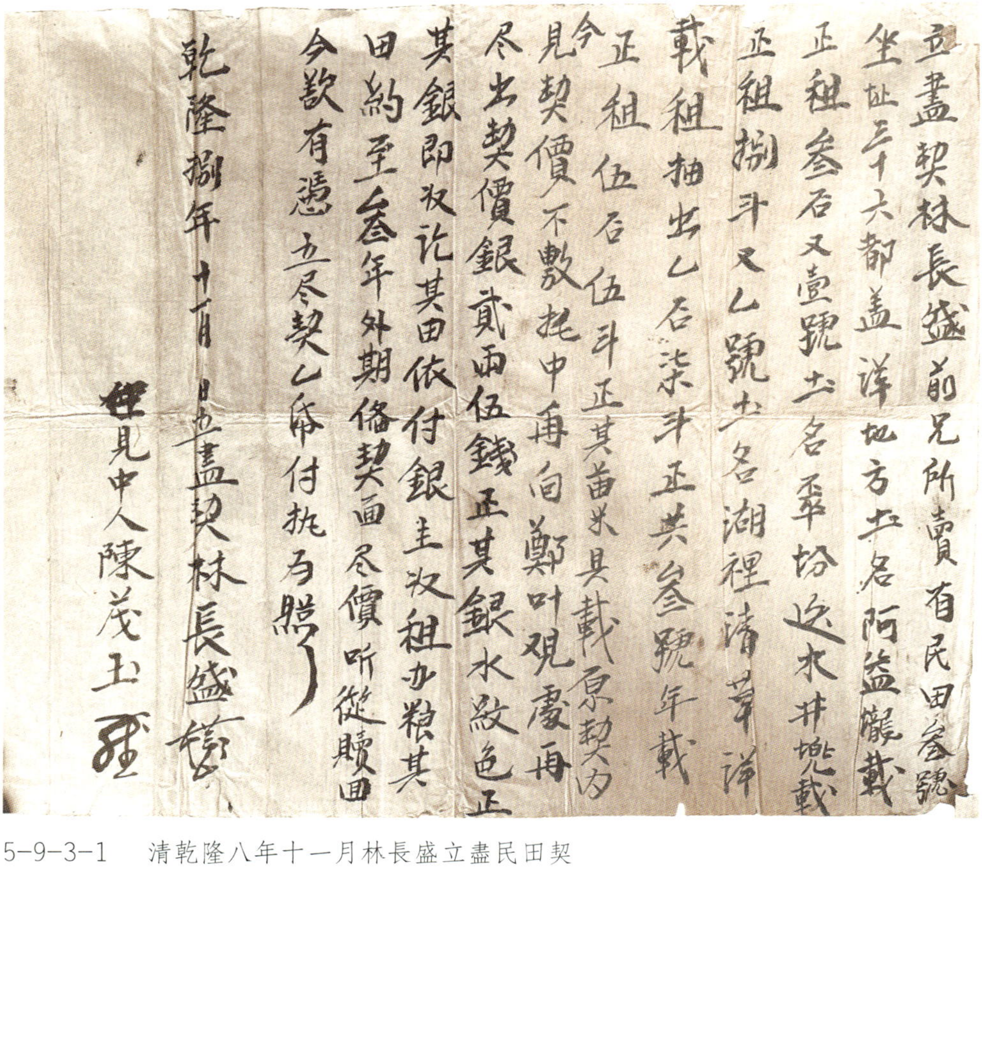
立盡契林長盛前兄所賣有民田叁號
坐址二十六都蓋洋地方土名阿益壠載
正租叁石又壹號土名牽坋边水井墘載
正租捌斗又乙號土名湖裡擋草洋
載租抽出乙石柒斗正共叁號年載
正租伍石伍斗正其苗米具載原契內
今見契價不敷挽中再向鄭叶觀處再
盡出契價銀貳兩伍錢正其銀水紋色正
其銀即收訖其田依付銀主收租办粮其
田約至叁年外期備契面盡價聽從贖田
今欲有憑立盡契乙紙付執為照
乾隆捌年十一月　日立盡契林長盛（押）
在見中人陳茂玉（押）

5-9-3-1　清乾隆八年十一月林長盛立盡民田契

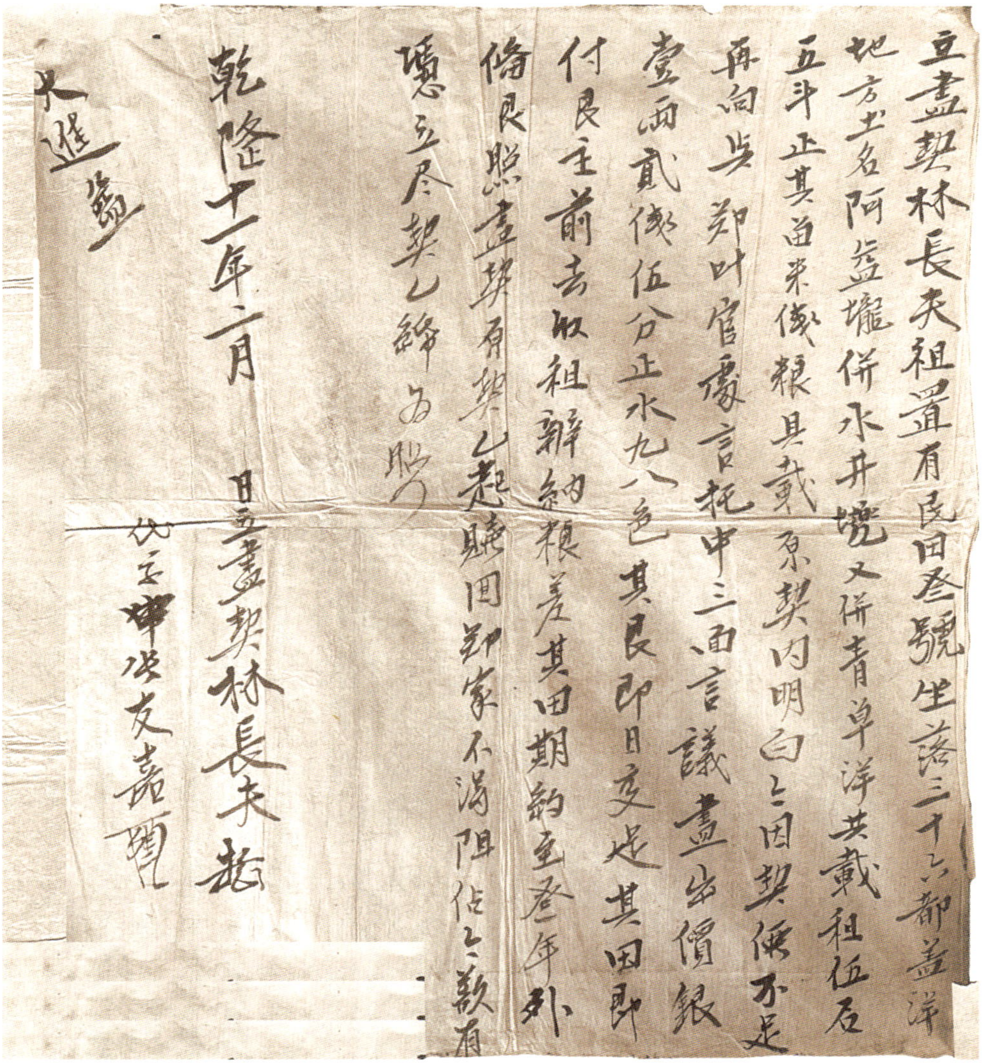

立盡契林長夫祖置有民田叁號坐落三十六都蓋洋
地方土名阿益壠併水井墘又併青草洋共載租伍石
五斗正其苗米載粮具載原契內明白今因契價不足
再向與鄭叶官處言托中三面言議盡出價銀
壹兩貳錢伍分正水九八色其銀即日交足其田即
付銀主前去收租辦納粮差其田期約至叁年外
備銀照盡契原契一起贖回鄭家不得阻佔今欲有
憑立盡契一紙為照
乾隆十一年二月　日立盡契林長夫（押）
代字中叶友嘉（押）
又進盡

5-9-3-2　清乾隆十一年二月林長夫立盡民田契

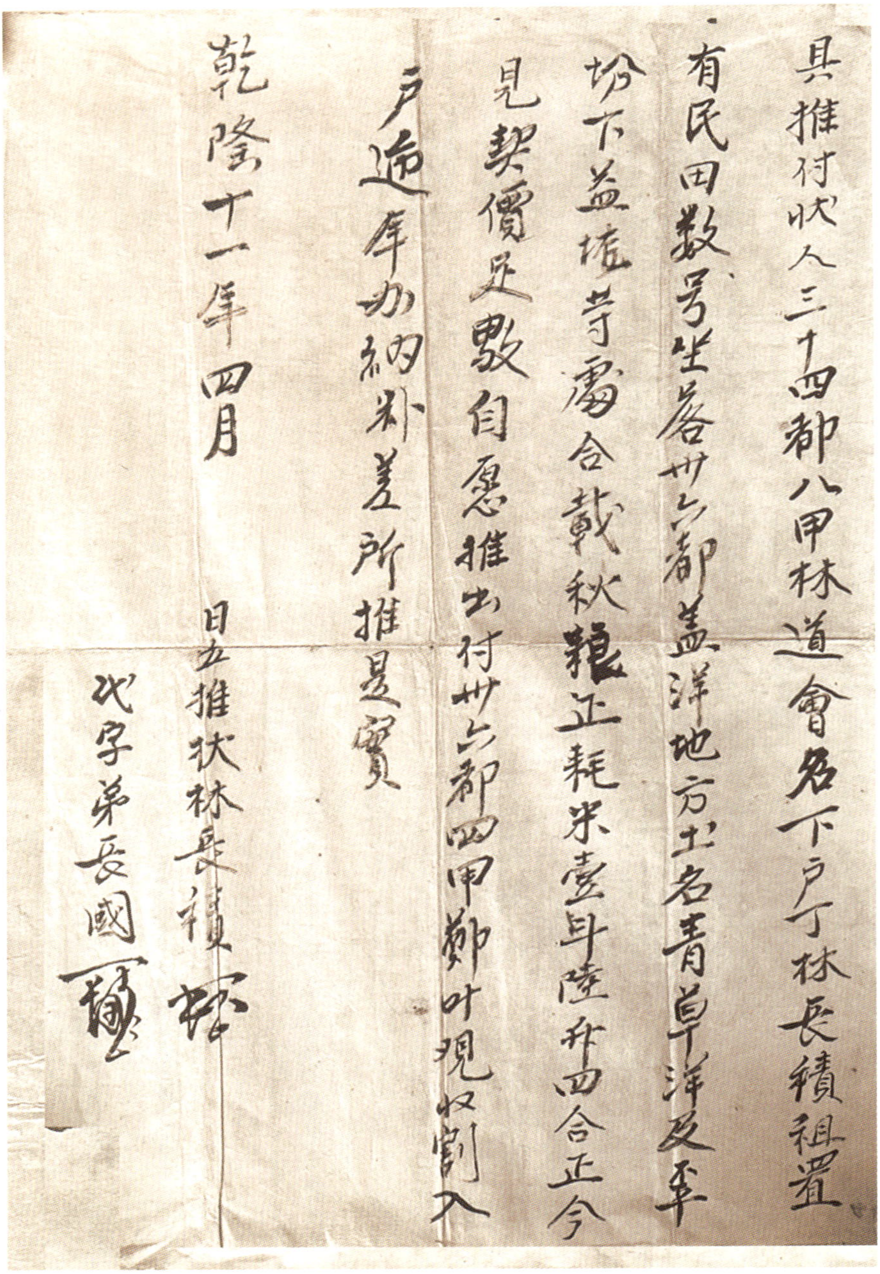
具推付狀人三十四都八甲林道會名下戶丁林長積祖置
有民田數号坐落廿六都益洋地方土名青草洋及至
坋下益垅等處合載秋粮正耗米壹斗陸升四合正今
見契價足數自愿推出付廿六都四甲鄭叶观收割入
戶造年办納朴差所推是實
乾隆十一年四月
日立推狀林長積（押）
代字弟長國（押）

5-9-3-3　清乾隆十一年四月林長積具推付狀

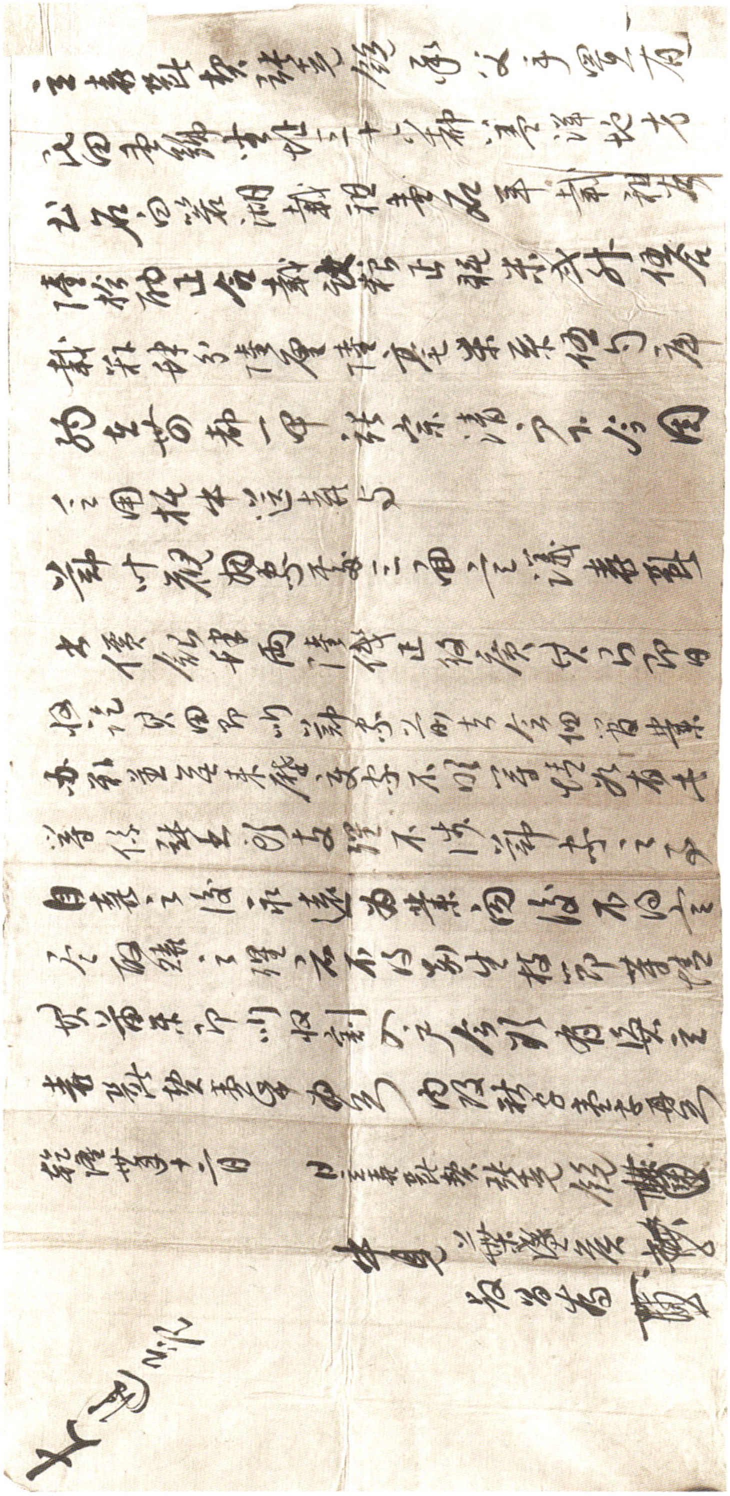

5-9-4-1　清乾隆三十年十二月張堯鏡立賣斷民田契

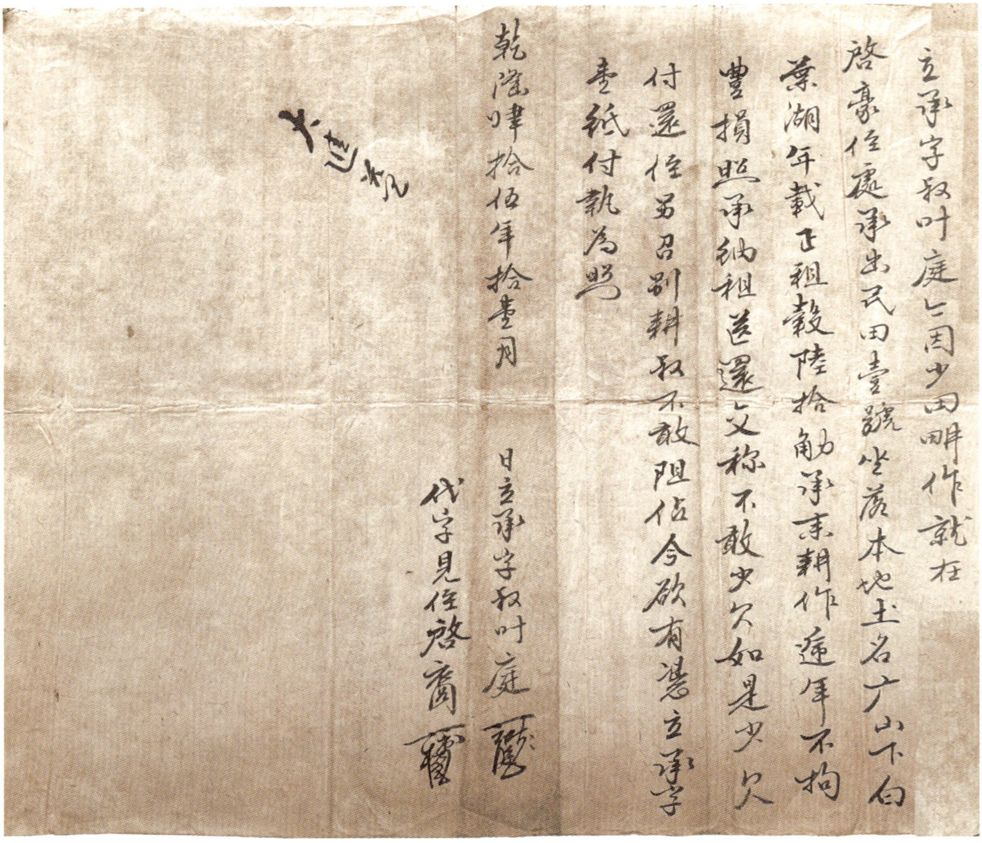

立承字叔叶庭今因少田耕作就在
啓齋侄處承出民田壹號坐落本地土名广山下白
葉湖每年載正租穀陸拾觔承來耕作遞年不拘
豐損照承納租送還不敢少欠如是少欠
付還侄另召别耕叔不敢阻佔今欲有憑立承字
壹紙付執為照
乾隆肆拾伍年拾壹月　日立承字叔叶庭
代字見侄啓齋

5-9-4-2　清乾隆四十五年十一月鄭叶庭立承民田字

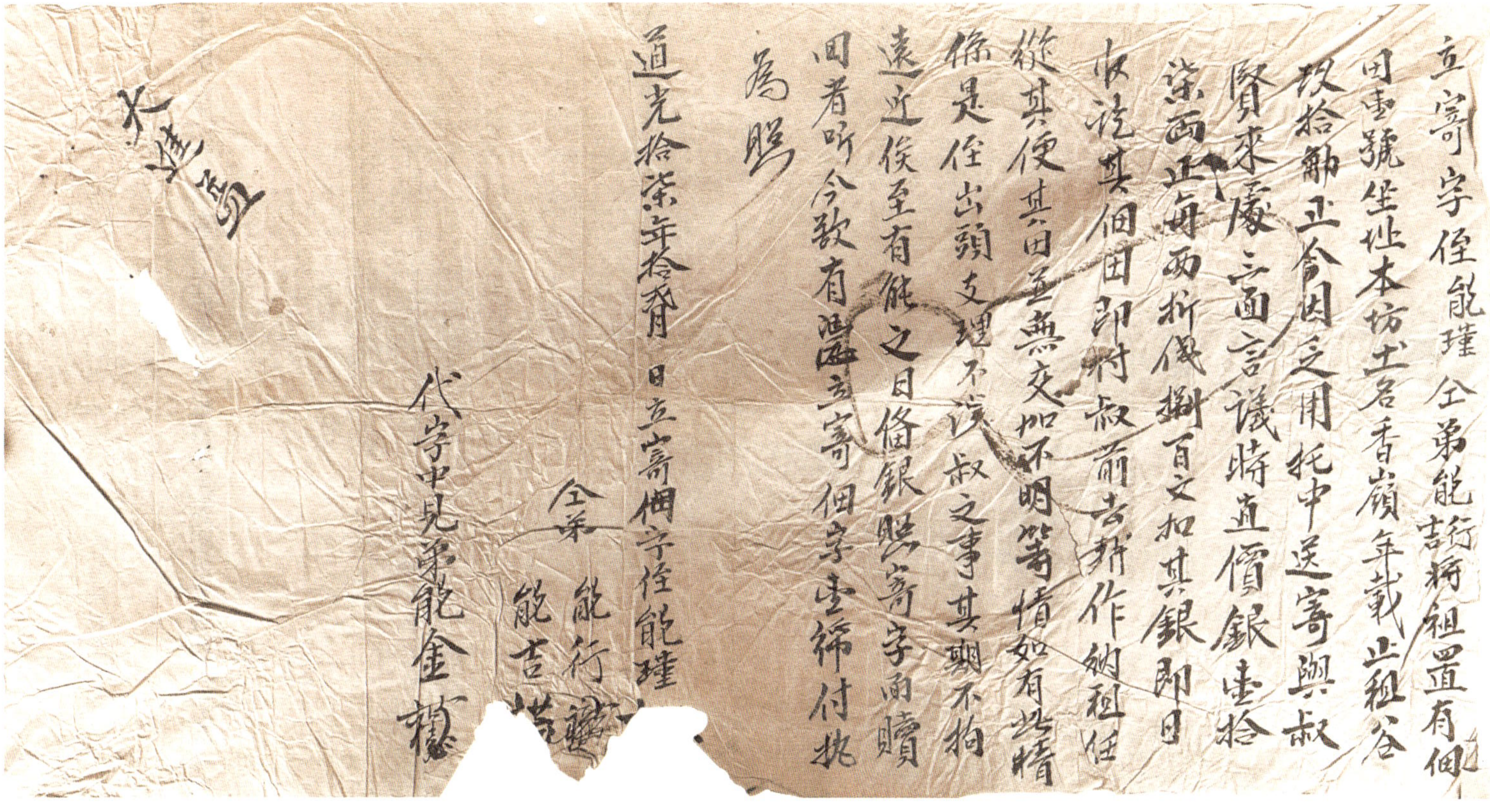
立寄字侄能瑾　仝弟能衍、吉將祖置有佃
田壹號坐址本坊土名香嶺年載正租谷
玖拾觔正今因乏用托中送寄與叔
賢來處三面言議時值價銀壹拾
柒兩正每兩折錢捌百文加其銀即日
收訖其佃田即付叔前去耕作納租任
從其便其田並無交加不明等情如有此情
係是侄出頭支理不涉叔之事其額不拘
遠近俟至有能之日備銀照寄字面贖
回者聽今欲有憑立寄佃字壹紙付執
為照
道光拾柒年拾貳月　日立寄佃字侄能瑾
仝弟　能衍
　　　能吉
代字中見弟能金
大吉昌

5-9-5-1　清道光十七年十二月鄭能瑾等立寄佃田字（廢契）

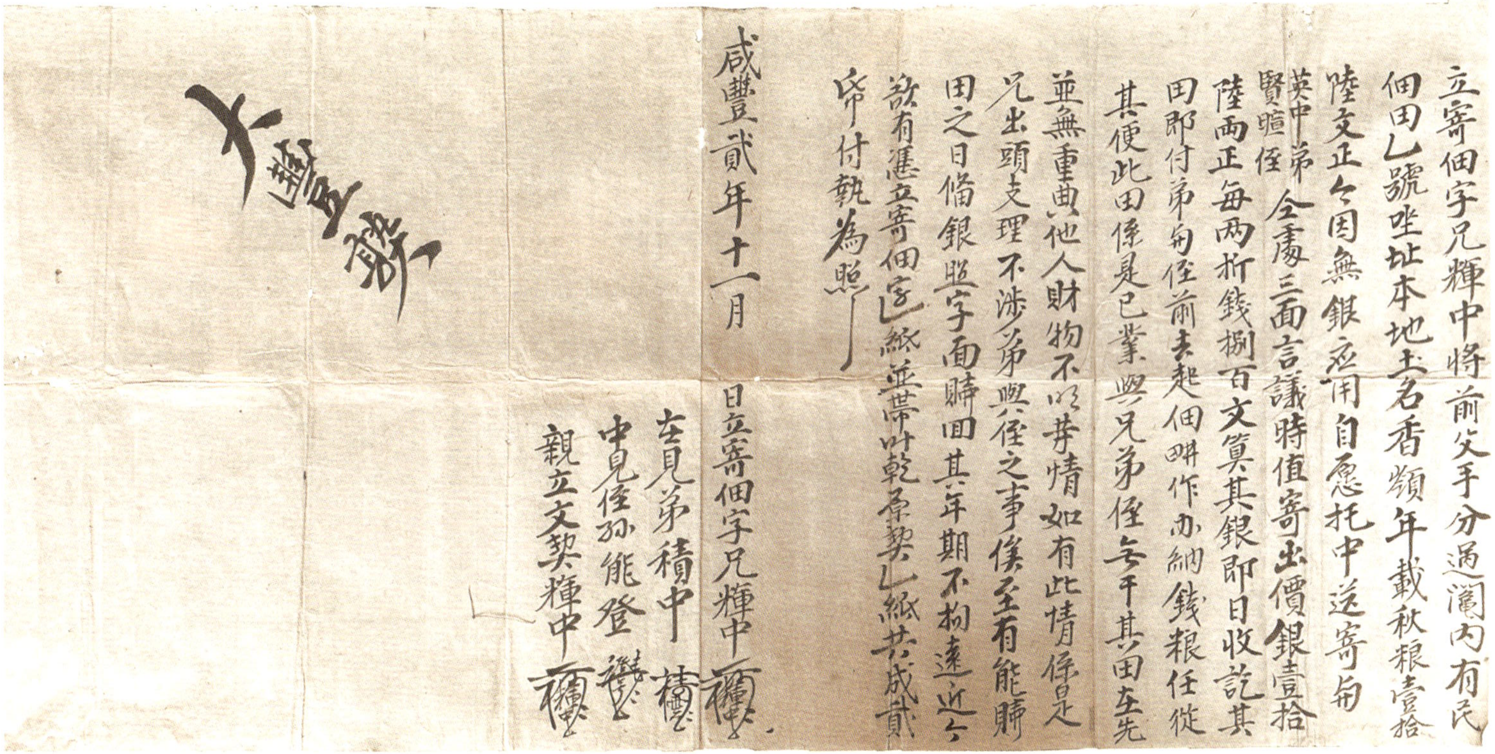
立寄佃字兄輝中將前父手分過鬮內有民
佃田乙號坐址本地土名香額年載秋粮壹拾
陸文正今因無銀應用自愿托中送寄向
英中弟 賢姪 仝處三面言議時值寄出價銀壹拾
陸兩正每兩折錢捌百文算其銀即日收訖其
田即付弟向侄前去起佃耕作办納錢粮任從
其便此田係是已業與兄弟侄無干其田在先
並無重典他人財物不明等情如有此情係是
兄出頭支理不涉弟與侄之事俟至有能贖
田之日備銀照字面贖回其年期不拘遠近今
欲有憑立寄佃字乙紙並帶叶乾原契乙紙共成貳
帋付執為照
咸豐貳年十一月 日立寄佃字兄輝中
在見弟積中
中見侄孫能登
親立文契輝中

5-9-5-2 清咸豐二年十一月鄭輝中立寄民佃田字

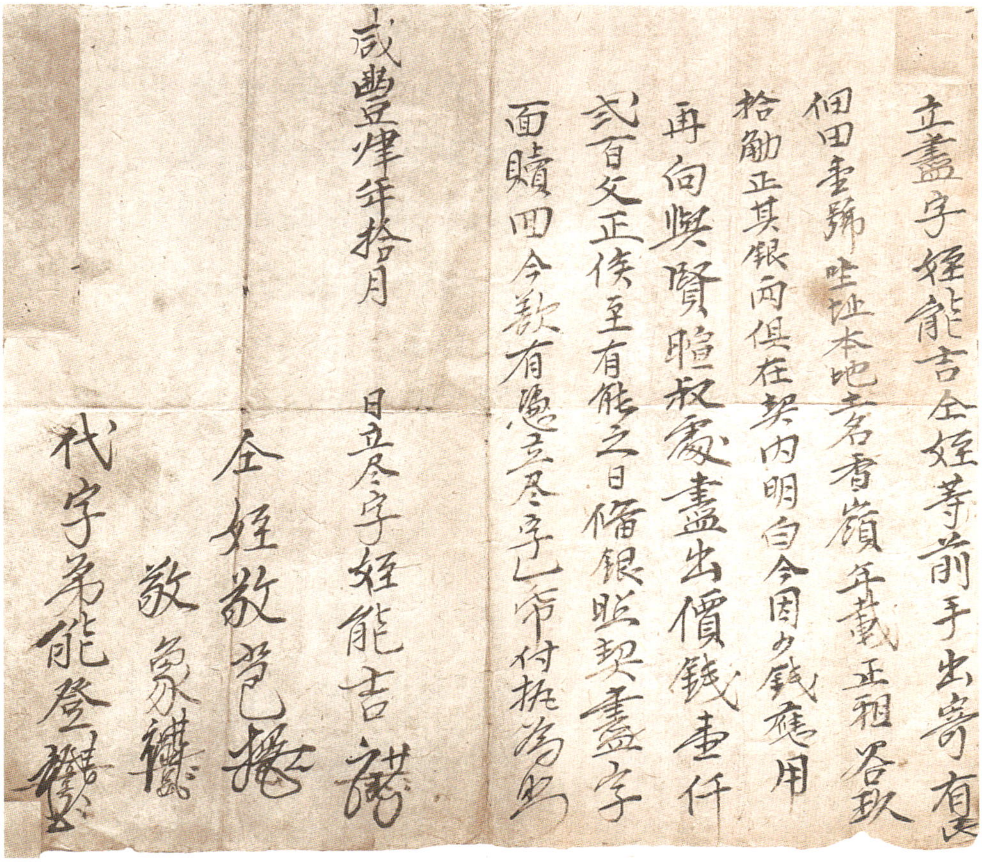
立盡字姪能吉仝姪等前手出嵜有民
佃田壹號坐址本地土名耆嶺年載正租谷叁
拾觔正其銀両俱在契内明白今因乏錢應用
再向與賢瞻叔處盡出價錢壹仟
弍百文正俟至有能之日備銀贖契盡字
面贖田今欲有憑立盡字一帋付執為照
咸豐肆年拾月　日立盡字姪能吉（押）
仝姪敬覺（押）
敬象（押）
代字弟能登（押）

5-9-5-3　清咸豐四年十月鄭能吉等立盡民佃田字

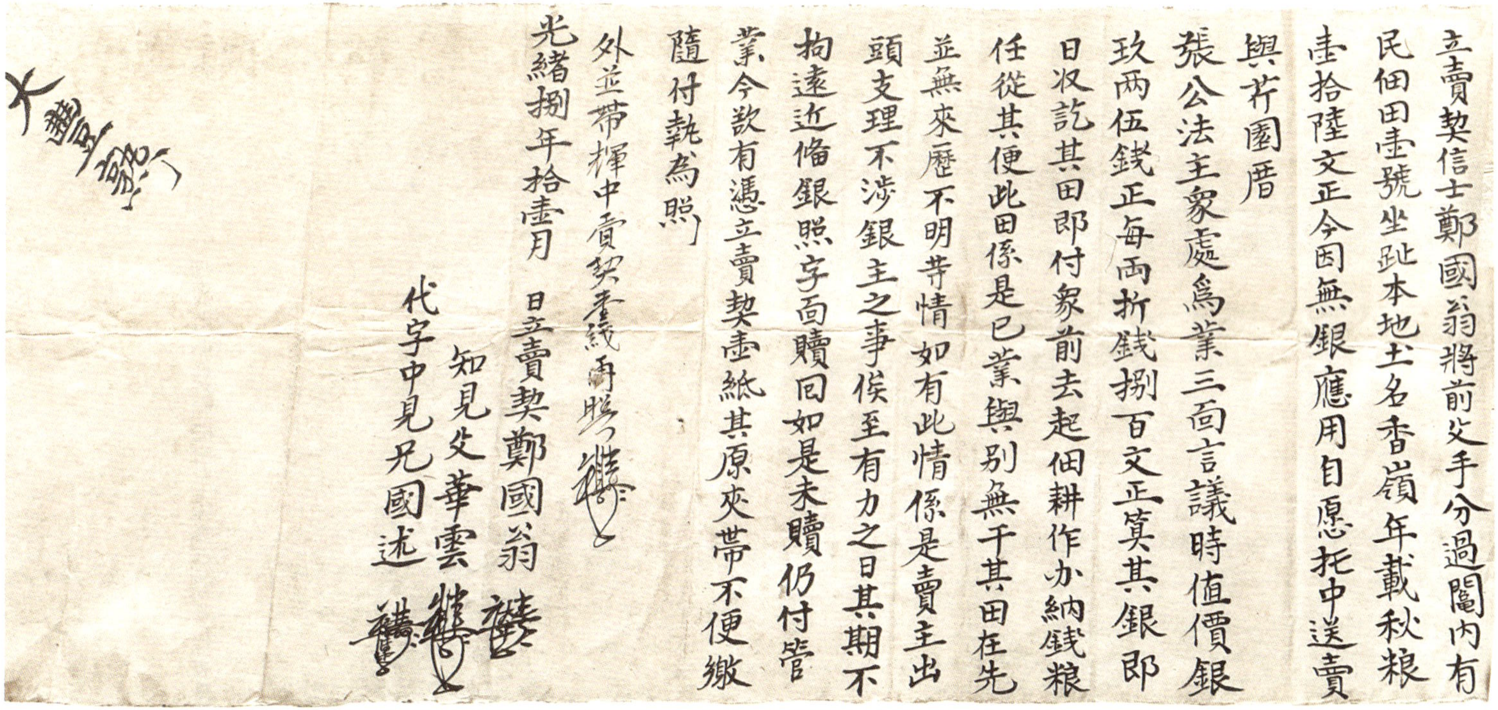
立賣契信士鄭國翁將前父手分過閹內有
民佃田壹號坐址本地土名香嶺年載秋粮
壹拾陸文正今因無銀應用自愿托中送賣
與苻園厝
張公法主眾處爲業三面言議時值價銀
玖兩伍錢正每两折錢捌百文正莫其銀即
日收訖其田即付眾前去起佃耕作办納錢粮
任從其便此田係是己業與別無干其田在先
並無來歷不明等情如有此情係是賣主出
頭支理不涉銀主之事俟至有力之日其期不
拘遠近備銀照字面贖回如是未贖仍付管
業今欲有憑立賣契壹紙其原來帶不便繳
隨付執爲照
外並帶揮中賣契壹紙再照
光緒捌年拾壹月　日立賣契鄭國翁
知見父華雲
代字中見兄國述

5-9-5-4　清光緒八年十一月鄭國翁立賣民佃田契

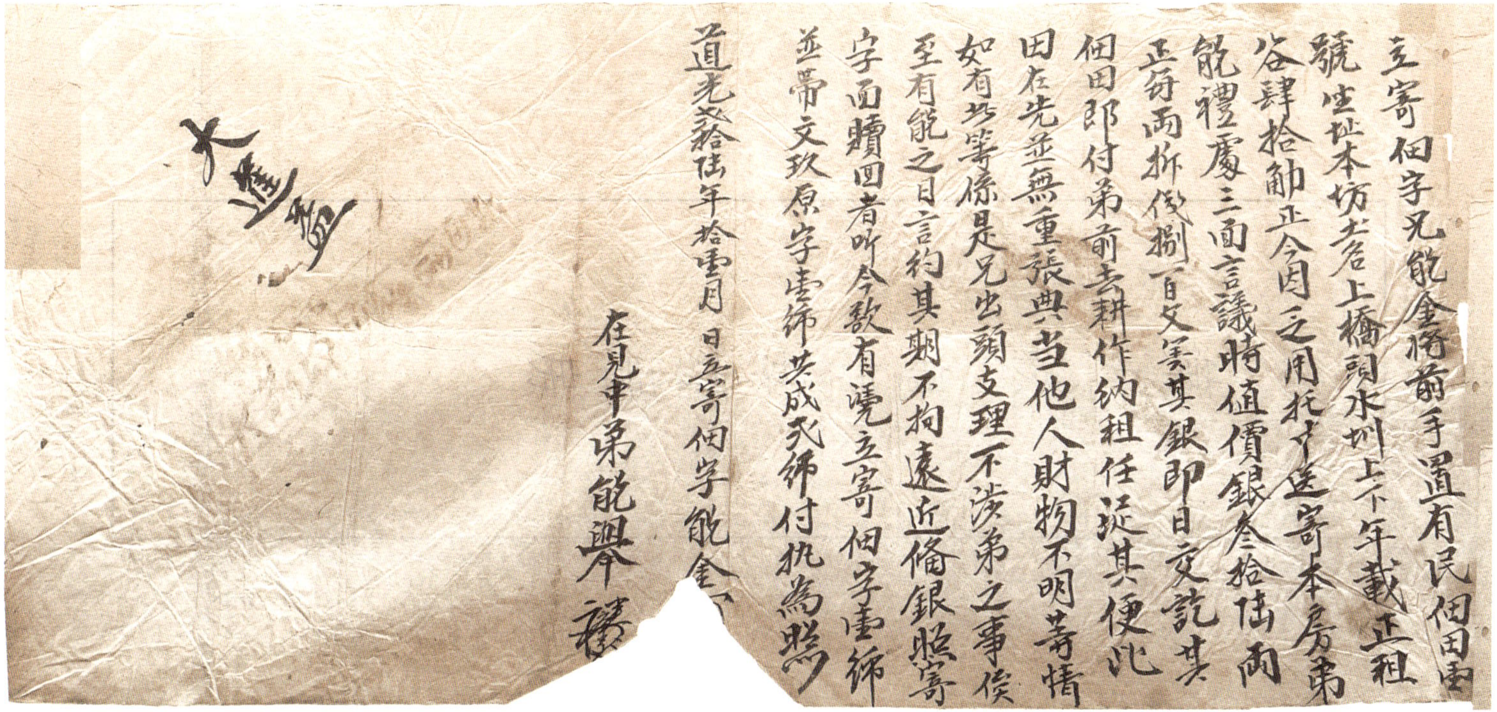
立寄佃字兄能金將前手置有民佃田壹
號坐址本坊土名上橋頭水圳上下午載正租
谷肆拾觔正今因乏用托中送寄本房弟
能禮處三面言議時值價銀叁拾陸兩
正每兩折係捌百文算其銀即日交訖其
佃田即付弟前去耕作納租任從其便此
田在先並無重張典當他人財物不明等情
如有此等係是兄出頭支理不涉弟之事候
至有能之日言約其期不拘遠近備銀照寄
字面贖回者聽今欲有憑立寄佃字壹紙
並帶文契原字壹紙共成弍紙付執為照
道光貳拾陸年拾壹月　日立寄佃字能金
在見中弟能舉

5-9-6-1　清道光二十六年十一月鄭能金立寄民佃田字

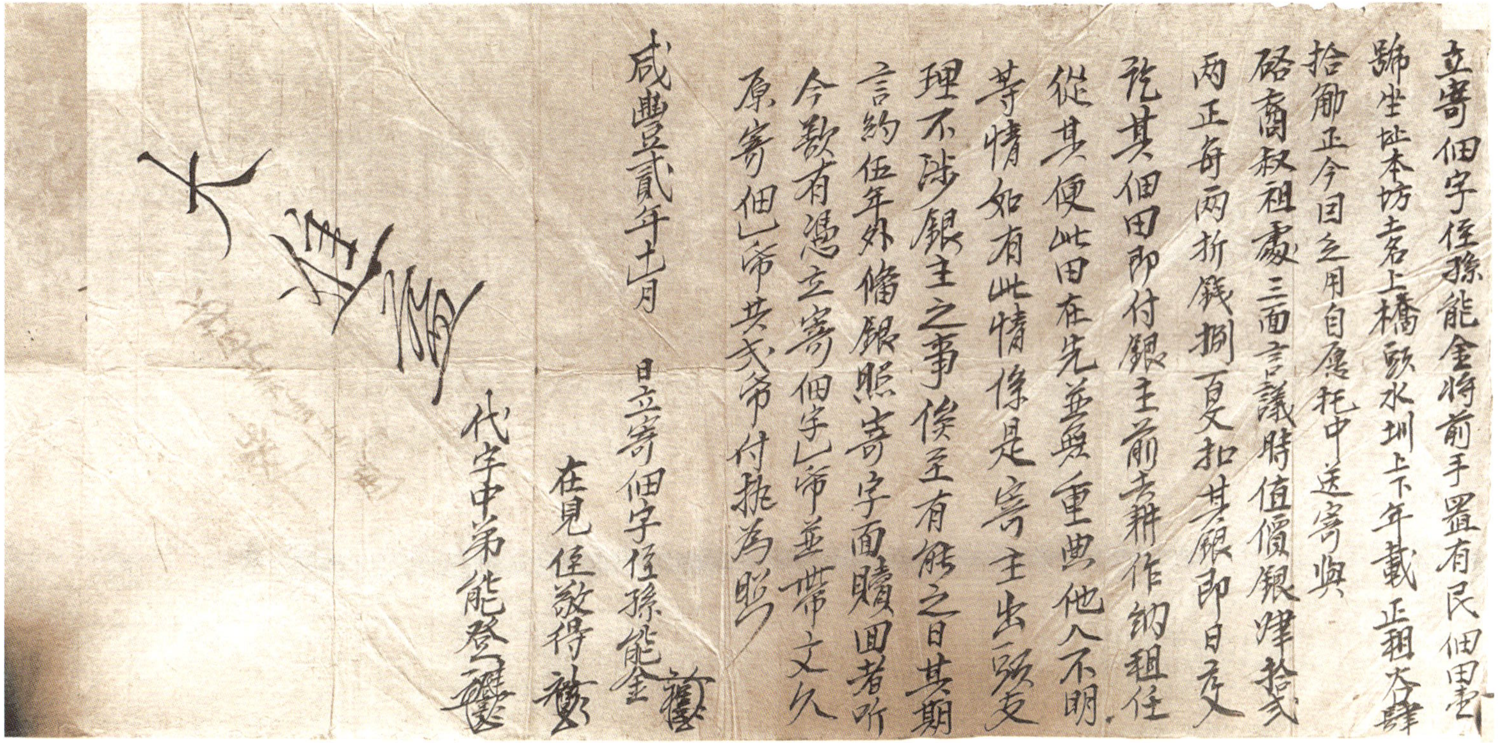
立寄佃字侄孫能金將前手置有民佃田壹
號坐址本坊土名上橋頭水圳上下年載正租谷肆
拾觔正今因乏用自愿托中送寄與
啓裔叔祖處三面言議時值價銀肆拾弍
兩正每兩折錢捌百文扣其銀即日交
訖其佃田即付銀主前去耕作納租任
從其便此田在先並無重典他人不明
等情如有此情係是寄主出頭支
理不涉銀主之事俟至有能之日其期
言約伍年外備銀照寄字面贖回者听
今欲有憑立寄佃字一帋並帶文久
原寄佃一帋共弍帋付执為照

咸豐貳年十一月　日立寄佃字侄孫能金
在見侄敬得
代字中弟能登

5-9-6-2　清咸豐二年十一月鄭能金立寄民佃田字

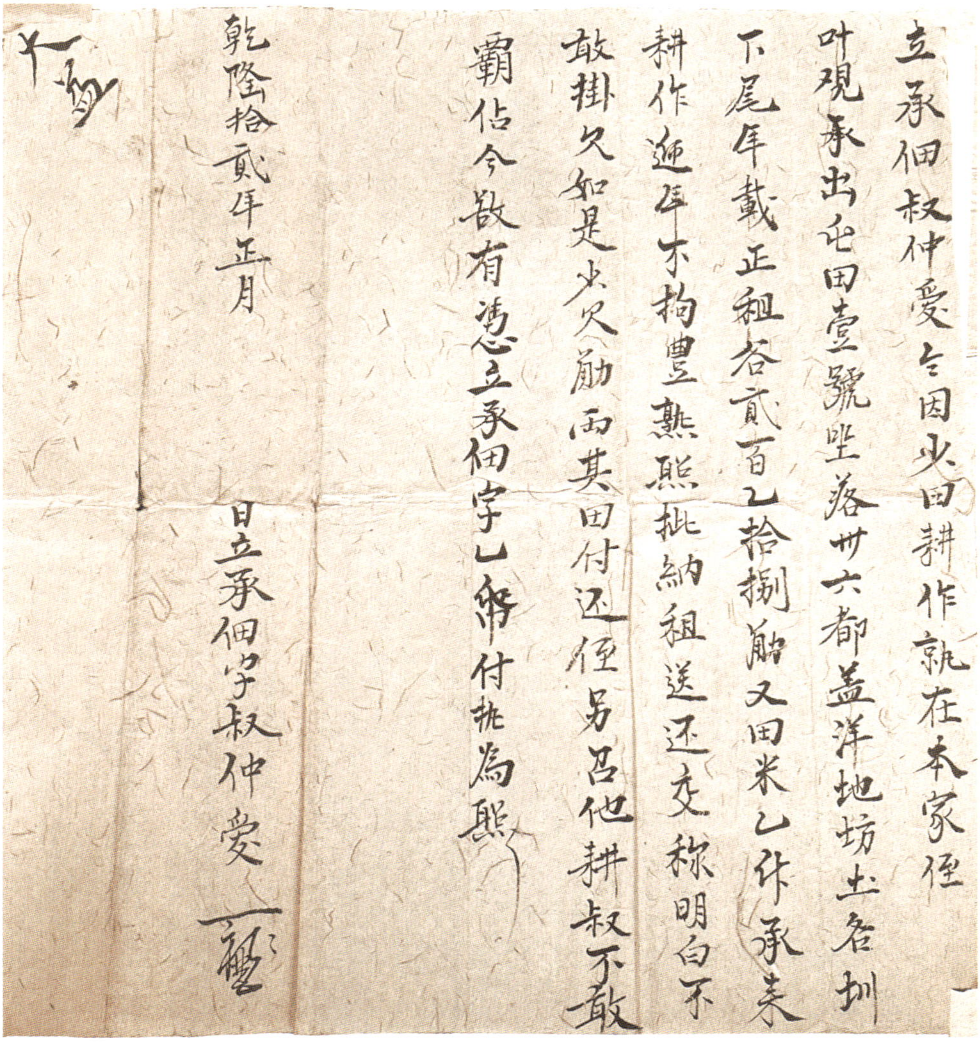
立承佃叔仲愛今因少田耕作就在本家侄
叶观承出屯田壹號坐落卅六都蓋洋地坊土名圳
下尾年載正租谷貳百乙拾捌觔又田米乙升承来
耕作逐年不拘豐歉照扯納租送还交秤明白不
敢掛欠如是少欠觔両其田付还侄另召他耕叔不敢
霸佔今欲有憑立承佃字乙紙付执為照
乾隆拾貳年正月　日立承佃字叔仲愛（押）
大吉

5-9-7-1　清乾隆十二年正月鄭仲愛立承佃屯田字

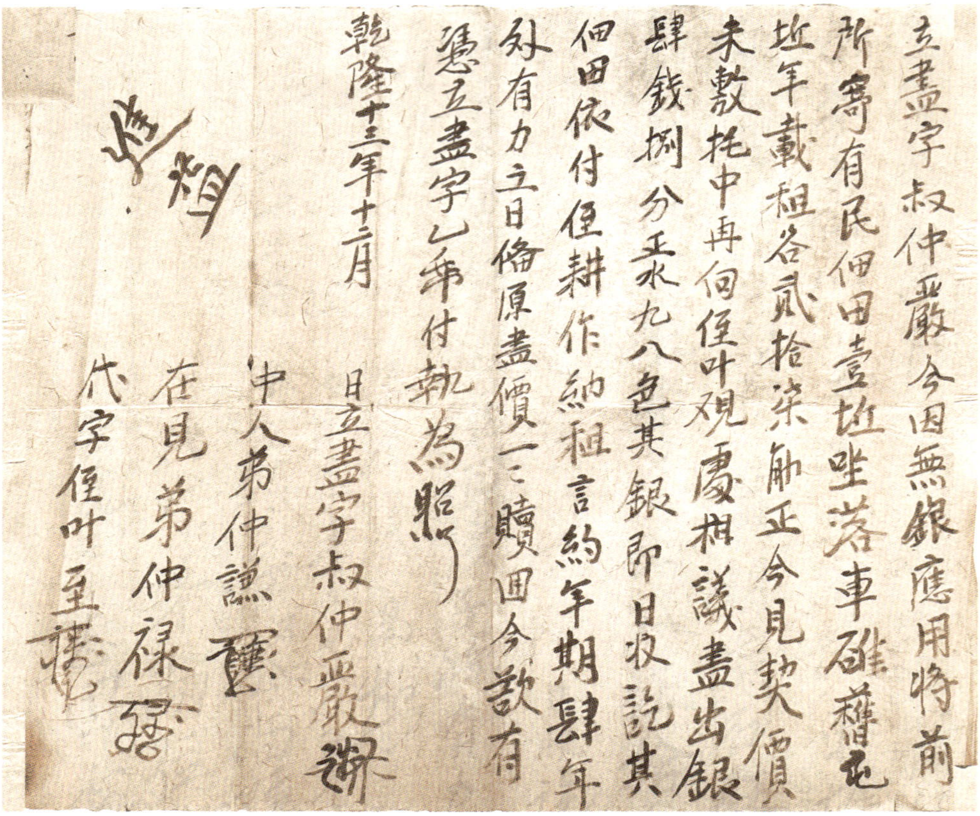
立盡字叔仲嚴今因無銀應用將前
所寄有民佃田壹坵坐落車碓藋邑
坵年載租谷貳拾柒觔正今見契價
未敷托中再向侄叶覌處相議盡出銀
肆錢捌分正水九八色其銀即日收訖其
佃田依付侄耕作納租言約年期肆年
外有力之日備原盡價一一贖回今欲有
憑立盡字一紙付執為照
乾隆十三年十二月　日立盡字叔仲嚴（押）
中人弟仲謙（押）
在見弟仲祿（押）
代字侄叶至（押）

5-9-7-2　清乾隆十三年十二月鄭仲嚴立盡民佃田字

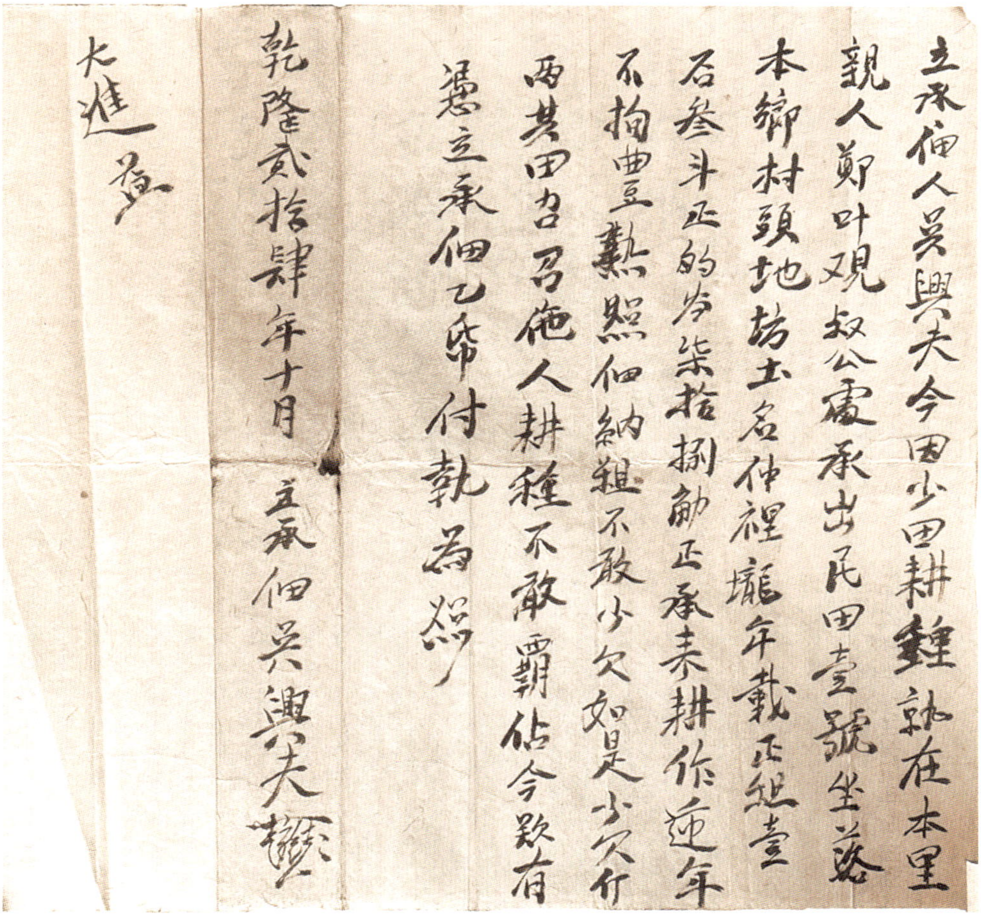
立承佃人吳興夫今因少田耕種就在本里
親人鄭叶观叔公處承出民田壹號坐落
本鄉村頭地方土名伸裡壠年載正租壹
石叁斗正的谷柒拾捌觔正承來耕作逐年
不拘豐熟照佃納租不敢少欠如是少欠什
物其田召回他人耕種不敢霸佔今欲有
憑立承佃乙紙付執為照
乾隆貳拾肆年十月　立承佃吳興夫（押）
大進筆

5-9-7-3　清乾隆二十四年十月吳興夫立承佃民田字

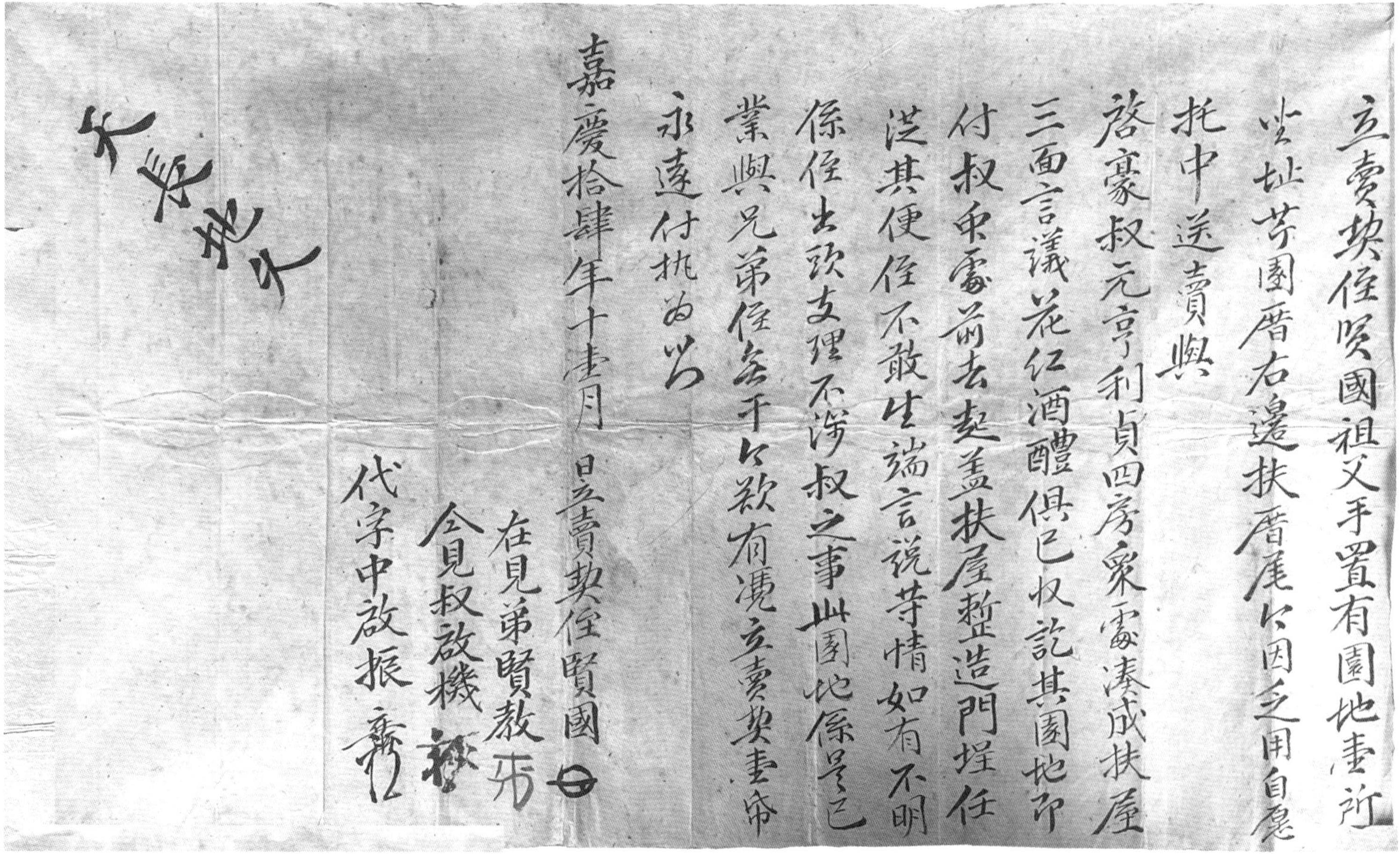
立賣契侄賢國祖父手置有園地壹所
坐址芳園厝右邊扶厝尾々因乏用自愿
托中送賣與
啓豪叔元亨利貞四房衆處湊成扶厝
三面言議花红酒醴俱已收訖其園地即
付叔手處前去起蓋扶厝整造門埕任
從其便侄不敢生端言說等情如有不明
係侄出頭支理不涉叔之事此園地係是已
業與兄弟侄無干々欵有憑立賣契壹帋
永遠付執爲照
嘉慶拾肆年十壹月　日立賣契侄賢國（押）
在見弟賢敖（押）
仝見叔啓機（押）
代字中啓振（押）
天長地久

5-9-7-4　清嘉慶十四年十一月鄭賢國立賣園地契

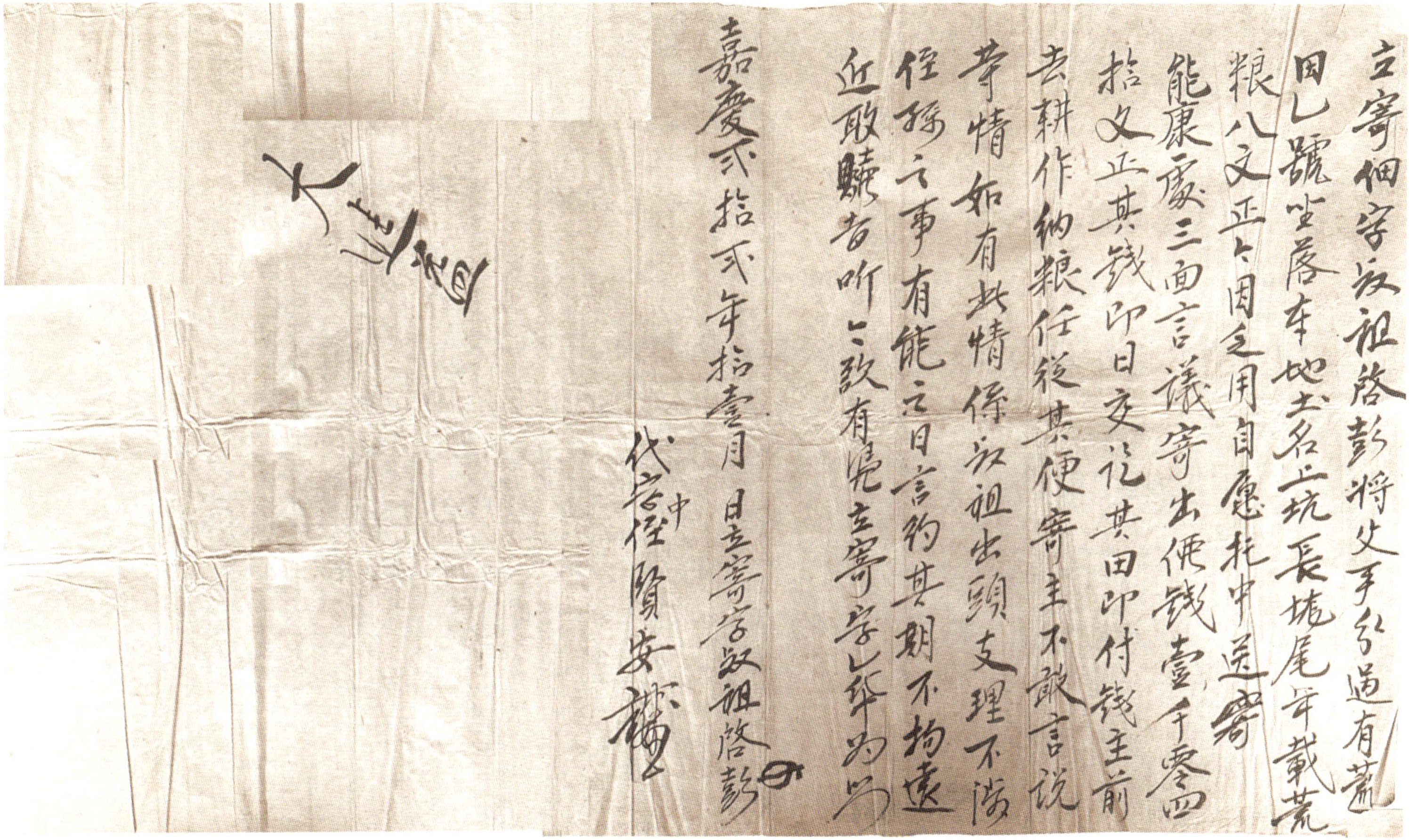

立寄佃字叔祖啓彭將父手分過有荒
田乙號坐落本地土名上坑長垅尾每年載荒
粮八文正今因乏用自愿托中送寄
能康處三面言議寄出佛錢壹千零四
拾文正其錢即日交訖其田即付錢主前
去耕作納粮任從其便寄主不敢言說
等情如有此情係叔祖出頭支理不涉
侄孫之事有能之日言約其期不拘遠
近取贖吉听之致有憑立寄字乙紙為照
嘉慶貳拾貳年拾壹月　日立寄字叔祖啓彭（押）
中
代字侄賢安（押）

5-9-7-5　清嘉慶二十二年十一月鄭啓彭立寄佃荒田字

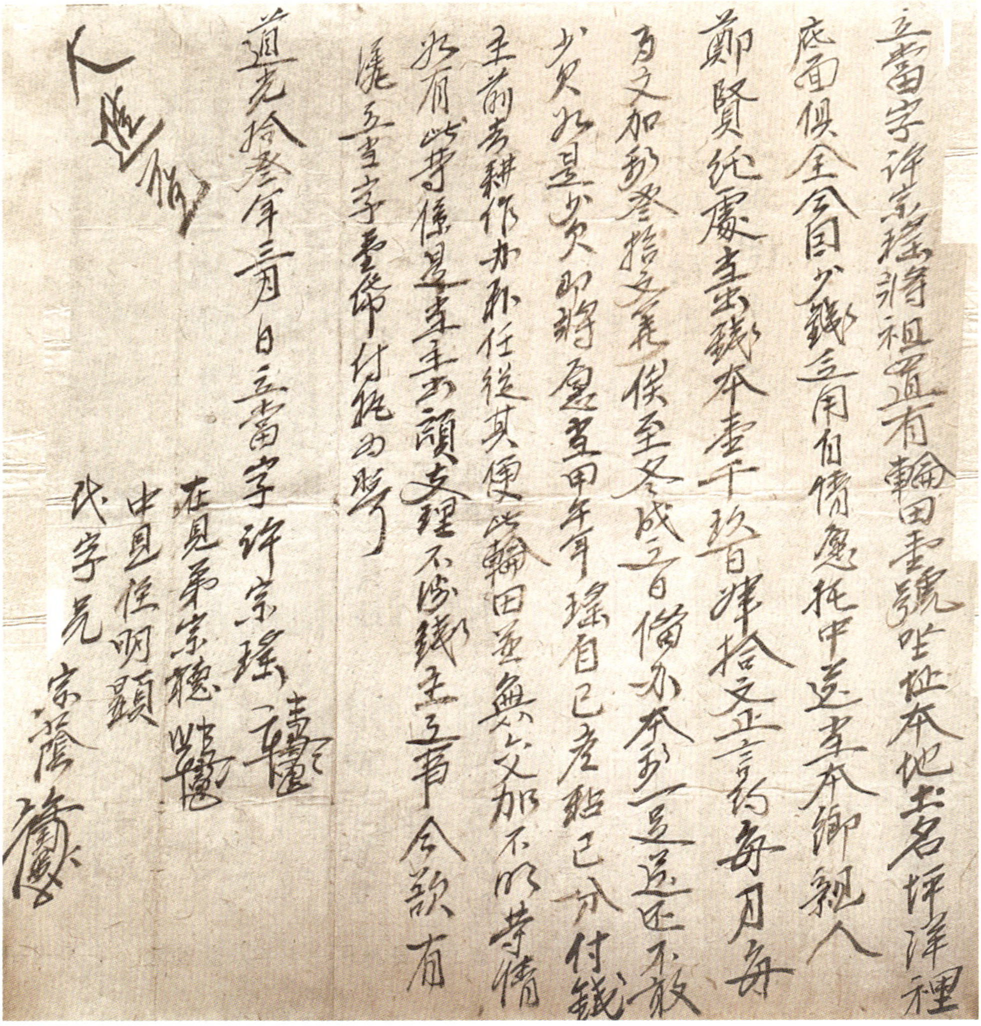
立當字許宗瑤將祖置有輪田壹號坐址本地土名坪洋裡
底面俱全，今因少錢應用，自情愿托中送來本鄉親人
鄭賢紀處當出錢本壹千玖百肆拾文正，言約每月每
百文加利叁拾文算，候至冬成之日備办本利一足送還，不敢
少欠。如是少欠，即將愿當田年年瑤自己耕種，已分付錢
主前去耕作办納，任從其便。此輪田並無少文加不明等情，
如有此等，係是本主出頭支理，不涉錢主之事。今欲有
憑，立當字壹紙，付執为照。
道光拾叁年三月　日立當字許宗瑤（押）
在見弟宗穗（押）
中見侄明顯
代字兄宗蔭（押）

5-9-7-6　清道光十三年三月許宗瑤立當底面全輪田字

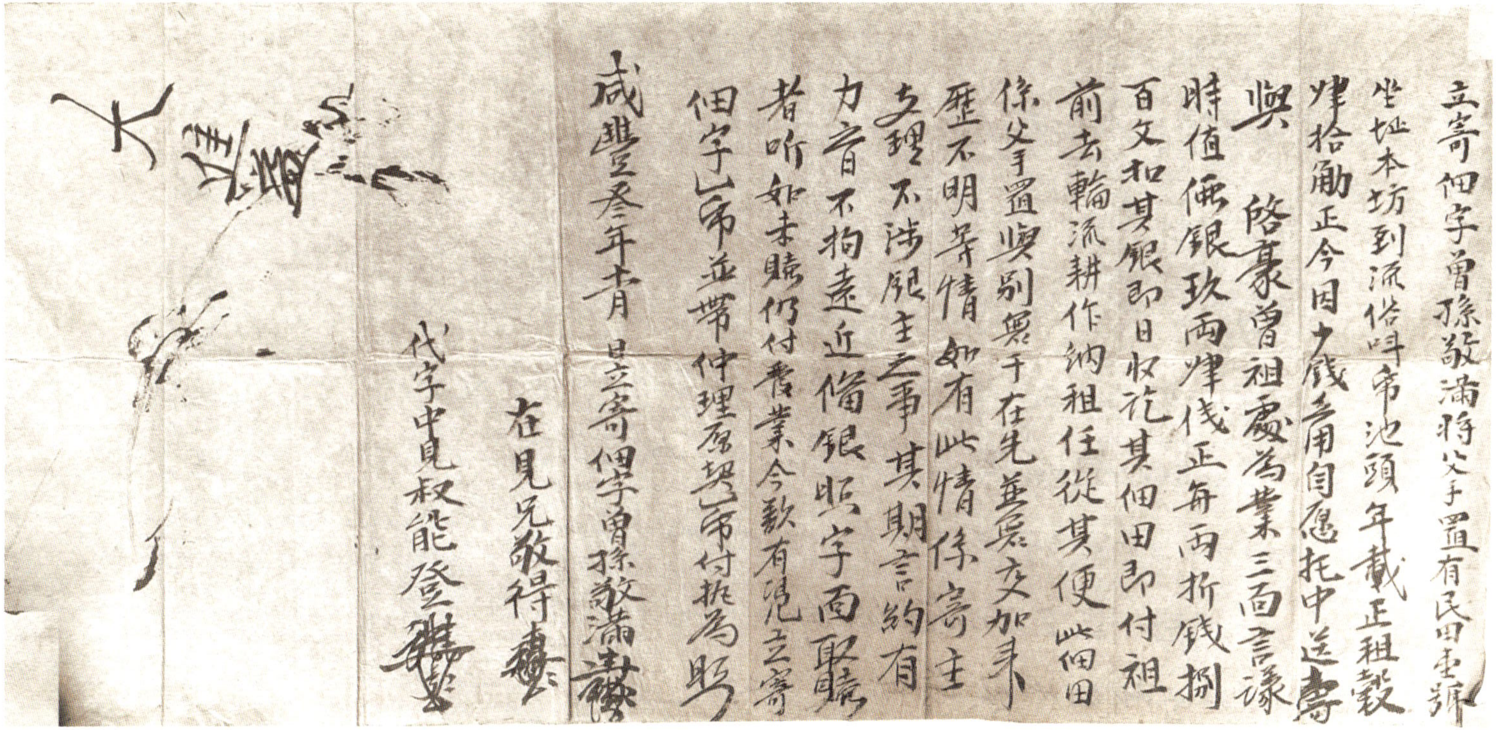
立寄佃字曾孫敬満將父手置有民田壹號
坐址本坊到溪俗叫帝池頭，年載正租穀
肆拾觔正。今因乏錢應用，自愿托中送寄
與　啓豪曾祖處爲業，三面言議
時值價銀玖兩肆錢正，每兩折錢捌
百文，扣其銀即日收訖。其佃田即付祖
前去輪流耕作納租，任從其便。此佃田
係父手置，與别房兄弟無干。在先並無交加來
歷不明等情，如有此情，係寄主
支理，不涉銀主之事。其期言約有
力者不拘遠近，備銀照字面取贖
者聽，如未贖，仍付貴業。今欲有憑，立寄
佃字一帋，並帶仲理原契一帋，付執爲照。
咸豐叁年十一月　日立寄佃字曾孫敬満
在見兄敬得
代字中見叔能登
大吉

5-9-7-7　清咸豐三年十一月鄭敬満立寄佃民田字

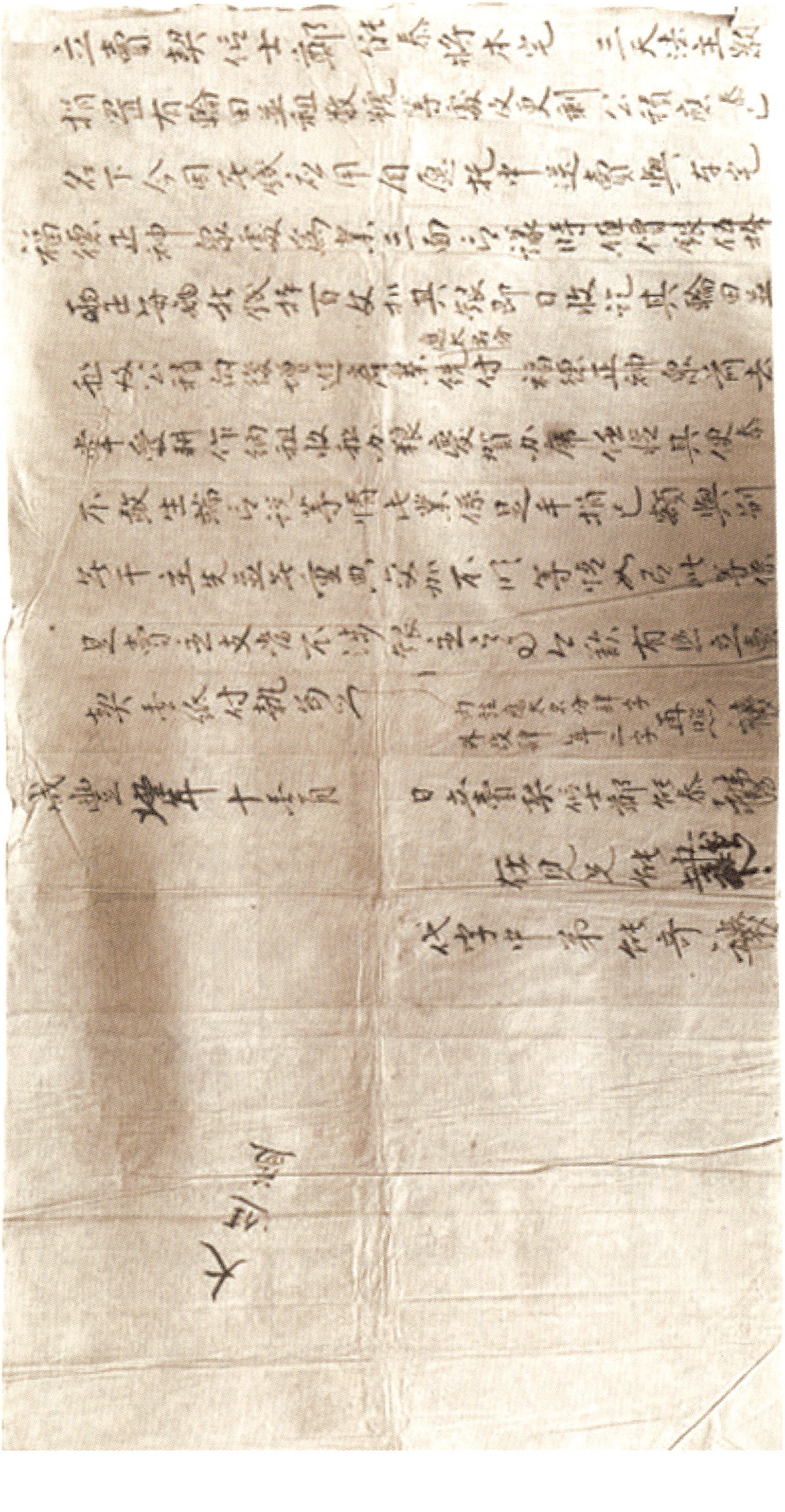

5-9-7-8　清咸豐四年十一月鄭能泰立賣輪田等契

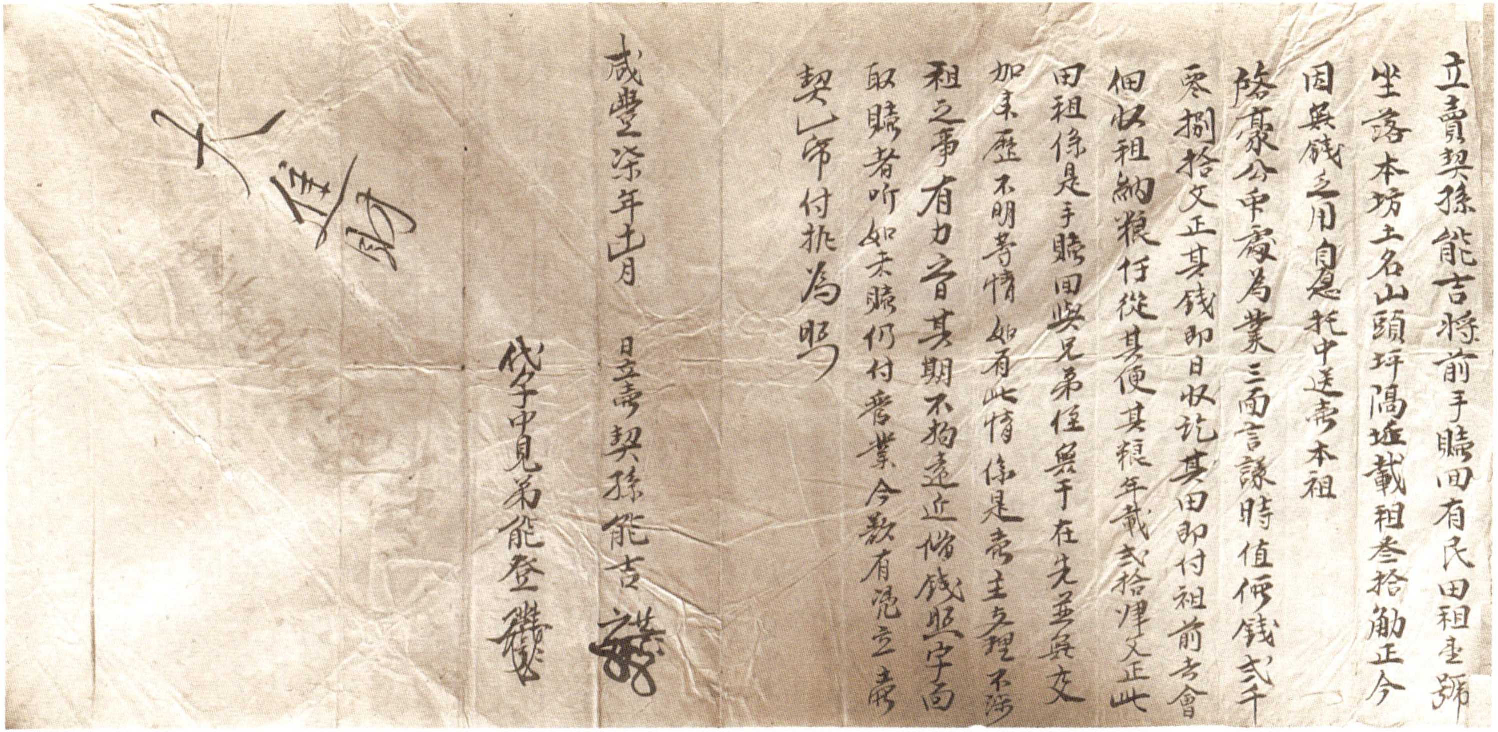
立賣契孫能吉將前手贖田有民田租壹號
坐落本坊土名山頭坪陽垅載租叁拾觔正今
因無錢乏用自愿托中送賣本祖
陰豪公平處為業三面言議時值價錢弍千
零捌拾文正其錢即日收訖其田即付祖前去會
佃收租納粮任從其便其粮年載弍拾肆文正此
田租係是手贖田與兄弟侄無干在先並無交
加未歷不明等情如有此情係是賣主之理不涉
租之事有力者其期不拘遠近備錢照字面
取贖者听如未贖仍付管業今欲有憑立賣
契一帋付执為照
咸豐柒年十一月　日立賣契孫能吉（押）
代字中見弟能登（押）

5–9–7–9　清咸豐七年十一月鄭能吉立賣民田租契

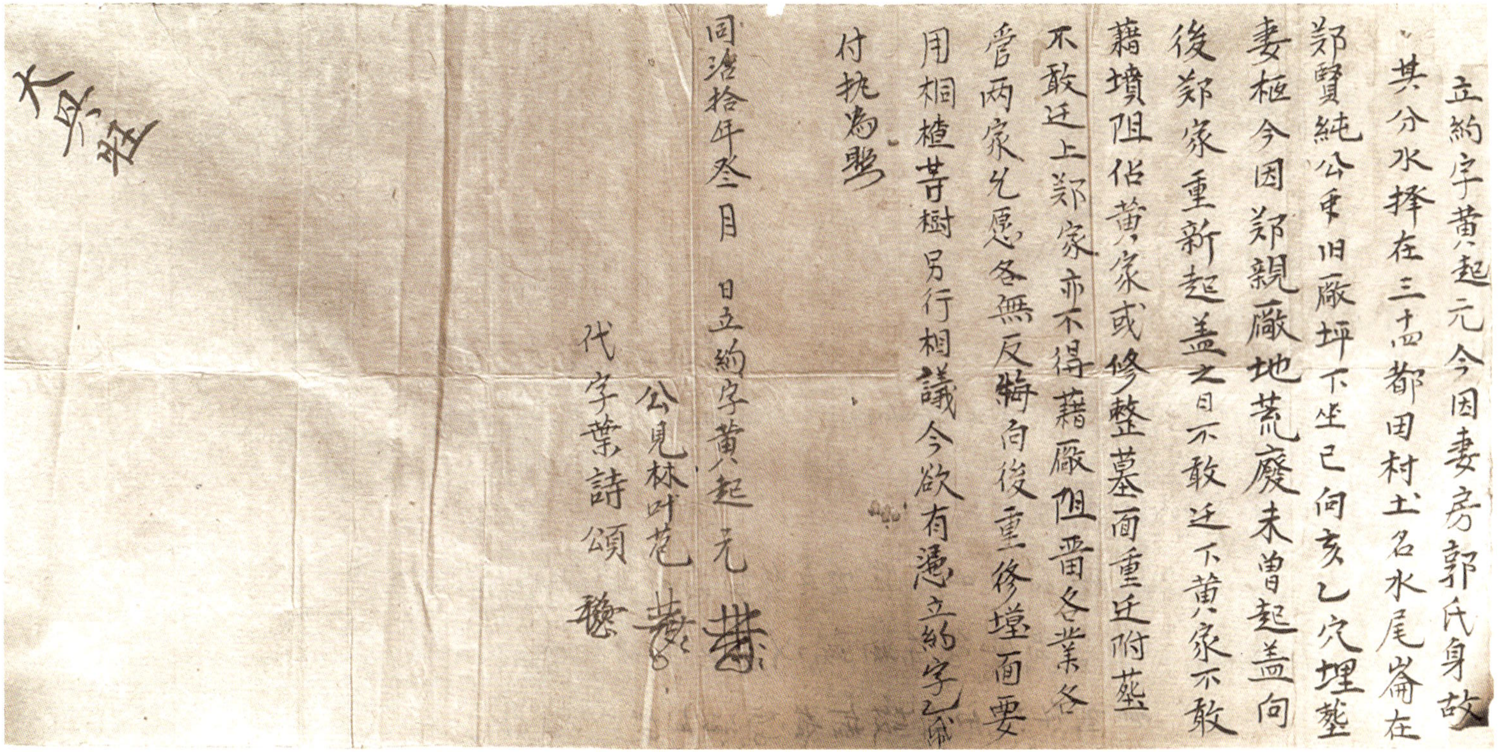

立約字黄起元今因妻房郭氏身故
其分水择在三十四都田村土名水尾崙在
郑贤純公手旧厰坪下坐巳向亥乙穴埋葬
妻柩今因郑親厰地荒廢未曾起盖向
後郑家重新起盖之日不敢廷下黄家不敢
藉墳阻俗黄家或修整墓面重廷附葬
不敢廷上郑家亦不得藉厰阻晋各業各
管两家允愿各無反悔向後重修墳面要
用桐植苦樹另行相議今欲有憑立約字乙紙
付执為照
同治拾年叁月　日立約字黄起元（押）
公見林叶花（押）
代字葉詩頌（押）

5-9-7-10　清同治十年三月黄起元立約字

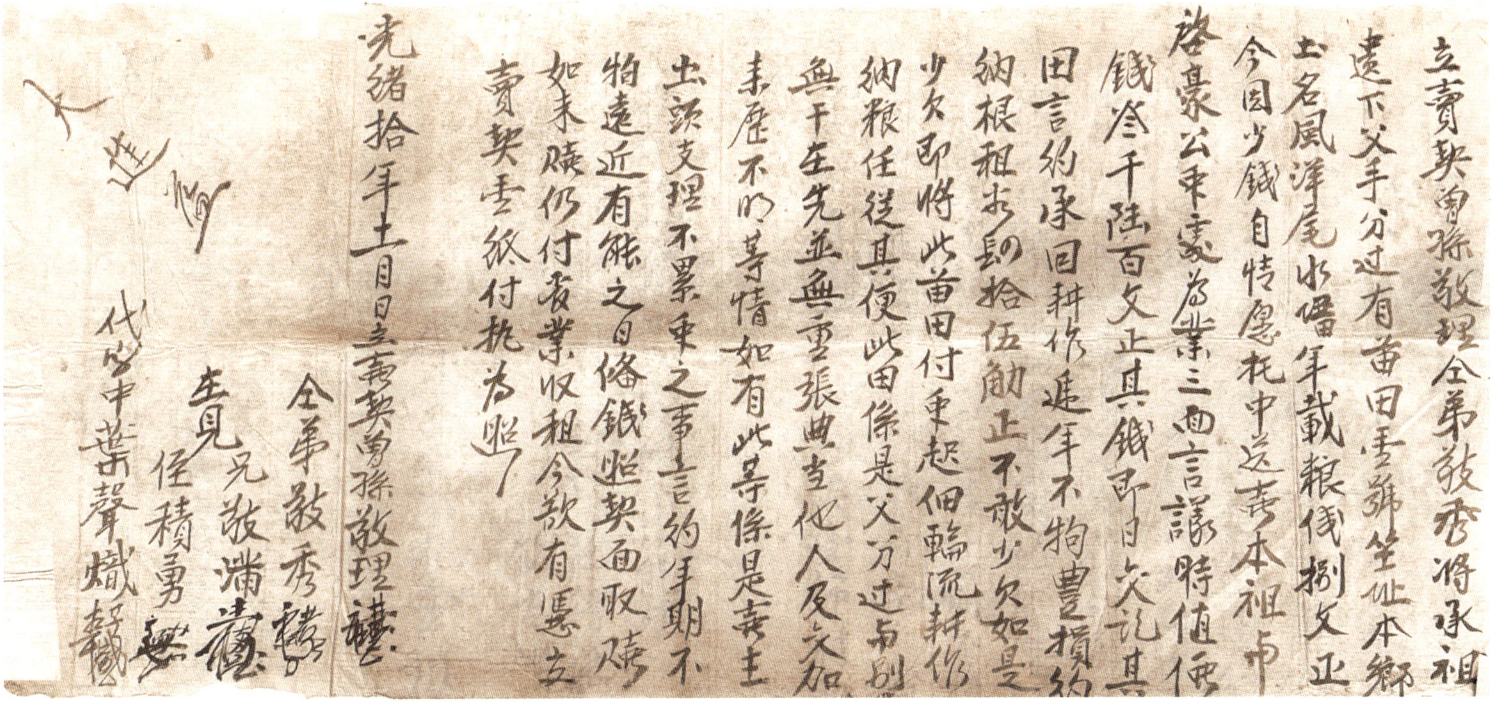
立賣契曾孫敬理仝弟敬秀將承祖
遺下父手分过有苗田壹號坐址本鄉
土名風洋尾水壋年載粮俴捌文正
今因少錢自情愿托中送与本祖[illegible]
祿豪公秉蒸為業三面言議時值價
錢叁千陆百文正其錢即日交訖其
田言約承回耕作逓年不拘豐損約
納根租本銅拾伍觔正不敢少欠如是
少欠即將此苗田付秉起佃輪流耕作
納粮任從其便此田係是父分过与別
無干在先並無重張典当他人及交加
未歷不明等情如有此等係是賣主
出頭支理不累秉之事言約年期不
拘遠近有能之日備錢照契面取贖
如未贖仍付秉業收租今欲有憑立
賣契壹紙付執為照
光緒拾年十一月日立賣契曾孫敬理
仝弟敬秀
在見兄敬端
侄積勇
代筆中葉聲熾

5-9-7-11　清光緒十年十一月鄭敬理等立賣苗田契

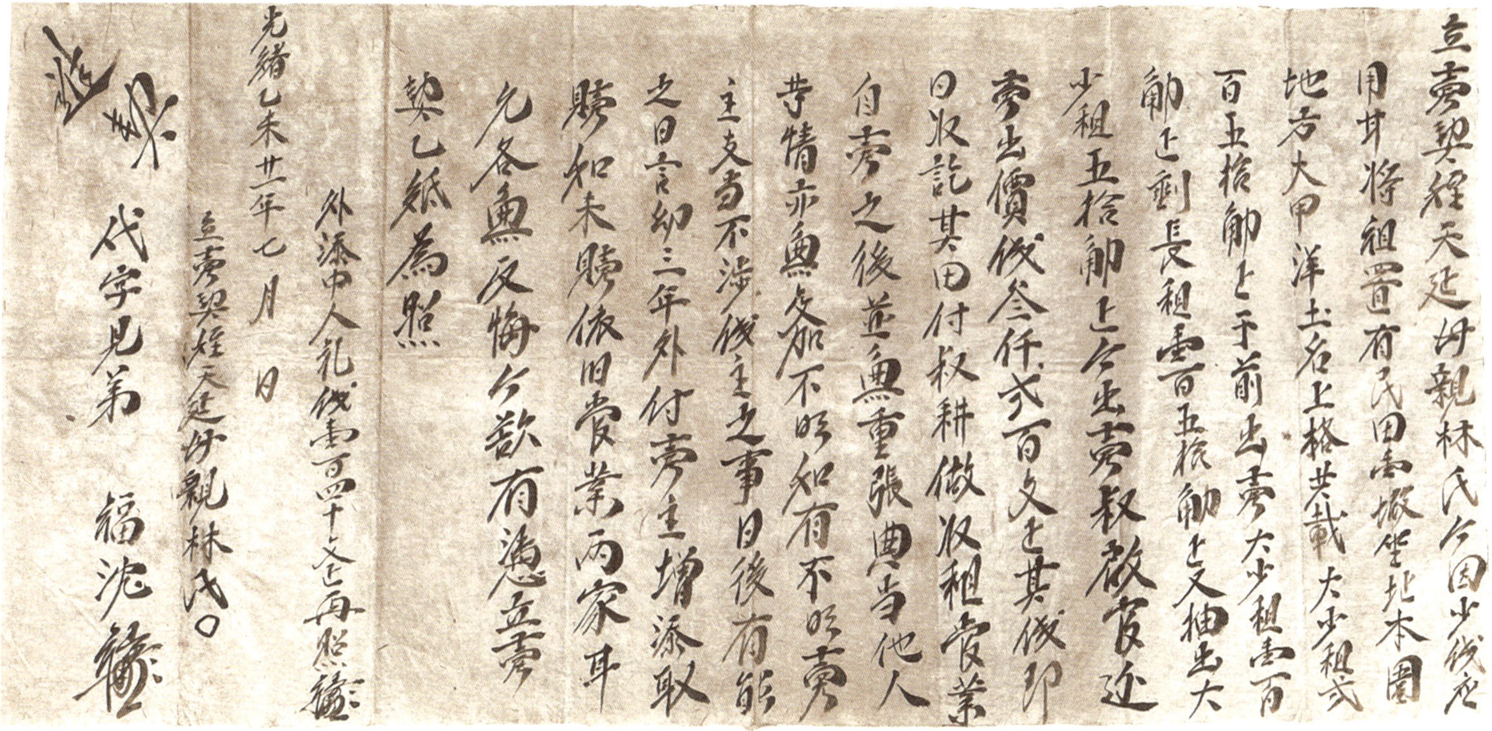
立賣契經天延姆親林氏，今因少錢應
用，甘將祖置有民田壹墩，坐址本園
地方大甲洋土名上格，共載大少租弍
百五拾觔正，于前出賣大少租壹百
觔正，剩長租壹百五拾觔正，又抽出大
少租五拾觔正，今出賣叔啟賓返
賣出價錢叁仟弍百文正，其錢即
日收訖，其田付叔耕做收租管業。
自賣之後，並無重張典當他人
等情，亦無交加不明，如有不明，賣
主支當，不涉錢主之事。日後有能
之日，言約三年外付賣主增添取
贖，如未贖，依旧管業。兩家耳
允，各無反悔，今欲有憑，立賣
契乙紙為照。
外添中人禮錢壹百四十文正再照
光緒乙未廿一年七月　日
立賣契經天延姆親林氏〇
代字兄弟　福池
見

5-9-7-12　清光緒二十一年七月林氏立賣民田契

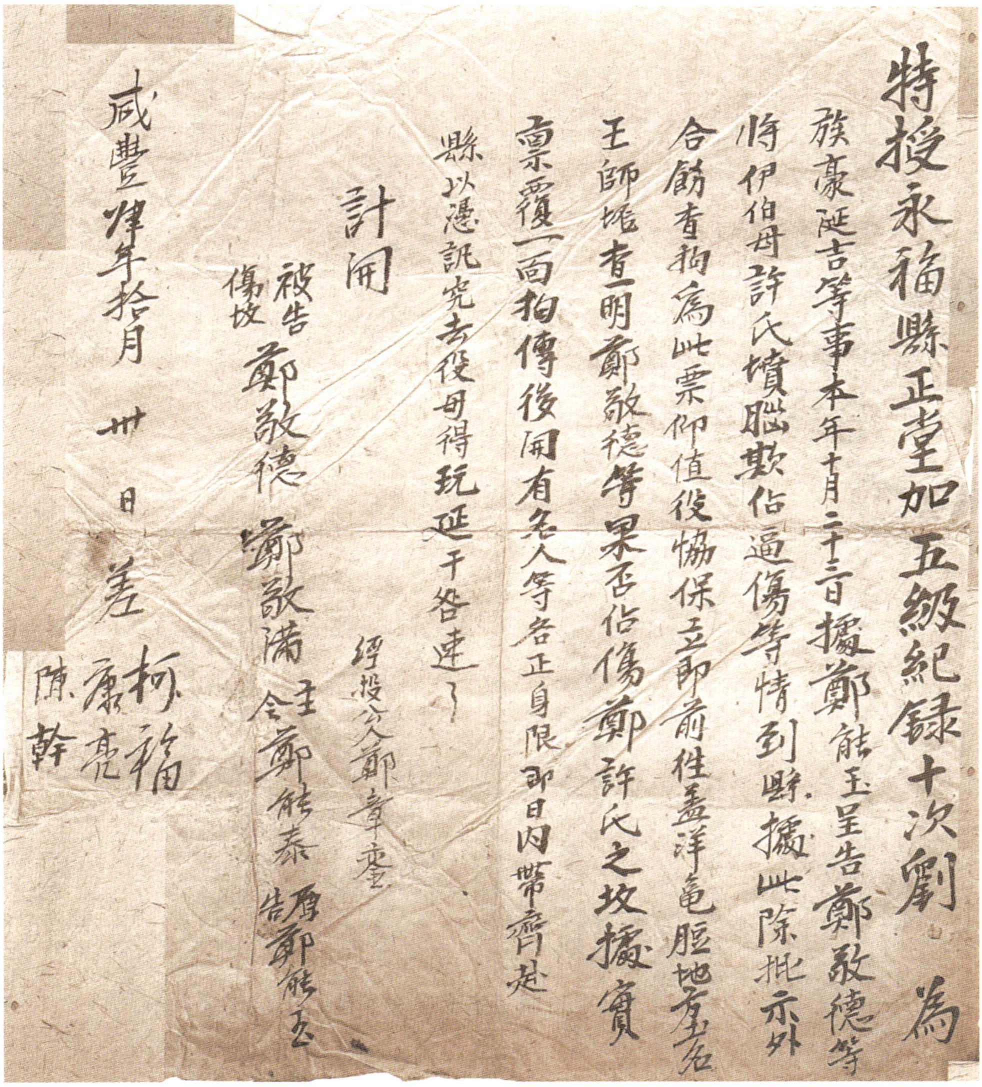
特授永福縣正堂加五級紀錄十次劉　為
族豪延吉等事本年十月二十三日據鄭能玉呈告鄭敬德等
將伊伯母許氏墳腦歎佔逼傷等情到縣據此除批示外
合飭查拘為此票仰值役協保立即前往蓋洋龜脰地方名
王師堆查明鄭敬德等果否佔傷鄭許氏之坟據實
稟覆一面拘傳後開有名人等各正身限即日內帶齊赴
縣以憑訊究去役毋得玩延干咎速速
計開
被告　鄭敬德　鄭敬滿
傷坟　主全鄭能泰
原告鄭能玉
帶投公人鄭章臺
咸豐肆年拾月　廿　日　差　柯福　康亮　陳幹

5-9-8-1　清咸豐四年十月永福縣正堂劉立行票

圖書在版編目（CIP）數據

福建民間契約文書. 第五卷：6册 / 鄭振滿主編. --福州：福建人民出版社，2022.10
（八閩文庫. 專題彙編）
ISBN 978-7-211-08911-6

Ⅰ. ①福… Ⅱ. ①鄭… Ⅲ. ①契約—文書—彙編—福建 Ⅳ. ①D927.570.369

中國版本圖書館CIP數據核字（2022）第161534號

福建民間契約文書（第五卷）

主　　編：鄭振滿
編　　者：厦門大學民間歷史文獻研究中心
責任編輯：張輝蘭　劉挺立　趙遠方
裝幀設計：張志偉
美術編輯：陳培亮
出版發行：福建人民出版社
電　　話：0591—87533169（發行部）
網　　址：http://www.fjpph.com
電子郵箱：fjpph7221@126.com
地　　址：福建省福州市東水路76號
經　　銷：福建新華發行（集團）有限責任公司
印刷裝訂：雅昌文化（集團）有限公司
地　　址：深圳市南山區深雲路19號
電　　話：0755—86083235
開　　本：787毫米×1092毫米 1/16
印　　張：190
版　　次：2022年10月第1版第1次印刷
書　　號：ISBN 978-7-211-08911-6
定　　價：3600.00元（全6册）